U0802493

开拓 高效 服务

守信 及时 方便 如愿

上海财政證券公司

独 家 赞 助

中国冰柜行业首家获得ISO14001
环境管理体系认证

澳柯玛商标为中国驰名商标

中国电冰柜大王

产品供应商。2000年，冰柜、冰箱、展示柜出口量是去年同期的3倍，在与美国的AVANTI公司建立合作开发美国市场的基础上，2001年将和美国另一家电巨头进行技术、市场深度合作，开拓更广阔的国际市场。

除医用冰柜无CFC系列、BCY35饮水冷藏箱、BD（C）168无CFC蝶形门双温转换冰柜列入2000年国家级新产品计划外，2000年12月22日进行的澳柯玛高新技术产品成果鉴定会上，澳柯玛超级节能无CFC冰柜、双绿生态冰箱、智能化多功能无CFC冰柜、无CFC绿色变温透明门多功能水冷柜、绿色变温透明门展示柜等8个系列产品具备了国际领先水平。

2000年度国家级新产品医用冰柜

根据深圳珞珈投资有限公司的蔡红标博士测评，1999年，澳柯玛股份有限公司实现销售收入70776万元，2000年中期公司主营业收入达37630万元，以此两倍计，2000年主营收入有望超过去年。公司净资产收益率较高，每股收益呈上升趋势，盈利能力较强，1997年、1998年、1999年及2000年1至6月份的营业利润占利润总额的比例分别为54%、68.7%、83.3%和94.28%，主营业务利润占利润总额的比例逐年上升。作为国内冰柜行业的龙头企业，澳柯玛将以冰柜、冰箱、展示柜等家电产品为基础，以高科技产品为龙头，拉动企业整个产业档次的提升，以优异业绩回报广大股东和投资者。

没有最好，只有更好，澳柯玛创新无止境！

中国第一台－86℃超低温冷柜

澳柯玛

董事长：鲁群生

总经理：姜秀臣

青岛澳柯玛股份有限公司

青岛澳柯玛股份有限公司1999年12月28日在原青岛澳柯玛电器公司的基础上经过股份制改造组建而成，是“中国电冰柜大王”企业，“澳柯玛商标”是中国驰名商标。作为山东省首家通过中国科学院和国家科技部认证的高新技术上市公司，经营范围涉及冷柜系列，水净化设备，车用冷热转换箱，自动售货机，锂电池，新型多层复合管材制造、销售、技术开发、技术咨询、技术服务，制冷微电脑控制技术开发。主营冰柜、冰箱、展示柜，年生产能力冰柜可达150万台，冰箱50万台。上市募股资金将全部投资于医用冰柜、锂离子电池、自动售货机等高科技项目，分散产品结构相对集中的风险。

依托国家企业技术中心和国际著名制冷专家提供的技术支持，青岛澳柯玛股份有限公司在超保温、节能、保鲜、超低温、恒温、智能化、绿色无CFC等多项制冷领域中保持国际领先水平，目前已经发展出从家用到商用、医用、饮食服务业用共计13大系列170种规格型号的冰柜、冰箱、展示柜产品，并成功切入到医用制冷领域，开发出国内第一台超低温冰柜（可达-86℃）、医用恒温冰柜、国内第一台多温区血液储藏柜等特殊用途制冷产品。由于在环保方面去的杰出成就，澳柯玛因此获得了“多边基金”等国际基金的环保赠款和日本“黑字还流”等低息贷款。

澳柯玛在保持冰柜销量连续六年第一的同时，积极实施全球化战略，除在行业内率先通过ISO9001质量保证体系和ISO14001环境管理体系双认证后，通过欧洲CE、美国UL、俄罗斯GOST、澳大利亚COA等多项国际认证。产品远销欧洲、美洲、非洲、东南亚等40多个国家和地区，并成为具有影响力的冷饮冷食配套

aucma

澳柯瑪

澳柯玛商标为中国驰名商标

青岛澳柯玛股份有限公司

没有最好 只有更好

江铃汽车股份有限公司

JIANGLING MOTORS CO.,GROUP

谋事在人，
成事也在人。

孙敏

公司董事长孙敏先生十几年来领导江铃改革成就卓越，国家有关部委授予他“中国机械工业十大杰出企业家”和“全国优秀企业家”等荣誉称号。

江铃汽车集团公司的核心企业—江铃汽车股份有限公司成立于1993年，由原江西汽车制造厂为主体股份制改组而成。

主导产品有全顺系列、五十铃N系列、TF系列三大系列汽车品种，以及国内一流的4J系列柴油发动机。

建立了销售开发、计划财务、制造质量、采购供应、人事企管五大运行系统，实行少层次、扁平化、矩阵式、高效率的现代企业管理模式。

铺设了覆盖江铃区域的计算机光纤网络，安装了全套QAD商务系统软件，其中36个模块可涉及企业生产经营的各个流程。

拥有中日合资江铃五十铃汽车有限公司等子公司，以及全顺汽车厂和国家“八五”重点技改项目，并经国家正式验收，广泛采用计算机数控、自动化传送、光谱检测及闭环自动补偿等高技术机加工的江铃发动机厂和高强薄壁铸造的江铃铸造厂等分厂。

公司总股数8.63214亿股(B股3.44亿股)，其中江铃汽车集团公司持股41.03%，福特汽车公司持股29.96%，中国法人持股2.54%，中国公众投资者持股13.62%，其他境外投资者持股9.89%，上海汽车工业总公司持股3.01%。

在全面贯彻党的十五大精神，加快企业两个根本性转变的进程中，江铃汽车股份有限公司必将牢牢把握时代赋予的责任与使命，努力开创江铃事业的新局面，以崭新的姿态迈向二十一世纪。

JIANGLING MOTORS CO.,GROUP

地址：中国江西省南昌市迎宾北大道509号
电话：(0791)5232888 邮编：330001
传真：(0791)5209747
网址：http://www.chinajmc.com

总经理：赵叶龙

上海财政证券公司(原名上海振兴证券公司)成立于1988年4月21日，自主经营、独立核算、自负盈亏，是具有独立法人资格的经济实体。公司系上交所、深交所的会员单位，也是首批获准的中华人民共和国国债一级自营商之一。经中国诚信证券评估公司评定，证券商信用等级为AA+。公司注册资本为5亿元人民币，代理发行各种有价证券、代理买卖各种有价证券，经营资产运作中介业务、企业股份制策划与上市运作等业务，从事国债市场动态研究和分析、上市公司投资分析、咨询以及资本市场新兴金融工具的探索与创新等。

SFS

热心解答投资者的咨询

召开总结表彰大会

上海财灵 网上财盛

www.shsec30.com

公司成立以来，“上财人”始终以市场为依托，把握机遇，以改革求进步，以创新求提高，以规范求发展。截止99年底，资产总额38.8亿元，累计发行证券166.45亿元，累计实现交易总额8914亿元，已连续6年进入上海证券交易所会员单位交易总额排名前十位。现拥有29个营业网点，近600名职工。

在迈向新世纪的征途上，公司将本着“开拓、高效、服务”的公司宗旨，积极推行“守信、及时、方便、如愿”的服务方针，坚持规范经营，强化自律管理，不断创新进取，建立一支精业务、守纪律、善服务、创高效的员工队伍；开拓业务发展的新思路，探求一套适合新时期证券市场发展的稳健型经营管理模式，努力成为一家以证券经营为主业，具有多种投资银行功能的公司。

上海财政證券公司

SHANGHAI FINANCE SECURITIES COMPANY

宣传《证券法》

争创优质服务（嘉定营业部）

有了“点阵屏”看大盘走势更清晰

地址：上海市临平北路19号　邮编：200086
电话：(021)65076608　传真：(021)65071751
电子信箱：shzqzjb@sh163c.sta.net.cn

云南铝业股份有限公司
YUNNAN ALUMINIUM CO.,LTD

股票简称：云铝股份　股票代码：0807
公司法定代表人：代祖让　总经理：田永

云南铝业股份有限公司是云南冶金集团总公司将其全资子公司—云南铝厂的绝大部份生产经营性资产，以独家发起、社会公开募集股份方式设立的股份有限公司，总股本31000万股，集团总公司持有23000万股，占74.2%，社会公众持股8000万股，占25.8%，公司于1998年3月20日正式成立，4月8日7200万A股“云铝股份”股票在深交所上市。

云铝始建于1970年，二十多年来历经四个发展阶段，采用滚雪球的方式发展壮大。现有员工2700余人，生产能力为铝冶炼13万吨、炭素制品6万吨、铝加工4万吨，综合生产能力突破20万吨，也是云南省重点骨干企业利税大户。

多年来曾先后荣获中国有色金属工业总公司企业管理“金鹰奖”，冶金部优胜红旗，云南省企业管理优秀奖，双文明建设先进单位，“AAA”银行信用等级等近百项荣誉称号。1996年获全国绿化先进单位和“五一”劳动奖状，1997年被列为国家重点扶持的512家国有企业之一，1998年取得了ISO9002质量体系认证证书，被评为省级“管理一级企业”和第一批“优秀管理达标企业”，1998年被中国国家有色金属工业局确定为中国十三家重点铝企业之一。

云南铝业股份有限公司是集铝冶炼、铝加工为一体的综合性国家大型企业，主要产品有：以“云海”牌注册的重熔用铝锭、预焙阳极、铝铸轧卷、冷轧铝板、挤压铝型材，牙膏包装用铝元片、铝棒、铸造铝合金和民用铝制品等九大系列上百个规格型号的产品。其中：重熔用铝锭、铝合金和铝铸轧卷已采用国际标准组织生产，产品分别获得省优、部优、省级名牌产品多项荣誉，“云海”牌重熔用铝锭获进出口免检权。产品畅销国内市场，远销欧美、日本及东南亚国家和地区，深受用户欢迎。

公司法定代表人：代祖让

国内一流，国际先进，
年产10.5万吨的186KA
铝电解生产线

地址：云南省昆明市呈贡县　邮编：650502
电话：(0871)7455858　传真：(0871)7455605
电子信箱：ylgf@public.km.yn.cn
网址：http://www.china.ylgf.com

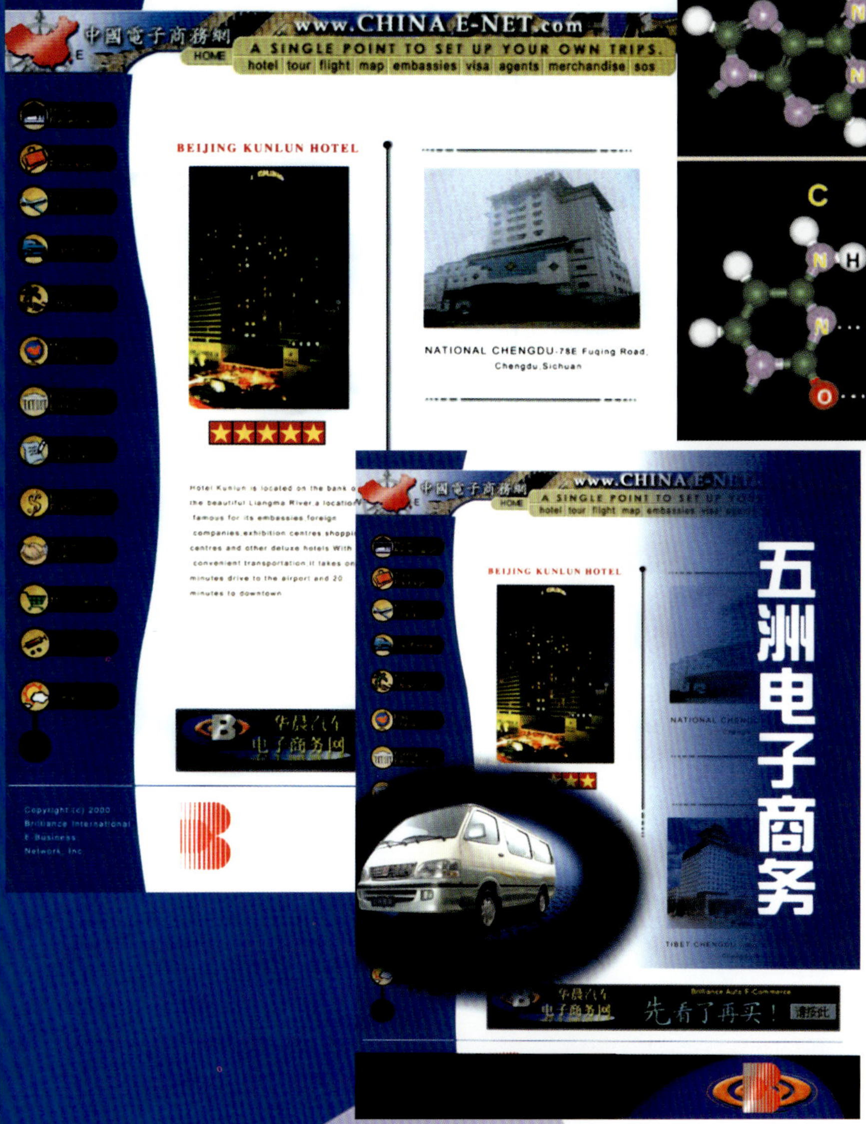

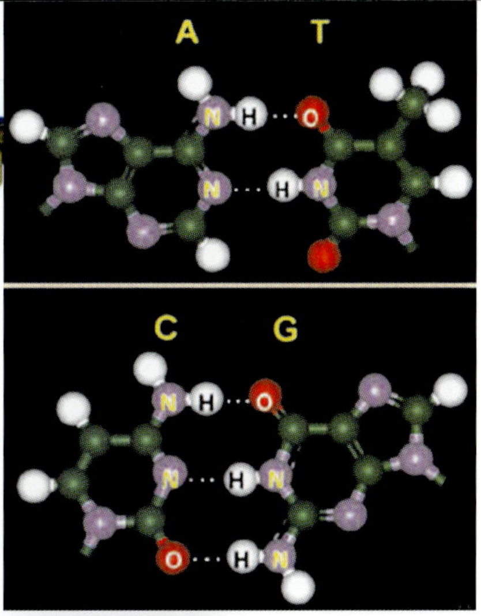

上海华晨集团股份有限公司(原名"上海申华实业股份有限公司"),是最早在上海证券交易所上市的"老八股"之一,股票代码:600653。公司的最新总股本为54777.06万股,全部是上市流通的社会公众股。截止1999年末,公司的总资产为15.9亿元,其中净资产8.1元。1999年公司实现主营业务收入24.3亿元,税后利润1.88亿元,每股收益0.514元,净资产收益率达到23.17%。

1999年4月,珠海华晨控股有限责任公司入主后,公司的发展翻开了崭新的一页。经过一年多的资产重组和业务开拓,公司将汽车零部件及销售、生物技术、电子商务确立为三大主业。公司目前下属的全资或控股企业共有20余家,主要有上海五龙汽车零部件投资有限公司、上海华晨生物技术有限公司、上海华晨五洲电子商务网络有限公司等。

华晨集团大厦外景

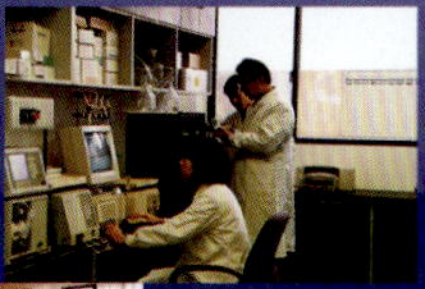

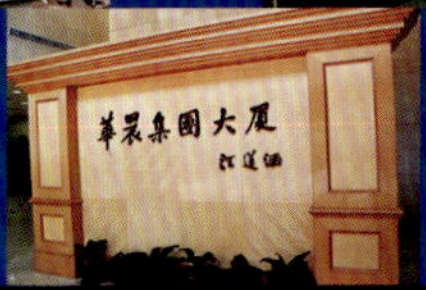

装饰典雅的大厦内景

上海华晨集团股份有限公司

地址:上海市宁波路1号　邮编:200002　董事长、法定代表人:仰融
电话:(021)63372888　传真:63372000　总裁:苏强

上海汽车股份有限公司

公司董事长：陈祥麟

公司总经理：尤石梁

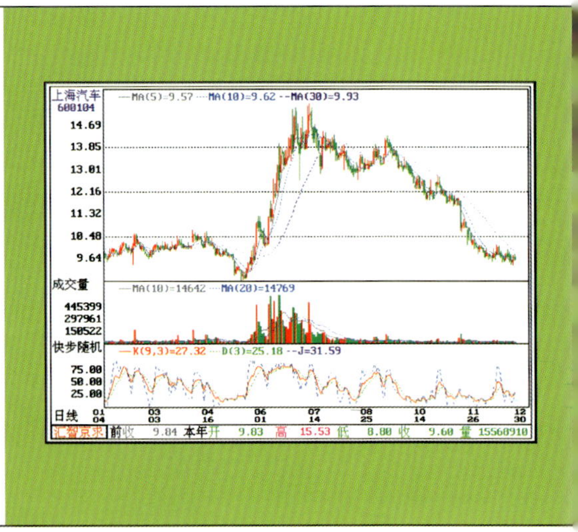

上海汽车股份有限公司是1997年8月经上海市人民政府同意，由上海汽车工业（集团）总公司独家发起，在上海汽车有限公司资产重组的基础上，以原上海汽车齿轮总厂的资产为主体，采用社会募集方式设立的股份有限公司。发行时总股本100000万股，其中上海汽车工业（集团）总公司作为发起人持有国家股70000万股，向社会公开发行公众股30000万股。截止99年底公司注册资本14亿元，净资产41亿元，净利润7.2亿元，全员劳动生产率24.7万元／人，出口创汇348万美元。公司各项经济技术指标在国内同行业中名列前茅。99年被评为“上海市上市公司盈利能力”15强，排名第三位。“中国最有发展潜力上市公司”50强之一。公司简称“上海汽车”，股票代码：600104。

公司母体企业上海汽车齿轮总厂和中国弹簧厂主要生产上海桑塔纳轿车配套的四档、五档变速器总成、和上海50系列拖拉机配套的变速器总成及汽车、工矿、农机、能源、轻纺、国防科研等配套各种弹簧。公司变速器总成及各类弹簧的生产规模，工艺水平，产品质量和经济效益均居国内首位。

公司主要参股企业有中外合资上海通用汽车有限公司、中外合资上海纳铁福传动轴有限公司、中外合资上海易初通用机器有限公司、中外合资上海小糸车灯有限公司、中外合资上海采埃孚转向机有限公司、中外合资上海汽车制动系统有限公司等18家企业。公司参股的中外合资企业，合资方都是当今世界一流的汽车制造商。中外双方已结成利益与生存共同体。拥有一流的厂房、设备和现代化的产品开发生产手段，集约化的生产经营管理与国际先进水平接轨。产品具有高技术含量、高附加值、高市场占有率。这些公司有很强的抗风险能力和竞争能力。

“上海汽车”以雄厚的技术基础，先进管理水平，优良的经营业绩为基础，并进一步做好公司内外资产的重组，参股组建信息网络公司，调整资本结构加强资金运作，使其产生新的增量并不断提高整体的资产质量，公司的整体目标是把“上海汽车”办成一个既有部件，又有整车的高科技含量，高成长性的上市公司。

上海通用生产的GL8商务旅行车

地址：上海市淮海中路755号新华联大厦东18楼　电话：(021)64158999 传真：(021)64730567　邮编：200020　网址：http://www.china-sa.com Email:stoc@china-sa.com

上海石油化工股份有限公司

30万吨聚乙烯装置

公司董事长兼总经理：陆益平

上海石油化工股份有限公司(简称“上海石化”)位于上海南翼的杭州湾畔，是目前中国最大的现代化石油化工企业之一，也是中国第一家股票在纽约、香港、上海三地同时上市的国际性上市公司。

上海石化的前身为创建于1972年的上海石油化工总厂，1977年全面建成投产，1993年6月改制为股份有限公司。上海石化现有主要生产装置66套，其中三分之二从国外引进。公司总资产230亿元。目前公司已形成年加工原油650万吨，生产乙烯55万吨、成品油和化工品250万吨，合成树脂46万吨、合纤原料及聚合物76万吨、合成纤维37万吨的生产能力，并拥有独立的水、电、汽、气公用工程生产及供应系统，独立的环保处理系统，以及海运、内河航运码头和铁路、公路运输设施。公司主要生产石油制品、中间化工原料、合成树脂及塑料制品、合纤原料及合成纤维等四大类60多种产品。“三人牌”商标为上海石化注册的主要商品专用商标。建厂以来，有40多种产品荣获国家优质产品奖和省部级优秀产品奖。90%的出口产品被誉为“信得过”产品。

上海石化创业28年来，经历了四个发展时期、实现了跳跃式的大发展，一期工程国家投资22亿元，投产后平均每年创利税5亿元，4年收回全部投资；二期工程国家贷款23亿元，投产后每年创利税10亿元，4年还清全部贷款；三期工程系企业自筹资金建设，总投资60亿元，投产当年创利税17亿元。从1977年投产到1993年股份制改制前，上海石化累计向国家上缴利税147亿元；1993年股份制改制后至1999年，累计实现利润85亿元。28年来，上海石化累计向国家上缴税收和国家股红利已相当于国家一期工程时对上海石化投资的10倍多。目前，上海石化正在进行以提高质量、开发品种、降低成本、增加效益为主要目标的投资总额约65亿元人民币的四期工程建设，工程建成后，上海石化的乙烯、聚烯烃产能将分别达到85万吨和91万吨，继续保持国内最大的乙烯生产商的地位。

8万吨高压聚乙烯装置

上海石化现有股本结构为(均为人民币)：总股本72亿元，其中国家股40亿元(A股)，占总股本的55.56%；公众股32亿元(其中A股8.7亿元，H股23.3亿元)，占总股本的44.44%，所有A股及H股均享有完全同等的权益。

1995年，上海石化在“中国上市公司综合经济实力百强企业”评选中荣登榜首，在“中国脊梁”优秀国有企业500强中名列前茅；1996年上海石化获得“全国五一劳动奖状”先进集体称号和上海市“先进基层党组织”的称号，获得由香港联交所颁发的该年度最佳资料披露奖亚军；1997年上海石化以规模、效益和盈利水平跻身中国十大企业之列；同年被《亚洲货币》周刊评选为“中国最佳管理公司”之一；1995、1997、1999年连续三年被上海工业系统评为“上海市最佳工业企业形象单位”；1998、1999年连续两年被评为市最佳工业企业形象单位；1998、上海1999年连续两年被评为“上海市建设工业新高地争先创优活动优秀企业”；1999年荣获“全国精神文明创建工作先进单位”称号。

北京巴士股份有限公司
BEIJING BASHI CO.,LTD.

董事长：赵文芝

公司车队

北京巴士股份有限公司是由北京市公共交通总公司联合北京城建集团有限责任公司、北京城市开发集团有限责任公司、北京北辰实业集团公司和北京华讯集团共同发起创立的。原为公交巴士客运分公司，1999年6月18日按照股份制公司标准改制为北京巴士股份有限公司。北京巴士股份有限公司集中了公交总公司范围内的优良资产。作为主发起人，公交总公司将评估后的净资产26010.115万元投入股份有限公司。另外四家发起人北京城建集团、北京城市开发集团、北辰集团、华讯集团，分别以65.68万元投入股份有限公司。总公司持99%的股权，其余四家各持0.25%股权。

北京巴士股份有限公司主要从事空调专线、旅游专线和小公共专线车的客运及公交广告业务等相关业务。下设专线客运分公司、旅游客运分公司、双层客运分公司、科技园区分公司、小公共客运分公司控股子公司——北京公交广告有限责任公司。员工7932人。目前，该公司拥有资产总额63056万元，各类运营线路132条，运营车2439辆。1999年度实现利润7200万元。公司成立以来，狠抓经济效益和服务质量，运用优质高效的服务手段，逐步加大公司的环保、科技投入，使公司发展成为线网遍布首都，运力配备充足，运营指标高效灵活，服务质量优良的，以城市客运为龙头，集旅游、广告、公共交通高新技术应用为一体的现代化大型公交企业。

公司今后的发展方向将以城市客运为主体，以中高档客运交通方式为基础，站稳首都市场，同时面向国内市场。公司目前准备进入证券市场融资。

北京巴士广告业蓬勃发展

最大限度的满足乘客需求

北京巴士交响乐团

北京巴士旅游快捷方便

北京巴士奥运风情

地址：中国北京海淀区紫竹院路32号 邮编：100044
电话：(010)68413331(总机) 传真：(010)68429293
E-mail:bjbashi@btamail.net.cn

公司董事长：赵经彻

www.yanzhoucoal.com.cn

兖州煤业股份有限公司

兖州煤业股份有限公司是中国煤炭行业首家境内外同时上市的企业。1998年3月31日、4月1日，“兖州煤业”8.5亿H股分别在纽约、香港上市交易，1998年6月日，8000万A股在上海证券交易所发行。股票发行后公司总股本26亿股，其中兖矿集团有限公司持有16.7亿股。截至1999年底，公司注册资本26亿元，资产总额78亿元，净资产62亿元。公司的发起人兖矿集团有限公司是全国100户现代企业制度试点企业和120家大型试点企业集团之一。曾先后获国家科技进步特等奖、国家科技进步一等奖、国家企业管理最高奖_——全国优秀企业（金马奖）。

公司主要从事地下煤炭开采、洗选加工及销售。目前拥有南屯煤矿、兴隆庄煤矿、鲍店煤矿、东滩煤矿和济宁二号煤矿五座煤矿。五座煤矿的总设计年产量为1640万吨。1999年煤炭产量为2400万吨，预计2003年可达2720万吨。现公司共拥有已探明及推定储量为19.31亿吨，适合于综合机械化生产。

公司的主要产品属气煤，为炼焦配煤和动力煤，具有低灰、低硫、低磷、高发热量的特点。产品主要销往电力、建材、冶金等行业，并远销日本、韩国、台湾等国家和地区。主要客户包括上海宝钢、上海电力、邹县电厂、日本东京电力公司和日本钢铁公司等。

1999年公司在国内外煤炭供大于求，市场竞争激烈，煤炭价格继续下降的形势下，采取提高产量、扩大销量、降低成本等措施，实现煤炭产销比上年分别提高16%和11.4%。全年煤炭生产2400万吨，煤炭销售2260万吨，其中出口620万吨；实现主营业务收入40.7亿元，净利润7.8亿元，每股收益0.3元。良好的经营业绩为兖州煤业树立二级市场形象奠定了基础。1999年兖州煤业被《欧洲周刊》评为1998年亚洲最佳新上市公司；被香港《资本杂志》第四期评为十大优质国企、红筹股之一；被上海证券交易所主办的《上市公司》杂志第四期评为“《上市公司》50强”第三名；2000年，被《亚洲货币》杂志评为“中国最佳管理公司”第四名。

公司董事长、法人代表：赵经彻
总经理：杨德玉
地址：中国山东省邹城市凫山路40号
邮编：273500
电话：(0537)5383310
传真：(0537)5383311
http://www.yanzhoucoal.com.cn
E-mail:yzc@yanzhoucoal.com.cn

采矿工作面

井下运输大港

www.yanzhoucoal.com.cn

天安门广场改造是迄今为止世界最大的石材铺装工程。北京城建股份有限公司职工用241个日日夜夜，用智慧和激情造就了一个全新的广场，共铺设优质花岗岩34万块，面积达15.9万平方米，创造出中国建筑史上又一个奇迹。该工程荣获国优特别鲁班奖。

北京城建股份有限公司

BUCG BEIJING URBAN CONS/TRUCTION CO.,LTD

董事长：佟永贵

总经理：赵广义

北京城建股份有限公司(以下简称本公司)是1998年9月4日经北京市人民政府批准，由北京城建集团有限责任公司作为独家发起人，以其直接从事建筑业的生产经营性资产投入，并向社会公开发行A股股票，以募集方式设立的股份有限公司。经中国证券监督管理委员会批准，本公司于1998年12月9日通过上海证券交易所交易系统成功地向社会公众发行了人民币普通股8750万股，并向五家证券投资基金配售1250万股，共计10000万股，每股发行价8.43元。发行后本公司总股本为40000万股，其中30000万股由北京城建集团有限责任公司持有，占总股本的75%；10000万股由社会公众持有，占总股本的25%。股票简称：北京城建，股票代码：600266。

公司主营业务是工业与民用、能源、交通、市政、地铁、公共建筑建设项目工程总承包。1999年公司主营业务收入5875553264.49元，比去年增长20.16%；主营业务利润683106020.73元，比去年增长15.97%。1999年，在整个建筑业市场规模大幅度减少的情况下，中标房建工程244.19万平方米，总造价43.46亿元；中标市政及高速公路工程17.92亿元。

公司圆满完成了一批重点工程建设项目。1999年公司承担了国家及北京市重点关注工程22项，其中天安门广场改造、首都机场新航站楼、王府井大街改造、中华世纪坛一期工程等均高标准按期完工，获得了良好社会评价，社会效益和经济效益显著，为建国50周年大庆和迎接新千年庆典作出了贡献。工程质量创历史新水平，竣工工程质量合格率100%，优良品率68.5%，共获得北京市级以上优质工程奖30项，占北京市市级以上优质工程总数的15.54%，居北京地区建筑企业之首。天安门广场改造获得国家"特别鲁班奖"，新东安市场工程和清华大学科技楼工程获得"鲁班奖"。腾达大厦工程在全国建筑安全生产大检查中荣获全国建筑安全奖第一名。公司通过了ISO9002质量保证体系认证。新购置施工设备价值150590000元，用于高速公路、地铁、大型公共设施、高层建筑等施工领域，进一步提高了公司的综合施工能力。

公司大力开辟建筑市场，利用在高速公路领域的施工优势，积极承接高速公路工程，高速公路在施规模达到173公里；根据国家西部大开发战略，积极开辟西部市场，在已有重庆分公司的基础上，又在西安设立了办事处，并承接了西安南郊水厂工程项目，为下一步扩大公司在西部建筑市场份额创造了条件。目前，除北京以外，公司已在山东、辽宁、黑龙江、河北、河南、山西、陕西、贵州、上海、重庆等省市建筑市场占有一席之地。

中华世纪坛98年11月10日破土动工，99年12月一期工程竣工，占地4.5公顷，总建筑面积3.5万平方米。由北京城建股份公司承担施工。

地址：北京市海淀区学院南路62号　邮编：100081

电话：(010)62255511　传真：(010)6222307

http://www.bucg.com　电子信箱：gfbucg@mail.bucg.com

FUJIAN MINDONG ELECTRIC POWERLIMITED COMPANY

福建闽东电力股份有限公司

公司董事长：翁小巧

总经理：杨一标

公司法定中文名称：福建闽东电力股份有限公司
公司法定英文名称 FUJIAN MINDONG ELECTRIC POWER LIMITED COMPANY
公司法定代表人：翁小巧
注册地址：福建省福安市中兴街头71号 邮政编码：355000
电子邮箱：mdd188@public.ndptt.fj.cn
注册资本：30000万元 成立时间：1998年12月30日

公司选定的信息披露报纸名称：《中国证券报》、《证券时报》
登载公司中期业绩报告的中国证监会指定国际互联网网址：
http://www.cninfo.com.cn
公司股票上市交易所：深圳证券交易所
股票简称：闽东电力 股票代码：0993
总 股 本：30000万股 可流通股本：10000万股
上市时间：2000年7月31日

经营范围：电力生产、开发；可承担中型水利水电工程及辅助生产设施的建筑、安装和基础工程施工，可承担110KV及以下送电线路和同电压等级变电站建筑安装工程施工；电力电器设备的制造及销售；建筑材料，金属材料，水暖器材，办公设备及家用电器的批发、零售。

公司董事会秘书：杨建华
股证事务代表：陈 胜
联系地址：福建省福安市中兴街头71号
电话：(0593)6567918 传真 (0593)6380906-6125
电子信箱：yjianhua@public.ndptt.fj.cn

迎接新挑战 开创新局面

世纪之交题赠中国证券报

周小川

世纪之交，中国证监会主席周小川题赠中国证券报寄语证券市场：“迎接新挑战 开创新局面”。

中国证券市场的发展与展望

中国证券监督管理委员会主席　周小川

1990年12月，上海，深圳两个证券交易所相继成立，标志着新中国证券市场的诞生。从那时起，中国证券市场已经走过了十年的历程，取得了令世界瞩目的成就。今天，我们在这里畅谈十年建设成果，纵论十年经验与启示，对中国证券市场的未来发展具有积极意义。过去十年，是中国改革开放和经济建设取得巨大成就的十年。社会主义市场经济体制的基本框架初步建立，市场在资源配置中的基础性作用日益显著。我国国民经济保持了持续，稳定，健康发展的良好势头，综合国力显著增强。

过去十年，伴随着改革开放推进，证券市场取得了巨大发展：

十年间，一大批国有企业发行上市，在国有企业建立现代企业制度的改革实践中起到了先导和示范作用，也为推进传统产业升级换代开辟了直接融资渠道。截至今年11月底，境内上市公司已达1063家，累计筹集资金4846.1亿元，境外上市公司筹资1439.1亿元(173.8亿美元)，红筹股筹资3158.0亿元(381.4亿美元)，我国证券市场境内外累计筹资总额达9443.2亿元。国有企业发行上市，降低了资产负债水平，加快了技术改革步伐和高新技术的推广应用，推动了产业结构和产品结构调整，并使上市公司按照现代企业制度的要求，初步建立了法人治理结构，加速了决策科学化，经营市场化，监督社会化和经营责任法律化的进程，为国民经济整体素质的提高打下了基础。

十年间，证券市场从无到有，从小到大，建设成效显著，市场规模和水平实现了历史性跨跃。截至今年11月底，我国股票市场市价总值已达46000多亿元，投资者开户数达5600多万户。股票、基金、债券已全部实现无纸化发行与交易，沪深证券交易和结算网络覆盖全国各地，主要技术手段已达世界先进水平。证券市场中介机构不断成长，目前已有98家证券公司，2600多家证券营业部。机构投资者发展壮大，目前已有34只证券投资基金，基金总规模550多亿元。

十年树木，百年树人。初具规模的中国证券市场对于提高社会资源配置效率，促进国民经济结构调整，现代金融体制改革及社会主义市场经济体制的建立，发挥了重要作用。证券市场十年发展取得的巨大成绩，关键在于有邓小平理论的指引和党中央、国务院的正确领导，使我们能够不断克服各种困难，坚定不移地培育和发展市场，尊重市场规律，力求让市场机制发挥主导作用。

邓小平同志1992年的南方讲话，在一些重大理论和实践问题上解除了思想上的禁锢，带来了思想解放，为中国证券市场的发展创造了历史机遇，证券市场也由地区性试点进入了在全国范围内进行推广和发展的阶段。同时，在这十年中，党中央、国务院对证券市场的发展给予了充分正确指导。江泽民总书记、朱镕基总理针对证券市场发展过程中遇到的各种问题和困难多次做过重要指示，指明了证券市场发展的正确方向，使我们得以轻装上阵，把证券市场的发展坚持下去。十年的实践充分证明，只要以邓小平理论为指导，认真贯彻党中央、国务院的方针政策，按照市场经济的规律和要求规范发展证券市场，证券市场完全可以在国民经济中发挥重要作用。正如江泽民总书记指出的："实行社会主义市场，必然会有证券市场。建立发展健康、秩序良好、运行安全的证券市场，对我国优化资源配置，调整经济结构，筹集更多的社会资金，促进国民经济的发展具有重要的作用。"

《中共中央关于制定国民经济和社会发展第十个五年计划的建议》强调，要"规范和发展证券市场"，并提出证券市场要"支持高新技术产业化"，要"鼓励国有大中型企业通过规范上市，实行股份制"，要"培育和发展机构投资者"，要"加强市场监督和上市公司信息披露"以及"适应跨国投资发展趋势，积极探索采用收购、兼并、投资基金和证券投资多种方式利用中长期国外投资"。《建议》的精神为证券市场的发展进一步指明了方向。

为了更好地发展证券市场，我们需要认真总结十年来的成就和经验，分析存在的问题，研究在新形势下规范和发展的措施。与成熟市场相比，我国证券市场在立法、监管、规范等方面还有待进一步加强，要针对市场规范化程度不够，操纵市场和欺诈投资者行为时有发生，监管人才和手段不足，市场国际化程度有限，市场层次，品种单一及结构不完善等问题研究解决办法。

在这个过程中，要把握好三个关键：

第一，加强证券市场法制建设，在依法治市的基础上，加大对证券市场的规范力度。要根据市场需要，补充和完善现有的法律法规体系，同时，面对不断出现的新事物、新情况，积极研究监管办法，为市场的发展和规范提供良好的法律保障。

第二，面临即将加入WTO，要在加快证券市场发展、鼓励竞争和创新的基础上，不断推进市场化进程，坚持让市场机制发挥作用。积极培育机构投资者和有竞争力的证券公司，提高上市公司质量，逐步实现我国证券市场向成熟市场的过渡。

第三，要切实转变监管理念，把保护投资者利益作为首要任务和目标，其重点是保护中小投资者的合法权益，这是国际资本市场的共识。要从制度保障、加强投资者教育、加大监管力度和社会监督等方面入手，增强投资者信心，将保护投资者利益落实到实处。世纪之交，中国证券市场面临难得的机遇和挑战。展望今后十年，我国将进入经济结构战略性调整的重要时期，证券市场的健康、稳定发展及在优化资源配置中发挥的作用是促进我国经济继续保持较快增长的重要保障。总结过去，展望未来，我相信中国证券市场将有一个更加美好的明天。

（文为作者在中国证券市场十年论坛上讲话）

上

中文版·总第八期

中国证券业年鉴

上海证券交易所
深圳证券交易所 协办

2000

CHINA

SECURITIES

YEAR BOOK

北京中证网数据科技有限公司
中国证券业年鉴编辑委员会
中国经济出版社

声　明

《中国证券业年鉴》(2000・中文版・总第八期)版权属中国证券业年鉴编辑委员会所有。

图书在版编目(CIP)数据

中国证券业年鉴　2000/中国证券业年鉴编辑委员会编.
北京:中国经济出版社,　2000.12
ISBN　7—5017—5116—1

Ⅰ.中…　Ⅱ.中…　Ⅲ.证券交易—中国—2000—年鉴　Ⅳ.F832.51—54

中国版本图书馆 CIP 数据核字(2000)第 58959 号

责任编辑:张玲玲

中國證券業年鑒
2000
(中文版・总第八期)
中国证券业年鉴编辑委员会编
※
中国经济出版社出版发行
新华书店经销
北京中证网数据科技有限公司数据处理植字
海南中证广告有限公司设计制作
天时印刷(深圳)有限公司承印
※
开本:850×1168mm　1/16　印张:108　插页:280　字数:4800 千字
2000 年 12 月第一版　　2000 年 12 月第一次印刷
ISBN　7—5017—5116—1/F・4061
广告代理:海南中证广告有限公司注册号 1—855
总定价:人民币 450 元　港币 500 元　美元 100 元

编辑说明

中国证券市场创办十年来，一大批国有企业发行上市，在国有企业建立现代企业制度的改革实践中起到示范作用，也为经济结构战略调整开辟了直接融资渠道。截止2000年11月底，境内上市公司已达1063家，累计筹集资金4846.1亿元。与中国证券市场同步成长，反映证券市场发展历史的《中国证券业年鉴》是一部综合的史料性年刊，创刊于1993年，每年出版一次，从1995年起，同时出版中文版和英文版，国内外公开发行。并从2000年版起推出《中国上市公司专辑》，重点反映上市公司的企业制度建设、经营业绩、成就展示等情况。《年鉴》主要反映上一年中国证券、期货、基金、产权市场及企业制度建设和发展方面的情况和最新动态，供海内外有关机关、社团、学校、研究部门、企事业单位及社会各界人士进一步了解和研究参考使用，为推动中国证券业的规范化和国际化、建设有中国特色的社会主义市场经济服务。

《中国证券业年鉴》(2000·中文版·总第八期)共分22编，内容设置图片新闻、专论、金融市场、证券市场、期货市场、基金市场、产权市场、证券管理与交易机构、中介机构、上市股份公司、香港上市股份公司、非上市股份公司、证券经营机构、证券业理论研究、新闻出版、科技教育、社会团体、证券业人物、大事记、市场统计资料、政策与法规、企事业单位选介等部分。另有彩色和黑白插页图片920幅。

《中国证券业年鉴》按部类分编，采用编、章、节、目、段五个层次的结构形式，不同层次的标题在字体、字号和版式设计方面都有明显的区别。其中全书出现最多的"目"一级标题统一用黑体字加【 】表示，内容较多的"目"的文内则用楷体表示"段"一级的标题。在编辑过程中尽可能将内容条目化。

《中国证券业年鉴》(2000·中文版)基本上保持了上一期的内容和体例的连续性，充实了金融市场部分内容，并充实了各省、自治区、直辖市、计划单列市的证券期货市场的内容和香港创业板上市公司。在香港上市股份公司整编内容、香港联合交易所整节内容中除标明货币单位外均以港币为单位。香港上市公司的中文名称并非注册名称。由于会计制度及统计方法差异，可能使在香港上市的大陆企业的数据有所不同。《年鉴》的资料直接来源于公司的公告或报告、国务院有关部门及各省、市提供的材料，保证了《年鉴》的权威性和准确性，但由于中国证券业仍处于发展阶段，加上各地区的发展不平衡以及我们的水平有限，难免出现一些疏漏，敬请读者谅解和指正。

《中国证券业年鉴》由中国证券业年鉴编辑部组织编辑，由中国经济出版社出版，在编辑出版过程中得到了国务院有关部门、省、自治区、直辖市证券管理机构、上海证券交易所、深圳证券交易所、香港联合交易所、证券界有关领导、专家的指导和支持，在此我们表示最诚挚的感谢。

中国证券业年鉴编辑部

中国证券业年鉴编辑委员会

高级顾问： 厉以宁　刘鸿儒　董辅礽　赵叶龙

特别顾问： 朱　利　金建栋　沈　沛　吴万善　代祖让　黄绍开　关国锵　姜开文
陆益平　尤石梁　邹韶禄　孙　敏　宇国瑞　金　运　聂庆平　陈青光
张晓伟　盛重庆　赵经彻　骆家刚　朱福涛　刘晓光　马蔚华　明云成

主　　任： 于光远　（著名经济学家）
厉以宁　（全国人大常委会财经委员会　副主任）

副 主 任： 陈乃进　朱从玖　张育军　肖灼基　邹良贤

总 编 辑： 陈乃进　（中国证券报社　社长、总编辑）
朱从玖　（上海证券交易所　总经理）
张育军　（深圳证券交易所　总经理）

副总编辑： 刘慧敏　（上海证券交易所　副总经理）
胡继之　（深圳证券交易所　副总经理）
吴雅伦　（上海证券交易所　副总经理）
黄铁军　（深圳证券交易所　副总经理）
李明山　（上海证券交易所　副总经理）
戴文华　（深圳证券交易所　副总经理）
刘啸东　（上海证券交易所　副总经理）
张　颖　（深圳证券交易所　副总经理）

执行主编： 金建栋　胡继之　赵叶龙

顾　　问：（按姓氏笔画为序）
丁仕达　于志领　马新强　尹梅克　方玉根　王志荣　王鸿茂　冯仁礼
冯诗伟　龙　江　叶华明　刘　毅　刘及响　刘世同　刘兴亮　刘岚敏
刘毓源　任志强　成　俊　许生来　孙建国　朱江洪　沈　强　岑长篇
佟永贵　张万青　张振武　李绍烛　李进巅　苏同强　肖建明　何昌民
陈丽芬　罗姝珠　杨守任　杨运成　杨金槐　杨和荣　尚吉永　欧兆禾
郑元亨　林起泰　赵广义　赵文芝　赵唯一　胡昭广　钟信才　翁小巧
郭　毅　郭振球　崔屹平　隋元柏　麻禄斗　谢育智　曾德新

编　　委：（按姓氏笔画为序）
万　梅　王　奇　王维平　王焕良　王喜良　尹向东　刘存周　刘锦信
付燕生　冯兆征　田　民　卢伍根　孙　勇　孙加林　闫　前　叶华能
叶俊英　任　捷　任怀灿　汤东风　宋　鑫　吴远之　吴亮灿　吴新元
张坚力　张茂声　李杨盛　李南高　李焕荣　李新华　肖建国　何小林
陈　杰　陈升斌　陈远图　陈澄民　杨丹地　杨守峰　杨钦欢　周孟棠
招耀江　金国燕　祝维沙　骆　辉　柯朝南　赵　明　赵家友　姜和平
耿佃杰　徐文业　凌华明　高杨仁　曹桂发　黄　平　黄明汉　梁　勇
蒋绍庆　曾代宏　熊可模　熊荣长　谭中兴　欧阳国梁

中国证券业年鉴编辑委员会

特约编委：(按姓氏笔画为序)

丁若鹏　中国证券监督管理委员会哈尔滨证券监管特派员办事处　主任
马才斌　中国证券监督管理委员会兰州证券监管特派员办事处　主任
于连生　中国证券监督管理委员会大连证券监管特派员办事处　副主任
王成周　郑州商品交易所综合部　部长
方俊文　中国证券监督管理委员会合肥证券监管特派员办事处　主任
尹怀安　中国证券监督管理委员会海口证券监管特派员办事务　主任
申志杰　中国证券监督管理委员会太原证券监管特派员办事处　主任
李　勇　中国注册会计师协会　秘书长
李　俊　中国证券期货杂志社　社长
李相启　中国证券监督管理委员会济南证券监督管理办公室　主任
曲立峰　大连商品交易所　副总经理
朱福林　中国国债协会　秘书长
杨元伟　国家税务总局政策法规司　副司长
杨代刚　中国证券监督管理委员会拉萨证券监管特派员办事处　副主任
吴明德　中华全国律师协会　秘书长
陆士新　中国证券报社　秘书长
沈重英　中国证券监督管理委员会上海证券监管办公室　主任
何渭滨　中国证券监督管理委员会南昌证券监管特派员办事处　副主任
宋淑艾　中国证券监督管理委员会石家庄证券监管特派员办事处　主任
金立扬　深圳证券交易所办公室　主任
张云东　中国证券监督管理委员会深圳证券监管办公室　副主任
张东升　国家发展计划委员会经济政策协调司　司长
张守义　中国证券监督管理委员会长春证券监管特派员办事处　主任
胡伏云　中国证券监督管理委员会昆明证券监管特派员办事处　副主任
胡建新　中国资产评估协会　副秘书长
侯芳庆　中国证券监督管理委员会郑州证券监管特派员办事处　主任
娄必元　中国证券监督管理委员会南宁证券监管特派员办事处　主任
徐　明　上海证券交易所办公室　主任
徐　铁　中国证券监督管理委员会贵阳证券监管特派员办事处　主任
徐放鸣　国家财政部国债金融司　副司长
柴　强　中国房地产估价师学会　副会长
秦海荣　中国土地估价师协会　秘书长
顾汉德　江苏省企业上市工作办公室　主任
郭文英　中国证券监督管理委员会呼和浩特证券监管特派员办事处　副主任
高进坤　中国证券监督管理委员会乌鲁木齐证券监管特派员办事处　主任
唐昌放　中国证券监督管理委员会重庆监督管理办事处　主任
夏业成　中国证券监督管理委员会银川证券监管特派员办事处　主任
宿　庸　中国证券监督管理委员会沈阳证券监管办公室　主任
盛钧源　上海期货交易所　办公室副主任
黄湘平　中国证券监督管理委员会武汉证券监管办公室　主任
蔡浩仪　中国人民银行研究局　副局长
潘履孚　中国保险学会　常务副会长
薛文石　中国证券监督管理委员会西安证券监督管理办公室　主任

魏书松　　中国证券监督管理委员会福州证券监管特派员办事处　主任

特约编辑：(按姓氏笔画为序)

马季华　　国家发展计划委员会经济政策协调司证券处　处长
万里虹　　中国保险学会　保险经济师
于海联　　中国证券监督管理委员会沈阳证券监管办公室　主任科员
孔雨泉　　中国证券监督管理委员会深圳证券监管办公室　处长
王　倩　　国家审计署信息处　副处长
王宏斌　　中国证券监督管理委员会西安证券监督管理办公室　办公室主任
王欣欣　　中国人民银行上海分行统计研究处　副处长
方向瑜　　中国证券监督管理委员会兰州证券监管特派员办事处　办公室主任
尹献生　　中国证券监督管理委员会南宁证券监管特派员办事处　处长
孙利平　　中国人民银行成都分行统计研究处　科长
孙利伟　　中国证券监督管理委员会大连证券监管特派员办事处　处长
孙春生　　中国证券监督管理委员会太原证券监管特派员办事处　处长
李　杰　　中国注册会计师协会综合部　主任
李　德　　中国人民银行研究局　处长
李　飒　　郑州商品交易所综合部秘书处　处长
李士松　　北京注册会计师协会　秘书长
李大春　　中国国债协会　副秘书长
李木祥　　中国人民银行重庆营业管理部统计研究处　处长
刘晓东　　中国证券监督管理委员会合肥证券监管特派员办事处　副主任科员
买文广　　中国证券监督管理委员会银川证券监管特派员办事处　副主任
里　红　　中华全国律师协会业务教研部　主任
何　洁　　中国证券监督管理委员会乌鲁木齐证券监管特派员办事处　主任科员
陈景耀　　国家财政部国债金融司　副处长
金　伟　　中信实业银行办公室　副主任
周　军　　中国证券监督管理委员会武汉证券监管办公室综合处　处长
张建东　　中国证券监督管理委员会郑州证券监管特派员办事处综合处　处长
胡　静　　中国证券监督管理委员会昆明证券监管特派员办事处　主任科员
姜诗明　　中央电视台《中国财经报道》 制片人
郭行哲　　中国证券监督管理委员会石家庄证券监管特派员办事处　处长
赵东方　　中国证券监督管理委员会哈尔滨证券监管特派员办事处　高级经济师
赵洪军　　中国证券监督管理委员会济南证券监督管理办公室综合处　处长
顾一新　　上海商品交易所
徐彦武　　江苏省企业上市工作办公室　硕士
常　青　　中国农业银行宣传处　处长
黄　祥　　中国证券监督管理委员会拉萨证券监管特派员办事处证券处　处长
崔书文　　经济日报社财经证券部　主任
黄宗福　　中国证券监督管理委员会福州证券监管特派员办事处　副主任
梁盛红　　中国证券监督管理委员会重庆监督管理办事处　办公室负责人
储　胜　　中国证券监督管理委员会海口证券监管特派员办事处　处长
程宪平　　国家外汇管理局综合司政策研究处　处长
褚永珊　　中国证券监督管理委员会呼和浩特证券监管特派员办事处综合处　处长
董素民　　中国证券监督管理委员会长沙证券监管特派员办事处　副处长
喻达志　　中国证券监督管理委员会南昌证券监管特派员办事处　处长
靳东升　　国家税务总局政策法规司　处长
燕青山　　国家开发银行办公厅　经济师

中国证券业年鉴编辑部

主　　任：邹良贤
副 主 任：胡贵华　陈月明　张　涛　曹文乔
编　　辑：邹艳囡　柳　华　邢　达　王才贵　胡泽锋　胡国礼　李二祥　胡荒生
黄爱斌　秦　朝　罗争鸣　范靖文　威泽锋

设计制作：高　鸣

中国证券业年鉴编辑部联系地址

北京：北京市东城区胜古中路 1 号院 3 号楼安贞苑 1102 室
联系人：柳华　邮编：100029　传真：(010)64447537
电话：(010)64447535　64447536　64447537
上海：上海市平凉路 1359 弄万汇公寓 7 号楼 701 室
联系人：曹文乔　邮编：200090
电话：(021)65393616　传真：(021)65194336
深圳：深圳市罗湖区翠竹路 1050 号高标大厦 716 室
联系人：张　涛　邮编：518020
电话：(0755)5532871　5538394　传真：(0755)5538394
广东：广州市黄埔大道西 191 号牡丹阁 501 室
联系人：王才贵　邮编：510620
电话：(020)87561159　传真：(020)87561159
山东：济南市经十路 157 号 3 楼 318 室
联系人：胡泽峰　邮编：250021　电话：(0531)2188657

中國證券業年鑒

特别祝贺

北京城建股份有限公司

福建闽东电力股份有限公司

北京中证网数据科技有限公司

目　录

第三编　中国证券市场

第四编　中国期货市场

第五编　中国基金市场

第六编　中国产权市场

第七编　上交所上市股份公司

第八编　深交所上市股份公司

第九编 香港上市股份公司

第十编　非上市股份公司

第十四编　证券业科技教育

第十五编　证券业新闻传媒

第十六编　证券业社会团体

第十七编　证券业人物

第十八编　证券业理论研究

第十九编　证券业大事记

第二十编　市场统计资料

第二十一编　政策与法规

第二十二编　中国企事业单位选介

插页目录

工商股份制企业

股份制企业

中介机构

期货经营机构

综合机构

[新闻图片]

NEWS PICTURE

汽车工业是我国国民经济的一个重要产业，随着中国加入世界贸易组织，汽车工业将有进一步的发展。图为中共中央总书记、国家主席、中央军委主席江泽民视察上海汽车股份有限公司

中共中央政治局常委、全国人大常委会委员长李鹏视察江西昌河汽车股份有限公司

几年来，香港金融证券市场规模稳步扩大，促进了香港经济的健康发展。图为中共中央政治局常委、国家副主席胡锦涛参观香港联合交易所时获赠一件出席员背心留为纪念

中共中央政治局委员、国务院副总理吴邦国视察江铃汽车股份有限公司

[新闻图片]
NEWS PICTURE

中国证券市场经过十年的发展，上市公司数量日益增加，投资者队伍不断扩大，促进了国民经济持续健康发展。图为中国证券监督管理委员会主席周小川在深圳强调保护投资者利益是重中之重。

中国证券监督管理委员会党委副书记耿亮(左三)在中国证监会南宁特派员办事处主任娄必元(左四)、中国证监会期货部副主任康焕军(左二)等陪同下在广西考察证券市场时留影。

随着中国证券市场的发展，各证券营业部不断改善交易设备，提高服务质量。图为上海财政证券公司开展争创优质服务活动，热心解答投资者的咨询

在第二届中国国际高新技术成果交易会期间，世界证券市场峰会成功召开

中國证券報

[新闻图片]
NEWS PICTURE

《中国证券报》是新华通讯社主办的全国性证券专业报纸，是中国证券监督管理委员会指定刊登上市公司信息披露的报纸，每星期一至六出版，每期12版，海内外公开发行，《中国证券报》创刊于1993年1月3日，最初为对开四版周二刊，1997年元旦扩版为对开12版日报。

1996年1月1日报社创办《中国证券报·电子版》，现更名为《中国证券报电子资讯系统》。1997年报社实现采编、拼版、广告设计、资料查询等办公电脑化。1997年3月1日中国证券报电子声讯台开播，现已开通全国160多个城市。1997年10月推出《中国证券报》周末版。

1997年初，国家有关邮政部门把《中国证券报》列入全国9种党报党刊发行范围，在各地印点都实现了早报早投，进一步提高了报纸时效，使大多数读者在开市之前就可以看到当天的报纸。新华通讯社遍布世界各地的分社、支社以及现代化的通讯网络，为《中国证券报》提供了广泛的信息来源和快速的传递手段。

《中国证券报》从诞生之日起，一直得到中国证监会、中国人民银行、国家计委、国务院体改办、国家经贸委、国家财政部等部委的大力支持，并与沪、深证券交易所以及全国各地证券、期货监管机构和中介机构建立了密切的联系，还同美国、日本、韩国、新加坡，澳大利亚以及台湾、香港等地的证券界人士建立了友好合作关系。

中国证券报社组织机构为社委会下设编委会、经营会、办公室；编委会下设总编室、市场部、公司研究部、采访部、专版部、电子信息部、电脑中心、校对室、各地记者站；经营会下设咨询策划部、发行部、财务部、新证广告公司、参股公司。各地记者站包括上海、深圳、湖北、四川、海南、辽宁、福建、山东、江苏、广州、重庆、浙江、西安等。

新华通讯社副社长蔡名照与报社中层以上干部合影

报社办公大楼

宽敞的办公环境

上海證券交易所

[新闻图片]
NEWS PICTURE

上海证券交易所外景

上海证券交易所交易大厅

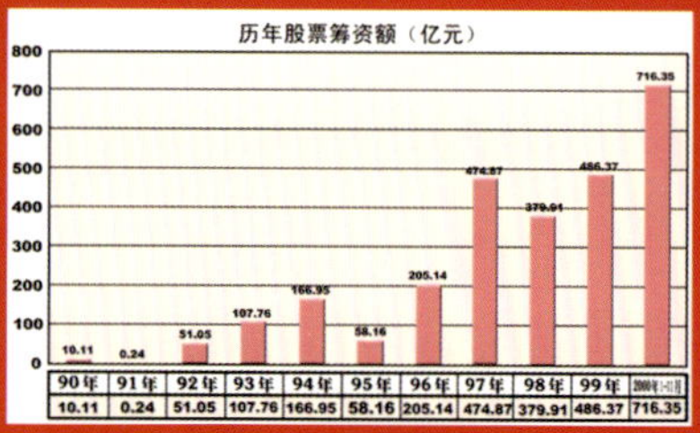

上海证券市场历年股票筹资额

1999年，上海证券交易所在“法制、监管、自律、规范”八字方针指导下，在中国证监会的正确领导和市场各方积极参与下，规范运作，稳健向上，在市场建设、发展和监管等各方面都取得了很大成效。

市场规模持续扩大，1999年上市公司新增加46家，截至1999年底，上市公司总数达484家；上市公司总股本达1580.15亿元，比上年底增长23.42%；市价总值为14580.47亿元，比上年底增长37.22%，是继1998年上海证券交易所首次突破1万亿元后，出现的又一次较大增长。至1999年底，上证所会员数为310家，会员下属营业部达2540个，席位数达5153个。投资者开户数突破2000万户，达2281.12万户，比上年底增加281.71万户。筹资功能进一步增强，1999年，上市公司通过上海证券交易所筹集资金总额为486.42亿元。一批在国民经济中具有重要地位的大型国企如武钢股份、东风汽车、东北高速和浦东发展银行等一次性筹资均达12亿元以上，尤其浦东发展银行，一次发行流通股4亿股，筹资40亿元。上海证券交易所还发行和上市了七家证券投资基金。

市场活跃，成交量持续增长，1999年沪市的股票、债券、基金全年成交总金额达35992.13亿元，比98年增长1656.34亿元。绩优国企大盘股和高科技股是全年的市场热点，虹桥机场、邯郸钢铁、四川长虹和上海汽车年成交金额均在190亿元以上，其中邯郸钢铁将近250亿元。高科技股上海贝岭和大唐电信年成交金额均在148亿元以上。1999年，上海证券交易所全年证券成效金额占中国大陆全年证券成交总金额的68.81%，表明了上海证券交易市场继续保持全国主要证券市场的地位。

10年来，上海证券市场为国民经济发展累计筹资达2656亿元，其中97年以前，年度筹资金额相对较小，最大为96年205亿元。97年以后，随着市场发展速度的加快，年度筹资额始终在370亿元以上。2000年1至11月，上海证券市场股票筹资716.35亿元，比99年全年增加47.28%。其中11月份一个月的股票筹资额即达211亿元，为99年全年的43.3%。

深圳证券交易所

SHENZHEN STOCK EXCHANGE

[新闻图片]

NEWS PICTURE

1999年在中国证监会的正确领导下，在深圳市政府和社会各方面的大力支持下，深圳证券市场仍然展示出在不断规范的基础上稳步发展的好局面。截止1999年12月31日，深交所上市公司463家，全年新增上市公司50家，增长12.1%；总股本1328亿元，新增总股本264亿元，增长24.8%；总市值11890亿元，流通市值4000亿元，分别增长33.9%和41.7%；投资者开户2200万户，新增289万户，增长15.1%；股票、基金累计成交金额15473亿元，比上年增加3904亿元，增长33.7%；新股发行筹资370亿元，比上年增加23亿元，增长6.7%；代征印花税115亿元，比上年增加13.7亿元，增长13%。从深圳证券交易所来看，1999年比较平稳地经受住了市场出现重大变化和跨越千年的技术考验，确保了系统安全通畅运行。在"5.19"恢复性上升行情中，深圳证券交易日交易量迅速由20亿元左右增加到390多亿元，增长18倍以上；日交易笔数由40万笔增加到400万笔，增长近10倍；投资者开户人数由平均每日2500户增加到4万户，增长16倍。与此同时，面对计算机2000年问题，经过周密组织和谨慎安排，使计算机系统顺利跨越千年。经过一年的运作，深交所的财务状况展现出令人满意的结果。1999年交易所营业收入7.95亿元，较上年增长43.51%；费用支出2.07亿元，比上年略有增长，为12.2%；净资产32.92亿元，较上年增长16.12%。

1999年是我国证券市场制度创新非常活跃的一年，中国证监会在这一年推出了许多制度创新项目。仅在发行制度创新方面，就进行了多种方式的探索，如利用交易系统进行法人配售、竞价发行、网下配售、可转债转股等。所有这些创新，都是由交易所具体组织实施的。如网上发行和向二级市场配售方式，从市场调研到推出实施，经历了较长时间，在这项改革方案的调查论证阶段，深交所有关部门设计了科学的调查表格，使调查结果充分反映各层面的意见，并在此基础上提出了许多技术和操作建议。1999年，深交所在促进高新技术上市公司发展和设立高新技术企业板方面，进行了许多超前性的工作。1999年1月份就拿出了设立高新技术板的前期论证报告。为促进高新技术上市公司群体形成和为设立高新技术板做好充分理论准备，综合研究所先后推出了一系列研究成果。1999年8月，组织召开了"上市公司高新技术经验交流会"，探讨证券市场与发展高新技术相结合的方式和途径，积极引导会员单位在上市公司高新技术发展中发挥中介、桥梁作用。

短短十年间，深圳证券市场上市公司由91年的6家发展到现在的513家，增长了近90倍，形成了可观的规模。

深圳证券交易所外景

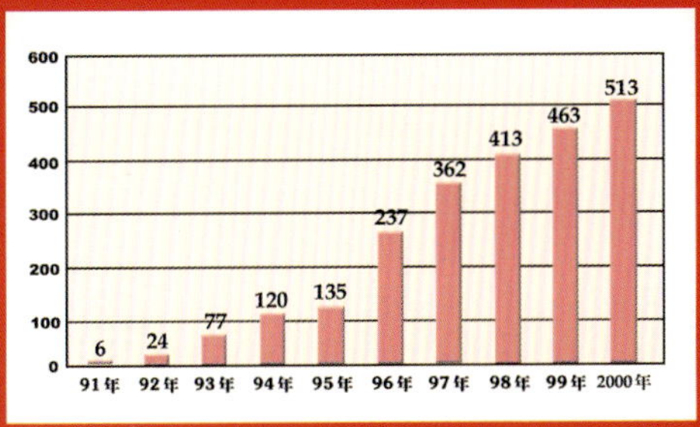

深圳证券市场上市公司形成了可观的规模

香港联合交易所

[新闻图片]
NEWS PICTURE

香港联合交易所尽管年内备受亚洲金融风暴影响，交易所本年度仍录得税后净盈余，财政状况维持稳健。虽然营业额下跌23.6%，交易所仍能透过提高生产力、减少开支而安然渡过这严峻的一年。于本财政年度末，保留盈余累积至9.42亿元，发展储备则有2.08亿元。发展储备将继续用以支持交易所的基础设施发展，其中包括交易系统的进一步自动化，以及推出崭新的市场、产品及服务。交易所继续受到1998年亚洲经济逆转的影响，年内集资活动及交易市场成交均告减少。此外，香港今年的经济表现持续衰退(不过速度已经放缓)，失业率创出6.3%新高。期间，港元进一步受到炒家狙击。在1998年8月，更遇上市场狂沽恒生指数的成份股，政府遂于8月28日史无前例地大举入市，创下790亿元的单日成交纪录，使股市恢复秩序之余也协助维持港元的联系汇率。年内共有26家公司进行首次公开招股，集资48亿元，其中包括一家H股发行人，筹集23亿元。此外，亦有15只债务证券上市，总值为610亿元，而股本权证有30只，由金融机构发行或担保的衍生权证则有177只。创业板，本财政年度结束后，交易所在发展创业板方面进展迅速。交易所在1999年8月颁布了《创业板上市规则》，一个月后再定出创业板首批保荐人名单。交易所已接获数份上市申请，预期11月即有首家公司在创业板上市。

衍生权证及债务证券，交易所正检讨其衍生工具市场的发展策略。交易所理解到发行人、投资者及衍生工具的流动性均十分高，因此很难期望上市公司在发行衍生产品时，一定自动选择在本土市场发行。年内共有177只衍生权证上市，其中计有97只单一股本认股权证、60只指数权证、12只一篮子权证、7只货币权证及1只商品权证。自欧罗面世后，1999年上半年共有3只以黄金作抵押品的欧罗兑美元的货币权证上市。在5月，4只Nasdaq 100指数权证挂牌买卖。中国继续支持本港债券市场之发展；现时共有7只中国债务证券在香港上市。1999年8月，香港金融管理局首次向公众公开发行债务证券，将57期外汇基金债券安排在交易所挂牌买卖。部份由香港按揭证券有限公司发行的债务票据亦将于10月底前在交易所上市。此外，其他机构包括多家香港政府公司及以上市公司亦表示有兴趣将本身的债务证券上市。

1998年8月28日的单日成交创出790亿元新高，但全年计算，交易市场的成交额降至15，610亿元，跌幅为51%。交易宗数总数减少40%至1，690万宗，成交股数降至8，920亿股，减幅为38%。于1999年6月30日，交易大堂共设有838部第一终端机，安装在会员办公室的第二及第三终端机数目则分别为832部及331部。离场进行的交易持续超越场内交易。今年6月，离场交易占市场总成交额79%，整个年度所占的比重则为77%。年内，交易所推出了会员电子邮递及集体传呼服务，使交易所与会员之间可以电子形式通讯。交易大堂放有电子邮递终端机，方便交易员查阅交易所的通告。

市场就第三代自动对盘系统作好准备，交易所将于2000年第二季推出全新的第三代自动对盘及成交系统(第三代自动对盘系统)，该系统采用最新技术，为投资者提供全面的交易环境。新系统所采用的技术包括互联网科技、开放式界面方式、电子商贸的资料保密标准以及其他先进科技。第三代自动对盘系统将建立具效率的交易环境，其中包括多种不同的交易机制以及与经纪系统之间的开放式界面，并会成为直通式交易的基础交易平台。交易所在发展第三代自动对盘系统的同时，也正筹备连串教育工作，协助市场人士准备新系统的推出。

香港特别行政区行政长官董建华、财政司司长曾荫权举杯庆祝交易所十三周年志庆

香港创业板上市委员会在传媒简报会上公布创业板的上市规则

中国证券市场走势图

上证指数

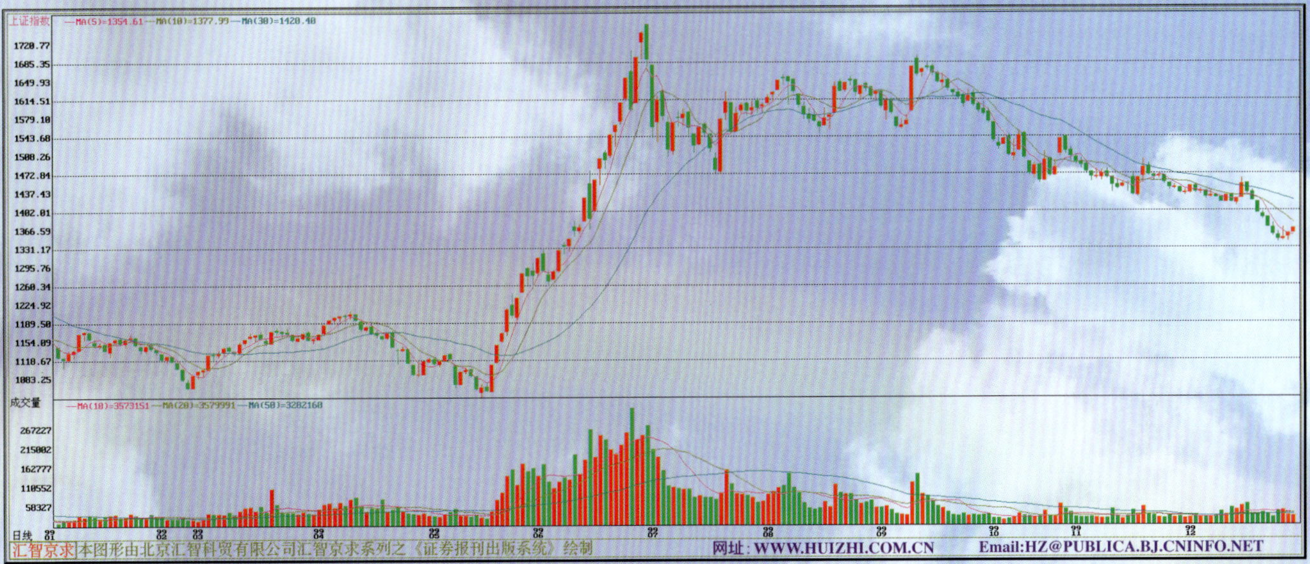

深证指数

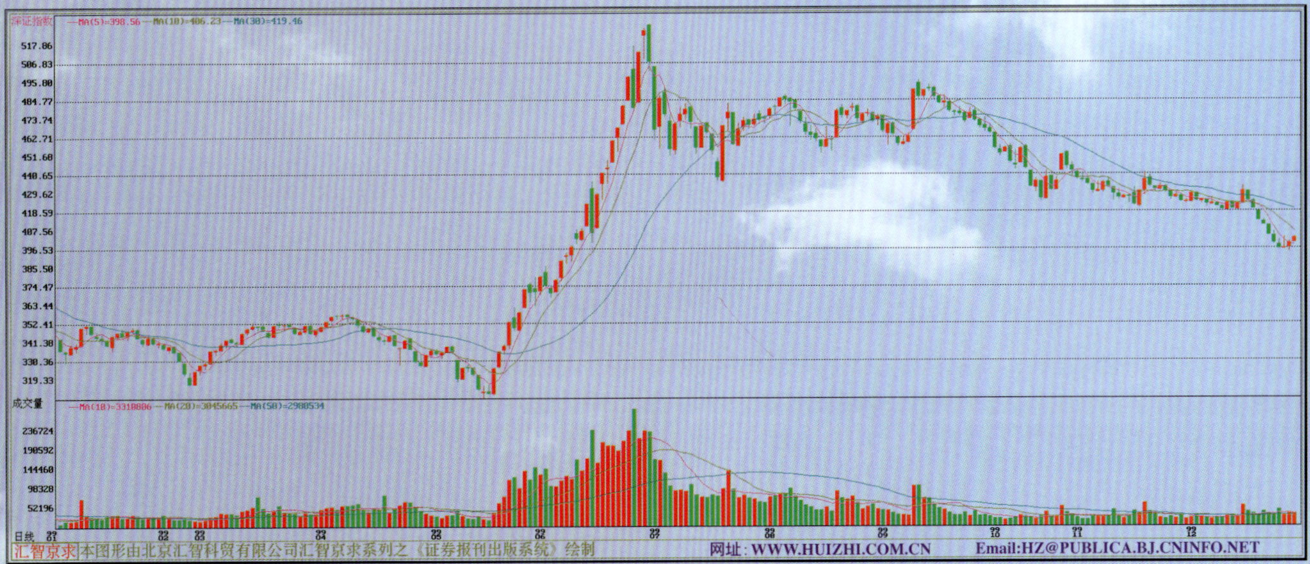

China Securities Year Book 1999

冯孝庭董事长致辞:

科技创新，永不停步，

追求效益，勇攀高峰，

创造辉煌，回报社会，回馈股东，

是“天科”人的历史使命!

我们将肩负着这一使命努力博击!

古共伟总经理经营宗旨:

用一流的技术，优秀的人才，完美的服务，

为客户创造最佳效益，

是“天科”人的经营宗旨!

我们将为实现这一宗旨不遗余力的配置资金，

以卓越的产品质量，先进的管理技能，

使客户的理想实现得尽善尽美!

公司厂区

宝钢 PSA-CO_2

肥城 PSA-CO

四川天一科技股份有限公司

天科股份

SICHUAN TIANYI SCIENCE & TECHNOLOGY CO.,LTD.

www.tianke.com

由西南化工研究设计院控股的四川天一科技股份有限公司是经国家经贸委批准设立，国家科技部、中国科学院专家评审认证的新技术企业。

天科股份公司主要经营范围：碳一化学技术及催化剂、变压吸附气体分离技术及装置、合成芳樟醇、维生素E系列精细化工品、工业气体的研制、开发、生产、销售、技术服务及相关的工程设计与工程承包。

地址：成都外南机场路航空港经济开发区

电话：(028)5964616　传真：(028)5964046　网址：www.tianke.com

烃类蒸汽转化催化剂

建于榆林天然气化工厂6万吨甲醇装置

高 效 环 保 制 冷 剂 的 典 范

格林柯尔科技控股有限公司

公司董事长：顾雏军

格林柯尔(GREENCOOL)集团是专门从事环保节能型制冷剂的研究开发及生产销售的跨国集团公司，是全球三大制冷剂生产商与供应商之一。格林柯尔科技控股有限公司创建于一九九八年，在天津建成了亚洲最大的无氟制冷剂生产基地，年生产能力3万吨。集团下属北京、深圳、海南、湖北四家工程公司于2000年7月在香港上市，股票号码为：8056。集团经营的业务，包括从事无CFC制冷剂取代CFC制冷剂的替换工程，以及建立无CFC制冷剂的全国销售网。

本公司一直致力于环境保护事业，拥有全球领先的无CFC新型制冷剂生产技术。格林柯尔系列制冷剂1994年获得世界权威机构—美国制冷、供暖空调工程师协会(ASHRAE)的认证，被授与编号为：R405A、R411A、R411B、R411C。并因其突出的品质而得到英国贸工部、美国环境保护局、加拿大环保局等权威部门的大力推荐，并于1998年4月格林柯尔制冷剂被中国国家环保局指定为A类技术推广项目，也是唯一被推荐的制冷剂产品。同时，天津、海南、湖北等地政府发布文件明文规定“独家推荐格林柯尔制冷剂进行当地的无CFC替代”。格林柯尔集团以环保节能为宗旨，与您共创美好的明天。

公司董事会成员

天津生产基地一瞥

可直接替代R12、R22、R500、R50	
R12，R500 ——→	R405A
R22 ——→	R411A，R411B，R411C
R502 ——→	R411B，R411C

工程改造优点

★改造费用低
★10—35%的节能
★短期收回投资
★改造时间短
★真正的直接替代
★冷量增加10—25%
★无需要换任何部件和润滑油

环保优点

★不含CFC
★极低或零值的臭氧消耗潜能值ODP
★极低的温室效应系数
★因特有的节能特性，减少CO2的排放和温室效应

制造商优点

★减少压缩机的尺寸
★减少设备投资
★减少压缩机的占有空间
★设备的运行更安静
★减少耗电—节能

献 身 环 保 事 业　　共 创 美 好 明 天

北京格林柯尔环保工程有限公司
地址：北京市珠市口西大街120号
太丰惠中大厦17层
电话：(010)63012255-1701
传真：(010)63023552

格林柯尔环保工程(深圳)有限公司
地址：深圳市罗湖区人民南路
发展中心大厦26层
电话：(0755)2208600
传真：(0755)2297645

海南格林柯尔环保工程有限公司
地址：海口市大同路29号
海口国际金融大酒店二层
电话：(0898)6772165
传真：(0898)6776450

湖北格林柯尔环保节能工程有限公司
地址武汉市解放大道688号
武汉广场43层
电话：(027)85715015
传真：(027)85714893

面向世界的旅游
面向旅游的高科技

董事长：刘毅

股票简称：首旅股份

股票代码：600258

北京首都旅游股份有限公司

BEIJING CAPITAL TOURISM CO.,LTD.

地址：北京市复兴门内大街51号民族饭店四层　邮编：100031

电话：66019465 66014466-449　传真：66063036 http://www.bct2000.com E-mail:stock@bct2000.com

桂林旅游

公司董事长：陈青光

桂林旅游股份有限公司是以桂林旅游发展总公司为主，桂林五洲旅游股份有限公司、桂林市中国国际旅行社、桂林集琦集团有限公司、桂林三花股份有限公司共五家企业共同发起组建的股份有限公司。公司主要从事旅游服务及与旅游服务相关的业务，包括：游船客运、公路旅行客运、出租汽车业务、旅游航空服务、旅行社等。公司下属包括漓江游船公司、旅游汽车公司、桂林市出租汽车公司、桂林山水国际旅行社、广西集联高速客运有限责任公司（参股）、桂林旅游航空服务有限责任公司（参股）。公司于2000年4月21-22日向社会公开发行了人民币普通股4000万股，并于2000年5月18日在深圳证券交易所挂牌交易。

公司股票上市后，遵循〝团结、创新、质量、效益，争创一流〞的宗旨和〝发展主业，积极、慎重的拓展相关产业〞的经营原则，根据国际、国内旅游市场需求和公司的实际，以市场为导向，加大了公司内部资源整合和旅游产品品质的提升力度。严格规范、科学管理、狠抓经营、提高质量，努力实现从资源优势向经济优势，从分散经营向集约经营，从资产经营向资本经营，从地方经营向区域经营的转变，力争以良好的经济效益回报社会、回报股东。

董事长：陈青光

总经理：周益平

董事会秘书：周茂权

地址：广西桂林市榕湖北路17号榕湖饭店四号楼

电话：(0773)2863839　2823811-4301

传真：(0773)2863880　邮编：541001

网址：hppt://www.guilintravel.com

股份有限公司

公司股票上市仪式

上海浦東發

董事长：庄晓天

行长：金运

笃守诚信　创造卓越

SHANGHAI PUDONG DEVELOPMENT BANK CO.,LTD

地址：上海市中山东一路12号　电话：(021)63296188　传真：(021)6323203

展银行 股份有限公司

公司股票代码：600000，股票简称：浦发银行。公司总股份241000万股，其中流通A股40000万股。本行是经中国人民银行批准组建的股份制商业银行，1992年10月19日登记成立，1993年1月9日正式开业。公司股票于1999年11月10日在上交所上市交易。

经中国人民银行批准，公司经营范围主要包括：吸收社会公众存款、发放短期和中长期贷款、办理国内国际结算、办理票据贴现、发行金融债券、代理发行、代理兑付及承销政府债券、买卖政府债券、从事同业拆借、买卖、代理买卖外汇业务、提供信用证服务及担保、代理收付款项及代理保险业务、提供保管箱服务、经中国人民银行批准经营的其他业务。本行自成立以来，积极支持和推动国民经济增长和区域经济发展，全行各项业务持续快速健康发展，取得了良好的社会效益和经济效益。截止1999年12月31日止，全行总资产达1032.1亿元，净资产达77.76亿元，各项存款808.7亿元，各项贷款547.2亿元，主营业务收入39.8亿元，投资收益10.5亿元，净利润为9.27亿元，名列全国新兴商业银行前列。

公司1999年度股东权益777605万元，每股收益0.385元，净资产收益率11.92%，每股净资产3.23元。1999年分配方案：每10股派送现金1.50元(含税)。

邮编：200002

公司兴建项目

公司兴建项目

公司办公楼

公司兴建

西藏天路交通股份有限公司

西藏天路交通股份有限公司经西藏自治区人民政府批准,由西藏公路工程总公司作为主要发起人联合西藏自治区交通工业总公司、西藏拉萨汽车运输总公司、西藏自治区汽车工业贸易总公司、西藏自治区交通厅格尔木运输总公司,于1999年2月28日以发起方式设立,3月29日取得营业执照。公司设立时注册资本为人民币6000万元。公司股票发行价格为每股6.88元,共发行股票4000万股,于2001年1月16日在上海证券交易所上市。发行后总股本10000万股。

公司的经营范围:公路、桥梁的建设(一级);货物运输、长短途客运、与公路建设相关的建筑材料(含水泥制品)的生产、销售;汽车贸易及配件(含小轿车);筑路机械配件的经营、销售;汽车维修、塑料制品;氧气制造、销售。公司为主要从事公路工程施工的基础设施建设企业。主要承担西藏自治区内的公路、桥梁的建设任务。工程施工质量、公路建设市场占有率、高等级公路施工市场占有率、工程机械设备的先进程度及拥有量在自治区内居于领先地位。公司的水泥生产年产量在5万吨左右,除满足公路工程建设需要外,还向市场销售。公司目前水泥的生产品种主要为425#普通硅酸盐水泥,在拉萨及周边地区占有一定的市场份额。公司的货物运输从事进、出藏物资的运输,其中进藏物资的运输比重较大。本公司汽车及其配件销售业务在区内占据50%以上的份额。

公司计划进行的投资项目:A、投资14103.31万元用于本公司1000t/d级带改进型分解炉的五级预热预分解窑水泥生产线改扩建项目;B、投资4900.00万元用于本公司工程施工机械设备技改项目;C、投资4713.00万元用于本公司汽车修理厂改扩建项目;D、投资2500.00万元用于本公司更新大吨位载货车辆项目。公司拟通过五年的努力,使公司形成以公路、桥梁施工、水泥产品生产为主,兼营货物运输、汽车贸易、汽车机械修理的综合性企业。1、公路桥梁方面:加大机械设备的技术改造力度,不断提高施工能力 和机械化作业率,加快人才培养,引进新技术、新工艺、新材料、加大科技含量,壮大企业实力。2、公司拟用地300亩,在公司原有水泥生产线的基础上异地扩建日产1000t/d窑外分解窑水泥生产线,总投资额为14103.31万元。基建总投资12202.10万元,流动资金1901.21万元,建设期为18个月,项目投产后将年产熟料21万吨,可年产525#普通水泥25万吨。3、汽车贸易方面:公司拟在现在的汽贸公司场地修建具有一定规模的汽车交易展场,以巩固汽车销售市场。4、汽车机械修配方面:公司将利用原有的资产、技术、人员、建立一个具有较强市场竞争能力的专业汽车、机械修理中心,力争在激烈的市场竞争中占领相应的市场份额。4、货物运输方面:公司将对运输公司的营运车辆进行技术改造,以提高其市场竞争力,使其既能够满足公司内部运输需要,又能参与市场竞争,不断提高市场占有率。

公司董事长:尼玛先生,藏族,1946年出生,大专文化,中共党员,1968年参加工作。曾任聂拉木养护段副段长,日喀则行署交通局副科长,聂拉木县委书记,日喀则地区交通局局长,日喀则地区纪委副书记,西藏自治区交通厅纪委副书记。

公司副董事长兼总经理:扎西江措先生,藏族,1966年出生,大专文化,中共党员,1986年参加工作。曾任西藏自治区交通厅科研所技术员,西藏自治区交通战备办公室科员、主任科员,西藏公路工程总公司副总经理、代总经理等职。

副董事长兼董事会秘书:饶邦骥女士,汉族,1954年出生,大专文化,中共党员,1971年参加工作。曾任西藏自治区汽车配件公司营业员、计划员、业务科科长,西藏自治区汽车工业贸易总公司成都公司党支部书记兼副经理,上海汽车工业西藏销售公司总经理,西藏自治区汽车工业贸易总公司副总经理、总经理、党委副书记等职。

监事会主席:洛桑曲加先生,藏族,1948年出生,大学文化,中共党员,1965年参加工作。曾任西藏公路工程局五公司分队长、副队长、队长;西藏公路工程总公司副总经理;西藏自治区交通厅科研所副所长兼西藏自治区交通厅质监站副站长;西藏公路工程总公司党委书记、副总经理。

法定代表人:尼玛
注册地址:西藏自治区拉萨市夺底路14号
联系电话:(0891)6322208　6328624　传真:(0891)6333071

公司董事长:尼玛

公司总经理:扎西江措

公司副董事长兼董事会秘书:晓邦骥

公司监事长、党委书记:洛桑曲加

西藏天路公司领导:董事长尼玛(左二)、总经理扎西江措(左一)、副董事长晓邦骥(左四)、监事长洛桑曲加(左三)

DFAC
世
我们的宗旨：创造社会价
我们的理念：对股东负责
对国家
衷心感谢广大用户和股民对东风汽车的支持与厚爱。
东风汽车将以更加辉煌的业绩回报社会、回报股民。
董事长　苗圩
总经理　李绍烛
DONG FENG
EQ1050T2
东风汽车股份有限公司
DONGFENG AUTOMOBILE CO., LTD.
中国·湖北·襄樊市车城大道1号　邮编：441004
传真：(0710)3392156　电话：(0710)3392155
网址：www.dfac.com

看 我 行

实现自我价值

对用户负责、对员工负责、

、对社会负责、对环境及伙伴负责。

公司主要产品：东风小霸王轻卡系列、东风多利卡轻卡系列、东风康明斯柴油发动机和铸件。

宝钢股份

谢企华　董事长

董事长致词

宝山钢铁股份有限公司是新中国成立以来建成的最大、最现代化的钢铁联合企业。自1985年9月一期工程投产起，15年来，我们以高起点的创新走出了一条不断赢得竞争优势的赶超型经营发展之路。宝钢股份以诚信、人才、创新、管理、技术诸方面的综合优势，奠定了在国际钢铁市场上世界级钢铁联合企业的卓越地位。在新的世纪，我们原与投资者一起，把宝钢股份建设成为全球最具竞争力的钢铁企业。

厂区全景

在国际招标中屡屡中标的宝钢股份管线钢产品

高度智能化的能源控制中心

整装待发的冷轧板

用宝钢彩涂板制作的南极考察站

宝山钢铁股份有限公司

宝山钢铁股份有限公司(简称宝钢股份)于2000年2月3日正式成立，是上海宝钢集团最大的子公司。宝钢股份的前身为宝山钢铁(集团)公司，是新中国最大、最现代化的钢铁联合企业。

宝钢股份地处上海东北翼，厂区占地约10平方公里。专业生产国内钢铁企业所不能生产的高技术、高附加值产品，集中力量发展替代进口、适销对路、市场紧缺的新钢种，上百种高质量、多规格的钢铁产品填补了国内空白。

自建厂以来，宝钢股份以高起点的创新、走出了一条不断赢得竞争优势的赶超型经营发展之路。企业不断扩充专业技术知识，加深对用户的了解，适应新技术及市场的转变，把用户关系作为有价值的企业资产，为用户提供最满意产品。

《世界钢铁业指南》评定宝钢股份在世界钢铁行业的综合竞争力为前三名，是未来最具发展潜力的企业。在新的世纪，宝钢股份将致力发展成为全球最具竞争力钢铁企业，实现新的飞跃。

http//www.baosteel.com

钢管生产线

艾宝俊　副董事长、总经理

地址：中国上海宝山

电话：0086-21-26647000

传真：0086-21-26646999

邮编：201900

中国民

中国人民政治协商会议全国委员会副主席 中国民生银行 董事长：经叔平

中国民生银行股份有限公司

中国民生银行股份有限公司是经国务院国函［1995］32号文及中国人民银行银复［1996］14号文批准,由中华全国工商联负责组建,广州益通集团公司、中国乡镇企业投资开发有限公司、中国煤炭工业进出口总公司、中国船东互保协会、山东泛海集团公司、哈尔滨亚麻厂、厦门福信集团有限公司、宁波市经济建设投资公司、北京万通实业股份有限公司、杭州通普电器公司、昆明建华企业集团、深圳前进开发公司、希望集团有限公司、哈尔滨岁宝热电股份有限公司、郑州梦达实业有限公司、河南电力开发公司、昆明百货大楼、南海市桂城商业贸易物资总公司、中国旅游国际信托投资有限公司等59家单位作为发起人,按照商业银行法和公司法设立的股份制商业银行。本行于1996年2月7日在国家工商行政管理局办理了登记手续,营业执照注册号1000001001898(4-3),实收股本为138,024.8万元。1999年11月4日,经人民银行银函［1999］360号文《关于确认民生银行注册资本金的复函》,人民银行已确认本行1996年的实收资本为1,380,248,376元为注册资本。1999年10月25日,本行召开了1999年度临时股东大会,审议并通过了增资扩股并公开发行普通股(A股)并上市的决议。经中国证券监督管理委员会证监发行字［2000］146号文批准,本行通过上海证券交易所于2000年11月27日以上网定价方式向社会公开发行人民币普通股35000万股,本次股票发行后,本行总股本为173024.8万股。本行股票于2000年12月19日在上海证券交易所上市。

主银行

行长：董文标

本行前十名股东有:四川新希望农业股份有限公司、中国泛海控股有限公司、东方集团股份有限公司、中国船东互保协会、中国乡镇企业投资开发有限公司、厦门福信集团有限公司、中国煤炭工业进出口集团公司、中国有色金属建设股份有限公司、北京万通实业股份有限公司、四川南方希望有限公司。

本行经营范围:吸收人民币存款;发放短期、中期和长期贷款;办理结算;办理票据贴现;发行金融债券;代理发行、代理兑付、承销政府债券;买卖政府债券;从事同业拆借;提供信用证服务及担保;代理收付款项及代理保险业务;提供保管箱服务。外汇存款;外汇贷款;外汇汇款;外汇借款;外币兑换;贸易、非贸易结算;外汇票据的承兑和贴现;外汇担保;自营或代客外汇买卖;发行或代理发行股票以外的外币有价证券;买卖或代理买卖股票以外的外币有价证券;资信调查、咨询、见证业务。经中国人民银行批准经营的其它业务。

地址：中国北京东城区正义路4号　电话：(010)65226699　65269578　传真：(010)65269593　邮编：100006

网址：WWW.CMBCHO.COM　电子信箱：MSBGS@CWW.COM

天作棋盘星作子
哪个来下
地为琵琶路为弦
我们敢弹

董事长：章俊元

总经理：陈祥辉

江苏宁沪高速公路股份有限公司

JIANGSU EXPRESSWAY COMPANY LIMITED

天作棋盘星作子，哪个来下?

地为琵琶路为弦，我们敢弹!

胸耸山岳，自然笔走风云，如同竞技场上的勇士，将一支

千钧的标枪投向东方的曙光，

于是沪宁高速公路龙飞凤舞，昂首而来。

这是我们的杰作—凝聚力与美的精彩弧线!

大江入海的沃土，早已被雕琢成中国顶上最晶莹的宝石，

高速公路与黄金水道并驾齐驱，

长江三角洲经济脉路更畅活—东牵华夏旗舰上海大都会，

西挽六朝古都金陵帝王州，中间又缀起颗颗苏南城市明珠。

沪、宁两点间，公路一线牵，长江三角洲亮成一片。

监控中心

桂林集琦药业股份有限公司

GUILINJIQI PHAR

公司法定代表人：刘及响

桂林集琦药业股份有限公司位于国家高新技术开发区桂林高新
技术开发区内，是一家致力于人类健康事业、以生产化学原料
药、中西药制剂为主业，同时生产保健食品、化妆用品、医疗
器械、农药、兽药、饲料及添加剂的国家重点高新技术制药企
业，是集科研、生产和销售为一体的综合性制药类上市公司。公
司是经广西壮族自治区体改委桂体改股字(1993)55号及桂林
体改股字(1993)108号文件批准，由桂林集琦集团有限公司独
家发起以定向募集方式设立的股份有限公司，设立时公司总股
本为4500万股，其中国有法人股3602.0294万股，募集法人
股197.9706万股，内部职工股700万股。1997年6月19日
经中国证监会批准首次向社会公开发行4000万股A股，发行价
6.99元人民币，并于1997年7月9日在深交所挂牌上市。

GUILIJIQI

ACEUTCAL

公司门牌

公司生产系列产品

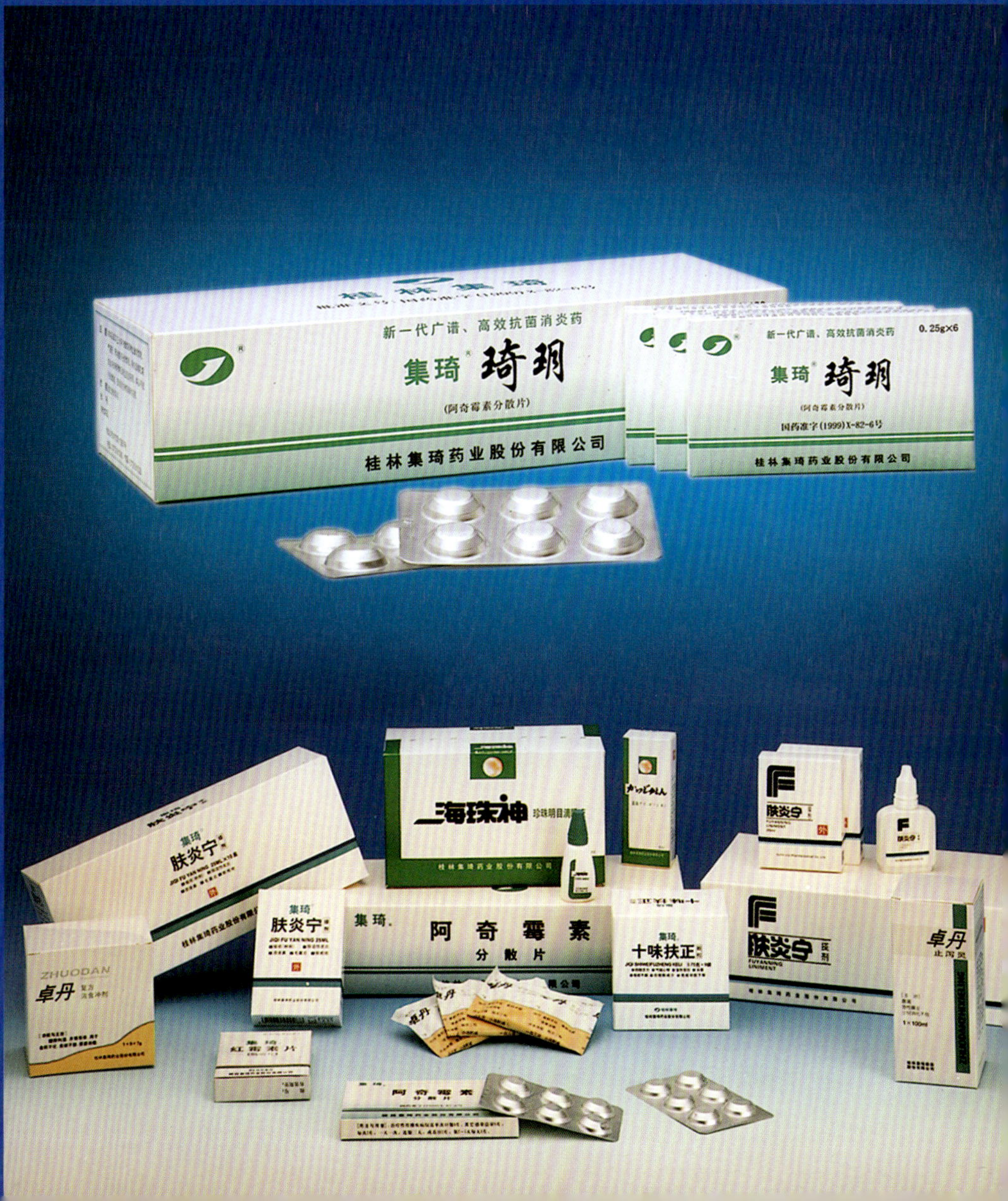

股票简称：桂林集琦

股票代码：0750

公司法定代表人：刘及响

地址：广西壮族自治区桂林市育才路55号

邮编：541004

网址：http://www.guilinjiqi.com

电话：(0773)5812938转8166

传真：(0773)5815328

北京天鸿宝业房地产股份有限公司

北京天鸿宝业房地产股份有限公司是经北京市经济体制改革委员会京体改字（93）第128号文《关于批准设立北京宝业房地产股份有限公司的批复》批准，由北京市房地产开发经营总公司（1998年9月，北京市房地产开发经营总公司更名为北京天鸿集团公司，即天鸿集团）、北京华澳房产有限公司、北京市房屋建筑设计院共同发起并拟向其他社会法人和内部职工定向募集股份设立的股份有限公司。1996年12月24日，经北京市人民政府批准，公司由原以定向募集方式设立的股份有限公司重新确定为以发起方式设立的股份有限公司，并于1996年12月31日在北京市工商行政管理局重新登记注册。目前，公司股东为天鸿集团、海南宝华实业股份有限公司、北京市房地产开发经营深圳公司、京华房产有限公司、北京宝华饭店、北京市房屋建筑设计院及北京宝信实业发展公司等7家单位。

公司原名为北京宝业房地产股份有限公司，2000年4月经公司股东大会批准更名为北京天鸿宝业房地产股份有限公司，并于2000年5月26日在北京市工商行政管理局办理了变更手续。公司自成立以来，充分利用股份有限公司的经营管理优势，先后开发建设了回龙观（龙华园）小区、恩济庄二区北工程（定慧东里1、2、3号楼）、曙光花园小区等适合工薪阶层的文、教、卫系统及企事业单位职工的住宅项目。公司开发的恩济庄二区北工程2号楼（定慧东里3号楼）于1996年被评为北京市“长城杯”奖工程，曙光花园于2000年3月被中国建筑文化中心、房地产世界杂志社入选“跨世界最佳住宅环境和最佳住宅房型”。2000年1月曙光花园小区荣获第六届首都建筑设计汇报展“城市绿化规划设计奖”。

目前，本公司职工人数为48人。经营范围：房地产开发、商品房销售；建筑工程咨询；室内外装饰装璜；技术开发、技术服务；销售自行开发的产品；购销建筑材料、化工轻工材料、工艺美术品、家具、机械电器设备（汽车除外）、五金交电、纺织品、百货、计算机软硬件、日用杂品；经贸信息咨询；劳务服务。本公司主要从事房地产的开发与经营，具体为商品住宅小区的开发建设，包括商品房、经济适用房、普通办公楼、商业设施以及土地等的开发与销售。

经中国证监会核准，2001年1月15日，本公司在上海证券交易所公开发行4，000万股社会公众股，发行价格为10．40元／股。公司募集资金的计划用途：1、曙光花园小区二期工程建设项目。曙光花园二期工程，位于本公司正在开发的一期工程的东部，规划总建筑面积21．03万平方米，其中住宅建筑面积19．58万平方米，由乙区12座高层塔楼及配套设施组成。2、回龙观文化居住区后期D05、D06建设项目。D05、D06项目以经济适用房开发建设为主，土地取得方式为政府划拨，占地27公顷，总建筑面积39．91万平方米，其中住宅32．48万平方米。

地址：北京市东城区安定门外大街183号京宝花园二层　　电话：010－64256268　　传真：010－64256258

北海新力实业股份有限公司

公司董事长：刘凤堂

公司总经理：王焕良

北海新力公司以经营北海港码头业务为主，下属第一、二港务公司及中国北海外轮代理公司、货运公司、铁路货运公司、引航公司、客运公司、集装箱公司等专业公司。经营范围有码头装卸、集装箱运输、铁路运输、外轮代理、外轮理货、仓储，同时兼营房地产开发、商贸、旅游、机械加工修理、航舶修理等业务。拥有生产性码头9个，其中万吨级泊位2个，2万吨级泊位1个(集装箱专用码头)，3.5万吨级泊位1个，拥有堆场面积38万平方米，仓库面积5.2万平方米，拥有进港铁路专用线3条，直通码头前沿。港口设计年吞吐量为204万吨。

1999年初，北海新力实业股份有限公司顺利实现了重组，中国华能集团公司受让北海新力的40%国有股权，成为北海新力的第一大股东。北海新力公司现任董事长刘凤堂，常务副董事长、总经理王焕良。新一届领导班子带领港口全体员工，以"服务大西南，发展桂新力"为已任，精诚团结，开拓进取，为把北海港建设成为大西南重要的商贸港口而努力奋斗。

为迎接WTO的到来和西部大开发，北海新力公司正加快港口建设步伐，计划近期实施的第三期工程含深水泊位4个，其中万吨级泊位1个，2万吨级泊位2个，3.5万吨级泊位1个，新增吞吐能力达230万吨。三期工程竣工投产后，北海港年吞吐能力将达到438万吨以上。北海新力公司以人为本，锐意改革，正以规范的管理，热情的服务，积极投入到西部大开发的热潮中。

公司港区一角

公司港区一角

地址：广西北海市海角路145号

电话：(0779)3922229　3922219

传真：(0779)3906387

邮编：536000

广东韶钢松山股份有限公司

SGIS Songshan Co., Ltd.

董事长：曾德新

广东韶钢松山股份有限公司是经广东省人民政府批准，由广东省韶关钢铁集团有限公司独家发起，以其下属的铁、钢、材九个生产厂为主体，采用募集方式设立的股份有限公司。

经中国证监会批准，本公司于1997年4月21日向社会公开发行8000万股人民币普通股，公司于4月29日登记注册。同年5月8日，公司股票“韶钢松山”在深交所挂牌上市交易。1998年7月和2000年7月，经中国证监会批准，本公司实施了两次增资配股，总股本从32000万股增加到44720万股，其中上市流动股13520万股。

本公司是以钢铁生产为主业的上市公司，现已具备年产钢150万吨以上的生产能力，公司的三大系列产品：线材、棒材、中板均按国际或国内先进标准生产，畅销全国十多个省、市、自治区，并批量出口。公司1997年通过ISO9002质量体系认证，6—12mmA、B级造船钢板先后通过了中、美、德、英、日、法、挪威等七国船级社工厂认可。

股票简称：韶钢松山　股票代码：0717
公司法定代表人：曾德新　总经理：黄旭明
地址：广东省韶关市曲江县马坝　邮编：512123
电话：(0751)8787265　传真：(0751)8787676

催人奋进的韶钢

勇创一流的棒材生产厂

产品畅销国内外的中板生产线

福建水泥股份有限公司

地址：福建省福州市杨桥路118号宏杨新城建福大厦　邮编：350001　电话：(0591)7527300

福建水泥股份有限公司系于1992年11月经福建省体改委批准，由原企业福建水泥厂改制而成。公司现为国家大型建材水泥生产企业，是国家重点扶持发展的520家重点骨干企业之一。1993年公司首次向社会公众和社会法人单位发行人民币普通股票5585万股，1994年1月3日，公司股票在上海证券交易所挂牌上市。

公司炼石水泥厂全景

公司经营范围为：建筑材料制造及技术服务、工业生产资料、汽车货物运输、柴油车总成大修；投资宾馆、旅游、房地产；物业管理等。公司现有建福水泥厂、炼石水泥厂两个旋窑水泥生产厂、及投资管理分公司、物业管理分公司、销售分公司、采购分公司、技术开发中心等分支机构。并拥有常州金源房地产开发有限公司、莆田建福大厦有限公司、厦门建福散装水泥运输有限公司、永安市福泥汽车运输有限公司、永安市建福设备安装维修有限公司等五个控股子公司及在福州、厦门等地设有建福散装水泥联合公司。公司现有员工4413人。主导产品"建福牌"、"炼石牌"525#、425#普通硅酸盐水泥为部优、省优产品，产品市场信誉好，深受广大用户欢迎。截止1999年12月31日，公司总资产136493.18万元，净资产67960.45万元，总股本25235.5495万股。1999年度，公司生产水泥213.5万吨，主营业务收入59324.46万元、主营业务利润18211.96万元、实现净利润7523.29万元。

公司办公大楼

多年来公司经营业绩一直名列全国同行业前矛，先后荣获"中国500家最佳效益工业企业"、"中国工业企业综合评价最优500家企业"、"中国股票上市公司综合经济实力百强企业"、"中国最大300家股份制企业"、"全国建材行业经济效益十佳企业"、"全国同行业十佳民族品牌企业"、"全国利税总额行业排序十强企业"、"福建省300家最大工业企业行业榜首企业"等荣誉称号。

多年的磨练形成了公司"求实争胜，不断超越"的企业精神，激励公司上下不断开拓进取。近年来，通过不断技改、加大科技投入，成功研制了425＃复合水泥，被确认为国内首创新产品；公司技术开发中心通过合作研究，成功开发了无烟煤煅烧水泥熟料新技术，该项技术只有少数国家掌握我国尚属首创，通过利用该技术，降低了生产成本，极大提高了经济效益。通过加大治理投入，公司所属生产厂先后获得省环境保护先进企业和全国环境保护先进企业称号。在新的世纪里，公司将以"一业为主，多种经营的战略方向，实现中国建材行业最有竞争力的多元化经营企业集团"。公司庄严承诺："用我们的产品和服务，构筑二十一世纪人类更加美好的生活空间"。

公司三号窑技改顺利完成、点火试生产成功

公司董事长：丁仕达，男，1948年6月生，江西临川市人，高级经济师，管理学博士。1967年7月参加工作，历任福建省连城县副县长，龙岩地区经委副主任、主任，中共上杭县委书记，中共龙岩地委委员、龙岩市委书记、福建省建材工业总公司党组书记、总经理。现任福建省建材（控股）有限责任公司董事长，福建水泥股份有限公司董事长，福建省企业家协会第四届理事会副理事长，中国社会科学院青年经济社会科学院研究中心研究员，中国科联经济发展研究中心研究员，国家人事部专家顾问委员。几年来，先后主编《实用农村经济管理》一书，撰写的《发展壮大村级集体经济》、《农业经济产业化》、《论收入分配的合理性》、《从有效需求及社会经济因素影响对劳动就业的理性分析》、《日本农业经营现状与发展逻辑研究》、《福建省农村人力资源与剩余劳动力转移》、《有效需求不足条件下，保证经济增长对财政货币政策的理性选择》等三十多篇有较高价值的论文在国家和省级刊物上发表。

公司总经理：盖小健，男，1951年10月生，山东省东营市人，大学学历，经济师。曾任龙岩地区水泥厂技术员、车间主任、副厂长、永定县副县长，龙岩市建材工业公司总经理，现任福建省建材（控股）有限责任公司董事，福建水泥股份有限公司总经理。

栏 目 协 办

西藏天路交通股份有限公司

第一编

专　论

86/108

专　论

国民经济和社会发展统计公报

国家统计局

1999年，面对复杂的国际国内政治经济环境，全国各族人民在党中央、国务院的正确领导下，认真贯彻落实以扩大内需为主的一系列方针政策，克服各种困难，集中精力抓好经济建设，努力加强精神文明建设，取得了经济和社会发展的新成就，实现了发展和改革的各项预期目标。

一、综　合

国民经济保持稳定增长。1999年国内生产总值为82054亿元，比上年增长7.1%。其中，第一产业增加值14212亿元，增长2.8%；第二产业增加值40806亿元，增长8.1%；第三产业增加值27036亿元，增长7.5%。全年社会劳动生产率11677元，比上年提高6.3%。

市场价格总水平继续下降。全年居民消费价格总水平比上年下降1.4%，多数商品价格低于上年水平。其中食品价格下降4.2%，衣着价格下降2.7%，家庭设备及用品价格下降2.3%，交通和通讯工具价格下降5.5%，服务项目价格则上升10.6%。全年社会商品零售价格总水平比上年下降3%。

劳动就业工作进一步加强。年末全国从业人员70586万人，比上年末增加629万人。其中城镇从业人员21014万人，增加336万人（城镇私营个体从业人员3940万人，增加708万人）。再就业工程取得新进展。1999年全年国有企业下岗职工新增564万人，通过多种途径使492万人实现了再就业，退休及自然死亡等减少32万人。年末全国国有企业下岗职工为650万人，比上年末增加40万人。年末城镇登记失业率为3.1%，与上年持平。

人民币汇率保持稳定，外汇储备继续增加。年末国家外汇储备达到1547亿美元，比上年末增加97亿美元。年末汇率8.2793元人民币兑1美元，比上年末低4个基本点。

国民经济和社会发展中存在的主要问题是：社会有效需求不足，经济结构不合理的矛盾仍很突出，社会就业压力增大，农民收入增长减缓。

二、农　业

1999年，农业生产继续全面发展，农作物种植业结构有所调整。

粮食产量基本稳定。全年粮食总产量达5.08亿吨，比上年减产397万吨，减产0.8%。其中，夏粮和早稻合计增产570万吨，秋粮由于入秋以后北方地区旱情较重，减产较多。

主要经济作物中，棉、糖、黄红麻减产，其他均增产。受播种面积调减因素的影响，全年棉花产量为383万吨，比上年减产14.9%；糖料产量为8400万吨，减产14.2%。油料、水果和茶叶等作物产量继续增长。全年油料产量2600万吨，比上年增长12.4%；水果产量6100万吨，增长11.9%；茶叶产量68万吨，增长2.3%。蔬菜种植面积持续增加，全年实际种植面积1311万公顷，比上年增长7%。

畜牧业和渔业继续增长。全年肉类总产量5953万吨，比上年增长4%；水产品产量4100万吨，增长5%。

植树造林取得新进展。全年完成造林面积480万公顷，同时，退耕还林（草）工作进一步得到重视。

农田水利建设进一步加强，大江大河治理工程进展顺利，农业防洪抗旱能力增强。

三、工业和建筑业

1999年，各方面认真贯彻落实中央关于国有企业改革和发展的一系列政策措施，国有企业改革和调整迈出较大的步伐，工业生产运行质量有所提高。

国有企业战略性改组取得了初步成效。重点行业组建了一批大企业集团，军工成立了包括核工业、航天、航空、船舶、兵器等十大集团，有色金属工业组建了铝、铜铅锌和稀有金属三大集团，信息产业四大集团正在组建之中；纺织、煤炭、冶金、军工等行业结构调整和重组的步伐加快；一部分符合条件的企业开始实行债权转股权，资产负债结构得到改善。

工业生产持续平稳增长。全年全部工业增加值35357亿元，比上年增长8.5%。其中，国有工业企业及年产品销售收入500万元以上的非国有工业企业（简称规模以上工业企业，下同）增加值20307亿元，增长8.9%。在规模以上工业中，国有及国有控股企业11603亿元，增长7.4%；集体企业3462亿元，增长7%；股份制企业2986亿元，增长11.2%；外商及港澳台投资企业4201亿元，增长12.9%；其他经济类型企业775亿元，增长13.3%。分轻重工业看，全年轻工业增加值8690亿元，增长8.3%；重工业增加值11617亿元，增长9.3%。

工业结构调整取得积极进展。煤炭行业关井压产取得成效，全年关闭非法和不合理小煤矿3.1万处，压缩乡镇煤炭产量2.5亿吨，完成了年初提出的关井压产目标。纺织行业累计压缩906万棉纺锭，提前一年基本达到压锭目标。冶金、建材、有色、石化等行业关闭了一批设备陈旧、技术落后、产品质量低劣和污染严重、高耗能的小企业。市场供大于求的一般消费品、部分机电产品生产增长有所减缓。同时，发展和增产了一批国内紧缺的产品，特别是高科技产业发展明显加快。微型电子计算机、移动通信设备、程控交换机等生产比上年增长12

－43.6％。

产销衔接状况有所改善。全年规模以上工业产品销售率97.16％，比上年提高0.56个百分点。工业新产品产值比上年增长12.1％。

工业经济效益明显改善。在价格持续下降的情况下，全年规模以上工业企业实现销售收入67535亿元，比上年增长10.2％；企业盈亏相抵实现利润2202亿元，增长52％；亏损企业亏损额1300亿元，下降15.2％。工业企业经济效益综合指数99.3，比上年提高8.4个百分点。国有工业企业扭亏增盈工作出现了转折性变化，一批国有大中型亏损企业摆脱了困境，纺织、建材、有色、铁路、民航等行业实现了扭亏为盈，东北三省等一些老工业基地的国有大中型工业企业摆脱了持续多年的亏损状态。1999年，全国国有及国有控股企业盈亏相抵实现利润967亿元，比上年增长77.7％，是近5年来的最好水平；亏损企业亏损额851亿元，下降15.9％；年末产成品库存为3441亿元，比上年末增长2.2％。但是，1999年工业企业经济效益的改善带有一定的恢复性，一部分企业的效益还不理想，亏损企业的亏损额仍然比较大。

建筑业生产平稳增长，经济效益进一步好转。全社会建筑业完成增加值5450亿元，比上年增长4.6％。全国四级及四级以上建筑业企业实现利润121亿元，增长3.4％；税金总额322亿元，增长6.7％。施工房屋面积14.1亿平方米，比上年增加3877万平方米；竣工房屋面积6.7亿平方米，增加1501万平方米。建筑业亏损企业个数9221个，比上年减少391个。

地质勘查工作取得较好成绩。全年完成1:5万区域地质调查11.3万平方公里。新发现矿产185处。有41种矿产新增探明储量，其中石油6.6亿吨，天然气927亿立方米，原煤4亿吨。地质勘查完成机械岩心钻探工作量335万米。

四、固定资产投资

1999年，在国家继续实施积极财政政策、增发长期国债、增加投入的推动下，固定资产投资总体上继续保持增长趋势。全年全社会固定资产投资29876亿元，比上年增长5.2％。分经济类型看，国有及其他经济类型投资21719亿元，增长6.1％；集体经济投资4190亿元，与上年持平；居民个人投资3967亿元，增长6％。分投资管理渠道看，基本建设投资12619亿元，增长5.9％；更新改造投资4419亿元，下降2.2％；房地产开发投资4010亿元，增长11％。城市基础设施和居民住宅建设均有新的进展，农村电网改造取得积极成效。

投资结构继续改善。在国有及其它经济类型投资中，第一产业（含水利业）完成投资804亿元，比上年增长22.6％；第二产业完成投资7167亿元，下降0.9％；第三产业完成投资13748亿元，增长9.3％。

全国基本建设投资新增主要生产能力有：原煤开采2070万吨/年，大中型发电机组容量1703万千瓦，11万伏以上变电设备能力（含11万伏）6646万千伏安，其中城乡电网改造3234万千伏安，原油开采1618万吨/年，天然气开采24亿立方米/年，新建铁路主线正线交付运营里程1040公里，增建铁路复线交付运营里程1293公里，电气化铁路607公里，新建高速公路2672公里，新（扩）建万吨级港口码头年吞吐能力1869万吨，全国2002个县（市）进行了农村电网的改造，投产线路35.7万公里。

五、教育和科学技术

1999年，各级各类教育获得较大发展。高等教育招生大幅增长，高校管理体制改革取得重大进展；高等职业教育迈出发展步伐，普通高中招生增长较多。同时，素质教育、义务教育和扫盲教育稳步推进，学前教育、特殊教育受到重视；各级各类职业技术教育发展良好；社会力量办学继续发展。

全年普通高等学校招生160万人，比上年增招51万人，在校生413万人；成人高等学校招生116万人，在校生306万人。全国研究生培养单位招生9万人，增招2万人，在校生23万人。全国普通高中招生396万人，增招37万人，在校生1050万人；各类中等职业技术教育学校招生481万人，在校生1443万人。全国初中学校招生2183万人，在校生5812万人，初中入学率达88.5％。小学招生2030万人，在校生13548万人，小学学龄儿童入学率达99.1％。特殊教育学校招生5万人，在校生37万人。幼儿园在园幼儿2326万人。全国各类成人技术培训学校培训学员10157万人次。全国扫除文盲299万人。

1999年，国家进一步加大科教兴国战略的实施力度，推进技术创新，发展高科技，加快了科技产业化步伐。

科学研究和技术创新取得新进展。年末全国从事科技活动人员271万人，其中科学家和工程师150万人。全国科技活动经费支出总额为1250亿元，比上年增长10.8％。全年国家组织了663项重点技术创新项目和1329项重点新产品试产，完成了26项重大技术装备的研制及鉴定验收。全年共取得省部级以上重大科技成果2.95万项，获国家奖励的成果602项。全年4次成功发射卫星。特别是成功发射了第一艘自行研制的“神舟”号宇宙飞船，标志着我国发展载人航天事业迈出了重要一步。全年受理国内外专利申请134240件，授权专利100154件，分别比上年增长10％和47.5％。

质量、标准化、计量建设和天气预报等项服务进一步加强。全国共有产品质量检验机构5500个，其中国家检测中心229个；共有法定计量技术机构4393个，全年强制检定计量器具2168万台件；制定、修订国家标准900项，其中强制性国家标准172项，新制定477项；全国共有城乡天气预报警报服务网发射站点1118个，卫星云图接收站点277个；共有地震台站1285个，遥测台网28个；共有672个海洋观测、监测站点，共获得2086万组海洋数据。测绘部门公开出版地图1344种，图书310种。

六、交通和邮电业

交通运输和邮电通信继续稳定增长。1999年交通运输和邮电通信业完成增加值4460亿元，比上年增长9.3％。

全年各种运输方式完成货物运输周转量41170亿吨公里，比上年增长8.2％。其中，铁路12841亿吨公里，增长2.6％；公路5793亿吨公里，上升5.6％；水运21857亿吨公里，增长12.6％；民航42.3亿吨公里，增长26.5％。完成旅客运输周转量11250亿人公里，比上年增长5.7％。其中，铁路4131亿人公里，增长9.3％；公路6145亿人公里，增长3.4％；水运117.2亿人公里，下降2.5％；民航857亿人公里，增长7.1％。沿海主要港口完成货物吞吐量10.4亿吨，比上年增长13％。其中，外贸货物吞吐量3.8亿吨，比上年增长11.8％。

邮电业务总量完成3311亿元，比上年增长32.1％。全年新增局用交换机2300万门，总容量已达到1.6亿门。全国电话普及率达到13部/百人，比上年增加2.5部，其中城市电话普及率达到28.4部/百人，农村79.8％的行政村通了电话。移动电话用户达到3.5部/百人。全国计算机互联网络用户达到890万户。

七、国内贸易

1999年，在国家增加城镇中低收入居民收入、扩大消费信贷、取消一些限制消费的政策和银行连续下调利率等多种因素作用下，国内市场商品销售稳中趋活。全年社会消费品零售总额31135亿元，比上年增长6.8％(如果考虑价格下降因素，实际增长10.1％)。分城乡看，城市消费品零售额19092亿元，增长7.1％；县及县以下消费品零售额12043亿元，增长6.3％。分行业看，批发零售贸易业增长7.1％，餐饮业增长13.6％，其他行业增长3.3％。生产资料市场交易有所回升，全国限额以上批发零售贸易业生产资料销售总额9392亿元，比上年增长7.8％。各类商品交易市场成交活跃。

重点批发零售贸易企业经济效益仍然下降。全国1300家重点批发零售贸易企业商品销售收入净额3356亿元，比上年增长1％；全年实现利润总额12亿元，下降40％。

八、对外经济

1999年，由于国家采取了包括提高出口退税率在内的一系列鼓励出口的政策，加上亚洲金融危机国家和地区经济的逐步复苏，我国外贸出口转降为升。全年进出口总额3607亿美元，比上年增长11.3％。出口总额1949亿美元，增长6.1％，其中一般贸易出口增长6.6％，加工贸易出口增长6.1％。进口总额1658亿美元，增长18.2％。进出口相抵，贸易顺差291亿美元。出口产品结构有所调整，机电产品出口增长14.7％，占出口总额的比重由上年的36.5％上升到39.5％。分地区看，对非洲和亚洲的出口分别增长1.3％和4.5％，对欧洲、北美洲和大洋洲的出口分别增长6.1％、10.8％和16％，对拉丁美洲的出口下降1％。

外商直接投资下降。全年批准外商直接投资项目17100个，比上年下降13.8％；外商直接投资实际到位资金404亿美元，下降11.4％。

对外承包工程、劳务合作和设计咨询业务继续保持增长。全年签约130亿美元，比上年增长10.4％；完成营业额112亿美元，增长10.9％；年末在外劳务人员38万人，比上年末增加3万人。

国际旅游发展较快。全年入境游客人数7280万人次，比上年增长14.7％，其中过夜旅游者2704万人次，增长8％。入境游客中，外国游客843万人次，增长18.6％；港、澳、台胞6426万人次，增长14.2％。国际旅游外汇收入141亿美元，增长11.9％。

九、金融、证券和保险业

1999年，中国人民银行努力发挥货币政策的作用，采取降低利率和下调存款准备金率等措施，适当增加货币供应量，实现了年初确定的金融调控目标，积极支持了国民经济的发展。

货币供应量适度增长，货币流动性有所增强。根据国内金融机构人民币口径统计，年末广义货币(M2)为119898亿元，比上年末增长14.7％；狭义货币(M1)为45837亿元，增长17.7％；市场现金流通量(M0)为13456亿元，增加2251亿元，增长20.1％。存贷款稳定增加。全部金融机构各项存款余额108779亿元，比上年末增加13162亿元，增长13.7％。其中，企业存款余额37182亿元，增长14.5％；城乡居民储蓄存款余额59622亿元，增长11.6％，储蓄分流有所加快。各项贷款余额93734亿元，按可比口径计算，增长12.5％。其中，中长期贷款余额23968亿元，增长15.7％。

证券市场进一步规范、发展。全年在上海、深圳证券交易所发行A股98只，配股117只，共筹资877亿元，比上年增加103亿元；发行B股、H股共吸引外资6.1亿美元；发行A股可转换债券15亿元。全年通过发行、配售股票共筹集资金941亿元，比上年增长12％。年末境内上市公司(A、B、H股)数量由上年末的876家增加到976家，市价总值达到26471亿元，比上年末增长36％。全年共发行国债3715亿元，比上年增加404亿元。

保险事业不断发展壮大。全年保费收入1393亿元(含外资机构)，比上年增长10.2％。其中，财产险保费收入521亿元，寿险保费收入768亿元，健康险和意外伤害险保费收入104亿元。支付各类赔款及给付510亿元，其中财产险和短期人身险赔款318亿元，寿险给付192亿元。

十、文化、卫生和体育

文化事业较快发展。1999年末全国共有艺术表演团体2614个，文化馆2899个，公共图书馆2765个，博物馆1371个。广播综合人口覆盖率90.4％，电视综合人口覆盖率91.6％。全国有线电视用户7700万户。全年出版全国性和省级报纸201亿份，各类杂志29亿册，图书73亿册(张)。年末全国共有档案馆3733个，已开放各类档案4009万卷(件)。

卫生事业不断进步。年末全国共有卫生机构(含诊所)31万个，床位316万张，卫生技术人员446万人。全国共有卫生防疫、防治机构5900个，卫生技术人员22万人。妇幼保健机构2630个，卫生技术人员7.3万人。农村有医疗点的村数占总村数的90％，乡村医生和卫生员133万人。

体育事业稳步推进。在国内外的各项比赛中，我国运动健儿获得了92个世界冠军；16人50次创24项世界纪录。10人16次创7项亚洲记录；43人3队68次创52项全国记录。全民健身活动进一步开展。

十一、环境保护

1999年，环境保护工作进一步加强，环保事业加快发展。

年末全国环境保护系统共有11.6万人，各级环境监测站2111个，环境监测人员3.6万人。自然保护工作取得了新的成就，生态示范区建设试点单位总数已达154个；全国自然保护区达到1146个，其中国家级自然保护区达到137个；自然保护区总面积8813万公顷，占国土总面积的8.8％。环境法制建设取得新进展，执法力度进一步加大。到年末，已制定各类环境保护标准426项。年内设立的建设项目环境影响评价制度执行率达90.5％，当年投产的建设项目中，建有防治污染设施的占95％。全年完成环境污染限期治理项目12010个，总投资71亿元。全国536个城市建成了2364个烟尘控制区，面积达1.6万平方公里；431个城市中建成了2040个环境噪声达标区，面积达8975平方公里。

重点流域和区域污染防治工作继续推进。对滇池流域日排废水100吨以上的144家排污企业进行了限期治理，全流域共投入治理资金近3亿元。对巢湖流域日排废水100吨以上的109家排污企业进行了限期治理，全流域共投入治理资金2.23亿元。滇池和巢湖已基本实现全流域工业污染源达标排放的目标，水质有所好转。

污染物总量控制计划与跨世纪绿色工程规划的实施工作有序进行。至1999年11月底，已竣工项目525个，累计完成投资额680.4亿元。

但是，全国环境形势依然严峻，突出表现在生活和农业污染仍较严重，生态破坏的范围继续扩大，局部地区的破坏程度还在加剧。

十二、人口与人民生活

人口自然增长率继续下降。1999 年全国出生人口 1909 万人，出生率为 15.23‰；死亡人口 810 万人，死亡率为 6.46‰；全年净增人口 1099 万人，自然增长率为 8.77‰，比上年下降 0.76 个千分点。年末全国总人口为 125909 万人。其中，城镇人口 38892 万人，占 30.9%；乡村人口 87017 万人，占 69.1%。0—14 岁人口比重为 25.4%，15—64 岁人口比重为 67.7%，65 岁以上老年人口比重为 6.9%，老年人口达到 8687 万人。平均每户家庭人口为 3.58 人。

城乡居民生活水平继续提高。由于国家提高了国有企业下岗职工基本生活保障制度、失业保险制度和城镇居民最低生活保障制度“三条保障线”水平，适当增加了行政、事业人员的工资，使城镇居民收入水平明显提高。全年全国城镇居民人均可支配收入 5854 元，考虑价格下降因素，比上年实际增长 9.3%。农村扶贫攻坚工作取得新成绩，全年又有 800 万贫困人口脱贫。由于供求关系变化，农产品卖难，价格持续下跌，加上乡镇企业效益下降，农民收入增长减缓。全年农村居民人均纯收入 2210 元（其中，现金收入 1538 元），考虑价格下降因素，实际增长 3.8%，增幅比上年低 0.5 个百分点。居民住房条件继续改善。全年城镇竣工住宅面积 5 亿平方米，农村竣工住宅面积 8.7 亿平方米。旅游成为居民新的消费时尚，全年全国出游 71900 万人次，比上年增长 3.6%；人均旅游消费支出为 227 元。

社会保障事业巩固提高。年末 93 %的国有企业下岗职工进入再就业服务中心，其中 90%领到了基本生活费；全国有 9433 万职工和 2900 多万离退休人员参加了基本养老保险；有 9912 万人参加了失业保险；有 2100 万职工和离退休人员参加了大病医疗费用统筹和离退休人员医疗费用统筹，部分地区已进行了基本医疗保险制度改革。

社会福利事业有新的发展。年末全国各类社会福利院床位达 108 万张，收养 81 万人。城镇建立起各种社区服务设施 18 万个，其中社区服务中心 6572 个。全国 667 个城市、1682 个县已全部建立最低生活保障制度，共有 525.7 万人得到最低生活保障救济。全年销售社会福利彩票 91 亿元，筹集社会福利资金 20 亿元，接收社会捐赠 6 亿元。

注：1. 本公报为初步统计数。

2. 香港和澳门特别行政区统计数据未包括在本公报中，分别由香港和澳门特别行政区政府发布。

3. 各项统计数据未包括台湾省。

4. 国内生产总值、各产业增加值绝对数按现价计算，增长速度按可比价格计算。

附表 1：1999 年工农业主要产品产量

产品名称	计量单位	绝对数	比上年增长%
一、农产品产量			
粮食	亿吨	5.08	—0.8
油料	万吨	2600	12.4
花生	万吨	1270	6.8
油菜籽	万吨	1000	20.5
棉花	万吨	383	—14.9
黄红麻	万吨	17	—31.5
甘蔗	万吨	7480	—10.4
甜菜	万吨	920	—36.4
烤烟	万吨	220	5.4
茶叶	万吨	68	2.3
水果	万吨	6100	11.9
肉类总产量	万吨	5953	4.0
水产品产量	万吨	4100	5.0
二、工业产品产量			
纱	万吨	567	4.6
布	亿米	250	3.7
化纤	万吨	600	17.6
糖	万吨	861	4.2
卷烟	万箱	3340	—1.0
彩色电视机	万台	4262	21.9
家用电冰箱	万台	1210	14.1
能源生产总量	亿吨标准煤	11.0	—11.3
原煤	亿吨	10.45	—16.4
原油	亿吨	1.6	—0.1
发电量	亿千瓦小时	12393	6.2
钢	万吨	12426	7.5
钢材	万吨	12057	12.3
十种有色金属	万吨	680	10.6
水泥	亿吨	5.73	6.9
木材	万立方米	5049	—11.1
硫酸	万吨	2356	8.5
纯碱	万吨	766	3.0
乙烯	万吨	435	14.9
化肥（折 100%）	万吨	3251	8.0
化学农药（折 100%）	万吨	62.5	11.8
发电设备	万千瓦	1369	—14.9
汽车	万辆	185	13.5
轿车	万辆	57.1	12.6
拖拉机	万台	6.54	—3.5
集成电路	亿块	41.5	53.6
程控交换机	万线	4726	12.0
移动通信设备	万部(信道)	3203	44.6
微型电子计算机	万部	405	39.0

附表 2：市场价格变动情况

类别	指数（上年＝100）1998 年	1999 年
全国居民消费价格	99.2	98.6
城市	99.4	98.7
36 个大中城市	99.7	99.2
农村	99.0	98.5
食品	96.8	95.8
粮食	96.9	96.9
肉禽及其制品	90.9	90.7
蛋品	101.7	90.9
水产品	93.9	93.3
鲜菜	99.9	100.7
衣着	99.2	97.3
家庭设备及用品	98.4	97.7

医疗保健用品	102.8	100.9	全国商品零售价格	97.4	97.0
交通和通讯工具	95.8	94.5	城市	97.4	97.0
娱乐教育文化用品	96.6	96.8	36个大中城市	97.1	97.0
居住商品	101.7	101.7	农村	97.6	97.1
服务项目	110.1	110.6			

（国家统计局）

关于财政税收工作问题

江泽民

省部级主要领导干部集中一段时间，就改革和发展的一些重大问题进行专题研讨，是中央为增强高级干部在新形势下贯彻落实党的路线方针政策和管理经济社会的本领而采取的有效举措。去年年初，我们举办了金融研讨班，这次又举办了财税专题研讨班，这对提高我们领导工作的能力，很有益处。我们搞现代化建设，不可能什么知识都事先完全具备了再来干，很多方面是要边实践边学习，缺什么补什么，哪方面知识不够就加强哪方面。我们的本事只能从学习中来，从实践中来。下面，我想就我国财政税收工作问题讲点意见。

财政，是国家的一项重要职能，是国家政权活动的一个重要方面。财税政策，是国家宏观调控的一个主要手段。财力的强弱，对国家的强盛和安全会产生重大影响。雄厚的财政实力，是一个国家强大、稳定、安全的重要体现，也是推动经济发展和社会进步的重要保证。在我国，建立稳固、平衡、强大的财政，制定和实施正确的财税政策，努力做好财税工作，是我们全面推进改革开放和现代化建设，实现跨世纪发展宏伟目标和中华民族全面振兴的必然要求。

我们党历来重视财政工作在革命、建设、改革中的作用。新中国成立初期，我们迅速统一了全国财政经济工作，为新生的人民政权提供了有力的经济保证。当时我们实施了区别对待的税收政策，为实现对生产资料所有制的社会主义改造创造了重要条件。同时，从第一个五年计划开始，中央集中财力对一大批重点建设项目进行投入，在较短的时期内就在旧中国留下的"一穷二白"的落后基础上，建立起了独立的、比较完整的工业体系和国民经济体系。在新中国成立初期那种百废待兴和受到西方帝国主义严密封锁、包围的情况下，如果不能集中财力、物力、人力办一些大事情，要迅速医治长期战争的创伤，使国民经济和各项建设迅速发展起来，是不能想象的。改革开放以来，我们对国家财税体制进行了重大改革。这主要表现在：财政管理体制突破了过去高度集中、统收统支的供给型管理模式，初步建立起合理划分收支、财权与事权相结合的分税分级财政体制；改变了计划经济条件下单一的税制结构，建立了以增值税为主体、消费税和营业税为补充的新型流转税制度，完善了所得税制度；实行了政企分开，企业成为市场主体，逐步理顺了国家和企业的分配关系；改变了长期以来按所有制、行业和部门设置财务会计制度的做法，实行了新的企业财务通则和企业会计准则；打破平均主义"大锅饭"，坚持效率优先、兼顾公平，确立了按劳分配为主体的多种分配方式；努力拓展国内外融资渠道，积极开展对外合作，充分利用国内外一切可用的财力为我国经济建设和社会发展服务；综合运用预算、税收、国债、补贴、转移支付等财税政策工具调控经济运行，加强了财政宏观调控功能。总之，经过20年的努力，我们已初步建立了适应发展社会主义市场经济要求的财税体制基本框架，财政改革和发展取得了明显的成效。

随着我国经济的发展和财税体制改革的深化，财政收入稳定增长，国家财力逐步壮大。财政对国家建设的保障能力的不断提高，有力地促进了国民经济和社会各项事业的发展，支持了国家重大改革开放措施的出台和重要方针政策的实施，促进了人民生活水平的提高，也为我们战胜各种困难和风险提供了重要的物质基础。

财政是一个经济范畴，又是一个政治范畴，事关治国安邦、强国富民。亚当·斯密在《国富论》中称财政为"庶政之母"。宋代的苏辙说过："财者，为国之命而万事之本。国之所以存亡，事之所以成败，常必由之。"我国封建时代的当政者就十分重视财政的作用，战国时期的商鞅变法、北宋的王安石变法、明代的张居正改革等，都把财政改革作为一个主要内容，各个朝代的更替，往往与财政的强弱有密切关系。历史经验告诉人们，雄厚的财政实力和正确的财政政策，对一个国家的发展繁荣和长治久安具有十分重大的意义。当然，一个国家的财政状况如何，最终要取决于这个国家的经济发展和政治状况，如果政治动荡，经济衰退，它的财政也就无从谈起了。

西方发达国家一直都很重视财税职能的运用，常常通过财税手段来落实它们维护资产阶级统治的稳定和安全的政策。许多西方经济学家也承认，市场并非万应灵丹，也存在"市场不灵"的现象，没有一种经济能够完全依照"看不见的手"办事。在西方国家实行资本主义市场经济以来，不断产生污染、失业和贫富两极分化，因而它们的政府不得不承担提高效率、调节收入分配以及促进宏观经济的稳定与增长的职能。而这些职能很大程度上就是通过财税政策、货币政策来实现的。

我国是社会主义国家，要推进建设有中国特色社会主义的伟大事业，要不断提高全国各族人民的物质文化生活水平，要维护社会稳定和国家的经济、国防安全，必须努力建立强大的国家财政。我们发展社会主义市场经济，一定要充分发挥市场对资源配置的基础性作用。同时也要看到，我国市场体系的发展还不完善，市场本身又存在一些难以克服的缺陷，因此我们必须努力健全宏观调控体系，善于正确运用包括预算、税收、转移支付等在内的财政手段，发挥其在资源配置、收入分配、调控经济、监督管理上的重要职能作用，以促进我国经济的健康发展和社会的全面进步。

各级干部特别是高中级干部，都要学习财税知识，熟悉财政政策、财政法规和财政业务，牢固树立为人民当家理财的思想，不断提高领导和管理经济工作的本领。

要实现经济体制和经济增长方式的根本性转变，走出一条速度较快、效益较好、整体素质不断提高的经济社会协调发展的路子，必须适应发展社会主义市场经济的要求，进一步深化财税改革，做好财税工作。

第一，财税工作不仅要算经济账，还要算政治账、社会账。毛泽东同志曾经指出："国家的预算是一个重大的问题，里面反映着整个国家的政策，因为它规定政府活动的范围和方向。"1954年，邓小平同志在任政务院副总理兼财政部长时也明确指出：财政工作一定要有财有政，切不可有财无政。要懂得数字中有政策，决定数字就是决定政策。数目字包含轻重缓急，哪个事该办，哪个事不该办，这是一个政治性的问题。总的看，衡量财税工作做得好不好的根本标准，就是要看是否有利于我国社会主义市场经济的发展和社会主义制度的巩固，是否有利于维护好、实现好和发展好广大人民群众的根本利益，是否有利于维护国家统一和安全、促进民族团结和社会稳定。做好财税工作，不仅要算经济账，同时要算政治账、社会账，不仅要算眼前账，还要算长远账。算经济账还要注意把账算活，就是说不能光算死账，还要算活账。只算死账，财政工作是很难做好的，就可能把它搞死了，就会直接影响财政支出的经济政治社会效果，影响经济社会的发展，影响财源的扩大和国家财力的增强。

当然，要重视算政治账、社会账，绝不是说不要注重算经济账，不要注重讲求经济效益和效率，而是说要从政治的高度和整个经济社会发展的高度，去确定财税工作的总目标、总方向，并依此全面而充分地发挥财税的职能作用，使之更好地服务于国家改革、发展、稳定的大局。

这里，可以举几个方面的例子来说说。通过规范的财政转移支付促进地区经济协调发展，实施西部大开发战略，对于保持和发展边疆民族地区安定团结的大好局面，对于为全国经济的发展提供更广阔的资源和市场，对于最终实现全体人民的共同富裕，都是十分必要的。做好这项工作，不仅有重大的经济意义，而且有重大的政治意义。国家拿出一部分财政收入来保证国有企业下岗职工的基本生活和再就业，不仅是落实党的全心全意为人民服务的宗旨的要求，也是为改革和建设的继续发展创造稳定的社会环境的需要。对于亚非拉的发展中国家，我们与它们发展经济技术合作，有些项目从短期看可能效益不大，有些还需要给点无偿的援助。广大发展中国家是我们在国际上反对霸权主义和强权政治的主要依靠力量，帮助它们开发利用丰富资源和潜在市场，不仅可以促进它们的发展，对我国经济的长远发展也是很有利的。诸如此类的问题，都应全面深入地从政治上、战略上加以思考。我们做财税、金融、外贸等各方面经济工作的同志，都要站得高一些，看得远一些，努力算好经济和政治两本账，这样才能为我国经济社会的持续发展提供重要的保证。

第二，要坚持"一是吃饭，二要建设"的原则。我们国家还不富裕，人口又很多，在财政支出的安排上，"一是吃饭，二要建设"这个原则，更要自觉地坚持。"民以食为天"，人总要先解决衣食住行的基本需要，才能干别的事；先要生存，然后才能发展；先要维持人的再生产能力，才能进行社会的再生产。这是马克思主义唯物论的最基本的道理。但要深刻地理解它并坚持贯彻好，并不容易。我们有些领导干部就常常忘记这个最基本的道理，把本来是用于保障和改善人民生活的钱挪作他用，去搞什么"政绩工程"，不知道人是首先要吃饭的，这不是在闹笑话和干蠢事吗？

我们的财政工作必须坚持量力而行、量入为出、勤俭节约、开源节流，有所为，有所不为。但是，有些地方热衷于上项目、铺摊子，大兴土木，不顾财力可能，或要求财政担保举债，或挤占、挪用别的专项资金，影响了政府工作的正常运转和社会稳定。当前，一些地方拖欠工资的问题十分突出，必须引起各级党委和政府的高度注意。这个问题，今天我们在这里郑重提出来，请各级党委和政府在认真调查研究的基础上，抓紧研究解决的办法。

还有，一些地方和基层党政机关机构膨胀、人员超编严重，也必须引起我们的高度重视。一些人违反党和国家的政策，把自己的亲朋好友塞进党政机关，都来吃"财政饭"，结果使当地绝大部分的财政资金用在了人头费上，不仅造成财政入不敷出，坐吃山空，而且导致歪风邪气屡禁不止，加重群众的负担，引起群众的不满。古人说："生财有大道。生之者众，食之者寡，为之者疾，用之者舒，则财恒足矣。"就是说，从事生产的人要多，财政供养的人要少，谋划生产的人要勤奋，用财的人要节俭，财富才会富足。如果事情相反，"生之者寡，食之者众"，必然难以为继。对一些地方和基层党政机关冗员过多的问题，一定要下大气力加以解决。对违反党和国家的有关政策规定滥招滥收造成严重后果的，必须依照法纪严肃处理。我们一定要通过机构改革，坚决精简多余的人员。关键是要通过调整结构、发展经济，为精简出来的公务人员找到新的工作和就业出路，否则精简难以成功。县、乡两级机关富余的人员，可以循着农村产业化经营的路子，组织他们去搞各种形式的产前、产中、产后服务，这既可以为千家万户的农民提供服务，引导他们走向社会主义市场经济的大市场，提高农民分户经营的水平，增加农民的收入，又可以为县、乡两级公务员开辟更为广阔的发挥自己才能的工作途径和生活出路。还可以从中选一些政治素质好、文化水平较高的青年去充实农村基层组织和学校。现在有不少的县和乡已经这样做了，要注意总结推广他们的好经验。

第三，要逐步解决"两个比重"的问题。党的十五大根据我国改革和发展的要求，提出了集中财力，振兴国家财政，逐步提高财政收入占国内生产总值的比重、中央财政收入占全国财政收入的比重的目标和任务。我国有12.5亿人口，幅员辽阔，各地条件千差万别，区域经济发展水平很不平衡。要加快经济社会的发展，必须充分发挥中央和地方两个积极性。随着经济的增长，适当增加地方财政是必要的，但从整个国家来看，财力也不能过于分散。保持国民经济的整体发展，维护国家的统一、稳定和安全，中央必须掌握足够数量的经济资源，以利集中财力办一些必须办的大事情。马克思在《哥达纲领批判》中就指出，在未来的社会中，在社会总产品中，应该拿出一部分用于补偿消耗掉的生产资料部分、扩大再生产的部分，一般管理费用、学校和保健设施等共同需要的部分，用于应付不幸事故和自然灾害等的后备基金或保障基金，为丧失劳动能力的人等等设立基金。马克思说的未来社会是指共产主义社会，即使到了那个时候，马克思认为，也还要拿出一部分资源用于社会的管理和发展。经济是财政的基础，经济决定财政，而财政要促进和支持经济的发展，促进和支持社会的全面进步。各级领导干部都要正确认识和处理好财政与经济的辩证统一关系。我国正处在社会主义初级阶段，社会生产力水平和经济文化水平还不高，经济建设和社会各项事业的发展与国家财政供求之间的矛盾将长期存在，不可能一下子就完全解决。提高"两个比重"，要在经济发展的基础上逐步进行，使国家财力能够不断增强起来。我们实施积极的财政政策、加强基础设施建设，支持农业基础建设和生态环境建设，支持经济结构调整，加快高新技术产业的发展，改造老工业基地和传统产业，支持地区经济协调发展和实施西部大开发战略，实施科教兴国战略和可持续发展战略，建立社会保障体系，都需要相应增加投入，都需要国家财政的支持。我国自然灾害频繁，也需要中央财政掌握相当规模的后备财力。当今世界，天下并不太平。为了维护国家安全和祖国领土完整，我们必须加强国防建设。因此，国家集中尽可能多一些的财力，是完全必要的，而且此事要有紧迫感。

当前，首先要做好财税秩序的整顿工作，努力把按照国家政策法规规定该集中的财力管好、用好。现在财政秩序还存在一些混乱现象，例如大量资金通过预算外、体制外渠道流失，部门用自收自支等办法参与财政分配，乱收费、乱罚款、搞各种摊派和私设"小金库"等现象相当普遍，有些地方随意越权减免税或搞先征后返。这些现象的存在，不仅影响中央和地方政府的正常财政收入，影响财政宏观调控职能作用的发挥和全国的政令统一，而且也为贪污腐败行为的发生提供了土壤和条件。因此，必须强化财政的分配职能作用，加强财税秩序，规范政府分配行为，加快税费改革。要通过继续深化财税改革，建立起完整统一的财税体系，扩大政府的收入来源，还要加强财税管理，做到应收尽收，杜绝人为的收入损失，合理安排财政资金，注重使用效益，反对铺张浪费，提倡勤俭节约。这个问题处理好了，国家财政职能就可以更好地发挥作用，还会对党风和社会风气的根本好转、铲除滋生腐败活动的土壤起到积极的作用。

第四，坚持依法理财，依法治税。财税法律法规，是规范经济秩序、调节收入分配、实施经济监督的重要法律和制度。我们在预算、税收、国有资产管理、财务、会计等方面，已经制定了一系列法律法规，各地区、各部门必须坚决贯彻执行。要严肃国家的财经纪律，加强税收执法力度，坚决杜绝财税工作中的违法违纪行为和不规范的现象。要加强纳税人的法制观念和依法纳税意识，采取有效措施解决欠税问题，坚决打击各种偷税、骗税和暴力抗税行为。绝不允许搞以言代法、以权代法、越权减免税。同时，要进一步加强财税法制建设，建立起完善的、运行有序的财税法规体系，真正做到依法行政、依法理财、依法治税。

要规范社会初次分配，提高各项收入的透明度。要继续深化税收改革，加强税收征管工作。完善税制，调整税率。加强对个人过高收入的调节，加大个人所得税的征收力度。限制畸形消费，反对挥霍公款。同时，要把税收政策与支持发展、培养税源结合起来。要注意防止一些地方在征税过程中随意采取一些不适当的做法而影响企业和经济的发展。在现代科技日益发展的情况下，税收征管必须积极采用现代化的科技手段，以利提高税收征管的质量和水平。

财税干部的思想政治素质和业务素质如何，直接关系到国家财税工作的质量和财税政策的落实，也关系到党和国家其他政策措施的落实，因此必须不断加强队伍建设。财税干部要始终坚持正确的政治方向，增强贯彻落实党和国家方针政策的自觉性、坚定性；要牢固树立为人民理财、做人民公仆的观念，求真务实，勤奋工作，一身正气，廉洁奉公；要善于从党和国家的全局出发看待和做好财税工作；要紧密结合国内外形势的发展和财税工作的实际，深入研究财政经济中的重大问题，为各级党政领导的决策做好服务。各级党委和政府要高度重视财税干部队伍建设工作，从思想上、制度上、管理上采取得力措施，努力造就一支政治过硬、业务熟练、作风优良的财税干部队伍。

从严治政　全面加强管理

朱镕基

1999年，在错综复杂的国内外环境下，我国改革开放和现代化建设继续全面推进，各条战线都取得了新的成绩，实现了预定的工作目标。总体形势是好的，有些方面比预料的还要好。主要标志是：经济增长质量和效益提高，国有企业改革和脱困取得重要进展，科技教育和社会事业全面发展，城乡人民生活继续改善，社会主义精神文明和民主法制建设进一步加强，社会保持稳定。这些成绩的取得，是以江泽民同志为核心的党中央统揽全局、正确领导的结果，是全国上下认真贯彻中央关于进一步扩大内需的决策和一系列方针政策、共同奋斗的结果。

中央关于改革和发展的大政方针已经明确，国家的一些主要法律法规也已经公布，国务院对今年的政府工作也有了具体部署。要把这些真正落到实处，实现各项目标，必须付出极大的努力，其中关键的一点是一定要切实从严治政，在全面加强管理上下功夫。

管理是一个老话题，但还必须大讲特讲。因为我国在管理方面的问题还远没有解决。这里说的管理，包括加强监督和进行整顿。不仅企业要加强管理，工业、农业、财税、金融、贸易、科技、教育、文化、卫生等各行各业都要加强管理。政府机关更要突出抓好管理，进一步转换职能，转变工作方式和作风，大力提高服务水平和工作效率。只有各方面在加强科学管理上下大功夫、真功夫、硬功夫，向管理要效率、要质量、要效益，才能真正贯彻落实好中央的方针政策和各项改革措施，促进经济和社会事业健康发展。

全面加强管理是当务之急。目前，生产、建设、流通以及其他各个领域普遍存在着的管理松懈、纪律松弛、制度形同虚设、工作秩序混乱的现象，严重影响到中央方针政策的贯彻落实，阻碍着各项改革的顺利推进，已到非下决心整治不可的时候了。更要看到，我国加入世界贸易组织以后，对外开放将进入新的阶段，我们面临着日趋激烈的国际竞争，既有良好的机遇，也面临严峻的挑战。如果不在管理上高标准、严要求，就难以提高我国经济的竞争力和抗风险能力。因此无论是认真贯彻落实既定的方针、政策和措施，还是适应形势发展的需要，我们都要有紧迫感，狠抓管理，尽快取得明显成效。

首先，要切实加强企业的科学管理。我国国有企业改革和发展没有轻巧的道路可走，必须老老实实地改善和加强经营管理，建立一套现代企业制度。否则，就难以适应市场经济的要求。国有企业一定要围绕建立现代企业制度，实现改革和脱困的目标，眼睛向内，从严治企。加强企业的科学管理，要重点抓好以财务成本管理和质量管理为中心的各项管理。在推进政企分开的同时，抓紧做好国有大中型企业监事会和总会计师的委派工作，切实加强对国有企业的监管。要进一步整顿企业领导班子，特别要选择一些德才兼备的年轻干部充实到企业领导班子里面去。前一段时间，重大安全事故时有发生，根子也在管理不严。因此，必须高度重视和切实加强安全生产管理，及时消除事故隐患。

其次，要突出抓好财经管理，严肃财税和金融纪律。这主要包括：坚持依法治税，维护税法的统一性和权威性；加强预算外资金管理，认真实行执收执罚部门"收支两条线"的管理办法；继续清理和整顿各种名目的乱收费、乱罚款、乱摊派，特别是要清理整顿农村、企业、教育等方面的"三乱"。银行、证券、保险系统的从严管理和监督十分重要，要切实加强金融机构的外部监管和内部监控。中国人民银行要抓紧研究全面考核商业银行的办法，制定一套科学的指标体系，对各个商业银行的经营状况作出正确评价，以真正落实责任制，做到奖惩严明。要大力整饬社会信用，严格结算纪律。国有大中型企业和重点金融机构设立监事会的工作要抓紧进行，监事会由国务院统一派驻，监事会对国务院负责，并代表国务院对国有资产质量和保值增值状况实施监督。认真清理和整顿经济鉴证类社会中介机构，切实解决"乱办、乱管、乱执业"等突出问题。有关部门对这项工作已作出部署，应当抓紧认真做好。搞好这些管理，要更好地发挥行政监察和审计部门的监督作用。

第三，进一步整顿、规范流通和建筑领域秩序，强化市场监管。目前，我国流通领域中的各种违法活动仍较严重，有些是屡禁不止，严重影响和干扰了社会主义市场经济的正常发展和运行。因此，要依法严厉打击制售假冒伪劣商品、走私贩私和其他商业欺诈等违法活动，绝不手软。同时，坚决制止各种分割、封锁市场的地方保护主义和不正当竞争行为，保证正常的公平竞争的市场秩序，促进全国统一市场的建立。现在，建筑领域的问题相当严重，非大力整顿不可。要健全和规范有形建筑市场，严肃查处建设单位规避招标或搞假招标的行为，坚决制止勘察、设计、施工、监理等单位转包工程和违法分包的做法。今年要在整顿建筑市场方面取得明显成效。要加强对建设工程全方位、全过程的监督管理，确保建设工程质量。建设单位、勘察单位、设计单位、施工单位、工程监理单位都要对建设工程质量负责，对违反工程质量规定的，必须坚决依法惩处。

在全面加强管理上下大功夫，务必要大力整章建制，标本兼治，建立健全严格的责任制。不依规矩，无以成方圆，必须做到有章可循，有章必循，违章必究。这样，各项管理也才能落到实处。加强管理，最重要的是要以对党和人民高度负责的精神，敢于坚持原则，敢于碰硬。要反对庸俗作风、好人主义。否则，强化管理就只会成为一句空话。

江泽民同志在中央纪委第四次全体会议上强调："治国必先治党，治党务必从严"。我们一定要认真贯彻江泽民同志重要讲话的精神，把加强廉政建设和反腐败斗争作为从严治政的一项重要内容来抓，促进全面管理的加强和深入。加强廉政建设，惩治腐败，事关国家兴衰。政府一定要廉洁、勤政、务实、高效，并把廉洁放在第一位。首先是廉政，其次才是勤政，没有这两点，就根本对不起人民。没有廉政，也就谈不上勤政、务实、高效。今年要加大工作力度，全面贯彻《廉政准则》，继续执行"约法三章"和"五项要求"。我们的政府是人民的政府，人民政府的根本职责是全心全意为人民服务，廉洁从政是最起码的要求。古人早就说过："政者，正也；子帅以正，孰敢不正"。各级政府机关和每个工作人员，都要做到清正廉明，恪尽职守，不辜负人民的殷切期望。

反腐倡廉也必须从严格加强管理抓起。腐败现象之所以屡禁不止，一个重要原因，就是有些部门、单位对干部失于教育，失于管理，失于监督。必须进一步深化行政管理体制改革，强化监督制约机制，严格执行各项法律和规章制度，从源头上预防和治理腐败。

把加强和改善企业管理提到突出位置

吴邦国

党中央、国务院历来十分重视加强企业管理工作。党的十五届四中全会《决定》有相当的篇幅，强调加强和改善企业管理。江总书记、朱镕基总理都反复强调了加强管理的重要性。我们要进一步统一思想，提高认识，认真贯彻执行党中央、国务院关于深化国有企业改革，加强企业管理的一系列方针政策，从严治企，苦练内功，使企业管理工作跃上一个新台阶。

一、认清国有企业改革和发展面临的形势，提高加强企业管理的自觉性

为什么要把加强和改善企业管理提到突出位置？可以从以下三个方面来认识：

（一）加强企业管理，是国有企业改革发展形势的客观要求。关于国有企业改革和发展的形势，去年 11 月，我在全国经贸工作会议上讲了两句话：第一句话是形势是好的；第二句话是改革中的一些深层次矛盾集中暴露了出来，部分企业生产经营困难加剧，部分职工生活水平下降。

去年，国有及国有控股工业企业实现利润 967 亿元，这是实行分税制以来的最好水平，比前年增长 77.7%。从地区看，31 个省（区、市）中，有 27 个省（区、市）效益好于上年；东北三省整体扭亏为盈，这对其他省（区、市）国有企业改革和脱困工作是个很大的推动。从行业看，除军工、煤炭外，其他行业效益都有较大提高。纺织行业提前一年实现整体脱困目标，军工、煤炭行业也遏制住了效益下滑的势头。去年全国 GDP 增长 7.1%，工业企业是作出了贡献的。今年开局也不错，1—2 月，全国工业增加值增长 10.4%，出口增长 41.2%，利润增长 183%，国有及国有控股工业企业实现利润 155 亿元，同比增长 7.7 倍。2 月份生产资料价格扭转了连续 46 个月下降的势头。国有企业改革和发展的良好势头，增强了我们实现国有企业改革和脱困三年目标的信心。

同时，我们也要清醒地看到，多年积累的一些深层次矛盾现在都集中暴露出来了。过去搞计划经济，企业过不下去政府就让利，让利再不行就让税，再不行还有亏损补贴。在市场经济条件下，这种做法就不行了，优胜劣汰机制开始发挥作用，出现了好企业更好、困难企业更困难的"两极分化"现象。但是，一些资不抵债、扭亏无望的企业，由于社会保障体系不健全，职工再就业难，又不能及时退出市场。这是在国有企业改革和发展中绕不过去而又必须解决的问题。

另外，我们还要看到，去年全国国有及国有控股工业企业效益好，除自身努力外，与国家政策支持也是分不开的。去年国有及国有控股工业企业实现的967亿元利润，确确实实有一部分是政策因素带来的，而今后这些政策因素的增利空间将会减少，实现国有企业改革和脱困三年目标，任务相当艰巨。

（二）加强企业管理，是保证中央各项政策措施贯彻落实的迫切需要。中央关于国有企业改革和发展的大政方针已经明确，并制定了一系列政策措施，特别是增加核销银行呆坏账准备金，实行债转股，加大技改贴息力度，提高直接融资比重等，为推进国有企业改革和发展创造了良好条件。要保证中央的政策措施真正得以贯彻落实，当务之急是“严”字当头，强化管理。当前突出的问题是一些企业经营管理者观念没有转变，企业机制转换滞后，不重视练内功，管理薄弱。无论是债转股也好，兼并破产也好，包括职工下岗安置和再就业、发放离退休职工养老金等问题，一些企业连最基础的统计工作都做不好，账目是一天一个样，变来变去，经不起检查。有的债转股企业的账，副厂长讲不清楚，厂长也讲不清楚，总会计师还是讲不清楚。

技术改造也有一个管理跟不上的问题。技术改造不能搞成变相重复建设、变相扩大生产能力。技术改造一定要以“品种、质量、效益”为中心，不能以产量为中心。但是，本行业、本企业同国外先进水平的差距到底在什么地方？市场的前景如何？投资能否回收？这些最基本的问题，往往心中无数。这些都说明，如果管理不上去，好的政策措施也不能发挥应有的效应，达不到应有的目的。

（三）加强企业管理，是应对新的国际经济形势挑战的重要措施。我国加入世贸组织，对国有企业既是发展机遇，也是严峻挑战。就中美之间达成的“入世”协议而论，将对我国产生如下影响：一是到2005年，个别到2008年，工业品关税平均降到9.44%，平均降幅为42.6%，轿车的关税要降到25%。二是加入世贸组织后5年内要取消配额、许可证、特定招标等非关税保护措施。目前我国非关税措施涉及的385种产品，主要是汽车及零部件、石化、机械行业中竞争力弱的产品。三是加入世贸组织后3年放开流通领域国内经营权和进出口经营权，取消外资设立分销企业的地区、数量和股比限制。这就是我国加入世贸组织面临的形势。如大家最关心的轿车行业，全国现有整车厂120家，年产量超过万辆的仅12家，零部件厂1700多家，生产集中度低。就合资企业而言，我国合资汽车厂年人均轿车产量不足10辆，而国外都在40辆以上。从技术开发来讲，我国现在生产的20种车型全部是引进的，没有一种车型是自己开发的。从价格来讲，国产排气量1.6—2.0升的轿车比国外价格高30%，这还不包括车辆购置费等其他费用，3.0升的轿车比国外价格高40%。加入世贸组织对我国的轿车工业冲击将是很大的。另外，我国的钢材、成品油、合成材料、化肥、轮胎、重大装备等，加入世贸组织后都会受到冲击。市场需求好的冷轧板、不锈钢板、模具钢、冷轧硅钢片、石油管的生产，在我国还刚刚起步，每年还需要大量进口。我国自己生产的中高档润滑油仅占65%，而且比发达国家低2—3个档次；化纤差别化率只有20%，国外在45%以上；轮胎子午化率仅30%，国外在85%以上，发达国家为100%；主要机械产品达到世界先进水平的仅有5%，等等。这就是我国工业的现状。加入世贸组织后，国有企业将直接面对世界跨国公司的激烈竞争，企业产品结构不合理、开发能力不强、管理落后的问题，将更加明显地显露出来。我们只有几年的时间，如果不珍惜这段时间，不在管理上下功夫，加入世贸组织后将会有一批企业被淘汰，这是我们不愿看到的情况。

从以上三个方面的分析，可以得出这样一个结论：我们必须把工作的重点和立足点真正放到加强管理上来，全面加强企业管理，苦练内功，把各项政策措施落到实处，切实提高企业的竞争能力、技术创新能力和抗风险能力。只有这样，国有企业才能适应形势发展的要求，才能把改革和发展不断推向前进。

二、按照建立现代企业制度的要求，实现管理体制和机制创新

实现企业管理体制和机制创新，是社会主义市场经济条件下必须解决的问题，也是建立现代企业制度的重要内容。今年召开的全国九届人大二次会议通过的《政府工作报告》强调，要突出抓好企业管理体制改革、转换企业经营机制和完善法人治理结构，并明确了5个方面的工作：一是加强和改善对国有大中型企业的稽察和监督，加强企业领导班子建设；二是进一步完善企业集团对所属子公司的管理，构建符合现代企业制度要求的母子公司体制；三是深化企业劳动、人事、分配等项制度改革，建立企业激励、约束机制；四是改善企业负债结构，推进国有经济战略性调整；五是推进股份制改革，实现股权多元化。也就是说，抓管理很重要的内容是要抓好管理体制和管理机制的改革。

（一）关于企业集团管理体制问题。企业集团是我国国民经济的重要支柱，关系到国计民生。但我国企业集团的形成，相当一部分是先有“儿子”再有“老子”，组建带有很浓的行政色彩，有的是由行政性公司翻牌而来的，当然也有按照市场经济要求，以资本为纽带及产品生产协作等方面的需要形成的，但大部分是前两种。前两种方式组建的集团普遍存在以下两个问题。

一个问题是多级法人，管理层次太多。有一家集团公司，子子孙孙公司有700多个，这怎么管。还有一家集团公司，分公司有118家，其中91家未纳入会计报表，连家底都搞不清，怎么能管好。这样的集团公司普遍存在“集而不团”、“母不认子”、监管不力的问题，但却要承担相应的经济责任。

另一个问题是主营业务不突出。什么都干，什么都干不好，没有突出的、有竞争力的业务，大锅饭的管理体制往往造成好的企业被差的企业拖垮，差的靠好的救济，整个集团公司竞争力被削弱。原德国的赫斯特公司，本是搞化工的，后转向搞生命科学，为突出核心业务，把原来下属最赚钱的公司都卖掉了，去年又与法国一家公司合并，改名为安万特公司，保持在生命科学中的领先地位。国外并购并不都是甩包袱，有许多是把很赚钱的企业也卖掉，再通过并购扩大主业，达到资产的优化重组。去年韩国的经济增长达到10.2%，其重要原因是接受亚洲金融危机的教训，对企业管理体制进行改革，主要是两条：一是减少管理层次，二是突出主营业务，增强竞争力。如，现代集团原有公司63个，去年减少到30个；三星集团原有公司65个，去年减少到40个；LG集团原有公司53个，去年减少到30个。我国企业要建立现代企业制度，增强竞争力，首先要解决的也是管理体制问题，必须在管理体制、管理机制上做文章。不走这一步，要想真正建立现代企业制度，提高竞争力是很难的。中国石油天然气集团公司重组上市，将原有155万职工，分离出去105万，同时还要减少管理层次，突出主业，把辅助性的业务分离出去。中国石油的重组改制工作克

服了许多困难，是很不容易的，但与国外公司相比还有不少差距。当然，每个企业、每个行业的情况不同，要分析研究，区别对待。

（二）关于加强对国有企业的监管问题。对国有企业的监管仍然是当前管理工作的一个薄弱环节。前两年，国家试行了稽察特派员制度，最近国务院发布了《国有企业监事会暂行条例》，这是加强对国有企业监管的重要措施。从稽察情况看，国有企业总体上是好的，但也确实存在一些突出问题，主要有：一是会计信息普遍失真。二是重大决策失误，领导个人说了算，损失严重。三是盲目投资，投资决策缺少程序，缺少分析。四是管理混乱，转移资金，挪用资金，侵吞国有资产。这不能不引起我们的重视，也说明了监管的必要性。对国有企业不是要不要监管，而是必须加强监管。

加强对国有资产监管是建立现代企业制度要解决的重要问题之一。监管本身是一种约束机制，同时也是对经营者的爱护，建立约束机制，企业经营者不容易犯错误；没有这种机制，失去监管，就会出问题。有的企业原来是不错的，后来垮掉了，一个重要原因就是企业个别领导人在缺乏监管的情况下，乱来、胡来，有的甚至走上犯罪道路。当然，从总体上看，我们大多数国有企业经营管理者是好的，是有事业心的，工作也是勤勤恳恳的，为企业的发展是做出了贡献的，但也确实有一些国有企业经营管理者以权谋私。天津市工委有一份调查材料，列举了企业经营管理者以权谋私的几种情况：一是将本企业盈利业务交给亲属经营；二是向亲属办的企业高价购进产品，低价卖出产品，吃里扒外；三是以优惠条件，甚至无偿向亲属办的企业提供人员、物资、资金、设备等；四是以正品当次品处理给亲属办的企业，以正品购入亲属办的企业的不合格产品。所以说，讲加强对国有企业的监管，要特别强调加强对企业经营管理者的监管。江总书记说过，上梁不正下梁歪，中梁不正倒下来，讲的也是这个道理。

作为企业经营管理者，除了自觉地接受监管外，自己要切实做到以下几点：一是不能个人说了算，决策要有程序，要按程序进行，权力不能不受制约；二是要任人唯贤，用人要坚持原则，要公正，要实行亲友回避制度；三是要遵纪守法。

加强对国有企业的监管，除了加强对企业经营管理者的监管外，还必须建立健全一系列的企业内部监督制度。比如，企业总会计师制度。总会计师除了要对企业、对上级负责，还必须对国家的法律法规负责，要有职业道德，要勇于和敢于对一些违法违纪行为进行抵制，决不能参与做假账。再比如，企业重大决策失误责任追究制度。对违背科学程序，擅自作主，造成重大决策失误的，必须严肃追究责任。还有经营管理者离任审计制度、年度审计制度等，都要真正建立健全起来并严格执行，防止搞形式主义，走过场。

三、加强企业内部管理，在严字上下功夫

加强企业内部管理，很重要的就是要从严治企，苦练内功。对于这个问题，《政府工作报告》也作了全面、具体阐述，归纳起来，主要有以下几个方面：一是着力抓好成本管理、资金管理和质量管理等薄弱环节；二是制定正确的企业发展战略、技术创新战略和市场营销战略；三是健全企业民主管理制度，实行厂务公开；四是加强基础管理工作，严禁弄虚作假；五是切实加强安全生产，及时消除事故隐患。

加强企业内部管理要突出一个“严”字，要动真格的。目前不少企业不重视内部管理。加强企业内部管理，要会管、敢管，这是对一个经理（厂长）最起码的要求，不会管、不敢管的经理（厂长）是不合格的经理（厂长）。国有企业“家大业大”，尽管困难不少，但潜力很大。就是邯钢这样管得好的企业，内部都还有潜力可挖。邯钢1997年至1999年连续三年效益居冶金行业第二，1999年可比产品成本又下降近3亿元。邯钢的品种不比别人多，基本上是大路货，设备并不比别人先进，靠什么，讲穿了还是靠严格管理、靠苦练内功。邯钢能做到的，其他企业也应当能做到。这些年凡是真正下决心学邯钢的，确实都尝到了甜头。亚星集团实行比价采购制度，五年来使亚星集团采购成本下降近亿元，说明企业的潜力是很大的。现在有的企业的采购人员，在物资采购方面做手脚，舍贱求贵，舍近求远，舍好求次，名堂很多。这些都是漏洞，也是产生腐败的温床，只要堵一堵、挖一挖、管一管，既可以防止滋生腐败，又能带来可观的经济效益。当前，在加强企业内部管理中要首先抓好以下四项工作。

（一）要在国有及国有控股企业普遍开展强化管理、提高效益活动。要认认真真地抓好企业管理工作。抓管理不能搞形式主义，不是为应付检查抓管理，不是为写报告抓管理。每个企业都要结合实际，认真分析研究，到底自己的薄弱环节在哪里，到底自己应该抓什么、怎么抓，应该建立健全哪些规章制度，从而提出切实可行的改进管理的措施，要在管理的薄弱环节上有所突破，通过努力，使企业管理工作跃上一个新台阶。

（二）企业要编好、用好资产负债表、损益表和现金流量表。资产负债表、损益表和现金流量表“三张表”，反映了企业的生产经营情况，是指导企业搞好生产经营的重要依据。现在，企业一般都有“三张表”，但不规范，随意性很大，没有严格按要求编制。另一方面，有些企业经营管理者还不太会用“三张表”。企业的总会计师要组织企业财会人员，真实、及时、规范地编制好“三张表”，要一是一，二是二，亏就亏，盈就盈，决不允许做两本账，更不允许做假账。企业财务部门要依据“三张表”，向企业经营管理者及时提出有情况、有分析的意见和建议。企业经营管理者要能够依据“三张表”指导企业生产经营活动，不但要看得懂“三张表”，而且要能看出企业生产经营中的问题，拿得出加强管理、提高效益的措施。要通过抓编好、用好“三张表”的工作，确确实实加强企业财务管理。

（三）完善考核体系，进一步落实责任制，并与奖惩真正挂钩。各企业都要结合实际，抓紧完善成本、质量、安全等考核体系。要把考核指标做细，并结合落实责任制，把各项考核指标真正落实到班组、落实到人。要有要求、有检查、有考核，做到奖惩分明。

（四）下决心解决一些企业生产经营管理混乱的问题。现在有些企业生产经营管理混乱，“脏、乱、差”，“跑、冒、滴、漏”问题严重。解决生产经营管理混乱问题，是对一个企业最起码，也是最低的要求。我到过一些企业，他们在我去之前，都是专门打扫过的，在参观中往往我们临时改变计划，洋相就出来了，有些地方脏得下不了脚。这样的企业是不可能办好的。

（作者：中共中央政治局委员、国务院副总理）

继续实行稳健的货币政策

戴相龙

朱镕基总理在1999年九届人大二次会议政府工作报告中明确提出："要实行稳健的货币政策，适当增加货币供应量"。他在今年6月全国政协举办的"21世纪论坛"2000年会议开幕式讲话中，把执行积极的财政政策和稳健的货币政策作为推进宏观经济回升的最重要原因。最近，党中央和国务院在分析当前经济形势、部署下半年工作时，再次强调要继续实施稳健的货币政策。在1998年我国出现通货紧缩趋势的时候，为什么不提执行积极的货币政策，而是提出和执行稳健的货币政策？稳健的货币政策包括哪些内容？如何继续执行稳健的货币政策？这些都是国内外普遍关心的问题。

实行稳健的货币政策是一项正确的宏观决策

我国经济在经历了较长时期快速增长之后，90年代中后期，特别是1997年7月洲金融危机爆发后，出现了前所未有的重大变化。经济增长放慢，投资和消费增长趋缓，出口大幅回落，市场有效需求不足，物价出现连续负增长。简而言之，宏观经济发展出现了通货紧缩的趋势。针对这种状况，党中央、国务院及时采取了扩大内需的一系列重大方针政策，在财政方面明确提出实施积极的财政政策。在市场经济比较发达的国家，宏观经济调控的基本经验是，凡出现通货紧缩，一般都是在财政和货币方面同时实行扩张的政策。我国这次克服通货紧缩趋势，在财政方面明确提出和实行积极的财政政策，但是，在货币政策方面，没有相应提出实行积极的货币政策，而是提出和执行稳健的货币政策，适当增加货币供应量。实践证明，实行稳健的货币政策符合现阶段我国的国情，是一项正确的宏观决策。

一是因为我国货币供应存量和增量过多。1978—1999年，国内生产总值(GDP)年均增长9.7%，零售物价年均增长6.2%，广义货币(M2)年均增长23.6%，贷款年均增长20.6%，广义货币年均增长比经济增长与物价增长之和高出7.7个百分点。由于货币供应量多年高速增长，我国广义货币量(M2)对国内生产总值现价(GDP)的比值呈连续上升趋势，与世界上一些国家相比明显偏高。M2与GDP之比，1998年为1.31，1999年为1.46，而在1998年，印度为0.50，韩国为0.60，美国为0.67，日本为1.20。我国货币供应过多，有市场化程度迅速扩大的合理因素，但也有许多非经济增长的不合理因素。M2由存款货币和现金货币两部分组成，从中长期看，M2与GDP比率过高，说明国民经济整体效益差，全社会隐藏了很大的支付风险。在信用过分集中于银行和货币供应量增长明显偏快的情况下，如果过分扩张货币供给，就会激化潜在的金融风险，不利于宏观金融稳健运行。

二是企业特别是国有企业负债率过高，贷款有效需求不足。企业负债率过高和资本结构单一是我国经济发展中的一个突出问题。80年代初，我国国有企业资产负债率为25%左右，企业承受贷款能力较强，加上银行统一管理流动资金，导致贷款十多年大幅度增长。到90年代中后期，国有工业企业账面资产负债率为65%左右，如剔除账面无效资产，实际负债率在75%以上，少数行业出现资不抵债。另外，近年新开工的一些技改项目资本金普遍不足，资产负债率也较高。负债率过高使企业承受贷款的能力和抗御市场风险的能力大大减弱。这种情况下，如果采取过分扩张的货币政策，盲目增加贷款，势必造成新的呆坏账，加大化解金融风险的压力。

三是造成我国物价连续下跌的主要原因是经济结构失衡，而不是货币供应不足。1994年消费物价涨幅比1992年高出17.7个百分点，1997年后物价下降，与治理严重通货膨胀有很大关系。低水平重复建设和农产品库存增加等因素，造成国内大部分商品供过于求，也导致物价连续下降。当前，消费物价回升较快，零售物价回升较慢，其中一个原因是居民生活水平提高，消费结构有所改变。1997年到1999年，三年全国贷款增加3.3万亿元，占1999年底全部贷款的35.2%。在这种情况下，扩大有效需求，控制物价连续下降的着力点，应放在调整经济结构上，不宜提出和执行积极的货币政策，不宜过度扩大货币供应量。

稳健的货币政策发挥了重要作用

朱镕基总理在1999年《政府工作报告》中指出：实行稳健的货币政策，"既要坚持商业信贷原则，保证贷款质量，防范金融风险；又要努力改进金融服务，拓宽服务领域，运用信贷杠杆，促进扩大内需和增加出口，积极支持经济增长。"这是对稳健货币政策基本内涵的高度概括。总结近两年实行稳健的货币政策的工作实践，稳健的货币政策主要包含三方面内容。

一是根据扩大需求的方针，逐步适当增加货币供应量。中国人民银行1998年1月对商业银行取消贷款限额控制，由商业银行按信贷原则自主发放贷款。1998年和1999年先后两次累计下调法定存款准备金率7个百分点，按1999年末存款余额计算，相应增加金融机构可用资金7000多亿元，为商业银行购买国债、买政策性金融债和增加基础设施建设贷款提供了资金来源，为实行积极的财政政策创造了条件。从1996年6月以来连续7次降息，存款平均利率累计下调5.73个百分点，贷款平均利率累计下调6.42个百分点，减少企业利息支出2400亿元。降息提高了企业效益，支持了资本市场发展，降低了国债发行成本，启动了投资，促进了消费，抑制了通货紧缩趋势。1999年对金融机构再贷款增加1222亿元，有力支持了基础设施建设和农村经济发展。与此同时，中国人民银行通过拆借市场和公开市场，向社会适当投放资金。

二是及时制定信贷政策，引导贷款投向，促进经济结构调整。1998年以来，人民银行先后发布了有关增加消费信贷、中小企业和高新技术企业贷款、农业贷款以及股票质押贷款等一系列指导意见和管理办法。两年来，国有银行发放与国债使用项目配套的贷款已超过3200亿元。农业贷款逐年增加。到今年7月底，金融机构个人消费贷款余额2750亿元，比年初增加1073亿元，其中，个人住房贷款余额2297亿元，比年初增加867亿元，汽车、教育等其他消费贷款453亿元，比年初增加204亿元。非国有企业贷款占新增贷款比例已超过43%。

三是加强金融监管，执行金融稳定工作计划。加强金融监管，保持金融稳健运行，增强金融企业对货币政策的反应能力，是实施稳健货币政策的基础。为此，根据党中央、国务院的决策，人民银行认真执行了金融稳定工作计划。支持和配合财政部发行2700亿元特别国债，补充国有独资商业银行资本金，提高其资本充足率。组建信达、长城、东方、华融四家金融资产管理公司，收购从国有独资商业银行剥离出来的1万多亿元不良资产，并对4200多亿元贷款实行债转股，明显降低国有独资商业银行不良贷款的比例。全面整顿各类金融机构，帮助化解地方金融机构支付风险，维护债权人合法权益。加强金融监管，坚持信贷原则，从整体上看没有造成“惜贷”，相反促进了经济结构的调整。

实行稳健的货币政策对促进国民经济回升发挥了重要作用。货币供应量适度增长，货币流动性明显改善。1998年和1999年，广义货币分别增长15.3%和14.7%，狭义货币分别增长11.8%和17.7%，金融机构贷款分别增加11491亿元和10847亿元。今年上半年，金融机构贷款又增加6204亿元，比上年同期多增1972亿元。今年6月底，货币流动性(M1/M2)为0.38，与前两年相比明显提高。到今年6月底，城乡储蓄存款余额为62842亿元，比年初增加3487亿元，比去年同期少增加2318亿元。一部分城乡储蓄转入股市和购买物资，对促进投资和消费发挥了作用。到今年6月底，企业存款40740亿元，比年初增加3645亿元，比去年同期多增加2691亿元，反映企业支付能力明显提高。实行稳健的货币政策，也有力地帮助国有企业走出困境。其中，债转股4200多亿元，不但降低了企业负债率，每年还减少企业利息支出200多亿元；1998年到今年上半年，实际运用1143亿元呆账准备金，支持企业兼并破产。到今年6月底，外汇储备增加为1585.7亿美元，比1997年底增加186.8亿美元，人民币汇率保持稳定。

继续实行稳健的货币政策

经过三年的努力，我国已经克服亚洲金融危机带来的困难，经济发展出现了重要转机。面对上述情况，一方面，要看到经济回升基础不稳固，经济结构调整任务还十分艰巨，保持当前经济发展的良好势头，仍要继续执行积极的财政政策和稳健的货币政策；另一方面，又要看到人民银行再贷款增加较多，商业银行贷款加快，货币供应增长迅速上升所带来的问题。总的看，我国宏观经济发展处在稳定回升的时期。

针对上述分析，中国人民银行将认真贯彻落实党中央、国务院的各项部署，坚持扩大内需的方针，继续实行稳健的货币政策，及时调节货币供应量，积极引导信贷投向，大力支持经济结构调整，防范和化解金融风险，促进国民经济稳定回升。

一是落实已出台的各项货币政策措施。及时调节货币供应量，满足经济发展对货币供应的合理需求。目前，商业银行向中央银行交存存款准备金的比率和存贷利率水平，与宏观经济发展形势相适应，应保持稳定。引导金融机构调整信贷投向，对运用国债项目资金安排的固定资产投资，继续给予贷款支持；切实增加对中小企业和高新技术企业的贷款支持；继续增加农村、农业和农民的贷款，帮助农民增加收入，扩大对工业品的购买力；大力发展消费信贷。为改变企业过分依赖银行间接融资的局面，支持发展产业投资基金和多种形式的直接融资，促进企业通过多种途径增加资本金、优化资本结构。改进对西部大开发的金融服务，支持西部发展生态农业、基础设施和有竞争能力的优势产业。

二是加快发展货币市场，稳步推进利率市场化改革。发展包括同业拆借市场、债券市场和票据市场在内的货币市场。进一步完善银行间同业拆借和债券市场电子交易系统，开发金融债券、住房抵押债券等新的货币市场交易工具，增加银行间债券市场交易者数量，逐步沟通债券批发市场与零售市场。积极培育票据市场，使之逐步成为企业和银行进行短期资金融通的重要场所。为了更好地配置资源，促进经济结构调整，要稳步推进利率改革，建立以中央银行利率为基础、货币市场利率为中介，由市场供求决定金融机构存贷款利率水平的市场利率体系。外汇存贷款利率可按国际市场利率浮动；根据当地民间借贷和信用社资金余缺、利率管理水平，经过试点，进一步扩大农村信用社存贷款利率浮动幅度；逐步扩大城市金融机构贷款利率浮动幅度和范围，对一般存款利率仍然实行管制，对大额存款利率实行有弹性的管理。

三是逐步建立现代银行制度，完善货币政策传导机制。支持商业银行实行股份制改造，增加其资本金，提高其透明度。支持有条件的股份制商业银行上市，并把由中央银行推荐上市，改为商业银行申请上市，中央银行提供金融监管信息。支持国有独资商业银行按现代银行制度进行综合改革。

四是加强金融监管，完善金融监管体系。继续执行金融稳定工作计划。对金融企业的资产质量、盈亏、资本充足率、内控制度的真实性进行全面检查，严肃查处在新形势下的违法违规经营。大力支持银行发展中间业务。加强银行、证券、保险三大监管部门的合作，沟通信息，提高金融监管水平。

五是继续扩大金融对外开放。加强外汇管理，打击逃骗汇行为，保持国际收支平衡。完善人民币由市场供求决定的、有管理的浮动汇率制度，维护人民币汇率稳定。随着金融对外开放的进一步扩大，必须高度重视和正确处理本币与外币、利率与汇率之间的关系，认真实行人民币经常项下的可兑换，切实加强资本项目的管制，为今后推进资本项下可兑换工作进程创造条件。

(作者：中国人民银行行长)

国有商业银行如何充实资本

周小川

商业银行与一般工商业公司一样，应具有适当数量的自有资本金。经过二十多年的改革，我国经济体制正在从传统的集中型计划经济转变为社会主义市场经济。在这一改革进程中，商业银行在经济运行中的地位和作用得到大幅度提升，同时，国有商业银行的资本金的充实和积累显得跟不上经营规模的快速增长，出现了资本充实率偏低且达不到应有标准的状况。

党中央、国务院近年来采取了若干重大的改革和政策措施，使国有商业银行的资本充实率明显提高。第一，于1997年调低了国有商业银行的所得税税率，从55%的所得税外加

7%的调节税下调至一般工商业公司的33%的税率，从而提高了国有商业银行自我积累一部分资本金的能力。第二，1998年国家财政向工、农、中、建四家国有商业银行补充了2700亿元资本金，使国有商业银行的资本充实率有了显著提高。第三，1999年4月国家决定成立信达资产管理公司，同年10月又成立了华融、长城、东方三家资产管理公司，由它们接收相当一部分由于政策性贷款及在转轨期间所形成的不良资产，使国有商业银行减轻了核销和准备核销不良资产的资本负担。

尽管采取了上述举措，国有商业银行的资本充实率仍未达到国际上银行业认可的水平。短期内国有商业银行靠税后利润的自我积累能力也不足以弥补这种资本缺口。如何提高国有商业银行资本充实率，是当前需要研究和解决的一个重要问题。

资本充实率的标准和意义

国际上曾发生过多起商业银行在经营过程中由于资本金不足且又承担了过高经营风险而导致资不抵债、不得不破产清盘或伸手求助于政府的案例，最终使广大存款人受害，甚至产生无力偿债的连锁效应而危害整个经济。因此，国际上中央银行间的权威机构——国际清算银行于1988年专门通过了“关于统一国际银行资本衡量和资本标准的协议”，简称《巴塞尔协议》。该协议明确规定商业银行的资本充实率应以资本对风险加权总资产之比来衡量，该比率不应低于8%。此后又增加了有关度量的细节和进一步要求银行减低风险的补充协议。所谓风险加权总资产，是指对银行资产加以分类，根据不同类别资产的风险性质而制定不同的风险系数，以这种风险系数为权重求得的总资产。即在特定的资产总量的情况下，如果承担的风险偏大，就需要更多的资本金才能达到8%的资本充实率标准。

我国是国际清算银行成员国，中国人民银行也签署了上述协议，表明我国的中央银行认同这一资本充实率标准，并将用这一标准监管国内的各类商业银行。尽管签字国的有些银行尚达不到8%的资本充实率标准，但对该协议的认同表明该国将采取积极有效的措施，尽快促使有关银行达到这一标准。我国在1995年颁布的《中华人民共和国商业银行法》中就有资本充实率不得低于8%的规定。中国人民银行“九五”时期金融工作规则明确要求国有商业银行的资本充实率应在2000年达到《巴塞尔协议》规定的8%。

有些人可能会对这一标准持有疑问，从我个人的理解来看，可以从以下几个方面认识这一标准的重要性。

1. 资本充实率的高低代表着商业银行应付金融风险能力的高低，而金融风险在市场经济的多变环境中是客观存在的，在经济全球化和科技快速进步的进程中是不易准确预测的。资本金的多少，决定了银行的实力和支付、清偿能力，它不仅可以保证银行经营活动的正常运行，而且可以应付偶发性资金短缺，从而维护存款人的正当利益和公众对银行的信心。

2. 一家好的银行不仅要谋求自我发展，更要有充分的自我约束，而资本充实率正是这种约束，即一定规模的资本金只能经营一定规模的业务量。市场经济中有许多企业正是由于过度谋求发展，承担了过大的风险而失败的。银行与一般的工商企业不同，直接涉及公众利益，出现支付风险会在社会上产生广泛的连锁反应，对经济的危害性极大。因此，对银行业谨慎经营的约束比其他行业要更为严格。

3. 我国经济的开放程度已很高，国有商业银行承担着大量与国际贸易、国际资本流动有关的业务活动，与国际上的金融机构往来频繁。随着我国加入WTO进程的加快，国内金融服务业也将出现本国银行与外资银行之间竞争更加激烈的局面。资本充实率对一家银行的国际活动、国际地位有很大影响，国际评级机构也把资本充实率作为银行评级的重要尺度，从而会在很大程度上影响一家银行的国际金融活动能力。这些因素最终均将影响我国国有商业银行的竞争力以及公众对它们的信心。

4. 随着商业银行数量的增加，金融监管机构需要使用统一的监管尺度，这既有利于公平竞争，又有利于加强监管。如果没有统一的尺度，则易于出现监管力度的任意性和一对一讨价还价的状况。

总之，经济的全球化趋势和中国的改革开放，使得保证资本充实率达到标准不仅是国际银行业间的游戏规则，也是我国发展社会主义市场经济和促进银行业健康发展的内在要求。

以中国建设银行为例看资本充实率的缺口

中国建设银行1999年末实收资本总量为851亿元，考虑未分配利润等因素，资本净额为945亿元。总资产为22000亿元，经风险加权后加总的资产总和约为17600亿元。资本充实率约为5.37%。其他三家国有商业银行的情况各有不同，但均不同程度地存在着资本充实率达不到标准的问题。

在1993年以前，我国对商业银行提取贷款风险准备金的财务规定尚不符合市场经济的原则。1993年以后通过改革财务制度向市场经济规则靠拢，并逐年提高这一准备金的比例。目前我国商业银行的准备金水平尚低于应对风险所需要的水平，这表明上述计算的资本充实率还存在着高估问题，即我国国有商业银行的资本充实率缺口实际上更大一些。

《巴塞尔协议》允许商业银行发行一定比例的长期附属资本债券，作为附属性资本。我国国有商业银行尚未使用这一工具，而使用这种工具无疑是提高资本充实率可供选择的一项措施，但不可能单靠这一工具弥补资本缺口。

1997年以来，党中央、国务院采取了三项有利于国有商业银行提高资本充实率的政策举措。从建设银行看，如果没有这三项举措，则当前的资本充实率只有3%左右。之所以持续存在资本缺口且资本缺口有时呈扩大态势，是与我国经济从计划经济体制向社会主义市场经济体制的转轨及转轨期间的经济高速增长分不开的。首先，改革与经济高速增长使银行业的资产业务量增长很快，从1985年至1998年，四大国有商业银行的年平均资产增长率为21.4%，即衡量资本充实率的分母增长很快，因此维持8%的资本充实率就需要补充更多的资本充实量，而我国对于补充国有商业银行资本尚无一定之规。第二，改革导致经济的货币化和金融深化，过去实物型的分配逐步转为按市场真实价格进行的货币性分配（最近停止福利分房的改革就是其中一例），商业银行所提供的金融产品由简单、单一走向复杂、多样。这使得金融资产的增长速度明显高于国民经济的名义增长速度，即这种超常规增长有它的合理性。第三，在改革进程中，像许多其他行业一样，商业银行业从不成熟、急于扩张逐步走向成熟和稳健发展，其间也有不少经营失误、风险失控的教训。这也导致资本充实率的分母增长过快。当然，即便在成熟的市场经济中，也会不断出现阶段性的金融问题，80年代以来，美国、日本、北欧国家等都曾出现较严重的金融风险，需要国民承担代价来加以化解。

再从资本充实率的分子——资本积累或补充来看，建设银行1999年税前盈利为72.88亿元，在缴纳33%的所得税后，有近50亿元的税后利润可用于充实建设银行的资本，资本增长率可达约5%。但1999年建设银行的资产增长率为14.3%，因此资本充实率实际上处于下降的趋势，资本缺口还在扩大。因此，常规性的资本自我积累是不能满足经济体制转轨期间经济增长及其对金融服务业的需要的。

力求资本充实率达标的选择

像一般工商业公司一样，如果资本不足，首先应由原有的投资者考虑向其注资。国有商业银行是国有独资的，应首先请国家财政考虑注资。众所周知，我国财政收入占国民生产总值的比率近年来扭转了持续下滑的状态，开始回升，但总体上仍存在预算赤字，国家财政并不宽裕，不容易再拿出数以千亿计的预算支出用于补充国有商业银行的资本金。当然，应该看到，我国财政收入的潜力还是很大的，与发展中国家财政收入占国民生产总值的平均比率相比，我国有潜力继续增加财政收入的比重。但是，公共财政要做的事情很多，即使有了更多的收入，也需要在公共服务、基础设施、科技教育、基础性社会保障、国防安全、环境治理和保护等诸多方面加以合理分配。是否用大笔资金来维持国有商业银行的国有独资性质，是个需要权衡、比较的决策事项。因此，近期内由国家财政向国有商业银行大量补充资本金的可能性仍然较小。

另一种选择是停止国有商业银行资产过速膨胀的趋势，甚至让国有商业银行主动收缩战线，缩减资产，从而让资本充实率的分母减下来以便达到8%的标准。我个人认为，适当减慢国有商业银行的资产增长速度是可能的、适当的，但也不可能做得很过分。毕竟四大国有商业银行目前提供了国民经济中约70%的商业银行服务。如果发生骤减，其他金融机构尚难以及时替代它们的作用，从而会因缺乏银行业服务而拖整个国民经济增长的后腿。

再有一种选择是国家指引国有商业银行走向资本市场募集一部分股本，从而出现所有权的多元化，即使国有商业银行转变为股份制商业银行。同时，国家仍须掌握对这些银行的控股权。到资本市场募集股本，既包括到国内资本市场和国际资本市场，包括向公众募集和向机构投资者募集，也包括面向专门投资基金定向募集。

大型商业银行是否须保持单一国有制

党的十四届三中全会以及后来的中央有关重要决定均指出，要发展以公有制为主体的多种所有制经济，积极探索公有制的实现形式："国有股权在公司中占有多少份额比较合适，可按不同产业和股权分散程度区别处理。生产某些特殊产品的公司和军工企业应由国家独资经营，支柱产业和基础产业中的骨干企业，国家要控股并吸收非国有资金入股，以扩大国有经济的主导作用和影响范围"。"一切反映社会化生产规律的经营方式和组织形式都可以大胆利用。要努力寻找能够极大促进生产力发展的公有制实现形式"。"只要坚持公有制为主体，国家控制国民经济命脉，国有经济的控制力和竞争力得到增强，在这个前提下，国有经济比重减少一些，不会影响我国的社会主义性质"。

商业银行业对国民经济具有重要作用，但同时也是一个竞争性服务行业。因此，我国已批准成立了十几个不同所有制的区域性股份制银行和一百多个外资银行的分行。这说明，商业银行业不是一个必须保持百分之百国有制的行业。大型商业银行在国民经济中的作用较为突出，但国家在这方面的控制力仍可通过控股权来加以体现。在一般人心目中，感觉大型商业银行很重要，但其重要性究竟体现在何处，如何维护其重要作用，还应进一步研究。我认为应注重以下几个方面：

——动员储蓄并将大量的储蓄资源进行合理的配置。其效果直接关系到资源配置是否能得以优化并使经济增长的潜力得以充分发挥。改革实践表明，只有通过市场化的运作，才能保证资源的合理配置，而靠主观意志干预资源配置往往容易形成不良资产。

——通过全国性支付清算系统和信用信息系统保证各项经济活动的支付和全社会的信用体系。大型商业银行在这方面的责任比中、小型银行要更为突出。因此，大型商业银行更要按市场规律规避风险，谨慎经营。

——1994年以后，国家已通过建立三家政策性银行，明确将政策性金融任务从商业银行中分离出来。1997年11月的全国金融工作会议再次强调了地方政府不应干预商业银行业务。这都表明，大型商业银行的重要性已不再表现为政府对储蓄资源的直接支配。亚洲金融风波中的一些事实也表明，政府直接指挥商业银行进行资源配置，往往会导致日后付出极大的代价。

基于以上理解，为发挥大型商业银行对经济的重要作用，应更强调其面向市场的经营管理。应该说，非国有股权的资本参与有助于大型商业银行明确经营目标、抵御行政干预，有助于通过股东利益机制和审计监督等监督制约机制扭转国有商业银行多年来形成的非市场化经营的传统，有助于经济和金融业的健康发展。

为了在经济体制转轨和对外开放中保证国家有充分的控制力，增强对外部意外冲击的防御能力，国家可对一部分大型商业银行保持绝对控制权。例如，可保持75%的股权。这也和我国金融监管的能力须逐步提高有关。

从资本回报的角度看，银行业是不是一个回报率很高的行业，以至国家让给他人投资会有"肥水外流"之虞？国内外的经验表明，从较长的时间看，银行业的平均投资回报率并不高于其他行业，特别是银行业风险较大，须面对周期性的风险积累，在困难阶段甚至会亏损，从而会从整体上拉低平均资本回报率。

从经济学关于资源配置的理论看，商业银行属于一种动员储蓄并把资金再配置出去的媒介性经济组织。如果能通过某种资本结构和经营管理结构使大型银行改进对资金的优化配置水平，这样所赢得的效益会远远超过任何直接索取或分红的回报。

党的十五届四中全会对国有企业的改革方向作出了明确规定。国有商业银行也是国有企业的一种类型。全会关于从战略上调整国有经济布局，推进国有企业战略性改组，建立和完善现代企业制度，加强和改善企业管理等重要精神，同样也是国有商业银行改革和发展必须坚持的方针。

国有商业银行在资本市场公开上市的可能性

在国内股票市场或在海外股票市场上市发行新股是国有商业银行充实资本并实现股份制改造的一种途径。从募集股本和建立现代企业制度来讲，它是一条有效率的捷径；从股票市场对上市公司经营水准及其披露要求来讲，它又是一个高标准、严要求的选择，必须通过一系列改革和完善才能实现。

首先，从商业银行自身的角度来看，必须明确经营目标；建立严格且透明的财务会计体系和绩效考核体系；改革信贷体制并校正信贷文化，改变大规模产生不良资产的状况；改变机关式的人事干部体制和薄弱的激励机制；全面加强和完善内部控制；引入外部审计以增加对公众的透明度，等等。近年来，在党中央、国务院的领导下，在中国人民银行的具体指导下，国有商业银行正在不同程度上推行这些内部改革和完善的措施，虽然还有许多未完成的工作，但已迈出了坚实的一步。

其次，上市的准备工作将进一步推动国有商业银行政策环境的改善。第一，财务会计制度要更为合理和透明，使投资人具有信心。这里包括历史上积累的不良资产所可能最终形成损失的部分，应如何进行财务处理并由谁来承担的问题。第二，税收政策要实现合理化和公平化。在原有体制下，国有商业银行的所有者和收税人都是国家，各类税收和税后利润均属于国家，如何安排似乎关系不大，但引入新投资人后就会要求有更为公平、合理的税收政策。第三，一些不符合现代企业制度的机关式的传统管理办法必须加以改变，国有商业银行将不再作为一种行政机关列入政府行政管理的序列，它们将真正转变为企业。其实，这些改革也并不陌生，我国已有一些大型国有企业经历并完成了类似改革，成功地实现了上市。

虽然有一些人对中国金融业的健康程度有这样或那样的疑问，但中国经济发展的潜力和中国金融业发展的潜力是公认的，这种潜力意味着资本回报率的潜力，意味着有十二亿人口的金融服务业市场的无限商机。

当然，资本市场常会有出人意料的变化，一些公司在资本市场上筹备的上市行动会因情况发生意外变化而受挫。但更为重要的是，上市准备工作意味着加速推进上述必要的改革，这种推进意味着对完成上述改革的信心。应该说，无论上市成功与否和何时成功，上述改革本来也是我们要做的事情，更是我们迎接“入世”要做的事情。同时，通过股份制改革并在股票市场上市增资，也是提高资本充实率的一种有效率的选择。

（作者：中国证券监督管理委员会主席）

保护投资者利益是重中之重

访中国证券监督管理委员会主席周小川

周小川，1985年获清华大学博士学博士学位。历任国家经济体制改革委员会委员，对外经济贸易部部长助理，中国银行副行长，国家外汇管理局局长，中国人民银行副行长，中国建设银行行长等职。2000年2月起任中国证券监督管理委员会主席。

10月12日，中国证监会周小川主席利用在深圳出席第二届高交会及高新技术论坛的机会，就保护投资者利益问题接受了《中国证券报》、《上海证券报》、《证券时报》记者的联合采访。在采访中，周主席特别强调，保护投资者特别是广大中小投资者的利益，是市场建设与市场监管诸多工作中的重中之重。他结合人们关心的金融企业上市和开设创业板等问题，阐述了保护投资者利益的重要性和将要推出的一些举措。

在融资者与投资者之间，应重点保护投资者

记者：您出任证监会主席后，在公开讲话中多次提到要教育和引导投资者认识市场风险，切实保护投资者的合法权益。在今年8月的全国证券工作会议上，您又明确提出要把保护投资者利益作为重要的监管原则。融资者和投资者都是证券市场的参与者，为什么要把保护投资者利益放在如此重要的地位？

周小川：投资者和融资者是证券市场的两大主体，通过市场搭桥联系在了一起。相对而言，融资需求随时存在，比较稳定，不易发生变动。和融资者相比，投资者是相对脆弱的，投资者的资金供给也容易变动，他们要经常比较、权衡不同投资品种如股票和债券的投资价值与风险。投资者对证券市场的秩序和产品有信心，参与的人数和资金就会增多。但投资者尤其是广大中小投资者在获取信息和开展交易等方面，处于相对弱势的地位，如果他们的利益未得到公正有效的保护，丧失了投资信心和热情，都纷纷撤离了，融资者就只能“单相思”了。从资本市场的发展历程看，保护投资者利益，让投资者树立信心，是培育和发展市场最重要的一个方面，是我们监管部门的首要任务和宗旨，也是我们市场监管工作多目标系统中一个最突出、最重要的目标。

在机构投资者和广大中小投资者之间，重点保护后者

记者：事实上，证券市场的投资群体是由大的机构投资者和广大中小投资者两部分组成的。两者在获取信息和市场交易中的能力不同，利益似乎也有差异。作为证券监管部门，保护的天平应主要倾向何方？

周小川：保护投资者利益主要是强调保护广大中小投资者的利益，这是国际资本市场的共识。其实，从某种意义上讲，许多大投资者也是中小投资者的集合，如养老基金、保险基金等。中小投资者的信息搜集和分析能力相对较弱，市场交易力量也小，需要重点保护。当然，就保护的措施而言，对市场参与者都是公平的，没有区别，但事实上对中小投资者更起作用。

记者：保护投资者利益是市场永恒的主题和最重要的内容。那么，保护应当主要体现在哪些方面？证监会在这方面近期将有什么举措？

周小川：中国证券市场发展历史不长，许多方面还不健全，出现过一些违规现象，这在一定程度上影响了一些投资者的信心。所以，与成熟市场相比，我们在这方面的任务就显得格外重。当然，保护投资者利益的工作是方方面面的，需要不断地积累。其中既要有制度方面的保障，如进一步强化信息披露要求，提高市场透明度等；也要加强对投资者的教育，帮助他们了解分析市场信息；更要加强对发行和交易的监管，打击违法违规行为，等等。这些工作应循序渐进。比如，在打击违规行为方面，不仅技术手段要加强，人力要增加，思想上要重视，法规上也需要不断根据新的情况予以修订和完善。同时，也需要包括新闻舆论监督在内的社会监督。这是一个经常性的、艰巨的工作，不可能一蹴而就。

金融企业上市，信息披露有特殊要求

记者：今年5月，您在"金融企业与资本市场发展座谈会"上表示，欢迎金融企业发行上市。此后，金融企业筹备上市的步伐明显加快。目前中国民生银行已过了发审委这一关，不久就会发行上市。其他几家银行的上市准备工作也在紧锣密鼓地进行。这是否意味着包括银行、证券公司、保险公司在内的金融企业大批上市的序幕已经拉开？如果是这样的话，会给证券市场带来哪些变化？对市场格局有何影响？

周小川：不一定说是大批上市，应该说是条件成熟一家上一家。目前我们的市场结构中工业企业比例过大，而从国际资本市场看，金融企业在市场中占有相当分量，中国也会逐渐发生这样的比例变化。金融企业上市不易，尤其是前几年遇到亚洲金融风波，使得问题更为突出，因此需要进行多项改革整顿，包括企业的内部改革，在此基础上有条件的金融企业会逐步进入资本市场。金融企业只要条件成熟、达到标准、投资者认可，就可以上市。金融企业上市有利于优化市场结构，促进中国证券市场朝着健康、合理的方向发展。

记者：回到保护投资者利益的话题。金融企业与一般工业企业有很大不同，投资者应当如何把握这些企业的投资机会和风险？

周小川：经过十年风雨，投资者对工业企业的投资判断日趋成熟，但对金融企业可能不甚了解。就是在监管部门中，也有些人不熟悉金融企业的特点，需要边学习边提高。投资者要投资商业银行，就要了解其财务状况和盈利前景。这比判断工业企业要复杂。如银行的资产负债表、损益表就相对复杂得多，有些科目既敏感又复杂。特别是银行的资产质量始终处于持续变化之中，即贷款放出去时，认为项目和客户都是好的，但在贷款到期之前，项目和客户的情况都可能在持续变化，而不是一成不变。描述银行的财务状况，常常要用概率来衡量。比如某一类贷款，有多大的概率能收回，对其质量的评判很难简单地用"好"或"坏"来断定。收不回，就会增加不良资产，就是风险。对资产质量的判断，要按照回收的概率进行分类，然后汇总形成对其财务状况的整体判断。对于这些商业银行有别于一般工业企业的特殊情况，不像评判某条工业企业生产线的效益那样简单。投资者必须有所了解，然后作出判断。不然，一旦上市商业银行的贷款出现大问题，投资者的钱就很可能去"填窟窿"了。因此，如果金融企业信息披露不完善，很可能损害投资者利益。

记者：对金融企业信息披露有何特殊要求？

周小川：基于金融企业存在种种行业特殊性，有必要对金融上市企业的信息披露提出特殊要求，以保证上市金融企业的信息披露真实、准确、完整，有效保护投资者的利益。这次民生银行的发行上市工作，是按照证监会有关金融企业发行上市信息披露指引去做的，包括按国际上通用的银行贷款五级分类方式来补充披露资产质量方面信息。这种信息披露要求比现行会计制度的要求进了一步，因为后者的改革还在进行之中，还未充分到位。在目前的过渡阶段，若审计师仅仅依照现有的会计制度做，就可能未把投资者要求的信息如实披露出来，因此要求按照国际标准增加审计内容。如果国内的会计师事务所缺乏经验，可找有经验的国外会计师事务所作审计附录，以方便投资者对资产质量作出判断。我们对金融企业的信息披露提出专门的要求，目的就在于使金融企业顺利上市筹资的同时，切实保护投资者的利益。这些专业性的信息披露，目前还只是少数投资者懂得如何去分析，多数投资者还缺乏这方面的知识，这也是在此次民生银行即将上市之际，一些媒体推出系列文章介绍金融企业上市相关知识的原因。

记者：商业银行上市，一是为了改制，二是为了充实资本金，以降低风险。民生银行本来就是股份制银行，将来我们可能还要迎来国有商业银行的上市。在这些银行还背负着历史形成的不良资产的背景下，上市是否意味着将风险转移到新的投资者头上？

周小川：不管是国有商业银行，还是股份制商业银行，都有这种可能。但只要贷款分类制度和会计制度健全，准备金提足，就不会出现明显转嫁历史包袱和风险的情况。工业企业四项计提已明确，基本上不再有转嫁历史包袱的问题。而银行业类似的制度尚不完善，有可能资产损失的概率较高而准备金未提足。这就要求，一方面，相关信息的披露要充分；另一方面，要找出解决办法，如剥离不良资产、作出老股东承担历史包袱的安排等，以保护新投资者的利益。民生银行在这方面作出了推进。不论是大小银行或其他金融机构，都应遵照这个原则，对市场负责，对投资者负责。

记者：投资者应如何看待商业银行上市后降低不良资产的可能？

周小川：要有制度上的保证，使上市的商业银行今后不会大规模制造不良资产。银行不可能杜绝不良资产的产生，但要把其限制在一定的合理的范围内。投资者要非常关心商业银行今后能否建立有效的内部控制机制、风险控制机制、贷款审批管理机制，即会不会大批制造不良资产，在这个基础上才能估算出它能向新老股东回报多少利润。这些自然也在信息披露范围之内。此外，还要有法人治理结构，股东大会、董事会的作用。投资者应综合这些因素，作出投资判断。

记者：现在大家都很关心即将推出的创业板市场。一般认为，创业板的风险要高于主板市场，在这种情况下应如何保护投资者利益？

周小川：在创业板上市的主要是中小企业、高科技企业，其未来的不确定性相对比较大。为了尽量让投资者减少不确定性，降低风险，创业板将以信息披露为核心，对上市公司信息披露作更严格的规定，力求使信息披露范围更广、更及时、内容更充实、责任更明确，也同时会进一步加强对投资者的教育和引导。此外，还要加大对发行及交易的监管力度，加大中介机构的责任承担等。我相信，通过这些举措，创业板投资者的利益会得到应有的保护。（中正）

创业板市场需相机引入做市商制度

赵叶龙

随着创业板市场筹建步伐加快，管理机构对有关创业板市场的架构、制度规则和运作机制的发布也指日可待。从已透露的论证的规则体系看，我国创业板市场设立之初将不实行做市商制度，而是沿用主板市场所采用的集合竞价和连续竞价相结合的交易方式。吸取国际上创业板市场成功的经验和失败的教训，考虑创业板市场运作的特点，我国创业板市场推出后仍需相机引入做市场制度，作为指令驱动系统（撮合系统）的补充，以维护市场的稳定性和流动性。

是否实行做市商制度的不同意见

所谓做市商是指证券商在市场上对某一个可流通证券持续提供买入、卖出价格，以维持证券交易价格的稳定性和市场流动性，而自身从买卖差价中获取利润。

我国创业板市场是否实行做市商制度有两种相反的意见。认为不必采用做市商制度的认为：国外的一些二板市场小盘股大都面临流动性不足的问题，为了提高流动性而大都采取以做市商为主导的交易方式，但预期中国的创业板交易会比较活跃，不会出现流动性不足问题，原因有两个：第一，相比主板市场，创业板上市公司的股本规模小，且全流通，具有高科技概念，容易构成炒作题材；第二是目前主板市场不像国外较成熟市场那样有一批高质量的蓝筹股，主板市场相对于二板市场的吸引力不如国外来得大。

认为需要采用做市商制度的意见主要理由有四点：第一、NASDAQ 市场的核心竞争力是其采用电子交易系统和做市商制度，相互竞争的做市商制度是 NASDAQ 成功的最大秘诀，在 NASDAQ 市场，微软公司平均有 43 家做市商，爱立信有 42 家做市商。香港创业板的低迷，其中很重要的原因就是因为没有做市商。第二，创业板市场的流动性并非十分乐观，极有可能形成暴炒之后的凋零。全流通和较小的股本规模，容易在上市初期形成较强的投机性和较大的市场风险，没有做市商坚持有限的买卖报价，能否保证持续的交投活跃令人怀疑。第三，做市商有稳定市场的作用。一般情况下，做市商买卖之间的价差有一个限度，NASDAQ 的价差限度是证券价格的 5%。创业板市场公司的风险较大，市场波动也会比较大，实行做市商制度可以有效地规避市场的过度投机，起到稳定市场的作用。做市商制度的合理定价功能也将遏制股价过分波动的不合理现象。第四，实行做市商制度对证券商提出了更高要求，有利于证券公司提高经营能力，加强市场预测，提高合理定价水平，增强竞争力。

不同交易制度比较

目前，证券市场的交易制度包括定期交易制度和连续交易制度。定期交易制度又称为集合竞价、批量市场，可分为公开叫价方式和书面指令方式两种；连续交易制度，可分为撮合系统、交易商系统，撮合系统又分为指令簿方式和牌板方式两种。交易制度又按价格形成方式的不同，可分为报价驱动系统和指令驱动系统。

定期交易制度的特征是在某一时间段内到达的指令并不是马上成交，而被储存起来，直到在规定时刻进行的多边交易中成交。连续交易制度并不是指每一时刻都有指令成交，而是指两个交易者下达的指令相匹配时，交易就可以达成。其中在交易商系统中，做市商可以用自己的帐户，随时提供某证券的报价，来满足投资者买卖的需要，直接充当投资者的对手；在撮合系统中，证券交易只能在投资者之间达成，不像交易商系统存在做市商充当交易的对手。

在报价驱动系统中，投资者可以从交易商（一般假设交易商是相互竞争的）那里获得确定的报价，马上就与交易商成交，又被称作连续交易商市场。在指令驱动系统中，不存在交易商，投资者提交指令并等待在拍卖过程中执行指令，指令驱动系统可以是连续的，也可以是定期的。连续的指令驱动系统被称作连续拍卖，价格是由多边竞价决定的。定期的指令驱动被称作定期拍卖，投资者提交的指令被收集起来，等待定期以单一的价格成交。

做市商有柜台做市商和证券交易所特定经纪商两种。典型的柜台做市商是以美国全国证券交易自动报价系统（NASDAQ）的场外市场的做市商，而纽约证券交易所（NYSE）的特定经纪人（特种会员）最为典型。在纽约证券交易所，每个特定经纪人可以固定经营几种上市股票，既可以接受佣金经纪人和自营商的委托代理买卖证券，也可以作为自营商自己买卖证券。专业经纪人不与场外的客户直接发生委托关系，主要业务是佣金经纪人接受了过多的客户委托，无法及时完成以及无法在交易柜台等待客户限定的价格出现时，协助佣金经纪人执行委托指令并收取佣金经纪人支付的手续费，也可以在佣金经纪人没有交易对手时用自己的资金和帐户与之成交。特定经纪人是纽约证券交易所最重要的经纪人，其作用有三个：一是决定专营股票每个交易日的开盘价；二是保证交易的连续性，特定经纪人要保持交易在合理的情况下有序进行，当买卖双方报价相差较大，供需发生暂时不一致时，要用自有资金以稍高的买价或稍低的卖价买卖其负责的股票，维持交易顺利进行；三是抑制股价大幅波动，当证券市场因突发事件出现供求失衡时，特定经纪人有义务大量吞吐股票，维持市场的流动性和连续性。

我国证券市场的交易制度由开市前的集中竞价和开市后的指令驱动连续竞价两部分组成，加上 PT 股票的定期交易制度。在现有的创业板市场中，NASDAQ 市场采用做市商制度，英国 AIM、德国新市场均采用指令驱动（竞价）和报价驱动（做市商）相结合的交易制度，香港创业板则采用指令驱动竞价交易，台湾的 OTC 市场则采用定期交易制度。

从比较来看，指令驱动系统透明度较高，管理成本和交易费用较低，但在维持市场稳定和流动性方面较差，对大宗交易的承受力差，或者成交达成费时较长，或者引起市场剧烈波动。报价驱动系统的透明度不如指令驱动系统，且管理成本和交易费用较高，主要是做市商交易成本高，且承担市场风险较大，但其在维持市场稳定和流动性方面具有特别的功能，并对大宗交易有较强的承受力。

每一种交易制度都有其利弊，一个股市的最佳交易方式应是不同制度的组合。从各国股市的实例看，交易制度的设计和选择，是各股市的重要竞争策略，也与各股市的投资者构成直接相关。比较成功的交易制度中具有比较优势的因素包括以下几个方面：第一，交易制度以一种方式为主，多种方式为辅，发挥综合优势。许多市场都针对股票的交易状况对不同类别的股票采用不同的交易方式，在保持其占主导地位的交易方式的同时，寻求市场全面、平衡的发展。第二、交易制度的确定与市场的投资者结构密切相关。交易制度的选择最终应满足投资者的要求，投资者群体的差异会导致交易行为的不同以及对交易方式的不同要求。如机构投资者构成较高的市场一般选择做市商的交易方式，而个人投资者构成较高的市场主要使用集中竞价方式。第三，在制定交易制度时，虽然透明度是重要的决策目标，但流动性是决定一个市场是否有效而稳定的根本性因素。市场流动性的提高不仅有助于活跃市场，吸引投资者，更重要的是有利于稳定市场价格。各个股市在制定交易制度时，都致力于创建有利于维护市场流动性的机制。如巴黎市场对交易清淡的股票采用阶段性集中竞价，纽约市场对大宗交易实行场外成交，伦敦在新的交易制度中对外国股票的交易仍保持原有的做市商定价制度，都是有效的经验事例。

做市商制度在JASDAQ市场的引进

1999年6月15日，NASDAQ市场的主体——美国全国证券商协会宣布与日本软银公司合作，在日本设立新的证券交易市场NASDAQ日本并称之为迈向实现全球化不间断证券交易市场的第一步，由于东京证券交易所被排除在NASDAQ全球计划之外，1999年11月11日，东京证券交易所以惊人的速度设立了面向风险企业的新版市场MOTHERS，其市场目标与NASDAQ日本针锋相对，日本已有的最大的柜台交易市场JASDAQ（日本全国证券商协会自动报价系统）也采取了应对措施。

1、JASDAQ市场的基本状况。

JASDAQ市场是日本唯一的股票柜台市场，由日本证券业协会直接管理和经营。它原则上是证券商之间的交易市场，将采用报价驱动的交易方式。由于JASDAQ市场正处于交易系统更新时期，目前同时并用指令驱动和报价驱动两种交易方式。

JASDAQ市场原本是证券公司之间进行交易而产生的自发性交易市场。战后日本证券交易所重新开放后，许多未上市交易的股票转移到JASDAQ市场，交易相当火爆。由于日本当时的证券交易法禁止设置场外交易市场，对于JASDAQ市场是否违反法律的问题一直存在争议，使其无法得到肯定和发展。1961年东京证券交易所设置二部市场，吸收了大部分未上市股票，JASDAQ市场严重萎缩。为此，JASDAQ市场的管理机构——日本证券业协会提出了市场改革的必要性，1963年制定了股票登记制度，1976年正式设立柜台交易市场。直到80年代初由于日本政府提出扶植风险企业的政策，该市场被定位为扶植中小企业的融资市场，1983年开始，一系列受到禁止的市场活动纷纷获得解禁，例如广告活动、公开发行股票等，市场重新定位后获得了转折性的大发展，市场规模逐步扩大。1983年，JASDAQ市场仅是一个有111家企业注册，年交易3892万股的小市场，到1999年12月底，已经成为拥有868只股票，市价总值将近28万亿日元的大规模市场，市值总额是东京证券交易所二部市场的1.6倍，市场的流通量、交易额和成交量等也获得了空前的增长，其发挥的作用和取得的成果受到了较高评价。

2、JASDAQ市场的做市商制度。

1998年，日本证券业协会提出了JASDAQ市场改革的方针和具体措施，主要包括流通制度、注册制度和上市制度的改革。在探讨JASDAQ市场流通制度的改革中，参照NASDAQ的做法，引进做市商制度。由于JASDAQ市场在市场规模与市场结构等方面都与NASDAQ不同，其一，做市商制度是一种适用于大宗买卖的交易手法，适宜于以机构投资者为主导的市场，JASDAQ市场以散户为主体，做市商制度是否在散户市场发挥有效作用尚有疑问；其二，日本的证券公司在流通市场的主营业务是经纪业务，交易手续费取消固定佣金制后，经纪业务竞争加剧，是否能通过指令性政策促使证券公司有效地履行做市商的职责也有很大疑问。这是阻碍引进做市商制度的两个主要问题。

因此，日本证券业协会采用渐进的方式引进做市商制度，于1998年12月选出部分股票以报价驱动方式进行交易：做市商对指定其负责做市的股票进行报价；做市商有义务对其提出的报价进行交易；取消股票价格的浮动限制；做市商必须将成交行情迅速传送给日本证券业协会（现规定在5分钟以内）；对于采用报价驱动系统的股票，切断其指令驱动系统的交易；一般证券商的股票买卖必须在做市商提出的报价范围内进行。

自1998年12月至2000年6月底，JASDAQ市场实行做市商交易的股票范围逐步扩大到160只，占市场总体的18%，2000年预计达到200只。从2000年上半年的交易量来看，做市商成交数量占市场总成交量的26.5%，交易额占23.9%。做市商制度逐步在JASDAQ市场的运作中发挥作用。

从JASDAQ市场做市商制度运行一年半的情况看，原来存在的障碍性因素基本消除，做市商制度将逐步取代旧的交易制度。JASDAQ市场做市商制度的实施效果主要有：1、越来越多的上市公司对做市商制度持认同态度。在实施做市商制度的同时，日本证券业协会对JASDAQ市场的退出标准作了调整。其中股票的流动性成为一个很重要的指标，如果达不到规定的指标则必须退出市场。企业在申请上市的时候自然把上市后的流动性问题作为一个重要因素来考虑，在JASDAQ市场新上市的企业基本选择了做市商的交易方式。2、做市商的买卖差价利润成为证券商可能获取的新收入来源，越来越多的证券商加入或准备加入做市商行列，为做市商制度的普及提供了很好的条件。3、流动性得到改善。对同一只股票在实施做市商交易前后两天的交易情况进行比较，其明显提高了股票的流动性，实行做市商交易的股票基本都比前一天的交易量大幅度提高，有的甚至提高了20倍。

伴随着做市商制度的实施，日本证券业协会对JASDAQ系统进行了更新，在原系统附加上“做市商交易促成系统”，该系统于2000年3月开始运作，提高了市场的交易容量和流通速度。

做市商制度对创业板市场的重要性

我国创建创业板市场是要把证券市场建设成为一个创新、有序、持续、稳定的市场，进一步引导社会资本流向具有高成长性的产业，支持高新技术企业的融资和发展，实现经济结构的调整和转型。但是，从国外创业板市场的发展看，还是存在着风险，还是有可能出现两种极端的现象：一是市场过度投机，股价暴涨暴跌。某些股票只是在上市初期价格波动剧烈，过后又无人问津，甚至市场波动引发股灾。二是股票的市场流通性较差，不能维持持续的买卖流动，阻碍了市场规模的发展。

创业板市场相机引入做市商制度是维护市场的流动性和稳定性的一项十分重要的措施之一。这些功能可体现在以下几个方面：

1、保证市场流动性。小盘股市场的流动性是各个市场进行交易制度设计时首要考虑的问题，成功的经验和失败的教训都揭示出其重要性。创业板市场是否会由过热到过冷、市场低迷呢？市场创立初期的成功并不意味着其持续成功。

2、维护市场稳定性。创业板市场的特点之一便是市场波动大、风险大，投机爆炒的结果可能断送市场的前程，抑止过度投机的有效措施之一可采用做市商制度。

3、为机构投资者的培育和发展提供交易安排。机构投资者在数量和规模上的壮大发展在未来几年将以加速的形式完成，机构投资者需要有相应的交易安排，做市商制度的大宗交易的承受力便是其中之一。还能够增加资产管理业务的需求，推动资产管理行业的发展。

4、为证券公司的发展提供制度上的动力。做市商制度对证券商的资金实力、研究水平、风险管理能力有更高的要求，实行做市商制度必将推动证券公司在整体素质和竞争力上再上一个台阶。做市商对其所负责的股票有深入的调查和认识，其报价基本上反映了真实价格，通过市场的竞争性及连续性双边报价不仅提供了交易的即时性，也促使成交价格尽可能的接近真实价格，并且能够抑止市场的非理性失衡现象。加上创业板市场对保荐人的更高要求，市场交易要求较高的市场定价水平和预测判断能力，都会推动证券公司的进一步发展。

5、有利于投资者提升投资理念和投资水平。在做市商制度下，投资者追涨杀跌的可能性减少，并且要对报价所揭示的信息及做市商提供的研究报告进行认真研究，克服当前主板市场投资者过于追求短期差价收入的现象。

6、对上市公司竞争和强化监管的需要。随着全球金融市场一体化进程的加快和加入WTO后的全面开放，以往“市场筛选企业”的时代也将结束，取而代之的是“企业选择市场”，提供完善的交易制度便是证券市场竞争的重要内容之一，创业板市场要吸引国内一流的企业甚至境外一流的企业，自然需要完善的交易制度。而创业板市场较高的市场化程度将推动市场“优胜劣汰”机制的建立，更加完备的强制性信息披露制度有利于投资者监督企业的经营行为，这些都将推动企业治理结构的完善和经营的规范化。

结　论

创业板市场推出后需相机引入做市商制度，引入应该是渐进式的，使做市商制度和现行的连续竞价系统相互补充，并使整个市场逐步适应这一制度，也在实践中检验做市商制度的效果。但是，引入做市商制度的确存在着不少障碍：现行法规的制约，其中之一便是《证券法》规定，我国证券交易方式为集中竞价交易方式；证券公司的实力、素质还不具备充当做市商的条件；做市商制度对监管有更高的要求，如可能形成垄断、交易透明度不够、信息披露不及时等在做市商制度下更需要严格监管；市场对做市商制度不熟悉，可能不会接受这种交易方式；市场配套的制度尚不具备。如证券商融资制度、大宗交易制度、信用交易制度等。但从已有的实践看，做市商制度在不断完善中对证券市场效率有很大的推动作用，尤其对提高小盘股市场的流动性是一种有效的交易方式。

（作者：上海财政证券公司总经理）

加入世界贸易组织对中国市场的影响

张则斌　曾敏　张为群　赵金厚　许达

一、电信行业

电信行业一般可以分作电信运营和电信设备制造两大类。加入WTO，无论对中国电信运营业还是电信设备制造业来说都是机遇与挑战并存。

电信运营业　加入WTO之后，随着电信运营市场的开放，国外优质的电信服务将在短期内冲击国内的电信服务市场。长期以来，国内的电信运营企业一直处于高度垄断经营状况，高度垄断带来的必定是高额利润，但同时也引发了管理松懈等企业内部管理问题，导致企业的服务质量和意识都比较差，竞争力弱。一旦我国开放电信运营市场，国外的电信巨头必将对我国电信运营企业的主导地位提出挑战。同时，由于外资企业不需要承担普遍服务的义务，仅会在利润丰厚的地区提供电信业务，与我国的电信公司争夺利润，影响我国企业为边远地区提供普遍服务，又由于技术的发展，电信业务的划分界限不象过去那样清晰，业务之间的相互渗透现象十分普遍，这也会造成我国电信企业客户的流失。虽然面临严峻的挑战，但也要看到加入WTO为我国电信运营业带来的历史性机遇。加入WTO将推动我国电信市场的开放和竞争，一方面，加入WTO将迫使我国完善现有的电信管制法律法规，构造一个更加公平的市场竞争环境；另一方面，外资企业的加入将推动我国电信市场的竞争，促使我国电信企业内部管理和服务质量的提高。同时，在我国的国有电信运营企业中引入外资，将有利于我国电信运营企业的公司化进程，提高其运作效率。而且，电信市场的竞争也将有利于我国电信增长模式的转变，真正实现从追求规模和数量的粗放型发展模式转变为注重效益和效率的集约型发展模式。另外，加入WTO将有利于我国电信企业获得公平的国际竞争环境，为中国的电信企业走向世界创造条件，并提供一个良好的契机。

电信设备制造业　加入WTO的影响主要存在于关税、市场准入等几个方面。首先，加入WTO将使我国目前偏高的关税大大降低，但相对而言，由于我国一向对高新技术产品的进口采取较为优惠的税率，因此电信设备制造业的关税降幅要小得多，影响也相对小一些。而且，对于不同的产品，关税下降的影响也不一样，对于我国已获“群体突破”的程控交换机等产品领域，关税下降影响不大，而受关税降低影响较大的将是那些我国已能自主生产，但处于刚起步阶段，在价格、技术上尚无法与国外产品竞争的电信设备生产企业。另一方面，电

子元器件进口关税的大幅降低甚至降到零关税，国内企业的进口渠道将更加宽广，这对降低电信设备生产成本，加快产品的开发非常有利，必将促进我国电信设备制造业的发展与进步。其次，加入WTO将迫使我国的电信设备市场更加对外开放。“技术换市场”的政策对我国民族电信设备制造业的振兴起到了一定的作用，但加入WTO以后，各种与WTO贸易规则相违背的行政保护政策将不再存在，外企可能来华独资建厂而不需向中国企业转让技术，以获取更大的利润。中国电信设备市场的竞争将更加激烈。与国际先进水平相比，国内电信设备制造企业在综合集成能力、技术研发能力和管理能力等方面都存在较大的差距。另一方面，国外直接投资的大幅增加，将有利于我国电信设备制造产业的快速升级和结构调整，并带动相关产业的发展，显著增强中国经济的活力。同时，市场开放也是相互的，我国电信设备制造企业在数字程控交换机等领域有一定的竞争优势，加入WTO将降低我国电信设备制造企业的生产运营成本和市场准入成本，有利于我国企业对其它一些国家和地区的出口，争取更大的市场份额。最后，加入WTO之后，根据WTO协议的技术自主原则，我国电信运营商将打破中国本土的限制，进行国际采购；外资电信运营商的引入，也将偏向于采购国外电信设备产品，这将对国内电信设备制造企业的产品质量提出更高的要求。

总之，加入WTO对中国电信行业的影响巨大，但毫无疑问，在电信全球化的大潮下，面对更加开放竞争的电信市场，中国电信行业的企业应有更大的发展空间。（张则斌）

二、医药行业

在加入世贸组织谈判中，我国政府已经作出了庄严的承诺，其中涉及到医药的相关内容有5项：知识产权保护；降低关税；取消大型医疗器械进口的管制；开放药品分销服务；开放医疗服务。加入WTO对于医药行业的具体影响取决于国内市场的保护程度以及外国政府对我国产品出口的贸易性限制的变化两个方面。

关税　根据目前的关税税目表，我国对76类药品及敷料的平均进口关税税率（优惠税率）为11.03%，49种医疗器械的平均关税税率（优惠税率）为9.37%，远低于我国关税平均税率（优惠税率）17%，因此可以说关税并不是导致目前进口药品价格远高于国产药的决定因素。因此，医药产品的关税水平即使下降到WTO成员国的水平也不会对国内市场的价格结构产生明显影响。

投资限制　我国医药行业利用外资投资导向目录中限制和禁止外商投资的项目主要是化学药品中的青霉素、安乃近、维生素C等、低档医疗器械、中药工业、麻醉用药和血液制品。其中所列化学药品类基本是国内已经供过于求的产品，麻醉药品、毒品前体等属于特殊药品，国内外都采取了特别的管理措施。目前国内医疗器械形成了进口产品占据高档产品市场，国产产品占据低档产品市场的格局，国内在低档产品市场还是拥有比较明显的成本优势。至于中药工业，实际上即使有外资引进也主要是资金的引进，不会对产品本身形成冲击。但是放开对外商投资医药商业的限制，可能导致该行业内更为激烈的竞争，由于国内商业企业目前经营状况不佳，无论是在财力、人力和经验上都逊色于国外大型药品流通企业，因此可能会对医药商业产生较大的影响。

药品进口管理制度　我国对进口药品实行注册审批制度。由于药品生产质量管理规范是世界卫生组织对药品进出口的基本要求，而对进口药品通过临床评价评价其疗效、安全性等研究也是国际上普遍采用的监督管理措施，例如我国药品出口美国首先必须取得FDA的认证，因此可以认为我国对进口药品的条件都是常规性的要求，并没有实行技术性措施来限制药品的进口。

知识产权　WTO有关知识产权保护的标准主要来自于关贸总协定乌拉圭回合签署的《与贸易有关的知识产权协议》（TRIPs协议）。在乌拉圭回合谈判中，尽管我国不是会员国，但自始至终参与谈判过程，并在一揽子协议上签了字。我国在1985年颁布了《中华人民共和国专利法》及其实施细则，全国人民代表大会常务委员会于1992年9月4日通过了《专利法修正案》，对《专利法》作出了重要修改。为补偿1985年《专利法》不保护的药品专利，1993年1月1日起开始实施了《药品行政保护办法》。经该次修改，我国已经在医药品的知识产权上实行了全方位的保护，其专利保护范围与保护水平，都已经基本符合了TRIPs协议的要求。因此在随后中美双方进行的知识产权磋商中均没有将药品列入讨论范围。尽管是否加入WTO不会影响我国的药品专利保护政策，但是1993年后当发明的新药逐渐替代现有产品时，新药市场将为专利药所控制，而我国制药企业能否占有一定市场份额，完全取决于是否拥有具备竞争能力的产品。但目前我国化学药品和生物制药的主要开发模式为仿制，新药开发能力非常薄弱，我国制药企业如果不能在新产品开发上取得进展，则只能经营专利过期的药品，而这类药品由于没有专利保护，进入壁垒比较低，其竞争的激烈程度可想而知。

药品报销制度　在我国，目前通过《国家基本药物目录》和《公费医疗报销目录》来限制医生的处方范围。在2000年普遍实行基本医疗保险制度以后，则通过《基本医疗保险药品目录》来限制参保人员的用药。由于基本医疗保险制度的覆盖范围为城镇全部居民，而这一部分市场占国内药品市场的绝大部分，因此，真正对药品消费具有直接影响的限制性措施是报销目录。根据《基本医疗保险药品目录》的遴选原则，进口高价药品进入目录的可能性不大，因此，该目录的实施将对进口药品的消费有一定的限制。而通过用药范围限制药品消费在国外都得到普遍采用，即使是在日本、意大利、英国等发达国家，为控制国内药品费用的不合理增长都采用了这一方法。因此，即使中国加入世界贸易组织后不会取消这种用药范围限制。

出口　从医药行业的实践看，目前国际上并没有对我国药品出口进行歧视性的数量限制，但是从关税角度看，加入世界贸易组织后缔约国对我国药品征收的关税水平将降低到6%左右的水平，因此将会增加我国医药类产品出口的价格优势，例如化学原料药和医疗器械等。但是，由于西方国家对中药的认识还不充分、而中药的研究在标准规范（有效成分、各成分含量、稳定性、均一性、有效性、可控性及安全性评价）上也不太完善、绝大部分中药企业生产不符合国际GMP要求，这些技术性壁垒的存在是制约中药出口的关键，也不会因为加入世界贸易组织而降低，因此，加入WTO并不会直接促进中药的大量出口。（曾敏）

三、纺织业

目前，我国是世界纺织品服装生产的第一大国。据国家纺织工业局提供的有关资料，我国的棉纺、织造、毛纺、缫丝、服装、化纤等六项生产能力居世界第一位。1999年，我国纤维加工总量大约1160万吨，占世界化纤加工总量的1/4左右，服装产量200亿件上下，相当于一年内为全球人均提供3件以上的服装。同时，我国也是世界上最大的纺织品服装出口国，对国际市场有比较高的依存度。每年,我国纺织服装业有大约50%的产品出口国际市场(1999年,我国服装出口量达到创纪录的一百亿件),出口额占世界纺织品服装总出口额的比重超过了13%。因此,国际市场准入对我国纺织服装业具有极大的意义,2000年中国入世也将对纺织服装业产生比较深入的影响。

出口方面 目前,我国纺织品服装的主要出口市场集中于日本、美国、欧盟、香港四大市场,其中日本、香港本来就是非配额市场,入世对这些非配额市场的出口几乎没有影响。相反由于过去我国有部分出口香港的产品是借其在获取配额上的优势而转口配额地区,因而对香港出口部分反而会因为直接出口配额地区而下降。目前来看,通过入世我国能够取得更多平等准入权利的市场主要是欧美市场,其它还有将我国视为竞争对手而采用配额抵制进口的发展中国家如印度、巴西、越南、墨西哥等等。当我国在世贸组织之外时,配额的取消仅能通过双边磋商解决,加入WTO后将由原先的双边贸易体制转向多边贸易体制,有利于我国获得待遇更好、更稳定的贸易优惠,有利于参与世界贸易利益共享,有利于提高我国在贸易谈判中的地位,从而有利于促进我国纺织品的出口。这是最主要的、长期的、实质性的影响。但是从短期来看,情况并非特别值得欢欣鼓舞,因为配额的消减要遵从WTO乌拉圭回合达成的纺织品服装协议(ATC)的规定,而不是一入世就可一蹴而就了。按照该协议,纺织品配额限制的取消有十年的宽限期,即自1995年1月至2005年1月分四个阶段取消,同时受配额限制的商品种类比例也是逐步减少。因此我国入世并不能马上就能给纺织服装业带来配额的大幅增长,其首要利益仅是享有了配额取消或增长率上与世贸成员的平等性保障。其次,根据WTO关于最惠国待遇的例外规定,边境贸易、自由贸易区及关税同盟可以作为例外情况,由于美国与墨西哥等拉美国家的纺织品贸易隶属于北美自由贸易区,可作为最惠国待遇原则的例外,在我国加入WTO后将继续享受有别于其他非北美自由贸易区的贸易优惠,因此在2005年宽限期到来之前,利用自由贸易区等最惠国原则的例外条例,可使欧美国家在纺织品贸易区别对待上灵活掌握。事实上,目前的情况确实如此:欧美尤其是美国正在抢着在我国正式加入世贸之前给予部分发展中国家更加优惠的待遇,这个范围已经突破了自由贸易区内的墨西哥而延伸到了东南亚和非洲,由于劳动力成本低廉,这些发展中国家正在对我国的纺织服装业构成包围之势。因此,我国纺织品长期遭受的贸易歧视在入关后是否会有所改善,尚无一定的保证,这还得看各方利益均衡的结果,有一个过程。因此,与其说我国纺织服装业将大大受益于入世,不如说国际消费市场的繁荣与否对我国纺织服装业的影响更大一些。1999年下半年和2000年我国纺织品服装出口额大幅反弹的原因主要是世界经济复苏、市场需求强劲增长的拉动而不是贸易条件的改善。当然,在我国产品销售出现顺畅转机的时候,部分发达国家也又重提严格原产地审查和杜绝非法转运的话题,企图遏制我国纺织品服装出口的强劲成长。

进口方面 随着关税的进一步下调,我国纺织产业中目前较为落后的行业,如纺织的上游化纤工业、面料工业、印染业、纺织机械业在发达国家已被改造为技术含量较高的新型产业,我国产品与之的差距主要体现在技术含量,其次才是价格方面,也就是说,纺织工业的上游将可能在入关后面临国外产品巨大的市场挤压。对于上述企业来说,不进行产业结构的调整,无疑是"等待死神"。不过这样的形势倒恰恰为我国成衣业提供了发展的机遇,我国成衣业将突破原先的纺织业的"瓶颈" 面料业的束缚,为其产业的升级提供坚实的基础,进一步增强国际竞争力。对相关企业分析,那些原先以日本、韩国、东南亚国家为主要外销市场的公司,在深受亚洲金融危机之苦后,加入WTO将使他们逐渐转向潜力较大的欧美市场,服装设计也将较多地换为欧美版式。而成衣类公司基本上都将受益。原来,我国成衣业的发展一直有受制于国内面料产品的落后,而一旦加入WTO,我国进口面料和服装的进口关税将首先下降,这无疑将使国内成衣企业在服装面料方面有更为丰富的选择,从而为其在更高层次的发展奠定良好的基础。另外,配额的购买(直接分配的除外)构成我国服装业的一部分成本,因此配额取消越多,我国外销纺织品越具有竞争力。

(张为群)

四、农业

我国是一个农业大国,主要农产品产量都保持世界领先地位,但由于受土地资源的限制,农业生产经营规模小、成本高、效率低,许多农产品的价格,均高于或接近国际市场价格。加入WTO,对我国农业不可避免地要产生较大的影响,这种影响,总的来讲,有利有弊,意义深远。

WTO框架下有关农产品贸易的协议内容 世贸组织乌拉圭回合签署的有关农产品贸易自由化的重要协议是《农业协议》,《农业协议》的签署与生效,标志着长期游离于关贸总协定框架之外的农业开始在贸易自由化的道路上起步。我国全面参加了乌拉圭回合谈判,并在最终协议上作了一揽子签字。《农业协议》以推动农产品贸易自由化为宗旨,要求缔约方实质性地、逐步地减少农业支持和保护,最终纠正和防止农产品市场的限制和扭曲。其主要内容有:1.降低关税,增加市场准入机会。在市场准入方面,各缔约方承诺将边境保护中非关税壁垒措施"关税化",并在此基础上加以约束和减让。也就是说,无论是发达国家还是发展中国家都取消非关税措施,均以关税及关税配额的形式来管理农产品贸易。协议规定全部农产品的关税算术平均税率发达国家应于协议实施期6年内(1995—2000年)削减36%,发展中国家于协议实施期的10年内(1995—2004年)削减24%。发达国家每一个税目的减让不低于15%,发展中国家不低于10%,每年等量实施关税减让。2.削减国内支持,消除农产品价格扭曲。《农业协议》把国内支持措施分为两类:(1)产生贸易扭曲的政策,称为"黄色"政策,这种直接补贴与农业生产有关,由消费者转移支付给生产者。包括:(价格支持;(营销贷款;(r)牲畜数量补贴;(面积补贴;(种子、肥料、灌溉等投入补贴;(某些有补贴的贷款计划。这些政策均列入"综合总量支持表"中,承诺减让义务。综合总量支持措施包括以产品形式支持和非产品形式的支持,这些措施均以1986—1988年为基期以货币形式承诺减让。发达国家于协议执行期的6年内(1995—2000年)减少基期支持20%,发展中国家于协议执行期内10年(1995—2004年)减少基期支持13.3%。实施方法是每年等量减让。(2)不引起或较少引起贸易扭曲的政策,称为"绿箱"政策,这类直接补贴是由纳税人负担,通过政府预算支付,免予减让承诺。包括(政府一般性服务支出,如研究、培训、推广、咨询、检验、病虫害控制、市场促销、基础设施等;(食物安全目的的公共存储费用;(r)国内食品援助;(与产量脱钩的直接收入支持;(政府在财政上参加的收入保险和收入保障计划;(自然灾害救济支付;(结构调整援助;(环境保护计划支付;(地区援助计划支付。3.削减政府出口补贴,促进公平竞争。《农业协议》规定,应承诺减少

下列补贴：(政府或其代理部门根据出口实绩向出口商及生产者提供的直接补贴(包括实物支付)；(政府或其代理部门以低于相同产品的可比价格在国内销售农产品以供出口；(r)为减少营销成本而提供的补贴；(在出口货物的国内水运、空运收货方面规定比国内运页更多的优患；(向并入出口产品的农产品提供的补贴。

我国对美国农产品开放的承诺内容　1999年4月10日，中国对外贸易经济合作部部长石广生与美国贸易谈判代表巴尔舍夫斯基分别代表中美两国政府，在华盛顿签署了《中美农业合作协议》。主要内容有：1.中国大幅度降低农产品关税，平均关税在2004年以前降至17%，其中受美方关注的农产品降幅更大，将降至14.5%；2.在缓冲期过后的2005年，主要农产品小麦、玉米、大米、豆油、棉花以及羊毛、食糖、菜油等增加税率配额量；大麦没有配额但税率需降至9%；3.取消关于小麦、柑桔和肉类的非正规的卫生和植物检疫(SPS)限制，允许进口美国加尼佛尼亚等11个州的小麦或柑橘。此项包含的具体内容是：取消涉及美国7个州的小麦矮腥黑穗病(TDK)的小麦进口限制；解除涉及美国4个州的柑桔进口禁令等。1999年11月16日，中美再次达成《双边协议》，其中有关农产品协议主要内容为：中国将给予美国小麦、玉米、大米、棉花更多负的进口配额；中国国有部门将退出豆油贸易；中国政府出口补贴减少；中国同意削减农产品进口关税至14.5%—15%，中国将设定进口美国小麦、玉米、大米、棉花的最高关税。

表1　美国提出的中国粮食、棉花关税配额　单位：万吨

	小麦	玉米	大米	棉花	大豆
8年平均进口额(90—97)	888	75	43	47.3	—
1997年总产量	12329	10430	14050	460	—
关税配额：					
加入当年	730	450	260	74.4	170
最终年份(2004年)	930	720	530	89.4	330＊＊
占国内产量比重	6%	4%	2%	15%	—
私人企业份额	10%	25—40%	50%	67%	50—90%
ams＊		不能超过产品的10%			

注：＊国内支持总值。

＊＊最终年份为2006年。

加入WTO对我国农业的影响分析　从长远看，加入WTO，只是为我国农业提供了一个发展的机遇和舞台。1、有利于完善我国农产品市场机制，优化农业结构。加入WTO后，农产品贸易自由化将国际市场的价格机制、竞争机制、供求机制顺畅地传递到国内，要求我们按照市场经济规律，遵循国际贸易规则，参与国际分工和国际竞争。要做到这一点，就必须改变国内市场与国际市场割裂的状态，使国内市场和国际市场在“市场机制的同质性”上实现交融。这也意味着我国农产品价格体系的改革要向世界市场的价格体系逐步靠拢。同时按照国际贸易规范培育、开放要素市场，打破地区分割和垄断，形成合理的地域分工。农业发展的重点显然必须转向优化结构和提高效益的轨道上来。以国内的资源禀赋为起点，根据国际市场需求的变比，以动态的多元化的观点，对我国参与农业分工进行现实的定位，合理地调整农业生产方式和贸易结构，促进和带动国内产业结构的发展和升级。我国自然资源短缺，尤其是耕地资源不足，但劳动力丰富，加入WTO有利于我国进口资源密集型的产品，出口劳动密集型的产品，包括水果、蔬菜、畜产品、水产品等具有比较优势的农产品。我国花卉种植面积已占世界的1/3，但出口量不足世界花卉贸易的1%，具有较大的出口潜力。2、有利于我国农业技术进步，促进农业增长方式的转变。加入WTO，一方面，我国外贸法规透明度增加，投资环境改善，将吸引越来越多的外商来华投资，从事农业的合作与开发，农业的科技交流和技术转移将日益扩大。另一方面，农产品贸易自由也使我们面临发达国家现代化农业的竞争。在比较中看清了我国农业的脆弱和落后。发达农业对我国农业无疑会产生一种示范效应，产生从国际市场到国内市场的挑战——应战机制，农业增长方式将由粗放向集约转换。3、有利于我国农产品出口市场和进口市场的多元化。从出口方面说，随着农产品贸易的自由化，关税逐渐降低，市场准入机会增多。加入WTO，我国可以享受WTO现有134个成员国无歧视贸易待遇，为我国农产品出口多元化创造稳定的国际贸易环境。目前，我国国出口市场集中于少数国家和地区，一旦某个主要市场出现突变因素而收缩或丢失，则出口规模就会出现波动。而且也易于引发贸易摩擦和纠纷。因此，农产品贸易自由化构造了一个开放的、无歧视性的多边贸易体系，有助于改变我们对某些市场过度依赖的格局。从进口贸易讲，我国粮食进口的国别一直较为集中，也不利于规避风险。农产品贸易的自由化有助于我们利用各出口国之间的竞争，多元、多渠道地进口粮食，避免对少数国家的依赖，掌握主动。从现实看，加入WTO，对于我们这样一个处于发展中的内需型大国来说，更多地意味着一种严峻的挑战。1、对我国粮食生产有一定的冲击。近10年来，我国粮食生产成本以平均年10%以上的速度递增，小麦、玉米、大豆、棉花、油料、食糖等大宗农产品的国内价格高出国际市场价格二至五成，已失去了竞争优势。加入WTO，国际上一些成本低、质量好的粮食品种必然会进入国内市场，与我国同类品种的粮食形成剧烈竞争，从而给我国的粮食生产带来一定的冲击。比较突出的是小麦、玉米和大豆的主产区，即东北和华北地区。一方面，这些产品的进口增加，会给这些地区的生产造成直接压力；另一方面，我国玉米的流通格局可能发生变化，南方一些需要饲料粮的省区可能直接从国际市场进口玉米而不再从东北调玉米，这两方面的因素都会造成农民收入下降。尤其是那些单纯种粮而且收入水平又比较低的农民，影响将更加显著。我国传统农业的成长也一定程度上受到发达国家现代化农业所具有的效率及其竞争优势的限制。2、政府保护农业的政策运作空间、政策工具选择受到限制。长期以来，我国对农业实行的是保护政策，对农产品收购实行国家财政补贴的“保护价收购”，例如小麦，国家每年要用去300—400亿元的财政补贴。对农产品进口则依靠进口许可证、进口配额及其它非关税措施调控。加入WTO后，对农业的支持和保护将受到越来越多的制约和监督。非关税手段将被禁用，只能转化为相关的等效关税之后按规定削减。财政补贴因受到财政基数的限制，对我国农业贸易的保护程度将会低于发达国家水平，致使我国农产品出口竞争力不足。与此同时，政府对农业特别是粮食进行宏观调控的难度加大。按美方要求，每年农产品进口配额的一部分必须分配给非国营贸易企业，从而起到防止国有贸易企业不履行进口配额的作用。这样，只要国际市场价格低于低于国内市场价格，非国有贸易企业就会将配额统统变为实际进口。政府将不能再利用国有外贸部门的垄断地位对进口进行控制。

表2　我国目前部分农产品主要进口、出口国

	进口国	出口目的国
小麦	加拿大、美国、泰国、澳大利亚	韩国、菲律宾
玉米		韩国、马来西亚、印度尼西亚
大米	泰国	菲律宾、马来西亚

表3　我国部分农产品进口关税税率表

商品名称	优惠税率(%)	普通税率(%)	增值税(%)	商品名称	优惠税率(%)	普通税率(%)	增值税(%)

稻谷、米	114	180	13	蘑菇	13	90	13—17
小麦	114	180	13	鲜、冷蔬菜	13	70	13—17
大麦	91.2	160	13	橙汁	35	90	17
棉花	3	8	13—17	橙、柠檬	40	100	13—17
大豆	114	180	13	糖	30	40	17
玉米	114	180	13	饲料鱼粉	3	11	0
麦粉、米粉	91.2	130	13	牛、羊、猪肉	20—45	70	13—17
高粱	15	70	13	鸡	20	70	13—17

（赵金厚）

五、汽车行业

1999 年 11 月 15 日中美签订协议后，国内一片哗然，许多人认为中国汽车工业根本抵挡不住发达国家汽车的冲击，这一恐慌情绪使得大部分投资者纷纷抛出汽车类股票，导致次日汽车类股票大跌，直到现在许多人还对中国汽车业的发展心存疑虑。另外一些人，特别是一些汽车厂商，却一直抱有较乐观的态度，他们认为中国加入 WTO 对自己几乎没有影响。总之，中国加入 WTO 在近期对中国汽车工业会造成一定的冲击，但决不是致命的，长远来说，对中国汽车工业还会起到促进作用。

中美及中欧关于中国加入 WTO 在汽车方面的协议要点　根据中美世贸协议文本，加入 WTO 后，中国将于 2006 年之前把关税由目前的 100%或 80%降低至 25%；汽车零件关税将于 2006 年之前由 23.4%减至平均 10%；汽车配额将在 2005 年前逐步取消；非金融业金融公司可提供汽车融资。中欧协议在此基础上又增加了以下内容：所有关于汽车生产的类别和车型的限制将在两年内取消，改由汽车制造商根据市场需要做出生产何种车型的决定；省级政府可批准的外商投资由 3000 万美元的上限上升为 1.5 亿美元，对汽车制造商来说实质上是减少了政府限制；对于发动机制造商来说，必须由中外合资企业生产的限制被取消，可由外国独资企业生产。

近期受到的冲击　中国的汽车工业和发达国家汽车工业的差距不仅在于产品价格、生产规模，更关键的在于和国外的技术差距，如果不引进国外先进技术，如果不形成自己的产品开发能力，中国的汽车工业将很难有出头之日，搞不好还会“全军覆没”。近期这种危险情况还不至于出现，因为中国的汽车工业毕竟还有许多的关税及非关税壁垒的保护，而且许多汽车厂商也正在励精图治，以使产品具有国际竞争力。按照中美和中欧的协议，中国加入 WTO 后，汽车关税将逐渐下降，而且汽车服务也将逐步放开，进口汽车产品的价格将逐渐下降，而且售后服务也将越来越好，这将对中国的汽车产品产生直接冲击。事实上，自从 1999 年 11 月 15 日中美签订协议以来，中国的汽车市场就受到了很大影响。由于对加入 WTO 后汽车降价的预期，人们纷纷等待降价，持币待购，造成轿车销售不畅。广大消费者希望轿车价格能大幅下降，有的厂商也希望能通过降价促进销售，但大的汽车厂商面对媒体都信誓旦旦地说不降价，而每个厂商都睁大了眼睛注视着别人是否降价，你降我就降，我决不能眼睁睁地让你蚕食我的市场份额。2000 年中国汽车市场是比较热闹的，轿车降价此起彼伏。尽管各大汽车企业的领导人在年初说不降价，但从今年年初变相降价的让利优惠措施到实实在在的降价根本就没有停过。所以从短期来看，中国加入 WTO 对中国汽车工业的最大影响不是外国商品的竞争，而是国内产品的竞相降价。中国汽车长时间受到保护，国内轿车价格一直偏高，这使得国内轿车厂家的利润率是相当高的。1999 年，桑塔纳销售 23 万辆，利润 60 亿元；捷达销售 8 万多辆，利润 12 亿元。如此高的利润是因为产品价格过高，一旦产品价格大幅下降，短期内将会使生产企业的利润受到较大影响，因为一家降价，其他各家必然也会降价，这样市场份额不会有太大变化，而且仅仅销售价格的下降也不会引起轿车需求量的迅猛增长，所以价格的下降短期内将会引起生产企业利润的减少。因此中国加入 WTO 对中国汽车企业最直接的冲击就是产品价格的大幅下调，而且产品价格下调以后，需求量不能马上增加，从而导致汽车生产企业利润的降低。

长远影响　长远来看，中国汽车工业不会遭受灭顶之灾，反而可能会越来越好，主要原因如下：1. 加入 WTO 可以使中国汽车工业直接面对国际竞争，促使汽车企业提高自身竞争力。加入 WTO 以前，由于中国汽车工业受到高度保护，使得汽车产品价格大大高于国际市场，毛利率之高是发达国家的汽车工业所难以比拟的，这样中国的汽车企业就缺乏提高效率和降低生产成本的动力。加入 WTO 后，通过适当降低关税和非关税壁垒，引入国际竞争，不仅可以通过进口满足国内汽车需求，而且对国内汽车价格起到制约作用，迫使汽车生产企业提高效率和降低成本，加强自己的产品开发能力，增强企业自身竞争力。2. 加入 WTO 可以使进口汽车零部件的价格降低。汽车全球化生产的趋势越来越明显了，各国根据比较优势生产其在技术或成本方面有优势的零部件，可以使整车价格越来越低。中国的汽车工业也有许多零部件是从国外进口的，加入 WTO 后，通过降低关税或取消贸易壁垒，也可以享受到这种高技术和低成本的好处。另外，中国汽车市场的巨大潜在需求为将来中国汽车工业竞争力的提高提供了良好条件和巨大优势。目前我国汽车的消费环境还不尽如人意，在汽车的购买和使用中有许多障碍，另外汽车购买价格和使用价格的居高不下，阻碍了我国汽车工业的发展。随着改善汽车消费环境政策的不断出台，汽车购买和使用环境的不断改善，再加上我国经济的飞速增长，居民购买力也迅速提高，因此可以说我国汽车的需求量将会不断增长。汽车工业具有明显的规模经济特性，随着需求量的不断增加，我国汽车企业的规模也不断扩大，企业的生产成本也将下降，占有天时地利的中国汽车企业届时将充分享受规模经济带来的好处。随着汽车市场的不断扩大，中国汽车厂商的产销规模扩大，再加上中外合资企业合作层次的不断加深，我国汽车工业在技术和管理方面也会逐渐减小与发达国家的差距，汽车工业也必将会走上良性发展的轨道。

（许达）

第二编

中国金融市场

110/142

中国金融市场

中国金融市场

【概况】 1999年，中国经济工作是在比较复杂的国内外环境中进行的。政府采取了一系列扩大内需的宏观经济政策，取得了显著成效。全年国内生产总值为82054亿元，比上年增长7.1%；固定资产投资总额为29876亿元，比上年增长5.2%；社会消费品零售总额31135亿元，比上年增长6.8%；出口总额1949亿美元，比上年增长6.1%，进口总额1658亿美元，比上年增长18.2%；全国商品零售价格和居民消费价格分别比上年下降3%和1.4%。1999年，中国宏观经济面临着总需求不足的制约，物价持续下降。金融部门根据宏观经济形势的特点和国家宏观调控的需要，综合采取各种调控手段和措施，扩大内需，防范和化解金融风险，促进国民经济平稳运行。

金融政策 1999年宏观调控的主要预期目标为：国内生产总值增长7%左右；全社会固定资产投资增长12%；居民消费价格涨幅控制在4%以内，商品零售价格涨幅控制在2%以内。货币信贷调控目标是：M2增长14—15%，M1增长14%左右；国家银行贷款指导性计划10000亿元，增长14.6%；保持国际收支平衡和外汇储备增长，确保人民币汇率稳定。1999年，中国经济保持了稳定增长，但经济生活中物价负增长的局面仍在延续，宏观经济政策的任务仍然是扩大内需。中国人民银行在防范和化解金融风险的同时，努力发挥货币政策的作用，适度扩大货币供应，防止通货紧缩，扩大内需，保持金融稳定和支持国民经济稳定增长。1999年，中国人民银行加强对货币供应的间接调控，运用多种工具扩大基础货币供应，实现了年初预期的金融宏观调控目标。进一步完善货币市场，加大公开市场业务操作力度。1999年，中国人民银行相继批准了商业银行授权的分行、保险公司、外资银行，农村信用联社、证券公司、基金管理公司等进入银行间市场进行信用拆借、债券回购和现券交易。全国银行间债券市场发展迅速，为中央银行通过公开市场业务实施货币政策间接调控创造了条件。据统计，全年中央银行公开市场业务债券操作成交额7076亿元，是上年的4倍，公开市场操作的地位进一步上升。增加对商业银行和城乡信用社的再贷款，增强金融机构贷款能力。到1999年底，中国人民银行对金融机构贷款余额为13700多亿元，比上年增加1222亿元。充分利用利率杠杆调控经济。6月10日，中国人民银行再次调低金融机构存贷款利率，存款利率下调1个百分点，贷款利率下调0.75百分点。从1996年5月1日到1999年6月10日，中国人民银行7次下调金融机构存贷款利率，存款平均利率累计下调5.73个百分点，贷款平均利率累计下调6.47个百分点，贷存利差累计缩小0.74个百分点。1996年以来，七次降息共减轻企业利息支出约2600亿元，在扩大内需和促进国有企业实现三年脱困目标方面发挥了重要作用。为支持中小企业发展，提高商业银行对中小企业贷款的积极性，适当扩大了对中小企业贷款利率上浮幅度。9月份，将个人住房贷款最长期限由20年扩展至30年，再次下调个人住房贷款利率，五年期以上贷款利率降为5.58%，即统一执行6个月以内流动资金贷款利率。11月21日，将法定存款准备金率由8%下调至6%，一次性可增加金融机构的流动性约2000亿元。加强信贷政策指导，促进经济结构调整。1999年，中国人民银行积极组织国家银行认购国债，主动发放国债项目配套贷款和政府贴息技改贷款。商业银行固定资产贷款比上年多增421亿元。2月份，发布《关于开展个人消费信贷的指导意见》，允许商业银行开办所有消费信贷业务。年末，四家国有独资商业银行个人住房贷款余额已达1100亿元，当年增加600多亿元。3月份，制定并发布《关于做好当前农村信贷工作的意见》，向农村信用社增加贷款150亿元，为解决农民贷款难问题发挥了很好的作用。7月份，颁布了《封闭贷款管理暂行办法》、《关于支持境外来料加工装配业务的信贷指导意见》、《关于改进外汇担保项下人民币贷款管理的通知》等文件，支持困难企业恢复生产和加大对外贸出口的信贷支持力度。

1999年在国际金融市场动荡、中国金融业的风险逐渐暴露的情况下，中国人民银行制定和实施了一系列监管措施，主要有：建立金融监管责任制。对人民银行总行、分行、金融监管办事处、中心支行的监管职责分别作了具体规定，并把监管责任落实到各个监管岗位和监管人员，建立了严格的监管责任考核和监督制度。建立非现场监控系统。在非现场报表数据采集方面，实现了统一数据库和统一数据源，为监管部门实施各项监管措施提供了基本的系统工具。进一步加大对金融机构的综合监管和现场检查的力度。设立四家金融资产管理公司，剥离国有银行不良资产，准备收购国有银行不良资产约13000亿元，至1999年底已经收购国有银行不良资产3500亿元。对城乡信用社进行全面清产核资和分类采取不同拯救措施。积极稳妥地推进信托投资公司的整顿及风险处置工作，以增强信托机构的抗风险能力。严肃查处非法金融机构和非法从事金融业务等，并取得了显著成效。

货币供应量 1999年金融运行平稳，货币信贷供应与经济发展需要基本适应，货币政策预期目标基本实现。1999年末，基础货币余额33615亿元，比上年同期增长11.8%；广义货币M2余额119898亿元，比上年同期增长14.7%；狭义货币M1余额45837亿元，比上年同期增长17.7%；流通中现金M0余额13456亿元，比上年同期增长20.1%；全年现金净投放2251亿元，比上年同期多投放1225亿元。由于亚洲金融危机的影响以及粮食收购政策的调整，过去作为基础货币供应主渠道的外汇占款和对政策性银行贷款增加少，现有的基础货币供应渠道制约了基础货币的投放。中国人民银行灵活运用多种货币政策工具，增加基础货币供应，取得了初步成效。1999年末，外汇占款增加1031亿元，占全年基础货币增加额的28%，同比多增573亿元，说明通过购买外汇供应基础货币的作用有所上升；对金融机构贷款增加1222亿元，比上年多增3194亿元，占当年基础货币增加额的33%，对金融机构贷款又成为中央银行供应基础货币的主要渠道之一；通过公开市场业务操作供应基础货币1920亿元，比上年多增1218亿元，占全年基础货币增加额的52%，成为货币政策的主要

工具之一。1999年,中国国际收支恢复了经常项目与资本项目双顺差,储备保持增长的局面。年末,国家外汇储备达到1546.75亿美元,较上年增加97.16亿美元,增长率为6.7%;美元兑人民币汇率为1:8.2795,与年初基本持平。

信贷规模　1999年信贷政策兼顾一般政策目标和特殊政策目标,加大对高新技术产业、重点行业、重点企业信贷倾斜,积极支持中小企业的发展,促进经济结构调整、技术创新和扩大内需。1999年末,金融机构贷款余额93734.3亿元,增长12.5%,增幅比上年末低3个百分点;其中国家银行贷款余额73695.9亿元,增长7.6%。1999年金融机构贷款虽然少增,但由于企业融资渠道增多,企业获得融资总量同比还是多增加。企业通过境内外证券市场筹集资金1243亿元,同比增长30%,全国商业汇票发生额4650亿元,比上年增加809亿元;商业银行办理贴现2800亿元,比上年增加400亿元。全年金融机构存款余额108778.9亿元,增长13.7%,增幅比上年末低2.4个百分点,其中国家银行存款余额79973.5亿元,增长14.6%;全国企业存款余额37182.4亿元,增长14.5%,增幅比上年末提高1.1个百分点;全年总体上企业存款呈逐季回升趋势,从一定程度上反映了企业效益逐渐好转;居民储蓄存款余额59621.8亿元,增长11.6%,增幅比上年末低5.5个百分点。储蓄存款适当分流为未来资本市场的发展和增加最终消费提供了潜在的机会,符合国家扩大内需的宏观经济政策。

外商直接投资和国家外债　1999年外商直接投资下降。全年批准外商直接投资项目17100个,比上年下降13.8%;外商直接投资实际到位资金404亿美元,全年共减少51亿美元,比上年下降11.4%。外资的减少在一定程度上影响了总投资的增长。1999年底,中国外债余额为1518.3亿美元,比上年末增加57.9亿美元,增长4.0%。1999年1至12月新借入外债为300.5亿美元,偿还外债本息309.9亿美元。外债期限结构保持合理,其中中长期外债余额1366.5亿美元,比上年末增加79.5亿美元;短期外债余额151.8亿美元,比上年末减少21.6亿美元。据统计,在1518.3亿美元的外债中,国务院部委借入的主权债务余额为473.0亿美元,比上年末增长13.6%;国内金融机构债务余额为409.0亿美元,比上年末减少2.6%;外商投资企业债务余额为473.0亿美元,比上年末增长4.6%;国内企业债务余额为147.1亿美元,比上年末减少5.1%;其它债务余额为16.2亿美元,与上年末基本持平。

外资金融机构　1999年中国银行业对外开放进一步扩大。1999年1月,中国人民银行取消了外资金融机构在中国设立营业性分支机构的城市地域限制。进一步扩大了外资银行经营人民币业务的地域范围,上海的外资银行的客户可由上海市内扩大到江苏、浙江两省;深圳的外资银行的客户可由深圳市内扩大到广东、广西和湖南三省区。截止1999年末,中国已有23个城市和海南省设有外资营业性金融机构,营业性金融机构总数已达177家(不包括外资保险公司),其中外资银行分行157家,当地注册银行13家(独资银行6家、中外合资银行7家),外资财务公司7家。允许从事经营人民币业务的银行有25家,其中上海19家,深圳6家。外国银行代表处248家。外资金融机构已成为中国金融体系中的一支重要力量。

【金融体制改革】　金融调控方式和管理体制改革　1998年中国人民管理体制实施了重大改革,撤消原省级分行,跨省(区)设立9家分行,并于1999年1月1日起正式对外履行职责,新管理体制正常运行并已经发挥作用。中国人民银行针对工作中出现的一些新情况、新问题,先后出台了《中国人民银行金融监管责任制》、《中国人民银行金融监管办事处管理办法》、《货币信贷工作操作规程》等规章制度,建立并落实了金融监管和货币信贷工作责任制,进一步理顺了中国人民银行管理体制。中国人民银行依法履行职责的独立性有所提高,金融监管工作进一步加强。加强了对区域经济、金融的分析,货币政策贯彻执行畅通,控制到位。

货币政策改革与发展　对货币供应量的调控,已经从过去的直接调控为主,过渡到运用各种货币政策工具进行间接调控为主。一是1999年6月10日起降低金融机构存贷款利率,并同时降低中央银行准备金存款利率、再贷款和再贴现利率。此次利率调整,较大幅度地调低了长期存款的利率,有利于增强货币的流动性。二是从1999年11月21日起,将法定存款准备金率由8%下调到6%。据测算,使金融机构可用资金增加近2000亿元。三是加大公开市场操作力度,扩大交易限额和一级交易商成员,并有计划地增加同业市场成员。目前,公开市场操作已经成为基础货币投放的主渠道。四是出台多项信贷政策,刺激居民消费,支持国企改革。允许所有中资银行开办消费信贷业务;支持经济适用住房建设;加大力度支持个人购房,延长贷款期限、降低贷款利率以支持城镇居民购房;为发展教育提供金融服务,经过试点,助学贷款已扩大到所有商业银行;积极支持亏损国有企业培育新的盈利增长点,逐步走出困境;根据外经贸企业特点,加大对外贸企业出口的信贷支持力度。

银行业改革与发展　1999年末,4家国有独资商业银行的境内本外币资产总额为104040.96亿元,比上年增长9.48%;存款余额为76187.99亿元,比上年增长15.11%;贷款余额为62411.06亿元,比上年增长11.69%。1999年末,股份制商业银行有10家,城市商业银行90家。股份制商业银行境内本外币资产总额为14477亿元,贷款余额6957亿元,存款余额10314亿元。商业银行改革有所突破。一是成立金融资产管理公司,专门处理国有银行不良资产。1999年信达、东方、长城和华融4家资产管理公司相继成立,其主要职能是收购、经营、管理从国有银行剥离出的不良资产,准备收购国有银行不良资产约13000亿元,至1999年底已经收购国有银行不良资产3500亿元。二是商业银行通过重组和上市扩大实力。光大银行重组扩张,整体收购原中国投资银行债权债务,并收购原中国投资银行29个分(支)行所属的137家同城营业网点。此次银行重组是两家银行按照商业原则进行转让,主动作出资产重组的首例。商业银行通过自我积累,财政增资、发行长期金融债券和其他方式,增加资本金。浦东发展银行在上海证券交易所上市,成为股票市场上第二家商业银行。三是国有商业银行按照精简高效的原则,基本完成了省分行和省会城市分行的合并工作,撤销地市重复设置的分支行,精简业务量小,长期亏损的县(市)支行及营业网点。四是加快国有商业银行在组织结构、激励机制、内部管理、产权制度等方面的改革,按照《公司法》和《商业银行法》的要求,完善国有商业银行的法人治理结构。建立与现代企业制度相适应的人事、用工和分配制度。鼓励商业银行拓展中间业务,维护商业银行经营自主权,建立经营管理目标责任制。

合作金融改革与发展　1999年末,地级城市信用社836家,资产总额1198亿元,贷款余额700亿元,存款余额954亿元;全国独立核算的农村信用社机构41755家,比上年末减少2210家,资产总额14329.19亿元,贷款余额9225.59亿元,存款余额13358.09亿元。中国人民银行加强监管，对部分高风险的城乡信用社进行清理整顿和分类处置。城乡信用社的组织体系有了新的变化。保留经营状况良好的城市信用社，鼓励其按商业银行原则进行兼并；符合条件的县级城市信用社可以更名为农村信用社或并入农村信用社，归口农村信用联社管理；依法撤销严重资不抵债的城市信用社。按合作制原则规范农村信用社，对救助有望者予以救助，对扭亏无望者由较好的信用社就近兼并。同时，继续清理整顿农村合作基金会，对资能抵债的农村合作基金会，经当地人民银行审核批准，按农村信用社模式进行规范改造，纳入农村合作金融体系；对资不抵债的农村合作基金会，由当地政府牵头进行撤销工作，当地政府负责在5年内清理债权债务。

非银行金融机构改革与发展　1999年末，全国共有230家信托投资公司，70家财务公司，15家租赁公司。中国人民银行积极稳妥地推进信托投资公司整顿及其风险处置工作。1999年中国人民银行批复8家信托投资公司实施市场退出，其中撤销4家，与商业银行合并2家，改制2家。2000年，中国人民银行将进一步加快信托投资公司整顿工作，抓紧制订并颁布《信托投资公司管理暂行办法》及有关监管条例，促进信托业规范发展。加强对财务公司和融资租赁公司的市场准入、市场退出及其日常业务监管，明确其功能定位，促进其规范发展。

【金融法制建设】　1999年金融法制建设取得了显著成绩，并通过立法、执法和普法，加强金融监管，防范和化解金融风险，维护金融稳定。1月，国务院第十三次常务会议通过了由中国人民银行起草的《金融违法行为处罚办法》，该条例于2月22日正式发布施行，加大了对金融违法行为的处罚力度，明确了责任人员法律责任追究制度，首次确立了离任人员责任追究制度，为防止和处罚金融违法行为提供了法律保证。9月，中国人民银行发布实施《单位定期存单质押管理规定》，准许企业以存单质押进行融资，并对其进行规范管理。该规定在加强管理的基础上恢复了自1997年起停办的单位定期存单质押贷款业务，有利于合理扩大信用规模，支持经济增长。10月，中国人民银行颁布了《金融监管办事处管理暂行办法》，以明确中国人民银行各分行金融监管办事处职权和责任，理顺了金融监管办事处与分行的关系。

（特约编委：蔡浩仪，特约编辑、特约撰稿：李德）

中国外汇市场

【概况】　银行间外汇市场保持平稳运行，供求关系呈现供大于求　1999年银行间外汇市场共进行了251场交易，累计成交折合美元314.62亿，日均成交1.25亿美元，与1998年的日均成交量相比，下跌38.7%。1994年银行间外汇市场成立后，外汇市场交易量一直呈逐年上升趋势。从1998年开始，交易量转为逐年下跌，1999年外汇市场交易量仅为1997年最高峰时交易量的二分之一。造成1999年外汇市场交易量大幅下降的原因：一是贸易盈余减少。在目前中央银行对外汇指定银行实行结售汇周转外汇头寸限额管理的情况下，银行间外汇市场仅是各外汇指定银行之间的结售汇头寸平补市场，外汇市场的成交量主要取决于银行结售汇净差额，而与结售汇总量的关系并不密切。外贸进出口是影响银行结售汇差额的最主要因素。1999年上半年我国外贸出口下降而进口增加，贸易盈余随之减少，造成银行结售汇净差额减少，从而各银行在外汇市场交易量也呈现较大幅度萎缩。7月份外贸出口止跌回升后，外汇市场交易量也呈现较大幅度增长。二是多家商业银行总行收回分行自营入市权。1999年，有多家外汇指定银行总行出于加强对分支行资金管理、减少资金风险和降低经营成本等各种考虑，取消了分行在外汇市场上的自营入市权，改为各分行与总行之间进行结售汇头寸平盘，由总行在轧差汇总全系统结售汇头寸后统一入市平盘，这样造成银行间外汇市场交易主体和交易量均相应减少。

人民币汇率保持稳定　全年人民币兑美元汇率基本保持稳定，1999年人民币汇率为1美元合8.2795元人民币，与上年末基本持平。期间人民币兑美元汇率最高为8.2770元人民币/美元，最低为8.2800元人民币/美元，全年人民币兑美元平均汇率为8.2783元人民币/美元。人民币汇率保持稳定的原因主要有三个方面：一是国民经济继续保持稳健运行态势。针对复杂的国内外经济环境，特别是有效需求不足的矛盾进一步突出的情况，国家及时采取综合性对策，进一步加大实施积极财政政策的力度，努力发挥货币政策作用，综合运用税收、价格和收入分配等调控手段，有效地拉动投资、增加消费和扩大出口，国民经济发展保持了良好态势，全年经济增长速度达到7.1%，基本实现年初提出的主要宏观调控目标。国民经济保持持续快速健康发展是维护外汇市场和人民币汇率相对稳定的重要基础。二是外贸出口止跌回升，国际收支状况保持良好。1999年初开始外贸出口连续几个月下滑，从7月份开始，外贸出口扭转了自1998年8月以来持续一年的下降局面，增长逐月加快。10、11月的出口增长率分别为23.8%和28.8%。1999年全年全国进出口总额3607亿美元，其中出口1949.25亿美元，较去年同期增长6.1%，进口1657.68亿美元，较去年同期增长18.2%，累计实现贸易顺差292.57亿美元。1999年我国利用外资保持了较大的规模。全国新批外商直接投资项目17100个，合同外资金额412.38亿美元，实际利用外资金额403.98亿美元，虽然实际利用外商直接投资低于1998年的455.82亿美元，但仍保持了相当规模，超过了年初的预期。三是中央银行宏观调控能力增强，外汇市场运行机制趋于规范。中国人民银行（即中央银行）根据银行间外汇市场供求状况，及时对外汇市场进行了适当和有效的宏观调控，促进了人民币汇率的稳定。同时，国家有关部门加强了打击走私和骗汇、套汇及非法外汇买卖等犯罪活动的力度，公安、海关、外汇管理局和外汇指定银行加强协作，进一步完善和规范各项外汇监管制度和法规，严厉查处违反外汇管理规定的犯罪行为，加大外汇管理执法力度，外汇市场运行机制日趋规范。

【外汇市场】　全年人民币兑美元汇率基本保持稳定，1999年人民币汇率为1美元合8.2795元人民币，与上年末基本持平。期间人民币兑美元汇率最高为8.2770元人民币/美元，最低为8.2800元人民币/美元，全年人民币兑美元平均汇率为8.2783元人民币/美元。人民币兑港币汇率也基本保持稳定。1999年12月30日，人民币兑港币汇率为1.0651元人民币/港元，与1998年末的1.0678元人民币/港元相比，人民币汇率上升27个基本点。期间人民币对港币汇率最高为1.0641元人民币/港元，最低为1.0693元人民币/港元。全年人民币兑港币平均汇率为1.0666元人民币/港元。1999年国际外汇市场日元跌宕起伏，美元兑日元汇率年底接近102日元兑1美元，国内市场日元兑人民币汇率相应也有较大升幅。1999年12月30日，人民币兑日元汇率为8.0933元人民币/日元，与1998年末的7.1719元人民币/日元相比，人民币汇率下跌9214个基本点。期间人民币兑日元汇率最高为6.6512元人民币/日元，最低为8.1667元人民币/日元。全年人民币兑日元平均汇率为7.2932元人民币/日元。

（特约编辑：程宪平，特约撰稿：贯青）

中国保险市场

【概况】 1999年，由于政府实施了一系列扩大内需的政策措施，使国家总体经济形势向着好的方向发展，为保险业的持续、健康、有序发展创造了良好的外部环境。根据我国保险业处于初级阶段的实际情况，面对我国即将加入世界贸易组织（WTO）的前景，各家商业保险公司紧紧把握机遇，借鉴国际先进的管理经验，加快改革步伐，为把中国保险事业全面推向21世纪奠定了良好的基础。1999年，全国保险业保费总收入为1393.22亿元，比1998年增加142.06亿元，同比增长10.2%。其中，中资保险公司保费收入1375.30亿元，外资保险公司保费收入17.92亿元；财产险保费收入521.12亿元，同比增长2.9%，占保费总收入的37.4%；人身险保费收入872.10亿元，同比增长15%，占保费总收入的62.6%。1999年，财产险和人身险共向国家上缴营业税48.5亿元。财产险业务共支付各类赔款和给付280.2亿元，人身险业务共支付赔款和给付230亿元。其中，在11月24日山东"大舜"号轮特大海难事故中，中国太平洋保险公司积极参与救助和善后处理工作并快速理赔，向船主预付赔款，中国人寿保险公司和中国平安保险股份有限公司（寿险）及时向遇难者家属支付保险金，保险的经济补偿职能在市场经济条件下再次得到较大程度的体现。值得一提的是，为配合国家科教兴国战略的实施，为中国国防科学技术的开发与研究保驾护航，中国核保险共同体于9月3日在北京宣告成立，这意味着我国境内的核电站、其他商业民用核设施面临的基本风险从此有了保险保障。

【保险市场需求】 *财产保险的需求* 1999年召开的党的十五届四中全会，作出了《关于国有企业改革与发展若干重大问题的决定》，对我国财产保险业的发展产生了重大的推动作用。国有企业在经营机制转换的过程中，增强了风险和保险意识，对规避风险、转移风险提出了新的需求；同时，由于我国科技创新战略的逐步实施，高新产业的发展，特别是一些国家重点攻关项目，如核能、卫星发射、石油开发等，均要求财产保险业提供配套服务。在知识经济时代即将到来之际，新的技术手段层出不穷，如：信息网络、空间技术、生物工程等，这些新生事物本身就是可保资源，而且它们还面临一系列复杂多变的风险，从而为财产保险业提供了许多新的业务增长点。

人身保险的需求 1999年，由于国家继续实行积极的财政政策，把扩大国内需求、开拓国内市场作为经济发展的基本立足点和长期发展战略，拉动经济增长，并对住房、养老、医疗等体制进行重大改革，这在很大程度上扩大了人身保险需求的范围和规模。6月10日，中国人民银行宣布再次降低存贷款利率，这是继1996年5月1日降低存贷款利率以来的第七次降息，此举引起了公民对保险公司有关人身保险险种的极大关注，进一步唤醒了众多居民对人身保险的潜在需求。

1999年，我国财产保险和人身保险业务发展情况详见表1、表2。

【中资保险业务】 1999年，我国中资商业保险公司均在1998年业务较大增长的基础上，继续取得良好的发展业绩。各家中资保险公司的业务发展情况（如保费收入、同比增长率、市场占有率）详见表3。

【保险市场供给】 培育市场主体，完善市场体系 1999年12月，中国保监会新批3家保险经纪公司，9家专业保险代理公司（详见表4），并重新核准了58000家兼业代理机构。至此，中国保险市场结束了保险经纪人、专业代理人长期缺位的历史，保险供给市场体系得以进一步完善。中国保监会还组织国内有关专家、学者就中国保险公估人制度进行了专题研究，为《保险公估人管理暂行规定》的正式出台作了充分的准备工作。

1999年11月底到12月初，新华人寿保险股份有限公司、泰康人寿保险股份有限公司、华泰财产保险股份有限公司和华安财产保险股份有限公司以及大众保险股份有限公司、天安保险股份有限公司6家中资机构获准在全国各地增设28家分支机构，地点集中在我国经济发达的东南部地区。为加强中资保险公司的资金实力，提高保险竞争力，中国保监会批准两家中资股份制公司吸收外资股份。

【保险市场对外开放】 1999年，我国在对外开放保险市场方面迈出实质性步伐，主要是增加了外资保险公司主体的数量。4月5日，中国保监会同时批准了四家外资保险公司进入中国市场，其中，美国丘博保险集团获准在华设立分公司，英国保诚保险有限公司、美国恒康相互人寿保险公司、加拿大永明人寿保险公司三家公司均获准在华设立合资寿险公司。中国政府一次批准4家外资保险公司进入中国市场，这在近五年内还是第一次。11月15日，中美两国政府就中国加入世界贸易组织（WTO）问题达成双边协议，中国政府承诺进一步开放保险市场。12月10日，永明人寿保险公司和中国光大（集团）总公司达成谅解备忘录，合资组建寿险公司，合资公司注册资本金为2亿元人民币，双方各出资50，分别拥有50的股权。12月16日，保诚保险公司和中国国际信托投资公司签署谅解备忘录，决定在我国广州组建合资寿险公司，双方各自出资50，先期投资人民币2亿元。根据我国政府在关于加入WTO谈判中作出的承诺，我国保险市场将在2004年前后全面对外资开放。12月，中国保监会召集各家保险公司负责人汇集北京，就"加入WTO对中国保险业的影响与对策"进行了广泛而深入的讨论。

【规范化管理】 加大监管力度，控制保险风险 1999年，中国保监会进一步确立了"市场行为监管和偿付能力监管并重"的监管原则。第一，在市场行为监管方面，中国保监会认真贯彻落实国务院第14号文件，加大对保险市场的监管力度。一是规范了保险市场，特别是通过对非法中介机构的清理，不但查处了展业中的误导和欺诈行为，而且依法处罚了19家严重违法、违规的中外保险公司和保险中介机构；二是全面清理保险险种，坚决停办了一些亏损险种和一些分支机构擅自开办的1000个地方性寿险险种；对一些骨干险种予以规范，统一监制机动车辆保险单证，堵塞了管理上的漏洞。第二，在偿付能力监管方面，中国保监会一是加强保险法制建设，借鉴国际经验，全年修改、制定了122件规章、制度，对原有的保险监管规章进行了全面清理；二是针对保险资金运用渠道狭窄、影响资金保值增值的实际困难，积极与有关部门协商，逐步开办了保险公司购买中央企业债券、投资证券投资基金，与商业银行大额协议存款以及参与银行同业拆借市场的国债回购等业务。为适应我国对外开放的新形势，中国保监会在1992年制定的《上海外资保险机构暂行管理办法》的基础上，重新制订了《外资保险公司管理条例》，并上报国务院。

（特约编委：潘履孚，特约编辑：万里虹）

表1：财产保险业务发展一览表（1999年）

（单位：人民币亿元）

险种名称	具体险种	保费收入
财产保险	企业财产保险	111.32
	家庭财产保险	12.24
	机动车辆及第三者责任保险	306.15
	飞机保险及第三者责任保险	4.67
	船舶保险	11.05
	货物运输保险	34.64
	建筑工程、安装工程及第三者责任保险	5.52
	机器损坏保险	4.83
	卫星及核能保险	1.53
	其他财产保险	5.20
责任保险	产品责任保险	1.74
	雇主责任保险	10.25
	公众责任保险	1.76
	其他责任保险	2.57
信用/保证保险	信用保险	2.39
	保证保险	1.41
农业保险	农业保险	6.32

注:保留到小数点第二位后四舍五入。

表 2:人身保险业务发展一览表(1999 年)

(单位:人民币亿元)

险种名称	具体险种	保费收入
团体保险	定期人寿保险	1.32
	两全人寿保险	91.28
	终身人寿保险	2.23
	年金保险	115.28
	意外伤害保险	55.98
	健康保险	12.75
个人保险	定期人寿保险	1.91
	两全人寿保险	198.01
	终身人寿保险	245.26
	年金保险	101.65
	意外伤害保险	10.08
	健康保险	28.63

注:保留到小数点第二位后四舍五入。

表 3:中资保险公司业务发展一览表(1999 年)

(单位:人民币亿元)

公司名称	保费收入	比 1998 年的增长率(%)	市场占有率(%)
1、中国人寿保险公司	603.74	14.00	43.33
2、中国人民保险公司	410.34	2.70	29.45
3、中国平安保险股份有限公司	217.00	27.86	15.56
4、中国太平洋保险公司	124.88	0.18	8.96
5、新疆兵团保险公司	3.42	14.38	0.25
6、新华人寿保险股份有限公司	10.59	－10.26	0.76
7、泰康人寿保险股份有限公司	6.31	29.56	0.45
8、华泰财产保险股份有限公司	5.02	103.20	0.36
9、大众保险股份有限公司	2.81	9.30	0.20
10、天安保险股份有限公司	2.06	13.81	0.15
11、华安财产保险股份有限公司	1.60	23.08	0.11
12、永安财产保险股份有限公司	0.54	125.00	0.04

注 1:表 3 不含中国再保险公司和香港保险机构在内地开设的分公司等;

注 2:不含外资保险公司;

注 3:保留到小数点第二位后四舍五入

表 4:1999 年新批保险中介机构一览表

公司名称	公司地址	邮编
北京市安邦保险代理有限责任公司	北京市西城区德外大街甲 5 号中天大厦 3 层	100088
北京市合盟保险代理有限责任公司	北京市东城区新东安写字楼 A 座 919#	100006
北京市国泰保险代理有限公司	北京市朝阳区幸福一村 55 号	100027
北京市康平保险代理有限责任公司	北京市朝阳区北三环东路 8 号 1512 室	100028
北京市国民保险代理有限责任公司	北京市海淀区海淀大街 17 号西门	100030
海南省海航保险代理有限责任公司	海口市海秀路 29 号海航大厦 13 楼	570206
贵阳市宏安保险代理公司	贵阳市中华北路 328 号五矿大厦 12 层 A 座	550001
山东省通泰保险代理有限责任公司	济南市千佛山路 3 号华天大厦 6 楼 B 座	250061
太原市恒泰保险代理有限责任公司	太原南内环街 339 号山西财经大学培训中心 4 层	300012
北京江泰保险经纪公司	北京市东城区安定门西滨河路 22 号神华大厦	100011
广州长城保险经纪公司	广州市天河路 11 号润粤大厦 1 栋 10 楼	510075
上海东大保险经纪有限责任公司	上海市西藏南路 1332 号 1203 室	200011

中国票据市场

【概况】 1999 年中国票据市场稳步发展,市场功能进一步增强。票据市场运行的主要特征有以下几个方面:

票据市场各项交易活跃,成交量增加 1999 年的全国商业汇票发生额达 4650 亿元,比上年同期多增加 809 亿元;商业银行办理贴现 2800 亿元,比上年同期多增加 400 亿元;中央银行办理再贴现 500 亿元,比上年同期多增加 169 亿元,累计办理再贴现 1200 亿元,比上年同期多增加 200 亿元。1999 年,在中国经济增长速度趋缓的情况下,商业汇票的承兑、贴现、再贴现成为发展最快、最好的一年,商业汇票累计发行额、商业银行累计办理贴现额、中央银行再贴现余额分别比商业汇票业务发展较快的 1997 年增加 200 亿元、60 亿元、150 亿元,再贴现业务已经发展成中央银行融出资金的重要渠道,对于商业银行调整资产结构、完善货币政策传导机制等发挥了积极的作用。

区域性票据市场发展较快,部分地区再贴现业务发展迅速 1999 年 9 月,为推进商业票据市场的发展,中国人民银行调整了再贴现政策。第一,加快以中心城市为依托的区域性票据市场。中央银行适当集中了再贴现管理,对部分省会城市中心支行和副省级城市中心支行单独安排、下达再贴现限额,增强其再贴现窗口作用。第二,扩大了再贴现业务的对象和范围。再贴现对象扩大至所有经过金融机构贴现的符合国家产业政策的各类所有制企业以真实的商品交易、劳务交易为基础签发的商业汇票。批准一些资信情况良好、具有相应票据业务基础的城乡信用社和企业集团财务公司办理再贴现,把再贴现作为缓解部分中小金融机构流动性不足的一项重要政策措施。第三,简化和改进再贴现业务操作方式,以提高业务效率。中国人民银行济南分行年累计办理再贴现 230 亿元,占全国业务量的 26%;南京分行辖区再贴现业务出现明显增长趋势;郑州地区的票据市场辐射力明显增强;沈阳分行已经批准辖区内商业银行分支机构专门办理票据市场;深圳正积极筹建票据市场。

票据市场中的竞争局面已经形成,商业银行之间再贴现占比出现了明显变化 1999 年 9 月份之后,随着中国人民银行再贴现业务政策的调整,各商业银行平等竞争,国有独资商业银行再贴现占比明显下降,股份制商业银行和其他商业银行的再贴现占比明显提高,再贴现业务的开办已经成为中小金融机构头寸调剂的重要方式。

【存在的问题及措施】 中央银行再贴现政策传导与票据市场不完善形成矛盾。金融机构和企业对票据业务认知程度存在较大差距，相当程度上制约了市场的进一步发展；各商业银行操作规范不一致，在一定程度上造成票据使用、流通、转让等方面的混乱，跨系统、跨地区的票据办理遇到障碍。由于商业承兑汇票业务的发展滞后，没有健全、统一的票据市场，再贴现政策的传导只是中央银行与商业银行的资金与票据的置换，再贴现政策传导效应低下。针对票据市场中存在的问题，中国人民银行在再贴现政策调整的基础上，将采取积极措施，促进票据市场的规范化发展。首先，在规范业务操作的基础上，大力推广使用商业票据，扩大票据融资功能。2000 年商业汇票融资规模要争取达到 6000 亿元，期末贴现余额达到 1000 亿元，再贴现余额达到 500 亿元。第二，加快发展以中心城市为依托的区域性票据市场。支持商业银行在中心城市建立专业分支机构，集中办理商业汇票的承兑、贴现、转贴现等票据融投资业务，促进票据流通转让和有效防范票据风险，提高票据业务的效率和规模效益。中央银行对部分城市单独安排下达再贴现限额，促进中心城市票据市场的发展。第三，积极创造条件，落实中国人民银行出台的各项再贴现业务政策规定。支持、鼓励和积极引导各商业银行通过发展票据承兑、贴现、转贴现以及再贴现业务，调整信贷资产结构，进一步改善对企业的金融服务。中央银行在防范票据风险和规范业务操作的前提下，对资信良好的城乡信用社和集团财务公司办理再贴现业务，对再贴现票据不再实行行业限制，支持所有的各类企业合格的票据办理再贴现业务。中央银行要大力简化再贴现业务手续，切实改进再贴现业务操作，对商业银行省级(含副省级)以上的机构办理回购业务，把再贴现真正作为调控商业银行头寸的重要渠道。

(特约编委：蔡浩仪，特约编辑、特约撰稿：李德)

中国银行间货币市场

【概况】 1999 年在中国人民银行关于逐步扩大电子交易系统，实现全国统一联网的货币市场总体思路指导下，中国银行间货币市场运行良好，市场规模逐步扩大，交易主体逐步增加，同业拆借交易量和债券回购量较上年均大幅上升，在传导货币政策、向商业银行提供流动性资金支持等基本职能方面发挥了重要作用。1999 年，全国银行间货币市场运行 251 个交易日，总计成交 7326 亿元人民币，日均成交 29.2 亿元.，同比增加 258%。

市场交易主体不断扩大，结构逐步完善 1999 年，自 1 月份开始，全国的农村信用联社陆续入市；8 月 12 日，保险公司获准在银行间债券市场进行回购交易；9 月 12 日，中国人民银行批准证券公司和基金管理公司进入银行间市场进行信用拆借、债券回购和现券交易，9 月 21 日，首批 10 家基金和 7 家证券公司获准入市。到 1999 年末，市场成员及其他交易系统用户达 319 家，较上年增加 143 家，同比增加 80%。

市场利率进一步下降 受中央银行再次降息、加大公开市场业务操作力度和下调存款准备金率等货币政策操作的综合影响，加之宏观经济运行平稳，市场资金状况相对较为宽松，货币市场利率延续近两年来的下降走势，1999 年降幅进一步扩大。全国银行间同业拆借和债券回购的加权平均利率分别为 3.07%和 3.04%，较 1998 年分别下降 3.27 个和 2.62 个百分点，，降幅分别达 52%和 46%。

市场交投活跃，成交量放大 1999 年，在利率趋降的同时，市场交投量大幅放大。全年同业拆借、债券回购和现券买卖分别成交 3291.6 亿元、3956.9 亿元和 77.4 亿元，比 1998 年分别增长 233%、287%和 133%。目前银行间债券市场的交易券种包括国债、中央银行融资券、政策性金融债，总量为 13000 亿元。全部为记帐式债券，由中央国债登记结算有限责任公司托管。债券回购因有高信誉度的债券作抵押，安全性相对较高，越来越受到市场成员的青睐，逐渐成为市场的主流。1999 年财政部发行国债 4617 亿元，其中记账式国债 3086 亿元，凭证式国债 1529 亿元，对养老基金和商业保险公司定向发行国债 60 亿元。财政部在银行间债券市场发行的记帐式国债 2756 亿元，占记帐式国债总量的 89.3%。国家开发银行和中国进出口银行发行政策性金融债券 1670 亿元，全部在银行间债券市场发行。全年在银行间债券市场发行的债券占中国全年债券发行总量的 74%，银行间债券市场已经成为中国债券发行的首要场所。全年回购成交量是信用拆借成交量的 1.2 倍。同业拆借市场交易量大幅增加。1999 年，国有独资商业银行及其授权分行拆借交易活跃。全年授权分行拆借共成交 1035.53 亿元，占拆借市场成交总量的 31.46%。

同业间短期融资大幅度增加 在期限品种分布方面，债券回购明显向 7 天和 14 天品种集中，这两个期限品种的交易额所占市场份额分别为 41%和 24%，较上年分别增加约 4 个和 6 个百分点。在同业拆借中，隔夜拆借交投非常活跃，隔夜拆借交易量占拆借总量比例从上年的 6%上升至 10.9%，交易额较上年同期增长 5 倍。60 天以内的拆借交易量占市场总成交量的比重高达 96%，较 1998 年提高 12.2 个百分点。同业拆借调节短期资金余缺的特点更加明显。

货币市场已成为中央银行吞吐基础货币，调控金融机构流动性的重要场所 银行间货币市场的发展，极大地方便了中央银行的公开市场业务操作。同业拆借利率已经成为社会经济和中央银行货币政策关注的重要指标。1998 年 5 月 26 日，中国人民银行恢复在银行间市场上的公开市场操作，当年成交额为 1761 亿元；1999 年快速发展，成交额达 7076 亿元；1999 年中央银行通过公开市场业务投放基础货币 1920 亿元，占中央银行当年净投放基础货币的 50%左右。

【存在问题及措施】 中国银行间货币市场发展迅速，但总体上仍处于起步阶段，货币市场的深度和广度相对浅显，存在市场交易主体性质趋同，市场交易品种比较单一，交易方式和信息披露制度不够完善等问题。今后一段时期，中国银行间货币市场面临前所未有的机遇和挑战。一方面，国内经济金融改革需要大力培育与之相适应的金融市场；另一方面，中国即加入世界贸易组织，要求货币市场紧跟国际市场的发展潮流。中国人民银行将采取以下措施，积极推进中国银行间货币市场的发展。第一，进一步扩大市场交易成员，增加交易主体。要逐步取消国有商业银行和规模较大的商业银行一级分行进入货币市场的准入限制；允许政策性银行进入货币市场；有步骤地准许券商、保险机构、投资基金等非银行金融机构进入货币市场；对不具备市场主体资格的金融机构，可委托大银行进行代理上网融资，或委托日常清算的银行直接进行融资。第二，有步骤地开拓新的子市场，积极推进金融工具创新，增加市场交易品种，不断扩大市场规模，拓展市场的广度和深度，提高资金的配置效率。第三，不断完善银行间债券市场。进一步扩大商业银行持有的国债、金融债券、特别是短期国债的持有规模；提高债券流动性，使债券批发市场和零售市场成为一个相互连接和渗透的有机整体，同时完善银行间债券市场托管及交易、清算体系，形成全国统一的、分层次的交易市场。第四，进一步健全市场法规，加强市场监管，完善市场信息服务。建立规范化的信息收集制度和信用评估制度。要求各市场主体定期或不定期向市场管理机构报送资产负债表、现金流量表等有关交易主体的资金流动状况和偿债能力的信息，并在市场网络上向所有成员公布，以提高信息的传递效率，降低信用风险。建立金融机构的信用评估制度，由专门的信用评估机构定期对货币市场参与者的信用进行评估并公布，防范信用风险和降低融资成本。

（特约编委：蔡浩仪，特约编辑、特约撰稿：李德）

中国金银币市场

【概况】 1999年中国现代金银纪念币发行20周年。重大题材项目金银纪念币发售成功，销售业绩显著。这些重大题材项目金银纪念币主要有中华人民共和国成立50周年金银纪念币，澳门回归祖国金银纪念币（第三组），张大千诞辰100周年金银纪念币，'99昆明世界园艺博览会纪念金银币，第22届万国邮政联盟大会纪念银币，希望工程10周年纪念银币等，相继发售成功，市场反映良好。为迎接澳门回归祖国，中国人民银行发行了澳门回归祖国金银纪念币一套（共3组），1997年12月20日发行第1组，1998年12月20日发行第二组，1999年12月20日发行第三组，每组币的规格、枚数、形制，发行量完全一致，保持了套币的统一性和连续性，由于该套币主题鲜明、工艺考究，铸造精良，且增加了一些防伪功能等，使之成为精品之作和收藏佳品。其它项目如富贵有余金银纪念币、苏州园林纪念银币，京剧艺术金银纪念币，《洛神赋》纪念银币，明清扇面绘画精品金银纪念币，观音银行币，《虢国夫人游春图》纪念银币，中国历代名画（珍禽）纪念银币等也取得发售成功。据统计，中国金币总公司仅国内销售金币较1998年上升78.36%；销售银币较1998年上升22.41%。

'99北京国际钱币博览会成功举办。此次博览会经中国人民银行和文化部批准，由中国金币总公司、中国印钞造币总公司和中国钱币博物馆联袂主办，这是在中国举办的第5次集钱币展览与销售为一体的大型国际性钱币博览会，是中外钱币界和广大集币者爱好者的又一次盛会。博览会期间还举办了人民币反假、防伪专题展览，召开了世界造币厂技术交流会和中国熊猫金币经销会议，举办了中国金银纪念币拍卖等活动。中国人民银行特为本次博览会发行熊猫加字银币一枚。

【营销体制改革】 1999年中国金银纪念币营销体制改革取得明显进展。一是中国金币总公司的职能发生变化。总公司变为主要负责项目策划，图稿设计，生产管理、广告宣传、进出口业务、监督管理等，而将具体销售业务改由总公司直属的三家海外分公司和两家国内分公司办理；二是对金银纪念币经销企业的资格进行重新确认。经过中国人民银行各分行和省会城市中心支行审批，全国54家金银纪念币经销企业的资格重新确认，并在新闻媒体正式公布，使这些企业依法规范经营；三是对建国50周年金银纪念币在各经销商中实行公开预购，体现了公开、公正和公平的原则。采取这种方式可消除计划分配的弊端，防止人为“恶炒”现象的发生。1999年8月25日为预购截止日期，并于当日举行了该套币的发行量公布仪式，现场采用电脑统计各经销企业的预购量，加上中国金币总公司的大约3%的上浮量，最终确定了发行量。这项活动是在有关权威单位监督下进行的，各方面反映良好。四是对希望工程10周年纪念银币采取竞量招标。即由中国金币总公司先确定规格、价格等，然后由具有资格的经销商竞量投标，以量获胜，以量取得分销权，进行了一次有益的尝试。五是对外公布全年项目计划和对重大题材项目公开征稿。1999年，金币总公司对经过中国人民银行审批的全年金银纪念币发行项目计划进行公布，具体公布了项目名称、规格、质地、预计发行量和发行时间等，这是中国自1979年发行金银纪念币以来首次对外公布以上要素，提高了项目发行工作的规范性和严肃性。同时，对重大题材项目的金银纪念币向社会公开征稿。首先以建国50周年金银纪念币为突破口，在《人民日报》等新闻媒体公开征稿，提出了具体计设主题、技术要求，更加广泛地吸纳各方面的意见。在较短时间内收到大量来稿，对开拓思路，提高金银纪念币设计水平起到了良好作用。以后又对“千年”金银纪念币项目公开征稿。六是金银纪念币的产品质量进一步提高，新技术得到推广和运用。第一，对部分重要项目金银纪念币边部进行了滚字、丝齿滚字的实验并取得成功。第二，国内彩色金银纪念币试制成功，具备了批量生产的能力；第三，金银纪念币表面附着全息图像技术有新的提高；第四，为了提高金银纪念币证书的防伪功能，对证书采取水印纸印制，取得了良好效果。中国金币总公司今后将对这些措施进行充实和完善，以利于金银纪念币市场健康发展。

（特约编委：蔡浩仪，特约编辑：李德，特约撰稿：张向军）

中国金融租赁市场

【概况】 中国第一家专门从事现代融资租赁业务的金融租赁公司是中国租赁公司。该公司于1981年由中国国际信托公司出资设立，后与几家专业银行共同合资经营，并于1984年经中国人民银行批准获得金融牌照，正式作为非银行金融机构开始运作。对于金融租赁公司这样一类特殊的非银行金融机构，中国人民银行对其采取了稳健发展，避免盲目扩张的监管方式。总体看，全国金融租赁业规模持续缩减。1998年末全行业资产总额较1997年末减少了4.8%，1999年末全行业资产比1998年末减少了6.7%。1999年末，15家租赁公司帐面资产总计182亿元，平均每家12.13亿元。租赁资产45.3亿元，占比24.87%；贷款53.9亿元，占比29.6%；应收利息20.5亿元，占比11.3%；投资17.1亿元，占比9.4%。所有者权益14.7亿元，平均每家0.98亿元。全行业当年帐面亏损近2亿元。

【存在问题及措施】 近20年来，金融租赁行业为中国社会经济发展做出了一定贡献，但同时也出现了很多问题。一是金融租赁公司租赁主业比例偏低。15家租赁公司租赁资产45.3亿元，占全部资产比重为24.87%，租赁公司已名不副实。租赁主业比重偏低的原因很多，如社会对金融租赁业务认知程度不够；金融租赁业务相对复杂，对人员素质要求较高，因此，一些金融租赁公司舍掉租赁业务而去做相对简单的贷款、投资业务；相当长时期内缺乏相应法律、法规来保障金融租赁公司的正当权益，影响了其开展租赁业务的积极性。二是除少数公司外，多数公司业务处于停滞状态，缺乏发展能力。个别公司资产质量差，不能支付到期债务，问题最严重的武汉国际租赁、海南国际租赁、华阳租赁等三家公司在2000年已被撤消。这些问题主要是少数公司长期管理混乱，盲目扩张造成的。中国人民银行于2000年7月份颁布了《金融租赁公司管理办法》，结束了金融租赁公司经营长期无法可依的状态。该办法明确了金融租赁公司的业务范围，突出了风险防范措施，指明了金融租赁公司的发展方向，为金融租赁业的健康发展打下了坚实的基础。

（特约编委：蔡浩仪，特约编辑：李德，特约撰稿：孙路）

中国融资租赁市场

【概况】 在改革开放之初，荣毅仁先生借鉴国外经验，率先在我国开创了融资租赁业务。1981年，中国国际信托投资公司先后组建了中日合资的东方国际租赁有限公司和内资机构组成的属非银行金融机构的中国租赁有限公司。经过近二十年的发展实践，目前，经外经贸部审批成立的中外合资租赁公司已有四十二家，1998年底的债权余额约26亿美元。经中国人民银行审批成立的金融租赁公司有15家，1998年底的资产总额约200亿人民币。

【融资租赁业的成绩】 *为企业融通资金，支持了我国经济发展* 外商投资企业协会租赁业委员会统计，截止1998年底，合资租赁公司累计引进外资达70亿美元，近7000家企业通过合资租赁公司采取融资租赁方式引进设备进行了技术改造。有力地支持了轻纺、烟草、石化、邮电通信等行业的发展。其中在邮电、轻纺行业的业务额均达20亿美元左右。金融租赁公司和非银行金融机构从事的租赁业务累计金额约200多亿人民币，为支持地方经济发展作出了贡献。我国的民航、城市出租汽车行业、移动通讯业基本都是采用融资租赁方式引进国外飞机、汽车和设备后迅速发展起来的。云南烟草业的腾飞、江浙乡镇企业的异军突起、众多企业的产品结构调整、军品转民品都有融资租赁公司给予的宝贵支持。有的企业正是在租赁公司的支持下扭亏为盈并逐步发展成上市公司。

金融服务领域进行改革开放的有益尝试 在改革开放之初，合资及内资租赁公司的设立，无疑成我国引进外资和设备的有效窗口，中方投资者（主要是金融机构、外贸公司和大型国有企业）也通过这个窗口学习和掌握了融资租赁这一国际通行的新型的金融服务工具。期间，成功地在国际金融资本市场组织银团贷款采取转租赁方式引进外资几亿美元，支持了邮电通信业进行技术改造。浙江省金融租赁有限公司由名不见经传的小公司，发展成为一个有近20亿资产的金融租赁公司。最近该司又充分发挥自己的融资功能与政府的积极财政政策相配合，共同筹资近3亿人民币，有力地支持了城市公交系统基础设施建设。

在推动改革开放和引进外资方面发挥了特殊作用 在八十年代，面对我国刚刚打开的国门，外国投资者对在中国进行直接投资普遍存在顾虑，合资租赁公司和有对外融资权的内资租赁公司、非银行金融机构就成为外国投资者了解我国改革开放政策、向我国输入资金和设备的重要途径。一些外国银行正是通过参与合资租赁公司的经营，培养了人才，建立了客户网络，为本国投资者来华投资提供咨询服务，为其日后在我国开设银行奠定了基础。有资料显示，在1992年以前，合资租赁公司引进的外资累计约30亿美元，相当同期外商直接投资11%，1985年曾达到20.67%。融资租赁公司显然成为当时我国利用外资的重要渠道。

经过近20年的发展，目前，我国已有42家合资租赁公司，15家金融租赁公司，还有近200家非银行金融机构兼营融资租赁业务，已形成了一个遍布全国、沟通海内外的业务网络。生产厂家和流通领域成立的租赁公司要求开展融资租赁，进行设备和产品促销的呼声也日益强烈。

促进融资租赁业健康发展的法律环境日益完善 新合同法中已将融资租赁作为列名合同在一个分章中作出规定，改变了融资租赁无法可依的状况。据悉，财政部根据与国际会计准则接轨的原则，将于今年颁布我国的租赁会计准则。为进一步规范管理，加强风险防范，人民银行和外经贸部也将在不久的将来颁布《金融租赁公司管理办法》和《外商投资融资租赁公司管理办法》。如何公平税赋，促进我国租赁业的发展的问题，也已引起国家税务总局有关部门的重视。在国务院领导的亲自关注下，困扰合资租赁业发展的政府机关担保的项目欠租问题已得到基本解决，我国的执法环境也正在逐步改善。

【融资租赁业面临的问题和困难】 我国融资租赁业起步与计划经济体制时期，是伴随着改革开放和经济体制转换的历程逐步发展起来的。经济政策、管理体制、信用机制的变化以及租赁公司自身管理的原因，一些成立较早的租赁公司大量租金被拖欠成为不可避免地事实；租赁公司注册资金太少，高负债经营，抗风险能力太差；一些金融租赁公司由于经营不规范，租赁主业不突出，金融业实行分业经营后，缺乏资金来源，资金周转发生严重困难，资产状况恶化；一些合资租赁公司由于合营期限到期或因中外方股东投资政策变化及自身经营状况的原因，近几年来停止了新业务，一些外方投资者处于观望状态，有的租赁公司已开始做清盘准备。合资租赁公司在1998年底，累计业务额达70亿美元，债权余额26亿，在近半数公司几年来停止新业务的情况下，不良资产比例仍控制在15%左右，而且集中在不到10个成立较早的公司身上。1992年以后成立的公司，如新世纪、实华、寰宇、纽科等公司，经营业绩普遍良好，发展势头强劲。一些老公司在政府担保项目欠租问题解决之后，坚定了投资信心，有的继续开展新业务，有的打算通过股份转让或资产重组等方式继续展期经营。

（屈延凯）

资产管理公司运作情况

【概况】 1999年中国金融体制改革的一项重要举措就是成立了4家资产管理公司。国有商业银行在改革过程中遇到的严重障碍是不良资产较多。这不仅不利于银行和企业的改革，而且影响到宏观经济和社会的稳定。资产管理公司的成立，正是为改变这种状况而进行的一种积极的探索。资产管理公司的设立主要是为了达到三个目标：一是改善商业银行资产负债结构，二是集中处理和管理不良资产，三是划分新老帐，对新的贷款实行严格的责任制。同时，通过资产管理公司，对符合条件的企业实行债转股等方式，支持国有大中型企业的改革和发展，实现国有经济布局的优化。

经国务院批准，中国信达资产管理公司于1999年4月20日在北京宣布成立。公司的注册资本金100亿元人民币，由财政部全额拨入。公司总裁：朱登山。公司组织机构：设置专门委员会、业务前台系统、业务后台系统、支持保障系统等四部分。其中，专门委员会有：执行委员会、协调委员会、报酬委员会；业务前台系统分为：债权管理部、投资银行部、国际业务部、股权管理部、法律事务部；业务后台系统：资金财务部、审计部；支持保障系统：总裁办公室、人力资源部、技术保障部、党群工作部。公司实行总公司、分公司制。公司根据业务需要，在业务量较大，不良贷款集中的地区设立分公司、支公司或办事处。公司设有中国投资咨询公司等四家直属子公司。公司设立监事会，由财政部、审计署、人民银行、证监会、建设银行以及外部专业人员和公司管理人员、员工代表组成。公司由中国人民银行负责监管，涉及中国人民银行监管以外的金融业务，由中国证监会等相关业务主管部门监管，财政部负责财务监管。这是中国第一家经营商业银行不良资产的公司。它的成立为探索解决国有商业银行不良资产的有效途径，推进金融和国有企业改革开辟了广阔的前景。

1999年10月,为了进一步支持国有企业改革和化解金融风险,其他资产管理公司相续成立。10月15日,中国东方资产管理公司挂牌;18日,中国长城资产管理公司举行揭牌仪式;19日,中国华融资产管理公司正式成立。至此,全国四家资产管理公司全部正式挂牌成立。

中国东方资产管理公司是具有独立法人资格的国有独资金融企业。公司注册资本为100亿元人民币,其中人民币60亿元,外汇5亿美元,由财政部全额拨入。公司总裁:孙昌基。公司总部设置8个职能部门:总裁办公室、人力资源部、资产评估部、股权部、债权部、资金财会部、信息科技部、审计部。公司根据业务需要,在、业务量较大、不良贷款集中的地区设立分支机构。公司设立监事会,监事会对公司经营管理行使监督职能,并定期向出资者及有关政府部门报告工作。监事会由十一人组成,设主席一人。监事会成员由财政部、审计署、人民银行、证监会、中国银行以及外部专业人士和公司管理人员、员工代表组成。公司接受中国人民银行监管和财政部的财务监管,公司的证券业务接受中国证监会的监管。

中国长城资产管理公司是具有独立法人资格的国有独资金融企业。公司实收资本金为100亿元人民币,由财政部全额拨入。公司总裁:汪兴益。公司设立监事会,由财政部、证监会、审计署、中国人民银行、中国农业银行代表以及外部专业人士和公司管理人员及员工代表组成。公司总部设在北京,根据业务需要在不良资产较多的省、自治区、直辖市和计划单列市设立30个办事处,全系统员工编制为2500人。公司依法接受中国人民银行的监管和财政部的财务监管,证券业务接受证监会的监管。

中国华融资产管理公司是具有独立法人资格的国有独资金融企业。公司实收资本金为100亿元人民币,由财政部全额拨入。公司总部设在北京,根据业务需要,在全国各地设立若干办事处,办事处根据总公司授权开展业务。公司设立监事会,由财政部、审计署、人民银行、证监会、中国工商银行以及外部专业人员和公司管理人员、员工代表组成。公司由中国人民银行负责监管,涉及中国人民银行监管以外的金融业务,由中国证监会等相关业务主管部门监管,财政部负责财务监管。

【业务范围】 资产管理公司与其它金融机构相比,在业务运作上具有多种资本市场手段等功能优势,其主要业务范围包括:发行债券、向金融机构借款和向中国人民银行申请再贷款;收购并经营银行的不良资产;债务追偿,资产置换、转让及销售;债务重组及企业重组;债权转股权及阶段性持股;资产管理范围以内的企业上市推荐及债券、股票承销,直接投资,资产证券化;资产及项目评估;企业审计与破产清算;投资、财务及法律咨询与顾问;经金融监管部门批准的其他业务。

资产管理公司被赋予了相当广泛的业务功能,目的是形成对不良资产处置的专业化优势。通过剥离和收购银行不良资产、新老帐分开,使银行拥有一个开展业务的新起点,也便于对加强对银行经营状况的考核。而且通过出售不良资产,回收合理比例的本金和利息,可提高资产的流动性,改善银行资产结构,增强业务发展能力。剥离和收购不良贷款的范围:(1)国有商业银行在1995年底以前发放、到1998年底以前形成的逾期1年以上的呆滞贷款;(2)国有商业银行1999年9月末的帐面呆帐;(3)国有商业银行1995年以后发放的、经国务院批准的需要实施债权转股权的贷款;(4)国家开发银行的部分不良贷款。资产管理公司准备收购不良资产约13000亿元,到1999年底已经剥离和收购国有独资商业银行不良资产3500亿元。资产管理公司的收购不良资产的资金来源:一是划转中国人民银行已经发放给国有商业银行的一部分贷款;另外还可以发行中央财政担保的金融债券。它收购、承接、处理不良资产过程中的一切税收免征。

【债转股】 资产管理公司处置不良资产的重要方式之一,是债权转股权。通过"债转股",把银行与企业的债权债务关系,转变为资产管理公司与企业间的投资控股关系,原来的还本付息转变为按股分红,有利于盘活商业银行不良资产,加快不良债权的回收,减轻企业的债务负担,促进国有企业转换经营机制,加快建立现代企业制度。选择"债转股"企业,必须符合以下5个条件。(1)产品适销对路(国内有需求,可替代进口,可批量出口),质量符合要求,有市场竞争力。(2)工艺装备为国内、国际先进水平,生产符合环保要求。(3)企业管理水平较高,债权债务清楚,财务行为规范,符合会计制度要求。(4)企业领导斑子强,董事长、总经理善于经营管理。(5)转换经营机制的方案符合现代企业制度要求,各项改革措施有力,减员增效,下岗分流的任务落实并得到地方政府认可。"债转股"的实施程序:国家经济贸易委员会综合协调"债转股"工作。实施"债转股"的程序是由国家经贸委向资产管理公司推荐预选企业名单,由资产管理公司对这些企业进行评审,决定是否进行债权转股权。到1999年底,国家经贸委向资产管理公司推荐了601家企业,国家开发银行和4家资产管理公司共与73家企业签订了债权转股权的框架协议,拟转股总额952亿元。

(特约编委:蔡浩仪,特约编辑、特约撰稿:李德)

天津金融市场

【概况】 1999年,天津分行努力防范和化解金融风险,金融运行平稳。1999年,天津分行辖区完成国内生产总值8909.29亿元。分省市来看,天津市完成国内生产总值1450.1亿元,同比增长10.04%;河北省完成国内生产总值4556.62亿元,同比增长9.1%;山西省完成1631.4亿元,同比增长6.1%;内蒙古自治区完成1270.94亿元,同比增长7.7%。固定资产投资增长较快,1999年,天津分行辖区完成固定资产投资2439.6亿元,同比增长6.39%。消费增长平稳,全辖区全年实现社会消费品零售总额3740.14亿元,同比增长9.5%。进出口依然保持增长。全辖区海关进出口总值为200.85亿美元,同比增长12.7%,其中,出口总值为112.02亿美元,同比增长9.89%。

存款　12月末,全辖区金融机构人民币各项存款余额为10528.46亿元,全年增加1138.13亿元,增幅与去年持平。分省市看:12月末,金融机构各项存款余额天津市为2060.10亿元,全年增加221.68亿元,同比多增3.89亿元;河北省为5028.51亿元,全年增加599.92亿元,同比少增2.82亿元;山西省为2357.26亿元,全年增加279.28亿元,同比少增3.84亿元;内蒙古自治区为1092.36亿元,全年增加146.90亿元,同比多增2.93亿元。

贷款　12月末,全辖区金融机构各项贷款余额为9299.02亿元,全年增加986.37亿元,同比少增78.68亿元。分省市看:12月末,金融机构各项贷款余额天津市为1825.28亿元,全年增加185.45亿元,同比多增50.43亿元;河北省为4011.82亿元,全年增加490.98亿元,同比少增32.93亿元;山西省为2097.26亿元,全年增加190.13亿元,同比少增69.04亿元;内蒙古自治区为1364.16亿元,全年增加119.85亿元,同比少增27.11亿元。

【市场监管】 天津金融市场以强化监管为核心，以防范风险为重点，努力创建金融安全区。分行运行之初，立即着手进行摸底调查工作，汇总建立监管工作档案。在此基础上，监管部门通过金融机构年检、金融统计月报、金融监管报告及专项调查等多种渠道随时了解辖区金融风险动态变化情况，做到情况明、底数清，为组织指导全辖区的金融监管和风险防范化解工作打下良好的基础。分行和两级支行都成立了由行长担任组长的落实金融监管责任制领导小组，制定了实施细则，把被监管机构相应的监管职责全部分解到人，并建立了监管责任制落实情况档案和相应的考核办法。按照金融机构类别归纳形成了风险监测指标体系，在分行和两级支行间建立了系统化、规范化的风险监测指标数据及动态信息的报送渠道，研究制定了风险分析评价标准和办法。具体开展高风险城乡信用社调查处置工作。分地区、分阶段开展农村信用社的。为确保辖内农村信用社的改革、整顿、规范工作，分行坚持"统一部署、分类指导、分布实施"的原则，以省为单位，按组织宣传动员、清查整改、规范管理、验收巩固四个阶段分步进行。截至年底，辖区共有2909个农村信用社进行了改革、整顿和规范，对1384个信用社进行了检查验收，分别占辖区总社数的46.2%和21.9%。配合地方政府做好清理整顿农村合作基金会工作。针对清理整顿的复杂性和敏感性，分行确定了清理整顿农村合作基金会必须遵循维护农民利益、维护社会稳定和不把风险转嫁给农村信用社的原则，积极配合、主动参与清理整顿工作全过程。认真开展整顿规范信托投资公司及清理金融"三乱"工作。及时向各省、区政府通报总行有关会议精神，在各省、市、区成立了清理整顿信托投资公司领导小组，具体负责整顿工作，制定上报了全辖信托投资公司的清理整顿方案，并积极督促各地方政府尽快对信托机构进行清产核资和资产评估。同时，结合信托投资公司整顿工作，对19家信托投资公司按风险大小进行了排队，分别制定监管措施。深入开展国有独资商业银行不良贷款调查分析工作。在组织全区普查的基础上，我行选择53家不良贷款增幅较高的国有商业银行分支行进行重点剖析，深入分析不良贷款增长变化情况及原因，调查了解其内控制度的建立落实情况。同时我行还就健全落实内控制度问题，向辖区国有独资商业银行提出具体要求，并随时进行督促检查。加强对外资金融机构的监管。考虑到东南亚金融危机的影响，重点加强了对日、韩银行经营情况的监管，强调在金融危机影响下资产质量的监控，严格执行重大事项报告制度，采取现场检查和非现场监测并举工作方式，规范外资金融机构的经营行为。

（特约撰稿：周恩威）

沈阳金融市场

【概况】 1999年是人民银行建立跨省区分行及国有商业银行新管理体制运行的第一年，人民银行沈阳市分行相应改为人民银行沈阳市分行营业管理部，一年来，沈阳市金融部门贯彻实施稳健的货币政策，加大支持经济发展力度，努力做到信贷投放与改善信贷资产质量、提高经营效益协调发展，金融运行的质量、效益和秩序都发生了积极的变化。

信贷规模　1999年，全市金融机构各项存款余额1481亿元，比年初增加175亿元，增长13.4%，各项贷款余额1294亿元，比年初增加129亿元，增长11.1%，存、贷款增幅都高于辽宁和东三省的平均水平。沈阳市连续三年来，GDP增长都超过10%，银行贷款平均增长12.8%，说明信贷对经济发展支持力度是到位的；1999年，全市货币回笼251亿元，同比多回笼22亿元，继续保持全国领先地位。人民保险公司和人寿保险公司保费收入15.8亿元，赔付7.6亿元。我市工、农、中、建、交、招商、中信、广发、投行、城市商业银行、城市信用社等11家机构，在利率下调、开征利息税和储蓄存款分流的各种因素下，经过强化管理，增收节支，经营增效41.7%。

票据市场　1999年，我市票据市场业务发展迅速。各商业银行累计开出承兑汇票77.5亿元，占全省的19%，同比增长83.2%，为企业办理贴现53.6亿元，占全省的33%，同比增长16.6%，人民银行对各沙锅农业银行累计办理再贴现20.9亿元，占全省的28%，同比增长3.4倍。年末再贴现余额14.1亿元，占全省的39%。12月，交通银行沈阳分行被人民银行沈阳分行确定为东北区域性票据市场，交通银行沈阳分行办理票据贴现增长迅速，当年贴现额占全市的26.8%。在再贴现票据额度中，国有大中型企业占80.7%。票据市场的迅速发展表明，中央银行充分运用货币政策工具，扩大信贷投放，促进经济增长。

证券市场　1999年沈阳证券市场完成证券交易总额1753.8亿元，占全省的47.9%，其中股票交易额1167.7亿元，占全省的44.8%，国债交易额578.7亿元，占全省的55.3%。1999年沪深市结束了1997年以来的调整行情，爆发了5.19行情，年底收盘沪市综合指数和深市成分指数分别比年初上升了19.2%和14.3%，在这样的行情下，沈阳18只A股股票价位继续分化，大部分股票有所上升，涨幅较大的有蓝田股份、合金股份、松辽汽车、东大阿派、环保股份等，一些股票反而下跌，如，东北电、东北药、沈阳化工、中兴商业、惠天热电、金帝建设等，总体看，沈阳股票的市场竞争力不强，这与沈阳上市公司以国有企业为主的构成、与上市公司的拓展业务决策失败不无关系，许多老国有企业的上市公司除了上市时筹集到一笔资金外，上市后由于业绩不具备配股资格，再也没有筹集到新的资金。1999年，以沈阳公共事业为主要资产的沈阳发展H股在香港上市。另外，沈阳有七只基金在上海上市，基金价位比上年大幅下降。

拆借市场　1999年沈阳银行业资金拆借市场，继续以各商业银行系统内资金调剂为主，原来的人民银行融资中心不再拆出，只是收回资金，1999年收回了2000万，年末拆出资金余额1.5亿元。地方性商业银行、农村信用合作社由于资金实力弱，资产质量差，因而对人民银行的再贷款支持非常倚重。

债券市场　1999年末，沈阳市企业债券余额8.75亿元，比年初增加1.7亿元，增长24.1%，其中：中期债券余额为2.1亿元，比年初增加1.1亿元，增长110%；短缺融资券余额6.65亿元，比年初增加0.6亿元，增长9.92%。其中，一些企业由于效益好转，资金宽裕，如东药总厂、华丽空调、电磁线厂先后退出了债券发行市场，商业城、轧钢厂、有色金属压延厂、东宇集团增发债券，发新还旧。沈阳市企业债券市场存在的主要问题是，一些发债企业由于经营困难，到期债券不要说偿还本金，就连利息都难以支付，特别是停产企业，没有兑付债券的资金来源，只能兑付延期，而且不断发新还旧，发新还旧中还要增发一些债券。企业短债的长期发新还旧，已经得不到市场认同，从而加重了今后压缩企业短债规模难度，企业债券的兑付风险也逐步加大。

1999年沈阳市分别于3、7、10月发行了三期凭证式国债，累计发行国债20.6亿元，与上年基本相当。其中，头两期国债发行火爆，几天就发行完毕，第三期国债由于利率低，发行较慢。总体看，1999年国债发行工作进展顺利，各商业银行不必大张旗鼓的宣传也很快完成任务，凭证式国债以其安全、稳定的投资收益吸引了广大中老年投资者。

（特约撰稿：满国丰）

上海金融市场

【概况】 1999年上海分行按照“坚持改革、实事求是、逐步完善、讲求实效”的原则，以平稳的态势，顺利渡过跨省区设立大区分行改革后的第一年“金融安全”运行期。在灵活运用货币政策、扩大消费信贷投放、加大金融监管力度、及时化解金融风险、锐意改进金融服务、创新提高经济效益的运作中，有力地支持了经济体制改革和国民经济的发展。1999年上海、浙江、福建三省国内生产总值分别为4035亿元、5053亿元和3570亿元，同比分别增长了10.2%、10.0%和10.0%。

存贷款　1999年末辖区金融机构各项存款余额为16295亿元，比年初增加了2148亿元，同比多增157亿元，其中沪、浙、闽存款分别比年初增长12.11%、19.25%和14.44%。由于存款利率下调及开征个人利息税等宏观政策因素的影响，导致全辖居民储蓄存款增幅减少，同比少增221.9亿元；全辖金融机构贷款余额为12331亿元，比年初增加1688亿元，同比多增221亿元，其中：中长期贷款余额2198亿元，比年初多增627亿元。辖区的存贷比为75.8%，新增存贷比为78.6%，贷款增长速度明显快于辖内存款增长速度和经济增长速度，显示上海分行为拉动经济增长、支持区内国企改革和经济发展继续增强加大使用了金融调控力度。具体表现在：第一，规范运用再贷款和再贴现资金，增加金融机构贷款资金来源。允许8家城乡信用社和非金融机构作为办理承兑汇票的再贴现业务的试点；允许一些无增值税发票但有真实商品交易需求的特殊行业办理贴现、再贴现业务。截止1999年末，分行为各中心支行临时调剂短期再贷款资金、农信社再贷款的资金累计达50余次，全年累计发放短期再贷款452亿元、再贴现82亿元。第二，扩大内需，引导金融机构推广消费信贷。全辖金融机构各项消费贷款余额达510亿元，占全国同类贷款余额的35%以上，全辖已有工行、中行、上海浦发行、上海银行等多家金融机构开办了教育、助学、汽车、旅游、大件耐用消费品等贷款业务，这些都对刺激内需、发展辖区经济起到了积极的作用。第三，加强对中小企业服务。全辖已筹建贷款担保机构63家，筹集担保资金9亿多元，为解决中小企业贷款难问题找到了途径；加强对外汇担保项下人民币贷款管理，为机械电子及服装加工企业拓展境外带料加工业务提供资金支持；对有市场、有效益、有订单的国有企业发放“封闭贷款”，1999年累计发放8.73亿元，涉及企业达350多家。

外汇市场　上海分行积极改进外汇管理，促进外贸出口，实际利用外资继续增加。1999年，为维护外汇秩序和人民币的稳定，中国人民银行和国家外汇管理局先后出台了一系列外汇管理政策和规定，沪浙闽依据外汇管理部门的精神，进一步完善了售付汇管理，因势利导地简化了经常项目下的结汇管理；强化了120天交单制度，大大提高收汇额和核销率；上海分局推行“红色通道”快速服务8项措施，确认“红色通道”企业262家，其出口额占全辖出口总额的70%以上；简化手续，支持外资及港澳台资企业借用中资银行的外汇贷款等种种措施，加强了外汇管理和执法力度，促进外贸出口，全年外贸出口仅上海一地就达187.85亿元，比上年增长17.7%，其中外商投资企业出口同比增长26.7%，占全市出口比重由上年的51%上升到55%。实际利用外资继续增加，1999年上海地区批准外商直接投资项目1472项，吸收外资合同金额41.04亿美元，实际吸收外资金额30.48亿美元。年末，在上海投资的国家和地区已达86个。

外资及中资银行　沪浙闽地区金融开放度高居全国榜首，截止1999年底，辖内已拥有外资银行总行4家、外资银行分行45家、外资财务公司3家、外资金融机构代表处（不包括证券和保险）68家。排名世界前50位的大银行中，已有80%在上海设立了分支机构，美国花旗银行、法国东方汇理银行、英国标准渣打银行、香港汇丰银行等著名跨国金融机构已将其中国区的总部迁至上海。同时，外资人民币业务也稳步发展，到1999年底，19家外资银行全年存款余额为43.76亿元人民币，贷款余额为51.02亿元人民币，分别比上年增长了27.06亿元和38.82亿元。外资银行纷纷登陆，为中资银行带来了先进的金融技术和工具，具有国际化的“示范”效应。在扩大金融对外开放的同时，沪浙闽辖区为深化国有商业银行改革、提高资本充足率、增强中资竞争实力发挥了积极的作用，表现在：一是支持国有商业银行的业务创新，支持他们在新的竞争环境中拓展那些不直接增加负债和或有负债的中间业务，尤其是金融电子化业务的开展；二是鼓励国有商业银行进行合理的市场定位，辖区分行积极引导商业银行合理调整网点布局，确立自身竞争的优势，及时制止银行间盲目的恶性竞争，并严厉惩处金融“三乱”行为；三是构架与银行同业公会的联络，协调各家银行努力实现“自我服务，自律监督，公平竞争，平稳发展”的目标，迎接入世后的挑战。

证券市场　上海金融市场体系完善相对发达，融资功能日益增强。近年来，发展速度最快、最引人注目的是上海资本市场，上海证交所已形成国债、股票、投资基金等多元化的市场投资体系，到1999年底，在上海证交所上市的股票有525只，其中A股471只，B股54只，股票市值达14580.47亿元人民币，全年共成交16965.79亿元，比上年增长4579.68亿元；全年上证指数最高在1756.18点，A股99年筹资额达482.87亿元，市场向各地辐射，为辖内及全国的国企改革和经济发展创造了有利的条件。银行同业拆借市场重现活跃，全年成交达7326亿元，同比增长258%，其中同业拆借、债券回购和现券买卖分别为3291.6亿元、3956.9亿元和77.4亿元，比上年分别增长233%、287%和133%。全年拆入资金126.71亿元，拆出资金164.9亿元，分别是上年的4.2倍和3.0倍，此外，允许证券公司和基金管理公司进入银行间同业拆借市场和债券回购市场，使货币市场的功能地位进一步增强，从而也建立起资本市场和货币市场、国债市场连接的渠道，成为1999年辖区的一个“亮点”。

保险市场　上海保险市场进一步开放，为迎接WTO的挑战，上海保险市场1999年发展势头猛增，全年保费收入总计人民币115.2亿元，比上年增加11.94%，全市人均保费收入886元，保费收入占国内生产总值的比例为2.86%，两项指标均高于全国同类水平。到年底，上海有中资保险公司8家，外资保险公司5家，中资合资保险公司4家，外资保险公司的进入，搅动了中资保险经营方略，现上海各家保险公司寿险业务开始全面采用国际通用的保险代理人营销方式，市场容量进一步扩大，1999年中国保监会与有关部门共同制定了允许保险公司扩大资产经营范围，有条件按比例进入资本市场等措施，促使保险市场更向市场的广度和深度进军。外汇市场求大于供的局面依然不变，全年上海市银行在市场共卖出25.3亿美元，日均成交量比上年减少37%，买入44.8亿美元，日均成交量比上年减少了40%，净买入19.5亿美元，日均成交量比上年减少了32%。年末，美元对人民币加权平均汇率8.2795，保持稳定。

【金融市场监管】 一年来，上海分行以"改革与创新并举，监管与发展同步"为思路，在创建沪浙闽金融安全区的目标下，继续加强金融监管，合力形成辖区地方政府、金融机构和企业三省防范和化解金融风险的"三道防线"，确保辖区经济稳定发展。1、加大支付结算改革力度，上海辖区将区域性票据交换范围扩大至江苏省的苏州、昆山等市县，变异地结算为同城结算，缩短了资金在途时间，成为我国银行区域票据结算体系改革中具有突破性的改革。2、推行银行汇票代理制，以便于中小金融机构拓展业务范围、畅通支付结算汇路及商业银行扩大中间业务。此举为全国性支付结算业务代理制的全面推行作了有益的尝试。3、强化金融债权管理，提高社会信用意识。截止1999年末，全辖对3756户逃废债企业给予"警告、限期纠正"、"系统内通报、联合不放新贷款"等制裁措施，涉及金额114亿元。在上海市和浙江11个地(市)、福建9个地(市)建立银行信贷登记咨询系统，并对贷款证企业中贷款余额超亿元的800户的上海市企业进行了规范的信用评级，为商业银行规避风险、安全放贷提供了可靠的信息依据。此外，个人银行信用联合征信工作也已在上海试点。4、强化对中小金融机构监控，建立分行、中心支行和县支行三级风险监控责任制，把防范风险、创安工作放在重要的地位；整顿金融秩序，清理罚处"三乱"案件共计59起，涉及金额10.48亿元，使非法集资和其他非法金融活动得到有效的遏制。5、加强非现场监管，编制以"现金流量表"为主要内容的商业银行财务状况分析系统，为央行及时了解和正确评价商业银行的实际经营能力、防范和化解金融风险提供较为准确的会计信息和依据。

(特约编委：王欣欣、特约撰稿：钱薇)

南京金融市场

【概况】 1999年，随着国家宏观金融调控方式由直接调控向间接调控的转变，江苏省金融市场的发展步伐明显加快，运作趋于规范，交易日趋活跃，已成为优化金融资产结构、贯彻财政货币政策的重要场所。

货币市场　1999年末，江苏全省金融机构存款余额7470.43亿元，贷款余额5535.15亿元，形成大量存差，超额储备较多。随着货币市场的发展和经营意识的提高，金融机构积极参与货币市场操作，以提高自身资金营运效益、改善经营管理水平。全省金融机构全年资金融通总额达到了1356亿元，相当于去年的2.8倍，其中通过全国银行间同业拆借市场电子交易网络累计发生债券交易1122亿元，约占全国的13.8%，累计发生信用拆借16亿元；通过人民银行当地分支机构备案的金融机构间网下融资总额为218亿元。金融机构的风险防范意识明显提高，债券交易以其低风险、流动性强和收益稳定的优势，受到金融机构特别是中小金融机构的普遍欢迎，交易日渐活跃，取代信用拆借成为市场主要工具，但对大多数金融机构尤其是中小金融机构来说，可供交易的债券数量还是明显不足，且期限结构不尽合理，在一定程度上也影响了其交易能力。

票据市场　在人民银行的积极引导下，票据市场规范稳步发展。全省各商业银行全年累计签发银行承兑汇票480.6亿元，一些资信情况较好、产销关系稳定的大中型企业已开始尝试签发商业承兑汇票，拓宽了企业融资渠道，有利于商业信用票据化。金融机构累计办理贴现339.6亿元，比上年增长11%，1999年末贴现余额为96.4亿元。人民银行系统累计办理再贴现120.96亿元，比上年增长25%，年末余额达51.06亿元，比上年增加近10亿元。

外汇市场　1999年，江苏省各级外汇管理部门积极支持扩大出口和利用外资，加强管理，继续防范和打击骗汇、逃汇和非法买卖外汇，制止违法违规和不合理的外汇流出，保证了江苏外汇形势的基本稳定。全年全省银行结汇收入114.69亿美元，同比增长6.47%，售汇79.28亿美元，增长14.8%，结售汇顺差35.41亿美元，下降8.43%。1999年江苏省直接外债出现恢复性增长，截止1999年末，全省直接外债余额61.03亿美元，较年初增长5.83%。银行间外汇市场全年累计成交量为3.83亿美元。

【市场建设】 人民银行南京分行成立以来，按照人民银行总行有关政策、规定，结合辖区实际，采取多种措施大力支持辖内金融机构参与市场活动，积极稳妥地推进金融市场发展。1999年5月，人民银行总行决定在南京等分行先行实施农村信用社联社加入全国银行间同业拆借市场试点工作，南京分行及时成立试点领导小组，制定试点方案，并按"自愿申请，风险自担，基层推荐，分行核准"的原则核准了辖内部分农村信用社联社加入银行间市场，开展融资活动，至1999年末，江苏省全国银行间同业拆借市场交易主体已扩大到包括商业银行及其授权分行、农村信用社联社、证券公司在内的26家。为合理控制中小金融机构的信息收集成本与风险成本，丰富和发展银行间市场的交易模式，基本解决中小金融机构融资困难的矛盾，南京分行积极鼓励已加入全国银行间同业拆借市场的商业银行和农联社与中小金融机构建立代理行关系，全省全年参与代理融资业务的机构达30余家，融资额达130亿元。代理行制度的发展与完善，不仅对代理行提高市场信誉、扩大盈利水平具有积极作用，而且对于目前尚未进入全国银行间同业市场或虽进入市场但成交较少的被代理机构来说，也具有重要意义，它可以帮助中小金融机构提高市场成交率，尽快熟悉市场。同时，人民银行各级分支机构积极为辖内有关金融机构的网下融资交易办理审核备案，从而建立了辖内金融机构可通过全国银行间同业拆借市场电子交易系统、商业银行代理、人民银行备案三种途径办理融资业务的货币市场新构架。为培育、完善票据市场，南京分行大力推广商业汇票，推行国内信用证结算，将商业信用纳入银行信用渠道，规范企业间商业信用行为，并且有选择地对辖区18家农村信用联社和企业集团财务公司进行了商业承兑汇票贴现再贴现业务的试点，扩大了再贴现的投入。

【规范化管理】 1999年，人民银行南京分行以风险防范为核心内容，制定并下发了辖区《农村信用社资金融通管理暂行办法》、《资金融通风险管理暂行办法》等一系列货币市场管理规定与实施办法，对金融机构的融资方式、交易对象、融资期限、自律管理等融资的各个环节风险控制提出具体要求，同时积极稳妥地推进金融机构富余资金通过合规渠道进入资本市场，推动资本市场的发展。对辖内金融机构开展资金融通活动，南京分行要求其必须建立自我约束机制和风险责任机制，严格执行货币市场交易规则，并制定内部控制制度和相关操作规程，对交易的信用风险和偿债能力进行监测评估。为了有效监控辖内金融机构尤其是中小金融机构资金融通活动的合规性与安全性，南京分行还建立了较为完善的货币市场信息报送制度，加强了对融资业务的统计、调研与分析工作。在加强对货币市场规范化管理的同时，南京分行进一步加强了对外汇市场的管理，全面推行《出口收汇考核办法》，并制订了

《江苏省出口差额收汇核销办法》与《江苏省资本项目外汇统计监测及管理工作考评暂行办法》,严格对经常项目的汇兑监督与资本项目的外汇管理;积极开展各项外汇业务检查,并对外向型经济比较发达的重点地区实施专项清理、整治,严厉打击逃套汇和非法买卖外汇。(特约撰稿:崔健)

济南金融市场

【概况】 1999年人民银行济南分行在山东、河南两省积极贯彻适当的货币政策,有力地促进了经济增长与结构调整。至年末全辖货币供应量M2余额11802亿元,较年初增加1268亿元,增长12%,高出GDP增幅2.6个百分点。其中M1增长16.6%,高出M2增幅4.6个百分点,货币流动性有所增强。年末全辖各项存款余额10742亿元,增加1238亿元,增长13%;各项贷款增加1492亿元,增长17%。

融资渠道通畅,企业资金环境趋于宽松 全辖企业存款增加321亿元,增长13%,增幅达到三年来的峰值。企业资金趋于宽松,主要原因一是企业景气明显回升。全年辖内工业企业实现利润增长28%,亏损额下降13个百分点,亏损面下降2个百分点,两项资金占用下降23个百分点。二是直接融资快速发展。全辖年内14家公司公开上市募股,筹资102亿元,相当于同期工业贷款增量的65%;辖内列入全国520户重点企业的20户上市公司全年通过发行与配股筹资31亿元,与同期获得的银行贷款基本持平,直接融资的作用与地位得到了前所未有的体现。三是出口创汇与利用外资大幅增加。受出口退税率提高带动,辖内外贸出口额127亿美元,同比增长10%,快于全国4.3个百分点。企业累计结汇92亿美元,累计售汇51亿美元,结售汇顺差41亿美元,同比增长182%。山东省全年累计批准外商投资企业1717家,增长26%,实际利用外资30亿美元。四是货币市场发展迅速。全辖累计办理承兑汇票1247亿元,增加252亿元,办理再贴现258亿元,余额122亿元,居九大分行之首,引导商业银行累计发放贴现贷款426亿元。辖内51家金融机构加入全国货币市场,上网机构全年交易量达213亿元,承销各种债券48亿元。

居民金融资产多元化,银行储蓄持续分流 至年末全辖储蓄存款余额7050亿元,比年初增加652亿元,其中下半年增加33亿元,同比少增330亿元,并在10月份出现了1988年以来的首次月度负增长。1999年辖内城、乡居民人均股票投资分别增长245%和160%,全年人均保险投资较上年增长68%和35%,全年保险机构个人保费收入增幅达60%;公众持有国债倾向提高,99年第二、三期国债热销,实际发行期仅占预定期限的1/3。居民持币迅速增加,城乡居民人均持币比上年分别增加70元和65元。居民消费倾向有所上升,辖内社会商品零售总额增长8.7%,特别是十月份受"假日经济"影响,旅游支出同比增长50%。全年辖内居民支付购房款项120亿元,新增教育支出50亿元,医疗费支出增长26%。

信贷投入增长适度,效果明显 全年辖内金融机构贷款总量增加1492亿元,同比多增338亿元。一是效益好的大中型企业资金需求到较好满足。工业贷款增加185亿元,其中用于电力、农电、石化等重点盈利行业和项目的占83%。据对辖内列入全国520户重点企业的84户企业调查,企业贷款申请1101笔,需求金额195亿元;银行年内落实997笔,贷款金额157亿元。二是支持亏损企业整合重组。全年辖内国有银行对1310家企业核销呆坏帐30亿元,推荐74家企业进入国家首批债转股名单,其中三家已完成债转股金额12.6亿元。配合国家限产压锭的政策,金融机构积极帮助纺织行业兼并重组,核销呆坏帐3.7亿元,至年末山东、河南两省纺织业提前一年实现扭亏,分别实现利税3.2和6.2亿元。为支持企业出口创汇,辖内103家金融机构对270户发放封闭贷款21.6亿元,这些企业实现销售收入84亿元,实现利税4亿元,部分企业开始盈利。三是配合实施积极的财政政策,增加技改贷款。至年末全辖技改贷款余额424亿元,比年初增加31亿元,同比多增38亿元,扭转了连年下降的局面。据调查,辖内89个国家财政贴息项目,总投资314亿元,带动银行贷款148亿元,鲁豫两省还分别从地方财政拿出8000万元和5000万元,用于辖内63个贴息项目,通过贴息拉动银行贷款11亿元。四是支持企业出口创汇。全年增加外贸企业贷款17亿元,增加三资企业贷款21亿元,还累计为企业提供开证、进出口押汇等贸易融资35亿美元。五是积极培育新的信贷增长点。全辖个人消费信贷比年初增长近一倍,余额已达86亿元,其中个人住房贷款余额达49亿元,比年初增长了1.5倍,汽车消费贷款余额达5亿元,比年初增长9倍多。为解决中小企业贷款难问题,辖内20个市地已成立22家担保基金公司,注册资金7.6亿元,已为222家企业提供银行贷款担保1.5亿元。

大力建设全辖金融安全区 为清理农村合作基金会、化解金融风险,有效增加公众对中小金融机构信心,辖内共安排50亿元政府专项借款,有力地保障了农村经济与农村金融的发展。为综合治理菏泽经济金融环境,分行制定了专门的金融支持意见,协调建立了2.9亿元的地区经济发展担保基金,初步解决了菏泽地区贷款难、担保难的问题。

(特约撰稿:彭江波)

武汉金融市场

【概况】 1999年是人民银行新体制运行的起步之年,武汉分行按照年初工作会议上提出的"抓降、保支、整顿、取缔、严处"的要求,强化监管,加大了防范和化解金融风险的力度,湖北金融运行平稳,金融秩序基本稳定。

存贷款 1999年末,全辖金融机构各项存款余额3132亿元,增加31亿元,增长11.81%,在存款总量稳步增长的同时,存款机构变化明显。企业存款和其它存款比上年多增加100亿元,占总存款增加额的59.75%,同比上升27.35个百分点;储蓄存款增加127亿元,同比少增加27亿元。主要原因在于利率再次下调和开征利息税及住房、教育、医疗改革等因素影响储蓄存款下降。而企业通过发行、配售股票获得较多资金;4季度税收款增加较多;年末一些资金拨付到位,备工备料的资金有所增加及部分公款私存资金回流到企业帐户影响了企业存款的上升。1999年末,全辖金融机构各项贷款余额3528亿元,增加272亿元,增长8.37%,实际同比少增96.9亿元。与上年相比,中长期贷款与三资企业贷款分别多增加20.4亿元和2.73亿元。贷款投放的特点:一是先慢后快,上半年新增贷款70.75亿元,下半年贷款投放速度明显加快,新发贷款201.68亿元,占全年贷款总量的74%。二是贷款投放重点突出,确保了电网改造、大型水电、交通通讯等国家重点基础设施项目的信贷资金需求。至12月末,全省金融机构累计现金收入7198亿元,累计现金支出7184亿元,收支相抵净回笼货币14亿元。

票据市场 人民银行主动地采取通过央行再贴现工具来培育发展票据市场,扩大社会信用领域。1999年全省各家银行累计开出银行承兑汇票246亿元,比上年增加40亿元,办理贴现累计金额107亿元，再贴现累计金额60亿元，有力地盘活了资金。

证券市场　1999年全省A股股票6家，B股股票1家，配股3家，筹集资金43.53亿元。年末，全省在深沪两家证券交易所开户投资174.4万户，比上年增长5.7%。境内上市公司47家，其中：A股43家，B股2家，A、B股2家，有力地支持了全省的改革开放和经济发展。

外汇交易　1999年受东南亚金融风暴和国内经济不景气影响，外汇交易中心业务受到一定冲击。外汇交易中心进一步调整了业务，改善和提高了服务质量和效率。六月份，各项业务大幅回升，其中银行间人民币同业拆借业务增长强劲。全年，外汇交易中心共成交2亿多美元，港币成交近9000万港元。人民币同业拆借112亿元人民币，债券回购人民币9亿元，国债买卖人民币13亿元。无论是外汇交易还是人民币同业拆借，外汇交易中心在全国仍处于前列，并继续保持中西部地区的领先地位。

同业拆借市场　清收融资中心不良资产，规范银行间同业拆借行为，促进货币市场健康发展。一是清收和划转融资中心和基层人行不良资产，解决历史遗留问题。全省对5亿多元债权进行确认，划转资金3亿多元。二是规范银行间同业拆借行为，引导货币市场健康发展。本着省内银行间短期资金融通，灵活调剂头寸，为商业银行加大信贷投入提供流动性资金支持的思路，对省内银行间同业拆借活动进行指导和规范。同时，对非全国银行间拆借市场成员之间的场外交易进行鉴证、备案、指导，全省办理拆借鉴证备案业务，引导金融机构融通资金65亿元。

国债市场　1999年，党中央、国务院实施以增发国债、扩大投资、加强基础设施建设为主要内容的积极财政政策。全省各级国库克服国债发行、兑付和国库券收款单的清理移交工作的困难，加大了国债清理和检查工作的力度，不仅完成了三期国债发行18亿的计划，兑付国库券本息合计近3亿元，而且还完成了对历年国库券收款单的清理工作。

外资金融机构　武汉共有7家外资银行机构，其中外资银行代表处5家、分行2家。除外资银行机构外，武汉还设有2家外资保险公司代表处。外资银行代表处通过与客户或潜在客户进行咨询和联络、参与，促成了湖北的诸多重要外资融资项目。如法国兴业银行1999年参与了对三峡大坝工程二期电网输交电工程、武汉航空公司飞机等重要项目的融资，支持了湖北的经济建设。另外，两家外资银行分行在经营上是稳健和审慎的。1999年年末，外国银行分行的资产总额折合人民币5亿多元。

保险市场　1999年，湖北共有人保湖北分公司、中国人寿湖北分公司、太保武汉分公司、平保武汉分公司、泰康人寿武汉分公司等湖北保险市场主体，通过深化内部改革、调整经营策略、使保险业务获得了稳步发展。一是保费收入总量增加。1999年全省保费总收入增长18%，高于全省国内生产总值增幅。二是寿险保费收入占比进一步提高。三是随着业务规模的扩大，保费收入的增加，保险的经济补偿作用也得到了较好的发挥。1999年，全省保险行业赔款及给付支出达20亿多元。

（特约撰稿：张玲玲、周晓阳）

四川金融市场

【概况】　1999年，四川省银行间人民币同业拆借市场的发展速度进一步加快，人民银行批准了证券公司、基金管理公司、农村信用联社等新类型金融机构进入全国银行间同业市场，至1999年末，成都分中心市场交易成员达到9家，较上年末增加7家，其中国有商业银行1家、股份制商业银行3家、农村信用联社5家。全年市场交投活跃，交易规模不断扩大，累计成交额达23亿元，比上年增长52%，其中同业拆借4.8亿元，债券回购18.2亿元。全年同业拆借和债券回购的加权平均利率分别为3.07%和3.04%，比上年的利率水平分别下降52%%和46%。

外汇市场　1999年，银行间外汇市场总体呈现供大于求格局，人民币汇率保持稳定，成都分中心由于受到外汇会员单位自营权被上级行收回及其它因素的影响，交易量大幅度下降，全年仅成交1240万美元。

票据市场　1999年，人民银行和各金融机构进一步扩大了商业汇票的承兑、贴现和再贴现业务，对促进地方经济发展起到了积极作用。年末，四川省金融机构累计收到银行承兑汇票153.9亿元，未到期金额74.94亿元；金融机构累计办理贴现82.34亿元，余额17.68亿元；人民银行对金融机构累计办理再贴现40.5亿元，余额10.65亿元。其中：城乡信用社和财务公司累计办理贴现3.01亿元，余额3.01亿元；人民银行对城乡信用社和财务公司累计办理再贴现3.04亿元，余额3.06亿元。

（特约编辑、特约撰稿：孙利平）

重庆金融市场

【概况】　1999年，重庆市金融业紧紧围绕确保经济增长这一中心任务，全面贯彻落实各项金融政策，努力防范和化解金融风险，保持了金融业稳中求进的良好发展态势。

存贷款　1999年末，全市金融机构人民币各项存款余额为1580亿元，比年初增加274亿元，增长21%；各项贷款余额为1611.7亿元，比年初增加253.1亿元，增长18.6%。1998年底，市内有全国性、区域性银行在渝分支机构12家，地方金融机构1298家，外资银行在渝分行和代表处5家。1990—1998年全市金融机构人民币存贷款余额年均增长速度分别达到24.3%和21.38%。1993—1998年，全市金融机构外汇存贷款以年均7.6%和16.8%的速度增长。存贷款规模的持续、迅速扩大，为重庆经济社会的发展提供了有力的支撑。

票据市场　重庆市票据市场开始于1994年，主要进行商业汇票和银行汇票的承兑，贴现以及再贴现。经过多年的发展，重庆市票据市场业务范围逐步扩大，交易品种逐渐增多，并较早推出了转贴现、异地票据贴现等多项新业务，交易额逐年上升。1999年末，汇票承兑余额为51.76亿元，累计发生额为131.22亿元；贴现余额为17.72亿元，累计发生额为92.99亿元；再贴现余额为27.94亿元，累计发生额为51.67亿元，到2000年8月末，再贴现累计发生额已接近60亿元。

证券市场　重庆市证券市场始建于1986年，经过10多年的发展，重庆证券市场已初具规模，在加快重庆经济发展，增强国有企业活力方面发挥了重要作用。1999年底，重庆共有上市公司23家，上市股票23家，筹集资金80多亿元；证券品种不断增加，先后发行了企业债券、国债、浮动利率债券、基金、证券组合凭证等；发行量不断扩大，到1997年全市共发行各种地方企业债券33亿元(包括短期融资7亿元)，在全国处于领先地位。重庆市现有证券法人机构2家，分公司7家，本地及异地证券机构经营部80余家。截止1998年12月底，全市证券机构资产总额达60亿元，客户保证金余额为24.68亿元，证券交易额为1450亿元，实现利润102.5亿元。

外汇市场　重庆市外汇公开市场成立于1991年，主要交易币种为国家规定的美元、日元和港币。1999年重庆市外汇交易中心的交易额为2.7亿美元，参与交易方主要是中国工商银行和中国建设银行，由于重庆股份制银行和外资银行数量少，外汇交易不活跃。重庆共有12家银行加入结售汇市场，1997年全年结汇收入为13.3亿美元，售汇支出为17.5亿美元。

同业拆借市场　目前重庆市只有中国银行、重庆市商业银行、重庆市农村信用联社、中国工商银行和浦东发展银行为全国银行间同业拆借中心的一级网参与者。

【金融体制改革】　几年来，重庆金融界不断深化体制改革，改善经营管理，优化资源配置，增强综合竞争能力，为地方经济发展作出了重要贡献。投资银行重庆分行在1999年3月并入国家开发银行。重庆国有商业银行按照经济、合理、高效的原则，撤并了设置不合理的机构网点266个。合作金融体制逐步完善，对25个城市信用社全部划归农村信用社联社实施行业管理。对重庆国际信托投资公司实施资产重组，补充了资本金。对原中国工商银行重庆分行的信托投资公司实施转让，更名为重庆新华信托投资公司。经中国人民银行总行批准，香港汇丰银行、香港东亚银行、美国利宝集团保险公司、加拿大永明人寿保险公司等多家外资金融机构已在重庆设立办事处，加拿大丰业银行重庆分行已经开业。

【市场监管】　中国人民银行重庆营业管理部面对金融风险不断暴露的严峻形势，进一步清理监管思路，落实监管责任，加大监管力度，实施了金融监管的三个转变。即改变重检查轻处罚的状况，严格查处；改变过去风险防范局限于一般日常性管理的状况，拓展以人为本，以自律为基础的全方位监管思路。1998年，人行重庆营管部连续四次对金融机构高息揽存、高息放贷及帐外经营等违规行为进行了集中查处，对20余种利率（费率）违规问题实施经济处罚389.77万元，金融秩序得到明显好转；并采取多种措施防范信用社、信托投资公司、财务公司等地方金融机构的支付风险，避免了支付危机。2000年9月，保监会重庆办事处成立，已正式行使监管职能；证监会重庆监管办（筹备组）已开始运作，为监管办的正式成立作准备，届时“分业经营、分业管理”的体制将在重庆初具雏形。

（特约编辑：李木祥，特约撰稿：周谦毅）

陕西金融市场

【概况】　1999年陕西省各级金融机构紧密配合国家宏观调控政策，进一步发挥货币政策的作用，加强对经济的支持力度，努力防范和化解金融风险，使全省金融保持了平稳的运行态势。

存贷款　各项存款稳定增加，增势趋缓。1999年末，全省金融机构各项存款余额为2286.06亿元，比年初增加254.75亿元，同比少增37.23亿元；各项贷款稳定增加，投向基本合理。1999年末贷款余额为2105.84亿元，比年初增加252.24亿元，同比多增9.03亿元。短期贷款年累计新增95.61亿元，同比少增38.33亿元，分项目看，除建筑业贷款同比增加较多（多增3.96亿元）外，其余各项同比均为少增或基本持平。短期贷款同比少增加主要是由于经济发展状况决定的，一是商业银行风险意识不断增强，管理逐步规范化，发放贷款更加谨慎；二是各项扩大内需，刺激投资和消费的政策措施陆续出台，使银行存款分流明显，资金来源减少；三是经过几年的改革和发展，企业融资渠道逐步多元化，相对减少对贷款的需求。中长期贷款资金较多，1999年累计新增113.45亿元，同比多增56.31亿元，其中基本建设贷款新增57.35亿元，同比多增40.35亿元，技术改造贷款新增7.56亿元，同比少增6.95亿元，其他中长期贷款新增41.96亿元，同比多增16.33亿元。主要是受国家继续扩大基本建设投资，拉动内需宏观调控政策的影响。

现金收支　1999年，全省金融机构现金收入合计4727.92亿元，收支轧差净回笼现金5.1亿元，同比少回笼14.69亿元。从收支渠道看，主要是：1、储蓄存款回笼减少，1999年储蓄存款收支相抵净回笼现金43.9亿元，同比少回笼10.54亿元，与储蓄存款紧密相关；2、工资性支出、农副产品采购支出和行政企事业管理费支出增加较多。1999年全省金融机构三项支出分别为395.10亿元、109.38亿元和322.15亿元，同比分别多支出26.28亿元、54.93亿元和62.18亿元。

票据市场　1999年陕西省还没有成型的票据市场，但票据业务已具有一定规模，已经开始形成对票据市场的需求。全年工、农、中、建、招商、光大六家商业银行共承兑商业汇票122.06亿元，办理贴现39.87亿元。

外汇市场　截止1999年底，全省银行结售汇总额18.54亿美元，同比下降9.52%，其中结汇10.08亿美元，同比下降9.42%，售汇8.46亿美元，同比下降10.84%，结售汇一季度末逆差0.12亿美元转变为顺差0.38亿美元。全省外债余额8.94亿美元，同比减少0.21亿美元。本年度外汇业务主要特点：1、贸易结汇前少后多，呈上升势头，但同比有所减少。贸易售汇趋势则相反，前多后少，仅12月份有回升；2、非贸易售汇增幅高达63.29%；3、资本项目结汇和售汇全部大幅度下降；4、从结售汇差额看，只有贸易项下为大额顺差，非贸易及资本项下都是逆差。

证券市场　1999年，全省上市公司发展到20家，较上年增加2家，总股本39.6亿元，流通股本15.1亿元，年成交额1130亿元。有证券公司3家，信托投资公司5家，证券营业部42家，投资者开户数超过100万户；期货经纪公司3个；为证券市场服务的法律、会计、评估等专业性中介机构14个。

【金融体制改革】　根据中央银行实行垂直管理的原则，1998年底，撤消了原人行省分行，成立了旨在加强宏观和金融监管的跨省区大区行—人民银行西安分行，于1998年12月18日正式挂牌成立，在体制改革方面积极推进人民银行管理体制改革，促进金融体系的不断完善。一是按照总行改革方案的要求，理顺了工作关系，明确了工作职责。如期完成了分行内部机构设置。在按程序完成业务移交工作的基础上，先后理顺了分行与各金融监管办事处、省会城市中心支行、各省区政府及各省区国有商业银行的关系，明确了人行西安分行的监管范围和监管职责。二是积极推进人民银行内部管理体制改革。按总行要求，研究上报了人民银行地、市、州中心支行内设机构调整方案，撤消或合并了部分县支行；并有计划、有步骤地进行了县支行发行库适当撤消合并的试点工作，于11月5日完成了宝鸡、扶风、眉县、千阳等县支行的撤并任务，取得了节约费用开支，减少非监管人员的效果，为进一步深化人民银行内部管理调整改革摸索了经验。三是积极督促商业银行落实改革措施。本着积极慎重的原则，认真审查了辖区国有独资商业银行省市行合并方案。对经济效益差，连年亏损，发展后劲不足的营业机构，适当进行了撤并。先后审批了工行、建行、中行等国有银行所属的40家县支行撤并方案，审核批复了工行、农行等13家地市合并方案。四是城乡信用社改革工作进展顺利。按照合作制原则规范农村信用社效果明显。1999年，全辖共规范县联社 288 个，规范信用社 3720 个，分别占比达 89.2%和 86%。陕西省信用合作联合会已于 1999 年 10 月 28 日正式挂牌成立，并履行对全省农信社自律的管理职责。

【规范化管理】 银行业方面主要是落实监管责任制，加强金融监管，防范和化解金融风险取得了成效：一是在调查了解全辖金融风险的基础上，建立健全金融监管的各项规章制度，为实施有效监管奠定了基础。二是全面落实金融监管责任制，提高了监管的质量和效率。制定下发了《中国人民银行西安分行金融监管责任制实施细则》，明确并细化了职责，量化了考核指标。分行领导实行了金融监管工作分片包干责任制，各监管处室也实行以岗位双职双责为基础的 AB 工作制，从而促进了监管质量的提高。三是突出重点，加强了对高风险中小金融机构的风险化解工作，确定了需要密切关注的金融风险区，把 11 个高风险中小金融机构作为辖区防范和化解金融风险的重中之重。1999 年，全辖先后 195 次运用存款准备金。共批准 157 家金融机构运用存款准备金 1.69 亿元，向城市商业银行等中小金融机构发放紧急再贷款 3.49 亿元，维护了辖内金融秩序的稳定。四是强化非现场监管和现场监管的有机结合，加大对金融机构违规违纪行为的查处力度。五是积极配合协调地方政府有效地防范和化解了非银行金融机构经营中出现的金融风险，加强了对金融"三乱"的清理整顿。六是加强计算机 2000 年问题的监管，成立了专门领导小组，坚持敏感期 24 小时值班，保证了联系畅通。

外汇管理方面　一年来，全省各分支局紧紧围绕改善结售汇逆差这一中心环节，强化监管，采取了一系列措施：1、加强进出口收付汇核销，实现外汇增收节支。进行了出口收汇考核，对全省 223 家出口企业的考核结果进行了通报，对被评为 A、B 类的 146 家出口企业，在发单、核销等方面给予优惠，提高了这些企业的创汇积极性，全省贸易外汇收入状况有所改善。全年进口付汇核销发生付汇金额 7.98 亿美元，核销率为 98%。2、加强审核，严格把关，防止资本项目下外汇非法流出。对 931 家外商投资企业进行了年检，参检率达 66%，未发现重大违规行为。3、加强非贸易项下用汇审核，防止外汇流失。截止 12 月底，全省非贸易结汇收入 0.61 亿美元，同比增加 3.64%，非贸易售汇支出 0.83 亿美元，同比增加 42.86%，逆差 0.22 亿美元。针对非贸易项目用汇进行逐笔核准，严格控制供汇标准，防止了非法套汇的发生。同时按总行布置，对 1998 年度中资企业经常项目外汇帐户进行了年检，合格率为 96%。4、积极开展打击非法外汇买卖活动。年内共抓捕涉嫌非法买卖外汇人员 12 人，收缴美元 800 元，人民币 20040 元，罚款 4000 元人民币；打击逃、套汇案件 2 起，查处外汇违法案件 11 起。

证券市场管理方面　确立了中国证监会领导下的垂直管理体系，陕西省证监会、西安市证管办于 1998 年 11 月 17 日顺利完成了各项移交工作，1999 年 7 月 1 日中国证监会西安证管办正式挂牌，工作中心步入了规范化发展的新阶段。1999 年证券业监管的重点一是加大了对上市公司的监督力度，督促企业上市后进一步完善经营机制；较好地利用募集资金，保证公司效益稳步增长；督促上市公司严格按照中国证监会的要求进行信息披露，开好股东大会，规范经营行为。二是做好对证券经营机构和证券中介机构的日常监管工作。对证券经营机构的自营业务、咨询机构和从业人员资格及职业行为等进行日常监督和年检；对本地区出现的非法募集设立股份有限公司变相发行股票的违法违规行为进行制止和纠正；维护证券市场的正常秩序和投资者的合法权益。

（特约撰稿：江晓明）

北京金融市场

【概况】 1999 年，北京辖区内各金融机构继续执行稳健货币政策，适度增加货币供应量，配合首都整体经济结构调整战略，积极调整信贷结构。

信贷规模　1999 年，北京市金融机构本外币存款余额达 9668.79 亿元，比年初增加 1638.57 亿元；贷款余额达 4471.57 亿元，比年初增加 461.47 亿元。其中，银行各项人民币存款余额 8267.16 亿元，比年初增加 1428.93 亿元，增长 24%；全市城乡储蓄存款余额 2680.66 亿元，比年初增加 390.05 亿元，增长 17.2%；银行各项人民币贷款余额 4007.76 亿元，比年初增加 559.59 亿元，增长 20.45%。

金融机构　截止到 1999 年末，总行授权营业管理部监管的金融机构网点总数为 3204 个，其中，国有商业银行分行 4 家，分支机构 1671 家；政策性银行分行 1 家，分支机构 12 家；股份制商业银行分行 9 家（含总行在京营业部 4 家），分支机构 252 家；外资银行分行 18 家，外资金融机构代表处 124 家；信托投资公司 4 家；财务公司 1 家；典当行 4 家；邮政储蓄机构 452 个；农村信用社区县联社 15 家，营业网点 637 家。

【金融体制改革】 1999 年，北京市金融体制改革进一步深化，人行营业管理部按照新的管理体制运行，并实现了新体制下的有效运转。各金融机构围绕"增加货币供应量、扩大有效需求、促进经济增长"的货币政策目标，积极调整信贷结构，在贷款投向上向高新技术企业、农业及相关行业以及基础设施等方面倾斜，支持国有大中型企业改革，努力开拓消费信贷领域，改善金融服务，促进经济发展。

【规范化管理】 人民银行依法履行监管职责，强化金融监管，建立健全了金融监管责任制，建立完善三级监管体系，将金融机构监管纳入制度化、规范化轨道。一是加大对金融机构监督检查力度，发现风险及时化解；二是在深入调查研究的基础上，有针对性地对地方中小金融机构实施分类监管；三是坚决取缔非法金融机构和制止非法从事金融业务活动，维护首都良好金融秩序；四是加强对计算机 2000 年问题的风险监管，确保金融系统安全进入 2000 年；五是依法加强外汇外债管理。

（特约撰稿：韩颖）

香港金融市场

【概况】 1999 年是香港金融市场稳定发展的一年。其主要表现为：外汇市场较为平稳、美元汇率小幅上升；利率市场基本稳定；股票市场大幅上涨，并且启动了第二交易市场——创业板市场；黄金市场虽然受国际市场影响出现较大幅度的波动，但是黄金价格基本稳定；银行业经营状况尚可，银行存款有较大幅度的增加。

【外汇市场】 1999 年，香港外汇市场呈现较为平稳的态势，没有出现类似于 1997 年那样的剧烈震荡；其中美元对港币汇率持续小幅上升，由年初的 1:7.7475 上升至年底的 1:7.7740 的水平，且进入 2000 年后仍然保持上升势头。

【利率市场】 1999 年，香港的市场利率较 1998 年有所下降，其主要原因是银行业在住宅按揭领域竞争加剧所致。几种主要的利率走势为：银行同业拆借利率（包括隔夜、1、3、6、9、12 个月）均比 1998 年下调约 1—2.5 个百分点；优惠贷款利率曾有 4 次上下调整，平均比 1998 年下调 0.5 个百分点；储蓄存款利率比 1998 年下调 0.5 个百分点。

【证券市场】 1999年,伴随亚洲金融危机的进一步缓解以及香港经济状况的进一步好转,香港股票市场也呈现出大幅攀升的态势。当年,香港恒生指数由1998年底的10048.58点起涨,全年一路攀升,年终以全年最高点位收盘,为16962.10点,较上一年度大涨68.8%;其间,仅在2月份下探至9076.33点的全年最低位。1999年全年,香港第一股票市场的总成交金额为19159.41亿港元,较上一年度增加12.6%,平均日成交金额77.57亿港元。

1999年,香港证券市场的最大变化是创立了创业板市场。该市场于1999年11月15日正式成立,并于11月25日正式挂牌交易。目前,创业板市场共有18家上市公司,其中大部分是从事电脑、互联网络以及其它科技行业;最小的公司的市值约1—2亿港元,最大的公司的市值约为200—300亿港元。该市场于2000年3月20日推出创业板指数,该指数以2000年3月17日的收盘价作为基础、以1000点为基准点起计。截至2000年3月底,创业板市场筹集的资金约90亿港元。

【黄金市场】 1999年,香港黄金市场的走势基本与国际市场上黄金价格的走势同步,呈现出大幅震荡的特点。1999年1—4月份,黄金价格基本在2600—2700港元区间小幅波动。在5—8月期间,黄金价格持续下跌,由4月底的2637港元跌至8月底的2352港元,幅度为10.8%。从9月份开始,受欧盟国家限售黄金的利好刺激,黄金价格与国际市场同步,大幅攀升;其中10月份曾达到3016港元的高位,其后又大幅下跌,年终收于2692港元。综观全年,黄金价格由年初的2652港元/1盎司上涨到年底的2692港元/1盎司,较上一年度上涨1.5%;其中,全年最高价为3016港元/1盎司、最低价为2335港元/1盎司。

【银行业】 香港的银行业分为三级制,即持牌银行、有限制持牌银行和接受存款公司三级,统称认可机构。截至1999年,香港的认可机构总数约为400家。综观1999年,香港银行业的赢利水平较1998年有所好转、呆坏账问题有所改善;但银行业之间的竞争非常激烈,主要表现在由于经营环境依然不佳、资金缺乏放贷途径,从而导致银行业均集中竞争于住宅按揭市场。截至1999年底,香港银行业的总资产为67852.71亿港元,较上一年度下降6.5%;其中,持牌银行资产64661.56亿港元、有限制持牌银行资产2474.63亿港元、接受存款公司资产716.52亿港元。截至1999年底,香港银行业的存款总额为31778.32亿港元,较上一年度增加7.6%;其中,港币存款17606.51亿港元,外币存款14171.81亿港元。同期,银行业放款28141.80亿港元,较上一年度减少14.9%;其中,当地放款18219.63亿港元、海外放款8560.18亿港元、贸易放款1141.48亿港元、其它放款220.51亿港元。 (王中海)

香港保险市场

【概况】 受1999年香港经济不景气和保险市场竞争激烈所致,全年一般业务的毛保费及净保费分别为166亿港元和113.25亿港元,较1998年分别下降了7.4%和7.3%。货运业务毛保费下跌24.4%。财产损坏业务占毛保费总额的28%,但与1998年相比下跌了13.3%,为46.51亿港元。汽车业务则下跌了12.5%,为26.86亿港元。而增幅最大的是意外及健康业务,其毛保费增长为3.7%,总计34.35亿港元。其次是一般法律责任业务,增长1.8%,总计31.8亿港元。一般业务承保亏损额由1998年的7.04亿港元增加至1999年的10.63亿港元。其主要原因为:其一,由于当年8、9月香港风灾引致巨额索赔,财产损坏业务承保利润大幅下跌,由1998年的3.56亿跌至1999年的0.88亿。其二,受保险行业竞争激烈和法庭对一般法律责任业务对个人受伤赔偿判决增加的不利影响,汽车业务和一般法律责任业务表现不佳。两者承保亏损额分别为2.59亿和10.8亿港元。相反,长期业务在1999年获得大幅增长。当年新增加业务保单保费总额达113.82亿元,较1998年增加了33.4%。增幅主要归功于个人人寿业务增加。新增个人人寿业务的保单保费比1998年增加了37.6%,达97.36亿元。如果进一步将其分为投资相连业务和非投资相连业务的话,个人人寿(非投资相连)业务增加了33.4%,为64.34亿元,而个人人寿(投资相连)业务增长率则高达46.6%,达到33.02亿元。截至1999年12月31日,香港共有207名获授权保险人,其中146为一般业务保险人,42名为长期业务保险人,19名为综合业务保险人。另外,还有保险经纪人350名,保险代理人51605名。

【保险机构】 虽然1999年香港经济受到东南亚金融危机余波的影响,但香港保险市场环境严峻。寿险市场的市场结构呈现出积极进取的中小型保险公司与少数根基稳固的大保险公司并存局面,市场竞争日趋激烈。从寿险业长远看来,由于有关市场尚未充分开发,业内的收益和盈利增长前景仍然乐观。非寿险市场则出现了承保业务大幅亏损、储备薄弱,部分公司投资回报不佳的情况。非寿险公司1999年承保损失超过10亿港元,为过去10年最严重的年度损失。估计承保业务的不景气难以在短期内消失。那些拥有适当的资本和储备水平、有国际标准认可的良好营运业绩,以及审慎的投资资产组合的非寿险公司可以顺利地度过难关,但那些实力不济的公司很容易遭到淘汰,香港保险市场的整合将在所难免。

在实力强劲的保险机构中,国卫集团中国公司1999年纯利大幅增长2.3倍,纯利有9.2亿多元,总保费收入(扣除分保险后)为港币62.14亿元,较1998年上升5%,在新增保费继续稳定增长的同时,公司锐意扩展寿险市场。目前公司在一般保险市场上的占有率约为8%,在香港的人寿保险业务约有20%的市场占有率,而公司个人人寿及医疗保险的业务,已高达集团业务比重的75%。东亚安泰保险集团1999年的寿险新增额达49%,新保单增长也达到54%。1999年新开业的中银集团人寿保险公司年保费达到一亿港元,略高于预期目标。公司发展势头迅猛,大有后来居上之势。公司希望凭藉中银品牌的优势,力争能在十年内内跻身香港三大保险公司之列。

【险种及保费收入】 香港保险业实行产、寿分营的模式。据统计,近年来香港人寿保险新增保费平均增长介于30%—40%之间。尽管香港经济仍旧受到东南亚金融危机的影响,但由于香港人拥有的寿险比例偏低,1999年香港的保险市场呈现出人寿保险一枝独秀的局面,寿险新增保费有10%增长。随着港人对人寿保险意识的提高,市场尚有庞大的发展空间,寿险业务正成为市场的新宠,保险公司依赖寿险业务的比例渐高于一般保险,寿险市场呈现白热化的竞争场面,从事寿险的代理骤增至五千多人。

值得注意的是1999年香港的意外及健康险种收益增长幅度较大,市场上这方面的险种具体可以归纳为两大类:其一是对实际医疗开支作出赔偿,主要包括:1、个人住院保障。该保障为个别人士提供住院医疗开支保障,保障范围包括手术费、医护人员护理费用、药物费用、住院费用及门诊的医疗开支等。2、个人意外保障。该保险就因意外导致的医疗开支提供保障。保障范围包括因意外导致的医护人员护理费、住院费、手续费、药费及各项治疗费用。3、个人门诊保障。其保障范围包括普通科医生及专科医生的门诊收费及药费。4、团体医疗保障。该保障是雇主为雇员安排的保险计划，保障范围很广，可以包括住院门诊、牙医科及伤残等。这类保障计划还允许雇主为不同级别的雇员安排不同程度的保障。其二是在伤病期间提供入息保障。产品包括：1、住院入息保障。该保障为被保险人在注院期间每天提供现金津贴。2、伤残入息保障。该保障在被保险人暂时或永久伤残时，每天为其提供入息津贴。3、意外断肢保障。该保障为于意外中丧失身体部分如手指、手臂、腿或眼睛等功能的被保险人提供整付或赔偿 。4、危疾保障。该保险为经诊断证实患有如中风或癌症等危疾的被保险人提供保障。除作为独立计划外，此类保障亦可附加于人寿保险计划内，此类保险的赔偿金额可从保额中预支，亦可独立于基本人寿保障金额。

而近年来经济增长趋缓，市场上从事一般保险业务的公司数量不断增加，出现了“僧多粥少”的局面，香港涵盖工商业务的一般保险市场已趋饱和，即使是实力雄厚的保险公司亦感到业务日渐难为。从保费收入来看，过去的效益险种如火险、水险 1999 年大为滑坡，劳工险、机动车辆责任险的效益多年来未能止住下滑势头。 （章彰）

金融管理机构

中国人民银行

【概况】《中华人民共和国中国人民银行法》规定，中国人民银行是中国的中央银行，是在国务院领导下，制定和执行货币政策、对金融业实施监督管理的宏观调控部门。中国人民银行是国务院组成部门之一。中国人民银行公务员编制500名。其中行长1名，副行长4名，司局级领导职数49名（含行长助理3名和机关党委专职副书记1名）。中国人民银行总行内设13个职能司（厅）：办公厅、条法司、货币政策司、银行监管一司、银行监管二司、非银行金融机构监管司、合作金融机构监管司、统计司、会计财务司、支付科技司、国际司、内审司、人事教育司。除以上职能司（厅）外，为履行《中国人民银行法》规定的职责，保证科学制定和实施货币政策，有效实施金融监管，中国人民银行设立研究局、货币金银局、国库局、保卫局、培训中心，作为支持服务体系。上述单位的人员参照国家公务员的办法进行管理，人数260名。

为更好地履行中央银行职责，1998年中国人民银行进行了管理体制和组织机构改革。调整后的中国人民银行管理体制是：总行下设9个分行（包栝20个金融监管办事处）、2个营业管理部、326个中心支行、1827个县（市、旗）支行。在新的管理体制下，中国人民银行各级机构的分工进一步明确，货币政策权集中于总行，分行集中力量加强金融监管，金融服务面向基层。

【业务工作】 货币信贷工作　1999年中国经济面临总需求不足的宏观经济形势，为了配合国家扩大内需的宏观经济政策，中国人民银行努力发挥货币政策的作用，执行了一系列调控和改革的措施，这些措施包括：(1)下调金融机构存贷款利率、下调存款准备金率；(2)实现基础货币调控由直接控制向以间接调控为主的转变。中国人民银行在继续推进政策性金融债市场化发行的基础上，进一步完善了货币市场，加大了公开市场操作的力度，全年公开市场债券交易额占基础货币增加额的52%，成为中央银行供应基础货币的主要工具之一。(3)出台了一系列信贷政策，引导贷款投向，促进经济结构调整。一是组织国家银行认购国债，主动发放国债项目配套贷款和政府贴息技改贷款；二是制定《封闭贷款管理办法》，支持有产品、有效益企业的生产；三是发布《关于个人消费信贷的指导意见》，鼓励商业银行开办所有消费信贷业务；四是发布《关于做好当前农村信贷工作的指导意见》，向农村信用社增加贷款，为解决农民贷款难发挥了积极作用；五是针对上半年出口下降的严峻形势，发布了《关于支持境外来料加工装配业务的信贷指导意见》、《关于改进外汇担保项下人民币贷款管理的通知》，对下半年外贸出口的回升发挥了作用。通过运用多种货币信贷政策工具，增加了基础货币投放，基本实现了预定的金融调控目标，对扩大内需、促进经济增长发挥了重大作用。

金融监管工作　1999年中国人民银行在防范和化解金融风险方面迈出了重要步伐，取得显著成效，维护了正常的金融秩序和社会稳定。一是成立了四家金融资产管理公司，专门处理四家国有商业银行的不良资产，从而为有效降低国有商业银行的不良资产比例、防范和化解金融风险奠定了制度基础；二是强化对金融机构现场监管的力度，对信用证、银行承兑汇票、对外担保和账外账经营等风险集中的业务领域进行重点检查，并加大了处罚的力度；三是对高风险的信托投资公司、城乡信用社和城市商业银行进行了清理整顿和分类处理，撤并了一些有问题的金融机构；四是发挥最后贷款人作用，解决金融机构的流动性需求，化解了出现的支付风险；五是配合有关部门对农村合作基金会进行了清理整顿，并依法打击和处罚了其它非法集资活动和违法机构、人员；六是加强了外汇外债管理，加大外汇检查和执法力度，国际收支继续保持平衡、人民币汇率稳定。

【法制建设】 为保障新体制顺利运行，1999年中国人民银行先后出台了《中国人民银行金融监管责任制》、《中国人民银行金融监管办事处管理办法》、《货币信贷政策操作规程》等一系列完善改革的规章制度，进一步理顺了中国人民银行的管理体制。中国人民银行依法履行职责的独立性有所提高，货币政策贯彻执行畅通，调控到位。金融监管工作进一步加强，妥善化解了部分地方中小金融机构的支付风险。区域经济金融分析得到加强。

（特约编委：蔡浩仪，特约编辑：李德，特约撰稿：纪敏）

中国人民银行分行和营业管理部

【概况】 1998年之前，中国人民银行在31个省（自治区、直辖市）（台湾省除外）设立省级分行，管辖所在省（自治区、直辖市）的中央银行业务。1997年11月，中共中央、国务院召开全国金融工作会议，并下发《关于深化金融体制改革，整顿金融秩序，防范金融风险的通知》，明确提出"要尽快改变中国人民银行分支机构按行政区划设置的状况，有计划、有步骤的撤消中国人民银行省级分行，在全国设置若干跨省、自治区、直辖市的一级分行，重点加强对辖区内金融业的监督管理"的要求。1998年11月，中国人民银行召开全国分行行长会议，全面布置了撤销省级分行、设立跨省区分行的改革工作，从11月18日至12月18日，新的跨省区分行先后挂牌成立，与此同时，撤销原31个省级分行。为了保证中央银行工作的连续性和稳定性，按"先建后撤"的原则，原省级分行继续履行职能到12月31日，新的跨省区分行从1999年1月1日起正式对外履行职能。

此次人民银行跨省区分行的设立是按照地域关联性、经济金融总量和金融监管的要求来进行的，共设立9家分行，分行行址设在各区域中心城市，人民银行总行所在地不设分行，同时在不设跨省区分行的省（自治区、直辖市）的省会城市设立20个金融监管办事处，作为分行的派出机构，并设立20个中心支行。9个分行是：天津分行（管辖天津、河北、山西、内蒙古）；沈阳分行（管辖辽宁、吉林、黑龙江）；上海分行（管辖上海、浙江、福建）；南京分行（管辖江苏、安徽）；济南分行（管辖山东、河南）；武汉分行（管辖江西、湖北、湖南）；广州分行（管辖广东、广西、海南);成都分行(管辖四川、贵州、云南、西藏);西安分行(管辖陕西、甘肃、青海、宁夏、新疆)。另外,设立中国人民银行北京营业管理部和中国人民银行重庆营业管理部,分别承担原中国人民银行北京市分行和重庆市分行的管理职能。经过这次改革,中国人民银行形成了总行统一领导,由总行、分行、中心支行和县支行分级管理的垂直领导管理体制。

中国人民银行分行的行员编制为350—400人,其中:行长1名(兼外汇管理分局局长),副行长5名(其中,1名副行长兼外汇管理分局专职副局长;1名副行长兼营业管理部主任),监察专员1名。分行内设17个职能处室,除综合部门外,其他各处室职能分为两大类:一是监管职能,与总行和中心支行原则上对口,保证中国人民银行监管职能垂直贯彻到底。二是服务职能,现金发行、国库经理、支付清算和金融统计等服务系统,为减少环节,由总行直接到中心支行,分行承担汇总、指导责任。分行的日常业务工作通过以下处室来完成:办公室(包括法律事务办公室)、货币信贷管理处、银行监管一处、银行监管二处、非银行金融机构监管处、合作金融机构监管处、统计研究处、会计财务处、支付科技处、内审处、人事教育处、货币金银处、国库处、保卫处、外汇管理处、国际收支处、离退休干部处。同时分行设立营业管理部,直接承担分行所在地城市中央银行职责,并承担原省级分行营业部的业务。中国人民银行北京营业部和中国人民银行重庆营业管理部的行员编制按现有人员控制。

【职能】中国人民银行分行是中国人民银行总行的派出机构,在总行的直接领导下,在辖区内履行中央银行职能。一是认真贯彻执行国家有关法律、法规和方针、政策,依据中国人民银行总行授权,对辖区内金融机构(证券、保险机构除外,下同)的业务活动进行全面的监督管理;二是依法查处辖区内金融违法、违规案件;三是对辖区内金融风险进行研究,防范和化解区域内金融风险;分析辖区内经济金融形势,为中国人民银行总行的货币政策决策提供政策建议和依据;四是管理辖区内的中央银行资金、存款准备金、在贴现、利率和现金管理等有关货币信贷政策业务;五是协调辖区内中心支行的国库经理、支付结算、现金发行、金融统计、金融科技和安全保卫等业务;六是负责辖区内外汇、外债和国际收支业务的协调、管理;七是管理辖区内金融监管办事处和中心支行的人事教育、财务会计工作;八是对辖区内金融监管办事处和中心支行进行内审检查;九是领导、管理并直接经办分行所在省(自治区、直辖市)的各项中央银行业务和外汇管理工作。

(特约编委:蔡浩仪,特约编辑:李德,特约撰稿:吴雪玲)

国家外汇管理局

【概况】 国家外汇管理局设6个职能司即综合司(人事司)、政策法规司、国际收支司、管理检查司、资本项目管理司和储备管理司,还设机关党委。

【职能】 国家外汇管理局的主要职责:1、设计、推行符合国际惯例的国际收支统计体系,拟定并组织实施国际收支统计申报制度,负责国际收支统计数据的采集,编制国际收支平衡表。2、分析研究外汇收支和国际收支状况,提出维护国际收支平衡的政策建议,研究人民币在资本项目下的可兑换。3、拟定外汇市场的管理办法,监督管理外汇市场的运作秩序,培育和发展外汇市场;分析和预测外汇市场的供需形势,向中国人民银行提供制订汇率政策的建议和依据。4、制订经常项目汇兑管理办法,依法监督经常项目的汇兑行为;规范境内外外汇帐户管理。5、依法监督管理资本项目下的交易和外汇的汇入、汇出及兑付。6、按规定经营管理国家外汇储备。7、起草外汇行政管理规章,依法检查境内机构执行外汇管理法规的情况、处罚违法违规行为。8、参与有关国际金融活动。9、承办国务院和中国人民银行交办的其他事项。

国家外汇管理局直属事业单位有:中国外汇业务中心(职能同储备管理司)、信息中心(负责外汇局系统电子化工作规划、设计开发、保证网络的安全运行以及其他与电子化有关的工作)、中国外汇交易中心北京分中心(组织北京地区市场交易,会员管理、培训,市场信息调研等,组织交易清算并维护网络系统的正常运转)、机关服务中心(负责外汇局机关的后勤服务工作,对外称机关服务局)和《中国外汇管理》杂志社(编发《中国外汇管理》杂志,宣传与外汇管理有关的政策、法规和知识,介绍金融外汇市场信息)。

【业务工作】 1999年是中国努力克服亚洲金融危机的影响,经济改革和各项工作取得新的成就,国民经济持续健康发展的一年。外汇管理部门认真贯彻国务院关于千方百计扩大出口、增加引进外资的统一部署,围绕"说得清、管得住、服务好"的管理思路,积极改进工作,完善管理措施,维护国际收支平衡和人民币汇率稳定,工作取得了新的成效。

及时调整政策,改进服务,支持扩大出口和引进外资 政策调整的主要内容是:规范了对加工贸易深加工结转进口售付汇和进口核销的管理;调整了相关政策,鼓励境外带料加工装配带动出口;简化了经常项目外汇收入结汇或入帐手续;取消了外商投资企业外汇结算帐户不得作定期存款的限制;按属地管理原则下放了资本项下外汇收入结汇和外债项下还本付息购汇的核准权限;简化了外商投资企业转股、清算外汇业务的核准手续;改进了外商投资企业外汇担保项下人民币贷款的管理等。同时,各级外汇管理部门与当地外经贸部门密切配合,因地制宜地在国家政策允许范围内出台了一系列优惠政策和便利措施,如"红色通道"服务、定期走访或联系制度、限时工作制度等,为企业在核销、融资等方面提供切实的支持和便利。

改进监管手段,疏堵并举,完善贸易外汇管理 1.建立进出口报关单联网核查系统,加强贸易售付汇真实性审核。1999年1月1日起在全国正式推广使用进出口报关单联网核查系统,实现了海关、银行和外汇局之间报关单的联网核查。该系统的使用,在很大程度上解决了对贸易售付汇真实性审核的手段问题,基本堵住了货到付款项下利用伪造或变造的进口报关单骗购外汇的渠道,为1999年我国贸易结售汇情况好转提供了重要的技术保障。同时,通过联网核查,实现了企业进口售付汇的同步真实性审核,大大加快了企业对外支付速度,降低了企业经营成本。2.实行出口收汇考核办法,促进企业转变"重出口、轻收汇"的经营意识。1999年5月1日起,国家外汇管理局与外经贸部联合实施了出口收汇考核办法。根据出口收汇率和交单率情况,分别将出口企业评定为不同等级,并实行相应的奖惩措施。该办法通过创建一种"扶优限劣"的奖惩机制,旨在鼓励企业按时、足额收汇。

加强部门协调,提高非贸易外汇管理效力 借鉴国际通行做法,加强与外汇管理部门与行业主管部门的协调配合,依靠行业主管和税收征管,对非贸易进行联合管理。这既可以加强非贸易售付汇的真实性审核,又可以避免形成汇兑限制,同时也有利于其他部门的监管。目前,已分别与旅游局、交通部、外经贸部等部门就出境旅游、海洋运输等进行了沟通,研究规范凭证,制定相应的管理办法;已与税务总局联合发文,在非

贸易售付汇凭证中增加税收凭证，加强非贸易真实性审核。

完善资本项目外汇管理，维护外汇资金正常、有序流动 针对资本项目管理中出现的新问题，及时总结经验，规范程序，简化手续，提高管理效率；建立了外债重点监测制度和紧急情况随时报告制度，加强了对全国借用外债大户和对外担保大户基本情况的监测，外债管理的重点逐渐由逐笔审批转向对支付风险的全面监控；重申有关外债担保、未经批准的违规外债的处理等外债管理政策，严格按照国家现行法规对未经批准的违规外债(担保)进行查处。

继续加大对各类外汇违法活动的检查和处罚力度 全年外汇局系统共立案查处了3437起各类外汇违法案件，涉及外汇违法金额42亿多美元。截止12月底，已结案3194件，涉及外汇违法金额35.9亿多美元，分别占立案和涉案金额的93%和85.5%。在查处的案件中涉及100万美元以上的各类外汇违法案件达659起。全国共收缴罚没款4.06亿元人民币。对违法违规案件的查处，有效地打击了外汇违法活动，维护了正常的经营活动和外汇收支秩序。截止1999年底，外汇局系统对1998年检查发现的有骗购外汇行为的1242家企业进行了处罚，涉及违规金额24.76亿美元，罚没款金额累计2.69亿元人民币；各级外汇局配合公安部门联合查处19起特大骗汇案件中，已由人民法院判决7起，外汇局移交公安机关查办193起骗汇金额在500万美元以上的案件，共抓获犯罪嫌疑人588名，有力地打击了不法分子逃、骗汇的嚣张气焰；向外经贸部通报了7批共119家具有骗汇行为的违规企业名单，由外经贸部门分别依法给予暂停进口业务3个月直至取消进口经营权的处罚。

加强外汇法制建设和基础建设 1999年，国家外汇管理局贯彻国务院依法行政会议精神，注意改善外汇管理法制环境。为保证外汇管理法规的稳定、严肃和可操作性，国家外汇管理局制定了《国家外汇管理局外汇管理法规制定原则》，对外汇管理法规的体系及制定法规部门之间职责的分工、基本要求、法规程序等作出明确规定，并对全系统如何制定地方规范性文件提出要求。1999年外汇局制定和发布的法规主要有：为了维护国家外汇管理秩序，惩处违反外汇管理规定的行为，防范金融风险，外汇局与有关五个部委联合发布《关于骗购外汇、非法套汇、逃汇、非法买卖外汇等违反外汇管理规定行为的行政处分或者纪律处分暂行规定》；为完善资本项目外汇管理，印发了《关于完善资本项目外汇管理有关问题的通知》；为提高出口质量，对进出口企业出口收汇有量化标准，外汇局与外经贸部联合印发了《出口收汇考核试行办法》；为完善国家售付汇和税收管理，外汇局与税务总局联合发布《关于非贸易及部分资本项目项下售付汇提交税务凭证有关问题的通知》；为了进一步规范携带外汇进出境的管理，外汇局会同海关总署联合发布《关于启用新版[携带外汇出境许可证]有关问题的通知》；对加工贸易中深加工结转(转厂)这一特殊方式，考虑到外汇结算有其合理性，为保证企业的正常经营用汇，外汇局印发了《深加工结转(转厂)售付汇及核销操作程序》；为严厉打击外汇黑市，外汇局与公安部、国家工商总局联合发布《关于严厉打击外汇黑市活动的通知》，之后，外汇局又发出《关于进一步加大打击外汇黑市力度的通知》。为提高外汇管理法规的透明度，1999年5月28日，正式开通了国家外汇管理局国际互联网站(http://www.safe.gov.cn)，将现行外汇管理法规全部上网，创造外汇管理透明、宽松的环境。

加强国际收支统计分析和信息调研工作，发挥监测预警作用 为进一步提高统计质量，加强不同统计系统的交叉核对，对外汇统计报表进行了清理，完成了新版银行结售汇统计系统的软件升级工作；为提高国际收支和外汇收支分析、预警手段，开始由以定性分析为主向以定量分析为主转变，着手开发国际收支和汇率分析预测模型；为提高国际收支平衡表编制能力和反映功能，完善了按季编制国际收支平衡表的统计制度，研究减少误差与遗漏。

进一步完善外汇储备经营管理，确保国家储备资产安全 1999年，在经营、操作、风险、系统和人员等方面加大管理力度，查找管理中存在的漏洞，挖掘储备经营管理的内在潜力，提高了经营管理水平。作为储备经营的核心工作，加强了储备资产的流动性管理，保持了较高的流动性；提高了市场研究和分析深度，着手研究新的投资管理方式，明确经营收益目标，提高收益水平；加大风险控制力度，积极稳妥调整货币结构。全年国家外汇储备经营管理基本实现年初预定目标。1999年，通过积极务实有成效的工作，促进了中国国际收支状况的进一步好转。年末，国家外汇储备规模达到1546.75亿美元，比上年末增加97.19亿美元，比上年多增46.5亿美元；人民币汇率为1美元合8.2795元人民币，与上年末基本持平；资本金融项目由上年逆差转为顺差，国际收支恢复“双顺差”格局。

(特约编辑：程宪平，特约撰稿：贾青)

金融机构

中国工商银行

【概况】 1999年，中国工商银行认真贯彻落实党中央、国务院关于经济金融工作的决策，以提高资产质量和经营效益为中心，信贷结构有所优化，贷款投向上密切配合国家产业政策；业务创新有所突破，存款和中间业务全面发展；各项改革顺利进行，经营效益不断提高；内部管理力度加大，风险防范和转化工作大见成效。截止年末，全行实现利润41.3亿元，比上年增加6.7亿元；各项存款余额29824亿元，比上年增加3506亿元；各项贷款余额24271亿元，比上年增加1556亿元。

【业务工作】 工商信贷业务　1999年，中国工商银行各项贷款业务呈现良性发展趋势，贷款投向趋于合理，贷款结构有所优化，有效地支持了经济的改革和企业的发展。工商银行大力开拓信贷市场，及时有效地增加信贷投入，保证了企业正常生产的流动资金需求。截止年末，全行新增人民币流动资金贷款1412亿元，比上年增长8.22%，贷款效益良好。工商信贷业务注重开拓贷款业务领域，寻求新的效益增长点。1999年，中国工商银行积极为电信企业开办买方信贷业务，为巨龙、大唐、中兴、西门子、上海贝尔等8家邮电通讯设备生产企业提供买方信贷额度155亿元。中国工商银行各项消费贷款也有了一定的发展，汽车消费贷款年末余额已达15亿元，支持客户购车1.5万余辆。个人大额耐用消费品贷款在所有的城市分行都可以办理。根据国家有关产业政策，中国工商银行加大了对中小企业的资金投入，全年投向中小企业的流动资金贷款663亿元，占新增工商流动资金贷款的60%。

项目信贷业务　1999年，中国工商银行的项目贷款坚持以质量、效益为中心，加大贷款投放力度，准确把握贷款投向，积极承贷国债项目，支持国有企业的改革发展。截止年末，全行各项项目贷款余额4519亿元，占全部贷款余额的18.6%。全行全年累计发放项目贷款1100亿元，收回再贷515亿元，新增585亿元，均创历史新高。1999年，中国工商银行项目贷款结构进一步改善，实现了由单一支持企业技术改造向与基础设施建设并重的转变。基本建设贷款的当年投放占比继续大幅度提高，今年已达50%以上。贷款重点投向了交通、城建、电网、电信等基础设施领域，贷款投向和资产质量均得到优化。

住房信贷业务　1999年，中国工商银行住房信贷业务注重拓展业务领域，加强管理，提高效益。截止年末，全行各项自营性住房贷款余额1017亿元，比年初增加377亿元，比去年同期多增173亿元，其中，个人住房贷款余额410亿元，比年初增加255亿元。住房贷款增量占全行各项贷款增加总量的比重已达24.22%。经济适用住房贷款新增量的市场占比为60%，位居四家国有商业银行中，工商银行个人住房贷款的占约为35%。此外，住房贷款资产质量也有明显改观。

外汇业务　截止1999年末，中国工商银行各项外汇存款余额达179.8亿美元，各项外汇贷款余额113亿美元，全行全年实现外汇利润3.65亿美元，经营状况良性发展，资产质量明显提高。1999年，中国工商银行积极参与外资引进，加强与国际金融界的合作，全年共签定了32个外国政府贷款、混合贷款协议，签约额共计9972万美元，比去年有较大幅度的增长。1999年，中国工商银行的海外机构建设工作取得了新的进展。法兰克福代表处和卢森堡信息处已经升格为分行，并着手营业。悉尼代表处的申报工作也已完成。截止年末，中国工商银行已在海外设立了6家分行、3个代表处和一家独资子银行，推进了经营网络的国际化。

零售业务　1999年，中国工商银行储蓄业务注意加强集约化经营，努力培养新的业务增长点，储蓄存款稳中有升。截止年末，全行人民币储蓄存款余额已达16492亿元，较年初增加1644亿元，外币储蓄存款余额已达102亿美元，较年初增加25亿美元。储蓄存款的稳定增长为支持全行资金营运作出了巨大的贡献。零售业务不断推出了新的业务品种。个人理财业务在35个大中城市开办，活期储蓄暨牡丹灵通卡在127个城市实现了通存通兑，教育储蓄成为工商银行独家办理的新型零售业务品种。

对公存款业务　1999年，中国工商银行的存款工作努力加大筹资力度，调整存款结构，实现存款形式多样化，保证了存款业务的稳定增长。对公存款继续保持高速增长，连续四年超额完成对公存款任务，各项占比全面上升。截止年末，人民币对公存款余额已达11843亿元，比年初增加1645亿元。对公存款余额同业占比达36.97%。对公存款的高速增长扩大了资金来源，优化了负债结构，降低了筹资成本，有效地支持了全行贷款业务的发展。在代理债券发行、做好上市公司工作，以及财政性存款工作方面有新的突破，保证了对公存款的持续增长。

银行卡业务　1999年中国工商银行银行卡业务注重完善产品功能、提高科技含量、拓展业务领域，实现了银行卡业务规模的进一步扩大和业务质量的稳步提高。截止年末，全行牡丹卡总发行量超过5820万张，其中信用卡934万张，借记卡近4890万张，比上年末净增7934家；牡丹卡年交易总额达到8020亿元。上述各项指标，均完成或超额完成了年度业务计划，使牡丹卡继续保持了国内同业中的领先地位。随着中国工商银行更广泛地参与国际金融事务，牡丹国际卡的发行量也直线上升。截止年末，牡丹国际卡发卡城市达25个，比上年末增加13个；发卡量达到2.1万张，比上年末增长132%。1999年，中国工商银行注意采取有效措施，提高牡丹卡服务水平，年内基本实现了牡丹灵通卡的批量制卡和及时发卡；全行牡丹信用卡的平均办卡周期缩短为五个工作日左右；各行牡丹卡客户服务部门普遍开展了咨询、应急援助、处理投诉等基本服务。

电子化建设　1999年，中国工商银行"九五"计划已全面完成。截止年末，全行电子化网点已达41109个，覆盖率已达97.7%，全年新建电子化网点1583个。全行自动柜员机(ATM)装备数量达到9746台，自动转帐销售点终端(POS)安装数量达到6.43万台，基本实现了服务手段的现代化。1、大机延伸任务基本完成。1999年工商银行电子化建设工作的重点是完成储蓄网点的延伸工作,截止年末,大机延伸的对公网点已达11938个,储蓄网点已达32562个,日均处理业务量2213万笔。2、基本实现计算机2000年的平稳过渡。解决计算机2000年问题是举世瞩目的要点。按照中国人民银行的总体要求,工商银行结合实际情况,制定了2000年工程实施计划和应急方案,完成了相关的软硬件系统的完善和改造,通过了三次停业测试,基本实现了平稳过度。3、储蓄通存通兑任务超额完成。1999年储蓄通存通兑系统是全行网络业务应用投产工程项目之一,截止年末,全行已在127个城市推出了储蓄及牡丹灵通卡的通存通兑业务,超额完成了年初预定的任务。4、新一代综合业务处理系统得到推广。1999年中国工商银行新一代综合业务处理系统的开发推广工作取得突破性进展。新系统以"网点综合化"和"柜员制"为基本出发点,其中包括了对公、储蓄、信用卡、国际业务、房贷业务等子系统。新一代综合业务处理系统第一期工程已在深圳投产成功,标志着工行对传统业务的改造已全面启动。5、信贷台帐管理系统进一步完善。一年来,对全行的服务器应件系统的应用软件版本进行了升级,建立了一系列规章制度,加强了系统运行管理,确保了各项数据的安全可靠、稳定运行。

会计结算业务　1999年,中国工商银行积极拓展服务领域,强化宣传,创新手段,结算工作取得显著成绩。一是网络结算工作效果明显,全年先后与中石油、长虹、TCL等九家大的企业集团签订了网络结算协议,与上年相比,数量显著提高。二是代理证券资金清算业务保持优势,在市场竞争激烈的条件下,提高服务质量,采用先进手段,市场占比稳居50%以上。三是开拓了代理期货资金清算业务,实现了该项业务领域零的突破。截止年底,全行已与251家期货交易会员单位签订了代理资金清算协议,市场占比达到35%

基金托管　1999年,中国工商银行年内又托管了同益、普丰、天元和裕元等4家证券投资基金。截止年末,托管基金单位总额已达155亿份,比上年增加95亿份;托管基金资产185.90亿元,比上年增加124.22亿元。各项指标均名列同行业之首。

(中国工商银行办公室新闻处)

中国建设银行

【概况】　中国建设银行成立于1954年10月1日。1996年3月,中国人民建设银行正式更名为中国建设银行。中国建设银行实行总分行制,截止2000年9月底,共有一级分行38个,分支机构、网点近2.8万个、境外分支机构7个,员工42万人。

建设银行以改革和科技创新为动力,加强内部管理,促进业务发展。近年来积极推动治理结构、组织框架、经营机制、人力资源与激励制约机制、风险管理体制、内控体制和信息科技体制改革。此外,建设银行还发起成立了中国第一家中外合资的投资银行—中国国际金融有限公司。该公司积极支持国企改革,已安排多家国企在海外成功上市,仅中国电信、中石油、中国联通、中石化筹资额达160亿美元。截止2000年9月底,全行总资产29636亿元,在国内排名第二,存款余额19563亿元,贷款余额13084亿元。龙卡发行总量达6750万张。今年已实现利润68亿元,在国内四大银行中排名第一。

【业务范围】　建设银行确定了"以国内业务为基础,稳步发展国际业务,最终成为具有国际先进经营管理水平的全功能银行"的发展战略,并明确了以公司银行业务、个人银行业务、中间业务、房地产金融业务的市场定位。在业务拓展中,建设银行实施"重点行业、重点客户、重点产品、重点区域"营销战略,不断进行金融创新,率先推出个人住房贷款,并占有最大市场份额,第一个推出汽车按揭贷款和个人消费额度贷款,牵头组织了国内首笔巨额银团贷款,为中国移动(深圳)提供了125亿人民币资金,并发挥业务优势,积极支持了三峡工程、京九铁路等重大项目,为国民经济发展作出了贡献。

建设银行以信息产业部提供的X.25公共信息网为依托,组成连接一级分行的虚拟专用网及网控中心,在网上开通资金清算系统、龙卡网络系统、总帐传输系统等。城市行以X.25或DDN建成城市综合业务网络处理系统。以中元帧中继网为基础建成企业内部网,现已在网上开通国际结算、网上银行及信贷管理信息系统、人力资源管理信息系统和办公室自动化系统。同时,在总行采用SWIFT组织标准的ALLANCE—ACCESS软件系统,通过PSTN专线网与分行的PC—CONNECT系统连接,形成120多家一级和二级分行与境外代理行间的国际结算业务SWIFT报文交换传输网络。

(贯菲)

中国银行

【概况】　中国银行成立于1912年。建行88年来,中国银行在中国经济、金融和社会的发展过程中,尤其在促进对外贸易发展和密切与国际金融界往来方面,发挥了重要的作用。中国银行是中国第一家在亚、欧、澳、南美、北美六大洲均设有机构的银行。截止1999年底中国银行拥有14369个国内机构和556个海外机构,有着全球布局的金融服务网络。在香港和澳门,中国银行还是当地的发钞行之一。中国银行已经连续11年被美国《财富》杂志评为世界500强。

【业务工作】　1.企业存款。截至1999年末,中国银行本外币企业存款余额折合人民币4868亿元,比上年末增加587亿元,增长13.7%。其中,人民币企业存款余额3393亿元,比上年末增加641亿元,增长23.3%。

2.公司信贷。截至1999年末,国内行公司客户贷款余额折合人民币12315亿元,比上年末增加476亿元,增长4%,其中人民币贷款余额为7102亿元,比上年末增加713亿元,增长11.2%;外汇贷款余额为630亿美元。

3.国际结算。为进一步强化风险控制,中国银行建立了授信与单据处理分离的运行机制,以最终实现国际结算业务的集中化处理,建立区域性单据处理中心。在政府采取有效措施打击逃套汇、走私过程中,中国银行给予了积极的配合和支持,保证了业务的合规、合法经营。

4.保函。1999年,中国银行继续加强保函业务的风险管理,并调整了保函业务结构,在压缩融资类保函比例的同时,大力发展投标、履约、预付款保函等风险较小的信用类保函。在全年新增保函余额中,外汇信用类保函和人民币信用类保函分别占41.3%t和41.4%,而外汇融资类保函和人民币融资类保函分别占23.5%和5%。

5.保理。在国内银行同业中,中国银行最早推出国际保理业务。目前已与25个国家和地区的51家保理公司签署了国际保理协议,与它们开展了广泛的业务合作。

6.结售汇。中国银行是办理结售汇业务的主要指定银行之一,在结售市场上占有最大的份额。1999年,中国银行结售汇总额为1201亿美元,比上年增加15亿美元,其中,结汇额为707亿美元,售汇额为494亿美元,市场份额分别为59.

4%和47.1%。

7.代客债务保值与外汇买卖。为了帮助客户防范汇率、利率等市场风险,中国银行积极扩展资金业务,客户基础不断扩大。1999年,中国银行办理代客资产与债务保值交易34亿美元,比上年增加1.5亿美元,交易品种包括利率调期、货币调期、超远期外汇买卖、期权及代客债务买卖等;办理代客外汇保值交易155亿美元,比上年增长71.7%。

8.储蓄存款。1999年,在连续降息的不利条件下,中国银行通过开拓代收代付业务,规范统一储蓄业务操作流程,提高服务质量和效率,进一步扩大了储蓄存款的市场份额,并在大部分分行推出了"银证转账"新的服务产品,为客户进行证券投资提供了便利。1999年中国银行储蓄存款保持增长势头,尤其是个人外币存款新增额再创历史新高。截至1999年末,中国银行本外币储蓄存款余额折合人民币7897亿元,比上年增加1354亿元,增长20.7%。

9.消费信贷。消费信贷是1999年中国银行的一项重点业务。经过努力,目前已基本形成了比较完整的产品系列,包括个人住房、汽车、教育助学、度假旅游、家居装修、大额耐用消费品、个人存单质押、凭证式国债质押贷款等,贷款规模稳步扩大,至1999年末,消费贷款余额为182亿元人民币,比上年末增加105亿元,增长134.5亿元。

10.信用卡。截至1999年末,中国银行长城系列卡总数达到1770万张,比上年末增长38.6%,其中,长城信用卡达到386万张,长城电子借记卡达到1150万张,分别比上年末增长7.9%和73.2%。长城卡特约商户达到71871家,长城卡全年直接消费额104亿元人民币。

11.基金托管。截至上年末,已有21家法人券商在中国银行开办代理证券资金清算业务,业务量迅速增长。同时,中国银行积极进军基金托管市场,分别与大成基金管理公司和长盛基金管理公司签署了"景宏证券投资基金"和"同盛证券投资基金"托管协议及基金契约。截至1999年末,已托管基金资产55亿元人民币。

12.投资银行。1999年,中银国际进一步整合了组织架构,调整完善了业务管理和运作模式,在股票发行、债券包销、证券经纪及银团贷款等业务方面取得了良好业绩。全年各项业务收入总额达7.3亿港元,实现税前盈利4.7亿港元。

13.网上银行。1999年6月,中国银行推出了包括"企业在线理财、支付网上行、银证快车"系列产品的网上银行服务。"企业在线理财"可为企业客户提供账务查询、国际结算业务查询、内部转账、资金汇划、国际收支申报等业务活动;"支付网上行"可为网络服务供应商提供方便快捷的支付工具,个人利用中国银行发行的长城电子借记卡和免费提供的电子钱包,可轻易实现网上购物支付。"银证快车",则是中国银行利用网络技术专为广大券商开发的服务产品,可使证券公司在一、二级证券市场的清算业务中,用最短的时间,完成与交易所及其各营业部之间的资金清算业务。

【经营业绩】 中国银行一直坚持以建设城市化、国际化、全能化的国有商业银行为发展方向,在国内海外两个市场中积极参与公司业务、零售业务和投资银行业务,针对重点地区、重点行业、重点客户,提供和开发新的重点产品。并适应市场的需要,对中国银行的组织架构和运行机制进行了改革,建立了"以市场为导向、以客户为中心、以加强风险防范"为特征的现代商业银行组织体系。截止1999年底,中国银行的资产总额已达29039亿元人民币。当年实现税前利润66.03亿元人民币。

(白敏晖)

中国农业银行

【概况】 中国农业银行建立于1965年,经历了"三次成立、三次撤消",直到1979年2与23日,党中央、国务院决定恢复中国农业银行。农业银行自成立以来,体制上经历了国家专业银行和国有独资商业银行两个发展阶段,并始终在农村金融中起着主导作用,为我国城乡经济和农村金融事业的发展作出了应有贡献。

【经营业绩】 *业务发展* 1999年农业银行存款继续保持较快增长势头,各项存款增加2267亿元,存款余额达16012亿元;各项贷款比年初增加1744亿元,其中全年累计投放扶贫贷款210亿元。当年新增贷款主要投向了优势行业和优良客户,新发放贷款质量良好,;升毫 收回率较上年明显提高。市场开发工作取得新的成果,业务创新能力增强,与一批系统性大客户如中国电信、中国联通、最高人民法院、海南航空公司等建立了合作关系。成功地在国际市场发行了浮息债券。银行卡业务发展较快,全年共发行了金穗卡1100万张,卡消费累计额近100亿元,存款余额达到331亿元。1999年农业银行克服了利率连续下调、开征利息税和证券市场分流大量资金等不利因素,努力增收节支,同口径财务状况比去年有明显好转,剔除各种政策性因素影响,全行实现帐面盈利。此外,电子化建设步伐加快,顺利解决了计算机2000年问题。

基础管理工作 1999年农业银行进一步完善了法人授权和转授权管理办法,加强了对客户的授信管理,完成了对60多万户法人客户的信贷普查,建立了信贷管理信息系统,认真进行了贷款风险"五级分类"的准备工作,进一步修订了一批规章制度,加大了员工培训力度,实行了员工持证上岗考试。这些工作为加强全行基础管理和内控建设打下了良好基础。与此同时,全行集中查处了一批违规违纪案件,各类违规违纪案件的发生率有所下降,全行的经营风气明显好转。

改革进展 根据党中央、国务院的要求,农业银行组建了中国长城资产管理公司。目前公司运转正常,不良资产剥离和债转股工作正逐步实施。农业银行内部改革进一步深化,各级行在干部制度、劳动用工制度和分配制度改革等方面进行了大胆探索,建立了一系列新的内部经营机制,为农业银行的发展奠定了基础。

【存在的问题】 农业银行还面临一些困难和问题。一是多年来专业银行体制下形成的问题短时期内难以消化,体制上鞭长莫及的问题突出,管理工作还没有抓到位;二是商业银行内部经营机制还没有完全建立起来;三是干部职工的素质与银行商业化经营的要求还存在一定的差距。针对这些问题,农业银行将积极采取措施,认真加以解决:贯彻落实党中央对经济金融工作的部署,以从严制党从严治行为重点,进一步加强基础管理,完善内部控制制度,稳步推进经营机制改革;加大市场开发力度,以优质客户为中心,着力调整全行的资产负债结构;加快科技进步,增强业务竞争能力;坚持"两手抓",全面提高员工队伍素质等。

(常青)

中国农业发展银行

【概况】 中国农业发展银行(农发行)是根据国务院1994年4月19日发出的《关于组建中国农业发展银行的通知》而成立的国有农业政策性银行,直属国务院领导。中国农业发展银行注册资本为200亿元。截至1999年12月底,各项贷款余额为7274.80亿元。中国农业发展银行实行总行一级法人制，总行行长为法人代表；在机构设置上实行总行、分行、支行制，系统内实行垂直领导，各分支机构在授权范围内依法开展经营活动。中国农业发展银行总行设在北京，在各省、自治区、直辖市和计划单列市设有35个分行，在全国设有地区(地级市)二级分行295个，县(县级市、区)支行1613个。全行现有员工5万人。中国农业发展银行目前暂未在西藏自治区设立分支机构。

【业务范围】 中国农业发展银行目前的主要业务是：发放和管理由国务院确定的粮食、棉花、油料收购、储备、购销贷款；肉类、食糖、烟叶、羊毛等国家专项储备贷款；办理中央财政对上述农产品补贴资金的拨付；发行金融债券；办理业务范围内开户企事业单位的存款；办理开户企事业单位的结算；办理经国务院及中国人民银行批准的其他业务。中国农业发展银行当前最主要的任务是，对粮棉油等收购资金实行封闭管理，努力实现收购资金的封闭运行。

【业务工作】 1999年，中国农业发展银行继续按照国务院关于粮食流通体制改革"三项政策、一项改革"的要求和关于棉花流通体制改革的决定精神，坚持体现封闭运行要求的收购资金供应和管理办法，进一步加大管理力度，既保证了收购资金供应，又防止了收购资金的流失，基本实现了当期收购资金封闭运行，为实施国家的粮、棉购销政策，保护农民利益，促进农业和农村经济发展作出了积极贡献。

保证了收购资金及时足额供应　1999年，全行累计发放粮棉油收购贷款1473.05亿元，发放简易建仓贷款18.03亿元，支持收购粮食1988.40亿斤，油脂9.48亿斤，棉花5090.09万担，没有发生因收购资金供应不到位而给农民打"白条"的现象，为落实国家收购政策，保护农民积极性，促进粮食种植结构调整，提供了有力的金融支持。

基本保持了当期收购资金贷款的封闭运行　1999年，新发放的粮棉油收购贷款与新形成的收购值基本一致；粮棉油销货款归行率和收贷率均保持在高水平；扣除附营业务划转因素，粮食企业其他不合理占用贷款比年初下降8.17%。粮食购销企业当年在农发行的亏损挂帐比上年大大减少。

信贷资金使用效益明显提高　由于封闭运行取得成效，农发行在保证收购资金及时足额供应，支持粮棉收购的同时，贷款投放和向中央银行借款比上年进一步减少，节约了大量国家信贷资金。按可比口径计算，1999年，农发行净向人民银行借款121亿元，比上年少借482亿元；剔除因粮棉油购销数量及价格变化导致对收购资金需求相应减少的因素，由于农发行加强计划、信贷等管理，防止收购资金流失，提高信贷资金周转使用效益，从而减少向中央银行借款250亿元左右；信贷资金运用率达到98.41%，比上年提高1.76个百分点。

【规范化管理】 各级农发行在加强收购资金贷款管理的同时，积极参与粮棉流通体制改革，抓好相关政策落实。一是在支持国有粮食购销企业按保护价敞开收购农民余粮的同时，积极做好政策性金融服务工作，帮助企业促进粮食顺价销售并加强监督。二是认真落实粮改配套政策，基本完成了新增财务挂帐和其他不合理占用贷款消化责任的落实工作；配合财政部门做好粮食风险基金等财政补贴资金的管理工作，改进拨付方式，加强了拨付到位速度；加强了对处理陈粮的监督；对部分省粮食企业附营业务占用贷款进行了二次划转。三是积极参与粮改情况执法检查，促进了粮改政策的落实。四是加强调查研究工作，积极参与粮食、棉花流通体制改革有关配套政策的研究制定。　(中国农业发展银行党委宣传部)

中国进出口银行

【概况】 中国进出口银行是直属国务院领导的国家政策性银行，于1994年4月26日成立，同年7月1日正式对外营业。作为中国唯一的出口信用机构，进出口银行的主要任务是执行国家的产业政策、外经贸政策、金融政策和外交政策，运用出口信贷、出口信用保险和对外担保等政策性出口融资工具，为扩大我国机电产品和高新技术产品出口提供政策性金融支持，同时还承办了中国政府对外优惠贷款和外国政府对华贷款的转贷等业务。进出口银行实行自主、保本经营，企业化管理的经营原则，在信贷投向、贷款利率和期限等方面都带有明显的政策性特征。进出口银行的注册资本金为33.8亿元人民币，由国家财政全额拨付。中国进出口银行总行设在北京，在国内设有大连、上海、武汉、广州、西安、成都、青岛、福州、南京等9个代表处，在非洲科特迪瓦共和国、南非共和国分别设有中西非代表处和东南非代表处。

【业务工作】 1999年，中国进出口银行努力发挥官方出口信用机构的职能作用，为扩大我国机电产品、成套设备和高新技术产品出口、改善出口产品结构、实施出口地区多元化战略和科技兴贸战略、扩大海外投资和配合援外工作做出了应有的贡献。

充分利用出口信贷政策性金融工具，全力支持企业扩大出口　出口信贷业务坚持从实际出发，重点抓好大客户和大项目，通过拓宽业务品种、改善金融服务、提高工作效率等措施，全力支持扩大机电产品、成套设备和高新技术产品出口。全年共批准出口卖方信贷项目255个，批贷金额303.2亿元人民币、1.3亿美元；实际发放贷款277.4亿元人民币，同比增长8%；年末贷款余额442亿元人民币和6204万美元。新批出口买方信贷项目9个，批贷金额约3.65亿美元；签署出口买方信贷框架协议1个，协议金额2000万美元；出具贷款意向书23份。全年出口信贷共支持了106.1亿美元合同金额的机电产品出口。在努力做好支持扩大机电产品和成套设备出口的同时，积极支持高新技术产品出口。从10月1日起正式对外开办高新技术产品出口信贷业务并实行优惠贷款利率。为使出口信贷业务适应我国高新技术产品出口的实际情况，牵头与科技部、外经贸部等部委联合组成调查组，赴6省13市，深入高新技术产品出口集中的地区和部分高新技术产品出口企业进行了调查研究。当年批准了3个非机电类高新技术产品出口项目，贷款金额4亿元人民币。加大对产业关联度大、带动作用强的船舶出口的信贷支持力度，船舶出口贷款占新批贷款总额的27%。办理了首笔支持中国企业到国外建厂开展境外加工贸易项目贷款。

积极运用多种融资手段支持企业开拓国际市场，增强企业竞争能力　一是对外优惠贷款业务在我国对外援助和外交工作中显示出越来越重要的作用。全年批准优惠贷款项目19个，批贷金额14.5亿元人民币，对外发放贷款6.6亿元人民币，同比分别增长76%和20%；年末贷款余额19.6亿元人民币。对外优惠贷款业务不仅促进了受援国经济的发展，同时也为带动国内机电产品和技术劳务出口、支持我国企业走出国门和以对外经贸合作方式拓展市场创造了条件。二是出口信用保险业务继续承保了对亚洲地区成套设备的出口和重大项目的承建，其中包括一些在亚洲金融危机中受害较大的国家。全年出具出口信用保险和出口信贷担保金额共计3.01亿美元。其中出具各类保单26份，承保金额2.97亿美元，中长期险保额比上年增长 35%;办理出口信贷担保业务 2 笔,担保金额 362 万美元。新承保的项目中,加大了对融资量大、期限长的资本性货物出口的支持力度,为我国企业在机电产业特别是成套设备、工程承包、高技术行业方面发挥优势,开拓国际市场、广泛吸引客户、增强竞争能力提供了可靠的风险保障。三是对外担保业务以支持船舶、发电设备等大型机电产品出口为重点,为出口企业参与国际市场竞争、顺利履行合同提供保证。全年共开立保函 107 笔,担保金额总计 3.7 亿美元,同比增长 137%。其中投标保函占 2%,履约保函占 11%,预付款保函占 62%,延期付款保函占 20%,其他种类保函占 5%。为适应国际贸易发展的新特点,中国进出口银行增加了一年期以内的延期付款保函等业务品种。

合理利用外资,大力支持国内经济建设 认真贯彻国家扩大投资需求和积极合理有效利用外资的政策,进出口银行进一步加强了对外国政府贷款转贷业务的经营与管理。全年新承办转贷项目 38 个,新签转贷协议 47 份,协议金额 18.4 亿美元;办理转贷项目提款 22 亿美元;年末贷款余额 170.6 亿美元。积极支持国内企业引进国外先进设备和先进技术,为国内企业的技术改造、结构调整和高新技术产业发展提供政策性融资。加大对交通、能源、环保等领域的国家重点建设项目和中西部地区的支持力度,有效地促进了消费需求和投资需求的扩大。

加强风险防范,强化内部管理 正确处理有效支持扩大外贸出口与防范和化解金融风险的关系,制定并实施了以提高信贷资产质量为中心的经营策略。继续严格实行审贷分离制度,逐步规范贷前、贷时、贷后各环节的信贷管理工作,加强对项目的可行性和风险分析,对贷款项目实行了分级审批,建立借款企业信用档案,保持对项目执行情况的动态跟踪,对信贷资产进行五级分类,并将稽核工作重点放在发现和堵塞影响信贷资产质量安全的隐患上,加强对不良贷款的管理,加大对不良资产的催收力度,不断健全和完善信贷业务经营管理制度和操作程序,积极探索援外优惠贷款风险补偿机制和呆坏帐核销办法,实施外国政府转贷垫款周转金。真正把风险防范的各项措施落到实处,确保银行政策性金融业务安全稳健运行。在内部管理方面,重点抓了制度建设,全年共制定和修订《中国进出口银行工作规则》、《中国进出口银行建立健全内控制度建设暂行规定》等规章制度和业务操作规程 58 项。加强全行资金管理制度建设,建立财务、统计分析体系,有效保证资金安全运行。在一些重要岗位建立并试行了岗位责任制。加强各个环节的监督制约机制,实行了合规性稽核、离任稽核和风险稽核,初步建立起纪检、监察、稽核、内审相互配套的较完备的监督体系,杜绝一切可能出现的漏洞,防患于未然。

做好资金筹措工作,扩大对外交流与合作 为确保各项信贷业务人民币资金的需求,银行抓住 1999 年国内资金市场相对宽裕、利率较低的有利时机,进行了 3 次市场化筹资,共筹集人民币资金 170 亿元,实现了筹资体制由计划发行向市场化发债的根本转变。为扩大外汇资金来源,银行在深入研究国际资本市场的基础上,经过周密组织、专业化高效运作,于 1999 年 10 月 21 日成功地在欧洲发行了 2 亿美元 5 年期浮息债券。这是银行继 1996 年在日本成功发行 200 亿日元武士债后,第二次进入国际资本市场。此次发行被《国际金融评论》称之为"中国进出口银行里程碑式的发行"。此外,银行还在境内外金融市场上进行了短期融资活动,积极开展以为银行信贷客户提供风险保值服务为目的的交易业务,受到客户的欢迎。1999 年,银行与世界上许多国家和地区的金融机构、政府部门、企业和有关国际组织建立并巩固了协作关系,在资金业务、融资合作、人员培训和信息交流等诸多方面进行了更为广泛的合作与交流。银行还成功地承办了"亚太经合组织保险业务培训班"。与 53 个国家的 127 家外国银行建立了代理行关系,涉及的分支机构 398 个,分布在 88 个国家和地区。

(中国进出口银行办公室)

国家开发银行

【概况】 1999 年,国家开发银行认真落实扩大内需的方针,积极支持经济增长,深化信贷改革,新发放贷款 1568 亿元,其中外币贷款共折合人民币 127 亿元;资金来源主要是发行人民币金融债券 1581 亿元,外币出口信贷 7.58 亿美元,境外发行外币债券 5 亿美元。截至 1999 年 12 月 31 日,资产总额为 6864 亿元,比上年末增长 30.6%;负债总额为 6345 亿元,比上年末增长 33.00%。1999 年实现净利润 6.84 亿元,比上年增长 1.8%。通过加强项目监管,密切关注借款人经营状况,1999 年底不良贷款比率控制在 1.97%。

【业务范围】 *贷款业务* 国家开发银行主要是向国内重点产业和地区的基本建设和技术改造项目提供贷款。1999 年,国家开发银行新发放贷款 1568 亿元,其中外币贷款共折合人民币 127 亿元。绝大部分新增贷款投向能源和交通部门。截至 1999 年 12 月 31 日,贷款余额 6484 亿元,其中能源、交通部门共占 60%以上。1、本币业务。1999 年承诺人民币贷款 1496 亿元,绝大部分新增贷款投向国家重点发展的部门。国家开发银行成立以来的 5 年中,贷款承诺额年均增长 62%,新项目的提款额也稳步增长。2、外币业务。外币贷款主要用于我国大型重点项目引进国外先进技术和管理经验,满足项目单位中长期的基本建设资金需求。1999 年,外币贷款余额为 33 亿美元,比 1998 年增加 33%。1999 年,国家开发银行为许多行业和地区提供了环保贷款,用于项目单位在开发利用可再生能源、清洁能源和节能等方面,引进新的技术、设备和相关工程服务。国家开发银行开展外汇保函与信用证业务,支持中方公司因从国外购买设备而发生的借贷。截至 1999 年 12 月 31 日,开具的保函与信用证金额已超过 4.95 亿美元。3、重要的新增贷款。国家开发银行每年发放的贷款占国有银行固定资产(基本建设和技术改造)贷款的 40%左右。1999 年新承诺的贷款项目达 183 个,其中有上海浦东国际机场、北京首都国际机场、内(江)昆(明)铁路项目、北京地铁复八线项目、三峡水利枢纽等。

资金来源 国家开发银行通过多渠道融资以保证满足其新承诺贷款项目的资金需求。除了自身的资本金和准备金外,国内资本市场是国家开发银行可靠和经常性的资金来源,税收返还也是重要的资金来源,国家开发银行还经常利用国际资本市场融资以满足客户对外汇资金的需求。1、本币融资。国家开发银行的人民币贷款资金,主要通过在国内市场上发行由国内金融机构购买的金融债券来获得。1999 年共发行金融债券 1581 亿元,绝大部分是中长期债券。1999 年财政部以税收返还拨付资本金 26.6 亿元。客户存款将成为国家开发银行一个重要的低成本资金来源。2000 年,将通过建立起来的分行网络吸收更多的客户存款。在金融债券发行筹资出现间隙性缺口时,开发银行可向人民银行申请再贷款解决。2、外币融资。外币融资主要包括出口信贷、国际资本市场发行债券、国际金融组织和外国政府及机构贷款等几个主要来源。1999 年通过这些渠道共筹集资金 17.55 亿美元。政府强化了国家开

发银行作为多边金融机构转贷窗口的职能，1999 年开发银行已成为世界银行和亚洲开发银行在中国的转贷机构。同时，为贯彻国家西部大开发战略，开发银行加大了对西部地区外币贷款力度，外币融资在今后几年里将会有较大增长。1999 年 5 月，国家开发银行成功地发行了 5 亿美元，利率为 8.25%的 10 年期全球债，充分体现了国家开发银行在国际市场上的吸引力和投资者对国家开发银行的信心。

其它金融服务 1999 年，开发银行对组织机构进行了多次调整，以便在更好地促进传统业务发展的同时，为一系列新业务的开发创造条件。1、基金投资与基金管理业务。1998 年 1 月 16 日，国家开发银行与瑞士联邦对外经济部共同出资设立了中国第一家中外合资产业投资基金——中瑞合作基金。这是我国建立的第一家由外方出资的投资基金。受中瑞合作基金委托，国家开发银行作为基金管理人，提供投资顾问、投资管理及会计和行政管理等服务。1999 年，中瑞合作基金成功地投资于首家企业——泰州威德曼高压绝缘有限公司，完成了一批项目的前期开发、评估、准备工作，并逐步将投资范围扩大到中德合资企业。中瑞合作基金为这种以中外合资产业投资基金形式引进外资、技术和管理经验的管理运作模式，为探索和促进中外企业间的合作与交流起到了积极的示范作用。2、财务顾问业务。为了巩固和发展客户资源，1999 年开发银行开始加快发展财务顾问等咨询业务，围绕贷款客户的需求，在企业改制、重组、购并、设计融资方案以及开展项目融资等方面，为客户提供系列咨询服务。3、外汇结算清算业务。为满足客户不断增长的对金融服务的需求，开发银行为所有外汇业务提供结算清算服务。目前，这些业务绝大部分已通过 SWIFT 系统操作，从而更大程度上保证了快捷安全。1999 年开发银行的代理机构网络进一步扩展，海外代理行已增加到 138 家。

【业务工作】 *内部管理* 国家开发银行充分利用 1998 年底与中国投资银行合并这一契机，抓住 1999 年中国银行业继续推进商业化改革的历史机遇，重新审视其整体管理结构，改革信息传递系统和部门责任分工，在银行内部建立起一个更有效的管理结构。1、强化信贷管理。开发银行在组织结构的设置方面实施了多项关键性的改革措施以强化信贷风险管理。主要包括：(1)1999 年，开发银行将原中国投资银行的分支机构正式纳入合并后银行的整体控制框架内，扩大了银行分支机构网络，强化了开发银行对项目进展和资金使用情况的监控，同时减少了以前由于分支机构和人员有限造成的对其他国有银行分支机构在协助转贷和项目管理方面的依赖。(2)将以前按行政区划分的六个信贷管理局合并成为一个集中的信贷管理部门，负责组织、管理、协调信贷业务。(3)在总行的业务操作中实现了项目评估职能与项目最终审批职能相分离。贷款评估管理部门的建立保障了每个项目都可以从客观的角度得到适当的评价和关注。(4)在总行成立了职能相对独立的市场与产业分析局和财务分析局。通过分离细化某些分析职能，信贷管理部门可以从更为客观的角度审视项目的可行性和发展前景，从而提高了贷款质量。2、成立国际顾问委员会。1999 年，国家开发银行成立了一个由 16 位国际经济和金融界知名人士组成的国际顾问委员会。该委员会与开发银行的管理层定期开会讨论一系列重要问题。3、改善和加强内部控制系统。开发银行管理层采取了一系列加强和改善内部控制系统的措施，以保证其每一个重要部门的有效运作。4、内控环境。通过制定详尽的岗位说明和全面的培训方案，以提高各级员工的工作能力和整体凝聚力。目前，一个能够有效地计划、控制和管理银行各项业务的组织结构已经基本确立。5、风险评估。通过风险监控体系，不断地评估所面临的经营风险。在信贷风险管理和资金风险管理这些重要领域，已经明确落实了责任部门；对其它风险管理也按照要求建立了相应责任制度。6、信息系统。继续增加在信息系统方面的投资，提高决策层所获得信息的质量。对前中国投资银行分支网络报表系统的合并正在进行，并可望于 2000 年年内结束；为增强管理报表数据的可靠性和及时性，正在开发新的信息系统和技术平台。7、监管程序。稽核评价局负责监管内部财务控制制度的实施，并直接向管理层汇报工作。信贷管理局定期对项目进行实地考察，强化风险控制；分行人员利用其贴近项目的优势，主动对项目进展实行监管。

风险管理 国家开发银行风险管理政策的目标是尽可能降低金融风险。国家开发银行积极防范的风险主要包括以下几个方面：1、信贷风险管理。如上所述，国家开发银行目前的信贷管理系统已经将贷款评审和贷款管理职能相分离，其中贷款管理主要指与贷款活动和贷款存量管理有关的各项业务，包括本币和外币贷款。最终的贷款决策权在贷款委员会。在贷款过程中，贷款评审、信贷发放和贷款管理三个环节彼此分离。为保证贷款资金不被挪作它用，开发银行通常按照贷款项目资金的实际使用进度分期拨付贷款。2、不良贷款管理。为了监控和有效地处理不良资产，1999 年国家开发银行对全国资产分类系统在本行的使用情况进行了测试，结果表明国家开发银行的系统和业务流程完全可以满足这项工作的要求。开发银行贷款存量中的不良贷款主要来自对某些国有企业的政策性支持，而这些企业目前已面临破产和重组；另一部分来自 1994 年国家开发银行成立时已发放或承诺的贷款。目前国家开发银行的不良贷款约占贷款总量的 1.97%。3、汇率和利率风险管理。为了使自身面临的利率和汇率波动的风险最小化，开发银行尽力将其贷款和担保等资产与负债在币种上实现互相匹配，或者为客户进行利率掉期或货币掉期等套期保值交易。1999 年开发银行掉期交易总交易额为 9.9 亿美元，1998 年为 1 亿美元。开发银行所有掉期交易都是代理客户交易，银行本身不承担任何风险。4、操作风险管理。国家开发银行尝试通过内部控制体系的建立和维护来减少其操作风险。该内控体系在设计中综合考虑了开发银行的财力、业务特点以及所处的市场环境，从而尽力将操作风险控制在与这些因素相适应的水平。1999 年国家开发银行投入了大量资金用于更新自身的信息技术平台，从而对分支机构实行更为有效的统一管理。新的互联网技术、员工更广泛的信息需求以及异地监管能力的发展等因素，均促使开发银行的领导层重新评估其现有技术平台的能力，判断从何处采取措施以提高工作效率和经营业绩。开发银行 1999 年实行的办公自动化系统有效加强了行内信息流通和文件处理的效率，促进了各业务部门之间工作的协调一致。国家开发银行的信息系统经受住了中国政府针对计算机 2000 年问题设立的各项规定和标准的严峻考验。5、流动性风险管理。目前开发银行定期分析其资产负债期限结构，用以评估增加融资的必要性以及获取所需资金的最佳来源和成本。资产流动性由总行实行集中管理。开发银行持有的证券组合主要由国内外金融机构发行的高等级公司债券组成，可以便捷地转换为现金或其他等价物，用以支付银行日常业务开支和满足短期资金需求。

队伍建设 在国内各家银行之中，国家开发银行受过高等教育的员工比例是最高的几家之一。同时，80%的员工年龄低于 45 岁，截至 1999 年底国家开发银行的员工总数已超过

了3300人，分布于全国29个省区和香港地区。开发银行的培训和教育计划主要由以下几部分组成：1、员工自学和自修课程。2、海外观摩学习。尽管每年的学习和培训所讨论的重点都有所不同，但通常集中于银行业务技能以及向中国市场介绍国际上的先进做法。3、国内重点培训。开发银行已与国内数家著名大学建立了固定的联系。1999年在厦门大学，国家开发银行投资205万元人民币，向厦门大学选派了70名具有本科学历的员工进修硕士学位。中央财政金融大学也选派了本校的优秀专家教师来开发银行实地教授课程，从1995年以来已陆续有400多名员工接受了这方面的培训。4、专家讲座和研讨会。国家开发银行定期邀请国内外著名专家就一些相关热点问题开办讲座，去年举办的讲座议题包括了信贷风险管理、资产证券化、中小企业融资以及金融工程等。同时开发银行的培训部门也正在不断开办和提供更多的专门课程，如介绍互联网的应用、电子银行发展趋势等内容。1999年中国投资银行的并入对国家开发银行的员工培训工作提出了新的挑战。也使国家开发银行拥有一支过硬的员工队伍。

其他　国家开发银行在其它一些方面也对国家的经济发展做出了贡献。1999年，国家开发银行在安徽省和广西壮族自治区继续实施扶贫计划。实施方式是：由国家开发银行对地方救助机构发放贷款来提供资金支持，再由这些机构对当地农民提供小额贷款帮助其种植作物、饲养牲畜等，仅在广西一省，开发银行就提供了超过700万元人民币的小额扶贫贷款。国家开发银行的扶贫计划同时也通过“希望工程”对贫困落后地区提供资助，目前已捐助资金超过56万元人民币，用于广西希望小学的建设和教学设施的配备。国家开发银行捐赠的计算机、文具、教学设备和其它物品，帮助这些地区改善了教学条件，提高了教育水平。开发银行积极拓展投资银行业务，向客户提供筹资、财务顾问和项目可行性分析等方面的服务。通过转贷世界银行和亚洲开发银行贷款，确保了这些贷款能够得到有效而充分的使用。（郭浩）

中信实业银行

【概况】　中信实业银行成立于1987年，是我国改革开放过程中最早组建的国有新兴商业银行之一，隶属于中国国际信托投资公司。中信实业银行组建之初即以中信公司为依托走出国门，在国际上成功地募集了大量资金。在市场竞争机制逐步形成后，中信实业银行以创建优质服务为突破口，率先推出上门服务、办开放式银行等措施，促进了我国计划经济体制下形成的银行业服务模式的变革。随着我国金融体制改革的不断深入，金融市场逐步规范，中信实业银行及时调整经营战略，先后确立了“稳步发展，争创一流”的发展方针和“以客户为中心，以产品为导向”的经营思路，改变了早期以批发、外汇业务为主的经营模式，积极拓展业务品种，不断强化服务功能。截止1999年末，资产总额折计人民币达1573.3亿，在上海、深圳、大连、南京、青岛、杭州、广州、成都、郑州、重庆、福州、武汉、天津、苏州、沈阳、济南、威海、烟台、常州、无锡等沿海沿江及经济发达地区建立了230多个分支机构，与世界上70多个国家的600多家银行总分机构建立了代理行关系。

【业务范围】　公司业务产品　1、资产业务类：人民币流动资金贷款、外汇流动资金贷款、出口打包贷款、银行承兑汇票、票据贴现、外汇周转额度贷款、出口买方信贷、出口卖方信贷、银团贷款、外汇转贷（国家外汇储备转贷）、进口买方信贷等；2、负债业务类：本币存款：活期存款、定期存款、通知存款、协定存款等；外币存款：活期存款、定期存款等；3、中间业务类：本币结算：同城支票、汇票转帐，异地电汇、票汇、委托收款、托收承付等；外币结算：电汇、票汇、光票托收、结售汇等；特种服务：上门服务、综合授信、客户终端、电话银行等。

零售业务产品　1、资产业务类：个人信房贷款、个人汽车贷款、个人抵押质押综合贷款、教育贷款等；中信信用卡；2、负债业务类：本币储蓄：活期储蓄、定活两便一折通、大额定期存单、整存整取、定期一本通、零存整取、整存零取、存本取息、通知存款等；外币储蓄：活期储蓄、定期储蓄等；中信借记卡；外币信用卡收单结算。3、中间业务类：个人人民币汇出汇入款、个人外币汇出汇入款外币兑换、饭店结汇、因公出国批汇、代售兑付外币旅行支票、签发境外银行汇票支票、速汇金取现、光票托收、签发外币携带证等；代理承销和兑付国债、银证转帐、代售印花税、代收代付和代发工资、代理个人保险、代收美国使馆签证费、代传递美国使馆因私签证材料等；开具储蓄存款证明、电话银行、保管箱、签发和解付现金银行汇票、兑换残币和零钱等。

国际业务产品　1、资产业务类：银团信贷、出口买方信贷、进口买方信贷、国际结算、保函等；外币信用卡；国际资本市场投资、存放同业；2、负债业务类：进口买方信贷、国际结算、保函等；外币信用卡；筹资、同业拆借；3、中间业务类：债务安排、国际结算、保函等外卡收单、代收代兑旅行支票、汇款；风险管理、外汇买卖。（金伟）

中国光大银行

【概况】　中国光大银行于1992年8月18日经国务院和中国人民银行批准成立，是由中国光大（集团）总公司、中国光大控股有限公司、亚洲开发银行等131家中外股东单位入股的全国性股份制商业银行。1996年底，亚洲开发银行入股中国光大银行；1997年6月，中国光大（集团）总公司将其持有的中国光大银行20%的股份成功地注入在香港上市的中国光大控股有限公司，使中国光大银行成为国内唯一有国际金融组织参股并在香港间接上市的股份制商业银行。经过建行七年来的机构建设，特别是在1999年3月18日接收了原中国投资银行同城营业网点之后，中国光大银行已在北京、上海、广州等24个省、自治区、直辖市的37个经济中心城市拥有278家分支机构，机构布局合理，形成了覆盖面广、辐射能力强的全国性商业银行格局。在海外机构发展方面，中国光大银行已有国外代理行700多家，遍及65个国家和地区；1997年8月28日，中国光大银行在香港成立了代表处；1998年10月又获准在南非设立代表处，这有利于中国光大银行不断推进国际化经营。按照现代商业银行的要求，中国光大银行建立了董事会、监事会与经营管理班子，分别履行决策、监督和经营职能，形成了三套系统相互配合、相互制约的组织架构，有利于决策的民主化、程序化和科学化。在管理体系方面，中国光大银行以风险防范和控制为核心，建立健全了资产负债管理委员会、信用审查委员会、稽核委员会、人事考评委员会，保证了经营的合规性；在高效调度资金和提高资金使用效益的同时，建立和完善内部风险控制机制，突出一级法人体制下的授权授信经营，严格实行审贷分离制度、监视巡查制度、现场与非现场稽核检查制度，防范化解了经营风险，保证了银行经营的健康和安全。

【业务工作】　1、资产结构得以显著改善。1999年，中国光大银行进一步加大了资产结构调整的力度，在资产业务保持适度增长的同时，资产结构也得到显著改善。一是增加了国债和金融债券的持有量，增加了交易性收入占比。二是严格控制存贷比，年末存贷比控制在央行监管指标之内。三是强调按照现场监督和非现场监控相结合的原则进行信用管理，强化低风险业务发展。四是进一步改善了信贷资产结构，加大了对有实力、效益好的国有大中型企业、高新技术企业、绩优上市公司和三资企业的支持力度，积极推动多种类型的个人消费贷款。2、接收、整合工作顺利完成。1999年二、三季度，中国光大银行成功接收了原中国投资银行的资产、负债、所有者权益和同城营业网点，并在此基础上，有计划地推进了两行的整合工作。此次接收中，保质保量地完成了电脑移行工作，从技术上保证了接收之后各项业务的正常进行；按照行员等级工资制统一了工资制度、工资标准和考核办法；对原投行会计制度进行了规范，建立了全行统一的会计制度并实现了并表；进一步加大了资产保全工作力度。3、加强风险控制和规范化经营。1999年，中国光大银行进一步改善了系统管理，加强了风险控制和规范化经营，全面推行了法人授权经营和统一授信制度；强化了总行的系统管理和风险控制功能，并同时发挥了分（支）行的市场开拓和经营功能；通过非现场和现场稽核，有效地防范了业务风险；改善财务管理，突出了成本核算；在全行实行集中式事后监督制度，加强了操作风险的控制；加强全系统国际业务管理中的风险控制，促进了国际结算和结售汇业务的健康发展。4、资产保全和清收工作成果比较明显。根据年初确定的资产保全和清收工作目标，通过落实责任并采取针对性措施，加大了资产保全和清收工作力度，完成了全年工作任务。5、全面推进电子化建设和银行卡业务。在电子化建设方面，中国光大银行解决了全系统的计算机2000年问题，经受住了“千年虫”的考验；开发完成了资金实时收付清算系统，并投入使用；完成了全行集中监督的后督系统的开发、培训和推广；在全国推出了电话银行，并初步开发出了网上银行系统；开发推出了全行的综合报表系统。在银行卡业务方面，于1999年5月向社会正式发行阳光卡，并在明确市场策略和定位的基础上，不断开拓市场份额，完善阳光卡功能。

【经营业绩】 1999年中国光大银行继续保持了各项业务的平稳增长，主要人均指标居同业前列。截止1999年底，全行本外币存款余额首次突破了1000亿元，达1115.7亿元，增长速度位居国内股份制商业银行前列；合并资产总额达1678.9亿元；本外币贷款余额为805亿元；实现利润6.77亿元，累计实现利润66.9亿元。

（中国光大银行办公室）

中国民生银行

【概况】 1999年，中国民生银行克服了国际金融危机的影响及国内经济结构调整时期所面临的暂时困难，取得了全面完成各项业务指标的可喜成绩：各项存款年末余额为290.6亿元，完成计划的120.6%，比年初增加103亿元，增长54.7%。存款日均额达203.8亿元，完成计划的115%，比上年增加73.3亿元，增长56.2%。各项贷款为168.2亿元，比年初增加57亿元，新增贷款体现了向效益好、信誉好、科技含量高的民营、中小企业倾斜的原则。全年实现税前利润3.6亿元，完成计划的134%，比上年增长47%。各项业务的质量指标处于良好状况。1999年该行还加快了在重点经济地区设立分支机构的速度，全年新开业机构24家，其中分行1家，同城支行17家，分理处6家。新建机构新增存款31亿元，占全部新增存款的30%，不少新机构在开业当年就实现盈利，呈现出良好的发展势头。

【经营业绩】 以利润为中心的激励体系的推出，给该行上下带来了巨大的生机　1999年，中国民生银行建立并推出了“以利润为中心的激励体系，以资产质量为中心的内控体系，以市场为中心的经营组织体系，以客户为中心的服务体系”，由于四个体系的建立，全行的各项工作取得了长足的进步。在建立以利润为中心的激励机制建设方面，该行实行了利润工资率和利润费用率，以利润推动创利，以利润控制成本；同时实行等级支行制度，年中召开全国支行长工作会议，把搞活支行的措施落实到基层。“两率挂钩”和等级支行等措施将银行利益、股东利益和员工利益紧密结合在一起，提高了全员创利的积极性。在新机制的激励下，增收节支成为自觉的行动，取得了利润超额34%、费用节省13.5%的喜人成绩。除了传统的存放汇业务、私人业务和零售业务以外，票据承兑、票据贴现等业务也有了较大的发展。中国民生银行的银行卡业务在上海首发成功的基础上，在广州、深圳也顺利推开。该行在大力发展业务的同时，更加重视科技的投入和业务的创新，初步建成了民生信息网络，实现了办公自动化，启用了新的综合业务系统，并通力协作，成功地解决了计算机2000年问题。

内控制度建设稳步推进，资产质量明显提高　首先全行各级信贷部门强化了既重贷又重收、既重发展又重管理的观念，在风险控制上作了大量艰苦细致的工作。一是加强了风险控制的制度建设。二是制定了以资产质量为中心内容的考核办法。三是下大力清收不良贷款。第二，内控机制建设得到了有力的推进。该行借鉴国际和香港商业银行的内控管理模式制定内控办法，实行了会计后督制度，完善了授权管理，制定了主要业务操作规程，使对风险的控制管理覆盖了主要业务的每一个岗位，每一道流程。第三，稽核的再监督作用得到进一步发挥；本外币风险管理的集中归口，理顺了拓展业务与控制风险的关系，找到了“稳与进”的结合点。1999年该行在审贷分离的基础上，又进行了押汇中心的试点，明确了外汇业务的市场拓展与资信审查、单证处理三者间的分工和责任，使全行办外汇的设想成为现实。1999年由于该行全方位加强了内控，规范了经营行为，降低了风险产生的可能性，将年末不良资产比率控制在7.5%的指标之内。

充分发挥两个优势，促进制度创新的深化和企业文化的建设　民生银行作为股份制商业银行，有着新体制的优势和党组织的政治优势。1999年，随着该行党的关系转隶到中央金融工委并成立了中共中国民生银行委员会，涌现了一批以上海市西支行、深圳振业支行和北京管理部肖瑞彦同志等为代表的先进集体和先进个人，标志着该行精神文明和企业文化建设进入了新的阶段。1999年该行加大了对员工挂职锻炼、上下交流的力度，同时，加强对各级班子的考核，尝试竞争上岗，业务人员持证上岗。加强多层次培训，提高了员工的素质。

（中国民生银行）

中保财产保险有限公司

【概况】 中国人民保险公司是国内唯一的国有独资财产保险企业。建国以来，中国人民保险公司经历了三个发展阶段：1949年，经政务院批准，中国人民保险公司成立并开办寿险、非寿险业务；1996年，根据国务院决定，原中国人民保险公司改组为中国人民保险（集团）公司（中保集团），下辖三个子公司，实行分业经营，其中，中保财产保险有限公司专门经营财产险业务；1999年初，由国务院批准，中保集团公司撤销，中保财产保险有限公司继承中国人民保险公司品牌，更名为中国人民保险公司，继续专营财产险业务。中国人民保险公司总部设在北京，注册资本金77亿元人民币，在全国设有分支机构4,500多个，员工8.6万余人。中国人民保险公司于1998年10月成为国际信贷和投资保险人协会正式会员。

自1996年以来，公司大力推进公司商业化进程，加强成本控制，保费收入稳步上升，四年共上缴国家税利128亿元，注册资本金由建司初期的600万元增加到77亿元，总资产达467亿元，占有中国财产保险市场80%的份额。

【业务范围】 中国人民保险公司主要承办企事业单 财产保险、家庭财产保险、机动车辆保险及第三者责任险、船舶保险、货物运输保险、航空航天保险、建筑安装工程保险、出口信用保险、石油保险、核电保险、农业保险和各种责任保险，积极协助国内工商企业开展境外追偿业务。

（中保财产保险有限公司宣传处）

中国平安保险股份有限公司

【概况】 中国平安保险股份有限公司是经中国人民银行批准，在国家工商局登记注册的综合性、全国性保险公司。公司成立于1988年3月21日，同年5月27日正式对外营业，是我国首家股份制保险公司，也是我国唯一一家有外资参股的全国性保险公司。公司注册地为中国北京，总部设在深圳。1997年1月16日，国家工商行政管理局核定公司名称为“中国平安保险股份有限公司”。公司经营区域为全国及设有分支机构的海外地区和城市，可以直接经营开办一切险种（含各种法定保险）和国际再保险业务，同时涵盖证券业务、投资业务。经过十多年的探索和实践，公司获得长足的发展。平安一贯注重拓展境外业务，先后设立了美国分公司、伦敦代表处、新加坡代表处等境外机构，在国外近300个城市设立了理赔、检验、追偿代理，与世界上160多家保险公司保持友好往来。为推动平安国际化发展的进程，平安在香港成立了中国平安保险海外（控股）公司。

【经营范围】 公司在注重保险业务的同时，积极拓展多元化经营，成立了平安证券有限责任公司和平安信托投资公司，完善了保险资金运用渠道，并在香港成立了中国平安保险海外（控股）有限公司。目前，公司已初步形成了以保险为主，融证券、信托、投资和海外业务为一体的紧密、高效、多元的集团架构。

【经营业绩】 寿险是中国平安保险股份有限公司发展的核心。平安从1991年开展寿险业务，1999年，全年实现寿险保费收入179亿元，成为平安的龙头业务。为了保证寿险业务的健康发展，平安推出了一系列重大举措和改革措施。1994年7月，平安寿险在中国保险界首开先河，大胆引进个人寿险营销体制，并在深圳、上海两地试点成功，1995年在全国范围内普遍推广。

1999年，平安率先在国内推出全新的投资性产品——投资连接产品（United－link）“平安888世纪理财保险”，集投资、保障于一体，受到国家监督机关的高度赞扬、同业的好评及客户的一致推崇。产险业务一直是中国平安保险股份有限公司发展的基础。平安产险保费收入由1990年的0.45亿元增长到1999年的42.57亿元。平安产险的经营范围涵盖水险、非水险、车险、再保险等，业务规模名列中国产险市场第三，并在核电、电力承保等领域确定了领先地位。截至1999年底，公司总资产达450.36亿元，净资产达47.6亿元，资本金为22.2亿元。员工队伍14.5万人，各专业系列分支机构近700个，1999年度保险业务收入达221.75亿元，进一步巩固了中国三大保险公司之一的优势地位。

平安证券凭借着平安保险集团强大的资金优势，积极开拓市场，努力实现“让客户资产增值”的核心理念，立足深圳、面向全国，已在国内重点城市设立了18家营业部，截至1999年底，公司总资产达36.25亿元，净资产7.13亿元。平安信托投资公司的经营范围主要包括：信托存、贷款；委托存、贷款和委托投资；有价证券业务；融资租赁业务；自有资金的投资和贷款；金融代理业务；经济担保和信用见证；经济咨询。到1999年底，平安信托资产总额已达45.3亿元，1999年实现各项收入4.27亿元，公司资产结构合理，资产质量位居全国同业前列。

（程清）

中国再保险公司

【概况】 中国再保险公司是国务院直属企业，由国家财政出资，注册资本金30亿元人民币。公司总部设在北京，设有法定业务部、财产险业务部、国际业务部、寿险业务部等11个职能部门。现有员工211人。公司下属单位有：中国保险管理干部学院、中国保险报社、中国安泰经济发展公司和华泰保险咨询服务有限公司，并在纽约、伦敦和迪拜分别设有联络处和代表处。

【业务范围】 中国再保险公司主要经营《保险法》规定的法定再保险业务，各类商业再保险业务，各种再保险技术咨询和风险管理咨询服务业务，国家法律允许的资金运用业务。中国再保险公司的主要职能是：1、在国际范围内分散风险，提高保险公司的承保能力，增强其业务经营的稳定性；2、通过合理的分入、分出业务，优化再保险业务结构，促进中国再保险市场的健康发展；3、保护保险人和保单持有人的利益；4、代表国家参与国际再保险活动。

【经营业绩】 1999年，中国再保险公司共实现分保费收入122.14亿元，其中接受来自国内外商业再保险分保费收入3.84亿元。全国法定分保费收入118.3亿元，同比增长4%。法定业务已付赔款62.21亿元，对直保公司的业务理赔起到了一定的支持保障作用。截止到1999年12月31日止，公司总资产达到115亿元，比成立初期增长了283.33%，长期责任准备金由1996年的48.7亿元，提高到80亿元，增长了64.3%。

【业务工作】 1999年，全国再保险业务开展情况有以下几个特点：第一，分保资金余额到位率、法定分保足额率同往年相比有进一步好转。在资金到位率方面，法定业务好于商业性分保业务，商业性业务中人身险好于财产险业务。第二，法定分保条件的有关内容发生重大调整。1999年，中国保险监督管理委员会新颁布了对《法定分保条件》及其《实施细则》，基本上体现了各方面的利益。另外，出台了《长期健康险法定分保条件》，标志着《保险法》关于法定分保业务范围的规定得到了进一步的贯彻和落实。第三，中国核保险共同体正式成立并投入运作。1999年，中国核共体成立。中国再保险公司作为中国核共体的执行机构，以《中国核保险共同体章程》和《中国核保险共同体运作细则》为依据，在业务发展和内部管理方面做了大量的工作。努力开发国内市场，积极加强与国外核共同组织的业务往来和信息交流。截止到1999年12月31日，执行机构共接受4个国家和地区分入的35笔业务，其中日本核共同组织分入11笔，韩国核共同组织分入20笔，荷兰核共同组织分入2笔，通过韩国核共同组织，执行机构还接受了2笔台湾业务，境外业务的发展稳步推进。第四，中国再保险公司与国内各直保公司间的合作日益密切。与1998年相比，无论是在寿险业务方面还是在财产险业务方面，商业性分保都保持快速稳步发展的势头。 （中国再保险公司办公室）

新华人寿保险公司

【概况】 新华人寿保险公司是经中国人民银行批准，于1996年8月成立的全国性、股份制专业寿险公司，经营业务包括各类人寿保险、健康保险和意外伤害保险等；公司由十五家大型国有或股份制企业发起设立，注册资本金为5亿元。截至1999年底，公司总资产达到27.9亿元，净资产为6.3亿元；累计实现保费收入38.9亿元，其中1999年实现保费收入10.59亿元，连续四年位居北京寿险市场前三位。

【经营范围】 目前，公司正在销售的产品有30多个，主要包括寿险类，如长寿安康保险、少儿终身保障保险、员工福利保险、小松树教育年金保险、瑞华定期寿险、养老金保险等；健康险，如重大疾病保险、住院医疗保险、团体综合医疗保险等；意外险类，如人身意外伤害保险、关爱相随卡等。

【业务工作】 1999年是新华公司开始实施中期发展规划的第一年，公司在经营管理各方面得到全面的发展。公司积极推进建立决策、用人、激励、监督和风险控制等五大机制，努力构建现代企业运行机制；客户服务中心通过ISO9002质量认证；增资扩股和向外资转股方案获主管机关批准；天津、南京、成都三家分公司已正式开业。 （武江）

金盛人寿保险有限公司

【概况】 金盛人寿保险有限公司（AXA－Minmetals Assurance Co.，Ltd.）是中国第一家中法合资的保险公司，亦是中国保险监督管理委员会成立后批准的首家寿险公司。1999年4月12日，金盛人寿获得开业许可，在国家工商局核发营业执照后于1999年6月8日正式对外营业。公司由法国安盛保险集团和中国五矿集团合资组建，注册资金2亿元人民币，中法双方分别占有49%和51%的股份。始创于1816年的法国安盛保险集团是一家国际保险及资产管理机构，在2000年美国"财富"杂志评选的全球500强企业排行榜中位居第15位，其业务网络覆盖全球五大洲逾60个国家和地区，业务范围包括寿险、非寿险、再保险和资产管理等各领域。截止到1999年12月31日止，安盛保险集团管理资产总值为7800亿美元。中国五金矿产进出口总公司创建于1950年，是目前我国最大的五金矿产品公司，至今累计进出口额超过1500亿美元。1992年，以五矿总公司为核心成立了中国五矿集团，为国务院首批57家试点企业集团之一，1999年五矿总公司被列入涉及国家安全和国民经济命脉的39家国有重要骨干企业。

【业务范围】 金盛人寿为中国人民提供包括寿险、健康险和分红保险等保险，并把先进的寿险经营模式引入中国，建立并实施一套包括完善的代理人培训及晋升体系、准确的保单电脑管理体系、迅速的理赔流程以及高效的客户服务体系。除了与国内保险金融同业交流经验，提供海外培训机会，举办保险讲座，设立教育基金、培训中心、研究中心培养保险专业人才外，集团还极其重视市场调研工作，1996年和1997年两度委托盖洛普咨询有限公司进行全国性寿险市场调查，1998年赞助上海市经济学会进行"98上海市民和保险"调查报告，为中国保险业的发展提供可靠的科学依据。 （廖瑛）

中国华融资产管理公司

【概况】 为了彻底解决国有银行的不良贷款问题，建立一个健康和可持续发展的银行体系，1999年，中国政府决定成立四家金融资产管理公司，专门收购、管理和处置国有商业银行的部分不良资产，探索防范化解金融风险的有效途径，最大限度地减少损失，保全资产。1999年10月19日，中国华融资产管理公司正式成立。公司是国有独资金融企业，总部设在北京。公司设立监事会，由国务院派出，对国务院负责。公司由人民银行负责监管，涉及人民银行监管范围以外的金融业务，由中国证监会等相关业务主管部门监管，财政部负责财务监管。公司注册资金100亿元，总资产4177亿元，涉及7.1万户企业。公司实行统一法人体制，办事处根据总部授权开展工作。目前，总部设置了11个职能部门，即总裁办公室、债权管理部、股权管理部、投资银行业务部、审计评估部、资金财务部、国际业务部、法律事务部、信息科技部、人力资源部和宣传群工部。同时设立了资金财务审查委员会、资产处置审查委员会、资产评估审查委员会等3个专门委员会。在全国设立了30个办事处，即北京、天津、石家庄、太原、呼和浩特、哈尔滨、长春、沈阳、上海、南京、杭州、合肥、南昌、福州、济南、郑州、武汉、长沙、广州、海口、成都、重庆、南宁、昆明、贵阳、西安、兰州、乌鲁木齐、深圳和大连办事处等，其中，西安、兰州办事处是跨省区的分支机构，分别负责陕西、宁夏和甘肃、青海的业务。办事处以下不设分支机构。

【业务范围】 公司主要任务是收购、管理、处置中国工商银行剥离的部分不良资产。主要经营目标是利用国家给予的特殊法律地位和专业优势，最大限度保全资产，减少损失。公司业务经营范围包括：收购并经营中国工商银行剥离的不良资产；债务追偿、资产置换、转让与销售；债务重组及企业重组；债权转股权及阶段性持股；资产证券化；资产管理范围内的上市推荐及债券、股票承销；直接投资；发行债券；商业借款；向金融机构借款和向中央银行申请再贷款投资、财务及法律咨询与顾问；资产及项目评估、企业审计与破产清算；收购中国工商银行剥离的外汇不良资产，外汇债权追收，外汇资产置换、转让与销售，外汇债权重组，外汇债权转股权及阶段性持股；经金融监管部门批准的其他业务。2000年9月，中国证监会向公司颁发了《经营股票承销业务资格证书》。公司成立一年来，边组建边运作，各项工作进展顺利，运行步入正轨。到2000年9月末，已收购了中国工商银行4077亿元不良贷款；对400多户国有大中型企业实施了债权转股权，将持有这些企业1000多亿元的股权；已通过拍卖、债务追索、债务重组等方式，收回不良资产本金和利息4亿多元。 （甘芬）

中国东方资产管理公司

【概况】 中国东方资产管理公司经国务院以及中国人民银行批准，并经国家工商行政管理局注册登记，于1999年10月15日在北京正式成立。公司性质为具有独立法人资格的国有独资金融企业。公司注册资本为100亿元人民币，其中人民币60亿元，外汇5亿美元，由财政部全额拨入。公司总裁：孙昌基；副总裁：柏士珍、陈江旭。公司接受中国人民银行监管和财政部的财务监管，公司的证券业务接受中国证监会的监管。公司设立监事会。监事会对公司经营管理行使监督职能，并定期向出资者及有关政府部门报告工作。监事会由十一人组成，设主席一人。监事会成员由财政部、中国人民银行、证监会、审计署和中国银行代表、外部专业人员、公司管理人员和公司员工组成。公司员工包括从中国银行调入的工作人员和社会招聘的各类专业人员，实行全员合同制，并按照市场化原则建立相应的约束机制和激励机制。总公司设在北京，并按照“精干、高效”的原则设置8个职能部门：总裁办公室、人力资源部、资产评估部、股权部、债权部、资金财会部、信息科技部、审计监查部。经财政部同意，中国人民银行批准，公司根据业务需要，在业务量较大、不良资产集中的地区设立了分支机构。分支机构根据总公司或上级公司的授权开展业务，不具有法人资格。目前，公司在广州、青岛、天津、南京、大连、上海、北京、石家庄、武汉、海口、南宁、哈尔滨、长沙、成都、福州、深圳、长春、重庆、郑州、杭州、西安、南昌、合肥、兰州、太原等地建立了二十五个办事处。

【业务范围】 公司的主要任务：收购、管理、处置、回收从中国银行剥离的不良资产，利用所给予的特殊法律地位和专业优势，根据国家有关规定，通过向境内外投资者出售债权、股权，最大限度回收资产、减少损失。公司经营和办理下列业务：(一)收购并经营从中国银行剥离的不良资产；(二)债务追偿，资产置换及租赁、转让与销售；(三)债务重组及企业重组；(四)债权转股权及阶段性持股，资产证券化；(五)资产管理范围内的上市推荐及债券、股票承销；(六)直接投资；(七)发行债券，商业借款；(八)向金融机构借款和向中国人民银行申请再贷款；(九)投资、财务及法律咨询与顾问；(十)资产及项目评估；(十一)企业审计与破产清算；(十二)收购中国银行剥离的外汇不良资产；(十三)外汇债权追收，外汇资产置换、转让与销售；(十四)外汇债权转股权及阶段性持股；(十五)经金融监管部门批准的其它业务。

对已被东方资产管理公司收购的中国银行不良贷款，其所涉及债务人由对中国银行负债转为对东方公司负债，由东方公司承继债权、行使债权主体的权利，并依法办理有关手续。

（李犁）

中国外汇交易中心
全国银行间同业拆借中心

【概况】 中国外汇交易中心　中国外汇交易中心于1994年4月建立，它是我国外汇体制改革的产物，使全国的外汇市场得到了统一，产生了以市场供求为基础的人民币汇率。中心为中国人民银行直属京外正局级事业单位，其基本职责是：提供外汇交易系统，组织银行间外汇交易；办理外汇交易的清算交割；提供外汇市场的信息服务；开展总行批准的其他业务。交易中心总部设在上海，与全国36个城市联网进行实时外汇交易，形成辐射和覆盖全国的电子交易网络。外汇市场实行会员制，凡批准可经营外汇业务的金融机构及其授权分支机构提出申请，经外汇交易中心核准后可成为会员。截止到1999年12月，共有会员331家。外汇市场实行“三权分立”的组织原则，国家外汇管理局为外汇市场的监管部门，中国人民银行公开市场操作室为市场调控部门，外汇交易中心负责市场运作。外汇市场采用会员自主分别报价、计算机撮合成交、集中清算的运行方式。各会员通过交易系统设在各城市的交易场所进行交易，也可以将交易终端移至会员各自的交易室进行远程交易。目前交易品种为人民币兑美元、港元和日元三个币种的即期交易。外汇与人民币的资金清算速度为T＋1。

全国银行间同业拆借中心　依托于以电子网络为载体的外汇交易系统，一个机构，两块牌子，全国银行间同业拆借中心于1996年1月在上海建立，并于1997年6月推出银行间债券回购和现券买卖业务。中心的基本职责是：提供人民币同业拆借系统；组织银行间同业拆借业务；负责人民币同业拆借清算的监督；提供货币市场的信息服务；开展总行批准的其他业务。债券交易市场由中央银行的货币政策管理部门实施间接调控，交易中心提供电子交易系统服务并负责市场运行，中央国债登记托管有限责任公司负责债券的托管与结算。具有债券交易资格并经中国人民银行批准进入债券市场的各商业银行总行及其授权分支机构、经营人民币业务的外资金融机构、保险公司、农村信用合作联社、证券公司和基金管理公司等非银行金融机构均可入市交易。截止到1999年12月，拆借系统有交易成员和系统用户319家。债券交易包括现券买卖与回购交易两部分。现券交易品种目前为国债和以市场化形式发行的政策性金融债券；回购的债券包括国债、中央银行融资券和政策性金融债券。回购的期限为1天到1年，交易系统按7天、14天、21天、1个月、2个月、3个月、4个月、6个月、9个月、1年共10个品种统计、公布债券回购的成交量和成交价。债券托管结算和资金清算则分别通过中央银行国债登记结算公司和人民银行清算系统进行，实行“纯券结算”的清算方式，清算速度为T＋1。人民币同业拆借市场实行自主报价、格式化询价、确认成交的交易方式。交易双方可在四个月范围内自行商定拆借期限。按1天、7天、20天、30天、60天、90天、120天七个品种产生加权平均利率，即全国银行间同业拆借利率(CHIBOR)。拆借双方全额直接清算，自担风险。资金清算速度为：7天以内(含7天)T＋0，7天以外T＋1。

【业务范围】 中国外汇交易中心　1999年外汇交易系统累计成交金额折合美元314.6亿，外汇仍处于供大于求局面，市场汇率保持相对稳定。1999年12月30日最后一个交易日，美元对人民币加权平均汇率为8.2795，比1998年底的8.2789微升6点，升幅不足万分之一。

全国银行间同业拆借中心　1999年，银行间同业市场的交易趋向活跃，货币政策效应表现明显，货币市场交易网络不断延伸，交易成员大幅增加，继续向规范、有效的方向发展。1999年拆借市场总计成交3291.6亿元，同比增长233%；银行间债券市场现券和回购交易分别成交77.4亿元和3956.9亿元，同比分别增长133%和287%。

（王勤淮）

中国外汇交易中心广州分中心

【概况】 中国外汇交易中心暨全国银行间同业拆借中心广州分中心(下称“中心”)是中国人民银行广州分行和国家外汇管理局广州分局领导下的非盈利性事业单位，下设市场部、资金部、港币支票清算部、财务部、电脑部和综合部。基本职能包括：1、货币市场组织和服务，包括组织银行间外汇交易、人民币同业拆借和债券交易，办理外汇交易的资金清算交割，提供货币市场信息服务等；2、外资金融机构外汇存款准备金和外汇营运保证金的收缴与营运；3、粤港两地港币支票联合结算。中心主任：曾宝泉。

【经营业绩】 经营范围包括1、组织本地外汇市场会员银行以现场或远程方式进入全国联网的外汇交易系统，进行自营或代理的人民币对美元、港元、日元三种货币的即期交易，并为其提供资金清算交割服务；2、为广东省内(深圳除外)所有经中国人民银行批准、具有独立法人资格的金融机构和授权分支机构从事人民币同业拆借、现券买卖及回购交易提供业务和技术支持;3、为所有货币市场有关成员提供信息服务;4、维护本地外汇及人民币交易系统的稳定运行;5、运作对外资金融机构缴存的外汇存款准备金和外汇营运保证金;6、粤港两地港币支票联合结算业务。中心前身是国家外汇管理局广东省外汇调剂中心,于 1994 年 4 月与全国外汇交易系统联网运作,并以该系统的物理网络为依托,分别于 1996 年 1 月和 1997 年 6 月连通全国银行间人民币同业拆借和债券交易系统,至今已发展外汇市场会员 22 家、人民币市场交易成员 21 家,成为我国货币市场的一个重要组成部分。1999 年,中心银行间外汇市场共成交 16.9 亿美元(折合),人民币拆借、现券和回购交易分别成交 199.8 亿元、9.24 亿元和 396.41 亿元,在全国货币市场上名列前茅。

中国外贸金融租赁公司

【概况】 中国外贸金融租赁公司是 1986 年 11 月 29 日经中国人民银行批准成立的全国性非银行金融机构,是中国五矿进出口总公司的全资子公司。业务上接受中国人民银行的领导、管理、监督、协调和稽核。公司注册资本为人民币 56000 万元。中国外贸金融租赁公司内设:经理办公室、财务部、租赁业务部、金融证券投资部、综合信息部、稽核部。

【经营业绩】 中国外贸金融租赁公司办理下列业务:一、经中国人民银行批准经营下列本外币业务:(1)直接租赁、回租、转租赁、委托租赁等融资性租赁业务;(2)经营性租赁业务;(3)接受法人或机构委托租赁保证金;(4)接受有关租赁当事人的租赁保证金;(5)向承租人提供租赁项下的流动资金贷款;(6)有价证券投资、金融机构股权投资;(7)经中国人民银行批准发行金融债券;(8)向金融机构借款;(9)外汇借款;(10)同业拆借业务;(11)租赁物品残值变卖及处理业务;(12)经济咨询和担保;(13)中国人民银行批准的其他业务。二、从事对外经济贸易广告、咨询、展览、技术交流业务及外经贸部批准的其它商品的进出口业务。

栏目协办

四川天一科技股份有限公司

第三编

中国证券市场

144/183

中国证券市场

中国证券市场

【概况】 1999年，我国证券市场在不断规范的基础上进一步发展。证券市场各项清理整顿取得明显效果，市场运行秩序进一步好转。

市场规模　截止1999年底，我国境内上市公司达949家，较1998年增加98家；上市公司总股本达到3088.95亿股，增长22.31%；市价总值26471.2亿元，增长35.7%，相当于GDP31.8%；投资者开户总数4481.2万户，比去年底增长14.6%。1999年，通过境内外证券市场A股、B股、H股和红筹股共筹资1243亿元，较去年增长30%。全年股票市场累计成交金额31319.6亿元，同比增长33%；日均成交128.9亿元，同比增长34.7%；上交印花税248.1亿元，同比增长9.89%。5月中旬以来，沪深股市扭转了近两年来的持续下跌状况，出现了恢复性上升。沪深综指年末分别收于1366.6点和402.2点，较1998年底分别上涨19.2%和16.9%。

【规范化管理】 制度建设　1999年，我国证券市场改革力度加大，出台措施最多，是制度建设迈出新步伐的一年。一是以《证券法》为核心的法律法规建设取得重大进展。1999年7月1日，《证券法》正式实施，为配合证券法的实施，先后出台了《股票发行审核委员会条例》、《期货交易管理暂行条例》等法规文件。二是证券发行体制进行了重大改革。股票发行采取向法人配售与上网发行相结合，发行价格由市场确定，成立新的发行审核委员会，要求主承销商建立核对制度等。三是开辟了市场资金供给渠道。15家证券公司进行了增资扩股，11家证券公司和10家基金管理公司获准进入同业拆借市场。国有企业、国有资产控股企业和上市公司获准有条件进入股票市场。保险资金可以通过证券投资基金间接进入股票市场。四是证券投资基金试点不断完善。证券投资基金在试点成功的基础上稳步发展。有证券投资基金22只，基金规模505亿元，基金总市值近500亿元，占证券流通市值的5%。五是全国集中统一的证券监管体制初步形成。1999年7月1日，中国证监会地方证券监管机构正式挂牌。下设36家派出机构，9个大区，两个直属办，25个特派员办事处，监管人员达1200多人，强化了一线监管。六是上市公司管理制度有所创新。从证券市场发展实际出发，修订了上市公司配股条件，实行了上市公司定期报告全文上网披露制度；以市场定价方式进行了6家上市公司增发新股的试点，申能、青啤两家公司进行了以回购方式解决股权结构不合理问题的尝试。对连续三年亏损的股票实行了特别转让制度。中国嘉陵、黔轮胎两家上市公司进行了国有股配售试点，变现5.32亿元。

清理整顿　1999年，中国证监会继续对证券市场开展了五项清理整顿工作，使我国证券市场规范化建设迈出了新步伐，规范化程度有了新的提高。五项清理是指：清理整顿场外非法股票交易、清理整顿证券经营机构、清理整顿证券交易中心、整顿和规范期货市场、清理规范原有投资基金。到1999年底，清理场外非法股票交易场所41个，挂牌企业520家，总股本380亿股，涉及到18个省市，340万投资者；期货交易所由14家撤并为3家，交易品种由35个压缩到12个，179家期货经纪公司完成增资和重组；各地自行批设的26家证券交易中心的联网交易业务全部移至证券营业部，登记开户业务开始向证券公司转移，席位费清退和证券交易中心改组工作正按计划进行；35家证券公司完全归还了客户交易结算资金，清理了违规拆入或融入的资金，处理了70多家证券营业部在司法纠纷出现的挤兑风险；对于22个省市擅自批设的75只投资基金，已经批复了3个省市11只基金的清理规范方案，其中3只基金已分别在上海、深圳证券交易所规范上市。

【主要管理政策】 证券发行体制进行了重大改革，股票发行上市不分所有制，国有企业、民营企业和中外合资企业均可以申请发行上市，成熟一家，推出一家；经有关部门认定的高新技术企业发行上市可以享受优先政策；在新组建的发行审核委员会中，审核委员由34人增至80人，证监会外的各方面专家比例由原来的41%增至77%；股票发行不再规定市盈率上限，发行价格由发行人与承销商协商确定；法人投资者被允许参与新股配售，与发行公司业务联系紧密且欲长期持有发行公司股票的法人，可成为上市公司的战略投资者。建立了主承销商核对制度，要求具有主承销商资格的证券公司成为内核小组。证券公司增资扩股及发行融资债券，在清理整顿证券公司的基础上，5月24日，湘财证券有限责任公司注册资本从1亿元增至10亿元，并成为综合类证券公司。证券公司与基金管理公司融资渠道的解决，8月27日，中国证监会转发中国人民银行《基金管理公司进入银行间同业市场管理规定》和《证券公司进入银行间同业市场管理规定》，证券公司和基金管理公司融资渠道得以打通，可以进入同业拆借市场，债券回购市场，一部分证券公司还允许以股票作抵押向商业银行进行质押贷款。国有企业、国有资产控股企业和上市公司获准有条件进入股票市场，但二级市场买入又卖出或卖出又买入同一种股票的时间间隔不得少于6个月。保险资金通过证券投资基金间接进入股票市场，10月26日，经国务院批准，保险公司可在控制风险的基础上，在二级市场买卖已上市的证券投资基金和在一级市场配售新发行的证券投资基金；中国证监会新发行的基金，将按一定比例向保险公司配售，并根据保险公司的投资需求增发新基金。配股政策调整与增发新股发行方式的探索，3月27日，中国证监会发布《上市公司配股工作有关问题的通知》，将净资产收益率的标准由最近连续三年不得低于10%，改为最近连续三年平均在10%以上，且任何一年不得低于6%。同时，按国际惯例，进行了上市公司增发新股回购的试点，6家上市公司以市场定价方式进行了增发新股试点，申能、青啤两家公司进行了以回购方式解决股权结构不合理问题的尝试。国有股配售试点，经国务院批准，中国证监会会同财政部进行了两家上市公司的国有股配售试点工作。

（中正）

中国国债市场

【概况】 1999年，我国政府继续实施积极的财政政策，扩大国债发行规模，增加政府投资，扩大内需，调整经济结构，促进国民经济持续稳定运行。国债政策作为政府的融资手段，有效弥补了中央财政支出的资金不足，为积极财政政策的实施奠定了基础。特别是下半年增发国债600亿元，将其中300亿元转贷地方使用，并带动商业银行等额的配套贷款，直接推动了投资增长，为经济增长实现7.1%作出了贡献。据统计，至1999年底，我国政府累计举借国内外债务17764亿元，债务余额10411亿元，其中中央政府国内债务余额为9730亿元（不含特别国债2700亿元以及1998、1999年中央转贷地方的债务880亿元），外债余额681亿元，国债负担率（占当年GDP的比重）为12.69%，政府债务负担在安全线以内。

【国债发行市场】 1999年国债发行立足于国债市场发展的实际情况，借鉴发达国家的国债管理方法，以中央财政高效率、低成本筹集资金为目的，同时兼顾投资者对国债品种和期限的偏好，成功发行国内债务4015.03亿元。其中向以城乡居民个人为主的社会各类投资者发行凭证式国债1529亿元；向以商业银行为主的金融机构发行记账式国债2426亿元；向社会保险和商业保险机构定向募集60.03亿元。全年共发行国债17期，其中：凭证式国债3期，记帐式国债12期，定向国债2期（具体参见附表）。1999年按时兑付到期国债本息1792.32亿元，维护和提高了国债的信誉。

1999年国债发行工作呈现以下几个特征：一是尝试招标发行方式。1999年使用较多的发行方式是承购包销，但记帐式国债中有3期采取了招标拍卖的方式，这是继1996年国债大规模招标发行后的再次尝试，而且在招标发行中引入了竞争性招标和非竞争性招标相结合的办法。二是改善了国债利率结构和期限结构。1999年首次引入浮动利率方式向机构投资者发行国债，国债票面利率随1年期银行存款利率的变化而浮动，利率的浮动性为商业银行、保险公司等机构投资者规避利率上涨风险提供了条件。长期建设国债和七年期国债的发行，改善了国债期限结构以二、三、五年期为主的局面，有助于缓解国债过于集中偿还问题。三是实现了银行间债券市场参与者的多元化。以前只有商业银行可参与银行间债券市场国债承销，1999年保险公司、证券投资基金和部分证券公司陆续获准进入银行间债券市场参与国债承销和承购，多元化的交易主体活跃了银行间债券市场的交易，增强了可交易债券的流动性，拓展了这一市场的深度和广度。

在国债发行过程中，也存在一些问题：由于国债流动性较差，金融机构在已经持有一定数量长期国债的情况下，对继续购买和持有长期国债的投资需求下降，不利于长期国债的发行。面向个人发行的凭证式（三期）国债，其利率虽比同期银行储蓄存款利率高3%，比居民储蓄存款征收个人利息所得税后利率高29%，但由于存款利率经连续下调后已处于较低水平，致使国债对各类投资者的吸引力降低，致使国债发行成本面临上升的压力。此外，国债市场建设与国债发行的要求还不相适应，需进一步发展和完善国债发行和流通市场，加快市场化进程。

【国债流通市场】 至1999年底，国债市场可流通的国债总量为6326亿元，先后流通的品种有22个，其中有2个品种分别在3月和8月到期兑付；与年初相比，国债价格上升，收益率下降，由年初的4%—4.5%下降到3%，主要原因是年中中央银行下调了金融机构存款利率。1999年国债流通市场承接了1998年形成的市场交易格局，国债交易在银行间债券市场和上海、深圳证券交易所这3个市场中进行。从交易量看，国债交易主要集中在上海证券交易所，国债成交金额为17400.89亿元，银行间债券市场成交量呈逐步增长趋势，国债成交金额为4047.45亿元，深圳证券交易所的交易量非常小。在银行间债券市场中，由于可流通国债数量大幅增加、中央银行加大公开市场操作力度以及双边报价银行的出现，债券交易日趋活跃。

【规范化管理】 进一步采取措施规范管理，促进国债市场的发展。主要有两个方面：一、为了国债信誉、维护投资者合法权益，财政部会同人民银行制定了《国家债券收款单清理移交办法》，对1982—1988年间以收款单形式发行的到期未兑的国债进行全面清理，并规范了这部分国债的兑付办法。二、为增强凭证式国债的金融功能，满足投资者的融资需要，财政部与中国人民银行联合制定并发布了《凭证式国债质押办法》，对1999年起发行的凭证式国债在代销商业银行质押贷款融资方面作出了原则规定。与此同时，积极开展了清理整顿国债中介机构和清理财政信用工作。通过深入清理整顿工作，已基本完成交易所场内财政系统中介机构间债权债务清理工作。根据整顿金融秩序的要求，与中国证监会共同办理了财政国债中介机构清理工作，条件具备的部分机构转制为证券中介机构，其他中介机构撤消。

附表：

1999年国债发行一览表

	期限	发行数额	发行对象	年利率%	发行日期	说明
凭证式国债（一）	3年；5年	500亿元	社会公众	4.72；5.13	3月10日—4月30日	不上市流通
凭证式国债（二）	3年；5年	500亿元	社会公众	3.02；3.25	7月16日—8月31日	不上市流通
凭证式国债（三）	3年；5年	529亿元	社会公众	2.78；2.97	10月10日—12月10日	不上市流通
定向债券（一）	7年	20.00亿元	商业保险公司	2.75	8月13日	浮动利率国债，2.75为第一年利率
定向债券（二）	5年	40.03亿元	社保基金	3.50	10月25日—11月15日	不上市流通
记账式国债（一）	7年	180亿元	机构	4.88	2月26日—3月1日	可上市流通
记账式国债（二）	10年	160亿元	机构	4.72	4月29日—5月5日	可上市流通
记账式国债（三）	7年	94亿元	机构	3.20	6月18日—23日	可上市流通。580亿元转贷地方
记账式国债（四）	3年	200亿元	机构	2.72	7月13日—16日	可上市流通
记账式国债（五）	8年	160亿元	机构	3.28	8月20日—29日	可上市流通
记账式国债（六）	10年	600亿元	机构	2.55	9月3日	浮动利率国债，2.55为第一年利率
记账式国债（七）	2年	160亿元	机构	2.60	9月23—28日	可上市流通
记账式国债（八）	10年	200亿元	机构	3.30	9月23—29日	可上市流通
记账式国债（九）	5年	150亿元	机构	3.31	10月25—31日	可上市流通
记账式国债（十）	7年	160亿元	机构	2.85	11月10日—15日	浮动利率国债，2.85为第一年利率
记账式国债（十一）	5年	70亿元	机构	3.32	11月25日—30日	可上市流通
记账式国债（十二）	3年	292亿元	机构	2.92	12月17日—23日	可上市流通
发行额合计		4015.03亿元				

（特约编委：徐放鸣，特约编辑：陈景耀，特约撰稿：白昱）

中国企业债券市场

【概况】 1999年，中国人民银行批准发行企业债券近200亿元，包括中央企业债券和地方企业债券，其中，中央企业债券97亿元。重点支持了三峡工程、上海浦东新区建设、铁路、石油、水电、公路等重点建设项目以及城市公用设施建设。到1999年末，全国累计发行企业债券2500亿元，累计兑付1900亿元，余额600多亿元。企业债券市场的发展，拓宽了企业的融资渠道，降低了企业筹资成本，提高了企业的知名度和透明度，优化了社会资源配置，增加了企业的经营压力，提高了资金使用效率。

1999 年，企业债券市场最大的变化是首次出现了浮动利率债券—云南曲陆高速公路债券。该笔债券采取三年期固定利率债券、附可转五年期浮动利率债券选择权方式发行。具体付息方式如下：三年期债券实行固定利率，年利率为单利 3.78％，自发行首日开始计息，到期一次还本付息。五年期债券实行浮动利率，年利率为单利，以 4.03％为下限，6％为上限。投资者在债券三年到期之前，发行人第一次兑付公告发布之后，可选择在三年期基础上继续持有二年转为五年期债券，按债券三年到期之日前兑付公告发布之日中国人民银行公布的当期五年期定期存款利率上浮 40％确定，浮动后的利率低于 4.03％时，以 4.03％为五年期利率，浮动后的利率高于 6％时，以 6％为五年期利率，利率一经确定，即为最终利率，不再浮动，到期一次还本付息，逾期部分不计息。浮动利率企业债券的成功推出，是利率走向市场化的一个重要尝试。发行浮动利率债券可以锁定双方的利率风险，保证了长期债券的发行成功。浮动利率债券一经推出，即受到市场投资人的广泛欢迎，发行几天即销售完毕。

【存在的问题及对策】 1999 年企业债券市场最大的问题依然是兑付问题。造成企业债券到期兑付困难的原因是多方面的。首先，项目选择不当，建设周期长，管理不善，短期内难以产生效益；其次，部分发债资金被挪作他用；再次，企业债券的担保形同虚设，担保人自身的财务状况不好，不能切实负起担保责任；第四，发债企业和投资人对企业债券的认识不够，风险意识淡薄。由于评级制度不完善，发债企业信息不公开，投资人对企业资信了解极少，以为企业债券是政府批准发行的，就视同于国债，觉得没有风险；而发债企业又缺乏偿债意识，把发行企业债券视同向银行贷款；第五，地方政府的干预也是企业债券到期不能偿还的重要原因。为防范兑付风险，中国人民银行和国家计委联合发文，进一步强调各部门要充分认识企业债券兑付风险的危害性，建立和完善各种责任制，切实担负起督促、协调企业落实偿债资金的责任，及时化解、消除偿债工作中的矛盾和问题，定期监督检查发债企业偿债计划执行情况，提前督促债券将要到期的企业尽早落实偿债资金。建立企业债券偿债基金的地区，要充分发挥偿债基金的协调、调度作用；没有建立企业债券偿债基金的地区，要主动向当地政府汇报情况和反映问题，防患于未然。同时，鉴于企业债券承销商承担着代理企业债券兑付工作，对保证企业债券到期及时足额兑付负有一定责任，因此，企业债券承销商应督促企业按照偿债计划认真落实和合理调度偿债资金。另外，对企业债券兑付问题，担保单位要负连带责任，一旦企业债券出现暂时兑付困难，担保单位要真正落实各种担保事宜，拨付偿债资金，保证企业债券到期及时兑付。企业债券兑付，必须贯彻谁发债，谁负责，谁用钱，谁还债，谁担保，谁负连带责任的原则。

【规范化管理】 1999 年，为了进一步理顺企业债券管理体制，国务院决定由国家计委统一负责企业债券市场的监管。目前，国家计委正会同有关部门着手修订《企业债券管理条例》。按照新的管理体制，企业要发行债券，应向国家计划部门提出申请，国家计委在国务院确定的企业债券发行规模内，根据国内市场情况，下达企业债券发行计划；列入发行计划的企业在发行债券前，应向国家计委或授权省级计委提交发行申请文件，由国家计委或授权省级计委审批发行。 （窦洪权）

中国金融债券市场

【概况】 金融债券是金融机构发行的债券，它作为金融机构筹集资金的重要渠道，在支持国家的经济建设、活跃我国金融市场各方面发挥了重大的作用。政策性金融债券是我国政策性银行为筹集信贷资金，经国务院、中国人民银行批准，采用市场化发行或计划派购的方式发行的金融债券。政策性金融债券为无纸化登录债券，其托管登记、承销认购、还本付息业务均由中央国债登记有限责任公司办理。我国的商业银行、信托投资公司和证券公司、政策性银行都曾发行过金融债券，但目前在市场上占绝对地位的还是政策性银行发行的政策性金融债券。1986 年我国金融债券的余额只有 30 亿元，主要是由我国的商业银行发行。1990 年以来，特别是随着我国政策性银行的成立，金融债券市场的规模逐渐增加。1996 年我国金融债券的余额达到 2477 亿元。截至 1999 年底，政策性金融债余额达到 6447.48 亿元。

【金融债券品种】 1999 年，国家开发银行共发行政策性金融债券 1530 亿元人民币，分 15 期发行完毕，比上年同期多发行 1180 亿元，增幅惊人。该行当年发行的金融债券全部采用利率招标的方式发行，期限结构更为合理，短的只有 6 个月，最长的达到 10 年。其中第三、五、七期是贴现方式发行的，期限均为 6 个月，全年发行 200 亿元人民币。国家开发银行在 1999 年共发行 7 年期金融债券 400 亿元人民币，10 年期金融债券 650 亿人民币，2 年期 80 亿元，3 年期 100 亿元。值得一提的是，国家开发银行在设计债券品种时，充分利用了我国的低利率水平优势，大量发行长期债券，从而使得该行的融资成本大大降低。在利率水平的设计时，采用了国际上较通行的浮动利率方式，具体办法是以债券发行时的一年期银行存款利率为基准，再加上一个风险利率水平，如 1999 年 3 月 17 日发行的首期债券的 10 年期债券的利率水平为一年期定期存款利率加 1.165％，而 1999 年 12 月 28 日发行的 10 年期 150 亿元金融债券的利率设定为在一年期银行定期存款利率水平的基础上加 0.999％。中国进出口银行在 1999 年全年发行政策性金融债券 140 亿元人民币，分 3 期发行完毕，比上年同期少发行 10 亿元人民币。该行是从 5 月份开始发行本年度的金融债券的，目的是为该行的出口卖方信贷提供资金，当月发行第一期金融债券 50 亿元，利率由承销团竞标确定，最后的利率是 3.78％。9 月份，又发行 30 亿元，利率为 2.91％，期限 2 年，按年付息，到期一次偿还本金，既可转让、回购，又可用于质押。11 月份发行 60 亿元，1 年期，利率为 2.91％，与上两次不同的是，该期债券采用到期一次偿还本息的方式，是记账式金融债券。

【发行与交易】 1999 年发行的金融债券全部为国家开发银行和中国进出口银行发行的政策性金融债券，全年累计发行额达到了 1670 亿元，比 1998 年高出 1170 亿元。其中有 1430 亿元是通过全国银行间债券结算系统发行的，有 100 亿元是国家开发银行定向发行的私募债券。政策性金融债券的主要发行方式有计划派购方式和市场化发行两种。1994 年 4 月国家开发银行采用计划派购方式发行政策性金融债券，从此拉开了政策性金融债券的发行序幕。在中国人民银行的大力支持下，国家开发银行于 1998 年 9 月 2 日首次成功地运用市场化招标方式发行了 50 亿元一年期金融债券，从而实现了计划派购发行向市场化发行的过渡，受到了市场参加者的普遍欢迎。

除公开招标发行之外，市场化发行还包括私募发行。1999年11月，国家开发银行根据市场利率水平，经平等协商向中国工商银行发行了第一笔私募政策性金融债券100亿元，从而开拓了私募发行政策性金融债券的方式。目前，市场化发行已成为政策性金融债券一级市场发展的主流。

目前我国金融债券的交易主要是通过全国银行间债券市场进行，交易的方式有现货和回购(以金融债券作为抵押品)。政策性金融债券发行量的不断增加，使得可交易债券规模继续扩大，为银行间债券市场成交量的成倍放大提供了基础。与此同时，银行间债券市场的交易主体不断增加。1999年，自1月份开始，全国的农村信用联社陆续入市；8月12日，保险公司获准在银行间债券市场进行回购交易；9月12日，中央银行批准证券公司和基金管理公司进入全国银行间市场进行信用拆借、债券回购和现货交易，9月21日，首批10家基金管理公司和7家证券公司获准入市。到1999年末，市场交易主体已达319家，较年初增加143家，极大地促进了金融债券市场交易的活跃和供求平衡。

【存在的问题】 中国金融债券市场存在的问题主要包括：一级市场(金融债券的发行市场)发行量大，发行的成本不断降低，但二级市场的发展相对滞后，二级市场的交易量相对较小，交易量与市场债券存量不成比例。从发行主体上来讲，政策性银行仍是金融债券的发行主力，而商业银行等金融机构几乎从这个市场上退出。另外，二级市场上金融债券的品种还相对单一，交易方式还比较原始。今后应进一步增加可流通的金融债券交易品种，适时推出债券的远期、利率互换等金融新产品，以活跃二级市场的交易，更好地满足各类市场参与者的需要。 (范国英)

上海证券市场

【概况】 1999年是上海证券市场持续发展的一年。

上市公司数量持续增长，增幅超过10% 截至1999年12月31日，上海证券交易所的上市公司总数达484家，比1998年增加46家，增幅为10.5%；上海证券交易所的上市公司数量占大陆证券市场上市公司总数的51.11%。上市证券品种总数达574只，比1998年增长48只，增幅为912%其中A股471只，B股54只，基金11只，国债现货6只，国债回购8只。上市股票总数比1998年增长10.1%。

上市公司总股本达1580.15亿元，增幅为23.41% 截至1999年12月31日，上海证券交易所上市公司总股本达1580.15亿元，比1998年底增长299.8亿元，增幅23.42%。上市公司流通股本为494.41亿元，比1998年底增加114.68亿元，增幅为30.2%。

上海证券市场的市价总值有较大增长 上市公司的总市值超过14580亿元，占中国大陆证券市场上市公司总市值55.08%，占1999年我国GDP的17.77%。截至1999年12月31日，上海证券交易所上市公司总市值继1998年首次突破1万亿元后，1999年达14580.47亿元，比1998年底增加3954.56亿元，增幅为37.22%。流通市值为4249.69亿元，比1998年底增加1302.25亿元，增幅为44.18%。99年底，上海证券交易所的上市公司总市值，相当于1999年我国GDP的17.77%，比1998年的13.36%增长4.41个百分点，表明上海证券市场与国民经济的相关性及在国民经济中的重要性进一步提高。

证券经营机构遍及全国各地，会员席位数达5153个 截至1999年12月31日，上海证券交易所会员为308家，其中，证券专营机构(证券公司)92家，证券兼营机构(信托投资公司等)216家，会员下属营业部达2540个，遍布包括西藏在内的大陆所有地区，充分显示了上海证券市场的巨大辐射力与全国性市场特点。截至1999年底，上海证交所席位数达5153个。

投资者队伍不断扩大，投资者开户数达2281.12万 截至1999年12月31日，上海证券交易所投资者开户数达2281.12万户，比1998年底增加281.71万户，增幅为14.09%。投资者A股开户数为2272.23万户，新开户数为280.62万户，增幅14.09%。从新增投资者开户数的地区分布看，上海、江苏、广东、山东、浙江等沿海地区和大城市分列增幅前五名，表明经济发达地区投资意识强于全国平均水平；同时从新增投资者开户数增幅最末五名为西藏、宁夏、青海、贵州和甘肃看，内地和边远地区的投资意识目前还落后于全国平均水平。

筹资功能进一步增强 1999年，上海证券交易所进一步发挥为国有企业改制服务和优化资源配置的功能。上海证券市场股票筹集资金总额为486.42亿元，比上年增加28.10%。其中，新增A股上市公司46家，筹集资金总额为255.63亿元，新增B股上市公司2家，筹集资金0.228亿美元。

在1999年新增上市公司中，大型国有企业及高科技企业占有相当比重。一批具有行业代表性、在国民经济中具有重要地位的大型国有企业相继在上海证券交易所上市。其中武钢股份发行流通股3.2亿股，筹资13.67亿元，东北高速发行流通股3亿股，筹资12亿元，东风汽车发行流通股3亿股，筹资历15.3亿元。有研硅股、海星科技、升华拜克、国电南自等高科技企业占新增上市公司的17.4%。浦东发展银行发行流通股4亿股，筹资40亿元，成为上海证券市场的第一家银行股。1999年，国内仅有具备AAA级信用等级的三家企业债券，即铁路债券、国家电力债券和三峡债券在上海证券市场上市，整个上市总量为70.39亿元，占这三家企业债券可上市总额的90.96%。为了更好地帮助国有企业改制和筹资，开辟新的筹资渠道，以及推进证券市场的发展，丰富投资品种，继1998年上海证券交易所对新的证券品种开发和推出作了成功的探索后，1999年，上海证券市场的证券投资基金取得较大发展，截至年底，上海证券市场证券投资基金数量达到11家，其中7家为当年新上市基金，新上市基金筹资规模为156.55亿元。

【交易市场】 1999年，上海证券市场呈现了交投活跃的态势，股票、债券、基金全年成交金额达到35992.13亿元，比1999年增长1656.34亿元，增幅为4.82%。

一、市场走势活跃，股指大幅上升 1999年，上证综合指数年内最高达1756.18点，比98年上升333.2点，创下了历史最高纪录；上证综合指数年内最低为1047.83点，比98年略有抬高；1999年12月31日，上证综合指数收盘为1366.58点，比上年上涨19.17%。在5月19日后短短一个多月里，上证综合指数涨幅超过50%。与此同时，1999年上海证券市场的股票交易量也大幅上升，全年的股票交易金额达16965.79亿元，比上年的12386.11亿元增加4579.68亿元，增幅达36.97%

二、投资热点：绩优国企大盘股和高科技股 从1999年投资趋向看，绩优国企大盘股、高科技股的全年成交金额明显高于其他股票。虹桥机场取代四川长虹成为上海证券市场当年交易金额最高的股票，年交易金额将近300亿。邯郸钢铁、四川长虹和上海汽车分别列沪市个股年成交额排名的第二至第四名，它们的年成交金额都在190亿元以上；其中，邯郸钢铁将近250亿。属于高科技股的上海贝岭和大唐电信分列沪市个股年成交金额的第五和第九名，年成交金额在148亿元以上。上述投资趋向，一方面表明了投资者对业绩和成长性的崇尚，另方面也显示了投资者对新经济和高科技的未来发展前景充满信心。

三、继续保持国债市场"龙头"地位　1999年，上海证券交易所继续保持中国国债市场的"龙头"地位。首先，上海证券交易所债券发行市场取得重大进展。自1997年商业银行撤出上证所国债市场和财政部两年未利用证券交易所系统发行国债后，1999年财政部恢复利用证券交易所系统发行国债。在财政部发行的2426亿可流通的记帐式国债中，单独通过交易所市场发行的数量为200亿元，通过交易所市场和银行间债券市场共同发行的数量为160亿元。其中，通过上海证券交易所共发行国债323.48亿元，占通过交易所市场发行国债总量的89.86%。其次，继历年成交量保持中国大陆国债市场成交量九成以上，1999年上证所国债成交金额仍达17400.89亿元，占中国大陆国债市场的95.65%。其中，现货成交5276.77元，占中国大陆国债市场的99.55%；回购成交12124.12亿元，占中国大陆国债市场的94.05%。国债成交金额在全部证券品种成交金额中所占的比例为48.35%。

四、基金成交金额大幅增长，增幅达125.65%　1999年，上海证券交易所有7家证券投资基金发行上市，比99年发行上市数增加3家。随着新的证券投资基金上市，上海证券市场的基金成交金额继1998年后再度大幅增长，全年基金成交金额达1365.82亿元，比1998年增长760.54亿元，增幅为125.65%。

五、市场份额继续保持领先。　1999年，上海证券交易所证券全年成交金额达35992.13亿元，比98年增长1656.34亿元，占中国大陆证券成交总金额的68.81%，这表明了上海证券市场继续保持全国主要证券市场的地位。

（上海证券交易所　周惠忠）

深圳证券市场

【概况】　经过十多年的探索和实践，深圳证券市场市场规模不断扩大，市场的规范化、现代化和国际化程度不断增强，证券经营机构不断壮大，上市公司规范运作水平不断提高，证券中介机构业务不断发展，在我国社会主义市场经济中发挥着越来越重要的作用。

证券市场形成了全国性的市场格局　截止到2000年6月底，深圳证券市场上市公司共有488家，其中，A股有475只，B股有53只，基金24只，总发行股本达1451亿元人民币，总市值达19027亿元。今年上半年股票的成交量达到17118亿元，交易规模赶上了国外中等证券市场的水平。深圳证券市场已从最初单一的人民币普通股发展到目前包括A股、B股、基金、可转换债券、企业债券、国债、国债回购等品种，初步形成了较为完整和齐备的门类格局，为广大市场参与者投资与融资活动提供了多种选择。

投资者队伍迅速扩大，基金等机构投资者比重不断增加　投资者的数量与构成在很大程度上决定了一个市场的规模及其运作特点，截止2000年上半年，在深圳市场开户的个人与机构投资者总数约2523万户，其中深圳本地各类开户数已达240万户，异地开户数达2283万户，个人投资者占开户总数的99.50%，机构投资者占开户总数的0.50%。深圳证券市场基本上仍是一个散户市场，机构所占的份额较小，从二级市场交易情况看，机构一般仅占总交易额的4.5%左右。深圳现有3家基金管理公司，分别是南方、鹏华和博时，共管理基金10只，基金面值180亿，市值284亿元，从业人员约130人。另有大成和长盛2家基金管理公司，已获中国证监会批准，即将迁址深圳，这两家基金管理公司共管理8只基金，基金面值130亿，市值190亿元。截止2000年6月底，全国原有投资基金清理规范工作已基本完成，下半年有4家拟在深圳注册。

上市公司规模不断壮大　截止2000年上半年，深圳市共有73家境内上市公司，其中，A股公司有43家，B股公司有4家、AB股公司有24家。深圳市另有四家H股上市公司和两家红筹公司。深圳市上市公司利用证券市场共筹集资金312亿元；H股和红筹公司在香港证券市场发行股票筹集资金约人民币88亿元。深圳上市公司呈现两级分化、绩优和绩差并存的局面。截至1999年底，深圳市69家上市公司合计总资产1741亿元，净资产515亿元，实现主营业务收入628亿元，税后利润44.8亿元；69家公司中盈利公司56家，合计净利润56.55亿元；亏损公司13家，合计亏损11.75亿元。现有PT公司一家、ST公司10家，是全国上市公司的高风险区。

通过发展B股市场，打开了证券市场的国际化通道　深圳B股市场自1992年2月上市第一只B股股票以来，现已有上市公司57家，共筹集外汇资金约147亿港元，股本约84亿港元，市价总值约230亿港元。到目前为止，境外投资者约7万户。深圳B股市场的产生和发展，为我国利用证券市场吸引外资进行了成功的尝试。通过B股市场的运作，直接吸取了国际证券市场的经验，对A股市场的规范发展起到了有益的借鉴作用，对深圳证券业的国际化有着直接和巨大的推动作用。但B股市场长期以来交投不活跃，B股指数也较低迷。

【证券经营机构】　深交所已有会员321个，进场会员298家，开设席位1616个，B股特别席位13个。深圳现有证券公司11家，除中信、金牛以外的9家公司注册资本92亿元；总资产606亿元，占全国证券公司总资产的20%；净资产128亿元，占全国证券公司净资产的26%。截至2000年上半年，深圳9家证券公司总资产817亿元，较上年末增加了211亿元，增长了34.81%，净资产137亿元，较上年末增长了9亿元，增长6.56%。9家公司共实现税前利润23亿元，较上年同期增长了76.92%，完成上年全年利润总额的146%，实现税后利润19亿元，完成上年全年税后利润的144.31%。9家公司A股及基金交易额为9939亿元，完成了去年全年交易额总和，占全国市场份额的13.7%，较上年提高了0.23个百分点。9家公司开户保证金余额460.26亿元，较上年末增加162.81亿元。开户总数达307万户，托管总值达1852亿元。上半年共完成新股主承销项目18个，配股主承销项目27个，筹集资金总额192亿元，占全国市场份额的42.14%。深圳证券公司开始朝着规范化、规模化和集约化的方向发展，整体发展状况良好，成长较快，创新和开拓业务能力较强。公司经营在以往较为单纯的二级市场代客买卖及一级市场的发行承销等业务的基础上，逐步向投资银行业务、企业财务顾问，新产品的设计开发、信息咨询及国际化业务等方向和领域拓展，并取得了显著成效。另外，深圳市目前共有203家证券营业部，其中本地券商下属营业部70家，异地券商下属营业部68家，异地信托公司下属证券营业部64家。营业部之间盈利能力相差悬殊，证券公司营业部的经营状况好于信托类营业部，本地证券公司营业部业绩好于异地券商。

【中介机构】 截止1999年底，深圳具有从事证券业务许可证的会计师事务所有9家，具有证券业务许可证的注册会计师77人。承担了144家上市公司年度报告审计业务和8家证券投资基金、14家证券公司和3家期货经纪公司的相关审计业务。1997、1998年度的审计业务量仅次于上海，居第二位。具有从事证券业务许可证的律师事务所10家，具有从事证券业务许可证的律师36人。几年来，律师事务所共为全国130多个企业改组、发行股票项目、50多个配股及增发新股项目出具法律意见书、验证笔录等，为60多个项目A、B股的承销商出具法律意见。深圳证券律师的业务量仅次于北京、上海，居第三位。 （特约编委：张云东，特约编辑、特约撰稿：孔雨泉）

辽宁证券市场

【概况】 1999年，辽宁证券市场进一步规范发展。截止1999年末，辽宁共有上市公司33家，发行股票37只，其中A股32只，B股2只，H股3只。总股本1558841万股，其中流通A股335486万股，流通B股51100万股，流通H股156795万股，发行募集资金123.51亿元。共有14家上市公司实施了配股，募集资金19.14亿元。通过新股发行和配股，累计筹集资金达140多亿元，大大增强了企业发展的实力。同时，辽宁的投资者队伍也不断壮大，到1999年底，开户数累计已达176.64万户，约占全国投资者的3.95%。

【证券经营机构】 截止1999年末，辽宁共有专业证券公司5家，证券分公司4家，证券交易营业部131家，其中外省在辽宁设立的证券分公司4家，证券营业部52家。1999年实现证券交易总额达2561.53亿元，占沪、深市场的2.45%，其中股票交易额为1906.56亿元，占沪、深市场的2.82%。据不完全统计，到1999年末，辽宁股民保证金存款余额为66.99亿元，股票市值为229.51亿元。证券市场的发展，使各证券经营机构的经营效益有了明显好转，一定程度上缓解了由于近两年市场不景气带来的亏损。但从目前情况看，证券公司由于脱钩改制、债务重组等仍未完成，阻碍了向上发展的空间。据初步统计，全省证券营业部约有四分之三盈利，鞍山信托第一证券部、第二证券部、申银万国沈阳中山路营业部、南方证券沈阳南湖营业部、锦州证券第一营业部排在前五名。另外，截止1999年末，辽宁共有证券从业资格的会计师事务所2家，资产评估机构4家，律师事务所12家。

【证券市场监管】 在证券市场稳步发展，市场规模进一步扩大的同时，辽宁的证券监管部门进一步加强了市场监管和风险防范工作力度，上市公司、证券经营机构规范程度得到进一步提高。在对上市公司的规范化管理方面，一是对上市公司进行了巡回检查和核查，及时提交了上市公司巡检报告并出具了限期整改意见。二是依法严格规范上市公司信息披露，制定了《利润波动指引》等三个制度，召开了上市公司董秘和总会计师座谈会，对辖区内上市公司1998年年报和1999年中报进行了事后审核，促进了上市公司的规范运作，提高了上市公司信息披露的质量。三是依据中国证监会《关于上市公司配股工作有关问题的通知》要求，认真做好上市公司的配股初审工作，对上市公司的连续融资起到了积极的推动作用。在对证券市场的规范化管理方面，以防范市场风险、加强规范为主，加大监管力度，促进辖区证券机构规范运作，使之逐步健康发展。一是加强对证券机构的现场检查，提出了整改意见并限期整改；二是对存在突出问题的证券经营机构由专人进行重点监控，配合中国证监会进行保证金的清理；三是配合全国证券市场的清理整顿工作，促进辖区内证券经营机构的发展，成功地解决了一批历史遗留问题，机构风险得到了释放；四是积极推进证券机构高级管理人员任职资格管理工作，制定了工作程序，使这项工作进一步规范化；五是以解决计算机2000年问题为契机，全面提高辖区证券机构计算机管理水平；六是进一步加强了对证券投资咨询业的监督管理，组织了辖区内证券投资咨询从业资格的考试工作，并通过审读、审视、审听等途径，加强了对从事证券投资咨询的传播媒体的非现场监管。

（特约编委：宿庸，特约编辑、特约撰稿：于海联）

山东证券市场

【概况】 股票发行情况 1999年度，全省新增上市公司8家，募集资金54亿元，有4家公司实施了配股，募集资金15亿元。至1999年底，山东省共有53家公司的57只股票在海内外上市。其中A股48只，B股4只，H股4只，N股1只，上市公司数量居全国第四位。

上市公司情况 从1992年股票发行以来，山东上市公司累计直接融资达到284亿元。上市公司覆盖机械、电子、化工、能源、轻工、医药、商业、旅游等10多个行业，遍布除荷泽、枣庄、日照以外的14个地市。截止1999年底，山东上市公司总股本达181.69亿股，流通股48.45亿股，总资产818.78亿元，净资产489.03亿元，1999年度主营业务收入487.53亿元，主营业务利润121.52亿元，净利润50.06亿元，平均每股收益0.28元，平均净资产收益率为10.24%。

【证券经营机构】 截至1999年底，全省共有证券公司2家，占全国的2.08%，从事证券业务的信托投资公司11家，占全国的4.61%，证券营业部89个，占全国的3.65%。1999年12月31日，山东辖区证券经营机构资产总额为113.97亿元，较上年增长39.93%；净资产为12.93亿元，较上年增长29.82%；投资者开户数量为142.93万户，较上年增长15.09%；客户交易结算资金总额为78.74亿元，较上年增长77.94%。1999年度税前利润总额为3.71亿元，较上年增长15.58%；股票和基金交易总额（含山东证券公司在外埠营业部交易量）为2002.84亿元，较上年增长73.30%。

【中介机构】 截止到1999年底，全省共有证券从业资格的会计师（审计师）事务所、资产评估机构8家，其中有2家具有审计和评估资格，有3家仅具有审计资格，有3家仅具有评估资格。具有证券法律业务资格的律师事务所8家。这些中介机构为企业股票发行与上市工作提供财务审计、资产评估、法律咨询等中介服务，有力地促进了山东证券市场的发展。

【证券市场监管】 1999年，济南证券监管办公室在中国证监会的直接领导下，认真学习贯彻《证券法》和全国证券期货监管工作会议精神，提出"打基础、抓重点、防风险、抓调研、治根本、促发展"的工作思路，切实转变观念，转变职能，转变工作方式，在证券期货市场监管方面做了大量工作，取得显著成绩。

加强对上市公司的监管 一是按照"先改制运作，后发行上市"的管理办法，对7户公司的改制和规范运行情况进行了调查验收，对发现的问题指导公司进行整改，从源头上把好上市公司的质量关。二是严把配股审核关，通过配股审核督促上市公司搞好规范运作。三是对12户公司进行了巡回检查，发现问题，及时督促公司整改。四是加大了对上市公司信息披露的监管力度，确保信息披露的及时、真实、准确、完整。五是对运作不规范的上市公司实行法人代表谈话制度，促其规范运作。

加强对证券经营机构的监管　一是对证券经营机构及其高级管理人员任职资格进行了年检，提高了高管人员依法规范经营意识和管理水平。二是通过逐月审核财务报表，防范财务风险。三是在全面调查摸底的基础上，督促证券经营机构切实解决挪用客户保证金问题，及时排除经营隐患。四是建立了重大事项报告制度和第一责任人谈话制度。

加强对期货业的监管　一是高标准、严要求，对辖区内6家期货公司进行了年检。二是顺利完成了对华易期货公司的清理注销及善后处理工作，完成了对淄博万鑫期货公司的清理整顿和恢复业务工作。三是在清理整顿市场秩序的基础上，完成了辖区内期货公司增资扩股工作，指导期货公司建立健全内部控制制度，提高其风险防范能力。

加强对证券期货市场的风险监管　一是对辖区内证券市场的风险情况及防范措施进行了系统的调查研究，制定了重大事项报批备案制度和《济南证管办处置证券市场突发事件工作预案》，做到预案有备，防患于未然。二是对证券、期货经营机构技术风险防范问题和解决计算机2000年问题进行检查督促，排除技术隐患，对存在问题较多的机构发出限期整改通知，确保信息系统安全。三是进一步加大违法违规案件的查处力度。对审计署移交的12个证券营业部22起违规问题进行了调查核实，查清违规所得10352万元。四是做好信访工作。既热情服务，又严格依法办事。对受理举报及时查处，有效化解了矛盾。

（特约编委：李相启，特约编辑：赵洪军，特约撰稿：刘庆斌）

浙江证券市场

【概况】　上市公司情况　1999年，杭州特派办辖区内共有7家企业上市，募集资金17.73亿元，4家上市公司完成配股，募集资金5.46亿元。截止1999年底，杭州特派办辖区内已有32家上市公司，其中：有1家企业发行H股，2家企业发行B股，1家企业同时发行A股和B股，29家企业发行A股（沪市22家、深市7家）。32家上市公司股本总额127.38亿元，流通个人股（面值）为A股18.74亿元，B股9.2亿元人民币，H股14.34亿元人民币。累计募集资金75.32亿元人民币和7.58亿美元。辖区内上市公司总体特点是：股本盘子小，业绩比较稳定，经济效益良好，但主营相对不够突出。29家A股上市公司1999年的加权平均每股收益为0.295元，平均每股净资产为2.55元，平均净资产收益率为11.11%。经过几年的发展，东方通信、万向钱潮等一批上市公司以其优良的业绩在沪、深证券市场引人注目，已成为行业发展的龙头。截止1999年底，省内开户数达到108万户，保证金存款余额为200亿元。

【证券经营机构】　浙江省内共有证券营业部90个，分别属于14家省内证券经营法人机构和12家省外法人机构。其中省内法人机构设营业部53个，省外机构设营业部37个。14家省内证券经营机构中，2家为专业证券公司（浙江证券有限责任公司和浙江省财政证券公司），12家兼营证券业务的信托投资公司。浙江省目前已形成了以省内大券商浙江证券有限责任公司和浙江省国际信托投资公司为主导，其他省外券商和省内中小券商积极参与竞争的格局。特别是杭州市，作为浙江省的金融中心，各大全国知名券商如国泰君安、海通证券、申银万国、中信证券等纷纷抢滩，在杭州设立分支机构或营业部，加盟竞争。目前在杭州市区已有证券营业部37个。各证券经营机构1999年均取得了良好的业绩：截止1999年12月底，浙江省各证券经营机构资产总额达178亿元，全年累计交易量6736亿元，其中：代理股票业务量3813亿元，代理基金业务量328亿元，代理国债1416亿元，自营业务量200亿元，其他业务899亿元，全年实现利润8.6亿元。

【证券中介机构】　近年来，辖区内证券中介服务机构稳步发展，截止1999年底，已取得中国证监会和国家有关部委确认的有证券从业资格的会计师事务所有2家，分别是浙江天健会计师事务所有限公司和浙江东方会计师事务所有限公司；律师事务所有10家，分别是星韵律师事务所、浙经律师事务所、天册律师事务所、浙江国傲律师事务所、浙江和平律师事务所、浙江中坚律师事务所、浙江新联新律师事务所、信安律师事务所、台州海贸律师事务所、绍兴国大律师事务所；资产评估机构3家，分别是浙江天健资产评估有限公司、浙江东方资产评估有限公司、绍兴资产评估事务所。上述中介服务机构共有从业人员93人。1999年，杭州特派办所辖范围内具有证券投资咨询从业资格的机构1家，为浙江证券有限责任公司，具有证券投资咨询执业资格的人员5人。10月，浙江证券有限责任公司通过年检，该公司执业人员中2人通过年检，另外新增从业人员12人，取得了执业资格。1999年，经证监会批准，杭州特派办所辖范围又有78人取得了证券投资咨询从业资格。

【证券市场监管】　证券市场监管方面，1999年特派办按规定受理了证券机构的各种初审或审批事项；对辖区内92家证券机构换证申请进行初审和上报，经批准全部换发了证券经营业务许可证。结合换证，对证券公司副总经理以上的高级管理人员和辖区内证券营业部负责人的任职资格进行了全面审查，对12家证券营业部的迁址申请进行了初审，并督促做好平稳搬迁工作；对3家机构申请股票主承销资格或外资业务资格进行初审。上市公司监管方面，特派办认真做好拟上市公司的改制调查和上市服务工作，把好"入门关"。1999年完成了7家拟上市公司的改制调查工作，出具了改制调查报告并上报中国证监会。协助中国证监会分四批对11家拟上市公司的高级管理人员进行证券法规的考试。认真做好上市公司配股材料的初审工作，坚持严格按照有关法律、法规和规章以及中国证监会的要求，认真做好配股材料的审核工作。认真做好上市公司巡回检查工作，对9家上市公司进行巡回检查，其中进行交叉检查的有一家。巡检重点检查了企业"三分开"情况、募集资金使用情况、资产重组情况、担保及抵押情况、对外投资情况，对发现的问题，检查小组及时提出了整改意见，避免了可能出现的市场风险，促进了上市公司的规范化运作。1999年以来，特派办还加强了对上市公司信息披露和资产重组的监管力度，建立了辖区内上市公司重点监控制度，有选择有重点地派员列席一些上市公司的股东大会，指导上市公司依法运作，探索建立上市公司持续动态监管模式，将事前提示、事中监督和事后跟踪检查结合起来，以促进上市公司的规范化运作，防范和化解风险，确保辖区内证券市场的稳定。

（特约编委：王超，特约编辑：吴承根，特约撰稿：葛文良）

湖北证券市场

【概况】　1999年，湖北省有武钢、川绳、广药、凯迪、东风汽车、兴发等6家企业发行上市，筹集资金总额达38.32亿元，另有武汉中百、人福科技两家上市公司完成配股，共计筹集资金2.48亿元。截止1999年底，全省上市公司总数已达47家，居全国第六位；全省在深沪证券交易所股民开户数近200万。

【证券经营机构】 全省证券经营机构共128个,其中证券公司3个,证券公司分公司4个,证券营业部121个。截止1999年底,三家证券公司承销债券16只,金额3.85亿元,承销股票18只,金额6.79亿元。

【中介机构】 截止1999年底,湖北省具有证券从业资格的会计师事务所5家,律师事务所13家,资产评估机构3家。

【规范化管理】 对证券市场的监管 着重从基础管理入手,促进证券经营机构规范运作,化解潜在的市场风险。一是对证券经营机构采取规范和发展并重的方针,寓监管于服务之中。组织了辖区内证券经营机构换发证券经营许可证工作;支持辖内湖北证券公司、三峡证券公司和武汉证券公司申请股票主承销资格和外资股承销资格;规范了证券经营机构同城迁址行为;初步建立了证券经营机构业务资料报送制度。二是加强了对证券从业人员的资格管理工作。建立了证券经营机构高管人员基本资料的报送制度和高管人员档案,对辖内证券经营机构194名高管人员任职资格进行了重新确认,对新任证券机构高管人员进行了资格审查。三是积极开展化解市场风险的工作。督促有关机构采取有力措施,积极化解因柜台卖空债券所造成的兑付风险;在对辖区内证券经营机构信息系统技术管理情况进行全面检查的基础上,重点对证券经营机构计算机2000年问题系统测试、银证联网测试进行了组织协调,组织了Y2K应急计划演习和过渡期的应急值班,有效地防范和化解了技术风险。

对上市公司的监管 主要是强调规范运作,注重提高质量,着力抓好四个方面的工作:一是开展上市公司巡回检查工作,按照中国证监会的统一部署,对省内11家上市公司进行了巡回检查,同时还对公司聘请的会计师事务所执业情况进行了检查。针对巡检中发现的问题,向有关巡查对象下达了限期整改通知书。二是针对上市公司运作中存在的问题开展了一系列专项检查和调查。采取自查与检查相结合的形式,对辖区内上市公司募集资金使用情况进行了专项调查;组织力量对辖内上市公司执行《上市公司章程指引》情况进行了专项检查;组织上市公司对大股东出资到位情况进行了自查并抽查了自查结果。三是强化对信息披露的监管。组织力量对辖内上市公司1998年报及1999中报进行了认真分析,对1999年中报中暴露的活力28巨额亏损和湖北兴化中期业绩大幅度下滑等问题进行了专题调查。通过上述工作,基本上达到了"发现问题、揭示风险、及时规范、消除隐患、化解风险"的预期目的。 (特约编委:黄湘平,特约编辑、特约撰稿:周军)

陕西证券市场

【概况】 1999年,陕西有2家公司股票发行上市。海星现代科技股份有限公司于5月26日向社会公开发行6800万股,每股发行价格为4.68元,发行市盈率17倍。6月11日,"海星科技"股票在上海证券交易所上市交易。陕西秦岭水泥股份有限公司于9月8日向社会公开发行7000万股,每股发行价格为5.90元,发行市盈率15.97倍。12月16日,"秦岭水泥"股票在上海证券交易所上市交易。到1999年末,陕西上市公司达到20个,居西北五省区首位,占全国上市公司总数的2.1%。上市公司总股本达到40.03亿股,比上年增长29.5%,超过全国上市公司总股本同期增幅近13个百分点。上市公司总市值达到433.68亿元,比上年末增加22.34%,相当于陕西省国内生产总值的29.7%,比上年提高3.7个百分点。全省上市公司通过证券市场共筹集资金110120万元,其中新股发行筹集资金70601万元,占筹资总额的64.1%。1999年申请配股的企业达到7个,占上市公司总数的35%。已获得批准的有5家,占全省上市公司总数的25%。已实施配股的公司再融资39519万元,占1999年筹资总额的35.9%。上市公司累计筹集资金达58.35亿元。

【证券经营机构】 陕西有证券公司3家,兼营证券业务的信托投资公司5家,证券营业部40家,其中外地证券经营机构在陕西设立的证券营业部13家。1999年,全省股票基金交易量为1130亿元,投资者开户数107万户,客户保证金余额41.29亿元,分别比上年增长4.4%、12.6%和80%。证券经营机构总资产63.99亿元,总负债57.77亿元。营业收入6.14亿元,净利润1.32亿元。

【规范化管理】 陕西以宣传贯彻《证券法》为主线,正确处理规范与发展的关系,切实规范市场行为,维护市场秩序,保证了辖区内证券市场的健康稳定发展。一是完成了对上市公司年度巡检工作。在对精密股份、西安饮食、彩虹股份、陕长岭、咸阳偏转和宝商集团等六家公司的巡检中,按照证监会统一要求的检查内容和重点,通过听取汇报,现场考察募集资金项目建设投产情况,与董事、监事、经营班子成员、董秘、财务负责人、职工谈话,抽查帐目和审计会计师工作底稿等方式,全面客观地了解企业情况。对发现的问题,认真查找有关政策和法律依据,详细听取企业解决问题的思路和方案,提出整改意见。先后向巡检中发现问题的精密股份、西安饮食、陕长岭、宝商集团等公司发出了整改通知书,提出了13条整改意见,明确整改要求和时限。二是做好证券投资咨询机构监管工作。1999年4月,中国证监会对证券投资咨询从业人员进行资格考试,西安证管办完成了西北地区552人参加考试的组织工作。对有证券投资咨询执业资格的机构和人员进行了年检,建立了现场检查和非现场检查制度。对证券投资咨询从业人员的从业资格申报材料进行了初审,辖区内有44名人员获得证券投资咨询从业资格。三是努力解决计算机Y2K问题。在证券期货经营机构自查的基础上,聘请了教授和专家,组成专家检查组,对辖区内40家证券营业部、8家总部进行现场检查。通过现场检查、互相交流、限期整改等措施,提高了营业部信息技术管理水平,加强了信息系统的安全性。组织辖区内证券期货经营机构参加了全行业五次联网测试,两次演习,召开了4次负责人会议,下发了9个文件,并认真做好各项检查落实工作,保证了辖区内证券期货经营机构计算机2000年的平稳过渡。四是做好拟上市公司的改制调查。根据建立现代企业制度的要求和改制企业的特点,西安证管办逐步确定和完善了一套改制调查的工作程序和改制验收材料目录,提前发给企业,早做准备,对指导企业规范化改制和运作起到了积极作用,为企业上市后的持续发展打好了基础。于7月和11月分别对宝鸡啤酒和杨凌农科改制后人员兼职、资产分离、财务独立、法人治理结构等进行了调查。通过现场考察,审查相关文件,与高管人员和主承销商谈话等方式,全面了解企业改制情况,向证监会上报了改制调查报告。五是查处市场违法违规行为。根据群众举报和投诉,西安证管办会同公安、工商部门严肃查处了西安瑞龙财务咨询公司、陕西大正实业公司、渭南世纪通财务顾问咨询公司等3家非证券经营机构非法经营股票业务的行为。对陕西境内一些企业以发起设立股份公司为名,变相发行股票的行为,及时进行了调查,向辖区内证券经营机构发出了《关于禁止在证券交易场所擅自进行募股活动的通知》,并进行了检查,向省政府写了专题报告。通过多方努力,有效地制止和纠正了变相发行股票的问题。根据证监会领导和稽查局的要求，对新疆广汇石材、甘肃兰光科技、宁夏圣雪绒三家拟上市公司涉嫌违规问题进行了交叉调查，核实了有关问题，向上级如实反映了情况。针对西安恒力公司原期货部部分客户投诉该公司进行非法交易，并拒付客户保证金情况，西安证管办根据市场管理分工，及时将投诉转给地方政府有关部门，并向证监会和省政府作了专题汇报，积极配合公安、工商等有关部门调查了解情况，妥善处理这一问题，防止了事态扩大。

（特约编委：薛文石，特约编辑：王宏斌，特约撰稿：单印民）

重庆证券市场

【概况】 1999年重庆证券市场在完善管理体制、扩大直接融资、加强市场监管、整顿市场秩序、防范市场风险、大力推进上市公司资产重组等方面都取得了明显进展，市场规模进一步扩大，上市公司质量进一步提高，促进全市经济建设和社会发展的作用更加突出。到1999年底重庆有上市公司25家，股票26只，其中有2只B股，2只H股，上市公司涉及汽车、摩托车、钢铁、仪表、化工、医药、建材、房地产等众多支柱行业。

上市公司情况　1999年重庆民丰农化股份有限公司和重庆四维瓷业股份有限公司发行的A股分别在深圳和上海上市，筹集资金4.1亿元。同时重庆啤酒、三峡油漆、桐君阁获准配股，募集资金2.9亿元，1999年全市通过证券市场共筹集资金7亿多元。与此同时，重庆乌江电力股份有限公司、重庆港九股份有限公司、重庆四维瓷业股份有限公司通过了中国证监会组织的股份制改制验收，有5家拟上市公司的高级管理人员通过了中国证监会组织的高级管理人员资格考试。1999年是重庆上市公司资产重组力度较大的一年。在这一年里有4家公司实施了包括股权转让、资产置换、收购托管等多种形式的资产重组，其中：重庆川仪与杭州华立集团已完成股权转让工作；重庆东源与泛华工程公司完成了股权转让；万里电池与北京新富公司已达成股权转让协议并托管了1家企业。通过股权转让和资产重组，企业的经营情况发生了很大变化，对提升重庆板块的整体形象起到了很大作用。

【中介机构】 1999年，重庆证券经营机构在不断规范的条件下取得了较大的发展，机构规模迅速扩大，网点设置更加合理，交易量、开户数较上年有较大增长。证券经营机构主要有以下几个特点：一是证券营业网点布局日趋合理。根据《重庆市证券营业网点建设规划》，对辖区内布局不合理的营业网点进行了调整，共有12个区位不合理、营业场地狭小，设施陈旧的营业部进行了搬迁，使全市证券营业网点设置更加合理，券商经营环境大为改善，服务质量大为提高。二是证券从业人员素质有较大提高。全市共有96人参加了证券投资咨询人员考试，43人通过考试，39人获得从业资格，31人获得执业资格。三是证券经营机构清理、规范和重组成效显著。在清理、整顿重庆有价证券公司、重庆市证券公司、重庆证券交易中心、重庆国际信托投资公司的基础上，进行了大规模的业内重组，成立了注册资本金达11.23亿元的西南证券有限责任公司，其资本金规模目前位居全国第九位。四是通过对原重庆商品交易所清理整顿，撤消了原重庆商品交易所，并将其改制为重庆证券经纪有限公司，注册资本金为1亿元，充实了重庆券商队伍。到1999年末，全市共有证券机构64个（其中公司2个、分公司1个、营业部61个），证券交易总量达1399.87亿元，其中：A股和基金为1067.97亿元，国债为331.89亿元，实现利润1.67亿元，开户数达100万户。

【规范化管理】 1999年重庆证券监管办事处接受上级交办案件10件，立案查处7件，接受群众来信转办8件，办结7件，办结率达93%。一段时间，重庆的证券期货违法活动十分猖狂，一些公司打着“咨询”、“财务顾问”等名义进行所谓“股票代理”干扰了正常交易秩序，1999年重庆证券监管办事处调查了解了辖区内20多家非法机构情况，并对情况严重的5家公司进行了打击，保护了投资者利益。

（特约编委：唐昌放，特约编辑、特约撰稿：梁盛红）

河北证券市场

【概况】 根据中国证监会确定1999年为“证券法制年”的有关工作部署，通过中国证监会石家庄特派办、地方政府和有关单位机构的共同努力，1999年河北证券市场在快速发展的同时，规范化运作水平显著提高，有效地规避了证券市场的风险，保证了证券市场的健康发展。上市公司情况　河北省上市公司整体运作规范，但也存在一些问题。一是板块活跃程度不够，股价偏低，一些公司的股票价格经常在市盈率20倍以下。二是行业单一，24家公司基本上是能源、原材料、一般加工工业和商业企业，国家重点支持的高新技术企业数量不多。三是国有股比例普遍偏高，股权融资的潜力很大。1999年，河北省完成新股发行上市和配股融资各4家，红筹股增发1家，共计融资26.72亿元，发行配股家数和融资总额分别占全国的3.9%和2.99%。新股发行4家是：河北宣工、邢台轧辊、金牛能源和东方热电4家公司，发行额度共计2.45亿元，融资14.915亿元。以上两项指标分别占全国发行总家数92家（不含两家可转债）的4.34%，居第7位；占全国发行总额度83.8亿元的2.92%，居第12位；占全国发行融资494.5亿元的3.02%，居第10位。配股融资的4家是：唐钢、石炼化、威远、华药，共募集资金9.82亿元，占全国实施配股117家（不含增发新股）的3.42%，占全国配股融资资总额250.66亿元的3.74%。1999年河北省发行和配股融资取得较大成绩，完成了4家配股，是1993年以来最多的年份之一，发行进度也明显快于全国水平。发行与再融资取得较好成绩的主要原因是：1、发行企业的质量好。河北宣化、金牛能源、邢台轧辊和东方热电4家企业都是国家或河北省大型骨干国有企业，企业规模大，经济效益好，上市重组方案合理，保证了发行审查过程的顺利。2、提前进行各项准备工作。这4家企业都是从1998年初即开始着手主动进行股票发行的各项准备工作，抓住了发行的有利时机。3、精心指导、周到服务。在这些企业发行上市的整个过程中，有关部门自始至终对每个环节中的具体工作都给予了指导，帮助企业提高了工作质量和效率。截止1999年底，河北省共计实现证券融资119.25亿元，占全国证券融资4452.26亿元的2.68%；全国境内上市公司949家，河北省25家，占全国的2.63%，居全国第15位；全国境内上市公司总股本2967亿元，河北省96.39亿元，占全国的3.25 %，居第13位；全国境内上市公司流通股本812.89亿元，河北省23.52亿元，占全国的2.89%；全国上市公司总市值2.65万亿元，河北省553.5亿元，占全国2.09%，居第20位。河北省证券市场发展最快的是1996年以来的4年，河北省平均每年新增上市公司5.5个，平均每年融资30亿元，明显高于全国平均水平。

【规范化管理】 1999年，河北省在充分吸取1998年宝石电子和唐钢两家公司违规事件教训的基础上，按照中国证监会的统一部署和要求，重点加强了对上市公司的监管工作，并取得了较好成绩。一是上市公司业绩优良。据对河北省20家上市公司1999年中期报告的有关数据统计，有10个指标位居全国前3名之内。二是华联商城、河北华玉、石油龙昌和沧州化工4家公司严格按照规定进行了资产重组或股权转让，提高了上市公司资产质量，减少了潜在风险，为下一步的发展奠定了基础。三是规范化运作水平有了进一步的提高，全年没有发现重大违法违规问题。

（特约编委：宋淑艾，特约编辑、特约撰稿：郭行哲）

河南证券市场

【概况】 股票发行及上市公司情况 经过几年的规范发展，到1999年底，河南省共有上市公司23家，分别在上海证券交易所、深圳证券交易所、香港联交所上市，其中发行A股22只，H股2只，向社会公开发行股票累计19.41亿股，共募集资金107.41亿元，其中，1999年发行A股6只，筹资389030万元。同时，有8家公司先后配股，二次募集资金达11.70亿元，其中1999年有一家上市公司实施配股，筹资16500万元。发行新股和配股两项共募集资金119.11亿元，证券化率达14.65%。从发行上市的情况看，河南上市公司有以下特点：上市公司主要集中在工业行业，但高科技含量偏低；A股发行上市步骤加快，流通量逐年扩大；A股新上市公司业绩良好，但上市公司整体收益不理想，平均净资产收益率较低。

股民开户情况 1999年底，河南省股民开户数为84.07万户，较上年增加12.53万户，增长17.5%，其中个人开户84.05万户，机构开户241户。股民证券交易保证金存款为43.90亿元，较上年增加13.50亿元，增长44.4%，A股股票和基金的累计交易额为1523.6亿元，较上年同期下降0.9%。

【证券经营机构】 随着证券市场的发展，河南省证券经营机构的经营能力不断增强，但证券公司资本规模偏小，经营状况不容乐观，在券商数量、注册资本金总量、利润总额、业务创新等方面均落后于全国乃至周边省份。1999年底，全省共有法人资格的证券公司5家，证券兼营机构10家，省内共有证券营业部76家，证券经营业务基本覆盖全省各市地中心城市和部分县市。证券公司的注册资本金总量为40060万元，全省证券经营机构总资产为77.98亿元，较上年末增加18.43亿元，增长30.9%；总负债为69.75亿元，较上年末增加18.64亿元，增长36.4%；实现利润总额1.66亿元，较上年同期增加1140万元，增长7.4%。

【中介机构】 河南省从事证券业务的中介机构为证券市场的规范、健康发展提供了良好的服务，截止1999年底，河南省具有从事证券业务资格的律师事务所4家，会计师事务所3家，资产评估事务所2家，土地评估事务所1家，证券投资咨询机构4家。

【规范化管理】 *在证券市场监管方面* 注重规范证券经营机构行为，防范和化解经营风险。一是对各类证券经营机构调查摸底，摸清机构底数，掌握其基本情况和问题；二是制定出台了一些具体监管措施，先后制定了《关于〈经营证券业务许可证〉使用、管理中应注意事项的通知》等近十项管理办法，同时，还建立了非现场检查制度，通过报表了解每个经营机构经营状况，存在的问题和发展趋势；三是认真搞好清理整顿工作，对券商中存在的信用交易、挪用客户保证金、证券营业部违规自营和无序竞争等四大突出问题进行重点清理和整顿；四是积极支持券商增资扩股和资产重组工作，提高券商抗风险的能力；五是加强券商计算机信息系统的管理，保障"两千年问题"的顺利过渡；六是做好证券经营机构的换、发业务许可证工作及高管人员任职资格审核工作；七是认真查处违法违规案件，维护证券市场的稳定和发展。

在上市公司监管方面 注重强化监管，提高上市公司的质量。一是开展了上市公司巡检工作。对辖区内6家上市公司进行了巡检，对有问题的公司及时下达了整改通知书；二是对拟上市公司进行改制验收，先后对开普化工、羚锐股份、开封特耐等3家拟上市公司进行了改制验收，为保证拟上市公司改制及辅导工作质量，对8家已上市和拟上市公司的高层管理人员进行了考试，提高他们的证券法制意识；三是积极开展对上市公司的调研工作，重点调查了上市公司的信息披露，法人治理结构、财务管理等方面，总结了一些上市公司好的经验和做法并进行推广；四是加强对上市公司人员的培训工作，宣传《证券法》。

（特约编委：侯苏庆，特约编辑、特约撰稿：张建东）

安徽证券市场

【概况】 1999年，安徽省发行上市股票1只(A股)，完成2家公司配股，共募集资金6.4亿元。截止到1999年底，全省拥有上市公司20家，发行上市各类股票共24只，其中A股18只、B股3只、H股3只，通过发行股票和配股，募集资金累计达149.4亿元。20家上市公司均为国有大中型企业改制设立，上市后规模扩张显著，业绩增长稳定，综合实力不断增强。截止到1999年底，20家上市公司资产总计为447.45亿元，股东权益为301.68亿元，分别较1998年末增长6.17%和6.71%。全年共实现主营业务收入185.93亿元，实现利润18.77亿元，分别较上年增长8.59%和19.15%。1999年度20家上市公司平均净资产收益率为9.16%，平均每股收益为0.2855元，平均每股净资产为3.06元。20家上市公司年末市价总值为571亿元，占全省当年国内生产总值的19.6%。全省证券投资者累计开设资金帐户数达57.73万户，较上年增加7.2万户。全年证券交易量累计达1418.23亿元，较上年增长57%。

【证券经营机构】 1999年，安徽省具有法人资格的证券经营机构4家，其中专营业务的证券公司1家，兼营证券业务的信托投资公司3家。具有股票承销资格的证券经营机构有3家，即安徽省证券公司、安徽省国际信托投资公司、安徽省信托投资公司。全省4家证券经营机构下设证券营业部52个，其中，省内设立41个，省外设立11个；异地证券经营机构在省内设立证券营业部9个。全省证券从业人员达1694人，其中，硕士48人，本科375人，大专735人，中专以下536人；截止到1999年底，全省证券经营机构证券业总资产为75亿元，总负债66.21亿元，所有者权益8.79亿元。1、安徽省证券公司。该公司下设证券营业部24个，证券从业人员786人。全年分销上市公司股票1只，分销国债2起，先后主承销、副主承销企业债券2起，承销金额64000万元；代理股票买卖成交额557亿元。全年实现净利润15685万元。2、安徽省国际信托投资公司。该公司下设证券营业部11个，证券从业人员324人。全年分销上市公司股票1只，承销金额7210万元；代理股票买卖成交额458亿元。全年实现净利润16510万元。3、安徽省信托投资公司。该公司下设证券营业部16个，证券从业人员360人。全年主承销上市公司股票1只，承销金额6000万元；配股承销1只，承销金额3000万元；承销企业债券1起，承销金额

18000 万元；代理股票买卖成交额 564 亿元。全年实现净利润 27438 万元。

【中介机构】 截止到 1999 年底，辖区内具备从事证券业务资格的会计师事务所 2 家、律师事务所 5 家、资产评估事务所 1 家，具有国家 A 级地产评估资格的机构 2 家，证券投资咨询机构 1 家。

【证券市场监管】 对上市公司的监管 一是为全面贯彻落实证监会《关于检查上市公司有关问题的通知》的精神，聘请具有证券执业资格的会计师，成立了专门的检查小组，制定了检查方案，重点对安徽合力、铜都铜业、国风塑业、美菱电器及丰乐种业 5 家上市公司进行了巡回检查。对其在信息披露、规范运作、关联交易、内部管理方面存在的问题，依据《公司法》和《证券法》，分别下发了《限期整改通知书》，督促其进一步提高规范化运作水平；二是制定并下发了《安徽省上市公司配股初审工作程序》，对配股审核工作进行了细化和规范，并据此对丰乐种业、安凯客车和皖维股份 3 家上市公司的配股申报材料进行了初审，完成了丰乐种业、安凯客车 2 家上市公司配股；三是根据证监会有关通知精神，先后对辖区内丰原生化、黄山金马、科苑集团和铜峰电子等 4 家拟公开发行股票公司的改制运行情况进行了调查。

对证券经营机构的监管 一是按照中国证监会《证券经营机构营业部信息系统技术管理规范》的要求，积极督促各证券经营机构进行自查，并制定《检查工作制度》和《检查工作程序》，选聘业内专家，对全省 7 个地、市 3 家机构总部、26 家证券营业部《规范》落实情况进行了现场检查；二是对辖区内证券经营机构申请核发许可证的申报材料进行初审。经中国证监会审核批准，核发了安徽省证券公司业务许可证和辖区内证券营业部营业许可证；三是对安徽省证券公司股票主承销商资格和外资股主承销商业务资格展期以及安徽省国际信托投资公司申请外资股经纪业务资格展期进行初审；四是依据《证券经营机构高级管理人员任职资格管理暂行办法》的规定，对省证券公司总经理任职资格进行初审，并出具初审意见，报中国证监会审批。同时对辖区内 50 家证券营业部现任负责人的任职资格进行审核批复；五是规范辖区内证券经营机构同城迁址，下发了《关于证券经营机构同城迁址审批工作的通知》，受理审批了 5 家证券营业部同城迁址；六是按照中国证监会《建立客户交易结算资金存管制度及清理整顿客户交易结算资金的若干意见》的规定，认真做好清理整顿准备工作；七是根据中国证监会、国家工商总局《关于清理规范远程证券交易网点的通知》的要求，对辖区内远程证券交易网点进行调查，认真做好清理规范准备工作；八是督促安徽证券交易中心完成了清理整顿工作，对改组后的安徽省证券公司合肥蒙城路证券营业部开业申请进行检查验收。

（特约编委：方俊文，特约编辑、特约撰稿：刘晓东）

内蒙古证券市场

【概况】 从八十年代初我国首次发行国库券以来，内蒙古证券市场从无到有，从小到大，从单一的国债发行发展到以债券、股票为主体的多种证券形式并存的局面。进入九十年代，特别是邓小平南巡讲话充分肯定了股份制和证券市场的的改革试验后，内蒙古证券业得到了迅速发展。1992 年 4 月，经中国人民银行总行批准，自治区首家专营证券业务的经营机构——内蒙古自治区证券公司成立，1994 年 5 月，自治区第一家上市公司——内蒙古华能热电股份有限公司在上交所上市。目前，内蒙古自治区证券市场已成为推动内蒙古经济发展的主要力量。

上市公司情况 截止 1999 年末，全区共有上市公司 14 家，其中：发行人民币普通股票（简称 A 股）12 家，发行人民币特种股票（简称 B 股）2 家，占全国上市公司总数的 1.47%。全区上市公司总股本 45.2 亿元，流通股为 14.8 亿元，股票市价总值 345.28 亿元，占全区国内生产总值的 27.24%，占全国股票市价总值的 1.3%。全区上市公司有以下特点：1、上市公司募集了大量资金，为企业进行产品、技术、规模、结构的调整升级，提高市场竞争力创造了条件。全区 14 家上市公司累计募集资金 68.05 亿元，其中：外资 16.87 亿元，占全国上市公司募集资金总额的 1.66%。2、资产快速扩张，经济实力不断增强。上市公司通过资产重组、购并、参股、控股、托管、租赁等方式进行资本运营，盘活了大量国有资产。3、整体效益较好，在全区经济地位日益提高。近年来，全区上市公司一直保持较好的经营业绩，整体盈利水平高于全国平均水平。1999 年末，14 家上市公司税后利润 9.47 亿元，平均每股收益 0.21 元，比全国平均水平 0.204 元高 0.006 元，平均净资产收益率 10.1%。4、体现支柱产业，促进企业结构调整，带动地区经济发展。14 家上市公司基本分布在自治区发展"四大支柱"、"三大优势"的战略规划之内，有电力、煤炭、化工、稀土、有色金属、轻工、食品、城市公用事业、农畜产品加工、综合商业等行业，均在全区 36 户重点企业之列。截至 1999 年末，通过配股、发行新股，新增投资项目 30 多个，兼并、控股、托管中小企业 50 多家，安置就业人员 5 万多人，采取向这些企业输入资金、技术和管理方式，调整产品结构，利用自己的品牌和市场优势，救活了这些企业，同时壮大了上市公司自身的实力。5、促进现代企业制度建立，为国有企业转换经营机制起到示范作用。近年来，全区上市公司由于受来自市场经济特别是证券市场的压力和动力，在市场经济体制建立的过程中不断深化内部改革，转化经营机制，在领导体制、经营思想、经营决策和经营管理方式上都发生了深刻的变化，走在了建立现代企业制度的前列，在全区国有企业改革过程中起到了良好的示范作用。

【证券经营机构】 截止 1999 年底，全区共有证券经营机构 4 家，证券经营网点 22 家，主要分布在呼市、包头、乌海、临河、东胜、赤峰、集宁、海拉尔等地，期货经营机构 1 家，证券、期货从业人员 600 多人，全年股票交易总额 286 亿元。近年来，证券经营机构在理顺和完善经营体制、拓展一级市场业务、扩大交易品种和交易规模、发展经营网络、构建区内外统一市场、强化内部管理、有效防范市场风险等方面做了大量工作，取得了较好的成绩。但 4 家经营机构资本金规模普遍较小，且无一家综合类证券经营机构，只能从事证券经纪业务，业务单一，缺乏竞争力与抗风险能力。全区投资者开户数为 27 万户，占全国投资者开户数的 0.16%；投资者多为散户，机构入市少，缺乏长期稳定的市场投资者。

【证券中介机构】 到 1999 年末，全区有从事证券业务资格的会计师事务所 1 家，律师事务所 2 家，评估师事务所 1 家，证券咨询公司 1 家，从业人员 100 多人。全区中介机构正在逐步发展壮大，执业质量和执业水平有所提高。

【规范化管理】 上市公司监管 首先是严格把关，做好上市公司配股申报的初审工作和拟上市公司的改制验收工作；其次是深入开展调查研究，掌握上市公司发展动态，便于实施主动监管；三是做好上市公司巡检工作，协调当地政府，督促公司规范运作；四是对部分上市公司资产重组、股权转让、募集资金使用等情况进行重点跟踪监管，召开公司证券部门负责人座谈会，了解情况，落实监管意见；五是加强培训工作，深入上市公司、拟上市企业讲课，宣传国家政策法规，为企业改制和规范运作提供咨询服务；六是做好上市公司中报年报的统计分析工作，撰写专题报告。

证券经营机构监管 强化辖区内专业中介组织监管，核实和统计辖区内具有证券从业资格专业中介组织，了解他们执业情况，召开会计师事务所座谈会，提出要求，强化注册会计师风险责任意识，提高其执业质量和执业水平。

（特约编委：郭文英，特约编辑、特约撰稿：褚永珊）

吉林证券市场

【概况】 1999年我国证券监管体制改革初见成效，证券监管职责实现顺利移交，在吉林省行政区成立中国证监会长春证券监管特派员办事处，接受中国证监会垂直领导，形成了集中统一的证券监管体制。1999年，吉林省证券期货市场也呈现了平稳发展的态势。据统计，截止12月末，吉林省共有上市公司28家，位列全国第11位。股本总额106.55亿元，市价总值800多亿元，约占吉林省GDP的48%，高于全国平均水平13个百分点，上市公司1999年实现利润19.86亿元；平均每家实现利润0.709亿元，上缴税金23.7亿元，全部上市公司平均负债率为45.17%，低于吉林省国有企业平均负债率。年净资产收益率6.86%，各项指标高于吉林省国有企业平均值。在上市公司中，吉林省属于国家重点支持的国有大中型企业占有相当的比重，在全国512家重点企业中，吉林省有13户，已有7家上市；在全国100家现代企业制度试点企业中，吉林省有4家，已上市3家；在全国120家企业集团中，吉林省有4家，已上市4家。从1993年以来，吉林省上市公司在证券市场筹集资金累计达145.3亿元，其中1999年筹集资金23.84亿元，约占16.4%。

吉林省共有证券法人机构7家，证券营业部51个，营业面积10.5万平方米，拥有沪深证券交易所席位123个，从业人员1630人，投资者人数48万人，保证金余额42.7亿元，证券交易总额达1483.9亿元。

【规范化管理】 *经营资格与从业资格管理* 依照中国证监会有关文件的规定，组织辖区内证券专营和兼营机构所属的证券营业部重新申报了营业许可证、证券业务许可证；对于证券机构的高级管理人员进行了任职资格审查；对两家咨询机构和具有执业资格的从业人员进行了年检。经过审核有2家专营证券公司、2家咨询公司、33家证券营业部，首批获得证券经营业务许可证；60余名高级管理人员、17名咨询从业人员通过中国证监会任职资格审核。组织吉林省证券投资咨询人员参加资格考试，为33名取得双科合格的从业人员办理了资格证书。对申请股票承销资格、外资股业务展期资格以及两家机构收购省外的6个证券营业部进行了初审，为4家机构所属的4个证券营业部办理了迁址手续。

证券经营机构清理整顿 按照国务院、中国证监会关于清理整顿、信托与证券分离的有关规定，配合省政府有关部门对吉林省证券交易中心和吉林省证券登记有限责任公司实施了清理整顿，将吉林省证券交易中心并入吉林省证券公司，暂时保留吉林省证券登记有限责任公司。本着“分业经营、分别设立、分业管理”的原则，积极参与和推动了吉林省证券机构和信托公司的清理整顿和重组工作。吉林省证券与吉林省信托证券部合并重组成立“东北证券公司”的方案已获中国证监会批准。

日常证券监管 先后组织了30多人次对市场动态、安全设施、财务状况、远程网点、信息传输等进行了普遍调查、专项调查和实地考察，发现问题，分析原因，及时采取措施，不断排除险情、化解风险。仅“5.19“行情之后，长春特派办就组成三个检查组，历时近一个月时间对7家法人机构的26个营业部进行了现场检查和抽查。其次，围绕着保证金、透支、信息传递、安全管理等易引发风险的关键部位和敏感环节，帮助各经营机构建立内控制度和责任追究制度。第三，加强了统计调度工作。包括股民开户统计、客户保证金统计、营业部交易量统计、营业部人员状况统计、各法人机构利润缴税统计，形成了证券市场数据统计报送制度。第四，对各证券经营机构和咨询机构开展的股评报告会、培训班、股票期货沙龙等证券咨询业务进行了严格审查和监督，防范误导。同时，各证券期货经营机构都把2000年问题作为头等大事来抓，进行软硬件技术升级，准时参加中国证监会信息中心5次全国联网测试和银证联网测试。通过硬件更新、软件升级、检查测试，保证了计算机系统2000年平稳过渡。

上市公司监管 按照中国证监会有关巡回检查要求，特派办组织力量对辖区内8家上市公司进行了巡回检查，共提出整改意见26条。针对存在的问题。如大股东占用或拖欠上市公司资金问题，资产、财务、人员“三分开”问题，一些制度不健全，管理不善等问题共提出整改意见26条，并下达了“整改通知书”，限期整改。此外，对未列入巡检的公司进行了普查，先后走访了15家上市公司，对2家问题突出有异常状况的公司进行重点调查，针对其存在的问题约见有关负责人谈话，下达了“限期整改意见书”，督促企业尽快落实。在上市公司的日常监管工作方面，一是严格把关，做好配股初审工作。根据证监会的要求，特派办注意把配股审核工作与促进上市公司规范运作紧密结合起来，通过配股审核发现和解决不规范的问题。1999年吉林省顺利实施配股的有3家上市公司，共筹资5.37亿元。二是做好对募集资金使用的监管。通过巡检、调查、财务报告审查等多种形式，跟踪监督上市公司按期投放、安全存放募集资金，并对改变募集资金用途的5家上市公司实行严格审核报批。三是抓好信息披露的监管。对上市公司中期报告、年度报告加强了事后审核工作，建立了定期报告审核制度。1999年，吉林省上市公司资产重组也取得了明显成效，吉林亚泰兼并的双阳水泥厂由年产70万吨提高到164万吨，实现了跳跃式发展。一汽四环、一汽轿车、吉林敖东等一批企业充分利用募集资金，狠抓项目建设，加大技改力度，资产规模和经济效益明显提高。长百集团通过置换资产调整产业结构，形成新的利润增长点，取得了配股融资资格。几户经营困难的上市公司重组也获较大进展。ST高斯达(原东北华联)、ST中讯(原吉诺尔)通过重组实现扭亏。辽源得亨等公司也都积极寻求和实施了重组工作，努力扭转经营困难局面。据统计，1999年吉林省有40%以上上市公司实施了不同程度的重组，不仅优化了资产质量，而且为今后的发展，拓展了空间。

（特约编委：张守义，特约编辑：董素民，特约撰稿：董素民、李立国、王万军）

江苏证券市场

【概况】 1999年，江苏省抓住证券市场发展机遇，加大企业上市工作力度，企业股票发行工作有了新起色。新发行上市的股票和配股共18支，募集资金48亿元，比去年增加2.45亿元，增加5.4%。截止目前，全省有50家上市公司，占沪深上市公司总数的5%。股票55支,其中A股46支、B股5支、H股3支、可转债1支,共募集资金266亿元。

突出企业上市工作重点,扩大资金募集量　1999年全省股票发行上市工作保持良好的发展势头,和往年相比,企业上市工作节奏明显加快。江苏吴中、大亚股份、华西村、亚星客车、江苏阳光、金陵药业、国电南自7家企业已发行上市。共发行股票约4亿股,占全国1999年度发行股票总数的8.7%,共募集资金32.62亿元。全省1999年共有16家上市公司具有配股资格,至年度底,有11家企业已实施了配股,共配股2亿多股,配股募集资金15.7亿元。另外5家上市公司已报配股材料,等待中国证监会的批准。此外,南通机床、江苏悦达和江苏春兰3家具备增发新股条件的上市公司已经中国证监会批准或进行了沟通。1997年国家下达300亿额度以来,全省范围内的企业上市发行已使用额度9.9亿元,占全国使用额度的9%。

精心运作资产重组　总体上看,江苏省绩优上市公司数量较多。但是由于自身管理或市场氛围等原因,一些上市公司出现亏损。为了充分利用好上市公司壳资源,使亏损上市公司摆脱困境,1999年把资产重组作为一项重要工作。最典型的是南通机床。南通机床经过1998年的资产重组,使南通机床业绩显著提高。为表彰南通机床的重组成功,中国证监会批准南通机床增发5000万股A股。除此以外,吴中实业、兴澄股份、鼎球股份、宁天龙、南京高科、南京化纤、苏州物贸、苏三山等上市公司已经完成或正在完成资产重组,重组后的上市公司表现良好。一批业绩较好的上市公司也在产品结构调整、增加科技含量、企业管理等方面也取得了较好的成绩。

积极调整工作重点　按照《证券法》的规定,发行制度将由原来的"总量控制,限报家数"的办法改为企业申报由中国证监会核准制。据了解,国家1997年300亿A股发行额度已使用只有100亿左右,但江苏省1997年计划内家数指标即将用完,为了适应发行制度的变化,江苏省及时采取措施,将工作侧重点及时转向高新技术企业的培育、推荐工作上,确保江苏省企业上市工作的连续性。至1999年底,江苏省已向中国证监会推荐了高新技术企业16家,其中已通过中科院、科技部认定的有5家,国家证监会正式通知报材料的3家。在此基础上,全省还建立高新技术企业库,为明后年的工作打下良好基础。

香港创业板市场是1999年下半年新开市场,为了帮助省内具有发展前景的优秀企业进入创业板市场融资,江苏省做了大量具体工作。一是召开各种座谈会,让更多的政府负责同志和企业高管人员充分了解创业板市场;二是积极联系各市、县选报一批高新技术企业,并向中国证监会推荐。目前报特派办的创业板拟上市企业有25家。三是通过多种渠道,加强与香港创业板的联系,请香港联交所的中国科总监来江苏讲授创业板的情况,建立与保荐人的联系。

【规范化管理】　江苏省着重抓了非法股票交易等5项清理整顿工作:一是做好场外非法股票交易清理的扫尾工作,并争取国家证监会的政策支持。通过一年多的清理,省内挂牌企业已于年初全部摘牌,清理场所15个,摘牌企业46家,全省场外非法股票交易清理工作基本结束。目前镇江恒顺、江山农药因落实政策被中国证监会批准同意发行A股。中国证监会有关领导已口头同意将原江苏产权交易中心市场改建成一个证券营业部。二是积极稳妥地搞好证券机构的清理整顿。完成了省证券公司的资本金扩容,中国证监会批准江苏证券公司更名为华泰证券公司,进入全国性的综合类证券公司。按照财政部、人民银行的要求,开始了财政证券、省国投、省联投等部门证券机构的清理。三是证券交易中心的清理。1999年初证券交易中心的清理整顿工作全面展开。在清产核资、业务清理等基础上,认真研究了交易中心的清理方案。目前省证券公司与交易中心就合并事宜已进入实质性操作阶段。四是原有投资基金的清理整顿。省内原有投资基金12家,总规模为27313.85万元。其中有6家分别挂牌于江苏证券交易中心、天津证券交易中心和武汉证券交易中心。目前除南京、南通、常州市信托投资公司原基金清理方案需调整外,苏建受益、盐信基金等9家基金清理方案都已落实。五是STAQ、NET自动报价系统的交易进展顺利,中央商场被落实政策,同意增加新股(A股)。　(特约编委:顾汉德,特约编辑、特约撰稿:徐彦武)

江西证券市场

【概况】　1999年末,江西省上市公司13家,挂牌交易的A股12只,B股1只,H股1只。年内有宜春工程、东风药业、凤凰光学、新华股份等四家公司实施配股,共筹资4.28亿元。12家A股公司,年末股本总额29.02亿股,其中流通股11.38亿股,总市值228.05亿元。1家H股公司总股本24.34亿股,其中流通股11.56亿股。1999年度,江西省上市公司积极利用资本市场,着力产业结构调整,拓宽公司经营,开拓新的经济增长点。如宜春工程在本年度进一步实施产业结构调整取得成效,确立了以高科技生物制药为龙头,以精细化工和工程机械为主干的发展格局,改变了产业单一的局面,公司也更名为"三九生化"。该公司1999年度实现净利润8017万元,每股收益0.61元(摊薄),净资产收益率17.71%。赣能股份年内先后投资参股江西广播电视网络公司和江西省高技术产业发展中心有限公司,进军网络科技。12家A股公司除江铃汽车亏损外,1999年度其余11家公司平均每股收益0.246元,净资产收益率8.78%。

【证券经营机构】　江西辖区内共有5家具有法人资格的证券专营和兼营机构,总资产58.47亿元。包括:江西省证券公司、江西江南信托投资股份有限公司、江西省国际信托投资公司、江西省发展信托投资股份有限公司、赣州地区信托投资公司。另有17家外地证券专营和兼营机构设有营业部。辖区内营业部总数62家。1999年度证券交易总额为13137393.64万元,年末累计开户737896万人次,其中沪市375984万人次,深市361912万人次。

【规范化管理】　1999年,证券监管体制改革全面完成,形成了全国统一的证券监管体系。南昌证券监管特派员办事处认真转变职能,把工作重点切实转到对证券市场和上市公司的日常一线监管上来,强化监管职能,提高监管效率,规范证券市场,防范经营风险。

上市公司监管　1999年度可概况为"抓好三项工作,突出三个重点,把好三个关口"。抓好三项工作:一是认真学习和贯彻《证券法》,使上市公司树立依法开展经营活动的观念;二是搞好调查研究,掌握辖区内上市公司的运作情况;三是搞好巡回检查,督促上市公司规范运作。突出三个重点:一是严格规范上市公司信息披露行为,做好定期报告的事后审查,督促上市公司依照法规进行信息披露;二是规范和完善上市公司改制,督促上市公司在资产、财务、人员等方面与控股股东"三分开";三是严格规范上市公司筹集资金使用,督促其按法规规定办事,对使用效果做好跟踪调查。把好三个关口:一是上市公司配股初审关,年内对六家公司配股申请认真初审,均获发审委审核同意,年内有4家公司配股已实施;二是上市公司资产重组关,对上市公司的资产重组,大宗股权变更及重大投资行为依照法规进行监管;三是拟上市公司改制和检查验收关,切实保证改制的质量。

证券市场监管　1999年,在辖区内清理整顿场外非法股票交易工作基本结束;清理整顿证券交易中心工作顺利完成,原江西省证券交易中心获证监会批准转为证券营业部;清理整顿证券经营机构,完成了调查摸底工作,正逐个制定重组方案;清理规范原有投资基金工作,实施方案获省人民政府批准,上报中国证监会备案。其中,赣中、中盛基金与其他基金合并,将到深圳证券交易所上市;昌久基金正在重组之中。新的三项清理规范工作顺利进行:清理规范证券远程交易网点完成了调查摸底、现场查看的大部分工作;清理整顿证券机构挪用客户保证金工作,拟订了初步方案;清理存折炒股工作已告结束。对国家审计署移交的部分证券经营机构1996年7月至1998年4月涉嫌违规的历史遗留问题进行了核查,上报中国证监会。同时,配合证监会稽查局查处和取缔了赛格信托江西业务部在湾里设立的非法证券经营网点。调查和处理了一批违规行为,处理市场纠纷和股民投诉70余起。

计算机管理　为确保辖区内证券经营机构及营业部计算机2000年过渡,南昌特派办年内转发证监会文件和自发文件共22件,召开各类会议16次,要求各单位全部签订了《解决计算机2000年问题承诺书》。同时,督促各单位对电脑信息系统进行自查、自测和参加全国联网测试、跨行业联合测试,做好应急计划演习和数据备份工作,发现问题,及时整改。特派办还抽调人员和聘请有关计算机专家对5家专营和兼营证券经营机构、1家期货经营机构、62家证券营业部进行了现场检查。　(特约编委:何渭滨,特约编辑、特约撰稿:喻达志)

广西证券市场

【概况】　截至1999年底,广西有12家上市公司和1家可转债公司。这些公司的行业分别归属机械、制糖、港口运输、房地产、医药、化工、商业、外贸、城市综合开发和信息电子等行业。广西上市公司大都分布在广西的中心城市和经济发达地区。广西上市公司总体上来说是好的,13家公司中,12家盈利,首次出现1家亏损,亏损公司为广西康达(集团)股份有限公司;但是上市公司数量少,仅占1999年底全国上市公司总数947家的1.37%(不含南转化债)。

公司上市及上市公司配送股情况　(1)公司上市。1999年广西新增两家上市公司,1999年3月29日南宁糖业股份有限公司公开发行人民币普通股5600万股,每股发行价格4.21元,扣除发行费用,实际募集22688万元,1999年5月27日在深交所上市交易。1999年9月3日,广西河池化工股份有限公司发行人民币普通股5000万股,发行价4.15元,扣除发行费用,实际募集资金19741万元,1999年12月2日在深交所上市流通。(2)上市公司送配股情况。1999年广西有5家上市公司实施了送配股方案,实施1999年度中期每10股送2股派0.5红利(含税)的分红方案和每10股转增6股的资本公积金转增方案。桂林集琦药业股份有限公司于1999年12月实施1999年度配股方案,向公司全体股东以10:3比例配售22528700股普通股,配股价格每股12元人民币,募集资金26284.44万元。广西阳光股份有限公司于1999年11月实施1999年度配股方案,以1998年末总股本10899万股为基数,按10:3的比例向全体股东配售,配股价格为每股10元,募集资金13136.86万元,北海新力实业股份有限公司于1999年7月底实施了1999年度配股方案,以1998年末总股本14548.6万股为基数,按10:3比例向全体股东配售,配股价格为每股6元,募集资金25791.48万元。广西斯壮股份有限公司于1999年7月实施了1999年度配股方案,以1998年底总股本11913.1814万股为基数,向全体股东按10:3的比例配售,配股价格每股7元,募集资金12106.03万元。

中介机构　截至1999年底,广西具备从事证券业务资格的证券中介机构共6家。其中会计师事务所2家,律师事务所1家,资产评估事务所2家,证券登记公司1家。另外,广西具有证券投资咨询业务资格的机构1家。两家会计师事务所分别是广西公信会计师事务所、广西中和会计师事务所,具有证券、期货相关业务资格的注册会计师分别为10人、13人。一家律师事务所是桂云天律师事务所,具有证券从业资格的律师7人。两家资产评估事务所,一家是广西无双资产评估有限责任公司,拥有中国注册资产评估师13名,房地产估价师4名,另一家是广西中恒信资产评估有限公司,拥有25名具有资格的业务人员。广西证券登记公司成立于1992年,是广西唯一一家证券托管登记机构。公司已经形成了一套包括登记托管、资金清算、分红派息、证券查询在内的服务体系,全区绝大部分证券商的证券交易活动全部通过该公司的联网系统进行,成为一个证券业务辐射全广西的证券服务机构。目前,累计开户股民56万户(其中深交所28.7万户,上交所27.3万户)。具有证券投资咨询资格的是广西南宁通信发展有限责任公司,具有证券投资咨询人员6人。

证券经营机构　1999年辖区内具备有证券经营资格的法人机构7家,其中证券专营机构1家,为广西证券有限责任公司,证券兼营机构6家,分别为广西信托投资公司、广西国际信托投资公司、南宁市信托投资公司、北海国际信托投资公司、桂林市信托投资公司、柳州市信托投资公司。7家法人机构注册资本总额为11.8亿元。共有证券营业部35个,其中区内26个(含区外证券经营机构在区内设立的4个营业部),区外9个。全年股票交易额808亿元,比上年增长7.9%。

【规范化管理】　证券经营机构监管　为了加强对证券经营机构的管理,南宁证券监管特派办采取一系列措施,加强对证券经营机构的规范化管理工作。一是认真做好向证券经营机构发放《经营证券业务许可证》的工作;二是根据中国证监会《证券经营机构高级管理人员任职资格管理暂行办法》规定,认真做好证券经营机构高级管理人员任职资格的初审、报批工作;三是严肃查处违规案件;1999年1月南宁特派办组织人员对北海国际信托投资公司南宁证券营业部挪用股民保证金申购新股违规行为进行了调查,提出处理意见并上报中国证监会,最后由中国证监会对该营业部进行了处罚。四是认真抓好证券投资人员资格考试、有关材料上报工作。南宁特派办严格审查了辖区内6家机构共88人的报名材料。并组织符合考试条件的80名人员到广州参加资格考试。同时还认真做好证券投资咨询机构及人员年度检查。上市公司监管　1、注重加强上市公司的日常监管工作,促进上市公司的规范运作。(1)检查落实防止上市公司资金违规进入股市的工作。1999年7月,南宁特派办召开了上市公司主要负责人座谈会,宣传《证券法》,强调各公司要严格执行《关于禁止国有企业和上市公司炒作股票的规定》。一年中,未发现广西上市公司资金有违规进入股市的情况。(2)对广西上市公司大股东出资到位情况进行了检查。通过各公司开展自查自纠活动并经我们检查,未发现大股东出资未及时到位,或未及时办理实物资产产权转移手续的情况。(3)检查、督促上市公司实行"三分开"。利用配股的机会,检查上市公司是否与控股股东在人员、资产、财务上分开,保证上市公司人员独立、资产完整和财务独立。(4)加强对上市公司信息披露监管工作。除了对平时上市公司信息披露加强监管外,还特别对中报、年报的披露进行审查。在中报、年报前,南宁特派办还召开了上市公司座谈会,办领导亲自参加会议,强调要求上市公司在中报、年报及日常信息披露上要掌握三性,即真实性、完整性、准确性,实事求是地进行披露。一年来,广西辖区内未发现虚假信息和信息披露不及时情况的发生。(5)抓好上市公司资料建档工作。上市公司的资料档案的建立健全是搞好上市公司监管的基础工作,南宁特派办分别对每家上市公司的招股说明书、上市公告书、中报、年报以及董事会、股东大会、监事会的会议记录、文件等有关材料建立了档案。　(特约编委:娄必元,特约编辑、特约撰稿:尹献生)

海南证券市场

【概况】　1999年海南有5家公司公开发行A股,4只股票挂牌上市。其中,罗顿发展1999年3月25日挂牌上市,宝华实业1999年4月8日挂牌上市,海南航空A股1999年11月25日挂牌上市,欣龙无纺1999年12月9日挂牌上市,海南椰岛于1999年9月20日公开发行,于2000年1月20日上市。港澳实业于1999年迁址北京,琼民源流通股同中关村进行置换,由中关村代替琼民源上市。截止1999年12月31日,海南共有上市公司21家,股票24只,其中A股21只,B股3只,在深圳证券交易所挂牌17只(A股15只,B股2只),在上海证券交易所挂牌7只(A股6只,B股1只)。上市公司总资产合计289.27亿元,净资产合计122.23亿元,股本总额63.45亿股,流通股本24.59亿股,净利润2.72亿元,上市公司总市值505亿元,占海南省1999年国内生产总值的107.2%,流通市值155亿元,占海南省1999年国内生产总值的32.9%。1999年海南公开发行A股的5家公司共募集资金19.63亿元;罗牛山、中海海盛和金海股份三家公司实施配股,共募集资金6.24亿元,两项合计25.87亿元。1999年为海南省上市公司通过证券市场募集资金最多的年份。相当于1992年至1998年募集资金总额51.86亿元的49.7%,占1992年至1999年度募集资金总额77.72亿元的30%。

【中介机构】　截止到1999年底,海南具有证券业务从业资格的会计师事务所共两家,分别是海南从信会计师事务所、海口齐盛会计师事务所。具有证券从业资格的律师事务所11家,其中两家于1999年与其他律师事务所合并。具有证券从业资格的资产评估事务机构为海南资产评估事务所一家。

【证券经营机构】　1999年,海南省共有证券经营机构8个,7个集中在海口市,1个在三亚市。证券经营机构中,证券专营机构2个,信托兼营证券业务机构6个,因中国人民建设银行海南信托投资公司已撤销(证券部全部托管给新疆宏源信托投资股份有限公司)、海南省信托投资公司4个证券部全部转让给专营证券机构,机构总数较1998年减少2个,设在海南省内的证券营业部总数没有变化,仍为35个。8个省内券商在省内外共设有证券营业部62个,较上年减少7个,为海南省信托投资公司分别向大连证券有限责任公司和山东证券有限责任公司出让了全部4个证券部(其中深圳证券部的转让暂未获批准)及建行海南信托3个证券全部托管给新疆宏源信托投资股份有限公司。1999年度,大连证券有限责任公司收购了海南省信托投资公司海口证券营业部,从而使异地入驻海南券商总数达到16个,异地券商在海南省设立的证券营业部数量为21个,占全省35个证券部的60%。全省35个证券部现有营业场地70600平方米,拥有电脑终端(包括远程终端)20000台,从业人员800余人,其中80%以上拥有大专以上学历。1999年海南共有12个机构的236人报名参加全国首次证券投资咨询从业人员考试,106人通过考试,其中共有104人提出申请并全部获得证监会批准的证券投资咨询从业资格。1998年获得证券投资咨询从业资格的两家咨询机构中,海南精信资讯有限公司顺利通过证监会的年度检查,并有10人获得执业资格,海南港澳国际信托投资有限公司被暂缓通过年检,暂停执业资格。1999年海南没有新的机构获得从事证券投资咨询业务资格。

截止1999年的,全省8个证券经营机构开户62.05万人,占全国总开户人数的1.34%。在海南证券交易中心开立股东帐户总数86.68万人,较上年增长5.71%,占全国总开户人数的1.94%;在全省35个证券营业部开设资金帐户的投资者32.43万人,较上年增长10.20%。省内8个券商全年证券交易额19571498.43万元,较上年增长24.72%,约占全国总交易额的3.75%;年末保证金余额690659.45万元,较1998年增长55.62%。全年收入71872.57万元,较上年增长0.38%;实现净利润9861.93万元,较上年降低45.18%。全省35个证券营业部股票(含各类上市基金)成交总量829.33亿元,比1998年增长4.34%,占全国总成交量的2.46%;年末全省客户保证金余额20亿元,较上年增长16.26%;收入33919.67万元,较上年减少17.91%;实现净利润19866.88万元,较上年增长417.03%。

【规范化管理】　中国证监会海口特派办在对上市公司监管工作中,贯彻规范化管理,在1999年7月1日成立时就制定了严格的工作制度并对海南上市公司的实际情况进行摸底,开始调查研究并制定新的监管措施和方法。1999年开展了以下工作:1、加强对辖区内上市公司的日常监管。对辖区内上市公司1998年年度报告、1999年中期报告和各种临时报告进行事后审核,及时跟踪了解上市公司经营运作状况,对规范化运作情况、信息披露情况、财务管理规范化情况作为监管重点。协调上市公司经营运作,特别是资产重组中遇到的有关问题。并进行有关资料的汇总、整理和海南上市公司财务情况综合分析。2、对部分上市公司实行重点监管。针对海南被证监会列为上市公司高风险地区并结合海南上市公司实际情况,特派办于7月29日将辖区内11家上市公司列为重点监管对象,对重点监管对象实行定期谈话等一系列重点监管措施。3、积极做好上市公司巡回检查工作。根据证监会的要求和安排,1999年度对ST琼华侨、ST海药、新大洲、中海海盛、琼珠江、琼海德六家公司进行巡回检查。检查结束后,向证监会建议对其中一家公司的有关问题进行立案稽查;对其中三家公司发出限期整改通知书,就检查中发现的问题要求公司限期整改;对另外两家公司就检查中发现的问题进行了口头通报。4、协助地方政府做好高风险上市公司帮促工作。针对海南为上市公司高风险地区这一实际情况,积极协助地方政府对高风险上市公司进行帮促,为海南省政府和海口市政府提供了大量的反映上市公司情况的材料和具有建设性意见和建议。

(特约编委:尹怀安,特约编辑:储胜,特约撰稿:姚谨、于海河)

云南证券市场

【概况】　1999年云南证券期货市场遵循"法制、监管、自律、规范”的八字方针，围绕《证券法》的贯彻实施，在不断规范的基础上稳步发展，在发行股票企业数量、上市企业募集资金、新增证券营业部、证券交易量等方面实现了历史性突破。

上市公司情况　1999年，全省共有4家企业发行股票，即：云内动力、南天信息、红河光明、锡业股份。创历年发行股票企业数量的最高记录。至年底，全省上市公司数量累计达16家，比上年末累计数增加33.33％。16家上市公司股票发行时的股本总额为29.71亿元，通过企业送配股，使股本总额达到36.25亿元。其中，1999年发行的4家企业股本总额7.28亿元，占全省上市公司发行的股本总额的24.5％；发行社会公众股2.55亿元，占全省上市公司社会公众股的22.59％。通过4家上市公司股票发行及云南白药送配股共募集资金16.6亿元，占上市公司募集资金总数(49.27亿元)的33.69％；超过募资数较高的1998年而成为云南上市企业通过资本市场募集资金最高的一年。16家上市公司全年平均每股收益达到0.2143元，同比增长33％，比全国平均水平高0.0063个百分点；每股净资产为2.43元，是上年的101％；平均净资产收益率8.822％，是上年的134.7％，比全国平均水平高0.442个百分点；主营业务收入共计781264万元，是上年的171.6％；主营利润174228万元，是上年的198.9％。上市公司中的亏损企业由1998年的4家(占当年上市公司数的33.3％)减少到1999年的1家(占当年上市公司数的6.25％)，取得了比全国平均亏损面8.3％还低2.05个百分点的好水平，且多为靠主营增长扭亏为盈。

【证券经营机构】　1999年经中国证监会批准，云南批设、新增证券营业部为5家，使全省证券营业部总数增至21家。从而，大大缓解了云南证券交易网点少，投资者拥挤等矛盾。1998年以前，云南证券营业部只有16家，多为过去老营业部，历年很少新设，且投资者入市环境较差。1999年，经证券监管部门和地方有关方面的共同努力，新设证券营业部5家，为1998年以前历年总数的31.25％，是云南证券史上新设证券营业部最多的一年。尤其是光大证券、湘财证券等有实力的省外证券经营机构也相继在昆明设立了网点，这对于推动云南资本市场的发展，起了一定的促进作用。据1999年底云南已正式开业的19个证券营业部统计，1999年全省证券交易金额总计为546.24亿元，比上年成交额(351.68亿元)增加55.32％，为历年成交量最高。其中A股股票成交额为367.45亿元，比上年成交额(302.53万元)增加17.67％。其中，云南证券青年路营业部、昆明国际信托证券营业部、国泰君安证券昆明营业部，年成交量均突破70亿元，连年保持云南证券市场中营业部成交量排名前3名。全省1999年末开户股东累计数为31.62万户，其中，上海开户数为16.66万户，占总开户数的52.69％；深圳开户数14.96万户，占总开户数的47.31％。当年新增加开户数5万户，比上年末增长19.14％，占总开户数的16.07％。

【规范化管理】　1999年，根据中国证监会关于加强证券期货市场风险防范与控制的要求，各证券、期货经营机构进一步完善了相应的制度与规章，加强了基础设施建设，为了解决计算机2000年问题，各机构投入资金共1400多万元，用于更新、升级和增加设备，从而确保了辖区内各机构信息系统安全平稳地过渡到千禧年。

(特约编委：胡伏云，特约编辑、特约撰稿：胡静)

西藏证券市场

【概况】　西藏的证券市场起步晚，但发展较快。自治区坚持从西藏实际出发，立足西藏优势，发展特色经济，利用证券市场的优势，重点支持基础产业和支柱产业的发展。具体是在能源、交通、矿产业、林产业、农畜产品加工和民族手工业、旅游业、藏医药等产业中培育有“龙头”作用的优势企业或上市公司，构造基础产业或支柱产业中的优势企业群体；借助证券市场的力量，推动国有企业改革发展，促进企业资本结构、组织结构、产品结构的调整，优化资源配置。

上市公司基本情况　自治区通过股票公发上市，努力培育和发展西藏证券的一级市场和二级市场。从1995年开始，西藏成功地完成了西藏明珠股份有限公司、西藏圣地股份有限公司、西藏金珠股份有限公司、西藏拉萨啤酒股份有限公司、西藏矿业发展股份有限公司、西藏诺迪康药业股份有限公司的股票发行并上市，两只为网上发行，四只为网下发行。已公发上市的6家公司总股本为70015.48万股，比发行前的31935万股增长120％。已发行总股本按经济成份分：国家股15364.2万股，法人股28978.6万股，社会公众股25672.68万股；按企业分：西藏明珠10823.66万股，西藏圣地8000万股，西藏金珠8892.32万股，拉萨啤酒11220万股，西藏矿业18819.5万股，西藏药业12260万股；按是否流通分：流通股25756万股，未流通股44259.48万股。流通股中，西藏明珠5070万股(送红股和配股前为3000万股)，西藏圣地2400万股(送红股和资本公积金转增股本前为1500万股)，西藏金珠2886万股(送红股、资本公积金转增股本和配股前为1500万股)，拉萨啤酒4250万股(送红股和资本公积金转增股本前为2500万股)，西藏矿业6650万股(送红股和资本公积金转增股本前为3500万股)，西藏药业4500万股。发行总市值为94509万元，其中：西藏明珠17835万元，西藏圣地6000万元，西藏金珠11074万元，拉萨啤酒8450万元，西藏矿业24150万元，西藏药业27000万元；扣除发行费用，实募资金90725万元，其中：西藏明珠17291万元，西藏圣地5730万元，西藏金珠10654万元，拉萨啤酒7910万元，西藏矿业23140万元，西藏药业26000万元。通过股票发行上市，开辟了西藏企业直接融资的渠道，改变了企业长期靠银行贷款的间接融资体制，为解决国有企业资本金不足问题找到了重要途径。

上市公司募集资金的利用　西藏明珠投资7500万元改造了成都西藏饭店，完成了保龄球馆、桑拿浴、健身房、餐饮楼的改扩建工程，1996年上半年完成了大堂改造规划报批工作，1996年底全面完成了包括大堂在内的饭店改造任务；1996年4月完成了投资700万元的鲁家湾水电站建设工程，正式并网发电；1998年10月完成了投资5301万元的成都明珠物贸广场建设工程；1995年4月陆续投资6032万元，与有关企业共同建设上海西藏大厦，把公司发展的触角伸向了我国经济发达地区。西藏圣地投资2800万元改造、扩建了喜玛拉雅饭店，1996年底已完成饭店旧楼电话交换机及电话系统、电梯、卫生热水系统、自备发电机的工作，1998年12月全面完成了该饭店改扩建工程；1997年下半年投资700万元，与韩国一家企业合建了北京圣地防水建材公司，1998年下半年出产了新产品；1997年投资800万元，完善了天然矿泉水公司的配套设备；1997年投资700万元，组建了圣地矿业勘察开发公司。从而增强了公司多元化发展的能力。西藏金珠均按原定投资计划，1997年投资2000万元，完成了北京西藏北斗星图片总社冲扩与图片加工设施的更新及办公用房的购置；1997年入股800万元，建成北海金珠嘉禾包装制品有限公司，从事纸塑复合袋的生产和经销；1997年投资624万元，进行锑矿、高岭土的开采和生产。拉萨啤酒1997年投资4000万元完成了啤酒生产线改扩建工程，投资2496万元完成了易拉罐生产线建设工程，使啤酒生产能力从原来的5000吨扩大到35000吨。西藏矿业1998年底完成了青藏铁合金厂4344.17万元的改扩建工程；计划投资4960万元进行罗布萨矿坑内开采工程，实际到位资金3992.4万元，预计1999年底全面完成实施工作；计划投资4800万元开发尼木铜矿，实际到位资金2342.7万元，预计1999年底完成实施工作；计划投资4600万元开发浪卡子金矿，实际到位资金1356.2万元，预计2000年底完成实施工作；计划投资4900万元进行扎布耶盐湖开发工作，实际到位资金4656万元，已经全面完成了该项目开发的前期准备工作。通过改制，特别是实施新的项目，使6家公司在突出主业的前提下，积极拓宽经营范围，努力提高经济效益。1998年，6家上市公司总资产达17亿元，上缴税收7179多万元，占全区工商税收的14.6%。

【证券经营机构】 1994年1月10日，西藏在自治区信托投资公司下设了拉萨证券营业部，使古城拉萨有了第一家证券经营机构。区信托投资公司在一级市场曾以副主承销商和分销商的身份，参与过西藏明珠、西藏圣地、西藏金珠A股承销、上市推荐业务。拉萨证券营业部拥有19名员工，分设电脑、财务、登记和柜台4个部，经营有价证券代理买卖和代理发行等业务。拉萨证券营业部成立以来，坚持认真学习证券法律法规及证券业务知识，制定了营业部总章程以及电脑房、财务、股票交易等各个岗位的规章制度，有效防止和杜绝了违规、违法、违纪现象的发生，取得了较好的经济效益。1994年实现利润36.5万元，1995年实现利润32.1万元，1996年实现利润176.6万元，1997年实现利润666.5万元，1998年实现利润304.8万元。

【规范化管理】 西藏在加快发展证券市场的同时，依照国家有关证券法律法规，加强对上市公司和证券经营机构的监管，努力规范证券市场行为，保证证券市场健康发展。证券监管部门（原区证监会、现拉萨证券监管特派员办事处）的主要工作内容，一是监督检查上市公司募集资金使用情况，督促上市公司严格按照招股说明书或配股说明书确定的资金运用计划使用募集资金，不得随意改变募集资金投向，如有变动，必须履行有关法律法规的程序。对项目资金的运用实行全过程跟踪检查，对项目建设进行考察，对项目建设效果进行考核，努力规避风险；二是加强对拉萨证券营业部的监管，解答、处理股民反映的问题，尤其在发行和申购热点期间，积极协助营业部做好服务工作，维持良好申购秩序，防止出现违规事件；三是根据国务院证券委发布的《证券、期货投资咨询管理暂行办法》和中国证监会《关于认真贯彻〈证券、期货投资咨询管理暂行办法〉的通知》精神，及时清理整顿辖区内从事证券、期货投资咨询业务的机构及其人员，对未经中国证监会批准而设立的西藏恒泰投资咨询有限公司、西藏万鹏经济信息咨询有限公司，进行了深入地调查研究和认真地清理整顿；四是严肃查处违规违法案件。按照国家有关法律法规，对在证券一级市场和二级市场的违法违规机构进行查处，先后协助自治区纪检委查处了区物资贸易中心违规申购事件，会同自治区检察、公安部门查处了西藏恒泰投资咨询有限公司违法代理买卖证券事件，维护了正常的市场秩序。

（特约编委：杨代刚，特约编辑、特约撰稿：黄祥）

甘肃证券市场

【概况】 甘肃证券市场经过近十年的发展，已初具规模，截止1999年12月31日，甘肃共有上市公司11家（全部为A股），总股本185343万股，其中，国有股67143万股，占总股本的36.22%；法人股39350万股，占总股本的21.23%；社会公众股78526万股，占总股本的42.37%；转配股327万股，占总股本的0.18%。1999年度甘肃证券市场发行情况如下：1999年度，甘肃共筹集现金71433.28万元，其中，兰州黄河企业股份有限公司新发股票4500万股，筹资34740万元，扣除发行费后实募资金33615万元；兰州民百（集团）股份有限公司配股2091.056万股，筹资10455.28万元，其中现金8343.28万元；甘肃亚盛实业（集团）股份有限公司配股3780万股，筹资28350万元，扣除发行费用后实募资金27451万元。

截止1999年末，甘肃的证券投资者已超过38万户。从投资情况看，投资人数日益增加的同时，投资理性化程度也在提高，投资者的风险意识也明显增强。

【证券经营机构】 截止1999年末，甘肃共有证券经营机构5个，其中专营机构1个，兼营证券的信托公司4个，在甘肃辖区内下设证券营业部16个；此外，省外证券经营机构在甘肃辖区内设证券营业部7个。甘肃辖区内23个证券营业部1999年营业额377.85亿元，比1998年增长17.93%。省内从事证券业务的信托投资公司证券业与信托业分离的改制工作也在抓紧进行，估计2000年能够结束。

【中介机构】 甘肃辖区内目前从事证券业务的中介机构共8个，其中律师事务所5个，会计师事务所2个（1个从事审计，1个从事评估），证券登记公司1个。从事证券业务的律师事务所分别是：甘肃天合律师事务所、甘肃经天律师事务所、甘肃融通律师事务所、兰州正大律师事务所、兰州方舟律师事务所；从事证券审计业务的会计师事务所是甘肃五联会计师事务所；从事证券评估业务的会计师事务所是甘肃弘信会计师事务所，登记公司为甘肃证券登记有限责任公司。1999年度，甘肃证券中介机构从事证券业务主要集中在甘肃辖区内，从事外省业务较少。省内业务主要是辖区内上市公司年报审计、拟公开发行股票公司发行前评估、审计和法律鉴证。

【规范化管理】 兰州特派办在加强证券市场的规范化管理方面主要进行了以下工作：第一，加强对市场主体的调查了解，主要是上市公司及证券经营机构的规范化运作情况；第二，根据调查了解的情况，按照有关法律、法规制定了一系列具体管理办法，包括内控制度指引；第三，按照规定强化管理责任，加大处罚力度；第四，加强宣传力度，主要是大力宣传有关法律、法规。

（特约编委：马才斌，特约编辑：方向瑜，特约撰稿：陈永东）

宁夏证券市场

【概况】 宁夏证券市场是以1986年12月宁夏青铜峡铝厂为筹建第一期扩建工程发行2000万元企业债券开始的。1993年12月宁夏第一家上市公司——广夏（银川）实业股份有限公司股票的发行使宁夏证券市场在组织体系、制度建设方面趋于完善，使宁夏上市公司、证券经营机构、证券中介机构相应发展，证券市场初步形成。在发行市场上，截止2000年6月底，宁夏先后有36家次企业发行了10.67亿元企业债券，用于企业固定资产、技术项目制造和基本建设等方面的投资，为企业发展起到了十分重要的作用。在股票市场上，截止2000年6月底，宁夏已有银广夏、西北轴承、民族化工、新华百货、美利纸业、宁夏恒力、吴忠仪表、大元化工、东方钽业和圣雪绒10家企业股票发行上市，均为A股。其中在深圳证券交易所挂牌7家，在上海证券交易所挂牌3家。股本面值总数18.25亿元，其中流通股7.92亿元，共募集资金29.13亿元，用于54个项目的投资建设和对其它国有企业的兼并重组。随着这些投资项目的逐步见效，各上市公司的经营规模和经济实力显著扩大和增强，整体经济效益稳步上升。通过证券市场，宁夏部分国有大中型企业不仅筹集到了自我发展资金，增强了市场竞争能力，而且通过股份制改造，完善了企业内部经营管理机制，通过资本运作，拓展了企业发展的空间，上市公司的资产总额由上市前的25.17亿元，发展到目前的95.51亿元，增长了3.79倍。

【证券经营机构】 自1988年6月国务院决定开放国库券市场业务后，宁夏先后有宁夏证券有限责任公司、宁夏伊斯兰国际信托投资公司、宁夏信托投资公司、银川市信托公司、三峡证券宁夏营业部(原工商银行宁夏分行信托投资公司)从事证券经营活动。1999年7月1日《证券法》实施以后，按照分业经营、分业管理的要求，各家公司进行了大规模的重组合并，原信托公司中的证券业务已并入宁夏证券有限责任公司，现区内证券经营机构有宁夏证券有限责任公司、三峡证券宁夏证券部两家，资产总额15.36亿元，资本金1.87亿元，在区内开设营业部网点16个，其中银川10个，吴忠、大武口、石嘴山各1个，在上海开设1个，深圳2个，从业人员371人。几年来在为上市公司承担股票发行中，担任主承销商1次，副主承销商6次，投资银行业务在实际中得到了发展。截止2000年6月底全区开设证券帐户13.96万户，其中上交所帐户6.58万户，深交所帐户7.38万户，法人帐户71户，累计交易额达800亿元。

【中介机构】 随着证券市场的发展，从事证券的中介机构也从无到有逐步发展，已初步形成较为完备的体系。到2000年6月底，有证券执业资格的会计师事务所1家，注册会计师13人，资产评估公司1家，有证券执业资格的资产评估师7人，律师事务所6家，有证券执业资格的律师19人。

(特约编委：夏业成，特约编辑：买文广，特约撰稿：徐辰平)

新疆证券市场

【概况】 1999年新疆证券市场发展稳健，运作规范，业绩良好。至1999年底有14家上市公司，比上年增加3家，上市公司总股本29.6亿元，总资产162.2亿元，股东权益72.23亿元，净利润7.05亿元，每股收益0.24元，净资产收益率9.76%。从总体情况来看，新疆上市公司业绩高于全国平均水平，1999年度总资产、总股本和股东权益实现同步增长，增幅都在40%以上。但1999年净利润没有增长，反比1998年下降2.2%，其中平均每股收益和净资产收益率分别比上年下降29%和31%。其主要原因一是受四项计提减少利润6200万元；二是棉花价格下调及其他因素减少利润1.5亿元；三是一部分公司实施大比例配股，使每股收益摊薄，四是百花村由于运作不规范、经营不善等原因，1999年度亏损近4000万元，已经两年连续亏损。

【证券经营机构】 辖区有专营证券公司1家，兼营证券的信托投资公司5家。共有24个证券营业部(其中异地机构设在本辖区设立的4个，信托投资公司下属的9个)，另外辖区设在异地有14个营业部(其中信托公司下属12个)；证券从业人员1330人。截止1999年底，辖区内证券经营机构及兼营机构总资产53亿元，净资产5亿元，营业收入近4亿元，利润总额达1.57亿元。1999年全区证券交易总额为1582亿元，比上年增加777亿元；其中A股交易508亿元，比上年增加151亿元；开户数近32.9万户，比上年增加6.2万户。

【中介机构】 辖区内具有从事证券业务资格的中介机构13家、从业人员300多人。其中：会计师事务所1家；资产评估机构2家；土地估价所3家；律师事务所7家。

【规范化管理】 上市公司监管 1.加强对上市公司的监管力度，制定了《关于加强上市公司监管的意见》(试行)和《董事会秘书工作考核办法》，对上市公司监管工作的规范化、程序化起到了积极作用。对各公司"三分开"情况和大股东出资到位情况进行了摸底调查，指导公司开好股东会、董事会、监事会，及时纠正了公司在召开会议中的一些不规范做法。在证券(期货)经营机构监管方面，建立了证券、期货机构交易数据月报、季报制度。2.加强对公司信息披露的事后审查工作。对啤酒花公司1998年报利润情况进行调查核实，并将调查核实的情况及处理意见报证监会，对其信息披露不实的问题做了内部通报批评的处理。审核汇通水利、新天国际、新疆屯河、啤酒花、宏源信托等5家公司的配股材料，其中汇通水利、新天国际的配股年内已完成；对啤酒花、天山股份2家公司的大股东变更进行合规性审查。3.加强对上市公司运行情况的综合分析。针对各上市公司1998年年报和1999年中报披露的情况，组织人员对辖区内上市公司总体情况进行了两次综合分析，写出了"98年新疆上市公司经营运作情况综合分析报告"和"99年上半年新疆上市公司经营运作情况"，并及时向证监会报告和向区内各上市公司通报。4.认真做好对上市公司的巡查、核查和规范化指导工作。1999年对百花村、天山纺织、友好集团等三家上市公司进行巡检，又配合中国证监会对新疆天业重点抽查，并对友好集团、天山纺织、百花村、新疆天业等4家公司整改措施落实情况进行了复查。5.为了提高上市公司的质量，帮助把好上市入口关，促进国有企业改革，积极参与拟上市企业的咨询、协调等工作，对昆仑橡胶、天利高科、国际实业、广汇石材、物华畜牧、美克家私、果业集团等企业申请改制上市进行多次具体指导。

证券经营机构监管 1999年机构监管主要是集中力量抓好计算机2000年问题及证券经营机构的风险防范和清理整顿工作。1.解决计算机2000年问题。组织辖区内各证券经营机构共参加6次全国联网模拟测试和一次应急演习，确保全区各经营机构顺利进入2000年。2.对证券经营机构进行了清理整顿摸底调查，现场查看了辖区内24个营业部，同步形成了文档和盘片两套基础资料。完成了经营机构年审换证工作。按照证监会的要求，对辖区内证券经营机构高管人员任职资格进行审查。3.完成了辖区内证券经营机构落实《营业部信息系统技术管理规范》工作，在按要求抽查50%营业部的基础上又组织专家进行了一次全面检查，对有问题的发出整改通知书，限期改正，并按要求上报证监会。4.在全国率先完成清理整顿证券交易中心的报审工作。5.开展了对辖区内证券经营机构设立"远程大户室"情况的调查摸底工作。6.按照证监会的要求，对我区参加全国首次证券业从业人员资格考试(投资咨询、期货)的人员进行资格审查，汇总。稽查工作 配合兵团纪检委完成了兵团上市公司内部职工股不规范发行的部分清查工作；查处了昌吉和库尔勒市两家公司非法从事恒指交易问题；查禁了一起拟违规举办的股评报告会；受理处置了多起证券期货投资者的投诉事宜。参加并完成了西安证管办组织的对西北地区几家拟上市公司的核查工作。

(特约编委：高进坤，特约编辑、特约撰稿：何洁)

山西证券市场

【概况】 上市公司　截止到1999年底，山西辖区共有上市公司13家，发行股票14支。辖区上市公司具有三个特点，一是全部为国家部属或省属重点大中型国有企业，并且主要集中在能源、原材料、机械加工等基础行业，基本代表和反映了本区域经济结构优势和产业特征。二是这些上市公司募集资金主要投向国家重点建设项目和企业主体产业的技改工程。三是股票品种主要集中在A股，仅有经纬纺机一家公司同时发行H股。在经营业绩方面，由于山西省上市公司受行业特点及管理理念的影响，经营普遍较为稳健，1999年辖区上市公司平均净资产收益率为11.24%，比上年增长2.05%。与全国上市公司相比，平均主营业务收入同比增加253.09万元，平均净利润同比增加2183.74万元，平均每股收益同比增加0.028元，平均净资产收益率同比增长2.69%，在全国处于中上游水平。1999年，辖区上市公司中有通宝能源、漳泽电力、山西三维、大同水泥4家企业达到配股条件。其中通宝能源配股募集资金1.6亿元，漳泽电力募集资金2亿元，山西三维募集资金2亿元，大同水泥募集资金8100万元。

证券经营机构　截止到1999年底，山西辖区内共有8家专营和兼营证券经营法人机构，2家投资咨询机构，1家证券登记公司。设立在辖区内的证券营业部网点共有28个，其中属于省内法人机构在省内设立的网点21家，即山西信托5个，山西证券4个，大同证券6个，太原信托1个，阳泉信托2个，长治信托1个，吕梁信托1个，山西华康信托1个，外省法人机构在山西境内设立的网点7个，即国泰君安证券公司1个，海通证券公司1个，南方证券公司1个，信达信托1个，东方信托3个。辖区内的28个证券营业部网点基本涵盖了山西省的经济发达地区。山西省证券经营法人单位设在省外北京、上海、深圳等地的证券营业部网点共有9个，其中山西信托3个，山西证券2个，大同证券2个，阳泉信托1个，山西华康信托1个。辖区内证券经营机构的资本规模都不大，相应的证券二级市场的交易量也不大。截止1999年底，辖区证券经营机构注册资本金共为7.15亿元，从业人员980人，全省证券投资者43万户，较上年增长10%左右，占全国证券投资者总人数的1%，全年成交金额531亿元，较上年同比增长19%，全年实现利润33698万元，其中省内机构为27537万元，省外机构为6161万元，净利润28683万元，其中省内机构为23953万元，外地机构为4730万元。到1999年底，客户保证金余额达46亿元，全年交易量达530亿元，日均交易量为2.3亿元。

【规范化管理】 对上市公司的监管　为了规范上市公司运作，提高上市公司质量，特派办在1998年就根据辖区上市公司的实际状况制定了《董秘例会制度》、《上市公司档案管理制度》、《上市公司配股申报程序》等工作制度，1999年特派办除了按照这些工作制度对辖区上市公司进行日常监管外，还按照中国证监会的有关规定，对南风化工、兰花科创、山西三维和山西汾酒四家公司进行了巡回检查，检查的内容主要涉及上市公司规范运作、募股资金投向、信息披露和财务规范四个方面。对检查过程中发现的一些问题也及时反馈回上市公司，要求其限期整改，促进了上市公司规范运作。此外，对通宝能源、漳泽电力、山西三维、大同水泥的配股申请进行了初审，按照证监会的有关文件要求，重点对申报配股的上市公司三分开、资金使用效益等问题进行了规范性审核。同时，还积极采取措施，切实发挥一线监管职责。一是要求上市公司在规定的时间内将包括招股说明书、配股说明书、年报、中报、高管人员基本情况表以及重大信息公告材料等报特派办留存备案，以便进行相关分析，二是列席参加上市公司的年度股东大会，了解和发现股东大会反映出来的问题，及时进行现场指导。三是做好年报、中报披露工作的先期政策提示和事后分析总结。四是加强信息监管工作，结合档案管理的要求，关注公司公告和新闻媒体指导，发现问题，及时联系公司负责人了解情况。五是按照董秘例会制度要求，规定每一季度召开一次董秘例会，通过例会，及时传达贯彻证监会监管工作精神，学习政策文件，交流金融创新、资本运作、成功案例和创新方式，研究探讨解决上市公司规范运作中的共性问题等。

对证券经营机构的监管　除对各证券经营机构进行日常的业务监管外，特派办还制定了证券经营机构高级管理人员任职资格审批程序，同时对各证券经营机构高级管理人员的任职资格进行了认定。建立了证券业务统计报告制度，制定了《证券投资咨询监管办法》，加强了对证券投资咨询机构的监管。

狠抓市场稽查工作　对证监会交办的案件及转办的信件进行调查核实，并在授权范围内依法妥善处理。全年完成了证监会交办的3起案件，对有关的违规行为进行了调查取证，并提出了相应的处罚建议。同时认真处理群众来访工作，努力维护证券市场"三公"原则，保护投资者和信访举报人的合法权益。特派办在《山西日报》、《太原日报》上公布了举报电话，增强了监管工作的透明度，接待群众来访40人次，电话咨询110个，通过信访和咨询的途径，解决了一些棘手的问题。在查处案件的同时，特派办把稽查工作的重点放在了防范上，力争通过宣传教育和规范管理，减少证券市场的欺诈行为，并向辖区上市公司、证券经营机构、投资咨询机构下发了《关于防范欺诈活动的通知》，起到了较好的防范作用。

（特约编委：申志杰，特约编辑：孙春生，特约撰稿：马坚）

大连证券市场

【概况】 1999年，大连辖区证券市场规模逐步扩大，市场活力持续增强。全年共实现证券交易额872亿元，其中股票（含基金）交易额691亿元，比上一年增加117亿元，增长20.42%。全年投资者新增开户60272户，累计开户38.2万户。投资者理性投资意识进一步增强，机构运作进一步规范，证券监管工作不断深入，监管力度进一步加强，辖区证券市场呈现持续、健康发展的态势。

上市公司情况　截止1999年底，全市共有上市公司16家，其中A股14家，B股3家（1家公司兼发A、B股），总股本34.5亿元，市值321亿元。上市公司业绩较好，经营实力不断增强。1999年底，平均净资产收益率10.7%，较去年同期有一定幅度的增长，也高于全国上市公司该项指标的同期水平。1999年度，辖区内3家上市公司实施了送转股，其中，大连渤海10转增3股，大龙泉10送2股，东北热电10送5股，北大车行10送3股，大显股份10转增5股，股本共增加199.69亿元；另两家上市公司实施了配股，其中，"大连商场"按10:3进行配售，共配售4,964万股，筹集资金2.05亿元，大连热电按10:3进行配股，共配售2,730万股，筹集资金1.2亿元。

【证券经营机构】 1999年底，辖区内共有2家证券公司，5家兼营证券业务的信托投资公司，38家证券营业部。证券从业人员1000余人。证券营业部布局趋于合理，交易环境不断改善，交易设施逐步更新，技术保障工作日渐加强。证券营业部内部管理也逐步规范，服务水平显著提高。1999年度，全市证券交易额较去年相比有一定增长，部分证券营业部证券交易额较去年同期相比增长迅速。

【中介机构】 大连辖区现有4家具有从事证券业务资格的会计师事务所：大连正元会计师事务所、大连信义会计师事务所、大连北方会计师事务所、大连光华会计师事务所；4家具有从事证券业务资格的律师事务所：大连刘宝有律师事务所、大连华夏律师事务所、大连天合律师事务所、大连青松律师事务所；3家资产评估机构：大连资产评估事务所、大连信义会计师事务所、大连北方资产评估事务所。

【规范化管理】 *上市公司监管* 1999年，大连特派办围绕提高上市公司质量这一工作重点，首先强化了对上市公司“三分开”的监督。根据辖区内上市公司普遍存在的行政班子兼职问题，提出了分步解决的要求，并将此项工作与配股监管有机结合起来，对“三分开”解决不好的公司，一律不受理配股申请。其次，加大了对上市公司资产重组运作行为的监督，在跟踪调查的基础上，对部分公司的资产重组、资产托管及资产出售等行为密切关注并在法规与政策上予以警视和指导，确保公司在运作上法律程序完整、公司行为规范。第三，按照“三公”原则，加强了对上市公司信息披露的监管。对辖区内上市公司的定期、临时报告等进行事后审查，对募集资金的使用情况进行了核实性检查。第四，强化配股监管，严把配股关。在配股初审过程中，将配股监管与“巡检”和重组购并监督有机结合起来。第五，加大“巡检”力度，切实防范和化解市场风险。*证券经营机构监管* 为进一步改善市场秩序，规范证券机构经营行为，大连特派办在对辖区内证券经营机构全面调查摸底的基础上，不断改进监管方式，加大监管力度，将非现场监管和现场监管相结合，由静态监管逐步转向动态、实时监管。日常监管中，严格证券经营机构的资格审查，初步形成了任职资格及其变更事项的审查工作规划，保证了日常监管工作的顺利运行。对部分存在违规遗留问题的营业部实施了重点、实时监控，督促其采取切实有效措施解决遗留问题，有效地防范、化解了证券机构的经营风险。严厉查处、取缔了一由非证券机构设立的营业网点，对原有远程交易网点开始进行清理整顿。通过组织辖区内证券营业部负责人制定并签署反对和禁止返佣等不正当竞争行为公约，有效地营造了公平有序的竞争环境，减少了机构之间的矛盾和纠纷。

（特约编委：于连生，特约编辑：孙利伟，特约撰稿：刘杰新）

香港股票市场

【概况】 香港经济1999年第二季度从谷底回升，逐步从1997—1998年东南亚金融危机引发的倒退中恢复过来，1999年全年股市交投活跃。年内最低点为2月10日创出的9076.33，12月31日香港恒生指数当日飙升301.28点，收市报16962.1点，创下年内最高点，更是创下1997年8月7日16673.27点以来股指的最高记录，较1998年12月31日上升68.8%。全年总成交量1392284.36亿股，平均每日成交5636.78亿股。成交额也有所增加，达1915940.58亿港元，日成交额达到7756.84亿港元，较去年上升11%。其中主板市场上市公司数目达到701个，较去年增加3%。香港主板和创业板上市公司市价总值达47348亿港元，排行全球第十位。

为了适应海峡两岸和香港地区的科技及创新企业的资金需求，联交所在1999年11月25日正式推出创业板市场，浩伦农科和天时软件两家公司率先上市。当年共有七家公司上市，发行总股本288.43亿港元，筹资15.83亿港元。其中五家香港公司、一家内地公司及一家台湾公司，涉及行业包括电脑产品及软件、电子、电讯、互联网、医药及农业化工等，上市公司市价总值7236.84亿港元，日成交金额1.44亿港元。

【发行市场】 1999年香港共有31家企业发行上市，筹集资金156亿港元。在上市的公司中，绝大部分是香港本地公司，只有3家H股和3家红筹股。尤其值得一提的一件大事是中央结算有限公司在1999年5月推出电子认购首次公开招股(EIPO)服务。这项服务使经纪、托管人以及中央结算及交收系统(中央结算系统)的投资者户口持有人，可透过中央结算系统的终端机及电话系统，申购首次公开招股的股份。9月，联交所发表了有关电子电购股份(包括非中央结算系统参与者)的咨询文件。11月23日，在创业板上市的大诚电讯科技有限公司，成为第一宗采用EIPO服务的招股安排。

【交易市场】 纵观香港股市全年行情，年初由于市场对香港银行公会将调低利率的预期以及美国股市的强劲上扬，港股大幅上扬，越过10000点大关。后由于担心人民币贬值，恒生指数于2月10日跌至全年最低点9076.33点。从10月下旬开始，港股自12200多点开始起步，以科技股和电讯股领军指数连续上涨。期间恒生指数成份股、也是香港龙头股之一的和记黄埔宣布通过成功出售44.8%的英国Orange电讯公司的股权给德国曼内斯曼公司，并且将持有曼内斯曼股本的10.2%，成为该公司单一大股东，和黄在欧洲电讯业务市场占有率大幅度增加。此消息传出后，恒生指数节节上升。进入11月后，香港前季度的各项经济数据陆续出台，表明香港经济状况已经步入恢复阶段，为港股的上升走势注入强劲动力。首先是香港第三季度经济大幅增长4.5%，相比第二季度增长0.7%。港股在强劲经济数据的支持下连续上升，创下连续十天上涨记录。12月初，港股顺利突破16000点。12月29日恒生指数更突破17000点，到达17138.11点。以全年收市统计，恒生50中型股指数上升29.5%。普通股指数中，公用事业类上升100.8%、综合企业类上升95.1%，工商类上升95.1%，金融类上升51.1%，地产类上升31.6%及酒店类上升15.1%。1999年十大升幅的股份当中，几乎全部是科技股。升幅最大的股份为金力国际，升幅达51倍，盈科数码动力全年升幅也达23倍。

1999年香港股票市场资本市值达6061亿美元，是世界第十大资本市场。

【国企及红筹股】 国企股又称H股，指内地注册的国有大型企业发行外资股票在香港上市，现在H股的概念有一些变化，部分有条件的非国有企业也试图加入这一行列。红筹股则可以归纳为三种类型：(1)经营产业相对集中，其背景是中央的有关部委。(2)综合性经营并带有明显的地方概念。这些公司原都是各省市在港的窗口公司，目前成为各地海外企业及融资窗口。(3)以香港及海外业务为主的综合性企业。

在香港联交所上市公司中，国企股(H股)44家，约占总数6%；红筹股约占总数9%。以成交股数和成交额计算，1999年全年中尤以2月最小，成交股数和成交额分别为995.02亿股、965.78亿港元。6月红筹股和国企股表现更成为股市的焦点之一。在投资者热切的追捧下，恒生中企指数和国企指数大幅上扬，不断刷新一年来的新高。当月成交股数和成交额分别达到11584.16亿股、13746.59亿港元。全年统计，反映H股股价表现的恒生中国企业指数及反映红筹股股价表现的恒生香港中资企业指数分别上升了14.1%和40.7%。被视为红筹股龙头的中国电信和华润创业分别列全年成交最活跃股份(按金额计算)的第五位和第十二位,成交金额分别为76566.28亿港元和25292.71亿港元,分别占股份总额的4.32%和1.43%。

【法规建设】 1999年4月及7月联交所先后修订《证券上市规则》,加强对投资者的保障以及精简上市程序。主要修订包括:规定上市公司在上市后的12个月内,如其控股股东将其实际拥有的证券予以质押或抵押,需要马上作出披露;将中国发行人须续聘保荐人3年的规定期限缩短至1年;不再承认科克群岛作为认可及可接受的司法权区;以及将一些平日惯例正式列作规则,方便提高审批上市申请的效率。1999年香港证券市场上最抢眼的莫过于创业板的正式推出,而创业板规则的确立对香港证券市场法规建设无疑具有重大的意义。1999年7月22日,香港联交所正式公布了《创业板上市规则》。同年9月15日,28家公司首批获准拥有香港创业板市场上市保荐人的资格,另有2家公司获准担任联席保荐人。11月15日,香港创业板宣告正式成立。11月25日正式开市。1999年10月份,中国证监会发布了《境内企业申请到香港创业板上市审批与监管指引》。随着中国证监会对境内企业赴香港创业板上市的指引这份有着较强可操作性的法规性文件的出台,内地企业赴香港创业板上市有了明确的法律依据。

(章彰)

绩优股票品种概况

【编辑按】 上市公司是证券市场的主体，股票投资价值直接体现在公司的经营业绩上。为了促进证券市场规范化发展，保护投资者的利益，引导投资者理性投资，《中国证券业年鉴》从1998年起，每年向投资者推荐上海证券交易所、深圳证券交易所每股收益位于前十位的业绩优良的上市公司股票。

上海证券交易所绩优股票

蓝田股份 600709

【公司概况】 公司的历史追溯于1987年成立的沈阳市新北副食商场和1988年成立的沈阳市新北制药厂以及1991年成立的沈阳莲花大酒店，三家企业隶属沈阳行政学院。19921年10月由上述三家企业作为发起人，以定向募集方式设立沈阳蓝田股份有限公司。根据沈阳市财政局国有资产管理处的确认结果，原三家发起人净资产中国有资产1828万元折成1828万股国家股，委托沈阳市资产经营有限公司经营，将净资产中属企业法人的资产3525.6万元折成法人股3525.6万股，由沈阳蓝田经济技术开发公司持有，同意向原企业内部职工以1:1.25溢价定向发行1342.4万股，形成6696万股的总股本。1995年12月经农业部批复同意，本公司国家股股权1828万股由沈阳市国有资产管理局划拨给农业部持有。1996年5月以每股发行价8.38元向社会公众公开发行了3000万股每股面值为1元的人民币普通股，并于1996年8月上市流通。1997年实施1996年度分红方案：按10:5派送红股，同时按10:5公积金转增股本，其后又实施了每10股配1.5股方案，1998年4月实施97年度分红及转增股本方案：每10股送红股5.5股，转增4.5股，至1999年底，公司总股份为44603.9万股，其中流通股份19975.04万股，占总股份44.7%，股东总数112777户，公司前三名股东为洪湖蓝田持股16219.1万股，占总股本36.3%，洪湖水产持股占8409.7万股，占总股本18.8%，特区证券持股519.3万股，占总股本1.16%。公司董事长保田，总经理瞿兆玉。

【经营业绩】 公司的经营范围包括农副水产品种养、加工、销售；制药及卫生保健用品制造；餐饮住宿；房屋开发；商业及烟草专卖；产品及相关技术、设备、材料的进出口业务等。在公司的各项经营业务中，1999年度农副水产品种养、加工、销售在行业和产品两方面，已成为公司主营业务收入及利润的主要组成部分，地处湖北省洪湖地区的生产基地已建成国家重点菜蓝子工程基地，农业产业化示范基地、生态保护养殖实验示范基地、绿色食品基地。1999年实现主营业务收入185143万元，净利润51302万元，比上年同期分别增长12.8%、41.4%。至1999年末，公司总资产234243万元，比上年增长37.2%，股东权益175225万元，比上年同期增长39.8%，每股收益1.15元，净资产收益率29.28%。

【项目投资】 1999年公司没有募集资金，以前年度募集资金项目投资进度为：野藕汁生产线完成投资5206.6万元，实成进度105.6%，实现收益16096万元，畜禽养殖基地投资5008万元，完成进度100%，实现收益873万元，非募集资金所投入的项目还有：莱蓝子二期、大湖开发、渔塘升级改造、生态基地、畜禽基地扩建、新北制药厂扩建、莲花大酒店扩建等项目，进展都较顺利，有些项目已产生了较好的收益。在建工程比上年减少10.7%，其原因是本期转入固定资产，“生态工程”因项目开发管理调整，从本年增加数中调给“渔塘升级改造”项目20923万元。

【市场走势】 蓝田股份股票于1999年1月4日以10.40元开盘，迅速下探出全年最低价9.8元后一路单边上扬，1999年7月12日探明全年最高价22.95元后振荡下滑，年末以12.97元收盘，全年走势如一倒V字型，完成了冲高回落的过程。年末流通市值为25.9亿元，市盈率11.2倍。该股经多年快速扩张后股本变大，股性也将不如以前活跃，但因市盈率低，仍不失为中线投资者参与的良好品种。

（深圳怀新　刘纯浩）

辽宁成大 600739

【公司概况】 公司是由辽宁省针锦毛纺织品进出口公司、辽宁对外贸易(集团)公司和辽宁丝绸进出口公司联合发起，于1993年在辽宁省棉毛纺织品进出口公司基础上吸收其他法人和内部职工入股设立的定向募集公司。其中，辽宁省针锦纺织品进出口公司以评估并经辽宁省国资局确认的国有资产2603万元折为2603万股，由辽宁省国资局持有，辽宁对外贸易(集团)公司以现金认购347万股，其他法人以现金1000万元认购1000万股；内部职工以现金1000万元认购1000万股，公司于1993年9月2日在辽宁省工商行政管理局登记注册，注册资金5000万元。1996年3月经辽宁省计划委员会、辽宁省证券委员会批准，公司获得1550万元社会公众股额度(其中350万元由原内部职工股占用)，并于1996年8月6日通过上海证券交易所采用“上网定价”方式以8.28元/股成功发行了1200万新股，至此，形成总股本6200万元人民币。其中发起人国家股2603万股，发起人法人股397万股、募集法人股1000万、内部职工股650万、社会公众股1550万。该股上市后，1997年4月22日实施的每10股送3股的分配方案，1998年4月24日实施了每10股送6股的分配方案，1998年9月18日实施了每10股配1.875股的配股方案，至1999年年底，公司总股本13754万股，前三大股东分别为：1、辽宁成大集团有限公司持有3634万股(占总股本的26.42%)；2、广发证券有限责任公司2602万股(占总股本的18.92%)；3、天元基金持有687万股(占总股本的4.99%)。公司董事长尚书志，张德仲为总经理，程本恒为监事会主席。

【经营业绩】 公司系外经贸企业，主营针、棉、毛织品及服装进出口业务，同时经营外经业务。1998年，公司列中国进出口最大的500强企业第203位，中国出口额最大的200家企业第154位(名次由国家外经贸部排定并发布)。1999年度，公司实现主营业务收入132031万元，比去年同期增长25%；主营业务利润18047万元，比去年同期增长11%；主营业务收入按出口国家和地区分类：美加地区29234万元，占26%；欧盟地区36449万元，占32%；日本地区37970万元，占34%；其他地区9049万元，占8%。公司于1999年初受让辽宁成大集团有限公司持有的广发证券有限责任公司24.66%股权，在广发证券有限责任公司增资扩股中规范调整为持有广发证券3.2亿股，占总股本20%。这部分股权投资年内获得利润收入8088万元，占公司利润总额的45.94%。1999年，公司净利润14575万元，较去年增长14%；每股收益1.06元，较去年增长141%。考虑证券投资收益的波动性较大，公司若要保持如此高的成长性，则有很大困难。1999年，受东南亚金融危机余波的影响，国际市场相对疲软，人民币汇率持续坚挺，使出口成本居安不下，公司经营面临一系列困难，公司采取了一些有较措施和对策：1、努力开拓新市场，积极发展新客户，大力开发新品种；2、调整商品结构、扩大高附加值商品出口；3、灵活贸易方式，提高利润水平；4、狠抓以财务管理为中心的各项管理工作，开源节流、减少库存、降低成本。5、加大资本运营力度，完成商业资本与金融资本的结合；6、加大内部改革力度，抓好劳动、人事、分配三项制度改革。

【项目投资】 公司于1998年10月6日完成了当年的配股工作，共募集资金6800万元，全部用于对外贸易流动资金使用，有力地促进了1999年公司进出口贸易主营业务的发展，产生较好的经济效益。报告期，公司出资2.78亿元受让辽宁成大集团有限公司持有的广发证券有限公司24.66%股权，在广发证券有限责任公司增资扩股中调整为持有3.2亿股占其总股本的20%。

【市场走势】 该股1999年首个交易日开盘价为14.31元，在“5.19”行情之前，该股表现为缩量整理，最低见到年内最低价位12.81元；“5.19”行情中随大盘一起放量振荡扬升，并于9月23日创下年内最高价27元，之后随大盘出现调整，成交量明显萎缩。振荡幅度也较小，年底报收22.49元，全年共成交1.3923亿股，换手率237%，与去年底收盘价相比，升幅为59%。由此可看出该股有大资金沉淀其中，经锁仓后，换手率明显较低，而升幅高于大盘，表现强劲。由于其完成对广发证券公司的投资持股，预期收益较高，市场中颇受追捧，又加上流通盘不大。以其1999年每股1.06元的收益来看，该股仍有潜力，可以在回调时吸纳作中线投资性介入。

(深圳怀新　陈长远)

英豪科教　600672

【公司概况】 公司前身—四川广汉涤纶总厂，于1987年3月建成投产，1989年始进行股份化改组，1992年8月29日“四川广化化纤股份有限公司”宣告成立。1993年9月17日，“四川广华”(A股)在上海证券交易所上市。该公司在97年底开始资产重组，先后更名为“欧亚农业”和“英豪科教”该本公司是国内第一家采用高新技术从事花卉及种苗生产和销售的上市公司，也是国内率先形成规模化经营的花卉生产企业之一，公司已被认定为高新技术企业。同时，也是率先介入教育产业的上市公司。截止99年底，该股总股本27561万股，流通股16000万股。

【经营业绩】 公司经营范围包括：花卉开发、生产、销售；温室、冷库及相关设备生产、销售；教育产业；计算机网络、UPS不间断电源、节能产品、电池、发电机组开发、生产 、销售；化工原料、纺织产品生产、销售；旅游业及房地产开发等。在公司的各项经营业务中，1999年度花卉生产销售和教育产业两方面已成为公司主营业务收入及利润 的主要组成部分。1999年公司把握住了市场机遇，积极探索和创新，把公司的主导业务构架调整到符合国家产业政策并具有良好的发展前景的产业方向上，通过努力，公司的经营业绩跃上了一个新的台阶。本年度共实现销售收入69551.93万元，利润总额27316.03万元，净利润24232.84万元，分别比去年同期增长59.78%、172.74%、181.14%。每股收益0.88元，净资产收益率43.73%，资产负债率33.68%，是绩优高成长股。

【项目投资】 99年内该公司没有募集资金，也没有报告期之前募集资金的使用延续到报告期内。非募集资金投资的项目情况：(1)1999年3月17日，公司向控股子公司从化市英豪威斯必得实业有限公司增加3000万元投资，用于花卉、房地产、电脑网络工程等项目建设。(2)1999年6月公司控股子公司从化市英豪教育发展有限公司投资60万元参与组建从化博大国际互联网有限公司，并占公司20%的股份。(3)1999年8月10日，公司控股子公司从化市英豪教育发展有限公司以自有资金2亿元受让英豪学校部分教学和生活设施等固定资产，并以该部分固定资产和英豪学校合作办学。99年度取得收益2540

【市场走势】 1999年1月4日，该股以15.20开市，逆大势而行，从15元涨到除权前的20元，强势风范凸现。在4月26日进行10:10大比例送配后，横盘整理了一段时间，伴随着5.19行情的来到，该股进入主升浪，股价一涨不回头，短短一个多月时间里，股价从9元左右上涨到28元左右，涨了两倍。随后该股由于涨副过大，随着大势冲顶回落，该股也进入了大幅的调整阶段，从28元跌到15元左右，跌幅达50%，但成交量始终未有效放大，显示主力仍在其中。1999年12月30日收盘价为15.50，流通市值24.8亿，年末市盈率为17.6倍。从纺织到农业再到教育产业，该公司所涉及的行业不可谓不广，但似乎效果并不明显，新近介入的教育产业具有广阔的市场前景，故该公司未来的发展值得关注。(青海证券公司　刘兵)

国电电力　600795

【公司概况】 公司是1992年经辽宁省经济体制改革委员会辽体改发(1992)68号文批准，由东北电力开发公司，中国人民建设银行信托投资有限公司，大连发电总厂共同发起，以定向募集方式设立。该公司股票1280万股(全部为定向募集内部职工股)于1997年3月18日在上海证券交易所挂牌交易。截止99年底，该公司总股本25459万股，流通股6389万股。公司属于电力行业，是大连经济技术开发区的首家上市公司，公司上市时拥 有两台1.2万千瓦的汽轮发电机组，设备能力为2.4万千瓦。到1999年底公司拥有和经营的设备能力达到了57.6万千瓦，是公司上市时的24倍。

【经营业绩】 公司主营业务为火力发电、蒸汽热水的生产，供热量与去年相比基本持平，供电量比去年提高37.39%。1999年公司的主营业务收入为68511万元，其中：电力产品收入为63169万元；热力产品为5342万元。公司实现利润总额为

26188万元。该公司在99年取得了良好的经营成果和经济效益。公司于1999年3月与东北电力开发公司签定了租赁协议,大连开发区热电厂3、4号2台5万千瓦汽轮发电机组,从1999年1月1日起由公司租赁经营。1999年5月公司与辽宁省电力有限公司签定了朝阳发电厂资产转让协议,从6月1日起朝阳发电厂的资产由公司拥有,为公司增加主营业务收入和增加利润提供了保证,从而实现了公司利用资产重组低成本扩张的主导思想。

【项目投资】 99年4月30日,该公司收购了朝阳发电厂。公司整体收购朝阳发电厂后,公司扩大公司的资产规模,也规辟了由于今后租赁改变而带来的政策风险,确保公司利润来源的稳定,在同地区新建同类规模的电厂需投资20亿元人民币以上,且建设周期需3年左右,而收购朝阳发电厂不但投入较少,而且可当年受益,该厂经评估结果为55862万元。

【市场走势】 1999年1月4日,该股以23.07开市,之后一直进行横盘整理,在5月12日10:5送股后,伴随着5.19行情的来到,走出了一波填权行情。从最低14.5涨到最高22.80后,该股又进行了长达半年的横盘窄幅整理,股价一直在20—23的箱体中波动。1999年12月30日收盘价为21.20,流通市值13.54亿,年末市盈率为24.37倍。该股在1999年5.19行情中,涨副为57%,弱于大盘的66%。下半年在大盘回落时,该股一直横盘,走势强于大盘。作为当年的东北热电,国电电力的走势与东方电子可以说同曲异工。如果说东方电子是因为得益电力自动化的高成长领域;那么国电电力则得益于国家电力总公司的大力支持。并且该股从98年底就开始表现出被控盘之势,所以股价走势则呈现出强势盘整一拉升一强势盘整的态势。该股属于绩有蓝筹股,未来成长潜力较大,投资者可密切关注。

(青海证券公司　刘兵)

春兰股份　600854

【公司概况】 公司前身江苏省春兰制冷设备有限公司是于1989年12月成立的中外合资企业,1993年10月,在对原公司进行全面股份化改组的基础上,由原公司及泰州春兰特种空调器厂、泰州春兰制冷设备销售公司共同发起,并向社会公开募集而设立江苏春兰空调制冷设备股份有限公司。当时,原公司净资产折为9000万股发起人法人股,1994年2月,公司向社会公开发行3000万股社会公众股(含300万股内部职工股),至1994年4月25日上市时,公司总股本12000万股,其中,法人股9000万股,流通A股3000万股。上市以来,公司利润分配主要以派息方式进行,以小比例送过几次红股,股本扩张速度较慢。截至1999年末,公司总股本30630.6万股,公众股7979.40万股,占总股本的26%。前三名股东为:江苏春兰集团公司15639.6万股,占总股本的51.06%;钟山有限公司6692.4万股,占总股本的21.85%,泰州春兰特种空调器厂191.5万股,占0.63%。1999年王志明为董事长,聘任朱永祖为总经理,董木森为监事会主席。

【经营业绩】 公司主营"春兰"牌空调制冷设备,其产值、销售收入、利润、劳动生产率等指标连续多年在同行业中居全国第一。在1997年中国最具竞争力商标品牌价格评估中,公司"春兰"品牌价值高达65.5亿元,在同年公布的中国工业企业综合评价500优中,公司跻身前五名。1999年,公司在加大科技投入,开发适应市场需求的新产品的同时,积极开拓国内外两个市场,通过强化内部管理,不断挖潜,优化产品设计等手段,进一步提升了公司的品牌价值,降低了产品成本。1999年共生产空调器447591台,实现主营业务收入194737万元,同比增长1.73%,实现主营业务利润51086万元,同比增长6.18%,继续保持同行业的领先地位。至1999年末,公司有2个控股子公司,经营情况如下:苏州春兰空调器有限公司主营生产、销售1.5匹以下壁挂式空调器,主营收入为21241万元,主营业务利润为6060万元,另一子公司江苏春兰洗涤机械有限公司主营生产、销售洗涤机械,处于试生产阶段,尚未产生利润。公司每股收益0.865元,每股净资产5.02元,净资产收益率17.24%,股东权益15.36亿元。

【项目投资】 1999年公司没有募集资金,也没有将上次募集的资金在本次使用。非募集资金投资项目:公司以受让的西安庆安集团有限公司所持西安庆安冷机有限公司8%的股权及原持有的冷机公司25%的股权和庆安集团有限公司、中国航空技术进出口北京公司、西安交大开元(集团)有限责任公司、中国标准缝纫机集团有限公司共同发起组建西安庄安制冷设备股份有限公司,公司占其总股本的28.51%,增加投资1451.6万元。为适应经济发展及全球经济一体化的市场竞争环境,公司将加大科技费用的投入,积极参与资本市场运作,确产新的投资理念,拟参与投资春兰电子商务,适应新经济发展潮流。

【市场走势】 春兰股份股票1999年1月4日以26.6元开盘,其后随大盘一路下调,在"5.19"行情中快速上攻,最高摸至全年最高价32.6元,其间经历了1999年6月8日的每10股送3股派现金4元分红方案及除权,最大涨幅实际上达到99%。7月以后随大盘一路下跌,最低价为18.48元,年末以19.25元报收。年末流通市值15.36亿元,市盈率为28.9亿元。该股全年表现一般,股性不够活跃,主要原因是公司的稳健经营风格所致,但市盈率偏低,经营业绩稳定,股价被低估,已进入长期投资价值范围,可作中长期投资者持有。

(深圳怀新　刘纯浩)

鲁润股份　600157

【公司概况】 泰安鲁润股份有限公司成立近十年来,在强化内部管理的同时,及时准确地把握市场机遇,得到了迅猛发展。十年来,特别是公司股票上市以来,公司经过进一步产业结构调整,优化资产资源,充分发挥自身的优势,目前已形成了三足鼎立的产业新格局:市政基础设施建设、房地产开发、水泥、建材生产经营及装饰装修;油品生产经营和具有高科技性质的信息网 络产业。截止99年底,该公司总股本9469万股,流通股3531万股。

【经营业绩】 1999年是公司实现再次飞跃、快速发展的一年,公司运用资本运营手段,调整产业结构,投资了浙江有线电视网络,参与了高科技的产业,实现了低成本投入,高速度扩张的预定发展目标。通过优化产业结构,致力于规模化经营。经济效益大幅度提高。市政建设及房地产开发是公司的主营业务之一。99年,公司承建了泰安市西区行政中心的配套工程,共完成开发总面积18.32万平方米,本年实现经营收入17144万元,利润5172万元。装饰装璜是公司主营业务的配套产业本年,实现经营收入8708万元,实现利润4170万元。各种成品油的生产经营是公司早期的主营业务公司本年度生产经营各种油品12.5万吨,实现销售收入28,470万元,利润2078万元。参与重组浙江广联信息网络有限公司,开发有线电视网络,是公司新开展的主营业务,也是公司向高科技产业进军、拓展新的领域、寻求新的利润增长点的又一重大举措。

该项目主要业务包括:浙江全省有线广播电视网络综合信息业务的开发和经营;网络综合技术的开发和经营;广播电视设备、器材、配件及相关产品的开发、生产和销 售;广播电视相关技术信息咨询、服务等,具体项目包括:NVOD 项目(也称视频点播)、高速 internet 插入、数据传输、电路出租项目及 IP 电话项目等。该公司 99 年每股收益 0.85 元,净资产收益率 33.7%,经营业绩极佳。

【项目投资】 99 年参与重组浙江广联信息网络有限公司,该项目拟注册资金 3 亿元人民币,公司及相关企业控股 49%,目前该项目正处在筹建阶段,预计 2000 年 6 月底可完成该项目公司的登记注册。原投资 1200 万元控股 80%股份的山东鲁润京九石化有限公司,本年度自筹资金,将油库由原来的 9000 立方米扩容为 3.3 万立方米。该公司经营运作良好,本年实现销售收入 15,418 万元,利润 641 万元。原投资 800 万元控股 80%股份的泰安鲁润水泥制造有限公司,已于 1999 年 11 月底完成了年产 30 万吨 525# 水泥旋窑生产线的改造。本年度实现经营收入 3,237 万元,利润 127 万元。原投资 880 万元控股 54%股份的山东平度鲁润黄金矿业有限公司,本年度无新增投资,已生产黄金 4810 两,生产经营正常,本年实现经营收入 1,097 万元,利润 48 万元。原投资 350 万元的云南神泉葡萄酒有限公司,本年度无新增投资,正处建设种植阶段,无收益。

【市场走势】 1999 年 1 月 4 日,该股以 19.11 开市,随后是连续四个月的下跌,从 20 元左右一直跌到最低 15.00 后成交量逐步放大,显示有有增量资金进场吸纳。经过 5 月份底的洗盘后,该股迅速从 16 元左右拉高到 24 元左右做横盘整理,经过充分换手后,该股继续向上攀升,最高涨到 32.30,涨副达 115%,是 99 年的大牛股之一。1999 年 12 月 30 日收盘价为 29.20,流通市值 10.3 亿,年末市盈率为 34.35 倍。

(青海证券公司　刘兵)

中远发展　600641

【公司概况】 公司前身—上海众城实业股份有限公司系由上海市陆家嘴金属贸易开发区公司、上海国际信托投资公司、中国人民建设银行上海市信托投资公司、中房上海房地产开发总公司于 1991 年组建,1993 年 4 月 7 日,“众城实业”(A 股)在上海证券交易所上市交易。截止 99 年底,该公司总股本 26276 万股,流通股 4717 万。

【经营业绩】 公司主营业务范围:房地产开发经营,实业投资、资产经营、钢材、木材、建筑材料、建筑五金、国内贸易。中远发展 1999 年每股收益高达 0.84 元,净资产收益率为 27.59%。这是中远入主众城后,连续第三年实现高速增长。公司财务报表显示,公司 1999 年底资产总计为 13.95 亿元,同比增长 86.71%,其中现金从 1998 年底的 4.02 亿元下降为 3.01 亿元,存货从 1998 年底的 2.76 亿元下降为 1.07 亿元,应收帐款为 1.14 亿元较 1998 年有所增加,但帐龄均在 1 年以内,属于正常范围 。预付帐款为 7.89 亿元,增加较多,此乃公司投入上海“中远两湾城”一期项目的开发费用累积所致。现金流量表显示,公司现金和现金等价物的净增加额为－10081 万元,其主要原因在于,公司在 1999 年累计投入两湾项目的资金共计 79260 万元,由于该项目一期预售刚开始,预售资金尚未及时回笼到账。随着预售资金回笼增加,这一状况将得到改,总体来看该公司财务状况良好。

【项目投资】 99 年,公司没有募集资金,亦未有报告期之前募集资金延续到报告期内使用。99 年公司非募集资金投资重大项目情况:该公司与中远置业集团有限公司、上海中远两湾置业发展有限公司三家合作,共同投资开发已被列入上海市重大工程的危棚简屋改造地块—普陀区潭子湾、潘家湾、王家宅(简称“两湾一宅”)。该项目占地面积 49.5 公顷,总投资额约达人民币 67 亿元,本公司投资比例为 40%。

【市场走势】 1999 年 1 月 4 日,该股以 13.78 开市,随后由于大势不好,连续四个月缩量盘跌,在 5.19 井喷行情中,该股价量配合良好,股价稳步上扬,从最低 11.20 涨到了最高 19.36,涨副为 72.8%,和大势持平。随后该股在高位缩量整理,显示筹码锁定良好。该股 10 月又启动,股价轻松上一台阶,主力控盘能力很强。1999 年 12 月 30 日收盘价为 19.99,流通市值 9.4 亿,年末市盈率为 23.8 倍。经过 98 年的资产重组后,中远置业集团有限公司入主为第一大股东,公司的经营发生重大变化,其业绩出现了跳跃式地提高。同时,紧紧围绕着房地产开发经营这一主营业务,大力发展安置用房,同时继续做好存量资产的租售和在建工程项目,逐步形成公司高档商业用房,规模效应的商品房住宅小区,安居用房三种供应体系,取得了较好的经济效益和社会效益,股价也呈现稳步盘升的歌格局。

(青海证券公司　刘兵)

乐凯胶片　600135

【公司概况】 乐凯胶片股份有限公司由中国乐凯胶片公司独家发起,重组其属下彩色感光材料生产、科研、销售相关生产经营性资产,以募集方式设立的股份有限公司。本公司是我国感光材料行业唯一的上市公司,是我国感光材料行业生产的骨干企业。其主导产品之一的乐凯牌彩色胶卷被国家统计局授予“中国胶卷之王”荣誉称号。彩色胶卷、彩色相纸、彩色电影胶片等产品远销欧、亚、美、非等 40 多个国家和地区。所使用的乐凯牌商标于 1999 年 1 月 5 日被国家商标局认定为“中国驰名商标。截止 99 年底,总股本 19000 万,流通股本 6993 万股。

【经营业绩】 公司主营彩色胶卷、彩色相纸、彩色电影胶片等彩色感光材料产品的生产、科研、销售及相关业务。1999 年,公司以成本、质量、改革、发展为中心,抓干部、抓基层、抓落实,整体推进各项工作,乐凯公司呈现出良好的发展态势,实现销售收入 61953 万元,实现利润总额 18955 万元,分别比上年增长 60.5%和 118%。99 年每股收益 0.84 元,净资产收益率 19.12%,资产负债率 6.29%,财务状况优良。

【项目投资】 销网络完善和建设情况:公司投资建设了大批乐凯冲扩店,形成连锁营销网络。投资 2559.91 万元,收购了原中国乐凯胶片公司 29 个彩色扩印服务部。在 2000 年将用剩余募集资金和部分企业自有资金投资开展图片社建设,以期占领市场营销的制高点。胶片涂布生产线及配套设施改造情况:完成了照相乳剂车间技术改造,解决了生产中的瓶颈问题。

【市场走势】 1999 年 1 月 4 日,该股以 11.35 开市,随后是连续四个月的横盘缩量整理,每天成交不过几千手,从 12 元左右一直跌到 9 元左右。随着在 5.19 井喷行情来到,该股成交量急剧放大,显示有主力资金在建仓。经过 5 月份的突击建仓和洗盘后,该股于 6 月 9 日正式启动,股价大幅攀升,在短短一个多月时间内,该股从 11 元左右上涨到 27 左右。从最低点计算,涨副达 192%。随后该股在高位横盘缩量整理,走势明显强于大势,显示投资者持股信心坚定。1999 年 12 月 30 日收盘价为25.10,流通市值17.6亿,年末市盈率为29.88倍。该公司主要生产胶卷及相纸,是中国胶卷业目前唯一的国字号,面对着世界两大巨头的夹攻,独撑民族品牌,能取得如此的业绩实属不易。但我们也要看到,公司99年及今年中期的优良业绩与中国目前的高关税有着相当的关联性,一旦入世,公司的经营将更具挑战性。 (青海证券公司 刘兵)

全兴股份 600779

【公司概况】 四川制药股份有限公司是由四川制药厂独家发起并改组的股份有限公司,该厂始建于是958年,是国家定点的抗生素原料药生产厂家。该公司1999年中成功地进行了实质性重组,使原来的四川制药发生了质的变化,从一个步履维艰的生产抗生素原料药和制剂的医药类上市公司变 成了一个以传统生物发酵工程为主包括酒类、药类两大类产品的新型企业。该股截止99年底,总股本19000万,流通股6993万股。

【经营业绩】 99年公司在成功地完成了全兴酒业的借壳上市后,公司的业绩得到迅猛增长,主营业务收入和净利润分别比上年同期激增2.72倍和5.43倍,而且从每股经营活动产生的现金流量净额高达0.56元中可以得知公司的每股收益0.841元是较为可靠的。目前公司主业包括酒类和药类两大类产品,白酒产品是公司的主要利润来源,已连续两年保持国家名酒产销量和人均税利两项指标名列全国同行业第一,这在竞争异常激烈的白酒市场中是殊为不易的,药业方面公司正致力于生物医药和生物医学材料的产业化发展,近期公司拟出资1000万元参股清华科创,就是公司以现有高盈利产业为支撑、加速发展生物技术产业战略的具体实施步骤。

【项目投资】 1)一期"双加工程"(即青霉素及6—APA扩产技改项目)该项目总投资15884万元,其中6000万元用募集资金解决,其余由公司自筹资金解决。该项目于1996年8月开工,1998年已基本完工并投产,阿莫西林、氨苄西林原料药及其胶囊已规模化投放市场,现已产生经济效益。(2)二期"双加工程"(即7—ADCA及头孢系列产品的技改项目):该项目总投资13547万元,其中6000万元用募集资金解决,其余由公司自筹资金解决。由于市场已发生很大变化,公司决议改变募集资金投向,先期投入募集资金600万元,参与四川生物医学材料科 技产业基地的筹建。另将其中募集资金5400万元,加上企业自筹资金9358万元用于收 购四川成都全兴集团有限公司持有的四川省成都全兴酒业有限公司48.88%的股权。目前二期双加项目的部分内容由公司自筹资金继续进行建设,头孢6号原料药及其制剂计划于2000年投产。(3)公司投资生物医学材料产业进展情况:该公司已与四川成都全兴集团有 限公司、四川省商业集团有限公司、四川大学、华西医科大学共同投资三千万元注册成立了四川生物材料科技产业基地开发有限公司,股权比例为20%。

【市场走势】 1999年1月4日,该股以13.30开市,随后快速下跌,在99年1月29日启稳反转,成交量也相应放大,从11元左右反弹至14元左右后,该股进行了连续两个月的缩量横盘整理。5.19井喷行情中,该股在重组题材的配合下,走出了一段波澜壮阔的行情。在短短一个多月时间内,从12元左右涨到了最高37.50,涨副达两倍。随后该股进行了大比例的送股。送股后,该股进行了较长一段时间的盘整,在12月6日又有启动,从18元冲到了22元。1999年12月30日收盘价为22.30,流通市值15.6亿,年末市盈率为26.5倍。该股在99年伴随着重组走出了波澜壮阔的一轮行情。而后公司也是利好不断,其介入基因工程并与与知名院校清华大学合作,在稳定白酒业的基础上向生物医药和生物医学材料的产业化发展,未来发展潜力较大。 (青海证券公司 刘兵)

鲁北化工 600727

【公司概况】 公司是以山东鲁北企业集团总公司为独家发起人,以其核心企业鲁北化工总厂的"三、四、六"分厂和鲁北盐场所属的溴素厂合并设立的股份有限公司,于1996年7月2日在上海证券交易所挂牌,上市时总股本10000万股,国有法人股7000成股,社会公众股3000万股。经公司1997年1月29日(临时)股东大会通过,以10:10比例进行公积金转增股本,总股本由原来的10000万股变为20000万股。1998年7月公司实施增资配股以1997年底的总股本20000万股为基数按10:3比例配股,国有法人股股东以非现金资产认购400万股,社会公众股股东配售1800万股,共计配售2200万股,配股后总股本由20000万股变为22200万股,1999年5月实施1998年分红方案:每10股送5股,至1999年底,公司总股本33300万股,流通A股11700万股。1999年末,公司股东总户数73306户,前三名股东为:山东鲁北企业集团总公司21600万股,占总股本的64.68%;山东证券455.4万股,占总股本的1.37%;昆明国投216万股,占总股本的0.65%。公司董事长为冯久田,总经理为袁金亮,监事会主席李世泽。

【经营业绩】 公司主营业务范围是磷铵、硫酸、水泥、溴素、三元素复混肥等产品的生产和销售。公司拥有年产"6万吨磷铵、8万吨磷石膏制硫酸联产12万吨水泥"国家示范装置,年产"15万吨磷铵、20万吨磷石膏制硫酸联产30万吨水泥"国家试点放大工程、年产5000吨溴素装置和4.5万千瓦热电厂及租赁的原沙河磷铵总厂。1999年在进口化肥的冲击下,国内磷肥价格出现了一定幅度的下降,公司主导产品磷铵的销售价格也受到影响。为减少进口磷肥对国内市场的冲击,提高产品在国内、国际市场的竞争力,公司采取了以下措施:增加科技投入,加大新产品、新技术、新装备开发力度,促进产品升极换代;进一步加强成本控制,降低成本,以取得更大的竞争优势。以市场为导向,调整产品结构,满足农业生产对高浓度多元素肥料的需求,提高NPK复混肥的征税规模,增强抗风险能力。加强营销网络的建设,增设办事处,加大销售力度,积极开拓国内、国际市场,扩大公司产品的销售市场范围,提高产品市场占有率。1999年,公司实现主营业务收入95570.69万元,净利润27480.3万元,分虽比上年增长112.1%和26.9%,每股收益为0.83元,每股净资产3.52元,净资产收益率23.45%,每股经营活动产生的现金流量净额1元。

【项目投资】 公司于1998年度实施配股,实际募集资金18149.93万元,1998年度按照配股说明书公布的投资计划投入17349.60万元,剩余800.33万元,于1999年度下半年全部投入到5000吨/年溴素装置技改项目。募集资金投资项目进展情况:5000吨/年溴素装置技改项目依托自身的技术优势和资源优势实施技改,原生产装置溴素一厂、溴素二厂全部纳入技改计划。其中溴素一厂已于1998年完成,二厂剩余部分技改已于1999年下半年完成。1999年实现利润2765万元。为保证持续发展,公司将依托现有磷铵生产装置,建设100万吨/年硫基NPK复肥生产装置,广泛开展农化服务,满足农业生产对高浓度多元素复肥产品的要求;建设国家级火炬计划项目————采用绿色生产新工艺制造环氧内烷;依托鲁北企业集团总公司海洋化工优势，在小试基础上，优化中试生产工艺进行高纯氢溴酸及溴化物生产新技术开发和溴系阻燃剂生产新技术开发和应用；为满足公司项目建设及中长期发展的需求，以劣质煤（或煤矸石）为原料，采用循环硫化床锅炉燃烧技术，在现有基础上，进行技改扩建，达到 15KW 发电能力。

【市场走势】 鲁北化工股票于 1999 年 1 月 4 日以 27.01 元开盘，后振荡下滑，于 5 月中旬探明全年最低价 16.30 元，在随后的"5.19"行情中最高冲至 29.20 元，年底以 18.9 元收盘。年末流通市值 22.1 亿元，市盈率 22.7 倍。该股全年表现较为平淡，最大涨幅只有 79%，没有强于大盘，而且下半年跌幅颇大，未能给投资者带来好的收益，其主要原因是 1997 年到 1998 年间涨幅过大，获利盘过多所致。事实上，该股属于高成长性绩优股，年末时股价不高，已具有一定的投资价值。将来随着投资理念的更新，当业绩再度成为投资者崇尚的主要对象时，该股有望再度发动大的行情，适于从长期投资角度关注。

（深圳怀新　刘纯浩）

深圳证券交易所绩优股票

五粮液　0858

【公司概况】 公司前身是成立于 1959 年的宜宾五粮液酒厂。1951 年，由明朝"温德丰"糟坊发展而来的"利永川"、"长发升"这两家宜宾最有名的糟坊，成立了川南行署区专卖事业公司宜宾专卖事业处国营二十四酒厂。1953 年，二十四酒厂扩建为中国专卖公司四川省公司宜宾酒厂；1959 年 3 月 12 日，酒厂正式被命名为宜宾五粮液酒厂。1997 年 8 月 19 日，经四川省人民政府批准，由宜宾五粮液酒厂独家发起，于 1998 年 3 月 27 日在深圳证券交易所上网定价发行人民币普通股 8000 万股，采取募集方式设立了该公司，即宜宾五粮液股份有限公司。公司于 1998 年 4 月于深交所挂牌上市，1999 年 9 月实施每 10 股转增 5 股扩股方案，至 1999 年底，公司总股本 48000 万股，其中国家股 36000 万股，流通股 12000 万股。股东总数为 74603 户，前三位股东为宜宾市国有资产管理局 3.6 亿股，占总股本的 75%，同益证券投资基金 3775945 股，占 0.79%，宏源股份有限公司证券营业部 1418577 股，占 0.30%。公司现任董事长：王国春，总经理：徐可强。

【经营业绩】 公司主营五粮液系列酒的生产和销售，相关辅助产品（瓶盖、商标、标识及包装制品）的生产经营；饮料、药品、水果种植、进出口业务和物业管理等。1999 年 12 月 2 日，经北京名牌资产评估事务所评估，"五粮液"品牌在 99 年中国最有价值品牌评价中，品牌价值为 86 亿元，居白酒制造业和食品行业第一位，居全国最有价值品牌第四位。1999 年，是市场形势较为严峻的又一年，白酒市场持续低迷，国内各名酒厂竞相调整产品结构，纷纷推出新包装、新品牌，加之地产酒的崛起，使得白酒市场份额的争夺战愈演愈烈。面对市场的激烈竞争，公司充分发扬五粮液人"创新、开拓、竞争、拼搏、奋进"的企业精神，针对瞬息万变的市场形势，灵活制定营销策略，主动出击，寻找商机，抢占市场，始终牢牢掌握竞争的主动权。在内部管理方面，着重练好内功，不断强化管理，千方百计降低消耗，降低采购成本，提高产品质量，从而提高产品的市场竞争能力。1999 年，公司共销售五粮液系列酒 11.95 万吨，实现主营业务收入 33.08 亿元，净利润 6.49 亿元，分别比上半增长 1.9%、17.5%、17.3%，每股收益 1.352 元，每股经营活动产生的现金流量净额 1.872 元，净资产收益率 26.81%，股东权益比率 61.76%。

【项目投资】 本公司于 1998 年 3 月在深交所上网发行新股，共募集资金 11.816 亿元，资金到位后，公司严格按照招股说明书之承诺使用募集资金投向 20 个项目。至本报告期末，20 个投资项目均已按计划全面完成，并已开始产生效益，为公司的可持续发展奠定了良好的基础。本报告期内完成收购付款工作的两个收购项目，计划收购资金为 11855 万元，实际支付收购资金为 11855 万元；本报告期内完工的最后一个技改项目"年产 2500 吨系列酒技改工程"计划投资额为 2922 万元，实际投资额为 3533 万元。

【市场走势】 1999 年 1 月 4 日，五粮液股票以 40 元价格开盘，随后一路下滑，探底 30.25 元后强劲反攻，在"5.19"行情中最高摸至 54.09 元，随后回落整理，至 1999 年 9 月底经每 10 股转增 5 股除权，年底以 29.30 元报收。年末流通市值为 35.16 亿元，市盈率 32.5 倍。该股在 1999 年表现一般，走势基本与大势相同，最大涨幅强于沪市综指涨幅但小于深圳成指涨幅，在绩优股板块中属于中等。该股由于业绩稳定增长，市盈率不高，虽然行业前景一般，但作为行业龙头，仍然有良好的发展前景，二级市场表现也较为平稳，适合于中长期投资者长线持有。

（深圳怀新　刘纯浩）

深康佳　0016

【公司概况】 康佳集团股份有限公司前身为广东省光明华侨电子工业有限公司，成立于 1979 年底，是深圳特区华侨城经济发展总公司和香港港华电子企业有限公司的合资企业，也是我国电子行业首家中外合资企业。1991 年 8 月，公司改组为股份公司，同年 11 月，以每股 3.9 元的价格发行普通 A 股 3015 万股，次年元月又以 5.5 元价格发行 1000 万股 B 股，1992 年 3 月 27 日，A、B 股同时在深交所上市，此时公司的总股份为 13886 万股。经几年的送配及增发新股，股本有较大扩张，截至 1999 年末，公司总股份 54726 万股，流通 A 股 20381.7 万股，占总股份的 37.2%，B 股 5800.1 万股，占总股份的 10.6%，外资持股 12639.6 万股，占总股份的 23.1%。公司股东人数 128448 户，其中 A 股股东数为 126049 户，B 股股东数为 2399 户。公司前三大股东持股情况为：华侨城集团公司持股 15904.5 万股，香港华侨城有限公司持股 12039.6 万股，浩达实业有限公司持股 636 万股。公司董事长：任克雷，总经理：陈伟荣。

【经营业绩】 康佳集团主要生产康佳牌"彩霸"、"七彩小画仙"电视、"劲力"音响、"彩蝶"影碟机及"好运通"通讯等系列产品，并具有模具、注塑生产能力，是深圳最大规模的工业企业。公司主导产品彩电的销售额和利润均占总销售额和总利润的 90%以上，其中内销彩电收入、利润收入占彩电总收入、利润的 90%以上。1999 年度，公司共生产彩色电视机 630 万台，销售 591 万台，完成销售收入 101.2 亿万人民币，实现利润总额 62465.8 万元，净利润 49752 万元，继续保持着中国电子行业的领先优势，在中国电子企业百强中，销售额、利润等指标分别列第4位和第6位。公司主要全资附属企业经营情况为：东莞康佳公司彩电产量10.8万台，销售收入2.3亿元，亏损1045万元，牡丹江康佳公司彩电产量100万台，销售收入4.95亿元，净利润2433万元，陕西康佳公司彩电产量103万台，销售收入4.25亿元，净利润1936万元，安徽康佳彩电产量155万台，销售收入5.81亿元，净利润为2266万元，重庆康佳公司彩电产量41.5万台，销售收入1.58亿元，净利润为611万元。公司业绩良好，每股收益为0.909元，净资产收益率14.32%，股东权益比率35.5%，出色完成了年度经营目标。

【项目投资】 1999年11月，公司增发A股8000万股，募集资金12亿元人民币，承诺投资项目和金额为：(1)高清晰度数字彩电(HDTV)5亿元。(2)数字移动电话2.075亿元。(3)重庆康佳电子有限公司0.66亿元；(4)印度康佳电子有限公司0.38亿元。(5)补充流动资金3亿元。实际投资项目与承诺项目完全一致，无任何变更。1999年重康净利润为611万元，HDTV、移动电话和印康等投资项目因资金到位时间较短，1999年度未产生收益。1999年度实际资金投入为：(1)HDTV9080万元；(2)移动电话8752万元；(3)重康4992万元；(4)印康671万元。

【市场走势】 1999年1月4日，深康佳股票以15元开市，年末以15.8元收市，年最高价28.90元，最低价14.58元，年末A股流通市值32.2亿元，市盈率17.4倍。该股在1999年表现比较活跃，在"5.19"行情中最大波幅超过大盘，但随后的下跌也给投资人带来不小损失。到年底，该股股价回到年初起点附近，再次探明了重要底部。该股作为深圳老牌成份指标股和绩优股，业绩稳定，市盈率偏低，是极具含金量和投资价值的股票，适合中线投资者进行波段式投资。

（深圳怀新　刘纯浩）

许继电器　0040

【公司概况】 公司前身为许昌继电器厂，该厂于1970年从黑龙江省阿城继电器厂作为三线厂分迁到河南省许昌市，93初年经河南省和许昌市体改委批准，以许昌继电器厂所拥有的经营性资产为改组主体，独家发起，采取定向募集方式设立该公司。截止99年末，该公司总股本23462万股，流通股9000万股。目前该公司已成为机械工业部电力行业生产电力系统继电保护和自动化控制成套设备的国家大型一类骨干企业，是国家经镐委重点扶持的21家商科技产品国产化 基地之一，是国家重点扶持的300户重点企业之一。1999年许 继集团公司被中宣部和国家经贸委确定为五家典型宣传企业，许继电气被中证·亚商 评为最具发展潜力上市公司五十强，名列第九位 。

【经营业绩】 本公司的主营业务范围为生产经营电网调度自动化、配电网自动化、变电站自动化、电站自动化、铁路供电自动化、电网安全稳定控制、电力信息管理及电力市场化运营技术系统、继电保护及自动化控制装置、继电器、中压开关及开关柜、通信设备、变压器、箱式变电站等。1999年，该公司生产经营持续快速发展，实现销售收入74002万元，比上年增长63.76%，其中以微机型产品为主的高新技术产品已达76%；实现主营业务利润34510万元，比上年增长84.4%。各项经济技术指标均创历年最高水平。

【项目投资】 1.电气化铁路变电站技改项目。根据1998年度第二次临时股东大会决议，将DS2Y系列微型继电器项目变更为电气化铁路变电站技改项目。该项目于年初开始启动，1999年完成总投资4532万元(部分为自筹资金)，该项目已基本完工，研制的微机型电铁馈线保护装置、电铁变压器保护装置、电铁并补保护装置完成了定型试验，已在成都投入试运行。2.500KV超高压输变电保护设备技改项目。1997年至1998年已累计投资12642万元。1999利用自筹资金完成固定资产投资3487万元，流动资金600万元。该项目已全部完工。99年配股项目：1.配电网综合自动化系统技改项目。1999年完成总投资4260万元，其中固定资产投资3860万元，流动资金400万元。该项目研制开发的中压电力载波(10KV)远方抄表与监控系统，已投入运行，其应用前景广阔。2.城网控制技改项目。1999年完成总投资3447万元。该项目研制开发的CHL4—12户外高压六氟化硫自动重合器，KYN28A(GZS1)—12户内交流金属铠装抽出式开关设备、ZN63A(VS1)—12户内高压真空断路器、FZW28—12户外真空负荷开关、ZW7—40.5户外高压真空断路器、XGW2—12(Z)(XBZ—2000)无人值守智能箱式开关站六种新产品已通过省级鉴定，进入批量生产阶段。3.水电站计算机监控系统技改项目。1999年完成总投资3020万元。该项目研制开发的SJK—3000水电站计算机监控系统已通过国家继电器质量检测中心的检测型式试验，并于4月15日通过了国家两部鉴定，达到国内先进水平，目前已供货8套。另外，公司与河南电力建设总公司合作成立"河南许继电能仪表有限公司"，占66.67%股权，合资公司主要从事各类电子式电度表的生产和销售。该公司与日立(中国)有限公司合作成立合资经营公司，本公司投资375万美元，占75%的股权，该合资公司主要开发生产电力系统继电保护和自动化产品。

【市场走势】 1999年1月4日，该股以27.10开市，经过一段时间的整理后，在10:5的送股前后走出了一段抢权行情，随后，由于大势走弱，该股也陷入了弱势整理。伴随着5.19行情的来到，该股走出了一段波澜壮阔的行情，从最低17元左右，涨到了最高30.50，涨副巨大。之后该股进入一段较长时间的调整。在99年底有所启动。1999年12月30日收盘价为23.27(除权价)，流通市值20.94亿，同比增长了49%。年末市盈率为28.4倍。该公司经营十分稳健，几年来业绩一直呈稳步增长之势，且近年来随着公司科技投入的力度逐步加大，因此较为受到投资者的追捧，股价走势也呈明显的波段上扬行情。由于流通盘适中，且属于绩优高科技，因而股性较活。随着未来我国电力、铁路等自动化的进一步快速发展，公司料将得到相应快速增长，是一只值得长线关注的个股。

（青海证券公司　刘兵）

长城电脑　0066

【公司概况】 中国长城计算机深圳股份有限公司由中国长城计算机集团公司作为独家发起人，以集团公司下属的全资子公司—中国长城计算机深圳公司主营资产(包括：产品生产线、科研开发设备以及所拥有的深圳长城国际信息产品有限公司、深圳长科国际电子有限责任公司、深圳海量存储设备有限公司股权)为基础，并将长城计算机软件与系统公司(以下简称"长软公司")、集团公司市场部纳入，对其进行改组，以募集方式设立。1997年，公司向社会公众发行人民币普通股股票5700万股(含公司职工股570万股)，集团公司拥有股份10155万股，总股份为15855万股，社会公众股于1997年6月

26 日上市，1999 年末，公司总股份为 28856.10 万股，流通股份 10329.05 万股，股东总数为 36243 户，前三名股东为：长城科技股份有限公司 18482.1 万股，占 64.05%，基金同益持股 870.6 万股，占 3.01%，基金景宏持股 395.2 万股，占 1.36%。公司董事长王之，总经理何华康。

【经营业绩】 公司主营产品有个人计算机、显示器、电源、打印机、机箱及电子板卡、高性能磁阻磁头，在系统集成、软件开发和大型信息系统工程建设方面具有丰富的经验和较强的技术实力。1999 年公司主营业务收入 167564 万元，比上年同期增长 76%，净利润总额 22874 万元，比去年同期增长 19.67%；整体经营状况呈良性增长趋势。1999 年底，公司总资产 170592.1 万元，股东权益 88469.8 万元，每股收益 0.79 元，净资产收益率 25.86%。公司所处的 IT 行业发展迅速，竞争激烈。1999 年面对全球互联网蓬勃发展的趋势，公司董事会认为未来 IT 产业的中心将由计算机转移到互联网，与此相应各种网络接入设备特别是宽带网络接入设备以及网络信息服务将获得长足的发展，PC 作为一种主要的网络接入设备仍将具有广阔的发展前景。为此公司及时确立了将业务结构逐步由“以 PC 为中心”向“以网络为中心”转移的产业发展战略，在继续恐固和扩大 PC 业务的同时，加快新的网络产品研发和互联网业务的整体规划，以将公司逐步转变为全国的互联网公司，99 年公司以 PC 为切入点，在国内率先推出了互联网“飓风”消费电脑，引起市场强烈反响。同时公司积极切入网络交换机、网络服务器等产品市场，保持了公司整体业务的高速增长。

【项目投资】 1999 年公司通过配股募集资金 197.58 万元，所投资项目进展情况如下：

(1)多媒体计算机系统研发生产技术改造项目

本项目为国家经贸委“技术改造第一批重点工业产品结构调整导向性计划”项目，项目总投资 27591 万元，其中固定资产投资 9740 万元，铺底流动资金 17851 万元。公司将投入本次配股募集资金的 13740 万元(其中因达到资产投资 9740 万元，铺底流动资金 4000 万元)，资金缺口将通过银行贷款或自有资金解决。

项目完成后，公司将形成有较强配套能力的多媒体电脑研发生产基地，年产微机 100 万台(新增 40 万台)，多媒体软件 50 万套，并建立一个具有较强研发能力的产品技术中心。2000 年将进行该项目的基建及配套工程，并引进电源与显示器生产线及设备，预计 2000 年项目投资 7846 万元，形成新增多媒体计算机 20 万台及配套显示器和电源 40 万台的生产能力。

(2)证券综合信息系统开发生产项目

本项目为国家经贸委“高新技术产业化专项规划”项目(国经贸投资[1998]580 号)。项目主要内容是在现有开发生产基础上，购置工作站，高档服务器，高档微机等设备，配备数据库，完善软件开发环境，提高规模开发能力。项目总投资 2980 万元拟以 1999 年配股募集资金投入，改造后，年产证券综合信息系统子系统 60 套。报告期内配股资金尚未到位，公司以自有资金投资 96 万元人民币，成功开发了智能卡安全委托交易系统和券商、银行信息交换系统。

(3)深圳海量存诸设备有限公司扩产增资项目

项目增资扩建总投资为 7685 万美元，新增注册资本 2000 万美元，由投资三方根据原投资股比以现金出资。公司出资 10%，为 200 万美元，拟以 1998 年配股募集资金投入。1999 年内配股资金未到位，公司以自有资金垫支 100 万美元，剩余 100 万美元计划在 2000 年度投入。

【市场走势】 长城电脑股票 1999 年 1 月 4 日以 23.23 元开盘，其后窄幅整理，在 1999 年 5 月初经公积金 10 转增 4 股除权后探至全年最低点 15.36 元，在”5.19”行情中上涨至全年最高价 33.37 元，年末以 25 元收盘。年末流通市值 25.8 亿元，市盈率 31.6 倍。该股在 1999 年表现十分出色，最大涨幅超过大盘最大涨幅，回调时抗跌性较好，在科技板块中引人注目，股性十分活跃，市场形象良好，是值得长期追捧的高成长蓝筹股。

(深圳怀新　刘纯浩)

山东巨力　0880

【公司概况】 公司由潍坊巨力机械总厂独家发起，以定向募集方式设立的股份有限公司。公司设立时，潍坊巨力机械总厂以评估后的企业部分集体净资产 3575.7 万元(不含商标权)按 1:1.2 的折股率折为 2979.75 万股形成法人股，由潍坊巨力机械总厂持有；潍坊巨力机械总厂占有的国有资产 537.6 万元，按 1:1.2 的折股率折为 448 万股，界定为国家股，由潍坊市潍城区国资局所有；另外，向内部职工募集 950 万股，每股售价 1.2 元人民币，96 年经公司股东大会通过，公司向全体股东每 10 股送红股 4 股，送股后注册资本 6128.85 万元。98 年 3 月 3 日在深交所上网发行社会公众股 2500 万股，每股面值 1 元人民币，发行价格 11.87 元，发行后公司总股本为 8628.85 万股。至 1999 年年底，总股本 8628.85 万股，其中发起人法人股 4171.65 万股，国家股 627 万股，内部职工股 1330 万股，公众股 2500 万股，公司股东总数为 18587 户。公司的前三名股本分别为：1、潍坊巨力机械总厂，持有公司 4171.65 万股(占公司总股本的 48.35%)；2、潍坊市潍城区国有资产管理持有公司 627 万股(占公司总股本的 7.27%)；3、北京德智园医药科技开发有限公司持有 65 万股(占公司总股本的 0.75%)；1998 年 5 月 25 日，在公司第二届董事会第一董事会上选举王清华为董事长、李传顺为副董事长、聘胡金胜为公司总经理，同时，监事会选举李思普为第二届监事会主席。

【经营业绩】 公司所处行业属农机行业，主导产品农用运输车的产销在同行业中居于重要地位，据有关资料统计，公司农用车产销量 1997 年在同行业中居第一位，1998 年居第三位，1999 年居第三位。公司主导产品农用运输车销售区域遍布山东、华北、东北、内蒙和苏豫皖的广大地区。公司 1999 年实现主营业务收入 146078 万元，净利润 6847 万元，每股收益 0.79 元，每股净资产 5.58 元，分别较去年增长 17%、160%、155%、12%，净资产收益率达到 14.21%，在经历 1998 年的短暂回落之后，公司的各项指标再度大幅增长。至 1999 年底，公司总资产 75738 万元，股东权益 43075 万元，流动负债 32663 万元，无长期负债，显示公司现金充沛，支付能力较强，有较稳健的财务作后盾，公司在发展过程中占据主动地位。

【项目投资】 1999 年，公司的投资活动主要是对《招股说明书》承诺资金投资项目进行建设，本年度投入 5613 万元，累计投资到承诺项目中的募集资金已达 20506 万元，另外补充流动资金 6760 万元，当未使用的募集资金还有 1534 万元未投入到项目中，但大部分已预付给设备生产厂家和设备安装公司。招股说明书承诺投资项目共有八个，其中扩建高纯超细碳化硅微粉技改项目由于市场发生急骤变化，虽然发展前景不错，但市场竞争十分激烈，价格低迷，投资该项目很难在短时间内产生效益，回报股东。公司 1999 年第一次临时股东大会通过决议，决定将该部分募集资金追加投入到“多项能农用三轮车架斗分厂技术改造项目”。经过1999年的努力，预计到2000年上半年，募集资金项目将全部竣工投入使用。

【市场走势】 该股1999年首个交易日(元月4日)以19.35元开盘，然后振荡向下调整，并于5月17日调整到13.40元见到年内最低点，伴随”5.19”行情的爆发，该股也顺势回升，并于6月24日见到年内最高点19.92元，之后，随大盘调整，该股进入振荡整理的整固期，1999年12月30日，该股以17.40元报收，全年股价下跌9.4%。纵观该股全年走势，该股1999年的走势保持振荡整理的格局，全年成交量为7789万股，换手率为312%，升幅不如大盘，换手也稍低，由于该股流通盘较小，1999年行情中，非热门股总体表现一般，但股价已经历充分调整，因此可以持有或逢低吸纳，中线持有。

(深圳怀新　陈长远)

中集集团　0039

【公司概况】 公司前身是中国国际海运集装箱股份有限公司，成立于1980年1月，由香港招商局集团有限公司与丹麦宝隆洋行全资设立。1987年公司实行股权结构改组，中国远洋运输(集团)总公司加入。1992年12月由原有三家法人股东作为发起人，以定向募集方式进行公众股份制企业改组。公司总股本6400万股，其中法人股5824万股，内部职工股576万股。1994年1月，公司向社会公开发行1200万股A股，向境外投资者发行1300万股B股。1994年3月、4月，公司1300万B股、1200万A股先后在深圳证券交易所上市，公司总股本达8900万股。1995年8月，公司经国家工商行政管理局批准，更名为中国国际海运集装箱(集团)股份有限公司。上市以来，随着业务发展需要，公司股本通过分红和增发B股形式有较大扩张：1995年10股送4股，1996年和1997年分别10股送3股，1998年10股送1股；1996年4月和1997年12月分别增发3000万和4800万B股。截至1999年末，公司总股本为34020万股，其中社会公众股4622.22万股，占总股本的13.58%。B股14240.38万股，占总股本的41.8%，股东前三位股东为中国远洋运输(集团)总公司6820.8万股、招商局国际有限公司6820.8万股、Long Honour Investments Linited持有2620万股。公司董事长李建红，总裁麦伯良。

【经营业绩】 公司主营业务为国际标准集装箱的制造、销售。1999年，本集团致力于扩大产量和市场份额，改善管理、降低成本、加强技术开发，增加产品品种，同时做好新收购加入本集团的集装箱公司的生产经营管理。全年累计生产集装箱496000TEU(标准箱，以下同)，销售491462TEU。产量和销量分别比上年增长50.1%和46.5%，超过了预定的生产经营目标。本集团集装箱实现销售收入500954万元，比去年增长7.27%。由于世界经济和中国对外贸易增长仍然缓慢，行业调整虽然有所进展，但行业竞争激烈的状况未有根本改变，集装箱平均价格有一定幅度的下降，其中干货集装箱平均价值与上一年相比，有近两成的下降。针对这种局面，本集团一方面通过进一步拓展市场，扩大产量，寻求规模效益；另一方面通过技术进步、强化管理等措施降低成本，使成本比上年下降一成以上。同时，本集团通过加强新产品开发，增加了特种集装箱的产量。这样，在集装箱市场处于历史最低位，整个行业都处于最困难时期，本集团仍然能够继续保持一定的盈利水平。1999年，公司实现主营收入51.96亿元，净利润2.57亿元，分别比上年增长5.7%和4.8%，每股收益0.76元，每股净资产4.99元，净资产收益率15.19%。

【项目投资】 1999年，公司主要的投资项目及完成进度如下：购买青岛现代集装箱制造有限公司之长期资产825.96万美元；购买青岛现代冷冻集装箱制造有限公司之长期资产1920.66万美元；上海远东集装箱制造有限公司项目投入10599万元，进度47.5%；天津北洋集装箱制造有限公司项目投入6520万元，进度47.5%；新会中集集装箱木地板制造有限公司项目投入655.5万美元，进度57%。

【市场走势】 1999年1月4日，中集集团股票以16.20元开市，随后缩量下滑，5月中旬探明全年最低价12.01元，然后在”5.19”行情中冲至全年最高价24.39元，下半年随大盘一道回落，年末以17元收盘。年末A股流通市值为7.85亿元，市盈率22.36倍。该股为深市老牌绩优股，业绩稳定，市盈率偏低，具有较强抗跌性，是一只适合于中长期投资的股票。

(深圳怀新　刘纯浩)

环保股份　0730

【公司概况】 1993年3月26日，在全资改组沈阳特种环保设备制造总厂、沈阳市噪声控制设备厂及沈阳利环特种电材厂资产和基础上，吸收内部职工入股设立了本公司。公司于1993年5月/15日召开了创立大会，并于1993年5月18日在沈阳市工商行政管理局登记注册，成为全国环保行业首家股份制企业。公司获得发行社会公众股额度3300万股，并于1997年5月6日至13日全部向社会公开发行，至此，本公司总股本为1.23亿元。公司于1997年8月6日实施了老股东10送1全体股东10转增5的分配方案；1998年9月30日，公司实施每10股转增3股的扩股方案；1999年5月31日，公司实施了每10股送5股的利润分配方案。至1999年12月31日，公司总股本达到37733万股，其中流通A股为12889万股，发起人法人股为24804万股，内部职工股40万股，股东总数9528名，其中前三大股东分别为：1、沈阳特种环保设备制造总厂股份管理委员会持有22609万股(占总股本的59.92%)；2、沈阳噪声控制设备厂股份管理委员会持有2104万股(占总股本的5.58%)；3、安信证券投资基金持有1371万股(占总股本的3.63%)。公司董事长及总经理均为刘桂琴、董事会秘书陈海峰。

【经营业绩】 公司系国家大型企业，经国家环保总局认可，确定为全国环保产业基地建设的龙头企业，是沈阳市政府四大支柱产业之一。公司主要经营环保系列设备、电线制造、环保设备调试；中西药制剂、原药加工、化学药品制剂及承揽大型城市综合污水处理工程等。占公司10%以上经营活动的主要业务为城市综合污水处理工程项目的承包与建设。公司本年度克服了各种困难，紧紧依靠技术进步，提高产品质量和经营管理水平，不断扩大生产规模，实施了名牌战略参与市场竞争，取得了令人满意的成绩，巩固了公司在环保产业的龙头地位。1999年度公司总资产136912万元，同比增长47%；长期负债5616万元，同比增长31%；股东权益80930万元，较去年增长51%；主营业务利润33418万元，较去年增长157%；净利润27845万元，较去年增长58%，每股收益达到0.74元。

【项目投资】 本公司募集资金时承诺项目中四个技改项目已按原投入计划使用资金，于1998年底已经竣工。精密冷轧带钢和板式蒸发器两个项目由于市场情况发生了根本性的变化，已不再适合公司发展的需要，经董事会研究决定变更两个项目的资金用途，转投到桥式吸砂机和生物载体两项目。桥式吸砂机项目承诺投资3635万元，截止1999年年底，实际投资

1095 万元，预计达产后年平均可实现利润 797.7 万元；生物载体项目承诺投资 3407 万元，截止 1999 年年底实际投资 2940 万元，预计达产后年平均可实现利润 806.2 万元。另外，本年度公司通过银行融资渠道解决了部分南部污水处理厂建设资金，该工程预计 2000 年年底竣工。

【市场走势】 该股 1999 年首个交易日开盘报 22.60 元，在“5.19”行情启动前，大盘振荡下行，而该股基本维持在 21 元至 21.30 元之间作窄幅箱型整理，成交量明显萎缩，21 元也成为该股年内最低价位。“5.19”行情之后，该股成交量快速放大，股价也急速上扬，在完成每 10 股送 5 股的分配方案之后，股价快速填权，并于 7 月 21 日创下 39.98 元的历史最高价，然后随大盘调整，至 12 月 30 日，收盘报 34.08，收盘较去年底升 99.6%(复权计算)，年内最高升幅 125.5%。纵观全年走势，该股表现为先横盘整理，再放量快速拉升，之后步入缓慢回调，全年成交量为 1.686 亿股，换手率为 175%。若考虑送股因素，则换手率更低，明显低于大盘和其他绩优股，说明该股筹码锁定程度较高。由于该公司是我国环保行业的龙头，占得市场先机，又受地方政府的大力扶持，近几年该公司获得了高速成长，二级市场上，明显有长线资金驻守。但随着市场化进程加快，未来加入 WTO 的影响，公司必将接受更大的挑战，又鉴于该股从上市以来的累计升幅加大，建议关注成交量的变化以决定是否介入。

(深圳怀新　陈长远)

风华高科　0636

【公司概况】 公司前身为 1984 年创建的广东肇庆风华电子厂。1994 年 3 月 8 日将广东肇庆风华电子厂整体必组并作为主要发起人以定向募集方式发起设立该公司。公司于 1996 年 1 月 8 日在深交所以上网定价发行方式向社会公开发行 1215 万股 A 股，发行价格为 8.5 元/股，向公司职工发行 135 万股，形成总股本 5350 万股。同年 11 月 29 日公司 1215 万股 A 股在深交所上市，另外 135 万股内部职工股于半年后上市流通。1997 年 5 月 26 日，公司实施了每 10 股送 6 股，资本公积金按 10:4 转增股本的分配方案，公司总股本扩张到 10700 万股。1998 年 3 月公司实施了每 10 股配 1.5 股的配股方案，配股价格 13 元/股，社会公众可按 10:1.376 的比例受让国有法人股转配股，配股权转让费为 0.20 元。1998 年 9 月 28 日，公司又实施了每 10 股送 8 股的中期分配方案。1999 年 9 月 8 日，公司又实施了每 10 股送 5 股的中期分配方案。至 1999 年年底，公司总股本达到 31355 万股，股东总数为 21436 名，其中前三大股东分别为：1、广东风华高新科技集团有限公司，持有 9499 万股(占总股本的 30.29%)；2、广东粤财投资有限公司 2890 万股(占总股本的 9.21%)；3、肇庆市威劲电子有限公司 2462 万股(占总股本的 7.85%)。公司董事长为梁力平先生，并兼任总经理。

【经营业绩】 公司所处行业为电子信息基础产品行业—新型片式元器件行业，属国家电子表信息产业优化升级中重点扶持发展的行业，被国家计委、国家科技部列入国家当前优先发展的高技术产业化重点发展领域。目前公司主导产品—片式多层陶瓷电容器产量、销量均居于国内同行首位，在全球居前十位，铝电解电容产量居全国第五位。1999 年由于全世界范围电子信息产业的复苏和国内电子信息产业的加快发展，以及国家推动电子整机配套元器件国产化的政策进一步落实，使国内外新型元器件的需求进入新一轮的高速增长期。本公司及时把握市场机遇，充分发挥二期“双加”项目建设形成的产能，同时提前投入建设新增 100 亿片式多层陶瓷电容器项目，全年片式多层陶瓷电容器产能增长 100%，产销量增长 71.4%。在国内外市场上均取得了良好的销售业绩，与此同时，公司以国家高技术电子元件工程技术联合研究开发中心为核心，大力推进技术创新，加快科研开发及成果的产业化进程，在生产中大量应用超薄介质、低钯含量浆料和贱金属电极等新材料、新工艺技术、降低了产品成本，优化了产品结构，增加了主营产品的竞争力和盈利空间。在产品出口方面，特别是产品转销欧美市场方面，取得较大进展。由于公司产品质量、档次的提高，以及以技术支持为主的良好售后服务，在海外市场的品牌效应已逐渐形成。全年公司实现销售收入 88466.02 万元，净利润 22404 万元，每股收益 0.71 元，同比增长 21%、104%、25%，公司继续保持了稳健、高速的发展势头。至 1999 年底，公司总资产 96163 万元，股东权益 67928 万元，负债率较低，财务稳健，负债结构合理。

【项目投资】 1999 年度内，公司对控股子公司肇庆冠华现代化电子元件有限公司增资 12000 万元，其注册资本增至 13759 万元；对肇庆利华电子有限公司增资 2000 万元，其注册资本增加到 2969 万元；对肇庆粤华新型电子元件有限公司增资 500 万元，其注册资本增加到 1478 万元。本公司还承担了经国家计委批得立项的年新增 100 亿只片式多层陶瓷电容器的基本建设项目，利用现有资金提前投入项目建设，至年底，片式多层陶瓷电容器已达到 150 亿只的年生产能力。

【市场走势】 该股 1999 年首个交易日开盘 18.47 元，之后振荡下行，并于 5 月 13 日创下年度最低价 15.52 元，伴随“5.19”行情的启动，价量齐升，并于 8 月 6 日创下年内高点 45 元，然后随大盘出现回调，在 9 月份实施 10 送 5 的分红方案，股价稍作填权之后调头向下一路下行，直至 12 月份，再度放量回升，止住下跌趋势。由于该股质地优良，成长性较好，1999 年，该股表现抢眼，最高升幅近 190%，全年共计成交 1.7119 亿股。观其全年走势，波段性很强，“5.19”之前为振荡下行寻底阶段，行情发动后快速启动，迅速完成翻倍，送股完成后再度出现回档。年终收市较去年收市上升 72%(复权)，充分反映了公司的高成长性。由于信息产业发展迅速，相信未来公司仍将保持高速发展的态势，适时吸纳，作中长线投资品种仍为上策。

(深圳怀新　陈长远)

格力电器　0651

【公司概况】 公司由珠海经济特区工业发展总公司于 1989 年 12 月发起设立，以其属下珠海冷气工程有限公司空调器厂、珠海塑胶工业公司、珠海冠英贸易公司的净资产及对其债权折价为 780 万股，同时向社会及内部职工平价募集 420 万股。1991 年 3 月，公司扩股 1598.82 万股，其中法人股 1236 万股，新增社会公众股 362.82 万股。1992 年 3 月，公司再次扩股 4700 万股，其中新增法人股 3384 万股，新增公众股 1203.5 万股。经两次增发后，公司的总股份达 7500 万股，其可流通股份 2100 万股于 1996 年 11 月 18 日在深交所上市交易。公司在 1996 年 12 月实施 10 股送 10 股的利润分配方案后，注册资本由 7500 万元增至 15000 万元。公司于 1998 年 4 月实施了每 10 股配 3 股的配股方案，配股价 22 元；公司于 1998 年 9 月 10 日实施了公积金每 10 股转 10 股的扩股方案，公司总股本在 1999 年底达到 32520 万股，公司股东共有 99812 户，其前三大股东分别：1、珠海格力集团公司持有 18000 万股，占总股本的 55.35%。2、珠海格力房地产有限公司持有 3000 万股，占总股本的9.23%。3、珠海华声实业(集团)股份有限公司持有600万股，占总股本的1.85%。公司董事长为苏结宏、朱江洪为副董事长兼总经理，石小磊为监事长。

【经营业绩】 公司目前是生产销售空调器的专业化企业。本行业保持较快发展，公司在激烈地竞争中稳步发展，1999年生产空调153万台，销售146万台，产销量居全国第一位，继续保持行业领先优势。公司经营范围：生产销售空调器、自营空调器出口业务及相关零配件的进出口业务。1999年公司实现销售收入51.66亿元，较上年增长20%；实现净利润2.29亿元，比上年增长8.2%；净资产收益率为21.68%，取得了良好的经营效益；每股收益达到0.705元，较上年增长8.5%。本年度末，公司总资产34.24亿元，比上年增加4.98亿元，增幅为17%，主要是由于公司经营规模扩大，资金回笼良好，为了提高产品质量，防止旺季保量降质，公司增加了淡季产量，增加库存所致。长期负债为零，公司经营没有银行负债原因是公司信誉良好，向供应商和经销商负债，供应商先交货后付款，经销商先付款后提货。股东权益期末为10.57亿元，较上年增加9000万元，增幅为10.33%，系年度利润分配而增加。

【项目投资】 1998年5月实施了配股方案，募集资金27089万元，至1999年年底，配股资金已按配股说明书承诺的用途，删除全部用于技术改造项目，除CIMS项目尚未完成以外，其余项目已全部完工。CIMS项目所需资金余额将用自有资金投入。募股项目以外，公司年内无其他投资。下年度投资计划方面主要有：1、尽快完成配股计划；2、完善产品开发手段，重点开发中央空调新产品；3、加大非空调类产品的研究；4、完成巴西公司筹建。

【市场走势】 该股1999年首个交易日开盘价为16.41元，由于大势低迷，指数逐波走低，该股随大盘加速下跌，至“5.19”行情启动前，该股于5月17日见到年内最低价11.40元。此后，伴随大盘行情的来临，该股明显放量急升，并于6月30日见到年度最高价24.50元，此后明显走软，成交量也渐渐萎缩，至12月30日年度收盘价为14.73元。全年升幅为－10.35%，振幅80%，全年成交量为23286万股，流通股换手率213%。由于公司从事传统家电制造业，而1999年投资理念已全面宠尚高科技，知识经济，这也是导致类似格力电器这样的老牌绩优股遭市场抛弃，这也是我国股市投机盛行的具体表现。但考虑该股质地优良，经营稳定，若在今后的经营及时把握行业变动之先机，业绩仍是有保障的，投资者宜从投资角度考虑长线考察该股。 (深圳怀新　陈长远)

托普软件　0583

【公司概况】 公司前身—长征机床厂成立于1966年，1987年3月始进行股份制改组工作，并改名为长征机床公司，1987年5月至1989年12月，公司分三次向社会发行面额100元的个人股25万股(后拆细为2500万股)，并以部分经营性资产折为国家股3694.59万股，1992年6月又向社会定向募集法人股100万股。1992年11月，国家股股东自贡市财政局以每股3.5元的价格转让650万股国家股，国家法人单位认购该次所转让部分。至此股份结构变为：国家股3044.59万股；法人股750万股，社会公众股2500万股，总股份6294.59万股。1995年11月1日，“川长征A”在深交所挂牌交易。公司于1996年6月实施10送4股利润分配方案后，注册资本增至8812.43万元。公司于1998年进行了资产重组，自贡市国有资产管理局将所持全部国家股转让给四川托普科技发展公司，从而使四川托普科技发展公司拥有公司股份4262.43万股，占公司总股本48.37%，成为第一大股东。至1999年年底，公司总股本8812.43万股，前三大股东分别为：1、四川托普科技发展公司持有4262万股(占总股本的48%)；2、四川省信托投资公司持有378万股(占总股本的4%)；3、长征置业总公司持有288万股(占总股本的3%)。公司法定代表人宋如华、董事会秘书周涛。

【经营业绩】 公司主要从事计算机软件、硬件、网络产品、通讯产品、应用电子技术产品、金属加工机械等的开发、研制工程安装服务、销售和进出口业务，产品主要分两大系列，即1、计算机软、硬件产品及其系统集成；2、长铣品牌数控机床类产品。公司建立有遍布全国的市场营销网络，刑成遍布东北、华北、西北、华中、华东、华南、西南等地区的销售网，建立了经销商、代理商的分级销售体系。公司1999年实现主营业务收入27422万元、净利润5750万元、每股收益0.65元，分别比去年增长24.22%、95.71%、96.97%。各项指标均出现强劲增长，反映出公司的巨大盈利潜力和高速成长特点，在主营业务收入增幅不足三成前提下，利润及每股收益近乎翻倍增长，也显示出公司重组后已成功地昂首迈向前科技，并利用高科技成果取得了巨大的成长。公司坚持以技术为源动力，以产品为源泉，高度重视增强企业的技术创新能力，引进消化能力和科技成果转化能力，不断加大技术开发的力度，加快技术改造步伐，经过产业结构调整，确立了以基于网络的软件支撑平台与集成框架技术、嵌入式操作系统、行业领域应用软件和数控系统为核心技术的发展方向，同时，立足于核心技术，面向政府电子化和企业信息化两个市场，提供全面的系统解决方案和应用软件。公司主要产品地税业务管理软件、PDM产品数据管理软件、托普邮电网管软件、劳动就业信息管理软件、ERP软件、电力网管软件、数控机床等从技术到市场都有了进一步的拓展，在税务、金融、证券、邮政、电信、交通、电力、房改、社保和劳动就业等行业领域和企业的客户不断增加；积极开展国际合作，通过外部引进和自主开发，加快数控技术的研发工作，与英国桥堡公司共同组建全资公司，全面进军数控系统领域，研制开发出适合市场需求的数控系统，并已投放国内外市场，在年内北京举行的国际机床展览会上，取得了历届参展的最好成绩。

【项目投资】 为加速公司软件高技术产业化发展步伐，利用技术创新实现对传统产业的重塑，将公司建成全国规模最大、产业化、国际化水平最高的软件开发与生产基本和出口基地之一，实施公司的长期持续发展战略，公司计划于2000年度增发5000万股A股，募集资金主要用于以下几方面：软件出口基地建设、基于网络的软件支撑平台与集成框架应用、企业信息化通用平台及执行系统的建设、信息家电产品的嵌入式操作系统开发与产业化、开放式智能数控系统开发与产业化和网络分布式环境数控机床技术改造。

【市场走势】 该股1999年首个交易日开盘报17元，然后振荡下行，并于3月份见到年内低点，最低见到14.35元，而后出现一波反弹，并于3月份见到19.50元的波段性高点。然后又出现振荡回调，5月份出现年内次低点15.01元，在“5.19”行情中，该股属领涨板块，快速拉升，于6月29日见到年内最高价34.31元，之后随大盘进入调整期，1999年12月30日以24.16元报收，全年升幅42.12%，优于大盘的表现。其全年成交量为1.6714亿股，换手率478%，全年走势呈现拉升整固走势，与大盘基本保持同步，但由于公司重组后，各方面都进入快速发展阶段，所以股价表现优于大盘。由于公司已全面转型为高科技公司，后续发展动力充足，相信未来仍有超常发展，中线而言，仍有持仓或低吸与公司同成长的必要。

（深圳怀新 陈长远）

证券板块概况

汽车业板块

【板块背景】 1999年我国汽车总产量达到1830323辆，总销量达到1832470辆，分别比上年增长12.33%和14.21%，产销量增长率均超过10%，创近五年以来的新高。主要原因：一是宏观经济向好，居民购买力提高；二是国家加大投资力度带动了汽车需求；三是国家对汽车走私的严厉打击；四是道路通车里程的增加。1999年汽车产销率达到100.12%，说明大多数企业能够实行以销定产，压缩库存，同时也说明了我国汽车工业的市场化程度越来越高。1999年我国摩托车行业总产量为1126.9万辆，增长率为28.15%，销量达1117.2万辆，增长率达26.13%，产销量虽创历史新高，但效益却不理想，整个行业全年利润仅有1亿元左右。农用运输车的产量达320万辆，增长率达9.18%。

1999年是中国汽车行业不平凡的一年。从北京治理城市污染到中美签订关于中国加入WTO的双边协议，其间大大小小的事件无不对汽车行业产生重要影响，致使1999年的汽车销售出现该冷时不冷，该热时不热的反常现象。按照历年我国汽车工业的发展规律，每年的1、2月份和6、7、8月份是汽车销售和生产的低谷期，并且1、2、3月份汽车产销量是逐月升高的。1999年的反常之处在于1月份汽车的生产和销售一改过去那种冷冰冰的状态，生产量和销售量分别比去年同期上升31%和43%，呈现一片热火朝天的局面，给大家带来一个意想不到的开门红。但2月份的形势又给人们浇了一瓢凉水：2月份的生产和销售分别比上年同期下降2%和10%。在随后的3、4、5、6月份，汽车的生产和销售形势不温不火，基本和上年同期持平。正当人们在为1999年能否完成180万辆的预期发愁时，7、8、9月份的销售形势又令汽车业由阴转晴，引来业内人士的一阵欢呼声。7、8、9月的销售量同比增长率分别达到20%、33%和40%，产量增长率也随之升高。10、11月份的销售同比增长率虽然也达到了20%左右，但和8、9月份相比已大幅回落了，12月份的销售增长率相对于10、11月份的增长率有了较大的下降，原因是1998年12月份的基数太大。

各车型产销量的变化　1999年轿车产量为56.54万辆，销售量为57.04万量，增长率分别为11.49%和12.58%。大、中型客车增长势头非常强劲，销量增长率分别为32%和30%，产量的增长率分别为27%和29%。大中型客车的增长速度是各分行业中增长速度最快的。轻型客车销量增长率为0.21%，产量增长率为2.23%。微型客车销量增长率为25%，产量增长率为12%。重型货车销量增长率为30%，产量增长率为35%，主要原因是基础设施建设对重型客车需求较大，另外一个原因是重型货车的基数较小，1998年全国重型货车的产量只有3.5万辆左右。中型货车销量增长率为－0.14%，产量增长率为4.04%。轻型货车销量增长率为31%，产量增长率为30%。轻型货车的增长率较高是因为一方面部分中型货车按轻型货车销售，另一方面是有些农用车生产厂家也加入轻型货车的生产，这样轻型货车就挤占了部分农用车的市场。微型货车销量增长率为－4%，产量增长率为－6%。

2000年汽车市场预测　从目前来看，影响汽车需求的宏观经济形势等因素继续向好，预计2000年汽车需求仍将增加，全年汽车需求量将达200万辆以上。由于中国加入WTO因素的影响，部分居民对轿车的购买行为将推迟，预计2000年轿车的需求量将和1999年基本持平。

【上市公司评述】 截止到1999年12月31日，沪深两市的汽车类上市公司有37家，沪市有20家，深市有17家。其中1999年新上市的公司有4家，分别为5月14日上市的钱江摩托、7月27日上市的东风汽车和天津汽车以及8月13日上市的亚星客车。2000年元月13日中通客车上市，使汽车类上市公司达到了38家，由于中通客车也已披露1999年年度报告，所以本文的统计数据中也包括中通客车。截止到2000年4月30日，这38家公司中除江铃汽车和ST北旅因特殊原因未公布年报外，其它36家公司均按时披露了年报。本次分析是以这36家上市公司作为统计样本(1998年的统计样本共33家，其中包括江铃汽车和ST北旅)。

按加权平均法计算，1999年36家上市公司的平均每股收益为0.2601元，净资产收益率为10.1283%，1998年这36家上市公司的平均每股收益为0.2777元，净资产收益率为10.8481%(此为追溯调整后的数据，1998年追溯调整前的每股收益和净资产收益率分别为0.3226元和12.7939%)，每股收益和净资产收益率分别比上年下降6.338%和20.835%，下降幅度较上年有所减缓(1998年33家汽车类上市公司的平均每股收益和净资产收益率分别为0.2776元和10.1471%，平均每股收益和净资产收益率较1997年的下降幅度分别为19.18%和22.56%)。1999年36家公司的净利润之和为39.7711亿元，1998年这36家上市公司的净利润(追溯调整后的净利润，下同)之和为39.2814亿元，增长率为1.247%。可以看出，汽车行业上市公司的净利润有所增长，净利润增长有多方面的原因，除了市场需求较旺以外，更主要的是各汽车厂家对利润指标更加重视，千方百计适应市场的结果，这也从另一个侧面反映了汽车企业的市场化有了较大程度的提高。在净利润增长的同时，我们也看到利润增长速度远远赶不上汽车行业产销量增长的速度，这符合整个汽车行业的发展状况，即产销量屡创新高，但整个行业的效益不太理想。

【重点上市公司分析】 1999年一汽轿车表现较好，每股收益达0.321元，净资产收益率达10.08%。一汽轿车于1997年上市，目前总股本为16.28亿，流通股为5.46亿，主要生产"红旗"牌轿车。公司上市以来，积极组织新产品开发，向市场投放了CA7200E3红旗V6、CA7180等三个系列中、高、低三个档次的轿车产品和全新大红旗高级豪华顶级轿车产品，形成了公务、商务、民用车等较为齐全的产品结构，满足了市场需求，实现了自1997年上市以来连续三年的稳定增长。万向钱潮是一个汽车零配件生产企业，于1994年1月10日上市。公司上市后，除1995年净利润比1994年同期稍有下降外，其它年份均保持增长，1999年净利润增长率达30%。万向钱潮之所以能够保持较高的收益并能实现增长，是由于公司做大做精了汽车零部件产业，充分享受到汽车业增长带来的好处。

（许达）

化工行业板块

【板块背景】 1999年我国化工行业基本上处于从谷底回升的态势，全年完成总产值5548亿元，同比增长11.41%，其中化工系统完成3150亿元，同比增长10.60%，均有一定程度的增长。从主要产品的产量看，全年累计生产原油16021万吨，同比略下降0.1%，生产天然气251.98亿立方，同比上升7.7%，原油加工量18361万吨，同比上升10.5%，其它有机化工产品中塑料树脂、冰醋酸、纯苯和乙烯增幅较大，而硫酸、纯碱等无机化工产品基本持平。1999年化工行业整体经济效益大幅度回升，其中石化行业的利润增长尤为突出。1999年全行业实现利润309亿元，同比增长196亿元，幅度达173%，其中属于石化系统的中石油和中石化两大系统实现利润249.9亿元，同比增长202%，相对而言非石化的化工系统增幅较小，共实现利润30.59亿元，同比增长24.4%。

1999年化工行业经营状况的好转主要受益于国际原油价格上涨和亚洲经济的复苏。一方面，鉴于国际原油价格低位徘徊，主要产油国于1999年初达成限产协议，该协议实际执行的效果较好，尤其是99年5月以后兑现率大都保持在89%以上，这促使99年下半年原油价格继续上升，以至年底攀至26美元/桶以上高峰。原油作为石化行业的基础，推动了大部分石化产品价格的上涨，而且不少产品价格涨幅超过原油成本的上升幅度，这使相应企业的经济效益出现好转。另一方面由于亚洲经济逐渐从金融危机中走出，对石化产品的需求量增长，韩国、台湾等亚洲国家低价抛售通用树脂等石化产品的行为大为收敛，99年国内石化产品受低价进口产品的冲击减轻，各类石化产品产销两旺。在这种情况下石化厂家纷纷开足马力满负荷生产，较高的开工率进一步使生产成本下降，使石化厂家经济状况的好转更加明显。石化行业中唯一表现不理想的是炼油企业，由于原油成本大幅上升，而成品油价格没有上涨，该行业成为1999年石化行业中唯一效益同比滑坡的子行业。

与石化厂家相比，以“三酸两碱”为代表的无机化工产品市场表现平稳。表现最好的是氯碱行业，虽然烧碱市场没有起色，但由于聚氯乙烯价格上扬，产销两旺，在一定程度上弥补了烧碱市场低迷的不足；纯碱全年产量736万吨，下半年开始的限产初见成效，但价格仍在900元/吨以下低位盘整；化肥行业表现一般，产量最大的氮肥产品　　尿素上半年行情尚可，但下半年淡季时价格继续下滑至1100元/吨附近，影响了化肥企业全年的业绩。总体来说，在国际原油价格上涨和化工市场好转中受益的主要是石化行业，而无机化工行业表现并不突出。

【上市公司评述】 1999年化工类上市公司主营利润增长率平均为20.18%，其中石化行业上市公司增长率为29.79%，而非石化的化工上市公司平均仅为5.02%。23家石化类公司平均主营业务收入25.77亿元，比98年的21.36亿元增长20.6%，平均主营业务利润3.72亿元，比98年的3.18亿元增长17%，平均净利润1.33亿元，比1998年的1.15亿元增长15.7%。在诸多指标中，唯一下滑的是6.953%的平均净资产收益率，较上年下降了37.6%，主要原因一是上市新股净资产收益率落差较大，二是一些过去关联交易程度较高的公司1999年业绩大幅缩水，其中有活力二八、湖北兴北、岳阳兴长等。

从分行业看，1999年表现最好的是生产通用树脂产品的上市公司，一类是以生产聚丙烯为主的武凤凰、茂化实华、岳阳兴长等规模较小的公司，由于聚丙烯价格上升，销售顺畅，经营业绩普遍大幅增长，另一类是上海石化、扬子石化等大型综合类石化上市公司，由于其产品中通用树脂占较大比重，1999年表现亦十分亮丽。在1999年原油价格大幅上升的背景下，由于国内原油价格未和国际接轨，石油大明、中原油气等石油开采类公司经营业绩未有大的改变，但2000年出现跳跃性的增长是情理之中的事。

炼油类公司包括锦州炼化、石炼化、大庆联谊、大元股份和湖北兴化五家。由于国际原油价格的大幅上涨，1999年炼油类公司经受了前所未有的经营压力，原油成本大幅上升，总体经营环境趋于恶劣。5家炼油类公司平均主营业务利润比1998年下降54.2%，平均净利润，比1998年的10999万元大幅下降84.2%。但2000年成品油价格体系改革势在必行，届时成品油和原油之间的价差有望理顺，炼油类公司的经营状况将出现一定的改善。

【重点上市公司分析】 武凤凰(0520)　主要业务是以武石化的炼厂气为原料生产聚丙烯。1999年上半年，聚丙烯从4200元/吨大幅上涨到6000元/吨以上，而原料炼厂气价格由于合同原因并没有同步上涨，该公司的聚丙烯产量又因新装置完工而大幅增长，故公司1999年上半年实现净利润6470万元，同比增长94.7%。1999年下半年聚丙烯价格继续上涨到7000元/吨，但炼厂气价格出现上调，而且上调幅度更大，下半年该公司所实现利润较上半年有一定回落，但全年仍实现净利润10453万元，同比增长31.5%。

锦州石化(0763)　在原油价格上涨的冲击下，该公司1999年净利润大幅缩水。1999年中期尚能实现净利润4596万元，而1999年下半年则是亏损4089万元，全年总计实现净利润507万元，勉强保持微利，仅相当于1998年净利润15122万元的3.76%。在1999年原油成本大幅上升而成品油价格不涨的背景下，锦州石化的表现是1999年炼油企业的普遍状况。

鲁西化工(0830)　典型的氮肥生产企业，多年来致力于尿素和复合肥产能的扩大，尿素产销量和实现的净利润连年增长。99上半年在尿素价格走势较稳的情况下，由于产销量的增长，实现净利润5230万元，较98同期增长36.5%。但1999年下半年尿素价格出现下滑，该公司下半年实现净利润小幅下滑至3799万元，全年共实现净利润9029万元，较98同期仍有小幅增长。如尿素价格没有明显起色，该公司2000年经营状况不乐观。

（陈丰）

纺织板块

【板块背景】 1999年是我国纺织业触底反弹的第一年。按照统计局资料，该年度纺织行业完成工业总产值(90年不变价)7227.88亿元，同比增长11.43%，比上年同期行业生产运行速度加快11.93个百分点。1—12月纺织全行业增加值(现行价)累计1876.76亿元，同比增长9.07%，比上年同期纺织工业增加值同比增幅高9.58个百分点。纺织全行业生产运行速度接近全国工业生产速度。1—12月，纺织全行业产品销售收入6900.15亿元，同比增长11.54%；产成品资金占用较上年下降2.89%；纺织全行业利润总额同比增长557.46%，企业亏损面减少6.10个百分点，亏损企业亏损金额同比减少26.51%，亏损企业户数在减少，盈利企业户数在增加，纺织全行业全年实现盈利8亿元，结束了连续亏损近10年的历史。

展望2000年形势，首先，由于1999年国际石油价格持续回升，带动了纺织品原材料价格也普遍出现触底回升，先是部分化纤产品价格上涨，后来羊毛价格走势坚挺；下半年棉花流通体制改革，棉花价格先抑后扬；年底苎麻需求异常拉动价格暴涨等等。这些原材料的价格上涨必将严峻考验我国纺织企业对原料成本上升的消化能力，从而对其明年的经营管理造成巨大的压力。其次，去年扭亏力度最大的棉纺行业是在两年累计淘汰906万落后棉纺锭、安置分流116万职工的前提下取得成效的，然而在市场形势好转的情况下，压缩的生产能力很容易反弹，因此，2000年行业效益保持增长还将倚重于我国对纺织各行业新增生产能力的严格控制。

【上市公司评述】 1999年纺织服装板块上市公司加权平均每股收益为0.201元，净资产收益率为6.85%，与沪深两地上市公司总体业绩相比，分别低了0.002元和1.3287个百分点，同时，亏损面较沪深全体上市公司高2.33个百分点。纺织服装板块的净资产收益率位列信息、金融、能源、食品加工、电子、传媒、基础设施、农业等20个行业中的第14位，较最高行业净资产收益率(信息产业：20.92%)低14个百分点，净资产收益率不足行业最高值的三分之一，充分显示了传统行业的产业特点：较低的技术壁垒导致行业竞争激烈，使得行业收益率不能达到社会平均的利润率。与1998年相比，纺织服装行业加权平均每股收益和总体净资产收益率分别同比负增长26.29%和30.95%，而沪深上市公司整体分别是正增长0.50%和负增长1.92%。1998年，纺织服装板块的主营业务利润率为21.69%，净利润率为10.09%；1999年主营业务利润率为19.86%，净利润率为7.87%，较上年分别有10—20%的降幅。1999年纺织服装板块上市公司销售畅旺，主营业务收入增长率较社会商品零售总额增长率高4.23个百分点，但是行业竞争激烈，产品单价维持低位，同时原材料涨价使生产成本上升，两因素压缩了主营业务利润空间，使主营业务利润增长率低于主营业务收入增长率9.45个百分点。此外，销售费用和管理费用涨幅分别高达26.26%和32.06%，进一步构成减利因素。但是1999年纺织服装板块上市公司的业绩水分显著减少。48家上市公司的经营业务现金净流入194765.63万元，比净利润仅少2130.1万元；板块加权平均每股经营现金流量0.1990元，比每股收益仅低0.001元。这使得本财务年度的净利润和每股业绩具有比较高的可信度。相比之下，98年实现的净利润就比较虚，该年度行业经营现金流入22154.1万元(中国服装与黎明股份的相关数据未披露，因而不包括在内)，仅相当于可比净利润总额的10.12%，加权每股经营现金流量为0.0277元，与0.27元的加权每股收益差距显然太大。而且，本年度大幅增加的管理费用中有相当部分是或有损失准备，即大多数上市公司均按照新的会计准则要求增提应收款项坏帐准备、存货跌价准备、长期投资短期投资损失准备，比如龙头股份、粤美雅，计提额分别高达1.18和1.28亿元，这些或有损失准备均大量冲减了当年实现的净利润，使之数据非常真实，同时也为下一年度的经营甩掉了部分包袱。

【重点上市公司分析】 *雅戈尔(600177)* 该公司主要从事男西套装、男衬衫等系列用装的加工，营销网点覆盖全国(西藏除外)。上市两年来主营业务收入年均增长率超过40%，净利润年均增长率36.7%。1999年，该公司每股收益0.75元，净资产收益率18.28%，位居沪深上市公司前列。主业不断发展的同时，雅戈尔积极参与高收益行业，1998年底斥资1.2亿元参建国家级沿海大通道宁波段组建宁波大通公司；1999年8月斥资3.2亿元参股中信证券。以上项目将形成稳定的现金红利收入，成为新的利润来源。

华茂股份(0850) 公司主营棉纱、棉布、混纺布，长久以来重视产品质量的提高和结构的调整，产品销售对象均为国内外知名纺织品生产厂家和进出口公司。该公司上市后主营收入年均增长率7.8%，净利润年均增长率32%，在棉纺行业里很出色。1999年中期该公司改变募集资金投向，投资1亿元资金参与国泰君安证券公司的增资扩股，投资5000万元收购广发证券4000万股权，并小额参与拍卖、典当等行业，构造多元产业结构。1999年每股收益0.37元，净资产收益率13.51%，在纺织行业上市公司中排名第十。

龙头股份(600630) 其麾下的“三枪”、“菊花”牌针织内衣、“海螺”牌男衬衫在全国重点大商场销售中均排十名以内，“民光”牌床单、“粹众”毛巾等的销售、效益也都居同行前列。龙头股份的投资项目有新疆的高科技农业开发、生物医药产业孵化器“双龙高科”公司，以及与张江高科共建网络公司等等。该股股性活跃，1999年每股收益0.32元，净资产收益率10%，经营现金净流量为负值，主要是因为“支付的其它与经营活动有关的现金”高达2.2亿余元。

申达股份(600626) 申达的外贸业务发达、“飞轮”制线国内外知名；同时其选择为未来支柱产业的产业用织物最顺应我国纺织业结构调整的方向。由于我国以往对经济发展的质量重视不足，产业用织物一直处在自生自灭的状态，若我国更新公共工程施工标准并加强中西部开发将带动该行业突破性地发展。目前该行业存在投资分散、单体规模小的缺点，又面临外国成熟同行业资本的冲击，因此取得国内龙头企业的路途仍很坎坷。1999年该公司每股收益0.38元，净资产收益率13.1%，每股经营现金流入0.65元。*深惠中(0036)* 经重组并入羽绒制品业著名品牌“波司登”、华联集团华业公司、置业公司、宁海棉纺和余姚第一棉纺，已成为我国最大的色纱生产和出口基地，产品主要出口香港，是香港最大的色纱供应商之一。该公司投资的宏华电脑软件公司在服装设计、排料、剪裁自动化和印花图案、印花制版软件开发行业中占有突出优势。1999年深惠中的每股收益0.34元，净资产收益率10%，但经营现金净流量也是负值，主要原因与龙头股份相似。

(张为群)

钢铁板块

【板块背景】 1999年，对我国钢铁行业来说是喜忧参半的一年。虽然多项技术经济指标均创历史最好水平，但钢材市场价格总体却不断下降。1999年初冶金工作会议确定的冶金行业年内工作的三项主要任务是：钢材减产10%、全行业实现利润50亿、“以产顶进”300万吨。但这三个目标仅第三项“以产顶进”基本实现，1999年钢材产量非但没有减产反而同比增长了13.39%，冶金全行业利润只实现了原计划的一半即25亿。据国家统计局资料显示，1999年我国生铁、钢、成品材产量分别为12539万吨、12370万吨、11957万吨，同比1998年增长幅度分别为6.14%、8.41%、13.39%。

经济效益方面，全行业实现利税同比有所增长，从二季度开始全行业逐月盈利。全行业1999年实现销售收入2900多亿元，同比略有增长，大中型企业实现销售收入占全行业的92.5%，61户大中型企业增加了销售收入，其中杭钢、唐钢、沙钢、新兴铸管等企业的销售收入的增幅在10%以上,而武钢、本钢、天铁、南京钢厂等企业利润的增幅在20%以上。扭亏脱困方面,全行业亏损企业的亏损额28亿元左右,下降33%,大中型企业亏损额11.4亿元,同比减亏14.3%。资金状况方面,回款上升、应收应付款持平、存货结构略有优化、产成品资金占用有所上升、资金周转慢,资本结构不合理问题有待解决。全行业货款回笼率(现金及银行承兑汇票)达72%,同比增加7个百分点。成本管理方面,压缩采购成本取得明显成效,制造成本和财务费用继续下降,全行业可比成本比去年降低4%。技术经济指标方面,1999全年高炉利用系数、入炉焦比、喷煤、热风温度、转炉利用系数、钢铁料消耗、炉衬寿命、电炉电耗、轧钢综合成材率等技术经济指标均创历史最好水平。

1999年我国钢材价格以下滑为主,只有薄板和不锈钢有所转机。预测2000年钢材市场将比1999年有所好转,主要有以下三点理由:首先,2000年我国经济将继续保持平稳增长,钢材消费也将会继续增长;其次,冶金管理有关部门决定2000年进一步加大钢铁生产总量控制的力度,采取各种措施确保钢产量控制在1.1亿吨以内;最后,随着亚洲金融危机的消退,1999年下半年以来,国际钢材市场逐步升温,回升态势已成定局,这将对国内钢材市场的稳定产生积极影响。

【上市公司评述】 截止到1999年12月31日,沪深两地钢铁类上市公司共有29家,其中武钢股份、华菱管线、首钢股份、福星科技、法尔胜是1999年1月1日以后上市的钢铁公司。总体来看,1999年钢铁上市公司的业绩比1998年有所下滑:1999年29家钢铁类上市公司的加权平均每股收益为0.19元,去年同期钢铁类上市公司为0.18元,同比增长了5.5%,但剔除上述5家1999年1月1日以后上市的公司后,1999年钢铁类上市公司的加权平均每股收益仅0.16元,同比下降了11.11%;1999年29家上市公司的加权净资产收益率为6.80%,同比增长微增0.4%,同样剔除5家公司后,24家钢铁上市公司的加权净资产收益率只有4.96%,同比下降26.73%。这是我国钢铁行业几年来的经营环境持续不如人意的必然反映:自1996年,钢材产量不断增长,但钢材价格却持续下滑,1999年钢材平均价格同比1998年下降了约10%,因而整个行业的盈利情况很不理想。钢铁类上市公司可分为特钢类、板材类、钢管类、金属制品类、通用钢材类等五大类,特钢类:特钢类上市公司在所有钢铁类上公司中经营业绩是最差的,除西宁特钢和大连金牛的净利润同比略有增长外,其它公司均下滑,尤其大冶特钢、沪昌特钢、北满特钢的净利润更是大幅度下滑;板材类:板材类公司比特钢类公司情况要好些,鞍钢新轧和太钢不锈的净利润增长更是在两位数以上;管材类:新兴铸管继续保持稳健发展,一钢异型即将转型,上海钢管则是进一步深陷泥潭,每股亏损高达0.70元;金属制品类:该类公司的经营较为稳定,除新华股份净利润差强人意外,其他三家都属平稳发展型;通用钢材类:该类公司由于资产规模、股本规模都比较大,进一步高速发展的潜力有限,不过未来真正的国企蓝筹大盘股极有可能从该板块中产生。

【重点上市公司分析】 杭钢股份(600126) 属通用钢材类,主营钢、铁及压延产品、焦炭及副产品,经营良好,近年来一直保持着很高的净资产收益率,1999年主营业务利润及净利润同比均大幅增长。在钢铁主业取得可喜业绩的同时,公司进行产业结构调整,实施钢铁主业求强不求大、大力拓展非钢铁产业的发展战略,正计划积极而又慎重地介入一些技术含量高、市场潜力好的新兴产业,利用证券市场的融资功能,加大对信息技术、生物医药等新兴产业的资本投入,杭钢股份未来将发展成为拥有钢铁、信息技术、生物医药等产业群的控股公司。

新兴铸管(0778) 属管材类,公司主营离心球墨铸铁管及配套管件制造、钢铁冶炼及其压延加工,是国内球墨铸铁管行业的龙头企业,国内市场占有率达40%,铸管产品有40%用于出口。1999年公司每股收益0.532元,净资产收益率16%。公司的离心球墨铸铁管是一种具有较高科技附加值的产品,具有耐腐蚀、寿命长的特点,是灰口铸铁管的升级替代产品,产品广泛应用于城镇供水输气,是城镇基础公用事业的基本原料。国家近期规定今后城镇供水供气管道都必须使用离心球墨铸铁管,这样,新兴铸管的高成长性便有了扎实的市场基础。

武钢股份(600005) 属板材类,公司主要从事冷轧薄板、镀锌板、镀锡板、冷轧硅钢片的生产和销售。公司1999年主营业务收入、主营业务利润、净利润分别为590122万元、87208万元和60591万元,同比1998年增长幅度分别为17.4%、4.9%和13.6%,每股收益达0.29元。在1999年钢材价格普遍低迷的形势下,能取得如此佳绩,主要得益于武钢股份利用自身的产品优势,抓技改、创名品、精品的钢材结构调整战略。我国的冷轧板材主要由武钢股份、宝钢与鞍钢三家生产厂家提供,三家的生产总量占国内冷轧薄板与镀锌板总产量的90%以上,其中武钢股份占据着第二大市场份额。另外,武钢股份还保持着镀锡板市场的最大份额,并且是我国目前唯一生产取向和高牌号无取向冷轧硅钢的厂家。 (李勇军)

房地产板块

【板块背景】 1999年,国家先后出台了一系列有利于房地产投资和消费的政策,起到了拉动效应。出台了一系列降免税费,减化手续等政策刺激了住房消费。人民银行采取延长个人住房公积金贷款和商业性购房贷款的期限,降低贷款利率,增加贷款额度等措施,对鼓励个人购房贷款,增强居民购房支付能力起到了积极作用。另外,房地产市场体系初步建立,二三级市场联动格局的形成以及高科技现代化的房地产信息系统的建立,为6市场提供了交易场所和畅通的信息渠道。再者,国家实施西部大开发战略与我国今年准备加入WTO,对房地产市场的培育和发展产生了积极影响。首先,房地产交易淡季不淡,交易业务量增长较快。以往一季度都是房地产交易淡季,而今年同期,28个大中城市的房地产转让、租赁、抵押等交易业务量增长较快,如武汉市商品房销售面积、存量房转让面积、房改房上市面积分别比上年同期增长了137%、92.7%、89.3%。其次,存量市场开始启动,如宁波市三区存量房交易成交达3580件(一季度),是1999年同期的7倍,广州商品房销售面积与存量转让面积之比为6:1,而上年同期则为13:1。再者,房地产价格稳中有升,个人住房消费成为市场主体,今年以来,房地产均价基本呈现稳中有升的趋势,在住宅类商品房中,普通住宅价格一直稳健上升,个人住房消费比重较上一年大幅增长,仅1—4月,个人买房比重上海为97.5%、天津为96.8%、长春为93%。从市场发展趋势看,过去"人适应房"的格局已被打破,"房适应人"成为市场新的导向,金融方面、房地产抵押贷款业务量放大、金融对住房消费支持力度加大。总之,我国房地产市场正面临三大转变:一是房地产经济的增长方式将由速度规模型向质量效益型转变;二是房地产业对经济增长的拉动将由单纯的投资拉动向投资与消费双向拉动转变;三是房地产市场的发展机制将由主要靠行政措施和政策调控向主要靠市场机制自身调节转变。

【上市公司述评】 深沪两市房地产类上市公司共有35家，其中深市25家、沪市14家，根据1999年度报告的数据，35家房地产类上市公司的加权平均每股收益为0.102元，平均净资产收益率为4.68%，分别比上年的0.04元和1.66%有了大幅提高，表明以住宅为主的房地产业已逐步走出低谷，进入投资与消费的新增长期。但是，房地产类上市公司两极分化也较严重，每股收益在0.40元以上的有5家，占总数的14.3%，亏损的也有5家，此外，上面两组数据与深沪两地市场的平均值比较，分别低50.7%和3.63%，房地产总体状况仍处于两市中下游水平。尽管如此，房地产类上市公司的经营情况还是出现了较大改善，35家中，净利润总额实现增长的有20家，占总数的57.1%，同时亏损面有所缩小，亏损家数由原来的7家减少到5家。从负债水平看，房地产类上市公司负债水平适中，平均负债率为56.2%，与全国房地产企业平均70%的负债率相比，有明显优势。但也有少数上市公司负债率高于70%，甚至超过95%，处于资不抵债的边缘。至于流动比率和速动比率比去年的1.85和0.87略有下降，但对于行业自身特点来说，仍处在合理水平。考察存货周转率、房地产类上市公司平均只有0.608次，其中有22家在0.5次以下，在1次以上的仅有7家，表明房地产上市公司仍存在销售不畅、产品积压、资金利用率较低。应收帐款周转率35家公司平均为5.81次，虽比上年11.9次大幅下降，但根据房地产业的特点，应收帐款的回收还算可以。从盈力能力看，35家公司平均主营业务利润率为29.4%，比上年下降了2个百分点，说明随着市场竞争的不断加剧和市场化程序的逐渐提高，房地产业同大多数产业一样，将越来越趋向于平均利润化，房地产上市公司的利润逐步下降，获利空间趋窄。但是，虽然未来一段时间房地产市场，供大于求的发展态势仍难以改变，上市公司的发展空间将继续受到一定的制约，总体经营业绩也难以在短时间内大幅提高。然而，种种迹象表明，我国房地产业的"拐点"已经出现，随着我国经济发展速度的加快以及国家支持房地产业发展的政策逐步到位，房地产业将呈现机遇与挑战并存的局面。

【重点上市公司】 深万科(0002) 是公认的房地产行业中的明星企业。在近几年国内房地产业不景气的状况下，该公司却能一直保持绩优股地位，十分难得。1999年公司实现291238.56元，净利润22914.23元，分别比上年同期增长28.3%和13.3%，每股收益0.42元，每股净资产3.84元，净资产收益率10.95%。公司取得较好收益主要得力于在深圳、上海、北京和沈阳等几个重点城市开发的房地产项目，如深圳万科俊园、上海城市花园、优美 地项目、北京万科城市花园、深圳万科四季花城等销售状况良好，万科俊园被评为1999年深圳十大明星楼盘之首，品牌优势十分明显。

中天企业(0540) 主营房地产开发、勘探设计、室内装璜、国内外实业投资、城市基础设施配套项目等。虽然房地产行业近年并不景气，但由于公司紧紧把握住一系列刺激住房消费政策所带来的发展机遇，通过强化营销管理，使业绩大幅提升，成为地产板块中的一匹黑马。1999年公司实现主营收入14767.07万元，净利润2892.02万元，分别比上年增长43.2%和31.4%，每股收益0.29元，每股净资产2.45元，净资产收益率12.03%。其收益主要得力于中天花园、中天广场、中天星苑、宅吉大厦等的顺利销售。在当前西部大开发政策下，公司业务有望更上一层楼，继续保持良好发展势头。

新黄浦(600638) 公司主营房地产经营、危旧房改造、室内外建筑装潢、物业管理、房产咨询等。公司近年正努力调整产业结构，逐步延伸到高科技园区建设和高科技投资领域，目前的收益主要还是来自于房产项目。由于新老业务衔接上产生时间差，导致业绩出现大幅滑坡，1999年实现主营收入41882.89万元，净利润9547.51万元，分别比上年同期下降59.2%和39.8%，但仍取得每股收益0.18元、净资产收益率6.16%的较好业绩，在地产板块中经营较为出色。今后随着新项目进入收益期，发展前景仍然乐观。 (张剑峰)

电子信息业板块

【板块背景】 近些年，中国电子信息业一直保持稳步增长的势头，特别是在世界新经济、网络经济的带动下继续走强。国内经济在政府积极的财政政策的宏观指导下，内需扩大，因此而引发的电子信息产品市场自1998年以来持续向好。伴随电子信息产业的高速发展，作为电子产品上游产业的电子元器件行业也步入快速发展的黄金时期。全球电子元器件行业将在较长的一段时期内保持较高的增长速度。从国内的情况看，自1999年下半年开始，因为下游通讯市场兴起和信息产品需求旺盛，我国内地电子元器件行业生产和出口形势疾速好转。根据世界半导体市场统计组织预测，整个行业将在电脑、便携电话、数字家电等产品的带动下今后几年内会保持15.5%的增长率。我国的电子元器件产业正面临一个良好的发展机会。世界范围电子信息产业的复苏和国内电子信息产业的加快发展为电子元器件行业提出新要求，同时成为该行业发展的新契机。国内电子元器件行业内的一些知名企业，如风华高科、生益科技等，依靠自有的技术创新能力，通过持续的技术开发，全面提升技术和产品档次，培养核心竞争力，企业得到快速发展，在竞争能力、赢利能力、技术水平等各方面成为行业的龙头企业。

【上市公司述评】 2000年，我国电子信息上市公司增长很快，从中期业绩看，上市公司实现净利润平均值为4116万元，比上年同期增长28.96%，平均每股收益0.148元，比上年同期增长22%。根据中报，计算机行业上市公司与全部上市公司平均水平相比，盈利能力和成长性都较好。不过计算机软硬件行业状况差别较大，软件行业好于硬件行业，整个计算机行业的发展可谓喜忧参半。经营业绩软件类公司好于硬件类由上半年中报软件行业与硬件行业的横向比较可以看到以下两个特点：软件行业盈利能力优于硬件行业，但规模效应却不能体现。由每股收益、主营业务利润率、净利率三项指标看，软件行业都是硬件行业的两倍以上，反映软件公司的平均盈利能力要远好硬件公司，这也是由软件产品的高附加值所决定的。另外，中报数据还放映出软件行业的盈利能力和规模成反比，即主营利润率和净利润率随着主营收入的增加而降低。通常情况下，大规模的软件公司提高其软件复用率的能力比小公司更强，研发能力也更强，因此产品附加值应当更高，拓展业务也应当更容易，因此规模大的软件公司盈利能力应当更强。目前软件上市公司中出现的这种相反现象说明了我国软件企业的增长目前还主要是粗放型的增长。软件企业在规模扩大的同时，更多的是以简单的业务拓展为主，并没有充分发挥管理和研发的作用，规模效应得不到体现，因此这样一种增长需要以盈利能力的降低为代价。从成长性看，软件行业比较整齐，硬件行业则落差很大。由于受清华紫光、方正科技、宏图高科、浪潮信息4家公司主营利润大幅提升的影响，硬件行业主营利润增长率的平均值要略高于软件行业。但是软件行业上市公司的增长率比较整齐，除了创智科技和国嘉实业的主营利润增长率在9%左右外，其余公司的增长率都在30%以上。此外软硬件行业现金流状况差别很大，软件行业平均每股收益经营性现金流入为0.24元，而硬件行业为－0.25。软件行业只有1家公司现金流为负值，其中天大天财和托普软件每股现金流最高，分别达0.93元和0.47元。而硬件行业11家公司中竟有7家公司现金流为负，现金流状况最差的是宏图高科和南天信息，分别是－1.232元和－0.58元。就增长速度看软件硬件公司都在放慢，虽然由于新股上市、买壳上市、公司主营转换等原因，软硬件行业上市公司外延在不断变化着，但纵向比较还是能为该行业上市公司成长状况提供参考。由1998、1999和2000中期软硬件行业上市公司的盈利能力和成长性的平均值比较可以看到，两年多以来，软硬件行业上市公司有两个趋势：一是软件类公司的平均盈利能力在提高，而硬件类公司的盈利能力则略有下降。二是软件和硬件行业上市公司的增长速度都在放慢，其中硬件行业尤其不容乐观，1999年报和2000中报平均净利润同比都出现了倒退。硬件行业盈利能力和成长性两方面都呈现退步，这可以从硬件行业竞争激烈、企业没有自主知识产权、产品附加值低等方面找到原因。硬件公司大力开拓软件业务网络是软硬行业公司共同看好的发展方面。网络的高速发展带动了与此相关的一系列软硬件设备及其供应商。从中报可以看到，计算机类公司无不认为网络是发展的大方向，网络造就了巨大的市场需求。

【重点上市公司分析】 风华高科(0636) 1999年风华高科继续保持高速增长势头，全年实现主营业务收入88466.02万元，净利润22404.56亿元，分别比上年增长20.5%和104.1%，每股收益0.71元，每股净资产2.17元，净资产收益率32.98%。公司所处行业为电子信息基础产品新型片式元器件行业，被国家计委、国家科技部列入国家当前优先发展的高技术产业化重点领域。主导产品片式多层陶瓷电容器是广泛应用于计算机、通讯及消费类整机的新型片式元器件，在片式元器件中占总需求量的40%，目前公司该产品的产量、销量居于国内同业首位，在全球居前十位。公司被确定为第二批全国技术创新试点企业。

东方电子(0682) 主营电子及通信设备、电力调度及工业自动化保护设备、电源、工业控制系统、专用仪器、汽车电器、化工材料、计算机及配件的开发、生产、销售及咨询服务等。1999年公司又投资信息管理企业网系统项目并收购、兼并信息、通讯行业中相关资产，大举介入网络业。1999年，公司主营收入85576.39万元，净利润30361.49万元，分别比上年增长89.9%和119.9%，全年实现每股收益0.53元，每股净资产1.93元，净资产收益率27.41%。公司股票在1999年被选入深圳成份指数指标股，内部职工股全部上市后流通股达到6亿股以上，成为深圳市场重要指标股之一。

清华同方(600100) 1999年公司实现主营收入166843.3万元，净利润16084.84万元，分别比去年增长106.9%和53.5%，每股收益0.62元，每股净资产5.07元，净资产收益率12.23%。公司主营计算机硬件及信息技术，业绩在同行业中始终名列前茅。公司充分发挥清华大学雄厚的科技实力和人才优势，走高科技产业之路，通过促进清华大学的高新技术成果转化培育新的利润增长点，新投资一批项目包括RH分布式微机控制系统产业化项目、信息加工和信息服务产业化项目、软件研究与开发中心项目、风冷热泵机组项目、楼宇自动化项目等，都取得良好效益，保证了公司在二级市场上高校概念股中的领头羊地位。

（张剑峰）

医药业板块

【板块背景】 医药业行业是国民经济中一个重要且特殊的行业，涉及国民健康、社会稳定和经济发展，与人类的健康息息相关，是世界公认的最有发展前景的高技术、高投入、高效益、国际化的竞争型产业，行业利润高，是永远成长和发展的朝阳产业。我国医药业自改革开放以来，年平均增长17.5%，至今仍保持较高的发展速度。目前，我国医药业已基本形成了原料药、中间体、制剂和医疗器械等配套较为完善的制药工业体系，1999年医药工业总产值已超过1800亿元人民币，增长速度大大高于国民生产总值。但是，我国医药业行业也存在诸多问题：(1)生产企业存在“一小二多三低”的现象，大多数生产企业规模小，企业数量多和产品重复多，大部分生产企业产品技术含量低，新药研究开发能力低，管理能力及经济效益低。(2)药品质量监控不严，在国际市场上竞争力极弱。针对我国医药业存在的问题，1999年，是国家药品监督管理机构调整后新的法规出台最多的一年，包括《药品分类管理办法》及医、药分业管理。新成立的劳动和社会保障将有“两定三目录”颁布实施。国家经贸委颁发《药品价格管理暂行办法》及补充规定。

【上市公司述评】 深沪两市45家医药业上市公司年报显示，平均主营业务收入64064.94万元，同比增长16.57%；平均每股收益0.2209元，同比增长54.23%；平均净资产收益率8.65%，同比增长52.02%。截止1999年12月31日，医药业上市公司的平均市盈率41.88倍。在这些医药业上市公司中，具体可分为四大类，即生物医药类上市公司5家，包括海王生物、桂林集琦、金花股份、天坛生物和复星实业；中药类上市公司14家，包括东阿阿胶、云南白药、古汉集团、桐君阁、吉林敖东、浙江震元、通化金马、华神集团、三九医药、同仁堂、太极集团、西藏药业、通化东宝和青海三普；化学制药类上市公司23家，包括丽珠集团、ST白云山、恒和制药、轻骑海药、东北药、新华制药、合成制药、金陵药业、广济药业、华东医药、双鹤药业、浙江医药、众生制药、升华拜克、哈药集团、西南药业、南京医药、东风药业、全兴股份、鲁抗医药、中西药业、华北制药和上海医药；医疗器械类上市公司3家，包括威达医械、万东医疗和哈慈股份。对比这四类上市公司1999年年报财务数据，总资产、主营业务收入和主营业务利润的平均值方面，化学制药类上市公司占据优势，说明此类公司规模相对大一些；净利润平均值方面，中药类上市公司以5977.82万元拔头筹；平均每股收益方面，生物医药类上市公司以0.2786元占先，说明此类上市公司产品利润率较高。具体而言，中药类上市公司平均每股收益0.24元，平均净资产收益率9.12%，有两家企业每股收益在0.50元以上，其中同仁堂、吉林敖东1999年每股收益分别达到0.58元和0.513元，位居医药行业上市之首。中药行业上市公司显示出较强的盈利能力，受入世影响，中药企业前景看好。目前我国中药的出口额仅占国际份额的5%，伴随东阿阿胶生产线通过GMP改造，太极集团的治癌新药柴杉醇的投产，上市公司出口应有较大增长空间。化学制药类上市公司1999年主营业务收入略有增长，有两家公司的净利润总和出现负数，平均每股收益0.18元，平均净资产收益率－8.414%。(由于ST白云山财务数据异常，导致此指标失真)。整体业绩较1998年虽有一定增长，但与中药类上市公司相比有明显差距，原因在于化学制药行业供过于求，结构矛盾严重、整体经营环境恶化。业绩略有增长的原因，几乎都是依靠资产重组，如东风药业受江中制药委托经营，涉足中成药的生产，ST 白云山、轻骑海药转向中成药生产而扭亏为盈。对比中药类企业，化学合成药企业有以下几大特点：一是主营业务不突出，只能勉强占到 60%——70%，远低于中药类企业的 90%以上；二是销售毛利率较低，只能维持 20%——30%，而中药企业大多达到 55%——75%；三是中药业企业增长速度较快，而化学合成药企业则表现平平。生物制药类企业在医药类中最具前景和发展潜力，1999 年平均每股收益 0.278 元，平均净资产收益率 13.42%。但有个共同的弱点，规模普遍较小。

【重点上市公司分析】 同仁堂(600085) 1997 年 6 月上市，公司 1999 年主营业务收入 83527 万元，同比增长 17.46%；主营业务利润 36978 万元，同比增长 21.09%；净利润 13928 万元，同比增长 12.2%；净资产收益率 18.36%，每股收益 0.58 元，经营活动产生的现金流量净额为每股 0.235 元，显示公司销售现金回收状况良好。同仁堂作为我国中医药第一品牌，拥有的"十大王牌"、"十大名药"在国内销售稳定增长，1999 年销售额超五千万元的产品有 5 种，其中乌鸡白凤丸、国公酒、六味地黄丸、感冒清热冲剂、牛黄上清丸的销售额比上年同期增长 30%、14.31%、55.89%、36.24%、70.90%。塞隆风湿酒、胰复康胶囊等新产品推向市场后，也取得了较好的市场反映。公司募集资金主要用于新产品新剂型车间、提取生产线技术、颗粒车间、出口基地技术、胶囊生产线、口服液车间、国家级企业技术中心等七个技术改造项目，完成后可以大大提高公司的获利能力和国际竞争力。总之，同仁堂经营稳健，财务状况较好，致力于中医药的现代化研究开发，随着生物技术和生物工程的利用，GMP 的系统改造、市场的不断拓展，特别是伴随中国加入 WTO，其经营业绩会大幅提高，具有中长线投资价值。

吉林敖东(0623) 1999 年，公司主营业务收入 42300 万元，同比增长 14.9%；净利润 10032 万元，同比增长 11.7%；每股收益 0.513 元，净资产收益率 15.02%，公司以制药工业、养鹿为基础产业，公司主要产品"安神补脑液"、"利脑心"被国家中医药管理局命名为"中国中药名牌"称号，"安神补脑液"、"利脑心"、"血逐瘀口服液"、"益血生"、"心脑舒通"先后被列入"国家中药保护品种"。"安神补脑液"已通过美国 FDA 临床认证，将成为公司最具潜力的利润增长点。安神补脑液主要适用于常见的植物神经功能紊乱，突出表现为失眠、乏力，虽不致命却严重影响人们的正常生活，欧美发病率高于我国，入世后将大大拓展安神补脑液的市场空间。 (张剑峰)

公司董事长：巴洪斌　党委书记，高级经济师，高级政工师。全国劳动模范，全国"五一"劳动奖章获得者，"八五"全国乡镇企业科技进步先进工作者，全国优秀乡镇企业厂长（经理、董事长），山东省劳动模范，山东省人大代表，山东省优秀厂长（经理），山东省优秀企业家，山东省专业技术拔尖人才。享受政府特殊津贴待遇。

公司总经理：尚吉永　高级经济师。中国青年企业家协会理事，山东省青年联合会委员，山东省青年企业家协会副会长，山东省十佳青年厂长(经理)，省富民兴鲁劳动奖章获得者，东营市优秀企业家，东营市十大杰出青年，东营市优秀质量工作者。

山东省委书记吴官正在公司视察指导工作

万达集团

——黄河入海口的灿烂明星

万达集团是经国家工商局核准注册的大一型企业集团、省20家重点乡镇企业集团之一、省计划单列企业、AAA-特级信誉企业、全国文明乡镇企业和山东省文明单位。

万达集团自1988年白手起家创建以来，以市场为导向，不断转换经营机制，调整产业、产品结构，形成了电线电缆、精细化工两大支柱产业。主要产品有电线电缆（特种电缆、交联电缆、海底电缆、聚酰亚胺膜包线、自粘性玻璃丝包线）、特种变压器、高效破乳剂、丁苯胶乳、MBS塑料抗冲剂、聚丙烯酰胺、ACR塑料改性剂、KCB荧光增白剂、塑钢中间材、四溴双酚A、低发泡仿木型材、聚酰亚胺薄膜等，高新技术产品占70%以上。其中潜油泵引接电缆、防盗电缆、玻璃丝绕包线三种产品填补国内空白，并分别列入97、98、99年国家星火计划，承荷探测电缆列入国家级重点新产品计划，MBS塑料抗冲剂列入国家级火炬计划。四种产品填补省内空白。先后荣获国际国内两项金奖、三项银奖、四项铜奖、两项农业部科技进步奖和四项省星火计划奖。公司先后被省科委认定为高新技术企业、星火示范企业、科技开发先进企业"和"技术创新示范企业"，并获国家重点高新技术企业、全国优秀乡镇企业技术创新示范单位称号。科技的振兴促进了公司的快速发展，短短几年内，迅速实现了由单一劳务型向工业型和科技密集型的转变，成为拥有资产6亿元，无形资产5亿元，占地58.6万平方米，职工2000多人的大一型企业集团。1999年实现产值突破8亿元，利税近9000万元。2000年1-9月份，实现产值7亿元，利税8200万元。在1999年全国乡镇企业排序中，进入最高利税总额千强第133名和最大经营规模千强第189名，先后荣获中国企业信誉AAA级单位、省级重合同守信用企业、省级管理达标及管理示范企业、全省安全管理先进集团、省富民兴鲁劳动奖状先进单位等荣誉称号。公司1997年已加入国际互联网络，并注册了"中国万达集团"域名，通过了ISO9002质量体系认证，获得自营进出口权，为发展外向型经济奠定了良好的基础。

公司于1994年成功对企业进行了股份制改造，明晰了产权关系，使企业焕发出无限生机和活力。1996年公司股权在省产权挂牌交易，企业知名度的提高和融资能力的增强，使公司经济得到了高效持续增长。今年以来公司加大运作上市力度，争取以尽快速度上市，建立多元化融资渠道，推动企业实现更大发展。

进入二十一世纪以来，公司确立了"培植主导产业，争创名牌产品，严细规范管理，实现一流效益"的总体发展目标，重点围绕精细化工、电线电缆两大支柱产业，扩规模上水平，优化结构，合理布局，建成高科技产业群体组成的科技工业园区。坚持"立足油田，面向全国，走向世界"的经营宗旨，不断增强主业经营实力，扩大市场份额，提高在国内、国际市场上的竞争力，建设开放型、国际化的万达集团。

公司董事长巴洪斌、总经理尚吉永携全体员工，竭诚欢迎国内外朋友及有识之士，前来洽谈业务，共谋发展，合资合作，共创伟业。

公司外景

法人代表：巴洪斌
公司地址：山东省东营市永莘路68号　电话：(0546)2061318　传真：(0546)2061318
邮编：257506　域名：http://www.chinawanda.com　电子信箱：wanda@public.dyptt.sd.cn

第四编

中国期货市场

186/207

中国期货市场

中国期货市场

【概况】 1999年度是我国期货市场规范整顿最关键的一年。规范整顿过程中，市场规模进一步缩小。1999年全国期货市场总成交量为7364万手，总成交金额为2.23万亿元。与1998年相比，1999年总成交量下降了29%，总成交金额下降了39%。从交易品种看，主要集中在绿豆、大豆、铜3个品种上，1999年各品种成交金额占全年总成交金额的比例分别为：绿豆占49%，大豆占29%，铜占19%，铝占2%，天然橡胶占1%。为发挥期货市场功能，中国证监会根据"扶持大品种，限制小品种"的监管思路，采取了相应措施，在下半年的交易中，大豆和铜两个大品种所占的比重在逐步加大，小麦交易也开始趋于活跃，绿豆交易量明显萎缩。由于增资工作的顺利完成，期货经纪公司资产质量提高，资产规模扩大，财务状况改善，净资产总额由1998年底的37亿元增加至1999年底的57亿元。债务权益比和营运资金两项指标均大幅改善，债务清偿能力和抗风险能力大大提高。但是，由于客户保证金存量大幅缩减，资产总额仅增加至102亿元，比1998年底的95亿元增加6.5%。期货经纪公司全年代理额为2.23万亿元，手续费净收入为4.2亿元，比1998年减少43%。尽管期货经纪公司1999年度利润总额仅为3600余万元，但是，连续两年全行业亏损的局面已有所改观。从总体上看，铜、铝、大豆、小麦等品种已成为企业生产经营不可或缺的重要市场。

【法制建设】 1999年6月2日《期货交易管理暂行条例》(以下简称《条例》)正式发布。同时，为配合《条例》的贯彻实施，中国证监会于1999年8月31日发布了《期货交易所管理办法》、《期货经纪公司管理办法》、《期货从业人员资格管理办法》、《期货经纪公司高级管理人员任职资格管理办法》(以下简称四个《管理办法》)，并于1999年底，促成全国人大常委会通过了"关于修改刑法的决定"，进一步完善了期货市场法规体系。按照《条例》和《期货交易所管理办法》的要求，上海期货交易所、郑州商品交易所、大连商品交易所在中国证监会的直接领导下，对其章程、规则交易和实施细则进行了全面修订，理顺了交易所的内部管理体制，规范了交易所的交易、结算、交割、会员管理规则。尤其是，针对交易所出台政策存在随意性的问题，首次制定了《风险控制管理办法》、《违规处理管理办法》，规定了交易所在风险控制中的权限、程序和条件，妥善保护了交易所和会员双方向正当权益。另外，根据《期货经纪公司管理办法》，中国证监会出台了《〈期货经纪合同〉指引》和《期货交易风险说明书》，进一步明确了期货公司和客户间权利义务，规范期货公司的开户行为，有效避免了欺诈客户行为的发生。

【治理整顿】 1、整顿、撤并期货交易所。按照国务院要求，在原有15家期货交易所中，只保留了上海、郑州、大连3家交易所，其他交易所均已撤并或改组为证券公司和期货交易厅。被撤销或改组的交易所的全部持仓已经清理，数十亿会员保证金全部返还，会员资格费也已部分清退，没清退的也已制定了可行的清退方案。2、调整交易品种，修订期货合约。根据国务院文件的要求，中国证监会将期货品种从35个压缩到12个，23个品种平稳退出市场。为减少市场风险，除套期保值功能发挥较好的铜、铝和大豆的保证金维持在5%外，将其他品种的保证金提高为10%。按照科学合理、严格控制风险的原则，组织各方面专家和市场人士，重新修订了所有上市合约。根据市场情况的变化，对部分期货合约的保证金水平又作了调整。3、确定期货结算银行。为规范期货交易的结算业务，统一确定中国工商银行、交通银行为期货交易所指定结算银行，强化了对交易所和会员之间的结算及资金往来的监督管理。通过以上措施，促进了交易所尽快实现五个转变：由区域性市场向全国性市场转变；由营利性市场向公益性市场转变；由人治向法治转变；由追求交易量向追求规范化转变；由粗放型管理向精细化管理转变。

清理整顿期货代理业务 1998年共有278家期货经纪公司参加了年检，有213家期货经纪公司顺利通过了年检。为增强期货经纪公司的实力和抗风险能力，按照《条例》规定，期货经纪公司的注册资本由原来最低1000万元提高到3000万元，截止1999年底，已有179家期货经纪公司完成增资工作。通过年检和增资工作，公司数量和布局趋于合理，业务行为逐步规范，抗风险能力大大提高。按照国务院要求，中国证监会配合国家经贸委和外经贸部对境外期货交易进行了调查和清理。在向多家大型进出口公司调查的基础上，中国证监会会同经贸委向国务院请示，确定了审核境外期货的范围及严格审核的原则，并会同经贸委、国家工商局和国家外汇局联合下发了《关于申请境外期货业务有关问题的通知》，已将10家预选企业列入境外期货业务审核范围，审核工作已基本完成。同时中国证监会还起草了《境外期货业务管理办法》，拟与国家外汇管理局共同修订后发布实施。

从业人员管理和培训工作 为加强对期货高级管理人员及其他从业人员的管理，提高全行业高级管理人员和从业人员的综合水平，中国证监会组织交易所和期货公司共700多名负责人进行了集中培训。还邀请10余位专家学者编写了《期货从业人员资格考试辅导》，指定为全国期货从业人员考试专用教材。第一届从业人员资格考试已经顺利完成，共有9000多人报名参加考试。 （中证）

河南期货市场

【概况】 河南期货市场自1988年开始研究、试验，是我国较早研究期货市场的省份之一，以郑州商品交易所为龙头的河南省期货市场保持着较为平稳的发展趋势，充分发挥了期货市场的功能。

【期货经营机构】 截止1999年底，除郑州商品交易所外，河南有期货经纪公司10家，期货经纪营业部1家，期货经纪公司分支机构65家，具有期货投资咨询资格的公司1家，全省期货从业人员1050人，期货经纪机构注册资金达1.2亿元，资产总额为4.06亿元，比上年同期增长13.7%，净资产为1.

9亿元,比上年同期增长128.9%,保证金余额为1.8亿元,比上年同期下降21.6%,全年代理交易额达1585亿元,比上年同期增长了15.2%,手续费净收入2574.75万元,比上年同期增长35%;实现利润682万元,初步扭转了整体亏损的局面。河南期货经营机构有三个明显的特点:一是数量多、良莠不齐,不规范运作现象普遍;二是地理分布上较为分散,遍及全省的10个地市;三是规模较小,财务状况不佳,抗风险能力较弱。

【规范化管理】 郑州特派办自成立以来就坚持把规范化运作作为期货市场发展的基石,逐步把期货监管工作的重点从清理整顿、审核期货经纪机构的资格转到严格监管、促进期货经纪机构和整个期货市场规范运作上来。在中国证监会的领导下,郑州特派办针对河南期货经营机构的特点、问题,在严格监管、规范市场运作、防范和化解风险上狠下功夫,不断加大违法违规案件的查处力度。一是做好日常监管工作,逐步使期货监管工作制度化、程序化,对在期货经营机构季报、年检中发现的问题,责令限期改正,对严重违规的期货经纪公司,向证监会申请注销其业务资格;二是积极搞好期货经纪公司的增资工作,有重点地帮助和协调部分公司增资中遇到的问题,目前,已有6家公司的增加资本全部到位,冲销部分历史形成的坏帐包袱,为规范发展和防范风险奠定了基础;三是认真贯彻落实《期货交易管理暂行条例》和与之配套的四个办法,要求期货经纪公司对照检查,严格规范业务行为,切实做到依法经营;四是解决注销业务资格经纪公司的遗留问题,协助清退原有客户的保证金,保证平稳过渡,维护社会稳定;五是积极稳妥地解决期货业"计算机2000年问题",指导督促期货公司对计算机信息系统进行改造;六是建立客户投诉档案,制订了工作程序,对客户投诉,做到事事有回音,处理有依据,使稽查工作制度化、程序化。

(特约编委:侯苏庆,特约编辑、特约撰稿:张建东)

辽宁期货市场

【概况】 1999年辖区内五家期货经纪公司根据《中国证监会、国家工商局关于期货经纪公司变更登记等有关问题的通知》精神,按期完成了增资扩股工作,目前各公司注册资本金均已达到3000万元;各期货经纪公司按照中国证监会的总体部署,在沈阳证管办的监管和督促下顺利完成计算机2000年问题的测试和演习工作,确保了辖区内期货经纪机构计算机及其相关系统在世纪之交的平稳过渡;各机构高级管理人员分期参加了中国证监会组织的三期培训,为高级管理人员资格认定打下了良好基础,同时其他期货从业人员参加了全国首期期货从业人员从业资格考试,从整体上提高了高级管理人员及普通从业人员的素质。总的来讲,《期货交易管理暂行条例》及《期货经纪公司管理办法》等一系列文件的出台,为期货市场的健康发展奠定了良好的基础。截止1999年末,辖区内5家期货经纪公司资产总额27208万元,比上年同期增长了28%;由于完成了增资扩股,净资产15517万元,比上年同期增长了149%,营运资金10111万元,比上年增长了155%,;客户保证金余额9900万元,与去年同期基本持平;手续费净收入3194万元,比上年同期增长了21%;利润总额—76万元,比去年同期多亏96万元;代理交易额8577907万元,比去年同期增加了117%,损失准备金余额126万元,比去年同期减少了34%。沈阳期货交易厅(前身系沈阳商品交易所)由于刚完成了改组工作,于1999年11月15日才同上海商品交易所联网并正式开始交易,截止本年12月31日,交易总额为28123万元。辖区内各期货经纪机构基本能依照国家有关政策及《期货交易管理暂行条例》等文件规范经营,并建立了较为有效的风险防范和内部控制制度,但由于期货行业本身的高风险性以及不同程度出现的管理不到位,仍存在一些问题,如不能严格按财政部《商品期货交易财务管理暂行规定》调整会计科目,自有资金账户和客户保证金账户没有分开设置,不能严格按合同规定的比率对有风险的客户进行强制平仓,存在风险隐患等。

【规范化管理】 1、督促辖区内5家期货经纪公司按时编制年度报告,做好对期货经纪公司年检初检工作。根据中国证监会《关于对期货经纪机构进行年度检验的通知》精神,对期货经纪公司年度报告等年检材料进行初审,并将相关材料和初审意见及时报中国证监会复检。通过年检初检工作,进一步了解和掌握了辖区内期货经纪公司总体经营和运作情况,并对不符合法律、法规、规章、政策规定的期货经纪公司,建议中国证监会责令停业整顿或者注销《期货经纪业务许可证》。2、进一步加强对期货经纪公司的日常检查和专项核查工作。督促各公司建立、健全保证金管理制度和风险管理、内部控制制度,对未严格按财政部《商品期货财务管理暂行规定》设置会计科目,并未严格将客户保证金和公司自有资金账户分开,混码交易,不严格执行强制平仓制度,存在风险隐患的公司责令其限期整改,并重点核查。随时掌握期货经纪公司的经营状况和潜在的问题,采取有效措施,防止期货市场重大违规事件的发生。3、深入开展调查研究,强化基础工作建设,不断提高监管水平。搜集和整理了期货交易及财务的基础资料,认真做好期货经纪公司经营及财务定期报表的汇总、分析工作,调查期货经纪公司财务及经营状况,较完整地掌握了期货经纪公司的动态资料,为监管工作和领导决策提供了可靠的依据。4、积极组织辖区内期货经纪公司配合辽宁省人大和沈阳市人大对《关于惩治期货犯罪的决定(草案)》提修改意见,为期货市场的规范化和法制化建设做一些基础性工作。

(特约编委:宿庸,特约编辑、特约撰稿:于海联)

浙江期货市场

【概况】 浙江期货业起步较早,在短短十年的实践中,经历了萌芽期、成长期和长达七年的整顿期,1999年,随着期货市场一系列规范、整顿措施的逐步贯彻落实,市场交易环境得到进一步净化,市场运作相对平稳,期货市场逐步进入规范化发展阶段。据初步统计,1999年辖区内期货公司全年代理手续费收入3770万元,成交金额为1845亿元,分别比1998年下降18%和19%,截止1999年末,客户保证金余额为2.6亿元,与上年基本持平。

【期货经纪机构】 截止1999年底,辖区内共有期货经纪公司12家,期货经纪公司营业部2家。1999年在全国87%的期货公司亏损的情况下,辖区内期货经纪公司总体盈利面达到83%,代理业务盈利面为42%。但各期货经纪公司净资产收益率普遍低于银行同期利率水平,自身积累能力还有待加强。1999年,面对期货市场的严峻现状,浙江期货经纪机构及时调整经营思路,坚持走品种优势、服务优势、技术优势,努力实现技术创新和服务创新,迅速抢占市场,出现了如浙江永安、浙江良时等在全国期货界较有影响力的期货经纪公司。浙江永安、浙江金迪全年交易额分别在全国排名第六位和第七位。其中,浙江良时、永安、金达分别被推选为郑州、大连、上海商品交易所的理事会成员。浙江省期货经纪公司在严格自律的基础上，坚持规范中求生存，并逐步探索新的运作模式：一是建立风险预警机制。严格按照《经纪合同》的规定，控制客户交易保证金水平。加强对期货交易行情的分析预测，提醒客户规避高风险合约。二是改善经营环境，推进技术创新。技术创新是1999年浙江期货业的重头戏。利用新技术有利于提高客户服务质量，降低交易成本，提高公司内部管理水平和风险控制能力。浙江永安最先研发成功“网上交易”并投入运行，在浙江乃至全国引起强烈反响。三是以信息促服务，以服务促发展。服务领域的大胆创新是1999年浙江省期货经纪公司和客户双双获益的重要因素。四是加强资本运作水平，提高盈利能力。

【规范化管理】 随着期货公司经营思路的转变，1999年期货市场的监管理念逐步调整到以风险控制为核心的法制化管理轨道上来。1、严格依法监管，规范公司运作。严格年检制度，淘汰2家经营不规范和经营不善的期货公司，进一步调整和优化市场结构。开展例行巡检工作，通过定期不定期的现场检查，全面了解各期货经纪公司经营情况及存在问题，督促各公司加强内部管理，落实规范运作制度。利用期货公司增资的有利时机，引导和支持行业外资金特别是大型企业和上市公司参股和控股期货经纪公司，实现资产的优化重组。年内9家期货经纪公司顺利完成增资工作。全面掌握期货经纪公司经营财务情况，重点监督期货公司客户保证金的安全性、注册资本到位率、资产状况，增强期货经纪公司抗风险能力。2、加强对期货经纪公司从业人员的培训和管理。通过培训，全面提高辖区期货经纪公司从业人员的业务知识、法律意识和职业标准。共配合中国证监会组织3期期货经纪公司高级管理人员培训班，辖区内46名期货经纪公司高级管理人员取得结业证书。同时，组织期货业从业人员资格考试工作，辖区内共有401人取得期货从业人员资格证书。3、指导浙江省期货业联席会恢复工作，进一步加强行业自律，促进辖区内期货市场的规范化发展。4、做好辖区内期货纠纷的调查处理工作，切实保护投资者利益，维护期货市场秩序。

（特约编委：王超，特约编辑：吴承根，特约撰稿：葛文良）

山东期货市场

【概况】 1999年，山东期货市场同全国期货市场一样，继续保持低迷状态，期货公司数量减少，期货从业人员流失，交易量、保证金、手续费收入下降，各期货公司经营十分困难。1999年9月1日《期货交易管理暂行条例》及四个管理办法的实施及年底期货经纪公司增资工作基本完成后，山东期货市场正在逐步走向规范发展的道路。

【期货经营机构】 1999年底，山东省（青岛市除外）共有7家期货经纪公司，其中5家已完成增加注册资本至3000万元的工作。增资完成的公司积极推进企业的规范化建设，健全内控机制及各种规章制度，加强基础设施建设，培训人员，具备了为客户提供优质服务的软、硬件条件。截止1999年底，完成增资的5家公司的资产总额20509.95万元，净资产额15723.96万元，客户保证金余额3500万元，代理交易额5483364万元。

【规范化管理】 1999年，济南证管办按照中国证监会的要求加大了监管力度，坚决把规范和整顿期货市场的各项措施落在实处。1、认真贯彻落实《期货交易管理暂行条例》等法规文件，为防范和化解期货市场风险做了大量舆论导向和准备工作。2、严格年检，注销了1家存在严重违规行为的期货公司，停业整顿1家有较严重违规行为的公司。3、督促辖区内5家期货公司完成增资工作，帮助企业引进有实力的大股东，优化股权结构，增强公司实力。4、建立期货公司巡检制度，每年对期货公司全面检查一次，重点检查抽逃注册资本、挪用客户保证金等违规行为，发现问题，督促公司限期整改。5、加强对期货从业人员及期货经纪公司高级管理人员的管理，坚决将不合格人员清理出期货队伍。6、督促期货公司健全法人治理结构、建立内控制度及风险防范机制，从制度上防范和化解期货市场风险。7、公正处理投诉，保护客户合法权益，维护市场正常秩序。8、加强与有关部门的配合，打击违法期货交易，净化期货市场。

（特约编委：李相启，特约编辑：赵洪军，特约撰稿：张兆兵）

湖北期货市场

【概况】 湖北期货市场始于九十年代初期，投资形式主要以合资为主，外资大部分从香港、台湾而来，还有少数省内有关部门开办的公司，当时主要以外盘交易为主，内地期货交易所设立后，这些公司客户的业务转向国内期货代理业务。从1992年到1995年，湖北省辖内先后设立了期货经纪公司10家，期货兼营机构9家。此外，武汉证券交易中心还开办了国债期货交易业务，国债交易曾火爆湖北武汉，成为全国最大的国债现券、期货及回购交易场所。1995年国家停止国债期货交易试点及禁止外盘交易，1998年中国证监会又禁止兼营机构从事期货代理业务，湖北期货市场进入了清理整顿时期。

【期货经营机构】 湖北期货市场经过几年的清理整顿，到1999年年底，共有期货经纪公司7家，其中，华中、江海、金良、金龙、楚天、三楚进行了增资扩股，注册资本达到3000万元，湖北江海期货公司因增资扩股未到位，暂时歇业。全省期货从业人员近200人，其中具备大专学历以上的人员178人，占总人数的80%以上。从市场运行情况看，1999年湖北期货市场发展平稳，交易活跃，全年6家期货公司代理交易额共计744.67亿元，比1998年的831.3亿元下降了9.3%，大大低于全国39.56%的下降幅度，占全国期货市场交易额的3.3%。6家期货公司1999年净资产17994亿元，保证金余额5810万元，手续费收入1353万元，均比去年有较大增长。7家期货公司中，华中期货公司规模最大，公司员工53人，1999年期货代理业务364亿元，占全国代理业务总额的2%，在全国期货业务大幅下降的情况下，却保持了增长的势头，比1998年的301亿元增长了28%；手续费收入达648万元，比1998年的544万元增长了19%；客户数达170多个，比1998年增加了54个；客户保证金6700万元，比1998年增加700万元。在全国期货公司1999年期货交易排行榜上，华中期货居第5位，楚天期货居55位，金龙期货居58位，江海期货居90位，三楚期货居165位。

【规范化管理】 1999年是期货市场发展很重要的一年，《期货交易管理暂行条例》和《期货交易所管理办法》、《期货经纪公司管理办法》、《期货从业人员管理办法》、《期货经纪公司高级管理人员任职资格管理办法》的实施，标志着期货市场走上了法制化的轨道。1999年，武汉证管办在期货市场规范化管理上着重抓了如下几项工作：一是定期开展执法检查。先后对6家正在营运的期货公司的保证金管理情况、风险控制制度和内部管理制度进行了检查。组织期货公司贯彻学习《期货交易管理暂行条例》和四个管理办法，并按照条例认真整改。二是制定规范化管理工作制度。根据湖北期货市场的实际，结合期货交易管理条例和办法，先后制定了定期检查制度、设计制度、联系制度、投诉处理制度，建立了数据库管理程序，提高了工作效率。三是查处市场的违规行为。根据客户投诉，对投诉事件进行调查取证，依法查处，先后查处两起期货交易违规行为。同公安部门一道，对武汉万丰证券投资咨询公司非法从事证券期货交易进行查处，严厉打击非法期货交易，维护了期货市场的稳定和健康发展。

（特约编委：黄湘平，特约编辑、特约撰稿：周军）

陕西期货市场

【概况】 经过近几年大规模规范整顿，陕西期货市场进一步净化，陕西期货市场抗风险能力增强。目前，交易环境得到改善，设备达到国内先进水平。同时，各期货公司注重“以致治司”，着力健全各项规章制度；加强守法自律管理，制定了“陕西期货公司自律公约”；配备了双备份行情显示和动态分析系统，并建立了先进的网络交易自助委托系统，提高技术含量；不断改进服务方式，加强客户的引导和管理；调整人员结构，提高自身管理水平。

【规范化管理】 1999年，西安证管办坚持“继续试点、加强监管、依法规范”的原则，根据证监会的部署，以防范和化解风险为中心，重心由原来的制止市场盲目发展，打击非法期货交易转向了增强主体实力，规范市场行为上来。一是加大对期货机构的监管力度。督促公司建立健全内控机制，保证法人治理结构的形成和运行；加强对机构上报资料的审核和分析，及时发现问题、解决问题；加强现场检查，对公司保证金管理、客户契约的签订进行实地察看，并于结算银行建立正常联络关系，保证资金安全；对问题较多的公司进行重点监控，提高管理水平。二是加强日常监管工作。严格执行期货机构月报、季报制度，要求期货机构在重大事故和突发事件发生后立即报送有关情况，及时防范和化解市场风险。对客户投诉、举报，认真调查处理；对辖区内发生的“集体上访”事件，配合当地政府部门、司法部门工作，积极稳妥处理，维护了期货市场的正常秩序和投资者的合法权益。三是严把公司年检、增资的初审关。按照年检工作要求，对期货公司的保证金、注册资本、资产状况及贯彻《条例》等情况进行重点审查，对个别公司存在的财务管理问题，要求限期改正。坚持宁缺毋滥的原则，认真搞好期货公司增资重组工作。一是把好公司股东资信情况的审核关，二是把好公司注册资金的实际到位关，优化公司股东结构，保证注册资金真实到位，切实增强公司实力，实现规模经营，四是认真开展学习《条例》活动。首先组织辖区内经纪公司高级管理人员集中学习，认真讨论，深刻领会。在此基础上，下发了文件，要求各机构组织全体员工学习，并结合公司实际对照自查，提高法制意识，保证陕西期货市场健康发展。

（特约编委：薛文石，特约编辑：王宏斌，特约撰稿：任江虹）

重庆期货市场

【概况】 1999年重庆期货市场认真贯彻国务院关于进一步清理整顿的总体要求，在试点中逐步深化。强化市场主体自身建设，市场环境进一步得到改善，为市场的发展创造了条件。1、市场规模比上年有所扩大。1999年，全市期货经营机构完成代理交易额177.2亿元，比上年增长23.48%，占全国交易额2.23万亿元的0.8%。市场交易品种主要为铜、绿豆、大豆。

【期货经营机构】 到1999年底，重庆期货经营机构数量为8家，其中：期货经纪公司为5家，比1998年新增1家，即：西南期货公司、星河期货公司、大华期货公司、润庆期货公司、先融期货公司，其中：先融期货公司由江苏中山期货股权转让，更名、迁址重庆而来。营业部3家，即：四川嘉陵期货重庆营业部、成都瑞达期货重庆营业部、天津鑫国联期货重庆营业部，按证监会通知正完备审批手续。在机构的从业人员160余人。期货经营机构抗风险能力进一步增强。1999年，4家公司完成了年检工作，润庆期货公司由于股东原因未通过年检。有5家期货经纪公司注册资本金提升到3000万元人民币，其中：新增加资本金的公司有4家，各期货公司在增加资本金的同时，引入资本实力强的股东和大的现货商，进一步优化了公司股本结构。期货从业人员业务水平有提高。1999年，重庆地区有202名从业人员报名参加了中国证监会2000年期货从业人员资格考试。各期货经营机构组织从业人员进行了考前复习和集中辅导，有16人次高级管理人员参加了中国证监会资格培训班学习，各期货经营机构举办各类学习、培训班10次。从业人员业务水平有进一步的提高。

【期货市场监管】 1999年，围绕正确处理监管与发展，监管与服务的关系，监管部门进一步完善了市场监管方式。一是正确运用期货经纪业务许可证管理制度，做好年检工作；二是实行了对机构的不定期巡查和抽查，把一般检查与专项检查相结合，把现场监管与非现场监管相结合；三是增加了机构业务流程的评价和交易数据定期报送频率；四是实施了机构负责人谈话制度和重要事项报告制度，注意及早发现问题；五是加强了对各机构业务发展的指导与帮助；六是依照《条例》及《办法》督促经营机构强化自律管理，规范运行。

【规范化管理】 1999年9月1日《期货管理暂行条例》及中国证监会贯彻《条例》所制定的四个管理《办法》一并施行。重庆地区期货经营机构积极学习、贯彻，按《条例》及《办法》要求指导经营、规范行为，《条例》及《办法》的出台，标志着重庆期货市场依法治市迈上一个新台阶。

（特约编委：唐昌放，特约编辑、特约撰稿：梁盛红）

内蒙古期货市场

【概况】 1999年是期货市场艰难发展的一年，随着全国期货交易量和交易品种缩减，使全区期货市场发展受到一定的影响。内蒙古自治区原有三家期货经营机构，为五洋期货、内蒙古久龙和金宇期货。在国家要求期货经营机构必须提高抗风险能力，增资3000万元的情况下，除五洋期货经纪公司外，自治区其它两家期货公司根据市场状况和自身经济实力，于年初就经董事会同意实行了关闭和歇业，目前只有五洋期货经纪公司一家，该公司经董事会研究同意由原来1000万元股本增资至3000万元，并于1999年年底成为第一批获得中国证监会批准增资注册的公司。在《期货市场管理条例》和《四个管理办法》指导下，五洋期货公司（现为郑州、大连交易所会员）通过规范运作，严格控制市场风险，加强管理，在全国按交易额排行榜中名列第88名，其中代理交易金额1213614万元，代理交易量为318740手。公司通过加强内控制度和减员增效，提高管理水平和效益，目前从业人员已由60多人减为20多人，但客户和资金存量并未有大幅的下降，现公司拥有150多位客户，资金存量为2000多万元。

（特约编委：郭文英，特约编辑、特约撰稿：褚永珊）

吉林期货市场

【概况】 吉林省期货市场建设和监管工作在中国证监会和省政府的领导下，全面完成了清理整顿任务。到1999年底，全省共有期货经纪机构5家，期货从业人员150人；主要从事以大豆，豆粕，铜等品种的期货交易；全年商品期货成交金额402亿元，客户保证金余额4872.5万元，企业资产总额23600万元。

从全省期货市场的现状来看，主要有以下几个特点：一是期货经纪机构抗风险能力进一步提高。适应期货市场建设和发展的需要，吉粮发、联发、金昌、捷成期货公司依托国有大企业或粮食企业进行必要的资产重组，扩大了规模，特别是经过增资以后，进一步增强了抗风险能力。二是期货公司内部管理制度进一步规范化。三是经营的期货交易品种进一步适应发挥地方资源优势的需要。各期货公司在交易品种上，主要依托吉林省的大豆、绿豆等优势品种开展期货交易，特别以粮食为依托的吉粮发、联发、捷成期货公司，在大连、郑州交易所的交易量位次都在前10名。四是期货从业人员队伍进一步稳定。在坚持搞好岗位培训的基础上，合理使用现有从业人员，充分发挥人才优势。一些公司依托大企业后，在人员管理上结束了以往流动性较大的局面，保持了企业内部的财务和交易人员的相对稳定性。五是在探索期货公司走出困境方面有了新的突破。部分期货公司为走出经营困境，在期货市场中站稳脚跟，采取了期货现货相结合的办法，努力增加企业经济效益。金昌、吉粮发期货公司分别与公司股东单位联合注册了现货公司，实现期货现货结合经营，既保证了商品期货到期交割，又取得了相应的经济效益。

【规范化管理】 一年来，全省期货市场建设和监管工作坚持以规范整顿为重点，认真研究期货市场试点的新情况，新问题，采取适应省情的工作措施，促进了全省期货市场健康、稳步发展。1.认真抓好期货经纪机构内部管理制度建设。按照中国证监会的要求，督促各期货经纪公司建立健全公司的内部管理制度，重点抓好财务管理、交易风险控制、交易结算、人员管理等制度的完善和落实上；对个别公司存在的财务管理不严等问题要求限期改正；通过重要情况报告制度和交易信息统计制度、经纪许可证年检等工作对期货经纪机构进行依法监督管理，促进了期货公司规范化运作。2.组织辖区内期货公司及时参加1998年度许可证年检。1999年5月初，针对个别期货经纪公司存在的抽逃注册资本，经营严重亏损，挪用客户保证金和存在交易纠纷等问题，责令有关公司采取有效措施限期整改。到1999年10月，全省有4家期货经纪公司通过1998年许可证年检。3.督促各期货公司完成增加注册资本金。为提高期货公司抗风险能力，组织全省5家期货公司完成公司股东结构调整和股本调整，将注册资本金由1000万元增加到3000万元，并按规定报中国证监会核准。4.有关部门联合指导长春期货交易厅筹建。吉林省政府有关部门积极组织长春联合商品交易所妥善处理善后问题。吉林省粮食厅和吉林省经贸委共同完成了《建立长春交易厅的可研报告》、《实施方案》和《资金清退方案》。同时，由吉林省粮食集团牵头，组织拟出资股东单位向长春期货交易厅注入资本金5000万元人民币；并投入700万元对长春期货交易厅的交易场所、信息传递设施进行了装修改造；对管理人员进行了必要培训，为长春期货交易厅正式开业做好充分地准备。5.认真规范全省期货投资咨询业务活动。根据《证券期货投资咨询管理暂行办法》和《关于加强证券期货信息传播管理的若干规定》要求，对省辖区内期货经纪机构的广告宣传、期货沙龙、报告会等实行报告制度和从严审查制度，有效制止虚假信息传播活动，提高了期货交易信息传播质量。 （特约编委：张守义，特约编辑：董素民。特约撰稿：孟祥振、李小双、张辉）

大连期货市场

【概况】 1999年大连期货市场依然处于调整阶段。随着《期货交易管理暂行条例》以及相关配套法规的正式实施，大连期货市场的规范化程度不断提高。1999年在市场依然低迷和36家兼营机构被清理的情况下，交易量、交易额、客户保证金金额与1998年基本持平，大商所会员单位也维持在130家左右，期货从业人员约六、七百人，投资者约三、四千人。

【期货经营机构】 大连商品交易所保留后，被批准上市的品种有大豆、豆粕和啤酒大麦。1999年主要交易品种依然是大豆。全年累计交易量3034万手，累计交易额6422亿元人民币，居全国第二位。大连有期货经纪机构10家，其中期货经纪公司5家，上报复审待批异地期货经纪公司在大连设立的营业部5家。5家公司依据中国证监会《关于期货经纪公司变更登记等问题的通知》精神，全部将最低注册资本由1000万人民币增加到3000万人民币。1999年辖区十家机构全年总成交额约1382亿元人民币，占大商所总成交额21.5%，总成交量约688万手，占大商所总成交量22.6%，其中5家公司全年成交额771亿元人民币，5家复审待批营业部全年成交额611亿元人民币。在全国期货公司普遍亏损的情况下，十家机构1999年全部盈利，手续费总收入近2000万元人民币，利润总额达450万元人民币。

【规范化管理】 1999年是大连证券监管特派员办事处（原大连市证券管理办公室）正式上划收编中国证监会的第一年。大连特派办从转变思想观念入手，坚持监管和服务并重的指导思想，1999年在大连期货市场规范发展方面，主要做了以下工作：（一）认真贯彻落实《条例》和配套的四个管理办法。认真学习领会而且积极督促公司学习落实，并随时检查公司对《条例》和四个办法的贯彻执行情况。（二）加大监管力度，不断提高辖区内期货公司资产质量，增强公司抗御风险能力。1、认真做好每年一次的年检工作，年检中严格把关，及时指出公司存在的风险隐患，并限期改正。2、认真贯彻证监会关于增资的要求，及时完成了辖区内五家公司增加注册资本金的初审工作。在增资过程中，协助个别公司合理调整了股东结构。（三）认真履行监管职责，有效防范和化解市场风险。1、日常监管：坚持月报、季报制度；监管对象基本情况存档；不定期抽查；交易所行情随时监控等。2、稳妥处理了三次重大突发事件和多次客户投诉。（四）认真贯彻执行中国证监会信息部和相关文件及会议精神，确保了辖区内期货机构Y2K问题及时有效的解决。

（特约编委：于连生，特约编辑：孙利伟，特约撰稿：丁文圣）

江西期货市场

【概况】 1999年以前，江西辖区内唯一的一家期货经纪公司—江西瑞奇期货经纪有限公司，年成交量居全国期货经纪公司前列，是全国期货经纪联席会的理事单位之一。1999年，由于市场环境和经营管理不善等诸多原因，加之股权转让久拖未决，老股东不肯注资，致使公司面临困境。据12月31日年报:客户保证金余额 1252.31 万元,比上年减少 3829.72 万元,缴存各交易所保证金总额 4785.71 万元,比上年减少 772.86 万元,营运资金 1973.91 万元,比上年减少 509.61 万元,资产总额 4713.86 万元,比上年减少 3908.92 万元,负债总额 2161.18 万元,比上年下降 3301.27 万元,所有者权益(净资产)2552.67 万元,比上年减少 607.66 万元,代理交易额 1079775.5 万元;代理交易量 418256 手,手续费收入 611.6 万元,利润总额—403.83 万元,速动比率 1.91%,营业收入利润率—66.02%。为帮助江西瑞奇期货经济有限公司渡过危机,南昌特派办曾于 8 月 11 日致函公司董事会,并向省政府领导汇报,然后又 6 次与公司控股单位、董事会和经营班子协调,但直至本年度末尚未最后解决问题。

【规范化管理】 国务院发布的《期货交易管理暂行条例》和中国证监会与之配套的《期货交易所管理办法》、《期货经纪公司管理办法》、《期货经纪公司高级管理人员任职资格管理办法》、《期货从业人员资格管理办法》,自 1999 年 9 月 1 日起正式实施。《条例》和四个管理办法的出台,确定了期货市场的地位,是统一思想、推进试点的重要措施。有利于化解风险,规范市场。6 月中旬,南昌特派办组织江西瑞奇期货经纪有限公司的管理人员和员工认真学习《条例》和四个管理办法,帮助该公司制订了规范经营、防范风险等一系列具体措施。切实贯彻执行《期货交易管理暂行条例》和四个管理《办法》,严厉查处非法期货交易活动。年内,特派办先后接到辖区内萍乡、横峰、鹰潭、上饶及抚州、东乡等地举报材料或电话。即派员到萍乡市人民政府、横峰县人民政府及有关部门、上饶余清咨询公司进行联系和调研。横峰鼎峰咨询服务部已停业并于瑞奇期货公司解除委托业务,上饶余清咨询公司已由上饶市公安局查处。另外,按照中国证监会的统一部署,组织期货从业人员参加全国期货从业人员资格考试。自十月底全国期货从业人员资格考试工作会后,特派办即向辖内期货经纪机构作了布置,并于 11 月 15 日前完成教材征订、报名、准考证编号、缴费等项工作。江西辖区内期货从业人员共有 46 人报名参加考试。

(特约编委:何渭滨,特约编辑、特约撰稿:喻达志)

广西期货市场

【概况】 1999 年,广西具有期货经纪业务资格的期货经纪公司共三家,他们分别是银建期货经纪有限责任公司、广西玉林金玉期货经纪公司、广西桂林金鑫期货经济公司。1999 年三家公司期货交易总额为 109 亿元,比上年减少了 114 亿元。全区期货从业人员 112 人。1999 年,广西辖区期货市场仍然处于低迷状态,期货投资队伍进一步减少,各期货经纪公司经营困难。三家公司中银建期货经纪有限责任公司注册资本金 3000 万元,仍具有期货经纪业务资格;公司从业人员 86 人。广西玉林金玉期货经纪公司注册资金 1000 万元,增资扩股不到位,1999 年年检时不予该公司通过初检。但该公司运作比较规范,南宁特派办同意该公司的歇业申请,允许该公司继续做增资扩股工作。广西桂林金鑫期货经济公司因经营困难,增资也不到位。1999 年年检时南宁特派办建议中国证监会注销了该公司期货经纪业务许可证,并做好了清盘工作。

【规范化管理】 南宁特派办在中国证监会的直接领导下,为规范辖区期货市场运作,防范期货市场风险开展了多方面的工作,一是及时转发、传达中国证监会关于期货市场监管工作的有关文件和指示精神;二是建立全区期货经纪机构季报表制度,严格审查各公司的期货经营情况;三是根据中国证监会的要求对期货经纪公司的财务工作进行现场检查,重点检查资金来源、客户保证金管理情况;四是对各期货经纪公司的年检上报材料进行严格审查,严把初审工作关;五是坚持重大事项及时请示报告制度;六是认真处理各种期货投诉案件,及时化解期货市场出现的各种矛盾;七是做好《期货交易管理暂行条例》及四个配套文件等期货法规的学习和宣传。

(特约编委:娄必元,特约编辑、特约撰稿:尹献生)

海南期货市场

【概况】 1999 年海南省期货市场仍处于规范整顿时期,和全国期货市场一样,海南省期货市场进一步萎缩,市场比较萧条。7 家期货公司全年代理交易额为 5793503 万元,占全国代理交易总量的 2.64%,手续费净收入 1136.59 万元,截止 1999 年底客户保证金余额总计为 5267.6 万元,从业人数 170 人。

【期货经营机构】 到 1999 年底,尚未有异地期货公司在海南省设立营业部或营业网点,海南省期货经营机构种类单一,仅有期货公司。1999 年初对全省 9 家期货公司进行了 1998 年度年检,其中海南海信期货公司和华夏期货公司未通过年检,7 家通过年检的期货公司为:海南中亚期货公司、海南光大期货公司、海南深海期货公司、海南海证期货公司、海南金海岸期货公司、海口万汇期货公司、海南星海期货公司。1999 年期货公司经营情况未得到改善,7 家公司仅有 1 家盈利,整体仍处于亏损状态,亏损总计 260.07 万元。按照中国证监会有关规定要求,期货公司注册资本不得低于 3000 万元,海南省内 7 家期货公司中除中亚、光大两家公司注册资本在 3000 万元以上(分别为 5000 万元)外,其余 5 家达不到这一要求。这 5 家公司分别通过原股东增资、引进新股东等方式,在规定时间内将注册资本增至 3000 万元。9 月底,各期货公司基本完成增资工作,至此海南七家期货经纪公司注册资本总额达 2.5 亿元,期货公司整体抗风险能力得到进一步加强。

【期货市场监管】 1999 年证券期货市场监管体制完成了转变,中国证监会海口特派办于 7 月 1 日正式挂牌,为中国证监会垂直领导的派出机构,海口特派办内设期货市场监管处,肩负着海南省期货市场的监管任务。1999 年海南省期货市场监管工作主要表现在规范整顿方面:1、对全省 9 家期货公司进行 1998 年度年检初检。3 月份对全省 9 家期货经纪公司进行了 1998 年度年检初检,主要检查期货公司规范运作情况和财务状况。在规范运作方面,重点检查期货经纪公司对其营业网点是否进行严格的管理;在财务状况方面重点检查公司注册资本在位情况。针对各公司在营业网点的设立和管理以及注册资本的使用和管理方面存在的一些问题,采取的规范整顿措施有:①对省内乱设营业网点进行清理关闭。②要求公司对属历史遗留问题的异地营业网点的人、财、物要统一管理,尤其是财务要合并报表、统一核算,异地营业网点客户保证金必须由公司集中监控。③对注册资本不在位的公司要求限期收回股东单位长期占用的资本金,并由会计师事务所进行专项审计。④对净资产不足注册资本 80%的公司,要求股东单位再注入资产,以改善公司资产结构及财务状况。2、贯彻实施《期货交易管理暂行条例》及其四个配套管理办法。《期货交易管理暂行条例》(以下简称《条例》)及其四个配套管理办法于 1999 年 9 月 1 日正式颁布实施,期货市场从此进入了有法可依的发展时期。10 月份,对各期货公司执行《条例》及其配套管理办法情况进行了巡回检查。巡回检查后,对各期货公司作出如下要求：一是要组织员工进一步认真学习领会《条例》及其配套管理办法，尽快提高从业人员素质；同时制定具体计划在投资者当中深入宣传《条例》及其配套管理办法。二是进一步修改完善经济业务规则等各项规章制度和合同文本，使之与《条例》及其配套管理办法相符。三是要求公司按《条例》及其配套管理办法制定切实可行的贯彻执行保证金比率和手续费标准规定的方案。3、顺利解决期货业计算机2000年问题。海南省内期货经纪公司期货代理交易的电脑化程度参差不齐，有的采用电脑自动下单，有的仍采用人工报单，还有的两种方式兼而有之，这就给集中统一解决期货业计算机2000年问题带来了一定难度。针对不同公司不同情况，结合实际采取了各种具体解决办法，做了大量、细致、周密的工作，各期货公司也积极行动，使期货业2000年问题得到顺利解决。4、完成了省内期货从业人员资格考试以及期货公司高级管理人员任职资格培训。为贯彻《期货交易管理暂行条例》及配套管理办法有关规定，中国证监会决定进行期货从业人员资格考试，按中国证监会的要求，从10月份开始组织省内期货从业人员报名，海南省内报名参加此次考试人数为112人，考试安排于2000年1月9日在深圳举行。另外，还分别组织了海南省内期货公司高级管理人员赴广州、杭州、昆明三地参加高级管理人员任职资格培训班，至年底海南各期货公司现有高级管理人员基本完成了任职资格培训。

（特约编委：尹怀安，特约编辑：储胜，特约撰稿：仇晓武）

甘肃期货市场

【概况】 1999年，甘肃期货市场在国家继续清理整顿、规范运作的指导思想下，原有格局发生了一些改变，除甘肃陇达期货经纪公司外，原有几家期货兼营机构陆续停止了代理期货交易活动；监管方面，1999年7月挂牌成立的中国证监会兰州特派办接替了原甘肃省证管办的职责，继续履行证券期货监管职责。1999年期货监管工作中，在打击非法证券期货交易活动、查处非法证券期货交易场所、督促合法经营机构规范运作方面取得一定进展；市场交易方面，受全国期货市场低迷的形势的影响，甘肃期货市场也走入低谷，与1998年相比，期货市场整体交易量及手续费收入都有大幅下降。

【期货经纪机构】 甘肃陇达期货经纪公司是甘肃唯一合法的期货专营机构，从1992年成立至今已有近十年的历史。1999年根据国务院整顿期货市场的要求，甘肃陇达期货经纪公司完成增资改制工作，注册资本金达到了3000万元，公司的营业部也在原来兰州、上海两个营业部的基础上，申报新增深圳营业部。甘肃陇达期货经纪公司主要代理铜、铝、大豆、小麦、绿豆、天然橡胶等品种，1999年代理交易额为13.4亿多元，手续费收入137万多元。

【规范化管理】 证券监管机构实行垂直管理后，按照国务院和中国证监会对期货市场发展的指导方针，中国证监会兰州特派办继续做好对现有期货经营机构的监管，督促经营机构建立务实的内控制度，并通过指导经营机构细化岗位责任制、制定奖罚制度、对财务和结算实行统一管理、完善计算机信息系统安检制度等措施，增强经营机构抗御风险的能力，提高规范化运作水平。同时，兰州特派办也进一步开展了打击非法期货交易行为，查处非法经营机构的工作，起到了整顿期货市场交易行为、净化市场经营秩序的目的。1999年6月，中国证监会兰州特派办会同有关部门集中打击了辖区内非法证券期货经营活动，查封了4家非法证券期货经营机构，并在报纸、电台等公众媒体上刊登严厉打击非法证券期货交易活动的通告，不仅警醒了部分投资者保护自身权益的意识，也有效地遏制了非法交易活动。

（特约编委：马才斌，特约编辑：方向瑜，特约撰稿：卢卫民）

新疆期货市场

【概况】 1999年全区有期货经纪公司4家。截止1999年底期货从业人员231人，比1998年增加94人；代理交易额70.35亿元；提取损失准备金143.24万元；亏损274.13万元。

【规范化管理】 完成了辖区内4家期货经纪公司年检工作；对璐通、汇和、新兴3家期货公司增资扩股进行了协调和初审；组织期货经纪公司对《期货管理条例》及4个配套办法的学习、考核和开展财务自查工作。在解决计算机2000年问题方面，四家期货经纪公司一是参加了三次全国联网测试，并认真记录了所有委托、成交、交收等情况，确保资料完整，在认真做好测试总结的基础上针对存在的问题进行了全面的改进。二是按要求填写了“解决计算机2000年问题承诺书”报送特派办，并制定了切实可行的应急方案，明确应急计划的组织落实和技术落实，设立应急指挥中心并由公司主要负责人担任总指挥，在中国证监会独立检查专家小组的现场指导下加强了应急计划和方案的可操作性，于1999年12月4日参加了证券期货业Y2K应急计划演习。

（特约编委：高进坤，特约编辑、特约撰稿：何洁）

安徽期货市场

【概况】 安徽期货市场经过近几年的规范发展，呈现出健康、平稳、有序的态势。截止到1999年，全省共有4家期货经纪公司，即安徽华物期货经纪有限公司、安徽新光期货经纪有限公司、安徽安泰期货经纪有限公司和安徽安兴期货经纪公司；经特派办初审报中国证监会复审待批的期货经纪公司营业部2家。期货从业人员200多人，其中具有中国证监会颁发的期货从业资格证书的人员150人，证监会审批通过的具有期货经纪公司任职资格的高级管理人员14人。1999年，全省期货累计成交金额181亿元，较上年下降了27.31%，但低于全国市场下降40%的平均水平。

【期货市场管理】 1999年，中国证监会合肥特派办遵循“规范整顿”的原则，积极推进安徽期货市场试点工作，强化对期货市场的监管，促进全省期货市场健康、平稳发展。主要开展以下工作：一是按照1998年度期货经纪公司年检的有关要求，顺利完成了全省期货经纪公司的年检工作，3家期货经纪公司全部通过中国证监会复检；二是指导辖区内企业合法收购江苏光明期货经纪公司，设立了安徽安兴期货经纪公司，使安徽省期货经纪公司的数量由原来的3家增加为4家；三是根据中国证监会、国家工商局关于提高期货经纪公司注册资本金最低标准的通知要求，指导并审核期货经纪公司增资变更的申报材料，顺利完成辖区内4家期货经纪公司的增资工作，增强了期货经纪公司抗风险的能力；四是学习贯彻《期货交易管理暂行条例》和中国证监会与之相配套的四个管理办法，在12月份组织开展贯彻《条例》宣传月活动，并协助证监会做好辖区内期货经纪公司高级管理人员的培训以及期货从业人员的资格考试；五是坚持和完善期货市场监管的季报制度、档案管理制度、月度谈话制度和定期汇总分析制度等四项监管制度的实施，强化日常监管；六是妥善处理有关期货经纪公司营业部停业整改清退客户保证金工作，维护了期货市场的稳定，保护了投资者的合法权益。

（特约编委：方俊文，特约编辑、特约撰稿：刘晓东）

山西期货市场

【概况】 山西辖区现有3家期货经纪公司，分别是山西物产期货经纪有限公司、山西三立期货经纪有限公司和山西和合期货经纪有限公司，其中山西物产期货公司下设4个营业部，山西三立期货公司下设3个营业部，山西和合期货公司由于成立时间不长，暂时没有设立营业部。这7个营业部分布于运城、长治、大同、阳泉和晋城等地，现有期货从业人员426人。到1999年底，这3家公司共有客户562人，保证金3715万元，1999年全年代理交易额由1998年的29.4亿元增加到116.2亿元，占全国期货代理交易额的0.5%，交易品种同全国一样也集中在绿豆、小麦、铜、铝和大豆等几个品种上。1999年手续费净收入达347万元，同比增长了近50%。1999年三家公司均顺利通过了增资扩股，资产总额达1.2亿元，净资产9817万元，占注册资本的98.2%，债务权益比率由上年的平均1.42下降到0.17，大大降低了负债比重，抗风险能力显著增强。

【规范化管理】 *对期货公司的监管* 1998年12月，山西省受让了广西一家期货经纪公司，更名为“山西和合期货经纪有限公司”，并于1999年3月正式开业运营，壮大了辖区期货业的试点规模。该公司连同山西三立期货经纪有限公司、山西物产期货经纪有限公司均已通过了中国证监会对其增资扩股的审核，注册资本金由原来的最低1000万元增至3000万元以上。其中山西物产期货经纪有限公司在1999年10月份以前实现纯利21万元，在全国期货公司中崭露头角。在监管过程中，特派办积极探索新的监管手段，强化期货经营机构的监管，制定和完善了期货经纪公司客户保证金专户管理制度，协助期货经纪公司开发了套期保值客户，培育了稳定的投资者队伍，为国企改革服务。

规范发展期货市场，发挥套期保值功能 特派办坚持清理、整顿、规范的原则，坚决打击非法期货经营机构，配合公安机关取缔、查封了太原、侯马、晋城等地的10余家非法期货经营机构，处罚了8家以期货投资咨询为名进行非法期货交易的公司，没收非法交易设备209件，并同有关媒体合作，在电视台、电台和报刊上揭露非法期货交易的内幕，一定程度上净化了辖区期货市场，消除了风险隐患。同时，配合郑州期货交易所、上海商品交易所开发了粮食系统、冶金系统的套期保值业务。目前，山西省有三分之一的铜、铝通过期货交易所交易，使套期保值功能得到了充分发挥。

（特约编委：申志杰，特约编辑：孙春生，特约撰稿：马坚）

特色期货品种概况

大连大豆期货市场

【概况】 大连大豆是我国期货市场上的主要品种，是目前市场上最为活跃的品种之一。大豆期货在1999年，伴随着交易者心情的几度轮回，走出"M"形轨迹，年线收于十字星形。由于现货大豆价格自1996年后一路下跌，直到1999年6月企稳，使得连续3年下跌的期价在1999年的反弹预期没能实现。大豆价格在入世、轰炸使馆事件、人民币贬值传闻以及美国大豆天气等利多、利空消息的影响下，几度涨跌轮回。多空双方在1999年打了一个平手，难分胜负。大豆市场上，受播种面积减少和自然灾害的双重影响，1999年国内大豆总产量在1450万吨左右，较上年减少约4.3%。由于国内大豆的减产，导致进口迅猛增长，1999年中国大豆进口量达到410万吨，列世界第三。国内大豆市场依旧呈现供大于求的局面。但后期豆粕市场的启动对大豆价格起到了一定的推动作用。

【交易市场】 首先回顾一下大豆现货价格的走势。1996年7月国际、国内大豆在创下历史高位后回落，其直接原因是1996、1997年度大豆产量连年增产，而与此同时东南亚金融危机爆发并开始向全球蔓延，严重打击了大豆的需求。1998/1999年度供应依然没有改善，全球主产国总产量达到创纪录的13958万吨。供应量的加大和需求量的萎缩，无疑令大豆价格持续下滑。从年线来看，大连大豆自1996年创下每吨3500元以上的新高之后，一路下跌至1999年6月。其中，9月合约在1996年创下3749元天价以后，到1999年上半年下挫至1738元地价，跌去2011点，跌幅高达54%。从1999年现货价格来看，1999年连豆的现货价在1800—2030之间波动，均值在1920左右。

期货市场上，1999年连豆走势在市场参与者心情大起大落的几度轮回中，涨涨跌跌走出"M"型轨迹。在1999年初，由于连豆一路熊途走来，不少人认为熊牛将在年中实现转换。从9月合约看，1996年的年K线是长阴线，1997年是星线，1998年是长阴线。1999年的连豆期价实现了两个轮回，年K线收一上下影线较长的星线，充分展现了连豆市场的运行状态。

1999年初，多方主力在连豆市场和郑豆市场双线出击，连豆市场由于美豆阴跌不止而吸引大量空头入场施压。多空双方的争执使市场在春节前走出了巨幅振荡行情，后以多方暂时占优而告一段落；节后，连豆因节日期间美豆累计下跌幅度较大而出现跌停行情。后来，多方虽经努力将价位重新抬高，但4月10日中美两国签署了《中美农业合作协议》，对连豆市场带来了很大的冲击，多方主力不得不在5月合约上平仓出场，使期价直落1800大关。正当市场人士由于世界大豆市场严重供大于求，世界大豆播种面积增加，CBOT跌至20年来的新低点，中国入世将成现实等原因，而对连豆市场极为悲观，甚至认为连豆价格将破1800点向1600以下进军时，5月8日爆发了美国轰炸中国驻南联盟使馆事件，中美双方关于入世的谈判中断，使多方获得一丝喘息的机会。大豆市场在北约导弹袭击中国驻南使馆的消息刺激下放量高开高走，几乎全线报收长阳。市场做多人气得到极大提振。7月中旬到8月中旬，大连大豆在产量下降及CBOT因美国中西部地区干旱而暴涨的利好刺激下走出了一波凌厉的上涨行情，5月大豆价位从1840元附近一路上扬至2200元附近，涨幅达360余点。在8月—10月两个月的调整期间，空盘量一直居高不下，期价在2150—2050之间宽幅波动。10月下旬，空头丧失信心，开始了大规模的平仓，价位从2050附近一路飙升至2250一线，持仓量剧减至13万手，空头忍痛斩仓出局，同时多头也趁空头斩仓之际获利平仓出场。之后，CBOT大豆出现急跌，大连大豆还未来得及喘息即调头下跌，连续四天的狂跌，价位又重回2050元附近。跌势之凶，令市场始料不及，高位追涨的人又不得不忍痛斩仓出局。之后，进行了近两个月的调整，空盘量锐减至4万手左右。随着持仓量的逐步萎缩，空头又开始了第二轮的斩仓，期价则一路上扬，最高达2359元。随后在农产品特有的季节性因素影响下上涨受阻，在箱体中长期徘徊；其间又在政策面"入世"及传闻"人民币贬值"的利多与利空交织中，走出急跌、急涨的行情。11月初，正当多头凭借资金实力再次上攻，期价几乎涨停的时候，中美开始了新一轮的入世谈判，使连豆行情急转直下。11月15日，中美签署农业合作协议，中美协议的签署使大豆进口配额成为泡影，多头主力寻机出市，期价呈明显下跌态势。11月19日，大连大豆S001和S003两个近期合约的成交价格退守至1988元/吨和1980元/吨，分别较11月上旬下跌了0.4%和3.5%，并继续向10月下旬的起涨价位靠近。合作协议带来的市场的反应结束后，多方在连豆市场上正逐步恢复信心，多头人气也在抬升。尽管1月、3月仍在2000点之下，1月更是跌至1950以下，但具有现货背景的空方主力仍不愿意在5月（2100以下）大量交货，而是将持仓向价位更高的远期转移，5月的持仓快速减少。从技术图形上看，1999年的连豆期价实现了两个轮回，年K线收一上下影线较长的星线，充分展现了连豆市场的运行状态。1999年，多空双方基本上势均力敌，任何一方都没有占据明显优势。事实上多空双方在1999年只是打了一个平手，尽管有局部成败之分，但大局并未分出胜负，多空双方的争论仍未结束。连豆市场尽管在1999年面临众多不确定因素，但却走出了规范发展、日渐成熟的一年。

1999年，我国大豆市场总体呈现供大于求的状况。我国1999年大豆产量在1429万吨左右，较上年减产86万吨，由于我国大豆的生产供应主要集中在东北地区和黄淮海平原一带如山东、河南等省。1998年大豆价格大幅下跌，严重的挫伤了农民生产积极性，致使1999年的大豆种植面积明显下降，同时受低温和早霜等自然的灾害影响，我国大豆产量也有所下降。而近几年我国大豆消费却随着压榨需求的增加而不断增长，为此国内产需缺口也进一步加大，这一缺口只能依靠进口大豆来弥补。1999年我国大豆进口在持续增长数年后势头依然不减，而且速度远远超过了往年。1998/1999年度我国大豆进口量达到410万吨，比上年度增长了30%。这样1998/1999年度产量与进口大豆总量达1900万吨，加上上年结转库存，1998/1999年度的供给总量超过了2000万吨，比上年度有所增加，而1999年国内大豆市场仍处于供大于求的格局之中。1999年初，大豆现货价格承接了1998年年末的下滑之势，在国际国内经济状况不景气、市场需求萎靡不振的情况下，开始步伐下挫，产区吉林从1月初1900元/吨的价格平均每月以约1.6%的幅度一路下降，至7月份平均价格降到1775元/吨，与上年同期(2250元/吨)相比，降幅达21%，最低价曾下探至1700元/吨。这一下滑之势始终难以逆转的主要原因就是没有配额控制的进口大豆大量涌入国内市场，并以其价低质好的优势冲击国内市场。1999年6月份，美国大豆到中国口岸约为1646元/吨，而同期国产大豆产区价格为1810元/吨，这一明显的价差使得销区原来投向产区的购买力，大部分都转向进口大豆，产区外销大豆锐减，上半年吉林粮食市场共成交大豆6万余吨，仅为全省年产量的10%。大量进口很大程度上抵消了进口豆粕减少对中国大豆市场的影响，使大豆价格在回升中保持稳定，未出现暴涨。大豆期货价格一度上冲后就出现回落。中国大豆消费中的舶来品比例将高达36.6%。舶来品占消费的比例之高，对大豆市场价格走向产生了不能低估的牵制作用。7月末开始，全国的大豆市场一改半年多的低迷走势，出现强劲反弹。吉林市场价格由7月末的1800元/吨最高曾上升至9月末的2100元/吨，升幅达16%；销区南昌市大豆价格也由2000元/吨上涨至2300元/吨，升幅达15%。这一方面是由于国家决定从7月1日开始对进口豆粕征收增值税，使豆粕的成本有所增加，另一方面是国家加大了对生猪市场的调控力度，肉价迅速回升，饲养业对豆粕的需求量也相应增加。9月份产区豆粕价格曾涨至1800元/吨的高点，销区南昌价格也曾创下2200元/吨的纪录。产区大豆的交易量掀起了一个小高潮，8月份吉林大豆成交量由7月的6270吨放大到1.7574万吨，增加近2倍。豆粕市场的率先启动对大豆价格的进一步上涨起到了推波助澜的作用。

从世界范围看，世界大豆市场的供求关系正在发生微妙的变化。这种变化最显著的征兆是需求继续保持强势，供给却开始减弱。美国农业部公布1999/2000年度全球大豆产量为15386万吨，需求量为15572万吨。这与1997/1998年度相比，产量减少388万吨而需求增加714万吨。供给量的减少是由于美国以外的主产国巴西、阿根廷和中国大豆产量减少393万吨，需求量的增加是由于美国国内需求持续旺盛和亚洲国家需求的恢复性增长。近年来大豆在美国国内市场长销不衰，需求持续增长，总消费量接近全球产量的1/3。1999/2000度亚洲地区的大豆，豆粕的进口量上升150万吨，这是继1998/1999年度上升200万吨之后的再次上升。1999/2000年度21875万吨的总供给(初始库存、产量、进口三项迭加)，远大于19670万吨需求总量(含出口量)，说明过剩现象仍然严重。

1999年是我国加入WTO进程中取得关键性一步的一年。在加入WTO之前我国的农产品及粮食价格将有一个由国内市场价格逐步的朝着国际市场价格接轨的过程。严格的讲，这个过程拉的越大，将来加入WTO对我国农产品尤其是粮食市场的冲击压力越大。根据中美双边协议和中加双边协议的规定，中国入世后的第一年要提供170万吨的豆油进口配额和60万吨的菜籽油进口配额，并且在2005年以前分别增长到330万吨和113万吨，关税水平要降低到9%；大豆的进口关税要在入世后立即降低到3%。此外，由于大豆进口配额无法实施，未来大豆的进口量将保持在较高水平，而欧盟还可能要求中国增加油菜籽或菜籽的进口配额，马来西亚和印度尼西亚还将要求中国增加棕榈油的进口配额。因此中国未来油脂、油料的进口规模将迅速扩大。入世以后，由于玉米进口增加，东北和华北地区的玉米播种面积将出现调减，大豆播种面积和产量将相应增加。如果大豆进口量依然保持在较高水平，国产大豆的需求将受到严重影响。从长远角度来看，这样的局面也不利于我国大豆生产技术的改进，与美国大豆单产差距会加大。对大豆压榨业的影响是，由于中国将增加豆油的进口，国内的很多榨油厂将受到严重冲击。这种冲击不仅将表现在数量方面，更主要的是表现在价格方面。以1999年12月份为例，美国毛豆油的到岸价格(考虑税费)为4160元/吨左右，较国内的豆油价格低近2240—2640元/吨。而且进口毛豆油的质量与国产二级豆油的质量相当，虽然还需要经过精炼，但其价格仍明显低于国产豆油。在过去几年中，由于我国豆油进口数量猛增，已经造成国内大量中小榨油厂停工、停产。1999年进口豆粕的减少，国内豆粕价格出现回升，部分中小榨油厂已经陆续开始恢复生产。但入世以后，豆油、豆粕的大量涌入将使中小榨油厂再次陷入困境。如果用长远眼光看，我国加入WTO对农业生产和流通领域会产生促进作用，而大豆的价格走向不仅要看我国生产需求情况，更要密切关注WTO这个国际市场生产需求的变化。大连商品交易所活跃品种之一的大豆随着我国加入WTO也将进入国际大流通市场，到那个时候决定大豆价格涨跌的主要因素只能够由国际市场总的供求变化来决定了，并且价格的波动也将趋于相对平稳和理性化、市场化。

(宋健)

上海铝期货市场

【概况】 铝是重要的生产原料，生产铝锭的原料是铝土矿，世界上铝土矿资源总量约在400—500亿吨，储量在10亿吨以上的国家有几内亚、澳大利亚、巴西、牙买加及印度等，这些国家的铝土矿占世界铝土矿总储量的73%。而产铝量主要集中在美国、前苏联、加拿大、澳洲、巴西、挪威等国，产量占全球的60%以上。近三年全球原铝产量每年增长约100万吨，1998年总产量为2266万吨，1999年总产量为2360万吨。而全球铝的消费年增幅却仅为10万吨，相对铝产量增长率而言要低得多。美国是世界上最大产铝国和消费国，由于其国内铝土矿储量有限，每年需进口大量原料。中国的产量和消费量均列第三位。

1999年世界原铝主要生产国及产量(单位:万吨)：

美国 377.9　俄罗斯 313.8　中国 260.0　加拿大 238.2　澳大利亚 170.3。

1999年世界铝主要消费大国及消费量(单位:万吨)

美国 628.5　中国 290.0　日本 220.8　德国 150.5。

1998年世界主要国家铝的人均年消费量:(公斤)

全球 5.0　美国 29　日本 32　德国 26　意大利 22　澳大利亚 20　法国 18　中国 2。

铝工业是开发自然矿产资源、高能耗的基础产业，因此，资源及能源是决定铝工业建设最基本的条件。我国的铝土矿资源在世界上属于比较丰富的国家之一，但与欧美各国和澳大利亚所用的三水铝石型的铝土矿不同，属于一水硬铝石型。此外，我国铝厂大部分规模小且使用自焙槽生产，能耗高加上电价远高于国际铝工业的电价，因此铝锭生产成本在10950元/吨左右，其中电价成本约占35%～47%，氧化铝成本约占28%～34%。而西方国家铝锭生产成本在10055元/吨左右。可见，我国原铝产量和消费量虽然已跃居世界前列，但在产品品种、成本、技术、管理、环保、劳动生产率等方面与美国、加拿大、日本等国相比差距仍然很大。所以目前只能说,我国是原铝生产和消费大国,但远不是铝工业的强国。1986—1999年国内铝供求情况表

单位(万吨)

年份	产量	进口量	消费量	出口量
1990	85.40	6.10	83.60	4.50
1991	96.20	4.40	98.50	6.90
1992	109.60	23.00	132.80	5.60
1993	125.50	16.60	135.00	6.80
1994	149.80	16.90	153.70	13.10
1995	186.97	38.80	168.50	19.10
1996	190.07	36.70	175.00	11.00
1997	207.20	28.80	211.50	24.60
1998	241.00	30.60	240.00	32.60
1999	261.80	53.40	290.00	30.15

【交易市场】 国际市场上,铝作为一个成熟的期货交易品种目前主要有伦敦金属交易所(LME)和纽约商品交易所(COMEX)在交易,尤其是伦敦金属交易所(LME)的铝锭交易始终受到各国铝生产商、投资商和国际共同基金的关注。目前,LME每天铝的成交价已经成为世界铝交易中的一个代表性价格和主要参考依据。国内上海交易所的期铝价格变动也极大的受到LME铝价的带动,根据对1994年1月到1999年12月上海期货交易所(上海金属交易所)三个月期铝价格与同期伦敦金属交易所三个月期铝相比较,相关系数为0.89,说明国内铝的期货价格受到国际市场影响极大,所以要回顾1999年的上海期铝走势首先要对LME铝价作出分析。1999年一季度LME铝价延续了上年的跌势,一季度的平均价为1195美元/吨,同比下跌19.1%,比上年第四季度也有6.86%的跌幅。上海铝也随之快速下跌,并且达到了12730的年低点。但是LME铝价在1999年3月份触及1158美元/吨的5年低点后开始了一波强劲反弹,最高摸至1389美元/吨。这一波反弹是基于当时美国对铝易拉罐的季节性需求以及美国和欧洲对铝建筑材料的需求刺激了全球性的消费,且美国对铝的消费有从废铝向原铝转变的趋势;同时亚洲消费也急剧上扬,致使亚洲地区铝供应非常紧缺。好转的基本面使基金及投机者大量购进铝头寸,消费者也逢低跟进,三月期价于5月13日被推至上年10月以来的最高点1389美元/吨。

此时国内也抛出利好政策,国家有色金属工业局向有关企业下发通知,确定国产氧化铝(二级品)自律价格为2150元/吨,根据各地区情况和付款方式不同,各氧化铝企业最低自律销售价不得低于2050元/吨。这次确定的价格自3月25日起执行。这个消息和国际铝价走势共同推动上海铝价格冲破14000元/吨。

但随后受全球经济的不确定性及诸多因素的影响,在获利盘的抛压下,3月期铝由1389美元/吨跌至5月28日的1265美元/吨,到6月9日又反弹至1320美元/吨。此轮铝价的下跌主要是因为投资人对全球经济前景的担忧所致。在此之前,大家认为亚洲经济会在美国经济放慢之前复苏。然而,5月份公布的数据迫使铝市场的参与者重新审视与评估世界经济。美国的通货膨胀率在4月份上升了0.7%,联邦储备委员会在5月18日的会议上发出信号,把货币政策的指导原则定性为倾向于紧缩政策。由此预计美国经济有可能在亚洲经济及欧洲经济共同复苏前就放慢速度。在这种悲观情绪的影响下,一些大基金也开始抛售手中的铝头寸,其它一些基金也加入了抛售的行列,生产厂家也急于在高位抛售库存,导致铝价全线走低,三月期铝在5月28日探1265美元/吨,市场出现超卖。而后技术面、基本面的支撑及消费者买盘的强劲支持使LME铝价迅速反弹至6月9日的1320美元/吨。受世界铜产量大幅减少、铜价大幅上涨的影响,铝价也稳步攀升。三月期铝最高于6月29日摸至1412美元/吨,这也是9个半月以来的新高。国内铝价也随之劲扬,冲破了15000元/吨的大关。

7月5日,美国凯撒铝业公司在美国本土的GRAMACY氧化铝厂发生严重爆炸,7月12日,乌克兰惟一的氧化铝厂MYKOLAYISKY HLYNOZEMNY ZAVOD停止向俄罗斯及塔吉克斯坦的两家铝厂交货。在这两件突发事件的影响下,LME3月铝价7月15日收在14个月来的高点1470美元/吨。从恺撒公司铝厂爆炸后,世界范围内的氧化铝现货市场逐渐出现供应紧张。到了10月份,供应紧张终于反应到了国内,由于中国氧化铝进口主要依赖于现货市场,10月份中国氧化铝进口量急剧减少至4万吨,而9月份进口量达到25万吨。在现货市场的带动下,上海交易所铝价进一步扬升,向16000元/吨迈进并且最终超过了这一价位。与此同时国际市场上的铝价也持续上涨,超过了大多数人预期的1600美元/吨的价格并最终以1651美元/吨的高价结束了亮丽的一年。(孙征)

上海铜期货市场

【概况】 铜是有色金属中最重要的一个品种,世界铜资源主要集中在智利、美国、赞比亚、独联体和秘鲁等国。智利是世界上铜资源最丰富的国家,其铜金属储量约占世界总储量的1/4。美国、日本是主要的精炼铜生产国,赞比亚和扎伊尔是非洲中部的主要产铜国,其生产的铜全部用于出口,德国和比利时是利用进口铜精矿和粗铜冶炼精铜的生产国。此外,秘鲁、加拿大、澳大利亚、巴布亚新几内亚、波兰、前南斯拉夫等也均是重要的产铜国。

我国是个铜资源短缺的国家,精炼铜的原料自率只有40%,每年均需进口大量的铜精矿,铜的进口构成中原料进口占的比重较大,电解铜的进口增长幅度大于半成品(铜杆、铜管等)的进口增长幅度。出口则相反,铜的出口量很少,且主要以半成品、加工品为主。随着出口关税的逐步降低,近年来铜的出口量较九十年代初中期有一定增加。因此国内铜价走势受国际铜价影响极大,上海交易所的期铜合约也成为LME期铜的影子市场。

1990—1999年中国铜供求情况表　单位:万吨

年份	产量	进口量	消费量	出口量
1990	55.87	3.68	72.90	1.65
1991	56.00	10.12	79.00	0.43
1992	65.92	26.10	99.00	0.98
1993	73.03	25.35	99.00	0.19
1994	73.61	7.23	91.00	1.07
1995	107.97	10.21	120.00	2.57
1996	111.91	14.97	125.00	3.98
1997	117.94	8.83	107.51	7.79
1998	115.18	26.84	110.13	12.14
1999	101.13	54.77	147	10.3

1999年全世界年产铜达1430万吨,各主要生产国的产量分别为:智利259万吨、美国201万吨,日本135万吨,中国

104 万吨，德国 69.7 万吨，俄罗斯 64 万吨。

世界主要产铜国 1992—1999 年产量

计量单位：千吨

年度产量国家	1992	1993	1994	1995	1996	1997	1998	1999
美国	2143.9	2252.5	2220	2279.8	2346.9	2450	2456	2012
智利	1242.3	1268.2	1277.4	1491.5	1748.2	2116.6	2334.9	2590
日本	1160.9	1188.8	1119.2	1188	1251.4	1278.7	1277.4	1351
中国	659	730.3	736.1	1079.7	1119.1	1179.4	1110	1040
德国	581.7	632.1	591.9	616.1	670.8	673.7	695.9	697.1
俄罗斯	620.7	537.1	551.8	560.3	599.2	639.9	639.9	640.0
加拿大	539.3	561.6	549.9	572.6	559.2	560.6	562.5	540.5
主要生产国小计	6947.8	7170.6	7046.3	7788	8294.8	8898.9	9076.6	8870.6
占比%	62.20%	63.42	63.10%	65.90	65.17%	65.50%	65.39%	62.00%
中国占比%	5.90%	6.46%	6.59%	9.14%	8.79%	8.68%	8.00%	7.27%
世界合计	11169.8	11306.3	11166.2	11818.2	12728.6	13585.8	13879.7	14307.0

1999 年全球消费铜约 1460 万吨，铜的消费集中在发达工业国。美国是最大的铜消费国，1999 年消费 298 万吨，约占世界消费总量的 1/5，其次是中国 146 万吨，日本 125 万吨，德国 109 万吨。我国虽然铜资源贫乏，但却是世界主要的精炼铜生产国之一，1999 年铜产量达 104 万吨，占世界总产量的 7.27%。目前铜生产地集中在华东地区，该地区铜生产量占全国总产量的 51.8%，其中安徽、江西两省产量约占 35%。

1999 年国内主要铜生产企业产量

序号	生产企业	产量（万吨）	注册商标
1	江西铜业股份有限公司	19.7	贵冶
2	铜陵有色金属(集团)公司（含金隆铜业公司）	18.5	铜冠 金豚
3	云南铜业股份有限公司	12.0	铁峰
4	上海冶炼厂	9.85	上冶
5	芜湖恒鑫铜业有限公司	8.0	晶晶
6	大冶有色金属公司	7.0	大江
7	白银有色金属公司	6.5	红鹭
8	沈阳冶炼厂	6.0	矿工

消费方面，1999 年我国消费总量达到 147 万吨，从地区分布看，我国铜的主要消费地则在华东和华南地区，二者消费量约占全国消费总量 70%。从行业分布看，铜消费最大的行业是电子电气行业，建筑业、机械制造业、交通运输业等也消耗大量的铜。

以下是我国各行业铜消费占铜总消费量的比例：

用铜比例电子及电气 55.2%　机械制造 23.8%　建筑 3.3%　交通运输 3.3%　其他 14.4%

与发达国家相比，我国的电子、电气行业与机械制造业消费的铜占总消费的比例明显高于发达国家，而建筑业及交通运输业消费铜所占的比例却又大大低于发达国家。

【交易市场】 期货市场上，由于 1998 年全球精铜产量大于消费量，供大于求的基本面使得整个 1998 年国际市场铜价一直在下跌中，LME 铜价从 1998 年初的 1720 美元/吨下降到了年底的 1482 美元/吨，而且铜库存的增加也十分明显。1998 年 12 月末全球铜的总库存量为 133.4 万吨(占当年全球铜消费量的 10%左右)，而 1999 年 1 月末增至 140.2 万吨，2 月末又达 147.1 万吨。快速增加的铜库存量，无疑抑制了铜价的反弹和上涨空间，因此在 1999 年初，铜价仍然维持下降趋势，而且由于巴西金融动荡造成的各国股市暴跌也对铜市场产生了很大影响，在 3 月 8 日铜价达到了全年最低点 1368 美元/吨。国内市场也是一样，年初，按当月上海金属交易所第一周的加权平均价执行的国家统配合同铜、铝资源价格较上一月的价格有所下滑，一月统配铜资源市场价合同的执行价格为 14893 元/吨，下浮价合同的执行价为 14595 元/吨。但是不久由于受到国内六大冶炼厂(江铜、云铜、铜陵、大冶、中条山、金川)上年实际减产达 10 万吨以上的消息影响，再加上国内城乡电网改造使得精铜消费量增加导致现货价格上涨，期市铜价一直维持在 15000 元/吨以上并且有展开上攻走势的意向。不过这种意向只在春节前短暂保持了一段时间，在国内春节长假的时候，LME 铜价再创 12 年以来的新低，因此节后上海铜价随之迅速下跌到 14200 元/吨左右，但是这时曙光已经悄悄的出现了。由于铜价持续低迷，因此国际上一些大的铜矿开始有了停产限产意图，而一旦停产限产，势必无法在短期内恢复，因此受到这些消息的刺激，铜价开始自低位反弹，但是持续了数年的跌势毕竟不会这么容易就改变的，5 月初，反弹失败，铜价重新回落到 1400 美元/吨以下。终于，5 月 20 日，因为铜价持续低迷，加拿大高地谷铜矿公司计划将其工人的工资削减 15%，以保证其生产的正常运行。由于工会与公司意见不一，谈判停止，矿山将无期限地关闭。不过由于这个消息已经在市场上流传了很长时间，因此对市场的影响并不大，但是从这一天开始，一些影响较大的铜矿也开始流传出限产和停产新闻，6 月初，毕海壁(BHP)宣布，由于巴布亚新几内亚的 Ok Tedi 矿因环境问题而产生的费用日益增长，使 BHP 被迫同意偿付了 4 亿美元治理污染及 1.1 亿美元赔偿费，所以他们考虑关闭此铜矿。美国 Asarco 公司随之也加入了铜减产行列，决定将 1999 年其北美的铜生产减少大约 7.4%，即 5200 万磅(合 23636 吨)，并打算通过亚利桑那州 Mission 和 Ray 两大铜矿开采计划的调整在 2000 年的前 6 个月再减少 2700 万磅(合 12247 吨)。随着减产的铜矿增加，供求形势根本改观，铜市将从原来的供大于求转向供求趋于平衡，这是一个熊市转牛市的明显标志。而关闭的产能再开工的可能性很小(如高地谷铜矿)，对于矿山或者冶炼厂来说，关闭后再开工的费用是巨大的，甚至有可能高出维持生产的费用。从此，供需数量出现明显逆转，各生产商和经纪商纷纷预测年内供大于求的状况出现改观，引导铜价展开上涨走势，6 月 30 日，铜价暴涨 100 美元，突破了五月初上涨的高点，预示着下跌趋势的完结和上升趋势的开始，此后铜价开始震荡扬升。进入四季度后，全球经济总体形势继续向好，国际货币基金组织作出的预测表明，99 年全球经济增长幅度可达 3%，大大高于一季度 2.5%的预测。亚洲地区遭受金融危机打击的创伤正在加速愈合，韩国、新加坡、泰国和马来西亚等国经济表现尤为出色。在美国，新近公布的制造业景气和经济领先指标显示，经济成长前景看好，预计经济成长可由第三季度延伸至 2000 年初。但美国外贸逆差连创纪录，通货膨胀也压力越来越大，因此未来美国经济虽保持增势，但增幅不会太大。欧洲经济在整体利率下调和欧元企稳的带动下，出现恢复性增长，尤其是原先承受较大负担的德法两国，经济增长尤为看好。

世界经济发展的良好形势有利于电铜消费市场的扩大，正是这种原因唤起了期铜市场的多头信心，导致铜价摸高 1840 美元。在铜生产领域，继二季度生产商大量减产后，三季度以来在美国和德国掀起了并购浪潮，这种并购活动会导致铜生产能力更加适应市场变化，促使一些小铜厂进一步限产。

年底LME铜价达到了全年最高点1894美元/吨，年终数据显示，1999年世界精铜产量1430万吨左右，而消费量达到1460万吨，这是导致铜价上涨的最终因素。国际市场形式良好，国内市场也是如此，国内经济形势继续保持了三季度以来的复苏势头，物价指数开始上升，外贸额也摆脱了下降局面。受此带动，下游电铜消费有所升温。在SHME市场，投机商配合旺盛的多头人气，采用逼空操作手法使多数保值厂商受到保证金压力而处于被动局面。国内铜价也开始逐步扬升，自15000元/吨以下，一路上涨，直到超过18000元/吨。

不过此时SHME铜价已高出外盘较多，此价位进口商可获丰厚进口利润。从头寸分布看，部分市场主力多头已开始获利退出，部分保值厂商已生追加空头头寸之意，市场多空对比已由前期的单边多头转向分歧，并有发展成多头散兵游勇、空头坚实严明的趋势。最终上海铜价在18000元/吨附近以横盘形式结束了一年的走势。 （孙征）

中国天然胶期货市场

【概况】 天然胶是一种热带农产品，世界天然橡胶的生产主要集中在泰、马、印尼等几个国家，这几个国家的产量约占世界产量的75%，并且均以出口为主，因此国际天然橡胶的供应完全控制在这几个国家手中。国际天然橡胶组织INRO由18个天然橡胶进口国和6个天然橡胶出口国组成，于1997年2月成立，其目的是稳定全球天然橡胶的价格。在其成员国的财政资助下，INRO在公开市场上购买橡胶。后因该组织资金不足而要成员国出更多的资金，使受到金融危机冲击的亚洲天然橡胶生产国不堪重负，因此导致99年泰马印三国退出该组织，该组织也随之解散。国内橡胶市场近几年生产一直在稳步上升中，据中国热带农业科学院和华南热带农业大学的统计，全国橡胶种植面积和天然橡胶产量分别为887万亩和44万吨，我国已成为世界第五产胶大国。其中云南的发展尤令人瞩目，云南农垦目前植胶140万亩，投产面积95万亩，亩产110—115公斤，位居世界产胶国最先进水平。

天胶期货在世界上是十分成熟的期货品种，也是我国期货市场近几年来备受广大投资者青睐的交易品种之一。天然胶期货交易原来主要活跃在海南中商交易所，后改在上海商品交易所，99年正式并入上海期交所。交割标准品种是符合国标881—87的国产一号标准胶及进口3号烟片胶。99年年初，国内天胶市场在亚洲经济危机的余波下下滑到7300元/吨，随后在关税调整，进口配额落实较晚，打击走私等一系列利好因素的影响下开始上涨，年中最高曾经突破9000元/吨，但是随着国内产胶旺季的到来，胶市又陷入了低迷状态。不久，在交易所调整天胶合约的举措带动下，天胶合约逐渐活跃，并且国家打击走私的力度逐渐加强使得市场资源减少，胶价稳步上升，最高超过10000元/吨关口，此时涨势已如强弩之末，再加上中美签订入世协议的重大利空消息，使天然胶结束了大半年以来的涨势，重新开始漫漫熊途。

【交易市场】 受亚洲经济危机的影响，1998年整个亚洲商品市场需求严重不足，呈持续性买方市场格局。对橡胶市场而言，胶价直触近几年新低，天胶市场价格指数几度跌破国际天胶组织设定的“必买水平”（172马/新分）。国内胶市也在不断下挫，从年初开始天胶期价迅速下跌到8000元/吨以下，并且在随后的两个月中，无法组织起像样的反弹，胶价一直在这个价位下方盘旋。面对由于需求严重不足所造成的弱市格局，国际组织的救市行动收效甚微。面对无奈的市场、无奈的胶价，主要生产国政府甚至尝试像70年代石油生产国一样联合起来，实行限产保价政策，各生产国政府也都制定或寻求相应的国内对策，以求制止胶价下跌的势头。泰国农业部1998年底曾向其财政部寻求40亿泰铢（当时约合1.12亿美元）的资金以单独在国内市场进行干预，得到批准后，泰国政府于1999年1月11日至3月底在泰国国内购买天胶并入库存，以此求得减少天胶的市场供应量，进而拉动胶价上扬，按当时胶价，该专项资金可供购买17万吨左右的天胶，占同期泰国产胶总量的30%左右。现在看来，无论国际天胶组织还是天胶生产国政府与组织，在过去一年来都用尽了各种办法干预胶市，但由于橡胶需求这个最根本的决定胶价的因素处于弱市的格局没有改变，天胶市场持续低迷的状态亦在情理之中了。

国内市场也是如此，受亚洲金融危机及国内通货紧缩等不利外部环境的影响，全行业面临市场疲软、销售不畅、资金紧张及出口受阻的困难局面。据中国橡胶工业协会对317家企业统计，亏损面达47%，最困难的是胶鞋行业，利润成倍下降，以至全行业亏损，亏损面达70%。橡胶制品行业经营困难，销售不畅，需求不足，使天然橡胶市场需求雪上加霜。

在这几个月间，天胶市场经受了低迷不振的长期考验，但是与此同时，基本面因素的改善正在悄悄进行中。4月27日上海期交所（筹）推出了天胶新合约，天然橡胶新合约（即9月份及其以后月份的合约）的交易，适用《上海期货交易所交易规则（试行）》和试行的各项实施细则。新合约作如下调整：1、交易单位由1吨/手，改为每次下单必须是5吨或其整倍数；2、交易结算实行每日无负债结算制度，并以当日结算价作为结清持仓盈亏的基准价；3、交易手续费调降为成交金额的万分之1.5（含风险准备金）；交割手续费为4元/吨。手续费均按双边分别计收；4、为有利于风险控制，保证金比率、交割程序、升贴水标准、定点仓库费用标准、实物交割价确定办法、限仓办法等仍按原有关规定执行；5、上述各项自合并交易试营运实行之日起实施。交易所的措施使得天然橡胶交易开始活跃起来，而且由于社会库存较低，进口配额尚未下达，走私胶被阻止流入，琼滇产区虽已开割但尚未进入割胶旺季等因素，致使可供橡胶资源量较为有限，而国内存量资源的一再消耗，引起现货上扬，从而带动期货价格上扬。期市胶价在这些利好因素的影响下和投机资金的带动下也迅速攀升到9000元/吨以上。

进入5月份后，国内天然胶开始进入割胶旺盛时期。随着新胶的陆续上市，新增资源将明显增多，可供资源的增加对市场产生很大影响。而且由于国家严厉打击走私等因素的影响，企业对进口配额的需求明显增多，一些配额陆续下达，境外进口不断到货。这些因素导致胶价从9000元/吨以上的高位再次下滑到8000元/吨以下，不过并没有达到年初的低位。

不久，橡胶行业又传来重大新闻，世界三大天然橡胶生产国—泰国、印尼和马来西亚这3个占世界天然橡胶产量80%的国家抱怨INRO没有设法阻止橡胶价格下跌30%，宣布退出国际天然橡胶组织（INRO）并组成新的对抗组织。随后各国采取一系列行动制止不断下滑的胶价，泰国和马来西亚为了改变天然胶价格低迷的现状，相继自己购买了本国产橡胶。5月12日，马来西亚购买了5.7万吨的橡胶原料。泰国政府计划从6月16日开始持续3个月干预市场。泰国和马来西亚两国5月下旬决定两国共减少30万吨的橡胶出口量，共同引进缓冲库存制度。国际市场胶价开始从底部反弹。受其影响，国内市场也作出相应反应，从1998年下半年开始的打击走私活动的效果也逐渐反应出来，低价进口胶资源减少，对市场的冲击力也有很大程度上的弱化，可以看到，由于此时国内进口橡胶仍然在很大程度上依靠国家配额的下发，由于打击走私活动的深化，1999年较紧的进口配额终于开始影响市场。

据国家统计局测算，1999年前三个季度国内新增胶源158.3万吨，同比增长13.2%。其中国内天然胶产量为32.5万吨，同比有所增长；合成胶产量为53.82万吨，同比增长30.8%；天然胶进口量为28万吨，同比减少5.2%；合成胶进口量为44万吨，同比增长18.6%。增量胶源结构显示，合成胶国内产量和进口量大幅超过天然胶国内产量和进口量，由此成为天胶货紧价扬的重要因素之一。同期国内轮胎产量为8047.64万条，同比增长11.9%，同期国内橡胶消费量约150万吨左右，同比增长12%。从数据中可以看到没有了走私胶的威胁，市场出现消费缺口，成为价格上涨的重要支持力量。天然胶价格二度反弹，并且走出了持续近半年的上涨行情，主力合约于11.10日达到了最高的10300元/吨的价格，但是这时的价格已经与现货市场价格出现了较大的背离情况，而且随着入世脚步的临近，国内胶价受到国外低价胶的威胁更大。我国加入WTO后，天然橡胶2004年前关税降为5%，2006年前降为零，在2005年取消进口配额。我国天然橡胶业将会面临天然橡胶生产、出口大国的激烈竞争，主要是价格的竞争。由于我国天然橡胶的生产成本较东南亚国家高，明显处于劣势，同时国内用胶企业为了降低生产成本，必将使用相对价格较低的进口胶，这对国内天胶市场将会产生极大影响。终于，11月15日，受中美签署中国入世协议重大基本面利空因素影响，大盘放量暴跌。随后在入世脚步不断加快的推动下，期胶价格逐渐向现货价格靠拢，天胶市场重新走入熊途。

（孙征）

郑州绿豆期货市场

【概况】 郑州绿豆是我国期货中交易时间较早，交易历史较长的一个期货品种，也是我国特有，且世界上独一无二的期货品种。绿豆期货1999年之前是我国农产品期货市场上的龙头品种。到了1999年，绿豆小品种的弱点尽现。年初曾出现1.18事件，下半年，交易所为降低风险又两次强制平仓。1999年绿豆期货的大起大落显示出了其不稳定性。管理层也注意到了小品种期货的风险性。于年底发布了《期货交易管理暂行条例》，郑州商品交易所也调高了绿豆的保证金，绿豆从此进入被限制的休克状态。

【交易市场】 由于1999年上半年绿豆价格的下滑，农民种植绿豆的热情降低，种植面积减少较大，河南主产区的产量减少近30%。另一方面，河南遭受了较大的旱情，也对绿豆的收获起了很大的负面作用。南阳地区杂绿豆收购价格在2.80元/公斤左右。种植面积减少，造成了新豆的价格上涨较大，由于东北地区小幅减产，河南地区大量减产，杂豆收购比较困难，后半年又出现现货价大幅攀升的现象。东北产区的明豆收购价格高达3.60元/公斤。而且出口转暖使需求较往年有所改善，这样在供给减少，需求改善的情况下，更加剧了绿豆价格的攀升。

进入到1999年，绿豆期货弱点尽现。由于绿豆是我国独有的交易品种，绿豆呈现出与众不同的特点，主要有以下几点：1、基本面影响因素很多。由于绿豆的现货基础较小而且资金介入程度较高，使其除了体现现货供求之外，还要考虑到许多其它因素的影响。因为资金的聚集在一定程度上反应了宏观政策的影响，而资金运作的背后也要有大量信息的支持——在小品种自身供求因素有限的情况下，影响因素范围的延展是很自然的事。通货膨胀率、气象变化对粮食总体的影响、金融危机等被直接拿来作为绿豆市场的题材，绿豆几年来的交易都体现了这一点。99年初的1.18事件和1999年的几次交易所强制平仓最后导致证监会出台限制绿豆的政策就足以体现政策对绿豆市场的直接影响。2、绿豆做市现象明显。由于绿豆盘子小，投资者多，大多数投资者都是采取投机策略。交易者的群体心理即“人气”在市场趋势的形成中占有很大的影响比重，而分散的资金参与特性使“人气”对市场的影响更被放大。1999年1月18日，为控制市场风险，1月15日郑商所决定将GN03、GN05、GN07月合约波动价幅调整为每吨±6元；GN3合约交易保证金按100%收取，而GN05和GN07合约交易保证金也提高至50%；同时规定这三个合约只能平仓不准开仓。当日，绿豆各合约尽跌至停板位，GN03、GN05、GN07等合约分别收于3142、3120和3132；GN01合约以3504元/吨收盘。绿豆当日全日成交21万余手。收市后出台新的政策：GN03、GN05、GN07合约以当日结算价全部对冲；周二以周一结算价为基准，波动价幅为±360点，持续三个交易日，从第四个交易日起恢复正常；从周二起，除GN01外，其余合约保证金为10%。这就是1.18事件，这件事对绿豆市场打击非常大，绿豆市场一度归于沉寂。许多交易者错愕不已，对交易所使用这一剂猛药显出极不适应。这一事件，充分暴露了小品种期货的弱势，现货压力很大，价格又跌得很深，很容易造成期货市场的巨大风险。经历了1.18事件几个月后，绿豆又很快活跃起来，显示出生命力的顽强。随后，到4月份，绿豆又经历了一波慢涨和一波暴跌。10月8日，《期货日报》发表关于讨论修改绿豆期货合约的问题和降低第四季度绿豆期货交易手续费的决定的消息。对于修改合约的讨论，各代表提出应该提高明绿豆升水幅度、降低陈豆贴水幅度。将同等明绿豆对杂绿豆升水由10%修改为20%，上一年度生产的绿豆按交割价贴水，9月份由10%修改为5%，11月份由20%修改为20%，是现货市场运行的客观要求，反映了现货市场现况，同时为了保证市场平稳运行，新的调整从1999年12月1日上市的2000年11月合约开始实行。由于绿豆市场交易风险依然很大，为进一步控制绿豆期货交易风险，根据1999年11月26日中郑商交字（1999）第66号文件“交易所将视市场风险情况采取进一步的风险控制措施”之规定，经研究决定，自1999年12月6日起（12月3日结算时），交易所将视市场风险情况采取进一步的风险控制措施，恢复正常保证金标准的时间另行通知。也就是说交易所为了促使期价恢复正常的交易情况准备在一段时间内对GN005、GN007、GN009合约所有多头持仓部分的交易保证金提高至15%。“绿豆品种多头持仓1000张以上（含1000张）会员多头持仓部分的交易保证金提高至13%”的规定停止实行市场采取监控的态度，如果在这段时间中期价的运行比较温和，交易者恢复理性，交易所再放开管制。

整个1999年，绿豆走势忽上忽下，显示出极大的不稳定性。1999年6月初，在郑商所第二次进行强制平仓的时候，期价连续几天暴跌，创下今年新低，最低达到2360元/吨左右，政策干预结束后，在底部已经吸收了足够筹码的多头开始发力了，期价被迅速拉抬，开始了一段长达半年之久的牛市，在这一段时间中，空头屡次出击，屡屡被套，多头借助基本面的绝对利多因素的帮助，再加上资金的优势，使各合约期价上涨超过1500点，主力合约五月绿豆最高价格甚至超过4000元/吨大关。虽然绿豆现货价格也在随之上涨，但是作为交割标准的二等杂绿豆当时的价格只有2800元/吨左右，即使是二等明绿豆也不超过3500元/吨，在这种情况下，期市和现货已经严重背离，众多散户已经深深被套。所以郑商所发出了通告，将多头保证金单方面提高，但是一度下跌后，期价仍然有上涨意图，屡次通告没有结果。绿豆期货的不稳定性引起了管理层的注意，1999年6月2日，国家颁布了《期货交易管理暂行条例》，郑州期货交易所根据指导精神，采取扶大限小的政策，扶持小麦期货，限制绿豆期货，将小麦保证金从10%降低至5%；将绿豆保证金从10%提高至20%。绿豆从此进入无量跌停的休克状态。

1999年，我国加入WTO的步伐加快。11月，中美双方签定了关于中国加入世贸组织的双边协议，由于中国对国内农产品方面有较多的保护措施，在本次签定的协议中，我国同意将在2004年1月以前大幅下调关税，农产品总体平均关税将降为17%，对美国优先考虑的产品下降至14.5%。大宗商品的进口，如小麦、玉米、大麦和大米将设立关税配额体系。对关税配额的运作程序作出了具体规定，且将提升执行过程的透明度，这有助于确保对中国的出口。配额量较大且将递增，平均关税率在1—3%。在中国农产品进口和销售无须通过国营企业和中介机构。在加入WTO之前我国的农产品及粮食价格将有一个由国内市场价格逐步地朝着国际市场价格接轨的过程。像受到国家保护的民族工业一样，保护的时间越长，与外界的差距越大，农产品保护的这个过程拉的越大，将来加入WTO对我国农产品尤其是粮食市场的冲击压力越大。从短期看，绿豆的期货价格就面临着调整的问题，国际市场杂绿豆的报价实际只有310美元，明绿豆的报价是340美元，中国二等杂绿豆是2550元，明绿豆郑州、湖北、天津三地的平均价是3000。期货市场杂绿豆相应价格明显偏高，明绿豆也略显偏高。加入WTO之前的总体物价水平还将下移，受此大环境的影响，郑州商品交易所的绿豆期价在目前点位要向上攀升的空间不会太大，偏离现货价太多期价回归下调就只是个时间问题。近阶段大连大豆、郑州小麦对加入WTO所产生的跌多涨少的现象就是对加入WTO的提前反映。从长期看，我国为加入WTO一直努力着，加入WTO对农业生产和流通领域会产生促进作用，而绿豆的价格走向不仅要看我国生产需求情况，更要密切关注WTO这个国际市场生产需求的变化。郑州商品交易所活跃品种之一的绿豆随着我国加入WTO也将进入国际大流通市场，到那个时候决定绿豆价格涨跌的主要因素只能够由国际市场总的供求变化来决定了，并且价格的波动也将趋于相对平稳和理性化、市场化。我国是一个绿豆净出口国，出口对象主要集中在东亚、东南亚和南亚几个国家，而这些贸易伙伴多半已经加入WTO。所以随着我国加入WTO，相互之间农产品关税的降低，我国的绿豆出口在国际市场上的竞争能力会进一步提高，从而加入WTO会对绿豆期货价格运行产生一定的利多影响。加入WTO可能会带来短时间的不适应，但却是一项功在长久、利在千秋的事业。

（宋健）

郑州小麦期货市场

【概况】 小麦是世界的大品种粮食作物之一。在谷类作物中，小麦所占比重最大。小麦期货是郑州交易所的主要交易品种之一。与其他农产品期货不同的是，小麦期货是大品种期货。与郑州商品交易所的龙头品种绿豆比起来，小麦的交易一直不很活跃，由于它是大品种，使交易者没有大规模介入。由于1998年期价跌破1400元/吨，市场成交极不活跃，1999年，交易所为了活跃交易，避免大幅下跌引起不必要的政策干扰，于3月制定了新的小麦交割标准，但未能从根本上解决劣质小麦进入期货市场的问题，造成了小麦期货交易的再次逐步萎缩，1999年6月国家颁布了《期货交易管理暂行条例》，郑州交易所根据政策的指导思想，积极开发小麦这一大品种期货，举办了数次小麦推介会。同时，做出将小品种绿豆的保证金由10%提高到20%，把小麦期货的保证金由10%降到5%，从此，小麦期货日渐活跃。1999年11月25日，国家颁布了新的粮食标准，取消了小麦冬春、南北差异，提高小麦的整体水平。郑州商品交易所也根据新的国家粮食标准修改了小麦期货合约的等级标准，使期货小麦定位于优质小麦，解决了大品种期货给交易者带来的不确定性。给小麦期货在农产品期货市场上进一步活跃奠定了良好的基础。

【交易市场】 从1999年小麦供需状况，可以看出小麦现货价格的变动轨迹。小麦是我国的主粮之一，1999年，由于1998年小麦播种面积比上一年减少400万亩左右，加上我国北方地区出现了几十年未遇的干旱，土壤墒情较差，不利于小麦生产，1999年春小麦主产区大面积发生病虫害造成1999年小麦比上年减产810万吨左右，约为10500万吨。1999年小麦消费量为1.18亿吨，比上年增幅较大。小麦供需缺口很大。从价格上看，从1997年夏至今，小麦集贸市场的收购价格一直在1300元/吨左右窄幅波动。

作为农产品期货的主要交易品种，郑州小麦自1993年5月28日开市以来，几经波折，既有风起云涌的火爆交易，也有平静如潭的盘整行情，其期价同其他交易品种一样，受国家农业政策变动、天气变化、现货市场供求关系的影响。郑州小麦作为一个大的交易品种，在6年来的交易中较好地体现出期货市场套期保值和发现价格的功能。1998年10月由于基本面利空，期货价格出现跌破1400元/吨的情况，由于当时国家强调按保护价畅开收购、粮食资金封闭运行及粮食顺价销售的政策，低于1400元/吨意味着低于国家保护价，违反顺价销售的政策，小麦期货交易中出现涨上去又跌不下来的情况，交易所也担心一旦价格大幅下跌可能招致政策干预。为了缓解这一矛盾，交易所着手修改期货合约和小麦交割标准，并于1999年3月制定了《郑州商品交易所小麦期货合约交割品标准》(即CZCE标准)，再次提高进入交割的小麦品质标准，但由于仍允许国标小麦(1986年制定)的小麦替代交割，仍未能从根本上解决劣质小麦进入期货市场问题，因此小麦期货交易再次逐步萎缩，到1999年3月之后，小麦期货持仓量又减至1万张以下，日均成交不足1000张。1999年6月2日国家颁布了《期货交易管理暂行条例》，标志着我国期货市场试点进入了新阶段，确立了我国期货市场试点的地位，在这种新形势下，郑州期货交易把开发、活跃大品种——小麦交易作为工作的重中之中。1999年12月，为贯彻落实中国证监会“扶大限小，发挥功能”的指导思想，交易所着手限制绿豆期货，把活跃小麦期货交易当做头等大事来做，将绿豆交易保证金由10%提高到20%的同时，将小麦交易保证金由10%逐步降低至5%。自此，小麦期货交易也日渐活跃，1999年12月中旬持仓量不到1万张，日均成交不到1000张。到1999年12日30日，小麦持仓量已达5万多张，当日成交量4万多张。

1999年下半年开始，郑商所重新修订了小麦合约，确定了新的国家标准作为交割品，这个等级质量明显高于原来的国标和郑商所标准，属于众人常说的“优质小麦”。

1999年11月25日，国家颁布了新的国家标准。新国标从总体上看比交易所制定的CZCE标准还要高，新国标于2000年4月1日强制实行。这次新的粮食国家标准总的来说比原来的要严一些、细一些。小麦取消了南北、冬春的差异，南方与北方，冬季与春季所产的小麦统一使用同一标准，所以能符合国标的普通麦会减少，硬软质率的提高也使得优质麦的质量指标更高，实际上是小麦的整体定等水准提高了。新的粮食标准所定小麦整体质量提高，优质小麦的标准也使小麦期货更接近于交易者所能接受的期货交易品种。这对于促进小麦期货走上良性发展道路奠定了基础。交易所依据新国标修订了小麦期货合约。新的小麦合约很快得到证监会批准，于2000年2月1日顺利上市。由于新老合约在交割品级上差别较大，为了更好地实现由老合约向新合约过渡，也为引导投资者积极参与新国标小麦交易，交易所在上市WT101合约的同时，提前上市WT103、WT105合约。

1999年是中国加入世界贸易组织取得重大进展的一年。入世后，我国将向欧美等国提供逐年增加的关税比例配额，这将加剧国内小麦市场供给压力并造成库存压力增大。国内小麦价格下滑将是必然趋势，这不仅会对农民产生影响，也会对国有粮食部门的敞开收购和顺价销售政策构成一定的威胁。加入世贸必然会对农业带来的消极影响。但从长期看，我国加入“WTO”对农业生产和流通领域会产生促进作用，小麦随着我国加入“WTO”也将进入国际大流通市场，到那个时候决定小麦价格涨跌的主要因素只能够由国际市场总的供求变化来决定了，并且价格的波动也将趋于相对平稳和理性化、市场化。加入世贸利在长久，短时间的阵痛过去后，中国农业必然会拥有不逊于世界农业大国的竞争力。（宋健）

期货交易机构

上海期货交易所

【概况】 上海是我国期货市场试验起步最早的地区之一，1995年期货市场整顿，上海6家期货交易所合并为金属、商品、粮油三家交易所；1998年8月根据国务院进一步整顿期货市场的决定，上海三家交易所再行合并，组建成立上海期货交易所，隶属中国证监会。上海期货交易所现有会员205家，其中经纪公司会员150家，占73.2%，非经纪公司会员55家占26.8%，同时开设远程同步交易终端60个，会员群体和经营服务网点覆盖全国27个省、区、市。为保证交易结算和交割的正常进行，上海期货交易所与工商银行和交通银行订立协议，指定两行为结算银行，在标的商品生产、主销和集散地指定了15家交割仓库。上海期货交易所日常工作由法定代表人、交易所代总经理吴何清主持，职能部门设有办公室、发展研究中心、交易部、交割部、结算部、监查部、市场部、技术部、信息部、财务部、人事部、行政部。交易所高层管理人员还有：副总经理：王立华、彭俊衡、劳光熊；总经理助理：汤庆荣、胡政；理事长：胡岳征；副理事长：钟福棠。

【交易市场】 上海期货交易所经批准的上市品种有铜、铝、天然橡胶、胶合板、籼米等5个品种，目前上市交易的为铜、铝、天然橡胶等3个品种；1999年成交合约683.46万手(其中铜511.94万手、铝51.30万手、橡胶120.22万手)，成交金额4909.79亿元(其中铜4249.15亿元、铝379.23亿元、橡胶281.41亿元)；2000年1—6月成交合约357.23万手，成交金额2960.48亿元，同比分别增长37.46%和60.21%，分别占全国期货市场交易总量的16.10%和43.41%。

【规范化管理】 近十年来，上海期货市场营运不断规范，在促进改革开放和经济发展方面发挥了积极作用。一是为宏观决策和企业经营提供了较真实的预期价格；二是为企业锁定成本价格、规避风险提供了机制；三是为商品流通开辟了规范渠道；四是促进了标的商品质量的提高；五是形成了较为完善的市场法制。铜期货交易尤为突出，其价格灵敏反映国际行情和国内供需变化，成为有色行业公认的权威报价；履约率为100%，没有三角债问题；在促进企业提高产品质量、转变经营机制，引导企业套期保值，提高经济效益等方面发挥的积极作用，得到了行业和有关方面的充分肯定，成为我国期货试验的成功范例。在法制建设方面，上海期货交易所根据《期货交易管理暂行条例》及《期货交易所管理办法》等法规，制订有交易所章程、交易规则及九个实施细则；在自律管理方面，上海期货交易所设会员大会及其常设机构理事会，理事会下设监查、交易、交割、会员资格审查、调解、财务等6个专门委员会。

(特约编委：盛钧源，特约编辑：顾一新，特约撰稿：汤克均)

郑州商品交易所

【概况】 1999年是我国期货市场发展进程中具有重要意义的一年。中国证监会进一步加强对期货市场的管理，国务院颁布《期货交易管理暂行条例》(下称《条例》)，逐步走向规范有序的轨道。郑商所在中国证监会的直接领导下，贯彻落实《条例》和《期货交易所管理办法》、《期货经纪公司管理办法》等四个管理办法，严格控制市场风险，重点活跃大品种期货交易，进一步增强对会员的服务意识，重视市场研究开发，顺利解决计算机2000年问题，成功召开第四届会员大会，确立了新世纪发展目标。1999年共成交标准化期货合约3697万手，成交金额11005亿元，成交金额占全国市场份额为50%。

【业务工作】 做好新品种开发工作　承担和参与期货市场风险控制、期货市场法律问题、套期保值和期货市场财务税收等四个中国证监会组织的重点课题研究；继续开展对小麦、花生仁、白糖、棉花、红小豆等品种的研究；对金融期货、期权等课题进行专项研究。

完成了解决计算机2000年问题的各项工作　在中国证监会的统一部署和指导下，制定出较完善的解决计算机2000年问题工作方案，对计算机软硬件进行升级换代，使计算机期货业务系统顺利进入2000年。

成功召开第四届会员大会　12月29—30日，交易所召开了第四届会员大会，选举产生了第四届理事会。大会分析了面临的机遇和挑战，达成了“扶大限小，发挥功能”的共识，确定了活跃小麦期货交易，共同致力于交易所二次创业的工作思路。

【规范化管理】 1、贯彻落实《条例》和四个管理办法。《条例》和四个管理办法的颁布实施，为依法治市、依法监管提供了法律依据。郑商所在认真贯彻执行《条例》和四个管理办法过程中，按照中国证监会确定的修改原则，对章程、交易规则作了重大修订，并制定出与之相配套的细则和管理办法。2、贯彻落实中国证监会“扶大限小，发挥功能”的指示精神，调整工作思路，搞活大品种交易。郑商所把活跃大品种期货交易作为工作重点，先后对小麦、花生仁等品种进行了深入、广泛的调研，在此基础上，上市国标小麦期货合约，进一步为广大粮食生产、经营、加工企业进入市场、开展套期保值业务提供了方便，为期货市场的跨世纪发展奠定了基础。3、强化会员服务工作。郑商所采取了多项切实可行的会员服务措施：一是对达到一定交易量的会员减免交易手续费，对小麦交易达到一定量的会员还给予一定奖励。二是调低未来大厦和未来公寓房租；三是开发并实行当日结算电子化传输系统；四是取得郑州市场绿豆交割出口退税的优惠政策；五是为会员举办大型文体活动十余次。郑商所以实际行动帮助会员克服困难，共同发展。

(特约编委：王成周，特约编辑：李飒，特约撰稿：李博晰、刘俊)

大连商品交易所

【概况】 大连商品交易所(大商所)是由国务院批准成立，接受中国证券监督管理委员会直接领导的期货交易所。大商所成立于1993年2月28日，同年11月18日正式开始标准化期货合约交易。1994年，大商所被确定为15家试点期货交易所之一。1998年8月，国务院对国内期货市场进行重大调整，大商所被继续保留进行期货试点，是国内 3 家期货交易所之一。大商所的权力机构是会员大会，理事会是会员大会常设机构。截至 1999 年底，大商所拥有正式会员 148 家，会员遍布包括新疆、云南等边远省区在内的全国 25 个省、市、自治区，客户逾 1.5 万名，法人客户涉及粮食、商业、加工、外贸等诸多行业。大商所下设市场、交易、交割、结算、技术、稽查、研究、综合 8 个部门，共有员工 62 人。

【交易市场】 1994—1995 年，大商所玉米期货交易非常活跃，具备了相当的规模，很多粮食企业常年参与大商所的套期保值业务。进入 1996 年，大豆期货交易总体上保持平稳运行，基本揭示了现货市场供求关系的变化。从交易规模上看，1998 年、1999 年大豆年成交量达到世界著名的芝加哥期货交易所大豆期货同期交易量的 15—20%。大商所现正式运行品种为大豆、豆粕。开业至 1999 年底，大商所累计成交期货合约 16243 万张，累计成交金额 39177 亿元，其中，1999 年成交期货合约 3034 万张，比 1998 年上升 14.4%；成交金额 6422 亿元，比 1998 年下降 4%。1999 年大商所成交量占全国市场份额的 40.9%，比上年提高 13 个百分点，成交量及成交额在全国居于第二位，是全国唯一一家实现成交量增长的期货交易所。截至 1999 年底，大商所共交割粮食 170 多万吨，大豆作为主要交易品种，1999 年累计交割 10.67 万吨，交割额 2.09 亿元。由于大连大豆期货价格具有较强的代表性，为政府有效实现对粮食的宏观调控及稳定农业生产提供了准确的价格参考。大批粮油企业广泛参与这个市场，从事套期保值活动，有效回避了价格波动给企业带来的风险。

【规范化管理】 经过不断的探索，在法制、监管、自律、规范的方针指导下，大商所各项交易和管理制度日趋完善，形成了一套涵盖会员入会、交易、结算、交割、稽查、信息发布等各环节，比较科学严密的制度体系，为期货交易的安全顺利进行提供了可靠制度保障。大商所恪守“公开、公平、公正”的原则，打击投机大户操纵市场的行为。建所以来，大商所没有发生过任何不良债务和纠纷，没有出现过重大违规事件和风险事故。大商所始终以为现货市场及国民经济服务为宗旨，坚持规范管理，经过努力，大商所的玉米、大豆等大品种粮食期货交易形成了稳健而活跃的独特风格，其价格发现、套期保值功能得到了初步的发挥。

（特约编委：曲立峰，特约撰稿：李强）

期货经营机构

浙江金迪期货经纪有限公司

【公司概况】 浙江金迪期货经纪有限公司经浙江省人民政府批准，国家工商行政管理局核准登记注册、中国证券监督管理委员会核发"期货经纪业务许可证"，注册资本人民币3000万元，是浙江省内规范化、信誉高、实力雄厚的大型期货经纪公司之一。公司股东是：浙江广厦建筑集团股份有限公司和浙江金华信华经济发展集团有限公司。公司董事长骆家刚。

浙江金迪期货经纪有限公司拥有中国郑州商品交易所、大连商品交易所、上海期货交易所等

【经营业绩】 全权会员资格和七个交易席位。公司为客户负责提供交易、结算、交割、信息、咨询、资金管理、培训等全方位服务。曾被上海商品交易所评为浙江省内唯一的一家交易行为规范A级会员。1999年度全国期货交易额排名第七位。金迪期货公司认真严肃地执行国务院颁发的《期货交易管理暂行条例》和中国证券监督管理委员会发布的"四个管理配套办法"。把规范管理放在经营管理工作的首要位置。公司竭诚为客户提供优良服务，尊重客户权利，严守交易秘密。公司每日为客户提供当日交易品种的行情分析，模拟操作实例，同时在世华信息网络、期货日报定期或不定期地进行主要品种行情分析，以备客户交易参考。公司以《条例》为准则及时修定完备了各项规章制度，建立了科学严谨的业务流程和完善的业务代理机制，在资讯服务、资金管理、风险监控等方面形成了金迪公司的特有优势。公司现有营业面积2200多平方米，公司通讯、行情显示系统先进，接报单快速、准确，并有风险监控，逐日结算等软件系统。公司又配备了北京世华、新华财经、路透等行情显示和动态分析系统，拥有网络自助交易委托系统，在国内同行业中处于领先水平，公司现有员工58人，大专以上学历者占85%。公司设有两个营业部和一个业务部。

安徽安泰期货经纪有限公司

【公司概况】 安徽安泰期货经纪有限公司是经中国证监会批准，国家工商行政管理局注册登记的专业期货经纪公司。由安徽省安通发展有限公司(省财政厅国债服务中心)和省粮油食品进出口(集团)公司等实力雄厚的企业共同组成，注册资金为3000万元人民币，主要从事国内商品期货代理、咨询和期货从业人员培训业务。公司实行董事会领导下的总经理负责制，设有交易部、市场部、财务部、结算部、信息研究部、投资部、电脑工程部和办公室。目前公司经营面积接近500平方米，设有八个大户室，六个中户室。拥有先进、高效的硬件设备和一批素质优良、经验丰富的期货精英，是大连商品交易所、郑州商品交易所、上海期货交易所的全权会员，可代理全部商品期货交易。

【经营业绩】 安泰期货公司具有三大优势：1、资金安全、进出方便：国有大型期货经纪公司，隶属财政系统，信誉卓著，实力雄厚，保证您的资金可以随时进出，并可在股市期市双向交易、自由划转。2、精英云集、专家指导：公司聚集和培养了一批精通业务、操盘经验丰富、熟悉期货、证券交易的专业人才和职业操盘手，可随时为您提供专业投资服务，助您在期市、股市双向获利。3、跑道通畅、交易快捷：本公司拥有全省唯一的'三合一'异地同步交易系统，并开通了网上交易，率先实现了期货交易电子化，客户可通过自助委托下单，速度快捷，操作简便，费用经济。

经易期货经纪有限公司

【公司概况】 经易期货经纪有限公司前身是中国华通物产集团公司的期货证券部，1995年收购一家期货公司经更名异地注册而成立的独立企业法人机构。股东投资建造1700多平方米的办公大楼和营业面积。公司的期货业务早在1993年上海金属交易所的铜合约交易上就一举成名，在线材和胶合板品种上也屡创辉煌，在上海金属交易所的交易量多年位于前几名，在原苏州商品交易所三百多家会员单位中，成交量占到了苏交所全部交易量的6%。1999年，中国华通物产集团公司退出中央直属、进行清理整顿，经易期货公司也受到影响，不得不进行资产重组，新股东合升实业发展有限公司(由戴梦得实业发展有限公司更名)看好期货市场的前景并注资，经易期货公司改制顺利成功。受外部期货行业景气和内部体制改革的影响，1999年公司期货业务量在全国近二百家期货经纪公司中排名第38位。改制后的经易期货公司实行董事会领导下的总经理负责制，公司经营班子(总经理张必珍、副总经理曹胜、冯广生)向股东和董事会全面负责，服从监事会的监督和审计，实行费用包干和业绩考核，充分落实了企业经营班子的责权利；坚持经营、管理适当分开的模式，建立以"风险管理"为核心的管理体系，强化风险控制、结算管理和财务管理的垂直领导。在中国证监会下达了经纪公司内控制度范本之前，经易公司已经用了一年半时间整理和总结了自己的经验教训、陆续健全自己的内控管理体系，后来参照《期货经纪公司内控制度指南》，对一些方面又进行了细化，形成了多达二十多个文件组成的公司内控管理制度。

【经营业绩】 1999年经易期货公司成功推出的特色信息服务产品"CCDP电脑交易系统"收效显著，在原有分析软件的基础上通过汉化，对交易数据进行静态分析。它的突出特点就是排除人为主观、心理因素，只是通过电脑对数据的变化进行客观的计算和测试，及时发出买卖信号。事实表明，自推出这套系统以来，它的准确性屡有验证，受期特色感召，经易期货公司发展了一大批"CCDP客户"。1999年公司成立研究中心，以上海金属网和经易期货网站为载体，加强市场实证研究，加强现有重点期货品种金属和农产品的研究，着眼于金融期货市场的探索和研究，从信息、研究、投资策划、现货等多角度为市场提供服务，核心工作是撰写投资研究报告及日常信息服务。

华通有色金属现货中心批发市场

【概况】 华通有色金属现货中心批发市场(下称华通市场)是

在国家经贸委、国家计委、国家工商局、国内贸易局、国家有色工业局等部门以及上海市政府的关心和支持下，由中国诚通集团的成员单位在我国经济、金融、贸易的中心城市—上海投资主办的经国务院有关部门批准的国家级有色金属现货市场，是国内首家电子化经营的有色金属现货市场。自1998年9月开业以来，华通市场以雄厚的资金实力、灵活多样的服务方式、规范有序的管理机制和优惠的税收政策，交易量不断攀升，合同履约率保持100%，成为我国重要生产资料流通领域改革的示范窗口和业界发展的新亮点。华通市场自1997年起筹建，在国务院发展研究中心市场经济研究所的支持协助下，开始对国内国际有色金属及白银的产量、用量、储备以及国内、国际现货市场交易机制进行调查研究，结合我国国情，借鉴国际现货市场经验，拟定了有色金属、白银的交易、结算和实物交割规则等规范的一整套管理办法，并设计研制了有色金属及白银电子交易网络系统，与相关银行洽商了交易资金结算、实物交割清算等操作流程，为有色金属、白银上市交易进行了一系列前期准备工作。98年3月12日经国内贸易部批准在上海成立了华通有色金属现货中心批发市场。市场成立后，开始面向全国开展招商工作，98年8月28日华通市场召开新闻发布会，全国几十家有色金属生产、消费、流通和仓储企业相继签约入会，并于当天举行了首批会员的入会仪式。在这些会员当中，大部分属于国有大型有色金属矿山、冶炼或加工类企业，在生产过程中产生大量的伴生银，其年产量约占我国白银年产量70%以上，是白银市场的主要供应方。这种会员结构，也为白银在华通市场上市交易奠定了雄厚的物资基础。98年9月28日，华通市场正式开业。由于招商工作的圆满成功，使得开业当天市场首场交易成交额突破一亿元。同时，华通市场取得了上海银行的大力支持，当天与上海银行签订了十亿元的贷款授信合同，为会员单位融资贷款提供了有力的保障。98年10月28日，华通市场成立会员协会，使会员单位在市场内享有应有的权利和优惠待遇，使会员真正"当家作主"。98年11月28日，华通市场在中国华通物产企业集团党委的批复下庄严成立了党总支，同期成立了团总支、第一届工会，标志着华通市场的组织制度逐步健全。98年12月初，面向全国发行的《华通有色市场》内部刊物问世。广泛的视角，敏锐的洞察，为企业经营决策标定航向。99年1月16—20日，经国家计委批准，国家有色工业局和国家国内贸易局委托华通有色市场和有色工业信息中心承办的"99年全国有色金属订货交易会"在沪召开。参加交易会的各有色生产、流通、消费、科研企业及主管部门的领导和企业负责人达几百人，会议取得了圆满成功。99年2月，华通市场根据中央体制改革的精神和国家经贸委"国经贸贸易[1998]859"号文件，结合有色市场发展的现状和走势，公司完成股份制改造的第一次增资扩股。自此，市场即从过去的单一会员制形势下的非盈利性的服务机构过渡到以会员结构为基础、以股东单位为中坚的股份制形势下具备经营职能的服务机构。纵览国内重要生产资料市场，单纯的靠场租和交易手续费的收入大都难以为续，入不敷出。华通市场以投资单位为主体吸收部分会员的股金，成立华通市场有限公司、积极开展一些经营业务活动，组织资源支持市场，利用一些收入支援了市场，这是对市场原有机制的一个延伸和尝试。99年3月8日，国家国内贸易局确定了华通市场为"内贸局重点联系商品批发市场"。99年6月21日，国家经贸委发文，确定华通市场为"国家经贸委重点联系商品批发市场"。99年7月由于华通市场开业以来，合约履约率达到100%，无一例客户投诉纠纷，被中国保护消费者基金会评定为"优质服务单位"，华通市场的品牌已被业内广大同仁及中央有关部委所认可。99年8月，华通市场公司完成股份制改造的第二次增资扩股。自99年8月起，为争取白银在华通市场上市，开始了积极的筹备工作，国家经贸委与华通市场在沪召开了白银上市座谈会，国家计委、人民银行、外经贸部、黄金局及有关单位负责人到会。99年10月18日，中国人民银行下发了银发[1999]350号文件《关于白银管理改革有关问题的通知》，取消了白银统购统配的管理体制，放开了白银市场。99年11月23日，国家经贸委下发了国经贸贸易[1999]1131号文件，同意华通有色金属现货中心批发市场组织白银上市交易。于是，99年11月25日，国家经贸委在人民大会堂召开了宣布华通市场为我国白银交易市场的新闻发布会。99年12月13日—14日，华通市场的白银招商座谈会在上海召开，相关银行、金融单位；白银生产、流通及消费等100多家企业，200多名代表参加了会议，共商白银交易入会事宜。2000年1月4日，白银放开，华通市场(国家指定白银交易场)举行了新千年第一场竞拍，场面热烈。2000年6月28日，经上级批准，华通白银市场正式运营。同时，"华通金属"电子商务网站也正式开通。标志着华通网络交易系统已完成从局域网向广域网的转变。"华通金属"的开通为其在纳斯达克上市奠定了基础。2000年8月4日，中国华诚集团、中国诚通集团代表中央五家企业集团公司与上海市经委达成协议，同意在华通市场的基础上组建"上海黄金交易所"。该协议的达成标志华通市场在经营白银上市上取得了重要经验，为黄金开放上市提供了有益的借鉴。

【经营业绩】 华通市场以服务为宗旨，遵循公开、公平、公正竞争和诚实信用的原则，采用计算机系统集中竞价和竞拍的交易形式，实行会员股份制、保证金制、标准化合同制、定点交割制、统一结算制等交易制度，推行多元化代理、传输、配送一体化等新型交易模式。自开业以来，华通市场实物交割量近26万吨，交易金额达40亿元，合同履约率保持在100%。市场实行会员制，至2000年1月，已吸纳了我国各大中型白银及有色金属生产、流通、消费企业近60家。99年被国家指定为全国唯一白银交易市场。华通白银交易场自1999年12月28日试运行，2000年6月28日正式运营开业。由于经营稳健，市场功能逐步实现和完善，逐步确立了在白银交易中的指导地位，半年以来，交易量近500吨，交易额近7亿元，市场白银交易价格已成为国内白银交易价的指向。市场占地2000多平米，分场内和场外两个主交易区，设管理部、交易部、结算部、仓储部、信息部、代理部等多个职能部门。交易区分场内计算机交易厅和场外电子竞拍厅，共设136个交易席位，交易区外配备51间客户室及业务代理、财务代理、法律咨询、商务中心等辅助设施。全场共配150台电脑，开通300门场内、外电话。目前已顺利开展了白银、电解铜、粗铜、铜杆、铝锭、铅锭、锌锭、镍、锡、氧化铝、铜精矿、阴极铜等多个品种的交易。

市场的职能：1.提供交易场所及相关设施和服务；2.提供网上交易和信息交流的平台；3.制定交易规则，组织并管理交易活动；4.办理交易、结算和交割；5.发布行情信息，提供信息服务；6.设立调解机构，调解交易纠纷，依法维护会员及客户的权益；7.开展行业调查，研讨行业政策；8.国家有关部委许可或委托的其他职能。

市场优势：1.税收政策：会员单位可享受上海市地方政府给予华通市场的税收优惠政策。会员单位可享受所得税两免三减半的优惠；增值税可享受一定优惠政策。2.融资服务：在开业当天，华通市场与上海银行签订银企合作协议，上海银行给予华通市场10亿元授信贷款额度，为正常开展融资服务提供了充分保障。3.迅捷的信息网络：市场实时收发LME、COMEX、上海期货交易所等交易所的行情信息，并在各大信息网络及权威媒体上发布市场交易行情、供求信息及分析评论，使异地用户共享实时信息，真正实现异地交易、就近交割，提高有色市场现代化运作水平。4.方便的结算交割：便利的结算系统，与银行结算网衔接，提供异地结算。华通市场在全国设立了合理的仓库网络。市场在西安、郑州、上海、广州、北京、沈阳、武汉等地设有十个定点交割仓库，在二连、北海、青岛设有三个原料库。市场也将在全国其他各地增设分销点或交割仓库，充分发挥现代化网络广域服务功能，实现异地交易、就近交割，大大增强市场覆盖率。5.配套的服务设施。市场为非会员单位提供业务代理、财务代理、组织进出口等多项代理服务。这样即方便非会员进入市场活跃交易，也增强了会员与非会员之间的业务联系，起到促进有色生产、流通、消费体系畅通的作用。市场为会员提供全方位的服务(如办公场地、电脑、电话、办公用品，并设有商务中心、法律服务中心等)。

在市场体制方面，"华通市场"根据中央体制改革精神和国家经贸委"国经贸贸易[1998]859号"文件，结合有色市场发展的现状和走势，经向国家有关主管部门申报批准后，进行了股份制改造。时下进行股份制改造，一是为配合国企改革步伐，把华通市场推向产权交易市场，在过去仅有的服务属性基础上增加了经营属性，两面并举，以争取最佳社会效益和最大经济效益。二是应会员单位要求，推行入股、扩股增盈的改革机制，使他们在享有原会员单位权利的基础上，发挥股东应有的参予管理和利润分红的权利。三是为华通市场的上市工作做准备。顺利完成股份制改造，建立合理运营机制，保证市场良好运作状态，争取早日上市，是市场当前首要任务。四是建立稳固有力的适应世界经济一体化经营的组织机构，为参予国际市场竞争奠基，与国际接轨，实现中国有色企业在全球经济一体化战略发展中的稳固地位。

市场集资募股的股金额度定为8000万—10000万元之间，采取的募股方式主要有四种：第一种方式是自愿入股的原会员单位将会员席位费转为市场公司股份，成为股东；同时享有会员资格，从事交易活动。第二种是在前项基础上追加投资额，使该公司在市场公司占有较大股份，参与市场的重大决策。第三种是会员单位以本单位在上海市普陀区注册的公司名义投资入股。第四种是非会员单位投资入股成为股东的，可免费使用交易席位进行交易，享受会员单位应有的融资服务；如办理工商登记手续后，也可享受上海市普陀区政府给予的税收优惠政策。自华通市场实施股份制改造以来，得到了中央有关部委、上海市有关单位的大力支持，改造工作进行顺利。原有的和新发展的一些会员或股东单位正在办理有关增资扩股手续，未转股的原会员单位继续享受会员优惠待遇并行使基本权利和义务。自此，市场既从过去的单一会员制形式下的非盈利性的服务机构过渡到以会员结构为基础、以股东单位为中坚的股份制形式下具备经营职能的服务机构。服务，作为市场的基本职能没有被取缔或削弱，而是得到了更大程度上的发挥和促进。在经营机制方面，华通市场采取加大推广国有优质品牌的力度，充分发挥市场具备的各项优势，创建新型强强联合营销模式。2000年6月28日华通市场与北京、广州、沈阳、呼和浩特四个分市场的合建单位签约。其他分市场的建设也正在筹划之中。分市场的建设标志着华通市场信息网络和仓储、经营网络建设达到了一个新的水平。华通市场推出的"华通金属"电子商务网站(http://www.htmetal.com.cn)，是一个面向企业级客户(BtoB)的、提供基于互联网交易及商业信息增值服务的白银有色金属网站。网站首期推出的业务有：专业化的白银、有色金属的行业信息；相关政策、法规、行业信息数据库服务；全球贵金属、有色金属的实时行情。华通市场推出了互联网业务，要真正是生产和消费企业足不出户就能够进行白银或有色金属的买卖。市场以现代化的信息网络、崭新的经营理念、严谨灵活的交易方式以及遍及全国的营销网络，创出了华通品牌。市场将进一步贯彻中央提出的"以批发市场为中心，建立现代物流组织形式"的精神，华通市场将成为贵金属和有色金属的现货交易中心、配送中心、信息中心。

1999年通过年检的期货经纪公司名单

北京市	
中粮期货经纪有限公司	中钢期货经纪有限公司
华农期货经纪有限公司	北京天星期货经纪有限公司
永信期货经纪有限公司	北京京物期货经纪有限公司
华煜期货经纪有限公司	北京首创期货经纪有限公司
天龙期货经纪有限公司	中国国际期货经纪有限公司
百福期货经纪有限公司	寰宇期货经纪有限公司
方圆期货经纪有限公司	五矿海勤期货经纪有限公司
龙电期货经纪有限公司	经易期货经纪有限公司
金鹏期货经纪有限公司	四通期货经纪有限公司
京都期货经纪有限公司	冠通期货经纪有限公司
厦门市	
厦门国贸期货经纪有限公司	厦门开元期货经纪有限公司
福建省	
福建润福期货经纪有限公司	
甘肃省	
甘肃陇达期货经纪有限公司	
大连市	
大连北方期货经纪有限公司	辽宁中期期货经纪有限公司
大连万恒期货经纪有限公司	辽粮期货经纪有限公司
四川省	
成都瑞达期货经纪有限公司	成都大业期货经纪有限公司
成都倍特期货经纪有限公司	广海期货经纪有限公司
成都南洋期货经纪有限公司	四川嘉陵期货经纪有限公司
四川天元期货经纪有限公司	四川省兴鑫期货经纪有限公司
广西	
银建期货经纪有限公司	广西玉林金玉期货经纪有限公司
湖北省	
湖北汉富期货经纪有限公司	武汉市江海期货经纪有限公司
湖北楚天期货经纪有限公司	湖北省金龙期货经纪有限公司
湖北省金良期货经纪有限公司	武汉华中期货经纪有限公司
吉林省	
吉林捷成期货经纪有限公司	吉林金昌期货经纪有限公司
吉粮发期货经纪有限公司	百万全期货经纪有限公司
吉林联发期货经纪有限公司	
重庆市	
重庆泰融期货经纪有限公司	重庆星河期货经纪有限公司
重庆润庆期货经纪有限公司	大华期货经纪有限公司

黑龙江	
黑龙江省天琪期货经纪有限公司	黑龙江延伸期货经纪有限公司
哈尔滨大通期货经纪有限公司	哈尔滨三祥期货经纪有限公司
黑龙江北亚期货经纪有限公司	
辽宁省	
沈阳建业期货经纪有限公司	沈阳中期期货经纪有限公司
新中鞍期货经纪有限公司	辽宁汇鑫期货经纪有限公司
鞍山五环期货经纪有限公司	
陕西省	
陕西五矿期货经纪有限公司	陕西省长安期货经纪有限公司
陕西华隆期货经纪有限公司	
云南省	
日盛期货经纪有限公司	滨海期货经纪有限公司
云南恒丰期货经纪有限公司	
安徽省	
安徽安泰期货经纪有限公司	安徽华物期货经纪有限公司
安徽新光期货经纪有限公司	
河北省	
河北际通期货经纪有限公司	河北恒银期货经纪有限公司
江西省	
江西瑞奇期货经纪有限公司	
新疆	
新天期货经纪有限公司	新疆新兴期货经纪有限公司
新疆璐通期货经纪有限公司	新疆汇和期货经纪有限公司
山西省	
山西和合期货经纪有限公司	山西物产期货经纪有限公司
山西三立期货经纪有限公司	
湖南省	
湖南湘正期货经纪有限公司	湖南先锋期货经纪有限公司
湖南鑫众期货经纪有限公司	湖南金信期货经纪有限公司
天津市	
鑫国联期货经纪有限公司	金震期货经纪有限公司
天津金谷期货经纪有限公司	
河南省	
河南格林期货经纪有限公司	河南万达期货经纪有限公司
河南中期期货经纪有限公司	河南正鑫期货经纪有限公司
郑州三元期货经纪有限公司	豫粮期货经纪有限公司
河南中租期货经纪有限公司	
广东省	
广东汇储期货经纪有限公司	广东广发期货经纪有限公司
珠海市天太期货经纪有限公司	广东泰峰期货经纪有限公司
惠州华田期货经纪有限公司	东莞宏远期货经纪有限公司
佛山市鸿发期货经纪有限公司	广东万鹏期货经纪有限公司
广东省寰球期货经纪有限公司	广东省南方期货经纪有限公司
华南期货经纪有限公司	南海市海通期货经纪有限公司
汕头亿峰期货经纪有限公司	佛山市集成利期货经纪有限公司
广东兆通期货经纪有限公司	广东南金期货经纪有限公司
广东粤海期货经纪有限公司	神通期货经纪有限公司
广东广信期货经纪有限公司	广东宝利华期货经纪有限公司
南海市南粤期货经纪有限公司	汕头南方期货经纪有限公司
东莞市华联期货经纪有限公司	广州华业期货经纪有限公司
珠海中实期货经纪有限公司	广州华兴期货经纪有限公司
深圳市	
深圳市宝源期货经纪有限公司	金瑞期货经纪有限公司
深圳金汇期货经纪有限公司	东银期货经纪有限公司
中航期货经纪有限公司	神华期货经纪有限公司
深圳鹏鑫期货经纪有限公司	深圳中期期货经纪有限公司
深圳新基业期货经纪有限公司	深圳实达期货经纪有限公司
深圳石化粤港期货经纪有限公司	深圳市平安期货经纪有限公司
深圳丰源期货经纪有限公司	
海南省	
海南中亚期货经纪有限公司	海南海证期货经纪有限公司
海南星海期货经纪有限公司	海南光大期货经纪有限公司
海南金海岸期货经纪有限公司	海南深海期货经纪有限公司
海口万汇期货经纪有限公司	
浙江省	
浙江良时期货经纪有限公司	浙江天地期货经纪有限公司
浙江天马期货经纪有限公司	浙江大越期货经纪有限公司
浙江新世纪期货经纪有限公司	浙江省永安期货经纪有限公司
浙江大地期货经纪有限公司	浙江中大期货经纪有限公司
浙江咸亨期货经纪有限公司	浙江南华期货经纪有限公司
浙江金达期货经纪有限公司	浙江新华期货经纪有限公司
浙江金迪期货经纪有限公司	
宁波市	
宁波杉立期货经纪有限公司	
青岛市	
青岛金友期货经纪有限公司	青岛海尔期货经纪有限公司
弘信期货经纪有限公司	青岛国大期货经纪有限公司
山东省	
山东金穗期货经纪有限公司	山东三隆期货经纪有限公司
山东泉鑫期货经纪有限公司	齐鲁期货经纪有限公司
烟台海峡期货经纪有限公司	烟台物产期货经纪有限公司
江苏省	
常州建证期货经纪有限公司	无锡市金万达期货经纪有限公司
江苏金陵期货经纪有限公司	新纪元期货经纪有限公司
苏州中辰期货经纪有限公司	常生期货经纪有限公司
江苏中山期货经纪有限公司	江苏东华期货经纪有限公司
江苏中期期货经纪有限公司	江苏常信期货经纪有限公司
苏州光明期货经纪有限公司	江苏苏物期货经纪有限公司
无锡利大期货经纪有限公司	南通物华期货经纪有限公司
通宝期货经纪有限公司	
上海市	
上海金源期货经纪有限公司	上海实友期货经纪有限公司
宏达期货经纪有限公司	上海金鹏期货经纪有限公司
上海华超物贸期货经纪有限公司	上海永大期货经纪有限公司
东航期货经纪有限公司	华高期货经纪有限公司
上海大陆期货经纪有限公司	正大期货经纪有限公司
上海东方期货经纪有限公司	上海中期期货经纪有限公司
上海东亚期货经纪有限公司	上海中粮贸期货经纪有限公司
上海南都期货经纪有限公司	上海浙石期货经纪有限公司
上海良茂期货经纪有限公司	上海中机期货经纪有限公司
上海东安期货经纪有限公司	上海赛德联合期货经纪有限公司
上海黄海期货经纪有限公司	浦发期货经纪有限公司
上海大庆期货经纪有限公司	上海普民期货经纪有限公司
上海外高桥期货经纪有限公司	中信期货经纪有限公司
上海百事顺期货经纪有限公司	上海久联期货经纪有限公司
上海浦江期货经纪有限公司	江诚期货经纪有限公司
上海金城期货经纪有限公司	
内蒙	
五洋期货经纪有限公司	

北京安邦咨询公司

北京安邦咨询公司（AIC）

BEIJING ANBOUND INTELLIGENCE CO.

100078　北京丰台南方庄1号安富大厦15层

互联网主页：http://economist.com.cn

电话：67687712，67687713，67685651

传真：67686760，或67687716转传真

电子邮件：aic@economist.com.cn

BEIJING ANBOUND INTELLIGENCE CO.

北京安邦咨询公司（AIC）成立于1993年，是一家从事经济分析与信息服务的专业公司。AIC在中国开创了独具特色的信息服务行业，是目前国内同类企业中最大的公司。AIC在国内树立了独特的地位，不但拥有数千家国内外大中型企业、银行及政府决策部门等客户，还是国内第一家被政府认可和接受的体制外的信息服务与经济研究机构。

北京安邦咨询公司已建立起较为完善的研究队伍，由专职研究人员、特约经济学家、客座研究员等三部分组成，他们之中既有中国久负盛名的经济学家、大学教授，也有擅长于某一领域的专家；既有国内著名媒体的经济专栏作家，也有熟知政府运作的学者型官员。他们分别在宏观经济、金融、国家经济政策等领域有所建树，其研究成果经常被多种海内外媒体刊载。

北京安邦咨询公司目前提供的研究产品包括各类研究简报、课题研究报告、专项信息服务等几大类。研究简报是以国家部委、国家重点企业、驻华外商机构为主要对象的一种典型的信息服务。它以经济研究作为基础，对大量的经济信息进行选择和分析判断，为客户提供一种增值的信息服务。研究报告是是应客户的特殊需求而提供的一种专门服务。北京安邦咨询公司还提供一种专项信息检索报告，这一服务建立在AIC强大的数据库基础上，能迅速有效地满足客户在某些方面的特别信息要求。另外，北京安邦咨询公司还为企业提供一种长期咨询顾问的一揽子服务，包括企业经营发展战略、经济形势分析、行业分析等。

AIC坚定地认为，在一个信息化的社会里，信息服务是有着无限希望和广阔前景的行业，我们将通过自己的开拓和努力，向全社会提供强大的信息服务。

广州友谊商店股份有限公司
GUANGZHOU FRIENDSHIP CO., LTD.

广州友谊商店，地处环市东路城市花园广场高级商贸、旅游区。是广州时尚新生活的展示橱窗和旅游定点商店。多年来，广州友谊商店一直秉承"友谊、同心、创造新生活"的营销理念，以高品质的时尚货品、名牌精品；富人情味的优良服务；优雅舒适的购物环境赢得了中外宾客普遍赞誉，在中外商品、文化交流中发挥了重要的桥梁和纽带作用。1999年公司在全国200家重点大型零售商场、省24家主要零售企业和市10家商场零售额排行分别为第22位、第3位和第2位；利润额在全国200家大型零售商场排行第13位。同年公司在广州天河北路时代广场新开设了一间友谊商店，该店在经营定位、经营风格、经营模式、经营管理等方面延续了广州友谊商店的精髓，该店的诞生是为我司实施连锁式高级百货商店迈出了一步。2000年7月18日公司股票正式上市，广州友谊在未来的经营发展战略中将适度发展配套的商业与停车场经营、餐饮业、旅游、娱乐、名牌商品代理与批发、设计与装饰工程、商业管理咨询、仓储与商品配送、自有商标的商品加工与销售等业务，形成主业鲜明、品牌突出、特色经营、配套发展的战略格局。

公司法定代表人、董事长：郭振球　总经理：刘宏国

股票简称：广州友谊　证券代码：0987

总店：广州市环市东路369号

电话：83576628　传真：83572228

时代店：广州市天河北路28号时代广场

电话：38820152　传真：38820163

网址：WWW.CGZFS.COM

董事会秘书：邓美薇

武汉钢铁股份有限公司是由武汉钢铁(集团)公司作为发起人，采用发起设立方式于1997年11月7日正式创立的股份公司。1999年7月2日，武汉钢铁股份有限公司首次向社会公众发行人民币普通股32000万股，发行价每股4.30元，发行市盈率为14.10倍，募集资金1347899637.81元，发行后公司总股本为209048万股。同年8月3日，公司股票在上交所挂牌上市，证券简称为“武钢股份”，股票代码为“600005”。

武钢股份位于“九省通衢”的湖北省武汉市。截止2000年6月30日，公司总资产为79.26亿元，股东权益为47.75亿元，每股净资产为2.28元。1999年，武钢股份共销售钢材161.24万吨，主营业务收入59.01亿元。实现净利润6.06亿元，加权每股收益0.318元，加权净资产收益率16.81%。

武钢股份的主要装备和工艺技术均从德国、日本等发达国家引进，全部产品均按国际先进标准组织生产，公司成立之初就获得ISO9002认证证书。武钢股份是我国目前生产品种最齐全的冷轧板材生产基地，也是我国唯一的取向和高档无取向冷轧硅钢片生产、供应厂商，主导产品为冷轧薄板、热镀锌板、电镀锡板、彩色钢板、冷轧取向硅钢片和冷轧无取向硅钢片，产品广泛应用于代表国家科技实力和经济发展

武汉钢铁股份有限公司

世界顶级的冷轧薄板

水平的众多新兴领域，如高速电子加速器、高速计算机、大型发电机、高效节能电动机和航空航天、电讯等诸多尖端产品和行业，以及汽车、轻工、电机、变压器、家用电器、食品饮料及药物包装、建筑装修和能源工业等众多领域。

武钢股份的质量方针是：坚持质量第一、依靠科技进步、满足市场需求、追求质量效益、产品质量满足顾客期望、服务质量取信新老顾客。

董事长：刘本仁

总经理：刘仁中

地址：湖北省武汉市青山区沿港路 3 号

电话:(027)86807870　86807873

传真:(027)86807875　86807873

网址：http://www.wisco.com.cn

E-mail:stock@wspc.com.cn

邮编：430080

世界一流的冷轧硅钢，值得信赖的铁芯材料

公司董事长：盛重庆

上海东方明珠股份有限公司

NGHAI ORIENTAL PEARL COMPANY LIMITED
PEARL COMPANY LIMITED SHANGHAI ORIENTAL PEARL COMPANY LIMITED
RIENTAL PEARL COMPANY LIMITED SHANGHAI ORIENTAL PEARL COMPANY LIMITED

上海东方明珠股份有限公司是1992年5月发起组建的股份制上市公司，公司注册资本6.4亿元，总资产约30.5亿元，被上海市政府列入50家重点大型企业。公司以东方明珠广播电视塔广播电视传输为主业，以综合开发东方明珠广播电视塔为依托，以开发信息媒体产业为战略，兼营房地产、工程总承包、出租汽车、宾馆、国际贸易、国际文化交流、国际广告、国际旅游等多种行业。

公司所属的东方明珠广播电视塔地处上海浦东新区的陆家嘴，塔高468米，为世界第三、亚洲第一高塔，成为上海标志性建筑之一。东方明珠广播电视塔自1994年11月试营业以来，已累计接待了观光游客1000多万人次，包括许多党和国家领导人以及外国元首、政府首脑，并举办了各类大型活动。江泽民总书记在1994年参观了东方明珠电视塔的设计及建造后，题写了“东方明珠”四个大字；在1996年登上东方明珠广播电视塔俯瞰申城新貌时，对东方明珠广播电视塔规范热情的服务给予了充分的肯定，又欣然题词“明珠璀璨耀东方”。东方明珠广播电视塔被列为上海新的十大景观之一。

上海东方明珠股份有限公司在成立后的七年多里，已逐步发展成为一家颇具规模，颇有影响的上市公司。2000年被评为中国最具发展潜力上市公司50强之一，上海上市公司15强之一。1999年初公司出资人民币1100多万元投资了上海市有线网络有限公司，参建全球最大的上海有线电视网升级改造，2000年5月又出资18000万元投资参建上海最具影响和规模的网站—东方网，此举为推动上海的信息媒体产业、广播电视传播、文化交流等事业的发展作出了贡献。

地址：上海市北京东路2号　邮编：200002
电话：086-21-63617788　传真：086-21-63238424
网址：http://www.shpearl.com

广西斯壮股份有限公司

公司董事长 赵明

广西斯壮股份有限公司是一家集城市管道燃气业、房地产业、航空运输、通讯寻呼、宽带网络、城市设施广告、商贸等为一体的综合发展的公司，是广西最具实力和巨大发展潜能的上市公司之一。

斯壮城市管道燃气业：南宁管道燃气公司是南宁市建成区管道燃气工程项目具有独家经营权的企业。全套美国进口设备，项目建设规模第一期达到40万居民用户供气能力，包括2个气源厂和140公里主干管，总投资3.8亿元人民币，分3年完成南宁市管道燃气工程项目的投资建设，该项目是广西区、南宁市重点建设项目之一。

期壮房地产业：近几年成功开发"聚宝苑"高层住宅大厦和"斯壮东方花园"两个小区。"聚宝苑"由4栋19层复式商务公寓楼组成，98年8月被国家建设部评为"全国优秀物业管理大厦"，是广西唯一获此殊荣的企业。"斯壮东方花园"项目开工仅2个月，楼宇全部售出。新近开发的南湖聚宝苑高层住宅正在建设之中。

由物业分公司开发建设的"聚宝苑"高层小区远眺图

斯壮航空运输业：公司与南方航空公司合资组建广西航空有限公司，拥有4架波音737-500型飞机，经营45条国内和地区航线，已安全营运5周年。

斯壮通讯寻呼业：以中文寻呼和区域联网为发展重点，已建成标准省网，在11个中心城市建立了12个寻呼台，是广西寻呼业规模较大的企业之一。

多媒体网络业：深圳傲龙宽频科技公司经营的多媒体频道网络Mediacast有线电视多媒体频道广播系统，营运商可通过该系统提供"准交互式"多媒体信息服务，在市场化进程方面，已与多家有线电视台签订了合作协议，取得了可喜的突破。

城市设施广告业：拥有南宁市市区近500个公共汽车候车亭的经营权，提供城市设施广告业务。

斯壮商贸业：下设2个贸易公司，业务涉及新加坡、越南、泰国等东南亚国家、港澳地区以及国内10余个省、市。

在新的世纪里，斯壮人带着对过去的自豪，带着对未来的信心，以极大的热情和饱满的斗志，迎接新的挑战，迈向辉煌的未来。

南宁管道燃气有限责任公司建设的安吉气源站

董事长：赵明　总裁：黄克

地址：广西南宁市民主路8号斯壮大厦　邮编：530023　电话：(0771)5631841　传真：(0771)5631879

电子信箱：gxsz@public.nn.gx.cn　网址：www.gxstrong.com

北海银河
高科技产业股份有限公司

北海银河高科技产业股份有限公司是于1993年经广西壮族自治区体改委批准，以定向募集设立方式成立的股份有限公司。本公司于1993年6月20日经广西壮族自治区工商行政管理局核准注册成立，经中国证监会证监发字[1997]513号文和证监发字[1997]514号文批准，于1998年2月向社会公开发行2100万股社会公众股，并于同年4月16日在深圳证券交易所挂牌上市。

本公司及下属公司经营范围包括：电子元器件、电力系统自动化设备、软件及系统集成、计算机软件开发、技术咨询及技术服务、科技产品开发、有线电视信息网络建设、改造和升级、网上增值业务、文化产业、网络工程、通讯系统、无线电遥测、遥控等。

公司在经营方面遵照国家法律、法规，规范经营，强化管理，按照现代企业制度的要求进一步完善了法人治理结构；在激烈的市场角逐中，创造和形成了一套灵活、高效、实用的管理机制，健全了内部规章制度，董事会还授权经营班子以特殊的收入分配政策吸引人才，股东大会还通过了长期激励约束制度，积极探索建立将骨干人员利益与企业长期发展目标有机结合的新型激励机制与约束机制，营造了良好的管理风气和企业文化氛围，公司的经营管理和业务运作日趋完善和规范。

公司在技术创新方面建立了技术创新体系，成立了银河博士后科研工作站、银河技术中心和银河(成都)技术中心、公司评估决策委员会，同时与清华大学、浙江大学等知名科研院校建立了合作关系，银河技术中心被广西壮族自治区确认为自治区级技术中心，通过把基础研究、技术开发与应用结合起来，形成了完整的企业技术研发体系。公司依托完善的技术创新体系，初步具备参与国际竞争的实力。

公司大力开展技术创新，成功开发享有自主知识产权的一系列高科技产品：(1)新型电子元器件：公司自主开发的0805、0603新型片式电阻器先后被列入国家火炬计划和1999年国债专项资金重点技术改造项目。0402片式电阻器及片式电阻网络产品，对提高我国片式元器件整体制造水平有重要意义，被列为2000年国家重点技术创新项目。(2)电力系统自动化：公司开发的电力市场技术支持系统、YH-2000配电自动化系统和CR-21B变电站综合自动化系统设备通过了省、部级鉴定。(3)自主开发的软件与系统集成：公司注重应用软件、网络平台的开发，2000e电子商务平台V1.0已取得国家版权局颁发的软件著作权登记证书。

公司1999年度主营业务收入16518万元，净利润4832万元，总资产56466万元，净资产30021万元，每股收益摊薄0.30元，净资产收益率(摊薄)16.09%。

公司电子厂二期工程奠基仪式，图中为王光英

公司办公大楼

电子厂生产厂房

公司生产的各种类型的电阻器、电融器

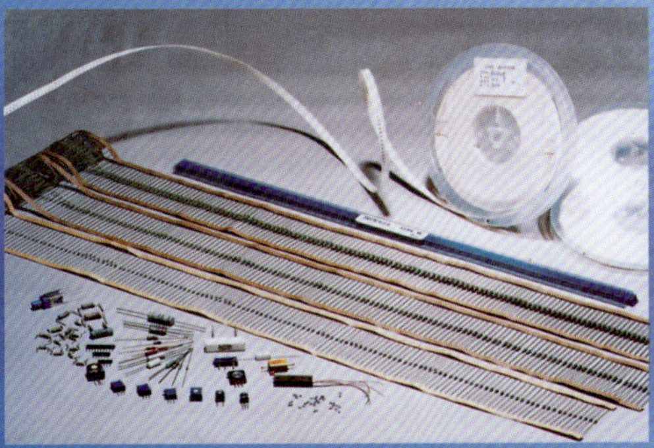

法定代表人：潘琦

地址：广西北海市广东路银河科技大厦

邮编：536000

电话：(0779)3202636

中国氧
SHANDON

山东

山东铝业股份有限公司是国内目前唯一一家以氧化铝生产为主营业务的上市公司，氧化铝销售收入占主营业务收入60%以上。公司成立于1999年6月18日，由山东铝业公司独家发起，同时向社会公众募集设立。公司总股本56000万股，发起人股份40000万股，社会公众股16000万股，于1999年6月30日在上海证券交易所上市。公司发起人山东铝业公司是国家"一五"期间国家156项重点建设项目之一，国家首批特大型企业和首批40家企业技术中心之一。

公司主营业务范围为砂状氧化铝、氢氧化铝、氧化铝化学品、电解铝及铝加工制品的生产和销售，产品涵盖氧化铝及铝化学制品、电解铝、铝型材、碳素制品、金属镓五大类，被广泛应用于冶金、刚玉、电瓷、耐火材料、建筑、航空航天、日用化工等领域。部分产品远销南美、欧州、日本、韩国、新加坡等国家。公司现有17种产品被认定为高新技术产品，1999年10月被山东省科委认定为高新技术企业。

1999年度公司主营业务收入168800万元，净利润15533万元，每股收益0.277元/股，每股净资产1.92元，净资产收益率13.1%。

电解生产车间

山东铝业股份有限公司
SHANDONG ALUMINIUM CO.,LTD

铝 第 一 股

ALUMINIUM

铝业

中国铝业集团公司总经理、山东铝业股份有限公司董事长：梁中秀

山东铝业公司经理、山东铝业股份有限公司常务副董事长：刘兴亮

山东铝业公司党委书记、山东铝业股份有限公司副董事长：刘庆科

山东铝业股份有限公司董事、经理：王再云

注册地址：山东省淄博市高新技术产业开发区柳泉路北首

办公地址：山东省淄博市张店区五公里路1号　邮编：255052

联系地址：山东铝业股份有限公司董秘室

电话：(0533)2943467　传真：(0533)2985999

YANGGUANG HUANDADIYIPIANWENNUAN

阳光

董事长兼总经理 陈丽芬

江泽民总书记考察江苏阳光股份有限公司

公司股票代码：600220，股票简称：江苏阳光。1999年底公司总股份183753913股，其中已流通A股7000万股。主要股东：江苏阳光集团公司、江阴市新桥精毛纺厂、江阴市空调除尘设备厂、江阴市石油机械厂、江阴市郁青时装厂。

公司业务范围包括：呢绒、毛纱、毛线、针纺织品、服装、纺织机械及配件制造、销售，毛洗净分梳，纺织原料(皮棉除外)、金属材料、建筑材料、装璜材料、五金、电子产品及通讯设备(卫星地面接收设施除外)、玻璃销售。出口本企业生产的呢绒、毛纱、针织绒及服装，进口企业生产所需的原辅材料、机械设备、仪器仪表、零配件。公司所在行业为纺织行业，

公司开发的新产品

还大地一片温暖

主要从事中高档精毛纺呢绒的生产和销售，99年度公司精纺呢绒产量达到650万米，销售收入为521844563.66元，占主营业务收入的100%，净利润11496万元，占主营业务利润总额的100%，总资产123761万元。2000年1月10日，公司与外方正式签订了合资协议，并经外经贸苏府资字［2000］33164号文批准设立“江苏阳光服饰有限公司”，该公司前期总投资988万美元，年生产15万套高档男西装。3月底，公司生产技术人员赴意大利参加培训，生产设备开始订购，预计2000年上半年试生产，9月份产品面市。

公司办公大楼外景

公司主要关联企业有：江苏阳光集团公司、江阴市新桥精毛纺厂等。公司1999年度末股东权益106676万元，每股收益0.63元，净资产收益率10.78%，调整后每股净资产5.80元，1999年分配方案：向全体股东每10股送红股2股，用资本公积金每10股转增5股。

SUNSHINE

江苏阳光股份有限公司

地址：江苏省江阴市

电话：(0510)6121688　传真：6121188　邮编：214426

网址：http:\\www.jssunshine.com　电子信箱：sunsh@public1.wx.js.cn

北京控股有限公司

北京控股有限公司是北京市政府在海外的唯一综合性上市公司，担负着为北京市的经济发展从国际资本市场筹集资金、引进技术和管理人才的特殊重要使命。北控于1997年5月29日在香港成功上市，在市场上引起很大轰动，创造了超额认购达1276倍的香港股坛"神话"。

北京控股董事局成员及高级管理人员均为集多年政府工作经历及管理经验于一身、文化水平和管理能力较高的人员，决定了其管理层具有较高的管理水平和决策水平。高素质的管理团队，使企业上市以来一直保持良好的经营业绩。其间，经受住了金融风暴的严峻考验，经历了股市上的大起大落，公司管理层在经营风格上更加成熟，经营理念更加明确，经营思路和方向更加清晰，形成了管理合力。

北京控股有限公司旗下拥有消费品、基建、服务及科技四大板块业务。消费品部分主要包括燕京啤酒、三元食品、北京麦当劳、顺兴葡萄酒以及西餐食品等企业；基建部分包括首都机场高速公路及自来水水源九厂之特许经营权；服务部分包括王府井百货、八达岭旅游、建国饭店、龙庆峡旅游等；高科技部分主要是国际交换系统、北大维信等企业。今年上半年，又投资了磁悬浮列车、公交一卡通、电信通、新奥特以及一批生物制药项目。目前旗下多数企业所经营的主要业务在本行业中保持领先地位，为公司的发展奠定了强健有力的盈利基础。

在1999年经济形势及经营环境十分恶劣的情况下，核心业务仍然全面回升，取得了整体较好的业绩，公司综合营业额3824亿港元，与1998年相比增长13%；股东应占溢利为4.85亿港元，比1998年上升2.2%；每股盈利0.78港元，比1998年上升2.2%。

当前，以资讯科技为特征和动力的新经济迅速崛起，引发了生产、销售、消费、企业经营与管理方式等一系列重大变革，也给在港的中资企业带来了新的机遇和挑战。公司管理层审时度势，根据发展变化了的形势，提出了新的"两条腿走路"的方针，即一方面大力抓好在新经济领域的发展和投入，另一方面抓好传统企业向新经济形态的转型，走出一条传统经济与新经济有机结合的新路。根据这一发展方针，今年以来，加大了在新科技产业领域的投入。集中力量建造信息产业、生物工程及新医药两只高科技产业旗舰，并准备选择适当时机分拆上市。

中关村是21世纪中国经济发展中的一个重点，也是首都经济新的增长点，北京控股凭借政府背景及得天独厚的条件，把"进军中关村，发展高科技"作为投资方向和投资重点，由北控发起成立的四个主要面向中关村地区的风险投资基金已经建成，目前这些基金已投资了几个项目，有的已在美国Nasdaq上市。

在国际周上，刘淇市长接见北控董事局主席胡昭广先生并亲切交谈。

北控董事局胡昭广主席、熊大新总裁、白金荣副总裁与在京、中央及地方各媒体举行联谊会。

在2000年国际周闭幕式上，由北控等12家国际知名企业成立的"北京中关村投资基金"向中关村科技园区提供支持签字仪式。

The KAIFA GROUP

深圳开发科技股份有限公司

深圳开发科技股份有限公司是一家以计算机硬盘磁头及磁头组件为主业的高科技外向型企业。公司创立于1985年7月4日。1994年2月2日公司以优异的业绩跨入深圳上市公司行列，成为深圳市首家外向型高科技上市公司。

公司是中国最大的计算机硬盘驱动器磁头部件生产厂家，总利润连续几年在全国计算机行业中骄居榜首。公司除主营计算机硬盘磁头及磁头组件外，还生产经营调制解调器、光通信产品、电子板卡、智能IC卡电表等多种 产品。公司主营产品磁头99%以上出口，主要客户MAXTOR、IBM、WD、SEAGATE均为世界上著名的计算机硬盘驱动器生产厂家。公司产销量及市场占有份额在世界同行业中逐年上升。公司奉行以实业为基础，以高科技为先导的经营原则。公司良好的商业信誉、卓越的管理与科研开发能力，已为世界同行所瞩目。

公司充分利用特区优越的社会环境和开放政策，大胆引进国际智力资源，发挥人才的最佳优势，大力提倡发扬艰苦创业精神，使公司走出了一条颇具特色的成功之路。公司研制生产的产品，紧紧把握高科技领域的发展趋势，并严格遵守国际标准进行质量管理，使公司产品在外观和性能上均达到国际最先进水平。产品远销海外市场，其中主产品计算机磁头产量雄居世界第三位。公司不断拓展国际市场，及时反馈市场信息，逐步完善产品质量和售后服务，建立了良好的国际信誉，实现了集研究开发、生产、销售、信息及售后服务于一体的世界性跨国集团公司战略体系。

1987年以来，开发科技公司多次荣获“全国外商投资企业”、“机电产品出口先进企业”、“海关信得过企业”、“银行AAA级信得过企业”、“全国工业行业利税状元”等七十多项殊荣。1993年4月，公司获得了英国皇家质量认证组织SGS YARSLEY 颁发的ISO9002证书。

十几年的风雨历程，开发科技公司已从当年的50位员工，200万美元资本发展成为今天拥有20多万平方米建筑面积、6000多名员工、35亿多总资产、180亿市值的大型高科技集团公司。

开拓、创新、求实、奋进是开发人不变的主题。

地址：深圳市福田区彩田北路开发大厦　电话：(0755)3216063　邮编：518026

公司董事长　麻禄斗

公司总经理　谷泉

山西神州煤电焦

山西神州煤电焦化股份有限公司是由太原煤炭气化(集团)有限责任公司主发起、控股的大型煤炭综合加工利用企业。公司成立于1998年12月，下设有嘉乐泉煤矿、炉峪口煤矿、晋阳选煤厂、焦化厂等单位，是一个集采煤、洗煤、炼焦、造气、煤化工产品生产与销售为一体的具有独立法人资格的实体。公司注册资本金39519万元。截止2000年6月30日，公司总资产为183608万元。

公司现有职工5133人，其中各类专业技术人员为699人，占职工总数的13.6%，公司以“建设一流队伍，实施一流管理，开发一流产品，争创一流业绩”为企业精神；公司坚持“科技兴企”发展战略，通过技术革新、改造以及新产品的推广应用，充分发挥煤炭深、精、细加工的优势，生产高附加值产品，取得了高效益。公司成立后已被山西省主管部门认定为高新技术企业。1998年，公司所属焦化厂、选煤厂通过了ISO9002质量认证，主要产品之一的二级冶金焦，1996年获山西省“省优产品”称号，行销全国12个省、市，并出口德国、日本、印度、东南亚等国家。1999年，为了更好地开拓国内外市场，增加产品科技含量，公司在全国首先成功生产出了质量等级超过国家一级冶金焦标准的优质焦炭，受到了全国冶金系统的好评，并被邯钢确定为免检产品。公司另一主要产品十一级精煤继1996年获山西省“省优产品”称号后，现经过抓基础，改工艺，1999年已达到国家十级精煤标准，除内供公司焦化厂外，还行销全国8个省、市的钢厂或焦化厂。

公司于2000年5月中旬完成15000万股(A股)发行任务，共募集资金6.9亿元，并于2000年6月22日在深交所成功上市。股票上市募集资金主要用于兴建年产76万吨优质冶金焦的太原市城市煤气工程及收购太原煤炭气化(集团)有限责任公司炉峪口煤矿，上述项目完成后，不但形成公司新的利润增长点，而且有利于扩大企业规模，有利于提高煤炭综合利用水平，同时也有利于拓宽企业的产品结构，分散市场风险。

公司成立以来，全面推进综合配套改革，建立了现代化的人事、财务、生产、经营管理体系，通过强化内部管理，实现了生产可控、质量可控、成本可控的管理体系，使公司向集约化、规范化的方向发展。目前，公司按《公司法》的要求，建立的规范、高效的现代企业制度日臻完善。

公司生产厂区一景

公司股票发行前，在深圳全景网站举行网上路演

嘉乐泉煤矿采煤工作面场景

焦化厂焦炉出焦瞬间

化股份有限公司

公司全方位实现生产要素的最佳组合，在建立企业内部高效管理体制的基础上，不断加快企业技术进步步伐，积极拓展新的经营领域，大力开发高技术含量的产品，以优质的产品参与市场竞争。公司还利用资本市场，为公司的发展不断筹资金，为全体股东谋取合法利益。此外，公司还有计划的推行多元化发展战略，不断扩大公司规模，壮大公司实力，力争逐步发展成为跨地区、跨行业的大型股份制企业，成为全国煤炭综合利用企业的龙头老大。

公司创立后，正秉成主发起人——太原煤炭气化（集团）有限责任公司的发展思路，全力实现“小完善”、“大完善”目标。即：2003年前完成太原市城市煤气工程项目，再利用配股募集到的资金，将煤矸石电厂收购并入股份公司；2010年前建成年产30万吨焦油加工厂、煤矸石材料厂。资产总额由现在的18.36亿元，五年后达到30个亿。使股份公司保持健康、稳定、匀速发展的态势。

山西神州煤电焦化股份有限公司沐浴着改革的春风，在世纪之交诞生，2000年6月“神州股份”上市后，使公司如虎添翼，经济实力、经营能力进一步增强，今后必将以突出的经营业绩，良好的企业形象和风貌展现于社会，不仅会在全煤系统成为一朵奇葩，而且可望成为全国上市公司中又一颗新星。

公司董事长：麻禄斗　总经理：谷泉
地址：太原市万柏林区和平南路83号　邮编：030024
电话：(0351)6019395　传真：(0351)6019395

公司董事长：董启彬

公司副董事长、总经理：成俊

江苏舜天国际集团服装进出口股份有限公司原名为江苏省服装进出口(集团)公司。1993年12月，根据国家体改委《股份公司规范意见》，经江苏省体改委批准，由江苏省服装进出口(集团)公司独家发起，在整体改制的基础上，以定向募集方式设立。1994年，经江苏省体改委批准，股份公司向17家法人单位定向募集法人股600万股。1996年12月,江苏舜天国际集团有限公司(以下简称“集团公司”)成立，江苏省人民政府批准集团公司作为国有资产授权投资主体，持有股份公司的国家股股权，股份公司更名为江苏舜天国际集团服装进出口股份有限公司。经中国证券监督管理委员会批准，2000年8月14日公司在上海证券交易所以上网定价方式向社会公众成功发行了每股面值1.00元的人民币普通股(A股)4000万股股票，每股发行价人民币10.56元。经上海证券交易所批准，本公司股票于2000年9月1日在上海证券交易所挂牌交易，股票简称：江苏舜天，股票代码：600287。

公司股本结构：尚未流通股份：(1)发起人股(国家股)9222.59万股；(2)募集法人股1768.1853万股；(3)内部职工股281.8147万股。已流通股份：人民币普通股(A股)4000万股。公司主要股东有：江苏舜天国际集团有限公司持股9222.59万股，江苏省纺织品进出口集团股份有限公司持股358.19万股，江苏航空产业集团有限责任公司持股200万股，中国外运江苏公司持股190万股，江苏省轻工业品进出口集团股份有限公司持股150万股。

公司经营范围：自营和代理除国家组织统一联合经营的16种出口商品和国家实行核定公司经营的14种进口商品以外的商品及技术的进出口业务；开展“三来一补”、进料加工业务；经营对销贸易和转口贸易、国内贸易(国家有专项规定的办理许可证后经营)，仓储，公路运输，房地产开发，室内外装饰，咨询服务。

公司从事的主要业务：公司主营各类服装、面料、辅料及相关的纺织服装产品的生产、加工和进出口贸易。1999年底公司总资产864680964.65元，净资产收益率31.37%，每股净利0.63元。

公司董事长：董启彬先生，46岁，经济学硕士，中共党员，高级国际商务师，持有本公司股票16273股。历任江苏省服装进出口(集团)公司业务员、办公室主任、公司总经理。1993-1996年任江苏省服装进出口集团股份有限公司董事长兼总经理，1996年起任江苏舜天国际集团有限公司党委书记、董事长、总裁。曾获得全国外经贸系统优秀企业家、江苏省优秀企业家、江苏省优秀企业经营管理者等称号。

公司副董事长、总经理：成俊先生，42岁，大专学历，中共党员，国际商务师，持有本公司股票12207股。历任江苏省服装进出口(集团)公司综合计划部副经理、经理，江苏省服装进出口集团股份有限公司总经理助理、副总经理。现任本公司总经理。曾获得江苏省第三届十大杰出青年企业家等荣誉称号。

地址：南京市建邺路98号舜天大厦　电话：(025)4208688　传真：(025)4201927

SAINTY

江苏舜天国际集团服装进出口股份有限公司

sainty international group jiangsu garments imp.& exp.co.,ltd.

sainty

公司高级管理人员（左起）：

前排：董事、党委书记曹怀娥、董事长董启彬、副董事长、总经理成俊

后排：副总经理龚建人、独立董事范从来、董事、副总经理金国钧、副总经理李晓俊、副总经理曹小建

挽太湖万倾碧波

无锡中视影视基地股份有限公司

三国水寨夕照

无锡中视影视基地股份有限公司依托中央电视台在无锡兴建的外景基地，迅速发展成为中国目前最大的集影视制作和文化旅游两大功能为一体的影视拍摄旅游基地。公司下辖的唐城景区、三国水浒景区以影视旅游特色鲜明、规模宏大、游客众多，影视拍摄功能齐全而享誉海内外。她位于江南名城江苏省无锡市西郊，临近京沪铁路，沪宁高速公路和京杭大运河，东至上海128公里，西望南京183公里，南濒太湖，距杭州188公里，处于长江三角洲沪、宁、杭金三角的中心。

中视股份公司所属各景区属于国内开发较早，特色鲜明的主题公园。十年来，逐步形成了自己独特的发展模式，并在旅游市场激烈的竞争中表现得身手不凡。

为拍摄《唐明皇》、《杨贵妃》、《三国演义》、《水浒传》等著名影视剧而兴建的唐城景区、三国水浒景区，在完成拍摄任务后又兼顾旅游观光的需要，不断充实，完善各景区内容，着重体现出各自迥然不同的风格和特色。这里的每一座城池，都在讲述着一段历史，一串故事，从而汇成一座独特的历史文化博物馆，中华民族博大精深、灿烂辉煌的历史文化在这里一一铺展。

唐城景区占地170亩，是最早建成的仿唐风格景区。城内沉香亭、唐宫大殿、骊山画阁金碧辉煌，色彩瑰丽。〞大唐街〞头，店铺林立，旗幌招展；〞御花园〞内亭台楼榭，错落有致；〞演乐台〞上，霓裳漫舞，仙袂飘举。整座城池洋溢着浓郁的唐风唐韵，再现了大唐盛世的繁荣风貌。

汇华夏千年文明

依山临水的三国水浒景区占地近千亩，其中占地390亩的三国景区是一组气势恢宏、纵横捭阖的乱世风云，和宏大的战争场面。城内的宫阙楼台、战船望楼、辕门水寨和表演场上的马嘶人唤，火逐风飞都恍若隔世，让人深切感受华夏文明的源远流长。

最后落成的水浒景区占地580亩，景点内容丰富，京城、州县、梁山、水上四处景观，既有富丽堂皇的皇宫相府，名寺樊楼，又有天然淳朴的山寨民宅，湖泊苇荡。是宋代从京城皇家园林到市井民俗的一个缩影。恢宏古朴、工巧华丽两种建筑风格互为映衬，相得益彰，生动再现了宋代社会各阶层的生活风貌。演义广场上，衙门街市前，水浒故事的现场表演惟妙惟肖，使游人犹如置身当年的水泊梁山。

影视文化旅游是旅游业的一朵奇葩，它依托"中视股份"各景区内的人造景观，以影视文化为特色，形成了自身独特的历史文化底蕴。各景区不断丰富和新创动态性的旅游活动，给景区的旅游观光注入新鲜活力。自1993年起，各景区陆续推出大型影视演出节目。由于定位准确，都一炮打响。如《皇帝上朝》、《贵妃册封》、《三英战吕布》、《刘备招亲》、《火烧赤壁》、《义取高唐州》、《大唐风采》等都是各个景区的"王牌"精品节目，游客称"百看不厌"，有些旅客还预先打听好节目演出时间，安排旅游观光的行程。另外，各景区还注重开发丰富多彩，趣味盎然的游客参与项目，如跑马、古战船游乐、动感电影、模拟拍摄、大水车擂台赛、冰雪摄影棚等，既增加了游客游览的兴趣，又提高了景区的文化品位。

烟波浩渺的万顷太湖，黛峰碧水，渔舟鸥鹭，使坐落在太湖之滨的中视股份景区享尽了秀丽江南的旖旎风光。10年来，这里接待了拍摄《唐明皇》、《杨贵妃》、《三国演义》、《水浒传》、《太平天国》、《上官婉儿》、《西门无恨》等著名影视剧的摄制组和2000多万中外游客。旅游高峰期日游客数达到4万人，充分显示出影视旅游的独特魅力。

无锡中视影视基地股份有限公司旅游经营的业绩取得了丰硕的成果，影视拍摄的综合配套服务功能也日臻完善。公司影视制作中心可为剧组提供制景、摄录、服化道一条龙服务，制作影视节目的专业设备有配以灯光、音响、空调设施的两座1200平方米摄影棚、一座720平方米演播厅，还有三讯道节目录制系统和四讯道转播车、多套摄像机和电视节目后期编制系统。唐城景区内的"演员之家"和"三国景区综合楼"还能为剧组提供食、宿、娱乐全方位服务。另外，各景区都有一支技艺精湛、艺术水准较高的演出队伍，他们除了担负景区内大型节目的表演任务外，可根据需要参与剧组拍片，提供演出服务。

无锡中视影视基地股份有限公司在进一步推进现代企业制度建设的同时，还大力提高员工素质，全面提高服务质量，完善影视服务功能。丰富旅游经营项目，使影视与旅游有机结合，努力为影视专业工作者和广大游客提供专业化、高水准、全方位的优质服务。

中视股份各景区期待着您的光临

地址：江苏省无锡漆塘1号　电话：(0510)5555168

董事长：熊瑞忠　　总经理：夏亚民

WUHAN YANGTZE COMMUNI

武汉长江通信产业

武汉日电光通信工业有限公司

地址：武汉市珞瑜路200-1号东湖开发区管理大楼11楼　电话：(027)87407417　传真：(027)87407417　邮编：430074

武汉长江通信产业集团股份有限公司(简称“长江通信”)座落在美丽的东湖之滨,位于国家级的东湖新技术开发区之内,已通过了国家科技部和中科院高新技术企业的认证。公司自成立以来,以高新技术为依托,走引进、消化吸收与自主开发相结合的道路,利用东湖开发区智力密集、政策环境良好的有利条件,励精图治,奋力开拓,已发展成为集科研、生产、设计、服务为一体的大型企业集团。长江通信已先后完成百余项国家电信公用网一级干线、二级干线以及市话网、专用网、微波网等通信工程的建设,成为武汉市通信产业的骨干企业。

长飞光纤光缆有限公司

长江通信目前主要从事光纤数字传输设备、光纤光缆、卫星通讯产品及软件的研究、开发、生产、销售与投资,并从事通信、信息网络的系统集成、勘测设计、工程施工和技术服务。同时,长江通信将向文化信息产业、电子商务、第三方物流等新兴领域扩展。长江通信已与华中科技大学合作建立了湖北省博士后长江通信产业基地,进一步增强了自身的技术创新能力。

长江通信积极跻身于中国资本市场运作,经中国证监会核准,2000年12月6日,在上海证券交易所成功地公开发行4500万股A股,为公司带来了新的发展机遇。

在跨入新世纪之际,在长江之畔,东湖之滨,作为武汉中国光谷龙头企业之一的长江通信,将携天时、地利、人和之势迅速崛起,成为中国信息产业的希望之星。

TIONS INDUSTRY GROUP INC.

集团股份有限公司

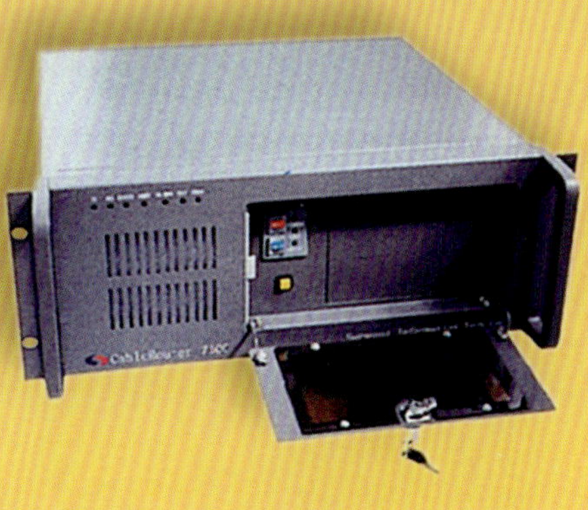
公司研制的宽带CATV数字广播设备

公司研制的宽带接入网设备

五一劳动奖章获得者、董事长：吕宗林

三峡新材

NBM

湖北三峡新型建材股份有限公司

HUBEI SANXIA NEW BUILDING MATERIALS CO.,LTD

湖北三峡新型建材股份有限公司是国有资本控股的A股上市企业。公司位于举世瞩目的三峡地区，座落在三国古战场座落在三国古战场长坂坡旁，昔日曹操擂鼓督战的锦屏山下，南靠宜黄高速公路，北临焦枝铁路，并设有铁路专用线，交通便利；拥有储量大，品位高，易开采的石膏及石英砂，资源丰富；拥有湖北唯一的浮法玻璃生产线和一条目前国内领先水平的石膏纤维板生产线，年产2-12mm各色平板玻璃能力为512万重箱，优质石膏粉15万吨，石膏纤维板300万平方米，玻璃系列深加工80万平方米，主导产品“锦屏”浮法玻璃和“三宝”牌石膏粉均为湖北省精品名牌，产品优良；拥有230余名中级以上技术人员和近十名省突出贡献中青年专家、国家特贴专家，且是湖北省首批建立现代企业制度试点企业和“巨人工程”企业，具有人才和管理优势；现有总资产7.65亿元，净资产2.71亿元，资产状况良好。

为实现“由小变大，靠新出强”的跨世纪发展目标，公司将以规范化管理为基础，以高技术含量，高附加值项目为龙头，把公司建设成为湖北乃至全国最优的新型建材企业，以最好的形象，最佳的效益回报社会，回报股民。

地址：湖北省当阳市经济技术开发区　电话：(0717)3282423　传真：(0717)3283566　邮编：444105

HUBEI SANXIA NEW BUILDING MATERIALS CO.,LTD

经营理念 塑一流员工　树一流形象　获一流效益

创业精神 居安思危，创新勇为，励精图治，展翅高飞

中共湖北省委书记贾志杰、省长蒋祝平、宜昌市委书记孙志刚多次来公司视察、指导工作

湖北省副省长周坚卫（右二）在宜昌市副市长朱常渭（右三）、公司董事长吕宗林（右一）陪同下视察公司浮法玻璃生产线

公司浮法玻璃生产线中控室

山东华泰纸业股份有限公司

董事长李建华

董事长李建华与总经理王兆国在一起

公司经营业绩：公司2000年1-5月主营业务收入219834398.03元，主营业务收润61104678.12元，利润总额38408867.54元，少数股东权益3296846.37元，净利润24689200.88元，资产负债率68.18%，每股收益0.24元，净资产收益率8.39%。

董事长李建华先生

李建华先生，现年48岁，大学文化，高级政工师、高级工程师，现任山东华泰纸业股份有限公司董事长。李建华先生1976年加入本公司，历任东营市造纸厂车间主任、生产技术科长、副厂长、集团公司总裁，是全国劳动模范、全国优秀党务工作者、九届全国人大代表、全国“优秀经营管理者”和“五一劳动奖章”获得者。兼任中国造纸协会碱法草浆委员会副主任、山东省企业家协会副会长等职务。为适应市场经济要求，李建华先生将市场机制全方位引入企业内部，建立起了一套适应市场经济发展的动态优化管理机制，建立并推行了“三三四”百分考核浮动工资制、“赛场选马”的用人机制、进厂原料的招标竞争机制等，从而实现了企业资源的优化配置，促进了企业的发展和经济效益的提高。 李建华先生坚持“科技兴企”的发展战略，以科技进步、技术创新创造市场，高起点、大投入进行技术创新改造，不断开发出适应市场的高附加值、高科技含量的产品赢得市场。“八五”以来，先后投入7.5亿元进行技术改造和科研开发，使公司规模和技术水平都有了超常规、跳跃式的飞跃。早在1997年，李建华先生就组织成立了华泰集团技术开发中心，多次承担国家、省、市科研课题项目，并负责企业的技术科研开发，成效显著。1999年12月，华泰技术开发中心被确定为省级技术开发中心。

总经理王兆国先生

王兆国先生，现年36岁，大学文化，高级工程师，现任山东华泰纸业股份有限公司董事、总经理。王兆国先生于1981年加入本公司，历任东营市造纸厂办公室秘书、技术科科长、技术部经理。王兆国先后主持和参与开发的铜版纸获得“市科技进步一等奖”和“省星火项目二等奖”，HSC-高级超级压光纸获得“星火项目一等奖”和部级科学技术进步三等奖”，胶印微涂纸获得“市技术星火项目三等奖”和“省职工技协优秀成果一等奖”。参与撰写的《强化质量管理，提高产品质量》一文曾在中国造纸学会八九年学术年会上进行经验交流，其本人先后荣获“第四届全国青工“五一”竞赛三等奖”、“山东省青年科技星火带头人”、“山东省新长征突击手”等荣誉称号。王兆国先生致力于企业管理升级创优工作，采用先进的现代化管理方法，使企业向正规化、标准化、科学化迈进，公司于1989年在全市范围内第一家晋升为“国家二级企业”。公司始终以《公司法》的要求严格运作，在公司争取上市工作中，积极协调，使公司股票于2000年9月8日、9日分别以上网定价发行和向二级市场投资配售方式在上海证券交易所成功发行，并于9月28日成功上市，为公司今后的长足发展奠定了坚实基础。

山东华泰纸业股份有限公司是1993年由原东营市造纸厂整体改制，采用定向募集方式设立，并于1996年经山东省体改委规范确认的股份有限公司。公司于2000年9月8日、9日向社会公开发行股票，并于9月28日在上交所上市交易。至此，公司总股本为192473308元，其中法人股76823308元，内部职工股2565万元，社会公众股9000万元。公司是国家大型(一)档企业，国家二级企业，山东省首批50户大中型企业股份制试点单位，先后被确认为全国100家最大造纸工业企业、中国造纸行业百强企业、全国造纸行业10家最佳经济效益企业、山东省管理示范企业、山东省高新技术企业，1996年被山东省信誉评级委员会确认为“AAA”信誉企业。

近年来，公司经营规模和经济效益逐年快速、稳定增长。据中国造纸协会和轻工总会对全国重点造纸企业生产经营完成情况的统计，1996年至1998年连续三年利润总额居全国同行业第二位。公司资产规模和经济效益超常规增长，业已形成主业突出，资产优良的大型造纸企业。

公司坚持“发展与治理同步”的原则，十分重视环境保护工作。早在1993年，公司就被评为山东省环境保护先进企业。公司于1997年投资兴建了10t/d碱回收工程，于1998年引进增上了瑞典PURAC公司4000m中段水处理设备，各项出水指标均达到国家二级排放标准。

公司积极进行管理创新，其动态优化管理法对公司的人、财、物各种资源以及生产、供应、销售、研究开发各环节实施全方位动态优化管理。公司董事长李建华先生是九届全国人大代表、全国劳动模范、全国“优秀经营管理者”和“五一劳动奖章”获得者，具有丰富的造纸专业技术知识和大型企业管理经验。

公司在规范运作方面距离社会公众、证券市场监管部门对上市公司的要求还有一定差距，主要表现为管理思想、管理方法有待于进一步转变。为了更好地适应上市公司规范、高效的运作要求，全体员工特别是管理层都需要不断地转变观念，开阔眼界，吸收运用国内外先进的管理思想、管理方法和管理手段。今后，我们将进一步加强规范化运作，充分发挥上市公司优势，不断缩小与优秀企业在各方面的差距，实现公司快速成长，使华泰股份不断走向新的辉煌。

公司经营范围：公司主营业务包括造纸，非出版物印刷，纸制品及纸料加工，热电，化工产品，机械制造、销售、货物运输。

公司外景

40000立方米/d中段水处理项目

公司生产车间

公司技术开发中心

地址：山东东营广饶县　电话：0564-6888715　传真：0564-6888018　邮编：275335
公司网址：http://www.huatai.com　E-mail:htltd@huatai.com

大恒新纪元
科技股份有限公司

液晶大屏幕投影电视

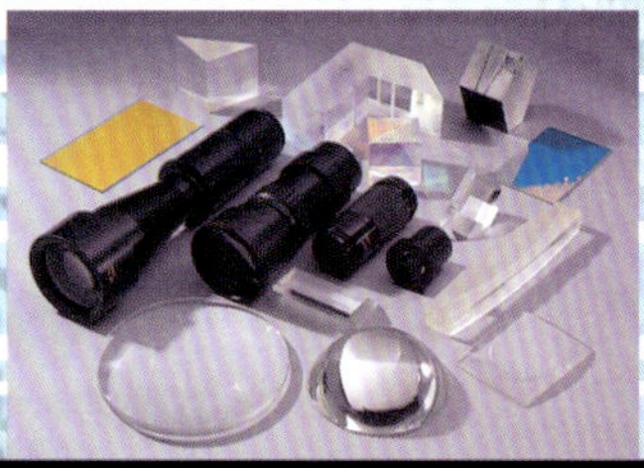

远心成像物镜，变焦投影物镜，GC系列光学元器件

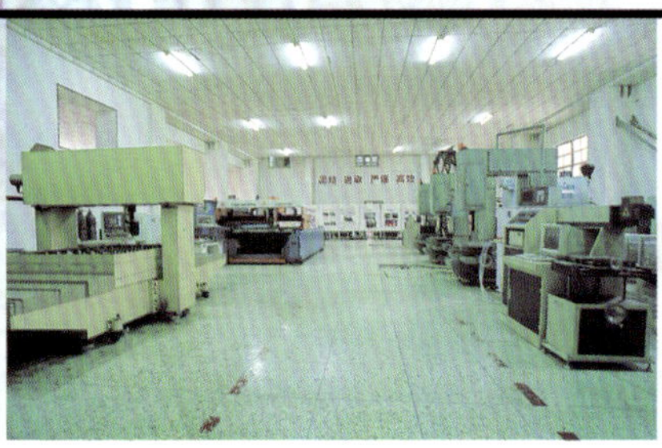

激光加工成套设备调试大厅

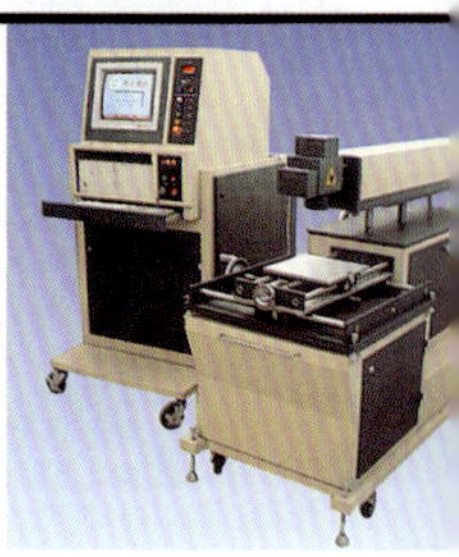

JBJ 系列激光打标机

大恒新纪元科技股份有限公司(以下简称公司)经中国证监会核准于2000年11月3日在上交所成功发行人民币普通股5000万股，发行后总股本14000万股。公司1998年12月18日通过北京市新技术产业开发试验区高新技术企业认定。

截止2000年6月30日，公司总资产人民币7.62亿元，净资产人民币1.95亿元。2000年上半年公司实现销售收入人民币6.29亿元，实现利润总额2633万元。

公司通过受让股权、增资等形式，已持有中国大恒(集团)有限公司51.37%的股权。由于该公司的加盟，改善了本公司的收入结构和利润结构，进一步实现资本与技术的结合，为公司发展高新技术产品的开发和生产经营业务提供了良好的基础。

目前，公司已形成以光机电一体化产品和信息技术产品为主的高新技术产品的开发、生产和销售；市场设施建设的投资、经营；汽车及零配件销售三足鼎立的业务格局。公司自行研制、生产、销售，且有较大市场份额的主要产品包括激光加工成套设备、X辐射立体定向放射外科治疗设备、全息光学组件、卫星定位移动物体集群管理系统等。公司重视产品质量管理，从材料采购、产品研制、销售及售后服务整个过程都实行严格的全面的质量管理，

公司总裁、董事长：张家林

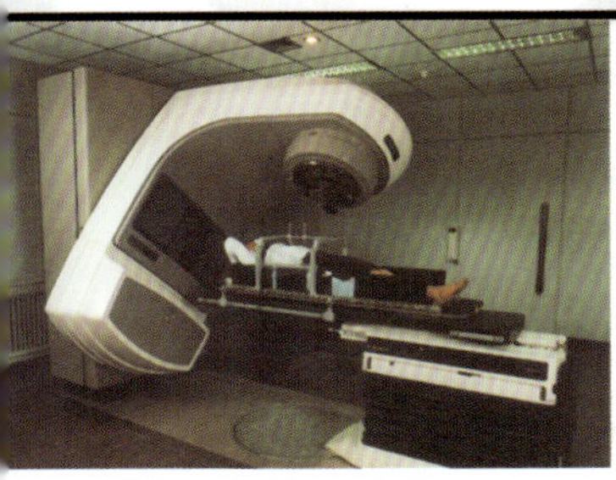

部、体部 X-D，真三维 TPS

对主要产品以 ISO9000 为标准，建立了相应的质量保证体系。

公司正在进行或计划进行的投资、技改项目：1.光机电一体化产品研发生产基地；2.通过增资中国大恒(集团)有限公司建立大恒新纪元信息技术研发创新中心；3.天津佳佳汽车检测维修中心。

公司员工知识结构合理，业务水平高，61%以上的员工具有大学以上学历，50%以上具有中高级技术职称。公司凭借雄厚的人力资源，高效、高素质的员工队伍，围绕“科教兴国，努力发展高新技术”这一主题，以国家相关产业政策为依据、以市场为导向、以提高经济效益为中心，坚持科学管理，不断提高现有产品的技术含量和企业的经营水平，为发展我国高新技术产业做出贡献。

公司董事长、总裁张家林，大学本科学历，高级工程师。现任大恒新纪元科技股份有限公司总裁、董事长，是全国政协委员，光学、光电行业协会第一副主任，大恒奖学金评委会第一副主任，北京民营科技实业家协会常务理事，中科实业(控股)集团副总裁。

联系人：严宏深　62628443　62628381

风驰电掣的高速列车

与民族共进　和时代同行

广 深 铁 路 股 份 有 限 公 司

广深铁路股份有限公司成立于1996年3月6日，作为中国铁路最优秀的代表，经国务院批准进行股份制改造，其股票在香港和美国纽约上市，是中国第一个也是目前唯一一个在境外上市的铁路运输企业。

公司独立经营的广深铁路，全长147公里，穿越中国广东省经济高速增长的珠江三角洲，连接京广、京九、三茂、平南、平盐和香港九广铁路。是中国华南地区交通网络的重要组成部分，是中国内陆通往香港的唯一铁路通道，具有良好的区域优势。

广深铁路是中国铁路现代化程度最高的铁路。拥有中国唯一的准高速铁路及时速160公里的准高速列车和时速200公里的高速列车，广深铁路高速线已实现全程电气化，其科技水平、技术装备均达到国内领先水平，部分技术指标达到或接近国际先进水平。

广深铁路是中国铁路效益最好的铁路，其客货运输收入和盈利水平均处于同行业领先水平，广深铁路的毛利率也是世界铁路最高的之一。

广深铁路是珠江三角洲最具竞争力和良好前景的运输工具。1996年以来，广深铁路实施了以〝高速度、高密度、小编组〞为主要内容的高速列车发展计划，高速列车由96年初的4对增加到29对，旅客列车对数由96年初的38对增加到71对，成为中国铁路列车运行密度最大的铁路线。

广深铁路是中国铁路干线与港口连接紧密的铁路，分别与广州的黄埔港、新港、新沙港和深圳的盐田港、蛇口港、赤湾港、妈湾港连接。本公司拥有完善配套的货运设施，能有效地进行整车、零担、集装箱、笨重货物、危险货物、鲜活货物、超限货物的运输，在中国内陆中长远距离运输方面具有绝对优势。

1999年，公司实现税后利润5.3亿元人民币。至1999年末，公司总资产为108.6亿元，净资产95.3亿元。

展望未来，公司将致力把广深铁路建成服务优质、高科技及高效益的现代化铁路，成为广州、深圳和香港三大国际都市间安全、舒适、快捷、便利的交通工具。公司将继续推进高速电动列车发展计划：加快广深铁路第三线电气化工程建设，完善广州东站和深圳站配套工程，改善机车维修基地之设备。推广应用调度集中设备，并尽快发挥其最高能力。公司计划将租赁到期的新时速X-2000高速电动车组继续租赁或买下来，并再租赁或购买两列新时速高速电动列车，租用8列国产高速电动列车，继续加密高速列车班次，争取在广深间每15分钟开行一对高速列车，适时增开广九高速直通车，并计划在武广电气化开通后，将广深的旅客列车延伸至京广线南段。

在货运上，公司将实施一系列的措施以刺激铁路运输的新需求，这些措施包括继续推进多式联运，加强发送和到达货源组织，发展货运代理，开好〝五定〞班列和集装箱专列，强化港站联合营销，实行以运造市措施，争取货运总量持续增长。

公司将全面贯彻ISO9000系列标准。落实减员增效和节支降耗措施，坚决压缩非生产性支出。公司还将有效加强资本运作的研究和实施力度。

公司董事长：张正清(公司法人代表)

公司大厦

地址：深圳市和平路1052号
电话：(0755)5587920　5598693
传真：(0755)5591480　邮编：518010

南宁化工股份有限公司

公司董事长：曾代宏

公司总裁：赖晓杨

1958年12月17日南宁化工厂破土动工。

1964年5月16日1700吨／年隔膜法烧碱和氯加工系统投产，做到一次试车成功，当年7月1日正式转入生产，9月1日纳入国家计划。

1979年11月13日化工部确定南宁化工厂为全国22家重点氯碱企业之一。

1989年6月，南宁化工厂、南宁有机玻璃厂和南宁有机化工厂合并组建为南宁化学工业集团公司。

1990年南化集团公司获广西百家竞赛金杯奖。

1992年全国化工系统"百强"企业、全国化工企业利税大户100家。

1993年全国《500家最佳经济效益工业企业》、全国化工安全卫生先进企业称号。

1994年全国化工行业"质量月"活动先进单位、"广西的脊梁"五十强优秀国有企业。

1990—99年自治区"重合同、守信用"企业。

1995年度全国环境保护先进企业。

1996年8月南宁化学工业集团公司与南宁第二化工厂实行联合，组成南宁化工集团有限公司。

1998年6月8日，经广西壮族自治区人民政府批准，南宁化工集团有限公司作为主要发起人，联合另外四家法人以发起设立的方式共同设立南宁化工股份有限公司。

1998年8月3日，南宁化工股份有限公司经中国证监会批准，在上海证券交易所上网发行了1.5亿元可转换公司债券，于9月2日上市，成为我国首家发行可转换公司债券的试点企业。

2000年6月13日，经中国证监会核准，南宁化工股份有限公司拟在上海证券交易所上网定价与向二级市场投资者配售相结合的方式发行4000万股人民币普通股（A股）。

胜者属于未来，未来属于南化！

质量是企业的生命，公司历来重视产品质量，严格质量管理，强化工艺纪律，以ISO9000标准为原则，制订质量手册和程序文件，建立健全企业内部质量保证体系，规范运行，保证质量体系的不断完善和改进。

2000年，公司将通过ISO9002第三方认证，实现质量管理质的飞跃。

公司董事长曾代宏（左三）、公司总裁赖晓杨（左一）、公司董事副总裁高莹在公司股票上市仪式上合影

公司董事长曾代宏（左）与总裁赖晓杨参加公司股票上市仪式

地址：广西南宁市亭洪路80号
传真：(0771)4835643
邮编：530031
网址：http://www.nh.com.cn
电子信箱:nh@nn.col.com.cn

南京钢铁股份有限公司

NANJING IRON & ST

南京钢铁股份有限公司由南京钢铁集团有限公司作为控股股东，联合中国第二十冶金建设公司、北京钢铁设计研究总院、中国冶金进出口江苏公司、江苏省冶金物资供销公司等四家企业共同发起设立，经江苏省人民政府批准，于1999年3月18日依法成立。

经中国证券监督管理委员会批准，公司12000万股A股股票于2000年9月1日至2日在上海证券交易所成功发行，并于2000年9月19日隆重上市。发行后公司总股本为42000万股，其中流通A股12000万股。股票简称：南钢股份，股票代码：600282。

目前，公司经江苏省工商局登记核准的经营范围是：黑色金属冶炼及压延加工、钢材、钢坯及其他金属销售。公司拥有从焦化、烧结、炼铁、炼钢到钢材轧制完整的生产系统，具有独立面向市场的供应和销售系统，主要产品包括普碳板、船用板、压力容器板、锅炉板、桥梁板、圆钢、螺纹钢、普碳钢带和优质钢带等，具备年产145万吨钢、165万吨铁和110万吨钢材的综合生产能力。发行后公司拥有资产27亿元，净资产14.19亿元。1999年，公司铁、钢、材的产量分别为150万吨、137万吨、89万吨，产销率达101.82%。2000年1—6月，公司铁、钢、材的产量分别为82.39万吨、77.62万吨、52.35万吨，钢材产销率达100.10%。本公司多年来一直保持着经济效益的稳定增长，公司2000年1—6月主营业务收入156007.85万元，利润总额14676.68万元，净利润8051.55万元，净资产收益率12.14%。

公司产品曾多次获得部级、省级质量和服务优质奖、名牌奖。公司主要产品包括板材系列、棒

法定代表人：肖同友　　地址：江苏省南京市大厂区卸甲

公司董事长：肖同友

公司总经理：赵永和

EL CO.,LTD.

材系列、钢带系列和钢坯等。其中螺纹钢筋先后获冶金部产品实物质量“金杯奖”、省名牌产品和免检产品、国家监督检查质量合格产品等。船板先后通过CCS、LR、ABS、GL、NK、BV、DNV、KR等八家国际船级社认可，并获得冶金部产品实物质量“金杯奖”；中厚板在部级用户评价中获服务质量第一名，并被评为江苏省名牌产品；合金板在部级用户评价中获产品质量第二名；锅炉用、压力容器用钢板获国家监督检查质量合格产品；优带钢为冶金产品实物质量“金杯奖”产品。另外，改制前，集团公司先后被评为“全国用户满意企业”、“江苏省质量管理先进企业”等。

公司将坚持“以人为本、科技领先、开拓创新、争创一流”的企业宗旨和“一业为主、多种经营、低成本、高效益、整体持续发展”的经营方针，按规范的股份公司运作模式运作，以市场为导向，以经济效益为中心，以科技进步为动力，以现代管理为依托，多元化经营，使公司成为管理先进、产品享有盛誉、业绩优良、具有强劲竞争能力和自我发展能力、令投资者放心的股份公司。

公司董事长：肖同友，男，53岁，中共党员，大学文化，高级工程师、高级政工师。1969年毕业于昆明工学院，同年到昆明钢铁公司实习，1970年9月起至1986年12月在南京铅锌银矿工作，历任矿办公室秘书、副主任，一工区党支部书记，矿党委副书记、书记等职。1987年1月到南钢工作，历任厂党委副书记、书记，现任本公司董事长及南钢集团公司董事长、党委书记。

公司总经理：赵永和，男，53岁，中共党员，大学文化，高级工程师。1970年毕业于北京钢铁学院，同年到徐州钢铁厂工作，历任徐州市钢铁会战指挥部技术员，徐钢办公室秘书、副主任，烧结厂副厂长，徐钢办公室主任兼焊管工程筹建处办公室主任，炼铁分厂厂长。1985年1月起任徐州市冶金工业公司经理兼徐州钢铁厂副厂长(主持工作)。1988年5月起任徐州市冶金工业办公室副主任(主持工作)。1990年9月任徐州市建材公司党委书记兼副经理，1991年1月起到南钢工作，历任梅山工程办公室主任，副厂长，南钢集团公司董事、副总经理，现任南钢股份公司董事、总经理。

电话：(025)7052184 7797742　传真：(025)7797742　邮编：210035

Y12IV
B-569L

哈飞航空工业股份有限公司

董事长：崔学文

面对巨大的发展机遇，哈飞航空工业股份有限公司组建成立。哈飞股份位于中国东北部黑龙江省的省会—哈尔滨市。哈尔滨作为新中国最早的重工业基地之一，拥有良好的工业基础、完善的交通条件及其他基础设施。

哈飞股份主要生产Y12型系列飞机、EC120型直升机部件、航空产品零部件和转包生产国外航空产品部件。

新成立的哈飞航空工业股份有限公司在未来10年内，将建成具有高技术含量、高附加值的直升机、通用飞机和航空复合材料零部件的国际先进、国内一流水平的科研、开发和生产基地。

哈飞航空工业股份有限公司是哈飞集团联合其他四家企业共同发起设立的股份公司。其发展得到了实力雄厚的母公司的全力支持。

哈飞股份的母公司—哈飞集团，是中国特大型航空骨干企业之一，是中国直升机、中小型民用飞机的生产基地，在国内外久负盛名。其主要产品：运12飞机、直9和EC120型直升飞机在国内外均获得了广泛的认可。在香港回归、国庆阅兵的伟大历史时刻，哈飞飞机展现了其无与伦比的风姿。

在国家有关政策的扶持下，哈飞股份将充分利用母公司在经济和技术上强大支持，继续得益于与母公司联合共享优势；把握机遇，寻求自身更大的发展。

地址：哈尔滨市平房区友协大街15号
电话：(0451)6530736　邮编：150066
传真：(0451)6520144

美克國際家具

舒適生活的理想

公司董事长：冯东明

公司总经理：寇卫平

美克国际家具股份有限公司

美克国际家具股份有限公司的前身是美克国际家私制造有限公司，成立于1995年8月，注册资本200万美元。1999年7月获得自治区人民政府和国家外经贸部批准由美克国际家私制造有限公司整体变更为美克国际家具股份有限公司，注册资本5208万元，注册地乌鲁木齐经济技术开发区。经中国证券监督管理委员会证监发字［2000］147号文核准，本公司于2000年11月10日在上海证券交易所上网定价发行了每股面值1.00元的人民币普通股4000万股，每股发行价人民币13.09元。发行后总股本9208万元。2000年11月27日4000万A股在上海证券交易所挂牌上市。

美克公司是以生产高档松木家具为主的现代化、外向型企业。以餐桌、餐椅（餐厅组）、茶几（客厅组）为主要产品。公司是新疆唯一产品100%出口创汇的企业，主要销往美国、欧洲、日本、澳大利亚等国家和地区，其中对美国的出口占到亚洲在美国市场同类产品的85%。公司是新疆出口创汇最大的生产型企业，也是亚洲最大的松木家具制造企业。连续四年被授予“自治区出口创汇先进企业”，被银行授予AAA级信用企业。截止2000年5月31日，本公司总资产21992.13万元，净资产7704.26万元，2000年1-5月净利润1681.04万元，1999年出口创汇2139万美元。

美克公司的生产完全采用大型工业流水线组装生产，从锯材加工到部件生产、组装、涂饰以及成品包装均实现专业化生产，管理、销售与国际接轨，贯彻超前开发设计、订单制生产的经营理念，采取多品种，少批量的柔性制造生产模式，完全实现了产品的零库存。美克公司的开发设计能力已跻身世界著名家具生产设计商行列，产品开发设计时间从30天缩短为6天，产品开发范围不仅涵盖所有家居用家具，而且有世界领先的涂装工艺，使美克产品色彩多样且充满文化内涵，设计生产出具有田园风格目前风行欧美的松木家具。

美克公司的管理科学、制度严格。建立了当今最先进的现代企业管理体系，引进MRP-II（制造资源计划系统），使公司达到国际一流企业的管理水平。坚持以ISO-

厂区外景

公司产品系列样品间

9002质量体系为标准，全面实施产品的质量管理，保证产品品质。美克产品以品质好，交期准，价格公道，赢得了世界各地家具客商的青睐，与世界排名前列的家具经销商，如：VALUECITY、ROOMS TO GO(RTG)、HEILIG-MEYER(环美)、BRIYHILL(波热黑尔)等，建立了长期稳定的合作关系，已成为世界著名家具公司在亚洲购买松木家具的首选工厂。美克公司始终坚持走产业发展与保护生态并重的发展道路，凭借对市场的超前研究和高度的生态保护意识，早在国家限制林木采伐政策出台之前，美克公司已在对外寻找合适的原材料供应基地。目前已与俄罗斯达成开发利用西伯利亚森林资源的初步协议，双方签订了长期木材供应合同，形成了从国外进口原材料，利用生产技术优势，经过生产加工，产品再销往国外的经营链。

作为中国优秀的家具制造商，美克公司在为世界著名家具商提供自己的产品，在扩大国际市场的同时，公司将运用在国际市场的优势和经验、采用国际先进的销售方式，建立自己国内的营销网络，我们的营销战略是：在国际市场保持公司精湛的制造技术为供应商提供完善的产品，进一步扩大出口创汇，在国内市场建立自己的营销网络，设立美克家具连锁店，我们的目标是建立一个全国性的零售网群，向消费者提供完善的产品和服务，并建立美克的品牌价值。计划用10年的时间在全国的大中城市开设100家家具连锁店，逐步建立和完善自己的国内营销网络。美克销售的不仅仅是家具，更销售生活空间规划的知识和美化的环境，以及舒适生活的理念。公司发展目标是成为一个集生产、批发、零售于一身的年出口创汇1亿美元，内销30亿元人民币的国际家具集团。

地址：新疆乌鲁木齐市经济技术开发区迎宾路15号　电话：(0991)3836028　传真：(0991)3828180

公司董事长：岑长篇

公司总经理：赖增国

GUANGDONG HUALONG GROUPS

廣東華龍集團股份

广东华龙集团股份有限公司是于1993年2月26日经广东省企业股份制试点联审小组以“粤股审［1993］2号文”批准设立、由阳江市长发实业公司、阳江市金岛实业开发公司和阳江市龙江冷冻厂三家企业发起设立的股份制企业。企业自进行股份制改造以来，不仅明晰了产权，初步建立了现代企业制度，而且完成了经营方向的转变，确立了海洋产业、旅游产业和信息产业为主的经营战略。公司是全省较大型的以农业特别是以海洋开发为主的股份制企业之一，是广东省农业龙头企业，也是我国目前少数几家以海洋经济开发为主的上市公司之一。目前，公司拥有阳江市南海业发展公司、阳江市华龙旅游有限公司、四川省昊源诚业科技发展有限公司3家子公司；拥有海洋养殖开发公司、万丰果业开发分公司、阳江市华龙船排厂、金沙湾大酒店分公司4家分公司；还拥有上海金尔顿投资发展有限公司和北京德普利特科技发展有限公司2家参股企业。公司还承租经营阳江市华龙金都大酒店。

公司一直与教研单位进行养殖技术的研究和合作，在阳西县的程村、织贡两地开发反季节混合精养虾蟹基地，面积共约4000亩；在埠场镇山外西管理区建成了面积达3000亩的对虾养殖基地，主要进行精养对虾等高质、高值海产品，是阳江市较大的规模化、基地化、集约化的大型海水养殖基地，基地效益良好；华龙万丰“三高农业”基地位于合山镇，基地的总面积约4000亩，长势良好，初步形成了种养立体式开发的大型农业基地；华龙船排厂是1990年投资兴建并投入使用的，是粤西地区大型民用渔轮修造厂，可同时容纳9条大型渔船进行维修保养，自开业以来，每年接待约万艘中、港澳船只进行维修保养，取得了较好的经济效益。南海渔业公司是阳江市远洋渔业开发的主要企业，取得了较好的经济效益，并在市场经济下引发了阳江新一轮的远洋渔业和外向型渔业的热潮。公司成立之初，就优先发展旅游业，不断开发新的旅游景点，近几年来，公司大力开发滨海休闲渔业，对发展阳江旅游业起到了较大的推动作用，旅游业已成为公司新的经济增长点。

自1997年以来，公司与湖南、四川等地的大学院校、科研机构合作，致力于电话、电脑网络服务系统的研究开发。1998年，在湖南、四

公司总部

公司金沙湾大酒店

ITED COMPANY

有限公司

川省投资开发了“票据查询挂失报警系统”，该系统在两省三十多个地（州）市开通，面向两省的所有票据使用单位及个人提供票据查询挂失报警服务，被称为公安机关继110报警系统后又一用于防范打击犯罪的“经济110”系统，取得较好的经济效益和社会效益。

公司总股本17402.9825万股，其中包括：发起人股4086.9825万股，定向募集法人股4520.02万股，内部职工股2795.98万股，社会公众股6000万股。经中国证监会批准，6000万社会公众股已于2000年11月21日在上交所上网发行。公司1999经营收入9092万元；利润总额2907万元；税后利润2647万元；每股收益0.23元/股。

经过近几年的发展，广东华龙集团股份有限公司已形成了包括海洋捕捞、海水养殖、海产品加工、海轮补给修理、海产品购销等综合性的海洋经济开发体系，同时实行多元化投资，从事海洋产业、农业综合开发、旅游服务业、信息技术开发与咨询等高科技开发，成为一家集渔、农、旅游、工、贸、科技等于一体的大型股份制企业集团。

海洋产业、旅游产业和信息产业都是21世纪前途远大的朝阳产业。以海洋产业、旅游产业和信息产业为三大支柱产业的广东华龙集团股份有限公司及其同仁，根植于南中国海岸，放眼全国，面向世界，必将以本公司股票在上海证券交易所胜利上市为契机，豪情满怀，更上一层楼。

地址：广东省阳江市上坑路7号之一　邮编：529500　电话：(0662)3235645

公司大型养殖基地

南海渔业公司

公司基地

公司船厂

先放眼世界　后建造世界

安徽巢东水泥股份有限公司

安徽巢东水泥股份有限公司(原名安徽巢湖水泥（集团）股份有限公司)成立于1999年4月16日，是经安徽省人民政府皖政秘［1998］273号文批准，由安徽省巢湖水泥厂、东关水泥厂、安徽省巢湖市富煌轻型建材有限责任公司、巢湖地区物资建筑材料总公司、巢湖市安得房地产开发有限责任公司、巢湖金建物资有限责任公司共同发起设立的公司。

安徽省巢湖水泥厂始建于1958年，系国家大型二档企业，生产水泥能力达到90万吨/年，居安徽省第2位。企业曾被评为"全国建材行业红旗企业"、"全国环境保护先进企业"，连续十年被评为"安徽省最佳经济效益单位"，是安徽工业50强之一；东关水泥厂始建于1958年，是国家大型二档企业，水泥生产能力为84万吨/年，居安徽省第3位，企业曾被评为"安徽省最佳经济效益单位"，是中国100家最大建材工业企业和安徽工业50强之一。

巢湖水泥厂、东关水泥厂将其与水泥生产相关的完整经营性资产投入股份公司，富煌公司将其从事轻钢结构产品生产的经营性资产投入股份公司，巢湖地区物资建材总公司、巢湖市安得房地产开发有限公司、巢湖金建物资有限公司分别以现金方式投入。总股本12000

天利高新 北疆经

公司董事长：徐福贵

公司总经理：李太成

齐带上的明珠

新疆独山子天利高新技术股份有限公司

中国在变，新疆在变，独山子在变……

新疆独山子天利高新技术股份有限公司紧扣时代发展的脉博，成为新疆石油化工第一家和新疆高新技术第一家企业上市公司，预示着新疆高新技术产业大发展的时期已经到来!新疆独山子天利高新技术股份有限公司由新疆独山子天利实业总公司作为主发起人，联合新疆石油管理局独山子石化总厂、乌鲁木齐高新技术产业开发区高新房地产有限责任公司、新疆特变电工股份有限公司和上海中大高新电子技术有限公司以发起设立方式组建；注册资本1亿1千万元；本次上市向社会公开发行6000万股人民币普通股(A股)。采取上网定价方式发行后，总股本已增至17000万股。新疆独山子是我国石油工业的发祥地之一，是一个以石油化工为主的国家级石化基地。312国道和217国道在此交汇、乌奎高速公路和第二条亚欧大陆桥、兰新铁路、乌鲁木齐至阿拉山口铁路从其北侧经过，交通便捷，通讯设施完善，水电资源丰富。天利高新依托这座有64年历史的石化基地，具有管理优势、人才优势、技术优势、资源优势，不仅使公司有肥沃的诞生土壤，也更有长远发展的空间。

天利高新荟萃了一支年富力强、充满朝气、勇于进取、干练有素的员工队伍。天利高新发扬“求高求新，最快最好”的企业精神，采用现代企业制度，完善了法人治理机构，建立健全了科学、严密的管理体系和激励机制，导入了CIS企业整体形象策划系统，并严格执行ISO9000质量管理体系标准，坚持“质量第一、信誉至上”的方针，从而使公司拥有可靠的经营管理和运行机制的优势。天利高新是新疆地区规模大、效益好的石油化工精深加工企业之一，属于国家产业政策重点扶持对象。其产品广泛应用于交通、运输、建筑、石化、农田水利等基础行业，是自治区大力支持和推广的高新技术产品，从而使公司享有国家支持上市的政策优势。

天利高新公司主要经营高级润滑油系列添加剂、高等级沥青系列产品、塑料原料和制品、各类润滑油和润滑脂、土工合成新材料、精细化工系列产品的科技开发、各类密封件及进出口业务等。公司作为世界第五家、国内唯一掌握高碱性环烷酸盐高级润滑油系列添加剂生产技术的厂家，所生产的高碱钙是船用油的主要添加剂，在国内添加剂市场中居主导地位，不仅质量上达到了国外同类产品水平，填补了国内高等级油品添加剂领域的空白，而且成本比国外同类产品降低30%。90#重交通道路沥青荣获国家科技进步一等奖；10#建筑沥青获国家银质奖；绝缘沥青和电池封口剂获自治区优质奖；聚合物改性道路沥青作为建筑高速公路的新型路面材料，通过了中国石油天然气集团公司科技成果鉴定。各种产品已远销中亚、东亚、西亚、东欧一些国家和地区，在国内的华东、华南、西南及西北地区也形成了有效的销售网络体系，优质的产品和良好的信誉使企业赢得了值得自豪的知名度和美誉度。

天利高新以“培养一流的高新技术人才，开发一流的高新技术产品，创造一流的高新技术企业”为目标，特别注重科研开发和技术创新，公司拥有化工研究所和分析测试中心两个科研分析单位，公司遵循“创新则生，守旧则亡”的宗旨，充分利用本地资源优势，根据市场需求，采用内外结合的开放式科研体制，持续研制开发新的高新技术项目。在充分发挥自身科研优势的同时，加强与独山子石化研究院、上海科学院、抚顺石化研究院、上海医药设计院等诸多科研机构和清华大学、四川大学等国内著名大学的技术合作，研制开发了一批又一批科技含量高、附加值高、市场潜力大的高、新、精、尖产品，始终使公司能够在高新技术领域中“生产一代、储备一代、开发一代”，确保公司的高新技术优势。近年来，随着西部大开发战略逐步实施，新疆改革开放的步伐也日益加快，新疆已经从封闭的内陆省区跃升为改革开放的前沿阵地，处于历史上最快最好的发展时期，天利高新紧紧把握这一历史机遇，树立“忧在市场之前，乐在企业之后”的价值观念，坚持“高起点，高技术，高质量，高效益”原则，利用发行股票和自筹等方式筹集资金进行高新技术项目的建设。

经公司股东大会审议通过，此次股票发行成功后所募集的资金用于10000吨/年高碱性环烷酸钙改扩建项目、10000吨/年无灰分散剂项目、5000吨/年聚丙烯合成纸项目、5500吨/年微滴灌器材项目、3000吨/年聚丙烯发泡材料项目、5000吨/年土木工程用地格板项目和100000只/年塑料托盘项目等七个项目的建设。经过科学的市场调研与论证，拟投项目均属石油精细化工开发应用、新型材料等高新技术产品，具有广阔的市场前景，产品在填补国内空白、节能和环保方面效果非常显著，完全符合我国以高新技术改造传统产业和带动落后地区经济发展的长期战略。拟投七个项目全部投资约需36735万元，计划于2000年完成投资前期准备工作，2001年建成投产五个项目，2002年全部建成投产。

股票简称：天利高新　股票代码：600339

比沥青装置　公司厂区外景　公司办公大楼　公司产品

董事长：张泾生

KINGRAY

金瑞新材料科技股份有限公司

KINGRAY NEW MATERIALS SCIENCE & TECHNOLOGY CO., LTD.

公司研究开发中心

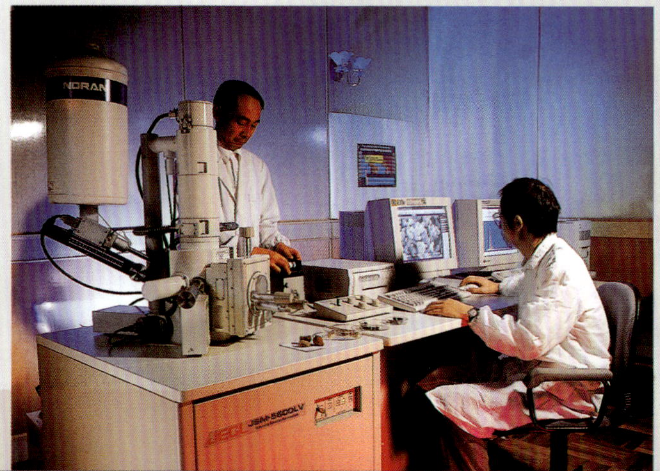

地址：中国湖南省长沙市麓山南路1号　邮编：410012

电话：(0731)8711313 传真：(0731)8711553

E-mail:kingray@public.cs.hn.cn

http://www.king-ray.com.cn

http://www.king-ray.com

公司全景

金瑞新材料科技股份有限公司是以中央直属大型科技企业—长沙矿冶研究院为主发起人，联合其他4家发起人共同发起设立的高科技上市公司。公司注册地为长沙高新技术产业开发区，注册资本10670万元，拥有自营进出口权。

公司以雄厚的技术实力，通过了国家科技部和中国科学院主持的高新技术企业认证，成为我国电子基础材料、高效结构材料、电源材料研究开发和生产的重要基地。主导产品四氧化三锰的产量居全国之首，产品畅销国内国际市场；合成金刚石用触媒合金、高品级人造金刚石及其制品的产销量均居全国前列；以强磁选机为代表的专用机电设备畅销国内外。

公司十分重视人才队伍和研发设施的建设，在现有的378名员工中，具有大专以上学历的占48%，中级职称以上的占37%；拥有大中型实验室和中试系统40多个，先进的实验仪器设备近2000台件；拥有包括国家发明奖、国家科技进步奖在内的省部级以上科研成果71项。丰富的人力资源和强大的技术创新能力，构筑了公司长期、稳定和快速发展的坚实基础。

21世纪是科技与资本紧密结合，造就优秀企业的时代。公司将抓住机遇，充分发挥科技与资本的杠杆作用，在技术创新、产品质量和市场份额等方面继续保持优势地位，全面实现科技产业化、资本多元化、管理科学化、生产规模化和市场国际化的企业目标，以优异的业绩回报股东、造福社会。

四氧化三锰

人造金刚石

昆明制药股份有限公司
KUNMING PHARMACEUTICAL CORP.

公司董事长、总裁：李南高

昆明制药股份有限公司的前身是昆明制药厂，创建于1951年3月，为云南省第一家国营制药企业。1995年作为云南省首批现代企业制度试点企业之一，根据云政办函［1995］120号文，昆明制药厂以其全部经营性净资产作为股本投入，与昆明金鼎企业发展总公司、昆药职工持股会、昆明富亨房地产开发经营公司、昆明八达实业总公司共同发起，经云南省云政复［1995］112号文批准，设立于昆明制药股份有限公司，注册地为昆明市国家高新技术开发区金鼎科技园，注册资本为5818万元。经中国证监会证监发行字［2000］149号文批准，2000年11月16日昆明制药股份有限公司4000万A股股票发行成功，注册资本变更为9818万元。2000年12月6日，昆明制药4000万A股在上海证券交易所挂牌交易，股票简称“昆明制药”，股票代码600422。

董事长、总裁李南高，昆明制药股份有限公司董事长兼总裁，中共党员，51岁，华东理工大学抗生素制药专业毕业，教授级高级工程师、中国制药工业协会常务理事、云南省医药学会常务理事、云南省劳动模范，兼任昆明理工大学、云南大学教授，硕士研究生导师。

公司主要从事天然药物的开发生产与销售。目前公司主要生产经营蒿甲醚系列产品、三七系列产品、天麻系列、秋水仙碱、岩白菜素等名、特、优、新天然药物产品，并享有自营进出口权。其中，公司的“蒿甲醚工程”是国家火炬计划重点项目，在此项目中公司开发出青蒿素原料药、蒿甲醚原料药、蒿甲醚注射液等国家级一类新药。蒿甲醚已列入了世界卫生组织基本药物手册。公司1996年先后被云南省科委认定为“高新技术企业”、被国家科委认定为“重点高新技术企业”；1999年被评为全国医药优秀企业，是国家医药行业大型制药骨干企业。公司现有员工1800多人，占地17万平方米，建筑面积10余万平方米，拥有各类制药设备300余台，其中从欧美发达国家引进先进设备50余台套，具备年产固体口服剂30亿片(粒)、针剂3亿支、输液1000万瓶、原料药150吨的生产能力。

公司将秉承“源于自然，服务于健康，让生命之树常青”的经营理念，坚持以“高新技术产业化，深度开发云南天然药物资源”为发展方向，以技术、市场和管理为后盾，实施“大集团模式、多级核算体系、多元经济结构、科教兴药、跨国经营”的发展战略。

蒿甲醚注射液(ARTEMETHERINJ.)

国家级一类新药、特效抗疟药。临床用于各类疟疾的治疗，包括抗氯喹恶性疟的治疗。

血塞通注射液(PANAX NOTOGINSENOSIDE INJ.)

国家中药保护品种、心脑血管用药，系从云南名贵药材三七中提取有效成分，采用现代制药技术研制的纯天然植物药制剂。对急性缺血性心脑血管疾病疗效显著。用于治疗脑血管疾病及冠心病等。

络泰纷针(PANAX NOTOGINSENG SAPONINS FOR INJECTION)

为全国独家生产的国家专利产品，系从云南名贵药材三七中提取的有效成份精制的心脑血管用药。对急性缺血性脑血管疾病、脑出血后遗症、瘫痪等症疗效显著。

天麻素片(GASTRODIN TABLETS)

国家银质奖产品。治疗神经衰弱的首选药物，临床用于治疗神经衰弱、神经衰弱综合症、血管神经性头痛所至的失眠、头晕、多梦、心慌、耳鸣等症。

源于自然
服务于健康
让生命之树常青

非总统帕塔塞(左)一行访问昆药，称“蒿甲醚在非挽救了几百人的生命”。

合GMP标准的蒿甲醚注射液车间

明制药三大系列产品之一：已列入世界卫生组织HO)基本药物手册，我国具有知识产权的国家级一类药—蒿甲醚系列产品

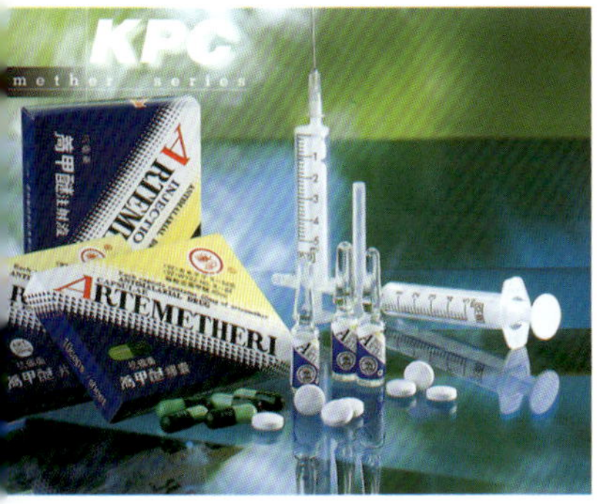

明制药三大系列产品之二：名贵药材天麻有效活性份天麻素系列产品

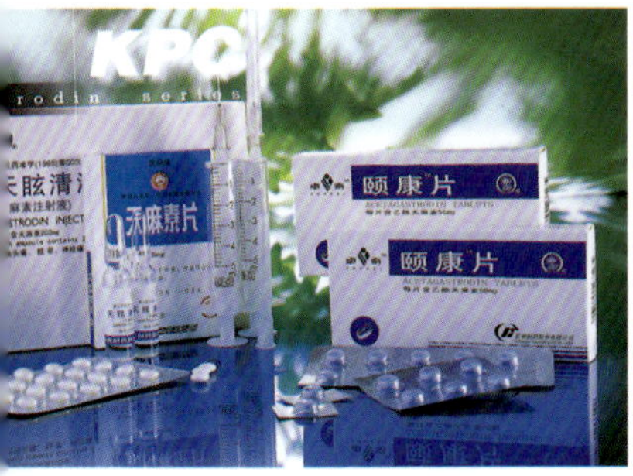

明制药三大系列产品之三：以云南名贵特有药材“三提取有效成份三七总皂甙的制剂

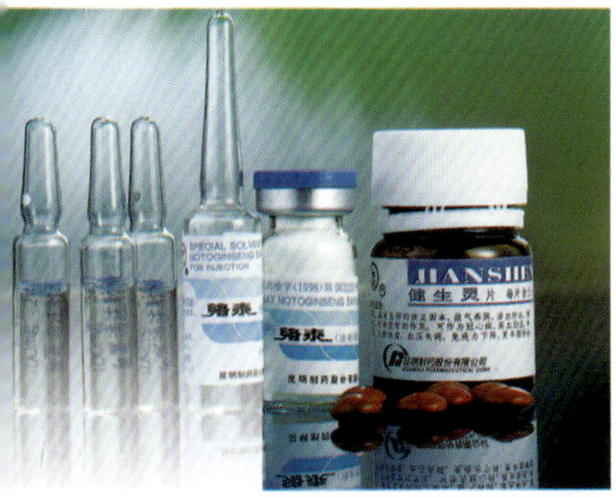

天眩清注射液(天麻素注射液)(GASTRODIN INJ.)

对头痛、偏头痛、眩晕(尤其是美尼尔氏病)、神经痛均具有较好的疗效，而且对控制癫痫发作有效。使用方便，副作用小，安全性高。

昆明神衰果素片(HELICIDE TAB.)

系从天然植物中提取有效成份制成的具有止痛、安眠与镇静作用的新药。用于治疗神经衰弱、神经衰弱综合症血管性头痛。副作用极低，为血管性头痛的首选良药。

复方岩白菜素片(BERGENINI CO.TAB.)

系从云南天然植物岩白菜中提取有效成份精制而成的复方口服片剂，具有良好的止咳、祛痰作用，对各种慢性支气管炎有显著功效。

菲伯瑞(黄藤素片及注射液)(FIBRAURETING TAB. & INJ.)

系从天然植物中提取的抗菌活性物质，具有消炎、清热、解毒的作用，对妇科炎性疾患有确切疗效，临床不良反应极微，主要用于治疗妇科炎症、菌痢、肠炎、泌尿道感染。

秋水仙碱片(COLCHICINE TAB.)

本品为急性痛风的首选药。适用于缓解痛风急性发作时的疼痛，间歇性用药还可预防慢性痛风的急性发作。

草乌甲素注射液(BULLEYACONITINE A INJECTION)

本品为天然镇痛、消炎药，镇痛作用强而持久，不会产生依赖性及成瘾性，临床用于治疗风湿性关节炎、腰肌劳损、肩周炎、扭伤、挫伤、晚期癌肿疼痛等。

注射用灯盏花素(粉针)(BREVISCAPINE POWDER FOR INJECTION)

本品系从云南独特的民族民间植物药中提取有效成份精制而成的天然植物药粉针剂。对闭塞性脑血管病所致的瘫痪及脑出血所致的后遗瘫痪有显著的疗效。还可用于心绞痛等缺血性心脏病。

美依(盐酸米诺环素)胶囊(MINOCYCLINE CAP.)

国家级四类新药，系第二代四环类广谱抗生素。主要用于淋病、梅毒、尿道炎、膀胱炎等泌尿系统疾病以及呼吸系统、消化系统及软组织感染等。

阿莫西林口服混悬剂(AMOXYCILLIN ORAL SUSPENSION)

广谱抗菌素首选药。具有抗菌功能强大，疗效显著，安全低毒等特点，无糖配方又略有甜味，易于接受，特别适合儿童，是治疗儿童肺炎球菌和流感嗜血杆菌感染的首选药物；也是慢性支气管炎患者直接的治疗药物。

奥尼利匹特(脂肪乳)注射液(OMINILLIPID INFUSION (FAT EMULSION))

本品为引进瑞士先进技术生产的一种高能量肠外营养液制剂，用于需要高能热量的患者，如癌症和其他恶性病患者，以及必须脂肪酸缺乏症，还可用于对不能耐受高渗葡萄糖或禁用蛋白质的病人。

复方蒿甲醚片(ARTEMETHER COMPOSITAE TAB)

昆药与瑞士诺华公司合作研制开发的具有国际先进水平的新药，为蒿甲醚注射液的第二代的产品，抗疟疾疗效显著，使用更方便。

颐康片(ACETAGASTRODIN TABLETS)

采用现代科技从天麻中提取制备的第二代天麻素产品。用于治疗神经衰弱综合症，焦虑症，失眠头痛症等及其引起的睡眠障碍，效果明显优于普通安眠药，安全无副作用。

注册地址：昆明高新技术产业开发区金鼎科技园
办公地址：云南省昆明市西郊七公里
电话：(0871)8182312-294

昆明制药“源于自然，服务于健康，让生命之树常青”经营理念的表达

李南高董事长与国际医药专家畅谈昆药21世纪发展战略

董事长：周苏华

总经理：黄炜

福建龙净环保股份有限公司

1998年1月，经福建省人民政府闽政体股［1998］01号文批准，在原福建龙净企业集团公司整体改制的基础上，由龙岩市国有资产管理局联合中国电能成套设备总公司、福建龙净企业集团公司工会、龙岩环星工业公司、福建龙岩龙净工贸有限公司、福建龙岩汽车改装厂、龙岩市排头建筑工程有限公司、龙岩市通用机械有限公司、龙岩市汇东金属材料有限公司、龙岩市电力建设发展公司和福建省龙岩市经济技术协作公司，共同发起设立福建龙净股份有限公司。成立时公司注册资本5000万元，其中国家股2246.5798万股，占总股本的44.93%，法人股2753.4202万股，占总股本的55.07%。1998年2月23日，公司在福建省工商局登记注册。1999年11月，经福建省人民政府闽政体股［1999］29号文批准，公司1999年第一次临时股东大会决议通过，按1999年5月31日公司每股净资产值1.23元的价格进行增资扩股。新增福建省东正股份有限公司(现更名为福建省东正投资股份有限公司)、厦门硕华经贸发展有限公司、福建省莆田市吉润粮油饲料工业有限公司等3家法人股东，合计增加股份5200万股。增资扩股后公司股本总额达到10200万元，其中国家股2246.5798万股，占总股本的22.03%，法人股7953.4202万股，占总股本的77.97%。1999年12月7日，公司办理了本次增资扩股的工商变更登

记手续。经中国证监会证监发行字［2000］171号文核准，公司于2000年12月14日通过上网定价的方式成功发行6500万社会公众股，每股发行价为人民币7.20元。经上海证券交易所上证上字［2000］123号《上市通知书》批准，公司通过上网定价发行的6500万社会公众股于2000年12月29日起在上海证券交易所挂牌交易。股票简称“龙净环保”，股票代码“600388”。公司的经营范围是：环境污染防治设备，高压硅整流用设备，低压配套设备，水利水电、电站用高低压控制设备，电器机械及器材，三基色节能萤光灯，高压硅堆，高压绝缘件的制造、销售、安装；出口本企业自产的电除尘器及配套设备、电子节能灯；进口本企业生产、科研所需的原辅材料、机械设备、仪器仪表及零配件；经营本企业的进料加工和“三来一补”业务(以上经营范围凡涉及国家专项专营规定的从其规定)。主要业务：环境污染防治设备，除尘、脱硫及配套高低压电控设备的制造、销售、安装。

地址：福建省龙岩市新罗区陵园路81号　电话：0597-2210288　传真：0597-2290903　联系人：陈培敏

公司总经理：刘世同

中共中央政治局委员、国务院副总理吴邦国在山西省委书记胡富国、省长孙文盛陪同下考察公司发展情况。

經緯紡織机械股份有限公司

经纬纺织机械股份有限公司是由中纺机集团独家发起设立，将其所属全资子企业经纬纺织机械厂改组，于1995年8月15日成立的股份有限公司。1996年1月和12月，经纬纺机分别在香港联合交易所发行了18080万股H股，在深圳证券交易所发行了2300万股A股。公司又于2000年5月末增发18000万股A股，目前公司的总股本60380万股，其中H股18080万股，占29.94%；A股20300万股，占33.62%；中纺机集团公司持有国有法人股22000万股，占总股本的36.64%。

经纬纺机属高新技术企业。1996年3月，经国家对外经济贸易合作部批准为中外合资股份有限公司。1997年通过了ISO9000质量体系认证，拥有自营进出口权。截止到1999年年底，公司总资产192671万元，净资产82600万元，公司于2000年5月末增发18000万股A股募集资金124342.1万元。经纬纺机拥有1000多台(套)柔性自动加工线、加工中心、数控机床、精密检测设备等一流的加工检测手段及先进的计算机管理系统，技术力量雄厚。曾获得国家一级企业、中国500家最优工业企业、国家质量管理奖、中国最佳企业形象AAA级企业等荣誉称号。公司和清华大学及国家863工程中心联合开发的JW MIS信息管理系统及JW CIMS工程荣获国家企业管理审定委员会机械行业企业管理创新成果奖，国家科委科技进步一等奖，并被国家科技部评为CIMS应用工程示范企业，被国家科委评为CIMS应用领先企业；其中JW MRPⅡ/SJ ERP是国家863主题目标产品，是中国软件协会1999年度中国优秀软件推荐产品。

经纬纺机根据棉纺织设备成套和纺织生产工艺连续性的总体要求，同控股股东中国纺织机械(集团)有限公司进行了资产置换。经纬纺机以铸造厂、特种铸造厂、冷拉厂和电镀热处理厂等与主业关系不大、社会配套性强的低效资产，等额置换中纺机集团公司持有的郑州宏大、青岛宏大、沈阳宏大和天津宏大四个有限责任公司的98%的股权，同时重组科技开发体系和市场网络，组建经纬纺机的科技开发中心和市场营销中心，使重组后的经纬纺机成为具有清花、梳棉、并条、粗纱、细纱和织造设备成套生产能力的企业。目前经纬纺机是国内乃至国际上唯一一家可以生产棉纺织成套设备的大型企业，是具备强大的市场拓展能力和技术开发实力的全新的上市公司。

公司主要产品是：FA系列清梳联合机、FA清花系列设备、FA系列梳棉机、FA系列并条机、FA系列悬锭粗纱机、FA系列环锭纺细纱机、ESPERO-M/L型自动络筒机、GA系列普通络筒机、FA系列并纱机、FA系列倍捻机、FA系列转杯纺纱机、GD系列喷水织机、FA系列精梳机、非织造布生产设备等。

经纬纺机具有从开清棉到络筒的包括清花、梳棉、并条、粗纱、细纱、织造设备的棉纺成套设备制造能力，并实现了技术开发力量和市场营销网络资源的共享，是一个在国内外有较高知名度的，充满生机和活力的上市公司。

地址：北京市北京经济技术开发区宏达北路10号万源商务中心407室

电话：(010)67880153　邮编：100176

第五编

中国基金市场

258/370

中国基金市场

中国基金市场

【概况】 1999年是中国基金业具有重大转折意义的一年，一方面在1998年以前上市的老基金将面临规范和改制，另一方面自1998年开始成立的证券投资基金在1999年获得了快速的发展。证券投资基金作为机构投资者的重要一员，正式登上了中国资本市场的舞台。继1998年获准设立6家基金管理公司之后，嘉实、长盛、大成和富国等4家基金管理公司于1999年先后获准设立。基金泰和、基金同益、基金景宏和基金汉盛先后发行上市，分别由上述4家基金管理公司管理，分别由中国建设银行、中国工商银行、中国银行和中国农业银行托管。这4只基金与前6只基金(基金开元、基金金泰、基金兴华、基金安信、基金裕阳和基金普惠)一样，均为封闭式、契约型基金，发行规模均为20亿元，存续期均为15年。

1999年6月至年底，华安博时、华夏、鹏华、南方、国泰、长盛、大成、富国等9家基金管理公司获准管理的第二只基金(分别为基金安顺、裕隆、兴和、普丰、天元、金鑫、同盛、景福和汉兴)先后发行上市。尽管这9只基金仍为封闭式契约型基金，存续期也为15年，但与前10只基金相比有许多不同，主要是：1、基金规模扩大，每只基金的发行规模均为30亿元；2、基金品种开始呈现多元化。其中，基金安顺为平衡型基金，基金裕隆为成长型基金，基金兴和、基金普丰均为优化指数型基金，基金天元为指标股基金、基金金鑫为国企成长型基金，基金同盛为成长价值复合型基金，基金景福为指数型基金，基金汉兴为平衡型基金；3、基金管理人报酬计提方式和比例有所变化。前10只基金的基金管理费固定按基金资产净值的2.5%计提，不计提业绩报酬。这9只基金的基金管理费计提比例则在1.25%至1.5%之间，同时新增了业绩报酬部分，可在基金经营业绩满足有关条件后每年计提一次。经国务院批准，1999年4月起，各地人民政府会同中国证监会、中国人民银行，开始对《证券投资基金管理暂行办法》颁布以前设立的75只原有投资基金进行清理规范。10月，长阳、巨博、湘证基金等3只原有投资基金清理规范为证券投资基金后分别交由大成基金管理公司和博时基金管理公司管理，并在证券交易所上市，上市后分别扩募至10亿、10亿和15亿，分别更名为基金景阳、基金景博和基金裕元，标志着原有投资基金清理规范工作取得了实质性进展。截止1999年底，我国已有10家基金管理公司，5家托管银行。证券投资基金数目达到22只，发行总规模达505亿元。

【交易市场】 证券投资基金的市价经历了推出之初的高溢价之后，在1999年1季度基本处于回落蓄势整理的过程。由于同期两市大盘的走势也以阴跌为主，这直接影响到了基金的净值表现，该品种的走势基本随大盘同步下跌，市价也逐步向基金的净值靠拢。在部分品种上也出现了第一次的市价跌破面值现象，通过净值所反映的业绩成为衡量投资基金价值的主要依据。2季度中国股市在连续调整半年之后，终于走出了“5.19”的恢复性行情，投资基金的业绩状况也在短期内大幅改观，受此影响5月25日在安信、裕阳等龙头品种的带领下，投资基金走出了自该品种推出以来最大的一轮价值发现行情。在短短1个多月的时间内，投资基金板块的平均升幅达到了50%以上，个别品种的最高升幅甚至超过了100%，其出色的表现一点也不逊色于同期的大盘。由于两市大盘在7月1日见顶之后快速回落，从而使投资基金同步出现下跌，除了个别品种以外，大部分的基金的跌幅都超过了同期市场的跌幅，投资基金作为一个市场弱势品种的地位在此时基本确立了。同时投资基金也开始了折价交易，并且随着股票市场在4季度的全面走弱这种折价交易的状态也愈演愈烈。到1999年年底，22家基金的平均折价率为4.18%，如果扣除相当部分净值跌破面值的品种，该比例要达到10%左右。基金的折价率问题也开始引起市场的关注。

1999年老基金的市价表现基本可以用“跌宕起伏”这四个字来概括，年初借助于股票市场的疲软走势，老基金板块走出了独立的上升行情。特别是在上交所挂牌交易的沈阳小盘基金以及淄博基金等，市场表现异常活跃。龙头品种沈阳农信从1.74元起步，仅用了1个月的时间，就最高上摸4.54元，累计的升幅达到了160%。其他的品种在短期内也有很大的市价升幅，整个老基金市场的投机气氛相当浓烈。可惜好景不长，自股票市场从5月19日走出了恢复性的上扬行情之后，老基金逐步从投资者的视线中消失，大幅炒高的老基金进入了随之而来的中期调整，市价普遍回落至年初的水平，成交量也出现了明显的萎缩。除了个别品种外，大部分的老基金在1999年下半年的表现都较为疲软。

【规范化管理】 随着投资基金发行规模的扩大，对于基金业的规范也就成为监管机构1999年的一个重点工作之一。这种规范不仅针对新成立的投资基金，还包括了所有以前上市的老基金。这些在1992—1994年集中发行的老基金，大多发行规模较小，最小的只有3000万基金单位。由于当时缺乏统一的管理和相应的监管体系，这些基金管理人对于基金的运作有很大的随意性，相当部分基金将资产投入到了房地产、企业实体以及法人股等投资项目之中，虽然经过了多年，很多资产都无法变现或收回，评估后的资产与帐面资产有很大的差距，基金持有人的投资有着很大的市场风险。而基金业要进一步发展，这些老基金的问题也到了必须要解决的时候。1999年老基金的清理和规范就成为管理层推进基金业规范化管理的最重要的一环。

一些资产质量尚可的到期老基金首先进入清算程序，海南银通、君安受益以及广证受益都通过这种途径完成了最后的清算，使这些老基金逐步退出了基金市场。而那些资产质量较差的老基金，考虑到基金持有人的利益，则通过区域及发起人属性进行互相的归并改制，基金无法收回的资产由基金发起人以现金资产置换，合并完成后延长续存期，通过上市扩募的方式转变为证券投资基金。最先完成改制的湘证、长阳和巨博基金10月末正式在交易所挂牌上市，并在数周后完成了扩募更名的工作。而对于那些仍处于改制过程中的老基金，监管机构也加强了规范，规定了较为详尽的信息披露规则，大大提高了基金运作的透明度。11月12日，证监会还发布了《证券投资基金管理暂行办法》，旨在加强对基金管理公司、基金托管部从业人员资格的管理，规范证券投资基金的运作，切实保障基金持有人的合法权益，以促进基金业健康发展。管理层在推进基金市场规范化的同时，也为投资基金的发展提供了一系列的优惠政策。1999年10月，证券投资基金正式被允许进入银行间同业市场，标志着《基金管理公司进入银行间同业市场管理规定》开始了实质性的运作，为证券投资基金打开了新的融资渠道。11月证监会又放宽了关于投资基金的新股配售政策，将原来发行量在5000万股—1亿股和1亿股—2亿股公司的新股配售比例从10%和15%提高到了20%。还提高了基金用于配售新股的资金额比例，每只基金一年内用于配售新股的资金额，从原先的15%提高到30%。为提高基金资产的流动性，还规定了基金配售新股中的50%部分，自新股上市之日起就可以流通。这项政策的修改，直接使基金每年从新股配售部分获得的收益增加了一倍以上。（康伟）

基金经营机构

华夏基金管理有限公司

【公司概况】 华夏基金是首批经中国证监会批准成立的全国性基金管理公司之一，成立于1998年4月9日。公司自成立以来，秉承“为信任奉献回报”的企业宗旨，以“人本、诚信、创新、共享”为经营理念，全心全意为投资者理财，全力保障投资者的权益，与投资者共享中国资本市场成长的果实。经过两年多的实践，我们以严格的管理、规范的运作和良好的业绩初步赢得了市场的认可，取得了良好的经济效益和社会效益。目前，公司管理着20亿元规模的“华夏兴华基金”、30亿元规模的优化指数基金“华夏兴和基金”，以及三只由老基金重组而成的2亿元规模的“华夏兴科基金”、“华夏兴业基金”和“华夏兴安基金”。1999年，公司管理的华夏兴华基金取得了每基金单位(1元人民币)分红0.406元的良好业绩。

【经营业绩】 作为中国资本市场的主要参与者，我们自成立之日起就致力于按市场化方式运作，在投资、研究、清算、信息技术、财务、人力资源以及相应的内部机制建设等方面努力提高市场化水平，通过市场的竞争机制有效地增加公司的竞争力。

基金管理公司的规范化管理是控制风险的关键。我们在两年多的实践中建立了系统的多层控制体系，尤其是在投资管理制度建设方面，建立了一系列严格的投资决策和风险控制制度，这是我们在实践中保障投资目标实现的关键。我们将在今后的市场运作中积极探索投资决策和风险控制的先进方法和技术，不断完善和提高规范化运作水平。

随着中国加入WTO和参与经济全球化进程的深入，基金业也面临着国际化的机遇与挑战。我们认为加强国际交流与合作可以使公司在发展的道路上少走弯路，增强公司的竞争优势。公司在过去的两年中与全球许多著名的资产管理公司、证券公司进行了交流，在投资研究技术方法、产品开发与设计、市场营销、清算、监察稽核、财务、法律、税收等诸多领域进行了深入的研究与交流。我们仍将继续积极探索与国际同业进行多种形式的合作与交流，利用我们在技术上的后发优势，努力实现管理运作与国际惯例接轨，迎接基金业国际化的到来。

资本市场是一个与信息高度相关的市场，信息获取的质量和速度是我们提高管理运作水平的重要因素。因此我们一直努力提高公司的信息化、网络化水平。我们建立了规范的内部网络系统和公司网站，并通过与国内各大券商及有关机构的合作初步建立了业务信息网络。我们将继续完善公司的网络化水平，在网络系统的用户友好程度、信息维护与保存的规范程度、安全程度以及公司信息流程管理等多方面进行不断的改进和完善。

在过去的两年多时间中，我们经历了一个新兴行业的产生与发展的历程，华夏基金也在种种机遇与挑战中伴随着年青的中国基金业稳步地发展。当前，中国基金业面临难得的历史发展机遇与巨大的挑战，作为基金管理人，我们将一如既往地秉承“为信任奉献回报”的不懈追求和真诚承诺，以优秀的专业人才、严格的规范管理和优良的团队精神，齐心协力、开拓创新，为中国基金业的大发展作出我们应有的贡献。

南方基金管理有限公司

【公司概况】 南方基金管理有限公司是首批经中国证券监督管理委员会批准设立的规范性基金管理公司之一。由南方证券有限公司、广西信托投资公司和厦门国际信托投资公司共同发起，1998年3月6日在深圳经济特区注册成立，注册资本5000万元人民币。公司现有员工45人，均具有丰富的从业经验和较强的职业操守。员工平均年龄30岁，其中硕士及以上学历30人，大学本科学历11人。

【经营业绩】 截止1999年12月31日，公司资产总额11799万元，资产净值10567万元。目前公司管理着开元基金、天元基金、金元基金和隆元基金四只规范性证券投资基金，基金规模近80亿。其中开元基金1998年3月23日在深圳证券交易所上网发行，是国内第一只与国际惯例接轨的证券投资基金；天元基金1999年8月18日发行，在国内首次成功推出了成份指标股基金概念。公司成立以来，始终坚持争创“一流人才、一流管理、一流效益”的企业宗旨，倡导健康投资理念，理性投资，规范管理，基金投资获得了优良的收益，基金单位资产净值及净值增长率均在可比基金中位居前列，成为国内基金业的佼佼者。同时，公司的积极探索，为中国证券市场和基金业的规范发展，以及防范金融风险积累了宝贵的经验。在新世纪新的机遇、新的挑战与压力面前，公司领导及全体员工将不断开拓创新，团结协作，创造更加优异的业绩回报社会，为中国证券市场和投资基金的健康发展作出积极的贡献。

华安基金管理有限公司

【公司概况】 华安基金管理有限公司成立于1998年6月4日，是我国《证券投资基金管理暂行办法》颁布实施后经中国证券监督管理委员会批准成立的首批基金管理公司之一，发起人包括上海国际信托投资公司、申银万国证券股份有限公司和山东证券有限责任公司。2000年7月，随着业务的发展，公司经中国证监会批准成功地进行了增资扩股，注册资本由5000万元增至15000万元，并吸收东方证券有限责任公司和浙江证券有限责任公司为公司股东。公司目前业务包括基金发起设立和基金管理业务。

华安公司总部设在上海浦东新区陆家嘴金融贸易区内，设有研究发展部、基金投资部、基金核算部、监察稽核部、综合管理部、市场业务部等五个部门，并在北京设有北京总部。目前公司共有在聘员工53名，平均年龄为31岁，60%的员工拥有硕士及以上学位，其中有两名系博士研究生，另有三名归国留学生。

【经营业绩】 华安公司在成立后，始终秉承“用智慧赢得回报，信誉比什么都重要”的经营理念，在投资运作中，一切从投资者利益出发，始终坚持合规运作，管理资产规模稳步增长。1999 年 6 月，由于管理业绩突出，公司获准首批发起管理第二只基金，2000 年，公司又通过对老基金的重组，使旗下管理的基金增加到 4 只。目前公司旗下管理的基金分别是：安信证券投资基金、安顺证券投资基金、安久证券投资基金、安瑞证券投资基金。截止 2000 年 6 月 30 日，公司管理的资产规模已逾 80 亿人民币。除由老基金重组而来的安久、安瑞尚未上市，安信、安顺基金净值增长稳定，其单位资产净值已分别达到 1.8853 和 1.4992，当年净值增长率分别为 51.6%和 49.56%，列本年沪深两市基金三甲之列，其中安信基金资产净值在成立后的 2 年多时间中长期保持沪深两市新基金首位。

华安基金管理公司的投资理念是：在充分理解和把握宏观基金发展规律的基础上，结合对上市公司的综合分析和实地调研，投资于具有长期成长潜力的股票。在有效控制各类风险的前提下，鼓励基金发展个性化投资风格。

华安基金管理公司的发展目标是培养和锻炼一批有恒心、有才干、有进取心的复合型专业人才，积极探索适合中国国情的基金管理模式，研究开发基金新品种，以智慧和信誉推进业务不断发展，为投资者和股东提供卓越的回报。同时公司始终将建成国内最优秀的基金管理公司为目标，通过多种方式，加强对外技术交流与合作，不断学习和引进国外先进的管理技术和经验，努力向国际型基金管理公司的奋斗目标迈进。

富国基金管理有限公司

【公司概况】 富国基金管理有限公司于 1999 年 4 月 13 日成立，是首批中国证监会批准设立的十家试点基金管理公司之一。公司注册资本 1 亿元人民币，由海通证券有限公司、申银万国证券股份有限公司、华泰证券有限责任公司、福建国际信托投资公司、山东省国际信托投资公司同比例出资发起设立，注册地已由北京迁至上海。公司下设基金管理部、研究策划部、市场与发展部、监察稽核部、财务管理部、信息技术部和行政管理部，并设立了投资决策委员会和风险控制委员会二个专门委员会。公司现有员工 40 名，其中 70%以上具有硕士以上学历，有较丰富的投资实践经验。公司董事长：虞志皓，总经理：李建国。

【经营业绩】 公司的经营范围是基金管理业务和发起设立基金。公司本着“亲力亲为，奉献社会”的企业宗旨，重管理，求实效，最大限度地保证投资者的利益。公司的基金管理有其鲜明的特色：第一，基金管理运作实行基金经理制，并借鉴国际惯例和结合中国国情逐步完善基金管理模式；第二，以研究为基础，通过与国内外同行建立紧密的业务协作，拓展思维空间，为实现基金投资收益的稳健性和成长性提供依据；第三，投资决策与风险控制体系为基金科学、安全的运作提供强有力的制度保障。目前，公司管理运作的基金品种主要有汉盛、汉兴、汉博、汉鼎四只证券投资基金，规模为 60 亿元人民币，基金投资运作取得了较好的成效。同时，公司正致力于开放式基金及中外合作基金的研究与设计，着手培育自己的销售渠道与服务系统，努力设计具有个性化特色的投资品种，为广大投资者提供优质高效的服务。

国泰基金管理有限公司

【公司概况】 国泰基金管理有限公司是由原国泰证券有限公司（现与原君安证券股份有限公司合并改制为国泰君安证券股份有限公司）、原中国电力信托投资有限公司（现更名为中国电力财务有限公司）、上海爱建信托投资公司、浙江省国际信托投资公司等单位发起，经中国证监会批准设立的第一批规范运作的证券投资基金管理公司。公司于 1998 年 3 月 5 日正式成立，注册地上海市，注册资本人民币 6000 万元。公司主营业务是发起设立基金和管理运作基金。公司的股东为四家发起人，其中：国泰君安证券股份有限公司出资人民币 3300 万元，占总股本的 55%，中国电力财务有限公司、上海爱建信托投资公司、浙江省国际信托投资公司各出资人民币 900 万元，分别占总股本的 15%。根据中国证监会关于调整控股型基金管理公司股权结构的精神，公司的股权结构将予以调整。公司根据所管理基金的数量和规模设立若干个基金管理小组，专门从事基金资产运作。公司的最高权力机构为股东大会，公司董事会和监事会对股东大会负责。公司设稽核监察部、研究开发部、计划财务部、综合管理部等机构，并设证券投资决策委员会、风险控制小组等非常设机构。截至 1999 年末，公司共有员工 37 人，平均年龄 32 岁，具有大专以上学历的员工 35 人，占公司总人数的 95%，其中博士 3 人，硕士 18 人。公司董事长：陈勇胜，总经理：李春平。

【经营业绩】 公司的管理目标是：在努力为投资者创造安全、合理回报的同时培养出一支职业和业务能力俱佳的员工队伍。公司目前管理两只大型证券投资基金：基金金泰和基金金鑫，并即将接管 2 个需要进一步规范化管理的投资基金。公司在管理大型证券投资基金方面进行了积极探索，初步形成了规范诚信、稳健成长的投资风格。公司秉持“稳健为本、规范运作、精心管理、争创一流”的管理理念，通过建立健全内部风险控制制度、内部监察稽核制度、财务管理制度及人事管理制度等公司管理制度体系，诚实信用，勤勉尽责，努力实现为投资者分散和减少投资风险，确保基金资产的安全，并谋求基金长期稳定收益的投资目标。

大成基金管理有限公司

【公司概况】 大成基金管理有限公司成立于 1999 年 4 月 12 日，是经中国证监会批准设立的 10 家基金管理公司之一，注册资本为 1 亿元人民币，由光大证券有限责任公司、大鹏证券有限责任公司、中国经济开发信托投资公司和广东证券股份有限公司联合发起设立。大成的经营范围包括基金管理业务和发起设立基金。现有员工 50 名，硕士以上学位占全体员工的 60%，其中博士学历占 12%。截至 2000 年 6 月 30 日，大成管理的 5 只基金为基金景宏、基金景阳、基金景博、基金景福及基金景业，基金总资产为 103.53 亿元。董事长：姜继增，总经理：龙小波。

【经营业绩】 大成以“规范管理、稳健经营、开拓创新、注重效益”为经营战略，以“诚实信用、勤勉尽责”为企业精神；努力致力于中国基金业的长足发展。建立了完善科学的投资运作组织架构和严格规范的内部风险控制机制。公司坚持长期稳健增长的投资目标，以价值发现为基本投资策略；倡导“研究为投资提供前瞻和驱动，投资以研究为基础”的基本理念；建立了以投资决策委员会为中心的集中决策体制，并形成了“投资决策、调研先行、全程监察”的内部运作管理体系，实现了决策与交易、交易与清算、财务与稽核“三个分离”，切实保障所管理的基金资产的安全。大成一直在探索国际化发展之路，与国际著名的基金机构进行了多种形式的合作和交流。大成国际化的基本思路是：大胆吸收国际投资基金业的先进管理经验，按照国际标准创建和完善公司，与此同时，在与国外基金管理公司进行充分的相互了解、人员培训、技术交流的基础上，探索合资发展之路。为了满足广大投资者的需要，公司正致力于开放式基金的设计和开发，力争为广大投资者提供优质高效的个性化服务。

嘉实基金管理有限公司

【公司概况】 嘉实基金管理有限公司是由广发证券有限责任公司、北京证券有限责任公司、吉林省信托投资公司、中煤信托投资有限责任公司（排名不分先后）共同发起设立，各持股25%，经中国证监会批准成立的全国性基金管理公司。设立时间为1999年3月25日，注册资本：6000万元人民币。公司设立四个常设部门：基金管理部、研究发展部、监察稽核部、综合管理部。设立两个专门委员会：投资决策委员会和风险控制委员会。法定代表人：马庆泉。

【经营业绩】 公司宗旨为“以诚信为本，与经济共同成长；投资人利益第一，为大众理财”。公司拥有优秀的基金管理人才，现有员工32人，其中60%以上具有三年证券业或五年金融业从业经历，80%以上具有硕士以上学历。泰和证券投资基金属于契约型封闭式证券投资基金，基金存续期为15年。基金发起人为广发证券有限责任公司、北京证券有限责任公司、吉林省信托投资公司、中煤信托投资有限责任公司、嘉实基金管理有限公司，基金托管人为中国建设银行，基金管理人为嘉实基金管理有限公司。本基金于1999年4月8日成立，并于4月20日在上交所挂牌交易。基金简称为“基金泰和”，代码为500002。基金总份额为20亿份，上市流通的份额为19.4亿份。管理人以管理型指数化为基金投资风格，力争不超过市场的平均风险，追求不低于市场的平均收益，确保基金资产的安全并谋求基金长期稳定的投资收益。基金2000年年初净值为1.0682元，2000年5月26日单位净值为1.4260元，较年初增长33.50%。

长盛基金管理有限公司

【公司概况】 长盛基金管理有限公司是经中国证监会批准，由中信证券有限责任公司（现名中信证券股份有限公司）、湖北证券有限责任公司（现名长江证券有限责任公司）、天津北方国际信托投资公司和安徽省信托投资公司共同发起，1999年3月26日成立。长盛基金管理有限公司设有董事会、监事会，下设研究策划部、投资管理部、监察稽核部和综合管理部。此外，还设立了投资决策委员会和风险控制委员会。基金管理公司现有员工28人，其中67.85%以上具有三年证券业或五年金融业从业经历，82.15%以上具有硕士以上学历。所有人员在最近三年内均未受到所在单位及有关管理部门的处罚。公司注册资本：8000万元人民币，法定代表人：王其华。

【经营业绩】 公司已经建立健全了内部风险控制制度、内部监察稽核制度、财务管理制度及人事管理制度等公司管理制度体系。长盛基金管理有限公司管理的其他基金有2只，为同益证券投资基金和同盛证券投资基金。同益证券投资基金成立于1999年4月8日，基金单位总份额为20亿份，截止2000年4月28日，基金资产净值3,033,702,007.12，基金单位资产净值为1.5169元；同盛证券投资基金成立于1999年11月8日，基金单位总份额为30亿份，截止2000年4月28日，基金资产净值3,580,734,965.80，基金单位资产净值为1.1936元。

博时基金管理有限公司

【公司概况】 公司主要股东包括光大证券有限责任公司，国通证券有限责任公司，中国长城信托投资公司，金华市信托投资股份有限公司，成立于1998年7月13日。公司设有董事会和监事会。目前设立7个部门——基金经理部、研究策划部、市场发展部、基金交易部、监察部、电脑部和行政管理部。此外，还设有投资决策委员会和风险控制委员会两个专门机构。公司已经建立了健全的内部风险控制制度、内部稽核制度、财务管理制度、人事管理制度、信息披露制度、员工行为准则等公司管理制度体系。截止至2000年4月，公司拥有员工49人。其中博士4人，硕士30人，学士8人。直接从事基金管理业务的人员均具有3年以上证券业从业经历。公司注册资本：1亿元人民币，法定代表人：周道志，总经理：肖风

【经营业绩】 公司经营范围：发起设立基金，基金管理。自成立以来，坚持着重长远，规范经营，理性投资，稳健发展，为基金投资者提供长期、稳定回报的经营原则。力求建立一套严谨、科学的管理体系，并逐步形成富有个性、稳健、规范的投资风格。通过一年多来的努力，取得了较为理想的管理业绩。截止至2000年5月10日，公司管理的所有基金的基金资产总值约为95.9亿元。公司目前管理的其他四只基金分别为基金裕阳、基金裕隆、基金裕元、基金金越。

鹏华基金管理有限公司

【公司概况】 鹏华基金管理有限公司是经中国证监会证监基字[1998]31号文批准，由国信证券有限公司、浙江证券有限责任公司、鞍山市信托投资股份有限公司、安徽省国际信托投资公司共同发起成立的，成立1998年12月22日，注册资本：8,000万元。公司设有董事会、监事会。公司目前设立四个部门：基金资产管理部、研究策划部、监察稽核部、行政管理部；此外，还设有投资决策委员会和风险控制委员会两个专门机构。法人代表：陈正蓉。

【经营业绩】 公司现有员工28人，其中60%以上具有三年证券业或五年金融业从业经验，80%以上具有硕士以上学历。所有人员在最近三年内均没有受到所在单位或有关管理部门的处罚。公司已经建立健全内部风险控制制度、内部稽核制度、财务管理制度、人事管理制度、信息披露制度和员工行为准则等公司管理制度体系。鹏华基金管理有限公司目前管理有普惠证券投资基金、普丰证券投资基金。

中国工商银行证券投资基金托管部

【公司概况】 1998年2月24日，经中国证监会和中国人民银行核准，中国工商银行成为国内第一家开办证券投资基金托管业务的银行。同时成立证券投资基金托管部，下设基金业务处、研究开发处、客户服务处、内控保障处、销售登记中心和综合管理处，并在上海和深圳设有分部。中国工商银行证券投资基金托管部拥有一支高素质的员工队伍，现有员工40余人。中国工商银行的基金托管业务依托中国工商银行的信誉、资金实力、技术和管理水平，经过两年多的运作，建立了一套

适合中国国情的、自动化程度较高的、封闭式投资基金托管业务的运作系统。中国工商银行证券投资基金托管部主要职责是根据《证券投资基金管理暂行办法》、《托管协议》及《基金契约》的规定，以“诚实信用、勤勉尽责”为原则，安全保管基金资产，提供优质托管服务。其职能包括以基金的名义设立独立的证券账户、银行账户等基金资产账户，安全保管基金的全部资产；执行基金管理人的投资指令，并负责办理基金名下的资金往来；监督基金管理人的投资运作，发现基金管理人的投资指令违法、违规的，提示其限期改正并向中国证监会报告；复核、审查基金管理人计算的基金资产净值、基金价格及对外发布的公开信息；保存基金的会计账册、记录15年以上；保管由基金管理人代表基金签订的与基金有关的重大合同及有关凭证；按规定出具基金托管情况的报告并按要求报送有关管理部门；依据基金管理人的指令或有关规定向基金持有人支付基金收益；基金管理人因过错造成基金资产损失时，为基金向基金管理人追偿；参加基金清算小组，参与基金资产的保管、清理、估价、变现和分配。

2000年6月，中国工商银行与美国道富银行建立了业务合作伙伴关系并签定了业务合作协议。在基金业务的发展过程中，通过向国际同行学习先进管理经验和进行业务交流，提高工商银行的管理水平，及早与国际惯例接轨。

【经营业绩】 中国工商银行证券投资基金托管部经过两年多的运作，建立了基金托管业务运行机制的五大系统。1、建立了对基金运作状况的监督系统。根据《证券投资基金管理暂行办法》、《基金契约》和证监会有关规定，为维护基金持有人的权益，监督基金投资运作和投资组合。2、建立了独立的基金托管业务会计核算系统。为处理基金账务的准确、高效，工商银行在同行中率先开发了基金会计核算计算机处理系统，使基金净值计算、总分核算报表、基金估值等会计账务处理实现了电算化，大大降低了会计账务处理的差错率，达到了证监会及基金管理公司的要求。3、建立了高效、准确的资金清算系统。利用工商银行资金汇划大机网络体系，及时、准确地执行基金管理人的投资指令并负责资金划拨。自1998年3月27日开元、金泰基金运行以来，从未发生任何资金清算差错，为管理公司管理基金资产提供了保证。4、建立了基金信息咨询系统。中国工商银行按照中国证监会“关于发布《证券投资基金管理暂行办法》实施准则第五号《证券投资基金信息披露指引》的通知”要求，建立了基金信息咨询管理制度，并指定专人负责信息管理。为使基金持有人及时了解基金信息，开通了基金信息咨询电话免费自动查询系统(010－66107151)。形成了电话、书面资料、上网(icbc.com.cn)和人员“四位一体”为客户提供信息咨询的多维信息服务体系。5、建立了基金业务稽核监督系统。按照证监会的规定，为规范内部业务运作，安全有效地防范各种风险，我们建立并实施了基金托管业务内部稽核管理体制，配备了专职稽核员，并安装了办公场所的录象监控设备和办公电话的全面录音电脑系统。基金交易过程中的数据信息传递全部实现了自动加密处理。并能与基金管理公司和上海、深圳两家证券交易所联通。重要文件资料均建立了备份库；机器设备定期检查、定期维护，确保正常运转。

在封闭式基金运作的同时，中国工商银行从1998年底就将目光投向萌芽状态的开放式基金业务，并于当年底向中国证监会上报的《工商银行开放式基金研究方案》。1999年9月在进一步论证、修改的基础上，提出了工商银行《开放式基金业务需求书》，并组成专门的开放式基金软件开发小组对基金的发行、销售、登记及其他客户服务项目进行大机系统开发。该系统实现了基金代理销售与代理过户登记两大功能，是目前国内首家采用大机系统开发基金产品的商业银行。

截至2000年9月底止，中国工商银行已经托管开元、金泰、安信、同益、普丰、天元、裕元、裕泽、金元、汉鼎、安瑞、隆元、普润、普华等十四家证券投资基金，托管基金资产总额超过260亿元。是目前托管基金只数最多、资产规模最大的托管银行。

中国农业银行证券投资基金托管部

【公司概况】 中国农业银行是我国最大的商业银行之一，注册资本1338.65亿元，法定代表人：尚福林。目前在国内设有47家分行，6.5万个分支机构和储蓄网点，是我国营业网点最多、机构覆盖面最广的金融机构。开通了全国专用数据通信网，拥有先进的银行清算系统和安全、高效的清算、交割能力。截止1999年底，各项存、贷款余额分别为15492亿元和15582亿元，资产总计20974亿元。

1998年5月，中国农业银行证券投资基金托管部经中国证监会和中国人民银行批准成立，内设核算管理处、交易监督处、市场开发处和综合管理处。基金托管部自设立以来，先后制定和完善了一套完整的规章制度，各处各岗职责权限明确，各司其职，严禁互相泄露工作内容。这些规章制度的建立为开展基金托管业务提供了行为准则，使农业银行的基金托管业务走上了规范化、制度化、科学化的发展轨道。

【经营业绩】 基金托管部完善的技术安全体系和基金清算、核算、交易监督快捷处理系统，确保了基金托管业务的安全高效。在硬件设施方面，采用加密高速单向卫星广播通信接收系统，实时接收上海、深圳证券交易所行情，保证了清算交割的及时安全；双服务器的运用确保了系统的不间断正常运转。在软件设计方面，为了保持同行中技术领先优势，基金托管部开发并使用了先进的证券投资基金运作自动监控软件，实现了对基金资产投资运作、投资组合的封闭式数据自动处理，对进入警戒区域的量化指标和异常资金流动自动予以提示；开发和完善了数据自动智能接收系统，信息自动查询系统，业务自动监控系统，资金查询监管系统等，为基金资产的安全保管提供了强有力的技术保障。基金托管部先进的自动监控系统和加密传输装置，为基金资产和基金数据提供安全的保证；完善的基金托管管理软件和基金托管核算软件、内部财务软件，将基金资产和基金托管部自有资产严格分开，并对不同基金资产分帐管理，使清算数据、估值数据自动进行内部核对，将差错率降到零。

基金托管部的办公场所设在北京城乡华懋大厦12层，采用全封闭式管理，配备了办公区视频监控系统和24小时电话录音系统，微机识别的安全门禁系统使基金托管业务的要害部门封闭成独立操作空间。

基金托管部拥有一支高素质的员工队伍。目前拥有高级会计师、高级经济师、高级工程师、律师等金融、技术和法律专家，这为促进农业银行基金托管业务的发展提供了人才保障。自1998年7月17日，农业银行托管的第一只基金——裕阳证券投资基金成功发行，基金托管部正式开始运作以来，目前已托管了裕阳、汉盛、裕隆、景阳、景博、景福、景业、兴业、天华等9只基金，基金规模达130亿份。其中，景阳、景博证券投资基金是证监会批准的首批清理规范的老基金。农业银行作为第一家参与老基金规范的托管银行，与基金管理公司合作，率先将两只老基金规范上市并成功扩募。

中国农业银行证券投资基金托管部全体员工将本着诚实信用、严守秘密、勤勉尽责、开拓进取的精神，脚踏实地地工作，为广大投资者和基金管理公司提供优质高效的服务。

中国建设银行证券投资基金托管部

【公司概况】 1998年3月18日，中国证券监督管理委员会和中国人民银行核准中国建设银行的证券投资基金托管人资格，中国建设银行成为我国第二家具有基金托管资格的托管银行。同年5月23日，经中国人民银行批准，中国建设银行总行正式设立基金托管部。

中国建设银行基金托管部是中国建设银行负责基金托管业务的职能部门，下设综合规划制度处、基金市场处、基金清算处、核算监督处。综合规划制度处主要负责制定基金托管业务发展规划、对基金托管业务进行监察稽核、制订规章制度、处理相关法律事务以及综合管理工作；基金市场处主要负责基金托管业务拓展、客户服务和新产品研发等工作；基金清算处主要负责基金交易资金清算、基金资产安全保管以及计算机系统管理和维护工作；核算监督处主要负责基金资产会计核算和基金投资运作监督工作。中国建设银行还先后在北京、上海、深圳设立了基金托管分部，以协助总行基金托管部进行市场开拓和清算核算。基金托管部现有员工17人，其中50%以上具有研究生学历。

【经营业绩】 中国建设银行基金托管部成立以来，坚持制度先行，规范运作，先后制定和完善了一整套规章制度，如《中国建设银行基金托管业务准则》、《基金托管部员工行为准则》、《证券投资基金资产安全保管暂行规定》、《封闭式证券投资基金会计核算暂行规定》、《证券投资基金监督业务暂行规定》、《保密规定》、《基金托管业务风险防范暂行规定》等等。这些规章制度的建立为开展基金托管业务提供了行为准则，防范了基金托管业务风险，促进了基金托管业务的健康发展。

中国建设银行基金托管部具备安全、高效的清算、交割能力。1996年10月，建设银行成功地建立了电子汇划系统，能安全、准确、快速地进行资金汇划的及时清算，实现了汇划、对帐、清算三位一体，是目前国内商业银行中最先进的资金清算系统之一。这是建设银行开展基金托管业务的坚实基础。

中国建设银行基金托管部建立了基金托管业务会计核算系统。为提高基金帐务处理的效率，及时、准确地对基金进行估值，基金托管部使用了先进的财务软件对数据进行自动处理，实现了基金估值电算化。

中国建设银行基金托管部开发并使用了基金投资运作自动监控系统。该系统能对基金投资运作、投资组合、投资限制实行封闭暗箱式数据自动处理，对进入警戒区域的量化指标和异常资金流动自动予以报警。

中国建设银行基金托管部具有强有力的技术支持系统。为保证及时接收清算数据，该部采用了加密高速单向卫星广播通信接收系统，实时接收深交所、上交所的行情和数据。还采用了加密远程信箱数据接收系统来进行数据核对和备份，确保了基金交易数据和清算数据的完整和准确。

中国建设银行基金托管部建立了严密的内控督察体系。该部设有督察员，督察员依据法律法规和证监会的有关规定履行监察稽核职责。在敏感部门(资金清算处和核算监督处)还建立了安全保密区，安装了录像监视系统和录音监听系统，以保证基金信息的绝对安全。

截止到2000年10月底，中国建设银行基金托管部共托管了7只证券投资基金，即由华夏基金管理公司管理的兴华基金、兴和基金，嘉实基金管理公司管理的泰和基金，国泰基金管理公司管理的金鑫、金盛、金鼎基金，富国基金管理公司管理的汉博基金。7只基金发行规模共计108亿元，到2000年10月31日止，7只基金资产净值为145亿元，基金托管业务运作良好。另外，建行基金托管部还先后签订了2只基金的托管协议，它们分别是宝盈基金管理公司管理的鸿飞基金，融通基金管理公司管理的通宝基金。目前这两只基金正处于审批之中。

“时时保持敬业精神，处处维护客户利益”是中国建设银行的经营理念。中国建设银行基金托管部将根据国家有关法律法规的规定，秉着诚实信用、勤勉尽责的态度，坚持信誉第一、客户至上的原则，以严谨、科学、规范、高效的工作作风，严格履行基金托管人的各项职责，切实维护基金持有人的合法权益。

交通银行证券投资基金托管部

【公司概况】 交通银行是我国第一家全国性国有股份制商业银行，1987年重新组建以来，始终坚持“一流的服务质量、一流的工作效率、一流的银行信誉”的办行宗旨，各项业务保持了持续、稳步、健康发展的良好态势。截止1999年末，境内行实现利润25.83亿元，占国内五大银行利润总额的20%，人均创利居首位。继1998年被《欧洲货币》评为中国最佳银行后，1999年再次被国际权威金融杂志《环球金融》评为中国最佳银行。自《证券投资基金管理暂行办法》颁布实施后，交通银行积极参与证券投资基金托管业务。经中国人民银行和中国证监会批准，1998年6月，交通银行设立证券投资基金托管部，同年7月获得证券投资基金托管资格。交通银行证券投资基金托管部下设四个业务部门：监管交易部、清算核算部、内控巡查部和综合规划部。这四个部门主要执行以下三大职能：核心业务操作、内部监控、业务规划和拓展。基金托管部总经理：谢红兵。

【经营业绩】 根据国家有关政策规定，交通银行证券投资基金托管部的业务经营范围包括：安全保管基金的全部资产；负责办理基金名下的资金往来；监督基金管理人的投资指令；复核、审查基金管理人计算的基金资产净值及基金价格；保存基金的会计帐册、记录15年以上；出具基金业绩报告，提供基金托管情况，并向中国证监会和中国人民银行报告；基金契约、托管协议规定的其他职责。交通银行现已托管了三只我国1998年以来新发行的证券投资基金：普惠、安顺、汉兴基金，基金规模分别是20亿、30亿和30亿。根据1999年3月国家颁布的有关清理规范原有投资基金的通知精神，交通银行基金托管部积极参与全国原有投资基金的清理规范工作，与原有投资基金的新老管理人密切合作，精心制作各类协议和文本，做好基金资产的验资审计、非交易过户、基金更名、上市安排和基金扩募等一系列工作，在原有投资基金的规范改制过程中，充分发挥了基金托管人的积极作用。至2000年底，已成功托管了金越(现更名为裕华)、兴科、安久、科迅、科汇等五只由原有投资基金改制而成的证券投资基金。至此，交通银行托管的证券投资基金规模累计近100亿元人民币。在办理证券投资基金托管业务过程中，交通银行始终坚持人才、科技、制度和管理先行的原则，以“一流的服务质量、一流的工作效率、一流的银行信誉”，确保基金安全、规范、高效、优质地运作。一是通过各种途径，加强人才培养。提高员工的业务素质。二是不断加大科技投入，开发、配置最新的电脑软硬件，提高基金托管业务的科技含量。三是制定和落实基金托管业务的各项工作制度，制定了数十万字的各项规章制度，做到业务发展制度先行。四是严格内部管理，加强内控稽核工作，确保各项规章制度严格执行。基金托管部核心业务区都安装录像监控、录音监听设备；部内业务与管理均做到定人、定岗、定责，确保各项工作有序进行；落实专门部、专职人员定期与不定期地检查、督导，确保各项业务安全运行。在做好日常基金托管业务的同时，交通银行基金托管部十分注重对基金业前沿课题的研究开发工作，投入大量的人力、物力和财力，对在我国如何设立和运作开放式基金从理论和实践两方面进行反复的研究和论证。通过对国际上开放式基金的深入考察和我国开放式基金运作的外部环境和条件的全面分析，设计出符合我国金融业和基金业发展现状的开放式基金托管、代销、注册运作方案，开发了开放式基金托管、代销和注册运作系统的业务软件，制定了开放式基金托管、代销和注册的业务操作规程、制度和办法，从人才、技术、制度和管理各方面确保我国首批试点开放式基金的成功推出。

广东华侨信托投资公司投资基金部

【公司概况】 广东华侨信托投资公司成立于1955年，是面向海外华侨提供信托投资服务的金融企业。在过往的几十年间为海外华侨资金参与中国经济建设发挥着重要的桥梁作用。而广东华侨信托投资公司投资基金部，则是为了探索中国金融市场的新领域—投资基金业务，于1993年成立的。投资基金部成立之初，即担负起了华信投资基金的管理业务。在广东华侨信托投资公司投资基金部的努力探索之下，华信投资基金通过上市交易迅速走上了规范运作的道路。1997年随着广东华侨信托投资公司与广东省南方金融服务总公司的合并，广东华侨信托投资公司投资基金部旗下管理的基金延伸至南方投资基金。这使得广东华侨信托投资公司投资基金部管理的基金规模迅速壮大，在我国基金市场中占据着重要地位。经过这几年的发展，广东华侨信托投资公司投资基金部已逐步形成了一支知识层次较高的精英投资队伍。投资基金部的人员结构基本上由博士、硕士和学士组成。证券投资人员、项目投资人员以及研究发展人员均具有多年的投资管理经验，集深厚的理论基础与丰富的实战经验于一身。而且，在投资基金部的机构设置上，也充分体现了投资体制的科学性和高效性。由证券投资部、项目投资部以及研究发展部组成的核心投资部门，充分发挥了相互支持又相互平衡的作用，为理性投资决策的生成与实施提供了保障。而在多年的投资管理业务中逐步形成的投资程序指引，也成为了确保基金投资业务高效运作的制度保障。总经理：吴为民。

【经营业绩】 公司投资基金部的经营范围：发起和设立境内外各种基金，基金资产经理业务，证券投资及咨询业务，基金转让业务，物业投资业务，主管机关批准的其他业务。从华信投资基金成立几年来的运作状况来看，在1994—1997年间每基金单位实现了0.964元收益，年净资产收益率保持在20%以上，并且合计分配了0.64元的红利和红股，分红率在同类基金中位居榜首。而南方投资基金在1994—1997年间每基金单位合计实现了1.002元收益，年平均资产收益率也保持在20%以上，较好地为基金投资者实现了保值和增值。虽然步入1998年后，两只基金进行资产调整，使得收益率有所下降，但通过这一调整，大大提高了基金资产的流动性和基金资产质量，为下一步基金资产的运作打下了良好的基础。在广东华侨信托投资公司投资基金部的管理下，华信投资基金和南方投资基金经历了我国基金市场的探索阶段，已确定了自身的市场定位，成为深受市场投资者欢迎的投资品种，切实发挥了“专家理财、组合投资”的优势，提高了投资市场效率。与此同时，广东华侨信托投资公司投资基金部，也在华信投资基金和南方投资基金的管理业务中，不断提升自身的管理理念，规范自身的管理行为，从而逐步发展成为一个合格的基金管理人。

上 市 基 金

金 泰 证 券 投 资 基 金

金泰证券投资基金1999年年度报告摘要

一、基金简介

(一) 基金名称:金泰证券投资基金(简称:基金金泰)　交易代码:500001
基金发起人:国泰君安证券股份有限公司
中国电力信托投资有限公司
浙江省国际信托投资公司
上海爱建信托投资公司
基金发行日期:1998年3月23日
基金成立日期:1998年3月27日
基金单位总份额:20亿份基金单位
基金类型:契约型封闭式
基金存续期:15年
基金上市地:上海证券交易所
基金上市日期:1998年4月7日
(二) 基金管理人:国泰基金管理有限公司
注册地址:上海浦东新区商城路199号
办公地址:上海市静安区延平路135号
邮政编码:200042
法定代表人:陈勇胜
总经理:李春平
信息披露负责人:丁昌海
电　话:021-62531534
传　真:021-62531262
电子邮件:gtfund02@online.sh.cn
(三) 基金托管人:中国工商银行
注册地址:北京市西城区复兴门内大街55号
办公地址:北京市西城区复兴门内大街55号
邮政编码:100032
法定代表人:姜建清
托管部负责人:赵跃
信息披露负责人:刘长江
电话:010-66106878
传真:010-66106904
电子邮件:cjliu@icbc.com.cn
(四) 会计师事务所:大华会计师事务所有限公司
注册地址:上海市昆山路146号
办公地址:上海市昆山路146号
法定代表人:汤云为
邮政编码:200080
联系人:兰佳
电话:021-63070766
传真:021-63243522
经办注册会计师:曹培青　汪阳

二、基金管理人报告

本基金业绩表现

1999年,上证指数上涨了19.19%,深市综合指数上涨了16.96%。截至1999年12月31日,本基金单位资产净值为1.2923元,净值年增长率为28.64%,超过同期银行存款利率和同期深沪指数涨幅。扣除当年配售新股对基金净值增长的贡献因素,本基金净值年增长率为20.95%,也超越了同期深沪指数涨幅。本基金在1999年度的管理运作中,较好地完成的了基金契约规定的目标:为投资者分散和降低投资风险,确保基金资产的安全,并谋求基金长期稳定的投资收益。

基金管理小组成员及管理理念

徐智麟　基金金泰经理,42岁,大学学历,研究生班毕业。曾在上海理工大学任教。曾任国泰证券有限公司证券交易部副总经理,现任国泰基金管理有限公司总经理助理。

隋素梅　基金经理助理,35岁,大学学历,曾任国泰证券有限公司北京分公司营业部经理、证券交易部经理。

王雄辉　基金经理助理　30岁,硕士学历,曾任教于南开大学数学系,后在国泰基金管理有限公司研究部工作。

基金金泰以价值发现为投资理念,崇尚价值投资,以被市场低估的价格和将被市场认同的趋向为入市契机,以稳健平稳的投资组合和较强的风险控制手段管理运作基金资产,以期为投资者赢得长期稳定的投资回报。

基金金泰管理小组在公司投资决策委员会的领导和在公司研究开发部信息资源方面的全面支持下,具体负责基金资产的投资组合、项目选择和日常投资运作。

(一)基金经理工作报告

1999年我国证券市场取得了长足发展。上证指数在经过充分调整后,在本年度一举向上突破,再创历史新高。年末上证指数收在1366.58点,虽与本年度最高点相比略有回调,仍为历年收盘指数的最高点。

1999年初,沪深两市处于相对低迷状态,交投清淡,成交日益萎缩。国内经济接连遭受了洪水袭击和国际金融危机的冲击,加之以美国为首的北约轰炸我驻南斯拉夫大使馆,使我国经济和社会的稳定和发展面临严峻考验。

面对严峻挑战,我国政府及时化解了各种矛盾和风险,使我国经济得以继续稳定增长,人民币汇率保持稳定,社会安定团结的形势得到维护;面对国企改革的种种困难,国家作出了发展证券市场支持国企改革,扩大内需,刺激消费,搞活经济等重要决策。股市作为国民经济的晴雨表,及时作出了积极而又强烈的快速反应,股指在数次考验千点大关均获得支撑后,展开了一轮强劲的上扬行情,并一举突破历史高点,有效地激活了市场,支持了国企改革,促进了经济发展。继一轮大升市后,1999年下半年股市出现了技术性调整,但调整的幅度并不大,市场仍保持了稳步发展的势头。

展望2000年的证券市场,高科技、信息化、网络化的趋势已明显展现。网络技术的发展,将极大地改变和正在改变我们的世界以及人们的生活方式,这种改变首先在世界各大股市中表现出来。近期,香港股市的强劲表现,恒指屡创新高就是一个范例。沪深两市2000年初所兴起的网络股狂潮也毫不逊色,不少"触网"股、高科技股均有大幅攀升。一大批上市公司相继触"网",一个以网络设备制造、网络系统开发、网络经营服务为主体的新兴产业呼之欲出。有些地方政府还将信息港工程列为2000年市府的第一号重大建设工程,为该产业的快速发展提供了强大的资金、技术和人才的支援,显示了我国政府和广大人民在高科技新兴产业努力追赶世界潮流的决心和勇气。

当然,经过一轮网络股狂潮之后,必然会有一大批网络股、高科技股会被激烈的市场竞争所淘汰,同时也会有一批网络股会脱颖而出,成为信息社会的弄潮儿。本基金管理管理小组认为在把握市场机会的同时,应注意控制市场风险,这无疑是跑赢2000年沪深大盘的关键。

我们将进一步完善基金的研究策划、投资决策、决策实施和风险监控体系,在风险与收益相权衡的基础上,采取积极稳妥的投资策略,诚信尽责地把握证券市场的投资机会,完善基金的投资组合,力争为投资者提供长期、稳定的回报。

(二)内部监察报告

基金运作合规性声明

本报告期内,本基金管理人严格遵守《证券投资基金管理暂行办法》及其各项实施细则、《金泰证券投资基金基金契约》和其它相关法律法规的规定,本着诚实信用、勤勉尽责的原则管理和运作基金资产,遵循"稳健为本,规范管理,精心运作,争创一流"的公司理念,在严格规范和控制风险的前提下,努力为基金持有人争取最好的投资回报;在基金管理运作中,无损害基金持有人利益的行为,基金投资范围、投资比例、投资组合符合有关法规和基金契约的规定。本基金管理人承诺将继续在规范管理的前提下,利用集体智慧和辛勤劳动,精心运作基金资产,继续为基金持有人谋求最大利益。

内部监察工作报告

1999年本基金管理人依据相关的法律法规、基金契约以及内部的监察制度开展监察工作,内部监察的重点是:国家法律法规的执行情况;基金契约的遵守情况;内部规章制度的执行情况;资信管制和保密工作落实情况;员工行为规范和职业道德情况,目的是规范基金资产的运作,防范和控制投资风险,保证基金持有人的利益。

我们的工作方法是由独立工作的监察人员通过对基金资产管理各个环节的工作流程进行定期的日常监察和不定期的专项监察,并定期制作监察报告,对发现的问题及时向管理层和监管部门报告并督促整改,以确保基金资产运作的合法合规。

为适应由单个基金运作向多个基金运作的转变,我们将内部监察的重点置于确保基金运作的相对独立,防范不当关联交易和内幕交易以及本基金和本基金管理人管理的其它基金之间可能出现的违规交叉交易。本基金管理人采取的主要措施有:一、修订和完善了原有的决策、投资和交易方面的规章制度,使之符合多基金管理的需要。二、加强监察力度,提高监察频率。内部监察人员通过基金投资全过程的跟踪监察,防范不当关联交易和内幕交易事件的发生,确保各基金持有人的合法权益不受侵犯。三、建立监察业务反馈制度,加强监察稽核部门与其它业务部门的交流与沟通。四、运用查阅成交资料等手段对基金交易进行监察,确保各基金运作的相对独立性。五、加强员工行为守则和职业道德方面的监察等。

经持续跟踪监察,本报告期内,本基金运作依照规章制度规定的流程进行,管理运作合法合规;本基金资产与本基金管理人所管理的其他基金资产、基金资产与公司资产严格分开;基金管理小组成员之间没有兼职现象;本基金运作中无不当关联交易和内幕交易;基金持有人利益得到了有效保障。

在内部监察的工作实践中,我们体会到规范经营和强化管理是基金安全运作的前提,科学化制度化的工作流程是基金安全运作的基础,防范和控制风险是基金安全运作的保障。只有这样,才能不断提高基金资产的管理质量,保障基金持有人的利益。我们将继续努力,提高内部监察工作的科学性和有效性,为基金的规范运作、风险防范,为维护基金持有人的利益发挥应有的作用。

三、基金托管人报告

本托管人——中国工商银行,依据《金泰证券投资基金基金契约》与《金泰证券投资基金托管协议》,托管金泰证券投资基金。

1999年度,在对金泰证券投资基金的托管过程中,本托管人严格遵守了《证券投资基金管理暂行办法》及其实施准则、基金契约、托管协议和其他有关法规的规定,对金泰证券投资基金的投资运作进行了全面的会计核算和应有的监督,没有发生任何损害基金持有人利益的行为,诚实信用、勤勉尽职地履行了作为托管人所应尽的义务。

本托管人依照《证券投资基金管理暂行办法》及其实施准则、基金契约、托管协议和其他有关法规的规定,对金泰证券投资基金的投资运作进行了监督,认为国泰基金管理有限公司在金泰证券投资基金的投资运作、基金资产净值及单位基金资产净值的计算上,遵守《证券投资基金管理暂行办法》及其实施准则、基金契约、托管协议和其他有关法规的规定,没有发现任何损害基金持有人利益的行为。

本托管人依法对金泰证券投资基金管理人——国泰基金管理有限公司在1999年度所编制和披露的金泰证券投资基金资产净值公告、基金投资组合公告、基金年度报告等公告信息进行了核查,认为金泰证券投资基金管理人——国泰基金管理公司在1999年度内所编制和披露的基金信息是合法、真实和完整的。

四、基金年度财务报告

(一)审计报告书

审 计 报 告
华业字(2000)第027号

金泰证券投资基金全体基金持有人:

我们接受委托，审计了贵基金 1999 年 12 月 31 日的资产负债报告书及 1999 年度收益及分配报告书。这些会计报表由贵基金管理人负责，我们的责任是对这些会计报表发表审计意见。我们的审计是依据中国注册会计师独立审计准则进行的。在审计过程中，我们结合贵基金的实际情况，实施了包括抽查会计记录等我们认为必要的审计程序。

我们认为，上述会计报表符合基金及其财务会计的相关制度、法规及公允会计原则；在所有重大方面公允地反映了贵基金 1999 年 12 月 31 日的财务状况以及 1999 年度经营成果，会计处理方法的选用遵循了一贯性原则。

大华会计师事务所有限公司　　中国注册会计师：曹培青　汪阳

中国·上海·昆山路 146 号　　2000 年 1 月 23 日

(二)基金会计报告书

一、资产负债报告书

资产负债报告书

?999 年 12 月 31 日

编制单位：国泰基金管理有限公司　　单位：元

序号	项　目	年末数	年初数
1	股票投资-成本	1,754,661,398.34	1,245,298,474.14
2	股票投资-估值增值	173,130,274.56	-42,865,092.68
3	债券投资-成本	516,258,835.84	369,248,101.10
4	债券投资-估值增值	-1,625,940.54	43,504.90
5	其他投资-成本		
6	其他投资-估值增值		
7	现金		
8	银行存款	104,881,966.24	602,791,337.91
9	应收股利		
10	应收利息	62,325.79	506,831.25
11	应收帐款	44,953,519.10	206,419.03
12	其他应收款项		
13	基金资产总值	2,592,322,379.33	2,175,229,575.65
14	应付基金管理费	5,492,498.14	4,361,538.98
15	应付基金托管费	549,249.77	436,153.91
16	应付收益		
17	应付帐款		20,555,003.74
18	应付佣金	1,608,759.25	4,564,883.68
19	其他应付款项		38,113,517.20
20	负债总额	7,650,507.16	68,031,097.51
21	基金单位总额	2,000,000,000.00	2,000,000,000.00
22	未分配净收益	413,167,538.15	150,020,065.92
23	未实现估值增值	171,504,334.02	-42,821,587.78
24	基金资产净值	2,584,671,872.17	2,107,198,478.14
25	单位基金发行总份额	2,000,000,000.00 份	2,000,000,000.00 份
26	每份基金单位资产净值	1.2923	1.0536

二、损益及分配报告书

损益及分配报告书

1999 年度

编制单位：国泰基金管理有限公司　　单位：元

序号	项　目	本年数	上年数
1	一、基金收入	427,719,116.08	193,925,633.45
2	证券买卖差价收入	407,200,832.38	126,541,281.45
3	其中：股票	386,527,206.90	115,185,793.36
4	债券	20,673,625.48	11,355,488.09
5	投资收入	11,760,859.68	18,646,507.45
6	其中：股息收入	9,813,265.20	3,871,959.25
7	债券利息收入	1,947,594.48	14,774,548.20
8	其他收入	8,757,424.02	48,737,844.55
9	其中：利息收入	7,760,340.71	26,563,325.66
10	发行费用结余收入		10,700,000.00
11	申购冻结利息收入		11,315,143.05
12	其他	997,083.31	159,375.84
13	二、基金费用	66,571,643.85	43,905,567.53
14	管理费	60,200,364.42	39,654,152.32
15	托管费	6,020,036.24	3,965,415.21
16	回购利息支出	5,043.84	
17	其他费用	346,199.35	286,000.00
18	其中：上市年费	60,000.00	75,000.00
19	会计师费		100,000.00
20	律师费		
21	持有人大会费		
22	信息披露费		108,000.00
23	其他	286,199.35	3,000.00
24	三、净收益	361,147,472.23	150,020,065.92
25	四、上期未分配净收益	150,020,065.92	
26	五、本期已分配收益	98,000,000.00	
27	六、期末未分配净收益	413,167,538.15	150,020,065.92

(三)会计报告书附注

一、主要会计政策

1、基金会计年度：为公历每年 1 月 1 日至 12 月 31 日。

2、基金记帐原则：权责发生制。

3、基金记帐本位币：以人民币为记帐本位币，记帐本位币单位为元。

4、基金资产的估值方法：

(1)、上市证券按当日均价计算，该日无交易的证券，以最近一日的均价计算；

(2)、未上市的股票以其成本价计算；

(3)、未上市国债及银行存款以本金加计至估值日为止的应计利息额计算；

(4)、如遇特殊情况而无法或不宜以上述规定确定基金资产价值时，基金管理人 应按国家有关规定办理；

(5)、估值对象为基金所拥有的股票、国债和银行存款；

(6)、每日都对基金资产进行估值。

5、基金收入确认政策：

(1)、股息收入：在除息日确认；

(2)、债券利息收入：

A、已上市债券利息：对所持债券派发的债息，在除息日确认；

B、尚未上市债券利息：对于暂未上市流通的上市债券按债券发行时约定利率逐 日计提应计利息，待该债券上市时，将累计已提的利息全额冲销；

(3)、其他收入：在实际收到时确认。

6、证券交易的成本计价方法：

股票投资按取得时的实际成本计价，出售成本按移动加权平均法计算。

7、税项说明：

根据财税字 [1998] 55 号《关于证券投资基金税收问题的通知》精神，仅对基金管理人运用基金资产买卖股票按 4‰的税率征收印花税，暂对基金不征收营业税、所 得税。

8、基金的收益分配政策：

(1)、每一基金单位享有同等分配权；

(2)、收益分配比例不低于基金净收益的 90%；

(3)、基金收益分配采用现金方式，每年分配一次；

(4)、基金当年收益分配应先弥补上年亏损后，才进行当年收益分配；

(5)、基金投资当年亏损则不进行收益分配。

二、关联关系

1、关联人关系、交易性质及法律依据：

关联人	关联关系	交易性质	法律依据	备注
(1)国泰君安证券股份有限公司	基金发起人	发起认购基金	基金契约	认购基金 3300 万份
	席位出租人	出租交易席位	席位使用协议	两个席位
(2)中国电力信托投资有限公司	基金发起人	发起认购基金	基金契约	认购基金 900 万份
(3)上海爱建信托投资公司	基金发起人	发起认购基金	基金契约	认购基金 900 万份
	席位出租人	出租交易席位	席位使用协议	两个席位
(4)浙江省国际信托投资公司	基金发起人	发起认购基金	基金契约	认购基金 900 万份
	席位出租人	出租交易席位	席位使用协议	两个席位
(5)国泰基金管理有限公司	基金管理人	提取管理费	基金契约	
(6)中国工商银行	基金托管人	提取托管费	基金契约	
(7)国信证券有限公司	席位出租人	出租交易席位	席位使用协议	两个席位
(8)申银万国证券股份有限公司	席位出租人	出租交易席位	席位使用协议	两个席位

2、通过关联人席位股票和国债交易情况：

关联人	成交量(万元)	比例	年佣金(万元)	比例
国泰君安证券股份有限公司	604,585.28	58.38%	314.40	49.24%
上海爱建信托投资公司	219,125.82	21.16%	151.26	23.69%
浙江省国际信托投资公司	168,211.42	16.24%	137.41	21.52%
国信证券有限公司	42,763.23	4.14%	34.74	5.44%
申银万国证券股份有限公司	847.71	0.08%	0.69	0.11%
合　计	1,035,533.46	100.00%	638.50	100.00%

3、基金管理人报酬：

(1)、基金管理费按前一日的基金资产净值的 2.5%的年费率计提。计算方法如下：

H=E×2.5%/当年天数　H 为每日应支付的管理人报酬　E 为前一日的基金资产净值

(2)、基金管理人的管理费每日计算，逐日累计至每月月底，按月支付；并于次 月前五个工作日内从基金资产中一次性支付给基金管理人；

(3)、至 1999 年 12 月 31 日止，基金应支付基金管理人管理费共 60,200,364.42 元，其中已支付基金管理人 54,707,866.28 元，尚余 5,492,498.14 元未支付。

4、基金托管人报酬：

(1)、基金托管费按前一日的基金资产净值的 0.25%的年费率计提。计算方法如 下：

H=E×0.25%/当年天数

H 为每日应支付的托管人报酬

E 为前一日的基金资产净值

(2)、基金托管人的托管费每日计算，逐日累计至每月月底，按月支付；并于次 月前五个工作日内从基金资产中一次性支付给基金托管人；

(3)、至 1999 年 12 月 31 日止，基金应支付基金托管人托管费共 6,020,036.24 元，其中已支付基金托管人 5,470,786.47 元，尚余 549,249.77 元未支付。

三、主要报表项目说明：

1、应收帐款：1999 年 12 月 31 日余额为人民币 44,953,519.10 元，其中：

项　目	期 末 余 额
应收交易清算款	42,832,251.34 元
深交所交易保证金	2,121,267.76 元
合　计	44,953,519.10 元

2、证券买卖差价收入：1999 年度发生额为人民币 407,200,832.38 元，其中：

项　目	发　生　额
证券交易所挂牌股票	386,527,206.90
上海证券交易所挂牌债券	20,673,625.48
合　计	407,200,832.38

3、投资收入：1999 年度发生额为人民币 11,760,859.68 元，其中：

项　目	发　生　额
股　息　收　入	9,813,265.20
债 券 利 息 收 入	1,947,594.48
合　计	11,760,859.68

4、其他收入：1999 年度发生额为人民币 8,757,424.02 元，其中：

项　目	发　生　额
银行存款利息收入	7,760,340.71
配股手续费返还等收入	997,083.31
合　计	8,757,424.02

5、基金费用：1999 年度发生额为人民币 66,571,643.85 元，其中：

费 用 项 目	发　生　额
管理人报酬	60,200,364.42
托管人报酬	6,020,036.24
收益分配手续费	285,180.00
上市年费	60,000.00
回购利息支出	5,043.84
其他	1,019.35
合　计	66,571,643.85

(四) 流通受限制的证券

一、截至 1999 年 12 月 31 日止，基金持有的流通受限制的证券明细如下：

序	股票名称	证券代码	配售日期	可流通日期	股数	金额(元)	备注
1	广济药业	0952	1999-08-23	2000-01-12	312,500	1,571,875.00	*
2	金陵药业	0919	1999-08-30	2000-01-18	457,100	3,839,640.00	*
3	小鸭电器	0951	1999-09-02	2000-01-25	514,300	1,933,768.00	*
4	河池化工	0953	1999-09-06	2000-02-14	285,700	1,185,655.00	*
5	欣龙无纺	0955	1999-09-09	2000-02-17	314,000	1,821,200.00	*

6	秦岭水泥	600217	1999-09-09	2000-02-18	400,000	2,360,000.00	*
7	南山实业	600219	1999-09-13	2000-02-23	429,000	4,032,600.00	*
8	中原油气	0956	1999-09-13	2000-01-10	1468800	7,182,432.00	*
9	万杰实业	600223	1999-09-14	2000-03-13	943,000	6,412,400.00	
10	海南椰岛	600238	1999-09-21	2000-03-20	285,700	1,171,370.00	
11	首钢股份	0959	1999-09-23	2000-03-16	1639280	8,442,292.00	*
12	浦发银行	600000	1999-09-24	2000-01-12	4571000	45,710,000.00	*
13	锡业股份	0960	1999-10-12	2000-04-21	1114287	6,685,722.00	
14	海南航空	600221	1999-10-12	2000-01-25	2360000	10,856,000.00	*
15	东方钽业	0962	1999-11-23	2000-03-20	292,200	2,746,680.00	
16	大连金牛	0961	1999-12-08	2000-03-01	1667000	6,801,360.00	
17	赤天化	600227	1999-12-14	2000-02-21	629,200	4,530,240.00	
18	中化国际	600500	1999-12-22	2000-03-01	1474400	11,795,200.00	
19	华东医药	0963	1999-12-23	2000-01-27	449,400	2,588,544.00	
	合计					131,666,978.00	

二、流通受限原因：上述十九只股票均为基金配售之新股。

三、受限期限：上述十九只股票中"大连金牛"、"赤天化"、"中化国际"、"华东医药"这四只股票自上市日即可流通配售部分的50%，其余50%自配售日起6个月后可申请上市流通。另外十五只股票受限期限为该股票上市后持有期不得少于二个月。

四、估值办法：

上述十九只股票中有十一个股票(带*号)已上市，根据《准则五号》规定，在1999年12月31日按照市场平均价估值，其余未上市流通的八只股票按成本价估值。若流通受限股票中已上市的十一只股票(带*号)按成本价进行估值计算，基金资产净值将为2,502,897,984.57元，每份基金单位资产净值为1.2514元。

(五) 基金投资组合

1、按行业分类的股票投资组合

序号	分类	数量	市值(元)	占净值比例
1	交通运输	12,607,776	87,869,314.44	3.40%
2	能源电力	6,019,326	69,088,848.20	2.67%
3	建材建筑	2,837,825	37,255,942.29	1.44%
4	冶金	7,795,061	48,072,370.70	1.86%
5	机械制造	9,053,380	244,376,746.70	9.45%
6	电子通讯	19,796,364	415,586,886.39	16.08%
7	石油化工	4,637,581	40,516,069.36	1.57%
8	生物医药	12,347,253	135,996,407.11	5.26%
9	汽车及配件制造	9,595,167	107,767,980.48	4.17%
10	纺织服装	9,297,745	150,180,643.24	5.81%
11	家电	4,544,881	70,135,206.66	2.71%
12	酿酒食品	1,285,780	13,282,338.80	0.51%
13	商贸旅游	18,983,999	216,110,058.68	8.36%
14	金融地产	9,101,425	200,390,821.85	7.75%
15	综合	4,134,810	91,162,038.00	3.53%
	合计	132,038,373	1,927,791,672.90	74.59%

2、国债及货币资金合计

截止1999年12月31日，金泰证券投资基金持有股票市值1,927,791,672.90元，持有国债市值及银行存款662,347,112.88元，分别占基金资产净值的74.59%、25.63%。

3、占基金资产净值前十名的股票

序号	名称	数量	市值(元)	占净值比例
1	环保股份	5,669,161	193,148,315.27	7.47%
2	浦发银行	4,571,000	113,406,510.00	4.39%
3	敦煌集团	6,727,627	108,853,004.86	4.21%
4	中远发展	4,097,392	81,333,231.20	3.15%
5	重庆百货	4,858,104	70,588,251.12	2.73%
6	东大阿派	2,131,055	68,023,275.60	2.63%
7	许继电器	2,792,228	64,640,078.20	2.50%
8	第一百货	6,466,884	63,504,800.88	2.46%
9	申能股份	5,156,194	61,461,832.48	2.38%
10	清华同方	1,583,081	57,576,655.97	2.23%
	合计	44,052,726	882,535,955.58	34.15%

4、基金投资组合报告附注

(1)项目的计价方法：本基金持有的上市证券采用公告内容截止日的市场均价计算，已发行未上市股票采用成本价计算；

(2)基金持有每只股票的购入成本均不超过基金资产净值的10%；

(3)基金应收股利、利息、应付管理费、托管费、佣金及其他应收应付款项合计为贷方余额5,466,913.61元，与基金股票市值1,927,791,672.90元和国债及货币资金662,347,112.88元相抵减后等于基金资产净值；

(4)基金持有的货币资产为银行存款。

(六) 主要财务指标

本基金的主要财务指标如下：

	1999年度	1998年度
基金净收益	361,147,472.23元	150,020,065.92元
单位基金净收益	0.1806元	0.0750元
基金可分配净收益	413,167,538.15元	98,000,000.00元
单位基金可分配净收益	0.2066元	0.0490元
基金资产净值	2,584,671,872.17元	2,107,198,478.14元
单位基金资产净值	1.2923元	1.0536元
基金净资产收益率	13.97%	7.12%
本期净值增长率	28.64%	5.36%

五、基金持有人结构

(一)、截止1999年12月31日，本基金份额结构为：

	年末持有数	比例
发起人持有*	30,000,000份	1.50%
其中：国泰君安证券股份有限公司	16,500,000份	0.83%
中国电力信托投资有限公司	4,500,000份	0.23%
上海爱建信托投资公司	4,500,000份	0.23%
浙江省国际信托投资公司	4,500,000份	0.23%
社会公众持有	1,970,000,000份	98.50%
合计	2,000,000,000份	100.00%

*注：根据《关于金泰证券投资基金发起人持有的基金单位部分上市流通的公告》，自1999年4月9日起，国泰君安证券股份有限公司(原国泰证券有限公司)持有的1650万份、中国电力信托投资有限公司、浙江省国际信托投资公司和上海爱建信托投资公司各持有的450万份基金单位可上市流通；未上市部分(即3000万份)在基金存续期内仍由各基金发起人分别持有。发起人持有是指发起人持有的、在存续期内不可上市流通的部分。

(二)、截止1999年12月31日，本基金共有持有人247,144人，前十名持有人名称、持有份额及比例如下：

序号	持有人姓名	年末持有数	持有比例
1	久事大厦	20,619,000	1.03%
2	贵财投资	20,552,400	1.03%
3	合肥财政	18,800,000	0.94%
4	湖北铁路	17,700,000	0.89%
5	国泰君安	16,500,000	0.83%
6	魏玉英	14,528,700	0.73%
7	彭建	7,400,000	0.37%
8	华宝信托	6,853,600	0.34%
9	王冬生	6,800,000	0.34%
10	中电信托	6,750,000	0.34%

六、重要事项揭示

1、1999年3月29日，本公司在有关证券报刊上公布了《金泰证券投资基金一九九八年年度报告》和《金泰证券投资基金一九九八年度收益分配公告》。基金金泰一九九八年度收益分配方案为每100份基金单位派发现金收益4.83元(一九九八年派发的收益暂免税)，权益登记日为1999年4月5日，除息交易日为1999年4月6日。

2、1999年4月2日，本公司在有关证券报刊上公布了《关于金泰证券投资基金1998年度收益分配的补充公告》。补充公告内容摘要如下：在交付实施基金金泰一九九八年度收益分配方案的过程中，由于目前相关机构计算机系统对小数部分处理的技术所限，无法按原方案实施。为此，本公司重新议定并经基金托管人复核，将金泰证券投资基金1998年度每份基金单位的收益分配金额由原0.0483元调整为0.049元(收益暂免税)，原公告的其他事项保持不变。

3、1999年4月8日，本公司在有关证券报刊上公布了《关于金泰证券投资基金发起人持有的基金单位部分上市流通的公告》。公告内容摘要如下：根据有关规定，基金发起人发起设立时认购的基金单位，可在基金上市一年后，按各发起人持有份额50%(合计3000万份)的比例上市流通。截至1999年4月7日，本基金上市已满一年。根据各基金发起人的申请，自1999年4月9日，国泰证券持有的1650万份、电力信托、浙江国投和爱建信托各持有的450万份基金单位可上市流通；未上市部分(即3000万份)在基金存续期内仍由各基金发起人分别持有。

4、1999年11月16日，本公司在有关证券报刊上刊登了《国泰基金管理有限公司第四次股东会、第一届董事会第六次会议决议公告》。公告内容摘要如下：会议同意金建栋、李锡奎、王益民、李梅同志辞去董事职务，选举吴畏、李春平、赵星明同志为董事；会议同意金建栋同志辞去董事长职务，选举陈勇胜同志为董事长；会议同意陈勇胜同志辞去总经理职务，聘任李春平同志为总经理，增聘吴亦力同志为副总经理。

5、在报告期内，各席位券商股票年交易量及佣金(单位为万元)情况为：

席位券商	股票成交量	比例	佣金	比例	平均佣金比率
国泰君安证券股份有限公司	374,672.75	48.96%	314.40	49.24%	0.0839%
上海爱建信托投资公司	181,027.44	23.65%	151.26	23.69%	0.0836%
浙江省国际信托投资公司	166,022.27	21.69%	137.41	21.52%	0.0828%
国信证券有限公司	42,763.23	5.59%	34.74	5.44%	0.0812%
申银万国证券股份有限公司	847.71	0.11%	0.69	0.11%	0.0814%
合计	765,333.40	100.00%	638.50	100.00%	0.0834%

在报告期内，各席位券商国债、国债回购的交易量(单位为万元)情况为：

席位券商	国债成交量	比例	回购成交量	比例
国泰君安证券股份有限公司	229,912.53	85.09%	458,510.00	50.49%
上海爱建信托投资公司	38,098.37	14.10%	447,560.00	49.29%
浙江省国际信托投资公司	2,189.16	0.81%	2,000.00	0.22%
合计	223,451.28	100.00%	908,070.00	100.00%

国泰证券有限公司和君安证券有限责任公司在合并之前均为基金金泰的席位券商。两公司合并之后原席位的交易量合并计算，特予说明。

6、本报告期内，基金管理人、托管人无重大诉讼、仲裁事项。

7、基金管理人、托管人机构及高级管理人员无任何处罚情况。

8、基金管理人、托管人办公地址及基金的会计师事务所无变动情况。

七、备查文件目录

1、关于同意设立金泰证券投资基金的批复

2、金泰证券投资基金契约

3、金泰证券投资基金托管协议

4、报告期内披露的各项公告原件

5、金泰证券投资基金1999年度审计报告及会计报表附注

6、金泰证券投资基金一九九九年度收益分配公告

7、国泰基金管理有限公司营业执照和公司章程

投资者对本报告如有疑问，可咨询本基金管理人国泰基金管理有限公司，咨询电话021-62531534或电子邮件gtfund02@online.sh.cn。

国泰基金管理有限公司

2000年3月29日

泰和证券投资基金

泰和证券投资基金1999年年度报告摘要

一、基金简介

(一) 基金名称:泰和证券投资基金
(简称:基金泰和)
交易代码:500002
基金发起人:广发证券有限责任公司
北京证券有限责任公司
吉林信托投资公司
中煤信托投资有限责任公司
嘉实基金管理有限公司
基金发行日期:1999年4月2日
基金成立日期:1999年4月8日
基金单位总份额:20亿份基金单位
基金类型:契约型封闭式
基金存续期:15年
基金上市地点:上海证券交易所
基金上市日期:1999年4月20日
(二) 基金管理人:嘉实基金管理有限公司
注册及办公地址:北京市西城区金融大街35号国际企业大厦1636室
(邮编:100032)
国际互联网网址:http://www.harvestfund.com.cn
法定代表人:马庆泉
总经理:洪磊
信息披露负责人:路永忠
电话:010-88091666-2861
传真:010-88091678
(三)基金托管人:中国建设银行
注册地址:北京市金融大街25号
办公地址:北京市金融大街25号
(邮编:100032)
法定代表人:王雪冰
托管部总经理:许占涛
信息披露负责人:周小知
联系电话:010-67597647
传真:010-67597634
(四)会计师事务所:普华大华会计师事务所
注册及办公地址:上海市淮海中路333号瑞安广场12楼
法定代表人:汤云为
联系电话:021-63863388
传 真: 021-63863300
联系人: 汪棣
经办注册会计师:周忠惠 牟磊
(五)律师事务所:通商律师事务所
住 所:北京市朝阳区朝外大街19号华普国际大厦714号
负 责 人:韩小京
电 话:(010)65992255
传 真:(010)65992678,65992679
联 系 人:徐晓飞、刘金霞
经办律师:徐晓飞、刘金霞

二、基金管理人报告

本基金业绩表现

截止到1999年12月31日,基金单位资产净值1.0902元,与发行时相比,净值增长率为9.02%,按成立实际天数加权计算年净值增长率为12.33%,超过同期银行存款 利率。扣除配售新股对基金当年净值增长的贡献因素,本基金净值增长率为-4.78%。

基金投资理念与投资战略

基金泰和坚持"以诚信为本,与经济共同成长;投资人利益第一,为大众未来理财"的原则,在对国家未来发展的坚定信念基础上,树立科学的投资理念与投资战略,尊重大概率事件和普遍性市场法则,有机结合长期持有与时机抉择两大投资战略,初步形成定量化、模型化的科学投资决策体系和定性化、定量化、模型化的基础研究体系,为投资者争取长期、持续、稳定的收益。

基金经理简介

波涛先生,基金经理,基金管理部投资总监,美国纽约州立大学经济学/金融学 博士。16年金融、证券从业经验,曾就职于国际货币基金组织等国际性金融机构及其它商业性金融机构,任财务分析师、市场投资分析师及证券期货交易师等,著有《系统交易方法》、《证券期货投资计算机化技术分析原理》、《证券投资理论与证券投资战略适用性分析》等专著。

(一) 基金经理工作报告

基金是一种现代金融产品,它向投资者提供的是一种自担风险并获取相应收益的投资理财工具,投资者应该根据自身所能承受的风险水平,慎重选择投资理财工具。基金泰和的投资运作严格遵照基金契约所确定的风险收益定位,其投资目标是:风险水平不超过市场平均水平,收益达到或超过市场平均水平。基金泰和的主要投资收益来自于长期利润及其基础上的短期利润,以及政策给予基金的支持。同时通过分散投资,保持基金资产具有高度流动性,使基金净值真实反映投资效果。

基金泰和是平衡式基金,在对证券市场及投资本身的认识基础上,我们有机结合了长期持有和时机抉择两大投资战略,实施"管理型指数化"的操作模式,即:

1.以"长期持有投资战略"为基本投资原则,采取"指数化"操作模式,分散投资,承担市场风险,从经济成长中分享长期持续稳定的收益。

2.基金管理人采取积极管理的办法构筑投资组合,寻求进一步降低投资风险,同时提高投资收益预期的机会,从而体现"时机抉择"投资战略的基本精神。

3.基金管理人依据系统化、客观化的投资决策模型,克服投资过程中的主观化倾向。

基金泰和的投资决策体系由以下四部分构成:

1.风险分析系统:考察投资对象的风险/收益状况,选择与所承担的风险相比收 益较高的投资对象进行投资,从而使投资组合的风险收益状况达到较优的水平。

2.基本分析系统:多视角考察行业与上市公司基本面情况,进行企业竞争优势与价值评估,为投资决策提供最基本的投资依据。

3.技术分析系统:以定量化、客观化、系统化为标准,以统计研究为基础,选择适当的技术分析手段,多角度考察投资对象。

4.心理分析系统:以对市场心理的客观化、系统化分析为主要内容,观察市场状况,为投资决策提供决策依据。

在1999年的市场运作中,基金泰和克服了各种压力,严格遵守《基金契约》和各项法规,坚持了上述投资理念与投资战略,基本达到了基金设立时的投资目标,基金满仓后的换手率为19.26%。由于基金泰和所追求的投资理念与投资战略与中国证券 市场的某些流行观念有较大分歧,致使公司内部对应当执行何种投资理念未达成统一认识,从而影响了相应的组织建设,导致公司未能执行5.19行情之前即已拟定的进场方案,致使基金满仓的平均成本点为上证指数1580点左右,因而在很大程度上影响了基金泰和的投资绩效。但在6月30日之后的市场调整过程中,基金泰和在坚持满仓操 作的情况下,基金净值下降了8.24%,优于同期上证指数同期跌幅19.11%,平均成 本点下降到1250点以下。基金泰和的投资理念和投资战略经受了熊市的考验,这对于保护基金投资者利益来说至关重要。

2000年是完成"九五"计划和本世纪末重要奋斗目标的最后一年。随着国有企业改革的进一步深化和加入WTO的进程不断加快,经济结构调整、产业升级和西部大开 发战略将提供新的投资机会。我国证券市场也将面临新的发展机遇和挑战。面对证券市场的投资风险,我们将作出充分的准备。

经过1999年的投资运作,我们对中国证券市场及投资管理有了更深的认识。在2000年,本基金管理人将继续坚持基本投资理念和投资战略,保持稳健风格,严格管理,规范运作,诚实信用,勤勉尽责,坚持投资人利益第一,降低投资风险,为基金泰和持有人获取长期持续稳定的收益。

(二) 内部监察报告

基金运作合规性声明

本报告期内,本基金管理人严格按照《证券法》、《证券投资基金管理暂行办法》、《泰和证券投资基金基金契约》以及其它有关法律法规的规定,本着以投资人利益第一,诚实信用、勤勉尽责的原则管理和运用基金资产,在严格控制风险的基础上,为基金持有人谋求长期稳定的投资回报,没有任何损害基金持有人利益的行为。

内部监察工作报告

1999年是本公司正式成立并投入营运管理的第一年。这一年是不断探索、研究的一年,是建立、完善、和规范各种管理系统的一年,是各方面管理日趋科学、规范化的一年。本基金管理人在内部监察工作中一切从防范运作风险、市场风险以保障基金持有人利益出发,对公司的各项制度的建立、制度的执行情况进行了全方位的、实时的监察稽核。

在本报告期内,我们首先确保公司整个运作的合法、合规性,同时也建立起了一整套监察稽核的流程并创建了一些科学的工具来监察和管理公司的各种风险。具体来说:一、绘制各业务部门工作流程图,细化监察稽核内容。通过经常性的现场检察、人员询问、重点项目抽查、资料审阅、调查核实以及监听、监视记录的抽查等措施来防范和杜绝诸如内幕交易等运作风险。二、创建以Sharp比率为主要指标的基金评价 系统,更客观、更真实地反映基金的业绩,以期提高基金的投资效益。三、用VAR(ValueatRisk)技术来管理和控制整个公司资产的市场风险。我们趋向于将VAR(1,99%)控制在1.5亿元人民币以内。四、加强对员工风险意识和职业操守的教育,提高 员工的风险防范意识。自觉遵守公司的各项规章制度。五、继续学习和探索风险揭示与控制的更有效的手段和方法。

通过上述工作,在本报告期内,本基金运作中没有任何内幕交易和关联交易,也没有任何员工发生任何违法、违规的行为,全年运作合法、合规,充分保证了基金持有人的利益不得侵犯。

风险控制是投资活动中最重要的工作之一,善于揭示风险并控制风险是基金管理人必须具备的技能,而只重视收益,忽略风险是既不科学的,也是不负责任的。我们将继续高度重视各种风险,不断优化和完善操作流程,加强学习、交流和探索,提高揭示风险和控制风险的能力,切实保障基金运作的安全,以稳健、优异的业绩回报投资者。

三、基金托管人报告

本托管人——中国建设银行,依据《泰和证券投资基金基金契约》与《泰和证券投资基金托管协议》,托管泰和证券投资基金。

1999年,中国建设银行在泰和基金的托管过程中,严格遵守了《证券投资基金管理暂行办法》及各项实施准则、基金契约、托管协议和其它有关法规的规定,安全保管了基金的全部资产,诚实信用、勤勉尽职地履行了基金托管人的全部义务,不存在任何损害基金持有人利益的行为。

1999年,由嘉实基金管理有限公司编制并经中国建设银行复核审查的有关泰和基金的信息披露真实、完整、合法,该基金管理公司在投资运作、基金资产净值、每份基金单位净值和其它财务费用计算上,严格执行了《证券投资基金管理暂行办法》及各项实施细则、基金契约及其它有关法规规定,不存在任何损害基金持有人利益的行为。

中国建设银行基金托管部

四、基金年度财务报告

(一) 审计报告

审 计 报 告

普华审字(2000)第38号

泰和证券投资基金全体持有人:

我们接受委托,审计了泰和证券投资基金(以下简称:"泰和基金")1999年12月31日的资产负债表及1999年4月8日(基金成立日)至1999年12月31日止期间的收益及收益分配表。这些会计报表由泰和基金管理人嘉实基金管理有限公司负责,我们的责任是对这些会计报表发表审计意见。我们的审计是根据《中国注册会计师独立审计准则》的规定进行的。在审计过程中,我们结合泰和基金的实际情况,实施了包括抽查会计记录等我们认为必要的审计程序。

我们认为,上述泰和基金会计报表符合中华人民共和国《企业会计准则》、《证券投资基金管理暂行办法实施准则第五号证券投资基金信息披露指引》和中国证券监督管理委员会允许的如会计报表附注所列示的基金行业的实务操作的约定,在所有重大方面公允地反映了泰和基金1999年12月31日的财务状况及1999年4月8日(基金成立日)至1999年12月31日止期间的经营成果。

普华大华会计师事务所　　中国注册会计师　　周忠惠
中国注册会计师　　牟磊
中国上海　2000年1月17日

(二) 基金会计报告书

资产负债报告书

1999年12月31日　　单位:人民币元

资 产　　期末数

1、银行存款	86,611,273.94	
2、清算备付金	1,368,267.43	
3、股票投资-成本	1,533,706,020.27	附注5(2)
4、债券投资-成本	430,388,366.01	
5、股票投资-估值增值	150,407,444.31	
6、债券投资-估值增值	-15,002,259.61	
7、应收利息-银行利息	28,,555.20	
8、交易保证金	250,000.00	附注5(3)
基金资产总值	2,187,757,667.55	
负债及基金持有人权益	期末数	
9、应付基金管理费	4,717,134.14	
10、应付基金托管费	471,713.41	
11、应付券商佣金	134,025.49	附注5(5)
12、应付帐款	2,060,144.70	附注5(4)
负债总值	7,383,017.74	
基金持有人权益		
13、基金单位总额(面值)	2,000,000,000.00	附注5(6)
14、未分配收益	44,969,465.11	
15、未实现估值增值	135,405,184.70	
基金持有人权益合计	2,180,374,649.81	
负债及持有人权益合计	2,187,757,667.55	

1999年4月8日(基金成立日)至1999年12月31日止期间的收益及收益分配表

项目	本期累计数	
收入		
证券买卖差价		
股票	31,356,811.13	
债券	-1,078,323.86	
投资收益		
股息收益	5,172,746.46	
债券利息收益	26,043,593.80	
返售债券投资收益净值	8,130,549.75	
其他收入	7,473,237.70	附注5(7)
额定发行费用余额	12,681,800.00	附注5(1)
收入合计	89,780,414.98	
费用		
基金管理费	40,600,873.46	
基金托管费	4,060,087.31	
其他费用	149,989.10	附注5(8)
费用合计	44,810,949.87	
本期净收益	44,969,465.11	
本期可分配收益	44,969,465.11	
收益分配		
未分配收益	44,969,465.11	

（三）会计报告书附注

1、主要会计政策

（1）编制基础

本基金的会计报表披露方式是根据中国证券监督管理委员会于1999年3月10日颁 布的?证券投资基金管理暂行办法?实施准则第五号——?证券投资基金信息披露指引?进行披露。

（2）会计年度

本基金的会计年度为公历1月1日至12月31日。

（3）记帐本位币

本基金记帐本位币为人民币元。

（4）记帐原则和计价基础

本基金的会计核算以权责发生制为记帐原则，以按市值修正的历史成本为计价基础。

（5）基金资产的估值方法

上市证券以当日平均价计算，该日无交易的，以上一交易日的平均价计算；

未上市的新股以成本价计算；

未上市的债券及银行存款以本金加计至估值日为止的应计利息额计算；

如遇特殊情况而无法或不宜按照上述规定确定基金资产净值时，按照国家主管机关的有关规定办理。

（6）银行存款及清算备付金

银行存款及清算备付金指本基金存放于银行的货币资金，其在资产负债表的估值是指按本金加计至估值日为止的应收利息额计算。

（7）股票投资

股票投资按取得时的实际成本计价，出售成本按移动加权平均法计算，股票分为上市交易股票和未上市交易股票，上市交易股票投资的估值按估值日当天各股票相应的市场均价计算，若当日无交易，则以最近一日的市场均价计算，实际成本与估值的差异不调整个别股票的帐面成本，而计入"未实现估值增值"；未上市交易股票的估值按发行价格计算。

（8）债券投资

债券投资指国家债券投资，债券投资按取得时的实际成本计价，出售的债券成本按移动加权平均法计算，债券投资按估值当天各债券相应的市场均价计算，若当日无交易，则以最近一日的市场均价计算。实际成本与估值的差异不调整个别债券的帐面成本，而计入"未实现估值增值"，付息日收到的债券利息计入债券利息收入；未上市交易债券的估值按购入成本加计至估值日为止的应计利息额计算。

（9）其他投资

其他投资指上述投资及可转换债券投资、配股权证投资以外的其他金融工具投资。

（10）收入的确认政策

1 证券买卖差价收入：以证券实际卖出日的成交金额，扣除相关费用及证券成本 后确认；

2 股息、债券利息收入：以被投资股票、债券除息日确认入帐；

3 其他收入：以实际收到时确认

4 其他会计政策：

其他会计政策以《泰和证券投资基金契约》为准，《泰和证券投资基金契约》中未作规定的，以公认的会计政策为准。

2、税项

根据财税字[1998]55号《财政部国家税务总局关于证券投资基金税收问题的通 知》的规定：对基金管理人运作基金买卖股票、债券的差价收入，暂免征营业税；对基金从证券市场中取得的收入，包括买卖股票、债券的差价收入，取得的股息、红利收入，债券的利息收入及其他收入暂不征企业所得税。所以，基金泰和目前除买卖股票缴纳印花税外，无其他税负。

3、基金收益分配政策

本基金的收益分配原则为：持有人获益至上，每一基金单位享有同等分配权，基金当年收益弥补上年亏损后，即进行当年收益分配，基金投资当年亏损，则不进行收益分配，基金收益分配采取现金方式，每年分配不少于一次，收益分配比例为基金净收益的90%以上。

4、关联交易

(1)基金泰和与管理人嘉实基金管理有限公司，托管人中国建设银行，发起人 广发证券有限责任公司、北京证券有限责任公司、中煤信托投资有限责任公司、吉林信托投资公司，在本报告期内存在以下关联交易行为。

关联方名称	与基金的关系	交易金额(元)	交易性质	定价政策
广发证券有限责任公司	发起人	263,153.05	席位交易佣金	协议
北京证券有限责任公司	发起人	301,721.65	席位交易佣金	协议
中煤信托投资有限责任公司	发起人	303,180.81	席位交易佣金	协议
吉林信托投资公司	发起人	193,256.35	席位交易佣金	协议
嘉实基金管理有限公司	管理人	40,600,873.46	基金管理费	协议
中国建设银行	托管人	4,060,087.31	基金托管费	协议

（2）关联方席位交易情况

11999年本基金通过关联人席位的股票交易情况：

关联方名称	股票年交易量(元)	占交易总量%	应付佣金(元)	占应付佣金%
广发证券有限责任公司	309,594,207.07	18.40	263,153.05	18.77
北京证券有限责任公司	354,969,766.19	21.10	301,721.65	21.52
中煤信托投资有限责任公司	356,686,431.82	21.20	303,180.81	21.62
吉林信托投资公司	239,324,974.23	14.22	193,256.35	13.78

2 1999年本基金通过关联人席位的国债及回购交易情况：

关联方名称	国债年交易量(元)	比例(%)	回购年交易量(元)	比例(%)
广发证券有限责任公司	31,678,815.20	4.78	199,500,000.00	3.23
北京证券有限责任公司	321,839,878.40	48.56	3,596,400,000.00	58.26
中煤信托投资有限责任公司	309,219,284.70	46.66	2,376,800,000.00	38.51

1999年3月31日嘉实基金管理有限公司与广发证券有限责任公司、北京证券有限 责任公司、中煤信托投资有限责任公司、吉林信托投资公司签订《关于租用交易席位的协议》，协议规定股票交易佣金为成交金额的0.85‰(广发、北证、中煤信托)和0.8075‰(吉林信托)。

（3）管理人和托管人报酬

基金管理人报酬：

按上一日基金资产净值的2.5%的年费率计算，具体计算公式为：

当日提取的基金管理费=上一日基金资产净值＊ 2.5%/365

1999年4-12月基金泰和提取的基金管理费为40,600,873.46元；

基金托管人报酬：

按上一日基金资产净值的2.5‰的年费率计算，具体计算公式为：

当日提取的基金托管费=上一日基金资产净值＊2.5‰/365

1999年4-12月基金泰和提取的基金托管费为4,060,087.31元。

5、主要报表项目说明

（1）基金发行的有关情况

实际收到的发行费用共计20,000,000.00元。

发行费用总支出：7,318,200.00元

其中：上网发行费：4,908,200.00元

上市初费：30,000.00元

会计师费：50,000.00元

发行协调人费：1,600,000.00元

上市推荐人费：700,000.00元

律师费：30,000.00元

发行费用结余：12,681,800.00元。

发行时申购资金冻结利息额：3,418,461.45元。

（2）股票投资(成本)项目	期末数(元)	占股票投资比例.
流通股票投资：	1,412,259,668.67	92.08%
流通受到限制的股票投资：	121,446,351.60	7.92%
合计：	1,533,706,020.27	100%

流通受到限制的股票是指配售新股未流通的部分。

（3）交易保证金

项目	期末数(元)
深圳证券交易所的交易保证金	250,000.00

（4）应付帐款

项目	期末数(元)
应付股票配股款	2,060,144.70

（5）应付券商佣金

项目	期末数(元)
广发证券有限责任公司	58,252.49
中煤信托投资有限责任公司	6,270.23
北京证券有限责任公司	29,620.29
吉林信托投资公司	39,882.48

(6)基金单位总额

基金持有人	期末数(元)
广发证券有限责任公司	12,500,000.00
北京证券有限责任公司	12,500,000.00
吉林信托投资公司	12,500,000.00
中煤信托投资有限责任公司	12,500,000.00
嘉实基金管理有限公司	10,000,000.00
社会公众	1,940,000,000.00
合　　计	2,000,000,000.00

基金泰和实际募集资金情况经普华大华会计师事务所于1999年4月9日出具普华验字(99)第26 号验资报告验证确认。

(7)其他收入

项目	期末数(元)
银行存款及清算备付金利息收入	3,916,856.93
申购资金冻结利息收入	3,418,461.45
其他	137,919.32
合计	7,473,237.70

(8)由基金承担的经营费用

项目	期末数(元)
上市年费	45,000.00
银行费用	2,889.10
公告费	100,000.00
交易所费用	2,100.00
合计	149,989.10

6、重要事项说明

基金泰和1999年实现净收益44,969,465.11元，每基金单位收益为0.0225元。根 据有关惯例，拟分配的单位收益额应保留至小数点后三位，因此基金泰和拟分配单位收益额为0.022元，占实现净收益的97.84%。

（四）交易受到限制的资产说明

截止 1999 年 12 月 31 日，基金泰和持有的股票资产中有 121,446,351.60 元股票为基金配售不足两个月和基金配售尚未上市的新股，暂不能流通。其中：

1、根据中国证监会《关于证券投资基金配售新股有关问题的通知》（证监基字[1998] 28 号）的规定，基金获配售新股在该股上市 2 个月后才能流通，基金泰和截止 1999 年 12 月 31 日获配售的上市不足 2 个月的股票为 102,683,567.60 元，情况如下：

序号	股票名称	配售数量(万股)	配售金额(元)	解除冻结日期
1	广济药业	31.25	1,571,875.00	2000.01.12
2	金陵药业	45.71	3,839,640.00	2000.01.18
3	小鸭电器	51.43	1,933,768.00	2000.01.25
4	河池化工	28.57	1,185,655.00	2000.02.14
5	秦岭水泥	40.00	2,360,000.00	2000.02.18
6	欣龙无纺	31.40	1,821,200.00	2000.02.17
7	南山实业	42.90	4,032,600.00	2000.02.23
8	中原油气	146.88	7,182,432.00	2000.01.10
9	万杰实业	94.30	6,412,400.00	2000.03.13
10	海南椰岛	28.57	1,171,370.00	2000.03.20
11	浦发银行	457.10	45,710,000.00	2000.01.12
12	首钢股份	100.4704	5,174,225.60	2000.03.16
13	海南航空	236.00	10,856,000.00	2000.01.25
14	锡业股份	111.4287	6,685,722.00	2000.04.21
15	东方钽业	29.22	2,746,680.00	2000.03.20

2、根据中国证监会 1999 年 11 月 22 日发布的《关于进一步做好证券投资基金配售 新股工作的补充通知》的规定，每只基金一年内所配售的全部新股，占配售新股资金总额 50% 部分，自配售之日起 6 个月内不能流通，其余 50% 部分，自新股上市之日起 即可流通，基金泰和在此通知公布日后至 1999 年 12 月 31 日期间配售的新股为 18,762,784.00 元，具体情况如下：

序号	股票名称	配售数量(万股)	配售金额(元)	公众股上市日期
1	赤天化	62.92	4,530,240.00	2000.02.21
2	华东医药	44.94	2,588,544.00	2000.01.27
3	中化国际	145.55	11,644,000.00	2000.03.01

3、基金配售暂不能流通的股票，在 1999 年 12 月 30 日（因 12 月 31 日为交易所闭市 日）估值时，以当日市场均价计算，估值增值数额为 81,761,196.08 元。

4、基金配售股份未上市的，估值时以成本价计算。

（五）基金投资组合

经基金托管人中国建设银行复核，截止 1999 年 12 月 31 日，泰和基金资产净值为 2,180,374,649.81 元，基金单位资产净值为 1.0902 元。资产组合情况如下：

1、按行业分类的股票投资组合

行业分类	市值（元）	占基金资产净值比例
1.交通运输	225,436,519.69	10.34%
2.能源电力	67,868,617.82	3.11%
3.建材建筑	88,731,330.54	4.07%
4.冶金	115,193,770.23	5.28%
5.机械制造	29,387,288.00	1.35%
6.电子通讯	173,656,615.15	7.96%
7.化工	202,985,353.91	9.31%
8.医药	72,995,990.38	3.35%
9.汽车及配件	100,532,995.79	4.61%
10.纺织服装	97,960,797.13	4.49%
11.家电	78,790,754.40	3.61%
12.酿酒食品	46,067,657.56	2.11%
13.商贸旅游	34,343,487.70	1.58%
14.金融地产	202,321,744.38	9.28%
15.农林牧渔	84,855,494.69	3.89%
16.综合	62,985,047.21	2.89%
合计：	1,684,113,464.58	77.24%

2、国债及货币资金合计

截止 1999 年 12 月 31 日，基金持有的国债及货币资金市值合计为 503,394,202.97 元，占基金资产净值的 23.09%。

3、基金投资前十名股票明细

序号	证券名称	市值(元)	占净值比例
1.	浦发银行	113,406,510.00	5.20%
2.	清华同方	98,493,815.22	4.52%
3.	东北高速	70,000,000.00	3.21%
4.	华北高速	47,313,156.00	2.17%
5.	方正科技	35,301,953.50	1.62%
6.	东方通信	34,687,357.60	1.59%
7.	上海石化	34,530,743.50	1.58%
8.	深万科 A	32,720,854.80	1.50%
9.	仪征化纤	30,700,177.62	1.41%
10.	上海汽车	30,007,574.08	1.38%

4、说明

（1）项目的计价方法：

本基金持有的上市证券采用公告内容截止日的市场均价计算，已发行未上市股票采用成本价计算。

（2）基金持有每只股票的购入成本均不超过基金资产净值的 10%。

（3）基金应付管理费、托管费、券商佣金、配股款及其他应收款项合计为贷方 余额 7,133,017.74 元，加上股票投资市值 1,684,113,464.58 元，国债及货币资金 503,394,202.97 元，等于基金资产净值。

（4）基金持有的货币资产为银行存款。

（六）主要财务指标

1、基金可分配净收益： 44,969,465.11 元

单位基金收益： 0.022 元/基金单位

折合年收益： 0.030 元/基金单位

2、期末基金资产总值： 2,187,757,667.55 元

3、期末基金资产净值： 2,180,374,649.81 元

单位基金资产净值： 1.0902 元/基金单位

4、基金资产净值收益率： 2.15%

五、基金持有人结构

1、基金持有人结构

基金持有人	期末数(元)	占基金总额比例
发起人：广发证券有限责任公司	12,500,000.00	0.625%
北京证券有限责任公司	12,500,000.00	0.625%
吉林信托投资公司	12,500,000.00	0.625%
中煤信托投资有限责任公司	12,500,000.00	0.625%
嘉实基金管理有限公司	10,000,000.00	0.5%
社会公众	1,940,000,000.00	97%
合　计	2,000,000,000.00	100%

2、前十名持有人

序号	持有人名称	持有数量	占基金总额比例
1	久茂贸易	32,322,900	1.62%
2	久事浦东	15,993,200	0.80%
3	久事大厦	13,428,400	0.67%
4	广发证券有限责任公司	12,500,000	0.625%
5	北京证券有限责任公司	12,500,000	0.625%
6	吉林信托投资公司	12,500,000	0.625%
7	中煤信托投资有限责任公司	12,500,000	0.625%
8	嘉实基金管理有限公司	10,000,000	0.5%
9	周志刚	10,000,000	0.5%
10	银铬投资	6,800,000	0.34%

根据《泰和证券投资基金基金契约》的规定，基金发起人认购基金单位总份额的 3%，即 6000 万份，基金发起人认购的基金单位，自基金成立之日起一年内不得转让 。一年以后，在基金存续期间，发起人持有的基金单位不得低于基金单位总份额的 1. 5%。前十名持有人中 4–8 名为发起人。

六、重要事项揭示

1、基金泰和管理人和托管人在本报告期内未发生任何诉讼事项。

2、基金泰和的会计师事务所为普华大华会计师事务所，未发生变更。

3、基金管理人–嘉实基金管理有限公司的办公地址在北京市西城区金融大街 35 号国际企业大厦 1636，未变更。

基金托管人中国建设银行，于 1999 年 4 月由原办公地址复兴路 12 号迁至现办公地 址金融大街 25 号。

4、基金泰和的投资组合严格按照《基金契约》和《招募说明书》中披露的投资 策略执行，以为投资者减少和分散投资风险，确保基金资产的安全并谋求基金长期持续稳定的投资收益为投资目标。

5、基金管理人和基金托管人涉及托管业务及其高级管理人在本报告期内未受到 任何处分。

6、基金管理人选择证券经营机构交易席位的情况：

选择标准：

（1）经营行为规范，在近一年内无重大违规行为；

（2）公司财务状况良好；

（3）有良好的内控制度，在业内有良好的声誉；

（4）有较强的研究能力，能及时、全面、定期提供质量较高的宏观、行业、公 司和证券市场研究报告，并能根据基金投资的特殊要求，提供专门的研究报告；

（5）建立了广泛的信息网络，能及时提供准确地信息资讯服务。

选定机构情况：

根据以上标准，选择了华夏证券、申银万国证券、吉林信托、广发证券、北京证券、中煤信托的席位作为基金泰和专用交易席位，签定了为期 6 个月的席位租用协议 ，席位正式起用为 1999 年 4 月，到 1999 年 9 月底协议到期后，又与华夏证券、吉林信托、广发证券、北京证券、中煤信托 5 家证券公司续签了租用协议。

1　　1999 年各席位股票年交易量及佣金情况如下：

证券公司	股票年交易量(元)	占交易总量%	应付佣金(元)	占应付佣金%
广发证券有限责任公司	309,594,207.07	18.40	263,153.05	18.77
北京证券有限责任公司	354,969,766.19	21.10	301,721.65	21.52
中煤信托投资有限责任公司	356,686,431.82	21.20	303,180.81	21.62
吉林信托投资公司	239,324,974.23	14.22	193,256.35	13.78
华夏证券公司	230,203,635.89	13.68	185,889.09	13.26
申银万国证券公司	191,821,885.63	11.40	154,896.08	11.05

2　1999 年各席位国债、回购交易量情况如下：

证券公司	国债年交易量(元)	比例(%)	回购年交易量（元）	比例%
广发证券有限责任公司	31,678,815.20	4.78	199,500,000.00	3.23
北京证券有限责任公司	321,839,878.40	48.56	3,596,400,000.00	58.26
中煤信托投资有限责任公司	309,219,284.70	46.66	2,376,800,000.00	38.51

说明：本基金 1999 年通过每一家证券公司席位买卖证券的成交量均未超过本基金买卖证券年成交总量的 30%。

七、备查文件目录

1、中国证监会批准泰和证券投资基金设立的文件；

2、《泰和证券投资基金基金契约》；

3、《泰和证券投资基金基金托管协议》；

4、基金管理人业务资格批件、营业执照和公司章程；

5、财务报表及附注；

6、报告期内泰和基金公告的各项原稿。

查阅地点：北京西城区金融大街 35 号国际企业大厦 1636 室。

网址：http://www.harvestfund.com.cn

投资者对本报告如有疑问，可咨询本基金管理人嘉实基金管理有限公司，咨询电话 010–88091666– 2861 或电子邮件 E–mail:hfminfo@harvestfund.com.cn。

嘉实基金管理有限公司

2000 年 3 月 17 日

安信证券投资基金

安信证券投资基金1999年年度报告摘要

一．基金简介

(一)基金名称:安信证券投资基金
(简称:基金安信)
交易代码:500003
基金发起人:上海国际信托投资公司
山东证券有限责任公司
华安基金管理有限公司
基金发行日期:1998年6月16日
基金成立日期:1998年6月22日
基金单位总份额:20亿份基金单位
基金类型:契约型封闭式
基金存续期:15年
基金上市地点:上海证券交易所
基金上市日期:1998年6月26日
(二)基金管理人:华安基金管理有限公司
注册及办公地址:上海市浦东南路360号
新上海国际大厦38楼
(邮编:200120)
国际互联网网址:http://www.huaan.com.cn
法定代表人:杜建国
总经理:韩方河
信息披露负责人:孙昌海
电 话:021-58881111
传 真:021-58406138
(三)基金托管人:中国工商银行
注册地址:北京市海淀区翠微路15号
办公地址:北京市西城区复兴门内大街55号
(邮编:100032)
法定代表人:姜建清
托管部负责人:赵 跃
信息披露负责人:刘长江
电 话:010-66106878
传 真:010-66106904
(四)会计师事务所:大华会计师事务所有限公司
注册及办公地址:上海市昆山路146号
法定代表人:汤云为
经办注册会计师:吕秋萍、曹培青

二．基金管理人报告

本基金业绩表现

截止到1999年12月31日,基金单位资产净值达到1.5636元,年净值增长率为46.79%,超过同期银行存款利率和同期沪深指数涨幅。扣除当年配售新股对基金净值增长的贡献因素,本基金净值增长率为27.08%,也超越了两市大盘。

本基金投资风格

坚持"精选个股、重点投资、长期持有、积极操作"的原则,在注意控制市场风险和个股风险的前提下,适当加大对高新技术、网络科技和生物医药等成长股的投资,争取为基金持有人谋取超过平均水平的投资收益。

基金经理简介

王国卫先生,基金经理,基金投资部经理,硕士学历。6年证券从业经验,曾在上海国际信托投资公司证券投资信托部、投资银行部工作;

林彤彤先生,基金经理,工商管理硕士(MBA),8年银行、证券从业经历,曾就职于中国银行漳州分行信贷管理处,担任基金经理前为华安基金管理有限公司研究发展部研究员。

(一) 基金经理工作报告

1999年是我国证券市场酝酿大变革的一年。党中央和国务院充分肯定证券市场对国民经济的促进作用;在严格监管、化解金融风险的同时,市场环境趋于宽松,投资者队伍不断扩大,三类企业和保险资金获准入市;金融创新活跃;证券投资基金逐步获得投资者认同并成为市场的中坚力量。证券市场作为国民经济的晴雨表,基本反映或提前反映了我国国民经济的运行状况。在这些大背景下,1999年沪、深两市综合指数分别比1998年上涨19.18%和16.96%。

基于年初对证券市场的总体判断,本基金经理小组在具体操作上采取了以下策略:1、提高投资集中度,加大对看好行业和个股的投资量。本基金投资组合中的前十大股票投资量基本超过基金股票总投资的50%以上,并且集中的趋势越来越明显。我们增加了对电子通信和环保行业的投资量,个股集中投资于东方电子、环保股份、真空电子和大唐电信。2、积极介入以电子商务为代表的网络类公司的投资。网络对经济和生活的影响是深远的,这种影响迟早会反映在资本市场上,但国内企业对网络的认识并不充分,使得投资选择异常困难。通过对网络科技比较发达的美国市场上网络股的形成和行变趋势的跟踪和分析,同时结合我国网络股的实际情况,我们尝试提出了对网络科技企业的价值评估方法,在此基础上筛选出几家公司重点投资,其中包括综艺股份,取得了较好的投资收益。3、根据行情行变和资金需求调节股票和债券投资比例。4、在日常操作中坚持"牛市做势、熊市或平衡市做细"的方法,力争将长期投资和短期波段操作有效结合起来。经过一年的运作,本基金资产取得了良好的增值。截止到12月31日,基金单位资产净值达到1.5636元,年净值增长率为46.79%,超过同期银行存款利率和同期沪深指数涨幅。扣除当年配售新股对基金净值增长的贡献因素,本基金净值增长率为27.08%,也超越了两市大盘。

经过一段时间的摸索和总结,我们对证券市场的认识渐趋清晰,基本形成了稳健、进取的投资风格。我们认为,作为机构投资者和市场的中坚力量,必须在认识和行为上区别于一般的非专业的投资者。第一,必须要有鲜明的、符合市场发展规律的投资理念日以一贯之并不断完善。没有理念就没有灵魂,只能随波逐流。第二,必须坚持投资的观点,以价值判断的方法判断个股价值,辨证地看待个股短期走势和长期趋势的关系。认为"股票是炒起来"的想法是极其危险的。第三,必须坚持独立判断,尽量避免市场的"集体错觉",克服心理恐惧和贪婪。第四,必须坚持研究为投资的基础,踏踏实实地进行公司研究、行业研究和市场分析,研究是降低投资风险的最有效手段,证券市场亦无捷径。第五,必须建立良好的内部运行机制,处理好投资决策委员会、基金经理、研究员和交易员之间的关系,既通过制度和程序控制风险,又要发挥个人的主观能动性。第六,必须建立完善、独立的内部监察制度,通过科学、高效的内控检查手段,保障基金投资程序的正常执行,消除各类违规隐患,确保基金投资理念的贯彻执行。

我们判断,2000年我国证券市场将延续1999年的发展势头,但个股分化加剧。主要理由在于:1、国际环境进一步改善,亚洲经济可能走出困境开始恢复性增长,有助于我国增加出口、拉动经济;2、为保持经济较快增长,国家将继续扩大内需、调整结构,因此将继续采取积极的财政政策和货币政策,货币供应继续宽松,企业和个人投资欲望增强;3、我国如能在2000年加入世界贸易组织,将有助于优化产业结构,增强企业经营者加快提高管理能力的意识,提高企业竞争力;4、金融创新和制度创新仍将贯穿全年;5、以INTERNET技术为载体的新经济模式将改变企业原有的经营模式。

科学技术是第一生产力,科技进步将会极大地推动经济发展。因此,以专用软件开发为代表的电子信息类上市公司、因网络经济飞速发展而衍生或受益的上市公司和真正具备研究开发生产销售能力的生物医药类上市公司仍值得重点关注。同时,由于国家加大环保投资力度和实施中西部开发战略,与此相关的环保、稀有资源类上市公司将获益。

作为安信基金经理,我们将继续坚持"精选个股、重点投资、长期持有、积极操作"的方法,分析和接纳市场出现的新事物和新现象,争取以优异的业绩回报投资者。

(二) 内部监察报告

基金运作合规性声明

本报告期内,本基金管理人严格遵守《证券投资基金管理暂行办法》及其各项实施准则、《安信证券投资基金基金契约》和其他有关法律法规的规定,本着诚实信用、勤勉尽责的原则管理和运用基金资产,遵循"用智慧赢得回报"和"信誉比什么都重要"的公司理念,在严格控制风险的基础上,为基金持有人谋求最大利益,无损害基金持有人利益的行为。 基金投资组合符合有关法规及基金契约的约定。

内部监察工作报告

1999年,本基金管理人在内部监察工作中一切从防范运作风险、保障基金持有人利益出发,适应由单一基金运作发展为多基金运作所带来的新情况,新问题,在内部监察稽核工作中注意突出重点,加强实时性。

我们的工作方法是建立并不断完善基金投资流程,由独立工作的内部监察人员对基金投资流程各环节的执行情况进行定期检查,并通过基金交易监控系统检查各基金投资运作合规情况;定期制作监察报告,发现违规隐患及时向管理层和监管部门报告并督促整改。

在本报告期内,我们将内部控制的重点置于确保本基金运作的独立性,防范不当关联交易、内幕交易以及本基金与本管理人管理的其他基金间可能出现的违规交叉交易。

主要措施有:一、在充分考虑多基金运作特点的基础上,对原有基金投资流程中有关投资决策权限分配、集中交易规则等方面的内容进行了修改完善,保证各基金投资的独立性、效率性和公平性。二、细化监察内容,提高检查频率。内部监察人员随时跟踪基金投资合规性,杜绝内幕交易等违规行为,确保各基金持有人的利益得到公平对待。三、加强监察稽核部门与各业务部门的沟通,建立内部监察反馈制度。四、提高技术手段,每日对基金投资交易进行实时监控,严防各基金间出现违规交叉交易情况。五、加强对员工职业操守的教育和监察意识的培养。

通过上述工作,本报告期内,本基金运作中无不当内幕交易和关联交易,也未发生过本管理人管理的各基金间违规交叉交易行为,整体运作合规合法,基金持有人利益得到充分保障。

在1999年内部监察工作的实践中,我们发现建立科学严密的基金投资程序是防止个人冲动型投资的有效手段,而忽视基金投资既定程序往往是走向投资失误的前奏。尽管本基金在1999年取得了良好的业绩表现,但在全年的运作中仍有值得总结的教训。我们将继续高度重视防范投资风险,不断完善基金操作程序,注意引入先进的内控技术,提高内部监察工作的科学性和效率性,切实保障基金安全运作,以优异的业绩回报投资者。

三．托管人报告

本托管人——中国工商银行,依据《安信证券投资基金基金契约》与《安信证券投资基金托管协议》,托管安信证券投资基金。

1999年度,在对安信证券投资基金的托管过程中,本托管人严格遵守了《证券投资基金管理暂行办法》及其实施准则、基金契约、托管协议和其他有关法规的规定,对安信证券投资基金的投资运作进行了全面的会计核算和应有的监督,没有发生任何损害基金持有人利益的行为,诚实信用、勤勉尽责地履行了作为托管人所应尽的义务。

本托管人依照《证券投资基金管理暂行办法》及其实施准则、基金契约、托管协议和其他有关法规的规定,对安信证券投资基金的投资组合进行了监督,认为华安基金管理有限公司在安信证券投资基金的投资运作、基金资产净值及单位基金资产净值的计算上,遵守《证券投资基金暂行办法》及其实施准则、基金契约、托管协议和其他有关法规的规定,没有发现任何损害基金持有人利益的行为。

本托管人依法对安信证券投资基金管理人——华安基金管理有限公司在1999年度所编制和披露的安信证券投资基金资产净值公告、基金投资组合公告、基金年度报告等公告信息进行了核查,认为安信证券投资基金管理人——华安基金管理有限公司在1999年度内所编制和披露的基金信息是合法、真实和完整的。

四．基金年度财务报告

(一)审计报告

审 计 报 告

华业字(2000)第198号

安信证券投资基金全体基金持有人:

我们接受委托,审计了贵基金1999年12月31日的资产负债表及1999年度收益及收益分配表。这些会计报表由贵基金的管理人负责,我们的责任是对这些会计报表发表审计意见。我们的审计是依据中国注册会计师独立审计准则进行的。在审计过程中,我们结合贵基金的实际情况,实施了包括抽查会计记录等我们认为必要的审计程序。

我们认为,上述会计报表符合基金及其财务会计的相关制度、法规及公允会计原则;在所有重大方面公允地反映了贵基金1999年12月31日的财务状况以及1999年度经营成果;会计处理方法的选用遵循了一贯性原则。

大华会计师事务所有限公司　　中国注册会计师:吕秋萍
　　中国注册会计师:曹培青
中国·上海·昆山路146号　　2000年2月21日

(二)基金会计报告书

资产负债报告书

资产负债主要项目期初数、期末数如下:

项 目	期初数	期末数
股票投资-成本:	1,374,642,017.99	1,866,947,896.93

股票投资-估值增值：	130,376,071.39	488,249,499.35
债券投资-成本：	-	631,244,458.00
债券投资-估值增值：	-	-3,425,946.30
买入返售证券：	-	8,000,000.00
银行存款：	731,483,987.56	201,082,775.51
应收股利：	55,987.04	-
应收利息：	345,364.57	168,064.12
应收帐款：	320,518.52	14,150,389.19
其他应收款项：	243,076.92	423,358.83
基金资产总值：	2,237,467,023.99	3,206,840,495.63
应付基金管理费：	4,417,767.79	6,548,929.84
应付基金托管费：	441,776.81	654,892.95
应付帐款：	16,643,132.74	28,927,508.75
卖出回购证券款：	-	38,462,500.00
应付佣金：	1,363,410.60	637,994.48
其他应付款项：	177,744.00	4,361,734.21
负债总额：	23,043,831.94	79,593,560.23
基金单位总额：	2,000,000,000.00	2,000,000,000.00
未分配净收益：	84,047,120.66	642,423,382.35
未实现估值增值：	130,376,071.39	484,823,553.05
基金资产净值：	2,214,423,192.05	3,127,246,935.40
基金单位发行总份额：	2,000,000,000	2,000,000,000
每份基金单位资产净值：	1.1072	1.5636

收益及收益分配报告书

收益及收益分配主要项目本期数、上期数如下：

项　目	本期数	上期数
在除息日确认的股息收入：	8,374,748.97	679,531.14
债券利息收入：	20,268,812.20	-
股票买卖价差收入：	686,263,692.58	47,011,214.16
债券买卖价差收入：	-8,662,145.62	9,710,628.00
其他收入：	13,040,037.56	56,435,485.59
基金管理费：	69,459,039.00	26,843,990.19
基金托管费：	6,945,903.97	2,684,399.04
应由基金承担的其他费用：	503,941.03	261,349.00
基金净收益：	642,376,261.69	84,047,120.66
上年末未分配净收益：	84,047,120.66	-
本期已分配收益：	84,000,000.00	-
期末未分配净收益：	642,423,382.35	84,047,120.66

(三)会计报告书附注

1、主要会计政策

(1)会计期间：公历1月1日至12月31日。

(2)记帐原则：权责发生制。

(3)记帐本位币：人民币。

(4)基金资产的估值方法：

1 上市证券（包括已上市但根据有关规定流通受限的配售新股）以计算日市场平 均价为准；该日无交易的，以最近一日平均价计算。

2 未上市的股票以发行价计算。

3 未上市国债及银行存款以本金加计至估值日为止的应计利息额计算。

4 如遇特殊情况而无法或不宜以上述规定确定基金资产价值时，基金管理人依据 主管机关的有关规定办理。

(5)收入的确认政策

股息收入：在被投资股票股权除息日确认。

债券利息收入：在被投资国债除息日确认。

其他收入：在实际收到时确认。

(6)证券交易的成本计价方法

证券交易在取得时按实际成本计价，出售时按移动加权平均法计价。

(7)税项

根据财政部、国家税务总局的财税字[1998]55号《关于证券投资基金税收问题的通知》，对基金税收有如下规定：

1 以发行基金方式募集资金不征收营业税。

2 对基金买卖股票、债券的差价收入暂免征营业税。

3 对基金买卖股票按照4‰的税率征收印花税。

4 对基金从证券市场中取得的收入，暂免征所得税。

5 基金向投资者分配的基金收益，暂免征所得税。

(8)基金的收益分配政策：

1 基金收益分配比例不低于基金净收益的90%。

2 基金收益分配采取现金方式，每年分配一次，分配在基金会计年度结束后的四 个月内完成。

3 基金当年收益先弥补上一年度亏损后，才可进行当年收益分配。

4 基金投资当年亏损，则不进行收益分配。

5 每一基金单位享有同等分配权。

2、关联交易

(1)关联人、关系、交易性质及法律依据列示

关 联 人	关　系	交易性质	法律依据
华安基金管理有限公司	基金管理人 基金发起人	提取管理费	基金契约
中国工商银行	基金托管人	提取托管费	基金契约
上海国际信托投资公司	管理公司发起人 基金发起人	租用交易席位	席位使用协议
山东证券有限责任公司	管理公司发起人 基金发起人	租用交易席位	席位使用协议
申银万国证券股份公司	管理公司发起人	租用交易席位	席位使用协议

(2)通过关联人席位交易情况：

1 本基金通过关联人席位1999年的股票交易情况：

关　联　人	年成交量	比例	年佣金	比例	平均佣金比率
上海国际信托投资公司	831,895,718.99	19.37%	684,191.62	19.14%	0.0822%
申银万国证券股份公司	560,665,201.15	13.06%	470,539.94	13.17%	0.0839%
山东证券有限责任公司	908,914,269.33	21.17%	758,956.50	21.24%	0.0835%

本基金通过关联人席位1998年的股票交易情况：

关　联　人	年成交量	比例	年佣金	比例	平均佣金比率
上海国际信托投资公司	1,495,291,862.98	93.35%	1,274,327.04	93.47%	0.85‰
申银万国证券股份公司	19,089,245.18	1.19%	16,225.38	1.19%	0.85‰
山东证券有限责任公司	32,456,342.16	2.03%	27,714.48	2.03%	0.85‰

2 本基金通过关联人席位1999年的国债及回购交易情况：

关　联　人	国债年成交量	比例	回购年成交量	比例
上海国际信托投资公司	290,418,631.90	9.67%	60,000,000.00	2.90%
申银万国证券股份公司	536,326,651.40	17.85%	237,400,000.00	11.49%
山东证券有限责任公司	595,900,153.08	19.84%	222,000,000.00	10.74%

(3)管理人或托管人收取的报酬的计算标准及金额

1 基金管理人的报酬

本基金应给付基金管理人管理费，按前一日的基金资产净值的2.5%的年费率计提，计算方法如下：

H = E × 2.5% ÷ 当年天数

H 为每日应支付的管理人报酬

E 为前一日的基金资产净值

基金管理人的管理费每日计算，逐日累计至每月月底，按月支付，由基金托管人于次月前两个工作日内从基金资产中一次性支付给基金管理人。

1999年管理人收取的基金管理费金额为69,459,039.00元。1998年管理人收取的 基金管理费金额为26, 843,990.19元。

2 基金托管费

本基金应给付基金托管人托管费，按前一日的基金资产净值的2.5‰的年费率计 提，计算方法如下：

H = E × 2.5‰ ÷ 当年天数

H 为每日应支付的基金托管费

E 为前一日的基金资产净值

基金托管人的托管费每日计算，逐日累计至每月月底，按月支付，由基金托管人于次月前两个工作日内从基金资产中一次性支取。

1999年托管人收取的基金托管费金额为6,945,903.97元。1998年托管人收取的基金托管费金额为 2, 684,399.04元。

3、主要报表项目说明

(1)应收帐款1999年12月31日余额为人民币14,150,389.19元，是应收交易清算资金。由以下两项组成：上海应收交易清算资金，10,221,297.87元；深圳应收交易清算资金3,929,091.32元。

(2)其他应收款项1999年12月31日余额为人民币423,358.83元，是深圳证券交易 所交易保证金款项。

(3)应付帐款1999年12月31日余额为人民币28,927,508.75元，是上海应付交易清算资金。

(4)其他应付款1999年12月31日余额为人民币4,361,734.21元，是应付配股款和 卖出回购证券款所计提的应付利息。由以下二项组成：应付配股款4,267,210.00元；卖出回购证券款所计提的应付利息94,524.21元。

(四)本基金流通受限、不能自由转让的资产全部为认购的配售新股。在估值时如果该新股还未上市，则按成本计价；如已上市，则按当日平均价计价。1999年12月31日估值时，已上市但流通受限的新股估值增值额为82,447,533.00元。

序号	股票名称	上市日期	交易日期	数　量	成　本	市　价
1	中原油气	1999.11.10	2000.1.10	1,468,800	7,182,432.00	9,224,064.00
2	浦发银行	1999.11.10	2000.1.12	4,571,000	45,710,000.00	113406510.00
3	广济药业	1999.11.12	2000.1.12	312,500	1,571,875.00	3,550,000.00
4	金陵药业	1999.11.18	2000.1.18	457,100	3,839,640.00	7,203,896.00
5	小鸭电器	1999.11.25	2000.1.25	514,300	1,933,768.00	3,193,803.00
6	海南航空	1999.11.25	2000.1.25	2,360,000	10,856,000.00	12012,400.00
7	河池化工	1999.12.2	2000.2.14	285,700	1,185,655.00	2,277,029.00
8	欣龙无纺	1999.12.9	2000.2.17	314,000	1,821,200.00	3,510,520.00
9	秦岭水泥	1999.12.16	2000.2.18	400,000	2,360,000.00	2,944,000.00
10	首钢股份	1999.12.16	2000.3.16	1,024,550	5,276,432.50	5,296,923.50
11	南山实业	1999.12.23	2000.2.23	429,000	4,032,600.00	4,912,050.00
12	真空电子	1999.12.22	2000.2.22	6,859,400	69,828,692.00	70514,632.00
13	万杰实业	2000.1.13	2000.3.14	943,000	6,412,400.00	6,412,400.00
14	海南椰岛	2000.1.20		285,700	1,171,370.00	1,171,370.00
15	锡业股份	2000.2.21		1,114,287	6,685,722.00	6,685,722.00
16	东方钽业	2000.1.20		292,100	2,745,740.00	2,745,740.00
17	大连金牛	2000.3.1	见注	1,667,100	6,801,768.00	6,801,768.00
18	赤天化	2000.2.21	见注	629,200	4,530,240.00	4,530,240.00
19	中化国际	2000.3.1	见注	1,474,400	11,795,200.00	11795,200.00
20	华东医药	2000.1.27	见注	449,400	2,588,544.00	2,588,544.00
合　计				25,851,537	198329,278.50	280776811.50

注：按有关规定，上述四只股票各有50%已于上市日流通。

(五)基金投资组合

1、按行业分类的投资组合

分　类	面　值	市值(元)	占净值比例
交通运输类	9,798,456	96,963,719.04	3.10%
能源电力类	1,137,600	13,560,192.00	0.43%
建材建筑类	400,000	2,944,000.00	0.09%
冶金类	6,967,908	59,929,027.48	1.92%
机械制造类	16,258,901	494,537,157.07	15.81%
电子通讯类	41,720,853	673,588,726.74	21.54%
化工类	4,559,330	40,093,800.80	1.28%
医药类	6,714,918	84,683,992.12	2.71%
汽车及配件制造类	5,000,000	48,400,000.00	1.55%
纺织服装类	6,912,300	121,999,383.00	3.90%
家电类	3,376,528	48,417,005.40	1.55%
酿酒食品类	1,159,495	8,703,482.90	0.28%
商贸旅游类	21,156,773	280,029,008.43	8.95%
金融地产类	4,571,000	113,406,510.00	3.63%
综合类	11,462,477	267,941,391.30	8.57%
合　计	141,196,539	2,355,197,396.28	75.31%

2、国债、货币资金合计

截止1999年12月31日，基金持有的国债及货币资金合计为814,124,167.65元，占基金资产净值的26.03%。

3、基金投资前十名股票明细

序号	名　称	数量(股)	市值(元)	占净值比例
1	环保股份	13,713,901	467,232,607.07	14.94%
2	东方电子	17,169,579	286,216,881.93	9.15%
3	综艺股份	8,927,977	240,162,581.30	7.68%

4	青旅控股	15,882,373	220,923,808.43	7.06%
5	大唐电信	7,822,016	208,378,506.24	6.66%
6	真空电子	16,460,321	169,212,099.88	5.41%
7	雅戈尔	6,169,300	113,576,813.00	3.63%
8	浦发银行	4,571,000	113,406,510.00	3.63%
9	巴士股份	6,438,456	76,231,319.04	2.44%
10	上海汽车	5,000,000	48,400,000.00	1.55%

4、基金投资组合报告附注

(1)报告项目的计价方法

本基金持有的上市证券采用公告内容截止日的市场平均价计算,已发行未上市股票采用成本价计算。

(2)本基金不存在购入成本已超过基金资产净值10%的股票。

(3)截止1999年12月31日,本基金其他应收应付款项为贷方余额42,074,628.53元,股票市值2,355,197,396.28元,国债及货币资金合计814,124,167.65元与其相抵减后等于基金净值。其他应收应付款项包括:应收利息、其他应收款、应付管理人报酬、应付托管费、应付券商佣金、其他应付款以及买入返售证券、卖出回购证券款。

(六)主要财务指标

主要财务指标	1999年度	1998年度
基金可分配净收益	642,423,382.35元	84,047,120.66元
单位基金净收益	0.3212元	0.042元
期末基金资产总值	3,206,840,495.63元	2,237,467,023.99元
期末基金资产净值	3,127,246,935.40元	2,214,423,192.05元
单位基金资产净值	1.5636元	1.1072元
基金资产净值年收益率	24.44%	7.59%

五. 基金持有人结构

截止1999年12月31日,本基金发起人持有的基金份额为0.54亿基金单位,占基金发行总份额的2.7%,其中:

发起人	持有份额(单位)	占总份额比例
上海国际信托投资公司	36,000,000	1.80%
其中:未上市流通份额	18,000,000	0.90%
华安基金管理有限公司	12,000,000	0.60%
其中:未上市流通份额	6,000,000	0.30%
山东证券有限责任公司	6,000,000	0.30%
其中:未上市流通份额	6,000,000	0.30%

社会公众持有的基金份额为19.46亿基金单位,占基金发行总份额的97.3%。

本基金前十名持有人的名称、持有份额、占总份额比例如下:

序号	名称	持有份额(单位)	占总份额比例
1	久事大厦	60,000,000	3.00%
2	南方实业	41,466,700	2.07%
3	上海国际信托投资公司	36,000,000	1.80%
4	南证经贸	31,906,400	1.60%
5	久事浦东	30,810,800	1.54%
6	上扬商贸	30,602,000	1.53%
7	大正投资	28,402,100	1.42%
8	湖北证券	17,700,000	0.89%
9	丽晶新	15,520,400	0.78%
10	宏源公司	14,786,400	0.74%

六.重要事项揭示

(一) 本基金管理人、托管人在本期内未发生任何诉讼事项。

(二)本基金管理人于一九九九年十一月二十五日召开了第一届董事会第三次会议。会议通过以下决议:同意徐建军同志因工作调动辞去董事长职务,选举杜建国同志 担任董事长。以上人事变动,已经报中国证监会核准。 并已于二零零零年二月二十六日在中国证券报、上海证券报刊登决议公告。

(三)2000年2月22日,本基金管理人在上海证券报等报刊刊登《安信证券投资基 金关于召开第一次基金持有人大会的公告》,会议内容为修改《安信证券投资基金基金契约》,主要提案为:

1.提案一:第七部分第二条 投资范围

原规定"本基金投资范围仅限于国债和国内依法公开发行、上市的股票。"

修改为"本基金投资范围仅限于国内依法公开发行、上市的股票、债券及中国证监会批准的允许基金投资的其他金融工具。"

2.提案二:第十二部分第一条 基金持有人大会召开事由

原规定"有下列情形之一的,召开基金持有人大会:(1)修改基金契约;(2)提前 终止基金;(3)更换基金托管人;(4)更换基金管理人;(5)延长基金期限;(6)变更基金类型;(7)中国证监会规定的其他情形。"

修改为:增加第二款"经基金管理人和托管人协商一致并报中国证监会核准后, 调低基金管理人报酬及基金托管费无需召开基金持有人大会即可公告。"

3.提案三:第十六部分第二条 基金管理人的报酬

原规定"基金管理人报酬按前一日基金资产净值的2.5%年费率计提。"

修改为"基金管理人的报酬由两部分组成,一部分是基金管理费,以基金资产净值的1.5%年费率计提;另一部分是业绩报酬,当基金的可分配净收益高于同期银行一年定期储蓄存款利率20%以上,且当年基金资产净值增长率高于同期证券市场平均收 益率时, 按一定比例计提。"

上述提案经基金持有人大会审议通过,于2000年3月13日在《上海证券报》、《 中国证券报》、《证券时报》刊登决议公告。

(四)根据中国证监会《关于加强证券投资基金监管有关问题的通知》(证监基字(1998)29号)中有关规定及本基金管理人1998年10月30日公告的选择券商标准,本基金管理人向上海国际信托投资公司、申银万国证券股份有限公司、山东证券有限责任公司、国信证券有限公司、国通证券有限责任公司、光大证券有限公司等六家券商租用交易席位。

1999年各券商年股票成交量及年佣金情况如下:

券商名称	股票年成交量	占年成交量比例	年佣金	占年佣金量比例
上海国投	831,895,718.99	19.37%	684,191.62	19.14%
山东证券	908,914,269.33	21.17%	758,956.50	21.23%
国通证券	1,100,630,823.19	25.63%	918,391.84	25.70%
申银万国	560,665,201.15	13.06%	470,539.94	13.17%
光大证券	478,543,353.66	11.15%	391,575.07	10.96%
国信证券	413,127,983.18	9.62%	350,380.14	9.80%
合 计	4,293,777,349.50	100%	3,574,035.11	100%

1999年各券商年国债、回购成交量情况如下:

券商名称	国债年成交量	占年成交量比例	回购年成交量	占年成交量比例
上海国投	290,418,631.90	9.67%	60,000,000.00	2.90%
山东证券	595,900,153.08	19.84%	222,000,000.00	10.74%
国通证券	556,933,010.10	18.54%	491,900,000.00	23.80%
申银万国	536,326,651.40	17.85%	237,400,000.00	11.49%
光大证券	530,183,771.90	17.65%	990,000,000.00	47.90%
国信证券	494,146,183.70	16.45%	65,600,000.00	3.17%
合 计	3,003,908,402.08	100%	2,066,900,000.00	100%

说明:

1. 本基金通过单一券商席位买卖证券本年成交量均未超过本基金买卖证券年成 交总量的30%。

2.在本年度交易中,本基金管理人根据既定的券商服务评价标准,每月对各券 商提供的服务进行综合打分,根据排名结果,兼顾本基金管理人旗下管理的两只基金的交易情况分配交易量。

七. 备查文件目录

1.中国证监会批准安信证券投资基金设立的文件。

2.《安信证券投资基金基金契约》。

3.《安信证券投资基金托管协议》。

4.华安基金管理有限公司批准成立批件、营业执照、公司章程。

5.安信证券投资基金审计报告正本、财务报表及报表附注。

6.安信证券投资基金1999年度收益分配公告。

7. 本报告期内在中国证监会指定报纸上公开披露的基金净值、投资组合公告及 其他临时公告。

华安基金管理有限公司

二零零零年三月十三日

汉盛证券投资基金

汉盛证券投资基金1999年年度报告摘要

一、基金简介

(一)基金简称:基金汉盛
交易代码: 500005
基金发起人:海通证券有限公司
申银万国证券股份有限公司
华泰证券有限责任公司
福建国际信托投资公司
山东省国际信托投资公司
富国基金管理有限公司
基金发行日期:1999年4月30日
基金成立日期:1999年5月10日
基金单位总份额:20亿份
基金类型:契约型封闭式
基金存续期:15年
上市地点:上海证券交易所
基金上市日期:1999年5月18日
(二)基金管理人:富国基金管理有限公司
注册地址:北京市建国门外大街1号国贸中心西楼六层601
邮政编码:100004
网址:http://www.fullgoal.com.cn
法定代表人:虞志皓
总经理:李建国
信息管理负责人:林志松
电话:010-65055933
传真:010-65055977
(三)基金托管人:中国农业银行
注册地址:北京市复兴路甲23号
办公地址:北京市复兴路甲23号华懋大厦12层
邮政编码:100036
法定代表人:尚福林
托管部负责人:郭辉
信息管理负责人:李芳菲
电话:010-68298174
传真:010-68298172
(四)会计师事务所:普华大华会计师事务所
注册地址:上海浦东新区沈家弄325号
法定代表人:汤云为
经办注册会计师:周忠惠、王笑

二、基金管理人报告

本基金业绩表现

截止到1999年12月31日,基金单位资产净值达到1.2204元,与发行时相比,净值增 长率为22.04%,按成立实际天数加权计算年净值增长率为34.23%,超过同期银行存款利率和同期沪深指数涨幅。扣除当年配售新股对基金净值增长的贡献因素,本基金净 值增长率为14.91%。

本基金投资风格

汉盛基金管理小组通过不断的探索和总结,逐步形成了积极、进取的投资风格,坚持以宏观经济和大势分析研判为基础、行业分析与公司研究相融合的原则,积极投资 于业绩与成长兼具的电子通信、网络、媒体、环保、生物制药等高新技术行业中的领先企业,使基金汉盛真正成为具有鲜明风格与特色的成长型基金。

基金经理简介

金涛先生,基金经理,28岁,经济学硕士,五年金融、证券从业经历,曾就职于交通 银行上海分行调研部、海通证券有限公司资产运用部、基金部,富国基金管理有限公 司基金管理部基金经理助理。

(一)基金经理工作报告

1999年是我国证券市场发展过程中相当重要的一年,无论从政策制定还是从市场 规范建设方面,都将发展证券市场摆在国民经济建设中的极其重要位置,这在我国证券市场发展史上是绝无仅有的,从这方面而言,管理层似乎已将带动整个国民经济走出低谷的重要使命赋予了证券市场,这一点是决定我国证券市场今后几年运行态势的主基 调。99年股市政策着重解决了两个问题:1.加强制度建设,规范证券市场发展。7月1日《证券法》的实施,标志着我国证券市场规范化建设进入新阶段。同时为我国证券市 场发展指明了方向,为股市走向理性,走向成熟打下了坚实基础。2.拓展渠道,引资入 市。1999年以来,管理层在培育证券市场需求方面大做文章,先后对许多券商进行增资扩股,允许有条件的券商进入银行资金拆借市场;大力培育机构投资者,改善投资者结 构,全年共发展证券投资基金13只;允许三类企业、保险资金进入证券市场;而对储蓄 存款开征利息税更使流入股市资金潜流暗涌。在这样的政策面主导之下,1999年沪、深两市综合指数分别比上年上涨了19.18%和16.96%。

基于对99年我国经济形势和证券市场的判断,本基金管理小组在具体操作上努力 做到:一、制定基金投资策略和投资组合之前进行大量的研究分析工作,包括宏观经济分析、市场分析、行业分析以及上市公司分析,因为我们认为只有建立在大量的准备 工作基础上的投资策略和投资组合方案才是最经得起市场考验的。二、基金投资品种的储备、筛选和调研工作必须作为日常的重要工作持久有序地进行。应该说,制定基 金的科学可行的投资组合方案的重要前提就是有大量的充足的基金投资品种储备。三、在基金运作过程中,应根据市场情况和宏观面的变化及时调整投资策略和投资组合,做到有理、有利、有节。四、对基金投资品种的跟踪、调研必须做到制度化、日常化和系统化。特别是重仓投资品种,与上市公司和相关部门保持经常的密切联系。五、加强内部管理,严格按照基金的投资操作程序运作。在日常工作中,一定要依照公司和部门的有关规定有条不紊地开展各项业务工作。

我们认为2000年我国证券市场基本保持震荡向上的运行态势,个股股价严重两极 分化。不但政策面会对证券市场给予很好支持,资金面也将为大盘走强提供一定的基 础。99年管理层采取了多种手段培育市场需求,如大力发展证券投资基金,征收利息税,允许三类企业和保险资金入市等,为股市走强准备了源源不断的后备力量,其中有些 因素如三类企业入市等将对市场运行格局产生长期影响。目前来看,我们认为,股市最缺乏的不是资金,而是投资者的信心。近期新股发行方式的改变,将很好地引导一级市场资金流入二级市场,券商抵押融资政策的出台,将对股市走强提供资金上的支持,同 时投资者也有信心上的支撑。

此时,客观地把握市场结构调整所催生的投资理念更新,将更具实战意义。世界证券市场对"知识经济"价值取向空前趋同性和国内证券市场政策取向及主流资金的配置格局,皆提示2000年的市场主题热点会被"知识经济"的内涵所覆盖,进而令市场对上市公司的价值认同基于静态业务全面转换到追求技术创新能力与未来市场份额,市 盈率---这一工业经济时代的择股标准会被摈弃,"绩优股"的称谓会被"蓝筹股"取代,而成为市场价值中枢的基础。而科技、网络、通信、生物等高新技术股将被前卫 的先锋力量反复追捧。

2000年科技股将成为最有潜力的投资对象。科技企业在享有众多利好之后,近期《公司法(修正案)》又规定了证券交易所内可以单独设立科技股交易系统,这无疑是 又一重大利好。高科技股的无穷魅力已显示在其股价上,这标志着传统工业股在中国 股市的辉煌即将过去,取而代之的是以互联网、软件开发、电子商务为代表的高成长 性的科技股。

基于对2000年证券市场的判断,我们将坚持"投资新经济、获取高回报"的原则,积极重点投资高成长的网络股和高科技股,争取以优良的业绩回馈投资者。

(二)内部监察报告

基金运作合规性声明

本报告期,基金管理人严格按照《证券法》、《证券投资基金管理暂行办法》、《汉盛证券投资基金契约》以及其它有关法律法规的规定,本着诚实信用、勤勉尽责 的原则,以减少和分散风险,确保基金资产的安全并谋求基金长期稳定收益为目标, 管 理和运用基金资产, 在严格控制风险的基础上,为基金持有人谋求最大收益,无损害基 金持有人利益的行为。基金投资组合符合有关法规及基金契约的约定。

内部监察报告

1999年,是本基金管理人正式成立并管理运营基金的第一年,是建立、健全、完善各项管理系统的一年。通过不断的探索和总结,逐步建立起符合自身特点的规范、科 学的管理体系。本基金管理人在内部监察工作中一切从防范风险,保障基金持有人利 益出发,对公司各项工作进行全方位、实时的监察稽核,并对基金投资决策与执行进行专项重点监察稽核。

在本报告期内,我们以确保公司运作的合法性、合规性为重点,以加强内部管理, 提高管理水平为核心,建立了一套行之有效的监察稽核管理系统,明确了工作流程,完 善了工作手段和方式,依此实现防范和控制风险的目的。具体措施有:一、加强对员工风险意识和职业操守的教育,培养监察意识,使其自觉遵守各项规章制度。二、细化监察工作流程和内容,充实、完善工作手段和方法。监察人员通过日常巡查,定期检查和专项检查等方式,对基金投资的全过程进行实时跟踪,杜绝内幕交易等违规行为。三、加强与各业务部门的沟通,建立内部监察反馈机制。

通过上述工作,本报告期内,本基金运作中无不当内幕交易和关联交易,也没有任 何员工发生违法、违规行为,全年运作合法、合规,基金持有人的权益得到充分保障。

回顾一年的内部监察工作,我们深感建立科学严密的监察稽核管理体系,对揭示和防范风险,保障基金投资的科学、高效,提高公司管理水平至关重要。我们将继续高度重视防范各种风险,不断完善和优化操作流程,充实和改进内控技术方法与手段,提高内部监察工作的科学性和效率性,切实保障基金运作的安全,以优异的业绩回报投资者 。

三、基金托管人报告

(一)汉盛证券投资基金托管人-中国农业银行,在托管汉盛基金期间,严格遵守《 证券投资基金管理暂行办法》及其各项实施准则、《汉盛证券投资基金契约》和其他有关法规的规定,切实维护汉盛基金持有人利益,尽职尽责地履行基金托管人应尽的职责。

(二)对汉盛基金管理人的投资运作、基金资产净值及每份基金资产净值的计算方面进行了监督、审核,未发现汉盛基金管理人有损害基金持有人利益的行为。

(三)对汉盛基金管理人在九九年度编制的与我行有关的汉盛基金披露信息进行了认真、独立、完整的核对。确认汉盛基金管理人在九九年度编制的经我行核对后披露的汉盛基金信息是合法、真实、完整的。

特此报告

中国农业银行
一九九九年三月二十五日

四、基金年度财务报告

(一)审计报告

审计报告
普华审字(2000)第253号

汉盛证券投资基金全体持有人:

我们接受委托,审计了汉盛证券投资基金 (以下简称 "汉盛基金")1999年12月31日的资产负债表及1999年5月10日(基金成立日)至1999年12月31日止期间的收益及收益分配表。这些会计报表由汉盛基金管理人富国基金管理有限公司负责, 我们的责任是对这些会计报表发表审计意见。我们的审计是根据《中 国注册会计师独立审计准则》的规定抽查会计记录等我们认为必要的审计程序。

我们认为,下述汉盛基金会计报表符合中华人民共和国《企业会计准则》、《证 券投资基金管理暂行办法实施准则第五号证券投资基金信息披露指引》和中国证券监督管理委员会允许的如会计报表附注所列示的基金行业的实务操作的约定, 在所有重 大方面公允地反映了汉盛基金1999年12月31日的财务状况及1999年5月10日 (基金成立日) 至1999年12月31日止期间的经营成果。

普华大华会计师事务所　　注册会计师　　周忠惠
注册会计师　　王　笑
中国　上海　　2000年1月21日

(二)会计报告书

1、汉盛证券投资基金资产负债报告书　　单位:人民币元

项目	期初数	期末数
股票投资-成本:	-	1623202322.70
债券投资-成本	-	581205819.55
股票投资-估值增值:	-	128784705.65
债券投资-估值增值		-4849206.45
银行存款:	-	107224297.55
应收股利:	-	-
应收利息: (附注4)	-	54440.72
应收帐款: (附注5)	-	11602544.11
其他应收款项:(附注5)	-	1686274.88

基金资产总额:	–	2448911198.71
负债及持有人权益		
应付基金管理费:	–	5177146.40
应付基金托管费:	–	517714.63
应付帐款:	–	2043748.19
应付佣金:	–	354580.34
其他应付款:		
负债总额:	–	8093189.56
基金持有人权益		
实收基金:(附注 6)	–	2000000000.00
未分配净收益:	–	316882509.95
未实现估值增值:	–	123935499.20
持有人权益合计:	–	2440818009.15
负债及持有人权益合计:		2448911198.71
每份基金单位资产净值:	–	1.2204

2、收益和分配报告书

1999 年 5 月 10 日(基金成立日)至 1999 年 12 月 31 日止

收益和分配主要项目本期数和上期数如下

项目	上期数	本年累计数
收　入		
证券买卖价差收入:	–	324752810.31
股票买卖价差收入:	–	329276032.92
债券买卖价差收入:	–	–4523222.61
股息收入:	–	4956229.68
债券利息收入:	–	13378744.64
其他收入:(附注 7)		18586430.64
费　用		
基金管理费:	–	40628702.93
基金托管费:	–	4065180.39
其他费用:(附注 8)	–	97822.00
本期净收益:	–	316882509.95
本期未分配收益:	–	316882509.95

会计报告书附注为本报告书的组成部分

(三)会计报告书附注

1、基金简介

汉盛证券投资基金(以下简称本基金)由海通证券有限公司、申银万国证券股份有限公司、华泰证券有限责任公司、福建国际信托投资公司、山东省国际信托投资公司、富国基金管理有限公司共六家发起人根据《证券投资基金管理暂行办法》、《汉盛证券投资基金契约》及其他有关规定共同发起,经中国证券监督管理委员会(证监基金字[1999]13 号文)批准,于 1999 年 5 月 10 募集成立。本基金为契约型封闭式,存续期 15 年,发行规模为 20 亿份基金单位。本基金的基金管理人为富国基金管理有限公司,基金托管人中国农业银行。本基金经上海证券交易所(以下简称上交所)[上证上(1999)字第 27 号文]审核同意,于 1999 年 5 月 18 日在上交所挂牌交易。根据《证券投资基金管理暂行办法》和证监基金字[1999]13 号文的规定,本基金的投资对象为依法公开发行并可在 沪深证券交易所流通的股票和债券。

2、主要会计政策

(1)编制基础

本会计报表披露方式是根据中国证券监督管理委员会于 1999 年 3 月 10 日颁布的《 证券投资基金管理暂行办法》实施准则第五号–《证券投资基金信息披露指引》进行 披露。(2)会计年度

本基金的会计年度为公历 1 月 1 日至 12 月 31 日

(3)记帐原则和计价基础

本基金的会计核算以权责发生制为记帐原则,以各项资产取得时的实际成本计价 。

(4)现金和银行存款

现金和银行存款指本基金持有或存放于银行的货币资金,其在资产负债表日的估 值,按应计制计算到估值当日的应收利息加计本金。

(5)股票投资

股票投资按取得时的实际成本计价,出售成本按移动加权平均法计算。股票分为 上市交易股票和未上市交易股票,上市交易股票投资的估值按估值日当天各股票相应 的市场均价计算,若当日无交易,则以最近一日的市场均价计算。实际成本与估值的差异不调整个别股票的帐面成本,而计入"未实现资本利得"。未上市交易股票的估值 按发行价格计算。

(6)债券投资

债券投资指国家债券投资。债券投资按取得时的实际成本计价,出售的债券成本 按移动加权平均法计算,债券投资按估值当天各债券相应的市场均价计算,若当日无交易,则以最近一日的市场均价计算。实际成本与估值的差异不调整个别债券的帐面成 本,而计入"未实现资本利得"。未上市交易债券的估值,按应计制计算到估值当日的应收利息加计本金。

(7)其他投资

其他投资指上述投资以外的其他金融工具投资。

(8)收入的确认

1、股息收入在被投资股票股权除息日确认。

2、债券利息收入在被投资债券除息日确认。

3、证券买卖价差收入在证券成交当日确认。

4、其他收入在实际收到时确认。

(9)基金管理费

基金管理人的报酬根据《汉盛证券投资基金基金契约》的规定按基金资产净值的 2.5%的年费率计算。

(10)基金托管费

基金托管人的托管费根据《汉盛证券投资基金基金契约》的规定按基金资产净值的 0.25%的年费率计算。

(11)投资组合

本基金按照《证券投资基金管理暂行办法》及其实施准则以及《汉盛证券投资基金基金契约》等有关规定的比例进行投资组合。

(12)基金的收益分配政策

①、基金收益分配采取现金形式,每年至少分配一次,分配在基金会计年度结束后的四个月内完成;

②、分配比例不低于基金净收益的 90%;

③、基金当年收益应先弥补上一年亏损后,才可对基金可分配收益进行分配;

④、基金投资当年亏损,则不进行收益分配;

⑤、每一基金单位享有同等分配权。

3、税项

根据《财政部国家税务总局关于证券投资基金税收问题的通知》规定:

(1)以发行基金方式募集基金,不属于营业税征收范围,不征收营业税。

(2)基金从证券市场中取得的收入暂免征所得税。

(3)基金买卖股票按照规定征收印花税。

4、应收利息

应收利息为截止到 1999 年 12 月 31 日本基金应收银行存款利息。

5、应收帐款及其他应收款

应收帐款	期末数
上海证券交易所股票清算款	11602544.11

其他应收款为在深圳证券交易所垫付交易保证金款项 1,481,749.8 元人民币 、计 提承销国债利息 89,222.2 元人民币及应收回购利息 115,302.88 元人民币。

6、实收基金

	基金单位数	期末数
发起人持有基金	60000000	60000000.00
公开募集基金	1940000000	1940000000.00
实收基金	2000000000	2000000000.00

7、其他收入

	期末数
银行存款利息收入	4673936.92
申购资金冻结利息收入	964949.41
发行费节余 (附注 10)	12361800.00
承销国债、返还配股手续费	585744.31
合计	18586430.64

8、其他费用

	期末数
交易费用	55422.00
上市年费	40.000.00
开户费及手续费	2400.00
合计	97822.00

9、发行费用明细

实收发行费用	20000000.00
减:上网发行费用	4908200.00
发行协调人费用	1900000.00
上市推荐人费用	700000.00
律师费用	50000.00
会计师费用	50000.00
上市初费	30000.00
发行费用小计	7638200.00
发行费用节余	12361800.00

10、关联交易

(1)关联方名称	与本基金的关系
富国基金管理有限公司	基金管理人、基金发起人
中国农业银行	基金托管人
海通证券有限公司	基金发起人
申银万国证券股份有限公司	基金发起人
华泰证券有限责任公司	基金发起人
山东省国际信托投资公司	基金发起人
福建国际信托投资公司	基金发起人

(2)通过关联方席位进行的交易

关联方	5–12 月成交量	占成交总量比例	5–12 月佣金	占佣金总量比例
海通证券	1543701050.97	25.24%	810114.93	18.55%
申银万国	1162825463.93	19.01%	958525.44	21.94%
华泰证券	1133378299.93	18.53%	803402.22	18.39%
山东国投	1141325528.46	18.66%	920526.79	21.07%
福建国投	1134793422.40	18.55%	875795.88	20.05%

本基金管理人将采取有效措施,保证每个专用交易席位的年交易量不超过基金年 交易总量的 30%。

(3)基金管理人报酬

支付基金管理人富国基金管理有限公司的管理酬金按前一日基金资产净值的 2.5 %的年费率计提,每日计算,逐日累计,按月支付计算方法如下:

H=E×2.5% /当年天数

H 为每日应支付的管理人报酬

E 为前一日的基金资产净值

截止至 1999 年 12 月 31 日,本基金已计提基金管理人报酬人民币 40,628,702.93 元。(4)基金托管人报酬支付基金托管人中国农业银行的托管费按前一日基金资产净值的 0.25%的年费率计提,每日计算,逐日累计,按月支付计算方法如下:H=E×0.25% /当年天数

H 为每日应支付的基金托管费

E 为前一日的基金资产净值截止至 1999 年 12 月 31 日,本基金已计提基金托管人报酬人民币 4,065,180.39 元。

11、流通受限制不能自由转让的基金资产

根据中国证监会向基金配售新股政策中关于"基金获配新股,自该新股上市 2 个月后方可流通,在流通之前由证券交易所实施冻结。"的规定,本基金截至 1999 年 12 月 31 日被冻结的新股情况如下:

股票名称	上市日期	交易日期	配售股数	成本	市值	市值与成本差
广济药业	99.11.12	2000.1.12	312500	1571875	3550000	1978125
金陵药业	99.11.18	2000.1.18	457100	3839640	7203896	3364256
小鸭电器	99.11.25	2000.1.25	514.300	1933768	3193803	1260035
河池化工	99.12.02	2000.2.14	285700	1185655	2277029	1091374
秦岭水泥	99.12.16	2000.2.18	400000	2360000	2944000	584000
欣龙无纺	99.12.09	2000.2.17	314000	1821200	3510520	1689320
南山实业	99.12.23	2000.2.23	429000	4032600	4912050	879450
中原油气	99.11.10	2000.1.10	1468800	7182432	9224064	2041632
万杰实业	2000.1.13	2000.3.14	943000	6412400	6412400	–
海南椰岛	2000.1.20	2000.3.20	285700	1171370	1171370	–
浦发银行	99.11.10	2000.1.12	4571000	45710000	113406510	67696510
海南航空	99.11.25	2000.1.25	2050000	9430000	10434500	1004500
锡业股份	2000.2.21	–	1114287	6685722	6685722	–
东方钽业	2000.1.20	2000.3.20	292200	2746680	2746680	–
真空电子	99.12.22	2000.2.22	645900	6575262	6639852	64590
大连金牛	2000.3.01	*	1635100	6671208	6671208	–
赤 天 化	2000.2.21	*	629200	4530240	4530240	–
中化国际	2000.3.01	*	1474400	11795200	11795200	–
华东医药	2000.1.27	*	449400	2588544	2588544	–

ā 按有关规定,上述四支股票各有 50%已于上市日流通

(四)基金投资组合(1999 年 12 月 31 日)

截止 1999 年 12 月 31 日,汉盛证券投资基金资产净值为 2,440,818,009.15 元。其中 持有股票市值 1,751,987,028.35 元,持有国债市值及现金 693,139,706.57 元(含交易清算资金),分别占基金资产净值的 71.78%、28.40%。基金持有每只股票的价值 (按成 本价计算) 均不超过基金资产净值的 10%。占基金资产净值前 10 名的股票和按行业分 类的股票投资组合如下:

1、按行业分类的股票投资组合

序号	分类	市值	占净值比例(%)
1	交通运输	14974500.00	0.61
2	能源电力	68949832.35	2.82
3	建筑材料	12539938.00	0.51
4	冶金	85187889.90	3.49
5	机械制造	446191309.58	18.28
6	电子通讯	344237716.79	14.1
7	石油化工	19230533.00	0.79
8	生物医药	63143599.35	2.59
9	纺织服装	26813640.40	1.10
10	家电	185916437.86	7.62
11	酿酒食品	166462905.95	6.82
12	商贸旅游	11795200.00	0.48
13	金融地产	113406510.00	4.65
14	农林牧渔	13970616.15	0.57
15	综合	179166399.02	7.34
16	合计	1751987028.35	71.77

其中,交通运输包括公路、铁路、水运、航空、港口、仓储等;能源电力包括煤电、水电、矿业等;医药包括中药、西药、生物制药等;汽车及配件制造包括摩托车制造、农用车制造等。

2、基金投资前十名股票明细

序号	股票名称	市值(元)	占净值比例(%)
1	国能集团	187311144.96	7.67
2	中信国安	153561060.57	6.29
3	南通机床	143883817.56	5.89
4	重庆啤酒	136241111.04	5.58
5	安彩高科	120209616.00	4.92
6	浦发银行	113406510.00	4.65
7	大显股份	97636776.30	4.00
8	中关村	74640111.96	3.06
9	风华高科	70531025.78	2.89
10	信联股份	69084279.90	2.83

附注:

(1)报告项目的计价方法

本基金持有的上市证券采用 1999 年 12 月 31 日的市场平均价计算, 已发行未上市股 票采用成本价计算。

(2)本基金不存在购入成本已超过基金资产净值 10%的股票。

(3)本基金应收银行存款利息、应收交易保证金利息、应收回购利息等应收款项 与应付管理人报酬、应付托管费、应付券商佣金等应付款项合计轧差为贷方余额 4,308,725.77 元,与股票市值、国债及货币资金合计 2,445,126,734.92 元抵减后等于基金 资产净值。

(五)主要财务指标

(1)基金可分配净收益为 316,882,509.95 元;单位基金净收益为 0.1584 元。

(2)期末基金资产总值为 2,448,911,198.71 元。

(3)期末基金资产净值为 2,440,818,009.15 元;单位基金资产净值为 1.2204 元。

(4)基金资产净值年收益率为 21.20%

五、基金持有人结构

本基金发起人持有的基金份额为 0.6 亿基金单位,占基金发行总份额 3%,其中:

发起人	持有份额(单位)	占总份额比例
海通证券有限公司	10000000	0.5%
申银万国证券股份有限公司	10000000	0.5%
山东省国际信托投资公司	10000000	0.5%
福建国际信托投资公司	10000000	0.5%
华泰证券有限责任公司	10000000	0.5%
富国基金管理有限公司	10000000	0.5%

社会公众持有的基金份额为 19.4 亿基金单位,占基金发行总份额的 97%。

本基金前十名持有人的名称、持有份额、占总份额比例如下:

序号	名称	持有份额(单位)	占总份额比例(%)
1	中煤信托	30000000	1.50
2	久事浦东	30000000	1.50
3	天津信托	25800000	1.29
4	纺织发展	20000000	1.00
5	久茂贸易	16964700	0.85
6	交通投资	15510000	0.78
7	久事大厦	15000000	0.75
8	吉林上证	13000000	0.65
9	中电天证	12183200	0.61
10	浙江债券	10767600	0.54

六、重要事项揭示

(一)、本基金一九九九年度收益分配见分配公告。

(二)、本基金管理人选择海通证券有限公司、申银万国证券股份有限公司、华泰证券有限责任公司、福建国际信托投资公司、山东省国际信托投资公司的交易席位作为本基金的专用交易席位。有关专用交易席位的情况见本报告书基金财务报告中的关联交易。

(三)、专用交易席位的选择标准

1、实力雄厚、信誉良好,注册资本不少于 3 亿元人民币;

2、财务状况良好,各项财务指标显示该公司经营状况稳定;

3、经营行为规范,最近一年未发生重大违规行为而受到中国证监会和中国人民银行处罚;

4、内部管理规范、严格、具备健全的内控制度,并能满足基金运作高度保密的要求;

5、具备基金运作所需的高效、安全的通讯条件,交易设施符合代理本基金进行证券交易的需要,并能为本基金提供全面的信息服务;

6、研究实力较强,有专门的研究机构和从事研究的人员,能及时为本基金提供高 质量的咨询服务,包括宏观经济研究报告、行业分析报告、市场研究报告和个股分析 报告及其它专项报告,并能根据基金投资的特定要求,提供专项研究报告。

七、备查文件目录

1、中国证监会批准设立汉盛证券投资基金的文件

2、《汉盛证券投资基金基金契约》

3、《汉盛证券投资基金托管协议》

4、富国基金管理有限公司批准成立批件、营业执照、公司章程

5、汉盛证券投资基金审计报告、财务报表及附注

6、汉盛证券投资基金 1999 年度收益分配公告

7、报告期内在指定报刊上披露的汉盛证券投资基金净值公告、投资组合公告投 资者对本报告书如有疑问,可咨询本基金管理人富国基金管理有限公司,咨询电话:(010) 65055933

本基金管理人:富国基金管理有限公司

二 OOO 年三月二十八日

裕 阳 证 券 投 资 基 金

裕阳证券投资基金1999年年度报告摘要

一、基金简介

(一)基金基本资料 基金简称:基金裕阳 基金交易代码:500006 基金单位总份额:20亿份
基金类型:契约型、封闭式 基金存续期:15年
上市地点:上海证券交易所 上市时间: 1998年7月30日
(二)基金管理人 法定名称:博时基金管理有限公司
注册及办公地址:北京市建国门内大街18号恒基中心1座23层 邮政编码: 100005
法定代表人:周道志 总经理:肖风 信息事务管理人:李全
地址:北京市建国门内大街18号恒基中心1座23层 电话:65171166 传真:65187020
(三)基金托管人 法定名称:中国农业银行 地址:北京市复兴路甲23号 邮编: 100036
法定代表人:尚福林 基金托管部负责人:郭辉 信息事务联系人:李芳菲
联系地址:北京市复兴路甲23号华懋大厦12层 电话:010-68298174 传真:010-68298172
(四)会计师事务所和经办注册会计师
法定名称:普华大华会计师事务所 地址:上海淮海中路333号 法定代表人:汤云为
电话:021-63863388 传真:021-63863300 联系人:周忠惠 经办注册会计师:周忠惠

二、基金管理人报告

本基金99年度业绩表现 截止到1999年12月31日,本基金单位净值为1.4952元,年净值增长率为41.83%, 扣除当年配售新股对基金净值增长的贡献因素,基金净值年增长率为23.85%,超过同期银行存款利率和同期沪深指数涨幅。99年实现收益达每基金单位0.3946元,每基金单位分红0.39元。本基金投资理念:以宏观分析和行业分析为指导,以具有核心竞争优势、业绩可持续成长、属于朝阳行业的上市公司为主要投资目标,以积极的投资策略为基金持有人谋取长期稳定的投资回报。

基金经理简介

谢超先生,基金经理,34岁,硕士学历,6年证券从业经历。于1998年加入博时 基金管理有限公司,先后从事宏观经济分析、公司研究和基金投资管理等工作。

汪德生先生,基金经理助理,36岁,硕士学历,5年证券从业经历。曾在海南港 澳国际信托投资公司从事证券研究工作,1998年加入博时基金管理有限公司,先后从事证券研究、基金投资管理等工作。

1999年是裕阳基金取得初步进步的一年。我们选择了电子信息业作为资金配置的主要行业,重点投资于清华同方、风华高科、东大阿派、电广传媒、乐凯胶片等科技类高成长股,经过公司全体员工一年的努力,保证了基金资产的安全与增值,为基金持有人赢得了较高的分红回报。

三、基金托管人报告

本基金托管人——中国农业银行在对裕阳证券投资基金的托管过程中,严格遵守《证券投资基金管理暂行办法》及各项法规规定, 对裕阳证券投资基金管理人——博时基金管理有限公司在1999年会计年度的基金运作进行了认真、独立的会计核算和必要的交易监督。认真履行了托管人的义务。本托管人认为,博时基金管理有限公司在裕阳基金的投资运作、信息披露等方面符合《证券投资基金管理暂行办法》及相关法规的规定,基金管理人在1999年度所编制和披露的裕阳证券投资基金资产净值公告、基金投资组合公告、99年基金中期报告及99年基金年度报告等各项基金信息真实、完整。未发现任何损害基金持有人利益的行为。

四、基金年度财务报告

(二) 基金会计报告书 1、裕阳证券投资基金资产负债报告书 单位:人民币元

项目	行次	年末数	年初数
资产	1		
银行存款	2	192,911,902	229,199,627
清算备付金	3	10,000,000	10,000,000
交易保证金	4	1,419,130	519,447
股票投资-成本 (附 注2 (d))	5	1,909,735,758	1,562,749,778
债券投资-成本 (附 注2 (e))	6	610,252,665	157,273,519
股票投资-估值增值/(减值)(附注2(d))	7	205,178,874	99,387,370
债券投资-估值增值/(减值)(附注2(e))	8	(7,444,784)	5,621,307
买入返售证券	9	100,200,000	100,133,340
应计利息	10	164,895	120,444
应收清算款	11	17,367,806	4,680,924
资产合计	12	3,039,786,246	2,169,685,756
负债及持有人权益	行次	年末数	年初数
应付基金管理费	13	6,270,951	4,318,452
应付基金托管费	14	627,095	431,845
应付清算款	15	41,427,753	13,910,780
应付佣金	16	837,323	343,839
其他应付款	17	300,000	340,000
负债合计	18	49,463,122	19,344,916
基金持有人权益			
基金单位总额 (面值) (附 注2 (j),4)	19	2,000,000,000	2,000,000,000
未分配收益 (附 注2 (k))	20	792,589,034	45,332,163
未实现估值增值 (附 注2 (d) (e))	21	197,734,090	105,008,677
基金持有人权益合计	22	2,990,323,124	2,150,340,840
(1999:每单位基金资产净值:人民币1.4952元)			
(1998:每单位基金资产净值:人民币1.0752元)			
负债及基金持有人权益合计	23	3,039,786,246	2,169,685,756

2、裕阳证券投资基金收益及收益分配报告书 1999年1月1日至12月31日止 单位:人民币元

项 目	行次	本期累计数	上期累计数
收 入	1		
证券买卖差价	2		
股票 (附 注2 (f))	3	819,154,192	17,349,509
债券 (附 注2 (f))	4	(3,089,595)	24,657
股息收益 附 注2 (f))	6	6,906,912	312,266
债券利息收益 附 注2 (f))	7	29,406,422	11,554,532
返售债券投资收益净值 (附 注2 (f))	8	2,676,207	
其他收入 (附 注5)	9	7,660,921	29,185,392
额定发行费用余额	10	–	11,832,800
收入及额定发行费用余额 合计	11	862,715,059	70,259,156
费 用			
基金管理费 (附 注2 (g))	12	66,401,043	22,160,903
基金托管费 (附 注2 (h))	13	6,640,104	2,216,090
其他费用	14	417,041	550,000
费用合计	15	73,458,188	24,926,993
本期净收益	16	789,256,871	45,332,163
期初未分配收益	17	45,332,163	–
期初收益分配 (附 注2 (k) ,6)	18	42,000,000	–
本期可分配收益	19	792,589,034	45,332,163
收益分配 (附 注2 (k) ,9)	20	–	–
未分配收益	21	792,589,034	45,332,163

(四) 基金投资组合(1999年12月31日)

1、重要提示 本基金的托管人——中国农业银行复核了本公告。截止1999年12月31日,裕阳基金资产净值为2,990,323,124元,单位净值为1.4952元。裕阳基金持有的股票市值为2,114,914,632元,占基金资产净值的70.73%;裕阳基金持有的国债及货币资金合计为881,859,837元,占基金资产净值的29.49%。

2、按行业分类的股票投资组合

	行业	市值(元)	占基金资产净值比例(%)
1	交通运输	27,587,032	0.92
2	能源电力	44,213,390	1.48
3	建材建筑	19,080,897	0.64
4	冶金	42,558,625	1.42
5	机械制造	23,709,252	0.79
6	电子通讯	932,871,403	31.20
7	石油化工	214,212,854	7.16
8	生物医药	328,473,631	10.98
9	汽车及配件制造	86,588,572	2.90
10	纺织服装	53,900,343	1.80
11	家电	79,564,634	2.66
12	酿酒食品	17,851,349	0.60
13	商贸旅游	24,779,950	0.83
14	金融地产	114,693,510	3.84
15	农林牧渔	27,136,301	0.91
16	综合	77,692,888	2.60
合计		2,114,914,632	70.73

其中,交通运输包括公路、铁路、水运、航空、港口、仓储等;能源电力包括煤电、水电、矿业等;医药包括中药、西药、生物制药等;汽车及配件制造包括摩托车制造、农用车制造等。

3、基金投资前十名股票明细

序号	名称	数量(股)	市值(元)	占净值比例(%)
1	电广传媒	10,535,777	276,458,788	9.24%
2	风华高科	10,054,777	230,656,584	7.71%
3	乐凯胶片	7,798,740	195,826,361	6.55%
4	太极集团	11,529,143	181,468,711	6.07%
5	东大阿派	5,150,438	164,401,981	5.50%
6	浦发银行	4,571,000	113,406,510	3.79%
7	东方通信	3,597,900	73,109,328	2.44%
8	桐君阁	4,792,832	61,204,465	2.05%
9	综艺股份	1,890,890	50,864,941	1.70%
10	天津汽车	7,838,420	45,619,604	1.53%

(五) 主要财务指标 单位:人民币元

	主要财务指标	1999年度	1998年度
1	基金可分配净收益	792,589,034	45,332,163
2	单位基金净收益	0.3946	0.0227
3	期末基金资产总值	3,039,786,246	2,169,685,756
4	期末基金资产净值	2,990,323,124	2,150,340,840
5	期末单位基金资产净值	1.4952	1.0752
6	基金资产净值年收益率	30.96%	2.11%

五、基金持有人结构

1、基金持有人结构:

	持有份额(份)	占总份额的比例(%)
基金发起人	45010000	2.25
其中:中国长城信托投资公司	12000000	0.6
光大证券有限责任公司	6000000	0.3
金华市信托投资股份有限公司	9010000	0.45
国通证券有限责任公司	6000000	0.3
博时基金管理有限公司	12000000	0.6
社会公众	1954990000	97.75

2、裕阳基金前十名持有人(截止1999年12月31日):

	持有人名称	持有份额(份)	占总份额的比例(%)
1	久事浦东	30,641,300	1.53
2	久茂贸易	29,752,100	1.49
3	湖北证券	27,041,200	1.35
4	新疆宏信	20,288,000	1.01
5	丽晶新	19,274,600	0.96
6	欣江物业	16,624,100	0.83
7	新昌塑胶	14,830,000	0.74
8	张江高科	13,215,200	0.66
9	宏源公司	13,021,200	0.65
10	平安保险	12,526,500	0.63

景阳证券投资基金

景阳证券投资基金1999年年度报告摘要

一、基金简介

（一）基金名称：景阳证券投资基金
（基金简称：基金景阳）
基金交易代码：500007
基金发起人：大成基金管理有限公司
湖南省国际信托投资公司
基金发行日期(规范后扩募)：1999年11月4日
基金成立日期(规范后扩募)：1999年11月12日
基金单位总份额：10亿份基金单位
基金类型：契约型封闭式
基金存续期：15年
基金上市地点：上海证券交易所
基金上市日期(规范后扩募)：1999年11月15日
（二）基金管理人：大成基金管理有限公司
注册及办公地址：北京市海淀区三里河路1号西苑饭店11号楼
邮政编码：100044
国际互联网址：http://www.dcfund.com.cn
法定代表人：姜继增
总经理：龙小波
信息披露负责人：杜鹏
电话：010-68366518
传真：010-68366598
（三）基金托管人：中国农业银行
注册地址：北京市海淀区复兴路甲23号
办公地址：北京市海淀区复兴路甲23号华懋大厦12层
邮政编码：100036
法定代表人：尚福林
托管部负责人：郭辉
信息披露负责人：李芳菲
电话：010-68298174
传真：010-68298172
（四）会计师事务所：普华大华会计师事务所
注册及办公地址：上海市淮海中路333号瑞安广场12层
法定代表人：周忠惠
注册会计师：周忠惠、王笑
电话：021-63863388
（五）律师事务所：北京众天律师事务所
注册及办公地址：北京西城区阜外大街7号国投大厦711室
法定代表人：苌宏亮
经办律师：苌宏亮

二、基金管理人报告

（一）基金沿革简介：

本基金由原湖南省国际信托投资公司所管理的"湘国信基金"经清理规范改造为证券投资基金再行扩募后设立。

1999年9月17日，大成基金管理公司接管原由湖南省国际信托投资公司所管理的"湘国信基金"经清理规范改造的长阳证券投资基金（基金规模2亿基金单位，基金单位净值1.17元），长阳证券投资基金1999年9月17日在上交所上市交易，简称基金长阳，交易代码500007。

1999年11月经中国证监会批准，长阳证券投资基金按1:4的配售比例增资扩募至10亿基金单位，11月17日更名为景阳证券投资基金，简称基金景阳。

（二）基金业绩表现：

截止到1999年12月31日，基金单位净值1.0304元，与扩募资金到位时（11月12日）基金单位净值1.0350元相比，净值增长率为-0.44%，扣除新股配售对当期基金净值增长的贡献，基金净值增长率为-0.44%。同期上证综合指数增长-5.79%，深证成分指数增长-9. 07%。基金表现好于同期大盘表现。

（三）基金经理、基金经理助理简介：

王江平先生，基金经理，研究发展部副经理，硕士。6年证券从业经历，曾任职于湖南省国际信托投资公司基金管理部、证券管理总部。

魏上云先生，基金经理助理，纽约理工大学管理学硕士，双硕士学位。两年证券从业经验。

（四）基金投资对象：

本基金作为中小企业成长型证券投资基金，投资对象主要定位于中小型上市公司。

根据基金扩募说明书披露，本基金投资的中小型上市公司系指总股本小于2亿股，流通股小于8000万股的企业。同时，根据基金契约规定，针对市场变化情况，基金管理人可对中小企业股本规模的认定作适当调整，以保障基金投资人获得更大收益。在1999年度的基金投资中，我们严格遵守本基金契约的规定。

在实际投资过程中我们发现，随着中国证券市场的不断发展，一方面，上市公司通过送、转、配股，使市场平均股本规模在迅速扩大，另一方面新发行和新上市的公司中股本规模也相对偏大。从市场整体角度来看，适合原扩募书要求的上市公司占整体市场的比例越来越小，与一般认识以及国际惯例中对一个市场内中小企业的认定差异越来越大。另外，从具体投资的角度看，中小企业始终是证券市场中成长最快的一个群体，股本扩展迅速，这使得我们往往面临是保持长线投资，从上市公司的成长中为基金持有人谋利，还是不断调整投资组合以满足扩募书要求的两难局面。

鉴于此，我们认为，在未来的投资过程中，对中小企业股本的认定宜根据我国证券市场的快速发展的实际情况，从如下两个方面来确认：一是公司股本规模在当时上市公司中属于中等规模及以下，二是参照国际惯例，公司总市值规模在当时市场中属于中等规模及以下。

（五）投资理念

作为中小企业成长型证券投资基金，我们奉行"成长为先，长线集中"的投资原则。

为确保所投资的上市公司具备切实、优良的成长性，我们主要采取"由上而下"的分析方式，即首先通过宏观及行业分析，判断并确定在一定时期内具备较高成长性的少数行业作为我们的重点研究对象，再在相关行业内判断并选择最具发展前景、市场规模增长较快、成长最迅速的细分产品或细分市场，然后再在这些发展相对较快的细分市场上寻找最具竞争能力的上市公司，作为基金的重点投资对象。另外，我国正处于传统产业升级改造的初始阶段，高新技术对传统产业的渗透和改造将为传统产业内的上市公司带来脱胎换骨的变化，因此我们也积极寻找通过引进高新技术来改造传统产业，或完全脱离传统产业而成为高新技术企业等具有实质性业务重组的上市公司作为我们重点跟踪、研究和投资的对象。

与此同时，在投资范围受到基金契约限制，好的投资对象数量相对较少的情况下，适当提高投资集中度，对为数不多的优秀投资目标进行中长线的集中投资，也是一种行之有效的投资方法。

未来本基金将继续秉持"成长为先、长线集中"的投资原则，积极投资于具有较高成长性的高新技术行业及采用新兴技术、具备较大市场空间的服务行业内上市公司，努力为基金持有人获取较高的投资回报。

（六）基金经理工作报告：

1999年度基金运作报告

1999年9-12月景阳基金运作期间，大盘正处于从历史高位向下的深幅回调之中。在当时情况下，我们一方面对中国股市中长期的发展持坚定看好的信心，因此判断当时的持续回调将形成一个中长期的相对低部，是积极建仓的良好机会。另一方面我们也考虑到"5.19"行情的巨大涨幅在技术上确实需要一定的回调和消化，同时临近年末，市场资金面也面临较大压力。为尽可能减小基金净值的短期损失，我们在市场下跌过程中采取先慢后快的建仓策略，把主要建仓时间集中在12月。在一方面积极调整接管基金原有持仓组合的同时，另一方面重点分析判断了未来最具成长性的行业和板块，在通信、软件、网络、生物医药和服务等行业内集中寻找建仓对象。最终在市场大幅回调的过程中既有效控制了基金净值的下跌风险，取得了弱市中优于大市的良好表现（期间基金净值仅微幅下跌-0.44%，而同期上海和深圳综合指数分别下跌达-5.79%和-9.07%），又为新的一年的基金投资奠定了较好的基础。

对2000年我国证券市场的基本判断和我们的投资思路：

在新的一年，我们认为我国证券市场将具备如下几个特点：

1、市场规模将进一步快速扩大，以适应证券市场为经济结构调整和国有企业改革服务的目标，满足广大投资者的投资需求；

2、市场指数将在震荡过程中逐步盘上，具备较好的投资机会。这是基于我国国民经济将逐步走出通货紧缩的泥潭、经济增长出现缓慢复苏迹象的判断，这将为证券市场的稳定发展提供基础条件；但同时，市场也面临不断扩容的压力及一些不利因素的困扰。

3、市场资金可能进一步向具备较好成长性的高新技术行业（如通信、网络、电子、生物医药、新材料、环保等）和具备较大市场空间的服务行业（如旅游、媒体、物流等）集中；

4、股票价格分化局面将进一步加剧。随着我国证券市场制度进一步规范和投资理念的逐步成熟，具备良好成长性和市场竞争优势的上市公司将受到投资者追捧而走出持续上扬行情。

5、本基金经理将认真研究科技板的开设，根据它对我国在市场格局、资金流向、上市公司发展模式等方面所产生的影响，及时调整投资策略，积极应对市场的变化。

总之，我们认为，那些本身具备较高成长性的高新技术行业、具有较大市场空间的服务行业和在传统产业结构升级中对新技术、新观念最为敏感而具备较好灵活性的上市公司将成为较好的投资对象。

在具体投资方面，我们将坚持以高新技术类上市公司（如通信、网络、电子、生物医药、新材料、环保、旅游、媒体、物流等）为重点投资对象，通过认真细致的调研分析，存优汰劣，不断优化基金投资组合，以求借助所投资企业在新经济时代杰出的成长性，获取良好的基金业绩。

作为景阳基金经理，我们在新的一年将继续秉持"成长为先、长线集中"的投资原则，努力学习和分析判断市场中出现的新生事物，不断提高操作技巧，争取为广大基金持有人争取更高的投资回报。

（七）内部监察报告：

基金运作合规性声明

本报告期内，本基金管理人严格恪守《证券投资基金管理暂行办法》及其实施细则、《景阳证券投资基金契约》以及其它有关法律、法规的规定，本着诚实信用、勤勉尽职的原则管理和运用基金资产，在严格控制风险的基础上，力争为基金持有人谋求最大利益，无损害基金持有人利益的行为发生。

内部监察工作报告

1999年是本基金管理人——大成基金管理有限公司正式成立并运作的第一年，我公司在不断探索，力求建立完善一套起点较高、规范运作的管理系统，保障基金持有人利益的同时，逐步适应由单一基金管理运作发展为多只基金管理运作所带来的新的问题、新的挑战，在开展内部的监察稽核工作时注重防范基金运作风险，注重监察的实时性。

在本报告期内，我们建立并不断完善了基金投资的各个流程，包括投资的前瞻性研究、投资的决策及交易过程等，我们的内部监察人员通过对上述流程进行实时监控来检查各基金投资运作是否合规，若发现违规隐患及时向公司管理层及监管部门汇报并敦促整改及检查整改结果。同时自主开发建立了一套科学的基金风险指标揭示体系去监控基金管理运作中各种系统风险。具体的措施有：一、加强监察稽核部门与其它业务部门的多渠道的沟通，针对公司多基金运作的特点，不断建立、健全投资决策的程序，细化投资交易的流程，保证各基金之间的独立性和公平性。二、细化监察稽核的内容，提高监察工作的频率，监察稽核人员参与跟踪基金投资决策、交易活动的全过程，并且通过高频率的现场检查、资料查阅、调查核实及抽查监听、监视记录等措施防范杜绝内幕交易等违规行为的发生，保证公平对待各基金持有人的利益。三、运用各种技术手段，通过对每日的基金的交易情况进行实时监控，防止各基金之间出现违规的交叉交易情况。四、用VAR和VAB指标来揭示大市、行业、个股的风险，并通过公司内部的办公系统及时提示基金经理，从而达到主动控制风险的目的。五、加强对员工进行风险意识和职业道德的教育，注重培养他们的监察意识和风险防范意识，自觉遵守各项法规和公司的各种规章制度。

通过上述工作，在本报告期内，本基金运作中无不当内幕交易和关联交易，本基金管理人管理的各基金之间也无违规交叉交易行为，亦无任何员工发生任何违法违规行为，整体运作合法、合规，充分保障了基金持有人的利益。

通过1999年的内部监察工作，我们认为做好风险控制工作是基金投资的主要工作之一，建立一套科学、严密的基金投资决策、交易的流程是保证基金理性投资的前提。我们将继续高度重视风险防范工作，总结去年的经验、教训，进一步完善基金投资的流程，不断学习、引进国内外先进的风险控制和内部监察的经验和技术，切实提高内部监察稽核工作的有效性、科学性，切实保障基金安全运作，以优异的业绩回报广大投资者。

三、基金托管人报告

景阳证券投资基金（以下简称景阳基金）托管人—-中国农业银行，在托管景阳基金期间，严格遵守《证券投资基金管理暂行办法》及其各项实施准则、《景阳证券投资基金契约》和其他有关法规的规定，切实维护景阳基金持有人利益，尽职尽责的履行了基金托管人应尽的职责。

对景阳基金管理人—-大成基金管理有限公司的投资运作、基金资产净值及每份基金资产净值的计算方面进行了监督、审核。认为景阳基金管理人遵守了《证券投资基金管理暂行办法》及其各项实施准则、《景阳证券投资基金契约》和其他有关法规的规定，未发现有损害基金持有人利益的行为。

对景阳基金管理人——大成基金管理有限公司编制的、应披露的基金信息进行了认真、独立、完整的核对。确认景阳基金管理人编制的，经我行核对后披露的基金信息是合法、真实、完整的。

特此报告

中国农业银行
二OOO年三月二十七日

四、基金年度财务报告

(一)审计报告

普华审字(2000)第260号

景阳证券投资基金全体持有人：

我们接受委托，审计了景阳证券投资基金(以下简称"景阳基金"，原长阳证券投资基金)1999年12月31日的资产负债表及1999年9月17日(基金资产移交基准日)至1999年12月31日止期间的收益及收益分配表。这些会计报表由景阳基金管理人大成基金管理有限公司负责，我们的责任是对这些会计报表发表审计意见。我们的审计是根据《中国注册会计师独立审计准则》的规定进行的。在审计过程中，我们结合景阳基金的实际情况，实施了包括抽查会计记录等我们认为必要的审计程序。

我们认为，上述景阳基金会计报表符合中华人民共和国《企业会计准则》、《证券投资基金管理暂行办法实施准则第五号证券投资基金信息披露指引》和中国证券监督管理委员会允许的如会计报表附注所列示的基金行业的实务操作规定，在所有重大方面公允地反映了景阳基金1999年12月31日的财务状况及1999年9月17日(基金资产移交基准日)至1999年12月31日止期间的经营成果。

普华大华会计师事务所　　注册会计师　周忠惠
中国　上海　　注册会计师　王笑
2000年1月28日

(二)基金会计报告书

资产负债表
1999年12月31日
单位:人民币元

资产	期末数
银行存款	552,899,684
清算备付金	10,000,000
股票投资-成本（附注2(d)）	454,958,791
债券投资-成本（附注2(e)）	42,661,369
股票投资-估值增值（附注2(d)）	-5,737,263
债券投资-估值增值（附注2(e)）	80,418
应计利息	236,631
资产合计	1,055,099,630
负债及基金持有人权益	
应付基金管理费	1,316,170
应付基金托管费	219,362
应付帐款	21,938,342
应付佣金	183,357
他应付款	1,010,043
负债合计	24,667,274
基金持有人权益	
基金单位总额(面值)(附注2(j)，4)	1,000,000,000
未分配收益（附注2(k)）	36,089,201
未实现估值减值（附注2(d)(e)）	-5,656,845
基金持有人权益合计(每单位基金资产净值:人民币1.0304元)	1,030,432,356
负债及基金持有人权益合计	1,055,099,630

收益及收益分配表
1999年9月17日(基金资产移交基准日)至1999年12月31日止
单位:人民币元

项目	本期累计数
收入	
证券买卖差价	
股票（附注2(f)）	10,802,857
投资收益	
返售债券投资投资收益净值（附注2(f)）	749,789
其他收入	2,338,495
额定发行费用余额（附注5）	4,232,603
收入及额定发行费用余额合计	18,123,744
费用	
基金管理费（附注2(g)）	2,907,304
基金托管费（附注2(h)）	451,726
其他费用	1,100,725
费用合计	4,459,755
本期净收益	13,663,989
基金资产移交基准日前未分配收益（附注6）	22,425,212
本期可分配收益	36,089,201
收益分配（附注2(k)，7）	-
未分配收益	36,089,201

(三)会计报表附注

1、基金简介

景阳证券投资基金(以下简称"本基金"，原长阳证券投资基金)的前身是湖南省国际信托投资公司投资受益证券(以下简称"湘国信基金")。经中国证券监督委员会证监基金字[1999]24号文批准，1999年9月2日湘国信基金第二次基金持有人大会决议通过，并经中国证券监督委员会基金监管部[1999]19号文确认，湘国信基金进行了规范清理，并于1999年9月17日办理了资产及负债的移交手续，大成基金管理有限公司在受让湘国信基金原发起人湖南省国际信托投资公司持有的500万份基金单位后，成为基金发起人，湖南省国际信托投资公司尚持有100万份基金单位，仍为基金发起人，通过了新的基金契约。基金管理人更换为大成基金管理有限公司，基金托管人更换为中国农业银行，基金为契约型封闭式，发行规模为2亿份基金单位，存续期调整为1992年5月1日至2002年12月31日，并更名为长阳证券投资基金。本基金经上海证券交易所(以下简称"上交所")上证上字[1999]第68号文审核同意，于1999年10月22日在上交所挂牌交易。

经1999年9月2日湘国信基金第二次基金持有人大会决议及中国证券监督管理委员会证监基金字[1999]32号文批准，本基金于1999年11月11日基金单位总份额由原有2亿份基金单位按面值扩募至10亿份基金单位，存续期限延长5年至2007年12月31日，并更名为景阳证券投资基金。持有人获配认购的基金份额于1999年11月15日在上交所上市交易。

根据《证券投资基金管理暂行办法》和中国证券监督管理委员会基金监管部(1999(19号文的规定，本基金的投资范围为国债和依法公开发行、上市的股票。

2　主要会计政策

(a)　编制基础

本基金的会计报表按中华人民共和国《企业会计准则》，中国证券监督管理委员会颁布的《证券投资基金管理暂行办法实施准则第五号证券投资基金信息披露指引》，及中国证券监督管理委员会允许的如主要会计政策所述的基金行业的实务操作约定而编制。

(b)　会计年度

本基金的会计年度为公历1月1日至12月31日止。本会计期间为9月17日至12月31日止。

2　主要会计政策(续)

(c)　记帐原则和计价基础

本基金的会计核算以权责发生制为记帐原则，除股票和债券投资按市值计价外，其余均以历史成本为计价基础。

(d) 股票投资

股票投资按购买时实际支付的价款计价，实际价款中包括已宣告未发放股利，出售成本按移动加权平均法计算。股票包括上市交易股票和未上市交易股票。股票投资的估值按估值日当天各股票相应的市场交易均价计算，若当日无交易，则以最近一日的市场交易均价计算。实际成本与估值的差异计入"未实现估值增值/(减值)"科目。

(e)　债券投资

债券投资按购买时实际支付的价款计价，实际价款中包括应计利息。出售的债券成本按移动加权平均法计算。债券投资的估值按估值当天各债券相应的市场交易均价计算，若当日无交易，则以最近一日的市场交易均价计算。实际成本与估值的差异计入"未实现估值增值/(减值)"科目。

(f)　收入的确认

证券买卖差价指买卖股票的差价，股票差价在卖出时确认。返售债券投资收益按权责发生制确认。

(g)　基金管理费

基金管理费为支付给基金管理人的报酬。根据中国证券监督管理委员会基金监管部(1999(19号《关于同意原湘国信基金规范为长阳证券投资基金并向上海证券交易所申请上市的函复》的规定，按逐日基金资产净值1.5%的年费率计提，当基金的年度可分配净收益高于同期银行一年期定期储蓄存款利率20%以上，且当年基金资产净值增长率高于同期证券市场平均收益率时，可按《长阳证券投资基金契约》规定计提基金管理人业绩报酬。

(h)　基金托管费

基金托管人的托管费根据中国证券监督管理委员会基金监管部(1999(19号《关于同意原湘国信基金规范为长阳证券投资基金并向上海证券交易所申请上市的函复》的规定，按逐日基金资产净值0.25%的年费率计提。

(i)　额定发行费用余额

额定发行费用，即超面值部分，扣除实际发生的发行费用后的余额记入收益及收益分配表。

(j) 基金单位总额

基金单位总额以实收基金单位面值入帐。

(k)　基金收益分配政策

每一基金单位享有同等分配权。基金当年收益弥补上一年度亏损后，才可进行当年收益分配。基金投资当年亏损，则不进行收益分配。基金收益分配采取现金方式，每年分配一次，收益分配比例不低于基金净收益的90%。

3　主要税项

根据《财政部国家税务总局关于证券投资基金税收问题的通知》，主要税项如下：

(a)以发行基金方式募集资金，不属于营业税征收范围，不征收营业税。

(b)基金从证券市场中取得的收入包括买卖股票、债券的差价收入，股票的股息、红利收入，债券的利息收入及其他收入，暂不征收企业所得税。

4　基金单位总额

每基金单位面值为人民币1元，基金单位总额按面值入帐。

	期末数	
	基金单位数	人民币元
发起人持有基金份额	30,000,000	30,000,000
社会公众持有基金份额	970,000,000	970,000,000
基金单位总额	1,000,000,000	1,000,000,000

根据中国证券监督管理委员会证监基金字(1999)32号《关于同意长阳证券投资基金扩募和续期的批复》的规定，本基金基金单位于1999年11月11日由2亿份扩募至10亿份。

5　额定发行费用及发行费用余额

	1999
	人民币元
额定基金发行费	8,000,000
减:上网发行费用	1,957,354
信息披露费用	930,043
扩募协调人费用	800,000
律师费用	50,000
会计师费用	30,000
发行费用小计	3,767,397
额定发行费用余额	

6 基金资产移交基准日余额

1999年9月17日，即基金资产移交基准日的期初余额由长沙孜信有限责任会计师事务所验证，其中，未分配利润为人民币22,425,212.41元。

7 收益分配

经1999年9月2日湘国信基金第二次基金持有人大会决议，1998年长阳基金基金收益，于上市前暂不分配。本基金管理人拟定本年度暂不分配基金收益。

8　关联交易

(a)　关联方

关联方名称	与本基金的关系
大成基金管理有限公司	基金管理人、基金发起人
中国农业银行	基金托管人
湖南国际信托投资公司("湘国信")	上市推荐人、发行协调人、基金发起人

(b)　通过关联方席位进行的交易

	股票成交量		佣金	
	年成交量人民币元	占全年成交总量的比例	年佣金人民币元	占全年佣金总量的比例
湘国信	472,650,578	86%	395,858	86%

(c)　基金管理人报酬

1999年9月17日(基金资产移交基准日)至1999年10月17日，应支付基金管理人大成基金管理有限公司的管理酬金，按前一日的基金资产净值2.5%的年费率计提；1999年10月18日至1999年12月31日，应支付基金管理人大成基金管理有限公司的基金管理酬金，按前一日的基金资产净值1.5%的年费率计提，逐日累计至每月月底，按月支付。计算公式为：

日基金管理费=前一日基金资产净值 x2.5% 或 1.5% / 365

1999 年 9 月 17 日(基金资产移交基准日)至 1999 年 10 月 17 日，本基金需支付基金管 理费人民币 492,375 元。

1999 年 10 月 18 日至 1999 年 12 月 31 日，本基金需支付基金管理费人民币

2,414,929 元。本基金在本会计期间共需支付管理费人民币 2,907,304 元。

(d) 基金托管人报酬

应支付基金托管人中国农业银行的托管费按前一日的基金资产净值的 0.25%的年费率计提，逐日累计至每月月底，按月支付。计算公式为：

日基金托管费=前一日基金资产净值 X 0.25% / 365

本基金在本会计期间需支付基金托管费人民币 451,726 元。

9、尚未流通的基金资产

1999 年 11 月 11 日以前配售的新股，根据中国证券监督管理委员会向基金配售新股政策中关于"基金获配新股，自该新股上市 2 个月后方可流通，在流通之前由证券交 易所实施冻结"的规定进行管理；1999 年 11 月 11 日以后配售的新股，根据中国证券监督管理委员会向基金配售新股政策中关于"基金获配新股，自该新股上市后 50%可立即流通，50%于 6 个月后方可流通，在流通之前由证券交易所实施冻结" 的规定进行 管理。 本基金截至 1999 年 12 月 31 日被冻结的新股情况如下：

股票名称	申购日期	可交易日期	申购价格	市场均价
赤天化	1999.12.14	未知 *	7.20	7.20
中化国际	1999.12.22	未知 *	8.00	8.00
真空电子	1999.12.08	2000.2.22	10.18	10.28
大连金牛	1999.12.09	未知 *	4.08	4.08
东方钼业	1999.11.22	2000.3.20	9.40	9.40
华东医药	1999.12.23	未知 *	5.76	5.76
合计				

(续):

股票名称	配售股数	成本	市值	市值与成本差
赤天化	314,700	2,265,840	2,265,840	0
中化国际	724,700	5,797,600	5,797,600	0
真空电子	645,900	6,575,262	6,639,852	64,590
大连金牛	808,400	3,298,272	3,298,272	0
东方钼业	146,100	1,373,340	1,373,340	0
华东医药	224,700	1,294,272	1,294,272	0
合计	20,604,586	20,669,176	64,590	

* 按有关规定,上述四只于审计时未知交易日期的股票已各有 50%于上市日流通 。

10、主要报表项目说明

(1)应付帐款 1999 年 12 月 31 日余额为人民币 21,938,342 元,是应付上海交易清算资金.

(2)其他应付款 1999 年 12 月 31 日余额 1,010,143 元,是应付普华大华会计师事务 所验资服务费 30,000 元、审计年费 50,000 元;应付信息披露费 930,043 元.

(四)基金投资组合

经本基金托管人-中国农业银行核对，截止 1999 年 12 月 31 日，景阳证券投资基金资产净值为 1,030,432,356.35 元，其中持有股票市值 449221527.76，持有国债市值及货币资金为 583,703,129.02 元，分别占基金资产净值的 43.59%、56.65%。基金持有每只股票的价值(按成本价计算)均不超过基金资产净值的 10%。按行业分类的股票投资组合和占基金资产净值前 10 名的股票如下：

(1) 按行业分类的股票投资组合

序号	分类	市值	占净值比例
1	交通运输	10,891,696.80	1.06%
2	能源电力	16,664,156.67	1.62%
3	冶金	13,208,717.84	1.28%
4	机械制造	16,556,251.53	1.61%
5	电子通讯	48,060,670.29	4.66%
6	石油化工	8,063,440.00	0.78%
7	生物医药	65,077,354.55	6.31%
8	纺织服装	16,345,586.58	1.58%
9	家电	1,924,405.60	0.19%
10	酿酒食品	11,956,135.89	1.16%
11	商贸旅游	36,745,382.96	3.56%
12	农林牧渔	53,240,423.25	5.16%
13	综合	150,487,305.80	14.59%
合计		449,221,527.76	43.55%

其中：交通运输包括公路、铁路、水运、航空、港口、仓储等；能源电力包括煤电、水电、矿业等；医药包括中药、西药、生物、制药等.

(2) 基金投资前十名股票明细

序号	名称	市值(元)	占净值比例
1	远洋渔业	49,616,689.50	4.82%
2	电广传媒	41,930,417.92	4.07%
3	升华拜克	31,076,485.75	3.01%
4	天大天财	25,809,999.60	2.50%
5	有研硅谷	24,239,541.06	2.35%
6	中视股份	24,091,289.09	2.34%
7	天坛生物	23,607,796.16	2.29%
8	华联商城	19,389,324.24	1.88%
9	深桑达	17,181,277.23	1.67%
10	南天信息	16,916,513.90	1.64%

(1)报告项目的计价方法

本基金持有上市证券采用公告内容截止日的市场均价，已发行未上市股票采用成本价计算。

(2)基金应收利息、应付管理费、托管费、佣金及其他应收、应付款等轧差合计 为贷方余额 2,492,300.43 元,抵减股票市值 449,221,527.76 元，国债及货币资金 583,703,129.02 元后,等于基金资产净值。

(3)投资于股票债券的比例,在 6 个月的规范期后将达到规定比例。

(五)主要财务指标

主要财务指标	人民币元
基金可分配净收益	36,089,201
基金单位净收益	0.0361
期末基金资产总值	1,055,099,630
期末基金资产净值	1,030,432,356
单位基金资产净值	1.0304

五、基金持有人结构

1、持有人结构

	份 额	占总份额比例%
基金发起人	30000000	3
其中：湘国信	5000000	0.5
大成基金管理有限公司	25000000	2.5
社会公众：	970000000	97
合计	1000000000	100

2、前十名持有人

持有人名称	持有份额	占总份额比例%
大成公司	25000000	2.5
童铃	11324619	1.13
兴达贸易	11000000	1.10
安徽国投	7574745	0.76
中国太保	7010000	0.70
平安保险	6227552	0.62
湖南国际	5000000	0.5
王永华	3700000	0.37
袁鑫宝	3499902	0.35
邬 yu	3130000	0.31

六、重要提示

1、管理人和托管人在本期内未发生任何诉讼事项；

2、景阳基金的会计师事务所为普华大华会计师事务所，未发生变更；

3、基金管理人、基金托管人办公地址未发生变更；

4、基金管理人和基金托管人在本期内未受到任何处罚，其高级管理人员在本期 内未受到任何处罚；

5、选择证券交易席位的情况

为了贯彻中国证监会的有关规定，基金管理人制定了选择券商的标准，即：

(1)经营行为规范，在近一年内无重大违规行为；

(2)公司财务情况良好；

(3)有良好的内控制度，在业内有良好的声誉；

(4)有较强的研究能力，能及时、全面、定期质量较高的宏观、行业、公司和 证券市场研究报告，并能根据基金投资的特殊要求，提供专门的研究报告；

(5) 建立了广泛的信息网络，能及时提供准确的信息资讯和服务。

根据以上标准，选择了湖南省国际信托投资公司、南方证券有限责任公司的席位 做为基金景阳的专用席位，并分别签定了有效期为六个月的席位租用协议。 因新租用的南方证券有限责任公司专用席位 12 月份才开始使用，所以 1999 年度景阳基金的证券交易主要在湖南国投席位进行。目前，公司正积极与多家券商联系增加新席位，争取规范期满时达到中国证监会<<关于加强证券投资基金监管有关问题的通知>>(证监 基字[1998]29 号)中的关于"每只基金通过一个证券经营机构买卖证券年成交量，不 得超过该基金买卖证券年成交量的 30%"的要求。

1999 年各席位股票年交易量及佣金情况如下：

券商	股票交易量	占年成交量%	年佣金	占年佣金量%
湘国信	472,650,578	86%	395,858	86%
南方证券	76,847,793	14%	62,440	14%

1999 年各席位国债及回购年交易量情况如下：

	国债交易量	占交易总量%	回购交易量	占交易总量%
湘国信	42,657,103.60	100%	2,140,000,000	100%

七.备查文件目录

1. 中国证监会批准设立基金的文件；
2. 《景阳证券投资基金契约》；
3. 《景阳证券投资基金托管协议》；
4. 大成基金管理有限公司批准文件、营业执照、公司章程；
5. 报告期内在指定报刊上披露的各种公告原稿。

大成基金管理有限公司

二 000 年三月二十九日

兴华证券投资基金

兴华证券投资基金1999年年度报告摘要

一、基金简介

(一) 基金基本情况
基金名称:兴华证券投资基金
基金简称:基金兴华
交易代码:500008
基金发起人:华夏证券有限公司
北京证券有限责任公司
中国科技国际信托投资有限责任公司
基金发行日:1998年4月23日
基金成立日:1998年4月28日
基金单位总份额:20亿份
基金类型:契约型封闭式
基金存续期:15年
上市交易所:上海证券交易所
基金上市日:1998年5月8日
(二)基金管理人的有关情况
法定名称:华夏基金管理有限公司
HUAXIA FUND MANAGEMENT CO., LTD.
注册地址:北京市东城区东直门南大街6号东方花园饭店写字楼6层
办公地址:北京市东城区东直门南大街6号东方花园饭店写字楼6层
国际互联网址:http://www.china-funds.com
邮政编码::100027
法定代表人:邵淳
总经理:范勇宏
信息披露人员:方瑞枝
电话:010—64156666转5015
传真:010-64172800
(三) 基金托管人的有关情况
法定名称:中国建设银行
注册地址:北京市金融大街25号
办公地址:北京市金融大街25号
邮政编码:100032
法定代表人:王雪冰
托管部总经理:许占涛
信息披露负责人:周小知
联系地址:北京市金融大街25号
联系电话:010—63960650
传真:010—63960726
(四)基金聘请的会计师事务所的有关情况
法定名称:普华大华会计师事务所
注册地址:上海浦东新区沈家弄325号
法定代表人:汤云为
经办注册会计师:周忠惠 王笑

二、基金管理人报告

本基金业绩表现

截止到1999年12月31日,本基金单位资产净值为1.4278元,年净值增长率为33.17 %,超过同期银行存款利率和同期深沪股市的涨幅。扣除新股配售对基金净值的贡献,本基金净值增长率为15.08%。

基金经理简介

王亚伟先生,基金经理,28岁,经济学硕士。历任中国国际合作公司业务经理,华夏证券有限公司北京东四营业部研究部经理。1998年进入华夏基金管理有限公司,从事 基金投资工作。证券从业经历6年。

(一)基金经理工作报告

1999年是中国证券市场发展中的重要一年。《证券法》于七月一日正式实施,标 志着证券市场的法制化和规范化建设进入到一个全新的阶段。随着证券公司增资扩股,增设基金管理公司并增发新基金,三类企业获准投资股市,以及商业保险资金允许通 过证券投资基金进入股市等政策的落实,机构投资者的力量得到迅速壮大,成为市场的主导力量,在引导投资理念方面发挥了积极作用。历史遗留问题的解决取得较大进展,国有股减持、法人股市场和地方证交中心的清理以及规范客户保证金管理等工作均开始积极稳妥地推进。更重要的是,证券市场在国民经济中的地位得以正式确立,其作用得到充分肯定。 这些都将成为今后证券市场平稳健康发展的有力保证。

1999年上证和深证综合指数分别收于1366.58点和402.18点, 比1998年上涨19.18 %和16.96%。全年股市的运行大致可划分为三个阶段:一月份至五月中旬的整理蓄势阶段,五月下旬至九月上旬的强劲上扬阶段以及九月中旬后的反复回落阶段。兴华基 金管理人从注重成长性的角度出发,在第一阶段选择发展前景好的电子信息、生物医 药、新型建材等行业,在充分调研和反复论证的基础上,对其中行业代表性强、主营突出、经营规范、管理完善的优质上市公司进行了重点投资,在第二阶段较好地把握了 投资机遇和市场热点,取得了良好收益。在第二阶段后期,基金管理人根据市场供求关系的变化,适时降低了股票持仓比重,在一定程度上降低了第三阶段股市调整对基金资产净值的影响。至本报告期末,每份基金单位资产净值为1.4278元,比期初的1.0722元增长33.17%,每份基金单位已实现收益为0.4068 元。

我们认为,2000年中国证券市场将在多种有利因素的支持下继续呈现良好的发展 势头。1.中国经济仍将保持较快的增长速度;2.国家实行积极的财政和货币政策,降息和开征利息税的后续效应显现,机构投资者队伍继续壮大以及允许证券公司股票质押 融资,将为证券市场营造宽松的资金环境;3.新股发行方式酝酿重大改革,股票发行向 核准制过渡,有利于提高上市公司质量,向二级市场投资者配售新股,可以增强持股信 心,促使申购资金部分回流,进一步改善二级市场的资金供给;4.高新技术板等金融创 新品种的推出,将丰富投资手段和内容,赋予市场新的活力;5.网络经济时代投资理念 的革命将对传统的价值评估方法产生重大冲击,从而大大拓展个股乃至整个市场的上升空间。

2000年中国证券市场投资者职业化和股票定价国际化的特征将日趋明显。在世界经济一体化和新技术革命浪潮席卷全球的大背景下,中国面临着进行深刻的产业结构 调整与升级的重任。在优胜劣汰的过程中,个股会呈现分化走势,证券市场在优化资源配置方面的功能将得到进一步发挥。作为基金管理人,在坚持自己的投资理念的同时,必须放眼整个世界,勤于学习,勇于实践,取长补短,不断完善知识结构,才能敏锐地把 握时代的脉搏,进而做到领先市场一步,在引导投资理念方面发挥机构投资者应有的作用。兴华基金1999年比较早地对互联网络股进行了试探性的投资,取得了较好的收益,并积累了一定经验,随着对网络经济认识的不断深入,2000年将加大对互联网络尤其是B T OB电子商务、网络服务、网络设备类上市公司的投资力度。有线电视网作为网络 经济时代开展增殖服务的优质载体,面临全国联网的重大发展契机,是具备巨大升值潜力的稀缺资源,值得重点关注。本基金管理人充分看好电信服务、生物医药等行业的 发展前景,将选择重点上市公司进行投资,同时对国内高新技术板市场设立的进展情况也将给予积极关注。此外,利用现代科技改造传统企业,推进制度创新和资产重组也将赋予国有企业上市公司新的投资机会。

在新的一年里,兴华基金管理人将在坚持积极进取的投资风格的同时,努力控制风险, 为基金持有人谋求长期、稳定的回报。

(二)内部监察报告

基金运作合规性声明

本报告期内,本基金管理人严格遵守《证券投资基金管理暂行办法》及其各项实 施准则、《兴华证券投资基金契约》和其他有关法律法规的规定,依照诚实信用、勤 勉尽责、安全高效的原则管理和运用基金资产,以"全力提高投资回报,认真控制投资风险"为经营理念,在认真控制投资风险的基础上,为基金持有人谋求最大利益,没有 损害基金持有人利益的行为。

内部监察工作报告

1999年,本基金管理人在内部监察工作中一切从防范运作风险、保障基金持有人 利益出发,由独立工作的内部监察人员对基金运作和公司内部管理进行定期和不定期 检查,发现问题及时敦促有关部门整改,并定期制作监察报告和基金运作报告报监管部门和公司管理层。

主要措施有:1.为适应由单一基金运作发展为多基金运作的新情况,及时修改完善基金交易和管理技术系统,从技术上保障基金运作符合有关规定。2.加强了制度建设,随着新基金的发行及业务的发展,制定了新的业务管理制度和岗位责任制,从制度上保证了在业务开展的同时即充分考虑风险防范措施,使公司的内部风险控制工作渗透各 项业务过程和业务环节。3.加强了监察基础工作,制定并逐步完善了分部门月度监察 稽核细目,从而日常监察工作做到了全面与重点相结合;工作中,改进了监察方法,制定了分部门月度监察稽核表,将检查结果反馈各部门并由其提出改进措施,从而取得了较好效果。4.加强对员工的守法意识和职业操守教育,提高员工的风险防范意识。

通过上述工作,本报告期内,本基金运作无不当内幕交易和关联交易,也未发生过 本管理人管理的各基金间违规交叉交易行为,整体运作合规合法,基金持有人利益得到保障。

基金业是个新的行业,风险防范工作尤为重要。我们将继续高度重视防范投资风 险,不断完善基金操作规程,适时更新内控技术,切实保障基金安全运作,为基金持有人谋求最大回报。

三、基金托管人报告

1999年,中国建设银行在兴华基金的托管过程中,严格遵守了《证券投资基金管理暂行办法》及各项实施细则、基金契约、托管协议和其他有关法规的规定,安全保管 了基金的全部资产,勤勉尽职地履行了基金托管人的全部义务,不存在任何损害基金持有人利益的行为。

1999年,由华夏基金管理有限公司编制并经中国建设银行复核审查的有关兴华基 金的信息披露真实、完整、合法,该基金管理公司在投资运作、基金资产净值、每份 基金单位资产净值等指标的计算上,严格执行了《证券投资基金管理暂行办法》及各 项实施细则、基金契约及有关法规规定,不存在任何损害基金持有人利益的行为。

中国建设银行基金托管部

四、基金年度财务报告

(一)审计报告

审计报告

普华审字(2000)第321号

兴华证券投资基金全体持有人:

我们接受委托,审计了兴华证券投资基金(以下简称"兴华基金")1999年12月31 日的资产负债表及1999年度收益及收益分配表。这些会计报表由兴华基金管理人华夏基金管理有限公司负责,我们的责任是对这些会计报表发表审计意见。我们的审计是 根据《中国注册会计师独立审计准则》的规定进行的。在审计过程中,我们结合兴华 基金的实际情况,实施了包括抽查会计记录等我们认为必要的审计程序。

我们认为,兴华基金会计报表符合中华人民共和国《企业会计准则》、《证券投 资基金管理暂行办法实施准则第五号证券投资基金信息披露指引》和中国证券监督管理委员会允许的如会计报表附注所列示的基金行业的实务操作约定,在所有重大方面 公允地反映了兴华基金1999年12月31日的财务状况及1999年度的经营成果,会计处理 方法的选用遵循了一贯性原则。

普华大华会计师事务所　　注册会计师　周忠惠
注册会计师　王　笑
中国上海　　2000年2月29日

(二)基金会计报告书

资产负债报告书

单位:人民币元

项目	期末	期初
1、股票投资—成本:	1,874,583,019.06	1,410,542,805.70
2、债券投资—成本:	576,721,036.75	
3、其他投资—成本:		
4、股票投资估值增值:	39,712,746.95	140,306,440.45
5、债券投资估值增值:	2,418,067.65	
6、其他投资估值增值:		
7、银行存款:	379,154,864.34	644,707,841.81
8、保证金:	1,672,652.24	768,860.49
9、应收股利:		
10、应收利息:	185,463.30	320,488.92
11、应收帐款:	20,426,110.31	67,713,848.39
12、其他应收款:	52,000.00	50,000.00
13、基金资产总值:	2,894,925,960.60	2,264,410,285.76
14、应付基金管理费:	6,147,882.39	4,340,094.86
15、应付基金托管费:	614,788.26	434,009.48
16、预提费用:	100,000.00	162,000.00
17、应付帐款:	27,511,581.26	68,541,238.39

18、应付佣金:	4,904,151.46	2,264,099.39
19、其他应付款:		250,002.38
20、负债合计:	39,278,403.37	75,991,444.12
21、基金单位总额:	2,000,000,000.00	2,000,000,000.00
22、未分配收益:	813,516,742.66	48,112,400.81
23、未实现估值增值:	42,130,814.60	140,306,440.45
24、基金资产净值:	2,855,647,557.23	2,188,418,841.26
25、基金单位发行总份额:	2,000,000,000.00	2,000,000,000.00
26、每份基金单位资产净值:	1.4278	1.0942

收益及分配报告书

项目	本期数	上期数
1、股息收入:	4,701,508.77	4,911,471.23
2、债券利息收入:	13,525,593.90	
3、股票价差收入:	834,149,326.63	-27,367,979.68
债券价差收入:	5,806,855.44	61,366,918.88
回购收入:	12,425,221.00	
4、其他收入:	10,232,062.45	47,193,359.38
5、基金管理费:	64,419,432.09	34,279,773.63
6、基金托管费:	6,441,943.22	3,427,977.37
7、应由基金承担的其他费用:	574,851.06	283,618.00
8、基金净收益:	809,404,341.82	48,112,400.81
9、上年末未分配收益:	48,112,400.81	
10、本期已分配收益:	44,000,000.00	
11、期末未分配净收益:	813,516,742.63	48,112,400.81

(三)会计报告书附注

1、主要会计政策

(1)编制基础

本基金的会计报表按照中华人民共和国《企业会计准则》,中国证券监督管理委 员会颁布的《证券投资基金管理暂行办法实施准则第五号证券投资基金信息披露指引》,及中国证券监督管理委员会允许的如主要会计政策所述的基金行业的实务操作约 定而编制。

期初余额由北京京都会计师事务所审计。

(2)会计年度

本基金的会计年度为公历 1 月 1 日至 12 月 31 日止。

(3)记帐原则和计价基础

本基金的会计核算以权责发生制为记帐原则,除股票和债券投资按市值计价外,其余均以历史成本为计价基础。

(4)股票投资

股票投资按购买时实际支付的价款计价,实际价款中包括已宣告未发放股利,出售成本按移动加权平均法计算。股票包括上市交易股票和未上市交易股票。股票投资的估值按估值日当天各股票相应的市场交易均价计算,若当日无交易,则以最近一日的市场交易均价计算。实际成本与估值的差异计入"未实现估值增值/(减值)"科目。

(5)债券投资

债券投资为购买的国债。债券投资按购买时实际支付的价款计价,实际价款中包 括应计利息。出售的债券成本按移动加权平均法计算。债券投资的估值按估值当天各债券相应的市场交易均价计算,若当日无交易,则以最近一日的市场交易均价计算。实际成本与估值的差异计入"未实现估值增值/(减值)"科目。

(6)收入的确认

证券买卖差价收入、返售债券投资收益及其他收入,在交易发生时确认收入;投资收益为股息及国债利息,在收到股息及国债利息时确认。

(7)基金管理费

基金管理费为支付给基金管理人的报酬。根据中国证券监督管理委员会证监基金字[1998]17 号《关于同意设立兴华证券投资基金的批复》的规定,基金管理人的报酬 按逐日基金资产净值 2.5%的年费率计提。

(8)基金托管费

基金托管人的托管费根据中国证券监督管理委员会证监基金字[1998]17 号文《关于同意设立兴华证券投资基金的批复》的规定,按逐日基金资产净值 0.25%的年费率 计提。

(9)基金单位总额

基金单位总额以实收基金单位面值入账。

(10)基金收益分配政策

每一基金单位享有同等分配权。基金当年收益弥补上一年度亏损后,才可进行当 年收益分配。基金投资当年亏损,则不进行收益分配。基金收益分配采取现金方式,每年分配一次,收益分配比例不低于基金净收益的 90%。

2 、主要税项

根据《财政部国家税务总局关于证券投资基金税收问题的通知》,主要税项规定 如下:

(1)以发行基金方式募集资金,不属于营业税征收范围,不征收营业税。

(2)基金从证券市场中取得的收入包括买卖股票、债券的差价收入,股票的股息、红利收入,债券的利息收入及其他收入,暂不征收企业所得税。

3、基金单位总额

	1999 年		1998 年	
	基金单位数	人民币元	基金单位数	人民币元
发起人持有基金份额/尚未流通部分	30,000,000	30,000,000	60,000,000	60,000,000
发起人持有基金份额/可流通部分	15,000,000	15,000,000	-	-
社会公众持有基金份额	1,955,000,000	1,955,000,000	1,940,000,000	1,940,000,000
基金单位总额	2,000,000,000	2,000,000,000	2,000,000,000	2,000,000,000

按照基金契约的规定,基金发起人认购的基金单位,自基金成立之日起一年内不得转让。基金发起人在基金存续期内须持有 0.3 亿份基金单位,占基金发行规模的 1.5% 。

4、其他收入

其他收入主要包括银行存款及清算备付金利息收入。

	1999 年 人民币元	1998 年 人民币元
银行存款及清算备付金利息收入	9,601,545.38	9,551,775.13
申购资金冻结利息	-	24,979,784.25
其他	630,517.07	12,661,800.00
合计	10,232,062.45	47,193,359.38

5、收益分配

本基金于 1999 年 3 月 29 日宣告向截至 1999 年 4 月 5 日止在上海证券中央登记结算公 司登记在册的全体持有人发放 1998 年度现金收益人民币 44,000,000 元,每 10 个基金单 位可取得分配收益人民币 0.22 元,于 1999 年 4 月 6 日支付。

6、关联交易

(1)关联方

关联方名称	与本基金的关系
华夏基金管理有限公司	基金管理人
中国建设银行	基金托管人
华夏证券有限公司("华夏证券")	发行协调人、上市推荐人、基金发起人
北京证券有限责任公司("北京证券")	基金发起人
中国科技国际信托投资有限责任公司("中科信")	基金发起人

(2)通过关联方席位进行的交易

本基金通过关联方席位股票交易量

1999 年

	股票交易量		佣金	
	年成交量 人民币元	占全年成交总量的比例	年佣金 人民币元	占全年佣金总量的比例
华夏证券	6,621,645,528	41.93%	5,548,904.91	42.22%
北京证券	340,107,042	2.15%	289,087.14	2.2%
中科信	307,219,203	1.95%	261,135.32	1.99%

续表:

1998 年

	股票交易量		佣金	
	年成交量 人民币元	占全年成交总量的比例	年佣金 人民币元	占全年佣金总量的比例
华夏证券	7,328,085,605	99.29%	2,221,555.03	98.12%
北京证券	6,700	0%	5.67	0%

中科信本基金 1999 年通过关联方国债和回购交易量

	国债交易量		回购交易量	
	年成交量 人民币元	占全年成交总量的比例	年成交量 人民币元	占全年成交总量的比例
华夏证券	3,545,637,382	66.85%	4,051,000,000	15.30%
北京证券	854,231,985	16.11%	6,803,900,000	25.71%
中科信	49,460,587	0.93%	10,170,000,000	38.43%

(3) 基金管理人报酬

支付给华夏基金管理有限公司的基金管理人报酬按前一日的基金资产净值的 2.5 %的年费率计提,逐日累计至每月月底,按月支付。计算公式为:

日基金管理费=前一日基金资产净值 X 2.5 %/365

本基金在本会计期间需支付基金管理人报酬人民币 64,419,432.09 元(1998 年:人 民币 34,279,773.63 元)。

(4) 基金托管人报酬

支付基金托管人中国建设银行的托管费按前一日的基金资产净值的 0.25%的年费率计提,逐日累计至每月月底,按月支付。计算公式为:

日基金托管费=前一日基金资产净值 X 0.25% / 365

本基金在本会计期间需支付基金托管人报酬人民币 6,441,943.22 元 (1998 年: 人民币 3,427,977.37 元)。

7、主要报表项目说明

(1)应收帐款 20,426,110.31 元为应收证券交易清算款,其中应收上交所为 11,683,249.34 元;应收深交所为 8,742,860.97 元。

(2) 其他应收款 52,000 元为应收华夏基金管理有限公司的卫星信道费。

(3)应付帐款 27,511,581.26 元为应付证券交易清算款,其中应付上交所为 24,207,318.94 元;应付深交所为 3,304,262.32 元。

(4) 预提费用 100,000 元为 1999 年度基金审计费用。

8、以前年度资料

为配合本年度之披露若干以前年度资料已作重分类调整。

(四)流通受限的基金资产

按原新股配售办法配售的新股,根据规定"自该新股上市 2 个月后方可流通,在流 通之前由证券交易所实施冻结"的规定进行管理;按新办法配售的新股,根据规定"自该新股上市后 50%可立即流通,50%自配售之日起 6 个月后方可流通,在流通之前由证 券交易所实施冻结"的规定进行管理。本基金截至 1999 年 12 月 31 日被冻结的新股情况 如下:

股票名称	配售日期	可流通日期	配售价格	市场均价	配售股数	成本	市值	市值与成本差
广济药业	1999.08.23	2000.01.12	5.03	11.36	312,500	1,571,875	3,550,000	1,978,125
金陵药业	1999.08.30	2000.01.18	8.40	15.76	457,100	3,839,640	7,203,896	3,364,256
小鸭电器	1999.09.02	2000.01.25	3.76	6.21	514,300	1,933,768	3,193,803	1,260,035
河池化工	1999.09.06	2000.02.14	4.15	7.97	285,700	1,185,655	2,277,029	1,091,374
秦岭水泥	1999.09.09	2000.02.18	5.90	7.36	400,000	2,360,000	2,944,000	584,000
欣龙无纺	1999.09.09	2000.02.17	5.80	11.18	314,000	1,821,200	3,510,520	1,689,320
南山实业	1999.09.13	2000.02.23	9.40	11.45	429,000	4,032,600	4,912,050	879,450
中原油气	1999.09.13	2000.01.10	4.89	6.28	1,468,800	7,182,432	9,224,064	2,041,632
万杰实业	1999.09.14	2000.03.13	6.80	6.80	943,000	6,412,400	6,412,400	-
海南椰岛	1999.09.21	2000.03.20	4.10	4.10	285,700	1,171,370	1,171,370	-
浦发银行	1999.09.24	2000.01.12	10.	24.81	4,571,000	45,710,000	113,406,510	67,696,510
首钢股份	1999.09.27	2000.03.16	5.15	5.17	1,024,550	5,276,433	5,296,924	20,491
海南航空	1999.10.12	2000.01.25	4.60	5.09	2,360,000	10,856,000	12,012,400	1,156,400
锡业股份	1999.10.12	2000.04.21	6.00	6.00	1,114,287	6,685,722	6,685,722	-
东方钽业	1999.11.23	2000.03.20	9.40	9.40	292,100	2,745,740	2,745,740	-
真空电子	1999.12.06	2000.02.22	10.18	10.28	150,700	1,534,126	1,549,196	15,070
赤天化	1999.12.14	2000.02.21	7.20	7.20	314,600	2,265,120	2,265,120	-
大连金牛	1999.12.09	2000.03.01	4.08	4.08	809,500	3,302,760	3,302,760	-
华东医药	1999.12.23	2000.01.27	5.76	5.76	224,700	1,294,272	1,294,272	-
中化国际	1999.12.22	2000.06.22	8.00	8.00	737,200	5,897,600	5,897,600	-
合计						129838465	211615128	81776663

(五)基金的投资组合

1、按行业分类的股票投资组合

行业	市值(元)	占净值比例
1.交通运输	97,676,795.52	3.42%
2.能源电力	22,767,511.50	0.80%
3.建材建筑	169,232,066.00	5.93%
4.冶金	51,066,635.27	1.79%
5.机械制造	13,152,529.00	0.46%
6.电子通讯	403,785,894.27	14.14%
7.石油化工	99,141,257.00	3.47%
8.生物医药	576,657,651.04	20.19%
9.汽车及配件制造	95,541,780.88	3.34%

10.纺织服装	22,646,768.00	0.79%
11.家电	80,193,364.00	2.81%
12.酿酒食品	49,376,766.00	1.73%
13.商贸旅游	66,193,393.13	2.32%
14.金融地产	128,767,502.06	4.51%
15.农林牧渔	23,930,732.75	0.84%
16.综合	14,165,119.59	0.50%
合计	1,914,295,766.01	67.04%

其中交通运输包括公路、铁路、水运、航空、仓储等;能源电力包括煤电、水电 、矿业等;生物医药包括中药、西药、生物制药等;电子通讯包括计算机、电子元器件、邮电等;汽车及配件制造包括摩托车制造、农用车制造等。

2、国债及货币资金合计

截止到 1999 年 12 月 31 日,兴华基金持有的国债和货币资金为 951,208,497.79 元,占基金资产净值的 33.31%。

3、基金投资前十名股票明细

名称	数量	市值 (元)	占净值比例
1.同仁堂	15,815,811	309,831,737.49	10.85%
2.复星实业	9,518,425	169,332,780.75	5.93%
3.国风塑业	12,852,200	128,907,566.00	4.51%
4.浦发银行	4,571,000	113,406,510.00	3.97%
5.湖南投资	11,019,510	103,693,,589.10	3.63%
6.西藏药业	3,678,600	72,284,490.00	2.53%
7.深康佳	3,415,795	53,969,561.00	1.89%
8.上海梅林	6,008,690	52,035,255.40	1.82%
9.华北高速	10,421,400	47,313,156.00	1.66%
10.综艺股份	1,745,269	46,947,736.10	1.64%

4、报告附注

(1)各项目的计算方法:基金持有的上市证券采用报告内容截止日的市场平均价计算;已发行未上市的股票采用成本价计算。

(2)本基金不存在购入成本超过基金资产净值 10%的股票。

(3)截止到 1999 年 12 月 31 日,基金的其他应收款、应收利息、应付管理费、托管费、应付佣金合计为贷方余额 9,856,706.57 元,与股票投资市值、国债市值及货币资金之和相抵后为基金资产净值 2,855,647,557.23 元。

(六)主要财务指标

主要财务指标	1999 年	1998 年
基金可分配净收益:	813,516,742.63 元	48,112,400.81 元
单位基金收益:	0.4068 元	0.0241 元
期末基金资产总值:	894,925,960.60 元	2,264,410,285.76 元
期末基金资产净值:	2,855,647,557.23 元	2,188,418,841.26 元
单位基金资产净值:	1.4278 元	1.0942 元
基金资产净值收益率:	32.54%	3.30%

五、基金持有人结构

1、截止到 1999 年 12 月 31 日,发起人持有的基金单位为 0.45 亿单位,占基金总份额的 2.25%。

	份额	占总份额比例
发起人:华夏证券有限公司	30000000	1.50%
其中:未流通部分	15000000	0.75%
北京证券有限责任公司	7500000	0.375%
其中:未流通部分	7500000	0.375%
中国科技信托投资公司	7500000	0.375%
其中:未流通部分	7500000	0.375%

2、社会公众持有 19.55 亿单位,占基金总份额的 97.75%。

3、基金前十名持有人:

持有人名称	持有份额	占总份额比例
1.华夏证券	30000000	1.50%
2.华能公司	29841400	1.49%
3.久事浦东	28110900	1.41%
4.久事大厦	20000000	1.00%
5.久茂贸易	12000000	0.6%
6.合肥财政	11016000	0.55%
7.华泰保险	11000000	0.55%
8.郑瑛	9434500	0.47%
9.宏源公司	8106900	0.41%
10.贵财投资	8100000	0.405%

六、重要事项揭示

(一)管理人和托管人在本期内未发生任何诉讼事项。

(二)兴华基金原会计师事务所为北京京都会计师事务所,经管理人华夏基金管理 有限公司与托管人中国建设银行共同决定,从本年度起更换为普华大华会计师事务所,此更换决定已公告并报中国证监会备案。

(三)2000 年 2 月 22 日,本基金管理人在中国证券报等报刊上刊登了《兴华证券投资基金关于召开第一次基金持有人大会的公告》,会议内容为修改《兴华证券投资基金 基金契约》,主要提案为:

提案一:第七部分第二条　投资范围

原规定"本基金投资范围仅限于国债和国内依法公开发行、上市的股票。"

修改为"本基金投资范围仅限于国内依法公开发行、上市的股票、债券及中国证监会批准的允许基金投资的其他金融工具。"

提案二:第十二部分第一条　基金持有人大会召开事由

原规定"有下列情况之一的,召开基金持有人大会:(1)修改基金契约;(2)提前终止 基金;(3)更换基金管理人;(4)更换基金托管人;(5)延长基金期限;(6)变更基金类型;(7)中 国证监会规定的其他情形。"

修改为:增加第二款"经基金管理人和托管人协商一致并报中国证监会核准后,调低基金管理人报酬及基金托管费无需召开基金持有人大会即可公告。"

提案三:第十六部分第二条第一款　基金管理人的报酬

原规定"基金管理人报酬按前一日基金资产净值的 2.5%年费率计提。"

修改为"基金管理人的报酬由两部分组成,一部分是基金管理费,以基金资产净值的 1.5%年费率计提;另一部分是业绩报酬,当基金的可分配净收益高于同期银行一年 定期储蓄存款利率 20%以上,且当年基金资产净值增长率高于同期证券市场平均收益 率时,按一定比例计提。"

上述提案经基金持有人大会审议通过,决议公告刊登于 2000 年 3 月 15 日的《中国证券报》、《上海证券报》和《证券时报》。

(四)选择证券经营机构交易席位的情况

为了贯彻中国证监会《关于加强证券投资基金监管有关问题的通知》的有关规定,本基金管理人制定了选择券商的标准,并于 1998 年 11 月 2 日将有关席位选择的事项进 行了公告。之后,本基金管理人分别向华夏证券、北京证券、申银万国证券、广发证 券、联合证券、中科信及国通证券等七家公司租用交易席位。交易佣金费率为股票交易金额的 1‰并扣除应由券商负担的交易手续费和证管费,国债交易不提取佣金。

各席位交易量及佣金提取及支付情况如下:

券商	交易量合计		股票	
	(万元)	比例(%)	交易量(万元)	比例(%)
华夏	1,421,828.29	29.90	662,164.55	41.93
北证	799,823.90	16.82	34,010.71	2.15
申银	986,931.23	20.75	357,702.53	22.65
中科信	1,052,667.98	22.13	30,721.92	1.95
广发	314,363.23	6.61	314,363.23	19.90
联合	31,323.11	0.66	31,323.11	1.98
国通	149,035.85	3.13	149,035.85	9.44
合计	4,755,973.59	100	1,579,321.90	100

续表:

券商	国债		回购		佣金	
	交易量(万元)	比例(%)	交易量(万元)	比例(%)	金额(元)	比例(%)
华夏	354,563.74	66.85	405,100.00	15.31	5,548,904.91	42.22
北证	85,423.20	16.11	680,390.00	25.71	289,087.14	2.2
申银	85,428.69	16.11	543,800.00	20.55	3,040,441.66	23.14
中科信	4,946.06	0.93	1,017,000.00	38.43	261,135.32	1.99
广发					2,538,486.34	19.32
联合					252,933.45	1.93
国通					1,207,667.90	9.2
合计	530,361.69	100	2,646,290.00	100	13138,656.72	100

说明:

1、本基金通过单一券商席位买卖证券交易量均未超过本基金全年证券交易量的 30%。

2、本基金管理人根据所制定的的券商服务评价标准,每月对券商提供服务的情况进行评分,根据排名结果,兼顾所管理的两只基金的交易情况在各席位上分配交易量。

七、备查文件目录

1.证监会批准设立基金的文件;

2.《兴华证券投资基金基金契约》;

3.《兴华证券投资基金托管协议》;

4.管理人业务批准文件、营业执照、公司章程;

5.审计报告、财务报告及附注;

6.兴华基金 1999 年收益分配决议;

7.报告期内在指定报刊上披露的各种公告的原稿。

华夏基金管理有限公司

1999 年 3 月 29 日

安顺证券投资基金

安顺证券投资基金1999年年度报告摘要

一、基金简介

(一)基金名称:安顺证券投资基金（简称:基金安顺） 交易代码:500009
基金发起人:上海国际信托投资公司　　山东证券有限责任公司
　　　　　　浙江证券有限责任公司　　华安基金管理有限公司
基金发行日期:1999年6月9日　成立日期:1999年6月15日　总份额:30亿份基金单位
基金类型:契约型封闭式　存续期:15年　上市地点:上海证券交易所上市日期:1999年6月22日
(二)基金管理人:华安基金管理有限公司地址:上海市浦东南路360号新上海国际大厦38楼
邮政编码:200120 法定代表人:杜建国 总经理:韩方河
信息披露负责人:孙昌海　电话:021-58881111　传真:021-58406138
(三)基金托管人:交通银行 地址:上海市仙霞路18号（邮政编码:200336） 法定代表人:王明权
托管部负责人:谢红兵　信息披露负责人:苏玉平　电话:021-62082517　传真:021-62750017
(四)会计师事务所:大华会计师事务所有限公司　地址:上海市昆山路146号
法定代表人:汤云为　经办注册会计师:吕秋萍、曹培青

二、基金管理人报告

本基金业绩表现　截止1999年12月31日,基金单位资产净值达到1.0374元,年净值增长率为6.83%,超过同期银行存款利率和同期沪深指数涨幅。扣除当年配售新股对基金净值增长的贡献因素,本基金净值增长率为-4.12%,同期上证综合指数增长率为-4.28%,深证综合指数增长率为-4.83%,基金表现好于同期大盘表现。

本基金投资风格　坚持"精选个股、重点投资、长期持有、稳健操作"的原则,合理分配成长类股票和收益类股票的投资比例,通过基金仓位和品种结构的动态调整,严格控制市场风险和个股风险,力争为基金持有人谋求长期、稳定的投资收益。

基金经理简介　尚志民先生,基金经理,经济学硕士。5年证券从业经验,曾在上海证券报研究所、上海证大投资管理有限公司工作,担任基金经理前为华安基金管理有限公司研究发展部高级研究员。

李匆先生,基金经理,管理学博士。6年证券从业经验,曾在海南华银国际信托 投资公司上海证券业务部工作。 进入华安基金管理有限公司后先后担任研究发展部高级研究员、安信基金基金经理助理等职。

(一) 基金经理工作报告

1999年是我国证券市场自成立以来发展较快、变化较大的一年,证券市场在国民经济中的地位和作用得到充分肯定和体现。《证券法》的颁布和实施,为证券市场的健康、有序发展奠定了坚实的法律基础。投资者队伍不断扩大,机构投资者比重稳步上升。市场结构的变化推动投资理念的变化,以证券投资基金为代表的理性投资理念逐步得到投资者的认同,证券市场资源优化配置的作用得到加强。证券市场出现"恢复性"上涨,市场交投空前活跃。

作为首批同一基金管理公司管理多家基金的试点基金,本基金在成立前制定了详尽的投资、操作计划。基金6月15日正式成立时,市场状况发生了较大变化,两市股 指处于快速上扬途中,市场投资热情极为高涨。在此氛围的感染下,本基金在初期操作中出现急躁情绪,许多品种的建仓成本偏高,组合的结构也不太合理,致使基金净值在随后出现的调整行情中表现不尽如人意。

面对不利局面,本基金管理人从制度、人员等多方面及时进行了调整,再次明确了"精选、重点、长期、稳健"的投资原则。根据对市场状况的判断,并结合平衡基金的特点,对基金组合进行了大幅度的调整,在维持收益类资产的投资比例、合理控制投资风险的同时,适当加大了对成长性较好的电子通讯、网络科技等类股票的投资,并结合国有企业改革重组的形势,充分利用增发及职工股上市等市场契机,低成本、大批量地吸纳了具有潜在获利能力的股票。经过近半年耐心细致的调整,组合的结构基本趋于合理,为本基金的长期发展奠定了基础。

(二)内部监察报告

＊ 基金运作合规性声明

本报告期内,本基金管理人严格遵守《证券投资基金管理暂行办法》及其各项实施准则、《安顺证券投资基金基金契约》和其他有关法规的规定,本着诚实信用、勤勉尽责的原则管理和运用基金资产,遵循"用智慧赢得回报"和"信誉比什么都重要"的公司理念,在严格控制风险的基础上,为基金持有人谋求最大利益,无损害基金持有人利益的行为。 基金投资组合符合有关法规及基金契约的约定。

＊ 内部监察工作报告

安顺基金是首批同一基金管理公司管理多家基金的试点基金,从其成立运作开始,本基金管理人即高度重视对其运作合规性的内部监察工作。从防范运作风险、保障基金持有人利益出发,公司建立了多基金运作管理办法,规定了公司投资决策委员会、各基金经理小组、集中交易室、研究员在投资运作中的工作程序。独立工作的内部监察人员对基金投资流程各环节的执行情况进行定期检查,并通过基金交易监控系统检查各基金投资运作合规情况;定期制作监察报告,发现违规隐患及时向管理层和监察部门报告并督促整改。

在本报告期内,我们将内部控制的重点置于确保本基金运作程序的合规性、独立性,防范不当关联交易、幕交易以及本基金与本公司管理的其他基金间可能出现的违规交叉交易。此外,安顺基金在建立调整投资组合时是否体现安顺基金平衡性特点也是内部监察的关注点。

在安顺基金运作初期,我们在监察过程中曾经发现,有时在行情波动较大时,该基金投资操作中偶有忽视既定投资程序的情况,在公司管理层的高度重视下,我们向有关人员提出并作出处理,同时细化完善了原投资程序,重申坚持程序化运作的严肃性,在以后的投资运作中未发现类似违反工作程序的行为。

回顾安顺基金半年来的运作情况,我们认为安顺基金投资组合符合安顺证券投资基金基金契约的约定,较为合理地分配了成长类股票和收益类股票的投资比例。基金运作中无不当内幕交易和关联交易,也未发生过两基金间违规交叉交易行为,整体运作合规合法,基金持有人利益得到充分保障。

在1999年内部监察工作的实践中,我们发现建立科学严密的基金投资程序是防止个人冲动型投资的有效手段,而忽视基金投资既定程序的执行往往是走向投资失误的前奏。安顺基金运作的时间较短,在1999年的运作中有值得总结的经验和教训。作为基金管理人,我们将继续高度重视防范投资风险,不断引入先进的内控技术,提高内部监察工作的科学性和效率性,切实保障基金安全运作,以优异的业绩回报投资者。

三、托管人报告

1999年度,安顺证券投资基金(以下简称"安顺基金")的托管人-交通银行，严格遵守《证券投资基金管理暂行办法》及其实施准则的规定,依据《安顺证券投资基金基金契约》和《安顺证券投资基金基金托管协议》中的条款,认真履行基金托管人的各项职责,安全保管安顺基金的所有资产,做好安顺基金的投资监督和清算核算工作,切实维护广大基金持有人的合法权益,未发生任何损害基金持有人利益的事件和行为。

1999年度,基金托管人根据《证券投资基金管理暂行办法》及其实施准则、基金契约、托管协议和其它有关法规的规定,对基金管理人的投资运作实施了交易监督，未发现基金管理人在投资运作中有违规及损害基金持有人利益的行为。

1999年度,基金托管人根据安顺基金招募说明书和上市公告书对基金管理人编制的每日基金资产净值、每周基金资产净值公告、每季度基金投资组合公告等财务数据进行了严格的复核,确认基金管理人在1999年度所编制和披露的安顺基金信息是合法、真实和完整的。

四、基金年度财务报告

(一) 审计报告

安顺证券投资基金全体基金持有人:

我们接受委托，审计了贵基金1999年12月31日的资产负债表及1999年度收益及收益分配表。这些会计报表由贵基金的管理人负责,我们的责任是对这些会计报表发表审计意见。我们的审计是依据中国注册会计师独立审计准则进行的。在审计过程中,我们结合贵基金的实际情况,实施了包括抽查会计记录等我们认为必要的审计程序。

我们认为,上述会计报表符合基金及其财务会计的相关制度、法规及公允会计原则;在所有重大方面公允地反映了贵基金1999年12月31日的财务状况以及1999年度经营成果；会计处理方法的选用遵循了一贯性原则。

大华会计师事务所有限公司

(二)基金会计报告书　　资产负债报告书

资产负债主要项目期初数、期末数如下：

项　目	期初数	期末数
股票投资-成本：	–	2,378,337,621.20
股票投资-估值增值：	–	4,060,906.33
债券投资-成本：	–	628,848,894.13
债券投资-估值增值：	–	–2,661,025.13
银行存款：	–	109,703,601.24
应收利息：	–	141,185.71
应收帐款：	–	16,081,388.18
其他应收款项：	–	429,026.52
基金资产总额：	–	3,134,941,598.18
应付基金管理费：	–	3,935,621.35
应付基金托管费：	–	655,936.90
应付帐款：	–	17,419,751.75
应付佣金：	–	418,602.62
其他应付款项：	–	253,000.00
负债总额：	–	22,682,912.62
基金单位总额：	–	3,000,000,000.00
未分配净收益：	–	110,858,804.36
未实现估值增值：	–	1,399,881.20
基金资产净值：	–	3,112,258,685.56
基金单位发行总份额：	–	3,000,000,000
每份基金单位资产净值：	–	1.0374

收益及分配报告书

收益及分配主要项目本期数、上期数如下：

项　目	本期数	上期数
在除息日确认的股息收入：	5,172,028.22	—
债券利息收入：	1,562,075.60	—
股票买卖价差收入：	109,518,211.89	—
债券买卖价差收入：	1,089,656.25	—
其他收入：	24,005,462.72	—
基金管理费：	26,097,400.21	—
基金托管费：	4,349,566.71	—
应由基金承担的其他费用：	41,663.40	—
基金净收益：	110,858,804.36	—
期末未分配净收益：	110,858,804.36	—

(三)会计报告书附注

1、主要会计政策

(1)会计期间:公历1月1日至12月31日。

(2)记帐原则;权责发生制。

(3)记帐本位币:人民币。

(4)基金资产的估值方法:

1 上市证券(包括已上市但流通受限的证券)以计算日市场平均价为准;该日无 交易的，以最近一日平均价计算。

2 未上市的股票以发行价计算。

3 未上市国债及银行存款以本金加计至估值日为止的应计利息额计算。

4 如遇特殊情况而无法或不宜以上述规定确定基金资产价值时,基金管理人依据 主管机关的有关规定办理。

(5)收入的确认政策

股息收入:在被投资股票股权除息日确认。

债券利息收入:在被投资国债除息日确认。

其他收入:在实际收到时确认。

(6)证券交易的成本计价方法

证券交易在取得时按实际成本计价，出售时按移动加权平均法计价。

(7)税项

根据财政部、国家税务总局的财税字[1998]55号《关于证券投资基金税收问题的通知》，对基金税收有如下规定:

1 以发行基金方式募集资金不征收营业税。

2 对基金买卖股票、债券的差价收入暂免征营业税。

3 对基金买卖股票按照4‰的税率征收印花税。

4 对基金从证券市场中取得的收入,暂免征所得税。

5 基金向投资者分配的基金收益,暂免征所得税。

(8)基金的收益分配政策：

1 基金收益分配比例不低于基金净收益的 90%

2 基金收益分配采取现金方式，每年分配一次，分配在基金会计年度结束后的四 个月内完成。

3 基金当年收益先弥补上一年度亏损后，才可进行当年收益分配。

4 基金投资当年亏损，则不进行收益分配。

5 每一基金单位享有同等分配权。

2、关联交易

(1)关联人、关系、交易性质及法律依据列示

关联人	关系	交易性质	法律依据
华安基金管理有限公司	基金管理人	提取管理费	基金契约
交通银行	基金托管人	提取托管费	基金契约
上海国际信托投资公司	管理公司发起人	租用交易席位	席位使用协议
山东证券有限责任公司	管理公司发起人	租用交易席位	席位使用协议
申银万国证券股份公司	管理公司发起人	租用交易席位	席位使用协议
浙江证券有限责任公司	基金发起人	租用交易席位	席位使用协议

(2)通过关联人席位交易情况：

1 股票交易情况：

关联人	年成交量	占年成交量比例	年佣金	占年佣金量比例	平均佣金比例
上海国际信托投资公司	14,141,881.34	0.31%	12,020.78	0.32%	0.85‰
申银万国证券股份公司	3,103,822,604.73	68.31%	2,592,678.71	68.32%	0.84‰
浙江证券有限责任公司	460,166,232.83	10.13%	386,981.45	10.20%	0.84‰

2 国债及回购交易情况：

关联人	国债年成交量	比例	回购年成交量	比例
申银万国证券股份公司	534,333,618.10	34.76%	292,900,000.00	100%
浙江证券有限责任公司	157,191,743.70	10.23%		

(3)管理人或托管人收取的报酬的计算标准及金额

1 基金管理人的报酬

本基金应给付基金管理人管理费，按前一日的基金资产净值的 1.5%的年费率计 提，本基金成立三个月后，若持有现金的比例超过本基金资产净值的 20%，超出部分不计提基金管理费。

1999 年管理人收取的基金管理费金额为 26,097,400.21 元。

2 基金托管费

本基金应给付基金托管人托管费，按前一日的基金资产净值的 2.5‰的年费率计提。

1999 年托管人收取的基金托管费金额为 4,349,566.71 元。

3、主要报表项目说明

(1)本基金发行费使用情况如下

项目	金额
发行费收入	30,000,000.00
上网发行费	7,514,100.00
发行协调费	4,532,098.90
上市推荐人费	700,000.00
律师费	50,000.00
会计师费	75,000.00
上市初费	30,000.00
基金发行费结余	17,098,801.10

发行时申购资金冻结利息额：1,486,757.84 元。

(2)应收帐款 1999 年 12 月 31 日余额为人民币 16,081,388.18 元，是应收股票清算款。 由以下两项组成：上海应收交易资金，14,896,718.23 元；深圳应收交易资金，1,184,669.95 元。

(3)其他应收款项 1999 年 12 月 31 日余额为人民币 429,026.52 元，是深圳证券交 易所调整交易保证金款项。

(4)应付帐款 1999 年 12 月 31 日余额为人民币 17,419,751.75 元，是应付交易资金和应付配股款。 由以下三项组成：上海应付交易资金，12,361,165.51 元；深圳应付交易资金，5,058,586.24 元。

(四)本基金流通受限、不能自由转让的资产全部为认购的配售新股。在估值时如果该新股还未上市，则按成本计价；如已上市，则按当日平均价计价。1999 年 12 月 31 日估值时，已上市但流通受限的新股估值增值额为 123,343,742.50 元。

序号	股票名称	上市日期	交易日期	数量	成本	市价
1	浦发银行	99.11.10	00.1.12	6,858,000	68,580,000.00	170,146,980.00
2	秦岭水泥	99.12.16	00.2.18	600,000	3,540,000.00	4,416,000.00
3	南山实业	99.12.23	00.2.23	642,000	6,034,800.00	7,350,900.00
4	海南航空	99.11.25	00.1.25	3,542,000	16,293,200.00	18,028,780.00
5	真空电子	99.12.22	00.2.22	6,859,400	69,828,692.00	70,514,632.00
6	金陵药业	99.11.18	00.1.18	685,700	5,759,880.00	10,806,632.00
7	小鸭电器	99.11.25	00.1.25	771,400	2,900,464.00	4,790,394.00
8	广济药业	99.11.12	00.1.12	468,750	2,357,812.50	5,325,000.00
9	河池化工	99.12.2	00.2.14	428,600	1,778,690.00	3,415,942.00
10	欣龙无纺	99.12.9	00.2.17	472,000	2,737,600.00	5,276,960.00
11	中原油气	99.11.10	00.1.12	2,203,000	10,772,670.00	13,834,840.00
12	首钢股份	99.12.16	00.3.16	1,024,550	5,276,432.50	5,296,923.50
13	万杰实业	00.1.13	00.3.14	1,414,000	9,615,200.00	9,615,200.00
14	海南椰岛	00.1.20	00.3.20	428,600	1,757,260.00	1,757,260.00
15	东方钽业	00.1.20	00.3.20	438,200	4,119,080.00	4,119,080.00
16	锡业股份	00.2.21		1,671,426	10,028,556.00	10,028,556.00
17	大连金牛	00.3.1	00.3.1	2,460,500	10,038,840.00	10,038,840.00
18	赤天化	00.2.21	00.2.21	943,800	6,795,360.00	6,795,360.00
19	中化国际	00.3.1	00.3.1	2,192,700	17,541,600.00	7,541,600.00
20	华东医药	00.1.27	00.1.27	674,200	3,883,392.00	3,883,392.00
	合计			34,778,826	259,639,529.00	382,983,271.50

注：大连金牛、赤天化、中化国际、华东医药四只新股在上市日已流通 50%，其余 50 %在新股认购日六个月后再上市流通。

(五)基金投资组合

1、按行业分类的投资组合

分类	市值(元)	占净值比例
交通运输	99,626,105.44	3.20%
能源电力	–	–
建材建筑	4,416,000.00	0.14%
冶金	122,303,737.60	3.93%
机械制造	159,697,776.01	5.13%
电子通讯	842,520,802.56	27.07%
化工	46,163,188.98	1.48%
医药	132,915,669.32	4.27%
汽车及配件制造	51,198,788.08	1.65%
纺织服装	123,680,023.47	3.97%
家电	116,499,699.50	3.74%
酿酒食品	17,553,826.59	0.56%
商贸旅游	240,344,471.58	7.72%
金融地产	170,146,980.00	5.47%
农林牧渔	–	–
综合	255,331,458.40	8.20%
合计	2,382,398,527.53	76.53%

2、国债、货币资金合计

截止 1999 年 12 月 31 日，基金持有的国债及货币资金合计为 734,553,106.67 元，占基金资产净值的 23.60%。

3、基金投资前十名股票明细

序号	名称	数量	市值	占净值比例(%)
1	综艺股份	8,248,859	221,894,307.10	7.13%
2	东方电子	11,239,381	187,360,481.27	6.02%
3	浦发银行	6,858,000	170,146,980.00	5.47%
4	大唐电信	6,246,757	166,413,606.48	5.35%
5	环保股份	4,687,343	159,697,776.01	5.13%
6	真空电子	12,619,894	129,732,510.32	4.17%
7	许继电气	5,486,580	127,014,327.00	4.08%
8	清华同方	3,471,149	126,245,689.13	4.06%
9	中大股份	9,335,361	116,225,244.45	3.73%
10	上海医药	8,578,503	108,775,418.04	3.50%

4、基金投资组合报告附注

(1)报告项目的计价方法。

本基金持有的上市证券采用公告内容截止日的市场平均价计算，已发行未上市股票采用成本价计算。

(2)本基金不存在购入成本已超过基金资产净值 10%的股票。

(3)截止 1999 年 12 月 31 日，本基金其他应收应付款项为贷方余额 4,692,948.64 元。股票市值 2,382,398,527.53 元，国债及货币资金合计 734,553,106.67 元与其相抵减后等于基金净值。其他应收应付款项包括：应收利息、其他应收款、应付管理人报酬、应付托管费、应付券商佣金、其他应付款。

(六)主要财务指标

1、基金可分配净收益为 110,858,804.36 元；单位基金净收益为 0.0370 元。

2、期末基金资产总值为 3,134,941,598.18 元。

3、期末基金资产净值为 3,112,258,685.56 元；单位基金资产净值为 1.0374 元。

4、基金资产净值年收益率为 6.62%。

五、基金持有人结构

截止 1999 年 12 月 31 日，本基金发起人持有的基金份额为 0.3 亿基金单位，占基金 发行总份额的 1%，其中：

发起人	持有份额(单位)	占总份额比例
上海国际信托投资公司	7,500,000	0.25%
山东证券有限责任公司	7,500,000	0.25%
浙江证券有限责任公司	7,500,000	0.25%
华安基金管理有限公司	7,500,000	0.25%

社会公众持有的基金份额为 29.7 亿基金单位，占基金发行总份额的 99%。

本基金前十名持有人的名称、持有份额、占总份额比例如下：

序号	名称	持有份额(单位)	占总份额比例
1	久事大厦	15,000,000	0.50%
2	久事浦东	13,500,000	0.45%
3	交通投资	8,000,000	0.27%
4	浙江证券	7,500,000	0.25%
5	山证总部	7,500,000	0.25%
6	投资信托	7,500,000	0.25%
7	华安基金	7,500,000	0.25%
8	孙英	6,600,000	0.22%
9	富岛基金	5,550,000	0.19%
10	姜柏珍	5,400,000	0.18%

六、重要事项揭示

(一)本基金管理人、托管人在本期内未发生任何诉讼事项。

(二)本基金管理人于一九九九年十一月二十五日召开了第一届董事会第三次会议。会议通过以下决议：同意徐建军同志因工作调动辞去董事长职务，选举杜建国同志担任董事长。以上人事变动，已报中国证监会核准，并于二OOO年二月二十六日在《中国证券报》、《上海证券报》刊登决议公告。

(三)根据中国证监会《关于加强证券投资基金监管有关问题的通知》(证监基字(1998)29 号)中有关规定的要求，经我公司认真研究，本基金管理人向上海国际信托投资公司、申银万国证券股份有限公司、山东证券有限责任公司、浙江证券有限责任公司、国通证券有限公司、华夏证券有限公司等六家券商租用交易席位。选择标准详见《安顺证券投资基金招募说明书》。 本年度内租用席位无任何变更。

我们从 1999 年 6 月 15 日启用多席位交易系统。

各券商年成交量及年佣金情况如下：

1 股票交易情况：

券商名称	年成交量	占年成交量比例	年佣金	占年佣金量比例
上海国际信托投资公司	14,141,881.34	0.31%	12,020.78	0.32%
申银万国证券股份公司	3,103,822,604.73	68.31%	2,592,678.71	68.32%
浙江证券有限责任公司	460,166,232.83	10.13%	386,981.45	10.20%
华夏证券有限公司	965,838,095.90	21.25%	803,315.39	21.16%
合计	4,543,968,814.80	100.00%	3,794,996.33	100.00%

2 国债及回购交易情况：

券商名称	国债年成交量	比例	回购年成交量	比例
申银万国证券股份公司	534,333,618.10	34.76%	292,900,000.00	100%
浙江证券有限责任公司	157,191,743.70	10.23%		
华夏证券有限公司	845,717,760.80	55.01%		
合计	1,537,243,122.60	100.00%		

说明： 1999 年 6 月 15 日至 12 月 31 日，多席位交易系统开始试运行。因为多席位交易系统启用未满一年，因此，上述交易量分配未符合每一券商年交易量不得超过 30 %的比例限制的规定。

华安基金管理有限公司

2000 年 3 月 30 日

金元证券投资基金

金元证券投资基金上市公告书

摘 要

基金名称:金元证券投资基金　基金简称:基金金元(代码 500010)　基金总额:20151.12 万份
本次可流通份数:20151.12 万份　基金管理人名称:南方基金管理有限公司
基金托管人名称:中国工商银行　上市推荐人:湘财证券有限责任公司
上市地点:上海证券交易所　上市时间:2000 年 7 月 11 日

一、基金概况

金元证券投资基金(以下简称"金元基金")是按照《证券投资基金管理暂行办法》、原有投资基金清理规范的有关要求和《关于大连市原有投资基金清理规范实施方案的批复》(证监基金字[2000]3 号)清理规范后由原大证利民基金、工行可转、大信基金、建信基金合并并经中国证监会验收确认的契约型封闭式投资基金。原基金存续期 10 年(自 1992 年 5 月 28 日至 2002 年 5 月 27 日),上市后将按有关规定向中国证监会申请扩募和续期。

基金发起人为南方基金管理有限公司;基金管理人为南方基金管理有限公司;基金托管人为中国工商银行。

本基金是由原大证利民基金、工行可转、大信基金、建信基金经中国证监会证监基金字[2000]3 号文批准,按照有关法律、法规清理规范并合并而成,基金份数总额为 20151.12 万份基金单位。截止 2000 年 3 月 28 日基金资产移交时每基金单位净值 1.0095 元。2000 年 3 月 28 日,本基金管理人南方基金管理有限公司正式管理本基金。

基金上市申请经《关于大连市原有投资基金清理规范实施方案的批复》(证监基金字[2000]3 号)和《关于同意大连市 4 只原有投资基金规范合并为金元证券投资基金并申请上市的函》证监基金字[2000]45 号文和上海证券交易所上证上字[2000]47 号《上市通知书》审核同意,将于 2000 年 7 月 11 日在上海证券交易所挂牌交易。基金份总份额为 20151.12 万份,由于历史原因本基金发起人未能持有基金份额。本次上市流通的份额为 20151.12 万份基金单位。

本基金管理人已经持有人大会授权,向中国证券监督管理委员会提出扩募申请并获批准。本基金规模将在上市后扩募到 5 亿基金单位。

基金上市后交易单位每手为 100 份。

二、基金持有人结构

(一)基金持有人结构:本基金全部为公众持有,共计 20151.12 万份基金单位。

(二)前十名持有人:

序号	名称	份额(份)	比例(%)
1	郑　健	16116963	8.00
2	宫　信	7099200	3.52
3	刘　艺	2538780	1.26
4	林素芳	2528853	1.25
5	张　凡	2303433	1.14
6	刘长波	1818354	0.90
7	张　健	1282344	0.64
8	兆元鹏	1275135	0.63
9	赵世亮	1086414	0.54
10	赵经伟	961158	0.48

(三)基金持有人总数为:51270 户,其中持有 1000 基金单位以上的基金持有人户数为 40841 户。

三、基金发起人、基金管理人、基金托管人

(一)基金发起人
南方基金管理有限公司
法定代表人:骆新都
注册地址:深圳市深南东路深港花园三楼　邮政编码:518001
营业批准号:4403011017169
组织形式:有限责任公司
注册资本:5000 万元人民币
设立日期:1998 年 3 月 6 日

(二)基金管理人
南方基金管理有限公司
信息披露负责人:邱孝斌
联系电话:0755-5429988 转 8801

公司概况:本公司经中国证监会证监基字[1998]4 号文批准,由南方证券有限责任公司、厦门国际信托投资公司、广西信托投资公司共同发起设立。公司下设五个部门:市场研究开发部、基金投资部、运作保障部、行政管理部、稽核部。此外还设立投资决策委员会和风险控制委员会两个专门机构。公司现有员工 44 人,其中 28 人具有硕士以上学历。所有人员在最近三年内均没有受到所在单位或有关管理部门的处罚。公司已经建立健全内部风险控制制度,内部稽核制度、财务管理、人事管理制度、信息披露制度和员工行为准则等公司管理制度体系。

截止 2000 年 6 月 30 日,南方基金管理有限公司管理基金总资产已达 78.09 亿元。截止 1999 年末,南方基金管理有限公司管理的其他基金有二家,其基本情况如下:基金开元
1、基金名称:基金开元
2、基金成立日期:1998 年 3 月 27 日
3、基金单位总份额:20 亿份
4、基金资产净值:33.47 亿元
5、基金单位净值:1.6735 元基金天元
1、基金名称:基金天元
2、基金成立日期:1999 年 8 月 25 日
3、基金单位总份额:30 亿份
4、基金资产净值:42.543 亿元
5、基金单位净值:1.4181 元

(三)基金托管人中国工商银行
法定代表人:刘廷焕
注册地址:北京市西城区复兴门内大街 55 号
邮政编码:100032　联系电话:010-66106878　联系人:王晓忠
组织形式:全民所有制　注册资本:1710.24 亿元人民币

发展概况:中国工商银行是中国最大的国有商业银行,自成立以来各项业务发展迅速,截至 1998 年底,各项存款余额 26317.68 亿元,各项贷款余额 22715.39 亿元,是国内第一家存款突破二万亿元的商业银行。16 年来,中国工商银行每个会计年度均保持盈利。工商银行拥有 3 万多个分支机构,拥有工商企业帐户 810 万个,居民储蓄帐户 4.2 亿个,全年结算业务量占全国金融系统的 50%以上。财务状况:截至 1998 年末,中国工商银行总资产已达 32387.38 亿元,已跻身于世界大银行的前列。

基金托管、部门设置及员工情况:中国工商银行总行是国内第一家获准设立证券投资基金托管部的商业银行,主要业务部门包括基金业务处、研究开发处、客户服务处、内控保障处和综合管理处,在上海和深圳设有分部,现有员工 30 人。

托管其他基金的说明:截止 2000 年 2 月底,中国工商银行共托管基金八家:
1、基金名称:开元证券投资基金
基金管理人:南方基金管理有限公司
基金成立时间:1998 年 3 月 27 日
2、基金名称:金泰证券投资基金
基金管理人:国泰基金管理有限公司
基金成立时间:1998 年 3 月 27 日
3、基金名称:安信证券投资基金
基金管理人:华安基金管理有限公司
基金成立时间:1998 年 6 月 22 日
4、基金名称:同益证券投资基金
基金管理人:长盛基金管理有限公司
基金成立时间:1999 年 4 月 8 日
5、基金名称:普丰证券投资基金
基金管理人:鹏华基金管理有限公司
基金成立时间:1999 年 7 月 14 日
6、基金名称:天元证券投资基金
基金管理人:南方基金管理有限公司
基金成立时间:1999 年 8 月 25 日
7、基金名称:裕元证券投资基金
基金管理人:博时基金管理有限公司
基金成立时间:1999 年 11 月 12 日
8、基金名称:裕泽证券投资基金
基金管理人:博时基金管理有限公司
基金成立时间:2000 年 3 月 27 日

(四)基金上市推荐人
湘财证券有限责任公司
法人代表:陈学荣
注册地址:湖南省长沙市黄兴中路 63 号中山国际大厦 12 楼
联系电话:0731-4458115
联系人:毛劲虎

(五)财务审计及验资机构:大连正元会计师事务所
法定代表人:张耀麟
注册地址:大连市中山区同兴街 67 号邮电万科大厦 24 号
联系电话:0411-2819300
注册会计师:臧德盛、刘璐

(六)法律顾问:大连华夏律师事务所
法人代表:姜辉
注册地址:大连市中山区明泽街 16 号丽苑大厦五层
联系电话:0411-2809177
经办律师:姜辉　张树贤

四、基金的历史沿革

本基金由原"大连证券有限责任公司(原大连证券公司)利民证券投资基金"、"大连华信信托投资股份有限公司(原中国工商银行大连信托投资股份有限公司)可转换债券"、"中国建设银行大连信托投资股份有限公司(原建设银行信托投资公司)共同投资基金券"、"大连信托投资公司信托投资受益证券"合并而成,其历史沿革分别如下:

1、大连证券有限责任公司利民证券投资基金

大连证券有限责任公司(原大连证券公司)利民证券投资基金(以下简称大证利民基金)是经中国人民银行大连市分行 1992 年 5 月 20 日(大银金字[1992]第 213 号)《关于同意发行利民证券投资基金的批复》文件批准,于 1992 年 5 月 28 日设立的。大连证券公司是该基金的发起人,也是该基金的管理人。

大证利民基金以向社会公开募集方式发行 3000 万基金单位,每单位基金面值 1 元人民币,实收募集资金 3000 万人民币。其中发起人大连证券公司按照《基金章程》的规定认购 300 万基金单位(上市后已转让),社会公众认购 2700 万基金单位。1993 年 6 月基金采取 10 送 1 的方式进行分配,基金规模增至 3300 万基金单位。该规模一直保持至今。

大证利民基金为不定期的封闭式基金,可转让,不保息。基金运作所得除扣除收入总额的 1%为管理费外,其余部分均由投资者按投资比例享有。

1992 年 10 月 27 日,经中国人民银行大连市分行和大连证券交易中心审核批准,大证利民基金在大连证券交易中心挂牌上市。

2、大连华信信托投资股份有限公司可转换债券

大连华信信托投资股份有限公司(原中国工商银行大连信托投资股份有限公司)可转换债券(以下简称工信可转)是经中国人民银行大连市分行 1992 年 5 月 20 日(大银金字[1992]第 210 号)《关于同意发行可转换债券的批复》文件批准,于 1992 年 5 月 28 日设立的。大连华信信托投资股份有限公司是该基金的发起人,也是该基金的管理人。

工信可转以向社会公开募集方式发行 6000 万基金单位,每单位基金面值 1 元人民币,实收募集资金 6000 万人民币。1993 年 6 月基金采取 10 送 1 的方式进行分配,基金规模增至 6600 万基金单位。2000 年 3 月,以 2000 年 2 月 29 日为基准日的净资产采取 10 送 1.7 的方案,使基金规模扩至 7722 万元,该规模一直保持至今。

工信可转为不定期的封闭式基金,基金运作所得除扣除收额的 1%为管理费外,其余部分均由投资者按投资比例享有。

1992 年 10 月 27 日,经中国人民银行大连市分行和大连证券交易中心审核批准,工信可转在大连证券交易中心挂牌上市。

工信可转自 1992 年运作以来,至 1997 年度以前累积分配红利 8477 万元,累计分红率 130%,年加权平均分红率 23.75%。

3、中国建设银行大连信托投资股份有限公司共同投资基金券

中国建设银行大连信托投资股份有限公司(原建设银行信托投资公司)共同投资基金券(以下简称建信基金)是经中国人民银行大连市分行1992年5月20日(大银金 字[1992]第211号)《关于同意发行共同投资基金券的批复》文件批准,于1992年5月28日设立的。建设银行信托投资公司是该基金的发起人,也是该基金的管理人。

建信基金以向社会公开募集方式发行5000万基金单位,每单位基金面值1元人民币,实收募集资金5000万人民币。其中发起人认购500万基金单位,社会公众认购4500万基金单位。1993年6月基金采取10送1的方式进行分配,基金规模增至5500万基金 单位。该规模一直保持至今。

建信基金为长期的封闭式基金,凡自愿长期参加的,可持旧券定期转换,5年为 一个转换期。1997年1月31日提出延期申请。

该基金运作所得除扣除收入总额的1%为管理费外,其余部分均由投资者按投资 比例享有。

1992年10月27日经中国人民银行大连市分行和大连证券交易中心审核批准,该基金在大连证券交易中心挂牌上市。

4、大连信托投资公司信托投资受益证券

大连信托投资公司信托投资受益证券(以下简称大信受益)是经中国人民银行大连市分行1992年5月20日(大银金字[1992]第214号)《关于同意发行信托投资受益证券的批复》文件批准,于1992年5月28日设立的。大连信托投资公司是该基金的发 起人,也是该基金的管理人。

大信受益以向社会公开募集方式发行3000万基金单位,每单位基金面值1元人民 币,实收募集资金3000万人民币。其中发起人认购248.9万基金单位,社会公众认购2751.1万基金单位。1993年6月基金采取10送1的方式进行分配,基金规模增至3300 万基金单位。该规模一直保持至今。

大信受益为不定期的封闭式基金,基金运作所得除扣除收入总额的1%为管理费 外,其余部分均由投资者按投资比例享有。

1992年10月27日经中国人民银行大连市分行和大连证券交易中心审核批准,该基金在大连证券交易中心挂牌上市。

根据原有投资基金清理规范的有关要求及《关于大连市原有投资基金清理规范实施方案的批复》(证监基金(2000)3号)精神,以上四只基金(或受益券)进行了 规范重组。2000年3月3日召开持有人临时大会以通讯表决方式,通过了清理合并,更换管理人、托管人等有关事项的决议,大证利民基金、工信可转、建信基金、大信受益合并为"金元证券投资基金"。根据持有人大会决议,合并后的"金元证券投资基金"的发起人和管理人更换为南方基金管理有限公司,基金托管人更换为中国工商银行,基金存续期为十年(1992年5月28日-2002年5月28日)。

五、基金投资组合情况

(一)基金投资策略

本证券投资基金的主要投资目标,是通过对高新技术产业上市公司的投资而实现长期资本增值。同时通过投资组合等措施减少和分散投资风险而确保基金资产的安全。

基金的投资范围仅限于国内依法公开发行、上市的股票和国债。主要投资方向为高新技术产业上市公司的股票和债券。

基金管理人在选择投资对象和建立投资组合时,将把投资对象的良好流动性和投资组合的合理分散性作为重要参考指标。

(二)投资组合情况

本基金经中国证监会批复规范、重组、合并后,基金单位共计19756万元,基金 资产已于2000年3月28日全部划至本基金的托管人中国工商银行"金元证券投资基金 专户";3月28日,基金管理人南方基金管理有限公司开始本基金的投资运作。

投资组合情况如下:截止2000年7月5日,单位:元银行存款34,293,005.30股票投资173,986,103.67债券投资0.00(三)基金经理本基金由陈继武先生担任基金经理,负责基金的日常投资运作。

陈继武,34岁,硕士学历,金融经济师.五年证券从业经历,曾在中国农业银行浙江省信托投资公司从事证券投资工作,97年后在浙江省国际信托投资公司投资银行总部工作, 并任部门副经理.曾任开元基金经理助理。

六、基金契约摘要

一、前言

本基金契约是根据《证券投资基金管理暂行办法》及其实施准则、原有投资基金清理规范的有关要求和中国证监会的有关规定而订立。

二、基金契约的当事人

(一)基金发起人:南方基金管理有限公司

(二)基金管理人:南方基金管理有限公司

(三)基金托管人:中国工商银行

三、基金基本情况

(一)基金名称:金元证券投资基金

(二)基金类型:契约型封闭式(在符合有关规定并经基金持有人大会同意、中国证监会批准后可转型为契约型开放式)

(三)本证券投资基金是以高新技术产业上市公司为主要投资对象的成长型基金,投资目标是通过积极的投资策略,在分散和减少投资风险的前提下,谋求基金资产收益的最大化。

(四)基金单位总份额:2.015112亿份基金单位

基金管理人经持有人大会授权,已向中国证监会申请扩募,并获批准,本基金将在上市后扩募至5亿份基金单位。

(五)基金单位每份面值为人民币1.00元

(六)存续期限:基金存续期限为:1992年5月28日—2002年5月27日

基金管理人经持有人大会授权,向中国证监会申请将存续期延长5年(2002年5月28日至2007年5月27日),已获批准。

四、基金的历史沿革(参见本公告书第四条《基金的历史沿革》)

五、基金的上市与交易安排

本基金经主管部门批准和基金持有人大会通过,将根据《证券投资基金管理暂行办法》及有关规定申请在上海证券交易所上市。本基金上市后,将根据交易所的交易规则进行交易。

六、基金的托管

基金托管人与基金管理人须按照《证券投资基金管理暂行办法》、基金契约及其他有关规定订立金元证券投资基金托管协议。

七、基金的投资目标、投资范围、投资策略、投资决策、投资组合、投资限制和交易席位租用的原则

(一)投资目标

本证券投资基金是以高新技术产业上市公司为主要投资对象的成长型基金,投资目标是通过积极的投资策略,在分散和减少投资风险的前提下,谋求基金资产收益的最大化。

(二)投资范围

本基金的投资范围仅限于具有良好流动性的金融工具,包括国内依法公开发行上市的股票、债券及中国证监会允许基金投资的其他金融工具。

(三)投资决策

1.决策依据

(1)上市公司研究。

(2)行业发展状况。

(3)证券市场的走势。

(4)国内国际经济环境。

(5)国家有关法律、法规和本基金契约的有关规定。

2、决策程序

本基金的基金管理人坚持以研究支持的风格。管理人内部设立市场研究开发部、基金投资部、运作保障部、行政管理部、稽核部等部门,并由总经理及相关人员组成投资决策委员会,以保证基金资产得到更为妥善的管理。在保证基金持有人的权益受到保护的前提下,基金管理人的内部机构设置、职能划分可能会发生变化,职能也会相应的做出调整,但不会影响本基金的投资理念、投资目标、投资范围和投资运作。本基金的投资决策程序如下:

(1)投资决策委员会决定基金的大的投资原则,并对基金的总体仓位控制、投 资组合比例等提出指导性意见。

(2)证券分析人员:根据各咨询机构提供的研究报告以及其他信息来源,选定 重点关注的股票范围;在重点关注的股票范围内根据自己的调查研究选出有投资价值的股票向基金经理做出投资建议;根据基金经理提出的要求对上市公司进行研究并提出投资建议。

(3)基金经理在遵守投资决策委员会制定的投资原则前提下,根据证券分析人 员提供的投资建议以及自己的分析判断,做出具体的投资决策。

(4)风险控制委员会定期召开会议,对基金投资组合进行风险评估,并提出风 险控制意见。

(四)投资组合

1、由于本基金由《暂行办法》颁布前的老基金规范后设立,经中国证监会批准 ,基金资产存在一段调整期,调整期为基金上市之日起六个月内。

调整期结束后本基金的投资组合须符合下列规定:

(1)本基金投资于股票、债券的比例不低于本基金资产总值的80%。

(2)本基金投资于国家债券的比例不低于本基金资产净值的20%。

(3)本基金持有一家上市公司的股票,不超过基金资产净值的10%,本基金与 由本基金管理人管理的其他基金持有一家公司发行的证券总和,不超过该证券的10%。

(4)遵守中国证监会规定的其他比例限制。

(五)投资限制

本基金不得投资于其他基金;不得将基金资产用于抵押、担保、资金拆借或者贷款;不得从事证券信用交易;不得进行房地产投资;不得从事可能使基金承担无限责任的投资;不得从事中国证监会规定禁止从事的其他行为。

八、基金发起人的权利和义务

基金发起人拥有首次扩募后按约定及有关规定持有基金单位、出席或委派代表出席基金持有人大会、取得基金收益、依法转让基金单位、监督基金经营情况,获取基金业务及财务状况的资料、参与基金清算,取得基金清算后的剩余资产等权利。

基金发起人负有公告上市公告书、首次扩募后在基金存续期间持有符合规定比例的基金单位、遵守基金契约、承担基金亏损或终止时的有限责任、不从事任何有损基金及其他基金持有人利益的活动等义务。

九、基金管理人的权利与义务

基金管理人拥有运用基金资产、监督基金托管人忠实履行基金的托管义务、依本契约规定获取基金管理报酬、依照有关规定,代表基金行使基金投资权利等权利。

基金管理人负有诚信尽责地从事基金投资、控制投资风险、保护基金利益、按规定计算并公告基金资产净值及基金单位资产净值、按规定进行信息披露、保守基金商业秘密、按规定召集基金持有人大会、保存基金会计资料、因自身过错导致基金财产损失时承担赔偿责任等义务。

十、基金托管人的权利与义务

基金托管人拥有监督基金管理人的投资运作、获得基金托管费等权利。

基金托管人负有诚信尽责地保管基金资产、控制保管风险、保护基金利益、保管基金的重大合同及有关凭证、开设和保管基金资金帐户与证券帐户、从事基金清算交割、保守基金商业秘密、复核审查基金管理人计算的基金资产净值和基金单位资产净值、按规定出具基金业绩和基金托管情况的报告、建立并保存基金持有人名册并负责基金单位转让的过户和登记、按有关规定保存基金会计资料、依据基金管理人的指令或有关规定向基金持有人支付基金收益、因过错导致资产损失时承担赔偿责任等义务。

十一、基金持有人的权利和义务

基金持有人拥有出席或委派代表出席基金持有人大会并行使表决权、取得基金收益、监督基金经营情况并获取基金业务及财务状况的资料、转让基金单位、取得基金清盘后的剩余财产等权利。每份基金单位具有同等的合法权益。

基金持有人负有遵守基金契约、交纳基金认购款项及规定的费用、承担基金亏损或者终止的有限责任、不从事任何有损基金及其他基金持有人利益的活动等义务。

十二、基金持有人大会

基金持有人大会依一定的事由以一定的程序召开,基金持有人大会就有关基金持有人利益的重大事项进行讨论表决,包括:修改基金契约、提前终止基金、更换基金管理人、更换基金托管人、基金扩募、续期或转型及中国证监会规定的其他情形。基金持有人大会决议必须经出席会议的基金持有人所持表决权的半数以上通过,但更换基金管理人或托管人应由持有半数以上基金单位总额的基金持有人通过。

基金持有人大会决议对全体基金持有人、基金管理人和基金托管人具有相同约束力,基金持有人大会决议经中国证监会批准后方可生效。

十三、基金管理人、基金托管人更换的条件和程序(一)基金托管人的变更

有下列情形之一者,经中国证监会和中国人民银行批准,可以依一定程序更换基金托管人:

1、基金托管人解散、依法被撤销、破产或者由接管人接管其资产的;

2、基金管理人有充分理由认为更换基金托管人符合基金持有人利益的;

3、代表50%以上基金单位的基金持有人要求基金托管人退任的;

4、中国人民银行有充分理由认为基金托管人不能继续履行基金托管职责。

(二)基金管理人的更换

有下列情形之一者,经中国证监会批准,可以依一定程序更换基金管理人:

1、基金管理人解散、依法被撤销、破产或者由接管人接管其资产;

2、基金托管人有充分理由认为更换基金管理人符合基金持有人利益;

3、代表50%以上基金单位的基金持有人要求基金管理人退任;

4、中国证监会有充分理由认为基金管理人不能继续履行基金管理职责的。

(三)更换基金管理人和基金托管人必须按照如下程序进行:

1、提名:更换基金管理人时,由中国证监会或基金托管人提名新任基金管理人 ;更换基金托管人时,由中国证监会或基金管理人提名新任基金托管人。

2、决议:基金持有人大会对被提名的新任基金托管人或新任基金管理人形成决 议。

3、批准:新任基金管理人经中国证监会审查批准后方可继任,新任基金托管人 经中国证监会和中国人民银行审查批准后方可继任;原任基金管理人经中国证监会批准后方可退任,原任基金托管人经中国证监会和中国人民银行批准后方可退任。

4、公告:基金管理人更换后,由基金托管人在中国证监会批准后5个工作日内在中国证监会指定的信息披露报刊上公告。基金托管人更换后,由基金管理人在中国证监会和中国人民银行批准后5个工作日内在中国证监会指定的信息披露报刊上公告。 如果基金托管人和基金管理人同时更换,由基金发起人联系单位在获得批准后5个工 作日内在中国证监会指定的信息披露报刊上公告。

十四、基金资产

(一)基金资产总值

基金资产总值是指基金所购买的各类证券价值、银行存款本息以及其他投资所形成的价值总和。

(二)基金资产净值

基金资产净值是指基金资产总值减去按照国家有关规定可以在基金资产中扣除的费用后的价值。

(三)基金资产的帐户

本基金资产以"金元证券投资基金专户"的名义开立基金专用银行存款帐户和基金专用证券帐户,与基金管理人和基金托管人自有的资产帐户以及其他基金资产帐户相独立。

(四)基金资产的处分

本基金资产应独立于基金管理人和托管人的资产,并由托管人保管。管理人、托管人以其自有的资产承担相应的法律责任,其债权人不得对基金资产行使请求冻结、扣押或其他权利。除依据《暂行办法》、本基金契约及其他有关规定处分外,基金资产不得被处分。

十五、基金资产估值

(一)估值目的:客观、准确地反映基金资产是否保值、增值。

(二)估值日:每日对基金资产进行估值。

(三)估值方法:

1、上市证券按当日平均价计算;该日无交易的证券,以最近一个交易日的平均 价计算;

2、上市的股票(指申购新股)以其购入成本价计算;

3、未上市国债及银行存款,以本金加计至估值日止应计利息额计算;

4、如遇特殊情况而无法或不宜以上述规定确定资产价值时,基金管理人依照国 家有关规定办理。

(四)估值对象:基金所拥有的股票、国债和银行存款。

(五)估值程序

基金日常估值由基金管理人进行。基金资产净值由基金管理人完成估值后,将估值结果以书面形式报给基金托管人,基金托管人按基金契约规定的估值方法、时间、程序进行复核;基金托管人复核无误后签字返回给基金管理人;月末、年中和年末估值复核与基金会计帐目的核对同时进行。

十六、基金费用与税收基金费用主要有:基金管理人报酬、基金托管人托管费、基金上市费用、证券交易费用、基金信息披露费用、基金持有人大会费、会计师费用和律师费用等。

1、基金管理人的报酬

基金管理人的报酬由两部分组成,一部分是基金管理费,以基金资产净值的1.5%的年费率计提;另一部分是业绩报酬,当基金的可分配净收益率高于同期银行一年定期储蓄存款利率20%以上,且当年基金资产净值率高于同期证券市场平均收益率时,按一定比例计提。具体计提方法如下:

(1)基金的管理费;

该项费用按前一日的基金资产净值的1.5%的年费率计提。若本基金持有现金的比例超过资产净值的20%,超出部分不计提基金管理费。计算方法如下:

H=E×1.5%÷当年天数 H为每日应计提的基金管理费

E为前一日基金资产净值(扣除本基金持有现金比例超过20%部分的基金资产净 值)

基金管理人的管理费每日计算,逐日累计至每月月底,按月支付,由基金托管人于次月前两个工作日内从基金资产中一次性支付给基金管理人。

(2)业绩报酬:

业绩报酬根据基金全年的经营业绩情况而定,在同时满足如下条件的情况下每年计提一次,直接用于奖励基金管理人员:

①基金年平均单位资产净值不能低于面值;

②基金可分配净收益率超过同期银行一年定期储蓄存款利率20%以上;

③基金资产净值增长率超过证券市场平均收益率;

④基金收益分配后其每单位资产净值不能低于面值。在同时满足以上条件的情况下,基金业绩报酬的计算方法为:业绩报酬=调整后期初资产净值×Min[M,N]×5%其中,

M=基金可分配净收益率-1.2×同期银行一年定期储蓄存款利率(如果年内利 率发生变动,则按时间段进行加权平均调整);

N=基金资产净值增长率-证券市场平均收益率;Min[M,N]为M、N中较小者;基金可分配净收益率=当期可分配净收益/调整后期初资产净值;

基金资产净值增长率=(期末基金资产净值-调整后期初资产净值)/调整后期初资产净值;

调整后期初资产净值=上年度本基金资产净值-上年度已分配收益;

证券市场平均收益率=[(深证综指年涨跌值×深市平均总市值+上证综指年涨跌值×沪市平均总市值)/(深市平均总市值+沪市平均总市值)]×80%+同期国债收益率×20%

深市平均总市值=(期末深市总市值+期初深市总市值)/2 沪市平均总市值= (期末沪市总市值+期初沪市总市值)/2

基金管理人业绩报酬于每个基金会计年度结束后计算,若可以提取基金业绩报酬则由基金托管人于次个基金会计年度前20个工作日内从基金资产中一次性支付给基金管理人。

2、基金托管人的托管费

基金托管人的托管费按前一日的基金资产净值的0.25%的年费率计提。

基金托管费每日计算,逐日累计至每月月底,按月支付,由基金托管人于次月前两个工作日内从基金资产中一次性支取。

基金和基金持有人应根据国家有关规定依法纳税。

十七、基金收益与分配

基金收益包括基金投资所得红利、股息、债券利息、买卖证券差价、存款利息收入及其他收入,因运用基金资产带来的成本或费用的节约计入基金收益。基金净收益为基金收益扣除国家有关规定可以在基金收益中扣除费用后的余额。

基金收益分配的比例不低于基金会计年度净收益的90%;基金收益每会计年度结束后的四个月内分配一次,采取现金形式分配;基金当年收益应先弥补上一年亏损,基金投资当年亏损则不进行收益分配;每份基金单位享有同等分配权。

基金收益分配方案由基金管理人拟定,由基金托管人核实后确定,在报中国证监会备案后五个工作日内公告。

十八、基金的会计与审计基金的会计年度为公历每年1月1日至12月31日。

基金管理人聘请具有证券从业资格的会计师事务所及其注册会计师对基金年度财务报表进行审计。

基金管理人(或托管人)认为有充分理由更换会计师事务所时,须经基金托管人(或管理人)同意,并报中国证监会备案后可以更换。更换会计师事务所需在五个工作日内公告。

十九、基金的信息披露

本基金的信息披露事项将在中国证监会指定的信息披露报刊上公告。

本基金的信息披露的内容包括:

1、基金年度报告经注册会计师审计后,在基金会计年度结束的90日内公告;

2、基金中期报告在基金会计年度前六个月结束后的60日内公告;

3、基金资产净值每周至少公告一次,于截止日后1个工作日内公告;

4、基金投资组合三个月至少公告一次,于截止日后15个工作日内公告;

5、临时公告;

6、澄清公告与说明;

基金信息披露内容文本存放在基金管理人和基金托管人的办公场所,基金持有人可免费查阅。

二十、基金的终止和清算有下列情形之一的,基金将终止并进入清算程序:

1、基金封闭期满,未被批准续期或转型的;

2、基金经批准提前终止;

3、因重大违法、违规行为,基金被中国证监会责令终止。在中国证监会监督下 ,由基金清算小组进行基金清算。

二十一、基金的扩募、续期和转型

本基金由基金管理人、基金托管人协商提议,基金持有人大会通过,并经中国证监会批准,可以延长基金期限与扩募。

本基金的首次扩募续期已经原大证利民基金、大信基金、建信基金、大连华信基金2000年度临时持有人大会决议通过,首次扩募续期不再需要召开基金持有人大会。

由基金管理人、基金托管人协商提议,基金持有人大会通过,并经中国证监会批准,本基金可以由封闭式转为开放式。

七、基金运作情况

(一)基金管理人报告

1、金元证券投资基金成立后,为了争取基金长期稳定的投资收益,基金管理人 将会加强对市场的研判,精心操作,力求给投资人较好的回报。

2、基金管理人已经于2000年3月28日开始基金投资运作,关于基金运作的具体情况,将依据有关规定,通过基金年度报告、基金中期报告、基金临时公告、基金资产净值公告和基金投资组合公告等信息披露形式披露。

3、基金管理人承诺

本基金管理人承诺勤勉尽责、诚实信用、安全有效地管理和运作基金资产,为投资者谋求最大的投资收益。

为切实履行上述承诺,保障投资人合法权益,管理人全体员工均已与公司签定了上岗承诺书,保证不从事任何法律法规及公司禁止的活动。公司任何人员,除为公司进行基金投资外,不得直接或间接进行股票交易;不得协助、接受委托或以其它任何形式为其它组织或个人进行证券交易;不得泄露尚未依法公开的基金投资内容、基金投资计划等信息。如发现上述行为,公司将根据有关规定进行处罚。

广大投资者如发现本公司员工发生上述行为,请向本公司稽核部举报。

举报电话:0755-5520114或5429988转稽核部

(二)基金托管人报告

基金托管人中国工商银行依据签署的《金元证券投资基金基金契约》,受理托管金元基金的全部财产,对基金投资运作进行了全面的会计核算和必要的监督。

八、财务状况

(一)基金资产已于2000年3月28日全部划至本基金的托管人中国工商银行"金 元证券投资基金专户",南方基金管理有限公司即开始运作该基金。经大连正元会计师事务所出具大正会内验字(2000)5号验资报告验资,资产全部到位。具体情况为 ,单位:元

基金单位总份额:	197,560,000.00
基金资产净值:	199,432,514.64
每份基金单位资产净值:	1.0095

根据2000年6月1日召开的金元证券投资基金临时持有人大会(通讯表决)的决议,对金元证券投资基金实施10送0.2的方案,金元基金的基金单位总份额变为20151 .12万元。

(二)基金管理人将按照《基金契约》及《证券投资基金信息披露指引》的规定披露基金财务状况。

(三)财务状况

1、资产负债状况截止2000年7月5日,单位:元

银行存款:	34,293,005.30
股票投资:	173,986,103.67
债券投资:	0.00
资产估值增值:	4,827,209.08
其他应收款:	345,173.71
基金资产总值:	213,451,491.76
应付管理人报酬:	852,703.85
应付托管费:	142,117.27
其他应付款:	1,649,530.66
负债合计:	2,644,351.78
实收基金:	201,511,200.00
已实现净收益:	4,468,730.90
收益分配:	0.00
未实现资本利得:	4,827,209.08
持有人权益合计:	210,807,139.98
基金资产净值:	210,807,139.98
每份基金单位资产净值:	1.0461

注:上述披露的本基金财务数据未经审计。

2、重要财务事项

(1)净收益主要是证券买卖差价收入和银行利息收入。

(2)未实现投资收益是指基金资产的估值增值

上市证券以计算日市场平均价为准;该日无交易的,以最近的交易日平均价为准;未上市的股票以发行价计算;未上市的债券以本金加计至估值日止应计利息计算;

3、资产净值计算方法:资产净值=实收基金+净收益+未实现投资收益

九、重要事项揭示

(一)基金发起人持有基金单位份额情况:

由于历史原因,本基金发起人南方基金管理有限公司未持有本基金份额。按照有关规定,南方基金管理有限公司将于本次扩募时认购不低于基金总规模1%的基金份 额,且在基金存续期内持有比例不低于本基金总规模的0.5%,其余部分在基金扩募部分上市二个月后方可流通。

(二)本基金20151.12万份基金单位将于2000年7月11日在上海证券交易所挂牌上市。

(三)基金的首次扩募续期已经原基金持有人大会通过,首次扩募续期不再需要召开基金持有人大会。

(四)本基金管理人已经持有人大会授权,向中国证券监督管理委员会提出扩募申请并已获批准。

(五)本基金原管理人声明如下:

(1)本公司已提交了金元证券投资基金规范、合并和移交有关的以及可能对基 金规范、合并和移交产生影响的所有资料、文件和信息;

(2)本公司所提供文件资料,如为副本/复印件,均经本公司与原件核对无误 ;

(3)本公司所提供的文件、资料均为真实、完整和准确,而没有任何虚假、不 实、错误或者重大遗漏;

(4)截止本声明签署日,金元资产真实、完整、独立,不存在任何诉讼、仲裁 或行政处罚案件;

(5)由于历史原因和基金操作中的不规范,本公司将部分基金资产以个人名义 开立资产账户和证券账户从事证券投资,本公司提供给各中介机构查证的以个人名义开设的资金账户和资金账户上的资金和股票,确系基金资产。

(六)本基金原管理人承诺:将所有原基金有关资料及会计账册保存15年以上,以备查询。

南方基金管理有限公司

2000年7月6日

金鑫证券投资基金

金鑫证券投资基金1999年年度报告摘要

一、基金简介

(一) 基金名称:金鑫证券投资基金(简称:基金金鑫)　　交易代码:500011
基金发起人:国泰君安证券股份有限公司
浙江省国际信托投资公司
上海爱建信托投资公司
国泰基金管理有限公司
基金发行日期:1999年10月15日
基金成立日期:1999年10月21日
基金单位总份额:30亿份基金单位
基金类型:契约型封闭式
基金存续期:15年
基金上市地:上海证券交易所
基金上市日期:1999年11月26日
(二) 基金管理人:国泰基金管理有限公司
注册地址:上海浦东新区商城路199号
办公地址:上海市静安区延平路135号
邮政编码:200042
法定代表人:陈勇胜
总经理:李春平
信息披露负责人:丁昌海
电话:021-62531534
传真:021-62531262
电子邮件:gtfund02@online.sh.cn
(三) 基金托管人:中国建设银行
注册地址:北京市西城区金融大街25号
办公地址:北京市西城区金融大街25号
邮政编码:100032
法定代表人:王雪冰
托管部负责人:许占涛
信息披露负责人:周小知
电话:010-67597624
传真:010-67597634
(四) 会计师事务所:大华会计师事务所有限公司
注册地址:上海市昆山路146号
办公地址:上海市昆山路146号
法定代表人:汤云为
邮政编码:200080
联系人:兰佳
电话:021-63070766
传真:021-63243522
经办注册会计师:曹培青　汪阳

二、基金管理人报告

本基金业绩表现

自99年10月21日基金金鑫设立到12月31日止,上证指数下跌了6.30%,深市综合指数下跌6.76%。截至99年12月31日,本基金单位资产净值为0.9667元,净值年增长率为-3.33%,低于同期深沪指数跌幅。扣除当年配售新股对基金净值增长的贡献因素,本基金净值年增长率为-3.60%,也低于同期深沪指数跌幅。本基金在99年第四季度的股市下跌市道中,基本上达到了分散和降低投资风险、确保基金资产安全的目的。

基金管理小组成员及管理理念

钱　华

基金金鑫经理,36岁,经济学硕士,曾在中国农业银行总行、中国人民银行政策研究室工作,历任中国华阳金融租赁有限公司国际业务部经理、国泰证券有限公司基金部副总经理,现任国泰基金管理有限公司总经理助理。

曹继东

基金经理助理,32岁,经济学硕士,曾在中国人民银行深圳分行资金计划处、深圳建设集团财务公司、国泰证券有限公司工作,历任国泰基金管理有限公司投资部副总监、研究部副总监,现任基金金鑫经理助理。

胡定超

基金经理助理,34岁,硕士学历,曾任深圳南山基金管理有限公司研究部经理、证券投资部总经理和公司助理总裁,现任基金金鑫经理助理。

基金金鑫管理小组在公司投资决策委员会的领导和公司研究开发部在信息资源方面的全面支持下,具体负责基金资产的投资组合、项目选择和日常投资运作。基金金鑫经理小组秉承本基金的契约所约定的精神,以国企大盘股和资产重组股为主要投资对象,以国家重点发展的产业为主要投资目标,以相对集中的投资组合和贯穿始终的风险控制手段管理运作基金资产,以期为投资者赢得长期稳定的投资回报。

(一)基金经理工作报告

本基金在1999年10月下旬设立并入市运作,由于当时正处于向下盘整的市道之中,沪深两市的同期股指分别下跌了6.30%和6.76%,使本基金刚入市就经受了一场严峻的考验。年末收市,本基金的净值为0.9667元,资产缩水了3.33%。我们当时对市场形势有一个基本判断,即上证指数在1500点附近应该是一个底部区域,是基金建仓的很好机会。有鉴于此,我们在上市之前就推进了16亿规模的资金,虽然在年末亮相时承受了一定的市场压力,但却为新年以后基金业绩的稳步增长奠定了基础。

展望2000年,随着世界经济特别是东南亚地区经济状况的逐步好转,我国的宏观经济状况也将会有较好的表现。国家前二年奉行的积极的财政政策已逐步开始产生效应,连续几年困扰我国经济的通缩现象将逐步得到改观。国有经济的战略性调整和产业结构的调整都会对我国国民经济产生积极的影响。从总体上判断,2000年的中国证券市场将比1999年有进一步的发展。本基金管理小组将以更加进取的精神进行投资管理。

与此同时,本基金管理小组对市场所面临的风险也有深刻的认识。在沪、深两市现有的上市公司中,目前普遍存在着希望在短期内通过外来因素的介入迅速实现旧貌换新颜式的变化的倾向,从99年底开始的"触网"大行动就是这种倾向的集中反映。我们认为这种现象一方面体现了诸多上市公司进一步提升资产质量和社会形象的积极性,另一方面也给基金管理人的投资决策带来很大的不确定性。面对市场的变化,我们必须具备辨别真伪的能力,最大限度地规避风险。此外,本基金以国企大盘和资产重组为主要投资方向,这与2000年的市场热点的展现会有一定的距离,无疑会增加我们运作的难度。为此我们已经制定了相应的对策,努力使本基金的投资组合既符合基金契约所规定的条件,又符合市场发展的节奏和趋势。

我们将秉持稳健为本的投资理念,加强市场调研,充分依靠公司研究开发部和各席位券商的信息支持、精心选择个股、捕捉市场热点、不断优化投资组合,以勤勉尽责的职业精神,力争为投资者提供长期稳定的回报。

(二)内部监察报告

基金运作合规性声明

本报告期内,本基金管理人严格遵守《证券投资基金管理暂行办法》及其各项实施细则、《金泰证券投资基金基金契约》和其它相关法律法规的规定,本着诚实信用、勤勉尽责的原则管理和运作基金资产,遵循"稳健为本,规范管理,精心运作,争创一流"的公司理念,在严格规范和控制风险的前提下,努力为基金持有人争取最好的投资回报;在基金管理运作中,无损害基金持有人利益的行为,基金投资范围、投资比例、投资组合符合有关法规和基金契约的规定。本基金管理人承诺将继续在规范管理的前提下,利用集体智慧和辛勤劳动,精心运作基金资产,继续为基金持有人谋求最大利益。

内部监察工作报告

基金金鑫自1999年10月下旬开始运作以来,基金管理人依据相关的法律法规、基金契约以及内部的监察制度开展监察工作,内部监察的重点是:国家法律法规的执行情况;基金契约的遵守情况;内部规章制度的执行情况;资信管制和保密工作落实情况;员工行为规范和职业道德情况,目的是规范基金资产的运作,防范和控制投资风险,保证基金持有人的利益。

我们的工作方法是由独立工作的监察人员通过对基金资产管理各个环节的工作流程进行定期的日常监察和不定期的专项监察,并定期制作监察报告,对发现的问题及时向管理层和监管部门报告并督促整改,以确保基金资产运作的合法合规。

为适应基金金鑫开始运作后,公司由管理单个基金向多个基金运作的转变,我们将内部监察的重点置于确保基金运作的相对独立,防范不当关联交易和内幕交易以及本基金和本基金管理人管理的其它基金之间可能出现的违规交叉交易。本基金管理人采取的主要措施有:一、修订和完善了原有的决策、投资和交易方面的规章制度,使之符合多基金管理的需要。二、加强监察力度,提高监察频率。内部监察人员通过基金投资全过程的跟踪监察,防范不当关联交易和内幕交易事件的发生,确保各基金持有人的合法权益不受侵犯。三、建立监察业务反馈制度,加强监察稽核部门与其它业务部门的交流与沟通。四、运用查阅成交资料等手段对基金交易进行监察,确保各基金运作的相对独立性。五、加强员工行为守则和职业道德方面的监察等。

经持续跟踪监察,本基金运作依照规章制度规定的流程进行,管理运作合法合规;本基金资产与本基金管理人所管理的其他基金资产、基金资产与公司资产严格分开;基金管理小组成员之间没有兼职现象;本基金运作中无不当关联交易和内幕交易;基金持有人利益得到了有效保障。

在内部监察的工作实践中,我们体会到规范经营和强化管理是基金安全运作的前提,科学化制度化的工作流程是基金安全运作的基础,防范和控制风险是基金安全运作的保障。只有这样,才能不断提高基金资产的管理质量,保障基金持有人的利益。我们将继续努力,提高内部监察工作的科学性和有效性,为基金的规范运作、风险防范,为维护基金持有人的利益发挥应有的作用。

三、基金托管人报告

1999年,中国建设银行在基金金鑫的托管过程中,严格遵守了《证券投资基金管理暂行办法》及各项实施准则、基金契约、托管协议和其它有关法规的规定,安全保管了基金的全部资产,勤勉尽职地履行了基金托管人的全部义务,不存在任何损害基金持有人利益的行为。

1999年,由国泰基金管理有限公司编制并经中国建设银行复核审查的有关基金金鑫的信息披露真实、完整、合法,该基金管理公司在投资运作、基金资产净值、每份基金单位资产净值等指标的计算上,严格执行了《证券投资基金管理暂行办法》及各项实施细则、基金契约及其它有关法规规定,不存在任何损害基金持有人利益的行为。

四、基金年度财务报告

(一) 审计报告书

审 计 报 告

华业字(2000)第028号

金鑫证券投资基金全体基金持有人:

我们接受委托,审计了贵基金1999年12月31日的资产负债报告书及1999年度收益及分配报告书。这些会计报表由贵基金管理人负责,我们的责任是对这些会计报表发表审计意见。我们的审计是依据中国注册会计师独立审计准则进行的。在审计过程中,我们结合贵基金的实际情况,实施了包括抽查会计记录等我们认为必要的审计程序。

我们认为,上述会计报表符合基金及其财务会计的相关制度、法规及公允会计原则;在所有重大方面公允地反映了贵基金1999年12月31日的财务状况以及1999年度经营成果,会计处理方法的选用遵循了一贯性原则。

大华会计师事务所有限公司　　　　中国注册会计师:曹培青　汪阳
中国·上海·昆山路146号　　　　2000年1月16日

(二)基金会计报告书

一、资产负债报告书

资产负债报告书

1999年12月31日

编制单位:国泰基金管理有限公司　　单位:元

序号	项　目	年末数	年初数
1	股票投资-成本	1,863,057,350.02	-
2	股票投资-估值增值	-117,478,291.82	-
3	债券投资-成本	256,996,689.89	-
4	债券投资-估值增值	301,150.11	-
5	其他投资-成本		-
6	其他投资-估值增值		-
7	现金		-
8	银行存款	926,708,999.55	-
9	应收股利		-
10	应收回购利息	89,398.58	-
11	应收利息	353,934.90	-
12	应收帐款		-
13	其他应收款项		-

14	基金资产总值	2,930,029,231.23	–
15	应付基金管理费	3,748,338.87	–
16	应付基金托管费	624,723.12	–
17	应付收益		–
18	应付帐款	22,629,566.60	–
19	应付佣金	1,875,110.98	–
20	其他应付款项	1,000,000.00	–
21	负债总额	29,877,739.57	–
22	基金单位总额	3,000,000,000.00	–
23	未分配净收益	17,328,633.37	–
24	未实现估值增值	–117,177,141.71	–
25	基金资产净值	2,900,151,491.66	–
26	单位基金发行总份额	3,000,000,000 份	–
27	每份基金单位资产净值	0.9667	–

二、损益及分配报告书

损益及分配报告书

1999 年度

编制单位:国泰基金管理有限公司　　　　单位:元

序号	项 目	本年数	上年数
1	一、基金收入	27,472,730.60	–
2	证券买卖差价收入	–1,292,464.61	–
3	其中:股票	–3,807,586.42	–
4	债券	2,515,121.81	–
5	投资收入		–
6	其中:股息收入		–
7	债券利息收入		–
8	其他收入	28,765,195.21	–
9	其中:利息收入	6,047,402.66	–
10	发行费用结余收入	17,987,700.00	–
11	申购冻结利息收入	,720,134.86	–
12	其他	9,957.69	–
13	二、基金费用	10,144,097.23	–
14	管理费	8,685,584.72	–
15	托管费	1,447,597.41	–
16	其他费用	10,915.10	–
17	其中:上市年费	10,000.00	–
18	会计师费		–
19	律师费		–
20	持有人大会费		–
21	信息披露费		–
22	其他	915.10	–
23	三、净收益	17,328,633.37	–
24	四、上期未分配净收益		–
25	五、本期已分配收益		–
26	六、期末未分配净收益	17,328,633.37	–

(三)会计报告书附注

一、主要会计政策

1、基金会计年度:为公历每年 1 月 1 日至 12 月 31 日。

2、基金记帐原则:权责发生制。

3、基金记帐本位币:以人民币为记帐本位币,记帐本位币单位为元。

4、基金资产的估值方法:

(1)、上市证券按当日均价计算,该日无交易的证券,以最近一日的均价计算;

(2)、未上市的股票以其成本价计算;

(3)、未上市国债及银行存款以本金加计至估值日为止的应计利息额计算;

(4)、如遇特殊情况而无法或不宜以上述规定确定基金资产价值时,基金管理人 应按国家有关规定办理;

(5)、估值对象为基金所拥有的股票、国债和银行存款;

(6)、每日都对基金资产进行估值。

5、基金收入确认政策:

(1)、股息收入:在除息日确认;

(2)、债券利息收入:

A、已上市债券利息:对所持债券派发的债息,在除息日确认;

B、尚未上市债券利息:对于暂未上市流通的上市债券按债券发行时约定利率逐 日计提应计利息,待该债券上市时,将累计已提的利息全额冲销;

(3)、其他收入:在实际收到时确认。

6、证券交易的成本计价方法:

股票投资按取得时的实际成本计价,出售成本按移动加权平均法计算。

7、税项说明:

根据财税字[1998]55 号《关于证券投资基金税收问题的通知》精神,仅对基金管理人运用基金资产买卖股票按 4‰的税率征收印花税,暂对基金不征收营业税、所 得税。

8、基金的收益分配政策:

(1)、每一基金单位享有同等分配权;

(2)、收益分配比例不低于基金净收益的 90%;

(3)、基金收益分配采用现金方式,每年分配一次;

(4)、基金当年收益分配应先弥补上年亏损后,才进行当年收益分配;

(5)、基金投资当年亏损则不进行收益分配。

二、关联关系

1、关联人关系、交易性质及法律依据:

关联人名称	关联关系	交易性质	法律依据	备注
(1)国泰君安证券股份有限公司				
	基金发起人	发起认购基金	基金契约	认购基金 750 万份
	基金发起人	出租交易席位	席位使用协议	二个席位
(2)浙江省国际信托投资公司				
	基金发起人	发起认购基金	基金契约	认购基金 750 万份
(3)上海爱建信托投资有限公司				
	基金发起人	发起认购基金	基金契约	认购基金 750 万份
(4)国泰基金管理有限公司				
	基金发起人	发起认购基金	基金契约	认购基金 750 万份
	基金管理人	提取管理费	基金契约	
(5)中国建设银行	基金托管人	提取托管费	基金契约	
(6)华夏证券有限公司	席位出租人	出租交易席位	席位使用协议	二个席位
(7)南方证券有限公司	席位出租人	出租交易席位	席位使用协议	二个席位
(8)平安证券有限公司	席位出租人	出租交易席位	席位使用协议	二个席位
(9)国通证券有限责任公司				
	席位出租人	出租交易席位	席位使用协议	二个席位

2、1999 年 10–12 月关联人席位股票和国债交易情况:

关联人	成交量(万元)	比例	佣金(万元)	比例
(1)国泰君安证券股份有限公司	137,292.10	54.79%	103.18	55.03%
(2)华夏证券有限公司	34,959.16	13.95%	28.40	15.15%
(3)南方证券有限公司	1,464.09	0.58%	1.19	0.63%
(4)平安证券有限公司	74,392.10	29.69%	53.56	28.56%
(5)国通证券有限责任公司	2,475.36	0.99%	1.17	0.63%
合计	250,582.81	100.00%	187.50	100.00%

3、基金管理人报酬:

基金管理人的报酬由两部分组成,一部分是基金管理费,以基金资产净值的 1.5 %年费率计提;另一部分是业绩报酬,当基金的可分配净收益高于同期银行一年定期储蓄利率 20%以上,且当年基金资产净值增长率高于同期证券市场平均收益率时,按一定比例计提。 具体计算方法如下:

(1)、基金管理费

A、在通常情况下,基金管理费按前一日基金资产净值的 1.5%年费率计算,本基金成立三个月后,若持有现金的比例超过本基金资产净值的 20%,超出部分不计提基金管理费。计算方法如下:

H=E×1.5%×1/当年天数

H 为每日应支付的管理人报酬

E 为前一日的基金资产净值(扣除本基金持有现金比例超过 20%部分的基金资产 净值)

B、基金管理人的管理费每日计算,逐日累计至每月月底,按月支付,由基金托 管人于次月前五个工作日内从基金资产中一次性支付给基金管理人。

C、至 1999 年 12 月 31 日止,基金应支付基金管理人管理费为 8,685,584.72 元,其 中已支付基金管理人 4,937,245.85 元,尚余 3,748,338.87 元未支付。

(2)、业绩报酬

业绩报酬根据基金全年的经营业绩情况,在满足以下几个基本条件下每年计提一次, 直接用于奖励基金管理人员:

A、基金年平均单位资产净值不能低于面值;

B、 基金可分配净收益率超过同期银行一年定期储蓄存款利率 20%以上;

C、基金资产净值增长率超过证券市场平均收益率;

D、 基金收益分配后其每单位资产净值不能低于面值。

在满足以上条件的情况下, 基金业绩报酬计算方法为:

业绩报酬=调整后期初资产净值×MIN[M,N]×5%

1999 年度未提取业绩报酬。

4、基金托管人报酬:

(1)、基金托管费按前一日的基金资产净值的 0.25%的年费率计提。计算方法如 下:

H=E×0.25%/当年天数

H 为每日应支付的托管人报酬

E 为前一日的基金资产净值

(2)、基金托管人的托管费每日计算,逐日累计至每月月底,按月支付;并于次 月前五个工作日内从基金资产中一次性支付给基金托管人;

(3)、至 1999 年 12 月 31 日止,基金应支付基金托管人托管费共 1,447,597.41 元, 其中已支付基金托管人 822,874.29 元,尚余 624,723.12 元未支付。

三、主要报表项目说明:

1、应付帐款:1999 年 12 月 31 日余额为人民币 22,629,566.60 元,系应付证券清算款和应付配股款。

2、其他应付款:1999 年 12 月 31 日余额为人民币 1,000,000.00 元,系应付发行人 协调费。

3、基金单位总额:1999 年 12 月 31 日余额为人民币 3,000,000,000.00 元。其中:

投入资金单位名称	投入资金
一、发起人投入资金	30,000,000.00
国泰君安证券股份有限公司	7,500,000.00
上海爱建信托投资有限公司	7,500,000.00
浙江省国际信托投资公司	7,500,000.00
国泰基金管理有限公司	7,500,000.00
二、社会募集资金	2,970,000,000.00
合 计	3,000,000,000.00

4、证券买卖差价收入:1999 年 10 月–12 月累计发生额为人民币–1,292,464.61 元,其中:

项 目	发 生 额
股票买卖差价收入	–3,807,586.42 元
上海证券交易所挂牌债券	2,515,121.81 元
合 计	–1,292,464.61 元

5、其他收入:1999 年度累计发生额为人民币 28,765,195.21 元,其中:

项 目	发 生 额
银行存款利息收入	6,047,402.66 元
发行费结余收入*	17,987,700.00 元
冻结资金利息收入**	4,720,134.86 元
配股手续费返还等收入	9,957.69 元
合 计	28,765,195.21 元

*注:实收基金发行费计人民币 30,000,000.00 元,其使用情况如下:

项 目	金 额
上网发行费	7,514,100.00 元
发行人协调费	1,000,000.00 元
信息披露费	1,455,600.00 元
文件制作费	1,162,600.00 元
上市推荐费	700,000.00 元
律师费	50,000.00 元
会计师费	100,000.00 元
上市初费	30,000.00 元
合 计	12,012,300.00 元

**注:发行时申购资金冻结利息一次性进入发行当年损益。

6、基金费用:1999 年度累计发生额为人民币 10,144,097.23 元,其中:

费 用 项 目	发 生 额
管理人报酬	8,685,584.72 元
托管人报酬	1,447,597.41 元
上市年费	10,000.00 元
开户费	700.00 元
邮电手续费等	215.10 元
合 计	10,144,097.23 元

(四) 流通受限制的证券

一、截至 1999 年 12 月 31 日止,基金持有的流通受限制的证券明细如下:

序	股票名称	证券代码	配售日期	可流通日期	数量(股)	成本(元)

1	东方钼业	0962	1999-11-23	2000-03-20	438,200	4,119,080.00
2	大连金牛	0961	1999-12-09	2000-09-01	2,460,500	10,038,840.00
3	赤天化	600227	1999-12-14	2000-08-21	943,800	6,795,360.00
4	中化国际	600500	1999-12-22	2000-09-01	2,192,700	17,541,600.00
5	华东医药	0963	1999-12-23	2000-07-27	674,200	3,883,392.00
	合计					42,378,272.00

二、流通受限原因：

上述五只股票为基金配售之新股，均未上市。

三、受限期限：

上述五只股票除"东方钼业"受限期限为自该股票上市日起计算不得少于二个月外，其余四只股票自上市日起其中50%部分可直接上市流通，另50%部分自配售日起六个月后方可上市流通。

四、估值办法：

上述流通受限股票中五只股票均未上市。在编制报告书，根据《准则五号》规定，按照成本进行估值计算。

(五) 基金投资组合

1、按行业分类的股票投资组合

序号	分类	数量	市值(元)	占净值比例
1	交通运输	6,412,704	36,147,721.12	1.25%
2	能源电力	12,449,479	130,180,389.77	4.49%
3	建材建筑	13,674,636	129,664,580.00	4.47%
4	冶金	6,925,960	58,573,405.60	2.02%
5	机械制造	11,608,250	102,650,344.36	3.54%
6	电子通讯	17,905,388	370,278,099.50	12.77%
7	石油化工	14,576,231	142,853,681.68	4.93%
8	生物医药	5,501,093	65,303,061.22	2.25%
9	汽车及配件制造	15,052,942	143,544,162.34	4.95%
10	纺织服装	8,588,463	127,190,571.64	4.39%
11	家电	1,714,671	18,505,538.74	0.64%
12	酿酒食品	1,719,761	19,059,418.26	0.66%
13	商贸旅游	6,978,906	67,061,247.74	2.31%
14	金融地产	10,145,823	168,816,965.30	5.82%
15	农林牧渔	4,622,788	51,740,931.23	1.78%
16	综合	12,525,827	114,008,939.70	3.93%
	合计	150,402,922	1,745,579,058.20	60.19%

2、截止1999年12月31日，金鑫证券投资基金持有股票市值1,745,579,058.20元，持有国债市值及银行存款1,161,877,162.95元，分别占基金资产净值的60.19%、40.06%。

3、占基金资产净值前十名的股票

序号	名称	数量	市值(元)	占净值比例
1	上海汽车	14,255,224	137,990,568.32	4.76%
2	东大阿派	3,708,806	118,385,087.52	4.08%
3	申能股份	8,569,738	102,151,276.96	3.52%
4	中关村	4,587,795	85,608,254.70	2.95%
5	四川湖山	3,659,992	83,667,417.12	2.88%
6	南天信息	2,252,739	59,089,343.97	2.04%
7	宁天龙A	3,834,768	58,020,039.84	2.00%
8	张江高科	2,131,687	43,934,069.07	1.51%
9	方正科技	2,284,637	42,722,711.90	1.47%
10	雅戈尔	2,264,180	41,683,553.80	1.44%

4、基金投资组合报告附注

(1) 项目的计价方法

本基金持有的上市证券采用公告内容截止日的市场均价计算，已发行未上市股票采用成本价计算；

(2) 基金持有每只股票的购入成本均不超过基金资产净值的10%；

(3)基金应收股利、利息、应付管理费、托管费、佣金及其他应收应付款项合计 为贷方余额7,304,729.49元，与基金股票市值1,745,579,058.20元和国债及货币资金1,161,877,162.95元相抵减后等于基金资产净值；

(4) 基金持有的货币资产为银行存款。

(六) 主要财务指标

截止1999年12月31日，本基金的主要财务指标如下：

基金净收益	17,328,633.37元
单位基金净收益	0.0058元
基金可分配净收益	17,328,633.37元
单位基金可分配净收益	0.0058元
基金资产净值	2,900,151,491.66元
单位基金资产净值	0.9667元
基金净资产收益率	0.59%
本期净值增长率	-3.33%

五、基金持有人结构

(一)、截止1999年12月31日，本基金份额结构为：

	期末持有数	比例
发起人持有	30,000,000份	1.00%
其中：国泰君安证券股份有限公司	7,500,000份	0.25%
浙江省国际信托投资公司	7,500,000份	0.25%
上海爱建信托投资公司	7,500,000份	0.25%
国泰基金管理有限公司	7,500,000份	0.25%
社会公众持有	2,970,000,000份	99.00%
合计	3,000,000,000份	100.00%

(二)、截止1999年12月31日，本基金共有持有人648,837人，前十名持有人名称 、持有份额及比例如下：

序号	持有人姓名	期末持有数	持有比例
1	汇源咨询	19,800,000	0.66%
2	陈龙	16,372,000	0.55%
3	史云飞	12,977,200	0.43%
4	邓玉生	12,977,200	0.43%
5	平安保险	7,590,700	0.25%
6	浙江国信	7,500,000	0.25%
7	国泰君安	7,500,000	0.25%
8	爱建信托	7,500,000	0.25%
9	国泰管理	7,500,000	0.25%
10	任兆昌	5,911,800	0.20%

六、重要事项揭示

1、经本基金托管人中国建设银行复核，本基金1999年度不进行收益分配，未分 配利润结转下期分配。

2、1999年11月16日，本公司在有关证券报刊上刊登了《国泰基金管理有限公司 第四次股东会、第一届董事会第六次会议决议公告》。公告内容摘要如下：会议同意金建栋、李锡奎、王益民、李梅同志辞去董事职务，选举吴畏、李春平、赵星明同志为董事；会议同意金建栋同志辞去董事长职务，选举陈勇胜同志为董事长；会议同意陈勇胜同志辞去总经理职务，聘任李春平同志为总经理，增聘吴亦力同志为副总经理。

3、在报告期内，各席位券商股票年交易量及佣金(单位为万元)情况为：

席位券商	股票成交量	比例	佣金	比例	平均佣金比率
国泰君安证券股份有限公司	124,544.18	55.26%	103.18	55.03%	0.0828%
华夏证券有限公司	34,959.16	15.52%	28.40	15.15%	0.0812%
南方证券有限公司	1,464.09	0.65%	1.19	0.63%	0.0813%
国通证券有限责任公司	1,381.49	0.61%	1.17	0.63%	0.0847%
平安证券有限公司	63,010.21	27.96%	53.56	28.56%	0.0850%
合计	225,359.13	100.00%	187.50	100.00%	0.0832%

在报告期内，各席位券商国债、国债回购的交易量(单位为万元)情况为：

席位券商	国债成交量	比例	回购成交量	比例
国泰君安证券股份有限公司	12,747.93	50.54%	167,940.00	41.14%
国通证券有限责任公司	1,093.87	4.34%		
平安证券有限公司	11,381.88	45.12%	240,300.00	58.86%
合计	25,223.68	100.00%	408,240.00	100.00%

基金金鑫成立于1999年10月21日，至年末正式运作仅二月余，在此期间由于办理新增的基金专用交易席位需要有一个过程，因此前期建仓时的交易主要集中在基金金鑫租用的国泰君安证券股份有限公司交易席位上。二000年，基金金鑫将根据有关规 定在各席位上合理分配交易量。

4、根据有关规定，已聘请会计师事务所对基金金鑫的发行费用支出进行了审计 。

5、本报告期内，基金管理人、托管人无重大诉讼、仲裁事项。

6、基金管理人、托管人机构及高级管理人员无任何处罚情况。

7、基金管理人、托管人办公地址及基金的会计师事务所无变动情况。

七、备查文件目录

1、关于同意设立金鑫证券投资基金的批复

2、金鑫证券投资基金契约

3、金鑫证券投资基金托管协议

4、报告期内披露的各项公告原件

5、金鑫证券投资基金1999 年度审计报告及会计报表附注

6、金鑫证券投资基金1999年收益分配公告

7、金鑫证券投资基金发行费用支出的审计报告

8、国泰基金管理有限公司成立批文、营业执照和公司章程

投资者对本报告如有疑问，可咨询本基金管理人国泰基金管理有限公司，咨询电话021-62531534或电子邮件：gtfund02@online.sh.cn。

国泰基金管理有限公司

2000年3月29日

汉兴证券投资基金

汉兴证券投资基金上市公告书

基金单位总份额:30亿份
本次可上市流通份额:29.7亿份
基金管理人名称:富国基金管理有限公司
基金托管人名称:交通银行
基金交易代码:500015
基金简称:"基金汉兴"
上市时间:2000年1月10日
上市地点:上海证券交易所

本上市公告书依据《证券投资基金管理暂行办法》和《上海证券交易所证券投资基金上市规则》的规定编制,本公司及基金托管人愿就本公告书所载资料的真实性、准确性和完整性负个别及连带责任,上市公告书的内容由本公司负责解释。上海证券交易所对本基金上市及有关事项的审查,均不构成对本公司的任何保证。如有投资者欲购买汉兴证券投资基金,应详细阅读1999年12月21日刊登在《中国证券报》、《上海证券报》、《证券时报》上的《汉兴证券投资基金招募说明书》和本上市公告书。

一、基金概况

汉兴证券投资基金是遵照《证券投资基金管理暂行办法》及其实施准则等有关规定,依据《汉兴证券投资基金基金契约》设立的契约型封闭式证券投资基金,基金存续期为15年。

基金发起人为海通证券有限公司、江苏证券有限责任公司(现名为:华泰证券有限责任公司)和富国基金管理有限公司,基金托管人为交通银行,基金管理人为富国基金管理有限公司。

经中国证券监督管理委员会证监基金字[1999]38号文批准,全部30亿份基金单位,由发起人认购3000万份基金单位,向商业保险公司配售7.973亿份基金单位,其余21.727亿份基金单位于1999年12月24日通过上海证券交易所以上网定价方式发行,发行价1.01元人民币(含0.01元发行费用),基金的发行和募集工作已于1999年12月30日结束。

本基金公开发行的21.727亿份基金单位、向商业保险公司配售7.973亿份基金单 位及发起人认购的3000万份基金单位共计30亿元,已于1999年12月30日全部划至本基金的托管人–交通银行"汉兴证券投资基金专户";12月30日,本基金发起人公告汉兴证券投资基金成立,本基金管理人–富国基金管理有限公司正式管理本基金。

基金上市申请经上海证券交易所上证上字[2000](1)号文审核同意,将于2000 年1月10日在上交所挂牌交易。基金总份额为30亿份,本次上市流通的份额为29.7亿 份。根据《汉兴证券投资基金基金契约》的规定,本基金发起人持有的3000万份基金单位自本基金成立之日起一年内不得转让。一年以后,在本基金存续期间,发起人持有的基金单位不得低于基金单位总份额的0.5%。

基金上市后交易单位每手为100份,存续期15年(1999年12月30日至2014年12月30日)。

二、基金持有人结构

(一)基金持有人结构:
发起人持有3000万份;
向商业保险公司配售7.973亿份,
社会公众持有21.727亿份。
(二)前十名持有人:

序号 名 称	份额(万份)
(1)中国人寿保险公司	30000
(2)中国平安保险股份有限公司	30000
(3)中国再保险公司	8000
(4)中国太平洋保险公司	5000
(5)新华人寿保险股份有限公司	2400
(6)泰康人寿保险股份有限公司	1260
(7)海通证券有限公司	1000
(8)江苏证券有限责任公司	1000
(9)富国基金管理有限公司	1000
(10)华泰财产保险股份有限公司	1000

三、汉兴基金有关当事人

(一)基金发起人简介
1、海通证券有限公司
法定代表人:王开国
注册资本:10亿元人民币
住所:上海市唐山路218号
成立时间:1994年1月7日
组织形式:有限责任公司
主要业务:代理证券发行、还本付息业务;自营、代理证券买卖业务;办理证券的代保管和鉴证业务;接受委托代收证券本息和红利;办理证券的登记、过户和清算;证券投资咨询和投资基金业务;经中国人民银行批准经营的其他业务。
财务状况:财务状况良好,最近三年连续盈利。
2、江苏证券有限责任公司(现名为:华泰证券有限责任公司)
法定代表人:张开辉
注册资本:4.04亿元人民币
住所:江苏省南京市管家桥87号
成立时间:1992年12月31日
组织形式:有限责任公司
主要业务:发行和代理发行各种有价证券业务;自营和代理买卖各种有价证券业务;有价证券的代保管、鉴证和过户业务;代理还本付息、分红派息等权益分派业务;证券抵押融资业务;基金和资产管理业务;企业重组、收购与兼并业务;投资咨询、财务顾问业务;经中国人民银行批准的其他证券业务。
财务状况:财务状况良好,最近三年连续盈利。
3、富国基金管理有限公司
法定代表人:虞志皓
注册资本:1亿元人民币
住所:北京市建国门外大街一号国贸中心西楼六层
成立时间:1999年4月13日
组织形式:有限责任公司
主要业务:基金管理业务;发起设立基金。
(二)基金管理人简介
名 称:富国基金管理有限公司
设立日期:1999年4月13日
法定代表人:虞志皓
注册资金:10000万元人民币
注册地址:北京市建国门外大街一号国贸中心西楼六层
邮政编码:100004
组织形式:有限责任公司
营业批准号:1000001003146(2-1)
信息披露负责人:林志松
电话:(010)65055933
设立概况:

本公司经中国证监会证监基金字[1999]11号文批准,由海通证券有限公司、申银万国证券股份有限公司、江苏证券有限责任公司、福建国际信托投资公司、山东省国际信托投资公司(排名不分先后)共同发起设立。

公司设董事会、监事会。公司目前设立五个部门:基金管理部、研究策划部、监察稽核部、行政管理部、财务管理部;此外,还设有投资决策委员会和风险控制委员会两个专门机构。

公司现有员工30人,其中58.6%以上具有硕士以上学历,主要业务人员82.8%具有三年证券业或五年金融业从业经验。所有人员在最近三年内均没有受到所在单位或有关管理部门的处罚。

公司已经建立健全内部风险控制制度、内部稽核制度、财务管理制度、人事管理制度、信息披露制度和员工行为准则等公司管理制度体系。

截止1999年12月31日,本基金管理人管理的基金为"汉盛证券投资基金",其基本情况如下:
1 基金名称:汉盛证券投资基金
2 基金成立时间:1999年5月10日
3 基金单位总份额:20亿份
4 基金资产净值:24.41亿元
5 基金单位净值:1.2204元
6 基金净值增长率:22.04%
(三)基金托管人简介
名 称:交通银行
住 所:上海市仙霞路18号
法定代表人:王明权
成立时间:1987年4月1日
营业注册号:1000001000595
组织形式:股份制商业银行
实收资本:120亿元人民币
经营范围:人民币存款、贷款、结算业务;居民储蓄存款;信托贷款、投资业务;金融租赁业务;外汇存款、汇款、外汇投资;在境内外发行或代理发行外币有价证券;贸易、非贸易结算;外币承兑和贴现;外汇放款;买卖或代理买卖外汇、外币有价证券;境内外外汇借款;外币及外币票据兑换;保管业务;证信调查和咨讯服务。
存续期间:持续经营

交通银行总行设立证券投资基金托管部,主要业务部门有监管交易部、清算核算部、内控巡查部、综合规划部。现有员工17人。

交通银行除托管本基金外,已托管普惠基金和安顺基金。

四、基金投资组合情况

(一)投资概况

本基金公开发行的21.727亿份基金单位、向商业保险公司配售的7.973亿份基金 单位和发起人认购的3000万份基金单位共计30亿元,已于1999年12月30日全部划至本基金的托管人–交通银行"汉兴证券投资基金专户";12月30日,本基金发起人公告汉兴证券投资基金成立;基金管理人——富国基金管理有限公司开始本基金的投资运作。

投资组合情况如下:

截止	2000年1月4日	单位:元
银行存款	2,978,523,962.82	
股票投资	357,553,532.17	

注:银行存款、股票投资以成本计价。

(二)投资组合的信息披露

按照《证券投资基金管理暂行办法》、《证券投资基金信息披露指引》和《汉兴证券投资基金基金契约》及其它有关规定,本基金的基金管理人将每三个月至少公告一次基金的投资组合情况,第一期基金投资组合的信息披露将按照规定程序,由基金管理人在规定期限内作出。

(三)本基金的投资组合将遵照下列规定;

本基金投资于股票、债券的比例不低于本基金资产总值的80%,本基金投资于国家债券的比例不低于本基金资产净值的20%。

本基金持有一家上市公司的股票,不得超过基金资产净值的10%,本基金与由本基金管理人管理的其他基金持有一家上市公司发行的证券总和,不超过该证券的10%。

本基金将遵守中国证监会规定的其他比例限制。

(四)投资组合的原则:

1、安全性原则。基金持有人投资基金,将资产交由管理人管理,是对基金投资 方式的认同和对管理人的信任。本基金以确保基金资产安全为基本出发点,通过组合投资分散和控制风险;在组合投资的同时充分注重投资组合的流动性,在充分市场论证的基础上,选择流通股本相对较大或有较高流动性的股票进行投资,减少投资组合的流动性风险。

2、稳定收益原则。债券和绩优型股票等具有稳定收益的投资品种是本基金将投 资的重要组成部分,本基金投资于国家债券的部分不低于基金资产净值的20%,投资于具有良好业绩表现的绩优型股票为股票投资的50%。本基金以较大比例的资产投资于具有稳定收益的投资品种,通过稳健组合的方式,谋求基金资产的长期稳定收益。

3、兼顾成长原则。由于中国证券市场是新兴的市场,市场本身具有高速发展的 内在要求;随着产业结构调整的深入,大量具有良好发展前景或经重大实质性变化,使业绩具备持续高速成长潜力的成长型公司进入证券市场。基于上述对中国证券市场和上市公司的基本判断,本基金在稳健经营的基础上,积极介入成长型公司的投资,本基金将股票投资的50%投资于成长型股票,并根据市场变化和管理人的判断,允许将成长型股票投资提高到股票投资的70%,使基金持有人分享市场高速成长带来的收益。

五、基金契约摘要

(一)前言

本基金契约是根据《证券投资基金管理暂行办法》及其实施准则和中国证监会的有关规定而订

立。

（二）基金契约的当事人

1、基金发起人：海通证券有限公司、江苏证券有限责任公司（现名为：华泰证 券有限责任公司）和富国基金管理有限公司。

2、基金管理人：富国基金管理有限公司

3、基金托管人：交通银行

（三）基金基本情况

汉兴证券投资基金为契约型封闭式基金，基金单位总数30亿份；每份面值1.00元人民币，每份发行价格1.01元人民币；基金存续期限15年。

（四）基金单位的发行

本基金发起人认购3000万份基金单位，向商业保险公司配售7.973亿份基金单位，其余21.727亿份基金单位已于1999年12月24日以上网定价方式发行，发行价格1.01元人民币，发行对象为中华人民共和国境内自然人（法律、法规及有关规定禁止购买者除外）。

本基金发起人认购的基金单位，自基金成立起一年内不得转让。一年以后，在本基金存续期内，发起人持有的基金单位份额占基金单位总份额的比例将保持不低于0.5%。

（五）基金的托管　基金托管人与基金管理人须按照《证券投资基金管理暂行办法》订立汉兴证券投资基金托管协议。

（六）基金的投资目标、投资范围、投资组合和投资限制

1、投资目标

本基金为平衡型证券投资基金，兼顾稳定收益和资本利得。即在投资于绩优型上市公司和债券的同时，兼顾成长型上市公司的投资，充分注重投资组合的流动性，从而为投资者减少和分散投资风险，确保基金资产的安全，谋求基金资产的长期稳定收益。

2、投资范围

本基金只投资于具有良好流动性的金融工具，包括国内依法公开发行、上市的股票和债券及中国证监会允许基金投资的其他金融工具。

基金的股票投资部分将主要投资于沪深两市中具有良好业绩表现的绩优型股票和具有良好成长性的成长型股票。本基金所指绩优型股票是指所处行业稳定，主营产品市场占有率较高，有持续的较高盈利水平的公司股票；成长型股票是指具有较大的业绩成长潜力和资本扩张能力、市场价值具有较大的上升空间的公司股票。

3、投资组合　本基金的投资组合须符合下列规定：

（1）本基金投资于股票、债券的比例不低于本基金资产总值的80%，本基金投 资于国家债券的比例不低于本基金资产净值的20%。

（2）本基金持有一家上市公司的股票，不超过基金资产净值的10%，本基金与 由本基金管理人管理的其他基金持有一家公司发行的证券总和，不超过该证券的10%。

（3）本基金将遵守中国证监会规定的其他比例限制。

4、投资限制　本基金禁止从事下列行为：

（1）投资于其他基金；

（2）将基金资产用于抵押、担保、资金拆借或者贷款；

（3）以基金的名义使用不属于基金名下的资金买卖证券；

（4）从事证券信用交易；

（5）以基金资产进行房地产投资；

（6）从事可能使基金资产承担无限责任的投资；

（7）将基金资产投资于与基金托管人或者基金管理人有利害关系的公司发行的 证券；

（8）进行内幕交易、操纵市场，通过关联交易损害基金持有人的利益；

（9）从事任何形式的证券承销业务；

（10）中国证监会规定禁止从事的其他行为。

（七）基金发起人的权利和义务

1、基金发起人的权利

（1）申请设立基金；

（2）按基金发起人协议书的约定认购基金单位；

（3）出席或委派代表出席基金持有人大会；

（4）取得基金收益；

（5）依据有关规定转让基金单位；

（6）监督基金经营情况，获取基金业务及财务状况的资料；

（7）参与基金清算，取得基金清算后的剩余资产；

（8）法律、法规认可的其他权利。

2、基金发起人的义务

（1）公告招募说明书；

（2）在基金设立时认购和在存续期间持有符合规定比例的基金单位；

（3）遵守基金契约；

（4）承担基金亏损或者终止时的有限责任；

（5）不从事任何有损基金及其他基金持有人利益的活动；

（6）基金不能成立时及时退还所募集资金本息和按比例承担费用；

（7）法律、法规规定的其他义务。

（八）基金管理人的权利与义务

1、基金管理人的权利

（1）依法运用基金资产；

（2）依本基金契约规定获得基金管理人报酬；

（3）依照有关规定，代表基金行使股东权利；

（4）监督基金托管人，如果基金托管人违反了本基金契约及国家有关法律法规，基金管理人应呈报中国证监会和中国人民银行，并采取必要措施保护基金投资者的利益；

（5）《暂行办法》、基金契约以及有关法律、法规规定的其他权利。

2、基金管理人的义务

（1）自基金成立之日起，以诚实信用、勤勉尽责的原则管理和运用基金资产；

（2）配备足够的具有专业资格的人员进行基金投资分析、决策，以专业化的经 营方式管理和运作基金资产；

（3）建立健全内部风险控制、监察与稽核、财务管理及人事管理等制度，保证 所管理的基金资产和管理人的资产相互独立，保证不同基金在资产运作、财务管理等方面相互独立；

（4）除依据《暂行办法》、基金契约及其他有关规定外，不为自己及任何第三 人谋取利益，不委托第三人运作基金资产；

（5）接受基金托管人的监督；

（6）按规定计算并公告基金净值及基金单位每份资产净值；

（7）严格按照《暂行办法》、《证券投资基金信息披露指引》、基金契约及其 他有关规定，履行信息披露及报告义务；

（8）保守基金商业秘密，不泄露基金投资计划、投资意向等。除《暂行办法》、基金契约及其他有关规定另有规定外，在基金信息公开披露前予以保密，不向他人泄露；

（9）按规定向基金持有人分配基金收益；

（10）不谋求对上市公司的控股和直接管理；

（11）依据《暂行办法》、基金契约及其他有关规定召集基金持有人大会；

（12）保存基金的会计帐册、报表、记录15年以上；

（13）参加基金清算小组，参与基金资产的保管、清理、估价、变现和分配；

（14）面临解散、依法被撤销、破产或者由接管人接管其资产时，及时报告中国证监会并通知基金托管人；

（15）因过错导致基金资产的损失时，承担赔偿责任，其过错责任不因其退任而免除；

（16）基金托管人因过错造成基金资产损失时，应为基金向基金托管人追偿；

（17）有关法律、法规规定的其他义务。

（九）基金托管人的权利与义务

1、基金托管人的权利

（1）依法监督基金管理人的投资运作，保管基金的资产；

（2）依本基金契约规定获得基金托管费；

（3）法律、法规规定的其他权利。

2、基金托管人的义务

（1）以诚实信用、勤勉尽责的原则保管基金资产；

（2）设有专门的基金托管部，具有符合要求的营业场所，配备足够的、合格的 熟悉基金托管业务的专职人员，负责基金资产托管事宜；

（3）建立健全内部风险控制、监察与稽核、财务管理及人事管理等制度，确保 基金资产的安全，保证其托管的基金资产与基金托管人资产以及不同的基金资产相互独立；对不同的基金分别设置帐户、独立核算、分帐管理，保证不同基金之间在名册登记、帐户设置、资金划拨、帐册记录等方面相互独立；

（4）除依据《暂行办法》、基金契约及其他有关规定外，不为自己及任何第三 人谋取利益，不委托第三人托管基金资产；

（5）保管由基金管理人代表基金签订的与基金有关的重大合同及有关凭证；

（6）以基金的名义设立证券帐户、银行帐户等基金资产帐户，负责基金投资于 证券的清算交割，执行基金管理人的投资指令，负责基金名下的资金往来；

（7）保守基金商业秘密，除《暂行办法》、基金契约及其他有关规定另有规定 外，在基金信息公开披露前予以保密，不向他人泄露；

（8）复核、审查基金管理人计算的基金资产净值及单位基金资产净值；

（9）按规定出具基金业绩和基金托管情况的报告，并报中国证监会和中国人民 银行；

（10）建立并保存基金持有人名册，并负责基金单位转让的过户和登记；

（11）按有关规定，保存基金的会计帐册、报表和记录等15年以上；

（12）按规定制作相关帐册并与基金管理人核对；

（13）依据基金管理人的指令或有关规定向基金持有人支付基金收益；

（14）参加基金清算小组，参与基金资产的保管、清理、估价、变现和分配；

（15）面临解散、依法被撤销、破产或者由接管人接管其资产时，及时报告中国证监会和中国人民银行，并通知基金管理人；

（16）因过错导致基金资产的损失时，承担赔偿责任，其过错责任不因其退任而免除；

（17）基金管理人因过错造成基金资产损失时，应为基金向基金管理人追偿；

（18）法律、法规规定的其他义务。

（十）基金持有人的权利和义务

1、基金持有人权利

（1）出席或者委派代表出席基金持有人大会；

（2）取得基金收益；

（3）监督基金经营情况，获取基金业务及财务状况的资料；

（4）转让基金单位；

（5）取得基金清算后的剩余资产；

（6）本基金契约规定的其他权利。

每份基金单位具有同等的合法权益。

2、基金持有人义务

（1）遵守基金契约；

（2）交纳基金认购款项及规定的费用；

（3）承担基金亏损或者终止的有限责任；

（4）不从事任何有损基金及其他基金持有人利益的活动。

（十一）基金持有人大会

1、召开事由　有以下情形之一的，召开基金持有人大会：

（1）修改基金契约；如本契约的修订事项对基金持有人的利益无重大影响，并 经主管机构同意的不在此限；

（2）提前终止基金；

（3）更换基金管理人；

（4）更换基金托管人；

（5）延长基金期限；

（6）基金扩募；

（7）变更基金类型；

（8）中国证监会规定的其他情形。

2、召集方式

（1）在正常情况下，基金持有人大会由基金管理人召集；

（2）在更换基金管理人或基金管理人无法行使召集权的情况下，由基金托管人 召集基金持有人大会；

（3）在基金管理人和基金托管人均无法行使召集权的情况下，由本基金发起人 召集基金持有人大会。

3、通知

召开基金持有人大会，召集人于会议召开前10天，在《中国证券报》和《上海证券报》等证监会指定的全国性报刊上公告。基金持有人大会通知将至少载明以下内容：

（1）会议召开的时间、地点；

（2）会议拟审议的主要事项；

（3）权利登记日；

（4）投票代理委托书送达时间和地点；

（5）会务常设联系人姓名、电话。

4、出席方式

（1）现场开会。由基金持有人本人出席或以授权委托书委派代表出席；

（2）书面开会。如采取书面开会的方式，召集人将事先报请中国证监会同意。 书面开会以通讯表决方式进行表决。

5、议事内容与程序

（1）议事内容：关系基金持有人利益的重大事项，如修改基金契约、提前终止 基金、更换基金管理人、更换基金托管人、延长基金期限、变更基金类型以及召集人认为需提交基金持有人大会讨论的其他事项。

（2）议事程序：在现场开会的方式下，首先由召集人宣读提案，经讨论后进行 表决，并形成大会决议，报经中国证监会批准后公告。

在书面开会的方式下，首先由召集人提前10天公布提案，在所通知的表决截止日期第二天统计全部有效表决，在公证机构监督下形成决议，报经中国证监会批准后公告。

6、表决

（1）基金持有人所持每份基金单位有一票表决权；

（2）基金持有人大会决议须经出席会议的基金持有人所持表决权的半数以上通 过，但更换基金管理人或托管人应由持有半数以上基金单位的基金持有人通过；

（3）基金持有人大会决议对所有基金持有人、基金管理人、基金托管人均有约 束力。

7、公告

基金持有人大会决议报中国证监会批准后5个工作日内公告。

(十二)基金托管人、基金管理人更换的条件和程序

1、更换托管人的条件

有下列情形之一的，经中国证监会和中国人民银行批准,更换基金托管人:

(1)基金托管人解散、依法被撤销、破产或者由接管人接管其资产的;

(2)基金管理人有充分理由认为更换基金托管人符合基金持有人利益的;

(3)代表50%以上基金单位的基金持有人要求基金托管人退任的;

(4)中国人民银行有充分理由认为基金托管人不能继续履行基金托管职责的。

2、托管人的更换程序

(1)提名:新任基金托管人由基金管理人提名;

(2)决议:基金持有人大会对被提名的新任基金托管人形成决议;

(3)批准:经中国证监会和中国人民银行审查批准后,新任基金托管人方可继 任,原任基金托管人方可退任;

(4)公告:基金托管人更换后,由基金管理人在中国证监会和中国人民银行批 准后5个工作日内公告。新任基金托管人与原基金托管人进行资产管理的交接手续，并与交接管理人核对资产总值。如果基金托管人和基金管理人同时更换,由基金发起人在获得批准后5个工作日内公告。

3、更换管理人的条件

有下列情形之一的,经中国证监会批准，可以更换基金管理人:

(1)基金管理人解散、依法被撤销、破产或者由接管人接管其资产的;

(2)基金托管人有充分理由认为更换基金管理人符合基金持有人利益的;

(3)代表50%以上基金单位的基金持有人要求基金管理人退任的;

(4)中国证监会有充分理由认为基金管理人不能继续履行基金管理职责的。

4、管理人的更换程序

(1)提名:新任基金管理人由基金托管人提名;

(2)决议:基金持有人大会对被提名的新任基金管理人形成决议;

(3)批准:经中国证监会审查批准后,新任基金管理人方可继任,原任基金管 理人方可退任;

(4)公告:基金管理人更换后,由基金托管人在中国证监会批准后5个工作日内公告。如果基金托管人和基金管理人同时更换,由基金主要发起人在中国证监会批准后5个工作日内公告。

(十三)基金费用与税收

本基金包括如下费用:基金管理人的报酬;基金托管人的托管费;基金上市费用;证券交易费用;基金信息披露费用;基金持有人会议费用;与基金相关的会计师费用、律师费用;按照国家有关规定可以列入的其他费用。

本基金、基金管理人和基金托管人遵守国家财务会计制度,根据国家有关规定,依法纳税。

(十四)基金收益与分配

1、收益的构成

基金收益包括:基金投资所得红利、股息、债券利息、买卖证券价差、存款利息以及其他收入。因运用基金资产带来的成本或费用的节约计入收益。

基金净收益为基金收益扣除按照有关规定可以在基金收益中扣除的费用后的余额。

2、收益分配原则

(1)基金收益分配比例不低于基金净收益的90%;

(2)基金收益分配采取现金方式,每年分配一次,分配在基金会计年度结束后 的四个月内完成;

(3)基金当年收益先弥补上一年度亏损后,才可进行当年收益分配;

(4)基金投资当年亏损,则不进行收益分配;

(5)每一基金单位享有同等分配权。

3、收益分配方案

基金收益方案中载明基金收益的范围、基金净收益、基金收益分配对象、分配原则、分配时间、分配数额及比例、分配方式、支付方式等内容。

4、收益分配方案的确定与公告

本基金收益分配方案由基金管理人拟定,由基金托管人核实后确定,在报中国证监会备案后五个工作日内公告。

(十五)基金的会计与审计

1、基金会计政策

(1)基金的会计年度为公历每年1月1日至12月31日;

(2)基金核算以人民币为记帐本位币,以人民币元为记帐单位;

(3)会计制度执行国家有关的会计制度;

(4)本基金独立建帐、独立核算;

(5)本基金管理人及托管人保留完整的会计帐目、凭证并进行日常的会计核算 ，按照有关规定编制基金会计报表;

(6)基金托管人每月与基金管理人就基金的会计核算、报表编制等进行核对并 以书面方式确认。

2、基金审计

(1)本基金管理人聘请具有证券从业资格的会计师事务所及其注册会计师对基 金年度财务报表进行审计。

(2)会计师事务所更换经办注册会计师,应事先征得基金管理人和基金托管人 同意,并报中国证监会备案。

(3)基金管理人(或托管人)认为有充足理由更换会计师事务所,经托管人(或管理人)同意,并报中国证监会备案后可以更换。 更换会计师事务所需在五个工作日内公告。

(十六)基金的信息披露

本基金信息披露事项将在《中国证券报》、《上海证券报》等报刊上公告。

本基金信息披露的内容包括:

1、基金的年度报告与中期报告

基金年度报告经注册会计师审计后在基金会计年度结束后90日内公告;基金中期报告在基金会计年度前6个月结束后30日内公告。

2、基金的临时报告与公告

3、本基金资产净值每周至少公告一次

4、基金投资组合每季度至少公告一次

5、信息披露文件的存放与查阅

本基金的信息披露内容文本存放于管理人和托管人的办公场所,基金持有人可免费查阅。

(十七)基金的终止和清算

有下列情形之一的,基金应当终止并进入清算程序:

1、基金封闭期满,未被批准续期的;

2、基金经批准提前终止;

3、因重大违法、违规行为,基金被中国证监会责令终止的;

4、有关法律、法规规定的其他情形。

在中国证监会监督下,由基金清算小组进行清算。

(十八)基金契约的效力

本基金契约经各方当事人盖章以及各方法定代表人或其授权代表签字并经中国证监会批准后生效,有效期为生效日起至基金清算结果报中国证监会批准并公告之日。

(十九)基金契约的修改和终止

1、基金契约的修改

(1) 基金契约的修改应当经基金契约当事人同意;

(2)修改本基金契约应召开基金持有人大会,基金契约修改的内容应经基金持 有人大会决议同意;

(3)若有关法律、法规修订,基金契约即依修订后的法律、法规办理,并自该 修订法律、法规生效之日起生效;

(4) 本基金契约的修改应报中国证监会批准。

2、基金契约的终止

基金终止后，应当对基金进行清算。 中国证监会对基金清算结果批准并予以公告后基金契约方能终止。

六、基金运作情况

(一)基金管理人报告

汉兴证券投资基金于1999年12月30日成立。为了争取基金长期稳定的投资收益,管理人制定了"安全、稳健、成长、进取"的运作方针,加强对市场的研判,精心操作,力求给投资人较好的回报。

基金管理人已经于1999年12月30日开始基金投资运作,关于基金运作的具体情况,将依据有关规定,通过基金年报、基金中期报告、基金临时公告、基金资产净值公告和基金投资组合公告等信息披露形式披露。

(二)基金托管人报告

本基金托管人——交通银行依据签署的《汉兴证券投资基金基金契约》,受理托管汉兴基金的全部财产,对基金投资运作进行了全面的会计核算和必要的监督。

七、基金的财务状况

(一)基金公开发行的21.727亿份基金单位、向商业保险公司配售的7.973亿份 基金单位和发起人认购的3000万份基金单位共计30亿元，已于1999年12月30日全部划至本基金的托管人——交通银行"汉兴证券投资基金专户",并经普华大华会计师事务所[验字(99)第80号]验资报告,资金全部到位。

(二)基金管理人将按照《基金契约》及《证券投资基金信息披露指引》的规定披露基金财务状况。

(三) 财务状况

1、资产负债状况　　截止2000年1月4日　　单位:元

股票投资	357,553,532.17
银行存款	2,978,523,962.82
其他应收款	1,780,071.49
资产估值增值	-2,955,132.89
应付基金管理费	620,899.11
应付基金托管费	103,483.18
应付交易清算资金	314,229,666.32
其他应付款	925,459.67
持有人权益	3,019,022,925.31
基金单位总额	3,000,000,000.00
未分配净收益	21,978,058.20
未实现估值增值	-2,955,132.89
基金资产净值	3,019,022,925.31
每份基金单位资产净值	1.0063

注:1]其他应收款包括应收银行存款利息、申购资金利息等。

2]股票投资以成本计价。

3]其他应付款为交易保证金、律师费、会计师费及上市初费等。

4]上述披露的本基金财务数据未经审计。

2、重要财务事项

(1)总发行费扣除上网发行费、发行人协调费、上市推荐费、律师费和会计师 费、上市初费后为21,173,069.00元,计入本期收益。

总发行费	30,000,000.00元
扣:上网发行费	5,496,931.00元
发行协调人费(含信息披露费)	2,500,000.00元
上市推荐人费	700,000.00元
律师费	50000.00元
会计师费	50000.00元
上市初费	30000.00元
计入本期收益	21,173,069.00元

(2)净收益主要是证券买卖差价收入和银行利息收入(含申购冻结资金利息) 、发行费节余扣除相关费用后的收益。

(3)未实现估值增值是指基金资产的估值增值

上市证券以计算日市场平均价为准;该日无交易的,以最近的交易日平均价为准。

未上市的股票以发行价计算。

未上市的债券以本金加计至估值日止应计利息计算。

3、资产净值计算方法:

资产净值=基金单位总额+未分配净收益+未实现估值增值,

其中:　　单位:元

基金单位总额	3,000,000,000.00
未分配净收益	21,978,058.20
未实现估值增值	-2,955,132.89

八、重要事项揭示

(一)基金发起人认购及持有基金单位份额情况为:

发起人名称	认购份额(万份)	占基金单位总份额的比重
海通证券有限公司	1000	0.33%
江苏证券有限责任公司	1000	0.33%
富国基金管理有限公司	1000	0.33%
合　　计	3000	1%

依据《基金契约》,本基金发起人认购的基金单位,自本基金成立之日起一年内不得转让,一年以后,在本基金存续期间,基金发起人持有的基金份额不得低于基金单位总份额的0.5%。

(二) 本基金29.7亿份基金单位于2000年1月10日在上海证券交易所挂牌上市。

九、备查文件

1、中国证监会批准汉兴证券投资基金设立的文件

2、《汉兴证券投资基金基金契约》

3、法律意见书

4、基金发起人的营业执照

5、基金管理人业务资格批件、营业执照和公司章程

6、基金托管人业务资格批件和营业执照

7、基金招募说明书

富国基金管理有限公司

2000年1月6日

裕 元 证 券 投 资 基 金

裕元证券投资基金 1999 年年度报告摘要

一、基金简介

(一)基金基本资料　基金简称:基金裕元　代码:500016　总份额:15 亿份　存续期:15 年
基金类型:契约型、封闭式　上市地点:上海证券交易所　上市时间:　1999 年 10 月 28 日
(二)基金管理人　博时基金管理有限公司　地址:北京市建国门内大街 18 号恒基中心 1 座 23 层
邮政编码: 100005　法定代表人:周道志　总经理:肖风　信息事务管理人:李全　周正清
电话:010-65171166,65187078　传真:010-65187020
(三)基金托管人　中国工商银行　地址:北京市海淀区翠微路 15 号　邮政编码: 100032
法定代表人:姜建清　基金托管部负责人:赵跃　信息事务联系人:刘长江
地址:北京市西城区复兴门内大街 55 号　电话:010-66106878　传真:010-66106904
(四)会计师事务所和经办注册会计师
法定名称:普华大华会计师事务所　地址:上海淮海中路 333 号　法定代表人:汤云为
电话:021-63863388　传真:021-63863300　联系人:周忠惠　经办注册会计师:周忠惠
(五)律师事务所和经办律师
名称: 北京市凯源律师事务所　地址:北京市朝阳区安立路亚运村北京国际会议中心 617 室
法定代表人:卢建康　电话:010-64929252　传真:010-64937490　经办律师:张利国

二、基金管理人报告

基金业绩　本管理人从 1999 年 9 月 17 日开始接管基金裕元，基金规模为 2 亿份基金单位，1999 年 11 月 11 日扩募完成以后,基金规模增至 15 亿份基金单位。截止到 1999 年 12 月 31 日,基金单位净值为 1.0162 元,与扩募完成日比较，净值增长率为 0.83%，超过同期银行存款利率和同期沪深指数涨幅。当年配售新股对基金净值增长没有影响。

基金经理简介　刘小山先生,基金经理,30 岁,硕士,6 年证券业从业经验,曾任君安证券公司资产管理部副总经理。

(一) 基金经理工作报告

1999 年是中国证券市场极为重要的一年,国民经济持续稳定地发展,受亚洲金融风暴影响的周边国家政治经济环境逐渐好转,随着发行、上市及筹资手段等一系列制度 的改革,证券市场规模稳步扩大,上市公司结构不断调整,大批民营企业、高科技企业 等新生力量充实市场,投资者构成正加速改变,以证券投资基金、券商自营、三类企业及保险资金为主的机构投资者逐渐构筑投资者主体,因此市场趋于理性及有效性方向 发展。

本基金扩募后的运作时间不到二个月,99 年的主要工作是建立基金 2000 年的投资 组合,使其既能符合国际新型经济的发展趋势,又能锲合目前中国宏观经济、特别是证券市场的实际情况。我们认为随着科学技术的加速发展,整个人类生活方式将出现翻 天覆地的变化,一些行业正在或即将被淘汰或替代转型,所有行业都会遭受新技术的冲击,都面临各种各样的不得不进行的重组,这就为本重组基金提供了广阔的空间,我们 也意识到重组是贯穿整个企业经营的全过程,它和其它重大经营决策一样具有风险及 不确定性,而并非象某些人所认为的"一重组就灵,一重组股价就要涨",我们认为重 组要紧密围饶科技进步来进行,才能真正提高企业的效率及核心竞争力,我们重点投资于重组过或正在进行重组的科技企业,同时将利用科技进行产业转型、提升产品结构 的企业列入投资组合，事实证明我们的操作是能经得住市场考验的!

三、基金托管人报告

本托管人——中国工商银行在对裕元证券投资基金的托管过程中，本托管人对裕元证券投资基金的投资运作进行了全面的会计核算和应有的监督,没有发生任何损 害基金持有人利益的行为,诚实信用、勤勉尽责地履行了作为托管人所应尽的义务。本托管人依照《证券投资基金管理暂行办法》及其实施准则、基金契约、托管协议和其他有关法规的规定,对裕元证券投资基金的投资组合进行了监督,认为博时基金管理有限公司在裕元证券投资基金的投资运作、基金资产净值及单位资产净值的计算上,遵守《证券投资基金管理暂行办法》及其实施准则、基金契约、托管协议和其他 有关法规的规定，没有发生任何损害基金持有人利益的行为。本托管人依法对裕元证券投资基金管理人——博时基金管理有限公司在 1999 年度所编制和披露的裕元证券投资基金资产净值公告、基金投资组合公告、基金年度报告等公告信息进行了核查,认为裕元证券投资基金管理人——博时基金管理有限公司在 1999 年度所编制和披露的基金信息是合法、真实和完整的。

四、基金年度财务报告

(二) 基金会计报告书

1、裕元证券投资基金资产负债报告书　1999 年 12 月 31 日　　单位:人民币元

项目	行次	年末数
资产	1	
银行存款	2	234,442,712
清算备付金	3	38,522,728
股票投资-成本　(附 注 2 (d))	4	687,971,257
股票投资-估值减值(附注 2 (d))	5	(10,675,357)
买入返售证券	6	604,000,000
应计利息	7	1,042,691
应收清算款	8	237,852
其他应收款	9	7,500
资产合计	10	1,555,549,383
负债及持有人权益	行次	年末数
应付基金管理费	11	1,936,638
应付基金托管费	12	322,773
应付清算款	13	27,235,468
应付佣金	14	599,393
其他应付款	15	1,101,500
负债合计	16	31,195,772
基金持有人权益		
基金单位总额　(面值)	17	1,500,000,000
未分配收益　(附 注 2 (k),8)	18	35,028,968
未实现估值减值	19	(10,675,357)
基金持有人权益合计(每单位基金资产净值:人民币 1.0162 元)	20	1,524,353,611
负债及基金持有人权益合计	21	1,555,549,383

2、裕元证券投资基金收益及收益分配报告书

1999 年 9 月 19 日(基金资产移交基准日)至 1999 年 12 月 31 日止　单位:人民币元

项　　目	行次	本期累计数
收　　入	1	
证券买卖差价	2	
股票　(　附 注 2 (f)　)	3	(4,469,591)
债券　(　附 注 2 (f)　)	4	(436,822)
投资收益	5	
返售债券投资收益净值	6	2,735,629
其他收入　(附 注 5)	7	2,367,046
额定发行费用余额　(　附 注 6　)	8	6,673,213
收入及额定发行费用余额合计	9	6,869,475
费　　用		
基金管理费 (　附 注　2 (g)　)	10	(3,623,626)
基金托管费　(　附 注　2 (h)　)	11	(603,938)
其他费用	12	(851,468)
费用合计	13	(5,079,032)
本期净收益	14	1,790,443
基金资产移交基准日前未分配收益	15	33,238,525
本期可分配收益	16	35,028,968
收益分配　(附 注　2 (k), 8)	17	-
未分配收益	18	35,028,968

后附会计报表附注为本报表的组成部分。

(四) 基金投资组合(1999 年 12 月 31 日)

1、重要提示　本基金的托管人——中国工商银行复核了本公告。截止 1999 年 12 月 31 日,裕元基 金资产净值为 1,524,353,611.27 元,单位净值为 1.0162 元。裕元基金持有的股票市值 为 677,295,899.97,占基金资产净值的 44.43%;持有的国债及货币资金合计为 850,122,874.44 元,占基金资产净值的 55.77%。

2、按行业分类的股票投资组合

行业	市值(元)	占基金资产净值比例(%)
1　交通运输	10,992,129	0.72%
2　能源电力	47,868,590	3.14%
3　建材建筑	3,304,077	0.22%
4　冶金	15,054,997	0.99%
5　机械制造	45,412,712	2.98%
6　电子通讯	157,462,351	10.33%
7　石油化工	21,181,010	1.39%
8　生物医药	21,348,231	1.40%
9　汽车及配件制造	12,772,762	0.84%
10 纺织服装	49,078,565	3.22%
11 家电	72,809,843	4.78%
12 酿酒食品	39,829,470	2.61%
13 商贸旅游	97,186,960	6.38%
14 综合	82,994,202	5.44%
合计	677,295,900	44.43%

其中,交通运输包括公路、铁路、水运、航空、港口、仓储等;能源电力包括煤电、水电、矿业等;医药包括中药、西药、生物制药等;汽车及配件制造包括摩托车制造、农用车制造等。

3、基金投资前十名股票明细

序号	名称	数量	市值(元)	占净值比例
1	风华高科	3,369,702	77,300,964	5.07%
2	东大阿派	2,000,100	63,843,192	4.19%
3	时装股份	3,657,160	56,503,122	3.71%
4	许继电气	1,990,000	46,068,500	3.02%
5	宜春工程	2,560,224	39,990,699	2.62%
6	深康佳 A	2,477,512	39,144,690	2.57%
7	综艺股份	1,001,071	26,928,810	1.77%
8	浙江富润	2,243,953	25,222,032	1.65%
9	粤美的 A	2,104,253	22,136,742	1.45%
10	中技贸易	1,071,890	17,332,461	1.14%

(五) 主要财务指标　　单位:人民币元

1	1999 年度基金可分配净收益	35,028,968
2	1999 年度单位基金净收益	0.0012
3	1999 年 12 月 31 日基金资产总值	1,555,549,383
4	1999 年 12 月 31 日基金资产净值	1,524,353,611
5	1999 年 12 月 31 日单位基金资产净值	1.0162
6	1999 年度基金资产净值收益率	0.1179%

五、基金持有人结构

1、基金持有人结构:

	持有份额(份)	占总份额的比例
基金原发起人:湖南证券股份有限公司	15000000	1%
基金发起人: 博时基金管理有限公司	15000000	1%
社会公众	1470000000	98%

2、裕元基金前十名持有人(截止 1999 年 12 月 31 日):

	持有人名称	持有份额(份)	占总份额的比例
1	平安保险	27,547,900	1.84%
2	湖南证券股份有限公司	15,000,000	1.00%
3	博时基金管理有限公司	15,000,000	1.00%
4	卞秀玉	9,000,000	0.60%
5	中国太保	8,350,000	0.56%
6	钨玉	6,720,000	0.45%
7	王惠宁	6,237,218	0.42%
8	王志杰	5,248,000	0.35%
9	洋浦长胜	5,192,200	0.35%
10	王斌	4,095,000	0.27%

兴 和 证 券 投 资 基 金

兴和证券投资基金1999年度报告摘要

一 、基金简介

(一)基金基本情况 基金名称:兴和证券投资基金 基金简称:基金兴和 交易代码:500018
基金发起人:华夏基金管理有限公司 北京证券有限责任公司 华夏证券有限公司
基金发行日期:1999年7月8日 基金成立日期:1999年7月14日 总份额:30亿份基金单位
基金类型:契约型封闭式 存续期:15年 上市地点:上海证交所 上市日期:1999年7月30日
(二)基金管理人 华夏基金管理有限公司 邮政编码:100027 网址:http://www.china-funds.com
地址:北京市东城区东直门南大街6号东方花园饭店写字楼6层
法定代表人:邵淳 总经理:范勇宏 信息披露人员:方瑞枝 电话:64156666 传真:64172800
(三)基金托管人 中国建设银行 地址:北京市金融大街25号 邮政编码:100032
法定代表人:王雪冰 托管部总经理:许占涛 负责信息披露负责人:周小知
联系电话:010—63960650 传真:010—63960726
(四)基金聘请的会计师事务所 普华大华会计师事务所 法定代表人:汤云为
注册地址:上海浦东新区沈家弄325号 经办注册会计师:周忠惠、王笑
(五)基金聘请的律师事务所 金诚律师事务所 地址:北京建国门大街8号中粮广场A座6层
法定代表人:于德斌 经办律师:于德斌、贺宝银

二、基金管理人报告

本基金业绩表现 截止到1999年12月31日,基金单位资产净值为0.9638元,与发行时相比,净值增长率为-3.62%,低于同期大盘跌幅。扣除配售新股对基金当年净值增长的贡献因素,本基金净值增长率为-8.73%。

基金经理简介 邹翔先生,基金经理,33岁,经济学硕士。历任华夏证券有限公司基金投资部高级经理、基金管理部副总经理,华夏基金管理有限公司研究发展部总经理、华夏基金管理有限公司总经理助理。证券从业经历7年,先后从事基金研究与设计、证券分析、证券投资等工作。

(一)基金经理工作报告

兴和证券投资基金作为优化型指数基金,资产总值中50%模拟上证综合指数进行投资,30%进行积极投资,国债投资不低于资产净值的20%。兴和证券投资基金于1999年7月14日开始运作,正逢股指处于全年较高区位,下半年股市出现了较大幅度的调整,到年底上证综合指数同期下跌12.37%。本基金管理人面对市场不利局面,在投资运作中采取了一些较为积极主动的对策,避免了兴和基金资产净值的同步下降,在总体仓位上,根据对大势的分析判断进行适当控制;在指数投资部分,较好地拟合了上证综合指数;在积极投资部分,着眼于长远重点投资于信息产业与生物工程等朝阳行业。截止1999年末,单位资产净值为0.9638元,基金资产净值下降3.62%,扣除配售新股对基金当年净值增长的贡献因素,本基金净值下降8.73%,低于同期大盘跌幅。本基金管理人坚信中国股票市场这种调整是暂时的,其长期趋势仍然是上升的,我们坚持长期投资的观点不动摇。经过近半年的运作,本基金管理人对如何管理优化型指数基金这一新事物进行了有益的探索,在指数化投资方法与技巧、妥善处理指数投资部分与积极投资部分的关系等方面取得了一些宝贵的经验。

三、托管人报告

1999年,中国建设银行在兴和基金的托管过程中,严格遵守了《证券投资基金管理暂行办法》及各项实施准则、基金契约、托管协议和其他有关法规的规定,安全保管了基金的全部资产,勤勉尽职地履行了基金托管人的全部义务,不存在任何损害基金持有人利益的行为。

1999年,由华夏基金管理有限公司编制并经中国建设银行复核审查的有关兴和基金的信息披露真实、完整、合法,该基金管理公司在投资运作、基金资产净值、每份基金单位资产净值等指标的计算上,严格执行了《证券投资基金管理暂行办法》及各项实施细则、基金契约及其他有关法规规定,不存在任何损害基金持有人利益的行为。

中国建设银行基金托管部

四、基金年度财务报告

(一)审计报告

兴和证券投资基金全体持有人:

我们接受委托,审计了兴和证券投资基金(以下简称"兴和基金")1999年12月31日的资产负债表及1999年7月14日(基金成立日)至1999年12月31日止期间的收益及收益分配表。这些会计报表由兴和基金管理人华夏基金管理有限公司负责,我们的责任是对这些会计报表发表审计意见。我们的审计是根据《中国注册会计师独立审计准则》的规定进行的。在审计过程中,我们结合兴和基金的实际情况,实施了包括抽查会计记录等我们认为必要的审计程序。

我们认为,兴和基金会计报表符合中华人民共和国《企业会计准则》、《证券投资基金管理暂行办法实施准则第五号证券投资基金信息披露指引》和中国证券监督管理委员会允许的如会计报表附注所列示的基金行业的实务操作约定,在所有重大方面公允地反映了兴和基金1999年12月31日的财务状况及1999年7月14日(基金成立日)至1999年12月31日止期间的经营成果。

普华大华会计师事务所 注册会计师 周忠惠
注册会计师 王 笑
中国 上海 2000年2月29日

(二)基金会计报告书

资产负债报告书

单位:人民币元

项 目	期末数
1、股票投资——— 成本	2045447547.88
2、债券投资——— 成本	589214451.73
3、股票投资-估值增值	-70124308.03
4、债券投资-估值增值	1943474.17
5、银行存款	408344992.78
6、保证金	1064032.82
7、应收利息	227013.96
8、应收帐款	7366007.80
9、其他应收款项	20000.00
10、基金资产总值	2983503213.11
11、应付基金管理费	3005648.82
12、应付基金托管费	618193.54
13、预提费用	100000.00
14、应付帐款	85895719.31
15、应付佣金	2336011.93
20、负债总额	91955573.60
21、基金单位总额	3000000000.00
22、未分配收益	-40271526.63
23、未实现估值增值	-68180833.86
24、基金资产净值	2891547639.51
25、基金单位发行总份额	3000000000.00
26、每份基金单位资产净值	0.9638

收益及分配报告书

单位:人民币元

项 目	本期数
1、股息收入	2058154.30
2、债券利息收入	6836709.00
3、股票买卖价差收入	-58792491.61
债券买卖价差收入	-3296804.76
回购收入	5120761.75
4、其他收入	28906057.72
5、基金管理费	17345774.27
6、基金托管费	3486218.66
7、应由基金承担的其他费用	271920.10
8、基金净收益	-40271526.63
9、本期可分配净收益	-40271526.63
10、期末未分配净收益	-40271526.63

(三)会计报告书附注

1.主要会计政策

(1)编制基础

本基金的会计报表按照中华人民共和国《企业会计准则》,中国证券监督管理委员会颁布的《证券投资基金管理暂行办法实施准则第五号证券投资基金信息披露指引》,及中国证券监督管理委员会允许的如主要会计政策所述的基金行业的实务操作约定而编制。

(2)会计年度

本基金的会计年度为公历1月1日至12月31日止。本会计期间为1999年7月14日至1999年12月31日止。

(3)记帐原则和计价基础

本基金的会计核算以权责发生制为记帐原则,除股票和债券投资按市值计价外,其余均以历史成本为计价基础。

(4)股票投资

股票投资按购买时实际支付的价款计价,实际价款中包括已宣告未发放股利,出售成本按移动加权平均法计算。股票包括上市交易股票和未上市交易股票。股票投资的估值按估值日当天各股票相应的市场交易均价计算,若当日无交易,则以最近一日的市场交易均价计算。实际成本与估值的差异计入"未实现估值增值/(减值)"科目。

(5)债券投资

债券投资按购买时实际支付的价款入帐,实际价款中包括应计利息。出售的债券成本按移动加权平均法计算。债券投资的估值按估值当天各债券相应的市场交易均价计算,若当日无交易,则以最近一日的市场交易均价计算。实际成本与估值的差异计入"未实现估值增值/(减值)"科目。

(6)收入的确认

证券买卖差价指买卖股票及国债的差价。股票和国债差价在卖出时确认。投资收益为股息及国债利息,在收到股息及国债利息时确认。

(7)基金管理费

基金管理费为支付给基金管理人的报酬。根据中国证券监督管理委员会证监基金字[1999]19号《关于同意设立兴和证券投资基金的批复》的规定,基金管理人的报酬按逐日基金资产净值1.25%的年费率计提。基金成立三个月后,如果基金持有的现金比例超过基金资产净值的20%,超过部分不计提管理费。

(8)基金托管费

基金托管人的托管费根据中国证券监督管理委员会证监基金字[1999]19号文《关于同意设立兴和证券投资基金的批复》的规定,按逐日基金资产净值0.25%的年费率计提。

(9) 额定发行费用余额

额定发行费用,即超面值部分,扣除实际发生的发行费用后的余额记入收益及收益分配表。

(10)基金单位总额

基金单位总额以实收基金单位面值入账。

(11)基金收益分配政策

每一基金单位享有同等分配权。基金当年收益弥补上一年度亏损后,才可进行当年收益分配。基金投资当年亏损,则不进行收益分配。基金收益分配采取现金方式,每年分配一次,收益分配比例不低于基金净收益的90%。

2.主要税项

根据《财政部国家税务总局关于证券投资基金税收问题的通知》,主要税项规定如下:

(1)以发行基金方式募集资金,不属于营业税征收范围,不征收营业税。

(2)基金从证券市场中取得的收入包括买卖股票、债券的差价收入,股票 的股息、红利收入,债券的利息收入及其他收入,暂不征收企业所得税。

3.基金单位总额

基金单位总额以实收基金单位面值入帐。

1999年度

	基金单位份额	人民币元
发起人持有基金份额	30000000.00	30000000.00
社会公众持有份额	2970000000.00	2970000000.00
基金单位总额	3000000000.00	3000000000.00

按照基金契约的规定,基金发起人认购的基金单位,自基金成立之日起一年内不得转让。基金发起人在基金存续期内须持有0.15亿份基金单位,占基金发行规模的0.5%。

4.其他收入

其他收入主要包括银行存款及清算备付金利息收入、发行时申购资金冻结利息收入和发行费用结余等。 1999年度

	人民币元
银行存款及清算备付金利息收入	4967875.23
申购资金冻结利息收入	5616659.11
发行费用结余	17935534.84
其他收入	385988.54

合计 28906057.72

5.额定发行费用及额定发行费用余额 1999 年度 人民币元

额定发行费用	30000000.00
减:上网发行费用	7513585.16
发行协调人费用	3710880.00
上市推荐人费用	700000.00
律师费用	50000.00
会计师费用	60000.00
上市初费	30000.00
发行费用小计	12064465.16
额定发行费用余额	17935534.84

6.关联交易

(1)关联方

关联方名称	与本基金的关系
华夏基金管理有限公司	基金管理人、基金发起人
中国建设银行	基金托管人
北京证券有限责任公司("北京证券")	发行协调人、上市推荐人、基金发起人
华夏证券有限公司("华夏证券")	基金发起人

(2)通过关联方席位进行的交易

① 1999 年本基金通过关联人席位的股票交易情况:

关联方名称	股票年交易量(元)	占交易总量%	应付佣金(元)	占应付佣金%
华夏证券有限公司	2810396097.90	61.38%	2354414.36	61.26%

②1999 年本基金通过关联人席位的国债及回购交易情况:

关联方名称	国债年交易量(元)	比例(%)	回购年交易量(元)	比例(%)
华夏证券有限公司	793,595,754.70	33.17%	_	_

(3)基金管理人报酬

支付给华夏基金管理有限公司的管理人报酬按前一日的基金资产净值 1.25%的年费率计提,逐日累计至每月月底,按月支付。计算公式为:

日基金管理费=前一日基金资产净值 X1.25% / 365

如果基金持有的现金比例超过基金资产净值的 20%,超过部分不计提管理费。

本基金在本会计期间需支付基金管理人报酬人民币 17,345,774.27 元。

(4)基金托管人报酬

支付基金托管人中国建设银行的托管费按前一日的基金资产净值 0.25%的年费率计提,逐日累计至每月月底,按月支付。计算公式为:

日基金托管费=前一日基金资产净值 X 0.25% / 365

本基金在本会计期间需支付基金托管人报酬人民币 3,486,218.66 元。

7.主要报表项目说明

(1)应收帐款 7,366,007.80 元为应收证券交易清算款,其中应收上交所为 2,447,325.19 元;应收深交所为 4,918,682.61 元。(2)其他应收款 20,000.00 元为应收华夏基金管理有限公司及申银万国证券公司的卫星信道费。(3) 应付帐款 85,895,719.31 元为应付证券交易清算款,其中应付上交所为 85,296,999.30 元;应付深交所为 598,720.01 元。(4)预提费用 100,000.00 元为 1999 年度基金审计费用。

(四)流通受限的基金资产

根据中国证券监督管理委员会《关于证券投资基金配售新股有关问题的通知》(证监基字[1998]28 号)的规定,"基金获配新股,自该新股上市 2 个月后方可流通,在流通之前中证券交易所实施冻结"的规定进行管理;另根据中国证券监督管理委员会《关于进一步做好证券投资基金配售新股工作的补充通知》的规定"在此通知之后基金获配新股,自该新股上市后 50%可立即流通,50%自配售之日起 6 个月后方可流通,在流通之前由证券交易所实施冻结"的规定进行管理。本基金截至 1999 年 12 月 31 日被冻结的新股情况如下:

股票名称	配售日期	可流通日期	配售价格	市场均价	配售股数	成本	市值	市值与成本差
广剂药业	1999.08.23	2000.01.12	5.03	11.36	468750	2357813	5325000	2967187
金陵药业	1999.08.30	2000.01.18	8.40	15.76	685700	5759880	10806632	5046752
小鸭电器	1999.09.02	2000.01.25	3.76	6.21	771400	2900464	4790394	1889930
河池化工	1999.09.06	2000.02.14	4.15	7.97	428600	1778690	3415942	1637252
秦岭水泥	1999.09.09	2000.02.18	5.90	7.36	600000	3540000	4416000	876000
欣龙无纺	1999.09.09	2000.02.17	5.80	11.18	472000	2737600	5276960	2539360
南山实业	1999.09.13	2000.02.23	9.40	11.45	642000	6034800	7350900	1316100
中原油气	1999.09.13	2000.01.10	4.89	6.28	2203000	10772670	13834840	3062170
万杰实业	1999.09.14	2000.03.13	6.80	6.80	1414000	9615200	9615200	–
海南椰岛	1999.09.21	2000.03.20	4.10	4.10	428600	1757260	1757260	–
浦发银行	1999.09.24	2000.01.12	10.00	24.81	6858000	68580000	170146980	101566980
首钢股份	1999.09.27	2000.03.16	5.15	5.17	1024550	5276433	5296924	20491
海南航空	1999.10.12	2000.01.25	4.60	5.09	3542000	16293200	18028780	1735580
锡业股份	1999.10.12	2000.04.21	6.00	6.00	1671426	10028556	10028556	–
东方钼业	1999.11.23	2000.03.20	9.40	9.40	438200	4119080	4119080	–
赤天化	1999.12.14	2000.02.21	7.20	7.20	471900	3397680	3397680	–
赤天化	1999.12.14	2000.06.14	7.20	7.20	471900	3397680	3397680	–
大连金牛	1999.12.09	2000.03.01	4.08	4.08	1000000	4080000	4080000	–
大连金牛	1999.12.09	2000.06.09	4.08	4.08	1000000	4080000	4080000	–
华东医药	1999.12.23	2000.01.27	5.76	5.76	337100	1941696	1941696	–
华东医药	1999.12.23	2000.06.23	5.76	5.76	337100	1941696	1941696	–
中化国际	1999.12.22	2000.03.01	8.00	8.00	1096350	8770800	8770800	–
中化国际	1999.12.22	2000.06.22	8.00	8.00	1096350	8770800	8770800	–
合计					187931997	310589800	122657803	

(五)基金的投资组合

经基金托管人--中国建设银行核对,截止 1999 年 12 月 31 日,兴和证券投资基金资产组合情况如下:

1、按投资类型分类的股票投资组合

项 目	市值(元)	占净值比例
1.指数投资	1088503500.77	37.64%
2.积极投资	886819739.08	30.67%

2、积极投资中按行业分类的股票投资组合

行业	市值(元)	占净值比例
1.交通运输	18028780.00	0.62%
2.能源电力	–	–
3.建材建筑	16708396.60	0.58%
4.冶金	27604559.50	0.95%
5.机械制造	–	–
6.电子通讯	268771998.84	9.30%
7.石油化工	41587742.00	1.44%
8.生物医药	132752929.28	4.59%
9.汽车及配件制造	–	–
10.纺织服装	16124960.00	0.56%
11.家电	61764209.40	2.14%
12.酿酒食品	23399041.30	0.81%
13.商贸旅游	13666250.00	0.47%
14.金融地产	175606980.00	6.07%
15.农林牧渔	–	–
16.综合	90803892.16	3.14%
合 计	886819739.08	30.67%

其中交通运输包括公路、铁路、水运、航空、仓储等;能源电力包括煤电、水电、矿业等;生物医药包括中药、西药、生物制药等;电子通讯包括计算机、电子元器件、邮电等;汽车及配件制造包括摩托车制造、农用车制造等。

3、国债及货币资金

截止到 1999 年 12 月 31 日,本基金持有的国债及货币资金市值合计为 920,973,207.17 元,占基金资产净值的 31.85%。

4、积极投资中前五名股票明细

名称	市值(元)	占净值比例
1.浦发银行	170146980.00	5.88%
2.中兴通讯	89789503.46	3.11%
3.电广传媒	57717241.60	2.00%
4.青鸟天桥	56754522.00	1.96%
5.同仁堂	56682959.76	1.96%

5、有关说明

(1)项目的计价方法:基金持有的上市证券采用公告内容截止日的市场平均价计算;已发行未上市的证券采用成本价计算。

(2)截止到 1999 年 12 月 31 日,本基金不存在购入成本已超过基金资产净值 10%的股票。

(3)截止到 1999 年 12 月 31 日,基金的其他应收款、应付管理费、托管费、佣金和应付帐款合计为贷方余额 4,748,807.51 元;与股票投资市值和国债及货币资金之和相抵后为基金资产净值 2,891,547,639.51 元。

(六)主要财务指标

1、基金可分配净收益:	-40,271,526.63 元
单位基金收益:	-0.013 元/基金单位
2、期末基金资产总值:	2,983,503,213.11 元
3、期末基金资产净值:	2,891,547,639.51 元
单位基金资产净值:	0.9638 元/基金单位
4、基金资产净值收益率:	-1.32%

五、基金持有人结构

截止 1999 年 12 月 31 日,本基金发起人持有的基金份额为 0.3 亿基金单位,占基金发行总份额的 1%,其中:

发起人	份额	占基金总份额比例
华夏基金管理有限公司	10000000	0.33%
北京证券有限责任公司	10000000	0.33%
华夏证券有限公司	10000000	0.33%

社会公众持有的基金分额为 29.7 亿基金单位,占基金发行总份额的 99%。本基金前十名持有人的名称、持有份额、占总份额比例如下:

序号	持有人名称	持有份额(单位)	占总份额比例
1	华夏基金	10000000	0.33%
2	北京证券	10000000	0.33%
3	华夏证券	10000000	0.33%
4	山西官庄	6087200	0.20%
5	云天股份	6000000	0.20%
6	高邮信联	5218500	0.17%
7	市百一店	4000000	0.13%
8	富士德	4000000	0.13%
9	张洪印	3190800	0.11%
10	中纺辅料	3061400	0.10%

六、重要事项揭示

(一)管理人和托管人在本期内未发生任何诉讼事项。

(二)兴和基金原会计师事务所为北京京都会计师事务所,于 2000 年 1 月发生变更,现为普华大华会计师事务所。

(三)因工作需要,兴和基金基金经理于近期调整为江晖先生,简历如下:

江晖先生,基金经理,31 岁,经济学硕士。曾在中国国际期货经济有限公司、泰康人寿保险公司任职。1998 年进入华夏基金管理有限公司,从事基金投资工作,曾任兴华基金的基金经理助理。证券期货从业经历 7 年。

(四)根据中国证监会《关于加强证券投资基金监管有关问题的通知》(证监基字(1998)29 号)中有关规定,本基金管理人向华夏证券有限公司、光大证券有限责任公司、申银万国证券股份有限公司、国泰君安证券股份有限公司、南方证券有限公司、山东证券有限责任公司等六家券商租用交易席位。

1999 年各券商年股票成交量及年佣金情况如下:

券商名称	股票年成交量	占年成交量比例	年佣金	占佣金总量比例
华夏证券	2810396097.90	61.38%	2354414.36	61.26%
光大证券	951982814.06	20.79%	809181.65	21.05%
申银万国	290762223.32	6.35%	247146.86	6.43%
南方证券	190027332.90	4.15%	154401.27	4.02%
山东证券	187825127.39	4.10%	152610.28	3.97%
国泰君安	147811499.62	3.23%	125640.24	3.27%
合计	4578805095.19	100%	3843394.66	100%

1999 年各券商年国债、回购成交量情况如下:

券商名称	国债年成交量	占年成交量比例	回购年成交量	占年成交量比例
华夏证券	793,595,754.70	33.17%	_	_
光大证券	719835172.90	30.08%	3288900000.00	33.30%
申银万国	49281718.90	2.06%	4066300000.00	41.18%
国泰君安	830118345.80	34.69%	2520000000.00	25.52%
南方证券	_	_	_	_
山东证券	_	_	_	_
合计	2392830992.30	100%	9875200000.00	100%

说明:本基金通过单一券商席位买卖证券本年成交量均未超过本基金买卖证券年成交总量的 30%。

华夏基金管理有限公司

2000 年 3 月 30 日

金鼎证券投资基金

金鼎证券投资基金上市公告书

上市推荐人:国泰君安证券股份有限公司

★基金名称:金鼎证券投资基金 ★基金简称:基金金鼎 ★基金代码:500021

★基金份数总额:232,748,084 份 ★本次可流通份数:230,420,624 份

★基金管理人:国泰基金管理有限公司 ★基金托管人:中国建设银行

★上市推荐人:国泰君安证券股份有限公司

★上市地点: 上海证券交易所 ★上市时间: 2000 年 8 月 4 日

一、基金概况

金鼎证券投资基金(以下简称"金鼎基金")是按照《证券投资基金管理暂行办法》(以下简称《暂行办法》)、原有投资基金清理规范的有关要求和《关于中国建设银行原有投资基金清理规范方案的批复》(证监基金字[2000]14 号)由原"建业基金"、"沈阳公众基金"、"陕建基金"清理规范合并而成的契约型封闭式投资基金。规模为 232,748,084 份基金单位,基金存续期为 10 年(自 1992 年 5 月 31 日至 2002 年 5 月 30 日)。

基金发起人为国泰君安证券股份有限公司和国泰基金管理有限公司;基金管理人为国泰基金管理有限公司;基金托管人为中国建设银行。

本基金管理人根据原基金持有人大会授权,向中国证券监督管理委员会提出上市、扩募、续期申请,该申请已获批准。

根据中国证监会《关于同意建业基金、沈阳公众基金、陕建基金合并规范为金鼎证券投资基金并上市、扩募和续期的批复》(证监基金字[2000]51 号)的批复,并经上海证券交易所(上证上字[2000]59 号《上市通知书》)批准,金鼎证券投资基金将于 2000 年 8 月 4 日在上海证券交易所挂牌交易。

根据中国证监会《关于同意建业基金、沈阳公众基金、陕建基金合并规范为金鼎证券投资基金并上市、扩募和续期的批复》(证监基金字[2000]51 号)的批复,本基金在上市后,将由原来的 232,748,084 份基金单位扩募到 5 亿份基金单位。扩募后,基金存续期将延长 5 年(至 2007 年 5 月 31 日)。扩募时间将另行公告。

基金单位总份额为 232,748,084 份基金单位,其中,本基金发起人持有 2,327,460 份基金单位,其余基金单位全部由公众持有。本次上市流通的份额为 230,420,624 份 基金单位。根据《基金契约》及有关规定,基金扩募时全部基金发起人认购不低于基金总规模 1%的基金单位,在基金存续期,全部基金发起人持有基金单位不得低于基 金总规模的 0.5%,其余部分可在该基金扩募部分上市两个月后流通。

基金上市后交易单位每手为 100 份基金单位。

二、基金持有人结构

(一)基金持有人结构:本基金发起人持有 2,327,460 份基金单位,公众持有 230,420,624 份基金单位,共计 232,748,084 份基金单位。

(二) 前十名持有人:(截至 2000 年 7 月 28 日)

序号	名 称	份 额	比 例
1	西安建行东大街支行	9,515,200	4.09%
2	建行信托	4,926,400	2.12%
3	沈阳建行通汇支行	4,405,441	1.89%
4	国泰君安证券股份有限公司	1,231,600	0.53%
5	国泰基金管理有限公司	1,095,860	0.47%
6	马丽娟	602,062	0.26%
7	程林	550,055	0.24%
8	甘国福	487,779	0.21%
9	大连信托	467,146	0.20%
10	周晓圆	369,480	0.16%

(三) 基金持有人总数为 52,066 户。

三、基金发起人、基金管理人、基金托管人

(一) 基金发起人

国泰君安证券股份有限公司 法定代表人:金建栋 地址:上海浦东新区商城路 618 号

成立时间:1999 年 8 月 18 日 注册资本:37.2718 亿元人民币

国泰基金管理有限公司 法定代表人:陈勇胜 地址:上海浦东新区商城路 199 号

成立时间:1998 年 3 月 5 日 注册资本:1.1 亿元人民币

(二) 基金管理人

国泰基金管理有限公司 法定代表人:陈勇胜 地址:上海浦东新区商城路 199 号

成立时间:1998 年 3 月 5 日 信息披露负责人:丁昌海、黄永明 联系电话:021-62531534

公司概况:本公司经中国证监会证监基字[1998]5 号文批准,由国泰证券有限责 任公司、中国电力信托投资公司、上海爱建信托投资公司、浙江省国际信托投资公司共同发起设立。公司下设有证券投资部、研究开发部、财务部、监察稽核部、综合管理部等部门。此外还设立投资决策委员会和风险控制委员会两个专门机构。公司现有员工 45 人,其中 80%以上具有三年证券业或五年金融业从业经验,高级管理人员均具有硕士以上学位。所有人员在最近三年内均没有受到所在单位或有关管理部门的处罚。公司已经建立健全内部风险控制制度、内部稽核制度、财务管理、人事管理制度、信息披露制度和员工行为准则等公司管理制度体系。

截止 2000 年 7 月 28 日,国泰基金管理有限公司管理基金净资产总额已达 81.0145 亿元。目前,国泰基金管理有限公司管理的其他基金有三只,基本情况如下:

基金金泰

1、基金名称: 金泰证券投资基金

2、基金成立日期:1998 年 4 月 7 日

3、基金单位总份额: 20 亿份

4、基金资产净值:32.6332 亿元

5、基金单位净值:1.6317 元

基金金鑫

1、基金名称: 金鑫证券投资基金

2、基金成立日期:1999 年 11 月 26 日

3、基金单位总份额: 30 亿份

4、基金资产净值:42.8438 亿元

5、基金单位净值:1.4281 元

基金珠江

1、基金名称: 珠江证券投资基金

2、基金成立日期:2000 年 4 月 26 日

3、基金单位总份额: 23,364 万份

4、基金资产净值:2.7976 亿元

5、基金单位净值: 1.1974 元

(三) 基金托管人

中国建设银行 法定代表人:王雪冰 地址:北京市西城区金融大街 25 号 邮政编码:100032

联系电话:010-67597640 010-67597641 联系人:刘思远 注册资本:851 亿元

发展概况:中国建设银行是我国四大国有商业银行之一,从事我国法律允许商业银行开办的一切金融业务。建设银行始终坚持以效益为中心,以支持经济增长和防范金融风险为重点,强化现代商业银行经营理念和意识,加强管理,规范经营,努力提高资产质量和经营效益,全行综合性经营能力、竞争能力、风险防范能力和盈利能力大大提高,取得了良好的经济效益。

财务状况:截至 1999 年末,中国建设银行总资产已达 19389 亿元,一般性存款余 额为 17644 亿元,贷款余额 12009 亿元,1998、1999 年分别实现利润 20.58 亿元和 73.66 亿元。

基金托管部门设置及员工情况:中国建设银行总行于 1998 年获准设立证券投资基金托管部,主要业务部门包括综合管理处、基金市场处、市场监管处和清算核算处,现有员工 15 人。

除本基金外,中国建设银行现已托管的基金还有:兴华证券投资基金、泰和证券投资基金、兴和证券投资基金、金鑫证券投资基金、珠江证券投资基金等。

(四) 基金上市推荐人:国泰君安证券股份有限公司 法人代表:金建栋

注册地址:上海浦东商城路 618 号 联系电话:010-88026389 联系人:倪毓明 张颢

(五) 基金移交验资机构:上海大华会计师事务所有限公司 法定代表人:汤云为

注册地址:上海昆山路 146 号 联系电话:021-63070766 注册会计师:汪阳 曹勤

(六) 法律顾问:上海锦天城律师事务所 法人代表:史焕章 经办律师:沈国权 聂鸿胜

注册地址:上海市延安东路 700 号港泰广场 12 楼 联系电话:021-53850388 53850141

四、基金的沿革

本基金由原"建业基金"、"沈阳公众基金"、"陕建基金"三只基金合并而成,其历史沿革分别为:

1、建业基金

建业基金是经中国人民银行 (证管办)[1992]36 号文及中国人民银行上海市分行沪银金管[93]5389 号文批准设立,由建设银行原上海市信托投资公司单独发起并管理的存续期为十年的封闭式契约型证券投资基金。该基金于 1993 年 9 月 10 日起向上海市 普教系统的教职员工定向发行,于 1993 年 12 月 31 日全额募足并开始运作。

经中国人民银行复[1996]330 号文、中国人民银行上海市分行沪银非银管[1996]11182 号文和上海市证券交易所上证上[96]字第 107 号文审核同意,建业基金于 1996 年 11 月 29 日在上海证券交易所挂牌交易。

建业基金基金规模为一亿基金单位。

2、沈阳公众基金

沈阳公众基金是经中国人民银行沈阳市分行沈银金[1992]109 号文批准设立,由 中国建设银行沈阳市信托投资股份有限公司独立发行并管理的存续期不定的封闭式契约型证券投资基金。该基金于 1992 年 5 月 31 日向社会公众公开发行并投入运作。

经中国人民银行沈银金字[1992]267 号文审核同意,沈阳公众基金于 1992 年 10 月 28 日在沈阳证券交易中心挂牌上市。由于经济形势发展需要沈阳证券交易中心于 1994 年 3 月 7 日与上海证券交易所联网,沈阳公众基金成为在上交所挂牌交易的基金。

沈阳公众基金基金规模为 5950 万基金单位。

3、陕建基金

陕建基金是经中国人民银行陕西省分行陕银复[1992]150 号文批准设立,由原建 设银行陕西省信托投资公司(现建设银行西安市东大街支行)发起,陕西建银基金管理有限责任公司管理的存续期不定的封闭式契约型证券投资基金。该基金于 1993 年 9 月向社会公众公开发行并投入运作。

经中国人民银行陕西省分行审核同意大连证券交易中心大证交字[1993]第 10 号文,陕建基金于 1994 年 1 月 28 日在大连证券交易中心挂牌交易。

陕建基金基金规模为 5000 万基金单位。

依据《证券投资基金管理暂行办法》、《国务院办公厅转发证监会原有投资基金清理规范方案的通知》(国办发[1999]28 号)、原有投资基金清理规范的有关要求及中国证监会证监基金字[2000]14 号《关于中国建设银行原有投资基金清理规范方案的批复》的精神,及 2000 年 3 月 23 日以通讯方式召开原基金临时持有人大会所形成的决 议,将以上三只基金规范合并为金鼎证券投资基金。具体的合并办法为:参与合并的三只原有基金均从 3 月 15 日的每基金单位净资产中提取 0.01 元作为该基金合并及上市的相关费用,提取费用后的基金净值按照 1:1 的比例折算为金鼎基金基金单位。三只原有基金合并后,原有基金已发行的全部基金单位转换为金鼎基金的相应基金单位,原有基金持有人成为金鼎基金的持有人。金鼎证券投资基金管理人为国泰基金管理有限公司,托管人为中国建设银行。

五、基金投资组合情况

(一) 基金投资目标

本基金是以属于朝阳产业的上市公司为投资重点的成长型基金,所追求的投资目标是在尽可能分散和规避投资风险的前提下,谋求基金资产增值和收益的最大化。

本基金的投资范围仅限于具有良好流动性的金融工具,包括国内依法公开发行上市的股票、债券以及经中国证监会批准允许基金投资的其他金融工具。

本基金的股票投资部分将主要投资于沪深两市属于朝阳产业的上市公司,即在产业的生命周期中处于成长期和正进入成熟期的上市公司。例如:涉及环保、电子通讯、生物制药及新材料、软件集成、网络经济等产业的上市公司。

(二) 投资组合情况

2000 年 5 月 31 日,基金管理人国泰基金管理有限公司开始本基金的投资运作。截 止 2000 年 7 月 28 日,投资组合情况如下(单位:人民币元):

银行存款	63,640,103.81
股票投资	211,498,814.23
债券投资	0.00

(三) 基金经理

本基金由张以杰先生担任基金经理,负责基金的日常投资运作。

张以杰,现年 36 岁,硕士,8 年证券业从业经验,历任上海证券年鉴编辑部副主 任、君安证券有限公司市场分析师、君安财经快讯主编。1999 年加盟国泰基金管理有限公司,现担任基金金鼎的基金经理。

六、基金契约摘要

(一) 前言

本基金契约是根据《证券投资基金管理暂行办法》及其实施准则、原有投资基金清理规范的有关要求和中国证监会的有关规定而订立,并经建业基金、沈阳公众基金和陕建基金三只基金持有人大会表决通过。

(二) 基金契约的当事人
1、基金发起人:国泰君安证券股份有限公司
国泰基金管理有限公司
2、基金管理人:国泰基金管理有限公司
3、基金托管人:中国建设银行
(三) 基金基本情况
基金名称:金鼎证券投资基金
基金类型:契约型封闭式
基金单位总份额:232,748,084 份基金单位(上市后经中国证监会批准,可分次扩募)。
每份基金单位面值为人民币 1.00 元。
基金存续期限为:1992 年 5 月 31 日—2002 年 5 月 30 日。
(四) 基金的沿革(参见本公告书第四条《基金的历史沿革》)
(五) 基金的上市与交易安排
本基金经主管部门批准和基金持有人大会通过,将根据《暂行办法》及有关规定申请在上海证券交易所上市。本基金上市后,将根据《暂行办法》及有关规定、《原有投资基金清理方案》的政策和交易所的交易规则进行交易。
(六) 基金的托管
基金托管人与基金管理人须按照《暂行办法》、本基金契约及其他有关规定,订立《金鼎证券投资基金托管协议》。
(七) 基金的投资
1、投资目标
本基金是以属于朝阳产业的上市公司为投资重点的成长型基金,所追求的投资目标是在尽可能分散和规避投资风险的前提下,谋求基金资产增值和收益的最大化。
2、投资范围
本基金的投资范围仅限于具有良好流动性的金融工具,包括国内依法公开发行上市的股票、债券及中国证监会允许基金投资的其他金融工具。
3、投资组合
由于本基金由《证券投资基金暂行办法》颁布前的老基金规范后设立,经中国证监会批准,基金资产和投资比例存在一段调整期,调整期为基金上市之日起六个月内。调整期结束后本基金的投资组合须符合下列规定:
(1) 本基金投资于股票、债券的比例不低于本基金资产总值的 80%。
(2) 本基金投资于国家债券的比例不低于本基金资产净值的 20%。
(3)本基金持有一家上市公司的股票,不超过基金资产净值的 10%,本基金与由 本基金管理人管理的其他基金持有一家公司发行的证券总和,不超过该证券的 10%。
(4) 遵守中国证监会规定的其他比例限制。
4、投资决策
根据国家宏观经济环境决定投资的总体策略;根据利率的走势和通货膨胀预期决定债券投资比例;根据国家的产业政策以及行业发展的状况决定行业投资战略;根据对上市公司的价值分析和其在行业中的竞争优势分析选择所要投资的股票。
管理人的投资行为将受国家有关法律、法规和本基金契约的有关规定约束,并以充分保障投资者利益为前提,权衡投资中的收益和风险。
5、投资限制
本基金禁止从事下列行为:
(1) 投资于其他基金;
(2) 将基金资产用于抵押、担保、资金拆借或者贷款;
(3) 从事证券信用交易;
(4) 以基金资产进行房地产投资;
(5) 从事可能使基金资产承担无限责任的投资;
(6)将基金资产投资于与基金托管人或者基金管理人有利害关系的公司发行的证 券;
(7) 中国证监会规定禁止从事的其他行为。
(八) 基金发起人的权利和义务
基金发起人拥有首次扩募后按约定及有关规定持有基金单位、出席或委派代表出席基金持有人大会、取得基金收益、依法转让基金单位、监督基金经营情况,获取基金业务及财务状况的资料、参与基金清算,取得基金清算后的剩余资产,以及法律、法规认可的其他权利。
基金发起人负有公告上市公告书、首次扩募后在基金存续期间持有符合规定比例的基金单位、遵守基金契约、承担基金亏损或终止时的有限责任、不从事任何有损基金及其他基金持有人利益的活动以及法律、法规规定的其他义务。
(九) 基金管理人的权利与义务
基金管理人拥有运用基金资产、取得管理人报酬、依照有关规定代表基金行使股东权利以及《暂行办法》、基金契约及有关法律法规规定的基金管理人的其它权利。
基金管理人负有诚信尽责地运用基金资产、控制投资风险、保护基金利益、按规定计算并公告基金资产净值及基金单位资产净值、按规定进行信息披露、保守基金商业秘密、按规定向基金持有人分配基金收益、按规定召集基金持有人大会、保存基金会计资料、因自身过错导致基金资产损失时承担赔偿责任、因基金托管人过错导致基金资产损失时向基金托管人追偿等义务。
(十) 基金托管人的权利与义务
基金托管人拥有监督基金管理人的投资运作、获得基金托管费等权利。
基金托管人负有诚信尽责地保管基金资产、控制保管风险、保护基金利益、保管基金的重大合同及有关凭证、开设和保管基金资金帐户与证券帐户、从事基金清算交割、保守基金商业秘密、复核审查基金管理人计算的基金资产净值和基金单位资产净值、按规定出具基金业绩和基金托管情况的报告、建立并保存基金持有人名册并负责基金单位转让的过户和登记、按有关规定保存基金会计资料、依据基金管理人的指令或有关规定向基金持有人支付基金收益、因过错导致资产损失时承担赔偿责任等义务。
(十一) 基金持有人的权利和义务
基金持有人拥有出席或委派代表出席基金持有人大会并根据所持有的基金单位数量行使表决权、取得基金收益、监督基金经营情况并获取基金业务及财务状况的资料、转让基金单位、取得基金清算后的剩余资产以及基金契约规定的其它权利。每份基金单位具有同等的合法权益。
基金持有人负有遵守基金契约、交纳基金认购款项及规定的费用、承担基金亏损或者终止的有限责任、不从事任何有损基金及其他基金持有人利益的活动等义务。
(十二) 基金持有人大会
基金持有人大会依一定的事由并以一定的程序召开,基金持有人大会就有关基金持有人利益的重大事项进行讨论表决,包括:修改基金契约、提前终止基金、更换基金托管人、更换基金管理人、基金扩募、续期或转型及中国证监会规定的其他情形。基金持有人大会决议必须经出席会议的基金持有人所持表决权的半数以上通过,但更换基金管理人或托管人应由持有半数以上基金单位总额的基金持有人通过。
基金持有人大会决议对全体基金持有人、基金管理人和基金托管人具有相同约束力,基金持有人大会决议经中国证监会批准后方可生效。
(十三) 基金托管人、基金管理人更换的条件和程序
1、基金托管人的更换
有下列情形之一者,经中国证监会和中国人民银行批准,可以依一定程序更换基金托管人:
(1)基金托管人解散、依法被撤销、破产或者由接管人接管其资产的;
(2)基金管理人有充分理由认为更换基金托管人符合基金持有人利益的;
(3)代表 50%以上基金单位的基金持有人要求基金托管人退任的;
(4)中国人民银行有充分理由认为基金托管人不能继续履行基金托管职责的。
2、基金托管人更换程序
(1)提名:新任基金托管人由基金管理人提名;
(2)决议:被提名的新任基金托管人经基金持有人大会决议通过;
(3)批准:经中国证监会和中国人民银行审查批准后,新任基金托管人方可继任 ,原任基金托管人方可退任。
(4)公告:基金托管人更换后,由基金管理人在获得中国证监会和中国人民银行 批准后 5 个工作日内公告。
新任基金托管人与原基金托管人进行资产管理交接手续,并与交接管理人核对资产总值。
3、基金管理人的更换
有下列情形之一者,经中国证监会批准,可以依一定程序更换基金管理人:
(1)基金管理人解散、依法被撤销、破产或者由接管人接管其资产;
(2)代表 50%以上基金单位的基金持有人要求基金管理人退任;
(3)中国证监会有充分理由认为基金管理人不能继续履行基金管理职责的;
(4)基金托管人有充分理由认为更换基金管理人符合基金持有人利益。
4、更换基金管理人的程序:
(1)提名:由中国证监会或基金托管人提名新任基金管理人;
(2)决议:基金持有人大会对被提名的新任基金管理人形成决议;
(3)批准:新任基金管理人经中国证监会审查批准后方可继任,原任基金管理人 经中国证监会批准后方可退任。
(4)公告:基金管理人更换后,由基金托管人在中国证监会批准后 5 个工作日内在中国证监会指定的信息披露报刊上公告。如果基金托管人和基金管理人同时更换,由基金发起人在获得批准后 5 个工作日内公告。
(十四) 基金资产
1、基金资产总值
基金资产总值是指基金所拥有的股票、债券、银行存款本息及其他投资所形成的价值总和。
2、基金资产净值
基金资产净值是指基金资产总值减去按照国家有关规定可以在基金资产中扣除的费用后的价值。
3、基金资产的帐户
本基金资产开立基金专用帐户,与基金管理人和基金托管人自有的资产帐户以及其他基金资产帐户相独立。
4、基金资产的处分
本基金资产应独立于基金管理人和托管人的资产,并由基金托管人保管。基金管理人、基金托管人以其自有资产承担法律责任,其债权人不得对基金资产行使请求冻结、扣押或其他权利。除依据《暂行办法》、本基金契约及其他有关规定处分外,基金资产不得被处分。
(十五) 基金资产估值
1、估值目的:客观、准确地反映基金资产是否保值、增值。
2、估值日:每日对基金资产进行估值。
3、估值方法:
1)上市证券按当日平均价为准;该日无交易的证券,以最近前一个交易日的平 均价为准;
2)未上市的股票(指申购的新股)以其成本价计算;
3)未上市债券及存款,以本金加计至估值日止应计利息额计算;
4)如遇特殊情况而无法或不宜以上述规定确定资产价值时,基金管理人依照国 家有关规定办理。
4、估值对象:基金所拥有的股票、债券、股息红利、债券利息和银行存款本息 等资产。
5、估值程序
基金日常估值由基金管理人进行。用于公开披露的基金资产估值由基金管理人完成估值后,将估值结果以书面形式报给基金托管人,基金托管人按基金契约规定的估值方法、时间、程序进行复核;基金托管人复核无误后签字返回给基金管理人;月末、年中和年末估值复核与基金会计帐目的核对同时进行。
(十六) 基金费用与税收
基金费用主要有:基金管理人报酬、基金托管人托管费、基金上市费用、证券交易费用、基金信息披露费用、基金持有人大会费用、会计师费用和律师费用以及按照国家有关规定可以列入的其它费用。
1、基金管理人的报酬
基金管理人的报酬由两部分组成,一部分是基金管理费,以基金资产净值的 1.5 %的年费率计提;另一部分是业绩报酬,当基金的可分配净收益率高于同期银行一年定期储蓄存款利率 20%以上,且当年基金资产净值增长率高于同期证券市场平均收益率时,按一定比例计提。具体计提方法如下:
(1)基金管理费:
该项费用按前一日的基金资产净值的 1.5%的年费率计提。若本基金持有现金的 比例超过资产净值的 20%,超出部分不计提基金管理费。
基金管理人的管理费每日计算,逐日累计至每月月末,按月支付,由基金托管人于次月前两个工作日内从基金资产中一次性支付给基金管理人。
(2)业绩报酬:
业绩报酬根据基金全年的经营业绩情况,在同时满足如下条件的情况下每年计提一次,直接用于奖励基金管理人员:
1 基金年平均单位资产净值不能低于面值;
2 基金可分配净收益率超过同期银行一年定期储蓄存款利率 20%以上;
3 基金资产净值增长率超过证券市场平均收益率;
4 基金收益分配后其每单位资产净值不能低于面值。
在同时满足以上条件的情况下,基金业绩报酬的计算方法为:
业绩报酬=调整后期初资产净值×Min[M,N]×5%
基金可分配净收益率=当年可分配净收益/调整后年初基金资产净值;
基金资产净值增长率=(年末基金资产净值-调整后年初资产净值)/调整后年 初基金资产净值;
调整后年初基金资产净值=上年度末基金资产净值-上年度已分配收益;
证券市场平均收益率=[(上证综指年涨跌值×沪市平均总市值+深证综指年涨跌值×深市平均总市值)/(沪市平均总市值+深市平均总市值)]×80%+同期国债 收益率×20%
沪市平均总市值=(年初沪市总市值+年末沪市总市值)/2
深市平均总市值=(年初深市总市值+年末深市总市值)/2
在每个会计年度末由基金管理人计算、基金托管人复核,得出当年基金的净收益金额,作为当年可分配收益,同时计算出基金资产净值增长率,以确定基金管理人是否应计提业绩报酬并计算其数额。业绩报酬在次年经审计调整后从基金资产中一次性支付给基金管理人员。
2、基金托管人的托管费
基金托管人的托管费按前一日的基金资产净值的 0.25%的年费率计提。
基金托管费每日计算,逐日累计至每月月底,按月支付,由基金托管人于次月前两个工作日内从基金资产中一次性支取。
基金和基金持有人应根据国家有关规定依法纳税。
(十七) 基金收益与分配
基金收益包括基金投资所得红利、股息、债券利息、买卖证券价差、存款利息收入及其他收入,

因运用基金资产带来的成本或费用的节约计入基金收益。基金净收益为基金收益扣除国家有关规定可以在基金收益中扣除费用后的余额。

基金收益分配的比例不低于基金会计年度净收益的90%;基金收益每会计年度结束后的四个月内分配一次,采取现金形式分配;基金当年收益应先弥补上一年亏损,基金投资当年亏损则不进行收益分配;每份基金单位享有同等分配权。

基金收益分配方案由基金管理人拟定,由基金托管人核实后确定,在报中国证监会备案后5个工作日内公告。

(十八) 基金的会计与审计

基金的会计年度为公历年度的1月1日至12月31日。

本基金管理人聘请与基金发起人、基金管理人及基金托管人独立并具有证券业从业资格的会计师事务所及其注册会计师对基金年度财务报表进行审计。

基金管理人(或托管人)认为有充分理由更换会计师事务所时,须经基金托管人(或管理人)同意,并报中国证监会备案后可以更换。更换会计师事务所后5个工作 日内公告。

(十九) 基金的信息披露

本基金的信息披露将按照《暂行办法》、《证券投资基金信息披露指引》、本基金契约及其他有关规定进行。本基金的信息披露事项将在中国证监会指定的信息披露报刊上公告。

本基金的信息披露的内容包括:

1、基金年度报告经注册会计师审计后,在基金会计年度结束的90日内公告;

2、基金中期报告在基金会计年度前六个月结束后的60日内公告;

3、基金投资组合三个月至少公告一次,于截止日后15个工作日内公告;

4、基金资产净值每周至少公告一次,于截止日后1个工作日内公告;

5、临时公告;

6、澄清公告与说明。

本基金定期公告、临时公告等文本存放在基金管理人的办公场所,基金持有人可免费查阅。

(二十) 基金的扩募、续期和转型

本基金具备以下条件后,管理人可以向中国证监会申请基金的扩募或在存续期满时申请基金的续期:

1、本基金管理人、托管人最近三年内无重大违法、违规行为;

2、基金持有人大会和基金托管人同意扩募或续期;

3、中国证监会规定的其他条件。

由于本基金是由三只原有投资基金合并而来,本基金首次扩募不受《暂行办法》规定的条件限制,本基金首次扩募已经持有人大会授权,并按原有投资基金清理的有关政策执行。

在具备有关条件、基金持有人大会通过并经中国证监会批准,本基金可以由契约封闭式转为契约开放式。

(二十一) 基金的终止和清算

有下列情形之一的,基金将终止并进入清算程序:

(1) 基金封闭期满,未被批准续期;

(2) 基金经批准提前终止;

(3) 因重大违法、违规行为,基金被中国证监会责令终止。

在中国证监会监督下,由基金清算小组进行基金清算。

(二十二) 违约责任

由于本基金契约当事人的过错,造成基金契约不能履行或不能完全履行的,由有过错的一方承担违约责任;如属基金契约两方或三方当事人的过错,根据实际情况,由两方或三方承担各自应负的违约责任。

(二十三) 争议的处理

本基金契约当事人发生纠纷时,可以通过协商或调解解决。不愿通过协商、调解解决或协商、调解不成的,可向人民法院起诉。

(二十四) 基金契约的效力

本基金契约经各方当事人盖章以及各方法定代表人或其授权代表签字并经中国证监会批准后生效,有效期为本基金契约生效日起至基金清算结果报中国证监会批准并公告之日。

(二十五) 基金契约的修改和终止

基金契约的修改应经基金契约当事人同意,修改本基金契约应召开基金持有人大会,基金契约修改的内容应经基金持有人大会决议同意,本基金契约的修改应报中国证监会批准。

基金终止后,应当对基金进行清算。中国证监会对基金清算结果批准并予以公告后基金契约方能终止。

七、基金运作情况

(一) 基金管理人报告

1、基金管理人已于2000年5月31日开始基金的投资运作,为了争取基金长期稳定的投资收益,基金管理人将会加强对市场的研判,精心操作,力求给投资人较好的回报。2、基金运作的有关情况,将依据有关规定,通过基金年度报告、基金临时公告 、基金资产净值公告和基金投资组合公告等信息披露形式披露。3、本基金管理人承诺勤勉尽责、诚实信用、安全有效地管理和运作基金资产,为投资者谋求最大的投资收益。

(二) 基金托管人报告

基金托管人中国建设银行依据签署的《金鼎证券投资基金基金契约》,受理托管金鼎证券投资基金的全部财产,对基金投资运作进行了全面的会计核算和必要的监督。

八、财务状况

(一)基金资产已于2000年5月16日全部划至本基金的托管人中国建设银行为基金 所开设的"金鼎证券投资基金专户"和有关证券帐户,并经大华会计师事务所[2000]第950号验资报告,资产全部到位。5月16日情况为:(单位:元)

基金单位总份额:	232,748,084.00
未分配净收益:	3,617,406.90
未实现增值估值:	-795,096.66
基金资产净值:	235,570,394.24
每份基金单位资产净值:	1.0121

(二)基金管理人将按照《基金契约》及《证券投资基金信息披露指引》的规定披露基金财务状况。

(三) 财务状况

1、资产负债状况(截止2000年7月28日,单位:元)

股票投资:	178,759,002.05
债券投资	0.00
股票投资	
——估值增值:	32,739,812.18
债券投资	
——估值增殖:	0.00
银行存款:	63,640,103.81
其他应收款:	2,964.97
应收利息:	112,650.18
交易保证金:	258,722.15
基金资产总值:	275,513,255.34
应付管理人报酬:	745,967.29
应付托管费:	124,327.89
其他应付款:	250,000.00
应付佣金:	395,475.50
负债合计:	1,515,770.68
实收基金:	232,748,084.00
未分配收益:	3,617,406.90
已实现净收益:	4,892,181.58
未实现资本利得:	32,739,812.18
持有人权益合计:	273,997,484.66
基金资产净值:	273,997,484.66
每份基金单位资产净值:	1.1772

注:上述披露的本基金财务数据未经审计。

2、重要财务事项

(1) 净收益主要是证券买卖差价收入和银行利息收入。

(2) 未实现投资收益是指基金资产的估值增值

上市证券以计算日市场平均价为准;该日无交易的,以最近的交易日平均价为准;未上市的股票以发行价计算;未上市的债券以本金加计至估值日止应计利息计算;

3、资产净值计算方法:

资产净值=实收基金+净收益+未实现投资收益

九、风险揭示

本基金的投资也存在风险,主要有:

(一) 市场风险

证券市场价格因受各种因素的影响所引起的波动,将对本基金资产产生潜在风险,主要包括:

1、政策风险:货币政策、财政政策、产业政策等国家政策的变化对证券市场产生一定的影响,导致市场价格波动,影响基金收益而产生风险。

2、经济周期风险:证券市场是国民经济的晴雨表,而经济运行具有周期性的特点。宏观经济运行状况对证券市场的收益水平产生影响,从而产生风险。

3、利率风险:金融市场利率波动会导致股票市场及债券市场的价格和收益率的变动,同时直接影响企业的融资成本和利润水平。基金投资于股票和债券,收益水平会受到利率变化的影响。

4、上市公司经营风险:上市公司的经营状况受多种因素影响,如业内竞争、市场前景、管理能力、财务状况等都会导致公司盈利发生变化。

5、购买力风险:本基金投资的目的是使基金资产保值增值,如果发生通货膨胀,基金投资于证券所获得收益可能会被通货膨胀抵消,从而影响基金资产的保值增值。

6.扩募风险:本基金将在上市后适当的时候实施扩募,由于基金规模的扩大将导致基金单位净值的下降,引起基金市场价格的波动,从而产生风险。

(二) 管理风险

在基金的管理运作过程中,可能因基金管理人对经济形势和证券市场等判断有误,及获取的信息不全等影响基金的收益水平。同时基金管理人和托管人的管理水平、管理手段和管理技术等对基金收益水平也存在相关的影响。

(三) 其它风险

战争、自然灾害等不可抗力因素的出现,将会严重影响证券市场的运行,可能导致基金资产的损失。

十、重要事项揭示

(一) 基金发起人持有基金单位份额情况:

发起人名称	认购份额	占基金总规模的比重
国泰君安证券股份有限公司	1,231,600	0.529%
国泰基金管理有限公司	1,095,860	0.471%

根据《基金契约》及有关规定,基金扩募时全部基金发起人认购的基金单位不低于基金总规模的1%,在基金存续期,全部基金发起人持有基金单位不得低于基金总 规模的0.5%,其余部分可在该基金扩募部分上市两个月后流通。

(二)本基金230,420,624份基金单位将于2000年8月4日在上海证券交易所挂牌上 市。根据原有基金持有人大会决议,三只原有基金具体的合并办法为:参与合并的三只原有基金均从3月15日的每基金单位净资产中提取0.01元作为该基金合并及上市的 相关费用,提取费用后的基金净值按照1:1的比例折算为金鼎基金基金单位。三只原有基金合并后,原有基金已发行的全部基金单位转换为金鼎基金的相应基金单位,原有基金持有人成为金鼎基金的持有人。三只原有基金份额折算成金鼎基金的具体比例为:建业基金为1:1.2316;沈阳公众基金为1:1.0001;陕建基金为1:1.0016,每 位持有人所持原基金份额折算成金鼎基金份额后,不足一个基金单位的部分按四舍五入取舍。

(三)基金的首次扩募续期已经原基金持有人大会通过,首次扩募续期不再需要召开基金持有人大会。

(四)本基金管理人已经持有人大会授权,向中国证券监督管理委员会提出扩募至5亿份基金单位的申请,该申请已获批准。本基金将于上市后,由原来的232,748,084份基金单位扩募到5亿份基金单位,以每份基金单位价格1.01元向原持有人按比例配 售,其中0.01元为扩募费用。扩募部分首先由基金发起人按规定的比例认购,余下部分向持有人比例配售,持有人放弃认购部分由商业保险公司认购,如有剩余,剩余部分由基金发起人认购。

(五)本基金在扩募到5亿份基金单位规模后,基金存续期延长5年(至2007年5月31日)。

(六) 合并前三只基金的原管理人声明如下:(1)原管理人已提交了金鼎证券投资基金规范、合并和移交有关的以及可能对 基金规范、合并和移交产生影响的相关资料、文件和信息;(2)原管理人所提供文件资料,如为副本/复印件,均经原管理人与原件核对无误;(3)原管理人所提供的文件、资料均为真实、完整和准确,而没有任何虚假、不实、错误或者重大遗漏;(4)截至本声明签署日,金鼎基金资产真实、完整、独立,不存在任何诉讼、仲裁或行政处罚案件;(5)由于历史原因在基金操作中存在不规范的情况,原管理人将部分基金资产 以个人名义开立资金帐户和证券帐户从事证券投资。原管理人提供给各中介机构查证的以个人名义开设的资金帐户和证券帐户上的资金和股票,经查实后均确认为基金资产。

(七)本基金上市首日的涨跌幅限制为2000年8月3日基金单位净值的30%。2000年8月3日基金单位净值将在2000年8月4日的《中国证券报》、《上海证券报》、《证券时报》上公布。

国泰基金管理有限公司

2000年8月1日

汉鼎证券投资基金

汉鼎证券投资基金上市公告书

★基金名称:汉鼎证券投资基金　★基金简称:基金汉鼎　★基金代码:500025
★原基金简称:宝鼎基金　★原基金代码:500502　★基金单位总份额:2亿份基金单位
★本次上市流通份额:1.98亿份基金单位　★基金管理人:富国基金管理有限公司
★基金托管人:中国工商银行　★上市推荐人:光大证券有限责任公司
★上市地点:上海证券交易所　★上市时间:2000年8月17日

概　要

基金名称:汉鼎证券投资基金　基金简称:基金汉鼎　基金代码:500025　原基金简称:宝鼎基金
原基金代码:500502　基金单位总份额:2亿份基金单位　本次上市流通份额:1.98亿份单位
基金管理人:富国基金管理有限公司　基金托管人:中国工商银行
上市推荐人:光大证券有限责任公司　上市地点:上海证券交易所上市时间:2000年8月17日

本基金是根据中国证券监督管理委员会《关于汉鼎证券投资基金设立、上市、扩募和续期的批复》(证监基金字[2000]53号)由原宝鼎基金更名而成的契约型封闭式证券投资基金。本基金将在上市后适当的时间进行扩募,扩募时间将另行公告。

一、基金概况及历史沿革

汉鼎证券投资基金(以下简称"本基金")是由原宝鼎投资基金依据《证券投资基金管理暂行办法》、国家关于原有投资基金清理规范的政策和中国证券监督管理委员会《关于上海市原有投资基金清理规范方案的批复》(证监基金字[2000]10号)进行清理规范并根据中国证券监督管理委员会《关于汉鼎证券投资基金设立、上市、扩募和续期的批复》(证监基金字[2000]53号)同意更名后而设立的契约型封闭式证券投资基金。本基金发起人为申银万国证券股份有限公司、富国基金管理有限公司,基金管理人为富国基金管理有限公司,基金托管人为中国工商银行。本基金总规模为2亿份基金单位,基金存续期为10年(自1994年1月1日至2003年12月31日)。

基金汉鼎的前身宝鼎投资基金是根据国家法律、法规有关规定,经中国人民银行上海市分行沪银金管(93)5389号文批准,由原上海万国证券公司作为发起人,在上海市普教系统定向发行的契约型封闭式基金。基金管理人为原上海万国证券公司,基金托管人为中国农业银行,基金名称定为宝鼎投资基金,基金规模为1亿份基金单位　,存续期为10年。根据上海会计师事务所上会师报字(94)第035号验资报告,宝鼎　基金募集的1亿元资金于1993年12月31日全部到位,基金于1994年1月1日正式设立。1996年7月16日,原上海万国证券公司与原上海申银证券公司合并成立申银万国　证券股份有限公司,宝鼎基金的管理人变更为申银万国证券股份有限公司基金管理总部。1996年11月29日,经中国人民银行银复[1996]330号文批准,宝鼎投资基金在上　海证券交易所挂牌进行柜台交易,实现了封闭式基金的流通。宝鼎基金1996、1997、1998、1999年度平均年净资产收益率为22.30%。2000年4月26日,宝鼎基金以通讯表决方式召开了宝鼎基金2000年第一次受益人　大会,大会通过了宝鼎基金滚存收益分配方案与将宝鼎基金的基金份额由1亿份调整　为2亿份的方案。2000年6月9日,宝鼎基金以通讯表决方式召开了宝鼎基金2000年第二次受益人大会,大会通过了申请摘牌、更换发起人、更换管理人、更换托管人、基金资产移交、更名等议案,审议通过了《汉鼎证券投资基金基金契约》,通过了申请上市、申请扩募和续期等授权议案。2000年6月29日,宝鼎基金开始进行资产移交,宝鼎基金管理人更换为富国基金　管理有限公司,基金托管人更换为中国工商银行,原托管人农业银行将基金资产全部移交给新的托管人中国工商银行。富国基金管理有限公司根据宝鼎基金2000年第二次受益人大会的授权,将宝鼎基金更名为"汉鼎证券投资基金"。2000年6月30日,基　金资产全部划入中国工商银行为本基金开立的"汉鼎证券投资基金专户"。根据2000年6月30日上海上会会计师事务所出具的验资报告,截止至2000年6月30日,宝鼎基金资产状况为:股票投资62,049,813.84人民币元;货币资金137,554,740.99人民币元,基金资产净值为199,604,554.83人民币元,每份基金单位净值1.996人民币元。原宝鼎基金的资产已经全部划入新基金托管人中国工商银行开立的"汉鼎证券投资基金专户"。2000年7月1日新基金管理人富国基金管理有限公司正式开始本基金的运作。2000年7月6日,为配合基金的清理规范,汉鼎基金实施了调整基金份额的方案,即以净资产为依据,按1:1的比例将净资产折为基金份额,汉鼎基金的份额调整到2　亿份基金单位。经中国证券监督管理委员会《关于汉鼎证券投资基金设立、上市、扩募和续期的批复》(证监基金字[2000]53号)文件确认,本基金正式更名为"汉鼎证券投资基金"。基金类型为契约型封闭式,规模为2亿份基金单位,存续期为10年(1994年1月1日至2003年12月31日),基金发起人为申银万国证券股份有限公司和富国基金管理有限公司。同意富国基金管理有限公司代表汉鼎证券投资基金向上海证券交易所提出上市申请,同意光大证券有限责任公司为汉鼎证券投资基金的上市推荐人。本基金上市申请经上海证券交易所上证上字[2000]63号文审核同意,将于2000年8月17日在上海证券交易所挂牌交易。本次上市流通的总份额为1.98亿份基金单位,每份基金单位面值为1元。根据《汉鼎证券投资基金基金契约》的规定,在基金存续　期间,发起人持有的基金单位不得低于基金单位总份额的0.5%。汉鼎证券投资基金上市后,将在适当的时间扩募至5亿份基金单位,扩募时间另　行公告。

二、基金持有人结构

(一)基金持有人结构:本基金共计2亿份基金单位,其中:发起人持有1000万　份,社会公众持有19000万份。截止2000年8月14日,基金持有人总数为32552户。

(二)前十名持有人:(截止2000年8月14日)

序号	名　称	份　额(份)	比　例
1	申银万国证券股份有限公司	9,000,000	4.50%
2	上海开宝凝结剂厂	1,938,570	0.97%
3	北京新盟物业管理有限责任公司	1,714,534	0.86%
4	刘　丹	1,534,100	0.77%
5	邹延茂	1,001,930	0.50%
6	李秀芬	1,001,200	0.50%
7	林志平	1,000,000	0.50%
8	富国基金管理有限公司	1,000,000	0.50%
9	上海中允投资发展有限公司	892,400	0.45%
10	鲍　力	665,600	0.33%

注:根据中国证监会《关于加强证券投资基金监管有关问题的通知》(证监基字〔1998〕29号文件)规定,申银万国证券股份有限公司将自基金汉鼎上市之日起6个月内把其持有的基金份额降至基金总份额的3%以内。

三、基金发起人、基金管理人、基金托管人

(一)基金发起人

1、申银万国证券股份有限公司　法定代表人:刘明康　组织形式:股份有限公司

注册地址:上海市常熟路171号　注册资本:13.2亿元人民币　成立日期:1996年7月

业务范围:代理证券发行业务;自营、代理证券买卖业务;代理证券还本付息和红利的支付业务;办理证券的代保管和证券的鉴证业务;接受委托代收证券本息和红利;接受委托办理证券的登记、过户、清算;证券投资咨询业务;证券投资基金业务;中国证监会批准的其他业务。

财务状况:申银万国证券股份有限公司是由原上海申银证券公司和原上海万国证券公司合并组建而成的股份有限公司。公司财务状况良好,最近三年连续盈利。

联系人:秦　谊　联系电话:(021)64671063

2、富国基金管理有限公司　法定代表人:虞志皓　组织形式:有限责任公司

注册地址:北京市建国门外大街一号国贸中心西楼六层　注册资本:1亿元人民币

成立日期:1999年4月13日　经营范围:发起设立基金,基金管理。

财务状况:公司自成立以来,财务状况良好。

(二)基金管理人

法定名称:富国基金管理有限公司　总　经　理:李建国　组织形式:有限责任公司

注册地址:北京市建国门外大街一号国贸中心西楼六层　注册资本:1亿元人民币

经营范围:发起设立基金,基金管理。　成立日期:1999年4月13日

公司股东:海通证券有限公司、申银万国证券股份有限公司、江苏证券有限责任公司、福建国际信托投资公司、山东省国际信托投资公司内部组织结构及职能:公司设有董事会和监事会。目前设立五个部门—基金管理部、研究策划部、监察稽核部、行政管理部和财务管理部。此外,还设有投资决策委员会和风险控制委员会两个专门机构。人员情况:截止至2000年6月底,公司拥有员工39人。其中69%以上具有硕士以　上学历。主要业务人员87.5%具有三年证券业或五年金融业从业经验。所有人员最近三年内均没有受到所在单位或有关部门的处罚。

信息披露负责人:林志松　联系电话:(010)65055933

基金管理业务简介:公司自成立以来,致力于建立一套严谨、科学的决策管理体系,努力为基金投资者谋求长期稳定的投资收益。一年多来,公司取得了较好的管理业绩,并逐步形成了稳健经营、理性投资的管理风格。截止至2000年8月11日,公司管理的其他所有已上市基金的基金资产总值约为73　亿元。公司目前管理的其他2只已上市的基金分别为基金汉盛和基金汉兴,其基本情　况如下:(截止至2000年8月11日)

基金汉盛

名称:汉盛证券投资基金　成立日期:1999年5月10日　基金单位总份额:20亿份

基金资产净值:31.406亿元　基金单位净值:1.5703元

基金汉兴

名称:汉兴证券投资基金　成立日期:1999年12月30日　基金单位总份额:30亿份

基金资产净值:41.619亿元　基金单位净值:1.3873元

(三)基金托管人

法定名称:中国工商银行　法定代表人:姜建清　成立日期:1984年1月1日

注册地址:北京市西城区复兴门内大街55号　注册资本:1710.24亿元人民币

托管部负责人:赵　跃　信息负责人:王晓忠　咨询电话:(010)66106897

发展概况及财务状况:中国工商银行成立于1984年1月1日。目前是中国最大的国有商业银行,拥有3　万多个分支机构,拥有工商企业帐户810万个,居民储蓄帐户4.2亿个,全年结算业务量占全国金融系统的50%以上。中国工商银行自成立以来,各项业务发展迅速。截止1999年底,各项存款余额为29824亿元,各项贷款余额为24271亿元,是国内第一家存款突破二万亿元的商业银行。总资产达35399亿元(1999年12月31日),所有者权益为1814.75亿元(1999年12月31日)。

托管业务简介:1998年2月24日中国证监会和中国人民银行核准中国工商银行基　金托管资格,是国内第一家获得基金托管资格的银行。中国工商银行总行设立了证券投资基金托管部,内设综合管理处、基金业务处、客户服务处、研究开发处、内控保障处五个部门,在上海和深圳设有托管分部,现有员工30多人。其中90%以上人员具有大学本科以上学历,50%以上人员具有硕士研究生以上学历。截止到目前,已经托管开元、金泰、安信、同益、普丰、天元、裕元、裕泽和金元九只已上市的证券投资基金,托管基金单位159亿元,托管基金资产总额超过240亿元。

(四)基金上市推荐人　法定名称:光大证券有限责任公司　法定代表人:刘明康

注册地址:上海市浦东新区浦东南路上海证券大厦南塔15楼

联　系　人:李杰峰、李小宇　联系电话:(021)64455738

(五)财务审计及验资机构　法定名称:上海上会会计师事务所　法定代表人:刘小虎

地址:上海市四川北路1318号9楼　电话:(021)63070566　经办注册会计师:刘小虎、沈　骅

(六)法律顾问　法定名称:北京金城律师事务所　法定代表人:刘治海

地址:北京建国门内大街8号中粮广场A座6层　电话:(010)65263518　经办律师:刘治海

四、基金的投资

(一)投资目标　本基金的投资目标是通过对符合国家产业发展方向的信息技术类上市公司的投资而实现长期资本增值,充分注重投资组合的成长性并兼顾流动性,同时通过投资组合等措施减少和分散投资风险,确保基金资产的安全。

(二)投资范围　本基金的投资范围仅限于具有良好流动性的金融工具,包括国内依法公开发行上市的股票、债券以及经中国证监会批准允许证券投资基金投资的其他金融工具。

(三)投资组合情况　本基金基金资产已于2000年6月30日全部划至本基金的托管人中国工商银行为本　基金开立的"汉鼎证券投资基金专户";2000年7月1日,基金管理人富国基金管理有限公司开始本基金的投资运作。

投资组合情况如下:(截止至2000年8月14日,单位:元)

银行存款:	88,771,196.98
股票投资:	109,198,549.84
债券投资:	0.00

(四)投资组合应符合的规定　本基金应按照《证券投资基金管理暂行办法》的要求进行投资运作,本基金的投资组合应符合以下规定:1、投资于股票、债券的比例不低于基金资产总值的80%,投资于国家债券的比　例不低于基金资产净值的20%;2、持有一家上市公司的股票,不得超过基金资产净值的10%,本基金与由本基　金管理人管理的其他基金持有一家公司发行的证券总和,不得超过该证券的10%;3、遵守中国证监会规定的其他比例限制。本基金将于上市后六个月内达到规定的比例。

(五)投资组合的信息披露　按照《证券投资基金管理暂行办法》和《汉鼎证券投资基金基金契约》的规定,本基金的基金管理人将在每三个月至少公告一次基金的投资组合情况,第一期基金投资组合的信息披露将按照规定程序,由基金管理人在规定期限内作出。

(六)基金经理　本基金由徐卫群先生担任基金经理,负责基金的日常投资运作。

徐卫群,31岁,硕士学历,7年证券从业经历。曾任万国证券公司基金交易部交　易员,交易总部交易二部经理,申银万国证券股份有限公司交易总部交易一部经理,富国基金管理有限公司基金管理部副经理,汉盛基金经理。现任富国基金管理有限公司基金管理部经理。

五、基金契约摘要

(一)前言　订立本基金契约的依据是《证券投资基金管理暂行办法》(以下简称《暂行办法》)及其实施准则,国家关于原有投资基金清理规范的有关政策及其他有关规定。

(二)基金契约当事人

1、基金发起人 申银万国证券股份有限公司 富国基金管理有限公司

2、基金管理人 富国基金管理有限公司

3、基金托管人 中国工商银行

(三)基金的基本情况

汉鼎证券投资基金为契约型封闭式基金,基金单位总份额2亿份基金单位。

基金单位每份面值为人民币1.00元。

本基金原存续期限为10年(自1994年1月1日至2003年12月31日),基金上市后,可向中国证监会和证券交易所申请续期。

在基金存续期间,发起人持有的基金单位不低于基金总规模的0.5%。

(四)基金的托管 基金托管人与基金管理人必须按照《暂行办法》、本基金契约及其他有关规定订立《证券投资基金托管协议》。

(五)基金的投资目标、投资范围、投资决策、投资组合和投资限制

1、投资目标 本基金的投资目标是通过对符合国家产业发展方向的信息技术类上市公司的投资而实现长期资本增值,充分注重投资组合的成长性并兼顾流动性,同时通过投资组合等措施减少和分散投资风险,确保基金资产的安全。

2、投资范围 本基金的投资范围仅限于具有良好流动性的金融工具,包括国内依法公开发行上市的股票、债券以及经中国证监会批准允许证券投资基金投资的其他金融工具。

3、投资决策 1)决策依据

(1) 国家宏观经济环境,国家宏观经济环境是本基金投资决策的基础;(2)国家有关法律、法规和本基金契约的有关规定,依法决策是本基金进行投 资的前提;(3) 财政货币政策、利率走势;(4) 地区及行业发展状况;(5) 上市公司研究;(6) 证券市场走势。

2)决策体系 本基金管理人内部设立由总经理及相关人员组成的投资决策委员会、风险控制委员会,负责基金的投资决策和风险控制;公司内部职能部门研究策划部负责提供投资依据、基金管理部负责具体管理运作基金、监察稽核部负责日常的风险控制工作。

3)决策程序

(1)由基金管理部经理牵头,基金经理会同研究策划部一起,提交证券市场的 走势预期、各行业的发展方向及前景、基金拟投资的证券品种的基本面情况等。

(2)基金经理在上述论证成果的基础上,拟订所管理基金的投资计划、投资策 略和投资组合方案。基金管理部经理审核、批复基金经理提交的投资策略和投资组合方案。

(3)基金经理向投资决策委员会提交审核后的投资策略和投资组合方案。决策 委员会对其准确性和可操作性进行分析、论证,并据此达成投资决策纪要。

(4)基金经理根据决策纪要制定最终的投资策略和投资组合方案,然后据此下 达投资指令,由集中交易室执行。

(5)反馈机制:集中交易室在投资目标出现操作性问题和市场异动时需及时向基金管理部经理和基金经理反馈情况。基金经理对反馈信息分析后决定是否调整投?

(6)基金管理部建立一套对重仓投资品种的管理办法。基金经理须对拟投资和 已投资的重点行业、重点品种作反复、连续的跟踪研究及论证,以保证完成基金的投资目标,尽量减低投资风险,保障基金受益人的利益。

(7)当投资组合方案执行完毕或因调整而终止执行后,基金管理部对整个投资 过程进行总结。内容包括投资组合的成效检验、论证方法的检讨和改进、重点行业和重点品种的跟踪调研计划等等。总结报告上交投资决策委员会保存。

4、投资组合 1)本基金的投资组合符合以下规定:

(1)本基金投资于股票、债券的比例不低于本基金资产总值的80%,本基金投 资于国家债券的比例不低于本基金资产净值的20%;(2)本基金持有一家上市公司的股票,不超过基金资产净值的10%,本基金与 由本基金管理人管理的其他基金持有一家公司发行的证券总和,不超过该证券的10%;(3)遵守中国证监会规定的其他比例限制。本基金将于上市后六个月内达到规定的比例。

2)本基金投资组合的原则

本基金的投资组合将根据市场的变化和风险程度,严格遵循稳健经营、理性投资的投资风格,在综合考虑宏观经济政策的导向及变化、国民经济各部门及各行业的变化动向、上市公司的基本状况和未来发展状况以及证券市场等因素的前提下,根据本基金的特点,建立智能化证券投资收益-风险分析交易系统,对所投资的股票进行定量分析,力求精准,在此基础上决定基本投资组合,并本着分散性、安全性、收益型的原则调整投资组合中的证券构成,高度重视基金资产安全,最大程度的规避投资风险,谋求基金的长期稳定收益。

(1)稳健原则,通过分散投资,力求有效的规避风险,确保基金资产的安全。

(2)本基金投资信息产业上市公司的比例不低于股票投资的70%,另外不超过30%的比例投资于其他行业中具有良好成长性的上市公司。

本基金所投资的其他具有良好成长性上市公司具有以下主要特点:

1 所处行业发展前景良好;

2 企业科研开发力量较强,每年的科研开发的投入量占业务收入的比重较大;

3 公司主营产品处于成长期,产品竞争力强,市场潜力较大,市场占有率增长较 快;

4 公司股本结构合理,流通股本适中,股本扩张能力较强,资本运作能力较强;

5 公司管理层具有良好的素质,企业管理水平较高,具有现代企业制度和良好的 企业经营机制; 、

6 企业财务状况良好,收入和利润的增长较为持续稳定。

5、投资限制 本基金禁止从事下列行为:

1)投资于其他基金;

2)将基金资产用于抵押、担保、资金拆借或者贷款;

3)以基金的名义使用不属于基金名下的资金买卖证券;

4)从事证券信用交易;

5)以基金资产进行房地产投资;

6)从事可能使基金资产承担无限责任的投资;

7)将基金资产投资于与基金托管人或者基金管理人有利害关系的公司发行的证 券;

8)进行内幕交易、操纵市场,通过关联交易损害基金持有人的利益;

9)配合管理人的发起人、本基金的发起人及其他任何机构的证券投资业务;

10)故意维持和抬高管理人的发起人、本基金的发起人及其他任何机构所承销股票的价格;

11)中国证监会规定禁止从事的其他行为。

(六)基金发起人的权利与义务

基金发起人拥有按基金发起人协议的约定及有关规定持有基金单位;出席或委派代表出席基金持有人大会;取得基金收益;依法转让基金单位;监督基金经营情况,获取基金业务及财务状况的资料;参与基金清算,取得基金清算后的剩余资产以及法律、法规认可的其他权利。

基金发起人负有公告基金上市公告书;在基金存续期间持有符合规定比例的基金单位;遵守基金契约;承担基金亏损或者终止时的有限责任;不从事任何有损基金及其他基金持有人利益的活动以及法律、法规规定的其他义务。

(七)基金管理人的权利和义务

基金管理人拥有根据法律、法规和本基金契约的规定管理和运用基金资产;获得本基金的管理费;获得管理人业绩报酬;依照有关规定,代表基金行使基金投资而获得的任何权利以及《暂行办法》、基金契约及有关法律、法规规定的基金管理人的其他权利。

基金管理人负有以诚实信用、勤勉尽责的原则管理和运用基金资产;控制投资风险;保护基金利益;按规定计算并公告基金资产净值及基金单位每份资产净值;履行信息披露及报告义务;保守基金商业秘密;依据《暂行办法》、基金契约及其他有关规定召集基金持有人大会;保存基金的会计帐册、报表、记录15年以上;因过错导致基金资产的损失,应承担赔偿责任等有关法律、法规规定的其他义务。

(八)基金托管人的权利与义务

基金托管人的权利有监督基金管理人履行其职责并监督其投资管理活动符合法规;获得基金托管费用;法律、法规规定的其他权利。

基金托管人的义务有以诚实信用、勤勉尽责为原则,安全保管基金的所有资产;建立健全内部风险控制、监察与稽核、财务管理及人事管理等制度,确保基金资产的安全依据《暂行办法》、基金契约及其他有关规定,不为自己及任何第三人谋取利益;不委托第三人托管基金资产;保管由基金管理人代表基金签订的与该基金有关的重大合同、契约及有关凭证;负责基金投资于证券的清算交割;保守基金商业秘密;复核、审查基金管理人计算的基金资产净值及单位基金资产净值;建立并保存基金的会计帐册、报表和记录15年以上;法律、法规规定的其他义务。

(九)基金持有人的权利与义务

基金持有人的权利有出席或者委派代表出席基金持有人大会,根据所持有的基金单位数量行使表决权;取得基金收益;监督基金经营情况,获取基金业务及财务状况的资料;转让基金单位;取得基金清算后的剩余资产以及基金契约规定的其他权利。每份基金单位具有同等的合法权益。

基金持有人的义务有遵守基金契约的有关各项规定;交纳基金认购款项及规定的费用;承担基金亏损或者终止的有限责任;不从事任何有损基金及其他基金持有人利益的活动以及法律、法规规定的其他义务。

(十)基金持有人大会

基金持有人大会依据一定的事由以一定的程序召开,基金持有人大会就有关基金持有人利益的重大事项进行讨论表决,包括:修改基金契约;提前终止基金;更换基金管理人;更换基金托管人;延长基金期限;变更基金类型;基金扩募以及中国证监会规定的其他情形。

基金持有人大会决议对所有基金持有人、基金管理人、基金托管人均有约束力。基金持有人大会决议应报中国证监会备案。

(十一)基金管理人、基金托管人的更换条件和程序

1、有下列情形之一的,经中国证监会批准,更换基金管理人

1)基金管理人解散、依法被撤销、破产或者由接管人接管其资产的;

2)基金托管人有充分理由认为更换基金管理人符合基金持有人利益的;

3)代表50%以上基金单位的基金持有人要求更换基金管理人的;

4)中国证监会有充分理由认为基金管理人不能继续履行基金管理职责的。

2、有下列情形之一的,经中国证监会和中国人民银行批准,更换基金托管人:

1)基金托管人解散、依法被撤销、破产或者由接管人接管其资产的;

2)基金管理人有充分理由认为更换基金托管人符合基金持有人利益的;

3)代表50%以上基金单位的基金持有人要求更换基金托管人的;

4)中国人民银行有充分理由认为基金托管人不能继续履行基金托管职责的。

3、基金管理人和基金托管人更换程序

1)提名:更换基金管理人时,由基金托管人提名新任基金管理人;更换基金托 管人时,由基金管理人提名新任基金托管人。

2)决议:基金持有人大会对被提名的新任基金托管人或新任基金管理人形成决 议。

3)批准:新任基金管理人报中国证监会审查批准,新任基金托管人报中国证监 会和中国人民银行审查批准;

4)退任:原任基金管理人经中国证监会批准后方可退任,原任基金托管人经中 国证监会和中国人民银行批准后方可退任。

5)公告:基金管理人更换后或基金托管人更换后,按照法律、行政法规、本基 金契约以及中国证监会的有关规定进行公告。

(十二)基金资产

1、基金资产总值 基金资产总值包括基金所拥有的股票、国债和银行存款本息以及其他投资所形成的价值总和。

2、基金资产净值 基金资产净值是指基金资产总值减去按照国家有关规定可以在基金资产中扣除的费用后的价值。

3、基金资产的帐户 本基金资产以"汉鼎证券投资基金专户"名义由托管行中国工商银行开立基金专用银行存款帐户及证券帐户,本基金专用帐户与基金管理人和基金托管人自有的资产帐户以及其他基金资产帐户相独立。

4、基金资产的处分 本基金资产应独立于基金管理人和托管人的资产,并由托管人保管。管理人、托管人以其自有的资产承担法律责任,其债权人不得对基金资产行使请求冻结、扣押或其他权利。除依据《暂行办法》、本基金契约及其他有关规定处分外,基金资产不得被处分。

(十三)基金资产估值

1、估值目的 基金资产的估值目的是客观、准确地反映基金资产是否保值、增值。

2、估值日 每日对基金资产进行估值。

3、估值方法 1)上市证券采用计算日证券交易所提供的当日市场平均价为准,该日无交易的,以最近一个交易日当日的平均价计算;

2)未上市的股票以其成本价计算;

3)未上市国债及未到期银行存款,以本金加计至估值日为止的应计利息额计算 ;

4)如遇特殊情况而无法或不宜以上述规定确定资产价值时,基金管理人依照主 管机关的有关规定办理。

4、估值对象 基金依法拥有的股票、国债和银行存款本息等资产。

5、估值程序 基金日常估值由管理人进行。用于公开披露的基金资产净值由基金管理人完成估值后,将估值结果以书面形式报给基金托管人,基金托管人按基金契约规定的估值方法、时间、程序进行复核;基金托管人复核无误后签字返回给基金管理人;月末、年中和年末估值复核与基金会计帐目的核对同时进行。

6、暂停估值的情形

1)基金投资所涉及的证券交易所遇法定节假日或因其他原因暂停营业时;

2)因其他任何不可抗力致使基金管理人无法准确评估基金资产价值时。

(十四)基金费用与税收

1、基金费用的种类

1)基金管理人的报酬;

2)基金托管人的托管费;

3)基金上市费用;

4)基金证券交易费用;

5)基金信息披露费用;

6)基金持有人大会费用;

7)会计师费用和律师费用;

8)按照国家有关规定可以列入的其他费用。

2、基金费用计提方法、计提标准和支付方式

1)基金管理人的报酬

基金管理人的报酬由两部分组成,一部分是基金管理费,以基金资产净值的1.5 %年费率计提;另一部分是业绩报酬,当基金的可分配净收益率高于同期银行一年定期储蓄存款利率20%以上,且当年基金资产净值增长率高于同期证券市场平均收益率时,按一定比例计提。具体计算方法如下:

(1)基金管理费 该项费用按前一日的基金资产净值的1.5%的年费率计提。若本基金持有现金比 例高于基金资产净值的20%,超过部分不计提基金管理费。计算方法如下:

H=E×1.5%÷当年天数 H为每日应计提的基金管理费

E为前一日的基金资产净值(扣除本基金持有现金比例超过20%部分的资产净值)。

基金管理人的管理费每日计算,逐日累计至每月月底,按月支付,有基金托管人于次月前两个

工作日内从基金资产中一次性支付给基金管理人。

(2)管理人业绩报酬　业绩报酬根据基金全年的经营业绩情况而定，在满足如下条件的情况下每年计提一次，直接用于奖励基金管理人员：1 基金年平均单位资产净值不能低于面值；2 基金可分配净收益率超过同期银行一年定期储蓄存款利率 20%以上；3 基金资产净值增长率超过证券市场平均收益率；4 基金收益分配后其每单位资产净值不能低于面值。

在满足以上条件的情况下，业绩报酬的计算方法为：业绩报酬=调整后期初资产净值×Min[M,N]×5%　其中：　M=基金可分配净收益率-1.2×同期银行一年定期储蓄存款利率（如果年内利率 发生变动，则按时间段进行加权平均调整）；　N=基金资产净值增长率-证券市场平均收益率；　Min[M,N]为 M、N 中较小者；

基金可分配净收益率=当期可分配净收益/ 调整后期初资产净值；

调整后期初资产净值=上年度末基金资产净值-上年度已分配收益

基金资产净值增长率=(期末基金资产净值-调整后期初基金资产净值)/调整后期初基金资产净值；

证券市场平均收益率=[(深证综指年涨跌幅×深市平均总市值+上证综指年涨跌幅×沪市平均总市值)/(深市平均总市值+沪市平均总市值)]×80%+同期国债收益率×20%

深市平均总市值=(期末深市总市值+期初深市总市值)/2

沪市平均总市值=(期末沪市总市值+期初沪市总市值)/2

基金管理人业绩报酬于每个基金会计年度结束后计算，若可以提取业绩报酬则由基金托管人于次个基金会计年度前 20 个工作日内从基金资产中一次性支付给基金管理人。

2)基金托管人的托管费

基金托管人的托管费，按前一日的基金资产净值的 2.5‰的年费率计提。计算方法如下：

H=E×2.5‰÷当年天数　H 为每日应支付的基金托管费

E 为前一日的基金资产净值(扣除本基金持有现金比例超过 20%部分的资产净值)

基金托管人的托管费每日计算，基金托管费计算逐日累计至每月月底，按月支付，由基金托管人于次月前两个工作日内从基金资产中一次性支取。

3)上述"1、基金费用的种类"3–7 项费用由基金托管人根据有关法规及相应协议的规定，按费用实际支出金额付，由基金托管人从基金资产中支付。

4)经基金管理人与基金托管人协商一致，可以调低基金管理人的报酬及基金托 管费，并报中国证监会核准后公告，无须召开基金持有人大会通过。

3、不列入基金费用的项目　基金管理人和基金托管人因未履行或未完全履行义务导致的费用支出或基金资产的损失，以及处理与基金运作无关的事项发生的费用等不列入基金费用。

4、基金税收　本基金及本基金持有人应依据国家有关规定依法纳税。

(十五)基金收益与分配

1、基金收益包括：基金投资所得红利、股息、国债利息；买卖证券价差、银行 存款利息以及其他收入。因运用基金资产带来的成本或费用的节约计入基金收益。

2、基金净收益为基金收益扣除按照国家有关规定可以在基金收益中扣除的费用 后的余额。

3、基金收益分配原则：基金收益分配比例不得低于基金会计年度净收益的 90%；基金收益采用现金形式分配，每年度分配一次，分配在基金会计年度结束后四个月内实施；基金当年收益应先弥补上一年度亏损后，才可进行当年收益分配；基金投资当年亏损，则不进行收益分配；每份基金单位享有同等分配权。

4、基金收益分配方案中应载明基金收益的范围、基金可分配收益、基金收益分 配对象、分配原则、分配时间、分配数额及比例、分配方式、支付方式等内容。

5、基金收益分配方案先由基金管理人拟定，经基金托管人核实后确定，在报中 国证监会备案后 5 个工作日内公告。

(十六)基金的会计与审计

基金的会计年度为公历每年 1 月 1 日至 12 月 31 日。

基金管理人聘请具有证券从业资格的会计师事务所及其具有证券从业资格的注册会计师对基金年度财务报表进行审计。

(十七)基金的信息披露

本基金的信息披露应按《暂行办法》、《证券投资基金信息披露指引》、本基金契约及其他有关规定进行。本基金信息披露事项将在中国证监会指定的刊物上公告。

基金年度报告在每个基金会计年度结束后 90 日内编制完成并经注册会计师审计后，于每年 3 月 31 日前公告。基金中期报告在每个基金会计年度前六个月结束后的 60 日 内编制完成，于每年 8 月 31 日前公告公告。

基金资产净值每周公告一次。

投资组合在每季度的最后一个月结束后公告 15 个工作日内一次，应披露基金投资组合分类比例及基金投资按市值计算的前十名股票明细。

在本基金运作过程中发生可能对基金持有人权益及基金单位的交易价格产生重大影响的事件时，将按照《暂行办法》等法规及中国证监会的有关规定及时公告。

本基金上市公告书、年度报告、中期报告等在编制完成后须放置于基金管理人所在地、基金托管人所在地、基金上市的证券交易所，有关销售机构及其网点，供公众查阅。

(十八)基金的扩募、续期或转型

1、基金的扩募或续期　本基金如果进行扩募或续期，应当具备下列条件：

1)本基金管理人、托管人无重大违法、违规行为；

2)基金持有人大会同意扩募或续期；

3)中国证监会规定的其他条件。　本基金在具备上述条件后，管理人可以向中国证监会申请基金的扩募或在基金存续期届满时申请基金的续期。

2、基金的转型　基金的转型是指本基金由契约型封闭式转变为契约型开放式，基金的转型应当具备下列条件：

1)本基金管理人(托管人)必须具备管理(托管)开放式基金所必须的人才、技术、设施等必要条件；

2)本基金管理人、托管人最近三年内无重大违法、违规行为；

3)基金持有人大会同意基金的转型；

4)中国证监会规定的其他条件。

本基金在具备上述条件后，管理人可以在基金存续期内向中国证监会申请基金的转型，该申请由中国证监会审查批准。

(十九)基金的终止和清算　有下列情形之一的，基金应当终止：1、基金封闭期满，未被批准续期或转型的；2、基金经批准提前终止的；3、因重大违法、违规行为，基金被中国证监会责令终止的；4、有关法律法规规定的其他情形。

(二十)基金契约的效力　本基金契约经基金发起人、基金管理人、基金托管人等四方当事人盖章以及四方法定代表人或其授权的代理人签字并经基金持有人大会后，自移交基准日起生效。基金契约的有效期自生效之日至基金清算结束报中国证监会批准并公告之日。

自本基金契约生效之日起，原宝鼎基金契约自动失效。

本基金契约自生效之日对本基金契约各方当事人具有同等的法律约束力。

本基金契约可存放于基金管理人和基金托管人办公场所，以供投资者查阅。

(二十一)基金契约的修改和终止

本基金契约的修改应经契约当事人同意；修改基金契约应召开基金持有人大会，基金契约修改的内容应经基金持有人大会决议同意；基金契约的修改应报中国证监会批准。

基金终止后，应当对基金进行清算。中国证监会对清算结果批准并予以公告后基金契约方能终止。

六、基金运作情况

(一)基金管理人报告

1、汉鼎证券投资基金改制成立后，基金管理人将会加强对市场的研判，精心运 作，谋求投资人收益的最大化。　2、基金管理人已经于 2000 年 7 月 1 日开始基金投资运作，关于基金运作的具体情 况，将依据有关规定，通过基金年度报告、基金中期报告、基金临时公告、基金资产净值公告和基金投资组合公告等信息披露形式披露。

3、基金管理人承诺

本基金管理人承诺勤勉尽责、诚实信用、安全有效地管理和运作基金资产，为投资者谋求最大的投资收益。为切实履行上述承诺，保障投资人合法权益，管理人全体员工均已与公司签定了保密承诺书，保证不从事任何违反法律法规及公司禁止的活动。

(二)基金托管人报告　基金托管人中国工商银行依据签署的《汉鼎证券投资基金基金契约》，受理托管汉鼎证券投资基金的全部财产，对基金投资运作进行了全面的会计核算和必要的监督。

七、财务状况

(一)基金资产已于 2000 年 6 月 30 日全部划至本基金的托管人中国工商银行为本 基金开立的"汉鼎证券投资基金专户"，并经上海上会会计师事务所上会师报字[2000]第 0439 号验资报告确认，基金资产已全部到位。　本基金 2000 年 6 月 30 日的财务状况为：

基金单位总份额：	100,000,000.00 份
未分配净收益：	92,275,308.40 元
未实现估值增值：	7,329,246.43 元
基金资产净值：	199,604,554.83 元
每份基金单位资产净值：	1.9960 元

注：汉鼎基金单位总份额已于 2000 年 7 月 6 日调整为 2 亿份，并已全部托管。每份 基金单位净值 0.9842 元。

(二)基金管理人将按照《基金契约》及《证券投资基金信息披露指引》的规定披露基金财务状况。

(三)财务状况　1、资产负债状况(截止 2000 年 8 月 14 日，单位：元)

资产总计：	209,047,384.33
银行存款：	88,771,196.98
股票投资：	109,198,549.84
债券投资：	0.00
其他应收款：	2,349,496.91
股票投资–估值增值：	8,728,140.60
债券投资–估值增值：	0.00
负债合计：	1,183,337.28
其他应付款：	1,046,528.24
应付管理人费：	117,264.89
应付托管费：	19,544.15
持有人权益合计：	207,864,047.05
基金单位总额：	200,000,000.00
本期净收益：	6,860,598.05
未分配净收益：	–7,724,691.60
未实现估值增值：	8,728,140.60
基金资产净值：	209,047,384.33
每份基金单位资产净值：	1.0393

附注：(1) 其他应收款包括应收银行存款利息、应收交易清算资金等。(2) 股票投资以成本计价。(3) 其他应付款为应付交易清算资金、应付券商佣金等。(4) 上述披露的本基金数据未经审计。

2、重要财务事项

1)净收益主要是证券买卖差价收入和银行利息收入等。

2)未实现估值增值是指基金资产的估值增值。

估值方法：上市证券以计算日当天平均价为准；该日无交易的，以最近的前一交易日的平均价为准。未上市债券及银行存款以本金加计至估值日止利息计算。

3、资产净值=基金单位总额+未分配净收益+未实现估值增值

八、重要事项揭示

(一) 基金发起人持有基金单位份额情况：

序号	名　称	份　额(份)	比　例
1	申银万国证券股份有限公司	9,000,000	4.50%
2	富国基金管理有限公司	1,000,000	0.50%

根据《基金契约》的规定，在本基金存续期间，基金发起人持有的基金份额不得低于基金单位总份额的 0.5%。申银万国证券股份有限公司持有的 900 万份基金单位中的 800 万份可自本基金上市之日起流通。本基金的 19800 万份基金单位将于 2000 年 8 月 17 日在上海证券交易所挂牌交易。

(二)基金的首次扩募续期已经原基金受益人大会授权，本基金的扩募续期不需要召开基金持有人大会。

(三) 本基金原管理人申银万国证券股份有限公司基金管理总部声明如下：

1、本公司已提交了与宝鼎基金规范、移交有关的、以及可能对基金规范与移交 产生影响的所有资料、文件和信息；2、本公司所提供文件资料，如为副本或复印件，均经本公司与原件核对无误；3、本公司所提供的文件、资料均为真实、完整和准确，而没有任何虚假、不实、错误或者重大遗漏；4、截至本声明签署日，宝鼎基金资产真实、完整、独立，不存在任何诉讼、仲裁或行政处罚案件；

(四)根据上交所规定，本基金上市首日设涨跌幅限制，限制幅度为 2000 年 8 月 16 日基金单位资产净值的 30%。2000 年 8 月 16 日的基金单位净值将于 8 月 17 日在《中国证券报》、《上海证券报》和《证券时报》上公布。

自上市次日起，涨跌幅限制仍为前一交易日收市价的 10%。

(五)特别提示：基金份额补办确认及托管登记办法：截止 2000 年 8 月 14 日，基金汉鼎目前尚有未确认的基金份额 44,000 份，即原宝鼎基金份额 22,000 份。需要补办基金份额确认的基金持有人请与申银万国证券股份有限公司联系，办理具体份额确认事宜。联系人：刘华。联系电话：021–64158888 转 3042 分机。2000 年 8 月 31 日之后未补办份额确认手续的基金持有人，因本基金扩募而引致的一切损失由其自行承担。

九、备查文件

(一)中国证监会《关于上海市原有投资基金清理规范上市方案的批复》(证监基金字[2000]10 号)

(二)中国证监会《关于汉鼎证券投资基金设立、上市、扩募和续期的批复》(证监基金字[2000]53 号)

(三)宝鼎基金 2000 年度第一次受益人大会决议

(四)宝鼎基金 2000 年度第二次受益人大会决议

(五)汉鼎证券投资基金基金契约

(六)汉鼎证券投资基金托管协议

(七)基金上市法律意见书

(八)基金发起人营业执照

(九)基金管理人业务资格批件、营业执照和公司章程

(十)基金托管人业务资格批件和营业执照

富国基金管理有限公司

二〇〇〇年八月十六日

汉 博 证 券 投 资 基 金

汉博证券投资基金上市公告书

★基金名称:汉博证券投资基金　★基金简称:基金汉博　★基金代码:500035
★基金份额总数:221,692,894 份　★本次可流通份数:219,475,964 份
★基金管理人:富国基金管理有限公司★基金托管人:中国建设银行　★上市地点:上海证券交易所
★上市推荐人:山东证券有限责任公司★上市时间:2000 年 10 月 17 日

一、基金概况

汉博证券投资基金(以下简称“本基金”)是按照《证券投资基金管理暂行办法》、国务院关于原有投资基金清理规范的有关要求和《关于山东省原有投资基金清理规范方案的批复》(证监基金字[2000]13 号)、《关于辽宁省原有投资基金清理规范方案的批复》(证监基金字[2000]30 号)、《关于重庆三峡投资基金清理规范调整方案的批复》(证监基金字[2000]33 号)由原淄博基金、通发基金、三峡基金清理规范合并后,并经中国证监会验收确认的契约型封闭式证券投资基金。原基金存续期 10 年(自 1992 年 5 月 30 日至 2002 年 5 月 29 日),本基金管理人根据持有人大会授权,向中国证监会提出设立、上市、扩募、续期申请并已获批准,获准更名为汉博证券投资基金,扩募至 5 亿份基金单位,并将存续期调整为 15 年(自 1992 年 5 月 30 日至 2007 年 5 月 29 日)。本基金发起人为海通证券有限公司、山东证券有限责任公司;基金管理人为富国基金管理有限公司;基金托管人为中国建设银行。根据 2000 年 7 月 13 日北京天健会计师事务所出具的验资报告,截止 2000 年 7 月 11 日,本基金的总资产为人民币 223,856,130.84 元(其中:银行存款为人民币 180,686,909.64 元,股票市值为人民币 31,659,780.40 元,国债市值为人民币 11,509,440.80 元)负债为人民币 1,392,861.83 元;基金资产净值为人民币 222,463,269.01 元,其中:基金总份额为 221,692,894 份基金单位,基金单位每份面值为人民币 1 元。每份基金单位资产净值 1.0035 元。原三基金的资产已经全部划入新基金托管人中国建设银行开立的“汉博证券投资基金专户”。2000 年 7 月 12 日,本基金管理人富国基金管理有限公司正式管理本基金。经中国证券监督管理委员会《关于同意淄博基金、通发基金、三峡基金合并规范为汉博证券投资基金并上市、扩募和续期的批复》(证监基金字[2000]70 号)文件确认,本基金正式更名为“汉博证券投资基金”。基金类型为契约型封闭式,规模为 221,692,894 份基金单位,存续期为 10 年(1992 年 5 月 30 日至 2002 年 5 月 29 日),基金发起人为海通证券有限公司和山东证券有限责任公司。同意富国基金管理有限公司代表汉博证券投资基金向上海证券交易所提出上市申请,同意山东证券有限责任公司为汉博证券投资基金的上市推荐人,同意海通证券有限公司为汉博证券投资基金的扩募协调人。本基金上市申请经上海证券交易所上证上字[2000]82 号文审核同意,将于 2000 年 10 月 17 日在上海证券交易所挂牌交易。本次上市流通的份额为 219,475,964 份基金单位,根据《汉博证券投资基金基金契约》的规定,基金发起人在基金上市时合计持有不少于基金总规模 1%的基金单位,在本基金存续期间,合计持有不少于基金总规模 0.5%的基金单位,其余部分在基金扩募部分上市二个月后流通。基金上市后,将在适当的时间扩募至 5 亿基金单位,扩募时间另行公告。

二、基金持有人结构

(一)基金持有人结构:发起人持有 10,349,188 份,社会公众持有 211,343,706 份。
(二)前十名持有人

序号	名　　称	份额(份)	比例(%)
1	西南证券有限责任公司	19,184,951	8.65
2	重庆国际信托投资公司	5,735,000	2.59
3	淄博建银工程建设咨询公司	5,315,688	2.40
4	海通证券沈阳分公司	5,033,500	2.27
5	淄博市信托投资公司	3,543,792	1.60
6	海通证券有限公司	3,543,792	1.60
7	山东证券有限责任公司	1,771,896	0.80
8	山东省齐鲁信托投资有限公司	1,771,896	0.80
9	杨雪薇	870,228	0.39
10	重庆投资基金管理公司	744,747	0.34

按照《关于加强证券投资基金监管有关问题的通知》(证监基字[1998]29 号)的要求,一个投资者直接或间接持有某一基金的份额不得超过基金总份额的 3%。超比例持有本基金份额的投资者,自基金上市之日起不得在二级市场上增持,并在六个月内按规定调整完毕。
(三)基金持有人总数为:42,448 户,其中持有 1000 基金单位以上的基金持有人户数为 31,456 户。

三、基金发起人、基金管理人、基金托管人

(一)基金发起人
1、海通证券有限公司　法定代表人:王开国　注册地址:上海市唐山路 218 号
组织形式:有限责任公司　注册资本:10 亿元人民币　设立日期:1994 年 9 月 27 日
2、山东证券有限责任公司　法定代表人:段　虎　注册地址:山东省济南市泉城路 180 号
组织形式:有限责任公司　注册资本:5.08 亿元人民币　设立日期:1991 年 9 月 16 日
(二)基金管理人
法定名称:富国基金管理有限公司　法定代表人:虞志皓　总经理:李建国
组织形式:有限责任公司　注册地址:北京市建国门外大街 1 号国贸中心西楼六层
注册资本:1 亿元人民币　成立批准文号:证监基金字[1999]11 号
公司股东:海通证券有限公司、申银万国证券股份有限公司、华泰证券有限责任公司、福建国际信托投资公司、山东省国际信托投资公司
经营范围:基金管理业务;发起设立基金
成立日期:1999 年 4 月 13 日　信息披露负责人:林志松　联系电话:010-65055933
内部组织结构及职能:公司设有董事会和监事会。目前设有 7 个职能部门——基金管理部、研究策划部、市场与发展部、信息技术部、监察稽核部、财务管理部和行政管理部。此外还设有投资决策委员会和风险控制委员会两个专门机构。公司已经建立健全了内部风险控制制度、内部稽核制度、财务管理制度、人事管理制度、信息披露制度、员工行为准则等公司管理制度体系。人员情况:截止 2000 年 6 月底,公司拥有员工 39 人。其中 69%以上具有硕士以上学历。主要业务人员 87.5%具有三年证券业或五年金融业从业经历。所有人员最近三年内均没有受到所在单位或有关部门的处罚。截止 2000 年 9 月 30 日,公司管理的所有基金的基金资产总值约为 70 亿元。公司目前管理的其他三只基金分别为基金汉盛、基金汉兴、基金汉鼎,其基本情况如下(截止 2000 年 9 月 30 日):
基金汉盛
成立日期:1999 年 5 月 10 日　基金单位总份额:20 亿份
基金资产净值:29.39 亿元　基金单位净值:1.4696 元
基金汉兴
成立日期:1999 年 12 月 30 日　基金单位总份额:30 亿份
基金资产净值:38.09 亿元　基金单位净值:1.2697 元
基金汉鼎
成立日期:1994 年 1 月 1 日
基金单位总份额:2 亿份　基金资产净值:1.97 亿元　基金单位净值:0.9874 元
(三)基金托管人
法定名称:中国建设银行　法定代表人:王雪冰　注册地址:北京市西城区金融大街 25 号
邮政编码:100032　联系电话:67597640　67597641　联系人:刘思远　注册资本:851 亿元
发展概况:中国建设银行是我国四大国有商业银行之一,从事我国法律允许商业银行开办的一切金融业务。建设银行始终坚持以效益为中心,以支持经济增长和防范金融风险为重点,强化现代商业银行经营理念和意识,加强管理,规范经营,努力提高资产质量和经营效益,全行综合性经营能力、竞争能力、风险防范能力和盈利能力大大提高,取得了良好的经济效益。财务状况:截至 1999 年末,中国建设银行总资产已达 19389 亿元,一般性存款余额为 17644 亿元,贷款余额 12009 亿元。1998、1999 年分别实现利润 20.58 亿元和 73.66 亿元。
基金托管、部门设置及员工情况:中国建设银行总行于 1998 年设立证券投资基金托管部,主要业务部门包括综合管理处、基金市场处、市场监管处和清算核算处,现有员工 15 人。
托管其他基金的说明:截止 1999 年 12 月 31 日,中国建设银行现已托管的基金为:
1、基金名称:　泰和证券投资基金
基金管理人:　嘉实基金管理有限公司　基金成立时间:　1999 年 4 月 20 日
2、基金名称:　兴华证券投资基金
基金管理人:　华夏基金管理有限公司　基金成立时间:　1998 年 7 月 24 日
3、基金名称:　兴和证券投资基金
基金管理人:　华夏基金管理有限公司　基金成立时间:　1999 年 7 月 30 日
4、基金名称:　金鑫证券投资基金
基金管理人:　国泰基金管理有限公司　基金成立时间:　1999 年 11 月 26 日
(四)基金上市推荐人
法定名称:山东证券有限责任公司　法人代表:段　虎　注册地址:济南市泉城路 180 号
联系人:　秦立新　联系电话:0531-6019999-6613
(五)法律顾问:金诚律师事务所
注册地址:北京建国门内大街 8 号中粮广场 A 座六层　法定代表人:于德斌
联系电话:010-65263518　经办律师:贺宝银、刘治海
(六)验资机构:天健会计师事务所
注册地址:北京市西城区金融街 27 号投资广场 A 座 17 层　法定代表人:陈建明
联系电话:010-66212139　经办注册会计师:廖良汉、马森林

四、基金的历史沿革

本基金由“淄博基金”、“通发基金”和“三峡基金”经重组规范、合并而来。其全称分别为“淄博乡镇企业投资基金公司”、“通发有价证券投资基金”、“三峡投资基金”。其历史沿革分别如下:
1、淄博基金
“淄博基金”是经中国人民银行银复[1992]424 号批准成立的公司型、封闭式信托投资基金,由原中国农村发展信托投资公司(现已被中国建设银行托管)、淄博市信托投资公司、交通银行淄博支行(后转为海通证券有限公司)、山东证券有限责任公司、中国工商银行山东信托投资股份公司(后转为山东省齐鲁信托投资有限公司)为基金发起人,基金发行规模为 1 亿元。1993 年 8 月 20 日,经上海证券交易所上证上(93)第 2053 号文批准,淄博基金在上海证券交易所挂牌交易。淄博投资基金管理公司担任基金管理人,中国农业银行淄博分行为该基金托管人。1993 至 1997 年,淄博基金年平均分红率为 13.1%。
2、通发基金
“通发基金”是经中国人民银行沈阳市分行沈银金字(1992)108 号批准,由原沈阳证券公司发起设立的,并经中国人民银行沈阳市分行沈银金字(1992)241 号文件批准于 1992 年 9 月 8 日在沈阳证券交易中心上市交易,并于 1994 年 3 月 7 日,在上海证券交易所联网交易。基金发行规模为 5000 万元,1993 年红利转“基金”850 万元,实有基金 5850 万元。后因银证分离政策的要求,经中国人民银行非银司[1995]105 号文批复,沈阳证券公司改建为海通证券有限公司沈阳分公司。基金管理人为海通证券有限公司沈阳分公司,基金名义托管人为交通银行沈阳分行。1992 至 1997 年,通发基金年平均分红率为 17.8%。
3、三峡基金
“三峡基金”是经中国人民银行重庆市分行重人行复(92)字第 223 号批准,于 1993 年 3 月由重庆有价证券公司、重庆国际信托投资公司、工商银行重庆信托投资公司、建设银行重庆信托投资公司和交通银行重庆市分行共同发起设立。基金发行规模 5000 万元,三峡基金的管理人为重庆投资基金管理公司。基金名义托管人为重庆市商业银行。1993 至 1998 年,三峡基金年平均分红率为 16.67%。
依据《证券投资基金管理暂行办法》、《国务院办公厅转发证监会原有投资基金清理规范方案的通知》(国办发[1999]28 号)的有关规定,根据中国证监会《关于山东省原有投资基金清理规范方案的批复》(证监基金字[2000]13 号)、《关于辽宁省原有投资基金清理规范方案的批复》(证监基金字[2000]30 号)、《关于重庆三峡投资基金清理规范调整方案的批复》(证监基金字[2000]33 号)等文件关于基金资产要全部调整为现金、上市公司流通股票、国债等流动性资产的有关要求,截止 2000 年 6 月 15 日,上述三只基金资产全部调整为流动性资产。按照 2000 年 6 月 13 日以上三只基金持有人临时大会通过的清理合并、更换管理人及托管人等有关事项的决议,淄博基金、通发基金、三峡基金经规范重组后,更名为汉博证券投资基金,发起人为海通证券有限公司和山东证券有限责任公司,基金管理人更换为富国基金管理有限公司,基金托管人更换为中国建设银行。

五、基金投资情况

(一)投资目标　本基金的投资目标是具有良好成长性,符合产业发展潮流,对未来经济发展有重要推动作用的新兴产业类上市公司的投资而实现长期资本增值,充分注重投资组合的成长性并兼顾流动性,同时通过投资组合等措施减少和分散投资风险,确保基金资产的安全。
(二)投资范围　本基金投资仅限于具有良好流动性的金融工具,包括国内依法公开发行、上市的股票和债券及中国证监会允许基金投资的其他金融工具。符合国家产业发展方向,在公司经营中知识和科技的运用对企业的发展有重要的推动作用,对国家的经济发展和整体竞争力的提高有着深远影响的上市公司可归为新兴产业类上市公司。我们认为具代表意义的新兴产业主要包含:光电子产业、信息通信产业、健康和福利产业、环境和新能源产业、教育产业、新材料等。本基金的股票投资部分主要投资于新兴产业中具有行业领先或技术领先的上市公司以及经重组后经营业务方向转向上述行业的上市公司。
(三)投资组合情况　本基金基金资产已于 2000 年 7 月 11 日全部划至本基金托管人中国建设银行“汉博证券投资基金专户”,7 月 12 日,基金管理人富国基金管理有限公司开始本基金的投资运作。投资组合情况如下:(截止 2000 年 10 月 12 日,单位:元)
银行存款　　49,532,930.01

股票投资　174,554,075.55
债券投资　0.00

(四)基金经理　本基金由何敏先生担任基金经理,负责基金的日常投资运作。

何敏先生:现年29岁,本科,具有7年证券从业经验,历任厦门国际信托投资公司上海证券业务总部总经理助理,申银万国基金管理总部投资二部经理助理,基金汉兴经理助理。现任基金汉鼎基金经理。

六、基金契约摘要

(一)前言　订立本基金契约的依据是《证券投资基金管理暂行办法》及其他有关规定。

(二)基金契约的当事人

1、基金发起人:海通证券有限公司　山东证券有限责任公司　2、基金管理人:富国基金管理有限公司　3、基金托管人:中国建设银行

(三)基金的基本情况

基金名称:汉博证券投资基金

基金类型:契约型封闭式(在符合有关规定并经基金持有人大会同意,中国证监会批准后可转型为契约型开放式)

基金性质:证券投资基金。投资对象为具有良好成长性,符合产业发展潮流,对未来经济发展有重要推动作用的新兴产业类上市公司。

基金单位总份额:221,692,894份基金单位。　基金单位每份面值为人民币1.00元。

基金的存续期限:经规范清理后,本基金的存续期为10年(自1992年5月30日至2002年5月29日),经中国证监会批准后拟将存续期调整为15年(自1992年5月30日至2007年12月29日),并向中国证监会申请基金的扩募。

(四)基金的沿革(参见本公告书第四条《基金的历史沿革》)

(五)基金的上市与交易　本基金经主管部门批准和基金持有人大会通过,可申请在依法设立的证券交易所上市。本基金上市后,将根据交易所的交易规则进行交易。

(六)基金的托管　基金托管人和基金管理人必须按照《证券投资基金管理暂行办法》订立《汉博证券投资基金托管协议》。

(七)基金的投资目标、投资范围、投资决策、投资组合和投资限制

1、投资目标　本基金的投资目标是具有良好成长性,符合产业发展潮流,对未来经济发展有重要推动作用的新兴产业类上市公司的投资而实现长期资本增值,充分注重投资组合的成长性并兼顾流动性,同时通过投资组合等措施减少和分散投资风险,确保基金资产的安全。

2、投资范围　本基金投资仅限于具有良好流动性的金融工具,包括国内依法公开发行、上市的股票和债券及中国证监会允许基金投资的其他金融工具。符合国家产业发展方向,在公司经营中知识和科技的运用对企业的发展有重要的推动作用,对国家的经济发展和整体竞争力的提高有着深远的影响的上市公司可归为新兴产业类上市公司。我们认为具代表意义的新兴产业主要包含:光电子产业、信息通信产业、健康和福利产业、环境和新能源产业、教育产业、新材料等。本基金的股票投资部分主要投资于新兴产业中具有行业领先或技术领先的上市公司以及经重组后经营业务方向转向上述行业的上市公司。

3、投资决策　1)决策依据

(1)国家宏观经济环境,国家宏观经济环境是本基金投资决策的基础;

(2)国家有关法律、法规和本基金契约的有关规定,依法决策是本基金进行投资的前提;

(3)财政货币政策、利率走势;(4)地区及行业发展状况;(5)上市公司研究;(6)证券市场走势。

2)决策体系　本基金管理人内部设立由总经理及相关人员组成的投资决策委员会、风险控制委员会,负责基金的投资决策和风险控制;公司内部职能部门研究策划部负责提供投资依据;基金管理部负责具体管理运作基金;监察稽核部负责日常的风险控制工作。

3)决策程序　(1)基金经理会同研究策划部一起,提交证券市场的走势预期、各行业的发展方向及前景、基金拟投资的证券品种的基本面情况等。(2)基金经理在上述论证成果的基础上,拟订所管理基金的投资计划、投资策　略和投资组合方案。基金管理部经理复核基金经理提交的投资策略和投资组合方案。(3)基金经理向投资决策委员会提交复核后的投资策略和投资组合方案。决策　委员会对其准确性和可操作性进行分析、论证,并据此达成投资决策纪要。(4)基金经理根据决策纪要制订最终的投资策略和投资组合方案,然后据此下　达投资指令,由集中交易室执行。(5)反馈机制:集中交易室在投资目标出现操作性问题和市场异动时需及时向　基金管理部经理和基金经理反馈情况。基金经理对反馈信息分析后决定是否调整投资指令、投资策略和投资组合方案。当基金经理通过市场观察发现原先对总体或单个投资品种的判断可能有误时,需立即向基金管理部经理或投资决策委员会反馈。基金管理部经理或决策委员会接到反馈意见后进行论证、批复,基金经理根据批复下达新的投资指令。(6)基金管理部建立一套对重仓投资品种的管理办法。基金经理须对拟投资和　已投资的重点行业、重点品种作反复、连续的跟踪研究及论证,以保证完成基金的投资目标,尽量减低投资风险,保障基金受益人的利益。(7)投资组合方案执行完毕或因调整而终止执行后,基金管理部对整个投资　过程进行总结。内容包括投资组合的成效检验、论证方法的检讨和改进、重点行业和重点品种的跟踪调研计划等等。总结报告上交投资决策委员会保存。

4、投资组合　1)本基金的投资组合符合以下规定:

(1)本基金投资于股票、债券的比例不低于基金资产总值的80%,本基金投资　于国家债券的比例不低于本基金资产净值的20%;(2)本基金持有一家上市公司的股票,不超过基金资产净值的10%,本基金与　由本基金管理人管理的其他基金持有一家公司发行的证券总和,不超过该证券的10%;(3)遵守中国证监会规定的其他比例限制。本基金将于成立后六个月内达到规定的比例。

2)本基金投资组合的原则　本基金投资组合将根据市场的变化和风险程度,严格遵循稳健经营、理性投资的投资风格,在综合考虑宏观经济政策的导向及变化、国民经济各部门及各行业的变化动向、上市公司的基本状况和未来发展状况以及证券市场等因素的前提下,根据本基金的特点,建立智能化证券投资收益——风险分析交易系统,对所投资的股票进行量化分析,力求精准,在此基础上决定基本投资组合,并本着分散性、安全性、收益性的原则调整投资组合中的证券构成,高度重视基金资产安全,最大程度地规避投资风险,谋求基金的长期稳定收益。

(1)稳健原则,通过分散投资,力求有效地规避风险,确保基金资产的安全。

(2)本基金投资新兴产业上市公司的比例不低于股票投资的70%,另外不超过　30%的比例投资于其他行业中具备在体制转轨中具有优势或符合经济发展周期的有业绩支撑的上市公司。

5、投资限制　本基金不得投资于其他基金;不得将基金资产用于抵押、担保、资金拆借或者贷款;不得以基金的名义使用不属于基金名下的资产买卖证券;不得从事证券信用交易;不得以基金资产进行房地产投资;不得从事可能使基金资产承担无限责任的投资;不得将基金资产投资于与基金托管人或者基金管理人有利害关系的公司发行的证券;不得进行内幕交易、操纵市场,通过关联交易损害基金持有人的利益;不得配合管理人的发起人、本基金的发起人及其他任何机构的证券投资业务;不得故意维持和抬高管理人的发起人、本基金的发起人及其他任何机构所承销股票的价格;不得从事中国证监会规定禁止从事的其他行为。

6、基金管理人代表基金行使股东权利的处理原则及方法

(1)不谋求对上市公司的控股,不参与上市公司的经营管理;(2)有利于基金资产的安全与增值;(3)独立行使股东权利,保护基金投资者的利益。

基金管理人按照有关规定代表基金出席上市公司股东大会,行使股东权利,履行股东义务。

(八)基金发起人的权利与义务

按基金发起人协议的约定及有关规定持有基金单位、出席或委派代表出席基金持有人大会、取得基金收益、依法转让基金单位、监督基金经营情况并获取基金业务及财务状况的资料、参与基金清算并取得基金清算后的剩余资产、法律法规认可的其他权利。

公告上市公告书、在基金存续期间持有符合规定的基金单位、遵守基金契约、承担基金亏损或者终止时的有限责任、不从事任何有损基金及其他持有人利益的活动、法律法规规定的其他义务。

(九)基金管理人的权利和义务

基金管理人拥有运用基金资产、监督基金托管人忠实履行基金的托管义务、依本契约规定获取管理报酬、依照有关规定代表基金行使股东权利等权利。

基金管理人负有诚信尽责地从事基金投资、控制投资风险、保护基金利益、按规定计算并公告基金资产净值及基金单位资产净值、按规定进行信息披露、保守基金商业秘密、按规定召集持有人大会、保存基金会计资料、因自身过错导致基金财产损失时承担赔偿责任等义务。

(十)基金托管人的权利与义务

基金托管人拥有监督基金管理人的投资运作、获得基金托管费等权利。

基金托管人负有诚信尽责地保管基金资产、控制保管风险、保护基金利益、保管基金的重大合同及有关凭证、开设和保管基金资金帐户与证券帐户、从事基金清算交割、保守基金商业秘密、复核审查基金管理人计算的基金资产净值和基金单位资产净值、按规定出具基金业绩和基金托管情况的报告、建立并保存基金持有人名册并负责基金单位转让的过户和登记、按有关规定保存基金会计资料、依据基金管理人的指令或有关规定向基金持有人支付基金收益、因过错导致资产损失时承担赔偿责任等义务。

(十一)基金持有人的权利与义务

基金持有人拥有出席或委派代表出席基金持有人大会并行使表决权、取得基金收益、依法转让基金单位、监督基金经营情况并获取基金业务及财务状况的资料、取得基金清盘后的剩余财产等权利。每份基金单位具有同等的合法权益。

基金持有人负有交纳基金认购款项及规定的费用、承担基金亏损或者终止的有限责任、不从事任何有损基金及其他基金持有人利益的活动等义务。

(十二)基金持有人大会

基金持有人大会依一定的事由以一定的程序召开,基金持有人大会就有关基金持有人利益的重大事项进行讨论表决,包括:修改基金契约、提前终止基金、更换基金管理人、更换基金托管人、延长基金期限、变更基金类型、基金扩募及中国证监会规定的其他情形。基金持有人大会决议必须经出席会议的基金持有人所持表决权半数以上通过,但更换基金管理人或托管人应由持有半数以上基金单位总额的基金持有人通过。

基金持有人大会决议对全体基金持有人、基金管理人和基金托管人具有相同约束力,基金持有人大会决议经中国证监会批准后方可生效。

(十三)基金托管人、基金管理人更换的条件和程序

1、基金管理人的更换

有下列情形之一的,经中国证监会批准,更换基金管理人:

(1)基金管理人解散、依法被撤销、破产或者由接管人接管其资产的;

(2)基金托管人有充分理由认为更换基金管理人符合基金持有人利益的;

(3)代表50%以上基金单位的基金持有人要求更换基金管理人的;

(4)中国证监会有充分理由认为基金管理人不能继续履行基金管理职责的。

2、基金托管人的更换

有下列情形之一的,经中国证监会和中国人民银行批准,更换基金托管人:

(1)基金托管人解散、依法被撤销、破产或者由接管人接管其资产的;

(2)基金管理人有充分理由认为更换基金托管人符合基金持有人利益的;

(3)代表50%以上基金单位的基金持有人要求更换基金托管人的;

(4)中国人民银行有充分理由认为基金托管人不能继续履行基金托管职责的。

3、基金管理人更换程序

(1)提名:由基金托管人提名新的基金管理人;

(2)决议:基金持有人大会对新提名的基金管理人形成决议;

(3)批准:新基金管理人报中国证监会审查批准;

(4)退任:原基金管理人经中国证监会批准退任;

(5)公告:基金管理人更换后,按照法律、行政法规、本基金契约以及中国证　监会的有关规定进行公告。

4、基金托管人更换程序

(1)提名:由基金管理人提名新的基金托管人;

(2)决议:基金持有人大会对新提名的基金托管人形成决议;

(3)批准:新基金托管人报中国证监会和中国人民银行审查批准;

(4)退任:原基金托管人经中国证监会和中国人民银行批准退任;

(5)公告:基金托管人更换后,按照法律、行政法规、本基金契约以及中国证　监会的有关规定进行公告。

(十四)基金资产

1、基金资产总值:包括基金购买的各类证券价值、银行存款本息以及其他投资　形成的价值总和。2、基金资产净值:等于基金资产总值减去按照国家有关规定可以在基金资产中　扣除的费用后的价值。3、基金资产帐户:本基金资产以汉博证券投资基金专户名义由中国建设银行开　立基金专用银行存款帐户及证券帐户,本基金专用帐户应独立于基金管理人及基金托管人的自有资产的帐户以及其他基金资产帐户。4、基金资产的处分

基金资产应独立于管理人和托管人的资产,并由托管人保管,基金管理人、基金托管人就其财产承担所负债务,其债权人不得对本基金资产请求冻结、扣押或其他权利。

除法律、行政法规、本基金契约及中国证监会另有规定外,不得以其他任何理由处分基金资产。

(十五)基金资产估值

1、估值目的:客观、准确地反映基金资产的保值、增值情况。

2、估值日:每日对基金资产进行估值。

3、估值方法:1)上市证券的价格以最近一个交易平均价为准;2)未上市的股票以其成本价计算,未上市债券价值等于该债券的发行价加至计　算日止应收利息;

3)基金的银行存款本息等于存款本金加至计算日止应收利息;

4)其他投资所形成的价值为投资成本加上相应的增值部分;

5)如遇特殊情况而无法或不宜以上述规定确定资产价值时,基金管理人依照国　家有关规定办理。

4、估值对象:基金所拥有的股票、国债和银行存款本息等。

5、估值程序　基金日常估值由基金管理人进行。用于公开披露的基金资产净值由基金管理人完成估值后,将估值结果以书面形式报告给基金托管人,基金托管人按基金契约规定的估值方法、时间、程序进行复核;基金托管人复核无误后签字返回基金管理人;月末、年中和年末估值复核与基金会计帐目的核对同时进行。

(十六)基金费用与税收　基金费用主要有:基金管理人报酬、基金托管人托管费、基金上市费用、证券交易费用、基金信息披露费用、基金持有人大会费、会计师费用和律师费用等。

1、基金管理人的报酬　基金管理人的报酬由两部分组成,一部分是基金管理费,以基金资产净值的1.5 %的年费率计提;另一部分是业绩报酬,当基金的可分配净收益率高于同期银行一年定期存款利率20%以上,且当年基金资产净值率高于同期证券市场平均收益率时,按一定比例计提。具体计提方法如下:

(1)基金的管理费:

该项费用按前一日的基金资产净值的1.5%的年费率计提。若本基金持有现金的　比例超过资产净值的20%,超出部分不计提基金管理费。计算方法如下:　H=E×1.5%÷当年天数　H为每日应计提的基金管理费　E为前一日基金资产净值(扣除本基金持有现金比例超过20%部分的基金资产净值)　基金管理人的管理费每日计算,逐日累计至每月月底,按月支付,由基金托管人于次月前两个工作日内从基金资产中一次性支付给基金管理人。

(2)管理人业绩报酬:业绩报酬根据基金全年的经营业绩情况而定,在同时满足如下条件的情况下每年计提一次,直接用于奖励基金管理人:

1　基金年平均单位资产净值不能低于面值;

2　基金可分配净收益率超过同期银行一年定期储蓄存款利率20%以上;

3 基金资产净值增长率超过证券市场平均收益率；

4 基金收益分配后其每单位资产净值不能低于面值。

在同时满足以上条件的情况下，基金业绩报酬的计算方法为：

业绩报酬=调整后期初资产净值×Min[M,N] ×5%

其中，M=基金可分配净收益率-1.2×同期银行一年定期储蓄存款利率（如果年内利率 发生变动，则按时间段进行加权平均调整） N=基金资产净值增长率-证券市场平均收益率 Min[M,N]为M、N中较小者；

基金可分配收益率=当期可分配净收益/调整后期初资产净值

基金资产净值增长率=(期末基金资产净值-调整后期初资产净值)/调整后期初资产净值

证券市场平均收益率=[(深圳综指年涨跌值×深市平均总市值+上证综指年涨跌值×沪市平均总市值)/(深市平均总市值+沪市平均总市值)] ×80%+同期国债 收益率×20%

深市平均总市值=(期末深市总市值+期初深市总市值)/2

沪市平均总市值=(期末沪市总市值+期初沪市总市值)/2

基金管理人业绩报酬于每个基金会计年度结束后计算，若可以提取基金业绩报酬则由基金托管人于次个基金会计年度前20个工作日内从基金资产中一次性支付给基金管理人。

2、基金托管人的托管费

基金托管人的托管费按前一日的基金资产净值的0.25%的年费率计提。

基金托管费每日计算，逐日累计至每月月底，按月支付，由基金托管人于次月前两个工作日内从基金资产中一次性支取。本基金及基金持有人应根据国家有关规定依法纳税。

(十七)基金收益与分配

基金收益包括基金投资所得红利、股息、债券利息、买卖证券价差、银行存款利息及其他收入，因运用基金资产带来的成本或费用的节约计入基金收益。基金净收益为基金收益扣除国家有关规定可以在基金收益中扣除费用后的余额。

基金收益每会计年度至少分配一次，采取现金形式分配，于每个基金会计年度结束后四个月内实施；基金收益分配的比例不低于基金会计年度净收益的90%；基金当年收益应先弥补上一年的亏损，才可进行当年收益分配；基金投资当年亏损，则不进行收益分配；每份基金单位享有同等分配权。

基金收益分配方案中应载明基金收益的范围、基金可分配收益、基金收益分配对象、分配原则、分配时间、分配数额及比例、分配方式、支付方式等内容。

基金收益分配方案由基金管理人拟定，由基金托管人核实后确定，在报中国证监会备案后5个工作日内公告。

(十八)基金的会计与审计

基金的会计年度为公历每年1月1日至12月31日。

基金管理人聘请具有证券从业资格的会计师事务所及其注册会计师对基金年度财务报表进行审计。

基金管理人(或托管人)认为有充分理由更换会计师事务所时，须经基金托管人(或管理人)同意，并报中国证监会备案后可以更换。更换会计师事务所需在五个工作日内公告。

(十九)基金的信息披露

本基金的信息披露事项将在中国证监会指定的刊物上公告。

本基金的信息披露内容包括：1、基金年度报告经注册会计师审计后，在基金会计年度结束后90日内公告；2、基金中期报告在基金会计年度前六个月结束后60日内公告；3、基金资产净值每周至少公告一次，于截止日后1个工作日内公告；4、基金投资组合三个月至少公告一次，于截止日后15个工作日内公告；5、临时公告；6、澄清公告与说明；

基金信息披露内容文本存放在基金管理人和基金托管人的办公场所，基金持有人可免费查阅。

七、基金运作情况

(一)基金管理人报告

1、汉博证券投资基金改制成立后，为了争取基金长期稳定的投资收益，基金管 理人将会加强对市场的研判，精心操作，力求给投资人较好的回报。

2、基金管理人已经于2000年7月12日开始基金投资运作，关于基金运作的具体情况，将依据有关规定，通过基金年度报告、基金中期报告、基金临时报告、基金净资产值公告和基金投资组合公告等信息披露形式披露。

3、基金管理人承诺 本基金管理人承诺勤勉尽责、诚实信用、安全有效地管理和运作基金资产，为投资者谋求最大的投资收益。为切实履行上述承诺，保障投资人的合法权益，管理人建立了完整、科学的内部控制体系，全体员工均已与公司签定了保密承诺书，保证不从事任何法律法规及公司禁止的活动。

(二)基金托管人报告 基金托管人中国建设银行依据签署的《汉博证券投资基金基金契约》，受理托管汉博基金的全部财产，对基金投资运作进行了全面的会计核算和必要的监督。

八、财务状况

(一)基金资产已于2000年7月4日全部划至本基金托管人中国建设银行为本基金所开设的“汉博证券投资基金专户”和有关证券帐户，并经天健会计师事务所有限公司天健[2000] 验字008号验资报告审验，资产全部到位。2000年7月11日情况为：(单位：元)

基金单位总份额	221,692,894份
未分配净收益	2,760,467.88
基金资产净值	222,463,269.01
每份基金单位资产净值	1.0035

(二)基金管理人将按照《基金契约》及《证券投资基金信息披露指引》的有关规定披露基金财务状况。

(三)财务状况 1、资产负债状况(截止2000年10月12 日，单位：元)

银行存款	46,923,517.49
清算备付金	2,609,412.52
股票投资	174,554,075.55
债券投资	——
资产估值增值	4,479,744.80
其他应收款	571,365.98
资产总计	229,138,116.34
应付管理人费	111,835.79
应付托管费	143,993.37
其他应付款	1,569,172.96
负债合计	1,825,002.12
基金单位总额	221,692,894.00
本期净收益	-1,619,992.46
未分配净收益	2,760,467.88
未实现估值增值	4,479,744.80
持有人权益合计	227,313,114.22
基金资产净值	227,313,114.22
每份基金单位资产净值	1.0254

附注：(1) 其他应收款包括应收银行存款利息、应收交易清算资金等。(2) 股票投资以成本计价。(3) 其他应付款为应付交易清算资金、应付券商佣金等。(4) 上述披露的本基金财务数据未经审计。

2、重要财务事项 (1) 净收益主要是证券买卖差价收入和银行利息收入。

(2) 未实现估值增值是指基金资产的估值增值

估值方法：上市证券以计算日当天平均价为准；该日无交易的，以最近的前一交易日的平均价为准；未上市的股票以发行价计算；未上市债券及银行存款以本金加计至估值日止利息计算。

3、净资产计算方法 资产净值=基金单位总额+未分配净收益+未实现估值增值

九、风险提示

本基金的投资也存在风险，主要有：

(一)市场风险 证券市场价格因受各种因素的影响所引起的波动，将对本基金资产产生潜在风险，主要包括：

1、政策风险 货币政策、财政政策、产业政策等国家政策的变化对证券市场产生一定的影响，导致市场价格波动，影响基金收益而产生风险。

2、经济周期风险 证券市场是国民经济的晴雨表，而经济运行具有周期性特点。宏观经济运行状况对证券市场的收益水平产生影响，从而产生风险。

3、利率风险 金融市场利率波动会导致股票市场及债券市场的价格和收益率的变动，同时直接影响企业的融资成本和利润水平。基金投资于股票和债券，收益水平受到利率变化的影响。

4、上市公司经营风险 上市公司的经营状况受多种因素的影响，如业内竞争、市场前景、管理能力、财务状况等都会导致公司盈利发生变化。如果本基金所投资的国企大盘股和资产重组股由于行业背景或内部管理等方面的原因，达不到预期的经营业绩，或达不到预期的实质性重组效果，导致股票价格的波动，使基金资产净值和收益下降，从而给基金的投资带来风险。

5、购买力风险 本基金投资的目的是使基金资产保值、增值，如果发生通货膨胀，基金投资于证券所获得收益可能会被通货膨胀抵销，从而影响基金资产的保值增值。

6、扩募风险 本基金上市后将进行扩募，由于基金规模的扩大将导致基金单位净值的下降，引起基金市场价格的波动，从而产生风险。

(二)管理风险 在基金的管理运作过程中，可能因基金管理人对经济形势和证券市场等判断有误及获取住处的信息不全等因素影响基金的收益水平。同时基金管理人的管理水平、管理手段和管理技术等对基金收益水平也存在相关的影响。

(三)其他风险 战争、自然灾害等不可抗力因素的出现，将会严重影响证券市场的运行，可能导致基金资产的损失。

十、重要事项揭示

(一)基金发起人持有基金单位份额情况

发起人名称	认购份额(份)	占基金单位总份额的比重
海通证券有限公司	8,577,292	3.87%
山东证券有限责任公司	1,771,896	0.8%

根据《基金契约》的规定，基金发起人在基金上市时合计持有不少于基金总规模1%的基金单位，在本基金存续期间，合计持有不少于基金总规模0.5%的基金单位，其余部分在基金扩募部分上市二个月后流通。据此，海通证券有限公司持有的8,577,292份基金单位中的7,468,827份和山东证券有限责任公司持有的1,771,896份基金单位中的663,431份可自本基金上市 之日起流通。海通证券有限公司和山东证券有限责任公司持有的剩余部分2216930份基金单位 中的一半，在基金扩募部分上市二个月后可上市流通。本基金219,475,964份基金单位将于2000年10月17日在上海证券交易所挂牌交易 。

(二)基金的首次扩募续期已经原基金持有人大会授权，本基金的扩募续期不需要召开基金持有人大会。

(三)本基金管理人已经持有人大会授权，向中国证券监督管理委员会提出扩募至5亿份基金单位的申请，该申请已获批准。本基金将于上市后5-30个工作日内，由原来的221,692,894份基金单位扩募到5亿份基金单位，以每份基金单位价格1.01元向原持有人按比例配售，其中0.01元为扩募费用。扩募部分向基金发起人和股权登记日在册的基金持有人比例配售，配售后剩余部份由商业保险公司认购，商业保险公司认购的剩余部分，由发行扩募协调人认购。

(四)三峡投资基金持有人份额未实际确认部分处理方法的说明：

截止2000年7月27日，三峡投资基金(以下简称“三峡基金”)已实际确认(即 持有人持相关证件到指定地点办理完确认手续)3632户，占总户数4119户的88.2%，共计确认47346700基金单位，占总份额5000000份的94.7%。三峡基金以记名方式发 行，根据未在规定时间内办理三峡基金确认手续的持有人的身份证号码，重庆投资基金管理公司委托西南证券有限责任公司(以下简称“西南证券”)为这部分持有人开立了上交所的基金帐户，视同该持有人已办理确认，将确认比例定为100%，在上海 中央登记结算公司办理了 持有人份额的全部转托管手续。

对于三峡基金未办理实际确认的持有人份额，重庆投资基金管理公司、西南证券和中国建设银行基金托管部商定了补办确认办法，该办法和三峡基金确认登记公告已于2000年6月5日至2000年6月8日分别在重庆当地四种主要报刊上刊登，具体内容如下：

1.西南证券负责三峡基金份额补办确认工作，指定专门机构和人员办此项业务；

2.三峡基金持有人在补办确认时，须持有以下证件到西南证券指定机构补办确认手续。

(1)身份证原件及复印件(或机构营业执照复印件加盖公章和法人授权委托书 ，经办人身份证及复印件)。

(2) 如代办须出具代办人身份证及复印件。

3.西南证券核实所有证券后，向三峡基金持有人发放新的上海投资基金帐户及确认单。

4. 西南证券联系部门及联系方法： 联系部门：西南证券经纪业务管理部 传真：63834144

联系地址：重庆渝中区九尺坎8号2楼 联系人：文基志 电话：023-63732103

5.基金存续期满后，对仍未办理确认的部分按基金清算办法或交由持有人大会处理。

(五)本基金原管理人声明如下：

(1)本公司已提交了汉博证券投资基金规范、合并和移交有关的以及可能对基 金规范、合并和移交产生影响的所有资料、文件和信息；(2)本公司所提供文件资料，如为副本或复印件，均经本公司与原件核对无误 ；(3)本公司所提供的文件、资料均真实、完整和准确，而没有任何虚假、不实、错误或者重大遗漏；(4)截止本声明签署日，汉博基金资产真实、完整、独立，不存在任何诉讼、仲裁或行政处罚案件；(5)由于历史原因和基金操作中的不规范，本公司将部分基金资产以个人名义开立资金帐户和证券帐户从事证券投资，本公司提供给各中介机构查证的以个人名义开设的资金帐户和证券帐户上的资金和股票，确系基金资产。

(六)本基金原管理人承诺：将所有原基金有关资料及会计帐册保存15年以上，以备查询。

(七)本基金上市首日设涨跌幅限制，限制幅度为2000年10月16日基金单位净值的30%。2000年10月16日基金单位净值将在2000年10月17日的《中国证券报》、《上海证券报》、《证券时报》上公布。

十一、备查文件

1、中国证监会《关于山东省原有投资基金清理规范方案的批复》、《关于辽宁 省原有投资基金清理规范方案的批复》、《关于重庆三峡投资基金清理规范调整方案的批复》等文件

2、原淄博基金、通发基金、三峡基金2000年度临时持有人大会决议

3、中国证监会《关于汉博证券投资基金设立、上市、扩募和续期的批复》

4、汉博证券投资基金基金契约

5、汉博证券投资基金托管协议

6、基金上市法律意见书

7、 基金发起人营业执照

8、 基金管理人业务资格批件、营业执照和公司章程

9、 基金托管人业务资格批件和营业执照

富国基金管理有限公司

2000年10月16日

淄博乡镇企业投资基金

淄博乡镇企业投资基金1999年年度报告摘要

一、基金简介

1、基金经理人名称:淄博投资基金管理公司　地址:山东省淄博市张店区　邮编:255020 电话:(0533)3178640 传真:(0533)3178640

2、基金托管人名称:中国农业银行淄博分行　地址:山东省淄博市张店区　邮编:255031 电话:(0533)-3186688 传真:(0533)-3186688

3、基金总份额:10000万份　4、基金类型:公司型封闭式基金　5、基金年限:8年

6、基金年度:第七年　7、上市地点:上海证券交易所　8、上市时间:1993年8月20日

二、基金年度财务报表

1、资产负债表　　单位人民币元

项目	期初数	期末数
银行存款	610067.23	340994.56
应收帐款	15415566.05	16438169.05
减:坏帐准备	46246.70	49254.51
短期投资	16320000.00	14410549.92
自营库存证券	66137267.33	56058050.98
存放同业款项	3396182.11	10141532.91
流动资产合计	101832836.02	97340042.91
长期投资	55901684.80	51190153.00
减:投资风险准备	485041.17	216665.05
长期资产合计	55416643.63	50973487.95
资产合计	157249479.65	148313530.86
短期借款	2500000.00	1350000.00
拆人资金	10000000.00	5500000.00
应付帐款	2702986.42	4118534.51
其中:应付管理费	30774.95	393814.15
应付保管费	87686.30	231775.19
应付利息	2584525.17	3492945.17
其它应付款	1222027.01	923226.93
应付利润	1386000.00	982800.00
流动负债合计	17811013.43	12874561.44
实收资本	100000000.00	100000000.00
盈余公积	38234046.18	38234046.18
未分配利润	1204420.04	-2795076.76
股东权益合计	139438466.22	135438969.42
负债及股东权益合计	157249479.65	148313530.86

2、损益表

项目	上年数	本期数
营业收入	5843831.95	452946.08
利息收入	513090.20	67477.81
证券销售差价收入	-2582728.66	-2188844.69
投资收益	6984707.50	2345214.28
股利收益	928762.91	229098.68
营业支出	5540147.51	4452442.88
营业费用	3927759.03	3396722.88
其中:管理费用	2922223.95	2520674.79
保管费用	350666.87	302480.97
董事会费用	109609.28	34122.13
坏帐准备金	130383.63	206174.81
其他费用	177203.76	101646.30
投资风险准备	237671.52	231623.88
金融企业往来支出	1612388.50	1055720.00
营业利润	303684.44	-3999496.80
利润总额	303684.44	-3999496.80

4、报表编制说明(1)以上财务报表中的相关数据取自经山东正源会计师事务所注册会计师乔安敏、王晓楠出具的有保留意见的审计报告。我们接受委托,审计了贵公司1999年12月31日蝗产匀称负债表和1999年度损益表,这些会计表由贵公司负责,我们的责任的对这些会计报表发表审计意见.我们结合贵公司实际情况,实施了包括抽查会计记录等我们认为必要的审计程序.在审计中,我们发现:1.贵公司1999年度末按财政部财会字[1999]35号文的有关规定做相应的会计政策变更,由此涉及到相关的坏财损失及投资减值对贵公司财务状况及损益的影响,我们无法予以确认.2.贵公司1999年度计提长期投资收益209.59万元,由于未取得足够的审计依据,我们无法予以确认.我们认为,除上述事项外,上述会计报表符合<<企业会计准则>>和<<股份有限公司会计制度>>的有关规定,在所有重大方面公允地反映了贵公司1999年12月31日的财务状况和1999年度经营成果会计处理方法的选用遵循了一贯性原则.

山东正源会计师事务所有限公司　　中国注册会计师:乔安敏　王晓楠

(2)报表附注说明:

一、公司概况　淄博镇企业投资基金公司(以下简称"公司")于1992年11月3日由中国人民银行总　行批准设立的公司型封闭式投资基金,期限为8年,自1992年12月至2000年12月,公　司于1993年8月在上海证券交易所上市,注册基金份额100000000.00元。

二、主要会计政策

1、会计制度　执行《金融企业会计制度》。

2、会计年度　采用公历制自每年1月1日起至12月31日止为一个会计年度。

三、税项

经山东省淄博市生产税务局淄税办字(94)第10号文批复,因淄博乡镇企业投资基金公司是全国首家经中国人民银行总行批准设立的投资基金,有关纳税事宜,在未得到上级税务部门正式答复之前,暂不征税。本年度公司未计缴任何税项。

四、会计报表主要项目注释

1、银行存款　340994.56,均系人民币存款。

2、应收帐款

帐龄	期初数	期末数
1年以内	5068093.96	1811295.00
1-2年	5871688.09	3304695.96
2年以上	4088993.91	5456789.09
3年以上	386790.09	3769489.00
合计	15415566.05	14342269.05

* 均系对投资单位的应收利息款,按期末余额的3‰提坏帐准备43026.81后,截止1999年12月31日应收帐款净额为14299242.24。

3、短期投资　均系对企业的短期资金投资,按企业类别系示如下:

企业类别	期初投资金额	期末投资金额
机械	1780000.00	1395713.92
轻工	4485000.00	3950000.00
商贸	1930000.00	1482836.00
化工	2175000.00	1782000.00
建材	2900000.00	2800000.00
建安	250000.00	200000.00
冶金	2800000.00	2800000.00
合计	16320000.00	14410549.92

三、主要财务指标

	单位:人民币
1、投资收入(元)	452946.08
2、净收益(元)	-399496.80
3、资产总计(元)	148313530.86
4、股东权益(元)	135438969.42
5、单位基金收益(元)	-0.040
6、单位基金净收益(元)	-0.040
7、净资产收益率(%)	-0.29%

四、基金份额结构

(一)基金份额结构:	持有份额	比例(%)
发起人持有:	15120000	15.12
社会公众持有:	84880000	84.88
总计	100000000	100

(二)基金前十名持有人持有人	持有份额	比例(%)
中国农村发展信托投资公司*	5040000.00	5.040
淄博市信托投资公司	3360000.00	3.360
海通证券有限公司	3360000.00	3.360
山东省齐鲁信托投资有限公司**	1680000.00	1.680
山东证券有限责任公司	1680000.00	1.680
梁妙嫦	475000.00	0.475
梁振华	392000.00	0.392
秦艳娟	339700.00	0.340
阎立生	299000.00	0.299
何晓成	250000.00	0.250
合计	16875700.00	16.876

* 中国农村信托发展投资公司现已被中国建设银行托管。

** 系由原发起人山东工商银行信托投资有限公司转让。

五、基金投资组合

投资项目	投资比例(%)
证券	37.80
实业	55.13
货币及其它	7.07
合计	100

六、经理人报告摘要

1、一九九九年经营情况回顾

1999年,淄博基金按照办发[1999]28号文件的要求,坚决压缩实业投资,调整投资结构,增强基金资产的流动性。进一步加大实业投资回收力度,在大部分企业经营困难的情况下,共收回及盘活资产万元。在证券投资的操作上,把稳健操作、控制风险,确保基金资产的安全性放在首位,进一步强化了证券投资的研究和日常监督工作,杜绝随意性操作,针对国家政策面及证券市场的走势特点,逐步调整证券投资组合,进一步优化了投资结构。到九九年末,证券投资市值较年初有了较大幅度的提高,所持股票与现金的比例有了较大幅度的改善。

本报告期内,本基金管理人在以控制风险为前提的基础上,勤勉尽责地对基金资产运作和管理,无任何损害基金持有人利益的行为。基金的投资组合符合有关规定及基金章程的规定。

2、二000年工作计划

2000年,管理公司把稳健经营、控制风险贯穿于工作的始终。按照国家有关文件要求,尽快完成淄博基金的清理规范工作。在实业投资方面坚决压缩投资,调整投资结构为主,进一步增强基金资产的流动性,尽快使基金的投资结构达到国办发[1999]28号文件的要求。在证券投资的操作上,把控制风险、稳健操作放在首位,在加强对宏观面、政策面及市场走势深入研究的基础上,在确保基金资产的流动性、安全性的基础上,获取稳定的投资收益。

七、托管人报告

我行受托保管淄博乡镇企业投资基金公司(以下简称基金)的以下资产:基金募集所得净价金、基金负债、基金资产购入的各项资产(股票、债券以及非上市公司股权投资等)以及由此等资产所产生的资得利、利息、股息收入等各项收益。我行以诚实善良之操守,依据委托保管协议,以基金及持有人的利益为最高利益,行使基金资产保管权,全权负责基金保管资产的安全与完整。在履行义务的过程中,未发现、执行过管理人违反委托管理协议以及有关文件法令的指令,并定期与管理人对照、核实基金保管资产帐目,确保基金资产完整无缺,全面履行了妥善保管和基金保管资产的义务。我们证实管理人提供的一九九九年基金资产帐目与我们的记录完全一致,真实有效。

中国农业银行淄博分行

金龙投资基金

金龙投资基金1999年年度报告摘要

一、基金简介

1、基金管理人:上海国际信托投资公司证券投资信托部
地址:上海市九江路111号707室　电话:(021)63231111-6725　传真:63238357
2、基金托管人:交通银行上海浦东分行　地址:上海市商城路518号　电话:(021)58823456转
3、基金总额:100,000,000单位　4、基金类型:契约型封闭式　5、基金年限:10年
6、基金发行年度:6年　7、上市地点:上海证券交易所　8、上市时间:1996年11月29日

二、基金年度财务报表

1、资产负债报告书(1999年12月31日)　　单位:元

项目	期初数	期末数
股票投资-成本	55,271,731.70	47,148,396.64
债券投资-成本		4,967,990.85
其他投资-成本	53,259,450.00	35,409,450.00
其他投资-减值准备	-1,500,000.00	-10,609,450.00
股票投资-估值增值	-12,013,206.72	-16,205,344.01
债券投资-估值增值		-15,500.00
银行存款	2,030,744.18	3,047,667.06
其他存款	7,412,924.58	30,100,711.99
应收款项	3,410,610.00	3,243,110.00
减:坏帐准备		-2,483,110.00
资产总值	107,872,253.74	94,603,922.53
应付基金管理费	213,555.23	190,860.26
应付基金托管费	280,685.38	101,389.39
应付收益	506,300.00	6,300.00
应付帐款	11,785.00	10,387.00
负债总额	1,012,325.61	308,936.65
基金单位总额	100,000,000.00	100,000,000.00
未分配净收益	18,873,134.85	10,515,829.89
未实现估值增值	-12,013,206.72	-16,220,844.01
资产净值	106,859,928.13	94,294,985.88
负债及资产净值合计	107872,253.74	94,603,922.53

2、收益及分配报告书(1999年度)

项目	本年发生数	上年发生数
一、基金收益	7,821,548.46	8,368,337.49
股息收入	859,838.40	596,532.79
债券利息收入		
股票买卖价差收入	5,073,218.29	5,412,713.69
债券买卖价差收入		47,381.40
其他资产买卖价差收入	1,675,853.59	1,895,800.00
其它收入	212,638.18	415,909.61
二、基金支出	16,178,853.42	4,866,530.28
其他投资减值准备金	10,609,450.00	1,500,000.00
坏帐准备金	2,483,110.00	
基金管理费	2,565,687.59	2,806,853.90
基金托管费	256,568.77	280,685.38
应由基金承担的其他费用	264,037.06	278,991.00
三、基金净收益	-8,357,304.96	3,501,807.21
上年未分配净收益	18,873,134.85	15,371,327.64
本期已分配收益	0.00	0.00
四、期末未分配净收益	10,515,829.89	18,873,134.85

3、审计报告及会计报表附注:

上投金龙基金全体受益人:

我们接受委托,审计了上投金龙基金(以下简称金龙基金)1999年12月31日的资产负债表和1999年度收益及分配表。这些会计报表由基金管理人负责,我们的责任是对这些会计报表发表审计意见。我们的审计是依据《中国注册会计师独立审计准则》进行的,在审计过程中,我们结合金龙基金的实际情况,实施了包括抽查会计记录等我们认为必要的审计程序。

我们认为,上述会计报表符合《企业会计准则》和《证券投资基金管理暂行办法》的有关规定,在所有重大方面公允地反映了金龙基金1999年12月31日的财务状况和1999年度的经营成果,会计处理方法的选用遵循了一贯性原则。

在审计中,我们注意到其他投资3541万元均已逾期,具体情况已在会计报表附注3.3中予以披露。

上海众华会计师事务所

三、会计报表主要项目注释

3.9 应付基金管理费、托管费

	期初数	本期计提	本期转出	期末数
应付基金管理费	213,555.23	2,565,687.59	2,588,382.56	190,860.26
应付基金托管费	280,685.38	256,568.77	435,864.76	101,389.39
合计	494,240.61	2,822,256.36	3,024,247.32	292,249.65

3.10 基金单位总额

	期初数	期末数
基金单位总额	100,000,000	100,000,000

3.11 未分配净收益

期初未分配净收益	18,873,134.85
本期净收益	-8,357,304.96
本期已分配收益	0.00
期末未分配净收益	10,515,829.89

3.12 未实现估值增值

	期初数	期末数
股票投资估值增值	-12,013,206.72	-16,205,344.01
债券投资估值增值	0.00	-15,500.00
	-12,013,206.72	-16,220,844.01

3.13 基金收益

项目	1999年度	1998年度
股票买卖价差收入	5,073,218.29	5,412,713.69
债券买卖价差收入	0.00	47,381.40
其他资产买卖价差收入	1675853.59	1,895,800.00
债券利息收入	0.00	0.00
股息收入	859,838.40	596,532.79
其他收入	212,638.18	415,909.61
	7,821,548.46	8,368,337.49

3.14 基金支出

项目	1999年度	1998年度
其他投资减值准备金	10,609,450.00	1,500,000.00
坏帐准备金	2,483,110.00	0.00
基金管理费	2,565,687.59	2,806,853.90
基金托管费	256,568.77	280,685.38
其他费用	264,037.06	278,991.00
	16,178,853.42	4,866,530.28

四、关联交易

4.1　1999年6月,金龙基金将所持有的全部法人股(包括交通银行权证)按帐面成本价15,204,849.16元转让予上海国际信托投资公司。该笔关联交易未产生收益。

4.2　1999年9月,金龙基金将所投资的上海海乐梦旅游船务公司及上海锦都实业总公司的股权按帐面原值700万元转让予上海国际信托投资公司。上年度已计提的减值准备150万元也相应冲减,转作本期收益。

五、承诺及或有事项

截至本会计报表签发日　(2000年3月29日),金龙基金无承诺及或有事项发生。

六、资产负债表日后事项

2000年1月向上海市黄浦区人民法院递呈了民事起诉状,要求上海市沪南房地产开发有限公司归还借款190万元及支付利息88万元,法院已受理并开庭,截至本报告签发日尚未判决。

三、主要财务指标

金额单位:人民币元

1、期末基金资产总值	94,603,922.53
2、期末基金资产净值	94,294,985.88
3、单位基金净收益	-0.0836
4、期末单位基金资产净值	0.943
5、基金资产净值收益率	-8.86%

四、基金份额结构

(一)、基金份额结构:

	持有份额(基金单位)	比　例
发起人持有	500万	5%
社会公众持有	9500万	95%
总　计:	10000万	100%

(二)、基金前十名持有人情况(截止于1998年12月31日止)

持　有　人	持有份额(基金单位)	比　例
1、上海国际信托投资公司	5,000,000	5.00%
2、新盟物业	2,700,000	2.7%
3、沈慧智	1,268,000	1.27%
4、覃志成	700,000	0.70%
5、夏领群	470,000	0.47%
6、陈肖容	461,100	0.46%
7、王本清	341,500	0.34%
8、温志霞	306,260	0.31%
9、马宝林	296,900	0.30%
10、肖穗生	293,600	0.30%

五、管理人报告

基金管理人在1999年度基金管理和运作中继续遵循国家有关政策和法规,加强基金风险的防范和控制,积极、稳妥地抓好基金投资结构的调整。根据国办发[1999]28号文《原有投资基金清理规范方案的通知》的精神,加大了对基金原投入实业项目的不良资产的清理调整力度。实业及其他投资比例从年初的47.72%下降到年末的23.84%。证券投资比例从年初的44.69%提高到年末的46.55%。货币资金比例从年初的7.59%提高到年末的29.61%,基金资产的流动性有所提高。

在证券投资中,我们更加注重风险的控制,加强调研工作,通过对市场、行业及上市公司的调查研究来选择投资对象和进行投资组合,取得了一定的收益。

《证券法》的公布和实施,为证券市场的发展和完善提供必要的法律环境,也为基金进行理性投资创造了良好环境。本基金管理人将继续遵循稳健的投资原则,严格自律,规范经营,积极进取,努力为投资者谋求好的回报。

六、托管人报告摘要

本托管人--交通银行上海浦东分行依据《金龙基金契约》及《托管协议》,对上投金龙投资信托基金(以下简称金龙基金)实施托管。现就金龙基金1999年度的托管情况报告如下:

(一)本托管人在1999年托管金龙基金期间,严格按照《证券投资基金管理暂行办法》及其实施准则,基金契约,托管协议和其他有关法规的规定,对金龙基金的投资运作进行了全面的会计核算和应有的监督,尽职尽责地履行了基金托管人应尽的义务,未发生任何损害基金持有人利益的行为。

(二)本托管人依据《证券投资基金管理暂行办法》与基金契约以及托管协议所赋予的权利,对金龙基金的投资运作,基金资产净值的计算及每单位基金资产净值的计算等方面进行了必要的监督,认为基金管理人----上海国际信托投资公司证券投资信托部遵守了《证券投资基金管理暂行办法》及其实施准则,基金契约,托管协议和其他有关法规的规定,没有发现任何损害基金持有人利益的行为。

(三)本托管人依法对金龙基金的管理人编制和披露的有关金龙基金1999年度资产净值公告、投资组合公告、基金年度报告等公告信息进行了复核,认为金龙基金的管理人在1999年度内所编制和披露的基金信息真实、合法、完整。

交通银行上海浦东分行

七、备查文件

1、中国人民银行证管办[1992]36号批设文件
2、《上投金龙基金投资信托契约》

上海国际信托投资公司
二OOO年三月三十日

宝 鼎 投 资 基 金

宝鼎投资基金 1999 年年度报告摘要

一、基本简介

(一)基金名称:宝鼎投资基金　交易代码:500502　发起人:申银万国证券股份有限公司
基金发行日期:1993 年 9 月 10 日至 1993 年 12 月 31 日　基金成立日期:1994 年 1 月 1 日
基金单位总份额:1 亿份基金单位　基金类型:契约型封闭式　基金存续期:十年
基金上市地点:上海证券交易所　基金上市日期:1996 年 11 月 29 日
(二)基金管理人:申银万国证券股份有限公司基金管理总部　地址:上海市常熟路 171 号十楼
总经理:陈可度　信息披露联络人:秦谊　电话:021-64158888 转 3034　传真:021-64456474
(三)基金托管人:中国农业银行上海市分行　地址:上海市陆家浜路 1296 号　法定代表人:严其汾
托管负责人:吴融　信息披露联络人:唐倩萍　电话:021-63186757　传真:021-63186757
(四)会计师事务所:上海上会会计师事务所　地址:上海市四川北路 1318 号
法定代表人:刘小虎　经办注册会计师:熊丽萍

二、基金管理人报告

(一)本基金业绩表现　截止 1999 年 12 月 31 日,本基金每基金单位净值达到 2.49 元,年净值增长率为 31.75 %,每基金单位实现收益 0.49 元。本基金在未能享受配售新股优惠政策的条件下,坚持"证券投资、研究先行"的一贯原则,精选个股,精细操作,控制风险,经过全体员工的共同努力,实现了宝鼎基金一贯的高速成长,为本基金持有人谋取了优良的投资回报, 巩固和维护了宝鼎基金的独特品牌。

(二)基金经理工作报告　1999 年是我国证券市场酝酿大变革的一年,党中央和国务院充分肯定证券市场对 国民经济的促进作用, 证券市场也基本反映或提前反映了宏观经济的变化, 在严格监管、优化金融风险的同时,市场环境趋于宽松,投资者队伍不断扩大,三类企业和保险资 金入市,金融创新活跃,网络经济和高科技产业越来越得到市场的认同。

三、托管人报告

本托管人一中国农业银行上海市分行,依据《宝鼎投资基金信托契约》与《 托管协议》,托管宝鼎投资基金。1999 年度,在对宝鼎投资基金的托管过程中,本托管人对宝鼎投资基金的投资运作进行了全面的会计核算和应有的监督,尽职尽责地履行了作为托管人应尽的义务,未发生任何损害基金持有人利益的行为。本托管人对宝鼎基金的投资活动进行了监督,认为基金管理人在进行的投资运作、基金资产净值及单位基金资产净值的计算等方面,没有发现任何损害基金持有人利益的行为。

四、基金年度财务报告

宝鼎投资基金全体受益人:

我们接受委托,审计了宝鼎投资基金(以下简称宝鼎基金)1999 年 12 月 31 日的资产 负债表和 1999 年度收益及收益分配表进行。这些会计报表由基金管理人负责,我们的 责任是对这些会计报表发表审计意见。我们的审计是依据《中国注册会计师独立审计准则》进行的。在审计过程中,我们结合宝鼎基金的实际情况,实施了包括抽查会计记录等我们认为必要的审计程序。

我们认为,上述会计报表符合《企业会计准则》和发起人所规定的会计制度的有 关规定,在所有重大方面公允地反映了宝鼎基金 1999 年 12 月 31 日的财务状况和 1999 年 度经营成果,会计处理方法的选用遵循了一贯性原则。　上海上会会计师事务所有限公司　中国注册会计师　熊丽萍

(二)基金会计报告书　资产负债报告书(1999 年 12 月 31 日)　　金额单位:元

项目	期初数	期末数
股票投资一成本	106817859.11	158548421.18
股票投资一估值增值	-22466865.66	-4666624.45
银行存款	493826.04	54601760.95
应收股利	-	-
应收利息	-	-
应收帐款	103705224.91	41575916.40
其他应收帐款	100,000.00	-
基金资产总值	188650044.40	250059474.08
应付帐款	-	705556.16
应付佣金	-	-
其他应付款项	41800.00	41800.00
负债总额	41800.00	747356.16
基金单位总额	100000000.00	100000000.00
交易风险准备金	10397583.94	13780356.90
未分配净收益	100677526.12	140198385.47
未实现估值增值	-22466865.66	-4666624.45
基金资产增值	188608244.40	249312117.92
基金单位发行总份额	100000000.00	100000000.00
每份基金单位资产净值	1.89	2.49

收益及分配报告书(1999 年 12 月 31 日)　金额单位:元

项目	本期数	上期数
在除息日确认的股息收入	-	-
股票买卖价差收入	54878585.19	39756630.70
其他收入	1420198.14	1485868.37
基金管理费	5565222.41	5275627.80
基金托管费	556522.24	527562.78
应由基金承担的其他费用	1527850.21	1647309.49
基金净收益	48649188.47	33827729.60
上年未分配净收益	100677526.12	124255285.91
本期已分配收益	9182329.12	57405489.39
期末未分配净收益	140198385.47	100677526.12

(三)会计报告书附注　3.主要报表项目说明

3.1 股票投资:详见下表　　1999 年 12 月 31 日

	实际成本	以 12 月 31 日收盘价计	估值增(减值)
上海 A 股	147019714.57	143611749.56	-3407965.01
深圳 A 股	11528706.61	10270047.17	-1258659.44
合计	158548421.18	153881796.73	-4666624.45

3.2 银行存款:1999 年 12 月 31 日余额为人民币 54,601,760.95 元, 系存放在托管人中国农业银行上海市分行南市支行帐户的存款。

3.3 应收帐款:1999 年 12 月 31 日余额为人民币 41,575,916.40 元, 系基金管理人用于投资股票而存入安徽省证券公司深圳证券业务部的交易准备金。

3.4 应付帐款:1999 年 12 月 31 日余额为人民币 705,556.16 元, 系应付基金管理人 1999 年度业绩报酬的未付部分。

3.5 其他应付款项:1999 年 12 月 31 日余额为人民币 41,800.00 元,系红利纳税的尾数遗留数。

3.6 基金单位总额:100,000,000.00 元,其中基金管理人 500 万元。

3.7 交易风险准备金:1999 年 12 月 31 日余额为人民币 13,780,356.90 元, 系根据 1999 年 5 月 9 日召开的本基金受益人大会通过的 1998 年度收益分配方案中以 1998 年底本基金实际可分配收益 33,827,729.60 元为基数,提取 10%风险准备金为 3,382,772.96 元,加 上以前年度提取的交易风险准备金 10,397,583.94 元,合计 13,780,356.90 元。

3.8 未实现估值增值:1999 年 12 月 31 日余额为人民币-4,666,624.45 元,详见注释 3.1,系根据中国人民银行上海市分行发布的《上海市人民币证券投资信托基金暂行管理办法》及《万国宝鼎投资基金信托契约》有关条款的规定,作为本基金净值计算的组 成部分。

3.9 未分配净收益:1999 年 12 月 31 日余额为人民币 140,198,385.47 元,其中:

期初未分配收益	100677526.12
加:1999 年度可分配收益	48649188.47
减:交易风险准备金	3382772.96
基金管理人业绩报酬	5745556.16
合计	140198385.47

3.10 股票买卖价差收入:1999 年累计为人民币 54,878,585.19 元, 系通过上海证交 所及深圳证交所买卖股票的收益。其中:　1999 年　单位:元

上海 A 股买卖收入	41900669.37
深圳 A 股买卖收入	9877915.82
未上市股票转让收入	3100000.00
合计	54878585.19

3.11 其他收入:1999 年累计为人民币 1,420,198.14 元,其中:　1999 年　　单位:元

手续费收入	5329.27
银行存款利息收入	869027.48
现金股利	545841.39

3.12 其他支出:1999 年累计为人民币 1,527,850.21 元, 系本年度因基金业务的开展而发生的年报审计费、邮电费、其他杂项支出等费用。

(四)本基金流通受限、不能自由转让的资产全部为上市公司尚未流通的法人股转配部分,具体情况如下:

股票名称	数量(股)	成本(元)	以 1999 年 12 月 31 日收盘价计价(元)
新世界	141134.00	297000.00	1220809.10
珠江实业	10000.00	38000.00	71000.00
万象集团	504000.00	1290000.00	4152960.00
东方明珠	550568.00	2781202.00	12635535.60
合计	1205702.00	4406202.00	18080304.70

(五)基金投资组合　1.按行业分类的股票投资组合

分类	市值(元)	占净值比例
商贸旅游	51635557.50	20.71%
建材建筑	23690999.50	9.50%
电子通讯	23655717.80	9.49%
机械制造	19801208.00	7.94%
综合	12635535.60	5.07%
金融地产	8184222.26	3.28%
纺织服装	5489079.67	2.20%
医药	5266375.40	2.11%
能源电力	3512751.00	1.41%
农林牧渔	5300.00	0.00%
交通运输	5050.00	0.00%
合计	153881796.73	61.72%

2.国债、货币资金合计　截至 1999 年 12 月 30 日,本基金未持有国债,持有货币资金合计为 95,430,321.19 元,占基金资产净值的 38.28%。

3.基金投资前十名股票明细

序号	名称	市值(元)	占净值比例
1	大显股份	23655717.80	9.49%
2	甬城隍庙	23458652.95	9.41%
3	隧道股份	20993280.00	8.42%
4	南京新百	20719887.45	8.31%
5	南通机床	19801208.00	7.94%
6	东方明珠	12635535.60	5.07%
7	张江高科	7989472.26	3.20%
8	声乐股份	5489079.67	2.20%
9	东风药业	5266375.40	2.11%
10	万象集团	4152960.00	1.67%

五、基金持有人结构

本基金发起人持有的基金份额为 500 万基金单位,占基金发行总额的 0.5%
社会公众持有的基金份额为 9500 万基金单位,占基金发行总额的 99.5%。
本基金前十名持有人的名称、持有份额、占总份额比例如下:

序号	名称	持有份额	占总份额比例
1	宝鼎发起	5000000	5%
2	开宝凝结	1469285	1.45%
3	新盟物业	857267	0.86%
4	韦顺南	670941	0.67%
5	汤双云	536989	0.54%
6	蔡银龙	386660	0.39%
7	苏州信托	320000	0.32%
8	兆隆汽车	319100	0.32%
9	康威药业	300000	0.32%
10	成都柳浪	270000	0.27%

富 民 投 资 基 金

富民投资基金 1999 年年度报告摘要

说 明

沈阳北方证券公司基金管理部作为富民投资基金管理人，公布富民投资基金一九九八——一九九九年度报告.本基金经理人确信本报告不存在任何重大遗漏或误导,并愿 对本报告内容进行解释和承担一切责任.

沈阳北方证券公司基金管理部

一、基金简介

1、基金经理人名称:沈阳北方证券公司基金管理部
地址:沈阳市沈河区友好大街9号
电话:(024)22524009
传真:(024)22523641
邮编:110013
2、基金托管人名称:中国工商银行沈阳市分行
地址:沈阳市沈河区友好大街9号
电话:(024)22523515
传真:(024)22523517
邮编:110013
3、基金总份额:34,500,000 份
4、基金类型:封闭契约型
5、基金年限:不定存续期
6、基金年度:1998 年 5 月 1 日—1999 年 4 月 30 日
7、上市地点:沈阳证券交易中心
8、上市时间:1992 年 7 月 31 日

二、基金年度财务报表

1、经沈阳会计师事务所审计并出具无保留意见审计报告(华会股审字(1999) 第 0046 号)
2、简化的资产负债表
金额单位:元 1999 年 4 月 30 日

项目	期初数	期末数	附注号
流动资产			
货币资金	1,226,161.28	10,345,241.97	3
短期投资	8,101,200.00	41,750.00	4
减:投资风险准备	46,088.99	70,392.59	5
应收帐款	4,929,950.00	4,929,950.00	6
减:坏帐准备	14,789.85	14,789.85	7
一年内到期的长期债券投资			
其他应收款	40,000.00		
其他流动资产			
流动资产合计	14,236,432.44	15,231,759.53	
长期投资			
长期投资	27,400,000.00	27,000,000.00	8
减:投资风险准备	246,900.00	329,100.00	9
资产合计	41,389,532.44	41,902,659.53	
流动负债			
其他应付帐款	2,231,583.55	2,248,260.18	10
实收资本	34,500,000.00	34,500,000.00	11
未分配利润	4,657,948.89	5,154,399.35	12
所有者权益合计	39,157,948.89	39,654,399.35	
负债及所有者权益合计	41,389,532.44	41,902,659.53	

3、损益表(1998 年 5 月 1 日—1999 年 4 月 30 日)金额单位:元

	上年数	本年数	附注号
经营收入	1,201,240.67	985,299.35	13
实业投资收入			
证券投资收入	1,177,986.31	934,613.80	
利息收入	23,254.36	50,685.55	
其他投资收入			
经营支出	142,145.27	472,172.26	14
营业费用	142,145.27	244,548.60	
财务费用			
其它费用		227,623.66	
收益总额	1,059,095.40	513,127.09	
减:管理人费用	34,420.60	16,676.63	15
净收益	1,024,674.80	496,450.46	16
加:上年未分配利润	4,685,869.09	4,657,948.89	
减:红利分配	1,035,000.00		
减:分红手续费	17,595.00		
期末未分配利润	4,657,948.89	5,154,399.35	

4、报表编制说明
(1)以上财务报表中的相关数据取自经沈阳会计师事务所注册会计师秦凤英、于宝久审计的本基金年度的审计报告。
(2)主要报表附注说明
附注 1:基金设立
沈阳北方证券公司富民投资基金(简称"基金")是经中国人民银行沈阳市分行沈银金字(1992)74 号文件批准设立的,发行基金 3,000 万元,1993 年 5 月,经富民 基金监事会决议,当年 450 万红利转存,由富民基金代为投资,使基金总额达到 3,450 万元。基金由沈阳北方证券公司承担管理人负责管理,并由人民银行沈阳市分行沈 银金字(1992)231 号文件批准上市交易。
附注 2:重要会计政策
(1)"基金"按中华人民共和国会计法准则和金融企业会计制度核算。
(2)"基金"会计年度:自上年五月一日至下年度四月三十日止。
(3)"基金"以人民币为记帐本位币。
(4)会计核算实行权责发生制,采用借贷记帐法。
(5)"基金"从 1995 年开始按"应收帐款"期末余额 3‰提取坏帐准备金;按年初投资资金金额 3‰提取投资风险准备金。
附注 3:货币资金期末余额 10,345,241.97 元,其中银行存款为 3,053,902.81 元,其他货币资金为 7,291,339.16 元。
附注 4:短期投资期末余额 41,750 元,全部为股票证券投资。
附注 5:短期投资风险准备金期末余额 70,392.59 元,系按年初短期投资余额的 3‰提取。期中上年余额为 46,088.99 元,本期提取 24,303.60 元。
附注 6: 应收帐款期末余额 4,929,950 元。系应收中国农业银行大连市高科技产业园区支行(原大连农业银行信托投资公司)截止 1995 年 4 月 30 日以前的应计利息。
附注 7:坏帐准备金期末余额为 14,789.85 元,系按应收帐款期末数 3‰的提取 数。
附注 8:长期投资期末余额 27,000,000 元,其中:中国农业银行大连市高科技 产业园区支行(原大连农业银行信托投资公司)17,000,000 元, 广东证券公司中山营业处证券部国债投资 10,000,000 元。
附注 9:长期投资风险准备金期末余额 329,100 元,系按长期投资期初余额的 3‰提取。其中上年余额为 246,900 元,本年提取 82,200 元。
附注 10:其他应付款期末余额 2,248,260.18 元。
附注 11:实收资本(基金)期末余额 34,500,000 元。
附注 12:未分配利润期末余额 5,154,399.35 元。其中:期初未分配利润 4,657,948.89 元,加:本期实现净收益 496,450.46 元。
附注 13:经营收入本期为 985,299.35 元。其中(1)证券投资收入 934,613.80 元,系股票投资收入。(2)利息收入 50,685.55 元,系银行存款利息收入。
附注 14:经营支出本期为 472,172.26 元。
其中:(1)营业费用 244,548.60 元。
A 投资风险准备金 106,503.60 元。
B 审计费、会务费、帐箱费 138,045 元。
(2)其他费用 227,623.66 元,系基金部各项管理费支出。
附注 15:管理人费用本期为 16,676.63 元。系按基金章程规定提取的管理费和 托管费。
附注 16:净收益本期 496,450.46 元。

三、主要财务指标

(1)投资收入	985,299.35
(2)净收益	496,450.46
(3)资产总计	41,902,659.53
(4)所有者权益	39,654,399.35
(5)单位基金收益	0.014
(6)单位基金净资产	1.15
(7)净资产收益率	1.25%

四、基金份额结构

	持有份额(万元)	比例(%)
发起人持有	300	8.7
社会公众持有	3,150	91.3
总计	3,450	100

五、基金投资组合

投资项目	投资比例
证券	51%
房地产	49%
合计	100%

六、经理人报告摘要

1、对本年度基金运作的回顾
一年来,本管理人积极开展证券投资业务,认真落实国办发(1999)28 号文件即中国证监会对原有基金清理规范的指示,加大资产结构的调整力度,盘活资金,并取得一定收益。
2、展望
在未来的一年里,
本管理人将继续贯彻落实国办发(1999)28 号文件的指示精神,积极开展证券投资经营,加大基金投资的清收和执行力度,最大限度地维护投资者利益和基金资产的完整。

七、托管人报告摘要

工商银行沈阳市分行作为富民投资基金信托人,根据《基金资产信托契约》对该基金的投资活动进行监督。本信托人认为富民投资基金经理人沈阳北方证券公司基金管理部在 1998 年 5 月 1 日至 1999 年 4 月 30 日期间,对富民投资基金的投资管理符合该基 金信托契约的各项条件,且无违反沈阳证券交易中心和上海证券交易所对基金管理的有关管理办法的各项规定,特此报告。

八、重大事项揭示

对中国农业银行大连市高科技产业园区支行投资的 1700 万元一案正在执行中。详情见上年度报表说明中的重大事项揭示。

沈阳北方证券公司基金管理部
一九九九年七月二十三日

通发投资基金

通发投资基金1999年年度报告摘要

一、基金简介

1、基金的设立与上市:通发投资基金是经中国人民银行沈阳市分行沈银金字(1992)108号文件批准,由原沈阳证券公司发起设立的,并经中国人民银行沈阳市分行以 沈银金字(1992)241号文件批准上市交易.

2、基金简称:沈阳通发 3、基金交易代码:550513 4、基金单位总份额:58,500,000份

5、类型:封闭式契约型 6、存续期:不定存续期 7、基金年度:上年6月1日-下年5月31日

8、上市地点:沈阳证券交易中心 9、上市时间:1992年9月8日

10、联网交易地点:上海证券交易所 11、联网交易时间:1994年3月7日

12、基金管理人名称:海通证券有限公司沈阳分公司基金管理部 邮政编码:110014

地址:沈阳市沈河区大西路364号 联系人:朱明玉 电话:22731268 传真:024-22731268

13、基金托管人名称:交通银行沈阳分行 地址:沈阳市沈河区十一纬路100号

邮政编码:110014 电话:024-22824276 传真:024-22828074

二、基金管理人报告

本基金管理人参照《证券投资基金管理暂行办法》及其各项实施准则、基金契约和其他有关法规的规定,勤勉尽责地为基金持有人谋求利益,不存在损害基金持有人利益的行为.

在报告期内,本基金管理人参照《证券投资基金管理暂行办法》的要求最大限度地对基金运行进行了规范化管理,抓住机遇调整投资结构,尽可能地缩小原有的实业投资规模,加大证券投资比例.本着为基金持有人创造最大效益的原则,在控制风险的前提 下,抓住各种机会,加大证券投资力度,获得了一定效益.为了收缩实业投资规模,对各 个实业投资项目进行清理,尽可能地收回投资.对其中的不良项目采取各种可能的措施,尽量减少损失.

在下一年度中,本基金管理人将本着规范、安全、高效的精神对本基金进行运作,抓住市场机遇,力争创造较好的业绩来回报基金持有人.

三、基金托管人报告

本基金托管人参照《证券投资基金管理暂行办法》及各项实施准则、基金契约和其他有关法规的规定,履行应尽的监督职责,不存在损害基金持有人利益的行为.本托 管人认为,通发基金管理人海通证券有限公司沈阳分公司基金管理部在1998年6月1日 至1999年5月31日对通发基金的投资管理符合该基金契约的各种条件,符合相关法律、法规的规定,也符合沈阳证券交易中心和上海证券交易所对基金管理的各项要求.

四、基金年度财务报告

海通证券有限公司沈阳分公司:

我们接受委托,审计了贵公司提供的"通发投资基金"1998年6月1日至1999年5月31日的资产负债表及该年度损益表及利润分配表.这些会计报表由贵公司负责,我们的责任是对这些会计报表发表审计意见.我们的审计是依据《中国注册会计师独立审计准 则》进行的.在审计过程中,我们结合贵公司实际情况,实施了包括抽查会计记录等我 们认为必要的审计程序.

我们认为,上述会计报表符合《企业会计准则》和《金融企业会计制度》的有关 规定,在所有重大方面公允地反映了贵公司"通发投资基金"年度的投资状况及经营成 果,符合"通发投资基金"章程.

沈阳华伦会计师事务所 地址:中国·沈阳

中国注册会计师 秦凤英 于宝久

一九九九年八月五日

(二)资产负债表(1999年5月31日)单位:元

项目	期初数	期末数
流动资产		
货币资金	29,747.14	50,153.58
短期投资	40,974,150.34	48,243,118.38
减:风险准备金	412,727.70	535,650.15
应收帐款	201,900.00	201,900.00
减:坏帐准备	605.70	605.70
流动资产合计	40,792,464.08	47,958,916.11
长期投资	26,340,000.00	24,885,000.00
减:风险准备金	150,000.00	229,020.00
资产总计	66,982,464.08	72,614,896.11
流动负债		
其他应付款	436,222.25	574,904.44
负债总计	436,222.25	574,904.44
所有者权益		
实收资本	58,500,000.00	58,500,000.00
未分配利润	8,046,241.83	13,539,991.67
所有者权益合计	66,546,241.83	72,039,991.67
负债及所有者权益合计	66,982,464.08	72,614,896.11

(三)损益表(1998年6月1日-1999年5月31日)单位:元

项目	上年度实际数	本年度实际数
经营收入	8,942,266.07	6,897,745.31
实业投资收入	1,984,062.00	615,288.00
证券投资收入	6,943,724.32	6,278,142.89
利息收入	14,479.75	4,314.42
其他投资收入		
经营支出	649,054.93	1,114,057.23
营业费用	433,302.98	1,068,723.24
财务费用	195,217.00	30,257.20
其他费用	20,534.95	15,076.79
收益总额	8,293,211.14	5,783,688.08
减:管理人费用	415,687.30	289,938.24
净收益	7,877,523.84	5,493,749.84

(四)会计报表附注

1.主要会计政策

(1)本基金按中华人民共和国企业会计准则比照《金融企业会计制度》进行核算.

(2)本基金会计年度:从上一公历年度六月一日起至下一公历年度五月三十一日止.

2.税项暂不涉及.

3.会计报表主要项目说明

(1)货币资金余额50,153.58元,其中:银行存款49,918.07元;现金235.51元.

(2)短期投资期末余额48,243,118.38元.全部为证券投资.

(3)短期投资风险准备金期末余额535,650.15元,系按短期投资期初余额3‰提 取.其中:上年余额412,727.70元,本年提取122,922.45元.

(4)应收帐款期末余额201,900.00元.其中:

帐龄	户数	金额(元)	占总额%
三年以上	2	201,900.00	100

(5)坏帐准备金期末余额605.70元,系按应收帐款期末余额3‰提取数.

(6)长期投资期末余额24,885,000.00元,其中:

被投资单位	期末余额
1)沈阳金属材料总公司	500,000.00元
2)沈阳有色金属材料总公司	3,900,000.00元
3)沈阳物资贸易中心	3,940,000.00元
4)辽宁信托贸易公司	500,000.00元
5)沈阳风机厂	795,000.00元
6)沈阳东亚商业广场股份有限公司	7,000,000.00元
7)沈阳银建物资经销公司	6,500,000.00元
8)沈阳自来水房屋开发公司	1,150,000.00元
9)辽宁省石化物资经销公司	600,000.00元

(7)长期投资风险准备金229,020.0元,系按长期投资期初余额3‰提取.其中:上年余额为150,000.00元,本期提取79,020.00元.

(8)其他应付款期末余额574,904.44元,系一年以内的应付款.其中:应付海通证券有限公司沈阳分公司的管理费539,292.70元,应付托管人交通银行沈阳市分行的托 管费35,611.74元.

(9)实收资本(基金)期末余额58,500,000.00元.

(10)未分配利润期末余额为13,539,991.67元.其中:期初未分配利润8,046,241.83元,加:本年实现净利润:5,493,749.84元.

(11)本期经营收入6,897,745.31元.其中:实业投资收入615,288.00元;证券投 资收入6,278,142.89元;利息收入4,314.42元.

(12)本期经营支出1,114,057.23元.其中:营业费用1,068,723.24元;财务费用30,257.20元;其他费用15,076.79元.

(13)本年度净收益5,493,749.84元

(14)或有损失

应收帐款科目中沈阳物资交易中心欠利息款108,900.00元;沈阳有色金属材料总 公司欠利息款93,000.00元;从1994年起至今已超过三年以上,虽经多次催收,但无结果,可能造成坏帐损失.

(五)基金投资组合

投资项目	投资比例
证券投资	66%
实业投资	34%
合计	100%

(六)主要财务指标

1、投资收入	6,897,745.31元
2、净收益	5,493,749.84元
3、资产总计	72,614,896.11元
4、所有者权益	72,039,991.67元
5、单位基金收益	0.0939元
6、单位基金净资产	1.23元
7、净资产收益率	7.63%

五、基金持有人结构

(一)基金持有人结构

持有类别	持有份额	比例(%)
发起人持有	500万份	8.5
社会公众持有	5,350万份	91.5

说明:发起人持有份额不上市流通.

(二)前十名持有人 截至1999年5月31日本基金前十名持有人情况:

名次	持有人	持有份额(万份)	比例(%)
1	海通证券沈阳分公司	500	8.54
2	程林	47	0.80
3	陆文其	42.56	0.73
4	胡强	40	0.68
5	李东容	34	0.58
6	于强	33.60	0.57
7	马玉瑛	31.63	0.54
8	荀于雪	28.34	0.48
9	郭幼成	27.80	0.47
10	陆文其	26.29	0.45

六、重大事项揭示

本基金管理人就诉沈阳银建物资经销公司欠本基金650万元款项一案上诉辽宁省 高级人民法院(原案已经沈阳市中级人民法院以(1997)沈经初字第234号民事判决 书作出判决),经辽宁省高级人民法院(1998)辽经终字第343号民事调解书确认:

(1)沈阳银建物资经销公司给付本基金150万元的等值物(房产、珠宝).

(2)大东农行对沈阳银建物资经销公司欠本基金款项承担连带责任,给付本基金67,000.00元.

根据上述确认事实,本基金管理人将在召开本年度监事会后据上述调解和监事会 决议进行帐务处理.

七、备查文件目录

1、基金年度报告文本.

2、年度会计报表.

3、年度审计报告.

4、基金章程.

海通证券有限公司沈阳分公司基金管理部

一九九九年八月二十六日

公 众 投 资 基 金

公众投资基金1999年年度报告摘要

说 明

根据《上海证券交易所基金上市试行办法》和《沈阳证券交易中心基金上市管理办法》的有关规定。中国建设银行沈阳市信托投资股份有限公司基金管理部作为本投资基金的管理人,公布公众投资基金1998年至1999年度报告,本报告不存在任何重大遗漏或误导,并愿对本报告内容进行解释和承担一切责任。

中国建设银行沈阳市信托投资股份有限公司基金管理部

一、基金简介

1、基金总份额:59500000份
募集资金人民币59500000元
2、基金类型:封闭式契约型
3、基金年度:1998年6月1日至1999年5月31日
4、基金年限:不定存续期
5、上市地点:沈阳证券交易中心
6、与上交所联网交易时间:1994年3月7日
7、基金经理人名称:中国建设银行沈阳市信托投资股份有限公司基金管理部
地址:沈阳市沈河区十一纬路145号
电话:024-22824741 传真:024-22826404
邮编:110014
8、基金托管人名称:中国建设银行沈阳市分行
地址:沈阳市和平区中华路128号

二、财务报告

(已经沈阳会计师事务所审计,并出具无保留意见的审计报告)
1、简化的资产负债表(1999年5月31日单位:人民币元)

资产项目	期初数	期末数
一、流动资产		
货币资金	969342.24	740399.42
短期投资		
应收帐款	16797500.00	24726106.81
减:坏帐准备金	50392.50	74178.32
流动资产合计	17716449.74	25392327.91
二、长期投资	59500000.00	59500000.00
减:投资风险准备金	595000.00	595000.00
资产合计	76621449.74	84297327.91
负债及所有者权益		
三、流动负债		
短期借款		
应付帐款	14388675.90	22208606.81
其它应付款		
流动负债合计	14388675.90	22208606.81
二、所有者权益		
1、实收资本	59500000.00	59500000.00
未分配利润	2732773.84	2588721.10
所有者权益合计	62232773.84	62088721.10
负债及所有者权益合计	76621449.74	84297327.91

2、损益表
1998年6月1日至1999年5月31日

项目	上年数	本期数
一、经营收入	258110.69	35541.08
1、实业投资收入		
2、证券投资收入		
3、利息收入	68110.69	35541.08
4、其他投资收入	190000.00	
二、经营支出	131945.00	179593.82
1、营业费用	131945.00	179593.82
2、财务费用		
3、其他费用		
三、收益总额	126165.69	-144052.74
减:管理费用	6308.28	
四、净收益	119857.41	-144052.74
加:上年未分配利润	2612716.43	2732773.84
减:红利分配		
减:分红手续费		
五、本期未分配利润	2732773.84	2588721.10

3、报表编制说明

以上财务报表中的相关数据取自经沈阳会计师事务所注册会计师秦凤英审计的本基金年度财务决算的审计报告。

附注1 基金的设立

中国建设银行沈阳市信托投资股份有限公司负责管理的"公众投资基金"(简称"基金")是经中国人民银行沈阳市分行沈银金字(1992)109号文批准设立的,发行"基金"5000万元,于1993年6月分红"基金"950万元,截至1999年5月31日实收资本5950万元。该基金由中国建设银行沈阳市信托投资股份有限公司承担管理人,并由中国人民银行沈阳市分行以沈银金字(1992)267号文批准上市交易。

附注2 重要会计政策

1、"基金"按中华人民共和国企业会计准则"比照"金融企业会计制度进行核算。

2、以人民币为记帐本位币。

3、"基金"会计年度,自上年六月一日起至本年五月三十一日止。

附注3 货币资金期末余额740,399.42元全部系银行存款。

附注4 应收帐款

应收帐款期末余额24,726,106.81元,其中:帐龄在三年以上24,726,106.81元3户 占100%。

附注5 坏帐准备

坏帐准备期末余额74,178.32元,系按应收帐款期末余额24,726,106.81元的千分 之三提取。

附注6 长期投资

长期投资期末余额59,500,000.00元。其中:
海南华源物业公司30,000,000.00元,原协议于1995年5月到期,未续签。
东北金城电子工贸公司珠海特区公司20,000,000.00元。
(原协议1994年6月到期,未续签。)
沈阳好猫股份有限公司9,500,000.00元,原协议1996年8月到期。

附注7 投资风险准备金

投资风险准备金
投资风险准备金期末
余额595,000.00元,已达长期投资额的1%。

附注8 应付帐款

应付帐款期末余额22,208,606.81元,系应付建行沈阳市信托投资公司代垫分红款。

附注9 实收资本

实收资本期末余额 59500000.00
其中:法人股5,000,000.00元,社会公众股54,500,000.00元。

附注10 经营收入

经营收入本期为35,541.08元,系银行存款利息收入。

附注11 经营支出

经营支出系营业费用支出,本期为179,593.82元。其中:
1、年报公告及信息披露费131,875.00元。
2、坏帐准备金23,785.82元。
3、其他23,933.00元。

附注12 未分配利润

未分配利润末余额2,588,721.10元,其中:上年未分配利润2,732,773.84元,本年 净利润率-144,052.74元。

三、重要财务指标

单位:人民币元

财务指标	上年数	本期数
1、经营收入	258110.69	35541.08
2、净收益	119857.41	-144052.74
3、资产总计	76621449.74	84297327.91
4、所有者权益	62232773.84	62088721.10
5、单位基金收益	0.002	-0.0024
6、单位基金净资产	1.046	1.044
7、净资产收益率	0.19%	-0.23%

四、基金份额构成

(单位:万份)

基金份额构成	持有份额	比例(%)
1、发起人持有	500万份	8.4%
2、社会公众持有	5450万份	91.6%

五、基金投资组合及说明

(一)投资项目	金额	投资占比%
1、海南房地产开发项目	3000	50.4%
2、珠海房地产开发项目	2000	33.6%
3、沈阳南湖科技开发区厂房	950	16%
合计	5950	100%

(二)投资简要说明

1、海南房地产开发项目是指与海南华源物业公司合作在海口,三亚等地投资开发的各等级住宅,商住楼宇。

2、珠海房地产开发项目,是指与东北金城公司联合投资开发的多功能综合楼宇物业。

3、沈阳南湖科技开发区项目,是指与沈阳好猫股份有限公司合作开发的工业厂房项目,现工程已完工。并开始招商。

六、管理人报告

一、对1998—1999年度公众基金投资运作的回顾

1998年至1999年度本基金经理人根据对宏观经济政策,房地产市场动态的研究,本着对投资者负责,维护投资者利益的原则,对已经形成的资产结构和投资规模采取以点带面,滚动开发的策略,选择重点启动工程项目,创造项目变现条件。同时抓紧理顺各 投资项目的产权关系,完备各项投资项目权属的法律手续。

二、未来基金年度工作展望

基金经理人将继续深化企业内部管理,运用严格科学的管理程序,在投资资产的流动性与效益性方面狠下功夫。并适时进行投资结构的调整。认真贯彻执行国办发(1999)28号关于清理规范原投资基金文件精神,在托管人及有关方面帮助下完成本基金的 清理规范工作。

七、托管人报告

中国建设银行沈阳市分行作为公众基金的托管人,对该基金本年度投资活动进行 有效监督,本托管人认为公众基金经理人本年度依法运作规范管理尽职尽责,未发生触犯法律法规或损害公众基金利益的事件和行为。

八、重大事项揭示

本报告期无重大诉讼、仲裁事项及其它重大事件发生。

中国建设银行沈阳市投资公众有限公司
基金管理部
一九九九年八月二十六日

兴 沈 投 资 基 金

兴沈投资基金 1999 年年度报告摘要

说 明

沈阳市信托投资公司基金管理部作为兴沈投资基金管理人,公布兴沈投资基金一 九九八至一九九九年度报告.本基金管理人确信本报告不存在任何重大遗漏或误导,并愿对本报告内容进行解释和承担一切责任.

一、基金简介

1、基金经理人名称:沈阳市信托投资公司基金管理部 地址:沈阳市沈河区小西路 49 号
电话:(024)22915018 传真:(024)22915019 邮编:110013
2、基金托管人名称:沈阳国际信托投资公司 地址:沈阳市沈河区北一经街 42 号
电话:(024)22851007 传真:(024)22851298 邮编:110014
3、基金总份额:35,100,000 份 4、基金类型:封闭式契约型 5、基金年限:不定存续期
6、基金年度:1998 年 6 月 1 日———1999 年 5 月 31 日 7、上市地点:沈阳证券交易中心
8、上市时间:1992 年 10 月 23 日
9、与上交所联网交易时间:1994 年 3 月 7 日

二、基金年度财务报表

1、经沈阳会计师事务所审计,并出具无保留意见的审计报告(华会股审字[1999] 第 0048 号)
2、简化的资产负债表
1999 年 5 月 31 日 金额单位:元

项目	期末数	期初数
流动资产		
货币资金	362,218.94	983,403.83
短期投资	19,848,799.27	17,919,791.00
减:投资风险准备金	272,790.97	219,031.60
应收帐款	8,543,867.91	9,187,709.20
减:坏帐准备金	25,631.60	27,563.13
一年内到期的长期债券投资		
其他流动资产		
流动资产合计	28,456,463.55	27,844,309.30
长期投资	16,600,000.00	16,800,000.00
减:投资风险准备金	257,518.33	207,118.33
资产总计	44,798,945.22	44,437,190.97
流动负债		
其他应付款	17,435.69	74,137.94
所有者权益		
实收资本	35,100,000.00	35,100,000.00
未分配利润	9,681,509.53	9,263,053.03
所有者权益合计	44,781,509.53	44,363,053.03
负债及所有者权益合计	44,798,945.22	44,437,190.97

3、损益表
(1998 年 6 月 1 日———1999 年 5 月 31 日)金额单位:元

	本年度实际数	上年度实际数
经营收入	708,590.03	2,102,686.39
实业投资收入	180,563.67	1,371,073.31
证券投资收入	505,166.98	670,902.30
利息收入	22,859.38	60,710.78
其他投资收入		
经营支出	272,697.84	249,237.94
营业费用	272,697.84	249,237.94
收益总额	435,892.19	1,853,448.45
减:管理人费用	17,435.69	74,137.94
净收益	418,456.50	1,779,310.52
加:上年未分配利润	9,263,053.03	9,266,027.52
减:红利分配		1,755,000.00
减:分红手续费		27,285.00
本期未分配利润	9,681,509.53	9,263,053.03

4、报表编制说明
(1)以上财务报表中的相关数据取自经沈阳会计师事务所注册会计师秦凤英、于宝久对本基金年度财务决算的审计报告.
(2)主要报表附注说明
附注 1:基金设立
沈阳市信托投资公司兴沈投资基金(简称"基金"),是经中国人民银行沈阳市分 行以沈银金字(1992)110 号文批准设立的, 发行"基金"3,000 万元, 于 1993 年 6 月红利 转"基金"510 万元, 截止 1999 年 5 月 31 日,实有基金 3,510 万元.由沈阳市信托投资公司承担管理人,负责管理,并经中国人民银行沈阳市分行以沈银金字(1992)267 号文批准 上市交易.
附注 2:重要会计政策
(1)"基金"于 1993 年 7 月 1 日起按《企业会计准则》比照《金融企业会计制度》 进行核算.
(2)"基金"会计年度,自上年六月一日起,至下年五月三十一日止.
(3)"基金"以人民币为记帐本位币,采用借贷记帐法.
附注 3:货币资金期末余额 362218.94 元,系银行存款.
附注 4:短期投资 期末余额 19848799.27 元.其中:
(1)辽宁省国信贸易公司 1,147,729.43 元
(2)东北金城建筑安装工程总公司 2,860,000.00 元
(3)沈阳经济技术联合开发股份有限公司 1,000,000.00 元
(4)辽宁省投资开发公司 3,000,000.00 元
(5)证券投资 11,841,069.84 元
附注 5:短期投资风险准备金期末余额 272790.97 元.系按短期投资期初余额 3‰提 取,其中:上年余额 219031.60 元,本年提取 53759.37 元.
附注 6:应收帐款期末余额 8543867.91 元.其中:

帐龄	户数	金额(元)	占总额(%)
一年以内	2	80033.33	0.94
三年以上	4	8463834.58	99.06

附注 7:坏帐准备金期末余额 25631.60 元.系按应收帐款期末余额 3%提取.
附注 8:长期投资期末余额 16600000.00 元.其中:
(1)沈阳经济技术联合开发股份有限公司 10,000,000.00
(2)沈阳天合电线电缆厂 2,300,000.00
(3)东北金城建筑安装工程总公司 2,500,000.00
(4)沈阳铝材厂 1,800,000.00
附注 9:长期投资风险准备金 257518.33 元.,系按长期投资期初余额 3‰提取,其中:上年余额为 207118.33 元,本期提取 50400 元.
附注 10:其他应付款期末余额 17435.69 元,系应上交"基金"管理人的管理费.
附注 11: 实收资本 (基金)35,100,000.00 元, 其中: 法人持有 3000000.00 元; 社会 公众持有 32100000.00 元.
附注 12:未分配利润期初未分配利润 9681509.53 元,其中:期初未分配利润 9263053.03 元,加:本期实现净利润 418456.50 元.
附注 13:经营收入本期为 708590.03 元,其中:
(1)实业投资收入 180563.67 元
(2)证券投资收入 505166.98 元
(3)利息收入 22859.38 元
附注 14:经营支出本期为 272697.84 元,其中:
(1)投资风险准备 104159.37 元
(2)坏帐准备 -1931.53 元
(3)报刊信息及广告费 144375.00 元
(4)其他费用 26095.00 元
附注 15:管理人费用本期为 17435.69 元,系按基金章程规定提取的管理费.
附注 16:本期净收益为 418456.50 元.
附注 17:提示:
本基金管理部按基金年度计算,短期投资中自营证券投资收入为 505166.98 元,但 自营证券库存尚有 30 种股票没有清算,按 1999 年 5 月 31 日当天平均价计算(未上市股票 按成本价计算)自营证券投资潜亏 2638813.64 元.

三、主要财务指标分析

单位:人民币元

1、投资收入	708590.03
2、净收益	418456.50
3、资产总计	44798945.22
4、所有者权益	44781509.53
5、单位基金收益	0.011
6、单位基金净资产	1.28
7、净资产收益率	0.93%

四、基金份额结构

	持有份额(万份)	比例(%)
发起人持有:	300	8.5
社会公众持有:	3,210	91.5
总计:	3,510	100

五、基金投资组合

	投资比例(%)
证券	32.49
实业投资	67.51
合计	100

说明:
1、证券投资包括一级市场和二级市场的投资.
2、实业投资指各种综合投资.

六、经理人报告摘要

1、对本年度基金运作回顾
一年来,本管理人对基金努力进行规范和整顿,并加大资产结构的调整力度,在盘 活资金方面采取了相应措施,目前正在逐步落实.
2、展望
在未来的一年里,基金清理规范任务艰巨,而投资基金在清理中可能形成一定的损失,为维护投资者利益,本基金管理人将认真贯彻落实有关管理部门的要求,加大基金 投资的清收力度,同时积极开展证券经营业务,力争实现较好的收益.

七、托管人报告摘要

沈阳国际信托投资公司作为兴沈基金托管人,对该基金的营运活动进行监督.本托管人认为兴沈基金管理人在基金年度对基金投资管理无违反有关金融条例的行为.

八、重大事项揭示

本基金管理人在上一年度提及的辽宁省国信贸易公司应归还本基金本息合计 13995969.08 元,和沈阳天合电线电缆厂(原名沈阳电缆二厂)拖欠本息合计 4403704.19 元,目前均在沈阳市中级法院执行过程中.

沈阳市信托投资公司基金管理部
一九九九年八月三十日

万 利 投 资 基 金

万利投资基金1999年年度报告摘要

说 明

根据《上海证券交易所证券投资基金上市规则》和《沈阳证券交易中心投资基金上市管理办法》的有关规定，万利投资基金管理部作为本投资基金管理人，公布一九九九—二〇〇〇年度报告，本管理人确信本报告不存在重大遗漏或者误导，并愿对本报告内容进行解释和承担一切责任。万利投资基金管理部

一、基金简介

1、基金经理人：中国工商银行沈阳市银信支行万利投资基金管理部地址：沈阳市和平北大街48号
电话：22827176
传真：22711422
邮编：110002
2、基金托管人：中国工商银行辽宁省分行营业部(原中国工商银行沈阳市分行）
地址：沈阳市沈河区友好大街9号
电话：22529888
传真：22529888
邮编：110013
3、基金份额：73,200,000份
4、基金类型：封闭式契约型
5、基金年限：不定存续期
6、基金年度：1999年6月1日—2000年5月31日
7、上市地点：沈阳证券交易中心
8、上市时间：1992年10月31日
9、与上交所联网交易时间：1994年3月7日

二、基金年度财务报表

1、简化的资产负债表 2000年5月31日单位：元

项目	期初数	期末数
流动资产		
货币资金	1,278,653.98	1,331,288.72
应收帐款		
减:坏帐准备		
流动资产合计	1,278,653.98	1,331,288.72
长期投资	73,200,000.00	73,200,000.00
减:投资风险准备	732,000.00	732,000.00
资产总计	73,746,653.98	73,799,288.72
流动负债		
应付帐款		
其他应付款	8,559.15	75,416.85
负债合计	8,559.15	75,416.85
实收资本	73,200,000.00	73,200,000.00
未分配利润	538,094.83	523,871.87
所有者权益合计	73,738,094.83	73,723,871.87
负债及所有者权益总计	73,746,653.98	73,799,288.72

2、损益表(1999年6月1日—2000年5月31日)单位：元

	上年度实际数	本年度实际数
经营收入	79,352.84	22,172.04
实业投资收入		
证券投资收入		
利息收入	79,352.84	22,172.04
其他投资收入		
经营支出	221,613.37	36,395.00
营业费用	221,613.37	36,395.00
其他营业支出		
收益总额	-142,260.53	-14,222.96
减:管理人费用		
净收益	-142,260.53	-14,222.96
加:上年未分利润	680,355.36	538,094.83
减:红利分配		
减:分红手续费		
本期未分配利润	538,094.83	523,871.87

3、报表编制说明

(1)以上财务报表中的有关数据取自沈阳华伦会计师事务所中国注册会计师秦 凤英、刘衍祥审计的本基金年度的审计报告。

(2)财务报表注释

附注1：基金设立

中国工商银行沈阳市信托投资股份有限公司"万利信托投资基金"(简称"基金")是经中国人民银行沈银金字(1992)111号文件批准设立的。发行"基金"6000 万元。由1993年红利转投"基金"1,320万元。截止1999年5月31日止，实有"基金 "7,320万元。由中国工商银行沈阳市信托投资股份有限公司基金部担任基金管理人负责管理，根据中国人民银行沈阳市分行沈银金字(1996)355号文，原中国工商银 行沈阳市信托投资股份有限公司改建为中国工商银行沈阳市银信支行。

附注2：重要会计政策

(1)、"基金"按中华人民共和国《企业会计准则》比照《金融企业会计制度 》进行核算。

(2)、"基金"会计年度，自上年度6月1日起，至本年5月31日止。

(3)、"基金"以人民币为记帐本位币，采用借贷记帐法。

(4)、投资风险准备金按投资的期初余额千分之三提取，风险准备金达到期初 投资余额百分之一时，实行差额提取。

(5)、坏帐准备按应收帐款年末余额的千分之三提取。

附注3：资产负债表项目注释

(1)、货币资金　1,331,288.72元
其中：现金：　20,537.33元
银行存款：　1,310,751.39元

(2)、长期投资：　73,200,000.00元

投资单位	金额
东北金城置业集团	73,200,000.00元

(3)、投资风险准备金732,000.00元，系按投资的期初余额3‰提取的累计额，风险金达到期初余额1%时不再提取。

(4)、其他应付款75,416.85元，其中应付工商银行银信支行管理费7,416.85元，欠往来款68,000.00元。

(5)、实收资本73,200,000.00元，系发行基金。

(6)、未分配利润523,871.87元。

其中：本年净收益-14,222.96元，加：上年未分配利润538,094.83元，期 末未分配利润为523,871.87元。

附注4：损益表项目注释

(1)、经营收入本期为22,172.04元，全部为利息收入

(2)、经营支出本期为36,395.00元，全部为营业费用。其中：

公告费	4,132.00元
差旅费	31,482.00元
其他	781.00元

三、主要财务指标

单位：人民币元

1、投资收入	22,172.04
2、净收益	-14,222.96
3、资产总计	73,799,288.72
4、所有者权益	73,723,871.87
5、单位基金收益	-0.0002
6、单位基金净资产	1.0072
7、净资产收益率	-0.02%

四、基金份额结构

持有人	份额	比例(%)
工行沈阳信托公司	600万份	8.2
社会公众	6,720万份	91.8
总计	7,320万份	100

五、基金投资组合

7,320万元全部为实业投资。

六、经理人报告摘要

万利基金投资的三海大厦项目是东北金城置业集团公司于93年在珠海投资建设的项目，大厦为网点商住一体。全部投资近5亿元，1998年万利基金托管人——中国 工商银行沈阳市分行在原投资金额的基础上，又向珠海"三海大厦"重新投入启动资金8500万元，使之建设项目得以顺利进行。目前，三海大厦已全部封顶，封顶后此大厦商住部分可进入预售阶段。展望未来，万利基金的前途必将是光明的，我们对此充满信心。

七、托管人报告摘要

中国工商银行辽宁省分行营业部(原中国工商银行沈阳市分行)作为万利基金的托管人，根据《基金资产信托契约》对该基金的投资活动进行监督。本托管人按照有关规定，对万利基金一九九九——二〇〇〇基金年度的投资活动进行了认真的审议和监督。本托管人认为万利基金经理人工行沈阳信托投资公司在1999年6月1日至2000年5月31日期间，对万利基金的管理符合该基金信托契约的各项条件，且无违反沈阳 证券交易中心和上海证券交易所对基金管理暂行条例的各项规定。特此报告。

八、重大事项揭示

1、本报告期内无重大诉讼、仲裁事项及其它事件发生。

2、根据《国务院办公厅转发证监会原有投资基金清理规范方案的通知》和证监 基金字(2000)36号《关于中国工商银行系统原有投资基金清理规范方案的批复》，万利基金的清理规范工作，在按要求达到规定规模后，将移交给中国证监会批设的基金管理公司管理。

中国工商银行银信支行万利基金管理部

二〇〇〇年六月二十六日

银 海 投 资 基 金

银海投资基金 1999 年年度报告摘要

一、基金简介

1、基金名称:银海投资基金　2、基金交易代码:　550517　3、基金总份额:11,250 万份
4、流通份额:10,125 万份　5、基金类型:契约型封闭式　6、基金年限:不定存续期
7、基金管理人:中国工商银行汕头市韩江支行银海投资基金管理部
办公地址:广东省汕头市韩江路发能豪景大厦裙楼(26 街区)
电话:0754-8849171　传真:0754-8849076　邮编:515041
8、基金托管人:中国工商银行汕头市韩江支行
办公地址:广东省汕头市韩江路发能豪景大厦裙楼(26 街区)
电话:0754-8849239-3801　传真:0754-8849076　邮编:515041
9、会计师事务所:广东安德会计师事务所　10、律师事务所:汕头市经济贸易律师事务所
11、资产评估公司:汕头市资产评估公司　12、基金上市地点:沈阳证券交易中心
13、上市时间:1993 年 5 月 24 日　14、与上交所联网交易时间:1994 年 3 月 7 日
15、信息披露报纸:《中国证券报》、《上海证券报》

二、基金管理人报告

(一)一九九九年运营情况:由于本基金规范在即的特殊情况,九九年的中心工作主要加强对基金以往投资项目的清理追收力度,想方设法力求盘活资金,最大限度地降低风险。但由于历史原因造成的本基金资金投向过于集中、单一,且大部分资金投放于房地产开发项目上,仅东山"百亿新城"游艇别墅的投入就有 6765 万元,占整个基金的 57.25%,导致了风险相对集中,致使东山"百亿新城"项目自九八年起经营基本处于停滞状态,所开发的别墅无人问津,旅游项目的经营效益也不佳,加上投在汕头本地的其它项目经营也不景气,基金投资被长期占压沉淀,无法回收,基金运作和资产结构无法改观。本年度项目投资基本上没有投资收益。九九年度本基金管理人主要做了如下工作:1、做好对本基金的清理规范工作。一年来,本基金管理人根据国家证监会对原有投资基金清理规范的有关规定,认真做好对本基金的清理规范工作,按要求聘请有资格的资产评估机构对本基金的资产质量进行了评估,按规定期限及时如实地对外公布资产净值和资产结构变化情况。2、增大对原有投资项目的跟踪管理和清收力度。一年来,本管理人的中心工作主要集中在加强对基金非流动性资产的清理追收、变现和防范风险方面,注意对投资项目经营情况进行跟踪、分析了解,做到及时预测和发现投资项目所出现的问题并采取相应切实可行的解决措施,对有逃废债务倾向的企业及时采取法律手段依法保全基金资产,对胜诉的案件加紧款项的收回,以保障投资者的合法利益,为基金的清理规范打下基础。九九年本基金依法对投资企业汕特华达宝物业发展有限公司申请强制执行,拍卖其担保单位所提供的抵押物,收回投资 168 万元。3、做好证券投资的运作。由于实业投资资金长期沉淀无法回收变现,基金的投资结构得不到调整,无法加大对证券市场的投入,致使证券投入资金所占比例甚少,在此情况下,本基金管理人充分利用有限的资金,稳健操作,谨慎选股,参加一级市场的新股认购,抓住市场机遇,及时卖出原有股票,经过努力,取得了一定的收益。

三、托管人报告

中国工商银行汕头市韩江支行作为银海投资基金托管人,依据《证券投资基金管　理暂行办法》、《汕头银海投资基金章程》等有关条款,对银海投资基金经理人 1999 年度的经营活动进行了监督。我们认为:该基金管理人在 1999 年度无任何损害基金持有人利益的行为,且无违反沈阳证券交易中心和上海证券交易所对基金管理暂行条例的各项规定,确实履行了《 汕头银海投资基金章程》中其项下的职责和义务。

四、基金年度财务报告

我们接受委托,审计了银海投资基金 1999 年 12 月 31 日的资产负债表和 1999 年度的 利润及利润分配表和现金流量表。这些会计报表由银海投资基金托管人和管理人负责,我们的责任是对这些会计报表发表审计意见。我们的审计是依据中国注册会计师独立审计准则进行的。在审计过程中,我们结合银海投资基金的实际情况,实施了包括抽查会计记录等我们认为必要的审计程序。

此外,我们注意到银海投资基金:1、对外投资如附注三、七所示已陷于困境,从稳健性原则出发,对上述投资已按估计比例计提短、长期投资减值准备,由此使基金连续两年出现重大亏损。2、根据粤府办[1999]41 号文《广东省人民政府办公厅转发证监会原有投资基金清理规范方案的通知》的精神,基金管理人已着手准备基金的清理规范工作。

广东安德会计师事务所有限公司　　中国注册会计师:陈迅　中国注册会计师:陈莹

(二)会计报表　　单位:人民币元

银海投资基金资产负债表　(一九九九年十二月三十一日)

	1999.12.31	1998.12.31
流动资产:		
货币资金	86746.10	89459.04
短期投资	58174482.20	59472347.82
减:短期投资减值准备	23775000.00	7907500.00
短期投资净额	34399482.20	51564847.82
应收帐款	2816048.25	
其它应收款		
减:坏帐准备	2816048.25	
应收款项净额		
流动资产合计	34486228.30	51654306.86
长期投资		
长期投资	60000232.50	60000232.50
减:长期投资减值准备	14019488.51	6000023.25
投资风险准备金	728055.14	728055.14
长期投资净额	45252688.85	53272154.11
长期资产合计	45252688.85	53272154.11
资产总计	79738917.15	104926460.97
流动负债:		
其他应付款	789279.90	775279.90
流动负债合计	789279.90	775279.90
所有者权益:		
基金(每基金单位面值 1.00 元)	112500000.00	112500000.00
未分配收益	(33550362.75)	(10288446.44)
未实现投资收益		1939627.51
所有者权益合计	78949637.25	104151181.07
负债及所有者权益总计	79738917.15	104926460.97

银海投资基金利润及利润分配表

(一九九九年度)

	1999 年度	1998 年度
一、经营收入	(20827819.56)	(11473787.72)
其中:利息收入	7383.81	5965.64
项目投资收入	(22572337.75)	(10931335.75)
证券投资收入	1737134.38	(548417.61)
二、经营支出	2434096.75	271645.50
其中:营业费用	2434096.75	271645.50
其他费用		
三、收益总额	(23261916.31)	(11745433.22)
四、净收益	(23261916.31)	(11745433.22)
加:年初未分配收益	(10288446.44)	8206986.78
五、可供分配收益	(33550362.75)	(3538446.44)
减:已分配收益		6750000.00
六、未分配收益	(33550362.75)	(10288446.44)

(三)会计报表附注

附注一:基金设立

银海投资基金(下称基金)系经中国人民银行汕头分行(92)汕银管字第 278 号文批　准,根据《汕头经济特区投资基金管理暂行规定》设立的契约型封闭式的投资基金。　本基金托管人为中国工商银行汕头市韩江支行,并由中国工商银行汕头市韩江支行基　金管理部担任基金管理人进行管理。

(五)基金投资组合

1、基金投资组合

(1)按行业分类的股票投资组合

序号	分类	市值(元)	占净值比例(%)
①	电子通讯	138528.00	0.18
②	地产	181200.00	0.23
③	汽车及配件制造	14700.00	0.02
④	家电	363440.00	0.46
⑤	冶金	9400.00	0.01
⑥	交通运输	5050.00	0.01
⑦	综合	889100.00	1.13
合计		1601418.00	2.04

(2)国债、货币资金合计:截止一九九九年十二月三十一日,本基金持有的货币资金合计为 5,109,810.30 元(含股票保证金),占基金资产净值的 6.47%。本基金没持有国债。

(3)房产投资及其他投资

A、房产投资

项目	金额(元)
福建东山别墅 13 栋	11247157.00
汕头诚融大厦	27753075.00
合计	39000232.50

B、其他投资

项目	金额(元)
福建东山太平洋房地产有限公司	56400000.00
南澳县经贸实业发展公司	2200000.00
汕头市粤华经济发展总公司	13950000.00
合计	72550000.00

2、基金投资股票明细

序号	名称	市值(元)	占净值比例(%)
①	海南高速	680000.00	0.86
②	飞乐音响	363440.00	0.46
③	青旅控股	209100.00	0.26
④	世纪星源	181200.00	0.23
*⑤	深科技	138528.00	0.18
⑥	东风汽车	14700.00	0.02
⑦	东方钽业	9400.00	0.01
⑧	海南航空	5050.00	0.01

标有"*"号的股票为上市公司法人股,未标明的为上市公司流通股。

(六)主要财务指标　　单位:人民币元

	九九年度
1、投资收入	-20835203.37
2、净收益	-23261916.31
3、资产总计	79738917.15
4、所有者权益	78949637.25
5、单位基金收益	-0.207
6、单位基金净资产	0.702
7、净资产收益率	-29.47%

五、基金持有人结构

1、基金持有人结构

基金持有人	持有份额	占基金总额比例
■■■:工行汕头市韩江支行	1,125 万份	10%
社会公众持有	10,125 万份	90%
合计	11,250 万份	100%

2、前十名持有人:

序号	持有人名称	持有份额	占基金总额比例
1	金玉梅	1642700	1.46%
2	李建民	413800	0.36%
3	岳　光	349325	0.31%
4	张雪兴	340000	0.30%
5	束平逯	331500	0.29%
6	程　林	300000	0.27%
7	江长明	291000	0.26%
8	刘光强	274500	0.24%
9	姜翠玉	274000	0.24%
10	吕翠珍	265400	0.23%

久盛投资基金

久盛投资基金1999年年度报告摘要

一、基金简介

1、基金简称:沈阳久盛 2、基金交易代码:550518 3、基金单位总份额:3509万元
4、基金类型:封闭式契约型 5、基金存续期:不定存续期 6、上市的交易所:上海证券交易所
7、基金管理人:江西省证券公司基金管理部 地址:南昌市叠山路119号15楼 邮编:330006
电话:0791-6802808 法定代表人:施军迈
8、基金托管人:江西省农业银行国际业务部 地址:南昌市中山路299号 邮编:330008
9、基金聘请江西恒信会计师事务所 地址:南昌市叠山路119号15楼 法人代表:詹铁军

二、基金管理人报告

报告期内,本基金管理人严格遵守《基金管理暂行办法》及各项实施准则、基金章程和其它有关法规的规定,认真落实国办发(1999)28号文件及中国证监会对原有基金清理规范的指示精神,加大资产结构的调整力度、盘活资金、逐步加大证券投资比例,并取得一定成效,无任何损害基金持有人利益的行为。

三、基金财务报告

(一)基金会计报告书 1、资产负债表 2000年1月31日 单位:元

项目	年初数	期末数
流动资产		
现金及银行存款	75630.69	423121.46
应收帐款	17000000.00	16430000.00
减:坏帐准备	51000.00	51000.00
应收帐示净额	16949000.00	16379000.00
其他应收款	957390.43	1943194.46
短期投资	9276755.97	8016548.83
流动资产合计	27258777.09	26761864.75
长期资产		
长期投资	11000000.00	11000000.00
减:投资风险准备	450000.00	450000.00
长期投资净额	10955000.00	10955000.00
长期资产合计	10955000.00	10955000.00
资产总计	38213777.09	37716864.75
负债及所有者权益		
其他应付款	293668.65	
流动负责合计	293668.65	
实收资本	3509000.00	3509000.00
盈余公积	367883.62	367883.62
未分配利润	2462224.82	2258981.13
所有者权益合计	37920108.44	37716868.75
负债及所有者权益总计	38213777.09	37716864.75

2、损益表 2000年1月 单位:元

项目	
一、经营收入:	-69423.39
证券投资收入	-75368.15
金融企业往来收入	5944.76
二、经营支出:	133820.30
其他费用	133820.30
三、税金及附加	
四、利润总额	-203243.69

(一)会计报告书附注

(二)基金简介 江西省证券公司久盛投资基金(以下简称"本基金"是经中国人民银行江西分行[赣银字(1992)157号文]批准设立,发行基金2900万份基金单位,在1992年-1993年基金年度分红时,经中国人民银行江西省分行[赣银字(1993)308号文]批准" 同意净久盛基金分红方式由原采取现金方式支付改为红利转存代投资方式进行"。现基金总额为3509万份基金单位。由江西省证券公司承担管理人,负责管理。并由中国人民银行沈阳市分行沈银金字(1993)257号文批准上市交易。基金运作原则为:领 导负责,集体研究,组合投资,监事会监督。

(二)主要会计政策

1、会计年度 本基金执行《企业会计准则》和《金融保险企业会计制度》。

2、记帐本位币及记帐原则:本基金以人民币为记帐本位币,按权责发生制记帐。

3、坏帐准备核算方法 采用备抵法、按年末应收帐款余额0.3%计提,并列入当期费用。

4、基金资产的估值方法 A、上市证券按当日收市价计算,该日无交易的证券,以最后一日的收市价计算。B、未上市股票的按成本价计算。C、未上市国债及银行存款以本金加计估值日为止的应计利息额计算。D、如遇特殊情况而无法或不宜以上述规定确定基金资产价值时,基金管理人依据主管机关的有关规定办理。

5、收入的确认原则

股息收入:在被投资股票除息日确认;

债券利息收入:按当期应计利息确认;

其他收入:按实际收到时确认;

6、证券交易的成本计价方法 证券交易在取得时按取得时实际成本计价,出售时按加权平均法计价。

7、基金的收益分配政策 A、基金收益分配采取现金方式,每年分配一次,分配在基金会计年度结束的四个月内完成。B、基金收益先弥补上一年亏损后,才可以进行当年收益分配;C、基金投资当年亏损,则不进行收益分配;D、每一基金单位享有同等分配权。

(三)关联交易 本基金在本年度无重大关联交易。

(四)主要报表项目说明

1、现金及银行存款

开户行	金额
江西省农行营业部	423121.46
合计	423121.46

2、应收帐款

项目	金额
广东黄埔房地产开发总公司大川分公司	10000000.00
深圳东骏实业公司	6430000.00
合计	16430000.00

3、坏帐准备

期末余额51000.00

(注:坏帐准备按应收帐款期末余额0.3%计提。)

4、其他应收款

项目	金额
江证南昌营业部	1942190.79
江证上海营业部	1003.67
合计	1943194.46

注:江证南昌营业部和江证上海营业部期末余额均为股票投资资金余额。

5、短期投资

项目	金额
股票投资	8016548.83
合计	

注:上述股票投资在2000年1月31日的收盘价值为7936839.13元。

6、长期投资

项目	金额
海南珠江建设股份有限公司	2000000.00
海南匹斯克股份有限公司	2000000.00
深圳明江工业有限公司	7000000.00
合计	11000000.00

7、长期投资风险准备45000元,系按长期投资期初余额0.3%计提。

8、实收资本(基金单位)

项目	金额
法人持有	2900000.00
社会个人	32190000.00
合计	35090000.00

9、未分配利润期末余额2258981.13元,其中年初未分配利润2462224.82元,本 期实现净利润-203243.69元。

10、营业收入

项目	金额
证券投资收入	-75368.15
金融企业往来收入	5944.26
合计	-69423.39

11、经营支出

	金额
广告费	34000.00
其他	99820.30
合计	133820.30

四、基金投资组合

(一)按行业分类的股票投资组合

行业分类	市值(元)	占基金资产净值比例%
工业类	2163513.97	5.74
综合类	1456083.71	3.86
公用事业类	813399.50	2.16
商业类	210180.01	0.56
地产类	298799.99	0.79

(二)国债、货币合计 截止2000年1月31日,基金持有货币资金合计为423121.46元,占基金资产净值的1.12%,本基金没持有国债。

(三)其它投资为股权投资、房地产投资及其它

1、海南珠江建设股份有限公司200万元

2、海南匹斯克股份有限公司200万元

3、深圳东骏实业公司643万元

4、深圳新明江工业有限公司700万元

5、广东黄埔房地产开发总公司大川分公司1000万元

(四)基金投资前十名股票明细

股票名称	市值(元)	占基金资产净值比例%
1、ST东碳	188874480	5.0
2、浙大海纳	714783.72	1.89
3、焦作碱业	688516.16	1.83
4、天津汽车	679199.98	1.8
5、长春热缩	644000.00	1.7
6、爱建股份	584099.99	1.55
7、扬子石化	501799.99	1.33
8、海南航空	400399.50	1.06
9、上工股份	393024.99	1.04
10、新黄浦	298799.99	0.79

(截止2000年1月31日,本基金不存在购入成本已超过基金资产净值10%的股票)

五、基金持有人结构

	持有份额	持有比例%
发起人持有	290万份	8.26
社会公众持有	3219万份	91.74
总计	3509万份	100

前十名持有人名称	持有份额	占总份额的比例%
1、李越	500000份	1.42
2、王边疆	220000份	0.63
3、陈家涛	220000份	0.63
4、王荣宁	179000份	0.51
5、徐申	171500份	0.49
6、高玲玲	149200份	0.43
7、徐顺雄	130000份	0.37
8、陶阿华	126400份	0.36
9、张春华	100000份	0.28
10、许志峰	100000份	0.28

广 发 投 资 基 金

广发投资基金 1999 年年度报告摘要

一、基金简介

1、基金发起人名称:广发证券有限责任公司　地址:广州市天河北路 183 号大都会广场 42 楼
邮编: 510075　电话:020-87555888　传真:020-87553600
2、基金管理人:广发证券有限责任公司基金部　邮编: 510060
地址:广州市建设六马路 38 号宜安广场 1701　电话:020-83633178　传真:020-83634157
3、基金托管人名称:中国工商银行广东省分行营业部　地址;广州市东风东路 754 号
电话:020-87779888-210
4、基金总份额:6000 万基金单位　5、基金类型:契约型封闭式基金
6、基金封闭期限:八年,1993 年 8 月 18 日至 2001 年 8 月 17 日
7、基金会计年度:公历记年 1 月 1 日至 12 月 31 日,本报告期为 1999 基金年度
8、上市地点:南方证券交易中心;联网地点:上海证券交易所　9、上市时间:1993 年 8 月 18 日

二、财务报表

1、资产负债表　　金额单位:人民币元

项　目	期初数	期末数	附　注
资产:			
流动资产:			
现　金	1495.35	99.35	
银行存款	511321.30	91270.78	
应收股票清算款	25975424.33	2549297.49	1
其他应收款		2837099.00	
股票投资-成本	27817058.20	7885084.95	2
股票投资-估值增值	-649107.22	-227866.40	3
股票投资-NET 法人股减值准备		-726934.14	4
债券投资-成本		55055000.00	5
债券投资-估值增值		49530.54	6
其他投资-成本	19700000.00	16192901.00	7
其他投资-投资减值准备	-6480967.00	-9596450.50	8
基金资产总值	66875224.96	74109032.07	
应付基金管理费	1249682.36	1181259.77	
应付基金托管费		196876.63	
负债总额	1249682.36	1378136.40	
基金单位总额	60000000.00	60000000.00	9
未分配净收益	6274649.82	12909231.53	
未实现估值增值	-649107.22	-178335.86	10
基金资产净值	65625542.60	72730895.67	
基金资产总值	66875224.96	74109032.07	

2、损益表　　金额单位:人民币元

项　目	本年度实际数	上年度实际数	附　注
经营收入:	14022205.59	10311182.67	
在除息日确认的股息收入	108891.18	80024.26	
股票买卖差价收入	13005413.89	7952937.20	
债券买卖差价收入	172390.00		
利息收入	162864.83	46455.21	
房地产及实业投资收入	-670000.00	2231766.00	11
其他收入	1242645.69		12
经营支出:	7387623.88	4799846.95	
基金管理费	1181259.77	1249682.36	
基金托管费	196876.63		
经理人业绩奖	308576.26		13
应由基金承担的费用	1820069.70	434681.09	14
计提其他投资减值准备	3115483.50	3115483.50	
NET 法人股减值准备	726934.14		
其他支出	38423.88		
基金净收益	6634581.71	5511335.72	
加:上年末分配净收益	6274649.82	6061314.10	
减:本年已分配净收益		5298000.00	
期末未分配净收益	12909231.53	6274649.82	

三、报表附注说明

(一)基本情况: 广发投资基金是经中国人民银行广 东省分行批准成立的封闭式单位信托基金。现基金发起人为广发证券有限责任公司,基金管理人为广发证券有限责任公司基金部,基金托管人为中国工商银行广东省分行营业部。

(二)重要会计政策:本基金本年度对长期投资减值准备的会计政策变更已采用追溯调整法,调整了上年末分配收益及相关项目的期初数;收益及分配报告书的上期数栏,已按调整后的数字填列,因长期投资减值准备计提方法变更的累计影响数为-6,230,967.00 元。由于会计政策变更,调减了 1998 年度基金净收益 3,115,483.50 元,调减了 1998 年上年未分配净收益 3,115,483.50 元,调减了 1999 年上年未分配净收益 6,230,967.00 元。

(三)关联交易

1、管理人报酬和托管人报酬

(1)基金管理人报酬:根据中国人民银行广东省分行金融管理处"粤银管字[1994]12 号"文的规定,按年初基金资产净值的 1.8%提取,1998 年提取基金管理费为 1,249,682.36 元,1999 年提取基金管理费为 1,181,259.77 元。

(2)托管人年费:按年初基金净值的 0.3%提取,1999 年提取基金托管费为 196,876.63 元。

(四)主要报表项目说明

1、应收股票清算款

项　目	金　额
保证金	2549297.49

2、股票投资———成本:

项目	1999.12.31	所占比例
流通股票投资	3927868.40	49.81%
流通受限制的股票投资	3957216.55	50.19%
合计	7885084.95	100%

流通受到限制的股票是指法人股转配股和 NET 法人股。

3、股票投资———估值增值(负数为减值):

项目	1999.12.31
鲁北化工	-227866.40
合计	-227866.40

4、股票投资———NET 股票减值准备:

项目	1999.12.31
中兴实业	-550566.40
东方实业	-176540.00
南海发展	172.26
合计	-726934.14

NET 法人股已暂停交易,减值准备按其停牌交易日收市价计提。

5、债券投资———成本:

项目	1999.12.31
流通债券投资(国债回购)	55055000.00

6、债券投资———估值增值:

项目	1999.12.31
R028(国债回购)	49530.54

(五)基金的投资组合

1、按行业分类的股票投资组合

行　业	股数(股)	市　值(元)	占净值比例
化工	194400	3674160.00	5.06%

2、国债及货币资金

截止 1999 年 12 月 31 日止,本基金持有的国债 55,055,000.00 元,货币资金中现金及 银行存款 91,370.13 元,交易保证金 2,549,297.49 元,合计为 57,695,667.62 元,占基金 资产净值 79.33%。

3、占基金资产净值前十名的股票

序号	名　称	股　数	市　值	占净值比例
1	鲁北化工	194400	3674160.00	5.06%
2	深 科 健	1054347	2583150.15	3.56%
3	深 宝 恒	157500	497700.00	0.68%
4	中兴实业	80000	125600.00	0.17%
5	东方实业	26000	23660.00	0.03%
6	中化国际	1000	8000.00	0.01%
7	万杰实业	1000	6800.00	0.01%
8	天香实业	1000	5300.00	0.01%

(六)流通转让受到限制的资产

名　称	股数	成本(元)	占净值比例
深 科 健	1054347	2583150.15	3.56%
中兴实业	80000	676166.40	0.93%
深 宝 恒	157500	497700.00	0.68%
东方实业	26000	200200.00	0.27%

深科健和深宝恒属于法人股转配股,东方实业和中兴实业属于 NET 法人股。

(七)主要财务指标

指标名称	99 年度	98 年度	97 年度
基金净收益	6634581.71	5511335.72	3436610.30
单位基金净收益(元/基金单位)	0.11	0.09	0.06
期末基金资产总值	74109032.07	66875224.96	74837623.56
期末基金资产净值	72730895.67	65625542.60	66061314.10
单位基金资产净值(元/基金单位)	1.21	1.09	1.10
基金资产净值收益率	9%	8.40%	5.20%

四、基金持有人结构

1、基金持有人结构

	持有份额(基金单位)	比例(%)
社会公众持有	60000000	100%
总计	60000000	100%

2、前十名持有人股东名称

	名称	持有份额	占总份额比例
(1)	广发证券	2175647	3.63%
(2)	隋熙凤	877400	1.46%
(3)	广东证券	786276	1.31%
(4)	广信江湾	710000	1.18%
(5)	广州证券	389280	0.65%
(6)	省工证券	348920	0.58%
(7)	华投一证	289660	0.48%
(8)	省中证券	272320	0.45%
(9)	尚顺德	257600	0.43%
(10)	广东建行	224580	0.37%

五、管理人报告

本年度,本基金管理人秉承一贯的稳健的经营作风,坚持理性的投资理念,在深入细致地研究国家宏观经济形势与财经政策的基础上,依据市场的变化确定投资的策略,并获得了稳定的收益,使广发投资基金一期本年度基金单位收益为 0.11 元, 净资产收益率 9%。本年度, 管理人根据国办发[1999]28 号文有关原有投资基金清理规范的精神,并对照《证券投资基金管理暂行办法》的规定,制定了本基金规范方案,并加紧对本基金资产清理变现工作,并已取得了实质进展。

六、托管人报告

中国工商银行广东省分行营业部作为广发一期投资基金的托管人,依据《广发第 一期投资基金信托契约》对广发第一期投资基金履行了信托职责,认为管理人在 1999 年 1 月 1 日至 12 月 31 日期间的投资运作和管理均符合国家有关法规和《广发第一期投资基金信托契约》的各项规定。广发一期投资基金截至 1999 年 12 月 31 日止,本基金总资 产 7410.90 万元;净资产 7273.09 万元;净收益 663.46 万元;每基金单位净资产为人民币 1.21 元;基金净资产收益率为 9%;单位基金收益率为 11%;单位基金年末未分配利润 0.22 元。上述数据业经广东正中会计师事务所审核,特此报告。

珠海海鸥投资基金

珠海海鸥投资基金1999年年度报告摘要

一 、基金简介

(一)基金简称:广东海鸥　基金交易代码:550552　基金总份额:5000万基金单位
基金类型:封闭契约型　基金存续期:1994年1月1日—2003年12月31日
上市地点:南方证券交易中心　上市时间:1994年3月3日
(二)基金管理人:珠海海鸥投资基金部　地址:珠海市香洲人民西路10号、珠信证券大厦6楼
邮政编码:519010　法定代表人:万健成　总经理:刘亚光　负责信息管理事务人:肖烈
地址:珠海市香洲人民西路10号珠信证券大厦6楼　电话:2273518　传真:0756—2276963
(三)托管人:中保人寿保险有限公司珠海分公司　地址:珠海市拱北夏湾侨光路广发花园1号
邮政编码:519020　电话:0756—3338529　传真:0756—8112338
(四)会计师事务所:珠海市德律会计师事务所　地址:珠海市香洲康宁路中心里100号之6—7
法定代表人:潘荣卿　经办注册会计师:郑欢云、郭瑞中
(五)律师事务所:珠海市精诚律师事务所　地址:珠海市海滨南路光大国际经贸中心2308房
法定代表人:张文晶　经办律师:王春杰

二、基金管理人报告

(一)本基金管理人在报告期内,不存在损害基金持有人利益的行为,严格遵守了基金契约和其他有关法规的规定,勤勉尽责地为基金持有人谋求利益。(二)根据国办发[1999]28号文件,本基金在报告期及今后的存续期内,不再进行大额投资,以回收现金和资产变现为重。

三、托管人报告

(一)中保人寿保险公司珠海分公司作为珠海海鸥投资基金托管人,在报告期内,不存在损害基金持有人利益的行为。经理人在报告期内的投资运作、范围及比例都符合基金契约和其他有关法规的规定。(二)根据海鸥基金信托契约有关条款,对海鸥基金1999年1月1日至1999年12月31日基金投资活动进行了监督,我们认为:经理人在投资运作、基金资产净值的计算等问题上没有存在任何损害基金持有人利益的行为。

四、基金年度财务报告

珠海海鸥投资基金全体受益人:

我们接受委托,对珠海海鸥投资基金1999年12月31日资产负债表及1999年度利润及利润分配表和1999年度现金流量表进行了审计。这些会计报表由珠海海鸥投资基金经理人和信托人负责,我们的责任是对这些会计报表发表审计意见。我们的审计是依据《中国注册会计师独立审计准则》进行的。在审计过程中,我们结合珠海海鸥投资基金的具体情况,实施了包括抽查会计记录等我们认为必要的审计程序。我们认为,上述会计报表符合《企业会计准则》和《金融企业会计制度》的有关规定,在所有重大方面公允地反映了珠海海鸥投资基金1999年12月31日的财务状况以及1999年度的经营成果和1999年度的现金流量情况。会计处理方法的选用遵循了一贯性原则。

珠海市德律有限责任会计师事务所　中国注册会计师:郑欢雪、郭瑞中

附注1:基金设立情况说明　本基金系经中国人民银行广东分行批准的,由珠海国际信托投资公司和珠海人寿保险股份有限公司共同发起设立,并由珠海海鸥投资基金部负责的封闭式契约型投资基金。本基金设定发行规模为5000万基金单位,于1993年12月31日前募集额满正式成立,1994年3月3日在南方证券交易中心挂牌上市。本基金经理人为珠海海鸥投资基金部,信托人为中保人寿保险有限公司珠海分公司。封闭期限为10年(1994年1月1日—2003年12月31日),截止1999年12月31日规模为5000万基金单位,每基金单位面额为1.00元人民币。

附注3:会计报表主要项目注释(单位:人民币元)

1、货币资金:

项　目	1999年12月31日	1998年12月31日
现金	2413.66	5508.18
银行存款	256902.82	118250.24
其他货币资金	4002724.06	14569436.51
合　计	4262040.54	14693194.93

注:其他货币资金系存于各证券公司的保证金。本期货币资金期末余额较上期余额有较大幅度减少的原因是本期货币资金大量用于证券买卖投资。

2、应收帐款:

帐　龄	1999年12月31日			1998年12月31日		
	金　额	占总额比例	坏帐准备	金　额	总额比例	坏帐准备
一至二年	–	–	–	750000.00	19.5%	150000.00
二至三年	600000.00	16.68%	180000.00	3096700.00	80.5%	929010.00
三年以上	2,996,118.00	83.32%	1498059.00			
合计	3596118.00	100%	1678059.00	3846700.00	100%	1079010.00

注:应收帐款均为以前年度计提的应收长期投资收益款,其中涉及应收柏力321,118.00元,本基金已起诉合作投资单位柏力(珠海)化工产品有限公司,详见本报告附注3.5的说明。应收信兴公司3,275,000.00已逾期多年,本基金已取得其在广州的房产宏航苑住宅和商铺建筑面积合计817.96M2,但至今尚未售出变现。

3、其他应收款:

4、短期投资:短期投资为在证券交易二级市场上购入的各种股票,投资成本为11,504,651.29元,1999年12月31日市值为9,091,806.88元。列示如下:

	1999年12月31日			1998年12月31日		
项　目	数量(股)	成　本	市　值	数量(股)	成　本	市值
深交所A股	479070.00	3579462.79	3604062.90	6100.00	41228.55	41228.55
沪交所A股	668891.00	7584468.11	5345327.28	2000.00	15260.00	15260.00
深交所B股	117400.00	320791.69	122488.00	117400.00	320791.69	83907.72
淄博地方交易系统股票	10000.00	19928.70	19928.70	10000.00	19928.70	19928.70
合　计	1275368.00	11504651.29	9091806.88	135500.00	397208.94	160324.97

5、长期投资:

项　目	1999年12月31日	998年12月31日
证券投资	5838968.70	5839108.00
其他长期投资	5695480.65	27500000.00
合　计	31534449.35	33339108.00

证券投资:全部为未上市流通法人股,投资成本为5,838,968.70元,未有市价,具体列示如下:

股票名称	股　数	成　本
有色鑫光	548250.00	1005125.00
武汉三特	108400.00	1793460.37
海南国安	66000.00	134400.00
恒通股份	600000.00	2490000.00
建北集团	128508.00	255867.64
广东广建	5500.00	12398.40
南海发展	12100.00	31268.16
浦东强生	6000.00	39110.74
江苏悦达	7625.00	77338.39
合计		5838968.70

五、基金投资组合

(一)按行业分类的股票投资组合　(单位:人民币元)

行　业	股　数	市　值	占基金资产净值比例
冶金、钢铁	11000	79420.00	0.27%
商贸	20000	136400.00	0.48%
能源开发	391	3515.09	0.01%
机械制造	324000	2420219.48	8.47%
生物制药	82500	709500.00	2.48%
电子产品	280297	2502538.91	8.76%
房地产	73400	268656.00	0.94%
百货	60000	396600.00	1.39%
金融	10000	248100.00	0.87%
农林牧副渔	208500	288005.00	1.01%
基础建设	9000	84600.00	0.29%
综合	133280	1876582.40	6.57%
工业材料	3000	21270.00	0.07%
交通工具	60000	56400.00	0.20%
股票市值合计:		9091806.88	

(二)货币资金合计:4,262,040.54(其中保证金:4,002,724.06,银行存款:259,316.48)
(三)其他资产的构成　①法人股4005053.23,②对外借出款项:7648110.35,③应收款项:2056176.20,④其他企业股权投资:1775525.77
(四)基金投资前十名股票明细

序号	股票名称	数　量	市　值	占资产净值比例
1	飞乐股份	229500	2015010.00	7.06%
2	太原重工	294000	1893360.00	6.63%
3	银广厦	133280	1876582.40	6.57%
4	豫白鸽	82500	709500.00	2.48%
5	深中集	30000	511500.00	1.79%
6	飞乐音响	28000	364840.00	1.28%
7	天津劝业	50000	331000.00	1.16%
8	浦发银行	10000	248100.00	0.87%
9	陆家嘴	16000	208960.00	0.73%
10	中国国资	20000	136400.00	0.48%

注:上表中资产净值为帐面资产净值。

六、主要财务指标

单位:人民币元	1999年度	1998年度	1997年度
基金净收益	–548060.68	–8492995.46	1166530.67
单位基金净收益	–0.01	–0.17	0.02
资产总计	28838712.97	33064284.04	63786478.70
资产净值	28560668.97	31284690.09	61819892.02
单位基金资产净值	0.57	0.63	1.24
资产净值收益率	–1.92%	–27.15%	1.89%

七、基金持有人结构

(一)基金持有人结构　持有份额　比例
社会公众持有　5000万单位　100%
(二)前十名持有人

序号	姓　名	持股数(单位:股)	占总份额的比例%
1	隋凌云	279701	0.56
2	李云华	240000	0.48
3	海　国	192758	0.39
4	田晓荣	152000	0.30
5	曲　革	120000	0.24
6	王　浙	120000	0.24
7	吴　红	118800	0.24
8	肖其玲	115400	0.23
9	姚克青	107000	0.21
10	刘彩霞	101100	0.20

利润及利润分配表　1999年度　单位:人民币元

项目	本年累计数	上年累计数
一、营业收入	43211.97	177508.00
(1)利息收入	43211.97	177508.00
二、营业支出	2431238.09	2252121.59
(4)营业费用	1377621.92	953903.85
(7)管理费支出	1053616.17	1298217.74
三、营业税金及附加		
四、营业利润	–2388026.12	–2074613.59
加:投资收益	1839965.44	–6418381.87
其中:(1)股票投资	1,824,163.84	–6454563.56
(2)股票红利	15801.60	36181.69
五、利润总额	–548060.68	–8492995.46
六、净利润	–548060.68	–8492995.46
加:年初未分配利润	–18478425.94	–9985430.48
七、年末未分配利润	–19026486.62	–18478425.94

广 东 广 信 投 资 基 金

广东广信投资基金 1999 年年度报告摘要

一、基金简介

(一)1、基金发起人名称:原广东国际信托投资公司 2、基金简称:广东广信
3、基金代码: 550553 4、基金总份额:128754000 5、基金类型:封闭式契约型
6、基金存续期限:1993 年 12 月 14 日至 2001 年 12 月 14 日
7、上市地点:南方证券交易中心 8、上市时间:1994 年 3 月 3 日
(二)、基金管理人:广东国际信托投资公司 地址:广州市环市东路 339 号广东国际大厦 17 楼
电话:(020)83311888-1701 传真:(020)83311013 邮政编码: 510098
法定代表人:林金腾 信息管理事务人员:段超、熊晓红 电话:83311888 传真:(020)83311013
(三)、基金托管人名称:中国建设银行广东省分行直属支行 地址:广州市天河东路 232 号
电话:(020)87532578 传真:(020)87532884 邮政编码: 510620 托管部负责人:蒋伟
信息披露负责人姓名:蒋伟 地址:广州市天河东路 232 号 电话:87532578 传真:87532884
(四)、基金聘请的会计师事务所:广东正中会计师事务所 地址:广州市东风东路 557 号 27 楼
电话:(020) 83800722 法定代表人:蒋洪峰 经办注册会计师:张岚

二、经理人报告

由于本基金管理人的母公司广东国际信托投资公司已宣告破产,广信基金于 1999 年 1 月 7 日停牌且停止各项投资运作至今。在 1999 年度,根据国发办[1999]28 号文有关原投资基金清理规范精神,以及《证券投资基金管理暂行办法》、本基金契约和其他有关法规的规定,本基金管理人抓紧了对广信基金的债权清理回收、不良资产的处置以及法人股的变现等工作,并代表本基金的持有人在涉及广东国际信托投资公司破产的债权处置中为投资者争取最大的利益。2000 年,本管理人仍将以诚实信用、勤勉尽责的职业道德严格要求自己,继续做好广信基金的清理规范、资产变现工作,尽最大努力维护广信基金投资者的合法权益。

广东国际信托投资公司 基金部

三、托管人报告

经中国人民银行广东省分行批准,广信基金定向及公开募集发行 128,754,000 基金单位,实收人民币 128,754,000 元。上述资金于 1993 年 12 月 14 日已全部到位。经广东正中会计师事务所验资确认并经中国人民银行广东省分行核准;由本信托人实施托管,由经理人实施运作。截止 99 年 12 月 31 日止,广信基金资产净值为 116,180,776.92 元,每单位基金净资产 0.8946 元。本信托人依据《广信基金资产信托契约》和《广信基金章程》之规定,对于广信基金经理人的投资管理运作实施了监督。本信托人确认在本期基金运作过程中经理人的投资均符合《广东省投资信托基金管理暂行条例》、《广信基金章程》和《广信基金资产信托契约》的有关规定。

中国建设银行广东省分行直属支行

四、基金年度财务报告

广东正中会计师事务所(广州会计师事务所)接受委托,审计了广信基金 1999 年 12 月 31 日的资产负债表及 1999 年 1 月至 12 月的利润及利润分配表。这些会计报表由原广东国际信托投资公司基金部负责,我们的责任是对这些会计报表发表审计意见。我们的审计是依据中国注册会计师独立审计准则进行的。在审计过程中,我们结合广信基金实际情况,实施了包括抽查会计记录等我们认为必要的审计程序。我们认为,上述会计报表符合证券投资基金及其财务会计的有关法规、制度,在所有重大方面公允地反映了广信基金 1999 年 12 月 31 日的财务状况及 1999 年 1 月至 12 月的经营成果,会计处理方法的选用遵循了一贯性原则,符合广信基金契约的规定。

广东正中会计师事务所 何威明、张岚

(五)、基金投资组合 1.按行业分类的股票投资组合

行业	股数(股)	市值(元)	占基金资产净值比
生化行业	4514541	40811451	33.55%
农业行业	1286476	11900745	18.90%
服务行业	508010	6695572	10.63%
电子行业	111001	1462993	2.32%
其他	724500	1453930	2.31%
纺织行业	60000	370	0.59%
机械行业	28000	268140	0.43%
合计		62593201	

2、货币资金合计 货币资金合计 2,921,651.26 元,其中:银行存款余额 1,596,297.49 元,应收证券营业部保证金 1,325,353.77 元。

3、上市公司法人股合计:本期上市公司法人股投资合计 6,526,600.00 元。

4、对外借出款项合计:经审计,计提坏账准备金后对外借出款项共计 35,520,000.00 元。

5、其他股权投资合计:经审计,计提投资减值准备金后其他股权投资合计 6,030,000.00 元。

6、应收应付款项合计:本期应收款项合计 1,500,000 元;本期应付款项合计 992,051.26 元。

7、本基金投资前十名股票明细

股票名称	持有数量(股)	市值(元)	占基金资产净值比例
威远生化	4514541	40992032	33.55%
深华宝	1174576	11275930	9.23%
大众交通	508010	6466967	5.29%
四川长虹	111001	1461883	1.20%
广东广信	720000	1402916	1.15%
吉发股份	108900	673002	0.55%
粤美雅	60500	369050	0.30%
湖北车桥	10000	153000	0.13%
太钢不锈	18000	115200	0.09%
隆源实业	1000	28910	0.02%

(六)、主要财务指标

金额单位:人民币元	1999 年	1998 年	1997 年
1、净收益	-37605047.34	6850953.14	19226931.00
2、单位基金收益	-0.2921	0.053	0.15
3、期末基金资产总值	116180776.92	170303337.90	171677270.21
4、期末基金资产净值	115188725.66	169401286.64	167543246.41
5、期末单位基金资产净值	0.8946	1.316	1.27
6、单位基金资产净收益率	-32.65%	4.04%	11.78%

五 、基金份额结构

1、基金份额结构

	持有份额 (基金单位)	比例(%)
发起人持有	10000000.00	7.77
社会公众持有	118754000.00	92.23
总计	128754000.00	100.00

2、基金前十名持有人

序号	持有人	持有份额	持有比例
1	广东国际信托投资公司基金部	10000000	7.77%
2	周群	1517723	1.18%
3	广信江湾	879594	0.68%
4	广信基金	720000	0.56%
5	余建忠	431000	0.33%
6	陈传祯	322952	0.25%
7	莫春燕	300000	0.23%
8	洪卫国	260000	0.20%
9	刘玉玮	260000	0.20%
10	王晶	250000	0.19%

六、重要事项说明

1、广信基金自 1999 年 1 月 7 日停牌至今。

2、原广东国际信托投资公司目前正在进行破产清算,原广东国际信托投资公司及其下属的子公司对广信基金的债务能否清偿尚不能确定, 广信基金本年度已对余额计提了 50%的坏帐准备,共 27,500,000 元。主要的债务为:

科 目	债 务 人	金 额
拆出资金	原广东国际信托投资公司	29000000.00
其他应收款	原广东国际信托投资公司	3000000.00
长期债权投资	广信深圳证券营业部	9000000.00
广信粤西房地产开发公司		14000000.00
小 计		55000000.00
减:坏帐准备		27500000.00
合计(净额)		27500000.00

3、广信基金持有的美的法人股 343.2 万股,已于 2000 年 2 月转让给顺德市开联实业发展有限公司,转让价格为每股 3 元,较该股净资产折让 25%,转让收入 1,029.6 万元,帐面赢利 451.94 万元。

4、广信基金拆借给原广东国际信托投资公司的 2,900 万元未获广东国际信托投资公司破产清算组债权确认,现已循法律途径到广东省高等法院诉讼并获受理,有关诉讼正在进行中,结果尚未确定。

基金管理人:广东国际信托投资公司基金部 二零零零年三月三十一日

资产负债表

1999 年 12 月 31 日 单位:人民币元

项目:	期末数	期初数	注释
资产:			
流动资产			
货币资金	1596297.49	4522137.92	
应收股票清算款	1325353.77	6761401.51	
上市公司流通股成本	79569989.30	74037388.86	(1)
上市公司流通股估值增值	-16607513.64	-1268740.39	
应收帐款	4414500.00	4414500.00	(2)
上市公司法人股成本	6526600.00	6526600.00	(3)
上市公司法人股估值增值			
应收帐款坏帐准备	-2914000.00		(4)
其他企业股权投资	9710050.00	9710050.00	(5)
其他企业股权投资减值准备	-2960000.00	-	(6)
对外借出款项本金	65600000.00	65600000.00	(7)
对外借出款项坏帐准备	-30080000.00		(8)
基金资产总值	116180776.92	170303337.90	
其他应付款项	992051.26	902051.26	(9)
负债总额	992051.26	902051.26	
基金单位总额	128754000.00	128754000.00	(10)
未分配净收益	3042239.30	40647286.64	
未实现估值增值	-16607513.64		(1)
基金资产净值	115188725.66	169401286.64	
基金单位发行总份额	128754000.00	128754000.00	
每份基金单位资产净值	0.8946	1.3157	

2、 收益及收益分配表

1999 年 1 月 1 日至 12 月 金额单位:人民币元

项目	本期数	上期数	附注
在除息日确认的股息收入	86751900	738600.00	
债券利息收入			
股票买卖差价收入		2451445.84	
其他收入			
利息收入	166363.85	-714491.22	
实业投资收入		7655998.27	
收入合计	1033882.85	10131552.89	
减:支出其中:			
基金管理费	3049223.04	2938437.48	
基金托管费	508203.84	489739.56	
应由基金承担的其他费用	395743.70	-147577.29	
经营收益	-2919287.73	6850953.14	
减:计提坏帐准备和减值准备	34685759.61		(11)
基金净收益	-37605047.34	6850953.14	
加:上年末分配净收益	40647286.64	35074898.47	
减:本年已分配净收益		1278564.97	
期末未分配利润	3042239.30	40647286.64	

天骥投资基金

天骥投资基金1999年年度报告摘要

一、年末数据摘要

基金单位总额:	581,476,000.00份
基金收入:	51,173,402.97元
基金费用:	14,273,040.79元
本期收益:	36,900,362.18元
单位基金收益:	0.0635元
期末可分配收益:	-1,939,435.63元
期末资产帐面净值:	784,679,887.93元
单位基金资产净值1:	1.35元(基金所持上市公司法人股按帐面值计算)
单位基金资产净值2:	1.00元(基金所持上市公司法人股按购入成本计算)
单位基金资产净值3:	0.75元(基金所持上市公司法人股按每股净资产值计算)

二、管理人报告

本期重大事项说明

1、本基金于1999年4月20日至30日期间以通讯表决方式召开了98年度受益人大会,通过了天骥基金98年度报告及分配预案,对基金98年度未分配利润不作分配。

2、本基金本期内将所持有的1100万股吉轻工(代码0546)法人股及1850.75万股吉制药(代码0545)法人股以协议价转让。转让后,本基金不再持有上述两公司的股份。

3、本基金从99年9月开始,根据原有基金清理规范要求,基金管理人每月10日公告上月末资产净值(从2000年1月起分别按成本、净资产值、帐面值列示),每季度结束后15日公告上季度末所持投资组合。

4、本期内无重大诉讼及仲裁事项发生。

5、本期资产负债表日后,基金胜讼执行的海南万宁的土地使用权根据当地人民政府有关土地政策可能会被无偿收回。本基金管理人正在努力争取保留该土地使用权,但结果如何尚无定论,一旦被收回对基金会造成金额为人民币558万元的财产损失。

本期宏观经济形势及投资市场回顾

本期内在政府实施的一系列扩张性宏观经济政策的作用下,我国国民经济增长基本平稳,经济运行质量明显改善,全国工业企业经济效益综合指数比去年同期有报提高,国民生产总值达到7.1%的增幅。社会商品零售物价虽然持续下降,但市场有效需求 仍显不足,居民消费价格指数持续负增长。

九九年度推行的财政政策包括增发长期建设国债,投资于基础设施;调整积极的税收政策,其中提高出口退税率较大地促进了出口的回升,而减收固定资产投资方向调节税及开征利息所得税等意在促进内需拉动经济增长。货币政策上适度宽松,央行第七次大幅降低存款利率,并下调法定存款保证金利率,增加货币投放,特别是流通中的现金增速明显提高,便于通过引导投资方向来促进投资扩大,推动经济增长。

根据证监会要求,本基金管理人本期内着重对基金进行清理规范,提高资产的流动性,在法人股盘活方面经过努力取得了一定进展,成功转让了吉轻工与吉制药的法人股。对基金的应收的判决执行款加大了清理力度,管理人与信托人联合对基金于93年投 资的江西项目进行了帐务清理,将经法院判决执行的资产进行了盘点和帐务调整,为下一步清理变现工作做准备。

投资组合状况:天骥投资基金投资组合表 1999年12月31日 单位:人民币元

项目	市价/估值	占资产总额百分比
货币资金	69,661,533.82	8.86%
证券投资	622,457,496.94	79.21%
其中:上市流通证券	141,271,151.27	17.98%
法人股投资成本	276,043,022.11	35.13%
法人股投资估值	205,143,323.56	26.10%
房地产投资	50,422,796.20	6.42%
股权投资	14,025,000.00	1.78%
其它	29,317,607.24	3.73%
合计	785,884,434.20	100.00%

三、信托人报告

中国工商银行深圳市分行作为天骥投资基金信托人,依据天骥投资基金信托契约 的有关条款,对天骥投资基金管理人深圳投资基金管理公司1999年1月1日至1999年12 月31日的基金投资活动进行了监督。至此,我们认为:管理人遵照《深圳市投资信托基金管理暂行规定》,履行了信托 契约中其项下的职责,并在信托契约规定的投资范围及比例内进行了各类投资。特此 报告。

四、会计师报告

天骥投资基金资产负债表 1999年12月31日 单位:人民币元

项目	注释	1999-12-31	1998-12-31
资产:			
货币资金	1	69,661,533.82	115,376,592.48
股票投资-成本	2	431,339,173.38	359,608,626.20
债券投资-成本			
其他投资-成本	3	50,422,796.20	43,090,446.20
股票投资-估值增值	2	205,143,323.56	274,304,205.77
其他应收款	4	50,556,450.94	47,922,592.44
减:坏帐准备	5	21,238,843.70	21,238,843.70
其他应收款净额		29,317,607.24	26,683,748.74
资产总计		785,884,434.20	819,063,619.39
负债及受益人权益:			
负债			
应付基金管理费		886,197.01	802,850.51
应付基金托管费		221,549.26	200,712.62
其他应付款		96,800.00	-
预提费用	6	-	1,119,648.30
负债合计		1,204,546.27	2,123,211.43
受益人权益			
股本	7	581,476,000.00	581,476,000.00
未分配净收益		(1,939,435.63)	(38,839,797.81)
未实现估值增值	8	205,143,323.56	274,304,205.77
受益人权益合计		784,679,887.93	816,940,407.96
负债及受益人权益合计:		785,884,434.20	819,063,619.39
每一基金单位净资产值		1.35	1.40

天骥投资基金利润及利润分配表 1999年度 单位:人民币元

项目	注释	本期数	上期数
投资收益	9	51,173,402.97	(39,717,705.85)
其中:债券股息收入			
债券利息收入		-	7,507,935.00
买卖价差收入		30,554,482.15	(16,563,176.68)
其他收入		20,618,920.82	(30,662,464.17)
减:费用支出	10	14,273,040.79	13,726,154.63
其中:基金管理费		10,900,687.29	9,686,802.90
基金托管费		2,725,171.83	2,421,700.68
其他费用		647,181.67	1,617,651.05
本期净收益		36,900,362.18	(53,443,860.48)
加:年初可分配收益		(38,839,797.81)	61,796,526.53
可供分配收益		(1,939,435.62)	8,352,666.05
减:已分配收益		-	47,192,463.86
期末未分配收益		(1,939,435.63)	(38,839,797.81)

五、资产评估报告

(一)评估结果汇总表

根据上述评估方法和计价标准,对各单项资产、负债进行评估,评估结果汇总列于下表。

单位:万元人民币

项目		帐面价值	调整后帐面值	评估价值	增值额	增值率 %
		A	B	C	D=C-B	E=(C-B)/BX100%
流动资产	1	29,067.31	29,067.31	29,091.06	23.75	0.08
长期投资	2	49,521.13	49,521.13	14,617.27	(34,903.86)	(70.48)
其他资产	3	0.00	0.00	0.00	0.00	0.00
资产总计	4	78,588.44	78,588.44	43,708.33	(34,880.11)	(44.38)
流动负债	5	120.45	120.45	120.45	0.00	0.00
长期负债	6	0.00	0.00	0.00	0.00	0.00
负债总计	7	120.45	120.45	120.45	0.00	0.00
净资产	8	78,467.99	78,467.99	43,587.88	(34,880.11)	(44.38)

(二)评估结论

根据上述评估方法和计价标准,对各单项资产、负债进行评估,天骥投资基金于评估基准日的评估结果为:资产、负债和净资产的帐面值分别为78,588.44万元、120.45万元和78,467.99万元,调整后帐面值分别为78,588.44万元、120.45万元和78,467.99万元,评估值分别为43,708.33万元、120.45万元和43,587.88万元,增减值分别为-34,880.11万元、0.00万元和-34,880. 11万元,增减率分别为-44.38%、0.00%和-44.38 %。评估结论详细情况见评估明细表。

七、天骥投资基金基本资料

本基金名称为天骥投资基金(简称天骥基金),本基金是根据中国人民银行深圳经 济特区分行颁布的《深圳市投资信托基金管理暂行规定》及其它有关法规,依据中国 人民银行深圳经济特区分行之深人银复字(1992)第228号文和深人银复字(1993)第509号文批准设立的十年期契约型封闭式基金。

本基金信托人:中国工商银行深圳市分行

地　　址:深圳市深南中路金融中心大厦北座十七层

邮　　编:518001

本基金管理人:深圳投资基金管理公司

地　　址:深圳市彩田路5015号中银大厦B座22层

邮　　编:518026

本基金于1992年11月18日至1993年元月18日向社会公众发行了每基金单位面值为1.00元人民币的基金受益凭证。根据深圳证券交易所深证市字[1994]第5号《上 市通知书》,于1994年3月21日(星期一)在深圳证券交易所挂牌交易,本基金已上市数 量为581,476,000个单位,简称"天骥基金",证券编码"4002"。

投资者对本报告书如有疑问,应咨询本基金管理人深圳投资基金管理公司。

咨询电话:3501825。

本基金信托人 :中国工商银行深圳市分行

本基金管理人 :深圳投资基金管理公司

2000年4月1日

蓝天投资基金

蓝天投资基金1999年年度报告摘要

一、基金简介

1.基金名称:蓝天基金　2.基金代码:4003　3.基金性质:封闭式契约型投资基金
4.基金单位总额:379,157,000个单位　5.基金上市流通份额:379,157,000个单位
6.基金封闭期限:1993年4月至2003年4月　7.基金上市地点:深圳证券交易所
8.基金上市时间:1994年3月21日　9.基金经理人:深圳蓝天基金管理公司
地址:深圳市福田区华强北路宝华大厦21层　咨询电话:0755-3779630　传真:3779976
10.基金信托人:中国建设银行深圳市分行　地址:深圳市深南中路金融中心
11.基金所聘会计师事务所:深圳中天会计师事务所　12.信息披露报纸:《中国证券报》

主要财务指标	1999年1-12月	1998年1-12月	1997年1-12月
1.基金单位总额	379157000	379157000	379157000
2.基金总资产(万元)	415800900.76	493914698.63	680183245.12
3.基金净资产(万元)	370030163.10	436820020.56	553417205.02
4.投资收益(万元)	1825843.28	24027941.97	-45598713.08
5.基金净收益(万元)	-15332518.20	1034982.14	-67623156.39
6.每基金单位净收益(元)	-0.04	0.003	-0.18
7.每基金单位净资产(元)	0.98	1.15	1.46
8.净资产收益率(%)	-4%	0.24%	-12.22%
9.每基金单位经营活动产生的现金流量净额(元)	-0.01	-0.01	

二、经理人报告

本期投资市场回顾　本期证券市场曾因政策刺激于1999年5月19日后出现过一段的井喷式行情,虽然1999年7月1日《证券法》实施后,一系列规范证券市场发展措施相应出台,诸如股票发行审核制度将有重大改变;准许保险资金通过基金间接进入股市;准许国有企业进入股票一、二级市场;允许有条件的券商进入银行间拆借市场和债券回购市场;允许券商通过股票质押向银行借款融资等,但由于基本面并未改观,二级市场的扩容明显加快,上市公司的业绩并非有明显改善,致使证券市场全年大部分时间都处于低迷之中。深沪两市今年仅有14.25%和19.17%的升幅。市场的短暂表现也给本经理人操作提出了新的要求,本经理人经努力实现了今年证券投资价差收入103.13万元,按投入股市资金计其投资收益率为4.12%。本基金沉淀的法人股资产,因评估方式造成了较多的泡沫成分,为减少泡沫,改善资产结构,本经理人本期内通过对吉林轻工、隧道股份、亚通股份、南京中北、浙江奉通等法人股的置换与转让,为本基金盘活资产2,196.05万元,获利186.85万元。本基金于1993年度同时分散投资于北京、武汉、惠州等地的多个房地产项目,因累积的历史包袱较重,给本基金历年经营都带来了很大的压力。

本基金投资目标与投资组合　本基金在运作期间的投资目标是根据基金行业的性质及运作特点,并遵照有关法规,基金将主要投资在流动性好、便于集中管理的证券市场,包括股票、国债等,确保基金资产的流动性、安全性及长期稳定增值。

投资组合表　一、按行业分类的股票投资组合　单位:人民币,股

(一)行业	数量(股)	市值	帐面成本	市值占基金资产净值比例%
1.电子通讯*	355583	8926625.00	9708709.35	2.45
2.医药*	684340	12550795.60	11438563.30	3.44
3.纺织服装	2640000	13912800.00	8000000.00	3.81
4.冶金	11550000	37699200.00	36000000.00	10.32
5.化工	2430790	14277245.07	3408176.00	3.91
6.金融地产	827360	5674847.61	2120002.25	1.55
7.商贸旅游	4256339	29278949.21	8322802.93	8.02
8.交通运输	48128	539177.98	533270.19	0.15
9.轻工制造	2400000	21787200.00	5200000.00	5.97
10.综合	3802500	39334961.25	3477500.00	10.77
合　计	28995040	183981801.72	88209024.02	50.39

标有*号类别为上市公司流通股,未标明的为上市公司法人股.
(二)债券市价(不含国债)合计　-
(三)国债、货币资金合计　464974.69

二、　基金投资前十名股票明细

股票名称	数量	市值	帐面成本	市值占基金资产净值比例%
1.北大车行	3802500	39334961.25	3477500.00	10.77
2.川长钢	11550000	37699200.00	36000000.00	10.32
3.长春百货	4200000	28738500.00	7804500.00	7.87
4.长江包装	2400000	21787200.00	5200000.00	5.97
5.武汉双虎	2430790	14277245.07	3408176.00	3.91
6.PT振新	2640000	13912800.00	8000000.00	3.81
7.海王生物*	684340	12550795.60	11438563.30	3.44
8.长城电脑*	281483	7037075.00	7899086.69	1.93
9.中华企业	816750	5560842.38	1950000.00	1.52
10中信国安*	74100	1889550.00	1809622.66	0.52

标有*的股票为上市公司流通股,未标明的为上市公司法人股。

三、信托人报告

蓝天基金经公开招募共发行379,157,000个基金单位,实收人民币379,157,000元,上述资金于1993年2月25日全部到位,经本信托人确认并由中国人民银行深圳经济特区分行审核后,由经理人进行运作。截至1999年12月31日止,蓝天基金资产估值若按《深圳证券交易所投资基金估值暂行规定》的上市法人股按二级市场交易价的85%进行估值,则蓝天基金估值之净资产为人民币370,030,163.10元,每基金单位资产净值为人民币0.98元,每基金单位净收益为人民币-0.04元。若按深圳证券交易所《关于加强原有投资基金信息披露工作的补充通知》的规定,上市法人股按上市公司最近一次公布的年报或中报的每股净资产进行估值,则蓝天基金估值之净资产为人民币249,465,326.94元,每基金单位资产净值为人民币0.66元,每基金单位净收益为人民币-0.04元。

四、蓝天基金财务报告

一.基金设立说明　本基金系根据中华人民共和国法律、法规的有关规定,经中国人民银行深圳经济特区分行人银复字(1993)第23号文批准,由中国建设银行深圳市分行(以下简称"基金信托人")和深圳蓝天基金管理公司(以下简称"基金经理人")共同发起设立的封闭式投资信托基金(封闭期为十年),于1993年2月25日(本基金募足业经确认之日)正式成立.并于1993年6月在深圳市证券交易所上市。

本基金主要从事证券买卖投资、房地产项目开发等。

注释五.合并会计报表主要项目注释单位:人民币元

1.股票投资

类别	1999.12.31	1998.12.31
股票投资成本	21147272.65	25040073.22
股票投资估值增值	330,147,95	(2,451,680.29)
合计	21477420.60	22588392.93

2.货币资金

种类	币种	1999.12.31	1998.12.31
现金	人民币	37401.58	23887.32
银行存款	人民币	427573.11	4729663.10
合计		464974.69	4753550.42

3.应收股利

类别	1999.12.31	1998.12.31
法人股股利	602900.00	1232480.48

4.应收利息

类别	1999.12.31	1998.12.31
	RMB	RMB
其他存款-保证金利息	1668.11	540141.73
-----其他	-	1683.76
合计	1668.11	541825.49

合并资产负债表

编制单位:蓝天基金

资产	1999.12.31	1998.12.31
流动资产:		
股票投资--成本	21,147,272.65	25,040,073.22
其他投资--成本		
股票投资--估值增值	330,147.95	(2,451,680.29)
其他投资--估值增值		
现金	37,401.58	23,887.32
银行存款	427,573.11	4,729,663.10
应收股利	602,900.00	1,232,480.48
应收利息	1,668.11	541,825.49
应收帐款	24,968,222.46	35,414,961.76
其他应收款	3,955,154.06	3,964,108.59
减:坏帐准备	12,761,404.16	24,083,284.55
应收款项净额	16,161,972.36	15,295,785.80
预付帐款	2,180,034.87	2,245,933.80
流动资产合计	40,888,970.63	46,657,968.92
长期投资:		
上市法人股投资--成本	67,061,751.37	83,491,251.37
未上市法人股投资--成本	24,745,660.00	26,795,660.00
股权投资--成本	344,827.24	30,712,061.66
房地产投资--成本	223,492,527.20	186,834,008.02
减:长期投资减值准备	40,611,890.50	34,944,410.50
上市法人股权投资--估值增值	95,442,629.75	156,438,013.41
未上市法人股权投资--估值增值		3,440.00
股权投资--估值增值	3,347,328.90	(5,048,971.27)
房地产投资--估值增值	320.81	1,254,760.00
长期投资合计	373,823,154.77	445,535,812.69
固定资产:		
固定资产原值	1,522,332.00	3,286,310.00
减:累计折旧	1,483,603.80	1,565,392.98
固定资产净值	38,728.20	1,720,917.02
固定资产清理	1,432,251.98	
固定资产估值增值	(382,204.82)	
固定资产合计	1,088,775.36	1,720,917.02
基金资产总计	415,800,900.76	493,914,698.63
负债及持有人权益	1999.12.31	1998.12.31
流动负债:		
短期借款	20,000,000.00	
应付基金管理费	1,805,295.52	2,112,757.62
应付基金托管费	451,323.87	1,301,771.81
应付帐款	10,483,560.00	16,343,662.70
预收帐款	206,729.00	94,500.00
应交税金	384,667.80	1,038,261.59
其他应交款	-	942,397.50
其他应付款	1,478,040.67	
流动负债合计	34,809,616.86	21,833,351.22
长期负债:		
长期借款	10,961,120.80	35,261,326.85
基金负债总计	45,770,737.66	57,094,678.07
基金持有人权益:		
基金单位总额	379,157,000.00	379,157,000.00
未分配净收益	(107,865,059.49)	(92,532,541.29)
未实现估值增值	98,738,222.59	150,195,561.85
持有人权益合计	370,030,163.10	436,820,020.56
负债及持有人权益总计	415,800,900.76	493,914,698.63
基金单位发行总份额(份)	379,157,000.00	379,157,000.00
每份基金单位资产净值	0.98	1.15

半 岛 投 资 基 金

半岛投资基金1999年年度报告摘要

一、基金简介

基金名称：半岛基金　基金总份额：10,000万份　流通份额：9,000万份　基金代码：4005
基金类型：契约型封闭式　基金封闭期：1996年5月31日至2006年5月31日
基金经理人：深圳市半岛投资基金管理有限公司　地址：深圳蛇口招商局发展中心11层
电子信箱：szpif@public.szptt.net.cn　基金信托人：招商银行　地址：深圳市深南中路2号
会计师事务所：天勤会计师事务所　法律顾问：深圳市信达律师事务所
受益凭证上柜场所：深圳证券交易所部分柜台　信息披露报纸：《证券时报》
基金年度报告备置地点：深圳蛇口招商局发展中心11层
电话：6699662　传真：6673978　联系人：黄晓勇

二、主要财务指标

	1999年1—12月	1998年1—12月	1997年1—12月
1、基金规模(基金单位)	100,000,000	100,000,000	100,000,000
2、经营收入(万元)	2,625.40	4,611.98	5,761.34
3、净收益(万元)	1,662.40	4,053.32	5,186.84
4、期末净资产(万元)	20,272.91	18,610.52	17,867.84
5、每基金单位净收益(元)	0.17	0.41	0.52
6、每基金单位期末净资产(元)	2.03	1.86	1.79
7、调整后每基金单位期末净资产(元)	2.01	1.85	1.77
8、每基金单位经营活动产生的现金流量净额(元)	−0.10	0.31	−0.31
9、净资产收益率(%)	8.20	21.78	29.03

三、经理人报告

1、1999年主要经营情况　99年，我国继续实行了积极的财政和适当的货币政策，加大了对经济增长的支持力度，保持了国民经济的平稳发展。另一方面，国民经济中的根本问题，结构调整问题尚没有明显改变；党的十五届四中全会为国企改革指明了方向，但国企改革的有效措施仍在探索之中，国企效益明显提高尚需假以时日。99年的证券市场也发生了一系列的变革，券商的增资扩股、三类企业的入市、证券投资基金的增发等使证券市场投资者结构开始发生变化，加上新股的扩行，使双向扩容成为99年证券市场的一个重要特征；而证券法的实施同时也促使证券市场日益规范。

在大的宏观经济和政策背景下，99年深沪股市基本处于调整中的平衡势态，股市全年上涨了17%(上证指数和深证指数涨幅度的算术平均数)。

2、基金六年经营情况回顾　半岛基金成立至今，已运作了6个经营年度，6年中，半岛基金具有1亿元的资本金，连续4年向受益人派发现金红利，累计现金分红1.2亿元；加上基金尚有未分配收益1亿元，累计实现净收益达2.2亿元，平均年收益率达36.67%。6年来基金经理人本着"诚信、安全、高效"的经营理念和"稳健"的投资理念，开展基金的运作和管理，以优异的经营业绩回报受益人的支持与厚爱。在6年的经营过程中，基金的生存、规范和发展是经理人心里时刻想着的一件大事。我们希望具有"诚信与稳健"社会形象的半岛基金能够发展壮大，更希望作为中国基金事业的第一批试验者，能载入中国的基金史册。1994年3月，在主管机关的指导下，半岛基金实现了首次规范，并以公司型基金的模式开始运作；1995年4月，半岛基金在深交所挂牌进行柜台交易，实现了封闭式基金的流通；1996年6月，经主管机关批准，半岛基金从公司型基金变更为契约型基金，并成功地将非经营性资产剥离；1999年4月，半岛基金按照《证券投资基金管理暂行办法》的要求进行规范，截止1999年12月31日半岛基金净资产达2.03亿元，流动资产占总资产的92.20%，货币性资产占总资产的86.74%，达到了主管部门提出的基金规范的要求，为半岛基金的明天创造了更好更广阔的发展前途。回顾6年走过的路，我们的成绩是在主管机关的领导下，基金受益人的支持下取得的，在此我们表示衷心的感谢。

3、基金的投资情况　基金投资组合

投资对象	金额	占总资产比率(%)
货币资金	1,286,039.41	0.63
有价证券	175,116,645.74	86.10
房产投资	4,934,921.72	2.43
其它	22,039,153.34	10.84
合计	203,376,760.21	100

5、1999年度利润分配预案：

经天勤会计师事务所审计，半岛基金1999年实现净收益16,623,920.61元，加上以前年度未分配利润可供基金受益人分配的收益为102,729,107.93元。为了尽快完成半岛基金的清理规范，经半岛基金经理人和信托人研究决定，半岛基金1999年度利润分配方案为：暂不分配。

此分配方案须提请1999年度受益人大会审议批准，并经主管机关批准后实施。

四、信托人报告

招商银行作为深圳半岛投资基金的信托人，依据《深圳半岛投资基金信托契约》有关条款，对深圳半岛投资基金经理人1999年半岛基金的投资行为进行了监督。

我们认为：经理人遵照《深圳市投资信托基金管理暂行规定》，履行了《深圳半岛投资基金信托契约》中其项下的职责。

五、重要事项

1、关于本基金与深圳凯成公司房地产纠纷一案，广东省高级人民法院已作出终审判决，本基金胜诉，被告凯成公司须返还本基金购房款及相应利息，并承担本案诉讼费用。

2、7月11日，半岛基金受益人大会以通讯方式召开，本次大会对下列议案进行表决：1半岛基金1998年年度报告；2半岛基金1998年年度分配预案。两项议案均获得通过。

六、财务报告

2、会计报表　　半岛基金　资产负债表　1999年12月31日　单位：人民币元

资产	附注	1999—12—31	1998—12—31
流动资产：			
货币资金		1,286,039.41	10,299,385.82
短期投资	3	175,116,645.74	147,876,163.36
其他应收款	4	14,422,986.68	1,308,457.36
减：坏帐准备		3,314,413.34	—
流动资产合计		187,511,258.49	159,484,006.54
长期投资：			
长期投资	5	15,865,501.72	28,979,915.06
资产总计		203,376,760.21	188,463,921.60
负债及受益人权益			
流动负债：			
其他应付款	6	647,652.28	2,358,734.28
流动负债合计		647,652.28	2,358,734.28
受益人权益：			
基金	7	100,000,000.00	100,000,000.00
风险准备金		12,006,800.00	12,006,800.00
年末可分配收益		90,722,307.93	74,098,387.32
受益人权益合计		202,729,107.93	186,105,187.32
负债及受益人权益总计		203,376,760.21	188,463,921.60

半岛基金　损益表　一九九九年度　单位：人民币元

	附注	1999	1998
一、收益：			
股权及证券投资收益	8	24,318,362.75	43,442,751.59
利息净收益		1,825,041.35	2,652,200.64
其他		110,564.02	24,843.11
收益合计		26,253,968.12	46,119,795.34
二、投资管理及行政支出	9	9,630,047.51	5,586,606.54
三、净收益		16,623,920.61	40,533,188.80
减：所得税		——	——
四、可供分配收益		16,623,920.61	40,533,188.80
加：年初可分配收益		74,098,387.32	66,671,608.67
减：提取业绩报酬		——	3,106,410.15
五、可供受益人分配之收益		90,722,307.93	104,098,387.32
减：已分配收益	10	——	30,000,000.00
六、年末可分配收益		90,722,307.93	74,098,387.32

3、会计报表附注

(1)基金设立说明　本基金原系根据中华人民共和国法律、法规的有关规定，经中国人民银行深圳经济特区分行深人银复字(1994)第035号文批准，由招商局蛇口工业区有限公司、招商局蛇口工业区理财服务公司、中国平安保险公司、深圳安达实业股份有限公司、招商局蛇口工业区社会保险公司等五家公司发起设立的公司型封闭式基金。注册资金为100,000,000.00元，企业法人营业执照为深内法字06162，经营范围：基金的发行、基金的投资与管理、证券与股权投资、办理受益凭证的认购、转让、购回，金融主管机关批准的其他业务。一九九五年三月十日，经中国人民银行深圳经济特区分行以深人银复字(1995)第046号文批复，同意本基金于一九九五年四月一日始在深圳市部分交易网点上柜流通。一九九六年五月三十一日，经中国人民银行深圳经济特区分行以深人银复字(1996)第124号文批复，同意本基金由公司型基金改制为契约型基金，基金经理人为深圳市半岛投资基金管理有限公司，基金信托人为招商银行。

(2)重要会计政策：　1会计年度：本基金会计年度自公历每年一月一日起至十二月三十一日止。

2记帐本位币：本基金以人民币为记帐本位币。

3证券投资：证券投资日常核算以实际成本计价，卖出证券的成本按移动平均法计算确定。

4信托人年费：本基金按当年资产净值的0.2%计算支付。

5经理人年费：本基金按当年资产净值的2.4%计算支付。

6经理人业绩报酬：本基金按当年资产净值的增长率按比例累进计算支付。

(3)短期投资　短期投资系基金在证券市场购入公众股及保证金，共计175,116,645.74人民币元，本基金年末结存公众股市值及保证金计174,094,463.51人民币元。

(4)其他应收款　其他应收款系本基金对外应收股权转让之相关款项、应收垫付款。

单位	1999—12—31	1998—12—31
深圳安达实业股份有限公司	RMB1,302,510.00	RMB1,302,510.00
深圳市凯成实业有限公司	13,114,413.34	——
其他	6,063.34	5,947.36
	RMB14,422,986.68	RMB1,308,457.36

(5)长期投资　长期投资系本基金对房地产及合作项目的投资。

项目	1999—12—31	1998—12—31
未上市之法人股	RMB 5,917,750.00	RMB 5,917,750.00
房地产投资	4,934,921.72	18,049,335.06
项目投资	5,012,830.00	5,012,830.00
	RMB 15,865,501.72	RMB28,979,915.06

房地产投资系指投资深圳市南油月亮湾商品房十六套及二个商铺支付的款项，项目投资系指投资之高尔夫俱乐部会员证十四张支付的款项，各项长期投资基金经理人准备作变现处理。

(6)其他应付款　其他应付款系本基金应付给经理人、信托人年费、业绩报酬等。

项目	1999—12—31	1998—12—31
深圳市半岛投资基金管理有限公司	RMB21,970.74	RMB1,940,809.44
招商银行	416,281.54	388,524.84
其他	209,400.00	29,400.00
	RMB647,652.28	RMB2,358,734.28

(7)基金　本基金首次募集的基金总额100,000,000.00人民币元，每一基金单位面值为1.00人民币元，业经中国注册会计师验证。

(8)股权及证券投资收益　系本基金于证券投资和股权投资所取得的收益计24,318,362.75人民币元。

(9)投资管理及行政支出　投资管理及行政支出明细项目列示如下：

	1999	1998
经理人年费	RMB 4,995,378.43	RMB4,662,298.09
信托人年费	416,281.54	388,524.84
专业服务费	595,659.60	118,688.37
坏帐准备	3,314,413.34	——
其他	308,314.60	417,095.24
	RMB 9,630,047.51	RMB5,586,606.54

(10)年末可分配收益

根据一九九八年度受益人大会决议，一九九八年度收益暂不分配。

南方投资基金

南方投资基金1999年年度报告摘要

基金简介

1、基金发起人:广东省南方金融服务总公司　地址:广州市环市东路450号广东华信中心
电话:(020)87617988　邮编:510075　传真:(020)87627282
2、基金管理人:广东省南方金融服务总公司　地址:广州环市东路450号广东华信中心20楼
法定代表人:陈跃进　总经理:吴为民　信息披露负责人:谢　韬
电话:(020)87627797　邮编:510075　传真:(020)87627545
3、基金托管人名称:交通银行广州分行　地址:广州市小北路52号　法定代表人:彭　纯
托管负责人:曾小勉　信息披露负责人:岳启　电话:(020)83558435　邮编:510130
4、会计师事务所:广州市珠江有限责任会计师事务所　地址:广州市环市东路336号7楼
法定代表人:陈瑞玲　经办注册会计师:陈瑞玲　马蕙
5、律师事务所:广东对外经济律师事务所　地址:广州小北路185-189广州鹏源发展大厦10楼
法定代表人:曹柳生　经办律师:张建中　欧永良
6、基金简称:南方基金　7、基金代码:4502　8、基金总份额:226,300,000个基金单位
9、基金类型:契约型封闭式基金　10、基金封闭期限:8年(1993年12月~2001年12月)
11、基金会计年度:1999年度　12、上市地点:南方证券交易中心
13、上市时间:1994年3月3日　14、与深圳证券交易所联网上市时间:1994年3月14日

管理人报告

一、本基金管理人在报告期内,对南方基金的管理工作严格恪守基金契约及其他有关法规的规定、勤勉尽职地为基金持有人谋求利益,不存在损害基金持有人利益的行为。

二、九九年运营状况回顾

1、国民经济运行状况和投资市场回顾:一九九九年中国宏观经济在扩张性财政和货币政策的刺激下,顺利完成了预定的经济目标,国民生产总值增长率达7.1%。出口也成功地扭转了上半年持续下滑的势头,全年实现了一定幅度的增长。然而经济增长的原动力------消费需求和投资需求依旧不振。一方面社会消费欲望仍未能摆脱疲软的状态,消费物价指数持续下跌;另一方面,政府投资虽然增幅较大,但在引导民间投资上效果欠佳,同时外资流入也出现下滑,使得社会总体投资增长放缓。以上种种因素的影响使得中国的宏观经济增长速度连续五年出现下跌。而微观方面,企业效益虽然有了一定的改观,国企总体利润水平也增长较快,但困扰着企业运营的有效需求不足、产品结构欠合理的问题依然存在,使得我国企业还无法回到增长的快车道上。

在投资市场方面,证券市场作为发展直接融资的重要渠道和转换企业经营机制的重要途径,其作用益发突出。为维护其健康稳定发展,政府相继出台了一系列的法规政策,既扩大了市场参与者的层次和深度,也进一步维护了证券市场公平、公正、公开的运行环境。然而,作为宏微观经济形势反应指标的证券市场,在九九年虽然也经历了"5.19"井喷式行情,但全年的总体走势仍以盘整为主。房地产市场方面,尽管价格已出现了一定程度的回归,但总体价格水平与社会购买力之间的矛盾依旧比较尖锐。积压房产累计成本的攀升和供需方向上的结构性失调,使得积压房地产的消化依旧困难重重。房地产市场的重新活跃也仍需假以时日。

2、本基金投资业务回顾:根据国家对原有投资基金清理规范方案的要求,本基金管理人以提高基金资产流动性为目标,加大了对基金资产中实业和房地产投资项目的清理力度。但由于累计的历史问题比较沉重,加上投资市场不太活跃,清理的难度较大。此外,根据监管部门的有关要求,我部加强了基金的规范运作。一方面通过权威机构进行资产评估,对基金的资产状况有了更加客观、真实的把握;另一方面,通过加大信息披露力度,提高了基金运作的透明度,使得投资者对基金资产和运作状况有了更加清晰的认识。在证券投资方面,本基金管理人敏锐地认识到经济增长模式的转换以及科技作为第一生产力的重要意义,适时地调整证券投资结构。既在过往的基金年度内实现了一定的投资收益,也为将来的基金投资打下了一个坚实的基础。

托管人报告

根据《南方基金资产信托契约》,本托管人交通银行广州分行对基金管理人广东省南方金融服务总公司基金部1999年的运作过程实施了监督,本托管人认为基金管理人报告期内在投资运作、基金资产净值及每份基金单位资产净值的计算等方面,均不存在损害基金持有人利益的行为,基金的投资范围和投资规模均符合《南方基金资产信托契约》以及国家有关法律、政策。基金管理人在本年度内编制的与本托管人有关的基金披露信息也是合法、真实、完整的。而本托管人在报告期内,也严格遵守了《南方基金资产信托契约》和其他有关法规的规定,完全尽职尽责地履行了托管人应尽的义务,不存在任何损害基金持有人利益的行为。

南方基金托管人:交通银行广州分行　2000年3月20日

基金年度财务报告

一、基本情况

南方投资基金(简称"南方基金")经中国人民银行广东省分行粤银复[1993]166号文件批准成立,由广东省南方金融服务总公司发起成立的综合型、契约型、封闭式基金。投资范围为证券投资、股权投资、房地产投资等。南方基金的管理人为广东省南方金融服务总公司基金部,基金信托人为交通银行广州分行。

二、主要会计政策

1、执行的会计制度

参照执行《金融企业会计制度》、《股份有限公司会计制度》的有关规定。

2、记帐本位币

以人民币为记帐本位币。

3、会计年度和基金存续期

A、会计年度:采用公历年制,即自每年1月1日起至12月31日止为一个会计年度。

B、基金存续期:存续期为8年,存续期将满时,经受益人大会及主管部门批准,可延长存续期(但累计期限不超过15年)。

4、基金资产估值

1)估值方法

A、上市公司流通证券以1999年12月30日证券交易所公告的收市日日均价计算。

B、上市公司法人股、其他企业股权投资以及其他投资以实际成本计价,对外借出款项和应收款项以发生时金额列示,期末按《企业会计准则》及参照《股份有限公司会计制度》、《关于南方基金的资产评估报告书》计提各项减值准备。

2)估值说明

根据《企业会计准则》并参照《股份有限公司会计制度》和《证券投资基金信息披露指引》,南方基金计提了各项准备,具体参见各项目说明。

5、坏帐核算方法

A、坏帐损失核算方法:备抵法。

B、坏帐准备的计提方法和计提比例:根据对外借出款项的逾期情况、债务单位的财务状况等情况估计可收回金额后确定,对借出款项本金,按逾期一年(含)以内计提10%或15%、逾期两年计提30%、逾期三年计提50%或60%,三年以上计提80%坏帐准备的标准进行,并参照评估值和法院判决书计提。

6、其他投资减值准备

A、对南方交易中心上市流通的法人股,其流通性受限制,期末按停止交易的最后交易日收市价与其成本的差额计提。

B、对房地产、土地等的投资参照现行市价及项目变现能力和可收回价值确定比例计提。

C、对其他股权投资按被投资企业期末净资产确定计提额度。

7、风险准备金:根据基金章程的规定按各年度基金净收益的5%逐年计提。

8、收入确认政策

A、证券交易收入:以证券实际卖出日的成立金额扣除相关费用后确认。

B、股息收入:在被投资股票除息日发放现金股利时确认。

C、其他收入:在实际收到时确认。

9、证券交易的成本计价方法:买入证券按实际成本计价,卖出证券按加权平均成本计价。

10、本年度会计政策、会计估计变更

根据财政部财会字[1999]35号《关于股份有限公司会计制度有关会计处理问题补充规定》和《证券投资基金信息披露指引》的有关规定,南方基金本年度对坏帐准备、投资减值准备等的会计政策变更已采用追溯调整法调整了上年末分配收益及相关项目的期初数、收益及分配表的上期数栏,已按调整后的数字填列。

以上会计政策变更的具体内容及对南方基金1998、1999年末财务状况及当年度经营成果的影响如下:

会计政策变更内容	1999年影响数(元)	1998年影响数(元)
坏帐准备		
基金资产净值	41,854,154.78	30,812,878.93
基金当期收益	11,041,275.85	9,872,441.50
其他投资减值准备		
基金资产净值	6,990,228.00	4,975,341.50
基金当期收益	2,014,886.50	3,475,341.50
累计影响数:		
基金资产净值	48,844,382.78	35,788,220.43
基金当期收益	13,056,162.35	13,347,783.00

三、税项

参照财政部和国家税务总局(财税字[1998]55号)文件关于《证券投资基金税收问题的通知》执行。

四、基金的收益分配政策

南方基金原则上每年分红一次,南方基金没有被要求提取公益金或公积金。

五、会计报表主要项目说明

1、应收股票清算余额24,872,183.52元,是缴存证券公司(营业部)的股票保证金。

2、应收帐款

华信理财部	4,332,887.58元
应收利息款	6,400,000.00元
南方证券交易中心	500,000.00元
嘉银国际商品期货公司	2,740,053.09元
广东怀集县铁矿公司	750,000.00元
世界商务中心有限公司	6,722,810.00元
北京中科、上海泰南(清远建北)	3,000,000.00元
广州捷丰房地产公司	186.14元
广告费	149,295.84元
押金	112,200.00元
合计	24,707,432.65元

3、对外借出款项

单位名称	金额(元)	帐龄
广州龙城房产有限公司	12,200,000.00	逾期三年以上
广东省药材公司	10,000,000.00	逾期三年以上
天成大厦	20,000,000.00	逾期三年以上
怀集县志威水泥厂	5,000,000.00	逾期三年以上
合　计	47,200,000.00	逾期三年以上

4、坏帐准备余额

对外借出款项和应收款项,期末按《企业会计准则》及参照《股份有限公司会计制度》、《关于股份有限公司会计制度有关会计处理问题补充规定》、《证券投资基金信息披露指引》和《关于南方基金的资产评估报告书》计提坏帐准备,坏帐准备余额41,854,154.78元,具体见《南方基金1999年各项准备金计提明细表》。

5、股票投资(截止1999年12月31日,证券市值以该日均价计算)

项目	证券成本(元)	证券市值(元)	未实现估值增值(元)
上市公司流通股	144,151,386.60	115,499,971.17	-28,651,415.43

6、其他投资

房地产投资	
利丰大厦	20,753,415.00元
中喜大厦	72,000,000.00元
小计	92,753,415.00元
股权投资	
中健公司	5,000,000.00元
法人股	
南方商贸	2,600,000.00元
其他	
委托投资	20,000,000.00元
广盛华侨(大亚湾)投资有限公司	2,140,000.00元
豪景宾馆	500,000.00元
小计	22,640,000.00元
合计	122,993,415.00元

7、其他投资减值准备

其他投资减值准备是根据《企业会计准则》及参照《股份有限公司会计制度》、《关于股份有限公司会计制度有关会计处理问题补充规定》、《证券投资基金信息披露指引》、《关于南方基金的资产评估报告书》和法院判决书计提,其他投资减值准备余额 7,490,228. 00 元,具体见《南方基金 1999 年各项准备金计提明细表》。

8、基金单位 持有人名称

南方金融服务总公司	20,000,000.00 元
社会公众流通	206,300,000.00 元
合　计	226,300,000.00 元

9、未实现估值增值-28,651,415.43 元,根据有关规定对基金持有的上市公司流通股按收市日均价进行估值数。

10、风险准备金余额 8,924,523.72 元,根据南方基金章程规定按年度净收益的 5%逐年提取。

11、项目说明

A、"中喜大厦"(又名:百汇广场)项目,由于发展商广州埔丽房地产发展有限公司原洽谈方案中,拟抵偿给本基金的"百汇广场"部分商铺、写字楼面积约 6,100m2 未能解除银行抵押,存在一定的债务风险,故正进一步与对方协商,寻求解决办法。

B、关于"天成大厦"项目,该项目 1999 年初由广东省高级人民法院作出二审判决,判决世界商务中心有限公司及担保人广州市市场发展总公司越秀公司偿还本金 2,000 万元及按银行同期贷款利率计付的利息。本基金已向广州市中级人民法院申请执行。

C、关于"利丰大厦"项目,该项目现正陆续进行销售,至 1999 年 12 月底,已成交 19 套。

D、关于"龙城房产"项目,该项目于 1999 年 9 月向广州市中级人民法院起诉,并于 10 月由中院作出一审判决,判令广州龙城房产有限公司偿还本基金本息 447.5 万元,本项目已向市中院申请强制执行。

E、关于"怀集志威水泥厂"项目,于 1999 年 7 月由"广州市仲裁委员会"仲裁,仲裁结果为判令对方偿还本金 500 万元及利息,本项目已向肇庆中院申请执行。

F、关于"南方商贸"法人股,南方基金所持法人股"南方商贸"因南方交易中心停止法人股交易,1998 年 5 月 28 日收市价为 0.60 元。

G、省药材公司项目,已与省药材公司、广东中南公司达成意向,以中南公司"利安花园"45 套住宅抵偿省药材公司欠本基金款项,有关协议、手续正在办理中。

H、南方基金向中健公司投资 500 万元,占中健公司股份 50%,该公司 1996 年已停止营业。

12、本基金持有的法人股按帐面价值、购入成本和公司净资产值计算所得的单位基金净资产值分别为 1.258 元、1.258 元和 1.257 元。

六、基金投资组合

(一)、按行业分类的股票投资组合

行业	市值	占基金资产评估后净值(%)
1、机械制造	4,857,086.00	1.72
2、金融	1,266,770.00	0.45
3、化工	4,628,423.60	1.64
4、电子通讯	27,725,048.24	9.81
5、家电	15,872,034.55	5.62
6、纺织服装	4,188,774.80	1.48
7、生物医药	6,296,191.36	2.23
8、汽车及配件制造	1,462,257.16	0.52
9、房地产	511,000.00	0.18
10、公共事业	10,315,939.60	3.65
11、建材	14,806,042.76	5.24
12、酿酒食品	1,997,976.00	0.71
13、商贸旅游	2,874,765.10	1.02
14、能源电力	1,485,100.00	0.53
15、冶金	1,944,800.00	0.69
16、综合	15,267,762.00	5.40
合计	115,499,971.17	40.89

(二) 、货币资金 27,704,012.75(其中现金 9,779.67,银行存款 826,744.71,证券投资保证金 26,867,488.37)

(三)、其他资产

行业	帐面值	购入成本	资产净值
商贸旅游	2,600,000.00	2,600,000.00	2,580,000.00
合计	2,600,000.00	2,600,000.00	2,580,000.00

注:以上法人股流通转让受到限制

1、对外借出款项

帐龄	帐面值	评估值
三年以上	47,200,000.00	14,072,700.00
合计	47,200,000.00	14,072,700.00

3、应收款项

帐龄	帐面值	评估值
1 年以内	261,495.84	256,276.84
1~2 年	6,722,810.00	0
2~3 年	3,000,186.14	2,086,786.14
3 年以上	10,390,053.09	9,640,053.09
合计	20,374,545.07	11,983,116.07

4、房地产投资　帐面值 84,039,997.81　评估值 88,663,187.00

5、其他企业股权投资　帐面值 5,000,000.00　评估值 3,500,000.00

6、其他 (包括委托投资等)帐面值 22,140,000.00　22,140,000.00

(四) 基金投资前十名股票明细

股票名称	市值	占基金资产评估后净值比例(%)
1、山东电缆	20,689,439.48	7.32
2、福建双菱	14,732,442.76	5.21
3、方正科技	12,678,600.00	4.49
4、四川长虹	7,244,856.51	2.56
5、大众科创	5,997,806.70	2.12
6、真空电子	4,891,224.00	1.73
7、小天鹅	3,843,813.69	1.36
8、四药股份	3,550,400.00	1.26
9、苏常远东	3,070,000.00	1.09
10、武汉商场	2,747,145.10	0.97

七、主要财务指标

序号	项目	1999 年度	1998 年度	1997 年度
1	净收益	4,222,130.60	-7,825,876.78	70,479,750.26
2	单位基金净收益	0.019	-0.0346	0.31
3	期末基金资产净值	284,650,230.97	291,090,493.12	357,565,188.95
4	期末单位基金资产净值	1.258	1.286	1.58
5	净资产收益率	1.48%	-2.69%	19.71%

八、前十名股东名称:

序号	持有人名称	持有份额
1	广东省南方金融服务总公司	20,000,000
2	胡秀珍	1,940,112
3	唐敬锋	1,837,000
4	王彬	1,658,370
5	郭新龙	1,210,000
6	李文燕	1,090,000
7	任秀丽	1,000,000
8	杨于巧	905,599
9	江西万年青水泥股份有限公司	700,000
10	侯秀良	700,000

资产负债表　1999 年 12 月 31 日　单位:人民币元

项目	附注	1999 年 12 月 31 日	1998 年 12 月 31 日
现金		9779.67	15489.37
银行存款		928493.46	7498539.82
应收股票清算款	1	24872183.52	405684.72
应收帐款	2	24707432.65	25453941.90
对外借出款项	3	47200000.00	47200000.00
坏帐准备	4	-41854154.78	-30812878.93
股票投资—成本	5	144151386.60	157009041.43
股票投资—估值增值		-28651415.43	-17989022.68
其他投资—成本	6	122993415.00	124106875.00
其他投资减值准备	7	-7490228.00	-4975341.50
基金资产总值		286866892.69	307912329.13
应付基金托管费		653757.42	715130.38
应付帐款		1562904.30	13192078.04
应交税金			2914627.59
负债总计		2216661.72	16821836.01
基金单位总额	8	226300000.00	226300000.00
未分配净收益		78077122.68	74066098.61
未实现估值增值	9	-28651415.43	-17989022.68
风险准备金	10	8924523.72	8713417.19
基金资产净值		284650230.97	291090493.12
基金资产总值		286866892.69	307912329.13

收益及收益分配表　1999 年度　单位:人民币元

项目	1999 年度	1998 年度
一、收入	27697840.65	13944833.83
股息收入	920215.45	1530016.91
债券利息收入		
股票买卖差价收入	25577625.20	9444618.17
利息收入		260198.75
房地产与实业投资收入	1200000.00	2710000.00
二、支出	23475710.05	21770710.61
基金管理费	5883816.84	6436173.40
基金托管费	653757.42	715130.38
营业税金及附加		
应由基金承担的其他费用	1435773.44	1271623.44
计提坏帐准备	11041275.85	9872441.50
计提其他投资减值准备	2514886.50	3475341.50
以前年度损益调整	1946200.00	0.39
三、基金净收益	4222130.60	-7825876.78
减:计提风险准备金	211106.53	276095.31
加:上年未分配净收益	74066098.61	116755600.29
减:本年已分配净收益		
上年分红派息款		27087529.59
以前年度损益调整		7500000.00
四、期末未分配净收益	78077122.68	74066098.61

注:以前年度损益调整 1,946,200.00 元,此数系由①评估公司 150 万和②国债服务部 446,200.00 元组成。

南方基金 1999 年各项准备金计提明细表　单位:人民币元

应收款项目计提坏帐准备		1999 年度	1998 年度	1997 年度
广东怀集县铁矿公司	750000.00	150000.00	150000.00	450000.00
世界商务中心有限公司	6,722,810.00	4705967.00	1008421.50	1008421.50
北京中科、上海泰南	913400.00	639380.00	274020.00	
嘉银公司	822015.93			822015.93
天成大厦	18800000	2800000.00	4000000.00	12000000.00
广东怀集志威水泥厂	4270000.00	270000.00	1000000.00	3000000.00
广州龙城房产有限公司	7722528.85	1622528.85	2440000.00	3660000.00
广东省药材公司	1853400.00	853400.00	1000000.00	
小计	41854154.78	11041275.85	9872441.50	20940437.43
其他投资项目				
计提其他投资减值准备　备注				
南方商贸(法人股)	1400000.00			1400000.00
利丰大厦	2795661.00		720319.50	2075341.50
中喜大厦	1294567.00		1294567.00	
中健公司	1500000.00			1500000.00
豪景宾馆	500,000.00			500,000.00
小计	7490228.00	2514886.50	3475341.50	1500000.00
各项计提准备合计	49344382.78	13556162.35	13347783.00	22440437.43
未实现投资收益	28651415.43	-28651415.43	-17989022.68	-7930848.77

注:应收款逾期(投资无回收)一年内计提 10%—15%,逾期两年内计提 30%,逾期三年内计提 50%—60%,三年以上计提 80%,各年计提坏帐准备、减值准备总额参见评估报告和法院判决书。

广 证 投 资 基 金

广证投资基金 1999 年年度报告摘要

一、基金简介

(一)基金简称：广证基金　基金交易代码：4503　基金单位总份额：117,000,000

基金类型：封闭式契约型基金　基金存续期：8 年(1993 年—2001 年)

上市地点：广东南方证券交易中心　联网地点：深圳证券交易所

广证投资基金(简称"广证基金")发行规模为 11,700 万个基金单位，基金类型为综合型、封闭式、契约型基金，存续期限为 8 年，投资范围为有价证券、金融票据、期权、期货、房地产和经中国人民银行批准的其他项目。广证基金 1993 年 11 月 26 日—12 月 3 日向社会公开募集并获得成功，投资者名册交由南方证券登记公司集中托管，1994 年 3 月 3 日在南方证券交易中心挂牌上市，同年 3 月 14 日与深圳证券交易所联网交易。

(二)基金管理人　法定名称：广东证券公司基金部地址：广东省广州市东风东路 703 号

总地址：广东省广州市东风东路 750 号广联大厦 16 楼　邮编：510080　法定代表人：张优造

总经理：张优造　信息事务负责人：尚淳、廖智　电话：87758889-1607、(020)87667257

(三)基金托管人：中国工商银行广东省分行百灵支行　地址：广东省广州市百灵路 110 号

邮政编码：510180　法定代表人：罗文坤　电话：(020)83320763　传真：(020)83320763

(四)会计师事务所：广东正中会计师事务所地址：广州市东风东路 555 号粤海集团大厦 27 楼

法定代表人：蒋洪峰　经办注册会计师：何威明、张岚

(五)律师事务所：信良律师事务所　地址：广东省广州市小北路华宇大厦 17 楼

法定代表人：黄松良　经办律师：赵　欣

二、基金管理人报告

(一)1999 年度经营情况回顾

在 1999 年的经营过程中，本基金经理人首先本着稳健、进取的精神，通过积极参与一、二级股票市场的运作，为基金取得了较好的收益。其次，根据国务院第 28 号文转发的《原有投资基金清理规范方案》的要求，本基金积极进行资产的盘活、变现工作，取得了良好的成果，为进一步进行基金的清理规范打下坚实的基础。此外，切实贯彻深交所《关于加强原有投资基金信息披露工作的通知》(深证上(1999)(70 号)的要求，基金信息披露做到及时、规范，从 1999 年 8 月开始，每月公布一次基金资产 净值，每季度公布一次基金投资组合情况。

三、基金托管人报告

中国工商银行广东省分行百灵支行作为广证投资基金的信托人，根据《广证投资基金信托契约》对广证投资基金经理人的投资活动实行了监督。本信托人认为：广证投资基金经理人在 1999 年 1 月 1 日至 1999 年 12 月 31 日期间的投资活动符合国家法规、政策和《广证投资基金信托契约》，截至 1999 年 12 月 31 日，广证投资基金资产净值为：141,636,827.13 元；基金单位资产净值为：1.21 元；1999 年净收益为 2,528,822.70 元；每基金单位净收益为 0.021 元。基金资产净值收益率为 1.78%。

四、基金年度财务报告

.会计报表主要项目说明

注(1)对外借出款项　期末余额 103,000,000.00

单位名称	金　额	担保方式	帐　龄
广新房地产有限公司	93,000,000.00	信用	一年内
惠州东江典当行	3,000,000.00	信用	逾期三年以上
阳江港区经济开发公司	7,000,000.00	信用	逾期三年以上
合计	103,000,000.00		

注(2)对外借出款项坏帐准备-10,000,000.00，是对"惠州东江典当行"、"阳江港区经济开发公司"的借出款项，由于已逾期多年，回收性较差，计提 100%的 坏帐准备，共 1000 万元。

注(3)短期投资余额 10,930,750.00，均为土地投资。

注(4)短期投资跌价准备-10,550,325.57。

注(5)股票投资

项　目	99.12.31 证券成本	99.12.31 证券市值(以该日收市价计)	1999.12.31 流通法人股评估确认值(以每股净资产值计)	未实现估值增值(负数为减值)
1.上市公司流通 A 股	776,810.00	873,560.00	—	96,750.00
2.上市公司流通法人股 #	1,378,385.57	998,810.00	1,259,249.0	—
合计	2,155,195.57	1,872,370.00	—	96,750.00

另注：#NET 已停止交易，其流通性受限制，且其成本与收市价的差额已计提跌价准备。

上市公司法人股评估确认值是按上市公司 99 年中期的每股净资产值计算。

注(6)基金单位总额　117,000,000.00

投资单位名称	期　初	期　末
广东证券公司	10,000,000.00	10,000,000.00
定向和公开募集	107,000,000.00	107,000,000.00
合计	117,000,000.00	117,000,000.00

注(7)未实现估值增值 96,750.00，为根据新规定对上市公司流通股按收市日均价进行估值数。

(五)基金投资组合　1.按行业分类的股票投资组合

序号	行业分类	股数	市值	占基金资产净值比例
1)	建材建筑	400,000	476,000.00	0.336%
2)	医　药	11,000	92,950.00	0.066%
3)	汽车及配件制造	12,000	71,280.00	0.050%
4)	酿酒食品	7,000	28,700.00	0.020%
5)	农林牧渔	15,000	201,750.00	0.142%
6)	金融地产	580,900	522,810.00	0.369%
7)	化　工	17,000	122,400.00	0.086%
8)	冶　金	60,000	356,480.00	0.252%
	合　计	1,102,900	1,872,370.00	1.321%

2.国债、货币资金合计　截止 1999 年 12 月 31 日，本基金持有货币资金合计为 54,728,762.08 元，占基金资 产净值的 38.65%。

3.对外借出款项　截止 1999 年 12 月 31 日，本基金对外借出款项余额为 93,000,000.00 元，占基金资 产净值的 65.66%。

4.其他投资　截止 1999 年 12 月 31 日，本基金其他投资余额为 760,000.00 元，占基金资产净值的 0.53%。

5.基金投资前十名股票明细

序号	股票名称	股数	市　值	占基金资产净值比例
* 1)	广东广建	580,900	522,810.00	0.342%
* 2)	建北集团	400,000	476,000.00	0.311%
3)	亚华种业	15,000	226,950.00	0.148%

标有"*"号的股票为上市公司法人股，未标明的为上市公司流通股。

(六)主要财务指标

序号	项　目	1999 年度	1998 年度	1997 年度
1	净收益	2,528,822.70	1,860,909.02	13,190,785.82
2	单位基金净收益	0.021	0.016	0.113
3	期末基金资产总值	150,361,132.08	143,645,137.31	151,974,680.88
4	期末基金资产净值	141,636,827.13	142,947,303.92	148,008,867.03
5	期末单位基金资产净值	1.21	1.22	1.27
6	单位基金资产净值收益率	1.78%	1.30%	8.91%

五、基金持有人结构

(一)基金持有人结构

持有人名称	持有人份额	占总额比例
广东证券公司	10,000,000.00	8.55%
社会公众	107,000,000.00	91.45%
合　计	117,000,000.00	100.00%

(二)基金前十名持有人

序号	持有人名称	持有份额	占总份额比例
1	广东证券公司	10,000,000.00	8.55%
2	何　慧	1,500,000.00	1.28%
3	陈润乐	686,000.00	0.59%
4	陈玉容	470,000.00	0.40%
5	邓坚强	330,000.00	0.28%
6	关洪思	295,000.00	0.25%
7	蔡凤华	294,153.00	0.25%
8	李方捷	288,000.00	0.24%
9	方卓武	274,250.00	0.23%
10	内江新达电器有限公司	266,800.00	0.22%

六、基金分红

由于广证基金清理规范工作仍在进行中，故广证基金管理委员会决定基金 1999 年度收益暂不分配。

资产负债表　(1999 年 12 月 31 日)　单位：人民币元

项目	附注	1999.12.31	1998.12.31
现金		15270.41	22767.64
银行存款		4030618.96	1355837.22
应收股票清算款		50682872.71	10672173.28
对外借出款项	1	103000000.00	123235804.17
对外借出款项坏账准备	2	-10000000.00	-7000000.00
短期投资	3	10930750.00	10930750.00
短期投资跌价准备	4	-10550325.57	-3518450.00
股票投资—成本	5	2155195.57	9510205.51
股票投资—估值增值	5	96750.00	-1563950.51
基金资产总值		150361132.08	143645137.31
应付基金管理费			86862.72
应付基金托管费		116272.29	14477.13
其他应付款项		8376591.31	406853.93
应交税金		231441.35	189639.61
负债总计		8724304.95	697833.39
基金单位总额	6	117000000.00	117000000.00
未分配净收益		24313855.50	22411473.94
未实现估值增值	7	96750.00	-1563950.51
风险准备金	8	226221.63	5099780.49
基金资产净值		141636827.13	142947303.92
基金资产总值		150361132.08	143645137.31

收益及收益分配表　(1999 年度)　单位：人民币元

项　目	附注	1999 年度	1998 年度
一、收入		17002683.28	10024625.40
在除息日确认的股息收入			2817.85
股票买卖差价收入		7063162.31	5341143.77
利息收入	9	1359729.41	1152801.11
房地产实业投资收入	10	857541348	3527862.67
营业外收入		4378.08	
二、支出		14473860.58	8163.716.38
基金管理费		2790534.68	2790145.73
基金托管费		465089.12	465024.29
营业税金及附加		484246.52	632145.69
应由基金承担的其他费用	11	702114.69	757175.67
计提短期投资跌价准备		7031875.57	2519225.00
计提坏账准备		3000000.00	1000000.00
计提长期投资减值准备			
三、基金净收益		2528822.70	1860909.02
减：计提风险准备金		126441.14	274073.69
加：上年未分配净收益		22411473.94	26183164.23
减：本年已分配净收益			
上年分红派息款	12	500000.00	5358525.62
四、期末未分配净收益		24313855.50	22411473.94

华 信 投 资 基 金

华信投资基金 1999 年年度报告摘要

基金简介

1、基金发起人名称:广东华侨信托投资公司　地址:广州市环市东路 450 号广东华信中心
电话 :(020)87617988　邮编: 510075　传真:(020)87627282
2、管理人:广东华侨信托投资公司投资基金部　地址:广州环市东路 450 号广东华信中心 20 楼
法定代表人:尹文健　总经理:吴为民　信息披露负责人:谢 韬
电话:(020)87627797　邮编: 510075　传真:(020)87627545
3、基金托管人名称:中国银行广东省分行　地址:广州市东风西路 197 号　法定代表人:田晓韧
托管部负责人:伍小华　信息披露负责人:程慧之　电话:(020)83321688-71736　邮编:510130
4、会计师事务所:广东正中会计师事务所　地址:广州市东风东路 555 号粤海集团大厦 27 楼
法定代表人:蒋洪峰　经办注册会计师:何威明　张岚
5、律师事务所:广东对外经济律师事务所　法定代表人:曹柳生
地址:广州市小北路 185-189 广州鹏源发展大厦 10 楼　经办律师:张建中　欧永良
6、基金简称:华信基金　7、基金代码:4505　8、基金总份额:137,017,216 个基金单位
9、基金类型:契约型封闭式基金　10、基金封闭期限:8 年(1993 年 12 月 ä2001 年 12 月)
11、基金会计年度:1999 年度　12、上市地点:南方证券交易中心
13、上市时间:1994 年 3 月 3 日　14、与深圳证券交易所联网上市时间:1994 年 3 月 14 日

管理人报告

一、本基金管理人在报告期内,对华信基金的管理工作严格恪守基金契约及其他有关法规的规定,勤勉尽职地为基金持有人谋求利益,不存在损害基金持有人利益的行为。

二、九九年运营状况回顾

1、国民经济运行状况和投资市场回顾:

一九九九年中国宏观经济在国家扩张性财政和货币政策的刺激下,顺利完成了预定的经济目标,国民生产总值增长率达 7.1%。出口也成功地扭转了上半年持续下滑的势头,全年实现了一定幅度的增长。然而经济增长的原动力------消费需求和投资需求依旧不振。一方面社会消费欲望仍未能摆脱疲软的状态,消费物价指数持续下跌;另一方面,政府投资虽然增幅较大,但在引导民间投资上效果欠佳,同时外资流入也出现下滑,使得社会总体投资增长放缓。以上种种因素的影响使得中国的宏观经济增长速度连续五年出现下跌。而微观方面,企业效益虽然有了一定的改观,国企总体利润水平也增长较快,但困扰着企业运营的有效需求不足、产品结构欠合理的问题依然存在,使得我国企业还无法回到增长的快车道上。

在投资市场方面,证券市场作为发展直接融资的重要渠道和转换企业经营机制的重要途径,其作用益发突出。为维护其健康稳定发展,政府相继出台了一系列的法规政策,既扩大了市场参与者的层次和深度,也进一步维护了证券市场公平、公正、公开的运行环境。然而,作为宏微观经济形势反应指标的证券市场,在九九年虽然也经历了"5.19"井喷式行情,但全年的总体走势仍以盘整为主。房地产市场方面,尽管价格已出现了一定程度的回落,但总体价格水平与社会购买力之间的矛盾依旧比较尖锐。积压房产累计成本的攀升和供需方向上的结构性失调,使得积压房地产的消化依旧困难重重。房地产市场的重新活跃也仍需假以时日。

2、本基金投资业务回顾:

根据国家对原有投资基金清理规范方案的要求,本基金管理人以提高基金资产流动性为目标,加大了对基金资产中实业和房地产投资项目的清理力度。但由于累计的历史问题比较沉重,加上投资市场不太活跃,清理的难度较大。此外,根据监管部门的有关要求,我部加强了对基金的规范运作。一方面通过权威机构进行资产评估,对基金的资产状况有了更加客观、真实的把握;另一方面,通过加大信息披露力度,提高了基金运作的透明度,使得投资者对基金资产和运作状况有了更加清晰的认识。在证券投资方面,本基金管理人敏锐地认识到经济增长模式的转换以及科技作为第一生产力的重要意义,适时地调整证券投资结构。既在过往的基金年度内实现了一定的投资收益,也为将来的基金投资打下了一个坚实的基础。

三、下年度发展展望:

对于证券投资市场而言,在宏观经济平稳增长的环境下,无疑将保持着稳定发展的趋势。在资源配置方面,证券市场将引导着资源进一步向高科技和信息行业倾斜。为此,本基金管理人将继续本着理性投资的原则,继续调整投资理念,完善调整组合,确保基金资产赢利性和安全性的最佳组合。

对于房地产市场来说,随着国民经济的复苏,交投也将渐趋活跃,但价格则可能进一步回落。本基金管理人将以提高基金资产流动性为目标,继续加大对项目投资的回收力度,以满足监管部门对原有投资基金清理规范工作的要求。

托管人报告

根据《华信基金资产信托契约》,本托管人中国银行广东省分行对基金管理人广东华侨信托投资公司投资基金部 1999 年的运作过程实施了监督,本托管人认为基金管理人报告期内在投资运作、基金资产净值及每份基金单位资产净值的计算等方面,均不存在损害基金持有人利益的行为,基金的投资范围和投资规模均符合《华信基金资产信托契约》以及国家有关法律、政策。基金管理人在本年度内编制的与本托管人有关的基金披露信息也是合法、真实、完整的。而本托管人在报告期内,也严格遵守了《华信基金资产信托契约》的有关规定,不存在任何损害基金持有人利益的行为。

基金年度财务报告

华信投资基金持有人:

我们接受广东华侨信托投资公司基金部委托,审计了华信投资基金(简称"华信基金")1999 年 12 月 31 日的资产负债表及 1999 年度收益及收益分配表。这些会计报表由广东华侨信托投资公司基金部负责,我们的责任是对这些会计报表发表审计意见。我们的审计是依据中国注册会计师独立审计准则进行的。在审计过程中,我们结合华信基金实际情况,实施了包括抽查会计纪录等我们认为必要的审计程序。

我们认为,上述会计报表符合证券投资基金及其财务会计的相关法规、制度,在所有重大方面公允地反映了华信基金 1999 年 12 月 31 日的财务状况及 1998 年度的经营成果,会计处理方法的选用遵循了一贯性原则,符合华信基金契约的规定。

广东正中会计师事务所　　中国注册会计师:何威明　中国注册会计师:张　岚

一、以上财务数据取自广东正中会计师事务所何威明、张岚注册会计师审计的本基金年度的审计报告;

二、本基金重要会计政策:

1、执行的会计制度　参照执行《股份有限公司会计制度》和《金融企业会计制度》的有关规定。

2、会计年度　本基金会计年度从公历一月一日起至十二月三十一日止。

3、记帐本位币　本基金以人民币为记帐本位币。

4、基金资产估值

1)估值办法

a、上市公司流通证券以 1999 年 12 月 31 日证券交易所公告的收市日日均价计算。

b、上市公司法人股、其他企业股权投资以及其他投资以实际成本计价,期末按《企业会计准则-投资》及《股份有限公司会计制度》计提投资减值准备。

c、对外借出款项和应收款项以发生时金额列示,期末参照《股份有限公司会计制度》和《金融企业会计制度》计提坏帐准备。

2)估值说明

根据《企业会计准则-投资》并参照《股份有限公司会计制度》和《证券投资基金信息披露指引》,华信基金计提了各项准备,具体参见各项目说明。

5、坏帐核算方法:

1)、坏帐的确认标准:

a、因债务人破产依照法律程序清偿后,确定无法收回的债权;

b、因债务人死亡,不能得到偿还的债权;

c、因债务人逾期三年未履行偿还义务,且有确凿的证据表明确实无法收回的债权。

2)、坏帐损失核算方法:备抵法。

3)、坏帐准备的计提方法和计提比例:

根据对外借出款项的逾期情况、债务单位的财务状况、现金流量等情况估计可收回金额后确定。对借出款项本金,按逾期一年(含)以内计提 10%,逾期两年计提 30%或 50%,逾期两年以上计提 50%或 80%坏帐准备的标准进行。

6、其他投资减值准备

1)对上市流通的 NET 法人股,由于其流通性受限制,期末按停止交易的最后交易日收市价与其成本的差额计提。

2)对房地产、土地等的投资按照现行市价及项目变现能力和可回收价值确定比例计提。

3)对其他股权投资按被投资企业期末净资产确定计提额度。

7、风险准备金　根据基金章程的规定按各年度基金净收益的 5%逐年计提。

8、收入的确认政策

1)证券交易收入:以证券实际卖出日的成交金额扣除相关费用及证券成本后确认。

2)股息收入:在被投资股票除息日发放现金股利时确认。

3)其他收入:在实际收到时确认。

9、证券交易的成本计价方法　买入证券按实际成本计价,卖出证券按加权平均成本计价。

三、本年度会计政策、会计估计变更

根据财政部财会字 [1999]35 号《关于股份有限公司会计制度有关会计处理问题补充规定》和《证券投资基金信息披露指引》的有关规定,华信基金本年度对坏帐准备、投资减值准备等的会计政策变更已采用追溯法调整了上年未分配收益及相关项目的期初数;收益及分配表的上期数栏,已按调整后的数字填列。

以上会计政策变更的具体内容及对华信基金 98、99 年末财务状况及当年度经营成果的影响如下:

会计政策变更内容	99 年影响数	98 年影响数
坏帐准备:		
基金资产净值	23470000.00	22720000.00
基金当期收益	750000.00	-
其他投资减值准备:		
基金资产净值	10959050.20	9638752.70
基金当期收益	1320297.50	7629694.50
累计影响数:		
基金资产净值	34429050.20	32358752.70
基金当期收益	2070297.50	7629694.50

四、税项

参照财政部和国家税务总局(财税字[1998]55 号)文件关于《证券投资基金税收问题的通告》,对证券投资基金从证券市场获得的收入免征流转税和免征企业所得税,对其他收入按规定征税。

五、基金的收益分配政策

华信基金原则上每年分配一次;华信基金没有被要求提取公益金或公积金。

六、会计报表附注

(1)、应收股票清算款余额 2,713,192.90,是缴存证券公司(营业部)的股票保证金.

(2)、应收帐款期末余额 2,000,000.00 元为往来款项,期限为一至二年;

(3)、对外借出款项余额　38900000.00

单位名称	金　额	帐　龄
广州龙城房地产公司	13,400,000.00	逾期三年以上
广东长城建设总公司	20,000,000.00	逾期三年以上
深圳北田粮油实业公司	5,500,000.00	逾期一年内
合　计	38900000.00	

(4)、坏帐准备余额-23,470,000.00,根据《企业会计准则-投资》并参照《股份有限公司会计制度》和《证券投资基金信息披露指引》,华信基金计提的应收帐款及对外借出款项坏帐准备,具体如下:

A、根据对"广州龙城房地产公司"、"广东长城建设总公司"和"深圳北田粮油实业公司"对外借出款项的逾期情况及其财务状况和现金流量等情况估计可收回金额,分别对其计提 80%、60%和 10%的坏帐准备,共计 23,270,000.00;

B、根据"广东华侨信辉珠宝公司"的财务状况和现金流量情况,对其往来款计提 10%坏帐准备 200000.00

(5)、股票投资

项目	1999.12.31 证券成本	1999.12.31 市值 (以收市日均价计)	未实现估值增值
上市公司流通 A 股	98549587.43	65170375.94	-33379211.49
合计	8549587.43	65170375.94	-33379211.49

(6)、其他投资----成本 48,686,290.95,其中

项目	金额
法人股及股权投资:	
南方商贸公司流通法人股	1300000.00
银河动力法人股	1015400.00
广州平立房地产代理行有限公司	2700000.00
小　计	5015400.00
房地产及土地投资:	
芳村商住楼("穗芳阁")	20090562.00
北京别墅"尊爵府"	9803352.00

二十一中项目"天胜阁"	10790000.00
东兴大厦套房	700000.00
革新路"乐富楼"	146976.95
小 计	41530890.95
其他	
广盛华侨(大亚湾)投资有限公司	2140000.00
小 计	2140000.00
合 计	48686290.95

(7)、其他投资减值准备-10,959,050.20,是根据《企业会计准则-投资》并参照《股份有限公司会计制度》和《证券投资基金信息披露指引》,华信基金计提的投资减值准备,具体如下:

A、对"南方商贸公司"上市流通的法人股的投资,由于其流通性受限制,期末按停止交易的最后交易日收市价与其成本的差额计提投资减值准备700,000.00;

B、对"广州平立房地产代理公司"的股权投资,根据其期末净资产情况计提投资减值准备1,240,595.00;

C、对芳村"穗芳阁"和北京"尊爵府"的房产投资,根据房产的市价及可变现回收价值分别计提20%和40%的投资减值准备,共计7,939,453.20;

D、对二十一中项目天胜阁的土地投资,根据其可变现能力计可回收价值计提10%的投资减值准备1,079,000.00。

(8)、基金单位

持有人名称	1999.12.31
广东华侨信托投资公司	12000000.00
社会公众流通	125017216.00
合 计	137017216.00

(9)、未实现估值增值-33,379,211.49,为根据有关规定对基金持有的上市公司流通股按收市日均价进行估值数。

(10)、风险准备金余额6,858,274.83,为根据华信基金章程的规定按年度净收益的5%逐年提取:

年初余额	本期计提	本期减少	年末余额
6840485.08	17789.75	-	6858274.83

(11)、应由基金承担的其他费用641,675.95,其中

信息公告费	255401.00
诉讼费	190301.00
其他费用	195973.95
合计	641675.95

(12)本基金持有的法人股按帐面价值、购入成本和公司净资产值计算所得的的单位基金净资产值分别为:0.865元、0.865元和0.864元。

七、基金投资组合

(一)、按行业分类的股票投资组合

行业	市值	占基金资产评估后净值(%)
1、冶金	6000.00	0.005
2、金融	523200.00	0.44
3、化工	5057250.00	4.22
4、电子通讯	10171860.34	8.49
5、家电	4014102.31	3.35
6、纺织服装	4137131.42	3.45
7、生物医药	2405382.00	2.01
8、汽车及配件制造	3323262.56	2.77
9、房地产	1311800.00	1.09
10、公共事业	17347973.80	14.47
11、建材	3811330.56	3.18
12、酿酒食品	5851358.45	4.88
13、综合	7209724.50	6.02
合计	65170375.94	54.37

(二)、货币资金3,087,583.65(含现金16,063.58,银行存款358,327.17,证券投资保证金2,713,192.90)

(三)、其他资产

1、法人股

公司名称	帐面值	购入成本	按净值计算的评估值
南方商贸	1300000.00	1300000.00	1290000.00
银河动力	1015400.00	1015400.00	798000.00
合计	2315400.00	2315400.00	2088000.00

项目	帐面值	评估值
2、对外借出款项	39600000.00	16410684.00
3、应收款项	2000000.00	1860000.00
4、房地产投资	33990405.87	32956244.00
5、其他企业股权投资	2700000.00	1459405.00
6、其他	2140000.00	2140000.00

(四)、基金投资前十名股票明细

股票名称	市值	占基金资产评估后净值比例(%)
1、原水股份	5873316.80	4.90
2、真空电子	5238688.00	4.37
3、东方集团	4996260.00	4.17
4、中兴通讯	4308308.34	3.59
5、保定天鹅	3839681.42	3.20
6、福建双菱	3811330.56	3.18
7、深宝安	3741072.00	3.12
8、鲁石化	3052800.00	2.55
9、青岛啤酒	2987667.75	2.49
10、沱牌曲酒	2863690.70	2.39

八、流通受限制的基金资产:

资产名称	股数	成本	占净值比例
南方商贸	1000000.00	1300000.00	1.10%
合 计	1000000.00	1300000.00	

九、基金持有人结构及前十名持有人

1、基金持有人结构

持有人名称	持有人份额	占总额比例
广东华侨信托投资公司	12000000.00	8.8%
社会公众	125017216.00	91.2%
合 计	137017216.00	100%

2、基金前十名持有人

序号	持有人名称	持有份额	占总份额比例
1	广东华侨信托投资公司	12000000.00	8.8%
2	何慧	1500000.00	1.09%
3	岑树峰	829400.00	0.61%
4	宋敏	669000.00	0.49%
5	航空信托投资有限责任公司	498100.00	0.36%
6	都栋荣	432000.00	0.32%
7	王宏	426700.00	0.31%
8	王建设	425940.00	0.31%
9	张凡	407532.00	0.30%
10	郑云	375600.00	0.27%

十、主要财务指标

序号	项目	1999年度	1998年度	1997年度
1	净收益	355794.50	1183509.98	16392601.97
2	单位基金净收益	0.003	0.009	0.120
3	期末基金资产总值	123437059.94	130447935.17	153814361.15
4	期末基金资产净值	118566673.29	121076079.03	146819436.75
5	期末单位基金资产净值	0.865	0.884	1.072
6	单位基金资产收益率	0.30%	0.86%	11.17%

十一、关联交易

1)、交易人、关系、交易性质及法律依据:

关联人	关系	交易性质	法律依据
广东华侨信托投资公司基金部	基金管理人	提取基金管理费	基金契约
中国银行广东省分行	基金信托人	提取基金托管费	基金契约

2)、通过关联人席位交易情况:通过关联人广东华侨信托投资公司证券部席位交易,情况如下:

年度	年交易量	占交易总量	应付佣金	占应付佣金比例	平均佣金比例
99年度	13,539,667.91	4.1%	47,388.84	4.1%	3.5‰
98年度	37,501,211.97	15.9%	131,254.24	15.9%	3.5‰

3)、基金管理费、托管费的计提和支付方法:根据有关规定,华信基金的管理人年费和信托人年费按年初基金净值的1.8%和0.3%计提。

项目	1999年度	1998年度
管理人年费	2761826.96	3087878.28
托管人年费	460304.50	514646.38

重要事项揭示

由于华信基金发起人———广东华侨信托投资公司涉及与山东省国际信托投资公司的同业外汇拆借合同纠纷,经山东省高级人民法院调解,广东华侨信托投资公司以其持有的华信基金发起人份额作为质押。故华信基金发起人份额1200万基金单位已于一九九九年七月二十三日起被冻结。

分配预案

本年度收益拟不分配。该方案将提交受益人大会表决。

备查文件

1、法定代表人、财务负责人和会计主管人员签名并盖章的会计报表。

2、广东正中会计师事务所盖章,并由中国注册会计师签名的审计报告原件。

3、由原广州市资产评估公司出具并盖章的《关于华信基金的资产评估报告书》。

广东华侨信托投资公司投资基金部

二OOO年三月三十一日

资产负债表 1999年12月31日

项目	附注	1999.12.31	1998.12.31
现金		16063.58	15326.58
银行存款		380186.77	2626262.21
应收股票清算款	1	2713192.90	306053.03
应收帐款	2	2000000.00	6706481.46
对外借出款项	3	38900000.00	38900000.00
坏帐准备	4	-23470000.00	-22720000.00
股票投资-成本	5	98549587.43	92366827.41
股票投资-估值增值	5	-33379211.49	-30514010.77
其他投资-成本	6	48686290.95	52399747.95
其他投资减值准备	7	-10959050.20	-9638752.70
基金资产总值		123437059.94	130447935.17
应付基金管理费		0	4380891.97
应付基金托管费		230152.25	257323.19
应付帐款		4640234.40	3937305.54
应交税金		0.00	796335.44
负债总计		4870386.65	9371856.14
基金单位总额	8	137017216.00	137017216.00
未分配净收益		8070393.95	7732388.72
未实现估值增值	9	-33379211.49	-30514010.77
风险准备金	10	6858274.83	6840485.08
基金资产净值		118566673.29	121076079.03
基金资产总值		123437059.94	130447935.17

收益及收益分配表 1999年12月31日

项目	1999年度	1998年度
一、收入	6289899.89	13580049.45
在除息日确认的股息收入	668745.14	831135.18
债券利息收入	0.00	0.00
股票买卖差价收入	5621154.75	10953022.87
利息收入	0.00	38205.90
房地产与实业投资收入	0.00	1757685.50
二、支出	5934104.91	12396539.47
基金管理费	2761826.96	3087878.28
基金托管费	460304.50	514646.38
营业税金及附加	0.00	0.00
应由基金承担的其他费用	641675.95	1164320.31
计提坏帐准备	750000.00	0.00
计提其他投资减值准备	1320297.50	7629694.50
三、基金净收益	355794.98	1183509.98
减:计提风险准备金	17789.75	440660.22
加:上年未分配净收益	7732388.72	17939640.47
减:本年已分配净收益	0.00	10950101.51
上年分红派息款	0.00	0.00
四、期末未分配净收益	8070393.95	7732388.72

富 岛 投 资 基 金

富岛投资基金1999年年度报告摘要

一、摘 要

1、基金总额	160,000,000 基金单位
2、基金收入	2,203,769.76 元
3、基金费用	7,941,759.33 元
4、基金净资产期末余额	265,243,830.83 元
5、单位基金本年实现收益	-0.036 元
6、单位基金净资产	1.658 元
7、单位基金本年可分配收益	0.56 元

8、年度分红派息预案:本基金1999年度不进行收益分配,此预案待受益人大会审 议通过。

二、基金经理人报告

(二)、富岛基金投资理念和投资策略

富岛投资基金作为中国基金管理行业的先行者,为中国基金管理行业的发展做出了自己的贡献。富岛基金经历了初创时的兴盛与发展中的挫折,经历了成功的喜悦和失败的痛苦,经历了中国经济发展的高潮和低谷,抖见证了中国证券市场发展的历程,经过七年的管理和运作,积累了一定的基金管理经验。我们的证券投资理念得益于美国的投资高手如彼得·林奇、沃伦·巴菲特、乔治·索罗斯等。

我们的证券投资理念同时得益中国哲学《孙子兵法》、《道德经》和毛泽东战略思想。 我们的方法和理念可归结为:

1、研究人员的深入调查研究和交易员的不断自我反省相结合,在投资时知己知 彼。

2、以股票价值分析为基础,追寻高成长的股票进行长期投资;在投资时遵循服 务于企业和社会的方针,从企业和社会发展中分享自己的利益。

3、创新是发展的根本动力,在高度竞争的证券市场时刻保持自身的核心竞争力 和核心优势。

我们认为正因为证券市场是高度竞争的市场,所以证券投资的首要问题是竞争对手的研究分析。有什么样的结构决定什么样的行为,在充分研究了市场组成结构的基础上,制定我们相应的投资战略。

(三)、基金经营运作情况

本基金经理人面对新的形势和新的特点,在去年全年的投资运作过程中,密切关注高科技网络信息业的发展,以信息产业化、产业信息化为核心研究课题,确立了以网络信息、环保等成长性好的行业做为我们重点投资的方向,精选了一批以电广和环保为代表的个股做为我们的重点投资对象,经过充分的调研,在制定了详细的投资方案,调整持仓结构的同时,较好地把握住了市场机会。

基金投资的杭州湖畔花园房地产项目进展顺利,住宅开发实现了专业化、品牌化,一期和二期南区已开发的房产销售良好,空置率仅为7%和2%,二期北区正在开发,目前进展顺利,预计工程将于年内完成。

本经理人期内还重点加大了资产盘活的力度,在保值的基础上转让了部分法人股,根据《证券投资基金管理条例》,调整基金的投资结构,努力做好各方面的清理规范工作。

今年的业绩不理想,主要原因有三:1.因为98年运作的失误,今年二月份迫于分 红压力,在市场最低迷的时候平仓套现2400万现金,实现了一定的亏损,并直接导致了证券投资比例下降,影响了今年的赢利能力;2、98年选股不理想,今年调整持仓 结构时实现了部分亏损。3、基金年度业绩不理想,去年下半年未减少持股比例,未 及时实现利润,主要因为当时战略上考虑大趋势更多一点,经过对大势认真仔细的研究,我们认为近三年,中国的证券市场正处于一个长期的大牛市中。

从行业的成长性和企业来看,我们的持仓2000年仍能跑赢大市,稍有意外之处是指数下调幅度较深,12月底正好又处在行情一触即发之际,为了2000年的行情,经研究决定暂时不实现投资收益。

虽然基金面临规范,运作和管理遇到了空前的困难,但我们怀着对富岛基金的赤诚和热爱,丝毫没有松懈我们的业务工作,努力保持公司研究机构的框架,保持公司拥有一支较高水准的研究队伍。

九九年,在案头研究的基础上,组织了多次大规模的重点调研和跟踪工作,先后调研了广东、深圳、浙江、江苏、湖南、上海、北京、山东、辽宁、内蒙古等十余个省市的近百家上市公司,对公司持有的环保股份、电广实业、深科技、中兴通讯等个股进行了多渠道的重点调研和跟踪,并形成"空调行业调研报告"、"上海三网合一调研报告"、"湖南企业调研报告"、"环保股份调研报告"等报告五十余篇。

技术优势是基金管理公司具备核心竞争力的一个体现,数字金融技术的引入将是未来发展的趋势所在,因此方法论的开发和创新一直是我们业务的重要方面之一,我们一刻都未敢懈怠,积极的去学习和拓展。在这几年的运作过程中,通过实践检验,我们对传统的投资理念有了更深一层次的认识,对市场的理解有了进一步的加强,并在此基础上不断创新,特别是在系统交易方法上有了突破性进展,在过去的一年中,技术开发人员刻苦学习,努力创新,集中研究了:数学、混沌理论、决策论、心理学 、行为学等;在DJTRADESTATION上完成各类指标、系统的设计、测试过百;完成《企业价值评估标准》、《企业核心能力的评估系统》、《三维异步交易系统》等设计。我们现已拥有自行研制开发的长期预警系统、短期预警系统、市场运作系统、风险控制系统、价值评估系统、信息跟踪及处理系统等一系列体现数字金融技术,帮助定量分析、定量操作的辅助工具,经过一年多的实践跟踪检验,统计指标达到预期要求。所有这些都为公司研究水平的提高、系统交易方法的形成、核心竞争优势的构筑打下坚实的基础。

(五)、投资组合表　　投资组合表(1999年12月31日)

序号	项　目	金额(人民币元)	占总资产比例%
1	货币资金	11,868,867.93	4.42
2	短期投资(证券)	91,460,678.10	34.03
3	股权投资	47,017,750.00	17.50
4	房地产投资	94,754,664.46	35.26
5	其它	23,625,285.84	8.79
6	总资产合计	268,727,246.33	100.00

三、托管人报告

富岛投资基金共160,000,000个基金单位,资金全部到位。根据富岛投资基金信托契约,交通银行海南分行作为富岛投资基金的托管人,对基金资产进行托管监督。托管人认为,富岛基金在1999年上半年运作过程中,基金经理人、投资顾问以认真负责的态度进行基金的运作与管理,对基金的运作符合本基金信托契约的有关规定。

交通银行海南分行

2000年3月29日

四、财务报告

(详见深圳华鹏会计师事务所审计报告)

五、重要事项说明

1、1997年度富岛投资基金分红派息方案于1999年3月8日实施,每10个基金单位派发1.5元现金(含税)。

2、本基金经理人按证监会的要求,正对富岛投资基金逐步进行清理规范。

六、本基金的基本资料

本基金名称:富岛投资基金　本基金经理人:海南省证券公司

地址:海口市珠江广场帝豪大厦二十三层　咨询电话:0898-6700901

本基金托管人:交通银行海南分行　地址:海口市国贸大道银通国际中心　电话:0898-8537284

本基金投资顾问:海南富岛资产管理有限公司　地址:海口市珠江广场帝都大厦十二层

咨询电话:0898-6717126　上市地址:深圳证券交易所

基金简称:富岛基金　基金代码:4506　电子信箱:FUODAO@FUODAO.COM

一、基本设立说明

本基金根据中华人民共和国法律、法规和《海南投资基金管理暂行办法》的有关规定,经中国人民银行海南省分行1992年4月8日琼银(1992)市管字第23号文批准,于是1992年5月21日设立。基金托管人为交通银行海南分行,基金经理人为海南省证券公司,基金投资顾问为海南富岛资产管理有限公司。

本基金以封闭型方式设立,封闭期为20年(1992年5月21日至2012年5月20日),总规模为20亿基金单位,截止1999年12月31日规模为16000万基金单位,每基金单位面 额为1.00元人民币。

五、其他事项说明

1、本基金税收事宜拟按国家有关规定办理,本会计年度尚未作纳税准备。

2、本基金1998年度收益分配预案在1999年3月6日召开的受益人大会上表决通过 ,1998年度实现利润不进行分配。

3、1999年11月30日本基金与海南新能源股份有限公司签订债务清偿协议,截止1999年9月1日海南新能源股份有限公司欠本基金10,387,966.62元,双方同意采取土地使用权转让方式进行债务清偿,用于清偿债务的土地面积为416.73亩。有关手续正在办理之中。

资产负债表

编制单位:海南富岛投资基金　　金额单位:人民币元

资产	1998-12-31	1999-12-31
流动资产:		
货币资金	8513421.67	11868867.93
短期投资	113423396.68	91460678.10
应收帐款	3043383.33	3023383.33
减:坏帐准备	15216.92	15216.92
应收帐款净额	3028166.41	3008166.41
其他应收款	74098457.69	20617119.43
流动资产合计	199063442.67	126954831.87
长期投资		
其中:长期股权投资	58912883.00	47017750.00
房地产投资	58226028.19	94754664.46
其他		
长期投资合计	117138911.19	141772414.46
资产总计	316202353.86	268727246.33
流动负债:		
短期借款	5000000.00	
应付帐款		
其他应付款	2081318.75	2060157.40
预提费用	3618658.12	1423258.10
应付股利	24000000.00	
流动负债合计	34699976.87	3483415.50
长期负债:		
长期借款		
负债合计	34699976.87	3483415.50
投资者权益:		
投资基金	160000000.00	160000000.00
资本公积	3600000.00	3600000.00
本年利润		
未分配利润	95927551.82	89275362.25
未实现估值增值	21974825.17	12368468.58
投资者权益合计	281502376.99	265243830.83
负债及所有者权益总计	316202353.86	268727246.33
每基金单位净资产	1.7594	1.6578

利润表及利润分配表

编制单位:海南富岛投资基金　　金额单位:人民币元

项　目	1998年	1999年
收益:		
投资收益	9904373.63	1983627.36
其他业务收益		220142.40
收益合计	9904373.63	2203769.76
支出:		
管理费用	9181212.13	8936991.92
财务费用	-1176873.18	-995232.59
支出合计	8004338.95	7941759.33
净收益:	1900034.68	-5737989.57
减:所得税		
可供分配收益:	1900034.68	-5737989.57
加:年初可供分配收益	116524376.07	95927551.82
年初可供分配收益调整	1503141.07	-914200.00
减:已分配股利	24000000.00	
年末可供分配收益	95927551.82	89275362.25

开 元 证 券 投 资 基 金

开元证券投资基金 1999 年年度报告摘要

一、基金简介

(一)基金名称:开元证券投资基金　基金简称:基金开元　基金交易代码:4688
基金单位总份额:20 亿份　目前可流通份额:19.7 亿份
基金发起人:南方证券有限公司　厦门国际信托投资公司　广西信托投资公司
基金发行日期:1998 年 3 月 23 日　基金成立日期:1998 年 3 月 27 日
基金类型:封闭式契约型　基金存续期 15 年(1998 年 3 月 27 日至 2013 年 3 月 27 日)
基金上市地点:深圳证券交易所　基金上市日期:1998 年 4 月 7 日
(二)基金管理人:南方基金管理有限公司 地址:深圳市深南东路深港花园三楼　邮编:518001
法定代表人:骆新都　总经理:高良玉　信息披露负责人:邱孝斌　电话:5414078 转
(三)基金托管人:中国工商银行　地址:北京市复兴门内大街 55 号　邮政编码:100032
法定代表人:姜建清　托管部负责人:赵跃　信息披露负责人:刘长江
联系电话:010-66106878　传真:010-66106904　电子邮件地址:CJLIU@ICBC.COM.CN
(四)会计师事务所:天健(信德)会计师事务所　法定代表人:朱祺珩　电话:0755-6816079
地址:深圳蛇口兴华路海滨花园海滨中心商场 A 座 3 楼　经办注册会计师:邓建新 魏小珍

二、基金管理人报告

本基金业绩表现　截止到 1999 年 12 月 31 日,基金单位资产净值达到 1.4395 元,年净值增长率为 42.38%,超过同期银行存款利率和同期沪深指数涨幅。扣除当年配售新股对基金净值增 长的贡献因素,本基金净值年增长率为 24.1%,也超越了两市大盘,若将配售新股占用资金按 24.1 %的同期净值增长率计算,本基金净值年增长率将为 27.7%。

本基金投资风格　本基金通过近两年的运作,逐渐形成了"积极进取投资,充分挖掘价值,敢于重仓持有,不断创新理念"的投资风格,在注意控制市场风险和个股风险的前提下,争取为基金持有人谋取最大限度的投资收益。

基金经理小组简介　本基金管理小组主要主要成员有:

杜峻先生,基金经理,29 岁,硕士学历,5 年证券从业经历,曾任职南方证券有限公司投资银行部项目经理,副经理,基金部经理,现任南方基金管理有限公司基金投资部副经理

姜进先生,基金经理助理,30 岁,本科学历,7 年证券从业经历,曾任职于中国建设银行扬州市分行及中国信达信托投资公司

朱汉江先生,基金经理助理,34 岁,硕士学历。6 年证券从业经历,曾任职平安证券有限公司投资银行部项目经理、国泰证券有限公司投资银行部项目经理

(一)基金经理工作报告

本年度宏观经济背景及证券市场回顾

今年国民经济运行的外部环境有所好转，但国民经济保持平稳增长的良好势头。 去年以来的增加财政投资、扩大内需为主各项政策措施已经发挥效应;同时,经过数年的调整,国有大中型企业的经营环境与经营业绩有了非常明显的改善。使今年的国内生产总值 GDP 增长率依旧保持在 7.1%这个较高的水平。政府充分肯定了证券市场的发展对国民经济的结构调整和资源优化配置所起的积极作用,肯定了证券市场促进了国有企业建立现代企业制度,肯定了证券市场通过支持高新技术企业上市,促进了高新技术产业化发展和技术进步。这使市场投资者信心得到极大恢复。并且,《证券法》于 7 月 1 日正式实施,为证券市场的长期稳定发展提供了完善的法律环境,也为证券市场创造良好的理性投资氛围。另外,机构投资者的不断培育和增强、市场进一步规范都有助于行情向好的方向演变。6 月 10 日中央银行再次大幅度调低人民币存贷款利 率,显示了我国政府旨在刺激经济全面启动的更为积极的政策取向。正是在健康的经济运行态势和全面促进中国资本市场发展的政策驱动下,证券市场自 5 月 19 日至 7 月中旬以后出现了强劲的上涨行情。虽然,在 8 月以后,股市进入调整,但综合全年,沪 、深综合指数分别比年初上涨 19.2%和 17.2%。

在 1999 年中,本基金管理人调整了决策程序和投资方案,修正了基金投资组合。 并密切关注宏观经济形势,深入分析经济政策,根据变化,果断决策,抓住机会,较好地把握了本年 5 月至 7 月的证券市场行情;在总结基金去年以来运作中的经验教训基础上,深入研究行业经济和上市公司,加大力度投资了质地优良,业绩优秀,具有成长性的公司股票,并在市场中挖掘出有潜力,被低估的却具有较好发展前景的股票，取得了较好的经营业绩。使"开元"基金的资产净值、增长率都有较大幅度的增长,取得了优于大势的业绩回报。

宏观经济形势以及证券市场展望

本基金管理人认为,随着政府各项经济政策的全面见效,亚洲经济的全面回升,即将加入 WTO 给我国的经济发展提供更多的机遇,2000 年国民经济增长速度将有所回 升。这将为证券市场保持稳步上升提供坚实的基础。券商中长期融资渠道的打开和新的证券投资基金的持续发行,将不断改善股市的资金供应和投资者结构。2000 年的证券市场必将有较大的发展。我们认为,国家大力提倡科技创新,发展高新科技,势必推动传统产业的改进和新兴产业的兴起,从而为证券市场提供良好的机会。以软件开发、电子信息为代表的高科技产业将会成为改善经济结构的重要推动力,而以电子商务和有线电视为代表的网络经济将改变人们传统的生活和消费习惯，其发展前景十分广阔。这些产业将成为 2000 年证券市场的热点。

为此,本基金管理人仍将坚持积极进取的思路,更新投资理念,坚持价值投资理念及长线投资方法,充分利用自身的研究力量及各有关机构的研究成果,精选个股,加大投资高科技,以及代表未来新经济的网络类公司,在竭力控制风险的条件下,努力为基金持有人谋取良好的投资回报。

(二)内部监察报告

基金合规性声明　本报告期内,本基金管理人严格按照《证券法》、《证券投资基金管理暂行办法》及其各项实施准则、《开元证券投资基金基金契约》和其他有关法规的规定,本着诚实信用、勤勉尽责的原则管理和运用基金资产,遵循"以人为本,追求卓越"的公司理念,在严格控制风险的基础上,为基金持有人谋求最大利益。在报告期内,基金运作整体合法合规，无损害基金持有人利益的行为。

三、基金托管人报告

本托管人——中国工商银行,依据《开元证券投资基金基金契约》与《开元证券投资基金托管协议》，托管开元证券投资基金。1999 年度,在对开元证券投资基金的托管过程中,本托管人严格遵守了《证券投资基金管理暂行办法》及其实施准则、基金契约、托管协议和其他有关法规的规定,对开元证券投资基金的投资运作进行了全面的会计核算和应有的监督,没有发生任何损害基金持有人利益的行为,诚实信用、勤勉尽责地履行了作为托管人所应尽的义务。本托管人依照《证券投资基金管理暂行办法》及其实施准则、基金契约、托管协议和其他有关法规的规定,对开元证券投资基金的投资组合进行了监督,认为南方基金管理公司在开元证券投资基金的投资运作、基金资产净值及单位基金资产净值的计算上，遵守《证券投资基金管理暂行办法》及其实施准则、基金契约、托管协议和其他有关法规的规定，没有发现任何损害基金持有人利益的行为。

本托管人依法对开元证券投资基金管理人——南方基金管理公司在 1999 年度所编制和披露的开元证券投资基金资产净值公告、基金投资组合公告、基金年度报告等公告信息进行了核查,认为开元证券投资基金管理人——南方基金管理公司在 1999 年度内所编制和披露的基金信息是合法、真实和完整的。

中国工商银行　二零零零年三月二十四日

四、基金年度财务报告

开元证券投资基金持有人:

我们接受委托,审计了开元证券投资基金一九九九年度的财务报告.该基金年度财务报告由南方基金管理有限公司(基金管理人)负责,我们的责任是对该基金年度财务 报告发表审计意见.我们的审计是依据《中国注册会计师独立审计准则》进行的,在审计过程中,我们结合开元证券投资基金实际情况,实施了包括抽查会计记录等我们认为必要的审计程序.

我们认为,开元证券投资基金年度财务报告符合证券投资基金及其财务会计的相 关法规、制度和《开元证券投资基金基金契约》的有关规定,在所有重大方面公允地
反映了该基金一九九九年十二月三十一日的财务状况与一九九九年度的经营成果,会 计处理方法的选用遵循了一贯性原则。

天健(信德)会计师事务所　中国注册会计师　邓建新　中国注册会计师　魏小珍

开元证券投资基金资产负债报告书　一九九九年十二月三十一日　单位:人民币元

	附注		1999.12.31		1998.12.31
股票投资—成本	5	RMB	1,782,716,119.79	RMB	1,054,280,551.47
债券投资—成本	6		577,642,676.90		246,200,000.00
股票投资—估值增值	2(4).5		333,673,969.96		15,514,238.21
债券投资—估值增值	2(4).6		(6,089,387.90)		—
银行存款	2(4).4		150,544,346.27		681,170,687.26
应收利息			113,131.05		557,314.52
应收帐款	7		18,626,291.61		96,228,594.28
其他应收款项	3(3).8		2,491,559.95		457,521.04
买入返售债券	9		275,100,000.00		—
基金资产总值			3,134,818,707.63		2,094,408,906.78
应付基金管理费	3(3)		6,053,795.21		4,286,205.98
应付基金托管费	3(3)		605,379.50		428,620.62
应付帐款	10		32,408,233.68		3,527,227.23
应付佣金	3(3).11		2,087,019.50		3,206,457.38
其他应付款项	3(3).12		4,760,758.24		1,458,195.00
卖出回购债券款	13		210,007,200.00		—
负债总值			255,922,386.13		12,906,706.21
基金单位总额	14		2,000,000,000.00		2,000,000,000.00
未分配净收益			551,311,739.44		65,987,962.36
未实现估值增值	15		327,584,582.06		15,514,238.21
基金资产净值		RMB	2,878,896,321.50	RMB	2,081,502,200.57
基金单位发行总份额(份)			2,000,000,000.00		2,000,000,000.00
每份基金单位资产净值		RMB	1.439	RMB	1.041

(所附注释系基金会计报告书的组成部分)

开元证券投资基金收益及分配报告书　一九九九年度　单位:人民币元

	附注		1999		1998
在除息日确认的股息收入	2(5)	RMB	7,718,137.33	RMB	1,661,029.84
债券利息收入	2(5)		9,403,959.00		10,843,392.75
证券买卖价差收入	2(5)		577,220,073.59		52,258,157.18
其中:股票买卖价差收入			581,864,134.19		31,224,700.90
债券买卖价差收入			(4,644,060.60)		21,033,456.28
买入返售债券收入	2(5)		8,868,200.31		—
其他收入	16		12,200,174.96		44,297,989.95
收入合计			615,410,545.19		109,060,569.72
减:支出			70,086,768.12		43,072,607.36
其中:基金管理费	3(2)		63,195,483.98		38,964,988.45
基金托管费	3(2)		6,319,548.40		3,896,498.91
应由基金承担的其他费用			571,735.74		211,120.00
基金净收益			545,323,777.07		65,987,962.36
加:上年未分配净收益			65,987,962.37		—
减:本年度已分配收益	2(8)		60,000,000.00		—
年末未分配净收益		RMB	551,311,739.44	RMB	65,987,962.36

(所附注释系基金会计报告书的组成部分)

(三)会计报告书附注

附注 1.基金设立说明(略)

附注 2.重要会计政策

基金开元的下列会计政策系根据证券投资基金及其财务会计的相关法规、制度和《开元证券投资基金基金契约》厘定。

(1) 会计年度　基金开元会计年度自公历每年一月一日起至十二月三十一日止.

(2) 记帐本位币　基金开元以人民币为记帐本位币.

(3) 记帐基础及计价原则　会计核算以权责发生制为基础,各项资产按取得时的实际成本计价.

(4) 基金资产的估值方法　基金开元每日对基金资产进行估值,估值方法如下:

自一九九九年一月一日起至三月十一日止会计期间,根据《开元证券投资基金基 金契约》的有关规定,对上市的证券估值按最近一日收盘价计算.自一九九九年三月十
二日起,根据《<证券投资基金管理暂行办法>实施准则第五号》的有关规定,基金资产的估值方法为:

上市的证券估值以其当日市场平均价计算,如若该日无交易的,以最近一日市场平均价计算;
未上市的股票以成本价计算;
未上市的债券及银行存款,以本金加计至估值日为止的应计利息额计算;
国债回购业务的应计利息在回购期内按直线法计算;
如遇特殊情况而无法或不宜以上述规定确定资产价值时,依照国家有关规定办理 。

(5) 收入确认原则

股息收入以被投资单位派发股息的除息日确认;

债券利息收入以债券派发债息的除息日确认;

证券买卖价差收入系根据证券出售成交时的成交价扣除交易费用、交易税金和证券投资的实际成本计算确认;

买入返售债券利息收入以回购期内逐日分摊确认。

(6) 证券交易的成本计价方法

证券投资日常核算以实际成本计价,售出证券的成本按移动平均法计算确定。

(7) 税项

A. 印花税

根据财政部、国家税务总局财税字[1998]55号文《关于证券投资基金税收问题的通知》,基金开元按股票交易金额的4‰计缴印花税。

B. 营业税

根据财政部、国家税务总局财税字[1998]55号文《关于证券投资基金税收问题的通知》,基金开元以发行基金方式募集资金不缴纳营业税;买卖股票、债券的价差收入在二零零零年底以前暂免缴营业税。

本会计年度基金开元的买入返售债券利息收入尚未计缴营业税。

C. 企业所得税

根据财政部、国家税务总局财税字[1998]55号文《关于证券投资基金税收问题的通知》,基金开元从证券市场中取得的收入,包括买卖股票、债券的价差收入,股票的股息、红利收入,债券的利息收入及其他收入,暂不缴企业所得税。

(8) 收益分配

根据《开元证券投资基金基金契约》的有关规定,基金开元的收益分配采用现金方式,比例不低于基金净收益的90%。

一九九九年三月二十九日,基金开元公告:经基金管理人拟定及基金托管人核实确定,对一九九八年度实现的收益计65,987,962.36人民币元按90.926%的比例进行分配,即每份基金单位派发现金收益0.03人民币元,共计60,000,000.00人民币元.该收益已于一九九九年四月六日分配并支付给各基金持有人。

附注3. 关联方关系及其交易

(1) 关联方关系明细项目列示如下:

关联方名称	与基金开元的关系
中国工商银行	基金开元托管人
南方基金管理有限公司	基金开元管理人
南方证券有限公司	基金开元发起人,亦为南方基金管理公司的股东
广西信托投资公司	基金开元发起人,亦为南方基金管理公司的股东
厦门国际信托投资公司	基金开元发起人,亦为南方基金管理公司的股东

(2) 关联方交易

A. 租用证券交易席位

基金开元分别与南方证券有限公司、厦门国际信托投资公司、广西信托投资公司签订了《证券交易席位租用协议》,租用上述公司在上海证券交易所和深圳证券交易所的无形席位.

一九九九年度交易情况如下:

关联方名称	通过该等席位投资的年成交金额	占年成交总金额的比例	年交易佣金	占年佣金总金额的比例	平均佣金比率
南方证券有限公司	RMB 3163119907.66	20.60%	RMB 1188289.56	18.32%	0.8259‰
厦门国际信托投资公司	930884975.91	6.06%	718778.41	11.08%	0.8253‰
广西信托投资公司	2530101598.89	16.47%	608632.16	9.39%	0.8345‰
	RMB 6624106482.46	43.13%	RMB 2515700.13	38.79%	

一九九八年度交易情况如下:

关联方名称	通过该等席位投资的年成交金额	占年成交总金额的比例	年交易佣金	占年佣金总金额的比例	平均佣金比率
南方证券有限公司	RMB 5205083341.00	96.19%	RMB 3035692.80	94.67%	0.8168‰
厦门国际信托投资公司	80427875.78	1.49%	65271.61	2.04%	0.8116‰
	RMB 5285511216.78	97.68%	RMB 3100964.41	96.71%	

B.基金管理费及基金托管费

根据《开元证券投资基金基金契约》及《开元证券投资基金托管协议》的有关规定,基金管理费按前一日基金资产净值的2.5%的年费率计提,基金托管费按前一日基金资产净值的2.5‰的年费率计提.基金开元支付的基金管理费及基金托管费列示如下:

	1999	1998
基金管理费(南方基金管理有限公司)	RMB 63,195,483.98	RMB 38,964,988.45
基金托管费(中国工商银行)	RMB 6,319,548.40	RMB 3,896,498.91

(3) 关联方往来款项余额

关联方往来余额明细项目列示如下:

项目	关联方名称	1999-12-31	占该帐项余额的百分比	1998-12-31	占该帐项余额的百分比
应付佣金	南方证券有限公司	RMB 1188289.56	56.94%	RMB 3035692.80	94.67%
	厦门国际信托投资公司	—	—	65271.61	2.04%
		RMB 1188289.56	56.94%	RMB 3100964.41	96.71%
其他应付款项					
—应付席位保证金					
	南方证券有限公司	RMB 1000000.00	21.01%	RMB 750000.00	51.43%
	厦门国际信托投资公司	250000.00	5.25%	250000.00	17.15%
	广西信托投资公司	250000.00	5.25%	—	—
		RMB 1500000.00	31.51%	RMB 1000000.00	68.58%
应付基金管理费	南方基金管理有限公司				
		RMB 6053795.21	100.00%	RMB 4286205.98	100%
应付基金托管费	中国工商银行	RMB 605379.50	100.00%	RMB 428620.62	100%

附注4. 银行存款

银行存款明细项目列示如下:

	1999-12-31	1998-12-31
中国工商银行上海市分行	RMB —	RMB 422,936,154.06
中国工商银行深圳市分行	70,337,917.72	87,610,072.75
上海证券中央登记结算公司	54,912,820.59	90,195,157.74
深圳证券登记有限公司	25,293,607.96	80,429,302.71
	RMB 150,544,346.27	RMB 681,170,687.26

上海证券中央登记结算公司和深圳证券登记有限公司的款项系基金开元为进行证券交易的清算而存入的清算备付金。

附注5. 股票投资

股票投资明细项目列示如下:

	1999-12-31	1998-12-31
股票投资成本	RMB 1,782,716,119.79	RMB 1,054,280,551.47
其中:获配的新股和增发的股票投资成本	140,351,873.00	201,952,500.00
股票投资估值增值	333,673,969.96	15,514,238.21
	RMB 2,116,390,089.75	RMB 1,069,794,789.68

截至一九九九年十二月三十一日止,基金开元获配的新股和增发的股票计140,351,873.00人民币元。其中,已上市流通尚由上海证券交易所和深圳证券交易所实施冻结的股票计97,621,297.00人民币元;尚未获准流通部分的股票计42,730,576.00人民币元。

根据本会计报告书附注2(4)所述的基金资产估值方法,基金开元对一九九九年十二月三十一日计算的股票投资估值增值计333,673,969.96人民币元。

附注6. 债券投资

债券投资明细项目列示如下	1999-12-31	1998-12-31
国债投资	RMB 577,642,676.90	RMB 246,200,000.00
国债投资估值增(减)值	(6,089,387.90)	—
	RMB 571,553,289.00	RMB 246,200,000.00

根据本会计报告书附注2(4)所述的基金资产估值方法,基金开元对一九九九年十二月三十一日计算的国债投资估值减值计6,089,387.90人民币元.

附注7. 应收帐款

应收帐款明细项目列示如下:	1999-12-31	1998-12-31
上海证券中央登记结算公司证券清算款	RMB —	RMB 96,228,594.28
深圳证券登记有限公司证券清算款	18,626,291.61	—
	RMB 18,626,291.61	RMB 96,228,594.28

附注8. 其他应收款项

其他应收款项明细项目列示如下:	1999-12-31	1998-12-31
席位保证金	RMB 1,927,436.64	RMB 426,614.44
应收回购利息	518,123.31	—
其他	46,000.00	30,906.60
	RMB 2,491,559.95	RMB 457,521.04

附注9. 买入返售债券

买入返售债券明细项目列示如下: 1999-12-31

国债 RMB 275,100,000.00

基金开元根据中国人民银行银货政(1999)128号文和中国外汇交易中心、全国银行间同业拆借中心中汇交发(1999)149号文,以及中国人民银行办公厅银办发(1999)146号文的有关规定进行国债回购业务,截至一九九九年十二月三十一日,基金开元买入返售债券余额计275,100,000.00人民币元。

附注10. 应付帐款

应付帐款明细项目列示如下:	1999-12-31	1998-12-31
上海证券中央登记结算公司证券清算款	RMB 19,121,739.49	RMB —
深圳证券登记有限公司证券清算款	13,286,494.19	3,527,227.23
	RMB 32,408,233.68	RMB 3,527,227.23

附注11. 应付佣金

应付佣金明细项目列示如下:	1999-12-31	1998-12-31
关联方往来	RMB 1,188,289.56 *	RMB 3,100,964.41
国通证券有限公司	295,328.44	50,719.73
广发证券有限公司	474,222.30	—
申银万国证券股份有限公司	27,218.00	—
长城证券有限责任公司	101,961.20	54,773.24
	RMB 2,087,019.50	RMB 3,206,457.38

*关联方往来明细项目见本会计报告书附注3(3)。

附注12.其他应付款项

其他应付款项明细项目列示如下:

	1999-12-31	1998-12-31
关联方往来	RMB 1,500,000.00*	RMB 1,000,000.00
席位保证金	1,000,000.00	250,000.00
应付回购利息	60,758.24	—
应付配股款	2,100,000.00	—
其他	100,000.00	208,195.00
	RMB 4,760,758.24	RMB 1,458,195.00

*关联方往来明细项目见本会计报告书附注3(3)。

附注13. 卖出回购债券款

卖出回购债券款明细项目列示如下:

1999-12-31

国债 RMB 210,007,200.00

根据本会计报告书附注9所述的文件规定,基金开元进行国债回购业务,截至一九九九年十二月三十一日,基金开元卖出回购债券款余额计210,007,200.00人民币元。

附注14. 基金单位总额

根据《开元证券投资基金发起人协议》和《开元证券投资基金基金契约》,基金开元的基金单位发行总份额为2,000,000,000份,每份基金单位面值为1.00人民币元,

共计2,000,000,000.00人民币元.

基金单位总额明细项目列示如 1999-12-31 1998-12-31

基金持有人	基金单位总份额(份)	出资比例	基金单位总额	基金单位总份额(份)	出资比例	基金单位总额
南方证券有限公司	36118000	1.8059%	36118000.00	36118000	1.8059%	36118000.00
广西信托投资公司	10000000	0.5000%	10000000.00	12000000	0.6000%	12000000.00
厦门国际信托投资公司	6000000	0.3000%	6000000.00	12000000	0.6000%	12000000.00
其他社会公众	1947882000	97.3941%	1947882000.00	1939882000	96.9941%	1939882000.00
	2000000000	100.00%	2000000000.00	2000000000	100.00%	2000000000.00

上述基金单位总额业经深圳信德会计师事务所(现已更名为"天健(信德)会计师事务所")以验资报字(1998)第04号《验资报告》审验在案。

附注15. 未实现估值增值

未实现估值增值系根据《开元证券投资基金基金契约》的有关规定,基金开元于一九九九年十二月三十一日对股票投资与债券投资进行估值时,产生的投资估值大于其帐面成本价值的差额计327,584,582.06人民币元。

附注16. 其他收入

其他收入明细项目列示如下:	1999	1998
发行费节余	RMB —	RMB 10,692,100.00
发行时申购资金冻结期间利息收入	—	11,924,076.67
银行存款利息收入	11,602,819.77	21,488,531.82
其他	597,355.19	193,281.46
	RMB 12,200,174.96	RMB 44,297,989.95

附注17. 上年度比较数据

为符合一贯性原则,对资产负债报告书中的某些上年度业经审计的比较数据已作适当重分类调整。

(四)流通转让受到限制的基金资产

一九九八年八月十一日,中国证券监督管理委员会发布《关于证券投资基金配售新股有关问题的通知》,规定基金获配的新股,自该新股上市二个月后方可流通,在流通之前系由证券交易所实施

冻结。一九九九年十一月十一日,中国证券监督管理委员会发布《关于进一步做好证券 投资基金配售新股工作的补充通知》,规定基金一年内所配售的全部新股,占配售新 股资金总额50%部分,自配售之日起六个月内不能流通,由托管银行监督执行;其余50%部分, 自新股上市之日起即可流通。截至一九九九年十二月三十一日止,基金开元配售的新股和增发的股票,尚未获准流通部分的股票明细项目列示如下 1999-12-31 单位:人民币

股票名称	股数(股)	金 额	市 值	受限期限
1.浦发银行	4571000	45710000.00	113406510.00	1999.11.10-2000.01.10
2.秦岭水泥	400000	2360000.00	2944000.00	1999.12.16-2000.02.16
3.南山实业	429000	4032600.00	4912050.00	1999.12.23-2000.02.23
4.海南航空	2360000	10856000.00	12012400.00	1999.11.25-2000.01.25
5.万杰实业	943000	6412400.00	6412400.00	—
6.赤天化	629200	4530240.00	4530240.00	—
7.海南椰岛	285700	1171370.00	1171370.00	—
8.中化国际	1474450	11795200.00	11795200.00	—
9.真空电子	645900	6575262.00	6639852.00	1999.12.22-2000.02.22
10.金陵药业	457100	3839640.00	7203896.00	1999.11.18-2000.01.18
11.小鸭电器	514300	1933768.00	3193803.00	1999.11.25-2000.01.25
12.广济药业	312500	1571875.00	3550000.00	1999.11.12-2000.01.12
13.河池化工	285700	1185655.00	2277029.00	1999.12.02-2000.02.02
14.欣龙无纺	314000	1821200.00	3510520.00	1999.12.09-2000.02.09
15.中原油气	1468800	7182432.00	9224064.00	1999.11.10-2000.01.10
16.首钢股份	2049100	10552865.00	10593847.00	1999.12.16-2000.02.1
17.锡业股份	1114287	6685722.00	6685722.00	—
18.大连金牛	1667000	6801360.00	6801360.00	—
19.东方钽业	292100	2745740.00	2745740.00	—
20.华东医药	449400	2588544.00	2588544.00	—
	20662537	140351873.00*	222198547.00	

*基金开元对上述尚未获准流通的股票以其成本价计算共计140,351,873.00人民币元。

(五)基金投资组合

根据《证券投资基金管理暂行办法》及其实施准则以及《开元证券投资基金基金契约》等有关规定,基金开元的基金投资组合情况如下:

1. 按行业分类的股票投资组合: 1999-12-31

分 类	股数(股)	市 值	占基金资产净值比例
1.交通运输	41,656,613	596,277,529.12	20.71%
2.能源电力	14,885,624	230,626,283.92	8.01%
3.建材建筑	858,400	8,380,624.00	0.29%
4.冶金	13,122,060	101,631,696.11	3.53%
5.家电	514,300	3,193,803.00	0.11%
6.金融地产	4,733,700	115,500,459.00	4.01%
7.酿酒食品	10,177,714	147,016,953.62	5.11%
8.农林牧渔	1,088,205	15,465,552.21	0.54%
9.电子通讯	17,578,757	364,195,840.33	12.65%
10.纺织服装	4,559,547	49,092,426.86	1.71%
11.汽车及配件制造	5,017,712	39,528,225.00	1.37%
12.商贸旅游	2,686,485	39,018,629.10	1.35%
13.生物医药	5,809,868	71,699,326.48	2.49%
14.石油化工	5,430,108	43,449,005.00	1.51%
15.综合	19,915,689	291,313,736.00	10.12%
	148,034,782	2,116,390,089.75	73.51%

2.截至一九九九年十二月三十一日止,基金开元持有的国债和货币资金以及应收 帐款和应付帐款计708, 315,693.20人民币元,占基金资产净值的比例为24.60%。

3. 占基金资产净值前十名的股票: 1999-12-31

股票名称	股数(股)	市 值	占基金资产净值比例
1.深圳机场	20,030,256	316,077,439.68	10.98%
2.西飞国际	19,266,357	268,187,689.44	9.32%
3.南京高科	13,805,890	223,103,182.40	7.75%
4.凯迪电力	5,103,384	141,414,770.64	4.91%
5.燕京啤酒	9,276,352	135,434,739.20	4.70%
6.东方通信	6,645,684	135,040,298.88	4.69%
7.青鸟天桥	5,289,131	129,160,579.02	4.49%
8.浦发银行	4,571,000	113,406,510.00	3.94%
9.穗恒运A	7,105,552	63,026,246.24	2.19%
10.兴澄股份	4,301,438	47,401,846.76	1.65%
	95,395,044	1,572,253,302.26	54.61%

4.基金开元所持有的上市流通股票和债券,按其一九九九年十二月三十一日的平 均价计算市值。

5.一九九九年十二月三十一日,基金开元对在冻结期间的新股及增发的股票之市 值按当日市场平均价计算、对尚未上市流通的股票按成本价计算,共计222,198,547.00人民币元;如若以其成本价计算,截至一九九九年十二月三十一日止,总成本计140,351,873.00人民币元,由此,对基金开元一九九九年十二月三十一日的财务状况产生的影响计81,846,674.00 人民币元。

6. 货币资金及其他资产的构成:

	1999-12-31 金 额	占基金资产总值的比例	1998-12-31 金 额	占基金资产总值的比例
银行存款	RMB 150,544,346.27	4.80%	RMB 681,170,687.26	32.52%
应收利息	113,131.05	—	557,314.52	0.03%
应收帐款	18,626,291.61	0.59%	96,228,594.28	4.60%
其他应收款项	2,491,559.95	0.08%	457,521.04	0.02%
	RMB 171,775,328.88	5.48%	RMB 778,414,117.10	37.17%

7.截至一九九九年十二月三十一日止,基金开元不存在购入成本已超过基金资产 净值10%的股票。

(六)基金主要财务指标

根据基金开元的基金会计报告书计算的主要财务指标如下:

1. 年末基金资产总值

基金开元一九九八年十二月三十一日的基金资产总值计2,094,408,906.78人民币元;一九九九年十二月三十一日的基金资产总值计3,134,818,707.63人民币元。

2. 基金可分配净收益及单位基金净收益

基金开元一九九八年度的可分配净收益计65,987,962.36人民币元, 单位基金净收益计0.033人民币元;一九九九年度的可分配净收益计551,311,739.44人民币元,单位 基金净收益计0.276人民币元。系根据各会计年度基金可分配净收益和各年年末基金 单位总额计算的。

3. 年末基金资产净值及单位基金资产净值

基金开元一九九八年十二月三十一日的基金资产净值计2,081,502,200.57人民币元,单位基金资产净值计1.041人民币元;一九九九年十二月三十一日的基金资产净值 计2,878,896,321.50人民币元,单位基金资产净值计1.439人民币元。系根据各年年末基金资产净值和基金单位总额计算的。

4. 基金资产净值收益率

基金开元一九九八年十二月三十一日的基金资产净值收益率计3.17%;一九九九 年十二月三十一日的基金资产净值收益率计18.94%。系根据各会计年度基金净收益 和各年年末基金资产净值计算的。

五、基金持有人结构

1、基金持有人结构:

	持有份额(基金单位)	比例
发起人持有份额	52118000	2.61%
南方证券有限公司	36118000	1.81%
其中未流通份额	18000000	0.90%
广西信托投资公司	10000000	0.50%
其中未流通份额	6000000	0.30%
厦门国际信托投资公司	6000000	0.30%
其中未流通份额	6000000	0.30%
社会公众持有份额	1947882000	97.39%
总计:	2000000000	100%

2、前十名持有人情况(截止于1999年12月31日):

持有人名称	持有份额(基金单位)	比例
1. 上海久茂对外贸易公司	51000000	2.55%
2. 上海纺织咨询公司	38133000	1.91%
3. 南方证券有限公司	36118000	1.81%
4. 建行大连信托投资股份有限公司	26508700	1.33%
5. 上海久事公司浦东公司	25283000	1.26%
6. 贵州省贵财投资有限公司	25104300	1.25%
7. 新疆建达工贸总公司	19650000	0.98%
8. 广发证券有限责任公司清远营业部	18466100	0.92%
9. 广发证券有限责任公司韶关营业部	14672700	0.73%
10. 华宝信托投资有限责任公司	13298000	0.66%

六、重要事项揭示

1、 基金管理人及托管人在本会计年度没有发生重大诉讼事项

2、基金聘请的会计师事务所没有发生变更,该事务所现已更名为天健(信德) 会计师事务所;

3、本基金管理人、基金托管人办公地址年内没有发生变更;

4、本基金管理人于1999年10月29日召开临时股东会和董事会,并于2000年3月8 日在中国证券报、上海证券报、证券时报刊登董事会决议公告。会议通过如下决议:同意熊双文同志因工作调动辞去公司董事长、董事职务,同意宫龙云同志因工作调动原因辞去公司董事职务,选举骆新都女士、王永明先生担任南方基金公司董事职务,选举骆新都女士担任公司董事长。于1999年8月3日公司临时董事会通过如下议案:公司聘请王永华先生、邱孝斌先生担任公司副总经理。上述人事变动已报经中国证券监督管理委员会核准批复。 公司法定代表人变更和工商执照变更手续已办理完成。

5、本基金于2000年2月22日在《中国证券报》、《上海证券报》、《证券时报》刊登《南方基金管理有限公司关于召开“开元证券投资基金”基金持有人大会的公告》,会议内容为修改《开元证券投资基金基金契约》,主要议案为:

(1)修改基金契约第七条第二款之规定

原第二款为:“本基金的投资范围仅限于国债和国内依法公开发行上市的股票”。

修改后为:“本基金的投资范围仅限于国内依法公开发行、上市的债券和股票及中国证监会批准允许基金投资的其他金融工具”。

(2)修改基金契约第十六条第二款第一项之规定

原第一项为:

“1.基金管理人的报酬

该项费用按前一日的基金资产净值的2.5%的年费率计提。计算方法如下:

H=E×2.5%÷当年天数

H为每日应支付的管理人报酬

E为前一日的基金资产净值

基金管理人的报酬每日计算,累计至每月最后一个工作日(遇公众假期延至节假日结束后的第一个工作日)由基金托管人从基金资产中一次性支付给基金管理人”。

修改后为:

“1.基金管理人的报酬

基金管理人的报酬由两部分组成, 一部分是基金管理费, 以基金资产净值的1.5 %年费率计提;另一部分是业绩报酬。具体计算方法如下:

(1)基金管理费

在通常情况下,基金管理费按前一日的基金资产净值的1.5%的年费率计算,计 算方法如下:

H=E×1.5%÷当年天数

H为每日应付的基金管理费

E为前一日的基金资产净值

(2)业绩报酬

业绩报酬根据基金全年的经营业绩情况而定,在满足如下条件的情况下每年计提一次:

1 基金年平均单位资产净值不能低于面值;

2 基金资产净值增长率超过证券市场平均收益率;

3 基金收益分配后其每单位资产净值不能低于面值。

在满足以上条件的情况下, 基金业绩报酬的计算方法为:

业绩报酬=调整后期初资产净值×Min[M,N | ×5%

其中,

M=基金可分配净收益率-1.2×同期银行一年定期储蓄存款利率(如果年内利率 发生变动, 则按时间段进行加权平均调整);

N=基金资产净值增长率-证券市场平均收益率;

Min[M,N | 为M、N中较小者;

七、查文件目录

1、《关于同意设立开元证券投资基金的批复》(证监基字[1998 | 6号)

2、开元证券投资基金基金契约

3、开元证券投资基金托管协议

4、审计报告(信德财审报字(2000)第19号)、财务报告及附注原件

5 、南方基金管理公司营业执照及公司章程及基金管理人业务资格批件

6、开元证券投资基金1999年度收益分配方案

7、开元证券投资基金1999年年度报告原文

查阅地点:深圳市深南东路深港花园三层

网址:http://www.4688.com

电子邮件地址:webmaster@southernfund.com

南方基金管理有限公司

2000年3月28日

普惠证券投资基金

普惠证券投资基金1999年年度报告摘要

一、基金简介

(一)基金基本资料
基金名称:普惠证券投资基金(简称:基金普惠)
交易代码:4689
基金发起人:国信证券有限公司
浙江证券有限责任公司
鞍山市信托投资股份有限公司
安徽省国际信托投资公司
鹏华基金管理有限公司
基金发行日期:1998年12月30日
基金成立日期:1999年1月6日
基金单位总份额:20亿份基金单位
基金类型:契约型封闭式
基金存续期:15年
上市地点:深圳证券交易所
上市时间:1999年1月27日
(二)基金管理人
法定名称:鹏华基金管理有限公司
注册及办公地址:深圳市深南东路5047号发展银行大厦27层
邮政编码:518001
国际互联网网址:http://www.phfund.com.cn
法定代表人:陈正蓉
总经理:员瑞恒
信息事务管理人:程国洪
联系地址:深圳市深南东路5047号深圳发展银行大厦27层
联系电话:0755-2080661
传真:0755-2080742
(三)基金托管人
法定名称:交通银行
注册及办公地址:上海市仙霞路18号
邮政编码:200336
法定代表人:王明权
基金托管部负责人:谢红兵
信息事务联系人:苏玉平
联系地址:上海市仙霞路18号
联系电话:021-62751234-2633
传真:021-62954058
(四)会计师事务所和经办注册会计师
法定名称:天勤会计师事务所
注册及办公地址:深圳市蛇口招商大厦103-203号
法定代表人:章为钢
电话:0755-6691597
传真:0755-6692365
联系人:许丽周 李莉
经办注册会计师:许丽周 李莉

二、基金管理人报告

本基金业绩表现

基金普惠于1999年1月6日开始运作，截止到1999年12月31日，基金单位资产净值达到1.3496元，与基金成立时相比，净值增长率为34.96%，超过同期银行存款利率 和同期沪深指数涨幅。扣除当年配售新股对基金净值增长的贡献因素，本基金净值增长率为18.78%，也超过沪深综合指数平均涨幅。

本基金投资风格

本基金的投资目标是在保证基金资产安全的前提下寻求基金资产的高效稳健增值，实现基金持有人收益最大化。基于该目标，本基金在投资中确立了以成长为核心的 稳健进取型投资风格和投资理念。

我们认为股票市场是投资未来，要以动态市盈率指标去选择以持续高成长为依托的、具有良好发展前景的企业，从而把握未来，而不是用静态市盈率来衡量现在，这是投资制胜的关键所在。而持续高成长的关键又在于以技术、管理、机制等为主体内容的核心竞争力。因此，本基金把投资重点放在具有持续成长能力和核心竞争力的高科技企业，从对未来的把握中获取收益，同时兼顾具有稳固基础但被市场低估的个股，并且根据市场变化调整投资比例，注重基金投资的流动性，使基金进退自如，力争 实现基金收益最大化。

基金经理和基金经理助理简介

张涵先生，基金经理，36岁，大学学历，具有12年证券投资经验。历任深圳蛇口招商港务股份有限公司证券部经理、中国技术进出口总公司金融部副总经理、上海投资顾问有限公司总经理、国信证券有限公司基金部负责人，现任鹏华基金管理有限公司总经理助理兼基金管理部总监。

吴治平先生，基金经理助理，39岁，硕士学历，经济师，具有8年证券从业经验。曾在中国银行深圳国际信托咨询公司证券发行部工作，历任深圳市安信财务顾问有限公司部门经理、华夏证券深圳分公司部门经理、国信证券有限公司投资银行部副总经理、公司研究部总经理。

郝继伦先生，基金经理助理，28岁，博士学历，具有4年证券从业经验。曾在陕西德威投资咨询公司工作，首批取得中国证监会证券投资咨询资格认证。

(一)基金经理工作报告

1、1999年宏观经济背景及证券市场回顾

虽然有效需求不足和通货紧缩等制约99年宏观经济发展的因素依然存在，但是始于98年的以增加投资和扩大内需为主要内容的各项政策效应已经逐步显现，宏观经济呈现景气回升的良好发展态势，社会投资和消费需求转旺，通货紧缩缓解，国有企业三年脱困取得突破，经济结构和产业结构调整出现积极进展，中国宏观经济正在发生好转。

99年的证券市场呈现先抑后扬，然后高位盘整的运行态势。上半年的大部分时间由于98年宏微观经济萧条的惯性因素，证券市场呈现总体下跌的态势。但随着宏微观经济形势的逐步好转和各项经济金融政策的出台落实，特别是《证券法》的即将实施，中国股市自5月19日迎来新一轮的牛市行情，下半年虽然有所回调，但仍处于高位 盘整态势。

基金普惠的管理人以对基金持有人高度负责的态度和稳健、求实、进取的敬业精神，较好地判断了证券市场大势走向，根据行情发展及时变化持仓比重和投资品种，实现了基金资产的较好增值。自本基金成立至1999年12月31日，本基金资产净值增长率达到34.96%，向基金持有人分配现金0.231元，在保证基金资产安全的前提下较好地为基金持有人实现了利益，达到了预期目标。

2、2000年宏观经济及证券市场展望

新的世纪，千禧龙年，中国经济将在2000年迎来良好的发展势头。刺激投资和消费、启动经济的积极财政货币政策继续实施，并将产生明显效果，投资和消费需求进一步转旺，通货紧缩有望缓解，宏观经济景气进一步回升，国有企业改革进入最后一年并将取得成功，以信息技术革命为核心的高科技产业蓬勃发展，并影响中国经济和社会生活的方方面面，西部大开发战略的开始实施将加快中国经济的新一轮腾飞。

日益向好的宏微观经济和大力发展证券市场的各项积极政策的出台，决定了2000年的证券市场前景良好。同时，知识经济革命、机构投资者的发展、投资者整体的成熟和投资理念的深化等将引起证券市场发生深刻的结构性变化，以知识经济，特别是信息网络等产业为核心的高科技上市公司将有很好的表现。基金普惠的管理人将以持有人利益高于一切的敬业精神和稳健、求实、进取的工作态度，勤勉尽责，不懈努力，实现基金资产的稳步增值。

(二)内部监察稽核工作报告

基金运作合规性声明

本报告期内，本基金管理人严格遵守《证券法》、《证券投资基金管理暂行办法》及其各项实施准则、《普惠证券投资基金基金契约》和其他有关法律法规的规定，本着诚实信用、勤勉尽责的原则管理和运用基金资产，遵循"进取、求实"的公司理念，在严格控制风险的基础上，为基金持有人谋求最大利益，无损害基金持有人利益的行为。 基金投资组合符合有关法规及基金契约的约定。

内部监察工作报告

1999年初，本基金管理公司正式作为基金普惠的管理人运作普惠基金。在报告期内，本基金管理人在内部监察稽核工作中坚持一切从防范风险、保障基金持有人利益出发，对公司各项制度的建立、完善、执行等进行了全面的监察稽核。

在过去的一年里，本公司的内部监察稽核主要做了以下工作：1、在内部监察稽 核工作中始终严格按照有关法律、法规、基金契约、行业监察稽核指引以及公司内部的监察稽核制度开展工作，建立、健全、完善了一整套监察稽核流程和制度；2、确 保公司管理制度的合法、合规、合理和有效性，协助业务部门制订、纠正和完善了各项管理制度和业务流程；3、监察稽核人员根据程序独立对基金运作流程和各个环节 每月进行定期及临时的监察、检查、稽核；4、通过对研究报告、投资决定、投资指 令、交易指令及交易信息反馈进行实时或事后的监察稽核对基金投资运作的合理性、合规性、交易的关联性进行检查稽核，防止出现内幕交易以及所管理基金间可能出现的违规交叉交易；5、强化对集中交易制度执行情况的监察稽核，实现各基金投资运 作的独立性、效率性和公平性；6、严格执行证监会关于电话录音及投资业务人员工 作时间手机管理的有关规定；7、定期独立向中国证监会及董事长提交监察稽核报告 ；8、加强监察稽核部门与业务部门的沟通和联系，形成了优势互补关系；9、加强对员工职业操守的教育以及让全体员工了解监察稽核工作在规范与发展关系中的作用；10、及时就公司管理、基金运作及具体工作中出现的问题提出独立的意见和建议。

通过上述工作，报告期内，本基金运作中无不当内幕交易和关联交易，也未发生过本管理人管理的各个基金间违规交叉交易行为，基金整体运作合规、合法、规范，基金持有人利益得到了充分保障。

本基金管理人在1999年的内部监察稽核实践中，积累了一定的工作经验，但也存在一些差距和不足，在新的一年中本公司的内部监察稽核工作将向更高的目标迈进，继续高质量防范、化解和控制各种风险，提高内控水平和引进先进的内控技术(目前国际知名的安永会计师事务所正在协助进行该项工作)，从而更好地保障基金安全运作和提高公司管理水平，以"进取、求实"的精神向基金持有人提供良好的业绩回报。

三、托管人报告

1999年度，普惠证券投资基金(以下简称"普惠基金")的托管人—交通银行，严格遵守《证券投资基金管理暂行办法》及其实施准则的规定，依据《普惠证券投资基金契约》和《普惠证券投资基金托管协议》中的条款，认真履行基金托管人的各项职责，安全保管普惠基金的所有资产，做好普惠基金的投资监管和清算核算工作，切实维护广大基金持有人的合法权益，未发生任何损害基金持有人利益的事件和行为。

1999年度，托管人根据《证券投资基金管理暂行办法》及其实施准则、基金契约、托管协议和其它有关法规的规定，对基金管理人的投资运作实施了交易监督，未发现基金管理人在投资运作中有违规及损害基金持有人利益的行为。

1999年度，托管人对基金管理人编制的普惠基金每日基金资产净值、每周资产净值公告、上市公告书、每季度基金投资组合公告、基金中期报告、基金年度报告等财务数据进行了严格的会计复核，确认基金管理人在1999年度所编制和披露的普惠基金信息是合法、真实和完整的。

交通银行

四、基金财务报告

(一)审计报告

审计报告
天勤财审报字(2000)第9号

普惠证券投资基金持有人：

我所接受委托，审计了普惠证券投资基金一九九九年度的财务报告。该基金年度财务报告由交通银行(基金托管人)和鹏华基金管理有限公司(基金管理人)负责，我们的责任是对该基金年度财务报告发表审计意见。我们的审计是依据《中国注册会计师独立审计准则》进行的，在审计过程中，我们结合普惠证券投资基金实际情况，实施了包括抽查会计记录等我们认为必要的审计程序。

我们认为，普惠证券投资基金年度财务报告符合证券投资基金及其财务会计的相关法规、制度和《普惠证券投资基金基金契约》的有关规定，在所有重大方面公允地反映了该基金一九九九年十二月三十一日的财务状况与一九九九年度的经营成果，会计处理方法的选用遵循了一贯性原则。

天勤会计师事务所　　中国注册会计师
(原蛇口中华会计师事务所)　　许丽周
中国　深圳　蛇口　　中国注册会计师
李莉

二零零零年一月十六日

(二)基金会计报告书

1、普惠证券投资基金资产负债报告书

1999年12月31日　　单位:人民币元

项目	行次	期末数
股票投资-成本	1	1,772,218,691.39
债券投资-成本	2	545,256,726.03

其他投资-成本	3	-
股票投资-估值增值	4	185,170,668.81
债券投资-估值增值	5	218,185.57
其他投资-估值增值	6	-
现金	7	-
银行存款	8	200,797,529.89
清算备付金	9	2,061,324.12
应收利息(附注4)	10	119,866.05
应收帐款	11	-
其他应收款(附注5)	12	1,323,368.67
基金资产合计	13	2,707,166,360.53
负债及持有人权益		期末数
应付基金管理费	14	5,816,295.63
应付基金托管费	15	581,629.54
应付收益	16	-
应付帐款	17	-
应付佣金(附注6)	18	414,732.59
其他应付款项(附注7)	19	1,251,510.00
负债总额	20	8,064,167.76
基金持有人权益	21	
实收基金(附注8)	22	2,000,000,000.00
未分配净收益	23	513,713,338.39
未实现估值增值	24	185,388,854.38
基金资产净值	25	2,699,102,192.77
负债及持有人权益合计	26	2,707,166,360.53
发行总份额(份)	27	2,000,000,000.00
每份基金单位净值(元)	28	1.3496

2、普惠证券投资基金收益及收益分配报告书

1999年1月6日(基金成立日)至1999年12月31日止

单位:人民币元

项　　目	行次	本期累计数
收入	1	
在除息日确认的股息收入	2	10,522,782.35
债券利息收入	3	35,144,384.60
证券买卖差价收入	4	483,335,972.11
其中:股票	5	483,413,739.36
债券	6	-77,767.25
配股权证	7	-
可转换债券	8	-
其他收入(附注9)	9	51,629,345.94
收入合计	10	580,632,485.00
费用	11	
基金管理费	12	60,721,286.17
基金托管费	13	6,072,128.58
其他费用	14	125,731.86
费用合计	15	66,919,146.61
本期净收益	16	513,713,338.39
上期未分配收益	17	-
本期可分配收益	18	513,713,338.39
收益分配	19	-
年末未分配收益	20	513,713,338.39

后附会计报表附注为本报表的组成部分。

(三)会计报告书附注

1、基金简介

普惠证券投资基金(以下简称"本基金")由国信证券有限公司、浙江证券有限责任公司、鞍山市信托投资股份有限公司、安徽省国际信托投资公司、鹏华基金管理有限公司共五家发起人依照《证券投资基金管理暂行办法》及其他有关规定和基金契约发起,经中国证券监督管理委员会(证监基字(1998)32号文)批准,于1999年1月6日募集成立。本基金为契约型封闭式,存续期15年,发行规模为20亿份基金单位。本基金的基金管理人为鹏华基金管理有限公司,基金托管人为交通银行。本基金经深圳证券交易所(以下简称深交所)(深证上(1999)(7)号文)审核同意,于1999年1月27日在深交所挂牌交易。根据《证券投资基金管理暂行办法》和证监基字(1998)32号批文的规定,本基金的投资对象为依法公开发行并可在沪深证券交易所上市流通的股票以及债券。

2、主要会计政策

(A)编制基础

本基金的会计报表披露方式是根据中国证券监督管理委员会于1999年3月10日颁 布的《证券投资基金管理暂行办法》实施准则第五号-《证券投资基金信息披露指引》进行披露。

(B)会计年度

本基金的会计年度为公历1月1日至12月31日。

(C)记帐原则和计价基础

本基金的会计核算以权责发生制为记帐原则,以历史成本为计价基础。

(D)现金和银行存款、清算备付金

现金和银行存款、清算备付金指本基金持有或存放于银行及证券交易所的货币资金。其估值按本金加计至估值日为止的应收利息额计算。

(E)股票投资

股票投资按取得时的实际成本计价,出售成本按移动加权平均法计算。股票分为上市交易股票和未上市交易股票,上市交易股票投资的估值按估值日当天各股票相应的市场均价计算,若当日无交易,则以最近一日的市场均价计算。实际成本与估值的差异不调整个别股票的帐面成本,而计入"未实现估值增值"。未上市交易股票的估值按发行价格计算。

(F)债券投资

债券投资指国家债券投资。债券投资按取得时的实际成本计价,出售的债券成本按移动加权平均法计算。债券投资按估值当天各债券相应的市场均价计算,若当日无交易,则以最近一日的市场均价计算。实际成本与估值的差异不调整个别债券的帐面成本,而计入"未实现估值增值"。未上市交易债券的估值按购入成本加计至估值日为止的应计利息额计算。

(G)其他投资

其他投资指上述投资及可转换债券投资、配股权证投资以外的其他金融工具投资。

(H)收入的确认

证券买卖差价收入:以证券实际卖出日的成交金额,扣除相关费用及证券成本后确认。

股息收入和债券利息收入:以被投资股票、债券除息日确认。

其他收入:以相关收入已经实际收到或取得收款证据时确认;

(I)基金管理费

基金管理人的报酬根据《普惠证券投资基金基金契约》的规定按基金资产净值的2.5%的年费率计提。

(J)基金托管费

基金托管人的托管费根据《普惠证券投资基金基金契约》的规定按基金资产净值的0.25%的年费率计提。

(K)投资组合

本基金按照《证券投资基金管理暂行办法》中对股票、债券的投资总额占基金资产总额的比例、单个股票的投资占基金资产净值的比例、全部基金持有1家公司发行 的证券占该证券比例、以及基金投资于国家债券占基金资产净值的比例等有关规定进行投资组合。基金投资组合中各项投资均按前述方法计价。

(L)基金的收益分配政策

本基金的收益分配原则为:每一基金单位享有同等分配权。基金当年收益应先弥补上年亏损后,才进行当年收益分配。基金投资当年亏损,则不进行收益分配。基金收益分配采取现金方式,每年分配一次,收益分配比例不低于基金净收益的90%。

3、税项

根据《财政部国家税务总局关于证券投资基金税收问题的通知》规定:

(A)以发行基金方式募集资金,不属于营业税征收范围,不征收营业税。

(B)基金从证券市场中取得的收入包括买卖股票、债券的差价收入,股票的股息 、红利收入,债券的利息收入及其他收入,暂不征收企业所得税。

所以普惠基金目前除买卖股票时交纳印花税外,无其他税负。

4、应收利息

应收利息为截至1999年12月31日本基金应收银行存款利息、应收清算备付金利息119866.05元。

5、其他应收款

其他应收款余额为存放深圳交易所交易保证金1,323,368.67元。

6、应付佣金

应付佣金明细项目列示如下:

	期末数 人民币元
国通证券有限公司	178,049.10
长城证券有限责任公司	57,369.36
申银万国证券有限公司	59,858.48
广发证券有限公司	119,455.65
合计	414,732.59

7、其他应付款

其他应付款余额为应付配股缴款1,251,510.00元。

8、实收基金

	期末数	
	基金单位数	人民币元
发起人持有基金	60,000,000	60,000,000.00
公开募集基金	1,940,000,000	1,940,000,000.00
实收基金	2,000,000,000	2,000,000,000.00

9、其他收入

其他收入包括银行存款利息收入、基金发行费节余和发行时申购资金冻结利息等。

	期末数(人民币元)
银行存款利息收入	15,896,524.64
申购资金冻结利息收入	24,012,831.69
发行费节余(附注10)	11,371,505.11
交易所返还印花税	18,484.50
国债发行费返还	330,000.00
合计	51,629,345.94

10、发行费用明细及发行费用节余

	人民币元
实收发行费用	20,000,000.00
减:上网发行费用	4,898,494.89
发行协调人费用	2,800,000.00
上市推荐人费用	700,000.00
律师费用	100,000.00
会计师费用	100,000.00
上市初费	30,000.00
发行费用小计	8,628,494.89
发行费用节余	11,371,505.11

11、关联交易

(A)关联方名称

关联方名称	与本基金的关系
鹏华基金管理有限公司	基金管理人、基金发起人
交通银行	基金托管人
国信证券有限公司	基金发起人
浙江证券有限责任公司	基金发起人
鞍山市信托投资股份有限公司	基金发起人
安徽省国际信托投资公司	基金发起人

(B)关联方交易

(1)通过关联方席位进行的交易

关联方名称	成交量		佣金		
	年成交量 (人民币元)	占全年成交总量的比例	年佣金 (人民币元)	占全年佣金总量的比例	平均佣金比例
国信证券	2,698,522,336.62	29.99%	963,667.57	26.92%	0.36%
浙江证券	1,439,454,754.71	16.00%	970,571.06	27.11%	0.67%

(2)基金管理人报酬

支付基金管理人鹏华基金管理有限公司的管理费按前一日的基金资产净值的2.5 %的年费率计提,逐日计提,按月支付,日管理费=前一日基金资产净值×2.5%÷365。截止至1999年12月31日,本基金共计提基金管理人报酬人民币60,721,286.17元。

(3)基金托管人报酬

应支付基金托管人交通银行的托管费按前一日的基金资产净值的0.25%的年费率计提,逐日计提,按月支付,日托管费=前一日基金资产净值×0.25%÷365。截止至 1999年12月31日,本基金共计提基金托管人报酬人民币6,072,128.58元。

(4)基金发行协调人费及基金上市推荐人费

根据鹏华基金管理公司与国信证券有限公司签订的协议书,普惠基金向国信证券有限公司支付基金发行协调人费2,800,000.00元,支付基金上市推荐人费700,000.00元。

(C)关联方往来款项余额

关联方往来余额明细项目列示:

项目	关联方名称	往来金额
应付基金管理费	鹏华基金管理公司	5,816,295.63
应付基金托管费	交通银行	581,629.54

（四）流通受限制不能自由转让的基金资产

根据中国证监会向基金配售新股政策中关于"基金获配新股，自该新股上市2个月后方可流通，在流通之前由证券交易所实施冻结"的规定，本基金截至1999年12月31日被冻结的新股情况如下：

股票名称	申购日期	可流通日期	配售股数	成本	市值	市值与成本差
*浦发银行	09/23/99	01/12/2000	4571000	45710000	113406510	67696510
*秦岭水泥	09/08/99	02/18/2000	400000	2360000	2944000	584000
*南山实业	09/10/99	02/23/2000	429000	4032600	4912050	879450
*海南航空	10/11/99	01/25/2000	2360000	10856000	12012400	1156400
万杰实业	09/13/99	03/13/2000	943000	6412400	6412400	0
赤天化	12/13/99	06/14/2000	629200	4530240	4530240	0
海南椰岛	09/21/99	03/20/2000	285700	1171370	1171370	0
中化国际	12/21/99	06/22/2000	1474400	11795200	11795200	0
*金陵药业	08/27/99	01/18/2000	457100	3839640	7203896	3364256
*小鸭电器	09/1/99	01/25/2000	514300	1933768	3193803	1260035
*广济药业	08/20/99	01/12/2000	312500	1571875	3550000	1978125
*河池化工	09/03/99	02/14/2000	285700	1185655	2277029	1091374
*欣龙无纺	09/08/99	02/17/2000	314000	1821200	3510520	1689320
*中原油气	09/10/99	01/10/2000	1468800	7182432	9224064	2041632
锡业股份	10/11/99	04/21/2000	1114287	6685722	6685722	0
东方钽业	11/11/99	03/20/2000	292200	2746680	2746680	0
华东医药	12/22/99	06/23/2000	449400	2588544	2588544	0
合计				116423326	198164428	81741102

注：上述带*号股票为已上市未流通股票，其余股票为未上市新股。其中赤天化、华东医药、中化国际股份的50%在上市第一天即可流通，其余50%在配售半年后方可流通。基金获配的已上市但未满两个月的股票按市场平均价计算，对尚未上市的新股以成本价计算。截至一九九九年十二月三十一日，总成本为116,423,326.00元，股票市值198,164,428.00元，对比成本估值增值为81,741,102.00元。

（五）基金投资组合（1999年12月31日）

经基金的托管人—交通银行核对，截至1999年12月31日，普惠基金资产净值为2,699,102,192.77元，单位净值为1.3496元。

1.按行业分类的股票投资组合：

序号	行业	市值（元）	占净值比例
1.	交通运输	57,801,103.28	2.14%
2.	能源电力	119,147,018.35	4.41%
3.	建材建筑	57,281,123.21	2.12%
4.	冶金	22,334,274.00	0.83%
5.	机械制造	120,576,141.08	4.47%
6.	电子通讯	367,009,991.42	13.60%
7.	石油化工	105,849,393.79	3.92%
8.	生物医药	104,273,468.13	3.86%
9.	纺织服装	52,815,345.86	1.96%
10.	家电	180,801,637.00	6.70%
11.	酿酒食品	42,041,209.69	1.56%
12.	商贸旅游	24,584,037.87	0.91%
13.	金融地产	256,141,131.04	9.49%
14.	农林牧渔	261,718,831.15	9.70%
15.	综合	185,014,654.33	6.85%
合计		1,957,389,360.20	72.52%

其中交通运输包括公路、铁路、水运、航空、仓储；能源电力包括煤电、采矿；电子通讯包括计算机、电子元器件、邮电；汽车及配件制造包括摩托车。

2.基金持有的国债市值和货币资金合计为748,333,765.61元，占基金资产净值的27.73%。

3.基金投资前十名股票明细

序号	股票名称	市值（元）	占净值比例
1	永安林业	188,041,054.21	6.97%
2	东大阿派	166,890,240.72	6.18%
3	粤美的	161,714,597.20	5.99%
4	渝开发	134,429,621.04	4.98%
5	浦发银行	113,406,510.00	4.20%
6	清华紫光	73,495,525.63	2.72%
7	广州控股	70,728,842.98	2.62%
8	同仁堂	58,770,000.00	2.18%
9	鲁西化工	47,507,017.85	1.76%
10	金宇集团	44,392,775.86	1.64%

4.报告附注

（1）报告项目的计价方法：

本基金持有的上市证券采用公告内容截止日的市场平均价计算，已发行未上市股票采用成本价计算。

（2）基金持有每只股票的购入成本均不超过基金资产净值的10%。

（3）基金应收股利、利息，应付管理费、托管费、应付佣金及其他应收、应付款等应收、应付款项合计为贷方6,620,933.04元，与股票市值、国债货币资金相抵后等于基金资产净值。

（六）主要财务指标

单位：人民币元

1	1999年年末基金可分配净收益	513,713,338.39
2	1999年单位基金净收益	0.2568
3	1999年12月31日基金资产总值	2,707,166,360.53
4	1999年12月31日基金资产净值	2,699,102,192.77
5	1999年12月31日单位基金资产净值	1.3496
6	1999年基金资产净值收益率	19.03%

五、基金持有人结构

1、基金持有人结构：

	持有份额（份）	占总份额比例（%）
基金发起人	60,000,000	3
其中：		
国信证券有限公司	30,000,000	1.5
浙江证券有限责任公司	7,500,000	0.375
鞍山市信托投资股份有限公司	7,500,000	0.375
安徽省国际信托投资公司	7,500,000	0.375
鹏华基金管理有限公司	7,500,000	0.375
社会公众	1,940,000,000	97

注：根据《普惠证券投资基金基金契约》的规定，基金发起人认购基金单位总份额的3%，即6000万份，基金发起人认购的基金单位，自基金成立之日起一年内不得转让。一年以后，在基金存续期内，发起人持有的基金单位不得低于基金单位总份额的1.5%。

2、普惠基金前十名持有人（截止1999年12月31日）：

序号	持有人名称	持有份额（份）	占总份额比例（%）
1	张斌	39912900	1.996
2	浙江证券有限责任公司	36201100	1.81
3	童铃	33119000	1.66
4	国信证券有限责任公司	30000000	1.50
5	上海久事公司浦东公司	30000000	1.50
6	上海久茂对外贸易公司	28568700	1.43
7	国通证券有限责任公司	26023000	1.30
8	安徽省兴达国际贸易公司	17531000	0.88
9	新疆金科电子信息开发公司	17390000	0.87
10	华泰财产保险股份有限公司	12700000	0.64

六、重要事项揭示

1、本基金管理人、托管人目前无重大诉讼事项。

2、本基金管理人、基金托管人涉及托管业务机构及其高级管理人员在报告期内未受到任何处罚。

3、2000年2月22日，本基金在《中国证券报》、《证券时报》、《上海证券报》上刊登公告，将本基金基金管理人报酬由原来的固定费率2.5%调整为固定费率1.5%加计业绩报酬，计提标准采用现行计提方法。管理人报酬调整日追溯至2000年1月1日。

4、2000年3月7日，本基金在《中国证券报》、《证券时报》、《上海证券报》上刊登公告，按照基金契约的有关规定，本基金上市已满1年，发起人持有的6000万基金单位中的50%可以上市流通，未上市部分（3000万份）在基金存续期内由各基金发起人分别持有。

5、根据中国证监会《关于加强证券投资基金监管有关问题的通知》（证监基字[1998]29号）中关于"每只基金通过一个证券经营机构买卖证券的年成交量，不得超过该基金买卖证券年成交量的30%"的要求，我公司在比较了多家证券经营机构的财务状况、经营状况、研究水平后，分别向国信证券有限公司、浙江证券有限责任公司、申银万国证券股份有限公司、国通证券有限公司、长城证券有限责任公司、广发证券有限责任公司租用上交所、深交所各一个交易席位作为基金专用交易席位，并从租用协议签定以后开始使用。

普惠基金1999年年度通过各证券经营机构的席位买卖证券的交易量及支付的佣金如下：

1999年年度股票及国债交易量

券商名称	成交量（元）	占总成交量比例	其中 股票（元）	债券（元）	佣金（元）	占总佣金比例
国信 证券	2698522336.62	29.99%	1171052329	1527470006	963667	26.92%
浙江证券	1439454754.71	16.00%	1179180000	260274754	970571	27.11%
申银万国	1219351425.52	13.55%	574948761	644402664	472583	13.20%
国通证券	1259053983.82	13.99%	595730161	663323822	490840	13.71%
广发证券	166429367.49	12.96%	312298659	854130707	262609	7.34%
长城证券	1216184002.82	13.51%	510614713	705569289	419454	11.72%
合计	8998995870.98	100%	4343824625	4655171245	3579726	100%

七、备查文件目录

1、中国证监会批准普惠证券投资基金设立的文件

2、《普惠证券投资基金基金契约》

3、《普惠证券投资基金基金托管协议》

4、基金管理人业务资格批件、营业执照和公司章程

5、财务报表及附注

6、普惠证券投资基金1999年度收益分配公告

7、报告期内普惠基金公告的各项原稿

查阅地点：深圳市深南东路5047号发展银行大厦27层

投资者对本报告书如有疑问，可咨询本基金管理人鹏华基金管理有限公司，咨询电话：（0755）2080661，电子信箱：ph@mail.phfund.com.cn

本基金管理人：鹏华基金管理有限公司

二零零零年三月二十九日

同益证券投资基金

同益证券投资基金1999年年度报告摘要

一、基金简介

同益证券投资基金经中国证券监督管理委员会证监基字[1999]8号《关于同意设 立同益证券投资基金的批复》批准，由中信证券有限责任公司、天津北方国际信托投资有限公司、湖北证券有限公司和安徽省信托投资公司、长盛基金管理有限公司等五家联合发起，发行总规模20亿份，每份基金单位面值1元，发起人认购6,000万份，社会公众认购194,000万份，于1999年4月8日宣告成立，4月21日在深圳证券交易所挂牌交易。

(一) 基金简称:基金同益　交易代码:4690　基金单位总份额:二十亿份基金单位
基金类型:契约型封闭式　基金存续期:十五年　基金上市地:深圳证券交易所

(二) 基金管理人:长盛基金管理有限公司　地址:北京市朝阳区北三环东路8号静安中心22层
邮政编码: 100028　国际互联网网址:http://www.changshengfunds.com　法定代表人:王其华
总经理: 张佑君　负责信息管理事务人员:李燕敏　电话:64689198-652　传真: 64689471

(三) 基金托管人:中国工商银行　地址:北京市西城区复兴门内大街55号　邮政编码:100032
法定代表人:姜建清　托管部负责人:赵跃　负责信息管理事务人员:刘长江　电话:66106878
联系地址:北京市复兴门内大街55号中国工商银行基金托管部　传真:010-66106904

(四) 会计师事务所:安永华明会计师事务所　法定代表人: 葛明
地址:北京朝阳门北大街6号北海万泰大厦802-807室　经办注册会计师:葛明、金馨

二、基金管理人报告

(一) 基金经理工作报告

1. 本基金业绩表现　同益证券投资基金于1999年4月8日开始运作，截止到1999年12月31日，基金单位资产净值达到1.3131元。与发行时相比，净值增长率为31.31%，按实际成立天数加权计算年净值增长率为42.64%。超过同期银行存款利率和同期沪深指数涨幅。扣除配售新股对基金当年净值增长的贡献因素，按成立实际天数加权计算年净值增长率为20.28%。

本基金投资风格　由于本公司成立的时间较短，基金经理小组尚处于磨合期，我们不敢说已形成完整、科学的投资理念，但一些投资风格正在慢慢地形成.

2. 本年度投资市场回顾　从政策上看，随着改革的逐步深入，党中央国务院充分认识到证券市场在推进国有企业改革和产业结构战略性调整中的重要作用，在依法监管的同时，不断强调发展资本市场的重要性。99年政府连续推出三类企业和保险资金入市、大力发展证券投资基金、促进上市公司重组等一系列有利于市场发展的措施，为国内A股市场的发展确立了政策基础。在具体市场方面，国内A股市场在经历自97年5月以来长达2年的充分调整之后，加上经过连续7次降息导致大量资金在寻找投资出路，以5月份管理部门的监管政策适当调整为契机，自5月19日开始，国内A股市场终于演绎了一轮爆发式的恢复性上涨行情。虽然此时本基金管理公司刚刚成立，各方面准备工作尚不充分，但我们认真分析了本次行情的性质，制定了稳健、灵活的投资策略，重点投资于在产业升级过程中有竞争优势的成长型上市公司和业绩优良、价值被市场低估的价值型上市公司，经受住了本次行情的考验，为投资者带来了良好的业绩回报。

三、基金托管人报告

本托管人——中国工商银行，依据《同益证券投资基金基金契约》与《同益证券投资基金托管协议》，托管同益证券投资基金。本托管人依照《证券投资基金管理暂行办法》及其实施准则、基金契约、托管协议和其他有关法规的规定，对同益证券投资基金的投资组合进行了监督，认为长盛基金管理有限公司在同益证券投资基金的投资运作、基金资产净值及单位基金资产净值的计算上，遵守《证券投资基金暂行办法》及其实施准则、基金契约、托管协议和其他有关法规的规定，没有发现任何损害基金持有人利益的行为。本托管人依法对同益证券投资基金管理人——长盛基金管理有限公司在1999年度所编制和披露的同益证券投资基金资产净值公告、基金投资组合公告、基金年度报告等公告信息进行了核查，认为同益证券投资基金管理人——长盛基金管理有限公司在1999年度内所编制和披露的基金信息是合法、真实和完整的。　　中国工商银行基金托管部

四、基金年度财务报告

(二)基金会计报告书

1、资产负债报告书　资产负债表　一九九九年十二月三十一日　人民币元

资产	附注	1999-12-31
股票投资-成本	3	1,465,793,140.35
债券投资-成本	4	251,332,459.75
其他投资-成本	5	577,400,000.00
股票投资-估值增值	6	259,963,913.39
债券投资-估值增值	7	(4,590,216.45)
银行存款		335,714,809.86
应收利息		101,296.81
应收帐款	8	37,477,519.83
其他应收款		1,546,997.96
基金资产总计		2,924,739,921.50
负债		
应付基金管理费		5,561,780.87
应付基金托管费		558,862.97
应付帐款	9	292,402,193.00
应付佣金		104,370.64
其他应付款项		
负债总计		298,627,207.48
基金净资产		
基金单位总额	10	2,000,000,000.00
未分配净收益	11	370,739,017.08
未实现估值增值		255,373,696.94
基金资产净值		2,626,112,714.02

所附注释为本会计报表的组成部分

同益证券投资基金　利润及利润分配表　截至一九九九年十二月三十一日止年度　人民币元

项目	附注	1999年4月8日(基金设立日) 至1999年12月31日
经营收入:		421,468,401.68
股利收入	12	8,240,289.42
股票买卖价差收入		366,068,580.70
债券买卖价差收入		-9,332,710.77
其他收入	13	56,492,242.33
经营支出		50,729,384.60
基金管理费		45,918,062.45
基金托管费		4,594,491.15
应由基金承担的其他费用		216,831.00
基金净收益及期末未分配净收益	11	370,739,017.08

(五) 基金投资组合　1、按行业分类的股票投资组合

序号	分　类	市值(元)	占净值比例
1	电子通讯	453,910,028.41	17.28%
2	综　合	273,370,952.91	10.41%
3	交通运输	193,818,507.43	7.38%
4	金融地产	235,034,302.46	8.95%
5	建材建筑	131,328,503.99	5.00%
6	酿酒食品	126,535,443.55	4.82%
.7	冶　金	41,876,492.00	1.60%
8	家　电	48,812,303.00	1.86%
9	机械制造	28,426,411.29	1.08%
10	石油化工	42,875,968.00	1.63%
11	商贸旅游	42,269,915.50	1.61%
12	农林牧渔	26,956,188.00	1.03%
13	生物医药	39,177,627.20	1.49%
14	汽车及配件制造	10,669,240.00	0.41%
15	纺织服装	15,654,570.00	0.60%
16	能源电力	15,040,600.00	0.57%
合　计		1,725,757,053.74	65.72%

其中:交通运输包括公路、铁路、水运、航空、港口、仓储等;能源电力包括煤　电、水电、矿业等;医药包括中药、西药、生物制药等;汽车及配件制造包括摩托车制造、农用车制造等。

2、国债、货币资金合计

截止1999年12月31日，同益证券投资基金持有国债及货币资金为904,932,379.99元，占基金资产净值的34.46%。

3、基金投资前十名股票明细

序号	名　称	数量(股)	市值(元)	占净值比例
1	长城电脑	8,706,621	216,011,267.01	8.23%
2	中信国安	6,676,560	170,853,170.40	6.51%
3	浦发银行	4,571,000	113,406,510.00	4.32%
4	五粮液	3,775,945	110,975,023.55	4.23%
5	安彩高科	8,939,000	107,446,780.00	4.09%
6	北京城建	7,786,694	85,420,033.18	3.25%
7	铁龙股份	4,347,853	65,174,316.47	2.48%
8	东北高速	11,900,100	59,500,500.00	2.27%
9	方正科技	3,149,914	58,903,391.80	2.24%
10	海星科技	2,317,810	46,541,624.80	1.77%

4、报告附注

(1)报告项目的计价方法　本基金持有上市证券采用公告内容截止日的市场均价，已发行未上市股票采用成本价计算。(2)基金持有每只股票的价值(按成本价计算)均不超过基金资产净值的10%。(3)货币资金由银行存款、交易保证金、应收应付交易资金净额构成，金额分　别为315,735,199.96、19,979,609.90、-254,924,673.17。(4)基金应收股利、股息、应付管理费、托管费、佣金及其他应收、其他应付　款等应收、应付款项合计为贷方余额4,576,719.71元，与股票市值1,725,757,053.74元和国债及货币资金904,932,379.99元相抵后等于基金净值。

(六) 主要财务指标　截至1999年12月31日止，本基金的主要财务指标如下:

基金可分配净收益	370,739,017.08元
单位基金净收益	0.1854元
单位基金折合年净收益	0.2525元
期末基金资产总值	2,924,739,921.50元
期末基金资产净值	2,626,112,714.02元
单位基金资产净值	1.3131元
基金净资产收益率	15.98%
基金净资产折合年收益率	21.76%

五、基金持有人结构

(一)、截止1999年12月31日，本基金份额结构为:

	年末持有份额	占总份额比例
发起人发起时持有	60,000,000份	3.00%
其中:长盛基金管理有限公司	20,000,000份	1.00%
中信证券有限责任公司	12,000,000份	0.60%
湖北证券有限公司	12,000,000份	0.60%
天津北方国际信托投资公司	8,000,000份	0.40%
安徽省信托投资公司	8,000,000份	0.40%
社会公众持有	1,940,000,000份	97.00%
合　计	2,000,000,000份	100.00%

(二)、截止1999年12月31日，前十名持有人名称、持有份额及比例如下:

序号	持有人姓名	持有份额	占总份额比例
1	张斌	46,367,500	2.32%
2	国通证券有限责任公司	28,848,400	1.44%
3	安徽省兴达国际贸易公司	27,455,300	1.37%
4	广发银行梅州分行证券部	26,832,500	1.34%
5	华宝信托投资有限责任公司	20,200,000	1.01%
6	上海久事大厦置业有限公司	20,000,000	1.00%
7	上海久事公司浦东公司	20,000,000	1.00%
8	上海久茂对外贸易公司	20,000,000	1.00%
9	长盛基金管理公司*	20,000,000	1.00%
10	中国平安保险股份有限公司	19,716,800	0.99%

*注:长盛基金管理公司在发起时认购本基金20,000,000份，另外九家持有人均在二级市场上购入本基金。

景宏证券投资基金

景宏证券投资基金1999年年度报告摘要

一、基金简介

(一)基金名称:景宏证券投资基金
(基金简称:基金景宏)
基金交易代码:4691
基金发起人:光大证券有限责任公司
大鹏证券有限责任公司
中国经济开发信托投资公司
广东证券股份有限公司
基金发行日期:1999年4月27日
基金成立日期:1999年5月4日
基金单位总份额:20亿份基金单位
基金类型:契约型封闭式
基金存续期:15年
基金上市地点:深圳证券交易所
基金上市日期:1999年5月18日
(二)基金管理人:大成基金管理有限公司
注册及办公地址:北京市海淀区三里河路1号西苑饭店11号楼
邮政编码:100044
国际互联网址:http://www.dcfund.com.cn
法定代表人:姜继增
总经理:龙小波
信息披露负责人:杜鹏
电话:010-68366518
传真:010-68366598
(三)基金托管人:中国银行
注册地址:北京市西城区阜城门内大街410号
办公地址:北京市光华路7号汉威广场西座1603室
邮政编码:100088
法定代表人:刘明康
托管部负责人:陈儒
信息披露负责人:王晓涛
电话:010-65612136
传真:010-65612140
(四)会计师事务所:普华大华会计师事务所
注册及办公地址:上海市淮海中路333号瑞安广场12层
法定代表人:周忠惠
注册会计师:周忠惠、王笑
电话:021-63863388
(五)基金聘请的律师事务所的有关情况
法定名称:北京众天律师事务所
注册及办公地址:北京西城区阜外大街7号国投大厦711--715
法定代表人:苌宏亮
经办律师:苌宏亮

二、基金管理人报告

(一)本基金业绩表现

截止到1999年12月31日,基金单位净值达到1.2097元。与发行时相比,净值增长率为20.97%,按实际成立天数加权计算年净值增长率为31.63%。超过同期银行存款利率和同期深沪指数涨幅,扣除当年配售新股对基金净值增长的贡献因素,本基金净值增长率为8.39%,按成立实际天数加权计算年净值增长率为12.65%。

(二)本基金投资理念和风格

遵循研究驱动原则,通过对宏观经济、行业和上市公司全面深入研究分析,重点投资所属行业具有良好发展前景和在行业内具有强大市场竞争优势的高成长类上市公司,如网络、电子通信和生物制药类上市公司;从控制系统风险角度考虑,我们也适当投资于收益型(或价值型)上市公司,它们的共同特点是收益稳定,业绩优良,行业地位高,价值被严重低估。

(三)基金经理简介

蔡秋枫先生,基金经理,理学硕士,5年证券从业经历,曾就职于上海涌金实业 有限公司资产管理部、北京金业恒昌实业有限公司资产管理部。

王军先生,基金经理助理,经济学博士,5年证券从业经历,曾就职于吉林省证 券公司研究发展部、投资银行部。

(四)基金经理工作报告

1999年国家实行积极的财政政策和相对宽松的货币政策,宏观经济已逐步摆脱东南亚金融危机的负面影响,全年GDP增长速度达到7.1%,通货紧缩现象明显缓和,国民经济正在逐步走出低谷,证券市场作为国民经济的晴雨表,也得到了进一步的发展。7月1日《证券法》开始实施,标志着中国证券市场将更加规范成熟,管理层颁布一系列长远利好政策,将促进证券市场的长期健康发展。我们欣慰地看到,证券投资基金所奉行的长期理性投资理念已逐步得到广大投资者的认同,个股分化趋势明显,齐涨齐跌局面得到改观,证券投资基金正成为市场的中坚力量,为资源在国民经济中的有效优化配置作出了应有的贡献。

景宏基金设立于1999年5月4日,运作过程经历了三个阶段:

第一阶段,基于对利率走势的判断和股票市场不明朗因素的担忧,考虑到国债流动性高,能随时变现投资于其他资产,我们将较大比例资产投资在国债上,同时对股票市场保持密切关注。

第二阶段,随着5.19行情行情快速启动,我们期待已久的机会已经来到,本基金迅速调整投资策略,将绝大部分国债投资变现转投我们储备的投资股票品种上。

第三阶段,基于高科技和网络正在成为新一轮经济增长的源动力,结合公司的数理分析模型,我们较准确地判定出99年12月下旬的中期底部,在年末果断重仓投资高科技和网络类上市公司,为2000年取得较好的投资回报奠定了坚实的基础。

千禧之年,以中关村地区为代表的知识经济正在逐步成为新世纪中国经济新的领头羊,一场以互联网技术为核心的革命对于人类社会的生产和生活方式正在产生巨大的影响,传统价值评判体系也已受到冲击,在考虑上市公司业绩的同时人们更加注重企业未来的成长性,因此,我们认为,2000年中国证券市场将会延续1999年良好的发展势头,但个股分化会进一步加剧。

在具体投资策略上,我们将继续重点投资在网络、电子通信、软件、新材料和生物制药行业内具有突出竞争地位的上市公司,同时适度关注那些经重组主业已全面升级为新兴行业的具有良好成长前景的上市企业,对于年内即将推出的高新技术板块,我们也将高度关注,在控制投资风险的前提下,把握其中较好的投资机会。

作为景宏基金的经理人,按照进取而又不失稳健的投资原则,通过我们的努力,我们争取在2000年内以更加优异的业绩回报广大投资者。

(五)内部监察报告

基金运作合规性声明

本报告期内,本基金管理人严格恪守《证券投资基金管理暂行办法》及其实施细则、《景宏证券投资基金契约》以及其它有关法律、法规的规定,本着诚实信用、勤勉尽则的原则管理和运用基金资产,在严格控制风险的基础上,力争为基金持有人谋求最大利益,无损害基金持有人利益的行为发生,基金投资组合符合有关法规及基金契约的规定。

内部监察工作报告

1999年是本基金管理人——大成基金管理有限公司正式成立并运作的第一年,我公司在不断探索,力求建立完善一套起点较高、规范运作的管理系统,保障基金持有人利益的同时,逐步适应由单一基金管理运作发展为多只基金管理运作所带来的新的问题、新的挑战,在开展内部的监察稽核工作时注重防范基金运作风险,注重监察的实时性。

在本报告期内,我们建立并不断完善了基金投资的各个流程,包括投资的前瞻性研究、投资的决策及交易过程等,我们的内部监察人员通过对上述流程进行实时监控来检查各基金投资运作是否合规,若发现违规隐患及时向公司管理层及监管部门汇报并敦促整改及检查整改结果。同时自主开发建立了一套科学的基金风险指标揭示体系去监控基金管理运作中各种系统风险。具体的措施有:一、加强监察稽核部门与其它业务部门的多渠道的沟通,针对公司多基金运作的特点,不断建立、健全投资决策的程序,细化投资交易的流程,保证各基金之间的独立性和公平性。二、细化监察稽核的内容,提高监察工作的频率,监察稽核人员参与跟踪基金投资决策、交易活动的全过程,并且通过高频率的现场检查、资料查阅、调查核实及抽查监听、监视记录等措施防范杜绝内幕交易等违规行为的发生,保证公平对待各基金持有人的利益。三、运用各种技术手段,通过对每日的基金的交易情况进行实时监控,防止各基金之间出现违规的交叉交易情况。四、用VAR和VAB指标来揭示大市、行业、个股的风险,并通过公司内部的办公系统及时提示基金经理,从而达到主动控制风险的目的。五、加强对员工进行风险意识和职业道德的教育,注重培养他们的监察意识和风险防范意识,自觉遵守各项法规和公司的各种规章制度。

通过上述工作,在本报告期内,本基金运作中无不当内幕交易和关联交易,本基金管理人管理的各基金之间也无违规交叉交易行为,亦无任何员工发生任何违法违规行为,整体运作合法、合规,充分保障了基金持有人的利益。

通过1999年的内部监察工作,我们认为做好风险控制工作是基金投资的主要工作之一,建立一套科学、严密的基金投资决策、交易的流程是保证基金理性投资的前提。我们将继续高度重视风险防范工作,总结去年的经验、教训,进一步完善基金投资的流程,不断学习、引进国内外先进的风险控制和内部监察的经验和技术,切实提高内部监察稽核工作的有效性、科学性,切实保障基金安全运作,以优异的业绩回报广大投资者。

三、基金托管人报告

本基金托管人——中国银行,依据1999年4月21日签署的《景宏证券投资基金基 金契约》与《景宏证券投资基金托管协议》,自1999年5月4日起,托管景宏证券投资基金的全部资产。现对景宏证券投资基金(以下简称景宏基金)从1999年5月4日至1999年12月31日的1999 年度的托管情况报告如下:

(一)本托管人在1999年度托管景宏基金期间,严格遵守《证券投资基金管理暂行办法》及其各项实施准则和其他有关法规的规定,切实维护景宏基金持有人的利益,尽职尽责地履行了基金托管人应尽的职责.

(二)本托管人在1999年度依照《证券投资基金管理暂行办法》及其各项实施准则和其他有关法规的规定,对大成基金管理有限公司---景宏基金管理人的基金运作进行了必要的监督,未发现其在景宏基金投资运作、基金资产净值的计算及每单位基金资产净值的计算等方面有违规及损害基金持有人利益的行为。

(三)本基金托管人依法对景宏基金管理人在1999年度所编制和披露的景宏基金招募说明书、基金上市公告书、基金资产净值公告、基金投资组合公告、基金年度报告等公告信息进行了认真核对,未发现问题。

四、基金年度财务报告

(一)审计报告

普华审字(2000)第259号

景宏证券投资基金全体持有人:

我们接受委托,审计了景宏证券投资基金(以下简称"景宏基金")1999年12月31日的资产负债表及1999年5月4日(基金成立日)至1999年12月31日止期间的收益及收益分配表。这些会计报表由景宏基金管理人大成基金管理有限公司负责,我们的责任是对这些会计报表发表审计意见。我们的审计是根据《中国注册会计师独立审计准则》的规定进行的。在审计过程中,我们结合景宏基金的实际情况,实施了包括抽查会计记录等我们认为必要的审计程序。

我们认为,上述景宏基金会计报表符合中华人民共和国《企业会计准则》、《证券投资基金管理暂行办法实施准则第五号证券投资基金信息披露指引》和中国证券监督管理委员会允许的如会计报表附注所列示的基金行业的实务操作约定,在所有重大方面公允地反映了景宏基金1999年12月31日的财务状况及1999年5月4日(基金成立日)至1999年12月31日止期间的经营成果。

普华大华会计师事务所　　注册会计师　周忠惠
中国　　上海　　注册会计师　王　笑
2000年1月17日

(二)基金会计报告书

资产负债表

1999年12月31日　　单位:人民币元

资产	期末数
银行存款	39,826,861
清算备付金	4,761,030
交易保证金	1,829,827
股票投资-成本　(附注2(d))	1,778,674,044
债券投资-成本　(附注2(e))	484,958,185
股票投资-估值增值　(附注2(d))	31,981,933
债券投资-估值增值　(附注2(e))	1,589,384

买入返售证券	93,100,000
应计利息	278,353
应收帐款	4,338,836
其他应收款	29,900
资产合计	2,441,368,353
负债及基金持有人权益	
应付基金管理费	5,173,554
应付基金托管费	517,636
应付帐款	15,984,452
应付佣金	279,089
其他应付款	100,549
负债合计	22,055,280
基金持有人权益	
基金单位总额(面值)(附注2(j),4)	2,000,000,000
未分配收益(附注2(k))	385,741,756
未实现估值增值(附注2(d)(e))	33,571,317
基金持有人权益合计(每单位基金资产净值:人民币1.2097元)	2,419,313,073
负债及基金持有人权益合计	2,441,368,353

收益及收益分配表

1999年5月4日(基金成立日)至1999年12月31日止

单位:人民币元

项目	本期累计数收入
收入	
证券买卖差价	
股票(附注2(f))	387,188,856
债券(附注2(f))	-4,624,285
投资收益	
股息收益(附注2(f))	12,810,445
债券利息收益(附注2(f))	16,871,473
返售债券投资收益净值(附注2(f))	2,321,833
其他收入(附注5)	4,647,004
额定发行费用余额(附注2(i),6)	11,645,505
收入及发行费用余额合计	430,860,831
费用	
基金管理费(附注2(g))	40,859,181
基金托管费(附注2(h))	4,087,601
其他费用	172,293
费用合计	45,119,075
本期净收益	385,741,756
收益分配(附注2(k),9)	-
未分配收益	385,741,756

后附会计报表附注为本报表的组成部分

(三)会计报告书附注

1　基金简介

景宏证券投资基金(以下简称"本基金")是由光大证券有限责任公司、大鹏证券有限责任公司、中国经济开发信托投资公司、广东证券股份有限公司、大成基金管理有限公司共五家发起人依照《证券投资基金管理暂行办法》及其有关的规定和契约发起,经中国证券监督管理委员会证监基金字[1999]12号文批准,于1999年5月4日发起成立。本基金为契约型封闭式,存续期为15年,发行规模为20亿份基金单位。本基金的基金管理人为大成基金管理有限公司,基金托管人为中国银行。本基金经深圳证券交易所(以下简称深交所)深证上(1999)第31号文审核同意,于1999年5月18日在深交所挂牌交易。根据《证券投资基金管理暂行办法》和中国证券监督管理委员会证监基金字[1999]12号批文的规定,本基金的投资对象为国债和国内依法公开发行、上市的股票。

2　主要会计政策

(a) 编制基础

本基金的会计报表按照中华人民共和国《企业会计准则》,中国证券监督管理委员会颁布的《证券投资基金管理暂行办法实施准则第五号证券投资基金信息披露指引》,及中国证券监督管理委员会允许的如主要会计政策所述的基金行业的实务操作约定而编制。

(b) 会计年度

本基金的会计年度为公历1月1日至12月31日止。本会计期间为5月4日至12月31日止。

(c) 记帐原则和计价基础

本基金的会计核算以权责发生制为记帐原则,除股票和债券投资按市值计价外,其余均以历史成本为计价基础。

(d) 股票投资

股票投资按购买时实际支付的价款计价,实际价款中包括已宣告未发放股利,出售成本按移动加权平均法计算。股票包括上市交易股票和未上市交易股票,股票投资的估值按估值日当天各股票相应的市场交易均价进行计算,若当日无交易,则以最近一日的市场交易均价计算。实际成本与估值的差异计入"未实现估值增值/(减值)"科目。

(e) 债券投资

债券投资按购买时实际支付的价款计价,实际价款中包括应计利息。出售的债券成本按移动加权平均法计算。债券投资的估值按估值当天各债券相应的市场交易均价计算,若当日无交易,则以最近一日的市场交易均价计算。实际成本与估值的差异计入"未实现估值增值/(减值)"科目。

(f) 收入的确认

证券买卖差价指买卖股票及国债的差价。股票和国债差价在卖出时确认。投资收益中股息及国债利息,在收到股息及国债利息时确认,返售债券投资收益按权责发生制确认。

(g) 基金管理费

基金管理费为支付给基金管理人的报酬。根据中国证券监督管理委员会证监基金字[1999]12号《关于同意设立景宏证券投资基金的批复》的规定,按逐日基金资产净值2.5%的年费率计提。基金成立三个月后,如果基金持有的现金比例超过基金资产净值的20%,超过部分不计提管理费。

(h) 基金托管费

基金托管人的托管费根据中国证券监督管理委员会证监基金字[1999]12号文《关于同意设立景宏证券投资基金的批复》的规定,按逐日基金资产净值0.25%的年费率计提。

(i) 额定发行费用余额

额定发行费用,即超面值部分,扣除实际发生的发行费用后的余额记入收益及收益分配表。

(j) 基金单位总额

基金单位总额以实收基金单位面值入帐。

(k) 基金的收益分配政策

每一基金单位享有同等分配权。基金当年收益弥补上一年度亏损后,才可进行当年收益分配。基金投资当年亏损,则不进行收益分配。基金收益分配采取现金方式,每年分配一次,收益分配比例不低于基金净收益的90%。

3　主要税项

根据《财政部国家税务总局关于证券投资基金税收问题的通知》,主要税项规定如下:

(a)以发行基金方式募集资金,不属于营业税征收范围,不征收营业税。

(b)基金从证券市场中取得的收入包括买卖股票、债券的差价收入,股票的股息、红利收入,债券的利息收入及其他收入,暂不征收企业所得税。

4　基金单位总额

每份基金单位面值为人民币1元,基金单位总额按面值入帐。

	期末数	
	基金单位数	人民币元
发起人持有基金份额	60,000,000	60,000,000
社会公众持有基金份额	1,940,000,000	1,940,000,000
基金单位总额	2,000,000,000	2,000,000,000

5　其他收入

其他收入主要包括银行存款利息收入和发行时申购资金冻结利息收入。

	1999 人民币元
银行存款及清算备付金利息收入	2,821,604
申购资金冻结利息收入	1,118,883
其他	706,517
合计	4,647,004

6　额定发行费用及额定发行费用余款

	1999 人民币元
额定发行费用	20,000,000
减:上网发行费	4,898,495
发行协调人费用	2,700,000
信息披露费	291,000
上市推荐人费用	250,000
律师费用	100,000
上市初费	65,000
会计师费用	50,000
发行费用小计	8,354,495
额定发行费用余额	11,645,505

7　关联交易

(a) 关联方

关联方名称	与本基金的关系
大成基金管理有限公司	基金管理人、基金发起人
中国银行	基金托管人
光大证券有限责任公司("光大证券")	基金发起人
大鹏证券有限责任公司("大鹏证券")	基金发起人
中国经济开发信托投资公司("中经开")	基金发起人
广东证券股份有限公司("广东证券")	基金发起人

(b) 通过关联方席位进行的交易

	股票成交量		佣金	
	年成交量 人民币元	占全年成交总量的比例	年佣金 人民币元	占全年佣金总量的比例
光大证券	1,970,285,268	21.60%	1,591,008	20.86%
大鹏证券	1,841,115,989	20.15%	1,564,933	20.51%
中经开	2,758,538,037	30.24%	2,230,823	29.23%
广东证券	1,261,216,245	13.82%	1,072,026	14.05%

(c) 基金管理人报酬

支付基金管理人大成基金管理有限公司的管理人报酬按前一日的基金资产净值2.5%的年费率计提,逐日累计至每月月底,按月支付。计算公式为:

日基金管理费=前一日基金资产净值× 2.5% / 365。

本基金在本会计期间需支付基金管理人报酬人民币40,859,181元。

(d) 基金托管人报酬

支付基金托管人中国银行的托管费按前一日的基金资产净值的0.25%的年费率计提,逐日累计至每月月底,按月支付。计算公式为:

日托管费=前一日基金资产净值× 0.25% / 365。

本基金在本会计期间需支付基金托管费人民币4,087,601元。

8、主要报表项目说明

(1)应收帐款1999年12月31日余额为人民币4,338,836元,是应收交易清算资金。由以下两项组成:上海应收交易清算资金1,787,035元;深圳应收交易清算资金2,551,801元。

(2)交易保证金1999年12月31日余额为人民币1,829,827元,是深圳证券交易所交易保证金款项。

(3)应付帐款1999年12月31日余额为人民币15,984,452元,是应付交易清算资金.由以下两项组成:上海应付交易清算资金15,981,542元;深圳应付交易清算资金2910元。

(4)其他应付款100,549元,主要是应付普华大华会计师事务所审计年费100,000元.

(四)流通受限制不能自由转让的基金资产

1999年11月11日以前配售的新股,根据中国证券监督管理委员会向基金配售新股政策中关于"基金获配新股,自该新股上市2个月后方可流通,在流通之前由证券交易所实施冻结"的规定进行管理;1999年11月11日以后配售的新股,根据中国证券监督管理委员会向基金配售新股政策中关于"基金获配新股,自该新股上市后50%可立即流通,50%于6个月后方可流通,在流通之前由证券交易所实施冻结"的规定进行管理。本基金截至1999年12月31日被冻结的新股情况如下:

股票名称	申购日期	可交易日期	申购价格	市场均价
浦发银行	1999.09.23	2000.01.12	10.00	24.81
真空电子	1999.12.07	2000.02.22	10.18	10.28
中化国际	1999.12.22	未知 *	8.00	8.00
海南航空	1999.10.12	2000.01.25	4.60	5.09
中原油田	1999.09.14	2000.01.10	4.89	6.28
锡业股份	1999.10.12	2000.04.21	6.00	6.00
大连金牛	1999.12.07	未知 *	4.08	4.08
万杰实业	1999.09.14	2000.03.13	6.80	6.80
赤天化	1999.12.14	未知 *	7.20	7.20
南山实业	1999.09.14	2000.02.23	9.40	11.45
金陵药业	1999.08.30	2000.01.18	8.40	15.76
东方钽业	1999.11.22	2000.03.20	9.40	9.40
华东医药	1999.12.23	未知 *	5.76	5.76
泰岭水泥	1999.09.08	2000.02.18	5.90	7.36
小鸭电器	1999.09.02	2000.01.25	3.76	6.21

欣龙无纺	1999.09.14	2000.02.17	5.80	11.18
广济药业	1999.08.23	2000.01.12	5.03	11.36
河池化工	1999.09.06	2000.02.14	4.15	7.97
海南椰岛	1999.09.21	2000.03.20	4.10	4.10
合计				

<续上表>

股票名称	配售股数	成本	市值	市值与成本差
浦发银行	4571000	45710000	113406510	67696510
真空电子	1,722,400	17,534,032	17,706,272	172,240
中化国际	1,449,300	11,594,400	11,594,400	0
海南航空	2,360,000	10,856,000	12,012,400	1,156,400
中原油田	1,468,800	7,182,432	9,224,064	2,041,632
锡业股份	1,114,287	6,685,722	6,685,722	0
大连金牛	1,619,000	6,605,520	6,605,520	0
万杰实业	943,000	6,412,400	6,412,400	0
赤天化	629,200	4,530,240	4,530,240	0
南山实业	429,000	4,032,600	4,912,050	879,450
金陵药业	457,100	3,839,640	7,203,896	3,364,256
东方钽业	292,100	2,745,740	2,745,740	0
华东医药	449,400	2,588,544	2,588,544	0
泰岭水泥	400,000	2,360,000	2,944,000	584,000
小鸭电器	514,300	1,933,768	3,193,803	1,260,035
欣龙无纺	314,000	1,821,200	3,510,520	1,689,320
广济药业	312,500	1,571,875	3,550,000	1,978,125
河池化工	285,700	1,185,655	2,277,029	1,091,374
海南椰岛	285,700	1,171,370	1,171,370	0
合计		140,361,138	222,274,480	81,913,342

*:按有关规定,上述四只于审计时未知交易日期的股票各有50%已于上市日流通。

(五)基金投资组合

经基金托管人—中国银行核对,截止1999年12月31日,景宏证券投资基金资产净 值为2,419,313,073.34元,其中持有股票市值1,810,655,976.62,持有国债市值及货币资金614,419,671.78元,分别占基金资产净值的74.84%、25.40%。基金持有每只股票的价值(按成本价计算)均不超过基金资产净值的10%。按行业分类的股票投资组合和占基金资产净值前10名的股票如下:

1.按行业分类的股票投资组合

序号	行业	市值	占净值比例
(1)	交通运输	70,988,542.3	2.93%
(2)	能源电力	61,167,567.04	2.53%
(3)	建材建筑	21,338,938.00	0.88%
(4)	冶金	45,457,479.50	1.88%
(5)	机械制造	164,157,783.04	6.79%
(6)	电子通讯	272,661,157.59	11.27%
(7)	石油化工	34,087,269.00	1.41%
(8)	生物医药	50,288,712.45	2.08%
(9)	汽车及配件制造	95,673,613.98	3.95%
(10)	纺织服装	60,915,650.45	2.52%
(11)	家电	241,636,528.24	9.99%
(12)	酿酒食品	40,258,226.82	1.66%
(13)	商贸旅游	61,107,499.44	2.52%
(14)	金融地产	122,635,260.00	5.07%
(15)	农林牧渔	148,758,926.05	6.15%
(16)	综合	319,522,822.72	13.21%
合计		1,810,655,976.62	74.84%

其中:交通运输包括公路、铁路、水运、航空、港口、仓储等;能源电力包括煤电、水电、矿业等;医药包括中药、西药、生物、制药等;汽车及配件制造包括摩托车制造、农用车制造等。

2.基金投资前十名股票明细

序号	名称	市值(元)	占净值比例
(1)	小天鹅	189,537,225.24	7.83%
(2)	粤美的	164,157,783.04	6.79%
(3)	远洋渔业	142,625,313.25	5.90%
(4)	浦发银行	113,406,510.00	4.69%
(5)	长城电脑	98,061,525.00	4.05%
(6)	上海汽车	90,390,049.20	3.74%
(7)	浙江东方	79,149,921.38	3.27%
(8)	中视股份	77,821,811.99	3.22%
(9)	华联商城	61,107,499.44	2.53%
(10)	上菱电器	48,905,500.00	2.02%

3.报告附注

(1) 报告项目的计价方法

本基金持有的上市证券采用公告内容截止日的市场均价计算,已发行未上市股票采用成本价计算。

(2)基金应收利息、应付管理费、托管费、佣金及其他应收、应付款等轧差合 计为贷方余额5,762,575.06元,抵减股票市值1,810,655,976.62元,国债及货币资金614,419,671.78元后,等于基金资产净值。

(六)主要财务指标

主要财务指标	人民币元
基金可分配净收益	385,741,756
单位基金净收益	0.1929
单位基金折合年净收益	0.2909
期末基金资产总值	2,441,368,353
期末基金资产净值	2,419,313,073
单位基金资产净值	1.2097
基金净资产收益率	17.46%
基金净资产折合年收益率	26.33%

五、基金持有人结构

截止1999年12月31日,本基金发起人持有的基金份额为0.6亿份基金单位,占基金发行总份额的3%,其中:

发起人	持有份额(单位)	占总份额比例%
光大证券有限责任公司	12000000	0.60
大鹏证券有限责任公司	12000000	0.60
中国经济开发信托投资公司	12000000	0.60
广东证券股份有限公司	12000000	0.60
大成基金管理有限公司	12000000	0.60

社会公众持有的基金份额为19.4亿基金单位,占基金发行总份额的97%。

本基金前十名持有人:

序号	持有人名称	持有份额	占总份额比例%
1	大鹏证券上海蒲汇塘路营业部	48149400	2.41
2	国通证券有限责任公司	27650200	1.38
3	上海久茂对外贸易公司	27000000	1.35
4	上海久事大厦置业有限公司	25733100	1.29
5	大鹏证券电子科技大厦交易部	24470000	1.22
6	帅府饭店	15009000	0.7
7	韩亩二	12675100	0.63
8	许慧	12600000	0.63
9	大鹏证券有限责任公司	12000000	0.60
10	大成基金管理有限公司	12000000	0.60

六、重要提示

1.管理人和托管人在本期内未发生任何诉讼事项;

2.景宏基金的会计师事务所为普华大华会计师事务所,未发生变更;

3.基金管理人、基金托管人办公地址未发生变更;

4.基金景宏的投资组合严格按照《基金契约》和《招募说明书》中披露的投资 策略执行,以为投资者减少和分散风险,确保基金资产的安全并谋求基金长期持续稳定的投资收益为投资目标。

5、基金管理人和基金托管人在本期内未受到任何处罚,其高级管理人员在本期 内未受到任何处罚;

6、选择证券交易席位的情况

为了贯彻中国证监会的有关规定,基金管理人制定了选择券商的标准,即:

(1)经营行为规范,在近一年内无重大违规行为;

(2)公司财务情况良好;

(3)有良好的内控制度,在业内有良好的声誉;

(4)有教强的研究能力,能及时、全面、定期质量较高的宏观、行业、公司和 证券市场研究报告,并能根据基金投资的特殊要求,提供专门的研究报告;

(5) 建立了广泛的信息网络,能及时提供准确的信息资讯和服务。

根据以上标准和中国证监会《关于加强证券投资基金监管有关问题的通知》(证监基字[1998]29号)中关于"每只基金通过一个证券经营机构买卖证券年成交量,不得超过该基金买卖证券年成交量的30%"的要求,在与多家券商接触后,分别选择了光大证券有限责任公司、大鹏证券有限责任公司、中国经济开发信托投资公司、广东证券股份有限公司、华夏证券有限责任公司、申银万国证券有限责任公司的席位作为景宏基金的专用席位, 并分别与上述六家券商签定了有效期为六个月的席位租用协议。在本年度交易中,本基金管理人根据既定的券商服务评价标准,每月对各券商提供的服务进行综合打分,根据排名结果以及签约先后情况分配交易量。

1999年各券商年股票交易量及年佣金情况如下:

券商	股票成交量	占成交总量比例	应付佣金	占年佣金比例
光大证券	1,970,285,268	21.37%	1,591,008	20.85%
大鹏证券	1,841,115,989	19.97%	1,564,933	20.51%
中经开	2,758,538,037	29.91%	2,230,823	29.23%
广东证券	1,261,216,245	13.68%	1,072,026	14.05%
华夏证券	1,050,678,799	11.39%	893,062	11.70%
申万证券	339,118,750	3.68%	279,089	3.66%

1999年各席位国债、回购成交量情况:

券商	国债成交量	占年成交比例	回购成交量	占年成交比例
大鹏证券	2,594,865,700	65.18%		
广东证券	373,031,854	9.37%		
华夏证券	559,357,184	14.06%	1,682,500,000	55.05%
申万证券	453,442,070	11.39%	1,373,600,000	44.95%

七.备查文件目录

1. 中国证监会批准设立基金的文件;
2. 《景宏证券投资基金契约》;
3. 《景宏证券投资基金托管协议》;
4. 大成基金管理有限公司批准文件、营业执照、公司章程;
5. 审计报告、财务报表及附注;
6. 景宏证券投资基金1999年收益分配决议;
7. 报告期内在指定报刊上披露的各种公告原稿。

大成基金管理有限公司

二000年三月二十九日

裕隆证券投资基金

裕隆证券投资基金1999年年度报告摘要

一、基金简介

(一)基金简称:基金裕隆 基金代码:4692 基金总份额:30亿份 基金类型:契约型、封闭式 基金存续期:15年 上市地点:深圳证券交易所 上市时间:1999年6月24日

(二)基金管理人:博时基金管理有限公司 地址:北京市建国门内大街18号恒基中心1座23层 邮政编码:100005 法定代表人:周道志 总经理:肖风 信息事务管理人:李全 周正清 地址:北京市建国门内大街18号恒基中心1座23层 电话:65171166 传真:010-65187020

(三)基金托管人:中国农业银行 地址:北京复兴路甲23号 邮编:100036 法定代表人:尚福林 基金托管部负责人:郭辉 信息事务联系人:李芳菲 电话:010-68298174 传真:010-68298172

(四)会计师事务所和经办注册会计师:普华大华会计师事务所 地址:上海淮海中路333号 法定代表人:汤云为 电话:021-63863388 传真:021-63863300 经办注册会计师:周忠惠

(五)律师事务所和经办律师:北京市凯源律师事务所 法定代表人:卢建康 地址:北京朝阳区安立路亚运村北京国际会议中心617室 电话:64929252 经办律师:张利国

二、基金管理人报告

基金业绩 基金裕隆资金到位并开始管理运作时间为1999年6月15日,截止到99年12月31日,基金单位净值为1.0806元,净值增长率为7.43%,扣除配售新股对基金净值增长的贡献因素,基金裕隆的净值增长率为-0.0125%,超过了深沪市场的增长率。

基金经理简介 陈杰明先生 基金经理、总经理助理,34岁,硕士学历,经济师,6年证券从业经历。1993年进入君安证券工作,历任投资银行项目经理、资产管理公司投资部经理、君安上海总部副总经理、投资银行总部副总经理。1996年进入国信证券,历任研究中心总经理、国信证券首席经济师。曾任博时基金管理有限公司研究策划部经理。

宋炳山先生 基金经理助理,31岁,硕士学历,曾任职于济南华通计算机公司和科技部高科技司;1998年加入博时基金管理有限公司,任基金经理助理前,曾任研究策划部研究员。

(一)基金经理工作报告 基金裕隆于1999年6月15日正式运作,沪深证券市场正处于"5.19"行情的尾期(上证指数6月14日收盘1427点,深综指收盘422点),基金管理人审时度势,果断地在入市当日建仓17亿元之多,为基金裕隆在99年里,战胜大势奠定了良好的基础。

基金裕隆属成长型基金,在实际的操作中,我们在快速发展的朝阳行业如计算机、通信以及互联网中,选择了一批重点投资对象,在全面客观分析了公司的基本情况和行业发展情况的基础上,进行了重点投资。如风华高科、东大阿派、综艺股份、乐凯胶片等,经过市场的检验,战胜了大势。

三、基金托管人报告

本基金托管人——中国农业银行,对裕隆证券投资基金管理人——博时基金管理有限公司在1999年会计年度 (1999年6月15日—1999年12月31日)的基金运作进行了认真、独立的会计核算和必要的交易监督。认真履行了托管人的义务。本托管人认为,博时基金管理有限公司在裕隆基金的投资运作、信息披露等方面符合《证券投资基金管理暂行办法》及相关法规的规定,基金管理人在1999年度所编制和披露的裕隆证券投资基金资产净值公告、基金投资组合公告、99年基金年度报告等各项基金信息真实、完整。未发现任何损害基金持有人利益的行为。

四、基金年度财务报告

4.基金单位总额 每份基金单位面值为人民币1元,基金单位总额按面值入帐。1999年度

	基金单位份额	人民币元
发起人持有基金份额	30000000	30000000
社会公众持有基金份额	2970000000	2970000000
基金单位总额	3000000000	3000000000

5.其他收入 其他收入主要包括银行存款利息收入和发行时申购资金冻结利息。1999年度

银行存款利息收入	4328180
申购资金冻结利息收入	675730
其他	492280
合计	5496190

6.额定发行费用及额定发行费用余额 人民币元

额定发行费用	30000000
减: 上网发行费用	7499245
发行协调人费用	1600000
信息披露费	1375298
广告宣传费	1007325
上市推荐人费用	700000
会计师费用	60000
律师费用	50000
上市初费	30000
公证费用	3000
发行费用小计	12324868
额定发行费用余额	17675132

(四)基金投资组合(1999年12月31日)

1、重要提示 经基金托管人——中国农业银行核对,截止1999年12月31日,裕隆基金资产净值为 3,241,833,108元,单位净值为1.0806元;持有股票市值为2,060,881,983元,占基金资产净值的63.57%;持有的国债及货币资金合计为1,189,392,322元,占基金资产净值的36.69%。

2、按行业分类的股票投资组合

行业		市值(元)	占基金资产净值比例(%)
1	交通运输	23028780	0.71
2	能源电力	58902046	1.81
3	建材建筑	21470900	0.66
4	冶金	25546926	0.79
5	机械制造	66650089	2.05
6	电子通讯	600579175	18.50
7	石油化工	277905700	8.56
8	生物医药	163701625	5.04
9	汽车及配件制造	163468445	5.04
10	纺织服装	64946838	2.00
11	家电	84812678	2.61
12	酿酒食品	50920645	1.57
13	商贸旅游	31477862	0.97
14	金融地产	170146980	5.24
15	农林牧渔	4789500	0.15
16	综合	252533795	7.78
合计		2060881983	63.49

其中,交通运输包括公路、铁路、水运、航空、港口、仓储等;能源电力包括煤电、水电、矿业等;医药包括中药、西药、生物制药等;汽车及配件制造包括摩托车制造、农用车制造等。

3、基金投资前十名股票明细

序号	名称	数量(股)	市值(元)	占净值比例
1	风华高科	9845237	225849737	6.96%
2	乐凯胶片	8846020	222123562	6.84%
3	浦发银行	6858000	170146980	5.24%
4	东大阿派	5147000	164292240	5.06%
5	电广实业	4339055	113856803	3.51%
6	上海汽车	10187897	98618843	3.04%
7	综艺股份	2475711	66596626	2.05%
8	粤美的A	6005277	63175514	1.95%
9	北海银河	3270504	60667849	1.87%
10	宏图高科	3700963	58919331	1.82%

4、报告附注(1)报告项目计价方法:本基金持有的上市证券采用公告内容截止日的市场均价计算;已发行未上市股票采用成本价计算。(2)基金持有每只股票的价值(按成本价计算)均不超过基金资产净值的10%,与本管理人管理的其他基金共同持有任何一家上市公司发行的证券总和,均未超过该证券总股本的10%。

(五)主要财务指标 单位:人民币元

1	1999年度基金可分配净收益	157380992
2	1999年度单位基金净收益	0.0525
3	1999年12月31日基金资产总值	3288619817
4	1999年12月31日基金资产净值	3241833108
5	1999年12月31日单位基金资产净值	1.0806
6	1999年度基金资产净值收益率	5.03%

五、 基金持有人结构

1、基金持有人结构:

	持有份额(份)	占总份额的比例
基金发起人	30000000	1%
其中:中国长城信托投资公司	6000000	0.2%
光大证券有限责任公司	6000000	0.2%
金华市信托投资股份有限公司	6000000	0.2%
国通证券有限责任公司	6000000	0.2%
博时基金管理有限公司	6000000	0.2%
社会公众	2970000000	99%

2、裕隆基金前十名持有人(截止1999年12月31日):

排名	持有人名称	持有份额(份)	占总份额的比例(%)
1	上海久茂对外贸易公司	61980000	2.07
2	上海久事公司浦东公司	13206300	0.44
3	上海久事大厦置业有限公司	11909500	0.40
4	中国平安保险股份有限公司	10000000	0.33
5	中国纺织工业企业管理协会情报中心	9600000	0.32
6	张利华	8575100	0.29
7	俞逸修	8000000	0.27
8	深圳市金亚龙工贸发展有限公司	7100000	0.24
9	南方证券有限责任公司西安营业部	6784600	0.23
10	航天信托投资有限责任公司	6500000	0.22

六、重要事项揭示

1、本基金管理人、托管人目前无重大诉讼事项;

2、根据中国证监会《关于加强证券投资基金监管有关问题的通知》(证监基字[1998]29号)中关于"每只基金通过一个证券经营机构买卖证券的年成交量,不得超过该基金买卖证券年成交量的30%"的要求,本公司在比较了多家证券经营机构的财务状况、经营状况、研究水平后,基金裕隆共向9家证券经营机构租用了基金专用交易席位。 本基金管理人:博时基金管理有限公司

1、 裕隆证券投资基金资产负债报告书 1999年12月31日 单位:人民币元

项目	行次	年末数
资产	1	
银行存款	2	240515449
清算备付金	3	10000000
交易保证金	4	139122
股票投资-成本(附注2(d))	5	1974551633
债券投资-成本(附注2(e))	6	651035283
股票投资-估值增值(附注2(d))	7	86330349
债券投资-估值减值(附注2(e))	8	-1878233
买入返售证券	9	308300000
应计利息	10	986250
应收清算款	11	18639964
资产合计	12	3288619817
负债及持有人权益		
应付基金管理费	13	8155030
应付基金托管费	14	686434
应付清算款	15	37220140
应付佣金	16	470605
其他应付款	17	254500
负债合计	18	46786709
基金持有人权益基金单位总额(面值)(附注2(j),4	19	3000000000
未分配收益(附注2(k))	20	157380992
未实现估值增值(附注2(d)(e))	21	84452116
基金持有人权益合计	22	3241833108
负债及基金持有人权益合计	23	3288619817

普丰证券投资基金

普丰证券投资基金1999年年度报告摘要

一、基金简介

(一)基金基本资料
基金名称:普丰证券投资基金(简称:基金普丰)
交易代码:4693
基金发起人:国信证券有限公司
浙江证券有限责任公司
鞍山市信托投资股份有限公司
安徽省国际信托投资公司
鹏华基金管理有限公司
基金发行日期:1999年7月8日
基金成立日期:1999年7月14日
基金单位总份额:30亿份
基金类型:契约型封闭式
基金存续期:15年
上市地点:深圳证券交易所
上市时间:1999年7月30日
(二)基金管理人
法定名称:鹏华基金管理有限公司
注册及办公地址:深圳市深南东路5047号发展银行大厦27层
邮政编码:518001
国际互联网网址:http://www.phfund.com.cn
法定代表人:陈正蓉
总经理:员瑞恒
信息事务管理人:程国洪
联系地址:深圳市深南东路5047号深圳发展银行大厦27层
联系电话:0755-2080661
传真:0755-2080742
(三)基金托管人
法定名称:中国工商银行
注册及办公地址:北京市西城区复兴门内大街55号
邮政编码:100032
法定代表人:姜建清
基金托管部负责人:赵跃
信息事务联系人:刘长江
联系地址:北京市西城区复兴门内大街55号
联系电话:010-66106912
传真:010-66106904
(四)会计师事务所和经办注册会计师
法定名称:普华大华会计师事务所
注册及办公地址:上海市淮海中路333号
法定代表人:汤云为
电话:021-63863388
传真:021-63863300
联系人:周忠惠
经办注册会计师:周忠惠　牟磊

二、基金管理人报告

本基金业绩表现

基金普丰于1999年7月14日开始运作，截止到1999年12月31日，基金单位资产净值为0.9636元，与基金成立时相比,实际净值增长率为-3.64%。扣除当年配售新股对基金净值增长的贡献因素，本基金实际净值增长率为-8.71%。

本基金投资风格

"基金普丰"坚持在立足理性投资的基础之上追求积极进取的投资风格，从而实现基金资产收益最大化。基于这一投资目标，本基金在投资过程中相对注重企业业绩及新经济行业两方面因素，并且比较强调两方面因素的兼顾原则。在指数投资方面,则坚持以深圳A股指数为跟踪目标,缩小跟踪误差，通过对仓位的调节来控制风险,并根据个股信息的变化及时调整样本股范围。

基金经理及基金经理助理简介

李国飞先生，基金经理,29岁,硕士研究生,具有6年证券投资经验。从1994年5月开始到深圳市国际信托投资公司证券部从事证券工作，历任国信证券有限公司投资管理部调研科副经理、投资科高级经理。

曹海先生,基金经理助理,34岁,硕士研究生，具有7年证券从业经验。首批通过中国证监会证券投资咨询资格认证。1995年起到华夏证券有限公司任高级分析师,曾为《中国证券报》、《上海证券报》、《证券时报》、《金融时报》等报刊专栏撰稿人。

郑毅先生,基金经理助理,38岁,硕士学历，经济师,具有8年证券从业经验。历任中国银行深圳国际信托咨询公司证券发行部经理、中行信托下属深圳邦信财务顾问有限公司董事总经理、香港中银集团投资有限公司国内部副经理、深圳经济特区证券公司投资银行总部副总经理。

(一)基金经理工作报告

1、业务情况回顾

"基金普丰"于1999年7月设立并投入运作。从1999年下半年基本面形势来看，宏观经济继续呈现稳步好转的良好发展态势,全社会电力需求量、物价走势、对外经济等重要经济指标都表明国民经济正为证券市场发展提供一个宽松的环境;与此同时，证券市场在国民经济发展和国企改革中的作用日益突出。管理层既大力强化市场监管,又积极调整政策,扩大市场有效需求，从而为证券市场健康快速发展打下坚实基础。虽然沪深股市1999年下半年出现下调整理行情,但是，本基金管理小组认为,这是股价结构的正常调整现象。在股价结构调整过程中，以网络信息为代表的新经济行业正在成为新的投资热点。因此股价整体回落，意味着市场风险得到释放,投资机会不断增多。

"基金普丰"属优化指数基金。根据对1999年下半年宏观经济与证券市场形势的判断，本基金管理小组在具体操作中注意处理好以下几方面的关系：一是指数投资分散与积极投资相对集中相结合；二是投资规模控制与重点投资管理结合；三是新经济与传统经济的投资比重调节;四是中长线投资与波段操作相结合。在指数投资方面，主要是加强对仓位的控制调节以及不断修正样本股范围。

作为国内首批试点的指数基金，管理人始终尽心尽力,不断总结经验、完善决策，尽最大可能地为基金持有人谋求最大利益。由于认识与现实的差距，基金普丰的投资绩效不甚显著。但是,经过近半年的运作，通过认真摸索和总结，本基金管理小组对优化指数型证券投资基金的特点有了较深的认识。从投资规模控制、持股结构调整等方面来看,基本体现了"稳健、求实、创新、进取"的投资理念。

2、投资前景展望

展望2000年,本基金管理小组认为，我国国民经济经过前几年的结构调整,发展势头较为乐观。信息网络技术等新经济浪潮将迅猛发展。我们深信，社会经济发展对资本市场提出了更高的要求，也为资本市场的发展提供了更为广阔的空间。直接融资、资源优化配置、促进科技创新等资本市场所具有的功能,对"十五"时期中国经济发展所起的促进作用将会更加显著。

在上述背景下，沪深股市也将步入一个新的发展阶段。随着相关的证券市场供需政策、新股发行政策等调整,可以预见国内股市投资环境将进一步改善。

(二)内部监察稽核工作报告

基金运作合规性声明

本报告期内，本基金管理人严格遵守《证券法》、《证券投资基金管理暂行办法》及其各项实施准则、《普丰证券投资基金基金契约》和其他有关法律法规的规定,本着诚实信用、勤勉尽责的原则管理和运用基金资产,遵循"进取、求实"的公司理念，在严格控制风险的基础上,为基金持有人谋求最大利益，无损害基金持有人利益的行为。基金投资组合符合有关法规及基金契约的约定。

内部监察工作报告

1999年7月,本基金管理公司正式作为基金普丰的管理人运作普丰基金。在报告期内，本基金管理人在内部监察稽核工作中坚持一切从防范风险、保障基金持有人利益出发,对公司各项制度的建立、完善、执行等进行了全面的监察稽核。

在过去的一年里，本公司的内部监察稽核主要做了以下工作:1、在内部监察稽核工作中始终严格按照有关法律、法规、基金契约、行业监察稽核指引以及公司内部的监察稽核制度开展工作,建立、健全、完善了一整套监察稽核流程和制度;2、确保公司管理制度的合法、合规、合理和有效性,协助业务部门制订、纠正和完善了各项管理制度和业务流程;3、监察稽核人员根据程序独立对基金运作流程和各个环节每月进行定期及临时的监察、检查、稽核;4、通过对研究报告、投资决定、投资指令、交易指令及交易信息反馈进行实时或事后的监察稽核对基金投资运作的合理性、合规性、交易的关联性进行检查稽核，防止出现内幕交易以及所管理基金间可能出现的违规交叉交易;5、强化对集中交易制度执行情况的监察稽核,实现各基金投资运作的独立性、效率性和公平性;6、严格执行证监会关于电话录音及投资业务人员工作时间手机管理的有关规定;7、定期独立向中国证监会及董事长提交监察稽核报告;8、加强监察稽核部门与业务部门的沟通和联系,形成了优势互补关系;9、加强对员工职业操守的教育以及让全体员工了解监察稽核工作在规范与发展关系中的作用;10、及时就公司管理、基金运作及具体工作中出现的问题提出独立的意见和建议。

通过上述工作,报告期内，本基金运作中无不当内幕交易和关联交易，也未发生过本管理人管理的各个基金间违规交叉交易行为,基金整体运作合规、合法、规范,基金持有人利益得到了充分保障。

本基金管理人在1999年的内部监察稽核实践中，积累了一定的工作经验,但也存在一些差距和不足，在新的一年中本公司的内部监察稽核工作将向更高的目标迈进,继续高质量防范、化解和控制各种风险，提高内控水平和引进先进的内控技术(目前国际知名的安永会计师事务所正在协助进行该项工作)，从而更好地保障基金安全运作和提高公司管理水平,以"进取、求实"的精神向基金持有人提供良好的业绩回报。

三、托管人报告

本托管人——中国工商银行，依据《普丰证券投资基金基金契约》与《普丰证券投资基金托管协议》，托管普丰证券投资基金。1999年度，在对普丰证券投资基金的托管过程中,本托管人严格遵守了《证券投资基金管理暂行办法》及其实施准则、基金契约、托管协议和其他有关法规的规定，对普丰证券投资基金的投资运作进行了全面的会计核算和应有的监督，没有发生任何损害基金持有人利益的行为,诚实信用、勤勉尽责地履行了作为托管人所应尽的义务。本托管人依照《证券投资基金管理暂行办法》及其实施准则、基金契约、托管协议和其他有关法规的规定,对普丰证券投资基金的投资组合进行了监督，认为鹏华基金管理公司在普丰证券投资基金的投资运作、基金资产净值及单位基金资产净值的计算上，遵守《证券投资基金管理暂行办法》及其实施准则、基金契约、托管协议和其他有关法规的规定，没有发现任何损害基金持有人利益的行为。本托管人依法对普丰证券投资基金管理人——鹏华基金管理公司在1999年度所编制和披露的普丰证券投资基金资产净值公告、基金投资组合公告、基金年度报告等公告信息进行了核查，认为普丰证券投资基金管理人--鹏华基金管理公司在1999年度内所编制和披露的基金信息是合法、真实和完整的。

四、基金年度财务报告

普丰证券投资基金全体持有人:

我们接受委托，审计了普丰证券投资基金(以下简称"普丰基金")1999年12月31日的资产负债表及1999年7月14日(基金成立日)至1999年12月31日止期间的收益及收益分配表。这些会计报表由普丰基金管理人鹏华基金管理有限公司负责，我们的责任是对这些会计报表发表审计意见。我们的审计是根据《中国注册会计师独立审计准则》的规定进行的。在审计过程中，我们结合普丰基金的实际情况，实施了包括抽查会计记录等我们认为必要的审计程序。

我们认为，普丰基金会计报表符合中华人民共和国《企业会计准则》、《证券投资基金管理暂行办法实施准则第五号证券投资基金信息披露指引》和中国证券监督管理委员会允许的如会计报表附注所列示的基金行业的实务操作规定，在所有重大方面公允地反映了普丰基金1999年12月31日的财务状况及1999年7月14日(基金成立日)至1999年12月31日止期间的经营成果。

普华大华会计师事务所　　　　注册会计师　周忠惠
中国　　　上海　　　　　　　注册会计师　牟磊

(二)基金会计报告书 1、普丰证券投资基金1999年12月31日资产负债报告书 单位:人民币元

项目	行次	期末数
1.现金	1	-
2.银行存款	2	220,674,511.37
3.股票投资-成本	3	2,088,111,470.15
4.债券投资-成本	4	600,623,004.89
5.其他投资-成本	5	-
6.股票投资-估值增值	6	-89,787,923.07
7.债券投资-估值增值	7	-22,196,812.79
8.其他投资-估值增值	8	-
9.交易保证金	9	86,564,087.93
10.应收股利	10	-
11.应收利息 (附注4)	11	78,403.39

12.应收帐款 (附注 5)	12	11,383,770.04
13.其他应收款(附注 5)	13	2,787,529.35
14.基金资产合计	14	2,898,238,041.26
15.应付基金管理费	15	3,112,600.29
16.应付基金托管费	16	622,520.04
17.应付收益	17	-
18.应付帐款(附注 6)	18	3,479,992.64
19.应付佣金	19	122,731.16
20.其他应付款	20	-
21.负债总额	21	7,337,844.13
22.实收基金 (附注 7)	22	3,000,000,000.00
23 未分配收益	23	-
24.收益分配	24	2,884,932.99
25.未实现投资损益	25	-111,984,735.86
26.持有人权益合计	26	2,890,900,197.13
27.负债及持有人权益合计	27	2,898,238,041.26
28.发行总份额(份)	28	3,000,000,000.00
29.每份基金单位净值(元)	29	0.9636

2、普丰证券投资基金收益及收益分配报告书

1999 年 7 月 14 日(基金成立日)至 1999 年 12 月 31 日止

单位:人民币元

项 目	行次	本期累计数
收入	1	
1.证券买卖差价收入	2	-26,502,464.13
股票	3	-25,950,947.08
债券	4	-551,517.05
配股权证	5	-
可转换债券	6	-
2.投资收益 (附注 8)	7	22,878,489.53
股票投资收益	8	3,624,014.93
债券投资收益	9	19,254,474.60
配股权证投资收益	10	-
可转换债券投资收益	11	-
其他投资收益	12	-
3.其他收入 (附注 9)	13	27,341,298.47
收入合计	14	23,717,323.87
费用	15	
1.管理人报酬	16	17,335,060.12
2.托管人报酬	17	3,467,012.01
3.其他费用 (附注 10)	18	30,318.75
费用合计	19	20,832,390.88
本期净收益	20	2,884,932.99

(三)会计报告书附注

1、基金简介

普丰证券投资基金(以下简称"本基金") 由国信证券有限公司、浙江证券有限责任公司、鞍山市信托投资股份有限公司、安徽省国际信托投资公司、鹏华基金管理有限公司共五家发起人依照《证券投资基金管理暂行办法》及其他有关规定和基金契约发起, 经中国证券监督管理委员会证监基字 (1999)20 号文批准,于 1999 年 7 月 14 日募集成立。本基金为契约型封闭式,存续期 15 年,发行规模为 30 亿份基金单位。 本基金的基金管理人为鹏华基金管理有限公司, 基金托管人为中国工商银行。 本基金经深圳证券交易所(以下简称深交所)深证上(1999)63 号文 审核同意,于 1999 年 7 月 30 日在深交所挂牌交易。 根据《证券投资基金管理暂行办法》和证监基字 (1999)20 号批文的规定,本基金的投资对象为国内依法公开发行上市的股票、债券及中国证监会允许基金投资的其他金融工具。

2、主要会计政策

(A)编制基础

本基金的会计报表披露方式是根据中国证券监督管理委员会于 1999 年 3 月 10 日颁布的《证券投资基金管理暂行办法》实施准则第五号《证券投资基金信息披露指引》进行披露。

(B)会计年度

自公历 1 月 1 日至 12 月 31 日。 本基金第一个会计年度自 7 月 14 日 (基金成立日) 至 12 月 31 日止。

(C)记帐原则和计价基础

本基金的会计核算以权责发生制为记帐原则, 以历史成本为计价基础。

(D)现金和银行存款

现金和银行存款指本基金持有或存放于银行的货币资金。 其估值按本金加计至估值日为止的应收利息额计算。

(E)股票投资

股票投资按取得时的实际成本计价, 出售成本按移动加权平均法计算。 股票分为上市交易股票和未上市交易股票, 上市交易股票投资的估值按估值日当天各股票相应的市场均价计算,若当日无交易, 则以最近一日的市场均价计算。 实际成本与估值的差异不调整个别股票的帐面成本,而计入"未实现资本利得"。 未上市交易股票的估值按发行价格计算。

(F)债券投资

债券投资指国家债券投资。 债券投资按取得时的实际成本计价, 出售的债券成本按移动加权平均法计算。债券投资按估值当天各债券相应的市场均价计算, 若当日无交易,则以最近一日的市场均价计算。 实际成本与估值的差异不调整个别债券的帐面成本,而计入"未实现资本利得"。未上市交易债券的估值按购入成本加计至估值日为止的应计利息额计算。

(G)其他投资

其他投资指上述投资及可转换债券投资、配股权证投资以外的其他金融工具投资。

(H)收入的确认

证券买卖差价收入 :以证券实际卖出日的成交金额,扣除相关费用及证券成本后确认;

投资收益:以被投资股票、债券除息日确认

其他收入:以实际收到时确认

(I)基金管理费

基金管理人的报酬由两部分组成, 一部分是基金管理费,以基金资产净值的 1.25%的年费率计提;另一部分是业绩报酬,当基金的可分配净收益率高于同期银行一年定期储蓄存款利率 20%以上,且当年基金资产净值增长率高于同期证券市场平均收益率时,按一定比例计提。

(J)基金托管费

基金托管人的托管费根据《普丰证券投资基金基金契约》的规定按基金资产净值的 0.25%的年费率计提。

(K)投资组合

本基金按照《证券投资基金管理暂行办法》中对股票、债券的投资总额占基金资产总额的比例、单个股票的投资占基金资产净值的比例、全部基金持有 1 家公司发行的证券占该证券比例、以及基金投资于国家债券占基金资产净值的比例等有关规定进行投资组合。 基金投资组合中各项投资均按前述方法计价。

除遵守《证券投资基金管理暂行办法》投资组合比例限制外,一般情况下,本基金资产的 50 %以指数化形式、按深圳 A 股综合指数股票构成及数量比例投资,国债投资比例不低于基金资产净值的 20%,基金资产的 30 %可以通过优化组合投资于深沪两市绩优股、成长股和具有良好发展前景的股票。

(L)基金的收益分配政策

本基金的收益分配原则为: 每一基金单位享有同等分配权。基金当年收益应先弥补上年亏损后, 才进行当年收益分配。基金投资当年亏损, 则不进行收益分配。基金收益分配采取现金方式,每年分配一次, 收益分配比例不低于基金净收益的 90%。

3、税项

根据《财政部国家税务总局关于证券投资基金税收问题的通知》规定:

(A)以发行基金方式募集资金,不属于营业税征收范围,不征收营业税。

(B)基金从证券市场中取得的收入包括买卖股票、债券的差价收入,股票的股息、红利收入, 债券的利息收入及其他收入,暂不征收企业所得税。

所以普丰基金目前除买卖股票时交纳印花税外, 无其他税负。

4、应收利息

应收利息为截至 1999 年 12 月 31 日本基金应收银行存款利息、应收交易保证金利息共 78,403.39 元。

5、应收帐款及其他应收款

	1999 年 人民币元
上海证券交易所股票清算款	869,913.33
深圳证券交易所股票清算款	10,513,856.71
应收帐款小计	11,383,770.04
其他应收款	2,787,529.35
合 计	14,171,299.39

其他应收款为应收为券商代垫的交易席位保证金人民币 500,000.00 元及深交所交易席位保证金调整 2, 287,529.35 元。

6、应付帐款

	1999 年 人民币元
应付上海证券交易所股票清算款	-
应付深圳证券交易所股票清算款	1,750,012.64
应付配股款	1,729,980.00
合 计	3,479,992.64

7、实收基金

	基金单位数	1999 年 人民币元
发起人持有基金	30,000,000.00	30,000,000.00
公开募集基金	2,970,000,000	2,970,000,000.00
实收基金	3,000,000,000	3,000,000,000.00

8、投资收益

	1999 年 人民币元
股票股息	3,624,014.93
债券利息	19,254,474.60
合 计	22,878,489.53

9、其他收入

其他收入包括存款利息收入、基金发行费节余、配股手续费返还和国债发行费返还。

	1999 年 人民币元
利息收入	8,907,543.98
发行费节余 (附注 11)	18,280,955.30
配股手续费返还	42,799.19
国债发行费返还	110,000.00
合计	27,341,298.47

10、其他费用

	1999 年 人民币元
上市年费	25,000.00
回购手续费	3,362.50
其他	1,956.25
合计	30,318.75

11、发行费用明细及发行费用节余

	1999 年 人民币元
实收发行费用	30,000,000.00
减:上网发行费用	7,499,244.70
发行协调人费用	3,339,800.00
上市推荐人费用	700,000.00
律师费用	50,000.00
会计师费用	100,000.00
上市初费	30,000.00
发行费用小计	11,719,044.70
发行费用节余	18,280,955.30

12、关联交易

(A) 关联方名称 与本基金的关系

关联方名称	与本基金的关系
鹏华基金管理有限公司	基金管理人、基金发起人
中国工商银行	基金托管人
国信证券有限公司	基金发起人
浙江证券有限责任公司	基金发起人
鞍山市信托投资股份有限公司	基金发起人
安徽省国际信托投资公司	基金发起人

(B) 通过关联方席位进行的交易

关联方名称	成交量		佣金	
	年成交量 (人民币元)	占全年成交总量的比例	年佣金 (人民币元)	占全年佣金总量的比例
国信证券	2639091478.96	77.61%	1733668.71	77.413%
鞍山信托	400376868.70	11.77%	289667.41	12.935%
安徽国投	361015975.99	10.62%	216166.31	9.652%

(C) 基金管理人报酬

应支付基金管理人鹏华基金管理有限公司的管理费按前一日的基金资产净值的 1.25%的年费

率计提，逐日计提,按月支付,日管理费=前一日基金资产净值×1.25%÷当年天数。本基金成立三个月后，若持有现金的比例超过本基金资产净值的20%,超出部分不计提管理费。截止至1999年12月31日，本基金共计提基金管理人报酬人民币 17,335,060.12元。

(D) 基金托管人报酬

应支付基金托管人中国工商银行的托管费按前一日的基金资产净值的 0.25%的年费率计提，逐日计提,按月支付,日托管费=前一日基金资产净值×0.25%÷当年天数。截止至 1999年12月31日,本基金共计提基金托管人报酬人民币 3,467,012.01元。

(四) 流通受限制不能自由转让的基金资产

1999年11月11日以前配售的新股， 根据中国证监会向基金配售新股政策中关于"基金获配新股,自该新股上市2个月后方可流通,在流通之前由证券交易所实施冻结"的规定进行管理;1999年11月11日以后配售的新股,根据中国证监会向基金配售新股政策中关于“基金获配新股,自该新股上市后50%可立即流通,50%于6个月后方可流通”的规定进行管理。本基金截至1999年12月31 日被冻结的新股情况如下:

股票名称	申购日期	可流通日期	申购价格	市场均价	配售股数	成本	市值	市值与成本差
浦发银行	99.9.23	2000.1.12	10.00	24.81	6858000	68580000	170146980	101566980
秦岭水	99.9.8	2000.2.18	5.90	7.36	600000	354000	04416000	876000
南山实业	99.9.12	2000.2.23	9.40	11.45	642000	6034800	7350900	1316100
海南航空	99.10.11	2000.1.25	4.60	5.09	3542000	16293200	18028780	1735580
万杰实业	99.9.12	2000.3.14	6.80		1414000	9615200	9615200	0
赤天化	99.12.14	2000.2.21	7.20		943800	6795360	6795360	0
海南椰岛	99.9.20	2000.3.20	4.10		428600	1757260	1757260	0
中化国际	99.12.22	2000.3.1	8.00		2192700	17541600	17541600	0
金陵药业	99.8.29	2000.1.18	8.40	15.76	686200	5764080	10814512	5050432
小鸭电器	99.9.1	2000.1.25	3.76	6.21	771400	2900464	4790394	1889930
广济药业	99.8.22	2000.1.12	5.03	11.36	468750	2357812	5325000	2967187
河池化工	99.9.5	2000.2.14	4.15	7.97	428600	1778690	3415942	1637252
欣龙无纺	99.9.8	2000.2.17	5.80	11.18	472000	2737600	5276960	2539360
中原油气	99.9.12	99.11.10	4.89	6.28	2000000	9780000	12560000	2780000
首钢股份	99.9.22	2000.3.16	5.15	5.17	504704	2599226	2609319	10094
锡业股份	99.10.11	2000.2.21	6.00		1671426	10028556	10028556	0
东方钽业	99.11.23	2000.3.20	9.40		438200	4119080	4119080	0
华东医药	99.12.23	2000.1.27	5.76		674200	3883392	3883392	0
合计						176106320	298475236	2368916

(三) 基金投资组合

截止1999年12月31日,普丰基金资产净值为2, 890,900,197.13元,单位净值为 0.9636元。

本基金为优化指数型证券投资基金，采用指数投资和积极投资相结合的方式进行投资。

1、基金投资组合

(1)基金投资组合比例:

项目	市值(元)	占净值比例
指数化投资	976,307,710.11	33.77%
积极投资	1,022,015,836.97	35.35%
国债及货币资金	895,298,548.80	30.97%

(2)积极投资部分按行业分类的股票投资组合:

序号	行业	市值(元)	占净值比例
1.	交通运输	18,028,780.00	0.62%
2.	建材建筑	35,409,903.01	1.22%
3.	冶金	57,490,821.46	1.99%
4.	电子通讯	169,654,913.39	5.87%
5.	石油化工	22,771,302.00	0.79%
6.	生物医药	85,373,035.27	2.95%
7.	机械制造	91,706,016.58	3.17%
8.	纺织服装	12,627,860.00	0.44%
9.	家电	124,449,486.10	4.30%
10.	酿酒食品	6,173,993.60	0.21%
11.	商贸旅游	25,020,583.84	0.87%
12.	金融地产	183,940,754.50	6.36%
13.	农林牧渔	67,799,654.95	2.35%
14.	综合	121,568,732.27	4.21%
合计		1,022,015,836.97	35.35%

其中交通运输包括公路、铁路、水运、航空、仓储;能源电力包括煤电、采矿;电子通讯包括计算机、电子元器件、邮电;汽车及配件制造包括摩托车。

2、基金积极投资部分前五名股票明细

序号	股票名称	市值(元)	占净值比例
1	浦发银行	170,146,980.00	5.89%
2	东大阿派	142,972,967.76	4.95%
3	粤美的	68,798,264.68	2.38%
4	永安林业	66,992,237.37	2.32%
5	国电南自	55,403,746.54	1.92%

报告附注:

(1)报告项目的计价方法:

本基金持有的上市证券采用公告内容截止日的市场平均价计算，已发行未上市股票采用成本价计算。

(2)基金持有每只股票的购入成本均不超过基金资产净值的10% 。

(3)基金应收利息,应付管理费、托管费、应付佣金及其他应收、应付款项合计为贷方余额 2,721,898.75元,与股票市值、国债货币资金相抵后等于基金资产净值。

(六)主要财务指标

单位:人民币元

1、1999年基金可分配净收益	2,884,932.99
2、1999年单位基金净收益	–
3、1999年12月31日基金资产总值	2,898,238,041.26
4、1999年12月31日基金资产净值	2,890,900,197.13
5、1999年12月31日单位基金资产净值	0.9636
6、1999年基金资产净值收益率	0.0998%

五、基金持有人结构

1、基金持有人结构:

	持有份额(份)	占总份额比例(%)
基金发起人	30000000	1
其中:		
国信证券有限公司	15000000	0.5
浙江证券有限责任公司	3750000	0.125
鞍山市信托投资股份有限公司	3750000	0.125
安徽省国际信托投资公司	3750000	0.125
鹏华基金管理有限公司	3750000	0.125
社会公众	2970000000	99

注:根据《普丰证券投资基金基金契约》的规定,基金发起人认购基金单位总份额的1%,即3000万份,基金发起人认购的基金单位，自基金成立之日起一年内不得转让。一年以后,在基金存续期内，发起人持有的基金单位不得低于基金单位总份额的0.5%。

2、普丰基金前十名持有人(截止1999年12月31日):

序号	持有人名称	持有份额(份)	占总份额比例(%)
1	上海久事大厦置业有限公司	47842500	1.59
2	国信证券有限公司	15000000	0.50
3	上海久茂对外贸易公司	8563800	0.29
4	上海久事公司浦东公司	7890200	0.26
5	山西省洪洞县官庄企业总公司	5980000	0.20
6	陆海	4786800	0.16
7	云南云天化股份有限公司	4000000	0.13
8	江门市金掌科技发展有限公司	4000000	0.13
9	鹏华基金管理有限公司	3750000	0.12
10	浙江证券有限责任公司	3750000	0.12

六、重要事项揭示

1、本基金管理人、托管人在本期内未发生重大诉讼事项。

2、本基金管理人、基金托管人涉及托管业务机构及其高级管理人员在报告期内未受到任何处罚。

3、本基金1999年度不分配收益。

4、根据中国证监会《关于加强证券投资基金监管有关问题的通知》(证监基字[1998]29号)中关于"每只基金通过一个证券经营机构买卖证券的年成交量，不得超过该基金买卖证券年成交量的30%"的要求,我公司在比较了多家证券经营机构的财务状况、经营状况、研究水平后,分别向国信证券有限公司、鞍山市信托投资股份有限公司、安徽省国际信托投资公司租用上交所、深交所各两个交易席位作为基金专用交易席位，并从租用协议签定以后开始使用。

普丰基金1999 年通过各证券经营机构的席位买卖证券的交易量及支付的佣金如下:

1999年股票及国债交易量

券商名称	成交量(元)	占总成交量比例	股票(元)	债券(元)	佣金(元)	占总佣金比例
国信证券	2639091478.96	77.61%	2132942776.76	506148702.20	1733668.71	77.413%
鞍山信托	400376868.70	11.77%	350919134.20	49457734.50	289667.41	12.935%
安徽国投	361015975.99	10.62%	262587489.59	98428486.40	216166.31	9.652%
合计	3400484323.65	100%	2746449400.55	654034923.10	2239502.43	100%

注:因本基金运行不足一年，各券商办理租用证券投资基金专用席位使用手续的时间不一,所以1999年普丰基金的证券交易在各席位之间的分配量不同。 根据中国证监会有关交易量的规定,本基金将在2000 年采取有关措施，确保基金运行一年后在一个证券经营机构买卖证券的年成交量不超过本基金买卖证券成交量的30%。

七、备查文件目录

1、中国证监会批准普丰证券投资基金设立的文件

2、《普丰证券投资基金基金契约》

3、《普丰证券投资基金基金托管协议》

4、基金管理人业务资格批件、营业执照和公司章程

5、财务报表及附注

6、报告期内普丰基金公告的各项原稿

查阅地点:深圳市深南东路5047号发展银行大厦27层

投资者对本报告书如有疑问，可咨询本基金管理人鹏华基金管理有限公司，咨询电话:(0755)2080661,电子信箱: ph@mail.phfund.com.cn

本基金管理人:鹏华基金管理有限公司

2000年3月29日

景博证券投资基金

景博证券投资基金1999年年度报告摘要

一、基金简介

(一) 基金名称:景博证券投资基金
(基金简称:基金景博)
交易代码:4695
基金发起人:大成基金管理有限公司
　　　　　湘财证券有限责任公司
基金发行日期(规范后扩募):1999年11月3日
基金成立日期(规范后扩募):1999年11月12日
基金单位总份额:10亿份基金单位
基金类型:契约型封闭式
基金存续期:15年
基金上市地点:深圳证券交易所
基金上市日期(规范后扩募):1999年11月15日
(二) 基金管理人:大成基金管理有限公司
注册及办公地址:北京市海淀区三里河路1号西苑饭店11 号楼
(邮政编码:100044)
国际互联网网址:http://www.dcfund.com.cn
法定代表人:姜继增
总经理:龙小波
信息披露负责人:杜鹏
电　话:010-68366518
传　真:010-68366598
(三) 基金托管人:中国农业银行
法定名称:中国农业银行
注册及办公地址:北京市海淀区复兴路甲23号
(邮政编码:100036)
法定代表人:尚福林
托管部负责人:郭辉
负责信息管理事务人员:李芳菲
联系地址:北京市海淀区复兴路甲23号华懋大厦12层
电　话:010-68298174
传　真:010-68298172
(四)会计师事务所:普华大华会计师事务所
注册及办公地址:上海市淮海中路333号瑞安广场12层
法定代表人:周忠惠
电话:021-63863388
(五)律师事务所:北京众天律师事务所
注册及办公地址:北京市西城区阜外大街7号国投大厦711室
法定代表人:苌宏亮
经办律师:苌宏亮、许利军

二、基金管理人报告

(一)基金沿革简介:

本基金是由原湘财证券公司管理的"巨博基金"经清理规范改造为证券投资基金后,再行扩募设立的。原基金规模为2.5亿份基金单位。本基金管理人于1999年9月20日接管该基金,接管日单位净值为1.2529。1999年11月12日,"巨博基金"规模扩募为10亿份基金单位,并更名为景博证券投资基金,扩募除权前单位净值为1.2125元。扩募除权后单位净值为1.0636元。

(二)本基金业绩表现

截止到1999年12月31日,基金单位资产为1.0596元。与扩募资金到位时(11月12日)相比,净值增长率为-0.38%,扣除当年配售新股对基金净值增长的贡献因素,净值增长率为-0.38%,同期上证综合指数增长率为-5.79%,深证成分指数增长率为-9.07%,基金表现好于同期大盘表现。

(三)本基金投资对象及投资风格

本基金为中小企业成长型证券投资基金,主要投资于中小高科技成长型和重组类上市公司。坚持"研究先导,注重成长,重点投资,稳健安全"的投资原则,追求基金长期的保值增值。

在投资中,重点选择高科技和新兴产业中的优势公司,以及一批有潜力并积极进行产业转型的传统行业公司,形成核心持股。

根据基金扩募说明书披露,本基金投资的中小型上市公司系指总股本小于2亿股,流通股小于8000万股的企业。同时,按基金契约规定,根据市场变化情况,基金管理人可对中小企业股本规模的认定作适当调整,以保障基金投资人获得更大收益。

在实际投资过程中我们发现,随着中国证券市场的不断发展,上市公司股本规模在迅速扩大,更新更大的上市公司在不断涌现。从市场整体角度来看,适合原扩募书要求的上市公司占整体市场的比例越来越小,与一般认识以及国际惯例中对一个市场内中小企业的认定差异越来越大。许多公司股本规模超过扩募书中的界定,但在整体证券市场中相比企业规模仍明显偏小。另外,从具体投资的角度看,中小企业始终是证券市场中成长最快的一个群体,股本扩张迅速,这使得我们往往面临是保持长线投资,从上市公司的成长中为基金持有人谋利,还是不断调整投资以满足扩募书要求的两难局面。

鉴于此,我们认为在未来的投资过程中,对中小企业股本的认定宜根据我国证券市场快速发展的实际情况,从如下两个方面来确认:一是公司股本规模在当时上市公司中属于中等规模及以下,二是参照国际惯例,公司总市值规模在当时市场中属于中等规模及以下。

(四) 基金经理简介

赵学军先生,基金经理,副总经理,博士研究生,八年证券、期货从业经验,曾就职于北京商品交易所、北京证券公司基金部。

窦玉明先生,基金经理助理,硕士毕业,六年证券从业经验,曾就职于国泰君安证券公司证券投资部。

(五)基金经理工作报告

1999年工作回顾

1999年是中国证券市场发展中的重要一年,《证券法》的颁布实施,进一步确立了证券市场在国民经济中的重要地位,标志着中国证券市场已进入一个规范建设和稳步发展的新阶段。

1999年,我国经济的外部环境得到进一步改善,受金融危机影响的亚洲国家经济开始复苏,我国国内经济形势继续朝着好的方向发展,物价降幅趋于缩小,经济通缩压力有所缓解,出口出现了强劲的恢复性增长态势。中央通过增发国债、增加居民收入等进一步扩大内需的宏观经济手段,鼓励投资、消费、出口,对拉动经济增长,遏制通货紧缩起了重大作用。国企改革和脱困取得重要进展,政企分开加快,技术创新和科技成果转化的步伐加快,基础科学和高技术研究得到加强。

从1999年五月开始,我国政府管理层思路明显趋向扶持股市健康发展,推出了一系列实质性的利好政策以推动股市持续、健康、稳定发展,包括降低股市交易印花税、三类企业入市、保险资金入市、清理整顿老基金、征收利息税、降息和降低存款准备金率等。在管理层的大力扶持下,作为国民经济晴雨表的沪深股市在五月份出现了大幅攀升行情。

本基金经理在99年9月份接管巨博基金时,证券市场刚刚经历了一轮比较大的上涨行情,股价处在比较高的位置,在综合分析了市场形势后,我们判断证券市场将进入一个比较长的向下调整的阶段,但跌幅不会太深,调整结束后,大势一旦向好,与互联网相关的ISP、ICP、电子商务公司以及由传统行业向高科技行业转变的重组公司将成为下一轮上涨行情中的领涨板块,因此,我们采取了这样的投资步骤:1、在接手"巨博基金"后,对该基金原有持仓中不符合我们投资原则的股票进行了清理。2、在市场向下调整过程中,适当控制了股票持仓比例,在市场下跌中逐步增加股票持仓,以保持较低的持仓成本,接近12月份时,我们判断大势接近底部,所以加大建仓力度,到12月底基本达到了建仓目标。3、投资建仓的对象主要是相对涨幅不大的科技类、网络类、重组类和少量价值型的股票。4、以长期投资为主,以波段操作为附,力争实现资本增值和降低持仓成本的双重目标。5、基于对证券市场大势的判断,适时调整债券、现金、股票的比重。

由于对市场的判断基本正确,因此,在下半年深沪股市大幅下跌期间,基金净值下跌幅度远小于同期指数的跌幅,有效地规避了风险,实现了基金保值的目标。

2000年展望及我们的投资思路

我们认为,2000年我国国民经济将保持快速稳定健康发展:1、货币和财政政策更趋宽松,企业和个人的投资出现回升,社会保障体系的建设和完善,使居民消费意愿增强。2、经济结构的战略性调整继续深入。3、国有企业改革进入攻坚阶段,股份制改造、债转股、脱困等工作取得更大成果。4、扩大对外开放,出口保持良好增长势头,对国内经济形成良好拉动效应。如能顺利加入WTO,会加速国内产业和经济结构调整的步伐,促进企业提高竞争能力。5、互联网络的高速发展带动电子商务进入各传统行业,并将重新划分各行业和企业的势力范围,基于互联网的新产业不断涌现,对传统行业形成冲击,企业间的购并、重组不断出现。6、资金面继续保持比较宽松的状态,投入证券市场的资金将高于上市公司的筹资额。

在此判断基础上,我们认为2000年的中国股市还会出现比较大的上涨行情,与互联网相关的行业,包括软件开发、网络设备制造、ICP、ISP、电子商务等会成为投资者追捧的对象,其它高技术产业和医疗保健、健康休闲、娱乐、传播、环保等新兴产业也是关注的重点,我们主要在以上行业范围内选择投资目标。

对于高科技公司,我们将优先选择在本行业内具备竞争优势的公司,最好是成长行业的龙头企业,并确信该公司在中长期内能继续保持其稳固地位,其次是目前在该行业地位不高,但已经表现出高速成长的势头,未来有希望进入该行业前三名的公司。对于重组类公司,我们要考察其股本结构、财务状况、管理层能力等各方面综合素质,如果认为该公司在内外部环境的压力下,有能力实现产业的成功转型,并且目前股票的价格比较合理,我们会对该公司进行投资。

我们认为,将于2000年在国内设立的高科技板会出现巨大的投资机会,同时也将对主板市场产生重大影响,我们将加强研究,密切关注,及时调整投资策略,以求抓住机遇,规避风险。

本基金经理人将继续秉承以研究为先导,积极稳健的投资策略,诚信尽责,及时抓住市场机会,完善投资组合,力争为投资者提供长期、稳定的回报。

(六)内部监察报告

基金运作合规性声明

本报告期内,本基金管理人严格恪守《证券投资基金管理暂行办法》及其实施细则、《景博证券投资基金契约》以及其它有关法律、法规的规定,本着诚实信用、勤勉尽职的原则管理和运用基金资产,在严格控制风险的基础上,力争为基金持有人谋求最大利益,无损害基金持有人利益的行为发生。

内部监察工作报告

1999年是本基金管理人——大成基金管理有限公司正式成立并运作的第一年,我公司在不断探索,力求建立完善一套起点较高、规范运作的管理系统,保障基金持有人利益的同时,逐步适应由单一基金管理运作发展为多只基金管理运作所带来的新的问题、新的挑战,在开展内部的监察稽核工作时注重防范基金运作风险,注重监察的实时性。

在本报告期内,我们建立并不断完善了基金投资的各个流程,包括投资的前瞻性研究、投资的决策及交易过程等,我们的内部监察人员通过对上述流程进行实时监控来检查各基金投资运作是否合规,若发现违规隐患及时向公司管理层及监管部门汇报并敦促整改及检查整改结果。同时自主开发建立了一套科学的基金风险指标揭示体系去监控基金管理运作中各种系统风险。具体的措施有:一、加强监察稽核部门与其它业务部门的多渠道的沟通,针对公司多基金运作的特点,不断建立、健全投资决策的程序,保证投资交易的流程,保证各基金之间的独立性和公平性。二、细化监察稽核的内容,提高监察工作的频率,监察稽核人员参与跟踪基金投资决策、交易活动的全过程,并且通过高频率的现场检查、资料查阅、调查核实及抽查监听、监视记录等措施防范杜绝内幕交易等违规行为的发生,保证公平对待各基金持有人的利益。三、运用各种技术手段,通过对每日的基金的交易情况进行实时监控,防止各基金之间出现违规的交叉交易情况。四、用VAR和VAB指标来揭示大市、行业、个股的风险,并通过公司内部的办公系统及时提示基金经理,从而达到主动控制风险的目的。五、加强对员工进行风险意识和职业道德的教育,注重培养他们的监察意识和风险防范意识,自觉遵守各项法规和公司的各种规章制度。

通过上述工作,在本报告期内,本基金运作中无不当内幕交易和关联交易,本基金管理人管理的各基金之间也无违规交叉交易行为,亦无任何员工发生任何违法违规行为,整体运作合法、合规,充分保障了基金持有人的利益。

通过1999年的内部监察工作,我们认为做好风险控制工作是基金投资的主要工作之一,建立一套科学、严密的基金投资决策、交易的流程是保证基金管理性投资的前提。我们将继续高度重视风险防范工作,总结去年的经验、教训,进一步完善基金投资的流程,不断学习、引进国内外先进的风险控制和内部监察的经验和技术,切实提高内部监察稽核工作的有效性、科学性,切实保障基金安全运作,以优异的业绩回报广大投资者。

三. 基金托管人报告

景博证券投资基金(以下简称景博基金)托管人——中国农业银行,在托管景博基金期间,严格遵守《证券投资基金管理暂行办法》及其各项实施准则、《景博证券投资基金契约》和其他有关法规的规定,切实维护景博基金持有人利益,尽职尽责的履行了基金托管人应尽的职责。

对景博基金管理人——大成基金管理有限公司的投资运作、基金资产净值及每份基金资产净值的计算方面进行了监督、审核。认为景博基金管理人遵守了《证券投资基金管理暂行办法》及其各项实施准则、《景博证券投资基金契约》和其他有关法规的规定,未发现有损害基金持有人利益的行为。

对景博基金管理人---大成基金管理有限公司编制的、应披露的基金信息进行了认真、独立、完整的核对。确认景博基金管理人编制的,经我行核对后披露的基金信息是合法、真实、完整的。

特此报告。

中国农业银行

2000年3月29日

四.基金年度财务报告

(一)审计报告

普华审字(2000)第258号

景博证券投资基金全体持有人:

我们接受委托,审计了景博证券投资基金(以下简称"景博基金",原巨博证券投资基金)1999年12月31日的资产负债表及1999年9月20日(基金资产移交基准日)至1999年12月31日止期间的收益及收益分配表。这些会计报表由景博基金管理人大成基金管理有限公司负责,我们的责任是对这些会计报表发表审计意见。我们的审计是根据《中国注册会计师独立审计准则》的规定进行的。在审计过程中,我们结合景博基金的实际情况,实施了包括抽查会计记录等我们认为必要的审计程序。

我们认为,上述景博基金会计报表符合中华人民共和国《企业会计准则》、《证券投资基金管理暂行办法实施准则第五号证券投资基金信息披露指引》和中国证券监督管理委员会允许的如会计报表附注所列示的基金行业的实务操作规定,在所有重大方面公允地反映了景博基金1999年12月31日的财务状况及1999年9月20日(基金资产移交基准日)至1999年12月31日止期间的经营成果。

普华大华会计师事务所　　注册会计师　周忠惠

中国　　上海　　注册会计师　王笑

2000年1月28日

(二)基金会计报告书

资产负债表

1999年12月31日

单位:人民币元

资产	期末数
现金	
银行存款	233,071,270
清算备付金	10,000,000
股票投资-成本　(附注2(d))	317,578,945
债券投资-成本　(附注2(e))	51,992,889
股票投资-估值增值(附注2(d))	-7,298,899
债券投资-估值增值(附注2(e))	69,437
买入返售证券	463,700,000
应计利息	489,407
应收帐款	4,486,983
其他应收款	52,000
资产合计	1,074,142,032
负债及基金持有人权益	
应付基金管理费	1,351,753
应付基金托管费	225,293
应付帐款	12,116,579
应付佣金	102,049
其他应付款	751,783
负债合计	14,547,457
基金持有人权益	
基金单位总额(面值)(附注2(i),4)	1,000,000,000
未分配收益(附注2(k))	66,824,037
未实现估值增值(附注2(d)(e))	-7,229,462
基金持有人权益合计(每单位基金资产净值:人民币1.0596元)	
	1,059,594,575
负债及基金持有人权益合计	1,074,142,032

收益及收益分配表

1999年9月17日(基金资产移交基准日)至12月31日至

单位:人民币元

项目	本期累计数
收入	
证券买卖差价	
股票(附注2(f))	-2,457,722
投资收益	
股息收益(附注2(f))	36,810
返售债券投资收益净值(附注2(f))	1,044,068
其他收入(附注5)	2,562,926
额定发行费用余额(附注2(j),6)	4,210,128
收入及发行费用余额合计	5,396,210
费用	
基金管理费(附注2(g))	3,059,264
基金托管费(附注2(h))	469,904
其他费用(附注7)	1,920,194
费用合计	5,449,362
本期净亏损	53,152
基金资产移交基准日前未分配收益(附注8)	66,877,189
本期可分配收益	66,824,037
收益分配(附注2(k),9)	
未分配收益	66,824,037

后附会计报表附注为本报表的组成部分

(三)会计报告书附注

1、基金简介

景博证券投资基金(以下简称"本基金",原巨博证券投资基金)的前身是湘建信和湘农信基金。1998年12月18日分别经湘农信和湘建信基金持有人大会决议,并经中国证券监督委员会证监基字[1999]24号文批准,1999年9月13日以通讯方式召开的巨博基金临时持有人大会决议,并经中国证券监督委员会基金监管部[1999]20号文确认,原湘农信基金和湘建信基金合并规范,并于1999年9月20日办理了资产及负债移交手续。大成基金管理有限公司在受让湘财证券有限责任公司持有的500万份基金单位后,成为基金发起人,通过了新的基金契约。基金管理人更换为大成基金管理有限公司,基金托管人更换为中国农业银行,基金为契约型封闭式,发行规模为250,017,000份基金单位,存续期调整为1992年7月1日至2002年6月30日,并更名为巨博证券投资基金。本基金经深圳证券交易所(以下简称"深交所")深证上[1999]第94号文审核同意,于1999年10月22日在深交所挂牌交易。

经1999年9月13日以通讯方式召开的巨博基金临时持有人大会决议及中国证券监督管理委员会证监基金字[1999]33号文批准,本基金于1999年11月12日基金单位总份额有原有250,017,000份基金单位按面值扩募至10亿份基金单位,存续期限延长至2007年6月30日,并更名为景博证券投资基金。持有人获配认购的基金份额于1999年11月15日在深交所上市交易。

根据《证券投资基金管理暂行办法》和中国证券监督管理委员会基金监管部[1999]20号文的规定,本基金的投资范围为国债和依法公开发行、上市的股票。

2、主要会计政策

(a)　编制基础

本基金的会计报表按照中华人民共和国《企业会计准则》,中国证券监督管理委员会颁布的《证券投资基金管理暂行办法实施准则第五号证券投资基金信息披露指引》,及中国证券监督管理委员会允许的如主要会计政策所述的基金行业的实务操作约定而编制。

(b) 会计年度

本基金的会计年度为公历1月1日至12月31日止。本会计期间为9月20日至12月31日止。

(c) 记帐原则和计价基础

本基金的会计核算以权责发生制为记帐原则,除股票和债券投资按市值计价外,其余均以历史成本为计价基础。

(d) 股票投资

股票投资按购买时实际支付的价款计价,实际价款中包括已宣告未发放股利,出售成本按移动加权平均法计算。股票包括上市交易股票和未上市交易股票,股票投资的估值按估值日当天各股票相应的市场交易均价进行计算,若当日无交易,则以最近一日的市场交易均价计算。实际成本与估值的差异计入"未实现估值增值/(减值)"科目。

(e) 债券投资

债券投资按购买时实际支付的价款计价,实际价款中包括应计利息。出售的债券成本按移动加权平均法计算。债券投资的估值按估值当天各债券相应的市场交易均价计算,若当日无交易,则以最近一日的市场交易均价计算。实际成本与估值的差异计入"未实现估值增值/(减值)"科目。

(f)　收入的确认

证券买卖差价指买卖股票及国债的差价。股票和国债差价在卖出时确认。投资收益中股息及国债利息,在收到股息及国债利息时确认,返售债券投资收益按权责发生制确认。

(g)　基金管理费

基金管理费为支付给基金管理人的报酬。根据中国证券监督管理委员会证监基金字(1999)20号《关于同意原湘农信和湘建信基金规范为巨博证券投资基金并向深圳证券交易所申请上市的函复》的规定,按逐日基金资产净值1.5%的年费率计提,当基金的年度可分配净收益高于同期证券市场平均收益率时,可按《巨博证券投资基金契约》规定计提基金管理人业绩报酬。

(h)　基金托管费

基金托管人的托管费根据中国证券监督管理委员会证监基金字(1999)20号文《关于同意原湘农信和湘建信基金规范为巨博证券投资基金并向深圳证券交易所申请上市的函复》的规定,按逐日基金资产净值0.25%的年费率计提。

(i) 基金单位总额

基金单位总额以实收基金单位面值入帐。

(j)　额定发行费用余额

额定发行费用,即超面值部分,扣除实际发生的发行费用后的余额记入收益及收益分配表。

(k)　基金的收益分配政策

每一基金单位享有同等分配权。基金当年收益弥补上一年度亏损后,才可进行当年收益分配。基金投资当年亏损,则不进行收益分配。基金收益分配采取现金方式,每年分配一次,收益分配比例不低于基金净收益的90%。

3、主要税项

根据《财政部国家税务总局关于证券投资基金税收问题的通知》,主要税项规定如下:

(a) 以发行基金方式募集资金,不属于营业税征收范围,不征收营业税。

(b)基金从证券市场中取得的收入包括买卖股票、债券的差价收入,股票的股息、红利收入,债券的利息收入及其他收入,暂不征收企业所得税。

4、基金单位总额

每份基金单位面值为人民币1元,基金单位总额按面值入帐。

	期末数	
	基金单位数	人民币元
发起人持有基金份额	39,932,000	39,932,000
社会公众持有基金份额	960,068,000	960,068,000
基金单位总额	1,000,000,000	1,000,000,000

根据中国证券监督管理委员会证监基金字(1999)33号《关于同意巨博证券投资基金扩募和续期的批复》的规定,本基金基金单位于1999年11月12日由250,017,000份扩募至1,000,000,000份。

5、其他收入

其他收入指银行存款及清算备付金利息收入。

	1999 人民币元
银行存款利息收入	2,516,560
清算备付金利息收入	46,366
合计	2,562,926

6、额定发行费用及额定发行费用余款

	1999 人民币元
额定发行费用	7,499,830
减:　上网发行费	1,787,919
扩募协调人费用	750,000
信息披露费用	671,783
律师费用	50,000
会计师费用	30,000
发行费用小计	3,289,702
额定发行费用余额	4,210,128

7、其他费用

	1999 人民币元
上市推荐人费用	1,800,000
律师费用	50,000
会计师审计费	50,000
其他费用	20,194
合计	1,920,194

8、基金资产移交基准日余额

1999年9月20日,即基金资产移交基准日的期初余额有湖南开元会计师事务所验证,其中,未分配利润为人民币66,877,189.42元。

9、收益分配

经1999年9月13日巨博基金临时持有人大会决议,1998年巨博基金基金收益,于上市以前暂不分配。本基金管理人拟定本年度暂不分配基金收益。

10、关联交易

(a) 关联方

关联方名称	与本基金的关系
大成基金管理有限公司	基金管理人、基金发起人
中国农业银行	基金托管人
湘财证券有限责任公司(“湘财证券”)	上市推荐人、发行协调人、基金发起人

(b) 通过关联方席位进行的交易

	股票成交量		佣金	
	年成交量人民币元	占全年成交总量的比例	年佣金人民币元	占全年佣金总量的比例
湘财证券	348,711,708	100%	292,636	100%

(c) 基金管理人报酬

1999年9月20日(基金资产移交基准日)至1999年10月17日,支付基金管理人大成基金管理有限公司的管理报酬,是按前一日的基金资产净值2.5%的年费率计提;1999年10月18日至1999年12月31日,支付基金管理人大成基金管理有限公司的管理人报酬是按前一日的基金资产净值1.5%的年费率计提,逐日累计至每月月底,按月支付。计算公 式为:

日基金管理费=前一日基金资产净值× 1.5% / 365。

1999年9月20日(基金资产移交基准日)至1999年10月17日,本基金需支付基金管理人报酬人民币599,599元;

1999年10月18日至1999年12月31日,本基金需支付基金管理人报酬人民币2,459,665元。本基金在本会计期间共需付管理人报酬人民币3,059,264元。

(d) 基金托管人报酬

支付基金托管人中国农业银行的托管费按前一日的基金资产净值的0.25%的年费率计提,逐日累计至每月月底,按月支付。计算公式为:

日托管费=前一日基金资产净值× 0.25% / 365。

本基金在本会计期间需支付基金托管费人民币 469,904元。

11、主要报表项目说明

(1)应收帐款1999年12月31日余额为人民币4,486,983元。是上海应收交易清算资金。

(2)其他应收款项1999年12月31日余额为人民币52,000元。是应由提供席位券商 支付的99 年双向卫星通讯费。

(3)应付帐款1999年12月31日余额为人民币12,116,579元。是应付交易清算资金 。由以下两项组成:上海应付交易清算资金11,486,063.80元;深圳应付交易清算资金630,515.98元。

(4) 其他应付款1999年12月31日余额为人民币751,783元,是应付信息披露费。

12、流通受限制不能自由转让的基金资产

1999年11月11日以前配售的新股,根据中国证券监督管理委员会向基金配售新股 政策中关于“基金获配新股,自该新股上市2个月后方可流通,在流通之前由证券交易 所实施冻结”的规定进行管理;1999年11月11日以后配售的新股,根据中国证券监督管理委员会向基金配售新股政策中关于“基金获配新股,自该新股上市后50%可立即流 通,50%于6个月后方可流通,在流通之前由证券交易所实施冻结”的规定进行管理。 本基金截至1999年12月31日被冻结的新股情况如下:

股票名称	申购日期	可上市日期	申购价格
赤天化	1999.12.14	未知 *	7.20
中化国际	1999.12.22	未知 *	8.00
真空电子	1999.12.08	2000.2.22	10.18
大连金牛	1999.12.09	未知 *	4.08
东方钽业	1999.11.22	2000.3.20	9.40
华东医药	1999.12.23	未知 *	5.76
合计			

续上表:

股票名称	市场均价	配售股数	成本	市值	市值与成本差
赤天化	7.20	314,700	2,265,840	2,265,840	0
中化国际	8.00	724,700	5,797,600	5,797,600	0
真空电子	10.28	645,900	6,575,262	6,639,852	64,590
大连金牛	4.08	808,400	3,298,272	3,298,272	0
东方钽业	9.40	146,000	1,372,400	1,372,400	0
华东医药	5.76	224,700	1,294,272	1,294,272	0
合计			20,603,646	20,668,236	64,590

* 按有关规定,上述四只于审计时未知交易日期的股票已各有50%于上市日流通。

(四)基金投资组合

经基金托管人-中国农业银行核对,截止1999年12月31日,景博证券投资基金资产 净值为1,059,594,576.04元,其中持有股票市值310,280,046.19,持有国债市值及货币资金为751,203,999.44元,分别占基金资产净值的29.28%、70.89%。基金持有每只 股票的价值(按成本价计算)均不超过基金资产净值的10%。按行业分类的股票投资组合和占基金资产净值前10名的股票如下:

1、按行业分类的股票投资组合

序号	分类	市值	占净值比例
(1)	交通运输	32,494,841.92	3.06%
(2)	能源交通	21,066,721.47	1.99%
(3)	建材建筑	22,636,320.74	2.13%
(4)	冶金	4,670,672.00	0.44%
(5)	电子通讯	29,279,598.24	2.76%
(6)	石油化工	2,265,840.00	0.21%
(7)	生物医药	34,042,885.41	3.21%
(8)	纺织服装	1,084,800.00	0.10%
(9)	家电	9,929,484.14	0.94%
(10)	酿酒食品	12,913,422.20	1.23%
(11)	商贸旅游	5,971,800.40	0.56%
(12)	金融地产	1,294,832.80	0.12%
(13)	农林牧渔	77,316,804.29	7.29%
(14)	综合	55,312,022.58	5.22%
	合计	310,280,046.19	29.28%

其中:交通运输包括公路、铁路、水运、航空、港口、仓储等;能源电力包括煤电、水电、矿业等;医药包括中药、西药、生物、制药等.

2、基金投资前十名股票明细

序号	名称	市值(元)	占净值比例
(1)	远洋渔业	76,114,020.50	7.18%
(2)	有研硅股	22,639,746.24	2.14%
(3)	凯迪电力	21,066,721.47	1.99%
(4)	天坛生物	19,928,515.25	1.88%
(5)	中视股份	19,261,956.66	1.82%
(6)	石油龙昌	19,221,155.20	1.81%
(7)	浙江广厦	13,948,762.14	1.32%
(8)	兰州黄河	12,913,422.20	1.22%
(9)	北海新力	12,201,930.72	1.15%
(10)	国电南自	12,076,078.47	1.14%

(1)报告项目的计价方法

本基金持有上市证券采用公告内容截止日的市场均价,已发行未上市股票采用成 本价计算。

(2)基金应收利息、应付管理费、托管费、佣金及其他应收、应付款等轧差合计 为贷方余额1,889,469.59元,抵减股票市值310,280,046.19元,国债及货币资金751,203,999.44元后,等于基金资产净值。

(3)投资于股票、债券的比例,在6 个月的规范期满后会达到规定比例。

(五)主要财务指标

主要财务指标	人民币元
基金可分配净收益	66,824,037
基金单位净收益	0.0668
期末基金资产总值	1,074,142,032
期末基金资产净值	1,059,594,575
单位基金资产净值	1.0596

五、基金持有人结构

1、持有人结构

	份额	占总份额比例%
基金发起人	39,932,000	3.9932%
其中:湘财证券	19,966,000	1.9966%
大成基金管理有限公司	19,966,000	1.9966%
社会公众:	960,068,000	96.0068%
合计	1,000,000,000	100%

2、前十名持有人

持有人名称	持有份额	占总份额比例%
平安保险	57411450	5.74%
大成公司	19966000	2.00%
湘财证券	19966000	2.00%
南方建材	17188632	1.72%
洪承良	9497247	0.95%
云天化	7000000	0.70%
长源电力	6552056	0.65%
兴业证券	6150000	0.62%
邬明扬	4500000	0.45%
李传兵	3500000	0.35%

六、重要提示

1、本基金管理人和托管人在本期内未发生任何诉讼事项;

2、景博基金的会计师事务所为普华大华会计师事务所,未发生变更;

3、基金管理人、基金托管人办公地址未发生变更;

4、基金管理人和基金托管人在本期内未受到任何处罚,其高级管理人员在本期内未受到任何处罚;

5、选择证券交易席位的情况

为了贯彻中国证监会的有关规定,基金管理人制定了选择券商的标准,即:

(1) 经营行为规范,在近一年内无重大违规行为;

(2) 公司财务情况良好;

(3) 有良好的内控制度,在业内有良好的声誉;

(4)有教强的研究能力,能及时、全面、定期质量较高的宏观、行业、公司和证券市场研究报告,并能根据基金投资的特殊要求,提供专门的研究报告;

(5) 建立了广泛的信息网络,能及时提供准确的信息资讯和服务。

根据以上标准,选择了湘财证券有限责任公司的席位做为基金景博的专用席位,并签定了有效期为六个月的席位租用协议。目前,公司正积极与多家券商联系增加席位,争取规范期满时达到中国证监会《关于加强证券投资基金监管有关问题的通知》(证 监基字[1998]29号)中关于“每只基金通过一个证券经营机构买卖证券的年成交量,不得超过该基金买卖证券年成交量的30 %”的要求.

各席位交易量及佣金支付情况如下:

券商	交易量	占总交易量比例	佣金	占佣金总量比例
湘财证券	348,711,708	100%	292,636	100%
合计	348,711,708	100%	292,636	100%

七.备查文件目录

1. 中国证监会批准设立基金的文件;
2.《景博证券投资基金契约》;
3.《景博证券投资基金托管协议》;
4. 大成基金管理有限公司批准文件、营业执照、公司章程;
5. 报告期内在指定报刊上披露的各种公告原稿。

大成基金管理有限公司

2000年3月29日

金越证券投资基金

金越证券投资基金上市公告书摘要

一、基金概况

金越证券投资基金是由原金信基金、温信基金、盐信基金、金信受益、浙工受益和绍信受益清理规范合并而成的契约型封闭式投资基金。基金存续期10年(自1992年12月31日至2002年12月31日)。基金发起人为博时基金管理有限公司;基金管理人为博时基金管理有限公司;基金托管人为交通银行。基金总份额为21096万份基金单位。1999年11月11日,本基金管理人博时基金管理公司正式管理本基金。本基金管理人根据本基金持有人大会授权,向中国证券监督管理委员会提出上市、扩募、更名、续期申请,该申请已获批准。金越证券投资基金将于2000年4月24日在深圳证券交易所挂牌交易。基金金越总份额为21096万份基金单位,由于历史原因,本基金发起人未能持有基金份额,基金单位全部由公众持有。本次上市流通的份额为21096万份基金单位。基金上市后交易单位每手为100份基金单位。根据中国证监会《关于金越证券投资基金上市、扩募、更名和续期的批复》(证监基金字[2000]18号)的批复,本基金在上市后5–30个工作日内,由原来的21096万份基金单位扩募到5亿份基金单位。扩募后,本基金将更名为"裕华证券投资基金",基金存续期将延长5年(至2007年12月31日)

二、基金持有人结构

(一)基金持有人结构:本基金全部为公众持有,共计21096万份基金单位。

(二)前十名持有人:(截至2000年4月14日)

序号	名称	份额	比例
1	温州贸易有限公司	4102993份	1.94%
2	温州市威迪贸易有限公司	3438999份	1.63%
3	黄锦赛	3092081份	1.47%
4	大鹏证券有限责任公司	3000000份	1.42%
5	金华信托投资股份有限公司	3000000份	1.42%
6	温州国际信托投资公司劳服公司	3000000份	1.42%
7	方贾忠	2953371份	1.40%
8	刘秀玉	2087500份	0.99%
9	金华市金正房地产开发有限公司	2000000份	0.95%
10	金华金信理财有限公司	2000000份	0.95%

(三)基金持有人总数为:14790户,其中持有1000基金单位以上的基金持有人户数为13446户。

三、基金发起人、基金管理人、基金托管人

(一)基金发起人　博时基金管理有限公司　法定代表人:周道志

注册地址:北京市建国门内大街18号恒基中心1座23层　邮政编码:100005

组织形式:有限责任公司　注册资本:1亿元人民币　成立日期:1998年7月13日

(二)基金管理人　博时基金管理有限公司　法定代表人:周道志

地址:北京市建国门内大街18号恒基中心1座23层　信息披露负责人:李全　周正清

联系电话:010-65171166　65187078

(三)基金托管人　交通银行　法定代表人:王明权　地址:上海市仙霞路18号　邮编:200336

联系电话:021-62082517　联系人:金玉凤　组织形式:股份制　注册资本:120亿元

(四)基金上市推荐人

(1)湘财证券有限责任公司　法人代表:陈学荣

地址:湖南省长沙市黄兴中路63号中山国际大厦12楼　电话:4458115　联系人:毛劲虎

(2)金华市信托投资股份有限公司　法人代表:葛政

注册地址:浙江省金华市西市街111号　联系电话:0579-2114046　联系人:刘伟

(五)财务审计及验资机构:浙江天健会计师事务所　法定代表人:胡少先

注册地址:浙江省杭州市体育场路423号　电话:5178168　注册会计师:沈凌波　吴晨瑜

(六)法律顾问:天驰律师事务所　法人代表:刘延岭　电话:64283423

地址:北京东城区安外大街208号三利大厦2018室　经办律师:杨晓明　刘瑞华

四、基金的沿革

本基金由原"金信基金"、"温信基金"、"盐信基金"、"金信受益"、"绍信受益"、"浙工受益"合并而成,其历史沿革分别如下:

1. 金信基金　浙江金信投资基金是经中国人民银行浙江省分行批准,中国人民银行金华市分行转复,由金华市信托投资股份有限公司于1992年5月发起设立的,分二期募集,基金总额为人民币2000万元,共200万份基金单位,每份基金单位面值为人民币10元,存续期8年,1992年6月1日起至2000年5月31日止。经中国人民银行金华市分行批准,金华投资基金于1992年8月26日在金华市信托投资公司金华青春路证券营业部上柜交易。经中国人民银行金华市分行批准,金信基金于1993年3月实施分红送股、增资配股及拆细方案。方案分两步进行:首先于1993年3月以1992年末的200万份基金单位为基数,按10送1配4的方式增扩,增扩100万份,基金单位总份额增至300万份,同时将每份基金10元面值拆细为每份基金单位1元面值,基金份额增扩至3000万份基金单位;其次,于1993年6月在前期送配及拆细的基础上,按10送3配12的方式增扩,新增4500万份基金单位,另外向部分法人定向募集2500万份基金单位,基金总份额达1亿份基金单位。1993年6月金信基金申请清理规范,经中国人民银行浙江省分行(浙银发(1993)580号文件)上报中国人民银行总行,存续期由原来的8年调整为20年。从1992年至1998年,金信投资基金年均收益率超过16.8%。

2.温信基金:温信基金于92年6月8日批准设立的。发行规模为1000万元,存续期5年。93年9月经温州市人行同意,首期基金分配采取10送1.5股形式,即送股150万股,规模扩为1150万元。94年10月根据省人行浙银发(1994)432号文,将存续期调整为10年。95年又根据省人行批复,于7月17日至8月9日,进行配股、承销,将规模扩容至5000万元。96年度分红采取送股和派现二者择一的形式(十送二或十派二)。投资者全部选择送股,至97年2月底温信基金规模为6000万元,97年度分红也采取送股和派现二者择一的形式(十送三点五或十派三点五<含税>),至98年2月底,温信基金规模为8100万元,即8100万个基金单位。93年7月16日,根据浙银发(1993)184号文,温信基金在温州国际信托投资公司证券交易营业部上柜;93年底,根据浙银发(1993)621号文,于94年1月18日在浙江省证券交易中心上市。

3.盐信基金:盐信基金是经中国人民银行江苏省分行批准,于1992年5月16日设立的封闭式信托受益基金,封闭期10年(1992年7月1日至2002年6月30日),基金总规模1500万元。基金发起人、基金管理人、基金托管人均为盐城市信托投资公司。基金原名称为"盐城市信托投资公司信托投资受益证券",发行时每份面值为1000元。1993年8月26日,盐信基金拆细为每份面值1元,并在本公司柜台上柜交易,1993年12月28日,经武汉证券交易中心批准,以"盐城基金"名义在该中心上柜交易。1999年9月20日,盐信基金在武汉证交中心停牌。93年—98年,年均分红率超过16%。

4.金信受益:金信受益,全称为"金华市信托投资公司专项信托受益券",1991年11月15日,经中国人民银行浙江省分行批准,中国人民银行金华市分行转复,金华市信托公司设立并发行专项信托受益证券500万元,面值为100元、500元、1000元三种,期限三年,(1992年1月1日至1994年12月31日),所筹500万元资金中,300万元投资于浙江康恩贝制药有限公司,200万元投资于浙江武义好来西股份有限公司。1993年11月27日,经人行批准,将存续期调整为10年,1992年1月1日至2001年12月31日;更名为"金华市信托投资股份有限公司信托受益券";修改信托受益证券章程,取消原有"专项投资"的限制,可选择符合国家产业政策的其他项目;将原三种面值的受益券拆细为1元面值,合500万份。1994年1月5日,经省人行批准,金华市信托投资股份有限公司信托受益券在浙江省证券交易中心挂牌交易,简称"金信受益"。1997年1月,金信受益到期收回对康恩贝、好来西的投资,将200万元投入金华制药厂。现金信信托受益证券全部资产均调整为现金、国债和上市公司流通股组成的高流动性资产。金信受益1992年—1998年年均收益率约15%。

5.绍信受益:绍信受益证券是1992年5月11日经中国人民银行绍兴市分行批准设立的封闭式信托受益凭证,时间三年(1992年5月21日——1995年5月31日),证券总规模500万元,发行年利率为9%,为固定利率,如投资效益好可以分红,证券发起人、管理人和托管人均为绍兴市信托投资公司。发行时每张面值500元。1994年2月5日,按照浙江省人民银行批复,受益证券拆细为每份面值一元,进入浙江省证券交易中心上市交易,简称"绍信受益"证券,规范后的"绍信受益"证券,存续期从原来的三年延长到十年(1992年5月21日——2002年5月31日),收益分配由原来的固定收益和浮动收益两部分组成,改为全部按实际投资收益进行收益分配。1994年7月4日,绍信受益以每10份送2份的方式分红,并拆细为每份面值一元,总规模达到600万元。绍信受益设立之初主要投资于能源、交通等基础设施并选择一些符合国家产业政策的高效专门项目。目前逐步转移到债券、股票等。1992年—1998年,年平均分红率达16%。从1994年2月28日在浙江省交易中心上市至1999年9月17日停牌,累计交易量达2000多万元。

6.浙工受益:浙江省工商信托投资股份有限公司受益证券(原中国工商银行浙江省信托投资股份有限公司受益证券,简称浙工受益)于92年4月发行的试点受益券。通过认购证方式限额认购,全额面向社会,发行面值1000元证券6000份,总面值600万元。发行后全额投入桐庐瑶琳仙境神仙世界项目建设。浙工受益管理人为浙江省工商信托投资股份有限公司,并设立专门管理委员会进行决策,采用独立分帐方式予以核算。1993年11月,浙工受益证券存续期延长为10年,投资范围扩大至本省旅游景点的深层开发、交通基础设施建设、证券及其它产业投资,受益证券收益分配改为上不封顶、下不保底、收益共享、风险共担的方式。浙工受益于1993年11月8日起挂牌交易。根据原有投资基金清理规范的有关要求,以上六只基金(或受益券)进行了规范重组。1999年10月30日召开持有人临时大会,会议通过了清理合并,更换管理人、托管人等有关事项的决议,温信基金、金信基金、浙工受益、盐信基金、金信受益、绍信受益合并为"金越证券投资基金"。1999年11月2日,原基金(或受益券)摘牌。根据持有人大会决议,合并后的"金越证券投资基金"转由博时基金管理有限公司管理。基金管理人更换为博时基金管理有限公司,基金托管人更换为交通银行,基金存续期为十年(1992年12月31日- 2002年12月31日)。

五、基金投资组合情况

(一)基金投资目标　本基金的投资范围仅限于国内依法公开发行、上市的股票和国债。主要投资对象为技术创新类上市公司的股票和债券。基金管理人在选择投资对象和建立投资组合时,将把投资对象的良好流动性和投资组合的合理分散性作为重要参考指标。

(二)投资组合情况　本基金基金资产已于1999年11月8日全部划至本基金的托管人交通银行"金越证券投资基金专户";11月11日,基金管理人博时基金管理有限公司开始本基金的投资运作。投资组合情况如下:　(截止2000年4月14日,单位:元)

银行存款	6,434,085.27
股票投资	180,781,646.16
债券投资	0.00

(三)基金经理　本基金由刘小山先生担任基金经理,负责基金的日常投资运作。刘小山:现年30岁,硕士,6年证券业从业经验,历任君安财务顾问有限公司期货部经理,君安证券有限责任公司资产管理部总经理助理,副总经理,基金经理。现担任基金裕元和基金金越的基金经理。

六、财务状况

(一)基金资产已于1999年11月8日全部划至本基金的托管人交通银行为基金所开设的"金越证券投资基金专户"和有关证券帐户,并经浙江天健会计师事务所〔1999〕107号验资报告,资产全部到位。11月10号情况为:(单位:元)

基金单位总份额:	210,960,000.00
未分配净收益:	17,922,963.60
基金资产净值:	228,882,963.60
每份基金单位资产净值:	1.0850

(二)基金管理人将按照《基金契约》及《证券投资基金信息披露指引》的规定披露基金财务状况。　(三)财务状况

1、资产负债状况(截止2000年4月14日,单位:元)

银行存款:	6,434,085.27
交易保证金	77,360,449.72
股票投资:	180,781,646.16
债券投资:	0.00
资产估值增值:	57,201,339.94
其他应收款:	260,870.47
基金资产总值:	322,038,391.56
应付管理人报酬:	183,810.02
应付托管费:	30,635.02
其他应付款:	5,326,166.30
负债合计:	5,540,611.34
实收基金:	210,960,000.00
已实现净收益:	31,058,328.58
收益分配:	17,278,111.70
未实现资本利得:	57,201,339.94
持有人权益合计:	316,497,780.22
基金资产净值:	316,497,780.22
每份基金单位资产净值:	1.5003

注:上述披露的本基金财务数据未经审计。

天元证券投资基金

天元证券投资基金1999年年度报告摘要

一、基金简介

(一)天元证券投资基金系遵照《证券投资基金管理暂行办法》及其它有关规定,经中国证券监督管理委员会证监基字(1999)22号文批准,依据《天元证券投资基金基金契约》设立的封闭式契约型证券投资基金,基金单位总份额为30亿份,由南方证券有限公司、大鹏证券有限公司和南方基金管理有限公司做为发起人认购0.3亿份单位,其余29.7亿份单位于1999年8月23日通过深圳证券交易所以上网定价方式发行,1999年8月25日,全部认购资金到位并划入"天元基金专户",基金的发行与募集工作结束。1999年8月25日,天元证券投资基金正式成立,基金管理人为南方基金管理有限公司,基金托管人为中国工商银行,基金存续期15年(1999年8月25日至2014年8月25日)。

经深圳证券交易所深证发(1999)84号文审核同意,天元证券投资基金于1999年9月20日起在深圳证券交易所挂牌交易,基金简称:基金天元,基金交易代码:4698,目前可流通份额:29.7亿份。

(二)基金管理人:南方基金管理有限公司

注册及办公地址:深圳市深南东路深港花园三楼　　邮政编码:518001

法定代表人:骆新都　　总经理:高良玉

信息披露负责人:邱孝斌　　联系电话:0755-5414078转　　传真:0755-5543121

(三)基金托管人:中国工商银行　　注册及办公地址:北京市复兴门内大街55号　　邮编:100032

法定代表人:姜建清　　托管部负责人:赵跃　　信息披露负责人:刘长江

联系电话:010-66106878　传真:010-66106904　　电子邮件地址:CJLIU@ICBC.COM.CN

(四)聘请的会计师事务所名称:天健(信德)会计师事务所

注册及办公地址:深圳蛇口兴华路海滨花园海滨中心商场A座3楼　　法定代表人:朱祺珩

经办注册会计师:邓建新　魏小珍　　联系电话:0755-6816079　传真:0755-6686087

二、基金管理人报告

本基金业绩表现　本基金从1999年8月25日开始运作,截止1999年12月31日,单位基金资产净值0.9860元,下跌1.4%,跌破了1.00元的面值,扣除配售新股对基金当年净值增长的影响,本基金净值增长率为-5.56%,低于同期银行存款利率,但高于同期(99.8-99.12)深沪两市大盘17%左右的下跌幅度。

本基金投资风格　本基金坚持投资于行业代表性强、股票流通性较好、资本增值潜力较大、分红稳定的深沪成分指数样本股及其他具有以上指标特征的成长型指标类上市公司长期持有,力争最大限度地为持有人降低风险、增加收益。

基金经理小组简介

王宏远先生,基金经理,27岁,硕士学历,6年证券从业经历。曾在中国信达投资公司、深圳经济特区证券公司工作,现任南方基金管理公司基金投资部副经理.天元基金基金经理。

蒋彤女士,基金经理助理,33岁,硕士学历,8年证券从业经历。历任海南港澳国际信托投资有限公司上海证券总部副总经理、投资部经理。

李旭利先生,基金经理助理,26岁,硕士学历,3年证券从业经历。1998年进入南方基金管理公司工作,先后从事证券分析、证券交易、基金投资等工作。

(一)基金经理工作报告

本基金九九年度运作期间宏观经济背景及证券市场回顾:

1999年8月份以来,我国经济增长速度保持相对平稳,各项经济指标继续沿着上半年的运行轨迹运行,整个国民经济形势表现良好。七月份《证券法》正式实施以来,各级证券监管部门、证券公司、基金管理公司等市场主体都在认真贯彻落实该项证券市场的基本大法,规范自身的行为,为实现证券市场在规范、法制基础上的长期健康发展而共同努力。

1999年8月份以来的证券市场,基本上是对"5.19"特大行情的整理与消化。由于这次行情持续时间较短,累积升幅较大,市场客观上需要充分的调整,以消化本次行情中累积起来的巨大获利盘。但同时,由于整个国民经济形势表现良好,基本面和政策面都不支持股市出现深幅的调整,因此市场只能采取以时间换空间的整理态势,在1700点——　1400点区间反复盘跌,调整时间虽然大大超过了市场原先的预期,但如果充分考虑到获利盘的巨大,年底各类短期拆借资金的回笼等因素,就会认识到上述调整是必要的,只有充分的调整才能为以后的长期上升打下坚实的基础。

天元基金从1999年8月25日正式运作以来,本基金经理人严格按照基金契约的规定稳健经营,履行了对指标股投资的承诺,基金净值表现强于两市大盘,但不可否认的是,由于1999年8月份以来的两市大盘总体上反复下跌,以上证指数为例,下跌幅度超过17%,在这样的大市场背景下,本基金只能是通过仓位调整和个股精选降低市场风险,由于没有相应的避险金融工具,无法完全回避市场风险,因此,同期基金净值跌破了面值,跌幅为1.4%,但远远小于同期大盘17%的跌幅。

在本年度的投资策略中,本基金经理人选择了一批行业代表性强、股票流通性较好、资本增值潜力较大、分红稳定的深沪成分指数样本股及其他具有以上指标特征的成长型上市公司长期持有,力争最大限度地为持有人降低风险,增加收益。本基金在99年11月份以前持有的一批非成份指数样本股在同期深圳成份指数样本调整过程中入选成分指数,这也说明本基金的选股标准与深沪两市成分类指数的选股标准大致吻合,符合市场主流资金的投资理念。

2000年宏观经济形势及证券市场展望:

2000年的宏观经济形势仍然会总体呈现稳定的大好形势,中央将会继续贯彻落实扩大内需的方针及相应的宏观经济政策,实施积极的财政政策,进一步发挥货币政策的作用,大力推进经济结构的战略性调整,实施西部大开发,继续推进各项改革以实现国企改革脱困目标。

证券市场方面,国家将会进一步规范和发展证券市场,增加企业直接融资比重,完善股票发行上市制度,支持国有大型企业和高新技术企业上市融资。在这样的大背景下,预计2000年的A股市场将会整体上呈现反复向好的局面,走出中国证券市场有史以来最大的一轮上升行情。2000年将是市场主流投资理念发生实质性变革的一年,96年以来形成的崇尚绩优高送配个股的投资理念将会受到严峻的挑战,以崇尚高科技含量和良好前景预期的科技网络股投资理念将逐步成为主流。在两种投资理念的交锋过程中,虽然在2000年还不至于出现一枝独秀的局面,但可以肯定的是谁能领先市场一步,适应新的投资理念,并且在投资实践中坚决贯彻执行,谁就会是真正的赢家。作为以指标股为主要投资对象的天元基金经理人,我们将在目前两市成份指数个股内部精选投资对象的同时,也在成份指数以外选择那些具备指标股条件、因为上市时间较短还未入选或将来有潜力入选的个股中选择一批精品长期持有,并且积极准备投资将在国内设立的高科技板指数个股,在降低风险的同时,积极稳妥地为天元基金持有人谋取尽量高的回报。请持有人相信我们!请持有人鞭策我们!

(二)内部监察报告

基金运作合规性声明

本报告期内,本基金管理人严格遵守《证券法》、《证券投资基金管理暂行办法》、《天元证券投资基金基金契约》以及其他有关法律、法规的规定,本着诚实信用、勤勉尽责的原则管理和运用基金资产,遵循"以人为本,追求卓越"的公司理念,在严格控制风险的基础上,为基金持有人谋求最大利益。在报告期内,基金运作整体合法合规,无损害基金持有人利益的行为。

内部监察工作报告

1999年,本基金管理人在内部监察工作中注重控制运作风险,最大限度地保障基金持有人的利益。

在本报告期内,本基金管理人大力加强了监察稽核工作的力度,由独立工作的内部监察稽核人员对基金投资程序的各环节的执行情况进行定期检查,制作监察稽核报告,发现问题及时向管理层和监管部门报告并督促整改。

在本报告期内,为了控制运作风险,防范关联交易、内幕交易以及本基金与本基金管理人管理的其他基金之间可能出现的违规交叉交易,确保基金投资的独立性、公平性,我们主要采取了如下措施:一、为了适应多基金运作的特点,对原有投资决策程序中关于投资决策权限等方面的内容进行了修改,各基金配备独立的基金经理和交易员,拥有相对独立的交易空间,从人员和设备上都保证了各基金投资的独立性。二、拓展监察稽核工作的广度和深度,加强与各部门的沟通,建立监察稽核反馈制度。三、树立监察稽核部门的威信,加强员工风险意识。

通过以上工作的开展,在本报告期内,本基金运作过程中未发生关联交易、内幕交易,也不存在本基金管理人管理的各基金之间的违规交叉交易,基金运作整体合法合规,基金持有人的利益得到保障。

三、基金托管人报告

本托管人——　中国工商银行,依据《天元证券投资基金基金契约》与《天元证券投资基金托管协议》,托管天元证券投资基金。1999年度,在对天元证券投资基金的托管过程中,本托管人严格遵守了《证券投资基金管理暂行办法》及其实施准则、基金契约、托管协议和其他有关法规的规定,对天元证券投资基金的投资运作进行了全面的会计核算和应有的监督,没有发生任何损害基金持有人利益的行为,诚实信用、勤勉尽责地履行了作为托管人所应尽的义务。本托管人依照《证券投资基金管理暂行办法》及其实施准则、基金契约、托管协议和其他有关法规的规定,对天元证券投资基金的投资组合进行了监督,认为南方基金管理有限公司在天元证券投资基金的投资运作、基金资产净值及单位基金资产净值的计算上,遵守《证券投资基金管理暂行办法》及其实施准则、基金契约、托管协议和其他有关法规的规定,没有发现任何损害基金持有人利益的行为。

本托管人依法对天元证券投资基金管理人——　南方基金管理有限公司在1999年度所编制和披露的天元证券投资基金资产净值公告、基金投资组合公告、基金年度报告等公告信息进行了核查,认为天元证券投资基金管理人——　南方基金管理有限公司在1999年度内所编制和披露的基金信息是合法、真实和完整的。

中国工商银行基金托管部　　2000年3月21日

四、基金年度财务报告

(一)审计报告

天元证券投资基金持有人:

我们接受委托,审计了天元证券投资基金截至一九九九年十二月三十一日止会计年度的财务报告。该基金年度财务报告由南方基金管理有限公司(基金管理人)负责,我们的责任是对该基金年度财务报告发表审计意见。我们的审计是依据《中国注册会计师独立审计准则》进行的,在审计过程中,我们结合天元证券投资基金实际情况,实施了包括抽查会计记录等我们认为必要的审计程序。

我们认为,天元证券投资基金年度财务报告符合证券投资基金及其财务会计的相关法规、制度和《天元证券投资基金基金契约》的规定,在所有重大方面公允地反映了该基金一九九九年十二月三十一日的财务状况与截至一九九九年十二月三十一日止会计年度的经营成果,会计处理方法的选用遵循了一贯性原则。

天健(信德)会计师事务所　　　中国注册会计师　邓建新　　魏小珍

(二)基金会计报告书(附后)

(三)会计报告书附注

附注1.基金设立说明(略)

附注2.重要会计政策

基金天元的下列会计政策系根据证券投资基金及其财务会计的相关法规、制度和《天元证券投资基金基金契约》厘定。

(1)会计年度

基金天元会计年度自公历每年一月一日起至十二月三十一日止。

第一个会计年度自一九九九年八月二十五日(基金天元成立之日,即基金发行与募集工作结束日)起至一九九九年十二月三十一日止。

(2)记帐本位币

基金天元以人民币为记帐本位币。

(3)记帐基础及计价原则

会计核算以权责发生制为基础,各项资产按取得时的实际成本计价。

(4)基金资产的估值方法

根据《天元证券投资基金基金契约》的规定,基金天元每日对基金资产进行估值,估值方法如下:　上市的证券估值以其当日市场平均价计算,如若该日无交易的,以最近一日平均价计算;

未上市的股票以成本价计算;

未上市的债券及银行存款,以本金加计至估值日为止的应计利息额计算;

国债回购业务的应计利息在回购期内按直线法计算;

如遇特殊情况而无法或不宜以上述规定确定资产价值时,依照国家有关规定办理。

(5)收入确认原则

股息收入以被投资单位派发股息的除息日确认;

债券利息收入以债券派发债息的除息日确认;

证券买卖价差收入系根据证券出售成交时的成交价扣除交易费用、交易税金和证券投资的实际成本计算确认;

买入返售债券利息收入以回购期内逐日分摊确认;

发行费节余按基金天元实际收到发行总费用扣除了上网发行手续费、发行协调人费、上市推荐人费、会计师服务公费和律师服务公费后确认;

基金单位发行时申购资金冻结期间利息收入于收到该项资金利息时确认。

(6)证券交易的成本计价方法

证券投资日常核算以实际成本计价,售出证券的成本按移动平均法计算确定。

(7)税项

A.印花税

根据财政部、国家税务总局财税字[1998]55号文《关于证券投资基金税收问题的通知》,基金天元按股票交易金额的4‰计缴印花税。

B.营业税

根据财政部、国家税务总局财税字[1998]55号文《关于证券投资基金税收问题的通知》,基金天元以发行基金方式募集资金不缴纳营业税;买卖股票、债券的价差收入在二零零零年底以前暂免缴营业税。

本会计年度基金天元的买入返售债券利息收入尚未计缴营业税。

C.企业所得税

根据财政部、国家税务总局财税字[1998]55 号文《关于证券投资基金税收问题的通知》,基金天元从证券市场中取得的收入,包括买卖股票、债券的价差收入,股票的股息、红利收入,债券的利息收入及其他收入,暂不缴纳企业所得税。

(8)收益分配

根据《天元证券投资基金基金契约》的有关规定,基金天元的收益分配采用现金方式,比例不低于基金净收益的 90%,基金当年度收益应先弥补上一年度亏损后,才能进行当年度收益分配。

附注 3.关联方关系及其交易

(1)关联方关系明细项目列示如下:

关联方名称	与基金天元的关系
中国工商银行	基金天元托管人
南方基金管理有限公司	基金天元发起人,亦为基金天元管理人
南方证券有限公司	基金天元发起人,亦为南方基金管理公司的股东
大鹏证券有限责任公司	基金天元发起人

(2)关联方交易

A.租用证券交易席位

基金天元分别与南方证券有限公司、大鹏证券有限责任公司签订了《证券交易席位租用协议》,租用上述公司在上海证券交易所和深圳证券交易所的无形席位。本会计年度交易情况如下:

关联方名称	通过该等席位投资的年成交金额	占年成交总金额的比例	年交易佣金	占年佣金总金额的比例	平均佣金比率
南方证券有限公司	RMB2560214093.31	28.66%	RMB1114270.44	43.71%	0.8286‰
大鹏证券有限责任公司	3133037624.99	35.07%	445173.93	17.46%	0.8257‰

B.基金管理费

根据《天元证券投资基金基金契约》及《天元证券投资基金托管协议》的规定,基金管理费由下列两部分组成:

a.基金管理费

基金管理费按前一日基金资产净值 1.5%的年费率计提;当基金成立六个月后,持有现金比例高于基金资产净值的 20%时,超过部分不计提基金管理费。

b.业绩报酬

当基金的可分配净收益高于同期银行一年定期储蓄存款利率 20%以上,且当年基金资产净值增长率高于同期证券市场平均收益率时,按下列方法计提:

业绩报酬=调整后期初资产净值×Min[M,N]× 5%

M=基金可分配净收益率-1.2×同期银行一年定期储蓄存款利率 (如果年内利率发生变动,则按时间段进行加权平均调整);

N=基金资产净增长率-证券市场平均收益率;

Min[M,N]为 M、N 中较小者.

本会计年度应支付南方基金管理有限公司的基金管理费计 15,513,100.76 人民币元, 由于基金天元本会计年度亏损,未计提业绩报酬。

C.基金托管费

基金托管费按前一日基金资产净值的 2.5‰的年费率计提,本会计年度应支付中国工商银行的基金托管费计 2,637,072.39 人民币元。

D.基金发行协调人费及基金上市推荐人费

根据南方基金管理有限公司与南方证券有限公司签订的协议书, 基金天元向南方证券有限公司支付基金发行协调人费计 1,345,000.00 人民币元, 支付基金上市推荐人费计 700,000.00 人民币元。

(3)关联方往来款项余额

关联方往来余额明细项目列示如下:

项 目	关联方名称		1999-12-31	占该帐项余额的百分比
应付佣金	南方证券有限公司	RMB	1114270.44	43.71%
	大鹏证券有限责任公司		445173.93	17.46%
		RMB	1559444.37	61.17%
其他应付款项				
应付席位保证金	南方证券有限公司	RMB	500000.00	13.72%
	大鹏证券有限责任公司		250000.00	6.86%
		RMB	750000.00	20.58%
应付基金管理费	南方基金管理有限公司			
		RMB	3563070.96	100.00%
应付基金托管费	中国工商银行	RMB	631916.13	100.00%

附注 4.银行存款

银行存款明细项目列示如下:		1999 -12 -31
中国工商银行深圳市分行	RMB	224021892.08
深圳证券登记有限公司		3182001.48
上海证券中央登记结算公司		4877166.85
	RMB	232081060.41

深圳证券登记有限公司和上海证券中央登记结算公司的款项系基金天元为进行证券交易清算而存入的清算备付金。

附注 5.股票投资

股票投资明细项目列示如下:		1999 -12 -31
股票投资成本	RMB	2187937549.35
其中:获配新股及增发股票投资成本		209411121.75
股票投资估值增值		(23,636,256.31)
	RMB	2164301293.04

截至一九九九年十二月三十一日止,基金天元获配的新股及增发的股票计 209,411,121.75 人民币元。其中,已上市流通尚由上海证券交易所和深圳证券交易所实施冻结的股票计 145,631,833.75 人民币元;尚未获准流通部分的股票计 63,779,288.00 人民币元。

根据本会计报告书附注 2(4)所述的基金资产估值方法,基金天元对一九九九年十二月三十一日计算的股票投资估值减值计 23,636,256.31 人民币元。

附注 6.债券投资

债券投资明细项目列示如下:		1999 -12 -31
国债投资成本	RMB	595340142.11
国债投资估值增值		228897.89
	RMB	595569040.00

根据本会计报告书附注 2(4)所述的基金资产估值方法,基金开元对一九九九年十二月三十一日计算的国债投资估值增值计 228,897.89 人民币元。

附注 7.应收帐款

应收帐款明细项目列示如下:		1999 -12 -31
深圳证券登记有限公司证券清算款	RMB	11577052.74
上海证券中央登记结算公司证券清算款		28434023.06
	RMB	40011075.80

附注 8.其他应收款项

其他应收款项明细项目列示如下:		1999 -12 -31
席位保证金	RMB	1436148.87

附注 9.应付帐款

应付帐款明细项目列示如下:		1999 -12 -31
深圳证券登记有限公司证券清算款	RMB	36537454.42
上海证券中央登记结算公司证券清算款		28797958.99
	RMB	65335413.41

附注 10.应付佣金

应付佣金明细项目列示如下:		1999 -12 -31
关联方往来	RMB	1,559,444.37*
华夏证券有限公司		736300.13
平安证券有限责任公司		253611.14
	RMB	2549355.64

* 关联方往来明细项目详见本会计报告书附注 3(3)。

附注 11.其他应付款项

其他应付款项明细项目列示如下:		1999 -12 -31
关联方往来	RMB	750,000.00*
席位保证金		750000.00
发行费用		2045000.00
其他		100000.00
	RMB	3645000.00

* 关联方往来明细项目详见本会计报告书附注 3(3).

附注 12.基金单位总额

基金天元的基金单位发行总份额为 3,000,000,000 份,每份基金单位面值为 1.00 人民币元,共计 3,000,000,000.00 人民币元。根据南方证券有限公司、大鹏证券有限责任公司与南方基金管理有限公司于一九九九年六月三十日签订的《天元证券投资基金发起人协议》;基金发起人与南方基金管理有限公司(基金管理人)、中国工商银行(基金托管人)于一九九九年六月三十日签订的《天元证券投资基金基金契约》以及南方基金管理有限公司(基金管理人)与中国工商银行(基金托管人)签订的《天元证券投资基金托管协议》,基金天元发起人认购基金单位总份额的 1%,即 30,000,000 份基金单位.其中,南方证券有限公司、大鹏证券有限责任公司和南方基金管理有限公司各认购 10,000,000 份,各占基金单位总份额的 0.333%。一九九九年八月十八日,基金天元采取上网定价的发行方式向社会公开发行 2,970,000,000 份基金单位, 每份基金单位面值为 1.00 人民币元, 共计 2,970,000,000.00 人民币元。截至一九九九年八月二十四日止, 基金天元的基金单位总额计 3,000,000,000.00 人民币元,业经天健(信德)会计师事务所以验资报字(1999)第 15 号《验资报告》审验在案。

截至一九九九年十二月三十一日止,基金单位总额明细项目列示如下: 1999 -12 -31

基金持有人	基金单位总份额(份)	出资比例	基金单位总额
南方证券有限公司	10,000,000	0.334%	RMB10000000.00
大鹏证券有限责任公司	10000000	0.333%	10000000.00
南方基金管理有限公司	10000000	0.333%	10000000.00
社会公众	2970000000	99.000%	2970000000.00
	3000000000	100.000%	RMB3000000000.00

附注 13.未实现估值增值

未实现估值增值系根据《天元证券投资基金基金契约》的有关规定,基金天元于一九九九年十二月三十一日对证券投资进行估值时, 产生的证券投资估值小于其帐面成本价值的差额计 23,407,358.42 人民币元。

附注 14.其他收入

其他收入明细项目列示如下:		1999
发行费节余	RMB	17,654,755.65*
发行时申购资金冻结期间利息收入		4966815.21
银行存款利息收入		7729442.14
其他		302812.35
	RMB	30653825.35

* 发行费节余明细项目列示如下:		1999
发行费用	RMB	30000000.00
减:价外发行费		12345244.35
其中:上网发行手续费		7499244.35
发行协调人费		1345000.00
广告宣传费		2643000.00
上市推荐人费		700000.00
会计师服务公费		100000.00
律师服务公费		50000.00
其他费用		8000.00
发行费节余	RMB	17654755.65

基金天元由发起人与社会公众认购的基金单位为 3,000,000,000 份, 每份基金单位面值为 1.00 人民币元,以 1.01 人民币元的价格发行,共计 3,030,000,000.00 人民币元,其中 30,000,000.00 人民币元作为发行费用.经扣除上述价外发行费 12,345,244.35 人民币元后,发行费节余计 17,654,755.65 人民币元。

(四)基金流通转让受到限制的基金资产

一九九八年八月十一日,中国证券监督管理委员会发布《关于证券投资基金配售新股有关问题的通知》,规定基金获配的新股,自该新股上市二个月后方可流通,在流通之前系由证券交易所实施冻结。一九九九年十一月十一日,中国证券监督管理委员会发布《关于进一步做好证券投资基金配售新股工作的补充通知》,规定基金一年内所配售的全部新股,占配售新股资金总额 50%部分,自配售之日起六个月内不能流通,由托管银行监督执行;其余 50%部分,自新股上市之日起即可流通。

截至一九九九年十二月三十一日止,基金天元配售的新股和增发的股票,尚未获准流通部分的股票明细项目列示如下: 1999 -12 -31

股票名称	股数(股)	金额	市值	受限期限
1.金陵药业	685,700	RMB5,759,880.00	RMB10806632.00	1999.11.18-2000.01.18
2.小鸭电器	771400	2900464.00	4790394.00	1999.11.25-2000.01.25
3.河池化工	428600	1778690.00	3415942.00	1999.12.02-2000.02.02
4.欣龙无纺	472000	2737600.00	5276960.00	1999.12.09-2000.02.09
5.秦岭水泥	600000	3540000.00	4416000.00	1999.12.16-2000.02.16
6.中原油气	2203000	10772670.00	13834840.00	1999.11.10-2000.01.10
7.南山实业	642000	6034800.00	7350900.00	1999.12.23-2000.02.23
8.万杰实业	1414000	9615200.00	9615200.00	- - -
9.海南椰岛	428600	1757260.00	1757260.00	- - -
10.首钢股份	3585925	18467513.75	18539232.25	1999.12.16-2000.02.16
11.浦发银行	6858000	68580000.00	170146980.00	1999.11.10-2000.01.10
12.海南航空	3542000	16293200.00	18028780.00	1999.11.25-2000.01.25
13.锡业股份	1671426	10028556.00	10028556.00	- - -
14.东方钽业	438200	4119080.00	4119080.00	- - -
15.大连金牛	2460500	10038840.00	10038840.00	- - -
16.赤天化	943800	6795360.00	6795360.00	- - -
17.华东医药	674200	3883392.00	3883392.00	- - -
18.中化国际	2192700	17541600.00	17541600.00	- - -

19.真空电子	861200	8767016.00	8853136.00	–	–	–
	30,873,251	209,411,121.75*RMB329239084.25				

基金天元对上述尚未获准流通的股票以其成本价计算共计 209,411,121.75 人民币元。

(五)基金基金投资组合

根据《证券投资基金管理暂行办法》及其实施准则以及《开元证券投资基金基金契约》等有关规定,基金天元的基金投资组合情况如下:

1.按行业分类的股票投资组合: 1999 –12 –31

分 类	股数(股)	市值	占基金资产净值比例
1.交通运输	29,135,064	RMB389623415.34	13.17%
2.能源电力	15037374	185433066.62	6.27%
3.建材建筑	1523900	11215904.00	0.38%
4.冶金	12451770	74556986.04	2.52%
5.家电	25117258	196351070.52	6.64%
6.金融地产	7363947	180149895.68	6.09%
7.酿酒食品	7526035	103119887.00	3.49%
8.农林牧渔	329680	4961684.00	0.17%
9.电子通讯	25187078	367404660.16	12.42%
10.纺织服装	7746630	79272110.80	2.68%
11 汽车及配件制造	13875561	105045378.51	3.55%
12.商贸旅游	14805031	241882088.20	8.18%
13.生物医药	7607957	109681416.80	3.71%
14.石油化工	6708783	56583771.74	1.91%
15.机械制造	799851	21699957.63	0.73%
16.综合	2000000	37320000.00	1.26%
	177215919RMB2164301293.04		73.17%

2.截至一九九九年十二月三十一日止,基金天元持有的国债和货币资金以及应收帐款和应付帐款计 802,325,762.80 人民币元,占基金资产净值的比例为 27.12%。

3.占基金资产净值前十名的股票: 1999 –12 –31

股票名称	股数(股)	市值	占基金资产净值比例
1.深圳机场	16240417	RMB256273780.26	8.66%
2.浦发银行	7018000	174116580.00	5.89%
3.万家乐 A	21952579	161570981.44	5.46%
4.东方通信	7764098	157766471.36	5.33%
5.辽宁成大	6868378	154263769.88	5.22%
6.广东福地	14013280	105239732.80	3.56%
7.燕京啤酒	6189835	90371591.00	3.06%
8.西飞国际	6280748	87428012.16	2.96%
9.凯迪电力	3048250	84467007.50	2.86%
10.深能源	10603024	83551829.12	2.82%
	99978609	RMB1355049755.52	45.81%

4. 基金天元所持有的上市流通股票和债券,按其一九九九年十二月三十一日的平均价计算市值。

5.一九九九年十二月三十一日,基金天元对在冻结期间的新股及增发的股票之市值按当日的平均价计算、对尚未上市流通的股票按成本价计算,计 329,239,084.25 人民币元;如若以其成本价计算,至一九九九年十二月三十一日止,总成本计 209,411,121.75 人民币元,由此,对基金天元一九九九年十二月三十一日的财务状况产生的影响计 119,827,962.50 人民币元。

6.货币资金及其他资产的构成: 1999 –12 –31

	金 额	占基金资产总值的比例
银行存款	RMB232081060.41	7.65%
应收利息	294489.89	0.01%
应收帐款	40011075.80	1.32%
其他应收款项	1436148.87	0.05%
	RMB273822774.97	9.03%

7.截至一九九九年十二月三十一日止,基金天元不存在购入成本已超过基金资产净值 10%的股票。

(六)基金主要财务指标

根据基金天元的基金会计报告书计算的主要财务指标如下:

1. 年末基金资产总值 基金天元一九九九年十二月三十一日的基金资产总值计 3,033,693,108.01 人民币元。

2.基金可分配净收益及单位基金净收益 基金天元截至一九九九年十二月三十一日止会计年度净亏损计 18,624,289.71 人民币元,单位基金净亏损计 0.0062 人民币元,系根据本会计年度基金净亏损额和基金单位总额计 3,000,000,000.00 人民币元计算的。

3.年末基金资产净值及单位基金资产净值 基金天元一九九九年十二月三十一日的基金资产净值计 2,957,968,351.87 人民币元,单位基金资产净值计 0.986 人民币元,系根据一九九九年十二月三十一日基金资产净值和基金单位总额计 3,000,000,000.00 人民币元计算的。

4. 基金资产净值收益率 基金天元一九九九年十二月三十一日的基金资产净值亏损率计 0.63%,系根据基金净亏损计 18,624,289.71 人民币元和基金资产净值计 2,957,968,351.87 人民币元计算的。

五、基金持有人结构

(一)基金持有人结构	持有份额(基金单位)	比例
发起人持有份额	3000 万	1.0%
南方证券有限公司	1000 万	0.33%
南方基金管理有限公司	1000 万	0.33%
大鹏证券有限公司	1000 万	0.33%
(发起人持有份额均未流通)		
社会公众持有份额	297000 万	99%
总 计:	300000 万	100%

(二)前十名持有人情况(截止于 1999 年 12 月 31 日):

持有人名称	持有份额(基金单位)	比例
1.张斌	31680000	1.06%
2.上海久茂对外贸易公司	20000000	0.67%
3.上海久事公司浦东公司	16329200	0.54%
4.上海久事大厦置业有限公司	10636300	0.35%
5.大鹏证券有限公司	10000000	0.33%
6.南方证券有限公司	10000000	0.33%
7.南方基金管理有限公司	10000000	0.33%
8.蒋心一	9135000	0.30%
9.宋春莲	8469000	0.28%
10.山西省洪洞县官庄企业总公司	5684100	0.19%

六、重要事项揭示

1、本基金管理人及托管人在本会计年度没有发生重大诉讼事项

2、聘请的会计师事务所没有发生变更,该事务所现已更名为天健(信德)会计师事务所;

3、本基金管理人、基金托管人办公地址年内没有发生变更;

4、本基金管理人于 1999 年 10 月 29 日召开临时股东会和董事会,并于 2000 年 3 月 8 日在中国证券报、上海证券报、证券时报刊登董事会决议公告。会议通过如下决议:同意熊双文同志因工作调动辞去公司董事长、董事职务,同意宫龙云同志因工作调动原因辞去公司董事职务,选举骆新都女士、王永明先生担任南方基金公司董事职务,选举骆新都女士担任公司董事长。于 1999 年 8 月 3 日公司临时董事会通过如下议案:公司聘请王永华先生、邱孝斌先生担任公司副总经理。上述人事变动已报经中国证券监督管理委员会核准批复。公司法定代表人变更和工商执照变更手续已办理完成。

5、本年度基金的投资组合策略没有重大改变;

6、本基金的基金管理人、基金托管人涉及托管业务及其高级管理人员没有受到任何处罚;

7、本基金租用专用交易席位事宜的情况

本基金根据中国证券监督管理委员会《关于加强证券投资基金监管有关问题的通知》(证监基字[1998]29 号)的有关规定要求及本基金管理人于 1998 年 10 月 30 日公告的选择券商的标准,本基金管理人择定从以下五家证券经营机构租用基金交易专用席位:南方证券有限公司、平安证券有限公司、华夏证券有限公司、申银万国证券股份有限公司、大鹏证券有限公司。

99 年本基金通过各证券经营机构的交易席位的成交及佣金情况见下表:

券商名称	股票成交量(元)	比例(%)	国债成交量(元)	比例(%)	国债回购成交量(元)	比例(%)	佣金额(元)	比例(%)
南方证券	1344799532.53	43.64	80917460.78	13.88	1134497100.00	21.53	1114270.44	43.71
平安证券	307583710.14	9.98	0.00	0.00	852400000.00	16.18	253611.14	9.95
华夏证券	889813232.39	28.88	280493039.60	48.12	908900000.00	17.25	736300.13	28.88
大鹏证券	539174532.19	17.50	221463092.80	38.00	2372400000.00	45.03	445173.93	17.46
合 计	3081371007.25	100.00	582873593.18	100.00	5268197100.00	100.00	2549355.64	100.00

注:因基金成立时间不足一年,在个别券商席位上的证券成交量超过了 30%,将于 2000 年内进行调整。

七、备查文件目录

1、《关于同意设立天元证券投资基金的批复》(证监基字[1999]22 号)

2、天元证券投资基金基金契约

3、天元证券投资基金托管协议

4、审计报告(信德财审报字(2000)第 20 号)、财务报告及附注原件

5、南方基金管理公司营业执照及公司章程及基金管理人业务资格批件

6、天元证券投资基金一九九九年年度报告原文

查阅地点:深圳市深南东路深港花园三层

网址:http://www.4688.com

电子部件地址:webmaster@southernfund.com

南方基金管理有限公司

二零零零年三月二十八日

天元证券投资基金

资产负债报告书

一九九九年十二月三十一日

单位:人民币元

	附注		1999.12.31
股票投资--成本	5	RMB	2,187,937,549.35
债券投资--成本	6		595,340,142.11
股票投资--估值增值	2(4).5		(23,636,256.31)
债券投资--估值增值	2(4).6		228,897.89
银行存款	2(4).4		232,081,060.41
应收利息			294,489.89
应收帐款	7		40,011,075.80
其他应收款项	8		1,436,148.87
基金资产总值			3,033,693,108.01
应付基金管理费	3(3)		3,563,070.96
应付基金托管费	3(3)		631,916.13
应付帐款	9		65,335,413.41
应付佣金	3(3).10		2,549,355.64
其他应付款项	3(3).11		3,645,000.00
负债总值			75,724,756.14
基金单位总额	12		3,000,000,000.00
未分配净收益(亏损)			(18,624,289.71)
未实现估值增(减)值	13		(23,407,358.42)
基金资产净值		RMB	2,957,968,351.87
基金单位发行总份额(份)			3,000,000,000.00
每份基金单位资产净值		RMB	0.986

(所附注释系基金会计报告书的组成部分)

天元证券投资基金

收益及分配报告书

截至一九九九年十二月三十一日止会计年度

单位:人民币元

	附注		1999
在除息日确认的股息收入	2(5)	RMB	769,421.44
债券利息收入	2(5)		4,395,593.00
证券买卖价差收入	2(5)		(36,123,953.85)
其中:股票买卖价差收入			(33,453,932.89)
债券买卖价差收入			(2,670,020.96)
其他收入	2(5).14		30,653,825.35
收入合计			(305,114.06)
减:支出			18,319,175.65
其中:基金管理费	3(2)		15,513,100.76
基金托管费	3(2)		2,637,072.39
应由基金承担的其他费用			169,002.50
基金净收益(亏损)			(18,624,289.71)
减:本年已分配收益			---
年末未分配净收益(亏损)		RMB	(18,624,289.71)

(所附注释系基金会计报告书的组成部分)

减:现金等价物的期初余额		
现金及现金等价物净增加额	–2925379.88	–1606433.37

同盛证券投资基金

同盛证券投资基金上市公告书摘要

基金份数总额:30 亿份　可流通份额:29.7 亿份　基金管理人名称:长盛基金管理有限公司
基金托管人:中国银行　上市推荐人:湖北证券有限责任公司　上市地点:深圳证券交易所
上市时间:1999 年 11 月 26 日　证券代码:4699　简称:"基金同盛"

一、基金概况

同盛证券投资基金是遵照《证券投资基金管理暂行办法》及其他有关规定,依据《同盛证券投资基金基金契约》设立的契约型封闭式证券投资基金。基金存续期 15 年。基金发起人为中信证券有限责任公司、湖北证券有限责任公司、天津北方国际信托投资公司、安徽省信托投资公司和长盛基金管理有限公司,基金托管人为中国银行,基金管理人为长盛基金管理有限公司。经中国证券监督管理委员会证监基金字[1999]30 号文批准,全部 30 亿基金单位,由发起人认购 3000 万份基金单位,向商业保险公司配售 9 亿份,其余 20.7 亿份基金单位于 1999 年 11 月 1 日通过深圳证券交易所以上网定价方式发行,发行价 1.01 元人民币(含 0.01 元发行费用),基金的发行和募集工作已于 1999 年 11 月 5 日结束。

1999 年 11 月 1 日同盛证券投资基金发起人公告同盛证券投资基金成立。公开发行的 20.7 亿份基金单位、向商业保险公司配售 9 亿份以及发起人认购的 3000 万份基金单位共计 30 亿元,已于 11 月 5 日全部划至本基金的托管人——中国银行"同盛基金专户",本基金的管理人——长盛基金管理有限公司正式管理本基金。

基金上市申请经深圳证券交易所深证上[1999]109 号文审核同意,将于 1999 年 11 月 26 日在深交所挂牌交易。基金总份额为 30 亿份,本次上市流通的份额为 29.7 亿份,本基金发起人认购的 3000 万份基金单位自本基金成立日起一年内不得转让。一年以后,在本基金存续期间,发起人持有的基金单位不得低于其认购基金单位份额的 50%,即 1500 万份基金单位,并应由每家基金发起人按发起时认购的比例分别持有。

基金上市后交易单位每手为 100 份,存续期 15 年(1999 年 11 月 5 日至 2014 年 11 月 5 日)。

二、基金持有结构

1、基金持有人结构:
发起人持有 3000 万份,向商业保险公司配售 9 亿份,公众持有 20.7 亿份。

2、前十名持有人:

序号	名称	份额(万份)
1)	中国人寿保险公司	30000
	中国平安保险股份有限公司	30000
3)	中国再保险公司	10000
4)	中国太平洋保险公司	9900
5)	新华人寿保险股份有限公司	3400
6)	华泰财产保险股份有限公司	2800
7)	泰康人寿保险股份有限公司	2300
8)	大众保险股份有限公司	700
9)	长盛基金管理有限公司	600
	中信证券有限责任公司	600
	湖北证券有限责任公司	600
	天津北方国际信托投资公司	600
	安徽省信托投资公司	600

3、基金持有总数为 920,786 户。

三、基金发起人、基金管理人、基金托管人

(一)基金发起人情况

1、中信证券有限责任公司
法人代表:常振明
注册地址:北京市朝阳区新源南路 6 号京城大厦
邮政编码:100004
组织形式:有限责任公司
注册资本:3 亿元人民币
设立日期:1995 年 10 月 25 日

2、湖北证券有限责任公司
法定代表人:陈浩武
注册地址:武汉市武昌区彭刘杨路 232 号
邮政编码:430061
组织形式:有限责任公司
注册资本:3.02 亿元人民币
设立日期:1991 年 3 月 18 日

3、天津北方国际信托投资公司
法人代表:戚文福
注册地址:天津市河西区友谊路 5 号北方金融大厦 9-10 层
邮政编码:300201
组织形式:有限责任公司
注册资本:5.0679 亿元人民币
设立日期:1987 年 10 月 13 日

4、安徽省信托投资公司
法人代表:陈树隆
注册地址:安徽省合肥市宿州路 20 号
邮政编码:230001
组织形式:国有独资
注册资本:3.316 亿元人民币
设立日期:1991 年 10 月 10 日

5、长盛基金管理有限公司
法人代表:王其华
注册地址:北京市朝阳区北三环东路 8 号静安中心 22 层
邮政编码:100028
组织形式:有限责任公司
注册资本:8,000 万元人民币
设立日期:1999 年 3 月 26 日
经营范围:基金管理业务;发起设立基金。
财务状况:本基金管理公司成立于 1999 年 3 月 26 日,财务状况良好。

(二)基金管理人简介
名称:长盛基金管理有限公司　法定代表人:王其华　组织形式:有限责任公司
注册资本:8000 万元人民币　注册地址:北京市朝阳区北三环东路 8 号静安中心 22 层
邮编:100028　设立日期:1999 年 3 月 26 日　营业注册号:15000001003138
信息披露负责人:李燕敏
电话:(010)64689198—652

长盛基金管理有限公司是经中国证监会证监基金字[1999]6 号文批准,由中信证券有限责任公司、湖北证券有限责任公司、天津北方国际信托投资公司和安徽省信托投资公司共同发起成立。

长盛基金管理有限公司(以下简称"公司")设有董事会、监事会,下设研究发展部、投资管理部、监察稽核部和综合管理部。此外,还设立了投资决策委员会和风险控制委员会。

基金管理公司现有员工 28 人,其中 82%以上具有三年证券业或五年金融业从业经历,71%以上具有硕士以上学历。所有人员在最近三年内均未受到所在单位及有关管理部门的处罚。

公司已经建立健全了内部风险控制制度、内部监察稽核制度、财务管理制度及人事管理制度等公司管理制度体系。

长盛基金管理有限公司管理的其他基金仅有一家,为同益证券投资基金。该基金成立于 1999 年 4 月 8 日,基金单位总份额为 20 亿份,截止 1999 年 9 月 30 日,基金单位资产净值为 1.3901 元,基金净值增长率为 39.01%。

(三)基金托管人简介　名称:中国银行　设立日期:1912 年 2 月 5 日　法定代表人:王雪冰
注册资本:1045 亿元人民币　注册地址:北京市西城区阜成门内大街 410 号

四、基金投资组合情况

(一)投资概况　1999 年 11 月 5 日,同盛证券投资基金发起人公告同盛证券投资基金成立。公开发行的 20.7 亿份基金单位、商业保险公司配售的 9 亿份基金单位和发起人认购的 3000 万份基金单位共计 30 亿元,已于 11 月 5 日全部划至本基金的托管人——中国银行"同盛基金专户",本基金的管理人——长盛基金管理有限公司正式管理本基金,1999 年 11 月 5 日基金管理人开始基金的投资运作。

投资组合情况如下:　截止 1999 年 11 月 19 日　单位:元

银行存款	2,224,788,610.48
股票投资	328,653,157.82
债券投资	833,900,000.00

注:银行存款、股票投资以成本计价。

五、基金运作情况

(一)基金管理人报告　1、同盛证券投资基金于 1998 年 11 月 5 日成立,并正式运作。为了争取基金长期稳定的投资收益,管理人制定了"安全、稳健、成长、进取"的运作方针,加强对市场的研判,精心操作,力求给的投资人较好的回报。2、基金管理人已经于 1999 年 11 月 5 日开始基金的投资运作,目前基金运作情况正常。有关基金运作的具体情况,将依据有关规定,通过基金年报、基金中期报告、基金临时公告、基金资产净值公告、基金投资组合公告等信息披露形式披露。3、基金管理人拟利用各证券经营机构提供的证券分析报告为同盛证券投资基金运作提供决策参考,并按一定标准从中选择多家证券经营机构为同盛证券投资基金提供专用交易席位。

六、财务状况

(一)基金公开发行的 20.7 亿份基金单位、商业保险公司配售 9 亿份和发起人认购的 3000 万份基金单位共计 30 亿元,已于 11 月 5 日全部划至本基金的托管人——中国银行"同盛基金专户",并经安永华明会计师事务所验资,资金全部到位。

(二)基金管理人将按照基金契约的规定,以规定方式披露基金财务状况。

(三)财务状况如下:　1、资产负债状况　截止 1999 年 11 月 19 日　　单位:元

资产	3,534,044,338.42
银行存款	2,224,788,610.48
股票投资	328,653,157.82
债券投资	833,900,000.00
其他资产	146,702,570.12
其中:资产估值	−7,759,484.01
其他应收款	154,462,054.13
负债	508,730,025.84
应付发行费用	4,760,000.00
应付交易资金	501,633,487.90
应付管理人费	1,744,896.77
应付托管人费	290,816.13
应付交易费	300,825.04
持有人权益	3,025,314,312.58
基金单位总额	3,000,000,000.00
未分配净收益	17,554,828.57
未实现估值增值	−7,759,484.01
基金资产净值	3,025,314,312.58
每份基金资产净值	1.0084

注:

1)其他应收款包括应收银行利息(包括申购资金利息)、交易清算保证金、应收回购利息,分别为 12,055,578.56 元、142,194,312.02 元和 212,163.55 元。

七、重要事项揭示

1、基金发起人认购及持有基金单位份额情况为:

发起人名称	认购的份额(万份)	占基金单位总份额的比重
中信证券有限责任公司	600	0.2%
湖北证券有限责任公司	600	0.2%
天津北方国际信托投资公司	600	0.2%
安徽省信托投资公司	600	0.2%
长盛基金管理有限公司	600	0.2%

依据基金契约,本基金发起人认购的基金单位,自本基金成立之日起一年内不得转让。一年后,在本基金存续期间,基金发起人持有的基金份额不得低于基金单位总份额的 0.5%。

2、本基金 29.7 亿份于 1999 年 11 月 26 日在深圳证券交易所挂牌上市。

景福证券投资基金

景福证券投资基金上市公告书

◆基金管理人:大成基金管理有限公司
◆基金托管人:中国农业银行
◆基金单位总份额:30亿份
◆本次可上市流通份额:29.7亿份
◆上市地点:深圳证券交易所
◆上市时间:2000年1月10日
◆基金交易代码:4701
◆基金简称:基金景福

本上市公告书依据《证券投资基金管理暂行办法》及其实施准则和《深圳证券交易所证券投资基金上市规则》的规定编制。本公司及基金托管人愿就本公告书所载资料的真实性、准确性和完整性负个别及连带责任,上市公告书的内容由本公司负责解释。深圳证券交易所对本基金上市及有关事项的审查,均不构成对本公告的任何保证。投资者应详细阅读1999年12月21日刊登在《中国证券报》、《上海证券报》、《证券时报》上的《景福证券投资基金招募说明书》和本上市公告书。

一、基金概况

景福证券投资基金是遵照《证券投资基金管理暂行办法》及其他有关规定,依据《景福证券投资基金基金契约》设立的契约型封闭式证券投资基金,基金存续期15年。

基金发起人为光大证券有限责任公司、大鹏证券有限责任公司、广东证券股份有限公司、大成基金管理有限公司,基金托管人为中国农业银行,基金管理人为大成基金管理有限公司。

经中国证券监督管理委员会证监基金字[1999]39号文批准,全部30亿份基金单位,由发起人认购3,000万份,向商业保险公司配售68,680万份,其余228,320万份基金单位于1999年12月24日通过深圳证券交易所以上网定价方式发行,发行价1.01元人民币(含0.01元发行费用),基金的发行和募集工作已于1999年12月30日结束。

本基金公开发行的228,320万份基金单位、向商业保险公司配售的68,680万份和发起人认购的3,000万份基金单位共计30亿元,已于1999年12月30日全部划至本基金的托管人——中国农业银行"景福证券投资基金"专户;1999年12月31日,本基金发起人公告景福证券投资基金于1999年12月30日成立,本基金的管理人——大成基金管理有限公司正式管理本基金。

基金上市申请经深圳证券交易所深证上[2000]2号文审核同意,将于2000年1月10日在深交所挂牌交易。基金总份额为30亿份,本次上市流通的份额为29.7亿份。根据《景福证券投资基金基金契约》的规定,本基金发起人认购的基金单位,自基金成立之日起一年内不得转让。一年后,在本基金存续期间,发起人持有的3,000万份基金单位不得低于基金单位总份额的0.5%,即1,500万份,并应由每家基金发起人按发起时的认购比例分别持有。

基金上市后交易单位每手为100份,存续期15年(1999年12月30日至2014年12月30日)。

二、基金持有人结构

(一)基金持有人结构:
发起人持有3,000万份,向商业保险公司配售68,680万份,公众持有228,320万份。
(二)前十名持有人:

序号 名称	份额(万份)	比例(%)
1、中国人寿保险公司	30,000	10
2、中国平安保险股份有限公司	30,000	10
3、新华人寿保险股份有限公司	2,400	0.8
4、中国再保险公司	2,000	0.7
5、胡文秀	1,412.2	0.47
6、泰康人寿保险股份有限公司	1,260	0.42
7、华泰财产保险股份有限公司	1,000	0.33
8、光大证券有限责任公司	750	0.25
9、大鹏证券有限责任公司	750	0.25
10、广东证券股份有限公司	750	0.25
11、大成基金管理有限公司	750	0.25

(三)基金持有人总数为88,812户。

三、基金发起人、基金管理人及基金托管人简介

(一)基金发起人简介
1、光大证券有限责任公司
法定代表人:刘明康
注册地址:上海市浦东新区浦东南路528号上海证券大厦 邮政编码:200120
组织形式:有限责任公司
注册资本:5亿元人民币
设立日期:1996年3月8日
营业期限:永久存续
经营范围:发行和代理发行各种有价证券;自营和代理买卖有价证券;有价证券的代保管、鉴证和过户;代理有价证券的还本付息和分红派息等权益分派;证券抵押融资;基金和资产管理;企业重组、收购和兼并;投资咨询、财务顾问等。
财务状况:光大证券有限责任公司财务状况良好,自成立三年来连续盈利。
2、大鹏证券有限责任公司
法定代表人:徐卫国
注册地址:深圳市深南东路5002号信兴广场地王商业中心商业大楼8层 邮政编码:518008
组织形式:有限责任公司
注册资本:5亿元人民币
设立日期:1995年9月21日
营业期限:50年,至2045年12月13日
经营范围:发行和代理发行各种有价证券业务;自营、代理买卖各种有价证券业务;有价证券的代保管、鉴证和过户;代理还本付息、分红派息等权益分派业务;证券抵押融资业务;基金和资产管理业务;企业重组、收购与兼并业务;投资咨询、财务顾问业务;期货经纪和金融期货自营业务;外币证券业务;经中国人民银行批准经营的其他业务。
财务状况:大鹏证券有限责任公司财务状况良好,最近三年连续盈利。
3、广东证券股份有限公司
法定代表人:钟伟华
注册地址:广州市东风东路703号
邮政编码:510080
组织形式:股份有限公司
注册资本:8亿元人民币
设立日期:1989年6月
营业期限:永久存续
经营范围:代理证券发行业务;自营、代理证买卖业务;代理证券还本付息和红利的支付业务;经中国人民银行批准经营的其它业务。
财务状况:广东证券股份有限公司财务状况良好,最近三年连续盈利。
4、大成基金管理有限公司
法定代表人:姜继增
注册地址:北京市海淀区三里河路1号西苑饭店11号楼 邮政编码:100044
组织形式:有限责任公司
注册资本:10,000万元人民币
设立日期:1999年4月12日
营业期限:永久存续
主要业务:基金管理业务;发起设立基金。
财务状况:本基金管理公司成立于1999年4月12日,目前财务状况良好。
(二)基金管理人简介
名称:大成基金管理有限公司
设立日期:1999年4月12日
法定代表人:姜继增
注册资本:10,000万元人民币
注册地址:北京市海淀区三里河路1号西苑饭店11号楼
邮政编码:100044
营业注册号:1000001003148(2-1)
信息披露负责人:杜鹏
电话:010-68366518

大成基金管理有限公司(以下简称"公司")是经中国证监会证监基金字[1999]10号文批准,由光大证券有限责任公司、大鹏证券有限责任公司、中国经济开发信托投资公司和广东证券股份有限公司共同发起成立。

公司设有董事会、监事会,下设五个部门,分别是研究发展部、基金经理部、交易管理部、监察稽核部、综合管理部;此外,还设立投资决策委员会和风险控制委员会。

公司现有员工31名,平均年龄30.4岁,48.6%的员工具有硕士以上学历,其中证券从业经历三年以上或金融从业经历五年以上的占80%。所有人员在最近三年内均未受到所在单位及有关管理部门的处罚。

公司已建立健全内部风险控制制度、内部监察与稽核制度、财务管理制度及人事管理制度等公司管理制度体系。

截至1999年12月17日,本基金管理人管理的其他基金共三只,其基本情况如下:
1)基金景宏
1 基本情况
名称:景宏证券投资基金
成立日期:1999年5月4日
基金单位总份额:20亿份
2 截至1999年12月17日数据
基金资产净值:2,460,362,098.10元
基金单位净值:1.2302元
基金净值增长率:23.02%。
2)基金景博
1 基本情况
名称:景博证券投资基金
成立日期:本基金是1999年9月根据中国证券监督管理委员会证监基金字[1999]24号《关于湖南省原有投资基金清理规范实施方案的批复》,对原"巨博基金"进行清理规范,并更名为巨博证券投资基金上市,基金管理人更换为大成基金管理有限公司,基金托管人更换为中国农业银行。

1999年11月22日,经中国证券监督管理委员会批准,巨博证券投资基金更名为景博证券投资基金。

基金单位总份额:1999年11月经批准扩募后基金规模为10亿份基金单位。
2 截止1999年12月17日数据
基金资产净值:1,065,707,434.82元
基金单位净值:1.0657元
3)基金景阳
1 基本情况
名称:景阳证券投资基金
成立日期:本基金是1999年9月根据中国证券监督管理委员会证监基金字[1999]24号文,对原"湘国信基金"进行清理规范,并更名为长阳证券投资基金上市,基金管理人更换为大成基金管理有限公司,基金托管人更换为中国农业银行。

1999年11月17日,经中国证券监督管理委员会批准,长阳证券投资基金更名为景阳证券投资基金。

基金单位总份额:1999年11月经批准将基金总规模扩募至10亿份基金单位。
2 截止1999年12月17日数据
基金资产净值:1,037,996,641.33元
基金单位净值:1.0380元
(三)基金托管人简介
名称:中国农业银行
设立日期:1979年2月23日
注册资本:361亿元人民币
法定代表人:何林祥
注册地址:北京市复兴路甲23号
发展概况及财务状况:

中国农业银行于1979年恢复成立以来,各项业务不断发展,截至1998年末,中国农业银行资产总额已达20,267.46亿元,实有资本1,320.11亿元,是我国营业网点最多、机构覆盖面最广的金融机构。

中国农业银行总行于1998年设立证券投资基金托管部,主要业务部门包括交易监督处、核算管理处、市场开发处和综合管理处,现有员工15人。目前托管的基金有基金景福、基金裕阳、基金汉

盛、基金裕隆、基金景阳和基金景博。

四、基金投资组合情况

(一)投资概况

本基金公开发行的228,320万份基金单位、向商业保险公司配售的68,680万份和发起人认购的3,000万份基金单位共计30亿元,已于1999年12月30日全部划至本基金的托管人——中国农业银行"景福证券投资基金"专户;1999年12月31日,本基金发起人公告景福证券投资基金于1999年12月30日成立,本基金的管理人——大成基金管理有限公司正式管理本基金。

截止2000年1月4日,本基金投资组合如下:(单位:人民币元)

银行存款	3,018,722,046.96
股票投资	114,315,021.72

(二)投资组合的信息披露

按照《证券投资基金管理暂行办法》、《证券投资基金信息披露指引》和《景福证券投资基金基金契约》的规定,本基金的基金管理人将每周公告一次基金资产净值、每季公告一次基金的投资组合情况。第一期基金投资组合的信息披露将按照规定程序,由基金管理人于规定期限内作出。

(三)本基金的投资组合将遵循下列规定:

1、投资于股票、债券的比例不低于基金资产总值的80%;投资于债券的比例不低于基金资产净值的20%;

2、本基金持有一家上市公司的股票,不超过基金资产净值的10%;

3、本基金与由本基金管理人管理的其他基金持有一家公司发行的证券总和,不超过该证券总股本的的10%;

4、本基金指数投资、积极投资、国债投资分别占基金资产的50%、30%、20%;

5、本基金在全国银行间同业市场中的债券回购最长期限为1年,债券回购到期后不得展期;债券回购的资金余额不超过基金净资产的40%;

6、遵守中国证监会规定的其他比例限制。

(四)投资组合的原则

1、本基金为指数优化型基金,通过指数化投资与积极投资有机结合,充分利用指数化投资和积极投资不同的风险收益特征,使整个投资组合达到风险和收益较好的平衡,力求在降低风险的同时,实现基金资产的长期稳定增值。

2、本基金的投资分为指数化投资、积极投资和国债投资三大部分,其所占基金资产比例分别为50%、30%和20%。指数化投资采用抽样法构造投资组合以跟踪上证A股指数;积极投资通过对宏观经济、政策、市场、行业、公司进行深入地研究,投资于高成长行业股票或价值被低估股票。

3、本基金将根据市场的变化情况和公司的基本状况,适当调整投资组合和持股仓位,但指数化投资部分的仓位原则上不低于基金资产的30%。

五、基金契约摘要

(一)前言

本基金契约依据《证券投资基金管理暂行办法》及其实施准则和其他有关规定订立。

(二)基金契约的当事人

1、基金发起人:光大证券有限责任公司、大鹏证券有限责任公司、广东证券股份有限公司、大成基金管理有限公司

2、基金管理人:大成基金管理有限公司

3、基金托管人:中国农业银行

(三)基金基本情况

1、基金名称:景福证券投资基金

2、基金类型:契约型封闭式

3、基金单位发行总份额:30亿份

4、基金单位每份面值:1元人民币,发行价格1.01元人民币

5、存续期限:15年

(四)基金单位的发行

1、发行时间:1999年12月24日

2、发行方式:上网定价发行

3、发行对象:中华人民共和国境内自然人及我国境内依法设立的商业保险公司(法律、法规及有关规定禁止购买者除外)

4、每份发行价格:1.01元,其中每份面值为1元人民币,发行费用为0.01元人民币。

5、基金单位总份额为30亿份,其中:发起人认购3,000万份,商业保险公司配售68,680万份,向社会公开发行228,320万份。

6、基金单位认购的最低限额为1,000份,认购的份额必须为1,000份的整数倍;每一帐户不设申购上限,可以重复申购,但每一笔申购委托不得超过99.9万份基金单位。

7、单个投资者持有基金单位的持有数额不得超过基金总规模的3%,即9,000万份基金单位。

(五)基金的托管

基金托管人与基金管理人必须按照《证券投资基金管理暂行办法》、本基金契约及其他有关规定订立《景福证券投资基金托管协议》,以明确基金托管人与基金管理人之间在基金持有人名册登记、基金资产的保管、基金资产的管理和运作及相互监督相关事宜中的权利、义务及职责。

(六)基金的投资目标、投资范围、投资决策、投资组合和投资限制

1、投资目标

本基金的投资目标:通过指数化投资和积极投资的有机结合,实现投资风险和收益的优化平衡,力求使基金取得超过市场的投资收益,实现基金资产的长期稳定增值。

2、投资范围

本基金投资范围仅限于具有良好流动性的金融工具,包括国内依法公开发行、上市的股票和债券以及中国证监会允许基金投资的其它金融工具。

3、投资决策

1)决策机构

投资决策委员会是本基金的最高投资决策机构,由公司总经理、主管研究和投资的副总经理和助理总经理及相关人员组成,定期召开会议,在紧急情况下可召开临时会议。其主要职责是确定或调整旗下基金的总体投资策略,包括投资目标、原则、资产分配等重大策略。

2)决策依据

(1)国家有关法律、法规和本基金契约的有关规定;

(2)国家宏观经济环境及其对证券市场的影响;

(3)财政政策、货币政策、产业政策以及证券市场政策;

(4)行业、地区发展状况;

(5)上市公司价值发现。

3)决策方式

(1)根据对大市的研判确定指数化投资部分的仓位;

(2)根据对宏观经济周期、国家产业政策和大市走势的研判及对上市公司价值的发掘,确定积极投资部分的个股组合;

(3)根据宏观经济形势及利率走势确定债券投资。

4)决策程序

本基金的投资组合分为指数化投资、积极投资和国债投资三大部分,本基金投资运作的决策程序将视不同部分的特点而有所区别。

(1)指数化投资部分

决策内容主要包括:所参照投资的指数的选择;所具体投资的股票样本的选取和调整;实施调整所依据的误差率等因素的确定;仓位的调整。

对上述四个方面的决策又分为初始决策和日常决策。初始决策是在本基金设立前对上述四项内容的前三项作出原则上和具体的安排,而日常决策则是在基金设立后,根据初始决策确定的安排及市场运作的情况对四项内容进行具体的调整。

(2)积极投资部分和国债投资部分

该部分投资的决策程序如下:

第一,研究发展部提出研究报告,向投资决策委员会和基金经理部提供投资决策依据。

第二,投资决策委员会综合各类信息为本基金制定投资原则、投资目标和总体投资策略;确定本基金股票、国债及现金之间的资产分配原则。

第三,基金经理组根据投资决策委员会确定的基金总体投资计划,参考研究发展部的宏观、行业、企业及市场分析报告,制定具体投资计划和组合方案,包括投资结构、投资个股及持仓比例。

第四,投资决策委员会和总经理核准本基金投资组合后,由基金经理向集中交易室下达具体交易指令。

(3)风险控制委员会提出风险控制建议

风险控制委员会根据市场变化对本基金投资组合进行风险评估,并提出风险防范措施。监察稽核部对计划的执行过程进行日常监督,投资计划执行完毕,本基金经理组负责向投资决策委员会提出总结报告。

4、投资组合

依据《证券投资基金管理暂行办法》,本基金的投资组合由股票投资和债券投资两部分组成,其中股票投资占基金资产的80%,债券投资占基金资产的20%。股票投资由两部分组成:指数化投资和积极投资两部分。其中指数化投资占基金资产50%,积极投资占基金资产30%。

在遵循有关投资组合的原则下,指数化投资部分可以根据市场状况调整仓位,但本部分投资的仓位原则上不低于基金资产的30%。

本基金在成立后三个月内达到规定的投资比例。

5、投资限制

(1)本基金的投资组合将遵循以下限制:

1)投资于股票、债券的比例不低于基金资产总值的80%;投资于债券的比例不低于基金资产净值的20%;

2)本基金持有一家上市公司的股票,不超过基金资产净值的10%;

3)本基金与由本基金管理人管理的其他基金持有一家公司发行的证券总和,不超过该证券总股本的的10%;

4)本基金指数投资、积极投资、国债投资分别占基金资产的50%、30%、20%;

5)本基金在全国银行间同业市场中的债券回购最长期限为1年,债券回购到期后不得展期;债券回购的资金余额不超过基金净资产的40%;

6)遵守中国证监会规定的其他比例限制。

(2)本基金禁止从事下列行为:

1)投资于其他基金;

2)以基金的名义使用不属于基金名下的资金买卖证券;

3)将基金资产用于抵押、担保、资金拆借或者贷款;

4)从事证券信用交易;

5)以基金资产进行房地产投资;

6)从事可能使基金资产承担无限责任的投资;

7)将基金资产投资于与基金托管人或者基金管理人有利害关系的公司发行的证券;

8)进行内幕交易、操纵市场、通过关联交易损害基金持有人的利益;

9)配合管理人的发起人、本基金的发起人及其他任何机构的证券投资业务;

10)故意维持或抬高管理人的发起人、本基金的发起人及其他任何机构所承销股票的价格;

11)中国证监会禁止从事的其他行为。

(七)基金发起人的权利与义务

1、基金发起人的权利:

基金发起人拥有申请设立基金、按基金发起人协议的约定认购基金单位、出席或委派代表出席基金持有人大会、取得基金收益、依法转让基金单位、监督基金经营情况,获取基金业务及财务状况的资料、参与基金清算,取得基金清算后的剩余资产、以及法律、法规认可的其他权利。

2、基金发起人的义务:

基金发起人负有公告招募说明书、在基金设立时认购和在存续期间持有符合规定比例的基金单位、遵守基金契约、承担基金亏损或者终止时的有限责任、不从事任何有损基金及基金持有人利益的活动、基金不能成立时,及时退还所募集资金本息和按比例承担费用以及法律、法规规定的其他义务。

(八)基金管理人的权利和义务

1、基金管理人的权利:

基金管理人拥有依法运用基金资产、获得基金管理人报酬、对基金托管人违反了本基金契约及国家有关法律法规行为,采取必要措施保护基金投资人的利益、代表基金行使基金投资而获得的任何权利以及法律、法规规定的其他权利。

2、基金管理人的义务:

基金管理人负有自基金成立之日起,以诚实信用、勤勉尽责的原则管理和运用基金资产,配备足够的具有专业资格的进行基金投资分析、决策,以专业化的经营方式运作基金资产、保证所管理的基金资产和管理人的资产相互独立、保证不同基金在资产运作和财务管理等方面相互独立、不为自己及任何第三人谋取利益、不委托第三人运作基金资产、接受基金托管人的监督、按规定计算度公告基金资产净值及基金单位资产净值、严格按照《证券投资基金管理暂行办法》和基金契约及其他有关规定,履行信息披露及报告义务、保守基金商业秘密、不泄露基金投资计划的投资意向、按规定向基金持有人分配基金收益、依据规定召集基金持有人大会、保存基金的会计数据15年以上、因过错导致基金资产的损失,承担赔偿责任,其过错责任不因其退任而免除等义务。

(九)基金托管人的权利和义务

基金托管人拥有监督基金管理人的投资运作、获得基金托管费以及法律、法规规定的其他权利。

基金托管人负有以诚实信用、勤勉尽责的原则保管基金资产、设立专门的基金托管部、具有符合要求的营业场所、配备熟悉基金托管业务的专职人员、建立健全内部风险控制、监察与稽核、财务管理及人事管理等制度,保证其托管的基金资产与托管人的资产以及不同的基金资产相互独立、在基金信息公开披露前予以保密,不向他人泄露、复核和审查基金管理人计算的基金资产净值及单位基金资产净值、按规定出具基金业绩和基金托管情况的报告,并报中国证监会和中国人民银行、建立并保存基金持有人名册,并负责基金单位转让的过户和登记、按规定制作相关帐册并与基金管理人核对、依据基金管理人的指令或有关规定向基金持有人支付基金收益、因过错导致基金资产的损失,承担赔偿责任,其过错责任不因其退任而免除等义务。

(十)基金持有人的权利和义务

基金持有人拥有出席或委派代表出席基金持有人大会、取得基金收益、监督基金经营情况、获取基金业务及财务状况的资料、转让基金单位、获取基金清算后的剩余资产以及本基金契约规定的其他权利。

基金持有人负有遵守基金契约、交纳基金认购款项及规定的费用、承担基金亏损或者终止的有限责任、不从事任何有损基金及其他基金持有人利益活动的义务。

(十一)基金持有人大会

有以下情形之一的,应当召开基金持有人大会,包括:修改基金契约、提前终止基金、更换基金管理人、更换基金托管人、延长基金期限、变更基金类型以及中国证监会规定的其他情形。

基金持有人大会决议须经出席会议的基金持有人所持表决权的半数以上通过，但更换基金管理人或托管人的决议应由持有半数以上基金单位的基金持有人通过。

基金持有人大会决议对所有基金持有人、基金管理人和基金托管人均有约束力，基金持有人大会决议经中国证监会批准后方可生效。

（十二）基金管理人、基金托管人的更换条件和程序

1、基金管理人的更换条件

有下列情形之一的，经中国证监会批准，可更换基金管理人：

1）基金管理人解散、依法被撤销、破产或者由接管人接管其资产的；

2）基金托管人有充分理由认为更换基金管理人符合基金持有人利益的；

3）代表50%以上基金单位的基金持有人要求更换基金管理人的；

4）中国证监会有充分理由认为基金管理人不能继续履行基金管理职责的。

2、基金托管人的更换条件

有下列情形之一的，经中国证监会和中国人民银行批准，可更换基金托管人：

1）基金托管人解散、依法被撤销、破产或者由接管人接管其资产的；

2）基金管理人有充分理由认为更换基金托管人符合基金持有人利益的；

3）代表50%以上基金单位的基金持有人要求更换基金托管人的；

4）中国人民银行有充分理由认为基金托管人不能继续基金托管职责的。

3、基金管理人和基金托管人的更换程序

1）提名：更换基金管理人时，由基金托管人提名新任基金管理人；更换基金托管人时，由中国证监会或基金管理人提名新任基金托管人。

2）决议：基金持有人大会对被提名的新任基金托管人或新任基金管理人形成决议。

3）批准：新任基金管理人经中国证监会审查批准后方可继任，新任基金托管人经中国证监会和中国人民银行审查批准后方可继任；原任基金管理人经中国证监会
批准后方可退任，原任基金托管人经中国证监会和中国人民银行批准后方可退任。

4、公告：基金管理人更换后，由基金托管人在中国证监会批准后5个工作日内公告。基金托管人更换后，由基金管理人在中国证监会和中国人民银行批准后5个工作
日内公告。如果基金托管人和基金管理人同时更换，由基金发起人联系单位在获得批准后5个工作日内公告。

（十三）基金资产估值

1、估值目的：基金资产的估值目的是客观、准确地反映基金资产是否保值、增值。

2、估值日：每日对基金资产进行估值。

3、估值方法

(1)上市证券按当日平均价计算；该日无交易的证券，以最近一个交易日的平均价计算；

(2)未上市的股票以其成本价计算；

(3)未上市国债及银行存款，以本金加计至估值日止应计利息额计算；

(4)派发的股息红利、债券利息以至估值日为止的实际获得额计算；

(5)如遇特殊情况而无法或不宜以上述规定确定资产价值时，基金管理人依照国家有关规定办理。

4、估值对象：基金所拥有的股票、国债、股息红利、债券利息和银行存款本息等资产。

5、估值程序

基金日常估值由基金管理人进行。基金资产净值由基金管理人完成估值后，将估值结果以书面形式报给基金托管人，基金托管人按基金契约规定的估值方法、时间、程序进行复核；基金托管人复核无误后签字返回给基金管理人；月末、年中和年末估值复核与基金会计帐目的核对同时进行。

6、暂停估值的情形：基金投资涉及的证券交易所遇法定节假日或其他原因暂停营业时；因不可抗力致使基金管理人无法准确评估基金资产价值时。

（十四）基金费用与税收

基金费用主要有：基金管理人的报酬、基金托管人的托管费、基金上市费用、证券交易费用、基金信息披露费用、基金持有人大会费用、基金会计师费和基金律师费用以及按照国家有关规定可以列入的其他费用。

基金和基金持有人应根据国家有关规定依法纳税。

（十五）基金收益与分配

基金收益包括：基金投资所得红利、股息、债券利息、买卖证券价差、银行存款利息以及其他收入。因运用基金资产带来的成本或费用的节约应计入收益。基金净收益为基金收益扣除按照国家有关规定可以在基金收益中扣除的费用后的余额。

基金收益分配比例不低于基金净收益的90%；基金收益分配采用现金形式，每会计年度分配一次，于每个基金会计年度结束后四个月内实施；基金当年收益先弥补上一年亏损后，方可进行当年收益分配；基金投资当年亏损，则不进行收益分配；每份基金单位享有同等分配权。

基金收益分配方案先由基金管理人拟定，经基金托管人核实后，在报中国证监会备案后5个工作日内公告。

（十六）基金的会计与审计

基金的会计年度为公历年度的1月1日至12月31日。

基金管理人聘请具有证券从业资格的会计师事务所及其注册会计师对基金年度财务报表进行审计。

基金管理人（或基金托管人）认为有充足的理由更换会计师事务所时，须经基金托管人（或基金管理人）同意，并报中国证监会备案后，可以更换；更换会计师事务所后5个工作日内公告。

（十七）基金的信息披露

本基金的披露将严格按照《证券投资基金管理暂行办法》、《证券投资基金信息披露指引》、本基金契约及其它有关规定进行。本基金信息披露事项将在《中国证券报》和《证券时报》上公告。

本基金信息披露的内容包括：

1、基金年度报告经注册会计师审计后，在基金会计年度结束后的90日内公告；

2、基金中期报告在基金会计年度前六个月结束后的60日内公告；

3、基金临时报告与公告；

4、基金资产净值至少每周公告一次；

5、基金投资组合每季公布一次。

基金信息披露内容文本存放在基金管理人和基金托管人的办公场所，基金持有人可免费查阅。

（十八）基金终止和清算

有下列情形之一的，基金将终止并进入清算程序：

1、基金封闭期满、未被批准续期的；

2、基金经批准提前终止的；

3、因重大违法、违规行为，基金被中国证监会责令终止的。

在中国证监会监督下，由基金清算小组进行基金清算。

（十九）基金契约的效力

本基金契约经基金发起人、基金管理人及基金托管人三方当事人盖章以及三方法定代表人签字并经中国证监会批准后生效。有效期自其生效之日至该基金清算结果报中国证监会批准并公告之日。本基金契约自生效之日起对基金契约各方当事人具有同等的法律约束力。

（二十）基金契约的修改和终止

本基金契约的修改应经基金契约当事人同意；修改本基金契约应召开基金持有人大会，基金契约修改的内容应经基金持有人大会决议同意；本基金契约的修改应报中国证监会批准。

基金终止后，应当对基金进行清算。中国证监会对基金清算结果批准并予以公告后基金契约方能终止。

六、基金运作情况

（一）基金管理人报告

1、景福证券投资基金于1999年12月31日公告成立，并正式运作，目前基金运作情况正常。

2、有关基金运作的具体情况，将依据有关规定，通过基金年报、基金中期报告、基金临时公告、基金资产净值公告、基金投资组合公告等信息披露形式披露。

3、基金管理人拟利用各证券经营机构提供的证券分析报告为景福证券投资基金运作提供决策参考，并按一定标准从中选择多家证券经营机构为景福证券投资基金提供专用交易席位。

（二）基金托管人报告

本基金托管人——中国农业银行依据签署的《景福证券投资基金基金契约》受理托管基金景福的全部资产，对基金投资运作进行了全面的会计核算和必要的监督。

七、基金的财务状况

（一）基金公开发行的228,320万份基金单位、向商业保险公司配售68,680万份和发起人认购的3,000万份基金单位共计30亿元，已于1999年12月30日全部划至本基金的托管人——中国农业银行"景福证券投资基金"专户，并经普华大华会计师事务所验资，资金全部到位。

（二）基金管理人将按照基金契约的规定，以规定方式披露基金财务状况。

（三）财务状况如下：

1、资产负债状况　截止2000年1月4日　　单位：元

资产	
银行存款	3,018,722,046.96
股票投资	114,315,021.72
其他资产	44,094.97
其中：资产估值	−825,365.44
其它应收款	869,460.41
负债	
应付发行费用	1,850,000.00
应付交易资金	108,830,004.07
应付管理人费	414,038.48
应付托管人费	82,807.68
应付券商佣金	96,370.61
持有人权益	3,021,807,942.81
基金单位总额	3,000,000,000.00
未分配净收益	22,633,308.25
未实现估值增值	−825,365.44
基金资产净值	3,021,807,942.81
每份基金资产净值	1.0073

注：

1）其他应收款包括应收银行利息（包括申购资金利息）869,460.41元。

2）股票投资以成本计价。

3）应付发行费用为应付发行协调费、上市推荐费、律师费和会计师费。

4）上述披露的本基金财务数据未经审计。

2、重要财务事项

(1)总发行费扣除上网发行费、发行人协调费、信息披露费、上市推荐费、律师费和会计师费、上市初费后为20,817,745.43元，计入本期收益

	单位：元
总发行费	30,000,000.00
扣除：上网发行费	5,765,074.57
发行人协调费（含材料制作费）	1,000,000.00
信息披露费	1,537,180.00
上市推荐费	700,000.00
律师费	50,000.00
会计师费	100,000.00
上市初费	30,000.00
计入本期收益	20,817,745.43

(2)净收益主要是证券买卖差价和银行利息收入（含申购冻结资金利息）、发行费节余扣除相关费用后的收益。

(3)未实现估值增值是指基金资产的估值增值。

估值方法：上市证券以计算日市场平均价为准，该日无交易的，以最近的前一交易日平均价为准。未上市国债及存款以本金加计至估值日止应计利息计算，估值对象为基金拥有的股票、国债和银行存款。

3、资产净值计算方法：

资产净值=基金单位总额+未分配净收益+未实现估值增值

其中：（单位：元）

基金单位总额	3,000,000,000.00
未分配净收益	22,633,308.25
未实现估值增值	−825,365.44

八、重要事项揭示

1、基金发起人认购及持有基金单位份额情况为：

发起人名称	认购的份额（万份）	占基金单位总份额的比重(%)
光大证券有限责任公司	750	0.25%
大鹏证券有限责任公司	750	0.25%
广东证券股份有限公司	750	0.25%
大成基金管理有限公司	750	0.25%
合计	3000	1%

依据基金契约，本基金发起人认购的基金单位，自本基金成立之日起，一年内不得转让。一年后，在本基金存续期间，基金发起人持有的基金份额不得低于基金单位总份额的0.5%。

2、本基金29.7亿份基金单位将于2000年1月10日在深圳证券交易所挂牌上市。

九、备查文件

1、中国证监会批准景福证券投资基金设立的文件

2、景福证券投资基金基金契约

3、法律意见书

4、基金发起人的营业执照

5、基金管理人业务资格批件、营业执照和公司章程

6、基金托管人业务资格批件和营业执照

7、基金招募说明书

大成基金管理有限公司
2000年1月6日

同智证券投资基金

同智证券投资基金上市公告书摘要

证券代码:4702　简称:"基金同智"　基金份数总额:268,027,448份
本次可流通份额:265,347,173份　基金管理人名称:长盛基金管理有限公司
基金托管人名称:中国银行　上市推荐人:长江证券有限责任公司
上市地点:深圳证券交易所　上市时间:2000年5月15日

一、基金概况

同智证券投资基金是由赣中基金、中盛基金、长江基金、武汉基金、开信基金及海湾基金等六只基金清理规范后合并而成的契约型封闭式证券投资基金,规模为268,027,448份基金单位,存续期为10年(1992年3月13日至2002年3月13日)。原基金的发起人中,长江证券有限责任公司和天津北方国际信托投资公司保留为本基金的发起人,原基金的其他发起人不再担任本基金的发起人;本基金增加中信证券股份有限公司、安徽省信托投资公司和长盛基金管理有限公司为发起人。经过发起人间基金份额的转让,本基金发起人均持有相同比例的发起人基金份额,合计持有本基金单位总额的1%。基金托管人为中国银行,基金管理人为长盛基金管理有限公司。根据中国证监会有关规定,基金份数总额为268,027,448份,其中发起人持有268.0275万份基金单位。2000年3月8日,本基金管理人长盛基金管理有限公司正式管理本基金。本基金管理人根据本基金持有人大会授权,向中国证券监督管理委员会提出上市、扩募、续期申请,该申请已获批准。根据中国证监会《关于同意赣中基金等原有证券投资基金合并规范为同智证券投资基金并申请上市的批复》(证监基金字[2000]25号文)、《关于同智证券投资基金上市、扩募和续期的批复》(证监基金字[2000]26号文)和深圳证券交易所深证上[2000]46号文审核批准,同智证券投资基金将于2000年5月15日在深圳证券交易所挂 牌交易。基金单位总份额268,027,448份,本次上市流通的份额为265,347,173份基金单位。根据《基金契约》的规定,基金上市时全部基金发起人持有的基金单位不得低于基金总规模的1%,在基金存续期,全部基金发起人持有基金单位不得低于基金总 规模的0.5%,其余部分可在该基金扩募部分上市两个月后流通。根据中国证监会《关于同智证券投资基金上市、扩募和续期的批复》(证监基金字[2000]26号文)的批复,本基金上市后将由原来的268,027,448份基金单位扩募至5亿份基金单位。扩募后基金存续期延长五年(至2007年3月13日)。扩募时间将另行公告。基金上市后交易单位每手为100份基金单位。

二、基金持有结构

1、基金持有人结构:发起人持有2,680,275份,公众持有265,347,173份。
2、前十名持有人(截止2000年4月29日):

序号	名称	份额(万份)	比例(%)
(1)	武汉证券	2651.5561	9.89
(2)	国泰证券股份有限公司天津分公司	2609.5907	9.74
(3)	天津和平海湾置业发展公司	1559.2167	5.82
(4)	李龙强	1223.4236	4.56
(5)	天津开发区信托投资公司	780.2339	2.91
(6)	海湾发展	381.3539	1.42
(7)	李淑珍	366.6125	1.37
(8)	李萍	272.1151	1.02
(9)	廖声清	253.8459	0.95
(10)	戴四兰	214.4160	0.80

3、基金持有总数为26337户。

三、基金发起人、基金管理人、基金托管人

(一)基金发起人情况
1、中信证券股份有限公司　法人代表:常振明　地址:北京市朝阳区新源南路6号京城大厦
邮政编码:100004　注册资本:20.815亿元人民币　设立日期:1995年10月25日
2、长江证券有限责任公司　法定代表人:明云成　地址:武汉市武昌区彭刘杨路232号
邮政编码:430061　注册资本:10.289566亿元人民币　设立日期:1991年3月18日
3、天津北方国际信托投资公司　法人代表:戚文福　邮政编码:300201
地址:天津市河西区友谊路　5号北方金融大厦9-10层　组织形式:有限责任公司
注册资本:5.0679亿元人民币　设立日期:1987年10月13日
4、安徽省信托投资公司　法人代表:陈树隆　地址:安徽省合肥市宿州路20号　邮编:230001
组织形式:国有独资　注册资本:3.316亿元人民币　设立日期:1991年10月10日
5、长盛基金管理有限公司　法人代表:王其华　邮政编码:100028
地址:北京市朝阳区北三环东路8号静安中心 22层　设立日期:1999年3月26日
经营范围:基金管理业务;发起设立基金。
(二)基金管理人:长盛基金管理有限公司　法定代表人:王其华　注册资本:8000万元人民币
地址:北京朝阳北三环东路8号静安中心22层　邮编:100028　设立日期:1999年3月26日
营业注册号:15000001003138　信息披露负责人:李燕敏　电话:(010)64689198—651
(三)基金托管人:中国银行　设立日期:1912年2月5日　注册资本:1045亿元人民币
法定代表人:刘明康　组织形式:国有独资　注册地址:北京市西城区阜成门内大街410号
中国银行总行设立证券投资基金托管部,主要业务部门包括清算处、财会处、稽查处、综合处和上海和深圳托管分部,现有员工22人。中国银行除托管本基金外,已托管景宏证券投资基金和同盛证券投资基金。
(四)基金上市推荐人:长江证券有限责任公司　法定代表人:明云成
地址:武汉市武昌区彭刘杨路232号　联系人:何丽芬　肖学荆　联系电话:010-68364368
(五)律师事务所:信利律师事务所　地址:北京建国门内大街18号恒基中心一座609室
法定代表人:江山　联系电话:010-65186980　经办律师:谢思敏　丁志钢
(六)会计师事务所:岳华会计师事务所有限责任公司　法定代表人:李延成
地址:北京市朝阳区安定路39号长新大厦五层　　联系电话:010—64448901
经办注册会计师:张连起　邵军

四、基金的历史沿革

本基金前身是赣中基金、中盛基金、长江投资基金、武汉证券投资基金、开信基金及秦皇岛海湾发展基金等六只基金(以下简称为"原基金")。这六只基金的情况分别如下:

(一)赣中基金:赣中基金是经中国人民银行江西分行批准,1992年4月发行信托投资受益证券募集资金20,000,000元组建设立。其管理人 为中国东方信托投资公司,托管人为中国银行江西省分行,属契约型封闭式基金,主要投资范围包括证券投资、股权投资、工商业投资及房地产投资等。1993年5月经主 管机关批准转为无限期基金,同年12月在天津证券交易中心上柜交易。经历年分红和扩募,现有基金规模为44,520,000份基金单位。

(二)中盛基金:中盛基金是经中国人民银行江西分行批准,1992年6月发行信托投资受益证券募集资金20,000,000元组建设立。其管理人 为中国东方信托投资公司,托管人为中国银行江西省分行,属契约型封闭式基金,主要投资范围包括证券投资、股权投资、工商业投资及房地产投资等。1993年1月经批 准转为无限期基金,同年12月在武汉证券交易中心上柜交易。经历年分红和扩募,现有基金规模为28,318,599个基金单位。

(三)长江投资基金:长江投资基金的前身是经中国人民银行湖北省分行批准,1992年3月13日湖北证券公司发行的湖北投资受益债券,规模为20,000,000元。1993年7月28日在武汉证券交易中心上柜交易,经受益人大会通 过,更名为长江投资基金,属无限期存续的契约型封闭式基金。其发起人及管理人为湖北证券公司,托管人为中国建设银行湖北省分行直属支行,投资范围为境内公开发行的各种上市及未上市证券以及经证券主管机关批准的其他投资项目。经历年分红和扩募,现有基金规模为20,000,000份基金单位。

(四)武汉证券投资基金:武汉证券投资基金是经中国人民银行武汉市分行[武 银管](1992)48号文批准,于1992年6月由武汉证券公司独家发起设立的契约型封闭式基金。总规模50,000,000份基金单位,无限期存续,主要投资于各种上市股票、债券和部分未上市有价证券及少量符合国家产业政策的项目。其管理人为武汉证券公司,托管人为招商银行武汉分行,1993年6月在武汉证券交易中心上柜交易。经历 年分红和扩募,现有基金规模为50,000,000份基金单位。

(五)开信基金:开信基金的前身是经中国人民银行天津市分行津银金(1992)154号文批准,于1992年8月在天津设立,由天津北方国际信托投资公司发起并以向社会公开发行方式募集的开信受益券基金。1994年1月11日经中国人民银行天津分行批 准,更名为开信基金。开信基金的发行总额为28,000,000份基金单位,是契约型封闭式基金,无限期存续,主要投资于有价证券、经济效益良好的大中型企业及房地产。1992年12月31日在天津证券交易中心上柜交易。经历年分红和扩募,现有基金规模为56,000,000份基金单位。

(六)秦皇岛海湾发展基金:秦皇岛海湾发展基金原名"秦皇岛开发基金",于1992年2月经秦皇岛经济技术开发区管委会批复,由开发区工会设立,基金总额为8,000,000元。1994年3月,由秦皇岛市信托投资公司和秦皇岛开发区投资开发公司共同发起,并将原基金规范为公司型封闭式基金,基金规模增至38,000,000元,经营期限为8年。其托管人为秦皇岛市信托投资公司,管理人为秦皇岛海湾发展基金管理委员会。主要投资于秦皇岛和环渤海地区经济效益较好的企业和相关行业,以股权投资方式为主。1994年4月18日在天津证券交易中心上柜交易。经历年分红和扩募,现有基金规模为38,000,000份基金单位。根据原基金临时持有人大会的决议和有关授权,本基金的发起人共同签署了《发起人协议书》和《发起人份额转让协议书》。根据上述协议,原基金自《基金合并协议》确定的基金资产移交基准日即2000年3月8日起正式实施合并。原基金的原任管理人向各自挂牌的交易场所(天津证券交易中心和武汉证券交易中心)申请自2000年2月17日起正式摘牌并终止交易。合并后本基金由新任管理人申请在深圳证券交易所上市。本基金获准上市后,新任管理人将在适当时间内向中国证监会申请将本基金规模扩至5亿份基金单位(本基金发起人将相应认购扩募后本基金的一定单位,合计持有扩募后本基金单位总额的1%,并在本基金存续期内保持不低于本基金单位总额0.5%的基金单位)。原基金合并前已实现的基金收益在合并后本基金设立且上市前不进行分配,本基金的首次分配在2000年财政年度终了后依据本基金契约的有关规定进行。

五、基金投资组合情况

(一)投资概况　本基金公众持有265,347,173份基金单位、发起人持有2,680,275份基金单位,共计268,027,448份基金单位,基金全部资产已于2000年3月8日全部划至本基金的托管人——中国银行"同智基金专户",本基金的管理人——长盛基金管理有限公司正式管理本基金并开始基金的投资运作。

投资组合情况如下:　截止2000年4月28日　单位:元

银行存款	64,204,996.24
股票投资	209,862,705.55
债券投资	0.00

注:银行存款、股票投资以成本计价。

六、基金运作情况

(一)基金管理人报告　1、基金管理人已于2000年3月17日开始基金的投资运作。为了争取基金长期稳定的投资收益,管理人制定了"安全、稳健、成长、进取"的运作方针,加强对市场的研判,精心操作,力求给的投资人较好的回报。有关基金作的具体情况,将依据有关规定,通过基金年报、基金中期报告、基金临时公告、基金资产净值公告、基金投资组合公告等信息披露形式披露。2、基金管理人拟利用各证券经营机构提供的证券分析报告为同智证券投资基金 运作提供决策参考,并按一定标准从中选择多家证券经营机构为同智证券投资基金提供专用交易席位。

(二)基金托管人报告　本托管人—中国银行,依据签署的《同智证券投资基金基金契约》受理托管同智基金的全部资产,对基金投资运作进行了全面的会计核算和必要的监督。

七、财务状况

(一)基金资产已于2000年3月8日全部划至本基金的托管人——中国银行"同智证券投资基金专户",并经岳华会计师事务所有限责任公司验资,资金全部到位。
(二)基金管理人将按照基金契约的规定,以规定方式披露基金财务状况。
(三)财务状况如下:　1、资产负债状况(截止2000年4月28日,单位:元)

银行存款	64,204,996.24
股票投资	209,862,705.55
债券投资	0.00
资产估值增值	-9,595,667.43
其他应收款	8,834,676.36
基金资产总值	273,306,710.72
应付管理人费	312,815.77
应付托管人费	52,135.96
其他应付款	683,917.66
负债合计	1,048,869.39
实收基金	268,027,448.00
已实现净收益	4,474,446.54
收益分配	9,351,614.22
未实现资本利得	-9,595,667.43
持有人权益合计	272,257,841.33
基金资产净值	272,257,841.33
每份基金资产净值	1.0158

注:上述披露的本基金财务数据未经审计。

珠江证券投资基金

珠江证券投资基金上市公告书

基金名称:珠江证券投资基金　基金简称:基金珠江(代码4703)
基金份数总额:233,640,000份　本次可流通份数:231,300,000份
基金管理人名称:国泰基金管理有限公司　基金托管人名称:中国建设银行
上市推荐人:国泰君安证券股份有限公司　广州证券有限责任公司
上市地点:深圳证券交易所　上市时间:2000年6月30日

一、基金概况

珠江证券投资基金(以下简称"珠江基金")是按照《证券投资基金管理暂行办法》、国务院关于原有投资基金清理规范的有关规定和中国证券监督委员会《关于广东省原有投资基金清理规范总体方案的批复》(证监基金字[1999]41号)清理规范后,并经中国证监会验收确认的契约型封闭式证券投资基金,规模为233,640,000份基金单位,基金原存续期10年(自1994年12月1日至2004年11月30日)。原基金的发起人中,国泰君安证券股份有限公司保留为本基金的发起人,其他发起人不再担任本基金的发起人。本基金增加国泰基金管理有限公司为发起人,经过原发起人与新发起人间基金份额的协议转让,本基金发起人合计持有本基金单位总额的1%。基金发起人为国泰君安证券股份有限公司、国泰基金管理有限公司;基金管理人为国泰基金管理有限公司;基金托管人为中国建设银行。本基金是由原广州珠江投资基金管理有限公司管理的珠江投资基金按照有关法律、法规清理规范而成,基金份数总额为233,640,000份基金单位,其中发起人持有2,340,000份基金单位,截止2000年4月26日基金资产移交时,每基金单位净值1.1474元。2000年4月26日,本基金管理人国泰基金管理公司正式管理本基金。本基金管理人根据基金持有人大会授权,向中国证监会提出上市、扩募、续期申请,该申请已获批准。基金上市申请经《关于广东省原有投资基金清理规范总体方案的批复》(证监基金字[1999]41号文)、《关于同意珠江投资基金规范为珠江证券投资基金并申请上市的批复》(证监基金字[2000]39号文)和深圳证券交易所证上[2000]79号文审核同意,将于2000年6月30日在深圳证券交易所挂牌交易。基金单位总份额为233,640,000份,本次上市流通的份额为231,300,000份基金单位。根据《基金契约》的规定,基金上市时全部基金发起人持有的基金单位不得低于基金总规模的1%,在本基金存续期间,全部基金发起人持有基金单位不得低于基金总规模的0.5%,其余部分在该基金扩募部分上市二个月后方可流通。根据中国证监会《关于珠江证券投资基金上市、扩募、更名和续期的批复》(证监基金字[2000]40号文)的批复,本基金上市后将由原来的233,640,000份基金单位扩募至5亿份基金单位,扩募后基金存续期延长5年(至2009年11月30日),基金名称将变更为"金盛证券投资基金"。扩募、续期和更名时间将另行公告。基金上市后交易单位每手为100份基金单位。

二、基金持有人结构

(一)基金持有人结构:发起人持有2,340,000份,公众持有231,300,000份。
(二)前十名持有人:(截止2000年4月27日)

序号	名称	份额	比例(%)
1	穗金安信	8,762,220份	3.75
2	蛇口社保	6,338,083份	2.71
3	广州证券	4,500,000份	1.93
4	穗科基金	3,501,000份	1.50
5	段振贤	2,704,154份	1.16
6	武晓园	2,558,045份	1.09
7	何旦芳	2,520,000份	1.08
8	卢庆波	2,520,000份	1.08
9	卢树坚	2,520,000份	1.08
10	天之君	2,286,000份	0.98

(三)基金持有人总数为2984户,其中持有1,000基金单位以上的基金持有人户数为2956户。

按照《关于加强证券投资基金监管有关问题的通知》(证监基字[1998]29号)的要求,一个投资者直接或间接持有某一基金的份额不得超过基金总份额的3%。超比例持有本基金份额的投资者,自基金上市之日起,不得在二级市场上增持,并在六个月内按规定调整完毕。

三、基金发起人、基金管理人、基金托管人

(一)基金发起人
1、国泰君安证券股份有限公司　法定代表人:金建栋
注册地址:上海市浦东新区商城路199号良友大厦　组织形式:股份有限公司
注册资本:37.2718亿元人民币　设立日期:1999年8月
2、国泰基金管理有限公司　法定代表人:陈勇胜
注册地址:上海市浦东新区商城路199号良友大厦　邮政编码:200042
组织形式:有限责任公司　注册资本:6000万元人民币　设立日期:1998年3月
(二)基金管理人
国泰基金管理有限公司　信息披露负责人:丁昌海、黄永明　联系电话:021-62531069

公司概况:本公司经中国证监会证监基金字[1998]5号文批准,由国泰君安证券股份有限公司、中国电力信托投资公司、上海爱建信托投资公司、浙江省国际信托投资公司共同发起设立。公司下设五个部门:证券投资部、研究开发部、财务部、监察稽核部和综合管理部。此外还设立投资决策委员会和风险控制委员会两个专门机构。公司现有员工39人,其中80%以上具有三年证券业或五年金融业从业经验,高级管理人员均具有硕士以上学位。所有人员在最近三年内均没有受到所在单位或有关管理部门的处罚。公司已经建立健全内部风险控制制度,内部稽核制度、财务管理、人事管理制度、信息披露制度和员工行为准则等公司管理制度体系。截止2000年6月18日,国泰基金管理有限公司管理的其他基金有三家,其基本情况如下:

1、基金名称:基金金泰　基金成立日期:1998年4月7日　基金单位总份额:20亿份
基金资产净值:31.14亿元　基金单位净值:1.5571元
2、基金名称:基金金鑫　基金成立日期:1999年11月26日　基金单位总份额:30亿份
基金资产净值:40.00亿元　基金单位净值:1.3346元
3、基金名称:基金金鼎　该基金由建业基金、沈阳公众基金和陕建基金合并而成,清理规范工作已经完成,待完成报批手续后即可上市。
(三)基金托管人
中国建设银行　法定代表人:王雪冰　地址:北京市西城区金融大街25号　邮编:100032
电话:67597640　67597641　联系人:刘思远　组织形式:国有独资　注册资本:851亿元

发展概况:中国建设银行是我国四大国有商业银行之一,从事我国法律允许商业银行开办的一切金融业务。建设银行始终坚持以效益为中心,以支持经济增长和防范金融风险为重点,强化现代商业银行经营理念和意识,加强管理,规范经营,努力提高资产质量和经营效益,全行综合性经营能力、竞争能力、风险防范能力和盈利能力大大提高,取得了良好的经济效益。财务状况:截至1999年末,中国建设银行总资产已达19389亿元,一般性存款余额为17644亿元,贷款余额12009亿元。1998、1999年分别实现利润20.58亿元和73.66亿元。

基金托管、部门设置及员工情况:中国建设银行总行于1998年设立证券投资基金托管部,主要业务部门包括综合管理处、基金市场处、市场监管处和清算核算处,现有员工15人。

托管其他基金的说明:截止1999年12月31日,中国建设银行现已托管的基金为:
1、基金名称:　泰和证券投资基金
基金管理人:　嘉实基金管理有限公司　基金成立时间:　1999年4月20日
2、基金名称:　兴华证券投资基金
基金管理人:　华夏基金管理有限公司　基金成立时间:　1998年7月24日
3、基金名称:　兴和证券投资基金
基金管理人:　华夏基金管理有限公司　基金成立时间:　1999年7月30日
4、基金名称:　金鑫证券投资基金
基金管理人:　国泰基金管理有限公司　基金成立时间:　1999年11月26日
(四)基金上市推荐人
国泰君安证券股份有限公司　法人代表:金建栋
注册地址:上海市浦东新区商城路199号良友大厦　电话:021-62583469　联系人:马晓明
广州证券有限责任公司　法人代表:吴张
地址:广州市先烈中路69号东山广场主楼五楼　电话:87322668　联系人:陈小坚　陈里强
(五)财务审计及验资机构(负责本基金清理规范期间的审计和验资):
广州天诚会计师事务所有限公司　法定代表人:　范荣
地址:　广州市黄埔大道西德埔街1号二楼　电话:38730384　注册会计师:范荣　汤烈鹏
大华会计师事务所有限公司　法定代表人:　汤云为
注册地址:　上海市昆山路146号　联系电话:63070766　注册会计师:曹培青　汪阳
(六)法律顾问:国信联合律师事务所　法人代表:王学琛
地址:广州市体育西路189号城建大厦17楼　电话:38798136　经办律师:王学琛　刘良明

四、基金的历史沿革

本基金前身珠江投资基金是由广州珠江实业集团有限公司、广州证券有限责任公司等发起,1994年广州市人民政府及广州市证券委员会分别以穗府函[1993]196号文及穗证字[1993]13号文批准,以团体预约方式向社会公众募集设立的广州市第一家投资基金,基金总规模为129,800,000单位,广州珠江投资基金管理有限公司担任基金管理人,并于1994年12月1日正式运作。

1999年8月,根据证监基金字(1999)41号文《关于广东省原有投资基金清理规范实施方案的批复》,本基金进行清理规范,在规范过程中,珠江基金按10:8比例转增基金单位,转增后珠江基金总规模变更为233,640,000单位,同时广州珠江实业集团有限公司、广州证券有限责任公司分别将其持有的原基金发起人份额中的144万基金单位和90万基金单位转让给国泰君安证券股份有限公司和国泰基金管理有限公司,本基金发起人变更为国泰君安证券股份有限公司和国泰基金管理有限公司。规范后,本基金更名为珠江证券投资基金,基金管理人更换为国泰基金管理有限公司,基金托管人更换为中国建设银行。

五、基金投资

(一)基金投资策略　本基金为以新兴产业为投资重点的成长型基金,所追求的投资目标是在尽可能规避投资风险的前提下,谋求基金资产增值和收益的最大化。本基金的投资范围仅限于具有良好流动性的金融工具,包括国内依法公开发行、上市的股票、债券以及经中国证监会批准允许基金投资的其他金融工具。本基金股票投资部分将主要投资于深、沪两市涉及新兴产业的上市公司,例如:涉及网络经济、环保、电子通讯、生物制药及新材料等产业的上市公司。基金管理人在选择投资对象和建立投资组合时,将把投资对象的良好流动性和投资组合的合理分散性作为重要参考指标。

(二)投资组合情况　本基金经规范后,基金单位共计233,640,000份,基金资产于2000年4月26日已全部划至基金托管人中国建设银行"珠江证券投资基金专户",基金管理人国泰基金管理有限公司开始本基金的投资运作。

投资组合情况如下:(截止2000年6月23日,单位:元)
银行存款　　77,825,697.46
股票投资　　184,309,193.09
债券投资　　0
注:银行存款、股票投资以成本计价。
(三)投资组合的信息披露
按照《暂行办法》和《珠江证券投资基金基金契约》的规定,本基金的基金管理人将每三个月至少公告一次基金的投资组合情况,第一期基金投资组合的信息披露将按照规定程序,由基金管理人在规定期限内作出。
(四)本基金的投资组合将遵循下列规定
由于本基金由《暂行办法》颁布前的老基金规范后设立,基金资产存在一段调整期,调整期结束后,本基金投资组合应符合以下规定:
a、投资于股票、债券的比例不低于基金资产总值的80%;投资于债券的比例不低于基金资产净值的20%;
b、本基金持有一家上市公司的股票,不超过基金资产净值的10%;
c、本基金与由本基金管理人管理的其他基金持有一家公司发行的证券总和,不超过该证券的10%;
d、遵守中国证监会规定的其他比例限制。
(五)基金经理
本基金由曹继东先生担任基金经理,负责基金的日常投资运作。

曹继东先生,33岁,硕士,曾任职于人民银行深圳分行和国泰证券有限公司。98年加盟国泰基金管理公司后,曾任证券投资部副总监(协助管理基金金泰)、研究开发部副总监、基金金鑫基金经理助理等职。

六、基金契约摘要

(一)前言
本基金契约的依据是《证券投资基金管理暂行办法》(以下简称"暂行办法")及其实施准则和中国证监会的有关规定而订立。
(二)基金契约当事人
1、基金发起人　国泰君安证券股份有限公司　国泰基金管理有限公司
2、基金管理人　国泰基金管理有限公司
3、基金托管人　中国建设银行

(三)基金的基本情况　珠江证券投资基金为契约型封闭式基金;基金单位总份额233,640,000份基金单位;基金单位每份面值为人民币1.00元;经中国证监会批准,珠江基金上市后适当的时间将扩募至5亿份基金单位,存续期将延长5年。
(四)基金的沿革
本基金前身珠江投资基金是由广州珠江实业集团有限公司、广州证券有限责任公司等发起设立的广州市第一家证券投资基金。1994年广州市珠江投资基金以团体预约向社会公众募集方式发

行该基金,并于1994年12月1日正式运作。

(五)基金的上市与交易

本基金经主管部门批准和基金持有人大会通过,可申请在依法设立的证券交易所上市。

本基金上市后,将根据《暂行办法》及有关规定和证券交易所的交易规则进行交易。

(六)基金的托管

基金托管人与基金管理人须按照《暂行办法》、本基金契约及其他有关规定订立《证券投资基金托管协议》。

(七)基金的投资

1、投资目标

本基金为以新兴产业为投资重点的成长型基金,所追求的投资目标是在尽可能规避投资风险的前提下,谋求基金资产增值和收益的最大化。

2、投资范围

本基金的投资范围仅限于具有良好流动性的金融工具,包括国内依法公开发行上市的股票、债券以及经中国证监会批准允许基金投资的其他金融工具。

本基金的股票投资部分将主要投资于沪深两市涉及新兴产业的上市公司,例如:涉及网络经济、环保、电子通讯、生物制药及新材料等产业的上市公司。

3、投资组合

由于本基金由《暂行办法》颁布前的老基金规范后设立,基金资产存在一段调整期,调整期自本基金上市日开始6个月将调整至:

a、投资于股票、债券的比例不低于基金资产总值的80%;投资于债券的比例不低于基金资产净值的20%;

b、本基金持有一家上市公司的股票,不超过基金资产净值的10%;

c、本基金与由本基金管理人管理的其他基金持有一家公司发行的证券总和,不超过该证券的10%;

d、遵守中国证监会规定的其他比例限制。

4、投资限制

(1)投资于其他基金;

(2)将基金资产用于抵押、担保、资金拆借或者贷款;

(3)从事除依法进入银行同业拆借市场之外的证券信用交易;

(4)以基金资产进行房地产投资;

(5)从事可能使基金资产承担无限责任的投资;

(6)将基金资产投资于与基金托管人或者基金管理人有利害关系的公司发行的证券;

(7)中国证监会规定禁止从事的其他行为。

(八)基金发起人的权利与义务

1、基金发起人的权利

基金发起人拥有按基金发起人协议的约定及有关规定持有基金单位;出席或委派代表出席基金持有人大会;取得基金收益;依据有关规定,转让基金单位;监督基金经营情况,获取基金业务及财务状况资料;参与基金清算,取得基金清算后的剩余资产;以及法律、法规认可的其他权利。

基金发起人负有公告上市说明书;在基金设立时认购和存续期间持有符合规定比例的基金单位;遵守基金契约;承担基金亏损或者终止的有限责任;不从事任何有损基金及其他基金持有人利益的活动以及法律、法规规定的其他义务。

(九)基金管理人的权利与义务

基金管理人的权利拥有根据法律、法规和本契约的规定管理和运用基金资产;取得管理人报酬;依照有关规定代表基金行使因基金投资而获得的任何权利以及《暂行办法》、基金契约及有关法律、法规规定的基金管理人的其他权利。

基金管理人的义务负有诚实尽责地从事基金投资、控制投资风险、保护基金利益、按规定计算并公告基金资产净值及基金单位每份资产净值;按照《暂行办法》、本基金契约及其他有关规定履行信息披露及报告义务;保守基金商业机密;按规定向基金持有人分配基金收益;依据规定召集基金持有人大会;保存基金的会计资料;因基金管理人自身过错导致基金资产的损失时承担赔偿责任等义务。

(十)基金托管人的权利与义务

基金托管人拥有监督基金管理人的投资运作;获得基金托管费;以及法律、法规规定的其他权利。

基金托管人负有以诚实信用、勤勉尽责的原则保管基金资产;、建立健全内部风险控制、监察与稽核、财务管理及人事管理等制度,确保基金利益;保管基金的重大合同及有关凭证;开设和保管基金资金帐户与证券帐户;从事基金清算交割;保守基金商业秘密;复核、审查基金管理人计算的基金资产净值及单位基金资产净值;按规定出具基金业绩和基金托管情况的报告;建立并保存基金持有人名册,并负责基金单位转让的过户和登记;按有关规定,保存基金的会计资料;依据基金管理人的指令或有关规定向基金持有人支付基金收益;因过错导致基金资产的损失时承担赔偿责任等义务。

(十一)基金持有人的权利与义务

基金持有人拥有出席或者委派代表出席基金持有人大会,根据所持有的基金单位数量行使表决权;取得基金收益;监督基金经营情况,获取基金业务及财务状况的资料;转让基金单位;取得基金清算时的剩余资产;本基金契约规定的其他权利。每份基金单位享有同等的合法权益。

基金持有人负有交纳基金认购款项及规定的费用;承担基金亏损或者终止的有限责任;不从事任何有损基金及其他基金持有人利益的活动等义务。

(十二)基金持有人大会

基金持有人大会依据一定的事由以一定的程序召开,基金持有人大会就有关基金持有人利益的重大事项进行讨论表决,包括:修改基金契约;提前终止基金;更换基金托管人;更换基金管理人;延长基金期限;变更基金类型及中国证监会规定的其他情形。基金持有人大会决议须经出席会议的基金持有人所持表决权的半数以上通过,但基金持有人提议更换基金管理人或托管人的决议应由持有半数以上基金单位的基金持有人通过。

基金持有人大会决议对全体基金持有人、基金管理人、基金托管人均有约束力,基金持有人大会决议报中国证监会备案。

(十三)基金托管人、基金管理人的更换条件和程序

1、有下列情形之一的,经中国证监会和中国人民银行批准,更换基金托管人:

(1)基金托管人解散、依法被撤销、破产或者由接管人接管其资产的;

(2)基金管理人有充分理由认为更换基金托管人符合基金持有人利益的;

(3)代表50%以上基金单位的基金持有人要求基金托管人退任的;

(4)中国人民银行有充分理由认为基金托管人不能继续履行基金托管职责的。

2、有下列情形之一的,经中国证监会批准,更换基金管理人:

(1)基金管理人解散、依法被撤销、破产或者由接管人接管其资产;

(2)代表50%以上基金单位的基金持有人要求基金管理人退任;

(3)中国证监会有充分理由认为基金管理人不能继续履行基金管理职责的;

(4)基金托管人有充分理由认为更换基金管理人符合基金持有人利益。

3、更换基金托管人和基金管理人必须依照如下程序进行:

(1)提名:更换基金托管人时,新任基金托管人由基金管理人提名;更换基金管理人时,新任基金管理人由中国证监会或基金托管人提名。

(2)决议:基金持有人大会对被提名的新任基金托管人或新任基金管理人形成决议。

(3)批准:新任基金托管人经中国证监会和中国人民银行审查批准方可继任,新任基金管理人经中国证监会审查批准方可继任;原任基金托管人经中国证监会和中国人民银行批准方可退任,原任基金管理人经中国证监会批准方可退任。

(4)公告:基金托管人更换后,由基金管理人在获得中国证监会和中国人民银行批准后5个工作日内公告。基金管理人更换后,将由基金托管人在中国证监会批准后5个工作日内公告。若基金管理人和基金托管人同时更换,由基金发起人在获得批准后5个工作日内公告。

(十六)基金费用与税收

1、基金费用的种类

(1)基金管理人的报酬;

(2)基金托管人的托管费;

(3)基金上市费用;

(4)证券交易费用;

(5)基金信息披露费用;

(6)基金持有人大会费用;

(7)基金会计师费用、律师费用等;

(8)基金的宣传费用;

(9)按照国家有关规定可以列入的其他费用。

本基金费用由基金托管人从基金资产中支付。

2、基金费用的计提方法、计提标准和支付方式

(1)基金管理人的报酬

基金管理人的报酬由两部分组成,一部分是基金管理费,以基金资产净值的1.5%年费率计提;另一部分是业绩报酬,当基金的可分配净收益高于同期银行一年定期储蓄存款利率20%以上,且当年基金资产净值增长率高于同期证券市场平均收益率时,按一定比例计提。具体计算方法如下:

a、基金管理费

在通常情况下,基金管理费按前一日基金资产净值的1.5%年费率计算,本基金成立三个月后,若持有现金的比例超过本基金资产净值的20%,超出部分不计提基金管理费。计算方法为:

H=E×1.5%×1/当年天数

H为每日应支付的基金管理费

E为前一日基金资产净值(扣除本基金持有现金比例超过20%部分的基金资产净值)

基金管理费每日计算,逐日累计至每个月月末,按月支付,由基金托管人于次月前两个工作日内从基金资产中一次性支付给基金管理人。

b、管理人业绩报酬

业绩报酬根据基金全年的经营业绩情况,在满足以下几个基本条件下每年计提一次,直接用于奖励基金管理人员:

1 基金年平均单位资产净值不能低于面值;

2 基金可分配净收益率超过同期银行一年定期储蓄存款利率20%以上;

3 基金资产净值增长率超过证券市场平均收益率;

4 基金收益分配后其每单位资产净值不能低于面值。

在满足以上条件的情况下,基金业绩报酬计算方法为:

业绩报酬=调整后期初资产净值×MIN[M,N]×5%

其中,

M=基金可分配净收益率-1.2×同期银行一年定期储蓄存款利率(如果年内利率发生变动,则按时间段进行加权平均调整);

N=基金资产净值增长率-证券市场平均收益率;

MIN[M,N]为M、N中较小者;

基金可分配净收益率=当年可分配净收益/调整后年初基金资产净值;

基金资产净值增长率=(年末基金资产净值-调整后年初基金资产净值)/调整后年初基金资产净值;

调整后年初资产净值=上年度末基金资产净值-上年度已分配收益;

证券市场平均收益率=[(当年沪市综指涨跌幅×沪市平均总市值+当年深市综指涨跌幅×深市平均总市值)/(沪市平均总市值+深市平均总市值)]×80%+同期国债收益率×20%。

沪市平均总市值=(年初沪市总市值+年末沪市总市值)/2

深市平均总市值=(年初深市总市值+年末深市总市值)/2

在每个会计年度末由基金管理人计算、基金托管人复核,得出当年基金的净收益金额,作为当年可分配收益,同时计算出基金资产净值增长率,以确定基金管理人是否应计提业绩报酬并计算其数额。业绩报酬于12月31日进行预提,在次年经审计调整后从基金资产中一次性支付给基金管理人。

基金设立第一年(2000年)的年初资产净值及指数起始值等指标以基金成立日为准。

(2)基金托管人的托管费

基金托管人的托管费,按前一日的基金资产净值的0.25%的年费率计提。计算方法为:

H=E×0.25%×1/当年天数

H为每日应计提的基金托管费

E为前一日基金资产净值

基金托管费每日计算,逐日累计至每月最后一个工作日(如遇公众假期延至节假日结束后的第一个工作日)由基金托管人从基金资产中一次性支取。

(3)上述(一)3-7项费用按所签协议或有关规定计算,由基金托管人从基金资产中支付。

(4)经基金管理人与基金托管人协商一致,可以调低基金管理人的报酬及基金托管费,并报中国证监会核准后公告,无须召开基金持有人大会通过。

3、不列入基金费用的项目

基金管理人与基金托管人因未履行或未完全履行义务导致的费用支出或基金资产的损失,以及处理与基金运作无关的事项发生的费用等不列入基金费用。

4、基金税收

本基金及基金持有人应依据国家有关规定依法纳税。

(十七)基金收益与分配

1、收益的构成

(1)基金投资所得红利、股息、债券利息;

(2)买卖证券价差;

(3)存款利息

(4)其他收入。

因运用基金资产带来的成本或费用的节约计入基金收益。

2、基金净收益

基金净收益为基金收益扣除按照国家有关规定可以在基金收益中扣除的费用后的余额。

3、收益分配原则

(1)基金收益分配的比例不低于基金会计年度净收益的90%;

(2)基金收益每会计年度至少分配一次,采用现金形式分配,于每个基金会计年度结束后四个月内实施;

(3)基金当年收益先弥补上一年度亏损后,方可进行当年收益分配;

(4)基金投资当年亏损,则不进行收益分配;

(5)每份基金单位享有同等分配权。

4、收益分配方案

基金收益分配方案载明基金收益范围、基金净收益、基金收益的分配对象、分配原则、分配时间、分配数额及比例、分配方式、支付方式等内容。

5、收益分配方案的确定与公告

基金收益分配方案先由基金管理人拟定,经基金托管人核实后,在报中国证监会备案后5个工作日内公告。

（十八）基金的会计与审计

1、基金会计政策

(1)基金的会计年度为公历年度的1月1日至12月31日。

(2)基金核算以人民币为记帐本位币，以人民币元为记帐单位。

(3)会计制度执行国家有关的会计制度。

(4)基金独立建帐、独立核算。

(5)基金管理人及托管人各自保留完整的会计帐目、凭证并进行日常的会计核算，按照有关规定编制基金会计报表。

(6)基金托管人每月与基金管理人就基金的会计核算、报表编制等进行核对并以书面方式确认。

2、基金审计

本基金管理人聘请具有证券从业资格的会计师事务所及其注册会计师对基金年度财务报表进行审计。

（十九）基金的信息披露

1、信息披露的形式

本基金的信息披露将按照《暂行办法》、《证券投资基金信息披露指引》、本基金契约及其他有关规定进行。本基金的信息披露事项必须在中国证监会指定的报纸上公告。

2、信息披露的内容及时间

(1)定期报告

a、定期报告包括年度报告、中期报告、投资组合公告、基金资产净值公告。

b、基金管理人应当在每个基金会计年度结束后90日内编制完成年度报告并公告。

c、基金管理人应当在每个基金会计年度的前6个月结束后60日内编制完成中期报告并公告。

d、投资组合公告每季公布一次，应披露基金投资组合分类比例，及基金投资按市值计算的前十名股票明细。

e、基金资产净值每周公布一次。

f、除特殊情况外，年度报告以外的定期报告无需经过会计事务所审计。

(2)基金的临时报告与公告

(3)基金信息披露文件的存放与查阅

本基金年度报告、中期报告、临时报告、基金资产净值公告、基金投资组合公告等公告文本存放于基金管理人和基金托管人的办公场所，在办公时间内投资者可免费查阅，亦可按工本费购买复印件。

基金管理人和基金托管人保证文本的内容与所公告的内容完全一致。

（二十）基金的扩募、续期或转型

1、基金的扩募或续期

本基金的类型为契约型封闭式，如果进行扩募或续期，应当具备下列条件：

(1)本基金年收益率高于全国证券投资基金平均收益率；

(2)本基金管理人、托管人最近三年内无重大违法、违规行为；

(3)基金持有人大会和基金托管人同意扩募或续期；

(4)中国证监会规定的其他条件。

本基金具备上述条件后，管理人可以向中国证监会申请基金的扩募或续期，该申请由中国证监会审查批准。本基金上市后的首次扩募已获基金持有人大会通过和中国证监会批准，勿须满足上述条件。

（二十一）基金的终止和清算

1、基金终止

有下列情况之一的，基金将终止：

(1)基金封闭期满，未被批准续期；

(2)基金经批准提前终止的；

(3)因重大违法、违规行为，基金被中国证监会责令终止的；

(4)有关法律法规规定的其他情形。

七、基金运作情况

（一）基金管理人报告

1、珠江证券投资基金清理规范后，为了争取基金长期稳定的投资收益，基金管理人将会加强对市场的研判，精心操作，力求给投资人较好的回报。

2、基金管理人已经于2000年4月26日开始基金投资运作，关于基金运作的具体情况，将依据有关规定，通过基金年度报告、基金中期报告、基金临时公告、基金资产净值公告和基金投资组合公告等信息披露形式披露。

3、基金管理人承诺

本基金管理人承诺勤勉尽责、诚实信用、安全有效地管理和运作基金资产，为投资者谋求最大的投资收益。

为切实履行上述承诺，保障投资人合法权益，管理人全体员工均已与公司签定了上岗承诺书，保证不从事任何法律法规及公司禁止的活动。公司任何人员，除为公司进行基金投资外，不得直接或间接进行股票交易；不得协助、接受委托或以其它任何形式为其它组织或个人进行证券交易；不得泄露尚未依法公开的基金投资内容、基金投资计划等信息。如发现上述行为，公司将根据有关规定进行处罚。

广大投资者如发现本公司员工发生上述行为，请向本公司监察稽核部举报。

举报电话：021-62531069　　传真：021-62531262

（二）基金托管人报告

基金托管人中国建设银行依据签署的《珠江证券投资基金基金契约》，受理托管珠江基金的全部财产，对基金投资运作进行了全面的会计核算和必要的监督。

八、财务状况

（一）基金资产已于2000年4月26日全部划至本基金的托管人中国建设银行"珠江证券投资基金专户"，并经大华会计师事务所华业字[2000]856号验资报告，资产全部到位。具体情况为：

基金单位总份额：233,640,000份

未分配净收益：29,052,818.41元

未实现资本利得：5,390,436.95元

基金资产净值：268,083,255.36元

每份基金单位资产净值：1.1474元

（二）基金管理人将按照《基金契约》及《证券投资基金信息披露指引》的规定披露基金财务状况。

（三）财务状况

1、资产负债状况：截止2000年6月23日，单位：元

银行存款：77,825,697.46

股票投资：176,271,404.32

债券投资：0

资产估值增值：8,037,788.77

其他应收款：17,112,267.88

基金资产总值：279,247,158.43

应付管理人报酬：253,984.66

应付托管费：42,330.77

其他应付款：8,796,401.58

负债合计：9,092,717.01

实收基金：233,640,000.00

未分配利润：28,476,652.65

未实现资本利得：8,037,788.77

持有人权益合计：270,154,441.42

基金资产净值：270,154,441.42

每份基金单位资产净值：1.1563

注：上述披露的本基金财务数据已经托管人审核确认，未经审计。

2、重要财务事项

(1)净收益主要是证券买卖差价收入和银行利息收入。

(2)未实现投资收益是指基金资产的估值增值

上市证券以计算日市场平均价为准；该日无交易的，以最近的交易日平均价为准；未上市的股票以发行价计算；未上市的债券以本金加计至估值日止应计利息计算；

3、资产净值计算方法：

资产净值=实收基金+净收益+未实现投资收益

九、风险揭示

对本基金的投资也存在风险，主要有：

（一）市场风险

证券市场价格因受各种因素的影响所引起的波动，将对本基金资产产生潜在风险，主要包括：

1、政策风险

货币政策、财政政策、产业政策等国家政策的变化对证券市场产生一定的影响，导致市场价格波动，影响基金收益而产生风险。另外，因为本基金的主要投资对象为新兴产业类上市公司，国家有关产业的政策变化也会对基金净值和收益产生影响。

2、经济周期风险

证券市场是国民经济的晴雨表，而经济运行具有周期性的特点。宏观经济运行状况对证券市场的收益水平产生影响，从而产生风险。

3、利率风险

金融市场利率波动会导致股票市场及债券市场的价格和收益率的变动，同时直接影响企业的融资成本和利润水平。基金投资于股票和债券，收益水平会受到利率变化的影响。

4、投资新兴产业风险

上市公司的经营状况受多种因素影响，如业内竞争、市场前景、管理能力、财务状况等都会导致公司盈利发生变化。如果本基金重点投资的新兴产业类公司由于技术水平、市场需求的不稳定性或内部管理等方面的原因，达不到预期的经营业绩，或达不到预期的成长性，导致股票价格的波动，使基金资产净值和收益下降，从而给基金的投资带来风险。

5、购买力风险

本基金投资的目的是使基金资产保值增值，如果发生通货膨胀，基金投资于证券所获得收益可能会被通货膨胀抵消，从而影响基金资产的保值增值。

6、扩募风险

本基金上市后将在适当时间扩募，由于基金规模的扩大有可能导致基金单位净值下降，引起基金市场价格的波动，从而产生风险。

（二）管理风险

在基金的管理运作过程中，可能因基金管理人对经济形势和证券市场发展规律等判断有误，及获取的信息不全等影响基金的收益水平。同时基金管理人和托管人的管理水平、管理手段和管理技术等对基金收益水平也存在相关的影响。

（三）其它风险

战争、自然灾害等不可抗力因素的出现，将会严重影响证券市场的运行，可能导致基金资产的损失。

十、重要事项揭示

（一）基金发起人持有基金单位份额情况：

发起人名称	认购份额	占基金单位总份额的比重
国泰君安证券股份有限公司	1,260,000	5.39‰
国泰基金管理有限公司	1,080,000	4.62‰

根据《基金契约》规定，基金上市时全部基金发起人持有的基金份额不得低于基金总规模的1%，在本基金存续期间，全部基金发起人持有基金单位不得低于基金总规模的0.5%，其余部分在基金扩募部分上市二个月后方可流通。

（二）本基金231,300,000份基金单位将于2000年6月30日在深圳证券交易所挂牌上市。

（三）基金的首次扩募、更名和续期已经原珠江基金1999年度持有人大会决议通过，并经证监基金字[2000]40号文批准，首次扩募、更名和续期不再需要召开基金持有人大会，扩募后本基金更名为"金盛证券投资基金"。

（四）本基金管理人已经持有人大会授权，向中国证监会提出扩募至5亿份基金单位的申请，该申请已获批准。本基金上市后将由原来的233,640,000份基金单位扩募至5亿份基金单位，扩募后存续期延长5年(至2009年11月30日)，以每份基金单位价格1.01元向原持有人和基金发起人按比例配售。扩募时间将另行公告。

（五）本基金原管理人广州珠江投资基金管理有限公司声明如下：

1、本公司已提交了珠江证券投资基金规范、移交有关的以及可能对基金规范与移交产生影响的所有资料、文件和信息；

2、本公司所提供文件资料，如为副本/复印件，均经本公司与原件核对无误；

3、本公司所提供的文件、资料均为真实、完整和准确，而没有任何虚假、不实、错误或者重大遗漏；

4、截至本声明签署日，珠江基金资产真实、完整、独立，不存在任何诉讼、仲裁或行政处罚案件；

5、由于历史原因和基金操作中的不规范，本公司将部分基金资产以个人名义开立资产帐户和证券帐户从事证券投资，本公司提供给各中介机构查证的以个人名义开设的资金帐户和资金帐户上的资金和股票，确系基金资产。

（六）本基金原管理人承诺：将所有原基金有关资料及会计帐册保存15年以上，以备查询。

（七）本基金上市首日设涨跌幅限制，限制幅度为2000年6月29日基金单位净值的30%。2000年6月29日基金单位净值将在2000年6月30日的《证券时报》、《中国证券报》、《上海证券报》上公告。自上市次日起，涨跌幅限制仍为前一交易日收市价的10%。

十一、备查文件

（一）《关于广东省原有投资基金清理规范总体方案的批复》（证监基金字[1999]41号）

（二）《关于同意珠江投资基金规范为珠江证券投资基金并申请上市的批复》（证监基金字[2000]39号）

（三）《关于珠江证券投资基金上市、扩募、更名和续期的批复》（证监基金字[2000]40号）

（四）原珠江基金1999年度持有人大会决议

（五）珠江证券投资基金基金契约

（六）基金上市法律意见书

（七）基金发起人营业执照

（八）基金管理人业务资格批件、营业执照和公司章程

（九）基金托管人业务资格批件和营业执照

（十）珠江证券投资基金托管协议

国泰基金管理有限公司

2000年6月27日

裕泽证券投资基金

裕泽证券投资基金上市公告书摘要

概 要

基金名称:裕泽证券投资基金 基金简称:基金裕泽 基金代码:4705 原基金简称:半岛基金 原基金代码:4005 基金单位总份额:2亿份基金单位 本次上市流通份额:2亿份基金单位
基金管理人:博时基金管理有限公司 托管人:中国工商银行 上市时间: 2000年5月17日
上市推荐人:国通证券有限责任公司 上市地点: 深圳证券交易所

本基金是根据中国证券监督管理委员会《关于同意半岛投资基金规范更名为裕泽证券投资基金并申请上市、扩募和续期的批复》(证监基金字[2000]24 号)由原半岛基金更名而成的契约型封闭式证券投资基金。本基金将在上市后由2亿份基金单位 扩募到5亿份基金单位。扩募后,本基金存续期将延长5年(至2011年5月31日),扩 募时间将另行公告。

一、基金概况及历史沿革

裕泽证券投资基金(以下简称"本基金")是由原半岛基金更名后形成的契约型封闭式证券投资基金。本基金发起人为国通证券有限责任公司、博时基金管理有限公司,基金管理人为博时基金管理有限公司,基金托管人为中国工商银行。本基金总规模为2亿份基金单位,基金存续期为10年(自1996年5月31日至2006年5月31日)。基金裕泽的前身深圳半岛投资基金(公司)是经中国人民银行深圳经济特区分行批准,由招商局蛇口 工业区有限公司、招商局蛇口工业区理财服务公司、中国平安保险公司、深圳安达实业股份有限公司、招商局蛇口工业区社会保险公司五家公司于1994年3月发起设立的 公司型封闭式基金。1995年4月1日,深圳半岛投资基金在深交所挂牌进行柜台交易,实现了封闭式基金的流通。1996年5月31日,经主管机关中国人民银行深圳经济特区分行批准,深圳半岛投资基金从公司型基金改制为契 约型基金,基金经理人为深圳市半岛投资基金管理有限公司,基金托管人为招商银行,基金名称定为半岛基金,基金规模为1亿份基金单位,存续期为10年(1996年5月31日至2006年5月 31日)。自1994年至1999年底,半岛基金平均年收益率为36.67%。依据《证券投资基金管理暂行办法》、《国务院办公厅转发证监会原有投资基金清理规范方案的通知》(国办发[1999]28号)的有关规定;根据中国证券监督管理委员会《关于深圳市原有投资基金清理规范总体方案的批复》(证监基金字[1999]42 号)关于半岛基金资产要全部调整为现金、上市公司流通股票、国债等流动性资产的有关要求;按照2000年2月29日半岛基金受益人大会决议,深圳市半岛基金管理有限 公司对半岛基金的非流动性资产进行了转让,2000年3月,半岛基金资产全部调整为流动性资产。2000年3月18日,半岛基金以通讯表决方式召开了半岛基金2000年第一次受益人大会,大会通过了申请摘牌、更换发起人、更换管理人、更换托管人、基金资产移交等议案,审议通过了《半岛证券投资基金基金契约》,通过了申请上市、申请扩募和续期、申请更名等授权议案,通过了10送10分配预案。2000年3月23日,为配合本基金的清理规范,半岛基金实施了10送10的分配方案 ,即每10个基金单位送10 个基金单位。半岛基金规模调整到2亿份基金单位。2000年3月24日,半岛基金开始进行资产移交,半岛基金管理人更换为博时基金 管理有限公司,基金托管人更换为中国工商银行,原托管人招商银行将基金资产全部移交给新的托管人中国工商银行。博时基金管理有限公司根据半岛基金2000年第一次受益人大会的授权,将半岛基金更名为"裕泽证券投资基金"。2000年3月27日,基金资产全部划入中国工商银行为本基金开立的"裕泽证券投资基金专户"。根据2000年3月28日深圳天勤会计师事务所出具的验资报告,截止至2000年3月27日,半岛基金资产状况为:股票投资 208235959.09 人民币元;货币资金 44747647.71 人民币元,基金资产净值为 252983606.80 人民币元,每份基金单位净值 1.2649 元。原半岛基金的资产已经全部划入新基金托管人中国工商银行开立的"裕泽证券投资基金专户"。2000年3月28日新基金管理人博时基金管理有限公司正式开始本基金的运作。经中国证券监督管理委员会《关于同意半岛投资基金规范更名为裕泽证券投资基金并申请上市、扩募和续期的批复》(证监基金字[2000]24号)文件确认,本基金正式更名为"裕泽证券投资基金"。基金类型为契约型封闭式,规模为2亿份基金单位 ,存续期为10年(1996年5月31日至2006年5月31日),基金发起人为国通证券有限责任公司和博时基金管理有限公司。同意博时基金管理有限公司代表裕泽证券投资基金向深圳证券交易所提出上市申请,同意国通证券有限公司为裕泽证券投资基金的上市推荐人。根据中国证券监督管理委员会《关于同意半岛投资基金规范更名为裕泽证券投资基金并申请上市、扩募和续期的批复》(证监基金字[2000]24号),经深圳证券交易所(深圳上[2000]50号)批准,裕泽证券投资基金将于2000年5月17日在深圳证 券交易所挂牌交易。本次上市流通的总份额为2亿份基金单位,每份基金单位面 值为1元。裕泽证券投资基金上市后,将由原来的2亿份基金单位扩募为5亿份基金单位。扩募协调人为国通证券有限责任公司。本基金扩募到5亿份基金单位规模后,基金存续期将延长五年(至2011年5月31日),扩募时间将另行公告。

二、基金持有人结构

(一)基金持有人结构:本基金全部由公众持有,共计2亿份基金单位。截止2000年 5月10日,基金持有人总数为3910户,其中持有1000份基金单位以上的基金持有人户数为3261户。

(二)前十名持有人:(截止2000年5月10日)

序号	名 称	份 额(份)	比例
1	招商局蛇口工业区有限公司	8,713,000	4.36%
2	温州国际信托投资公司劳服公司	4,015,400	2.01%
3	李颖	3,813,400	1.91%
4	温州国信工业贸易公司	3,314,800	1.66%
5	招商局蛇口工业区理财服务公司	3,168,400	1.58%
6	胡东娥	3,000,000	1.50%
7	朱龙明	2,819,000	1.41%
8	深圳市蛇口安达股份有限公司	2,772,200	1.39%
9	中国平安保险股份有限公司	2,772,200	1.39%
10	林君	2,678,540	1.34%

三、基金发起人、基金管理人、基金托管人

(一)基金发起人 1、国通证券有限责任公司 法定代表人: 施永庆 组织形式: 有限责任公司
注册地址: 深圳市深南中路34号华强佳和大厦 A座8-11楼 注册资本: 22亿元人民币
成立日期: 1998年10月 联系电话:(0755)3796448
2、博时基金管理有限公司 法定代表人:周道志 组织形式: 有限责任公司
注册地址:北京市建国门内大街18号恒基中心1座23层 注册资本: 1亿元人民币
成立日期:1998年7月13日 经营范围:发起设立基金,基金管理。
财务状况:公司自成立以来,财务状况良好。
(二)基金管理人 法定名称:博时基金管理有限公司 法定代表人:周道志 总经理:肖风
组织形式: 有限责任公司 注册地址:北京市建国门内大街18号恒基中心1座23层
注册资本: 1亿元人民币 成立批准文号:证监基字[1998]26号成立日期;1998年7月13日
工商登记注册的法人营业执照文号:1000001002998 经营范围:发起设立基金,基金管理。
内部组织结构及职能:公司设有董事会和监事会。目前设立7个部门——基金经理部、研究策划部、市场发展部、基金交易部、监察部、电脑部和行政管理部。此外,还设有投资决策委员会和风险控制委员会两个专门机构。公司已经建立了健全的内部风险控制制度、内部稽核制度、财务管理制度、人事管理制度、信息披露制度、员工行为准则等公司管理制度体系。人员情况:截止至2000年4月,公司拥有员工49人。其中博士4人,硕士30人,学士8人。 直接从事基金管理业务的人员均具有3年以上证券业从业经历。
信息披露负责人: 李全 周正清 联系电话:(010)65171166
基金管理业务简介:公司截止至2000年5月10日,公司管理的所有基金的基金资产总值约为95.9亿元。公司目前管理的其他四只基金分别为基金裕阳、基金裕隆、基金裕元、基金金越.
(三)基金托管人:中国工商银行 法定代表人:姜建清 成立日期: 1984年1月1日
注册地址:北京市西城区复兴门内大街55号 注册资本: 1710.24亿元人民币
托管部负责人:赵跃 信息负责人:刘长江 咨询电话: (010)66106878
托管业务简介:1998年2月24日中国证监会和中国人民银行核准中国工商银行基金托管资格,是国内第一家获得基金托管资格的银行。中国工商银行总行设立了证券投资基金托管部,内设综合管理处、基金业务处、客户服务处、研究开发处、内控保障处五个部门,在上海和深圳设有托管分部,现有员工30多人。其中90%以上人员具有大学本科以上学历,50%以上人员具有硕士研究生以上学历。截止至2000年2月底,已经托管开元、金泰、安信、同益、普丰、天元和裕元七只证券投资基金,托管基金单位155亿元,托管基金资产总额230余亿元。
(四)基金上市推荐人 法定名称:国通证券有限责任公司 法定代表人:施永庆
地址:深圳市深南中路34号华强佳和大厦A座8-11楼 联系人: 王琼 电话:3796448
(五)财务审计及验资机构 法定名称:天勤会计师事务所 法定代表人:章为纲
注册地址:深圳蛇口招商大厦103-203号 电话:6691597 经办注册会计师:李莉 许丽周
(六)法律顾问 法定名称:经天律师事务所 法定代表人:陈学明
注册地址:深圳市滨河大道联合广场A座25楼 电话:2710800 经办律师:陈学明 霍庭

四、基金的投资

(一)投资目标 本基金属于科技基金,主要投资于具有较高科技含量的上市公司。所追求的投资 目标是在尽可能分散和规避投资风险的前提下,谋求基金资本增值和投资收益的最大化。

(二)投资范围 本基金的投资范围仅限于具有良好流动性的金融工具,包括国内依法公开发行上 市的股票、债券以及经中国证监会批准允许证券投资基金投资的其他金融工具。

本基金的股票投资部分将主要投资于具有较高科技含量的上市公司,包括涉及新 兴产业的上市公司或具有较强技术开发能力的上市公司等。

(三)投资组合情况 本基金基金资产已于2000年3月27日全部划至本基金的托管人中国工商银行为本 基金开立的"裕泽证券投资基金专户";2000年3月28日,基金管理人博时基金管理有限公司开始本基金的投资运作。 投资组合情况如下:(截止至2000年5月10日,单位:元)

银行存款	43,198,127.45
股票投资	173,187,676.28
债券投资	865,886.58

五、基金契约摘要

(一)前言 订立本基金契约的依据是《证券投资基金管理暂行办法》(以下简称《暂行办法 》)及其实施准则和中国证监会的有关规定。

(二)基金契约当事人 1、基金发起人 博时基金管理有限公司 国通证券有限责任公司2、基金管理人 博时基金管理有限公司3、基金托管人 中国工商银行

(三)基金的基本情况 裕泽证券投资基金为契约型封闭式基金,基金单位总份额2亿份基金单位。基金单位每份面值为人民币1.00元。本基金原存续期限为10年 (自1996年5月31日至2006年5月31日),基金上市后,可向中国证监会和证券交易所申请续期。

六、基金运作情况

(一)基金管理人报告 1、裕泽证券投资基金改制成立后,为了争取基金长期稳定的投资收益,基金管理 人将会加强对市场的研判,精心操作,力求规避和分散投资风险以及投资人收益的最大化。2、基金管理人已经于2000年3月28日开始基金投资运作,关于基金运作的具体情 况,将依据有关规定, 通过基金年度报告、基金中期报告、基金临时公告、基金资产净值公告和基金投资组合公告等信息披露形式披露。3、基金管理人承诺本基金管理人承诺勤勉尽责、诚实信用、安全有效地管理和运作基金资产,为投 资者谋求最大的投资收益。

七、财务状况

(一)基金资产已于2000年3月27日全部划至本基金的托管人中国工商银行为本 基金开立的"裕泽证券投资基金专户",并经天勤会计师事务所[2000]第11号验资报告确认,基金资产已全部到位。 2000年3月27日财务状况为:

基金单位总份额:	200,000,000.00 份
未分配净收益:	29,574,594.35 元
未实现资本利得:	23,409,012.45 元
基金资产净值:	252,983,606.80 元
每份基金单位资产净值:	1.2649 元

(二)基金管理人将按照《基金契约》及《证券投资基金信息披露指引》的规定披露基金财务状况。

(三)财务状况 1、资产负债状况(截止2000年5月10日,单位:元)

银行存款:	43,198,127.45
交易保证金:	15,022,303.99
其他应收款:	26,202.70
股票投资:	173,187,676.28
债券投资:	865,886.58
资产估值增值:	10,902,733.40
基金资产总值:	243,202,930.40
应付管理人报酬:	101,356.39
应付托管费:	16,892.73
其他应付款:	124,758.20
负债合计:	243,007.32
实收基金:	200,000,000.00
本期净收益:	2,482,595.33
未分配收益:	29,574,594.35
未实现资本利得:	10,902,733.40
持有人权益合计:	242,959,923.08
基金资产净值:	242,959,923.08
每份基金单位资产净值:	1.2148

兴科证券投资基金

兴科证券投资基金上市公告书

基金管理人:华夏基金管理有限公司　基金托管人:交通银行　上市推荐人:陕西证券有限公司

◆基金名称:兴科证券投资基金　◆基金简称:基金兴科　◆基金交易代码:4708

◆基金单位总份额:226,659,366 份　◆本次上市流通份额:224,588,441 份

◆基金面值:1.00 元　◆上市时间:2000 年 7 月 18 日　◆上市地点:深圳证券交易所

◆本基金是根据中国证监会《关于兴科证券投资基金上市、扩募和续期的批复》(证监基金字［2000］44 号)由原陕信基金、长安基金、南京基金、通信基金和常信基金规范而成的契约型封闭式证券投资基金。本基金上市后将扩募到 5 亿规模,扩募后存续期延长五年(至 2007 年 5 月 30 日),扩募时间另行公告。

一、基金概况

兴科证券投资基金(以下简称本基金)是按《证券投资基金管理暂行办法》、国务院关于原有投资基金清理规范的有关规定和中国证监会《关于江苏省原有投资基金清理规范实施方案的批复》(证监基金字[2000]11 号)、《关于陕西省原有投资基金清理规范实施方案的批复》(证监基金字[2000]12 号)、《关于同意陕信基金等 5 只原有投资基金规范合并为兴科证券投资基金并申请上市的批复》(证监基金字[2000]43 号)、《关于兴科证券投资基金上市、扩募和续期的批复》(证监基金字[2000]44 号),由陕信基金、长安基金、南京基金、通信基金和常信基金等五只基金经清理规范后合并而成的契约型封闭式证券投资基金,基金规模为 226,659,366 份基金单位。基金存续期为 10 年(1992 年 5 月 31 日至 2002 年 5 月 31 日)。原基金的发起人中,陕西证券有限公司保留为本基金的发起人,其共持有基金单位 2,070,925 份,占本基金单位总额的 0.91%;原基金的其他发起人不再担任本基金的发起人;本基金增加华夏基金管理有限公司为发起人。由于历史原因,华夏基金管理有限公司目前暂未持有本基金。本基金管理人为华夏基金管理有限公司,基金托管人为交通银行。新任的基金管理人和基金托管人已于 2000 年 4 月 8 日正式接管本基金。本基金管理人根据本基金持有人大会授权,向中国证券监督管理委员会提出上市、扩募、续期申请。根据中国证监会证监基金字[2000]44 号文《关于兴科证券投资基金上市、扩募和续期的批复》,经深圳证券交易所深证上[2000]101 号文批准,将于 2000 年 7 月 18 日在深圳证券交易所挂牌交易。基金总份额为 226,659,366 份,本次上市流通的份额为 224,588,441 份。根据《基金契约》的规定,基金上市时全部基金发起人持有基金单位份额不得低于基金总规模的 1%,在基金存续期内,基金发起人持有基金单位份额不得低于基金规模的 0.5%,其余部分在基金扩募部分上市两个月之后,方可流通。根据中国证监会《关于兴科证券投资基金上市、扩募和续期的批复》(证监基金字[2000]44 号),本基金上市后将由 226,659,366 份基金单位扩募至 5 亿份基金单位。扩募后基金存续期延长五年(至 2007 年 5 月 30 日)。扩募和更名时间将另行公告。基金上市后交易单位每手为 100 份基金单位,每基金单位面值 1 元。

二、基金持有人结构

(一)基金持有人结构:发起人持有 2,070,925 份,公众持有 224,588,441 份。

(二)前十名持有人:

序号	名称	持有份额	比例(%)
1	蔡月琴	3,392,408	1.50
2	潘放	3,356,753	1.48
3	茅君	3,298,853	1.46
4	单泰裕	2,529,422	1.12
5	陕信托 C	2,144,995	0.95
6	陕证公司	2,070,925	0.91
7	刘昌继	1,900,424	0.84
8	徐建中	1,669,956	0.74
9	朱　飚	1,656,131	0.73
10	李小平	1,285,503	0.57

(三)基金持有人总数为:47985 户,其中持有 1000 份以上基金单位数量的为 34615 户。

三、基金发起人、基金管理人和基金托管人

(一)基金发起人

1.名称:陕西证券有限公司　法定代表人:吴全昌　注册地址:陕西省西安市解放路 232 号

邮政编码:710054　组织形式:有限责任公司　注册资本:5000 万元人民币

设立日期:1988 年 6 月 3 日　联系人:赵南岳　联系电话:029-7804264

财务状况:陕西证券有限公司经营状况良好,拟增资扩股,最近三年连续盈利。

2.名称:华夏基金管理有限公司　法定代表人:邵淳　邮政编码:100027

地址:北京市东城区东直门南大街 6 号东方花园饭店写字楼 6 层　组织形式:有限责任公司

注册资本:7000 万元人民币　设立日期:1998 年 4 月 9 日

(二)基金管理人简介

名称:华夏基金管理有限公司　法定代表人:邵淳　总经理:范勇宏

地址:北京东城区东直门南大街 6 号东方花园饭店写字楼 6 层　执照号码:11512815(2-2)

信息披露负责人:方瑞枝　电话:(010)64156666-5015

华夏基金管理有限公司是经中国证监会证监基字[1998]16 号文件批准,于 1998 年 4 月 9 日成立,是首批经中国证券监督管理委员会批准的全国性基金管理公司之一。公司总部设在北京,注册资本 7000 万元人民币,由华夏证券有限公司、北京证券有限责任公司和中国科技国际信托投资有限责任公司共同发起设立,主要业务是发起设立基金和基金管理。公司设置六个部门:监察稽核部:对公司及其员工遵守国家相关法律、法规和公司内部规章制度等情况进行监督和检查。投资研究部:对基金资产进行投资与管理,对宏观经济、行业和上市公司进行调查和研究。基金开发与营销部:基金新产品研究、设计、推广、销售与客户服务。基金清算部:公司财务及各基金的清算和财务工作等。信息技术部:公司信息系统的日常运行与维护,跟踪研究新技术,进行相应的系统规划建设和研究开发。综合管理部:公司管理与企业文化建设、国际合作、对外联络及公关,人力资源管理。此外,还设立投资决策委员会和风险控制委员会,进行重大投资以及风险控制的决策工作。公司现有人员 48 名,平均年龄为 33 岁。全部具有本科以上学历,80%以上具有硕士以上学历,博士 4 人。其中绝大多数为专业人员,证券从业经历三年以上或五年金融从业经历以上的占 70%以上。

公司目前管理的基金有两只,即兴华证券投资基金和兴和证券投资基金。其基本情况如下:

兴华证券投资基金:1998 年 4 月 28 日成立,基金单位总份额 20 亿份。截止 2000 年 7 月 7 日,基金单位净值:1.4272 元。兴和证券投资基金:1999 年 7 月 14 日成立,基金单位总份额 30 亿份。截止 2000 年 7 月 7 日,基金单位净值:1.3354 元。

(三)基金托管人:

交通银行　设立日期:1987 年 4 月 1 日　注册资本:120 亿元人民币

法定代表人:王明权　注册地址:上海市仙霞路 18 号　联系人:金玉凤　王玮

联系电话:021-62751234-2624　传真:021-62954058

发展概况:交通银行是我国第一家全国性国有股份制商业银行,1987 年重新组建以来,各项业务稳步、健康发展。交通银行 1998 年被国际金融界权威杂志《欧洲货币》评为中国最佳银行。

财务状况:截止 1998 年末,资产总额为 4839.23 亿元人民币,实收资本 117 亿元人民币;1998 年境内行实现利润 25.48 亿元人民币,人均创利 5.61 万元人民币。交通银行自重新组建以来,保持连续盈利的记录,实现利润总额和人均利润水平名列国内五大银行前列。

基金托管部设置及员工情况:交通银行于 1998 年 6 月获准设立证券投资基金托管部,主要业务部门有监管交易部、清算核算部、内控巡查部和综合规划部,现有员工 18 人。托管业务情况:交通银行目前已托管普惠证券投资基金、安顺证券投资基金、汉兴证券投资基金和金越证券投资基金。

(四)基金上市推荐人:陕西证券有限公司　法定代表人:吴全昌

注册地址:陕西省西安市解放路 232 号

办公地址:陕西省西安市友谊东路 124 号泛亚大厦六一八楼　电话:029-7804269　7881550

传真:029-7804269　联系人:程永康　周培育

(五)律师事务所:北京市金诚律师事务所　地址:北京建国门内大街 8 号中粮广场 A 座 6 层

法定代表人:刘治海　联系电话:010-65263518　传真:010-65263519

经办律师:刘治海　贺宝银　联系人:冯继勇

(六)会计师事务所:普华大华会计师事务所地址:上海浦东新区沈家弄 35 号

联系电话:021-63863388　传真:021-63863300　经办注册会计师:周忠惠　王笑

四、基金的历史沿革

本基金由原陕信基金、长安基金、南京基金、通信基金、常信基金五只基金合并而成,遵照中国证监会要求,经规范重组后,更名为"兴科证券投资基金",并转由华夏基金管理有限公司管理,交通银行托管。

陕信基金历史沿革

陕信基金原名工行信托投资受益债券,是 1992 年经中国人民银行陕西省分行陕银复字[1992]29 号《关于中国工商银行陕西省信托投资公司发行信托投资受益证券的批复》批准,由中国工商银行陕西省信托投资公司发起设立的契约型、封闭式受益证券,发行总额为 5000 万单位,每份单位面额为 1.00 元人民币,期限为 10 年。受益债券可分配收益是收入总额扣除费用后的净收益,分为固定收益和浮动收益。托管人为工行陕西省分行营业部。发起人和管理人为陕西信托投资有限公司。1997 年经陕西信托投资受益证券受益人大会决议,更名为陕信基金。经中国人民银行陕西省分行[1994]陕银便管字 12 号文件批准,本基金于 1997 年 10 月 10 日在沈阳交易中心挂牌交易。本基金主要投资于国债和股票,有部分资金进行了实业投资。根据国务院国办发[1999]28 号文《国务院办公厅转发证监会原有投资基金清理规范方案的通知》的精神,本基金于 1999 年 6 月 1 日停盘。陕信基金自设立以来,年均分红率为 16%。

长安基金历史沿革

长安基金原名陕西省证券公司投资受益债券,是经中国人民银行陕西省分行《关于陕西省证券公司投资受益债券的批复》(陕银复[1992]20 号)于 1992 年 5 月 3 日批准发行的。发行规模为 3000 万元人民币,期限为 5 年,本金到期后一次返还。受益债券利率由固定利率部分和浮动利率部分构成,固定利率部分按当年一年定期储蓄利率计算,如遇利率调整,实行分段计息。1993 年 1 月 20 日,经中国人民银行陕西省分行[1993]陕银便管字第 03 号文件批复,发行规模增至 3100 万元。1994 年 3 月 1 日,中国人民银行陕西省分行下发《关于同意陕西省证券公司投资受益债券转换为投资基金的批复》(陕银复[1994]11 号)文件,陕西省证券公司投资受益债券更名为长安投资基金,存续期为 15 年封闭式契约型基金(含原投资受益债券 5 年存续期在内)。长安投资基金发起人和管理人均为陕西证券有限公司。基金主要投资于国债和股票,有少量资金进行股权投资。经 1996 年度基金持有人大会审议,当年分红为每 10 份送 2 份,基金规模为 3720 万份。1997 年 10 月 23 日,长安基金在沈阳证券交易中心挂牌交易。1999 年 6 月 1 日,根据《国务院办公厅转发证监会原有投资基金清理规范的通知》(国办发[1999]28 号)文件精神,长安基金于 1999 年 6 月 1 日在沈阳证券交易中心摘牌。长安基金自设立以来,历年均向投资人分红,年均分红率为 17%。

南京基金历史沿革

南京基金原名南京市国际信托投资公司信托投资受益债券,是经中国人民银行南京市分行《关于同意你公司发行投资受益债券的批复》(宁人银管[1992]第 225 号)于 1992 年 5 月 6 日批准发行的。发行规模为 3000 万元人民币,期限为 9 年,本金到期后一次返还。受益债券利率按不低于同期银行定期储蓄利率计算。1994 年 1 月 21 日,中国人民银行南京市分行下发《关于同意南京国际信托投资公司信托投资受益基金在武汉证券交易中心上市的批复》(宁人银管[1994]第 33 号)文件,债券转为基金(简称南京基金),原债券 9 年存续期不变,基金管理人为南京市国际信托投资公司基金管理部,托管人为南京市国际信托投资公司。基金主要从事于房地产及股权投资。经武汉证券交易中心(武证交[1994]第 22 号)《关于同意"南京基金"在武汉证券交易中心上市的批复》,南京基金于 1994 年 6 月在武汉证券交易中心挂牌交易。南京基金自设立以来,历年均向投资人分红,年均分红率为 14.25%。

通信基金历史沿革

通信基金原名南通市信托投资公司信托投资受益债券,是经中国人民银行江苏省分行《关于同意发行信托投资受益债券的批复》(苏银发[1992]226 号)于 1992 年 5 月 15 日批准发行的。发行规模为 5000 万元,期限为 10 年,本金到期后一次返还。受益债券年收益率最低不低于每一结益期开始的 3 年期定期储蓄存款的年利率。通信基金发起人、管理人和托管人均为南通市信托投资公司。基金主要投资于国债和股票。1994 年 1 月 26 日,经武汉证券交易中心[1994]第 5 号文件批准,通信基金在该中心挂牌交易。通信基金自设立以来,年均分红率为 14%。

常信基金历史沿革

常信基金原名常州市信托投资公司信托投资受益债券,是经中国人民银行江苏省分行《关于同意发行信托投资受益债券的批复》(苏银发[1992]227 号)于 1992 年 5 月 15 日批准发行的。发行规模为 5000 万元人民币,实际发行 5317.35 万元,期限 12 年,每 1 年为 1 个结益期,结益 1 次。收益率随债券资金的营运收益多少而浮动,但年收益率最低不低于每一结益期开始的 1 年期定期储蓄存款的年利率。1994 年 2 月在武汉证券交易中心挂牌上市,基金发起人和管理人为常州市信托投资公司。常信基金自设立以来,年均分红率为 14%。

根据《国务院办公厅转发证监会原有投资基金清理规范方案》的有关规定,原基金属于应清理规范的投资基金。根据中国证监会证监基金字[2000]11 号文和[2000]12 号文件精神,以上五只基金进行了规范重组。原基金分别于 2000 年 3 月 7 日以通讯方式召开基金临时持有人大会,会议通过了摘牌、进行资产置换、合并、基金资产移交、更换基金管理人、更换基金托管人、更名、审议新基金契约、调整存续期、上市及扩募、收益分配、授权等十二项决议。陕信基金、长安基金、南京基金、通信基金和常信基金合并为"兴科证券投资基金"。2000 年 3 月 22 日,南京基金、通信基金和常信基金在武汉证券交易摘牌(陕信基金和长安基金已于 1999 年 6 月 1 日摘牌)。根据基金临时持有人大会决议,合并后的"兴科证券投资基金"转由华夏基金管理有限公司管理。基金管理人更换为华夏基金管理有限公司,基金托管人更换为交通银行,基金存续期为 10 年(1992 年 5 月 31 日——2002 年 5 月 31 日)。

五、基金投资组合情况

(一)投资目标

技术进步,观念更新,21 世纪带来了巨大的变化。本基金投资于那些能适应新时代发展需要的

上市公司。投资目标是以新的理念去发掘投资机会,通过积极的投资策略,获取长期的资本增值。

新的理念源于我们对新时代的理解。国际化和网络化是新时代特征,我们必须重新评估上市公司的发展战略和所拥有的资源,并制定相应的投资策略。

变化也意味着风险。本基金将通过努力提高自身综合决策能力来减少风险,同时也通过分散投资来减少风险。

(二)投资概况　本基金公众持有224,588,441份基金单位,发起人持有2,070,925份基金单位,共计226,659,366份基金单位,基金资产于2000年4月7日划至本基金的托管人——交通银行"兴科证券投资基金专户",4月8日,本基金的管理人——华夏基金管理有限公司正式接管本基金。截止2000年7月11日,投资组合情况如下:　单位:元

银行存款:62,780,153.91

股票投资:163,377,230.25

国债投资:0

(三)投资组合的信息披露　按照《暂行办法》和《兴科证券投资基金基金契约》的规定,本基金的基金管理人将每三个月至少公告一次基金的投资组合情况,第一期基金投资组合的信息披露将按照规定程序,由基金管理人在规定期限内作出。

(四)本基金的投资组合将遵循以下规定:由于本基金由《暂行办法》颁布前的老基金规范后设立,经中国证监会批准,基金资产存在一段调整期,调整期自上市之日起六个月以内,调整期结束后本基金投资组合应符合以下规定:

1.本基金投资于股票、债券的比例不低于本基金资产总值的80%,本基金投资于国家债券的比例不低于本基金资产净值的20%;

2.本基金持有一家上市公司的股票,不超过基金资产净值的10%;

3.本基金与本基金管理人管理的其他基金持有一家上市公司发行证券的总和,不得超过该证券的10%;

4.本基金将遵守中国证监会规定的其他比例限制。

(五)投资组合的原则全面考虑组合的收益性,风险性和流动性,着重于长期资本增值。

(六)基金经理　葛基标,男,经济学博士,8年证券从业经历。曾在安徽省财政厅、海南省信托投资公司、中国华源集团公司、财政部科研所、联合证券有限责任公司等单位工作。历任秘书、副经理、投资管理部副总经理、总经理助理等职。1999年进入华夏基金管理有限公司工作,任深圳总部总经理。

六、基金契约摘要

(一)前言　订立本基金契约的依据是《暂行办法》及其实施准则和中国证监会的有关规定。

(二)基金契约当事人

1.基金发起人:华夏基金管理有限公司、陕西证券有限公司

2.基金管理人:华夏基金管理有限公司

3.基金托管人:交通银行

(三)基金的基本情况

兴科证券投资基金为契约型封闭式(在符合有关规定并经基金持有人大会同意、中国证监会批准后可转型为契约型开放式)。基金单位每份面值为人民币1.00元,存 续期为10年。

(四)基金的历史沿革(见本公告书第四条)

(五)基金的上市和交易安排

本基金经主管部门批准和基金持有人大会通过,将根据《暂行办法》及有关规定申请在深圳证券交易所上市。

本基金上市后,将根据《暂行办法》及有关规定和深圳证券交易所的交易规则进行交易。

(六)基金的托管

基金托管人与基金管理人必须按照《暂行办法》、基金契约及其他有关规定订立《兴科证券投资基金托管协议》。

(七)基金投资目标、投资范围、投资决策、投资组合和投资限制

1.投资目标

技术进步,观念更新,21世纪带来了巨大的变化。本基金投资于那些能适应新时代发展需要的上市公司。投资目标是以新的理念去发掘投资机会,通过积极的投资策略,获取长期的资本增值。

新的理念源于我们对新时代的理解。国际化和网络化是新时代特征,我们必须重新评估上市公司的发展战略和所拥有的资源,并制定相应的投资策略。

变化也意味着风险。本基金将通过努力提高自身综合决策能力来减少风险,同时也通过分散投资来减少风险。

2.投资范围

本基金的投资范围仅限于具有良好流动性的金融工具,包括国内依法公开发行上市的股票、债券及中国证监会允许基金投资的其他金融工具。

3.投资决策

投资决策委员会根据本基金投资目标和对市场的判断决定本基金的基本投资原则和方向,规定仓位比例,审定重要投资项目。公司研究人员根据投资决策委员会决议提出投资组合报告。基金经理执行投资决策委员会决议,在公司研究的支持下,结合自身判断,作出具体投资决策和操作。

4.投资组合

由于本基金由《暂行办法》颁布前的老基金规范后合并设立,经中国证监会批准,基金资产存在一段调整期,调整期为自本基金上市之日起六个月内。

(1)调整期结束后,本基金投资组合应符合以下规定:

投资于股票、债券的比例不低于基金资产总值的80%;

投资于国家债券的比例不低于基金资产净值的20%;

持有一家上市公司的股票,不得超过基金资产净值的10%,本基金与由本基金管理人管理的其他基金持有一家公司发行的证券总和,不得超过该证券的10%;

遵守中国证监会规定的其他比例限制。

(2)投资组合原则

全面考虑组合的收益性,风险性和流动性,着眼于长期资本增值。

5.投资限制

本基金的投资范围仅限于具有良好流动性的金融工具,包括国内依法公开发行上市的股票、债券及中国证监会允许基金投资的其他金融工具。本基金禁止从事下列行为:

(1) 投资于其他基金;

(2) 以基金的名义使用不属于基金名下的资金买卖证券;

(3) 将基金资产用于抵押、担保、资金拆借或者贷款;

(4) 从事证券信用交易;

(5) 以基金资产进行房地产投资;

(6) 从事可能使基金资产承担无限责任的投资;

(7)将基金资产投资于与基金托管人或者基金管理人有利害关系的公司发行的 证券;

(8) 进行内幕交易、操纵市场,通过关联交易损害基金持有人的利益;

(9) 配合管理人的发起人、本基金的发起人及其他任何机构的证券投资业务;

(10)故意维持或抬高管理人的发起人、本基金的发起人及其他任何机构所承销股票的价格;

(11) 中国证监会规定禁止从事的其他行为。

(八)基金专用交易席位的租用

1.本基金的管理人根据以下标准考察后进行证券经营机构的选择:

(1)证券经营机构财务状况良好,在最近一年内无重大违规行为;

(2)有良好的内控制度,在业内有良好的声誉

(3)有较强的研究能力,能及时、全面、定期向基金管理人提供高质量的关于 宏观、行业及市场走向、个股分析的报告及丰富全面的信息服务;有很强的行业分析能力,能根据基金管理人所管理基金的特定要求,提供专门研究报告,具有开发量化投资组合模型的能力。

2.选择程序

基金管理人根据以上标准考察进行证券经营机构的选择。基金管理人与被选择的证券经营机构签订委托协议,报中国证监会备案并公告。

3.席位使用期限及更换方式

席位的使用期限暂定为半年,所选席位仅供基金交易专用。基金管理人将对各证券经营机构的研究服务质量定期进行考评,并将考评结果与分配在各家席位上的交易量挂钩。对于达到有关标准的证券经营机构将继续保留,并在交易量的分配上采取适当的倾斜政策;席位的使用到期后,对于不能达到有关标准的券商则将退出基金管理人的选择名单,基金管理人将重新选择其它经营稳健、研究能力强、信息服务质量高的证券经营机构,租用其交易席位。若证券经营机构所提供的研究报告及其他信息服务不符合要求,基金管理人有权提前中止租用其交易席位。

4.席位运作方式

基金管理人将在遵守中国证监会的有关规定的前提下,结合各证券经营机构提供研究报告及信息服务的质量,分配基金在各席位买卖证券的交易量。基金管理人将根据有关规定,在基金中期报告和年度报告中将所选择的证券经营机构的有关情况、基金通过该证券经营机构买卖证券的成交量、支付的佣金等予以披露,并向中国证监会报告。

(九)基金发起人的权利与义务

1.基金发起人的权利

(1)按基金发起人协议书约定及有关规定持有基金单位;

(2)出席或委派代表出席基金持有人大会;

(3)取得基金收益;

(4)依法转让基金单位;

(5)监督基金经营情况,获取基金业务及财务状况的资料;

(6)参与基金清算,取得基金清算后的剩余资产;

(7)法律、法规认可的其他权利。

2.基金发起人的义务

(1)公告基金上市公告书;

(2)在基金存续期间持有符合规定比例的基金单位;

(3)遵守基金契约;

(4)承担基金亏损或者终止时的有限责任;

(5)不从事任何有损基金及其他基金持有人利益的活动;

(6)法律、法规规定的其他义务。

(十)基金管理人的权利和义务

1.基金管理人的权利

(1)根据法律、法规和本基金契约的规定管理和运用基金资产;

(2)根据本基金契约的规定获得基金管理人报酬:

1 获得本基金的管理费,

2 获得管理人业绩报酬;

(3)依照有关规定,代表基金行使基金投资而获得的任何权利;

(4)在事先征得基金托管人书面同意的前提下,基金管理人可以授权有关人员 代表基金管理人履行本基金契约项下的任何义务或责任;

(5)监督基金托管人,如认为基金托管人违反了本基金契约及国家有关法律法 规,应呈报中国证监会和中国人民银行,并采取必要措施保护基金投资人的利益。除非法律法规、本基金契约及托管协议另有规定,否则基金管理人对基金托管人的行为不承担任何责任;

(6)除非基金管理人违反法律法规或本基金契约的任何规定、或者基金管理人 故意不履行本基金契约所规定的任何义务,否则,基金管理人对基金资产或基金持有人的利益所发生的或遭致的损害不承担任何责任;

(7)有关法律、法规规定的其他权利。

2.基金管理人的义务

(1)自基金成立之日起,以诚实信用、勤勉尽责的原则管理和运用基金资产;

(2)配备足够的具有专业资格的人员进行基金投资分析、决策,以专业化的经 营方式管理和运作基金资产;

(3)建立健全内部风险控制、监察与稽核、财务管理及人事管理等制度,保证 所管理的基金资产和管理人的资产相互独立,保证不同基金在资产运作、财务管理等方面相互独立;

(4)除依据《暂行办法》、基金契约及其他有关规定外,不得为自己及任何第 三人谋取利益,不得委托第三人运作基金资产;

(5)接受基金托管人的监督;

(6)按规定计算并公告基金净值及基金单位每份资产净值;

(7)严格按照《暂行办法》、《兴科证券投资基金基金契约》及其他有关规定 ,履行信息披露及报告义务;

(8)保守基金商业秘密,不得泄露基金投资计划、投资意向等。除《暂行办法 》、基金契约及其他有关规定另有规定外,在基金信息公开披露前应予保密,不得向他人泄露;

(9)按规定向基金持有人分配基金收益;

(10)不谋求对上市公司的控股和直接管理;

(11)依据《暂行办法》、基金契约及其他有关规定召集基金持有人大会;

(12)保存基金的会计帐册、报表、记录15年以上;

(13)参加基金清算小组,参与基金资产的保管、清理、估价、变现和分配;

(14)面临解散、依法被撤消、破产或者由接管人接管其资产时,及时报告中国证监会并通知基金托管人;

(15)因过错导致基金资产的损失,应承担赔偿责任,其过错责任不因其退任而免除;

(16)基金托管人因过错造成基金资产损失时,应为基金向基金托管人追偿;

(17)有关法律、法规规定的其他义务。

(十一)基金托管人的权利与义务

1.基金托管人的权利

(1)根据法律、法规和本基金契约的规定监督基金管理人的投资运作;

(2)根据本基金契约约定获得基金托管费;

(3)除非基金托管人违反法律法规或本基金契约的任何规定、或者基金托管人 故意不履行本基金契约所规定的任何义务,否则,基金托管人对基金资产或基金持有人的利益所发生的或遭致的损害不承担任何责任;

(4)监督基金管理人,如认为基金管理人违反了本基金契约及国家有关法律法 规,应呈报中国证监会,并采取必要措施保护基金投资人的利益。除非法律法规、本基金契约及托管协议另有规定,否则,基金托管人对基金管理人的行为不承担任何责任;

(5)在事先通知基金管理人的前提下,基金托管人可以授权有关人员代表基金 托管人履行本基金契约项下的任何义务或责任;

(6)基金托管人有权对基金管理人的违法、违规投资指令不予执行,并向中国 证监会报告;

(7)法律、法规规定的其他权利。

2.基金托管人的义务

(1)以诚实信用、勤勉尽责的原则保管基金资产;

(2)设有专门的基金托管部,具有符合要求的营业场所,配备有足够的、合格 的熟悉基金托管业务的专职人员,负责基金资产托管事宜;

(3)建立健全内部风险控制、监察与稽核、财务管理及人事管理等制度,确保 基金资产的安全,保证其托管的基金资产与基金托管人自有资产以及不同的基金资产相互独立;对不同的基金分别

設置帐户,独立核算,分帐管理,保证不同基金之间在名册登记、帐户设置、资金划拨、帐册记录等方面相互独立;

(4)除依据《暂行办法》、基金契约及其他有关规定外,不得为自己及任何第三人谋取利益,不得委托第三人托管基金资产;

(5)保管由基金管理人代表基金签订的与基金有关的重大合同及有关凭证;

(6)以基金的名义设立证券帐户、银行帐户等基金资产帐户,负责基金投资于证券的清算交割,执行基金管理人的投资指令,并负责办理基金名下的资金往来;根据管理人的要求保管基金资产投资的有关实物证券;

(7)保守基金商业秘密,除《暂行办法》、基金契约及其他有关规定另有规定外,在基金信息公开披露前应予保密,不得向他人泄露;

(8)复核、审查基金管理人计算的基金资产净值及单位基金资产净值;

(9)按规定出具基金业绩和基金托管情况的报告,并报中国证监会和中国人民银行;

(10)建立并保存基金持有人名册;

(11)按有关规定,保存基金的会计帐册、报表和记录15年以上;

(12)按规定制作相关帐册并与基金管理人核对;

(13)依据基金管理人的指令或有关规定向基金持有人支付基金收益;

(14)参加基金清算小组,参与基金资产的保管、清理、估价、变现和分配;

(15)面临解散、依法被撤消、破产或者由接管人接管其资产时,及时报告中国证监会和中国人民银行,并通知基金管理人;

(16)因过错导致基金资产的损失,应承担赔偿责任,其过错责任不因其退任而免除;

(17)基金管理人因过错造成基金资产损失时,应为基金向基金管理人追偿;

(18)法律、法规规定的其他义务。

(十二)基金持有人的权利与义务

1.基金持有人权利

(1)出席或者委派代表出席基金持有人大会;

(2)取得基金收益;

(3)监督基金经营情况,获取基金业务及财务状况的资料;

(4)依法转让基金单位;

(5)取得基金清算后的剩余资产;

(6)基金契约规定的其他权利。每份基金单位具有同等的合法权益。

2.基金持有人义务

(1)遵守基金契约;

(2)交纳基金认购款项及规定的费用;

(3)承担基金亏损或者终止的有限责任;

(4)不从事任何有损基金及其他基金持有人利益的活动;

(5)法律、法规规定的其他义务。

(十三)基金持有人大会

基金持有人大会依据一定的事由以一定的程序召开,基金持有人大会就有关基金持有人利益的重大事项进行表决,如修改基金契约、提前终止基金、更换基金管理人、基金扩募、续期或转型以及召集人认为需要提交基金持有人大会讨论的其他事项。

基金持有人大会决议对所有基金持有人、基金管理人、基金托管人均有约束力。基金持有人大会决议报中国证监会备案。

(十四)基金管理人、基金托管人的更换条件和程序

1.有下列情形之一的,经中国证监会和中国人民银行批准,可以更换基金托管人:

(1)基金托管人解散、依法被撤消、破产或者由接管人接管其资产的;

(2)基金管理人有充分理由认为更换基金托管人符合基金持有人利益的;

(3)代表50%以上基金单位的基金持有人要求基金托管人退任的;

(4)中国人民银行有充分理由认为基金托管人不能继续履行基金托管职责的。

2.有下列情形之一的,经中国证监会批准,可以更换基金管理人:

(1)基金管理人解散、依法被撤消、破产或者由接管人接管其资产的;

(2)基金托管人有充分理由认为更换基金管理人符合基金持有人利益的;

(3)代表50%以上基金单位的基金持有人要求基金管理人退任的;

(4)中国证监会有充分理由认为基金管理人不能继续履行基金管理职责的。

3. 更换基金管理人和基金托管人必须按照如下程序进行:

(1)提名:更换基金管理人时,由中国证监会或基金托管人提名新任基金管理人;更换基金托管人时,由中国证监会或基金管理人提名新任基金托管人。

(2)决议:基金持有人大会对被提名的新任基金托管人或新任基金管理人形成决议。

(3)批准:新任基金管理人经中国证监会审查批准后方可继任,新任基金托管人经中国证监会和中国人民银行审查批准后方可继任;原任基金管理人经中国证监会批准后方可退任,原任基金托管人经中国证监会和中国人民银行批准后方可退任。

(4)公告:基金管理人更换后,由基金托管人在中国证监会批准后5个工作日内在中国证监会指定的信息披露报刊上公告。基金托管人更换后,由基金管理人在中国证监会和中国人民银行批准后5个工作日内在中国证监会指定的信息披露报刊上公告。如果基金托管人和基金管理人同时更换,由基金发起人联系单位在获得批准后5个工作日内在中国证监会指定的信息披露报刊上公告。

(十五)基金资产

1.基金资产总值

基金资产总值是指基金所购买的各类证券价值、银行存款本息以及其他投资所形成的价值总和。

2.基金资产净值

基金资产净值是指基金资产总值减去按照国家有关规定可以在基金资产中扣除的费用后的价值。

3.基金资产的帐户

本基金资产以"兴科证券投资基金专户"的名义开立基金专用银行存款帐户和基金专用证券帐户,与基金管理人和基金托管人自有的资产帐户以及其他基金资产帐户相独立。

4.基金资产的处分

本基金资产应独立于基金管理人和托管人的资产,并由托管人保管。管理人、托管人以其自有的资产承担相应的法律责任,其债权人不得对基金资产行使请求冻结、扣押或其他权利。除依据《暂行办法》、本基金契约及其他有关规定处分外,基金资产不得被处分。

(十六)基金资产估值

1.估值目的

基金资产的估值目的是客观、准确地反映基金资产是否保值、增值。

2.估值日每个工作日对基金资产进行估值。

3.估值方法

(1)上市股票以估值日证券交易所提供的市场平均价为准,该日无交易的,以最近一日平均价计算;

(2)上市债券以估值日证券交易所提供的市场价格为准,该日无交易的,以最近一日市场价格计算;

(3)未上市的股票以其成本价计算;

(4)未上市债券及银行存款以本金加计至估值日为止的应计利息额计算;

(5)派发的股息红利、债券利息以至估值日为止的实际获得额计算;

(6)如遇特殊情况而无法或不宜以上述规定确定资产价值时,基金管理人依照主管机关的有关规定办理。

4.估值对象

基金依法拥有的股票、债券、股息红利、债券利息和银行存款本息等资产。

5.估值程序

基金日常估值由管理人进行。用于公开披露的基金资产净值由基金管理人完成估值后,将估值结果以加密传真或其他加密电子通讯方式报给基金托管人,基金托管人按有关法律法规、基金契约规定的估值方法、时间、程序进行复核;基金托管人复核无误后签字返回给基金管理人;月末、年中和年末估值复核与基金会计帐目的核对同时进行。

6.暂停估值的情形

(1)基金投资所涉及的证券交易所遇法定节假日或因其他原因暂停营业时;

(2)因其他任何不可抗力致使基金管理人无法准确评估基金资产价值时。

(十七)基金费用与税收

基金费用主要有:基金管理人的报酬;基金托管人的托管费;基金上市年费;基金交易佣金;基金证管费、印花税;基金登记过户费;基金信息披露费用;基金持有人大会费用;与基金相关的会计师费用和律师费用;自动扣款的银行手续费、服务费;基金持有人名册服务月费;基金分红手续费等。

1.基金管理人的报酬

基金管理人的报酬由两部分组成,一部分是基金管理费,以基金资产净值的1.5%年费率计提;另一部分是业绩报酬,当基金的可分配净收益率高于同期银行一年定期储蓄存款利率20%以上,且当年基金资产净值增长率高于同期证券市场平均收益率时,按一定比例计提。具体计算方法如下:

(1)基金管理费

在通常情况下,基金管理费按前一日的基金资产净值的1.5%的年费率计提,计算方法如下:

$H=E\times1.5\%\div$当年天数

H为每日应付的基金管理费

E为前一日的基金资产净值

(2)业绩报酬

业绩报酬根据基金全年的经营业绩情况而定,在满足如下条件的情况下每年计提一次,直接用于奖励基金管理人:

①基金年平均单位资产净值不能低于面值;

②基金可分配净收益率超过同期银行一年定期储蓄存款利率20%以上;

③基金资产净值增长率超过证券市场平均收益率;

④基金收益分配后其每单位资产净值不能低于面值。

在满足以上条件的情况下,基金业绩报酬的计算方法为:

业绩报酬=调整后期初资产净值$\times$Min[M,N]$\times$5%

其中,M=基金可分配净收益率$-1.2\times$同期银行一年定期储蓄存款利率(如果年内利率发生变动,则按时间段进行加权平均调整);

N=基金资产净值增长率-证券市场平均收益率;

Min[M,N]为M、N中较小者;基金可分配净收益率=当期可分配净收益/调整后期初资产净值;

基金资产净值增长率=(期末基金资产净值-调整后期初资产净值)/调整后期初资产净值;

证券市场平均收益率=[(深证综指年涨跌幅×深市平均总市值+上证综指年涨跌值×沪市平均总市值)/(深市平均总市值+沪市平均总市值)]×80%+同期国债收益率×20%;深市平均总市值=(期末深市总市值+期初深市总市值)/2;沪市平均总市值=(期末沪市总市值+期初沪市总市值)/2。

基金管理人的管理费逐日累计至每月月末,按月支付,由基金托管人于次月前两个工作日内从基金资产中一次性支付给基金管理人;基金管理人业绩报酬于每个基金会计年度结束后计算,若可以提取基金业绩报酬则由基金托管人于次个基金会计年度前20个工作日内从基金资产中一次性支付给基金管理人。

2.基金托管人的托管费本基金应给付基金托管人托管费,按前一日的基金资产净值的2.5‰的年费率计提。计算方法如下:

$H=E\times2.5‰\div$当年天数

H为每日应支付的基金托管费

E为前一日的基金资产净值

基金托管人的托管费每日计算,基金托管费计算逐日累计至每月月底,按月支付,由基金托管人于次月前两个工作日内从基金资产中一次性支取。

3.不列入基金费用的项目

基金管理人和基金托管人因未履行或未完全履行义务导致的费用支出或基金资产的损失,以及处理与基金运作无关的事项发生的费用等不列入基金费用。

4.基金税收本基金及本基金持有人应依据国家有关规定依法纳税。

5.基金管理人报酬和基金托管人托管费的调整

基金管理人和基金托管人可酌情调低基金管理人报酬和基金托管费,并报中国证监会核准后公告,不需召开基金持有人大会。

(十八)基金收益与分配

1.基金收益的构成

(1)买卖证券已实现的价差;

(2)基金投资已获取的股息红利、债券利息;

(3)存款利息;

(4)已实现的其他合法收入。

因运用基金资产带来的成本或费用的节约计入收益。

2.基金净收益

基金净收益为基金收益扣除按照国家有关规定可以在基金收益中扣除的费用后的余额。

3.收益分配原则

(1)基金收益分配采取现金方式,每年分配一次,管理人应在基金每一会计年度结束后90个工作日内公布上一会计年度的收益分配方案并于120个工作日内完成分配方案的实施;

(2)基金收益分配比例不得低于基金当年可分配收益的90%,其具体分配数额及比例由基金管理人拟定;

(3)基金当年收益应先弥补上一年度亏损后,才可进行当年收益分配;

(4)基金投资当年亏损,则不进行收益分配;

(5)每一基金单位享有同等分配权。

4.收益分配方案

基金收益分配方案中应载明基金收益的范围、基金可分配收益、基金收益分配对象、分配原则、分配时间、分配数额及比例、分配方式、支付方式等内容。

5.收益分配方案的确定与公告

本基金收益分配方案由基金管理人拟定,由基金托管人核实后确定,在报中国证监会备案后5个工作日内在中国证监会指定的信息披露报刊上公告。

(十九)基金的会计与审计

1.基金会计政策

(1)基金的会计年度为公历每年1月1日至12月31日;

(2)基金核算以人民币为记帐本位币,以人民币元为记帐单位;

(3)基金执行国家有关的会计制度;

(4)本基金独立建帐、独立核算;

(5)本基金管理人及托管人各自保留完整的会计帐目、凭证并进行日常的会计核算,按照有关规定编制基金会计报表;

(6)基金托管人每月与基金管理人就基金的会计核算、报表编制等进行核对并 以书面方式确认。

2.基金审计 (1)本基金管理人聘请具有证券从业资格的会计师事务所及其具有证券从业资格的注册会计师对基金年度财务报表进行审计。

(2)会计师事务所更换经办注册会计师,须事先征得基金管理人和基金托管人 同意,并报中国证监会备案。

(3)基金管理人(或托管人)认为有充足理由更换会计师事务所,经托管人(或管理人)同意,并报中国证监会备案后可以更换。更换会计师事务所需在5个工作 日内在中国证监会指定的信息披露报刊上公告。

(二十)基金的信息披露

1.信息披露的形式 本基金的信息披露应符合《暂行办法》、《证券投资基金信息披露指引》、基金契约及其他有关规定。本基金信息披露事项必须在中国证监会指定的信息披露报刊上公告。

2.基金的定期报告 基金的定期报告包括年度报告、中期报告、基金资产净值公告、投资组合公告等。

(1)基金的年度报告、中期报告

基金年度报告经注册会计师审计后在基金会计年度结束后90日内公告;基金中期报告在基金会计年度前六个月结束后60日内公告。

(2)基金资产净值公告本基金资产净值每周公告一次。

(3)基金投资组合公告

基金投资组合每季度公告一次,在每次公告截止日后十五个工作日内公告基金投资组合,应披露基金投资组合分类比例及基金投资按市值计算的前十名股票明细。

3.基金的临时报告

4.信息披露文件的存放与查阅

本基金定期报告、临时报告、基金资产净值公告、基金投资组合公告等公告文本存放于管理人和托管人的办公场所,在办公时间内可免费查阅,亦可按工本费购买复印件。基金管理人和基金托管人保证文本的内容与所公告的内容完全一致。

(二十一)基金的终止和清算

1.基金的终止有下列情形之一的,基金应当终止:

(1)基金封闭期满,未被批准续期或转型的;

(2)基金经批准提前终止的;

(3)因重大违法、违规行为,基金被中国证监会责令终止的;

(4)有关法律法规规定的其他情形。

2.基金清算小组

(1)自基金终止之日起三个工作日内成立清算小组,清算小组必须在中国证监 会的监督下进行基金清算。

(2)基金清算小组成员由基金发起人、基金管理人、基金托管人、具有从事证 券相关业务资格的注册会计师、具有从事证券法律业务资格的律师以及中国证监会指定的人员组成。基金清算小组可以聘请必要的工作人员。

(3)基金清算小组负责基金资产的保管、清理、估价、变现和分配,编制基金 清算报告,并将清算结果报中国证监会。基金清算小组可以依法进行必要的民事活动。

3.基金清算程序

(1)基金终止后,由清算小组统一接管基金资产;

(2)清理并确定基金资产;

(3)对基金资产进行评估;

(4)对基金资产进行变现;

(5)将基金清算结果报告中国证监会;

(6)公布基金清算公告;

(7)进行基金剩余资产的分配。

4.清算费用 清算费用是指清算小组在进行基金清算过程中发生的所有合理费用,清算费用由清算小组从基金资产中支付。

5.基金剩余资产的分配 基金清算后的全部剩余资产扣除基金清算费用后,按基金持有人持有的基金单位比例进行分配。

6. 基金清算的公告 基金终止并报中国证监会备案后5个工作日内由基金清算小组公告;清算过程中 的有关重大事项将及时公告;基金清算结果由基金清算小组经中国证监会批准后3个工作日内公告。

7.基金清算帐册及文件的保存基金清算帐册及有关文件由基金托管人保存15年以上。

七、基金运作情况

(一) 基金管理人报告

兴科证券投资基金规范成立后,将以新的理念去发掘投资机会,通过积极的投资策略,获取长期资本增值。基金管理人将加强市场研判,精心运作,给投资人较好的回报。

基金管理人已于2000年4月8日接管本基金,关于基金运作的具体情况,将依据有关规定,通过基金年度报告、基金中期报告、基金临时公告、基金资产净值公告和基金投资组合公告等信息披露形式披露。

(二)基金托管人报告

基金托管人交通银行依据签署的《兴科证券投资基金基金契约》,受理托管兴科证券投资基金的全部财产,对基金运作进行了全面的会计核算和必要的监督。

八、财务状况

(一)基金资产已于2000年5月16日全部划至本基金的托管人交通银行"兴科证券 投资基金专户",经普华大华会计师事务所验资并出据普华验字[2000]第32号验资报告,资产全部到位。具体情况为:

基金单位总份额:226,659,366份

基金资产净值:228,308,610.59元

每份基金单 位资产净值:1.0073元

(二)基金管理人将按照《基金契约》及《证券投资基金信息披露指引》等规定披露基金财务状况。

(三)最近财务状况

1.资产负债状况(截止2000年7月11日,单位:元)

银行存款:	62,780,153.91
股票投资:	163,377,230.25
债券投资:	0.00
资产估值增值:	14,500,368.46
其他应收帐款:	10,943,795.87
基金资产总值:	251,601,548.49
应付管理人报酬:	107,239.92
应付托管费:	17,873.30
其他应付款:	12,646,903.64
负债合计:	12,772,016.86
实收基金:	226,659,366
已实现净收益:	−2,330,202.83
收益分配:	0.00
未实现资本利得:	14,500,368.46
持有人权益合计:	238,829,531.63
基金资产净值:	238,829,531.63
每份基金单位资产净值:	1.0537

2.重要财务事项

(1)净收益主要是证券买卖差价收入和银行利息收入收益;

(2)未实现估值增值是指基金资产的估值增值。

估值方法:上市证券以估值日市场平均价为准;该日无交易的以上一交易日市场平均价为准。未上市的股票按估值日时持有量乘以发行价(计算日在会计年度结束前)或每股股东权益(计算日在会计年度结束后)。未上市的债券以本金加计至估值日止应计利息计算。

3.资产净值的计算方法资产净值=基金单位总额+未分配净收益+未实现估值增值

九、风险揭示

本基金的投资也存在以下风险,主要有:

(一)市场风险

证券市场价格因受各种因素的影响所引起的波动,将对本基金资产产生潜在风险,主要包括:

1.政策风险

货币政策、财政政策、产业政策等国家政策的变化对证券市场产生一定的影响,导致市场价格波动,影响基金收益而产生影响。

2.经济周期风险

证券市场是国民经济的晴雨表,而经济运行具有周期性的特点。宏观经济运行状况对证券市场的收益水平产生影响,从而产生风险。

3.利率风险

金融市场利率波动会导致股票市场及债券市场的价格和收益率的变动,同时直接影响企业的融资成本和利润水平。基金投资于股票和债券,收益水平会受到利率变化的影响。

4.上市公司经营风险

上市公司的经营状况受多种因素影响,如业内竞争、市场前景、管理能力、财务状况等都会导致公司盈利发生变化。

5.新理念特别风险

利用新理念投资于新兴产业,由于这些产业大多处于初创期,在高速发展的同时,也意味着较大风险。

6.购买力风险

本基金投资的目的是使基金资产保值增值,如果发生通货膨胀,基金投资于证券所获得收益可能会被通货膨胀抵消,从而影响基金资产的保值增值。

7.扩募风险

本基金上市后即行扩募,由于基金规模的扩大将导致基金单位净值的下降,引起基金市场价格的波动,从而产生风险。

(二)管理风险

在基金管理运作过程中,可能因基金管理人对经济形势和证券市场等判断有误及获取的信息不全等影响基金的收益水平。同时,基金管理人和基金托管人的管理水平、管理手段和管理技术等对基金收益水平也存在相关的影响。

(三)其他风险

战争、自然灾害等不可抗力因素的出现,将会严重影响证券市场的运行,可能导致基金资产的损失。

十、重要事项揭示

(一)基金发起人持有基金单位份额情况

基金发起人陕西证券有限公司持有基金单位2,070,925份,占基金单位总份额的0.91%。由于历史原因,本基金管理人华夏基金管理有限公司未持有本基金份额。按照有关规定,华夏基金管理有限公司将于首次扩募时认购部分基金份额。基金发起人陕西证券有限公司、华夏基金管理有限公司基金扩募时认购不低于基金总规模1%的基金份额,且在基金存续期内持有不少于基金总规模0.5%的基金单位,其余部分在基金扩募部分上市二个月后流通。

(二)陕西证券实收资本情况

作为本基金的发起人,陕西证券目前实收资本为人民币5000万元。中国证监会证监机构字[1999]144号文已原则同意陕西证券进行重组。陕西证券尚待将实收资本达 到《暂行办法》第七条规定的人民币3亿元以上。

(三)基金的首次扩募及续期

基金的首次扩募及续期已经原基金持有人大会通过,首次扩募续期不再需要召开基金持有人大会。

(四)基金首次扩募

本基金管理人已经持有人大会授权,向中国证监会提出扩募至5亿份的基金单位 的申请,该申请已获批准。本基金将于上市后适当时机,由原来的226,659,366份扩 募至到5亿份单位,扩募部分每基金单位价格1.01元,其中0.01元为扩募费用。扩募 部分由发起人按规定比例认购,余下部分向持有人比例配售,持有人不认购部分由商业保险公司认购,剩余部分由基金发起人认购。

(五)本基金原管理人声明如下:

1.本公司已提交了兴科证券投资基金规范、移交有关部门的以及可能对基金规范与移交产生影响的所有资料、文件和信息;

2.本公司所提供的文件资料,如为副本/复印件,均经本公司与原件核对无误;

3.本公司所提供的文件、资料均为真实、完整和准确,没有任何虚假、不实、错误或者重大遗漏;

4.截止本声明签署日,兴科基金资产真实、完整、独立,不存在任何诉讼、仲裁或行政处罚案件;

5.由于历史原因和基金操作中的不规范,原管理人将部分基金资产以个人名义开立资产账户和证券账户从事证券投资,原管理人提供给各中介机构查证的以个人名义开设的资金账户和证券账户上的资金和证券,确系基金资产。

(六)本基金原管理人承诺将所有原基金的会计账册、报表和记录保存15年以上,以备查询。

(七)基金上市

本基金224,588,441份基金单位于2000年7月18日在深圳证券交易所挂牌上市。本基金上市首日设涨跌幅限制,限制幅度为2000年7月17日基金单位净值的30%。2000年7月17日基金单位净值将在2000年7月18日的《中国证券报》、《证券时报》上公布。

十一、备查文件

1.中国证监会关于原有投资基金清理规范实施方案的文件(证监基金字[2000]11号和[2000]12号)

2.《关于同意陕信基金等5只原有投资基金规范合并为兴科证券投资基金并申请 上市的批复》(证监基金字[2000]43号)

3.《关于兴科证券投资基金上市、扩募和续期的批复》(证监基金字[2000]44号)

4.原基金2000年3月20日基金持有人大会决议

5.法律意见书

6.基金发起人的营业执照

7.基金管理人业务资格批件、营业执照和公司章程

8.基金托管人业务资格批件和营业执照

9.兴科证券投资基金基金契约

10.兴科证券投资基金托管协议书

华夏基金管理有限公司

2000年7月13日

隆元证券投资基金

隆元证券投资基金上市公告书

☆基金名称:隆元证券投资基金 ☆基金简称:基金隆元 ☆基金交易代码:4710
☆基金单位总份额:21800万份 ☆本次上市流通份额:21582万份 ☆基金面值:1.00元
☆基金管理人:南方基金管理有限公司 ☆基金托管人:中国工商银行
☆上市推荐人:黑龙江省证券公司 ☆上市地点:深圳证券交易所
☆上市时间:2000年10月18日

☆本基金是根据中国证监会《关于同意北疆基金、兴龙基金、大庆基金合并规范为隆元证券投资基金并上市、扩募和续期的批复》(证监基金字[2000]68号),由原北疆基金、兴龙基金、大庆基金规范而成的契约型封闭式证券投资基金。本基金上市后将扩募到5亿份基金单位,扩募后基金存续期限延长5年(至2007年12月29日),扩募时间另行公告。

一、基金概况

隆元证券投资基金(以下简称"本基金")是按《证券投资基金管理暂行办法》、国务院关于原有投资基金清理规范的有关规定和中国证监会《关于黑龙江省原有投资基金清理规范实施方案的批复》(证监基金字[2000]27号)、《关于同意北疆基金、兴龙基金、大庆基金合并规范为隆元证券投资基金并上市的批复》(证监基金字[2000]67号)、《关于同意北疆基金、兴龙基金、大庆基金合并规范为隆元证券投资基金并上市、扩募和续期的批复》(证监基金字[2000]68号),由北疆基金、兴龙基金、大庆基金等三只基金经清理规范后合并而成的契约型封闭式证券投资基金,基金规模为21,800万份基金单位。基金存续期限为10年(1992年12月29日至2002年12月29日)。本基金由南方基金管理有限公司作为发起人,南方基金管理有限公司目前持有本基金600万份基金单位。本基金管理人为南方基金管理有限公司,基金托管人为中国工商银行。基金资产已于2000年7月21日全部划至本基金的新任基金托管人中国工商银行"隆元证券投资 基金专户",2000年7月24日,新任基金管理人南方基金管理有限公司正式接管本基金。本基金管理人根据本基金持有人大会授权,向中国证券监督管理委员会提出上市、扩募和续期申请。根据中国证监会证监基金字[2000]68号文《关于同意北疆基金、兴龙基金、大庆基金合并规范为隆元证券投资基金并上市、扩募和续期的批复》,经深圳证券交易所深证上[2000]138号文批准,将于2000年10月18日在深圳证券交 易所挂牌交易。本基金总份额为21,800万份,本次上市流通的份额为21,582万份(包括发起人持有的382万份)。根据中国证监会《关于同意北疆基金、兴龙基金、大庆基金合并规范为隆元证券投资基金并上市、扩募和续期的批复》(证监基金字[2000]68号),本基金上市后将由21,800万份基金单位扩募至5亿份基金单位。基金扩募时,由发起人和持有人按比例认购。在基金存续期内,基金发起人南方基金管理有限公司持有基金单位份额不少于基金总规模的0.5%,其余部分可在本基金扩募部分上市两个月后流通。扩募后基金存续期限延长五年(至2007年12月29日)。扩募时间将另行公告。基金上市后交易单位每手为100份基金单位,每基金单位面值1元。

二、基金持有人结构

(一)基金持有人结构: 发起人持有600万份基金单位,公众持有21,200万份基金单位。

(二)本基金前十名持有人:

序号	名称	持有份额(份)	比例(%)
1	中国工商银行黑龙江省分行直属支行北疆投资基金管理部	8639798	3.96
2	南方基金管理有限公司	6000000	2.75
3	陈军	5677884	2.60
4	北亚实业(集团)股份有限公司	5106969	2.34
5	福建兴业证券有限责任公司	5000000	2.29
6	安徽证券有限责任公司	5000000	2.29
7	辽宁华盛信托投资股份有限公司	3295386	1.51
8	沈阳北方证券上海张杨路证券交易营业部	2038835	0.94
9	哈尔滨市旅游行业协会	1612877	0.74
10	鸡西市兴业城市信用合作社	1180000	0.54

(三)截止到10月12日,共对7642户基金持有人所持的基金份额进行了确认,共确认基金份额202,185,979份基金单位。未确认基金份额15,814,021份基金单位 ,未确认基金持有人1802户。确认率达92.75%。基金持有人总数为:9444户。

三、基金发起人、基金管理人、基金托管人

(一)基金发起人:南方基金管理有限公司 法定代表人:骆新都
注册地址:深圳市深南东路深港花园三楼
办公地址:深圳市福田中心区深南大道4009号投资大厦七楼 邮政编码:518026
营业批准号:4403011017169 注册资本:5000万元人民币 设立日期:1998年3月6日

(二)基金管理人:南方基金管理有限公司 法定代表人:骆新都 总经理:高良玉
注册地址:深圳市深南东路深港花园三楼 联系电话:0755-2712000
办公地址:深圳市福田中心区深南大道4009号投资大厦七楼 信息披露负责人:邱孝斌

南方基金管理公司是经中国证监会证监基字[1998]4号文件批准,由南方证券 有限责任公司、厦门国际信托投资公司、广西信托投资公司共同发起设立。公司下设五个部门:市场研究开发部、基金投资部、运作保障部、行政管理部、稽核部。此外还设立投资决策委员会和风险控制委员会两个专门机构。公司现有员工49人,其中31人具有硕士以上学历。所有人员在最近三年内均没有受到所在单位或有关管理部门的处罚。公司已经建立健全内部风险控制制度,内部稽核制度、财务管理制度、人事管理制度、信息披露制度和员工行为准则等公司管理制度体系。截止2000年10月12日,南方基金管理有限公司管理基金总资产已达105.0492亿 元。截止2000年10月12日,南方基金管理有限公司管理的其他基金有三只,其基本情况如下:

基金开元 1、基金名称:基金开元 2、成立日期:1998年3月27日 3、单位总份额:20亿份
4、基金资产净值:34.6797亿元 5、基金单位净值:1.7340元
基金天元 1、基金名称:基金天元 2、基金成立日期:1999年8月25日
3、基金单位总份额:30亿份 4、基金资产净值:44.3412亿元 5、基金单位净值:1.4780元
基金金元 1、基金名称:基金金元 2、基金成立日期:2000年3月28日
3、基金单位总份额:5亿份 4、基金资产净值:4.9618亿元 5、基金单位净值:0.9924元

(三)基金托管人:中国工商银行 法定代表人:姜建清
注册地址:北京市西城区复兴门内大街55号 邮政编码:100032 联系电话:010-66106897
联系人:王晓忠 组织形式:国有独资企业 注册资本:1710.24亿元人民币

发展概况:中国工商银行是中国最大的国有商业银行,自成立以来各项业务发展迅速,是国内目前第一家存款突破三万亿元的商业银行。截至1999年底,各项存款余额29824亿元,各项贷款余额24271亿元。16年来,中国工商银行每个会计年度均保持盈利。工商银行拥有3万多个分支机构,拥有工商企业帐户810万个,居民储蓄帐户4 .2亿个,全年结算业务量占全国金融系统的50%以上。财务状况:截至1999年末,中国工商银行总资产已达35399亿元,所有者权益1814.75亿元,已跻身于世界大银行的前列。

基金托管、部门设置及员工情况:中国工商银行总行是国内第一家获准设立证券投资基金托管部的商业银行,总行设立证券投资基金托管部,主要业务部门包括基金业务处、研究开发处、客户服务处、内控保障处、销售登记处和综合管理处,在上海和深圳设有分部,现有员工40余人。

托管其他基金的说明:截止2000年9月中旬,中国工商银行托管基金资产超过250亿元人民币,共托管基金十只:

1、基金名称:开元证券投资基金 管理人:南方基金管理有限公司 成立时间:1998年3月27日
2、基金名称:金泰证券投资基金 管理人:国泰基金管理有限公司 成立时间:1998年3月27日
3、基金名称:安信证券投资基金 管理人:华安基金管理有限公司 成立时间:1998年6月22日
4、基金名称:同益证券投资基金 管理人:长盛基金管理有限公司 成立时间:1999年4月8日
5、基金名称:普丰证券投资基金 管理人:鹏华基金管理有限公司 成立时间:1999年7月14日
6、基金名称:天元证券投资基金 管理人:南方基金管理有限公司 成立时间:1999年8月25日
7、基金名称:裕元证券投资基金 管理人:博时基金管理有限公司成立时间:1999年11月12日
8、基金名称:裕泽证券投资基金 管理人:博时基金管理有限公司 成立时间:2000年3月27日
9、基金名称:金元证券投资基金 管理人:南方基金管理有限公司 成立时间:2000年3月28日
10、基金名称:汉鼎证券投资基金 管理人:富国基金管理有限公司 成立时间:2000年6月30日

(四)基金上市推荐人:黑龙江省证券公司 法定代表人:卞玉祥
注册地址:黑龙江省哈尔滨市道里区兆麟街9号
办公地址:黑龙江省哈尔滨市道里区通江街188号 电话:4680983 联系人:徐晓东 彭程

(五)财务审计及验资机构:黑龙江省龙源有限责任会计师事务所 法定代表人:王策
注册地址:哈尔滨市南岗区民益街80号 电话:0451—3542082 注册会计师:王策王日宇

(六)律师事务所:黑龙江省仁大律师事务所 法人代表:李会武
地址:哈尔滨市南岗区红军街26号 电话:36027333601793 经办律师:崔丽晶 张本良

四、基金的历史沿革

本基金由黑龙江省原兴龙基金、北疆基金、大庆基金等三只基金合并而成,遵照中国证监会要求,经规范重组后,更名为"隆元证券投资基金",南方基金管理有限公司为本基金管理人,中国工商银行为本基金托管人。

兴龙基金历史沿革

兴龙投资基金是经中国人民银行黑龙江分行1992年12月29日(银黑金管字[1992]第832号)《中国人民银行黑龙江分行关于设立兴龙投资基金的批复》文件批准设 立的。黑龙江省国际信托投资公司是该基金的发起人和管理人。1992年发行面值为人民币1元,规模为8,000万份基金单位。基金规模保持至今 。历年以现金分红。

北疆基金历史沿革

北疆投资基金是经中国人民银行黑龙江分行1992年12月29日(银黑金管字[1992]第835号)《中国人民银行黑龙江分行关于设立北疆投资基金的批复》文件批准设 立的。中国工商银行黑龙江省信托投资公司是该基金的发起人。中国工商银行黑龙江分行直属支行北疆投资基金管理部是该基金的管理人。1992年发行面值为人民币1元,实际发行为7,180万份基金单位。1993年12月29日,经中国人民银行黑龙江分行银批准成立北疆投资基金管理部。1994年3月1日,经黑龙江省信誉评级委员会验资。1995年2月18日,经黑龙江会计师事务所验资。1995年3月13日,在黑龙江证券交易系统柜台交易。1996年4月16日,经中国人民银行黑龙江分行取得金融业务许可证。1996年9月12日,在黑龙江省工商行政管理局注册登记。1997年5月,对1996年红利分配采用派送基金单位与现金红利相结合的方法,转增基金单位后,目前基金规模为8000万份基金单位。

大庆基金历史沿革

大庆投资基金是经中国人民银行黑龙江分行1992年3月6日《中国人民银行黑龙江分行关于设立大庆投资基金的批复》文件批准设立 的。1993年11月以交通银行大庆分行作为发起人和管理人,大庆基金发行总额为8,188万基金单位,基金类型为封闭式契约型,期限为八年。1994年,大庆基金管理人决定将大庆基金进行回购,回购基金单位为61,494,000份,基金规模变为20,386,000份基金单位(含发起人800万份基金单位)。后中国人民银行黑龙江省分行通知大 庆基金管理人,要对基金规模重新调整。1995年4月份,大庆基金进行扩募,规模达 到4,000万份基金单位。基金规模保持至今。历年以现金形式分红。

五、基金投资组合情况

(一)基金投资策略 本基金重点投资于价值被市场低估、通过管理创新和制度创新具有较大增值潜力和所处行业发展前景广阔,技术创新能力强,具有快速成长能力的上市公司。本基金通过对上市公司基本面的研究,结合证券市场的情况,在分散投资风险的前提下,追求基金收益的最大化。本基金的投资范围仅限于国内依法公开发行的股票和债券及中国证监会允许基金投资的其他金融工具。主要投资方向为高新技术产业上市公司的股票和债券。基金管理人在选择投资对象和建立投资组合时,将把投资对象的良好流动性和投资组合的合理分散性作为重要参考指标。

(二)投资组合情况 本基金经中国证监会批复规范、重组、合并后,基金单位共计21,800万份,基 金资产已于2000年7月21日全部划至本基金的托管人中国工商银行"隆元证券投资基 金专户",2000年7月24日,基金管理人南方基金管理有限公司正式接管本基金。 截止2000年7月21日,投资组合情况如下: 单位:元

银行存款218,000,000.00

(三)基金经理 本基金由陈继武先生担任基金经理,负责基金的日常投资运作。

陈继武,男,34岁,硕士学历,金融经济师。五年证券从业经历,曾在中国农业银行浙江省信托投资公司从事证券投资工作,97年后在浙江省国际信托投资公司投资银行总部工作,并任部门副经理。曾任开元基金经理助理。

六、基金契约摘要

(一)前言

订立本基金契约的依据是《证券投资基金管理暂行办法》(以下简称《暂行办法》)及其实施准则和中国证监会的有关规定。

(二)基金契约当事人 1、基金发起人:南方基金管理有限公司
2、基金管理人:南方基金管理有限公司 3、基金托管人:中国工商银行

(三)基金基本情况

1、基金名称:隆元证券投资基金

2、基金类型:契约型封闭式(在符合有关规定并经基金持有人大会同意、中国 证监会批准后可转型为契约型开放式)。

3、本证券投资基金是以高新技术产业上市公司为主要投资对象的成长型基金,投资目标是通过积极的投资策略,在分散和减少投资风险的前提下,谋求基金资产收益的最大化。

4、基金单位总份额:21,800万份基金单位。基金管理人经持有人大会授权,已向中国证监会申请扩募,并获批准,本基金将在上市后扩募至5亿份基金单位。

5、基金单位每份面值为人民币1.00元

6、存续期限:基金存续期限为10年(1992年12月29日—2002年12月29日)

基金管理人经持有人大会授权,向中国证监会申请将存续期限延长5年(2002年 12月29日

至2007年12月29日),已获批准。

(四)基金的历史沿革(参见本公告书第四条《基金历史沿革》)

(五)基金的上市和交易安排　本基金经主管部门批准和基金持有人大会通过,根据《暂行办法》及有关规定申请在深圳证券交易所上市。本基金上市后,将根据《暂行办法》及有关规定和深圳证券交易所的交易规则进行交易。

(六)基金的托管　基金托管人与基金管理人必须按照《暂行办法》、《基金契约》及其他有关规定订立《隆元证券投资基金托管协议》。

(七)基金投资目标、投资范围、投资决策、投资组合和投资限制

1、投资目标　本基金重点投资于价值被市场低估、通过管理创新和制度创新具有较大增值潜力和所处行业发展前景广阔,技术创新能力强,具有快速成长能力的上市公司。本基金通过对上市公司基本面的研究,结合证券市场的情况,在分散投资风险的前提下,追求基金收益的最大化。

2、投资范围　本基金的投资范围仅限于具有良好流动性的金融工具,包括国内依法公开发行上市的股票、债券及中国证监会允许基金投资的其他金融工具。

3、投资决策　投资决策委员会根据对上市公司的研究、行业发展状况、证券市场的走势和国内国际经济环境等因素对基金的总体仓位控制、投资组合比例等提出指导性意见。基金经理在遵守投资决策委员会制定的投资原则前提下,根据证券分析人员提供的投资建议以及自己的分析判断,做出具体的投资决策。

4、投资组合

(1)、由于本基金由《暂行办法》颁布前的老基金规范后设立,经中国证监会 批准,基金资产存在一段调整期,调整期自上市之日起六个月内。

调整期结束后,本基金投资组合应符合以下规定:

投资于股票、债券的比例不低于基金资产总值的80%;

投资于国家债券的比例不低于基金资产净值的20%;

持有一家上市公司的股票,不得超过基金资产净值的10%,本基金与由本基金管理人管理的其他基金持有一家上市公司发行证券的总和,不得超过该证券的10%;

遵守中国证监会规定的其他比例限制;

(2)、投资组合的原则　创新是企业成长的灵魂。企业的创新能力包括管理创新、制度创新和技术创新,企业只有不断地进行创新,才能不断开拓市场,降低成本,推动产品的升级换代,实现企业的持续增长。传统行业和新兴行业都面临创新的挑战,经过不断创新可以增加企业价值,从而得到市场的认可。本基金的投资组合是结合对企业基本面的分析和证券市场的情况,通过对具有创新能力上市公司的投资,在分散投资风险的前提下,追求基金收益的最大化。

5、投资限制　本基金的投资范围仅限于具有良好流动性的金融工具,包括国内依法公开发行上市的股票、债券及中国证监会允许基金投资的其他金融工具。本基金禁止从事下列行为:

(1)、投资于其他基金;

(2)、以基金的名义使用不属于基金名下的资金买卖证券;

(3)、将基金资产用于抵押、担保、资金拆借或者贷款;

(4)、从事证券信用交易;

(5)、以基金资产进行房地产投资;

(6)、从事可能使基金资产承担无限责任的投资;

(7)、将基金资产投资于与基金托管人或者基金管理人有利害关系的公司发行 的证券;

(8)、进行内幕交易、操纵市场,通过关联交易损害基金持有人的利益;

(9)、配合管理人的发起人、本基金的发起人及其他任何机构的证券投资业务 ;

(10)、故意维持或抬高管理人的发起人、本基金的发起人及其他任何机构所承销股票的价格;

(11)、动用银行信贷资金进行基金投资;

(12)、中国证监会规定禁止从事的其他行为。

(八)基金发起人的权利与义务

1. 基金发起人的权利　首次扩募后按基金发起人协议书的约定及有关规定持有基金单位;出席或委派代表出席基金持有人大会;取得基金收益;依法转让基金单位;监督基金经营情况,获取基金业务及财务状况的资料;参与基金清算,取得基金清算后的剩余资产;法律、法规认可的其他权利。

2、基金发起人的义务　公告基金上市公告书;在基金存续期间持有符合规定比例的基金单位;遵守基金契约;承担基金亏损或者终止时的有限责任;不从事任何有损基金及其他基金持有人利益的活动;法律、法规规定的其他义务。

(九)基金管理人的权利和义务

1、基金管理人的权利

根据法律、法规和本基金契约的规定管理和运用基金资产;根据本基金契约的规定获得基金管理人报酬;代表基金行使基金投资而获得的任何权利;法律、法规规定的其他权利。

2、基金管理人的义务

以诚实信用、勤勉尽责的原则管理和运用基金资产;控制投资风险,保护投资者的利益;按规定计算并公告基金净值及基金单位每份资产净值;按照《暂行办法》、《隆元证券投资基金契约》及其他有关规定,履行信息披露及报告义务;保守基金商业秘密;按规定向基金持有人分配基金收益;依据《暂行办法》、基金契约及其他有关规定召集基金持有人大会;保存基金的会计帐册、报表、记录15年以上;因过错导致基金资产的损失,应承担赔偿责任等。

(十)基金托管人的权利与义务

1、基金托管人的权利　监督基金管理人的投资运作;获得基金托管费;法律、法规规定的其他权利。

2、基金托管人的义务　以诚实信用、勤勉尽责的原则保管基金资产;建立健全内部风险控制、监察与稽核、财务管理及人事管理等制度,确保基金资产的安全;对不同的基金分别设置帐户,独立核算,分帐管理,保证不同基金之间在名册登记、帐户设置、资金划拨、帐册记录等方面相互独立;保管由基金管理人代表基金签订的与基金有关的重大合同及有关凭证;以基金的名义设立证券帐户、银行帐户等基金资产帐户,负责基金投资于证券的清算交割,执行基金管理人的投资指令,并负责办理基金名下的资金往来;保守基金商业秘密,除《暂行办法》、基金契约及其他有关规定另有规定外,在基金信息公开披露前应予保密,不得向他人泄露;复核、审查基金管理人计算的基金资产净值及单位基金资产净值;法律、法规规定的其他义务。

(十一)基金持有人的权利与义务

1、基金持有人权利

(1)、出席或者委派代表出席基金持有人大会;

(2)、取得基金收益;

(3)、监督基金经营情况,获取基金业务及财务状况的资料;

(4)、依法转让基金单位;

(5)、取得基金清算后的剩余资产;

(6)、基金契约规定的其他权利。

每份基金单位具有同等的合法权益。

2、基金持有人义务

(1)、遵守基金契约;

(2)、交纳基金款项及规定的费用;

(3)、承担基金亏损或者终止的有限责任;

(4)、不从事任何有损基金及其他基金持有人利益的活动;

(5)、法律、法规规定的其他义务。

(十二)基金持有人大会

基金持有人大会根据一定的事由以一定程序召开,基金持有人大会就有关基金持有人的利益的重大事项进行表决,如修改基金契约、提前终止基金会、更换基金管理人、更换基金托管人;基金扩募、续期或转型以及召集人认为需要提交基金持有人大会讨论的其他事项。

基金持有人大会决议对所有基金持有人、基金管理人、基金托管人均有约束力。基金持有人大会决议报中国证监会备案。

(十三)基金管理人、基金托管人的更换条件和程序

1、有下列情形之一的,经中国证监会和中国人民银行批准,可以更换基金托管 人:

(1)、基金托管人解散、依法被撤销、破产或者由接管人接管其资产的;

(2)、基金管理人有充分理由认为更换基金托管人符合基金持有人利益的;

(3)、代表50%以上基金单位的基金持有人要求基金托管人退任的;

(4)、中国人民银行有充分理由认为基金托管人不能继续履行基金托管职责的 。

2、有下列情形之一的,经中国证监会批准,可以更换基金管理人:

(1)、基金管理人解散、依法被撤销、破产或者由接管人接管其资产的;

(2)、基金托管人有充分理由认为更换基金管理人符合基金持有人利益的;

(3)、代表50%以上基金单位的基金持有人要求基金管理人退任的;

(4)、中国证监会有充分理由认为基金管理人不能继续履行基金管理职责的。

3、更换基金管理人和基金托管人必须按照如下程序进行:

(1)、提名:更换基金管理人时,由中国证监会或基金托管人提名新任基金管 理人;更换基金托管人时,由中国证监会或基金管理人提名新任基金托管人。

(2)、决议:基金持有人大会对被提名的新任基金托管人或新任基金管理人形 成决议。

(3)、批准:新任基金托管人经中国证监会审查批准后方可继任,新任基金托 管人经中国证监会和中国人民银行审查批准后方可继任;原任基金管理人经中国证监会批准后方可退任,原任基金托管人经中国证监会和中国人民银行批准后方可退任。

(4)、公告:基金管理人更换后,由基金托管人在中国证监会批准后5个工作日内在中国证监会指定的信息披露报刊上公告。基金托管人更换后,由基金管理人在中国证监会和中国人民银行批准后5个工作日内在中国证监会指定的信息披露报刊上公 告。如果基金托管人和基金管理人同时更换,由基金发起人联系单位在获得批准后5 个工作日内在中国证监会指定的信息披露报刊上公告。

(十四)基金资产

1、基金资产总值　基金资产总值是指基金所购买的各类证券价值、银行存款本息以及其他投资所形成的价值总和。

2、基金资产净值　基金资产净值是指基金资产总值减去按照国家有关规定可以在基金资产中扣除的费用后的价值。

3、基金资产的帐户　本基金资产以"隆元证券投资基金专户"的名义开立基金专用银行存款帐户和基金专用证券帐户,与基金管理人和基金托管人自有的资产帐户以及其他基金资产帐户相独立。

4、基金资产的处分　本基金资产应独立于基金管理人和托管人的资产,并由托管人保管。管理人、托管人以其自有的资产承担相应的法律责任,其债权人不得对基金资产行使请求冻结、扣押或其他权利。除依据《暂行办法》、本基金契约及其他有关规定处分外,基金资产不得被处分。

(十五)基金资产估值

1、估值目的　基金资产的估值目的是客观、准确地反映基金资产是否保值、增值。

2、估值日　每个工作日对基金资产进行估值。

3、估值方法

(1)上市股票以估值日证券交易所提供的市场平均价为准,该日无交易的,以 最近一日平均价计算;

(2)上市债券以估值日证券交易所提供的市场价格为准,该日无交易的,以最 近一日市场价格计算;

(3)未上市的股票以其成本价计算;

(4)未上市债券及银行存款以本金加计至估值日为止的应计利息额计算;

(5)派发的股息红利、债券利息以至估值日为止的实际获得额计算;

(6)如遇特殊情况而无法或不宜以上述规定确定资产价值时,基金管理人依照 主管机关的有关规定办理。

4、估值对象　基金依法拥有的股票、债券、股息红利、债券利息和银行存款本息等资产。

5、估值程序　基金日常估值由管理人进行。用于公开披露的基金资产净值由基金管理人完成估值后,将估值结果以加密传真或其他加密电子通讯方式报给基金托管人,基金托管人按有关法律法规、基金契约规定的估值方法、时间、程序进行复核;基金托管人复核无误后签字返回给基金管理人;月末、年中和年末估值复核与基金会计帐目的核对同时进行。

6、暂停估值的情形

(1)基金投资所涉及的证券交易所遇法定节假日或因其他原因暂停营业时;

(2)因其他任何不可抗力致使基金管理人无法准确评估基金资产价值时。

(十六)基金费用与税收

1、基金费用的种类

(1)、基金管理人的报酬;

(2)、基金托管人的托管费;

(3)、基金上市年费;

(4)、证券交易费用;

(5)、基金信息披露费用;

(6)、基金持有人大会费用;

(7)、与基金相关的会计师费用和律师费用;

(8)、自动扣款的银行手续费、服务费;

(9)、基金持有人名册服务月费;

(10)、基金分红手续费;

(11)、按照国家有关规定可以列入的其他费用。

2、基金费用计提方法、计提标准和支付方式

1)、基金管理人的报酬　基金管理人的报酬由两部分组成,一部分是基金管理费,以基金资产净值的1.5%年费率计提;另一部分是业绩报酬,当基金的可分配净收益率高于同期银行一年定期储蓄存款利率20%以上,且当年基金资产净值增长率高于同期证券市场平均收益率时,按一定比例计提。具体计算方法如下:

(1)基金管理费　在通常情况下,基金管理费按前一日的基金资产净值的1.5%的年费率计提,基金成立三个月后,如持有现金比例高于基金资产净值的20%,超过部分不计提基金管理费。计算方法如下:

H=E×1.5%÷当年天数

H为每日应付的基金管理费

E为前一日的基金资产净值(扣除超过规定比例现金后的资产净值)。

(2)业绩报酬

业绩报酬根据基金全年的经营业绩情况而定,在满足如下条件的情况下每年计提一次,直接用于奖励基金管理人员:

①基金年平均单位资产净值不能低于面值;

②基金可分配净收益率超过同期银行一年定期储蓄存款利率20%以上;

③基金资产净值增长率超过证券市场平均收益率;

④基金收益分配后其每单位资产净值不能低于面值。

在满足以上条件的情况下,基金业绩报酬的计算方法为:

业绩报酬=调整后期初资产净值×Min [M,N]×5%其中,M=基金可分配净收 益率-1.2×同期银行一年定期储蓄存款利率(如果年内利率发生变动,则按时间段进行加权平均调整);

N=基金资产净值增长率-证券市场平均收益率；

Min[M,N]为M、N中较小者；

基金可分配净收益率=当期可分配净收益/调整后期初资产净值；

基金资产净值增长率=(期末基金资产净值-调整后期初资产净值)/调整后期初资产净值；

证券市场平均收益率=[(深证综指年涨跌幅×深市平均总市值+上证综指年涨跌值×沪市平均总市值)/(深市平均总市值+沪市平均总市值)]×80%+同期国债收益率×20%深市平均总市值=(期末深市总市值+期初深市总市值)/2沪市平 均总市值=(期末沪市总市值+期初沪市总市值)/2

基金管理人的管理费逐日累计至每月月末，按月支付，由基金托管人于次月的前两个工作日内从基金资产中一次性支付给基金管理人；基金管理人业绩报酬于每个基金会计年度结束后计算，若可以提取基金业绩报酬则由基金托管人于次个基金会计年度的前20个工作日内从基金资产中一次性支付给基金管理人。

2)、基金托管人的托管费

本基金应给付基金托管人托管费，按前一日的基金资产净值的2.5‰的年费率计提。计算方法如下：

$H=E\times2.5‰\div$当年天数

H为每日应支付的基金托管费

E为前一日的基金资产净值

基金托管人的托管费每日计算，基金托管费计算逐日累计至每月月底，按月支付，由基金托管人于次月前两个工作日内从基金资产中一次性支取。

3)、上述1中所述费用由基金托管人根据有关法规及相应协议的规定，按费用实际支出金额支付，列入当期基金费用。

3、不列入基金费用的项目

基金管理人和基金托管人因未履行或未完全履行义务导致的费用支出或基金资产的损失，以及处理与基金运作无关的事项发生的费用等不列入基金费用。

4、基金税收

本基金及本基金持有人应依据国家有关规定依法纳税。

5、基金管理人报酬和基金托管人托管费的调整

基金管理人和基金托管人可酌情调低基金管理人报酬和基金托管费，并报中国证监会核准后公告，不需召开基金持有人大会。

(十七)基金收益与分配

1、基金收益的构成

(1)、买卖证券已实现的价差；

(2)、基金投资已获取的股息红利、债券利息；

(3)、存款利息；

(4)、已实现的其他合法收入。

因运用基金资产带来的成本或费用的节约计入收益。

2、基金净收益

基金净收益为基金收益扣除按照国家有关规定可以在基金收益中扣除的费用后的余额。

3、收益分配原则

(1)、基金收益分配采取现金方式，每年分配至少一次，管理人应在基金每一 会计年度结束后90个工作日内公布上一会计年度的收益分配方案并于120个工作日内 完成分配方案的实施；

(2)、基金收益分配比例不得低于基金当年可分配收益的90%，其具体分配数 额及比例由基金管理人拟定；

(3)、基金当年收益应先弥补上一年度亏损后，才可进行当年收益分配；

(4)、基金投资当年亏损，则不进行收益分配；

(5)、每一基金单位享有同等分配权。

4、收益分配方案

基金收益分配方案中应载明基金收益的范围、基金可分配收益、基金收益分配对象、分配原则、分配时间、分配数额及比例、分配方式、支付方式等内容。

5、收益分配方案的确定与公告

本基金收益分配方案由基金管理人拟定，由基金托管人核实后确定，在报中国证监会备案后5个工作日内在中国证监会指定的信息披露报刊上公告。

(十八)基金的会计与审计

1、基金会计政策

(1)、基金的会计年度为公历每年1月1日至12月31日；

(2)、基金核算以人民币为记帐本位币，以人民币元为记帐单位；

(3)、基金执行国家有关的会计制度；

(4)、本基金独立建帐、独立核算；

七、基金运作情况

(一)基金管理人报告 1、隆元证券投资基金成立后，为了争取基金长期稳定的投资收益，基金管理人 将会加强对市场的研判，精心操作，力求给投资人较好的回报。

2、基金管理人已经于2000年7月24日开始基金投资运作，关于基金运作的具体情况，将依据有关规定，通过基金年度报告、基金中期报告、基金临时公告、基金资产净值公告和基金投资组合公告等信息披露形式披露。

3、基金管理人承诺 本基金管理人承诺勤勉尽责、诚实信用、安全有效地管理和运作基金资产，为投资者谋求最大的投资收益。为切实履行上述承诺，保障投资人合法权益，管理人全体员工均已与公司签定了上岗承诺书，保证不从事任何法律法规及公司禁止的活动。公司任何人员，除为公司进行基金投资外，不得直接或间接进行股票交易；不得协助、接受委托或以其它任何形式为其它组织或个人进行证券交易；不得泄露尚未依法公开的基金投资内容、基金投资计划等信息。如发现上述行为，公司将根据有关规定进行处罚。广大投资者如发现本公司员工发生上述行为，请向本公司稽核部举报。举报电话：0755-2712000转稽核部

(二)基金托管人报告 基金托管人中国工商银行依据签署的《隆元证券投资基金基金契约》，受理托管隆元基金的全部财产，对基金投资运作进行了全面的会计核算和必要的监督。

八、财务状况

(一)基金资产已于2000年7月21日全部划至本基金的托管人中国工商银行"隆 元证券投资基金专户"，经黑龙江省龙源有限责任会计师事务所出具黑龙源验字(2000)第05号验资报告验资，资产全部到位。具体情况为：

基金单位总份额：	218,000,000.00份
基金资产净值：	218,000,000.00元
每份基金单位资产净值：	1.00元

(二)基金管理人将按照《基金契约》及《证券投资基金信息披露指引》的规定披露基金财务状况。

(三)最近财务状况

1、资产负债状况(截止2000年10月12日，单位：元)

银行存款：	81,364,941.94
股票投资：	136,905,431.30
债券投资：	0
资产估值增值：	-2,260,543.17
其他应收帐款：	883,512.85
基金资产总值：	216,893,342.92
应付管理人报酬：	704,441.58
应付托管费：	117,406.92
其他应付款：	3,557,101.44
负债合计：	4,378,949.94
实收基金：	218,000,000.00
已实现净收益：	-3,225,063.85
收益分配：	0
未实现资本利得：	-2,260,543.17
持有人权益合计：	212,514,392.98
基金资产净值：	212,514,392.98
每份基金单位资产净值：	0.9748

注：上述披露的本基金财务数据未经审计。

2、重要财务事项

(1)净收益主要是证券买卖差价收入和银行利息收入。

(2)未实现投资收益是指基金资产的估值增值

估值方法：上市证券以计算日市场平均价为准；该日无交易的，以最近的交易日平均价为准；未上市的股票以发行价计算；未上市的债券以本金加计至估值日止应计利息计算；

3、资产净值计算方法： 资产净值=实收基金+净收益+未实现投资收益

九、风险揭示

本基金的投资也存在风险，主要有：

(一)市场风险 证券市场价格因受各种因素的影响所引起的波动，将对本基金资产产生潜在风险，主要包括：

1、政策风险

货币政策、财政政策、产业政策等国家政策的变化对证券市场产生一定的影响，导致市场价格波动，影响基金收益而产生风险。

2、经济周期风险

证券市场是国民经济的晴雨表，而经济运行具有周期性的特点。宏观经济运行状况对证券市场的收益水平产生影响，从而产生风险。

3、利率风险

金融市场利率波动会导致股票市场及债券市场的价格和收益率的变动，同时直接影响企业的融资成本和利润水平。基金投资于股票和债券，收益水平会受到利率变化的影响。

4、上市公司经营风险

上市公司的经营状况受多种因素影响，如业内竞争、市场前景、管理能力、财务状况等都会导致公司盈利发生变化。

5、购买力风险

本基金投资的目的是使基金资产保值增值，如果发生通货膨胀，基金投资于证券所获得收益可能会被通货膨胀抵消，从而影响基金资产的保值增值。

6、扩募风险

本基金上市后即行扩募，由于基金规模的扩大将导致基金单位净值的下降，引起基金市场价格的波动，从而产生风险。

(二)管理风险

在基金的管理运作过程中，可能因基金管理人对经济形势和证券市场等判断有误，及获取的信息不全等影响基金的收益水平。同时基金管理人和托管人的管理水平、管理手段和管理技术等对基金收益水平也存在相关的影响。

(三)其他风险

战争、自然灾害等不可抗力因素的出现，将会严重影响证券市场的运行，可能导致基金资产的损失。

十、重要事项揭示

(一)基金发起人持有基金单位份额情况：

南方基金管理有限公司协议授让原发起人持有的600万份基金单位，占基金总份 额的2.752%，隆元基金上市后，南方基金管理公司应持有隆元基金总份额的1%，即218万份基金单位，其余382万份基金单位可在扩募前上市交易。

基金上市后，在六个月的调整期内，中国工商银行黑龙江省分行直属支行北疆基金管理部将所持份额由占总份额3.96%减至3%以内。

本基金管理人已经持有人大会授权，向中国证监会提出扩募至5亿份的基金单位 的申请，该申请已获批准。本基金将于上市后适当时机，由原来的218,000,000份 基金单位扩募到5亿份基金单位。扩募部分每基金单位价格为1.01元，其中0.01元 为扩募费用。扩募部分先由发起人和持有人按比例认购，持有人不认购部分由商业保险公司认购，剩余部分由基金发起人认购。

(二)基金的首次扩募及续期已经原基金持有人大会通过，首次扩募及续期不再需要召开基金持有人大会。

(三)本基金原管理人声明如下：

(1)本公司已提交了隆元证券投资基金规范、移交有关的以及可能对基金规范 与移交产生影响的所有资料、文件和信息；

(2)本公司所提供文件资料，如为副本/复印件，均经本公司与原件核对无误 ；

(3)本公司所提供的文件、资料均为真实、完整和准确，而没有任何虚假、不 实、错误或者重大遗漏；

(4)截止本声明签署日，隆元基金资产真实、完整、独立，不存在任何诉讼、仲裁或行政处罚案件；

(5)由于历史原因和基金操作中的不规范，本公司将部分基金资产以个人名义 开立资产帐户和证券帐户从事证券投资，本公司提供给各中介机构查证的以个人名义开设的资金帐户和资金帐户上的资金和股票，确系基金资产。

(四)本基金原管理人承诺：将所有原基金有关资料及会计帐册、报表和记录保存15年以上，以备查询。

(五)基金上市

本基金21,582万份基金单位将于2000年10月18日在深圳证券交易所挂牌上市。 本基金上市首日设涨跌幅限制，限制幅度为2000年10月17日基金单位净值的30%。2000年10月17日基金单位净值将在2000年10月18日的《证券时报》、《中国证券报》和《上海证券报》上公布。

(六)特别提示：隆元基金未确认份额的处理

截止2000年10月10日，隆元基金尚有未确认份额15,814,021份，尚未办理基金份额确认的基金持有人请与各原基金管理人联系，办理具体份额确认事宜。在扩募权益登记日之前基金份额未能确认到帐的基金持有人，将不能获得扩募配售权，因此而引致的一切损失由持有人自行承担。

北疆基金：联系人：张佰辉王向伟 联系电话：0451—4613711

兴龙基金：联系人：刘一莉 联系电话：0451—3627012

大庆基金：联系人：李昕明 联系电话：0451—6688844

十一、备查文件

1、中国证监会《关于黑龙江省原有投资基金清理规范实施方案的批复》(证监 基金字[2000]27号)2、关于同意北疆基金、兴龙基金、大庆基金合并规范为隆元证券投资基金并上 市的批复》(证监基金字[2000]67号)3、《关于同意北疆基金、兴龙基金、大庆基金合并规范为隆元证券投资基金并上市、扩募和续期的批复》(证监基金字[2000]68号)4、原基金2000年6月21日基金持有人大会决议5、法律意见书6、基金发起人的营业执照7、基金管理人业务资格批件、营业执照和公司章程

南方基金管理有限公司

2000年10月16日

兴安证券投资基金

兴安证券投资基金上市公告书

★基金名称:兴安证券投资基金 ★基金总份额:236,712,708 份 ★上市时间:2000 年 9 月 20 日
★基金管理人:华夏基金管理有限公司 ★基金简称:基金兴安 ★本次上市份额:236,712,708 份
★基金托管人:中国银行 ★上市地点:深圳证券交易所 ★基金交易代码:4718
★基金面值:1.00 元 ★上市推荐人:黑龙江省证券公司
★本基金是根据中国证监会《关于同意龙江基金、广源基金、龙银基金合并规范为兴安证券投资基金并上市、扩募和续期的批复》(证监基金字[2000]63 号),由原龙江基金、广源基金、龙银基金规范而成的契约型封闭式证券投资基金。本基金上市后将扩募到 5 亿规模,扩募后存续期再延长 5 年(至 2007 年 12 月 29 日),扩募时间另行公告。

一、基金概况

兴安证券投资基金(以下简称本基金)是按《证券投资基金管理暂行办法》、国务院关于原有投资基金清理规范的有关规定和中国证监会《关于黑龙江省原有投资基金清理规范实施方案的批复》(证监基金字[2000]27 号)、《关于同意龙江基金、广源基金、龙银基金合并规范为兴安证券投资基金并上市的批复》(证监基金字[2000]62 号)、《关于同意龙江基金、广源基金、龙银基金合并规范为兴安证券投资基金并上市、扩募和续期的批复》(证监基金字[2000]63 号),由龙江基金、广源基金、龙银基金等三只基金经清理规范后合并而成的契约型封闭式证券投资基金,基金规模为 236,712,708 份基金单位。基金存续期为 10 年(1992 年 12 月 29 日至 2002 年 12 月 29 日)。本基金由华夏基金管理有限公司作为发起人。由于历史原因,华夏基金管理有限公司目前暂未持有本基金,将在首次扩募时认购至规定比例。本基金管理人为华夏基金管理有限公司,基金托管人为中国银行。新任的基金管理人和基金托管人已于 2000 年 7 月 20 日正式接管本基金。本基金管理人根据本基金持有人大会授权,向中国证券监督管理委员会提出上市、扩募、续期申请。根据中国证监会证监基金字[2000]63 号文《关于同意龙江基金、广源基金、龙银基金合并规范为兴安证券投资基金并上市、扩募和续期的批复》,经深圳证券交易所深证上[2000]129 号文批准,将于 2000 年 9 月 20 日在深圳证券交易所挂牌交易。基金总份额为 236,712,708 份,本次上市流通的份额为 236,712,708 份。根据中国证监会《关于同意龙江基金、广源基金、龙银基金合并规范为兴安证券投资基金并上市、扩募和续期的批复》(证监基金字[2000]63 号),本基金上市后将由 236,712,708 份基金单位扩募至 5 亿份基金单位。扩募时,先由华夏基金管理有限公司认购基金规模的 1%,计 500 万份基金单位,认购价格为扩募摊薄后的基金单位净值加计 0.01 元扩募手续费,余下部分由持有人按比例认购。在基金存续期内,基金发起人华夏基金管理有限公司持有基金单位份额不得低于基金规模的 0.5%,其余部分在基金扩募部分上市两个月之后,方可流通。扩募后基金存续期延长五年(至 2007 年 12 月 29 日)。扩募时间将另行公告。基金上市后交易单位每手为 100 份基金单位,每基金单位面值 1 元。

二、基金持有人结构

(一)基金持有人结构: 发起人持有零份,公众持有 236,712,708 份。
(二)前十名持有人:

序号	名称	持有份额	比例(%)
1	哈国投	7,485,786	3.16
2	黑龙江证券	6,807,339	2.88
3	天津信托投	3,951,705	1.67
4	吕凤文	3,867,012	1.63
5	迟洪军	3,597,356	1.52
6	辽华盛信托	3,509,513	1.48
7	光大银行	3,094,245	1.31
8	孙光英	3,020,618	1.28
9	王淑珍	1,876,483	0.79
10	哈国信	1,713,389	0.72

(三)基金持有人总数为:11902 户,其中持有 1000 份以上基金单位数量的为 11798 户。

三、基金发起人、基金管理人和基金托管人

(一)基金发起人
名称:华夏基金管理有限公司 法定代表人:邵淳
注册地址:北京市东城区东直门南大街 6 号东方花园饭店写字楼 6 层 邮政编码:100027
组织形式:有限责任公司 注册资本:7000 万元人民币 设立日期:1998 年 4 月 9 日
(二)基金管理人简介
名称:华夏基金管理有限公司 法定代表人:邵淳 总经理:范勇宏
地址:北京市东城区东直门南大街 6 号东方花园饭店写字楼 6 层
信息披露负责人:方瑞枝 电话:(010)64156666-5015

华夏基金管理有限公司是经中国证监会证监基字[1998]16 号文件批准,于 1998 年 4 月 9 日成立,是首批经中国证券监督管理委员会批准的全国性基金管理公司之一。公司总部设在北京,注册资本 7000 万元人民币,由华夏证券有限公司、北京证券有限责任公司和中国科技国际信托投资有限责任公司共同发起设立,主要业务是发起设立基金和基金管理。公司设置六个部门:监察稽核部:对公司及其员工遵守国家相关法律、法规和公司内部规章制度等情况进行监督和检查。投资研究部:对基金资产进行投资与管理,对宏观经济、行业和上市公司进行调查和研究。基金开发与营销部:基金新产品研究、设计、推广、销售与客户服务。基金清算部:公司财务及各基金的清算和财务工作等。信息技术部:公司信息系统的日常运行与维护,跟踪研究新技术,进行相应的系统规划建设和研究开发。综合管理部:公司管理与企业文化建设、国际合作、对外联络及公关,人力资源管理。此外,还设立投资决策委员会和风险控制委员会,进行重大投资以及风险控制的决策工作。公司现有人员 60 名,平均年龄为 33 岁。全部具有本科以上学历,65%以上具有硕士以上学历,博士 4 人。其中绝大多数为专业人员,证券从业经历三年或金融从业经历五年以上的占 70%以上。

公司目前管理的基金有三只,即兴华证券投资基金、兴和证券投资基金和兴科证券投资基金。其基本情况如下:

兴华证券投资基金:1998 年 4 月 28 日成立,基金单位总份额 20 亿份。截止 2000 年 9 月 14 日,基金单位净值:1.4691 元。

兴和证券投资基金:1999 年 7 月 14 日成立,基金单位总份额 30 亿份。截止 2000 年 9 月 14 日,基金单位净值:1.3644 元。

兴科证券投资基金:2000 年 4 月 8 日接管,基金单位总份额 2.26 亿份。截止 2000 年 9 月 14 日,基金单位净值:1.0669 元。

(三)基金托管人简介
名称:中国银行 注册地址:北京市西城区阜成门内大街 410 号 法定代表人:刘明康
成立时间:1912 年 2 月 5 日 实收资本:1045 亿元人民币 存续期间:持续经营

中国银行是中国历史最悠久的银行之一。自 1994 年金融体制改革以来,中国银行逐步由国家外汇专业银行向国有商业银行转化,锐意改革,强化管理,开拓进取,各项业务取得了健康快速发展。中国银行在国内共有分支机构 15000 多家,员工 19 万多人;海外分支机构 557 家,分布在 23 个国家和地区,海外员工近 2 万人,是国际化程度最高的国有商业银行,并在外汇、国际结算等国际业务方面占有明显的竞争优势。近年来,中国银行一直是国内同业盈利最多的银行,并连续多年被国际金融界权威机构评为中国国内最佳银行。中国银行总行设立基金托管部,主要业务部门包括托管业务处、客户服务处、市场研发处、稽核监督处、综合管理处和上海、深圳托管分部,现有员工 22 人。中国银行目前已托管景宏证券投资基金、同盛证券投资基金和同智证券投资基金。

(四)基金上市推荐人
名称:黑龙江省证券公司 法定代表人:卞玉祥 注册地址:黑龙江哈尔滨道里区兆麟街 9 号
办公地址:黑龙江省哈尔滨市道里区通江街 188 号 联系电话:0451-4680835 4680194
传真: 0451-4680835 联系人:刘景峰 李葳
(五)律师事务所
名称:北京市金诚律师事务所 地址:北京建国门内大街 8 号中粮广场 A 座 6 层
法定代表人:刘治海 联系电话:010-65263518 传真:010-65263519
经办律师:刘治海 贺宝银 联系人:杨天胜
(六)会计师事务所
名称:北京兴华会计师事务所 地址:北京市阜成门外大街 2 号万通新世界广场 708 室
联系电话:010-68587588 传真:010-68587589 经办注册会计师:陈眖 胡毅

四、基金的历史沿革

本基金由黑龙江省原龙江基金、龙银基金和广源基金等三只基金合并而成,遵照中国证监会要求,经规范重组后,更名为"兴安证券投资基金",并转由华夏基金管理有限公司管理,中国银行托管。

龙江基金历史沿革

原名龙江投资基金是经中国人民银行黑龙江省分行 1992 年 12 月 29 日(银黑金管字[1992]第 836 号)《中国人民银行黑龙江分行关于设立龙江投资基金的批复》文件批准设立的。黑龙江省证券公司、中国光大银行黑龙江分行、中国农业银行黑龙江省信托投资公司是该基金的发起人,黑龙江省证券公司基金管理部是该基金的管理人。1992 年发行面值为人民币 1 元,规模为 8000 万基金单位。1994 年 3 月 30 日在天津交易中心挂牌上市。龙江基金历年皆以现金形式分红,年平均分红率为 11%。

龙银基金历史沿革

原名龙银投资基金是经中国人民银行黑龙江省分行 1992 年 12 月(银黑金管字[1992]第 834 号)《中国人民银行黑龙江分行关于设立龙银投资基金的批复》文件批准设立的。中国银行黑龙江国际信托投资公司为该基金发起人、管理人。1992 年发行面值为人民币 1 元,规模为 6000 万基金单位,基金为契约型封闭式,历年皆以现金形式分红,年平均分红率为 11.25%。

广源基金历史沿革

原名广源投资基金是经中国人民银行黑龙江省分行 1992 年 12 月(银黑金管字[1992]第 837 号)《中国人民银行黑龙江分行关于设立广源投资基金的批复》文件批准设立的。哈尔滨国际信托投资公司是该基金的发起人和管理人。1992 年发行面值为人民币 1 元,规模为 7000 万基金单位,基金为契约型封闭式,历年皆以现金形式分红,年平均分红率为 11.55%。

五、基金的投资组合情况

(一)投资目标 本基金重点投资于具有核心竞争,主营业务具有持续成长性,符合国民经济产业升级和结构调整方向的上市公司。本基金将通过积极进取的投资策略,在尽可能分散和规避投资风险的前提下,谋求基金资产长期稳定的增值。

(二)投资概况 本基金公众持有 236,712,708 份基金单位,发起人持有零份基金单位,共计 236,712,708 份基金单位,基金资产于 2000 年 7 月 19 日划至本基金的托管人——中国银行"兴安证券投资基金专户",7 月 20 日,本基金的管理人——华夏基金管理有限公司正式接管本基金。

截止 2000 年 7 月 19 日,投资组合情况如下: 单位:元
银行存款:239,103,746.07

(三)投资组合的信息披露 按照《暂行办法》和《兴安证券投资基金基金契约》的规定,本基金的基金管理人将每三个月至少公告一次基金的投资组合情况,第一期基金投资组合的信息披露将按照规定程序,由基金管理人在规定期限内作出。

(四)本基金的投资组合将遵循以下规定:由于本基金由《暂行办法》颁布前的老基金规范后设立,经中国证监会批准,基金资产存在一段调整期,调整期自上市之日起六个月以内,调整期结束后本基金投资组合应符合以下规定:

1.本基金投资于股票、债券的比例不低于本基金资产总值的 80%,本基金投资于国家债券的比例不低于本基金资产净值的 20%;

2.本基金持有一家上市公司的股票,不超过基金资产净值的 10%;

3.本基金与本基金管理人管理的其他基金持有一家上市公司发行证券的总和,不得超过该证券的 10%;

4.本基金将遵守中国证监会规定的其他比例限制。

(五)投资组合的原则 全面考虑组合的收益性,风险性和流动性,着重于长期资本增值。

(六)基金经理

邹翔,男,毕业于中国人民银行研究生部,获经济学硕士学位。7 年证券从业经历。历任华夏证券有限公司基金投资部高级经理、部门副总经理,华夏基金管理有限公司研究发展部总经理、兴和基金经理等职务。

六、基金契约摘要

(一)前言 订立本基金契约的依据是《暂行办法》及其实施准则和中国证监会的有关规定。
(二)基金契约当事人
1.基金发起人:华夏基金管理有限公司
2.基金管理人:华夏基金管理有限公司
3.基金托管人:中国银行

(三)基金的基本情况 兴安证券投资基金为契约型封闭式(在符合有关规定并经基金持有人大会同意、中国证监会批准后可转型为契约型开放式)。基金单位每份面值为人民币 1.00 元,存续期为 10 年(1992 年 12 月 29 日至 2002 年 12 月 29 日)。

(四)基金的历史沿革(见本公告书第四条)

(五)基金的上市和交易安排 本基金经主管部门批准和基金持有人大会通过,将根据《暂行办法》及有关规定申请在深圳证券交易所上市。

本基金上市后,将根据《暂行办法》及有关规定和深圳证券交易所的交易规则进行交易。

(六)基金的托管 基金托管人与基金管理人必须按照《暂行办法》、基金契约及其他有关规定订立《兴安证券投资基金托管协议》。

(七)基金投资目标、投资范围、投资决策、投资组合和投资限制

1、投资目标

本基金重点投资于具有核心竞争,主营业务具有持续成长性,符合国民经济产业升级和结构调

整方向的上市公司。本基金将通过积极进取的投资策略,在尽可能分散和规避投资风险的前提下,谋求基金资产长期稳定的增值。

2、投资范围　本基金的投资范围仅限于具有良好流动性的金融工具,包括国内依法公开发行上市的股票、债券及中国证监会允许基金投资的其他金融工具。

3、投资决策　投资决策委员会根据本基金投资目标和对市场的判断决定本基金的基本投资原则和方向,规定仓位比例,审定重要投资项目。公司研究力量根据投资决策委员会决议提出投资组合报告。基金经理执行投资决策委员会决议,在公司研究力量的支持下,结合自身判断,作出具体投资决策和操作。

4、投资组合　由于本基金由《暂行办法》颁布前的老基金规范后合并设立,经中国证监会批准,基金资产存在一段调整期,调整期为自本基金上市之日起六个月内。

(1)、调整期结束后,本基金投资组合应符合以下规定:

1 投资于股票、债券的比例不低于基金资产总值的80%;

2 投资于国家债券的比例不低于基金资产净值的20%;

3 持有一家上市公司的股票,不得超过基金资产净值的10%,本基金与由本基金 管理人管理的其他基金持有一家公司发行的证券总和,不得超过该证券的10%;

4 遵守中国证监会规定的其他比例限制。

(2)、投资组合原则

21世纪已全面进入知识经济时代,经济全球化信息化是其主要特征,国内股市的管理思路和投资力量也在发生巨大的变化。面对日新月异的证券市场,本基金将本着开放、进取、创新的原则,在充分考虑安全性、流动性和收益性的前提下设计投资组合,为基金持有人谋求长期稳定的收益。

本基金将重点投资于那些具有较强的核心竞争能力,主营业务具有持续成长性,符合国民经济产业升级和结构调整方向的上市公司。同时也投资于利用现代资本经营和现代管理手段进行企业改造和资产重组的上市公司。

5、投资限制　本基金的投资范围仅限于具有良好流动性的金融工具,包括国内依法公开发行上市的股票、债券及中国证监会允许基金投资的其他金融工具。本基金禁止从事下列行为:

(1) 投资于其他基金;

(2)以基金的名义使用不属于基金名下的资金买卖证券;

(3)将基金资产用于抵押、担保、资金拆借或者贷款;

(4)从事证券信用交易;

(5)以基金资产进行房地产投资;

(6)从事可能使基金资产承担无限责任的投资;

(7)将基金资产投资于与基金托管人或者基金管理人有利害关系的公司发行的 证券;

(8) 进行内幕交易、操纵市场,通过关联交易损害基金持有人的利益;

(9) 配合管理人的发起人、本基金的发起人及其他任何机构的证券投资业务;

(10)故意维持或抬高管理人的发起人、本基金的发起人及其他任何机构所承销股票的价格;

(11) 中国证监会规定禁止从事的其他行为。

(八)基金专用交易席位的租用

1.本基金的管理人根据以下标准考察后进行证券经营机构的选择:

(1)证券经营机构财务状况良好,在最近一年内无重大违规行为;

(2)有良好的内控制度,在业内有良好的声誉

(3)有较强的研究能力,能及时、全面、定期向基金管理人提供高质量的关于 宏观、行业及市场走向、个股分析的报告及丰富全面的信息服务;有很强的行业分析能力,能根据基金管理人所管理基金的特定要求,提供专门研究报告,具有开发量化投资组合模型的能力。

2.选择程序　基金管理人根据以上标准进行证券经营机构的选择。基金管理人与被选择的证券经营机构签订委托协议,报中国证监会备案并公告。

3.席位使用期限及更换方式　席位的使用期限暂定为半年,所选席位仅供基金交易专用。基金管理人将对各证券经营机构的研究服务质量定期进行考评,并将考评结果与分配在各家席位上的交易量挂钩。对于达到有关标准的证券经营机构将继续保留,并在交易量的分配上采取适当的倾斜政策;席位的使用到期后,对于不能达到有关标准的券商则将退出基金管理人的选择名单,基金管理人将重新选择其它经营稳健、研究能力强、信息服务质量高的证券经营机构,租用其交易席位。若证券经营机构所提供的研究报告及其他信息服务不符合要求,基金管理人有权提前中止租用其交易席位。

4.席位运作方式　基金管理人将在遵守中国证监会的有关规定的前提下,结合各证券经营机构提供研究报告及信息服务的质量,分配基金在各席位买卖证券的交易量。基金管理人根据有关规定,在基金中期报告和年度报告中将所选择的证券经营机构的有关情况、基金通过该证券经营机构买卖证券的成交量、支付的佣金等予以披露,并向中国证监会报告。

(九)基金发起人的权利与义务

1.基金发起人的权利

(1)按基金发起人协议书约定及有关规定持有基金单位;

(2)出席或委派代表出席基金持有人大会;

(3)取得基金收益;

(4)依法转让基金单位;

(5)监督基金经营情况,获取基金业务及财务状况的资料;

(6)参与基金清算,取得基金清算后的剩余资产;

(7)法律、法规认可的其他权利。

2.基金发起人的义务

(1)公告基金上市公告书;

(2)在基金存续期间持有符合规定比例的基金单位;

(3)遵守基金契约;

(4)承担基金亏损或者终止时的有限责任;

(5)不从事任何有损基金及其他基金持有人利益的活动;

(6)法律、法规规定的其他义务。

(十)基金管理人的权利和义务

1.基金管理人的权利

(1)根据法律、法规和本基金契约的规定管理和运用基金资产;

(2)根据本基金契约的规定获得基金管理人报酬:

1 获得本基金的管理费,

2 获得管理人业绩报酬;

(3)依照有关规定,代表基金行使基金投资而获得的任何权利;

(4)在事先征得基金托管人书面同意的前提下,基金管理人可以授权有关人员 代表基金管理人履行本基金契约项下的任何义务或责任;

(5)监督基金托管人,如认为基金托管人违反了本基金契约及国家有关法律法 规,应呈报中国证监会和中国人民银行,并采取必要措施保护基金投资人的利益。除非法律法规、本基金契约及托管协议另有规定,否则基金管理人对基金托管人的行为不承担任何责任;

(6)除非基金管理人违反法律法规或本基金契约的任何规定、或者基金管理人 故意不履行本基金契约所规定的任何义务,否则,基金管理人对基金资产或基金持有人的利益所发生的或遭致的损害不承担任何责任;

(7)有关法律、法规规定的其他权利。

2.基金管理人的义务

(1)自基金成立之日起,以诚实信用、勤勉尽责的原则管理和运用基金资产;

(2)配备足够的具有专业资格的人员进行基金投资分析、决策,以专业化的经 营方式管理和运作基金资产;

(3)建立健全内部风险控制、监察与稽核、财务管理及人事管理等制度,保证 所管理的基金资产和管理人的资产相互独立,保证不同基金在资产运作、财务管理等方面相互独立;

(4)除依据《暂行办法》、基金契约及其他有关规定外,不得为自己及任何第 三人谋取利益,不得委托第三人运作基金资产;

(5)接受基金托管人的监督;

(6)按规定计算并公告基金净值及基金单位每份资产净值;

(7)严格按照《暂行办法》、《兴安证券投资基金基金契约》及其他有关规定 ,履行信息披露及报告义务;

(8)保守基金商业秘密,不得泄露基金投资计划、投资意向等。除《暂行办法 》、基金契约及其他有关规定另有规定外,在基金信息公开披露前应予保密,不得向他人泄露;

(9)按规定向基金持有人分配基金收益;

(10)不谋求对上市公司的控股和直接管理;

(11)依据《暂行办法》、基金契约及其他有关规定召集基金持有人大会;

(12)保存基金的会计帐册、报表、记录15年以上;

(13)参加基金清算小组,参与基金资产的保管、清理、估价、变现和分配;

(14)面临解散、依法被撤消、破产或者由接管人接管其资产时,及时报告中国证监会并通知基金托管人;

(15)因过错导致基金资产的损失,应承担赔偿责任,其过错责任不因其退任而免除;

(16)基金托管人因过错造成基金资产损失时,应为基金向基金托管人追偿;

(17)有关法律、法规规定的其他义务。

(十一)基金托管人的权利与义务

1.基金托管人的权利

(1)根据法律、法规和本基金契约的规定监督基金管理人的投资运作;

(2)根据本基金契约约定获得基金托管费;

(3)除非基金托管人违反法律法规或本基金契约的任何规定、或者基金托管人 故意不履行本基金契约所规定的任何义务,否则,基金托管人对基金资产或基金持有人的利益所发生的或遭致的损害不承担任何责任;

(4)监督基金管理人,如认为基金管理人违反了本基金契约及国家有关法律法 规,应呈报中国证监会,并采取必要措施保护基金投资人的利益。除非法律法规、本基金契约及托管协议另有规定,否则,基金托管人对基金管理人的行为不承担任何责任;

(5)在事先通知基金管理人的前提下,基金托管人可以授权有关人员代表基金 托管人履行本基金契约项下的任何义务或责任;

(6)基金托管人有权对基金管理人的违法、违规投资指令不予执行,并向中国 证监会报告;

(7)法律、法规规定的其他权利。

2.基金托管人的义务

(1)以诚实信用、勤勉尽责的原则保管基金资产;

(2)设有专门的基金托管部,具有符合要求的营业场所,配备有足够的、合格 的熟悉基金托管业务的专职人员,负责基金资产托管事宜;

(3)建立健全内部风险控制、监察与稽核、财务管理及人事管理等制度,确保 基金资产的安全,保证其托管的基金资产与基金托管人自有资产以及不同的基金资产相互独立;对不同的基金分别设置帐户,独立核算,分帐管理,保证不同基金之间在名册登记、帐户设置、资金划拨、帐册记录等方面相互独立;

(4)除依据《暂行办法》、基金契约及其他有关规定外,不得为自己及任何第 三人谋取利益,不得委托第三人托管基金资产;

(5)保管由基金管理人代表基金签订的与基金有关的重大合同及有关凭证;

(6)以基金的名义设立证券帐户、银行帐户等基金资产帐户,负责基金投资于 证券的清算交割,执行基金管理人的投资指令,并负责办理基金名下的资金往来;根据管理人的要求保管基金资产投资的有关实物证券;

(7)保守基金商业秘密,除《暂行办法》、基金契约及其他有关规定另有规定 外,在基金信息公开披露前应予保密,不得向他人泄露;

(8)复核、审查基金管理人计算的基金资产净值及单位基金资产净值;

(9)按规定出具基金业绩和基金托管情况的报告,并报中国证监会和中国人民 银行;

(10)建立并保存基金持有人名册;

(11)按有关规定,保存基金的会计帐册、报表和记录15年以上;

(12)按规定制作相关帐册并与基金管理人核对;

(13)依据基金管理人的指令或有关规定向基金持有人支付基金收益;

(14)参加基金清算小组,参与基金资产的保管、清理、估价、变现和分配;

(15)面临解散、依法被撤消、破产或者由接管人接管其资产时,及时报告中国证监会和中国人民银行,并通知基金管理人;

(16)因过错导致基金资产的损失,应承担赔偿责任,其过错责任不因其退任而免除;

(17)基金管理人因过错造成基金资产损失时,应为基金向基金管理人追偿;

(18)法律、法规规定的其他义务。

(十二)基金持有人的权利与义务

1.基金持有人权利

(1)出席或者委派代表出席基金持有人大会;

(2)取得基金收益;

(3)监督基金经营情况,获取基金业务及财务状况的资料;

(4)依法转让基金单位;

(5)取得基金清算后的剩余资产;

(6)基金契约规定的其他权利。

每份基金单位具有同等的合法权益。

2.基金持有人义务

(1)遵守基金契约;

(2)交纳基金认购款项及规定的费用;

(3)承担基金亏损或者终止的有限责任;

(4)不从事任何有损基金及其他基金持有人利益的活动;

(5)法律、法规规定的其他义务。

(十三)基金持有人大会

基金持有人大会依据一定的事由以一定的程序召开,基金持有人大会就有关基金持有人利益的重大事项进行表决,如修改基金契约、提前终止基金、更换基金管理人、基金扩募、续期或转型以及召集人认为需要提交基金持有人大会讨论的其他事项。

基金持有人大会决议对所有基金持有人、基金管理人、基金托管人均有约束力。基金持有人大会决议报中国证监会备案。

(十四)基金管理人、基金托管人的更换条件和程序

1.有下列情形之一的,经中国证监会和中国人民银行批准,可以更换基金托管 人:

(1)基金托管人解散、依法被撤消、破产或者由接管人接管其资产的;

(2)基金管理人有充分理由认为更换基金托管人符合基金持有人利益的;

(3)代表50%以上基金单位的基金持有人要求基金托管人退任的;

(4)中国人民银行有充分理由认为基金托管人不能继续履行基金托管职责的。

2.有下列情形之一的,经中国证监会批准,可以更换基金管理人:

(1)基金管理人解散、依法被撤消、破产或者由接管人接管其资产的;

(2)基金托管人有充分理由认为更换基金管理人符合基金持有人利益的;

(3)代表50%以上基金单位的基金持有人要求基金管理人退任的;

(4)中国证监会有充分理由认为基金管理人不能继续履行基金管理职责的。

3.更换基金管理人和基金托管人必须按照如下程序进行:

(1)提名:更换基金管理人时,由中国证监会或基金托管人提名新任基金管理 人;更换基金托管人时,由中国证监会或基金管理人提名新任基金托管人。

(2)决议:基金持有人大会对被提名的新任基金托管人或新任基金管理人形成 决议。

(3)批准:新任基金管理人经中国证监会审查批准后方可继任,新任基金托管 人经中国证监会和中国人民银行审查批准后方可继任;原任基金管理人经中国证监会批准后方可退任,原任基金托管人经中国证监会和中国人民银行批准后方可退任。

(4)公告:基金管理人更换后,由基金托管人在中国证监会批准后5个工作日内在中国证监会指定的信息披露报刊上公告。基金托管人更换后,由基金管理人在中国证监会和中国人民银行批准后5个工作日内在中国证监会指定的信息披露报刊上公告 。如果基金托管人和基金管理人同时更换,由基金发起人联系单位在获得批准后5个 工作日内在中国证监会指定的信息披露报刊上公告。

(十五)基金资产

1.基金资产总值　基金资产总值是指基金所购买的各类证券价值、银行存款本息以及其他投资所形成的价值总和。

2.基金资产净值　基金资产净值是指基金资产总值减去按照国家有关规定可以在基金资产中扣除的费用后的价值。

3.基金资产的帐户　本基金资产以"兴安证券投资基金专户"的名义开立基金专用银行存款帐户和基金专用证券帐户,与基金管理人和基金托管人自有的资产帐户以及其他基金资产帐户相独立。

4.基金资产的处分　本基金资产应独立于基金管理人和托管人的资产,并由托管人保管。管理人、托管人以其自有的资产承担相应的法律责任,其债权人不得对基金资产行使请求冻结、扣押或其他权利。除依据《暂行办法》、本基金契约及其他有关规定处分外,基金资产不得被处分。

(十六)基金资产估值

1.估值目的　基金资产的估值目的是客观、准确地反映基金资产是否保值、增值。

2.估值日　每个工作日对基金资产进行估值。

3.估值方法

(1)上市股票以估值日证券交易所提供的市场平均价为准,该日无交易的,以 最近一日平均价计算;

(2)上市债券以估值日证券交易所提供的市场价格为准,该日无交易的,以最 近一日市场价格计算;

(3)未上市的股票以其成本价计算;

(4)未上市债券及银行存款以本金加计至估值日为止的应计利息额计算;

(5)派发的股息红利、债券利息以至估值日为止的实际获得额计算;

(6)如遇特殊情况而无法或不宜以上述规定确定资产价值时,基金管理人依照 主管机关的有关规定办理。

4.估值对象　基金依法拥有的股票、债券、股息红利、债券利息和银行存款本息等资产。

5.估值程序　基金日常估值由管理人进行。用于公开披露的基金资产净值由基金管理人完成估值后,将估值结果以加密传真或其他加密电子通讯方式报给基金托管人,基金托管人按有关法律法规、基金契约规定的估值方法、时间、程序进行复核;基金托管人复核无误后签字返回给基金管理人;月末、年中和年末估值复核与基金会计帐目的核对同时进行。

6.暂停估值的情形

(1)基金投资所涉及的证券交易所遇法定节假日或因其他原因暂停营业时;

(2)因其他任何不可抗力致使基金管理人无法准确评估基金资产价值时。

(十七)基金费用与税收　基金费用主要有:基金管理人的报酬;基金托管人的托管费;基金上市年费;基金交易佣金;基金证管费、印花税;基金登记过户费;基金信息披露费用;基金持有人大会费用;与基金相关的会计师费用和律师费用;自动扣款的银行手续费、服务费;基金持有人名册服务月费;基金分红手续费等。

1.基金管理人的报酬　基金管理人的报酬由两部分组成,一部分是基金管理费,以基金资产净值的1.5 %年费率计提;另一部分是业绩报酬,当基金的可分配净收益率高于同期银行一年定期储蓄存款利率20%以上,且当年基金资产净值增长率高于同期证券市场平均收益率时,按一定比例计提。具体计算方法如下:

(1)基金管理费　在通常情况下,基金管理费按前一日的基金资产净值的1.5%的年费率计提,计算方法如下:

H=E×1.5%÷当年天数

H为每日应付的基金管理费

E为前一日的基金资产净值

(2)业绩报酬

业绩报酬根据基金全年的经营业绩情况而定,在满足如下条件的情况下每年计提一次,直接用于奖励基金管理人:

1 基金年平均单位资产净值不能低于面值;

2 基金可分配净收益率超过同期银行一年定期储蓄存款利率20%以上;

3 基金资产净值增长率超过证券市场平均收益率;

4 基金收益分配后其每单位资产净值不能低于面值。

在满足以上条件的情况下,基金业绩报酬的计算方法为:

业绩报酬=调整后期初资产净值×Min[M,N]×5%

其中,M=基金可分配净收益率-1.2×同期银行一年定期储蓄存款利率(如果年 内利率发生变动,则按时间段进行加权平均调整);

N=基金资产净值增长率-证券市场平均收益率;

Min[M,N]为M、N中较小者;

基金可分配净收益率=当期可分配净收益/调整后期初资产净值;

基金资产净值增长率=(期末基金资产净值-调整后期初资产净值)/调整后期初资产净值;

证券市场平均收益率=[(深证综指年涨跌幅×深市平均总市值+上证综指年涨跌 幅×沪市平均总市值)/(深市平均总市值+沪市平均总市值)]×80%+同期国债收益率×20%;

深市平均总市值=(期末深市总市值+期初深市总市值)/2;

沪市平均总市值=(期末沪市总市值+期初沪市总市值)/2。

基金管理人的管理费逐日累计至每月月末,按月支付,由基金托管人于次月前两 个工作日内从基金资产中一次性支付给基金管理人;基金管理人业绩报酬于每个基金会计年度结束后计算,若可以提取基金业绩报酬则由基金托管人于次个基金会计年度前20个工作日内从基金资产中一次性支付给基金管理人。

2.基金托管人的托管费

本基金应给付基金托管人托管费,按前一日的基金资产净值的2.5‰的年费率计 提。计算方法如下:

H=E×2.5‰÷当年天数

H为每日应支付的基金托管费

E为前一日的基金资产净值

基金托管人的托管费每日计算,逐日累计至每月月底,按月支付,由基金托管人于次月前两个工作日内从基金资产中一次性支取。

3.不列入基金费用的项目

基金管理人和基金托管人因未履行或未完全履行义务导致的费用支出或基金资产的损失,以及处理与基金运作无关的事项发生的费用等不列入基金费用。

4.基金税收

本基金及本基金持有人应依据国家有关规定依法纳税。

5.基金管理人报酬和基金托管人托管费的调整

基金管理人和基金托管人可酌情调低基金管理人报酬和基金托管费,并报中国证监会核准后公告,不需召开基金持有人大会。

(十八)基金收益与分配

1.基金收益的构成

(1)买卖证券已实现的价差;

(2)基金投资已获取的股息红利、债券利息;

(3)存款利息;

(4)已实现的其他合法收入。

因运用基金资产带来的成本或费用的节约计入收益。

2.基金净收益

基金净收益为基金收益扣除按照国家有关规定可以在基金收益中扣除的费用后的余额。

3.收益分配原则

(1)基金收益分配采取现金方式,每年分配一次,管理人应在基金每一会计年 度结束后90个工作日内公布上一会计年度的收益分配方案并于120个工作日内完成分 配方案的实施;

(2)基金收益分配比例不得低于基金当年可分配收益的90%,其具体分配数额 及比例由基金管理人拟定;

(3)基金当年收益应先弥补上一年度亏损后,才可进行当年收益分配;

(4)基金投资当年亏损,则不进行收益分配;

(5)每一基金单位享有同等分配权。

4.收益分配方案

基金收益分配方案中应载明基金收益的范围、基金可分配收益、基金收益分配对象、分配原则、分配时间、分配数额及比例、分配方式、支付方式等内容。

5.收益分配方案的确定与公告

本基金收益分配方案由基金管理人拟定,由基金托管人核实后确定,在报中国证监会备案后5个工作日内在中国证监会指定的信息披露报刊上公告。

(十九)基金的会计与审计

1.基金会计政策

(1)基金的会计年度为公历每年1月1日至12月31日;

(2)基金核算以人民币为记帐本位币,以人民币元为记帐单位;

(3)基金执行国家有关的会计制度;

(4)本基金独立建帐、独立核算;

(5)本基金管理人及托管人各自保留完整的会计帐目、凭证并进行日常的会计 核算,按照有关规定编制基金会计报表;

(6)基金托管人每月与基金管理人就基金的会计核算、报表编制等进行核对并 以书面方式确认。

2.基金审计

(1)本基金管理人聘请具有证券从业资格的会计师事务所及其具有证券从业资 格的注册会计师对基金年度财务报表进行审计。

(2)会计师事务所更换经办注册会计师,须事先征得基金管理人和基金托管人 同意,并报中国证监会备案。

(3)基金管理人(或托管人)认为有充足理由更换会计师事务所,经托管人(或管理人)同意,并报中国证监会备案后可以更换。更换会计师事务所需在5个工作 日内在中国证监会指定的信息披露报刊上公告。

(二十)基金的信息披露

1.信息披露的形式

本基金的信息披露应符合《暂行办法》、《证券投资基金信息披露指引》、基金契约及其他有关规定。本基金信息披露事项必须在中国证监会指定的信息披露报刊上公告。

2.基金的定期报告

基金的定期报告包括年度报告、中期报告、基金资产净值公告、投资组合公告等。

(1)基金的年度报告、中期报告

基金年度报告经注册会计师审计后在基金会计年度结束后90日内公告;基金中期报告在基金会计年度前六个月结束后60日内公告。

(2)基金资产净值公告

本基金资产净值每周公告一次。

(3)基金投资组合公告

基金投资组合每季度公告一次,在每次公告截止日后十五个工作日内公告基金投资组合,应披露基金投资组合分类比例及基金投资按市值计算的前十名股票明细。

3.基金的临时报告

4.信息披露文件的存放与查阅

本基金定期报告、临时报告、基金资产净值公告、基金投资组合公告等公告文本存放于管理人和托管人的办公场所,在办公时间内可免费查阅,亦可按工本费购买复印件。

基金管理人和基金托管人保证文本的内容与所公告的内容完全一致。

(二十一)基金的终止和清算

1.基金的终止

有下列情形之一的,基金应当终止:

(1)基金封闭期满,未被批准续期或转型的;

(2)基金经批准提前终止的;

(3)因重大违法、违规行为,基金被中国证监会责令终止的;

(4)有关法律法规规定的其他情形。

2.基金清算小组

(1)自基金终止之日起三个工作日内成立清算小组,清算小组必须在中国证监 会的监督下进行基金清算。

(2)基金清算小组成员由基金发起人、基金管理人、基金托管人、具有从事证 券相关业务资格的注册会计师、具有从事证券法律业务资格的律师以及中国证监会指定的人员组成。基金清算小组可以聘请必要的工作人员。

(3)基金清算小组负责基金资产的保管、清理、估价、变现和分配,编制基金 清算报告,并将清算结果报中国证监会。基金清算小组可以依法进行必要的民事活动。

3.基金清算程序

(1)基金终止后,由清算小组统一接管基金资产;

(2)清理并确定基金资产;

(3)对基金资产进行评估;

(4)对基金资产进行变现;

(5)将基金清算结果报告中国证监会;

(6)公布基金清算公告;

(7)进行基金剩余资产的分配。

4.清算费用

清算费用是指清算小组在进行基金清算过程中发生的所有合理费用,清算费用由清算小组从基金资产中支付。

5.基金剩余资产的分配

基金清算后的全部剩余资产扣除基金清算费用后，按基金持有人持有的基金单位比例进行分配。

6.基金清算的公告

基金终止并报中国证监会备案后5个工作日内由基金清算小组公告;清算过程中的有关重大事项将及时公告;基金清算结果由基金清算小组经中国证监会批准后3个工作日内公告。

7.基金清算帐册及文件的保存

基金清算帐册及有关文件由基金托管人保存15年以上。

(二十二)基金的扩募、续期或转型

1.基金的扩募或续期

本基金如果进行扩募或续期,应当具备下列条件:

(1)本基金年收益率高于全国证券投资基金平均收益率;

(2)本基金管理人、托管人最近三年内无重大违法、违规行为;

(3)基金持有人大会和基金托管人同意扩募或续期;

(4)中国证监会规定的其他条件。

本基金在具备上述条件后，管理人可以向中国证监会申请基金的扩募或在基金存续期届满时申请基金的续期,该申请由中国证监会审查批准。

2.基金的转型

基金的转型是指本基金由契约型封闭式转变为契约型开放式,基金的转型应当具备下列条件:

(1)本基金管理人(托管人)必需具备管理(托管)开放式基金所必需的人才、技术、设施等必要条件;

(2)本基金管理人、托管人最近三年内无重大违法、违规行为;

(3)基金持有人大会同意基金的转型;

(4)中国证监会规定的其他条件。

本基金在具备上述条件后,管理人可以在基金存续期内向中国证监会申请基金的转型,该申请由中国证监会审查批准。

(二十三)违约责任

1.由于本基金契约当事人的过错,造成基金契约不能履行或不能完全履行的，由有过错的一方承担违约责任;如属基金契约双方或多方当事人的过错,根据实际情况,由双方或多方分别承担各自应付的违约责任。

2.当事人违反基金契约,应向其他方当事人支付违约赔偿,如果由于违约已给其他方造成的损失超过违约金的,还应就超过部分进行赔偿。

在发生一方或几方违约的情况下,基金契约能继续履行的,应当继续履行。

(二十四)争议的处理

本基金契约当事人发生纠纷时,可以通过协商或调解解决。基金契约当事人不愿通过协商、调解解决或协商、调解解决不成的,可以向基金管理人所在地的人民法院起诉。

(二十五)基金契约的效力

1. 本基金契约经各方当事人盖章以及各方法定代表人或其授权的代理人签字并经基金持有人大会决议通过后自移交基准日起生效。基金契约的有效期自生效之日至基金清算结束报中国证监会批准并公告之日。

自本基金契约生效之日起,原各基金契约自动失效。

2.本基金契约自生效之日对本基金契约各方当事人具有同等的法律约束力。

(二十六)基金契约的修改和终止

1.基金契约的修改

(1)本基金契约的修改应经契约当事人同意;

(2)修改基金契约应召开基金持有人大会,基金契约修改的内容应经基金持有人大会决议同意;

(3)基金契约的修改应报中国证监会批准。

2.基金契约的终止

(1)基金的终止

出现下列情况之一,应当终止基金:

1 基金封闭期满又未被批准续期或转型;

2 基金经批准提前终止;

3 因重大违法行为,基金被中国证监会责令终止。

(2)基金契约的终止

基金终止后,应当对基金进行清算。中国证监会对清算结果批准并予以公告后基金契约方能终止。

(二十七)其他事项

1.在基金存续期内,基金管理人的内部机构设置、职能划分可能会发生变化，职能也会相应地作出调整,但不会影响本基金的投资理念、投资目标、投资范围和投资运作。

2.本基金契约如有未尽事宜,由本基金契约当事人各方通过中国证监会规定的程序及有关法律法规和规定协商解决。

3.本基金契约所指的基金移交基准日为基金清理规范后的移交验资日,该验资日由兴安证券投资基金原基金管理人和新任基金管理人华夏基金管理有限公司、新任基金托管人中国银行共同确定。

七、基金运作情况

(一) 基金管理人报告

兴安证券投资基金规范成立后,将以新的思路去研究市场的投资机会,通过积极进取的投资策略,为投资人获取长期稳定的投资收益。基金管理人将加强市场研判,精心运作,给投资人较好的回报。

基金管理人已于2000年7月20日接管本基金,关于基金运作的具体情况,将依据有关规定,通过基金年度报告、基金中期报告、基金临时公告、基金资产净值公告和基金投资组合公告等信息披露形式披露。

(二)基金托管人报告

基金托管人中国银行依据签署的《兴安证券投资基金基金契约》,受理托管兴安证券投资基金的全部财产,对基金运作进行了全面的会计核算和必要的监督。

八、财务状况

(一)基金资产已于2000年7月19日全部划至本基金的托管人中国银行"兴安证券投资基金专户",经兴华会计师事务所验资并出据(2000)京会兴字184号验资报告，资产全部到位。具体情况为:

基金单位总份额:	236,712,708份
基金资产净值:	236,806,536.61元
每份基金单位资产净值:	1.0004元

(二)基金管理人将按照《基金契约》及《证券投资基金信息披露指引》等规定披露基金财务状况。

(三)最近财务状况

1.资产负债状况(截止2000年9月14日,单位:元)

银行存款:	33,906,518.06
股票投资:	205,312,263.67
债券投资:	0.00
资产估值增值:	-3,459,935.95
其他应收帐款:	448,987.61
基金资产总值:	236,207,833.39
应付管理人报酬:	134,915.99
应付托管费:	22,486.00
其他应付款:	2,565,766.62
负债合计:	2,723,168.61
实收基金:	236,712,708.00
已实现净收益:	231,892.73
收益分配:	0.00
未实现资本利得:	-3,459,935.95
持有人权益合计:	233,484,664.78
基金资产净值:	233,484,664.78
每份基金单位资产净值:	0.9864

2.重要财务事项

(1)净收益主要是证券买卖差价收入和银行利息收入收益;

(2)未实现估值增值是指基金资产的估值增值。

估值方法:上市证券以估值日市场平均价为准;该日无交易的以上一交易日市场平均价为准。未上市的股票按估值日时持有量乘以发行价(计算日在会计年度结束前)或每股股东权益(计算日在会计年度结束后)。未上市的债券以本金加计至估值日止应计利息计算。

3.资产净值的计算方法　资产净值=基金单位总额+未分配净收益+未实现估值增值

九、风险揭示

本基金的投资也存在以下风险,主要有:

(一)市场风险　证券市场价格因受各种因素的影响所引起的波动,将对本基金资产产生潜在风险,主要包括:

1.政策风险　货币政策、财政政策、产业政策等国家政策的变化对证券市场产生一定的影响,导致市场价格波动,影响基金收益而产生影响。

2.经济周期风险　证券市场是国民经济的晴雨表,而经济运行具有周期性的特点。宏观经济运行状况对证券市场的收益水平产生影响,从而产生风险。

3.利率风险　金融市场利率波动会导致股票市场及债券市场的价格和收益率的变动,同时直接影响企业的融资成本和利润水平。基金投资于股票和债券,收益水平会受到利率变化的影响。

4.上市公司经营风险　上市公司的经营状况受多种因素影响,如业内竞争、市场前景、管理能力、财务状况等都会导致公司盈利发生变化。

5. 购买力风险　本基金投资的目的是使基金资产保值增值,如果发生通货膨胀,基金投资于证券所获得收益可能会被通货膨胀抵消,从而影响基金资产的保值增值。

6. 扩募风险　本基金上市后即行扩募,由于基金规模的扩大将导致基金单位净值的下降,引起基金市场价格的波动,从而产生风险。

(二)管理风险　在基金管理运作过程中,可能因基金管理人对经济形势和证券市场等判断有误及获取的信息不全等影响基金的收益水平。同时,基金管理人和基金托管人的管理水平、管理手段和管理技术等对基金收益水平也存在相关的影响。

(三)其他风险　战争、自然灾害等不可抗力因素的出现,将会严重影响证券市场的运行,可能导致基金资产的损失。

十、重要事项揭示

(一)基金发起人持有基金单位份额情况　由于历史原因,本基金发起人华夏基金管理有限公司未持有本基金份额。按照有关规定,基金发起人应在基金首次扩募时认购基金总规模1%的基金份额,且在基金存续期内持有不少于基金总规模0.5%的基金单位,其余部分在基金扩募部分上市二个月后流通。本基金发起人将于首次扩募时按规定认购部分基金份额。

(二)基金的首次扩募及续期　基金的首次扩募及续期已经原基金持有人大会通过,首次扩募续期不再需要召开基金持有人大会。

(三)基金首次扩募　本基金管理人已经持有人大会授权,向中国证监会提出扩募至5亿份的基金单位的申请,该申请已获批准。本基金将于上市后适当时机,由原来的236,712,708份扩募到5亿份单位。发起人以扩募摊薄后的基金单位净值加计0.01元扩募手续费为认购价格;一般持有人扩募部分每基金单位价格1.01元,其中0.01元为扩募费用。扩募部分先由发起人认购1%份额,余下部分向持有人按比例配售,持有人不认购部分由商业保险公司认购,剩余部分由基金发起人认购。

(四)本基金原管理人声明如下:

1.本公司已提交了兴安证券投资基金规范、移交有关部门的以及可能对基金规范与移交产生影响的所有资料、文件和信息;

2.本公司所提供的文件资料,如为副本/复印件,均经本公司与原件核对无误;　3.本公司所提供的文件、资料均为真实、完整和准确,没有任何虚假、不实、错误或者重大遗漏;

4.截止本声明签署日,兴安基金资产真实、完整、独立,不存在任何诉讼、仲裁或行政处罚案件;

5.由于历史原因和基金操作中的不规范,原管理人将部分基金资产以个人名义开立资产账户和证券账户从事证券投资，原管理人提供给各中介机构查证的以个人名义开设的资金账户和证券账户上的资金和证券,确系基金资产。

(五)本基金原管理人承诺　将所有原基金的会计账册、报表和记录保存15年以上,以备查询。

(六)基金上市　本基金236,712,708份基金单位于2000年9月20日在深圳证券交易所挂牌上市。本基金上市首日设涨跌幅限制,限制幅度为2000年9月19日基金单位净值的30%。2000年9月19日基金单位净值将在2000年9月20日的《中国证券报》、《证券时报》上公布。

(七)特别提示:兴安基金未确认份额的处理

截止2000年9月12日,兴安基金尚有未确认份额19,943,572份,尚未办理基金份额确认的基金持有人请与各原基金管理人联系,办理具体份额确认事宜。在扩募权益登记日之前基金份额未能确认到帐的基金持有人,将不能获得扩募配售权,因此而引致的一切损失由持有人自行承担。

龙江基金:

联系人:李葳、梁沛涛

联系电话:0451-4680194

广源基金:

联系人: 乔冠华、龚禹同　联系电话: 0451-4615198

龙银基金:

联系人: 孟令涛、刘颖　联系电话:0451-3647024-8438

十一、备查文件

1.中国证监会《关于黑龙江省原有投资基金清理规范实施方案的批复》(证监基金字[2000]27号)　2.《关于同意龙江基金、广源基金、龙银基金合并规范为兴安证券投资基金并上市的批复》(证监基金字[2000]62号)3.《关于同意龙江基金、广源基金、龙银基金合并规范为兴安证券投资基金并上市、扩募和续期的批复》(证监基金字[2000]63号)　4.原基金2000年6月13日基金持有人大会决议　5.法律意见书　6.基金发起人的营业执照　7.基金管理人业务资格批件、营业执照和公司章程　8.基金托管人业务资格批件和营业执照　9.兴安证券投资基金基金契约　10.兴安证券投资基金托管协议书

华夏基金管理有限公司

2000年9月18日

第六编

中国产权市场

372/383

中国产权市场

上市公司企业重组实证分析

【概况】 在证券市场上，上市公司企业重组是一个永恒的话题，1999年上市公司企业重组呈迅速发展的态势，为中国资本市场深化带来了新的机遇和挑战。

1、上市公司企业重组的总量特征：以上市公司公告日为准，截至1999年12月31日，年内共发生企业重组1110起，比1998年增加453起，增长68.9%，其中在公告中声明交易金额的838起，涉及金额461.6亿元，比1998年增加122.6亿元，增长36.2%，平均每起5508万元，低于1998年的平均水平。从企业重组规模看，1亿元以上的大规模企业重组在1999年中仍然起主导作用，尽管只发生142起，但涉及金额高达309亿元，分别占总数和总金额的12.8%和66.9%，相比于1998年则分别增加60起和96亿元，增长率为73.2%和45.1%。相应地，1000万元以下的小规模企业重组1999年仅发生164起，涉及金额只有8.3亿元，别占总数和总金额的14.8%和1.8%。

2、上市公司企业重组的结构特征：我们按公司扩张、公司收缩、公司股权内变与公司资产置换这四类，将上市公司企业重组分为五种方式，即收购兼并、股权投资、资产出售、股权转让和资产置换。（具体情况见表一。）

表一

方式	收购兼并	股权投资	资产出售	股权转让	资产置换	合计
数量	291	348	187	235	49	1110
比重(%)	26.2	31.4	16.8	21.2	4.4	100
金额(亿元)	172.7	152.6	96.1	22.3	17.9	461.6
比重(%)	37.4	33.1	20.8	4.8	3.9	100

a、收购兼并。收购兼并是指上市公司购买目标公司的股权或资产，具体表现为五种形式，即收购股权、收购资产、整体收购、承担债务式兼并、吸收合并。1999年，收购兼并共发生291起，涉及金额172.7亿元，分别占1999年上市公司企业重组总数和总金额的26.2%和37.4%。收购兼并中五种不同形式所发生的数量和金额如表二。

表二

类别	收购股权	收购资产	承担债务兼并	整体收购	吸收合并	合计
数量	208	62	8	7	6	291
比重(%)	71.5	21.3	2.7	2.4	2.1	100
金额(亿元)	125.1	42.2	0.4	5	—	172.7
比重(%)	72.4	24.4	0.2	2.9	—	100

b、股权投资。股权投资在这里指上市公司与目标公司合资成立新公司。1999年共发生348起，涉及金额152.6亿元，分别占企业重组总数和总金额的31.4%和33.1%。

c、资产出售。资产出售是上市公司将其本身的一部分包括股权、实物资产、土地使用权及其他权益等??出售给目标公司，由此获得收益的行为。1999年共发生187起，涉及金额96.1亿元，分别占1999年上市公司企业重组总数和总金额的16.8%和20.8%。

d、股权转让。股权转让是指购并公司根据股权转让协议受让上市公司的部分股权，从而成为上市公司股东或控股股东的行为。股权转让有四种情况：即社会公众股转让、法人股股权转让、国家股股权转让和控股股东变更。1999年股权转让共发生235起，涉及金额22.3亿元，分别占1999年企业重组总数和总金额的21.2%和4.8%，各种不同的股权转让方式的具体情况如表三。

表三

类别	社会公众股	法人股转让	国家股转让	控股股东变更	合计
数量	5	170	57	3	235
比重(%)	2.1	72.3	24.3	1.3	100
金额(亿元)	—	2.3	20	—	22.3
比重(%)	—	10.3	89.7	—	100

e、资产置换。资产置换是指我国上市公司企业重组的一种特殊形式，其运作是将上市公司的不良资产或者闲置资产与母公司或者有借壳倾向的公司的优良资产进行置换，以改变企业的盈利能力，它是资产双向流动的过程。1999年，共发生上市公司资产置换49起，涉及金额17.9亿元，占1999年企业重组总数和总金额的4.4%和3.9%。

从上面的分析可以看出，与1998年相比，1999年上市公司企业重组呈现以下结构特征：1、公司扩张收购兼并与股权投资——仍是上市公司企业重组的首选方式，公司扩张占1999年上市公司企业重组总数的57.6%，略高于1998年的54.6%。尽管1999年上市公司企业重组的主要目标仍然是扩大生产经营规模，但与1998年相比，股权投资的比重大大上升，超过收购兼并，成为占首位的企业重组方式。这说明在1999年，上市公司更倾向于通过新设公司进入新投资领域，上市公司的企业重组更倾向于具有实质性而不仅仅报表性重组。2、在企业重组中，以股权为对象的运作仍是最主要的形式，但相比于1998年，这一运作形式出现了三个新景象：一是吸收合并从单纯的上市公司吸收合并非上市公司转变为上市公司吸收合并非上市公司与上市公司之间的吸收合并共存，如原水股份与凌桥股份的吸收合并；二是股权回购，这在中国公司法中被严格限制的运作，但在1999年被允许试行；三是国家股配售，这一举措试图解决国有股不流通的问题，从而改进上市公司原有结构不合理的现状。

【上市公司企业重组的特点】 依照前面四大分类和统计，我们发现1999年上市公司的企业重组中，公司收缩与资产置换的方式和动因与1998年基本一致。资产出售作为上市公司的一种收缩战略，其目的是运用资产出售手段，将那些盈利能力差、流动性不强的低质量资产出售，以提高企业的盈利能力和市场竞争能力，或者通过资产出售来加强主营业务，提高上市公司的核心竞争力。资产置换则是我国上市公司企业重组的一种特殊形式，上市公司的控股股东置换出上市公司的不良资产，注入高成长性，符合国家产业政策的优质资产，从而改变上市公司的盈利能力，为上市公司提供新的利润增长点，提高上市公司的资产质量。相对应地，在1999年上市公司企业重组方式中，变化最大的发生在公司扩张和公司股权内变两大类中。收购兼并和股权投资是上市公司的一种扩张战略，这种扩张可分为横向一体化扩张、纵向一体化扩张和横向与纵向综合混合一体化扩张。1999年,在上市公司的收购兼并与股权投资中,横向一体化与纵向一体化扩张共计368起,占57.6%,混合一体化扩张271起,占42.1%。与1998年相比,横向一体化与纵向一体化扩张所的比重增加了3.8个百分点,混合一体化扩张的比重下降了4.4个百分点。这说明在1999年的公司扩张中,上市公司倾向于专业性扩张来达到规模经济要求,做大主业,扩大市场份额。

从上市公司混合一体化扩张战略看,1999年,上市公司实施混合一体的战略所选择的行业主要集中金融业、基础设施与公用事业及高科技产业这三个行业,行业选择与1998年基本一致。但是1999年实施混合一体化扩张战略的上市公司涉足这三个行业的数量占总数的84.5%,大大高于1998年的66.3%的比例,由此可见,1999年上市公司在实施多元化经营时,所选择的行业更集中。从每一个具体行业看,1999年上市公司的混合扩张战略与1998年相比有明显的差异——见表四。

1、金融业。在我国,金融属国家特许经营行业,具有一定的垄断性和很高的进入壁垒。由于这一行业的特殊性,所以在1999年有条件的上市公司便涉足此中,数量达74起,占总数的27.3%,大大高于1998年10.8%的水平,而且涉及的具体行业与1998年相比也有重大差别。1998年上市公司主要是参股银行业,1999年则转向证券业。上市公司参股证券公司的数量为49起,占实施混合一体化扩张战略的上市公司总数的18.8%,这一变化与1999年券商规模扩张密切相关。1999年国家证券管理部门开始将券商划分为综合类券商和经纪类券商,许多规模较小的券商为了达到综合类券商的要求,开始了大规模的增资扩股,原来资本金为几千万元到1亿元的扩股到10亿元,资本为8亿元到10亿元的扩股到15亿元至30亿元。券商大规模的增资扩股为上市公司参股证券公司提供了条件。

2、基础设施及公用事业。基础设施及公用事业属国家鼓励发展的产业,具有很强的垄断性,产品价格一般由国家控制,收益非常稳定。1999年,实施混合一体化扩张战略的上市公司涉足这一行业的数量为21起,占总数的7.7%,大大低于1998年20.5%的水平。产生这种情况的原因在于国家政策及市场的变化。1998年上市公司涉足的基础设施及公用事业主要是公路桥梁,但1999年4月以来,国家对公路桥梁上的现有收费站开始进行清理整顿,对已收回投资成本的公路、桥梁将逐步取消收费站点,这一政策直接影响到有关上市公司的收益。上市公司参股基础设施及公用事业的行业现主要集中于收益相对比较稳定的电力建设。

3、高科技产业。"科教兴国"是我国的一项基本国策。1999年中央和地方政府都出台了一系列政策支持高科技产业的发展,给高科技企业提供了许多优惠政策,这为上市公司进入高科技产业创造了良好的实现环境。1999年实施混合一体化扩张战略的上市公司涉足计算机及信息网络、生物医药工程等高科技产业的数量为134起,占总数的49.4%,大大高于1998年35%的水平,但从具体行业看,与1998年相比,1999年上市公司涉足计算机及信息网络产业的数量大大增加,而涉足医药生物工程的上市公司数量大幅度下降。在实施混合一体化扩张战略的上市公司中,进入计算机及信息网络产业的上市公司所占的比重,1998年为15.5%,1999年上升到29.2%,而涉及医药生物工程的上市公司所占的比重,1998年为13.3%,1999年下降到7.7%。1998年上市公司主要涉及的硬件制造业和软件开发业,而1999年则转向网络产业,主要包括有线电视网络、电子商务和门户网站的开发和建设。有线电视网是一种垄断性资源,而电子商务则是因特网上一个充满商机的行业。所以网络产业对上市公司乃至非上市公司都具有诱惑力,这也是1999年上市公司纷纷进入网络产业的动向。

表四

行业	金融业	其中证券业	基础设施及公用事业	高科技			其他行业	合计
				计算机及信息网络产业	医药生物工程产业	其他科技产业		
数量	74	51	21	79	21	34	42	271
比重(%)	27.3	18.8	7.7	29.2	7.7	12.5	15.5	100
金额(亿元)	57.8	45.6	9.3	31.6	8.3	9	25.1	141.1
比重(%)	41	32.3	6.6	22.4	5.9	6.4	17.8	100

(宋亚丁)

产权交易与资产经营机构

上海产权交易所

【概况】 上海产权交易所从成立至今，共经历了三个历史性的发展阶段。第一阶段是1994年4月上海城乡产权交易所的建立。通过对本市城乡集体企业的产权交易运作试点，在盘活集体存量资产，推进城乡经济体制改革的同时，积极探索产权交易有形市场为本市产业结构调整和公有企业资产重组提供有效服务的新形式。第二阶段始于1996年3月，市委、市政府决定将上海城乡产权交易所重组成上海产权交易所，在原有城乡产权交易所的基础上，提高层次，充实国有资产交易的内容，结合国有企业改革和公司制改造，使国有企业的产权交易也有一个规范有序的交易环境，为本市产权交易大市场的形成创造良好的环境。第三个发展阶段的标志是1998年12月，为了进一步规范有序地发展本市的产权交易市场，市政府发布了《上海市产权交易管理办法》，并自1999年2月1日起施行。这是本市产权交易市场发展的一个新的起点。《办法》的出台标志着上海产权交易市场的发展进入了规范化、法制化运作的新阶段，从此面临着腾飞的大好机遇。产权市场成立以来，经过上海产权交易所成交的企业产权（股权）和交易金额节节上升，发展势头良好，具体统计数字详见下表。

	成交企业产权（宗）	交易总金额（亿元）
1994年	229	5.7
1995年	442	12.7
1996年	384	39.98
1997年	612	102.67
1998年	1103	172.58
1999年	913	175.09
2000年上半年	1178	186.57

【经营业绩】 从六年多时间的运作情况来看，上海产权交易所的作用正日益显现。这些作用主要表现在以下四个方面：

资产重组和资本进退的枢纽 六年多来，经过上海产权交易所成交鉴证的企业产权累计金额已超过700亿元，相当于盘活了350亿元的存量资产。特别是党的十五届四中全会决定"从战略上调整国有经济布局"后，国有资本从竞争性行业中退出、所有制结构的调整明显呈加速之势。2000年上半年国有企业在上海产权交易所转让有314宗，出让金额18.85亿元；受让产权98宗，收购出资额15.58亿元；集体企业在上海产权交易所转让有303宗，出让金额17.29亿元；受让产权100宗，收购出资额6.86亿元。与此同时，私营企业、个体工商户和自然人股东通过上海产权交易所规范地并购中小企业及相关股权累计达645宗，占上半年成交总数的54.75%，同比增加17倍；交易金额共计37.06亿元，占上半年交易金额的19.86%，同比增长31倍。

存量资产与增量资本嫁接的平台 上海产权交易所还在促进增量资本的投入方面具有非常重要的作用。首先这种嫁接可以大大缩短建设期，更快地获得投资收益；其次每次成功的并购行为都会带来新的投入。据测算，收购方在并购过程中投放的资金与并购后为扩大生产增量投入费用的比例可达1:1.5。按照有关政策的规定，上海产权交易所通过市场化的运作，促使增量资本的投入方向从新建企业向收购兼并存量资产转移。

高新技术与传统产业结合的桥梁 高新技术产业化是企业获得持续发展的根本出路。2000年上半年通过上海产权交易所将高新技术与传统产业相结合的产权交易累计成交113宗。交易金额12.59亿元，其中有：上海医药股份有限公司和上海电话发展总公司收购上海华氏资产经营有限公司所持有的上海华卫医药保健网络有限公司80%股权；信息产业部电子第32研究所收购上海东联电脑技术公司所持有的上海汇杰电脑技术有限公司22%股权等。这些高新技术产业化的项目涉及到计算机软、硬件，网络技术，信息通讯，光机电一体化，生物医药，卫星导航等科技企业，利用上海产权交易所的市场机制，以并购重组、尤其是以股权交易形式与传统产业相结合。

跨国并购与吸引外资的通道 世界性的并购浪潮必将随着我国进入WTO的临近而冲击我国企业界，外资以收购兼并存量资产的方式进入本市乃至中国市场将逐渐成为吸引外资的主要途径之一。六年来，通过上海产权交易所成交的涉及外商投资企业的并购（包括外商独资、中外合资和中外合作企业）共有216户，成交金额16.29亿元。在为本市开拓吸引外资的新途径上，上海产权交易所正在作出更加积极而有效的探索。

【规范化建设】 在规范建设的过程中，上海产权交易所主要做了以下几项工作：

（一）参与、促进本市产权市场法制体系的建立和完善。1998年底，市政府审核通过了《上海市产权交易管理办法》（以下简称《办法》）。以《办法》为核心的法制体系的形成，使得在上海产权交易所内进行的产权交易，都被纳入到严格的法定程序和规定下进行。在该政府规章的前期起草阶段，上海产权交易所全过程参与，并主要对产权交易中涉及到的各项税费缴纳和权证变更等有关问题进行了大量的调查研究，取得了第一手的资料后形成调研报告上报市政府。同时，上海产权交易所还搜集了全国各地省市有关企业并购方面的地方性法规和规章，以供有关方面参考，为《办法》的制定奠定了基础。为了充分贯彻《办法》的有关规定，上海产权交易所积极工作，联系沟通，取得了市国资办、市工商局和市产管办等部门的大力支持。以《办法》为依据，市国资办制定了实施细则，还与市工商局联合发布了《关于进一步完善产权交易过程中产权变动和工商变更工作的通知》；市产管办制定了《上海市产权交易规则》、《上海市企业产权转让招标投标管理办法》，还与市工商局联合发布了《上海市产权经纪机构管理暂行办法》，联合发布了《上海市产权交易纠纷处理办法》等规范性文件。上海产权交易所根据多年来的工作实践，在总结企业并购过程中规范化运作经验的基础上，结合《办法》的有关规定，修改起草了《上海产权交易所章程》和《上海产权交易所会员管理办法》。此外，上海产权交易所还制定了《破产企业产权交易试行规则》和《关于审核产权转让合同的受理办法》，在内部管理上制定了《业务交往纪律和廉政规定》。

（二）建立了产权市场事业单位的组织形式、会员制交易方式的市场体制。事业单位的性质明确了上海产权交易所以发展产权市场的事业为宗旨，而不以营利为目的，在交易审核过程中严格把关，具有部分政府延伸的职能。会员制交易方式则使上海产权交易所不直接参与产权交易，而只为会员单位即产权经纪机构提供进场交易的资格、交易场所和交易服务等。会员制交易方式确保了上海产权交易所在交易活动中处于中立的地位，使各参与产权交易中介事务的主体都处在一个相对平等的地位上，从而形成了公平竞争的市场环境。对各加盟的会员单位，上海产权交易所具有在业务上进行指导的职能，主要表现在：1、配合市有关部门加强对产权市场从业人员的资质培训工作，前后共 4 次组织会员单位从业人员参加资质培训和考试。经考核合格，获得产权经纪资格证书的专业人员达 269 人。目前该资质培训的内容已被纳入到《上海市经纪人条例》的有关规定之中。2、引导会员单位走专业化的道路，组织背景、类型等不同的产权经纪机构分别在其熟悉的行业如医药、电子、化工、建筑等领域深入发展，争取在不同的领域内形成各自的领先优势。3、通过会员活动等方式，讨论交易中碰到的问题，探索解决的方法，并采取聘请有关专业人士讲课等形式进行业务培训。4、对产权交易过程中产生的交易纠纷，在为交易各方提供调解服务的同时，积极指导产权经纪机构妥善处理。经过六年来的共同努力，各产权经纪机构从无到有、从小到大，其中介撮合能力已有了较大的增强，业务水平大幅提高，已基本走上了健康发展的轨道。上海产权交易所共有会员单位 96 家，其中执业会员 78 家，非执业会员 18 家，包括上海的各控股集团公司、大企业集团、区县经纪公司（国资办）、社会中介机构等类型，在全市范围内形成了条块纵横的网络。

（三）加强上海产权交易所及其会员单位工作人员的思想政治工作。在开展思想政治工作的具体过程中，我们还采取了一些灵活多样的手段。如 2000 年 6 月，上海产权交易所与中共上海市纪委的有关部门联合组织会员单位负责同志集体观看反腐倡廉的电影《生死抉择》，并座谈感想。根据实际情况，结合电影中腐败分子企图通过资产重组来掩盖其贪污犯罪事实的情节，从规范交易、廉政自律和优质服务等方面，交流规范产权市场的经验。同时，上海产权交易所还制订了《产权交易合同审核试行办法》，以加强内部的稽核及相互的制约。

（四）在产权交易的各个流程中加强制度建设、完善市场手段。1、建立和完善信息公示制度。在产权交易过程中，信息的相互交换至为重要。在信息公开方面，上海产权交易所采取了以下几种形式进行：①信息发布会。通过举办专场信息发布会的形式，向社会公布一些比较重要、或者具有较高价值的企业购并信息。如 2000 年 8 月，上海产权交易所就专门举办了一场关于高新技术产业化方面的信息发布会。②建立网络平台。上海产权交易所在上海热线及国际互联网上分别建立了上海产权交易信息系统，将有关产权交易的信息全部输入该电脑系统，并对外公开发布，广大的国内外投资者和产权出让方可以平等地通过该系统查询到其所需要的信息。③利用各大型会议发布信息。一些企业购并的洽谈会和全国性、国际性的展览会是发布信息的良机。上海产权交易所先在上海市第一届国际工业博览会、河南郑州上海商品博览会和长江三角洲资产重组洽谈会等重要展览会、洽谈会上发布了数百个企业并购的信息。④公告。在采用公开拍卖和招投标等方式进行的企业并购活动中，上海产权交易所一般都按照有关规定在本市的一些重要报刊如《解放日报》、《上海证券报》等报纸上，公告拍卖或者招投标的消息，使具备资格的单位和个人都有机会参与。⑤编制上市项目精选。上海产权交易所还在已挂牌上市的资产重组项目中，筛选出一批质量较好的项目，专门编制成册，形成《上市项目精选》，供有关人士参考。上述这些灵活多样的信息公布形式，为产权市场建立和完善信息公示制度奠定了基础。2、运用公平竞争的市场手段进行产权交易。在实践过程中、上海产权交易所对有条件的产权交易项目还多次尝试运用公平竞争的市场手段来进行，如公开招标投标和拍卖等方式。招投标的交易方式适用于一个项目有数个收购者，同时该项目的转让，价格不是唯一因素。1999 年上海产权交易所对上海啤酒有限公司破产资产进行公开招投标转让就是一个成功的典型案例。上海产权交易所先在《解放日报》和《上海证券报》上正式发布招标公告，标底为 3500 万元人民币，并要求需在投标书上明确收购后有关事项的处置方案。在审查多家有意参与招标的投资者后，确认青岛啤酒有限公司和上海复星高科技（集团）有限公司的标书符合招标要求，有资格参与招投标。由国家经贸委轻工业局、中国酿酒工业协会、市外资委和市规划局等单位的领导和专家组成的评标委员会，对这两家上市公司的投标书按照“收购出价”、“资产重组方案”和“职工安置计划”等要求综合评价，最后一致确认“青啤”中标，中标价为 3800 万元人民币。同时，“青啤”在投标书中还承诺将投资 5000 万元，在原厂基础上改善、扩大啤酒生产，并优先招聘原厂职工。整个招投标过程都在市产管办的监督下进行。对有较多收购意向的项目，且产权清晰、标的简单、价格可以作为唯一依据时，一般采取公开拍卖的交易方式进行。如 1996 年 11 月，上海产权交易所委托会员单位上海国际拍卖有限公司拍卖上海丽华汽车出租公司的整体产权，起拍价为 800 万元人民币。这是本市第一次公开拍卖企业资产。由于没有先例可循，为了确保拍卖成功，上海产权交易所会同有关部门进行了大量的政策协调工作。同时，鉴于当时不再增发出租车经营牌照的实际情况，为了防止个别单位和个人以投机为目的参与竞拍，对报名要求竞拍的对象按照市场准入原则，由市客管处进行了严格的审核，最后共有 11 家企业获准入围参加竞拍。全场经过 67 个回合激烈的叫价竞争，上海大众出租汽车股份有限公司最终以 1810 万元胜出。3、在审核过程中严格把关、确保交易安全。上海产权交易所具有依法审查产权交易主体的资格和交易条件，以及交易行为合法性的政府延伸职能。主要体现在：①审核出让者对企业产权的所有权，对产权权属不明、权证不齐的交易项目不予通过。②审核公有资产是否按照国家和上海的有关规定经过资产评估，坚持“未经有资质的机构评估不准上市”等原则。③审核债权债务，维护原债权人的合法权益，避免有逃避银行债务等情况发生，这种情况在一些企业的股份合作制改制过程中发生得比较多，交易所要求在合同附件中必须要有债务清单以及主要债权人同意债务转移的证明文件，在保证企业改制的同时，坚决维护债权人的合法权益。④审核职工安置情况，按照我国目前国情，整体产权交易必须有切实可行的职工安置方案。迄今为止，在上海产权交易所成交的各类产权交易中，交易双方共协议安置职工 10 多万人。⑤审核出让方所得收入的使用方案是否符合有关政策、法规的规定，特别是破产企业产权转让收入的分配方案等。通过这种严格的审核把关，可以使企业和有关部门在产权交易过程中严格按照法定程序操作，确保了公有资产的交易安全。

【服务功能】 上海产权交易所始终贯彻规范化运作的宗旨，努力营造“公开、公平、公正”的市场环境，遵循市场法则，保护所有出资人或产权所有者的合法权益。在企业资产重组的过程中，上海产权交易所提供以下五项基本的服务功能：信息查询服务，上海产权交易信息系统是全国第一个专业的产权交易信息网络，政策、法律咨询服务，上海产权交易所作为市政府批准依法设立的产权交易市场，可依托其完善的工作网络，拥有企业并购方面的法律、法规和各类政策资源。是本市目前产权交易最为专业、最为权威的政策、法律咨询机构。已组织编写了《产权交易政策法规摘编》和《产权交易文件汇编（一）》两册关于企业并购的专业书籍。协调操作服务，上海产权交易所鉴于自身特殊的专业优势，可以依托其完善的工作网络和政府各个主管部门的协作关系，为并购双方提供有效的协调服务，高效率地协调、化解并购操作中遇到的矛盾与障碍，推动产权交易顺利进行。融资注资服务，为了支持和推动企业结构调整与资产重组，更好地发挥上海产权交易所作为资本市场的功能，上海产权交易所与上海银行于 1998 年 3 月首先联合推出“并购企业发展生产专项贷款”。凡通过上海产权交易所并购企业的，可经上海产权交易所推荐，向上海银行申请使用该专项贷款；对符合一定条件的，还可享受上海产权交易所和上海银行的理财、培训等优惠服务。这项举措也为上海产权交易市场增加了融资服务的功能，为市场功能的完善起到了积极的作用。如上海铭源集团出资 4200 万元收购新加坡投资者在“香特莉”的全部投资权益的案例中，上海铭源集团就通过上海产权交易所获得了上海银行 1500 万元的专项贷款，从而得以顺利地实施这项产权交易。2000 年 4 月，为进一步鼓励优势企业收购兼并盘活存量资产，上海产权交易所与上海银行又联手推出十项购并优惠政策，通过降低交易成本、注入生产发展资金，来加快本市企业资产重组步伐。这项举措有三个特点：一是打破了贷款围墙，支持本市企业与外地企业的互相购并；二是贷款方式灵活，既可发放流动资金短期贷款，也可同时发放固定资产性质的中长期贷款，从而加大了企业收购兼并的力度；三是信贷资金与市场交易密切结合，申请专项贷款的企业必须是按照有关法律规定，在上海产权交易所办理规范手续的收购企业。上海产权交易所与上海银行合作以来，先后已有 7 户在交易所成交的收购企业正式申请并获得“并购企业发展生产专项贷款”，总金额合计超过 1 亿元。还有一些企业已经上海产权交易所推荐，正进入上海银行贷款审批程序。这项贷款对于民营企业等需要资金积累的中小企业而言是非常关键的。上海产权交易所与中国投资经济技术担保有限公司上海分公司合作，为中小企业提供融资贷款，符合规定的还可免除反担保。这对培育产权交易市场有着重要的促进作用。并购策划服务，企业进行并购活动需要对并购市场有一定的认识，并且拥有广阔的业务渠道。一般需要有专门的产权经纪咨询机构为企业并购进行并购方案的策划，并提供相关的服务，尽量使进行并购的企业能以最小的成本，获得最大的利益。尤其大规模的企业并购，更是离不开经纪咨询机构的辅助。在上海，企业并购咨询服务类型的公司也正在日益壮大和发展之中。上海产权交易所就拥有这么一支既有国家资质、又富有经验的产权经纪机构专业队伍作为自己的会员。这些会员单位的业务范围广、市场能量大，具有渊博的专业知识和广泛的社会化服务功能，能够在上海产权交易所的协助下，为企业成功地提供并购策划服务。 （上海产权交易所）

北京产权交易中心

【概况】 北京产权交易中心 1996 年 12 月成立。北京产权交易中心 是为企事业单位提供产权交易服务的中介机构，是产权集中、公开、公正、公平、规范 交易的场所，是指定的国有企业产权交易的中介服务机构。北京产权交易中心 管理委员会成员单位是：市财政局、市工商局、市经委、市体改委。北京产权交易中心 机构设置：交易部、信息部、研究发展部、财务部、综合部、会员部、调剂部、破产事务所、改制服务中心。

【业务范围】 北京产权交易中心 宗旨是：在国家产业政策的指导下，适应企业改革和资源优化配置的需要，面向社会各类经济实体，为产权交易各方提供综合服务。业务范围是：办理破产企业资产拍卖业务；办理企业、事业单位产权交易服务业务；办理固定资产租赁业务；办理产权交易咨询服务；发布产权交易信息。

江苏省产权交易所

【概况】 江苏省产权交易所系 1997 年 1 月由省政府投资创办的产权交易机构，是江苏省国有产权转让的法定转让场所。交易所实行会员制、自律性管理。目前交易所已发展省级重点企业集团、上市公司、非银行金融机构、产权经纪公司等三十余家单位为会员，构建了较为完整的会员体系。会员大会选举产生的理事会是交易所的权力机构。经省委、省政府批准，交易所监事会由省有关部门负责人组成，省政府产权交易管理委员会主任担任监事会主席。

【业务范围】 交易所本着"公开、公平、公正"的原则，贯彻"法制、自律、规范"的方针，利用其全省产权交易中心市场的有利地位，不断强化市场服务功能，依据所内专业人才、信息网络优势，全方位地为投资者从事企业购并、资产重组、托管经营、招商引资等产权交易活动提供配套服务。交易所自运营以来，为满足各层次、不同所有制企业的需要，不断推出新的交易品种，开辟了与证券市场相匹配的国家股、法人股交易市场，探索了包括竞价拍卖、招投标转让、协议转让等多种交易方式，努力搞活江苏产权交易市场，促进全省产权交易量逐步增长。

目前交易所专家库包括国内 200 余名高级专业人员，涉及财税、贸易、金融、审计、评估、法律等专业领域，均是高学历、高职称、高水准、经验丰富的专家，能为交易双方提供权威性的咨询、策划和论证，有利于交易的公平、合法和高效，降低交易成本。交易所积极拓宽渠道，和境外著名金融财团、商会、基金等机构建立了广泛的联系，采取双向交流形式多层次地合作，举办了多次重要投资项目推介会、招商引资洽谈会、信息发布会、专题研讨会等活动，在供求双方之间构筑桥梁和纽带，充分展示了交易所在江苏产权市场的主导地位。

主要业务范围 主要交易品种：非公司制企业的整体产权或部份产权（含有形资产、无形资产）转让；有限责任公司和非上市股份公司的股权转让；上市公司国家股、法人股协议转让；破产企业招标拍卖；企业经营权转让；基础设施经营权转让；闲置设备转让；经依法批准的其他产权交易。交易所在国际互联网上建立了"江苏省产权交易所"网站（http://www.jscq.com.cn），内容主要有《产权交易信息资料库》和《江苏国有中小企业资料库》。《产权交易信息资料库》中提供各类企业购并信息、股权出让信息和招商引资信息、国内产权交易政策法规及有关的产权资讯；《江苏国有中小企业资料库》汇集了全省 10000 余家中小型国有独资、控股、参股企业的最新的统计资料，为国内外投资者查询了解江苏国有中小企业资料提供了便利。交易所已建成广域网络与国家有关部委、全国各大

中城市的产权交易市场和所有会员单位实现信息联网，并通过金陵热线、国际互联网、报刊、广播、电视等相关媒体发布产权交易

交易方式：协议转让、竞价转让、招标转让、拍卖以及国家批准的其他方式

南宁产权交易中心

【概况】 南宁产权交易中心是南宁市人民政府批准组建、南宁经济区域产权交易的合法场所。中心直接受南宁市国有资产管理委员会领导（南宁市市长任国资委主任），挂靠南宁市经济体制改革委员会，业务接受南宁市国有资产管理局指导。中心实行会员制，出资者作为中心的创始会员。设理事会和监事会，理事会由创始会员组成，监事会由市政府有关部门派员组成。中心实行理事会领导下的主任负责制，内部设置交易清算部、企业部、发展部、技术部、财务部、事务部等职能部门，拥有一支集金融、财会、计算机、经济管理等专业为一体的高素质、精干的人才队伍。全部员工为大专以上学历。交易中心宗旨：在国家有关法律、法规和政策指导下，遵循公开、公平、公正的原则，为南宁经济区域产权交易提供合法的场所、规范的运作及完善的配套服务；培育和完善南宁经济区域的产权交易市场。

【业务范围】 交易中心业务范围：办理国家政策允许的实物资产、无形资产、净资产、股权等产权的交易；企业的兼并、收购、租赁；企业闲置资产的转让；企业的资产拍卖和罚没物品的拍卖。交易方式有契约式交易、拍卖交易、电脑撮合交易、招标交易、其他方式的交易。中心使用面积530平方米，首期设置50个交易席位，各席位配备计算机终端和程控电话一台，中心实行电脑区域联网。交易大厅设有大型电视视屏，实行拍卖交易和电脑撮合交易。中心的交易系统加入了国家体改委的全国产权交易信息网及国家国资局的管理信息系统，与全国三十多个大中城市的产权交易机构实现信息共享，还自行开发了电子拍卖竞价系统、净资产连续交易竞价系统。

上海国有资产经营有限公司

【概况】 上海国有资产经营有限公司是经上海市人民政府批准成立的国有独资有限责任公司。成立时间1999年9月24日，注册资本金19.95亿元。现有资本运作从业人员30名，其中博士2名（国外博士1名），硕士14名（国外硕士2名）。根据市政府决定，公司设指导委员会对公司业务行使指导监督职能。指导委员会由市政府副秘书长担任主任，由市国资办、市财政局、市计委、市经委、市上市公司重组领导小组的领导和公司总裁担任委员。公司还设有专家咨询评审委员会，聘请40位沪上知名专家学者和国际著名投资银行、咨询机构代表担任咨询评审委员。公司内设资产经营部、公司重组部、资产托管部、战略投资部、财务融资部、法律事务部、综合事务部、总裁办公室等8部1室。公司下设上海国有资产处置有限公司、上海国禾投资有限公司等子公司。

【业务范围】 公司的主要业务为资产经营、资产托管、实业投资，及其相关的咨询服务。资产经营，受政府委托或自主参与国有资产的买卖，包括证券化和非证券化的企业资产收购、包装和出让，资产及上市公司重组，产权经纪，房地产中介等，为国有企业强强联合，及国有资产退出一般性竞争领域服务。公司已控股东方证券有限公司，并是上海产权交易所会员单位，上海产权拍卖有限公司第二大股东，具有良好的资本运作和资产经营的平台。资产托管，受银行委托，对其质押物（企业、楼盘、物质）进行管理、处置，对银行“债转股”提供服务。不实资产处置，受政府委托对本市国有企业不实资产核销中相关资产进行处置，最大限度地追索，保全国有资产。金融和高新科技投资，根据市政府指示，参与市级大公司改制和重大项目投资，如公司投资成为新组建的上海国际集团有限公司第二大股东。并投资成为中国太平洋保险公司第三大股东。同时，根据公司资本运作需要，投资高新科技项目。

珠海市功业控股有限公司

【公司概况】 珠海市功业控股有限公司（原名珠海市工业控股有限公司）是根据珠海市人民政府批准和授权设立的，主要从事资产经营的国有独资有限责任公司，对授权范围内的国有企业（股权）行使出资者职权（重大决策权，选择经营者权和收益权）。公司于1998年5月28日正式成立，注册资本为12亿元，纳入公司授权范围的资产总额约127亿元，净资产约28.07亿元。

【业务范围】 公司旗下全资、控股、参股企业包括：格力、煤气、特房、电力、纺织、工业、电子、机械、机电和医药等10个企业集团及其下属企业和其它授权管理企业等260多家法人实体，其中控股或参股上市公司3家：珠海格力电器股份有限公司、珠海华电股份有限公司和珠海经济特区富华集团股份有限公司。

产权及资产重组案例

申能股份国有股回购案例

【背景资料】 申能股份的前身是申能电力开发公司，1992 年 6 月经上海市人民政府批准，申能电力开发公司改制为申能股份有限公司，并向社会公开发行股票，成为全国电力能源行业第一家股份制上市企业。公司设立于 1993 年 2 月 22 日，1993 年 4 月在上海证券交易所上市，是上证 30 指数样本股之一。申能股份的主营业务为从事电力、能源基础产业的投资开发和经营管理。至 1999 年 6 月 30 日，申能股份的股份总数为 263308.7769 万股，其中国有法人股 211309.67 万股，占总股本的 80.25%，募集法人股 26899.9069 万股，占总股本的 10.22%，流通 A 股 16135.2 万股，受让转配股 8964 万股，共占总股本的 9.53%。公司成立以来，全力投入上海地区的电力能源建设事业，投资和经营上海的电力能源项目，为缓解上海电力紧缺局面作了积极贡献。1987 年以来上海地区新增装机容量约 5100MW，由申能股份参与投资的机组按投资比例计算达 1934MW，占上海市总装机容量的 37.59%。申能股份自成立以来，一直保持着良好的经营业绩，每年都给股东派发现金红利，1996 年公司实施配股，每 10 股配 8 股，配股后 1997、1998 年业绩更是大增，每股分别达到 0.349 元和 0.591 元高收益。利润一年高于一年，给公司股东以较丰厚的回报。公司自成立以来坚持以电力能源建设为主，突出主业经营，并通过

资产重组，优化结构，加强内部管理等手段，使公司的经营始终保持在稳步增长中。申能(集团)有限公司是由上海市人民政府批准成立的国有独资的有限责任公司，注册资本为 30 亿元人民币。申能集团由上海市国有资产管理委员会授权依据产权关系统一经营和管理其下属国有资产。申能集团作为国有资产代表，目前拥有申能股份有限公司的国有法人股 211309.67 万股，占申能股份总股本的 80.25%，是申能股份的控股股东。申能集团实行董事会制，由董事会负责授权范围内国有资产的保值、增值，继续行使原申能电力开发公司集资办电职能并享有有关优惠政策。集团宗旨：充分发挥集团公司资产管理核心和规模经济优势，以电力、能源国有资产的经营为中心，从事电力、能源基础产业的投资开发和经营管理，完成上海市政府交办的投资项目，对集团公司所投全资、控股和参股公司的股份进行管理，实行多元化经营。至 1998 年末，申能集团总资产为 127.64 亿元，国有所有者权益为 92.13 亿元。公司注册资本：300000 万元人民币。

【回购过程】 申能股份公司国有股回购主要有以下几个原因：1、规范公司股本结构，使之符合《公司法》的要求。公司目前的股本结构中，国有法人股占总股本的 80.25%，流通 A 股和受让转配股占总股本的 9.53%，社会公众股的比例不符合《公司法》的规定(公司股本总额超过 4 亿元的，向社会公开发行股份的比例为 15%以上)。股权结构不规范，股权过于集中，不利于公司建立科学的法人治理结构和规范运作，也制约了公司的发展空间。回购部分国有法人股能够使公司的股本结构趋于规范，使之符合《公司法》的要求。2、优化公司资本结构，提升盈利能力。公司主要从事电力、能源基础产业的投资开发和经营，经营较稳定。目前公司有充足的现金流量，资产负债率较低。此次用现金回购部分国有法人股，流出的仅是相应一部分现金，所有创利项目全部留在公司，回购方案实施后，可增加公司的每股盈利，体现公司的内在价值，提高企业的融资能力和资本运作能力。股份回购后，将提升市场价值，更好地维护股东的权益和为股东谋求利益最大化，有利于公司在证券市场上树立良好的企业形象和充分、有效地利用各种资源。3、夯实资产质量，促进公司的长远发展。股份回购后，申能集团将用部分所有资金收购置换本公司由于历史原因造成的非经营性资产，进一步夯实公司的资产质量；继续支持公司投资吴泾热电厂八期工程、外高桥电场二期工程等重大在建项目；积极推进上海市能源结构调整、推进城市天然气项目的开发，为申能股份今后的长远发展培育优质资产。4、以减少申能股份的注册资本，达到提高公司股票的盈利能力，从而达到上市公司股本规模较适中，给申能股份的股东以更高的回报，同时使国有资产得以盘活，实现大量的资金用于社会其它事业。

公司股份回购方案如下：本次回购是由申能股份出资，向其控股股东申能集团公司，购回其持有的申能股份的部分国有法人股，然后将其股份注销，减少申能股份的股本。1、回购数量、比例和价格：本次回购国有法人股为 10 亿股，占公司总股本 26.33 亿元的 37.98%，回购后公司总股本为 16.33 亿元，回购价按已经评估确认的公司截至 1999 年 6 月 30 日的调整后每股净资产 2.51 元的价格回购，总金额为 25.1 亿元，回购并注销该部分国有法人股后公司总股本为 16.33 亿元。2、本次回购支付资金的总额、来源和方式：回购资金总额为 25.1 亿元，资金来源全部为公司自有资金。25.1 个亿的回购金分三次支付给申能集团。其中第一笔 10 亿元回购金在回购协议生效起五天内划入申能集团指定的银行帐户。第二笔 7.5 亿元和第三笔 7.6 亿元回购金将分别于 2000 年 3 月 31 日和 6 月 30 日前支付给申能集团。这两笔回购金在偿付前将作为申能股份对申能集团的债务，由申能股份按同期银行活期存款利率向申能集团支付利息。3、回购的对象及期限：回购对象为申能集团有限公司持有的申能股份国有法人股。回购自 1999 年 12 月 17 日至 12 月 31 日，回购决议有效期为 6 个月。4、股份注销及权益终止日：此次注销股份是一次性完成，在验资报告出具后，通过向工商局变更登记及在上证中央登记结算公司完成股份变动手续，申能股份将于 1999 年底前公布最终的股份变动公告，宣布这次股份回购工作全部完成。自注销之日起，申能集团将不再拥有注销部分国有法人股的所有权及其他股东权益。5、股份回购后公司基本情况：本次股份回购完成后，公司回购的 10 亿股国有法人股将予以全部注销，申能股份保留原有的法人资格，并全部承担公司资产、负债、权益，公司的注册资本将由 263308.7769 万元人民币变更为 163308.7969 万元人民币，公司名称、注册地址、法人代表、经营范围不变。公司股票上市地仍为上海证券交易所，股票简称：申能股份，股票代码：600642。本次股份回购后与公司存在

控制关系的关联企业——公司控股股东即申能集团的持股数量由211309.67万股减少至111309.67万股,持股比例由80.25%减少至68.16%,仍处于绝对控股地位。

公司国有股回购工作程序如下:1、进行财务审计、资产评估、法律审查。2、聘请财务顾问进行工作咨询。3、召开董事会。对公司回购部分国有法人股并注销股份、回购资金来源、回购方式、回购价格和金额、召开股东大会方式、时间及上报主管部门批准的有关事宜作出决议。1999年10月18日,申能股份召开三届三次董事会会议对上述事项作出了决议。4、公告。申能股份于1999年10月19日,在中国证券报、上海证券报、证券时报公告了《申能股份有限公司三届三次董事会决议公告》、《关于召开第十一次股东大会的公告》、《非关联董事关于对公司回购部分国有法人股并注销股份方案的独立意见报告》、《非关联监事关于对公司回购部分国有法人股并注销股份方案的独立意见报告》、《申能集团有限公司一届十一次董事会决议公告》。5、召开股东大会。召开股东大会对公司股份回购数量、回购价格、股份回购资金总额、筹资及支付方式、股份回购有效期、回购方式和对象及授权公司董事会办理股份回购有关其他事宜等进行决议,并对公司章程进行修改。申能股份召开的本次回购股东大会由于牵涉到申能集团自身的利益,申能集团进行了回避,由中小股东参加召开。6、修改公司章程。公司进行股份回购必定要发生注册资本减少和股权结构的变化,从而导致公司章程的修改,依照公司法的规定公司章程的修改须经股东大会的通过方可。申能股份在11月22日召开的股东大会上以9017.5818万股同意,占到会有表决权股数的99.42%,表决通过了修改《公司章程》的决议。会议审议通过了对原公司章程作如下修改:"公司注册资本为人民币26.33亿元"修改为"公司注册资本为人民币16.33087769亿元","公司股本结构为:国家股21.13亿元,占总股本80.25%,社会法人股2.69亿元,占总股本10.22%,社会公众股2.51亿元,占总股本9.53%"修改为"公司股本结构为:国有法人股11.130967亿元,占总股本68.16%,募集法人股2.68999069亿元,占总股本16.47%,社会公众股2.50992亿元,占总股本15.37%。7、签署国有法人股回购协议。申能股份与申能集团于1999年11月18日签订了《国有法人股回购协议》,该协议对股份回购的价格、回购数量、回购股款的支付方式、协议生效条件及回购后申能集团对申能股份的发展等作了详细的规定。8、提请国家有关部门批准。由于股份回购涉及的是国有资产又是上市公司股权的回购,因此本次股份回购得到财政部、上海市政府、中国证监会和股东大会的批准是必要条件,同时申能集团公司董事会的通过也是必要条件之一。在11月22日召开的申能股份有限公司股东大会和申能集团公司召开的董事会都分别审议通过了本次股份回购。9、保护债权人权益的程序。为保障债权人的合法权益,申能股份承诺:在债权人通知期届满之前和工商行政管理部门核准减资变更登记之日前所产生的债务,包括或有债务,即公司为其他企业法人或组织提供担保而可能引起的负债,若有合法债权人在法定公告期内提出清偿债务或提供担保要求,公司将根据其合法证明文件依法履行清偿债务或为其债权提供相应担保的义务。申能集团也承诺:申能集团以自身全部资产,向申能股份上述债务的债权人提供相应的连带责任保证担保,保证时间为上述债务全部清偿为止。10、注销股份变更工商登记。变更工商登记结束,股份回购便可宣告结束。1999年12月22日申能股份办完了新的工商注册登记手续。

本次股份回购后,公司主要财务数据如下:资产总额:回购前为1102329.34万元,回购后为851329.34万元;负债总额不变;股东权益:回购前为669502.25万元,回购后为418502.25万元;净利润没有变化;每股收益:回购前为0.1641元/股,回购后为0.2646元/股;每股净资产没有变化;净资产收益率:回购前为6.45%,回购后为10.32%;资产负债率:回购前为38.99%,回购后为50.49%。

(温元凯、邹艳园)

海南诚成易主武汉长印案例

【背景资料】 武汉长印(集团)股份有限公司的前身是武汉印刷厂,始建于1949年8月,1992年3月改组为股份有限公司,将原公司净资产折为2533.04万股,定向募集法人股1790万股,内部职工股940万股,于1993年9月16日至1993年10月6日,首次发行社会公众股1760万股。募集资金6770万元,1993年10月18日,"武汉长印"(A股)在上海证券交易所上市交易。1998年8月25日公告:武汉市国有资产经营公司以协议方式将持有的武汉长印的部分国家股2900万股(占总股本20.91%),转让给海南诚成企业集团有限公司,转让后公司总股本未发生变化,但股权结构和十大股东发生变化,海南诚成企业集团有限公司成为本公司第一大股东,同时公司更名为:武汉诚成文化投资(集团)股份有限公司,公司现有总股本13871万股,其中流通A股6358万股,国家股978.59万股,法人股4892.1万股,发起人法人股765.6万股。公司经营范围:纸塑包装制品及辅助材料、商业宣传画、房地产、美术广告、自营进出口业务等。公司注册地址:武汉市汉口民意四路55号。证券简称:诚成文化(600681)。

海南诚成企业集团有限公司(诚成集团)成立于1995年,是在海南省注册成立的有限责任公司,注册资本1.0008亿元,该集团的出资人分别为海南三达企业公司及该集团的现任董事陈阳。

【交易及重组】 武汉长印(集团)股份有限公司自成立以来坚持不懈地抓好主营业务,开拓包装印刷市场,抓好高附加值产品的营销,1997年公司全面实施ISO9000质量体系。1997年主营业务收入比1996年增长72.77%。由于控制成本,开发产品措施得当,净利润同比增长418.42%,使公司印刷主业达到历史上最好水平。1997年度利润分配预案为每10股派送2股,短短几年公司取得了骄人的经营业绩。但是公司置身于包装印刷行业,该行业市场竞争十分激烈,下一步的发展面临较大的风险。为使公司的经营稳步增长,降低风险,发展步入快车道,公司决定寻求新的增长点,而实施资产重组为最佳的途径之一。公司董事会经过充分酝酿,决定涉足文化产业,和经营文化产业的实力集团进行资产重组。1998年8月,经有关部门批准,武汉国有资产经营公司与诚成集团签订了股权转让协议,国资公司以协议方式转让持有的长印股份部分国家股2900万股,占总股本的20.91%,转让总价款为1亿元,海南诚成企业集团有限公司成为长印股份新的第一大股东。长印股份部分国家股转让为法人股,8月25日公司在《上海证券报》刊登公告公布了上述转让行为。诚成集团入主长印股份后,对公司的经营发展作出了重大战略调整,1998年10月21日,武汉长印(集团)股份有限公司召开临时股东大会通过了公司经营发展新目标,公司将"立足文化产业,依据市场需求逐步拓宽经营领域,逐步建立编辑、出版、印刷、发行的主业格局。"1999年2月28日,公司以通讯方式召开股东会,审议通过:①将公司名"武汉长印(集团)股份有限公司"

更名为"武汉诚成文化投资(集团)股份有限公司",原有债权、债务、经济合同、业务往来关系不变;②鉴于公司更名,将公司股票简称由"长印股份"更名为"诚成文化",证券代码不变;③修改公司章程。1999年4月27日公司正式发布公告称:公司自1999年4月19日正式将公司名称更改为"武汉诚成文化投资集团股份有限公司",1999年4月30日将股票简称由"长印股份"更改为"诚成文化",证券代码不变,原有债权、债务、经济合同、业务往来关系不变。

诚成集团入主武汉长印后,为其注入了大量优质资产。1998年11月24日,长印股份宣布投建装饰材料城。该项目在五年联合开发期间,可给公司带来的总收益,预计达2000万元。另外,公司投资3500万元建成的长印工业园,已于10月份正式启用。该工业园占地100亩,是原工业厂区面积的4倍。新成立的公司董事会制定了业务发展计划,1999年业务发展计划为:①优化公司管理,提高管理盈利创效能力;②优化资本结构,提高资本盈利创效能力;③优化产业结构,提高产业盈利创效能力;④优化产品质量,提高质量盈利创效能力。公司将继续抓好印刷主业,不断扩大市场份额,努力增收节支,提高主营收益,努力抓好经贸、旅游、物业,不断创收创利。大力推行ISO9000质量认证工作,建立科学化管理程序。搞活激励机制,培养复合型人才,不断提高企业的整体素质与竞争力。1999年实现净利润4921.84万元,比1998年增长了106%,每股收益0.36元,净资产收益率达12.09%。

(温元凯、邹艳囡)

南通机床的重组案例

【背景资料】 南通机床的前身是南通机床厂,始建于1956年;1986年经南通市经委批准,以南通机床厂为主体成立了联营公司,即南通机床公司;1994年4月经中国证监会批准,再次向社会公开发行股票2000万股;公司股票于同年5月20日在上交所挂牌交易,股票代码600862,简称"南通机床"。南通机床主要生产制造机床、船用冷却器、热处理煅铸件、机床配件等。公司在1994年前一度增长较快。1987年即获自营进出口权的南通机床,主要专于外销,其中A6325系列摇臂万能铣床是我国首批进入香港、美国等市场的机床产品,J系列数控铣床年产190台左右,95%销往美国市场。

江苏省技术进出口公司的前身是中国技术进出口公司南通分公司,成立于1984年12月,为江苏省直属外贸企业。江苏省技术进出口公司资产总值逾5亿元,进出口总额为2亿美元,在"中国最大500家进出口企业"中排名137位。1997年被江苏省财政厅授予"省级外贸企业经济效益综合评价"第一名的荣誉,同时被评为省外贸系统唯一的"江苏省优秀企业"。"江苏技术"进出口公司在十几年的发展道路上一直比较注重产品经营,通过新产品的研制、生产以及境外市场的拓展来发展自己。"江苏技术"在国内外拥有多家科技含金量高、出口规模大的生产性企业,如在深圳建立的深圳南星电子有限公司,专门生产中高频石英体谐振器,为BP机、VCD配套的高频晶体产量已占全国的30%。

【交易及重组】 受我国整个机床行业不景气的影响,同时由于投资不当、资金匮乏、管理落后,使南通机床一度陷入生产困境,在上市第一年净资产收益率仅为1.97%,便失去了配股资格,在1995年至1997年净资产收益率也出人意外,分别为2.17%、-22.37%、1.72%,其中1997年主营利润为930.9万元,每股收益仅为3分,南通机床的发展举步维艰。1998年6月5日,南通机床受到特别处理,股票简称由原来的"南通机床"变成了"ST通机"。如何令昔日曾经辉煌的南通机床恢复元气,使南通机床跃出困境的泥滩,并且逐步改善其市场形象,带动当地经济的发展,成为了南通机床和南通市政府等各方十分重视的问题,也成为了ST通机将要实施"大换血"的基本动因。

"江苏技术"在成功实行产品经营,产业升级的同时,公司的决策层也深深意识到仅靠产品经营是不够的,还要积极涉足资本市场,通过资本经营来迅速扩张。南通机床的发展境况对"江苏技术"提供了一次良好的机遇。面对特别处理的南通机床,多数买家都不敢轻易啃这块骨头。而基于公司低成本扩张、工贸互补及为新上项目寻求生产中心的考虑,"江苏技术"毅然走上了南通机床历史发展的舞台,拉开了大规模重组注资的产权交易之序幕。

在南通机床被冠以ST待遇不到20个工作日内,南通机床原第一大股东——南通市国有资产管理局就于1998年6月30日与江苏省技术进出口公司签署了股权转让协议,将其持有的南通机床2800万股国家股,占总股本的37.66%,转让给了江苏技术进出口公司。鉴于ST通机自身的财务状况及经营情况,每股转让价位1.75元,略高于每股净资产1.74个百分点,总成交金额4900万元人民币。经过此次股权转让,江苏省技术进出口公司成为了南通机床的第一大股东。在"江苏技术"受让南通机床2800万国家股不久后,南通市国有资产管理局于1998年7月10日先后受让了南通市文峰经济开发总公司、南通市芦源实业公司、南通市闸东实业总公司持有的南通机床法人股709、393.5、104.64万股,从而持有南通机床2036.5万股的国家股,占总股本的27.39%,成为南通机床的第二大股东。一为了盘活存量资产,改善投资结构,为下一步引入优质资产和注入新项目打下基础,南通机床在1998年8月8日召开临时股东大会,同意出售部分资产为出资向南通市国有资产管理局购买其持有的深圳南星电子有限公司95%的股权。这部分资产主要为南通机床部分长期投资和应收帐款,其中投资部分近年来不能产生效益,此次出售,使南通机床摆脱了沉重的负担,此次资产换股权的操作,给南通机床提供了持续的动力。作为江苏技术同香港国际联贸机械电子有限公司共同投资的深圳南星电子,主要致力于石英晶体元器件的开发、生产和经营,南星电子生产的HC-49/U石英体谐振器主要出口美国、日本、香港、东南亚等国家和地区。另外公司还推出了8MHZ的UM-1和UM-5超小型、小公差石英晶体,可满足各类通讯设备和电子设备对石英晶体谐振器的超高频和小型化的要求,市场前景广阔。南星电子仪器较强的科研力量、良好的经营业绩,已经被深圳市政府认定为高科技技术企业。南通机床每年将从南星电子获得800万元稳定的税后利润。此外,重组后南通机床的第一大股东"江苏技术"还将草地机械项目注入到了公司,并已批量生产,成为了南通机床新的利润增长点。该项目是由"江苏技术"同南京理工大学共同开发出来的,科技含量高,并已通过设生产阶段,经过江苏技术对北美市场两年调研,开发出的"SUTECH(USA)INC"公司专门从事草地机械及附件的销售和服务。该项目注入不仅能给南通机床每年带来可观的利润,同时还能解决南通机床部分冗余人员的问题,同时项目的投产带来的规模效应可使公司的生产成本下降。通过此番大规模的"换血",转换机制,引入优质资产、引入资金、引入管理机制、引入新的项目,是举步维艰的南通机床由原来单一的机床生产性企业跃为集工、技、贸为一体的上市公司,并逐步扩大经营范围，分散了行业风险，保证南通机床每年取得稳定的收益，从而为摘帽解困创造了先决条件。

通过此次重组，南通机床各方面实现了预期目标。对南通机床而言盘活了资产存量，改善了投资结构，同时优质资产和新项目的注入，又使公司获得了稳定持续的利润来源；对“江苏技术”而言，此次入主南通机床，实现了低成本扩张，从原来单纯的产品经营上开创了产品经营和资本经营相结合的境界，同时又可发展新项目，又解决了南通机床部分富余人员的就业问题，对南通市国资局而言，既利用两次股权转让的差额获利，又盘活了一家上市公司，同时仍保留了一部分股权，实现了资源的优化配置。此次重组实现了股权转让双方的“双赢”，且经济和社会效益显著，成效突出。总体而言，此次重组，对南通机床来说，既加强了主营业务，又强化了科研与销售，同时通过引进管理、引进机制，提高了企业素质，得到了工贸结合、优势互补的效果。1998 年每股收益达 0.27 元，1999 年每股收益达 0.418 元，净资产收益率由 1997 年的 1.72%迅速提升到 1999 年的 32.24%，净利润也由 1997 年的 220 万元跃至 1999 年的 6219.34 万元。二级市场的表现也强烈肯定了重组的成效，从 1998 年初的 4.90 元多一路攀升，大举上攻，并在 1999 年创下高点位 38.5 元的记录。 （温元凯、邹艳图）

四川三通入主金路集团的重组案例

【背景资料】 四川金路集团股份有限公司（金路集团）股票代码 0510，属化工行业，主营树脂、烧碱、塑料制品、切割工具、人造革、人造金刚石等。公司前身——四川省树脂总厂，成立于 1989 年 4 月，同年 9 月向内部职工和社会公众公开发售 803 万股面值 1 元的普通股，后经数次参股及配股，至 1992 年 12 月，总股份达 5284.8 万元，并完成规范化股份改组，1993 年 5 月 7 日，“川金路 A”在深圳证券交易所上市交易。

四川省三通企业（集团）有限责任公司（三通集团）成立于 1996 年，是一家大型民营企业，公司以化工建材生产、建筑装修设计、建筑装饰装修工程为主营业务。涉足新型建筑装饰装修设计、建筑装饰装修设计软件的开发和房地产开发。成立两年来，公司年产值由 1996 年的 9000 万元发展到 1998 年可突破 2.3 亿元，平均年增长率为 59.86%，公司成立时各股东单位投入资本共计 5000 万元，1998 年上半年经清产核资产权界定，公司现有净资产为 2.1 亿元。公司还被授予国家一级企业和国家甲级设计单位，并被四川省政府确定为重点扶持的 31 户民营企业之一。

【交易及重组】 金路集团在上市之后，依托资本市场，结合自身渠道与资源，取得了长足的发展，产品经营与资本经营并进，进入高速增长阶段。1997 年公司主导产品树脂产量比 1996 年增长 40%以上，人造革增长 50%以上。另外，公司与树脂扩建改造配套的烧碱改造工程已完成 70%，同时热电硅供能综合利用项目“热电能二期”工程 1997 年底已完工，并新增 3000 千瓦发电能力，50 万立方米水库建设也已近尾声。盐卤项目经反复论证和调研，已进入勘察设计和建设阶段。1997 年，公司克服原材料及电力大幅涨价，市场竞争异常激烈等不利因素，圆满完成了 1997 年省政府下达的工业经济责任目标，在综合考评中，各项指标均名列前茅。但是随着东南亚金融危机和专利进口的冲击，公司的主导产品售价大幅下跌，主要生产成本电价持续上升，导致主导产品的成本和售价倒挂。由于市场变化，金路集团的主导产品从 6 月份开始限产，致使多年技改扩建的生产装置难以发挥效力，而某些已建成的投资项目离预期效果甚远，如果不进行充分的结构调整，产业升级，公司将面临发展道路上的停滞局面。1998 年度，金路集团出现了重大的亏损，每股收益－0.4095 元，每股净资产 2.054 元，净资产收益率－19.93%。具体情况是：主营业务利润－298.4 万元，其他业务利润收入 100 万元，利润总额－1.2 亿元。公司下一步迫切需要实施体制改革、机制转换，建立健全现代企业制度，实现产业结构、产品结构调整，建立以高科技为特征的新的利润增长点，有计划地恢复公司的融资功能。

1996 年 7 月，金路集团第一大股东德阳市国有资产经营有限公司将其持有的金路集团 400 万股国家股转让给德阳市金路控股联合会，转让后，前者持有金路集团国家股 2150 万股，占公司总股本的 12.56%，是金路集团第一大股东；后者持有金路集团法人股 1379.5 万股，占公司总股本的 8.1%，是金路集团第二大股东。1997 年 10 月，德阳市发展投资公司与德阳市金路控股联合会签订协议，将其持有的金路集团法人股转让给金路控股会，转让股份为 560 万股，占公司总股本 1.91%，转让总金额为人民币 600 万元，金路控股会受让 560 万股后，持有金路集团法人股累计达 1945.3 万股，占本公司总股本的 6.64%。1998 年 10 月 27 日，金路集团公告称德阳市金路控股联合会、四川金路实业发展公司等 9 家公司所持本公司股份转让给四川省三通企业（集团）有限责任公司，转让后，四川省三通企业（集团）有限责任公司持有本公司法人股 4288.716 万股，占本公司总股本的 14.64%，三通集团通过受让中小股东股份，成功实现在金路集团的第一大股东身份，演绎着通过“第三条道路”买壳上市的独特魅力。金路集团此次大股东易主引起了市场各方的广泛关注。由于公司股权十分分散，第一大股东持股份数又相对较小，这就使得取得公司相对控股地位的途径除了吸收合并、标购之外，还有其他的手段，即：在近期通过集中受让中小股东股权的方式，取得在上市公司一定的地位，这一创新模式被誉为买壳上市的第三条道路。

三通入主金路时，金路面临着艰巨的市场环境，1998 年报果然表明金路出现重大亏损，三通此番控股金路，可谓“受命于危难时”。1999 年 5 月 10 日金路集团换届选举，新董事会上任。同时有消息，由于石油价格上扬，目前树脂价格已较去年同期上升 1000 元/吨以上，第一季度金路已大幅减亏，二季度将会更好。5 月刚换届的金路集团新董事会已平稳完成过渡，带领员工开始了发展的新步伐。新任董事长表示，三通入住金路，最大的财富是新的企业制度和用人机制。公司要争取在三年之内完成体制改革，机制转换，建立健全现代企业制度，实现产业结构、产品结构调整，建立高新技术为特征的新的利润增长点，有计划地恢复公司的融资功能。经过此番交易及重组，公司的业绩显著上升，1999 年即扭亏为盈，每股收益由 1998 年的－0.56 元跃为 0.007 元，净资产收益率由 1998 年的－32.56%跃为 1999 年的 0.41%。 （温元凯、邹艳图）

中关村股权置换琼民源股权案例

【背景资料】 海南民源现代农业发展股份有限公司（琼民源 A（0508））经营范围：热带种植业、养殖业、农副产品加工业、自然资源综合开发、房地产开发经营、交通运输、电子产品、纺织品、文体用品、音像设备、办公用品、日用百货等，是深交所的一只综合类股票。公司前身——海南民源公司，组建于 1988 年 7 月。1992 年始进行股份制改组，将民源公司等三方的净资产折为 6050 万股发起人法人股，另发行 856.5 万股法人股，358.75 万股职工股和 3019.75 万股公众股，又于 1992 年 9 月 2 日至 1992 年 9 月 15 日在 STAQ 系统筹集法人股 3000 万股。截止 1992 年 11 月 28 日，总股本达到 13285 万股。1993 年 4 月 30 日，“琼民源 A”股票在深圳证券交易所上市交易。

北京中关村科技发展股份有限公司（中关村科技）于 1999 年 6 月 8 日注册成立。注册地址：北京市海淀区海淀路 9 号。是由北京住宅开发建设集团总公司（北京住总）作为主要发起人牵头发起并持有公司 27000 万股股份，其他发起人及持股比例为：北京市国有资产经营公司 1100 万股；北京市新技术产业发展服务中心 500 万股；北京实创高科技发展总公司 500 万股；联想集团控股公司 300 万股；北京北大方正集团公司 300 万股；四通集团公司 300 万股。公司成立后，经北京市人民政府批准，向住总集团新增发行 18742.347 万股，中关村科技股本总额增至 48742.347 万股，注册资本为 48742.347 万元。公司主要从事高新技术和产品的开发、销售；科技项目投资；各类工业、民用、能源、交通、市政、地铁、城市铁路、高速公路建设项目工程总承包。

【置换过程】 琼民源 1996 年度报告刊登后，市场反映强烈，该公司股价波动异常。琼民源公司全部董事在 2 月 28 日召开的讨论琼民源利润分配的股东大会上集体辞职，导致琼民源无人申请复牌。为此国务院证券委员会会同国家审计署、中国人民银行、中国证监会组成联合调查组，对琼民源公布的 1996 年公司业绩进行调查。经查实，琼民源 1996 年年度报告和补充公告所称 1996 年“实现利润 5.7 亿元”，”资本公积金增加 6.57 亿元”的内容严重失实，虚构利润 5.4 亿元，虚增资本公积增加 6.57 亿元。其中 5.4 亿元虚构利润是琼民源在未取得土地使用权的情况下，通过与关联公司及他人签订的未经国家有关部门批准的合作建房，权益转让等无效合同编造的；而 6.57 亿元资本公积金，是琼民源在未取得土地使用权和未经国家有关部门批准立项与确认的情况下，对四个投资项目的资产评估进行编造。琼民源的上述行为，严重违反了《股票发行与交易管理暂行条例》、《禁止证券欺诈行为暂行办法》以及国家土地管理和会计制度，欺骗股东和社会公众。其行为误导了广大投资者，严重损害了琼民源股东和社会公众的合法权益，在社会上造成了极其恶劣的影响，已涉嫌构成向股东和社会公众提供虚假财务报告的犯罪行为。1997 年 7 月公安机关将犯罪嫌疑人员依法拘留，移交检察机关处理。为琼民源出具 1996 年财务审计报告和资产评估报告的两家会计事务所，因其文件含有虚假、严重误导性内容，亦构成虚假陈述行为。调查组同时发现琼民源的控股股东民源海南公司与深圳有色金属财务公司联手，于琼民源公布 1996 年中期报告“利好消息”之前，大量买进琼民源股票，1997 年 3 月前大量抛出，获取暴利。这两家公司严重违反了有关金融法规，构成了操纵市场的行为。

北京市中级人民法院对琼民源一案作出一审判决：原“琼民源”董事长提供虚假财务会计报告罪，被一审判处有期徒刑三年，原琼民源公司聘用会计因同样罪名被判处有期徒刑二年，缓期执行二年。“琼民源”案件以此结果告终。

由于涉及利益主体复杂，重组面临的难题众多，“琼民源”资产财务状况核查不断推进，公司重组方案历经数月反复论证。这一方案的设计原则是：既要尽可能保护股东利益，又不掩盖“琼民源”存在的问题；既要规避琼民源存在的风险，又要保障上市公司能够持续稳定的发展。基于上述原则并在中国证监会的专业指导下和北京市政府的大力支持下，在相关中介机构配合下，琼民源新一届董事会积极进行了重组方案的制定工作。董事会先后两次召开会议，审慎研究、反复论证，并分别在上海、深圳组织召开部分社会公众股股东座谈会，广泛听取意见，最终确立了“发起设立、定向增发、等量换股、新增发行”的方案核心。方案的基本内容是：(1)由北京住宅开发建设集团总公司为主要发起人联合北京市国有资产经营公司、北京市新技术产业发展服务中心、北京实创高科技发展总公司、联想集团控股公司、北京北大方正集团公司、四通集团公司等六家发起人，共同发起设立“北京中关村科技发展股份有限公司”。新公司主要从事中关村高科技园区的建设，将以高科技产业开发为主导，以区域基础设施建设和住宅建设为基础，建成一个高科技产品开发和生产、科技投资、公用设施开发、经营于一体的多元化实业化的集约型跨国经营企业。(2)琼民源社会公众股股东以其持有的 18742.347 万股与北京住宅开发建设集团总公司持有的北京中关村科技发展股份有限公司股份 18742.347 万股等量置换，换股对象为琼民源 1997 年 2 月 28 日停牌后在深圳证券登记有限公司登记在册的全体琼民源社会公众股股东。(3)股东在超过规定的期限内（换股公告发布之日起十日内）未提交确认函的，视为同意进行股权置换。换股期限：自 1999 年 6 月 19 日至 1999 年 6 月 28 日。不同意进行股份置换的琼民源公众股股东务必于换股期限内以书面形式向“北京中关村科技发展股份有限公司与海南民源现代农业发展股份有限公司换股联合办公室”提交不换股确认函，否则视为同意股份置换。为确保社会公众股股东的合法权益和换股方案顺利实施，以书面形式提交“不换股确认函”的形式限于两种：①向换股联合办公室当面递交确认函和相关附件；②以邮件专递方式送达确认函和相关附件。不得采用传真、委托他人转交等形式。在公告期限（邮递方式以送出邮戳日为准）内未提交确认函的，视为同意股份置换。深圳证券登记有限公司届时将根据琼民源董事会与中关村科技董事会的通知自动办理有关股权过户登记手续。单个股东所持股份，不得部分置换、部分保留。(4)换股之日起约一个月内，北京中关村科技发展股份有限公司向股权登记之日持有中关村科技发展股份有限公司社会公众股的股东以其持有的股份数额为限按 1:1 比例发行新股。发行市盈率不超过 13 倍。(5)本次重组过程中，需要琼民源股东会予以确认，但未在本次股东会上审议的其他相关事宜，大会授权琼民源董事会全权处理。(6)本次重组工作完成后，如琼民源不符合法定上市条件，由琼民源董事会向中国证监会提出终止上市申请，公司终止上市后，琼民源在有关政府部门的优惠政策支持下进行第二次创业。1998 年 11 月 20 日，北京市政府批准将民源海南公司持有的“琼民源”38.92%国有法人股股权划拨给北京住宅开发建设集团总公司，从而确定了北京住总作为重组主体的重要地位。经“琼民源”第一大股东北京住总提议，1999 年 1 月 5 日，“琼民源”第一次临时股东大会在深圳召开，选举产生了新一届董事会和监事会；聘请北京京都会计师事务所有限责任公司和德威资产评估公司对琼民源资产财务状况进行核查；授权新一届董事会进行公司重组。1999 年 4 月 23、24 日，“琼民源”新一届董事会分别在上海、深圳组织召开了公众股股东座谈会，介绍了公司重组方案，通报了“琼民源”核查情况，与股东代表进行了最直接的沟通。1999 年 6 月 8 日，在深圳召开了“琼民源”第二次临时股东大会并通过了公司重组“发起设立、定向增发、等量换股、新股增发”的方案。方案具体实施步骤包括：(1)发起设立。1999 年 6 月 8 日，由北京住总为主发起人，联合北京市国有资产经营公司、北京市新技术产业发展服务中心、北京实创高科技发展总公司、联想集团控股公司、北京北大方正集团公司、四通集团公司等六家发起人，共同发起设立"北京中关村科技发展股份有限公司"。公司股本总额为3亿股，主要从事中关村高科技园区的建设。(2)定向增发。经北京市政府批准，"中关村"向北京住总定向增发18742.347万股。(3)等量换股。6月19日，发布换股公告。经中国证监会批准，由北京住总以18742.347万股与"琼民源"18742.347万股社会公众股进行等量换股，换股期限6月19日—6月28日。换股期限结束，"琼民源"社会公众股份全部置换入"中关村"。(4)换股部分上市流通。7月7日，"中关村"发布上市公告书，并于7月12日在深交所上市流通。当日以37.58元开盘，以31.95元报收，最高冲至38.00元，最低下探30.10元，成交量为6640多万股，换手率为35.4%。(5)发布"琼民源"终止上市公告。7月7日，"琼民源"董事会与深交所同时发布公告——根据《公司法》第158条和《深圳证券交易所股票上市规则》的有关规定，经中国证监会批准，自1999年7月12日起，"琼民源"股票终止上市。(6)新增发行。8月6日，刊登招股说明书，向股权登记日内持有"中关村"流通股的股东，按1:1比例发行新股。(7)新增股份上市流通。公司重组完成。

【重组模式评析】 本次实施的公司重组，其"发起设立、定向配售、等量置换、新增发行"的方式是一种开拓性的尝试，它对于解决以往资产重组、置换方式中遇到的技术操作难题提供了一种有益的思路：对于被重组公司而言，保留了其资产主体延续性，原公司的债权、债务关系存续，不发生变动，避免了当前普遍采用的资产置换方式中遇到的债务转移和再融资难题，为重组后拥有不良资产的企业继续发挥作用、切实改善经营提出了可行的发展思路和具体措施；对于新设公司而言，它是一个新的法律主体，由于与被重组公司之间不存在任何关系，因而构筑起了一道"防火墙"，避免了在重组过程中和今后发展中可能遇到的不必要干扰(如债权债务纠纷、法律纠纷等)，避免了资产置换所面临的资产难以分割等问题。由于经过等量置换，琼民源的社会公众股全部置换为中关村股份，琼民源的股本结构由此变为北京住总持有72.41%股权，其他法人股东持有27.59%股权，因此已不具备上市资格(公司股本总额超过人民币4亿元的，其向社会公开发行股份的比例为15%以上)。"琼民源"于1999年7月12日起终止上市，从而产生了中国证券市场的第一家终止上市公司，这体现了证券市场资源优化配置的作用，启动了优胜劣汰机制，避免了上市公司终身制。 (温元凯、邹艳图)

公司董事长、总经理：刘存周

献身醫藥事業
造福人類千秋

哈药集团股份有限公司

哈药集团股份有限公司前身为1989年成立的哈尔滨医药集团股份有限公司，于1991年底在哈尔滨医药集团股份有限公司的基础上改组分立而成。1993年6月29日公司原发行的6500万元股票在上交所上市。截止2000年中期，公司的股本结构为：总股本450680357股，其中：国家股184489686股，国家股转配股23162771股，社会公众股243207900股。2000年4月公司由原哈尔滨医药股份有限公司正式更名为哈药集团股份有限公司。目前，哈药集团股份有限公司由11户分公司组成，主要生产抗生素原料药及制剂、中药粉针剂、滋补保健品、生物中成药、生物工程药品等六大系列700多种产品，主导产品青霉素钠原粉和粉针、氨卞青霉素、头孢噻肟钠、头孢五号、头孢六号、双黄连粉针、葡萄糖酸钙、葡萄糖酸锌、盖中盖、严迪等产销量居全国同行业前列。经过几年的发展，公司已成为集科工贸于一体的国内医药行业特大型、综合性的重点制药企业之一。进入1998年以来，公司明确提出了“精干主业，优化副业，收拢五指，形成拳头，调整经济结构，发展规模经济”的总体战略指导思想，以经济效益为中心，站在资本管理和战略管理高度，全力推动资产整合、产品结构调整和技术开发等各项工作的实施，并取得了经营业绩的稳步增长。2000年中期主营业务收入381804.25万元，利润总额16165.42万元，总资产456948.14万元，每股收益0.268元，每股净资产3.53元。

公司科研中心

公司生产厂区外景

www.hgtech.com.cn

华工科技产业股份有限公司

华工科技
HUAGONGTECH

华工科技产业股份有限公司是由原华中理工大学部分校属优质企业实行资产重组，于1999年7月设立的高科技上市公司，注册资金11，500万元。华工科技3000万A股股票于2000年5月15日在深圳证券交易所全部上网发行成功，并于6月8日正式挂牌上市，是华中地区第一家高校上市公司，同时也是国内资本市场上第一家以激光产品为主营业务的高科技上市公司。华工科技所属的几家分、子公司均创造了国内各相关领域“之最”，其中图像分公司是我国实力最雄厚的综合防伪中心和激光全息产业的主要基地，高理分公司是国内规模最大的PTC敏感电子元件的生产企业，开目集成技术分公司是国内经营最好、知名度最高的自主版权制造业集成软件商，控股子公司武汉华工激光工程有限责任公司（华工激光）则是依托代表中国激光技术研究最高水平的激光技术国家重点实验室，由激光加工国家工程研究中心整体转制而成。其产品的核心技术均为自主知识产权，1999年公司销售额超亿元，并拥有“华工激光”、“华工图像”、“华工高理”、“开目软件”等闻名全国的品牌。华工科技现有员工近500名，其中硕士、博士、教授、博导等高层次人才300多人，拥有激光技术国家重点实验室、激光加工国家工程研究中心等国家级科研机构，同时与现华中科技大学的多个研究机构建立了紧密的协作关系，不断致力于高新技术成果的产业化。

华工科技股票上市后，采用资本运营手段先后投资设立了武汉海通光电技术有限责任公司、增资控股深圳赛百电脑工程有限公司并设立深圳市华工赛百信息技术有限公司、收购武汉汉网高技术有限公司等，优化产业结构，扩张企业规模。华工科技目前已确立以光电子和IT为主要产业发展方向：一是以激光器及激光加工成套设备、激光医疗、激光全息防伪产品、光通讯器件、敏感电子元器件生产销售为主的光电子产业；二是以企业级集成软件服务和无线高速互联网产品为主的IT产业。

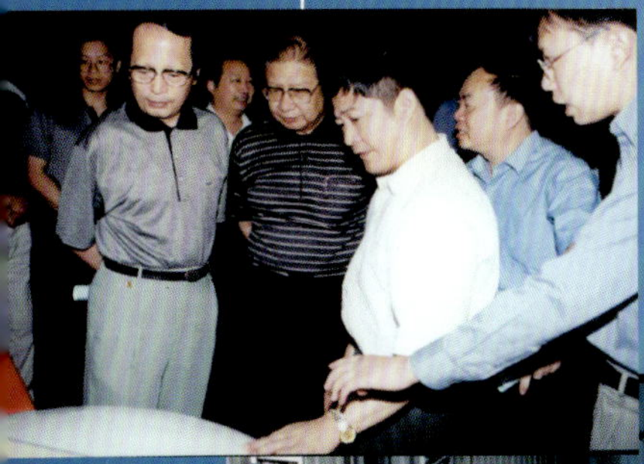

湖北省委书记贾志杰、省长蒋祝平视察华工科技

HG-Farley Laserlab公司生产的具有国际领先水平的激光切割机

未来的华工科技总部大楼

开目网站：图为开目公司开设的国内第一个制造业企业信息化服务网站。

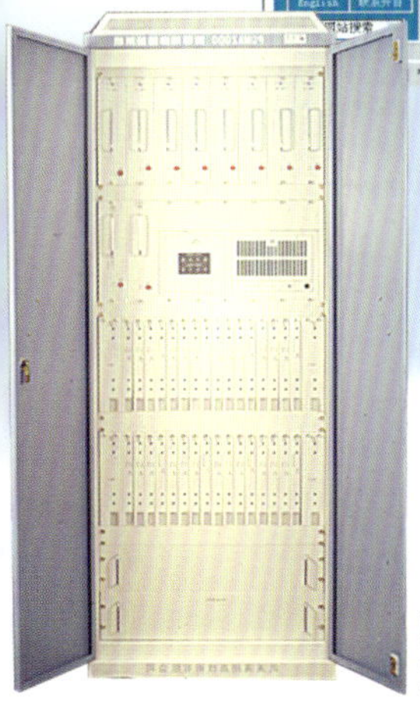

图为汉网公司的“高速无线互联网系统设备”（部分）

公司董事长

王延觉，男，1957年2月出生于湖北省浠水县，汉族，中共党员，1985年毕业于华中理工大学动力工程系气体动力机械专业，1988年获工学硕士学位。曾任华中理工大学校团委书记、天门市科技副市长、中共华中理工大学党委组织部部长、华中理工大学科技开发总公司常务副总经理、华中理工大学副校长。现任华中科技大学校长助理、华中科技大学产业集团董事长兼总经理，华工科技产业股份有限公司董事长。王延觉在担任天门市科技副市长期间，认真抓好该市科技发展工作和企业技术改造，成绩十分突出，荣获湖北省优秀科技副市长、湖北省高等学校系统优秀共产党员称号。王延觉主管华中理工大学校办产业以来，思路清晰，勇于创新、决策果断。他结合学校科技产业特点，制定了校办产业发展规划和目标，组织制订了一系列校办产业政策和管理条例，使校办科技产业按照现代企业管理制度的要求逐步实现快速发展，特别是从97年开始，组织和策划校办高科技企业的资产重组和股份制改造，为华工科技的上市作出重大贡献。

公司总裁

马新强，男，现年35岁，汉族，中共党员，高级工程师，1988年毕业于华中理工大学光学系，历任华中理工大学高理电子电器公司总经理、华工制冷设备厂厂长、激光加工国家工程研究中心副主任、武汉华工激光工程有限责任公司董事、总经理，现任华工科技产业股份有限公司董事、总裁，先后荣获“湖北省高等学校科技产业先进经理”和“华中理工大学十佳优秀党员”、“武汉市十大杰出青年企业家”、“武汉市五一劳动奖章获得者”等称号。在国家“发展高科技，实现产业化”的技术创新战略指引下，马新强贯彻党中央、国务院“科教兴国”的战略方针，以其科学规范的管理方法和灵活先进的经营思想，致力于高新技术成果产业化，在高校科技产业发展中走出了创新之路。1998年以来，马新强作为直接领导者，在较短时间内成功地实现了华工校属优质资产的改制重组、设立股份公司以及上市材料的申报工作，于1999年出任股份公司董事、总裁。在他的领导下，股份公司制订了总体发展战略，正以产品经营夯实企业基础，以资本经营为手段扩张企业规模，力争成为中国高科技的龙头企业，实现“做世界一流产品、办世界一流企业”的奋斗目标。

地址：湖北省武汉市珞瑜路243号华工科技产业大厦11层　邮编：430074

电话：0086-27-87780264　传真：0086-27-87780282

Http://www.hgtech.com.cn　E-mail:hgtechad@public.wh.hb.cn

董事长：马鸿烈

总经理：虞海燕

甘肃酒钢集团宏兴钢铁股份有限公司

HONGXIN IRON&STEEL

公司是1999年4月14日经甘肃省人民政府甘政函［1999］21号文件批准，由酒泉钢铁(集团)有限责任公司作为主要发起人，联合兰州铁路局、甘肃省电力公司、金川有色金属公司、西北永新化工股份有限公司以发起方式设立的股份有限公司。其中酒泉钢铁(集团)有限责任公司将其所属的炼铁厂、炼钢厂、二轧厂和销售部门的经营性资产折价入股，其余四家单位以现金方式按相同比例折价入股。公司于1999年4月17日在甘肃省兰州市召开创立大会，1999年4月21日在甘肃省工商行政管理局注册登记。主营业务范围：钢铁压延加工，金属制品的生产、批发零售，科研开发服务。

经中国证券监督管理委员会证监发行字［2000］157号文核准，公司通过上海证券交易所，于

钢厂夜景

中板厂

炼铁厂

CO.,LTD.

2000年11月30日以上网定价方式向社会公开发行人民币普通股20,000万股，每股面值1.00元，每股发行价格为5.50元。本次发行后，公司总股本为 72,800 万股。

截止2000年6月30日，公司的资产总额为211,646.5万元，负债总额为117,795.4万元，净资产总额为93,869.3万元。公司拥有员工3,546人，其中拥有高级职称的19人，中级职称的120人，初级职称的337人。

法定代表人、董事长：马鸿烈　　董事兼总经理：虞海燕

公司地址：甘肃省嘉峪关市雄关东路12号

电话：(0937)6715510,6715370　　传真：(0937)6715507

上海海欣集团股份有限公司　SHANGHAI HAIXIN GROUP CO.,LTD.

地址：中国上海松江区洞泾镇　电话：57698100　传真：57698200

公司董事长、总经理：李进巅

丹东曙光车

丹东曙光车桥股份有限公司是经辽宁省体改委辽体改发［1993］15号《关于丹东曙光车桥总厂改组为股份有限公司的批复》批准，在对丹东曙光车桥总厂进行改组的基础上，由丹东曙光车桥总厂、中国农业银行丹东市支行和交通银行丹东支行共同发起，以定向募集方式设立的股份有限公司。公司成立时间为1993年3月2日，成立时注册资本为3844.5万元。

公司的主营业务是轻型汽车车桥和汽车制动器、汽车齿轮、汽车半轴等汽车零配件的生产经营。公司近年来经营业绩出现了大幅增长，1999年和2000年1—6月的主营业务收入分别为1.81亿元和1.89亿元，按33%的所得税税率计算净利润分别为1750万元和1260万元，净资产收益率分别为22.38%和13.88%。公司是国家重点扶持的汽车零部件企业之一，“九五”技改项目列入国家“九五”技改“双加”工程计划。

现代化的生产设备

公司厂区外景

地址：辽宁省丹东元宝区燕窝街300号

电话：(0415)4145739 传真：(0415)4142821

邮编：118001

桥股份有限公司

公司董事长李进巅先生致力于企业管理工作三十余年，曾多次在国内重要刊物和学术交流会上发表论文，多次荣获全国机械工业"劳动模范"、辽宁省"劳动模范"、"优秀厂长"、辽宁省机械工业"创业英雄"、丹东市"特等劳动模范"等称号。李进巅先生也是丹东市人大代表、辽宁省人大代表。

据中国汽车车桥行业协会、国家机械工业局信息中心统计，公司1997年(产销7.3万根)、1998年(产销10.7万根)、1999年(产销10.23万根)，连续三年轻型汽车车桥产销量居行业首位。1999年市场占有率达到18.1%。

中国汽车车桥行业协会评价："公司采用日本、美国、德国等先进工艺技术和设备，实现机器人焊接、加工中心和数控机床加工，计算机控制在线检测和标准化测量装配，产品的试验检测系统先进可靠；研制生产出具有国际九十年代水平的独立悬架车桥和高速驱动桥；其技术水平在行业中处于领先地位"。"公司通过控股河南省汽车制动器有限责任公司、山东荣成曙光齿轮有限责任公司、凤城市曙光汽车半轴有限责任公司，控制了车桥关键零部件的开发和质量，是行业中车桥生产综合实力最强的公司"。

公司1999年全员劳动生产率85250元，是全国汽车工业全员劳动生产率37771元的2.26倍；人均创利税40900元，是全国汽车工业人均创利税16026元的2.55倍。

公司产品

公司产品

公司生产车间

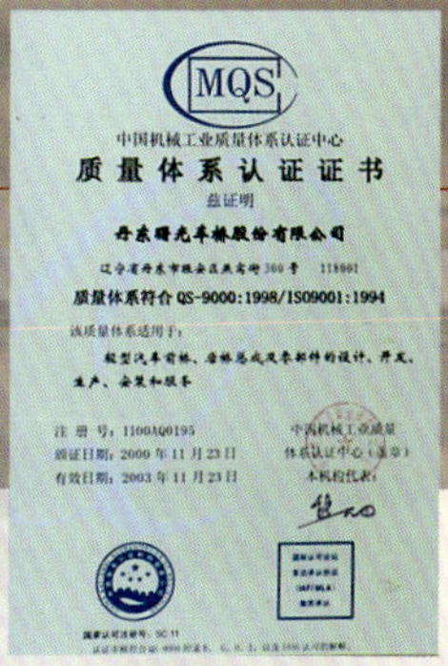

中国机械工业质量体系认证中心

质量体系认证证书

兹证明

丹东曙光车桥股份有限公司

质量体系符合 QS-9000:1998/ISO9001:1994

该质量体系适用于：

注 册 号：1100AQ0195

有效日期：2003年11月23日

CHINA CERTIFICATION CENTRE FOR MACHINE-BUILDING QUALITY SYSTEM

CERTIFICATE OF CONFORMITY OF

QUALITY SYSTEM CERTIFICATION

This is to certify that the quality system of

DANDONG SHUGUANG AXLE CO., LTD.

is in conformity with

QS-9000:1998/ISO9001:1994

This certificate is valid to the following products/service:

The Design, Development, Production, Installation and Servicing of Light-duty Automotive Front & Rear Axles and their Parts

Registration No: 1100AQ0195

Issue Date: 2000-11-23

Expiration Date: 2003-11-23

(China Certification Center for Machine-Building Quality System)

Representative of CCMQS

IAF/MLA GROUP ACCEPTED

公司取得的质量体系认证证书

先进的办公设施

大型生产车间

南海发展股份有限公司

股票简称：南海发展　股票代码：600323

董事长：谢育智

总经理：廖满雄

南海发展股份有限公司成立于1992年12月，是经广东省企业股份制试点联审小组和广东省经济体制改革委员会粤股审[1992] 65号文批准，由发展集团属下的业务部、南海市贸易实业总公司、南海市工贸联合公司、南海市有色金属矿产公司、南海市物资开发公司等五家企业发起，以募集方式设立的股份有限公司。公司于 1992年12月17日在南海市工商行政管理局登记注册，注册资本为10,071万元。1996年，公司根据国务院和广东省政府的要求，对照《公司法》的规定进行自查，并报经佛山市体改委同意，进行规范重新登记，重新领取《企业法人营业执照》。经过历年的送配股，截止本次公开发行股票前，本公司注册资本为14,351万元。

经中国证券监督管理委员会证监发行字［2000］159号文批准，公司通过上海证券交易所交易系统，于2000年12月4日至12月7日公开发行人民币普通股（ A 股)6500万股。本次发行结束后，公司注册资本为20851万元。公司 6500 万股人民币普通股(A股)于2000年12月25日起在上海证券交易所挂牌上市交易，股票简称“南海发展”，股票代码“600323”。本公司总股本20,851.42万股，可流通股本13,241.97万股，本次上市流通股本为6500万股。根据有关规定，公司306.97万股内部职工股及6435万股原NET流通法人股将于本次6500万股人民币普通股发行之日起，期满三年后方可上市流通。

本次A股发行完成后，公司上市前的股本结构：南海市供水集团有限公司7609.45万股，NET流通法人股6435.00万股，内部职工股306.97万股，社会公众股6500.00万股。公司主要股东包括南海市供水集团有限公司、福建华兴信托投资公司、南海讯达实业公司 。

水厂办公楼

经营范围：自来水的生产和供应；供水工程的设计、安装及技术咨询；销售：供水设备及相关物资；路桥及信息网络设施的投资；房地产经营等。

公司办公楼

水厂厂景

公司董事长：谢育智

公司总经理：　廖满雄

地址：广东省南海市桂城南桂东路 43 号

电话：(0757)6280996

传真：(0757)6236551

牡丹江恒

公司董事长：李荣华

地址：黑龙江省牡丹江市阳明区造纸路11号
电话:(0453)6334044　6331450
销售公司：6334044
传真:(0453)6331450
邮编：157013　电挂：4000

牡丹江恒丰纸业股份有限公司是牡丹江恒丰纸业集团的控股公司，集团公司的前身是牡丹江造纸厂，创建于1951年，位于牡丹江市，毗邻风景秀丽的镜泊湖畔。恒丰纸业股份有限公司占地48公顷，机制纸年生产能力为33000吨，自制浆年生产能力

各种盘纸

丰纸业股份有限公司

法国阿里芒公司提供的先进的湿压罗纹机

QCS 在线控制系统

为14000吨，其中漂白阔叶木浆11000吨，漂白亚麻浆3000吨，是国家指定的卷烟辅料生产基地。公司主要产品有：各种系列卷烟纸、滤嘴棒成型纸、铝箔衬纸、印刷型黄白水松原纸、无碳复写原纸、氧化锌静电胶印版纸原纸等产品。恒丰纸业股份有限公司是黑龙江省和国家科技部认定的重点高新技术企业，公司不但具有雄厚的造纸技术开发能力，而且具有先进的制浆造纸研究设备和检测仪器，公司下属的科研所是黑龙江省造纸技术研究开发中心。公司1998年12月通过了国内和英国(UKS)ISO--002质量保证体系认证。

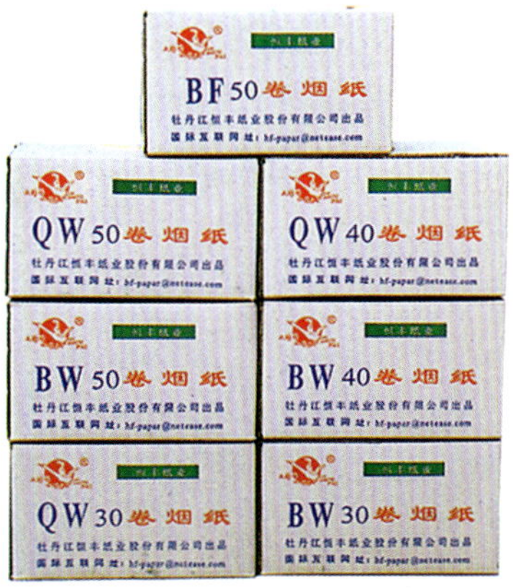

QB系列卷烟纸

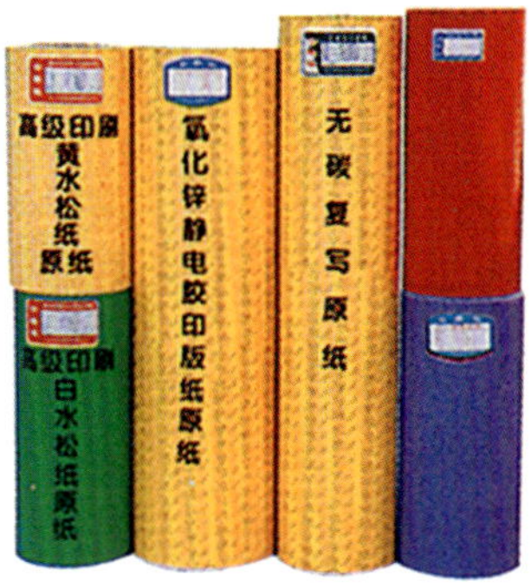

各种产品

广西贵糖(集团)股份有限公司

农业产业化国家重点龙头企业

广西贵糖(集团)股份有限公司(以下简称本公司)根据广西壮族自治区经济体制改革委员会桂体改股字(1993)50号、桂体改股字(1993)125号文批准，由广西贵港甘蔗化工厂独家发起，于1993年8月18日成立。经中国证监会证监发字〔1998〕193号、194号文批准，1998年8月发行社会公众股8000万股，发行后股本为25268.85万股。公司主要经营业务包括：食糖、纸、酒精、轻质碳酸钙、减水剂的制造、销售，国际、国内贸易等。

公司目前主要产品的生产能力为：年产白砂糖、赤砂糖等机制糖12万吨；年产机制纸9万吨；年产食用酒精1万吨，年产轻质碳酸钙2.5万吨；年加工原糖30万吨。为中国制糖综合利用示范企业。被国务院列入100家建立现代企业制度试点单位(广西唯一)，全国300家重点扶持企业，还是广西唯一列入全国120家试点企业集团　广西贵糖企业集团的骨干核心企业。

贵糖的发展构思是：一、十年规划，用10年的时间，建成中国最大、世界一流的甘蔗产业生态工业园区，形成50万吨糖、50万吨纸和100万吨酒精的生产规模，实现销售收入100亿元，税利30亿元。二、第十个五年计划期间，5年内初步形成30万吨糖、30万吨纸和20万吨燃料酒精的生产规模，实现销售收入35亿元，税利10亿元。

公司法定代表人：杨和荣

股票简称：贵糖股份，股票代码：0833

公司领导参加公司股票上市仪式

公司大型甘蔗园区一角

公司压榨生产线

地址：广西贵港市幸福路100号　邮编：537102

电话：(0775)4262888　传真：(0775)4260088

网址：http://www.Guitang.com

电子信箱：gtgfgs@ppp.nn.gx.cn　securities@Guitang.com

厂区全景

公司生产4万吨高级文化纸生产线外景

南宁糖业股份有限公司

公司董事长：熊可模

南宁糖业股份有限公司（简称：南宁糖业）创建于1999年4月26日，5月27日"南宁糖业"5600万股流通股票在深圳证券交易所挂牌上市。公司所在地位于中国大西南的广西壮族自治区首府南宁市，陆运、空运、江河运输便捷，是大西南出海大枢纽，广西外贸商品进出口基地。公司是由南宁市六家大中型制糖、造纸企业组成的大型集团企业，国家扶持的512家国有重点企业之一，为国家认定的大型一档企业，具有对外进出口经营权，公司拥有5000多员工，其中各类专业技术人员1100多人，注册资产6.22亿元，占地面积518000平方米。主要产品有：机制糖、机制纸、食用酒精以及各类综合利用产品共8大类15个品种。公司产糖量占广西食糖总量的10%，全国食糖总量的4%，年销售额超10亿元，年创利税1.5亿元。2000年2月全公司通过了ISO9002质量体系认证。公司拥有稳定的客户和广大的营销网络，产品远销欧洲、中东、东南亚等国家和地区，并被国内外著名的百事可乐、可口可乐、健力宝等厂商列为原料定点厂。

目前，公司正在将业已形成的生产规模和资源优势通过生产布局、产业结构的科学、合理调整，达到规模经营、专业化生产、资源配置最优化及股东利益最大化的目的。公司还将通过资本市场运营采取收购、兼并、控股、合资、联合等方式扩大经营和实力，形成以蔗糖生产为主业、多元化综合经营的跨行业、跨地域的现代化企业集团。

公司甘蔗渣造纸生产销售喜人

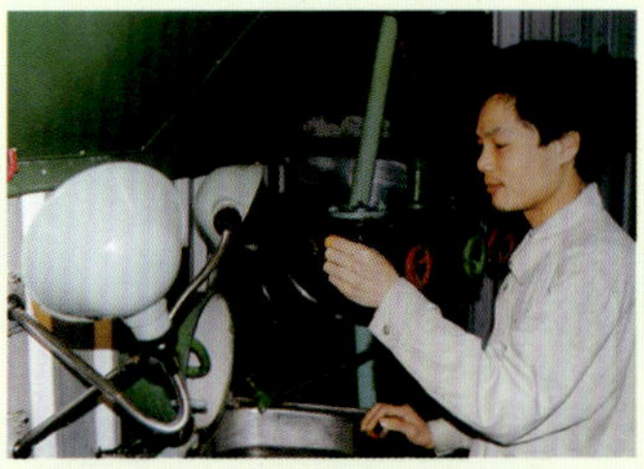

公司制糖工人正在检验白砂糖晶体

公司白砂糖在钦州港口装轮船外销

董事长、总经理：熊可模
办公室电话：(0771)4911323
传真：(0771)4912771
经营部电话：(0771)4913315　4915366
传真：(0771)4915693　4912822
网址：http://www.nnsugar.com
E-mail:nntygs@public.nn.gx.cn
E-mail:nnty@nnsugar.com

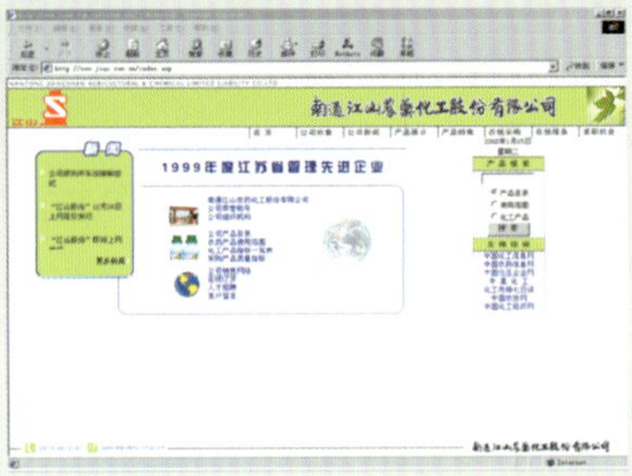

江山股份网站

高浓度甲醛项目生产现场

公司以人为本开展各类活动，建设江山企业文化

南通江山農藥化工股份有限公司

南通江山农药化工股份有限公司(简称“江山股份”)是以国家大型企业原南通农药厂为主体，沈阳化工研究院、天津绿保农用科技公司、江苏省农资公司、南通中南集团四家参股改制而成。

公司集科、工、贸为一体，是国家重点高新技术企业、中国化学工业100强企业及农药行业50家最佳经济效益工业企业、江苏省支柱产业重点企业。公司已通过ISO9002质量体系认证和长江流域水污染达标排放验收。

“江山股份”拥有固定资产6.5亿元，占地面积22万平方米以上，2000年销售额达5.2亿元以上。公司现拥有3家控股公司、4家参股公司。

“江山股份”生产农药、氯碱、精细化工三大类计46个品种，产品注册“江山”商标，“江山”商标是江苏省著名商标。其中农药分杀虫剂、除草剂、杀菌剂三大类，“江山”牌农药是江苏省重点名牌产品、重点保护产品。农药原药产量、质量、市场占有率在国内同行中均名列前茅。同时远销三十几个国家和地区，2000年外贸额突破2200万美元。

“江山股份”大力实施技术创新，具备了雄厚的科研开发能力，在国内同行中率先将微机自动控制技术应用于农药生产，成为中国农药行业第一家向国外

江山如此多娇

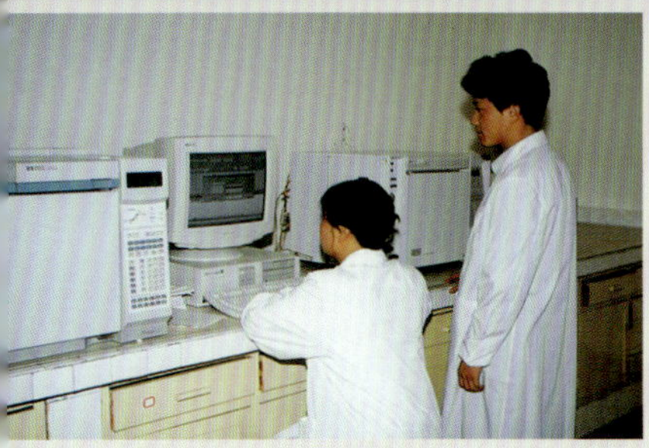

科研人员进行新品研发

公司生产区一景

南通市第四届民间艺术节“江山股份”彩车巡演

出口成套农药装置的企业，公司现拥有1个省级技术开发中心，近几年公司先后投入1.5亿元进行技术改造和创新。通过与其它部门合作，开发了适销对路的高效农药新型除草剂喹禾灵，并进一步改造研制出符合发达国家技术标准的精喹禾灵，该农药被列为国家级高新技术产品。高效杀菌剂咪鲜胺为江苏省“火炬”科技计划项目，更有一批替代现有产品的高效低毒、对环境友好的农药项目正在紧锣密鼓的实施之中。另有高浓度甲醛等一批新上项目采用具有国际先进水平的生产工艺。

“江山股份”注重环境保护工作，成为全国最早的一批化工行业清洁文明工厂之一。目前公司建有一个废水处理厂、一个环保监测站，公司大力实施清洁生产工艺，努力控制与削减污染物总量，拥有日处理废水12000吨的处理装置能力，废水经治理后达到国家一级排放标准。并于2000年通过江苏省环保厅的固体废弃物治理验收。

“江山股份”以人为本，营造内涵丰富的企业文化。运用寓教于工、寓教于乐、工娱结合的多种方式造就高素质职工队伍，凝聚人心，树立“江山”理念，明确发展目标。“江山股份’感谢社会各界给予关爱与支持，将致力成为健康成长，业绩优良的上市公司。

地址：江苏省南通市姚港路35号　总机：3513131转各部门　邮编：226006　电报：0553

公司董事长：李立

公司总经理：李光炳

重庆长江水运股份有限公司是集船舶研制、生产、维修、运输为一体的运作规范的现代化大型股份有限公司，也是目前重庆第一、长江第二大地方水路客运骨干企业。总资产82720万元，净资产56910万元。

1993年公司率先在四川省交通系统中实行股份制改造，将原国营四川涪陵轮船总公司整体改组，发起设立定向募集股份有限公司。2000年12月21日，经中国证监会核准，在上海证券交易所成功发行公众股7000万股。2001年1月9日，公司股票正式挂牌上市。公司现有总股本17230万股，其中流通股7000万股。

公司具有广阔的发展前景和市场优势：

(1)规模优势。公司由有着四十余年历史的长江水路重点骨干企业国营四川涪陵轮船总公司改制而成，经过七年多的发展，已成为集船舶研制、生产、维修、客货运输为一体的大型企业。公司拥有各类普客船、高速船、货运船及辅助船舶共计53艘，总载客位14569个，载货吨位5083吨，年运输能力达12亿吨千米，客运周转量占重庆市长江水路客运总周转量的28.45%。

(2)地理优势。重庆在区位上是“长江一线”和“西南一片”的连接点，是西南地区和长江中上游唯一的直辖市和最大的工商业城市，是西部地区中心城市中唯一拥有“黄金水道”的城市，加之其拥有得天独厚的丰富的旅游资源，外出务工和往来观光旅游、公务的人员众多，客源十分丰富；重庆又是全国著名的工业城市，是西南地区最大的农副、百货、机电产品等物资的集散地，货源十分充足。随着三峡大坝建成带来的航道条件的巨大改善和

重庆长江水运股份

我国西部大开发战略的正式启动，将给公司的船舶修造和客货运输带来更大的发展。

(3)航线运营优势。公司主营重庆至南京、重庆至九江、重庆至武汉等4条长江综合客运航线，重庆至宜昌、重庆至高镇等5条普客航线；重庆至巫山、重庆至贵州沿河等9条长江、乌江高速船航线和长江、乌江沿途货运航线，横跨渝、湘、鄂、苏、黔等省市，营运总里程6000公里以上。

(4)船舶开发优势。公司拥有的客运船舶种类齐全，数量配置适应目前市场需要。“天宫”号客船，时速达33千米/小时，为国内最快的内河普通客船；“渝飞”号玻璃钢水翼船，时速85千米/小时，为国内最快的水翼船。公司控股企业重庆宝达船舶工程有限公司主要研制和生产各种复合材料高性能船，是西南地区和长江中上游地区唯一的高性能复合材料船舶生产基地，也是国内复合材料超高速水翼船的首创者和唯一生产企业，具有开发一代、研制一代、储备一代的优势。

(5)管理优势。公司有着丰富的水上运输管理经验和健全的安全管理体系，曾荣获“全国水上交通运输安全先进单位”和全国交通系统“两个文明建设先进单位”称号，并曾连续8年荣获部省级先进企业称号。

(6)市场开发优势。公司注重市场开发，在川江流域首开夜航，实现了川江航运的历史性突破；成功地将长江客运与旅游相结合，首创长江干支直达高速客运运输方式；同时根据市场需要，不断对船只进行技术改造，保证了运输船舶的快速性、舒适性和安全性。股份制改造完成七年来，法人治理结构、内部体制和运作规则不断完善和规范化。

国家实施西部大开发战略，为长江水运带来了良好的发展机遇；“长运股份”的成功上市，为公司的快速发展注入了新的活力。

公司领导召开研究工作会议

旅游船餐厅内景

有限公司

舒适的环境

天宫号综合旅游船

青海华鼎实业股份有限公司

青海华鼎实业股份有限公司是经青海省人民政府青股审［1998］第006号文批准，由青海重型机床厂作为主发起人，并联合广东万鼎企业集团有限公司、番禺市万鸣实业有限公司、青海第一机床厂、唐山重型机床厂，采取发起方式设立的股份有限公司。其中：青海重型机床厂以其所属部分经营性资产经评估后的净值7334.63万元，按68.17%的折股比例，折为5000万股国家股，占公司总股本的49.21%；广东万鼎企业集团有限公司亦以其所属部分经营性资产经评估后的净值6863.33万元及现金430.21万元，按同比例折为4972万股法人股，占公司总股本的48.94%；番禺市万鸣实业有限公司、青海第一机床厂、唐山重型机床厂则分别以现金176.03万元、50万元、50万元按同比例折为120万股法人股、34万股国有法人股、34万股国有法人股。上述发起人股份共计10160万股。

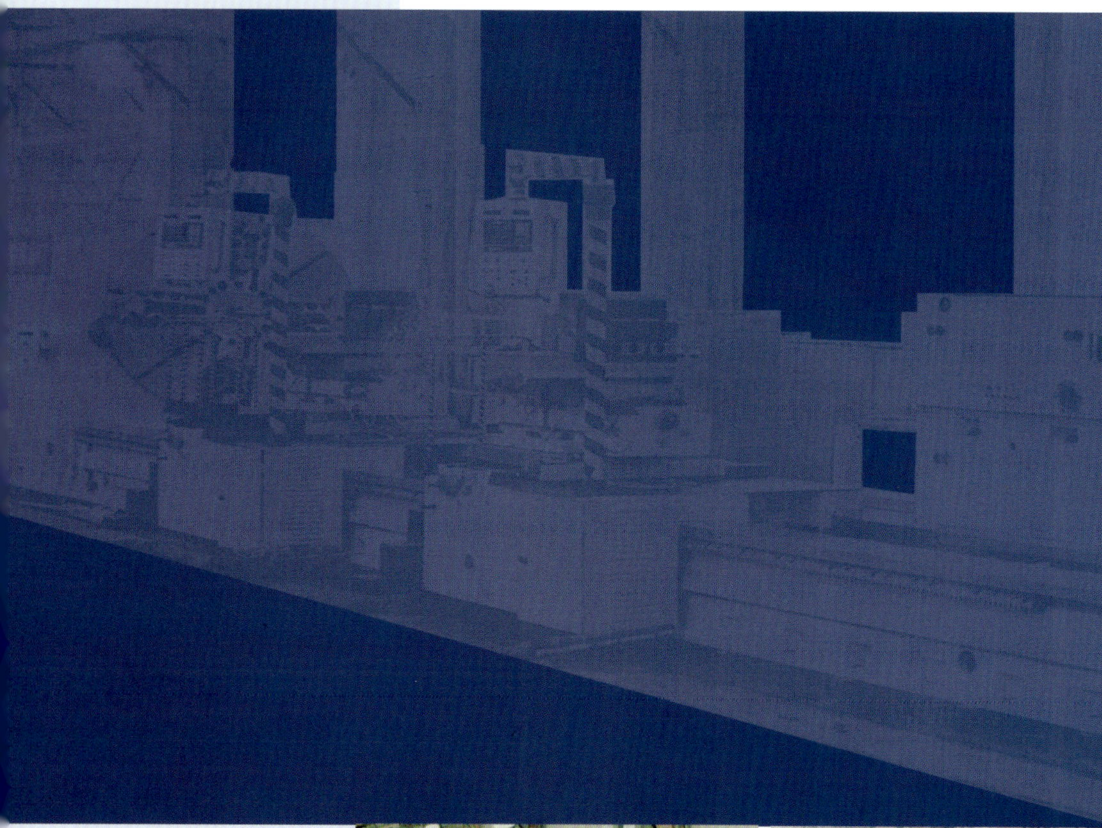

公司科研中心

加工直径Φ2000重型卧式车床

加工直径Φ1600数控重型卧式车床

数控不落轮对车床

法定代表人：于世光　地址：青海省西宁市柴达木西路101

董事长：于世光先生

副董事长、总经理：魏连成先生

公司已于1998年8月18日在青海省工商行政管理局依法登记注册，注册资本10160万元，截止2000年5月31日，公司总资产为41719.12万元，净资产为15326.29万元。公司现有职工1827名。

经中国证券监督管理委员会批准，公司已成功上网定价发行了每股面值1.00元的人民币普通股5500万股，每股发行价人民币4.55元。经上海证券交易所同意，公司5500万股人民币普通股于2000年11月20日起在上海证券交易所上市挂牌交易。股票简称“青海华鼎”，股票代码“600243”。公司总股本15660万股，流通股本5500万股。

公司经营范围：高科技机械产品开发、制造，数控机床、加工中心、专用机械设备、石油机械、环保设备、食品机械的制造和销售；技术服务及咨询；电热设备、电子产品、家用电器、制冷设备、不锈钢制品的制造与销售。

公司董事长于世光先生，现年43岁，大学文化，中共党员。曾任番禺市市委党校教员、番禺市石楼镇经济发展总公司总经理、广东万鼎企业集团有限公司董事长兼总经理。曾荣获全国星火科技标兵。现任本公司董事长。

公司总经理魏连成先生，现年55岁，大专文化，高级经济师，中共党员。曾任南京有线厂技术员，1970年后历任青海重型机床厂计划科科长、副总经济师、副厂长、厂长兼党委书记。曾荣获中国机械工业优秀企业家。现任本公司副董事长兼总经理。

加工直径Φ1600数控轧辊车床

无心车床

主生产区

电话：(0971)6528774　　传真：(0971)6528774

[公司董事长潘广通与总经理潘建清在一起]

TDG

浙江天通电子股份有限公司
ZHEJIANG TIANTONG ELECTRONICS CO., LTD.

浙江天通电子股份有限公司是经浙江省人民政府证券委员会批准，由原海宁市天通电子有限公司于1999年2月整体变更设立的股份有限公司。公司在省工商行政管理局登记注册，注册资本11298万元。公司于2000年12月26日在上海证券交易所发行4000万股社会公众股股票，发行价格为每股8.99元，并于2001年1月18日在上交所上市。

公司前身为海宁电子元件厂，成立于1984年11月，系经原海宁县计经委批准，在国家无任何投资的情况下，由企业的创办者及企业筹资创建。鉴于当时的国家政策，企业归类为乡镇企业报批设立。注册资金80万元。公司经过15年的努力，已形成年产黑粉颗粒料8000吨的生产能力，是国家软磁铁氧体材料标准制订单位之一，是磁性行业协会的副理事长单位；1998年，公司进入全国电子元件百强企业(第50名)行列，并被认定为浙江省高新技术企业，省级星火示范企业，浙江省电子及通讯设备制造业50家最大经营规模工业企业之一；2000年公司被国家科技部认定为国家火炬计划重点高新技术企业。

[装备精良的工厂生产流水线]

[高新技术装备的工厂为员工提供了才华的支撑]

[随处可见的绿色植物使工厂置身于花园之中]

地址：浙江省海宁市海昌路26-28号龙祥大酒店写字楼七层(总部)

电话：(0573)7231878　7231868(写字楼)

(0573)7688888　7688376(工厂)

传真：(0573)7235168(写字楼)　7611101(工厂)

邮编：314400

深圳销售分公司

地址：广东省深圳市上步南路国企大厦22楼F座

电话：(0755)2129198　传真：(0755)2129639

邮编：518031

上海销售分公司

地址：上海市衡山路992号建汇大厦30楼D座

电话：(021)64388811　传真：(021)64323352

烟台东方电子信息产业股份有限公司

WWW.DONGFANG-CHINA.COM

博士后科研工作站

烟台东方电子信息产业股份有限公司是集科研开发、生产经营、技术服务于一体的大型电子企业，是国家重点扶持的520家大型企业之一，国家认定的企业博士后科研工作站、国家级企业技术中心。公司资产总额12.9亿元，现有职工2448人，其中各类专业技术人员1744人，包括博士后13名、博士37名、硕士495名、学士959名。公司主要生产电力调度自动化系统、配电自动化系统、变电站综合自动化系统、电量计费系统、管理信息系统、智能通信电源、智能开关设备和计算机键盘等8大系列300多种产品，产品质量体系通过ISO9001国际标准认证。

1997年1月，"东方电子"(代码0682)股票在深交所成功上市，在《中国证券报》与上海亚商投资咨询公司联合举行的"1999中国最具发展潜力上市公司50强"评比和"2000中国最具发展潜力上市公司50强"评比中，蝉联两届第一，被誉为"华夏第一股"，并入选深圳证券市场成份指数样本股，并以其良好的业绩被誉为"高科技板块的佼佼者"。目前，公司股本结构中，尚未流通股份3.16亿股，其中国家拥有股份2.96亿股，募集法人股0.20亿股；已流通股份，即境内上市的人民币普通股为6.02亿股，公司股份总数为9.18亿股。公司资产结构合理，负债规模适中，货币资金充裕，财务状况良好，99年销售额达8.56亿元，净利润3.03亿元，分别比98年增长91.5%和126.0%。公司继续保持着所属行业的主导地位和健康、良好、高速的发展势头。

公司先后被评为中国工业企业综合评价最优企业、中国电子百强企业，荣获"中国企业管理杰出贡献奖"。公司董事长、总裁隋元柏被授予全国优秀企业家、全国劳动模范等称号，是全国"五一"劳动奖章获得者。

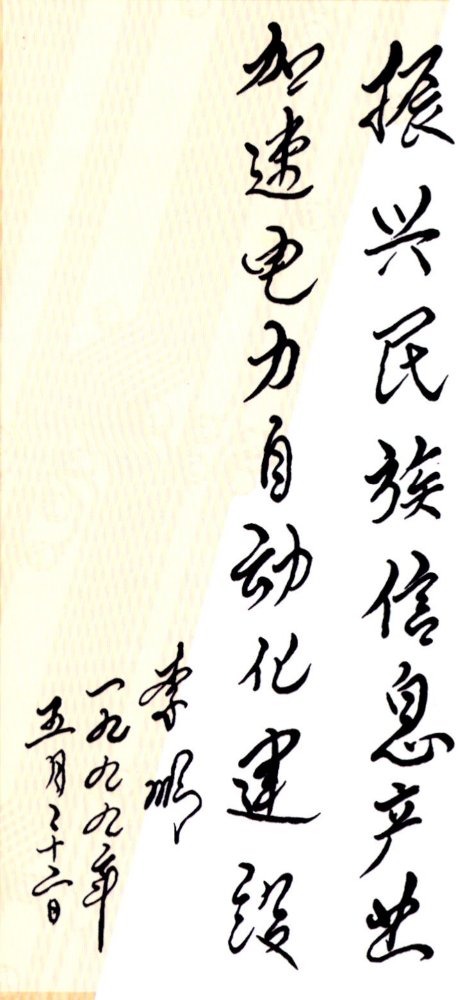

1999年5月，中共中央政治局常委、全国人大常委会委员长李鹏题词

地址：山东省烟台市市府街45号　邮编：264001

电话：(0535)6610888　传真：(0535)6213233

网址：http://www.dongfang-china.com

中国普教第一股

江苏吴中实业股份有限公司

江苏吴中实业股份有限公司3350万社会公众股于1999年4月1日在上海证券交易所挂牌交易，江苏吴中因此而成为中国普教第一股，它标致着起步于校办企业的江苏吴中在资本运作方面迈出了至关重要的一步。

经过一年的发展，江苏吴中的总资产由3.25亿元增至6.16亿元，总股本由8350万元增至13360万元。主导产业的结构也由当初的服装、制药两大板块，逐步提升为淡化服装产业，做大生物制药，进军教育信息产业。科技含量高的产品在产业板块中日渐占主导地位。

江苏吴中医药板块的主要产品由普药和生物药两大系列组成。普药主要有原料药、输液剂、注射剂、片剂、冻干粉针、胶囊剂、栓剂等抗生素、维生素、止血类药品；生物药品已面市的有国家级二类新药人粒细胞集落刺激因子，另外还有一个国家级二类新药和一个国家级一类新药正在申报待批。展望未来江苏吴中在加大新产品开发步伐，形成生物制药产品系列的同时力争每年开发1-2个国家级新药进入论证和临床试验。每年确保一只新药面市，形成生物制药多个拳头产品。

江苏吴中作为起源于教育系统的上市公司，积累了介入教育产业的经验。公司将教育信息产业确立为产业结构升级转型的突破口。公司首先从教育软件入手，然后向教育资源网站扩展。参与创立了江苏苏富特教育信息技术有限公司，总投资4000万元人民币，重点开发教育软件。江苏吴中大举进军教育信息产业，抓住机遇，迅速发展，让教育资源网首先覆盖江苏省及周边地区各级教育机构和各级各类学校，然后推向全国。

董事长兼总经理：赵唯一

江苏吴中实业股份有限公司

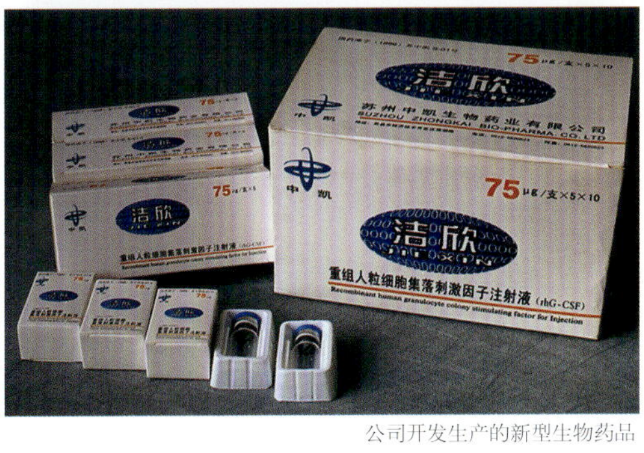

公司开发生产的新型生物药品

东南发电 东方朝阳

DONGNANDIANLI DONGFANGZHAOYAN

董事长：庄虎卿

董事长庄虎卿(左三)、总经理寿德生(左四)、副总经理陈觉民(左二)、总会计师胡森健(左一)、董事会秘书戴建成(左五)在一起

浙江东南发电股份有限公司成立于1997年5月，它是由浙江省电力公司、浙江省电力开发公司将其在台州发电厂资产进行重组，并联同另外三家发起人以发起设立方式组建的股份有限公司。

浙江东南发电股份有限公司拥有独特的经营优势。浙江省电力公司是浙江省规模最大的工业企业，主管全省电力网的营运，同时还负责浙江省新建电力项目的规划、报批和建设，浙江省电力开发公司是浙江省政府全资拥有，主管省内电力投资与开发的主要公司，在省内众多已建成或建设中的电力开发项目中拥有权益。因此，浙江东南发电股份有限公司得到省政府与强大的母公司鼎力支持，为其进一步发展提供了有利条件。

1997年9月，公司发行境内上市外资股(股)及全球存托凭证(GDR)69000万股，并分别在上海证券交易所和伦敦证券交易所上市交易。目前总股本为201000万股。

公司自成立以来，以"购建并举"为发展战略。截至1998年底，公司的装机容量为166万千瓦，资产总值达76亿元。公司今后将继续致力于电力的投资、开发及经营，努力提高公司的发电能力，力争使公司逐步发展成为国际一流的发电企业。

浙江东南发电股份有限公司

地址：中国浙江省杭州市凤起路451号 电话：86-571-7068779-2652 传真：86-571-7077321 邮编：310006

上海大江（集团）股份有限公司

SHANGHAI DAJIANG (GROUP) STOCK CO.,LTD

上海大江(集团)股份有限公司的发起人为上海市松江区畜禽公司、松江区饲料公司和泰国正大集团正大上海有限公司，现有注册资本6.67亿元人民币，净资产10亿元，公司于1993年发行A股、B股，并在上海证券交易所上市。

公司实行饲料加工、良种繁育、畜禽饲养、食品加工、内外销售的"一条龙"连贯作业。公司利用自身规模优势和人才、技术优势，还从事生物制药、餐饮美食、饲料设备制造等行业，形成一个行业配套较完备、技术先进的产业链。

公司在做好主业的同时，大力发展高新技术产业，涉足基因工程，投入巨资开发生物制药业。位于松江工业开发区的上海大江生物制药公司是大江集团全资子公司，是国家药品监督管理局和上海市批准生产基因工程药物和生化药物的高新技术企业，占地33000平方米，已建有6000多平方米GMP厂房和实验动物房等。

上海大江生物制药公司创立7年来，先后已开发了一系列一类、二类、三类、五类和三类医疗器械产品。其中国家级新药"外用冻干

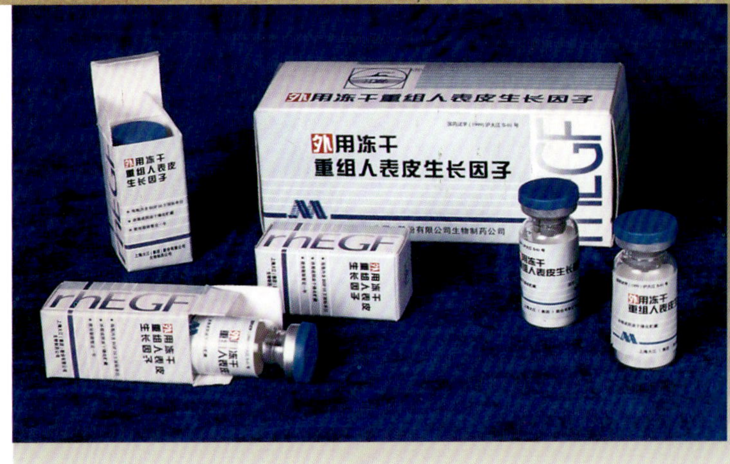

重组人表皮生长因子"(rhEGF)为国家一类新药，"玻璃酸钠注射液"为国家二类新药，这两个国家级新药均已获国家药品管理局的准产注册。重组人表皮生长因子的研制成功，在烧伤治疗领域中引入促进表皮生长因子的新概念和新方法，有着非常广泛的推广应用价值，并且该产品还可作为高档化妆品的添加剂。根据大江生物制药公司现有的生产能力，年产重组人表皮生长因子制剂可达20万支以上，能基本满足国内医药、日化市场的需求，市场前景广阔。

地址：上海市松江区谷阳南路26号　邮编：201600　电话：(021)57817571　传真：(021)57820072

网址：http://dajianggroup.com　Email:dajiang@dajianggroup.com

上海港集装箱股份有限公司

中国港口集装箱第一股

上港集箱 600018

上港集箱是上海港集装箱装卸运输的龙头企业，经中国证监会核准已向社会公开发行A股股票，并于2000年7月19日在上海证券交易所挂牌上市（详细资料见《中国证券报》和《上海证券报》2000年6月16日刊登的"招股意向书概要"，以及7月14日刊登的"上市公告书"）。

上海港集装箱股份有限公司（简称"上港集箱"）是上海港务局、上海交通投资公司、中国上海外轮代理公司、中国外轮理货总公司上海分公司、上海起帆科技实业公司共同出资、发起设立的股份制公司。创立于1998年11月6日，注册资本90220万元。主要经营：集装箱装卸、储存、拆装箱；水陆运输、中转、多式联运；货运代理；船务代理；信息及管理；工程技术服务；集装箱修理、清洗、租赁、制造及相关业务。

目前下辖分公司和投资参股子公司有：上海集装箱码头有限公司、外高桥二期码头、上海联合国际船舶代理有限公司、上海海华轮船有限公司、上海长荣集装箱货运有限公司、上海亚联国际集装箱货运有限公司、上海胜狮集装箱货运有限公司、上海东方海外集装箱货运有限公司、上海海富国际集装箱货运有限公司、上海宝罗危险品仓储有限公司、上海海辉国际集装箱修理有限公司、安达路货运分公司。

世纪交替之时，上港集箱将严格按照《公司法》的要求，加快现代企业制度建设，参与深水港建设，为把公司发展成上海口岸最具规范、最富活力的港口集装箱集团企业而奋斗。

股票代码：600018　股票简称：上港集箱
地址：上海市军工路4049号吉发大厦15层 200432　FAX：021-56441728
公司主页：http://www.spcco.com　E-Mail：oa@spcco.com

公司董事长兼总经理方玉根先生在公司创立大会暨首届股东大会上讲话

公司大厦外景

中国服装股份有限公司

中国服装股份有限公司成立于1999年3月3日，是向社会公开募集人民币普通股的上市公司。股票简称：中国服装，股票代码：0902。

公司主从事纺织服装类产品的科技开发、研究设计、生产销售、服饰文化、国际交流等业务是涵盖服装行业全概念的上市公司。公司是国家服装设计与加工工程技术研究中心依托单位。

公司现有全资、控股、参股公司数十家。公司拥有我国纺织服装业中最具实力的以B2B为主的中国服装时尚网，国内著名服装设计师吴海燕女士领衔的专业化、社会化的设计公司，在国内服装软件销售市场占有率名列前茅的杭州爱科信息技术公司，全国规模最大的新丝路模特经纪公司及文化传媒产业。在北京、内蒙古、江苏、广东、吉林、浙江等地，拥有高档羊绒、毛纺、合成纤维、毛皮、羽绒等面辅料生产基地和现代化的西服、职业服、女时装、休闲装、童装、衬衫等服装加工基地。公司拥有稳定的国内外贸易渠道，形成了羊绒、羽绒、丝绸、毛皮等服装及其制品为优势的经营销售网络。

公司实施以高新技术为先导，以服装设计为灵魂，以名牌产品为支撑，以服饰文化为底蕴的发展战略。发挥信息网络、研究设计、科技开发、服饰文化等综合优势，不断发展壮大，形成规模和品牌优势，成为我国服装行业中最具产业特色、最具综合优势、最具发展前景的上市公司。截至1999年底，公司总资产逾十亿元。

董事长兼总经理：

北京歌華有綫

歌华有线
BGCTV

有线的网络发挥无限的作用
有线的服务变为无限的奉献

電視網絡股份有限公司

BEIJING GEHUA CABLE TV NETWORK INC.

北京歌华有线电视网络股份有限公司是经北京市人民政府批准成立，在上海证券交易所挂牌的上市公司(交易代码：600037)。负责北京地区有线广播电视网络建设、开发、经营和管理及有线电视节目的收转和传送。

歌华有线公司所从事的有线广播电视网络业务是于1992年北京有线电视台成立时开始建网经营的。为了适应信息时代的发展，规范北京广播电视传输管理，依据国务院82号文件精神，北京歌华有线电视网络股份有限公司于1999年9月29日正式注册成立，并被北京市新技术产业开发试验区办公室认定为新技术企业。

在北京市委、市政府的正确领导和主管部门的关怀指导下，北京有线电视网络发展迅速，建设了以光纤为主的有线电视光纤、电缆混合网，形成覆盖全市的国内先进、国际一流的有线广播电视网络系统，收视用户超过200万户。有线电视用户可通过有线广播电视光缆网收看到47套稳定、清晰的电视节目和收听7套高保真立体声广播。

公司在开展广播电视基本业务的同时，利用有线广播电视网的宽带网络优势，积极开发广播电视网络的增值业务，开展了宽带IP、Cable Modem的应用及数字电视广播系统的研发和市场推广。

公司将依靠高素质的人才队伍、雄厚的资金基础、最新网络技术的开发和应用，在保证有线广播电视安全、优质传输的基础上，紧紧把握网络信息时代的发展机遇，为满足广大用户的信息文化需求，为各界用户提供多方位、专业化的服务做出不懈的努力。

董事长兼总经理：高峰倩

公司高级管理人员

地址：北京市海甸区皂君庙甲二号　邮编：100086

电话：(010)68498186　传真：(010)68498376

保定天威保变电气股份有限公司

公司董事长：丁强

保定天威保变电气股份有限公司是经河北省人民政府批准，由保定天威集团有限公司作为主发起人，联合保定惠源咨询服务有限公司、河北宝硕集团有限公司、保定天鹅股份有限公司以及乐凯胶片股份有限公司共同发起设立的股份有限公司。以1999年5月31日为基准，保定天威集团有限公司将其生产经营性资产—大型变压器分公司、机电工程分公司和技术中心作为投入，经评估后的资产净值为21,160.10万元。保定惠源咨询服务有限公司、河北宝硕集团有限公司、保定天鹅股份有限公司、乐凯胶片股份有限公司分别投入现金2,969.47万元、99.24万元、99.24万元、99.24万元。以上各发起人投入股份公司的资产均按1:0.655的比例折股，分别折为13,860万股、1,945万股、65万股、65万股、65万股，共计16,000万股。其中保定天威集团有限公司所持股份界定为国家股，河北宝硕集团有限公司所持股份界定为国有法人股，其他为法人股。公司于1999年9月28日在河北省工商行政管理局注册登记，注册资本为16,000万元。

经中国证监会批准，公司于2001年1月12日在上海证券交易所上网定价发行人民币普通股(A股)6,000万股，发行价格为9.10元/股。

1996年出口香港三相50MVA/110KV低噪声变压器

出口马来西亚OSFPSZ-20万/275KV变压器

秦山二期DFP-25万KVA/500KV变压器

天威保变电气股份有限公司全景图

公司董事长丁强先生　1954年9月出生，汉族，大学文化，经济师，中共党员。曾任保定变压器厂铁芯车间副主任、绝缘车间主任兼党支部书记，大型变压器分公司经理助理、总经理。现任天威集团董事长兼总经理，股份公司董事长。

公司总经理宋淑才先生　1963年5月出生，汉族，大学文化，工程师，中共党员。曾任保定变压器厂修造车间副主任，机电分公司副经理，大型变压器分公司副总经理、总经理。现任股份公司副董事长、总经理。

秦山一期 SFP-40万KVA/236KV 变压器

1989年山东邹县电厂 SFP-36万KVA/500KV 变压器

瓶窑 ODFPSZ-25万KVA/500KV 变压器

地址：河北省保定国家高新技术产业开发区竞秀街28号
电话：（0312）3227971-5413　传真：（0312）3227710

钱江水利

QIANJIANG WATER RESOURCES

董事长：王猛照

总经理：何中辉

公司总经理何中辉和常务副总经理王林江

法定代表人：王猛照
地址：浙江省杭州市天目山路48号浙江投资大厦
电话：(0571)8805888-1088　8822250
传真：(0571)8822251

钱江水利开发股份有限公司

QIANJIANG WATER RESOURCES DEVELOPMENT CO.,LTD.

股票简称:钱江水利　股票代码:600283

钱江水利以水资源综合开发为主导产业,主营业务为水力发电和城市供水

瑞洋电站大坝

公司是1998年12月经浙江省人民政府批准,由水利部综合开发管理中心对其直属企业浙江水利水电开发公司进行整体改制,并联合浙江省境内的浙江省水利水电建设投资总公司、浙江省水电实业公司、嵊州市水电开发有限公司和自然人李国祥先生共同发起设立的股份有限公司。公司创立大会暨首届股东大会于1998年12月27日在杭州召开,1998年12月30日在浙江省工商行政管理局登记注册。

经中国证券监督管理委员会批准,公司2000年9月15日、9月16日成功向社会公开发行人民币普通股8,500万股,于2000年10月18日在上海证券交易所上市。公司已于2000年10月10日在浙江省工商行政管理局变更营业执照,注册资本:28,533万元

公司经营范围:水力发电,供水(凭卫生许可证),水利资源开发,水利工程承包,水产养殖,实业投资,经济信息咨询(不含证券、期货咨询),旅游服务(不含旅行社)。

公司董事长王猛照先生,59岁,大专学历,工程师,现任钱江水利开发股份有限公司董事长,曾任浙江省仙居县县长,浙江省围垦局副局长,浙江省水利水电建设投资总公司总经理,浙江省水利经济管理中心主任,是浙江省第四届政协委员、全国五届政协委员、浙江省六届、七届人大代表,1997年被水利部授予"全国水利企业优秀管理者"称号。

公司总经理何中辉先生,37岁,大学本科学历,工程师,现任钱江水利开发股份有限公司董事、总经理,1993年至1994年到日本研修,曾任浙江省水利厅规划计划处副处长,舟山市人民政府副秘书长。

钱江水利以水资源综合开发为主导产业,主营业务为水力发电和城市供水

有关领导和公司部分高级管理人员在上海证交所证券交易大厅合影

公司王猛照董事长致答谢词

钱江水利以水资源综合开发为主导产业,主营业务为水力发电和城市供水

烟台万华聚氨酯股份有限公司

股票简称:烟台万华　股票代码:600309

公司董事长：李建奎

公司总经理：丁建生

公司系经山东省人民政府批准,以烟台万华合成革集团有限公司为主发起人,联合烟台东方电子信息产业集团有限公司、烟台冰轮股份有限公司、烟台氨纶集团有限公司和红塔兴业投资有限公司,以发起方式设立的股份有限公司。万华集团公司以其所属异氰酸酯分厂、制氮车间、原料罐区、供应分公司、销售分公司及相关职能部门的部分生产经营性资产投入股份公司,其它发起人均以现金出资。公司于1998年12月16日经山东省工商行政管理局注册成立。

经中国证监会批准,公司成功地向社会公开发行了人民币普通股股票4,000万股,每股发行价为11.28元。公司4,000万股社会公众股于2001年1月5日在上海证券交易所挂牌上市交易。发行后,公司总股本达12,000万股。

公司经营范围:聚氨酯及助剂、异氰酸酯及衍生产品的开发、生产、销售;技术服务,人员培训;房地产开发、经营。

法定代表人：李建奎

地址：山东省烟台市幸福南路7号

电话：(0535)6837888　传真：(0535)6837894

公司董事长李建奎先生,46岁,大学本科、高级工程师。历任烟台合成革总厂助工、总调度室副主任、厂长助理、副厂长、厂长、烟台万华合成革集团有限公司董事长兼党委书记。现任本公司董事长。曾获全国轻工系统劳动模范称号、烟台市优秀企业家称号、山东省技术开发优秀组织者称号。

公司副董事长兼总经理丁建生先生,45岁,大学本科、教授级高级工程师。历任烟台合成革总厂MDI分厂车间副主任、生产技术科科长、副厂长兼总工程师、厂长兼总工程师、万华集团公司总经理助理、副总工程师、技术中心副主任。现任本公司副董事长兼总经理。国务院特殊津贴获得者,曾获山东省科技进步一等奖、国家科技进步二等奖。

公司领导参加烟台万华股票上市仪式

[兰州铝业股份有限公司]

www.lzalco.com

公司董事长：冯诗伟

兰州铝业股份有限公司是经国家经贸委批准，由中国500家最大工业企业、国家512户重点扶持企业之一的兰州铝厂作为主要发起人，并联合兰州经济信息咨询公司、兰州永达工贸有限公司、兰州铝加工厂、兰州兴铝商贸部等四家发起人，于1999年4月14日以发起方式设立。兰州铝业股份有限公司经甘肃省甘科政[1997] 51号文认定具有高新技术企业，在国家兰州高新技术产业开发区注册。

公司现有职工3290人，资产总额83770万元，股东权益323503万元，生产能力为年产铝锭8.6万吨，阳极糊3万吨。主导产品重熔用铝锭、电工用铝锭、稀土铝合金锭、ZLD-102铸造铝合金锭全部为省部优质产品，其中重熔用铝锭获国优产品银质奖，被确定为甘肃省免检产品和名牌产品，并在伦敦金属交易所注册，畅销全国并远销国际市场。

公司经营范围为铝冶炼、铝材加工、批发零售、技术培训。公司成立后，建立完善法人治理结构，2000年上半年共完成主营业务收入63407.0147万元(不含税)，同比增加12686.21万元；实现主营业务利润9780.816万元，同比增加2490.953万元；实现净利润4430.677万元，同比增加1437.489万元。

公司将以改制上市为契机，在西部大开发中实现企业大发展。一是进行已列入国家重点技改项目计划的“环境治理及节能降耗技改工程”，采用200KA大型预焙电解槽技术，对60KA侧插自焙阳极电解槽进行全面技术改造，使公司铝电解技术装备达到国际先进、国内领先水平，实现环保达标、装备现代、产业升级的标志性目标。二是实行资产重组，优化资源配置，收购西北铝加工厂板带箔材、管棒型线材、动力、机械模具等四个分厂，建设已经国家计委批准的“电解铝液电磁铸轧生产毛化板箔材高技术产业化示范工程”，实现产品结构调整和铝冶炼、铝加工一体化生产经营，提高公司的盈利能力。三是全面启动科技兴企工程，建立企业技术中心，加大技术改造和新产品开发力度，重点发展“管、棒、型、板、带、箔”等多种高科技、高附加值的深加工产品，培育新的经济增长点。到2003年电解铝产量达到10万吨、预焙阳极6万吨、板带箔产品3.5万吨，实现销售收入168130万元，税后利润20989万元，把股份公司建成具有一定规模和市场竞争能力、技术装备和经济效益一流、国内大型铝冶炼、铝加工联合企业。

铝锭吊装现场

董事长介绍：冯诗伟先生，53岁，大学学历，高级工程师。1967年9月参加工作，历任兰州铝厂技术员、车间主任、厂工会主席、副厂长、厂长；现任兰州铝业股份有限公司董事长。

总经理介绍：李宁先生，38岁，大学学历，高级工程师。1982年7月参加工作，历任兰州铝厂技术员、工程师、车间副主任、分厂副厂长、厂长、总厂厂长助理；现任兰州铝业股份有限公司董事、总经理。

铝箱轧机

公司注册地址：兰州市城关区东岗西路316号
公司办公地址：兰州市西固区山丹街375号
邮编：730060
网址：http//www.lzalco.com
电子信箱：LZLC@public.lz.gs.cn

栏目协办

究州煤业股份有限公司

第七编

上交所上市股份公司

422/1036

上海浦东发展银行股份有限公司

上海浦东发展银行股份有限公司1999年年度报告摘要

一、公司简介

(一)法定中文名称:上海浦东发展银行股份有限公司
(简称:上海浦东发展银行,下称"本公司")
法定英文名称:SHANGHAI PUDONG DEVELOPMENT BANK CO., LTD. (缩写:SPDB)
(二)法定代表人:庄晓天先生
(三)董事会秘书:沈 思先生
董事会秘书授权代表:杨国平先生、王景斌先生
联系地址:中国上海市中山东一路12号
上海浦东发展银行股份有限公司董事会秘书处
联系电话:021-63611226　021-63296188转董秘处　传真:021-63230249
电子信箱:shens@spdb.com.cn　yanggp@spdb.com.cn　wangjb@spdb.com.cn
(四)注册地址及办公地址:
注册地址:中国上海市浦东新区浦东南路500号
办公地址:中国上海市中山东一路12号(200002)　邮政编码:200002
国际互联网网址:http://www.spdb.com.cn　电子邮箱:bdo@spdb.com.cn
(五)选定的信息披露报纸:《上海证券报》、《证券时报》
刊登本公司年度报告的中国证监会指定国际互联网网址:http://www.sse.com.cn
年度报告备置地点:本公司董事会秘书处
(六)股票上市地:上海证券交易所　股票简称:浦发银行　股票代码:600000

二、会计数据和业务数据摘要

(一)本年度主要利润指标情况 (单位:人民币元)

利润总额:	1,177,013,820.96
净利润:	926,692,008.55
扣除非经常性损益的净利润:	914,372,448.04
主营业务利润:	116,232,074.21
营业利润:	116,232,074.21
投资收益:	1,046,417,797.47
营业外收支净额:	14,363,949.28
经营活动产生的现金流量净额:	974,502,101.35
现金及现金等价物净增加额:	1,938,224,634.37

注:扣除的非经常性损益项目和涉及金额:
新股申购冻结资金利息:18,387,403.75

(二)截止报告期末公司前三年主要会计数据和财务指标:

项目	1999年	1998年(调整后)	1998年(调整前)	1997年(调整后)	1997年(调整前)
主营业务收入(千元)	3982050	4793375	4793375	5328288	5328288
净利润(千元)	926692	780602	859438	582829	644999
总资产(千元)	103209678	84926166	87338217	81496217	81640332
股东权益(不含少数股东权益)(千元)	7776053	3255495	3333506	2938507	3171718
每股收益(元)(全面摊薄)	0.385	0.388	0.428	0.29	0.32
每股收益(月加权平均)(元)	0.439	0.388	0.428	0.50	0.55
扣除非经常性损益后的每股收益(元)(全面摊薄)	0.379	0.388	0.428	0.29	0.32
每股净资产(元)	3.227	1.62	1.66	1.46	1.58
调整后的每股净资产(元)	3.067	1.53	1.57	1.38	1.50
每股经营活动产生的现金流量净额(元)	0.404	0.51	0.51	0.38	0.38
净资产收益率(%)	11.92%	23.98%	25.8%	19.83%	20.3%

(三)报告期内股东权益变动情况(单位:千元)

项目	股本	资本公积	盈余公积	其中:法定公益金	未分配利润	股东权益合计
期初数	2010000	334671	910824	123649	0	3255495
本期增加	400000	3555366	527590	92669	37602	4520558
本期减少						
期末数	2410000	3890037	1438414	216318	37602	7776053

三、股东情况介绍

1、报告期末本公司股东总数为221309户。
2、报告期末本公司主要股东持股情况

序号	股东单位名称	股本金额(万元)	占比(%)
1	上海市财政局	19900	8.26
2	上海实业(集团)有限公司	19800	8.22
3	上海国际信托投资公司	16800	6.97
4	上海久事公司	15300	6.35
5	上海邮政电信局	5800	2.41
6	申能股份有限公司	5000	2.07
7	东方国际(集团)有限公司	5000	2.07
8	上海外高桥保税区开发股份有限公司	4000	1.66
9	上海市城市建设投资开发总公司	3800	1.58
10	中国华北电力集团公司	3000	1.24
	国家电力公司	3000	1.24
	上海市糖业烟酒(集团)有限公司	3000	1.24

注:上海外高桥保税区开发股份有限公司的4000万股已质押给中国工商银行外高桥保税区支行,期限为1999年12月13日至2000年12月13日。

四、股东大会简介

为规范公司法人治理结构,经第一届董事会第三次临时会议决议,本公司就选举、更换董事、监事会成员事项召开1999年临时股东大会,会议以通讯表决方式进行,表决通过了《上海浦东发展银行临时股东大会决议》。上述决议内容,本公司于1999年9月21日,以"上海浦东发展银行股份有限公司招股说明书(摘要)"的形式,在《中国证券报》、《上海证券报》、《证券时报》和《金融时报》上进行了公告。

五、董事会报告

(一)公司经营情况

1、本公司为经中国人民银行批准从事商业银行业务的银行类金融机构。根据中国人民银行1999年四季度的银行信贷收支报表,与全国10家同类新兴商业银行相比,本公司报告期末各项存款、各项贷款占比均为12%左右,利润总额、资产规模、资产质量等主要业务经营指标处于先进水平。

2、本公司主营业务范围

经中国人民银行批准,本公司主营业务主要包括:吸收社会公众存款、发放短期和中长期贷款、办理国内国际结算、办理票据贴现、发行金融债券、代理发行、代理兑付及承销政府债券、买卖政府债券、从事同业拆借、买卖、代理买卖外汇业务、提供信用证服务及担保、代理收付款项及代理保险业务、提供保管箱服务、经中国人民银行批准经营的其他业务。

本公司自成立以来,积极支持和推动国民经济增长和区域经济发展,全行各项业务持续快速健康发展,并取得了良好的经济效益和社会效益。截至1999年12月31日止,本公司各项存款余额达808.73亿元人民币,各项贷款余额达547.19亿元人民币,总资产达1032.1亿元人民币,净资产77.76亿多元,1999年度主营业务收入39.82亿元,投资收益10.46亿元,实现税后利润9.27亿元,名列全国新兴商业银行的前列。

3、在经营中出现的问题与困难及解决方案

本公司在经营中尚存在以下方面困难

(1)受亚洲金融危机影响,国内经济出现了通货紧缩现象,这些不可避免地给商业银行的业务发展带来了负面影响。

(2)1999年国家降低了金融机构的准备金利率水平,并第七次下调存贷款利率,这对商业银行的经营效益直接产生了负面影响。

(3)1999年11月1日,国家开征个人储蓄存款利息所得税,这给银行发展储蓄业务带来了很大的压力。

(4)随着资本市场特别是股票市场的迅猛发展,商业银行的优质客户分流、资金分流也在一定程度上影响了银行业务的发展。

在总体经营环境趋于严峻的背景下,商业银行整体经营效益不同程度上均有所下降。1999年我行狠抓市场营销和资金成本管理,着力优化资产结构,使得利润水平仍然保持了比上年增长的较好水平。

(二)公司财务状况　单位:千元

项目	1999年	1998年	增减%
总资产	103,209,678	84,926,166	21.5%
总负债	95,072,125	81,670,671	16.4%
股东权益	7,776,053	3,255,495	139%
主营业务利润	116,232	315,473	-63%
投资收益	1,046,418	719,032	45.5%
净利润	926,692	780,602	18.7%

(三)公司投资情况

1、截止1999年12月31日,公司对外股权投资余额为58495万元,本报告期内未发生投资本金增减变动情况。

2、公司募集资金投向情况

公司1999年9月23日向社会公众发行人民币普通股4亿股,每股发行价格10元,扣除发行费用,实际募集资金39.55亿元。此次募集资金已全部用于充实资本金,大大提高了本公司的资本充足率,股东权益大大增加,抗风险能力显著提高,为我行下一步的快速发展奠定了资本基础。本公司严格根据募股资金使用计划的承诺要求,合理运用募股资金。具体情况如下:

(1)增设营业网点,扩大资产规模:计划投入金额15.75亿,实际投入金额15.75亿;

(2)支付购买上海市中山东一路12号大楼款项:计划投入金额15.3亿元,实际投入金额15.3亿元;

(3)金融电子化投入:计划投入金额3.5亿元,目前正在实施过程之中;

(4)收购兼并银行同业:计划投入金额5亿元,目前正按照人民银行的有关有关规定正在实施当中,同时将严格按照上市公司信息披露的要求及时予以披露。

(5)部分尚未投入的资金以货币形式存放于本公司在人民银行的账户。

(四)中国加入世界贸易组织将对公司未来经营产生的影响

中国即将加入世界贸易组织(WTO),中国经济将更深地融入世界经济之中。中国银行业的对外开放将进入新的历史阶段。入世,对浦发银行来说既有正面影响又有负面影响,是机遇也是挑战。

第一,随着我国加入WTO,外资公司将进一步进入中国市场,国内市场也将在调整中发展,新兴行业随之崛起,金融服务的需求将不断增加,这就为浦发银行业务的增长和市场空间的拓展带来了机遇。

第二,外资银行将全方位进入国内市场,参与国内金融业务的竞争,为国内银行提供参照体系和竞争对象。外资银行先进的管理理念、市场竞争意识和运行方式以及在技术、金融创新上处于领先地位,对国内银行可以起到示范、激励和交流的作用,这也就为浦发银行进一步借鉴和吸收国外经验、同国际商业银行接轨带来了机遇。

第三,中资银行和外资银行将在平等的环境下进行竞争。据统计,外资银行在不少领域享受超国民待遇,在上缴利税方面,中资银行的总负担超过70%,而外资银行的综合税率只有30%左右;另一方面,世贸组织要求成员国允许外方进入商业银行服务的各个领域,这将促使中央银行批准本国的商业银行可以进入相关领域开拓新的业务,同外国商业银行机构竞争;此外,加入WTO后,我国必然要遵循国际银行业经营管理的统一规则,接受以巴塞尔协议为准绳的国际银行业监管原则、标准和方法,形成统一规范、客观公正的金融监管体系,这也就为改善浦发银行的经营环境带来了机遇。

第四,世贸组织强调互惠原则,在我国向外资银行开放市场的同时,其他成员国也要向我国开放市场,有利于我国银行设立海外分支机构,拓展海外业务,拓宽国际化的融资渠道,在国际金融市场上争取更广阔的发展空间,这也就为浦发银行逐步实现由"立足全国走向世界"的第二步发展战略带来了机遇。

入世在给浦发银行带来机遇的同时也带来挑战。一是,尽管限制外资银行在一个城市只设一家营业性机构,但外资银行仍会以电子银行、网上银行等先进技术手段与我国商业银行进行激烈的竞争;二是,外资银行将充分发挥其资金雄厚、技术先进、服务到位的优势,争夺我国外向型的绩优客户;同时,随着中国加入WTO以后国际贸易的快速增长,风险小、成本低、利润高的国际结算等中间业务将成为外资银行努力拓展的重点;三是,同国内银行相比,浦发银行在探索现代商业银行的机制体制方面取得了长足的进步。但是,同国外银行相比,在规模实力、管理手段、信息技术和综合素质等仍存在一定的差距。当然,中国加入WTO后,外资银行全方位参与国内竞争是一个循序渐

进(2 年后可从事人民币对公业务。5 年后可从事私人银行业务)的过程。在国际竞争中,竞争本身包括着发展机遇,国内银行只要扬长避短,变压力为动力,把挑战变成克服困难的机遇,变成更加努力工作的动力,敢于竞争,就一定能够在开放竞争的环境中赢得更大的发展。

在全球经济金融一体化的大背景下,面对中国加入 WTO 带来的机遇和挑战,浦发银行将根据我国银行业开放的时间表,抓住机遇,主动迎战;立足于本公司成立七年来所拥有的良好基础,尤其是成功实现改制上市后资本市场的支持条件,借助自身的优势培育自己稳定的市场客户,不断拓展业务领域、业务范围、业务深度和业务创新能力,参与市场竞争,提高竞争力,以较快的速度适应金融开放的市场环境;进一步借鉴和吸收国外商业银行的先进经验,走科技兴行之路;建立激励和约束相结合的机制,培养、引进一大批熟悉国际经济、金融、法律、财务、现代管理知识的金融人才队伍,全面提升浦发银行的市场竞争力。

(五)新年度业务发展计划

1、新年度业务发展指导方针

认真贯彻党的十五届四中全会、中央经济工作会议精神和人民银行对金融工作的指导意见,认清形势,抓住机遇,以有效、快速、健康发展为中心,强化管理为基础,调整结构为手段,防范风险为保证,采取有利于发展的积极政策和措施,上下联动,群策群力,扩大收入,增加效益,以良好的经营业绩和优质的金融服务回报社会和广大投资者,为国民经济的发展作出积极贡献。

2、新年度措施

(1)抓好可用资金的经营与摆布,提高全行盈利水平。在确保安全性、流动性的前提下,进一步发挥集约化经营管理的优势,激发分支行有效拓展的积极性,最大限度地降低和避免资金的不合理占用,加快资金周转速度,切实提高全行资金的盈利水平。完善计划指标管理,在加强全行信贷总量控制的基础上,继续贯彻"区别对待、分类管理"的信贷计划管理的指导原则;进一步完善资金经营机制;加强二级准备金和系统内资金利率管理;重视和研究利率问题,提高利率的管理水平,以强化总行对可用资金的调控能力和调控效果;加强利润计划管理,强化利润目标责任制。

(2)根据市场变化及时调整营销策略,培植优质客户群。随着世界范围内金融管制的放松以及金融竞争的加剧,为顺应市场变化趋势,公司将及时调整银行的营销策略,加快综合营销的推进力度,落实"三位一体"的综合营销战略;适时调整银行的信贷结构;高度重视个金业务和结算业务的发展;争取较大幅度地提高国际业务的市场占比。

(3)加强风险管理,提高防范与化解风险的能力。加强信贷管理机制建设,控制不良贷款的攀升,加快统一授信和信贷授权的制度建设,进一步强化审贷中心的职能,建立健全包括贷后检查制度、贷款责任追究制度、审贷责任制度等一系列风险管理的制度办法,全面推行贷款五级分类,加快信贷管理信息系统和风险预警系统的建设,进一步加强内控制度建设,发挥内部稽核监督作用;采取各种有效措施,做好资产保全工作;继续搞好"三防一保",落实各项安全保卫工作。

(4)坚持科技兴行,加快产品创新,促使业务与技术同步发展。"科技兴行"已经成为一项刻不容缓的战略任务。通过管理创新和组织创新来促进科技的创新,进一步加快我行金融创新机制的建设,紧紧围绕资产多元化、产品多样化、手段现代化、服务全面化、管理规范化、利润最大化的要求来开展创新活动,根据竞争态势和市场需求,统筹规划,不断推出具有我行特色的创新品种,使我行能在业务品种趋于同质的金融市场上得以脱颖而出。

(5)加快网点建设与机构调整。网点建设和机构调整是银行当前乃至今后一个时期内重要的经济增长所在。公司将抓住时机,从人员配置、机构指标、资金技术投入、业务管理政策等各个方面创造条件,加快设立分支机构,抓紧设立一批具有多种功能的自助银行,同时积极探索无形银行业务,加快电话银行的推广运用以及网上银行的开发,进一步实现规模经济,发挥出网络的优势、资金的优势和结算的优势。

(6)加快人力资源开发,完善分配激励机制。积极贯彻"以人为本"的指导思想,努力构筑浦发人才新高地。加快对人力资源的开发,进一步完善干部能上能下、能进能出的机制建设,加大干部在公司内部横向、纵向两个层面上的交流力度,逐步优化我行的人力资源配置。进一步加强在一般工作岗位和经营领导岗位两个层面的竞争上岗力度,并探索末位调整(淘汰)制度。继续加强业务培训工作,倡导"终身学习"和"终身受训",强化全行培训的统一规划和管理,分层次、分岗位、分专业开展各类培训,根据市场和业务的变化不断调整培训内容和培训形式,注重培训的针对性、实用性和前瞻性。

(六)董事会日常工作情况

报告期内董事会的会议情况及决议内容。1999 年度,本公司共召开了四次董事会会议,情况如下:

1、1999 年 2 月 1 日,本公司召开了"上海浦东发展银行第一届董事会第十二次会议",到会董事 26 人,经表决,通过并形成了以下决议:《上海浦东发展银行 1998 年工作汇报和 1999 年工作安排的报告》、《上海浦东发展银行 1998 年经营目标完成情况及股利分配和 1999 年利润计划的报告》,以及《关于上海浦东发展银行在少数分支行中试行超目标利润奖励的决议》。

2、1999 年 5 月 22 日,本公司召开了"上海浦东发展银行第一届董事会第三次临时会议",到会董事 23 人,经表决,通过并形成了下述决议:《关于上海浦东发展银行上市进展情况及完善法人治理结构等相关事项的报告》、《关于购买上海市中山东一路 12 号大楼的决议》、《关于调整董事的决议》、《关于以通讯表决方式召开 1999 年临时股东大会的决议》。上述决议内容,本公司于 1999 年 9 月 21 日,以"上海浦东发展银行股份有限公司招股说明书(摘要)"的形式,在《中国证券报》、《上海证券报》、《证券时报》和《金融时报》上进行了公告。

3、1999 年 6 月 2 日,本公司召开了"上海浦东发展银行股份有限公司第一届董事会第一次会议",到会董事 19 人,经表决,通过了《关于上海浦东发展银行股份有限公司募集资金运用可行性分析报告的报告》、《关于聘任董事会秘书、财务负责人以及委任董事会秘书授权代表的决议》。上述决议内容,本公司于 1999 年 9 月 21 日,以"上海浦东发展银行股份有限公司招股说明书(摘要)"的形式,在《中国证券报》、《上海证券报》、《证券时报》和《金融时报》上进行了公告。

4、1999 年 10 月 14 日,本公司召开了"上海浦东发展银行股份有限公司第一届董事会第二次会议",到会董事 17 人,1 人委托董事长代行表决权。经表决,形成了《关于变更公司名称和法定代表人的决议》、《关于股票发行费用情况的决议》、《关于通过 1999 年度财务收支预算调整的决议》、《关于聘任黄建平同志为副行长的决议》、《关于上海市外高桥保税区开发公司等十二家股东进行股权转让或改制更名的决议》。前三个决议内容,本公司已于 1999 年 11 月 6 日,以"上海浦东发展银行股份有限公司上市公告书"的形式,在《中国证券报》、《上海证券报》、《证券时报》和《金融时报》上进行了公告。

(七)董事、监事及高级管理人员情况

1、现任董事、监事、高级管理人员

职务	姓名	性别	年龄	任期起止日期	不领薪	持股数量
董事长	庄晓天	男	67	1999.5.22–2002.5.22		
副董事长	周有道	男	61	1999.5.22–2002.5.22	√	
副董事长	金运	男	53	1999.5.22–2002.5.22		
董事	马金明	男	56	1999.5.22–2002.5.22	√	
董事	王祖康	男	62	1999.5.22–2002.5.22	√	
董事	杨祥海	男	47	1999.5.22–2002.5.22	√	
董事	汪奕义	男	54	1999.5.22–2002.5.22	√	
董事	张亚庄	男	70	1999.5.22–2002.5.22	√	
董事	张桂娟	女	57	1999.5.22–2002.5.22	√	
董事	陈伟恕	男	53	1999.5.22–2002.5.22	√	
董事	陈辛	男	44	1999.5.22–2002.5.22		
董事	何大伟	男	50	1999.5.22–2002.5.22	√	
董事	费圣英	男	47	1999.5.22–2002.5.22	√	
董事	谈逸	男	49	1999.5.22–2002.5.22		
董事	康慧军	男	42	1999.5.22–2002.5.22	√	
董事	梁沅凯	男	53	1999.5.22–2002.5.22		
董事	董绍诚	男	53	1999.5.22–2002.5.22	√	
董事	程锡元	男	55	1999.5.22–2002.5.22	√	
董事	谢伟明	男	43	1999.5.22–2002.5.22	√	
监事	万晓枫	男	50	1999.5.22–2002.5.22		
监事	王安海	男	54	1999.5.22–2002.5.22		
监事	朱国桢	男	53	1999.5.22–2002.5.22	√	
监事	何国庆	男	54	1999.5.22–2002.5.22	√	
监事	浦静波	男	38	1999.5.22–2002.5.22	√	
监事	葛俊杰	男	40	1999.5.22–2002.5.22	√	
监事	潘卫东	男	33	1999.5.22–2002.5.22		
监事	薛钟	男	60	1999.5.22–2002.5.22	√	
副行长	黄建平	男	49	1999.8.2 –		
行长助理	顾亮	男	47	1996.10.15		
董事会秘书	沈思	男	46	1999.5.22–2002.5.22		
财务负责人	王红兵	男	38	1999.5.22–2002.5.22		

从公司领取薪酬的 12 位董事、监事以及高级管理人员的年度报酬区间和人数情况是:14–17 万元之间为 2 人,11–14 万元之间为 5 人,8–11 万元之间为 5 人。

(八)本次利润分配预案或资本公积金转增股本预案

本公司第一届董事会第三次会议通过的 1999 年度利润分配预案如下:1999 年度本公司实现净利润 92669 万元,按规定,提取净利润 10%的法定公积金,提取净利润 10%的法定公益金,提取净利润 10%的任意公积金,合计 27800.7 万元。补提特别风险准备金 2.5 亿元。扣除上述各项,此次可用于分配的利润为 39910 万元。按 24.1 亿元注册资本计,拟实施每 10 股派 1.5 元(含税)现金分配方案。分配后,尚有未分配利润 3760 万元,结转到下年度分配。

六、监事会报告

本届监事会经于 1999 年 5 月 22 日以通讯方式召开的 1999 年临时股东大会批准成立,现有监事 8 名。1999 年 6 月 2 日,本公司监事会召开第一届监事会第一次会议,并审议通过了《关于调整充实监事的决议》等。

1999 年 10 月 14 日,本公司监事会召开第一届第二次会议,审议通过了本公司《监事会工作规程》;列席参加了董事会聘任黄建平先生为本公司高级管理人员的决议事项。

(一)监督本公司依法运营情况。

本公司根据《中华人民共和国商业银行法》、《金融违法行为处罚办法》及《加强金融机构内部控制的指导原则》等法律法规,结合银行实际情况,于 1999 年 10 月制定颁发了《上海浦东发展银行内控管理暂行办法》,严格了本公司各项业务活动的风险控制、制度管理和相互制约的方法、措施和程序。

经监事会审查,报告期内本公司经营决策程序合法,董事及其他高级管理人员在业务经营及管理过程中无任何违法违规违章行为,也无任何损害股东利益之行为。

(二)检查监督本公司财务状况。

本监事会经认真审查后认为:报告期内大华会计师事务所有限公司出具的审计报告真实反映了公司的财务状况和经营成果。

(三)监督本公司募集资金的使用情况。

本公司上市募集的 39.55 亿元人民币资金,已按中国人民银行的有关要求全部用于充实资本金。在此前提下,募集资金的实际投入项目和用途与招股说明书中所承诺的一致。具体情况详见本报告第五部分"董事会报告"第三款"公司投资情况"中的公司募集资金投向情况表。

(四)报告期内,本公司的关联交易公平,没有损害本公司的利益。

七、重要事项

(一)重大诉讼仲裁事项

1、报告期内,本公司按照人民银行要求对信托贷款进行了清理。截止 1999 年 12 月 31 日,本公司尚有涉讼信托贷款合同 21 起,总金额为 6496.5 万元(不包括利息)。该 21 起诉讼案件的具体情况详见下表:

序号	借款人(被告)	诉讼金额(元)	担保情况	进展情况或审理结果
1	心族实业总公司	1100000	连带保证	本公司胜诉、执行中
2	上海环球乐园	3000000	连带保证	尚在审理之中
3	上海环球乐园	1000000	连带保证	尚在审理之中
4	上海环球乐园	3000000	连带保证	尚在审理之中
5	上海环球乐园	3000000	连带保证	尚在审理之中
6	上海环球乐园	2000000	连带保证	尚在审理之中
7	上海环球乐园	3000000	连带保证	尚在审理之中
8	上海环球乐园	1500000	连带保证	尚在审理之中
9	上海环球乐园	7500000	连带保证	尚在审理之中
10	上海环球乐园	1500000	连带保证	尚在审理之中
11	上海环球乐园	7500000	连带保证	尚在审理之中
12	上海环球乐园	3700000	连带保证	尚在审理之中
13	上海环球乐园	2200000	连带保证	尚在审理之中
14	上海环球乐园	2715000	环球乐园土地抵押	尚在审理之中
15	上海万城置业有限公司	1100000	连带保证	已收回
16	远大沃尔夫住宅室内装饰有限公司	1700000	连带保证	一审本公司胜诉,二审尚在审理之中
17	华逸企业发展有限公司	2650000	连带保证	一审本公司胜诉,执行已收回 25 万元
18	浦东福泰建设承包总公司	7500000	连带保证	一审担保人脱保,二审尚在审理之中
19	和盛事业公司	300000	车辆抵押	尚在审理之中
20	江川事业公司	3750000	连带保证	尚在审理之中
21	美亚商务中心	5250000	连带保证	尚在审理之中

2、本年度本公司无其他重大诉讼仲裁事项。

(二)报告期内,本公司董、监事及高级管理人员无受监管部门处罚的情况发生。

(三)报告期内本公司无收购及出售资产、吸收合并事项发生。

(四)重大关联交易事项

上海浦东发展银行关联方主要指:占本公司注册资本金 5%以上的股东单位,即上海实业(集团)有限公司、上海国际信托投资公司、上海久事公司以及本公司的对外投资(控制及联营公司)单位,即:上海市外高桥保税区新发展有限公司(存在联营关系,股权转让工作正在进行之中)、华一银行(存在联营关系)。

1、本公司不存在控制关系的关联方。

2、不存在控制关系的关联方及交易情况见下表:单位:千元

企业名称	1998 年 12 月 31 日 贷款/拆放余额	1998 年度 利息收入金额	1999 年 12 月 31 日 贷款/拆放余额	1999 年度 利息收入金额
上海国际信托投资公司	0	0	17,000	0
上海久事公司	124,173	4,200	0	8,189

上海市外高桥保税区新发展有限公司	337,850	22,244	240,111	25,006
华一银行	165,564	0	124,196	368

说明:上述贷款系按人民银行规定的贷款利率发放,拆放系按同业拆借市场利率拆放。所有关联方贷款、资金拆借均正常还本付息,对本公司的利润没有任何负面影响 。其中,上海市外高桥保税区新发展有限公司是上海市外高桥保税区开发(控股)公司 和本公司于1993年9月合资成立,注册资金3.8077亿元人民币,本公司投资1.8277亿元 人民币,占注册资本的48%。公司从事规划范围内土地和基础设施的成片开发、土地 使用权的出、转让以及配套的投资咨询等业务,有关该公司的股权转让工作正在办理 之中。

(五) 报告期内董事会委托大华会计师事务所有限公司负责公司审计工作。

(六)其他重大合同(含担保等)及其履行情况

1、1999年8月,本公司与原出租方上海外滩房屋置换有限公司的继受单位上海久 事公司签订《上海市外滩地区公有房屋转让合同》。合同约定:本公司以人民币17亿 元的转让金总额受让上海市中山东一路12号汇丰大楼、中楼、北楼三幢大楼。本公司享有该大楼所有权及该大楼占用范围内50年的土地使用权,土地使用权起止日期以本 公司取得名下的《上海市房地产所有权》日期为准。本公司与上海久事公司已共同将《上海市外滩地区公有房屋转让合同》提交上海市公证处办理公证手续。本公司申请免缴房产转让契税的报告已提交上海市财税局待批。

2、1995年9月,本公司与上海东展公司签订了《关于上海东展公司参建上海浦东 发展银行大厦项目的协议书》。协议约定:上海东展公司参建本公司在上海浦东陆家 嘴地区投资建设的"上海浦东发展银行大厦"项目。上海东展公司以每平方米楼面325美元参建"上海浦东发展银行大厦"建筑面积之95%,为51870平方米。工程建设费 用按实际发生额支付。本公司投资建设的"上海浦东发展银行大厦"位于上海浦东陆家嘴金融贸易区1-5-4地块,本公司已取得该地块土地使用权。项目性质为综合办公楼,总建筑面积为69443平方米。依照有关房地产法律、法规,待该项目建成后,本公司才能办理相应有关房产手续。目前该大厦已结构封顶,大厦内墙、砖墙砌筑,并已完成了35、36层设备层及地下一层主要设备的吊装工作。

八、财务会计报告

(见附件)

九、报表附注摘要

(一)外币会计报表的折算方法

平时将所有资产负债表和利润表项目按上年末决算牌价折算成人民币;年末将所 有资产负债表和利润表项目按年末外汇市场汇价作为决算牌价折算成人民币,各年度 汇率变动影响作为各报表项目中的汇率变动影响反映。

(二)呆帐核算方法

1、呆帐的确认标准:

符合下列条件之一,造成本行不能按期收回的贷款可以列作呆帐:

(1)借款人依法宣告破产,经法定清偿程序后仍难以收回的贷款

(2)借款人死亡或经法院宣告债务人失踪或死亡,以其财产或遗产清偿后仍不能还清的贷款

(3)借款人遭受重大自然灾害或意外事故,损失巨大且不能获得保险补偿,确实无 力偿还的部分或全部贷款,或者以保险赔偿清偿后未能还清的贷款

(4)借款人虽未正式宣告破产,但因其早已关停或名存实亡,工商行政管理部门已 注销其工商登记,或未通过其工商年检,借款人实际已失去继续经营能力和资格,法院 已中止执行,在采取所有可能的措施和一切必要的法律程序(包括执行担保)之后,仍然无法收回的贷款

(5)逾期360天(或拖欠还款12次)以上,且经执行担保后仍然无法收回的个人住房 担保贷款;逾期180天(或拖欠还款6次)以上且经执行担保后仍无法收回的信用卡透支

(6)由于计划经济体制等历史原因造成债务人主体已消亡而被悬空的贷款

(7)经国务院专案批准核销的贷款

2、贷款呆帐损失的核算方法:备抵法

(1)一般贷款(除呆帐贷款外):按年末本外币贷款(不含委托贷款和同业拆借资金)余额的1%差额提取。

(2)呆帐贷款:按年末本外币呆帐贷款余额的100%全额提取,待主管财政部门同意核销时再从帐面中将呆帐贷款和贷款呆帐准备金转销。

(三)坏帐损失的核算方法

1、坏帐的确认标准:符合下列条件之一,造成本行不能按期收回的应收帐款可以 列作坏帐:

(1)呆帐贷款已计提的应收未收利息

(2)因实施"全国试点城市国有企业兼并、职工再就业计划"按规定免除借款利 息而形成的应收未收利息

2、坏帐损失的具体核算方法:备抵法,根据年末应收帐款余额的帐龄情况差额提 取,计提比率如下:

余额帐龄	计提比率
0.5年以内	0.3%
0.5年至1年	5%
1年至2年	20%
2年至3年	50%
3年以上*	100%

*:自2000年开始按规定核销

(四)短期投资核算方法

短期投资按取得时的实际成本计价;在转让或到期兑付时才确认投资收益。根据 中国人民银行规定,银行持有的国债只能在银行间交易市场中买卖,因此期末按成本法计价。

(五)长期投资核算方法

1、长期债权投资的核算方法:按实际支付的价款扣除支付的税金、手续费等各项附加费用,以及支付的自发行日起至购入债券止的应计利息后的余额作为实际成本记 帐,并按权责发生制原则计算应计利息,债券投资溢/折价按收益年限平均摊销;

2、长期股权投资的核算方法:

(1)对金融企业的长期股权投资:

按投资时实际支付的价款入帐。对其他单位的投资占该单位有表决权资本总额20%或20%以上的,或虽投资不足20%但有重大影响的,按权益法核算;对其他单位的投 资占该单位有表决权资本总额20%以下,或投资虽在20%以上,但不具有重大影响的,按成本法核算;

(2)对非银行金融机构和企业的长期股权投资:

根据《中华人民共和国商业银行法》,本行在中华人民共和国境内不得向非银行 金融机构和企业投资;在其实施以前已向非银行金融机构和企业投资的,须进行脱钩。因此,该等长期股权投资均系按成本法核算;

3、长期投资风险准备的计提方法:按年末长期股权投资原始出资额的1%差额计 提。

(六)固定资产核算方法

1、固定资产标准为:1使用期限在一年以上的房屋及建筑物、机械设备、运输设 备以及其他与生产经营有关的电器设备和电子计算机等;2单位价值在人民币2千元以 上,并且使用期超过两年的,不属于生产经营主要设备的物品。

2、固定资产计价:按实际成本计价

3、固定资产折旧采用直线法平均计算,并按各类固定资产的原值和估计的使用年限扣除残值(原值的3%)制定其折旧率。固定资产各类折旧率如下:

资产类别	使用年限	年折旧率
房屋、建筑物	30年	3.23%
运输工具	5年	19.4%
电子计算机	3年	32.33%
电器设备	5年	19.4%
办公设备	5年	19.4%

(七)收入确认原则:

1、利息收入:

(1)各类贷款按权责发生制计息,其中:

根据财政部财商字[1998]302号文:逾期满1年及超过1年仍未归还的贷款,其应收 利息按收付实现制计入当期损益;

(2)拆借利息收入按利随本清计息。

2、手续费收入:按实际收款确认收入。

3、其他营业收入:包括债券买卖收入、租赁收入、担保收入等,均按实际收款确 认收入。

(八) 所得税的会计处理方法:纳税影响会计法的债务法。

(九)合并会计报表编制方法

因本行是商业银行,根据1995年5月10日开始执行的《中华人民共和国商业银行法》,本行不得对境内的非银行金融机构和企业进行投资,在报告期内本行无控股的子公司,因此未编制合并会计报表。

(十)承诺事项

本行在资产负债表日没有需要披露的重大承诺事项。

(十一)或有事项

本行1999年12月31日的未决诉讼均为贷款诉讼,涉及贷款情况如下:

贷款种类	本金	表内利息	本息合计
担保贷款	167,718	9,414	177,132
抵押贷款	128,605	7,603	136,208
合计	296,323	17,017	313,340

九、其它有关资料

(一)本公司首次注册登记日期、地点:1992年10 月19日,上海。

(二)企业法人营业执照注册号:3100001001236

(三)税务登记号:国税沪字31004413221158X

地税沪字31004413221158X

(四) 未流通股票的托管机构名称:上海证券中央登记结算公司

(五) 报告期内股票主承销机构名称:海通证券有限公司

(六) 本公司聘请的会计师事务所名称:大华会计师事务所有限公司

办公地址:中国上海市昆山路146号

(七)本报告分别以中、英文两种文字编制,在对两种文本的理解上发生歧义时,以中文文本为准。

十、备查文件

(一)载有法定代表人、主管会计工作负责人、会计机构负责人(会计主管人员)签名并盖章的会计报表。

(二)载有会计师事务所盖章、注册会计师签名并盖章的审计报告正本。

(三)报告期内在中国证监会指定报纸上公开披露过的所有本公司文件正本及公告原件。

上海浦东发展银行股份有限公司

2000年3月28日

资产负债表

1999年12月31日

编制单位:上海浦东发展银行股份有限公司　　货币单位:人民币元

资产	年初数	年末数
流动资产:		
现金及银行存款	289062254.49	1003153805.05
贵金属		
存放中央银行款项	15090736786.36	15840642715.59
存放同业款项	1281909261.25	1662233736.87
存放联行款项		
拆放同业	4822082144.55	5854908504.87
拆放金融性公司	96069200.00	60216941.70
短期贷款	37603531923.48	42550306944.97
进出口押汇	148529668.09	165009089.24
应收帐款	306007479.94	370328416.32
减:坏帐准备	4345372.89	31274255.15
其他应收款	1092058225.95	986845485.99
贴现	665404000.32	1013315498.02
短期投资	4511097038.21	5926451117.67
委托贷款及委托投资		
自营证券		
代理证券		
买入返售证券		
待处理流动资产净损失		
一年内到期的长期投资	537866427.95	1821804839.28
其他流动资产	331829184.66	270701524.98
流动资产合计	66771838222.36	77494644365.40
长期资产:		
中长期贷款	5565662802.01	6144330665.58
逾期贷款	4352975812.06	4846110017.79
减:贷款呆帐准备	945673352.55	1001911343.43
应收租赁款	4794264.43	2680000.00
减:未收租赁收益		
应收转租赁款		
租赁资产	24843674.00	24843674.00
减:待转租赁资产	24843674.00	24843674.00
经营租赁资产		
减:经营租赁资产折旧		
长期投资	7197863078.60	11434871967.01
减:投资风险准备	5838553.53	5838553.53
固定资产原值	622242726.50	2593051126.82
减:累计折旧	234971403.21	367777069.50
固定资产净值	387271323.29	2225274057.32
固定资产清理	83292.70	
在建工程	444214250.18	646407326.80
待处理固定资产净损失	3595.20	-
长期资产合计	17001356512.39	24291924137.54

无形、递延及其他资产:		
无形资产	99039807.76	131453987.61
递延资产	176833086.00	384280222.50
其他资产	565430187.10	635115310.54
其他资产合计	841303080.86	1150849520.65
递延税款	311667960.14	272259988.29
资产总计	84926165775.75	103209678011.88
负债及所有者权益	年初数	年末数
流动负债:		
短期存款	40675064482.70	44784877035.09
短期储蓄存款	1505083332.98	1964416754.19
财政性存款	5163872.00	10380687.87
向中央银行借款	104493600.00	1182184189.14
同业存放款项	6301370823.84	7603415624.99
联行存放款项		
同业拆入	355200940.00	424755040.00
金融性公司拆入		
存入短期保证金	1238229439.30	3067820311.13
应解汇款	404365734.47	184616383.14
汇出汇款	1275339245.65	1560835892.27
委托存款	3148960.00	2148960.00
应付代理证券款项		
卖出回购证券款		
应付帐款	752572635.16	699803813.14
其他应付款	858348217.76	1877105171.46
应付工资	3427862.96	2235875.65
应付福利费	7210274.54	15924396.15
应交税金	109219114.14	−105044552.06
应付股利	463605029.04	533853929.04
预提费用		
发行短期债券		
一年内到期的长期负债		
其他流动负债	143970202.43	346506208.18
流动负债合计	54205813766.97	64155835719.38
长期负债:		
长期存款	22535071462.71	24873555501.05
长期储蓄存款	4369627727.94	5987488840.04
存入长期保证金		
应付转租赁租金		
发行长期债券		
长期借款		
长期应付款		
长期负债合计	26904699190.65	30861044341.09
其他负债	560158199.78	416744899.56
递延税款		
所有者权益:		
股本	2010000000.00	2410000000.00
资本公积	334670871.36	3890037296.31
盈余公积	910823746.99	1438413757.28
未分配利润		37601998.26
所有者权益合计	3255494618.35	7776053051.85
负债及所有者权益总计	84926165775.75	103209678011.88

利润及利润分配表

1999 年度

编制单位:上海浦东发展银行股份有限公司　　货币单位:人民币元

项 目	上年数	本年数
一、营业收入	4793373625.81	3982049607.81
利息收入	3291491670.23	3086328610.00
金融企业往来收入	1293246280.27	729092931.80
手续费收入	72828986.66	96597737.00
证券销售差价收入		
证券发行差价收入		
租赁收益		
汇兑收益	63687062.42	46937689.64
其他营业收入	72119626.23	23092639.37
二 、营业支出	4178979155.77	3588753909.13
利息支出	2087311488.35	1833408646.33
金融企业往来支出	395314231.95	278417561.08
手续费支出	37545960.48	51090564.66
营业费用	1103243448.23	1174266857.07
汇兑损失	1201190.68	9684.57
其他营业支出	554362836.08	251560595.42
三、营业税金及附加	298921175.12	277063624.47
四、营业利润	315473294.92	116232074.21
加:投资收益	719032410.58	1046417797.47
加:营业外收入	12579567.27	20545259.92
减:营业外支出	4036520.34	6181310.64
五、利润总额	1043048752.43	1177013820.96
减:所得税	262446357.94	250321812.41
六、净利润	780602394.49	926692008.55
加:年初未分配利润	168169858.40	−
盈余公积转入		
七、可供分配的利润	948772252.89	926692008.55
减:提取法定盈余公积金	78060239.45	92669200.86
提取法定公益金	39030119.72	92669200.86
八、可供股东分配的利润	831681893.72	741353606.83
减:应付优先股股利		
提取任意盈余公积金	368076864.68	342251608.57
应付普通股股利	463605029.04	361500000.00
转作股本的普通股股利		
九、未分配利润		37601998.26

现金流量表

1999 年度

编制单位:上海浦东发展银行股份有限公司　　货币单位:人民币元

项 目	金额
一.营业活动产生的现金流量	
因经营活动而产生的现金流量	
收到的贷款利息	3022007673.62
金融企业往来收入收到的现金	729092931.80
手续费收入收到的现金	96597737.00
汇兑净收益收到的现金	46928005.07
经营性债券投资收益收到的现金	1080214907.30
现金流入小计	4974841254.79
支付的存款利息	1886177468.35
金融企业往来支出支付的现金	278417561.08
手续费支出支付的现金	51090564.66
支付给职工以及为职工支付的现金	442046806.34
其他营业费用支付的现金	626171705.42
支付的营业税金及附加款	306433948.77
支付的所得税款	395807182.46
营业外净支出支付的现金	3619946.16
其他营业净支出支付的现金	10573970.20
现金流出小计	4000339153.44
因经?营活动而产生的现金流量净额	974502101.35
因流动资金变动产生的现金流量	
存款增加收到的现金	8310958588.58
同业间存放增加而收到的现金	921720325.53
保证金增加收到的现金	1829590871.83
缴存中央银行准备金减少收回的现金	474227154.58
其他负债增加收到的现金	59122705.53
经营性债券投资减少收回的现金	789864217.22
租赁业务收回的现金	2114264.43
向央行借款收到的现金	1077690589.14
已核销呆帐贷款及利息收回收到的现金	1675792.87
其他应收暂付款减少收到的现金	161313679.83
其他应付暂收款增加收到的现金	1304253600.32
现金流入小计	14932531789.86
进出口押汇增加流出的现金	16479421.15
同业及金融性公司间拆放增加流出的现金	927420002.02
贴现增加流出的现金	347911497.70
贷款增加流出的现金	6069408169.41
经营性债券投资增加流出的现金	7798913654.28
委托存款减少流出的现金	1000000.00
递延资产增加流出的现金	270704130.56
其他资产增加流出的现金	18854044.82
现金流出小计	15450690919.94
流动资金变动产生的现金流量净额	−518159130.08
营业活动产生的现金流量净额	456342971.27
二.投资活动产生的现金流量	
收回投资所收到的现金	
分得股利或利润所收到的现金	38950948.03
处置固定资产、无形资产和长期资产而收到的现金	442200.06
现金流入小计	39393148.09
购建固定资产、无形资产和长期资产所支付的现金	2240014213.69
权益性投资支付的现金	
现金流出小计	2240014213.69
投资活动产生的现金流量净额	−2200621065.60
三.融资活动产生的现金流量	
发行股票所收到的现金	3973753828.70
发行债券所收到的现金	
现金流入小计	3973753828.70
收回发行债券所支付的现金	
偿付利息所支付的现金	
分配股利或利润所支付的现金	291251100.00
现金流出小计	291251100.00
融资活动产生的现金流量净额	3682502728.70
四.汇率变动对现金的影响额	
五.本期现金及现金等价物净增加额	1938224634.37

补充资料	金额
1.不涉及现金流量的投资和融资活动	
以固定资产偿还债务	
以投资偿还债务	
以固定资产进行投资	
不涉及现金流量的投资和融资活动金额	
2.将净利润调整为因经营活动而产生的现金流量	
净利润	926692008.55
加:计提的坏帐准备或转销的坏帐	26595165.39
计提的贷款呆帐准备或转销的呆帐	54895914.88
计提的长期投资风险准备	
固定资产折旧	136402905.58
无形资产、递延资产及其他资产摊销	98526211.01
处置固定资产、无形资产和及其他长期资产的损失(减:收益)	403508.31
投资损失(减:收益)	33797109.83
递延税款贷项(减:借项)	39407971.85
经营性应付项目的增加(减:减少)	−259510353.92
经营性应收项目的减少(减:增加)	−64320936.38
其他	−18387403.75
因经营活动而产生的现金流量净额	974502101.35
3.现金及现金等价物净增加情况:	
现金及现金等价物的期末余额	12480083582.05
减:现金及现金等价物的期初余额	10541858947.68

邯郸钢铁股份有限公司

一、公司简介

1、公司法定名称:邯郸钢铁股份有限公司
公司英文名称:HANDAN IRON & STEEL CO.,LTD
公司英文名称缩写:HDIS
2、公司法定代表人:刘汉章
3、公司董事会秘书:赵绍林
董事会秘书授权人:李卜海
电话:0310-6074191 传真:0310-6074190
4、公司注册地址:河北省邯郸市复兴路232号
公司办公地址:河北省邯郸市复兴路232号 邮政编码:056015
公司国际互联网网址:http://www.hdgt.com.cn
电子邮箱:hdgt@ public.hdptt.he.cn
5、公司选定的信息披露报纸名称:《中国证券报》、《上海证券报》、《证券时报》
刊登公司年报的中国证监会指定国际互联网网址:http://www.sse.com.cn
公司年报备置地点:公司证券部
6、公司股票上市地点:上海证券交易所
股票简称:邯郸钢铁 股票代码:600001

二、会计数据和业务数据摘要

1、本年度主要利润指标情况(人民币:元)

利润总额	854,138,372.51
净利润	731,556,957.67
扣除非经常性损益后的净利润	584,431,419.82
主营业务利润	824,498,782.09
其他业务利润	25,542,980.60
营业利润	807,210,620.17
投资收益	46,886,200.01
补贴收入	_
营业外收支净额	41,552.33
经营活动产生的现金流量净额	497,175,782.47
现金及现金等价物净增加额	-1,434,975,657.31

[注]:扣除的非经常性损益项目和涉及金额

营业外收入	41,552.33
财政厅返还款	147,097,697.80

2、截止报告年度末公司前三年主要会计数据和财务指标

项目	1999年度	1998年度 调整后	1998年度 调整前	1997年度
主营业务收入(元)	5091105388.82	4858957,001.62	4858957001.62	3724004,754.80
净利润(元)	731556957.67	703146332.31	750409983.70	519175867.28
总资产(元)	6176020854.91	6797961687.02	6845225338.41	5846801373.86
股东权益(元)(不含少数股东权益)	4765773204.84	4034216247.17	4081479898.56	3951355989.22
每股收益(元)	0.536	0.566	0.605	0.418
每股收益(元)(加权)	0.536	0.566	0.605	0.564
每股收益(元)(扣除非经常性损益)	0.428	0.436	0.474	0.418
每股净资产(元)	3.49	3.25	3.29	3.18
调整后的每股净资产(元)	3.48	3.24	3.28	3.18
每股经营活动产生的现金流量净额	0.364	0.09	0.09	_
净资产收益率(%)	15.35	17.43	18.39	13.14
净资产收益率(%)(加权)	16.63	17.61	18.68	33.27

[注]:计算公式如下:
每股收益=净利润/年度末普通股股份总数
每股净资产=年度末股东权益/年度末普通股股份总数
调整后每股净资产=(年度末股东权益-三年以上的应收款项净额-待摊费用-待处理(流动、固定)资产净损失-开办费-长期待摊费用-住房周转金负数余额)/年度末普通股股份总数
每股经营活动产生的现金流量净额=经营活动产生的现金流量净额/年度末普通股股份总数
净资产收益率=净利润/年度末股东权益×100%
加权平均每股收益=当期净利润/[期末普通股股份总数/(1+配股比例或增发新股比例)+期末普通股股份总数/(1+配股比例或增发新股比例)×配股比例或增发新股比例×缴款结束日下一月份至报告期末的月份数/12]
加权平均净资产收益率=当期净利润/[(期初净资产+期末净资产)/2+当期发行新股或配股新增净资产×(自缴款结束日下一月份至报告期末的月份数-6)/12]

3、报告期内股东权益变动情况

项目	股本	资本公积	盈余公积	法定公益金	未分配利润	股东权益合计
期初数	1241371000	2710384414.86	105471949.85	35157316.62	-23011117.54	4034216247.17
本期增加	124137100	_	182889239.42	36577847.88	548667718.25	855694057.67
本期减少	_	124137100.00	_	_	_	124137100.00
期末数	1365508100	2586247314.86	288361189.27	71735164.50	525656600.71	4765773204.84

变动原因:股本增加和资本公积金减少是因为公司实施98年度公积金转增股本所致;盈余公积和法定公益金变动是由于本年度按比例提取任意公积金、法定公积金、法定公益金所致;未分配利润增加是由于本年度实现利润未分配。

三、股东情况介绍

1、截止1999年末,公司股东总户数216,579户。
2、公司前10名股东持股情况如下:

股东名称	持股数量(股)	持股比例
1、邯郸钢铁集团有限责任公司(国家股)	980,508,100	71.81%
2、王雪群	1,419,000	0.104%
3、柴丽娟	1,020,800	0.075%
4、徐惠珍	891,000	0.065%
5、嘉工联合	880,000	0.064%
6、曾东升	755,700	0.055%
7、汪志俊	695,495	0.051%
8、豫中信投	660,000	0.048%
9、兴华基金	656,551	0.048%
10、张佩秋	638,562	0.047%

齐鲁石油化工股份有限公司

一、公司简介

1、公司法定中文名称:齐鲁石油化工股份有限公司
公司法定英文名称:QILU PETROCHEMICAL COMPANY Ltd.
2、公司法定代表人:王延康
3、公司董事会秘书:郑建生
联系地址:山东省淄博高新技术产业开发区
电话:0533-3583728
传真:0533-3583718
公司网址:http://www.qilu.com.cn
4、公司注册地址:山东省淄博高新技术产业开发区
公司办公地址:山东省淄博高新技术产业开发区
邮政编码:255086
5、公司信息披露报纸:《中国证券报》、《上海证券报》、《证券时报》。
年报披露指定网址:http://www.sse.com.cn
年度报告备置地点:公司董事会秘书室
6、公司股票上市地:上海证券交易所
股票简称:齐鲁石化
股票代码:600002

二、会计数据和业务数据摘要

1、公司本年度实现的利润总额及其构成(单位:元):

利润总额	576,700,667.46
净利润	475,600,145.52
扣除非经常性损益后的净利润	475,600,145.52
主营业务利润	936,969,895.11
其他业务利润	17,426,189.15
营业利润	543,829,438.39
投资收益	36,352,853.26
补贴收入	0.00
营业外收支净额	-3,481,624.19
经营活动产生的现金流量净额	1,155,763,250.64
现金及现金等价物净增加额	80,216,377.56

2、截止报告期末前三年的主要会计数据和财务指标:

主要财务指标	99年度	98年度(调整后)	98年度(调整前)	97年度
主营业务收入(万元)	582,002.62	393,283.57	393,283.57	481,918.94
净利润(万元)	47,560.01	47,077.09	51,954.59	54,159.21
总资产 (万元)	884,904.45	916,433.87	921,305.76	627,583.08
股东权益(万元)	468,695.53	420,612.79	425,472.79	206,640.69
每股收益(摊薄)(元)	0.244	0.241	0.266	0.338
扣除非经常性损益后的每股收益(元)	0.244	0.241	0.266	0.338
每股收益(加权)(元)	0.244	0.249	0.275	
每股净资产(元)	2.40	2.16	2.18	1.29
调整后的每股净资产(元)	2.38	2.13	2.15	
每股经营活动产生的现金流量净额(元)	0.593			
净资产收益率(摊薄)(%)	10.15	11.19	12.21	26.20

计算公式如下:
每股收益=净利润/年度末普通股股份总数
每股净资产=年度末股东权益/年度末普通股股份总数
净资产收益率=净利润/年度末股东权益×100%
调整后的每股净资产=(年度末股东权益-三年以上的应收款净额-待摊费用-待处理(流动、固定)资产净损失-开办费-长期待摊费用-住房周转金负数余额)/年度末普通股股份总数
每股经营活动产生的现金流量净额=经营活动产生的现金流量净额/年度末普通股股份总数

3、股东权益变动情况

项目	股本(万股)	资本公积(万元)	盈余公积(万元)	法定公益金(万元)	未分配利润(万元)	股东权益合计(万元)
期初数	195,000	220,473	7,861	1,651	-2,721	420,613
本期增加		523	9,920	2,214	37,640	48,083
本期减少						
期末数	195,000	220,996	17,781	3,865	34,919	468,696

股东权益变动情况说明:本期股本没有变化;资本公积增加是由于中国石化(集团)公司拨付的科研经费形成固定资产所致;盈余公积、法定公益金、未分配利润和股东权益增加是本期盈利所致。

三、股本变动及股东情况

1、截止到1999年12月31日,公司股东总户数183,424户,其中未流通法人股股东1户,流通股股东183,423户。
2、持有本公司5%以上股份的股东只有本公司的法人股东中国石化(集团)齐鲁石油化工公司,该公司持有本公司股份16亿股,报告期内没有变化,其所持股份无质押或冻结等情况。公司前10名股东之间不存在关联关系,下面披露的其他前9名股东均为流通A股股东。
公司前10名股东持股情况如下:

	持股数(股)	股本比例(%)
中国石化齐鲁石油化工公司	1600000000	82.05
兴华基金	2854000	0.15
泰和基金	2000000	0.10
深新投发	1186000	0.06
裕隆基金	1132594	0.06
兴和基金	1050670	0.05
财政证券	850000	0.04
李昂	843100	0.04
正业恒丰	799157	0.04
海通证券	630500	0.03

东 北 高 速 公 路 股 份 有 限 公 司

东北高速公路股份有限公司1999年年度报告摘要

一、 公司简介

(一)公司的法定中文名称:东北高速公路股份有限公司
公司的法定英文名称:Northeast Expressway Company Ltd.
(二)公司法定代表人:张晓光
(三)公司董事会秘书:徐 鹏
联 系 地 址:吉林省长春市解放大路84号
联 系 电 话:0431-5679038 5673111-91810
传 真:0431-5679038 5679058
电 子 信 箱:rocx@public.cc.jl.cn
(四)公司注册地址:吉林省长春市人民大街122号
公司办公地址:吉林省长春市解放大路84号 邮政编码:130021
公 司 网 址:http://www.northeast-expressway.com
电子信箱:rocx@public.cc.jl.cn
(五)公司选定的信息披露报纸:《中国证券报》、《上海证券报》、
登载公司年度报告的中国证监会指定国际互联网网址:http://www.sse.com.cn
公司年度报告备置地点:长春市解放大路84号交通大厦18层公司董事会秘书处
(六)公司股票上市交易所:上海证券交易所
股票简称:东北高速 股票代码:600003

二、会计数据和业务数据摘要

(一)本年度主要利润指标情况 (单位:人民币元)

1.利润总额	244629259.49
2.净利润	204862856.68
3.扣除非经营性损益的净利润	204097290.72
4.主营业务利润	287905161.33
5.其他业务利润	653641.88
6.营业利润	243728593.65
7.投资收益	-1413200.85
8.营业外收支净额	2313866.69
9.经营活动产生的现金流量净额	8212351.90
10.现金及现金等价物净增加额	970561724.74

备注:扣除非经营性损益的净利润的扣减项目:
调减项目:新股收购冻结利息 2313866.69
调增项目:合并价差的摊入 1413200.85

(二)近三年主要会计数据及财务指标: (单位:人民币元)

项目	99年	98年	97年
主营业务收入	368196414.05	326046985.58	237354657.75
净利润	204862856.68	143223071.39	110816117.35
总资产	4347189479.36	2961857695.18	2905164069.29
股东权益	2716664812.87	1894291850.17	1838400825.68
每股收益(摊薄)(元/股)	0.17	0.16	0.12
每股收益(加权)(元/股)	0.20	0.16	0.12
每股收益(扣除非经营性损益)	0.17	0.16	0.12
每股净资产 (元/股)	2.24	2.07	2.01
每股经营活动产生的现金流量净额(元/股)	0.01	-	-
调整后每股净资产(元/股)	2.24	2.07	2.01
净资产收益率(摊薄)(%)	7.54	7.56	6.03

备注:主要财务指标的计算方法

每股收益=净利润/年度末普通股股份总数

加权平均每股收益=当期净利润/[期末股份总数/(1+配股比例或增发新股比例)+ 期末股份总数/(1+配股比例或增发新股比例)×配股比例或新股增发比例×缴款结束日下一月份至期末的月份数/12]

每股净资产=年度末股东权益/年度末普通股股份总数

调整后的每股净资产=[年度末股东权益-三年以上应收款项净额-待摊费用-待处 理(流动、固定)资产净损失-开办费-专项待摊费用-住房周转金负数余额]/年度末普 通股股份总数

每股经营活动产生的现金流量净额=经营活动产生的现金流量净额/年度末普通股股份总数

净资产收益率=净利润/年度末股东权益×100%

(三)股东权益变化情况 单位:人民币元

项目	股 本	资本公积	盈余公积	其中:法定公益金	未分配利润	股本权益合计
期初数	913200000	981091850.17				1894291850.17
本期增加	300000000	900000000.00	92188285.50	10243142.83	39882571.18	1332070856.68
本期减少		509697893.98				509697893.98
期末数	1213200000	1371393956.19	92188285.50	10243142.83	39882571.18	2716664812.87

变动原因: 1.股本增加系本公司于1999年7月5日向社会公开发行人民币普通股30,000万股, 每股面值1.00人民币元。

2.(1)资本公积本年增加系本公司发行A股30,000股成功后,股票溢价收入。

(2)资本公积减少计509,697,893.98,系支付与本公司发行股票相关的发行费用、中介费20,326,119.49人民币元;资产评估减值489,371,774.49人民币元。

3.盈余公积增加系本年计提。

4.未分配利润增加系由于本年盈利所致。

三、股东情况介绍

(一) 报告期末股东总数

截止1999年12月31日,持有本公司股票的股东总人数为163,544户,持股1,213,200,000股,其中国家股股东2户,国家法人股股东1户,持有913,200,000股;社会公众股股 东163,541户,持股300,000,000股。

(二)主要股东持股情况(前十名和持股5%以上股东)

股东名称	持股数	占总股本比例
黑龙江省高速公路公司	366100000	30.176%
吉林省高速公路公司	303270000	25.998%
华建交通经济开发中心	243830000	20.098%
泰和基金	14000000	1.154%
同益基金	11900100	0.981%
裕隆基金	1000000	0.824%
戴玲芳	467178	0.039%
董玲	380000	0.031%
佘旭东	323200	0.027%
王建明	318200	0.026%

说明:1、上述股东之间无关联关系。

2、黑龙江省高速公路公司、吉林省高速公路公司均为国家股股东,华建交通经济开发中心为国有法人股股东。

四、股东大会简介

(一)股东大会召开情况

报告期内公司于1999年7月18日在吉林省高速公路管理中心六层会议室召开了公 司创立大会暨首届股东大会,出席会议的股东(含委托代理人)共三人,持有公司股票91320万股,占公司股本总数的75.2%。

(二)股东大会决议公告已于1999年7月20日在《中国证券报》、《上海证券报》公告。

五、董事会报告

(一)公司经营情况

1、公司所处行业及在行业中的地位

东北高速公路股份有限公司于1999年7月21日创立。公司所处行业为公路交通业 。国内交通行业有关资料显示:本公司是国内道路交通行业中仅有的两家跨省区强强 联合、资本重组的大型股份制交通企业之一,其规模位居东北地区同行业龙头,在全国A股公路板块中亦位居前列。公司从事在我国正高速发展并得到国家政策重点扶持的 高速公路事业,市场广阔、各级政府大力支持、投资回报稳定,风险小及公司实力超群、产业政策优惠是公司发展的可靠基础。

2、公司主营业务及经营状况

公司主营:投资、开发、建设和经营管理收费公路。本次报告期为公司经营的初 年度,年营业总收入为36,8196万元,为预测指标的85.46%。收入均来自公司目前所拥 有的哈大(哈尔滨至大庆)高速公路、长平(长春至四平)高速公路、哈桥(哈尔滨松花 江公路大桥)的车辆通行费,其中哈大路年收入为15,785万元,为预测指标的87.69%;长平路年收入为16,454万元,为预测指标的92.5%;哈桥年收入4,580万元,为预测指标的114.51%。报告期内,公司实现利润20,486万元,完成预测的92.29%。营业利润100%来自哈大、长平高速公路和哈桥的主营业务收入。

(1)报告期内,完成了黑龙江分公司、吉林分公司的改制,管理机构组建、业务交 接、基本规章制度建设,实现了管理和经营的平稳过渡。强化了组建哈桥子公司的工 作力度,获得实质进展,为哈桥子公司2000年上半年全面进入公司化运营打下了基础。

(2)报告期内,完成了以募集资金参股哈尔滨至双城高速公路建设项目的有关工作,投资11,700万元注册成立了黑龙江省哈双高速公路开发股份有限公司。

(3)报告期内,公司投资9,108万元入股大鹏证券有限责任公司,持有该公司股份6,600万股,占总股本的4.4%。

(4)报告期内,本公司与中国交通银行签定了"授信业务总协议",协议规定本公司 将现金流动业务交中国交通银行办理,中国交通银行可为本公司提供额度为20亿内的 中短期贷款。

(5)报告期内,本公司开展了收购国债等短期投资活动,预期效益良好。

(6)报告期内,本公司进行了大量的项目调研,对拟选项目进行了较充分的可行性 研究、论证,为今后的投资、开发作了较好准备。

3、报告期内经营活动中出现的问题与困难及解决方案

预定在报告期内完成的哈尔滨至阿城一级汽车专用公路、长春环线高速公路的收购项目,因客观条件制约,未能如期实现,也使预计两个项目能带来的3,295万元的营业收入未能实现。

(二)公司财务状况

公司财务指标的增减变动情况

指标名称	1999年(人民币元)	1998年(人民币元)	增减比例%
总资产	4347189479.36	2961857695.18	46.77
长期负债	900000000.00	391000000.00	130.18
股东权益	2716644812.87	1894291850.17	43.41
主营业务利润	287905161.33	247012630.66	16.55
净利润	204862856.68	143223071.39	43.04

(三) 公司投资情况

1、募集资金使用情况

本公司于1999年7月公开发行了社会公众A股30,000万股,募集资金117,959万元。根据招股说明书的承诺,本公司于1999年12月完成对黑龙江省哈双高速公路的投入11,700万元;预付长春23公里环城高速公路收购款16,454万元;预付哈尔滨至阿一级汽车 专用路收购款15,785万元。收购工作正在进行中。

2 、自有资金投资情况

依据首届董事会第三次会议决议,于1999年10月以自有资金投资9,108万元,入股 大鹏证券有限责任公司,持有该公司股份6,600万股,占总股本的4.4%。

(四)公司生产经营环境及宏观政策、法规发生变化,对公司财务状况及经营成果 产生的重大影响。

我国加入世界贸易组织,对本公司的经营不会产生重大影响。

国家实施西部大开发战略及优先进行公路交通基础设施项目提供了更广阔的舞台,创造了更多更好的商机。

(五)新年度业务发展计划

总体目标:确保净资产收益率达到9%,净利润达到28,895万元以上。

指导思想:立足主业,服务区域经济,控制规模,严格管理,实现效益最大化。

1、主营收入达到37,915万元。

2、新项目开发创收2,643万元。

3、继续落实哈尔滨至阿城、长春环城路两个收购项目,力争早落实,早见效益。

4、参加发起成立21世纪科技投资公司

5、完成成立东大公司的注册手续,优化经营,力促效益增长。

6、积极探索、开发高科技项目和信息技术项目,优化产业结构,培育新的经济增 长点,争取在公司稳定的收入基础上,创造更高的潜在效益。

武汉钢铁股份有限公司

武汉钢铁股份有限公司1999年年度报告摘要

一、公司简介

1、公司法定中、英文名称及缩写
公司法定中文名称:武汉钢铁股份有限公司
公司法定英文名称:Wuhan Steel Processing Co.,Ltd.
英文名称缩写:WSPC
2、公司法定代表人:刘本仁先生
3、公司董事会秘书:施　军先生
授权代表:刘国富先生
联系地址:武汉市青山区沿港路3号
武汉钢铁股份有限公司董事会秘书室
电话:027-86306023 027-86807873
传真:027-86807873
4、公司注册地址:武汉市青山区沿港路3号
公司办公地址:武汉市青山区沿港路3号
邮政编码:430080
公司互联网网址:http://www.wisco.com.cn
公司电子信箱:wuspco@wisco.com.cn
5、公司信息披露报纸名称:《中国证券报》、《上海证券报》、《证券时报》登载公司年度报告的国际互联网网址:http://www.sse.com.cn
公司年度报告备置地点:公司董事会秘书室
6、公司股票上市交易所:上海证券交易所
股票简称:武钢股份
股票代码:600005

二、会计数据和业务数据摘要

1、公司本年度利润总额及其构成　(单位:人民币元)

利润总额	841140979.69
净利润	605906637.90
扣除非经常性损益后的净利润	478217300.00
主营业务利润	872079531.76
其他业务利润	29137.67
营业利润	715308243.46
投资收益	-
补贴收入	126000000.00
营业外收支净额	-167263.77
经营活动产生的现金流量净额	1112310873.15
现金及现金等价物净增加额	1808828671.33

注:扣除的非经常性损益项目和涉及金额:

资产处置损益:	-167263.77
补贴收入	126000000.00
新股申购冻结资金利息:	1856601.71

2、截至报告年度末公司前三年的主要会计数据和财务指标
追溯调整后:

指标项目	单位	1999年	1998年	1997年
主营业务收入	(元)	5901221239.19	5027971429.05	6037254897.00
净利润	(元)	605906637.90	533438457.92	547758021.62
总资产	(元)	7424784776.98	5734671737.51	5526797915.62
股东权益	(元)	4431304764.90	3000118489.19	2927928331.62
每股收益	(元/股)	0.290	0.301	0.309
每股收益(加权)	(元/股)	0.318	0.301	0.309
扣除非经常性损益后的每股收益	(元/股)	0.229	0.227	0.284
扣除非经常性损益后的每股收益(加权)	(元/股)	0.251	0.227	0.284
每股净资产	(元/股)	2.12	1.69	1.65
调整后的每股净资产	(元/股)	2.12	1.69	1.65
每股经营活动产生的现金流量净额	(元/股)	0.53	0.27	—
净资产收益率	(%)	13.67	17.78	18.71
净资产收益率(加权)	(%)	16.81	18.00	22.89

追溯调整前:

指标项目	单　位	1998年	1997年
主营业务收入	(元)	5027971429.05	6037254897
净利润	(元)	557322771.32	555544319
总资产	(元)	5765104439.59	5534584212
股东权益	(元)	3031789099.97	2935714628
每股收益	(元/股)	0.315	0.314
每股收益(加权)	(元/股)	0.315	0.314
扣除非经常性损益后的每股收益	(元/股)	0.240	0.288
扣除非经常性损益后的每股收益(加权)	(元/股)	0.240	0.288
每股净资产	(元/股)	1.71	1.66
调整后的每股净资产	(元/股)	1.71	1.65
每股经营活动产生的现金流量净额	(元/股)	0.27	—
净资产收益率	(%)	18.38	18.92
净资产收益率(加权)	(%)	18.68	23.18

注:(1)主要财务指标计算方法:
每股收益=净利润　年度末普通股股份总数
每股净资产=年度末股东权益　年度末普通股股份总数
调整后的每股净资产=(年度末股东权益-三年以上的应收款项净额-待摊费用-待　处理(流动、固定)资产净损失-开办费-长期待摊费用-住房周转金负数余额)年度末普通股股份总数
每股经营活动产生的现金流量净额=经营活动产生的现金流量净额年度末普通股　股份总数
净资产收益率=净利润年末股东权益×100%
加权平均每股收益=当期净利润期末普通股股份总数(1+配股比例或增发新股比例)+期末普通股股份总数(1+配股比例或增发新股比例)×配股比例或增发新股比例×自缴款结束日下一月份至期末的月份数12〕
加权平均净资产收益率=当期净利润(期初净资产+期末净资产)2+当期发行新股或配股新增净资产×(自缴款结束日下一月份至报告期末的月份数-6)12〕
(2)需要说明的是:由于会计政策变更,根据财政部财会字(1999)35号文、49号文　有关规定,采用了追溯调整法,调整了一九九九年度会计报表相关“坏帐准备”及“存货跌价准备”帐项,调整前各年度会计数据如下:

指标项目	单位	1999年	1998年	1997年
坏帐准备	(元)	2597468.06	579673.00	303632682.00
存货跌价准备	(元)	24703667.51	-	-
未分配利润	(元)	86636916.06	118481088.93	105955033.00

调整后各项会计数据如下:

指标项目	单位	1999年	1998年	1997年
坏帐准备	(元)	2597468.06	6959201.03	303632682.00
存货跌价准备	(元)	24703667.51	16771358.71	7786297.38
未分配利润	(元)	86636916.06	94236273.85	102061884.41

3、报告期内股东股益变动情况　单位:(元)

项目	股本	资本公积	盈余公积	法定公益金	未分配利润	股东权　益合计
期初数	1770480000	953324562.32	182077653.02	47084299.77	94236273.85	3000118489.19
本期增加	320000000	1056000000.00	90885995.69	30295331.90	605906637.90	2072792633.59
本期减少		28100362.19			613505995.69	641606357.88
期末数	2090480000	1981224200.13	272963648.71	77379631.67	86636916.06	4431304764.90

变动原因:
1. 盈余公积金本期增加90,885,995.69元系按本年度实现净利润的10%提取法定　公积金和5%提取法定公益金所致;
2.法定公益金本期增加30,295,331.90元系按本年度实现净利润的5%提取法定公益金所致;
3.未分配利润本期增加605,906,637.90元系本年度实现净利润;未分配利润本期　减少613,505,995.69元系因1999年度利润分配所致。

三　、股东情况介绍

(1)报告期末股东总数为164166户。
(2)报告期末公司主要股东持股情况:

股东名称	期末持股数(股)	占总股本比例(%)
① 武汉钢铁(集团)公司	1770480000	84.69
② 泰和基金	5333300	0.26
③ 裕隆基金	1033400	0.05
④ 苏玉菊	922000	0.04
⑤ 兴华基金	763900	0.04
⑥ 焦越男	743000	0.04
⑦ 李从恺	550000	0.03
⑧ 何倩兴	404197	0.02
⑨ 闽桥信托	400000	0.02
⑩ 刘燎原	350000	0.02

注:①武汉钢铁(集团)公司为公司国有法人股股东。本公司从中国银行获得的美　元长期借款是由武汉钢铁(集团)公司以其所持有本公司的股权作质押。
② 前10名股东之间公司未知有何关联关系。
(3)武汉钢铁(集团)公司法定代表人为刘本仁先生,其经营范围:冶金产品及副产　品、冶金矿产品和钢铁延伸产品、化工产品、建筑材料、冶金辅助材料、成套冶金设备、机电设备设计及制造、工业技术开发、咨询服务。
(4)报告期内无控股股东变更情况。

四、股东大会简介

1、1999年6月25日,公司召开1998年度股东大会。
相关内容登载于公司招股说明书。
2、报告期内公司无更换董事、监事情况。

五、董事会报告

1、公司经营情况
(1)本公司是专门生产和销售冷轧薄板和冷轧硅钢片的特大型企业,下设冷轧薄板厂和冷轧硅钢片厂。冷轧薄板厂主要装备和技术从德国和英国引进,整体技术水平达　到八十年代国际先进水平,居国内领先地位,生产规模在国内排名第二。冷轧硅钢片厂是国内冷轧硅钢片的最大生产厂家,也是国内冷轧取向硅钢片和高牌号冷轧无取向硅　钢片的唯一生产厂家,1999年国内市场占有率约为39%,主要装备和技术从日本引进,整体技术水平达到当代国际先进水平。(国家冶金局重点骨干企业统计资料)
(2)公司主营业务的范围及经营状况
公司主营业务范围为:冶金产品及副产品、钢铁延伸产品的制造;冶金产品技术开发、咨询和服务。主要从事冷轧薄板、镀锌板、镀锡板、彩涂板和冷轧硅钢片的生产和销售业务。
1999年公司产品地区分布(按销售数量统计)

地区	销售比例	地区	销售比例
华东	37.44	华北	6.88
华中	27.07	东北	2.55
华南	15.52	西北	2.14
西南	7.26	其他	0.14

公司主营业务构成情况如下表:　单位:元

产品名称	1999年	1998年

冷轧碳钢产品	3969038923.80	3717878307.99
冷轧硅钢产品	1932182315.39	1310093121.06
合　计	5901221239.19	5027971429.05

主营业务收入较1998年增加约9亿元,主要是由于公司根据市场需求,增产高附加 值及适销对路的产品,并根据市场情况及时调整价格,从而使产品销售收入增加。

(3)在经营中出现的问题与困难及解决方案

① 经营中出现的问题与困难

a.由于冷轧技术改造工程正处筹备阶段,故未按原计划进度运用募股资金。

b.在产品价格上涨的同时,原材料价格也有所上涨,致使成本上升。

c.与日本等国产品相比,公司产品实物质量在某些方面还存在差距。

② 解决方案

a.抓紧抓好技术改造工作。一是加强对改造工程的组织领导,做到有布置、有检 查、有考核;二是坚持"三高"标准,要做到高起点、高技术含量、高附加值,使改造 后设备、工艺水平产生一个新的飞跃;三是加强技术培训,尽快吸收引进技术;四是加 强改造期间的生产协调,确保改造和生产两不误。

b.继续深化"成本效益纵深行"活动,把降成本与创利润紧密地结合起来。

c.大力开展技术创新活动,深入贯彻精品名牌战略,进一步增强产品的市场竞争力。

2、公司财务状况

项　目	1999年(元)	1998年(元)	增减
总资产	7424784776.98	5734671737.51	29.5%
长期负债	1127050000.00	1159018000.00	-2.8%
股东权益	4431304764.90	3000118489.19	47.7%
主营业务利润	872079531.76	831020729.64	4.9%
净利润	605906637.90	533438457.92	13.6%

主要原因:因本年度发行了3.2亿A股,使总资产和股东权益呈现大幅度上升趋势;长期负债减少是由于九九年度偿还银行贷款所致;利润增加主要在于本公司产品销售 量和价格上升。

3、公司投资情况

(1)报告期内募集资金使用情况

经中国证券监督管理委员会证监发字(1999)72号文批准,本公司于1999年7月2日 采用上网定价发行方式向社会公开发行人民币普通股(A股)320,000,000股,每股面值1元,每股发行价为人民币4.3元,发行总面值13.76亿元。本次发行公司总共募集资金1,347,899,637.81元,拟主要用于公司技术改造项目,除项目实际投资金额以外,其余募 集资金现存于银行。

单位:万元

项目名称	1999年计划投资金额	1999年实际投资金额
冷轧厂技术改造工程	49276	150
硅钢厂改扩建二期工程	11766	2340
铺底流动资金	9600	
汉阳带钢厂　技改项目	4950	
启动资金	1500	
总　计	77092	2490

未能按期投入募集资金的主要原因:一是冷轧技术改造工程尚处在工程前期准备 工作阶段;二是硅钢改扩建二期工程部分项目用非募集资金投入;三是兼并汉阳带钢厂的工作尚在进行过程中。

(2)报告期内非募集资金投资情况。

截止1999年12月31日,公司长期投资余额为5500万元,较上年增加5500万元,增加 幅度为100%。

长期股权投资增减变化如下:

年初余额	本年增加	本年减少	年末余额
—	RMB 55000000	—	RMB 55000000

被投资公司情况:

被投资公司名称	主要经营业务	占被投资公司权益的比例
湖北证券有限公司	A股、B股、债券的承销、经纪、自营和证券投资咨询	5%

4、生产经营环境以及宏观政策、法规的重大变化对公司的影响

公司成立以来一直享受年所得税先征后返的优惠政策,2000年1月11日国务院下发国发[2000]2号文《国务院关于纠正地方自行制定税收先征后返政策的通知》规定从2000年1月1日起各地区自行制定的税收先征后返政策一律停止执行。这项规定可能会 影响公司未来的净利润。

5、新年度业务发展计划

(1)经营目标:实现销售收入62.6亿元。

(2)经营方针:紧紧围绕市场营销这个中心,突出效益和创新,加快技术进步和技术改造的步伐,进一步完善内部管理机制。

(3)经营措施:

① 坚持以市场营销为中心,巩固和开拓新市场

② 完善财务管理制度,健全规范管理和核算体系,控制生产和管理成本,实现

③大力开展技术创新活动,深入贯彻精品名牌战略,进一步增强产品的市场竞争力

④ 以"三高"为目标,进一步加快技术改造步伐

⑤ 拓展新的经营思路,进一步推动企业的全面发展

⑥ 积极推进内部体制改革,进一步激发广大职工的工作热情

6、董事会日常工作情况

(1)报告期内董事会的会议情况及决议内容

①公司第一届董事会第五次会议于1999年2月26日召开。会议审议并通过了《关 于武汉钢铁股份有限公司采用会计政策的报告》、《1998年度财务报告》、《1999年度盈利预测报告》、《1997年度和1998年度利润分配预案》、《武汉钢铁股份有限公司一九九八年财务决算及一九九九年财务预算报告》、《A股招股说明书(修改稿)》 、《1998年度总经理工作报告》、《1998年度董事会工作报告》及《1998年度报告》。

②公司第一届董事会第六次会议于1999年8月27日召开。会议审议并通过了《1999年度上半年总经理工作报告》及《1999年度中期报告》。

③公司第一届董事会第七次会议于1999年9月10日召开。会议以通讯方式审议并 通过以自有资金投资参股湖北证券有限公司5000万个出资单位的议案。

(2)董事会对股东大会决议的执行情况

报告期内董事会按照股东大会决议及授权,组织实施了1997年度和1998年度利润 分配方案。

7、高级管理层及员工情况

(1)董事、监事、高级管理人员

姓名	职务	性别	年龄	任期起止日期
刘本仁	董事长	男	56	1998.03-2001.03
张明达	副董事长	男	56	1998.03-2001.03
程　光	副董事长	男	41	1998.03-2001.03
邵为民	董事兼总经理	男	43	1998.03-2001.03
邓崎琳	董事	男	48	1998.03-2001.03
张异君	董事	女	55	1998.03-2001.03
周良俊	董事	男	67	1998.03-2001.03
刘须柱	董事、党委书记兼副总经理	男	54	1998.03-2001.03
赵华荣	董事兼副总经理	男	49	1998.03-2001.03
王　炯	董事兼副总经理	男	35	1998.03-2001.03
应　宏	董事兼副总经理	男	36	1998.03-2001.03
王　越	独立董事	男	67	1998.03-2001.03
阮北耀	独立董事	男	63	1998.03-2001.03
毕传淑	监事会主席	女	49	1998.03-2001.03
吴永喜	监事	男	55	1998.03-2001.03
李金山	监事	男	46	1998.03-2001.03
李　明	监事兼工会主席	男	44	1998.03-2001.03
范庆国	监事	男	37	1998.03-2001.03
汪文敏	财务总监	男	49	1998.03-2001.03
施　军	董事会秘书	男	37	1998.03-2001.03
刘文仲	副总经理	男	48	1998.03-2001.03
徐景山	副总经理	男	46	1998.03-2001.03

说明:

①根据证监会有关规定,公司发行社会公众股时未发行公司职工股,以上董事、监事及高级管理人员均未持有本公司股票。

②以上部分董事、监事及高级管理人员在公司领取的年度报酬总额为296597.14 元。其中,在1.5至2.0万元年度报酬数额区间内,领取报酬的监事1人;在2.0至2.5万元年度报酬数额区间内,领取报酬的董事和高级管理人员2人;在2.5至3.0万元年度报酬 数额区间内,领取报酬的董事和高级管理人员5人;在3.0至3.5万元年度报酬数额区间 内,领取报酬的董事和高级管理人员3人。刘本仁、张明达、程光、邓崎琳、张异君、周良俊、王越、阮北耀、毕传淑、吴永喜,李金山不在公司领取报酬。

(2)公司员工的数量、专业构成、教育程度及专业构成

截止1999年12月31日,公司共有在册职工4509人,其中生产人员3614人,销售人员70人,技术人员527人,财务人员46人,行政(管理)人员252人。公司职工中具有大专以上文化程度的达24%。公司现有退休职工981人。

8、本次利润分配预案或资本公积金转增股本预案。

经安永华明会计师事务所审计,公司一九九九年度实现净利润605,906,637.90元,提取10%的法定公积金60,590,663.79元和5%的公益金30,295,331.90元,当年可供股东分配的利润为515,020,642.3元。加上年初未分配利润94,236,273.85元,可供股东 分配的利润为609,256,916.06元。

董事会决定以1999年末股本总数2,090,480,000股为基数,向全体股东每10股派现金红利[2.5]元(含税),合计分配现金[522,620,000]元,未分配利润余额[86,636,916.06]元结转下年。另外,不进行资本公积金转增股本。

该预案尚须经股东大会审议批准。

六、监事会报告

报告期内除列席公司股东大会、董事会四次会议外,监事会共召开二次会议,对董事会各项决议和公司重大事项均进行认真审核。1999年3月30日召开监事会一届二次 会议,会议审议通过公司《1998年度监事会报告》;《1998年度财务决算》及《1999年 度财务预算报告》;《1997年度和1998年度利润分配方案》等议题。1999年10月20日 召开监事会一届三次会议,审议通过《1999年中期报告》;《武汉钢铁股份有限公司监事会条例(试行)》;第一届董事会第七次会议决议等议题。

七、重要事项

1、本年度公司无重大诉讼、仲裁事项。

2、报告期内公司、公司董事及高级管理人员无受监管部门处罚情况。

3、报告期内公司控股股东无变更;无董事会换届、改选或半数以上成员变动情况;无总经理变更;无解聘或新聘董事会秘书情况。

4、本年度公司无收购及出售资产、吸收合并事项。

5、重大关联交易事项

(1)购买商品、提供劳务发生的关联交易

关联交易方	交易内容	交易金额(元)	占同类交易的金额比例
武汉钢铁(集团)公司	成品销售	892300773.25	15.12%
	废金属及废钢退货	48603511.65	100%
	购买原材料	3733907162.24	99.12%
	收取存款利息	11639317.64	79.13%
	支付土地使用费	5159780.00	100%
	支付福利及其他服务费	86138004.31	100%
	支付公用设施使用费	324537480.20	100%
	购买备件、工具、辅助材料和低值易耗品	639655646.40	100%

本公司与武钢签订了《热轧卷原材料供应协议》,根据协议,武钢将按其规定继续向本公司供应热轧卷,并且有义务在满足其自身或任何第三方的需求之前优先满足本 公司的需求,热轧卷价格是按不高于武钢向独立第三方用户收取的价格确定。本公司 有权随时向任何第三方购买热轧卷。此协议没有固定的期限,武钢无权终止协议,但本公司可在向武钢发出通知后终止该协议。以上所说购买原材料的业务主要由本公司通过向武钢预付款的形式进行的;于一九九九年十二月三十一日,本公司预付武钢的材料款为人民币1,562,885,125.72元。

本公司于1999年7月2日向社会公开发行人民币普通股(A股)320,000,000股。总发行价为人民币1,376,000,000元,联同日常销售业务所得,本公司于一九九九年十二月 三十一日存放于武钢集团财务公司的活期及通知存款分别为约人民币147,000,000元 及约人民币1,357,000,000元。往来存款的年利率为0.99%,而通知存款的年利率为1.35%至1.89%。

本公司与武钢签订了《土地使用权租赁协议》,武钢向本公司出租本公司生产及 行政设施所使用的土地的土地使用权,该土地使用权期限为50年。本公司每年向武钢 支付租金,租金依据武汉市土地估价事务所对该土地使用权的资产评估数值而制订,初始租金定为每年人民币5,159,780元。租金每5年根据武钢和本公司达成的协议调整一次,每次调整幅度不得超过10%,武钢无权提前终止协议。

本公司向武钢签订了《综合服务协议》,根据协议,武钢向本公司提供生产辅助、行政管理运行、社会公益服务及公用服务设施、本公司按照国家定价或市场价格或实际成本向武钢支付服务费。此服务协议无固定的期限武钢无权终止向本公司提供的任何服务或设施或服务协议,但本公司可向武钢发出事先通知后终止该服务或设施的使 用。

其他与武钢的交易是按照正常商业条款或按对本公司股东而言,属公平合理的条 款而达成的。(2)资产、股权转让发生的关联交易

报告期内,本公司无资产、股权转让发生的关联交易。

(3)公司与关联方债权、债务事项

本公司与武钢本会计期间之应收应付款项余额如下:

	1999年度(元)
货币资金	1503903556.51
应收帐款	100295.31
应收票据	-
预付帐款	1562885125.72

其他应收款　9081976.26
预收帐款　–
应付股利　442620000
应收及应付关联方款项均不计利息、无抵押且无固定还款期。
(4)其他重大关联交易
在报告期内无其他重大关联交易。
6、公司与控股股东之间已实现人员独立、资产完整、财务分开。
7、本年度公司无托管、承包、租赁其他公司资产或其他公司托管、承包、租赁 上市公司资产的事项。
8、本年度公司未改聘、解聘会计师事务所。
9、报告期内公司无其它重大合同。
10、公司报告期内没有更改名称及股票简称
11、其它重大事件
(1)本年度按照《股份有限公司会计制度有关会计处理问题补充规定》规定,对应收款项坏帐准备的核算方法,由按应收款项余额0.5%计提坏帐准备更改为按帐龄分析法,即根据应收款项入帐时间的长短,再考虑各帐龄的应收款项的还款情况计提坏帐准备。此项会计政策的变更对本年度损益的影响为增加净利润3,359,953.25元,运用新 的方法追溯计算1999年年初未分配利润的累积影响数为6,379,527.51元,全为对去年 报告的损益影响。
此外,本年度按照《股份有限公司会计制度有关会计处理问题补充规定》规定,对存货核算方法,由以往没有任何存货准备,更改为按存货遭受损毁、陈旧过时和销售价格低于成本等原因造成的存货成本不可收回部分,根据对单个存货帐龄、周转及其他 情况的分析,按单个存货项目的成本与其可变现净值的差额提取存货跌价损失准备。 此项会计政策的变更采用追溯调整法,去年度的比较会计报表已重新表述。会计政策 变更对本年度损益的影响为减少净利润6,742,462.48元,运用新的方法追溯计算1999 年年初未分配利润的累积影响为25,291,083.27元,其中对去年度报告的损益的影响为减少净利润17,504,785.89元,调整去年度的期初留存收益7,786,297.38元。
(2)中华人民共和国对外贸易经济合作部于1999年12月30日发布第13号公告:"自1999年12月30日起,中华人民共和国海关将对原产于俄罗斯进口到中华人民共和国的 冷轧硅钢片(中华人民共和国海关进口税则号:72251110、72251190、72251910、72251990、72261110、72261190、72261910、72261990。取向硅钢片牌号:3404、3405、3406、3407、3408,厚度分别为0.30毫米、0.35毫米;无取向硅钢片牌号2212)开始实施临时反倾销措施。进口商在向中华人民共和国进口原产于俄罗斯的上述冷轧硅钢片时,必须向中华人民共和国海关提供与初步裁定所确定的倾销幅度相应的现金保证金。" "
在《中华人民共和国对外贸易经济合作部中华人民共和国国家经济贸易委员会关于对原产于俄罗斯的进口冷轧硅钢片反倾销调查的初步裁定》中确定的倾销幅度为: 新利佩茨克钢铁股份有限公司:11%,维茨钢铁有限公司:43%,其他俄罗斯公司:73% 。该裁定中确定的倾销幅度为临时性的,对原产于俄罗斯的进口硅钢片反倾销案的最 终裁定仍将由对外贸易经济合作部和国家经贸委作出。
冷轧硅钢片的生产和销售为本公司的主要业务之一,1999年全年该项业务占公司 营业收入的36%,外经贸部和国家经贸委对本案的肯定性初裁及采取的临时反倾销措 施,将在消除俄罗斯冷轧硅钢片倾销的影响,维护正常的市场秩序方面起到积极作用,也将对本公司相关业务的经营产生积极影响。

八、财务会计报告

审计报告
武汉钢铁股份有限公司全体股东:
我们接受委托,审计了贵公司1999年12月31日的资产负债表,1999年度的利润表及利润分配表,以及现金流量表。这些会计报表由贵公司负责,我们的责任是对这些会计报表发表审计意见。我们的审计是根据《中国注册会计师独立审计准则》进行的。在审计过程中,我们结合贵公司的实际情况,实施了包括抽查会计记录等我们认为必要的审计程序。
我们认为,上述会计报表符合《企业会计准则》及《股份有限公司会计制度》的 有关规定,在所有重大方面公允地反映了贵公司1999年12月31日的财务状况,1999年度的经营成果以及现金流量情况,会计处理方法的选用遵循了一贯性原则。

安永华明会计师事务所　　注册会计师　葛明
中国　北京　　二零零零年二月三日
[惟附注14.及附注20.之报告日期
乃二零零零年二月二十五日]
注册会计师　金馨
二零零零年二月三日
[惟附注14.及附注20.之报告日期
乃二零零零年二月二十五日]

一、公司主要会计政策
1.外币业务核算方法
本公司发生非本位币经济业务时,采用交易当日中国人民银行公布的人民币外汇 牌价折合为本位币记帐。结算日,货币性项目中的非本位币金额概按结算日中国人民 银行公布的人民币外汇牌价进行调整,由此产生的货币换算差异,除因购建固定资产而借贷的外币资金所产生的汇兑损益,于在建期间资本化外,均列作当期财务费用。
2.坏帐核算方法
本公司从一九九八年一月一日开始正式独立管理本公司的销售业务。从一九九八年一月一日起,本公司对独立管理销售业务以后所发生的应收帐款,按其余额的0.5% 计提坏帐准备。从一九九九年一月一日起,本公司按照《股份有限公司会计制度有关 会计处理问题补充规定》规定,对应收款项坏帐准备的核算方法,改为按帐龄分析法,即根据应收款项入帐时间的长短,再考虑各帐龄的应收款项的还款情况计提坏帐准备,其详情如下:

帐龄	计提坏帐百分比
1年以内	6%
1–2年内	10%
2–3年内	30%
3–4年内	50%
4–5年内	80%
超过5年	100%

3.存货核算方法
存货按成本计价。除低值易耗品外,存货的成本以加权平均法计算。半成品及产 成品的成本包括直接材料,直接工资及应分摊的制造费用。低值易耗品采用一次转销 法,低值易耗品的价值在其领用时全部作为当期生产耗费,一次转移到产品成本中。
从一九九九年一月一日起,本公司按照《股份有限公司会计制度有关会计处理问 题补充规定》规定,对存货遭受损毁、陈旧过时和销售价格低于成本等原因造成的存 货成本不可收回部份,根据对单个存货帐龄、周转及其他情况的分析,按单个存货项目的成本与其可变现净值的差额提取存货跌价损失准备。
4.长期投资核算方法
长期股权投资按投资时实际支付的价款或评估、协议确定的价值记帐。本公司对被投资单位具有控制、共同控制或重大影响的,采用权益法核算;其他的股权投资采用成本法核算。如果由于市价持续下跌或被投资单位经营状况变化等原因导致其可收回金额低于投资的帐面价值,其差额确认为当期投资损失。
长期股权投资采用权益法时,投资成本与应享有被投资单位所有者权益份额之间 的差额,作为股权投资差额,在合同规定的投资期限内摊销,无投资期限的,按借方差额不超过10年,贷方差额不低于10年的期限摊销。
5.固定资产计价和折旧方法
固定资产是指使用期限超过一年的房屋、建筑物、机器、设备、器具、工具等资产,以及不属于经营的主要设备但单位价值在人民币2,000元以上,使用期限超过二年 的物品。固定资产按取得之实际成本或就本公司于一九九七年六月三十日因重组所作的重置成本计价,购建固定资产使其达到可供使用状态前所发生之借款利息及因借款 产生的外币汇兑损益予以资本化;有关重大扩充、更换及翻新、技术改造而增加的价 值作为资本支出,列入固定资产。经常性修理及维护支出列为当期费用;固定资产盘盈、盘亏、报废、毁损及转让出售等资产处理净损益计入当期营业外收入或支出。
固定资产的折旧采用直线法平均提列,并根据固定资产类别的原价或重置成本、估计经济使用年限和预计残值(原价或重置成本的4%)确定其折旧率如下:

	估计使用年限	年折旧率
房屋及建筑物	20至40年	2.4%至4.8%
机器及设备	6至15年	6.4%至16%
运输工具	8至18年	5.3%至12%

固定资产按月提取折旧,当月增加的固定资产,从下月起计提折旧;当月减少的固 定资产,从下月起不提折旧。
6.收入确认原则
在商品交易中,本公司已将商品所有权上的重要风险和报酬转移给买方,本公司不再对该商品实施继续管理权和实际控制权,相关的收入已经收到或取得了收款的证据,并且与销售该商品有关的成本能够可靠地计量时,确认营业收入的实现。
在提供劳务中,按照完工百分比法确认相关的劳务收入。如提供的劳务合同在同 一年度内开始并完成,在完成劳务并且收到价款或取得了收款的证据时确认营业收入 的实现。
营业收入按销货发票金额(不含凭以计算增值税之销项税额)列帐,发生的销货退 回,销售折扣和折让直接冲减营业收入。
利息收入仍按配比原则,并经考虑未偿还本金及适用实际利率予以确认。
7.所得税的会计处理方法
所得税的会计处理方法采用应付税款法。
8.会计政策变更
本年度按照《股份有限公司会计制度有关会计处理问题补充规定》规定,对应收 款项坏帐准备的核算方法,由按应收款项余额0.5%计提坏帐准备更改为按帐龄分析法,即根据应收款项入帐时间的长短,再考虑各帐龄的应收款项的还款情况计提坏帐准备。此项会计政策的变更采用追溯调整法,去年度的比较会计报表已重新表述。会计政 策变更对本年度损益的影响为增加净利润3,359,953.25元,运用新的方法追溯计算1999年年初未分配利润的累积影响数为减少6,379,527.51元,全为对去年度报告的损益影响。
此外,本年度按照《股份有限公司会计制度有关会计处理问题补充规定》规定,对存货核算方法,由以往没有计提任何存货准备,更改为按存货遭受损毁、陈旧过时和销售价格低于成本等原因
造成的存货成本不可收回部分,根据对单个存货帐龄、周转及其他情况的分析,按单个存货项目的成本与其可变现净值的差额提取存货跌价损失准备。此项会计政策的变更采用追溯调整法,去年度的比较会计报表已重新表述。会计政策变更对本年度损 益的影响为减少净利润6,742,462.48元,运用新的方法追溯计算1999年年初未分配利 润的累积影响数为减少25,291,083.27元,其中对去年度报告的损益的影响为减少净利润17,504,785.89元,调减去年度的期初留存收益7,786,297.38元。
二、税项
本公司适用的主要税项及其税率列示如下:
(1)增值税–根据国家税务法规,本公司产品出口销售收入的增值税税率为零,产品国内销售收入的增值税税率为17%。增值税由买方按销售金额的17%计算连同销售金额一并支付本公司,本公司在扣除那些因购进货物所支付而允许抵扣的增值税之后上 缴税务机关。
(2)城市建设维护税–根据国家有关法规,本公司按应缴纳增值税净额的7%缴纳城市建设维护税。
(3)教育费附加–根据国家有关法规,本公司按应缴纳增值税净额的3%缴纳教育费附加。
(4)所得税–按照《中华人民共和国企业所得税暂行条例》,本公司所得税税率为33%。从1999年1月1日开始,虽然武钢与本公司仍根据武汉市人民政府武政[1997]82号文件批准,一并报送所得税纳税申报表,惟本公司已自行向有关税务机关按33%的所得税税率缴纳有关的所得税,而本公司亦根据一九九七年十月十三日湖北省人民政府鄂 政函[1997]171号文件和一九九七年十二月十二日武汉市人民政府办公厅武政办函[1997]54号文件批准,从武汉市财政直接获得按应纳税所得额的18%计算的所得税返还。
三、资本承诺

	1999	1998
用于购买机器及设备		
已订约但未拨付	121162000.00	120785000.00
已批准但未订约	2199164900.00	2507661000.00
	2320326900.00	2628446000.00

四、或有负债
本公司于一九九九年十二月三十一日无或有负债。
五、资产负债表日后事项
截至本会计报表批准日,本公司并无须作披露的资产负债表日后事项。
九、备查文件
1、载有公司负责人、财务负责人、会计经办人员亲笔签名并盖章的会计报表;
2、载有安永华明会计师事务所盖章、注册会计师亲笔签名并盖章的审计报告正 本;
3、《一九九九年中期报告》正本
4、《一九九九年年度报告》正本;
5、《武钢股份第一届董事会第七次会议决议公告》正本;
6、《武钢股份向证券投资基金配售股份上市的公告》正本;
7、《武汉钢铁股份有限公司重大事项公告》正本。

武汉钢铁股份有限公司董事会
二零零零年二月二十五日

武汉钢铁股份有限公司　资产负债表
1999年12月31日　单位:人民币元

资产	1999年	1998年
流动资产		
货币资金	1933689234.15	124860562.82
应收票据	62683105.00	284350194.33
应收帐款	34165346.25	115934705.03
其他应收款	12105402.50	4974689.18
减:坏帐准备	2597468.06	6959201.03
应收款项净额	43673280.69	113950193.18
预付帐款	1562885125.72	1034244251.87
待摊费用	312815.70	10125255.03
存货	716546058.99	714445676.79
减:存货跌价准备	24703667.51	16771358.71

存货净额	691842391.48	697674318.08
流动资产合计	4295085952.74	2265204775.31
长期投资		
长期股权投资	55000000.00	
长期投资合计	55000000.00	
固定资产		
固定资产原价	5822131153.38	5756443670.59
减:累计折旧	2754171012.15	2333882150.75
固定资产净值	3067960141.23	3422561519.84
在建工程	6738683.01	46905442.36
固定资产合计	3074698824.24	3469466962.20
资产总计	7424784776.98	5734671737.51
负债及股东权益	1999 年	1998 年
流动负债		
应付帐款	8719738.74	-
预收帐款	946414850.87	750044437.17
其他应付款	52354168.17	20085577.69
应付福利费	12634600.89	11771025.99
应付股利	522620000.00	461248298.77
应交税金	(7138493.09)	1237908.70
一年内到期的长期负债	330825146.50	331148000.00
流动负债合计	1866430012.08	1575535248.32
长期负债		
银行长期借款	1127050000.00	1159018000.00
负债总计	2993480012.08	2734553248.32
股东权益		
股本	2090480000.00	1770480000.00
资本公积	1981224200.13	953324562.32
盈余公积	272963648.71	182077653.02
其中:公益金	77379631.67	47084299.77
未分配利润	86636916.06	94236273.85
股东权益合计	4431304764.90	3000118489.19
负债及股东权益总计	7424784776.98	5734671737.51

所附注释为本会计报表的组成部分

武汉钢铁股份有限公司　利润表

截至 1999 年 12 月 31 日止年度　单位:人民币元

项目	1999 年度	1998 年度
主营业务收入	5901221239.19	5027971429.05
减:主营业务成本	5003653608.57	4173212131.17
主营业务税金及附加	25488098.86	23738568.24
主营业务利润	872079531.76	831020729.64
加:其他业务利润	29137.67	-
减:存货跌价损失	7932308.80	8985061.33
营业费用	14626853.75	16180334.42
管理费用	59801249.19	63509924.13
财务费用	74440014.23	96924712.72
营业利润	715308243.46	645420697.04
加:补贴收入	126000000.00	-
减:营业外支出	167263.77	13631161.91
利润总额	841140979.69	631789535.13
减:所得税	235234341.79	98351077.21
净利润	605906637.90	533438457.92

所附注释为本会计报表的组成部分

武汉钢铁股份有限公司　利润分配表

截至 1999 年 12 月 31 日止年度　单位:人民币元

项目	1999 年度	1998 年度
净利润	605906637.90	533438457.92
加:年初未分配利润	94236273.85	102061884.36
可供分配的利润	700142911.75	635500342.28
减:提取法定盈余公积	60590663.79	53343845.76
提取法定公益金	30295331.90	26671922.90
可供股东分配的利润	609256916.06	555484573.62
减:提取任意盈余公积		
应付普通股股利	522620000.00	461248299.77
年末未分配利润	86636916.06	94236273.85

所附注释为本会计报表的组成部分

武汉钢铁股份有限公司　现金流量表

截至 1999 年 12 月 31 日止年度　单位:人民币元

	1999 年度	1998 年度
一、经营活动产生的现金流量:		
销售商品、提供劳务收到的现金	7459960468.26	6718006888.90
收到的税费返还	126000000.00	-
现金流入小计	7585960468.26	6718006888.90
购买商品、接收劳务支付的现金	(5793048958.80)	(5751494410.79)
经营租赁支付的现金	(6341148.50)	(6327254.00)
支付给职工以及为职工支付的现金	(86145700.53)	(83086820.34)
实际交纳的增值税款	(260864962.66)	(229140111.21)
支付的所得税款	(231000000.00)	(98351077.21)
支付的除增值税、所得税以外的其他税费	(25487927.02)	(23738568.24)
支付的其他与经营活动有关的现金	(70760897.60)	(53352404.50)
现金流出小计	(6473649595.11)	(6245490646.29)
经营活动产生的现金流量净额	1112310873.15	472516242.61
二、投资活动产生的现金流量:		
处置固定资产收回的现金	100509.67	
现金流入小计	100509.67	
购建固定资产所支付的现金	(14805975.72)	(90647372.89)
权益性投资所支付的现金	(55000000.00)	
现金流出小计	(69805975.72)	(90647372.89)
投资活动产生的现金流量净额	(69705466.05)	(90647372.89)
三、筹资活动产生的现金流量:		
吸收权益性投资所收到的现金	1376000000.00	
借款所收到的现金	300000000.00	
收到的其他与筹资活动有关的现金	1970121.15	
现金流入小计	1677970121.15	
偿还债务所支付的现金	(331689980.12)	(165564000.00)
发生筹资费用所支付的现金	(28213881.82)	
偿付利息所支付的现金	(90594696.21)	(99130303.90)
分配股利所支付的现金	(461248298.77)	
现金流出小计	(911746856.92)	(264694303.90)
筹资活动产生的现金流量净额	766223264.23	(264694303.90)
四、汇率变动对现金的影响		
五、现金及现金等价物净增加额	1808828671.33	117174565.82
补充资料	1999 年度	1998 年度
1.不涉及现金收支的投资和筹资活动		
划分给武钢的应收帐款净额		992263856.89
2.将净利润调节为经营活动的现金流量:		
净利润	605906637.90	533438457.92
加:计提存货跌价损失准备	7932308.80	8985061.33
计提坏帐准备或转销的坏帐	(4361732.97)	6959201.03
固定资产折旧	421858968.16	423713862.00
处置固定资产的损失	195601.27	13631161.91
财务费用	86636471.12	98940303.46
存货的增加	(2100382.20)	(20209126.44)
经营性应收项目的增加	(222781585.22)	(1424157992.56)
经营性应付项目的增加	219024586.29	831215313.96
经营活动产生的现金流量净额	1112310873.15	472516242.61
3.现金及现金等价物净增加情况:		
现金及现金等价物期末余额	1933689234.15	124860562.82
减:现金及现金等价物期初余额	124860562.82	7685997.00
现金及现金等价物净增加额	1808828671.33	117174565.82

所附注释为本会计报表的组成部分

东风汽车股份有限公司

东风汽车股份有限公司1999年年度报告摘要

一、公司简介

1、公司法定中文名称：东风汽车股份有限公司
公司法定英文名称：Dongfeng Automobile Co., LTD　缩写：DFAC
2、公司法定代表人：苗圩
3、公司董事会秘书：卢锋
联系地址：湖北省襄樊市车城大道1号
电话：0710-3392155　传真：0710-3392156
电子信箱：dfaclf@public.xf.hb.cn
授权代表：张新峰
电　话：0710-3392958　传真：0710-3392221
电子信箱：dfaczxf@public.xf.hb.cn
4、公司注册地址：湖北省襄樊市高新技术产业开发区春园西路4号
公司办公地址：湖北省襄樊市车城大道1号　邮政编码：441004
公司国际互联网网址：http://www.dfac.com
E-mail：dfac@dfac.com
5、公司选定的信息披露报纸名称：《上海证券报》、《中国证券报》、《证券 时报》。登载公司年度报告的中国证监会指定国际互联网网址：http://www.sse.com.cn
公司年度报告备置地点：公司证券部
6、公司股票上市交易所：上海证券交易所
股票简称：东风汽车　股票代码：600006

二、会计数据和业务数据摘要

1、本年度利润总额及相关指标如下：(单位：人民币元)

利润总额：	411,049,908.67
净利润：	323,560,192.63
扣除非经常性损益后的净利润：	313,992,698.81
主营业务利润：	462,423,374.23
其他业务利润：	2,697,921.59
营业利润：	400,948,416.88
投资收益：	0.00
补贴收入：	0.00
营业外收支净额：	10,101,491.79
经营活动产生的现金流量净额：	222,492,554.62
现金及现金等价物净增加额：	1,035,834,993.23

注：扣除的非经常性损益项目和涉及金额：

项　目	1999年全年
债务重组收入	2,642,250.00
发行股票冻结资金利息收入	3,169,235.42
流动资产评估增值调帐收入	693,606.60
无法支付款项	2,094,749.85
固定资产清理	1,406,968.80
其　他	1,249,064.41
合　计	11,255,875.08

2、截至报告期末公司前三年主要会计数据和财务指标：(单位：人民币元)

追溯调整后

指标	1999年	1998年	1997年
主营业务收入	3,085,534,804.43	3,456,933,740.00	2,904,721,308.57
净利润	323,560,192.63	243,539,188.85	139,468,348.99
总资产	3,615,911,446.86	2,095,778,544.53	1,772,093,621.55
股东权益	2,519,298,449.96	674,712,022.99	674,712,022.99
每股收益(摊薄)	0.3236	0.3479	0.1992
每股收益(加权)	0.3807	0.3479	0.1992
每股净资产	2.5193	0.9639	0.9639
调整后的每股净资产	2.3621	0.7333	0.7919
净资产收益率	12.84%	36.10%	20.67%

追溯调整前

指标	1999年	1998年	1997年
主营业务收入	3,085,534,804.43	3,456,933,740.00	2,904,721,308.57
净利润	323,560,192.63	239,759,635.16	148,679,330.74
总资产	3,615,911,446.86	2,101,209,972.59	1,781,304,603.30
股东权益	2,519,298,449.96	680,143,451.05	680,143,451.05
每股收益(摊薄)	0.3236	0.3425	0.2124
每股收益(加权)	0.3807	0.3425	0.2124
每股净资产	2.5193	0.9716	0.9716
调整后的每股净资产	2.3621	0.7394	0.7988
净资产收益率	12.84%	35.25%	21.86%

注：(1)主要财务指标计算方法：
每股收益=净利润/年度末普通股股份总数
每股净资产=年度末股东权益/年度末普通股股份总数
调整后的每股净资产=(年度末股东权益—三年以上的应收款项净额—待摊费用—待处理（流动、固定)资产净损失—开办费—长期待摊费用—应付福利费负数—住房周转金负数余额)/年度末普通股股份总数

(2)需要说明的是：由于会计政策变更，根据财政部财会字(1999)35号文、49号文的有关规定，采用了追溯调整法，调整了一九九九年度合并会计报表相关的"坏帐准备"帐项，调整前各年度会计数据如下：

项目	1999年	1998年	1997年
坏帐准备	324,515.52	178,335.96	190,754.95
未分配利润	324,515.52	178,335.96	190,754.95

调整后各项会计数据：

项目	1999年	1998年	1997年
坏帐准备	-872,086.06	-3,779,553.70	9,210,981.75
未分配利润	-872,086.06	-3,779,553.70	9,210,981.75

3、报告期内股东权益变动情况

项目	股本	资本公积	盈余公积	法定公益金	未分配利润	股东权益合计
期初数	680,143,451.05				-5431428	674712022
本期增加	319856548.95	1301169685	47719314		323560192	1992305741
本期减少					147719314	47719314
期末数	1000000,000.00	1301169685	47719314		170409449	2519298449

变动原因：(1)、盈余公积金本期增加47,719,314.69元系按本年度实现净利润的10%提取法定公积金和5%提取法定公益金所致；

(2)、未分配利润本期增加323,560,192.63元系本年度实现净利润；未分配利 润本期减少147,719,314. 69元系因1999年度利润分配所致。

三、股东情况介绍

1、报告期末股东总数为149397户。
2、报告期末公司主要股东持股情况

股东名称	期末持股数	占总股本比例(%)
1 东风汽车公司	700000000	70
2 天元基金	5529361	0.55
3 兴华基金	5419200	0.54
4 淮海投资	2184012	0.22
5 泰和基金	2000000	0.20
6 徐群玉	1869050	0.19
7 裕阳基金	1292580	0.13
8 开元基金	1222600	0.12
9 裕隆基金	1003599	0.10
覃　露	880000	0.09

(1)东风汽车公司为公司国有法人股股东，所持有的本公司股权未有质押和冻 结的情况。
(2) 前10名股东之间公司未知有何关联关系。

四、股东大会简介

1、报告期内股东大会情况
1999年7月15日，公司召开了创立大会即首届股东大会。会议通过的决议公告登 载于1999年7月16日的《中国证券报》、《上海证券报》和《证券时报》上。
2、报告期内临时股东大会情况
1999年11月13日，公司以通讯方式召开了1999年第一次临时股东大会，会议通过的决议公告登载于1999年7月16日的《中国证券报》、《上海证券报》上。

五、董事会报告

1. 公司经营情况
(1) 公司所处行业及在行业中的地位
公司主要从事汽车、汽车发动机及其零部件、铸件的开发、设计、生产和销售业务，主导产品为"东风"系列轻型车和康明斯B系列柴油发动机。1999年，公司遵循"突出主业、相机扩张、注重利润、稳健发展"的方针，加大市场开拓力度，调整产品结构，强化内部管理，全年销售轻型车34926辆，居行业第二位(资料源自《中国汽车工业产销快讯2000年第1期》)。全年销售康明斯柴油机444.22万千瓦(36579台)，居行业第四位(资料源自《中国汽车工业产销快讯2000年第1期》)。
(2) 公司主营业务经营情况
一九九九年，公司面对激烈的市场竞争，积极开拓，务实苦干，以突出国家、社会、股东、用户、员工和周边环境六个层面的责任为中心，以"做精、做实、做强"
为宗旨改善管理，对外以新的销售方式、新的售后服务、新的产品形象导入市场，对内狠抓降成本工作，取得了良好的经营业绩。全年公司实现主营业务收入3,085,534,
804.43元，实现利润总额411,049,908.67元，净利润323,560,192.63元，同时全面提高公司的产品质量和技术水平，圆满完成了年初既定的目标，为新一年的发展奠定
良好基础。
(3)在经营中出现的问题、困难及采取的措施　九九年公司处在异常激烈的 市场竞争中，我国重新确立了汽车工业作为国民经济支柱产业的地位，出台了汽车消费信贷、费改税等政策，部分地区先后出台了尾气排放标准控制政策，同时我国加入WTO的进程正在加快，这些政策、地方法规及外部竞争环境的变化，都是我们面临的 新问题、新机遇和新挑战。公司树立信心、迎难而上，抓住公司创立后机遇改善公司的体制、机制，充分发挥公司产品所具有的质量、技术优势，采取有力措施，确保公司年度效益目标的实现。
1.完善营销网络，实行品牌区域专营直销模式，加大市场开拓力度，有效地扩大市场占有份额。
2.注重产品质量改进，转变质量管理方式，进一步明确质量责任主体，完善质量保证体系。
3.重新核定定额成本，精打细算，切实降低采购成本；同时合理运用资金，减少财务费用支出，并取得突出成效。
4.强化内部管理，以精简、效率为原则，做到效率与制衡的合理统一，追求管理创新，实行了一套有效的规章制度和业务流程。
5.注重人才培训和培养，充分发挥每个员工的聪明才智，并为之创造良好的发展环境，把建立有竞争力的优秀人才系统作为公司的最高理念。
2、公司财务状况

项目	1999年末(元)	1998年末(元)	增减
总资产	3,615,911,446.86	2,095,778,544.53	1,520,132,902.33
长期负债	340,000,000.00	620,000,000.00	-280,000,000.00
股东权益	2,519,298,449.96	674,712,022.99	1,844,586,426.98
主营业务利润	462,423,374.23	413,916,686.75	48,506,687.48
净利润	323,560,192.63	243,539,188.85	80,021,003.78

主要原因：因本年度发行了3亿A股以及公司净利润大幅度增长，使总资产和股东权益大幅度上升；长期负债减少是由于九九年度偿还东风汽车工业财务公司贷款所致；利润增加主要在于本公司调整产品结构及控制成本所致。
3、公司投资情况
(1) 报告期内募集资金使用情况。
公司1999年6月28日向社会公众发行人民币普通股3亿股，扣除发行费，实际募集资金为149,221.09万元，拟用于公司的三个投资项目，缺口部分由银行贷款解决。以下为公司1999年募集资金使用情况：

项目	1999年度	1999年度	投资完成率

	投资计划(万元)	实际投资(万元)	
轻型车厂完善生产能力	80000	44040.98	55.05%
柴油发动机厂完善生产能力技术改造	3600	1844.6	51.2%
投资参股东风康明斯发动机有限公司	14750	8500.11	57.63%

说明:从上述募集资金的使用情况看,投资完成率较低,主要原因是:《招股说明书》上披露的年度投资计划为公司1999年全年的计划投资,而公司是1999年7月15日创立后才开始正式运作。因此,公司1999年的实际投资仅为下半年的完成量。此外,轻型车厂完善生产能力项目已根据市场最新的需求变化对部分能力完善项目作了局部调整;柴油发动机厂完善生产能力技术改造项目已根据国家颁布的最新机动车排放法规要求和市场需求情况对部分工艺方案作了调整和增补。

(2)项目进展情况

1 轻型车厂完善生产能力项目

该项目主要内容为在已建成年产3万辆生产能力的基础上,主要建设驾驶室焊装线、车身油漆线、1~2吨车总装配线和车架装配线,补充完善后方生产和公用动力系统等。1999年,该项目投资完成量为44,040.98万元,主要用于购置焊装、油漆工艺设备、后方公用动力设备及相关的建筑工程等;现已基本形成年产5万辆的整车生产能力(车身油漆车间正在建设,尚未投用)。

2 柴油发动机厂完善生产能力技术改造项目

该项目主要针对柴油发动机厂现生产能力和产品质量问题进行填平补齐,在原有生产线的基础上增补部分设备。1999年,根据国家颁布的最新机动车排放法规要求和市场需求情况,公司对工艺方案作了调整,增补了满足排放达标的工艺方案和部分设备,1999年该项目投资完成1,844.6万元,主要用于根据生产经营需要应立即启动的部分设备的购置。目前,该项目进展顺利。

3 投资参股东风康明斯发动机有限公司项目

该项目为东风汽车公司将其在东风康明斯发动机有限公司的原合资合同中所承担的出资额21,750万元转由本公司出资,本公司拟用募集资金21,750万元完成此项出资并持有东风康明斯发动机有限公司50%的股权。1999年,本公司已完成8,500.11万元的出资。目前,东风康明斯发动机有限公司的生产能力建设正有序进行。

(3)报告期内非募集资金投资的重大项目。

本公司报告期内无非募集资金投资的重大项目。

4、中国加入世界贸易组织将对公司未来经营产生的重大影响:

我国加入WTO后,汽车工业受到的冲击和影响无疑是巨大的,但同时也蕴藏着机遇与发展空间。由于本公司的主导产品为1~3吨全系列的轻型载货汽车(豪华型、标准型、经济型及多种变型),具备品种、技术及价格优势,即使同国外同类汽车产品也仍具有一定的性能价格比上的优势;而康明斯B系列柴油发动机(以及东风康明斯发动机有限公司生产的康明斯C系列柴油发动机)其综合性能和质量与国外的同类产品相接近,目前在国内处于领先水平。因此,公司在短期内所受到的冲击不会很大,也有较充分的准备和应对时间;同时,我国加入WTO后,还将充分利用其带来的机遇,主动寻求国际合作,借助国外资本、技术和管理来发展壮大自己,不断提高自身的竞争实力。

5、新年度的业务发展计划

2000年,公司运作的指导思想是:以市场为导向,完善品牌销售,适应市场需求,加快技术进步,拓宽品种结构。以效益为中心,加速推进国际合作,转变经营机制,突出"责、权、利、能"的匹配。

1.产品方面:继续遵循"突出主业"的方针,在EQ1030、1050系列的基础上,拓宽品种结构,确立全系列产品。强化产品开发,全力推出系列化的新产品,在扩大整车市场份额的同时,拓展底盘市场和农村用车市场。

2. 全面完成柴油发动机技改完善项目,大批量推出达到欧1标准的全系列东风康明斯发动机;轻型车油漆线在11月份投入正式生产,并推出新一代三吨主力车型。

3.提升东风轻型汽车形象,完善营销体系,按照"封闭区域,控制资源,恒定价格,买断经营"的原则调整商务政策;健全和完善服务网络,充分发挥服务对销售的支撑作用,全年实现汽车销售41000辆,柴油发动机48850台。

4.强化内部管理,全面推进ERP(企业资源计划)系统,全面提升公司的整体管理素质。作为国家10家ISO9001:2000标准试点单位,完成试点转化工作,并通过ISO9001:2000质量体系现场审核。

5.强化产品开发,充分发挥公司产品的质量、技术优势,增强企业的核心竞争力,将技术、质量优势转化为市场优势,掌握竞争主动权。

在人员培养、进修、深造、联合开发等方面,与全国知名院校、国内外知名企业全面开展合作。

6.积极推进企业国际化进程,抓紧选择综合实力在全球同行中居前列的战略合作伙伴,以全面提高公司的竞争实力,应对全球经济一体化和加入WTO挑战。

6、董事会日常工作情况

(1)报告期内董事会的会议情况及决议内容

1.公司第一届董事会第一次会议于1999年7月15日召开。会议通过了《选举苗圩先生为公司董事长》;《选举顾林生先生为公司副董事长》;《聘请李绍烛先生为公司总经理》;《聘请卢锋先生为公司董事会秘书》;《聘请危雯女士为公司财务负责人》。

2.公司第一届董事会第二次会议于1999年8月14日召开。会议审议并通过《公司1999年度中期报告》;《决定1999年中期不进行利润分配,不进行资本公积金转赠股本》。

3.公司第一届董事会第一次临时会议于1999年10月12日召开。会议审议并通过了《于1999年11月13日召开临时股东大会的决议》。

4.公司第一届董事会第三次会议于1999年11月2日召开。对公司的经营情况进行了讨论。

(2)董事会对股东大会决议的执行情况

在本年度内,董事会精心决策,勤勉尽责,圆满完成股东大会授权的各项事宜。

7、公司董事、监事、高级管理人员情况

姓名	职务	性别	年龄	任期起止日期	年初持股	年末持股
苗圩	董事长	男	44	1999.7.15—2002.7.14	0	0
顾林生	副董事长	男	59	1999.7.15—2002.7.14	0	0
孙宏俊	董事	男	58	1999.7.15—2002.7.14	0	0
高明祥	董事	男	58	1999.7.15—2002.7.14	0	0
刘章民	董事	男	50	1999.7.15—2002.7.14	0	0
李绍烛	董事,总经理	男	40	1999.7.15—2002.7.14	0	0
孙长海	董事	男	49	1999.7.15—2002.7.14	0	0
王明清	董事,党委书记	男	53	1999.7.15—2002.7.14	0	0
周毅	董事	男	50	1999.7.15—2002.7.14	0	0
卢锋	董事会秘书	男	33	1999.7.15—2002.7.14	0	0
叶惠成	监事会主席	男	50	1999.7.15—2002.7.14	0	0
金南强	监事	男	56	1999.7.15—2002.7.14	0	0
王玉	监事	女	46	1999.7.15—2002.7.14	0	0
危雯	财务负责人	女	36	1999.7.15—2002.7.14	0	0

不在公司领取报酬的董事、监事、高级管理人员:苗圩、顾林生、孙宏俊、高明祥、刘章民、孙长海、周毅、叶惠成、金南强,在公司领取薪酬(注)人员薪酬在1-1.5万元之间2人,1.5-2.3万元之间3人。本报告期内公司高级管理人员无人离任。本报告期内无解聘公司经理、董事会秘书情况。

注:薪酬为1999年下半年

8、本次利润分配预案及资本公积金转增股本预案:

公司1999年度实现净利润323,560,192.63元,按10%提取法定盈余公积金,按5%提取法定公益金,99年度可供股东分配利润为275,840,877.94元。公司尚有以前年度结转未分配利润-5,431,428.06元,累计可供股东分配利润为270,409,449.88元。经董事会研究决定,99年度利润分配预案为:以99年底股本100000万股为基数,每10股派发现金红利1元(含税),共分配100,000,000元,其余可分配利润170,409,449.88元,结转下年度。

9、报告期内,公司选定的信息披露报纸无变更。

六、监事会报告

1、召开监事会情况

7月15日,公司第1届监事会召开了首次会议,会议的议题是《选举叶惠成为监事会主席》。

2、公司依法运作情况

1999年度,公司董事会按照股东大会的决议要求,确实履行了各项决议,其决策程序符合《公司法》及《公司章程》的有关规定;公司本着审慎经营、有效防范化解资产损失风险的原则,制定了内部控制制度,并经公司董事会审议通过后正式实施;公司董事及经理层等高级管理人员在执行公司职务时未发现有违反法律、法规、公司章程或损害公司利益的行为。

3、检查公司财务的情况

报告期内,中天信会计师事务所出具的财务报告真实反映了公司的财务状况和经营成果。

4、前一次资金募集情况

公司最近一次(1999年度)募集资金实际投入项目和承诺投入项目一致,部分变更项目符合法定程序。

5、关联交易情况:

报告期内,公司的关联交易公平,没有损害本公司的利益。

七、重要事项

1、报告期内,公司无重大诉讼、仲裁事项

2、报告期内,公司、公司董事及高级管理人员无受监管部门处罚情况。

3、报告期内,公司控股股东无变更情况;公司无董事会换届、改选或半数以上成员变动情况;公司无总经理变更、解聘或新聘董事会秘书情况。

4、报告期内,公司无收购及出售资产、吸收合并事项。

5、重要关联交易事项

(1)A.本公司向关联方采购货物主要是原、辅材料及零配件项目,列示如下:

关联方名称	购货金额	占购货总额的比例
东风汽车公司	1,830,309,423.61	59.33%

B.本公司向关联方销售货物项目列示如下:

关联方名称	销货金额	占销货总额的比例
东风汽车公司	2,887,460,736.90	93 .58%

本公司按照市场同类价格进行定价,充分体现公平原则,货款结算方式按照同等经销商对待。目前本公司正积极开拓国内市场及国际市场,关联交易发生的比重将会逐步减少。

(2)报告期内,本公司无资产、股权转让发生的关联交易。

(3)关联方债权、债务事项列示如下:

项目	1999年12月31日	1998年12月31日
应收帐款:		
东风汽车公司		675,074.01
东风农用车有限公司		428,464.76
应付帐款:		
东风汽车公司	68,327,294.15	272,463,700.69
利通技工贸公司		1,376,240.33
预付货款:		
东风进出口公司		293,000.00
东风汽车公司车厢厂		885,191.24
东风汽车公司	84,400,900.00	17,121,920.93

以上关联方之间的债权、债务事项,无任何迹象存在坏帐情况,而且均为一年期以内帐龄,

(4)报告期内公司其他重大关联交易事项

与东风汽车公司的其他关联交易事项列示如下:

企业名称:东风汽车公司	1999年度
委托采购设备	64,759,867.48
支付(利息费用)东风汽车工业财务公司	18,414,000.00
支付加工费	6,264,720.00
支付土地租金	2,498,862.25(注1)
支付动能费用	27,444,755.33
支付东风康明斯发动机有限公司股权款	47,743,350.00

注1:仅股份公司设立后下半年实际支付额,不含上半年模拟会计报表数。

6、公司与控股股东在人员、资产、财务上的"三分开"情况:报告期内,我公司已做到了人员独立、资产完整和财务独立,实行了与控股股东在人员、资产、财务上的"三分开"。

7、报告期内公司无托管、承包、租赁其他公司资产或其他公司托管、承包、租赁本公司资产的事项。

8、经公司2000年第一次临时股东会决议改聘中天信会计师事务所负责公司审计工作。

9、报告期内公司重大合同事项:无重大合同。

10、公司报告期内无更改名称及股票简称的情况

11、根据财政部财会字[1999]35号文《关于印发<股份有限公司会计制度有关会计处理问题补充规定>的通知》和财政部财会字[1999]49号文《关于<股份有限公司会计制度有关会计处理问题补充规定问题解答>的通知》的有关规定,本公司本年度对坏帐准备会计政策变更已采用追溯调整法,调整了一九九九年度合并会计报表相关项目的年初数或上年实际数,因上述会计政策变更累计影响利润总额减少8,706,070.91元,其中坏帐准备4,883,857.52元,存货跌价准备3,822,213.39元。涉及1999年以前年度的坏帐准备5,431,428.06元,业已追溯调整1999年之期初未分配利润和1998年度比较式损益表。

12、1999年11月25日,公司柴油发动机厂通过了QS9000质量体系认证。

八、财务会计报告

(一)审计报告　　中天信会审字(2000)第014号

东风汽车股份有限公司全体股东:

我们接受委托,审计了东风汽车股份有限公司(以下称贵公司)1999年12月31日的资产负债表、1999年度的利润及利润分配表和公司正式设立后的1999年下半年的现金流量表。这些会计报表由贵公司负责,我们的责任是对这些会计报表发表审计意见。我们的审计是依据《中国注册会计师独立审计准则》进行的。在审计过程中,我们结合贵公司的实际情况,实施了包括抽查会计记录等我们认为必要的审计程序。

我们认为,上述会计报表符合《企业会计准则》和《股份有限公司会计制度》的有关规定,在所有重大方面公允地反映了贵公司1999年12月31日的财务状况、1999年度的经营成果以及1999年度下半年的现金流量情况,会计处理方法的选用遵循了一贯性原则。

中天信会计师事务所有限公司　　　中国注册会计师：罗振邦　杨贵鹏

二OOO年三月三日

本报告会计报表注释21：二OOO年三月十七日

（二）、会计报表（附后）

（三）、会计报表附注

公司主要会计政策、会计估计和合并会计报表的编制方法

1、本公司执行的会计制度

公司执行《股份有限公司会计制度》及其有关补充规定。

2、会计期间

自每年公历1月1日起至12月31日止为一个会计年度。

3、记帐原则和计价基础

采用借贷记帐法，按权责发生制核算，以历史成本为计价基础。

4、记帐本位币

本公司以人民币作为记帐本位币。

5、外币业务的核算

本公司在报告期内无外币业务。

6、现金等价物的确定标准

现金等价物的标准：指本公司持有的期限短、流动性强、易于转换为已知金额现金、价值变动风险很小的投资。

本公司现金及现金等价物包括：现金、银行存款、其他货币资金和持有期限不超过三个月的短期投资。

7、坏帐准备核算方法

本公司坏帐准备采用备抵法核算；原按期末应收帐款余额的3‰计提坏帐准备金。按财政部"财会字(1999)35号"文件规定，根据本公司第一届第四次董事会会议决议，应收款项(包括应收帐款和其他应收款)除控股股东债权仍按应收款项期末余额的3‰计提坏帐准备外，其余自股份有限公司成立年度，坏帐准备按期末余额帐龄分析法计提，其损益计入当年度损益。

帐　　龄	提取比率
1年以内	5%
1—2年	10%
2—3年	20%
3年以上	50%

坏帐损失按以下原则确认：1)因债务人破产或死亡，以破产财产或遗产清偿后仍无法收回的款项；2)因债务人逾期未能履行偿债义务超过三年仍不能收回的款项。

8、存货核算方法

存货分类：原材料及主要材料、半成品、修理用备件、低值易耗品、在产品、产成品。

存货计价：原材料、低值易耗品、在产品按照实际成本计价；其余存货按照计划成本计价，领用发出时按期结转发出存货应负担成本差异，将计划成本调整为实际成本。

低值易耗品一般采用一次摊销法，金额较大的工具、夹具采用五五摊销法。各类存货均采用永续盘存制，年末进行实地清查盘点，各类存货的盘盈、盘亏、报废等，结转入"待处理财产损溢"，经批准后净损益转入当期损益。

存货跌价准备计提标准、方法：按财政部"财会字(1999)35号"文件规定，根据本公司第一届第四次董事会会议决议，自本公司成立年度，本公司存货跌价准备按期末帐面成本与可变现净值差额计提。

9、长期投资核算方法

长期股权投资：公司长期股权投资按实际支付的价款或确定的价值记账。公司对其他单位投资占该单位有表决权资本总额20%或20%以上，或虽投资不足20%但有重大影响的，采用权益法核算；公司对其他单位投资占该单位有表决权资本总额20%以下，或对其他单位投资占该单位有表决权资本总额20%或20%以上，但不具有重大影响，采用成本法核算。

长期债权投资核算方法：公司购入的长期债券，按实际支付的价款扣除支付的税金、手续费等各项附加费用，以及支付的自发行日起至购入债券日止的应计利息后的余额作为实际成本，实际成本和债券票面价值的差额，作为溢价或折价；债券的溢价和折价在债券存续期间内于确认相关债券利息收入时摊销，摊销方法采用直线法。

长期投资减值准备的计提方法及确认标准：本公司长期投资减值准备采取逐项计提方法。期末由于市价持续下跌或被投资单位经营情况恶劣等原因，导致长期投资可收回金额低于帐面价值，按可收回金额低于长期投资帐面价值的差额提取长期投资减值准备。本公司本年度未发生被投资单位可收回金额低于长期投资帐面价值的情况，所以未提取长期投资减值准备。

本公司长期股权投资差额按10年摊销。

10、固定资产计价及折旧方法

1)标准：使用年限超过1年的房屋、建筑物、机器设备、运输工具及其它与生产经营有关的工具、器具、仪器等。不属于生产经营主要设备的物品，单位价值在2000元以上，并且使用年限超过2年以上的，也列作固定资产。

2)计价：按实际成本计价或评估确认后的金额计价。

3)固定资产折旧采用直线法。预计净残值率、分类折旧(使用)年限、年折旧率如下(有关使用年限变更，见附注三、16、会计政策、会计估计变更)：

	1999年1-6月			1999年7-12月		
	残值率	使用年限	年折旧率%	残值率	使用年限	年折旧率%
房屋建筑物	3%	9-30年	3.23%-10.78%	3%	25-40年	2.4%-3.88%
通用设备	3%	9-15年	6.47%-10.78%	3%	10-28年	3.46%-9.7%
运输设备	3%	6年	16.17%	3%	12年	8.08%
专用设备	3%	9年	10.78%	3%	12年	8.08%

11、在建工程核算方法

在建工程是指正在施工中尚未完工和虽已完工但尚未交付使用的工程。在建工程按实际发生额计价，于交付使用之日估价转入固定资产，并计提折旧，待竣工决算办理完毕之后，按决算数调整原估价和已计折旧。当期利息资本化系根据当期在建工程未交付使用前实际发生额及实际借款利率计算。

12、长期待摊费用

长期待摊费用是指可多次使用的大型模具；每年按所生产的轻型车辆次摊销。

13、销售收入确认原则

公司已将商品所有权上的主要风险和报酬转移给买方，公司不再对该商品实施继续管理权和实际控制权，相关的收入已经收到或取得收取货款的凭据时，并且与该商品有关的成本能够可靠计量时，确认销售收入的实现。

提供劳务，在劳务已经完成取得款项或开据正式发票得到对方承认时确认收入实现。

14、所得税的会计处理方法

本公司所得税的会计处理采用应付税款法。

15、合并会计报表的编制方法

本公司依据财政部《合并会计报表暂行规定》(财会字[1995]11号)及随后颁发的有关补充规定编制合并会计报表；凡持股50%(不含)以上的子公司均纳入合并会计报表范围；在编制合并会计报表时，将母公司与子公司间的债权、债务、投资、交易及未实现内部利润予以抵消，在此基础上，相对应的资产、负债、权益以及收入、成本费用逐项合并；

16、会计政策、会计估计变更

1)本公司报告年度为保持同控股股东一致的折旧政策，根据董事会决议调整了固定资产计提折旧之预计使用年限，变动情况如下：

固定资产类别	预计使用年限		年折旧率	
	原年限	新年限	原年折旧率%	新年折旧率%
机械设备	10	14	9.70	6.93
动力设备	11	18	8.81	5.39
传导设备	15	28	6.47	3.46
运输设备	6	12	16.16	8.08
仪器仪表				
其中：自动化仪器仪表	8	12	12.13	8.08
电子计算机	4	10	24.33	9.70
通用测试仪器	7	12	13.86	8.08
计量标准工具	7	12	13.86	8.08
其他设备	8	12	12.13	8.08
工业炉窑	7	13	13.86	7.46
工具及其他用具	9	14	10.78	6.93
专用设备	8	12	12.13	8.08
房屋建筑物－生产用	30	40	3.23	2.43
建筑物	15	25	6.47	6.47

因预计固定资产折旧年限的变化，影响本公司当年利润总额增加21,231,804.31元。

2)根据财政部《关于印发<股份有限公司会计制度有关会计处理问题补充规定>的通知》(财会字[1999]35号)规定，本公司第一届第四次董事会会议决议，自股份有限公司成立年度做如下变更：

(1)坏帐准备除控股股东债权按期末应收款项3‰计提外，其余按期末应收款项帐龄分析法计提。

(2)期末存货由实际成本计价改为期末按成本与可变现净值差额计提存货跌价准备的方法。

上述会计政策变更已调整了一九九九年度会计报表的期末数及相关项目，并按调整后的金额列示在本年度的会计报表中。

因上述会计政策变更累计影响利润总额减少8,706,070.91元，其中：坏帐准备4,883,857.52元，存货跌价准备3,822,213.39元。涉及1999年以前年度的坏帐准备5,431,428.06元，业已追溯调整1999年之期初未分配利润和1998年度比较式损益表。

税项

1、所得税：采用应付税款法核算，本公司成立后在湖北省襄樊国家高新技术开发区注册，湖北省科学技术委员会以"鄂科工[1999]51号"文件批复认定本公司为高新技术企业，根据财政部国家税务总局《企业所得税若干优惠政策的通知》(财税字[94]001号)规定，本公司成立后享受15%的优惠所得税率。

2、增值税：按产品销售收入的17%税率计算销项税，扣除经税务机关确认可以抵扣的进项税后缴纳增值税。

3、城建税和教育费附加：分别按照应交增值税额的7%和3%计缴。

4、其他税项：按税法对有关税项的规定计算、缴纳。

控股子公司和合营企业

根据国家对外贸易经济合作部《关于东风康明斯发动机有限公司股权变更的批复》([1999]外经贸资二函字第713号)，东风汽车公司将其在东风康明斯发动机有限公司享有的50%股份全部转让给本公司。该项目是业经披露的招股说明书中募集资金使用项目。截止本报告资产负债表日，本公司累计支付该项投资款85,001,100.00元。其中47,743,350.00元系归还东风汽车公司已支付于康明斯发动机有限公司的股权款(该款待合资各方确认后成立)，东风康明斯发动机有限公司正在办理营业执照的变更手续。

因前述事由，本公司未合并该公司1999年度会计报表，也未对其按权益法核算及计提投资跌价准备。

关联方关系及其交易

1、关联方关系

1)存在控制关系的关联方

企业名称	注册地址	主营业务	与本公司关系	经济性质	法定代表人
东风汽车公司	湖北省十堰市张湾区车城路1号	汽车及零部件，金属机械铸锻件，工具及模具的制造销售等	本公司之母公司	国有	苗圩

2）存在控制关系的关联方的注册资本及其变化

单位：人民币元

企业名称	年初数	本年增加	本年减少	年末数
东风汽车公司	2,340,000,000.00	－	－	2340000000.00

3）存在控制关系的关联方所持股份及其变化

单位：人民币元

企业名称	年初数		本年增加		本年减少		年末数	
	金　额	%	金额	%	金额	%	金　额	%
东风汽车公司	700000000	100	－	－	－	－	700,000,000	100

4)不存在控制关系的关联方

企　业　名　称	与本公司关系
东风进出口公司	同一母公司
利通技工贸公司	同一母公司
东风实业公司	同一母公司
东风农用车有限公司	同一母公司

2、关联交易协议

1)本公司与东风汽车公司签署的《关于汽车零部件及原、辅材料供应的协议书》约定，相互提供的汽车零部件及原、辅材料按同类产品的市场价格结算，确实无法确定市场价格的，可采用成本加成的方法定价；

2)本公司与东风汽车公司签署的《关于相互有偿提供生产性服务、辅助性生产服务和社会服务的协议书》约定，相互收取的各项服务费应根据公平、合理的原则加以确定，任何一方均不得利用自己的优势或地位强迫对方接受不合理的条件。

3)本公司与东风汽车公司签署的《关于若干商标使用权许可的协议书》约定：本公司轻型车无偿使用东风公司所有注册商标号为110702、133550、355888、174674、571137、571138、571139、690559、1018708的注册商标。

4)本公司有偿租赁位于襄樊汽车产业经济技术开发区车城大道1号的面积999,544.90平方米宗地土地使用权，租期50年，年租金4,997,724.50元。本年实际支付租金2,498,862.50元。

5)本公司与东风汽车公司签署的《关于汽车与发动机销售和售后服务的协议书》约定：A、本公司按约定的价格向东风公司销售发动机、轻型车。1999年下半年，本公司向东风公司销售的轻型车价格同以前年度一致，康明斯发动机价格较以前年度下降1,900元/台；B、本公司向东风公司支付销售及售后服务费23,000,000.00元/年。1999年下半年，由于本公司自建1.5吨轻型车销售网络，实际支付销售及售后服务费0元。

3、关联方交易

1)销售产品

(1)向存在控制关系的关联方销售货物如下：

单位：人民币元

企业名称	1998年	1999年度

	金额	占收入%	金额	占收入%
东风汽车公司	3,316,141,541.31	95.93	2,887,460,736.90	93.58
合计	3,316,141,541.31	95.93	2,887,460,736.90	93.58

(2)向不存在控制关系的关联方销售货物:无

2)采购原、辅材料及零配件

向存在控制关系的关联方采购原材料、配套件、扩散件及内部半成品的明细披露如下:单位:人民币元

企业名称	1998 年		1999 年度	
	金额	占成本%	金额	占成本%
东风汽车公司	1,971,484,831.09	57.06	1,830,309,423.61	59.33
合计	1,971,484,831.09	57.06	1,830,309,423.61	59.33

3)其他关联交易:

与东风汽车公司的其他关联交易明细资料如下: 单位:人民币元

项目	1999 年度
委托采购设备	64,759,867.48
支付(利息费用)东风汽车工业财务公司	18,414,000.00
支付加工费	6,264,720.00
支付土地租金 注 1	2,498,862.25
支付动能费用	27,444,755.33
支付康明斯发动机有限公司股权款	47,743,350.00
支付轻型车项目款	注 2 279,355,054.42

注 1:仅股份公司设立后下半年实际支付额,不含上半年模拟会计报表数。

注 2:系本公司在改组设立过程中,东风汽车公司持续向本公司拟募集资金投向—轻型车项目不断投入,募集资金到位后公司归还该款 279,355,054.42 元。

4) 关联方应收、应付款项余额: 单位:人民币元

项目	1999.12.31	1998.12.31
应收帐款:		
东风汽车公司		675,074.01
东风农用车有限公司		428,464.76
应付帐款:		
东风汽车公司	68,327,294.15	272,463,700.69
利通技工贸公司		1,376,240.33
预付货款:		
东风进出口公司		293,000.00
东风汽车公司车厢厂		885,191.24
东风汽车公司	84,400,900.00	17,121,920.93

或有事项

截止本报告签发日,本公司无需要说明的或有事项。

承诺事项

截止本报告签发日,本公司无需要说明的承诺事项。

资产负债表日后事项中的非调整事项

截止本报告签发日,本公司 1、已提前归还了全部短期借款;2、已如期收回了全部到期应收票据。

债务重组事项

1999 年下半年,本公司同债权人就挂帐债权达成清偿协议,对一次性全额支付的 债权按一定比例折扣,产生债务重组收入 2,642,250.00 元。

其他重要事项无。

九、公司的其他有关资料

1、公司首次注册登记日期:1999 年 7 月 21 日

公司首次注册登记地址:湖北省襄樊市高新技术开发区春园西路 4 号

2、公司最新注册登记日期:1999 年 7 月 21 日

公司最新注册登记地址:湖北省襄樊市高新技术开发区春园西路 4 号

3、企业法人营业执照注册号:1000001003200

4、税务登记号码:42060670689187x

5、公司未流通股票的托管机构名称:上海证券中央登记结算公司。

6、公司聘请的会计师事务所名称:中天信会计师事务所

公司聘请的会计师事务所办公地:北京市西城区金融街 35 号国际企业大厦

十、备查文件目录

1、载有法定代表人、主管会计工作负责人、会计主管人员签名并盖章的会计报 表;

2、载有会计师事务所盖章,中国注册会计师签名并盖章的审计报告原件;

3、报告期内在《中国证券报》、《上海证券报》上披露过的所有公司文件的正 本及公告的原稿。

东风汽车股份有限公司董事会

2000 年 3 月 16 日

资产负债表

编制单位:东风汽车股份有限公司 单位:人民币元

资产	1998.12.31	1999.12.31
流动资产:		
货币资金	2492751.35	1084079475.58
短期投资		
减:短期投资跌价准备		
短期投资净额		
应收票据	23973500.00	26275000.00
应收股利		
应收利息		
应收帐款	59445319.53	41322037.87
其他应收款	8672228.75	9366147.64
减:坏帐准备	5609764.02	4883857.52
应收帐款净额	62507784.26	45804327.99
预付帐款	27182105.58	94001905.37
应收补贴款		
存货	294644796.35	307357414.50
减:存货跌价准备		3822213.39
存货净额	294644796.35	303535201.11
待摊费用		
待处理流动资产净损失		
一年内到期的长期债券投资		
其他流动资产		
流动资产合计	410800937.54	1553695910.05
长期投资:		
长期股权投资		85001100.00
长期债券投资		
长期投资合计		85001100.00
减:长期投资减值准备		
长期投资净额		85001100.00
固定资产:		
固定资产原价	1669732040.22	1812124256.66
减:累计折旧	399282170.50	492298020.67
固定资产净值	1270449869.72	1319826235.99
工程物资	2540364.64	82114573.94
在建工程	251703524.11	418923548.55
固定资产清理		
待处理固定资产净损失		
固定资产合计	1524693758.47	1820864358.48
无形资产及其他资产:		
无形资产		
开办费		
长期待摊费用	160283848.52	156350078.33
其他长期资产		
无形资产及其他资产合计	160283848.52	156350078.33
递延税项:		
递延税项借项		
资产总计	2095778544.53	3615911446.86
流动负债:		
短期借款	107480000.00	40000000.00
应付票据	14360000.00	0.00
应付帐款	624053234.13	504207785.16
预收帐款	1001422.61	5262340.76
代销商品款		
应付工资		
应付福利费		−141671.79
应付股利		100000000.00
应交税金		58892025.97
其他应交款		1060053.02
其他应付款	54171864.80	47332463.78
预提费用		
一年内到期的长期负债		
其他流动负债		
流动负债合计	801066521.54	756612996.90
长期负债:		
长期借款	620000000.00	340000000.00
应付债券		
长期应付款		
住房周转金		
其他长期负债		
长期负债合计	620000000.00	340000000.00
递延税款:		
递延税款贷项		
负债合计	1421066521.54	1096612996.90
股东权益:		
股本	680143451.05	1000000000.00
资本公积		1301169685.39
盈余公积		47719314.69
其中:公益金		15906438.23
未分配利润	−5431428.06	170409449.88
股东权益合计	674712022.99	2519298449.96
负债及股东权益总计	2095778544.53	3615911446.86

利润及利润分配表

编制单位:东风汽车股份有限公司 单位:人民币元

项目	1998 年度	1999 年度
一、主营业务收入	3456933740.00	3085534804.43
减:折扣与折让		
主营业务收入净额	3456933740.00	3085534804.43
减:主营业务成本	3037779053.25	2614719306.41
主营业务税金及附加	5238000.00	8392123.79
二、主营业务利润	413916686.75	462423374.23
加:其他业务利润	4175181.94	2697921.59
减:存货跌价损失		3822213.39
营业费用	32370795.62	19130633.45
管理费用	14538711.36	16223082.92
财务费用	8812464.70	24996949.18
三、营业利润	362369897.01	400948416.88
加:投资收益		
补贴收入		
营业外收入	7534.00	11255875.08
减:营业外支出	747675.59	1154383.29
加:以前年度损益调整		
四、利润总额	361629755.42	411049908.67
减:所得税	118090566.57	87489716.04
五、净利润	243539188.85	323560192.63
加:年初未分配利润	−9210981.75	−5431428.06
盈余公积转入		
六、可供分配的利润	234328207.10	318128764.57
减:提取法定盈余公积		31812876.46
提取法定公益金		15906438.23
七、可供股东分配的利润	234328207.10	270409449.88
减:应付优先股股利		
提取任意盈余公积金		
应付普通股股利	239759635.16	100000000.00
转作股利的普通股股利		
八、未分配利润	−5431428.06	170409449.88

中国国际贸易中心股份有限公司

中国国际股份有限公司 1999 年年度报告摘要

(一) 公司简介

1.公司法定中文名称:中国国际贸易中心股份有限公司
公司法定英文名称:China World Trade Center Company Ltd.
公司法定英文名称缩写:CWTC
2.公司法定代表人:杨文生
3.公司董事会秘书:焦 营
联系地址:北京建国门外大街一号
电话:(010)65052288 传真:(010)65051002
电子信箱:dongmi@cwtc.com
4.公司注册地址:北京建国门外大街一号
公司办公地址:北京建国门外大街一号
邮政编码:100004
公司国际互联网网址:http://www.cwtc.com.cn
公司电子信箱:cwtc@cwtc.com
5、公司选定的信息披露报纸:《中国证券报》
登载公司年报的国际互联网网址:http://www.sse.com.cn
公司年度报告备置地点:北京建国门外大街一号公司董事会秘书处
6、公司股票上市交易地点:上海证券交易所
股票简称:中国国贸 股票代码:600007

(二) 会计数据和业务数据摘要

1.公司本年度主要利润指标 单位:人民币千元

利润总额:	271,894
净利润:	182,700
扣除非经常性损益后的净利润:	181520
主营业务利润:	262,958
其他业务利润:	2,783
营业利润:	231,383
投资收益:	44554
补贴收入:	0
营业外收支净额:	－4043
经营活动产生的现金流量净额:	284426
现金及现金等价物增加额:	370241

注:扣除的非经常性损益项目为:上市资金锁定利息收入人民币 5,223 千元和资产 处置净损失人民币 4,043 千元。

2.会计数据和业务数据摘要(人民币千元)

指标项目	1999 年	1998 年	1997 年
主营业务收入	478763	737033	928837
净利润	182700	257209	459357
总资产	3624018	2762635	2795678
股东权益	1987616	1133740	876656
每股收益(元 /股)(摊薄)	0.23	0.40	0.72
扣除非经常性损益后的			
每股收益(元 /股)	0.23	0.40	0.72
每股净资产(元 /股)	2.48	1.77	1.37
调整后的每股净资产(元 /股)	2.58	1.76	1.36
每股经营活动产生的现金流量净额	0.36	0.28	－
净资产收益率(%)	9.19	22.69	52.40

注:本年度公司根据财政部财会字(1999)35 号《关于印发<股份有限公司会计制度有关会计处理补充规定>的通知》和董事会决议,对公司本年度坏帐准备、存货跌价准备、短期投资跌价准备、长期投资减值准备会计政策进行变更,上述会计数字变更对 1999 年度及以前年度会计报表相关项目影响甚微,因此未进行追溯调整。

上述指标的计算公式如下:
每股收益 = 净利润 /年度末普通股股份总数
每股净资产= 年度末股东权益 /年度末普通股股份总数
调整后的每股净资产=(年度末股东权益-三年以上的应收款项净额-待摊费用-待 处理 (流动、固定)资产净损失-开办费-长期待摊费用-住房周转金负数余额)/年度末 普通股股份总数
每股经营活动产生的现金流量净额=经营活动产生的现金流量净额/年度末普通股股份总数
净资产收益率 = 净利润 /年度末股东权益×100%

3.报告期内股东权益变动情况。 单位:人民币千元

项目	股本	资本公积	盈余公积	其中:法公益金	未分配利润	货币换算差额	股东权益合计
期初数	640,000	226,422	62,776	31,388	205,767	-1,225	1,133,740
本期增加	160000	694240	36540	18270	182700	136	1073616
本期减少	0	0	0	0	219740	0	219740
期末数	800,000	920,662	99,316	49,658	168,727	-1089	1987,616

报告期内股东所有者权益变化的主要原因是公司发行人民币 A 股募集资金;盈余公积、公益金增加的原因系为按净利润各提取 10%的金额;本期未分配利润增加的原因 系为本期净利润转入所致,未分配利润减少系为向股东分配上年度利润人民币 8,320 万元及提取盈余公积金、公益金各 10%所致。

(三) 股东情况介绍

(1)截止至 1999 年 12 月 31 日,股东总数为 99,935 人。
(2)持有本公司 5%以上(含 5%)股份的股东及前 10 名股东持股情况
中国国际贸易中心有限公司在年初持有本公司法人股 64,000 万股,占公司股份的 80%,年度内所持股份没有增减变动;其所持股份在报告期内无质押或冻结情况。
公司前十名股东持股(截止至 1999 年 12 月 31 日)

股东名称	持股数(股)	占总股本比例 (%)
1. 中国国际贸易中心有限公司	640000000	80.00%
2. 金泰基金	662670	0.08%
3. 国托基金	609400	0.08%
4. 兴和基金	431755	0.05%
5. 王满良	338259	0.04%
6. 韩杰	305000	0.04%
7. 马虎安	278000	0.03%
8. 联发煤炭	262000	0.03%
9. 常乐	251500	0.03%
10. 杨霞	237100	0.03%

上述 10 名股东之间不存在关联关系,其所持股份无质押和冻结情况。

(四) 股东大会简介

本报告期内公司共召开三次股东大会,具体情况如下:
1、1999 年度第一次临时股东大会于 1999 年 3 月 8 日下午 2 时 30 分在北京举行,出席 会议股东 2 名,代表股份 640,001,000 股。
会议做出以下决议:通过修改公司章程的提案、通过增加注册资本的提案、通过 上市申请的提案并通过杨文生先生接替王久安先生担任公司董事、执行董事、时国庆先生接替吴小平先生担任公司董事、赵博雅先生接替王瑞祥先生担任公司监事的议案。本次股东大会决议刊登于 1999 年 3 月 9 日的《中国证券报》上。
2、1998 年度股东大会于 1999 年 5 月 12 日下午 2 时 30 分在北京举行,出席会议股东 7 名,代表股份 640,617,700 股。
会议做出以下决议:通过董事会 1998 年度工作报告、通过监事会 1998 年度工作报 告、通过公司 1998 年度财务决算方案、通过公司 1999 年度财务预算方案、通过公司 1998 年度利润分配方案。本次股东大会决议刊登于 1999 年 5 月 13 日的《中国证券报》上 。
3、1999 年度第二次临时股东大会于 1999 年 9 月 27 日上午 9 时以通讯方式在北京举 行,出席会议股东 1 名,代表股份 640,000,000 股。
会议做出以下决议:批准公司向国贸二期工程增加投资人民币 30,038 万元。本次 股东大会决议刊登于 1999 年 9 月 28 日的《中国证券报》上。

(五) 董事会报告

1、公司的经营情况
(1)公司所处的行业及在本行业中所处的地位
本公司是北京地区目前规模最大和设施最齐全的高档物业管理、投资和商务服务企业之一。主要物业设施包括写字楼、公寓、商场、展览大厅和停车场。由于其物业设施所处地理位置优越,综合配套设施齐全,具有国际水准的物业管理,本公司在北京 地区同行业中享有较高的市场份额和影响,其物业出租率和租金水平处于同行业前列,并与近年来逐步发展起来的周边物业设施共同形成,并且位居“中央商务区”中心地 位,亦被誉为“国贸商圈”,在国内外具有较高的知名度。
(2)公司的主营业务范围及其经营状况
公司的主营业务是从事旅游、商务服务设施的投资、经营和管理,包括高档写字 楼的出租、商场经营场所的出租,大型展览与配套服务,停车设施服务和旅游运输服务等。
公司主要收入来源为租金收入。报告期内公司主营业务收入构成情况如下:

业务类别	可出租面积(平米)	平均租金(美元 /平米 /月)	平均出租率(%)	主营业务收入(人民币千元)	占主营业务收入比例(%)
写字楼	63576	42	85%	224476	46.89%
公寓	51078	39	68%	132300	27.63%
商场	18012	38	37%	35786	7.47%
展览	7,600	1.87/平米 /天	58%	31010	6.48%
餐饮	－	－	－	2102	0.44%
其他	－	－	－	53089	11.09%
小计	－	－	－	478763	100%

(3)在经营中出现的问题与困难及解决方法
本公司在经营中的主要问题与困难是:近几年来北京地区新建物业供应不断增加,使北京地区的的高档物业出现过剩,市场需求不足,市场竞争日趋激烈,平均租金和出 租率呈下降趋势。由于本公司物业设施投入运营时间比较久,亟待翻新改造。
针对上述问题和困难,公司加大市场宣传和促销力度,强化销售人员队伍建设和培训,建立和完善销售人员的考核和奖惩机制,实行以直销为主和中介代理为辅的销售策略,争取新客户,稳定老客户,以确保稳定的租金水平和出租率水平;努力做好客户服务和管理工作,建立以客户满意为中心的客户服务和管理质量体系和操作规范,提高服务质量和管理水平;面对租金下调的趋势,公司采取多项措施重点抓好节约成本工作,对 各经营单位实行独立核算,强化成本控制意识,通过精简人员进一步降低人工成本,同 时对具有简单劳动特点的服务性工作,如清洁和保安等,实行社会化服务和管理,以降 低经营成本;有计划地对现有设施进行装修改造,以保持市场竞争能力。
(4)本报告期末完成盈利预测的原因
本报告期利润实现数较盈利预测数低人民币 3,411 万元,降低 15.74%,主要原因是市场竞争激烈,本报告期内物业租金水平根据市场变化下调幅度较大,使各项主营业务收入较预测有不同幅度的下降,另外商场、公寓正在进行的装修改造工程也对各项物 业出租率和租金预测水平产生了不利影响。写字楼实现平均租金 42 美元/平米/月,比 预测降低 8 美元;公寓实现平均租金 39 美元/平米/月,比预测降低 4 美元;商场实现平均 租金 38 美元/平米/月,比预测降低 11 美元。总计租金收入人民币 39,252 万元,比预测下降人民币 8,908 万元。
2、公司的财务状况
截止报告期末,公司有关部门财务指标与上年比增减变动情况及原因
① 有关财务指标 单位:人民币千元

项目	1998 年度	1999 年度	增减(+、-)
总资产	2762635	3624018	861383
长期负债	1241805	1241895	90
股东权益	1133740	1987616	853876
主营业务利润	446891	262958	-183933
净利润	257209	182700	-74509

② 本年度比上年度增减变动的原因:
总资产比去年同期增加 31.12%,其原因是报告期内募集资金到位和本年度实现利润;长期负债增加人民币 9 万元的差额为货币换算差额;股东权益比去年同期增加 84.13%,主要原因是募集资金到位和本年度实现利润;主营业务利润比去年同期减少 41.16 %,主要原因是市场竞争激烈,本报告期内物业租金水平根据市场变化下调幅度较大,使各项主营业务收入较预测有不同幅度的下降。

北京首创股份有限公司

北京首创股份有限公司股票上市公告书

一、要览

●股票简称:首创股份
●证券代码:600008
●总股本:110,000万股
●可流通股本:30,000万股
●本次上市流通股本:12,000万股
●上市地:上海证券交易所
●上市时间:上海证券交易所
●上市时间:2000年4月27日
●登记机构:上海证券中央登记结算公司
●上市推荐人:佛山证券有限责任公司、南方证券有限公司

二、绪言

本上市公告书是根据《中华人民共和国公司法》、《中华人民共和国证券法》、《股票发行与交易管理暂行条例》、《公开发行股票公司信息披露实施细则》和《上海证券交易所股票上市规则》等国家有关法律、法规的规定,并按照中国证券监督管理委员会制定的公开发行股票公司信息披露的内容与格式准则第七号《上市公告书的内容与格式(试行)》而编制,旨在向投资者提供有关北京首创股份有限公司(以下简称本公司)和本次股票上市的情况。

本公司是以北京首都创业集团作为主发起人,联合北京市国有资产经营公司、北京市综合投资公司、北京旅游集团有限责任公司、北京国际电力开发投资公司四家企业,经北京市人民政府京政函[1999]105号文批准,共同发起设立的股份有限公司。

经中国证监会证监发行字[2000]27号文批准,本公司已于2000年4月5日至4月14日成功地向社会公开发行了每股面值1.00元的人民币普通股股票30,000万股,每股发行价为8.98元,其中向证券投资基金配售6,000万股,向战略投资者配售14,000万股,向一般法人投资者配售1,000万股,向一般投资者上网发行9,000万股。

经上海证券交易所上证上字[2000]14号《上市通知书》批准,本公司股票将于2000年4月27日在上海证券交易所挂牌上市交易,股票简称"首创股份",股票代码"600008"。本公司总股本110,000万股,可流通股本30,000万股,本次上市流通股本为上网定价发行的9,000万股和向证券投资基金配售的6,000万股的50%(即3,000万股),共计12,000万股。根据有关规定,向证券投资基金配售的6,000万股的其余50%(即3,000万股),将于本次配售之日起六个月后上市交易;向一般法人投资者配售的股份将在此次流通股上市之日起六个月后上市交易;向战略投资者配售的股份将依据本公司与战略投资者签署的《战略投资者配售协议》,按约定持股时间上市交易。

本公司已于2000年4月5日在《中国证券报》、《上海证券报》和《证券时报》上刊登了《招股说明书概要》,距今不足六个月,其重复内容不再冗述,敬请投资者查阅本公司的《招股说明书概要》。

本公司董事会及全体董事已批准本上市公告书,确信其中不存在任何虚假记载、误导性陈述或重大遗漏,并对其真实性、准确性、完整性负个别和连带责任。

三、公司概况

(一)本公司基本情况

法定名称:北京首创股份有限公司

英文名称:BeijingCapitalCo., Ltd.

注册资金:110,000万元

法定代表人:刘晓光

成立日期:1999年8月31日

经营范围:公用基础设施的投资及投资管理;高科技产品的技术开发、技术咨询、技术转让、技术服务、技术培训;销售自行开发后的产品、房地产项目开发,销售商品房,物业管理;投资咨询;住宿、中餐、西餐等。

所属行业:公用事业

注册地址:北京市朝阳区北三环东路8号静安中心7层

联系电话:010-64689035

CCCC传真:010-64689030

(三)本公司历史沿革

北京首创股份有限公司是由北京首都创业集团(以下简称首创集团)作为主发起人,联合北京市国有资产经营公司、北京市综合投资公司、北京旅游集团有限责任公司、北京国际电力开发投资公司四家企业,经北京市人民政府京政函[1999]105号文批准,共同发起设立的股份有限公司。

首创集团此次作为主发起人,将其拥有的北京京通快速路的全部经营性资产、北京新大都饭店主楼的全部经营性资产投入股份公司,资产总额为人民币1,418,755,246.92元,净资产为人民币949,446,703.49元,评估后总资产为1,577,625,310.80元,净资产为1,112,390,215.08元,按71.79%的比例折成国有法人股79,856.42万股;其他四家发起人按1:1.393溢价比例入股,每股1.393元,各投入现金50万元,计国有法人股35.895万股。以上共计国有法人股80,000万股,同时申请发行社会公众股30,000万股。以上评估结果及国有股权管理方案已经财政部财评字[1999]354号文和北京市国有资产管理局京国资农[1999]411号文批准。

经中国证监会证监发行字[2000]27号文批准,本公司于2000年4月5日至14日成功地向社会公众公开发行面值1.00元的人民币普通股(A股)30,000万股,其中向证券投资基金配售6,000万股,向战略投资者配售14,000万股,向一般法人投资者配售1,000万股,上网发行9,000万股。

目前,本公司总股本为110,000万股。

四、股票发行及承销

(一)股票公开发行情况

发行数量:本次发行股票30,000万股,其中对法人投资者配售21,000万股,含向证券投资基金配售6,000万股,向战略投资者配售14,000万股,向一般法人投资者配售1,000万股;对一般投资者上网发行9,000万股。

股票发行价格:8.98元/股

募集资金总额:269,400万元

发行方式:对法人配售和对一般投资者上网发行相结合

上网发行中签率:0.59709771%

上网发行有效申购户数:655,774户

上网发行部分持1,000股以上的户数:83,522户

发行费用总额:23,028,700元

每股发行费用:0.077元

发行市盈率:20.95倍(加权平均,4月份发行)

(二)股票承销

本次发行得到超额认购,承销团无余额包销。

(三)验资报告

验资报告

北京京都验字(2000)第036号

北京首创股份有限公司:

我们接受委托,对北京首创股份有限公司(以下简称贵公司)截至2000年4月18日止的实收资本及相关的资产和负债的真实性和合法性进行了审验。在审验过程中,我们按照《独立审计实务公告第1号–验资》的要求,实施了必要的审验程序。

贵公司的责任是提供真实、合法、完整的验资资料,保护资产的安全、完整,我们的责任是按照《独立审计实务公告第1号–验资》的要求出具真实、合法的验资报告。

贵公司变更前的注册资本和投入资本分别为80,000万元和111,439.02万元,变更后的注册资本为110,000万元。根据我们的审验,截至2000年4月18日止,贵公司增加投入资本267,967.13万元,其中股本30,000.00万元,资本公积237,967.13万元。与上述变更投入资本总额相关的资产总额为人民币267,967.13万元,全部为银行存款。

附件一、变更前后注册资本、投入股本对照表

附件二、验资事项说明

北京京都会计师事务所有限责任公司　　中国注册会计师:李欣
　　中国注册会计师:王娟

二零零零年四月十八日

北京市建国门外大街22号赛特广场

(四)验资事项说明

本公司实收股款267,967.13万元,分别于2000年4月13日、4月17日由南方证券有限公司投资银行部、南方证券有限公司北京分公司方庄证券交易营业部汇入北京市工商局指定银行中国建设银行北京朝阳支行呼家楼分理处2610518473帐户内30,000.00万元和本公司招商银行北京分行展览路支行0981520910001帐户内237,967.13万元。

五、董事、监事及高级管理人员持股情况

(一)董事、监事及高级管理人员简介

董事长:刘晓光先生,44岁,大学学历,高级经济师。曾任北京市百货公司副总经理,北京市计划委员会总经济师、副主任。现任北京首都创业集团副董事长、副总经理。

副董事长:曹桂杰女士,46岁,硕士研究生,高级经济师。曾任中央财经领导小组办公室干部,国务院办公厅秘书局干部,轻工部研究室办公室副主任,轻工部政策法规司办公室主任兼法规处处长,中国轻工业发展研究中心副主任。现任北京首都创业集团董事、副总经理。

副董事长:王琪先生,45岁,大学学历,高级会计师。曾任北京市财政局教育处副处长、处长,北京经济发展投资公司副总经理。现任北京首都创业集团总经理助理,北京经济发展投资公司总经理,宁波中百股份有限公司董事长。

董事:李平山先生,50岁,大学学历,高级经济师。曾任北京市高级法院干部,北京市计划委员会能源市政处副处长、处长。现任北京市基础设施投资开发公司总经理。

董事兼总经理:刘玉剑先生,45岁,硕士研究生,高级会计师。曾任北京市体改委副处长,新闻出版署处长,北京市西城区计经委副主任、财政局副局长,北京华融综合投资公司经理,北京京华信托投资公司副总经理,北京新大都饭店总经理。现任本公司董事兼总经理。

董事:常维柯先生,44岁,大专学历,高级经济师。曾任北京客车四厂党委副书记,北京市客车三厂常务副厂长,北京市计委长期处副处级调研员,北京市计委办公室副主任,北京市腾飞科技投资开发公司总经理。现任北京首都创业集团企业发展部经理。

董事兼董事会秘书:潘文堂先生,34岁,硕士研究生,经济师。曾就职于北京市计划委员会、香港嘉洛证券有限公司、ING北京投资有限公司(筹)、香港京信国际投资有限责任公司、北京首都创业集团海外事业部。现任广西阳光股份有限公司董事,本公司董事兼董事会秘书。

监事会召集人:俞昌建先生,44岁,大学学历,高级会计师。曾任北京化工设备厂科长,北京化工供销公司副总会计师,北京化工集团财务处副处长,北京航宇经贸发展公司副总经理。现任北京首都创业集团计财部经理。

监事:李清元先生,44岁,大专学历,审计师、注册会计师。曾任北京市上产公司财会科干部,北京市审计局商贸处干部。现任北京首都创业集团计财部干部。

监事:黄橙先生,32岁,研究生学历,工程师。曾任北京市工程咨询公司项目经理,北京市基础设施投资开发公司项目融资部经理。现任本公司基础设施投资部经理。

财务负责人:于丽女士,40岁,研究生学历,高级会计师、注册会计师。曾任北京市财政局第三分局所长、计会科科长,京都会计师事务所资产评估部经理,北京首都创业集团企业发展部干部。现任本公司财务负责人。

(二)本公司董事、监事及高级管理人员持股状况

本公司董事、监事及高级管理人员均未持有本公司股票。

六、公司设立

本公司设立基本情况

法定名称:北京首创股份有限公司

英文名称:BeijingCapitalCo., Ltd.

注册资金:110,000万元

法定代表人:刘晓光

成立日期:1999年8月31日

营业执照编号:1100001085186

注册地址:北京市朝阳区北三环东路8号静安中心7层

创立大会召开日期:1999年8月31日

北京首创股份有限公司是由北京首都创业集团作为主发起人,联合北京市国有资产经营公司、北京市综合投资公司、北京旅游集团有限责任公司、北京国际电力开发投资公司四家企业,经北京市人民政府京政函[1999]105号文批准,共同发起设立的股份有限公司。

经中国证监会证监发行字[2000]27号文批准,本公司于2000年4月5日至14日成功地向社会公众公开发行面值1.00元的人民币普通股(A股)30,000万股,其中向证券投资基金配售6,000万股,向战略投资者配售14,000万股,向一般法人投资者配售1,000万股,上网发行9,000万股。

根据《北京市通商律师事务所关于北京首创股份有限公司1999年股票发行、上市的法律意见书》,"股份公司于1999年9月1日第一次临时股东大会通过了采取向社会公众发行30000万股(A股)的决议;上述发行人股东大会的内容符合相关法律法规的规定,是合法有效的"。

七、关联企业及关联交易

(一)关联企业

北京首都创业集团,拥有本公司72.73%的股权,是本公司的发起人股东、控股股东。

(二)关联交易

本公司与北京首都创业集团在房屋租赁、水电通讯、后勤服务上存在关联交易,均通过协议方式妥善解决。本公司与首创集团及其控股子公司之间不存在其他重大关联交易。本公司承诺,凡发生重大的关联交易,将严格按照有关规定公开披露。

八、股本结构及大股东持股情况

(一)本次上市前本公司股本结构为:

股本类别	股本(万股)	占总股本的比例
尚未流通股份:		
其中:发起人股份		
国有法人股	80,000	72.73%
向法人投资者配售股份	15,000	13.64%
向证券投资基金配售股份	3,000	2.73%
尚未流通股份合计:	98,000	89.09%
可流通股份:	12,000	10.91%
总股本	110,000	100.00%

(二)持有本公司股票500万股以上(含500万股)的股东持股数量及比例:

序号	股东名称	持股数量(万股)	持股比例(%)
1	北京首都创业集团	79,856.42	72.595
2	中信国安信息产业股份有限公司	1,000.00	0.909
3	中国经济技术投资担保公司	1,000.00	0.909
4	北京浩鸿房地产开发有限公司	1,000.00	0.909
5	安徽省安通发展有限公司	500.00	0.455
6	中国铁路工程总公司	500.00	0.455
7	红塔兴业投资有限公司	500.00	0.455
8	江苏工艺品进出口集团股份有限公司	500.00	0.455
9	中国石油天然气管道局	500.00	0.455
10	大众交通(集团)股份有限公司	500.00	0.455
11	南京医药集团有限责任公司	500.00	0.455
12	上海汽车股份有限公司	500.00	0.455
13	华企投资有限公司	500.00	0.455
14	北京王府井百货(集团)股份有限公司	500.00	0.455
15	中国兵工物资总公司	500.00	0.455
16	中国纺织物资(集团)总公司	500.00	0.455
17	宝钢集团企业开发总公司	500.00	0.455
18	南京新淮科技投资有限公司	500.00	0.455
19	新世纪国际租赁有限公司	500.00	0.455
20	深圳市宏基实业有限公司	500.00	0.455
21	中国航天机电集团公司	500.00	0.455
22	深圳市吉粤投资有限公司	500.00	0.455
23	北京高新技术产业投资股份有限公司	500.00	0.455
24	北京高校房地产开发总公司	500.00	0.455
25	天津开发区华纤置业有限公司	500.00	0.455
26	北京北信东方物业管理有限公司	500.00	0.455

九、公司财务会计资料

本公司截止1999年12月31日的财务状况,已于2000年4月5日在《中国证券报》和《上海证券报》、《证券时报》刊登的《招股说明书概要》中进行了详细的披露。因与本公告间隔时间较短,本公告不再重述。本公告只公布财务报表、主要项目附注及财务指标,欲了解其他内容,请查阅上述报纸或到本公司公告的查阅地址查阅本公司《招股说明书》。

(一)会计数据与业务数据摘要

1、1999年度主要会计数据和业务数据摘要(单位:人民币元)

项目	金额
利润总额	407,054,012.35
净利润	391,628,587.37
主营业务利润	112,512,037.84
其他业务利润	0.00
营业利润	46,526,278.34
投资收益	82,129.23
补贴收入	360,000,000.00

2、公司前三年的主要会计数据和财务指标(单位:人民币元)

项目	1999年	1998年	1997年
主营业务收入	161,538,129.11	171,424,749.17	166,655,300.10
净利润	391,628,587.37	400,134,184.52	32,325,357.60
总资产	1,697,982,800.65	1,422,893,281.40	1,429,128,295.75
股东权益(不含少数股东权益)	1,131,356,215.04	947,845,416.82	945,518,270.84
每股收益	0.49	0.50	0.04
每股净资产	1.41	1.18	1.18
调整后每股净资产	1.41	1.18	1.18
净资产收益率	34.62%	42.22%	3.42%

注:上述财务指标计算公式如下:

每股收益=净利润/年度末普通股股份总数

每股净资产=年度末股东权益/年度末普通股股份总数

调整后的每股净资产=(年度末股东权益-三年以上应收款项净额-待摊费用一待 处理(流动、固定)净损失一开办费一长期待摊费用一住房周转金负数余额)/年度 末普通股股份总数

净资产收益率=净利润/年度末股东权益×100%

(二)会计报表(见附表)

(三)主要项目附注

1.应收帐款

(1)应收帐款的帐龄分析:

帐龄	1999.12.31 金额	比例(%)	坏帐准备	1998.12.31 金额	比例(%)	坏帐准备
一年以内	1,575,496.96	97.86%	78,774.85	2,565,622.90	92.90%	128,281.15
一年至二年	34,479.09	2.14%	1,723.95	150,686.06	5.45%	7,534.30
二年至三年	0.00	0.00%	0.00	45,515.26	1.65%	2,275.76
	1,609,976.05	100.00%	80,498.80	2,761,824.22	100.00%	138,091.21

注:因新大都、京通路收入多为货币资金,应收款回款速度快,故按5%计提坏帐。

(2).欠款金额前五名清单

单位名称	所欠金额	欠款时间	欠款原因
国旅总社	374,912.54	1999年	客房租金
中国银行	92,356.34	1999年	信用卡待结算资金
国家环保局	87,247.98	1999年	客房租金
北京金台国旅	84,613.15	1999年	客房租金
千禧年书画会	33,297.90	1999年	客房租金

截至一九九九年十二月三十一日止,本公司无应收持本公司5%以上股份的股东单 位款项。

2.其他应收款

(1)其他应收款的帐龄分析:

帐龄	1999.12.31 金额	比例(%)	坏帐准备	1998.12.31 金额	比例(%)	坏帐准备
一年以内	4579264.88	66.30%	228963.24	10058853.28	84.08%	502942.66
一年至二年	2044901.30	29.60%	102245.07	1530000.00	12.79%	76500.00
二年至三年	283031.78	4.10%	14151.59	374291.61	3.13%	18714.58
	6907197.96	100.00%	345359.90	11963144.89	100.00%	598157.24

注:因其他应收款多为关联方往来,出现坏帐的可能性不大,故按5%计提坏帐。

(2)欠款金额前五名清单

单位名称	所欠金额	欠款时间	欠款原因
北京新大都医药公司	2,017,701.30	1998年	往来款
北京新大都汽车公司	2,000,000.00	1999年	往来款
北京新大都物业管理公司	920,000.00	1999年	往来款
北京新大都旅游咨询公司	206,236.68	1999年	往来款
中化大厦	103,013.24	1999年	往来款

(3)截至一九九九年十二月三十一日止,本公司无其他应收持本公司5%以上股份 的股东单位款项。

3.应付帐款

无欠持本公司5%(含5%)以上股份的股东单位的款项。

4.预收帐款

无欠持本公司5%(含5%)以上股份的股东单位的款项。

5.其他应付款

一九九九年九月至十二月末分配利润107,320,414.81元,应付公司股东各方余额。

6.补贴收入

类别	99年度	98年度	97年度
通行费补贴收入	360,000,000.00	360,000,000.00	0.00

根据北京市人民政府京政函[1999]38号文件规定,本公司自1998年1月1日起至2017年12月31日止,由北京市人民政府对京通快速路因客观因素造成的损失每年给予补贴收入。其中,1998年至2001年间每年补贴3.6亿元;2002年起,以年补贴收入3.6亿元和1997年京通快速路过路费收入0.8亿元为基数,按照以下公式计算补贴额:

当年补贴额=3.6亿元-(上年过路费收入-0.8亿元)×70%

补贴在每年6月中旬和12月中旬分两次拨付,每次拨付补贴额的一半。

十、董事会上市承诺

本公司董事会将严格遵守《中华人民共和国公司法》、《中华人民共和国证券法》、《股票发行与交易管理暂行条例》、《公开发行股票公司信息披露实施细则(试行)》、《上海证券交易所交易规则》和国家其它有关法律、法规的规定,并自本公司股票上市之日起作出如下承诺:

(一)按照法律、法规的规定程序和要求披露重大的信息,并接受证券主管机关、上海证券交易所的监督管理。

(二)及时、真实、准确地公布中期报告和年度报告,并备置于规定场所供投资者查阅。

(三)本公司董事、监事及高级管理人员如发生人事变动或持本公司股票发生变化时,按有关规定报告证券主管机关、上海证券交易所并进行披露。

(四)在任何公共传播媒介中出现的消息可能对本公司股票的市场价格产生误导性影响时,本公司知悉后将及时对该消息予以公开澄清。

(五)本公司董事、监事及高级管理人员将认真听取社会公众的意见和批评,不利用已获得的内幕消息和其他不正当手段直接或间接从事股票买卖活动。

(六)本公司没有无记录负债。

十一、重要事项揭示

1、根据北京京都会计师事务所有限责任公司出具的北京京都审字[2000]058号《盈利预测审核报告》,本公司2000年度预测实现利润总额462,752,003.31元,净利润428,834,842.22元,每股全面摊薄0.39元。

2、截止招股说明书签署之日,本公司无重大诉讼事项。

3、本公司总股本110,000万股,可流通股本30,000万股,本次上市流通股本为上网定价发行的9,000万股和向证券投资基金配售的6,000万股的50%(即3,000万股),共计12,000万股。根据有关规定,向证券投资基金配售的6,000万股的其余50%(即3,000万股),将于本次配售之日起六个月后上市交易;向一般法人投资者配售的股份 将在此次流通股上市之日起六个月后上市交易;向战略投资者配售的股份将依据本公司与战略投资者签署的《战略投资者配售协议》,按约定持股时间上市交易。

4、根据本公司《招股说明书》披露:根据本公司1999年度股东大会决议,本次 发行后产生的新股东将享有2000年1月1日起至本次股票发行完成前的利润。具体分配方案将由年度股东大会决定。

5、本公司本次发行前每股净资产1.41元,发行后每股净资产3.46元。

6、本公司主发起人北京首都创业集团的控股子公司—北京首创世联汽车贸易有 限责任公司连同本公司主发起人北京首都创业集团与上海华利达进出口公司之间的重大诉讼,已于4月8日和4月10日分别在《中国证券报》、《上海证券报》和《证券时 报》上予以刊登。

十二、备查文件

(一)招股说明书;

(二)审计报告;

(三)验资报告;

(四)资产评估报告;

(五)盈利预测审核报告;

(六)中国证监会批准本公司公开发行股票的文件;

(七)上海证券交易所上市通知书;

(八)营业执照;

(九)公司章程;

(十)其他文件。

十三、咨询机构

1、发行人:北京首创股份有限公司

法定代表人:刘晓光

联系地址:北京市朝阳区北三环东路8号静安中心3层

电话:010-64689035

传真:010-64689030

联系人:潘文堂、李学军、顾公

2、上市推荐人:佛山证券有限责任公司
法定代表人:刘学民
联系地址:北京安外外馆斜街甲1号泰利明苑A座五层
电话:010-85285010
传真:010-85285004
联系人:陈少羽
上市推荐人:南方证券有限公司
法定代表人:沈沛
注册地址:深圳市嘉宾路4028号太平洋商贸大厦20-28层
电话:010-66212447
传真:010-66210025
联系人:李文、刘新丰、顾捷峰、王海玲

北京首创股份有限公司
2000年4月22日

资产负债表

编制单位:北京首创股份有限公司　　单位:人民币元

资　产	1999年12月31日	1998年12月31日	1997年12月31日
流动资产:			
货币资金	169959713.61	29505227.30	17230522.27
短期投资		2000000.00	
减:短期投资跌价准备			
短期投资净额		2000000.00	
应收票据			
应收股利			
应收利息			
应收帐款	1609976.05	2761824.22	5227592.43
其他应收款	6907197.96	11963144.89	5544262.65
减:坏帐准备	425858.70	736248.46	538592.75
应收帐款净额	8091315.31	13988720.65	10233262.33
预付帐款			
应收补贴款			
待摊费用	324896.61	88532.83	0.00
存货	8052503.31	7116122.99	10075188.13
减:存货跌价准备	248225.98	230560.21	228847.65
存货净额	7804277.33	6885562.78	9846340.48
待处理流动资产净损失			
一年内到期的长期债券投资			
其他流动资产			
流动资产合计	186180202.86	52468043.56	37310125.08
长期投资:			
长期股权投资			
长期债券投资			
长期投资合计			
其中:合并价差			
减:长期投资减值准备			
长期投资净额			
固定资产:			
固定资产原价	1631538494.89	1482720820.75	1479673108.25
减:累计折旧	243440753.82	115897944.32	88767643.43
固定资产净值	1388097741.07	1366822876.43	1390905464.82
工程物资			
在建工程	1300420.00	3602361.41	912705.85
固定资产清理			
待处理固定资产净损失			
固定资产合计	1389398161.07	1370425237.84	1391818170.67
无形资产及其他资产:			
无形资产	118471417.88		
开办费	1386439.84		
长期待摊费用	2546579.00		
其他长期资产			
无形资产及其他资产合计	122404436.72		
递延税项:			
递延税项借项			
资产总计	1697982800.65	1422893281.40	1429128295.75

资产负债表(续)

编制单位:北京首创股份有限公司　　单位:人民币元

负债及所有者权益	1999年12月31日	1998年12月31日	1997年12月31日
流动负债:			
短期借款	45000000.00	20000000.00	20000000.00
应付票据			
应付帐款	2831804.97	4553634.67	3314528.95
预收帐款	4705037.95		
代销商品款	1121419.91		
应付工资	3704199.52	1012685.90	1092740.12
应付福利费	3963098.92	3315389.83	3203787.47
应付股利			
应交税金	4192215.58	4217753.36	4721620.99
其他应交款	19437.26	68288.74	135530.21
其他应付款	110354740.90	26880112.08	31141817.17
预提费用	734630.60		
一年内到期的长期负债			
其他流动负债			
流动负债合计	176626585.61	60047864.58	63610024.91
长期负债:			
长期借款	390000000.00	415000000.00	420000000.00
应付债券			
长期应付款			
住房周转金			
其他长期负债			
长期负债合计	390000000.00	415000000.00	420000000.00
递延税款:			
递延税款贷项			
负债合计	566626585.61	475047864.58	483610024.91
少数股东权益			
股东权益:			
股本	800000000.00	948812225.49	946285711.24
资本公积	312417318.30		
盈余公积	18938896.74		
其中:公益金	6312965.58		
未分配利润		-966808.67	-767440.40
股东权益合计	1131356215.04	947845416.82	945518270.84
负债及股东权益总计	1697982800.65	1422893281.40	1429128295.75

利润表

编制单位:北京首创股份有限公司　　单位:人民币元

项　目	1999年度	1998年度	1997年度
一、主营业务收入	161538129.11	171424749.17	166655300.10
减:折扣与折让			
主营业务收入净额	161538129.11	171424749.17	166655300.10
减:主营业务成本	40241811.19	36698147.15	36656966.61
主营业务税金及附加	8784280.08	9313895.93	9031274.13
二、主营业务利润	112512037.84	125412706.09	120967059.36
加:其他业务利润			
减:存货跌价损失	1848.00	1712.56	-10815.19
营业费用	20252305.43	19453168.70	23668463.74
管理费用	41789038.99	36429483.62	37180199.75
财务费用	3942567.08	10457622.40	12108922.84
三、营业利润	46526278.34	59070718.81	48020288.22
加:投资收益	82129.23		
补贴收入	360000000.00	360000000.00	
营业外收入	526971.23	113912.87	798541.89
减:营业外支出	81366.45	209937.43	595372.15
四、利润总额	407054012.35	419999964.25	48223457.96
减:所得税	15425424.98	19865779.73	15898100.36
五、净利润	391628587.37	400134184.52	32325357.60

上 海 虹 桥 国 际 机 场 股 份 有 限 公 司

上海虹桥国际机场股份有限公司1999年年度报告摘要

一、公司简介

1、公司法定中文名称：上海虹桥国际机场股份有限公司
英文：Shanghai Hongqiao International Airport Co., Ltd.英文缩写：SHIA
2、公司法定代表人：杜春才
3、公司董事会秘书：贾锐军
联系地址：上海虹桥国际机场股份有限公司董事会秘书室
联系电话：(021)62688899-44169　　传　真：(021)62681737
4、公司注册地址：上海市虹桥路2550号
公司办公地址：上海市虹桥路2550号　　邮政编码：200335
5、公司选定的信息披露报纸名称：《上海证券报》、《中国证券报》
登载公司年度报告的中国证监会指定国际互联网网址：http://www.sse.com.cn
年度报告备置地点：公司董事会秘书室
6、公司股票上市交易所：上海证券交易所股票简称：虹桥机场　　股票代码：600009

二、会计数据和业务数据摘要

1、公司本年度主要会计数据(单位：元)

利润总额	697,967,252.69
净利润	594,475,982.05
扣除非经常性损益的净利润	595,534,925.98
主营业务利润	595,557,916.04
其他业务利润	139,745,288.02
营业利润	663,340,292.11
投资收益	35,576,206.40
补贴收入	0
营业外收支净额	-949,245.82
经营活动产生的现金流量净额	638,664,025.81
现金及现金等价物净增加额	79,593,290.45

注：扣除非经常性损益项目和涉及金额
资产处置净损失　　1,058,943.93元。

2、公司前三年主要会计数据和财务指标(单位：元)

项　目	1999年	1998年	1997年
主营业务收入	748,214,448.02	635,449,007.31	533,891,205.89
总资产	4,142,425,301.08	3,512,883,981.94	1,056,174,084.38
股东权益	3,912,352,982.52	3,317,877,000.47	897,330,962.34
加权平均每股收益(元/股)	0.440	0.419	--
扣除非经常性损益后的每股收益(元/股)	0.441	0.394	--
每股净资产(元/股)	2.898	2.458	1.496
调整后的每股净资产(元/股)	2.894	2.456	1.493
每股经营活动产生的现金流量净额(元/股)	0.473	0.463	--
净资产收益率(%)	15.19	16.57	35.88

注：主要财务指标计算公式如下：
每股收益=净利润/年度末普通股股份总数
每股净资产=年度末股东权益/年度末普通股股份总数
调整后每股净资产=(年度末股东权益-三年以上的应收款项净额-待摊费用-待处理(流动、固定)资产净损失-开办费-长期待摊费用-住房周转金负数余额)/年度末普通股股份总数
每股经营活动产生的现金流量净额=经营活动产生的现金流量净额/年度末普通股股份总数
净资产收益率=净利润/年度末股东权益＊100%

3、报告期内股东权益变动情况(单位：股，元)

项目	股本	资本公积	盈余公积	法定公益金	未分配利润	股东权益合计
期初数	1350000000	1393871024.92	158416690.34	79208345.17	415589285.21	3317877000.47
本期增加	0	0	118895196.42	59447598.21	475580785.63	594475982.05
本期减少	0	0	0	0	0	0
期末数	1350000000	1393871024.92	277311886.76	138655943.38	891170070.84	3912352982.52

变动原因：1、盈余公积的增加是由于按规定提取法定盈余公积和法定公益金；2、法定公益金的增加是由于按规定提取法定公益金；3、未分配利润的增加主要由于公司经营活动过程中正常的利润增加；4、股东权益的增加主要由于经营过程中正常增加的未分配利润和按规定于年末提取的法定盈余公积和法定公益金。

三、股东情况介绍

1、报告期末股东总数为166856户。
2、报告期末公司前十名股东持股情况

序号	股东名称	持股数(股)	所占比例(%)
1	上海机场(集团)有限公司	900000000	66.667
2	南方证券	10443386	0.774
3	金色假日	8917246	0.661
4	高科投资	8437831	0.625
5	上海高投	7484334	0.554
6	益联贸易	5791245	0.429
7	南京新淮	4377211	0.324
8	南京新投	3668304	0.272
9	吴江纺织	3609584	0.267
10	张其新	3401700	0.252

注：上海机场(集团)有限公司为代表国家持有股份的单位，为本公司的独家发起人，其所持股份无质押和冻结。

四、股东大会简介

公司于1999年6月30日在上海世博会议大酒店召开1998年度股东大会。该次股东 大会会议决议公告刊登于1999年7月1日的《上海证券报》和《中国证券报》。

五、董事会报告

1、公司经营情况

(1)本公司属交通运输行业。上海虹桥国际机场为我国三大航空枢纽之一，货邮吞吐量列国内机场第一，年起降架次和旅客吞吐量分别列国内机场第二。上海浦东国际 机场一期工程于1999年10月1日正式投入试运营，标志着上海空港“一市两场、两位一体”的管理模式已经正式启动。

(2)公司主营业务范围及其经营状况

公司经营范围：为国内外航空运输企业及旅客提供地面保障服务，经营出租机场内航空营业场所、商业场所和办公场所，国内贸易(除专项规定)；广告经营，经营其它与 航空运输有关的业务；综合开发，经营国家政策许可的其它投资项目。

1999年是公司发展历程中具有重要意义的一年，公司管理层紧密围绕企业宗旨和 战略目标，继续推行经济责任制度，建立健全行政管理制度，严格控制成本支出，合理利用、发挥潜在资源价值，大力加强培训，全面提高员工素质，使公司在确保浦东机场顺 利通航的同时，各项工作都取得了较好的成绩。

1999年，虹桥机场共保障飞机起降13.5万架次，旅客吞吐量1432.94万人次，货邮吞吐量75.12万吨，分别比去年增长5.47%、4.53%、31.36%，实现连续第十二个安全年；浦东国际机场自10月1日试运营以来，共保障飞机起降3917架次，完成旅客吞吐量29.68万人次，货邮吞吐量1.45万吨。公司全年实现利润总额697,967,252.69元、净利润594,475,982.05元，分别比去年同期增长了7.89%和8.15%。

公司积极开拓外航地面代理业务，上半年与荷兰皇家航空公司签订了客货运代理 协议；下半年又与泰国飞行航空公司签订了地面代理协议。至此，公司代理的外航已增至6家，市场份额进一步提高。1999年公司通过了上海质量体系审核中心的监查审核，建立了旅客意见反馈制度，形成了服务质量管理体系，保证了质量体系的有效运行。当年公司荣获“98旅客话民航”用户评价第一名，实现了该项活动的三连冠；并获中国质量协会评出的全国用户满意工程先进单位；同时还荣获中证--亚商评选的中国最具发 展潜力的上市公司50强称号。在新千年来临之际，公司顺利实现了计算机信息系统向2000年平稳过渡，保证了上海空港的安全、畅通。

占主营业务收入或利润10%以上的业务收入情况(单位：元)

航空服务收入	1998年度	1999年度
营业收入	635449007.31	748214448.02
营业成本	113987563.32	126909718.87
营业毛利	521461443.99	621304729.15

(3)在经营中出现的问题与困难及解决方案

1999年是上海空港“一市两场、两位一体”管理模式正式启动的关键一年，公司 既要确保虹桥国际机场正常运营，同时又要全力以赴做好浦东国际机场的各项运营准 备工作。面对这一局面，公司继续贯彻价值管理理念和绩效标准，大力加强人员培训，强化内部管理，逐步建立起效益型、系统化的管理体系，不仅确保了浦东国际机场的按时通航，而且使虹桥机场的各项工作仍然取得了较好的成绩。

2、公司财务状况

截止1999年底，资产总额414242.53万元，较去年同期增长17.92%，增长额为62954.13万元，其中由负债引致的资产增长额为3506.53万元，由股东权益引致的资产增长额为59447.60万元，公司资产规模扩张主要源于利润的积累。

负债与股东权益方面，公司流动负债21645.40万元，长期负债1361.83万元，股东权益391235.30万元，资产负债率为5.6%；股东权益比率为94.4%，与上年基本相同。长 期负债较上年减少231.12万元，其原因是本年归还了建行和荷兰政府贷款本金。股东 权益较上年增加59447.60万元，其原因是公司本年盈利59447.60万元。

在盈利能力方面，主营业务利润59555.79万元，较上年增加9595.45万元，增长19.21%，其主要原因是航班业务量的增长及公司积极开拓地面航空代理市场。净利润为59447.60万元，较上年增加4481.67万元，增长8.15%，其增长主要原因是主营业务利润增长19.21%及商品销售利润增长65.66%。

3、公司投资情况

(1)募股资金使用情况：公司前次募集资金投资于上海浦东国际机场一期主体工程14亿元以及浦东国际机场停车楼工程和虹桥国际机场部分改、扩建项目5.007亿元。公司对募股资金的使用基本按招股说明书的承诺进行。投资浦东机场一期主体工程的募股资金14亿元和浦东机场停车楼工程的2.01亿元已投入完毕，剩余资金暂存银行。

(2350,000,000股，公司注册资本增至1,350,000,000.00元。

公司经济性质：股份有限公司，所属行业：交通运输业。

经营范围：为国内外航空运输企业及旅客提供地面保障服务，经营出租机场内航空营业场所、商业场所和办公场所，国内贸易(除专项规定)；广告经营，经营其它与航空运输有关的业务；综合开发，经营国家政策许可的其他投资项目。

2、主要提供的劳务：为国内外航空运输企业及旅客提供地面保障服务。

3、生产经营的简况：截止1999年12月31日，全年保障飞机起降13.5万架次，旅客吞吐量1432.94万人次，货邮吞吐量75.1万吨。

二、公司主要会计政策、会计估计

1、会计制度：《股份有限公司会计制度》。

2、会计年度：自公历1月1日至12月31日。

3、记帐本位币：人民币。

4、记帐基础：权责发生制；计价原则：历史成本。

5、外币业务核算方法：会计年度内涉及外币的经济业务，按发生当月月初中国人民银行公布的市场汇价(中间价)折合人民币入帐。月末将外币帐户余额按月末市场汇价(中间价)进行调整，发生的差额与购建固定资产有关的予以资本化，属于筹建期间的计入开办费，属于生产经营期的计入当期费用。

6、现金等价物的确定标准：基本原则：凡同时具备期限短(以购买日起，三个月内到期)，流动性强，易于转换为已知现金，价值变动风险很小四个条件的投资，确认为现金等价物。

本公司无现金等价物。

7、坏帐的核算方法

坏帐的确认标准：

(1)因债务人破产或死亡，以其破产或遗产清偿后，确实不能收回的应收款项；

(2)因债务人逾期未履行偿债义务超过三年确实不能收回的应收款项。

中国民生银行股份有限公司

中国民生银行股份有限公司股票上市公告书

一、要　览

股票简称：　民生银行
证券代码：　600016
总股本：　173,024.8 万股
可流通股本：　35,000 万股
本次上市流通股本:35,000 万股
上市地：　上海证券交易所
上市时间：　2000 年 12 月 19 日
登记机构：　上海证券中央登记结算公司
上市推荐人：　海通证券有限公司
　　国泰君安证券股份有限公司

二、绪　言

中国民生银行股份有限公司(以下简称"本行")股票上市公告书是根据《中华人民共和国公司法》、《中华人民共和国证券法》、《股票发行与交易管理暂行条例》、《公开发行股票公司信息披露实施细则》和《上海证券交易所股票上市规则》等国家有关的现行法律、法规的规定,按照中国证券监督管理委员会制定的公开发行股票公司信息披露的内容和格式准则第七号《上市公告书的内容与格式(试行)》编制,旨在向投资者提供有关本行的基本情况和股票上市的有关资料。

经中国证券监督管理委员会证监发行字[2000]146 号文批准, 本行已成功上网定价发行了每股面值 1.00 元的人民币普通股 35000 万股,每股发行价人民币 11.80 元。经上海证券交易所上证上字[2000]第 107 号《上市通知书》同意,本行 35000 万股人民币普通股将于 2000 年 12 月 19 日(星期二)起在上海证券交易所上市挂牌交易。股票简称"民生银行",股票代码"600016"。本行总股本 173024.8 万股, 流通股本 35000 万股。

本行已于 2000 年 11 月 21 日在《中国证券报》、《上海证券报》和《证券时报》上刊登了《中国民生银行股份有限公司招股说明书概要》,距今不足六个月, 故与其重复的内容在此不再重复,敬请投资者查阅本行的《招股说明书概要》。

本行董事会成员已批准本上市公告书,并确信本上市公告书所载资料不存在任何重大遗漏、虚假陈述或者严重误导,并对其真实性、准确性和完整性负个别及连带责任。

三、公司概况

一 概况

公司名称:中国民生银行股份有限公司
英文名称:CHINA MINSHENG BANKING CORPORATION LIMITED
注册地址:北京市东城区正义路四号
法定代表人:经叔平
注册资本:人民币壹拾柒亿叁仟零贰拾肆万捌仟叁佰柒拾陆元(1, 730, 248,376 元)
成立日期:1996 年 2 月 7 日

经营范围:吸收人民币存款;发放短期、中期和长期贷款;办理结算;办理票据贴现;发行金融债券;代理发行、代理兑付、承销政府债券;买卖政府债券;从事同业拆借;提供信用证服务及担保;代理收付款项及代理保险业务;提供保管箱服务。外汇存款;外汇贷款;外汇汇款;外汇借款;外币兑换;贸易、非贸易结算;外汇票据的承兑和贴现;外汇担保;自营或代客外汇买卖;发行或代理发行股票以外的外币有价证券;买卖或代理买卖股票以外的外币有价证券;资信调查、咨询、见证业务。经中国人民银行批准经营的其它业务。

二 历史沿革

中国民生银行股份有限公司是经国务院国函[1995]32 号文及中国人民银行银复[1996]14 号文批准,由中华全国工商联负责组建,广州益通集团公司、中国乡镇企业投资开发有限公司、中国煤炭工业进出口总公司、中国船东互保协会、山东泛海集团公司等 59 家单位作为发起人,按照商业银行法和公司法设立的股份制商业银行。本行于 1996 年 2 月 7 日登记成立,注册资本金为 13.80248 亿元。

经中国证券监督管理委员会证监发行字 [2000]146 号文批准, 本行通过上海证券交易所,于 2000 年 11 月 27 日以上网定价方式向社会公开发行人民币普通股 35000 万股, 每股面值 1.00 元, 每股发行价格为 11.80 元。发行后,本行总股本为 173,024.8 万股。

四、股票发行与承销

一 股票发行情况

1、本次发行社会公众股:35000 万股;
2、发行价格:11.80 元/股;
3、募集资金总额:413,000 万元;
4、发行费用:4125.5 万元;
5、每股发行费用:0.118 元;
6、实际募集资金总额:408874.5 万元(已扣除发行费用);
7、发行方式:上网定价;
8、中签率:1.02881847%;
9、有效申购户数:1230638 户;
10、持 1000 股(含 1000 股)以上的股东数:169730 户;

二 股票承销

本次公开发行的社会公众股 35000 万股已全部被投资者认购,承销团无余额包销。

三 募集资金入帐情况

入帐金额:¥4,088,745,000 元
入帐时间:2000 年 12 月 4 日
开户银行:中国人民银行北京营业管理部营业室
银行帐号:0251009

四 验资报告

验 资 报 告
天健(2000)验字 018 号

中国民生银行股份有限公司全体股东:

我们接受委托,对贵公司截至 2000 年 12 月 4 日止的注册资本、投入资本变更情况的真实性和合法性进行了审验。在审验过程中,我们按照《独立审计实务公告第 1 号-验资》的要求,实施了必要的审验程序。贵公司的责任是提供真实、合法、完整的验资资料,保护资产的安全、完整,我们的责任是按照《独立审计实务公告第 1 号-验资》的要求,出具真实、合法的验资报告。

贵公司变更前的注册资本为人民币 1,300,000,000 元,实收资本为 1,380, 248,376 元,变更后的注册资本为 1,730,248,376 元。根据我们的审验,截至 2000 年 12 月 4 日止,贵公司增加投入资本 4,088,745,000 元,其中实收资本 350,000,000 元,资本公积 3,738,745,000 元。与上述增加投入资本总额相关的资产总额为 4,088,745,000 元,全部为现金。

附件(一) 变更前后注册资本、投入资本对照表
附件(二) 验资事项说明
附件(三) 天健会计师事务所营业执照
附件(四) 天健会计师事务所执业许可证

天健会计师事务所有限公司　　中国注册会计师:
陈建明
马森林
2000 年 12 月 4 日

五、董事、监事和高级管理人员简介及持股情况

一 董事、监事和高级管理人员简介

本行董事

经叔平　董事长,现年 82 岁,1939 年毕业于上海圣约翰大学。曾任中国国际信托投资公司副总经理、房地产部总经理;国家外资企业管理委员会、对外经济贸易部特约顾问;现任中国人民政治协商会议全国委员会副主席、全国工商联主席、中国国际信托投资公司常务董事、中国国际经济咨询公司董事长、中国民生银行董事长。

刘永好　副董事长,现年 49 岁,大学文化,高级工程师。现任四川新希望集团公司董事长、四川新希望农业股份有限公司董事长、希望集团公司总裁,全国政协常委、全国工商联副主席,中国民生银行副董事长。

张宏伟　副董事长,现年 46 岁,硕士,高级经济师。曾任黑龙江省呼兰第七建筑工程队队长、哈尔滨市东方建筑工程公司总经理、东方集团董事长兼总裁;现任东方集团董事局主席兼总裁、东方集团股份有限公司董事长、锦港集团股份有限公司董事长、全国政协委员、全国工商联副主席、全国青联常委、黑龙江省工商联副会长,中国民生银行副董事长。

黄涤岩　董事,现年 70 岁,大学文化,高级经济师。曾任中国银行海外行管理部总经理,中国银行港澳管理处主任,中国银行副董事长,香港中国企业协会会长等职;现任中国银行常务董事、福建省政协常委等职。

卢志强　董事,现年 49 岁,硕士,副研究员。曾任山东潍坊技术开发中心办公室副主任、山东通达经济技术集团公司董事长兼总裁等职;现任中国泛海控股有限公司董事长、山东泛海集团公司董事长、光彩事业投资集团有限公司董事长、光彩建设股份有限公司董事长、全国政协委员、全国工商联常委、山东省工商联副会长。

王玉贵　董事,现年 49 岁,大学文化,高级经济师。曾任中远集团总公司保险理赔处副处长,北京经纬律师所兼职律师,中国海商法协会理事等职;现任中国船东互保协会总经理、中国光大银行常务董事、北京万通实业股份有限公司董事。

董文标　董事兼行长,现年 43 岁,硕士,高级经济师。曾任河南金融管理学院副院长、交通银行郑州分行行长、党组书记、交通银行董事、海通证券有限公司董事长兼总裁。1996 年 2 月起担任本行副行长,现任中国民生银行董事兼行长、党委书记。在银行管理、金融证券方面积累了 19 年工作经验。

刘鸿儒　董事,现年 70 岁,博士,教授。曾任中国农业银行副行长、国家体改委副主任,中国人民银行副行长、中国证监会主席等职;现任全国政协经济委员会副主任,中国人民银行研究生部博士生导师。

雷平一　董事,现年 88 岁,大学文化,高级会计师、注册会计师。曾任上海光华大学和国立浙江大学副教授,中国实业银行总行业务部经理,公私合营银行会计室主任、中国国际信托投资公司常务董事兼银行部总经理。现任西南国际租赁公司董事长、中信实业银行董事等职。

陈　建　董事,现年 42 岁,硕士。曾任中国农业科学院农经所编辑,人民日报农村部记者,中国扶贫基金会副秘书长等职;现任中国乡镇企业投资开发有限公司副董事长兼总裁、湖南老爹酒业公司董事长、中国农民大学副校长、全国工商联执委等职。

陈章辉　董事, 40 岁,硕士。生前曾任厦门水产学院党委组织部副部长、中国社会科学院研究中心兼职研究员、福建兴业银行董事、厦门福信集团有限公司董事长、厦门大学金融研究所兼职研究员、全国工商联执委、福建省政协委员。陈章辉先生因病医治无效,于 2000 年 8 月 12 日在上海逝世。

王宝林　董事,现年 54 岁,大学文化,工程师。曾任中国有色金属总公司第四建设公司处长、对外工程驻约旦分公司经理、驻伊拉克项目经理、中国有色建设集团有限公司总经理、中国建设集团有限公司党委书记,现任中国有色金属建设股份有限公司副董事长、总经理。

宋　勤　女,董事,现年 60 岁,大学文化,高级经济师。曾任七机部五院 508 所工程师,国家经委副处长,中国煤炭进出口总公司副总经理等职;现任中国煤炭工业进出口集团公司党委书记、副董事长。

冯　仑　董事,现年 41 岁,法学硕士。曾任中央党校讲师,并先后在中央党校宣传部、国家体改委及武汉市经委和海南省委体改办等单位供职。现任万通集团董事局主席、北京万通实业股份有限公司董事长。

杨祥波　董事,现年 37 岁,哈工大名誉博士。曾任香港岁宝集团董事局主席、招商银行董事、哈尔滨岁宝热电股份有限公司董事长;现任岁宝集团董事局主席、全国政协委员。

李安民　董事,现年 56 岁,大专文化,高级工程师。曾任介休市义安煤焦化厂厂长;现任山西安泰集团股份有限公司董事长兼总经理、山西省工商联副会长、全国工商联执委、全国政协委员。

李晓东　董事,现年 32 岁,硕士研究生,工程师,曾任中国航空油料西南公司技术员、副科长、副处长,深圳承祥实业股份有限公司总经理助理、副总经理。现任四川南方希望有限公司总裁助理、金融事业部总经理;中联实业股份有限公司执行董事、中联建设装备股份有限公司董事。

本行监事

童赠银　监事长,现年 66 岁,大学文化,高级会计师。曾任中国人民银行副行长、中国证监会副主席、中国民生银行第一届董事会副董事长、行长等职;现任中国民生银行监事长。

李　静　副监事长,现年 50 岁,大专文化,高级经济师。现任长沙南方华侨贸易公司董事长,中国创业集团有限公司董事长,中国金玉珠宝有限公司董事长,湖南省总商会副会长,全国工商联执委、全国政协委员。

(以下按姓氏笔划排列)

王　梁　监事,现年 58 岁,大学文化,高级会计师。曾任昆明铁路局财务处副处长、中国科学院广州分院财务处处长、广州市经济研究院副院长;现任广州市工商联副会长、广州商汇经济发展总公司董事长、广东省政协委员。

刘朝阳　监事,现年 43 岁,大学文化。曾在广西桂林市园林局和审计署工作,曾任国家审计署办公厅副处长、金融审计司处长,现任中国民生银行稽核部总经理。

胡平旭　监事,现年 78 岁,高中文化。曾任昆明兴业城市信用合作社理事长,云南省商会副会长,

昆明市政协副主席,昆明市商会会长,全国政协委员;现任昆明兴业公司总经理,昆明市扶贫基金会副会长。

钱莉琴　女,监事,现年46岁,大学文化。曾在陕西省延安市军用机场修建指挥部、陕西省延安市人民银行、林业部西北林学院、陕西省政府农业办公室工作,现任中国民生银行北京管理部办公室主任。

黄殿鹏　监事,现年48岁,大专文化,经济师。现任鞍山市腾鳌特区辽河饲料集团公司董事长、鞍山市政协委员、鞍山市工商联副会长。

本行高级管理人员

董文标　董事兼行长。

洪　崎　副行长,现年43岁,经济学博士。曾任中国人民银行主任科员、中国人民大学证券研究所副所长,交通银行北海分行行长、中国民生银行营业部总经理,现任中国民生银行副行长、党委委员。在金融、银行、证券方面积累了15年工作经验。

魏盛鸿　副行长,现年56岁,大学文化,高级经济师,教授。曾任人民银行条法司司长。1996年2月起担任本行副行长,现任中国民生银行副行长、党委委员。在经济、金融业方面积累了33年工作经验。

高　峰　董事会秘书,现年57岁,大学文化,高级经济师。曾任煤炭部政策法规司副司长、中国煤炭销售运输总公司总经理、中国煤矿机械装备集团公司党委书记兼第一副总经理、全国工商联副秘书长兼研究室主任,现任中国民生银行董事会秘书、党委委员。

郭义明　财务总监,现年55岁,大学文化。曾任中国人民银行国库司副处长、处长,银行司助理巡视员、副司长,安徽省人民银行副行长,中国人民银行监管一司副司长等职。现任中国民生银行财务总监、党委委员。

二　董事、监事和高级管理人员持股情况

目前除监事黄殿鹏持有本行股票1000股外,其余董事、监事和高级管理人员均未持有本行股票。

六、公司设立

中国民生银行股份有限公司(以下简称:本行)是经国务院国函[1995]32号文及中国人民银行银复[1996]14号文批准,由中华全国工商联负责组建,广州益通集团公司、中国乡镇企业投资开发有限公司、中国煤炭工业进出口总公司、中国船东互保协会、山东泛海集团公司、哈尔滨亚麻厂、厦门福信集团有限公司、宁波市经济建设投资公司、北京万通实业股份有限公司、杭州通普电器公司、昆明建华企业集团、深圳前进开发公司、希望集团有限公司、哈尔滨岁宝热电股份有限公司、郑州斐达实业有限公司、河南电力开发公司、昆明百货大楼、南海市桂城商业贸易物资总公司、中国旅游国际信托投资有限公司、湛江经济技术开发区财务开发公司、深圳市宝安区洞田企业公司、鞍山市腾鳌区辽河饲料集团公司、广东恒丰投资集团有限公司、山西安泰国际企业(集团)股份有限公司、河南兴亚企业集团有限公司、南宁南和发展公司、长沙南方华侨港澳台胞贸易公司、郑州斐蒙达皮制品有限公司、深圳呈鑫实业发展公司、顺德市万和企业集团公司、深圳市上步实业股份有限公司、成都华侨新苑实业有限总公司、河南原田置业公司、浙江省衢州市鸿基实业有限公司、北京理想产业发展公司、鞍山太平洋(集团)有限公司、广州商汇有限公司、鞍山城南轧钢集团公司、广西喷施宝有限公司、南宁市展通物资供应公司、太原清泉煤焦化运销集团公司、山西省海鑫钢铁公司、洛阳建筑机械厂、中国山东台岛集团、天津港田集团公司、中国建材郑州中岳联营特种水泥厂、辽宁盖州市芦屯铁东管件厂、北京恒润达科工贸集团、广东省工商大厦、浙江上虞信诚实业公司、浙江瑞安市永久机电厂、北京门山园开发公司、浙江卧龙集团公司、浙江上虞市财务开发公司、深圳泰绅实业股份有限公司、昆明市工商联兴业公司、河北食品工业总公司、广东连山明华电化厂、深圳汇商有限公司等59家单位作为发起人,按照商业银行法和公司法设立的股份制商业银行。

本行于1996年2月7日在国家工商行政管理局办理了登记手续,营业执照注册号1000001001898(4-3),实收股本为138,024.8万元(经中洲会计师事务所验资并出具了验资报告),根据人民银行银复[1996]14号文的批复,在工商登记时注册资本金为13亿元,注册地址为北京市东城区正义路四号。

1999年11月4日,经人民银行银函[1999]360号文《关于确认民生银行注册资本金的复函》,人民银行已确认本行1996年的实收资本为1,380,248,376元为注册资本。

1999年10月25日,本行召开了1999年度临时股东大会,审议并通过了增资扩股并公开发行普通股(A股)并上市的决议,同时授权本行董事会全权办理股票发行并上市相关事宜。

经中国证券监督管理委员会证监发行字[2000]146号文批准,本行通过上海证券交易所于2000年11月27日以上网定价方式向社会公开发行人民币普通股35000万股,本次股票发行后,本行总股本为173024.8万股。

七、关联企业及关联交易

一　关联方及关联关系

本行现无存在控制关系的关联方。持有本行发行前股本总额的5%及5%以上股份的股东如下:

关联单位名称	持有股数	持股占发行前总股本比例
四川新希望农业股份有限公司	13,802万股	9.9997%
中国泛海实业有限公司	13,000万股	9.4200%
东方集团股份有限公司	13,000万股	9.4200%
中国船东互保协会	11,000万股	7.9700%
中国乡镇企业投资开发有限公司	10,008万股	7.2500%
厦门福信集团公司	9,530万股	6.9000%
中国煤炭工业进出口集团公司	9,000万股	6.5200%
中国有色金属建设股份有限公司	9,000万股	6.5200%
北京万通实业股份公司	7,406万股	5.3700%

二　关联交易

持有本行发行前总股本5%及5%以上股份股东贷款余额如下:

关联单位名称	2000年6月30日 贷款余额	1999年12月31日 贷款余额
中国有色金属建设股份有限公司	150,000,000	-
山东泛海集团公司	50,000,000	50,000,000
北京万通实业股份公司	42,000,000	20,000,000
厦门福信集团公司	32,000,000	32,000,000
中国乡镇企业投资开发有限公司	30,000,000	30,000,000
合计	304,000,000	132,000,000

截至2000年6月30日,本行应收厦门福信集团公司利息余额为502,180元。

八、股本结构及大股东持股情况

一　本行上市前股本结构

类　别	持有股数(万股)	占总股本比例
尚未流通部分:法人股	138024.8	79.77%
可流通部分:社会公众股	35000	20.23%
合计	173024.8	100%

二　本行前十名股东持股情况

	股东名称	持有股份	占发行后总股本比例
1	四川新希望农业股份有限公司	138,020,000	7.98%
2	中国泛海控股有限公司	130,000,000	7.51%
3	东方集团股份有限公司	130,000,000	7.51%
4	中国船东互保协会	110,000,000	6.36%
5	中国乡镇企业投资开发有限公司	100,080,000	5.78%
6	厦门福信集团有限公司	95,300,000	5.51%
7	中国煤炭工业进出口集团公司	90,000,000	5.20%
8	中国有色金属建设股份有限公司	90,000,000	5.20%
9	北京万通实业股份有限公司	74,060,000	4.28%
10	四川南方希望有限公司	64,980,000	3.76%

九、本行财务会计资料

本行截止2000年6月30日的财务资料,已于2000年11月21日分别在《中国证券报》、《上海证券报》和《证券时报》上刊登的《招股说明书概要》中进行了详细的披露。因公告距今时间较短,相同的内容在此不再重复。本公告只公布本行经审计的财务报表及主要财务指标,欲了解详细内容,请查阅上述报纸或至公告的《招股说明书》查阅地点查阅。

一　主要财务及监管指标　　单位:%

科	目	标准值	2000年6月	1999年	1998年	1997年
资本充足率		≥8%	10.48	13.21	18.54	26.1
风险	单一客户	≤10%	11.4	7.54	7.82	7.12
集中	十家客户	≤50%	79.99	57.45	56.33	34.41
流动性	人民币	≥25%	44.31	66.49	83.29	62.08
比例	外币	≥60%	107.51	123.13	136.43	112.57
备付金	人民币	≥5%	11.33	21.96	25.83	23.85
比例	外币	≥5%	7.14	7.59	14.27	17.11
中长期	人民币	≤120%	110.77	161.73	127.36	69.82
贷款比例	外币	≤60%	24.94	28.05	37.71	0
存贷比	人民币	≤75%	65.62	60.17	61.96	40.57
	外币	≤85%	29.71	40.99	48.18	14.21
拆借比	拆入资金比	≤4%	3.06	0.01	3.11	0
	拆出资金比	≤8%	9.1	0.95	0.87	9.01
国际商业借款比例		≤100%	0	0	0	0
不良贷款比例		≤15%	6.39	8.72	6.12	1.94
外汇资产比例		-	10.52	12.08	12.93	17.37
利息回收率(%)		-	97.59	88.43	92.74	97.3
资产利润率(%)			0.61	1.26	1.2	2.88
资产负债率(%)			96.42	95.81	93.61	91.59
净资产收益率(%)			11.84	15.31	12.23	10.91
每股收益(元)			0.149	0.17	0.144	0.123
每股净资产(元)			1.26	1.11	1.174	1.129

注:上述主要财务及监管指标中,每股收益和每股净资产数据的计算所依据的本次发行前股本总额为138024.8万股

二　会计报表(附后)

三　本行会计报表主要项目注释　　单位:元

1、现金及银行存款	2000年6月30日	1999年12月31日
现金	165,380,121	229,027,175
银行存款	37,782,806	31,930,250
其他货币资金	—	—
合计	203,162,927	260,957,425

2、存放中央银行款项	2000年6月30日	1999年12月31日
准备金	1,677,109,200	1,255,883,400
备付金	5,100,081,627	5,803,637,884
合计	6,777,190,827	7,059,521,284

3、存放同业款项	2000年6月30日	1999年12月31日
存放境外同业	110,703,624	95,505,319
存放境内同业	1,661,124,536	1,507,227,988
存放境内同业定期款项	133,000,000	-
合计	1,904,828,160	1,602,733,307

4、拆放同业	2000年6月30日	1999年12月31日
拆放境内同业	2,285,382,000	78,262,467
拆放境外同业	2,684,320,805	1,950,900,988
合计	4,969,702,805	2,029,163,455

上述拆放境内同业款项中包括本行1998年拆放海南发展银行款20,000,000元。

5、拆放金融性公司	2000年6月30日	1999年12月31日
拆放境内金融性公司	213,714,533	231,092,873
合计	213,714,533	231,092,873

2000年6月30日拆放款项余额1997年拆放广东省国际信托投资公司33,118,000元(美元4,000,000元)及拆放广东国际租赁公司9,800,000元。广东省国际信托投资公司和广东国际租赁公司现已宣告破产,本行申报的债权已分别获其清算小组确认,确认金额分别为32,615,082元(美元3,940,257元)和9,800,000元。

截止2000年6月30日,除上述拆放款项外,其他拆放金融性公司余额均已逾期。

6、短期贷款	2000年6月30日	1999年12月31日
担保贷款	14,128,416,043	9,708,672,336
抵押贷款	4,717,162,843	3,707,731,290
信用贷款	419,148,000	30,000,000
合计	19,264,726,886	13,446,403,626

2000年6月30日,持有本行5%及5%以上股份股东的贷款余额为304,000,000元,参见注释五—关联方关系及其交易。

7、应收进出口押汇	2000年6月30日	1999年12月31日
出口押汇	22,196,516	11,814,251
进口押汇	46,338,022	165,175,781
逾期出口押汇	—	—
逾期进口押汇	—	—
合计	68,534,538	176,990,032

8、应收帐款

帐　龄	2000年6月30日			1999年12月31日		
	金额	比例	坏帐准备	金额	比例	坏帐准备
一年以内	305,522,387	1%	2,556,902	411,805,798	1 %	2,588,949
一至二年	18,605,562	1%	186,055	66,243,542	1%	662,435
二至三年	7,405,583	1%	74,056	—	1%	—
三年以上	—	1%	—	—	1%	—
合　计	331,533,532		2,817,013	478,049,340		3,251,384

2000年6月30日,应收持有本行5%及5%以上股份股东的款项余额为502,180元,参见注释五—关联方关系及其交易。

9、其他应收款　　2000年6月30日　　1999年12月31日

	2000年6月30日	1999年12月31日
外汇调期	76,373,844	101,423,875
待解讫银行汇票	66,644,866	104,755,688
应收售出国债本息	30,041,400	22,204,968
职工购房款	15,777,345	21,663,287
分支机构筹建费	8,841,061	6,804,694
房租押金	8,563,584	17,845,989
诉讼费	6,396,195	1,943,523
备用金	53,866,326	51,597,086
分销国债应收款	69,873,385	-
代清算纪念卡款项	13,641,698	-
转贴现	135,000,000	-
其他	104,681,836	45,823,980
合计	589,701,540	374,063,090

帐龄	2000年6月30日			1999年12月31日		
	金额	比例	坏帐准备	金额	比例	坏帐准备
一年以内	508,181,182	1%	3,065,363	334,500,520	1%	1,283,210
一至二年	77,954,080	1%	15,802	37,949,113	1%	379,491
二至三年	876,097	1%	8,761	1,020,249	1%	10,202
三年以上	2,690,181	1%	26,902	593,208	1%	5,932
合　计	589,701,540		3,116,828	374,063,090		1,678,835

上述外汇调期系本行1998年与越信隆财务有限公司进行的调期外汇买卖的余额,涉及的美元金额为12,250,000元,2000年6月30日美元余额为9,224,451元。

2000年6月30日,其他应收款余额中无应收持有本行5%及5%以上股份股东的款项。

10、贴现

	2000年6月30日	1999年12月31日
商业承兑汇票贴现	75,100,000	43,546,859
银行承兑汇票贴现	901,703,288	276,691,798
买入外币票据	8,280	2,303,357
合计	976,811,568	322,542,014

11、短期投资

	2000年6月30日	1999年12月31日
国库券	434,890,060	19,376,000
金融债券	—	8,313,275
政策性银行债券	—	19,712,513
合计	434,890,060	47,401,788

12、代理证券

	2000年6月30日	1999年12月31日
代理发行债券	—	13,288
代理兑付债券	25,957,252	1,690,402
合计	25,957,252	1,703,690

13、买入返售证券

	2000年6月30日	1999年12月31日
买入国家回购证券	180,000,000	100,000,000
买入其他回购证券	440,000,000	240,000,000
合计	620,000,000	340,000,000

14、一年内到期的长期投资

债券种类	到期日	利率%	面值	溢价	应计利息	2000年6月30日余额
97年三年期凭证式国债	2000年	9.18	150,000,000	—	39,001,750	189,001,750
98进出口金债(一期)	2000年	5.31	100,000,000	—	3,805,500	103,805,500
99进出口一期债券	2001年	3.78	15,000,000		74,564	15,074,564
广发行特种金债	2001年	11.00	18,530,400	498,429	4,365,453	23,394,282
97铁路债券(三年)	2001年	8.00	28,000,000	—	19,065,033	47,065,033
建行香港分行	2001年	6.43	22,360,800	-49,194	—	22,311,606
合计			333,891,200	449,235	66,312,300	400,652,735

15、中长期贷款

	2000年6月30日			1999年12月31日		
	合计	1-3年	3年以上	合计	1-3年	3年以上
担保贷款	1,422,066,296	1,422,066,296	—	922,666,340	922,666,340	—
抵押贷款	1,071,690,831	—	1,071,690,831	452,743,678	—	452,743,678
信用贷款	—	—	—	—	—	—
合　计	2,493,757,127	1,422,066,296	1,071,690,831	1,375,410,018	922,666,340	452,743,678

2000年6月30日,中长期贷款余额中无持有本行5%及5%以上股份股东的贷款。

16、逾期贷款

	2000年6月30日	1999年12月31日
担保贷款	358,082,142	307,261,240
抵押贷款	1,197,532,197	1,156,842,091
信用贷款	—	—
合计	1,555,614,339	1,464,103,331

其中呆滞贷款如下:

2000年6月30日	合计	1—2年	2—3年	3年以上
担保贷款	653,611,633	504,470,514	141,930,120	7,210,999
抵押贷款	163,886,396	126,117,629	35,482,530	2,286,237
信用贷款	—	—	—	—
合　计	817,498,029	630,588,143	177,412,650	9,497,236

续上表:

1999年12月31日	合计	1—2年	2—3年	3年以上
担保贷款	319,597,214	305,241,771	9,557,655	4,797,788
抵押贷款	84,796,107	79,654,315	3,942,345	1,199,447
信用贷款	—	—	—	—
合　计	404,393,321	384,896,086	13,500,000	5,997,235

2000年6月30日,逾期贷款余额中无持有本行5%及5%以上股份股东的贷款。

17、贷款呆帐准备

类　别	1999年12月31日	本期计提	本期转回	本期核销	2000年6月30日
一般准备	167,854,490	75,739,954	—	—	243,594,444
补充准备	126,683,558	—	—	—	126,683,558
合计	294,538,048	75,739,954	—	—	370,278,002

补充呆帐准备参见注释42。

18、长期投资

债券种类	到期日	利率(%)	面值	溢价	应计利息	2000年6月30日余额
696国债	2006年	11.83	1,289,142,000	76,038,675	—	1,365,180,675
896国债	2003年	8.56	10,000,000	11,430	—	10,011,430
9704国债	2007年	9.78	289,000,000	304,550	—	289,304,550
99记账式国债(11期)	2009年	3.32	200,000,000	—	—	200,000,000
99记账式国债(四期)	2002年	2.72	150,000,000	—	—	150,000,000
99记账式国债(一期)	2006年	4.88	50,000,000	—	—	50,000,000
98记账式国债	2005年	5.01	30,000,000	—	—	30,000,000
98专项国债	2005年	6.80	1,042,880,000	1,138,482	—	1,044,018,482
98凭证式(三年)	2001年	5.85	382,850,500	—	50,874,129	433,724,629
98凭证式(五年)	2003年	6.42	61,769,200	—	6,680,405	68,449,605
99凭证式一期(三年)	2002年	4.72	283,147,200	—	16,678,391	299,825,591
99凭证式一期(五年)	2004年	5.13	88,858,799	—	6,060,111	94,918,910
99凭证式二期(三年)	2002年	3.02	232,587,210	—	6,547,946	239,135,156
99凭证式二期(五年)	2004年	3.25	106,047,300	—	3,220,350	109,267,650
99凭证式三期(三年)	2002年	2.78	28,001,362	—	537,625	28,538,987
99凭证式三期(五年)	2004年	2.97	10,534,050	—	206,863	10,740,913
2000年凭证式一期(二年)	2002年	2.55	4,029,300	—	20,122	4,049,422
2000年凭证式一期(三年)	2003年	2.89	15,456,950	—	90,415	15,547,365
2000年凭证式一期(五年)	2005年	3.14	495,900	—	3,583	499,483
2000年凭证式二期(二年)	2002年	2.55	181,243,000	—	552,500	181,795,500
2000年凭证式二期(三年)	2003年	2.89	452,515,500	—	1,565,605	454,081,105
2000年凭证式二期(五年)	2005年	3.14	270,669,500	—	1,020,502	271,690,002
国债小计			5,179,227,771	77,493,137	94,058,547	5,350,779,455
98国开行金债	2001年	5.52	200,000,000	—	—	200,000,000
99国开行金债01	2009年	4.95	10,000,000	—	—	10,000,000
99国开行金债06	2002年	3.23	175,000,000	—	—	175,000,000
99国开行金债08	2009年	3.38	20,000,000	—	—	20,000,000
99国开行金债10	2009年	3.11	20,000,000	—	—	20,000,000
98国开行五年期一期金债(计划)	2003年	4.59	100,000,000	—	—	100,000,000
99国开行五年期二期金债(计划)	2003年	4.59	100,000,000	—	—	100,000,000
国开行金债4(98三年期)	2001年	5.94	80,000,000	—	—	80,000,000
国开行金债82(计划)	2004年	5.04	50,000,000	—	—	50,000,000
国开行金债53(计划)	2002年	4.59	50,000,000	—	—	50,000,000
金融债券小计			805,000,000			805,000,000
97电力债券	2002年	8.00	175,000,000	58,465	29,235,401	204,293,866
97铁路债券(五年)	2003年	8.60	80,000,000	—	—	80,000,000
其他债券小计			255,000,000	58,465	29,235,401	284,293,866
人民币债券投资合计			6,239,227,771	77,551,602	123,293,948	6,440,073,321
招商银行	2001年	6.21	2,000,000	-23,651	—	1,976,349
招商银行	2002年	5.67	3,000,000	-6,611	—	2,993,389
招商银行	2002年	6.34	2,989,775	-20,833	—	2,968,942
招商银行	2002年	6.92	1,000,000	-3,000	—	997,000
中国银行	2004年	6.28	12,000,000	-47,675	—	11,952,325
中国银行	2004年	8.07	2,000,000	22,596	—	2,022,596
农行	2002年	7.09	7,994,708	-13,750	—	7,980,958
农行	2001年	6.92	5,000,000	-12,750	—	4,987,250
进出口银行	2004年	7.18	5,000,000	-8,233	—	4,991,767
进出口银行	2004年	7.66	7,000,000	120,268	—	7,120,268
建行	2005年	7.49	10,000,000	-42,000	—	9,958,000
国开行	2009年	8.25	5,000,000	61,500	—	5,061,500
财政部债券	2008年	7.30	5,000,000	-132,404	—	4,867,596
USD债券合计			67,984,483	-106,543	—	67,877,940
USD债券折合人民币			562,877,530	-882,068	—	561,995,462
外币债券小计			562,877,530	-882,068	—	561,995,462
长期投资合计			6,802,105,301	76,669,534	123,293,948	7,002,068,783

2000年6月30日有市价债券投资明细如下:

债券种类	面值	2000年6月30日余额	市价	2000年6月30日市值
696国债	1,289,142,000	1,365,180,675	143.01	1,843,601,974
896国债	10,000,000	10,011,430	122.58	12,258,000
9704国债	289,000,000	289,304,550	143.89	415,842,100
97电力债券	175,000,000	204,293,866	118.90	208,075,000
97铁路债券(五年)	80,000,000	80,000,000	125.00	100,000,000
97铁路债券(三年)	28,000,000	47,065,033	119.00	33,320,000
合计	1,871,142,000	1,995,855,554		2,613,097,074

上述分期付息债券投资的应计利息反映在应收帐款中,金额为77,577,151元。

19、固定资产及累计折旧

固定资产原值:	1999年12月31日	本期增加	本期减少	2000年6月30日
房屋及建筑物	360,720,266	13,671,232	—	374,391,498
经营设备	188,233,991	14,595,060	2,805,870	200,023,181
交通运输设备	75,821,683	10,578,660	198,836	86,201,507
其他	5,568,856	3,378,988	—	8,947,844
合计	630,344,796	42,223,940	3,004,706	669,564,030
累计折旧:				
房屋及建筑物	26,371,167	5,830,348	—	32,201,515
经营设备	67,739,925	22,794,623	1,894,894	88,639,654
交通运输设备	20,025,144	6,584,503	78,839	26,530,808
其他	1,321,198	525,094	—	1,846,292
合计	115,457,434	35,734,568	1,973,733	149,218,269
净值	514,887,362			520,345,761

上述房屋及建筑物中部分主要物业的产权证尚在办理中,金额约为147,253,495元。固定资产中不存在以租代购、融资租赁和经营租赁的固定资产。

20、在建工程

工程名称	1999年12月31日	本期增加	转入固定资产	其他减少数	2000年6月30日	资金来源	工程进度
航南大厦	117,731,858	7,287,977	—	—	125,019,835	自有	98%
万泉新新家园	40,000,000	—	—	—	40,000,000	自有	85%
威海大厦	163,878,232	7,663,177	—	—	171,541,409	自有	已完工
金源大厦地库	7,000,000	—	—	—	7,000,000	自有	
合计	328,610,090	14,951,154	—	—	343,561,244		

21、递延资产

	原　值	本期摊销额	累计摊销额	2000年6月30日余额	剩余摊销年限
开办费	167,079,970	13,380,036	61,752,507	105,327,463	0.5至4.7年
装修费	94,542,887	8,220,683	33,715,721	60,827,566	1.5至7.5年
网络工程	18,360,724	2,022,379	3,815,412	14,545,312	2至8年
其他	43,731,952	19,189,571	26,059,405	17,672,547	0.6至8年
合计	323,715,533	42,812,669	125,342,645	198,372,888	

22、短期存款

	2000年6月30日	1999年12月31日
国有企业存款	6,568,087,589	4,400,853,367

民营企业存款	3,471,954,265	2,550,580,459
三资企业存款	1,386,475,573	1,259,538,365
集体企业存款	851,274,407	541,688,418
其他存款	6,425,719,668	4,025,736,750
公司卡存款	242,761,285	13,537,718
单位定期存款	13,736,145,442	12,362,412,140
合计	32,682,418,229	25,154,347,217

23、短期储蓄存款	2000年6月30日	1999年12月31日
活期储蓄存款	1,063,997,319	666,005,839
定期储蓄存款	1,543,123,844	1,166,187,489
定活两便储蓄存款	6,298,100	6,501,400
合计	2,613,419,263	1,838,694,728

24、向中央银行借款	2000年6月30日	1999年12月31日
再贷款	—	40,000,000
再贴现	696,227,920	365,120,000
合　计	696,227,920	405,120,000

25、同业存放款项	2000年6月30日	1999年12月31日
境内同业存放款项	2,989,521,041	3,412,174,909
合计	2,989,521,041	3,412,174,909

26、同业拆入	2000年6月30日	1999年12月31日
境内同业拆入	1,094,559,000	3,000,000
境外同业拆入	—	—
合计	1,094,559,000	3,000,000

27、应解汇款	2000年6月30日	1999年12月31日
应解汇款及临时存款	642,785,088	187,093,500
合计	642,785,088	187,093,500

28、汇出汇款	2000年6月30日	1999年12月31日
汇出汇款	473,117,899	460,732,688
合计	473,117,899	460,732,688

29、卖出回购证券	2000年6月30日	1999年12月31日
卖出国家回购证券	1,400,000,000	400,000,000
卖出其他回购证券		400,000,000
合计	1,400,000,000	800,000,000

30、应付帐款

帐　龄	2000年6月30日	1999年12月31日
一年以内	257,694,490	241,347,221
一至二年	10,335,297	—
二至三年	242,741	—
三年以上	11,267,299	—
合计	279,539,827	241,347,221

31、其他应付款	2000年6月30日	1999年12月31日
应付股东款项	159,832,408	159,832,408
外汇调期	76,373,844	101,693,400
本票	59,934,141	139,917,888
清算垫款	420,017	—
房租	972,910	3,232,358
国际结算暂收款	598,658	4,843,649
应交上级行国债款	36,129,400	—
劳动保险费	11,021,431	—
代保管款项	16,879,072	—
代退汇及托收款	23,221,764	—
其他	78,705,780	92,269,177
合计	464,089,425	501,788,880

	2000年6月30日	1999年12月31日
一年以内	214,108,281	338,583,555
一至二年	89,568,736	3,372,917
二至三年	450,000	—
三年以上	130,000	—
合计	304,257,017	341,956,472

外汇调期参见其他应收款(注释9)。

应付股东款项系本行1999年及以前年度实现的净利润尚未分配的部分。根据本行2000年度股东大会通过的《关于中国民生银行1999年12月31日前银行不良资产产生的实际损失由原有股东承担的决议》,本行1999年12月31日前由于经营活动产生的不良资产和不良债权在上市后发生的实际损失由本行原有股东承担。除此外,2000年6月30日其他应付款余额中无应付持有本行5%及5%以上股份股东的款项。

32、应交税金

本行适用的的各项税费种类及比率如下:

营业税:1997年1月1日以前按营业收入扣除金融企业往来收入后余额的5 %计缴,1997年1月1日以后按营业收入扣除金融企业往来收入后余额的8%计缴。

城建税:按营业税中地方税(5%)部分的7%计缴。

教育费附加:按营业税中地方税(5%)部分的3%计缴。

所得税:按应纳税所得额的33%计缴。

其他税种:据实交纳。	2000年6月30日	1999年12月31日
营业税	32,779,189	21,692,191
城市建设维护税	1,207,736	2,048,786
教育费附加	564,858	911,230
其他	1,464,025	3,412,415
企业所得税	57,431,763	60,146,282
合计	93,447,571	88,210,904

33、长期存款	2000年6月30日	1999年12月31日
二年期	77,716,227	34,483,103
三年期	818,412,481	107,820,232
五年期		233,892,476
合计	896,128,708	376,195,811

34、长期储蓄存款	2000年6月30日	1999年12月31日
二年期	212,420,470	127,554,778
三年期	94,808,755	76,790,325
五年期	31,694,922	26,606,378
合计	338,924,147	230,951,481

35、保证金

	2000年6月30日	1999年12月31日
承兑汇票保证金	1,146,767,312	583,489,283
信用证开证保证金	438,453,934	183,339,272
开出保函保证金	57,317,881	52,645,497
工程质量投标保证金	40,223,696	640,121
外汇买卖交易保证金	128,102,395	—
其他	304,969,136	454,634,109
合计	2,115,834,354	1,274,748,282

36、股本	2000年6月30日	1999年12月31日	1998年12月31日	1997年12月31日
尚未流通股份:				
发起人股份	1,380,248,376	1,380,248,376	1,380,248,376	1,380,248,376
其中:国家拥有股份	–	–	–	–
境内法人持有股份	1,380,248,376	1,380,248,376	1,380,248,376	1,380,248,376
尚未流通股份合计	1,380,248,376	1,380,248,376	1,380,248,376	1,380,248,376
已流通股份:				
境内上市的人民币普通股	–	–	–	–
已流通股份合计	–	–	–	–
股份总数	1,380,248,376	1,380,248,376	1,380,248,376	1,380,248,376

本行经批准由59家单位发起组建,经中国人民银行银函[1999]360号文核准的注册资本为1,380,248,376元,业经中洲会计师事务所(95)发字第138号验资报告验证。

37、资本公积	2000年6月30日	1999年12月31日	1998年12月31日	1997年12月31日
股(资)本溢价	13,800,754	13,800,754	13,800,754	13,800,754
资产评估增值	–	–	–	–
住房周转金转入	–	–	–	–
合计	13,800,754	13,800,754	13,800,754	13,800, 754

上述资本公积系根据本行发起人协议书规定由本行各股东按其认缴出资额的1%交纳前期筹办费用而形成。

38、盈余公积

	法定盈余公积金	法定公益金	任意盈余公积金	合　计
1997年1月1日	9,062,509	9,062,509	–	18,125,018
1997年计提	16,995,556	16,995,556	–	33,991,112
1997年12月31日	26,058,065	26,058,065	–	52,116,130
1998年计提	19,812,693	19,812,693	–	39,625,386
1998年12月31日	45,870,758	45,870,758	–	91,741,516
1999年计提	23,472,494	23,472,494	–	46,944,988
1999年12月31日	69,343,252	69,343,252	–	138,686,504
2000年1月至6月计提	–	–	–	–
2000年6月30日	69,343,252	69,343,252	–	138,686,504

39、未分配利润

本行1997年度、1998年度和1999年度均按税后利润的10%分别计提法定盈余公积金和法定公益金。

根据本行1999年10月25日召开的临时股东大会决议,本行1999年12月31日前可供分配利润由老股东享有。

	2000年6月30日	1999年12月31日	1998年12月31日	1997年12月31日
净利润	205,827,884	234,724,938	198,126,930	169,955,566
加:年初未分配利润	–	134,118,172	111,847,143	72,500,075
盈余公积转入	–	–	–	–
可供分配的利润	205,827,884	368,843,110	309,974,073	242,455,641
减:提取法定盈余公积	–	23,472,494	19,812,693	16,995,556
减:提取法定公益金	–	23,472,494	19,812,693	16,995,556
可供股东分配的利润	205,827,884	321,898,122	270,348,687	208,464,529
减:应付普通股股利	–	321,898,122	136,230,515	96,617,386
年末未分配利润	205,827,884	–	134,118,172	111,847,143

根据股东大会决议,本行实施了1997年度和1998年度利润分配,其中1997年按每股0.07元对当年利润进行了预分配。

40、利息收入、支出

	2000年1–6月	1999年度	1998年度	1997年度
利息收入				
短期贷款利息收入	495,872,390	745,513,024	534,086,605	281,814,010
中长期贷款利息收入	50,378,222	79,627,916	51,991,007	1,836,960
其他	85,604,373	133,321,950	102,124,545	47,226,233
合计	631,854,985	958,462,890	688,202,157	330,877,203
利息支出				
活期存款利息支出	85,737,328	117,203,501	116,585,163	50,543,828
定期存款利息支出	176,031,106	281,809,732	280,772,740	210,033,182
活期储蓄存款利息支出	953,110	4,135,100	2,168,843	809,304
定期储蓄存款利息支出	28,231,670	44,580,325	21,796,772	7,276,171
其他	8,538,483	1,349,603	5,105,919	8,254,689
合计	299,491,697	449,078,261	426,429,437	276,917,174

41、金融企业往来收入、支出

	2000年1–6月	1999年度	1998年度	1997年度
金融企业往来收入				
存放中央银行利息收入	43,784,204	70,468,732	95,289,660	102,547,461
存放同业利息收入	8,730,543	13,038,424	84,164,200	102,693,442
拆放同业利息收入	97,195,319	89,551,325	140,040,485	101,109,518
其他收入	27,834,866	48,549,675	88,204,580	157,284,886
合计	177,544,932	221,608,156	407,698,925	463,635,307
金融企业往来支出				
中央银行借款利息支出	3,888,996	5,780,363	5,011,956	175,000
同业存放利息支出	29,475,422	38,134,294	84,130,957	130,106,053
同业拆放利息支出	3,353,348	15,960,254	9,133,281	29,856,761
其他支出	32,885,195	73,430,906	69,876,516	61,779,645
合计	69,602,961	133,305,817	168,152,710	221,917,459

42、其他营业支出

其他营业支出中包括本行根据信贷资产的实际状况补充计提的呆帐准备 126,683,558元,其中1998年度补充计提55,632,187元,1999年度补充计提71,051,371元。

43、营业税金及附加	2000年1–6月	1999年度	1998年度	1997年度
营业税金	52,172,078	80,445,546	59,598,848	27,218,906
城市维护建设税	1,996,202	3,148,973	2,286,024	1,186,615
教育费附加	990,697	1,157,472	1,445,853	569,499
合计	55,158,977	84,751,991	63,330,725	28,975,020

44、投资收益	2000年1–6月	1999年度	1998年度	1997年度
短期投资:				
债券投资收益	181,508	5,645,242	5,436,321	11,275,886

其他投资收益	–	–	3,119,099	–
小计	181,508	5,645,242	8,555,420	11,275,886
长期投资:				
债券投资收益	222,330,010	436,981,520	315,374,869	194,297,933
小计	222,330,010	436,981,520	315,374,869	194,297,933
合计	222,511,518	442,626,762	323,930,289	205,573,819
45、营业外收入	2000 年 1–6 月	1999 年度	1998 年度	1997 年度
固定资产清理收益	–	–	26,205	–
固定资产盘盈	–	222,394	–	–
出纳长款收入	103	16,321	24,854	1,332
罚款收入	1,102,092	4,175,665	1,386,829	1,134,426
其他收入	33,809	709,975	1,545,571	25,566
合计	1,136,004	5,124,355	2,983,459	1,161,324
46、营业外支出	2000 年 1–6 月	1999 年度	1998 年度	1997 年度
非常损失	–	1,656	–	–
固定资产清理损失	14,078	243,443	70,188	3,320
捐赠支出	50,000	900,000	–	200,000
其他支出	1,694,228	3,361,530	1,121,748	897,768
合计	1,758,306	4,506,629	1,191,936	1,101,088
47、所得税	2000 年 1–6 月	1999 年度	1998 年度	1997 年度
利润总额	247,758,356	296,807,790	241,589,706	226,406,480
加:纳税调整增加额	50,520,909	222,335,688	140,120,324	110,486,713
其中:工资性支出	34,901,179	131,720,689	79,895,376	33,419,624
呆坏帐准备	–	71,051,371	55,632,187	–
其他	15,619,730	19,563,628	4,592,761	77,067,089
减:纳税调整减少额	171,217,228	331,013,624	250,004,646	165,829,819
其中:国债利息收入	171,217,228	331,013,624	250,004,646	165,829,819
应纳税所得额	127,062,037	188,129,854	131,705,384	171,063,374
所得税率	33%	33%	33%	33%
应纳所得税额	41,930,472	62,082,852	43,462,776	56,450,914

十、董事会上市承诺

本行董事会将严格遵守《中华人民共和国公司法》、《中华人民共和国证券法》、《股票发行与交易管理暂行条例》、《公开发行股票公司信息披露实施细则》和《上海证券交易所交易规则 2000 年修订本 》等国家法律、法规的规定，并自股票上市之日起作出如下承诺:

1、按照法律、法规的规定程序和要求披露重大的信息、并接受证券主管机关、上海证券交易所的监督管理。

2、及时、真实、准确地公布中期报告和年度报告,并备置于规定场所供投资者查阅。

3、本行董事、监事及高级管理人员如发生人事变动或持本行股票发生变化时,在报告证券主管机关、上海证券交易所的同时向投资者公布。

4、在任何公共传播媒介中出现的消息可能对本行股票的市场价格产生误导性影响时,本行知悉后将及时对该消息予以公开澄清。

5、本行董事、监事及高级管理人员将认真听取社会公众的意见和批评,不利用已获得的内幕消息和其他不正当手段直接或间接从事股票买卖活动。

6、本行没有无记录负债。

依据 2000 年 5 月 1 日起实施的《上海证券交易所交易规则 2000 年修订本 》，本行全体董事、监事将按照有关规定,在本行股票上市后两个月内签署《董事 监事声明及承诺书》,并送达上海证券交易所备案。

十一、主要事项揭示

1、本行本次向社会公开发行了 35000 万股人民币普通股股票,本次发行前每股净资产 1.26 元/股,本次发行后每股净资产 3.37 元/股。

2、预计本次股票发行后首次股利分配时间为 2001 年 6 月 30 日前。根据本行 1999 年临时股东大会决议,凡认购本行本次发行的社会公众股的股东将与本行原有股东共同享有本行 2000 年的利润分配。

3、本行第一大股东四川新希望农业股份有限公司郑重承诺:其持有的中国民生银行股份有限公司法人股 13802 万股，自中国民生银行股份有限公司股票上市之日起 12 个月内,不转让其持有的本行股份,也不由中国民生银行股份有限公司回购其持有的股份。

4、本行于 2000 年 4 月 29 日分别召开的一届董事会第十八次会议和 2000 年度股东大会,均通过了《关于中国民生银行 1999 年 12 月 31 日前银行不良资产产生的实际损失由原有股东承担的决议》，即 1999 年 12 月 31 日前由于本行经营活动中产生的不良资产和不良债权在上市后产生的实际损失由原有股东承担。

5、本行目前没有未了结或可预见的单个标的金额超过本行净资产总额 10 %的重大诉讼、仲裁案件,也没有被行政处罚的案件。本行进行的偿债诉讼,系商业银行在正常经营范围中的经常性法律事务,也是商业银行为保障正常经营及避免风险所采取的必要法律手段。本行正在进行的诉讼对本次 A 股的发行、上市没有重大不利影响。

6、根据发行人已经天健会计师事务所审核的财务资料， 主承销商和发行人律师认为：本行 2000 年的预期利润率可达到同期银行存款利率水平,符合《公司法》第 137 条规定的"公司预期利润率可达到同期银行存款利率"的发行条件。

7、本行第二届董事会第二次会议于 2000 年 12 月 5 日在北京召开。会议应到董事 17 人,实到董事 12 人,3 名董事授权其他董事代为行使表决权。 刘鸿儒董事因事未出席会议，陈章辉董事病故。公司 7 名监事和部分高级管理人员列席了会议。 会议审议通过了如下决议:

(1) 审议通过了《关于本行增设分支机构方案的决议》。

为扩大本行服务网点,会议同意在 2001—2002 年期间在十个城市逐步设立分支机构。新设机构方案报中国人民银行批准同意后,分步实施。

(2) 审议通过了《关于本行科技大集中资金投入方案的决议》。

会议同意建立适应全行集中会计核算体系的新一代综合业务系统。该系统总投资控制在 10500 万元以内,具体内容已在招股说明书概要本行发展规划中披露。

(3) 审议通过了《关于中国民生银行法人治理结构基本框架》。

根据本行法人治理结构的实践,会议通过了《中国民生银行法人治理结构基本框架》文件,要求按照本框架的基本规定,进一步完善配套制度,并提交下一次董事会审议。

(4) 审议通过了《关于本行信息披露管理办法的决议》。

(5) 审议通过了关于筹备购建总行营业办公楼的事项。

鉴于总行营业用房租金费用支出大，根据本行招股说明书募集资金运用中关于购建营业用房的安排,会议决定着手筹备购建本行总行营业办公楼。会议决定由董事会和经营班子组织专门力量进行筹备,提出方案,经董事会审议后报股东大会批准实施。

(6) 审议了《关于建立中国民生银行补充养老保险的方案》。

会议决定,根据国家有关规定,同意为本行正式员工建立补充养老保险;补充养老保险的资金来源由银行、员工个人共同承担。

(7) 审议通过了关于聘任陈崇龙为本行证券事务代表议案。

附:陈崇龙先生简历

陈崇龙,43 岁,经济学硕士,曾任国家国有资产管理局境外司、企业司副处长、处长,助理巡视员。现任中国民生银行股份有限公司董监事会办公室主任。

8、本行第二届监事会第二次会议 2000 年 12 月 6 日在北京召开。应到监事 7 名,实到 7 名。会议审议通过了如下决议:

(1) 会议审议通过了《中国民生银行监事会议事规则》。

(2) 会议审议通过了《中国民生银行监事行为规范》。

9、根据中国人民银行银办发(2000)第 246 号文件规定,股份制商业银行单个股东所持比例低于该银行股份总额的 10%,其股东资格不再需由中国人民银行审核,而由有关商业银行董事会审核。

10、本行前十名股东中,东方集团股份有限公司通过竞买购得 6000 万股本行股份,其工商名册变更手续正在办理中。

十二、备查文件

1、招股说明书
2、上海证券交易所上市通知书
3、中国证监会核准本行公开发行股票的文件
4、审计报告、财务报表及附注
5、验资报告
6、法律意见书
7、本行临时股东大会决议、董事会决议
8、本行营业执照
9、公司章程
10、其他备查文件

十三、咨询机构

1. 发行人: 中国民生银行股份有限公司
办公地址:北京东城区正义路四号
电　　话:010-65269592
传　　真:010-65229104
联 系 人:高峰　陈崇龙

2. 上市推荐人:
(1)海通证券有限公司
法定代表人:王开国
办公地址:上海市淮海中路 138 号上海广场 28 楼(200021)
电　　话:021-63756385　　传　　真:021-63756458
联 系 人:顾峥　忻镗　周威

(2)国泰君安证券股份有限公司
法定代表人:金建栋
办公地址: 北京市海淀区中关村南大街方圆大厦(100044)
电　　话: 010-88026399　　传　　真: 010-88026788
联 系 人: 顾晓东

中国民生银行股份有限公司
二〇〇〇年十二月十四日

资产负债表

编制单位:中国民生银行股份有限公司　　　金额单位:元

资产	2000.6.30	1999.12.31	1998.12.31	1997.12.31
流动资产：				
现金及银行存款	203162927	260957425	95889362	45841810
存放中央银行款项	6777190827	7059521284	4150769365	2971619453
存放同业款项	1904828160	1602733307	1304855477	2661566673
存放联行款项	–	124262923		
拆放同业	4969702805	2029163455	1474147101	2303832650
拆放金融性公司	213714533	231092873	240164575	1637014850
短期贷款	192647269886	13446403626	9070490830	4578380585
应收进出口押汇	68534538	176990032	145093380	77269745
应收帐款	331533532	478049340	115055819	86257819
其他应收款	589701540	374063090	204339048	366632837
减坏帐准备	–5933841	–4930219	–1007603	–258773
应收款项净额	915301231	847182211	318387264	452631883
贴现	976811568	322542014	214496357	182757676
短期投资	434890060	47401788	61703000	28990200
委托贷款及委托投资				
自营证券				
代理证券	25957252	1703690	1542041	1148246
买入返售证券	620000000	340000000	465400000	268640000
待处理流动资产净损失				
一年内到期的长期投资	400652735	498714938	409690271	
流动资产合计	36775473522	26988669566	17952629023	15209693861
长期资产:				
中长期贷款	2493757127	1375410018	1029636379	275000000
逾期贷款	1555614339	1464103331	681858014	101249657
减:贷款呆帐准备	–370278002	–294538048	–167047937	–52146577
应收租凭款				
减:未收租赁收益				
应收转租贷款				
租赁资产				
减:待转租赁资产				
经营租赁资产				
减:经营租赁资产折旧				
长期投资	7002068783	6048425733	5033240189	2495149385
减:投资风险准备	–18929029	–17879666	–17098744	–2190783
固定资产原值	669564030	630344796	541560926	271513268
减:累计折旧	–149218269	–115457434	–62403828	–22586291
固定资产净值	520345761	514887362	479157098	248926977
固定资产清理	58482	–	–	40000000
在建工程	343561244	328610090	212510837	121362211
待处理固定资产净损失	32363	32363	55520	
长期资产合计	11526231068	9419051183	7252311356	3227350870
无形,递延及其他资产				
无形资产				
递延资产	198372888	188530763	147205284	87211385
其他资产	110365746			
资产总计	308738634	188530763	147205284	87211385
流动负债				

短期存款	32682418229	25154347217	16249022832	12767021132
短期储蓄存款	2613419263	1838694728	961539628	291779339
财政性存款	196926	4828		
向中央银行借款	696227920	405120000	132682000	
同业存放款项	2989521041	3412174909	2049206762	2769836820
联行存放款项	23196365			
同业拆入	1094559000	3000000	500000000	
金融性公司拆入				
应解汇款	642785088	187093500	539073778	211083910
汇出汇款	473117899	460732688	325881466	123321678
委托存款				
应付代理证券款项	39146096	–	–	1000000
卖出回购证券款	1400000000	800000000	1400000000	
应付帐款	279539827	241347221	179965959	150341026
其他应付款	464089425	501788880	435112082	126398244
应付工资	4328381	33130796	26561920	14933610
应付福利费	3202260	5230422	4893290	2046908
应交税金	93447571	88210904	88184093	71835487
应付利润	–	–	6506499	19553619
预提费用	11919161	8914709	7541440	6088181
发行短期债券				
一年内到期的长期负债				
流动负债合计	43511114452	33139790802	22906171749	16555239954
长期负债				
长期存款	896128708	376195811	397686476	227821591
长期储蓄存款	338924147	230951481	125043648	58791643
保证金	2115834354	1274748282	275862775	124390525
应付转租赁租金				
发行长期债券				
长期借款				
长期应付款	9878045	15714820	27472197	
长期负债合计	3360765254	1897610394	826065096	411003759
其他负债	–	26114682		
负债合计	46871879706	35063515878	23732236845	16966243713
股东权益:				
股本	1380248376	1380248376	1380248376	1380248376
资本公积	13800754	13800754	13800754	13800754
盈余公积	138686504	138686504	91741516	52116130
其中:公益金	69343252	69343252	45870758	26058065
未分配利润	205827884	–	134118172	111847143
股东权益合计	1738563518	1532735634	1619908818	1558012403
负债及所有者权益总计				
	48610443224	36596251512	25352145663	18524256116

所附注释为本会计报表的组成部分

利润及利润分配表

编制单位:中国民生银行股份有限公司　　金额单位:元

项目	2000.1-6	1999 年度	1998 年度	1997 年度
营业收入				
利息收入	631854985	958462890	688202157	330877203
金融企业往来收入	177544932	221608156	407698925	463635307
手续费收入	9023565	17522098	14632595	3519993
其他营业收入	13645590	19557838	19698167	5956144
汇兑收益	1173229	16139606	14884106	8786042
营业收入合计	833242301	1233290588	1145115950	812774689
营业支出				
利息支出	299491697	449078261	426429437	276917174
金融企业往来支出	69602961	133305817	168152710	221917459
手续费支出	3703540	5435959	2290849	492019
营业费用	256895779	484623374	358887863	191305508
汇兑损失	–	972646	2137596	1311901
其他营业支出	122520207	221559238	208018876	71083183
营业支出合计	752214184	1294975295	1165917331	763027244
营业税金及附加	55158977	84751991	63330725	28975020
营业利润	25869140	−146436698	−84132106	20772425
加:投资收益	222511518	442626762	323930289	205573819
加:营业外收入	1136004	5124355	2983459	1161324
减:营业外支出	1758306	4506629	1191936	1101088
利润总额	247758356	296807790	241589706	226406480
减:所得税	41930472	62082852	43462776	56450914
净利润	205827884	234726938	198126930	169955566
加:年初未分配利润	–	134118172	111847143	72500075
盈余公积转入				
可供分配的利润	205827884	368843110	309974073	242455641
减:提取法定盈余公积	–	23472494	19812693	16995556
减:提取消地定公益金	–	23472494	19812693	16995556
可供股东分配的利润	205827884	321898122	270348687	208464529
减:应付普通股股利	–	321898122	136230515	96617386
年末未分配利润	205827884	–	134118172	111847143

所附注释为本公司会计报表的组成部分

现金流量表

编制单位:中国民生银行股份有限公司　　金额单位:元

项目	2000.1-6	1999 年度
营业活动产生的现金流量:		
经营活动产生的现金流量		
收到的贷款利息	653997098	805750636
金融企业往来收入收到的现金	177191235	213631432
手续费收入收到的现金	9023565	17522098
汇兑净收益收到的现金	1173229	15166960
债券投资净收益收到的现金	347238910	240322219
营业外净收入收到的现金	−622302	617726
其他营业净收入收到的现金	4652890	−15238338
现金流入小计	1192654625	1277772733
支付的存款利息	261299091	387696999
金融企业往来支出支付的现金	69602961	133305817
手续费支出支付的现金	3703540	5435959
营业费用支付的现金	214083110	427840142
支付的营业税金及附加款	77852782	80752322
支付的所得税款	14000000	66055710
现金流出小计	640541484	1101086949
经营活动生产的现金流量净额	552113141	176685784
流动资金变动产生的现金流量		
存款增加收到的现金	8930893208	9865426481
中央银行准备金减少收回的现金	−421225800	−168986800
同业及金融性公司间拆放减少		
收回的现金	−3225255863	−843822482
贴现减少收回的现金	−654269554	−108045657
租赁业务收回的现金		
再贴现收到的现金	291107920	272438000
已核销逾期贷款收回收到的现金		
其他业务收到的现金	295746438	−474761649
现金流入小计	5216996349	8542247893
进出口押汇增加支付的现金	−108455494	31896652
同业间存放减少支付的现金	−668905132	−865968147
保证金减少支付的现金	−841086072	−998885507
其他负债减少支付的现金	26114682	−26114682
贷款增加支付的现金	7028181377	5503931752
债券投资净增加支付的现金	1243069119	1089908999
其他应收暂付款增加支付的现金	215638450	169724042
其他应付暂收款减少支付的现金	−435860540	318404745
委托存款减少支付的现金		
递延资产,无形资产增加支付的现金	52654794	98108711
其他资产增加支付的现金	110365746	
现金流出小计	6621716930	5321006565
流动资金变动产生的现金流量净额		
	−1404720581	3221241328
营业活动产生的现金流量净额	−852607440	3397927112
投资活动产生的现金流量		
收回投资所收到的现金		
分得股利或利润所收到的现金		
处置固定资产,无形资产和其他长期资产		
	1031027	
而收回的现金净额	–	6172613
收到的其他与投资活动有关的现金		
现金流入小计	1031027	6172613
购建固定资产,无形资产和		
其他长期资产资产所支付的现金	57233630	212548386
权益性投资所支付的现金		
支付的其他与投资活动有关的现金		
现金流出小计	57233630	212548386
投资活动产生的现金流量净额	−56202603	−206375773
筹资活动产生的现金		
吸收权益性投资所收到的现金		
发行债券所收到的现金		
收到的其他与筹资活动有关的现金		
现金流入小计		
偿还债务所支付的现金		
发行筹资费用所支付的现金		
分配股利或利润所支付的现金	–	162455234
偿付利息所支付的现金		
支付的其他与筹资活动有关的现金		
现金流出小计	–	162455234
筹资活动产生的现金流量净额	–	−162455234
汇率变动对现金的影响		
现金及现金等价物净增加额	−908810043	3029096105
不涉及现金收支的投资和筹资活动		
以固定资产偿还债务		
以投资偿还债务		
以固定资产进行长期投资		
融资租赁固定资产		
将净利润调节为经营活动的现金流量		
净利润	205827884	305974938
加:计提的坏帐准备或传销的坏帐	1003622	3922616
计提的贷款呆帐准备或转销的呆帐	75739954	56240111
计提的长期投资风险准备	1049363	780922
固定资产折旧	35734568	54569413
无形资产,递延资产和其他资产摊销	42812669	56783232
处置固定资产,无形资产和6其他长期投资的损失(减收益)		
应付债券利息支出		
投资,筹资活动产生的汇兑损益		
投资损失(减收益)	−222511518	−442626762
递延税款贷款(减借项)		
经营性应收项目的减少(减增加)	−12177431445	−8409553503
经营性应付项目的增加(减减少)	11185167463	11771836145
经营活动产生的现金流量净额	−852607440	3397927112
现金及现金等价物净增加情况		
货币资金的期末余额	203162927	260957425
减:货币资金的期初余额	260957425	95889362
现金等价物的期末余额	5076885262	5927900807
减:现金等价物的期初余额	5927900807	3063872765
现金及现金等价物净增加额	−908810043	3029096105

所附注释成为会计报表的组成部分

上海港集装箱股份有限公司

上海港集装箱股份有限公司股票上市公告书

一、要览

股票简称:上港集箱
证券代码:600018
总股本:90220 万股
可流通股本:21000 万股
本次上市流通股本:8400 万股
上市地点:上海证券交易所
上市时间:2000 年 7 月 19 日
登记机构:上海证券中央登记结算公司

二、绪言

本上市公告书是根据《中华人民共和国公司法》、《中华人民共和国证券法》、《股票发行与管理暂行条例》、《公开发行股票公司信息披露实施细则》和《上海证券交易所股票上市规则》等国家有关法律、法规之规定,并按照中国证券监督管理委员会制定的公开发行股票公司信息披露的内容与格式准则第七号《上市公告书的内容与格式(试行)》而编制,旨在向投资者提供有关上海港集装箱股份有限公司(以下简称本公司)和本次股票上市的有关情况。

经中国证监会证监发字 [2000]74 号文核准,本公司已于 2000 年 6 月 16 日至 2000 年 7 月 7 日成功地向社会公开发行了每股面值 1.00 元的人民币普通股 21000 万股,每股 发行价 11.98 元。其中向战略投资者配售 12600 万股,向一般投资者上网定价发行 8400 万股。

经上海证券交易所上证上[2000]48 号《上市通知书》批准,本公司向一般投资者上网定价发行的 8400 万股社会公众股,将于 2000 年 7 月 19 日在上海证券交易所挂牌 交易,股票简称"上港集箱",股票代码"600018"。向战略投资者配售的 12600 万 股 A 股,将自股权登记日(2000 年 7 月 11)起一年后申请上市流通。

本公司已于 2000 年 6 月 28 日分别在《上海证券报》和《中国证券报》上刊登了《 招股说明书概要》,距今不足六个月,故与其重复的内容在此不再陈述。

本公司董事会及全体董事已批准本上市公告书,确信其中不存在任何虚假记载,误导性陈述或重大遗漏,并对其内容的真实性、准确性和完整性负个别及连带责任。

三、公司概况

(一)主要发起人简介

(1)上海港务局

上海港务局是以货物装卸、储存、中转和水陆运输、货物代理、拖带、引航、船务代理及其相关业务等经营为主,并涉及近洋运输、机械电器、船舶制造修理、港口工程设计施工与安装的特大型企业。其综合实力居全国港口的首位。1997 年被国务院列为全国 512 家重点扶持的特大型国有企业之一,注册资本为 249118 万元,注册地址 为上海市中山东一路 13 号,法定代表人陆海祜先生。截止 1999 年末,上海港务局总资产为 123.36 亿元,净资产 58.66 亿元。1999 年实现主营业务收入 30.5 亿元。上海港港区面积 3619.6 平方公里,其中港区陆域面积 6.6 平方公里。上海港务局目前拥有 公用码头泊位 135 个,其中万吨级泊位 67 个,现有职工 3.8 万余人。全局拥有装卸机 械 3084 台(套),库场面积 236.3 万平方米。1999 年,全港吞吐量共计 1.86 亿吨。 作为我国港口行业的龙头企业,上海港务局目前在规模、市场和管理等方面都已确立了明显的国内领先优势。

(2)上海交通投资公司

成立于 1993 年 8 月,现注册资本为人民币 1 亿元,注册地址为上海市浦东新区浦东南路 2304 号,法定代表人洪任初先生。公司主要业务为对交通运输业的投资与开发及其他相关业务等。

(3)中国上海外轮代理公司

成立于 1984 年 9 月,现注册资本为人民币 1161 万元,注册地址为上海市中山东一 路 13 号三楼,法定代表人姚东宁先生。公司主要业务为国际航运代理及有关业务,国际货物的代理业务以及国际多式联运业务。

(4)中国外轮理货总公司上海分公司

成立于 1988 年 3 月,现注册资本为人民币 355 万元,注册地址为上海市溧阳路 3 号 ,法定代表人王国章先生。公司主要业务为国际航线船舶,国内航线船舶及国际集装箱装拆的理货业务,接受委托办理其他理货业务等。

(5)上海起帆科技实业公司

成立于 1996 年 9 月, 现注册资本人民币 1000 万元, 注册地址为上海市闵行区龙吴 路 4100 号,法定代表人包起帆先生。公司主要业务为装卸,起重运输技术,港口货物中转及代理以及装卸工索具,抓斗系列产品开发,起重运输设备及调试加工维修租赁等。

(二)公司历史沿革

本公司是经上海市人民政府沪府体改审(1998)075 号文批复,由上海港务局为 主发起人,联合上海交通投资公司、中国上海外轮代理公司、中国外轮理货总公司上海分公司和上海起帆科技实业公司四家发起人以发起方式设立的股份有限公司,于 1998 年 11 月 19 日在上海市工商行政管理局登记注册成立。

1998 年,为加速现代企业制度的建设,增强企业融资能力,上海港务局对其全资拥有的子企业上海港集装箱综合发展公司进行改制,剥离其非主营业务和非经营性资产及辅助性资产,将剩余全部经营性资产连同其所属的安达货运站, 共同投入本公司。经上海市资产评审中心沪评审(1998)521 号文、上海市国有资产管理办公室沪国 资产(1998)266 号文确认,上海港务局将上述经评估后的净资产 10.436 亿元,按 65%的比例折为 67840 万股发起人股,占本次 A 股发行前本公司总股本的 98.01%。其它四家发起人分别以现金按相同的折股比例认购其余共计 1380 万股,占本次 A 股发行前 本公司总股本的 1.99%。本次发行前,本公司共计总股本为 69220 万股。

本次 21000 万股 A 股公开发行后,公司股本总额为 90220 万元。

四、股票发行及承销

(一)本次股票公开发行情况

发行方式:向法人配售和向一般投资者上网定价发行相结合
发行期间:2000 年 6 月 16 日至 2000 年 7 月 7 日公开
发行数量:21000 万股
其中:向一般投资者上网定价发行 8400 万股
向战略投资者配售 12600 万股
发行价格:11.98 元/股
募集资金总额:246580 万元(已扣除有关发行费用)
上网定价发行有效申购户数 243560 户
上网定价发行中签率:1.96585865%
持有 1000 股以上(含 1000 股)的户数:56078
发行费用总额:5000 万元
每股发行费用:0.238 元
发行市盈率:加权平均市盈率为 23.96 倍,全面摊薄发行市盈率为 27.23 倍

(二)股票承销

本次公开发行的社会公众股共计 21000 万股,其中向一般投资者上网定价发行的 8400 万股已被投资者全额认购;向战略投资者配售的 12600 万股也被投资者全额认购。

(三)验资报告

华业字(2000)第 1020 号

上海港集装箱股份有限公司:

我们接受委托,对贵公司向社会法人和社会公众募集股份而增加的股本及相关的资产的真实性和合法性进行审验。我们根据《中国注册会计师独立审计实务公告第 1 号-验资》的规定,结合贵公司的具体情况,实施了我们认为必要的审验程序。贵公司的责任是提供真实、合法和完整的验资资料,保护资产的安全、完整。我们的责任是在对上述资料进行审验的基础上出具真实、合法的验资报告。

贵公司经 1999 年 9 月 8 日临时股东大会通过并报经中国证券监督管理委员会批准,采用对法人配售和对一般投资者上网发行相结合的方式向社会公开发行人民币普通股 21,000 万股,每股面值人民币 1 元,溢价发行,发行价格为每股人民币 11.98 元,委托国泰君安证券股份有限公司主承销,应募集资金为人民币 2,515,800,000.00 元,按招股说明书规定,预扣发行费用 50,000,000.00 元后,实际可募集资金为人民币 2,465,800,000.00 元。

经过我们审验,截至 2000 年 7 月 10 日止,承销机构已将所募集的资金人民币贰拾 肆亿陆仟伍佰捌拾万元(¥2,465,800,000.00)缴入贵公司,其中增加股本 210 ,000,000.00 元,增加资本公积 2,255,800,000.00 元(不含本次募集资金有效申购利息),与缴入资金相关的资产总额为人民币 2,465,800,000.00 元,均为货币资金。

本报告附件:
1、变更前后注册资本、实收资本对照表;
2、验资事项说明;
3、验资证明表。

大华会计师事务所有限公司　　中国注册会计师
周渭明　吕秋萍
中国·上海·昆山路 146 号　　2000 年 7 月 10 日

(四)募集资金到位情况

2000 年 6 月 28 日, 国泰君安证券股份有限公司解入中国建设银行上海第一支行 055012-00263215709 帐号上海港集装箱股份有限公司人民币帐户人民币 1,509,480,000.00 元;2000 年 7 月 7 日,国泰君安证券股份有限公司解入招商银行上海分行张华浜支行 096806-48803343001 帐号上海港集装箱股份有限公司人民币帐户人民币 964,797,880.00 元。其中增加股本人民币 210,000,000.00 元,增加资本公积人民币 2,255,800,000.00 元,增加其他应付款人民币 8,477,880.00 元(系总发行费用人民币 50,000,000.00 元扣除承销费用、上网费用后的余额)

五、董事、监事及高级管理人员简介和持股情况

(一)董事、监事及高级管理人员简介

1、董事:

陈戌源,现年 44 岁,工商管理硕士,经济师。曾任上海港务局团委书记、上海港宝山集装箱装卸公司经理、上海港集装箱综合发展公司副总经理兼党委副书记、上海港务局局长助理。现任上海港务局副局长、上海港集装箱股份有限公司董事长。

袁志耕,现年 56 岁,工商管理硕士,高级经济师,上海海运学院客座教授。曾任上海港张华浜集装箱装卸公司经理。现任上海集装箱码头有限公司党委书记兼副总经理、上海港集装箱综合发展有限公司董事长兼总经理、上海港集装箱股份有限公司党委书记、副董事长兼总经理。

陈立身,现年 51 岁,大专学历,经济师。曾任上海港务局调度室副主任、上海港务局生产调度处处长。现任上海港务局局长助理兼业务处处长、上海港集装箱股份有限公司董事。

夏伟江,现年 52 岁,大专学历,高级政工师、经济师。曾任上海港务局党委办公室主任秘书、办公室副主任、上海港龙吴港务公司经理。现任上海港务局党委组织部部长、上海港集装箱股份有限公司董事。

徐德麟,现年 50 岁,大专学历,工程师。曾任上海港务局计划处综合组组长、上海港务局计划处副处长。现任上海港务局计划统计处处长、上海港集装箱股份有限公司董事。

钱蓓蓓,现年 52 岁,大专学历,高级会计师。曾任上港二区财务科副科长、上海港务局审计室主任科员、上海港务局审计处副处长、处长。现任上海港务局财务处处长、上海港集装箱股份有限公司董事。

孙国康,现年 52 岁,中专学历,高级经济师。曾任上海港务局安质处主任科员、上海港务局企业管理处副处长、处长。现任上海港务局体改法规处处长、上海港集装箱股份有限公司董事。

于招军,现年 42 岁,大专学历,经济师。曾任上海港张华浜集装箱装卸公司科长、上海港务局主任科员、上海港集装箱综合发展公司副总经理。现任上海港集装箱股份有限公司董事兼副总经理。

顾强生,现年 49 岁,大专学历,经济师。曾任上海港张华浜集装箱装卸公司办公室主任、上海集装箱码头有限公司办公室主任、码头经理、上海港集装箱综合发展公司总经理助理兼上海东方海外集装箱货运有限公司副总经理。现任上海港集装箱股份有限公司董事兼董事会秘书、副总经理。

2、监事:

左端午,现年 60 岁,大专学历,高级政工师。现任上海港务局纪委书记、上海港务局监察室主任、上海港集装箱股份有限公司监事长。

金延霞,现年 57 岁,大专学历,高级会计师。现任上海交通投资公司副总经理兼总会计师、上海港集装箱股份有限公司监事。

万志梁,现年 53 岁,大专学历,政工师。现任上海港集装箱股份有限公司工会主席、上海港集装箱股份有限公司监事。

3、其他高级管理人员:

韩刚,现年 45 岁,大专学历,政工师。曾任上海港务局党委办公室秘书、上海港湾实业总公司办公室主任、上海港湾实业总公司党总支副书记。现任上海港集装箱股份有限公司副总经理。

陆卫国,现年 44 岁,大专学历,会计师。曾在上海港务局财务处任职、上海港集装箱综合发展公司财务计划部经理。现任上海港集装箱股份有限公司财务计划部经理。

(二)本公司董事、监事及高级管理人员持股情况

本公司副总经理韩刚先生现持有本公司 A 股 1000 股,系上网定价发行申购所得, 按照有关规定,其所持股份在其任职期内不得转让。

其余公司董事、监事及高级管理人员均未持有本公司股票。

六、公司设立

本公司是经上海市人民政府沪府体改审(1998)075号文《关于同意设立上海港 集装箱股份有限公司的批复》批准,由上海港务局、上海交通投资公司,中国上海外轮代理公司、中国外轮理货总公司上海分公司和上海起帆科技实业公司作为发起人,以发起设立方式于1998年11月19日注册成立的股份有限公司。经上海市资产评审中心沪评审(1998)521号文确认,主发起人上海港务局投入本公司的净资产总额为1,043,636,220.56元,并经上海市国有资产管理办公室沪国资产(1998)266号文和沪国资企 (1998)234号文批准,上海港务局投入本公司的净资产按65%的比例折为67840万股国家股,占本次发行前总股本的98.01%,同时委托上海港务局持有并代理对该国家股行使管理的职能。另外,上海交通投资公司、中国上海外轮代理公司和中国外轮理货总公司上海分公司各投入现金532.43万元,按相同的比例分别折为346.1 万股发起人股,各占本次发行前本公司总股本的0.5%;上海起帆科技实业公司投入现金525.66万元,以同样比例折为341.7万股,占本次发行前本公司总股本的0.49%。本次发行前,本公司共计总股本为69220万股。

经中国证监会证监发字[2000]74号文核准,本公司已于2000年6月16日至7月7 日成功发行了每股面值1.00元的人民币普通股21000万股,每股发行价人民币11.98元。其中向战略投资者配售12600万股,向一般投资者上网定价发行8400万股,本次 募集资金已全部到位,本次21000万股A股公开发行后,公司股本总额增至90220万股 。

本公司于1999年9月8日召开了临时股东大会,会议通过了"公司向社会公众发行的人民币普通股(A股)的上市地为上海证券交易所。"

公司注册资金:90220万元公司

注册地址:上海市军工路4049号

营业执照注册号码:3100001005623

七、关联企业及交易

(一)关联企业

1、上海港务局

上海港务局是以货物装卸、储存、中转和水陆运输、货物代理、拖带、引航、船务代理及其相关业务等经营为主,并涉及近洋运输、机械电器、船舶制造修理、港口工程设计施工与安装的特大型企业。其综合实力居全国港口的首位。1997年被国务院列为全国512家重点扶持的特大型国有企业之一,注册资本为249118万元,注册地址 为上海市中山东一路13号,法定代表人陆海祜先生。上海港务局目前持有本公司75.19%的股权。

2、上海港集装箱综合发展有限公司(集发公司)

集发公司成立于1993年初,目前注册资本9.8亿元,注册地址为上海市军工路4049号,法定代表人袁志耕先生。专业从事集装箱装卸、储存、拆装箱、陆上运输、货运代理、船舶代理等业务。本公司现持有其100%的股权。

3、上海集装箱码头有限公司

上海集装箱码头有限公司系集发公司和香港和记黄埔上海港口投资有限公司组建的沪港合资企业,成立于1993年。公司注册资本为20亿元,集发公司出资比例为50%。公司注册地址为上海市逸仙路3425号,法定代表人为陈戌源先生。该公司主要从事集装箱装卸、储存、转运、洗箱、船舶代理、货运代理、提供电子数据交换服务、内地货物在上海的储存和货运中转等业务。

4、上海联合国际船舶代理有限公司

上海联合国际船舶代理有限公司是集发公司与中国上海外轮代理公司共同投资组建的有限责任公司,成立于1994年9月,注册资本为500万元,集发公司出资比例为50%。公司注册地址为峨山西路1017号107室,法定代表人王惠民先生。主要从事船舶 代理、集装箱运输代理、多式联运等业务。

5、上海海辉国际集装箱修理有限公司

该公司系集发公司与中国外运上海分公司、香港辉腾有限公司、香港金发船务有限公司组建的沪港合资企业,成立于1989年6月,注册地址上海市安达路240号,注册资本130万美元,集发公司出资比例为30%,法定代表人陈戌源先生。该公司主营业 务为:国际货运集装箱修理、保养、例检、预冷、翻新,运输、堆存、装卸等。

6、上海海富国际集装箱货运有限公司

该公司系集发公司与上海东华集装箱修理综合服务公司、香港中景有限公司组建的沪港合资企业,成立于1989年1月,注册资本100万美元,集发公司出资比例为30%。公司注册地址为上海市邯郸路98号凌武大厦1888室,法定代表人陈戌源先生。该公司主营业务为:国际集装箱租赁、转租、分租,旧箱改装、出租及其他相关业务。

7、上海宝罗危险品仓储有限公司

该公司系集发公司与上海宝山区罗店四方化工仓库、香港友航轮船有限公司组建的沪港合资企业,成立于1992年5月,注册地点上海市沪太路7281号,注册资本人民 币500万元,集发公司出资比例为38%。公司注册地址为上海市宝山区沪太路7281号 ,法定代表人瞿正良先生。该公司主营业务为:进出口危险品货物运输、仓储、装卸、保管,以及开办部分货物的保税业务。

8、上海长荣集装箱货运有限公司

上海长荣集装箱货运有限责任公司,系集发公司与巴拿马永华投资有限公司组建的中外合资企业,成立于1994年8月,注册地点上海市军工路4049号C,注册资本1000万美元,集发公司出资比例为40%。公司注册地址为上海市军工路4049号,法定代表人袁志耕先生。该公司的主要经营业务为:国际集装箱运输、装卸、储存、中转、拆装箱、修理等。

(二)关联交易及协议本公司与本公司控股股东上海港务局及其下属公司和企业存在下列关联交易:

1、办公用房租赁

本公司与本公司控股股东上海港务局下属全资企业-上海港仓储投资管理中心签订了《房屋租赁合同》。根据该协议,本公司将向上海港仓储投资管理中心租用位于上海市军工路4049号吉发大厦共2层的办公用房,租赁该房屋的建筑面积共计为1504 平方米;租赁期自协议签字日起至2008年11月18日结束;租金标准为每天4.5元/平方米,在租赁期限内租金标准不变;本公司将在每年的12月1日前向上海港仓储投资 管理中心支付当年租金。如逾期支付租金,本公司需按照届时固定资产贷款利率支付滞纳金。

2、供电服务

本公司下属集发公司之控股子公司上海集装箱码头有限公司分别与上海港务局下属全资企业上海港宝山港务公司、上海港军工路港务公司和上海港张华浜港务公司的相互供电分别签订了《供电服务协议》。根据该协议,上海集装箱码头有限公司下属张华浜集装箱头向上海港张华浜港务公司提供转供电;而上海港宝山港务公司和上海港军工路港务公司则向上海集装箱码头有限公司下属宝山集装箱码头和军工路集装箱码头提供转供电。电费将按照实际用电数和国家规定的电费标准进行核算,在规定时间内支付给用电服务提供方。同时接受服务方还将另按照实际发生电费的30%向服务提供方支付供电附加费。该协议的有效期限为10年。

3、投资外高桥二期工程

本公司已于1999年1月8日与上海港务局签订了有关投资外高桥二期工程的协议。至2000年5月31日,累计完成投资额为17.5706亿元,经具有工程造价咨询资质的审 核机构确认的工程造价为17.4662亿元。本次发行结束后,本公司即以募集资金收购该项目。根据该协议,将以具有工程造价咨询资质的中介机构审定的结果作为收购价格定价依据。本公司已与具有工程造价咨询资质的单位签订了关于外高桥港区二期工程审价的协议。实施收购时将根据审价单位对外高桥二期工程的审价结果支付收购该工程的价款,若届时仍有未尽投资,则由本公司继续实施,并在中国证监会指定的信息披露的报刊上特别公告。

4、股权收购

1999年7月16日,本公司就收购上海港务局持有的上海海华轮船有限公司65%股 权及上海港仓储投资管理中心持有的上海亚联国际集装箱货运有限公司、上海胜狮集装箱货运有限公司、上海东方海外集装箱货运有限公司各40%股权的有关事宜分别与上海港务局及上海港仓储投资管理中心签订了《股权收购协议》;根据协议的安排,本公司将在本次发行后,利用募集资金分别向上海港务局和上海港仓储投资管理中心收购上述公司的股权,根据对上述四家企业的评估结果,此次股权收购的总价值约为2亿元。本公司将在全额支付收购价款后的10日内办理股权转让手续,并办理有关工 商登记手续。

八、股本结构及大股东持股情况

(一)本次上市前本公司的股本结构

	股数(万股)	占总股本比例(%)
1、尚未流通股份		
(1)发起人股份	69220	76.72
其中:国家股	67840	75.19
法人股	1380	1.53
(2)战略投资者所持股份	12600	13.97
2、可流通股份		
境内上市人民币普通股	8400	9.31
3、总股本	90220	100

(二)公司前十名股东持股数量及持股比例

股东名称	持股数量(万股)	持股比例(%)
1、上海港务局	67840	75.19
2、博时基金管理有限公司(基金裕隆)	1528	1.69
3、华安基金管理有限公司(基金安顺)	1222	1.35
4、长盛基金管理有限公司(基金同盛)	1222	1.35
5、长盛基金管理有限公司(基金同益)	1009	1.12
6、东方国际(集团)有限公司	979	1.09
7、南方基金管理有限公司(基金开元)	979	1.09
8、南方基金管理有限公司(基金天元)	917	1.02
9、华安基金管理有限公司(基金安信)	917	1.02
10、鹏华基金管理有限公司(基金普丰)	734	0.81

九、公司财务会计资料

本公司截止1999年12月31日的财务状况,已于2000年6月28日分别在《上海证券 报》和《中国证券报》上刊登的《招股说明书概要》中进行了详尽的披露,由于发行距上市时间不足六个月,本报告只公布财务报表及财务指标。欲了解有关财务会计资料的详细内容,敬请投资者查阅刊登于上述报纸或至公告的《招股说明书》查阅地点查阅。

(一)财务报表(附后)

(二)主要财务指标

财务指标	1999年12月31日	1998年12月31日	1997年12月31日
流动比率	1.2732	1.1136	1.0527
速动比率	1.2599	1.0947	1.0271
资产负债率(%)	33.48	29.59	27.04
资产负债率(母公司,%)	13.89	3.53	31.14
应收帐款周转率(次)	9.2182	8.8492	8.4263
净资产收益率(%)	31.45	26.90	22.59
每股收益(元)	0.58	0.43	0.37

注:以上指标除特别标明外,均为合并报表数据。

十、董事会上市承诺

本公司董事会将严格遵守《中华人民共和国公司法》、《中华人民共和国证券法》、《股票发行与交易管理暂行条例》、《公开发行股票公司信息披露实施细则》和《上海证券交易所股票上市规则(2000年修订)》等国家法律、法规的规定,并自股票上市之日起作出如下承诺:

1、按照法律、法规的规定程序和要求披露重大的信息,并接受证券主管机关,上海证券交易所的监督管理。

2、及时、真实、准确的公布中期报告和年度报告,并备置于规定场所供投资者 查阅。

3、本公司董事、监事、高级管理人员如发生人事变动或持本公司股票发生变化 时,在报告证券主管机关、上海证券交易所的同时向投资者公布。

4、在任何公共传播媒介中出现的消息可能对本公司股票的市场价格产生误导性 影响时,本公司知悉后将及时对该消息予以公开澄清。

5、本公司、董事、监事、高级管理人员将认真听取社会公众的意见和批评,不 利用已获得的内幕消息和其他不正当手段直接或间接从事股票买卖活动。

6、本公司没有无记录负债。

依据2000年5月1日起实施的《上海证券交易所股票上市规则(2000年修订本)》,本公司全体董事、监事将按照有关规定,在本公司股票上市后两个月内签署《董事(监事)声明及承诺书》并送达上海证券交易所备案。

十一、重要事项揭示

1、本公司2000年度盈利预测已经大华会计师事务所有限公司审阅,华业字(2000)109号盈利预测审核报告根据显示:2000年度合并利润总额为882,968,033.08元, 扣除所得税133,272,602.72及少数股东权益352,503,822.74元,净利润为397,191,607.62元。

2、本次发行后首次股利分配的日期预计在2001年6月前,具体时间由本公司的 股东大会决定。1999年12月31日以后产生的可供分配利润由公开发行股票后全体在册股东共享。

除招股说明书已披露事项以外,公司无其它应披露而未披露的重要事项。

十二、备查文件目录

1、招股说明书

2、审计报告、财务报表及附注

3、验资报告

4、资产评估报告

5、盈利预测审核报告

6、中国证监会核准本公司公开发行股票的文件

7、上海证券交易所上市通知书

8、公司章程

9、营业执照

10、其它备查文件

十三、咨询机构

1、发行人

名称:上海港集装箱股份有限公司

法定代表人:陈戌源

注册地址:上海市军工路4049号

联系电话:021-56443578

传真:021-56441728

联系人:顾强生、陆卫国、石径存

2、上市推荐人

名称:国泰君安证券股份有限公司
法定代表人:金建栋
注册地址:上海市浦东新区商城路 618 号
联系电话:021-62580818
传真:021-62531028
联系人:时炜程、曾大成

上海港集装箱股份有限公司

2000 年 7 月 14 日

合并资产负债表

编制单位:上海港集装箱股份有限公司 单位:人民币元

项　目	1999.12.31 合并	1998.12.31 合并	1997.12.31 合并
流动资产:			
货币资金	1338786092.79	864627916.09	632514424.47
短期投资		2000000.00	
减:短期投资跌价准备			
短期投资净额		2000000.00	
应收票据		177373.88	
应收股利	12593611.30	11756852.69	
应收利息			
应收帐款	179001764.78	126636918.36	96820948.89
其他应收款	26583311.35	25728422.92	45913016.33
减:坏帐准备	12579431.36	9869576.70	7658285.01
应收帐款净额	193005644.77	142495764.58	135075680.21
预付帐款	89100.00		30437.68
应收补贴款			
存货	14439484.88	15695635.93	17371292.85
减:存货跌价准备			
存货净额	14439484.88	15695635.93	17371292.85
待摊费用	1882856.95	1994075.20	1739005.30
待处理流动资产净损失			
一年内到期的长期债券投资			
其他流动资产			
流动资产合计	1560796790.69	1038747618.37	786730840.51
长期投资:			
长期股权投资	−61922069.40	−65925048.56	55329411.35
长期债权投资			87000.00
长期投资合计	−61922069.40	−65925048.56	55416411.35
减:长期投资减值准备			
长期投资净额	−61922069.40	−65925048.56	55416411.35
其中:合并价差			
其中:股权投资差额	−109646772.80	−112160350.38	
固定资产:			
固定资产原价	2037409637.38	1826961847.67	1683430718.97
减:累计折旧	380888807.37	300744193.69	228631707.83
固定资产净值	1656520830.01	1526217653.98	1454799011.14
工程物资			
在建工程	8043137.10	151780397.30	197368248.42
固定资产清理			
待处理固定资产净损失			
固定资产合计	1664563967.11	1677998051.28	1652167259.56
无形资产及其他资产:			
无形资产	498599687.96	510074492.24	520796800.00
开办费		98700.00	1926173.31
长期待摊费用	8130102.27	7508785.00	9115413.00
其他长期资产			
其中:临时设施净值			
无形资产及其他资产合计	506729790.23	517681977.24	531838386.31
递延税项:			
递延税项借项			
资产总计	3670168478.63	3168502598.33	3026152897.73
项　目			
流动负债:			
短期借款			
应付票据			
应付帐款	96744160.22	78112351.59	78335359.83
预收帐款	74712271.14	87345109.04	56240044.25
代销商品款			
应付工资	134876146.06	124794252.93	80216279.88
应付福利费	179817445.05	139954680.31	104292026.12
应付股利	532638790.77	221793925.88	259259719.10
应交税金	45268582.95	6342487.97	9115530.74
其他应交款	875205.87	897577.26	276915.19
其他应付款	159333766.49	271912808.66	158017797.86
预提费用			
一年内到期的长期负债	1600000.00	1600000.00	1600000.00
其他流动负债			
流动负债合计	1225866368.55	932753193.64	747353672.97
长期负债:			
长期借款			9149823.03
应付债券			
长期应付款	3200000.00	4800000.00	6400000.00
住房周转金	−250000.00	−50000.00	
其他长期负债			55518459.52
长期负债合计	2950000.00	4750000.00	71068282.55
递延税款:			
递延税款贷项			
负债合计	1228816368.55	937503193.64	818421955.52
少数股东权益	1160140188.96	1118830926.17	1087600262.78
股东权益:			
股本	692200000.00	692200000.00	
资本公积	400761328.77	400761328.77	
盈余公积	177569429.31	25478531.11	
其中:公益金	46827941.80	6467235.35	
未确认的投资损失			
未分配利润	10681163.04	−6271381.36	
外币报表折算差额			
股东权益合计	1281211921.12	1112168478.52	1120130679.43
负债及股东权益总计	3670168478.63	3168502598.33	3026152897.73

母公司资产负债表

编制单位:上海港集装箱股份有限公司 单位:人民币元

项　目	1999.12.31 母公司	1998.12.31 母公司	1997.12.31 母公司
流动资产:			
货币资金	56229935.26	29765186.00	3716638.47
短期投资			
减:短期投资跌价准备			
短期投资净额			
应收票据			
应收股利	245790251.78	46844823.87	
应收利息			
应收帐款	2130211.33	2342296.99	569427.57
其他应收款	5210499.53	6017480.58	504746461.34
减:坏帐准备	464000.12	472071.14	57937.28
应收帐款净额	6876710.74	7887706.43	505257951.63
预付帐款			
应收补贴款			
存货	132159.58	90309.13	155119.07
减:存货跌价准备			
存货净额	132159.58	90309.13	155119.07
待摊费用	235398.68	209800.20	
待处理流动资产净损失			
一年内到期的长期债券投资			
其他流动资产			
流动资产合计	309264456.04	84797825.63	509129709.17
长期投资:			
长期股权投资	1129714433.43	1018066770.38	1090339393.52
长期债权投资			
长期投资合计	1129714433.43	1018066770.38	1090339393.52
减:长期投资减值准备			
长期投资净额	1129714433.43	1018066770.38	1090339393.52
其中:合并价差			
其中:股权投资差额			
固定资产:			
固定资产原价	68720153.80	64322421.00	36728597.22
减:累计折旧	19876402.63	15445666.03	10402121.11
固定资产净值	48843751.17	48876754.97	26326476.11
工程物资			
在建工程		956603.00	988803.00
固定资产清理			
待处理固定资产净损失			
固定资产合计	48843751.17	49833357.97	27315279.11
无形资产及其他资产:			
无形资产			
开办费			
长期待摊费用	103124.00	132584.00	
其他长期资产			
其中:临时设施净值			
无形资产及其他资产合计	103124.00	132584.00	
递延税项:			
递延税项借项			
资产总计	1487925764.64	1152830537.98	1626784381.80
项　目			
流动负债:			
短期借款			
应付票据			
应付帐款			
预收帐款	1991598.60	378603.50	90533.01
代销商品款			
应付工资		267681.32	267681.32
应付福利费	122601.09	127830.07	
应付股利	202942097.71	29774578.86	
应交税金	−312540.38	407133.24	
其他应交款	863028.89	809305.70	
其他应付款	1357057.61	8946926.77	497107012.47
预提费用			
一年内到期的长期负债	1600000.00	1600000.00	1600000.00
其他流动负债			
流动负债合计	206963843.52	40712059.46	497503879.34
长期负债:			
长期借款			9149823.03
应付债券			
长期应付款			
住房周转金	−250000.00	−50000.00	
其他长期负债			
长期负债合计	−250000.00	−50000.00	9149823.03
递延税款:			
递延税款贷项			
负债合计	206713843.52	40662059.46	506653702.37
少数股东权益			
股东权益:			
股本	692200000.00	692200000.00	

资本公积	400761328.77	400761328.77	
盈余公积	63922087.07	8124256.02	
其中:公益金	21307362.36	2708085.34	
未确认的投资损失			
未分配利润	124328505.28	11082893.73	
外币报表折算差额			
股东权益合计	1281211921.12	1112168478.52	1120130679.43
负债及股东权益总计	1487925764.64	1152830537.98	1626784381.80

合并利润表

编制单位:上海港集装箱股份有限公司　　单位:人民币元

项　目	1999年度 合并	1998年度 合并	1997年度 合并
一、主营业务收入	1408719604.46	988715238.93	891408180.50
减:折扣与折让			
主营业务收入净额	1408719604.46	988715238.93	891408180.50
减:主营业务成本	369602438.50	318178733.46	298608725.37
主营业务税金及附加	50114599.57	33900814.76	30828120.14
二、主营业务利润	989002566.39	636635690.71	561971334.99
加:其他业务利润	1945993.59	3079344.22	2963181.57
减:存货跌价损失			
营业费用			
管理费用	138226098.63	119422279.43	134044362.32
财务费用	−26334308.73	−94256391.02	−76859781.58
三、营业利润	879056770.08	614549146.52	507749935.82
加:投资收益	16699790.46	13575512.27	12897453.14
补贴收入	608723.75	6718144.22	7262508.72
营业外收入	25629.54	55297.54	1932936.89
减:营业外支出	14017811.52	5727950.61	6104938.12
加:以前年度损益调整			
四、利润总额	882373102.31	629170149.94	523737896.45
减:所得税	108372827.30	27466618.03	25784189.47
减:少数股东收益	371005955.84	302580513.94	244948881.19
五、净利润	402994319.17	299123017.97	253004825.79
加:年初未分配利润	−6271381.36		
盈余公积转入			
六、可供分配的利润	396722937.81		
减:提取法定盈余公积	111730191.75		
提取法定公益金	40360706.45		
提取职工奖福基金	31008778.87		
七、可供股东分配的利润	213623260.74		
减:应付优先股股利			
提取任意盈余公积金			
应付普通股股利	202942097.70		
转作股利的普通股股利			
八、期末未分配利润	10681163.04		

母公司利润表

编制单位:上海港集装箱股份有限公司　　单位:人民币元

项　目	1999年度 母公司	1998年度 母公司	1997年度 母公司
一、主营业务收入	59034589.37	48502519.38	48677227.90
减:折扣与折让			
主营业务收入净额	59034589.37	48502519.38	48677227.90
减:主营业务成本	23508322.00	19703252.20	17739627.00
主营业务税金及附加	2329929.49	1896988.23	1922791.19
二、主营业务利润	33196337.88	26902278.95	29014809.71
加:其他业务利润	0.00	0.00	0.00
减:存货跌价损失			
营业费用			
管理费用	11958936.80	7302929.42	3158212.80
财务费用	−503369.14	412743.02	596538.60
三、营业利润	21740770.22	19186606.51	25260058.31
加:投资收益	357437914.83	272427889.57	224730630.92
补贴收入			
营业外收入	25211.54	1891.96	5344.86
减:营业外支出	49179.60	204767.14	41929.15
加:以前年度损益调整			
四、利润总额	379154716.99	291411620.90	249954104.94
减:所得税	7169176.69	6402235.07	8321635.02
减:少数股东收益			
五、净利润	371985540.30	285009385.83	241632469.92
加:年初未分配利润	11082893.73		
盈余公积转入			
六、可供分配的利润	383068434.03		
减:提取法定盈余公积	37198554.03		
提取法定公益金	18599277.02		
提取职工奖福基金			
七、可供股东分配的利润	327270602.98		
减:应付优先股股利			
提取任意盈余公积金			
应付普通股股利	202942097.70		
转作股利的普通股股利			
八、期末未分配利润	124328505.28		

1999年度现金流量表

编制单位:上海港集装箱股份有限公司

项目	金额 母公司	合并
一.经营活动产生的现金流量:		
销售商品,提供劳务收到的现金	64819783.12	1551394154.19
收取的租金		
收到的税费返还		608723.75
收到的其他与经营活动有关的现金	29572966.03	1315014929.59
现金流入小计	94392749.15	2867017807.53
购买商品,接受劳务支付的现金	17460781.28	373767612.95
经营租赁所支付的现金	2470320.00	13815760.20
支付给职工以及为职工支付的现金	12126393.85	166418336.94
实际交纳的增值税款		
支付的所得税款	7917590.65	79930513.02
支付的除增值税,所得税以外的其他税费	3264686.80	55722999.38
支付的其他与经营活动有关的现金	34839020.81	1270792492.05
现金流出小计	78078793.39	1953447714.54
经营活动产生的现金流量净额	16313955.76	913570092.99
二.投资活动产生的现金流量:		
收回投资所收到的现金		2000000.00
分得股利或利润所收到的现金	182483854.94	11755288.10
取得债券利息收入所收到的现金		
处置固定资产,无形资产和其他长期资产而收回的现金净额	25216.00	12710514.92
收到的其他与投资活动有关的现金		103200.00
现金流入小计	182509070.94	26569003.02
购建固定资产,无形资产和其他长期资产所支付的现金	3593529.80	104567519.12
权益性投资所支付的现金		
债权性投资所支付的现金		
支付的其他与投资活动有关的现金		
现金流出小计	3593529.80	104567519.02
投资活动产生的现金流量净额	178915541.14	−77998516.10
三.筹资活动产生的现金流量:		
吸收权益性投资所收到的现金		
其中:子公司吸收少数股东权益性投资收到的现金		
发行债券所收到的现金		
借款所收到的现金		
收到的其他与筹资活动有关的现金		
现金流入小计		
偿还债务所支付的现金	8573030.58	8573030.58
发生筹资费用所支付的现金		
分配股利或利润所支付的现金	159994431.06	352013778.08
其中:子公司支付少数股东的股利		
偿还利息所支付的现金	47286.00	47286.00
融资租赁所支付的现金		
减少注册资本所支付的现金		
其中:子公司依法减资支付给少数股东的现金		
支付的其他与筹资活动有关的现金	150000.00	188340.00
现金流出小计	168764747.64	360822434.66
筹资活动产生的现金流量净额	−168764747.64	−360822434.66
四.汇率变动对现金的影响		−590965.53
五.现金及现金等价物净增加额	26464749.26	474158176.70
附:		
1.不涉及现金收支的投资和筹资活动:		
以固定资产偿还债务		
以投资偿还债务		
以固定资产进行投资		
以存货偿还债务		
融资租赁固定资产		
2.将净利润调节为经营活动的现金流量:		
净利润	371985540.30	402994319.17
加:少数股东损益		371005955.84
加:计提的坏帐准备或转销的坏帐	−8071.02	2609363.18
固定资产折旧	4524339.00	92262969.95
无形资产,长期待摊费用摊销	29460.00	13627273.60
待摊费用的减少(减:增加)	410135.03	410135.03
处置固定资产,无形资产和其他长期资产的损失(减:收益)		
固定资产报,报废损失	34581.60	13866834.92
财务费用		891213.40
投资损失(减:收益)	−357437914.83	−16699790.46
递延税款贷项(减:借项)		
存货的减少(减:增加)	−41850.45	1256151.05
经营性应收项目的减少(减:增加)	−4885845.66	−66427170.18
经营性应付项目的增加(减:减少)	1703581.79	97772837.49
增值税增加净额(减:减少)		
其他		
经营活动产生的现金流量净额	16313955.76	913570092.99
3.现金及现金等价物净增加情况:		
货币资金的期末余额	56229935.26	1338786092.79
减:货币资金的期初余额	29765186.00	864627916.09
现金等价物的期末余额		
减:现金等价物的期初余额		
现金及现金等价物净增加额	26464749.26	474158176.70

宝山钢铁股份有限公司

宝山钢铁股份有限公司股票上市公告书

一、要 览

股票简称: 宝钢股份
证券代码: 600019
总股本: 1,251,200 万股
可流通股本: 187,700 万股
本次上市流通股本: 45,000 万股
上市地: 上海证券交易所
上市日期: 2000 年 12 月 12 日
股票登记机构: 上海证券中央登记结算公司
上市推荐人: 中国国际金融有限公司
联合证券有限责任公司

二、绪 言

宝山钢铁股份有限公司(以下简称"本公司")股票上市公告书是根据《中华人民共和国公司法》、《中华人民共和国证券法》、《股票发行与交易管理暂行条例》、《公开发行股票公司信息披露的内容和格式准则》、《上海证券交易所股票上市规则》等国家有关法律、法规的规定，并按照中国证券监督管理委员会制定的公开发行股票公司信息披露的内容与格式准则第七号《上市公告书的内容与格式(试行)》而编写,旨在向投资者提供本公司的基本情况及本次股票上市的有关资料。

经中国证券监督管理委员会证监发行字 [2000]140 号文核准，本公司已成功发行了每股面值 1.00 元的人民币普通股 187,700 万股，其中向一般投资者上网定价发行 45,000 万股,向法人投资者配售 142,700 万股(其中战略投资者配售 44,700 万股,A 类一般法人投资者配售 96,057.383 万股,B 类一般法人投资者配售 1,942.617 万股) ,每股发行价人民币 4.18 元。

经上海证券交易所上证上[2000]第 101 号《上市确认书》同意,本公司 45,000 万股人民币普通股将于 2000 年 12 月 12 日起在上海证券交易所挂牌交易。 本公司总股本 1,251,200 万股，可流通股本 187,700 万股。 本次上市流通股份为向一般投资者上网定价发行的 45,000 万股。根据有关规定,向战略投资者配售的 44,700 万股将于股权登记之日起六个月后上市流通,向一般法人投资者配售的 98,000 万股,，照本次配售办法,分两部分将分别于股权登记之日起 3 个月后和 4 个月后上市流通。本公司股票简称"宝钢股份",股票代码为"600019"。

本公司已于 2000 年 11 月 17 日在《中国证券报》、《上海证券报》和《证券时报》上刊登了《招股说明书概要》,距今不足 6 个月,故与其相重复的内容简化刊登,敬请投资者查阅本公司的《招股说明书概要》。

本上市公告书已经本公司董事会审议批准，董事会各成员确信本上市公告书所载资料不存在任何重大遗漏或误导,并对其真实性、准确性和完整性负个别的和连带的责任。

三、发行公司概况

(一)基本情况
公司名称:宝山钢铁股份有限公司
英文名称:Baoshan Iron & Steel Co., LTD.
公司注册资本:1,251,200 万元
公司法定代表人:谢企华
公司成立日期:2000 年 2 月 3 日
所属行业:钢铁行业

公司经营范围: 钢铁冶炼、加工,电力、煤炭、工业气体生产,码头、仓储、运输等与钢铁相关的业务,技术开发、技术转让、技术服务和技术管理咨询服务,汽车修理,经营本企业自产产品及技术的出口业务,经营本企业生产、科研所需的原辅材料、仪器仪表、机械设备、零配件及技术的进口业务(国家限定公司经营和国家禁止进出口的商品及技术除外),经营进料加工和"三来一补"业务。

公司注册地址:上海市宝山区富锦路果园
联系电话: (021)26647000
联系人: 周竹平

(二)公司历史沿革

宝山钢铁股份有限公司是根据《公司法》第 85 条和《国务院关于股份有限公司境外募集股份及上市的特别规定》,经国家经贸委国经贸企改[1999] 1266 号文批准,由上海宝钢集团公司独家发起设立的股份有限公司。由于国际资本市场原因,经公司股东大会同意,公司先在国内发行 A 股。

本公司的发起人——上海宝钢集团公司的前身为宝山钢铁(集团)公司。宝山钢铁(集团)公司由上海宝山钢铁总厂于 1993 年更名而来,其主体生产资产于 1978 年 12 月动工兴建。第一期工程于 1985 年 9 月建成投产,第二期工程于 1991 年 6 月建成投产,形成年产 671 万吨粗钢的能力;第三期工程自 1996 年底开始陆续投产，将于 2001 年底全部建成,预计 2002 年将全面投产。三期工程全部投产后,集团公司将形成年产粗钢 1,100 万吨的生产规模。1998 年 11 月 17 日,经国务院批准，宝山钢铁(集团)公司吸收合并上海冶金控股(集团)公司(以下简称上钢)和上海梅山(集团)有限公司(以下简称梅山),并更名为上海宝钢集团公司。

本次发行前,集团公司把一、二期工程形成的大部分生产性资产、三期工程形成的部分生产性资产、以及一些生产辅助性资产投入了本公司,同时把集团公司的一些生产职能部门划入本公司,从而使本公司拥有包括原料工程、烧结、炼铁、炼钢和轧钢等工序在内的完整生产工艺流程,以及完整的科研、生产、采购和销售体系。

重组后,本公司的主要生产性资产包括:原料工程、烧结、炼铁、石灰焙烧及一炼钢、初轧、高速线材、2050 热轧生产线、2030 冷轧生产线、无缝钢管生产线以及与生产配套的发电厂。

除此之外,本公司还拥有下述辅助部门及其相关资产:运输部、能源部、设备部、物资采购处、设备采购处和技术部等。

重组后,保留在集团公司的资产和企业有:生产普钢为主的下属子公司及其他非钢铁主业子公司,原上钢、梅山的下属企业及普钢生产线,三期工程尚未投产达标部分的生产性资产(不含炼铁前道工序部分)、炼焦生产线等。

经中国证券监督管理委员会证监发行字[2000]140 号文批准，公司采用网下配售和上网相结合方式公开发行了人民币普通股 187,700 万股，每股发行价格为 4.18 元。发行后公司总股本为 1,252,100 万股。

公司已于 2000 年 11 月 30 日在上海市工商行政管理局办理了工商变更登记手续，注册号为: 3100001006333

四、股票发行及承销

(一)股票发行情况
发行方式:上网定价与网下配售相结合
发行时间:2000 年 11 月 6 日-11 月 24 日
发行数量:187,700 万股
发行价格:4.18 元/股
募集资金净额:7,702,894,676 元(已扣除发行费用)

发行情况:本次发行采用网下配售和上网定价发行相结合的方式。 网下配售 142,700 万股,共有包括 10 家战略投资者在内的 461 家法人投资者获得配售。 经北京兴华会计师事务所验资,网下获配的法人投资者已足额缴纳配售股款,本次配售过程已经北京市公证处公正。

上网定价发行的 45,000 万股人民币普通股，经上海证券交易所系统主机统计和上海上会会计师事务所有限公司验资,本次股票发行有效申购户数 978,241 户，有效申购股数为 11,707,763,000 股,超额认购倍数为 26.0172511 倍,中签率为 3. 8436036%。

持有 1000 股(含 1000 股)以上的股东数: 206,460 户
发行费用总额: 142,965,324 元
每股发行费用:0.076 元
发行市盈率:18.66 倍(全面摊薄)

(二)股票承销

本次公开发行的 187,700 万股社会公众股，网上网下均获得超额认购，承销团成员无余额包销。

(三)验资报告

(1) 验资报告(摘自安永华明会计师事务所出具的验资报告)

验资报告

宝山钢铁股份有限公司全体股东:

我们接受委托,对贵公司截至 2000 年 11 月 28 日止的股本变更情况的真实性和合法性进行了审验。在审验过程中,我们按照《独立审计实务公告第 1 号—验资》的要求,实施了必要的审验程序。 贵公司的责任是提供真实、合法、完整的验资资料,保护资产的安全、完整。我们的责任是按照《独立审计实务公告第 1 号—验资》的要求,出具真实、合法的验资报告。

贵公司变更前的注册资本和股本均为人民币 10,635,000,000 元， 拟变更申请的注册资本为人民币 12,512,000,000 元。贵公司本次向社会公开发售的人民币普通股每股面值为 1 元,发行数量为 1,877,000,000 股,发行价格为每股人民币 4.18 元,募集资金总额为人民币 7,845,860,000 元,扣除本次发行费用人民币 142,965,324 元,募集资金净额为人民币 7,702,894,676 元。根据我们的审验,截止 2000 年 11 月 28 日止,贵公司已收到上述募集资金净额人民币 7,702,894,676 元，全部为货币资金,其中股本为人民币 1,877 ,000,000 元,资本公积为人民币 5,825,894,676 元。 贵公司变更后的股本总额为人民币 12,512,000,000 元,资本公积为人民币 11, 552, 451,285.73 元.

安永华明会计师事务所　　中国注册会计师　张小东
中国　北京　　中国注册会计师　杨俊
二零零零年十一月二十八日

(2)募集资金的入帐情况

本次发行总收入计人民币 7,845,860,000 元，扣除支付给券商的承销佣金 127,687,900 元及支付给上海证券交易所的上网发行手续费 6,583,500 元， 余款计人民币 7,711,588,600 元，已于 2000 年 11 月 24 日汇入公司帐户(帐号 055177-00263174374,开户银行:中国建设银行上海市宝钢专业支行)。

五、董事、监事和高级管理人员简历和持股情况

(一)公司董事、监事和高级管理人员简历
董事会成员:
1. 执行董事

(1)谢企华,56 岁,教授级高级工程师,公司董事长。 谢女士在公司发展的指挥领导方面有丰富的经验。谢女士从 1968 年开始就一直从事钢铁行业的建设与发展。1978 年 10 月加入集团公司。1984 年任集团公司工程指挥部副指挥,1993 年兼任集团公司计划发展部部长。1994 年被任命为集团公司副董事长兼总经理，1994 、1995 年两次荣膺上海杰出企业家称号。谢女士 1966 年毕业于清华大学。

(2)艾宝俊,39 岁,高级会计师,公司副董事长和总经理。 艾先生对钢铁行业公司的企业财务、会计、资产管理方面具有丰富经验。1994 年 9 月加入集团公司。1998 年任集团公司董事、副总经理、总会计师。艾先生于 1983 年在东北大学获学士学位,1988 年在东北大学获企业项目管理硕士学位。1990 至 1991 年曾赴美国培训深造。

(3)欧阳英鹏,49 岁,公司副董事长。欧阳先生在公共关系、人事管理方面有丰富经验。欧阳先生于 1968 年加入上钢三厂,1980 年加入集团公司,1988 年任集团公司秘书长,1993 年兼任总务部副部长。1994 年始在集团公司的公共关系、人事管理方面担任高级职务,欧阳先生 1985 年在上海师范大学获得政治学位,1999 年获得中欧工商管理学院 MBA 学位 。

(4)李海平,49 岁,高级工程师,公司副总经理,在钢铁行业生产、设备、技术方面有丰富经验。李先生 1982 年加入集团公司,1995 年任集团公司总经理助理。1998 年 11 月任集团公司副总经理。1982 年,李先生毕业于东北大学,现在中欧工商管理学院攻读工商管理硕士课程。

2.非执行董事

(1)徐乐江,40 岁,高级工程师,对钢铁行业具有丰富管理经验。 徐先生于 1982 年加入集团公司,1998 年 1 月任集团公司副总经理,11 月兼任公司董事。 徐先生 1982 年毕业于江西冶金学院,1995 年至 1996 年赴美国西弗吉尼亚大学深造,现在复旦大学攻读 MBA 课程。

(2)何文波,44 岁,高级工程师,对钢铁行业具有丰富的市场、管理、商贸经验。何先生于 1982 年加入集团公司,1998 年 4 月任集团公司副总经理,1998 年 11 月兼任集团公司下属国贸总公司副总经理。何先生 1982 年毕业于东北大学,现在中欧工商管理学院攻读 MBA 课程。

(3)葛红林,43 岁,教授级高级工程师,在钢铁行业的投资、规划、管理方面有丰富经验。葛先生 1984 年加入上海钢铁研究所。1995 年任冶金控股集团公司副总裁,兼上海第五钢铁(集团)公司董事长。1998 年 11 月,任集团公司董事兼副总经理。葛先生 1982 年毕业于国防科技大学,获学士学位,1984 年在西安交通大学获硕士学位,1987 年至 1989 年在加拿大从事合作科研,1991 年在北京科技大学获博士学位。

(4)朱义明,42 岁,在组织系统运作上有丰富经验。1982 年任工程建设技术员,1983 年加入集团公司并在组织部门任高级职务,1998 年任部门主管和组织部门副主任。朱先生 1999 年获中欧工商管理学院 MBA 学位。

3. 独立非执行董事

(1)单伟建,46 岁,1998 年起任 NEWBRIDGE CAPITAL LIMITED(H.K.) CO. LTD.执行董事,该公司是一家总部设在美国的直接投资公司。1993 年至 1998 年担任 J.P.MORGAN 执行董事。曾任宾夕法尼亚大学沃顿商学院教授。早期还担任世界银行投资官员。单博士曾在国际性的、美国的学术刊物、主要报章、专业期刊上发表多篇文章和观点。单博士毕业于北京外贸学院英语系,在旧金山大学获得 MBA 学位,在加州大学柏克莱分校获得经济学硕士、博士学位。

(2)刘怀镜,35岁,西蒙斯律师行合伙人。刘律师已取得英国、香港和澳大利亚执业律师资格。他曾为不少大型企业以及跨国公司和融资机构提供有关中国和世界其他地区的能源、电讯与其他基础设施及其他大型项目的开发和融资的法律咨询。刘律师亦在企业融资、股份发售及上市、兼并与收购、合营企业、公司法和其他商业事务中担任代表律师。刘律师曾在英国列治大学作为德励学者修读法律并获颁荣誉法学学士学位及在英国赫尔大学攻读工商管理课程并获颁工商管理硕士学位。

监事会成员:

(1)赵如月,56岁,在公司员工管理上有丰富经验。1968 年始在鞍山钢铁厂从事钢铁生产工作,1979年加入集团公司。1989年至1994年在炼铁部工作,1995年至今从事纪检监察工作并任高层领导人员。赵先生毕业于北京钢铁学院,获学士学位。

(2)张志良,48岁,在人事的组织管理方面有丰富经验。1977 年始在武汉钢铁厂工作,1985年加入集团公司,现任人事部门副部长。张先生毕业于华东化工学院。

(3)陈德林,44岁,集团公司内部法律顾问,在法律和经济方面具有丰富经验。1983年加入集团公司,1998年任企业行政管理部法律顾问、法律诉讼部主管、法务部副部长。1996年被冶金部评为杰出法律顾问。陈先生是法学学士。

(4)孙海鸣,43岁,经济学教授,在经济金融方面有广泛研究,任上海财经大学财经研究所所长,同时也是上海市政府特聘决策咨询专家。1990年担任上海财经大学工业经济系副主任,1993年在英国Sussex大学担任高级访问研究员,1998年短期兼任上海汽车财务公司副总经理。孙先生1983年毕业于中国人民大学,获学士学位,1986年在上海财经大学取得硕士学位。

(5)吉晓辉,44岁,高级经济师,在银行业方面有丰富经验,曾任中国工商银行多家分行行长,现任中国工商银行上海分行行长,毕业于上海干部管理学院。

(6)陈守群,49岁,高级工程师,在冷轧制钢方面具有丰富技术经验。 1968年始在上海钢铁厂工作,1978年加入集团公司。1993年任冷轧厂副厂长,1997年任本公司冷轧部部长。陈先生于1992年在北京科技大学取得工程学学士学位。

(7)单旭沂,36岁,自动控制专业博士,高级工程师。1986 年西安交大毕业后赴英国伦敦大学攻读硕士和博士研究生。1993年进入宝钢,先后在自动化部、自动化研究所、软件公司和热轧部门从事科研技术工作。现为热轧部技术系统轧钢综合技术主管。

(8)贾砚林,38岁,经济管理专业博士,高级工程师。1983年进入宝钢,先后在炼钢厂、党校、深宝公司、现货公司、宝钢物贸公司(现宝钢商贸有限公司)、营销管理处工作。现任本公司营销管理处处长。

(9)王成然,41岁,经济师。1982年起供职于宝钢,积累了丰富的经济管理经验,曾任上海宝钢集团公司计划财务部投资业务综合主管、资产经营处副处长,现任上海宝钢集团公司计划财务部资产经营处处长。王先生于1982年毕业于中国人民大学经济信息管理系,并获学士学位。

其他高级管理人员:

(1)马国强,37岁,高级会计师,本公司的财务总监,在会计、经济及商业管理方面拥有丰富的经验。1997年起历任集团公司计财部资金处处长、计财部副部长、部长。马先生1984年获经济及管理学士学位,1986年获北京科技大学MBA学位,1991年赴德国进修经济及管理。

(2)周竹平,37岁,高级会计师,对钢铁行业有丰富的管理经验。1994 年至1995年在宝钢财务部任业务主管,1995年任宝钢计财部资金处副处长,1997年任集团公司国贸总公司财务部部长,1998年起任国贸总公司副总经理,1999年任集团公司计财部副部长,2000年起任本公司董事会秘书。周先生1982年毕业于浙江冶金经济专科学校,1996年获天津大学MBA硕士学位。

(二) 公司董事、监事和高级管理人员持股情况

本公司董事、监事及高级管理人员均未持有本公司股票。

六、公司设立

宝山钢铁股份有限公司是根据《公司法》第85条和《国务院关于股份有限公司境外募集股份及上市的特别规定》,由上海宝钢集团公司独家发起、经中华人民共和国国家经济贸易委员会批准设立的股份有限公司。公司成立于2000年2月3日,总股本为1,063,500万元,全部由集团公司代表国家持有。

本公司2000年8月30 日第一次临时股东大会作出决议在本次股票发行后申请在证券交易所挂牌交易。

本次向社会公开发行187,700万元以后,总股本达1,252,100万元。

变更登记时间:2000年11月30日

注册地点: 上海市富锦路果园

法定代表人: 谢企华

营业执照注册号码: 3100001006333

七、关联企业及关联交易

(一)关联企业及关联关系

企业名称	与本公司关系
上海宝钢集团公司	股份公司的发起人股东
宝钢集团上海第一钢铁有限公司	集团公司的全资子公司
宝钢集团上海二钢有限公司	集团公司的全资子公司
宝钢集团上海浦东钢铁有限公司	集团公司的全资子公司
宝钢集团上海五钢有限公司	集团公司的全资子公司
宝钢集团上海益昌薄板有限公司	集团公司的子公司
宝钢集团上海梅山有限公司	集团公司的全资子公司
上海钢管股份有限公司	集团公司的子公司
宝钢集团常州钢铁厂	集团公司的子公司
鲁宝钢管有限责任公司	集团公司的子公司
上海宝钢化工有限公司	集团公司的全资子公司
上海宝钢工程技术有限公司	集团公司的全资子公司
上海宝钢计算机系统工程有限公司	集团公司的全资子公司
东方软件有限公司	集团公司的子公司
上海宝钢软件有限公司	集团公司的全资子公司
宝钢集团国际经济贸易总公司	集团公司的全资子公司
宝钢集团14家海外子公司	集团公司的子公司
宝钢集团财务有限责任公司	集团公司的子公司
华宝信托投资有限责任公司	集团公司的子公司
联合证券有限责任公司	集团公司的子公司
宝钢集团企业开发总公司	集团公司的全资子公司
上海宝钢设备检修有限公司	集团公司的全资子公司
上海宝钢设备检测公司	集团公司的全资子公司

(二)关联方交易情况

重组之后,本公司与集团公司及其子公司签署了一系列关联交易协议。关联交易本着公平、互惠和透明的原则而安排。在本公司收购目前保留在集团公司的委托管理资产之后,绝大多数的关联交易将会结束。

本公司关联交易价格的制订原则有三种,即市场价、成本加成价、协议价。关联交易价格的制定主要依据市场价;如果没有市场价,按照成本加成定价,加成比例为成本的5.5%;如果没有市场价,也不适合采用成本加成定价的,按照协议定价。

主要关联交易的有关合同包括:

《委托管理及购买权协议》

《购销服务框架协议》

《生产协作及能源供应协议》

《专利许可协议》

《专利转让协议》及《专利使用许可协议》

《商标使用权许可协议》

《商标转让协议》及《商标使用许可协议》

《土地使用权租赁协议》及《房屋租赁协议》

《综合后勤服务框架协议》

《资产收购协议》

关联交易的详细内容参见2000年11月17日刊登于《中国证券报》、《上海证券报》的《招股说明书概要》。

(三)大股东放弃竞争和利益冲突的承诺

股份公司在设立时与集团公司签署了《重组及投资协议》,集团公司在该协议中做了不竞争承诺。2000年9月22日,集团公司又向本公司作出补充的不竞争承诺。集团公司将不会、并促使其子公司也不会在中国境内外,直接从事或参与任何在商业上对股份公司构成竞争的业务或活动,或直接持有对股份公司构成竞争的业务、活动或实体的权益。但集团公司可以(1)持有股份公司的股份;(2)继续经营其现有业务,继续持有及控制集团公司现有的各所属企业,且该等企业可以继续经营其现有业务(包括与股份公司有或可能有竞争的业务)。集团公司或其子公司欲进行与股份公司的业务可能产生竞争的新业务、投资和研究时,股份公司将有优先发展权和项目的优先收购权。上述承诺在下列情况有效:(1)宝山钢铁股份有限公司在香港联合交易所或中国境内证券交易所上市,及(2)集团公司持有宝山钢铁股份有限公司不少于30%的已发行股份。

八、股本结构及大股东持股情况

(一)本次上市前公司的股本结构为

一、尚未流通股份	
I、发起人股份	
1、国家拥有股份	10,635,000,000
小计	10,635,000,000
II、非发起人股份	
1、基金配售股份	494,256,213
2、战略投资人配售股份	447,000,000
3、一般法人配售股份	485,743,787
小计	1,427,000,000
III、优先股	
合计	12,062,000,000
二、已流通股份	
1、境内上市人民币普通股	450,000,000
小计	450,000,000
三、股份总数	12,512,000,000

(二)前十名股东所持股数及比例

序号 股东名称	股份类别	持股数(股)	持股比例(%)
上海宝钢集团公司	国家股	10,635,000,000	85%
中国煤炭工业进出口集团公司	社会公众股	60,000,000	0.48%
长盛基金管理有限公司-基金同益	社会公众股	52,581,680	0.42%
长盛基金管理有限公司-基金同盛	社会公众股	52,581,680	0.42%
上海久事公司	社会公众股	50,000,000	0.40%
钢铁研究总院	社会公众股	50,000,000	0.40%
中国兵工物资总公司	社会公众股	50,000,000	0.40%
中国石油天然气集团公司	社会公众股	50,000,000	0.40%
四川长虹电子集团有限公司	社会公众股	50,000,000	0.40%
首钢总公司	社会公众股	50,000,000	0.40%

九、公司财务会计资料

本公司截止2000年6月30日的财务会计资料,已于2000年11月17日在《中国证券报》、《上海证券报》和《证券时报》上刊登的《上海宝山钢铁股份有限公司招股说明书概要》中进行了详细的披露。本公告只公布主要财务指标、财务报表及会计报表主要项目注释,欲了解其他内容,敬请投资者查阅上述报纸或至公告的《招股说明书》查阅地点查询。

(一)主要财务指标

	2000年1-6月	1999年	1998年	1997年
流动比率	0.78	0.72	0.42	0.36
速动比率	0.59	0.54	0.29	0.23
资产负债率(%)	56.38	60.16	59.94	63.47
应收帐款周转率	24.56	43.83	48.96	-
存货周转率	5.26	10.24	9.19	-
净资产收益率(%)	8.56	15.91	8.28	18.00
每股净资产(元)	1.56	1.34	1.41	1.18
每股盈利(元)	0.13	0.21	0.12	0.21

注:以上各项财务指标为公司发行前财务指标。

(二)会计报表(附后)

(三)会计报表主要项目注释

(1) 货币资金	2000-6-30
现金	19,205.00
银行存款	
人民币存款	772,644,990.88
美元存款	18,535.35
存于宝钢集团财务公司的存款	
人民币存款	964,157,814.35
美元存款	14,610,554.19
日元存款	35.07
德国马克存款	34.49
	1,751,451,169.33

银行存款中,美元存款为2,239.11美元,外币折算汇率为1美元兑换8.2780 元人民币;日元存款为零,外币折算汇率为1日元兑换0.0788元人民币;德国马克存款为零,外币折算汇率为1德国马克兑换4.0249元人民币。

宝钢集团财务公司存款中,美元存款为1,764,986.01美元,日元存款为445.00日元,德国马克存款为8.57马克。有关的外币折算汇率同上。

(2) 短期投资	2000-6-30
宝钢集团财务公司	949,413,791.87
华宝信托投资有限公司	843,400,000.00
	1,792,813,791.87

本公司委托宝钢集团财务公司和华宝信托投资有限公司进行投资期限一般为7至91天的短期国债投资。该等短期国债投资的最低年收益率为1.8%。

(3) 应收票据

	2000-6-30
银行承兑汇票	452,837,714.28
商业承兑汇票	1,943,134,334.36
其中:关联公司商业承兑汇票	1,608,668,879.00
	2,395,972,048.64

于 2000 年 6 月 30 日,本公司并无贴现、抵押的应收票据。

(4) 应收帐款

应收帐款的帐龄情况如下: 2000-6-30

	金额	所占比例
1 年以内	369,511,292.87	60.66%
1-2 年	163,315,373.65	26.81%
2-3 年	45,021,598.52	7.39%
3 年以上	31,294,546.29	5.14%
合计	609,142,811.33	100%

本帐户期末余额中无持本公司 5%(含 5%)以上股份的股东单位的欠款。

期末应收帐款的坏帐准备金额为人民币 75,105,968 元。

(5) 其他应收款

	2000-6-30
代垫运杂费及其他费用	6,775,505.35
员工备用金	2,628,165.11
上市费用	6,626,448.14
其他	7,367,815.10
	23,397,933.70

其他应收款的帐龄情况如下: 2000-6-30

	金额	所占比例
1 年以内	13,805,226.95	59%
1-2 年	4,255,164.81	18%
2-3 年	3,602,209.49	15%
3 年以上	1,735,332.45	8%
合计	23,397,933.70	100%

本帐户期末余额中无持本公司 5%(含 5%)以上股份股东单位的欠款,且无超过总资产 10%的非关联往来款项。期末其他应收款的坏帐准备金额为人民币 3, 571,552 元。

(6) 预付帐款 预付帐款的帐龄均为一年以内,且帐户期末余额中无持本公司 5%(含 5%)以上股份的股东单位的欠款。

(7) 存货

	2000-6-30
原材料	591,834,093.28
在产品	764,772,516.17
产成品	168,459,705.56
备品备件	707,546,423.16
合计	2,232,612,738.17

在有关期间内本公司存货无重大的可变现净值低于成本的情况,故未计提存货跌价准备。

(8) 待摊费用

	原始金额	1999-12-31	本期增加	本期摊销	2000-6-30
待摊费用	7,408,232.08	-	7,408,232.08	2,007,363.95	5,400,868.13

(9) 应收关联公司款

	2000-6-30
a. 上海宝钢现货公司	59,614,667.00
b. 上海宝钢生产协力公司	9,806,636.56
c. 成都宝钢西南贸易有限公司	8,633,244.00
d. 其它	4,299,496.44
	82,354,044.00

应收关联公司款中不包括应收控股公司款。应收关联公司款帐龄均在三个月以内,无抵押、不计利息且无固定还款期。

由于应收关联公司款帐龄均在三个月以内,且已经在期后全额收回,所以本公司未就应收关联公司款提取坏帐准备。

(10) 与控股公司往来款

1999 年 12 月 21 日,财政部批准了本公司 1999 年 7 月 31 日评估后的净资产金额。根据重组协议,本公司从集团公司接收上述业务自公司成立之日起生效。因此,1999 年 8 月 1 日至 2000 年 2 月 2 日的净资产的变动额作为本公司成立日与控股公司的往来款。于公司成立日,该往来款表现为本公司应付控股公司计人民币 815,628 千元。 截止 2000 年 6 月 30 日的应收控股公司款是由于公司成立日后本公司与集团公司之间的购销业务往来所产生。

与控股公司往来款无抵押、不计利息且无固定还款期。

由于应收控股公司款帐龄在三个月以内,且已经在期后全额收回,所以本公司未就应收控股公司款提取坏帐准备。

(14) 应付帐款及预收帐款

以上各帐户余额的帐龄均为一年以内,且帐户期末余额中无持本公司 5%(含 5%)以上股份的股东单位的款项。

(15) 应付股利

经本公司 2000 年 8 月 30 日召开的临时股东大会决议批准通过 ,自公司成立日起至 2000 年 6 月 30 日止的税后利润在提取了法定公积金和法定公益金后全部分配给集团公司。(有关利润分配的详情参见会计报表主要项目注释(25))。

(16) 应交税金

	2000-6-30
增值税	237,411,282.45
营业税金及附加	150,161.23
企业所得税	328,539,330.55
房产税	18,675,000.00
城建税	16,340,531.87
应交税金合计	601,116,306.10

(17) 其他应交款

	2000-6-30
教育费附加	7,003,022.25
堤防维护费	2,334,424.69
其他应交款合计	9,337,446.94

(18) 其他应付款

	2000-6-30
职工教育经费及养老保险等职工福利	13,348,526.64
2000 年上半年奖金	17,758,905.70
外协费及生铁加工费、修理费	10,266,556.00
科研项目费	12,041,119.20
港建费	64,503,925.06
其他	27,375,096.94
	145,294,129.54

其他应付款的帐龄情况如下: 2000-6-30

	所占金额	比例
1 年以内	49,586,517.14	34.13%
1-2 年	52,505,610.81	36.14%
2-3 年	43,202,001.59	29.73%
合计	145,294,129.54	100.00%

本帐户余额中无持本公司 5%(含 5%)以上股份的股东单位的款项。

(19) 预提费用

	2000-6-30
初轧厂高线项目建设尾款 *	143,454,920.16
预提外协费	14,745,358.01
预提修理费	60,237,310.18
预提生产备件费	6,629,883.02
其他	3,636,149.08
	228,703,620.45

* 初轧厂高线项目工程于 1999 年 7 月完工并投产, 价值已经中资资产评估有限公司报财政部确认,但部分尾款结算手续尚在办理之中,有关付款凭据尚未收到。

(20) 一年内到期的长期借款

借款类别	年利率	借款期限	2000-6-30
担保借款	4.79% - 7.65%	3 年 - 12 年	414,080,255.00

担保借款由宝钢集团财务公司提供担保。

担保借款中,美元借款为 13,520,638 美元 ,有关的外币折算汇率为 1 美元兑换 8.2780 元人民币;日元借款为 2,388,829,566 日元,有关的外币折算汇率为 1 日元兑换 0.078791 元人民币;德国马克借款为 28,308,176 元,有关的外币折算汇率为 1 德国马克兑换 4.0249 元人民币。

(22) 长期借款 2000-6-30

借款单位	币种	原币	人民币	借款期限	年利率
工商银行	人民币		4,550,000,000.00	3 年	5.85%
建设银行	人民币		2,143,000,000.00	3 年	5.85%
中国银行	美元	37,552,236.00	310,857,410.00	7-13 年	6.25%~LIBOR+0.8%
工商银行	美元	39,138,121.00	323,985,365.00	7-13 年	6.25%~LIBOR+0.8%
工商银行	马克	30,469,896.00	122,638,284.00	8 年	7.65%
工商银行	日元	3,432,907,185.00	270,482,190.00	13 年	4.79%
建设银行	日元	10,799,270,000.00	850,885,283.00	7-15 年	3.99%~LIBOR+0.44%
建设银行	马克	250,226,809.00	1,007,143,494.70	8-14 年	F+0.49%~7.72%
			9,578,992,026.70		

长期借款中外币借款由宝钢集团财务公司提供担保。

(23) 股本 2000-6-30

股本 10,635,000,000

本公司在公司成立日从集团公司接收有关业务及其相关资产和负债, 同时向集团公司发行 10,635,000,000 股每股面值人民币 1.00 元的普通股。

以上股本已经安永华明会计师事务所专项验证。

(24) 资本公积

截至 2000 年 6 月 30 日资本公积余额 5,726,556,609.73 元均为股本溢价,已经安永华明会计师事务所专项验证。

(25) 盈余公积

	2000-6-30
法定盈余公积	137,068,987.25
法定公益金	137,068,987.25
	274,137,974.50

(26) 主营业务收入 截至 2000 年 6 月 30 日

主要钢铁产品	止 6 个月期间	1999 年度	1998 年度	1997 年度
冷轧板卷	3,851,775,870.46	7,710,264,586.34	7,066,831,707.27	7,924,579,074.56
热轧板卷	3,102,861,894.17	5,057,373,697.59	4,983,646,866.55	5,422,812,153.85
无缝钢管	1,065,279,527.13	2,119,189,307.03	2,526,871,817.75	2,535,516,377.67
钢坯	1,227,184,023.44	2,505,647,173.02	4,398,477,344.67	5,204,534,786.14
线材	577,704,513.64	728,765,670.30	-	-
其他钢铁产品				
铁水	2,011,154,986.73	3,883,267,100.00	1,798,499,542.00	30,583,000.00
其他	60,782,981.00	424,970,003.72	1,130,880,473.98	412,902,682.59
能源及服务				
煤	1,206,725,420.00	2,136,197,037.00	2,385,490,900.00	2,255,264,928.00
能源介质	1,162,122,856.12	1,992,417,540.42	1,584,284,791.60	1,027,443,925.46
其他	692,073,164.02	1,766,558,091.00	1,891,428,514.15	475,444,067.35
	14,957,665,236.71	28,324,650,206.42	27,766,411,957.97	25,289,080,995.62

(27) 主营业务税金及附加

截至 2000 年 6 月 30 日

	止 6 个月期间	1999 年度	1998 年度	1997 年度
营业税	775,583.00	19,977,021.00	35,094,804.00	37,771,059.00
城市维护建设税	49,422,385.00	141,888,405.00	106,941,993.89	107,072,509.58
教育费附加	21,180,022.00	60,666,163.00	45,401,489.00	45,806,406.00
堤防维护费	6,200,078.57	20,882,111.71	16,059,272.00	15,273,495.00
	77,578,068.57	243,413,700.71	203,497,558.89	205,923,469.58

(28) 财务费用

截至 2000 年 6 月 30 日

	止 6 个月期间	1999 年度	1998 年度	1997 年度
利息支出	554,596,606.81	1,169,001,369.19	1,031,694,690.14	981,089,474.08
减: 利息收入	3,964,706.27	17,578,317.85	14,296,400.62	15,941,854.43
汇兑损失/(收益)	(185,025,061.18)	111,418,678.67	211,982,705.11	(381,057,421.42)
其他	455,299.22	1,282,961.81	1,379,432.65	4,347,398.71
财务费用	366,062,138.58	1,264,124,691.82	1,230,760,427.28	588,437,596.94

(29) 投资收益 投资收益为会计报表主要项目注释(2)中所提到的短期国债投资收益。

(30) 营业外收入

截至 2000 年 6 月 30 日

	止 6 个月期间	1999 年度	1998 年度	1997 年度
罚款收入	211,609.00	1,467,451.00	612,690.56	912,052.40
合同变更收入	990,925.00	2,719,674.00	1,433,385.50	2,030,243.71
赔偿金	7,000.00	31,612.00	47,717.00	2,625,626.51
滞纳金	-	1,212,803.00	8,156,782.63	3,451,459.05
其他	110,897.99	4,936,535.39	7,059,713.35	497,830.91
	1,320,431.99	10,368,075.39	17,310,289.04	9,517,212.58

(31) 补贴收入 补贴收入为收到的列入上海市经委《上海市新产品试产计划》和市经委《上海市新产品试制鉴定计划(试制分册)》的产品所享受的 25%增值税返还。

(32) 营业外支出

截至 2000 年 6 月 30 日

	止 6 个月期间	1999 年度	1998 年度	1997 年度
火灾损失	4,800,000.00	-	-	-
固定资产清理损失	5,769,528.00	27,047,733.00	95,225,849.02	31,317,399.83

其他	1,439,444.51	6,191,517.93	1,958,897.04	4,632,624.18
	12,008,972.51	33,239,250.93	97,184,746.06	35,950,024.01

本公司于2000年2月28日发生火灾。该火灾损失总计人民币9,800,000元，其中人民币5,000,000元已得到保险公司赔偿。

十、董事会上市承诺

本公司董事会将严格遵守《中华人民共和国公司法》、《中华人民共和国证券法》、《股票发行与交易管理暂行条例》、《公开发行股票公司的内容和格式准则》、《上海证券交易所上市规则(2000年修订本)》和有关法律、法规的规定，并自股票上市之日起作出如下承诺：

1、按照法律、法规的规定程序和要求披露重大的信息，并接受证券主管机关、上海证券交易所的监督管理。

2、及时、真实、准确地公布中期报告和年度报告，并备置于规定场所供投资者查阅。

3、本公司董事、监事及高级管理人员如发生人事变动或持本公司股票发生变化时，在报告证券主管机关、证券交易所的同时向投资者公布。

4、在任何公共传播媒介中出现的消息可能对本公司股票的市场价格产生误导性影响时，本公司知悉后将及时对该消息予以公开澄清。

5、本公司董事、监事及高级管理人员将认真听取社会公众的意见和批评，不利用已获得的内幕消息和其他不正当手段直接或间接从事股票买卖活动。

6、本公司没有无记录负债。

7、依据2000年5月1日起实施的《上海证券交易所股票上市规则(二000年修订本)》，本公司全体董事、监事将按照有关规定，在本公司股票上市后两个月内签署《董事(监事)声明及承诺书》并送达上海证券交易所备案。

十一、重要事项揭示

1、本次上市流通股份为上网定价方式向社会公众公开发行的45,000 万股人民币普通股。

2、2000年9月11日本公司临时股东大会批准了公司A股发行前的留存利润分配方案：公司自成立日起至2000年6月30日止的税后利润在提取了法定公积金和法定公益金后全部分配给集团公司；2000年7月1日起的利润由新、老股东共享。本公司首次利润分配时间将在2001年6月30日之前。

3、根据本公司编制并经安永华明会计师事务所出具的盈利预测审核报告，本公司2000年的净利润按33%的所得税率计算预计为280,732.4万元，按发行后股本全面摊薄计算，每股收益为0.224元。

4、本公司第一大股东上海宝钢集团公司承诺，自发行人股票上市之日起12个月内，第一大股东不转让其持有的发行人股份，也不由上市公司回购其持有的股份。

5、截止本公告书公布之日，本公司无重大诉讼事项。

6、除本公司招股说明书及其概要和本上市公告书披露的事项外，本公司认为没有其他对本公司资产、负债及股东权益有较大影响的重要事项。

十二、备查文件

1、上海证券交易所上市通知书
2、本公司招股说明书及概要
3、中国证监会关于本公司公开发行股票的批准文件(证监发行字〔2000〕140号)
4、审计报告、财务报表及附注
5、验资报告
6、盈利预测报告及注册会计师审核报告
7、法律意见书
8、资产评估报告
9、公司股东大会决议、董事会决议
10、公司营业执照
11、公司章程
12、其他备查文件

十三、咨询机构

1、发行人：宝山钢铁股份有限公司
法定代表人:谢企华　地址:上海市宝山区富锦路果园
电话:(021)26647000　传真:(021)26646999　董事会秘书:周竹平

2、上市推荐人：中国国际金融有限公司
法定代表人:王雪冰　地址:北京建国门外大街1号国贸大厦2座28层
电话:(021)58796226　传真:(021)58797827　联系人:段晓东、张露
联合证券有限责任公司
地址:深圳罗湖区深南东路5047号深圳发展银行大厦
电话:(021)68403700　联系人:赵远军

3、股票上市交易所:上海证券交易所
法定代表人:朱从玖　地址:上海浦东南路528号　电话:(021)68808888

4、股票登记机构：上海证券中央登记结算公司
地址:上海浦东浦建路727号 电话:(021)58708888　联系人:周铭 传真:(021)58732631

宝山钢铁股份有限公司

2000年12月7日

宝　山　钢　铁　股　份　有　限　公　司

资产负债表　人民币元

资产	2000-6-30	1999-12-31	1998-12-31
流动资产：			
货币资金	1751451169.33	1329065635.34	1396516066.86
短期投资	1792813791.87		
应收票据	2395972048.64	3847354085.22	2496041015.95
应收帐款	609142811.33	646171862.52	567156683.36
其他应收款	23397933.70	22537315.29	28962124.50
应收关联公司款	82354044.00	451949881.00	1172925584.94
减：坏帐准备	-78677520.00	-51981207.11	-60212085.22
应收帐款净额	636217269.03	1068677851.70	1708832307.58
预付帐款	7455487.88	17430775.46	17152390.54
存货	2232612738.17	2184557850.68	2559069826.62
待摊费用	5400868.13	0.00	76151288.89
应收控股公司款	493328090.17		
流动资产合计	9315251463.22	8447086198.40	8253762896.44
固定资产：	–	–	–
固定资产原值	65965720247.06	65649897416.08	59909477372.81
减：累计折旧	-37145994755.34	-38196284206.33	-34119048021.72
固定资产净值	28819725491.72	27453613209.75	25790429351.09
在建工程	–	–	3264588942.15
固定资产合计	28819725491.72	27453613209.75	29055018293.24
资产总计	38134976954.94	35900699408.15	37308781189.68
负债及股东权益	–	–	–
流动负债：	–	–	–
短期借款	8087513177.90	8898103651.98	17086035423.90
应付帐款	347384497.21	572059158.01	530882752.11
预收帐款	222719415.87	138304887.16	258221724.94
应付股利	1096551898.00		
应交税金	601116306.10		
其他应交款	9337446.94		
其他应付款	145294129.54	144119319.82	133876860.16
预提费用	228703620.45	246331715.26	45224094.49
一年内到期的长期负债	414080255.00	594854374.00	620266521.00
应付关联公司款	767589597.00	1049759280.00	833682165.24
应付控股公司款	–	61337185.06	
流动负债合计	11920290344.01	11704869571.29	19508189541.84
长期负债：			
长期借款	9578992026.70	9894545230.50	2854901660.01
长期负债合计	9578992026.70	9894545230.50	2854901660.01
负债合计	21499282370.71	21599414801.79	22363091201.85
股东权益			
净资产	–	14301284606.36	14945689987.83
股本	10635000000.00		
资本公积	5726556609.73		
盈余公积	274137974.50		
股东权益合计	16635694584.23	14301284606.36	14945689987.83
负债及股东权益总计	38134976954.94	35900699408.15	37308781189.68

所附注释为本会计报表的组成部分。

宝山钢铁股份有限公司

利润及利润分配表　人民币元

项目	截至2000年6月30日止6个月期间	1999年度	1998年度	1997年度
一、主营业务收入	14957665236.71	28324650206.42	27766411957.97	25289080995.62
减：主营业务成本	11734225683.71	22368870988.74	23518066397.58	20128127155.34
主营业务税金及附加	77578068.57	243413700.71	203497558.89	205923469.58
二、主营业务利润	3145861484.43	5712365516.97	4044848001.50	4955030370.70
加：其他业务利润	6561372.98	7535362.75	3491710.39	-399112.70
减：销售费用	103872733.63	105138074.98	83047592.47	92385746.42
管理费用	536878142.21	936557536.56	812001400.96	889468704.50
财务费用	366062138.58	1264124691.82	1230760427.28	588437596.94
三、营业利润	2145609842.99	3414080576.36	1922530291.18	3384339210.14
加：投资收益	10139198.28			
营业外收入	1320431.99	10368075.39	17310289.04	9517212.58
补贴收入	10515000.00	4203000.00	4856000.00	2310000.00
减：营业外支出	12008972.51	33239250.93	97184746.06	35950024.01
四、利润总额	2155575500.75	3395412400.82	1847511834.16	3360216398.71
减：所得税	732019406.10	1120486091.41	609678905.27	1108871411.57
净利润	1423556094.65	2274926309.41	1237832928.89	2251344987.14
减:2000年1月1日至2月3日(公司成立日)净利润	52866222.15			
六、可供分配的利润	1370689872.50			
减：提取法定盈余公积	137068987.25			
提取法定公益金	137068987.25			
可供股东分配的利润	1096551898.00			
减:应付股利	1096551898.00			
七、未分配利润				

所附注释为本会计报表的组成部分。

宝山钢铁股份有限公司

现金流量表　人民币元

项目	截至2000年6月30日止6个月期间
一、经营活动产生的现金流量：	
销售商品、提供劳务收到的现金	17745190761.22
现金流入小计	17745190761.22
购买商品、接受劳务支付的现金	-10601800627.70
支付给职工以及为职工支付的现金	-417110900.88
实际交纳的增值税	-342330788.30
支付的所得税款	-368530775.55
支付的除增值税、所得税以外的其他税费	-38940189.93
支付的其他与经营活动有关的现金	-470286546.39
现金流出小计	-12238999828.75
经营活动产生的现金流量净额	5506190932.47
二、投资活动产生的现金流量：	
取得债券利息收入所收到的现金	10139198.28
处置固定资产、无形资产和其他长期资产而收回的现金净额	1015733540.25
收到的其他与投资活动有关的现金	3964706.66
现金流入小计	1029837445.19
购建固定资产、无形资产和其他长期资产所支付的现金	-770097864.72
现金流出小计	-770097864.72
投资活动产生的现金流量净额	259739580.47
三、筹资活动产生的现金流量：	
借款所收到的现金	1234182936.88
现金流入小计	1234182936.88
偿还债务所支付的现金	-2356075672.76
偿付利息所支支付的现金	-554596606.16
支付的其他与筹资活动有关的现金	-1871141204.78
现金流出小计	-4781813483.70
筹资活动产生的现金流量净额	-3547630546.82
四、汇率变动对现金的影响	-3100640.26
五、现金及现金等价物净增加额	2215199325.86

北京歌华有线电视网络股份有限公司

北京歌华有线电视网络股份有限公司招股说明书

一、绪 言

本招股说明书概要系根据《中华人民共和国公司法》、《中华人民共和国证券法》、《公开发行股票公司信息披露实施细则》等法律、法规有关规定及发行人的实际情况编写的,旨在向社会公众投资者提供本公司基本情况和本次发行的有关资料。本次发行8000万股社会公众股已经中国证券监督管理委员会证监发行字[2000]186号文的批准。

本公司董事会已批准本招股说明书概要,董事会全体成员确信本招股说明书概要所摘内容与招股说明书正文一致,不存在任何重大遗漏或者误导,并对其真实性、准确性、完整性负个别和连带的责任。

本次发行的股票是根据招股说明书所载明的资料申请发行的,除发行人和主承销商外,本公司没有委托或授权其他任何人提供未在本招股说明书概要中列载的信息和对本招股说明书概要作出任何解释或说明。

投资人应自行负担买卖本公司股票所应支付的税款,发行人、上市推荐人和承销商对此不承担责任。

二、释 义

在本招股说明书概要中,除另有说明外,下列名词之含义应由以下释义规范:

发行人、股份公司、本公司或公司:指北京歌华有线电视网络股份有限公司歌华集团:指北京歌华文化发展集团公司法:指《中华人民共和国公司法》

中国证监会:指中国证券监督管理委员会

主承销商:指华夏证券有限公司

上市推荐人:指华夏证券有限公司、长城证券有限责任公司

承销协议:指本公司与主承销商达成的包销协议

元:指人民币元

卫星接收转播系统:指接收卫星节目后转发播送的系统

有线广播电视光缆网络:指用光缆传输广播电视节目的网络

数字视频点播(VOD):指通过数字技术实现的可视图像点播

INTERNERT:指国际互联网

IP 技术:指以互联网协议为基础的网络技术

MMDS:指微波多路分配系统

HFC:指光纤电缆混合网

三、发售新股的有关当事人

1、发行人:北京歌华有线电视网络股份有限公司

法定代表人:高峰倩　　地址:北京市海淀区皂君庙甲2号　　邮政编码 : 100086

联系人: 廖莹、田秋　　电话:010-68498186　　传真:010-68498376

2、主承销商:华夏证券有限公司

公司负责人:赵大建　　地址:北京市东城区新中街68号

电话: 010-64172906　65515588-2008　　传真: 010-64172900　65516423

联系人:柳亦兵　孙璐　杨广明　卓越　魏虹　夏蔚

3、副主承销商

(1)联合证券有限责任公司

法定代表人:王世宏　地址:深圳市罗湖区深南东路5047号深圳发展银行大厦10、24、25 楼

电话:0755-2492283　　传真: 0755-2492988　　联系人:朱国辉

(2)长城证券有限责任公司

法定代表人:李仁杰　　地址:深圳市福田区深南大道6008号特区报业大厦16-17层

电话:0755-3516283　　传真: 0755-3516266　　联系人:刘碧芸

4、分销商

(1)光大证券有限责任公司

法定代表人:刘明康　　地址:上海市浦东新区浦东南路528号上海证券大厦

电话:021-68816000-1525　　传真: 021-68815112　　联系人:李伟敏

(2)国泰君安证券股份有限公司

法定代表人:金建栋　　地址:浦东新区商城路618号

电话:010-88026305　　传真: 010-88026788　　联系人:杜国文

(3)中信证券股份有限公司

法定代表人:常振明　　地址:深圳市罗湖区湖贝路1030号海龙王大厦

电话:010-64654818-61228　　传真: 010-64661041　　联系人:康健

(4)大鹏证券有限责任公司

法定代表人:徐卫国　　地址:深圳市深南东路5002号信兴广场地王商业中心商业大楼8层

电话:010-64641788

传真: 010-64641788　　联系人:李雪琴

(5)广发证券有限责任公司

法定代表人:陈云贤　　地址:广州市天河区天河北路183号大都会广场

电话:020-87555888-539　　传真: 020-87553583　　联系人:罗园园

(6)华泰证券有限责任公司

法定代表人:张开辉　　地址:江苏省南京市中山东路90号

电话:010-66214152-27　　传真: 010-66214152-39　　联系人:徐胜利

(7)湘财证券有限责任公司

法定代表人:陈学荣　　地址:湖南省长沙市黄兴中路63号中山国际大厦12层

电话:0731-4457572　　传真: 0731-4458115　　联系人:罗桂华

(8)兴业证券股份有限公司

法定代表人:兰　荣　　地址:福建省福州市湖东路99号

电话:0591-7541744　　传真: 0591-7542524　　联系人:陈广昕

5、上市推荐人:华夏证券有限公司　长城证券有限责任公司

6、发行人法律顾问:北京市通商律师事务所

法定代表人:韩小京　地址:北京朝外大街19号华普国际大厦714号　电话:010-65992255

传真: 010-65992678　　联系人:陈金占　　经办律师:韩小京、王志雄、陈金占

7、承销商法律顾问:北京市金诚律师事务所

法定代表人:刘治海　　地址:北京建国门内大街8号中粮广场A座6层　　电话:65263516

传真:65263519　　联系人:冯继勇　　经办律师:刘治海、贺宝银

8、会计师事务所:北京京都会计师事务所有限责任公司

法定代表人:徐华　地址:北京市朝阳区建国门外大街22号赛特广场五层　电话:010-65227520

传真:010-65227521　　经办注册会计师:郑建彪　苏金其　　联系人: 郑建彪　苏金其

9、资产评估机构:北京德威评估公司

法定代表人:邓小丰　　地址:北京市海淀区车公庄西路20号　　电话:010-68438529

传真:010-68438528-41　　经办评估人员: 刘燕坤　　联系人: 刘燕坤

10、资产评估确认机构:财政部

11、土地评估机构:北方房地产咨询评估中心

法定代表人: 张瑜　地址:北京市西城区金融大街27号投资广场B座2101号　电话:66210088

传真:010-66211617　　联系人: 苏继东　　经办评估人员: 苏继东、张锋、武疆敏

12、土地评估确认机构:北京市国土资源和房屋管理局

四、发行情况

1、发行股票的种类:人民币普通股(A股)

2、每股面值:人民币1.00元　　3、每股发行价格:15.50元　　4、发行数量:8,000万股

5、发行市盈率:　　27.22倍(加权平均市盈率)　　38.67倍(全面摊薄市盈率)

6、确定价格的方法:发行价格是根据《中华人民共和国证券法》第二十八条的规定,经本公司与主承销商协商并报中国证监会核准。本次股票为溢价发行,每股发行价为15.50元。

7、发行总市值:124,000万元

8、募集资金:扣除发行费用后,本次发行预计实收资金120,500万元

8、发行费用:3,500万元　　9、发行方式:上网定价发行

10、发行地区:中华人民共和国境内与上海证券交易所系统联网的证券交易机构。

11、发行对象: 本次发行股票拟在中华人民共和国境内发行,发行对象为在上海证券交易所开立股票帐户的境内自然人、法人(法律、法规禁止购买者除外)。

12、承销方式:余额包销　　13、发行日期:2001年1月4日。

14、承销起止日期:2001年1月4 日至2001年1月19日。

15、拟上市证券交易所:上海证券交易所

五、风险因素与对策

投资者在评价本发行人此次发售的股票时,除本招股说明书概要提供的其他资料外,应特别认真地考虑下述各项风险因素。

(一)经营风险

(二)行业风险

(三)市场风险

(四)政策性风险

(五)投资项目的风险

本次募集资金将投资于北京有线广播电视光缆网络工程及其扩展项目。新建网络是一个基础网络,网络建成后,在基础网络上可以承载很多的新兴业务,如广播型数据业务、数据传送业务、视频点播业务等。虽然以上项目已经过充分的论证,但在募集资金大量投入后,若运作以上项目所涉及的人力资源、技术和管理经验等方面的经营管理能力不能相应提高,则新业务的开拓将可能达不到预期的目标,致使投入与收益不能同步增长,给本公司和投资者带来一定的投资风险。

1、投资项目的人力资源风险

2、投资项目的技术风险

3、投资项目的经营管理风险

(六)股市风险

针对上述风险,本公司将采取相应对策

六、募集资金的运用

(一)本次募集资金运用

本次计划发行A股8,000万股,预计可募集资金 124,000万元,扣除发行费用后,实际募集资金120,500万元。根据公司发展需要,募集资金投资于北京有线广播电视光缆网络工程项目及扩展工程,项目计划投资121,062万元。投资项目包括:

(1) 北京有线广播电视光缆网络工程项目

(2) 宽带社区网络一期工程项目

(3) 北京有线广播电视数字视频点播(VOD)传输系统一期工程项目

(4) 北京歌华有线电视网络技术研究中心项目

(5) 北京有线广播电视网电视会议系统项目

(6) 北京歌华有线电视网络股份公司客户服务中心项目

(7) 双向数字微波数据网项目

(8) 数字有线电视传输平台一期工程项目

(二)募集资金投资计划　　　　单位:万元

序号项目名称	投资额	投资期	第一年	第二年	第三年	小计
1 北京有线广播电视光缆网络工程	100,091	2	58,964	41,127	100,091	
2 宽带社区网络一期工程	2,907	3	969	969	969	2,907
3 北京有线广播电视数字视频点播(VOD)传输系统一期工程	3,000	2	2,440	560	–	3,000
4 北京歌华有线电视网络技术研究中心	3,000	3	1,350	1,050	600	3,000
5 北京有线广播电视网电视会议系统	2,985	1	2,985	–	–	2,985
6 北京歌华有线网络股份有限公司客户服务中心	3,000	1	3,000	–	–	3,000
7 双向数字微波数据网	3,082	2	1,582	1,500		3,082
8 数字有线电视传输平台一期工程	2,997	1	2,997	–	–	2,997
合计	121,062		74,287	45,206	1,569	121,062

上述八个项目总投资121,062万元,本次向社会公开发行股票实际可募集资金 120,500万元。以上投资项目所需资金不足部分由本公司自筹解决。

七、股利分配政策

(一)股利分配的一般政策

1、公司在每个会计年度前六个月结束后60日内编制中期财务报告;在每个会计年度结束后120日内编制年度财务报告; 公司股东大会对利润分配方案作出决议后,公司董事会须在股东大会召开后两个月内完成股利(或股份)的派发事项。经董事会提议并经股东大会决议,公司也可决定中期分配利润,或者决定当年不分配利润,转存下一年度分配。公司股利分配采取现金或股票的方式分配股利。

2、本公司缴纳所得税后的利润,按下列顺序分配:

1)弥补上一年度亏损;

2)提取法定公积金百分之十;

3)提取法定公益金百分之五至百分之十;

4)提取任意公积金;

5)支付股东股利;

3、公司法定公积金累计额为公司注册资本的百分之五十以上的，可以不再提取。提取法定公积金、公益金后是否提取任意公积金由股东大会决定。公司不得在弥补公司亏损和提取法定公积金、法定公益金之前向股东分配利润。

4、股东大会决议将公积金转为资本时，按股东原有股份比例派送新股或者增加每股面值。但法定公积金转为资本时,所留存的该项公积金不得少于注册资本的百分之二十五。

(二)历年股利分配情况

经 1999 年度公司股东大会审议通过,后经董事会决议并由各家股东确认,公司将 1999 年 10 月至 12 月形成的可分配利润按持股比例向各股东派送现金股利。上述可分配利润共计 19,091,887.01 元,每股约 0.10 元。

经 2000 年度临时股东大会审议通过，公司 2000 年 7 月 1 日前的利润由现有股东按比例享有,以派送现金的方式进行分配,共计 47,923,134.89 元,每股约 0.25 元。

(三)本次发行后股利的派发

本次股票发行后，本公司将在 2001 年召开的股东大会年会后两个月内进行上市后的首次分配。经 2000 年度临时股东大会审议通过本公司 2000 年 7 月 1 日起的利润由现有股东及新增股东共同享有。

八、发行人情况

(一)发行人名称

中文名称:北京歌华有线电视网络股份有限公司

英文名称:Beijing Gehua CATV Network Co., Ltd.

(二)发行人成立日期 :1999 年 9 月 29 日

(三)发行人注册地址:北京市海淀区皂君庙甲 2 号

(四)发行人的历史情况简介

1、发行人简况

本公司系经北京市人民政府京政函[1999]120 号文批准，由北京歌华文化发展集团作为主要发起人,联合北京青年报业总公司、北京有线全天电视购物有限责任公司、北京广播发展总公司、北京出版社共同发起设立的股份有限公司,注册资本为 19,000 万元人民币。

本公司于 1999 年 9 月 23 日召开了公司创立大会暨第一届股东大会，并于 1999 年 9 月 29 日在北京市工商行政管理局取得了企业法人营业执照。　执照号码为: 1100001090593。本公司已经北京市新技术产业开发试验区认定为新技术企业。

1999 年,信息产业部下发信部电函[1999]291 号文对本公司申请上市表示支持。2000 年国家广电总局下发广发计字[2000]635 号文同意将本公司作为上市的试点。

本公司主要从事广播电视网络的建设开发、经营管理和维护;广播电视节目收转、传送;广播电视网络信息服务。截至 2000 年 6 月 30 日,本公司总资产为 55,631.07 万元,净资产 36,099.94 万元。计每股净资产为 1.90 元。1999 年本公司主营业务收入 18,030.74 万元,当年实现净利润 9,133.08 万元;2000 年 1-6 月本公司主营业务收入 12,507.08 万元,实现净利润 6,665.84 万元。本公司现有员工 218 人,其中业务人员 102 人。

2、主发起人——北京歌华文化发展集团简介

歌华集团为全民所有制企业,注册资本:20000 万元。经营范围:网络媒体的开发、维护;设计、制作、代理、发布国内及外商来华广告;户外广告工程设计、制作;承办大型文化活动,组织文化交流活动;人才培训等。歌华集团目前的管理形式为在企业管理委员会下的总经理负责制。集团设总经理一名,副总经理四名,财务总监一名,艺术总监一名。

1999 年 9 月,歌华集团与股份公司筹委会签订了《资产重组协议》,歌华集团作为主要发起人将原从北京有线广播电视网络中心划入的网络部分、播出部分的全部经营性资产投入到股份公司。随着资产的转移，股份公司在业务与管理方面承继歌华集团在有线广播电视网络业务方面的一切权利。1999 年 12 月,经北京市人民政府办公厅京政办函[1999]199 号文批准股份公司负责建设、管理和经营全市有线广播电视网络。

3、其他发起人简介

(1)北京青年报业总公司

北京青年报业总公司成立于 1993 年 5 月 10 日,注册资金 1200 万元，经济性质为全民所有制,经营范围为:新闻出版局批准的图书、报刊的编辑、出版、发行、经济信息咨询服务、电子产品、激光应用技术、通讯设备、卫星地面接受设备的技术开发、自研产品的销售等。

(2)北京有线全天电视购物有限责任公司

北京有线全天电视购物有限责任公司成立于 1998 年 11 月 18 日,注册资金为 101 万元,企业类型为有限责任公司,经营范围为:承办展览、展销会;公关策划;信息咨询;销售机械电器设备、针纺织品、百货、医疗器材、五金交电、化工轻工材料等。

(3)北京广播发展总公司

北京广播发展总公司成立于 1992 年 11 月 1 日,注册资金为 150 万元,经济性质为全民所有制,经营范围为:广播电视器材、经济信息的咨询服务;调频体声副频道的技术开发和经营;广告设计制作;广播器材维修;房地产的开发经营;销售:五金交电、音像制品。

(4)北京出版社

北京出版社成立于 1956 年 9 月 15 日,注册资金为 2000 万元，经济性质为全民所有制,经营范围为:出版马克思主义、毛泽东思想理论著作,以马克思主义为指导的哲学、政治、法律、经济、历史等研究著作、上述各类辞书、工具书、当地党委、政府责成出版的宣传方针、政策的读物和时事宣传读物等。

4、发行人改制与设立情况

企业改制设立股份公司是由主发起人北京歌华文化发展集团，联合其他四家发起人北京青年报业总公司、北京有线全天电视购物有限责任公司、北京广播发展总公司、北京出版社以发起方式设立的。主发起人北京歌华文化发展集团将其网络部分、播出部分的净资产(以 1999 年 4 月 30 日为基准日经北京德威评估公司评估后的净资产值共计 27,356.80 万元)投入股份公司,按 65.6149%折股率折为 17,950.16 万股,占总股本的 94.47%;其他发起人北京青年报业总公司、北京有线全天电视购物有限责任公司、北京广播发展总公司、北京出版社分别以现金出资 500 万元、400 万元、400 万元、300 万元，按相同的折股率 65.6149%各折为 328.07 万股、262.46 万股、262.46 万股、196.85 万股，分别占总股本的比例为 1.73%、1.38%、1.38%、1.04%。改制设立后股份公司总股本为 19,000 万股。

主发起人歌华集团投入本公司的净资产的评估结果已经财政部财评字[1999]413 号文确认,股份公司的股权设置方案已获得北京国有资产管理局京国资农[1999]453 号文的批复。

(五)发行人的组织机构和内部管理机构

(七)发行人的职工人数、职工的专业构成

1、本公司现有员工 218 人。

(八)发行人的业务经营范围

本公司经营的业务范围包括:广播电视网络的建设开发、经营管理和维护;广播电视节目收转、传送;广播电视网络信息服务。

(九)发行人的主要业务、市场和销售

1、主要业务

(1)广播电视网络的建设开发

本公司对北京市地区有线广播电视网络进行建设开发、经营管理和维护,由此向用户收取入网建设费、节目收看费。

(2)广播电视节目收转、传送

本公司接收各省市卫星电视节目信号,并通过有线广播电视网络向用户进行传送,由此向各省市相关电视台收取频道收转费。

(3)广播电视网络信息服务。

本公司利用现有的有线电视网络资源开展广播电视的扩展业务和增值业务，如利用逆程信号传送股市信息等业务。

4、销售额与销售方式

本公司的主要业务收入分别来自节目收看费、入网建设费、频道收转费收入。前三年和最近一期收入情况见下表:　　单位:元

项目	2000 年 1-6 月	1999 年度	1998 年度	1997 年度
入网建设费	26,737,560.00	52,810,411.56	6,198,731.36	4,388,337.00
节目收看费	81,960,640.89	115,219,972.54	114,978,925.34	109,474,036.07
频道收转收入	14,833,000.00	10,308,200.00	7,508,000.00	4,517,160.00

在 2000 年 4 月 1 日之前本公司的节目收看费是采取委托当地居委会、物业管理公司代收的方式收取,从 2000 年 4 月 1 日起,在北京市的东城、西城、崇文、宣武区开始采取银行代收方式,从 2001 年起将在全市范围推广银行代收方式。

九 、董事、监事及高级管理人员简介

董事会成员

高峰倩先生:58 岁,中共党员,大学本科,高级工程师。本公司董事长兼总经理。兼任首都信息发展股份有限公司、北京中关村信息工程股份有限公司董事。曾任北京东风电视机厂副厂长、北京东风电视机厂党委书记、北京广播电视局党组副书记、副局长、北京有线电视网络中心主任、北京歌华文化发展集团副总经理。

黄广泉先生:47 岁,中共党员,大专学历,经济师。本公司副董事长兼副总经理。曾任北京市广播电视局音像处副处长、北京市广播电视局音像处处长。

吴瞻民先生:47 岁,中共党员,大学本科,高级工程师。本公司董事、副总经理。兼任北京歌华上证网络服务有限公司董事长。曾任北京电视艺术中心制作部副主任、北京市广播电视局计财处副处长、北京广联公司总经理、北京有线电视台市场部主任。

齐涛先生:29 岁,中共党员,研究生毕业,注册会计师、经济师、税务师、会计师。本公司董事、总经理助理。曾任北京京都会计师事务所项目经理、税务部副经理、审计部副经理、事务所监事。

陈星先生:48 岁,中共党员,大学本科,主任编辑。本公司董事。曾任北京日报社记者、主任、副总编辑。现任北京青年报社社长、党委书记。

游铭坤先生:54 岁,中共党员,本公司董事。曾任北京市广播电视局副处长、北京电视艺术中心副主任、北京市广播电视局处长、北京电视艺术中心主任。现任北京有线广播电视台副台长。

尤世成先生:51 岁,中共党员,大专学历,记者。本公司董事。曾任北京人民广播电台记者、新闻部信息服务节目组组长、经济信息部主任。现任北京人民广播电台副台长,兼任北京广播发展总公司总经理。

钟制宪女士:46 岁,中共党员,大学本科,编辑。本公司董事。曾任北京出版社编辑、部门主任、副社长。现任北京出版社副社长。

范勇宏先生:36 岁,中共党员,经济学博士。本公司董事。曾任华夏证券有限公司北京东四营业部总经理、华夏证券有限公司总裁助理、华北地区业务总监。现任华夏基金管理有限公司董事、总经理。

监事会成员

刘华女士:38 岁,中共党员,研究生毕业。本公司监事。曾任中共北京市委宣传部基层处副处长、北京有线电视台综合部副主任。现任本公司办公室副主任。

刘洪昆先生:44 岁,大专学历。本公司监事。曾任二炮后勤部劳动人事处参谋、二炮中国天龙实业公司副总经理、全天电视购物公司总经理。现任北京有线全天电视购物有限责任公司总经理。

武洁明女士:47 岁,中共党员,大专学历,编辑。本公司监事。曾任北京人民广播电台编辑、北京广播发展总公司北京儿童台副台长、数据信息台台长。现任北京广播发展总公司办公室主任。

董事会秘书

廖莹女士:37 岁,经济学硕士。本公司董事会秘书。曾任北京经济学院讲师、中国农村发展信托投资公司发展部业务主任、中国农村发展信托投资公司审计部副处长、上海浦东发展银行北京分行黄寺支行公司金融部负责人。

高级管理人员

刘春生先生:53 岁,中共党员,大专学历,高级经济师。本公司总经理助理。曾任北京市计算机工业总公司人事处副处长、北京市审计局人事处、综合处处长、北京有线电视网络中心综合部任。

十、经营业绩

(一)生产经营的一般情况

本公司的主营业务为北京有线广播电视网络的建设、开发、经营管理和维护,该项业务自 1992 年开始建设以来,公司的经营规模逐年迅速扩大,目前本公司的网络系统已覆盖了全市,直接管理的用户为 120 万户。北京有线广播电视光缆网络工程竣工后,北京地区有线电视用户可达到 330 万户,其中光缆电视用户为 250 万户,微波用户电视用户 80 万户。

随着有线电视光缆网络建设工程的实施,网络上的播出时间、播出内容、节目收视质量、网络服务功能均有提高。现已传输 47 套模拟电视节目,另有 7 套调频立体声节目正在试运行。

本公司在网络经营方面的业务量逐年递增，至 1999 年底本公司拥有总资产 49,232.18 万元,净资产 29,434.10 万元,网络业务实现销售收入 18,030.74 万元,比前一年增长 39.51%,实现净利润 9,133.08 万元,比前一年增长 60.99%。

(二)每年销售总额和利润总额的情况

根据北京京都会计师事务所有限责任公司出具的审计报告，本公司前三年及最近一期的经营业绩见下表:　　单位:万元

项　　目	2000 年 1-6 月	1999 年	1998 年	1997 年
主营业务收入	12507.08	18030.74	12923.78	11837.95
主营业务利润	7992.61	11,084.35	9,524.93	9,618.09
其他业务利润	29.43	27.99	0	0
营业利润	7,204.82	9,618.79	8,492.36	8,636.17
利润总额	7,206.20	9,602.50	8,467.12	8,636.13
减税项	540.36	469.42	2794.15	0
净利润	6,665.84	9,133.08	5,672.97	8,636.13

(三)发行人业务收入的主要构成

本公司的业务收入主要是节目收看费收入、入网建设费收入和频道收转收入,前三年及最近一期的主营业务收入构成见下表:　　单位:万元

项　　目	2000 年 1-6 月	1999 年	1998 年	1997 年
入网建设费收入	2,673.76	5,281.04	619.87	438.83
节目收视收入	8,196.06	11,522.00	11,497.89	10,947.40
信息入网费	153.96	196.88	55.21	0
频道收转收入	1,483.30	1,030.82	750.80	451.72
合　计	12,507.08	18,030.74	12,923.78	11,837.95

十一、股　本

(一)股本形成过程

本公司是于 1999 年 9 月经北京市人民政府京政函 [1999]120 号文批准设立的股份有限公司。

主要发起人歌华集团将其网络部分、播出部分的净资产投入股份公司,以上资产以1999年4月30日为基准日经北京德威评估公司评估的资产净值共计27,356.80万元,按65.6149%折股率折为17,950.16万股,占总股本的94.47%;其他发起人北京青年报业总公司、北京有线全天电视购物有限责任公司、北京广播发展总公司、北京出版社分别以现金出资500万元、400万元、400万元、300万元,按相同的折股率65.6149%各折为328.07万股、262.46万股、262.46万股、196.85万股,分别占总股本的比例为1.73%、1.38%、1.38%、1.04%。股份公司设立时的总股本为19,000万股。

主发起人歌华集团投入本公司的净资产的评估结果已经财政部财评字[1999]413号文确认,股份公司的股权设置方案已获得北京国有资产管理局京国资农[1999]453号文的批复。

(二)本次发行前股本结构

股东名称	股本(万股)	股权比例(%)	持有股份类别
北京歌华文化发展集团	17,950.16	94.47	国有法人股
北京青年报业总公司	328.07	1.73	国有法人股
北京有线全天电视购物有限责任公司	262.46	1.38	国有法人股
北京广播发展总公司	262.46	1.38	国有法人股
北京出版社	196.85	1.04	国有法人股
合计	19,000.00	100.00	

(三)本次发行后,本公司股本结构如下:

股份类别	股数	占总股本比例
国有法人股	19,000万股	70.37%
社会公众股(A股)	8,000万股	29.63%
合计	27,000万股	100%

(四)净资产

本次发行前净资产36,099.94万元,预计发行后净资产为156,599.94万元以上;本次发行前每股净资产为1.90元,发行后预计每股净资产5.80元。

(五)本次发行超过面值缴入资本全部作为本公司资本公积。

(六)本公司的董事、监事、高级管理人员未持有本公司股份。

十二、财务会计资料

(一) 公司简介

(二)会计报表编制基础

(三) 公司采用的主要会计政策

(四) 税项

1、营业税

本公司营业收入、其他业务收入中应纳营业税项目按3%的税率缴纳营业税。

1997年至1999年,人网建设费、用户收视费所缴纳的营业税全额先征后返。

2、城市维护建设税和教育费附加

本公司按应交增值税、营业税额的7%和3%分别计缴城市维护建设税和教育费附加。

3、企业所得税

报告期内,1997年全额免征企业所得税;1998年、1999年所得税全额先征后返,税率为33%;2000年起本公司被北京市新技术产业开发实验区办公室认定为新技术企业,享受15%的所得税率,同时北京市海淀区地税局批准本公司从2000年1月1日至2002年12月31日3年减半征收企业所得税。

(五) 会计报表主要项目注释(金额单位:人民币元)

(六) 关联方及关联方交易

(七)或有事项　截至报告日,本公司没有需要披露的或有事项。

(八)承诺事项　截至报告日,本公司没有需要披露的承诺事项。

十三、资产评估

(一)本公司设立时进行资产评估的情况

1、评估基准日:1999年4月30日

2、评估范围:评估范围是歌华集团投入本公司的流动资产、固定资产、在建工程、流动负债和长期负债。

3、评估报告文号:德威评报字(1999)第032号

4、主要评估方法:区别不同资产项目,分别选用适用的评估方法,其中固定资产主要采用重置成本法。

5、主要评估结果如下:　单位:万元人民币

资产科目	帐面原值	调整后帐面净值	评估值	增减值	增减率%
流动资产	3,925.75	3,947.63	3,939.03	-8.60	-0.22
长期投资					
固定资产	36,952.43	36,928.99	36,921.49	-7.50	-0.02
其中:在建工程	26,901.56	26,901.56	27,725.97	824.40	3.06
工程物资	2,334.36	2,334.36	2,334.36	0.00	0.00
设备	7,716.51	7,693.07	6,861.16	-831.92	-10.81
其它资产		1.56	1.56	0.00	0.00
资产总计	40,878.18	40,878.18	40,862.08	-16.10	-0.04
流动负债	2,403.50	2,403.50	2,403.50	0.00	0.00
长期负债	11,101.78	11,101.78	11,101.78	0.00	0.00
负债合计	13,505.28	13,505.28	13,505.28	0.00	0.00
净资产	27,372.90	27,372.90	27,356.80	-16.10	-0.06

本公司根据有关规定按本次评估的结果相应调整了帐目。

十四、盈利预测

盈利预测报告

本公司盈利预测报告的编制遵循了谨慎性原则,但盈利预测所依据的各种假设具有不确定性,投资者进行投资决策时不应过分依赖该项资料。

一、编制基础

二、基本假设

(一) 公司遵循的国家和地方现行法律、法规、政策和经济环境无重大改变;

(二) 现行的信贷、利率、汇率及市场行情无重大改变;

(三) 赋税基础及税率无重大改变;

(四) 公司生产经营发展计划能如期实施,无较大变化;

(五) 公司主要收入来源的定价政策无重大变化;

(六) 公司计划投资项目能如期完成投产,无重大失误;

(七) 无人力不可抗拒及不可预见因素造成重大不利影响。

三、盈利预测说明

(一)公司基本情况

(二)公司采用的主要会计政策

(三)盈利预测项目编制说明

十五、公司发展规划

(一)企业发展战略

(二)发展目标和规划

(三)市场发展计划

(四)经营销售计划

(五)固定资产投资计划

(六)人员扩充计划

十六、重要合同及重大诉讼事项

1、重要合同

(1)自1999年12月至2000年6月期间,发行人分别与四川电视台等全国20家电视台签订了《卫星电视节目收转协议》。根据2000年3月27日与四川电视台签订的《卫星电视节目收转协议》,发行人收转四川电视台提供的电视节目,并在北京有线电视网传送;协议有效期为2000年1月1日至2000年12月31日。该协议还就收转频道、收转费支付和争议解决方式等作出约定。上述其他《卫星电视节目收转协议》与该协议的条款内容基本相同。

(2)北京歌华文化发展集团于1998年5月8日、7月2日和9月29日分别同北京市海淀区广播电视局、北京市石景山区广播电视局、北京市丰台区广播电视局及其有线电视服务中心和北京华讯办公自动化公司签订了《委托维护管理协议书》。发行人设立后,经书面确认上述协议由发行人承继执行。协议就各区广播电视局及其有线电视服务中心对所辖行政区域内有线电视分配网的维护管理及代收节目收视费等方面内容作出约定。协议有效期为签署之日起五年,期满后如无异议自动延长五年。与北京华讯办公自动化公司签订的《委托维护管理协议书》不允许该公司收取节目收视费。

(3)1998年6月30日,北京歌华文化发展集团与北京市朝阳区广播电视局签订了《委托收费协议书》,委托朝阳区广播电视局在所辖行政区域内代收节目收视费;协议有效期为签署之日起5年,期满后如无异议自动延长5年。为进一步履行该协议书,2000年8月3日发行人同朝阳区广播电视局签订了《关于共同建设、管理有线广播电视用户管理中心协议书》。根据该协议书,签约双方将共同承担用户管理中心的建设和管理任务,共同确认委托维护单位及维护责任区;用户管理中心委托朝阳区广播电视局负责全区的收费管理工作和参与维护管理工作;协议有效期与《委托收费协议书》相同。该协议书还就用户管理中心的编制、工作职责、管理费用和管理费结算作出规定。

(4)发行人于2000年3月16日和3月17日分别同中国建设银行北京市分行、北京市商业银行和中国银行北京市分行签订了《委托代理协议》。根据与中国建设银行北京市分行签订的《委托代理协议》,发行人委托中国建设银行北京市分行代理收取有线电视收看费;发行人向各委托银行支付代理手续费;协议有效期为协议签字盖章之日起2年。该协议还就收看费扣划方式、双方权利和义务、违约责任和争议解决等作出规定。上述其他《委托代理协议》与该协议的条款内容基本相同。

(5)发行人与北京市广播电视局在1999年10月18日签订《房屋租赁协议》,并于2000年11月24日签订了《房屋租赁补充协议》。租赁房屋位于北京市海淀区四道口皂君庙甲2号广电局7号业务楼,租赁面积为建筑面积800平方米。根据以上协议规定:租期10年,房屋租赁价格原则上按同类房屋、同类地段的市场价格确定;在2000年1月1日至12月31日期间年租金为50万元;2001年至2005年年租金为50万元;2006年至2010年由甲乙双方按不高于当时市场价格另行商定。每年的土地使用费4121元由发行人承担。以上协议还规定了房屋管理、协议解除、保证和承诺及争议解决等条款。

(6)1997年5月5日,北京有线广播电视网络中心与北京供电局签订了《北京供电局优惠为北京有线广播电视网络中心提供电力杆塔架设光缆的协议》。1999年2月23日,北京有线广播电视网络中心和北京歌华文化发展集团作为一方同北京供电局签署了该协议的《补充协议》。经书面确认,该协议及其补充协议由发行人承继履行。合同期限10年。根据该协议及其补充协议,发行人可以在北京电力局的电力杆塔上架设光缆;光缆架设原则上委托北京电力局施工。

(7)2000年6月25日,发行人同中国农业银行北京市分行签订《合作利用有线光纤宽带链路协议书》。协议有效期限30年。根据该协议,中国农业银行北京市分行租用发行人的有线光纤宽带链路,将其在京支行与结算中心及办公中心联结,发行人利用有线光纤宽带链路为中国农业银行北京市分行提供高速连接的信息服务。

(8)2000年8月11日,发行人同北京市有线广播电视台签订《皂君庙甲2号公共设施委托管理协议》,委托北京市有线广播电视台对发行人皂君庙甲2号前端机房设备的供电、电路维护以及南三环班车、人员用餐等事项提供服务,自1999年5月1日起发行人每年向北京市有线广播电视台支付行政管理费80万元。

2、重大诉讼

本公司、本公司主发起人北京歌华文化发展集团和本公司董事会、监事会成员目前没有尚未了结的或者可合理预见的重大诉讼、仲裁案件或被行政处罚的案件。

十七、其他重要事项

截止到本招股说明书概要刊登之日,本公司认为不存在对投资者作出投资判断有重大影响的其他事项。

备查文件

一、备查文件

1、北京京都会计师事务所有限责任公司出具的审计报告、财务报表及附注;

2、北京市政府京政函[1999]120号文《关于同意设立北京歌华有线电视网络股份有限公司的批复》;

3、本公司与华夏证券有限公司签署的《股票承销协议》;

4、财政部关于国有资产评估的确认文件;

5、中国证监会同意本次股票发行的批复;

6、国家广电总局广发计字[2000]635号文《关于同意北京歌华有线电视网络股份有限公司上市的复函》、信息产业部信部电函[1999]291号文《关于支持北京市歌华文化发展股份有限公司(筹)上市的函》;

7、重要合同;

8、证监会要求的其他文件。

二、备查文件查阅地点

1、北京歌华有线电视网络股份有限公司

办公地点:北京市海淀区皂君庙甲2号

电　话:010—68498186

传　真:010—68498376

2、华夏证券有限公司

办公地址:北京市东城区新中街68号

电　话:010—64172906　65515588-2008

传　真:010—64172900　65516423

资产负债表

编制单位:北京歌华有线电视网络股份有限公司　单位:人民币元

项目	2000.6.30	1999.12.31	1998.12.31
流动资产:			
货币资金	89471177.69	57300014.14	34875589.14
短期投资			
减:短期投资跌价准备			
短期投资净额			
应收票据			
应收股利			
应收利息			
应收帐款	1832864.00	2270000.00	1021793.60
其他应收款	7990064.64	7989981.55	10777030.11

减:坏帐准备	303657.62	431847.08	235976.47
应收帐款净额	9519271.02	9828134.47	11562847.24
预付帐款	2165897.62	6291915.36	2159183.47
应收补贴款			
存货	128945.67	66094.32	401192.00
减:存货跌价准备			
存货净额	128945.67	66094.32	401192.00
待摊费用			
待处理流动资产净损失			
一年内到期的长期债权投资			
其他流动资产			
流动资产合计	101285292.00	73486158.29	48998811.85
长期投资:			
长期股权投资	10343824.32	330000.00	
长期债权投资			
合并价差			
长期投资合计	10343824.32	330000.00	
减:长期投资减值准备			
长期投资净额	10343824.32	330000.00	
固定资产:			
固定资产原价	224981810.13	106560005.83	90883213.59
减:累计折旧	38525162.11	31061116.03	10840963.21
固定资产净值	186456648.02	75498889.80	80042250.38
工程物资	13130429.26	18302600.75	49500002.88
在建工程	245094504.93	324704175.90	183274507.99
固定资产清理			
待处理固定资产损失			
固定资产合计	444681582.21	418505666.45	312816761.25
无形资产及其他资产:			
无形资产			
开办费			
长期待摊费用			
其他长期递延资产			
无形资产及其他资产合计			
递延税项:			
递延税款借项			
资产总计	556310698.53	492321824.74	361815573.10
负债及股东权益			
流动负债:			
短期借款			
应付票据			
应付帐款	1896539.60	1759195.60	4167964.40
预收帐款	14321641.94	10490567.74	1883874.51
代销商品款			
应付工资	2536388.00	966388.00	
应付福利费	2312710.24	2433208.62	1091486.04
应付股利	19091887.01	19091887.01	
应交税金	732674.91	15460146.54	4727682.12
其他应交款	106624.56	18071.65	14729.57
其他应付款	43530995.14	36979562.99	5307348.48
预提费用			
一年内到期的长期负债			
其他流动负债			
流动负债合计	84529461.40	87199028.15	17193085.12
长期负债:			
长期借款			
应付债券			
长期应付款	109764023.53	109764023.53	109921519.77
住房周转金	1017811.18	1017811.18	1017811.18
其他长期负债			
长期负债合计	110781834.71	110781834.71	110939330.95
递延税项:			
递延税款贷项			
负债合计	195311296.11	197980862.86	128132416.07
少数股东权益			
股东权益			
股本	190000000.00	190000000.00	
资本公积	99567990.14	99567990.14	
盈余公积	23508277.39	4772971.74	
其中:公益金	9052329.93	2386485.87	
未分配利润	47923134.89		
股东权益合计	360999402.42	294340961.88	233683157.03
负债及股东权益总计	556310698.53	492321824.74	361815573.10

利润及利润分配表

编制单位:北京歌华有线电视网络股份有限公司　　单位:人民币元

项目	2000.1–6	1999 年度	1998 年度	1997 年度
一、主营业务收入	125070839.89	180307447.85	129237760.70	118379533.07
减:折扣与折让				
主营业务收入净额	125070839.89	180307447.85	129237760.70	118379533.07
减:主营业务成本	40656862.98	67140081.93	30771590.19	23477949.98
主营业务税金及附加	4487914.49	2323894.95	3216847.12	−1279364.69
二、主营业务利润	79926062.42	110843470.97	95249323.39	96180947.78
加:其他业务利润	294278.69	279946.50		
减:存货跌价损失				
营业费用	671596.09	639232.75	541185.68	520530.13
管理费用	7837639.98	15516430.61	11413979.00	10837719.06
财务费用	−337128.71	−1220105.57	−1629457.54	−1539023.12
三、营业利润	72048233.75	96187859.68	84923616.25	86361721.71
加:投资收益	13824.32			
补贴收入				
营业外收入	–	–	144.08	
减:营业外支出	–	162900.00	252500.00	420.00
四、利润总额	72062058.07	96024959.68	84671260.33	86361301.71
减:所得税	5403617.53	4694165.42	27941515.91	
减:少数股东权益				
五、净利润	66658440.54	91330794.26	56729744.42	86361301.71
加:年初未分配利润				
盈余公积转入				
减:年初至评估截止日实现利润折股数	–	35943538.43		
付原股东评估截止日至公司建帐目实现利润	–	31522397.08		
六、可供分配的利润	66658440.54	23864858.75		
减:提取法定盈余公积	6665844.06	2386485.87		
提取法定公益金	6665844.06	2386485.87		
免税基金	5403617.53			
七、可供股东分配的利润	47923134.89	19091887.01		
减:应付优先股股利				
提取任意盈余公积				
应付普通股股利	–	19091887.01		
八、未分配利润	47923134.89			

现金流量表

2000 年 1–6 月

编制单位:北京歌华有线电视网络股份有限公司　　单位:人民币元

项目	金额
一、经营活动产生的现金流量:	
销售商品、提供劳务收到的现金	129643416.39
收取的租金	0.00
收到的税费返还	0.00
收到的其他与经营活动有关的现金	3079849.31
现金流入小计	132723265.70
购买商品、接受劳务支付的现金	22105848.06
经营租赁所支付的现金	1760500.00
支付给职工以及为职工支付的现金	6315353.66
实际缴纳的增值税款	0.00
支付的所得税款	20720261.10
支付的除增值税、所得税以外的其他税费	4214817.49
支付的其他与经营活动有关的现金	31103.00
现金流出小计	55147883.31
经营活动产生的现金流量净额	77575382.39
二、投资活动产生的现金流量:	
收回投资所收到的现金	0.00
分得股利或利润所收到的现金	0.00
取得债券利息收入所收到的现金	0.00
处置固定资产、无形资产和其他长期资产而收回的现金净额	
收到的其他与投资活动有关的现金	0.00
现金流入小计	0.00
购建固定资产、无形资产和其他长期资产所支付的现金	35404218.84
权益性投资所支付的现金	10000000.00
债权性投资所支付的现金	0.00
支付的其他与投资活动有关的现金	0.00
现金流出小计	45404218.84
投资活动产生的现金流量净额	−45404218.84
三、筹资活动产生的现金流量:	
吸收权益性投资所收到的现金	0.00
发行债券所收到的现金	0.00
现金流入小计	0.00
偿还债务所支付的现金	0.00
发生筹资费用所支付的现金	0.00
偿付利息所支支付的现金	0.00
融资租赁所支付的现金	0.00
减少注册资本所支付的现金	0.00
支付的其他与筹资活动有关的现金	0.00
现金流出小计	0.00
筹资活动产生的现金流量净额	0.00
四、汇率变动对现金的影响	0.00
五、现金及现金等价物净增加额	32171163.55
补充资料	
1.不涉及现金收支的投资和筹资活动	0.00
2.将净利润调节为经营活动的现金流量	0.00
净利润	66658440.54
加:少数股东损益	−128189.46
计提的坏帐准备或转销的坏帐	7464046.08
固定资产折旧	0.00
无形资产摊销	0.00
处置固定资产、无形资产和其他长期资产的损失(减收益)	
固定资产报废损失	0.00
财务费用	−337128.71
投资损失(减收益)	0.00
递延税款贷项(减借项)	0.00
存货的减少(减增加)	−62851.35
经营性应收项目的减少(减增加)	4563070.65
经营性应付项目的增加(减减少)	10519850.35
其他	−11101855.71
经营活动产生的现金流量净额	77575382.39
3.现金及现金等价物净增加情况:	
货币资金的期末余额	89471177.69
减:货币资金的期初余额	57300014.14
现金等价物的期末余额	0.00
减:现金等价物的期初余额	0.00
现金及现金等价物净增加额	32171163.55

哈 飞 航 空 工 业 股 份 有 限 公 司

哈飞航空工业股份有限公司股票上市公告书

一、要览

股票简称:哈飞股份
股票代码:600038
股本总额:15000 万股
可流通股本:6000 万股
本次上市流通股本:6000 万股
上市地:上海证券交易所
上市日期:2000 年 12 月 18 日
股票登记机构:上海证券中央登记结算公司
上市推荐人:南方证券有限公司
长城证券有限责任公司

二、绪言

哈飞航空工业股份有限公司(以下简称"哈飞股份"、"本公司"或"公司")股票上市公告书是根据《中华人民共和国公司法》、《中华人民共和国证券法》、《股票发行与交易管理暂行条例》、《公开发行股票公司信息披露实施细则》和《上海证券交易所股票上市规则》等国家有关的现行法律、法规的规定,按照中国证券监督管理委员会制定的公开发行股票公司信息披露的内容和格式准则第七号《上市公告书的内容与格式(试行)》编制,旨在向投资者提供有关本公司的基本情况和股票上市的有关资料。

经中国证券监督管理委员会证监发行字［2000］151 号文核准,本公司已成功上网定价发行了每股面值 1.00 元的人民币普通股 6000 万股,每股发行价人民币 7.85 元。经上海证券交易所上证上字［2000］第 106 号《上市通知书》同意,本公司 6000 万股人民币普通股将于 2000 年 12 月 18 日(星期一)起在上海证券交易所上市挂牌交易。股票简称"哈飞股份",股票代码"600038"。本公司总股本 15000 万股,流通股本 6000 万股。

本公司已于 2000 年 11 月 17 日在《中国证券报》、《上海证券报》和《证券时报》上刊登了《哈飞航空工业股份有限公司招股说明书概要》,距今不足六个月,故与其重复的内容在此不再重复,敬请投资者查阅本公司的《招股说明书概要》。

本公司董事会成员已批准本上市公告书,并确信本上市公告书所载资料不存在任何重大遗漏、虚假陈述或者误导,并对其真实性、准确性和完整性负个别的和连带的责任。

三、发行公司概况

(一)公司概况
公司名称:哈飞航空工业股份有限公司
英文名称:HAFEI AVIATION INDUSTRY Co.,Ltd.
成立日期:1999 年 7 月 30 日
注册地址:哈尔滨市高新技术开发区集中开发区 34 号楼
联系电话:0451-6528350
法人代表:崔学文
注册资本:15000 万元
经营范围:航空产品及零部件的开发、设计、研制、生产、销售,航空科学技术开发、咨询、服务,机电产品的开发、设计研制、生产和销售(国家规定需审批的项目除外)。
所属行业:机械制造
(二)主发起人简介
主发起人:哈尔滨飞机工业集团有限责任公司
法定代表人:崔学文
法定住所:哈尔滨市平房区烟台路 1 号
注册资本:38,000 万元

哈飞集团前身为国营伟建机器厂,始建于 1952 年,是国家"一五"期间 156 项重点建设项目之一,于 1999 年 1 月 22 日改组为国有独资的哈尔滨飞机工业集团有限责任公司。经过四十多年的发展,特别是改革开放以来,哈飞集团在国家有关部门、中国航空工业总公司(现为中国航空工业第二集团公司)和地方政府的大力支持下,坚持"航空为本、多种经营、质量第一、争创名牌、走向世界"的经营方针,充分发挥军工企业的技术、人才、设备等多方面的优势,不断致力于产品开发和市场开发,目前已形成三大系列主营产品,一是航空产品,包括 Z9 系列直升机等;二是以医药包装机械、铝门窗、工业除尘设备、轧钢设备等为代表的 300 多种民用产品;三是微型汽车系列产品。

作为中国航空工业的特大型骨干企业,哈飞集团从成立至今,先后生产了 Z5 直升机、Z6 直升机、Z9 直升机、轰五、水轰五、Y11 型飞机、Y12 型飞机、EC120 型直升机(部件)等各种类型的飞机 1,200 余架及包括转包生产国外航空大部件在内的各种航空零部件。其中 Y12 型飞机于 1982 年研制成功,1985 年和 1986 年分别获得中国民航 CAAC 颁发的型号合格证和生产许可证,1990 年和 1995 年分别获得了英国民用航空局 CAA 和美国联邦航空局 FAA 颁发的型号合格证,开创了我国自行研制的飞机获取国际适航证的先例,这也是我国目前为止唯一获得了国际权威适航部门型号合格证的飞机。Z9 直升机是在引进国外直升机生产专利的基础上,通过吃透、消化、反设计研制成功的,1997 年香港回归时进港部队装备的直升机和 1999 年国庆阅兵式飞越天安门的直升机是由哈飞集团生产的 Z9 直升机。1995 年哈飞集团与法国欧直公司、新加坡宇航公司合作研制成功面向二十一世纪的 EC120 型直升机,于 1997 年通过欧洲联合适航当局的型号合格证,其后又取得了法、美、英、意等 26 个国家的适航证,我国部分直升机研制技术由此已达到国际先进水平。

哈飞集团不断推进技术进步,更新科研、生产手段,努力实现现代化生产。哈飞集团设有包括飞机研究中心、汽车研究中心、工艺研究中心、国际合作办公室在内的从事技术研究和产品开发的机构。哈飞集团不仅拥有各种加工、实验等设备 4,000 余台(套),而且还拥有大批工程技术管理人才。在锻造、铸造、钣金、铆接、机加、热表处理、复合材料加工飞机总装、试飞和工装、模具制造等方面都具有较强的优势,现已普遍采用计算机设计与制造一体化技术。哈飞集团从 1988 年起跻身于全国 500 家销售额最大的工业企业行列,名列国务院重点联系的千户企业前 300 家,是机械工业竞争百强企业,被评为"中国最佳企业形象 AAA 级"。先后获得"全国五一劳动奖状"、"全国模范职工之家"、"航空工业有重大贡献单位" 等称号。1997 年哈飞集团通过了 ISO9001 和 ISO9002 国际质量体系认证。

哈飞集团剥离民机生产部分资产设立哈飞股份后,仍拥有军用直升机零部件生产部分资产和装配线、液化汽钢瓶生产线、医药包装机械制造生产线、冶金轧钢设备生产线等生产经营性资产,主产品有军用直升机、液化汽钢瓶系列产品、冶金轧钢设备、烟草机械设备等。截至 2000 年 6 月 30 日,哈飞集团总资产 537,512.85 万元,净资产 158,822.17 万元,主营业务收入 177,918.51 万元,利润总额 1328.11 万元。

(三)发行公司历史沿革

本公司是根据《公司法》等有关法规,经国家经贸委国经贸企改[1999]720 号文批准设立,并于 1999 年 7 月 30 日在黑龙江省工商行政管理局注册登记的股份有限公司。本公司是以哈尔滨飞机工业集团公司(以下简称"哈飞集团")作为主发起人,并联合中国飞龙专业航空公司(以下简称"飞龙公司")、哈尔滨双龙航空工程有限公司(以下简称"双龙公司")、中国航空工业供销总公司(以下简称"供销总公司")和中国航空技术进出口哈尔滨公司(以下简称"中航技哈尔滨公司")四家企业共同发起,采用发起设立方式设立的股份有限公司。

1999 年 12 月 8 日,中国证监会下达发行监管函[1999]237 号文《关于哈飞国际航空工业股份有限公司(筹)作为高新技术企业公开发行股票有关问题的通知》,明确规定哈飞股份作为高新技术企业申请公开发行股票。

哈飞集团作为股份公司的主要发起人,投入股份公司的资产是经中咨资产评估事务所评估并由国家财政部财评字[1999]307 号文确认的生产经营性净资产 13,540.85 万元,具体包括 Y12 型系列飞机、EC120 型直升机部件等轻型民用机型设计系统和 8#、11#、13#、14#、23#、32#、35#、39#、45#、54# 等车间及相关的生产技术、质量、供销部分存量资产及相关负债。飞龙公司、双龙公司、供销总公司分别以现金方式投入股份公司 22.71 万元,中航技哈尔滨公司以现金方式投入股份公司 15.14 万元。上述资产共 13,624.12 万元,经财政部财管字[1999]228 号文批准按 66.06% 的折股比例共折为 9,000 万股法人股,哈飞集团持有 8,945 万股,占总股本的 99.39%;飞龙公司、双龙公司和供销总公司分别持有 15 万股,各占总股本的 0.17%;中航技哈尔滨公司持有 10 万股,占总股本的 0.10%。其中国有法人持股 8,985 万股,占总股本的 99.83%,其它法人持股 15 万股,占总股本的 0.17%。

经中国证券监督管理委员会证监发行字［2000］151 号文核准,公司通过上海证券交易所,于 2000 年 11 月 22 日以上网定价方式向社会公开发行人民币普通股 6000 万股,每股面值 1.00 元,每股发行价格为 7.85 元。发行后,公司总股本为 15000 万股。

四、股票发行及承销

(一)股票公开发行
1、本次社会公众股发行数量:6000 万股;
2、股票发行价格:7.85 元;
3、募集资金总额:47100 万元
4、募集资金总额(扣除发行费用):45600 万元
5、发行方式:上网定价
6、中签率:0.29570678%
7、有效申购户数:871088 户
8、持 1000 股以上(含 1000 股)的股东数:57944 户
9、发行费用总额:1500 万元
10、每股发行费用:0.25 元/股
11、发行市盈率:42.11 倍(所得税率按 33% 计算,全面摊薄)
(二)股票承销
本次公开发行的社会公众股 6000 万股已全部被投资者认购,承销团无余额包销。
(三)募集资金入帐情况
1、入帐金额:460,673,200.00 元人民币(该款项已扣除发行费用 10,326,800.00 元)
2、入帐时间:2000 年 11 月 29 日
3、开户银行:中国工商银行哈尔滨市平房支行
4、银行帐号:80105008889
(四)验资报告

验资报告

岳总验字(2000)第 049 号

哈飞航空工业股份有限公司:

我们接受委托,对哈飞航空工业股份有限公司(以下简称"贵公司")截至 2000 年 11 月 29 日止的股本进行了审验。在审验过程中,我们按照《独立审计实务公告第 1 号———验资》的要求,实施了必要的审验程序。贵公司的责任是提供真实、合法、完整的验资资料,保护资产的安全、完整。我们的责任是按照《独立审计实务公告第 1 号———验资》的要求,出具真实、合法的验资报告。

贵公司变更前注册资本为人民币 9,000 万元,变更后拟申请登记的注册资本为人民币 15,000 万元。根据中国证监会《关于核准哈飞航空工业股份有限公司公开发行股票的通知》(证监发行字[2000]151 号)、《哈飞航空工业股份有限公司招股说明书》及中华人民共和国上海市公证处公证书([2000]沪证经字第 10361 号),经主承销商与贵公司共同协商确定发行价格为人民币 7.85 元/股,向社会公众公开发行人民币普通股 6,000 万股,股票面值人民币 1 元/股。

根据我们的审验,截止 2000 年 11 月 29 日贵公司已收到向社会公众的募集资金人民币肆亿伍仟陆佰万元整(RMB45,600 万元),其中股本人民币陆仟万元整(RMB6,000 万元),资本公积人民币叁亿玖仟陆佰万元整(RMB39,600 万元)。贵公司总股本由发行前的人民币玖仟万元整(RMB9,000 万元)变更为人民币壹亿伍仟万元整(RMB15,000 万元),资本公积由发行前的人民币肆仟陆佰贰拾肆万壹仟零捌拾肆元柒角整(RMB46,241,084.70)变更为人民币肆亿肆仟贰百贰拾肆万壹仟零捌拾肆元柒角整(RMB442,241,084.70)。

附件:
一、变更前后注册资本、投入资本对照表
二、验资事项说明
三、中国证监会《关于核准哈飞航空工业股份有限公司公开发行股票的通知》(证监发行字[2000]151 号)
四、中华人民共和国上海市公证处公证书([2000]沪证经字第 10361 号)
五、银行进帐单(复印件)
岳华会计师事务所有限责任公司
中国注册会计师　姚焕然
中国.北京　　中国注册会计师　庄文森
二零零零年十一月三十日

五、董事、监事及高级管理人员简介及持股情况

(一)董事、监事及高级管理人员简介

崔学文先生,本公司董事长,55 岁,大学本科学历,研究员级高级工程师,历任哈飞集团生产处处长、副总工程师,1986 年 8 月任副总经理,1996 年 5 月任总经理,1999 年 4 月至今哈飞集团董事长。主要业务简历:大学毕业后先后从事飞机制造和生产管理及企业管理工作。

裴文惠先生,本公司副董事长,58 岁,大专学历,研究员,历任哈飞集团车间党支部书记、宣传部副部长,1984 年 10 月任副总经理,1986 年 4 月任党委副书记,1997 年 2 月至今任党委书记,1999 年 4 月任哈飞集团副董事长。主要业务简历:自参加工作以来一直从事党务宣传和管理工作。

熊网章先生,本公司董事,55 岁,大学本科学历,研究员级高级工程师,历任哈飞集团销售支援部

副部长、生产指挥部副部长、第一副总工程师,1994 年 4 月至今任副总经理。主要业务简历:自参加工作以来先后从事飞机设计、试飞以及销售与生产管理工作。

王斌先生,本公司董事、总经理,41 岁,大学本科学历,研究员级高级工程师,历任哈飞集团副总工艺师、总工艺师、副总工程师,1997 年 10 月至 1999 年 7 月任副总经理。主要业务简历:大学毕业后先后从事飞机制造与管理以及质量管理工作。

徐占斌先生,本公司董事兼常务副总经理,36 岁,大学本科学历,研究员级高级工程师,历任哈飞集团飞机销售处处长、飞机销售支援部副部长,1998 年 12 月至 1999 年 7 月任副总经理。主要业务简历:自参加工作以来一直从事飞机销售及销售管理工作。

王刚先生,本公司董事,49 岁,大学学历,高级工程师,历任哈飞集团副总冶金师、企管办主任、办公室主任,1998 年 12 月至今任副总经理。主要业务简历:自参加工作以来先后从事飞机制造技术工作、企业管理工作与哈飞集团经营管理工作。

曲景文先生,本公司董事兼副总经理,36 岁,大学本科学历,研究员级高级工程师,历任哈飞集团飞机设计所直升机副总设计师、副所长,1999 年 3 月至 1999 年 7 月任哈飞集团副总工程师兼飞机设计所所长。主要业务简历:自大学毕业以来一直从事飞机设计与技术管理工作。

贾庭芳先生,本公司董事,59 岁,大学本科学历,研究员级高级工程师,历任哈飞集团飞机设计所设计室副主任、总师办副主任、综合技术处副处长兼直九办主任、副总工程师,中国航空工业总公司直升机公司副总经理、直升机局副局长,1999 年 7 月至今任中国航空工业第二集团公司直升机部副部长。主要业务简历:自参加工作以来一直从事飞机设计与工程管理工作,先后从事直九与 EC120 型直升机相关工作。

吴献东先生,本公司董事,36 岁,经济管理博士,副研究员,历任哈尔滨东安发动机(集团)有限责任公司技术员,中国航空工业总公司企管局副处长、资产局副处长、中国航空工业总公司国营一五五厂厂长,1999 年 6 月至今任中国航空工业第二集团公司资产企业管理部部长。主要业务简历:自大学毕业以来先后从事数控技术工作、资产与企业管理工作,期间于 1994 年 3 月至 1995 年 12 月在北京航空航天大学从事博士后研究工作。

李宏治先生,本公司监事会主席,党委副书记,53 岁,大专学历,高级政工师,历任哈飞集团车间主任、副生产指挥长、工会副主席、工会主席、党委副书记、副总经理。主要工作简历:自参加工作以来先后从事车间管理、工会及党务工作。

刘晓光先生,本公司监事,55 岁,大学本科学历,副译审,历任哈飞集团情报翻译室主任、纪委副书记、监察处处长、组织部部长,1997 年 10 月至今任纪委书记。主要业务简历:自参加工作以来先后从事情报翻译与相关管理工作、纪检监察工作。

李耀先生,本公司监事,37 岁,大学本科学历,高级会计师,历任中国航空工业总公司财务局副处长,1999 年 6 月至今任中国航空工业第二集团公司财审部副部长,现兼任昌河汽车股份公司监事、北京百慕高科董事。主要业务简历:自参加工作以来一直在中国航空工业部、中国航空航天工业部、中国航空工业总公司、中国航空工业第二集团公司从事财务管理工作。

粟万欣先生,本公司副总经理,39 岁,大学本科学历,研究员级高级工程师,历任哈飞集团飞机设计所室主任,1995 年 5 月至 1999 年 7 月任副总工程师。主要业务简历:自参加工作以来主要从事飞机设计与技术管理工作。

赵安立先生,本公司董事会秘书,42 岁,工商管理硕士,高级经济师,历任哈飞集团技术员、企管办室主任、股改办副主任,1999 年 5 月至 7 月任股改办副主任。主要业务简历:自参加工作以来先后从事金属材料分析检测、企业管理、证券与资本市场研究、资产经营管理工作。

(二)董事、监事及高级管理人员持股情况

本公司董事、监事及高级管理人员均未持有本公司股票。

(三)兼职情况

本公司因工作需要,哈飞集团董事长崔学文先生暂时兼任哈飞股份的董事长,其他人员无双重任职情况。根据中国证监会证监发[1998]259 号文件规定,上市公司董事长原则上不应由股东单位的法定代表人兼任。为此,哈飞集团和股份公司于 2000 年 11 月 8 日出具承诺函,承诺崔学文先生在本公司上市后半年内在履行了股份公司内部及中国航空第二集团公司审核程序后,解除所担任的股份公司法定代表人任职。

六、公司设立

本公司是根据《中华人民共和国公司法》等有关法规,由哈飞集团作为主发起人,并联合飞龙公司、双龙公司、供销总公司和中航技哈尔滨公司四家企业共同发起,采用发起方式设立的股份有限公司。经国家经贸委国经贸企改[1999]720 号文批准设立,并于 1999 年 7 月 30 日在黑龙江省工商行政管理局注册登记,公司注册资本 9000 万元,注册地址为黑龙江省哈尔滨市高新技术开发区集中开发区 34 号楼,营业执照注册号为:2300001101766。

1999 年 7 月 29 日,公司召开了股东大会,审议并通过了公开发行股票并上市的决议,并授权董事会办理股票发行和上市的相关事宜。经中国证券监督管理委员会证监发行字 [2000]151 号文核准,本公司已于 2000 年 11 月 22 日成功发行了每股面值 1.00 元的人民币普通股 6000 万股,本次股票发行后,公司总股本为 15000 万股。

七、关联企业及关联交易

(一)关联企业及关联关系

1、存在控制关系的关联方

哈尔滨飞机工业集团有限责任公司:哈飞股份的控股母公司,经济类型为国有独资有限责任公司,法定代表人为崔学文,注册地为哈尔滨市平房区烟台路 1 号,注册资本为 38,000 万元,经营范围为航空产品制造;汽车用液化气钢瓶(不含液化气)制造、销售;微型汽车、医药包装机械、纺织机械、通用零部件、食品加工机械、烟草加工机械、体育器材、厨房设备、环保设备、制牌设备、煤气罐及炉具、铝型材制品、工业气体、工业管道阀门;风机、冶煤设备、金属轧制设备、专用胶片、橡胶零件、塑料制品;销售用松花江微型汽车串换的汽车(不含小轿车);按外经贸部核定的范围从事进出口业务;经营本企业的进料加工和"三来一补"业务。

2、不存在控制关系的关联方

(1)哈飞汽车制造公司:与本公司的关系为受同一母公司哈飞集团控制,经济性质为中外合资经营,法定代表人为崔学文,注册地址为哈尔滨经济技术开发区综合工业区,注册资本 4,998 万美元,经营范围为开发、生产、销售汽车及各类汽车零配件。

(2)哈飞进出口公司:与本公司的关系为受同一母公司哈飞集团控制,经济性质为国有,法定代表人为邢新,注册地址为哈尔滨市香坊区公滨路 368 号,注册资本 300 万元,经营范围为按经贸部门批准的进出口商品目录出口本系统生产企业的产品和进口本系统生产企业所需设备,工具及原辅材料。

(二)关联交易

1、哈飞股份与哈飞集团之间的关联交易

A、购买或销售商品

哈飞集团为哈飞股份有偿提供原材料、公用工程及生产辅助服务等,同时哈飞股份也为哈飞集团有偿提供原材料及专用工具等,双方已经按照市场经济原则签订了《原材料、公用工程供应及生产辅助的原则协议》。2000 年 1-6 月关联交易金额为 5,309.67 万元。

B、接受劳务

哈飞集团为哈飞股份有偿提供通讯、医疗保健、职业培训及中小学教育、消防、治安、绿化、环卫等后勤服务,双方已经按照市场经济原则签订了《综合服务协议》。2000 年 1-6 月关联交易金额为 128.40 万元。

C、租赁

哈飞股份租赁使用哈飞集团 4 宗土地共 84,390.79 平方米,双方已经签订了《土地租赁合同》。2000 年 1-6 月关联交易金额为 42 万元。

D、许可协议

a、非专利技术:哈飞集团同意将其所有的与轻型飞机设计、直升机设计、复合材料构件制造、机载设备检测有关的四大类 19 项非专利技术,以独占许可方式许可哈飞股份无偿使用,双方已就此签订了《非专利权许可使用合同》。

b、商标:哈飞集团同意将其持有的、依据商品国际分类第 12 类注册的证号为 915000 号"HAMC"牌商标,以独家许可方式许可哈飞股份无偿使用,双方已经就此签订了《商标使用许可合同》。

E、担保

哈飞集团为哈飞股份银行贷款提供担保,担保金额为 7,000 万元。

2、哈飞股份与哈飞汽车制造公司之间的关联交易

A、销售商品

哈飞股份为哈飞汽车制造公司加工生产汽车零配件。2000 年 1-6 月关联交易金额为 1,267.61 万元。

B、担保

哈飞汽车制造公司为哈飞股份银行贷款提供担保,担保金额为 7,000 万元。

C、租赁

哈飞汽车制造公司租赁使用哈飞股份的模具车间的设备、厂房,双方已签订了《财产租赁合同》。2000 年 1-6 月关联交易金额为 349.94 万元。

3、哈飞股份与哈飞进出口公司之间的关联交易

代理

哈飞进出口公司代理哈飞股份进口机械设备,双方已经签订了《进口项目委托代理合同》。2000 年 1-6 月哈飞股份已采购设备 368.55 万元。

(三)同业竞争

哈飞集团作为发行人的主要发起人,本次发行后,持有发行人 59.63% 的股份,为发行人的控股股东。哈飞集团已签署了《关于关联交易及避免同业竞争的承诺函》,作为股份公司的控股股东,哈飞集团在股份公司依法设立后,在不与法律法规相抵触的前提下,在权利所及范围内承诺:哈飞集团与股份公司之间的关联交易将按公平的市场原则进行,并履行必经的法律程序,不产生有损小股东利益的关联交易。哈飞集团及其全资、控股子企业之间目前不存在与股份公司同业竞争的业务,将来也不从事与股份公司运营项目相同的业务。如因哈飞集团未履行上述承诺给股份公司造成损失的,哈飞集团将承担赔偿责任。哈飞集团将来计划开发先进的、盈利水平高的项目,如与股份公司主营业务相关,在同等条件下将优先安排股份公司进行。

八、股本结构及大股东持股情况

(一)本公司上市前股本结构

股份种类	股数(万股)	占总股本比例(%)
1、尚未流通股份:	9000	60
发起人股份	9000	60
其中:国有法人持有股份	8985	59.9
境内法人持有股份	15	0.1
2、可流通股份:	6000	40
其中:社会公众股	6000	40
3、股份总数	15000	100.00

(二)公司前十名股东持股情况

序号	股东名称	持股数量(万股)	持股比例(%)
1.	哈尔滨飞机工业集团有限责任公司	8,945	59.63
2.	景福基金	26.4	0.18
3.	汉盛基金	23.5	0.16
4.	景宏基金	16.6	0.11
5.	中国飞龙专业航空工业公司	15	0.1
6.	哈尔滨双龙航空工程有限公司	15	0.1
7.	中国航空工业供销总公司	15	0.1
8.	开元基金	14	0.09
9.	景博基金	11.9	0.08
10.	裕阳基金	11.2	0.07

九、公司财务会计资料

本公司截止 2000 年 6 月 30 日的财务资料,已于 2000 年 11 月 17 日分别在《中国证券报》、《上海证券报》和《证券时报》上刊登的《招股说明书概要》中进行了详细的披露。因公告距今时间较短,相同的内容在此不再重复。本公告只公布本公司经审计的财务报表及主要财务指标,欲了解详细内容,请查阅上述报纸或至公告的《哈飞航空工业股份有限公司招股说明书》查阅地点查阅。

(一)公司前三年主要财务指标

项目	2000.6.30	1999 年	1998 年	1997 年
流动比率=流动资产/流动负债	2.34	1.38	1.20	1.21
速动比率=(流动资产-存货)/流动负债	0.86	0.44	0.30	0.24
资产负债率(%)=负债总额/资产总额	59.42%	60.69%	67.07%	69.23%
应收帐款周转率=主营业务收入/应收帐款余额	3.38	4.30	18.38	17.50
存货周转率=主营业务成本/存货平均余额	0.41	0.95	1.20	0.50
净资产收益率(%)=净利润/期末净资产总额	12.55%	24.26%	27.98%	10.62%
每股净利=净利润/期末股本总额(元)	0.23	0.38	0.23	0.08

(二)会计报表

(三)会计报表附注

下列被注释的会计报表项目除特别注明时间的之外,资产负债表项目系 2000 年 6 月 30 日的余额;未注明货币单位的均为人民币元。

注释 1、货币资金期末余额 38,353,512.81 元。

项目	2000 年 6 月 30 日	1999 年 12 月 31 日
现金	9,415.08	57.19
银行存款	38,194,097.73	15,930,901.11
其他货币资金	150,000.00	
合计	38,353,512.81	15,930,958.30

注:货币资金较上年增加的原因是回收货款增加及银行借款增加。

注释 2、应收帐款期末余额 26,678,794.02 元。

帐龄	2000 年 6 月 30 日			1999 年 12 月 31 日		
	金额	比例	坏帐准备	金额	比例	坏帐准备
1 年以内	26678794.02	100.00%	800363.82	45441330.31	100.00%	1363239.91
1 至 2 年						
2 至 3 年						
3 年以上						
合计	26678794.02	100.00%	800363.82	45441330.31	100.00%	1363239.91

注:①本期应收帐款减少主要原因是加强了货款回收工作;

②持本公司 5%以上有表决权股份的主要股东欠款:

单位名称	2000 年 06 月 30 日	1999 年 12 月 31 日
哈尔滨飞机工业集团有限责任公司	11079770.90	1,059,770.11

应收帐款金额前五名的单位:

单位名称	金额	时间	原因
哈尔滨飞机工业集团有限责任公司	11,079,770.90	2000.6	属正常结算时间差
中航技工贸公司	7,534,610.90	2000.6	属正常结算时间差
哈尔滨哈飞汽车制造有限公司	2,998,804.28	2000.6	属正常结算时间差
应收出口退税款	5,007,599.17	2000.6	属正常结算时间差
哈飞实业汽车制造厂	36,770.00	2000.6	属正常结算时间差

注释3、其它应收款期末余额1,447,409.34元。

帐龄	2000年6月30日			1999年12月31日		
	金额	比例	坏帐准备	金额	比例	坏帐准备
1年以内	1447409.34	100.00%	43422.28	954141.85	100.00%	28624.26
1至2年						
2至3年						
3年以上						
合计	1447409.34	100.00%	43422.28	954141.85	100.00%	28624.26

注:无持本公司5%以上有表决权股份的主要股东欠款。

其他应收款金额前五名:

名称	金额	时间	原因
上市费用	846,168.34	2000.6	上市改制中介机构等费用
中国银行黑龙江分行兆麟支行	290,287.00	2000.4	属正常结算时间差
中航二集团	50,000.00	2000.2	属正常结算时间差
中航技公司	45,000.00	2000.3	属正常结算时间差
杨仁铎	8,600.00	2000.6	差旅费借款未报

注释4、预付帐款期末余额25,798,385.38元。

帐龄	2000年6月30日		1999年12月31日	
	金额	比例	金额	比例
1年以内	25,798,385.38	100.00%	8,456,655.36	100.00%
1至2年				
2至3年				
3年以上				
合计	25,798,385.38	100.00%	8,456,655.36	100.00%

注:①预付帐款增加的主要原因是预付采购设备款,设备生产周期较长,未能及时核销。

②无持本公司5%以上有表决权股份的主要股东欠款。

预付帐款金额前五名的单位:

单位名称	金额	时间	原因
哈飞进出口公司	11,647,876.53	2000.6	按采购合同规定
金城集团有限公司	1,000,000.00	2000.6	按采购合同规定
南京压缩机股份有限公司	932,600.00	2000.6	按采购合同规定
吉林龙鼎电气股份有限公司	898,200.00	2000.6	按采购合同规定
阿尔西制冷工程技术北京有限公司	684,000.00	2000.6	按采购合同规定

注释5、存货期末余额156,759,486.02元。

项目	2000年6月30日		1999年12月31日	
	金额	跌价准备	金额	跌价准备
库存材料	64521265.72	402740.00	60,211,098.45	402,740.00
委托加工材料	678953.34		491078.80	
材料采购	10,528.13		10,528.13	
低值易耗品	32132496.76		29,219,814.31	
在制品	54,071,323.09		50,161,421.86	
库存商品	5,344,918.98		8,456,660.25	
合计	156,759,486.02	402,740.00	148550601.80	402,740.00

注:1999年存货跌价准备是依据库存材料历史成本与同类产品市场价格,并考虑材料的合格率提取的,2000年6月30通过盘点及对比,存货状况与年初相差不大,故本期没有提取和核销。

存货金额较大的原因是航空产品的生产周期较长(从最初投料到飞机交付,正常情况下是18个月),原材料、低值易耗品、在制品的占用金额较大,且平均占用周期较长。

注释6、待摊费用期末余额118,284.25元。

项目	期初余额	本期增加	本期摊销	期末余额
飞机试验费		148,538.25	34,849.10	113,689.15
取适航证费		4,595.10	4,595.10	
房屋租赁费		20,428.00	20,428.00	
合计		173,561.35	55,277.10	118,284.25

注释7、固定资产原值期末余额273,937,830.04元。

固定资产原价	期初价值	本期增加	本期减少	期末价值
房屋及建筑物	94,519,050.00	209,514.56		94728,564.56
机器设备	173,942,306.33	3507,455.08	6,716.00	177443045.41
运输设备	1,743,720.07	22,500.00		1,766,220.07
合计	270,205,076.40	3739,469.64	6716.00	273937830.04

注:固定资产原价1999年度增加部分含资产评估增值5655.48万元。

注释8、累计折旧期末余额170,339,565.87元。

累计折旧	期初价值	本期增加	本期减少	期末价值
房屋及建筑物	56,609,281.36	1,365,094.43		57974375.79
机器设备	104,050,672.46	7,275,908.34	5979.34	111320601.46
运输设备	950,225.24	94,363.38		1044588.62
合计	161,610,179.06	8,735,366.15	5979.34	170339565.87

注释9、固定资产净值期初余额108,594,897.34,期末余额103,598,264.17

注:①固定资产净值1999年度增加部分含资产评估后净资产增值6067.71万元。

②股份公司现有固定资产折旧程度较高,主要是有许多固定资产,特别是厂房是五六十年代购建的,但公司固定资产日常维护制度比较完善,主要生产厂房及设备日常维护及时,加之70年代末至90年代中期军品订货较少,固定资产使用率较低,而财务核算正常提取折旧费用,使固定资产帐面净值偏低,但固定资产总体状况良好,进入90年代,通过技术改造更新,关键技术设备如:复合材料生产线、机加中心等主要设备比较先进,通过不断的技改、更新及完善的日常维护管理,能够提供持续稳定的生产能力。

③截止至2000年6月30日固定资产不存在抵押或担保等事项。

注释10、在建工程期末余额45,675,853.42元。

项目	期初余额	本期增加	本期转入固定资产数	其他减少数
直升机复合材料构件生产线扩建	24,934,408.40	9,765,128.00		
其中:利息资本化金额	1,318,903.32	1,801,965.00		
Y12Ⅳ型机扩大出口技术改造	159,001.41	5,614,950.80		
其中:利息资本化金额	60,300.00	639,150.00		
14#加工中心	2458021.10	2,458,021.10		
逆向系统	947,000.00	947,000.00		
数控中心铣床	952044	51,500.00	1003544	
数控厂加工中心	706226.8	119,587.50	825814.3	
钣金厂去毛刺机	900000.00	900,000.00		
总装厂设备	30,000.00		30000.00	
钣金厂电火花切割	60,000.00			
复合材料厂空调	86,450.00	86,450.00	86450.00	
钣金厂吊车制安	96,000.00	78,445.83	174,445.83	
45#EC120空调间改造	58,000.00	54.97	58,054.97	
45#恒温恒湿机	94,279.38		94,279.38	
数控中心切割机	116800.00		116,800.00	
35#汽车导线束大棚		145,665.89	145,665.89	
其他	608,830.67	479,336.04	181,200.60	69622.40
合计	32,207,061.76	16,254,669.03	2716254.97	69622.40

续上表:

项目	期末余额	资金来源	进度	批准文号
直升机复合材料构件生产线扩建	34,699,536.40	贷款	30%	科工计字(1999)472
其中:利息资本化金额	3,120,868.32			
Y12Ⅳ型机扩大出口技术改造	5,773,952.21	贷款	15%	科工民字[2000]77号
其中:利息资本化金额	699,450.00			
14#加工中心	2,458,021.10	自筹	80%	
逆向系统	947,000.00	自筹	95%	
数控中心铣床		自筹	95%	
数控厂加工中心		自筹	100%	
钣金厂去毛刺机	900,000.00	自筹	85%	
总装厂设备		自筹	100%	
钣金厂电火花切割	60,000.00	自筹	46%	
复合材料厂空调		自筹	100%	
钣金厂吊车制安		自筹	100%	
45#EC120空调间改造		自筹	100%	
45#恒温恒湿机		自筹	100%	
数控中心切割机		自筹	100%	
35#汽车导线束大棚		自筹	100%	
其他	837,343.71	自筹	90%	
合计	45,675,853.42			

注释11、开办费期末余额847,979.90元。

项目	原始发生数	期初余额	本期增加	数本期摊销数累	计摊销数	期末余额
筹建企业开办费	1017575.90	949737.50		101757.60	169596.00	847979.90

注释12、短期借款期末余额20,000,000.00元。

借款单位	金额	借款期限	月利率	借款条件	币种
建行哈尔滨分行平房支行	10,000,000.00	2000.1-2001.1	5.3625‰	保证	人民币
工行哈尔滨分行平房支行	10,000,000.00	2000.4-2001.4	5.3625‰	保证	人民币
合计	20,000,000.00				

注释13、应付票据期末余额300,000.00元

收款单位	出票日期	到期日期	金额	种类
浙江赛阳密封件有限公司	2000.01.28	2000.07.20	70,000.00	银行承兑汇票
长春皮尔金盾安全玻璃有限公司	2000.01.28	2000.07.20	80,000.00	银行承兑汇票
山东省武城县东风汽车密封件厂	2000.01.28	2000.07.20	50,000.00	银行承兑汇票
辽源市佳林造革有限责任公司	2000.01.28	2000.07.20	100,000.00	银行承兑汇票

注:无应付持本公司5%以上有表决权股份的股东欠款。

注释14、应付帐款期初余额80,820,488.01,期末余额33,835,259.80元。

帐龄	2000年6月30日		1999年12月31日	
	金额	比例	金额	比例
1年以内	32,801,719.14	96.95%	73,491,673.94	90.93%
1至2年	609,697.12	1.80%	6,548,940.45	8.10%
2至3年	21,112.92	0.06%	430,206.23	0.53%
3年以上	402,730.62	1.19%	349,667.39	0.44%
合计	33,835,259.80	100.00%	80,820,488.01	100.00%

注:①应付帐款较上年减少的原因主要是支付上期欠款较多。

②应付持本公司5%以上有表决权股份的股东欠款。

单位名称　　金额　　原因

哈尔滨飞机工业集团有限责任公司

11915237.58 货款正常结算时间差

注释 15、预收帐款期末余额 20,592,009.67 元。

帐龄	2000 年 6 月 30 日 金额	比例	1999 年 12 月 31 日 金额	比例
1 年以内	20,592,009.67	100.00%		
1-2 年				
2-3 年				
3 年以上				
合计	20,592,009.67	100.00%		

注:①本期预收帐款增加主要原因是预收购货单位货款;

②无预收持本公司 5%以上有表决权股份的股东欠款。

注释 16、应付股利期末余额 0.00 元

投资者	2000 年 6 月 30 日	1999 年 12 月 31 日
哈尔滨飞机工业集团有限责任公司		27,476,877.32
中国飞龙专业航空公司		46,997.38
哈尔滨双龙航空工程公司		46,997.38
中国航空供销总公司		46,997.38
中国航空技术进出口哈尔滨公司		27,645.50
合计		27,645,514.96

注:1999 年度应付股利系分配 1999 年 7-12 月公司产生的利润而形成。公司 1997 年、1998 年、1999 年 1-6 月的利润已全部分配给哈尔滨飞机工业集团有限责任公司。根据公司 2000 年 1 月 31 日第一届第三次董事会会议决议,1999 年 7-12 月公司形成的利润归发起人共享,公司 1999 年 7-12 月公司形成的利润根据股东大会决议,已于 2000 年 6 月份之前全部支付。本年度中期未进行利润分配。

17、应交税金期末余额-1,083,579.09 元。

增值税	-1,114,782.43	-978,843.45
营业税	29,162.00	39,825.63
城建税	2,041.34	2,787.79
合计	-1,083,579.09	-936,230.03

注:应交增值税出现负数的原因是待抵扣的进项税。

注释 18、其它应付款期初余额 6,504,071.19,期末余额 10,109,681.73 元。

帐龄	2000 年 6 月 30 日 金额	比例	1999 年 12 月 31 日 金额	比例
1 年以内的	10,109,681.73	100.00%	6,504,071.19	100.00%
1 至 2 年的				
2 至 3 年的				
3 年以上的				
合计	10,109,681.73	100.00%	6,504,071.19	100.00%

注:①本期其他应付款较上年增加的主要原因是本期提取的工会经费、职工教育经费等尚未支付,及正常往来未结算款项增加;

②应付持本公司 5%以上有表决权股份的股东单位的款项:

单位名称	2000 年 06 月 30 日	1999 年 12 月 31 日
哈尔滨飞机工业集团有限责任公司	2,533,599.06	649,853.45

注释 19、预提费用期末余额 7,201,814.19 元

项目	期初余额	本期增加数	本期减少数	期末余额
预提飞机成本	1,248,426.55	6,102,667.54	178,949.80	7,172,144.29
其他		29,669.90		29,669.90
合计	1,248,426.55	6,132,337.44	178,949.80	7,201,814.19

注:预提费用结存原因是飞机交付时,存在串用其他架次飞机的零件、成品件欠装及售后服务费尚未发生情况,因此在结转成本时依据购销合同经双方确认的飞机遗留问题清单所列项目,预计所要发生的费用相应预提成本。

注释 20、长期借款期末余额 120,000,000.00 元。

借款单位	金额	借款期限	月利率	借款条件	币种
建行哈尔滨分行平房支行	60,000,000.00	1999.12-2003.6	5.0250‰	保证	人民币
工行哈尔滨分行平房支行	60,000,000.00	2000.6-2004.10	5.5275‰	保证	人民币
合计	120,000,000.00				

注释 21、其他长期负债期末余额 10,000,000.00 元

注:此款项系哈飞集团利用中央预算内基本建设投资投入,该笔资金是国家为直升机复合材料构件生产线扩建项目拨款,计划拨款总额为 2500 万元,该项目的国拨资金将增加国家对哈飞集团的资本投入。正在扩建的直升机复合材料构件生产线于 1999 年 7 月股份公司设立时,由哈飞集团剥离进入股份公司,本扩建项目截止至 2000 年 6 月 30 日已完成投资额 3470 万元,完成总投资额的 30%,工程主体厂房已接近完工,部分设备已到厂安装调试,还有部分设备已启动订货。到 2000 年 6 月 30 日已到位国拨资金 1000 万元,由于该项国拨资金是在股份公司设立后到位,故股份公司以欠哈飞集团负债形式利用该笔资金投资该项目,无需还本付息。待国家 2500 万元投资全部到位后,再依据国家有关法律法规的要求,在公司增资配股时作为哈飞集团对公司的增资进行处理。

注释 22、股本期末余额 90,000,000.00 元。

发起人名称	持股数	持股比例(%)
哈尔滨飞机工业集团有限责任公司	89,450,000	99.39%
中国飞龙专业航空公司	150,000	0.17%
哈尔滨双龙航空工程公司	150,000	0.17%
中国航空供销总公司	150,000	0.17%
中国航空技术进出口哈尔滨公司	100,000	0.10%
合计	90,000,000.00	100.00%

注:以上股本均为公司设立时发起人投入的股本,本期内无增减变动。股本已经岳华(集团)会计师事务所岳总验字(99)第 005-1 号验资报告验证确认。

注释 23、净资产

1998 年、1997 年末的净资产等于公司改制时剥离进来的资产总额减去剥离进来的负债总额所得的差额。

注释 24、资本公积期末余额 46,241,084.70 元。

项目	期初余额	本期增加数	本期减少数	期末余额
股本溢价	46,241,084.70			46,241,084.70

注:①公司评估基准日为 1999 年 4 月 30 日,依据中咨资产评估事务所中咨评报字(1999)第 298 号评估报告书,经评估后的净资产为 13540.85 万元,评估结果经财政部财评字 (1999)307 号文确认。

②净资产按 66.06%的比例折股,折股方案经财政部财管字(1999)228 号文确认。

注释 25、盈余公积期末余额 5,009,603.51 元。

项目	期初余额	本期增加数	本期减少数	期末余额
法定盈余公积	3,339,735.67			3,339,735.67
公益金	1,669,867.84			1,669,867.84
合计	5,009,603.51			5,009,603.51

注:法定盈余公积和公益金系根据 2000 年 1 月 31 日公司董事会决议分别按公司成立后产生的可供分配利润的 10%和 5%提取。

注释 26、主营业务收入

项目	2000 年 1-6 月	1999 年度	1998 年度	1997 年度
出口产品收入:				
Y12 飞机	14,339,360.00	82,359,302.30	86,114,346.00	50,594,348.91
EC120 直升机部件	16,004,000.00	33,919,969.66	12042785.31146	
舱门转包生产	15,766,446.65	22,076,472.80	20,347,812.45	14933387.01
Y12 飞机备件	43,611.37	414,622.85	4,457,613.44	3,783,239.83
小计	46153,418.02	138770367.61	122,962,557.20	69310,975.75
内销产品收入:				
航空产品零部件	29,206,074.93	34,392,523.81	62,144,030.00	22,331,391.32
其他	14,081,710.58	18,841,097.29	10,720,779.35	31,570,570.49
小计	43,287,785.51	53,233,621.10	72,864,809.35	53,901,961.81
合计	89,441,203.53	192,003,988.71	195,827,366.55	123212937.56

注:内销产品收入其他内容包括对外零件加工、复合材料加工、模具制造、工装制造等。

注释 27、其他业务利润

项目	2000 年 1-6 月	1999 年度	1998 年度	1997 年度
其他业务收入:				
固定资产租赁收入	3,499,440.12	9,558,150.96	6,372,100.00	
材料销售收入	2,205,741.86	6,393,308.94		
小计	5,705,181.98	16,747,977.49	6,372,100.00	
其他业务支出:				
固定资产租赁支出	2,152,997.35	3,506,724.56	2,060,824.47	
材料销售支出	2,278,043.95	6,675,966.97		
小计	4,431,041.30	10,979,209.12	2,060,824.47	
其他业务利润	1,274,140.68	5,768,768.37	4,311,275.53	

注:①1997 年度纳入重组范围的模具车间所属的固定资产未出租给本公司关联企业哈尔滨哈飞汽车制造有限公司,故 1997 年度无固定资产租赁产生的其他业务利润。

②本期其他业务利润减少的主要原因是固定资产租赁收入降低。

注释 28、财务费用

项目	2000 年 1-6 月	1999 年度	1998 年度	1997 年度
利息支出	971,860.38	6,257,706.73	8,583,893.41	12,150,941.49
减:利息收入	84,034.70	80,853.45	173,786.66	263,013.31
汇兑损失		134.91		
减:汇兑收益			814.66	21,233.62
其它	31,656.93	18,026.61	43.17	20,032.19
合计	919,482.61	6,195,014.80	8,409,335.26	11,886,726.75

注:财务费用减少主要原因是长短期借款结构发生变化,短期借款余额逐年减少,1997 年为 4700 万元、1998 年为 3900 万元、1999 年为 2860 万元,2000 年为 2000 万元,虽然长期借款增加,但均为直升机复合材料构

件生产线扩建和 Y12Ⅳ机扩大出口技术改造的专项借款,发生的利息均计入工程成本;另外财务费用下降的另一个主要因素是银行利率下调。

注释 29、营业外收入

项目	2000 年 1-6 月	1999 年度	1998 年度	1997 年度
1.处理固定资产净收益			10,229.42	
2.固定资产盘盈			8,607.94	
3.罚款收入		1,436.35	2,427.53	12,330.91
4.无法支付的应付款			35,495.43	69,571.02
5.其他	25.00		3,139.55	2,669.19
合计	25.00	1,436.35	59,899.88	84,571.12

注释 30、营业外支出

项目	2000 年 1-6 月	1999 年度	1998 年度	1997 年度
1.处理固定资产净损失		104,052.96	62,020.57	63,778.05
2.固定资产盘亏			4,121.15	984.11
3.非常损失				1,808.85
4.公益救助性捐助				72,353.88
5.赔偿金、违约金及罚款支出				45,011.30
6.其他				1,520.61
合计		104,052.96	66,141.71	185,456.80

注释 31、利润总额

公司 1999 年度利润总额为 33,964,119.22 元,其中:1999 年 1-6 月份利润总额为-256,715.16 元,1999 年 7- 12 月份利润总额为 34,220,834.38 元。下半年较上半年增加较大的原因是 1999 年度飞机销售集中在下半年。

公司 2000 年上半年度利润总额为 20,277,403.89 元。注释 32、1999 年初未分配利润为-324,351.30 元。

注:根据财政部财会字(1999)35 号《关于印发〈股份有限公司会计制度有关会计处理补充规定〉的通知》和公司 2000 年 1 月 31 日第一届第三次董事会会议决议,公司变更了计提坏帐准备的会计政策,并对以前年度的模拟报表进行追溯调整。按原会计政策 1998 年末计提坏帐准备 32,176.06 元,按变更后的会计政策

1998 年末应计提坏帐准备 329,527.36 元,差额 297,351.30 元为补提的坏帐准备。

注释 33、99 年 4 月 30 日前净利润折股 1,347,557.84 元。

注:此部分已在资产评估范围之内,并经财政部财管字(1999)228 号文《关于哈飞航空工业股份有限公司国有股权管理有关问题的批复》确认。

注释 34、评估基准日至公司设立日已分配给原股东的利润-794,878.64 元。

注:根据公司 2000 年 1 月 31 日第一届第三次董事会会议决议,归原股东所有。2000 年 5-6 月份利润为-794,878.64 元的主要原因是该期间主营产品中的 Y12 飞机没有销售,EC120 直升机部件销售偏少。

注释 35、提取法定盈余公积金 3,339,735.67 元,提取法定公益金 1,669,867.84 元,应付普通股股利 27,645,514.96 元。

注:根据公司 2000 年 1 月 31 日第一届第三次董事会会议决议,法定盈余公积金、法定公益金分别按公司成立后至 1999 年末实现的净利润的 10%和 5%提取,其余全部分配给股东。

注释 36、收到的其他与经营活动有关的现金

项目	金额

哈飞集团公司垫付往来款项	1,000,000.00
收回暂借外单位款及差旅费	1,586,524.41
收利息	84,049.70
其他款项	161,242.73
合计	2,831,816.84

注释 37、收到的其他与筹资活动有关的现金

项目	金额
收到的直升机复合材料构件生产线扩建项目国拨资金	10,000,000.00
合计	10,000,000.00

注:见注释 21。

十、董事会上市承诺

本公司董事会严格遵守《中华人民共和国公司法》、《中华人民共和国证券法》、《股票发行与交易管理暂行条例》、《公开发行股票公司信息披露实施细则》和《上海证券交易所股票上市规则(2000 年修订本)》等国家法律、法规的规定,并自股票上市之日起作出如下承诺:

(一)按照法律、法规的规定程序和要求披露重大的信息、并接受证券主管机关、上海证券交易所的监督管理。

(二)及时、真实、准确的公布中期报告和年度报告,并备置于规定场所供投资者查阅。

(三)本公司董事、监事、高级管理人员如发生人事变动或持本公司股票发生变化时,在报告证券主管机关、上海证券交易所的同时向投资者公布。

(四)在任何公共传播媒介中出现的消息可能对本公司股票的市场价格产生误导性影响时,本公司知悉后将及时对该消息予以公开澄清。

(五)本公司董事、监事、高级管理人员将认真听取社会公众的意见和批评,不利用已获得的内幕消息和其他不正当手段直接或间接从事股票买卖活动。

(六)本公司没有无记录负债。

依据 2000 年 5 月 1 日起实施的《上海证券交易所股票上市规则(2000 年修订本)》,本公司全体董事、监事将按照有关规定,在本公司股票上市后两个月内签署《董事(监事)声明及承诺书》并送达上海证券交易所备案。

十一、重要事项揭示

(一)根据岳华会计师事务所有限责任公司对本公司 2000 年度及 2001 年度盈利预测的岳总核字[2000]第 179 号及岳总核字[2000]第 180 号《盈利预测审核报告》,预计本公司 2000 年度及 2001 年度实现净利润分别为 4174.19 万元和 5939.70 万元,每股收益分别为 2000 年 0.28 元(全面摊薄)和 2001 年 0.40 元。

(二)本公司此次向社会公众公开发行了 6000 万股人民币普通股股票,本次发行前每股净资产为 1.79 元(2000 年 6 月 30 日),发行后每股净资产为 4.12 元(全面摊薄)。

(三)税收政策

1、增值税:

①内销 Y12 飞机根据财政部、国家税务总局《关于国产支线飞机免征增值税的通知》财税字[2000]51 号 文"一、自 2000 年 4 月 1 日起,对生产销售的支线飞机(包括运十二飞机)免征增值税。"

②为国防配套的航空零部件根据国家税务总局《关于军品科研生产免税凭印问题的通知》(国税函[1999]633 号)文件"自 1999 年 9 月 15 日起,对新签订的军品研制合同和军品生产(订货)合同,以加盖′中华人

民共和国国防科学技术工业委员会军品研制合同签证章′和′中华人民共和国国防科学技术工业委员会军品生产合同签证章′(附印模式样)作为免税印鉴的依据",经国防科工委确认,免征增值税;

③出口产品(EC120 直升机部件、BAE146 舱门、Y12 飞机等),根据《财政部、国家税务总局关于提高部分货物出口退税率的通知》财税字(1999)017 号文的规定,出口退税率为 17%,实行"先征后退";

2、企业所得税

公司设立前,母体按应纳税所得额的 33%计缴。根据财税字(1994)001 号文件第一条第一款规定"国务院批准的高新技术产业开发区内的企业,减按 15%的税率征收所得税,新办的高新技术企业自投产年度起免征所得税两年",经哈尔滨市国家税务局开发区分局国税开字(2000)第 12 号文确认,公司可享受企业所得税优惠政策,从 1999 年 7 月 1 日(投产之日)起免征企业所得税两年(1999 年度、2000 年度免征企业所得税),2001 年度起减按 15%的税率征收企业所得税。

但本公司在《哈飞航空工业股份有限公司招股说明书及概要》中披露的发行市盈率是按 33%所得税率计算,特此说明。

(四)经本公司 1999 年年度股东大会决议通过,自本公司成立日至 1999 年 12 月 31 日的利润由发起人股东享有,2000 年 1 月 1 日至本次公开发行股票股权登记日的滚存利润由新老股东共享。

(五)因本公司目前正急需资金进行大规模的技术改造,故在本次股票发行后第一个年度将暂不分配,预计公开发行股票后首次利润分配在 2002 年中期。

(六)大股东哈飞集团向上海证券交易所郑重承诺:自哈飞股份股票上市之日起 12 个月内,第一大股东不转让其持有的发行人股份,也不由哈飞股份回购哈飞集团持有的股份。

(七)截止本上市公告书刊登之日,本公司无重大诉讼事项。

十二、备查文件目录

1、招股说明书
2、上海证券交易所上市通知书
3、中国证监会核准本公司公开发行股票的文件
4、审计报告、财务报表及附注
5、验资报告
6、盈利预测报告及注册会计师审核报告
7、法律意见书
8、资产评估报告
9、公司股东大会决议、董事会决议
10、公司营业执照
11、公司章程
12、其他备查文件

十三、备查文件查阅地点及咨询机构

1、发行人:哈飞航空工业股份有限公司
法定代表人:崔学文
地址:哈尔滨市高新技术开发区集中开发区 34 号楼
联系电话:(0451)6528350
传真:(0451)6528350
联系人:赵安立　沈秋云　顾韶辉　马俊
2、上市推荐人:
(1)上市推荐人:南方证券有限公司
法定代表人:沈沛
地址:深圳市罗湖区嘉宾路 4028 号太平洋商贸大厦 20-28 层联系电话:(0755)2138078(010)66212491
传真:(010)66210025
联系人:邹忠刚　关明阳
(2)上市推荐人:长城证券有限责任公司
法定代表人:李仁杰
地址:深圳市福田区深南大道 6008 号特区报业大厦 16-17 层
联系电话:(0755)3516283
传真:(0755)3516200
联系人:刘碧芸

哈飞航空工业股份有限公司
2000 年 12 月 1 日

资产负债表

编制单位:哈飞航空工业股份有限公司　　单位:人民币元

项目	2000 年 6 月 30 日	1999 年 12 月 31 日	1998 年 12 月 31 日	1997 年 12 月 31 日
流动资产:				
货币资金	38353512.83	15930958.30	28850000.00	29410000.00
短期投资				
减:短期投资跌价准备				
短期投资净额				
应收票据				
应收帐款	26678794.02	45441330.31	10725352.17	7102498.33
其他应收款	1447409.34	954141.85	258893.00	156430.97
减:坏帐准备	818401.05	1384178.96	329527.36	217767.88
应收帐款净额	27307802.31	45011293.20	10654717.81	7041161.42
预付货款	25798385.38	8456655.36	961490.23	392593.19
存货	156759486.02	148550601.80	119939232.44	150544203.94
减:存货变现损失	402740.00	402740.00		
存货净额	156356746.02	148147861.80		
待摊费用	118284.25			
待处理流动资产净损失				
其他流动资产				
流动资产合计	247934730.77	217546768.66	160405440.48	187387958.55
长期投资				
长期股权投资				
长期债权投资				
减:长期投资减值准备				
长期投资净值				
固定资产:				
固定资产原价	273937830.04	270205076.40	120996420.52	116055982.11
减:累计折旧	170339565.87	161610179.06	74006114.81	68442435.63
固定资产净值	103598264.17	108594897.34	46990305.71	47613546.48
工程物资				
在建工程	45675853.42	32207061.76	17177745.17	3891570.95
固定资产清理				
待处理固定资产损失				
固定资产合计	149274854.25	140801959.10	64168050.88	51505117.43
无形及其他资产				
无形资产				
开办费	847979.90	949737.50		
长期待摊费用				
其他长期资产				
无形及其他资产合计	847979.90	949737.50		
递延税项:				
递延税款借项				
资产总计	398057564.92	359298465.26	224573491.36	238893075.98
资产				
流动负债:				
短期借款	20000000.00	28600000.00	39000000.00	47000000.00
应付票据	300000.00			
应付帐款	33835259.80	80820488.01	14013747.86	11907439.00
预收帐款	20592009.67		49189825.90	65452163.68
应付工资	6478169.18	6840159.18	13194817.64	13254942.20
应付福利费	7974283.99	6762379.16	5366865.91	3846695.02
应付股利		27645514.96		
应交税金	-1083579.09	-936230.03		
其他未交款	16735.35	8621.83		
其他应付款	10109681.73	6504071.19	2859209.49	1932591.50
预提费用	7201814.19	1248426.55		
一年内到期的长期负债			10000000.00	12000000.00
其他流动负债				
流动负债合计	105424374.82	157493430.85	133624466.80	155393831.40
长期负债:				
长期借款	120000000.00	60000000.00	17000000.00	10000000.00
应付债券				
长期应付款				
住房周转金	1105098.00	554346.20		
其他长期负债	10000000.00			
长期负债合计	131105098.00	60554346.20	17000000.00	10000000.00
负债合计	236529472.82	218047777.05	150624466.80	165393831.40
所有者权益				
股本	90000000.00	90000000.00		
净资产			73949024.56	73499244.58
资本公积	46241084.70	46241084.70		
盈余公积	5009603.51	5009603.51		
其中:公益金	1669867.84	1669867.84		
未分配利润	20277403.89			
股东权益合计	61528092.10	141250688.21	73949024.56	73499244.58
负债及股东权益总计	398057564.92	359298465.26	224573491.36	238893075.98

利润及利润分配表

编制单位:哈飞航空工业股份有限公司　　单位:人民币元

2000 年 1-6 月　1999 年度　1998 年度　1997 年度

项目				
一、主营业务收入	89441203.53	192003988.71	195827336.55	123212937.56
减:折扣与折让				
主营业务收入净额	89441203.53	192003988.71	195827336.55	123212937.56
减:主营业务成本	62518254.61	141355344.48	143495983.72	75552298.03
营业税金及附加				
二、主营业务利润	26922948.92	50648644.23	52331352.83	47660639.53
加:其他业务利润	1274140.68	5768768.37	4311275.53	
减:存货跌价损失		402740.00		
营业费用(销售费用)	898331.26	2510039.83	2968720.50	5476271.02
管理费用	6101896.84	13242882.14	14227366.69	18453765.86
财务费用	919482.61	6195014.80	8409335.26	11886726.75
三、营业利润	20277378.89	34066735.83	31037205.91	11843875.90
加:投资收益				
补贴收入				
营业外收入	25.00	1436.35	59899.88	84571.12
减:营业外支出		104052.96	66141.71	185456.80
加:以前年度损益调整				
四、利润总额	20277403.89	33964119.22	31030964.08	11742990.22
减:应交所得税		431970.25	10338344.07	3940018.70
少数股权				
五、净利润	20277403.89	33532148.97	20692620.01	7802971.50
加:年初未分配利润		431970.25	10338344.07	3940018.70
盈余公积转入				
六、可分配利润	20277403.89	33207797.67		
减:99 年 4 月 30 日前净利润折股		1347557.84		
评估基准日至公司设立日已				
分配给原股东的利润		-794878.64		
提取法定公积金		3339735.67		
提取法定公益金		1669867.84		
七、可供股东分配的利润		27645514.96		
减:应付优先股股利				
提取任意公积				
应付普通股股利				
转作股本的普通股股利		27645514.96		
八、未分配利润	20277403.89			

现金流量表(一)

编制单位:哈飞航空工业股份有限公司　　单位:人民币元

项目	2000 年 1-6 月	1999 年 7-12 月
一、经营活动产生的现金流量:		
销售商品、提供劳务收到的现金	80764939.91	22808172.88
收取的租金	2916200.10	
收到的税费返还	2312469.60	
收到的其他与经营活动有关的现金	2831816.84	17472.99
现金流入小计	88825426.45	22825645.87
购买商品、接受劳务支付的现金	62246964.49	24156996.16
经营租赁所支付的现金		
支付给职工以及为职工支付的现金	8682797.70	3008597.20
支付的增值税款	17468.99	456847.71
支付的所得税款		
支付的除增值税、所得税以外的其他税费	751533.60	32972.95
支付的其他与经营活动有关的现金	49744.99	32665.30
现金流出小计	71748509.77	27688079.32
经营活动产生的现金流量净额	17076916.68	-4862433.45
二、投资活动产生的现金流量:		
收回投资所收到的现金		
分得股利或利润所收到的现金		
取得债券利息收入所收到的现金		
处置固定资产、无形资产和其他长期资产而收回的现金净额		8128.20
收到的其他与投资活动有关的现金		
现金流入小计		8128.20
购建固定资产、无形资产和其他长期资产所支付的现金	10093341.37	11179142.23
权益性投资所支付的现金		
债权性投资所支付的现金		
支付的其他与投资活动有关的现金		559395.40
现金流出小计	10093341.37	11738537.63
投资活动产生的现金流量净额	-10093341.37	-117230409.43
三、筹资活动产生的现金流量:		
吸收权益性投资所收到的现金		10378801.18
发行债券所收到的现金		
借款所收到的现金	65000000.00	60000000.00
收到的其他与筹资活动有关的现金	10000000.00	
现金流入小计	75000000.00	70378801.18
偿还债务所支付的现金	31500000.00	37000000.00
发生筹资费用所支付的现金		
分配股利或利润所支付的现金	27645514.96	
偿付利息所支付的现金	415505.84	855000.00
融资租赁所支付的现金		
减少注册资本所支付的现金		
支付的其他与筹资活动有关的现金		
现金流出小计	59561020.80	37855000.00
筹资活动产生的现金流量净额	15438979.20	32523801.18
四、汇率变动对现金的影响		
五、现金及现金等价物净增加额	22422554.51	15930958.30

现金流量表(二)

编制单位:哈飞航空工业股份有限公司　　单位:人民币元

项目	2000 年 1-6 月	1999 年 7-12 月
1、不涉及现金收支的投资和筹资活动:		
以固定资产偿还债务		
以投资偿还债务		
以固定资产进行长期投资		
以存货偿还债务		
融资租赁固定资产		
2、将净利润调节为经营活动的现金流量:		
净利润	20277403.89	33397356.74
加:计提的坏帐准备或转销的坏帐	-565777.91	568615.32
固定资产折旧	8729386.81	8471412.92
无形资产及其他资产摊销	101757.60	
处置固定资产、无形资产和其他长期资产的		103583.81
固定资产报废损失		
财务费用	827938.97	-17472.99
投资损失(减收益)		
递延税款贷项(减借项)		
存货的减少(减增加)	-8208884.22	-148260619.48
经营性应收项目的减少(减增加)	-19704154.11	-55169200.68
经营性应付项目的增加(减减少)	15464347.52	155641150.91
其他	154898.13	402740.00
经营活动产生的现金流量净额	17076916.68	-4862433.45
3、现金及现金等价物净增加情况:		
货币资金的期末余额	38353512.81	15930958.30
减:货币资金的期初余额	15930958.30	
现金等价物的期末余额		
减:现金等价物的期初余额		
现金及现金等价物净增加额	22422554.51	15930958.30

宁波联合集团股份有限公司

一、 公司简介

(一)公司法定中文名称:宁波联合集团股份有限公司
公司英文名称:NINGBO UNITED GROUP CO., LTD.
公司英文名称缩写:NUG
(二)公司法定代表人:周孝成
(三)公司董事会秘书:何筱禄
联系地址:宁波开发区东海路1号联合大厦八楼
电话:0574-6221609
传真:0574-6221320
董事会秘书授权代表:朱德昌
联系地址:宁波开发区东海路1号联合大厦八楼
电话:0574-6222320
传真:0574-6221320
(四)公司注册地址(办公地址):
宁波开发区东海路1号联合大厦
邮政编码:315803
电子信箱:lhgroup@public.nbptt.zj.cn
(五)公司选定的信息披露报纸:《上海证券报》、《中国证券报》
登载公司年度报告的中国证监会指定的国际互联网网址:
http://www.sse.com.cn
公司年度报告备置地点:
宁波开发区东海路1号联合大厦八楼
(六)公司股票上市交易所:上海证券交易所
股票简称:宁波联合　　股票代码:600051

二、会计数据和业务数据摘要

(一) 公司本年度主要会计数据:(单位:元　合并报表)

1、利润总额	53,627,640.68
2、净利润	36,027,640.83
3、扣除非经常性损益后的净利润	33,880,674.91
4、主营业务利润	165,864,701.60
5、其它业务利润	5,932,992.18
6、营业利润	39,055,405.50
7、投资收益	12,196,469.38
8、补贴收入	1,279,954.13
9、营业外收支净额	1,095,811.67
10、经营活动产生的现金流量净额	3,377,250.71
11、现金及现金等价物净增加额	−85,613,289.98

注:扣除的非经常性损益项目和涉及金额

项　　目	金　　额
1、营业外收支净额	1,095,811.67
2、补贴收入	1,279,954.13
3、股权投资差额摊销	−228,799.88
小　　计	2,146,965.92

(二)截止报告期末公司前三年的主要会计数据和财务指标

指标项目	1999年	1998年 调整前	1998年 调整后	1997年 调整前	1997年 调整后
1、主营业务收入	2,000,086,981.09	1,292,038,963.99	1,293,204,545.77	1,110,202,992.47	1,110,202,992.47
2、净利润	36,027,640.83	51,031,252.63	45,022,425.78	118,399,079.66	99,270,761.73
3、总资产	1,660,376,735.98	1,604,202,445.73	1,550,624,379.87	1,412,733,557.08	1,347,184,670.34
4、股东权益(不含少数股东权益)	801,772,580.19	826,462,824.06	764,172,533.95	804,270,230.12	745,169,887.04
5、每股收益	0.12	0.17	0.15	0.70	0.59
6、每股收益(加权)	0.12	0.17	0.15	0.87	0.73
7、每股收益(扣除非经常性损益后)	0.11	0.18	0.16	0.62	0.51
8、每股净资产	2.65	2.73	2.53	4.79	4.44
9、调整后的每股净资产	2.57	2.65	2.45	4.73	4.38
10、每股经营活动产生的现金流量净额	0.01	0.68	0.68	−	−
11、净资产收益率(%)	4.49	6.17	5.89	14.72	13.32

(三)报告期内股东权益变动情况(单位:元)

项　目	股　本	资本公积	盈余公积	其中:法定公益金	未分配利润	股东权益合计
期初数	302,400,000.00	389,480,065.95	88,680,989.75	41,333,359.44	−16,388,521.75	764,172,533.95
本期增加	−	1,572,405.41	15,205,437.01	5,115,308.68	36,027,640.83	52,805,483.25
本期减少	−				15,205,437.01	15,205,437.01
期末数	302,400,000.00	391,052,471.36	103,886,426.76	46,448,668.12	4,433,682.07	801,772,580.19

注:股东权益变动原因
(1)本期资本公积增加系子公司所得税返还。
(2)本期盈余公积和法定公益金增加系本年提取。
(3)本期未分配利润变动系本期实现利润及提取盈余公积。

三、股东情况介绍

(一)截止1999年12月31日,公司股东总数为59,916户。
(二)主要股东持股情况(前10名股东):

股　东　名　称	年末持股数(股) 已上市流通股份	年末持股数(股) 未上市流通股份	占总股本比例(%)
(1)宁波经济技术开发区控股公司		108,501,070	35.88
(2)中国五金矿产进出口总公司		78,120,771	25.83
(3)中国机械进出口(集团)有限公司		30,380,299	10.05
(4)厦创通信	314,869		0.10
(5)邓云先	300,256		0.10
(6)郑钢钢	244,032		0.08
(7)彭彬之	200,000		0.07
(8)陈开明	200,000		0.07
(9)财政证券	186,000		0.06
(10)陈雅平	170,000		0.06

浙江广厦建筑集团股份有限公司

一、公司简介

(一)公司法定中文名称:浙江广厦建筑集团股份有限公司
公司简称:浙江广厦
公司法定英文名称:Zhejiang Guangsha Building Group co., Ltd.
ABBREVIATION: GSBG
(二)公司法定代表人:楼忠福
(三)公司董事会秘书:梁　阳
联系地址:浙江省杭州市玉古路123号广厦大厦
邮政编码:310013
电　　话:0571--7969988--1221
传　　真:0571--7963858
电子信箱:lienyung@263.net
(四)公司注册地址:浙江省东阳市吴宁西路21号
公司办公地址:浙江省东阳市振兴路1号
邮 政 编 码:322100
公司国际互联网网址:http://www.china--guangsha.com
公司电子信箱:guangsha@mail.hz.zj.cn
(五)选定的信息披露报纸:《中国证券报》、《上海证券报》
年报登载互联网网址:http://www.sse.com.cn
公司年报备置地址:杭州市玉古路123号浙江广厦董事会办公室
(六)公司股票上市地:上海证券交易所
股票简称:浙江广厦
股票代码:600052

二、会计数据和业务数据摘要

(一)公司本年度主要会计数据:

利润总额<元>	86,775,685.98
净利润<元>	73,147,876.04
扣除非经常性损益后的净利润<元>	70,933,507.21
主营业务利润<元>	114,714,452.07
其他业务利润<元>	4,310,758.43
营业利润<元>	69,721,272.04
投资收益<元>	14,748,004.65
补贴收入<元>	2,444,000.00
营业外收支净额<元>	−137,590.71
经营活动产生的现金流量净额<元>	−115,619,866.78
现金及现金等价物净增加额<元>	136,381,344.31

注:非经常性损益扣除的项目有公司下属子公司广厦重庆第一建筑(集团)有限公司返还所得税244.4万元,本期股权投资差额摊销 −229631.17元。

(二)公司前三年的主要会计数据和财务指标:

主要会计数据	1999年度	1998年度 调整前	1998年度 调整后	1997年度
主营业务收入<万元>	152767.85	129571.08	129571.08	103661.01
净利润<万元>	7314.79	8068.43	7766.61	7606.98
总资产<万元>	147236.62	105323.28	100957.26	70444.55
股东权益<万元>	76106.51	52175.32	48372.24	46626.89
每股收益<元/股>	0.259	0.320	0.308	0.302
加权平均每股收益<元/股>	0.276			
扣除非正常性损益后的每股收益<元/股>	0.251			
每股净资产<元/股>	2.70	2.07	1.74	1.85
调整后每股净资产<元/股>	2.647	2.01		1.83
每股经营活动产生的现金流量净额<元/股>	−0.410	0.21		
净资产收益率<%>	9.61	15.46	16.06	16.32

注:主要财务指标的计算公式如下:
每股收益=净利润/年度末普通股股份总数
加权平均每股收益=净利润/(期内未变动股份总数×未变动股份总数所占月份数/12+期内已变动股份总数×已变动股份总数所占月份数/12)
每股净资产=年度末股东权益/年度末普通股股份总数
净资产收益率=净利润/年度末股东权益×100%
调整后的每股净资产=(年度末股东权益-三年以上的应收款项净额-待摊费用-待处理〈流动、固定〉资产净损失-开办费-长期待摊费用—住房周转金负数余额)/年度末普通股股份总数
每股经营活动产生的现金流量净额=经营活动产生的现金流量净额/年度末普通股股份总数

(三)本年度股东权益变动情况　(单位:元)

项目	股本	资本公积	盈余公积	法定公益金	未分配利润	股东权益合计
期初数	252,000,000	112,600,444.75	46,910,797.36	21,285,534.12	72,211,140.48	483,722,382.59
本期增加	30,240,000	173,913,387.65	14,261,877.44	7,110,188.72	84127498.60	277,342,763.69
期末数	282,240,000	286,513,832.40	61,172,674.80	28,395,722.84	131,138,639.08	761,065,146.28
变动原因	配股增加	配股增加	提取增加	提取增加	净利润增加	配股及净利润增加

三、股东情况介绍

(一)截止1999年12月31日,本公司股东总数为35696户。
(二)报告期末,持有本公司5%以上股份及前10名股东的持股情况:

序号	股东名称	持股数量(万股)	持股比例(%)
1	浙江广厦建筑集团公司	5676.4827	20.11
2	上海邦联投资有限公司	2370.2370	8.40
3	杭州市股权管理中心	1048.6903	3.72
4	金华信托投资股份有限公司	804.2362	2.85
5	浙江广厦自应压力管厂	291.5951	1.03
6	浙江广厦装璜材料公司	283.5	1.004
7	浙江广厦白云建筑工程公司	280.8	0.995
8	浙江广厦第一建材厂	274.05	0.971
9	浙江广厦装璜门窗厂	248.4	0.880
10	东阳建材实业公司	245.7	0.871

江 西 纸 业 股 份 有 限 公 司

江西纸业股份有限公司1999年年度报告摘要

一、 公司简介

(一)公司中文名称:江西纸业股份有限公司　　中文缩写:江西纸业
　英文名称:JIANGXI PAPER　INDUSTRTY　CO.,LTD　　英文缩写:JPINC
(二)公司法定代表人:姜和平
(三)公 司 总 经 理:吴三罗
(四)公司董事会秘书:黄倬桢　　授权代表:兰日明
　公司咨询服务及联系机构:本公司证券部
　电　　话:(0791)8632392　　传　　真:(0791)8632392
(五)公司注册地址及办公地址:江西省南昌市董家窑112号　　邮政编码:330006
　电子信箱:JXPaPer@bentium.net　　公司国际互联网址:http://www.JiangXiPaper.com.nc
(六)信息披露报纸名称:《上海证券报》、《中国证券报》
　指定披露的网址:http://www.sse.com.cn
　公司年度报告备置地点:本公司证券部
(七)公司股票上市地:上海证券交易所　　股票简称:江西纸业　　股票代码:600053

二、会计数据和业务数据摘要

(一)利润情况

项　目	金额(元)
利润总额	60,579,909.96
净 利 润	47,212,084.73
扣除非经营性损益后的净利润	27,019,377.68
主营业务利润	61,843,893.21
其他业务利润	24,077.77
营业利润	41,105,624.87
投资收益	0
补贴收入	12,687,580.75
营业外收支净额	6,786,704.34
经营活动产生的现金流量净额	32,019,149.17
现金及现金等价物净增加额	-65,321,624.98

(二)公司前三年主要会计数据和财务指标

追溯调整后

序号	项　目	单位	1999年度	1998年度	1997年度
1	主营业务收入	元	271,392,532.69	227,510,040.08	259,965,272.90
2	净 利 润	元	47,212,084.73	43,158,525.21	37,831,503.85
3	总 资 产	元	875,279,870.79	761,841,470.39	568,357,659.02
4	股东权益	元	454,378,304.11	407,166,219.38	364,416,052.72
5	每股收益	元/股	0.35	0.32	0.36
6	加权平均每股收益	元/股	0.35	0.35	0.42
7	扣除非经营性损益后的每股收益	元/股	0.20	0.05	—
8	每股净资产	元/股	3.33	2.98	3.47
9	调整后的每股净资产	元/股	3.33	2.95	3.47
10	每股经营活动产生的现金流量净额	元	0.23	-0.39	—
11	净资产收益率	%	10.39	10.60	10.38

追溯调整前

序号	项　目	单位	1998年度		1997年度	
1	主营业务收入	元	227,510,040.08		259,965,272.90	
2	净 利 润	元	43,158,525.21		37,831,503.85	
3	总 资 产	元	762,249,828.94		568,357,659.02	
4	股东权益	元	407,574,577.93		364,416,052.72	
			摊 薄	加 权	摊 薄	加 权
5	每股收益	元/股	0.32	0.35	0.36	0.42
	每股收益	元/股	0.32 (扣除新股申购冻结资金利息)			
6	每股净资产	元/股	2.99	3.30	3.47	4.05
7	净资产收益率	%	10.59	11.18	10.38	16.60
	净资产收益率	%	9.34 (扣除新股申购冻结资金利息)			
8	调整后的每股净资产	元/股	2.95	3.27	3.47	4.05
9	调整后的每股净资产	元/股	2.95		3.47	
10	每股经营活动产生的现金流量净额	元	-0.39		———	
11	净资产收益率	%	10.60		10.38	

注:主要财务指标的计算方法:

每股收益=净利润/年度末普通股股份总数

每股净资产=年度末股东权益/年度末普通股股份总数

调整后的每股净资产=[年度末股东权益-三年以上应收款项净额-待摊费用-待处 理(流动、固定)资产净损失-开办费-专项待摊费用]/年度末普通股股份总数

每股经营活动产生的现金流量净额=经营活动产生的现金流量净额/年度末普通股股份总数

净资产收益率=净利润/年度末股东权益×100%

(三)股东权益变动情况

项　目	股　本	资本公积	盈余公积	法定公益金	未分配利润	股东权益合计
期初数	136,500,000	217,481,821.37	14,836,879.60	7,418,439.80	38,347,518.41	407,166,219.38
本期增加	--	--	9,442,416.94	4,721,208.47	37,769,667.79	47,212,084.73
本期减少	--	--	--	--	--	--
期末数	136,500,000	217,481,821.37	24,279,296.54	12,139,648.27	76,117,186.20	454,378,304.11

三、 股东情况介绍

(一)1999年末股东总数

截止1999年12月31日,公司股东总数48,681户,其中:国有法人股股东1户,即江西 纸业集团有限公司(以下简称:江纸集团公司)持有7,800万股国有法人股,社会公众股 股东48,680户。

(二)公司前10名股东持股情况:

名次	股东名称	年末持股数(股)	占总股本(%)
1	江西纸业集团有限公司	78,000,000	57.14
2	财政证券	275,438	0.20
3	袁　莉	201,000	0.15
4	长升酒店	199,000	0.146
5	王 世 才	182,000	0.13
6	肖 汝 满	139,300	0.10
7	潘 丽 华	108,000	0.08
8	张 大 凤	100,000	0.07
9	沪财嘉定	93,850	0.069
10	姜 兆 和	90,552	0.066

说明:江纸集团公司系本公司发起人,持有本公司国有法人股7,800万股,占总股本的57.14%。以上各股东之间不存在关联关系。

四、股东大会简介

(一)公司董事会一届七次会议决定召开公司1998年度股东大会公告刊登在1999年3月31日的《上海证券报》上。本次股东大会于1999年6月7日在公司小礼堂召开。

公司1998年度股东大会决议公告刊登在1999年6月8日的《上海证券报》上。

(二)公司第一届董事会第十次会议决定召开1999年第一次临时股东大会公告刊登在1999年8月26日的《上海证券报》上。本次股东大会原定于1999年9月28日召开,因 公司配股前期的有关工作尚未办妥,故大会延期至1999年10月15日在公司小礼堂召开(延期召开1999年第一次临时股东大会的通知刊登在1999年9月21日的《上海证券报》上)。

公司1999年第一次临时股东大会决议公告刊登在1999年10月16日的《上海证券报》上。

五、董事会报告

(一)公司经营情况的简要回顾

1、公司所处的行业以及在本行业中的地位

本公司是全国轻工造纸行业中的重点骨干企业和新闻纸重点生产企业之一。新闻纸属于国家战略商品,新闻纸行业属国家产业结构调整予以重点支持和扶持的行业。

2、公司主营业务的范围及其经营状况

公司主营业务范围是生产和销售"松竹"牌胶印新闻纸。

1999年,在公司董事会的正确领导下,公司加快机制转换,全体员工发扬"团结拼 搏、实干高效"的企业精神,充分利用新闻纸反倾销胜诉后的大好时机,实施"科技兴企"战略,运用先进的科学管理技术,强化企业管理,提高产品质量,降低生产成本,积 极开拓市场,取得了较好的经营业绩。1999年,公司实现主营业务收入271,392,532.69元,主营业务利润61,843,893.21元,分别比上年有较大幅度的增长,公司采取的主要措施如下:

(1)抓规范运作,促机制转换。1999年,公司加大机制转换力度,切实做到人员独立、资产完整、财务独立,使公司运作更趋于规范。

(2)抓质量体系认证,促管理基础工作。在全体员工的努力下,公司顺利通过ISO9002国际质量体系认证,并获得中国兴轻质量体系认证中心和中国轻工质量认证中心颁 发的两个质量认证证书。1999年是公司质量年,全员的质量意识得到进一步提高,企业管理的各项基础工作得到进一步完善。

(3)抓市场开拓,促产品销售。1999年,公司以新闻纸反倾销胜诉为契机,把握建立稳定销售渠道和市场网络体系这一竞争的关键,全面推行产品销售目标责任制,积极探索产品销售代理制等各种营销方式,市场份额得到了进一步扩大,产销率达到107%。

(4)抓内部挖潜,促成本下降。1999年,公司把成本控制的重点放在消耗定额、原 材料采购成本、各项费用支出控制上,通过进一步完善内部经济责任制,层层签定成本目标责任书,加大成本否决力度,公司的生产成本得到较大幅度的下降。

(二)公司财务状况

1、主要经济指标对比　　单位:元

经济指标	1999年度	1998年度	增减幅度(%)
总 资 产	875,279,870.79	761,841,470.39	+14.89
流动负债	395,223,937.18	328,997,621.51	+20.13
长期负债	25,677,629.50	25,677,629.50	0
股东权益	454,378,304.11	407,166,219.38	+11.60
主营业务利润	61,843,893.21	23,145,874.51	+167.19
净 利 润	47,212,084.73	43,158,525.21	+9.39

2、主要原因:99年度总资产比98年度增加113,438,400.40元,主要是应收帐款和 在建工程的增加所致。股东权益比98年度增加47,212,084.73元,主要原因为未分配利润的增加。99年公司狠抓销售和成本控制,销售收入大幅增长和生产成本大幅下降,实现了主营业务利润增加38,698,018.70元,净利润增加4,053,559.52元。

(三)公司投资情况

1、募股资金使用情况

报告期内,公司募股资金无对外投资情况,也未变更募集资金用途,所投资金均按照《招股说明书》承诺的项目实施。截止报告期末,公司"九五"技改项目投资进度及资金使用情况如下表:

"九五"技改项目投资进度表　　单位:万元

序号	项目名称	计划投资额	实际投资额
1	化机浆车间	10,034	
2	废纸脱墨浆厂	5,058	6,836.30
3	造纸四厂	47,189	8,000.00
4	公用工程	9,680	
5	污水处理站	4,585	2,269.88
6	造纸用速生材基地	3,000	6,000.00
7	项目间接费用	48,454	1,278.63
8	流动资金	3,000	
合　计		131,000	24,384.81

截止报告期末,本公司前次募集资金已全部投入"九五"技改项目。

2、公司"九五"技改的进展情况

报告期内,本公司"九五"技改项目已取得了实质性进展。首先,项目《可行性研究报告》通过了中国国际工程咨询公司的评估,中资公司认为该项目"是一个好项目,建设是必要的",并于1999年5月以咨化轻[1999]160号文向国家经贸委上报了《关于 江西纸业股份有限公司新闻纸生产系统技术改造项目可行性研究报告的评估报告》。其次,国家开发银行于1999年10月以开行函[1999]268号文向国家经贸委上报了《国家开发银行关于江西纸业股份有限公司13万吨新闻纸技术改造项目贷款评审意见的函》,同意向本公司提供硬贷款91,200万元,贷款期限9年(含宽限期3年).第三,国

家为加大支持国有大中型企业技术改造力度,以国经贸投资[1999]824号《关于下达1999年财政预算内专项资金国家重点技术改造项目计划(第一批)的通知》,将本公司"九五"技改项目列入国家财政贴息重点支持的项目计划,享受固定资产贷款全额贴息两年的优惠政策,这项政策将缓解本公司"九五"项目建设期间的还贷压力,有利于增强项目的抗风险能力,经济效益显著。第四,国家为拉动内需,提高设备国产化率,要求本公司编制和报送国产化方案,该方案已经国家机械局、国家轻工业局同意并以国轻规科发[1999]166号文上报国家经贸委。第五,为加快设备的引进,保证引进设备先进可靠,公司先后邀请了德国福伊特苏尔寿公司、芬兰维美德公司、日本三菱重工公司、瑞典顺智公司、奥地利恩德里茨公司等国际上著名的供应商进行技术设备交流,广泛交换意见,以确保所引进设备达到国际一流水准。

(四)新年度业务发展计划

2000年是机遇,更是挑战,中国中西部大开发开始起动,新闻纸行业技术改造进入高峰阶段,WTO的大门将要开启,为此,中国造纸行业的发展将迎来前所未有的挑战与压力,面对迅速变化的环境,我们要加快吸收和消化国内外成功企业的管理经验和办法,将根据公司实际进行制度、技术、人才和文化上的全面创新,并打好"三大"(深化改革、主攻质量、技术改造)攻坚战,实现"三上"(管理、资本营运、效益)新水平,在激烈的市场竞争中站稳脚根,求生存和发展。

1、继续推进企业内部改革,加速建立与现代企业制度和市场经济相适应的内部机制和管理体系。

2、以通过质量体系认证为契机,进一步强化全员的质量意识,做到人人参与质量管理、个个提高工作质量,从源头上保证产品质量的稳定和提高。建立更加完善的质量保证体系,发挥科技投入的基础作用,组织质量攻关,提高整体工艺装备水平和技术含量,切实攻克产品质量中的难题,使质量指标全面达到A级标准。

3、加快技改步伐,全力以赴抓好新闻纸技改项目的全面开工。公司13.6万吨彩色胶印新闻纸技改工程的预计实施进度如下:一是在2000年一季度,项目可研报告可望获得国家批复。二是在二季度项目的开工报告可望获国家批复,届时,技改项目将全面开工。

4、提高企业素质,向管理要效益。积极建立人才培养和使用的激励机制,完善企业管理的基础工作,全面推进科学管理,健全各项内部制度,加强成本管理,进一步降低产品成本,使企业管理工作迈上一个新台阶。

5、抓好资本营运,在规范中求发展。公司将严格按照国家有关证券法规,全面规范公司的运作,继续做好增资配股的报批工作,并加大资本运作力度,拟采取资产置换、联合、购并、控股或参股等形式,实施跨地区、跨行业的资本经营,使公司得到稳定、持续、快速发展。

(五)董事会日常工作情况

1999年度,公司董事会按照《公司章程》和《董事会议事规则》的有关规定,共召开五次董事会会议,对本公司的重要经营活动作出决策。有关会议情况及决议内容如下:

1、董事会一届七次会议于1999年3月28日召开,会议审议通过了如下决议:一是通过了《公司1998年年度报告》及《年度报告摘要》;二是通过了《公司1998年度董事会工作报告》;三是通过了《公司1998年度总经理业务报告》;四是通过了《公司1998年度财务决算报告》;五是通过了公司《1998年度利润分配预案》;六是通过了关于修改《公司章程》部分条款的议案;七是通过了《关于授权公司董事会投资权限的议案》;八是通过了《关于设置废纸脱墨浆厂的议案》;九是通过了《关于续聘江西中昊会计师事务所有限责任公司为本公司审计单位的议案》;十是通过了《关于追加投资兴建新的林业基地的议案》;十一是通过了《关于召开公司1998年度股东大会的议案》。本次会议决议公告刊登在1999年3月31日的《上海证券报》和《金融时报》上。

2、董事会一届八次会议于1999年4月30日召开,会议审议通过了以下决议:一是通过了《关于托管江西抚州板纸有限公司的预案》;二是通过了《关于延期召开1998年度股东大会的议案》。本次会议决议公告刊登在1999年5月5日的《上海证券报》上。

3、董事会一届九次会议于1999年6月7日召开,会议审议通过了如下决议:一是同意李水保先生和姜宏先生分别辞去公司副总经理与公司总经理助理职务;二是根据总经理提名,决定聘任邓作龙先生为公司副总经理、倪万根先生为公司总经理助理。本次会议决议公告刊登在1999年6月8日的《上海证券报》上。

4、董事会一届十次会议于1999年8月23日召开,会议审议通过了如下决议:一是通过了《公司1999年中期报告》;二是通过了《公司1999年中期利润分配预案》;三是认真学习了中国证监会证监发[1999]12号文《关于上市公司配股工作有关问题的通知》,并对照该文件的有关要求,董事会认为,公司符合现行有关的配股规定,具备增资配股的资格;四是通过了《公司1999年度配股预案》;五是通过了《关于前次募集资金使用情况的说明》;六是通过了《关于本次配股募集资金投向的可行性议案》;七是通过了《关于召开公司1999年第一次临时股东大会的议案》。本次会议决议公告刊登在1999年8月26日的《上海证券报》上。

5、董事会一届十一次会议于1999年8月27日召开,会议审议通过了《关于公司单独设立劳动人事部门的议案》。

(六)公司董事、监事及高级管理人员情况

姓名	性别	年龄(岁)	职务	任期起止日期	年初持股数(股)	年末持股数(股)	年度报酬(元)
姜和平	男	47	董事长	1997.4–2000.4	5850	5850	18,156
彭春林	男	45	副董事长	1997.4–2000.4	3900	3900	17,511
吴三罗	男	46	董事、总经理	1997.4–2000.4	3900	3900	17,085
何睦文	男	43	董事、副总经理	97.4–2000.4	3900	3900	16,558
孙建明	男	41	董事	1997.4–2000.4	3900	3900	15,893
饶建山	男	44	董事、副总经理	97.4–2000.4	3900	3900	16,262
姜凤水	男	47	董事	1997.4–2000.4	4900	4900	15,947
邓作龙	男	41	董事、副总经理	99.6–2000.4	0	0	15,419
蔡敏如	男	59	董事	1997.4–2000.4	3900	3900	14,724
高庆鸿	男	60	监事会主席	1997.4–2000.4	5850	5850	19,278
兰举贤	男	51	监事会副主席	1997.4–2000.4	3900	3900	17,505
罗文	男	42	监事	1997.4–2000.4	3900	3900	15,854
徐斌	男	51	监事	1997.4–2000.4	2600	2600	13,795
涂钟豫	女	50	监事	1997.4–2000.4	2600	2600	13,857
万斌	男	47	监事	1997.4–2000.4	2600	2600	14,619
胡玉葵	男	34	监事	1997.4–2000.4	2600	2600	13,883
邓润国	男	39	总会计师	1997.4–2000.4	3900	3900	14,123
汪立浩	男	58	总经理助理	1997.4–2000.4	3900	3900	14,018
邹擎云	男	38	总经理助理	1997.4–2000.4	2600	2600	13,741
倪万根	男	35	总经理助理	1999.6–2000.4	0	0	14,440
黄倬桢	男	43	董事会秘书	1997.4–2000.4	3900	3900	13,262

1、根据本公司的实际情况,本公司董事、监事、高级管理人员年度报酬数额区间的人数如下:

(1)10000–15000元10人;

(2)15001–20000元11人。

2、在报告期内离任的董事、高级管理人员姓名及离任原因

姓名	原任职务	离任时间	离任原因
李水保	董事、副总经理	1999年6月7日	工作变动
姜宏	总经理助理	1999年6月7日	工作变动

3、本报告期内,公司总经理和董事会秘书未变动。

(七)本次利润分配预案或资本公积金转增股本预案

本公司1999年度共实现净利润47,212,084.73元,分别提取10%的法定公积金4,721,208.47元和法定公益金4,721,208.47元,余额37,769,667.79元,加上年度未分配利润38,347,518.41元,可供股东分配利润76,117,186.20元。鉴于新闻纸技改项目可望在2000年上半年全面开工,公司急需大量资金,为使公司稳健和持续发展,公司董事会拟定,2000年上半年不进行利润分配,也不用资本公积金转增股本。

(八)公司选定《上海证券报》和《中国证券报》为刊登公司公告及其他需要披露信息的报纸。

六、监事会报告

1999年,公司监事会从维护广大股东权益、公司利益和员工的合法权益出发,认真履行《公司法》和《公司章程》所赋予的职责,依法对公司董事和高级管理人员的重大决策及日常经营管理进行监督,提高公司的经营效率,确保公司经营的合法性和合规性,防范经营风险,规范公司的信息披露事务,现将监事会1999年度的会议情况报告如下:

(一)监事会一届七次会议于1999年3月27日召开,全体监事出席了会议,会议以举手表决的方式,审议通过了公司《1998年度监事会工作报告》,并检查分析了公司1998年度财务报告和利润分配预案。

(二)监事会一届八次会议于1999年4月29日召开,全体监事出席了会议,会议以举手表决的方式,同意《关于公司托管江西抚州板纸有限公司的预案》。

(三)监事会一届九次会议于1999年8月23日召开,全体监事出席了会议,会议一是检查并分析了公司1999年度中期财务报告;二是同意公司《1999年中期利润分配预案》;三是同意公司《1999

年度配股预案》;四是同意《关于前次募集资金使用情况的说明》;五是同意《关于本次配股募集资金投向的可行议案》。

七、重要事项

(一)报告期内公司无重大诉讼、仲裁事项。

(二)报告期内公司董事、监事及高级管理人员不存在受监管部门处罚的情况。

(三)公司于1999年6月7日召开的1998年度股东大会审议通过了"关于更换江西纸业股份有限公司第一届董事会部分成员的提案",即因工作变动,同意李水保先生辞去公司董事职务,大会选举邓作龙先生为公司董事。1998年度股东大会决议公告刊登在1999年6月8日的《上海证券报》上。

(四)报告期内公司没有收购、出售资产及吸收合并等事项。

(五)重大关联交易事项

1、报告期内,本公司将原垫支给江纸集团公司的款额70,000,000元,委托江纸集团公司转付给本公司的托管企业江西抚州板纸有限公司,用于生产启动和正常周转。为此,本公司与江西抚州板纸有限公司存在债权、债务关系。

2、其他关联交易详见本公司财务会计报表附注。

(六)人员、资产、财务"三分开"情况

1、本公司是由江纸集团公司作为独家发起人并向社会公开募股设立的股份有限公司。在改制设立初期,江纸集团公司就已将整个新闻纸生产线(包括造纸二厂、造纸三厂和碱回收厂)及产品销售、物质供应和财务等职能部门重组进入本公司。在产、供、销三方面已和江纸集团公司分开,形成了较独立和完整的原料供应渠道、产品销售网络和财务核算体系。

2、截止报告期末,本公司与母公司在人员、资产、财务上实行了规范的"三分开",保证了上市公司的人员独立、资产完整和财务独立。

(七)根据本公司1998年度股东大会决议通过的《关于托管江西抚州板纸有限公司的预案》(该决议公告刊登在1999年6月8日的《上海证券报》上),本公司和江西纸业集团有限公司签订了托管合同,托管旨在调整本公司的现有产品结构,拓宽产品销售市场,享有托管期间的经营收益。

报告期内,本公司对江西抚州板纸有限公司进行托管经营,获得托管经营收入738.44万元,占公司利润总额的12.19%。

报告期内,本公司对江西特种纸业有限责任公司(原江西第二造纸厂)进行托管经营,获得托管经营收入12.07万元。

鉴于江西纸业集团有限公司委托本公司托管江西特种纸业有限责任公司的托管合同期限已满(托管期限为1997年1月1日至1999年12月31日),为此,本公司将把被托管方(江西特种纸业有限责任公司)的资产移交给委托方(江西纸业集团有限公司)。

(八)报告期内公司续聘江西中昊会计师事务所有限责任公司为审计单位。

(九)报告期内公司无重大诉讼、仲裁事项,也没签订重大合同(担保、抵押等)。

(十)报告期内未更改名称和股票简称的情况。

(十一)其他事项

公司四项准备计提情况

存货:本期公司存货不存在成本高于可变现净值的情况,所以本期末计提存货跌价准备。

应收款项:按照公司关于资产准备及核销办法,本期公司应收款项项目中应按规定提取的数额较小,仅计提坏帐准备100.74万元,计提数额已全部进入本期损益。

短期投资:本公司没有短期投资,所以不存在计提短期投资跌价准备。

长期投资:本公司没有长期投资,所以也未计提长期投资减值准备。

八、财务会计报告

(一)审计报告

本公司财务会计报告经江西中昊会计师事务所注册会计师廖述斌、朱丽如审计,并由该所出具了赣昊审字[2000]37号无保留意见的审计报告。

(二)会计报表

1、比较式资产负债表(见附表一)

2、比较式利润表及利润分配表(见附表二)

3、现金流量表(见附表三)

(三)会计报表附注

1、公司简介

江西纸业股份有限公司是由江西纸业集团有限公司(以下简称江纸集团)作为独家发起人,经江西省股份制联审小组(1997)01号文批准设立的股份有限公司。经中国证监会证监发字(1997)109号文批准,向社会公开发行4,500万股社会公众股。本公司现有总股本13,650万股,其中国有法人股7,800万股,社会公众股5,850万股。

江西纸业股份有限公司是全国九大新闻纸定点生产企业之一。主导产品为"松竹"牌低定量胶印新闻纸,年生产能力10万吨,产品等级达到国家A级标准。

公司经营范围:纸及纸制品、纸浆、造浆、造纸机械、造纸原料、仪器仪表及零配件设计、生产、批发、零售、化工产品、木材的批发、零售、普通机械及配件的维修、综合技术服务、信息咨询等。

3、税项

本公司适用的主要税种和税率如下:

(1)增值税:按销售收入的17%计算销项税。

(2)城乡维护建设税:按应纳流转税额的7%计征。

(3)教育费附加:按应纳流转税额的3%计征。

(4)所得税:根据江西省人民政府赣府字[1997]13号文《关于给予江西纸业股份有限公司所得税优惠的批复》和南昌市人民政府洪府厅抄字[1998]348号抄告单,本公司按33%税率照章纳税,超基数(本年度为680,244.48元)部分由南昌市财政返还。

(5)其他税项:按国家有关规定执行。

4、托管单位

(1)根据本公司第一次临时股东大会决议,本公司托管江西特种纸业有限责任公司。根据托管合同,在托管期间(一九九七年一月一日至一九九九年十二月三十一日),江西特种纸业有限责任公司收益归本公司享有,其资产经营权仍归江西纸业集团有限公司。江西特种纸业有限责任公司本报告期会计报表未纳入本公司合并会计报表范围。

(2)根据本公司第一届董事会第八次会议决议,本公司托管江西抚州板纸有限公司。根据托管合同,在托管期间(一九九九年三月一日至二00一年二月二十八日),江西抚州板纸有限公司收益归本公司享有,其会计报表不纳入本公司合并会计报表范围。

5、会计报表主要项目注释

(1)货币资金

项目	期初数	期末数
现金	12,999.62	611.16
银行存款	69,274,953.91	9,548,017.39
其他货币资金	8,622,300.00	3,040,000.00
合计	77,910,253.53	12,588,628.55

注:期末余额减少的主要原因是:增加了对固定资产的投入,全年共支付购买固定 资产款1.07亿元。

(2)应收帐款

应收帐款的余额、帐龄如下:

帐龄	期初数			期末数		
	金额	比例(%)	坏帐准备	金额	比例(%)	坏帐准备
1年以内	168,119,297.12	95.5	504,465.32	252,924,594.37	99.1	758,773.78
1-2年	7,959,348.72	4.5	23,770.62	2,382,435.84	0.9	7,147.31
合计	176,078,645.84	100	528,235.94	255,307,030.21	100	765,921.09

注:a、欠款前五名单位如下:

名称	金额	欠款时间	欠款原因
1、中国造纸机械集团有限公司	63,161,600	99.12	正常销售款
2、江西纸业集团有限公司	37,911,844.77	99.12	正常销售款
3、江西日报	18,830,800	99.12	正常销售款
4、湖北日报	9,470,397.75	99.12	正常销售款
5、长江日报	5,573,003.90	99.12	正常销售款

b、本帐户余额中,持本公司5%(含5%)以上股份的股东单位欠款37,911,844.77 元(江西纸业集团有限公司),比去年下降60.8%。

c、本帐户余额比年初数176,078,645.84增加45%,主要原因是本公司赊销产品所致。

(3)其他应收款

其他应收款的余额、帐龄如下:

帐龄	期初数			期末数		
	金额	比例(%)	坏帐准备	金额	比例(%)	坏帐准备
1年以内	134,089,452.27	98.5	402,231.20	138,276,833.39	99.3	247,460.17
1-2年	2,029,399.91	1.5	6,125.35	1,002,765.53	0.7	3,008.30
合计	136,118,852.18	100	480,356.55	139,279,598.92	100	250,468.47

注:a、欠款前五名单位如下:

名称	金额	欠款时间	欠款原因
1、江西抚州板纸有限公司	70,000,000	99.6	用于被托管企业生产启动与正常周转
2、江西抚州板纸有限公司	7384,407.17	99.12	正常往来款
3、江西纸业集团有限公司	3059,282.90	99.1	正常往来款
4、社会公众股	1,800,000	98.3	代付人个所得税
5、江西省工业设备安装公司	556,000	99.1	正常往来款

b、其他应收帐中,持本公司5%(含5%)以上股份的股东单位欠款3,059,282.90比去年下降97.7%。主要原因是:与母公司结算及时。

(4)预付帐款

预付帐款余额、帐龄如下:

帐龄	期初数		期末数	
	金额	比例(%)	金额	比例(%)
1年以内	58,344,190.24	95.1	37,936,949.44	51.5
1-2年	3,034,949.44	4.9	10,292,474.22	14
2-3年	0	0	25,460,000	34.5
合计	61,379,139.68	100	73,689,423.66	100

注:a、欠款前五名单位如下:

名称	金额	欠款时间	欠款原因
1、安福林业基地	35,000,000	98.12	预付林业基地建设款
2、进贤原料基地	25,350,000	99.6	预付林业基地建设款
3、进贤林业局	2,924,949.44	97.12	预付林业基地建设款
4、南昌市林业局	100,000	97.12	预付林业基地建设款
5、银河垦殖场江杰林场	10,000	97.12	预付林业基地建设款

b、预付帐款中无持有本公司5%(含5%)以上股份的股东。

(5)应收补贴款

项目	期初数	性质和内容	期末数
税金返还和所得税返还	15,070,729.64	增值税地方留成部分	17,284,310.39
环保补贴补助金	14,750,000.00	环保投资地方财政	0
合计	29,820,729.64		17,284,310.39

注:税金返还根据江西省人民政府赣府字[1997]13号文《关于给予江西纸业股份 有限公司所得税优惠的批复》和南昌市人民政府洪府厅抄字[1998]348号抄告单执行.

(6)存货及存货跌价准备

项目	期初数		期末数	
	金额	跌价准备	金额	跌价准备
原材料	42,334,952.14	0	65,853,600.64	0
在产品	4,258,409.15	0	6,157,184.19	0
产成品	19,179,980.38	0	1,827,454.00	0
合计	65,773,341.67	0	73,838,238.83	0

注:本公司存货帐面成本各项目均低于可变现净值,故不提取存货跌价准备。

(7)待摊费用

类别	期初数	本期增加	本期摊销	期末数
财产保险费	0	1,000,000.00	833,333.00	166,667.00
其他	0	988,080.52	885,516.42	102,564.10
合计	0	1,988,080.52	1,718,849.42	269,231.10

(8)待处理流动资产净损失

期初数	期末数
4,731,430.55	82,730.16

注:火灾损失4,731,430.55元,在报告期内已获足额赔偿。期末数为盘盈盘亏净损失82,730.16元。

(9)固定资产及折旧

项目	期初数	本期增加	本年减少	期末数	备注
固定资产原值					
专用设备	128,791,439.31	59,470,712.47	0	188,262,151.78	
通用设备	101,584,445.00	23,709	0	101,608,154.00	
房屋	0	7,692,747.34	0	7,692,747.34	
合计	230,375,884.31	67,187,168.81	0	297,563,053.12	
累计折旧					
专用设备	52,301,409.29	12,420,646.53	0	64,722,055.82	
通用设备	38,368,298.67	7,029,643.59	0	45,397,942.26	
房屋	0	170,650.78	0	170,650.78	
合计	90,669,707.96	19,620,940.90		110,290,648.86	
净值	139,706,176.35			187,272,404.26	

注:固定资产已为本公司在工商银行贷款作抵押,本报告期新增加部分未作抵押。

(10)在建工程

工程	期初数	本期增加	本期转入固定资产数	其他减少数	期末数	资金来源	进度
废纸脱墨工程	68362968		66442543		1920424	募股资金	
造纸四厂	0	80000000			80000000	募股资金	
"九五"技改工程	2896525	9889790	720916		12065399	募股资金	
污水处理	0	22698840			22698840		
合计	71259493	112588630	67163459		116684664		

注:本期在建工程无利息资本化情况。

(11)短期借款

借款类别	期初数	期末数	备注
抵押借款	8,000,000	8,000,000	本公司固定资产抵押
担保借款	87,000,000	107,000,000	由江中制药厂担保
合计	95,000,000	115,000,000	

(12)一年内到期的长期借款

借款类别	期初数	期末数	备注
抵押借款	63,010,000	63,010,000	本公司固定资产抵押

(13)应付帐款

期初数	期末数
105,739,794.04	151,226,818.16

注:a、无欠持本公司5%(含5%)以上股份的股东单位的款项。

b、应付帐款增加的主要原因是:储备原材料,应付款项增加所致。

(14)应付票据

期初数	期末数
24,300,000	23,500,000

注:无欠持本公司5%(含5%)以上股份的股东单位的款项。

(15)预收帐款

期初数	期末数
14,077,905.32	12,817,665.28

注:无欠持本公司5%(含5%)以上股份的股东单位的款项。

(16)其他应付款

期初数	期末数
2,710,224.28	886,768.36

注:无欠持本公司5%(含5%)以上股份的股东单位的款项。

(17)应交税金

税种	期初数	期末数
增值税	12,290,480.45	19,715,144.10
城建税	1,453,754.56	2,343,899.23
所得税	8,785,461.50	3,299,448.12
营业税	10,319.18	10,319.18
合计	22,540,015.69	25,368,810.63

(18)其他应交款

项目	期初数	期末数
教育费附加	894,999.23	1,190,775.56
防洪保安基金	487,475.31	813,146.35
价格调节基金	0	271,392.53
合计	1,382,474.54	2,275,314.44

(19)长期借款

借款单位	金额	借款期限	年利率(%)	借款条件
中国工商银行	23,000,000	1995.11-2001.9	10.98-15.30	本公司固定资产抵押

(20)股本

1999年度股本变动情况如下表:

公司股份变动情况表　　数量单位:股

	本次变动前	本次变动增减(+,-)						本次变动后
		配股	送股	公积金转股	增发	其他	小计	
一、未上市流通股份								
1、发起人股份	78,000,000							78,000,000
其中:国家持有股份	78,000,000							78,000,000
未上市流通股份合计	78,000,000							78,000,000
二、已上市流通股份								
1、人民币普通股	58,500,000							58,500,000
已上市流通股份合计	58,500,000							58,500,000
三、股份总数	136,500,000							136,500,000

(21)资本公积

项目	期初数	本期增加数	本期减少数	期末数
股本溢价	186,510,512.37	-----	-----	186,510,512.37
资产评估增值准备	30971309	-----	-----	30,971,309.00
合计	217,481,821.37	-----	-----	217,481,821.37

(22)盈余公积

项目	期初数	本期增加数	本期减少数	期末数
法定公积金	7,418,439.80	4,721,208.47	0	12,139,648.27
法定公益金	7,418,439.80	4,721,208.47	0	12,139,648.27
合计	14,836,879.60	9,442,416.94	0	24,279,296.54

(23)未分配利润

期初数	本期增加数	本期减少数	期末数
38,347,518.41	47,212,084.73	9,442,416.94	76,117,186.20

注:按利润分配政策,提取法定公积金10%,法定公益金10%,未分配利润本期净增加37,769,667.79元。

(24)财务费用

类别	本年发生数	上年发生数

利息支出	16,366,518.00	18,623,740.16
减:利息收入	7,018,254.10	15,628,729.46
汇兑损失	0	0
减:汇兑收益	0	0
其　他	28,871.00	15,656.20
合　计	9,377,134.90	3,010,666.90

注:本报告期财务费用增加6,366,468元,主要原因是:下半年母公司未占用本公司资金,故没有大额利息收入。

(25)其他业务利润

项　目	其他业务收入	其他业务支出	其他业务利润
材料销售	257,586.52	110,138.11	147,448.41
铁路专线租赁费	65682.04	189,052.68	-123,370.64
合　计	323,268.56	299,190.79	24,077.77

(26)补贴收入

本报告期发生额为12,687,580.75元。期内应计征所得税为13,367,825.23元。根据江西省人民政府赣府字[1997]13号文和南昌市人民政府洪府厅字[1998]348号抄告 单,实际应纳所得税为680,244.48元,超基数12,687,580.75元全部返还企业,故作补贴收入。

(27)营业外收入

本报告期营业外收入发生额7,512,349.16元, 系托管企业江西抚州板纸有限公司 转入净利润7,384,407.17元,江西特种纸业有限责任公司转入净利润120,719.13元,其他收入7,222.86元。

(28)营业外支出

本报告期营业外支出725,644.82

元,系按本报告期主营业务提取防洪基金325,671.04元和价格调节基金271,392.53元,其他支出128,581.25元。

(29)支付的其他与经营活动有关的现金

本报告期发生额3,600,476.58元。

6、关联方关系及其交易

(1)存在控制关系的关联方情况:

本公司独家发起人江西纸业集团有限公司系国有独资公司,拥有本公司股份7,800万股,占本公司股本总额的57.14%,为本公司的母公司。母公司注册地址:江西省南昌市董家窑112号,注册资本20,000万元,主营业务为机制纸及制浆,法定代表:姜和平。

(2)不存在控制关系的关联方情况:

江西抚州板纸有限公司和江西特种纸业有限责任公司与本公司同属江西纸业集团有限公司子公司。

(3)关联方交易情况:

a、本报告期根据与江西纸业集团有限公司签订的《土地使用权租赁合同》及补 充协议规定,本报告期共支付土地租金1,261,700元。

b、本报告期根据与江西纸业集团有限公司签订的《房屋租赁协议》及补充协议,本报告期共支付房屋租金2,863,350元。

c、本报告期根据与江西纸业集团有限公司签订的《水、电、汽供应合同》,共支付用水款1,929,731.76元,用电款23,241,732.76元,用汽款14,887,655.31元。

d、根据1997年6月5日本公司第一届二次董事会决议和1998年5月6日续签《补充 协议书》规定,公司本报告期对江西纸业集团有限公司占用资金按原贷款年利率12.62%收取资金占用利息,上半年共收取资金占用费6,941,000.00元,下半年无资金占用。

7、应收关联方款项余额

关联单位	科　目	期末余额(元)	占该科目余额(%)	备　注
江西纸业集团有限公司	应收帐款	37,911,844.77	14.8	正常往来
江西纸业集团有限公司	其他应收款	3,059,282.90	2.2	正常往来
江西抚州板纸有限公司	其他应收款	77,384,407.17	55.6	正常往来

(四)或有事项

本公司资产负债表日无或有事项。

(五)承诺事项

本公司无任何担保、承诺事项。

(六)资产负债表日后事项

本公司无资产负债表日后事项。

江西纸业股份有限公司董事会

二零零零年二月十九日

利润及利润分配表

1999年12月31日　　　　会股02表

编制单位:江西纸业股份有限公司　　　　单位:元

项目	上年数	本年数
一、主营业务收入	227,510,040.08	271,392,532.69
减:折扣与折让		
主营业务收入净额	227,510,040.08	271,392,532.69
减:主营业务成本	202,535,129.09	207,070,298.22
主营业务税金及附加	1,829,036.48	2,478,341.26
二、主营业务利润(亏损以"-"号填列)	23,145,874.51	61,843,893.21
加:其他业务利润(亏损以"-"号填列)	37,872.26	24,077.77
减:存货跌价损失		
营业费用	1,296,260.75	2,991,652.94
管理费用	4,071,892.04	8,393,558.27
财务费用	3,010,666.90	9,377,134.90
三、营业利润(亏损以"-"号填列)	14,804,927.08	41,105,624.87
加:投资收益(损失以"-"号填列)		
补贴收入	35,823,460.23	12,687,580.75
营业外收入	137,529.67	7,512,349.16
减:营业外支出	227,850.04	725,644.82
四、利润总额(亏损总额以"-"号填列)	50,538,066.94	60,579,909.96
减:所得税	7,556,379.91	13,367,825.23
五、净利润(净亏损以"-"号填列)	42,981,687.03	47,212,084.73
加:年初未分配利润	24,962,168.80	38,347,518.41
盈余公积转入		
六、可供分配的利润	67,943,855.83	85,559,603.14
减:提取法定盈余公积	4,298,168.71	4,721,208.47
提取法定公益金	4,298,168.71	4,721,208.47
七、可供股东分配的利润	59,347,518.41	76,117,186.20
减:应付优先股股利		
提取任意盈余公积		
应付普通股股利		
转作股本的普通股股利	21,000,000.00	
八、未分配利润	38,347,518.41	76,117,186.20

资产负债表

1999年12月31日　　　　会股01表

编制单位:江西纸业股份有限公司　　　　单位:元

资产	年初数	期末数
流动资产:		
货币资金	77,910,253.53	12,588,628.55
短期投资		
减:短期投资跌价准备		
短期投资净额		
应收票据		
应收股利		
应收利息		
应收帐款	176,078,645.84	255,307,030.21
其他应收款	136,118,852.18	139,279,598.92
减:坏帐准备	936,592.49	1,016,389.56
应收款项净额	311,260,905.53	393,570,239.57
预付帐款	61,379,139.68	73,689,423.66
应收补贴款	29,820,729.64	17,284,310.39
存货	65,773,341.67	73,838,238.83
减:存货跌价准备		
存货净额		
待摊费用		269,231.10
待处理流动资产净损失	4,731,430.55	82,730.16
一年内到期的长期债权投资		
其他流动资产		
流动资产合计	550,875,800.60	571,322,802.26
长期投资:		
长期股权投资		
长期债权投资		
长期投资合计		
减:长期投资减值准备		
长期投资净额		
固定资产:		
固定资产原价	230,375,884.31	297,563,053.12
减:累计折旧	90,669,707.96	110,290,648.86
固定资产净值	139,706,176.35	187,272,404.26
工程物资		
在建工程	71,259,493.44	116,684,664.27
固定资产清理		
待处理固定资产净损失		
固定资产合计	210,965,669.79	303,957,068.53
无形资产及其他资产:		
无形资产		
开办费		
长期待摊费用		
其他长期资产		
无形资产及其他资产合计		
递延税项:		
递延税款借项		
资产总计	761,841,470.39	875,279,870.79
负债和股东权益		
流动负债:		
短期借款	95,000,000.00	115,000,000.00
应付票据	24,300,000.00	23,500,000.00
应付帐款	105,739,794.04	151,226,818.16
预收帐款	14,077,905.32	12,817,665.28
代销商品款		
应付工资		41,411.38
应付福利费	237,207.64	1,097,148.93
应付股利		
应交税金	22,540,015.69	25,368,810.63
其他应交款	1,382,474.54	2,275,314.44
其他应付款	2,710,224.28	886,768.36
预提费用		
一年内到期的长期负债	63,010,000.00	63,010,000.00
其他流动负债		
流动负债合计	328,997,621.51	395,223,937.18
长期负债:		
长期借款	23,000,000.00	23,000,000.00
应付债券		
长期应付款	2,677,629.50	2,677,629.50
住房周转金		
其他长期负债		
长期负债合计	25,677,629.50	25,677,629.50
递延税项:		
递延税款贷项		
负债合计	354,675,251.01	420,901,566.68
股东权益:		
股本	136,500,000.00	136,500,000.00
资本公积	217,481,821.37	217,481,821.37
盈余公积	14,836,879.60	24,279,296.54
其中:公益金	7,418,439.80	12,139,648.27
未分配利润	38,347,518.41	76,117,186.20
股东权益合计	407,166,219.38	454,378,304.11
负债和股东权益总计	61,841,470.39	875,279,870.79

黄山旅游发展股份有限公司

(一)、公司简介

1、公司法定中、英文名称及缩写：
公司法定中文名称：黄山旅游发展股份有限公司
公司中文名称缩写：黄山旅游
公司法定英文名称：Huangshan Tourism Development Co.,Ltd.
公司英文名称缩写：HSTD
2、公司法定代表人：胡学凡
3、董事会秘书：何　杰
电子信箱：khejihsf@mail.ahwhptt.net.cn
授权代表：黄慧敏
电子信箱：hshhm@huangshan.com
联系地址：安徽省黄山市黄山风景区温泉
电话：86-559-5561113, 5561756　传真：86-559-5561110
4、公司注册及办公地址：安徽省黄山市黄山风景区温泉　邮政编码：242709
电子信箱：klygfhs@mail.ahwhptt.net.cn　公司网址：http://www.huangshan.com
5、公司选定的信息披露报纸：《上海证券报》及《香港商报》
登载公司年度报告的中国证监会指定国际互联网网址：http://www.sse.com.cn
公司年度报告备置地点：公司董事会秘书室
6、公司股票上市交易所：上海证券交易所
公司股票简称及股票代码：黄山旅游(A 股)　600054　黄山 B 股(B 股)　900942

(二)、会计数据和业务数据摘要

1、公司本年度主要利润指标：(单位：元人民币)
利润总额：136,862,156
净利润：86,152,837
扣除非经常性损益后的净利润：59,242,668
主营业务利润：138,255,303
其它业务利润：1,170,786
营业利润：92,167,198
投资收益：17,784,789
补贴收入：22,745, 599
营业外收支净额：4,164,570
经营活动产生的现金流量净额：64,984,808
现金及现金等价物净增加额：-158,774,358

公司按国内会计准则审计，净利润为 86,152,837 元人民币，按国际会计准则审计，净利润为 86,639,849 元人民币。差异的原因：

固定资产清理报废	2,677,024
冲销没有未来经济效益的费用	1,422,931
A 股申购冻结资金利息摊销	-1,720,000
合并价差	-404,965
其他	-1,487,978

到资产负债表日止，公司资产总额 82,322 万元人民币，其中：固定资产原值 47,359 万元人民币，流动资产 38,967 万元人民币；负债总额 12,938 万元人民币，其中：流动负债 12,144 万元人民币；所有者权益 68,564 万元人民币，其中：股本 30,290 万元人民币，资本公积 25,557 万元人民币，留存收益 12,717 万元人民币。资产负债率为 15.7%，流动比率 3.2(流动资产/流动负债)，速动比率 3.15(流动资产-存货/流动负债)。全年现金流入量 340,987,816 元人民币，现金流出量 503,173,328 元人民币，现金及现金等价物净增加-158,774,358 元人民币(其中经营活动产生的现金净增加额 64,984,808 元人民币)。

2、会计数据和业务数据摘要
单位：元人民币

指标项目	1999 年	1998 年	1997 年
(1)、主营业务收入	287,659,143	239,587,399	252,935,290
(2)、净利润	86,152,837	76,017,465	74,901,840
(3)、总资产	823,215,149	785,740,267	700,220,528
(4)、股东权益	685,636,628	643,707,191	629,729,726
(5)、每股收益(元/股)(摊薄)	0.284	0.33	0.32
每股收益(元/股)(加权)	0.36	0.33	0.34
扣除非经常性损益后的每股收益(元/股)	0.195	0.251	0.253
(6)、每股净资产(元/股)	2.26	2.76	2.70
(7)、调整后的每股净资产(元/股)	2.21	2.66	2.64
(8)、每股经营活动产生的现金流量金额(元/股)	0.21	0.23	-
(9)、净资产收益率(%)	12.6	11.9	11.9

(三)、股东情况介绍

(1)、报告期末股东总数。
截至 1999 年 12 月 31 日，在上海证券中央登记结算公司登记在册的公司 A、B 股股东共为 21,087 个，其中 A 股股东 18,755 个，B 股东 2,332 个。
(2)、公司前 10 名股东持股情况
主要股东持股情况(截至 1999 年 12 月 31 日登记在册)

序号	股东名称	股份性质	持股数	所占比例(%)
1	黄山旅游集团有限公司	国有法人股	146900000	48.50
2	新利华集团有限公司	B 股	13000000	4.29
3	华夏证券有限公司上海业务部	B 股	5934990	1.96
4	盈益投资	A 股	4000880	1.32
5	深圳国投	A 股	3888804	1.28
6	HKSBCSB A/C STATE STREET BANK AND TRUST S/A THE CHINA FUND	B 股	3673800	1.21
7	HKSBCSB S/A HSBC(NOM)S/A ABN AMRO BANK NV	B 股	3315000	1.09
8	NAITO SECURITIES CO., LTD.	B 股	2112050	0.70
9	SCBHK A/C BANK OF NEW YORK S/A CMG CH CHINA INVESTMENTS LIMITED	B 股	1950000	0.64
10	TOYO SECURITIES ASIA LTD. A/C CLIENT	B 股	1554410	0.51

北京万东医疗装备股份有限公司

一、公司简介

公司名称：北京万东医疗装备股份有限公司
英文名称：Beijing Wandong Medical Equipment Co.,LTD.
缩写：(WDM)
法定代表人：许家驹
董事会秘书：张丹石
授权代表：何一中
联系地址：北京市朝阳区建国门外郎家园 6 号
电话：(010)65682598
传真：(010)65682598
董秘电子信箱：info@wandong.com.cn
公司注册地址：北京市朝阳区建国门外郎家园 6 号
公司办公地址：北京市朝阳区建国门外郎家园 6 号　邮政编码：100022
公司网址：www.wandong.com.cn
公司电子信箱：wdmed@public.bta.net.cn
选定信息披露的报纸：《中国证券报》《上海证券报》
中国证监会指定网址：www.sse.com.cn
公司年度报告备置地点：证券办公室
公司股票上市交易所：上海证券交易所
股票简称：万东医疗　股票代码：600055

二、会计数据和业务数据摘要

1、本年度利润总额及其构成　单位：元

利润总额：	42,523,918.43
净利润：	30,533,687.24
扣除非经常性损益后的净利润：	28,870,010.14
主营业务利润：	71,370,126.22
其他业务利润：	2,519,947.36
营业利润：	33,386,741.22
投资收益：	1,600,900.64
补贴收入：	5,872,599.47
营业外收支净额：	1,663,677.10
经营活动产生的现金流量净额：	36,552,423.09
现金及现金等价物净增加额：	57,831,893.65

说明：扣除非经常性损益为营业外收支净额 1,663,677.10 元，其中固定资产清理收益是 173,970.30 元，核销呆帐 1,565,496.44 元。

2、主要会计数据及财务指标　单位：元

	1999 年度	1998 年度		1997 年度	
		调整后	调整前	调整后	调整前
主营业务收入	206,723,671.59	166,615,814.66	166,615,814.66	135,217,003.33	135,217,003.33
净利润	30,533,687.24	30,311,487.49	35,153,703.88	15,745,167.56	30,478,859.50
总资产	451,884,767.67	292,782,153.54	312,408,433.67	273,950,999.48	288,684,691.42
股东权益	323,969,914.69	207,753,124.00	227,329,032.33	192,441,636.51	207,175,328.45
每股收益	0.275	0.303	0.352	0.31	0.61
加权每股收益	0.303	0.303	0.352	0.35	0.68
扣除非经常性损益后的每股收益	0.260	0.303	0.352	0.24	0.54
每股净资产	2.92	2.08	2.27	3.84	4.14
调整后每股净资产	2.89	2.06	2.25	3.82	4.11
每股经营活动产生现金流量净额	0.33	0.15	0.15		
净资产收益率	9.42	14.59	15.46	8.18	14.71

注：财务指标的计算公式：
每股收益=净利润/年度末普通股股份总数
每股净资产=年度末股东权益/年度末普通股股份总数
净资产收益率(%)=净利润/年度末股东权益 * 100%
调整后每股净资产=(年度末股东权益-三年以上的应收款项净额-待摊费用-待处理资产净损失-开办费-长期待摊费用-住房周转金负数余额)/年度末普通股股份总数
每股经营活动产生的现金流量净额=经营活动产生的现金流量净额/年度末普通股股份总数

3、报告期内股东权益变动情况　单位：元

项目	股本	资本公积	盈余公积	法定公益金	未分配利润	股东权益合计
期初数	100,000,000	91,696,468.95	9,225,173.78	4,612,586.89	6,831,481.27	207,753,124.00
本期增加	11,000,000	85,522,820.00	6,418,142.51	3,078,929.53	24,375,828.18	127,316,790.69
本期减少					11,100,000.00	11,100,000.00
期末数	111,000,000	177,219,288.95	15,643,316.29	7,691,516.42	20,107,309.45	323,969,914.69

变动原因：
1、股本及资本公积金变动为 1999 年度配股所致。
2、盈余公积和法定公益金变动是因为实现利润计提所致。
3、未分配利润变动原因为本年利润增加和计提四项准备调整年初利润及 99 年度股利分配所致。

三、股本变动及股东情况

(1)截止 1999 年 12 月 31 日，本公司股东总数 27703 户。
(2)公司前十名股东持股情况

股东名称	持股数量(股)	持股比例(%)
1、北京万东医疗装备公司	72000000	64.86
2、安信基金	950000	0.86
3、郝志力	650000	0.59
4、同盛基金	429862	0.39
5、杨小玉	345000	0.31
6、平安证券	337935	0.30
7、广发证券	328130	0.30
8、曹庆兵	180000	0.16
9、金鑫基金	176828	0.16
10、马旭东	163652	0.15

中技贸易股份有限公司

(一) 公司简介

1. 公司法定中文名称:中技贸易股份有限公司
   公司法定英文名称:CNTIC TRADING CO., LTD.
2. 公司法定代表人:王惠恒先生
3. 公司董事会秘书及其授权代表:齐建西先生　张洪雁女士
   联系地址:北京市海淀区西三环北路 21 号久凌大厦公寓楼
   电话:(010)68404720
   传真:(010)68404766
   电子邮箱:jbs01@cntic.com.cn
4. 公司注册地址:北京市海淀区西三环北路 21 号久凌大厦公寓楼
   公司办公地址:北京市海淀区西三环北路 21 号久凌大厦公寓楼三层
   邮政编码:100089
   公司电子邮箱:jbs01@cntic.com.cn
5. 公司选定的信息披露报纸为《中国证券报》和《上海证券报》
   刊载公司年度报告的中国证监会指定国际互联网网址:http://www.sse.com.cn
   公司年度报告备置地点:北京市海淀区西三环北路 21 号
   久凌大厦公寓楼 311 房间
6. 公司股票上市交易所:上海证券交易所
   股票简称:中技贸易
   股票代码:600056

(二) 会计数据和业务数据摘要

1. 1999 年度公司实现利润情况(单位:人民币元)

利润总额	36,556,387.75
主营业务利润	37,437,348.38
其他业务利润	300.00
营业利润	20,546,207.43
投资收益	13,894,827.75
补贴收入	2,035,671.27
营业外收支净额	79,681.30
净利润	31,631,609.19
扣除非经常性损益后的净利润	31,563,625.09
经营活动产生的现金流量净额	347,358,788.17
现金及现金等价物净增加额	359,233,531.84

扣除非经常性损益项目如下(单位:人民币元):

1)其他业务利润(咨询服务收入)	300.00
2)营业外收支净额(对外索赔收入)	79,681.30

2. 公司前三年的主要会计数据和财务指标

指标项目	单位	1999 年度	1998 年度		1997 年度	
			调整后	调整前	调整后	调整前
主营业务收入	千元	1,471,643.48	1,744,174.59	1,744,174.59	1,956,918.23	1,956,918.23
净利润	千元	31,631.61	44,645.06	43,877.34	39,731.27	61,849.09
总资产	千元	907,274.69	750,764.08	772,114.17	733,025.97	755,143.79
股东权益	千元	380,348.70	360,717.09	382,067.19	364,072.03	386,189.85
每股收益(加权)	元	0.2636	0.3720	0.3656	0.3612	0.5620
每股收益(摊薄)	元	0.2636	0.3720	0.3656	0.3311	0.5154
扣除非经常性损益后的每股收益(加权)	元	0.2629	0.3720	0.3656	0.3245	0.5256
扣除非经常性损益后的每股收益(摊薄)	元	0.2629	0.3720	0.3656	0.2975	0.4818
每股净资产(摊薄)	元	3.1696	3.0060	3.1839	3.0339	3.2183
调整后的每股净资产	元	3.0282	2.8720	3.0499	2.5351	2.7194
每股经营活动产生的现金流量净额	元	2.8947	−0.7988	−0.7988		
净资产收益率(摊薄)	%	8.3165	12.3768	11.484	10.913	16.015

有关财务指标的计算公式如下:
每股收益=净利润/年度末普通股股份总数
净资产收益率=净利润/年度末股东权益 x 100%
每股净资产=年度末股东权益/年度末普通股股份总数
调整后的每股净资产=(年度末股东权益−三年以上的应收款项−待摊费用−待处理(流动、固定)资产净损失−开办费−长期待摊费用−住房周转金负数余额)/年度末普通股股份总数
每股经营活动产生的现金流量净额=经营活动产生的现金流量净额/年度末普通股股份总数

3. 报告期内股东权益变动情况

(单位:人民币千元)

项目	股本	资本公积	盈余公积	法定公益金	未分配利润	股东权益合计
期初数	120,000	204,340.76	16,875.27	8,437.63	19,501.06	360,717.09
本期增加			6,326.32	3,163.16	25,305.29	31,631.61
本期减少					12,000.00	12,000.00
期末数	120,000	204,340.76	23,201.59	11,600.79	32,806.35	380,348.70
变动原因			净利润提取	净利润提取	新增净利润及分红派现每 10 股派 1 元	新增净利润及分红派现,每 10 股派 1 元。

(三)股东情况介绍

1. 公司本报告期末股东总数 25704 户,其中国有法人股股东 1 户,社会公众股 25703 户。
2. 公司前十名股东持股情况:

股东名称	年末持股数(股)	占股本比例(%)
1) 中国技术进出口总公司	90,000,000	75.000
2) 裕元基金	1,071,890	0.895
3) 陈新惠	229,726	0.195
4) 张正林	114,900	0.096
5) 叶逢春	105,000	0.087
6) 杨启明	91,000	0.076
7) 林炎明	90,000	0.075
8) 刘静舒	82,200	0.068
9) 陈林升	65,800	0.055
10) 兴和基金	65,051	0.054

厦门厦新电子股份有限公司

一、公司简介

1、公司中文名称:　厦门厦新电子股份有限公司
   公司英文名称:　Amoisonic Electronics Co. LTD
2、公司法定代表人:师金泉
3、公　司　总　裁:陆焕文
4、公司董事会秘书:吕　东
   联系地址:厦门市体育路 45 号
   厦新电子股份有限公司证券部
   联系电话:0592−5058123−3500
   电子信箱:stock@amoisonic.com.cn
5、公司注册地址:　厦门市体育路 45 号
   联　系　电　话:　0592−5058123
   传　　　真:　0592−5051631
   网　　　址:　http://www.amoisonic.com.cn
   邮　政　编　码:　361012
6、公司选定的信息披露报纸:《上海证券报》、《中国证券报》
   登载公司年度报告的国际互联网网址:http://www.sse.com.cn
   公司年度报告备置地点:公司证券部
7、公司股票上市地:上海证券交易所
   股　票　简　称:厦新电子
   股　票　代　码:600057

二、会计数据和业务数据摘要

(一) 公司本年度实现利润总额 41,757,337.37 元,净利润 38,694,606.38 元,扣除非经常性损益后的净利润 10,888,561.20 元,主营业务利润 226,055,148.73 元,其他业务利润 5,965,188.75 元,营业外收支净额−424,016.59 元,经营活动产生的现金净流量净额−208,289,217.26 元,现金及现金等价物净增加额 27,351,779.57 元。

注:扣除非经常性损益后的净利润扣除的项目包括 98 年度名牌产品所得税返还 20,811,000.00 元和 98 年度新产品增值税退税 6,995,045.18 元。

(二)　公司前三年主要会计数据及财务指标:

指标项目	1999 年	1998 年		1997 年	
		调整前	调整后	调整前	调整后
主营业务收入(元)	1,209,293,117.51	1,512,006,686.11	1,512,006,686.11	4,68,559,998.37	468,559,998.37
净利润(元)	38,694,606.38	190,803,924.56	164,488,536.63	40,205,614.74	35,699,305.38
总资产(元)	1,314,996,719.66	987,854,860.71	956,174,403.43	626,913,779.42	622,407,470.06
股东权益(元)	701,145,375.13	503,591,531.18	471,911,073.89	316,534,932.70	311,169,863.34
每股收益(元/股)(摊薄)	0.108	1.02	0.88	0.366	0.325
每股收益(元/股)(加权)	0.118	1.02	0.88	0.366	0.325
扣除非经常性损益后的每股收益(元/股)	0.030				
每股净资产(元/股)(摊薄)	1.957	2.693	2.524	2.878	2.829
调整后的每股净资产(元/股)(摊薄)	1.746	2.157	1.988	2.274	2.226
每股经营活动产生的现金流量净额(元/股)	−0.58	0.98	0.98		
净资产收益率(%)(摊薄)	5.52	37.89	34.86	12.7	11.47

(三)报告期股东权益变动情况及变化原因:　单位:元

项　目	股本	资本公积	盈余公积	其中:公益金	未分配利润	合　计
期　初　数	187000000.00	144329317.98	29899362.30	9966454.10	110682393.61	471911073.89
本期增加	171200000.00	208927518.46	5804190.96	1934730.32	38694606.38	424626315.80
本期减少		59700000.00			135692014.56	195392014.56
期　末　数	358200000.00	293556836.44	35703553.26	11901184.42	13684985.43	701145375.13
变化原因	每 10 股配 3 股,后送 5 股及转增 3 股	股本溢价,每 10 股转增 3 股	提取 10%的法定公积金及 5%的公益金	提取 5%的公益金	利润分配	

三、股东情况介绍

1、截至 1999 年 12 月 31 日,公司股东总数为 124360 户。
2、公司前十名股东情况:

股东名称	持股数	占总股本比例
1、厦新电子有限公司	201960000 股	56.38%
2、中国电子租赁有限公司	4284000 股	1.20%
3、厦门电子仪器厂	3479220 股	0.97%
4、厦门电子器材公司	3167100 股	0.88%
5、成都广播电视设备(集团)公司	697680 股	0.19%
6、中国电子国际经济贸易公司	612000 股	0.17%
7、陈华	485000 股	0.14%
8、吴琴韵	417489 股	0.12%
9、黄建	288180 股	0.08%
10、兴和基金	212800 股	0.06%

3、持股 10%以上法人股东情况:
厦新电子有限公司为本公司的控股股东,现持有公司股份 20,196 万股,法人代表:师金泉。该公司经营范围目前以注塑生产、宾馆、物业管理、投资发展等实业经营为主,其注塑分厂为本公司 VCD、超级 VCD、家庭影院、无绳电话等整机产品塑料结构件的主要供应方。
4、报告期内本公司控股股东未发生变更。

五矿发展股份有限公司

公司简介

1、公司法定中文名称：五矿发展股份有限公司
　公司法定英文名称：MINMETALS DEVELOPMENT CO., LTD.
　公司中文名称缩写：五矿发展　公司英文名称缩写："MINLIST"
2、公司法定代表人：苗耕书
3、公司董事会秘书：高勇
　联系地址：北京市海淀区三里河路5号B座
　电话：010-68494208　传真：010-68494207　电子信箱：gaoy@minmetals.com.cn
4、公司注册地址：北京市海淀区三里河路5号B座
　公司办公地址：北京市海淀区三里河路5号B座　邮政编码：100044
　公司国际互联网址：http//www.minlist.com.cn.
　公司电子信箱号码：minlist @ minmetals.com.cn.
5、公司选定的信息披露报纸名称：《中国证券报》、《上海证券报》。
　登载公司年度报告的中国证监会指定的国际互联网网址：http//www.sse.com.cn.
　公司年度报告备置地点：公司总经理办公室
6、公司股票上市交易所：上海证券交易所
　股票简称：五矿发展　股票代码：600058

会计数据和业务数据摘要

一、本年度利润总额及构成　(单位：人民币元)

项目	1999年度合并报表
利润总额：	213,132,766.13
净利润：	134,107,261.45
扣除非经常性损益后的净利润：	148,453,108.58
主营业务利润：	439,169,659.99
其他业务利润：	5,672,786.58
投资收益：	67,591,561.23
补贴收入：	6,008,467.84
营业外收支净额：	3,496,296.36
经营活动产生的现金流量净额：	401,504,987.82
现金及现金等价物净增加额：	290,841,834.26

二、本公司前三年会计数据及财务指标　(单位：人民币元)

指标项目	1999年	1998年度 调整前	1998年度 调整后	1997年度 调整前	1997年度 调整后
主营业务收入	7,450,896,444.70	6,378,506,035.04	6,378,506,035.04	2,174,298,723.69	2,174,298,723.69
净利润	134,107,261.45	165,747,536.32	145,713,637.26	155,896,817.61	141,082,091.70
总资产	3,518,458,792.38	3,026,868,950.51	2,988,912,495.32	2,521,341,027.14	2,502,822,620.32
股东权益(不含少数股东权益)	1,612,919,242.82	1,630,514,163.61	1,591,961,857.73	1,128,601,575.34	1,110,083,168.52
每股收益	0.3162	0.3908	0.3436	0.5197	0.4703
扣除非经常性损益后的每股收益	0.3501	0.4245	0.3772	0.4106	0.3612
每股净资产	3.8033	3.8447	3.7538	3.7620	3.7003
调整后每股净资产	3.7473	3.80	3.7059	3.62	3.5482
每股经营活动产生的现金流量净额	0.9467		1.7689		
净资产收益率 %	8.3146		9.1531		12.7091

注：(1)主要会计数据和财务指标计算公式如下：
每股收益=净利润/年度末普通股股份总数
每股净资产=年度末股东权益/年度末普通股股份总数
净资产收益率=净利润/年度末股东权益×100%
调整后每股净资产=(年度末股东权益-三年以上应收款项-待摊费用-待处理(流动、固定)资产净损失-开办费-长期待摊费用)/年度末普通股股份总数
每股经营活动产生的现金流量净额=经营活动产生的现金流量净额/年度末普通股股份总数
(2)股东权益已扣除少数股东权益。
(3)根据财政部(1999)35号文、49号文的有关规定，本公司变更了会计政策，采用追溯调整法调整了本年度及1997-1998年度会计报表相关的"坏帐准备"、"存货跌价准备"，调整前后1997、1998年度有关会计数据如下：

项目	1998年 调整前	1998年 调整后	1997年 调整前	1997年 调整后
坏帐准备	4,004,094.77	41,369,218.43	3,359.036.84	24,049,879.91
存货跌价准备		8,261,159.35		
盈余公积金	65,024,762.80	57,314,301.62	31,875,255.54	28,216,418.34
未分配利润	167,737,594.24	136,895,749.54	125,139,565.18	113,983,676.47

三、报告期内股东权益变动情况及变化原因

项目	股本	资本公积	盈余公积	其中：法定公益金	未分配利润	股东权益合计
期初数	424,088,710.00	973,663,096.57	57,314,301.62	28,657,150.81	136,895,749.54	1,591,961,857.73
本期增加	0	14,076,736.64	26,821,452.30	13,410,726.15	134,107,261.45	175,005,450.39
本期减少	0				154,048,065.30	154,048,065.30
期末数	424,088,710.00	987,739,833.21	84,135,753.92	42,067,876.96	116,954,945.69	1,612,919,242.82

变动原因：(1)资本公积本期增加14,076,736.64元，是因为本期被投资单位评估增值准备和股权投资准备增加所致。
(2)盈余公积本期增加26,821,452.30元，是因为本期提取10%法定盈余公积和10%法定公益金所致。

股东情况介绍

1、截止本报告期末，公司股东总数为39231户。
2、前10名股东持股情况

序号	股东名称	报告期末持股数(股)	持股比例(%)
1	中国五金矿产进出口总公司	304,088,710	71.70
2	国海物业	14,481,068	3.41
3	威海中达	13,180,398	3.10
4	大澎物业	7,466,014	1.76
5	大鹏证券	5,792,819	1.36
6	景宏基金	777,350	0.18
7	姜照柏	749,340	0.18
8	卢静珍	675,522	0.16
9	陈二贵	672,157	0.16
10	郑仪英	664,228	0.16

浙江古越龙山绍兴酒股份有限公司

一、公司简介

(一)公司法定名称：浙江古越龙山绍兴酒股份有限公司
　公司英文名称：ZheJiang GuYueLongShan ShaoXing Wine Co.LTD
　英文缩写：GYLS
(二)公司法人代表：邱仁甫
(三)公司董事会秘书：沈镝
　联系地址：浙江省绍兴市北海桥
　联系电话：0575-5158435　传真：0575-5166884
　电子信箱：ShenDi@shaoxingwine.com
(四)公司注册地址：浙江省绍兴市北海桥
　公司办公地址：浙江省绍兴市北海桥　邮政编码：312000
　公司国际互联网网址：http://www.shaoxingwine.com
　公司电子信箱：hjjt@shaoxingwine.com
(五)公司选定的信息披露报纸名称：中国证券报、上海证券报
　登载公司年度报告的中国证监会指定国际互联网网址：http://www.sse.com.cn
　公司年度报告备置地点：公司董事会秘书办公室
(六)公司股票上市交易所：上海证券交易所
　股票简称：古越龙山　股票代码：600059

二、会计数据和业务数据摘要

(一)本年度主要利润指标情况(单位：人民币元)

利润总额：	97,255,431.81
净利润：	82,595,779.67
扣除非经常性损益后的净利润：	78,837,068.53
主营业务利润：	151,202,765.45
其他业务利润：	3,221,961.48
营业利润：	90,387,505.06
投资收益：	3,109,215.61
补贴收入：	91,254.00
营业外收支净额：	3,667,457.14
经营活动产生的现金流量净额：	17,689,352.31
现金及现金等价物净增加额：	4,422,283.44

注："扣除非经常性损益后的净利润"指标的扣除项目和涉及金额

资产处理损益：	3,698,490.96
补贴收入(出口商品贴息)：	91,254.00
其他：	-31,033.82
合计：	3,758,711.14

(二)截至报告期末公司前三年主要会计数据和财务指标(单位：人民币元)

项目	1999年	1998年 调整前	1998年 调整后	1997年 调整前	1997年 调整后
主营业务收入(元)	393834621.10	388393146.51	388393146.51	348263365.55	348263365.55
净利润(元)	82595779.67	70368124.93	69333784.61	67391542.00	66881790.21
总资产(元)	1157422936.45	985482761.29	977976217.17	854684598.08	854684598.08
股东权益(元)	726039527.19	488488630.16	480944538.05	454120506.23	454120505.23
每股收益(元)	0.401	0.391	0.385	0.374	0.338
每股净资产(元)	3.52	2.71	2.67	2.52	2.52
调整后的每股净资产(元)	3.50	2.68	2.64	2.49	2.49
每股经营活动产生的现金流量净额(元)	0.086	-0.444			
净资产收益率(%)	11.38	14.40	14.42	14.84	13.41

注计算公式：
每股收益=净利润/年度末普通股股份总数
每股净资产=年度末股东权益/年度末普通股股份总数
调整后的每股净资产=(年度末股东权益-三年以上的应收款项净额-待摊费用-待处理（流动、固定)资产净损失-开办费-长期待摊费用-住房周转金负数余额)/年度末普通股股份总数
每股经营活动产生的现金流量净额=经营活动产生的现金流量净额/年度末普通股股份总数
净资产收益率=净利润/年度末股东权益X100%
(三)报告期内股东权益变动情况

项目	股本(万股)	资本公积(元)	盈余公积(元)	法定公益金(元)	未分配利润(元)	股东权益合计(元)
期初数	18000	218375440.17	23865463.26	11932731.63	58703634.62	480944538.05
本期增加	2600	177699209.47	16527581.24	8263790.62	66068198.43	286294989.14
本期减少					41200000.00	41200000.00
期末数	20600	396074649.64	40393044.50	20196522.25	83571833.05	726039527.19

变动原因：1、股本增加是由于报告期内本公司按10:3比例实施了配股方案；
2、资本公积金增加是由于本报告期内配股溢价增加所致；
3、盈余公积金和法定公益金增加是报告期内净利润按提取所致；
4、未分配利润的增加是因为公司在报告期内净利润提取两金后增加所致，未分配利润的减少是因为1999年度分配预案按1999年末总股本206,000,000股为基数，每10股派发现金红利2.00元减少所致。

三、股东情况介绍

(一)报告期末股东总数为43742户
(二)报告期末公司主要股东持股情况

名次	股东名称	持股数(股)	占总股本比例(%)	备注
1	中国绍兴黄酒集团公司	124,100,000	60.24	国有法人股
2	中证投资	5,955,563	2.891	
3	中信上证	1,055,451	0.512	
4	中信证券	797,700	0.387	
5	同益基金	741,000	0.360	
6	爱建公司	657,960	0.319	
7	黄华	557,891	0.271	
8	中证公司	552,000	0.268	
9	同盛基金	438,803	0.213	
10	展华经贸	390,000	0.189	

青岛海信电器股份有限公司

一、公司简介

一、公司法定中文名称:青岛海信电器股份有限公司
公司英文名称:HISENSE ELECTRIC CO.,LTD.
公司名称缩写:HXDQ
二、公司法定代表人:于淑珉
三、公司董事会秘书:盛 强
联系地址:青岛市江西路 11 号
电话:(0532)3863463
传真:(0532)3888515
邮编:266071
四、公司注册地址及办公地址:青岛市江西路 11 号
邮政编码:266071
公司电子信箱:hisenzqb @public.qd.sd.cn
五、公司选定的信息披露报纸:《上海证券报》、《证券时报》
登载公司年度报告的中国证监会指定国际互联网网址:
http://www.sse.com.cn
公司年度报告备置地点:公司证券部
六、公司股票上市交易所:上海证券交易所
股票简称:海信电器 股票代码:600060

二、会计数据和业务数据摘要

一、本年度利润构成及现金流量项目: 单位:元

利润总额:	170,692,597.24
净利润:	118,887,838.32
扣除非经常性损益后的净利润:	79,815,334.97
主营业务利润:	391,831,174.59
其他业务利润:	13,494,293.04
营业利润:	133,164,385.12
投资收益:	−1,544,291.23
补贴收入:	35,915,046.47
营业外收支净额:	3,157,456.88
经营活动产生的现金流量净额:	93,282,963.93
现金及现金等价物净增加额:	72,699,490.06

注:非经常性损益系指补贴收入和营业外收支净额,涉及金额为: 39,072,503.35 元

二、公司近三年主要会计数据和财务指标: 单位:元

项 目	1999 年度	1998 年度		1997 年度	
		调整前	调整后	调整前	调整后
主营业务收入	2,982,074,124.76	2,402,513,920.70	2,402,513,920.70	2,082,634,394.97	2,082,634,394.97
净利润	118,887,838.32	140,928,706.12	124,775,805.30	137,298,383.09	119,230,106.76
总资产	2,457,069,280.13	2,329,195,018.10	2,292,931,054.39	1,979,170,345.38	1,859,940,238.62
股东权益	1,332,850,551.66	1,245,745,280.02	1,211,524,102.87	829,834,964.99	811,766,688.66
每股收益(摊薄)	0.287	0.476	0.421	0.509	0.442
每股收益(加权)	0.335	0.501	0.487	0.557	0.483
每股收益(扣除非经常性损益)	0.193	0.361	0.306	0.498	0.431
每股净资产	3.216	4.208	4.092	3.074	3.007
调整后的每股净资产	3.202	4.165	4.049	3.019	2.952
每股经营活动产生的现金流量净额	0.225	−0.534	−0.534		
净资产收益率(%)	8.92	11.31	10.30	16.55	14.69

注:主要财务指标的计算方法:
每股收益=净利润÷年度末普通股股份总数
每股净资产=年度末股东权益÷年度末普通股股份总数
净资产收益率=净利润÷年度末股东权益×100%
调整后的每股净资产=[年度末股东权益−三年以上的应收款项净额−待摊费用−待处理 (流动、固定)资产净损失−开办费−长期待摊费用−住房周转金负数余额] ÷年度末普通股股份总数
(九八、九九年度指标按此公式计算)
加权平均每股收益=当期净利润÷[期末普通股股份总数÷(1+配股比例增发新股比例)+期末普通股股份总数÷(1+配股比或增发新股比例)×配股比例或增发新股比例×缴结束日下一月份至报告期末的月份数÷12]
(九八、九九年度指标按此公式计算)
每股经营活动产生的现金流量净额=经营活动产生的现金流量净额÷年度末普通股股份总数

三、报告期内股东权益变动情况: 单位:人民币元

项目	股本	资本公积	盈余公积	法定公益金	未分配利润	股东权益合计
期初数	296,065,337.00	661,289,525.63	83,629,598.14	24,482,450.53	170,539,642.10	1,211,524,102.87
本期增加	118,426,135.00	9,444,026.05	36,359,800.71	12,119,933.57	82,528,037.61	246,757,999.37
本期减少		125,431,550.58				125,431,550.58
期末数	414,491,472.00	545,302,001.10	119,989,398.85	36,602,384.10	253,067,679.71	1,332,850,551.66

变动原因:1、股本增加系报告期实施了 98 年度公积金转增股本方案;
2、资本公积增加系股本溢价及确认的被投资单位投资准备,减少系资产评估增值摊销及报告期实施了 98 年度公积金转增股本方案;
3、盈余公积、法定公益金增加系本年度利润提取所致;
4、未分配利润增加系本年度新增净利润所致。

三、股东情况介绍

1、截止 1999 年 12 月 31 日公司股东总数为 119629 户。
2、截止 1999 年 12 月 31 日前十名股东持股情况:

名次 股东名称	年末持股数(股)	占总股本%
<1>海信集团公司(国有法人股)	287091472	69.26
<2>天津农信	1323111	0.319
<3>张燕吉	555531	0.134
<4>王相荣	427688	0.103
<5>张玉姣	347760	0.084
<6>王虎	333933	0.081
<7>黄瑞华	330000	0.080
<8>财政证券	249211	0.060
<9>单勇	245000	0.0591
<10>兴和基金	244528	0.0590

中纺投资发展股份有限公司

一、公司简介

1、公司法定中文名称:中纺投资发展股份有限公司
公司法定英文名称:Sinotex Investment & Development Co., Ltd.
公司英文名称缩写:STIC
2、公司法定代表人:常俊传
3、公司董事会秘书:鲍勤飞
联系地址:北京朝阳区安苑路 15 号
邮 编:100029
电 话:010—64958201
传 真:010—64958201
董事会秘书授权代表:胡金良
联系地址:上海市浦东商城路 738 号 1804 室 邮 编:200120
电 话:021—58312768
传 真:021—58316338
4、公司注册、办公地址:上海市浦东商城路 738 号 1804 室
邮政编码:200120
公司电子信箱:zhongf@online.sh.cn
5、公司选定的信息披露报纸:《中国证券报》
登载公司年度报告的中国证监会指定国际互联网网址:
http://www.sse.com.cn
公司年度报告备置地点:上海市浦东商城路 738 号 1804 室
6、公司股票上市交易所:上海证券交易所
股票简称:中纺投资 股票代码:600061

二、会计数据和业务数据摘要

1、公司 1999 年度主要业务数据

项目	金额(单位:元)
利润总额	47,440,299.92
净利润	41,603,111.77
扣除非经常性损益后的净利润	41,603,111.77
主营业务利润	73,127,139.56
其他业务利润	3,172,289.38
营业利润	44,888,568.18
投资收益	−272,654.42
补贴收入	2,273,679.42
营业外收支净额	550,706.74
经营活动产生的现金流量净额	52,440,596.75
现金及现金等价物净增加额	7,117,147.32

2、公司前三年主要会计数据和财务指标(合并报表)

项目	1999.12.31	1998.12.31 调整前	1998.12.31 调整后	1997.12.31 调整前	1997.12.31 调整后
主营业务收入(元)	487,796,850.16	392,060,967.40	392,060,967.40	415,306,647.63	415,306,647.63
净利润(元)	41,603,111.77	30,481,727.04	28,087,031.16	35,300,490.63	34,387,765.61
总资产(元)	618,775,504.71	672,414,532.83	662,753,391.38	584,386,361.49	577,707,527.09
股东权益(不含少数股东权益,元)	356,961,963.38	336,876,050.23	328,564,017.12	326,198,064.02	320,280,726.79
每股收益(摊薄,元)	0.315	0.231	0.213	0.321	0.313
每股收益(加权,元)	0.315	0.231	0.213	0.353	0.344
扣除非经常性损益后的每股收益(摊薄,元)	0.315	0.231	0.213	0.321	0.313
每股净资产(元)	2.70	2.552	2.498	2.97	2.91
调整后的每股净资产(元)	2.67	2.526	2.454	2.96	2.90
每股经营活动产生的现金流量净额	0.40	0.39			
净资产收益率(摊薄,%)	11.65	9.05	8.55	10.82	10.74
净资产收益率(加权,%)	11.65	9.05	8.55	15.90	15.88

计算公式如下:
每股收益=净利润/年度末普通股股份总数
每股净资产=年度末股东权益/年度末普通股股份总数
调整后的每股净资产=(年度末股东权益—三年以上的应收款项净额—待摊费用—待处理(流动、固定)资产净损失—开办费—长期待摊费用—住房周转金负数余额)/年度末普通股股份总数
加权平均净资产收益率=当期净利润/[(期初净资产+期末净资产)/2+当期发行新股或配股新增净资产 X (自缴款结束日下一月份至报告期末的月份数—6)/12]
加权平均每股收益=当期净利润/[期末普通股股份总数/(1+配股比例或增发新股比例)+期末普通股股份总数/(1+配股比例或增发新股比例) X 配股比例或增发新股比例 X 缴款结束日下一月份至期末的月份数/12]
每股经营活动产生的现金流量净额=经营活动产生的现金流量净额/年度末普通股股份总数
净资产收益率=净利润/年度末股东权益 X 100%

三、股东情况介绍

1、报告期末股东总数:17306 户
2、公司前十名股东持股情况

名次	股东名称	年末持股数(股)	占总股本(%)
1	中国纺织物资(集团)总公司	47,062,800	35.654
2	中国丝绸物资进出口公司	15,498,000	11.741
3	锡山市东绛合成纤维实验厂	15,498,000	11.741
4	澳大利亚 CTRC 股份有限公司(外资股东)	15,498,000	11.741
5	陕西省纺织工业供销公司	2,443,200	1.851
6	王美英	419,558	0.328
7	金鑫基金	358,422	0.272
8	王巧生	238,520	0.181
9	刘斌生	212,600	0.161
10	代振恩	199,100	0.151

北京双鹤药业股份有限公司

一、公司简介

1、公司和蔼法定中文名称:北京双鹤药业股份有限公司
公司英文名称:BEIJING DOUBLE-CRANE PHARMACEUTICAL CO.,LTD.
公司英文名称缩写:DCPC
2、公司法定代表人:乔俊峰
3、公司董事会秘书:倪 军
公司董秘授权代表:白丽萍
联系地址:北京市朝阳区光华路九号 董事会秘书室
联系电话: 010 65853578
传真: 010 65853578
4、公司注册地址:北京市朝阳区光华路九号
公司办公地址:北京市朝阳区光华路九号
邮政编码:100020
公司国际互联网网址:www.dcpc.com
公司电子信箱:dcpcmss@public.east.cn.net
5、公司选定的信息披露报纸名称:《中国证券报》、《上海证券报》
登载公司年度报告的中国证监会指定国际互联网网址:www.sse.com.cn
公司年度报告备置地点:公司董事会秘书室
6、公司股票上市交易所:上海证券交易所
股票简称:双鹤药业
股票代码:600062

二、会计数据和业务数据摘要

1、公司本年度经营业绩 单位:人民币元

利润总额	104,612,784.85
净利润	75,885,352.03
扣除非经常性损益后的净利润	84,714,921.63
主营业务利润	268,671,663.21
其他业务利润	5,085,170.11
营业利润	94,057,136.09
投资收益	-834,729.13
补贴收入	14,619,014.12
营业外收支净额	-3,228,636.23
经营活动产生的现金流量净额	131,535,429.55
现金及现金等价物净增加额	178,086,064.12

注:本年度公司非经常性损益构成如下 单位:人民币元 :

项目	金额
四项准备计提数	3,440,286.22
固定资产报废损失	3,765,255.20
产成品报废	1,688,893.88
合计	8,829,569.60

2、截至报告期末公司前三年的主要会计数据和财务指标:
1 主要会计数据和财务指标 单位:人民币元 :

项目	1999 年	1998 年		1997 年	
		调整后	调整前	调整后	调整前
主营业务收入	723,522,187.11	350,665,651.73	350,665,651.73	236,308,869.57	236,308,869.57
净利润	75,885,352.03	58,867,848.39	60,877,848.03	46,467,474.41	47,549,019.43
总资产	1,184,830,569.52	727,608,203.25	741,017,675.87	573,263,253.41	574,691,007.37
股东权益 不含少数股东权益	692,213,788.61	521,823,429.60	533,997,391.18	471,487,235.42	472,914,989.38
每股收益 元/股	0.32	0.40	0.414	0.316	0.323
每股收益 按月平均加权法计算	0.36	0.40	0.414	0.3796	0.388
每股收益 扣除非常性损益	0.36	0.40	0.414	0.316	0.323
每股净资产 元/股	2.94	3.549	3.63	3.2074	3.22
调整后的每股净资产 元/股	2.89	3.4894	3.51	3.2019	3.20
每股经营活动产生的现金流量净额	0.56	-0.09	-0.09		
净资产收益率 %	10.96	11.28	11.4	9.85	10.05

注:调整前指公司会计政策、会计估计变更追溯调整前的会计数据;调整后指公司会计政策、会计估计变更追溯调整后的会计数据。
2 主要财务指标计算方法:
每股收益=净利润/年度末普通股股份总数
每股净资产=年度末股东权益/年度末普通股股份总数
调整后的每股净资产= 年度末股东权益-三年以上的应收款项净额-待摊费用-待处理 流动、固定 资产净损失-开办费-长期待摊费用-住房周转金负数余额 /年度末普通股股份总数
每股经营活动产生的现金流量净额=经营活动产生的现金流量净额/年度末普通股股份总数
净资产收益率=净利润/年度末股东权益×100%
月平均加权每股收益 1999 年 =净利润/[转配股前股本×3+送转股后股本×4+配股后股本×5 /12

三、股东情况介绍

1、报告期末股东总数为 59141 户。
2、公司前 10 名股东持股情况:

股东名称	持有股数 万股	持股比例 %	股份性质
北京制药厂	13480	57.33	国有法人股
北京永好科技发展有限责任公司	750	3.19	发起人法人股
北京市医药集团有限责任公司	450	1.91	发起人法人股
北京市国有资产经营公司	180	0.77	发起人法人股
裕明天	176.0261	0.75	流通股
北京科梦嘉生物技术开发有限责任公司	105	0.45	发起人法人股
民丰投资	94.5416	0.41	流通股
南方证券有限公司	90	0.38	发起人法人股
唐祥坤	79.3524	0.34	流通股
赵 联	71.6824	0.31	流通股

安徽皖维高新材料股份有限公司

公司简介

1、公司名称:
中文:安徽皖维高新材料股份有限公司
英文:ANHUI WANWEI UPDATED HIGH-TECH MATERIAL INDUSTRY COMPANY LIMITED
2、公司法定代表人:陈信生
3、公司董事会秘书:汤华章
联系地址:安徽省巢湖市巢维路 56 号皖维股份公司
电话:0565-2317280 2317294
传真:0565-2317447
4、公司注册地址:安徽省巢湖市巢维路 56 号
公司办公地址:安徽省巢湖市巢维路 56 号
邮政编码:238002
公司网址:http://www.wwgf.com.cn
电子信箱: wwjszx@mail.hf.ah.cn
5、公司选定的信息披露报纸:《上海证券报》
登截公司年度报告的网址:http://www.sse.com.cn
公司年度报告备置地点:本公司董秘办公室
6、公司股票上市交易所:上海证券交易所
股票简称:皖维高新 股票代码:600063

会计数据和业务数据摘要

1、公司本年度利润总额及构成情况(合并报表)

利润总额	56,681,854.35 元
其中:净利润	49,573,038.09 元
扣除非经常性损益后的净利润	48,873,038.09 元
主营业务利润	69,061,967.78 元
其他业务利润	939,746.74 元
营业利润	45,645,026.89 元
投资收益	8,535,053.64 元
补贴收入	700,000.00 元
营业外收支净额	1,801,773.82 元
经营活动产生的现金流量净额	32,104,308.55 元
现金及现金等价物净增加额	12,824,196.10 元

注:扣除非经常性损益系水泥综合利用减免增值税收入 700000 元。
2、公司前三年主要会计数据和财务指标

项　目	1999 年	1998 年		1997 年	
		调整后	调整前	调整后	调整前
主营业务收入(元)	288,589,567.78	278,062,735.38	278,062,735.38	274,652,173.35	274,652,173.35
净利润(元)	49,573,038.09	49,719,933.94	50,133,557.02	47,845,682.62	48,375,923.73
总资产(元)	776,438,217.10	609,895,201.20	610,839,065.39	562,399,911.92	562,930,153.03
股东权益(元)	506,762,395.09	479,248,157.36	480,192,021.55	460,531,458.43	461,061,699.54
每股收益(元/股)(摊薄)	0.211	0.254	0.256	0.342	0.346
(加权)	0.249	0.333	0.336	0.402	0.406
每股净资产(元/股)	2.15	2.45	2.40	3.29	3.29
调整后每股净资产(元/股)	2.12	2.41	2.36	3.24	3.25
每股经营活动产生的现金流量净额	0.14	0.16	0.16		
净资产收益率(%)(摊薄)	9.78	10.37	10.44	10.39	10.50
(加权)	10.06	10.58	10.66	15.98	16.00
扣除非经常性损益后的每股收益(元)	0.208	0.251	0.253		

主要财务指标的计算公式如下:
每股收益=净利润/年度末普通股股份总数
每股净资产=年度末股东权益/年度末普通股股份总数
调整后的每股净资产=(年度末股东权益-三年以上的应收款项净额-待摊费用-待处理 (流动、固定)资产净损失-开办费-长期待摊费用-住房周转金负数)/年度末普通股股份总数
每股经营活动产生的现金流量净额=经营活动产生的现金流量净额/年度末普通股股份总数
净资产收益率=净利润/年度末股东权益 * 100%
3、报告期内股东权益变动情况

项 目	股本	资本公积金	盈余公积金	法定公益金	未分配利润	股东权益合计
期初数	196,000,000.00	250,468,313.33	12,056,976.60	4,018,992.20	20,722,867,43	479,248,157.36
本期增加	39,200,000.00		7,564,967.81	2,521,655.93	49,573,038.09	96,338,005.90
本期减少		42,442,800.36			26,380,967.81	68,823,768.17
期末数	235,200,000.00	208,025,512.97	19,621,944.41	6,540,648.13	43,914,937.71	506,762,395.09
变动原因	99 年度资本公积金每 10 股转增 2 股	评估增值折旧及按每 10 股转增 2 股	本年度净利润计提法定公积金	本年度净利润计提法定公益金	本年度净利润计提两金后转入及每 10 股派 0.8 元	

股东情况介绍

(1)截止 1999 年 12 月 31 日,本公司股东总数为 23561 户,除高管股股东外,没有别的职工股股东。
(2)前十名股东情况(截止 1999 年 12 月 31 日)

股东名称	年末持股数量(股)	持股比例(%)
1、安徽省维尼纶厂	151,200,000	64.2857
2、沈岭枫	1,059,438	0.4504
3、华东方	1,052,400	0.4474
4、程淑香	1,025,649	0.4360
5、周 静	1,002,843	0.4263
6、袁 江	1,000,437	0.4253
7、王 锋	993,343	0.4223
8、陈小华	990,744	0.4212
9、卞婷婷	980,000	0.4166
10、陆海莺	978,600	0.4160

第一名股东为法人股东安徽省维尼纶厂,年初持股 12600 万股,本年度增加 2520 万股,系 99 年度中期资本公积金转增股本所致,年末持股 15120 万股,持股比例仍为 64.29%,该股东没有将所持本公司股份进行质押或被冻结的情况;第二名至第十名股东,均为社会公众股股东,其持股量在本年度的增减变化,完全系在二级市场买卖所致,与本公司不存在关联关系。

南京新港高科技股份有限公司

一、公司简介

1、公司的法定中英文名称及缩写
公司法定中文名称:南京新港高科技股份有限公司
公司法定英文名称:NANJING XINGANG HIGH-TECH COMPANY LIMITED
英文缩写:NXHT
2、公司法定代表人:梁学忠
3、公司信息披露机构:证券投资部
董事会秘书姓名:郭昭
联系地址:南京经济技术开发区内
电话:025-5571345
传真:025-5571345
电子信箱:xingang@xggk.com
董秘授权人姓名:李波
联系地址:南京经济技术开发区内
电话:025-5565084
传真:025-5571345
电子信箱:xingang@xggk.com
4、公司注册地址:南京经济技术开发区内
公司办公地址:南京经济技术开发区01幢二层　邮政编码:210038
公司电子信箱:xingang@xggk.com
5、公司选定信息披露报纸:《中国证券报》、《上海证券报》、《证券时报》
中国证监会年报登载指定国际互联网网址:www.sse.com.cn
公司年度报告备置地点:公司证券投资部
6、公司股票上市交易所:上海证券交易所
股票简称:南京高科　股票代码:600064

二、会计数据和业务数据摘要

(一)公司本年度会计数据　单位:人民币元

利润总额	243,921,128.88
净利润	207,636,515.65
扣除非经常性损益后净利润	204,353,223.26
主营业务利润	316,286,446.56
其他业务利润	1,301,603.64
营业利润	239,040,484.49
投资收益	3,426,115.47
补贴收入	0
营业外收支净额	1,454,528.92
经营活动产生的现金流量净额	50,073,428.98
现金及现金等价物净增加额	48,516,983.99

注:扣除的非经常性损益项目和涉及金额
投资收益-转让股权收益:3,283,292.39元

(二)公司近三年主要财务指标　单位:人民币元

项　目	1999年	1998年	1997年
主营业务收入	1,044,428,142.42	908,553,434.96	370,014,394.25
净利润	207,636,515.65	217,476,112.53	74,179,965.94
总资产	2,129,580,888.22	1,903,526,258.36	1,089,708,769.81
股东权益(不含少数股东权益)	982,526,352.73	1,050,206,547.48	597,730,434.96
每股收益(全面摊薄)	0.603	0.758	0.508
每股收益(按月平均加权法计算)	0.603	0.795	0.572
扣除非经常性损益后的每股收益	0.594	0.758	0.491
每股净资产	2.855	3.66	4.09
调整后的每股净资产	2.845	3.64	4.09
每股经营活动产生的现金流量净额	0.146	-0.73	-
净资产收益率(%)	21.13	20.71	12.41

追溯调整前:　单位:人民币元

项　目	1998年	1997年
主营业务收入	908,553,434.96	370,014,394.25
净利润	237,939,656.38	78,999,825.52
总资产	1,928,809,661.80	1,094,528,629.39
股东权益(不含少数股东权益)	1,075,489,950.92	602,550,294.54
每股收益(全面摊薄)	0.83	0.54
每股收益(按月平均加权法计算)	0.87	0.61
扣除非经常性损益后的每股收益	0.83	0.525
每股净资产	3.750	4.127
调整后的每股净资产	3.748	4.125
每股经营活动产生的现金流量净额	-0.73	-
净资产收益率	22.12	13.11

三、股东情况介绍

(一)报告期末股东总数为68014户。
(二)报告期末公司前十名股东持股情况

序号	股东名称	持股数(股)	占总股本比例(%)
1	南京新港开发总公司(国有法人股股东)	160,670,520	46.69
2	南京港口经济发展总公司	26,951,184	7.83
3	开元基金	13,805,890	4.01
4	南京宏艺	2,194,620	0.64
5	南京新淮	2,107,382	0.61
6	郭永钦	1,040,000	0.30
7	金陵石化华隆工业公司	1,036,584	0.30
8	卞云俊	911,705	0.26
9	胡良玉	892,380	0.26
10	南方证券	814,003	0.24

大庆联谊石化股份有限公司

(一)公司简介

1、公司法定中文名称:大庆联谊石化股份有限公司
公司英文名称:DAQING LIANYI PETRO-CHEMICAL CO.LTD
2、公司法定代表人:于登祥
3、公司董事会秘书:柴　铭
联系地址:黑龙江省大庆市大同区林源南街5号
大庆联谊石化股份有限公司投资部
联系电话: 0459-6717944
联系传真: 0459-6717944
电子信箱: dqlysby@public. dq.hl.cn
4、公司注册地址:黑龙江省大庆市大同区林源南街5号
公司办公地址:黑龙江省大庆市大同区林源南街5号
公司邮政编码:163852
公司电子信箱 :dqlysby@public. dq.hl.cn
5、公司选定的信息披露报纸名称:《上海证券报》
登载公司年度报告的中国证监会指定国际互联网网址:
http://www.sse.com.cn
公司年度报告备置地点:公司投资部
6、公司股票上市交易所:上海证券交易所
公司股票简称:大庆联谊
公司股票代码: 600065

(二)会计数据和业务数据摘要

1、公司本年度主要利润指标:
(单位:人民币元)

利　润　总　额:	7,503,636.63
净　　利　　润:	6,087,480.01
扣除非经常性损益后的净利润:	6,087,480.01
主营业务利润:	27,092,598.36
其他业务利润:	15,970,976.43
营　业　利　润:	17,148,853.83
营业外收支净额:	-9,645,217.20
经营活动产生的现金流量净额:	8,758,766.32
现金及现金等价物净增加额:	198,004.26

2、截止报告期末公司前三年主要会计数据和财务指标

指标项目	1999年度	1998年度		1997年度	
		调整后	调整前	调整后	调整前
主营业务收入(元)	326,408,680.66	513,684,538.01	513,684,538.01	718,753,525.74	718,753,525.74
净利润(元)	6,087,480.01	12,690,889.24	13,938,102.21	44,695,140.63	45,228,140.80
总资产(元)	1,234,697,248.37	1,368,844,773.25	1,361,488,057.92	1,080,848,527.50	1,081,381,527.67
股东权益(元)	773,402,620.43	767,315,140.42	769,382,353.64	754,911,251.26	755,444,251.43
每股收益(元/股)	0.038	0.087	0.087	0.280	0.283
按月平均加权每股收益(元/股)	0.038	0.087	0.087	0.280	0.316
扣除非经常性损益后的每股收益(元/股)	0.038	0.087	0.087	0.280	0.283
每股净资产(元/股)	4.83	4.81	4.81	4.72	4.72
调整后的每股净资产(元/股)	4.83	4.79	4.81	4.72	4.72
净资产收益率(%)	0.787	1.812	1.812	5.921	5.987
每股经营活动产生的现金流量净额(元)	0.055	-0.107	-0.107		

注:(1)主要财务指标计算方法:
每股收益=净利润/年度末普通股股份总数
每股净资产=年度末股东权益/年度末普通股股份总数
调整后的每股净资产=(年度末股东权益-三年以上的应收款项净额-待摊费用-待处理(流动、固定)资产净损失-开办费-长期待摊费用-住房周转金负数余额)/年度末普通股股份总数
净资产收益率=净利润/年度末股东权益×100%
每股经营活动产生的现金流量净额=经营活动产生的现金流量净额/年度末普通股股份总数

3、本报告期内股东权益变动情况　单位:人民币元

项　目	股本	资本公积	盈余公积	法定公益金	未分配利润	股东权益合计
期初数	160,000,000.00	461,573,284.75	90,306,402.22	1,269,088.92	55,435,453.45	767,315,140.42
本期增加			2,130,618.00		3,956,862.01	6,087,480.00
本期减少				660,340.92		
期末数	160,000,000.00	461,573,284.75	92,437,020.22	608,748.00	59,392,315.46	773,402,620.43

变动原因:盈余公积增加的原因是由于公司本年度实现净利润计提所致;未分配利润增加是由于本年度利润增加所致;股东权益增加是由于增加未分配利润及提取的盈余公积和法定公益金。

(三)股东情况介绍

1、报告期末公司股东总数为51,110户。
2、持有本公司5%以上股份及前十名股东持股情况:

股东名称	持股数量(股)	占总股本比例(%)
(1)大庆市联谊石油化工总厂	80,660,000	50.41
(2)大庆市油脂化工厂	18,340,000	11.46
(3)大庆市大同区林源建材公司	4,000,000	2.50
(4)大庆高新技术产业开发区白油厂	3,500,000	2.19
(5)大庆市联谊石油化工厂劳服公司	2,000,000	1.25
(6)大庆市联谊石化宾馆	1,500,000	0.94
(7)同盛基金	629,058	0.39
(8)丁秀锦	228,299	0.143
(9)刘大华	205,399	0.128
(10)罗兴遂	200,000	0.125

第2—6名股东是大庆市联谊石油化工总厂下属企业(见中央纪委、监察部就黑龙江省大庆联谊石化股份有限公司股票案通报),第7—10名股东为流通股股东。

郑州宇通客车股份有限公司

一、公司简介

1、公司法定中、英文名称及缩写
中文名称：郑州宇通客车股份有限公司
中文缩写：宇通客车
英文名称：Zhengzhou Yutong Coach Manufacturing Co.Ltd.
英文缩写：YTCO
2、公司法定代表人：路法尧 先生
3、公司董事会秘书：齐建钢 先生
电 话：0371—6339744 6806388
传 真：0371—6316894 6806000
电子信箱：SBD @ YUTONG.COM
联系地址：郑州市凤凰路7号
4、公司注册地址：郑州市凤凰路7号
公司办公地址：郑州市南郊十八里河
邮政编码：450061
国际互联网网址：http//www.Yutong.com
电子信箱：info @ Yutong.com
5、公司选定的信息披露报纸名称：《上海证券报》
登载公司年报的中国证监会指定国际互联网网址：
http//www.sse.com.cn
公司年度报告备置地点：本公司证券处
地 址：郑州市凤凰路7号
电 话：0371—6339748
联系人：于莉 女士
6、公司股票上市交易所：上海证券交易所
股票简称：宇通客车 股票代码：600066

二、会计数据和业务数据摘要

(一)本年度主要会计数据(万元)

利润总额：	9,740.93
净利润：	7,069.06
扣除非经常性损益后的净利润：	7,012.00
主营业务利润：	14,651.57
其它业务利润：	79.43
营业利润：	7,182.66
投资收益：	1,125.40
补贴收入：	1,505.68
营业外收支净额：	-72.82
经营活动产生的现金流量净额：	2,236.60
现金及现金等价物净增加额：	-2,466.35

注：扣除非经常性损益后的净利润，扣除的项目为资产处置损益，按年度平均计入的新股申购冻结资金利息，涉及金额57.06万元。

(二)公司前三年主要会计数据和财务指标

序号	名称	单位	1999年度	1998年度 调整前	1998年度 调整后	1997年度 调整前	1997年度 调整后
1	主营业务收入	万元	70,010.93	56,541.62		43,667.18	
2	净利润	万元	7,069.06	5,901.84	5,274.81	4,263.27	4,095.54
3	总资产	万元	98,833.84	95,191.41	94,610.03	65,162.76	64,995.03
4	股东权益	万元	64,095.34	57,889.26	57,026.28	40,600.08	40,432.35
5	每股收益	元	0.621	0.5185	0.4634	0.5840	0.561
6	每股净资产	元	5.631	5.0860	5.01	5.5617	5.5387
7	调整后每股净资产	元	5.602	5.0792	5.003	5.5440	5.52
8	每股经营活动产生的现金流量净额	元	0.1965	0.1530			
9	净资产收益率	%	11.03	10.1951	9.25	10.50	10.13

说明：几种财务指标的计算方法：
每股收益=净利润÷年度末普通股股份总数
每股净资产=年度末股东权益÷年度末普通股股份总数
净资产收益率=净利润÷年度末股东权益×100%
调整后的每股净资产=(年度末股东权益-三年以上的应收款项净额-待摊费用-待处理（流动、固定)资产净损失-开办费-长期待摊费用-住房周转金负数余额)÷年度末普通股股份总数
每股经营活动产生的现金流量净额=经营活动产生的现金流量净额÷年度末普通股股数

(三)报告期内股东权益变动情况表 单位：元

项目	股本(万股)	资本公积	盈余公积	法定公益金	未分配利润	股东权益合计
期初数	11,382.1734	439,886,833.74	19,745,613.76	6,581,871.25	-3,191,384.30	570,262,797.20
本期增加			10,603,593.87	704,572.53	60,087,031.89	70,690,625.76
本期减少						
期末数	11,382.1734	439,886,833.74	30,349,207.63	7,286,443.78	56,895,647.59	640,953,422.96
变动原因			利润提取	利润提取	利润增加	利润增加

三、股东情况介绍

1、报告期末本公司股东总数为41,421个，其中内部职工股股东数为1,377个。
2、报告期末本公司前10名股东持股情况及持股5%以上的股东持股变化情况

单位：万股

股东名称	持股数	占总股本比例(%)
郑州宇通集团有限责任公司(国家股)	2,222.6490	19.53
郑州第一钢厂	1,430.0520	12.56
中国公路车辆机械总公司	520.0000	4.57
招商深圳	113.3976	1.00
君安证券长春	107.7861	0.95
君安证券深圳人民南路	81.5749	0.72
君安证券天津	76.1459	0.67
君安证券深圳春风路	69.1318	0.61
开元基金	67.1001	0.59
四方科技	61.5568	0.54

福州大通机电股份有限公司

(一) 公司简介

公司法定中英文名称：
中文名称：福州大通机电股份有限公司
英文名称：FUZHOU DARTONG M&E CO.椰LTD
英文缩写：FDT
公司法定代表人：陈道彤
公司董事会秘书：林镇南
联系地址：福建省福州市福马路81号
电 话：(0591)3660701
传 真：(0591)3660592
电子信箱：office @ fuzhoudatong.com
公司注册地址及办公地址：福建省福州市福马路81号
公司国际互联网网址：www.dartong.net
电子信箱：FDT @ pub2.Fz.Fj.CN
公司指定信息披露报纸：《上海证券报》
证监会指定披露信息互联网网址：www.sse.com.cn
公司年度报告备查地点：公司办公室
公司股票上市交易所：上海证券交易所
股票简称：福州大通
股票代码：600067

(二) 会计数据和业务数据摘要

1、公司本年度会计数据和业务数据摘要	单位：元
利润总额	25,509,906.74
净利润	21,294,645.68
扣除非经常性损益后的净利润	20,234,892.68
主营业务利润	63,577,199.13
其它业务利润	1,525,886.42
营业利润	25,999,730.82
投资收益	505,741.86
补贴收入	1,059,753.00
营业外收支净额	-2,055,318.94
经营活动产生的现金流量净额	33,825,229.99
现金及现金等价物净增加额	52,229,661.58

注：非经常性损益扣除项目主要是补贴收入金额1059753.00元，补贴来源主要为：开发区扶持生产基金282600.00元；挖潜改革奖金350000.00元；市科委400000.00元等。

2、公司前三年主要会计数据和财务指标

单位：元

项目	1999年度	1998年度 调整后	1998年度 调整前	1997年度 调整后	1997年度 调整前
主营业务收入	268,510,258.42	244,781,696.11	244,781,696.11	265574852.33	265574852.33
净利润	21,294,645.68	20,468,827.97	20,925,911.55	17746483.39	18998238.45
总资产	403,003,415.63	332,856,860.96	337,242,227.57	353988657.34	355240412.40
股东权益	178,066,207.10	156,771,561.42	161,156,928.13	155572957.42	156824712.48
每股收益(元/股)	0.257	0.247	0.252	0.214	0.229
扣除非经常性损益后每股收益(元/股)	0.246				
按月平均加权计算的每股收益(元/股)	0.257	0.247	0.252	0.214	0.229
每股净资产(元/股)	2.15	1.89	1.94	1.88	1.89
调整后的每股净资产(元/股)	2.14	1.88	1.92	1.87	1.87
每股经营活动产生的现金流量净额(元/股)	0.41	0.33	0.33		
净资产收益率(%)	11.96	13.06	12.98	11.41	12.11

3、股东权益变动情况

项目	股本	资金公积	盈余公积	法定公益金	未分配利润	股东权益合计
期初数	82,968,480	45,423,727.48	16,386,908.19	4,085,082.53	11,992,445.75	156,771,561.42
本期增加			4,258,929.12	2,129,464.56	17035716.56	21294645.68
本期减少						
期末数	82,968,480	45,423,727.48	20,645,837.31	6,214,547.09	29,028,162.31	178,066,207.10

变动原因：按本年实现净利润21,294,645.68元，分别提取10%法定公积金2,129,464.56元，10%法定公益金计2,129,464.56元而1999年度不分配，所以本期股东权益比上年增加。

(三) 股东情况

(1) 报告期末股东总数
截止1999年12月31日，公司股东总数19,172户，其中社会公众股股东9731户。
(2) 前10名股东情况
截止1999年12月31日，持有本公司股份超过5%以上的股东只有福州市国资局。前10名股东如下表所示：

股东名称	持股数(股)	比率(%)
福州市国有资产管理局	21,227,840	25.59
福州市定诚经济发展有限公司	2,112,000	2.55
福州市信托投资公司	1,792,000	2.16
福州建银贸易公司	1,600,000	1.93
中国建设银行福建省分行直属支行	1,568,000	1.89
福建华福	1,388,698(已流通公众股)	1.67
福州市福保贸易公司	1,056,000	1.27
裕阳基金	782,600(已流通公众股)	0.94
福州一化	736,000	0.89
金祖明	292,000	0.28

以上10名股东之间无关联关系，除国家股股东外，持股数均未超过10%。

葛洲坝股份有限公司

一、公司简介

1.公司法定中文名称:葛洲坝股份有限公司
公司法定英文名称:GEZHOUBA CO.,LTD
缩写:G.C.L
2.公司法定代表人:孙玉才
3.公司董事会秘书:吴汉明
联系地址:湖北省宜昌市石子岭路3号
电　话:0717-6746439
传　真:0717-6746470
电子信箱:cplolw@yc.hb.cninfo.net
董事会秘书授权代表:彭立权
电话:0717-6718809　传真:0717-6746470
电子信箱:cplolw@yc.hb.cninfo.net
4.公司注册地址:湖北省宜昌市樵湖路8号
公司办公地址:湖北省宜昌市石子岭路3号　邮政编码:443002
电子信箱:cplolw@yc.hb.cninfo.net
5.公司选定的信息披露报纸名称:《上海证券报》、《中国证券报》、《证券时报》
登载公司年度报告的中国证监会指定国际互联网网址:http://www.sse.com.cn
公司年度报告备置地点:公司董事会秘书室
6.公司股票上市交易所:上海证券交易所
股票简称:葛洲坝　股票代码:600068

二、会计数据和业务数据摘要

(一)年度主要利润指标情况(单位:人民币元)

利润总额:	423,578,661.15
净利润:	287,841,211.26
扣除非经营性损益后的净利润:	275,727,880.17
主营业务利润:	494,657,841.53
其他业务利润:	9,001,154.43
营业利润:	393,707,753.70
投资收益:	17,757,576.36
补贴收入:	9,337,848.34
营业外收支净额:	2,775,482.75
经营活动产生的现金流量净额:	466,931,674.11
现金及现金等价物净增加额:	52,457,433.99

注:扣除的非经营性损益项目和涉及的金额:

1.营业外收支净额项目:	2,775,482.75
(1)新股申购冻结资金利息本期转入数	2,770,105.93
(2)其他收入	1,640,658.88
(3)处理固定资产净损失	926,586.52
(4)罚款支出	586,299.24
(5)非常损失	122,396.30
2.补贴收入	9,337,848.34
(1)公司水泥厂免交的增值税	9,337,848.34
3.以上项目涉及的金额	12,113,331.09

(二)截止报告期末公司前三年主要会计数据和财务指标:(单位:人民币元)

1.追溯调整后:

项　目	1999年	1998年	1997年
主营业务收入	2,056,078,714.68	1,918,819,462.82	1,786,889,453.91
净利润	287,841,211.26	256,041,468.60	201,981,934.16
总资产	4,115,282,950.84	4,212,620,381.26	3,168,869,198.37
股东权益	2,836,862,135.66	2,549,020,924.40	1,758,818,438.34
每股收益(摊薄)	0.462	0.411	0.412
每股收益(按月平均加权)	0.462	0.462	0.473
扣除非经营性损益后的每股收益	0.443	0.409	0.409
每股净资产	4.55	4.09	3.59
调整后的每股净资产	4.54	4.08	3.58
每股经营活动产生的现金流量净额	0.75	-0.31	
净资产收益率%	10.15	10.04	11.48

2.调整前各年度会计报表数据:

项　目	1999年	1998年	1997年
坏帐准备	840,151.51	723,237.57	512,156.86
存货跌价准备			
盈余公积	117,801,063.20	74,624,881.51	35,751,105.96
未分配利润	493,939,358.07	249,274,328.50	202,589,600.40

调整后各年度会计报表数据:

项　目	1999年	1998年	1997年
坏帐准备	39,030,835.69	34,896,793.13	31,568,677.37
存货跌价准备	5,302,251.69	5,302,251.69	5,302,251.69
盈余公积	111,879,692.12	68,703,510.43	30,297,290.13
未分配利润	460,384,921.90	215,719,892.33	171,684,644.03

三、股东情况介绍

1.报告期末公司股东总数为221,484户。
2.报告期末主要股东持股情况(前10名股东)

序号	股东名称	持股数	占总股本比例(%)
1	中国葛洲坝集团公司	357,000,000.00	57.30
2	泰和基金	3,130,966.00	0.50
3	深财证券	1,596,002.00	0.26
4	裕明天	1,399,585.00	0.22
5	景博基金	1,170,830.00	0.19
6	国债中心	1,110,000.00	0.18
7	苏州投资	679,327.00	0.11
8	辽宁财政	650,896.00	0.10
9	肖永长	645,582.00	0.10
10	刘书文	641,225.00	0.10

河南银鸽实业投资股份有限公司

一、公司简介

1、公司法定中文名称:河南银鸽实业投资股份有限公司
公司中文名称缩写:银鸽投资
公司英文名称:Henan Yinge Industrial Investmemt Holding Co.,LTD.
公司英文名称缩写: Yinge
2、公司法定代表人:韩国忠
3、公司董事会秘书: 薛永福
联系地址:郑州市金水路24号润华商务花园A座7层
电话:(0371)3859931
传真:(0371)3859926
4、公司注册地址:河南省漯河市人民东路95号
公司办公地址:河南省漯河市人民东路95号
邮政编码:462000
公司电子信箱:lhyg@public2.zz.ha.cn
公司互联网网址:http://www.henanyinge.com
5、公司选定的信息披露报纸:《上海证券报》
登载公司年度报告的证监会指定互联网网址: http://www.sse.com.cn
公司年度报告备置地点:
公司所在地:河南省漯河市人民东路95号
董事会秘书处:郑州市金水路24号润华商务花园A座7层
6、股票上市交易所:上海证券交易所
股票简称:银鸽投资
股票代码:600069

二会计数据和业务数据摘要

(一)、公司本年度利润总额及构成(单位:元)

项　目	
利润总额	24497188.60
净利润	17157298.78
扣除非经常性损益后的净利润	11113460.14
主营业务利润	28992990.60
其他业务利润	119097.25
营业利润	13632918.65
投资收益	3889415.64
补贴收入	4003575.37
营业外收支净额	2971278.94
经营活动产生的现金流量净额	28712389.75
现金及现金等价物净增加额	-174800336.18

注:非经常性损益项目为上市冻结利息2,400,309.73元,补贴收入4,003,575.37元。

(二)、截止报告期末公司近三年主要会计数据及财务指标

1、追溯调整后:

项　目	1999年度	1998年度	1997年度
主营业务收入(元)	140283166.86	112001971.08	246174871.20
净利润(元)	17157298.78	55911638.89	52352525.41
总资产(元)	829870497.01	822636978.82	735389207.28
股东权益(元)(不含少数股东权益)	641259302.11	624102003.33	438672711.01
每股收益(元)	0.05	0.30	0.33
每股净资产(元)	1.73	3.36	2.74
调整后每股净资产(元)	1.71	3.34	2.72
每股经营活动产生的现金流量净额(元)	0.08	0.18	
净资产收益率(%)	2.68	8.96	11.93
加权每股收益(元)	0.09	0.34	0.35
扣除非经常性损益后的每股收益(元)	0.03	-0.04	0.31

注:1999年度主要财务指标的计算方法:
(1)全面摊薄计算方法:
每股收益=净利润/年度末普通股股份总数
每股净资产=年度末股东权益/年度末普通股股份总数
调整后每股净资产=(年度末股东权益-三年以上的应收款项净额-待摊费用-待处理(流动、固定)资产净损失-开办费-长期待摊费用-住房周转金负数余额)/年度末普通股股份总数
每股经营活动产生的现金流量净额=经营活动产生的现金流量净额/年度末普通股股份总数
净资产收益率=净利润/年度末股东权益×100%
(2)加权平均后的计算方法:
加权平均股本=期末普通股股份总数÷(1+配股比例或增发新股比例)+期末普通股股份总数÷(1+配股比例或增发新股比例)×配股比例或增发新股比例×缴款结束日下一月份至期末的月份数÷12 每股收益=净利润/加权平均股本
(3)1997和1998年度调整后的主要会计数据和财务指标系根据财

三、股本变动及股东情况介绍

(一) 截止到1999年12月31日,公司股东总数为12863户。
(二) 前十名股东持股情况
截止到1999年12月31日前十名股东名称、持股情况:

名次	股东名称	持股数量(万股)	占总股本比例(%)
1	漯河市国有资产管理局	14588.80	39.26
2	河南开祥电力实业股份有限公司	8011.20	21.56
3	望春花	160.00	0.43
4	慧智投资	111.96	0.30
5	津卡实业	81.60	0.22
6	内蒙信托	75.20	0.20
7	王珍元	72.38	0.19
8	唐海成	70.00	0.19
9	彭生平	66.69	0.18
10	刘湘君	66.13	0.18

浙江富润股份有限公司

一、 公司简介

1、公司名称:浙江富润股份有限公司

英文名称:ZHEJIANGFURUNCO.,LTD　英文缩写:FURUN

2、公司法定代表人:赵林中

3、公司董事会秘书:陈黎伟

联系地址:浙江省诸暨市安平路42号

电话:0575--72220437223532　传真:0575--7223018　授权代表人:王坚

4、公司注册地址:浙江省诸暨市安平路42号　邮政编码:311800

公司网址:http://www.zhejiangfurun.com　电子信箱:furun@mail.sxptt.zj.cn

5、公司信息披露指定报刊:《中国证券报》、《上海证券报》

登载公司年度报告的中国证监会指定国际互联网网址:http://www.sse.com.cn

公司年度报告备置地点:浙江省诸暨市安平路42号公司证券部

6、公司股票上市地:上海证券交易所　股票简称:浙江富润　股票代码:600070

二、 会计数据和业务数据摘要

1、本年度主要利润等指标情况　(单位:人民币元)

利润总额:	23035062.79
净利润:	23035062.79
扣除非经营损益后的净利润:	19250901.60
主营业务利润:	22385054.54
其他业务利润:	1534051.06
营业利润:	16707676.11
投资收益:	2349228.42
补贴收入:/	
营业外收支净额:	3978158.26
经营活动产生的现金流量净额:	-6244170.21
现金及现金等价物净增加额:	39957069.49

注:扣除的非经营性损益项目和涉及金额:

营业外收入净额项目:	3784161.19
债务处置收益	3670259.70
资产处置收益	113901.49

2、截止报告期末,公司前三年的主要会计数据和财务指标(单位:人民币元)

	1999年	1998年		1997年	
		调整前	调整后	调整前	调整后
主营业务收入	191741088.87	176252572.86	176252572.88	79922927.86	79922927.86
净利润	23035062.79	16986970.00	13452012.70	16238800.64	14111564.40
总资产	344196175.01	248517967.46	242855773.92	177576946.56	175449710.32
股东权益	228981618.78	145408138.75	139745945.21	143877168.75	141749932.51
每股收益	0.30	0.25	0.20	0.24	0.21
按月平均加权法计算的每股收益	0.34	0.25	0.20	0.30	0.25
扣除非经营损益后的每股收益	0.25	0.23	0.18	0.19	0.15
每股净资产	3.02	2.16	2.08	2.14	2.11
调整后每股净资产	3.00	2.14	2.06	2.01	1.99
每股经营活动产生的现金净流量	-0.08	0.09	0.09	-	-
净资产收益率(%)	10.06	11.68	9.63	11.29	9.96

调整后有关会计数据及财务指标:

项目	1999年	1998年	1997年
坏帐准备	8346659.93	5694173.79	2167757.10
存货跌价准备	850964.02	1371390.26	-
未分配利润	30923101.15	11343297.78	15046001.55

3、报告期内股东权益变动情况(单位:人民币元):

项目	股本	资本公积	盈余公积	法定公益金	未分配利润	股东权益合计
期初数	67200000	52540183.11	5774976.22	2887488.10	11343297.78	139745945.21
本期增加	8533000	57667610.78	2303506.28	1151753.14	19579803.37	89235673.57
本期减少	-	-	-	-	-	-
期末数	75733000	110207793.89	8078482.50	4039241.24	30923101.15	228981618.78

变动原因:　①股本变动是由于1999年11月经中国证券监督管理委员会证监公司字[1999]116号文件审核批准,向全体股东配售8533000股普通股,形成股本增加8533000元。

②资本公积增加是按中国证券监督管理委员会证监公司字[1999]116号文批准　配股,每股面值1元,每股配售价8元。本次配股共募集资金68624000元,扣除承销发行　费和律师费等发行费用2063389.22元,净额为66200610.78元,计入股本8533000元,资　本公积57667610.78元所致。

③盈余公积和法定公益金变动是因为本年度实现利润提取所致。

三、 股本变动及股东情况

1、股东情况介绍

(1)截止1999年12月31日,本公司股东总数为17015户。其中法人股股东23户;社会公众股股东16992户。

(2)截止1999年12月31日本公司前10名股东(包括持有本公司5%以上股份的股东)的持股情况(单位:股)

股东名称	期初数	本年度内股份增减(+,-)	期末数	持股比例(%)
富润集团有限公司	28288800	1273000	29561800	39.03
诸暨绢纺研究所	1743600	930000	2673600	3.53
诸暨电力实业公司	2400000		2400000	3.17
诸暨毛纺织工业公司	2400000		2400000	3.17
裕元基金	0	2243953	2243953	2.96
诸暨地毯工业公司	2157600		2157600	2.85
诸暨鹰龙制衣公司	1700000		1700000	2.24
诸暨黄金公司	1200000	60000	1260000	1.66
浙江国际信托投资公司	0	1180752	1180752	1.56
鹏瑞德	668700	200610	869310	1.15

注:①以上股东间无关联关系。

②富润集团有限公司所持本公司股份中的2956万股在年末质押给中国工商银行诸暨市支行。

凤凰光学股份有限公司

(一) 公司简介

1.公司法定中文名称:凤凰光学股份有限公司

公司简称:凤凰光学

公司英文名称:PHENIX　OPTICAL　COMPANY　LIMITED

缩写:PHO

2.公司法定代表人:任　捷

3.公司董事会秘书:张吉新

授权代表:邹建伟

联系地址:凤凰光学股份有限公司证券部

电　　话:0793--8259547

传　　真:0793--8259547

4.公司注册地址:江西省上饶市光学路1号

公司办公地址:江西省上饶市光学路1号

邮政编码:334000

电子信箱:srfhg@pub.sr.jx.cninfo.net

5.公司选定的信息披露报纸:《上海证券报》

登载公司年度报告的国际互联网网址:http:/www.sse.com.cn

公司年度报告备置地点:公司证券部

6.公司股票上市地:上海证券交易所

股票名称:凤凰光学

股票代码:600071

(二) 会计数据和业务摘要

1.本年度业务数据指标情况:

利润总额:	34459793.97元
净利润:	28355573.74元
扣除非经常性损益后的净利润:	28355573.74元
主营业务利润:	55511972.64元
其他业务利润:	187321.15元
投资收益:	32199889.11元
补贴收入:	2073956.39元
补贴收入:	0.00元
营业外收支净额:	185948.47元
经营活动产生的现金流量净额:	52359390.53元
现金及现金等价物净增加额:	106753402.14元

注:报告期内本公司未涉及非经常性损益项目.

2.截至报告期末公司前三年主要会计数据和财务指标(单位:元):

项目	1999年	1998年		1997年	
		调整前	调整后	调整前	调整后
主营业务收入	244603826	186379391	186379391	139859004	139859004
净利润	28355573	22938646	24578262	27842689	32314610
总资产	465469669	280023083	286198657	289174347	293960170
股东权益	342762452	214388698	220500235	191450052	195921972
每股收益	0.26	0.24	0.26	0.50	0.581
每股收益(加权)	0.29	0.24	0.26	0.60	0.696
每股收益(扣除非经常性损益后)	0.26	0.24	0.26	0.48	0.55
每股净资产	3.19	2.24	2.33	3.44	3.52
调整后每股净资产	3.17	2.26	2.32	3.43	3.51
每股经营活动产生的现金流量净额	0.49	0.07	0.07	---	---
净资产收益率%	8.27	10.71	11.15	14.54	16.49

注:主要财务指标的计算公式:

每股收益=净利润/年度末普通股股份总数

每股净资产=年度末股东权益-三年以上的应收款净额-待摊费用-待处理(流动,固定)资产净损失-开办费-长期待摊费用-住房周转金负数余额)/年度末普通股股份总数

每股经营活动产生的现金流量净额=经营活动产生的现金流量净额/年度末普通股股份总数

净资产收益率=净利润/年度末股东权益×100%.

3.报告期内股东权益变动情况　　单位:元

项目	股本	资本公积	盈余公积	法定公益金	未分配利润	股东权益合计
期初数	94520000	80051647	10688300	5344150.04	29128750	214388698.10
本期增加	12933600	87540020	8348618	4170449.43	19511516	128373754.62
本期减少	0.00	0.00	0.00	0.00	0.00	0.00
期末数	107453600	167591667	19036918	9514599.47	48680266	342762452.72
变动原因	99年10月实施配股方案	99年10月实施配股方案	99年10月提取法定盈余公积金	99年10月提取法定盈余公益金	99年10月实现利润	

(三) 股东情况介绍

(1)截止1999年12月31日,公司股东总数为22579户.

(2)前十名股东持股情况:

股东	期末持有量(股)	持有比例(%)
①江西光学仪器总厂	58833600	54.75
②普丰基金	1497032	1.39
③普惠基金	1000691	0.39
④信盈公司	800000	0.74
⑤兴和基金	560844	0.52
⑥江西科高	345884	0.32
⑦天津信托	286000	0.27
⑧马如璋	273312	0.25
⑨祝邦达	258495	0.24
⑩倪朝兰	220000	0.20

注:①持有本公司股份5%以上的股东只有江西光学仪器总厂,年末持股5883.36万　股,年度内持股增加171.36万股是由于1999年10月实施每10股配3股的配股方案(江西　光学仪器总厂认购其可配股份的10%)所致,其持有本公司的股份未发生质押或冻结等　情况.

②江西光学仪器总厂为代表国家持有股份的单位.

江南重工股份有限公司

一、公司简介

1、公司法定中文名称:江南重工股份有限公司
公司法定英文名称:JIANGNAN HEAVY INDUSTRY CO., LTD　(缩写:JNHI)
2、公司法定代表人:孙鉴政
3、公司负责信息披露事务人员:林庆芳　施卫东
联系地址:上海市高雄路18号3楼304室江南重工董事会办公室
电话:(021)63151818-4554　传真:(021)63141103
4、公司注册地址:上海市东方路1369号　邮编:200127
公司办公地址:上海市高雄路18号　邮编:200011
公司国际互联网网址:http://www.jnshipyard.com.cn　公司电子信箱:JNHIDSH@online.sh.cn
5、公司选定的信息披露报纸名称:《上海证券报》、《中国证券报》
登载公司年度报告的中国证监会指定国际互联网网址:http://www.sse.com.cn
公司年度报告备置地点:上海市高雄路18号3楼304室江南重工董事会办公室
6、公司股票上市交易所:上海证券交易所　股票简称:江南重工　股票代码:600072

二、会计数据和业务数据摘要

1、本年度主要财务指标(单位:人民币元)

利润总额:	65,735,587.91
净利润:	55,404,526.88
扣除非经常性损益后的净利润:	55,774,704.39
主营业务利润:	77,911,167.79
其他业务利润:	3,651,632.15
营业利润:	61,585,130.13
投资收益:	4,156,903.50
补贴收入:	
营业外收支净额:	-6,445.72
经营活动产生的现金流量净额:	-91,901,046.54
现金及现金等价物净增加额:	59,926,301.65

注:扣除的非经常性损益项目涉及金额:
①、长期股权投资差额摊销　-363731.79元
②、固定资产处置损益　-6445.72元

2、近三年主要会计数据及财务指标

单位:人民币元

序号	项目	1999年度	1998年度	1997年度
(1)	主营业务收入(元)	527,860,656.23	448,396,832.82	364,788,086.17
(2)	净利润(元)	55,404,526.88	74,870,899.43	66,471,446.82
(3)	总资产(元)	1,069,187,371.65	631,082,667.68	589,520,630.79
(4)	股东权益(元)	918,717,266.38	539,765,927.76	464,895,028.33
(5)	每股收益(元)	0.202	0.567	0.504
	(加权)	0.353	0.567	0.621
(6)	扣除非经常性损益后每股收益	0.203	0.515	0.456
(7)	每股净资产(元)	3.346	4.089	3.522
(8)	调整后每股净资产(元)	3.328	4.070	3.492
(9)	每股经营活动产生的现金流量净额	-0.335	0.181	
(10)	净资产收益率(%)	6.031	13.871	14.30
	(加权)	7.894	14.90	23.09

3、股东权益变动情况

项目	股本	资本公积	盈余公积	法定公益金	未分配利润	合计
期初数	132,010,000	313,023,392.80	30,160,952.33	12,064,380.93	64,080,857.02	539,275,202.15
本期增加	142,570,800	284,434,537.35	13,882,723.69	5,553,089.48	55,404,526.88	379,442,064.23
本期减少	0	51,483,900.00	0	0	65,366,623.69	0
期末数	274,580,800	545,974,030.15	44,043,676.02	17,617,470.41	54,118,760.21	918,717,266.38

变动原因:
(1)年初末分配利润变动的说明
根据上海市税务局第一分局六所的沪税一(六)所清字01号函的要求,将1998年度的进口货物增值税退税577,324.25元从“补贴收入”转入“应交税金—应交增值税(进项转出)”。同时相应减少提取的所得税86,598.64元和盈余公积122,681.40元。
(2)股本变动系报告期内实施了每10股配3股的配股方案及每10股送3股转增3股的利润分配方案所致。
(3)资本公积增加和减少系报告期内实施了配股方案及转增股本方案所致。
(4)未分配利润增加和减少系本年度利润增加和实施利润分配方案送红股所致。
(5)盈余公积和法定公益金的增加系公司本年度实现净利润提取所致。

三、股东情况介绍

1、报告期末股东总数为56553户。
2、持有本公司5%以上(含5%)股份的股东情况:江南造船(集团)有限责任公司持有本公司14978.08万股国有法人股,占总股本54.55%,报告期内所持股份从7201万股变为14978.08万股系公司实施配股(每10股配3股)及99年中期利润分配(10股送3股转增3股)所致,其比例未有变化。
江南造船(集团)有限责任公司所持有的本公司54.55%的国有法人股未作任何质押或冻结,亦未有其他法律争议。
前十名股东持股情况:

股东名称	年末持股数量(万股)	占总股本比例
①江南造船(集团)有限责任公司(国有法人股)	14978.08	54.55%
②江苏证券	378.4806	1.378%
③金鑫基金	198.3022	0.722%
④常州信托	47.1536	0.172%
⑤田晓莉	32.0869	0.117%
⑥黄丽华	26.9632	0.098%
⑦财大科技	24.6980	0.090%
⑧冯荣华	24.6064	0.090%
⑨王作君	24.3140	0.089%
⑩江静	24.144	0.088%

上海梅林正广和股份有限公司

一、公司简介

1、公司法定中文名称:上海梅林正广和股份有限公司
公司英文名称:SHANGHAI MALING AQUARIUS CO.,LTD
英文名称缩写:SMAC
2、公司法定代表人:吕永杰
3、公司董事会秘书:钟　耀
联系地址:上海市通北路400号
联系电话:021—65419725
传　真:021—65123609
4、公司注册地址:上海市浦东金桥奥黛莉路555号
邮政编　码:201206
公司办公地址:上海市通北路400号
邮　政　编　码:200082
5、公司选定的信息披露报纸:《上海证券报》、《中国证券报》
登载公司年度报告的国际互联网网址:http://www.sse.com.cn
公司年度报告备置地点:上海市通北路400号
6、公司股票上市交易所:上海证券交易所
股票简称:上海梅林　股票代码:600073

二、会计数据和业务数据摘要

1、本年度利润总额及构成(单位:元)

利润总额	115,984,110.04
净利润	102,145,300.79
扣除非经常性损益后的净利润	-30,556,281.90
主营业务利润	162,387,564.84
其他业务利润	1,074,690.29
营业利润	-21,171,263.67
投资收益	135,619,827.36
补贴收入	0
营业外收支净额	1,535,546.35
经营活动产生的现金流量净额	82,256,764.65
现金及现金等价物净增加额	114,875,670.37

注:在扣除非经营性损益后的净利润中,扣除了处置资产收益100,038,594.05元;偶然性营业外收入32,592,458.17元;合并价差摊入70,529.33元。

2、主要会计数据和财务指标(合并报表)(单位:元)

项　目	1999年	1998年		1997年	
		调整前	调整后	调整前	调整后
主营业务收入	562267876.42	577679067.10	598033557.26	580650855.99	580650855.99
净利润	102145300.79	54602255.92	46264629.33	76604507.35	69587503.17
总资产	1392823137.32	1155938501.11	1148520079.26	1023339766.11	1015084467.07
股东权益	765833900.30	801522324.74	785115576.84	747807011.30	739551712.26
每股收益(摊簿)	0.32	0.17	0.14	0.28	0.26
按月平均加权	0.32	0.17	0.14	0.35	0.32
扣除非经常性损益	-0.09				
每股净资产	2.36	2.47	2.42	2.77	2.74
调整后的每股净资产	2.28	2.35	2.30	2.72	2.69
每股经营活动产生的现金流量净额	0.25	0.03	0.03		
净资产收益率(%)	13.34	6.81	5.89	10.24	9.41

注:财务指标计算公式
每股收益=净利润/年度末普通股股份总数
每股净资产=年度末股东权益/年度末普通股股份总数
调整后的每股净资产=(年度末股东权益-三年以上的应收款项净额-待摊费用-待处理(流动、固定)资产净损失-开办费-长期待摊费用-住房周转金负数余额)/年度末普通股股份总数
每股经营活动产生的现金流量净额=经营活动产生的现金流量净额/年度末普通股股份总数
净资产收益率=净利润/年度末股东权益×100%

3.股东权益变动情况(单位:元)

项　目	股　本	资本公积	盈余公积	法定公益金	未分配利润	股东权益合计
期初数	324000000	398795597.28	24137214.57	7270811.09	38182764.99	785115576.84
本期增加		5046789.59	17488194.67	6062812.71	84543336.20	107078323.46
本期减少					126360000.00	126360000.00
期末数	324000000	403842389.87	41625409.24	13333623.80	-3633898.81	765833900.30

变动原因:
资本公积增加系资产评估增值;盈余公积增加是法定提取;未分配利润变动期初数系会计政策变更追溯调整、增加是实现本期净利润、减少是分配现金红利所致。

三、股东情况介绍

1、截止1999年12月31日,公司股东总数为56505户。
2、本公司前十名股东持股情况

名次	股东名称	年末持股数(股)	占总股本(%)
1	上海梅林正广和(集团)有限公司	204000000	62.96
2	兴华基金	6008690	1.85
3	景宏基金	2227057	0.69
4	申银万国	1110550	0.34
5	王海明	690000	0.21
6	裕元基金	685550	0.21
7	兴和基金	672500	0.20
8	国泰君安	528344	0.16
9	裕隆基金	500665	0.15
10	柯　伟	440580	0.14

南京中达制膜(集团)股份有限公司

一、公司简介

1、公司法定中文名称:南京中达制膜(集团)股份有限公司
公司英文名称:NanJing Zhongda Film (Group)Co.,Ltd. (缩写:NZ)
2、公司法定代表人:康楚培
3、公司董事会秘书:秦超
电话:025-4700501
授权代表:郑晓贤
电话:025-4718467　传真:025-4718465,4780132
联系地址:南京市汉中路89号金鹰国际商城20层C座
4、公司注册地址:南京经济技术开发区高新技术工业园
公司办公地址:南京市汉中路89号金鹰国际商城20层C座　邮编:210029
电子信箱:ngzdzm@publicl.ptt.js.cn
5、公司信息披露指定报刊:《上海证券报》
公司刊登年报国际互连网网址:http://www.sse.com.cn
公司年度报告备置地点:公司证券部
6、股票上市地:上海证券交易所
股票简称:南京中达　股票代码:600074

二、会计数据和业务数据摘要

1、本年度主要利润指标情况(单位:元)

利润总额	32,258,651.55
净利润	32,258,651.55
扣除非经常性损益后的净利润	32,258,651.55
主营业务利润	92,909,237.93
其他业务利润	7,218,726.70
营业利润	33,021,089.81
投资收益	
补贴收入	
营业外收支净额	−762,438.26
营活动产生的现金流量净额	−116,698,445.29
现金及现金等价物净增加额	45,357,244.05

2、公司前三年主要会计数据和财务指标(单位:元)

项目	1999年	1998年调整前	1998年调整后	1997年调整前	1997年调整后
主营业务收入	374,970,442.46	282,149,986.23	282,149,986.23	191,865,399.00	191,865,399.00
净利润	32,258,651.55	40,982,003.58	38,554,338.46	31,272,500.00	29,505,658.87
总资产	1,076,926,817.799	773,977,214.16	769,782,707.91	663,884,145.00	662,117,303.87
股东权益	487,696,452.02	344,448,405.57	340,253,899.32	303,289,528.00	301,522,686.87
每股收益	0.223	0.379	0.357	0.347	0.328
扣除非经常性损益后每股收益	0.223	0.379	0.357	0.347	0.328
加权每股收益	0.266	0.441	0.415	0.347	0.328
每股净资产	3.373	3.19	3.15	3.37	3.35
调整后每股净资产	3.344	3.15	3.13	3.34	3.32
每股经营活动产生的现金流量净额	−0.807	−0.21	−0.21		
净资产收益率%	6.61	12.11	11.33	10.31	9.79

3、股东权益变动情况(单位:元)

项目	股本	资本公积	盈余公积	法定公益金	未分配利润	股东权益合计
期初数	108000000	192243330.15	8701585.38	2900528.56	31308983.80	340253899.33
本期增加	36600000	100183901.14	4838797.74	1612932.58	32258651.55	173881350.43
本期减少	0	0	0	0	26438797.74	26438797.74
期末数	144600000	292427231.29	13540383.12	4513461.14	3 7128837.61	487696452.02
变动原因	注1	注2	注3	注4	注5	

注1:本报告期内,股本增加系送股、配股所致(详见第三部分)。
注2:本报告期内,资本公积增加系配股溢价划入所致。
注3:本报告期内,盈余公积增加系根据当期净利润15%计提所致。
注4:本报告期内,法定公益金增加系根据当期净利润5%计提所致。
注5:本报告期内,未分配利润增加系1999年度当期利润分配余额。

三、　股本变动及股东情况

(一)、股本变动情况

1、股份变动情况表:　数量单位:股

	期初数	本次变动增减(+、-) 配股	送股	转股	增发	其它	小计	期末数
一、未上市流通股份	72,000,000	6,000,000	14,400,000				20,400,000	92,400,000
发起人股份	72,000,000	6,000,000	14,400,000				20,400,000	92,400,000
其中:国家持有股份	47,814,000	4,000,000	9,562,800				13,562,800	61,376,800
境内法人持有股份	24,186,000	2,000,000	4,837,200				6,837,200	31,023,200
尚上市未流通股份合计	72,000,000	6,000,000	14,400,000				20,400,000	92,400,000
二、已上市流通股份	36,000,000	9,000,000	7,200,000				16,200,000	52,200,000
境内上市人民币普通股	36,000,000	9,000,000	7,200,000				16,200,000	52,200,000
三、股份总数	108,000,000	15,000,000	21,600,000				36,600,000	144,600,000

(二)、股东情况介绍

1、股东数量

截止1999年末,公司股东人数为24045户,其中国有法人股股东2户,社会法人股股东4户,社会公众股股东24039户。

2、主要股东持股情况(前十名股东)

名次	股东名称	年末持股数	占总股本(%)	增减情况	备注
①	内江包装材料总厂	32688400	22.61	878.14	国有法人股(冻结)
②	申达集团公司	30688400	21.22	678.14	社会法人股
③	南京塑料包装材料总厂	28688400	19.84	478.14	国有法人股(冻结)
④	南证公司	1056774	0.73		
⑤	华夏南京	427291	0.295		
⑥	高荣俊	417277	0.289		
⑦	宁银开发	326249	0.226		
⑧	刘吉娣	282266	0.195		
⑨	周秋玉	271000	0.187		
⑩	普惠基金	269453	0.186		

新疆天业股份有限公司

一、公司简介

1、公司法定中英文名称及缩写
公司法定中文名称:新疆天业股份有限公司
公司中文名称缩写:新疆天业
公司英文名称:XINJIANG TIANYE CO.,LTD.
公司英文名称缩写:X JTY
2、公司法定代表人:郭庆人
3、公司董事会秘书:沈明
授权代表:张红杰
联系地址:新疆石河子市北一路西
电话:0993-2866164　传真:0993-2864515
证券部E-mail:stock @ 163.net
4、公司注册地址:新疆石河子市北一路94号
公司办公地址:新疆石河子市北一路94号公司办公楼
邮政编码:832000
公司国际互联网网址:http://www.xj-tianye.com
公司E-mail:xj.tianye @ bj.col.com.cn
5、公司选定的信息披露报纸:《中国证券报》、《上海证券报》;
登载公司年度报告的中国证监会指定国际互联网网址: http://www.sse.com.cn;
公司年度报告备置地点:公司证券部
6、公司股票上市地:上海证券交易所
股票简称:新疆天业　股票代码:600075

二、会计数据与业务数据摘要

1、本年度利润总额及构成(单位:人民币元):

项　目	1999年度合并报表
利润总额	87,265,900.59
净利润	62,594,111.21
扣除非经常性损益后的净利润	61,036,454.56
主营业务利润	119,897,939.31
其他业务利润	15,668,173.49
营业利润	57,961,425.45
投资收益	2,513,891.86
补贴收入	25,232,926.63
营业外收支净额	1,557,656.65
经营活动产生的现金流量净额	(54,282,928.85)
现金及现金等价物净增加额	72,558,216.14

注:扣除的非经营性损益项目和涉及金额:

营业外收支净额项目	1,557,656.65
①处理固定资产净收益	28,862.10
②其他净收入	1,528,794.55

2、截止99年末,公司前三年主要会计数据及财务指标(单位:元):

栏　目	1999年度	1998年度 追溯调整前	1998年度 追溯调整后	1997年度 追溯调整前	1997年度 追溯调整后
主营业务收入	727,290,296.86	197,257,736.15	197,257,736.15	172,049,753.13	172,049,753.13
净利润	62,594,111.21	102,062,610.07	100,738,936.34	32,762,198.75	31,395,222.39
总资产	1,606,608,705.67	572,329,667.28	545,948,416.64	412,318,504.14	387,260,927.23
股东权益(不含少数股东权益)	1,018,330,950.11	354,668,250.08	328,286,999.44	252,605,640.01	232,559,578.48
每股收益					
全面摊薄	0.276	0.563	0.555	0.289	0.277
加权平均	0.301	0.900	0.888	0.509	0.488
扣除非经常性损益后每股收益	0.269	0.875	0.863	0.279	0.267
每股净资产	4.490	3.13	2.895	2.23	2.057
调整后的每股净资产	4.374	3.07	2.750	2.17	1.895
每股经营活动产生的现金流量净额	(0.239)	0.033	0.033		
净资产收益率(%)	6.147	28.78	30.686	12.97	13.50

3、报告期内股东权益变动情况:

项目	股本	资本公积	盈余公积	法定公益金	未分配利润	股东权益合计
期初数	113400000	106443441.26	22659492.22	11329746.11	85784065.96	328286999.44
本期增加	113400000	577370372.87	15598617.96	7799308.98	62594111.21	768963102.04
本期减少		36104533.41			42814617.96	78919151.37
期末数	226800000	647709280.72	38258110.18	19129055.09	105563559.21	1018330950.11
变动原因	配股、送股转增股本	溢价配股、转增	法定提取	法定提取	送股、派息利润增加	配股及利润增加,送股派息利润减少

三、股本变动及股东情况介绍

1. 股东情况介绍
(1) 报告期末股东总数为59533户。
(2) 公司前十名股东持股情况
至1998年年末,本公司前10名股东情况如下:

名　称	股　数	比　例
新疆石河子天业塑化总厂	129600000	57.14%
国泰君安	5558649	2.45%
蔚深投资	720000	0.32%
宁玉杰	373325	0.16%
金辉	300000	0.13%
杨国新	275964	0.12%
李龙群	256000	0.11%
王冬梅	245859	0.11%
天骥北方	242650	0.11%
王段秀	237500	0.10%

注:①天业塑化总厂为国有企业,持有本公司57.14%的国有法人股股份,其持股数由年初的6480万股,增至年末的12960万股;所持股份未发生质押和冻结的情况。
②在前十名股东中,不存在任何关联关系。

潍坊华光科技股份有限公司

一、公司简介

(一)公司法定中文名称:潍坊华光科技股份有限公司
英文名称:WEIFANG HUAGUANG TECHNOLOGY CO.,LTD 英文缩写:WFHG
(二)公司法定代表人:王新华
(三)公司董事会秘书及其授权代表情况:
董事会秘书:任松国 授权代表:刘世祯
联系地址:山东省潍坊市奎文区东风东街 272 号
联系电话:(0536)8236921 -8265 传真:(0536)8235397
(四)公司注册及办公地址:山东省潍坊市奎文区东风东街 272 号
邮政编码:261041
国际互联网网址:http://www. hg.com.cn
电子信箱:info @ hg.com.cn
(五)公司选定的信息披露报刊:《中国证券报》、《上海证券报》、《证券时报》
登载公司年度报告的中国证监会指定国际互联网网址: http://www. sse.com.cn
公司年度报告备置地点:本公司证券部
(六)公司股票上市交易所:上海证券交易所
股票简称:华光科技 股票代码:600076

二、会计数据和业务数据摘要

(一)本年度利润总额及其构成:

利润总额:	44,140,286.71 元
净利润:	37,564,243.70 元
扣除非经常性损益后的净利润:	36,415,235.49 元
主营业务利润:	120,498,758.66 元
其他业务利润:	548,569.56 元
营业利润:	42236251.30
投资收益:	817533.30
补贴收入:	0
营业外收支净额:	1,086,502.11 元
经营活动产生的现金流量净额:	-11,389,324.00 元
现金及现金等价物净增加额:	-53,060,024.02 元

注:"扣除非经常性损益后的净利润"指标扣除了新股申购冻结资金利息 114.9 万元。
(二)前三年主要会计数据和财务指标

项目	1999 年	1998 年		1997 年	
		调整前	调整后	调整前	调整后
1.主营业务收入(万元)	19016.15	34247.59	34247.59	33980.48	33980.48
2.净利润(万元)	3756.42	6551.72	6482.19	6205.89	5383.75
3.总资产(万元)	74446.39	74658.65	73766.98	68338.32	67511.68
4.股东权益(万元)	58520.51	55655.75	54764.09	49104.03	48281.90
5.每股收益(元)(摊薄)	0.1674	0.29	0.2888	0.44	0.3838
(加权)	0.1674	0.29	0.2888	0.50	0.3838
6.扣除非经常性损益后的每股收益(元)	0.1623	0.2868	0.2837	0.4343	0.3756
7.每股净资产(元)	2.6077	2.48	2.4403	3.501	3.4423
8.净资产收益率(%)(摊薄)	6.419	11.77	11.8365	12.6382	11.1507
(加权)	6.419	11.77	11.8365	12.6382	11.1507
9.调整后的每股净资产(元)	2.5721	2.4468	2.4047	3.4436	3.385
10.每股经营活动产生的现金流量净额(元)	-0.0507	0.0985			

每股收益=净利润/年度末普通股股份总数
每股净资产=年度末股东权益/年度末普通股股份总数
净资产收益率=净利润/年度末股东权益×100%
调整后的每股净资产=(年度末股东权益-三年以上的应收款项-待摊费用-待处理(流动、固定)资产净损失-开办费-长期待摊费用)/年度末普通股股份总数
每股收益加权=每股收益摊薄
加权平均净资产收益率=净利润/[(期初净资产+期末净资产)/2]
每股经营活动产生的现金流量净额=经营活动产生的现金流量净额/年度末普通股股份总额。
(三)本年度股东权益变动情况及原因

项目	股本	资本公积	盈余公积	法定公益金	未分利润	股东权益合计
期初数	224416000.00	242647227.42	48651968.14	24325984.07	31925672.53	547640868.09
本期增加			7512848.74	3756424.37	30051394.96	37564243.70
本期减少						
期末数	224416000.00	242647227.42	56164816.88	28082408.44	61977067.49	585205111.79
变动原因			本年提取	本年提取	本年提取	本年实现

三、股东情况介绍

(一)报告期末,公司股东总数为 73122 户。
(二)持有本公司 5%以上(含 5%)股份的股东情况及前十名股东
1.持有本公司 5%以上(含 5%)股份的股东情况
股东名称:潍坊华光电子信息产业集团公司
年初持股数:6441.6 万股,占总股本的 28.70%
年末持股数:6441.6 万股,占总股本的 28.70%
所持股份没有质押或冻结。
2.前十名股东所持股数及比例:

股东名称	期末持股数(万股)	占总股本(%)
1 潍坊华光电子信息产业集团公司	6441.6	28.70
2 海南省海口市万志贸易有限公司	782.256	3.49
3 中国信息信托投资公司	336.128	1.50
4 深圳宝安集团股份有限公司	320	1.43
5 潍坊广发工贸公司	296	1.32
6 北京环太平洋经贸公司	289.6	1.29
7 潍坊鸢都电子商场	280	1.25
8 潍坊协和贸易公司	272	1.21
9 山东省计算机系统工程公司	268.8	1.20
10 潍坊市信托投资有限公司	254.08	1.13

注:代表国家持有股份的单位是潍坊华光电子信息产业集团公司,报告期内其所持股份没有发生变化。

辽宁国能集团股份有限公司

一、公司简介

1、公司法定中文名称:辽宁国能集团股份有限公司
公司法定英文名称:LIAONING GUONENG GROUP JOINT-STOCK CO.,LTD
公司英文名称缩写:GNG
2、公司法定代表人:刘 铭
3、公司董事会秘书及其授权代表:卢勇敏 陈 迈
联系地址:沈阳市沈河区青年大街 108 号
电话:024-22718191 传真:024-22718191
邮政编码:110014 电子信箱:gng@gng.com.cn
4、公司注册地址:辽宁省铁岭市银州区汇工街 98 号
公司办公地址:沈阳市沈河区青年大街 108 号
邮政编码:110014
公司国际互联网网址:http:\www.gng.com.cn
电子信箱:gng@gng.com.cn
5、公司选定的信息披露报纸:《中国证券报》
登载公司年度报告的中国证监会指定国际互联网网址:http:www.sse.com.cn
公司年度报告置备地点:
沈阳市沈河区青年大街 108 号公司董事会秘书处
6、公司股票上市交易所:上海证券交易所
股票简称:国能集团 股票代码:600077

二、会计数据和业务数据摘要

(一)、本年度业务指标情况:

项目名称	1999 年度(单位:人民币元)
利润总额	38,898,682.10
净利润	26,238,030.70
扣除非经常性损益后的净利润:	15,022,622.82
主营业务利润	48,615,192.48
其它业务利润	15,502,403.53
营业利润	31,674,271.58
投资收益	-173,109.80
补贴收入	7,136,823.13
营业外收支净额	-260,697.19
经营活动产生的现金流量净额	9,776,414.65
现金及现金等价物净增加额	121,675,576.48
扣除非经常性损益项目和涉及金额:	
托管费收入	11,215,407.88

(二)、近三年主要会计数据及财务指标:
追溯调整后:

项目	1999 年	1998 年	1997 年
主营业务收入(元)	120,747,317.87	90,528,933.44	84,289,563.12
净利润(元)	26,238,030.70	8,518,754.04	15,465,310.75
总资产(元)	637,742,236.26	230,355,409.11	195,997,723.38
股东权益(元)	371,735,306.12	133,211,426.92	134,408,434.38
每股收益(元/股)	0.21	0.11	0.19
按月平均加权法计算的每股收益(元/股)	0.26	0.11	0.27
扣除非经营性损益后的每股收益(元/股)	0.12	0.11	0.27
每股净资产(元/股)	2.93	1.66	1.68
调整后每股净资产(元/股)	2.86	1.53	1.67
每股经营活动产生的现金流量净额	0.08	-0.13	
净资产收益率(%)	7.06	6.40	11.51
净资产收益率(%)(加权)	16.01	6.75	14.65

追溯调整前:

项目	1999 年	1998 年	1997 年
主营业务收入(元)	120,747,317.87	89,605,856.52	84,289,563.12
净利润(元)	32,279,093.85	16,987,747.34	16,696,766.88
总资产(元)	663,892,644.98	250,842,924.55	197,229,179.51
股东权益(元)	397,885,714.84	152,834,756.56	135,639,890.96
每股收益(元/股)	0.25	0.21	0.21
按月平均加权法计算的每股收益(元/股)	0.32	0.21	0.30
扣除非经营性损益后的每股收益(元/股)	0.17	0.21	0.21
每股净资产(元/股)	3.14	1.91	1.69
调整后每股净资产(元/股)	3.01	1.82	1.66
每股经营活动产生的现金流量净额	0.08	-0.13	
净资产收益率(%)	8.11	11.12	12.31
净资产收益率(%)(加权)	17.28	11.78	15.67

三、股东情况

股东情况介绍
(1)报告期末股东总数为 4018 人,其中内部职工股股东为 1781 人。
(2)前 10 名情况

股东名称	持有股数(股)	占总股本比例%
①辽宁节能投资控股有限公司	67904000	53.54
②汉盛基金	8810496	6.95
③铁岭市国有资产管理局	6592000	5.20
④沈阳中成新技术开发公司	3182400	2.51
⑤海通证券	2778048	2.19
⑥浙江佳华	2106653	1.66
⑦铁岭市资金管理局	2080000	1.64
⑧杭州万德	1557075	1.23
⑨沈通证券	957691	0.76
⑩海通闸北	781248	0.62

江苏鼎球实业股份有限公司

一、公司简介

1、公司法定中文名称:江苏鼎球实业股份有限公司
公司的英文名称: Jiangsu Dingqiu Industry Co.,Ltd
英文缩写:DQIC
2、公司法定代表人:李兴
3、公司董事会秘书:嵇康一
联系电话:0510-6281316-432
联系地址:江苏省江阴市花山路208号
邮政编码:214432　　传　真: 0510-6281884
4、公司注册地址:江苏省宜兴市太华镇
公司办公地址:江苏省宜兴市太华镇　　邮政编码: 214235
5、公司年度报告备置地点:江苏省江阴市花山路208号公司证券部
公司选定的信息披露报纸名称:上海证券报
公司登载年度报告的中国证监会指定国际互联网网址:http://www.sse.com.cn
6、公司股票上市交易所:上海证券交易所
股票简称:鼎球实业　　股票代码:600078

二、会计数据和业务数据摘要

(一)公司本年度的主要会计数据及业务数据摘要(单位:元)

利润总额:	59,900,299.36
净利润:	46,696,278.44
扣除非经常性损益后的净利润:	51,870,996.33
主营业务利润:	87,646,775.12
其他业务利润:	764,212.74
营业利润:	66,752415.50
投资收益:	-3,800,113.74
补贴收入:	21,660.47
营业外收支净额:	-3,073,662.87
经营活动产生的现金流量净额:	73,951,979.46
现金及现金等价物净增加额:	102,202,244.15

注:扣除的非经常性损益项目包括:

其它业务利润:	649,580.83
投资收益:	-3,230,096.68
补贴收入:	18,411.40
营业外收支净额:	-2,612,613.44

(二)前三年主要会计数据及财务指标(单位:元)

项　目	1999年	1998年		1997年	
		调整前	调整后	调整前	调整后
主营业务收入	444910612.54	503348876.28	503348876.28	475880215.78	475880215.78
净利润	46696278.44	44327686.92	36173784.41	39475341.34	31899292.78
总资产	766461013.6	567085262.48	534358854.64	502427325.33	496636421.96
股东权益(不含少数股东权益)	619754850.02	415892488.52	383173257.95	371564801.60	365766720.76
每股收益	0.2593	0.3426	0.2796	0.366	0.2959
按月平均加权法计算的每股收益	0.2917	0.3426	0.2796	0.423	0.3420
扣除非经常性损益后的每股收益	0.2881				
每股净资产	3.4419	3.2145	2.9616	3.45	3.39
调整后每股净资产	3.4296	3.2044	2.9516	3.43	3.37
每股经营活动产生的现金流量净额	0.4107	0.3394	0.3394	-	-
净资产收益率(%)	7.535	10.658	9.44	10.62	8.72

(三)本年度股东权益变动情况(单位:元)

项目	股本	资本公积	盈余公积	法定公益金	未分配利润	股东权益合计
期初数	129380520	147801786.49	44630107.59	9051774.12	61360843.87	383173257.95
本期增加	50681448	165079969.63	14542253.44	5532218.79	46696278.44	236581592.07
本期减少					40418357.44	
期末数	180061968	312881756.12	59172361.03	14583992.91	67638764.87	619754850.02

变动原因:
1、股本变动是因为公司实施每10股送2股的利润分配方案和每10股配3股的配股方案所致。
2、资本公积增加是因为公司实施配股价高于股票面值的溢价所致。
3、盈余公积与法定公益金增加是按公司章程规定从当年净利润中提取所致。
4、未分配利润增加是因为本年度盈利所致,而减少是因为实施每10股送2股的利润分配方案和提取法定盈余公积金和公益金所致。

三、股东情况介绍

1、截止1999年12月31日公司共有24811名股东,其中未上市流通法人股东7名,内部职工股东418名,已上市流通股股东24386名。

2、持本公司5%以上股份的股东情况　　(单位:股)

股东名称	期初数	期内增减变动	期末数	占总股本比例(%)
(1)江苏澄星磷化工集团公司	38500000	19250000	57750000	32.07
(2)宜兴市绢麻纺织印染实业总公司	19424000	3884800	23308800	12.94
(3)江苏省丝绸进出口(集团)股份有限公司	14400000	2880000	17280000	9.6

本报告期内上述公司持有本公司的股份未有质押或冻结的情况。

3、本公司前10名股东持股情况　　(单位:股)

股东名称	期末持股数	占总股本比例(%)
(1) 江苏澄星磷化工集团公司	57750000	32.07
(2) 宜兴市绢麻纺织印染实业总公司	23308800	12.94
(3) 江苏省丝绸进出口(集团)股份有限公司	17280000	9.60
(4) 宜兴市绢麻纺织厂	7382448	4.10
(5) 宜兴市太华服装厂	3744000	2.08
(6) 中国四达国际经济技术合作公司	2880000	1.60
(7) 景阳基金	1648493	0.92
(8) 宜兴市绢丝针织炼整厂	1440000	0.80
(9) 华泰证券	788074	0.44
(10) 社会帮困	695274	0.39

武汉人福高科技产业股份有限公司

一、公司简介

1. 公司法定名称:
中文:武汉人福高科技产业股份有限公司
中文缩写:人福科技
英文:Wuhan Humanwell Hi-tech Industry Company Limited
英文缩写:HWHT
2. 公司法定代表人:艾路明
3. 公司董事会秘书:杜晓玲
授权代表:谭力、沈洁
联系地址:武汉市洪山区关山街鲁磨路369号
联系电话:(027)87484718-8019
传　　真:(027)87484393
电子信箱:rf22@public.wh.hb.cn
4. 公司注册地址:武汉市洪山区关山街鲁磨路369号
公司办公地址:武汉市洪山区关山街鲁磨路369号
邮政编码:430074
公司国际互联网网址:http://www.RENFU.com.cn
公司电子信箱: rf22@public.wh.hb.cn
5. 公司选定的信息披露报纸:《中国证券报》、《上海证券报》
登载公司年度报告的国际互联网网址:http://www.sse.com.cn
公司年度报告备置地点:武汉市洪山区关山街鲁磨路369号公司董事会秘书处
6. 公司股票上市地:上海证券交易所
股票简称:人福科技　　股票代码:600079

二、会计数据和业务数据摘要

1. 公司本年度会计数据和业务数据(合并报表):
利润总额:39,252,122.79元
净利润:18,929,907.81元
扣除非经常性损益后的净利润: 15,343,774.21元
主营业务利润:56,414,936.23元
其他业务利润:832,549.82元
营业利润:30,629,623.48元
投资收益:1,937,894.05元
补贴收入:6,744,689.18元
营业外收支净额:-60,083.92元
经营活动产生的现金流量净额:-25,473,469.67元
现金及现金等价物净增加额:35,813,007.32元
扣除非经常性损益的项目及金额:
(1)"钻石公寓"项目投资转让收益: 3,000,000.00元。
(2)"技术创新"项目财政拨款获得临时性补贴收入:475,000.00元。
(3) 公司有46%控股权的广州龙源热力设备有限公司所投资的天津贝龙热力设备有限公司股权投资贷方差额本期摊入111,160.00元,按控股比例计算合并差价摊入51,133.60元。
(4) 公司有80%控股权的武汉市新洪农工商有限责任公司收到水利设施基建项目财政拨款75,000.00元,按控股比例计算的临时性补贴收入60,000元。
合　计: 3,586,133.60元

2. 截止本报告期末公司前三年的主要会计数据和财务指标
(单位:人民币元)

项　目	1999年	1998年		1997年	
		调整前	调整后	调整前	调整后
主营业务收入	134,184,110.22	137,018,790.00	137,018,790.00	92,567,775.73	92,567,775.73
净利润	18,929,907.81	19,804,984.70	18,850,349.89	17,879,703.09	16,013,313.48
总资产	471,408,053.63	359,981,093.62	356,057,537.67	267,153,532.96	265,068,275.31
股东权益(不含少数股东权益)	260,206,434.03	178,863,412.58	176,042,388.16	164,808,427.88	162,942,038.27
每股收益(摊薄)	0.286	0.344	0.328	0.311	0.278
(加权)	0.321	0.344	0.328	0.376	0.337
每股净资产	3.925	3.11	3.062	2.866	2.834
调整后的每股净资产	3.893	3.048	2.999	2.755	2.722
每股经营活动产生的现金流量净额	-0.384	0.048	0.048	-	-
净资产收益率(%)	7.27	11.07	10.71	10.85	9.83
扣除非经常性损益后的每股收益(摊薄)	0.231	0.280	0.267	0.276	0.244
(加权)	0.260	0.280	0.267	0.334	0.295

三、股东情况介绍

1. 截止本报告期末,公司计有股东21792户。
2. 本公司前10名股东的持股情况(截止至1999年12月30日交易结束)

股东名称	年末持股数量(股)	年度内股份增减变动情况(股)(+、-)	占总股本比例(%)
武汉市当代科技发展总公司	19,730,000	+6,030,000	29.76
武汉东湖新技术开发区发展总公司	9,370,000	+100,000	14.13
北京中能源发展公司	2,200,000	-5,130,000	3.32
武汉仁军投资咨询有限责任公司	1,200,000	0	1.81
金鑫基金	156,048		0.24
孙立早	82,550		0.12
罗军	79,060		0.12
吴胜帝	78,000		0.12
吴辉明	78,000		0.12
苏志刚	77,630		0.12

我公司前十名股东中前四名股东为公司法人股股东,其所持股份的增减变化系配股及股权转让所致;后六名股东系社会公众股股东,其所持股份的增减变化系二级市场买卖所致。公司未知前十名股东之间有关联关系。报告期内公司未知持有本公司5%以上股份的股东其所持有股份有发生质押冻结的情况。

金花企业(集团)股份有限公司

一、公司简介

一 、公司中文名称: 金花企业(集团)股份有限公司
公司英文名称: GINWA ENTERPRISE (GROUP) INC.
公司英文缩写: GINWA
二 、公司法定代表人:吴一坚
三 、公司董事会秘书:刁云龙
联系地址: 西安市振兴路 1 号
电　话: 029-8404118　　传真: 029-8404228
四 、公司注册地址:西安高新技术产业开发西区高新 3 路　　邮政编码:710075
公司办公地址:西安市振兴路 1 号　　邮政编码:710068
公司互联网址: http://www.ginwa.com
公司电子信:ginwa@pub.xaonline.com　ginwa@public.xa.sn.cn
五 、选定的信息披露报纸:《中国证券报》、《上海证券报》
登载公司年度报告的证监会指定互联网网址:http://www.sse.com.cn
公司年度报告备置地点:董事会秘书处
六 、公司股票上市交易所:上海证券交易所
股票简称: 金花股份　　股票代码: 600080

二、会计数据和业务数据摘要

(一)、公司本年度会计数据　　单位:元

利润总额:	102,202,059.80
净利润:	86,795,072.07
扣除非经常性损益后的净利润:	86,795,072.07
主营业务利润:	123,129,390.34
其它业务利润:	3,492,659.91
营业利润:	102,046,846.70
投资收益:	278,000.00
补贴收入:	0
营业外收支净额:	−122,786.90
经营活动产生的现金流量净额:	59,911,326.59
现金及现金等价物净增加额:	38,674,951.76

二 、公司近三年主要财务指标

项目	1999 年	1998 年		1997 年	
		调整后	调整前	调整后	调整前
主营业务收入	163,552,463.93	146,810,849.28	146,810,849.28	132,298,063.65	132,298,063.65
净利润	86,795,072.07	79,186,566.82	83,006,220.14	59,737,867.71	62,361,285.63
总资产	656,906,511.30	466,126,096.21	470,590,319.35	345,698,670.87	348,322,088.79
股东权益	480,883,021.34	394,087,949.27	400,531,020.51	314,901,382.45	317,524,800.37
每股收益	0.42	0.39	0.41	0.47	0.49
每股净资产	2.35	1.92	1.96	2.46	2.48
调整后每股净资产	2.17	1.90	1.92	2.42	2.44
每股经营活动产生的现金流量净额	0.29	0.25	0.25	——	——
净资产收益率 %	18.05	20.09	21.00	18.97	19.64

注: 1 、主要财务指标计算方法:
每股收益=净利润/年度末普通股股份总数
每股净资产=年度末股东权益/年度末普通股股份总数
调整后的每股净资产= 年度末股东权益-三年以上的应收款项净额-待摊费用-待处理 流动、固定资产净损失-开办费-长期待摊费用—住房周转金负数余额 /年度末普通股股份总数
每股经营活动产生的现金流量净额=经营活动产生的现金流量净额/年度末普通股股份总数
净资产收益率=净利润/年度末股东权益×100%
(2)、1997 和 1998 年度调整后的主要会计数据和财务指标系根据财政部财会字[1999]35 号文、49 号文的有关规定,改变会计政策,进行追溯调整所致
(三)、报告期内股东权益变动情况

项目	股 本	资本公积	盈余公积	法定公益金	未分配利润	股东权益合计
期初数	204,800,000	75,230,698.80	22,958,353.30	7,364,098.30	91,098,897.17	394,087,949.27
本期增加			13,019,260.80	4,339,753.60	73,775,811.27	86,795,072.07
本期减少						
期末数	204,800,000	75,230,698.80	35,977,614.10	11,703,851.90	164,874,708.44	480,883,021.34

变动原因:
1、年度内盈余公积金、法定公益金增加是公司按本年净利润的 10%的比例提取盈余公积金和按 5%的比例提取公益金所致。
2、年度内未分配利润增加是公司上年利润未分配和本年实现利润所致。
3、股东权益增加是本年度实现利润所致。

三、股东情况介绍

一 本报告期末股东总数为 74,583 户。
二 本公司前 10 名大股东持股情况:

序号	股东名称	持股数	占总股本比例 %
1	陕西金花实业发展有限责任公司	99,840,000	48.75
2	中华巾帼实业总公司	11,157,857	5.448
3	陕西建银实业总公司	6,400,000	3.125
4	西安唐都医药生物工程研究所	5,120,000	2.5
5	陕西金润物业发展公司	3,840,000	1.875
6	北京金博仑金银珠宝饰品有限责任公司	1,642,173	0.802
7	李　奋	250,000	0.122
8	汪　勇	241,427	0.117
9	李宏之	212,800	0.11
10	花国荣	209,768	0.102

说明:
①持股 5%(含 5%)以上的法人股股东中华巾帼实业总公司为本公司的发起人股东,该公司在报告期内因债务不能如期清偿,被债权人起诉,其所持有的本公司股票中 1,642,173 股被法院执行,转让给债权人北京金博仑金银珠宝饰品有限责任公司。其所持其余股份也因为同样原因曾被法院委托中际汉威拍卖有限公司于 1999 年 10 月 18 日拍卖,后因有关手续不全,拍卖没有进行。
②前十名股东之间, 陕西金润物业发展有限责任公司为第一大股东陕西金花实业发展有限责任公司之控股公司。

东风汽车电子仪表股份有限公司

一、公司简介

1、公司法定中文名称:东风汽车电子仪表股份有限公司
公司英文名称:DONGFENG MOTOR ELECREONIC INSTRUMENT CO.,LTD.
公司英文名称缩写:DFMEI
2、公司法定代表人:魏家骏
3、公司董事会授权代表:天涯
联系地址:上海市中山北路 2000 号中期大厦 22 层
联系电话:021-62033003-21
传真:021-62032133
4、公司注册地址:上海市浦东新区新金桥路 828 号
公司办公地址:上海市中山北路 2000 号中期大厦 22 层
公司邮政编码:200063
公司国际互连网网址:www.dfmei.com
公司电子信箱:DFAEICO@PUBLICI.STA.NET.CN
5、公司信息披露的报刊:《上海证券报》、《中国证券报》
公司年度报告备置地点:上海市中山北路 2000 号中期大厦 22 层证券部
6、公司股票上市地:上海证券交易所
股票简称:东风电仪
股票代码:600081

二、会计数据和业务数据摘要

1、本年度利润总额及构成　　(单位: 人民币元　合并报表)

利润总额	41,736,444.15
其中:主营业务利润	52,907,788.66
其他业务利润	6,866,895.86
投资收益	4,194,822.45
补贴收入	967,535.30
营业外收支净额	2,164,709.60
净利润	35,870,134.94
扣除非经营性损益后的净利润	34,902,599.64
经营活动产生的现金现金流量净额	2,214,256.54
现金及现金等价物净增加额	50,462,544.79

2、截止报告年度末公司前二年的主要会计数据及财务指标(单位:人民币元)

栏目	1999 年度	1998 年度		1997 年度	
		调整后	调整前	调整后	调整前
主营业务收入	196,135,087.59	151,018,492.19	151,018,492.19	125,601,016.70	125,601,016.70
2、净利润	35,870,134.94	25,855,118.14	27,221,165.69	22,366,961.83	24,592,625.84
3、总资产	410,062,416.31	340,201,766.85	343,864,029.63	269,335,868.96	271,561,532.97
4、股东权益	217,060,060.28	185,439,925.34	189,031,636.88	159,584,807.18	161,810,471.19
5、每股经营活动产生的现金流量净额	0.02	0.47	0.47	–	–
6、每股收益(摊薄)	0.3014	0.304	0.32	0.45	0.49
7、每股收益(加权)	0.3014	0.304	0.32	0.51	0.56
8、扣除非经营性损益., 后的每股收益	0.29	0.30	0.32	0.45	0.49
9、每股净资产	1.82	2.18	2.22	3.19	3.24
10、调整后的每股净资产	1.78	2.10	2.14	3.13	3.18
11、净资产收益率	16.53%	13.94%	14.41%	14.02%	15.20%

说明:(1)97、98 年度调整后主要数据和财务指标指因会计政策、会计估计变更、以及会计差错更正追溯调整以前年度计算所得。
每股收益=净利润/年度末普通股股份总数
每股净资产=年度末股东权益/年度末普通股股份总数
调整后的每股净资产=(年度末股东权益-三年以上的应收款项净额-待摊费用-待处理 (流动、固定)资产净损失-开办费-长期待摊费用-住房周转金负数余额)/年度末普通股股份总数
每股经营活动产生的现金流量净额=经营活动产生的现金流量净额/年度末普通股股份总数
净资产收益率=净利润/年度末股东权益 ×100%
加权每股收益=当期净利润/ [期末普通股股份总数/(1+配股比例或增发新股比例)+期末普通股股份总数/(1+配股比例或增发新股比例)x 配股比例或增发新股比例(缴款结束日下一月份至期末的月份数/12]
注:1、截止 2000 年 1 月 8 日,公司通过配股使股本总额增加为 13400 万股, 按此股本计算公司 1999 年度每股收益为 0.27 元。
3、报告期内股东权益变动情况

项　目	股本	资本公积	盈余公积	定公益金	未分配利润	股东权益合计
期初数	85,000,000.00	62,217,845.35	9,644,416.00	4,822,208.00	28,577,663.99	85,439,925.34
本期增加	34,000,000.00	–	7,174,026.98	3,587,013.49	28,696,107.96	69,870,134.94
本期减少	–	17,000,000.00	–	–	21,250,000.00	38,250,000.00
期末数	119,000,000.00	45,217,845.35	16,818,442.98	8,409,221.49	36,023,771.95	217,060,060.28

变动原因: 本期资本公积减少 1700 万元, 系根据 1999 年 8 月 20 日临时股东大会审议通过的 1999 年中期转增股本的预案,以总股本 8500 万股为基数,向全体股东每 10 股转增 2 股所致。未分配利润本期减少 2125 万元,系根据 1999 年 8 月 20 日临时股东大会审议通过的 1999 年中期利润分配的预案,以总股本 8500 万股为基数向全体股东每 10 股送 2 股派现金 0.5 元所致。

三、股东情况介绍

(1)股东总数:截止 1999 年 12 月 31 日,股东总数为 4937 户。
(2)前十名股东情况

名次	股东名称	年末持股数(股)	占总股本比例(%)
(1)	东风汽车公司(国家股)	89,250,000	75
(2)	金泰基金	2,557,271	2.14
(3)	余海英	815,010	0.68
(4)	杭州金龙	645,658	0.54
(5)	梅苑宾馆	528,718	0.44
(6)	湖惠尔利	498,300	0.42
(7)	浙江益中	442,569	0.37
(8)	吴臻文	438,667	0.37
(9)	郑建雄	412,548	0.35
(10)	天台药研	390,000	0.33

天津百货大楼股份有限公司

一.公司简介

1、公司法定中文名称：
天津百货大楼股份有限公司
公司法定英文名称：
TIANJIN GRAND DEPARTMENT STORE CO.,LTD.
2、公司法定代表人：史建华
3、公司董事会秘书：王松
其授权代表：买卖士逊
联系地址：天津市和平区和平路 172 号
联系电话：(022) 27304716
传　　真：(022) 27237882
4、公司注册地址.办公地址：
天津市和平区和平路 172 号　邮政编码：300020
电子信箱：E-mail:sales@tj-store.com
网址：http://www.tj-store.com
5、公司选定的信息披露报纸：《上海证券报》
登载公司年度报告的中国证监会指定国际互联网网址：
http://www.sse.com.cn
公司年度报告备置地点：天津百货大楼新厦七楼董事会办公室
6、公司股票上市交易所：上海证券交易所
股票简称：津百股份　股票代码：600082

二、会计数据和业务数据摘要

(一)、公司本年度会计数据　　单位：人民币元
利润总额：2862553.38
净利润：2294318.67
扣除非经常性损益后的净利润：2294318.67
主营业务利润：45568127.95
其他业务利润：11679559.91
营业利润：- 4587683.08
投资收益：7907746.50
营业外收支净额：- 951380.99
经营活动产生的现金流量净额：32481809.38
现金及现金等价物净增加额：25671483.18
(二)、公司近三年主要会计数据与财务指标

项目	1999 年	1998 年 调整前	1998 年 调整后	1997 年 调整前	1997 年 调整后
主营业务收入(元)	532823734.41	760268674.56	760268674.56	500396588.21	500396588.21
净利润(元)	2294318.67	20687870.39	11917862.09	25355771.98	25355771.98
总资产(元)	1059349351.42	880509132.42	871739124.12	884828234.02	884828234.02
股东权益(元)(不含少数股东权益)	494494218.05	500464964.31	491694956.01	479773021.43	479773021.43
每股收益(元/股)(摊薄)	0.015	0.139	0.08	0.22	0.22
(加权平均)	0.015	0.157	0.09	0.25	0.25
每股净资产(元/股)	3.319	3.36	3.3	4.19	4.19
调整后的每股净资产(元/股)	3.298	3.34	2.94	4.12	4.12
每股经营活动产生的现金流量净额(元/股)	0.22	- 0.06			
净资产收益率(%)(摊薄)	0.464	4.13	4.21	5.28	5.28
(加权平均)	0.465	4.22	4.26	6.42	6.42

注 1:97 年度调整前后数据相同,原因是四项计提对此年度数据没有影响。
注 2:主要财务指标计算方法：
每股收益=净利润/年度末普通股股份总数
每股净资产=年度末股东权益/年度末普通股股份总数
调整后的每股净资产=(年度末股东权益—三年以上的应收款项净额—待摊费用—待处理(流动、固定)资产净损失—开办费—长期待摊费用—住房周转金负数余额）/年度末普通股股份总数
每股经营活动产生的现金流量净额 = 经营活动产生的现金流量净额/年度末普通股股份总数
净资产收益率=净利润/年度末股东权益×100%
(三)、按下表列示报告期内股东权益变动情况,并逐项说明变化原因。

项目	股本	资本公积	盈余公积	法定公益金	未分配利润	股东权益合计
期初数	148980783	293454518.98	29591392.51	10661617.64	19668261.52	491694956.01
本期增加		1000000	573579.68	239431.87	1225682.36	2799262.04
本期减少						
期末数	148980783	294454518.98	30164972.19	10891049.51	20893943.88	494494218.05

变动原因：1、资本公积增加 100 万元,为开发区税后返所得税款。
2、盈余公积、法定公益金增加额为提取两金。
3、未分配利润增加额为本年度实现利润未分配。

三、股本变动及股东情况

(一)、本公司报告期末股东总数为 42857 户,其中内部职工股股东总数为 26039 户。
(二)、主要股东持股情况　　单位;股

股东名称	期末持股数	比例
(1)天津益商集团总公司(国家股股东)	33280000	22.34
(2)王小军　(流通股股东)	1341760	0.90
以下为法人股股东：		
(3)上海申银万国证券股份有限公司	1300000	0.88
(4)上海鸿运服装厂	650000	0.44
(5)上海华晨实业公司	650000	0.44
(6)中国金融教育发展基金会	650000	0.44
(7)江西证券公司上海业务部	650000	0.44
(8)浙江省湖州市供销贸易有限公司	650000	0.44
(9)江苏证券公司	650000	0.44
(10)济南信托投资公司	650000	0.44
(11)工行云南省信托投资公司	650000	0.44

注：(1)、天津益商集团总公司为本公司国家股持有单位
(2)、大股东所持股份在报告期内无质押或冻结情况

成都红光实业股份有限公司

一、公司简介

1、公司法定中文名称：成都红光实业股份有限公司
公司法定英文名称：CHENGDU HONGGUANG INDUSTRIAL CO., LTD.
英文名称缩写：HGIC
2、公司法定代表人：周伟
3、公司董事会秘书：陈里
联系地址：成都市建设南支路 4 号
联系电话：(028)4106700
传　　真：(028)4117569
4、公司注册地址：成都市建设南支路 4 号
办公地址：成都市建设南支路 4 号
邮政编码：610051
5、公司选定的信息披露报纸《上海证券报》,公司年度报告备置在公司董事会办公室
6、公司股票上市地：上海证券交易所
股票简称：ST 红光
股票代码：600083

二、会计数据和业务数据摘要

(一)本年度主要利润指标情况(合并报表,单位：人民币元)

1、利润总额	−195,244,594.52
2、净利润	−195,244,594.52
3、扣除非经常性损益后的净利润	−198,394,594.52
4、主营业务利润	−30,375,684.78
5、其他业务利润	16,804,662.86
6、投资收益	472,406.99
7、补贴收入	3,150,000.00
8、营业外收支净额	−3,357,275.60
9、经营活动产生的现金流量净额	−112,995.35
10、现金及现金等价物净增加额	−18,836,551.44

注：扣除非经常性损益后的净利润说明：社会债券贴息收入 3,150.000 元。
(二)主要会计数据和财务指标(合并报表,单位：人民币元)

项目	1999 年	1998 年调整前	1998 年调整后	1997 年调整前	1997 年调整后
主营业务收入	56,004,864.86	157,854,453.16	157,544,366.80	270,659,389.93	270,659,389.93
净利润	−195.244.594.52	−331,645,527.96	−332,629,529.17	−229,221,127.45	252,854,733.12
总资产	1,361,825,844.66	1,544,397,096.20	1,510,466,680.68	1,798,121,329.88	1,774,487,724.21
股东权益	43,021,875.88	279,863,736.51	238,266,470.40	611,509,264.47	570,895,999.57
每股收益	−0.849	−1.442	−1.446	−0.997	−1.099
扣除非经常性损益的每股收益	−0.863	−1.442	−1.446	−0.761	−1.099
每股净资产	0.187	1.217	1.036	2.658	2.482
调整后的每股净资产	0.095	1.024	0.778	2.555	2.328
每股经营活动生产现金流量净额	−0.001	0.017			
1 净资产收益率(%)	−453.83	−118.50	−139.60	−37.48	−44.29

注：上述财务指标计算方法如下：
每股收益=净利润/年度末普通股股份总数
每股净资产=年度末股东权益/年度末普通股股份总数
调整后的每股净资产=［年度末股东权益−三年以上的应收帐款项净额−待摊费用−待处理（流动、固定)资产净损失−开办费−长期待摊费用−住房周转金负数余额］/年末普通股股份总数
每股经营活动产生的现金流量净额=经营活动产生的现金流量净额/年度末普通股股份总数
净资产收益率=净利润/年度末股东权益×100%
(三)报告期内股东权益的变动情况

项目	股本	资本公积	盈余公积	法定公益金	未分配利润	合计
期初数	230,000,000.00	580,328,362.53			−572,061,892.13	238,266,470.40
本期增加数						
本期减少数					195,244,594.52	195,244,594.52
期末数	230,000,000.00	580,328,362.53			−767,306,486.65	43,021,875.88

变动说明：未分配利润减少系公司本年度亏损所致

三、股东情况介绍

1、截止 1999 年 12 月 31 日,公司共有股东 84010 户,其中内部职工股股东 69551 户。
2、公司前 10 名股东持股情况

股东名称	年末持股数(股)	持股比例(%)
红光实业(集团)有限公司	79,618,194(国家股)	34.62
国泰物业	4,169,049	0.18
中京泰	3,764,000	0.16
金泰基金	3,035,601	0.13
金鑫基金	2,702,873	0.11
中泰公司	1,951,208	0.08
全兴集团有限公司	1,120,000	0.05
谢仁国	1,105,252	0.05
振泰实业	901,189	0.04
四川省信托投资公司	8,000,000	0.035

注：代表国家持有股份的单位是红光实业(集团)有限公司。报告期内所持股份没有发生变化。

新天国际经贸股份有限公司

一、公司简介

1. 公司名称
公司法定中文名称:新天国际经贸股份有限公司
公司简称:新天国际
公司英文名称:Suntime International Economic-Trading Co.ltd
缩写:Suntime
2.法定代表人:岳志荣
3.公司董事会秘书:陈豹;授权代表:赵海涛
联系地址:新疆维吾尔自治区乌鲁木齐市红山路40号新天国际大厦董事会秘书办公室
电话:0991-2318383;2321379
传真:0991-2300191
董秘电子信箱:c-bao-de@263.net
4.注册地址:新疆维吾尔自治区乌鲁木齐市红山路40号
办公地址:新疆维吾尔自治区乌鲁木齐市红山路40号
邮　　编:830002
国际互联网网址:
电子信箱:suntime@public.wl.xj.cn
5.公司选定的信息披露报纸名称:《上海证券报》、《中国证券报》、《新疆经济报》
登载年报的国际互联网网址:www.sse.com.cn
公司年度报告备置地点:公司办公所在地
6.公司股票上市地:上海证券交易所
股票简称:新天国际
股票代码:600084

二、会计数据和业务数据摘要

1. 本年度主要利润指标情况
利润总额:46,542,414.87 元
净利润: 40,501,220.79 元
扣除非经常性损益的净利润:39,525,941.22 元(扣除营业外收入 431,113.38 元,营业外支出-104,901.78 元,免征增值税 425,075.97 元,农业发展基金 96,964 元,农业特产税返还 127,028 元)
主营业务利润:82,538,863.85 元
其他业务利润:3,486,128.49 元
投资收益:9,030,735.67 元
补贴收入:3,065,796.54 元
营业外收支净额:326,211.60 元
经营活动产生的现金流量净额:33,371,791.93 元
现金及现金等价物净增加额:87,502,604.61 元

2. 主要会计数据和财务指标

项　　目	1999 年	1998 年 调整后	1998 年 调整前	1997 年
主营业务收入(元)	494,756,402.26	608,799,134.76	608,799,134.76	500,214,956.08
净利润(元)	40,501,220.29	51,089,987.07	51,264,889.54	35,415,424.69
总资产(元)	1,037,872,097.68	686,260,130.35	690,271,526.10	524,674,569.81
股东权益(元)	554,857,877.71	387,065,616.82	391,077,012.57	339,812,123.03
每股收益(元/股)	0.29	0.594	0.60	0.41
每股收益(元/股)(加权)	0.367	0.594	0.60	0.62
每股收益(元/股)(扣除非经常损益)	0.284	0.545	0.547	0.333
每股净资产(元/股)	3.99	4.36	4.55	3.95
调整后的每股净资产(元)	3.89	4.36	4.41	3.88
净资产收益率%	7.3	13.20	13.11	10.42
每股经营活动产生的现金流量净额	0.240	0.219	0.219	

注:主要财务指标计算方法:
每股收益=净利润/年度末普通股股份总额
每股净资产=年度末股东权益/年度末普通股股份总数
净资产收益率=净利润/年度末股东权益×100%
调整后的每股净资产=(年度末股东权益-三年以上的应收款项净额-待摊费用-待处理(流动、固定)资产净损失-开办费-长期待摊费用-住房周转金负数余额)/ 年度末普通股股份总数
每股经营活动产生的现金流量净额=经营活动产生的现金流量净额/ 年度末普通股股份总数

3.股东权益变动情况

项目	股本	资本公积	盈余公积	法定公益金	未分配利润	股东权益合计
期初数	86,000,000.00	223,324,875.30	11,661,111.23	3,887,037.08	66,079,630.29	387,065,616.82
本期增加	53,160,000.00	117,131,040.10	7,026,736.75	2,342,245.59	40,501,220.79	217,815,997.64
本期减少		25,800,000.00			24,226,736.75	50,026,736.75
期末数	139,160,000.00	314,655,915.40	18,687,847.98	6,229,282.67	82,354,114.33	554,857,877.71

三、股东情况介绍

1 报告期末股东总数为 37924 户,其中公司职工股除公司董事、监事及高级管理人员所持股份依法冻结外全部上市流通。

2 主要股东持股情况

股　东　名　称	期初持股数	期末持股数额	占总股本比例(%)
新天国际经济技术合作(集团)有限公司	45,000,000.00	70,000,000.00	50.30
中国成套设备进出口(集团)总公司	4,500,000.00	6,570,000.00	4.72
新疆北中房地产开发有限公司	4,500,000.00	6,570,000.00	4.72
新疆生产建设兵团投资中心	2,000,000.00	3,220,000.00	2.31
王鉴		372376.00	0.27
彭京生		265205.00	0.19
许昕		120548.00	0.087
王满良		119415.00	0.086
张芝		115317.00	0.083
吴光梅		104728.00	0.075

说明:
① 持股 5%(含 5%)以上的法人股东所持股份未发生抵押,冻结等情况。
② 新天国际经济技术合作(集团)有限公司代表国家持有国有法人股 7000 万股。
③ 公司发起人股东未转让所持本公司股份。
④ 前 10 名股东之间不存在关联关系

北京同仁堂股份有限公司

一、公司简介

1、公司法定中文名称:北京同仁堂股份有限公司
公司简称:同仁堂
公司英文名称:BEIJING TONGRENTANG CO.,LTD　英文简称:TRT
2、公司法定代表人:殷顺海
3、公司董事会秘书:李连英
联系地址:北京市崇文区东兴隆街 52 号
联系电话:010-67020018　传　真:010-67020018　电子信箱:liliying@163bj.com
4、公司注册地址:北京市崇文区东兴隆街 52 号
公司办公地址:北京市崇文区东兴隆街 52 号　邮政编码 :100062
国际互联网网址:http://www.tongrentang.com　电子信箱:webmaster@tongrentang.com
5、公司信息披露报纸:《中国证券报》、《上海证券报》
登载公司年度报告的中国证监会指定国际互联网网址:http://www.sse.com.cn
公司年度报告备置地点:公司证券部
6、公司股票上市交易所:上海证券交易所
股票简称:同仁堂　股票代码:600085

二、会计数据和业务数据摘要

1、本年度利润总额及构成(单位:人民币元)

利润总额	164,970,586.19
净利润	139,279,514.37
扣除非经常性损益后的净利润	139,405,216.54
主营业务利润	369,786,781.12
其他业务利润	700,140.10
营业利润	161,500,567.69
投资收益	3,617,903.40
补贴收入	0
营业外收支净额	-147,884.90
经营活动产生的现金流量净额	56,370,708.80
现金及现金等价物净增加额	-125,903,085.27

注:扣除的非经常性损益项目和涉及金额:

a) 处置固定资产收益	-977,553.32
b) 赔款收入	65,007.36
c) 处置往来款	741,704.06
d) 捐款支出	5,200.00
e) 其他净收入	28,157.00
以上项目涉及金额合计	-147,884.90

2、报告期末公司前三年主要会计数据及财务指标(单位:人民币元)
追溯调整后:

项　目	1999 年	1998 年	1997 年
主营业务收入	835,273,747.37	711,100,049.42	627,177,912.97
净利润	139,279,514.37	124,130,113.44	98,920,836.47
总资产	1,193,041,261.90	1,092,060,758.51	996,847,149.04
股东权益	758,760,675.99	667,481,161.62	603,351,048.18
每股收益	0.580	0.621	0.495
月平均加权每股收益	0.624	0.621	0.565
扣除非经常性损益后的每股收益	0.581	0.624	0.459
每股净资产	3.162	3.337	3.017
调整后的每股净资产	3.129	3.297	2.982
每股经营活动产生的现金流量净额	0.235	0.725	——
净资产收益率%	18.36	18.60	16.40

调整后各年度会计数据如下:

项目	1999 年	1998 年	1997 年
坏帐准备	12,728,391.27	10,367,285.77	11,478,290.24
存货跌价准备	0	0	0
盈余公积	53,144,341.92	32,252,414.75	13,632,897.74
其中法定公益金	17,714,780.64	10,750,804.91	4,544,302.24
未分配利润	93,151,270.84	62,763,683.64	17,253,087.21

3、报告期内股东权益变动情况

项目	股本	资本公积	盈余公积	其中:法定公益金	未分配利润	股东权益合计
期初数	200000000	372465063.23	32252414.75	10750804.91	62763683.64	667481161.62
本期增加	40000000		20891927.17	6963975.73	118387587.20	179279514.37
本期减少					88000000.00	88000000.00
期末数	240000000	372465063.23	53144341.92	17714780.64	93151270.84	758760675.99

变动原因:
a) 公司股本变动是由于本公司 1999 年 6 月 2 日实施了 1998 年度分配方案,每 10 股送红股 2 股所致。
b) 盈余公积金及法定公益金增加是因为按 1999 年度净利润计提所致。
c) 未分配利润的变动是因为本年度新增未分配利润及按 1998 年度利润分配方案每 10 股送红股 2 股,按 1999 年度利润分配预案每 10 股派 2 元现金(含税)所致。

三、股东情况介绍

1、报告期末股东总数为 18687 户。
2、主要股东持股情况

名次	股东名称	年初持股数(股)	年末持股数(股)	占总股本比例%
1	中国北京同仁堂集团公司	150,000,000	180,000,000	75.00
2	兴华基金	10,615,490	15,815,811	6.59
3	兴和基金	——	4,007,664	1.67
4	普惠基金	——	3,000,000	1.25
5	天润化工	——	1,274,113	0.53
6	程瑞兰	——	1,225,478	0.51
7	裕明天	——	1,170,234	0.49
8	沙恩坤	——	1,008,200	0.42
9	陆菁	——	868,635	0.36
10	程志双	265,335	669,362	0.28

湖北多佳股份有限公司

一、公司简介

1、公司法定中文名称：湖北多佳股份有限公司
公司法定英文名称：HUBEI DUOJIA COMPANY LIMITIED
缩写：DUOJIA
2、公司法定代表人：杨立康先生
3、公司董事会秘书：陈瑞锋先生
联系地址：湖北省鄂州市武昌大道 298 号
电话：0711－3853001　传真：0711－3853712
电子信箱：djrfchen@371.net
4、公司注册地址：湖北省鄂州市武昌大道 298 号
公司办公地址：湖北省鄂州市凤凰北路 71 号　邮政编码：436000
公司国际互联网网址：http://www.duojia.com　电子信箱：duojia@public.ez.hb.cn
5、公司选定的信息披露报纸名称：《中国证券报》、《上海证券报》
登载公司年度报告的中国证监会指定国际互联网网址：http://www.sse.com.cn
公司年度报告备置地点：公司证券部
6、公司股票上市交易所：上海证券交易所
股票简称：多佳股份　股票代码：600086

二　会计数据和业务数据摘要

1、本年度主要利润指标情况（单位：人民币元）

利润总额：	42,895,596.62
净利润：	35,356,634.74
扣除非经常性损益后的净利润：	35,388,523.42
主营业务利润：	52,945,913.77
其他业务利润：	2,819,753.34
营业利润：	40,434,188.34
投资收益：	2,611,000.00
补贴收入：	---
营业外收支净额：	−149,591.72
经营活动产生的现金流量净额：	44,469,203.95
现金及现金等价物净增加额：	−60,074,348.51

2、截至报告期末公司前三年主要会计数据和财务指标：（单位：人民币元）

追溯调整后：

项目	1999 年	1998 年	1997 年
主营业务收入	251,580,182.34	284,017,288.00	246,027,781.53
净利润	35,356,634.74	65,814,681.23	45,099,744.61
总资产	552,560,279.46	531,858,577.12	409,774,030.07
股东权益（不含少数股东权益）	404,718,115.57	369,361,480.83	313,243,792.10
每股收益	0.169	0.568	0.389
每股收益（按月平均加权法计算）	0.199	0.568	0.436
扣除非经常性损益后的每股收益	0.169	0.560	0.374
每股净资产	1.939	3.185	2.693
调整后的每股净资产	1.922	3.153	2.690
每股经营活动产生的现金流量净额	0.213	0.130	------
净资产收益率%	8.74	17.82	14.40

追溯调整前：

项目	1998 年	1997 年
主营业务收入	284,017,288.00	246,027,781.53
净利润	70,700,583.26	47,956,220.83
总资产	544,972,664.78	414,708,042.11
股东权益（不含少数股东权益）	377,103,859.08	315,100,268.32
每股收益	0.6096	0.414
每股收益（按月平均加权法计算）	0.6096	0.464
扣除非经常性损益后的每股收益	0.5778	0.3784
每股净资产	3.252	2.717
调整后的每股净资产	3.206	2.682
每股经营活动产生的现金流量净额	0.1299	----
净资产收益率%	18.75	15.22

注：主要财务指标计算方法：
每股收益=净利润/年度末普通股股份总数
每股净资产=年度末股东权益/年度末普通股股份总数

3、报告期内股东权益变动情况

项目	股本	资本公积	盈余公积	法定公益金	未分配利润	股东权益合计
期初数	115,959,900	140,374,008.11	27,836,495.28	9,278,831.76	85,191,077.44	369,361,480.83
本期增加	92,767,920		5,303,495.21	1,767,831.74	35,356,634.74	35,356,634.74
本期减少		57,979,950				40,091,465.21
期末数	208,727,820	82,394,058.11	33,139,990.49	11,046,663.50	80,456,246.97	404,718,115.57

变动原因：
股本、资本公积、未分配利润的变动是由于本公司报告期内实施了 1998 年度利润分配方案所致。
盈余公积和法定公益金变动是根据公司章程规定，从净利润中提取所致。

三　股东情况介绍

1、股本变动情况
（1）报告期末公司股东总数为 37293 户。
（2）报告期末公司主要股东持股情况

股东名称	持股数（股）	占总股本比例（%）
①鄂州市服装总厂	100,416,397	48.11
②鄂州市新世界集团公司	19,781,658	9.47
③鄂州市建设投资公司	9,019,260	4.32
④鄂州市民康企业有限公司	6,845,238	3.28
⑤鄂州市华容被服厂	3,613,581	1.74
⑥邓小毛	650,000	0.31
⑦张本道	640,000	0.307
⑧谢道兵	595,100	0.285
⑨陆正华	481,760	0.23
⑩卿佳红	474,605	0.227

南京水运实业股份有限公司

一、公司简介

1、公司法定名称：
中文：南京水运实业股份有限公司
英文：NANJING WATER TRANSPORT INDUSTRY CO.,LTD.
英文缩写：NWTI
2、公司法定代表人：李宗琦先生
3、公司董事会秘书：曾善柱先生
联系地址：南京市中山北路 241 号江苏华侨大厦十楼
联系电话：025－3720378　联系传真：025－3709524
电子信箱：Zengshanzhu@990.net
4、公司注册地址：南京经济技术开发区
公司办公地址：南京市中山北路 241 号江苏华侨大厦十楼　邮政编码：210009
公司电子信箱：nwti @ public1.ptt.js.cn
5、公司选定的信息披露报纸：《中国证券报》、《上海证券报》
登载公司年度报告的中国证监会指定国际互联网网址：http://www.sse.com.cn
公司年度报告备置地点：公司证券部
6、公司股票上市交易所：上海证券交易所
股票简称：南京水运　股票代码：600087

二、会计数据和业务数据摘要

1、本年度主要利润指标情况（单位：元）

利润总额	90,615,551.42
净利润	76,958,752.72
扣除非经常性损益后的净利润	77,025,961.53
主营业务利润	113,846,432.98
其他业务利润	824,684.47
营业利润	91,106,953.23
投资收益	2,986.08
营业外收支净额	−494,387.89
经营活动产生的现金流量净额	145,469,114.76
现金及现金等价物净增加额	25,586,427.18

注：扣除的非经常性损益项目和涉及金额：
(1)处理固定资产损失　61,709.10
(2)罚款支出　17,360.09

2、近三年主要会计数据和财务指标（单位：元）

指标项目	1999 年	1998 年		1997 年	
	调整后	调整后	调整前	调整后	调整前
主营业务收入	357,344,875.83	304,616,935.58	304,616,935.58	212,384,114.18	212,384,114.18
净利润	76,958,752.72	55,900,790.81	56,527,757.72	63,720,524.17	63,524,089.92
总资产	861,587,345.43	653,589,253.51	655,525,544.46	709,363,675.38	710,672,999.42
股东权益	760,977,093.95	550,589,435.23	552,525,726.18	495,086,341.57	496,395,665.61
每股收益	0.515	0.448	0.453	0.511	0.509
每股收益(加权)	0.622	0.448	0.453	0.578	0.576
扣除非经常性损益后的每股收益	0.515	0.448	0.453	0.511	0.509
每股净资产	5.09	4.41	4.43	3.97	3.98
调整后的每股净资产	4.94	4.35	4.36	3.97	3.98
每股经营活动产生的现金流量净额	0.97	1.04	1.04	/	/
净资产收益率(%)	10.11	10.15	10.23	12.87	12.80

注：主要财务指标的计算方法
全面摊薄后的计算方法：
每股收益=净利润/年度末普通股股份总数
每股净资产=年度末股东权益/年度末普通股股份总数
调整后的每股净资产=[年度末股东权益－三年以上的应收款项净额－待摊费用－待处理(流动、固定)资产净损失－开办费－长期待摊费用－住房周转金负数余额]/年度末普通股股份总数
每股经营活动产生的现金流量净额=经营活动产生的现金流量净额/年度末普通股股份总数
净资产收益率=净利润/年度末股东权益×100%

3、股东权益变动情况及原因

单位：元

项　目	股　本	资本公积	盈余公积	法定公益金	未分配利润	股东权益合计
期　初　数	124,786,000.00	304,032,235.86	66,831,928.06	7717914.13	54939271.31	550589435.23
本期增加	24,790,920.00	183,426,446.00	15,391,750.54	7695875.27	6156,002.18	285176118.72
本期减少	/	/	/	10837380.35	7478,460.00	74788460.00
期末数	149,576,920.00	487,458,681.86	82,223,678.60	457,409.05	41717813.49	760977093.95

变动原因：
(1)股本、资本公积增加，是因为本年度实施了配股；
(2)盈余公积、法定公益金增加，是从本年度净利润中提取；
(3)法定公益金减少，是因为本年度购置了职工住房；
(4)未分配利润减少，是因为本年度拟实施股利分配。

三、股东情况介绍

1、报告期末股东总数 28767 户。
2、前 10 名股东持股情况

股东名称	年末持股数(股)	占总股本(%)
(1) 南京长江油运公司	61,927,320	41.40
(2) 中国工商银行重庆市分行	3,600,000	2.41
(3) 巴陵石化长岭炼油化工总厂	3,200,000	2.14
(4) 中国石化九江石油化工总厂	3,200,000	2.14
(5) 中国石化安庆石油化工总厂	3,200,000	2.14
(6) 中国石化武汉石油化工厂	2,600,000	1.74
(7) 中国石化荆门石油化工总厂	2,000,000	1.34
(8) 中国石化金陵石油化工公司	2,000,000	1.34
(9) 中国石化销售中南公司	2,000,000	1.34
(10) 中国石化销售华东公司	2,000,000	1.34

无锡中视影视基地股份有限公司

无锡中视影视基地股份有限公司1999年年度报告摘要

一、 公司简介

1、公司法定中文全称:无锡中视影视基地股份有限公司
公司英文名称:WUXICCTVFilm & Television Productions Co.,Ltd.
公司英文名称缩写:WUXICCTV
2、公司法定代表人:冷敏述
3、公司董事会秘书:卢芳
公司董事会秘书授权代表姓名:刘锋
联系地址:江苏省无锡市漆塘1号中视股份公司
电话:0510-5555168
传真:0510-5555168
电子信箱:wuxicctv@public1.wx.js.cn
4、公司注册地址及办公地址:江苏省无锡市漆塘1号
邮编:214081
国际互联网网址:http:www.cctvbase.com
电子信箱:cctvbase@public1.wx.js.cn
5、公司选定的信息披露报纸名称:《中国证券报》、《上海证券报》
登载公司年度报告的中国证监会指定国际互联网址:http://sse.com.cn
公司年度报告备置地点:董事会秘书处
6、股票上市交易所:上海证券交易所
股票简称:中视股份
股票代码:600088

二、会计数据及业务数据摘要

1、本年度主要利润指标情况(单位:人民币元)

利润总额:	61848995.54
净利润:	51595676.65
扣除非经常性损益后的净利润:	51595676.65
主营业务利润:	79266958.09
其它业务利润:	4934356.87
营业利润:	58563103.74
投资收益:	3997095.29
营业外收支净额:	-711203.49
经营活动产生的现金流量净额:	66849262.24
现金及现金等价物净增加额:	164761511.36

2、截止报告期末公司前三年主要会计数据和财务指标:

(1)主要会计数据

单位金额:人民币元

序号	项目	99年度	98年度	97年度
1	主营业务收入	182332933.72	169695128	103842825
2	净利润	51595676.65	65355140	70801223
3	总资产	815737086.11	651291198	653009548
4	股东权益	708476746.71	626805070	561449930

(2)主要财务指标

单位金额:人民币元

序号	项目	99年度	98年度	97年度
1	每股收益	0.283	0.389	0.421
2	每股收益(加权)	0.301	0.389	0.488
3	扣除非经常性损益后的每股收益	0.283	0.389	0.421
4	每股净资产	3.89	3.73	3.342
5	调整后的每股市盈率	3.84	3.64	3.266
6	每股经营活动产生的现金流量净额	0.367	0.428	-
7	净资产收益率	7.28	10.43	12.61

主要财务指标计算方法:
(1)全面摊薄计算方法:
每股收益=净利润/年度末普通股股份总数
每股净资产=年度末股东权益/年度末普通股股份总数
净资产收益率=净利润/年度末股东权益×100%
调整后的每股净资产=(年度末股东权益-三年以上应收款项净额-待摊费用-待处 理(流动、固定)资产净损失-开办费-长期待摊费用-住房周转金负数余额)/年度末普 通股股份总数
每股经营活动产生的现金流量净额=经营活动产生的现金流量净额/年度末普通股股份总数
(2)加权平均后的计算方法:
每股收益=当期净利润/[N/(1+S)+N/(1+S)×S×M/12]
净资产收益率=净利润/[(N初+N末)/2+RI×(M-6)/12]
其中:N初—期初净资产,N末—期末净资产,N—期末普通股总股份数;
S—当期增发新股比例,M—-结束日下一月份至期末的月份数;
RI—当期增发新股而新增的净资产值。
(3)本公司无以前年度追溯。

3、报告期内股东权益变动情况　　单位金额:人民币元

项目	股本	资本公积	盈余公积	其中法定公益金	未分配利润	股东权益合计
期初数	168000000	371066209.48	31174715.15	12469886.06	56564145.43	626805070.06
本期增加	14100000	96100000.00	12898919.17	5159567.67	38696757.48	161795676.65
本期减少	0	0	0	0	80124000.00	80124000.00
期末数	182100000	467166209.48	44073634.32	17629453.73	15136902.91	708476746.71
变动原因	1999年度配股增加	1999年度配股增加	本期提取10%法定盈余公积10%法定公益金及5%任意盈余公积	本期提取10%的法定公益金	本期实现的净利润及向全体股东派发红利	本年度配股增及实现的净利润,向全体股东派发现金红利

三、股东情况介绍

1、报告期末股东总数:
截止1999年12月30日,公司股东总数为7980户,其中发起人法人股股东5户,其余皆为社会公众股股东。
2、公司前10名股东持股情况:

序号	股东名称	年末持股数(股)	占总股本比例(%)
1	无锡太湖影视城	116100000	63.76
2	景宏基金	4213417	2.31
3	苏州投资	3276753	1.80
4	中国国际电视总公司	1800000	0.99
5	北京中电高科技电视发展公司	1800000	0.99
6	北京未来广告公司	1800000	0.99
7	景阳基金	1304347	0.72
8	运通货运	1046318	0.57
9	景博基金	1042878	0.57
10	苏州信托	1009960	0.55

上述股东中,发起人股东北京中电高科技电视发展公司、北京未来广告公司系中 国国际电视总公司子公司。
3、对持有本公司10%以上股份的股东情况的介绍:无锡太湖影视城年初持有本公司67.26%股份,其法人代表是郭宝祥先生,该公司经营范围是为国内外影视剧组摄制 影视节目提供场景和设施服务、艺术景点的游览服务,其所持股份在本年度内持股增 加310万股,系配股所致,且股权未被质押和冻结。
4、报告期内控股股东未发生变更。

四、股东大会简介

本年度内公司共召开一次股东大会。1999年5月7日公司召开了1998年度股东大会,审议通过了公司1998年度利润分配方案、1999年度增资配股议案等重大事项,股东大会决议公告刊登在1999年5月8日的《中国证券报》、《上海证券报》。

五、董事会报告

1、公司经营情况
(1)公司所处的行业以及在本行业中的地位
本公司主要从事影视拍摄基地的开发、经营,兼跨影视、旅游两大行业。本公司 为中国最早、规模最宏大的影视拍摄基地,中央电视台近年来的大型电视连续剧《唐 明皇》、《三国演义》、《水浒传》、《太平天国》和大型中法合作体育综艺节目《城市之间》等相继在本公司景区内拍摄。本公司历年经营业务收入为中央电视台下属河北涿州、山东威海、广东南海等影视拍摄基地之首,国内其它省市电视台下属影视 拍摄基地无论是规模或是经营收入与本公司相比均有较大差距。
(2)公司主营业务的范围及其经营情况
①公司经营情况
99年,公司经营班子的工作要点明确为:一、树立一种观念:以人为本;二、明确两个重点:以市场为导向、以效益为中心;三、狠抓三个薄弱环节:分级负责、时效管理 和财务控制。一年来,经营班子按照工作要点的部署,为公司跳跃性发展奠定基础。
公司影视业务功能逐步丰满。利用中央电视台"节目制作与播出分离"的改革契机,公司寻求突破点,开拓新领域,在挖掘影视业务潜力方面作出了积极探索。频道包 装业务以一定的超前意识和开拓精神继续巩固现有成果,并积极争取高清节目的试验 拍摄,其他影视新业务也正积极筹划。一年来,公司与台影视部合作,投资拍摄多部影 视剧作和专题节目。《突破重围》、《庄稼院里有好梦》、《西部太阳》等相继摄制完成,与体育中心合拍的《城市之间》在上半年走出无锡,先后在南海、昆明、成都制作10余期;与新闻评论部合作的《百年记忆》下半年顺利录制9期,《百姓百年》也开 拍在即;与文艺中心合作,由公司全额投资的《神州大舞台》也自10月份开始录制,明 星荟萃、妙趣横生的节目内容,受到观众好评。99年公司投资拍摄的影视剧和电视节 目,都不仅仅限于资金投入和商业运作,更在制片、摄像、置景、音频、灯光、化装、甚至财务等方面派驻人员,既减少剧组开支,也锻炼影视中心员工,为今后进一步深层 次介入影视节目制作过程以至争取独立操作影视剧积累经验。影视剧买卖及节目销售代理,在99年继续发挥作用。《燕子李三》、《狄仁杰断案传奇》、《护士小姐》、《三十六计》等数十部影视剧版权代理业务,成为公司影视创收的一大支柱,节目播出后也获得了较好的收视率。公司还树立"大协拍"观念,挖掘资源配置潜力。影视协 拍业务在99年稳步推进。以影视业务部为龙头,公司继续争取到中央电视台多个部门 、栏目前来无锡制作节目,如《'99中视股份杯全国台球精英电视挑战赛》、《中国 文艺》、《天天饮食》、《商务电视》等。面向社会招揽剧组拍摄,在99年也有进展:《大明宫词》、《成吉思汗》、《白发魔女》、《十五贯传奇》、《黑风寨》、《刘伯温》、《海瑞斗严嵩》等近20部影视剧先后来公司取景。
公司的旅游经营坚持影视特色,丰富文化内涵。自97年起,影视特色的要求就被提到了必须竭尽全力抓出成效的高度;98年也曾对影视特技项目进行规划,但因科技含量不高使之陷于停顿。99年,公司进一步考察投入产出比例,将"影视特技走廊"项目予以暂缓,而注重对景区现有影视特色资源的开发。借助各大影视剧组的轮番上演,公司市场部对外积极推广报道,使之形成景区常看常新的观光内容。结合《神州大舞台》的录制,公司及时推出幸运游客获赠观摩券的有奖销售活动。影视节目置景也被旅游 经营再利用,唐城建设了"玉米人农庄"少儿摄影棚,并被作为对外正式挂牌的无锡市"少儿影视科普教育基地"的重要内容对游客进行影视制作的科普教育;公司还借此 组织了"相约太湖--'99少儿影视科普夏令营"活动。在丰富文化内涵方面。唐城景区将"皇家游园"与"茶道表演"合并,使茶道演出走出室内;配合"玉米人农庄"新景点增设少儿演出节目;"皇帝上朝"演出节目组织游客参与表演,增进游客兴趣;节 日期间增加"南诏蛮"、"飞天舞"演出,并对"英雄救美"从游客可参与角度作了 修改。三国水浒景区进一步充实汉代、宋代文化内涵,恢复清明上河街、紫石街、御 街电视剧拍摄原貌,新增"白虎节堂"、"孙二娘包子店"、"十字坡酒店"等景点,推出"骑马信使"、"燃放古炮"、"太湖扳鱼"等多项游客参与项目,对《义取高 唐州》、《刘备招亲》、《长坂坡》等演出予以改进,并在节日期间加演。春节期间,三国水浒景区还推出"江南之春"灯谜会,效果良好。两景区都尝试推出古装检票迎 宾,三国水浒景区还尝试对部分经营人员要求穿着古装,充实古代文化氛围。
99年,公司经营班子调整营销策略,加大促销力度。营销部门和两景区加大工作力度,陆续组织赴江浙沪皖等地城市进行促销,发现营销存在的问题,了解市场对公司各 项举措的反映。对景区游客的问卷调查也如期正常开展;为避免调查结果的片面性和 局限性,公司聘请央视调查咨询中心在周边10个城市进行入户调查,对沪、宁、杭、合肥旅行社高层职员进行半开放式问卷访问;会同无锡市委宣传部,邀集浙江地区新闻媒体高层人员,召开"江南影视旅游文化研讨会",规模不大,层次较高,不少意见建议对公司影视特色旅游的开发颇有裨益。市场调查也使公司与有关单位建立业务联系,进 一步巩固周边市场。在营销工作中,公司进一步赋予营销人员灵活掌握票务政策的权 限,实行销售提成奖励制度;营销网络初步建立,公司营销部门和各景区对周边市场实 行分块开发,节约

营销人力,调动景区参与营销;营销工作初步形成有目标地区、有任务指标、有超额奖励。因特网上的网络销售工作在99年也初步确定,将于2000年正式实施。

在整体形象宣传方面,公司围绕影视剧组的开机拍摄、各类影视文化活动的举办,继续面广量大地发布信息。除依托中央电视台的宣传优势外,2月12日江浙城市电视台春节联欢晚会的举办使公司的营销宣传走出新路,通过卫星现场直播向周边城市电视台展示了中视股份影视服务的实力。借助春节晚会等活动建立的良好合作关系,新闻报道、影视片花絮等影视宣传手段在99年取得较大进展。《江南影视旅游》也做到定期出版,风格有所突破,质量有所提高。除新闻媒体、户外广告以外,公司还重新建立自己的因特网站点,以新的传媒手段树立企业形象。

②报告期内公司主营业务收入、主营业务利润的构成及公司主营业务收入介绍

公司主营业务兼跨两大行业,一是影视业务收入,二是旅游门票收入,九九年共实现主营业务收入18233万元,其中影视业务收入11138万元,旅游门票收入7095万元(包括无锡景区门票收入5561万元,南海太平天国城租赁收入1534万元)。

A.一年来公司影视业务功能逐渐丰满,利用中央电视台"节目制作与播出分离"的改革契机,公司寻求突破点,开拓新领域,在挖掘影视业务潜力方面作出了积极探索。公司在影视业务方面主要经营为:

(a).电视剧的投资拍摄、节目栏目委托拍摄制作收入。

今年共收取《太平天国》余下部分1800万元的投拍收入,并与影视部合作,投资拍摄了《突破重围》、《静静的伊尔羌河》等多部电视剧,获取收入2720万元。

(b).电视剧商业运作及节目销售代理收入。

99年公司相继购买了《燕子李三》、《狄仁杰断案传奇》、《护士小姐》等数十部影视剧版权代理业务,成为公司影视创收的一大支柱,节目播出后也获得了较好的收视率,今年此类业务实现销售代理收入5930万元。

(c).通过接待剧组、栏目的场租和协拍收取场租、服务等收入。

今年公司在加强挖掘资源配置潜力、树立"大协拍"观念下功夫,今年先后与港台、兄弟台合作,电视剧《白发魔女》、《大明宫词》、《十五贯传奇》等剧组纷纷前来公司取景拍摄,年内共获得场地服务收入1348万元(其中不包括剧组住本公司客房收入近160万元)。

(d).影视高科技设备的租赁收入。

影视、旅游、高科技三位一体,是中视股份未来发展的必然方向和独特概念,今年公司少儿景区新购置影视高科技设备5408万元(其中2500万元为年底购置),共获得设备租赁收入998万元,其中少儿景区设备收入480万,景区经营设备租赁518万元。

(e).分次版权收入。

主要是以前年度的《水浒传》、动画片《西游记》等电视剧国内外版权销售收入142万元。

九九年全年度共实现影视业务收入11138万元,扣除各项税金646万元,各项成本、费用、折旧开支7283万,支出小计7929万元,盈利3209万元,占全年营业利润总额5856万元的54.8%。

B.我公司旅游业务是影视文化与旅游相结合的独特产品,在旅游市场形势逼人和人文景观众多微词不利的严峻情况面前,公司突出影视文化旅游特点,丰富文化内涵,调整营销策略,加大促销力度,拓展景区的服务经营,不断提高服务质量,明方向,打名牌,有效控制了景区门票收入下滑幅度,稳定了景区旅游收入,全年无锡景区共实现门票收入5561万元,交纳各项税金211万元,列支各项成本、消耗性材料、演出费用2590万元,分摊公司管理费用、营业费用2103万元(其中地租、折旧等固定费用1702万元,占支出的36.3%),无锡景区盈利657万元,占全年营业利润5856万元的11.2%。

本公司投资南海"太平天国城",景区主体工程已于99年3月底竣工交付,4月正式对外开放。公司于1999年4月30日就"太平天国城"的管理等有关问题与南海中视影视基地有限公司签订了《太平天国城资产租赁合同书》,委托南海中视影视基地有限公司管理太平天国城,根据该租赁合同书条款,年内获得租金1534万元,该款项已于1999年12月31日前到帐,剔除交纳各项税金86万元、折旧328万元,盈利1120万元,占全年利润的19.1%。

(3)在经营中出现的问题与困难及解决方案

①"以人为本"的经营理念有待务实,实践尚需加强。"以人为本"在公司实践的脚步尚显沉重,企业文化建设进展较慢。如何进一步增强员工凝聚力,战胜眼前实际困难,对公司来说迫在眉睫。人力资源相对匮乏,对人力资源的开发利用,99年还没有实质性进展。有的管理人员素质亟待提高,"尊重人、理解人、相信人"还欠缺很多深入细致的工作。因此,要吸引人才、发展人才,将人力资源转化为人才资源,尚需要很多基础工作。

②具体经营工作尚需务实,措施尚欠有力。无论影视传媒还是旅游景观,激烈的市场竞争已是不争的事实。深入研究市场,从而适应市场、引导市场、创造市场,尚欠缺有力举措。公司新的利润增长点培育较晚,传统产业的定位与措施仍有待完善。面对旅游经营的严峻形势,市场营销的龙头作用还未彰显;专业化市场调查启动较晚;景区资源开掘不深,对重点季节、节日营销、票制、宣传、促销的统筹规划不够及时,未做到全方位、有重点。影视业务的拓展和把握有待突破;公司影视协拍的业务资源尚未深入挖掘,推广不够,合理配置与高效管理均有问题存在。

③狠抓薄弱环节的力度仍需加大。分级负责、时效管理和财务控制三个薄弱环节在99年抓出了一定成效,但对整个公司来说,要人尽其才、时尽其效、物尽其用,管理力度仍需加大。分级负责制在推行过程中有时出现权责不明,已制订的责任制也流于形式。时效管理进展不大,无论项目策划、营销活动、经营管理、岗位责任、后勤保障等均存在亟需解决的问题。财务控制在严格把关与灵活处理、优质服务之间有待进一步协调;财务控制的重心转移需要抓住机遇,加紧学习;加强影视业务的财务处理及争取合理税负工作仍需进一步提高。

针对上述问题和困难,公司将加大改革和调整力度,逐项进行专题研究,采取"整体推进、重点突破"的办法。加强人力资源的开发利用,建立科学合理的指标考核体系,调动全体员工的积极性和创造性;在巩固现有市场的基础上进一步开发潜在市场,建立高效的市场营销网络,建立快速的市场反应机制,真正做到"以市场为导向";加强景区的建设和更新,完善景区的文化内涵,提高服务质量;积极拓展公司影视业务,加强与各媒体的合作;加强财务管理,建立灵活有效的财务控制制度;积极培育新的利润增长点,使公司保持持续稳定的发展。

(4)报告期内利润预测数升降原因:主营业务利润及净利润减少主要是影视业务成本费用增加、景区旅游收入减少及所得税政策稍有调整。

2、公司财务状况

(1)年内公司总资产由年初65129.12万元增长到81573.71万元,增加的主要原因为今年获得配股金净额11020万元、年末未分配利润增加5160万元。

(2)公司没有长期负债,总体经营状况良好。

(3)全年共实现主营业务收入18233万元,其他业务收入1795万元,其中影视业务收入11138万元,盈利3209万元(第一次募集资金所投入的太平天国项目和少儿景区影视设备租赁在99年下半年已取得收入2014万元,盈利1330万元),由于剧本、委托拍摄等成本性费用增加,导致盈利有所下降;景区门票收入由于旅游市场疲软和人文景观的缺陷等诸多原因,全年实现门票收入5561万元,比去年7459万元下降25.4%。

(4)主要经营指标: 单位:万元

项目	1998年度	1999年度	增减幅度%
总资产	65129.12	81573.71	25.25
长期负债	—	—	—
股东权益	62680.51	70847.67	13.03
主营业务利润	8289.58	7926.70	-4.38
净利润	6535.51	5159.57	-21.05

增减原因:

①总资产及股东权益增长是今年年内实行配股及本年度盈利未分配利润所致。

②主营业务利润及净利润减少主要是影视业务成本费用增加、景区旅游收入减少及所得税政策微有调整。

(5)为本公司审计的无锡公证会计师事务所出具了无保留意见的审计报告。

3、公司投资情况

(1)报告期内募股资金使用情况

①首次发行募集资金使用情况

经中国证监发字(1997)226号文件和227号文件批准,我公司于1997年5月22日向社会公开发行人民币普通股4775万股,另向职工配售225万股,每股面值1.00元,每股发行价7.95元。本公司本次股票发行为初次发行,发行市盈率15倍,共募集资金38816万元。本公司披露于1997年5月20日《中国证券报》、《上海证券报》上的招股说明书列示的募集资金运用项目为收购无锡太湖影视城水浒城项目和投资拍摄大型历史电视连续剧《李自成》。截止到1999年12月31日,项目执行情况如下:

承诺投资项目	总投资额(万元)	计划进度	预计收益
收购水浒城	24000	1997年底	投资回收期4.59年
拍摄《李自成》	15000	1999年5月完成	投资回收期2年

实际投资项目	期末投资总额(万元)	实际进度	投资收益
收购水浒城	13589	98.3月完成	累计获得2023万元利润
建设少儿景区	10000	99年12月竣工	累计获得210万元利润
拍摄《太平天国》电视剧和建设太平天国城	15000	电视剧已完成后期制作,太平天国城建设工程全部完成并已正式对外营业。	太剧累计获得1210万元利润,景区累计获得1120万元利润

②1999年度配股募集资金使用情况

一九九九年三月九日公司第一届董事会第八次会议提出了一九九九年度增资配股议案,本次配股方案已经一九九九年五月七日召开的本公司一九九八年度股东大会通过,获中国证监会南京证券监管特派员办事处苏证管办【1999】116号文同意及中国证券监督管理委员会证监公司字[1999]76号文批准。以本公司97年发行后总股本计算,每10股配售2股,国有法人股东无锡太湖影视城用现金认购310万股配股,放弃其余配股权。其它法人股东用现金全额认购应配股份100万股,因此法人股东实际认购数量为410万股;社会公众股东按现有股本获配1000万股;本次公众股配股由中国国际金融有限公司组织的承销团以余额包销的方式承销,因此,本次配股实际配售数量为1410万股,截至1999年9月21日,本次配股已圆满结束。根据无锡公证会计师事务所出具的锡会B[1999]0109号《验资报告》,截止1999年9月23日,共收到扣除发行费用后的配股款净额为11,020万元人民币。本公司披露于1999年8月24日《中国证券报》、《上海证券报》上的配股说明书列示的募集资金运用项目为投资拍摄30集电视连续剧《秦始皇》、增持北京中科红叶电子科技有限公司股权项目以及补充公司营运资金。截止到1999年12月31日,项目执行情况如下:

承诺投资项目	总投资额(万元)	计划进度	预计收益
拍摄《秦始皇》	3000	2000年完成	投资回收期1.72年
增持红叶电子股权	4000	2000年完成	投资回收期3。35年

实际投资项目	期末投资总额(万元)	实际进度	投资收益
拍摄《秦始皇》	0	2001年完成	尚未投入,无收益
增持红叶电子股权	0	取消	无收益

A.2000年1月7日召开的一届十次董事会听取投资拍摄《秦始皇》项目的落实情况后,考虑到该剧由30集改为35集,在原来3000万元的基础上,增加投资500万元,经与中央电视台积极协商,已将原销售协议改为每集100万元、共3500万元的节目销售协议。该剧已于2000年春节后开机,预计年内能完成拍摄任务,2001年完成全部摄制任务。公司将积极配合中国电视剧制作中心,努力将该剧拍摄成精品,力争达到社会和经济收益双丰收。

B.增持红叶电子股权这一项目,原计划投入4000万元,由于中科红叶原股东会增资决议到期日为1999年8月30日,中视股份配股资金到帐日落后于该决议有效期,中科红叶其他股东也没有按时汇入认股资金。中科红叶股东红叶广告在原增资决议到期后不再同意按照原协议比例增资,经多次协商无法达成一致,为此中科红叶在1999年12月20日召开股东会,决定停止原股东会决议效力。中视股份一届十次董事会经研究,认为中科红叶增资计划的延迟将造成其迎接世贸挑战的时间更加缩短,规模不能及时扩大,技术及开发投入不能如期进行,规模限制导致的经营风险将加大,决定取消该笔募集资金使用项目计划,并责成相关单位进行进一步研究,尽快寻找效益好,符合我公司发展战略的投资项目,在进行充分可行性研究的基础上另行上报董事会审议。在该笔资金使用计划获董事会批准之前,对该笔资金暂采取银行存款、国债等安全投资途径予以保值保证。

(2)报告期内非募集资金投资的重大项目、项目进度及收益情况

①报告期内公司用自有资金投资拍摄15集电视连续剧《西游记续》,该剧于1999年底制作完毕,2000年2月已播出,本期无收益。

②公司于1998年初,本着投资高科技、争取高回报的基本思路,向中科红叶投资2500万元,该投资一年半来取得了预期的收益,实现了当初投入时约定的目标。由于增持红叶电子股权项目的取消,且公司明确了发展战略,经公司一届十次董事会讨论决定,在红叶电子1999年的分红分配给公司后,本公司的2500万元股权以我公司原始投入2500万元为基础,结合帐面净资产,由双方议定价格将本公司持有的股份全面转让给中科红叶广告公司。

③由于少儿节目制作景区已于1999年底竣工,我公司在南海的总资产达2.15亿元以上,为改变南海和无锡两个基地的分割和各自独立经营的体制,形成南北一体的管理格局,经一届十次董事会研究决定,由我公司拨付运营资金100万元,注册成立南海分公司,全面负责经营我公司在南海影视城的全部资产,以在南海形成统一高效的管理。

④其他项目:

投资项目	期初余额	本期增减	期末余额	被投资企业名称	主要经营活动	本期收益
海欣法人转配股	28.2万元	0	28.2万元	海欣股份	纺织服装业	12870元
实达法人转配股	81.9万元	0	81.9万元	实达股份	电子业	无收益
景区防汛工程	200万元	0	200万元	三国水浒景区	旅游业	无收益
景区项目更新	1200万元	0	1200万元	唐城景区 三国水浒景区	旅游业	收益无法单独计算 2000年至2001年上半年投入运行

4、加入WTO后,随着影视和旅游行业竞争的国际化,将对公司主营业务带来一定的影响,公司经营管理层结合实际情况,积极部署,制定公司中长期发展战略,以提高自身的竞争力。

5、新年度的业务发展计划

公司力争于2001年完成大型电视连续剧《秦始皇》的全部摄制工作。已完成的《西游记续》已安排在春节期间播出;对已制作完毕的《太平天国》,经与中央电视台协商,已决定安排在上半年播出。公司去年已经拍摄完成的《静静的伊尔羌河》、《都市情感》、《庄稼院里好梦多》、《西部太阳》等几部连续剧,2000年将加紧完成后期制作和播出。

公司将进一步加大对影视业务的投资力度,培养新的利润增长点。今年将陆续投资1500万元在南海景区拍摄40集电视连续剧《大宅门》;继续投资拍摄《狄仁杰断案传奇》第四部分、《少儿豪情洒绿茵》、《爱也艰难》等几部电视连续剧。努力开拓影视协拍业务,抓住央视版《笑傲江湖》在无锡拍摄的机遇,扩大公司在协拍服务领域的收入。加强对南海分公司的管理经营,提高旅游市场占有

率。去年以来公司陆续购 买了相当数量的影视设备,2000年要继续抓好这部分设备的出租和租赁工作。公司还 将妥善解决中科红叶电子股权的安全撤出。面对越来越产业化、市场化的电视媒体,公司有很多工作要做。中央电视台的政策扶持固然可以依靠,但要适应未来的残酷竞争,就必须培养自身独挡一面、搏击市场的本领,进 一步优化配置创造性人才,提供资金、技术、运作体制等全方位服务,真正实现在竞争中脱颖而出。

6、董事会日常工作情况

(1)报告期内董事会会议的召开时间、重要决议及信息披露情况

本年度内共召开两次董事会。

1999年3月9日召开公司一届八次董事会会议。会议听取并审议了总经理1998年度业务报告、董事会工作报告、监事会工作报告,通过了公司1998年度报告、1998年度 财务决算和利润分配预案、1999年度财务预算报告、1999年度增资配股预案、续聘会计师事务所的提案,会议决定免去蒋洪跃先生的董事会秘书职务,聘任张彦秋女士为董事会秘书;决定了召开公司1998年度股东大会的有关事宜。董事会决议公告刊登在1999年3月11日的《中国证券报》、《上海证券报》。

1999年8月18日召开公司一届九次董事会会议。会议审议并通过了公司1999年中 期报告,决定中期利润不分配也不进行资本公积金转增股本等重大事项。董事会决议 公告刊登在1999年8月21日的《中国证券报》、《上海证券报》。

(2)报告期内公司利润分配、公积金转增股本、配股方案执行情况

本公司1998年度共实现净利润65355140元,经公司1998年度股东大会批准,在提取10%法定公积金、10%公益金和5%任意公积金后,公司98年度可供股东分配的利润为49016355元,不进行利润分配,也不实施公积金转增股本。

本公司1999年度中期不进行利润分配,也不实施公积金转增股本。

1999年3月9日公司第一届董事会第八次会议提出了一九九九年度增资配股议案,本次配股方案经公司1998年度股东大会通过,获中国证监会南京证券监管特派员办事 处苏证管办【1999】116号文同意及中国证券监督管理委员会证监公司字[1999]76号 文批准,以本公司97年发行后总股本计算,每10股配售2股,国有法人股东无锡太湖影视城用现金认购310万股配股,放弃其余配股权。其它法人股东用现金全额认购应配股份100万股,因此法人股东实际认购数量为410万股;社会公众股东按规定认购了配股1000万股;本次配股实际配售数量为1410万股,截至1999年9月21日,本次配股已圆满结束。根据无锡公证会计师事务所出具的锡会B[1999]0109号《验资报告》,截止1999年9月23 日,共收到扣除发行费用后的配股款净额为11,020万元人民币。本公司的注册资本增 至18,210万元。

7、董事、监事、高级管理人员

(1)董事、监事、高级管理人员情况

姓名	职务	性别	任期(起止日期)	年初持股数	年末持股数	股份增减变动原因
冷敏述	董事长	男	97.6-2000.6	10000股	12000股	配股
赵 健	常务副董事长	男	98.2-2001.2	0股	0股	无
赵万一	副董事长	男	97.6-2000.6	10000股	12000股	配股
崔屹平	副董事长总经理	男	97.6-2000.6	10000股	12000股	配股
郭宝祥	董事	男	97.6-2000.6	10000股	12000股	配股
王刚健	董事	男	97.6-2000.6	10000股	12000股	配股
张小毛	董事	女	97.6-2000.6	5000股	6000股	配股
许一鸣	董事副总经理	男	97.6-2000.6	10000股	12000股	配股
蒋娟娟	董事总会计师	女	97.6-2000.6	10000股	12000股	配股
韩立新	董事	男	97.6-2000.6	10000股	12000股	配股
韩春来	董事	男	97.6-2000.6	10000股	12000股	配股
黄艳蓉	董事	女	97.6-2000.6	10000股	12000股	配股
李培森	监事长	男	97.6-2000.6	10000股	12000股	配股
许二春	监事	男	97.6-2000.6	10000股	12000股	配股
张金锡	监事	男	97.6-2000.6	10000股	12000股	配股
范 虹	监事	女	97.6-2000.6	6000股	7200股	配股
周益平	监事	男	98.6-2001.6	1000股	1200股	配股
吴晓东	监事	男	98.6-2001.6	0股	0股	无
张彦秋	董秘	女	99.3-2001.2	0股	0股	无

本公司董事、监事、高级管理人员1999年度报酬总额为50万元,其中7-8万元2人,5-7万元3人,3-5万元3人。副董事长赵健、赵万一,董事郭宝祥、王刚健、张小毛、韩立新、韩春来、黄艳蓉,监事长李培森、监事许二春、张金锡不在本公司领取报酬。

(2)报告期内董事、监事、高级管理人员没有发生离任情况。

(3)聘任或解聘公司经理、董事会秘书的情况

公司于1997年6月6日第一届一次董事会聘任崔屹平任公司总经理,任期三年;聘任蒋洪跃任公司董事会秘书,任期三年。崔屹平总经理任职情况良好,至今无变更。由于个人原因,蒋洪跃秘书于1999年3月9日不再担任董事会秘书,第一届八次董事会聘任张彦秋为公司董事会秘书,任期至2001年2月。

8、本次利润预分配预案或资本公积金转增股本预案

本公司1999年度共实现净利润51595676.65元,在提取10%法定公积金,10%公益 金,5%任意公积金后,加上以前年度结转的利润56564145.43元,本年度可供股东分配 的利润为95260902.91元。本公司董事会拟按199年度期末总股本182100000股计,向全体股东每10股派发现金红利4.4元(含税),共计派送80124000元。未分配利润尚余15136302.91元,结转以后年度进行分配。本次不进行资本公积金转增股本。

9、其它报告事项

本年度公司选定《中国证券报》和《上海证券报》作为信息披露报刊。

六、监事会报告

1999年度,监事会根据《公司法》和本公司章程的规定,共召开了两次会议,并列 席了两次董事会会议。

1999年3月9日召开一届七次监事会会议,审议了监事会1998年度工作报告,听取了总经理1998年度业务报告和董事会1998年度工作报告,审议了公司1998年度报告、1998年度财务决算和利润分配预案、1999年度财务预算报告、1999年度增资配股预案、续聘会计师事务所的提案。监事会决议公告刊登在1999年3月11日的《中国证券报》、《上海证券报》。

1999年8月19日召开一届八次监事会会议,审议了公司1999年中期报告。监事会决议公告刊登在1999年8月21日的《中国证券报》、《上海证券报》。

公司于1999年9月30日完成了1999年度增资配股方案,共募集资金11020万元,承诺投资3000万元拍摄大型电视连续剧《秦始皇》及投资4000万元增持红叶电子股权。2000年1月7日召开的一届十次董事会听取投资拍摄《秦始皇》项目的落实情况后,考虑 到该剧由30集改为35集,经与中央电视台积极协商,公司董事会已责成有关部门将原销售协议改为每集100万元、共3500万元的节目销售协议。关于原计划投入4000万元增 持红叶电子股权这一项目,由于公司配股资金到帐日落后于该决议有效期,且中科红叶股东红叶广告在原增资协议到期后不再同意按照原协议比例增资,经多次协商无法达 成一致,公司董事会经研究,认为中科红叶增资计划的延迟将造成其迎接世贸挑战的时间更加缩短,规模不能及时扩大,技术及开发投入不能如期进行,规模限制导致的经营 风险将加大,决定取消该笔募集资金使用项目计划,并责成相关单位进行进一步研究,尽快寻找效益好,符合我公司发展战略的投资项目,在进行充分可行性研究的基础上另行上报董事会审议。在该笔资金使用计划获董事会批准之前,对该笔资金暂采取银行 存款、国债等安全投资途径予以保值保证。

本年度主营业务利润及净利润减少主要是影视业务成本费用增加、景区旅游收入减少及所得税政策微有调整。

七、重大事项

1、本年度公司无重大诉讼、仲裁事项。

2、原公司董事会秘书蒋洪跃于1994年至1995年在担任无锡太湖影视设施发展有 限公司办公室副主任兼该公司下属的接待中心负责人期间,与他人合谋,利用职务上的便利,私分公款,经无锡郊区人民法院审理,将洪跃于1999年12月23日被判犯贪污罪,判处有期徒刑八年,并没收财产人民币160000元。

3、本公司控股股东未发生变更。报告期内未发生公司董事会换届、改选或半数 以上成员变动、公司总经理变更的情况。由于个人原因,蒋洪跃秘书于1999年3月9日 不再担任董事会秘书,第一届八次董事会聘任张彦秋为公司董事会秘书,任期至2001年2月。因工作调动,张彦秋秘书于2000年3月提出辞呈,第一届十一次董事会聘任卢芳为公司董事会秘书,任期至2003年4月。

4、报告期内公司无收购及出售资产、吸收合并等事项。

5、重大关联交易事项

本公司于1999年4月30日就"太平天国城"的管理等有关问题与南海中视影视基 地有限公司签订了《太平天国城资产租赁合同书》,委托南海中视影视基地有限公司 管理太平天国城,本次出租的资产位于广东省南海市中央电视台南海基地内的太平天 国城,资产总额为1.15亿元人民币。委托经营期限共10年,即自1999年4月1日起计算。太平天国城的租金标准为每年2044万元人民币,在每一个会计年度内分两次支付。第 一次支付时间为每年6月15日以前,支付金额为1022万元人民币;第二次支付时间为每 年12月15日以前,支付金额为1022万元人民币。

本公司用募集资金全额投资拍摄的50集电视连续剧《太平天国》已完全部后期制作,已按期将完成版交予中央电视台审查并安排播出。为使公司的投资能给予广大股 东合理的回报,通过公司影视业务部的不懈努力,本公司与中国电视节目代理公司就《太平天国》首播权以外的节目销售问题达成协议,决定委托中国电视节目代理公司独 家代理销售《太平天国》除中国大陆境内的海外(包括港、澳、台地区)的所有国家及地区的电视播映权(含有线、无线、卫星和将来可能出现的各类媒体播放权)。中国电视节目代理公司负责节目的海外发行,包括推销、宣传、谈判、签约、磁带复制和寄送等,并将采取一切措施保证节目的版权不受侵犯;中国电视节目代理公司收取销售版费总金额的30%作为代理费用,70%的版费在合同有效期内,每年6月15日和12月15日 双方分别结算,具体数据根据结算数确定。中国电视节目代理公司还决定买断《太平 天国》海外及国内音像制品(含录像带、CD、VCD、LD、DVD等各类光盘和多媒体等各 语种)的永久发行权,并可自行从中央电视台有关部门提取BetacamSP磁带/PAL制式国 际声版母带、最后台词本、剧照和宣传资料。中国电视节目代理公司支付本公司买断费用为300万元人民币,在1999年12月31日前支付本公司定金100万元,2000年3月31日 前交付第二期款100万元,并在中央电视台播出《太平天国》30天内支付末期款100万 元。

6、本公司相对于控股股东,人员独立,资产完整,财务独立。本年度公司向控股股东无锡太湖影视城支付部分土地租赁费用665.9万元。

7、报告期内未发生托管、承包其他公司资产或其他公司托管、承包本公司资产 的事项。

本公司于1999年4月30日就"太平天国城"的管理等有关问题与南海中视影视基 地有限公司签订了《太平天国城资产租赁合同书》,委托南海中视影视基地有限公司 管理太平天国城,本次出租的资产位于广东省南海市中央电视台南海基地内的太平天 国城,资产总额为1.15亿元人民币。委托经营期限共10年,即自1999年4月1日起计算。太平天国城的租金标准为每年2044万元人民币,在每一个会计年度内分两次支付。第 一次支付时间为每年6月15日以前,支付金额为1022万元人民币;第二次支付时间为每 年12月15日以前,支付金额为1022万元人民币。本期共获1534万元。

本公司因租赁无锡太湖影视城土地,需支付无锡太湖影视城土地租赁费,每年665.9万元。该协议自本公司注册登记之日起生效。本期共计提土地租赁费665.9万元。

8、报告期内继续聘任无锡公证会计师事务所为本公司财务审计机构。

9、其他重大合同及其履行情况

公司于1998年6月5日与中央电视台签定了《太平天国》首播权转让合同,本期已 收到1800万元,按照会计有关规定,本期计入利润540万元。经公司1998年度股东大会 同意,公司向参股公司中科红叶科技有限公司按股东权益提供贷款担保。因中科红叶 科技有限公司自身原因,本期未进行。

公司于1999年初与中国电视剧制作中心就拍摄15集电视连续剧《西游记续》达成协议,由公司全额投资1500万元并委托中国国际电视剧制作中心拍摄该剧。该剧已于1999年底完成全部摄制工作,2000年初公司与中央电视台签定了该剧首播权转让合同, 并已在中央电视台春节期间安排播出。

10、报告期内公司名称及股票简称未更改。

11、其他重大事项:

南海中视影视基地有限公司是由公司和中国国际电视总公司于1998年11月共同出资设立的,注册资本300万元,其中中国国际电视总公司出资200万元,本公司出资100万元。在南海影视基地没有达到经济规模,经营没有完全走向正规时,为规避风险,由该 公司承租已经完成的太平天国城,并负责其经营管理。

目前太平天国城的经营管理已经进入正轨,电视剧《太平天国》也已出售给中央 电视台,并计划于2000年上半年播出。随着该剧的播出,必将掀起南海太平天国城旅游的新高潮,经营业绩将随之改善。同时,我公司投资1亿元兴建的南海少儿景区主体工 程也于1999年底竣工,南海影视基地将成为我国仅次于无锡的第二大影视基地,我公司在南海影视基地的总资产将达2.15亿元。在南海中视公司中,我公司是参股方,没有控制能力,如果全部资产依旧采取租赁出去的方式经营,将不利于公司的控制和效益提高。我公司长期从事影视基地经营管理工作,积累了丰富的人才和经验,目前南海和无锡两个基地的分割和各自独立经营的体制下,我公司在基地管理上的优势不能充分地发挥,将会成为提高基地经营业绩的障碍。

为解决以上问题,经公司一届十次董事会审议通过,成立南海分公司,全面承担南 海太平天国城和少儿景区的经营管理,同时终止公司与南海中视公司的资产租赁协议,将无锡基地和南海基地纳入统一的管理体系中,形成南北一体化管理格局,切实发挥规模优势,提高效益。

八、财务会计报告

(一)审计报告

锡会A(2000)0155号

无锡中视影视基地股份有限公司全体股东:

我们接受委托,审计了贵公司1999年12月31日的资产负债表、1999年度的利润表 及利润分配表和现金流量表。这些会计报表由贵公司负责,我们的责任是对这些会计 报表发表审计意见。我们的审计是依据《中国注册会计师独立审计准则》进行的。在审计过程中,我们结合贵公司的实际情况,实施了包括抽查会计记录等我们认为必要的审计程序。

我们认为,上述会计报表符合《企业会计准则》、《股份有限公司会计制度》及 国家有关财务会计法规的规定,在所有重大方面公允地反映了贵公司1999年12月31日 的财务状况及1999年度的经营成果和现金流量情况,会计处理方法的选用遵循了一贯 性原则。

无锡公证会计师事务所有限公司　中国注册会计师:金章罗 孙新卫

中国.无锡　　　　2000年4月9日

会计报表附注

附注1:公司概况

无锡中视影视基地股份有限公司(以下简称"本公司"),是经江苏省人民政府及 中国证监会批准,由无锡太湖影视城、北京荧屏出租汽车公司、北京中电高科技电视 发展公司、北京未来广告公司、中国国际电视总公司等五家法人共同发起,于1997年5月22日在上海证交所上网募集发行5000万股(即发行A股,每股面值1元,发行价格每股7.95元)而设立的股份有限公司。

本公司于1997年7月9日在江苏省工商行政管理局登记注册，注册时总股本为16,800万股，其中法人股11,800万股,社会公众股5000万股(含公司职工股225万股)。

本公司于1999年经董事会、股东大会讨论通过了按每10股配2股决议,并经中国证监会批准后实施了配股,配股后股本总额为18210万股,其中:法人股12210万股(无锡太湖影视城放弃了部分配股权)、社会公众股(A股)6000万股。

本公司主要从事影视拍摄基地开发、经营,影视设备租赁,旅游商品销售等业务。

附注2:公司主要会计政策、会计估计

本会计报表所载会计信息系根据本公司的会计政策而编制的,该等会计政策均系 根据《企业会计准则》和《股份有限公司会计制度》及其补充规定制定。

1、会计年度

采用公历制,即自公历1月1日起至12月31日止为一个会计年度。

2、记帐本位币

本公司会计核算以人民币为记帐本位币。

3、记帐原则和计价基础

本公司以权责发生制为记帐原则,以历史成本为计价基础。

4、现金等价物的确定标准

现金等价物是指公司持有的期限短、流动性强、易于转换为已知金额现金、价值变动风险很小的投资。

5、坏帐准备核算方法

坏帐确认标准:对于因债务人破产或死亡,以其破产财产或者遗产清偿后仍无法收回的应收款,以及因债务人逾期未履行偿债义务,而且具有明显特征表明无法收回的应收款确认为坏帐损失。

坏帐损失核算方法:坏帐损失采用备抵法核算。本公司以前年度坏帐准备采用直 接转销法核算。根据董事会决议,公司应收款项(包括应收帐款和其他应收款)自1999 年1月1日起除个别帐户视债务单位的财务状况和现金流量情况需个别认定外,其他均 按帐龄分析法计提。各帐龄提取坏帐准备的比例如下:

帐龄	1年以内	1至2年	2至3年	3至4年	4至5年	5年以上
提取比例	不计提	5%	10%	30%	50%	100%

6、存货

本公司存货主要分为库存商品、库存材料和低值易耗品三大类。存货均按实际成本核算,按个别成本法结转领用或销售之成本。低值易耗品采用一次摊销法摊销。

7、长期投资

(1)债权投资按实际支付价款计价,并按权责发生制原则计算应计利息;

(2)股权投资按实际成本计价,其投资收益分别按以下标准确认:对占被投资单位注册资本20%以上(包括20%)的按权益法确认投资收益,20%以下的按成本法确认投资 收益,50%以上的按权益法核算并合并其会计报表。

(3)公司本年度未发生被投资单位可收回金额低于长期投资帐面金额,故未计提长 期投资减值准备。

8、固定资产计价及折旧方法

固定资产是指使用年限在一年以上的生产经营用房屋、建筑物、机器设备,以及 不属于生产经营用但使用年限在两年以上并且单位价值在2000元以上的资产。

(1)固定资产按实际成本计价。

(2)固定资产折旧根据固定资产原价扣除残值(原价的5%)后,按预计使用年限采用直线法分类计提,各类固定资产的预计使用年限及折旧率如下:

类　别	使用年限	年折旧率
房屋及建筑物	10-25	9.5%-3.8%
运输设备	5-10	19%-9.5%
专用设备	5	19%
其他设备	5	19%

8、在建工程

在建工程指正在兴建或改造之中的房屋建筑物、设备及其他固定资产。在建工程在完工交付使用时,按实际发生的全部支出转入固定资产核算。

9、无形资产及其摊销

公司对购入取得的影视剧版权按实际支付金额入帐,按5年平均摊销。

10、开办费、长期待摊费用及其摊销

开办费按5年平均摊销。

长期待摊费用按5年平均摊销。

11、收入确认原则

本公司主营收入主要为拍摄基地旅游门票收入、影视剧经营收入、影视设施租赁及拍摄收入。门票收入根据门票出售并已收到现金确认;影视剧经营收入按影视剧版 权转移确认;影视设施租赁以租赁协议及提供服务时间确认收入。

12、所得税会计处理方法

本公司所得税采用应付税款法进行会计处理。

附注3:公司主要税项

1、企业所得税

根据江苏省人民政府苏政复[1997]1号文"关于无锡中视影视基地股份有限公司 所得税问题的批复",以及本公司成立时除太湖影城城外其他发起人所占的投资比例,本公司1999年度在交纳33%的所得税后,地方财政返还17.1792%,实际税负为15.8208%。

2、流转税及附加

本公司适用的流转税及附加包括增值税、营业税、城市维护建设税、教育费附加。

(1)增值税:商品销售适用增值税,销项税率为17%;

(2)营业税:影视收入、景点门票收入分别适用5%、3%营业税。

(3)流转税附加:城市维护建设税、教育费附加分别按应交增值税和营业税额的7%、4%计缴。

附注4:会计报表项目注释(下列项目无特殊说明,单位均为人民币元)

1、货币资金

	1998.12.31	1999.12.31
现金	16867.03	43570.97
银行存款	41385753.01	163956083.49
其他货币资金	69478000.00	111642476.94
	110880620.04	275642131.40

2、应收帐款

本项目期末金额19,129,006.19元,均为本期增加,帐龄为一年以内,根据本公司坏帐准备估计政策,本年度应收帐款未提取坏帐准备。

3、其他应收款

1)、帐龄分析及坏帐准备

	1998.12.31			1999.12.31		
	金额	比率	坏帐准备	金额	比率	坏帐准备
1年以内	88129.15	100%	-	31592273.36	88.16	-
1至2年	-			2108728.00	5.89	105436.40
2至3年	-			2133200.00	5.95	213320.00
	2588129.15	100%	-	35834201.36	100.00	318756.40

1999年度帐龄1至2年、2至3年的增加数均是从预付帐款转入的款项。

2)、债务人中无持有本公司5%以上股份的股东。

4、预付帐款

	1998.12.31		1999.12.31	
	金额	比率(%)	金额	比率(%)
1年以内	17082353.00	82.59	7312645.67	100.00
1至2年	3600000.00	17.41	-	-
2至3年	-	-		
	20682353.00	100.00	7312645.67	100.00

5、存货

	1998.12.31	1999.12.31
库存材料	699655.38	593132.55
库存商品	1658988.25	1392465.11
低值易耗品	347287.48	150033.72
	2705931.11	2135631.38

6、长期股权投资

被投资单位名称	股比	投资金额	被投资单位权益增加	权益小计
北京中科红叶电子科技有限公司	50%	25000000.00	2847846.55	27847846.55
南海影视基地有限责任公司	33%	1000000.00	4338.66	1004338.66
海欣股份法人股转配股		282000.00	-	282000.00
实达电脑法人股转配股		819000.00	-	819000.00
		27101000.00	2852185.21	29953185.21

7、固定资产原价及累计折旧

	期初金额	本期增加	本期减少	期末金额
固定资产原值				
房屋及建筑物	255751614.82	146627901.24	536450.00	401843066.06
办公设备	1943377.00	357171.00	54450.00	2246098.00
专用设备	2780360.00	57281116.82	57260.00	60004216.82
通用设备	12499683.31	117220.00	146016.00	12470887.31
运输设备	6832139.00	393430.00	286248.00	6939321.00
其他	1433713.27	-	-	1433713.27
	281240887.40	204776839.06	1080424.00	484937302.46
固定资产折旧				
房屋建筑物	26091724.85	13066680.41	160158.25	38998247.01
办公设备	487971.24	386176.91	49538.47	824609.68
专用设备	1112667.39	3387583.88	49945.94	4450305.33
通用设备	4147297.17	2195170.55	112051.15	6230416.57
运输设备	2050457.32	806789.05	79210.90	2778035.47
其他	382877.52	265590.96	-	648468.48
	34272995.49	20107991.76	450904.71	53930082.54
固定资产净值	246967891.91			431007219.92

固定资产本期增加包括:(1)."太平天国城"竣工增加固定资产11,504.37万元;(2).南海少儿影视城竣工增加固定资产8,724.03万元;(3).其他为零星购建增加的固定资 产。

8、在建工程

工程名称	1998.12.31	本期增加	本期转出	1999.12.31
南海太平天国城	115000000.00	-	115000000.00	-
南海少儿景区	100000000.00	-	100000000.00	-
零星工程支出	60000.00	-	60000.00	-
	215060000.00	-	215060000.00	-

(1)、"太平天国城"、"少儿节目制作景区"已于1999年内竣工交付使用。

(2)、少儿节目制作景区结余建设款,转作流动资金。

9、无形资产

	原值	期初金额	本期摊销	期末余额
《水浒传》版权	6600000.00	4950000.00	1320000.00	3630000.00
《西游记》版权	1976000.00	1976000.00	197600.00	1778400.00
	8576000.00	6926000.00	1517600.00	5408400.00

10、开办费

	期初金额	本期增加	本期摊销	期末余额
开办费(三国城)	288224.46	-	288224.46	-
开办费(公司)	2372585.77	-	694415.16	1678170.61
开办费(水浒城)	2536680.98	-	738696.84	1797984.14
	5197491.21	-	1721336.46	3476154.75

11、长期待摊费用

	期初金额	本期增加	本期摊销	期末余额
大修理支出	525526.90	-	262763.40	262763.50
绿化设施	4199313.65	-	1222709.28	2976604.37
其他	5864138.06	-	3168319.30	2695818.76
	10588978.61	-	4653791.98	5935186.63

12、应付帐款

本项目无应付持本公司5%以上股份股东及其他关联企业款项。

13、应交税金

	1998.12.31	1999.12.31
增值税	-14533.85	59016.18
城建税	209399.85	360786.62
所得税	1440386.02	4827290.21
营业税	2859369.20	4936182.80
	4494621.22	10183275.81

14、其他应付款

其他应付款中关联企业往来款项:

	1998.12.31	1999.12.31
无锡太湖影视城	4908737.40	1781783.00

15、股本

	期初数	本期增加	期末数
发起人股	118000000.00	4100000.00	122100000.00
境内上市普通股	50000000.00	10000000.00	60000000.00
	168000000.00	14100000.00	182100000.00

本期股本增加是经公司董事会、股东大会讨论通过,并经证监会批准,于1999年度向股东配股而增加的股本。

16、资本公积

	期初数	本期增加	期末数
股本溢价	359546071.41	96100000.00	455646071.41
发行A股冻结利息	62636.00	-	62636.00
改制前净利润	11457502.07	-	11457502.07
	371066209.48	96100000.00	467166209.48

(1)股本溢价是指发行股票所得价款超过其面值总额并扣除发行费用后的部分;

(2) 发行A股冻结利息是指发行A股申购成功者在申购期内冻结资金所产生的存款 利息收入;

(3)根据财政部有关规定,并报经主管财政机关批准,将原唐城与三国城自评估基 准日起至本公司成立日止的实现净利润转入本公司资本公积。

17、盈余公积

	期初数	本期增加	期末数
法定盈余公积	12469886.06	5159567.67	17629453.73
公益金	12469886.06	5159567.67	17629453.73
任意盈余公积	6234943.03	2579783.83	8814726.86
	31174715.15	12898919.17	44073634.32

18、未分配利润

	金额
本期净利润	51595676.65
提取盈余公积	(12,898,919.17)
年初未分配利润	56564145.43
累计可供分配利润	95260902.91
本期分配普通股股利	(80,124,000.00)
期末未分配利润	15136902.91

本公司董事会于2000年4月9日讨论通过1999年度利润预分配方案，按本年度净利 润的10%分别提取法定盈余公积金和公益金,按5%提取任意盈余公积金。本公司董事会决定1999年度以1999年末股本为基数，按每10股分配现金红利4.4元的预分配方案。以上预分配方案需提交2000年度股东大会审议通过,并报有关主管部门备案。

19、主营业务收入

	1998年度	1999年度
拍摄及版权转让收入	95110283.85	111378441.55
门票收入	74584844.50	70954492.17
	169695128.35	182332933.72

本公司用募集资金全额投拍的50集电视连续剧《太平天国》城,截止1999年12月31日已完成全部后期制作,并已通过中央电视台审查并安排播出,有关《太平天国》首 播权的出售收入5000万元,本公司根据拍摄进度已分别计入1998年度及1999年度。

20、主营业务成本

	1998年度	1999年度
拍摄及版权转让成本	45419834.36	61283142.51
门票成本	33616337.52	32891196.94
	79036171.88	94174339.45

21、其他业务利润

	1998年度	1999年度
收取代管费	2200000.00	-
其他经营利润	4099615.94	4934356.87
	6299615.94	4934356.87

本公司1998年度接受无锡太湖影视城的委托,代管该单位下属的"影视技术制作 中心",向无锡太湖影视城收取220万元代管费。

22、财务费用

	1998年度	1999年度
利息支出	-	-
手续费支出	4087.74	4223.30
减:利息收入	9150738.71	3770249.86
	-9146650.97	-3766026.56

23、投资收益

	1998年度	1999年度
国债投资收益	512680.24	1224059.03
股票投资收益	40352.00	13653.61
股权投资收益	2592802.56	2759382.65
	3145834.80	3997095.29

24、营业外收入

	1998年度	1999年度
无法支付的应付款项	806529.36	72754.37
固定资产盘盈	-	45530.00
其他收入	6480.00	102795.31
	813009.36	221079.68

25、营业外支出

	1998年度	1999年度
粮食风险基金	281151.19	281014.91
物价调节基金	187435.58	187343.31
防洪保安基金	157531.82	187435.56
捐赠支出	330000.00	100000.00
处理固定资产损失	125023.09	176489.39
其它	79117.31	-
	1160258.99	932283.17

粮食风险基金按收入额的1.5‰计缴、物价调节基金按收入额的1‰计缴。

附注5:关联公司及其关联交易(单位:万元)

1、存在控制关系的关联方

企业名称	注册地址	主营业务	与本企业关系	经济性质	法定代表人
无锡太湖影视城	无锡漆塘	提供影视场景服务	母公司	全民所有制	郭宝祥
中国国际电视总公司	北京市	制作及销售电视剧	主要股东	全民所有制	贾文增

2、存在控制关系的关联方的注册资本及其变化

企业名称	期初数	本期增加数	本期减少数	期末数
无锡太湖影视城	989.60	-	-	989.60
中国国际电视总公司	19869.00	-	-	19869.00

3、存在控制关系关联方所持股本及其变化

企业名称	期初数		本期增加	期末数	
	金额	%	金额	金额	%
无锡太湖影视城	11300.00	67.26	310.00	11610.00	63.76
中国国际电视总公司	150.00	0.89	30.00	180.00	0.99

4、不存在控制关系的关联方

企业名称	与本企业的关系
北京中科红叶电子科技有限公司	联营企业
南海影视基地有限责任公司	联营企业

5、本公司与关联方的交易事项

本公司向无锡太湖影视城租赁唐城、三国城和水浒城占用土地,本年需向无锡太 湖影视城支付唐城、三国城土地租赁费1,708,737.40元,水浒城土地租赁费4,950,000元。

本公司与南海中视影视基地有限公司签有委托经营南海太平天国城的协议,租金 标准为每年2044万元。委托经营期限10年,于1999年4月1日太平天国城建成竣工起计 算。1999年共收取租金1534万元。

所有与关联企业往来余额均因上述交易产生,占用资金不计息亦无固定还款期限 。

附注6:或有负债或损失

截至1999年12月31日止,本公司无重大或有负债或损失。

附注7:资本承诺

截至1999年12月31日止,本公司除拟投资3000万元拍摄30集电视连续剧《秦始皇 》外,无其他重大承诺事项。

附注8:其他重要事项

1、根据董事会决议,本公司拟取消向北京中科红叶电子科技有限公司增资4000万元的投资方案,并拟将原投入该公司2500万元的股权进行转让。

根据董事会决议,本公司已决定终止太平天国城租赁合同,同时组建本公司南海分公司,负责经营管理本公司南海影视城的资产

无锡中视影视基地股份有限公司董事会

二000年四月十一日

资产负债表

1999年12月31日

编制单位:无锡中视影视基地股份有限公司　　单位:(人民币)元

	期初数	期末数
资 产		
流动资产:		
货币资金	275642131.40	110880620.04
短期投资		
减:短期投资跌价准备		
短期投资净额		
应收票据		
应收股利		
应收利息		
应收帐款		19129006.19
其他应收款	35834201.36	2588129.15
减:坏帐准备		318756.40
应收款项净额	54644451.15	2588129.15
预付帐款	7312645.67	20682353.00
应收补贴款		
存货	2135631.38	2705931.11
减:存货跌价准备		
存货净额	2135631.38	2705931.11
待摊费用		222080.00
待处理流动资产净损失		
一年内到期的长期债券投资		
其他流动资产		
流动资产合计	339956939.60	136857033.30
长期投资:		
长期股权投资	29953185.21	29693802.56
长期债权投资		
长期投资合计	29953185.21	29693802.56
其中:合并价差		
减:长期投资减值准备		
长期投资净额	29953185.21	29693802.56
固定资产:		
固定资产原价	484937302.46	281240887.40
减:累计折旧	53930082.54	34272995.49
固定资产净值	431007219.92	246967891.91
工程物资		
在建工程	215060000.00	
固定资产清理		
待处理固定资产净损失		
固定资产合计	431007219.92	462027891.91
无形资产及其他资产:		
无形资产	5408400.00	6926000.00
开办费	3476154.75	5197491.21
长期待摊费用	5935186.63	10588978.61
其他长期资产		
无形资产及其他资产合计	14819741.38	22712469.82
递延税项:		
递延税款借项		
资产总计	815737086.11	651291197.59
流动负债:		
短期借款		
应付票据		
应付帐款	4595262.31	341050.55
预收帐款		1533000.00
代销商品款		
应付工资		
应付福利费	812330.57	192287.70
应付股利		80124000.00
应交税金	10183275.81	4494621.22
其他应交款	1183232.53	416681.01
其他应付款	8829238.18	19041487.05
预提费用		
一年内到期的长期负债		
其他流动负债		
流动负债合计	107260339.40	24486127.53
长期负债:		
长期借款		
应付债券		
长期应付款		
住房周转金		
其他长期负债		

长期负债合计		
递延税项:		
递延税款贷项		
负债合计	107260339.40	24486127.53
少数股东权益		
股东权益:		
股本	182100000.00	168000000.00
资本公积	467166209.48	371066209.48
盈余公积	44073634.32	31174715.15
其中:公益金	17629453.73	12469886.06
未分配利润	15136902.91	56564145.43
外币报表折算差额		
股东权益合计	708476746.71	626805070.06
负债和股东权益总计	815737086.11	651291197.59

利润及利润分配表

1999 年度

编制单位:无锡中视影视基地股份有限公司　　单位:(人民币)元

	1998 年度	1999 年度
一、主营业务收入	182332933.72	169695128.35
减:折扣与折让		
主营业务收入净额	182332933.72	169695128.35
减:主营业务成本	94174339.45	79036171.88
主营业务税金及附加	8891636.18	7763193.77
二、主营业务利润	79266958.09	82895762.70
加:其他业务利润	4934356.87	6299615.94
减:存货跌价损失		
营业费用	5014933.01	4759390.08
管理费用	24389304.77	20047971.88
财务费用	-3766026.56	-9146650.97
三、营业利润	58563103.74	73534667.65
加:投资收益	3997095.29	3145834.80
补贴收入		
营业外收入	221079.68	813009.36
减:营业外支出	932283.17	1160258.99
四、利润总额	61848995.54	76333252.82
减:所得税	10253318.89	10978112.70
减:少数股东损益		
五、净利润	51595676.65	65355140.12
加:年初未分配利润	56564145.43	7547790.34
盈余公积转入		
六、可供分配的利润	108159822.08	72902930.46
减:提取法定盈余公积金	5159567.67	6535514.01
减:提取法定公益金	5159567.67	6535514.01
七、可供股东分配的利润	97840686.74	59831902.44
减:应付优先股股利		
提取任意盈余公积	2579783.83	3267757.01
应付普通股股利		80124000.00
转作股本的普通股股利		
八、未分配利润	15136902.91	56564145.43

现金流量表

1999 年度

编制单位:无锡中视影视基地股份有限公司　　单位:(人民币)元

	金额
一、经营活动产生的现金流量	
销售商品、提供劳务收到的现金	174807439.29
收取的租金	10279838.55
收到的增值税销项税和退回的增值税款	
收到的除增值税以外的其他税费返还	17655000.00
收到的其他与经营活动有关的现金	10966663.03
经营活动现金流入小计	213708940.87
购买商品、接收劳务所支付的现金	62283168.01
经营租赁所支付的现金	
支付给职工以及为职工支付的现金	17682766.21
支付的增值税款	833899.73
支付的所得税款	24521414.70
支付的除增值税、所得税以外的其他税费	7667297.46
支付的其他与经营活动有关的现金	33871132.52
经营活动现金流出小计	146859678.63
经营活动产生的现金流量净额	66849262.24
二、投资活动产生的现金流量	
收回投资所收到的现金	232267323.00
分得股利或利润所收到的现金	12870.00
取得债券利息收入所收到的现金	1224059.03
处置固定资产、无形资产和其他长期资产而收回的现金净额	446869.90
收到的其他与投资活动有关的现金	
投资活动现金流入小计	233951121.93
购建固定资产、无形资产和其他长期资产所支付的现金	8585904.18
权益性投资所支付的现金	1001697.64
债权性投资所支付的现金	99864841.75
支付的其他与投资活动有关的现金	137265000.00
投资活动现金流出小计	246717443.57
投资活动产生的现金流量净额	-12766321.64
三、筹资活动产生的现金流量	
吸收权益性投资所收到的现金	110678570.76
其中:子公司吸收少数股东权益性投资收到的现金	
发行债券所收到的现金	
借款所收到的现金	
收到的其他与筹资活动有关的现金	
筹资活动现金流入小计	110678570.76
偿还债务所支付的现金	
发生筹资费用所支付的现金	
分配股利或利润所支付的现金	
其中:子公司支付少数股东的股利	
偿付利息所支付的现金	
融资租赁所支付的现金	
减少注册资本所支付的现金	
其中:子公司依法减资支付给少数股东的现金	
支付的其他与筹资活动有关的现金	
筹资活动现金流出小计	
筹资活动产生的现金流量净额	110678570.76
四、汇率变动对现金流量的影响	
五、现金及现金等价物净增加额	164761511.36
六、不涉及现金收支的投资和筹资活动	
以固定资产偿还债务	
以投资偿还债务	
以固定资产进行长期投资	
以存货偿还债务	
融资租赁固定资产	
七、将净利润调节为经营活动的现金流量	
净利润	51595676.65
加:少数股东损益	
计提的坏帐准备或转销的坏帐	318756.40
固定资产折旧	20107991.76
无形资产摊销	8157728.44
处置固定资产、无形资产和其他长期资产的损失(减:收益)	
固定资产报废损失	126153.58
财务费用	
投资损失(减:收益)	-3997095.29
递延税款贷项(减:借项)	
存货的减少(减:增加)	570299.73
经营性应收项目的减少(减:增加)	-25421744.59
经营性应付项目的增加(减:减少)	13838751.93
其他	1552743.63
经营活动产生的现金流量净额	66849262.24
八、现金及现金等价物净增加情况:	
货币资金的期末余额	275642131.40
减:货币资金的期初余额	110880620.04
现金等价物的期末余额	
减:现金等价物的期初余额	
现金及现金等价物净增加额	164761511.36

新疆特变电工股份有限公司

一 、公司简介

1、公司法定中文名称:新疆特变电工股份有限公司
公司法定英文名称:XINJIANG TEBIAN ELECTRIC APPARATUS STOCK CO.LTD.
英文名称缩写:TBEA
2、公司法定代表人:张　新
3、公司董事会秘书:郭俊香
联系地址:新疆昌吉市延安南路 52 号
电　　话:0994-2723231 转 3140　　0994-2724766
传　　真:0994-2724766
4、公司注册地址:新疆昌吉市延安南路 52 号
公司办公地址:新疆昌吉市延安南路 52 号
公司邮政编码:831100
公司国际互联网网址:http://www.china-tbea.com
公司电子信箱:tbea-cj @ mail.xj.cninfo.net
5、公司选定的信息披露报纸:《上海证券报》、《中国证券报》
登载公司年度报告的中国证监会指定国际互联网网址: http://www.sse.com.cn
公司年度报告备置地点:本公司证券部
6、公司股票上市交易所:上海证券交易所
股票简称:特变电工　　股票代码:600089

二、会计数据和业务数据摘要

1、公司一九九九年度各项会计数据:
利润总额:96,948,584.81 元
净 利 润:89,784,735.27 元
扣除非经常性损益的净利润:87,384,213.27 元
主营业务利润:150,358,888.45 元
其他业务利润:4,873,097.65 元
营业利润:87,746,476.83 元
投资收益:6,504,604.53 元
营业外收支净额:2,697,503.45 元
经营活动产生的现金流量净额:36,766,714.31 元
现金及现金等价物净增加额:35,600,387.94 元
注:扣除的非经营性损益项目及涉及金额:
(1) 控股子公司德阳电缆股份有限公司营业外收入 240 万元
(2) 合并价差摊入　522 元
(3)以上项目涉及金额:2400522 元
2、截止本报告期末公司前三年的主要会计数据和财务指标

(单位:元)

财务指标	1999 年	1998 年		1997 年
		调整前	调整后	
主营业务收	633,943,344.50	457,977,145.65	457,977,145.65	213,910,151.30
净利润	89,784,735.27	51,194,642.49	46,712,886.87	36,745,374.55
总资产	1,266,590,587.00	899,870,960.67	894,069,685.78	456,544,893.21
股东权益	519,106,802.62	434,905,729.67	429,322,067.35	247,944,078.18
每股收益	0.6013	0.34	0.3129	0.44
每股收益(加权)	0.6013	0.57	0.5234	0.53
每股收益(扣除非经营性损益)	0.5853	0.31	0.28	0.42
每股净资产	3.48	2.91	2.875	3.04
调整后每股净资产	3.41	2.80	2.76	2.95
每股经营活动产生的现金流量净额	0.246	−0.17	−0.17	--
净资产收益率(%)	17.30	11.77	10.88	14.82

注:主要财务指标计算方法:
每股收益=净利润/年度末普通股股份总数
每股净资产=年度末股东权益/年度末普通股股份总数
调整后的每股净资产=(年度末股东权益—三年以上的应收款项净额-待摊费用-待处理(流动、固定)资产净损失-开办费-长期待摊费用-住房周转金负数余额)/年度末普通股股份总数
每股经营活动产生的现金流量净额=经营活动产生的现金流量净额/年度末普通股股份总数
净资产收益率=净利润/年度末股东权益×100%
3、报告期内股东权益变动情况(单位:元)

项目	股本	资本公积	盈余公积	法定公益金	未分配利润	股东权益合计
期初数	149311360	204726337.46	20929099.15	5930610.76	54355270.74	429322067.35
本期增加	----	----	14373530.24	4791176.75	75411205.03	89784735.27
本期减少	----	----	----	----	---	----
期末数	149311360	204726337.46	35302629.39	10721787.51	129766475.77	519106802.62

变动原因:
1、盈余公积增加是利润分配提取 10%的法定盈余公积金,5%的公益金所致。
2、未分配利润增加是本年度利润增加所致。

三、股东情况介绍

1、截止 1999 年末,公司股东总数为 11532 户。
2、前十名股东持股情况

数量单位:股

股东名称	年初持股数	年末持股数
昌吉市特种变压器厂	38640000	38640000
昌吉电力实业总公司	10592000	10592000
新疆维吾尔自治区技改投资公司	9225760	9225760
上海邦联投资有限公司	8000000	8000000
中信国安工贸集团	4000000	4000000
新疆维吾尔自治区投资公司	3186400	3186400
西安电力机械制造公司	2579200	2579200
金华金威	1660050	1660050
巴州电力多种经营公司	1600000	1600000
独山子石化天利集团公司	1600000	1600000

其中:金华金威所持股份为流通股,其余股东所持均为法人股。

新疆啤酒花股份有限公司

(一) 公司简介

1、公司的法定中、英文名称及缩写。
中文全称:新疆啤酒花股份有限公司
英文全称:XIN JIANG HOPS Co.,Ltd
2、公司法定代表人:赵富
3、公司董事会秘书:舒群
联系地址:新疆乌鲁木齐市解放北路 17 号
电话:(0991)2825373 传真:(0991)2833517
电子信箱:shuqun@chinaren.com
4、公司注册地址:乌鲁木齐市解放北路 17 号酒花大厦
公司办公地址:乌鲁木齐市解放北路 17 号酒花大厦　　邮政编码:830002
公司国际互联网网址:ftp://www.hops.com.cn　　电子信箱:hopscom@mail.wl.xj.cn
5、公司选定的信息披露报纸:《中国证券报》、《上海证券报》登载公司年度报告的中国证监会指事实上国际互联网网址:http://www.sse.com.cn
公司年度报告备置地点:公司证券部
6、公司股票上市交易所:上海证券交易所
股票简称:啤酒花　　股票代码:600090

(二) 会计数据和业务数据摘要

1、公司本年度主要会计数据(单位:人民币元)

利润总额	37,796,677.25
净利润	36,802,379.83
扣除非经常性损益后的净利利润	35,837,072.85
主营业务利润	60,847,393.52
其他业务利润	8,207,619.99
营业利润	29,367,303.10
投资收益	2,395,445.60
补贴收入	965,306.98
营业外收支净额	5,068,621.57
经营活动产生的现金流量净额	−23,217,794.05
现金及现金等价物净增加额	20,836,743.51

注:扣除的非经常性损益后的净利润指扣除补贴收入 965,306.98 元后的净利润。
2、报告期末前三年的主要会计数据和财务指标:(合并报表)

指标项目	1999 年度	1998 年度		1997 年度	
		调整前	调整后	调整前	调整后
主营业务收入	277,900,761.46	196,527,870.65	196,527,870.65	157,291,123.01	157,291,123.01
净利润	36,802,379.83	27,847,322.34	23,117,668.74	40,506,951.21	34,086,744.49
总资产	618,514,649.38	523,985,880.24	519,256,226.64	434,059,767.45	427,639,590.73
股东权益(不含少数股东权益)	283,838,316.53	264,206,516.36	259,476,862.76	236,359,194.02	229,939,017.30
每股收益	0.29	0.22	0.18	0.506	0.43
加权平均每股收益	0.29	0.22	0.18	0.60	
扣除非经常性损益的每股收益	0.28	0.21	0.17		
每股净资产	2.22	2.06	2.03	2.954	2.87
调整后的每股净资产	2.14	2.00	1.94	2.917	1.74
每股经营活动产生的现金流量净额	−0.18	−0.60			
净资产收益率	12.96%	10.5%	8.9%	17.138%	14.82%

一)计算公式
每股收益、每股净资产、调整后的每股净资产、每股经营活动产生的现金流量净额和净资产收益率等财务指标的计算公式如下:
每股收益=净利润/年度末普通股股份总数
每股净资产=年度末股东权益/年度末普通股股份总数
调整后的每股净资产=(年度末股东权益--三年以上的应收款项净额-待摊费用-待处理(流动、固定)资产净损失-开办费-长期待摊费用-住房周转金负数余额)/年度末普通股股份总数
每股经营活动产生的现金流量净额=经营活动产生的现金流量净额/年度末普通股股份总数
净资产收益率=净利润/年度末股东权益×100%
(二)公司于 2000 年 3 月 2 日实施配股,若以配股后的总股本计算,则 99 年度每股收益为 0.256 元。
3、按下表列示报告期内股东权益变动情况:　　单位:万元

项目	股本	资本公积	盈余公积	法定公益金	末分配利润	股东权益合计
期初数	12800	6624.08	3434.03	957.15	2384.42	25242.53
本期增加	0	0	2278.46	268.79	1401.78	3141.3
本期减少	0	0			538.94	
期末数	12800	6624.08	5712.49	1225.94	3247.25	28383.83
变动原因			利润分配	利润分配	利润分配	利润分配

(三)股东情况介绍

(1) 报告期末股东总数
报告期末股东总数 12001 户,其中内部职工股股东数量 1176 户。
(2)公司前十名股东情况

单位名称	期初数	本年变动增减(+、-)	期末数	比例(%)
新疆恒源投资有限责任公司	0.00	+3824.00	3824.00	29.875
新疆轻工业供销总公司	2800.00	0.00	2800.00	21.875
深圳市卢堡工贸有限公司	320.24	0.00	320.24	2.5
深圳祥源印刷包装有限公司	242.88	0.00	242.88	1.9
新疆证券登记公司	161.52	0.00	161.52	1.26
基金泰和	0.00	99.9993	99.9993	0.78
金钢天证	47.61	0.00	47.61	0.37
和硕清水河农场供销公司	36.48	0.00	36.48	0.29
李正纲	0.00	28.3199	28.3199	0.22
沈丽华	0.00	26.6141	26.6141	0.21

公司第一大股东新疆恒源投资有限公司股权被质押。

包头明天科技股份有限公司

(一)公司简介

1.公司法定名称:
中文名称: 包头明天科技股份有限公司
英文名称: BAOTOU TOMORROW TECHNOLOGY CO.,LTD
英文缩写:BTTT
2.公司法定代表人:肖建华
3.公司董事会秘书:许汉章
授权代表:王宇锋
联系地址:包头明天科技股份有限公司证券部。
电话:0472-5980192 或 5980033-8313
传真:0472-5980275
电子信箱:zjb2@tomoteeh.com
4.公司注册地址:包头火车站南二公里
办公地址:包头火车站南二公里包头明天科技股份有限公司办公楼 邮政编码:014013
国际互联网网址:www.tomotech.com
电子信箱:master@tomoteeh.com
5.公司选定的信息披露报刊为:《中国证券报》、《上海证券报》
刊登公司年度报告的中国证监会指定国际互联网网址:HTTP://WWW.SEE.COM.CN。
公司年度报告备置地点:包头明天科技股份有限公司证券部。
6.公司股票上市交易所:上海证券交易所
股票简称:明天科技
股票代码:600091

(二)、会计数据和业务数据摘要

1、会计数据和业务数据
公司本年度实现利润总额 82722714.83 元, 净利润 66759812.08 元, 扣除非经常性损益后的净利润 46322610.02 元,主营业务利润 98523984.87 元,其他业务利润 12300546.05 元,营业利润 65535939.81 元,投资收益-2517406.96 元,补贴收入 20437202.06 元,营业外收支净额-733020.08 元,经营活动产生的现金流量净额 4962126.99 元,现金及现金等价物净增加额 342296801.05 元。

2.公司前三年主要会计数据和财务指标

序号	项目	1999 年	1998 年		1997 年	
			调整前	调整后	调整前	调整后
1	主营业务收入(万元)	58208.45	25189.75	25189.75	24260.51	24260.51
2	净利润(万元)	6675.98	5170.39	5258.21	3381.88	19445.15
3	总资产(万元)	115166.16	71805.66	70398.52	54447.20	52976.83
4	股东权益(万元)	75658.31	37017.74	35668.83	31847.56	30410.83
5	每股收益 (摊薄) (元/股)	0.295	0.255	0.26	0.334	0.192
	每股收益(加权)(元/股)	0.33	0.279	0.283	0.41	0.235
	扣除非经常损益后的每股收益(元/股)	0.205	0.191	0.195	0.222	0.08
6	每股净资产(摊薄) (元/股)	3.34	1.83	1.76	3.15	3.01
	每股净资产(加权) (元/股)	3.70	2.00	1.92	3.85	3.68
7	调整后每股净资产(元/股)	3.33	1.82	1.76	3.12	2.98
8	每股经营活动产生的现金流量净额(元/股)	0.02	0.25	0.25		
9	净资产收益率(摊薄)(%)	8.82	13.97	14.74	10.62	6.40

注:主要财务指标计算方法
每股收益=净利润/年度末普通股份总数
每股净资产=年度末股东权益/年度末普通股份总数
净资产收益率=净利润/年度末股东权益×100%
调整后每股净资产=(年度末股东权益-三年以上的应收款项净额-待摊费用-待处理(流动、固定)资产净损失-开办费-长期待摊费用-住房周转金负数余额)/年度末普通股股份总数
每股经营活动产生的现金流量净额=经营活动产生的现金流量净额/年度末普通股股份总数

3、报告期内股东权益变动情况 单位:万元

项目	股本	资本公积	盈余公积	法定公益金	未分配利润	股东权益合计
期初数	20240	8225.68	1080.47	360.16	6122.68	35668.83
本期增加	2412.6	30900.90	1001.40	333.80	5674.58	39989.48
本期减少						
期末数	22652.6	39126.58	2081.87	693.96	11797.26	75658.31

变动原因:
1).股本增加是 99 年配股所至;
2).资本公积增加是 99 年配股溢价所至;
3).盈余公积增加是 99 提取净利润 15%所至;
4).未分配利润增加是由于本年度利润增加及计提四项准备调整利润所至。

(三) 股东情况介绍

(1)、本年度末股东总数 45664 户
(2)、本公司前 10 名大股东持股情况

名次	名称	持股数(股)	持占比例(%)
1	包头北大明天资源科技有限公司	1303260000	57.53
2	光大证券有限责任公司	7970644	3.52
3	王毓惠	525400	0.23
4	牛春梅	452407	0.20
5	王书军	398616	0.18
6	苏英	368200	0.16
7	甘肃泰兴	365700	0.16
8	蔡汉虎	329700	0.15
9	张锐	322000	0.14
10	吴淑娟	320700	0.14

陕西精密合金股份有限公司

一、公司简介

(一) 公司法定中文名称:陕西精密合金股份有限公司
公司法定英文名称:SHAANXI PRECISION ALLOY CO,LTO
公司英文名称缩写:PREC
(二) 公司法定代表人:宫著铭
(三) 公司董事会秘书:葛熙富
联系地址:西安市莲湖区枣园东路 2 号
联系电话:(029)4610536 联系传真:(029)4620414
电子信箱:E-mail:jmgfdm@sein.sxgb.com.cn
(四) 公司注册地址:西安高新技术产业开发区高新一路 19 号
公司办公地址:西安市莲湖区枣园东路 2 号
邮政编码:710077
公司国际互联网网址:http://www.jmgf.com.cn
公司电子信箱:E-mail:jmgf@sein.sxgb.com.cn
(五)公司选定的信息披露报纸:《中国证券报》、《上海证券报》
公司年度报告备置地点:西安市莲湖区枣园东路 2 号陕西精密合金股份有限公司董事会秘书处
证监会指定的公司刊登年度报告的国际互联网网址:
http://www.sse.com.cn;
(六) 公司股票上市交易所:上海证券交易所
股票简称:精密股份 股票代码:600092

二、会计数据和业务数据摘要

(一) 本年度实现利润指标及主要现金流量指标

项目	金额(单位:元)
利润总额	70298893.10
净利润	59589386.19
扣除非经营性损益后的净利润	57502710.06
主营业务利润	76861941.07
其他业务利润	87837.04
营业利润	63346227.63
投资收益	6999620.66
补贴收入	
营业外收支净额	-46955.19
经营活动中产生的现金流量净额	-98655653.55
现金及现金等价物净增加额	-25381943.62

注:"扣除非经营损益后的净利润"一栏中扣除的项目为:转让所持环亚实业有限公司股权收益,涉及金额 2454913.09 元。

(二) 前三年主要会计数据和财务指标(单位:元)

项目	1999 年	1998 年		1997 年	
		调整前	调整后	调整前	调整后
主营业务收入	172068273.78	165571581.62	165571581.62	69730920.19	69730920.19
净利润	59589386.19	63368150.15	61622272.57	30910357.89	26785466.44
总资产	657041245.83	574004093.75	568020943.08	442748201.18	438623309.73
股东权益	425955352.30	372236735.14	366365966.11	308868584.99	304743693.54
不含少数股东权益					
每股收益	0.2509	0.4002	0.3892	0.1952	0.1692
加权平均每股收益	0.2509	0.4002	0.3892	0.2656	0.2302
扣除非经营性损益后的每股收益	0.2421	0.4002	0.3892	0.1904	0.1644
每股净资产	1.79	2.35	2.31	1.95	1.92
调整后的每股净资产	1.79	2.35	2.31	1.95	1.92
每股经营活动中产生的现金流量净额	-0.4154	-0.1020	-0.1020		
净资产收益率(%)	13.99	17.02	16.82	10.01	8.79

(三) 报告期内股东权益变动情况
(单位:万元)

项目	股本	资本公积	法定盈余公积	法定公益金	未分配利润	合计
期初数	15834	9792.47	1484.34	749.04	8776.74	36636.59
本期增加	7917		595.89	297.95	5065.10	13875.94
本期减少		4750.20			3166.80	7917.00
期末数	23751	5042.27	2080.23	1046.99	10675.04	42595.53

变动原因:
1、股本变动原因:股本本期增加 7917 万股,系实施 1998 年利润分配方案和资本公积金转增股本方案,每 10 股送 2 股转增 3 股所致。
2、资本公积本期减少 4750.20 万元,系实施转增股本方案每 10 股转增 3 股所致。
3、法定盈余公积金本期增加 595.89 万元,系本年度按净利润提取 10%法定公积金;法定公益金本期增加 297.95 万元,系本年度按净利润提取 5%法定公益金。
4、未分配利润本期增加 5065.10 万元,系本年度提取法定公积金、公益金后可供股东分配的利润,减少 3166.80 万元,系实施每 10 股送 2 股所致。
5、以上四条原因共同引起了股东权益的增加。

三、股东情况介绍

1、报告期末股东总数:48925 户
2、前十名股东持股情况

序号	股东名称	年末持股数(股)	持股比例
1、	深圳市天华电力投资有限公司	75150000	31.64
2、	上海涌金实业有限公司	5400000	2.27
3、	新疆乌鲁木齐将军制锁厂	4503449	1.896
4、	中国木材总公司	3060000	1.29
5、	西安国际信托投资公司证券部	2700000	1.14
6、	深业集团 深圳 物业管理公司	2700000	1.14
7、	深圳市市政工程公司	1800000	0.76
8、	南通市通银经贸公司	1800000	0.76
9、	河北中兴科技开发总公司	1800000	0.76
10	西北信托	1800000	0.76

四川禾嘉股份有限公司

一、公司简介

1、公司法定中文名称:四川禾嘉股份有限公司
公司法定英文名称:SICHUAN HEJIA CO.,LTD.
2、公司法定代表人:夏朝嘉
3、公司董事会秘书:樊　平
联系电话:(028)7739507　　传　真:(028)7739507
联系地址:四川省成都市高新技术开发区高朋东路 14 号　　邮　编:610041
4、公司注册地址:四川省成都市高新技术开发区
公司办公地址:四川省成都市高新技术开发区高朋东路 14 号
邮　　编:610041
公司国际互联网址:http://www.hejia.com
公司电子信箱:E-mail:hjgeo@mail.sc.cninfo.net
E-mail:hejia@hejia.com
5、公司选定的信息披露报纸名称:《中国证券报》、《上海证券报》
登载公司年度报告的中国证监会指定国际互联网网址:http://www.sse.com.cn.
公司年度报告备置地点:公司董秘办公室
6、公司股票上市交易地:上海证券交易所
股票简称:禾嘉股份　　股票代码:600093

二、会计数据和业务数据摘要

1、公司本年度实现利润情况　　单位:人民币元

利润总额	42,226,904.27
净利润	29,320,372.85
扣除非经营性损益后的净利润	22,390,298.77
主营业务利润	62;284,022.65
营业利润	36,929,948.69
投资收益	−1,633,118.50
补贴收入	821,326.77
营业外收支净额	6,108,747.31
经营活动产生的现金流量净额	95,990,179.80
现金及现金等价物净增加额	−57,824,731.53

注:扣除非经营性损益项目和涉及金额

(1) 营业外收支净额项目	6,108,747.31
(2) 补贴收入项目	821,326.77
(3) 以上项目涉及金额	6,930,074.08

2、截止报告期末,公司前三年主要会计数据和财务指标(单位:人民币元)

指标项目	1999 年	1998 年		1997 年	
		调整前	调整后	调整前	调整后
主营业务收入	193989546.94	159811388.67	159811388.67	65366202.65	
净利润	29320372.85	42098371.02	47400874.82	18431549.17	
总资产	681471612.77	399023605.91	388429058.97	333767846.91	
股东权益	351064677.80	332229463.68	321744304.95	290131092.66	
每股收益(元/股)	0.23	0.33	0.37	0.25	
扣除非经营性损益的每股收益(元/股)	0.18				
每股净资产(元/股)	2.75	2.61	2.52	3.87	
调整后的每股净资产(元/股)	1.25	2.53	2.52	3.87	
每股经营活动产生的现金流量净额	0.75	0.18			
净资产收益率(%)	8.35	12.67	14.73	6.35	
加权净资产收益率(%)	8.71	13.53	15.49	11.00	

注:主要财务指标的计算公式如下:
每股收益=净利润/年度末普通股股份总数
每股净资产=年度末股东权益/年度末普通股股份总数
调整后的每股净资产=[年度末股东权益−三年以上的应收款项净额−待摊费用−待处理(流动、固定)资产净损失−开办费−长期待摊费用−住房周转金负数余额]/年度末普通股股份总数
每股经营活动产生的现金流量净额=经营活动产生的现金流量净额/年度末普通股股份总数
净资产收益率=净利润/年度末股东权益×100%
加权平均净资产收益率=净利润/[(期初净资产+期末净资产)/2+当期发行新股或配股新增净资产×(自缴款结束日下一月份至报告期末的月份数−6)/12]

3、报告期内股东权益变化情况(单位:元)

项目	股本	资本公积	盈余公积	法定公益金	未分配利润	股东权益合计
期初数	127500000.00	150199543.49	6003378.68	3001689.35	35039693.43	321744304.95
本期增加	—	—	4181527.64	2090763.82	23048081.39	29320372.85
本期减少	—	—	—	—	—	—
期末数	127500000.00	150199543.49	10184906.3	5092453.17	58087774.82	351064677.80

变动原因:
(1)盈余公积及法定公益金增加,系 1999 年度按可供分配利润总额的 10%、5%提取“两金”所致。
(2)年末未分配利润增加,系 1999 年度按可供分配利润总额扣除“两金”及已分配股利后的余额。

三、股东情况介绍

1、截止 1999 年 12 月 31 日,公司股东共有 33766 户,其中法人股股东 5 户,流通股股东 33761 户。
2、公司前十名股东持股情况:

股东名称	年末持股数量(万股)	持股比例(%)
四川禾嘉实业集团有限公司	6640.20	52.08
成都市武侯区百花洲水上世界	336.60	2.64
四川禾嘉房地产开发公司	336.60	2.64
北海海利实业公司	168.30	1.32
四川星火食品研究院	168.30	1.32
基金泰和	100.00	0.78
财政证券	32.60	0.25
李军	25.90	0.20
徐芳	22.00	0.17
深长兴达	17.50	0.13

上海华源股份有限公司

一、公司简介

1. 公司法定中文名称:上海华源股份有限公司
公司法定英文名称:SHANGHAI WORLDBEST CO.,LTD
2. 公司法定代表人:吴云生
3. 公司董事会秘书:张乐生
联系地址:上海浦东陆家嘴路 66 号招商局大厦 31 楼　　电子信箱:swc07@soim.net
电话:021−58793938(总机) 021−58823020(直线)　　传真:021−58825887
4. 公司注册地址:上海市浦东陆家嘴路 66 号招商局大厦 31 楼
公司办公地址:上海市浦东陆家嘴路 66 号招商局大厦 31 楼　邮政编码:200120
公司国际互联网址:http://www.worldbest.sh.cn　　电子信箱:shhygf@ online.sh.cn
5. 公司选定的信息披露报纸名称:《上海证券报》、《中国证券报》、《香港文汇报》。
登载公司年度报告的中国证监会指定国际互联网网址:http://www.sse.com.cn
公司年度报告备置地点:公司总经理办公室
6. 公司股票上市交易所:上海证券交易所
股票简称和股票代码:华源股份 600094　华源 B 股 900940

二、会计数据和业务数据摘要

1. 公司本年度实现利润情况(单位:元)

利润总额:	146,480,249.16
净利润:	96,302,192.19
扣除非经常性损益后的净利润:	78,294,774.33
主营业务利润:	183,145,164.29
其他业务利润:	26,004,355.47
营业利润:	109,729,643.12
投资收益:	25,797,737.18
补贴收入:	9,712,379.06
营业外收支净额:	1,240,489.80
经营活动产生的现金流量净额:	77,809,655.33
现金及现金等价物净增加额:	292,469,401.27

实现净利润按中国会计师准则审计为 9630.22 万元,按国际会计准则审计为 4747.4 万元,具体差异如下:

	净利润(人民币千元)
根据中国会计准则列报:	96,302
国际会计准则调整:	
1.开办费摊销差异	(2,467)
2.税后利润计提职工福利基金差异	(4,599)
3.坏账准备差异	(31,925)
4.存货准备差异	659
5.折旧及资产报损	(6,152)
6.预提费用及其他	(4,344)
按国际会计准则列报:	47,474

2. 公司前三年主要会计数据和财务指标(单位:元)

项目	1999 年	1998 年		1997 年	
		调整前	调整后	调整前	调整后
主营业务收入	987,622,833.29	483,511,231.01	483,511,231.01	696,018,354.36	696,018,354.36
净利润	96,302,192.19	58,766,378.90	46,139,291.34	99,308,963.45	79,931,824.45
总资产	2,408,227,268.30	1,651,016,500.83	1,618,488,046.04	1,303,633,099.34	1,283,636,539.11
股东权益(不含少数股东权益)	808,764,021.61	776,536,567.28	744,532,340.72	746,479,334.51	727,102,195.51
每股收益	0.34	0.21	0.16	0.42	0.34
①加权每股收益	0.34	0.21	0.16	0.45	0.37
②扣除非经常性损益每股收益	0.27	/	/	0.40	0.32
每股净资产	2.83	2.71	2.60	3.13	3.05
调整后的每股净资产	2.76	2.69	2.58	3.09	
每股经营活动产生的现金流量净额	0.27	0.26	0.26	/	
净资产收益率(%)	11.91	7.57	6.20	13.30	10.99
① 加权平均净资产收益率(%)	12.40	7.71	6.27	17.32	14.18

3. 按下表列示报告期内股东权益变动情况(单位:万元)

项目	股本	资本公积	盈余公积	法定公益金	未分配利润	股东权益合计
期初数	28,623.60	36,342.42	3,663.69	1,990.68	3,832.84	74,453.23
本期增加			2,598.83	1,260.41	5,426.29	9,285.53
本期减少					2,862.36	2,862.36
期末数	28,623.60	36,342.42	6,262.52	3,251.09	6,396.77	80,876.40

三、股东情况介绍

1. 报告期末股东总数为 8606 户, 其中境内上市外资股股东 4858 户, 境内上市人民币普通股股东 3748 户。
2.前十名股东情况

股东名称	年初持股数(万股)	年末持股数(万股)	占总股本%	持股类别	质押或冻结
1 常州华源化学纤维有限公司	5324.4	5324.4	18.60	法人股	
2 中国华源集团有限公司	1941.6	1941.6	6.78	法人股	
3 上海中国纺织国际科技产业城发展公司	1462.8	1462.8	5.11	法人股	质押
4 锡山市长苑丝织厂	676.8	676.8	2.36	法人股	质押
5WISEMAX INTERNATIONAL LIMITED		621.575	2.17	B 股	
6 江苏秋艳(集团)公司	618	618	2.16	法人股	
7HSBC(NOMS)LTD A/C MR KUP PHEK LONG	589.716	589.716	2.06	B 股	
8NATEXIS BANQUES POPULAIRES		269.952	0.94	B 股	
9SCBHK A/C BANK OF NEW YORK S/A CMG CH CHINA INVESTMENTS LIMTED		262.012	0.92	B 股	
10 中亚化学公司 USA		185	0.65	B 股	

哈尔滨高科技(集团)股份有限公司

一、公司简介

(一) 公司名称
中文:哈尔滨高科技(集团)股份有限公司　　简称:哈高科
英文:HARBIN HIGH--TECH (GROUP) LIMITED COMPANY
(二)法定代表人:李明
(三)公司信息披露事务人员:
董事会秘书:王辉　电子信箱:wanghui@hbhtg.com
联系地址:哈尔滨高新技术产业开发区 26 号楼
联系电话:0451-2301029　传 真:0451-2301029　2322839
授权代表:黄宝育　电子信箱:stock@hbhtg.com
联系地址:哈尔滨高新技术产业开发区 26 号楼
联系电话:0451-2301029　传 真:0451-2301029　2322839
(四)公司注册地址及办公地址:哈尔滨高新技术产业开发区 26 号楼　邮政编码:150090
网址:http://www.hbhtg.com(国际)　http://www.hbhtg.com.cn(国内)
电子信箱:project@hbhtg.com
(五)公司年报披露指定报刊:上海证券报
公司年报登载的互联网网址:http://www.sse.com.cn
公司年报备置地点:公司董事会秘书处
(六)公司股票上市地:上海证券交易所
股票简称:哈高科　股票代码:600095

二、会计数据和业务数据摘要

(一)公司本年度主要利润情况

利润总额:	71,144,795.11
净利润:	56,820,279.87
扣除非经常性损益后的净利润:	55,425,059.00
主营业务利润:	101,864,528.22
其他业务利润:	118,836.93
营业利润:	64,465,121.59
投资收益:	2,351,250.60
补贴收入:	3,138,075.01
营业外收支净额:	1,190,347.91
经营活动产	

(二)主要会计数据和财务指标

单位: 元

指标项目	99 年	98 年	98 年(调整前)	97 年	97 年(调整前)
主营业务收入:	395,069,914.62	295768896.59	306,949,185.70	294,542,088.32	294542088.32
净利润:	56,820,279.87	33849564.12	56,426,391.06	31647338.17	45,629,617.74
总资产:	1,236,650,786.50	810030500.29	928,099,983.64	875603010.84	890,723,176.56
股东权益(不含少数股东权益)	718,691,809.15	469813329.28	506,372,435.79	434666865.16	448,649,144.73
每股收益	0.217	0.26	0.43	0.24	0.35
每股收益(加权平均)	0.319				
每股净资产:	2.748	3.6	3.895	3.34	3.45
调整每股净资产:	2.52		3.46		3.44
净资产收益率:	7.919%	7.2	11.14%	7.28	10.17%
净资产收益率(加权):	10.43%	7.48	11.82%		14.78%

每股经营活动产生的现金流量净额 :-0.0495
注:主要财务数据计算方法
每股收益=净利润/年度末普通股股份总数
每股净资产=年度末股东权益/年度末普通股总数
净资产收益率=净利润/年度末股东权益×100%
调整后每股净资产=〔年度末股东权益-三年以上应收款项-待摊费用-待处理(流动、固定)资产净损失-开办费-长期待摊费用〕/年度末普通股股份总数

(三)报告期内股东权益变动情况　　单位:元

项目	股本	资本公积	盈余公积	法定公益金	未分配利润	股东权益合计
期初数	130000000	270100939.02	24170452.44	7624517.46	45541937.82	469813329.28
本期增加	131560000	167070840.00	10394370.80	3464790.25	46425909.07	355047119.87
本期减少		78000000.00			28572640.00	106572640.00
期末数	261560000	359171779.02	34564823.24	11089307.71	63395206.89	718691809.15

变动原因:配股及送转股
注:1、盈余公积金增加系公司实施配股公积金增加所至。
2、盈余公益金增加系提取公益金所至。
3、未分配利润增加系当年实现的利润提取公积金、公益金后转入未分配利润。
4、股东权益增加系公积金、未分配利润增加所至。

三、股本变动及股东情况

(一)、报告期末股东总数 103605 户,其中内部职工股股东数量为 5672 户。
(二)、报告期末前十名股东持股情况

股东名称	持有股数(股)	占总股本(%)
哈尔滨高新技术产业开发区房屋建设开发总公司	70569406	26.98%
哈尔滨火炬高新技术开发总公司	27507293	10.52%
哈尔滨高新技术产业开发区对外贸易公司	12417294	4.75%
华夏上证	643158	0.24%
金鑫博	362476	0.14%
哈市国投	332013	0.13%
孙伟	255650	0.10%
富士德	220000	0.08%
徐淑芬	215809	0.08%
李岩红	215809	0.08%

云南云天化股份有限公司

一、公司简介

(一)公司法定名称
中文:云南云天化股份有限公司
英文:YUNNAN YUNTIANHUA CO., LTD
缩写:YYTH
(二)公司法定代表人:李新华
(三)公司董事会秘书:刘 岗　　授权代表:冯 驰
联系地址:云南省水富县云南云天化股份有限公司总经理办公室
联系电话:(0870)8664324
传真:(0870)8664319
电子信箱:sfll@public.km.yn.cn
(四)公司注册及办公地址:云南省水富县云富镇
邮政编码:657800
国际互联网网址:http://www.yyth.com
电子信箱:sfll@public.km.yn.cn
(五)公司信息披露报纸:
《中国证券报》、《上海证券报》、《证券时报》
登载公司年度报告的国际互联网网址:http://www.sse.com.cn
年度报告备置地点:公司总经理办公室
(六)公司股票上市交易所:上海证券交易所
股票简称:云天化　股票代码:600096

二、会计数据和业务数据摘要

(一)本报告期内实现利润及主要现金流量指标

利润总额	304,629,079.15 元
净利润	260,000,198.43 元
扣除非经常性损益后的净利润	260,000,198.43 元
主营业务利润	333,088,968.14 元
其他业务利润	3,304,025.08 元
营业利润	284,674,238.72 元
投资收益	23,515,640.20 元
补贴收入	0 元
营业外收支净额	-3,560,799.77 元
经营活动中产生的现金流量净额	285,453,672.36 元
现金及现金等价物净增加额	193,020,099.74 元

(二)前三年主要会计数据和财务指标

项目\时间	1999 年	1998 年 调整后	1998 年 调整前	1997 年
主营业务收入(元)	767,662,880.38	630,709,843.34	630,709,843.34	625,735,598.81
净利润(元)	260,000,198.43	259,891,055.38	265,616,362.75	211,378,408.56
总资产(元)	1,734,984,978.66	1,443,863,670.21	1,451,023,232.68	1,217,435,015.46
股东权益(元)	1,502,735,964.20	1,356,372,125.77	1,141,940,786.24	1,097,915,325.49
每股收益(元)	0.4576	0.4574	0.468	0.3720
加权每股收益(元)	0.4576	0.4574	0.468	0.41
每股净资产(元)	2.6448	2.3872	2.01	1.9323
调整后的每股净资产(元)	2.6433	2.3870	1.95	1.9281
每股经营活动产生的现金流量净额	0.5024	0.2587	0.2587	
净资产收益率(%)	17.30	19.16	23.26	19.25

注:主要财务指标的计算公式如下:
1、每股收益=净利润/年度末普通股股份总数
2、加权每股收益=当期净利润/〔年度末普通股股份总数/(1+配股比例或增发新股比例)+(年度末普通股股份总数〕/(1+配股比例或增发新股比例)×缴款截止日下一月份至年度末的月份/12〕
3、每股净资产=年度末股东权益/年度末普通股股份总数
4、调整后每股净资产=〔年度末股东权益-三年以上的应收款项净额-待摊费用-待处理 (流动、固定)资产净损失-开办费-长期待摊费用—住房周转金负数余额〕/年度末普通股股份总数
5、每股经营活动产生的现金流量净额=经营活动产生的现金流量净额/年度末普通股股份总数
6、净资产收益率=净利润/年度末股东权益×100%

(三)本报告期内股东权益变动情况

项目	股本	资本公积	盈余公积	法定公益金	未分配利润	股东权益合计
期初数	568,181,800.00	512,634,489.95	60,050,561.92	18,607,337.10	215,505,273.90	1,356,372,125.77
本期增加			39,389,817.12	13,192,523.23	261,000,198.43	299,390,015.55
本期减少					153,026,177.12	153,026,177.12
期末数	568,181,800.00	512,634,489.95	99,440,379.04	31,799,860.33	322,479,295.21	1,502,735,964.20
变动原因			按 1999 年实现净利润的 10%提取	按 1999 年实现净利润的 5%提取	1999 年度下半年可供分配利润未进行分配	

三、股东情况介绍

(一)本报告期末,公司股东总数为 53626 户。
(二)主要股东持股情况:

名次	股东名称	期末持股数(股)	占总股本%
(1)	云天化集团	468,181,800	82.40
(2)	万方公司	2,200,016	0.39
(3)	新盟物业	870,000	0.15
(4)	云南国投	703,600	0.12
(5)	国投大理	624,400	0.11
(6)	英贸广告	581,797	0.10
(7)	戴 元 荣	515,078	0.09
(8)	华超公司	487,700	0.09
(9)	水富天盛	350,000	0.06
(10)	庄 汝 云	318,840	0.06

(三)持股 5%以上法人股东情况
云天化集团有限责任公司(以下简称云天化集团)是公司的控股公司,其所持股份为未上市流通股份,其持股数量在本报告期内无增减变化。云天化集团法定代表人为李新华,经营范围为甲醇、甲醛、脲醛树脂、甲醛衍生物等。云天化集团所持股份没有用于质押或被冻结的情况。

海南恒泰芒果产业股份有限公司

海南恒泰芒果产业股份有限公司1999年年度报告摘要

一、公司简介

、公司法定中文名称:海南恒泰芒果产业股份有限公司
公司英文名称:Hainan Heng Tai Mango Industries Co.,Ltd.
2、公司法定代表:李长盛
3、董事会秘书 :刘志山
联 系 地 址 :海口市义龙路28号恒泰大厦9楼
电话:0898-6758819 传真:0898-6790405
董事会秘书授权代表:吕广伟
联 系 地 址 :海口市义龙路28号恒泰大厦9楼
电话:0898-675881 传真:0898-6790405
4、公司注册地址:海南省海口市国贸大道45号
公司办公地址:海南省海口市义龙路28号 邮政编码 :570102
5、公司信息披露报纸名称:上海证券报
中国证监会指定国际互联网网址:http://www.sse.com.cn
公司年报备置地点:海口市义龙路28号恒泰大厦9楼董秘办
6、公司股票上市交易所:上海证券交易所
股票简称:恒泰芒果 股票代码:600097

二、会计数据和业务数据摘要

1、1999年度利润实现情况 单位:人民币元

利润总额	-97833760.74
净利润	-72521036.65
扣除非经常性损益后的净利润	-72521036.65
主营业务利润	6580347.97
其他业务利润	277246.87
营业利润	-97246421.20
投资收益	-615791.67
补贴收入	294030.78
营业外收支净额	-265578.65
经营活动产生的现金流动量净额	-4240482.47
现金及现金等价物净增加额	-3576019.37

2、公司前三年的会计数据和财务指标

指标项目	1999年度	1998年度		1997年度
		调整前	调整后	
主营业务收入	59781523.96	195767327.02	195767327.02	230899725.11
净利润	-72521036.65	10618053.67	13527609.67	57612520.11
总资产	715315841.23	792179726.61	769839399.43	632072545.22
股东权益	264443365.14	382927620.05	361003388.34	359682390.38
每股收益	-0.63	0.092	0.12	0.50
每股净资产	2.29	3.32	3.13	3.12
调整后每股净资产	1.82	2.74	2.55	3.08
每股经营活动产生的现金流量净额	-0.04	-0.68	-0.68	
净资产收益率	-27%	2.77%	4%	16.02%

注:(1)1998年调整后的主要会计数据和财务指标根据财政部财会字(1999)35号文,49号文有关规定,改变会计政策,进行追溯调整所致。
(2)有关财务指标的计算公式:
每股收益=净利润/年度末普通股股份总数
每股净资产=年度末股东权益/年度末普通股股份总数
调整后的每股净资产=(年度末股东权益-三年以上的应收款项净额-待摊费用-待处理[流动、固定]资产净损失-开办费-长期待摊费用—住房周转金负数余额)年度末普通股股份总数。
每股经营活动产生的现金流量净额=经营活动产生的现金流量净额/年度末普通股股份总数
净资产收益率=净利润/年度末股东权益×100%
3、报告期内股东权益变动情况

项 目	期初数	本期增加	本期减少	期末数	变动原因
股本	115449889	--	--	115449889	
资本公积	199247157.27	--	--	199247157.27	
法定盈余公积	15465683.38	--	--	15465683.38	
其中:公益金	7732841.69	--	--	7732841.69	
减:未确认投资损失准备	21023134.48	24038986.55	--	45062121.03	销售公司本年度内亏损
未分配利润	44130951.48	-72521036.65	--	-28390085.17	效益滑坡,经营亏损
股东权益合计	361003388.34	-96560023.20	--	264443365.14	

三、股本变动情况

1、报告期末股东总数为30523户。
2、前10名股东持股情况

股东名称	持股数量	持股比例%
①海南恒泰集团有限公司	55510423	48.08
②海南昌银投资开发有限公司	17409356	15.08
③海南银泰建设投资开发公司	3411075	2.95
④海南富华房地产开发公司长沙公司	2413497	2.09
⑤海南国信实业发展有限公司	1705538	1.48
⑥孙先斌	370200	0.32
⑦金鑫基金	350000	0.30
⑧王 勇	300890	0.26
⑨王占合	299170	0.26
⑩财证证券	180400	0.16

持有公司5%以上(含5%)股份的股东本年度无股份增减变动。截止1999年12月31日,海南恒泰集团有限公司以其法人股5551万股股票为本公司流动资金贷款提供了质押 担保,质押股票仍在上海证券交易所按质押合同规定锁定。

3、持股10%以上(含5%)的法人股东的情况
A、海南恒泰集团有限公司
法定代表人:李长盛
经营范围:热带经济作物综合开发、高科技工农业综合开发、房地产综合开发经 营;饮料、食品的生产、销售;矿产品、建材、化工原料及产品(专营除外)、旅游业、纺织原料及产品、土特产品、包装材料、机械产品、酒类的经营。
B、海南昌银投资开发有限公司
法定代表人:文德
经营范围:房地产开发、工农业投资开发、旅游、娱乐业、经销建筑材料、土特 产品、五金交电。

(四)、股东大会简介

一九九九年四月二十六日董事会以公告方式在上海证券报刊登关于召开一九九八年年度股东大会的公告,一九九九年六月八日海南恒泰芒果产业股份有限公司九八年 年度股东大会在海口市泰华酒店召开,出席股东代表11人,代表股份80472889股,占公 司总股本69.7%,符合《公司法》和《公司章程》关于召开股东大会的有关规定。经大会审议,以投票方式通过如下决议:
一、审议并通过《一九九八年董事会工作报告》
二、审议并通过《一九九八年监事会工作报告》
三、审议并通过《一九九八年财务决算报告》
四、审议并通过《一九九八年利润分配预案》
五、审议并通过《一九九八年生产经营计划》
六、审议并通过《配股实施情况的议案》
以上议案的投票表决已经海口市第二公证处公证,表决结果真实、有效。本次股 东大会决议公告已于一九九九年六月九日刊登在上海证券报。

(五)、董事会报告

1、公司经营情况
(1)公司所处的行业以及在本行业中的地位。
公司所属行业横跨农业及饮料工业,从事芒果西番莲等热带水果种植、保鲜贮运 、原浆及果汁饮料的综合开发和一体化经营。
海南恒泰芒果产业股份有限公司一直积极致力于热带水果产业的综合开发,目前 已发展成为以热带经济作物综合开发和高科技工农业综合开发为主的大型股份制企业。公司以"振兴民族饮料工业、争创世界名牌产品"为宗旨,初步形成了大原料基地、大加工工业、大市场布局的规模经营,在全国主要热作产区和全国饮料市场形成了包 括鲜果-保鲜-原浆-饮料-营销五大环节的芒果西番莲产业化的系统工程,为我国最大 的芒果西番莲综合开发企业,也是目前国内唯一一家从事热带水果产业综合开发的上 市公司。芒果西番莲产业化系统工程曾先后列为国家重点扶贫开发项目、绿色食品重点项目、全国光彩事业重点项目、全国贸工农一体化重点实施项目。公司生产的"园 之梦"系列饮料是目前国内唯一同时获得"绿色食品""国宴饮料"两项殊荣的果汁饮料 品牌。"园之梦"芒果青皮、椰香、吕宋、黄玉、白玉、白象牙等六大品种九八年被评为海南省优质农产品称号。
(2)公司主营业务的范围及其经营状况
公司主营业务主要从事芒果西番莲鲜果、原浆、饮料及制品的生产与销售。一九九九年,由于生产流动资金的严重不足以及库存长期积压造成九九年度销售收入大幅 度萎缩,生产经营形势急剧恶化。一九九九年度完成主营收入59781523.96元,比上年 度减少135985803.06元,其中鲜果销售收入22588113.66元,原浆销售收入605885.73元,饮料销售收入18063674.09元,分别比上年度下降58%,98%和81%,主营业务利润6580347.97元,利润总额-97833760.74元。经营业绩首次出现亏损。
(3)在经营中出现的问题与困难及解决方案
A、生产流动资金不足是造成九九年度经营萎缩的主要原因。恒泰芒果产业上市 以来,坚持实施"大原料基地、大加工工业、大市场布局"的规模化发展战略。随着产 业规模的不断扩大,后续发展资金不足的矛盾日益突出。进入九九年以来,由于前期巨额广告费支出发挥效益的滞后,使生产活动资金出现长期断流,银行信誉受到严重影响,致使九九年度融资工作进展缓慢,无法保证生产经营活动的正常进行。
B、设备闲置,库存积压是资金断流带来的直接负面影响。公司上市以来,充分利 用募股资金解决了恒泰芒果产业的产能问题,饮料生产能力迅速提高到12万吨/年,但 由于九九年资金断流的影响,生产能力已大部分闲置,除此之外,库存积压形势仍十分 严峻,截止99年底,公司仍有近亿元的库存由于缺乏启动资金而无法转化为流动资金,实现良性循环。
C、"园之梦"饮料产品的市场营销网络建设受到较大的冲击。公司在"园之梦"市 场营销网络方面,前期一直维持了较高比例的投入,初步形成全国性的市场营销网络, 确立了知名牌地位,进入九九年以来,由于市场投入缺乏连续性,以及生产单位不能正 常运转而导致的货源紧缺都给九九年的市场营销工作带来了极大的负面影响。
D、沉重的财务负担和巨额的费用摊销是影响九九年业绩的重要因素。恒泰芒果 产业近几年发展迅速,资产规模日益壮大,同时由于产业开发尚未形成规模效益,无法 实现自身的良性循环,因此负债经营导致的财务费用过高的问题也日益突出, 一九九九年公司的财务费用为2695.49万元,加上九七、九八年广告费的摊销1159.6万元,合计 为3855.09万元,占亏损总额的39%。
解决上述问题的方案:
a、恒泰芒果产业所出现的资金断链问题存在着产业发展的客观原因,同时也存在着公司发展当中产业布局以及资金使用不合理方面的主观原因,公司将积极调整产品 结构,充分利用恒泰芒果产业的政策优势,以重点产品为突破口,迅速恢复与银行的合 作,重塑银企关系,使企业尽快摆脱困境。
b、盘活存量资产,迅速实现自身的良性循环。
目前公司仍存在着生产能力与市场营销以及产能与资金方面的矛盾,针对这一情 况,充分利用自身的规模优势与其它企业展开广泛合作, 以解决短期内由于流动资金不足而存在的产能过剩问题。另外,公司将集中优势资金集中解决目前的库存积压,使库存物资迅速转化为流动资金,带动产业整体步入良性循环。
c、继续巩固和加强"园之梦"饮料市场营销网络的建设。
"园之梦"市场营销网络的建设是产业发展的最关键的环节。由于前期的巨额投入形成了一定的市场基础,在目前资金缺乏的情况下,继续巩固和加强现有的市场营销网络是十分必要的,公司将充分考虑到市场营销与现阶段生产能力的矛盾问题,采取稳中求进的市场营销策略,以恢复九九年生产经营给市场营销工作所带来的不良影响。
d、债务负但沉重是公司今后发展所面临的最为严峻的问题。虽然公司整体的负 债率并不十分高,但由于公司所从事的是农业和饮料业的开发,其资产的流动性受到严重限制,这势必影响公司今后几年的资本运作,因此,公司将积极与有关单位及股东间 探讨,寻找合理解决公司债务重组及产业重组方面的思路与办法,以加强公司在资本市场的融资功能。

广州发展实业控股集团股份有限公司

广州发展实业控股集团股份有限公司1999年年度报告摘要

一、 公司简介

公司法定名称:广州发展实业控股集团股份有限公司
公司英文名称:Guangzhou Development Industry (Holdings) Co.,Ltd.("GZDIH")
公司法定代表人:杨丹地
公司董事会秘书:李红梅
联系地址:广州市麓景路3号18楼
联系电话:(020)83573188-1617　传真:(020)83502960　电子信箱:dshms@gzholdings.com
授权代表:马洪伟
联系地址:广州市麓景路3号18楼
联系电话:(020)83573188-1417　传真:(020)83502960　电子信箱:sqdb@gzholdings.com
公司注册地址:广州市麓景路3号17-19楼
公司办公地址:广州市麓景路3号17-19楼　邮政编码:510091
公司国际互联网网址:http://www.gzholdings.com
公司电子信箱:gzkg163@pub.guangzhou.gd.cn
选定的信息披露报纸名称:中国证券报、上海证券报、证券时报
年度报告指定披露网址:http://www.sse.com.cn
公司年报备置地点:本公司证券部
股票上市地点:上海证券交易所
股票简称:广州控股　股票代码:600098

二、会计数据和业务数据摘要

(一)本年度主要业务数据

项　目	金额(人民币元)
利润总额	734,280,812.23
净利润	529,869,694.97
扣除非经常性损益后的净利润	550,029,274.50
主营业务利润	1,130,744,646.62
其他业务利润	14,619,171.84
营业利润	752,561,232.65
投资收益	-25,740,029.68
补贴收入	6,467,471.41
营业外收支净额	992,137.85
经营活动产生的现金流量净额	1,143,472,576.06
现金及现金等价物净增加额	-42,238,676.90

(二)近三年主要会计数据和财务指标

项　目	1999年	1998年		1997年	
		调整后	调整前	调整后	调整前
主营业务收入(元)	2441243998	2658077755	2658077755	2145971132	2145971132
净利润(元)	529869694	524943737	523926252	361753060	365208173
总资产(元)	7355019030	7484257950	7488330944	7187447822	7190902934
股东权益(元)(不含少数股东权益)	2933740603	2522550908	2530988536	2003607171	2007062283
每股收益(元)(摊薄)	0.442	0.438	0.437	0.543	0.548
(加权)	0.442	0.438	0.437	0.588	0.593
扣除非经常性损益后的每股收益(元)	0.459	0.392	0.392	0.411	0.416
每股净资产(元)	2.45	2.10	2.11	3.01	3.01
调整后每股净资产(元)	2.36	2.01	2.02	3.01	3.01
每股经营活动产生的现金流量净额(元)	0.954	1.14	1.14		
净资产收益率(%)	18.06	20.81	20.70	18.06	18.20

注1:以上数据和指标均按合并报表数计算。

注2:财务指标计算公式如下:

每股收益(摊薄)=净利润/年度末普通股股份总数

扣除非经常性损益后的每股收益=扣除非经常性损益后的净利润/年度末普通股股份总数

其中:"非经常性损益"是指公司正常经营损益之外的、一次性或偶发性损益,如资产处置损益、临时性获得的补贴收入、新股申购冻结资金利息、合并价差摊入等。

每股净资产=年度末股东权益/ 年度末普通股股份总数

调整后的每股净资产=(年度末股东权益-三年以上的应收款项净额-待摊费用-待处理(流动、固定)资产净损失-开办费-长期待摊费用-住房周转金负数余额)/年度末普通股股份总数

其中:"应收款项"包括应收帐款、其他应收款、预付帐款、应收股利、应收利息、应收补贴款

每股经营活动产生的现金流量净额=经营活动产生的现金流量净额/年度末普通股股份总数

净资产收益率=净利润/年度末股东权益×100%

(三)报告期内股东权益变动情况　单位:人民币元

项　目	股　本	资本公积	盈余公积	法定公益金	未分配利润	股东权益合计
期初数	1198800000	642854110	133004519	44334839	547892278	2522550908
本期增加		1200000	79480454	26493484	330509240	411189694
本期减少						
期末数	1198800000	644054110	212484973	70828324	878401518	2933740603
变动原因	没有变动	财政技改拨款	提取法定盈余公积金和法定公益金	提取法定公益金	增加了本年度未分配利润	

三、股东情况介绍

(一)报告期末股东总数

截止1999年12月31日,本公司股东人数85,715人。

(二)前十名股东持股情况

名　称	年末持股数(股)	占总股本比例(%)	备　注
广州发展集团有限公司	1,018,800,000	84.985	国有法人股
普惠基金	7,867,502	0.656	
天骥北方	1,650,090	0.138	
兴和基金	1,633,745	0.136	
陈玉珍	1,269,100	0.106	
张亚水	860,300	0.072	
李长春	716,480	0.060	
河南财政	560,420	0.047	
中技上海	559,400	0.047	
金球公司	444,090	0.037	

前十名股东之间不存在关联关系。

其中持有本公司84.985%股份的广州发展集团有限公司所持股份没有变动,未将所持股份作质押、冻结。

四、股东大会简介

本公司于1999年5月11日上午在广州市广州发展大厦4楼会议室召开一九九八年年度股东大会,本次股东大会决议公告于1999年5月12日刊登在《中国证券报》、《上海证券报》、《证券时报》。

五、董事会报告

(一)公司经营情况

1、公司所处的行业以及地位

本公司属于公用事业类公司。本公司主营的电力行业在广州地区按销售电量排名第1位。本公司目前控制有广州珠江电力有限公司和广州东方电力有限公司共4台30万千瓦发电机组,总装机容量达120万千瓦,占广州市属发电装机容量的48.2%,是广州地区最大的电力生产企业(资料来源:广州市电力总公司统计数据),并于1999年8月份获得国家电力公司授予的"一流火力发电厂"荣誉称号。本公司在广东省83家重点企业集团中综合评分名列第8位,并被列为广东省50家工业龙头企业集团(资料来源:广东省经委)之一。于1999年8月在《上市公司》杂志主办的"沪市50强"评比中名列第六位。

2、公司主营业务的范围及其经营状况

本公司主营业务范围是从事能源、通讯、交通、城市公用事业、信息等基础设施产业和高科技产业的投资、开发、工程总承包建设、生产管理和经营业务。

1999年本公司进一步深化企业改革,充实和提高优势产业,加快建立核心产业群,公司各项经营取得稳步发展。电力产业上了新台阶,全面加强科学管理,努力降低经营成本,主要经营指标明显提高,全年完成发电量44.896亿千瓦时,上网电量42.604亿千瓦时,比去年增长1.3%。积极拓展基础设施领域,受让香港越秀企业(集团)有限公司持有的广州东方电力有限公司10%股权,受让广东省公路建设公司持有的广州市北二环高速公路有限公司20%股份。大规模开展投资信息产业的开发工作。本公司全年实现主营业务收入2,441,243,998.16元,实现税后利润529,869,694.97元,其中电力销售收入1,922,421,166.64元,占全部主营业务收入的78.75%,为本公司最主要的收入来源。

3、在经营中出现的问题与困难及解决方案

本年度公司面临电力负荷不足和电价下调的局面。按实际售电收入结算,珠电和东电的平均上网电价分别比上年下调0.039元/千瓦时和0.0438元/千瓦时。通过努力争取稳发多发电量,充分挖掘内部潜力,加强设备整治,压缩库存等措施,同时大幅度控制燃料成本价格以及贷款余额下降,进一步降低了生产成本,取得了良好的经营业绩。

(二)公司财务状况

1、财务状况分析

单位:人民币元

项　目	1999年	1998年	增减比例(%)
总资产	7,355,019,030.43	7,484,257,950.76	-1.73
长期负债	1,827,262,483.66	2,885,597,938.69	-36.68
股东权益	2,933,740,603.79	2,522,550,908.82	16.30
主营业务利润	1,130,744,646.62	1,041,279,485.87	8.59
净利润	529,869,694.97	524,943,737.40	0.94

(1)总资产减少1.73%,主要是偿还债务导致资产减少;

(2)长期负债减少36.68%,主要是偿还到期借款所致;

(3)股东权益增长16.30%,主要是本年度新增利润及分配利润所致;

(4)主营业务利润增长8.59%,净利润增长0.94%,主要是发电量增加引起售电收入增加,燃料价格较大下降、贷款余额减少使财务费用大幅度下降,并通过加强内部管理切实有效地降低了成本费用支出,从而部分地抵消了结算电价下降造成的负面影响.

2、广州羊城会计师事务所为本公司出具了无保留意见的审计报告。

(三)公司投资情况

本年度本公司完成投资17,800万元,比上年度增加11,589万元,增幅为186.6%。

1、募集资金使用情况

本报告期没有募集资金,也没有将上次募集的资金在本期使用。

2、其他投资情况

(1)受让香港越秀企业(集团)有限公司(简称"香港越秀")持有的东电10%外资股权。本公司于1999年5月18日召开第一届董事会第七次会议审议通过了本公司属下金源公司受让香港越秀持有的东电10%外资股权,受让价格为11,400万元人民币。本次转让于1999年5月16日获得国家对外贸易经济合作部批准(外经贸资二函字[1999]第304号文),金源公司购买10%外资股权以美元支付给香港越秀的部分(占总支付金额的67.37%)于1999年7月15日获得国家外汇管理局广州分局批准(广州汇复[1999]242号文),本次转让也获得境外贷款银团确认。本公司通过此次转让,对东电持有的股份从65%增至75%,从而增加相应的权益和收益。

(2)受让广东省公路建设公司(简称"省公路公司")持有的广州市北二环高速公路有限公司(简称"北二环公司")20%股权。本公司于1999年10月22日召开第一届董事会第十二次会议审议通过了本公司属下基础设施公司受让省公路公司持有北二环公司20%股权,受让价格为6,400万元人民币。该项目概算总投资27亿元人民币,建设期自1998年10月至2001年10月,合作期30年,自北二环公司成立之日起计算。预计项目全部投资内部收益率14.89%,本公司投资的内部收益率23.58%。

(四)重大经营环境、宏观政策、法规的变化对公司的影响

1、随着国家电力体制改革,电力产业市场化程度日益提高,广东省逐步实现城乡同网同价和竞价上网,本公司电价面临调整压力。对此,本公司本年度通过努力增加发电量和降低经营成本抵消电价下调的影响,提供具有市场竞争力的电力供给,增强电力产业的竞争力。

2、随着国家关停小火电机组,优化能源结构政策的落实,以及广州地区经济增长对电力需求的增加,本公司拥有的大型发电机组目前只发挥了70%的生产能力,具有较大的电量上升空间,将更有

利于充分发挥本公司高效率、低成本大型机组的生产能力.

(五)新年度业务发展计划

1、进一步充实、提高电力产业

巩固和发展"创一流"成果。珠电和东电要在确保安全生产的前提下,适应电力 产业市场化程度提高的竞争环境,努力增加发电量;继续推进成本管理,努力降低上网成本,提高对电价调整的适应能力;加强设备技术改造,实施设备寿命管理,保持安全 性、经济性;建立技术开发中心,制定技术开发计划,组织重要技术课题攻关。加快电力配套产业发展。燃料公司在确保电厂煤炭优质和均衡供应的基础上,积极开拓自营 煤炭业务;在燃料基地投资煤站,延伸和稳定煤炭供应渠道。检修公司将认真贯彻 ISO9002 质量标准,加强大修管理,确保电厂设备良好运行,同时积极拓展对外检修业务。 物资公司将加强库存管理,调整库存结构, 使之与消耗结构相适应。

2、积极推进建立核心产业群,开拓高新产业领域

加快交通产业的发展。公司将加强对北二环项目的投资管理,控制投资成本,保证工程质量;积极参与广州重要交通设施投资。积极发展信息产业。本公司投资的上海神通电信有限公司将在巩固和发展卫星通信业务的基础上,重点围绕网络业务和电子 商务,加快中国兵器行业 IP 专网的设计与建设工作,争取在 IP 电话经营领域取得突破, 并将依托现有 ISP 平台,积极拓展电子商务等网络增值业务。本公司投资的广州宽带信息网络有限公司将依托内环路及其放射路开展广州城域主干光纤网络首期工程的建设工作,充分利用现有网络资源,最终形成衔接各种专业网的地区主干交换网及统一的网络综合信息平台。

3、加强企业内部管理,提高组织和运用资源的能力

进一步提高公司整体素质和增强实力,深化企业改革,完善公司法人治理结构,建 立适应市场经济要求的运行机制和管理体制,建立经营管理者股权激励制度。在更大 范围内对资源进行整合,形成核心竞争优势。根据业务开展需要,与具有实力的合作伙伴建立战略联盟,拓宽公司业务渠道,实现公司长期健康发展。

(六)董事会日常工作情况

1、报告期内董事会的会议情况及决议内容

本公司第一届董事会在本年度共召开 9 次会议,具体情况如下:

(1)第一届董事会第六次会议于 1999 年 4 月 6 日召开,审议通过以下决议:

关于同意梁刚毅先生辞去副总经理的决议;

关于聘任王章根先生、伍强先生为副总经理的决议;

关于同意梁刚毅先生、李国华先生不再担任董事的决议;

关于推荐王章根先生等担任董事的决议;

关于通过《广州发展实业控股集团股份有限公司 1998 年年度报告》的决议;

关于通过《广州发展实业控股集团股份有限公司一九九八年财务决算报告》的决议;

关于通过《广州发展实业控股集团股份有限公司一九九九年财务预算方案》的决议;

关于通过《广州发展实业控股集团股份有限公司一九九九年经营计划和投资方案》的决议;

关于通过一九九八年度利润分配方案的决议;

关于聘请会计师事务所的决议;

关于召开一九九八年年度股东大会的决议;

关于成立广州信息产业管理有限公司的决议。

本次会议的决议公告于 1999 年 4 月 8 日刊登在《中国证券报》、《上海证券报》和《证券时报》。

(2)第一届董事会第七次会议于 1999 年 5 月 18 日召开,审议通过以下决议:

关于同意广州金源电力有限公司受让广州东方电力有限公司 10%股权的决议。

本次会议的决议公告于 1999 年 5 月 19 日刊登在《中国证券报》、《上海证券报》 和《证券时报》。

(3)第一届董事会第八次会议于 1999 年 7 月 29 日召开,审议通过以下决议:

关于广州发展实业控股集团股份有限公司董事会设立执行董事的决议;

关于广州发展实业控股集团股份有限公司经营班子职务调整的决议;

关于调整广州发展实业控股集团股份有限公司经营班子职务设置和聘任的决议;

关于广州发展实业控股集团股份有限公司董事会秘书任免的决议;

关于聘任广州发展实业控股集团股份有限公司财务总监的决议;

关于广州发展实业控股集团股份有限公司职务机构设置的决议;

关于聘任广州发展实业控股集团股份有限公司职务机构负责人的决议;

关于确认成立广州发展交通投资有限公司的决议;

关于通过广州发展实业控股集团股份有限公司有关规章制度的决议;

关于披露"成立广州发展信息产业投资管理有限公司"的决议。

本次会议的决议公告于 1999 年 7 月 31 日刊登在《中国证券报》、《上海证券报》 和《证券时报》。

(4)第一届董事会第九次会议于 1999 年 8 月 18 日召开,审议通过以下决议:

关于通过《广州发展实业控股集团股份有限公司一九九九年度中期报告》的决议;

关于通过一九九九年中期利润分配方案的决议;

关于确认成立广州发展资产管理有限公司的决议。

本次会议的决议公告于 1999 年 8 月 23 日刊登在《中国证券报》、《上海证券报》 和《证券时报》。

(5)第一届董事会第十次会议于 1999 年 9 月 8 日召开,审议通过公司有关规章制度。

(6)第一届董事会第十一次会议于 1999 年 10 月 15 日召开,审议通过以下决议:

关于珠电物资公司广丰厂债项坏帐处理的决议。

(7)第一届董事会第十二次会议于 1999 年 10 月 22 日召开,审议通过以下决议:

关于同意广州发展基础设施投资管理有限公司受让广州市北二环高速公路有限公司 20%股权的决议。

本次会议的决议公告于 1999 年 10 月 23 日刊登在《中国证券报》、《上海证券报》和《证券时报》。

(8)第一届董事会第十三次会议于 1999 年 12 月 8 日召开,审议通过以下决议:

关于广州发展实业控股集团股份有限公司为广州珠江电力有限公司 5000 万美元贷款项下向亚洲开发银行提供担保的决议。

(9)第一届董事会第十四次会议于 1999 年 12 月 20 日召开,审议通过以下决议:

关于调整合并报表中珠电、东电固定资产折旧年限的决议。

2、报告期内公司利润分配方案、资本公积金转增股本方案执行情况

本年度本公司未就上年度利润实施分配, 也未实行资本公积金转增股本。

(七)董事、监事、高级管理人员

1、现任董事、监事、高级管理人员的姓名、性别、年龄、任期、持股数情况、年度报酬情况

姓 名	性别	年龄	职 务	任 期	年初持股(股)	增减变动(股)	年末持股(股)
杨丹地	男	47	董事长	1997.7.9-2000.7.8	36,000	0	36,000
唐学林	男	54	副董事长	1997.7.9-2000.7.8	36,000	0	36,000
潘世泽	男	58	执行董事	1997.7.9-2000.7.8	32,400	0	32,400
王章根	男	53	执行董事	1999.5.11-2000.7.8	0	0	0
伍 强	男	49	执行董事	1999.5.11-2000.7.8	32,400	0	32,400
陈大卫	男	52	执行董事	1997.7.9-2000.7.8	32,400	0	32,400
刘海涛	男	44	董事、行政总裁	97.7.9-2000.7.8	27,000	0	27,000
刘强文	男	51	董事,行政副总裁	97.7.9-2000.7.8	27,000	0	27,000
梁正国	男	47	董事,行政副总裁	97.7.9-2000.7.8	36,000	0	36,000
陈 辉	男	34	董事	1999.5.11-2000.7.8	3,000	0	3,000
李星云	男	49	监事会召集人	1997.7.9-2000.7.8	27,000	0	27,000
胡应照	男	48	监事	1997.7.9-2000.7.8	27,000	0	27,000
曾燕萍	女	41	监事	1997.7.9-2000.7.8	28,800	0	28,800
戴加火	男	38	财务总监	1999.7.30-2002.7.30	2,000	0	2,000
李红梅	女	35	董事会秘书	1999.7.30-2002.7.30	1,000	0	1,000

说明:1 本年度本公司董事、监事和高级管理人员所持本公司股份没有变动。

2 本年度本公司董事、监事、高级管理人员年度报酬数额区间:8-11 万元,7 人;6-8 万元,3 人;5-6 万元,5 人。

2、报告期内离任董事姓名及离任原因

本报告期内梁刚毅先生因退休原因不再担任本公司董事职务,李国华先生因健康 原因不再担任董事职务。

3、聘任或解聘公司经理、董事会秘书情况

本公司于 1999 年 7 月 29 日召开的第一届董事会第八次会议决定, 为进一步完善本公司的法人治理结构,自 1999 年 7 月 30 日起,杨丹地董事长不再兼任本公司总经理,潘世泽董事、王章根董事、陈大卫董事、伍强董事不再担任本公司副总经理;本公司领导班子改设行政总裁和行政副总裁,聘任刘海涛先生为本公司行政总裁, 聘任刘强文先生、梁正国先生为本公司行政副总裁, 聘期自 1999 年 7 月 30 日起至 2002 年 7 月 30 日止;刘海 涛先生自 1999 年 7 月 30 日起不再担任本公司董事会秘书,聘任李红梅女士为本公司董事会秘书,聘期自 1999 年 7 月 30 日起至 2002 年 7 月 30 日止。

(八)本次利润分配及资本公积金转增股本预案

1、本次利润分配预案

本公司 1999 年实现净利润 529,869,694.97 元, 按 10%比例提取法定盈余公积金 52,986,969.50 元,按 5%比例提取法定公益金 26,493,484.75 元,结转上年度未分配利润 547,892,278.27 元,累计未分配利润 998,281,518.99 元,按 1999 年底股本 1,198,800,000 亿股为基数,拟 10 股派 1.00 元现金红利(含税),共派现金红利 119,880,000.00 元。派送 现金红利后剩余可分配利润为 878, 401,518.99 元,结转 2000 年度。

2、本次资本公积金转增股本预案

公司本次不实施资本公积金转增股本。

(九)其他报告事项

本公司选定的信息披露报刊是《中国证券报》、《上海证券报》、《证券时报》。

六、监事会报告

本年度公司监事会共召开两次会议,1999 年 4 月 6 日召开了第一届监事会第三次会 议,对 1998 年度的监事会工作进行总结, 制订监事会工作制度;1999 年 7 月 15 日召开了 第一届监事会第四次会议,研究监事会工作,讨论公司规范运作的有关事宜。这两次会议决议均未披露。此外,本年度监事会还列席了各次董事会会议。

本年度公司监事会严格按照《公司法》和公司章程赋予的职责,从公司发展和维 护全体股东合法权益出发,认真履行了监事会职能,对公司的经营和董事会、经营班子依法运作进行了有效的监督,监事会认为:

1、一年来公司董事会和经营班子能严格按照《公司法》、《证券法》及公司章 程规范运作,决策程序符合公司章程的有关规定。建立并完善了公司内部控制制度,信息披露工作合法规范。公司董事和高级管理人员在履行公司职务时能尽职尽责、廉洁自律、遵纪守法,未发现有违反法律、法规、公司章程或损害公司利益的行为。

2、监事会认真检查了公司资产、财务状况和会计资料,核查了董事会拟提交股东大会的财务报告,认为本年度经广州羊城会计师事务所审计的公司财务报告真实反映 了公司的财务状况和经营成果。

3、本年度公司未有募集资金。

4、监事会对本年度公司收购资产的交易行为及价格进行了审查,未发现内幕交易, 无损害部分股东的权益或造成公司资产流失的行为。

5、监事会认为公司本年度有关关联交易合法、公平、公正,没有发生损害公司利益的情况。

6、广州羊城会计师事务所为本公司出具了无保留意见的审计报告。

七、重大事件

(一)本年度公司无重大诉讼、仲裁事项。

(二)本年度没有发生公司、公司董事及高级管理人员受监管部门处罚的情况。

(三)本公司于 1999 年 7 月 29 日召开的第一届董事会第八次会议决定,为进一步完善本公司的法人治理结构,自 1999 年 7 月 30 日起,杨丹地董事长不再兼任本公司总经理,潘世泽董事、王章根董事、陈大卫董事、伍强董事不再担任本公司副总经理;本公司领导班子改设行政总裁和行政副总裁,聘任刘海涛先生为本公司行政总裁,聘任刘强文先生、梁正国先生为本公司行政副总裁,聘期自 1999 年 7 月 30 日起至 2002 年 7 月 30 日止;刘海涛先生自 1999 年 7 月 30 日起不再担任本公司董事会秘书,聘任李红梅女士为本公司董事会秘书,聘期自 1999 年 7 月 30 日起至 2002 年 7 月 30 日止。

(四)本报告期内本公司收购兼并事项简介

1、本公司于 1999 年 5 月 18 日召开第一届董事会第七次会议审议通过了本公司属下金源公司受让香港越秀持有的东电 10%外资股权,受让价格为 11,400 万元人民币,本公司自筹资金解决。本次转让后, 该部分股权相应的权益归本公司所有。

2、本公司于 1999 年 10 月 22 日召开第一届董事会第十二次会议审议通过了本公司 属下基础设施公司受让省公路公司持有北二环公司 20%股权,受让价格为 6,400 万元人民币,本公司自筹资金解决。本次转让后,该部分股权相应的权益和义务转由本公司享有或承担。

(五)重大关联交易事项说明

1、广州发展集团有限公司(以下简称"发展集团")和珠电公司于一九九三年三 月十日签定了《广州市经济建设发展公司垫资协议》,发展集团先期投入珠电公司的 40,777 万元作为股东垫资,用于珠电公司工程项目及其他费用支出,按国内银行同期人民币贷款利率计算,还款期从珠电一期竣工六个月后的首个六月十五日或十二月十五 日起,每年分两期,共 14 期等额偿还。发展集团和珠电公司又于一九九六年四月十一日签定了《广州珠江电力有限公司第二笔股东垫资协议》,协议约定由于珠电公司在建 设期间发生设计变更和新增项目,出现资金缺口达 26,000 万元,经股东协商合并经亚洲开发银行和银团同意,发展集团投入 13,000 万元作为对珠电公司的第二笔股东垫资,用于支付珠电一期项目收尾结算款项,利率按商业银行同期固定资产贷款利率计算,还款期为每年六月十五日和十二月十五日,首个还款日为一九九六年六月十五日,分 16 期等额偿还。至一九九八年十二月三十一日止中方股东垫资余额为 205,632,129.95 元,一九 九九年度份偿还 78,441,064.98 元,一九九九年十二月三十一日中方股东垫资余额为 127,191,064.97 元。

2、珠电公司与香港能勇有限公司(珠电公司的外方股东,以下简称"能勇公司")于一九九六年四月十一日签订《广州珠江电力有限公司股东贷款协议》,能勇公司向珠电公司提供股东贷款港币 120,600,000.00 元,年利率 HIBOR+2%,分 16 期等额偿还, 每半年偿还一次,首个还款日为能勇公司贷款全数注入珠电公司指定账户日期后 180 天的日期(一九九六年十月十五日)。至一九九八年十二月三十一日外方股东垫资余额为港币 82,977,441.25 元, 一九九九年度偿还贷款港币 15,086,807.50 元,一九九九年十二月三十一日外方股东贷款余额为港币 67,890,633.75 元。

3、根据东电公司与 Altima International Limited(东电公司的外方股东,以下简 称"新世界")签订的《广州东方电力有限公司股东贷款协议》,新世界向东电公司提供股东贷款 6,263,447.00 美元,年利率 HIBOR+2%,协议原约定于一九九八年十二月三十一日一次性偿还,但在办理对外付汇的审批手续时外管局重新核定了本公司的付汇 计划,至一九九九年九月中旬全部还清。

4、根据香港新世界基建有限公司(以下简称"新世界基建")、香港越秀企业集 团有限公司(以下

简称"越秀")、京城财务(香港)有限公司、发展集团、东电公司等有关各方签订的东电公司 2.4 亿美元贷款担保协议,新世界基建、越秀和发展集团为东电公司的 2.4 亿美元银团贷款提供担保,其中新世界基建担保 70%,越秀担保 20%,发展集团担保 10%。担保费按每年年末未偿还的银团贷款本金余额计收,担保费率为每年 2%。每年度的担保费应由东电公司于年度结束后的 15 日内支付。1 月 15 日,东电公司支付上年度担保费为:(1)新世界基建 280 万美元;(2)越秀 80 万美元;(3)发展集团 331.148 万元人民币。东电公司本期计提担保费:(1)新世界基建 224 万美元;(2)越秀 64 万美元;(3)发展集团 265.6 万元人民币。

5、发展集团为本公司的长、短期借款 439,000,000.00 元,提供贷款担保。

6、本公司向发展集团租用办公场地 1,529.34 平方米,双方协定月租金 25 元/平方 米,月管理费 8.7 元/平方米,1999 年计提房租及房管费 618,465.10 元,已付给发展集团 309,232.55 元。

7、1999 年上半年本公司与发展集团签订行政管理费用承担协议,本公司承担 7,360,240.80 元,已结清。从下半年起本公司与发展集团行政管理费用完全分开核算。

8、本公司向发展集团提供短期周转金,由于漏计的原因少计应收利息及其占用费 4,520,000.00 元,此笔款项已于 1999 年 7 月 28 日收回。

9、本公司对广州联通 1997 年上半年利润分配原来理解有误,经与发展集团协商,由发展集团将已收广州联通 1997 年上半年分配利润及其占用费 3,844,348.36 元退还我司。此笔款项已于 1999 年 7 月 28 日收回。

(六)本公司与控股股东实行人员、资产、财务"三分开",在经营上做到人员独 立、资产完整、财务独立。

(七)本年度本公司无托管、承包、租赁其他公司资产或其他公司托管、承包、租赁本公司资产的事项.

(八)本年度本公司聘请的会计师事务所未有改变,仍为广州羊城会计师事务所。

(九)本年度本公司未签订其他重大合同。

(十)本年度本公司无更改名称或股票简称的情况

(十一)本公司召开的第一届董事会第六次会议审议通过了成立广州发展信息产业投资管理有限公司的决议,该公司作为本公司的全资子公司,经营范围为:从事投资信 息产业项目的策划、开发、管理和信息产业咨询服务。有关决议公告于 1999 年 7 月 31 日刊登在《中国证券报》、《上海证券报》和《证券时报》。

八、财务报告

(一)审计报告:本公司财务报告经广州羊城会计师事务所中国注册会计师陈雄溢,余树旗审计,并出具无保留意见的审计报告[(2000)羊查字第 6583 号]。

(二)会计报表

(三)会计报表附注

一、主要会计政策、会计估计和合并报表的编制方法:

(一)外币业务核算方法

本公司发生外币业务时,按业务发生时的市场汇率折合人民币记账;月份终了,有关外币账户的外币余额按照月末市场汇率折合人民币,差额作为汇兑损益,列作当期财务费用。

(二)坏账核算方法

坏账确认标准:以债务破产或应收款项(包括应收账款和其他应收款)愈期 4 年以上,债务人确无偿债能力,采取各种手段(包括法律手段)仍无法收回的款项作为坏账确认的标准。

核算采用备抵法核算,按应收款项账龄分析法计提,提取比例为:逾期 1 年(含 1 年, 以下类同)以内的,不计提;逾期 1-2 年的,按其余额的 30%计提;逾期 2-3 年,按其余额的 50%计提;逾期 3 年以上的,按其余额的 100%计提。

(三)存货核算方法

本公司存货分为:燃料、原材料、库存商品、低值易耗品。各类存货计价方法:燃料按实际成本计价,发出的成本采用先进先出法计算,原材料日常按照计划成本计价,月终将计划成本调整为实际成本;低值易耗品采用一次摊销法核算。

存货跌价准备的确认标准:存货严重腐蚀变质,因技术升级被淘汰或周转期超过 5 年的呆滞存货作为存货跌价准备的确认标准。

存货跌价准备计提方法:库存商品按成本高于可变现净值的差额计提跌价准备,原材料、燃料等库存物资不计提跌价准备,对外清理的库存物资按实际收入确认清理损 益。

(四)短期投资核算方法

本公司短期投资以发生时实际成本计价,投资收益采用成本法核算。

短期投资跌价准备按短期投资的股票和债券的市价低于投资成本的差额计提。

(五)长期投资核算方法

1、长期债权投资

按实际支付的价款记账,并按权责发生制原则计算应计利息。

2、长期股权投资

1)、股票投资:按成本法核算。

2)、其他股权投资:按实际投资时实际支付的价款或确定的价值记账,对投资额占被投资单位资本总额 50%以上或虽占资本总额不足 50%,但具有实质控制权的按权益 法核算,并合并会计报表;投资额占被投资单位资本总额 20%-50%,按权益法核算;投资额占被投资单位资本总额 20%以下的,按成本法核算。股权投资差额按受益期摊 销。

3)、长期投资减值准备:根据期末长期投资个别项目,按市价或估计未来可收回金额低于投资账面价值的差额分别计提长期投资减值准备。

4)、长期投资减值准备确认标准:

对于有市价的投资:

A、市价持续 2 年低于账面价值,且预计在未来 3 年内不可能恢复市价;

B、暂停交易超过 1 年,且预计在未来 3 年内不可能恢复市价。

对于无市价的投资:

A、被投资单位停止运作超过 2 年;

B、被投资单位持续 2 年亏损,且按投资比例所占被投资单位的账面净资产份额低 于投资单位的账面价值;

C、被投资单位或项目进行清理整顿、清算或出现财务状况、现金流量发生严重 恶化迹象。

(六)固定资产计价和折旧方法

1、本公司固定资产是指使用年限在一年以上,单位价值在人民币 2,000 元以上的 房屋建筑物,机器,机械设备,运输工具和电子设备等。

2、本公司固定资产按实际成本计价,固定资产折旧采用直线法计算,并按照固定 资产原价、预计使用年限和估计的残值确定其折旧率。

根据一九九九年十二月二十日董事会"关于调整合并报表中珠电、东电固定资产折旧年限的决议",将珠电公司、东电公司的固定资产综合折旧年限由原按分类核算 折旧、折合平均折旧年限 18 年变更为按分类核算折旧、折合平均折旧年限 25 年(中外 合资经营企业的经营期限)。

变更前后固定资产各类折旧率列示如下:

变更前:

固定资产类别	折旧年限(年)	年折旧率	残 值 率
房屋建筑物	20	4.5%-4.75%	5%-10%
生产专用设备	18	5%-5.3%	5%-10%
通用设备	10	9%-9.5%	5%-10%
运输设备	5	18%-19%	5%-10%

属下珠电公司和东电公司实行分类折旧,折合平均折旧年限为 18 年。

变更后:

固定资产类别	折旧年限(年)	年折旧率	残 值 率
房屋建筑物	20-40	2.5%-4.75%	0%-5%
生产专用设备	18-35	2.8%-5.3%	0%-5%
通用设备	10-20	5%-9.5%	0%-5%
运输设备	5-8	12.5%-19%	0%-5%

属下珠电公司和东电公司实行分类折旧,折合平均折旧年限为 25 年。

(七)收入确认原则

1、本公司按上网电量确定售电收入。

2、本公司的商品销售收入的确认是将商品所有权上的重要风险和报酬转移给买 方,相关收入已经收到或取得了收款的证据。

(八)所得税的会计处理方法。

本公司所得税的会计处理,对于永久性差异采用应付税款法,对于时间性差异采用纳税影响会计法。

(九)合并报表的编制方法

本公司对于投资额占被投资公司资本总额 50%以上或 50%以下(含 50%)且拥有实质控股权的子公司合并会计报表。报表的编制方法是按照财政部[1995]11 号文《合并会计报表暂行规定》对母公司及所有应纳入合并范围的子公司个别会计报表经充分抵销内部投资、内部交易和内部债权、债务等内部会计事项后合并编制的。

本期合并报表范围增加了广州发展信息产业投资管理有限公司、广州发展资产管理有限公司,原因是新设立。

(十)会计政策、会计估计变更说明及变更后主要财务指标的累计影响

会计政策变更:

根据财会字(1999)35 号《股份有限公司会计制度》有关会计处理问题补充规定的有关精神及本公司内部控制制度计提坏账准备,并采用追溯调整法进行追溯调整。

调整变更前后主要财务指标比较如下:

年初数(上年同期数)

	调整前	调整后
资产总额	7,488,330,944.67	7,484,257,950.76
坏账准备	0.00	4,072,993.91
应收款项净额	105,811,911.53	101,738,917.62
股东权益	2,530,988,536.44	2,528,550,908.82
盈余公积	133,370,163.84	133,004,519.69
未分配利润	555,964,261.74	553,892,278.27
净利润:	523,926,252.51	524,943,737.40
1998 年年初未分配利润	310,426,947.11	307,490,101.48

会计估计变更

为适应国家电力价格政策的调整,使本公司电力成本核算更好地符合配比性原则,经公司董事会决议[穗发控股董(1999)31 号],决定将本公司合并报表中珠电公司、东 电公司的固定资产综合折旧年限由原按分类核算折旧、折合平均折旧年限 18 年变更为按分类核算折旧,折合平均折旧年限 25 年 (中外合资经营企业的经营期限)。以上会计 估计变更影响本年度净利润增加 69,199,673.46 元。

二、控股子公司及合营企业:

企业名称	注册资本	实际投资额	比例	经营范围
广州原电管理有限公司	人民币 300 万元	人民币 300 万元	100%	电力项目投资、开发、管理和技术服务
广州原实投资项目管理有限公司	人民币 300 万元	人民币 300 万元	100%	投资项目的开发、管理和信息咨询
广州珠江电力燃料有限公司	人民币 500 万元	人民币 500 万元	100%	燃料批发零售
广州珠江电力物资有限公司	人民币 250 万元	人民币 250 万元	100%	国内商业及物资供销业
广州珠江电力检修有限公司	人民币 300 万元	人民币 300 万元	100%	电力设备安装、检修
广州金源电力有限公司	人民币 12100 万元	人民币 12100 万元	100%	投资、项目开发、生产建设和管理
广州发展基础设施投资管理有限公司	RMB2000 万元	RMB2000 万元	100%	交通产业投资、管理
广州发展信息产业投资管理有限公司	RMB2000 万元	人民币 2000 万元	100%	信息产业的投资管理
广州发展资产管理有限公司	RMB2000 万元	人民币 2,000 万元	100%	资产管理、投资咨询
广州珠江电力有限公司	人民币 42000 万元	人民币 21000 万元	50%	电力的生产、销售
广州市联合通信总公司	人民币 3,470 万元	人民币 6,211 万元	50%	电信业务

注:母公司直接持有广州原电管理有限公司、广州原实投资项目管理有限公司、广州珠江电力燃料有限公司、广州珠江电力物资有限公司、广州珠江电力检修有限公司、广州金源电力有限公司、广州发展信息产业投资管理有限公司、广州发展资产管理有限公司 90%的股权,直接持有广州发展基础设施投资管理有限公司 95%的股权; 通过广州金源电力有限公司间接持有广州发展资产管理有限公司 10%的股权;通过广州原实投资项目管理有限公司分别间接持有广州发展信息产业投资管理有限公司、广州发展基础设施投资管理有限公司 10%和 5%的股权;通过广州发展资产管理有限公 司分别间接持有广州原电管理有限公司、广州原实投资项目管理有限公司、广州珠江电力燃料有限公司、广州珠江电力物资有限公司、广州珠江电力检修有限公司、广州金源电力有限公司各 10%的股权,故本公司实际持有上述 9 家公司 100%的股权。

根据一九九九年二月八日签定的"广州东方电力有限公司股东股权转让协议",广州金源电力有限公司已付讫全部款项,对广州东方电力有限公司的持股比例由原 60 %增加至 70%。

本公司于一九九九年四月六日,六月二十一日分别设立全资子公司广州发展信息 产业投资管理有限公司和广州发展资产管理有限公司,故本年度合并报表范围增加了 上述二家子公司。

三、或有事项:

截止一九九九年十二月三十一日止本公司无重大或有负债和损失。

四、承诺事项:

截止一九九九年十二月三十一日止本公司无对外担保、重大财务承诺。

五、资产负债表日后事项:

1、二○○○年二月十七日本公司属下广州发展信息产业投资管理有限公司(以下简称甲方)与中国兵器工业信息中心、上海对外经济贸易实业有限公司、北方浦东经 济技术开发有限责任公司和上海卫通电子科技有限公司签订《上海神通电信有限公司增资协议》,协议订明:甲方出资 2,026 万元人民币,占上海神通电信有限公司(以下简 称乙方)注册资本 6,025.2 万元人民币的 25%,上述出资金按协议规定支付。协议另 规定,甲方向乙方提供为期一年的股东垫款 2,000 万元人民币,具体按乙方项目实际进 展情况分期支付,乙方每季按银行同期贷款利率向甲方支付利息。

2、二○○○年三月五日本公司属下广州发展信息产业投资管理有限公司(以下简称甲方)与广州越鹏信息有限公司、广州华南通信投资有限公司、广东有线广播电视 台和广州市信网鼎网络发展中心签订《广州宽带信息网络有限公司合同》,共同投资 组建广州宽带信息网络有限公司(以下简

称乙方).合同订明:甲方出资 2,520 万元人民 币,占乙方注册资本(9000 万元人民币)的 28%。

九、公司的其他有关资料

(一)公司首次注册登记日期:1997 年 7 月 11 日
注册地点:广州市麓景路 3 号 17–19 楼
公司变更注册登记日期:1998 年 6 月 23 日
注册地点:广州市麓景路 3 号 17–19 楼

(二)企业法人营业执照注册号码:23124317–3

(三)税务登记号码:地税:440100231243173
国税:440101231243173

(四)公司未流通股票的托管机构名称:上海证券中央登记结算公司

(五)公司聘请的会计师事务所名称:广州羊城会计师事务所有限公司
办公地点:广州市东风中路健力宝大厦 25 楼

十、备查文件

(一)载有法定代表人、主管会计工作负责人、会计主管人员签名并盖章的会计报表;

(二)载有会计师事务所盖章、注册会计师签名并盖章的审计报告原件;

(三)报告期内在中国证监会指定报纸上公开披露过的所有公司文件的正本及公告的原稿。

广州发展实业控股集团股份有限公司

二〇〇〇年三月二十三日

资产负债表

编制单位:广州发展实业控股集团股份有限公司 1999 年 12 月 31 日 单位:人民币元

资 产	年初数(母)	年初数(合)	年末数(母)	期末数(合)
流动资产:				
货币资金	556817281.51	1290639490.80	769495261.82	1248400813.90
短期投资				
减:短期投资跌价准备				
短期投资净额				
应收票据				4164260.80
应收股利			1735000.00	
应收利息				
应收帐款		85136921.20		147285979.37
其他应收款	4656925.60	20674990.33	40340096.77	27683917.16
减:坏帐准备		4072993.91		7204880.63
应收帐款净额	4656925.60	101738917.62	40340096.77	167765015.90
预付帐款		51122261.68	31657513.69	83558086.53
应收补贴款				
存货		91247012.53		121653405.33
减:存货跌价准备				
存货净额		91247012.53		121653405.33
待摊费用		1114118.14		186009.03
待处理流动资产净损失				–1405729.92
一年内到期的长期债券投资				
其他流动资产				
流动资产合计	561474207.11	1535861800.77	843227872.28	1624321861.57
长期投资:				
长期股权投资	2053708717.38	518283803.18	2392796994.52	546818589.77
长期债券投资		11101750.00		12118750.00
长期投资合计	2053708717.38	529385553.18	2392796994.52	558937339.77
其中:合并价差				
减:长期投资减值准备				
长期投资净额	2053708717.38	529385553.18	2392796994.52	558937339.77
固定资产:				
固定资产原价	12190772.00	6723796239.09	12508702.00	6741753104.00
减:累计折旧	4514371.68	1536655588.77	5303381.48	1795414795.10
固定资产净值	7676400.32	5187140650.32	7205320.52	4946338308.90
工程物资				
在建工程				28143998.80
固定资产清理				
待处理固定资产净损失		2282.71		
固定资产合计	7676400.32	5187142933.03	7205320.52	4974482307.70
无形资产及其他资产:				
无形资产		162380944.00		130952368.00
开办费		4351346.17		3537919.87
长期待摊费用		58628233.45		57752064.50
其他长期资产		6507140.16		5026911.99
无形资产及其他资产合计		231867663.78		197269264.36
递延税项:				
递延税项借项				8257.03
资产总计	2622859324.81	7484257950.76	3243230187.32	7355019030.43
负债及股东权益				
流动负债:				
短期借款	50000000.00	225000000.00	150000000.00	470000000.00
应付票据				
应付帐款		75868726.73		73234990.53
预收帐款		27292683.54		11853355.37
代销商品款				
应付工资		12290319.56	4800000.00	15501043.70
应付福利费	117892.84	4589695.27	1719136.06	4930326.97
应付股利			119880000.00	119963174.80
应交税金	7901836.40	60338953.32	1341558.35	42005940.30
其他应交款	51036.12	518751.04	–925.81	980235.94
其他应付款	952882.27	52310286.34	3648301.71	88840679.99
预提费用	300000.00	117909845.74		143848105.18
一年内到期的长期负债	39000000.00	542648000.00	19000000.00	720657678.11
其他流动负债				
流动负债合计	98323647.63	1118767261.54	300388070.31	1691815530.89
长期负债:				
长期借款	50000000.00	2727979893.90	50000000.00	1819766630.46
应付债券				
长期应付款		205632129.95		48750000.00
住房周转金	–48015231.64	–48014085.16	–40898486.78	–41254146.80
其他长期负债				
长期负债合计	1984768.36	2885597938.69	9101513.22	1827262483.66
递延税款:				
递延税款贷项		8917828.29		34978905.72
负债合计	100308415.99	4013283028.52	309489583.53	3554056920.27
少数股东权益		948424013.42		867221506.37
股东权益:				
股本	1198800000.00	1198800000.00	1198800000.00	1198800000.00
资本公积	642854110.86	642854110.86	644054110.86	644054110.86
盈余公积	133004519.69	133004519.69	212484973.94	212484973.94
其中:公益金	44334839.89	44334839.89	70828324.64	70828324.64
未分配利润	547892278.27	547892278.27	878401518.99	878401518.99
股东权益合计	2522550908.82	2522550908.82	2933740603.79	2933740603.79
负债及股东权益总计	2622859324.81	7484257950.76	3243230187.32	7355019030.43

利润及利润分配表

编制单位:广州发展实业控股集团股份有限公司 1999 年 12 月 31 日 单位:人民币元

项 目	本期数(母)	本期数(合)	上年数(母)	上年数(合)
一、主营业务收入		2441243998.16	201152895.08	2658077755.93
减:折扣与折让				
主营业务收入净额		2441243998.16	201152895.08	2658077755.93
减:主营业务成本		1305861422.91	157743708.98	1609332484.69
主营业务税金及附加		4637928.63	2422503.14	7465785.37
二、主营业务利润		1130744646.62	40986682.96	1041279485.87
加:其他业务利润	33353892.94	14619171.84	62949486.46	14002607.24
减:存货跌价损失				
营业费用		2747454.25		2466471.09
管理费用	21706400.89	170396244.63	19357230.23	159747354.25
财务费用	–4247701.79	219658886.93	17159093.11	240521943.07
三、营业利润	15895193.84	752561232.65	67419846.08	652546324.70
加:投资收益	516757499.07	–25740029.68	475136067.06	–26734694.00
补贴收入		6467471.41		81502730.62
营业外收入	2615.20	3265994.62	75424.48	11313081.22
减:营业外支出	73806.58	2273856.77	1059427.23	1402422.49
四、利润总额	532581501.53	734280812.23	541571910.39	717225020.05
减:所得税	2711806.56	80309186.05	16628172.99	82883295.32
少数股东本期损益		124101931.21		109397987.33
五、净利润	529869694.97	529869694.97	524943737.40	524943737.40
加:年初未分配利润	547892278.27	547892278.27	307490101.48	307490101.48
盈余公积转入				
六、可供分配的利润	1077761973.24	1077761973.24	832433838.88	832433838.88
减:提取法定盈余公积	52986969.50	52986969.50	52494373.74	52494373.74
提取法定公益金	26493484.75	26493484.75	26247186.87	26247186.87
七.可供股东分配利润	998281518.99	998281518.99	753692278.27	753692278.27
减:应付优先股股利				
提取任意盈余公积金				
应付普通股股利	119880000.00	119880000.00		
转作股利的普通股股利			205800000.00	205800000.00
八、未分配利润	878401518.99	878401518.99	547892278.27	547892278.27

现金流量表

编制单位:广州发展实业控股集团股份有限公司 1999 年 12 月 31 日 单位:人民币元

项目	母公司	合并
一、经营活动产生的现金流量		
销售商品、提供劳务收到的现金	16,745,140.41	2,359,491,351.02
收取的租金	492,069.52	
收到的增值税销项税额和退回的增值税款		338,277,369.74
收到的除增值税以外的其他税费返还		
收到的其他与经营活动有关的现金	5,676,893.43	18,085,113.85
现金流入小计	22,914,103.36	2,715,853,834.61
购买商品、接受劳务支付的现金	23,134,904.44	974,529,647.21
经营租赁所支付的现金	3,000.00	
支付给职工以及为职工支付的现金	13,572,689.45	81,743,325.40
支付的增值税款	1,076.22	330,196,953.67
支付的所得税款	1,480,546.39	67,939,247.88
支付的除增值税、所得税以外的其他税费	8,775,157.79	16,136,653.29
支付的其他与经营活动有关的现金	23,138,660.93	101,835,431.10
现金流出小计	70,106,035.22	1,572,381,258.55
经营活动产生的现金流量净额	–47,191,931.86	1,143,472,576.06
二、投资活动产生的现金流量		
收回投资所收到的现金		220,000.00
分得股利或利润所收到的现金	377,164,357.92	4,028,439.13
处置固定资产、无形资产和其他长期资产收到的现金净额	1,844,982.50	4,727,198.31
收到的其他与投资活动有关的现金	13,686,387.04	27,450,046.64
现金流入小计	392,695,727.46	36,425,684.08
购建固定资产、无形资产和其他长期资产所支付的现金	6,439,001.54	55,890,194.14
权益性投资所支付的现金	203,494,419.69	178,000,000.00
现金流出小计	209,933,421.23	233,890,194.14
投资活动产生的现金流量净额	182,762,306.23	–197,464,510.06
三、筹资活动产生的现金流量		
借款所收到的现金	150,000,000.00	
收到的其他与筹资活动有关的现金		1,200,000.00
现金流入小计	150,000,000.00	1,200,000.00
偿还债务所支付的现金	70,000,000.00	642,085,715.28
发生筹资费用所支付的现金	1,618.29	46,090,861.86
分配股利或利润所支付的现金		87,283,843.83
偿付利息所支付的现金	2,928,440.85	210,713,894.71
现金流出小计	72,930,059.14	986,174,315.68
筹资活动产生的现金流量净额	77,069,940.86	–984,974,315.68
四、汇率变动对现金的影响额	37,665.08	–3,272,427.22
五、现金及现金等价物净增加额	212,677,980.31	–42,238,676.90

林 海 股 份 有 限 公 司

林海股份有限公司 1999 年年度报告摘要

一、 公司简介

1、公司法定中文名称:林海股份有限公司
公司英文名称:LINHAICO.,LTD.　　公司英文名称缩写:LH
2、公司法定代表人:陆海民
3、公司董事会秘书:栾月明　联系地址:江苏省泰州市泰九路 14 号
电　话:0523-6551888　传真:0523-6551403　电子信箱:LHDL.TZ@PUB.TZ.JSINFO.NET
4、公司注册地址:江苏省泰州市泰九路 14 号　邮政编码:225300
公司电子信箱:LH.TZ@Public.TZ.JS.CN
5、公司选定的信息披露报纸:中国证券报
登载公司年度报告的中国证监会指定国际互联网网址 :http://www.sse.com.cn
公司年度报告备置地点:本公司证券办
6、股票上市地:上海证券交易所　股票简称:林海股份　股票代码:600099

二、会计数据与业务数据摘要

(一)本年度主要会计数据:　(单位:人民币元)

利润总额:	22161281.15
净利润:	18761615.75
扣除非经常性损益后的净利润:	19293452.94
主营业务利润:	33243275.29
其他业务利润:	3113310.06
营业利润:	22786971.96
营业外收支净额:	-625690.81
经营活动产生的现金流量净额:	5845506.61
现金及现金等价物净增加额:	48907511.56

注:非经营性损益后的净利润是按净利润剔除营业外收支净额的影响数所得。

(二)近三年主要会计数据和财务指标:(单位:人民币元)

序号 项 目	1999 年度	1998 年度		1997 年度	
		调整前	调整后	调整前	调整后
1、主营业务收入	280437957	427335971	427335971	436424297	436424297
2、净利润	18761615	48300760	44605568	46870363	22308846
3、总资产	572346935	503311756	475055047	508129578	489708440
4、股东权益	497041674	431728992	403472283	383428231	365007094
5、每股收益(元/股)	0.103	0.285	0.263	0.442	0.210
6、每股收益(元/股)(加权)	0.109	0.351	0.324	0.545	0.259
7、扣除非经营损益后的每股收益(元/股)	0.106	0.29	0.268	0.435	0.203
8、每股净资产(元/股)	2.72	2.55	2.38	3.617	3.44
9、调整后每股净资产(元/股)	2.71	2.54	2.37	3.61	3.43
10、每股经营活动产生的现金净流量	0.03	0.01	0.01		
11、净资产收益率(%)	3.77	11.19	11.06	12.22	6.39

注:主要财务指标的计算方法

每股收益=净利润/年度末普通股股份总数

每股净资产=年度末股东权益/年度末普通股股份总数

净资产收益率=净利润/年度末股东权益 x100%

调整后的每股净资产=(年度末股东权益-三年以上的应收款项净额-待摊费用-待 处理(流动、固定)资产净损失-开办费-长期待摊费用-住房周转金负数余额)/年度末 普通股股份总数

加权平均净资产收益率=当期净利润/[(期初净资产+期末净资产)/2+当期发行新 股或配股新增净资产 x(自缴款结束日下一月份至报告期末的月份数-6)/12]

每股经营活动产生的现金流量净额=经营活动产生的现金流量净额/年度末普通股股份总数

加权平均每股收益=当期净利润/[期末普通股股份总数/(1+配股比例或增发新股 比例)+期末普通股股份总数/(1+配股比例或增发新股比例)　x 配股比例或增发新股比例 x 缴款结束日下一月份至报告期末的月份数/12]

(三)报告期内股东权益变动情况:(单位:元)

项目	股本	资本公积	盈余公积	法定公益金	未分配利润	股东权益合计
期初数	169600000	177557868	16728603	6691441	39585810	403472283
本期增加	13000000	61807775	4690403	1876161	18761615	98259794
本期减少					4690403	4690403
期末数	182600000	239365643	21419007	8567603	53657022	497041674

说明:1、本期股本变动是因为本年度实施 99 年度配股方案所致,即以 97 年末总股本 10600 万股为基数每 10 股配 3 股。2、本期资本公积增加是因本年度实施 99 年度配股方案产生股本溢价所致。 3、盈余公积增加 469.04 万元,为本年度实现净利润提取 10%法定盈余公积金和公益金,以及提取 5%的任意盈余公积所致。

三、股东情况介绍

(1)截止 1999 年末,公司股东总数为 42910 户,其中发起人股股东 1 户,
社会公众股股东 42909 户。

(2)主要股东持股情况(前十名股东,截止 99 年 12 月 31 日)

名次	股东名称	年末持股数(股)	占总股本(%)
(1)	中国福马林业机械集团有限公司	106600000	58.38%
(2)	熊元水	360425	0.1974%
(3)	晏福庆	294251	0.1611%
(4)	付玉芳	190942	0.1046%
(5)	谢瑞富	180641	0.0989%
(6)	周　琪	160000	0.0876%
(7)	都成洪	147998	0.0811%
(8)	朱旭东	141194	0.0773%
(9)	葛兴元	132500	0.0726%
(10)	李娟娟	130625	0.0715%

四、股东大会简介

(一)1998 年度股东大会

本公司于 1999 年 1 月 26 日在《中国证券报》、《上海证券报》上刊登了本公司关 于召开 1998 年度股东大会的通知,并于 1999 年 3 月 5 日在江苏省泰州市泰九路 14 号公司 大会议室召开。出席会议的股东代表共 21 人,代表公司股份 10568.23 万股,占总股本的 62.32%,符合《中华人民共和国公司法》和《公司章程》的有关规定。经大会审议表决,通过了如下决议:

1、审议通过了 1998 年度董事会工作报告;

2、审议通过了 1998 年度监事会工作报告;

3、审议通过了 1998 年度财务决算报告;

4、审议通过了 1998 年度利润分配预案;

1998 年公司实现净利润 4830.07 万元, 提取 10%法定公积金 483.01 万元,10%法定 公益金 483.01 万元,5%任意公积金 241.5 万元, 本年度可供分配利润 3622.55 万元, 加上年度滚存利润 2455.28 万元,合计可供分配利润 6077.83 万元。本年度利润不分配。

5、审议通过了 1999 年度配股方案;

根据公司 1997 年度股东大会决议,1998 年度实施"以 1997 年末股本总额为基数,向全体股东每 10 股配 3 股"的配股方案,配股募集资金投资于"低排放发动机及园林机械技术改造"和"高能电池及电动车技术改造"项目,配股价 6-10 元。后由于中国证监 会 98 年 6 月 30 日证监上字[1998]76 号文对新上市公司配股的新要求,配股工作未能实施。现确定 1999 年度继续实施,以 1997 年末总股本为基数,向全体股东每 10 股配 3 股,配股募集资金投向不变,并根据持有 5%以上股权的股东提议,配股价格调整为每股 5.5-8.5 元,配股有效期限延长 1 年。授权董事会办理与此次配股有关的其它事项。

6、审议通过了"关于提请股东大会授权董事会 3000 万元以下(含 3000 万元)投资 决定权的议案"

7、审议通过了《公司章程》有关条款的修改议案。

1998 年年度股东大会决议公告于 1999 年 3 月 6 日刊登于《中国证券报》和《上海证券报》。

(二)1999 年第一次(临时)股东大会

公司于 1999 年 4 月 3 日在《中国证券报》、《上海证券报》上刊登了本公司关于召开 1999 年第一次(临时)股东大会的通知,并于 1999 年 5 月 4 日在江苏省泰州市泰九路 14 号公司大会议室召开。出席会议的股东代表共 26 人,代表公司股份 10569.74 万股,占总股本的 62.32%,符合《中华人民共和国公司法》和《公司章程》的有关规定。会议就公司 1999 年配股事宜进行了审议,通过决议如下:

1、前次募集资金使用情况的说明:

本公司经中国证监会批准于 1997 年 6 月 17 日发行 A 股 4000 万股,共募集资金净额 23508.25 万元。公司募集资金严格按照《招股说明书》中的承诺实施, 至 1998 年末, 累计 完成募集资金 20466.96 万元,尚余少量资金为项目待付款。前次募集资金的使用情况 已经江苏天衡会计师事务所有限公司出具专项报告(详见《中国证券报》、《上海证 券报》1999 年 4 月 17 日公告),具体投资情况如下:

(1)"摩托车发动机技术改造"项目承诺投资 14332.00 万元,实际投资 12713.24 万元。该项目已基本完成,并已投入试运行,尚余 1618.76 万元为项目待付款。

(2)"内燃机与摩托车技术引进与改造"项目承诺投资 1841.00 万元,实际投资 1499.88 万元。该项目已基本完成,尚余 341.12 万元为项目待付款。

(3)150ml 四冲程强制风冷发动机及技术发展中心技术改造"项目承诺投资 4982.00 万元,实际投资 3815.84 万元。尚余 1166.16 万元为项目待付款。

(4)根据公司《招股说明书》中计划安排,募集资金中 2438.00 万元用于归还工程 前期借款。

2、对公司 1999 年配股方案按规定进行逐条审议。

(1) 配股比例及配售股份总额:本次配股以公司 1997 年末总股本 10600 万股为基数,向全体股东每 10 股配 3 股,共可配 3180 万股。其中发起人中国福马林业机械集团有限公司持有的 6600 万股可配 1980 万股。社会公众股 4000 万股可配 1200 万股。

(2) 配股价格为每股 5.5-8.5 元。

(3) 配股募集资金投向:① 低排放发动机及园林机械技术改造项目。② 高能电池及电动车技术改造项目。(4) 本次配股决议的有效期为股东大会通过之日起一年内。(5) 提请股东大会授权董事会办理与本次配股有关的事宜。

3、关于发起人股东配股方式的议案。

公司 1999 年配股, 发起人中国福马林业机械集团有限公司持有的国家股 368.4 万股, 可配 110.52 万股,占可配股份的 3.5%,承诺放弃。持有的国有法人股 6231.6 万股,可 配 1869.48 万股,占可配股份的 58.8%,根据国家财政部财管字(1999)21 号文的批复,除以其拥有的摩托车生产线认购 100 万股外(不足部分用现金认购),其余放弃。摩托车生产线经中咨资产评估事务所(中咨评字[99]第 295 号)评估,价值为 519.04 万元,已获得 财政部财评字(1999)152 号文确认。此次配股实际可配 1300 万股。

发起人股东按照有关规定在该项表决中回避,由其它股东投票表决。

4、配股募集资金使用可行性说明。公司此次配股募集资金将投资于"低排放发动机及园林机械技术改造"和"高能电池及电动车技术改造"项目。项目符合国家产业政策和对绿色环保要求,并已经过 专家评审和获得国家林业局的批准,具有较好的经济效益和良好的社会效益,项目可行。

(1)"低排放发动机及园林机械技术改造"项目已获国家林业局林计批字(1998)26 号文批准,总投资 4600 万元,改造后形成年产 3 万台低排放发动机和 3 万台草坪修剪机 的生产能力。此项目为本次募集资金优先投资项目。

(2)"高能电池及电动车技术改造"项目已获国家林业局林计批字(1998)93 号文 批准,总投资 4980 万元,改造后形成年产电池 10 万只,电动车 5 万辆的生产能力。

(3)配股募集资金投资于以上两项目,不足部分由公司自筹,超出部分用于补充公 司流动资金。

1999 年第一次(临时)股东大会决议公告于 1999 年 5 月 5 日刊登于《中国证券报》和《上海证券报》。

五、董事会报告

(一)公司经营情况

1、公司所处行业及在行业中的地位

本公司为专业从事小型汽油机、摩托车发动机、林业机械等产品的生产企业,为 国家级重点高新技术企业,在国内小型汽油机行业中享有良好的声誉,在全国林业机械系统中占有重要的位置。

2、公司主营业务的范围及其经营状况公司主营业务的范围:营林机械、喷灌机械、木材采运设备、内燃机、摩托车、助力车、消防机械、微型汽车及以上产品配件的制造和销售,汽车自货自运。

经营状况:(1)报告期内公司主营业务收入、主营业务利润的构成

1999 年公司共实现主营业务收入 28043.08 万元,主营业务利润 3324.33 万元。

(2) 报告期内公司主营业务收入或主营业务利润 10%以上的产品有: 摩托车产品业务收入 13011.77 万元,占主营业务收入的 46.40%,实现利润 1355.51 万元,占主营业务 利润的 40.78%;发动机产品业务收入 7283.93 万元,占主营业务收入的 25.97%,实现利润 962.11 万元,占主营业务利润的 28.94%。

清华同方股份有限公司

一、公司简介

1.公司名称
中文:清华同方股份有限公司
英文:TSINGHUA TONGFANG CO., LTD
英文简称:THTF CO., LTD
2.公司法定代表人:梁尤能先生
3.公司董事会秘书:孙岷先生
联系地址:北京清华大学同方大厦清华同方股份有限公司
联系电话:010-62789888、010-86251188
联系传真:010-62789765
E-Mail :sunm@thtf.com.cn
4.公司注册地址:北京海淀区清华大学13区28号楼
公司办公地址:北京清华大学同方大厦
邮政编码:100084
公司国际互联网网址:http://www.thtf.com.cn
公司 E-Mail :thtf@thtf.com.cn
5.公司信息披露的报刊:《中国证券报》和《上海证券报》
登载公司年度报告的中国证监会指定国际互联网网址:http://www.sse.com.cn
公司年度报告备置地点:北京清华大学同方大厦A座二层办公室
6.公司股票上市地:上海证券交易所
股票简称:清华同方
股票代码:600100

二、会计数据和业务数据摘要

1.本年度利润总额及构成(合并报表)

利润总额	219,075,949.07 元		
其中:主营业务利润	389,452,935.42 元	其它业务利润	17,263,564.27 元
投资收益	-488,827.00 元	营业外收支净额	2,135,979.57 元
补贴收入	7,776,630.67 元		
净利润	160,848,358.86 元		
扣除非经常性损益后的净利润	160,748,358.86 元		
经营活动产生的现金流量净额:	49,424,516.57 元		
现金及现金等价物净增加额:	317,247,198.74 元		

2.会计数据及财务指标(合并报表)

项　目	1999 年度	1998 年度		1997 年度	
		调整后	调整前	调整后	调整前
1 主营业务收入 千元)	1,668,432.95	806,212.27	806,212.27	385,161.20	385,161.20
2 净利润 千元)	160,848.36	92,166.07	104,764.03	69,434.27	69,434.27
3 总资产 千元)	2,563,531.44	1,363,838.81	1,376,436.76	786,369.36	786,369.36
4 股东权益 千元)	1,315,370.63	623,590.22	635,741.39	513,974.71	513,974.71
5 每股收益(元/ 股)					
每股收益(摊薄)	0.620	0.555	0.631	0.627	0.627
每股收益(加权)	0.796	0.555	0.631	0.787	0.787
6 每股收益(元/ 股) 扣除非经常性损益					
每股收益(摊薄)	0.620	0.554	0.630	0.627	0.627
每股收益(加权)	0.796	0.554	0.630	0.787	0.787
7 每股净资产 元/ 股	5.07	3.76	3.83	4.64	4.64
8 调整后的每股净资产 元/ 股	4.73	3.39	3.46	4.28	4.28
9 净资产收益率 %	12.23	14.78	16.47	13.50	13.50
10 每股经营活动产生的现金流量(元/ 股)	0.19	0.25	0.25		

注:主要财务指标的计算方法
1 全面摊薄的计算方法
每股收益=净利润 / 年度末普通股份总数
每股净资产=年度末股东权益 / 年度末普通股份总数
调整后的每股净资产=(年度末股东权益-三年以上的应收款净额-待摊费用-待处理财产净损失-开办费-长期待摊费用-住房周转金负数余额)/ 年度末普通股份总数
每股经营活动产生的现金流量净额=经营活动产生的现金流量净额/年度末普通股份总数
净资产收益率=净利润 / 年末股东权益×100%
2 加权平均总股本
99年加权平均总股本=99年初总股本+Σ [期内增加之股份数× 增加股份之月份至年末月份数 / 12]
3 扣除非经常性损益指公司正常经营损益之外的、一次性或偶发性损益。
本期扣减的非经常性损益科目及金额:补贴收入中“火炬计划项目”补贴款10万元。
3、报告期内股东权益变动情况 单位:千元

项目	股本	资本公积	盈余公积	法定公益金	未分配利润	股本权益合计
期初数	166,050.00	295,939.88	32,219.13	16,109.56	129,381.21	623,590.22
本期增加	93,289.02	470,306.55	36,996.88	17,618.35	177,792.71	778,385.17
本期减少		68.40			86,536.36	86,604.76
期末数	259,339.02	766,178.03	69,216.01	33,727.91	220,637.56	1,315,370.63
变动原因		吸收合并、送配股	利润分配	利润分配	本年利润、利润分配	

三、股本变动及股东情况介绍

1、本报告期末,公司股东总数86,894户,持股259,339,024股。
2. 公司主要股东持股情况(前十名股东)

股东名称	持股数(股)	占总股本数(%)
北京清华大学企业集团	137,916,625	53.18%
安顺基金	3,471,149	1.34%
江西清华科技集团有限公司	2,846,790	1.10%
泰和基金	2,708,106	1.09%
金泰基金	1,583,081	0.61%
大正投资	1,233,124	0.47%
北京首都创业集团	948,930	0.37%
北京实创高科技发展总公司	948,930	0.37%
北京沃斯太酒店设备安装公司	948,930	0.37%
普惠基金	827,333	0.32%

四川明星电力股份有限公司

一、公司简介

1、公司法定中文名称:四川明星电力股份有限公司
公司英文名称:SICHUAN MINGXING ELECTRIC POWER CO,LTD.
(缩写:MXEP)
2、公司法定代表人:费庆伦
3、公司董事会秘书:蒋青
联系地址:四川省遂宁市大东街18号
联系电话:(0825)2227626　　传真:(0825)2210017
电子信箱:mxep@sn-public.sc. cninfo.net
4、公司注册地址及办公地址:四川省遂宁市大东街18号
邮政编码:629000
5、公司选定信息披露报纸:《中国证券报》、《上海证券报》
年度报告指定登载网址:http://www. sse. com. cn
公司年度报告备置地:四川明星电力股份有限公司证券部
6、公司股票上市地:上海证券交易所
股票简称:明星电力
股票代码:600101

二、会计数据和业务数据摘要

1、本年度利润总额及构成(单位:元)

利润总额:	97349390.64
净利润:	83108647.04
扣除非经常性损益后的净利润:	77858647.04
主营业务利润:	100074236.11
其他业务利润:	9986960.95
营业利润:	89163416.12
投资收益:	3060802.40
补贴收入:	5250000.00
营业外收支净额:	-124827.88
经营活动产生的现金流量净额:	79238320.77
现金及现金等价物净增加额:	84350496.01

注:扣除的非经常性损益项目和涉及金额为:1999年所得税返还5250000.00元。
2、公司前三年主要会计数据和财务指标(单位:元)

项　目	1999 年	1998 年		1997 年	
		追溯调整后	追溯调整前	追溯调整后	追溯调整前
主营业务收入	206839626.65	194970860.77	194970860.77	146489843.55	146489843.55
净利润	83108647.04	78155231.41	79250337.65	49737768.92	50707735.45
总资产	663013921.04	340227204.62	345032221.17	275093201.35	276063167.88
股东权益	580535198.47	292309895.27	297114911.82	223696335.00	224666301.53
每股收益	0.568	0.602	0.610	0.575	0.586
每股收益(加权)	0.602	0.722	0.666	0.674	0.724
扣除非经常性损益后的每股收益	0.532	0.527	0.535	0.533	0.545
每股净资产	3.96	2.25	2.29	2.58	2.60
调整后的每股净资产	3.92	2.22	2.25	2.54	2.55
每股经营活动产生的现金流量净额	0.54	0.49	0.49	--	--
净资产收益率(%)	14.32	26.74	26.67	22.23	22.57
净资产收益率加权(%)	18.62	29.96	30.38	24.63	25.11

注:(1)1999年年度末的普通股总数为14644.386万股,1998年年度末的普通股总数为129828.872万股,1997年年度末的普通股总数为8655.248万股。
(2)主要财务指标的计算方法
每股收益=净利润/年度末普通股股份总数
每股净资产=年度末股东权益/年度末普通股股份总数
调整后的每股净资产=(年度末股东权益-三年以上的应收款项净额-待摊费用-待处理(流动、固定)资产净损失-开办费-长期待摊费用-住房周转金负数余额)/年度末普通股股份总数
每股经营活动产生的现金流量净额=经营活动产生的现金流量净额/年度末普通股股份总数
净资产收益率=净利润/年度末股东权益×100%
3、股东权益变动情况:

项目	股本	资本公积	盈余公积	法定公益金	未分配利润	股东权益合计
期初数	129828720	29887873.70	40436274.96	21294107.00	70872919.61	292309895.27
本期增加	16615140	188501516.16	8310864.70	8310864.70	66486917.64	288225303.20
本期减少	/					
期末数	146443860	218389389.86	48737139.66	29604917.70	137359837.25	580535198.47
增加原因	配股增加	配股增加	提取两金	提取两金	净利润提取两金后的余额	

三、股东情况介绍

截止1999年12月30日,公司股东总计15576户,其中:国有股股东1名,法人股股东2名,社会公众股股东15573名。
1、前十名股东持股情况

名次	股东名称	持股数(股)	股份性质	占总股本比例(%)
1	遂宁市国有资产管理局	47916900	国家股	32.720
2	遂宁金源科技发展公司	13446960	法人股	9.182
3	遂宁市电力物资公司	12000000	法人股	8.194
4	申银万国证券股份有限公司	4369301	社会公众股	2.984
5	南方证券	2359425	社会公众股	1.611
6	南方天津	2300162	社会公众股	1.571
7	广州国际	1477765	社会公众股	1.009
8	商贸副食	523350	社会公众股	0.357
9	潘惠林	512549	社会公众股	0.350
10	长江石化	504090	社会公众股	0.344

本公司前10名股东之间、股东与公司之间均不存在关联交易。
2、持有本公司5%以上股份的股东共计3户,分别为:
遂宁市国有资产管理局:本公司国家股股东,年初持有4348.176万股,年末持有4791.69万股。股份增加原因是配股增加443.514万股。所持股份无质押、冻结情况。

莱芜钢铁股份有限公司

莱芜钢铁股份有限公司1999年年度报告摘要

一、公司简介

1、公司名称：莱芜钢铁股份有限公司
英文名称：LAIWUSTEELCORPORATION　英文缩写：LSCorp.
2、法定代表人：姜开文
3、公司董事会秘书：杨峰
联系电话：(0634)6820601 6821189　传真：(0634)6821094
电子信箱：mishuke@mail.laigang.com
4、公司注册地址：山东省莱芜市钢城区
公司办公地址：山东省莱芜市钢城区
邮政编码：271104
公司电子信箱：liulisc@mail.laigang.com
公司国际互联网网址：http://www.laigang.com
5、公司年度报告备置地点：公司办公大楼董事会秘书室
6、公司股票上市地：上海证券交易所
股票简称：莱钢股份　股票代码：600102

二、会计数据和业务数据摘要

(一)利润完成情况
1999年度实现利润总额44,502.60万元，其中：
主营业务利润：59,037.14万元；
其他业务利润：101.66万元；
净利润：37,648.17万元；
扣除非经常性损益后的净利润：37,648.17万元
投资收益：0万元；
补贴收入：0万元；
营业外收支净额：-236.12万元；
经营活动产生的现金流量净额：50,072.33万元；
现金及现金等价物净增加额：2,680.74万元；
(二)公司前三年的主要会计数据和财务指标(见下表)
追溯调整后：

	99年度	98年度	97年度	1999年比1998年增减(+,-)%
主营业务收入(万元)	399079.69	408762.49	355366.97	-2.37
净利润(万元)	37648.17	36775.34	30333.97	2.37
总资产(万元)	436056.06	350700.60	301443.43	24.34
股东权益(元)	253032.45	168561.56	151674.11	50.11
每股收益(元)	0.432	0.463	0.573	-6.70
每股净资产(元)	2.90	2.12	2.86	36.79
净资产收益率(%)	14.88	21.82	20.00	-31.81
调整后的每股净资产(元)	2.90	2.12	2.86	36.79
加权平均每股收益(元)	0.46	0.46	0.637	0
加权平均净资产收益率(%)	17.86	22.97	27.47	-22.25

追溯调整前：

	99年度	98年度	97年度	1999年比1998年增减(+,-)%
主营业务收入(万元)	399079.69	408762.49	355366.97	-2.37
净利润(万元)	37648.17	36780.44	30333.97	2.36
总资产(万元)	436056.06	350726.10	301443.43	24.33
股东权益(元)	253032.45	168587.05	151674.11	50.11
每股收益(元)	0.432	0.463	0.573	-6.70
每股净资产(元)	2.90	2.12	2.86	36.79
净资产收益率(%)	14.88	21.82	20.00	-31.81
调整后的每股净资产(元)	2.90	2.12	2.86	36.79
加权平均每股收益(元)	0.46	0.46	0.637	0
加权平均净资产收益率(%)	17.86	22.97	27.47	-22.25

注：1、主要财务指标计算方法。
(1)全面摊薄后的计算方法：
每股收益=净利润/年度末普通股股份总数
每股净资产=年度末股东权益/年度末普通股股份总数
调整后的每股净资产=(年末股东权益-三年以上的应收款项净额-待摊费用-待处理(流动、固定)资产净损失-开办费-长期待摊费用-住房周转金负数余额)/年度末普通股股份总数
净资产收益率=净利润/年度末股东权益×100%
(2)加权平均后的计算方法：
1998年度加权平均股本=(79470 9+87118.203)/12=81,382.05(万股)
加权平均每股收益=净利润/加权平均股本数
加权平均净资产=(年初净资产+年末净资产)/2
加权平均每股净资产=加权平均净资产/加权平均股本数
加权平均净资产收益率=净利润/加权平均净资产
(三)报告期内股东权益变动情况

项目	股本	资本公积	盈余公积	法定公益金	未分配利润	股东权益合计
期初数	79,470	57,764.15	13,417.78	6,711.44	17,909.636	168,561.56
本期增加	7,648.20	39,174.52	7,529.64	3,762.27	30,118.53	84,470.89
本期减少						
期末数	87,118.20	96,938.67	20,947.42	10,473.71	48,028.16	253,032.45
变动原因	配售股票	配售股票	主要是按净利润的10%计提			新增利润

三、股本变动及股东情况介绍

(一)股本变动情况
1、股份变动情况表
1999年度，由于实施了公司股东大会通过的《1999年配股方案》，具体内容见1999年4月9日的《中国证券报》、《上海证券报》和《证券时报》。通过配股增加股份总额7,648.2万股，其中社会公众股3,600万股，国有法人股4,048.2万股。因此与年初相比股本发生了变动，截止到1999年12月31日，本公司股本结构情况如下：

公司股份变动情况表　数量单位：股

	本次变动前	本次增减变动(+,-) 配股	小计	本次变动后
(一)尚未流通股份				
国有法人股	674,700,000	40,482,000	40,482,000	715,180,000
尚未流通股份合计	674,700,000	40,482,000	40,482,000	715,180,000
(二)已流通股份				
境内上市人民币普通股	120,000,000	36,000,000	36,000,000	156,000,000
(三)股份合计	794,700,000	76,482,000	76,482,000	871,182,000

2、股票发行与上市情况
(1)1997年度，经中国证券监督管理委员会[证监发字(1997)400号]和[证监发字(1997)401号]文批准，本公司于1997年8月8日成功地在上海证券交易所以上网定价方式 向社会公众公开发行人民币普通股(A股)7200万股，每股面值1元，发行价格每股6.73元。可流通股份7200万股经上海证券交易所[上证上字(1997)第077号]文审核同意，于1997年8月28日在上海证券交易所上市挂牌交易。
(2)本公司于1997年8月8日向公司职工发售800万股公司职工股，每股面值1元，每 股发行价格6.73元。1997年8月16日，该部分公司职工股由上海中央证券登记公司托管，在社会公众股挂牌交易满半年后经上海证券交易所批准，已于1998年3月2日在上海证券交易所上市交易。
(3)本公司实施了《1997年度利润分配及资本公积金转增股本方案》，送、转比例为十送三转增二，股权登记日为1998年4月28日，送转股后公司总股本为79470万股。社会公众股东的4000万股派送红股和转增股自1998年4月29日起上市交易。
(4)本公司实施了1999年配股方案，本公司获配新增的社会公众股流通部分3,600万股(其中董事、监事及高级管理人员获配的10,941股暂时锁定)，经上海证券交易所 审核同意，已于1999年10月13日上市流通。
(二)股东情况
1、截止到1999年12月31日，本公司股东总数为77557人，其中国有法人股股东1人，社会公众股东为77556人。
2、前十名股东所持股数及比例如下：

序号	股东名称	持股数(万股)	比例(%)
1	莱芜钢铁集团有限公司	71518	82.09
2	山证总部	71.43	0.082
3	车琳丽	65.00	0.075
4	海通公司	59.50	0.068
5	莫少东	41.00	0.047
6	吴燕	39.00	0.045
7	兴和基金	35.20	0.040
8	北京生资公司	35.10	0.040
9	柳广太	34.71	0.039
10	郑爱	34.06	0.039

注：莱芜钢铁集团有限公司为本公司控股股东；持有国有法人股股份；法定代表人：李景常；经营范围：铁矿石、石灰石、金刚石、水泥、机械修理、汽车修理、汽车运输、建筑安装、矿山建设工程；
截止到报告期末，公司前十名股东所持公司股份无质押或冻结的情况。
3、报告期内，原公司控股股东莱芜钢铁总厂已完成了企业改制工作，并更名为莱 芜钢铁集团有限公司。本公司已于1999年6月4日在《中国证券报》、《上海证券报》和《证券时报》上同时进行了公告。截止到1999年12月31日，莱芜钢铁集团有限公司持有本公司已发行的715,180,000股国有法人股，占总股本的82.09%。

四、股东大会简介

报告期内本公司共召开过一次股东大会，即本公司1998年度股东大会。本次股东 大会决议公告刊登在1999年4月9日的《中国证券报》、《上海证券报》和《证券时报》上。

五、董事会报告

(一)公司经营情况
1、行业情况及公司所处地位
本公司所处的钢铁行业是我国传统基础产业，也是冶金业的重要组成部分，同时，更是我国国民经济的支柱行业。本公司的控股股东莱芜钢铁集团有限公司是国家重点扶持的512家企业之一。本公司为莱芜钢铁集团有限公司的最大子公司，主要生产和销售钢铁产品。由于我国产业发展水平还比较低，钢铁做为一种基础原材料，总体讲尚无其他替代产品，同时由于大量的基础设施需要建设，所以从长远看钢铁行业在相当长的一个时期内，始终存在着商业机会。1999年度，受国内市场需求不旺的影响，钢铁产品 市场仍未摆脱低迷状态，尽管国家出台了"控制总量、调整结构、淘汰落后"等一系 列宏观调控政策，但由于滞后效应的影响，导致钢铁产品价格仍在低谷运行。在这种情况下，本公司坚持"以效益为中心，以市场需求为导向"，充分调动公司广大员工的积 极性，增强市场意识、竞争意识和效益意识，全力以赴抓生产经营，改革创新，严格管理，在钢铁市场不太景气的情况下，使生产经营上了新的台阶。根据国家冶金局《冶金快报》的统计数据，1999年，按照钢产量排序，莱钢在全国列入统计的75家大中型企业中 排第15位，产销率达到99%；按照实现利润排序，公司在全国列入统计的75家大中型企 业中排第14位。
2、公司主营业务范围及经营状况
公司主营业务范围：生铁、钢锭、钢坯、钢材、焦炭、大锻件、水渣、炼焦化产 品及炼钢副产品等产品的生产、销售。
公司经营地区主要在山东省莱芜市。
截止到1999年12月31日，公司共生产钢195.17万吨、生铁163.55万吨、钢材165.55万吨，同比分别增长7.08%、2.79%和13.96%，均创历史最高水平。热轧带钢、烧结矿、球团矿、焦炭、发电量都超额完成了年度计划。全年出口钢材19.05万吨，在全国同行业中居第七位；生产"以产顶进"钢材9.88万吨，完成了年度计划的141.16%，在 全国同行业中居第四位。
1999年度公司主营业务收入399,079.69万元，实现利润总额44,502.60万元，净利 润37,648.17万元，利润总额和净利润分别比上一年度增加954.77万元和872.83万元，增长幅度分别为2.2%和

2.37%。在实施了十配三配股方案,股本有较大幅度增长的情况下,仍然实现了每股税后利润 0.432 元。公司占主营业务收入 10%以上的产品为钢材和钢坯,分别占到主营业务收入的 5.79 %和 87.15%。

3、经营中出现的问题和困难及解决方案

1999 年度本公司遇到的问题和困难主要是:一、受国内市场需求不足影响,造成钢铁产品市场价格低迷,直接影响公司利润;二、生产过程中的突发性问题,对公司全年 生产的正常有序、稳定顺行产生一定影响;三、公司的主要产品产量有了较大幅度提 高,但主要经济技术指标与先进企业相比,仍有一定差距;四、公司的中型万能轧机项 目的实际收益与预期收益相比有一定差距,影响到公司全年利润目标的实现。

针对上述困难和问题,本公司采取了以下对策:一是坚持以经济效益为中心,以提 高企业的市场竞争力和效益为目标,加强企业管理,全公司通过"对标挖潜"活动,大 大降低了成本费用,全年可比产品总成本比上年降低 2.57 亿元,烧结、炼铁、炼钢主要产品成本同比分别降低 26.53 元/吨、70.05 元/吨和 119.64 元/吨,螺纹钢成本同比降低 143.76 元/吨。公司抓住有利时机,大力开拓市场,积极开展以产顶进工作,使公司生产经营保持良好的发展态势。二是加强设备管理和维护,最大限度地发挥设备的潜能,坚持"稳铁、增钢、保材"的生产组织方针,改善各项经济技术指标。三是狠抓技术进 步,发挥先进工艺设备的优势,加大节能降耗和新产品开发工作力度,进一步理顺新产 品开发机制,以主要工序生产结构优化和产品结构优化为重点,提高产品的技术含量,多生产高附加值、适销对路的产品。1999 年度,公司开发了 60Si2Mn 弹簧钢、美标螺纹钢、转炉 45# 优质碳结钢、不等边角钢、索具钢、高压锅炉钢、船用管、抗静带钢等新产品,改善了产品结构,增强了市场竞争力。四是强化市场营销,大力开拓国内外市 场,尤其是把开拓 H 型钢和优钢市场作为营销工作的重点。公司进一步强化营销激励机制,充实销售力量,完善营销网络,在巩固山东、广东、上海等地市场的基础上,开发东南、西北、华北市场,形成了覆盖全国的销售网络。同时,还积极协助推进国家有关部门颁布实施 H 型钢设计规范和配套文件,为公司今后 H 型钢的销售奠定基础。

(二)公司财务状况

1999 年度公司的各项财务指标继续保持良好态势:公司总资产达到 436,056.06 万 元,负债总额为 183,023.61 万元,股东权益 253,032.45 万元,分别比上年增长 85,355.46 万元、884.56 万元和 84,470.89 万元,增长幅度分别是 24.34%、0.49%和 50.11%。原因是:本年度实现净利润 37,648.17 万元及实施 1999 年配股方案使公司股东权益和资产总额均增加了 21,521.47 万元。公司主营业务利润、净利润分别比上年增加 1,608.88 万元和 872.83 万元,主要得益于产品品种、质量适应市场需求,现代化的装备水平使公司能够取得规模效益,降低了生产成本。

公司各项财务指标保持良好态势的同时,保持了较为合理的财务结构,资产负债率 41.97%,流动比率 1. 41,速动比率为 0.48。

(三)公司投资情况

1、报告期内公司对外投资额没有重大变化,仍为 3000 万元,系投资山东证券有限 责任公司所致。1998 年 3 月 9 日,莱芜钢铁股份有限公司第一届董事会第二次会议通过 决议,决定投资山东证券有限责任公司,该公司主要从事承销有价证券、自营买卖和代理买卖有价证券、资金和资产管理、财务顾问业务等,本公司出资 3000 万元人民币,占有山东证券有限责任公司 5.9%的股份。

报告期内公司对内投资额为 84,601.69 万元,比上年增加 25,807.27 万元。增加幅 度为 43.89%,主要是:1999 年度固定资产投资,年初在建工程余额 142,613.55 万元,本年度投入 84,601.69 万元,其中中型型钢工程 28,511.95 万元,其他技改技措改造项目 56,089.74 万元。全年投资形成固定资产 190,266.93 万元,期末在建工程余额 36,948.31 万元。

2、报告期内公司实施了 1999 年配股方案,共募集货币资金 21,521.47 万元。配股 募集资金到位后,中美两国政府就中国加入世界贸易组织的有关条款达成共识,预示着市场形势将发生重大变化,为此公司着重研究了今后的发展方向问题,并提出了"以钢铁主业为依托,向高科技新材料领域发展"的战略方针。为实现这一发展设想,公司开发了一些更具投资价值的项目,以尽快实现公司产业的战略性转移。因此在配股募集 资金的使用上,报告期内公司只对 R4 级海洋系泊链用钢技术开发项目进行了投入,具体情况见下表:

	项目名称	1999 年投入	2000 年投入
承诺投资项目	R4 级海洋系泊链等六项工程	9,275.2 万元	17,383.8 万元
实际投资项目	R4 级海洋系泊链工程	22.15 万元	4937.85 万元

如实际投资项目发生变更,公司将按有关法律、法规履行变更程序,并及时进行相应信息披露。

为减少财务费用、降低生产成本,配股资金余额 21499.12 万元,暂用于补充公司流动资金,2000 年将根据各投资项目进度情况,按照资金使用计划分期投入。

3、项目进度及预计收益

项目进度情况:截止到 1999 年 12 月 31 日,R4 级海洋系泊链用钢技术开发项目已完成了土建工程,目前正在进行设备安装。

预计收益情况:R4 级海洋系泊链用钢技术开发项目的预期收益与公司《配股说明 书》中披露的指标相比,没有重大变化。

(四)加入世界贸易组织(WTO)的影响

我国正式加入世界贸易组织后,市场竞争将更加激烈,从而对公司产生一定影响。不利因素主要有:公司新近投产的中型 H 型钢受市场开放影响,产品的竞争将更加激烈 。 有利因素主要表现在:公司近几年通过加大投入基本完成了技术改造和设备更新, 公司的主体设备如中型型钢生产线、中小型材生产线等已达到当今世界水平,生产的 产品已具有相当强的国际市场竞争力;莱钢每年出口创汇 6000-7000 万美元,加入世界 贸易组织后预计可获得更多的市场准入机会。

(五)新年度的业务发展计划

1、生产经营

(1)以经济效益为中心,搞好机制创新、技术创新和管理创新,充分发挥本公司工 艺装备水平较高的优势,力争经济效益比 1999 年有较大幅度增长;

(2)全年生产钢 206 万吨,生铁 173 万吨,钢材 188.2 万吨;出口钢铁产品 40 万吨;

注:公司生产计划超过国家限产计划的原因是:公司今年出口和以产顶进计划比上年大幅增加,出口和以产顶进增加部分是国家政策鼓励的增产,不在限产范围内。

(3)加快高附加值新产品的试制与开发,开发高强度可焊带肋钢筋、船用不等边角钢和 H 型钢、新标准轴承钢、四级海洋系泊链用钢以及耐大气腐蚀角钢 等 12 个新产品;

(4)主要技术经济指标进入全行业先进水平;

(5)全年重大人身伤亡事故、重大设备事故、重大火灾事故和重大环境污染事故 为零;

2、在搞好生产经营的基础上,加大资本运营力度。以钢铁业为依托,向高科技新 材料领域扩展,开辟新的利润增长点。

3、在建项目的预期进度

R4 级海洋系泊链用钢技术开发项目的炼钢系统项目计划于 2000 年上半年完成,轧 钢系统项目于下半年完成,整个工程于 2000 年底前全部完成。

(六)董事会日常工作情况

1、报告期内董事会的会议情况及重要决议

(1)1999 年 1 月 4 日召开了公司第一届董事会第六次会议,审议并通过了关于聘任谢振清、赵雁彬、薛克治先生为总经理助理,聘任杨峰先生为公司董事会秘书的两项议 案。

公告刊登于 1999 年 1 月 5 日《中国证券报》、《上海证券报》和《证券时报》。

(2)1999 年 3 月 1 日召开了公司第一届董事会第七次会议,审议并通过了关于 1998 年度财务决算和 1999 年度财务预算、1998 年年度报告及其摘要、1999 年配股方案等 11 项议案。

公告刊登于 1999 年 3 月 2 日《中国证券报》、《上海证券报》和《证券时报》。

(3)1999 年 4 月 7 日召开了公司第一届董事会第八次会议和第九次会议,讨论并通过了关于调整公司董事和高级管理人员的议案。

(4)1999 年 4 月 8 日召开了公司第一届董事会第十次会议,会议选举姜开文先生为公司董事会董事长、李名岷先生为公司董事会副董事长,审议并通过了关于聘任陈玲棠 先生为公司总经理、聘任谢振清、赵雁彬、薛克治先生为公司副总经理等 4 项议案。

公告刊登于 1999 年 4 月 9 日《中国证券报》、《上海证券报》和《证券时报》。

(5)1999 年 7 月 26 日召开了公司第一届董事会第十一次会议,会议审议通过了公司 1999 年度中期报告,决定 1999 年年度中期不进行利润分配及资本公积金转增股本。

公告刊登于 1999 年 7 月 28 日《中国证券报》、《上海证券报》和《证券时报》。

2、报告期内董事会对股东大会决议的执行情况

(1)公司利润分配方案执行情况

公司 1998 年度股东大会通过的《1998 年度利润分配方案》,即:公司以 1998 年末总股本 79,470 万股为基数,向全体股东每股派送现金红利 0.25 元(含税),已由董事会组织实施并相应公告。

公司于 1999 年 6 月 4 日在《中国证券报》、《上海证券报》和《证券时报》上刊登了关于实施 1998 年度利润分配方案的公告,确定 1999 年 6 月 7 日为发放红利的股权登记 日,6 月 8 日为除息日。

(2)1999 年配股方案执行情况

1998 年度股东大会通过的关于 1999 年配股工作的各项决议,董事会也已认真组织 实施,《配股获准公告》(1999.8.17)、《配股说明书》(1999.8.20)、《关于配股的 提示公告》(1999.9.2)、《关于配股的再提示公告》(1999.9.15)和《股份变动及配 股流通部分上市公告》(1999.10.13)刊登于《中国证券报》、《上海证券报》和《证券时报》上。

(七)公司管理层及员工情况

1、董事、高级管理人员情况

姓名	性别	职务	任期起止日期	年初持股数	年末持股数	增减变化原因	年度报酬元/年
姜开文	男	董事长	1999.4.8-2000.8.21	15000 股	19500 股	配股增加 4500 股	42780
李名岷	男	副董事长	1999.4.8-2000.8.21	2700 股	3510 股	配股增加 810 股	39134
李庆	男	董事	1997.8.21-2000.8.21	3771 股	4903 股	配股增加 1132 股	35078
宋兰祥	男	董事	1997.8.21-2000.8.21	900 股	1170 股	配股增加 270 股	33991
陈玲棠	男	董事、总经理	1999.4.8-2000.8.21	6000 股	7800 股	配股增加 1800 股	35049
田克宁	男	董事	1999.4.8-2000.8.21	1120 股	1120 股		31107
谢振清	男	董事、副总经理	1999.4.8-2000.8.21	1000 股	1300 股	配股增加 300 股	31405
赵雁彬	男	董事、副总经理	1999.4.8-2000.8.21	1000 股	1300 股	配股增加 300 股	30987
薛克治	男	董事、副总经理	1999.4.8-2000.8.21	1935 股	2516 股	配股增加 581 股	30438
杨峰	男	董事会秘书	1999.4.8-2000.8.21	420 股	420 股		25137

说明:上述董事、高级管理人员均从本公司领取报酬,其数额的分布区间为:

数额区间(万元)	2.1-2.3	2.3-3.0	3.0-3.5	3.5-4.0	4.0-5.0
人数	0	1	5	3	1

2、公司监事情况

姓名	性别	职务	任期起止日期	年初持股数	年末持股数	增减变化原因	年度报酬元/年
赵茂祥	男	监事会主席	1999.4.8-2000.8.21	1500 股	1950 股	配股增加 450 股	33733
崔宪池	男	监事	1997.8.21-2000.8.21	1260 股	1638 股	配股增加 378 股	26421
宋振训	男	监事	1997.8.21-2000.8.21	900 股	1170 股	配股增加 270 股	27297
李丽芳	女	监事	1999.4.8-2000.8.21	200 股	260 股	配股增加 60 股	26245
魏光显	男	监事	1997.8.21-2000.8.21	300 股	390 股	配股增加 90 股	15487

说明:上述监事均从本公司领取报酬, 其数额的分布区间为:

数额区间(万元)	2.0 以下	2.1-2.3	2.3-3.0	3.0-3.5	3.5-4.0	4.0-5.0
人数	1	0	3	1	0	0

3、报告期内公司董事、监事、高级管理人员离任情况

1999 年 4 月 8 日,经公司 1998 年度股东大会审议批准,李景常先生不再担任公司董事长、董事,王认请、刘培钧、刘新芝、赵茂祥先生不再担任公司董事,赵和德先生、李学玲女士不再担任公司监事。

1999 年 4 月 8 日,经公司第一届董事会第十次会议审议决定:李景常先生不再担任公司总经理,李庆、宋兰祥、陈玲棠、于昌忠、齐儒柱先生不再担任公司副总经理。李 庆先生不再担任公司财务主管。

4、公司员工的数量和专业素质

截止到 1999 年 12 月 31 日,本公司现有员工 13457 人,其中生产人员 11144 人,技术人 员 516 人、财务人员 73 人、销售人员 169 人、行政人员 1182 人。公司员工中大中专以上毕业生占员工总数的 24%,受过高中(含中技)教育以上的职工约占职工总数的 63%,公司现有专业技术人员 2138 人,其中具有高级技术职称的 133 人,中级技术职称 680 人。

截止到 1999 年 12 月 31 日,本公司共有退休职工 2491 人。

(八)、1999 年度利润分配预案

经山东烟台乾聚会计师事务所有限公司审计,公司本年度实现净利润 376,481,702.03 元,提取 10%法定公积金、提取 10%公益金,共计 75,296,340.20 元,加年初未分配 利润 179,096,260.79 元,可供分配的利润累计为 480,281,622.42 元。

根据公司利润完成情况和发展需要,董事会经过充分讨论研究,提出本年度利润暂不分配,也不进行资本公积金转增股本。董事会做出上述决定是基于以下考虑:一是公司正处在战略性产业转移的初期,需集中资金投入高新技术材料领域,资金缺口较大,二是在把握行业结构调整的历史性机遇的同时,兼顾股东的现实利益和长远利益,为公司可持续发展奠定基础。

(九)其他报告事项

本公司选定《中国证券报》、《上海证券报》和《证券时报》为信息披露报刊。

六、监事会报告

(一)监事会工作情况

本年度内公司监事会共召开两次会议,监事会成员列席了公司董事会的各次会议 。1998 年 3 月 1 日,召开了莱芜钢铁股份有限公司第一届监事会第四次会议,本公司五名监事全部出席了会议。会议决议公告刊登在 1999 年 3 月 2 日的《中国证券报》、《上海证券报》和《证券时报》上。

1999 年 4 月 8 日,召开了公司第一届监事会第五次会议。本公司五名监事全部出席 了会议。会议一致选举赵茂祥先生为公司监事会主席。会议决议公告刊登在 1999 年 4 月 9 日的《中国证券报》、《上海证券报》和《证券时报》上。

(二)公司依法运作情况

本年度内,公司在经营活动中未发生任何违犯中华人民共和国法律法规及政策规 定的行为,依法经营,依法纳税,并按照中国证监会和上海证券交易所关于上市公司信 息披露的有关规定,及时准确地在指定的新闻媒介上公布信息,无任何利用信息操纵股市的行为,做到了信息披露的公开、公平、公正。

(三)公司董事、高级管理人员遵纪守法情况

本年度内,公司的董事和高级管理人员在执行公司职务时,未发现有违犯法律、法规、公司章程或损害公司利益的行为。

(四)关联交易情况

本公司的关联企业仅为其发起人莱芜钢铁集团有限公司，该公司持有本公司71,518万股国有法人股,占总股本的比例为82.09%,为本公司控股股东。本公司与莱芜钢铁集团有限公司签订了《服务合同》、《供应合同》和《产品包销合同》,各项合同已经本公司股东大会除发起人以外的股东表决通过,双方当事人已严格按照各项合同的规定行使、履行了各自的权利、义务。截止到1999年12月31日,公司与莱芜钢铁集团有限公司关联交易发生额为613,989.48万元，其中提供服务54,035.17万元,采购货物160,874.62万元,销售货物399,079.69万元。销售货物包括生铁、钢材、锻件、钢坯。

上述关联交易事项对本公司有重大影响。本公司及股东的利益没有因此等关联交易而受损害。

(五)会计师事务所出具的有保留意见或解释性说明的审计报告所涉及的事项

山东烟台乾聚会计师事务所有限公司为本公司年度报告出具了无保留意见的审计报告。

七、重要事项

(一)重大诉讼、仲裁事项

本年度公司无重大诉讼、仲裁事项。

(二)报告期内公司董事、监事、高级管理人员未受监管部门处罚。

(三)公司控股股东变更情况

报告期内,原公司控股股东莱芜钢铁总厂已完成了企业改制工作,并更名为莱芜钢铁集团有限公司。本公司已于1999年6月4日在《中国证券报》、《上海证券报》和《证券时报》上同时进行了公告。

截止到1999年12月31日，莱芜钢铁集团有限公司持有本公司已发行的715,180,000股国有法人股,占总股本的82.09%。

(四)公司转让资产情况

报告期内公司无收购兼并或资产重组事项。

(五)提取四项资产减值准备的影响

本年度公司根据财政部财会字[1999]第35号文《关于印发〈股份有限公司会计制度有关会计处理补充规定〉的通知》和财政部财会字[1999]第49号文《关于印发〈股份有限公司会计制度有关会计处理补充规定问题解答〉的通知》规定,计提坏帐准备、短期投资跌价准备、存货跌价损失准备和长期投资减值准备。上述会计政策变更采用了追溯调整法，调整了坏帐准备及相关项目的期初(末)数。上述会计政策变更的累计影响数为365.50万元,其中,因坏帐准备计提方法的变更累计影响数为25.50万元、因存货跌价损失准备计提方法的变更累计影响数为340万元。由于会计政策变更,调减了1999年度净利润310.68万元,未分配利润248.54万元,盈余公积62.14万元。

(六)重大关联交易事项

与本公司存在控制关系的关联方为莱芜钢铁集团有限公司,莱芜钢铁集团有限公司持有本公司总股本82.09%的股份。与莱芜钢铁集团有限公司的关联交易价格包括原料供应、产品销售,提供水、电、风、气及劳务等均按依据关联方签订的交易合同，经公司董事会审议通过的价格进行计价结算。

截止到1999年12月31日,公司与莱芜钢铁集团有限公司关联交易发生额为613,989.48万元,其中提供服务54,035.17万元,采购货物160,874.62万元,销售货物399,079.69万元。销售货物包括生铁、钢材、锻件、钢坯。

上述关联交易事项对本公司有重大影响。本公司及股东的利益没有因此等关联交易而受损害。

(七)本公司与控股股东在人员、资产、财务实行明确的"三分开"

(八)报告期内无新增托管、承包、租赁其他公司资产或其他公司托管、承包、租赁本公司资产的情况

(九)报告期内公司续聘山东烟台乾聚会计师事务所有限公司。

(十)报告期内公司未更改名称也未更改股票简称

(十一)其他重大事项

1、本公司选定《中国证券报》、《上海证券报》和《证券时报》为信息披露报刊。

2、本年度内公司无任何重大担保、抵押、质押事项。

八、财务报告

(一)审计报告

公司财务报告经山东烟台乾聚会计师事务所有限公司注册会计师涂艳丽、刘明乐审计,并出具了无保留意见的审计报告。审计报告文号:烟乾会审字[2000]40号。

审计报告

烟乾会审字[2000]40号

莱芜钢铁股份有限公司全体股东:

我们接受委托,审计了贵公司1999年12月31日的资产负债表及1999年度利润表、利润分配表和1999年度现金流量表。这些会计报表由贵公司负责,我们的责任是对这些会计报表发表审计意见。我们的审计是依据中国注册会计师独立审计准则进行的。在审计过程中,我们结合贵公司的实际情况,实施了包括抽查会计记录等我们认为必要的审计程序。

我们认为,上述会计报表符合《企业会计准则》和《股份有限公司会计制度》的有关规定,在所有重大方面公允地反映了贵公司1999年12月31日的财务状况及1999年度的经营成果和1999年度的现金流量情况,会计处理方法的选用遵循了一贯性原则。

山东烟台乾聚会计师事务所有限公司　　中国注册会计师　涂艳丽

中国°烟台　　中国注册会计师　刘明乐

电话:(0535)6224383　　二000年二月二十五日

莱芜钢铁股份有限公司

财务报表附注

公司主要会计政策、会计估计和合并会计报表的编制方法

1、会计制度

公司执行《股份有限公司会计制度》。

2、会计年度

自公历1月1日起至12月31日止为一个会计年度。

3、记帐本位币

记帐本位币为人民币。

4、记帐原则和计价基础

公司以权责发生制为记帐原则,以历史成本为计价基础。

5、现金等价物的确定标准

凡同时具备期限短(从购买日起,三个月内到期)、流动性强、易于转换为已知金额现金、价值变动风险很小等四个条件的投资确定为现金等价物。

6、坏帐核算方法

坏帐损失采用备抵法核算,本公司按照股份有限公司会计制度的规定,从1999年1月1日起坏帐准备的计提方法由原来按年末应收帐款余额的5‰计提,改为按帐龄分析法计提,根据债务单位的财务状况、现金流量等情况,规定的提取比例为:

1、应收集团公司所属单位及子公司的应收款项,1年以内(含1年)不计提坏帐准备;1年以上、2年以下(含2年)计提比例5‰;2年以上、3年以下(含3年)计提比例5%;3年以上提比例10%。

2、应收集团公司以外单位的应收款项,1年以内(含1年)计提比例1%;1年以上、2年以下(含2年)计提比例3%;2年以上、3年以下(含3年)计提比例5%;3年以上计提比例10%。

坏帐按以下原则进行确认:

(1)因债务人破产,依照法律程序清偿后,确实无法收回的应收帐款;

(2)因债务人死亡,既无遗产可供清偿,又无义务承担人,确实无法收回的应收帐款;

(3)因债务人逾期三年未履行偿债义务,经公司董事会批准,可以列作坏帐的应收帐款。

上述不能收回的款项报董事会批准后予以核销。

7、存货核算方法

(1)存货包括:物资采购、原材料、产成品、自制半成品、低值易耗品等;

(2)物资采购按取得时的实际成本计价,原材料按计划成本核算,月末按照发出各种原材料的计划成本计算结转差异;

(3)产成品及在产品按实际成本计价,产成品发出时按加权平均法计价;

(4)低值易耗品采用一次摊销法核算。

期末存货成本原按历史成本计价,现改为按成本与可变现净值孰低计价。

8、长期投资核算方法

(1)长期股权投资包括股票投资和其他股权投资。长期股权投资按投资时支付的全部价款入帐;

(2)投资企业对被投资单位无控制、无共同控制且无重大影响的,长期股权投资采用成本法核算;投资企业对被投资单位具有控制、共同控制或重大影响的,长期股权投资采用权益法核算;

(3)对外长期股权投资取得成本与其在被投资单位所有者权益中所占份额之间的差额计入长期股权投资差额,合同规定了投资期限的按投资期限摊销,没有规定投资期限的按10年摊销;

(4)期末长期投资原不计提减值准备,现改为计提减值准备。

9、固定资产计价和折旧方法

公司的固定资产是指使用年限超过一年的房屋、建筑物、机器、机械、运输工具以及其他与生产、经营有关的设备、器具、工具等。不属于生产经营主要设备的物品,单位价值在2000元以上,并且使用期限超过两年的,也应作为固定资产。评估入帐的固定资产按重置成本计价,其他固定资产按历史成本入帐,采用直线法计提折旧,并预计3-5%的残值,固定资产分类折旧率如下:

类别	使用年限(年)	预计残值率(%)	年折旧率(%)
房屋建筑物	20-30	5	3.17-4.75
通用设备	15	5	6.33
专用设备	8-10	3	9.7-12.13
运输工具	7	3	13.86
其他	5-8	3	12.13-19.4

10、在建工程核算方法

在建工程在工程完工交付使用后确认为固定资产,在建工程在交付使用前发生的利息计入工程成本。

11、收入实现的确认原则

公司已将商品所有权上的重要风险或报酬转移给买方,公司不再对该商品实施继续管理权和实际控制权,相关的收入已经收到或取得了收款的证据,并且与销售该商品相关的收入和成本能够可靠地计量时，确认营业收入的实现。

12、所得税的会计处理方法

所得税的会计处理方法采用应付税款法。

13、利润分配方法

根据公司法和公司章程的规定,按当年度税后利润的10%提取法定公积金,按5%-10%提取法定公益金。

14、会计政策变更说明

本期会计政策变更已采用追溯调整法,调整了期初留存收益及相关项目的期初数;利润及利润分配表的上年数栏,已按调整后的数字填列。上述会计政策变更的累积影响数为254,972.72元,全系坏帐准备计提方法变更的累积影响数,由于会计政策变更，调减了1998年度的净利润50,992.21元,调减了1999年年初留存收益254,972.72元,其中:未分配利润调减了203,978.18元,盈余公积调减了50,994.54元;利润及利润分配表上年数栏的年初未分配利润调减了163,184.41元。

九、公司的其他有关资料

(一)公司首次注册登记日期、地点:　1997年8月22日

山东.济南

(二)企业法人营业执照注册号:26717943—3—1

(三)税务登记号码:371200267179433

(四)公司未流通股票托管机构:上海中央证券登记结算公司

(五)公司报告期内配股主承销机构:山东证券有限责任公司

(六)公司聘请的会计师事务所:山东烟台乾聚会计师事务所有限公司

办公地点:山东省.烟台市

十、备查文件

(一)载有法定代表人、主管会计工作负责人、会计机构负责人签名并盖章的会计报表;

(二)载有会计师事务所盖章、注册会计师签名并盖章的审计报告正本;

(三)报告期内在中国证监会指定报纸上公开披露过的所有公司文件的正本及公告的原稿。

莱芜钢铁股份有限公司董事会

2000年3月23日

资产负债表

编制单位:莱芜钢铁股份有限公司　　单位:人民币元

资产	1999年12月31日	1998年12月31日
流动资产:		
货币资金	130195928.94	103388574.13
短期投资		
减:短期投资跌价准备		
短期投资净额		
应收票据		
应收股利		
应收利息		
应收帐款	166237142.84	116957598.40
其他应收款	67177345.30	59283134.42
减:坏帐准备	992046.35	839760.71
应收帐项净额	232422441.79	175400972.11
预付帐款	12020600.34	12787590.42
应收补贴款		
存货	733515628.85	686838713.38
减:存货跌价准备	3400000.00	
存货净额	730115628.85	686838713.38
待摊费用		
待处理流动资产净损失		
一年内到期的长期债权投资		
其他流动资产		
流动资产合计	1104754599.92	978415850.04
长期投资:		
长期股权投资	30000000.00	30000000.00

长期债权投资		
长期投资合计	30000000.00	30000000.00
减:长期投资减值准备		
长期投资净额	30000000.00	30000000.00
固定资产:		
固定资产原价	3853293852.58	1897154105.10
减:累计折旧	996970995.09	824699461.63
固定资产净值	2856322857.49	1072454643.47
工程物资		
在建工程	369483126.85	1426135519.98
固定资产清理		
待处理固定资产净损失		
固定资产合计	3225805984.34	2498590163.45
无形资产及其他资产:		
无形资产		
开办费		
长期待摊费用		
其他长期资产		
无形资产及其他资产合计		
递延税项:		
递延税款借项		
资产总计	4360560584.26	3507006013.49
负债及股东权益		
流动负债:		
短期借款	332000000.00	162000000.00
应付票据	62968059.69	11045300.00
应付帐款	153163014.50	92901389.87
预收帐款	12391893.30	8213609.99
代销商品款		
应付工资	22580866.04	17841273.91
应付福利费	45547628.78	31097402.63
应付股利		198675000.00
应交税金	−30846627.51	3521019.95
其他应交款	1537016.59	
其他应付款	160004111.09	96049806.76
预提费用		
一年内到期的长期负债	26296452.00	188851368.00
其他流动负债		
流动负债合计	785642414.48	810196171.11
长期负债:		
长期借款	990574362.06	966252582.55
应付债券	54019166.00	44941000.00
长期应付款		
住房周转金	163.18	700.94
其他长期负债		
长期负债合计	1044593691.24	1011194283.49
递延税项:		
递延税款贷项		
负债合计	1830236105.72	1821390454.60
股东权益:		
股本	871182000.00	794700000.00
资本公积	969386700.52	577641482.90
盈余公积	20947415560	134177815.20
其中:公益金	104737077.80	67114404.86
未分配利润	480281622.42	179096260.79
股东权益合计	2530324478.54	1685615558.89
负债及股东权益总计	4360560584.26	3507006013.49

利润表

编制单位:莱芜钢铁股份有限公司　　单位:人民币元

项目	1999 年度	1998 年度
一、主营业务收入	3990796866.28	4087624898.71
减:折扣与折让		
主营业务收入净额	3990796866.28	4087624898.71
减:主营业务成本	3391862322.83	3504006565.17
主营业务税金及附加	8563114.10	9335688.49
二、主营业务利润	590371429.35	574282645.05
加:其他业务利润	1016552.99	6417781.50
减:存货跌价损失	3400000.00	
营业费用	14026861.00	18483289.32
管理费用	114405476.55	91370766.79
财务费用	12168451.96	36404239.13
三、营业利润	447387192.83	434442131.31
加:投资收益		
补贴收入		
营业外收入	3255937.62	5980066.35
减:营业外支出	5617116.47	4943864.84
四、利润总额	445026013.98	435478332.82
减:所得税(33%)	150797486.29	148994840.68
加:所得税返还(18%)	82253174.34	81269913.10
五、净利润	376481702.03	367753405.24

利润分配表

编制单位:莱芜钢铁股份有限公司　　单位:人民币元

项目	1999 年度	1998 年度
一、净利润	376481702.03	367753405.24
加:年初未分配利润	179096260.79	242508536.59
盈余公积转入数		
二、可分配的利润	555577962.82	610261941.83
减:提取法定公积金	37648170.20	36775340.52
提取法定公益金	37648170.20	36775340.52
三、可供股东分配的利润	480281622.42	536711260.79
减:已分配优先股股利		
提取任意盈余公积		
应付普通股股利		198675000.00
转作股本的普通股股利		158940000.00
四、未分配利润	480281622.42	179096260.79

现金流量表

1999 年度

编制单位:莱芜钢铁股份有限公司　　单位:人民币元

项目	金额
一、经营活动产生的现金流量:	
销售商品、提供劳务收到的现金	4089344824.67
收取的租金	
收到的增值税销项税额和退回的增值税款	673074947.23
收到的除增值税以外的其他税费返还	82519730.04
收到的其他与经营活动有关的现金	206471.69
现金流入小计	4845145973.63
购买商品、接受劳务支付的现金	3148600798.26
经营租赁所支付的现金	
支付给职工以及为职工支付的现金	295422133.10
支付的增值税款	690397549.12
支付的所得税款	151286171.69
支付的除增值税、所得税以外的其他税费	8055795.99
支付的其他与经营活动有关的现金	50660264.06
现金流出小计	4344422712.22
经营活动资产的现金流量净额	500723261.41
二、投资活动产生的现金流量:	
收回投资所收到的现金流量	
分得股利或利润所收到的现金	
取得债券利息收入所收到的现金	
处置固定资产、无形资产和其他长期资产而收回的现金净额	
收到的其他与投资活动有关的现金	
现金流入小计	0.00
购建固定资产、无形资产和其他长期资产所支付的现金	450526102.68
权益性投资所支付的现金	
债权性投资所支付的现金	
支付的其他与投资活动有关的现金	
现金流出小计	450526102.68
投资活动产生的现金流量净额	−450526102.68
三、筹资活动产生的现金流量:	
吸收权益性投资所收到的现金	225000000.00
发行债券所收到的现金	
借款所收到的现金	220877771.77
收到的其他与筹资产活动有关的现金	
现金流入小计	445877771.77
偿还债务所支付的现金	193912266.55
发生筹资费用所支付的现金	9785282.41
分配股利或利润所支付的现金	198675000.00
偿付利息所支付的现金	66895026.73
融资租赁所支付的现金	
减少注册资本所支付的现金	
支付的其他与筹资活动有关的现金	
现金流出小计	469267575.69
筹资活动产生的现金流量净额	−23389803.92
四、汇率变动对现金的影响	
五、现金及现金等价物净增加额	26807354.81
附注:	
1、不涉及现金收支的投资和筹资活动:	
以固定资产偿还债务	
以投资偿还债务	
以固定资产进行长期投资	
以存货偿还债务	
融资租赁固定资产	
2、将净利润调节为经营活动的现金流量:	
净利润	376481702.03
加:计提的坏帐准备或转销的坏帐	782910.14
固定资产折旧	124493611.29
无形资产摊销处置固定资产、无形资产和其他长期资产的损失(减收益)	−559940.54
固定资产报废损失	11694.60
财务费用	12168451.96
投资损失(减收益)	
递延税款贷项(减借项)	
存货的减少(减增加)	−43276915.47
经营性应收项目的减少(减增加)	−87535339.15
经营性应付项目的增加(减减少)	−30254918.16
增值税增加净额(减减少)其他	148412004.71
经营活动产生的现金流量净额	500723261.41
3、现金及现金等价物净增加情况:	
货币资金的期末余额	130195928.94
减:货币资金的期初余额	103388574.13
现金等价物的期末余额	
减:现金等价物的期初余额	
现金及现金等价物净增加额	26807354.81

福建省青山纸业股份有限公司

福建省青山纸业股份有限公司1999年年度报告摘要

一、 公司简介

㈠中文名称:福建省青山纸业股份有限公司　缩　写:青山纸业
英文名称:Fujian Qingshan Paper Industry Co.,Ltd.
㈡ 法定代表人:张小麟
㈢ 董事会秘书:陈炳生　董秘授权代表:林建平
联系方式:
1. 地址:福州市六一北路216号晋安花园三喜阁青山投资部
电话:0591-7588133　传真:0591-7588745　邮编:350013　Email:qszy@pub1.fz.fj.cn
2. 地址:福建省青山纸业股份有限公司投资部
电话:0598-5655168　传真:0598-5653336转投资部　邮编:365506
㈣ 注册地址:福州市马尾经济技术开发区君竹路
办公地址:福建省沙县青州镇　邮　编:365506
㈤ 公司选定的信息披露报纸:《中国证券报》、《上海证券报》
登载公司年度报告的中国证监会指定国际互联网网址:www.see.com.cn
公司年度报告备置地点:公司董事会秘书室
㈥ 股票上市交易所:上海证券交易所　股票简称:青山纸业　股票代码:600103

二、会计数据和业务数据摘要

㈠本年度利润总额及构成　(单位:元)

利润总额	127133714.35
净利润	110460702.76
扣除非经常性损益后的净利润	110023485.84
主营业务利润	151278564.17
其他业务利润	3640306.66
营业利润	105284954.43
投资收益	18259734.31
补贴收入	3618651.80
营业外收支净额	-29626.19
经营活动产生的现金流量净额	150365232.59
现金及现金等价物净增加额	160053990.32

注:扣除的非经常性损益项目和涉及金额
① 处理固定资产损失　277300.19
② 股权差额(合并价差)　201511.76

㈡ 近三年主要会计数据和财务指标　(单位:元)

1. 追溯调整后

指标项目	1999年	1998年	1997年
主营业务收入	542429655.75	532171827.13	511071981.91
净利润	110460702.76	135469485.12	96146793.85
总资产	2058651799.42	1656124274.88	1319014881.95
股东权益	1436107573.02	1104061868.66	968592383.54
每股收益			
加权平均	0.321	0.468	0.385
全面摊薄	0.313	0.468	0.332
扣除非经营性损益后的每股收益	0.3115	0.4707	0.3307
每股净资产	4.067	3.815	3.346
调整后每股净资产	4.055	3.8	3.33
每股经营活动产生的现金流量净额	0.43	0.46	0.49
净资产收益率(%)	7.69	12.27	9.926

2. 追溯调整前

指标项目	1998年	1997年
主营业务收入	532171827.13	511071981.91
净利润	145787955.85	102678003.77
总资产	1674620942.17	1326303164.66
股东权益	1120911549.31	975123593.46
每股收益		
加权平均	0.504	0.412
全面摊薄	0.504	0.355
扣除非经营性损益后的每股收益	0.506	0.353
每股净资产	3.87	3.37
调整后每股净资产	3.85	3.35
每股经营活动产生的现金流量净额	0.46	0.49
净资产收益率(%)	13.01	10.53

注:主要财务指标的计算方法:
全面摊薄后的计算方法:
每股收益=净利润/年度末普通股股份总数
每股净资产=年度末股东权益/年度末普通股股份总数
调整后的每股净资产=[年度末股东权益-三年以上的应收款项净额-待摊费用-待处理(流动、固定)资产净损失-开办费-长期待摊费用-住房周转金负数余额]/年度末普通股股份总数
每股经营活动产生的现金流量净额=经营活动产生的现金流量净额/年度末普通股股份总数
净资产收益率=净利润/年度末股东权益×100%

3. 股东权益变动情况及原因　(单位:元)

项目	股　本	资本公积	盈余公积	法定公积金	未分配利润	股东权益合计
期初数	289440000	453551534	146915629	45831241	214154704	1104061868.66
本期增加	63710000	193190001	22092140	11046070	88368562	367360704.36
本期减少					35315000	35315000.00
期末数	353150000	646741536	169007770	56877311	267208266	1436107573.02

变动原因:(1) 股本资本公积增加,是因为本年度实施了配股;
(2) 盈余公积、法定公益金增加,是从本年度净利润中提取;
(3) 未分配利润减少,是因为本年度拟实施股利分配。

三、股东情况介绍

㈠公司前10名股东持股情况　(单位:股)

股东名称	年初持股数	年末持股数	持股比例	股份性质
1.福建省青州造纸厂	80000000	92000000	26.05%	国有法人股
2.国投机轻有限公司	29220000	29220000	8.27%	国有法人股
3.福建华兴信托投资公司	6490000	6690000	1.89%	国有法人股
4.大鹏证券	160380	3669723	1.04%	配股包销余额
5.福建省永安林业(集团)公司	2000000	2000000	0.57%	国有法人股
6.朱明		472290	0.13%	流通股
7.王登三		375000	0.11%	流通股
8.许峥嵘	280000	364000	0.10%	内部职工股
9.何绍英	137700	288011	0.08%	内部职工股
10.财政证券		286000	0.08%	流通股

说明:
1.公司第一大股东--福建省青州造纸厂以其持有的部分国有法人股计6000万股质押给福建省南纸股份有限公司,质押期限为1999年5月17日至2002年12月31日止。持股5%(含5%)以上的其它法人股东所持股份未发生质押、冻结等情况。
2. 前10名股东之间不存在关联关系。
3.报告期内,福建省青州造纸厂和福建省华兴信托投资公司持有的国有法人股增加的原因是公司实施1999年度配股认购所致。
㈡ 持股10%(含10%)以上法人股股东情况
福建省青州造纸厂系本公司主要发起人之一。
法定代表人:梁诗坚
经营范围:纸浆、纸和纸制品制造;工业生产资料、百货、日用品、建筑材料、农副产品批发、零售;技术咨询、轻工技术服务。

四、股东大会简介

报告期内公司召开一次股东大会,即1999年3月12日召开的公司1998年度股东大会。出席本次股东大会代表共46人,代表股份13103.93万股,占公司总股本的45.27%,会议审议通过如下内容:
1. 审议通过《公司1998年年度报告正文和摘要》;
2. 审议通过《公司1998年度董事会工作报告》;
3. 审议通过《公司1998年度监事会工作报告》
4. 审议通过《公司1998年度财务决算报告》;
5. 审议通过《公司1998年度利润分配预案》;
6. 审议通过《公司1999年度增资配股议案》。
会议决议公告刊登于1999年3月13日的《中国证券报》和《上海证券报》。

五、董事会报告

㈠公司经营情况
1. 公司所处的行业及公司在本行业中的地位
福建省青山纸业股份有限公司归属于轻工业类制浆造纸企业,主营"青山牌"纸、浆、卡等系列纸品的制造销售和液碱、电力产品的生产销售;是国家确定的1000家重点发展企业之一,为福建省重点支柱产业的骨干企业之一。公司系列纸品实际产销量居国内同类产品前列,产品质量居国内领先水平;碱回收系统具有当代国际先进水平,是国内目前唯一能够实现造纸工业能源自给平衡、环保效益和经济效益兼顾结合的关键设备。
2. 公司主营业务的范围及其经营状况
公司主营业务包括纸、浆、卡系列纸品及其副产品的产销、液碱、电力产品产销、精细化工医药产品的产销等。报告期内,公司主营业务完成情况:

项　目	主营业务收入(万元)	占比例%	主营业务利润(万元)	比例%
系列纸品	35506.76	65.46	6166.87	40.77
液碱、电力产品	9229.08	17.01	6080.10	40.19
精细化工医药产品	4538.44	8.37	2290.03	15.14

各项主营业务的经营状况概述如下:
纸、浆、卡系列纸品方面:虽然公司具有质量品牌和技术管理优势,但受行业外因素影响,公司原传统主营系列纸袋纸产品市场需求总量大幅萎缩,销售价格大幅下跌,产品的可持续发展受到严重挑战,在十分不利的发展背景下,一方面,公司通过深入细分市场,大力开发适销对路新产品,使纸机的产品适应性由原先单一的系列纸袋纸向纸、浆、卡系列纸品方向突破,开发生产新品种10多个,产销新产品3万多吨,占公司全年纸品销量的48%;另一方面,狠抓大宗原辅材料采购成本控制,向经营环节要效益,全年通过招投标比价比质采购,节约成本2000多万元;同时,开展以"利润目标分层承包制,目标利润否决"为中心的双增双节活动,向管理环节要效益。
液碱、电力产品方面:充分发挥核心设备竞争优势,紧紧抓住国际纸浆市场产销两旺,市场需求稳步攀升的有利机会,粗心组织,在2月份因市场需求不足停机1个月的情况下,全年产品产销量均创出新高,取得了显著的经济效益和环保效益。
精细化工医药产品方面:控股子公司--福建青山漳州香料有限公司已逐步从重组改制的磨合期中走出,克服气候反常、市场需求不旺等不利因素,通过创新管理模式,强化打假力度,提高资本运作功能等措施,实现利润1116.53万元,比增2.91%。
3. 在经营中出现的问题与困难及解决方案
问题和困难主要表现在以下几个方面:
(1)公司传统主营纸袋纸产品受行业外因素影响,可持续发展所需要的外部环境恶化。
采取的措施:实施产品转移,通过设备技术改造和新产品研发,从单一的纸袋纸产品生产向纸、浆、卡系列纸品发展;加快产业转移,优化产业结构,加大向精细化工医药业等社会平均利润率较高的行业的投资力度。
(2)公司系列纸品的主要原材料木材因受国家"天然林保护工程"等宏观因素影响,市场供应总量下降,价格趋升。
采取的措施:随时掌握分析木材市场需求状况,灵活运用价格杠杆,同时,省内省外与国内国外大范围补充采购,解决短期原料短缺问题;加强原料结构调整和工艺技术攻关,提高用料范围品种及其成浆得率,节约松木用料总量并降低成本;加快营林业建设步伐,切实解决公司中长期原料供应瓶颈问题。
㈡ 公司财务状况

公司本年度总资产 2054651799.42 元,比上年 1656124274.88 元增加 398527524.54 元,主要是:1.10 万吨高强牛皮箱板纸及 5 万吨挂面白板纸技改项目开工建设,增加在建工程 29912 万元;2.配股资金到位,有部分资金尚未投入而增加的货币资金。

长期负债本年期末余额 176923203.32 元,比上年 95007123.00 元增加 81816083.32 元,主要是 10 万吨高强牛皮箱板纸及 5 万吨挂面白板纸技改项目新增贷款。

股东权益本年期末余额 1436107573.02 元,比上年 1104061868.66 元,增加了 332045704.36 元,主要是:1.本年实施 10 配 3 股的配股方案,增加实收资本 6371 万元,资本公积 19319 万元;2. 增加本年度收益。

主营业务利润本年度完成 151278564.17 元,比上年 164111375.05 元,减少 12832810.88 元,主要系本公司纸袋纸销售量下降所致。

净利润本年实现 110460702.76 元,比上年 135469485.12 元减少 25008782.38 元,主要系本年国债投资减少。

㈢ 公司投资情况

1. 报告期内公司募集资金使用情况

公司于 1999 年 8 月实施完成 1998 年度配股方案;此次配股实际募集资金 256900001.60 万元,具体使用情况如下:

募集资金建设项目情况

序号	配股说明书承诺项目	计划投资额	实际使用情况	完成情况
1	年产 5 万吨挂面白牛皮卡纸项目	18730 万	已投入 13000 万	完成 70%
2	林纸结合建设 40 万亩股份制林场项目	7029 万	尚未投入	
3	硫酸盐粗松节油精深加工项目	4000 万	已投入 1000 万	完成 33%
4	年处理万吨粗木浆浮油精加工项目	3200 万	尚未投入	

项目建设进度、产生效益的具体情况:

⑴年产 5 万吨挂面牛皮卡纸项目是公司年产 10 万吨高强牛皮箱板纸项目的技改扩建工程,属国家第一批产品结构调整导向性项目之一,1999 年是该项目建设的关键阶段,目前已完成各项主要工程建设和设备安装,预计 2000 年 3 月全面完成建安任务,4 月份开始单机和联动调试,5 月份投入试生产。

⑵林纸结合建设 40 万亩股份制林场项目,该项目已完成前期范围界定、现场勘察、资源评估等具体细致的工作,第一阶段 10 万亩股份制林场计划于今年挂牌营业。

⑶硫酸盐粗松节油精深加工项目,该项目是公司向精细化工业发展的支柱项目之一,主导产品为有机合成香精香料,募集资金已投入 1000 万元,中试产品已获国际市场认可,并成功打入国际市场,预计该项目将于今年上半年竣工投产。

⑷ 年处理万吨粗木浆浮油项目仍在进行前期工作,尚未投入资金。

2. 报告期内公司非募集资金投资使用情况

报告期内公司投资额为 1549.6 万元,比上年减少投资额 208.4 万元,减少幅度 11.85%。

被投资公司名称	投资额	主营活动	权益比例%
厦门中坤化学有限公司	14441500 元	精细化工	47
福建省兴业证券公司	924600 元	证券投资	0.06
新西兰纸材基地	130000 元	营林	20

㈣ 生产经营环境以及宏观政策、法规发生变化对公司产生的影响

1. 中国加入世界贸易组织对公司未来经营产生的重大影响

到目前为止,公司已初步形成包括包装业、营林业、精细化工医药业在内的三大支柱产业发展框架,现已或即将成为公司生产经营的主要产品包括系列纸袋纸、高强牛卡纸、木材、香精香料、软膏类医药及有机合成香料,在中国加入 WTO 后,其受影响状况概述如下:

⑴ 纸袋纸

目前关税税率为 16%,在加入 WTO 后,关税税率将进一步下调到 5~6%,纸袋纸产品产销将受到一定冲击;但考虑到入关后,公司可享受他国较低的技术设备出口税率及已降至为 0 的纸浆进口税率,纸袋纸加工成本可能继续下降,总体上入关对纸袋纸产品产销影响有限。实际上,由于水泥散装化趋势加剧和塑编袋、复合袋等产品使用范围的扩大,纸袋纸生产面临的威胁更多的是行业可持续性发展问题,而不是进口纸张的侵入问题。对此,公司已通过设备技改及新产品研发,减少纸袋纸品种生产总量,实施产品结构优化和产业结构转移等措施来解决。

⑵ 高强牛卡纸

目前关税税率为 16%,入关后正常关税为 5~6%,预计入关后该纸品市场会成为进口纸张与国产纸张争夺的主要市场,不过,国内卡纸市场需求在不断扩大。实际上,进口产品竞争优势主要体现在规模、效益、原料便宜和质量方面。公司即将投入生产的高强牛皮卡项目引进世界九十年代先进技术,年产量可达 15 万吨,具备规模效益和质量竞争能力,随着公司营林产业的投入产出,原料成本继续降低,加上该项目较好的建设成本控制、产品销售渠道和国内运距近等优势,预计入关后该项目仍然具备较强的竞争能力。

⑶ 香精香料

公司控股子公司--福建青山漳州香料有限公司主导产品"水仙牌"风油精是国内名牌产品,市场占有率 60%以上,入关后,由于与北欧北美地区的香精香料在香型气味和使用用途方面不同,与东南亚地区的"红花油"等价格差距较大,预计入关后不会造成多大影响。

⑷ 软膏类药品

公司控股子公司--福建青山漳州香料有限公司"水仙牌"无极膏和拜尼多产品均具有自己的技术专利,具备独特的消痒抗真菌功效,预计入关后对该产品不会带来不利影响。

⑸ 有机合成香料

公司控股子公司--厦门中坤化学有限公司主营萜烯类有机合成香料,对各个产品均拥有自己的知识产权,具有强大的技术人力资源和结构良好的产学研体系,产品以外销为主,入关后,有利于提高公司产品在国际市场的综合竞争力。

2.国家实施天然林保护工程,国内原木供应总量下降,受此影响,公司所需木材原料供应的总量和价格在短期内会受到一定冲击。

3.水泥包装标准降低,包装物品多样化,使国内纸袋纸市场需求总量大幅萎缩,公司纸袋纸产销形势日益恶化,公司正积极做好产品结构提升和产业结构优化加以解决。

㈤ 新年度业务发展计划

1. 主要生产经营指标

全年计划产销系列纸品 9.5 万吨,液碱 10 万吨,发电量 22440 万 Kwh,高强牛皮箱板纸 5 万吨。

2. 采取的措施

⑴以技术开发为核心,以市场营销为龙头,努力提高纸机设备的市场产品适应性和运转率,确保系列纸品产出效益。

⑵抓住液碱产销两旺的市场机会,科学计划,精心组织,力争碱回收系统效益再上新台阶。

⑶做好在建项目的工程建设和投料试生产工作。牛卡工程项目建设已进入扫尾阶段,计划于今年 5 月份投料试生产;松节油精深加工项目将于今年上半年竣工投产。上述项目的投入产出,将形成公司新的利润增长点。

⑷完善公司产业支柱项目建设,加大营林产业的投资力度,形成林纸一体化的产业格局。

⑸ 继续做好公司产业结构调整,寻求产业资本与金融资本的融合优化。

㈥ 董事会日常工作情况

1. 报告期内董事会的会议情况及决议内容

⑴1999 年 2 月 3 日召开公司第二届董事会第九次会议,出席会议的董事 8 人,4 名监事列席会议。会议通过了《公司 1998 年年度报告正文和摘要》、《公司 1998 年度董事会工作报告》、《公司 1998 年度财务决算报告》、《公司 1998 年度利润分配预案》、《公司 1999 年度配股预案》及《关于召开 1998 年度股东大会公告》。此次会议决议公告刊登于 1999 年 2 月 5 日的《中国证券报》、《上海证券报》。

⑵1999 年 8 月 26 日召开公司第二届董事会第十次会议,出席会议的董事 8 人,4 名监事列席会议。会议通过了《公司 1999 年度中期报告》、《公司 1999 年度中期利润分配预案》。此次会议决议公告刊登于 8 月 17 日的《中国证券报》、《上海证券报》。

2. 董事会对股东大会决议的执行情况

⑴报告期内,公司组织实施了 1997 年度利润分配方案(每 10 股派发红利 1.5 元(含税),股权登记日为 1999 年 1 月 20 日,除息基准日为 1999 年 1 月 24 日)。

⑵报告期内,根据 1998 年度股东大会审议通过的决议,于 1999 年 8 月 4 日~8 月 17 日实施了配股,共配售股份 6371 万股,实际募集资金人民币 256900001.60 元,配股获配可流通部分已于 9 月 15 日上市交易。经过此次配股后,公司注册资本增至 35315 万元。

㈦ 董事、监事、高级管理人员持股情况

姓名	职务	年初持股数	年末持股数	本年度增减	股本变动原因
张小麟	董事长	18200	23660	5460	配股
王文通	副董事长	18600	24180	5580	配股
张 粮	副董事长				
黄国英	董 事	13000	16900	3900	配股
顾志一	董 事	15400	20020	4620	配股
吴路全	董 事	15500	20150	4650	配股
陈永泉	董 事	15500	20150	4650	配股
周立成	董 事				
黄振光	董 事				
孙 毅	监事会召集人				
赵文修	监 事	4100	5330	1230	配股
郑云光	监 事	4800	6240	1440	配股
林元妥	监 事	4800	6240	1440	配股
李荷生	监 事				
刘天金	副总经理	5000	6500	1500	配股
吴冰文	副总经理	4800	6240	1440	配股
闫英华	副总经理	5400	7020	1620	配股
陈炳生	董事会秘书	4100	5330	1230	配股

注:⑴ 公司董事、监事及高级管理人员的任职起止期为 1997.03~2000.03。

⑵本年度公司董事、监事及高级管理人员计 12 人在公司领取报酬,报酬总额为 25 万元,其中 2~3 万元有 8 人,2 万元以下有 4 人;董事张粮、周立成、黄国英、黄振光及监事孙毅、李荷生不在公司领取报酬。

⑶ 报告期内,公司董事、监事及高级管理人员没有发生变动。

㈧ 本年度公司利润分配预案

公司 1999 年度完成主营业务收入 542429655.75 元,实现净利润 110460702.76 元,每股税后利润 0.313 元,提取 10%法定公积金 11046070.28 元,提取 10%法定公益金 11046070.28 元,当年可供股东分配利润 88368562.20 元,加上 1998 年度未分配利润 214154704.34 元,累计可供股东分配利润 302523266.54 元。

公司拟以 1999 年末总股本 35315 万股为基数,向全体股东按每 10 股派 1.00 元(含税)的比例派送红利,共计派出 35315000.00 元,尚余可分配利润 267208266.54 元结转下一年度。以上事项须经 1999 年度股东大会审议通过后实施。

六、监事会工作报告

㈠报告期内,公司监事会召开监事会议两次,列席董事会议两次。

㈡公司依法运作情况

监事会认为,报告期内,公司继续较好地贯彻了"法制、监督、自律、规范"的方针,严格按照国家法律、法规和公司章程规范运作,决策程序是合法的。公司董事会、经理和其他高级管理人员在执行公务、履行职责、维护股东权益时,是尽职尽责、遵纪守法的,未发现有违反法律、法规、公司章程、损害公司和股东利益的行为。

㈢ 检查公司财务状况

监事会认为报告期内公司财务在规范财务基础工作,理顺与子公司、二级核算单位的财务关系等方面做了大量工作,使公司的财务核算体制更加健全,会计事项的处理、全年报表的编制及公司执行的会计制度是符合《企业会计准则》和《股份有限公司会计制度》要求的,根据福建华兴有限责任会计师事务所提供的"无保留意见"审计报告(闽华兴所(2000)股审字 51 号文,我们认为财务报告真实地反映了公司当年的财务状况和经营成果。

㈣ 关于配股募集资金投入项目使用情况

1999 年公司实施了增资配股,实际募集资金 25696 万元,报告期内投入项目与配股说明书承诺项目一致,实际已投入资金 14000 万元,尚余 11696 万元存入银行待用。投入项目资金如下:

1.投入 13000 万元建设年产 5 万吨挂面白牛皮纸项目,项目已进入扫尾阶段,计划于 2000 年 5 月投料试生产。

2. 林纸结合建设 40 万亩营林股份制林场项目,已完成前期各项准备工作。

3.投入 1000 万元建设硫酸盐粗松节油精深加工项目,计划于 2000 年上半年投料试生产。

4. 年处理万吨粗木浆浮油精深加工项目仍在准备阶段,尚未投入。

㈤ 关于公司与关联企业的关联交易事项

监事会认为公司与关联方签订的协议条款内容是公平的,没有损害公司的利益,并能认真执行。

㈥ 关于计提和核销资产减值准备有关事项

公司本着审慎经营、有效防范化解资产损失风险的原则,已拟订了内部控制制度,并经董事会通过正式实施。此项决议程序合法、依据充分、方法和比例切合实际、符合规定。

七、重要事项

㈠本年度公司无重大诉讼、仲裁事项。

㈡报告期内公司董事、监事及高级管理人员无受监管部门处罚的情况。

㈢重大关联交易事项

详见财务报表附注。

㈣报告期内公司未进行重大收购、兼并、资产重组事项。

㈤公司在人员、资产、财务三方面与控股股东完全分开,独立运行。

㈥公司续聘福建华兴会计师事务所为审计单位。

㈦报告期内没有发生本公司托管、承包、租赁其他公司资产或其他公司托管、承包、租赁本公司资产的事项。

㈧报告期内公司名称及股票简称不变。

㈨公司提供担保情况如下

被担保方	金额	借款银行
福建省南纸股份有限公司	13000 万	中国工商银行总行营业部
福建省南纸股份有限公司	19300 万	中国工商银行南平市延平支行
福建省化纤集团	3400 万	中国建设银行三明分行
福建省化纤集团	2105 万	中国工商银行三明市三元支行
福建省三农股份有限公司	2000 万	中国工商银行三明市列东支行
福建省三农股份有限公司	2000 万	中国工商银行三明市分行
福建省三农股份有限公司	2500 万	中国银行三明市分行
福建青耀纸品有限公司	300 万	中国建设银行沙县支行

福建青耀纸品有限公司　　300 万　中国银行沙县支行

八、财务会计报告

㈠审计报告

审计报告

闽华兴所(2000)股审字 51 号

福建省青山纸业股份有限公司全体股东:

我们接受委托，审计了贵公司 1999 年 12 月 31 日资产负债表和合并资产负债表、1999 年度利润及利润分配表和合并利润及利润分配表、1999 年度现金流量表和合并现金 流量表。这些会计报表由贵公司负责,我们的责任是对这些会计报表发表审计意见。 我们的审计是根据中国注册会计师独立审计准则进行的。在审计过程中,我们结合贵 公司实际情况,实施了包括抽查会计记录等我们认为必要的审计程序。

我们认为,上述会计报表符合《企业会计准则》和《股份有限公司会计制度》的 有关规定,在所有重大方面公允地反映了贵公司 1999 年 12 月 31 日的财务状况和 1999 年 度经营成果及现金流量情况。会计处理方法的选用遵循了一贯性原则。

福建华兴有限责任会计师事务所　　中国注册会计师:林文福

中国注册会计师:肖　军

中国.福州　　二○○○年三月二十日

㈡ 会计报表

参见附表

㈢ 会计报表附注

1. 公司简介

福建省青山纸业股份有限公司是由福建省青州造纸厂、国家机电轻纺投资公司、福建华兴信托投资公司共同发起,于 1993 年 4 月由福建省体改委闽体改(1993)037 号文 批准设立的定向募集股份有限公司,1997 年 6 月,经中国证监会监发字[1997]312 号文批准,公开发行 8000 万股社会公众股，并于 1997 年 7 月 3 日在上海证券交易所挂牌交易。1999 年 7 月，经中国证监会证监公司字[1999]54 号文批复同意,公司实施了 1999 年度每 10 股配售 3 股的配股方案配股后,公司注册资本由 28944 万元增至 35315 万元。

福建省青山纸业股份有限公司 1997 年 4 月,被国家经贸委、财政部等六部委联合确认为全国特大型工业企业。公司主要生产经营纸袋纸系列产品及副产品、烧碱、发电等产品的生产和销售。1999 年公司又研制开发生产出 125 克牛皮卡纸、精制牛皮纸和 卷筒浆板。新产品投放市场,受到欢迎,市场前景看好。

公司现有四个控股子公司,即福建青山漳州香料有限公司、厦门中坤化学有限公 司、福州保税区青嘉实业有限公司、安徽芜湖青山商贸有限公司,涉及医药、香料、精细化工、商贸、贸易等领域。

3. 税项

主要税种

⑴增值税:按应纳增值税销售收入的 17%计算销项税,抵扣进项税后的余额缴纳。

⑵ 城建税及教育附加:按增值税金额的 5%计缴城建税、4%计缴教育附加。

⑶ 所得税:根据福建省人民政府闽政[1997]46 号文实际税负为 15%缴纳。

本公司碱回收产品———液碱符合国家经贸委等的国经贸资[1996]809 号文《资 源综合利用目录》以及福建省经贸委等的闽经贸能[1997]587 号文件的《福建省资源 综合利用优惠政策实施办法》的有关政策规定,实行减免所得税。

4. 控股子公司及合营企业

企业名称	注册地	法定代表	经营范围	注册资本	公司持股	是否合并
⑴安徽芜湖青山商贸有限公司	芜湖开发区鸿安商厦	刘天金	商贸	300 万	90%	是
⑵福州保税区青嘉实业有限公司	福州保税区博爱公司内	张小麟	贸易	2000 万	60%	是
⑶厦门中坤化学有限公司	厦门海沧新阳工业区	张小麟	精细化工	2345 万	47%	否
⑷福建青山漳州香料有限公司	漳州南山路1号	张小麟	医药香料	3667 万	65%	是

注:厦门中坤化学有限公司主体厂房仍在建设中,产品尚处于研制开发过程,本期 不合并。

5. 关联方关系及交易

⑴ 存在控制关系的关联方

企业名称	注册地址	主营业务	与本公司关系	经济性质	法定代表人
福建省青州造纸厂	福建沙县青州镇	纸浆、纸制品	发起人股东	国有企业	梁诗坚
安徽芜湖青山商贸有限公司	芜湖开发区鸿安商厦	商贸	子公司	有限责任	刘天金
福州保税区青嘉实业有限公司	福州保税区博爱公司内	贸易	子公司	有限责任	张小麟
厦门中坤化学有限公司	厦门海沧新阳工业区	精细化工	子公司	有限责任	张小麟
福建青山漳州香料有限公司	漳州南山路1号	医药、香料	子公司	有限责任	张小麟

⑵ 存在控制关系的关联方的注册资本及其变化　(金额:元)

企业名称	年初数	增加数	减少数	年末数
福建省青州造纸厂	180000000			180000000
安徽芜湖青山商贸有限公司	3000000			3000000
福州保税区青嘉实业有限公司	20000000			20000000
厦门中坤化学有限公司	14000000	9450000		23450000
福建青山漳州香料有限公司	36670000			36670000

⑶ 存在控制关系的关联方所持股份或权益及其变化　(金额:万元)

企业名称	年初数		增加数		减少数		年末数	
	金额	%	金额	%	金额	%	金额	%
福建省青州造纸厂	8000	27.64	1200	3.4			9200	26.05
安徽芜湖青山商贸有限公司	270	90					270	90
福州保税区青嘉实业有限公司	1200	60					1200	60
厦门中坤化学有限公司	658	47	444.15				1102.15	47
福建青山漳州香料有限公司	2383.55	65					2383.55	65

⑷ 不存在控制关系的关联方情况

企业名称	与本公司关系
福州青榕纸品有限公司	合资企业
武夷山青竹山庄	合资企业

⑸ 关联交易

① 福建省青州造纸厂

关联交易事项之一:让售液碱、电

根据公司与福建省青州造纸厂签订的《产品让售协议》中所制定的价格,即液碱 1300 元/吨、电 0.50 元/kwh (均不含税),1999 年 1-12 月份向福建省青州造纸厂结算让售液碱、电、货款分别为 70859410.70 元、21431454.06 元。

关联交易事项之二:支付维修及后勤保障服务费

按本公司与福建省青州造纸厂签订的《综合服务协议书》规定,机械、电器维修 按定额标准计价，土建建筑安装按照安装行业标准计价,1999 年 1-12 月份本公司向福建省青州造纸厂支付维修服务费 6529237.61 元,后勤保障服务费 932658.08 元。

关联交易事项之三:支付商标使用费

按本公司与福建省青州造纸厂签订的《商标使用许可合同》,1999 年向福建省青州造纸厂支付商标使用费 20 万元。

关联交易事项之四:收取污水处理费用

按本公司与福建省青州造纸厂签订的《综合服务协议书》规定,公司按实际成本 向福建省青州造纸厂收取污水处理费用 4772166.09 元。

关联交易事项之五:收取资金占用费

以资金平均占用额,按银行同期利率收取资金占用费,实际结算金额 14548270.20 元。关联交易事项之六:让售辅助材料 1999 年 1-12 月份,福建省青州造纸厂向本公司购用辅助材料,实际结算金额 8798438.54 元。

关联交易事项之七:购买浆板

按本公司与福建省青州造纸厂签订的产品购销合同,本公司按出厂价向福建省青 州造纸厂购浆板,本公司先后预付浆板款 10750 万元,由于浆板市场好转,福建省青州造纸厂未能按原订合同数量供货,实际结算金额为 18329763.52 元,预付货款差额部分福 建省青州造纸厂已归还,并承担相应的资金占用费。

1999 年 1~12 月份,福建青州造纸厂按出厂价售给安徽芜湖青山商贸有限公司浆板,其结算金额为 120012812.62 元。

关联交易事项之八:流动资金贷款担保

根据公司董事会决议,为福建省青州造纸厂向沙县建行贷款 1500 万元,期限 3 个月(1999 年 12 月 28 日至 2000 年 3 月 27 日)及向沙县中行贷款 800 万元,期限 6 个月(1999 年 12 月 28 日至 2000 年 7 月 27 日)提供担保。

② 厦门中坤化学有限公司

关联交易事项:根据公司董事会决议,为厦门中坤化学有限公司 3000 万元长期借款提供担保,期限 4 年(1999 年 12 月 14 日至 2003 年 12 月 14 日)。

⑹ 关联方往来

	企业名称	金　额	项目明细
其他应收款	福建省青州造纸厂	10745292.62	液碱、辅材等款项
预付货款	福建省青州造纸厂	17000000.00	浆板款

6. 或有事项说明

截止 1999 年末本公司为以下单位向金融机构的贷款提供担保:

被 担 保 方	金　额	借款银行
福建省南纸股份有限公司	13000 万	中国工商银行总行营业部
福建省南纸股份有限公司	19300 万	中国工商银行南平市延平支行
福建省化纤集团	3400 万	中国建设银行三明分行
福建省化纤集团	2105 万	中国工商银行三明市三元支行
福建省三农股份有限公司	2000 万	中国工商银行三明市列东支行
福建省三农股份有限公司	2000 万	中国工商银行三明市分行
福建省三农股份有限公司	2500 万	中国银行三明市分行
福建青耀纸品有限公司	300 万	中国建设银行沙县支行
福建青耀纸品有限公司	300 万	中国银行沙县支行

7. 承诺事项

公司没有需要说明的承诺事项。

8. 资产负债表日后事项

2000 年 3 月 25 日,公司第二届董事会第十一次会议作出决议,本年利润分配预案为:以 1999 年末股本总额 353150000 股为基数,向全体股东每 10 股派发现金红利 1.00 元(含 税),共计分配股利 35315000 元,剩余 267208266.54 元转入下一年度。

九、公司的其他有关资料

㈠公司注册日期:1993 年 4 月 1 日

注册地点:福建省福州市马尾经济开发区君竹路

㈡ 企业法人营业执照注册号:15815749-7

㈢ 税务登记号码:350100158157497

㈣ 公司未流通股票的托管机构名称:福建省证券交易中心

地址:福建省福州市五四路 317 号

㈤ 会计师事务所:福建华兴有限责任会计师事务所

地址:福建省福州市湖东路中山大厦 B 座八楼

十、备查文件

㈠载有法定代表人、财务负责人等亲笔签名并盖章的财务报表。

㈡载有会计师事务所、注册会计师签名并盖章的会计报表。

㈢报告期内在中国证监会指定报纸上公开披露过的所有公司文件的正本及公告原稿。

福建省青山纸业股份有限公司

二○○○年三月二十八日

现金流量表

1999 年 12 月 31 日

编制单位:福建省青山纸业股份有限公司　　单位:元

项目	母公司	合并数
一、经营活动产生的现金流量		
销售商品、提供劳务收到的现金	382751946.30	513839878.85
收到的租金		20500.00
收到的税费返还	1212265.00	4129543.08
收到的其他与经营活动有关的现金	19760291.23	25818514.25
现金流入小计	403724502.53	543808436.18
购买商品、接受劳务支付的现金	209034424.10	281469995.35
支付给职工以及为职工支付的现金	31187112.23	39648801.77
实际交纳的增值税款	30650140.65	45035086.01
支付的所得税款	5000000.00	9886784.97
支付的除增值税、所得税以外的其他税费	5511737.19	6841789.06
支付的其他与经营活动有关的现金	9850091.88	10560746.43
现金流出小计	291233506.05	393443203.59

项目		
经营活动产生的现金流量净额	112490996.48	150365232.59
二、投资活动产生的现金流量		
收回投资所收到的现金	115820318.03	115621741.09
分得股利或利润所收到的现金	24322192.99	27121676.32
取得债券利息收入所收到的现金	5742990.00	6842990.00
处置固定资产、无形资产和其他长期资产而收到的现金净额		14500.00
收到的其他与投资活动有关的现金		
现金流入小计	145885501.02	149600907.41
购建固定资产、无形资产和其他长期资产所支付的现金	335280632.15	341450049.61
权益性投资所支付的现金	35971500.00	38221500.00
债权性投资所支付的现金	29997986.22	43627986.22
支付的其他与投资活动有关的现金		
现金流出小计	401250118.37	423299535.83
投资活动产生的现金流量净额	-255364617.35	-273698628.42
三、筹资活动产生的现金流量		
吸收权益性投资收到的现金	266307800.00	266307800.00
发行债券所收到的现金		
借款所收到的现金	194300000.00	245900000.00
收到的其他与筹资活动有关的现金		
现金流入小计	460607800.00	512207800.00
偿还债务所支付的现金	115650000.00	155401000.00
发生筹资费用所支付的现金	9407798.36	9411488.49
分配股利或利润所支付的现金	43946500.00	43946500.00
偿付利息所支付的现金	17496187.10	20062573.49
融资租赁所支付的现金		
减少注册资本所支付的现金		
支付的其他与筹资活动有关的现金		
现金流出小计	186500485.46	228821561.98
筹资活动产生的现金流量净额	274107314.54	283386238.02
四、汇率变支对现金的影响额		1148.13
五、现金及现金等价净增加额	131233693.67	160053990.32

利润分配表

1999 年 12 月 31 日

编制单位:福建省青山纸业股份有限公司 单位:元

项目	上年同期实际数 母公司	上年同期实际数 合并	本期实际数 母公司	本期实际数 合并
一、净利润	135469485.12	135469485.12	110460702.76	110460702.76
加:年初未分配利润	105779116.24	105779116.24	214154704.34	214154704.34
盈余公积转入				
二、可供分配的利润	241248601.36	241248601.36	324615407.10	324615407.10
减:提取法定盈余公积	13546948.51	13546948.51	11046070.28	11046070.28
提取法定公益金	13546948.51	13546948.51	11046070.28	11046070.28
三、可供股东分配的利润	214154704.34	214154704.34	302523266.54	302523266.54
减:应付优先股股利				
提取任意盈余公积				
应付普通股股利			35315000.00	35315000.00
转作股本的普通股股利				
四、未分配利润	214154704.34	214154704.34	267208266.54	267208266.54

利润表

1999 年 12 月 31 日

编制单位:福建省青山纸业股份有限公司 单位:元

项目	上年同期实际数 母公司	上年同期实际数 合并	本期实际数 母公司	本期实际数 合并
一、主营业务收入	427618348.47	532171827.13	346226461.02	542429655.75
减:折扣与折让				
主营业务收入净额	427618348.47	532171827.13	346226461.02	542429655.75
减:主营业务成本	291896093.23	361588461.31	237108129.78	385357121.77
主营业务税金及附加	6036733.66	6471990.77	5082481.87	5793969.81
二、主营业务利润(亏损以"-"号填列)	129685521.58	164111375.05	104035849.37	151278564.17
加:其他业务利润(亏损以"-"号填列)	1980418.17	2204801.07	436080.79	3640306.66
减:存货跌价损失	4269322.39	4623916.52		12160.7
营业费用	2118472.00	5053853.98	2923782.21	8566936.01
管理费用	29093567.48	34402469.96	21466734.14	29594384.24
财务费用	12265468.63	10350456.61	9166714.64	11460435.45
三、营业利润(亏损以"-"号填列)	83919109.25	111885479.05	70914699.17	105284954.43
加:投资收益(损失以"-"号填列)	70419696.29	49465242.79	44063943.36	18259734.31
补贴收入	856400.00	5624046.11	812265.00	3618651.80
营业外收入	524133.09	528040.29	552128.58	553012.48
减:营业外支出	1078802.80	1186881.53	507673.86	582638.67
加:以前年度损益调整				
四、利润总额(亏损总额以"-"号填列)	154640535.83	166315926.71	115835362.25	127133714.35
减:所得税	19171050.71	25135450.79	5374659.49	9405822.42
少数股东本期收益		5710990.80		7267189.17
五、净利润(亏损以"-"号填列)	135469485.12	135469485.12	110460702.76	110460702.76

资产负债表

1999 年 12 月 31 日

编制单位:福建省青山纸业股份有限公司 单位:元

资产	年初数 母公司	年初数 合并	期末数 母公司	期末数 合并
流动资产:				
货币资金	290652825.31	308708409.23	421886518.98	468762399.55
短期投资	114980318.03	144986410.43	50597986.22	80597819.11
减:短期投资跌价准备				
短期投资净额	114980318.03	144986410.43	50597986.22	80597819.11
应收票据	1650000.00	10630000.00	23300493.50	40915831.80
应收股利			4688.55	4688.55
应收帐款	87391236.77	151026133.26	79428470.76	132734337.09
其他应收款	48354706.07	61840899.02	27839251.36	47824385.69
减:坏帐准备	8632254.59	12756803.16	8317774.75	13410793.49
应收款项净额	27113688.25	200110229.12	98949947.37	167147929.29
预付帐款	149675000.08	116889521.16	171707511.80	153166064.09
应收补贴款		1283995.28		1450559.04
存货	118818940.01	136552762.96	105605164.71	116360278.68
减:存货跌价准备	6078933.87	6491059.67	6078933.87	6503220.37
存货净额	112740006.14	130061703.29	99526230.84	109857058.31
待摊费用		667236.40		74670.87
待处理流动资产净损失				
一年内到期的长期债权投资			3731407.72	3731407.72
其他流动资产				
流动资产合计	796811837.81	913337504.91	869704784.98	1025708428.33
长期投资:				
长期股权投资	105449167.19	44955626.53	134038109.68	63111513.87
长期债权投资	6409581.55	6409581.55	3167290.21	3167290.21
长期投资合计	111858748.74	51365208.08	137205399.89	66278804.08
减:长期投资减值准备				
长期投资净额	111858748.74	51365208.08	137205399.89	66278804.08
其中:合并价差		-1503944.47		-1193926.38
固定资产:				
固定资产原价	913195886.51	965572134.41	954019842.88	1009310320.86
减:累计折旧	320158420.23	333118592.91	364228672.73	379667696.16
固定资产净值	593037466.28	632453541.50	589791170.15	629642624.70
工程物资	5221267.96	5221267.96	1654776.39	1654776.39
在建工程	37617898.75	37682004.08	317900822.05	318106891.86
固定资产清理				
待处理固定资产净损失				
固定资产合计	635876632.99	675356813.54	909346768.59	949404292.95
无形资产及其他资产:				
无形资产	8624835.31	13565618.56	8442501.25	12749949.30
开办费				
长期待摊费用	1857623.83	2499129.79		484845.86
其他长期资产				
无形资产及其他资产合计	10482459.14	16064748.35	8442501.25	13234795.16
递延税项:				
递延税款借项				25478.90
资产总计	1555029678.68	1656124274.88	1924699454.71	2054651799.42
流动负债:				
短期借款	176600000.00	192400000.00	131950000.00	167250000.00
应付票据				
应付帐款	42373863.32	50212960.95	17437604.15	44451933.64
预收帐款	16740671.68	47461634.28	8082960.11	26844202.21
应付利润				
应付工资	4108782.00	11117673.12	4108782.00	11112749.52
应付福利费	5842429.63	6879972.07	7308386.07	8248032.98
应付股利	44128990.95	46404476.07	35332490.95	39285595.73
未交税金	13356257.59	11615626.67	14483726.32	14291954.19
其他应交款	7650466.99	7654146.09	8634467.02	8663135.29
其他应付款	24866347.86	25278816.69	54503465.07	56080557.68
预提费用		61241.33		35553.38
一年内到期的长期负债	20300000.00	27951000.00	29750000.00	29750000.00
其他流动负债				
流动负债合计	355967810.02	427037547.27	311591881.69	406013714.62
长期负债:				
长期借款	95000000.00	95000000.00	177000000.00	177000000.00
应付债券				
长期应付款				
住房周转金		7120.00		-76796.68
其他长期负债				
长期负债合计	95000000.00	95007120.00	177000000.00	176923203.32
递延税项:				
递延税款贷项				
负债合计	450967810.02	522044667.27	488591881.69	582936917.94
少数股东权益		30017738.95		35607308.46
股东权益:				
股本	289440000.00	289440000.00	353150000.00	353150000.00
资本公积	453551534.55	453551534.55	646741536.15	646741536.15
盈余公积	146915629.77	146915629.77	169007770.33	169007770.33
其中:公益金	45831241.42	45831241.42	56877311.70	56877311.70
未分配利润	214154704.34	214154704.34	267208266.54	267208266.54
股东权益合计	1104061868.66	1104061868.66	1436107573.02	1436107573.02
负债和股东权益总计	1555029678.68	1656124274.88	1924699454.71	2054651799.42

上 海 汽 车 股 份 有 限 公 司

上海汽车股份有限公司1999年年度报告摘要

一、 公司简介

1、公司法定中文名称：上海汽车股份有限公司

公司英文名称：SHANGHAI AUTOMOTIVE CO.,LTD. 缩写：SA

2、公司法定代表人：陈祥麟

3、公司信息披露机构：证券部

董事会秘书：张锦根 董事会授权代表：李小彬

联系电话：021-64158999 转证券部 传真：021-64730567

联系地址：上海市淮海中路755号东楼18层(新华联大厦)

4、公司注册地址：上海市淮海中路755号

公司办公地址：上海市淮海中路755号东楼18层(新华联大厦) 邮政编码：200020

公司国际互联网网址：http://www.china-sa.com 公司电子信箱：stoc@china-sa.com

5、公司信息披露的报刊为《上海证券报》、《中国证券报》、《证券时报》。

登载公司年度报告的中国证监会指定的国际互联网网址：http://www.sse.com.cn

公司年度报告备置地点：上海市淮海中路755号东楼18层(公司办公地)

6、公司股票上市地：上海证券交易所

股票简称：上海汽车 股票代码：600104

二、会计数据和业务数据摘要

1、本年度利润总额及构成 (单位：元 合并报表)

利润总额	823,970,797.90
其中：主营业务利润	999,176,781.40
其他业务利润	21,720,113.57
投资收益	160,569,727.64
补贴收入	11,400,000.00
营业外收支净额	3,931,097.47
净利润	717,034,129.14
扣除非经营性损益后的净利润	712,924,478.50
经营活动产生的现金流量净额	938,738,409.23
现金及现金等价物净增加额	842,863,587.80

注：扣除非经常性损益后的净利润指扣除新股申购无效资金的利息摊销数4,109,650.66元。

2、截止报告年度末公司前二年的主要会计数据及财务指标

序号	栏目	单位	1999年度	1998年度 调整后	1998年度 调整前
1	主营业务收入	(元)	2,434,192,696.91	1,936,552,145.01	1,936,552,145.01
2	净利润	(元)	717,034,129.16	681,091,086.67	702,339,721.98
3	总资产	(元)	6,055,843,580.61	4,802,755,889.29	4,834,736,367.52
4	股东权益	(元)	4,068,451,678.51	3,947,451,186.95	4,007,005,851.71
5	每股经营活动产生的现金净流量	(元/股)	0.671	0.593	0.593
6	每股收益(摊薄)	(元/股)	0.512	0.486	0.502
7	每股收益(扣除非经常性损益后)	(元/股)	0.509	0.492	-
8	每股净资产	(元/股)	2.910	2.820	2.862
9	调整后的每股净资产	(元/股)	2.880	2.812	2.854
10	净资产收益率	(%)	17.62	17.25	17.53

序号	栏目	单位	1997年度 调整后	1997年度 调整前
1	主营业务收入	(元)	1,774,219,842.57	1,774,219,842.57
2	净利润	(元)	472,563,653.04	472,824,179.10
3	总资产	(元)	4,055,900,814.16	4,056,161,340.22
4	股东权益	(元)	3,301,310,109.74	3,301,570,735.80
5	每股经营活动产生的现金净流量	(元/股)	-	-
6	每股收益(摊薄)	(元/股)	0.473	0.473
7	每股收益(扣除非经常性损益后)	(元/股)	0.472	-
8	每股净资产	(元/股)	3.301	3.301
9	调整后的每股净资产	(元/股)	3.294	3.294
10	净资产收益率	(%)	14.32	14.32

说明：1、97、98年度调整后主要数据和财务指标指因会计政策、会计估计变更 、以及会计差错更正追溯调整以前年度计算所得。

2、本报告期内股本未发生变动，故每股收益的加权数仍为0.512元。

每股收益=净利润/年度末普通股股份总数

每股净资产=年度末股东权益/年度末普通股股份总数

调整后的每股净资产=(年度末股东权益-三年以上的应收款项-待摊费用-待处理(流动、固定)资产净损失-开办费-长期待摊费用)/年度末普通股股份总数

每股经营活动产生的现金流量净额=经营活动产生的现金流量净额/年度末普通 股股份总数

净资产收益率=净利润/年度末股东权益×100%

3、报告期内股东权益变动情况

项目	股本	资本公积	盈余公积	法定公益金	未分配利润	股东权益合计
期初数	1400000000	2028277802.25	154756549.68	58189695.61	364416835.02	3947451186.95
本期增加		2254.89	151370208.21	70933633.31	717034129.14	868406592.24
本期减少					747406100.69	747406100.69
期末数	400000000	2028280057.14	06126757.89	129123328.92	334044863.47	4068451678.50

变动原因：(1) 资本公积的增加与减少主要系公司股份制改制时发生"资产评估增值"产生的"递延税款"本期转帐数；

(2)盈余公积和法定公益金变动系本年度利润提取数额；

(3)未分配利润的变动原因系本年度利润增加和计提各项公积金及年度利润分配 。

三、股本变动及股东情况

1、截止本报告期末股东总数为135,123户。

2、报告期内控股股东仍为上海汽车工业(集团)总公司，持有本公司股份980,000,000股，占公司总股本70%。

3、前十名股东情况

名次	股东名称	年末持股数(股)	占总股本百分比
(1)	上海汽车工业(集团)总公司(国家股)	980,000,000	70%
(2)	金鑫基金	14,255,224	1.018%
(3)	裕隆基金	10,187,897	0.728%
(4)	景宏基金	9,337,815	0.667%
(5)	天元基金	7,596,200	0.543%
(6)	安顺基金	5,281,131	0.377%
(7)	安信基金	5,000,000	0.357%
(8)	同盛基金	3,508,011	0.251%
(9)	爱建投资	3,308,722	0.236%
(10)	裕阳基金	3,300,000	0.236%

注：(Ⅰ)公司与第(2)至(10)名股东之间不存在关联交易，与第一大股东的关联 交易详见财务报告。

(Ⅱ)持股10%以上法人股股东情况：

上海汽车工业(集团)总公司持有国有法人股980,000,000股，占公司总股本70% 。

公司法人代表：陈祥麟

公司生产经营范围：轿车、摩托车、载重车、拖拉机、大客车等整车及其配套零部件

四、股东大会简介

1、公司于1999年3月2日在《上海证券报》、《中国证券报》和《证券时报》上 刊登召开第四次股东大会暨1998年度股东年会的公告，并于1999年4月2日在上海市淮海中路1555号(上海图书馆)召开，参加人数为456人，代表股权数986,292,991股，占公司总股本的70.45%。会议通过的决议内容：《1998年度董事会工作报告》；《1998年度监事会工作报告》；《1998年度总经理业务报告》；《1998年度财务决算报告 》；《1998年度利润分配预案报告》；《关于收购三家中外合资企业的报告》；《[公司章程] 修改报告》、《关于郁子冲先生辞去公司董事的报告》、《关于林树楠先生辞去公司监事的报告》、《关于增补陈祥麟先生为公司董事的报告》、《关于增补陈忠德先生为公司监事的报告》。

2、公司第四次股东大会暨1998年度股东大会决议刊登在1999年4月3日的《上海 证券报》上。

五、董事会报告

(一)公司经营情况

1、公司所处行业以及公司在本行业中的地位

本公司所处行业是汽车行业。本公司投资19%股权的上海通用汽车有限公司及本公司下属汽车齿轮总厂被上海市工业党委、上海市经委命名为98~99年度上海市最佳工业企业形象单位。

2、公司主营业务的范围及经营情况

公司主营业务为生产、经营汽车变速器、RC30系列传动箱、拖拉机变速器、转向器等零部件及汽车悬架弹簧等。

1999年在中国加快进入WTO步伐的影响，致使轿车市场竞争更加激烈的情况下，公司全体员工同心协力、艰苦工作，通过开拓市场、加强管理、降本增效、优化机制、规范运作，完成了年初董事会提出的各项经济指标，并较去年有所增长，其中销售收入243,419.3万元，利润总额82,397.1万元，分别比去年增长25.69%、4.74%。

(1)开拓市场，开发新品，提高技术含量，培育企业新的增长点

本公司参股整车企业上海通用汽车有限公司继1999年4月别克新世纪轿车批产后 ，当年12月别克变型车GL8又顺利下线。

为求生存和发展，降低产品风险，扭转变速器总成单一配套的局面，加强科研和产品开发的力度，取得了良好的效果。

本公司下属汽齿总厂对CVT钢带传动无级变速器进行了研究；五档变速器改进了 双同步器的设计，改善了换档性能，年内已出样品；金杯面包车变速器已于9月底试 制出样品，经过1.5万公里道路试验，现已小批量供货；另外有马自达等产品正在开 发中，外贸产品完成了CoMo五个系列，依顿四档拨叉、倒档圆柱齿轮等的产品试制工作。

本公司下属中国弹簧厂经国产化试制成功，已向上海通用批产供货别克轿车前后悬架弹簧、前后稳定杆、气门弹簧、变速箱弹簧；2000型桑车加装橡胶护套，已批产供货，轿车气门弹簧已开始批产供货；帕萨特B5轿车后悬架弹簧已获得德国奥迪认可；离合器销拨弹簧获上海大众认可；别克变型车悬架弹簧开发成功，捷达气门弹簧在一汽大众试装车。此外还成功开发了神龙1.6L、奥迪C3V6、江苏悦达、安徽安驰等悬架弹簧，并开始批量生产。通过一系列产品的开发、投产，企业在技术、工艺上都有新的提高。

(2)加强精益管理，深入开展降本增效活动

公司下属各厂通过加强现场物流管理，合理调整产品设备布局，使生产更为精益；压缩存货量；严格控制采购价格；对外协配套产品的价格、质量进行严格控制，获得了可观的经济效益。通过加强预算及内部审计监督机制，并及时整改审计中发现的问题。试行加工零件报废全额赔偿制度，增强了职工的工作责任心，使废品率大幅下降。企业加强对业外其他应收帐款的管理和催讨，有效地改善了企业的财务状况。

本公司下属汽齿总厂在巩固1998年VDA6.1、QS9000的认证成果的基础上， 确保体系高效运行。99年通过了ISO14001环境管理体系认证，成为绿色环保企业，公司创建的《六不准》工作法获得了中国机械行业重大管理创新成果奖。本公司下属中国弹簧厂于99年12月份通过了莱茵公司QS9000复审和VDA6.1认证。 加强资金管理，公司上下统一协调，通过存量资产的运作产生了良好的经济效益，确保股东利益的安全增值。

(3)规范运作，发展壮大上市公司

在上汽集团的大力支持下，公司99年顺利收购了上海小糸车灯有限公司50%、上海汽车制动系统有限公司50%、上海采埃孚转向机有限公司49%的中方股权，使公司 的投资企业从原有的十五家扩大到十八家，并取得了良好的投资回报。在国家有关三类企业可入市的政策出台后，公司积极参与调研分析，提出了可进入一级市场的报告。现已作为上海真空电子器件股份有限公司的战略投资者认购了"真空电子"增发的500万股新股。为了规范运作，防范金融风险，确保资金安全，公司成立了风险管理小 组，为公司今后的资金运作打下了基础。

(二)公司财务状况

根据一九九九年合并会计报表，公司主营业务收入243,419.3万元，比上年增长25.69%；实现

利润总额82,397.1万元，比上年4.74%；其中主营业务利润99,917.7万元，比上年增长16.2%，主营业务利润是按会计报表口径计，尚未包括由公司参股的属于汽车零部件专业制造企业产生计入投资收益的利润计12,322,3万元，这部分利润实际可视同主营业务利润；净利润71,703.4万元，比上年增长2.1%。

公司一九九九年末总资产为605,584.3万元，比年初增长26.10%；股东权益(净资产)为406,845.1万元，比上年增长3.07%；长期负债一九九九年末值为6,071.17万元，比年初增加4,335.74万元，增加的主要原因是由于住房周转金的增加与年末合并报表户数的扩大。

公司一九九九年度"销售商品与提供劳务"收到的现金高达299,942.92万元，经营活动的现金净流入值93,873.84万元，比净利润高出22,170.44万元，实现了满产满销超回笼。在当今"现金流量至尊"的经济竞争中，公司现金流量的雄厚，更显示了本公司的实力。公司良好的经营业绩和优秀的财务状况的实现，是由于公司生产经营与资本经营二大方面成功运作的结果。

(三)公司投资情况

1、经国家财政部《财评字［1999］174号》文、上海外国投资工作委员会《沪外资委协字(99)第629号》文批准，本公司与上海汽车工业有限公司签订了转让协议，受让其持有的上海小糸车灯有限公司的50%的股权，协议转让价为137,524,054.99元。该公司主要生产各种汽车、摩托车、卡车、工程车辆灯具及船用灯具等，主要配套别克、桑塔纳、奥迪、奥托、夏利、切诺基等车型，1998年利润4,934.6万元。

2、经国家财政部《财评字［1999］173号》文、上海外国投资工作委员会《沪外资委协字(99)第672号》文批准，本公司与上海汽车工业有限公司签订了转让协议，受让其持有的上海采埃孚转向机有限公司的49%的股权，协议转让价为232,878,886.51元。该公司主导产品为齿轮齿条式动力转向机、机械转向机、阀组和FP4叶片泵，1998年利润12,575.6万元。

3、经国家财政部《财评字［1999］172号》文、上海外国投资工作委员会《沪外资委协字(99)第673号》文批准，本公司与上海汽车工业有限公司签订了转让协议，受让其持有的上海汽车制动系统有限公司的50%的股权，协议转让价为148,683,936.17元。该公司主导产品为汽车浮动型制动钳、后分泵以及先进的汽车防抱死(ABS)产品，1998年利润6,085万元。

(四)加入WTO对公司的影响

2000年是世纪之交年，也是我国加入"WTO"可能性极大的一年，因此，新年度业务发展计划必须把公司融入全球经济一体化大背景的条件下来考虑。加入"WTO"，对我公司既是难得的机遇，又是严峻的挑战，总的来说是机遇大于挑战。据了解，中国加入"WTO"后，在六年时间内，整车的关税将逐步降至25%，零部件关税降至10%。目前本公司母体及参股企业的产品价格，部份低于国际同类产品离岸价，部份高于离岸价低于到岸价，且有较强获利能力，加入WTO后，将给我们增加出口机会。因此，目前公司母体及参股企业的产品有较强的竞争力。中国加入WTO后，汽车销量将会进一步上升，上海汽车将凭借技术和规模优势进一步降低成本，扩大出口，参与全球竞争。

(五)新年度业务发展计划

面对加入"WTO"后的严峻挑战，本公司决心抓住这一机遇，以面向出口，技贸结合，融入全球化为目标，通过技术创新、管理创新、机制创新、加强企业内部和企业外部的资产整合，塑造公司主业持续发展、业绩稳定增长的良好形象。

以市场为导向，加强技术创新是本公司实现新世纪发展目标的根本立足点，以帕萨特B5、别克变形车国产化试制工作为契机，积极拓展开发领域，促使产品升级换代，优化科技资源配置。新产品要实现三高，即高技术含量、高附加值、高市场占有率，新产品产值每年要以15%幅度递增。做到技术从国外引进，产品走向世界。

坚持"以人为本，精益管理创效益；以质为纲，精益采购降成本"为重点的管理创新，在进一步完善和强化ISO9000、VDA6.1、QS9000的质量保证体系的基础上，学习和吸收合资企业的管理经验，以现代化管理手段加强物流、资金流、信息流的管理。对存量资产、设备进行优化、组合、调配，整体提高资产的含金量。

在完善法人治理结构的基础上积极探索机制创新，按照董事会领导下的总经理负责制，以资产为纽带，做到企业与员工共同发展；试行适才适岗的人员配置模式和市场取向的分配结构模式；探索对经营者的激励和约束机制。

加强企业内部、外部的资产整合，即在集团的支持下，我们将不断进行资本的扩张、运作。在兼并收购业内优质资产的同时，不断拓展领域，探索收购兼并业外的优质资产的可能性，力争取得实质性的进展；在保证股本扩张的同时保持每股收益稳步增长，同时合理利用资金的时间效益和负债空间，调整资本结构，加强资金运作，产生新的增量；防范资本市场的风险，强化风险意识，以规范、扎实的资本运作，努力培育上海汽车成为证券市场的蓝筹股。

(六)董事会日常工作情况

1、董事会会议情况及决议内容

(1)一届八次董事会会议于99年1月25日召开，审议通过1998年度《董事会工作报告》、《监事会工作报告》、《总经理工作报告》、《财务决算报告》、《利润分配预案》、《1998年度报告》、《召开1998年度股东大会议案》等。

(2)一届九次董事会会议于99年2月25日召开，审议通过《拟收购三家中外合资企业的报告》、《关于召开98年度股东大会具体事项的议案》。

(3)一届十次董事会会议于99年3月16日召开，审议通过《郁子冲先生辞去公司董事、董事长职务的报告》、《增补陈祥麟先生为公司董事的报告》。

(4)一届十一次董事会于99年4月2日召开，审议通过选举陈祥麟先生为公司董事长。

(5)一届十二次董事会于99年7月1日召开，审议通过正式《收购三家中外合资企业的报告》、《聘任公司高级管理人员的报告》。

(6)一届十三次董事会于99年8月4日召开，审议通过《1999年公司中期报告》、《1999年中期分配预案》。

(七)现任董事、监事、高级管理人员情况

职务	姓名	性别	年龄	任期起止任期	年度报酬
董事长	陈祥麟	男	56岁	1999.04~2000.11	本公司不支付报酬
副董事长	陈因达	男	54岁	1997.11~2000.11	本公司不支付报酬
董事兼总经理	尤石梁	男	54岁	1997.11~2000.11	9.5~10.5万元
董事	胡安生	男	56岁	1997.11~2000.11	本公司不支付报酬
董事	齐鸿浩	男	52岁	1997.11~2000.11	本公司不支付报酬
董事	华杏生	男	40岁	1997.11~2000.11	本公司不支付报酬
监事会主席	陈忠德	男	57岁	1999.04~2000.11	本公司不支付报酬
监事	沈如镜	男	59岁	1997.11~2000.11	9.5~10.5万元
监事	王德兴	男	57岁	1997.11~2000.11	6.5~7.5万元
副总经理	邹定伟	男	43岁	1999.06~2000.11	8.5~9.5万元
副总经理	杨春保	男	50岁	1999.06~2000.11	8.5~9.5万元
财务总监	李丹	女	54岁	1999.06~2000.11	7.5~8.5万元
董事会秘书	张锦根	男	53岁	1999.06~2000.11	7.5~8.5万元

说明：(1)报告期内原公司董事长、董事郁子冲先生辞去了公司董事、董事长职务；监事会主席、监事林树楠先生辞去了公司监事、监事会主席职务。

(2)报告期内经股份公司一届十二次董事会决议，聘任邹定伟、杨春保先生为公司副总经理，李丹女士为公司财务总监，张锦根先生为公司董事会秘书。

公司董事、监事、高级管理人员持股情况

姓名	职务	年初持股数(股)	年末持股数(股)
陈祥麟	董事长	10,080	10,080
陈因达	副董事长	21,000	21,000
尤石梁	总经理	21,000	21,000
胡安生	董事	14,000	14,000
齐鸿浩	董事	14,000	14,000
华杏生	董事	14,000	14,000
陈忠德	监事会主席	10,500	10,500
沈如镜	监事	14,000	14,000
王德兴	监事	14,000	14,000
邹定伟	副总经理	10,080	10,080
杨春保	副总经理	4,000	4,000
李丹	财务总监	5,020	6,020
张锦根	董事会秘书	6,615	6,615

注：持股变化原因系二级市场购入。

(八)本次利润分配情况

公司1999年年末累计可供股东分配的未分配利润余额为922,044,863.47元，经董事会一届十四次会议讨论决定，本次利润分配方案为：以公司1999年年末总股本1,400,000,000股为基准，每10股派送红利4.2元(含税)，共派送红利588,000,000元，未分配利润余额为334,044,863.47元。

(九)本公司指定信息披露的报刊为《上海证券报》。

六、监事会报告

一九九九年监事会共召开四次会议。一届三次监事会会议于1999年1月25日召开，会议主要审议1998监事会工作报告及1998年度事项。一届四次监事会会议于1999年3月16日召开，主要审议原监事会主席林树楠辞去监事会主席、监事职务的请求，并增补陈忠德为公司监事。一届五次监事会会议于1999年4月2日召开，会议选举陈忠德为公司监事会主席。一届六次监事会会议于1999年8月4日召开，主要审议1999年中报事宜。此外，监事会成员列席了董事会所有会议，并在会上行使监督权力，发表独立意见，起到了应有的监督作用。

监事会根据《公司法》和《公司章程》的规定，从以下六个方面行使监督职能：

(一)对公司依法运作行使监督检查

监事会通过列席董事会会议，发挥监督作用。监事会认为董事会在报告期内继续认真贯彻了"法制、监管、自律、规范"的八字方针，其决策程序符合《公司法》和《公司章程》的有关规定，公司建立了较完善的内部控制制度，公司的运作是健康有序的，未发现有违反《公司法》和《公司章程》的行为。

此外监事会对董事会成员、总经理及高级管理人员在履行职责方面进行了监督。监事会认为董事会的议事制度健全有效，董事执行股东大会决议，公司领导班子高级管理人员执行董事会决议是严肃认真的，没有发生违反法律、法规、《公司章程》或损害公司利益的行为。

(二)对公司财务状况进行检查

监事会对公司的财务管理制度和财务部门的岗位责任制进行了检查，认为公司严格执行国家及有关部委颁发的各项法规和制度。公司的财务制度是健全的，执行是有效的。通过对公司1999年度财务报告的核查，认为公司的资产负债表、现金流量表、利润及利润分配表等会计报表是真实合法的。对公司进行审计的大华会计师事务所对公司1999年度财务状况同时出具了无保留意见或解释性说明的审计报告。

(三)对募股资金使用情况进行监督

公司最近一次募集资金主要是1997年公司上市时的募股资金，监事会通过查阅有关资料、帐册，对照招股说明书等资料，监事会认为，公司募集资金的实际投入和预先承诺投入项目是一致的。

(四)对收购、出售资产情况进行监督

公司在收购三家中外合资企业的过程中未发现内幕交易，交易程序和价格是合法的，未发现有损害部分股东的权益或造成公司资产流失的行为。

(五)对关联交易进行检查

公司的关联交易，主要是产品的供销关系。经检查，供销均有合同，价格由合同双方协商，交易是公平的，没有损害本公司的利益。

(六)对利润增长情况进行检查

一九九九年在轿车配套价格降价等减利因素情况下，公司通过开拓市场、加强管理、规范运作，使公司的经济目标基本完成，实现利润总额82,397.1万元，比上年略有增长，使公司以良好业绩支撑的形象得以确立。

七、重大事项

1、本报告期内公司无重大诉讼、仲裁事项。

2、报告期内公司、公司董事及高级管理人员无受监督部门处罚的情况。

3、报告期内无公司控股股东变更、公司总经理变更情况。

报告期内经一届十次董事会决议、1998年年度股东大会通过及一届十一次董事会决议选举陈祥麟先生为公司第一届新任董事长。

报告期内经一届四次监事会决议、1998年年度股东大会通过及一届五次监事会选举陈忠德先生为公司第一届监事会新任主席。

报告期内经一届十二次董事会决议聘任张锦根先生为公司董事会秘书。

4、报告期内公司收购和吸收兼并事项：详见董事会报告中公司投资情况。

5、重大关联交易事项：详见财务报告附注。

6、上市公司与控股股东之间"三分开"情况：我公司已做到了人员独立、资产完整、财务独立，实行了与控股股东的"三分开"。

7、公司无托管、承包、租赁其他公司资产及其他公司托管、承包、租赁上市公司资产的事项。

8、1999年度公司续聘上海大华会计师事务所为公司做审计工作。

9、其他重大合同及其履行情况：本公司有担保合同，详见财务报告的或有事项。

10、公司报告期内无更改名称及股票简称的情况。

八、财务会计报告

(一)审计报告

公司财务会计报告经上海大华会计师事务所审计，由注册会计师朱蕾蕾、杨晓梅出具了无保留意见报告［华业字(2000)第032号］。

(二)会计报表(附后)

(三)会计报表附注

注一、公司简介

1.公司为于1997年8月经上海市人民政府以(1997)41号文和上海市证券管理办公室沪证司(1997)104号文批准，由上海汽车工业(集团)总公司独家发起，在上海汽车工业有限公司资产重组的基础上，以上海汽车齿轮总厂的资产为主体、采用社会募集方式设立的上海汽车股份有限公司。公司原总股本为1000000000股，1998年经上海市证券期货监督办公室以沪证司(1998)127号文核准，向全体股东按10:2.5的比例派送红股250000000股，用资本公积按10:1.5的比例转增股本150000000股。公司总股本增至1400000000股，其中发起人持有的国家股为980000000股，占总股本的70%，社会公众股420000000股，占总股本30%。公司股票面值为人民币1元，公司注册资本为人民币1400000000元。业经大华会计师事务所以(98)第1061号验资报告验证。1999年5月20日由上海市工商行政管理局换发法人营业执照，注册号为3100001000386，法定代表人陈祥麟。

公司经济性质：股份制；所属行业：汽车制造业。

经营范围：汽车、摩托车、拖拉机等各种机动车整车，总成及零部件、物业管理、国内贸易(除专项规定)、咨询服务。

2. 主要产品和提供的劳务：桑塔纳轿车变速箱、汽车弹簧。

3. 生产经营的概况(详见董事会报告)。

注二、公司主要会计政策,会计估计和合并会计报表的编制方法

1.会计制度:本公司执行《股份有限公司会计制度》。

2. 会计年度:公历1月1日至12月31日。

3. 记帐本位币:人民币。

4. 记帐基础:权责发生制;计价原则:历史成本。

5. 外币核算方法:

会计年度内涉及外币的经济业务,按发生当月月初中国人民银行公布的市场汇价中间价折合人民币入帐。月末将外币帐户余额按月末市场汇价中间价进行调整,发生的差额,与购建固定资产有关的予以资本化,属于筹建期间的计入开办费,属于生产经营期的计入当期费用。

6.现金等价物的确定标准:

凡同时具备期限短(从购买日起,三个月内到期)、流动性强、易于转换为已知现金,价值变动风险很小等四个条件的投资,确认为现金等价物。

本公司无现金等价物。

7.坏帐的核算方法:

坏帐的确认标准:

(1)债务人破产或者死亡,以其破产财产或者遗产清偿后,仍然不能收回的应收 帐款;

(2)因债务人逾期未履行偿债义务超过三年确实不能收回的应收款项。

以上确实不能收回的应收帐款,按经董事会批准的审批核销权限规定分级批准后,作为坏帐核销。

坏帐损失核算采用备抵法。本公司原按资产负债表期末应收帐款余额的0.5%计 提坏帐准备。现根据董事会决议,调整为对应收款项(包括应收帐款和其他应收款),按帐龄分析法计提坏帐准备,并计入当年度损益类帐项。鉴于本公司管理有序,应收款项期末余额不大,且坏帐可能性较小,故计提坏帐准备的规定列示如下:

帐龄	计提比例
三年以下	0.5%
三年以上(含三年)	30%

8.存货核算方法:

存货分类为:原材料、在产品、产成品、低值易耗品(在库)。

各种存货按取得时的实际成本记帐;存货日常核算采用计划成本方法,存货发出按当月成本差异率,将计划成本调整为实际成本。低值易耗品领用时按一次摊销法摊销。

根据董事会决议,本公司的期末存货按成本与可变现净值孰低计价,并按单项比较法计提存货跌价准备。

9.短期投资核算方法:根据《企业会计准则-投资》规定,短期投资以实际支 付的全部价款(包括税金、手续费和相关费用)扣除已宣告发放但未领取的现金股利(或已到期尚未领取的债券利息)入帐;在处置时,按所收到的处置收入与短期投资帐 面价值的差额确认为当期的投资收益。短期投资期末按成本与市价孰低法计价。按单项投资计算并确定所计提的跌价损失准备,并计入当期损益。

10.长期投资核算方法:

(1)长期债券投资的计价及收益确认方法:按取得时实际支付的全部价款(扣除支付的税金、手续费等各项附加费用)扣除实际支付的分期付息债券价款中包含的已到 期尚未领取的债券利息后的余额作为实际成本记帐,并按权责发生制原则按期计提利息,并计入投资收益。(2)长期债权投资溢价和折价的摊销方法:在债券购入后至到 期日止的期间内按直线法,于确认相关债券利息收入的同时摊销。(3)长期股权投资 计价和收益确认方法;长期股权投资包括股票投资和其他股权投资。长期股权投资,按投资时实际支付的价款入帐。

公司对被投资单位无控制、无共同控制或无重大影响的,长期股权投资采用成本法核算;公司对被投资单位具有控制、共同控制或重大影响的,长期股权投资采用权益法核算。

(4)长期股权投资采用权益法核算时,其取得成本与其在被投资单位所有者权益 中所占份额之间的差额,计入长期股权投资差额,并按10年平均摊销计入损益。

(5)根据董事会决议,自1999年1月1日起,本公司对被投资单位由于市价持续下 跌或经营状况恶化等原因导致其可收回金额低于长期股权投资的帐面价值,并且这种降低的价值在可预计的未来期间内不可能恢复时,按可收回金额低于长期股权投资帐面价值的差额计提长期投资减值准备。计提的长期投资减值准备计入当期损益。

公司本年度未发生被投资单位可回收金额低于长期股权投资帐面价值的事项,故未计提长期投资减值准备。

11.固定资产计价和折旧方法:

(1)固定资产标准为:①使用期限超过一年的房屋、建筑物、机器、机械、运输 工具以及其他与生产、经营有关的设备、器具、工具等;②单位价值在2,000元以上 ,并且使用期超过两年的,不属于生产、经营主要设备的物品。

(2)固定资产分类为:房屋建筑物、通用设备、电子设备、运输设备、其他设备 。

(3)固定资产计价:按实际成本或确定的价值计价。

(4)固定资产折旧采用直线法平均计算,并按各类固定资产的原值和估计的经济 使用年限扣除残值(原值的3%、10%*)制定其折旧率,固定资产各类折旧率如下:

资产类别	估计的经济使用年限	年折旧率
房屋建筑物	20~35年	4.50~2.77%
通用设备	7~11年	13.86~8.82%
电子设备	5~10年	19.40~9.70%
运输设备	5~6年	18.00~16.17%
其他设备	5年	19.40%

* 合营企业的固定资产残值率为10%。

12.在建工程核算方法:

在建工程按实际发生的支出入帐,并在完工交付使用时,按工程的实际成本确认为固定资产;在建工程借款所发生的利息在交付使用前计入工程成本,交付使用后,计入当期财务费用。

13.无形资产计价和核算方法:

无形资产按购入的实际支出计价,摊销方法:直线法;摊销年限:职工住房使用权取得后按三十年摊销;专有技术按10年平均摊销;场地使用权按取得的使用权(28-50年)平均摊销。

14.开办费、长期待摊费用摊销方法:

(1)子公司的开办费按5年平均摊销;

(2)子公司上海汽车齿轮一厂的土地使用费从1998年起按5年平均摊销;

(3)大型的专用模具按产品产量平均摊销。

15.收入确认原则:

(1)商品销售:公司已将商品所有权上的重要风险和报酬转移给买方,公司不再 对该商品实施继续管理和实际控制权,相关的收入已经收到或取得了收款的证据,并且与销售该商品有关的成本能够可靠地计量时,确认营业收入的实现。

(2)提供劳务:在同一年度内开始并完成的,在劳务已经提供,收到价款或取得 收取价款的证据时,确认劳务收入。

(3)他人使用本公司资产:利息收入,按使用现金的时间和适用利率计算确定;发生的使用费收入按有关合同或协议规定的收费时间和方法计算确定。上述收入的确定并应同时满足:①与交易相关的经济利益能够流入公司,②收入的金额能够可靠的计量。

16.所得税的会计处理方法:除转制时资产评估增值应交的所得税计入递延税款外,其余的采用应付税款法。

17.合并会计报表编制方法:

合并范围及所采用的会计方法:根据财政部财会字(1995)11号《关于印发<合并 会计报表暂行规定>的通知》和财会二字(96)2号《关于合并报表合并范围请示的复 函》等文件的规定,以母公司和纳入合并范围的子公司1999年度的会计报表以及其他有关资料为依据,合并各项目数额编制而成。合并时,公司的重大内部交易和资金往来均相互抵销。

根据股份有限公司会计制度规定,合营企业按比例合并的方法进行合并报表。即将合营企业的资产、负债、收入、费用、利润和现金流量均按照公司对合营企业的投资比例进行合并报表。合并时,对公司与合营企业之间的内部交易事项,均按比例予以抵销。

公司于本年度收购的上海汽车制动系统有限公司、上海小糸车灯有限公司和上海采埃孚转向机有限公司均为合营企业,按照比例法进行合并报表,本年度合并的会计期间为6-12月份。以上三家合营公司执行《中外合资企业会计制度》,与本公司执 行的会计制度不同形成的差异在合并报表时予以调整。

18.会计政策和会计估计变更。

根据财政部财会字[1999]35号文《关于印发<股份有限公司会计制度有关会计处理问题补充规定>的通知》和财政部财会字[1999]49号文《关于〈股份有限公司会计制度有关会计处理问题补充规定问题解答〉的通知》的有关规定,本公司本年度对短 期投资跌价准备、坏帐准备和存货跌价准备会计政策变更已采用追溯调整法,调整了1999年度会计报表和合并会计报表相关项目的年初数和上年实际数。上述会计政策变更对以前年度净利润的累计影响数为-17154493.53元,其中因坏帐准备计提方法变更的累计影响数为人民币-2204166.72元,存货计价方法变更的累计影响数为人民币-14,950,326.81元;上述累计影响数,调减1998年度的净利润为人民币16,893,967.47元,调减1997年度的净利润为人民币260,526.06元。

注三、税项

本公司使用的税种与税率:

税种	税率	计税基数
所得税	15%	应纳所得额
增值税	17%	按销项税额扣除当期允许抵扣的进项税额后的差额
营业税	5%	营业额
城建税	0-7%*	应纳营业税额和增值税额

* 本公司适用的城建税税率中,公司本部为7%,汽车齿轮厂为5%;汽车齿轮一 厂、汽车齿轮三厂和中国弹簧厂均为1%;合营企业均不征城建税。

注四、控股子公司及合营企业

(1)公司所控制或共同控制的境内外所有子公司、合营公司情况,公司合并报表 的合并范围:

被投资单位全称	经营范围	注册资本	母公司投资额	母公司持股比例	是否合并	是否权益法
上海汽齿一厂	汽车零部件	8000万元	7324.8万元	91.56%	是	是
上海汽齿二厂	汽车零部件	3900万元	3003.4万元	77.01%	否	是
上海汽齿三厂	汽车零部件	4500万元	3958.7万元	87.97%	是	是
上海汽齿四厂	汽车零部件	2000万元	1012.8万元	50.64%	否	是
上海中威弹簧有限公司	汽车零部件	84万美元	58.8万美元	70%	否	是
上海中星汽车悬架件有限公司	汽车零部件	250万美元	187.5万美元	75%	否	是
中国弹簧厂宝山分厂	汽车零部件	117.9万元	70.7万元	60%	否	是
中国弹簧厂罗店分厂	汽车零部件	292.2万元	160.7万元	55%	否	是
上海汽车制动系统有限公司	汽车零部件	2290万美元	1145万美元	50%	是	是
上海小糸车灯有限公司	汽车零部件	36亿日元	18亿日元	50%	是	是
上海采埃孚转向机有限公司	汽车零部件	3110万美元	1523.9万美元	49%	是	是

注:以上未纳入合并范围的子公司,因其资产总额、销售收入和当期净利润中母 公司所拥有的数额加总计算出来的比例均在10%以下,对财务状况影响较小,根据重要性原则,不纳入合并范围。

(2)公司本年度的合并会计报表范围发生变更,增加了合营企业上海小糸车灯有限公司、上海汽车制动系统有限公司和上海采埃孚转向机有限公司,均按比例法进行合并会计报表。

(3)公司1999年6月1日根据股权转让协议向上海汽车工业有限公司受让了三家企业的部分股权,明细如下:

被收购的企业名称	转让股权比例	转让金额	已支付金额
上海小糸车灯有限公司	50%	137,524,054.99	137,524,054.99
上海汽车制动系统有限公司	50%	148,683,936.17	148,683,936.17
上海采埃孚转向机有限公司	49%	232,878,886.51	232,878,886.51

上述三个公司的购买日均为1999年6月1日,其确定方法:被收购企业以其净资产和经营的控制权上的主要风险和报酬已经转移,并且相关的经济利益能够流入。

注五、关联方关系及其交易的披露

(一)存在控制关系和共同控制的关联方情况

1、存在控制的关联方

企业名称	注册地址	主营业务	与本企业关系	经济性质或类型	法定代表人
上海汽车工业(集团公司	上海武康路390号	汽车、拖拉机、摩托车制造等	母公司	国有企业	陈祥麟
上海汽车齿轮一厂	嘉定徐行	汽车零部件	子公司	国集联营	姚信甫
上海汽车齿轮二厂	嘉定戬浜镇	汽车零部件	子公司	国集联营	莫林根
上海汽车齿轮三厂	嘉定戬浜镇	汽车零部件	子公司	国集联营	杨林兴
上海汽车齿轮四厂	昆山华桥镇	汽车零部件	子公司	国集联营	金明良
上海中威弹簧有限公司	中山北路178号	汽车零部件	子公司	中外合资	项松年
上海中星汽车悬架件有限公司	中山北路178号	汽车零部件	子公司	中外合资	邹定伟
中国弹簧厂宝山分厂	宝山杨行镇	汽车零部件	子公司	国集联营	王梦良
中国弹簧厂罗店分厂	宝山罗店镇	汽车零部件	子公司	国集联营	许贵宝
上海汽车制动系统有限公司	嘉定区	汽车零部件	合营公司	中外合资	BUCHEL
上海小糸车灯有限公司	嘉定区	汽车零部件	合营公司	中外合资	陈因达
上海采埃孚转向机有限公司	嘉定区	汽车零部件	合营公司	中外合资	MONSCHAUHANS-LUTZ

2、存在控制关系的关联方的注册资本及其变化

企业名称	年初数	本年增加数	本年减少数	年末数
上海汽车工业(集团)总公司	421,603万元	-	-	421,603万元
上海汽车齿轮一厂	1,900万元	6,100万元	-	8,000万元
上海汽车齿轮二厂	4,500万元	-	-	4,500万元
上海汽车齿轮三厂	3,900万元	-	-	3,900万元
上海汽车齿轮四厂	2,000万元	-	-	2,000万元
上海中威弹簧有限公司	84万美元	-	-	84万美元
上海中星汽车悬架件有限公司	250万美元	-	-	250万美元
中国弹簧厂宝山分厂	117.9万元	-	-	117.9万元
中国弹簧厂罗店分厂	292.2万元	-	-	292.2万元
上海汽车制动系统有限公司	2290万美元	-	-	2290万美元

上海小糸车灯有限公司	24 亿日元	12 亿日元	-	36 亿日元
上海采埃孚转向机有限公司	2,300 万美元	1,010 万美元	-	3,310 万美元

3、存在控制关系的关联方所持股份或权益及其变化

企业名称	年初数 金额	%	本年增加 金额	%
上海汽车工业(集团)总公司	980000000.00	70.00		
上海汽车齿轮一厂	75530886.30	91.56	629872.73	91.56
上海汽车齿轮二厂	41903595.84	77.01	3939269.39	77.01
上海汽车齿轮三厂	37295980.02	87.97	1945.35	87.97
上海汽车齿轮四厂	13331427.53	50.64	646486.09	50.64
上海中威弹簧有限公司	6619674.84	70.00	482807.91	70.00
上海中星汽车悬架件有限公司	15359530.56	75.00	2950873.37	75.00
中国弹簧厂宝山分厂	3564886.13	60.00	35284.48	60.00
中国弹簧厂罗店分厂	6118323.14	60.00	612380.74	60.00
上海汽车制动系统有限公司			157888889.34	50.00
上海小糸车灯有限公司			134582460.07	50.00
上海采埃孚转向机有限公司			222269001.98	49.00

企业名称	本年减少 金额	%	年末数 金额	%
上海汽车工业(集团)总公司			980000000.00	70.00
上海汽车齿轮一厂			76160759.03	91.56
上海汽车齿轮二厂	5524698.52	77.01	40318166.71	77.01
上海汽车齿轮三厂	405562.39	87.97	36892362.98	87.97
上海汽车齿轮四厂	1320516.95	50.64	12657396.67	50.64
上海中威弹簧有限公司	1899885.52	70.00	5202597.23	70.00
上海中星汽车悬架件有限公司	1875000.00	75.00	16435403.93	75.00
中国弹簧厂宝山分厂	861029.65	60.00	2739140.96	60.00
中国弹簧厂罗店分厂	125820.04	60.00	6604883.84	60.00
上海汽车制动系统有限公司			157888889.34	50.00
上海小糸车灯有限公司			134582460.07	50.00
上海采埃孚转向机有限公司	18925237.91	49.00	203343763.98	49.00

4、存在控制关系的关联方交易

(1) 采购货物

本企业 1999 年度及 1998 年向关联方采购货物的有关明细资料如下 (单位:元):

企业名称	本年发生额	上年发生额
上海汽车齿轮二厂	80,825,589.99	88,287,325.32
上海汽车齿轮四厂	40,566,560.58	43,311,768.00
中国弹簧厂罗店分厂	16,247,433.41	-
中国弹簧厂宝山分厂	674,290.06	-
上海中威弹簧有限公司	9,127,493.56	9,124.99
上海中星汽车悬架件有限公司	38,692,895.73	-

本企业向关联方采购货物的价格按协议价。1999 年度本企业向关联方采购货物的协议价格与非关联方的交易价格相一致。

(2)销售货物

本企业 1999 年度和 1998 年度向关联方销售货物有关明细资料如下(单位:元):

企业名称	本年发生额	上年发生额
上海汽车齿轮二厂	37,864,319.03	1,290,817.87
上海汽车齿轮四厂	18,322,337.07	2,658,230.04
上海中威弹簧有限公司	1,461,547.76	328,038.50
上海中星汽车悬架件有限公司	3,323,155.15	7,271,793.66
中国弹簧厂宝山分厂	829,433.26	37,788,137.58
中国弹簧厂罗店分厂	69,232.28	16,945,070.26

本企业销售给关联企业的产品价格按协议价。1999 年度本公司销售给关联企业产品的协议价格无高于或低于本公司正常售价的情况。

(3) 本企业与关联方应收和应付款项余额 (单位:元)

项目	1999 年 12 月 31 日 余额	1998 年 12 月 31 日 余额
应收帐款:		
上海汽车齿轮二厂	12,604.68	3,348,984.79
上海汽车齿轮四厂	214,302.89	111,683.38
应收票据		
上海汽车齿轮二厂	2,308,809.42	-
应付帐款		
上海汽车齿轮二厂	1,984,956.86	-
上海汽车齿轮四厂	2,317,107.26	-
中国弹簧厂宝山分厂	54,960.40	-
中国弹簧厂罗店分厂	1,931,957.97	310,362.51
上海中星汽车悬架件有限公司	7,760,761.86	5,503,562.89
上海中威弹簧有限公司	1,527,765.80	391,576.48
上海汽车工业(集团)总公司	650,000.00	-
预付帐款		
中国弹簧厂宝山分厂	302,005.22	-
应付票据		
上海汽车齿轮二厂	5,361,841.06	825,890.68
应付股利		
上海汽车工业(集团)总公司	429,550,457.52	429,666,170.69

(4)本企业与关联方其他应收款、其他应付款余额 (单位:元)

项目	1999 年 12 月 31 日 余额	1998 年 12 月 31 日 余额
其他应收款		
中国弹簧厂宝山分厂	779,330.96	-
中国弹簧厂罗店分厂	500,000.00	500,000.00
上海中星汽车悬架件有限公司	-	906,790.07
上海中威弹簧有限公司	-	879,173.88
其他应付款		
上海汽车工业(集团)总公司	2,181,727.31	16,661,963.30

(二)不存在控制关系的关联方情况

1、不存在控制关系的关联方

企业名称	与本企业的关系
上海大众汽车有限公司	同一董事长
上海汽车工业(集团)财务有限公司	同一母公司
上海汽车进出口公司	同一母公司
上海汇众汽车制造有限公司	同一母公司
上海三和汽车橡塑件有限公司	联营企业
上海华新机械有限公司	联营企业
上海工大嘉定通用机械厂	联营企业
轿行分厂	联营企业
万春分厂	联营企业
前哨分厂	联营企业
上海中旭弹簧有限公司	联营企业
上海通用汽车有限公司	联营企业
上海易初通用机器有限公司	联营企业
上海纳铁福传动轴有限公司	联营企业
上海汽车齿轮五厂	联营企业
上海拖拉机内燃机公司	同一母公司
上海乾通汽车附件有限公司	同一母公司
上海汽车锻造总厂	同一母公司
上海汽车铸造总厂	同一母公司
上海汽车有色铸造厂	同一母公司
上海汇众汽车制造有限公司	同一母公司

2、不存在控制关系的关联方交易

(1)采购货物

本企业 1999 年度及 1998 年度向关联方采购货物的有关明细资料如下(单位:元):

项目	本年发生额	上年发生额
上海汽车进出口公司	69,321,858.59	6,462,331.62
上海大众汽车有限公司	11,823,813.72	10,969,869.10
上海工业大学嘉定通用机械厂	4,021,484,72	4,105,262.53
万春分厂	2,782,384.00	2,361,003.20
轿行分厂	5,206,235.00	3,853,418.56
前哨分厂	3,091,522.40	3,091,068.40
上海中旭弹簧有限公司	13,861,703.96	-
上海拖拉机内燃机公司	208,238.83	380,915.65
上海乾通汽车附件有限公司	189,130,152.40	176,843,480.50
上海汽车锻造总厂	43,759,352.30	37,391,911.67
上海汽车铸造总厂	14,875,805.00	16,546,484.70
上海汽车有色铸造厂	25,730,418.49	24,217,453.24
上海汇众汽车制造有限公司	10,669,393.44	-

本企业向关联方采购货物的价格按协议价。1999 年度本企业向关联方采购货物的价格与非关联方的交易价格相一致。

(2)销售货物

本企业 1999 年度和 1998 年度向关联方销售货物有关明细资料如下(单位:元):

项目	本年发生额	上年发生额
上海工大嘉定通用机械厂	1,550,649.86	-
万春分厂	2,009,296.35	-
轿行分厂	2,917,384.71	-
前哨分厂	2,399,413.02	-
上海汽车进出口公司	20,651,360.09	60,139,181.50
上海中旭弹簧有限公司	3,647,248.00	-
上海汇众汽车制造有限公司	201,696,120.30	128,486,167.94
上海大众汽车有限公司	2,193,808,148.58	1,552,454,573.09
上海通用汽车有限公司	21,885,367.72	-
上海纳铁福传动轴有限公司	825,600.00	-
上海拖拉机内燃机公司	65,155,775.38	52,707,726.06

本企业销售给关联企业的产品价格按协议价。1999 年度本公司销售给关联企业产品价格无高于或低于本公司正常售价的情况。

(3)本企业与关联方应收应付帐款余额 (单位:元)

项目	1999 年 12 月 31 日 余额	1998 年 12 月 31 日 余额
应收帐款:		
上海汽车进出口公司	1,900,906.75	6,605,679.78
上海大众汽车有限公司	37,479,410.68	19,565,360.07
上海易初通用机器有限公司	73,833.11	-
上海纳铁福传动轴有限公司	57,096.00	-
上海通用汽车有限公司	4,983,325.57	-
上海拖拉机内燃机公司	1,464,023.54	-
上海汇众汽车有限公司	9,828,930.14	-
应收票据		
上海拖拉机内燃机公司	9,283,978.42	-
上海汽车进出口公司	18,375,606.33	1,808,236.87
应付帐款		
上海工大嘉定通用机械厂	1,518,776.48	2,083,552.84
万春分厂	309,636.79	500,351.64
轿行分厂	701,910.43	850,005.50
前哨分厂	358,589.54	485,049.08
上海中旭弹簧有限公司	2,583,879.72	2,881,044.06
上海汽车进出口公司	2,100,974.01	3,385,454.13
上海拖拉机内燃机公司	2,358,499.71	-
上海乾通汽车附件有限公司	14,510,583.86	3,139,327.94
上海汽车锻造总厂	4,697,741.36	228,009.08
上海汽车铸造总厂	43,196.45	43,196.45
上海汽车有色铸造厂	1,668,121.65	2,245,471.50
预付帐款		
上海汽车进出口公司	1,185,782.80	3,860,172.10
上海通用汽车有限公司	16,465,289.89	-
上海大众汽车有限公司	2,923,475.03	-

(4)本企业与关联方其他应收款、其他应付款余额 (单位:元)

项目	1999 年 12 月 31 日 余额	1998 年 12 月 31 日 余额
其他应收款		
上海中旭弹簧有限公司	-	3,326,581.59
上海汽车进出口公司	187,018.51	-
上海工大嘉定通用机械厂	527,833.49	-
上海汽车集团财务有限责任公司	1,511,086.50	-
其他应付款		

上海汽车工业有限公司	2,181,727.31	1,729,250.91

(5)本公司1999年度通过上海汽车工业(集团)财务有限责任公司存款和借款,存 款和借款利率均按中国人民银行规定的金融机构存贷款利率计算。明细项目列示如下:

	1999年12月31日余额	1998年12月31日余额
银行存款	1,258,359,000.87	298,973,346.15
短期借款	32,000,000.00	7,000,000.00

本 年 发 生 额

	金额	月 利 率
利息收入	7,562,636.69	活期0.825‰-3.15‰,定期3.15‰
利息支出	8,230,731.76	4.41‰-8.25‰

上 年 发 生 额

	金额	月 利 率
利息收入	38,170,476.05	活期1.2-2.4‰,定期2.325‰-4.725‰
利息支出	749,470.00	4.725‰

(6)本公司1999年10月通过上海汽车工业(集团)财务有限责任公司委托贷款人民 币9,000,000.00元,月利率4.5‰。

(7)1999年6月1日本公司根据股权转让协议向上海汽车工业有限公司受让了三家 企业的部分股权(见附注四)。

注六、或有事项

截止1999年12月31日本公司为关联方单位的银行借款提供担保情况如下:

借款企业	担保贷款金额	
	美 元	人民币元
上海易初通用机器有限公司		50,000,000.00
上海汽车齿轮一厂		20,700,000.00
上海汽车齿轮二厂		14,000,000.00
上海汽车齿轮三厂		6,550,000.00
上海汽车齿轮四厂		3,700,000.00
上海中星汽车悬架件有限公司		14,500,000.00
上海中威弹簧有限公司		2,000,000.00
上海中旭弹簧有限公司		5,500,000.00
中国弹簧厂宝山分厂		1,400,000.00
中国弹簧厂罗店分厂		3,200,000.00
上海宝华轧辊有限公司		2,000,000.00
上海小糸车灯有限公司		30,000,000.00
上海制动系统有限公司		10,000,000.00
上海易初通用机器有限公司	12,000,000.00	
上海纳铁福传动轴有限公司	10,000,000.00	

注七、承诺事项

本公司无需说明的承诺事项。

注八、资产负债表期后事项

本公司无需说明的期后事项。

注九、重要事项的说明

1、本公司于1999年6月1日根据股权转让协议向上海汽车工业有限公司受让了上 海小糸车灯有限公司、上海汽车制动系统有限公司、上海采埃孚转向机有限公司的部分股权,对本公司1999年度的会计报表中有关数据有较大影响,其中:

①增加了母公司1999年12月31日长期投资余额为人民币495,815,113.38元,增加1999年6-12月投资收益为人民币64,704,810.51元;

②增加了1999年12月31日合并报表中的总资产为人民币253,848,915.12元,增加6-12月主营业务收入为人民币470,377,504.06元,增加净利润为人民币72,741,301.51元。

2、调整会计报表年初数的说明

①资产评估增值部分应缴纳的所得税从"资本公积"转入"递延税款",并1998年按10年平均转入"应交税金-应交所得税",经调整,年初"资本公积"减少38,045,403.39元,"递延税款"贷项增加34,240,863.05元,"应交税金"增加3,804,540.34元。

②由于会计明细科目调整,增加年初"长期股权投资-股权投资差额"并减少"长期股权投资-其他股权投资"22,381,606.47元,补摊销上年度"股权投资差额"2,142,753.44元。

③根据财政部财会字[1999]35号文《关于印发<股份有限公司会计制度有关会计 处理问题补充规定>的通知》和财政部财会字[1999]49号文《关于<股份有限公司会计制度有关会计处理问题补充规定问题解答>的通知》的有关规定,本公司本年度对短 期投资跌价准备、坏帐准备和存货跌价准备会计政策变更采用追溯调整法,调整了1999年度会计报表和合并会计报表相关项目的年初数和上年实际数。上述会计政策变更对以前年度净利润累计影响数为-17154493.53元,其中调减1998年度的净利润人为民币16,893,967.47元,调减1997年度净利润为人民币260,526.06元。

九、公司的其他有关资料

1、公司首次注册日期:1997年11月24日

公司注册地点:上海市淮海中路755号

2、企业法人营业执照注册号:3100001000386

3、税务登记号码:沪字310041132260250

4、公司聘请的会计师事务所名称、办公地点:

大华会计师事务所

法定代表人:汤云为

住　　所:上海市昆山路146号

电　　话:(021)63256471

传　　真:(021)63242522

经办注册会计师:朱蕾蕾、杨晓梅

十、备查文件

1、载有法定代表人、主管会计工作负责人、会计经办人员签名并盖章的会计报 表。

2、载有会计师事务所盖章、注册会计师签名并盖章的审计报告原件。

3、报告期内在中国证监会指定报纸上公开披露过的所有公司文件的正本及公告 的原稿。

4、载有董事长亲笔签名的年度报告正本。

上海汽车股份有限公司

2000年1月25日

现金流量表

编制单位:上海汽车股份有限公司　　1999年度

项目	注释号	行次	金额母公司	金额合并
一、经营活动产生的现金流量:				
销售商品、提供劳务收到的现金		1	2343,977,861.98	2999,429,223.07
收到的租金		2	8,454,410.56	7,133,172.62
收到的税费返还		3	11,400,000.00	11,400,000.00
收到的其他与经营活动有关的现金		8	65,371,441.23	66,779,173.64
现金流入小计		9	2429,203,713.77	3084,741,569.33
购买商品、接受劳务支付的现金		10	1082,214,629.56	1390,711,145.86
经营租赁所支付的现金		11	10,952,494.70	12,966,527.71
支付给职工以及为职工支付的现金		12	210,749,542.28	289,343,941.64
支付的增值税款		13	170,247,481.51	218,247,708.69
支付的所得税款		14	122,149,910.90	133,990,150.41
支付的除增值税、所得税以外的其他税费		15	27,632,325.72	31,391,834.40
支付的其他与经营活动有关的现金	39	20	55,223,156.29	69,351,851.39
现金流出小计		21	1679,169,540.96	2146,003,160.10
经营活动产生的现金流量净额		22	750,034,172.81	938,738,409.23
二、投资活动产生的现金流量:				
收回投资所收到的现金		23	1145,843,479.61	1145,848,679.61
分得股利或利润所收到的现金		24	76,875,835.00	54,627,760.95
取得债券利息收入所收到的现金		25	43,143,230.30	43,146,980.30
处置固定资产、无形资产和其他长期资产而收回的现金净额		26	6,076,587.86	6,479,882.36
收到的其他与投资活动有关的现金		30	310,382,933.99	280,952,222.66
现金流入小计		31	1582,322,066.76	1531,055,525.88
购建固定资产、无形资产和其他长期资产所支付的现金		32	32,598,488.74	56,469,209.92
权益性投资所支付的现金		33	570,318,427.67	414,213,484.57
项目	注释号	行次	金额母公司	金额合并
债权性投资所支付的现金		34	1275,000,000.00	1275,000,000.00
支付的其他与投资活动有关的现金	40	40	23,200,000.00	23,200,000.00
现金流出小计		41	1901,116,916.41	1768,882,694.49
投资活动产生的现金流量净额		42	-318,794,849.65	-237,827,168.61
三、筹资活动产生的现金流量:				
吸收权益性投资所收到的现金		43	0.00	0.00
其中:子公司吸收少数股东权益性投资收到的现金		43-1	0.00	0.00
发行债券所收到的现金		44	0.00	0.00
借款所收到的现金		45	640,000,000.00	721,075,000.00
收到的其他与筹资活动有关的现金		50	21,049,250.11	21,049,250.11
现金流入小计		51	661,049,250.11	742,124,250.11
偿还债务所支付的现金		52	457,020,754.90	585,203,354.90
发生筹资费用所支付的现金		53	0.00	0.00
分配股利或利润所支付的现金		54	0.00	171,174.30
其中:子公司支付少数股东的股利		54-1	0.00	171,174.30
偿付利息所支付的现金		55	4,780,160.00	11,230,257.06
融资租赁所支付的现金		56	0.00	0.00
减少注册资本所支付的现金		57	0.00	0.00
其中:子公司依法减资支付给少数股东的现金		57-1	0.00	0.00
支付的其他与筹资活动有关的现金	41	62	3,353,782.18	3,353,782.18
现金流出小计		63	465,154,697.08	599,958,568.44
筹资活动产生的现金流量净额		64	195,894,553.03	142,165,681.67
四、汇率变动对现金的影响额		65	0.00	-213,334.49
五、现金及现金等价物净增加额		66	627,133,876.19	842,863,587.80
项目	注释号	行次	金额母公司	金额合并
1.不涉及现金收支的投资和筹资活动:				
以固定资产偿还债务		67	0.00	0.00
以投资偿还债务		68	0.00	0.00
以固定资产进行投资		69	0.00	0.00
以存货偿还债务		70	0.00	0.00
融资租赁固定资产		71	0.00	0.00
2.将净利润调节为经营活动的现金流量:				
净利润(亏损以"-"号填列)		72	709,020,424.03	717,034,129.14
加:少数股东损益(亏损以"-"号填列)		72-1	0.00	58,327.69
减:未确认的投资损失		72-2	0.00	0.00
加:计提的坏帐准备或转销的坏帐		73	260,030.19	637,266.28
固定资产折旧		74	179,178,463.65	214,152,736.23
无形资产、长期待摊费用摊销		75	267,779.94	13,471,806.52
待摊费用的减少(减:增加)		76	1,808,479.10	3,453,257.83
处置固定资产、无形资产和其他长期资产的损失(减:收益)		77	1,909,245.43	1,966,598.21
固定资产盘亏、报废损失		78	0.00	697,595.38
财务费用		79	4,780,160.00	9,745,355.99
投资损失(减:收益)		80	-225,348,900.38	-160,569,727.64
递延税款贷项(减:借项)		81	-3,804,540.34	-3,804,540.34
存货的减少(减:增加)		82	2,763,715.68	40,439,486.64
经营性应收项目的减少(减:增加)		83	-8,450,145.85	17,020,119.19
经营性应付项目的增加(减:减少)		84	91,759,112.02	92,890,721.09
预提费用的增加(减:减少)		85	0.00	-4,345,072.32
其他	42	86	-4,109,650.66	-4,109,650.66
经营活动产生的现金流量净额		87	750,034,172.81	938,738,409.23
3.现金及现金等价物净增加情况:				
货币资金的期末余额		88	1407,088,984.47	1632,022,356.10
减:货币资金的期初余额		89	779,955,108.28	789,158,768.30
现金等价物的期末余额		90	0.00	0.00
减:现金等价物的期初余额		91	0.00	0.00
现金及现金等价物净增加额		92	627,133,876.19	842,863,587.80

利润及利润分配表　　会股地年02表

编制单位:上海汽车股份有限公司　1999年度　　金额单位:元

项目	本年数母公司	本年数合并	上年数母公司	上年数合并
一、主营业务收入	1925,306,657.50	2434,192,696.91	1866,666,003.08	1936,552,145.01
减:销售折让	0.00	0.00	0.00	0.00
主营业务收入净额	1925,306,657.50	2434,192,696.91	1866,666,003.08	1936,552,145.01
减:主营业务成本	1095,887,011.63	1421,670,181.23	1022,776,041.83	1063,387,803.51
主营业务税金及附加	13,089,881.37	13,345,734.28	13,113,233.24	13,232,492.89
二、主营业务利润				

	816,329,764.50	999,176,781.40	830,776,728.01	859,931,848.61
加:其他业务利润	15,314,323.63	21,720,113.57	12,503,790.39	16,960,394.85
减:存货跌价损失	79,875.58	1,350,065.45	13,238,672.16	13,332,734.52
营业费用	17,835,794.46	29,198,284.84	17,871,534.40	18,156,298.13
管理费用	276,085,145.69	358,659,708.30	292,683,998.52	324,233,071.30
财务费用	−20,542,361.63	−16,381,136.41	−77,824,666.31	−76,350,958.80
三、营业利润	558,185,634.03	648,069,972.79	597,310,979.63	597,521,098.31
加:投资收益	225,348,900.38	160,569,727.64	185,133,504.17	184,646,510.80
期货收益	0.00	0.00	0.00	0.00
补贴收入	11,400,000.00	11,400,000.00	484,000.00	484,000.00
营业外收入	5,011,675.22	5,354,384.26	4,679,247.35	5,415,921.43
减:营业外支出	440,925.51	1,423,286.79	1,171,087.61	1,333,329.92
四、利润总额	799,505,284.12	823,970,797.90	786,436,643.54	786,734,200.62
减:所得税	90,484,860.09	106,878,341.07	105,346,821.75	105,575,121.71
减:少数股东损益	0.00	58,327.69	0.00	67,992.24
加:未确认的投资损失	0.00	0.00	0.00	0.00
五、净利润	709,020,424.03	717,034,129.14	681,089,821.79	681,091,086.67

项目	本年数母公司	本年数合并	上年数母公司	上年数合并
加:年初未分配利润	364,467,086.28	364,416,835.02	69,595,228.85	69,621,286.09
减:减少注册资本减少的未分配利润	0.00	0.00	0.00	0.00
加:盈余公积转入	0.00	0.00	0.00	0.00
六、可供分配的利润	1073,487,510.31	1081,450,964.16	750,685,050.64	750,712,372.76
减:提取法定盈余公积	70,902,042.40	70,965,224.20	68,108,982.18	68,160,697.76
提取法定公益金	70,902,042.40	70,933,633.31	68,108,982.18	68,134,839.98
职工奖福基金	0.00	8,035,892.48	0.00	0.00
七、可供股东分配的利润	931,683,425.51	931,516,214.17	614,467,086.28	614,416,835.02
减:应付优先股股利	0.00	0.00	0.00	0.00
提取任意盈余公积	0.00	9,471,350.70	0.00	0.00
应付普通股股利	588,000,000.00	588,000,000.00	0.00	0.00
转作股本的普通股股利	0.00	0.00	250,000,000.00	250,000,000.00
八、未分配利润	343,683,425.51	334,044,863.47	364,467,086.28	364,416,835.02
附注:非常项目:				
1.出售、处置部门或被投资单位	0.00	0.00	0.00	0.00
2.自然灾害发生的损失	0.00	0.00	0.00	0.00
3.会计政策变更	0.00	0.00	0.00	0.00
4.其他	0.00	0.00	0.00	0.00

资产负债表　会股地年01表

编制单位:上海汽车股份有限公司　1999年12月31日　金额单位:元

资产	年初数母公司	年初数合并	年末数母公司	年末数合并
流动资产:				
货币资金	779,955,108.28	789,158,768.30	1407,088,984.47	1632,022,356.10
短期投资	506,999,519.55	478,999,519.55	410,177,550.00	410,177,550.00
减:短期投资跌价准备	0.00	0.00	100,000.00	100,000.00
短期投资净额	506,999,519.55	478,999,519.55	410,077,550.00	410,077,550.00
应收票据	6,211,371.23	39,714,572.67	20,828,096.75	37,468,996.74
应收股利	2,997,558.55	0.00	24,376,750.64	3,028,415.17
应收利息	0.00	0.00	0.00	0.00
应收帐款	67,366,078.20	76,666,935.16	74,619,818.15	142,402,020.26
其他应收款	17,787,453.02	18,975,519.81	8,840,460.42	20,028,972.40
减:坏帐准备	2,230,499.23	2,610,615.06	2,483,452.60	3,227,924.43
应收款项净额	82,923,031.99	93,031,839.91	80,976,825.97	159,203,068.23
预付帐款	13,347,520.87	13,347,520.87	9,207,502.66	31,830,673.15
应收补贴款	0.00	0.00	0.00	0.00
期货保证金	0.00	0.00	0.00	0.00
应收席位费	0.00	0.00	0.00	0.00
存货	158,310,186.09	175,601,192.58	153,959,477.88	256,615,702.26
其中:工程施工	0.00	0.00	0.00	0.00
减:存货跌价准备	13,238,672.16	13,386,073.59	13,318,547.74	14,882,703.86
存货净额	145,071,513.93	162,215,118.99	140,640,930.14	241,732,998.40
待摊费用	3,408,317.97	3,504,092.59	1,599,838.87	4,090,763.88
待处理流动资产净损失	0.00	1,105.44	1,029,019.81	1,029,019.81
一年内到期的长期债权投资	34,000.00	46,200.00	34,000.00	34,200.00
其他流动资产	0.00	0.00	0.00	0.00
流动资产合计	1540,947,942.37	1580,018,738.32	2095,859,499.31	2520,518,041.48
长期投资:				
长期股权投资	1748,959,436.90	1641,723,330.01	2342,988,426.04	1742,147,080.14
长期债权投资	102,000.00	102,600.00	68,000.00	68,400.00
长期投资合计	1749,061,436.90	1641,825,930.01	2343,056,426.04	1742,215,480.14
减:长期投资减值准备	0.00	0.00	0.00	0.00
长期投资净额	1749,061,436.90	1641,825,930.01	2343,056,426.04	1742,215,480.14
其中:合并价差	0.00	18,610,652.85	0.00	60,095,977.60
其中:股权投资差额	0.00	18,610,652.85	0.00	60,095,977.60
固定资产:				
固定资产原价	1983,875,128.85	2155,778,839.65	2041,080,729.26	2633,549,575.66
减:累计折旧	595,294,415.84	656,420,173.01	767,797,295.62	953,732,359.56
固定资产净值	1388,580,713.01	1499,358,666.64	1273,283,433.64	1679,817,216.10
工程物资	27,461,910.76	27,461,910.76	9,422,377.35	9,422,377.35
在建工程	35,606,153.97	44,465,587.94	17,003,024.05	43,351,767.40
固定资产清理	367,673.89	896,367.25	558,455.73	991,326.92
待处理固定资产净损失	0.00	0.00	312,265.55	312,265.55
固定资产合计	1452,016,451.63	1572,182,532.59	1300,579,556.32	1733,894,953.32
无形资产及其他资产:				
无形资产	7,776,623.57	7,776,623.57	7,673,843.63	31,577,623.85
开办费	0.00	0.00	0.00	2,333,671.36
长期待摊费用	0.00	952,064.80	0.00	25,303,810.45
其他长期资产	0.00	0.00	0.00	0.00
其中:临时设施净值	0.00	0.00	0.00	0.00
无形资产及其他资产合计	7,776,623.57	8,728,688.37	7,673,843.63	59,215,105.66
递延税项:				
递延税款借项	0.00	0.00	0.00	0.00
资产总计	4749,802,454.47	4802,755,889.29	5747,169,325.30	6055,843,580.60

负债和股东权益	年初数母公司	年初数合并	年末数母公司	年末数合并
流动负债:				
短期借款	0.00	16,050,000.00	200,000,000.00	246,550,000.00
应付票据	0.00	4,214,570.35	9,351,914.13	17,958,551.88
应付帐款	62,239,596.27	71,763,454.69	114,506,342.33	211,761,383.60
预收帐款	2,743,758.40	2,743,758.40	6,993,105.23	6,993,105.23
代销商品款	0.00	0.00	0.00	0.00
应付工资	145,873,399.69	147,200,412.21	145,873,399.69	151,077,767.70
应付福利费	19,772,577.29	19,964,504.43	16,815,074.48	24,378,513.27
应付股利	429,550,457.52	429,666,170.69	1017,550,457.52	1017,550,457.52
应交税金	44,491,695.17	50,814,733.97	29,114,771.94	50,609,044.93
其他应交款	2,113,021.08	3,636,964.36	754,759.05	2,367,255.82
其他应付款	43,968,958.29	45,562,302.15	73,864,981.00	101,491,045.05
预提费用	0.00	0.00	0.00	31,658,229.19
一年内到期的长期负债	30,000.00	30,000.00	0.00	21,783,000.00
其他流动负债	0.00	0.00	0.00	0.00
流动负债合计	750,783,463.71	791,646,871.25	1614,824,805.37	1884,178,354.19
长期负债:				
长期借款	300,000.00	300,000.00	0.00	27,250,000.00
应付债券	0.00	0.00	0.00	0.00
长期应付款	16,386,822.56	16,386,822.56	12,277,171.90	12,277,171.90
住房周转金	667,440.32	667,440.32	21,184,481.57	21,184,481.57
其他长期负债	0.00	0.00	0.00	0.00
长期负债合计	17,354,262.88	17,354,262.88	33,461,653.47	60,711,653.47
递延税项:				
递延税款贷项	34,240,863.05	34,240,863.05	30,436,322.71	30,436,322.71
负债合计	802,378,589.64	843,241,997.18	1678,722,781.55	1975,326,330.37
少数股东权益	0.00	12,062,705.16	0.00	12,065,571.73
股东权益:				
股本	1400,000,000.00	1400,000,000.00	1400,000,000.00	1400,000,000.00
资本公积	2028,277,802.25	2028,277,802.25	2028,280,057.14	2028,280,057.14
盈余公积	154,678,976.30	154,756,549.68	296,483,061.10	306,126,757.89
其中:公益金	58,163,837.81	58,189,695.61	129,065,880.21	129,123,328.92
未确认的投资损失	0.00	0.00	0.00	0.00
未分配利润	364,467,086.28	364,416,835.02	343,683,425.51	334,044,863.47
外币报表折算差额	0.00	0.00	0.00	0.00
股东权益合计	3947,423,864.83	3947,451,186.95	4068,446,543.75	4068,451,678.50
负债及股东权益总计	4749,802,454.47	4802,755,889.29	5747,169,325.30	6055,843,580.60

江苏永鼎股份有限公司

一、公司简介

1、公司中文名称:江苏永鼎股份有限公司
　公司英文名称:JiangSu YongDing Company Limited
2、公司法定代表人:顾云奎
3、公司董事会秘书:朱其珍
　授权代表人:彭美娥
　联系地址:江苏省吴江市芦墟镇汾湖经济技术开发区
　电　话:0512--3254395
　传　真:0512--3251866
4、注册地址:江苏省吴江市芦墟镇
　办公地址:江苏省吴江市芦墟镇汾湖经济技术开发区
　邮政编码:215211
　E-Mail 地址:yongding@chianyognding.cn
　公司网站地址:www.chinayongding.com
5、公司选定的信息披露报纸:中国证券报　上海证券报
　中国证监会指定的登载公司年度报告的国际互联网网址:www.sse.com.cn。
　公司年报备置地点:永鼎证券部二楼
6、公司股票上市地点:上海证券交易所
　股票简称:永鼎光缆
　股票代码:600105

二、会计数据和业务数据摘要

1、本年度主要利润指标情况

（单位:人民币元）

利润总额	81924111.90
净利润	69676634.82
扣除非经营性损益后的净利润	66180863.52
主营业务利润	127428906.19
其他业务利润	2852411.63
营业利润	73644451.80
投资收益	4757946.97
补贴收入	
营业外收支净额	3521713.13
经营活动所产生的现金流量净额	20136132.92
现金及现金等价物净增加额	4092162.99

2、公司近三年的主要会计数据和财务指标:　单位:人民币元

项目	1999 年	1998 年		1997 年	
		调整前	调整后	调整前	调整后
主营业务收入	5522540774.99	458334817.02	458334817.02	445673948.4	445673948.4
净利润	69676634.82	70056399.32	42624255.9	57187318.04	40967364.04
总资产	891964206.52	627887303.88	584235206.36	498227276.64	482007322.64
股东权益	628334828.30	448922087.69	405269990.17	428989104.17	412769150.17
每股收益(摊薄)	0.279	0.519	0.316	0.424	0.303
每股收益(月均)	0.301	0.519	0.316	0.526	0.387
扣除非经营性损益后的每股收益	0.265	0.493	0.290	0.417	0.297
每股净资产(元)	2.517	3.325	3.002	3.178	3.058
调整后的每股净资产(元)	2.489	3.321	3.166	3.168	3.167
每股经营活动产生的现金流量净额	0.08	−0.202	−0.202		
净资产收益率(%)	11.09	15.61	10.52	13.33	9.93

注:主要财务指标计算公式:
每股收益=净利润/报告期末普通股股份总数
每股净资产=报告期末股东权益/报告期末普通股股份总数
净资产收益率=净利润/报告期末股东权益×100%
调整后的每股净资产=(报告期末股东权益-三年以上的应收款项净额-待摊费用-待处理（流动、固定)资产净损失-开办费-长期待摊费用)/报告期末普通股股份总数
每股经营活动产生的现金流量净额=经营活动产生的现金流量净额/年度末普通股股份总额
净资产收益率=净利润/年度末股东权益×100%

3、本年度股东权益变动情况:　单位:股、元

项目	股本	资本公积	盈余公积	法定公益金	未分配利润	股东权益合计
期初数	135000000	222244881.98	27095647.13	9031882.38	20929461.06	405269990.17
本期增加	114610462	83830317	10395544.72	3465181.57	18781090.10	223064838.13
本期减少		54000000				
期末数	249610462	306075198.98	37491191.85	12497063.95	39710551.16	628334828.30

变动原因：股本变动系本年度实施送股转增股及配股所致；资本公积金增加是本年度配股溢价所致;资本公积减少是实施转增分配所致;盈余公积增加系按规定计提所致;未分配利润增加属本年度利润收益。

三、股东情况介绍

1、报告期末股东总数 18764 户。
2、本公司前 10 名大股东持股情况:

股 东 名 称	持有股数(股)	占总股本比例(%)
1 永鼎集团公司	124460462	49.86
2 吴江市芦墟镇集体资产经营公司	7432060	2.98
3 北京红帆通信公司	6800000	2.72
4 北京畅捷通讯有限公司	6800000	2.72
5 天津市电话器材公司	4649500	1.86
6 北京通康电信发展总公司	4420000	1.77
7 上海市电话发展总公司	3400000	1.36
8 上海贝尔电话设备制造有限公司	3400000	1.36
9 吴江市电力实业总公司	3400000	1.36
10 上海矽钢片厂吴江联营公司	3400000	1.36

注:本报告期内持有 5%以上股份的股东所持股份无质押或冻结情况。
报告期内控股股东无变更,公司前十名股东之间无关联交易。

重庆路桥股份有限公司

一.公司简介

1.公司法定中文名称:重庆路桥股份有限公司
　公司法定英文名称:CHONGQING ROAD & BRIDGE CO.,LTD
　公司英文名称缩写:R&B
2.公司法定代表人:方纪中先生
3.公司董事会秘书:张漫先生
　联系地址:重庆市渝中区上清寺路 112 号 9 楼
　电话:(023)63878045
　传真:(023)63626099
　电子信箱:zm@cqrb.com.cn
4.公司注册地址:重庆市渝中区上清寺路 112 号 9 楼
　公司办公地址:重庆市渝中区上清寺路 112 号 9 楼
　邮政编码:400015
　公司网址:cqrb.com.cn
　电子邮件:zq@cqrb.com.cn
　　cqrbcq@public.cta.cq.cn
5.公司选定的信息披露报刊名称:中国证券报、上海证券报
　登载公司年度报告指定的网址:http://www.sse.com.cn
　公司年度报告备置地点:公司证券部
6.公司股票上市交易所:上海证券交易所
　股票简称:重庆路桥
　股票代码:600106

二.会计数据和业务数据摘要

1.本年度主要利润指标

单位:元

项目	金额
利润总额	128,521,366.03
净利润	96,889,869.61
扣除非经常性损益后的净利润	59,201,995.29
主营业务利润	73,581,462.92
其它业务利润	3,663,806.56
营业利润	84,142,011.27
投资收益	6,783,985.58
补贴收入	37,687,874.32
营业外收支净额	−92,505.14
经营活动产生的现金流量净额	107,434,495.06
现金及现金等价物净增加额	−36,981,534.15

2.截止报告期末公司前三年主要会计数据和财务指标　单位:元

项目	1999 年	1998 年		1997 年	
		调整前	调整后	调整前	调整后
主营业务收入	114284347.66	112257886.10	112257886.10	91399490.00	91399490.00
净利润	96889869.61	94092031.78	9103,506.51	85777509.18	80558871.39
总资产	1095380994.89	988738353.22	980352218.54	810959960.63	805741322.84
股东权益(不含少数股东权益)	812211055.41	785600348.86	777321185.80	742173097.60	736954459.81
每股收益(摊薄)	0.3125	0.3035	0.2937	0.2767	0.2599
每股收益(加权)	0.3125	0.3035	0.2937	0.3168	0.2956
扣除非经常性损益的每股收益	0.191	0.2034	0.1935	0.1865	0.1697
每股净资产	2.62	2.53	2.51	2.39	2.38
调整后的每股净资产	2.59	2.53	2.51	2.39	2.38
每股经营活动产生的现金流量净额	0.35	0.33	0.33		
净资产收益率	11.93%	11.98%	11.71%	11.56%	10.93%

1999 年公司非经常性损益系财政返还的营业税 5,714,217.35 元，所得税 31,973,656.97 元，共计 37,687,874.32 元,1998 年非经常性损益系财政返还的所得税 31,050,370.49 元,1997 年非经常性损益系财政返还的所得税 27,955,200.46 元。

3.报告期内股东权益变动情况:　单位:万元

项目	股本	资本公积	盈余公积	法定公益金	未分配利润	股东权益合计
期初数	31,000	41,330	1,450	1,342	2,610	77,732
本期增加			969	969	9,689	11,627
本期减少					8,138	8,137
期末数	31,000	41,330	2,419	2,311	4,161	81,221

说明:①本年度内公司股本未发生变化;
　②本年度内公司资本公积未发生变化;
　③盈余公积增加 1,938 万元,为本年度实现净利润提取的法定盈余公积金、公益金所致;
　④未分配利润 4,161 万元,为本年度未分配利润。

三.股本变动及股东情况

1.报告期末股东总数
本年度末股东总数:55,252 户,其中国家股股东 1 户,社会公众股股东 55,251 户。
2.公司前十名股东持股情况(至本年度末)

股东名称	年末持股数(股)	占总股份比例(%)
重庆国际信托投资公司	220,000,000	70.97%
普惠基金	1,778,746	0.57%
泰和基金	1,500,569	0.48%
同益基金	906,651	0.29%
孙　一	670,000	0.22%
解 书 芝	552,748	0.18%
刘 玲 利	512,000	0.17%
黎　霜	450,000	0.15%
吉林证券	426,300	0.14%

注:①本公司国家股股东已由重庆市国资局变更为重庆国际信托投资公司(经营范围:信托存贷款、信托投资等,法人代表:陈辉明)变更公告已于 1999 年 3 月 10 日刊登在《中国证券报》和《上海证券报》上;

湖北美尔雅股份有限公司

一、公司简介

1、公司法定中文名称：湖北美尔雅股份有限公司
　公司英文名称：HUBEI MAILYARD SHARE CO.,LTD
2、公司法定代表人：罗日炎 先生
3、公司董事会秘书：陈政华 先生
　授权代表人：胡 钢 先生
　联系地址：湖北省黄石市团城山开发区美尔雅工业园
　联系电话：0714-6360298
　传　　真：0714-6360219
4、公司注册地址：湖北省黄石市消防路29号
　办公地址：湖北省黄石市团城山开发区美尔雅工业园
　邮政编码：435003
　互联网址：HTTP:\WWW.MAILYARD.COM.CN
　公司年度报告备置地点：公司证券部
5、股票上市地：上海证券交易所
　股票简称：美尔雅
　股票代码：600107

二、会计数据和业务数据摘要

1、本年度利润总额及构成（单位：人民币元）

项　目	1999年
利润总额	79,943,367.16
净利润	58,505,003.42
扣除非经常性损益后的净利润	48,375,268.61
主营业务利润	90,397,403.50
其他业务利润	22,242,481.61
投资收益	
补贴收入	9,381,577.29
营业外收支净额	748,157.52
经营活动产生的现金流量净额	52,493,397.31
现金及现金等价物净增加额	-8,606,671.90

注：非经常性损益项目和涉及金额

(1)、增值税返还	2,376,572.97
(2)、所得税返还	7,005,004.32
(3)、冻结利息收入	2,903,243.98
(4)、处置固定资产净收益	-1,906,780.30
(5)、其他	-248,306.16
以上项目涉及金额合计	10,129,734.81

2、报告期末公司前三年主要会计数据及财务指标（单位：人民币元）
追溯调整后：

项　目	1999年	1998年	1997年
主营业务收入	343,361,969.96	430,918,329.42	567,741,692.25
净利润	58,505,003.42	65,998,886.70	66,750,758.94
总资产	1,173,571,057.12	1,162,314,085.96	1,249,691,829.55
股东权益（不含少数股东权益）	866,258,676.29	807,353,473.87	781,175,703.83
每股收益	0.293	0.330	0.334
扣除非经常性损益后的每股收益	0.242	0.231	0.328
每股净资产	4.331	4.04	3.91
调整后每股净资产	4.264	4.04	3.88
每股经营活动产生的现金流量净额	0.262	-0.188	---
净资产收益率(%)	6.75	8.17	8.54

注：主要会计数据和财务指标的计算公式
每股收益=净利润/年度末普通股股份总数
每股净资产=年度末股东权益/年度末普通股股份总数
调整后的每股净资产=（年度末股东权益-三年以上的应收款项-待摊费用-待处理（流动、固定）财产净损失-开办费-长期待摊费用-住房周转金负数余额）/年度末普通股股份总数
每股经营活动产生的现金流量净额=经营活动产生的现金流量净额/年度末普通股股份总数
净资产收益率=净利润/年度末股东权益＊100%

3、股东权益变动情况　　单位：元

项　目	股　本	资本公积	盈余公积	法定公益金	未分配利润	股东权益合计
期初数	200,000,000	392,062,313.50	85,736,654.33	24,394,945.11	129,554,506.04	807,353,473.87
本期增加			16,781,599.95	4,680,400.27	42,123,602.47	58,905,202.42
本期减少						
期末数	200,000,000	392,062,313.50	102,518,254.28	29,075,345.38	171,678,108.51	866,258,676.29

变动原因：
(1) 本年度公司股本及资本公积无变化。
(2) 盈余公积及法定公益金增加是因为按本年度净利润计提所致。
(3) 未分配利润的变动是因为本年度新增未分配利润所致。

三、股东情况介绍

1、报告期末本公司股东数量32256户，其中内部职工股股东数量为4136户。
2、公司前十名股东的持股情况：
①湖北美尔雅纺织服装实业（集团）公司持股48738188股，占股本总额24.37%，年度内无股份增减变动情况。
②湖北蒲圻纺织厂持股30000000股，占股东总额15%，年度内无股份增减变动情况。
③武汉中银物业发展公司13125000股，占股本总额6.56%，年度内无股份增减变动情况。
④黄石市南天经贸有限公司11250000股，占股本总额5.62%，年度内无股份增减变动情况。
⑤湖北同兴置地发展有限公司11250000股，占股本总额5.62%，年度内无股份增减变动情况。
⑥黄石电力实业有限公司3750000股，占股本总额1.88%，年度内无股份增减变动情况。
⑦武汉长印股份有限公司2812500股，占股本总额1.4%，年度内无股份增减变动情况。
⑧湖北纺织实业发展公司2500000股，占股本总额1.25%，年度内无股份增减变动情况。
⑨武汉市汉阳商业股份有限公司937500股，占股本总额0.47%，年度内无股份增减变动情况。
⑩武汉中南商业股份有限公司937500股，占股本总额0.47%，年度内无股份增减变动情况。

甘肃亚盛实业(集团)股份有限公司

一、公司简介

1、公司中文名称：甘肃亚盛实业（集团）股份有限公司
　英文名称：GANSU YASHENG INDUSTRIAL(GROUP)CO.LTD
2、公司法定代表人：周长生
3、公司董事会秘书及其授权代表的姓名：王新华 周文萍
　联系电话：(0931)8471961　传　　真：(0931)8483195
　联系地址：甘肃省兰州市张掖路219号基隆大厦20楼
4、公司注册地址：甘肃省兰州市张掖路219号基隆大厦20楼
　公司办公地址：甘肃省兰州市张掖路219号基隆大厦20楼　邮政编码：730030
　公司国际互联网网址：http://www.yasheng.net.cn　电子信箱：ysjsj@public.lz.gs.cn
5、公司信息披露报纸名称：《上海证券报》、《中国证券报》
　登载年度报告的国际互联网网址：http://www.sse.com.cn
　公司年度报告备置地点：甘肃省兰州市张掖路219号基隆大厦21楼
6、公司股票上市交易所：上海证券交易所
　股票简称：亚盛集团　股票代码：600108

二、会计数据和业务数据摘要

（一）本年度主要利润指标情况：（单位：元）

1、利润总额	133,234,840.75
2、净利润	113,955,306.77
3、扣除非经常性损益后的净利润	91,603,532.16
4、主营业务利润	132,831,289.48
5、其他业务利润	13,852,541.73
6、营业利润	104,952,081.92
7、投资收益	5,528,485.13
8、补贴收入	21,112,396.38
9、营业外收支净额	1,641,877.32
10、经营活动产生的现金流量净额	140,770,406.12
11、现金及现金等价物净增加额	281,210,859.04

注：扣除非经常性损益项目及金额：补贴收入20,700,000元，核销无法支付的款项1,240,366.62元，罚款收入483,633.62元，其他43,421.92元；赞助费12,658.10元，固定资产清理损失50,512.27元，其他52,477.18元。

（二）公司截止报告期末前三年的主要会计数据和财务指标：（单位：人民币元）

指标项目	99年度	98年度		97年度	
		调整前	调整后	调整前	调整后
1、主营业务收入	614406131.63	233969472.54	233969472.54	221638105.30	221638105.30
2、净利润	113955306.77	73261927.74	61691748.23	61028819.79	58690822.24
3、总资产	1669329392.84	1082893372.27	1072555195.21	734801597.92	732463600.37
4、股东权益	1045275385.47	670715755.76	656807578.70	597453828.02	595115830.47
5、每股收益（摊薄）	0.37	0.271	0.228	0.407	0.391
每股收益（按月平均加权法计算）	0.417	0.366	0.308	0.559	0.538
扣除非经常性损益后的每股收益（摊薄）	0.298	0.271	0.229	0.389	0.375
扣除非经常性损益后的每股收益（加权）	0.335	0.366	0.308	0.535	0.513
6、每股净资产（摊薄）	3.40	2.484	2.433	3.983	3.967
7.调整后的每股净资产	3.39	2.483	2.432	3.982	3.966
8.每股经营活动产生的现金流量净额	0.457	0.25	0.03	0.409	
9.净资产收益率（摊薄;%）	10.90	10.92	9.39	10.21	9.86
净资产收益率（加权;%）	13.39	11.55	9.86	20.69	19.98

注：主要财务指标的计算公式如下：
每股收益=净利润/年度末普通股股份总数
每股净资产=年度末股东权益/年度末普通股股份总数
调整后的每股净资产=（年度末股东权益-三年以上的应收款项净额-待摊费用-待处理（流动、固定）资产净损失-开办费-长期待摊费用-住房周转金负数余额）/年度末普通股股份总数
每股经营活动产生的现金流量净额=经营活动产生的现金流量净额/年度末普通股股份总数
净资产收益率=净利润/年度末股东权益×100%
加权每股收益=净利润÷加权股本

（三）报告期内股东权益变动情况

项目	股本	资本公积	盈余公积	法定公益金	未分配利润	股东权益合计
期初数	270,000,000	268,294,120.99	42,378,364.53	9,145,481.53	66,989,611.65	656,807,578.70
本期增加	37,800,000	236,712,500	11,831,222.64	5,915,611.33	96,208,472.80	388,467,806.77
本期减少						
期末数	307,800,000	505,006,620.99	54,209,587.17	15,061,092.86	163,198,084.45	1,045,275,385.47
变动原因	配股10配3	股本溢价	净利润提取	净利润提取	利润增加	

三、股东情况介绍

(1) 截止1999年12月31日股东总数为63998户。
(2)前十名股东持股情况（截止1999年12月31日）：
单位：股

名次	股东名称	年初持股数	本年配股增减数	年末持股数	占总股本(%)
1	甘肃亚盛盐化工业集团有限责任公司	83,268,000	0	83,268,000	27.05
2	甘肃金塔恒盛农业发展公司	30,708,000	0	30,708,000	9.98
3	重庆国际信托投资公司	0	0	28,016,417	9.1
4	甘肃金盛实业有限公司	15,876,000	0	15,876,000	5.16
5	国信证券	0	0	11,999,732	3.90
6	甘肃省国营高台农场	8,136,000	0	8,136,000	2.64
7	甘肃省国营生地湾双丰化工厂	6,012,000	0	6,012,000	1.95
8	中技备件			2,432,403	0.79
9	盈益公司			1,398,540	0.45
10	王家友			1,391,300	0.45

成都百货(集团)股份有限公司

一、公司简介

(一)公司法定中文名称:成都百货(集团)股份有限公司
公司英文名称:CHENGDU COMMODITIES CO.,LTD(GROUP)
公司英文名称缩写:C.C
(二)公司法定代表人:王筑生
(三)公司董事会秘书:李 勇
联系地址:四川省成都市大慈寺路 83 号
电话:(028) 6652215 (028) 6664151 传真:(028) 6666775
电子信箱:CC600109@mail.sc.cninfo.net
(四)公司注册地址、办公地址:四川省成都市大慈寺路 83 号
邮政编码:610016
公司电子信箱:CC600109@mail.sc.cninfo.net
电话:(028)6664151 传真:(028)6666775
(五)公司选定的信息披露报纸:《中国证券报》
登载公司年度报告的中国证监会指定的国际互联网网址:http://www.sse.com.cn;
公司年度报告备案地点:公司证券部
(六)股票上市地:上海证券交易所
股票简称:成百集团 股票代码:600109

二、会计数据和业务数据摘要

(一)本年度实现利润总额-2,653.18 万元,净利润-2,653.18 万元,扣除非经营性损益后的净利润-2,653.18 万元,其中主营业务利润 3,071.61 万元,其它业务利润 379.59 万元,营业利润-2,477.08 万元,投资收益-30.26 万元,营业外收支支出净额 145.84 万元,经营活动产生的现金流量净额 3,778.84 万元,现金及现金等价物净增加额 1,005.41 万元。

(二)截止本报告年度末公司前三年主要会计数据和财务指标: 单位:元

指标项目	1999 年	1998 年		1997 年	
		调整前	调整后	调整前	调整后
主营业务收入	762391297.07	881487402.61	881487402.61	884037997.26	884037997
净利润	-26531761.91	12543608.30	11234559.38	11429863.02	3407715
总资产	294543648.07	357892075.38	332891359.43	359882658.31	336059095
股东权益	72270106.14	123934480.20	98801868.05	111284121.90	87460558
每股收益	-0.374	0.177	0.158	0.161	0.048
每股收益(加权)	-0.374	0.177	0.158	0.161	0.048
每股净资产	1.018	1.746	1.392	1.568	1.232
调整后的每股净资产	0.608	1.636	0.969	1.45	1.064
每股经营活动产生的现金流量净额	0.532	0.37	0.37		
净资产收益率(%)	-36.71	10.12	11.37	10.27	3.896
净资产收益率(加权)(%)	-31.02	10.67	12.06	10.65	3.893

注:主要财务指标计算公式如下:
(1)每股收益=净利润/年度末普通股股份总数
(2)每股净资产=年度末股东权益/年度末普通股股份总数
(3)调整后的每股净资产=(年度末股东权益-三年以上的应收款项净额-待摊费用- 待处理(流动、固定)资产净损失-开办费-长期待摊费用-住房周转金负数余额)/年度 末普通股股份总数
(4)每股经营活动产生的现金流量净额=经营活动产生的现金流量净额/年度末普 通股股份总数
(5)净资产收益率=净利润/年度末股东权益×100%

(三)根据财政部财会字(1999)35 号文,49 号文的有关规定,本公司变更了会计政 策,采用追溯调整法调整了本年度及 1998 年度以前会计报表中相关的坏帐准备、存货 跌价准备、长期投资减值准备、短期投资跌价准备,调整前后 1997、1998 年度有关数 据如下:

项目	1997 年度		1998 年度	
	调整前	调整后	调整前	调整后
坏帐准备	103843.02	9777406.25	82559.68	10641275.63
存货跌价准备	/	13,760,000.00	/	14052000.00
长期投资减值准备	/	390,000.00	/	390000.00
短期投资跌价准备	/	0.00	/	0.00
盈余公积	10103273.71	6529739.22	11984814.96	8214923.13
未分配利润	6470340.82	-13779687.92	17132407.87	-4230312.45

(四)报告期内股东权益变动情况(单位:元)

项目	股本	资本公积	盈余公积	法定公益金	未分配利润	合计
期初数	70982696.43	23834560.94	6296563.32	1918359.81	-4230312.45	98801868
本期增加					-26531761	-26531761.91
本期减少						
期末数	70982696.43	23834560.94	6296563.32	1918359.81	-30762074.36	72270106

说明:
1、资本公积、盈余公积、法定公益金本期无变动。
2、未分配利润增加-26,531,761.91 元,系本年度亏损净额转入。

三、股东情况介绍

1、截止 1999 年 12 月 31 日,公司股东总数 6607 户,其中董事、监事、高级管理人员 11 人共持有股份数计 30500 股,无内部职工股股东。
2、前十名股东持股情况(截止 1999 年 12 月 31 日)

序号 股东名称	持股数(万股)	持股比例(%)	股票类别
1、成都市国有资产管理局	3348.27	47.17	国有股
2、成都市国有资产投资经营公司	250.00	3.52	法人股
3、中国光大银行国际信托投资公司	160.00	2.25	法人股
4、四川省闽南实业投资有限公司	110.00	1.55	法人股
5、四川省华隆投资顾问有限责任公司	77.51	1.09	上市流通股
6、四川电器股份有限公司	70.00	0.99	法人股
7、朱学秀	49.96	0.70	上市流通股
8、蜀都大厦股份有限公司	40.00	0.56	法人股
9、蓝风实业股份有限公司	40.00	0.56	法人股
10、彩虹电器(集团)股份有限公司	40.00	0.56	法人股

注:(1)成都市国有资产管理局为国家股持有股东,所持股份不存在质押或冻结情 况。
(2)前十名股东无关联关系。

长春热缩材料股份有限公司

一、公司简介

1、公司中文名称:长春热缩材料股份有限公司
英文名称:Changchun Heat-Shrinkable Materials Co.,Ltd.
2、公司法定代表人:李滨耀
3、公司董事会秘书:才宏
联系地址:吉林省长春市人民大街 159 号长春热缩证券部
电话:0431-5694024
传真:0431-5689715
4、公司注册及办公地址:吉林省长春市人民大街 159 号
邮政编码:130022
电子信箱:ciac(public.cc.jl.cn
5、公司选定的信息披露报纸:上海证券报
登载公司年报的国际互联网网址:http://www.sse.com.cn
公司年度报告备置地点:公司证券部
6、公司股票上市交易所:上海证券交易所
股票简称:长春热缩 股票代码:600110

二、会计数据和业务数据摘要

1、本年度主要数据指标情况 (单位:人民币元)

利润总额:	30,767,328.70
净利润:	25,254,517.24
扣除非经常性损益后的净利润:	25,254,517.24
主营业务利润:	43,520,431.55
其他业务利润:	-43,869.08
营业利润:	31,764,655.05
投资收益:	418,985.49
营业外收支净额:	-1,416,311.84
经营活动产生的现金流量净额:	18,423,946.13
现金及现金等价物净增加额:	11,120,246.78

2、前三年主要会计数据和财务指标 (单位:人民币元):

项 目	1999 年度	1998 年度	1997 年度
追溯调整后:			
主营业务收入:	74,425,384.79	74,634,055.89	57,363,667.97
净利润:	25,254,517.24	35,057,050.43	17,600,050.06
总资产:	443,620,493.56	342,757,709.04	395,335,942.75
股东权益:	337,477,553.11	312,013,891.84	277,914,980.29
每股收益:	0.218	0.394	0.198
每股收益(加权):	0.242	0.394	0.213
每股收益(扣除非经常性损益):	0.218	0.394	0.119
每股净资产:	2.92	3.51	3.12
调整后的每股净资产:	2.91	3.48	3.12
每股经营活动产生的现金流量净额:	0.159	0.37	
净资产收益率(%):	7.48	11.24	6.33

注:主要财务指标的计算公式如下:
每股收益=净利润/年度末普通股股份总数
每股净资产=年度末股东权益/年度末普通股股份总数
净资产收益率=净利润/年度末股东权益×100%
调整后的每股净资产=(年度末股东权益-三年以上的应收款项净额—待摊费用-待处理(流动、固定)资产净损失-开办费-长期待摊费用-住房周转金负数余额)/年度末普通股股份总数
每股经营活动产生的现金流量净额=经营活动产生的现金流量净额/年度末普通股股份总数
净资产收益率=净利润/年度末股东权益＊100%
按月加权平均每股收益=当期净利润/[期末股份总数/(1+配股或增发新股比例)+期末股份总数/(1+配股或增发新股比例)×配股或增发新股比例×缴款结束日下一个月至期末的月份数/12]

3、报告期内股东权益变动情况 单位:人民币元

项目	股本	资本公积	盈余公积	其中:公益金	未分配利润	股东权益合计
期初数	88,960,000	203,764,761.12	17,218,843.89	6,721,363.27	2,070,286.83	312,013,891.84
本期增加	26,688,000		3,788,177.58	1,262,825.87	21,466,339.66	25,463,661.27
本期减少		26,478,855.97				
期末数	115,648,000	177,285,905.15	21,007,021.47	7,984,189.14	23,536,626.49	337,477,553.11

变动原因:
股本增加及资本公积减少主要是由于本公司 1999 年 6 月实施了 1998 年度资本公积金转增股本方案所致;
盈余公积及未分配利润的增加是因为本年度利润增加所致。

三、股东情况介绍

(1)截至报告期末,本公司在册股东总数为 32866 户。
(2)公司前 10 名股东持股情况:

名次	股东名称	年初持股数(股)	报告期内增加情况	年末持股数(股)	持股比例(%)
1	中国科学院长春应用化学科技总公司	32800000	9840000	42640000	36.87
2	长春高新技术产业(集团)股份有限公司	25000000	7500000	32500000	28.10
3	普惠基金			701570	0.61
4	新唐装饰			580000	0.50
5	泰和基金			499923	0.43
6	苗 国 权			299950	0.26
7	贝盛商务			280000	0.24
8	林 兴 彬			206963	0.18
9	蹇 泽 勇			158111	0.14
10	新富投资			140000	0.12

持有 10%以上股份的法人股东为:中国科学院长春应用化学科技总公司及长春高新技术产业(集团)股份有限公司,其中前者代表国家持有股份。该两股东所持股份无质押和冻结情况。

内蒙古包钢稀土高科技股份有限公司

一、公司简介

1、公司全称：
中文：内蒙古包钢稀土高科技股份有限公司
英文：INNER MONGOLIA BAOTOU STEEL RARE-EARTH HI-TECH CO,LTD.
英文缩写：IMBREHT
2、公司法定代表人：乔木
3、公司董事会秘书：赵占斌
联系地址：内蒙古包头稀土高新技术产业开发区稀土高科公司
电话：(0472) 5139097 5139079
传真：(0472) 5139079
电子信箱：E-mail:SECURITY@REHT.COM
4、注册地址：内蒙古包头稀土高新技术产业开发区
邮政编码：014030
办公地址：内蒙古自治区包头市昆区张家营子西
邮政编码：014010
公司国际互联网网址：http://www.reht.com
电子信箱：E-mail:RAREARTH@public.hh.nm.cn
5、公司选定的报纸名称：中国证券报、上海证券报
登载公司年度报告的中国证监会指定国际互联网网址：http://www.sse.com.cn
公司年度报告备置地点：公司证券部
6、公司股票上市地：上海证券交易所
股票简称：稀土高科
股票代码：600111

二、会计数据和业务数据摘要

(一)本年度主要利润指标情况（单位：人民币元）

利润总额：	74,653,145.20
净利润：	63,406,773.73
扣除非经常性损益后的净利润：	63,406,773.73
主营业务利润：	79,136,506.67
其他业务利润：	386,381.52
营业利润：	50,491,661.33
投资收益：	2,125,000.00
补贴收入：	18,436,575.31
营业外收支净额：	3,599,908.56
经营活动产生的现金流量净额：	2,070,693.18
现金及现金等价物净增加额：	-6,257,091.83

(二)主要会计数据及财务指标：

项目	单位	1999年	1998年		1997年	
			调整前	调整后	调整前	调整后
主营业务收入	元	246,295,563.42	227,821,228.54	227,821,228.54	202,000,307.82	202,000,307.82
净利润	元	63,406,773.73	78,329,489.40	75,636,315.59	71,159,451.91	67,560,148.67
总资产	元	773,412,268.16	709,215,949.83	702,923,472.78	654,532,204.20	650,932,900.96
股东权益(不含少数股东权益)	元	663,964,570.53	606,850,273.85	600,557,796.80	592,084,084.45	588,484,781.21
每股收益	元/股	0.174	0.215	0.208	0.273	0.259
每股净资产	元	1.822	1.665	1.648	2.274	2.260
调整后每股净资产	元	1.695	1.594	1.576	2.241	2.228
每股经营活动产生的现金流量净额	元	0.006		-0.118		
净资产收益率	%	9.55	12.91	12.59	12.02	11.48

注：主要财务指标计算方法
每股收益 = 净利润/年度末普通股股份总数
每股净资产 = 年度末股东权益/年度末普通股股份总数
调整后每股净资产 = ｛年度末股东权益-三年以上的应收款项净额-待摊费用-待处理(流动、固定)资产净损失-开办费-长期待摊费用-住房周转金负数余额｝/年度末普通股股份总数
每股经营活动产生的现金流量净额=经营活动产生的现金流量净额/年度末普通股股份总额
净资产收益率 = 净利润/年度末股东权益×100%

(三)股东权益变动情况　　单位：人民币元

项目	股本	资本公积	盈余公积	法定公益	未分配利润	合计
期初数	364,490,000.00	216,107,708.56	10,955,838.83	10,955,838.83	-1,951,589.42	600,557,796.80
本期增加			6,340,677.37	6,340,677.37	63,406,773.73	76,088,128.47
本期减少					12,681,354.74	12,681,354.74
期末数	364,490,000.00	216,107,708.56	17,296,516.20	17,296,516.20	48,773,829.57	663,964,570.53

三、股东情况介绍

(一) 股东情况介绍
1、本报告期末股东总数 89385 户
2、前 10 名股东持股情况

序号	股东名称	持股数量(万股)	占总股本(%)比例
1)	包头钢铁(集团)有限责任公司	18612.17	51.06
2)	嘉鑫有限公司(香港)	4900.00	13.44
3)	包钢综合企业(集团)公司	1736.83	4.77
4)	金鑫基金	115.71	0.32
5)	洛克电池	51.00	0.14
6)	大乙公司	35.00	0.10
7)	曾云峰	33.80	0.09
8)	复华北方	30.00	0.08
9)	杨书爱	26.00	0.07
10)	苏卫东	25.30	0.07

3、持股 10%以上的股东情况介绍
① 包头钢铁(集团)有限责任公司持有 18612.17 万股，占总股数的 51.06%。法定代表人：林东鲁 经营范围：钢材轧制、黑色金属冶炼及其延压加工、稀土金属冶炼、大理石。所持有的稀土高科股份 51.06%的法人股未作任何质押。
② 嘉鑫有限公司(香港)持有公司股份 4900 万股，占总股数的 13.44%。

贵州长征电器股份有限公司

一、公司简介

1、公司法定中文名称：贵州长征电器股份有限公司
公司法定英文名称：GUIZHOU CHANGZHENG ELECTRICAL APPARATUS CO.,LTD.
英文缩写：C·Z·E
2、公司法定代表人：陆德峰
3、公司董事会秘书：邢雁雁
联系地址：贵州省遵义市上海路 100 号
电　话：0852-8622952
传　真：0852-8626701
电子信箱：yan9880@163.net
4、公司注册地址：贵州省遵义市上海路 100 号
公司办公地址：贵州省遵义市上海路 100 号　邮政编码：563002
国际互联网地址：http://www.czdq.com.cn
电子信箱：czdq118@sohu.com
5、公司选定信息披露报纸：上海证券报
刊登年报选定国际互联网网址：http//www.sse.com.cn
公司年度报告备置地点：本公司办公室
6、公司股票上市交易所：上海证券交易所
股票简称：长征电器　股票代码：600112

二、会计数据和业务数据摘要

1、本年度利润总额及其构成(单位：人民币元)

利润总额	33,546,908.09
净利润	28,863,263.82
扣除非经常性损益后的净利润	27,628,281.40
主营业务利润	62,646,768.26
其他业务利润	583,470.29
营业利润	25,821,506.09
投资收益	6,490,419.58
补贴收入	1,090,900.00
营业外收支净额	144,082.42
经营活动产生的现金流量净额	25,918,636.91
现金及现金等价物净增加额	(26,540,832.52)

注：
扣除非经常性损益项目及涉及金额：
① 补贴收入项目：1,090,900.00；
② 营业外收支净额：144,082.42。
2、主要会计数据及财务指标(单位：元)

指标项目	1999 年度	1998 年(调整前)	1998 年(调整后)	1997 年度
主营业务收入	149,721,075.10	222,960,537.01	222,960,537.01	228,343,982.86
净利润	28,863,263.82	44,057,918.83	39,358,444.45	44,075,712.10
总资产	627,846,526.92	599,284,968.22	583,796,781.17	650,389,282.50
股东权益	460,874,358.01	397,808,883.15	380,520,696.10	380,115,657.61
每股收益	0.168	0.275	0.246	0.275
扣除非经常性损益后每股收益	0.161	0.255	0.226	0.275
按月平均加权法计算每股收益	0.176	0.275	0.24	0.39
每股净资产	2.68	2.49	2.49	2.38
调整后的每股净资产	2.62	2.47	2.29	2.36
每股经营活动产生的现金流量净额	0.151	0.01	0.01	
净资产收益率(%)	6.26	11.08	10.34	11.5

注：
主要财务指标的计算公式：
每股收益=净利润/报告期末普通股股份总数
净资产收益率=净利润/报告期末股东权益×100%
每股净资产=报告期末股东权益/报告期末普通股股份总数
调整后每股净资产=(报告期末股东权益-三年以上应收款项净额-待摊费用-待处理(流动、固定)资产净损失-开办费-长期待摊费用-住房周转金负数余额)/ 报告期末普通股股份总数。
每股经营活动产生的现金流量净额=经营活动产生的现金流量净额/年度末普通股股份总数
3、报告期内股东权益变动情况及变化原因

项目	股本	资本公积	盈余公积	法定公益金	未分配利润	股东权益合计
期初数	160,000,000.00	190,491,981.63	7,209,433.51	2,403,144.50	22,819,280.96	380,520,696.10
本期增加	12,000,000.00	56,690,398.09	4,329,489.58	1,443,163.20	7,333,774.24	80,353,661.91
期末数	172,000,000.00	247,182,379.72	11,538,923.09	3,846,307.70	30,153,055.20	460,874,358.01
变动原因	1999 年实施配股	配股溢价所致	本年利润提取	本年利润提取	本年增加利润所致	

三、股东情况介绍

1、截止 1999 年 12 月 30 日止，公司股东总数为 33173 户。
2、公司前 10 名股东持股情况：

姓名	年末持股数(股)	占总股本比例(%)
长征电器集团有限责任公司	120,000,000	69.77
方　向	240,000	0.139
陈淑林	222,000	0.129
吕　松	176,800	0.103
黄炜煜	144,710	0.084
一枝花	130,000	0.076
谭祖玉	128,370	0.075
罗开益	119,860	0.069
魏　宾	111,000	0.065
王芳翠	102,310	0.059

注：
① 贵州长征电器集团有限责任公司系本公司的控股股东，持有本公司 69.77%的股份。
② 控股股东所持本公司股份无质押情况；
③ 前 10 名股东之间不存在关联关系。

浙江东日股份有限公司

一、公司简介

1、公司的法定中英文名称及缩写
中文：浙江东日股份有限公司（简称：浙江东日）
英文：ZHE JIANG DONG RI LIMITED COMPANY（英文缩写：ZJDR）
2、公司法定代表人：滕增寿先生
3、公司董事会秘书：张乘东先生
联系地址：浙江省温州市矮凳桥 92 号
联系电话：0577—8835216
传真：0577—8842287
4、公司注册地址及办公地址：浙江省温州市矮凳桥 92 号
邮政编码：325003
http：//www.dongri.com.
E—mail：zjdongri@mail.wzptt.zj.cn
5、本公司选定的信息披露报纸名称：《中国证券报》、《上海证券报》
6、公司年度报告备置地点：浙江省温州市矮凳桥 92 号公司证券部
7、登载本公司年度报告网址： http：//www.sse.com.cn
8、公司股票上市交易所：上海证券交易所
股票简称：浙江东日 股票代码：600113

二、会计数据和业务数据摘要

一、本年度主要会计数据（单位：元）

1、利润总额	24,887,804.47
2、净利润	23,316,529.83
3、扣除非经常性损益后的净利润	23,221,567.50
4、主营业务利润	28,185,287.07
5、其他业务利润	4,776,318.37
6、营业利润	24,792,842.14
7、补贴收入	224,000.00
8、营业外收支净额	-129,037.67
9、经营活动产生的现金流量净额	77,000,190.27
10、现金及现金等价物净增加额	30,220,883.29

注：本年扣除的非经常性损益项目金额如下：

1、补贴收入（99 年 1—11 月增值税退税）	224,000.00
2、营业外收支净额	-129,037.67
合 计	94,962.33

二、截止报告期末公司前三年的主要会计数据和财务指标

指标项目	单位	99 年度	98 年度 调整前	98 年度 调整后	97 年度
主营业务收入	元	65,997,272.11	108,059,999.62	108,059,999.62	89,869,991.03
净利润	元	23,316,529.83	41,487,287.95	37,791,495.90	40,992,796.71
总资产	元	378,010,256.51	401,725,652.51	393,319,925.81	382,756,406.95
股东权益	元	364,776,085.58	349,865,282.45	341,459,555.75	349,677,994.50
每股收益	元/股	0.20	0.35	0.32	0.35
每股净资产	元/股	3.09	2.96	2.89	2.96
调整后每股净资产	元/股	3.08	2.95	2.88	2.95
净资产收益率	%	6.39	11.86	11.07	11.72
加权每股收益	元/股	0.20	0.35	0.32	0.35
加权净资产收益率	元/股	6.60	11.86	10.94	11.72
每股经营活动产生的现金流量净额	元	0.6525		0.090	

注(1)：主要财务指标的计算公式：
每股收益=净利润/年度末普通股份总数
每股净资产=年度末股东权益/年度末普通股股份总数
净资产收益率=净利润/年度末股东权益×100%
调整后的每股净资产=（年度末股东权益—三年以上的应收款项—待摊费用—待处 理（流动、固定）资产净损失—开办费—长期待摊费用—住房周转金负数余额）/年度末普通股股份总数
加权平均净资产收益率=当期净利润 ÷［（期初净资产+期末净资产）÷ 2+当期发行新股或配股新增净资产×（自缴款结束日下一月份至报告期末的月份数-6）÷12］
加权平均每股收益=当期净利润÷［期末普通股股份总数÷（1+配股比例或增发新股比例）+期末普通股股份总数÷（1+配股比例或增发新股比例）×配股比例或增发新股比例×缴款结束日下一月份至期末的月份数÷12］
每股经营活动产生的现金流量净额=经营活动产生的现金流量净额÷年度末普通股股份总数注(2)：根据财政部财会字（1999）35 号文，49 号文规定，本公司会计政策变更采取了追溯调整法，调整了会计报表的“坏帐准备”、“期初未分配利润”、“法定盈余公积”、“法定公益金”项目。
三、报告期内股东权益变动情况

项目	股本	资本公积	法定盈余公积	法定公益金	未分配利润	合计
期初数	118000000	216038422.86	4872113.28	4872113.28	-2323093.67	341459555.75
本期增加	--	--	2331652.98	2331652.98	18653223.87	23316529.83
本期减少						
期末数	118000000	216038422.86	7203766.26	7203766.26	16330130.20	364776085.58

三、股东情况介绍

① 截止报告期末，公司股东总数为 25695 户，其中国有法人股东 1 户，社会公众股 25694 户。公司没有内部职工股东。公司董事、监事、高级管理人员均没持有本公司股份。
② 主要股东持股情况（前十名股东）：

名次	股东名称	年末持股数（股）	占总股本%
1	浙江东方集团公司	78,000,000	66.10
2	陈鹏飞	475,000	0.40
3	张立忠	293,350	0.25
4	沪财金山	240,074	0.20
5	王小英	214,868	0.18
6	许艾姣	195,000	0.17
7	李玮	191,000	0.16
8	周凯	156,425	0.13
9	黄树珍	155,788	0.13
10	吕才发	140,000	0.12

中国东方航空股份有限公司

一、公司简介

1. 公司法定中文名称：中国东方航空股份有限公司 公司中文简称：东方航空
公司英文名称：China Eastern Airlines Corporation Limited 公司英文缩写：CEA
2. 公司法定代表人：李仲明
3. 董事会秘书：罗祝平
联系地址：上海市虹桥路 2550 号中国东方航空股份有限公司董事会秘书室
电话：021-62686268 传真：021-62686116
电子信箱：ir@ce-air.com
4. 公司注册地址、办公地址：上海市虹桥路 2550 号
邮政编码：200335
公司网址：www.ce-air.com
电子信箱：ir@ce-air.com
5. 公司选定的信息披露报纸名称：《上海证券报》
登载公司年度报告的中国证监会指定国际互联网网址：http：//www.sse.com.cn
年度报告备置地点：上海市虹桥路 2550 号中国东方航空股份有限公司董事会秘书室
6. 公司股票上市地：上海市证券交易所
股票简称：东方航空 股票代码：600115

二、会计数据和业务数据摘要

1. 本年度利润总额及构成（按中华人民共和国会计准则编制）

利润总额	232824501.28
净利润	208101523.54
扣除非经常性损益的净利润	-446310810.41
主营业务利润	1842533801.12
其他业务利润	300160161.14
营业利润	-488925111.62
投资收益	67337278.95
补贴收入	7600000
营业外收入净额	678377180.98
营业外支出净额	31564847.03
经营活动产生的现金流量净额	2374881765.49
现金及现金等价物净增加额	-427429713.30

注：非经常性损益主要为出售飞机收入。

2. 主要会计数据和财务指标（按中华人民共和国会计准则编制）

	1999 年	1998 年	1997 年
1.主营业务收入	10668638900.43	8645065951.26	9365864351.37
2.净利润	208101523.54	-653957896.14	302077902.16
3.总资产	26959747351.96	27325401091.17	25952391229.40
4.股东权益	6682548451.39	6471971697.09	7117832129.41
5.每股收益	0.04	-0.13	0.062(全面摊薄) 0.077(加权平均)
6.扣除非经常性损益每股收益	-0.09	-0.13	0.062(全面摊薄) 0.077(加权平均)
7.每股净资产	1.37	1.33	1.46(全面摊薄) 1.81(加权平均)
8.净资产收益率(%)	3.11	-10.10	4.24(全面摊薄) 28(加权平均)
9.调整后每股净资产	1.27	1.26	1.40(全面摊薄) 3(加权平均)
10.每股经营活动产生的现金流量净额	0.49	0.57	

三、股本变动及股东情况

1. 股本变动情况表

	期初数(万股)	本期增加(万股)	期末数(万股)
一、尚未流通股份			
1.国有法人股	300000	0	300000
二、已流通股份			
1.H 股	156695	0	156695
2.A 股	30000	0	30000
三、股份总额	486695	0	486695

2. 股东情况介绍
(1)股东数量：至本年度末，本公司股东总数为 138969 户。
(2)至本年度末，持本公司股票最多的前 10 名股东持股情况如下：

单位或姓名	持股数	持股比例
1.东方航空集团公司	3000000000	61.64%
2.HKSCC NOMINEES LIMITED	1437495499	29.54%
3.泰和基金	3886385	0.08%
3.HONGKONG & SHANGHAI BANKING COPORATION (NOMINEES) LIMITED A/C BR-9	3000000	0.06%
4.爱建公司	2465200	0.0507%
5.HONGKONG & SHANGHAI BANKINGCOPORATION (NOMINEES) LIMITED A/C BR-43	2276000	0.0468%
6.HONGKONG & SHANGHAI BANKINGCOPORATION (NOMINEES) LIMITED A/C BR-41	2122000	0.044%
7.HONGKONG & SHANGHAI BANKINGCOPORATION (NOMINEES) LIMITED A/C BR-42	2122000	0.04 4%
8.游文毅	1890000	0.0388%
9.王友光	1700000	0.0349%
10.HONGKONG & SHANGHAI BANKINGCOPORATION (NOMINEES) LIMITED A/C BR-1	1668000	0.0343%

(3)控股 10%以上的股东情况
股东名称：东方航空集团公司
法定代表人：李仲明
经营范围为：主营本系统所属企业经营管理，所属企业生产产品的销售。兼营食宿服务及航空速递服务、客货地面运输服务和其他地面运输服务；航空食品、航空纪念 品的销售。该公司股票没有质押情况。

重庆三峡水利电力(集团)股份有限公司

一、公司简介

(一)公司法定中文名称:重庆三峡水利电力(集团)股份有限公司
公司法定英文名称:Chongqing Three Gorges Water Conservancy and Electric Power Co.,Ltd.
(二)公司法定代表人:于和平
(三)公司董事会秘书:陈丽娟
联系地址:重庆市万州区鸽子沟 72 号
联系电话:023—58234759 联系传真:023—58251153
电子信箱:sxslzqb@public.cta.cq.cn
(四)注册地址:重庆市万州区鸽子沟 72 号
办公地址:重庆市万州区鸽子沟 72 号 邮政编码:404000
电子信箱:sxslzqb@public.cta.cq.cn
(五)公司信息披露报纸:《中国证券报》、《上海证券报》
中国证监会指定的年报登载网址:http://www.sse.com.cn
公司年度报告备置地点:公司证券部
(六)公司股票上市地:上海证券交易所
股票简称:三峡水利 股票代码:600116

二、会计数据和业务数据摘要

(一) 本年度实现利润情况 单位:元

项目	1999 年
利润总额	39,222,227.85
净利润	35,363,790.39
扣除非经常性损益后的净利润	16,844,573.49
主营业务利润	78,696,504.62
其他业务利润	6,672,600.05
营业利润	23,936,928.37
投资收益	-748,504.14
补贴收入	15,021,600.00
营业外收支净额	1,012,203.62
经营活动产生的现金流量净额	-4,033,420.55
现金及现金等价物净增加额	-10,845,493.66

注:本年扣除的非经常性损益项目金额如下:
1、补贴收入(火电亏损补贴 12,021,600.00 元,电力价格补贴 3,000,000.00 元);
2、资产损失 3,018,681.77 元;
3、无法支付的款项 994,581.72 元;
4、托管收入 4,379,549.34 元;
5、新股申购冻结资金利息 1,515,944.24 元。

(二)公司前三年主要会计数据和财务指标

项目	99 年度	98 年度		97 年度	
		调整前	调整后	调整前	调整后
主营业务收入(万元)	25032	17573	21753	12069	12069
净利润(万元)	3536	6029	5091	5533	2917
总资产(万元)	110213	104826	102888	79760	74578
股东权益(不含少数股东权益)(万元)	54998	58347	52227	52168	46987
每股收益(元/股)	0.22	0.38	0.32	0.35	0.18
每股收益(按月加权)(元/股)	0.22	0.38	0.32	0.35	0.18
扣除非经常性损益后的每股收益(元/股)	0.11	0.32	0.26	0.25	0.08
每股净资产(元/股)	3.46	3.67	3.29	3.28	2.96
调整后的每股净资产(元/股)	3.44	3.64	3.26	3.26	2.90
每股经营活动产生的现金流量净额(元/股)	-0.03	0.11	0.11	--	--
净资产收益率(%)	6.43	10.33	9.75	10.60	6.21

(三) 、股东权益变动情况:

单位:万元 1999 年 12 月 31 日

项目	股本	资本公积	盈余公积	其中:公益金	未分配利润	股东权益合计
期初数	15888	26651.33	2910.35	970.12	6777.01	52226.69
本期增加	0	29.45	530.46	176.82	3005.92	3565.83
本期减少	0	0	0	0	794.40	794.40
期末数	15888	26680.78	3440.81	1146.94	8988.53	54998.12

变动原因:
1、盈余公积、公益金增加系本年度利润分配提取法定盈余公积金、法定公益金所致。
2、未分配利润增加系本年度实现净利润提取两金后转入所致,未分配利润减少系 99 年度股东分取现金红利(预案)所致。
3、资本公积金增加系本年度接受捐赠转入所致。

三、股东情况介绍

(一)、报告期末股东总数:34653 户,其中内部职工股股东数量为 2819 户。
(二)股东情况介绍
公司前十名股东持股情况:

股东	持股数(万股)	本次股份增减(万股)	持股比例
重庆市水利电力产业(集团)有限责任公司 (国家股)	3362	——	21.16%
水利部经济管理局(国家股)	2976	——	18.73%
万县市三峡电力(集团)股份有限公司职工持股会	1905.6	——	11.99%
长江水利水电开发总公司	1000	——	6.29%
中国灌排技术开发公司	336	——	2.11%
万县市水电建筑勘察设计研究院	160	——	1.01%
四川长平机械厂	100	——	0.63%

西宁特殊钢股份有限公司

公司简介

一、公司中文名称:西宁特殊钢股份有限公司
缩写:西宁特钢股份公司
公司英文名称:XINING SPECIAL STEEL CO.,LTD
缩写:X S S
二、公司法人代表:张昭云(董事长)
三、公司董事会秘书:杨凯
联系地址:青海省西宁市柴达木西路 52 号,邮编 810005
电话:0971-5299089 传真:0971-5218389
电子信箱:XNTG@PUBLIC.XN.QH.CN
四、公司注册地址:青海省西宁市,邮编 810005
公司办公地址:青海省西宁市柴达木西路 52 号,邮编 810005
国际互联网址:http://xntg.xn.qh.cn(暂未开通)
公司电子信箱:XNTG@PUBLIC.XN.QH.CN
五、《年度报告》置备地点:公司董事会秘书处
地址:青海省西宁市柴达木西路 52 号
电话:0971-5299089 5299158
信息披露报纸名称:《中国证券报》、《上海证券报》
年报登载指定网址:http://www.sse.com.cn
六、公司股票简称:西宁特钢 公司股票代码:600117
公司股票上市交易所:上海证券交易所

会计数据和业务数据摘要

一、公司本年度主要会计数据

单位:元

序号	指标名称	1999 年
1	利润总额	147,657,055.98
2	净利润	104,719,475.33
3	扣除非经营性损益后的净利润	78,807,551.38
4	主营业务利润	175,467,754.78
5	其他业务利润	3,052,441.52
6	营业利润	121,745,132.03
7	投资收益	0
8	补贴收入	26,022,776.15
9	营业外收支净额	-110,852.2
10	经营活动产生的现金流量净额	-196.673.860.86
11	现金及现金等价物净增加额	-53.021.178.14

二、前三年主要会计数据及财务指标

单位:元

序号	指标名称	1999 年	1998 年	1997 年
1	主营业务收入	1336245786.11	1380977105.52	1142938168.23
2	净利润	104719475.33	102347767.31	101136597.34
3	总资产	2077583203.97	1983448936.56	1656441928.03
4	股东权益	1052599806.74	961296162.24	858948394.93
5	每股收益(摊薄)	0.19	0.32	0.32
6	每股收益(加权平均)	0.24	0.32	0.39
7	扣除非经营性损益后的每股收益	0.14	0.32	0.32
8	每股净资产	1.93	3.00	2.68
9	调整后的每股净资产	1.79	2.62	2.24
10	每股经营活动产生的现金流量净额	-0.36	0.12	
11	净资产收益率(%)	9.95	10.65	17.11

计算公式如下:
①每股收益=净利润/年度末普通股股份总数
②每股净资产=年度末股东权益/年度末普通股股份总数
③调整后的每股净资产=(年度末股东权益-三年以上的应收款项净额-待摊费用-待处理(流动、固定)资产净损失-开办费-长期待摊费用-住房周转金负数余额)/年度末普通股股份总数
④每股经营活动产生的现金流量净额=经营活动产生的现金流量净额/年度末普通股股份总数
⑤净资产收益率=净利润/年度末股东权益×100%
注:计算公式④适用于 1999 年度。

三、报告期内股东权益变动情况

项目	期初数	本期增加	本期减少	期末数	变动原因
股本	320,000,000	224,000,000		544,000,000	资本公积转增及送红股
资本公积	487,334,633.42		160,000,000	327,334,633.42	转增股本
法定盈余公积	21,081,854.70	15,707,921.30		36,789,776.20	按净利润 15%提取
其中:法定公益金	7,027,284.90	5,235,973.77		12,263,258.67	按净利润 5%提取
未分配利润	119,463,843.29	25,011,554.03		144,475,397.32	送红股
股东权益合计	947,880,331.41			1,052,599,806.74	

股东情况介绍

一、报告期末股东总数
截止 1999 年 12 月 31 日,本公司共有股东 97679 名。
二、前 10 名股东情况 1999 年 12 月 31 日

序号	股东姓名或名称	持股数量(股)	持股比例(%)	股份性质
1	西宁特钢集团公司	394,400,000	72.5	国有股
2	青海创业集团公司	5,100,000	0.9375	法人股
3	青海铝业集团公司	1,700,000	0.3125	法人股
4	吉林合金股份公司	1,700,000	0.3125	法人股
5	吉林碳素股份公司	1,700,000	0.3125	法人股
6	兰州碳素有限公司	1,700,000	0.3125	法人股
7	包头钢铁设计院	1,700,000	0.3125	法人股
8	陈绍明	500,000	0.092	流通股
9	北京中财公司	260,000	0.048	流通股
10	李强	254,000	0.047	流通股

说明:前 10 名股东之间不存在关联关系。

中国泛旅实业发展股份有限公司

(一)公司简介

1.公司名称:中国泛旅实业发展股份有限公司
英文名称:CHINA PAN-TOURISM INDUSTRYDEVELOPMENT CO.,LTD
英文缩写:CPTIDC
2.公司法定代表人:傅卓洋
3.董事会秘书:张伯昊
授权代表:胡 丹
联系电话:(010)64668846
传 真:(010)64677859
联系地址:北京市东三环北路一号公司证券管理部
4.公司注册地址及办公地址:北京市东三环北路1号
邮政编码:100027
公司电子信箱:cptidc@public.bta.net.cn
5.公司选定的信息披露报纸:上海证券报
登载公司年度报告的中国证监会指定国际互联网网址:
http://www.sse.com.cn
公司年度报告备置地点:公司证券管理部
6.公司股票上市地:上海证券交易所
股票简称:中国泛旅
股票代码:600118

(二)会计数据和业务数据摘要

1.公司本年度主要会计数据:单位:元

项 目	金 额
(1)利润总额	28,974,735.00
(2)净利润	22,019,658.86
(3)扣除非经营性损益后的净利润	21,872,065.89
(4)主营业务利润	15,179,893.41
(5)其他业务利润	12,809,061.35
(6)营业利润	17,024,989.87
(7)投资收益	8,497,072.54
(8)补贴收入	3,305,079.62
(9)营业外收支净额	147,592.97
(10)经营活动产生的现金流量净额	-16,771,208.46
(11)现金及现金等价物净增加额	-47,012,999.13

2.公司前三年的主要会计数据和财务指标:

项 目	1999年度	1998年度		1997年度	
	调整后	调整后	调整前	调整后	调整前
(1)主营业务收入(元)	164,738,258.30	157,215,597.63	157,215,597.63	190,205,784.73	190,205,784.73
(2)净利润(元)	22,019,658.86	29,847,194.99	29,324,791.79	23,872,605.19	27,690,532.87
(3)总资产(元)	328,742,111.54	261,439,922.74	264,735,447.22	270,281,393.49	274,099,321.17
(4)股东权益(元)(不含少数股东权益)	262,227,526.98	240,207,868.12	243,503,392.60	210,360,673.13	214,178,600.81
(5)每股收益(元)	0.186	0.252	0.248	0.363	0.421
(6)每股收益加权(元)	0.186	0.252	0.248	0.496	0.575
(7)扣除非经营性损益后的每股收益(元)	0.185	0.252	0.248	0.320	0.517
(8)每股净资产(元)	2.21	2.03	2.06	3.20	3.25
(9)调整后的每股净资产(元)	2.20	2.01	2.03	3.17	3.23
(10)每股经营活动产生的现金流量净额(元)	-0.14	0.09	0.09		
(11)净资产收益率(%)	8.40	12.43	12.04	11.35	12.93
(12)加权净资产收益率(%)	8.77	13.25	12.81	18.02	20.60

注:主要财务指标计算方法:
每股收益=净利润/年度末普通股股份总数
每股净资产=年度末股东权益/年度末普通股股份总数
调整后的每股净资产=[年度末股东权益-三年以上的应收款项净额-待摊费用-待处理(流动、固定)资产净损失-开办费-长期待摊费用-住房周转金负数余额]/年度末普通股股份总数
每股经营活动产生的现金流量净额=经营活动产生的现金流量净额/年度末普通股股份总数
净资产收益率=净利润/年度末股东权益×100%
3.报告期内股东权益变动情况(单位:元)

项 目	股 本	资本公积	盈余公积	公益金	未分配利润	股东权益合计
期初数	118,440,000.00	87,788,067.94	8,664,826.17	8,664,826.17	16,650,147.84	240,207,868.12
本期增加	--	--	4,713,457.88	4,713,457.88	12,592,743.10	22,019,658.86
本期减少	--	--	--	--	--	--
期末数	118,440,000.00	87,788,067.94	13,378,284.05	13,378,284.05	29,242,890.94	262,227,526.98

变动原因:
1.盈余公积本期增加4,713,457.88元,系本年度按实现净利润提取的10%法定公积金。
2.公益金本期增加4,713,457.88元,系本年度按实现净利润提取的10%法定公益金。
3.未分配利润本期增加12,592,743.10元,系本年度提取盈余公积和公益金后可供股东分配的利润。

(三)股东情况介绍

1.报告期末股东总数18166户。
2.年末主要股东持股情况:

股东名称	已上市流通	未上市流通	持股比例(%)
中国旅游商贸服务总公司		63,900,000	53.95
北京波菲特旅游礼品有限责任公司		3,600,000	3.04
港旅建筑装饰工程有限公司		2,700,000	2.28
北京万通达储运公司		1,800,000	1.52
黄山昱鑫旅游实业公司		1,440,000	1.22
同益基金	560,601		0.47
王 波	390,000		0.33
张 帆	341,115		0.29
尹亚南	339,000		0.29
张红远	330,000		0.28

中国旅游商贸服务总公司、北京万通达储运公司、黄山昱鑫旅游实业公司为代表国家持有股份的单位。

长发集团长江投资实业股份有限公司

一、公司简介

1、公司法定中文名称:长发集团长江投资实业股份有限公司
公司英文全称:Y.U.D Yangtze River Investment Industry Co.,Ltd.
公司名称英文缩写:Y.I.C.
2、公司法定代表人:汤期庆
3、公司董事会秘书:朱 联
联系地址:上海市浦东新区世纪大道1500号东方大厦9楼
电子信箱:zhulian01@mail2.online.sh.cn
联系电话:021-68407009
传 真:021-68407010
4、公司注册及办公地址:上海市浦东新区世纪大道1500号
邮政编码:200122
公司电子信箱:changtou@public2.sta.net.cn
5、公司选定的信息披露报纸:《上海证券报》
登载公司年度报告的中国证监会指定国际互联网网址:
http://www.sse.com.cn
公司年度报告备置地点:公司董事会秘书室
6、公司股票上市交易所:上海证券交易所
股票简称:长江投资 股票代码:600119

二、会计数据和业务数据摘要

1、本年度主要利润指标情况(单位:元)

利润总额:	17,953,010.54
净利润:	13,490,984.00
扣除非经常性损益后的净利润:	8,376,662.96
主营业务利润:	70,775,235.99
其他业务利润:	3,705,943.45
营业利润:	9,278,217.78
投资收益:	708,710.73
补贴收入:	10,000.00
营业外收支净额:	7,956,082.03
经营活动产生的现金流量净额:	6,635,975.96
现金及现金等价物净增加额:	-4,120,593.94

注:扣除非经常性损益项目和涉及金额

项目	金额(元)
职工安置费	2,793,618.08
冻结资金利息	2,310,702.96
补贴收入	10,000.00
合计	5,114,321.04

2、截止报告期末公司前三年的主要会计数据和财务指标:
(单位:元)

项目	1999年	1998年(调整前)	1998年(调整后)	1997年
主营业务收入	413,868,775.82	249,195,662.16	249,195,662.16	302,629,789.43
净利润	13,490,984.00	16,355,515.32	18,537,683.44	36,334,523.18
总资产	696,905,557.37	648,489,318.94	644,902,841.81	501,925,727.10
股东权益	336,047,608.91	325,675,389.02	321,939,204.26	309,319,873.70
每股收益	0.0899	0.1308	0.1483	0.2907
每股收益(月加权)	0.0952	0.1308	0.1483	0.2907
每股净资产	2.24	2.61	2.58	2.47
调整后的每股净资产	2.17	2.57	2.54	2.45
每股经营活动产生的现金流量净额	0.0442	-0.2448	-0.2448	
净资产收益率(%)	4.01	5.02	5.76	11.75

注:主要财务指标的计算公式:
每股收益=净利润/年度末普通股股份总数
每股净资产=年度末股东权益/年度末普通股股份总数
每股经营活动产生的现金流量净额=经营活动产生的现金流量/年度末普通股股份总数
净资产收益率=净利润/年度末股东权益×100%
调整后的每股净资产=(年度末股东权益-三年以上的应收款项净额-待摊费用-待处理(流动、固定)资产净损失-开办费-长期待摊费用-住房周转金负数余额)/年度末普通股股份总数
3、报告期内股东权益变化情况:(单位:元)

项 目	股 本	资本公积	盈余公积	其中:公益金	未分配利润	股东权益合计
期初数	125,000,000.00	180,724,331.33	1,652,989.34	826,494.65	13,735,388.94	321,939,204.26
本期增加	25,000,000.00	617,420.65	1,852,805.53	932,312.75	13,490,984.00	41,893,522.93
本期减少	0	12,500,000.00	0	0	15,285,118.28	27,785,118.28
期末数	150,000,000.00	168,841,751.98	3,505,794.87	1,758,807.40	11,941,254.66	336,047,608.91

变动原因:
1.报告期内公司股本增加2,500万元,系实施98年度每10股送1股、转增1股的方案。
2.资本公积增加主要系被投资企业所得税退税所致。
3.盈余公积、法定公益金增加是因为提取法定盈余公积、法定公益金。

三、股东情况介绍

1、报告期末股东总数:
截止本报告期末股东总数为28917户。
2、报告期末公司前十名股东持股情况:

	持股数(股)	持股比例(%)
长江经济联合发展(集团)股份有限公司	82810320	55.21
长江发展宁波商城有限公司	10039680	6.69
长发集团南京公司	8383560	5.59
武汉长发物业有限公司	510960	0.34
爱建公司	380000	0.25
秦 桦	264122	0.18
顾 宏	258870	0.17
长发集团重庆公司	255480	0.17
袁为东	237702	0.16
王伟成	228760	0.15

浙江东方集团股份有限公司

(一)公司简介

一、公司名称:浙江东方集团股份有限公司
英文名称:ZHEJIANG ORIENT HOLDINGS CO., LTD.
英文缩写:ZJOHCO
二、公司法定代表人:刘宁生
三、公司董事会秘书:饶民杰
联系地址:杭州市庆春路 199 号
电话:571 7215009 7215678 转
传真:571 7215000
电子信箱:Orient@mail.hz.zj.cn
公司咨询服务部门:证券部
公司董事会秘书授权代表:尹巍;
联系地址:杭州市庆春路 199 号
电话:571-7213357 7215678 转 传真:571 -7215011
四、公司注册地址及办公地址:浙江省杭州市庆春路 199 号
邮政编码:310006
电子信箱:Orient@mail.hz.zj.cn
网址:www.chinaorient.com.
五、公司选定的信息披露报纸:《上海证券报》、《中国证券报》
刊载公司年度报告的中国证监会指定网址:http://www.sse.com.cn
公司年度报告备置地点:浙江省杭州市庆春路 199 号
六、公司上市的交易所:上海证券交易所
股票简称:浙江东方 股票代码:600120

(二)会计数据和业务数据摘要

一、公司本年度利润总额及构成:(单位:元 合并报表)

1、利润总额:	85,136,307.48
2、净利润:	64,867,952.06
3、扣除非经常性损益后的净利润:	57,777,284.26
4、主营业务利润:	253,556,765.31
5、其他业务利润:	−78,578.79
6、营业利润:	71,027,951.06
7、投资收益:	8,149,691.05
8、补贴收入:	6,159,344.22
9、营业外收支净额:	−200,678.85
10、经常活动产生的现金流量净额:	33,977,622.84
11、现金及现金等价物净增加额:	−22,552,867.80

注:扣除的非经常性损益项目和涉及金额:

(1)补贴收入:	6,159,344.22
(2)新股申购冻结资金利息:	931,323.58
(3)合计:	7,090,667.80

二、截止报告期末公司前三年主要会计数据和财务指标:(单位:人民币元)

项目	1999 年	1998 年		1997 年	
		调整前	调整后	调整前	调整后
1 主营业务收入	2578882312.15	1813710704.04	1813710704.04	1377379382.97	1377379,382.97
2 净利润	64867952.06	51207729.26	46913017.49	42608841.84	54318100.45
3 总资产	818359821.23	673990182.66	658440609.04	491193888.25	480796928.60
4 股东权益(不含少数股东权益)	357685650.63	325480236.82	310807131.69	274266507.56	263888114.20
5 每股收益	0.60	1.02	0.94	0.85	1.09
6 每股收益(加权)	0.73			1.03	1.32
7 每股收益(扣除非经常性损益)	0.53	1.01	0.92	0.85	1.08
8 每股净资产	3.31	6.51	6.22	5.49	5.28
9 调整后的每股净资产	3.25	6.30	6.01	5.27	5.07
10 每股经常活动产生的现金流量净额	0.31	0.65	0.65		
11 净资产收益率(%)	18.14	15.73	15.09	15.54	20.58
12 净资产收益率加权(%)	19.41	17.08	16.33	19.06	

三、报告期内股东权益变动情况 单位:元

项目	股本	资本公积	盈余公积	法定公益金	未分配利润	股东权益合计
期初数	50000000.00	146995616.14	66592277.73	18075833.83	47219237.82	310807131.69
本期增加	58000000.00	370566.88	12357699.00	6178849.50	64867952.06	135596217.94
本期减少		18000000.00			70717699.00	88717699.00
期末数	108000000.00	129366183.02	78949976.73	24254683.33	41369490.88	357685650.63

注:股东权益变化原因:1、本期股本增加系本期送红股及资本公积转赠所致。2、本期资本公积增加系接受捐赠资产及其他资本公积转入;减少系转赠股本。3、本期盈余公积和法定公益金增加系本年度利润提取。4、本期未分配利润增加系本年度利润转入,减少系送红股及本年度董事会预案分配股利。

(三)股东情况介绍

一、报告期末股东总数为 1779 人。
二、公司前 10 名股东

	报告年度末	
	股数(股)	比例%
浙江东方集团控股有限公司	49,885,200	46.19
中国电子信息产业集团公司	12,000,000	11.11
浙江中大集团控股有限公司	5,358,840	4.96
基金景宏	2,750,171	2.55
航空物业	1,902,574	1.76
星泰贸易	1,632,000	1.51
中泰石油	1,548,000	1.43
天元投资	1,300,680	1.20
中泰经贸	1,212,000	1.12
一品装饰	676,080	0.63

郑州煤电股份有限公司

一、公司简介

中文名称:郑州煤电股份有限公司
英文名称及缩写:ZHENGZHOU COAL INDUSTRY & ELECTRIC POWER CO., LTD. (ZCE)
法定代表人: 赵宗晋
董事会秘书:张玉东
联系地址:郑州市二七区大学路 30 号
电话: (0371)6963503-2368 或 13803811058
传真: (0371)6982668
电子信箱:E—mail:ZZCE @ public2.zz.ha.cn
授权代表:付胜龙
联系地址:郑州市二七区大学路 30 号
电话:(0371)6950227
传真: (0371)6982668
电子信箱:E—mail:ZZCE @ public2.zz.ha.cn
注册地址: 郑州市二七区大学路 30 号
办公地址: 郑州市二七区大学路 30 号
邮政编码: 450052
互联网址: http://www.zzce.com.cn
电子信箱:E—mail:ZZCE @ public2.zz.ha.cn
信息披露报纸:《上海证券报》、《中国证券报》
登载年报的中国证监会指定的国际互联网网址:
http://www.sse.com.cn
年度报告备置地点: 郑州市二七区大学路 30 号公司董事会办公室
股票上市交易所:上海证券交易所
股票简称:郑州煤电
股票代码:600121

二、会计数据和业务数据摘要

1、公司本年度利润情况 单位:元

利润总额	179810524.09
净利润	179810524.09
主营业务利润	230186014.50
其他业务利润	72664.28
营业利润	179075370.75
营业外收支净额	735153.34
经营活动产生的现金流量净额	227158119.20
现金及现金等价物净增加额	25812546.34

2、主要会计数据和财务指标(调整后)

项 目	99 年	98 年调整前	98 年	97 年调整前	97 年
营业务收入(万元)	47927.88	41100.53	41100.53	43537.81	43537.81
净利润(万元)	17981.05	15294.64	14997.89	11894.26	10088.04
总资产(万元)	159778.29	135321.14	132766.61	123063.73	120805.95
股东权益(万元)	115791.69	100365.17	97810.64	85070.53	83264.30
每股收益(摊薄.元)	0.3996	0.51	0.4999	0.396	0.3363
(加权.元)	0.464			0.51	0.432
净资产收益率(%)	15.53	15.24	15.33	13.98	12.12
加权的净资产收益率(%)	15.44	16.43	16.40	22.73	19.62
每股净资产(元)	2.57	3.35	3.26	2.84	2.78
调整后每股净资产(元)	2.53	3.34	3.23	2.78	2.73
每股经营活动产生的现金流量净额	0.505	0.417	0.417		

计算公式如下:
每股收益(摊薄)=净利润/报告期末普通股股份总数
(加权)=净利润/［(300000000×5+450000000×7)］12
净资产收益率=净利润/报告期末股东权益×100%
每股净资产=报告期末股东权益/报告期末普通股股份总数
调整后每股净资产=(报告期末股东权益—三年以上的应收款项净额—待摊费用—待处理资产净损失—开办费—长期待摊费用-应付福利费借方余额)/报告期末普通股股份总数

3、股东权益变动情况

项目	股本	资本公积	盈余公积	法定公益金	未分配利润	股东权益合计
期初数	300000000	461762610	24634378	24634378	167075025	978106391
本期增加	150000000		17981052	17981052	179810524	365772628
本期减少		60000000			90000000	150000000
期末数	450000000	401762610	42615430	42615430	220923444	1157916915

变动原因:股本、资本公积变动及未分配利润减少,是由于本公司于 1999 年 6 月 4 日实施 1998 年分配及转增方案所致;盈余公积、公益金及未分配利润的增加,是本年度实现利润及提取两金所致。

三、股本变动及股东情况

(一) 股本情况介绍
1、截止 1999 年 12 月 31 日,公司股东总数为 5910 户。
2、持有本公司 5%(含 5%)股份的股东是郑州煤炭工业(集团)有限责任公司。期初持股数量为 22000 万股,年末持股数是为 33000 万股,所持股份全部为国有法人股,报告期内无质押和冻结的情况。持股数量增加的原因是公司实施 1998 年度利润分配方案所致。
公司前 10 名股东持股情况

股东名称	持股数量	股份性质	比例(%)
郑州煤炭工业(集团)有限责任公司	330000000	国有法人股	73.33
杰诸仕	5565636	社会公众股	0.0124
宋春玲	2135223	社会公众股	0.00474
姚 斌	1570024	社会公众股	0.00345
赵 明	1480323	社会公众股	0.00329
叶 静	1450717	社会公众股	0.00322
孙 超	1289880	社会公众股	0.00286
刘 春	1277836	社会公众股	0.00284
李博华	1024169	社会公众股	0.00227
张 静	1010982	社会公众股	0.00224

江苏宏图高科技股份有限公司

一、公司简介

1.公司法定中文名称:江苏宏图高科技股份有限公司
公　司　简　称:宏图高科
公司法定英文名称:JIANGSU HONGTU HIGH-TECHNOLOGY CO.,LTD
公司英文名缩写:Hiteker
2.公司法定代表人:刘 小 峰
3.公司董事会秘书:张　　伟
授　权　代　表:李爱军
联　系　电　话:(025)3300922　传 真:(025)3300230
4.公司注册地址:南京高新技术产业开发区03栋2楼
办 公 地 址:南京市湖北路83号　邮政编码:210009
国际互联网网址:http://www.hiteker.com　电子信箱:Hiteker@Hiteker.com
5.公司指定信息披露报纸:《中国证券报》、《上海证券报》
中国证监会指定年报披露国际互联网网址:http://www.sse.com.cn
公司年度报告备置地点:公司证券部
6.公司股票上市交易所:上海证券交易所
股票简称:宏图高科　股票代码:600122

二、会计数据和业务数据摘要

1.公司本年度实现:　单位:元

利润总额	57560392.01
净利润	55242328.82
扣除非经常性损益后的净利润	49464897.85
主营业务利润	122650638.49
其他业务利润	225182.41
营业利润	43150959.66
投资收益	10361428.77
补贴收入	877430.96
营业外收支净额	3170572.62
经营活动产生的现金流量净额	-52435396.23
现金及现金等价物净增加额	209721227.47

注:非经常性损益指:新股申购冻结资金利息,补贴收入及营业外收入。
2.前三年主要会计数据和财务指标:(单位:人民币元)

项目	1999年	1998年		1997年	
		调整前	调整后	调整前	调整后
主营业务收入	765870061.01	395836418.55	395836418.55	323619008.27	323619008.27
净利润	55242328.82	49499845.92	48139052.20	35004822.48	31045338.47
总资产	1235688465.27	865066964.74	859716718.54	256212266.66	252252782.65
股东权益	510037016.58	479794965.49	474474687.76	88959274.88	84999790.87
每股收益	0.281	0.402	0.391	0.48	0.43
每股收益(加权)	0.281	0.47	0.467	0.48	0.43
扣除非经常性损益后的每股收益	0.251	0.359	0.348	0.456	0.40
每股净资产	2.592	3.90	3.858	1.22	1.16
调整后的每股净资产	2.51	3.814	3.763	1.22	1.16
每股经营活动产生的现金流量净额	-0.268	-1.0	-0.989		
净资产收益率(%)	10.83	10.32	10.15	39.35	36.52

以上有关数据的计算方法如下:
每股收益=净利润/年度末普通股股份总数
每股净资产=年度末股东权益/年度末普通股股份总数
调整后的每股净资产=(年度末股东权益(三年以上的应收款项(待摊费用(待处理(流动、固定)资产净损失(开办费(长期待摊费用(住房周转金负数余额)/年度末普通股股份总数
每股经营活动产生的现金流量净额=经营活动产生的现金流量净额/年度末普通股股份总数
净资产收益率=净利润/年度末股东权益(100%
按月平均加权法计算的每股收益=净利润/(期末普通股股份总数/(1+配股比例或增发新股比例)+期末普通股股份总数/(1+配股比例或增发新股比例)(配股比例或增发新股比例(缴款结束日下一月份至期末的月份数/12)
扣除非经常性损益后的每股收益(摊薄)= 扣除非经常性损益后的净利润/年度末普通股股份总数
3.报告期股东权益变动情况

项目	股本(万股)	资本公积(万元)	盈余公积(万元)	法定公益(万元)	未分配利润(万元)	股东权益合计(万元)
期初数	12300	30285.2896	695.4092	579.3125	3587.4575	47447.4688
本期增加	7380		623.4329	614.4401	2318.3599	3556.2329
本期减少		7380				
期末数	19680	22905.2896	1318.8419	1193.7526	5905.8176	51003.7017

变动原因:
(1)股本及资本公积金的变动,系公司1998年度以资本公积金10转增6所致。
(2)盈余公积金、法定公积金变化,系根据公司董事会决议,提取两金所致。
(3)未分配利润变化系本期净利润扣除盈余公积金、法定公积金及预分利润后所致。

三、股东情况介绍

(1) 截止1999年12月31日,本公司股东总数为62074户。
(2) 公司前十名股东情况:

序号	股东名称	持股数量(万股)	持股比例(%)
1.	江苏宏图电子信息集团有限公司	5058.0467	25.701
2.	南京有线电厂	3976.9555	20.208
3.	镇江江奎集团公司	2576.5907	13.092
4.	安顺基金	512.8733	2.606
5.	裕隆基金	370.0963	1.881
6.	江苏证券	159.8800	0.812
7.	裕阳基金	101.4639	0.516
8.	苏电开发	34.2036	0.174
9.	南京中软	34.2035	0.174
10.	钱正权	32.0000	0.163

山西兰花科技创业股份有限公司

一 、公司简介

1、公司法定中文名称:山西兰花科技创业股份有限公司
公司法定英文名称:SHANXI LANHUA SCI-TECH VENTURE CO.LTD
英文名称缩写:SLSVC
2、公司法定代表人:贺贵元
3、公司董事会秘书:王立印
联系地址:山西省晋城市凤台西街130号
电　　话:(0356)2038218　传　　真:(0356)2033799
电子信箱:Wang liyin@chinalanhua.com
4、公司注册地址:山西省晋城市凤台西街130号
办公地址:山西省晋城市凤台西街130号
邮政编码:048000
互联网网址:Http://www.chinalanhua.com
电子信箱: Lanhua@Chinalanhua.com
5、公司选定的信息披露报纸:中国证券报　上海证券报
登载公司年度报告的中国证监会指定国际互联网网址:
http://www.sse.com.cn
公司年度报告备置地点:公司证券部
6、公司股票上市交易所:上海证券交易所
股票简称:兰花科创　股票代码:600123

二、 会计数据及业务数据摘要

(一)本年度主要利润指标情况　(单位:人民币元)

利润总额	81,246,757.56
净 利 润	69,000,031.78
扣除非经营性损益后的净利润	55,082,151.63
主营业务利润	92,802,985.62
其他业务利润	11,855,906.64
投资收益	7,083,982.50
补贴收入	9,800,000.00
营业外收支净额	4,117,880.15
经营活动中产生的现金流量净额	-49,029,812.84
现金及现金等价物净增加额	-120,660,787.75

注:扣除非经营性损益涉及金额共计13,917,880.15元。其中:补贴收入9,800,000.00元,营业外收支净额4,117,880.15元。
(二)本报告期末公司前三年主要会计数据和财务指标
四项计提追溯调整后

项　目	1999年	1998年	1997年
主营业务收入	379,832,085.14	314,997,286.71	401,807,620.61
净利润	69,000,031.78	52,705,834.37	33,312,649.19
总资产	1,212,174,674.34	972,464,731.38	489,788,943.75
股东权益	628,135,286.40	559,135,254.62	144,439,943.20
每股收益(摊薄)	0.20	0.23	0.22
(加权)	0.27	0.34	0.22
扣除非经营性损益后每股收益	0.16	0.21	0.24
每股净资产(摊薄)	1.82	2.43	0.96
(加权)	2.43	3.57	0.96
调整后每股净资产(摊薄)	1.77	2.38	0.90
(加权)	2.36	3.50	0.90
每股经营活动产生的现金流量净额	-0.14	0.29	
净资产收益率(%)(摊薄)	10.98%	9.43%	23.06%

注:1、1997年的每股收益中总股本均按发行股票前的150000000股计算。
2、主要财务指标计算方法:
每股收益=净利润/年度末普通股股份总数
每股净资产=年度末股东权益/年度末普通股股份总数
调整后的每股净资产=(年度末股东权益-三年以上的应收款款项净额-待摊费用-待处理(固定、流动)资产净损失-开办费-长期待摊费用-住房周转金负数余额 |/年度末普通股股份总数。
每股经营活动产生的现金流量净额=经营活动产生的现金流量净额/年度末普通股股份总数
净资产收益率=净利润/年度末股东权益×100%
(三)报告期内股东权益变动情况:　单位(元)

项 目	股 本	资本公积	盈余公积	法定公益金	未分配利润	股东权益合计
期初数	230,000,000.00	282,209,751.37	4,692,550.32	4,692,550.32	37,540,402.61	559,135,254.62
本期增加	115,000,000		6,900,003.18	6,900,003.18	69,000,031.78	
本期减少		92,000,000.00			36,800,006.36	
期末数	345,000,000.00	190,209,751.37	11,592,553.50	11,592,553.50	69,740,428.03	628,135,286.40

变动原因:本年度实施了10送1转增4的分配方案。按比例计提取盈余公积、法定公益金、净利润增加。

三、股东情况介绍

(一)股东情况介绍:
1、截止1999年12月31日,本公司股东总数24951户。
2、本公司前10名股东持股情况:(单位:股)

股东名称	持股数	占总股本比例
1.山西兰花煤炭实业集团有限公司	225000000	65.22%
2.君安证券	3105300	0.90%
3.君安海秀	1621152	0.47%
4.汇通投资	1487850	0.43%
5.君安证券	1185050	0.34%
6.崔玉珍	1019070	0.30%
7.黄伟南	1001365	0.29%
8.刘载友	929490	0.27%
9.娄玉春	927290	0.27%
10.黄教育	913800	0.26%

大连铁龙实业股份有限公司年

一、公司简介

1、公司法定名称:大连铁龙实业股份有限公司
公司英文名称: DALIAN TIELONG INDUSTRY COMPANY LIMITED
公司英文简称: DALIAN TIELONG INDUSTRY CO., LTD
2、公司法定代表人:苏兰鑫
3、公司董事会秘书:畅晓东
联系地址:大连市中山区新安街1号
联系电话:0411-2810881
传　　真:0411-2816639
电子信箱:tlzqb@21cn.com
4、公司注册地址:大连高新技术产业园区七贤岭产业化基地凌科大厦3层1-10号
公司办公地址:大连市中山区新安街1号
邮政编码:116001
5、公司选定的信息披露报纸:《中国证券报》和《上海证券报》
年度报告披露网址:www.sse.com.cn
公司年度报告备置地点:大连市中山区新安街1号
6、公司股票上市地点:上海证券交易所
股票简称:铁龙股份
股票代码:600125

二、会计数据和业务数据摘要

1、本年度主要利润指标情况: 单位:元

利润总额	72,265,220.63
净　利　润	59,199,879.62
扣除非经常性损益后的净利润	54,055,450.34
主营业务利润	102,490,582.08
其他业务利润	0
营业利润	65,169,434.54
投资收益	1,561,928.32
补贴收入	0
营业外收支净额	5,533,857.77
经营活动产生的现金流量净额	109,536,474.15
现金及现金等价物净增加额	22,206,845.45

注:扣除非经常性损益项目和涉及金额
1、按权益法计算的投资收益(合并价差摊入) 99,637.20
2、新股申购冻结资金利息 5,044,792.08

2、主要会计数据和财务指标 单位:元

项　　目	1999年度	1998年度		1997年度	
		调整后	调整前	调整后	调整前
主营业务收入	277,644,930.02	162,517,452.60	162,517,452.60	195,592,725.40	195,592,725.40
净利润	59,199,879.62	38,195,762.48	43,025,339.75	30,597,634.51	30,507,135.20
总资产	899,437,004.53	689,970,960.39	659,180,195.93	362,151,713.28	367,729,467.28
股东权益	460,090,414.61	400,890,534.99	411,297,866.26	199,098,405.01	204,676,159.01
每股收益(摊薄)	0.31	0.20	0.23	0.43	0.43
每股收益(加权)	0.31	0.22	0.25	0.43	0.43
每股净资产(摊薄)	2.41	2.10	2.16	2.83	2.91
调整后的每股净资产(摊薄)	2.34	2.07	2.13		
每股经营活动产生的现金流量净额	0.57				
净资产收益率(%)	12.87%	9.53%	10.46%	15.37%	18.81%
净资产收益率(%)(加权)	13.75%	12.73%	12.83%	17.33%	22.68%
不计冻结资金利息的净利润(元)	54,155,087.54	34,412,168.42	39,241,745.69		
不计冻结资金利息的每股收益(元)	0.28	0.18	0.21		

每股收益=净利润/年度末普通股股份总数
每股净资产=年度末股东权益/年度末普通股股份总数
净资产收益率=净利润/年度末股东权益×100%

3、报告期内股东权益变动情况

项目	股本	资本公积	盈余公积	法定公益金	未分配利润	股东权益
期初数	190,776,000.00	56,196,508.32	82,947,942.10	9,798,076.11	70,970,084.57	400,890,534.99
本期增加	0	0	10,784,875.56	3,594,958.52	59,199,879.62	59,199,879.62
本期减少	0	0	0	0	0	0
期末数	190,776,000.00	56,196,508.32	93,732,817.66	13,393,034.63	119,385,088.63	460,090,414.61
变动原因		本年度提取	本年度提取	本年完成利润	本年完成利润	

三、股东情况介绍

1、报告期末股东总数。
报告期末股东总数为22032个。
2、持有本公司5%以上(含5%)股份的股东的名称、年度内股份增减变动情况、年末持股数量及所持股份质押或冻结的情况。

序号	股东名称	股份类别	年末持股数量(股)	比例%
1	大连铁路经济技术开发总公司	国有法人股	67419000	35.34%
2	大连铁道有限责任公司	国有法人股	31381000	16.45%
3	深圳国投	社会公众股	4688500	2.46%
4	同益基金	社会公众股	4347853	2.28%
5	黑曼投资	社会公众股	1839130	0.97%
6	中信证券	社会公众股	1716914	0.90%
7	中信证券	社会公众股	1491172	0.78%
8	王晓伟	社会公众股	904930	0.47%
9	黄迟	社会公众股	870000	0.46%
10	中证地坛	社会公众股	822375	0.43%

杭州钢铁股份有限公司

一、公司简介

1、公司的法定中文名称:杭州钢铁股份有限公司
公司的英文名称:Hang Zhou Iron & Steel Co., Ltd.
公司英文名称缩写:HZIS
2、公司法定代表人:童云芳
3、公司董事会秘书:韩晓通
授权代表:　刘宏
联系地址:浙江省杭州市半山路132号
联系电话:(0571)8132917 ,8144301-2235
传　真:(0571)8132919
电子信箱:hggf@mail.hz.zj.cn
4、公司注册及办公地址:浙江省杭州市拱墅区半山镇
邮政编码:310022
公司电子信箱:hggf@mail.hz.zj.cn
5、公司选定的信息披露报纸:中国证券报、上海证券报
登载公司年度报告的中国证监会指定国际互联网网址:
http://www.sse.com.cn
公司年度报告备置地点:杭州钢铁股份有限公司证券部
6、公司股票上市交易所:上海证券交易所
股票简称:杭钢股份
股票代码:600126

二、会计数据和业务数据摘要

1、公司本年度主要利润指标情况　(金额单位:人民币元)

利润总额:	290,878,396.77
净　利　润:	213,618,072.52
扣除非经常性损益后的净利润:	222,809,026.60
主营业务利润:	426,885,881.36
其他业务利润:	1,222,633.64
营业利润:	298,867,814.42
投资收益:	2,458,387.47
营业外收支净额	-10,447,805.12
经营活动产生现金流量净额	263,479,759.51
现金及现金等价物净增加额:	-120,807,761.01

注:"扣除非经常性损益后的净利润"中扣除非经常性损益为电炉厂三座5吨电炉资产清理损失9,190,954.08元。

2、公司前三年主要会计数据和财务指标
金额单位:人民币元

指标名称	1999年度	1998年度		1997年度	
		调整前	调整后	调整前	调整后
主营业务收入	3077894297.72	2668875617.15	2668875617.15	2611029195.60	2611029195.60
净利润	213618072.52	159363529.79	152193853.14	121937583.18	121937583.18
总资产	2506608242.35	2927322197.06	2910341613.95	1595055368.54	1589591982.38
股东权益	1162331255.26	1171882859.39	1164713182.74	479706373.28	479706373.28
每股收益(摊薄)	0.356	0.266	0.254	0.387	0.387
每股收益(加权)	0.356	0.380	0.363	0.387	0.387
扣除非经常性损益后的每股收益	0.371	0.257	0.245		
每股净资产	1.94	1.95	1.94	1.52	1.52
调整后每股净资产	1.91	1.88	1.87	1.36	1.36
每股经营活动产生的现金流量净额	0.439	0.601	0.601		
净资产收益率	18.38%	13.60%	13.07%	25.42%	25.42%

注(1)1999年"扣除非经常性损益后的净利润"中扣除非经常性损益为电炉厂三座5吨电炉资产清理损失9,190,954.08元;1998年"扣除非经常性损益后的净利润"中扣除非经常性损益为新股申购冻结资金利息收入5,023,964.16元。
(2)以上数据根据公司合并会计报表数据填列或计算后填列。
(3)报告期末至摘要披露日,公司股本未发生变化。

3、报告期内股东权益变动情况(单位:元)

项目	股本	资本公积	盈余公积	法定公益金	未分配利润	股东权益合计
期初数	600,000,000	412,519,329.60	32,799,701.06	16,092,326.29	119,394,152.08	1164713182.74
本期增加		39,156,632.99	13,052,210.99	213,618,072.52	252,774705.51	
本期减少			255,156,632.99	255,156,632.99		
期末数	600,000,000	412,519,329.60	71,956,334.05	29,144,537.28	77,855,591.61	1162331255.26

变动原因:
(1) 盈余公积和法定公益金变动是因为本年度根据公司董事会利润分配预案而相应计提的盈余公积数额。
(2) 未分配利润的变动是因为本年度利润增加和因计提四项准备追溯调整年初未分配利润及1999年度利润预分配。

三、股东情况介绍

(一)截止1999年12月31日,公司股东共有38068人,其中董事、监事、高级管理人员及离任未解冻14人持有股份数计51800股(冻结),无内部职工股股东。
(二)公司前十名股东持股情况:

股东名称	年末持股数量(股)	持股比例(%)	股份性质
杭州钢铁集团公司	472500000	78.75	国有法人股
浙江国信	4693914	0.7823	上市流通股
兴华基金	3491789	0.5820	上市流通股
高柏源	1446000	0.2410	上市流通股
查蕊芬	1446000	0.2410	上市流通股
洪再天	1419199	0.2365	上市流通股
杨天晓	1382140	0.2304	上市流通股
章雅芹	1335000	0.2225	上市流通股
陆月仙	1334000	0.2223	上市流通股
钱兴州	1298200	0.2164	上市流通股

说明:1、杭州钢铁集团公司为国有法人股持股单位,其所持股份未上市流通。

湖南金健米业股份有限公司

一、公司简介

1. 公司法定中文名称:湖南金健米业股份有限公司
   公司法定英文名称:HUNAN JINJIAN CEREALS INDUSTRY CO.,LTD.
2. 公司法定代表人:车世炎
3. 公司董事会秘书:刘丛友
   联系地址:湖南省常德市武陵大道 37 号
   电话:0736-7258043 传真:0736-7251888
4. 公司注册地址:常德市武陵大道 37 号
   公司办公地址:常德市武陵大道 37 号 邮政编码:415000
   公司电子信箱:jinjian@mail.cd.hn.cn
5. 信息披露报纸名称:《中国证券报》、《上海证券报》和《湖南证券报》
   登载年报的国际互联网网址:http://www.sse.com.cn
   公司年度报告备置地点:董事会秘书处 电 话:0736-7258010
6. 公司股票上市地:上海证券交易所 股票简称:金健米业 股票代码:600127

二、会计数据和业务数据摘要

1. 主要业务数据(单位:元)

项 目	九九年度	上年同期
利润总额	63,572,089.43	56,639,037.85
净 利 润	55,518,276.02	48,116,971.07
扣除非经常性损益后净利润	47,869,982.91	46,332,309.92
主营业务利润	87,888,070.36	95,656,567.92
其他业务利润	1,869,039.24	1,181,159.05
营业利润	50,912,209.10	46,790,828.53
投资收益	3,660,000.00	66,000.00
补贴收入	7,795,422.52	8,400,862.11
营业外收支净额	1,204,457.81	1,381,347.21
经营活动产生的现金流量净额	91,842,832.21	30,889,695.74
现金及现金等价物净增加额	6,546,336.99	-9,782,966.08

注 1:非经常性损益是指临时性补贴收入 5,520,000.00 元,新股申购冻结资金利息 2,099,601.36 元,处理固定资产净收益 28,691.75 元。

2. 主要会计数据(单位:元)

项 目	九九年	九八年		九七年	
		调整后	调整前	调整后	调整前
主营业务收入	510,579,398.57	529,890,022.54	529,890,022.54	496,577,227.61	496,577,227.61
净 利 润	55,518,276.02	48,116,971.11	48,291,711.76	26,241,265.15	37,527,485.91
总 资 产	700,640,457.32	592,801,388.32	609,573,512.48	492,547,649.76	505,825,566.54
股东权益	500,772,311.29	452,754,035.27	469,526,159.43	160,277,448.55	173,555,365.33

3. 主要财务指标(单位:元/股)

指标项目	九九年	九八年		九七年	
		调整后	调整前	调整后	调整前
每股收益	0.218	0.321	0.322	0.262	0.375
加权每股收益	0.333	0.361	0.362		
扣除非经常性损益后的每股收益	0.187	0.309	0.307	0.262	0.375
每股经营活动产生的现金流量净额	0.360	0.206	0.206		
每股净资产	1.964	3.018	3.13	1.602	1.74
调整后的每股净资产	1.929	2.972	3.074	1.533	1.665
净资产收益率(%)	11.087	10.628	10.29	16.372	21.62
加权净资产收益率(%)	11.703	13.806	13.37		

4. 股东权益变动情况。 (单位:元)

项 目	股 本	资本公积	盈余公积	其中法定公益金	未分配利润	合计
期初数	150,000,000	250,334,720.10	9,447,916.79	4,199,958.51	42,971,398.38	452,754,035.27
本期增加	105,000,000		11,103,655.20	5,551,827.60	44,414,620.82	160,518,276.02
本期减少		75,000,000.00			37,500,000.00	112,500,000.00
期末数	255,000,000	175,334,720.10	20,551,571.99	9,751,786.11	49,886,019.20	500,772,311.29
变动原因	资本公积转增股本及派送股票股利	转增股本	净利润提取	净利润提取	增加:提盈余公积 减少:分配股利	

三、股本变动及股东情况

(一) 股本变动情况

1. 股份变动情况表 单位:万股

项 目	期初数	资本公积转增股本	分配股票股利	期末数
一、尚未流通股份				
发起人股份	10,000.00	5,000.00	2,000.00	17,000.00
其中:境内法人持有股份	10,000.00	5,000.00	2,000.00	17,000.00
尚未流通股份合计	10,000.00	5,000.00	2,000.00	17,000.00
二、已流通股份				
1. 境内上市的人民币普通股	5,000.00	2,500.00	1,000.00	8,500.00
已流通股份合计	5,000.00	2,500.00	1,000.00	8,500.00
三、股份总数	15,000.00	7,500.00	3,000.00	25,500.00

(二) 股东情况介绍

1. 截止 12 月 31 日,股东总数 18,599 户。
2. 本公司前十名股东持股情况

股东名称或姓名	持股数(股)	所占比例
1.常德粮油	170,000,000	66.67%
2.平安信托	4,058,268	1.59%
3.陈启香	1,553,879	0.61%
4.刘金元	1,436,062	0.56%
5.叶真明	1,371,755	0.54%
6.彭再阳	1,342,662	0.52%
7.肖永长	1,262,128	0.49%
8.徐昌坤	1,194,764	0.47%
9.严维清	1,149,882	0.45%
10.李建江	1,119,475	0.43%

江苏省工艺品进出口集团股份有限公司

一、公司简介

(一)公司法定中文名称: 江苏省工艺品进出口集团股份有限公司
公司法定英文名称: JIANGSU ARTS & CRAFTS IMP./EXP. GROUP CORPORATION
公司法定英文名称缩写:JSAC
(二)公司法定代表人:刘绥芝
(三)公司董事会秘书:姜 琳
联系人:赵士军
联系地址:江苏省南京市中华路 50 号弘业大厦
联系电话:(025)2308738,2301288-7901/7908 传真:(025)2307117
电子信箱:hyinvest@public1.ptt.js.cn
(四)公司注册地址及办公地址为:江苏省南京市中华路 50 号 邮政编码:210001
公司国际互联网网址:http://www.jsac.com 电子信箱:jsacgrp@public1.ptt.js.cn
(五)公司信息披露的报纸为:《中国证券报》、《上海证券报》
登载公司年报的国际互联网网址: http://www.sse.com.cn
公司年报备置地点:公司证券部
(六)公司股票上市交易所:上海证券交易所
股票简称:江苏工艺 股票代码:600128

二、会计数据和业务数据摘要

(一)公司本年度实现的利润总额及构成(单位:元)

利润总额	62,273,288.44
净利润	45,979,580.70
扣除非经常性损益后的净利润	40,334,714.58
主营业务利润	130,358,423.55
其他业务利润	8,294,057.03
营业利润	52,419,132.03
投资收益	4,525,671.82
补贴收入	3,562,476.76
营业外收支净额	1,766,007.83
经营活动产生的现金流量净额	53,907,074.07
现金及现金等价物净增加额	24,834,869.08

注:本年度公司非经常性损益构成如下:(单位:元)

项 目	金 额
出口贴息收入	2,557,851.97
申购冻结资金利息收入	3,087,014.15
合 计	5,644,866.12

(二)主要会计数据和财务指标:

项 目	1999 年	1998 年		1997 年	
	调整后	调整前	调整后	调整前	调整后
1、主营业务收入(万元)	122,175.11	107,861.84	107,861.84	103,373.45	103,373.45
2、净利润(万元)	4,597.96	4,267.64	4,207.41	4,830.63	4,110.06
3、总资产(万元)	70,088.66	71,402.59	71,342.36	59,720.65	59,000.08
4、股东权益(万元)	43,421.34	41,912.29	41,852.06	40,630.58	39,910.01
5、每股收益(元)	0.40	0.37	0.36	0.42	0.35
(加权)	0.40	0.37	0.36	0.49	0.42
(扣除非经常性损益后)	0.35	0.34	0.33	0.39	0.32
6、每股净资产(元)	3.73	3.60	3.59	3.49	3.43
7、调整后每股净资产(元)	3.50	3.55	3.56	3.43	3.37
8、每股经营活动产生的现金流量净额(元)	0.46	0.02	0.02		
9、净资产收益率%	10.59	10.18	10.05	11.89	10.30

(2)根据财政部财会字(1999)35 号文、49 号文的有关规定,本公司由于会计政策变更,采用追溯调整法调整了 1999 年度合并会计报表相关的"坏帐准备"帐项,调整前后各年度会计数据如下:(单位:人民币元)

项 目	1999 年	1998 年		1997 年	
	调整后	调整前	调整后	调整前	调整后
坏帐准备	28,912,805.17	928,521.29	8,417,280.12	609,265.09	7,814,987.18

(三)报告期内股东权益变动情况

项目	股本	资本公积	盈余公积	法定公益金	未分配利润	股东权益合计
期初数	116,487,500	195,077,941.75	33,431,845.08	9,833,433.99	63,689,842.61	418,520,563,43
本期增加			12,976,698.42	5,034,952.33	45,979,580.70	15,692,830.70
本期减少				7,877,261.25	40,421,139.50	
期末数	116,487,500	195,077,941.75	46,408,543.50	6,991,125.07	69,248,283.81	434,213,394.13

变动原因:
盈余公积的增加是由于本年度利润提取数额;
法定公益金变动是由于本年度利润提取数额及购建职工住房;
未分配利润变动是由于本年度利润增加、计提四项准备而调整年初利润、按本期净利润提取盈余公积及本年度利润分配所致。

三、股东情况

1、截止 1999 年 12 月 31 日,公司股东共 26915 户,其中:国家股股东 1 户,社会法人股股东 17 户,社会公众股股东 26897 户。

2、公司前十名股东的持股情况

股东名称	持股数量(股)	持股比例(%)
(1)江苏弘业国际集团有限公司	65,212,500	55.98
(2)中国烟草总公司江苏省公司	2,200,000	1.89
(3)江苏省丝绸进出口集团股份有限公司	2,000,000	1.72
(4)国通证券有限公司	1,138,000	0.98
(5)江苏省舜天国际集团服装进出口集团股份有限公司	1,000,000	0.86
(6)江苏省轻工业品进出口集团股份有限公司	1,000,000	0.86
(7)江苏汇鸿国际集团针棉织品进出口集团股份有限公司	1,000,000	0.86
(8)南京市纺织品进出口集团股份有限公司	1,000,000	0.86
(9)江苏省东晟燃料有限公司	1,000,000	0.86
(10)江苏省陶瓷进出口(集团)公司	800,000	0.69

重庆太极实业(集团)股份有限公司

一、公司简介

1、公司法定中文名称:重庆太极实业(集团)股份有限公司
英文名称:CHONGQING TAIJI INDUSTRY (GROUP)CO.,LTD
2、公司法定代表人:白礼西
3、公司董事会秘书 :艾尔为
联系地址:重庆市涪陵区建设路 68 号
电　　话:023-72800072
传　　真:023-72800072
电子信箱:taijib@public.cta.cq.cn
4、公司注册地址:重庆市涪陵区建设路 68 号
公司办公地址:重庆市涪陵区建设路 68 号　邮政编码:408000
公司国际互联网网址:http://www.taiji.com
公司电子信箱:taijia@public.cta.cq.cn
5、公司信息披露的报纸名称:《中国证券报》、《上海证券报》
登载公司年度报告的国际互联网网址:http://www.sse.com.cn
公司年度报告备置地点:公司证券部
6、公司股票上市交易所:上海证券交易所
股票简称:太极集团　股票代码:600129

二、会计数据和业务数据摘要

(一)、公司本年度会计数据(单位:万元)

利润总额	11,855.78
净利润	7,533.87
扣除非经常性损益后的净利润	4,331.10
主营业务利润	41,058.02
其他业务利润	495.97
营业利润	8,688.88
投资收益	21.24
补贴收入	1,820.00
营业外收支净额	1,325.65
经营活动产生的现金流量净额	16,821.65
现金及现金等价物净增加额	11,749.28

(二)、主要会计数据和财务指标

项　目	1999 年度	1998 年度		1997 年度	
		调整前	调整后	调整前	调整后
主营业务收入(万元)	100,511.76	97,441.93	97,430.60	58,253.94	58,253.94
净利润(万元)	7,533.87	11,885.78	9,069.50	8,804.43	5,678.08
总资产(万元)	181,277.65	160,621.04	155,248.12	111,864.05	108,737.70
股东权益(万元)	71,574.21	72,205.88	67,783.10	64,945.09	61,818.74
每股收益(元/股)	0.322	0.508	0.388	0.45	0.29
(加权)	0.322		0.388		
扣除非经常性损益后的每股收益(元/股)	0.185	0.422			
股本变动后的每股收益(元/股)	0.298				
每股净资产(元/股)	3.06	3.09	2.90	3.33	3.17
调整后的每股净资产(元/股)	2.77	2.99		3.32	
每股经营活动产生的现金流量净额	0.72	0.98			
净资产收益率(%)	10.53	16.46	13.38	13.56	9.19

注:(1)主要财务指标计算方法
* 每股收益=净利润/年度末普通股股份总数
* 每股净资产=年度末股东权益/年度末普通股股份总数
* 调整后的每股净资产=(年度末股东权益-三年以上的应收款项净额-待摊费用-待处理(流动、固定)资产净损失-开办费-长期待摊费用-住房周转金负数余额)/年度末普通股股份总数
* 每股经营活动产生的现金流量净额=经营活动产生的现金流量净额/年度末普通股股份总数
* 净资产收益率=净利润/年度末股东权益 x100%
* 公司 97、98 年所得税率为 15%,99 年度所得税率执行 33%。
* 股本变动后每股收益指标中变动后的股本总数,为 2000 年 3 月配股后的股本总数 25,260 万股。

(2)非经常性损益扣除项目为:补贴收入 18,200,000.00 元,拆迁补偿费 10,338,241.67 元,增值税退还款 1,284,917.12 元,处理固定资产净收益 659,849.13 元,上市无效申购资金利息收入 1,544,751.18 元。

(三)、股东权益变动情况(单位:万元)

项　目	股本	资本公积	盈余公积	法定公益金	未分配利润	股东权益合计
期初数	23,400	31,409	6,953	1,663	6,021	67,783
本期增加		1	1,410	508	7,534	7,535
本期减少					5,154	3,744
期末数	23,400	31,410	8,363	2,171	8,402	71,574

变动原因:本年度实现利润,提取法定公积金、公益金,预分配现金股利。

三、股东情况介绍

1、报告期末股东总数
截止 1999 年 12 月 31 日,公司股东共 19,485 户。
2、前 10 名股东持股情况

股东名称	年末持股数量(股)	持股比例%
(1)太极集团有限公司	144,189,600	61.62
(2)四川省信托投资公司涪陵办事处	16,555,080	7.07
(3)涪陵通济实业有限公司	12,847,320	5.49
(4)裕阳基金	11,529,143	4.93
(5) 金越基金	3,203,570	1.37
(6)裕隆基金	2,590,606	1.11
(7)温信劳服	1,477,450	0.63
(8)同盛基金	1,321,070	0.56
(9)朱莲莲	1,037,136	0.44
(10)泰和基金	999,656	0.43

四川岷江水利电力股份有限公司

一、公司简介

1、公司名称:四川岷江水利电力股份有限公司
英文名称:Sichuan Minjiang Hydropower co.ltd
2、公司法定代表人:龙功才
3、公司董事会秘书:蒲和翔
授权代表:龙嘉玲
联系地址:成都市温哥华广场 15 楼 H 座
联系电话:028—7731485
传　　真:028—7764010
4、公司注册地址:四川省汶川县下索桥
公司办公地址:四川省汶川县下索桥
邮政编码:623007
5、信息披露报纸:《中国证券报》、《上海证券报》
年报备置地点:成都市温哥华广场 15 楼 H 座公司证券部
6、股票上市交易所:上海证券交易所
股票简称:岷江水电
股票代码:600131

二、会计数据和业务数据摘要

(一)、本年度利润总额及其构成(单位:元)

项　　目	金　　额
利润总额	51,796,670.79
净利润	43,471,913.73
扣除非经常性损益后的净利润	41,604,800.09
主营业务利润	63,667,546.61
其他业务利润	1,639,826.77
营业利润	44,482,587.52
投资收益	5,692,550.37
补贴收入	
营业外收支净额	1,621,532.90
经营活动产生的现金流量净额	45,061,030.80
现金及现金等价物净增额	−21,508,383.78

注:扣除非经常性损益涉及的项目:公司 1998 年发行社会公众股回收的冻结申购资金利息 1,867,113.64 元。

(二)、主要会计数据和财务指标　　单位:元

项　目	1999 年	比上期增减%	追溯调整后		追溯调整前	
			1998 年	1997 年	1998 年	1997 年
主营业务收入	101,574,588.72		92,232,343.97	81,661,235.61	92,232,343.97	81,661,235.61
净利润	43,471,913.73		38,908,384.92	39,649,880.60	41,391,766.87	39,649,880.60
总资产	811,875,605.77		588,135,051.12	349,681,773.24	590,618,433.08	349,681,773.24
股东权益(不含少数股东权益)	408,289,672.83		364,968,800.54	168,753,245.18	375,048,816.44	168,753,245.18
每股收益(摊薄)	0.159	−37.93	0.256	0.385	0.272	0.385
扣除非经常性损益后的每股收益	0.152	−37.59	0.244	0.385	0.262	0.385
每股净资产	1.49	−37.85	2.40	1.636	2.468	1.636
调整后每股净资产	1.49	−38.05	2.40	1.623	2.464	1.623
每股经营活动产生的现金流量净额	0.16	79.19	0.09			
净资产收益率	10.65%	−0.13	10.66%	23.49%	11.04%	23.49%

注:主要财务指标计算公式:
1、每股收益=净利润/年度末普通股股份总数
2、每股净资产=年度末股东权益/年度末普通股股份总数
3、调整后每股净资产=(年度末股东权益-三年以上的应收款项净额-待摊费用-待处理(流动、固定)资产净损失-开办费-长期待摊费用-住房周转金负数余额)/年度末普通股股份总数
4、每股经营活动产生的现金流量净额=经营活动产生的现金流量净额/年度末普通股股份总数
5、净资产收益率=净利润/年度末股东权益×100%

(三)、报告期内股东权益变动情况　　(单位:元)

项目	股本	资本公积	盈余公积	法定公益金	未分配利润	股东权益合计
期初数	151,932,679.00	141,511,184.39	22,731,593.30	8,716,866.77	39,299,864.88	364,968,800.54
本期增加	121,546,143.00	625,570.76	4,410,465.37	2,173,595.69	43,471,913.73	172,227,688.55
本期减少	0	106,352,875.00	0	63,274.00	15,193,268.00	121,609,417.00
期末数	273,478,822.00	35,783,880.15	27,142,058.67	10,827,188.46	61,057,723.55	408,289,672.83

变动原因:1、股本增加系 1998 年度利润分配和资本公积金转增股本所致;
2、资本公积减少是资本公积金转增股本所致;
3、盈余公积金、公益金增加系 1999 年度实现利润提取所致。

三、股东情况介绍

1、截止报告期末,持有本公司股份的股东总户数为 40479 户,其中内部职工股股东 1064 户。
2、前 10 名股东持股情况　　单位:股

名次	股东单位名称	持股数	持股比例	备注
1	阿坝州水利资产经营公司	84,843,000	31.02	国家股
2	水利部经济局	59,400,000	21.72	国家股
3	下庄电厂	24,888,600	9.10	国家法人股
4	阿坝州信托投资公司	9,900,000	3.62	法人股
5	成都华西电力(集团)股份有限公司	9,900,000	3.62	法人股
6	四川省中小型电力实业开发公司	1,980,000	0.72	法人股
7	甘堡电厂	1,980,000	0.72	法人股
8	阿坝州马尔康电厂	990,000	0.36	法人股
9	阿坝州岷山机械厂	990,000	0.36	法人股
10	泰和基金	834,001	0.30	流通股

3、持股 10%以上的股东情况
①、阿坝州水利资产经营公司:该公司是阿坝州财政局为管理本公司国有股而设立的资产经营公司,法人代表:朱华勇;
②、水利部经济局:该局是受国家水利部的委托管理国有水利资产的事业单位,法人代表:王文珂。
4、报告期内公司控股股东没发生变化。前十名股东与公司无关联关系。

重庆啤酒股份有限公司

一、公司简介

1、公司法定中文名称：重庆啤酒股份有限公司
公司英文名称：CHONG QING BREWERY CO.LTD
2、公司法定代表人：华正兴
3、公司董事会秘书：苏甫玉
授权代表：　　　郑　菁
联系地址：重庆市九龙坡区石桥铺石杨路 16 号
电话：023-68629476
传真：023-68629476
4、公司注册及办公地址：重庆市九龙坡区石桥铺石杨路 16 号
邮编：400039
5、公司选定的信息披露报纸为《中国证券报》、《上海证券报》、《证券时报》。
登载公司年度报告的中国证监会指定国际互联网网址为 http://www.sse.com.cn
公司年度报告备置地点　：公司证券部
6、公司股票上市地：上海证券交易所
股票简称：重庆啤酒
股票代码：600132

二、会计数据和业务数据摘要

(一) 公司本年度利润情况　　　　单位：元

项目	1999 年 12 月 31 日
利润总额	50,169,448.78
净利润	41,757,858.88
扣除非经常性损益后的净利润	38,706,665.21
主营业务利润	108,025,610.56
其他业务利润	627,727.11
营业利润	48,348,420.15
投资收益	-261,886.44
补贴收入	0
营业外收支净额	2,082,915.07
经营活动产生的现金流量净额	62,495,393.82
现金及现金等价物净增加额	49,401,633.25

注：投资收益指本年度投资重庆佳辰生物工程有限公司收益 133,275.42 元和摊销股权投资差额 395,161.86 元。

(二)主要会计数据和财务指标

项目	1999 年	1998 年		1997 年
		调整前	调整后	
主营业务收入(元)	305,230,176.32	288,367,246.86	288,367,246.86	215,176,887.07
净利润(元)	41,757,858.88	64,171,952.65	55,111,033.85	52,769,223.02
总资产(元)	899,586,530.35	793,900,396.20	766,629,656.54	611,777,404.84
股东权益(元)	599,142,825.74	507,144,109.37	483,867,898.54	483,792,156.72
每股收益(元/股)	0.244	0.409	0.351	0.336
加权平均每股收益(元/股)	0.258	0.409	0.351	0.427
扣除非经常性损益后的每股收益(元/股)	0.227	0.389	0.332	0.317
每股净资产(元/股)	3.51	3.23	3.08	3.08
调整后的每股净资产(元/股)	3.50	3.19	3.04	3.05
净资产收益率(%)	6.97	12.65	11.39	10.91
调整后的净资产收益率(%)	6.98	12.81	11.54	11.02
每股经营活动产生的现金流量净额(元	0.366	0.198		

注：主要财务指标计算方法：
每股收益=净利润/年度末普通股份总数
每股净资产=年度末股东权益/年度末普通股份总数
净资产收益率=净利润/年度末股东权益 * 100%
调整后的每股净资产=(年度末股东权益-三年以上应收款项-待摊费用-待处理财产净损失-开办费-长期待摊费用-住房周转金负数余额)/年度末普通股份总数
每股经营活动产生的现金流量净额=经营活动产生的现金流量净额/年度末普通股股份总数

(三) 报告期内股东权益变动情况及变动原因：　　　　单位：股、元

项目	股本	资本公积	盈余公积	法定公益金	未分配利润	股东权益合计
期初数	157,000,000	243,325,079.60	25,520,676.96	21,826,703.68	36,195,438.30	483,867,898.54
本期增加	13,872,000	93,819,468.32	4,140,715.62	4,140,715.62	33,476,427.64	149,449,327.20
本期减少					34,174,400.00	34,174,400.00
期末数	170,872,000	337,144,547.92	29,661,392.58	25,967,419.30	35,497,465.94	599,142,825.74

变动原因：
1.增加是由于报告期内本公司按 10:3 比例实施了配股方案；
2.资本公积金增加是由于本报告期内配股溢价增加所致；
3.盈余公积金和法定公益金增加是报告期净利润各按 10%比例提取所致；
4.未分配利润的增加是因为公司在报告期净利润提取两金后增加所致，未分配利润的减少是因为 1999 年度分配预案按 1999 年末总股本 170,872,000 股为基数，每 10 股派发现金红利 2.00 元减少所致。

三、　股东情况介绍

1 、报告期内股东总数
报告期内股东总数为 4060 人。
2、前 10 名股东持股情况
截止 1999 年 12 月 31 日，公司前十名股东情况如下：

股东名称	期末持股数	持股比例(%)	性质
(1)、重庆啤酒(集团)有限责任公司	92,365,000	54.06	未流通股份
(2)、申银万国证券股份有限公司	8,386,887	4.91	流通股份
(3)、汉盛基金	6,652,398	3.89	流通股份
(4)、华阳科技	5,297,500	3.10	未流通股份
(5)、银源实业	3,000,000	1.76	未流通股份
(6)、金星啤酒	2,882,500	1.69	未流通股份
(7)、宝鼎置业	2,132,574	1.25	流通股份
(8)、虹林房产	2,084,482	1.22	流通股份
(9)、南京证券	1,980,000	1.16	流通股份
(10)、兴华基金	1,924,970	1.13	流通股份

本公司前十名股东之间无关联关系

武汉东湖高新集团股份有限公司

一、公司简介

1、公司的法定中文名称：武汉东湖高新集团股份有限公司
英文名称：WUHAN EAST LAKE HIGH TECHNOLOGY GROUP CO., LTD.缩写：ELHT
2、公司法定代表人：黄立平
3、公司董事会秘书：舒春萍
联系地址：武汉市洪山区关东科技工业园东湖高新大楼五楼
联系电话：027-87561433　传真：027-87561866　电子信箱：dhgx@public.wh.hb.cn
4、公司注册地址：武汉市洪山区关东科技工业园
公司办公地址：武汉市洪山区关东科技工业园东湖高新大楼　邮政编码：430074
公司国际互联网网址：www.elht.com.cn.　电子信箱：dhgx@public.wh.hb.cn
5、信息披露报纸名称：《上海证券报》 年度报告登载网址：www.sse.com.cn
年度报告备置地点：东湖高新大楼五楼公司证券部
6、公司股票上市地：上海证券交易所
股票简称：东湖高新　　证券代码：600133

二、会计数据和业务数据摘要

1、本年度主要利润指标情况：(金额单位：人民币元)

利润总额：	55,783,766.28
净　利　润：	48,542,385.68
扣除非经常性损益后的净利润：	43,524,982.85
主营业务利润：	81,341,176.70
其他业务利润：	3,460,678.28
营业利润：	44,793,100.74
投资收益：	4,607,206.79
补贴收入：	610,007.46
营业外收支净额：	5,773,451.29
经营活动产生的现金流量净额：	-7,703,022.98
现金及现金等价物净增加额：	-17,582,085.23

注：扣除非经常性损益项目涉及金额(金额单位：人民币元)

资产处置损益	-114,109.21
新股申购冻结资金利息	5,368,597.52
合并价差摊入	-376,997.19
违约金	1,022,723.85
其他	2,611.89
合计	5,902,826.86

2、近三年主要会计数据和财务指标
A. 会计政策、会计估计变更、会计差错更正追溯调整后

指　标　项　目	1999.12.31		1998.12.31		1997.12.31
	扣除申购冻结利息前	扣除申购冻结利息后	扣除申购冻结利息前	扣除申购冻结利息后	
主营业务收入(元)	263,764,433.61	263,764,433.61	229,322,267.05	229,322,267.05	165,164,458.94
净利润(元)	48,542,385.68	43,979,077.79	41,796,989.25	37,613,957.00	25,505,937.78
总资产(元)	1,030,102,717.03	1,030,102,717.03	791,386,370.53	791,386,370.53	446,388,532.36
股东权益(元)	371,802,405.41	371,802,405.41	357,664,559.77	357,664,559.77	189,409,110.86
每股收益(元/股)	0.1896	0.1718	0.2612	0.2351	0.2125
扣除非经常性损益后的每股收益(元/股)	0.1700	0.1700	0.2390	0.2129	0.2032
每股收益(元/股)(加权)	0.2334	0.2114	0.2726	0.2453	0.2125
每股净资产(元/股)	1.4524	1.4524	2.2354	2.2354	1.5784
调整后的每股净资产(元/股)	1.4328	1.4328	2.2085	2.2085	1.5601
每股经营活动产生的现金流量净额	-0.03	--	-0.3411	--	--
净资产收益率(%)	13.06%	11.83%	11.69%	10.52%	13.47%
净资产收益率(%)(加权)	13.31%	12.06%	13.12%	11. 81%	14.44%

3、股东权益变动情况(单位：元)

项　目	股　本	资本公积	盈余公积	其中：法定公益金	未分配利润	股东权益合计
期初数	160,000,000.00	158,099,705.12	26,604,276.65	6,778,242.74	12,960,578.00	357,664,559.77
本期增加	96,000,000.00	3,995,459.96	14,562,715.70	2,427,119.28	48,542,385.68	163,100,561.34
本期减少		96,000,000.00			52,962,715.70	148,962,715.70
期末数	256,000,000.00	66,095,165.08	41,166,992.35	9,205,362.02	,540,247.98	371,802,405.41

(1)股本变动原因：经公司 1998 年度股东大会审议批准，公司于 1999 年 6 月 9 日实施了资本公积金转增股本方案，转增比例为每 10 股转增 6 股，公司股份总数增至 25600 万股。
(2)资本公积金变动原因：资本公积金增加的原因为 1999 年公司对武汉科诺生物农药有限公司投资 80 亩土地评估增值部分 240 万元，扣除未来应交所得税 36 万元后的余额；被投资单位评估增值准备系控股子公司武汉农业生物工程有限公司以无形资产及固定资产对外投资评估增值部分 3,286,487.33 元，扣除未来应交所得税 492,973.10 元后本公司按 70%股权享有部分。资本公积金减少的原因为报告期内实施了资本公积金转增股本方案。
(3) 盈余公积金变动原因：99 年实现净利润按 10%计提法定公积金，5%法定公益金，15%任意盈余公积金；法定公益金：同上
(4)未分配利润变动原因：报告期内实现的净利润；拟 25600 万股为基数按每 10 股派现金 1.5 元(含税)分配红利 3840 万元。

三、股东情况介绍

1、截止 1999 年 12 月 31 日，公司股东总户数为 56863 户，其中：法人股股东 5 户，流通股股东 56858 户。
2、公司前十名股东持股情况
公司前十名股东持股情况：

股 东 名 称	股份增减	期末持有数	比例%	股份类别
红桃开集团股份有限公司	27,840,000	74,240,000	29.00	法人股
武汉东湖新技术开发区发展总公司	24,518,400	65,382,400	25.54	法人股
武汉城市综合开发集团有限公司	8,985,600	23,961,600	9.36	法人股
武汉庙山实业发展总公司	6,681,600	17,817,600	6.96	法人股
武汉建银房地产开发公司	3,974,400	10,598,400	4.14	法人股
海通绍兴	600,000	600,000	0.23	流通股
文达锋	168,600	168,600	0.07	流通股
纪坛秋	147,470	147,470	0.06	流通股
范承伟	112,483	112,483	0.04	流通股
裕阳基金	110,000	110,000	0.04	流通股

乐凯胶片股份有限公司

（一）公司简介

1、公司法定中文名称：乐凯胶片股份有限公司
公司法定英文名称：Lucky Film Co., Ltd
2、公司法定代表人：杜昌焘
3、公司董事会秘书：李建新
联系地址：河北省保定市建设南路1号
电话：0312-3227901-2899
传真：0312-3217937
Email：stock@luckyfilm.com.cn
4、公司注册地址：河北省保定国家高新技术产业开发区
公司办公地址：河北省保定市建设南路1号
邮政编码：071054
公司国际互联网网址：http://www.luckyfilm.com.cn
公司电子信箱：office@luckyfilm.com.cn
5、公司选定的信息披露报纸：《中国证券报》、《上海证券报》
登载公司年报的中国证监会指定国际互联网网址：http://www.sse.com.cn
公司年度报告备置地点：公司证券部
6、公司股票上市交易所：上海证券交易所
股票简称：乐凯胶片
股票代码：600135

（二）会计数据和业务数据

1. 公司本年度主要会计数据：（单位：人民币元）
利润总额：189,547,611.50
净利润：160,105,503.69
扣除非经常性损益后的净利润：155,861,619.00
主营业务利润：244,619,243.71
其他业务利润：-521,596.04
投资收益：13,744,697.02
补贴收入：0
营业外收支净额：4,417,441.91
经营活动产生的现金流量净额：257,655,546.28
现金及现金等价物净增加额：201,255,584.73

2. 公司前三年的主要会计数据和财务指标：（单位：人民币元）

项目	1999年度	1998年度		1997年度	
		调整前	调整后	调整前	调整后
主营业务收入	619,531,564.01	386072372.81	386072372.81	352898857.01	352898857.01
净利润	160105503.69	70185847.81	64410777.56	53056014.05	49291811.8
扣除非经常性损益后的净利润	155861619.00	65191121.03	59416050.78	53080064.94	49315862.69
总资产	893775681.76	857702309.38	847498756.9	431714079.98	
股东权益（不含少数股东权益）	837544046.36	687642086.15	677438542.67	184475172.30	
每股收益（摊薄）	0.843	0.369	0.339	0.279	0.259
扣除非经常性损益后的每股收益（摊薄）	0.820	0.343	0.313	0.279	0.260
每股净资产（摊薄）	4.408	3.62	3.565	0.97	
调整后的每股净资产（摊薄）	4.372	3.57	3.519	0.91	
每股经营活动产生的现金流量净额	1.356	-0.508			
净资产收益率（%）	19.12	10.21	9.51	28.76	

注：主要财务指标计算公式：
每股收益=净利润÷年度末普通股股份总额
每股净资产=年度末股东权益÷年度末普通股股份总额
调整后的每股净资产=（年度末股东权益—三年以上的应收款项净额—待摊费用—待处理（流动、固定）资产净损失—开办费—长期待摊费用—住房周转金负数金额）÷年度末普通股股份总额
每股经营活动产生的现金流量净额=经营活动产生的现金流量净额÷年度末普通股股份总额
净资产收益率=净利润÷年度末股东权益×100%

3. 报告期股东权益变动情况：（单位：人民币元）

项目	股本	资本公积	盈余公积	法定公益	未分配利润	股东权益合计
期初数	190000000	427456238.34	5998230.43	2999115.22	50984958.68	677438542.67
本期增加		16010550.37	8005275.18	160105503.69	184121329.24	
本期减少					24015825.55	24015825.55
期末数	190000000	427456238.34	22008780.80	11004390.40	187074636.82	837544046.36
变动原因			赢利提取	赢利提取	赢利新增	

（三）股东情况介绍

（1）报告期末股东总数为9506户。
（2）持有5%以上股份的股东为中国乐凯胶片公司，年末持股数量为1.2亿股。
公司前10名股东持股情况（截至1999年12月30日）

名次	股东名称	年末持股数（万股）	占总股本%
1	中国乐凯胶片公司	12000	63.16
2	裕隆基金	885	4.66
3	裕阳基金	780	4.1
4	蔡仕彪	106	0.56
5	证大投资	93	0.49
6	普惠基金	57	0.3
7	吕代铭	36	0.19
8	韩素兰	33	0.17
9	梁光普	32	0.17
10	王利洁	30	0.16

说明：持有公司5%以上股份的股东为中国乐凯胶片公司。中国乐凯胶片公司为本公司发起人，报告期内股本没有变动。裕隆基金和裕阳基金同属博时基金管理有限公司。上述公司所持本公司股份未作质押和冻结，与其他股东之间不存在关联关系。

武汉道博股份有限公司

（一）公司简介

1、公司法定中文名称：武汉道博股份有限公司　缩写：道博股份
公司法定英文名称：WUHAN DOUBLE CO.,LTD　缩写：DOUBLE
2、公司法定代表人：杨　真先生
3、公司董事会秘书：吴小林先生
联系地址：湖北省武汉市汉口中山大道888号佳丽广场45层
电　话：027--82702848　传　真：027—82702818
董事会电子信箱：dbboard@public.wh.hb.cn
4、公司注册地址：湖北省武汉经济技术开发区Ⅲ--5号地块
公司办公地址：湖北省武汉市汉口中山大道888号佳丽广场45层　邮政编码：430020
公司国际互联网网址：http//www.china-double.com
公司电子信箱：double@public.wh.hb.cn
5、公司选定信息披露报刊名称：《中国证券报》《上海证券报》
中国证监会指定登载公司年度报告的国际互联网网址：http//www.sse.com.cn
公司年度报告备置地点：公司董事会秘书处
6、公司股票上市交易所：上海证券交易所　股票简称：道博股份　股票代码：600136

（二）公司数据和业务数据摘要

1、利润情况（合并报表）
公司本年度实现利润总额32,694,274.58元，其中净利润30,220,521.20元，扣除非经常性损益后的净利润26,538,999.34元，主营业务利润88,801,338.08元，其他业务利润932,758.27元，营业利润29,012,752.72元，投资收益0元，补贴收入1,650,069.00元，营业外收支净额2,031,452.86元，经营活动产生的现金流量净额2,929,068.56元，现金及现金等价物净增加额　19,902,967.95元。

2、公司前三年主要会计数据和财务指标　（单位：人民币元）

项目	1999.12.31
主营业务收入	144,600,129.13
净利润	30,220,521.20
总资产	474,426,346.48
股东权益	283,562,129.58
每股收益	0.318
每股收益（加权）	
每股净资产	2.99
每股净资产（加权）	
调整后每股净资产	2.91
每股经营活动产生的现金流量净额	0.031
净资产收益率（%）	10.66
净资产收益率（%）（加权）	11.06
扣除非经常性损益后每股收益	0.279

说明：99年非经常性损益系武汉经济技术开发区财政局返还增值税1,650,069.00元，营　业外收支净额2,031,452.86元。

（三）　股东情况介绍

（1）报告期末公司股东总数为　22951户。
（2）持有本公司5%以上（含5%）股份的股东及前十名股东名册（以1999年12月31日总股本计算）

股东名称	持股数（股）	年内股份增减	占总股本比例（%）
① 中国国际钢铁投资公司	19,000,000	+19,000,000	20
② 海南汇华科技投资有限公司	18,612,000		19.59
③ 海南合信实业有限公司	8,800,000		9.26
④ 武汉远州工贸发展有限公司	5,400,000		5.68
⑤ 北京钢联咨询贸易公司	3,000,000		3.16
⑥ 天蒙羊绒有限公司	2,000,000	-19,000,000	2.11
⑦ 武汉银峰综合开发公司	1,800,000		1.89
⑧ 深圳安达投资发展公司	1,200,000		1.26
⑨ 武汉福来斯商贸公司	1,200,000		1.26
⑩ 武汉经济技术开发区发展总公司	1200000		1.26

说　明：●中国国际钢铁投资公司与天蒙羊绒有限公司间存在关联关系。中国国际钢铁投资公司是天蒙羊绒有限公司第一大股东，直接和间接持有其89.98%的股份。本公司其它股东之间无关联关系。本公司前10名股东所持股份均为未上市流通股。
●海南汇华科技投资有限公司将其持有的1861.2万股股权、海南合信实业有限公司将其持有的880万股股权、武汉远州工贸发展有限公司将其持有的540万股股权分别向民生银行武汉分行作了贷款质押。

（四）董事会报告

1、公司经营情况：
本公司主要经营螺旋藻系列产品及羊绒系列产品的生产与销售。
①公司下属的武汉绿之源生物工程有限责任公司所处行业为食品工业行业，被评　为一九九九年度武汉市50强工业企业。"绿之源"螺旋藻饮品被评为"一九九九年度武汉名牌产品"。1999年12月被认定为武汉市高新技术企业
绿之源公司是国内大规模生产螺旋藻饮品的企业之一。
"绿之源"螺旋藻饮品于一九九八年获卫生部新资源食品证书、农业部绿色食品标志使用证书。
公司所拥有的"绿之源"商标被评为湖北省著名商标，并已被武汉市列为重点扶　持的民族品牌。（以上资料均来源于武汉市食品办）
②公司的另一主营业务产品"天蒙"牌羊绒系列产品被内蒙古自治区轻纺工业厅确认为国家行业标准一等品、优等品，授予"内蒙古轻纺工业科学技术进步奖"。"天蒙"商标已被内蒙古自治区著名商标认定委员会和工商行政管理局认定为内蒙古自治区著名商标。
(2)公司主营业务的范围及其经营状况
按照行业、产品、地区说明报告期内主营业务收入、主营业务利润的构成情况　单位：元

项目	主营业务收入	主营业务毛利
食品饮料销售	135,759,112.36	89,594,584.40
服装销售	8,841,016.77	1,290,075.50

② 按照产品分析

项目	主营业务收入	主营业务毛利
螺旋藻饮品	135,759,112.36	89,594,584.40
羊绒衫	8,841,016.77	1,290,075.50

四川长江包装纸业股份有限公司

一、公司简介

1、公司法定中文名称:四川长江包装纸业股份有限公司
　英文名称:SICHUAN CHANGJIANG PACKAGING PAPER CO.LTD
　英文缩写名称:SCPP
2、公司法定代表人:陈　瑜
3、公司董事会秘书:傅相林　　授权代表:赖晓钢
　电话:0831-3601339　　传真:0831-3601999
　电子信箱:ybcjbz@yb-public.sc.cninfo.net
4、公司注册地址:四川省宜宾市马鞍石
　公司办公地址:四川省宜宾市马鞍石
　邮政编码:644004
　公司国际互联网网址:http://www.cjpp.com
5、公司信息披露报纸名称:上海证券报
　登载公司年度报告国际互联网网址:www.sse.com.cn
　公司年度报告备置地点:四川长江包装纸业股份有限公司证券部
6、公司股票上市地:上海证券交易所
　股票简称:长江包装
　股票代码:600137

二、会计数据和业务数据

1、本年度利润总额及构成(单位:元)

利润总额:	-45,031,201.83
其中:主营业务利润	-2,569,686.37
其它业务利润	821,626.97
投资收益	-2,939,402.12
补贴收入	
营业外收支净额	218,788.37
净利润	-45,031,201.83
经营活动产生的现金流量净额	-3,060,318.93
现金及现金等价物净增加额	232,116.78

2、截止报告年度末公司前三年的主要会计数据及财务指标

序号	栏目	单位	1999	1998 调整前	1998 调整后	1997
1	主营业务收入	元	89,079,097.73	123,994,661.70	123,994,661.70	144,737,424.04
2	净利润	元	-45,031,201.83	8,015,460.21	-4,580,480.93	9,912,695.81
3	总资产	元	309,950,843.35	337,337,180.71	311,479,406.98	292,128,787.21
4	股东权益	元	20,298,488.31	90,013,969.31	65,642,010.68	91,259,750.31
5	每股收益	元/股	-0.742	0.132	-0.075	0.196
6	每股净资产	元/股	0.334	1.48	1.081	1.80
7	调整后每股净资产	元/股	0.184	1.39	0.697	1.68
8	净资产收益率	%	-221.85	8.90	-6.98	10.86
9	每股经营活动产生的现金流量净额	元/股	-0.05	-0.35	-0.35	

注:主要财务指标的计算公式如下:
每股收益 = 净利润 / 年度末普通股股份总数
每股净资产 = 年度末股东权益 / 年度末普通股股份总数
净资产收益率 = 净利润 / 年度末股东权益×100%
调整后的每股净资产 = (年度末股东权益 — 三年以上的应收款项净额 — 待摊费用 — 待处理(流动、固定)资产净损失 — 开办费 — 长期待摊费用 - 住房周转金负数余额)/年度末普通股股份总数
每股经营活动产生的现金流量净额 = 经营活动产生的现金流量净额/年度末普通股股份总数

3、报告期内股东权益变动情况　　单位:元

项目	股本	资本公积	盈余公积	法定公益金	未分配利润	股东权益合计
期初数	60,711,288	288,928.03	7,310,069.20		-2,668,274.55	65,642,010.68
本期增加						
本期减少		250,008.91			45,093,513.46	45,343,522.37
期末数	60,711,288	38,919.12	7,310,069.20		-47,761,788.01	20,298,488.31

变动原因　按财政部财会字(1997)16号文将评估增值转营业外收入

三、股东情况介绍

1、报告期末股东总数
截止1999年12月31日,本公司股东人数10350人。
2、前十名股东持股情况

名称	年初持股数(股)	年末持股数(股)	占总股本比例(%)
四川省国有资产管理局	34,671,288	34,671,288	57.11
深圳蓝天基金管理公司	2,400,000	2,400,000	3.95
深圳有色金属财务有限公司	1,200,000	1,200,000	1.98
深圳中投信息咨询中心	1,200,000	1,200,000	1.98
深圳能源投资股份有限公司	1,200,000	1,200,000	1.98
德阳金路财务顾问公司	1,200,000	1,200,000	1.98
旭能投资	1,200,000	1,200,000	1.98
童信国		401,000	0.66
苏州投资		349,155	0.58
四川省长江木业总公司	240,000	240,000	0.40

四川省国有资产管理局代表国家持有股份。
报告期前十名股东无关联关系,本报告期内持有5%以上的国有法人股股东所持股份无质押、冻结等情况。
(3)无持股10%以上的法人股东
(4)报告期内无控股股东变更事宜。

中青旅控股股份有限公司

一、公司简介

(一)公司法定中文名称:中青旅控股股份有限公司
　公司法定英文名称:CHINA CYTS TOURS HOLDING CO., LTD
　公司英文名称缩写:CYTS
(二)公司法定代表人:张　骏
(三)公司董事会秘书:张立军
　联系地址:北京市东交民巷丙23号
　联系电话:(010)65243388-2210,2211　　传真:(010)65249809
　电子信箱:zhlj@cyts.com.cn
(四)公司注册地址:北京市海淀区知春路128号泛亚大厦八层
　公司办公地址:北京市东交民巷丙23号　　邮政编码:100006
　电子信箱:zhqb@cyts.com.cn
(五)公司选定的信息披露报纸:《中国证券报》、《上海证券报》
　登载公司年度报告的中国证监会指定国际互联网网址:www.sse.com.cn
　公司年度报告备置地点:北京市东交民巷丙23号中国青旅大厦本公司证券部
(六)股票上市地:上海证券交易所
　股票简称:青旅控股　　股票代码:600138

二、会计数据和业务数据摘要

(一)本年度会计数据摘要(单位:人民币元)

利润总额:	134306719.04
净利润:	110867828.10
扣除非经常性损益后的净利润:	106613938.23
主营业务利润:	174116194.99
其他业务利润:	269228.49
营业利润:	88365643.01
投资收益:	41687186.16
补贴收入:	14825.24
营业外收支净额:	4239064.63
经营活动产生的现金流量净额:	33306873.36
现金及现金等价物净增加额:	88686242.15

注:扣除的非经常性损益项目和涉及金额:

补贴收入:	14825.24
处理固定资产净收益	35,987.91
冻结资金利息	2,487,895.20
各种罚款收入	54,401.00
其他收入	4,024,238.05
处理固定资产净损失	604,116.79
各种罚款支出	54,450.00
其他支出	1,704,890.74

(二)近三年主要会计数据和财务指标(合并报表)
追溯调整后:

项目	1999年	1998年	1997年
主营业务收入(元)	844483326.30	582109079.57	396633830.24
净利润(元)	110867828.10	77595970.69	59222168.11
总资产(元)	1168606934.11	856994991.97	779281275.67
股东权益(元)	650209914.86	577232043.64	566974302.90
每股收益(元/股)	0.4619	0.3233	0.3701
扣除非经常性损益后的每股收益(元/股)	0.445	0.305	0.346
加权每股收益(元/股)	0.4619	0.3233	0.5640
每股净资产(元/股)	2.709	2.405	3.54
调整后的每股净资产(元/股)	2.605	2.355	-
每股经营活动产生的现金流量净额(元/股)	0.139	0.002	
净资产收益率(%)	17.05	13.44	10.45
加权净资产收益率(%)	17.05	13.44	16.47

每股收益=净利润/年度末普通股股份总数
每股净资产=年度末股东权益/年度末普通股股份总数
调整后的每股净资产=(年度末股东权益-三年以上的应收款项净额-待摊费用-待处理(流动、固定)资产净损失-开办费-长期待摊费用-住房周转金负数余额)/年度末普通股股份总数每股经营活动产生的现金流量净额=经营活动产生的现金流量净额/年度末普通股股份总数净资产收益率=净利润/年度末股东权益×100%

(三)股东权益变动情况　　单位:元

项目	股本	资本公积	盈余公积	法定公益金	未分配利润	股东权益合计
期初数	240,000,000	291,545,204.67	19,050,563.94	6,127,543.99	26,636,275.03	577,232,043.64
本期增加			+19,667,360.73	+6,271,739.99	+91,710,510.49	+111,377,871.22
本期减少	-		-	-	38,400,000.00	38,400,000.00
期末数	240,000,000	291,545,204.67	38,717,924.67	12,399,283.98	79,946,785.52	650,209,914.86

变动原因:盈余公积、法定公益金、未分配利润、股东权益合计变动系本期净利润增加和利润分致。

三、股东情况介绍

1、报告期末本公司共有18,497名股东。
2、本公司主要股东及持股数(前10名):

股东名称	期初持股数量(股)	本期增减(+,-)(股)	期末持股数量(股)	占总股本比例(%)
1、中国青年旅行社总社	69,078,900	0	69,078,900	28.78
2、苏州太湖国家旅游度假区发展集团公司	34,539,450	0	34,539,450	14.39
3、嘉事堂药业有限责任公司	21,710,550	0	21,710,550	9.05
4、北京创格科技集团	19,736,850	0	19,736,850	8.22
5、安信基金	4,543,967	+11,338,406	15,882,373	6.62
6、安顺基金	-	-	7,661,943	3.19
7、广西壮族自治区青年联合会	4,934,250	0	4,934,250	2.06
8、黄彦秋	-	-	806,900	0.34
9、刘期婧	-	-	686,700	0.29
10、谢彦萍	-	-	661,400	0.28

鼎天科技股份有限公司

一、公司简介

1、公司法定名称：鼎天科技股份有限公司
英文名称：DINGTIAN SCIENCE & TECHNOLOGY Inc.
2、法定代表人：陈亚平
3、董事会秘书：黄晓君
联系地址：成都市高新区高朋东路3号
电　　话：028-5181012
传　　真：028-5181740
4、注册及办公地址：四川省德阳市华山北路114号
邮政编码：618000
公司国际互联网网址：http://www.dingtian.com.cn
E-mail：s_tech@dingtian.com.cn
5、信息披露报纸名称：《上海证券报》、《中国证券报》和《证券时报》
登载年报的国际互联网网址：http://www.sse.com.cn
年报置备地点：公司证券部
6、股票上市交易所：上海证券交易所
股票简称：鼎天科技　股票代码：600139

二、会计数据和业务数据摘要

1、报告期内主要会计数据　（单位：元）

利润总额：	27,848,647.45
净利润：	19,121,938.42
扣除非经常性损益后的净利润：	−3,509,613.54
主营业务利润：	44,309,636.50
其他业务利润：	1,593,865.28
营业利润：	5,239,927.46
投资收益：	−22,831.97
补贴收入：	2,820.00
营业外收支净额：	22,628,731.96
经营活动产生的现金流量净额：	7,561,943.34
现金及现金等价物净增加额：	15,835,638.17

注：扣除非经营性损益项目和涉及金额：

补贴收入：	2,820.00
营业外收支净额：	22,628,731.96
合　计	22,631,551.96

2、主要财务指标

项目	99年度	98年度		97年度	
		调整前	调整后	调整前	调整后
主营业务收入	202,971,818.35	180,609,521.55	179,724,989.55	164,980,920.54	161,904,113.26
净利润	19,121,938.42	19,167,477.84	12,966,403.37	15,714,241.84	6,139,328.78
总资产	625,843,753.23	407,048,781.56	389,315,330.12	391,855,710.24	382,280,797.18
股东权益	175,318,993.33	173,936,351.81	156,202,900.37	154,768,873.97	145,193,960.91
每股收益（摊薄）	0.25	0.25	0.17	0.29	0.12
（加权）	0.25	0.25	0.17	0.29	0.12
每股净资产	2.31	2.29	2.05	2.85	2.67
调整后每股净资产	2.15	2.01	1.79	2.68	2.32
每股经营活动产生的现金流量净额	0.10	0.24	0.24		
净资产收益率（摊薄）	10.91	11.02	8.30	10.20	4.22
（加权）	10.91	11.02	8.30	10.20	4.22

计算公式：
每股收益=净利润/年度末普通股股份总数
每股净资产=年度末股东权益/年度末普通股股份总数
调整后每股净资锄=（年度末股东权益-三年以上的应收款项净额-待摊费用-待处理资产净损失-开办费-长期待摊费用-住房周转金负数余额）/年度末普通股股份总数
每股经营活动产生的现金流量净额=经营活动产生的现金流量净额/年度末普通股股份总数净资产收益率=净利润/年度末股东权益×100%

3、报告期内股东权益变动情况

项　目	股本	资本公积	盈余公积	法定公益金	未分配利润	股东权益合计
期初数	76,010,200	44,654,962.88	13,873,614.55	5,548,573.48	16,115,549.46	156,202,900.37
本期增加			2,472,422.27	1,236,211.14	15,413,305.01	19,121,938.42
本期减少						
期末数	76,010,200	44,654,962.88	16,346,036.82	6,784,784.62	31,528,854.47	175,324,838.79

变动原因：
（1）本期盈余公积、法定公益金增加是由于按规定计提所致。
（2）未分配利润增加是由于净利润在按规定的比例提取盈余公积、法定公益金后转入所致。

三、股本变动及股东情况

（1）报告期末，股东总数为18,129户。
（2）持有本公司5%以上（含5%）股份的股东情况

股东名称或姓名	年度内股份增减变动	年末持股数量	占总股本的比例(%)
四川鼎天（集团）有限公司	0	46,610,200	61.32
裕隆基金	718,900	718,900	0.95
景阳基金	459,840	459,840	0.61
申银万国	310,292	310,292	0.41
江素珍	209,318	209,318	0.28
陈新茅	181,000	181,000	0.24
惠明香	−56,000	174,539	0.23
李海帆	171,969	171,969	0.23
李仁合	170,080	170,080	0.23
张志达	163,700	163,700	0.22

公司前十位股东之间不存在关联关系，也无所持股份发生质押或冻结情况。
（3）持股10%（含10%）以上的法人股东情况
持有本公司10%（含10%）以上股份的法人股东为四川鼎天（集团）有限公司，其法人代表为陈汉春；该公司主营三大核心业务：多媒体高速信息网络系统集成、多媒体数字产品研发生产、多媒体应用软件出版发行。

湖北兴发化工集团股份有限公司

一、公司简介

1、公司法定中文名称：湖北兴发化工集团股份有限公司
英文名称：Hubei Xingfa Chemicals Group Co.Ltd
2、公司法定代表人：丁祥先
3、公司董事会秘书：孙卫东
联系地址：湖北省兴山县高阳镇劳动街157号
邮政编码：443700
电话：0717-2527022　传真：0717-2522917
电子邮箱：hbxf@goldenter.com
4、公司注册及办公地址：湖北省兴山县高阳镇99号
邮政编码：443700
公司互联网网址：http://www.xingfachem.com/
5、公司选定的信息披露指定报刊：《上海证券报》
中国证监会指定国际互联网网址：http://www.sse.com.cn/
公司年度报告备置地点：公司证券部
6、股票上市交易所：上海证券交易所
股票简称：兴发集团　股票代码：600141

二、会计数据和业务数据摘要

（一）公司本年度主要利润指标

利润总额：	30,421,260.89
净利润：	26,327,466.52
扣除非经常性损益后的净利润：	16,173,067.49
营业利润：	20,258,861.86
投资收益：	8,000.00
补贴收入：	3,948,732.47
营业外收支净额：	6,205,666.56
经营活动产生的现金流量净额：	−5,171,027.85
现金及现金等价物净增加额：	178,937,869.90

注：扣除的非经常性损益项目和涉及金额：10,456,112.02
1、营业外收入：　6,507,379.55
　　发行新股有新股冻结资金利息：　6,206,701.01
2、补贴收入：　3,948,732.47

（二）公司前三年主要数据及财务指标（单位：人民币元）
追溯调整后：

项目	1999年度	1998年度	1997年度
主营业务收入	195,109,627.39	232,640,683.05	226,530,892.09
净利润	26,327,466.52	33,203,903.53	41,130,126.32
总资产	684,162,115.84	339,560,653.58	319,959,108.20
股东权益	384,223,653.01	194,452,677.57	161,488,094.16
每股收益（全面摊薄）	0.16	0.28	0.34
扣除非经营性损益后的每股收益	0.10	0.25	0.34
每股净资产	2.40	1.62	1.35
调整后的每股净资产	2.39	1.56	1.33
每股经营活动产生的现金流量净额：	−0.03	0.05	−
加权每股收益	0.19	0.28	0.34
净资产收益率%	6.85	17.08	25.47

追溯调整前：

项目	1998年	1997年
主营业务收入	232,640,683.05	226,530,892.09
净利润	39,810,260.15	43,078,976.09
总资产	352,108,349.72	325,220,428,74
股东权益	206,559,674,85	166,749,414.70
每股收益（全面摊薄）	0.33	0.36
扣除非经常性损益后的每股收益	0.30	0.36
每股净资产	1.72	1.39
调整后的每股净资产	1.71	1.37
每股经营活动产生的现金流量净额	0.05	−
加权每股收益	0.33	0.36
净资产收益率%	19.27	25.83

调整后有关资料如下：

项目	1999年	1998年	1997年
坏帐准备	9,142,074.77	7,876,318.07	4,139,919.34
存货跌价准备	569,137.09	5,118,290.56	1,121,401.20
未分配利润	30,530,052.90	24,151,706.36	−4,657,327.45

（三）报告期内股东权益变动情况及变化原因

项目	股本	资本公积	盈余公积	法定盈余公积	未分配利润	股东权益
期初数	120,000	34,035	16,265	10,844	24,152	194,453
本期增加	40,000	139,444	3,949	2,632	26,327	189,771
本期减少					19,949	
期末数	160,000	173,479	20,214	13,476	30,530	384,224

三、股东情况介绍：

1、截止1999年12月31日，本公司股东总数为20635户，其中发起人股东3户，社会法人股东7户，社会公众股东20625户。
2、截止1999年12月31日，公司前10名股东持股情况：

股东名称	年末持股数量	持股比例(%)
（1）兴山县化工总厂	4878万股	30.49
（2）兴山天星水电集团水电专业公司	3386万股	21.16
（3）湖北宜煤集团有限责任公司	1500万股	9.38
（4）宜昌汇友电子科技有限公司	1000万股	6.25
（5）兴山县黄粮镇高岚河电业有限公司	1000万股	6.25
（6）湖北双环化工集团有限公司	100万股	0.63
（7）中国商品出口基地湖北公司	66万股	0.41
（8）左子悠	54.865万股	0.34
（9）宜昌葛洲坝矿产品开发公司	30万股	0.19
（10）邬全辉	27.5万股	0.17

重庆四维瓷业股份有限公司

一、公司简介

1、公司的法定中文名称：重庆四维瓷业股份有限公司

公司的法定英文名称：CHONG QING SWELL CERAMICS INDUSTRY CO.,LTD

2、公司法定代表人：陈宗云

3、公司董事会秘书及其授权代表的姓名、联系地址、电话、传真、电子信箱。

公司董事会秘书姓名：乔昌志

联系地址：重庆四维瓷业股份有限公司

电话：023－47881756　023－68820484　传真：023－47881756　023－68820484

电子信箱：cg@swellbath.com

4、公司注册地址，公司办公地址及其邮政编码，公司国际互联网网址、电子信箱。

公司注册地址：重庆市江津油溪镇

公司办公地址：重庆市江津油溪镇　邮政编码：402285

公司国际互联网网址：http://www.swellbath .com

电子信箱 E-MALL:chuantao@public.cta.cq.cn

5、公司选定的信息披露报纸名称，登载公司年度报告的中国证监会指定国际互联网网址，公司年度报告备置地点。

公司选定的信息披露报纸名称：中国证券报，上海证券报

登载公司年度报告的中国证监会指定国际互联网网址：http://www.sse.com.cn

公司年度报告备置地点：重庆四维瓷业股份有限公司董秘办公室

6、公司股票上市交易所、股票简称和股票代码。

公司股票上市交易所：上海证券交易所

股票简称：四维瓷业　股票代码：600145

二、会计数据和业务数据摘要

1、公司本年度实现的利润总额、净利润、扣除非经常性损益后的净利润、主营业务利润、其他业务利润、营业利润、投资收益、补贴收入、营业外收支净额、经营活动产生的现金流量净额、现金及现金等价物净增加额。

公司本年度实现的利润总额　元：	26121790.91
净利润　元：	22714600.79
扣除非经常性损益后的净利润　元：	14102635.03
主营业务利润　元：	59752159.18
其他业务利润　元：	−21322.58
营业利润　元：	14831412.11
投资收益　元：	2778545.94
补贴收入　元：	4459672.43
营业外收支净额　元：	4052160.43
经营活动产生的现金流量净额　元：	50845243.82
现金及现金等价物净增加额　元：	106868388.24

2、截至报告期末公司前三年的主要会计数据和财务指标。　单位：元

调整后：

项目	1999	1998	1997
主营业务收入	168704714.17	127210352.25	116681986.09
净利润	22714600.79	8348936.17	19752684.86
总资产	504781856.79	328342613.80	302796146.18
股东权益(不含少数股东权)	308905498.87	117187026.82	100621448.59
每股收益	0.18	0.1044	0.20
每股净资产	2.47	1.46	1.00
调整后的每股净资产	2.43	1.42	
每股经营活动产生的现金流量净额	0.41	−0.09	
净资产收益率　%	7.35	7.12	19.63

公司1999年按月平均加权法计算的每股收益为：0.24

公司1999年扣除非经常性损益后的每股收益为：0.11

调整后各年度会计数据如下：

项目	1999年	1998年
坏帐准备	3582260.66	3234275.89
存货跌价准备	8876647.97	5177258.60
未分配利润	17493300.91	−1814109.76

3、按下表列示报告期内股东权益变动情况，并逐项说明变化原因。

项目	股本	资本公积	盈余公积	法定公益金	未分配利润	股东权益合计
期初数	80000000.00	39001136.58	0.00	0.00	−1814109.76	117187026.82
本期增加	45000000.00	126464850.00	3407190.12	1135730.04	19307410.67	191718472.05
本期减少		2460978.74				
期末数	125000000.00	163005007.84	3407190.12	1135730.04	17493300.91	308905498.87

变动原因：

1、股本增加是因为公司在1999年增发4500万人民币普通股所致；

2、资本公积增加是本年度以4.00元增发A股溢价部分计入了资本公积所致；

3、盈余公积、法定公益金、未分配利润增加是本年度实现利润所致；

4、年初会计数据是根据会计调整后的数据填写。

三、股东情况介绍

(1)报告期末股东总数：截止1999年12月31日公司登记在册的股东总数为 29288 名

(2)前10名股东的持股情况。

股东名称	年初持股数量	年度内增减情况	年末持股数量	所占比例	股份质押或冻结情况	备注
四川陶瓷厂	70655586.00		70655586.00	56.52%	无	国家股
重庆万吉	6722600.00		6722600.00	5.38%	无	社会法人股
广汉输气	1344520.00		1344520.00	1.08%	无	社会法人股
重庆天和	941164.00		941164.00	0.75%	无	社会法人股
张红波		683088.00	683088.00	0.55%	无	流通股
成都干道	336130.00		336130.00	0.27%	无	国有法人股
骆文中		306461.00	306461.00	0.25%	无	流通股
李思婧		278104.00	278104.00	0.22%	无	流通股
财政证券		260000.00	260000.00	0.21%	无	流通股
黄志华		254380.00	254380.00	0.20%	无	流通股

报告期内持有本公司10%股份以上的法人股东是四川陶瓷厂，其基本情况如下：

单位名称：四川陶瓷厂

持有股份：7065.56万股占公司总股本的56.52%

宁夏大元化工股份有限公司

(一)、公司简介

1、公司法定中文名称：宁夏大元化工股份有限公司

公司法定英文名称：NINGXIA DAYUAN CHEMICAL CO., LTD.

2、公司法定代表人：焦学义

3、公司董事会秘书：张洪斌

公司授权代表：常忠

联系地址：宁夏银川市新市区文昌南路

电话：0951－2024921－6427、6168　传真：0951－2024529

4、公司注册地址：宁夏银川市新市区文昌南路

公司办公地址：宁夏银川市新市区文昌南路　邮政编码：750021

5、公司选定的信息披露报纸名称：《上海证券报》、《中国证券报》

登载公司年度报告的中国证监会指定国际互联网网址：http://www.sse.com.cn

公司年度报告备置地点：公司证券部

6、公司股票上市交易所：上海证券交易所

股票简称：大元股份　股票代码：600146

(二) 会计数据和业务数据摘要

1、本年度主要利润指标情况(单位：人民币元)：

利润总额：	22,022,345.86
净利润：	20,949,937.16
扣除非经常性损益后的净利润：	1,409,952.24
主营业务利润：	42,771,043.39
其他业务利润：	674,677.04
营业利润：	4,273,733.83
投资收益：	3,626,600.00
补贴收入：	10,431,103.01
营业外收支净额：	3,690,909.02
经营活动产生的现金流量净额：	15,542,792.51
现金及现金等价物净增加额：	141,207,672.65

注：扣除的非经常性损益项目和涉及金额(单位人民币元)：

1)资产处置损益(处置固定资产报废损失)：	−80,164.05
2)补贴收入(返还1999年度增值税)：	10,431,103.01
3)新股申购冻结资金利息：	4,196,039.17
4)其他税收返还(城建税返还)：	4,890,453.82
(房产税返还)：	102,552.97
5)以上项目涉及金额：	19,539,984.92

2、截至报告期末公司前三年主要会计数据和财务指标：(单位：人民币元)

项目	1999年	1998年		1997年	
		调整前	调整后	调整前	调整后
主营业务收入	765,293,705.88	865,242,207.04	865,242,207.04	1,010,716,032.00	1,010,716,032.00
净利润	20,949,937.16	34,664,090.99	31,128,823.34	43,593,810.53	40,604,511.75
总资产	802,139,467.12	475,747,986.96	469,223,420.53	408,994,184.04	406,004,885.27
股东权益(不含少数股东权益)	455,977,744.73	152,309,342.78	145,784,776.35	152,309,342.78	149,320,044.00
每股收益	0.105	0.248	0.222	0.311	0.290
每股收益(按月平均加权法计算)	0.123	0.248	0.222	0.311	0.290
扣除非经常性损益后的每股收益	0.007	0.248	0.222	0.311	0.290
每股净资产	2.28	1.08	1.04	1.09	1.07
调整后的每股净资产	2.25	1.08	1.03	1.09	1.03
每股经营活动产生的现金流量净额	0.078	/	/	/	/
净资产收益率%	4.59	22.76	21.35	28.62	27.19

调整前各年度会计数据如下：

项　目	1999年	1998年	1997年
坏帐准备	229,453.45	680,306.34	288,872.40
存货跌价准备	0	0	0
未分配利润	12,042,005.47	0	0

调整后各项会计数据：

项目	1999年	1998年	1997年
坏帐准备	2,196,043.46	6,982,161.70	3,055,460.11
存货跌价准备	760,298.44	222,711.07	222,711.07
未分配利润	8,140,389.57	−6,524,566.43	−2,540,903.96

3、报告期内股东权益变动情况

项目	期初数	本期增加	本期减少	期末数
股本	140,000,000	60,000,000		200,000,000
资本公积	12,309,342.78	229,243,031.22		241,552,374.00
盈余公积		6,284,981.16		6,284,981.16
法定公益金		2,094,993.72		2,094,993.72
未分配利润	−6,524,566.43	14,664,956.00		8,140,389.57
股东权益合计	145,784,776.35	309,148,725.63		455,977,744.73

变动原因：公司于1999年6月14日向社会公开发行人民币A股6000万股所致。

(三)股东情况介绍

1、报告期末公司股东总数为44616户。

2、报告期末公司主要股东持股情况

序号	股东名称	持股数(股)	占总股本比例(%)
1	宁夏大元炼油化工有限责任公司	140000000	70
2	同益基金	6000000	0.3
3	泰和基金	274830	/
4	鑫杰装饰	241000	/
5	兴华基金	226800	/
6	财政证券	205571	/
7	兰州高新	193910	/
8	李继南	188400	/
9	覃志成	188000	/
10	彭建国	140000	/

长春一东离合器股份有限公司

(一)公司简介

1、公司名称(中文):长春一东离合器股份有限公司
(英文):Changchun Yidong Clutch Co., Ltd
2、公司法定代表人:李治国
3、公司董事会秘书:王有年
联系地址:长春市朝阳区繁荣路 17-1 号
电　　话:0431—5173591—224
传　　真:0431—5174234
电子信箱:ccyidong @ public.cc.jl.cn
4、公司注册地址:长春市朝阳区繁荣路 17-1 号
公司办公地址:长春市朝阳区繁荣路 17-1 号
邮政编码:130012
电子信箱:ccyidong@public.cc.jl.cn
5、公司指定信息披露报纸:上海证券报
中国证监会指定登载公司年报的国际互联网网址:
http://www.sse.com.cn
公司年度报告备置地点:公司证券部
6、公司股票上市交易所:上海证券交易所
股票简称:离合器
股票代码:600148

(二)会计数据和业务数据摘要

1、公司本年度实现　　单位:人民币元

利润总额	48,755,914.28
净利润	41,246,065.38
扣除非经常性损益后的净利润	35,944,615.38
主营业务利润	57,555,168.55
其他业务利润	17,081,767.82
营业利润	47,968,431.38
投资收益	714,166.67
补贴收入	——
营业外收支净额	73,316.23
经营活动产生的现金流量净额	-3,110,587.01
现金及现金等价物净增加额	21,249,345.30

注:扣除的非经营性损益项目:技术转让收入 280 万元;总经销特许权收入 380 万元。

2、公司前三年主要会计数据和财务指标　　单位:元

项　目	99 年度	98 年度		97 年度
		调整后	调整前	
主营业务收入	160,896,787.17	118,918,605.96	118,918,605.96	109,191,578.55
净利润	41,246,065.38	14,254,567.16	18,657,359.23	11,639,844.14
总资产	343,851,128.18	276,281,744.65	278,040,095.55	226,633,612.83
股东权益	195,387,181.86	176,590,116.48	180,992,908.55	68,055,476.67
每股收益	0.55	0.19	0.25	0.25
每股净资产	2.61	2.36	2.42	1.48
调整后的每股净资产	2.50	2.28	2.33	1.39
每股经营活动产生的金流量净额	-0.04	-0.05	-0.05	---
净资产收益率(%)	21.11	8.07	10.31	17.10

注:根据财政部财会字(1999)35 号文、49 号文的规定,本公司会计政策变更采用了追溯调整法,调整了 98 年度相关项目数据,(详见报表附注四 34、35)。

财务指标的计算公式:
每股收益=净利润 / 年度末普通股股份总数
每股净资产=年度末股东权益 / 年度末普通股股份总数
调整后的每股净资产=(年度末股东权益-三年以上的应收款项净额-待摊费用-待处理(流动、固定)资产净损失-开办费-长期待摊费用-住房周转金负数余额)/ 年度末普通股股份总数
每股经营活动产生的现金流量净额=经营活动产生的现金流量净额 / 年度末普通股股份总数
净资产收益率=净利润 / 年度末股东权益 ⋆ 100%
注:99 年度按月平均加权计算的每股收益 0.55 元
99 年度扣除非经常性损益后的每股收益 0.48 元

3、股东权益变动情况　　单位:元

项目	股本	资本公积	盈余公积	法定公益金	未分配利润	股东权益合计
期初数	74830000	96605241.20	2138185.08	712728.36	3016690.20	176590116.48
本期增加	------	------	6186909.81	2092468.34	12610155.57	18797065.38
本期减少	------	------	------	------	------	------
期末数	74830000	96605241.20	8325094.89	2805196.70	15626845.77	195387181.86

变动原因:本年提取法定盈余公积金、公益金及预分配利润。

(三)股东情况介绍

1、截止 1999 年 12 月 31 日,本公司股东总数为 3242 人。
2、本公司前 10 名股东持股情况

股东名称	年末持股数(股)	占总股本比例(%)	持股种类
①吉林东光集团有限公司	33,528,545	44.80	未上市流通的国家法人股
②中国第一汽车集团公司	21,301,455	28.47	未上市流通的国家法人股
③刘克会	334,623	0.447	上市流通股
④张连荣	320,400	0.428	上市流通股
⑤王金陵	297,600	0.398	上市流通股
⑥赵北辰	286,990	0.384	上市流通股
⑦阎　华	272,300	0.364	上市流通股
⑧北方国投	268,651	0.359	上市流通股
⑨田荣义	255,400	0.341	上市流通股
⑩方辉	253,900	0.339	上市流通股
合　计	57,119,864	76.33	

注:公司第一大股东"吉林东光汽车零部件有限责任公司"在报告期内改制更名为"吉林东光集团有限公司"。

持有公司股份 5%以上股东所持股份本年度内无变动,其所持股份未发生质押和冻结情况。

邢台轧辊股份有限公司

一、公司简介

1、公司法定中文名称:邢台轧辊股份有限公司
公司法定英文名称:XINGTAI MILL ROLL CO., LTD.　英文缩写:XTMC
2、公司法定代表人:黄庚辰
3、公司董事会秘书:李俊林
公司董秘授权代表:靳电人
联系地址:河北省邢台市新兴西路 1 号
联系电话:(0319)2023911—5168　传真:(0319)2022061
电子信箱:xtmcs@fm365.com
4、公司注册地址:河北省邢台市新兴西路 1 号
公司办公地址:河北省邢台市新兴西路 1 号　邮政编码:054025
国际互联网网址:http://www.xtzhagun.com.cn
电子信箱:xtmmc@xt-user.he.cninfo.net
5、公司选定的信息披露报纸:《中国证券报》、《上海证券报》
登载公司年报的中国证监会指定国际互连网网址:http://www.sse.com.cn
公司年度报告备置地点:公司证券部
6、公司股票上市交易所:上海证券交易所
股票简称:邢台轧辊　股票代码:600149

二、会计数据和业务数据摘要

(一)本年度主要利润指标情况　　(单位:元)

利润总额:	58545351.05
净利润:	42447311.36
扣除非经常性损益后的净利润	27833290.45
主营业务利润	82990481.33
其他业务利润	180343.86
营业利润	42545492.06
投资收益	1367916.00
补贴收入	8780748.92
营业外收支净额	5851194.07
经营活动产生的现金流量净额	-64508760.74
现金及现金等价物净增加额	46513944.74

注:扣除的非经常性损益的项目和涉及金额:
1、补贴收入　8780748.92
2、发行新股无效申购利息　5833271.99

(二)近三年主要会计数据和财务指标(单位:元)

指标项目	1999 年	1998 年		1997 年	
		调整前	调整后	调整前	调整后
主营业务收入	369144454.98	386090693.98	386090693.98	376993965.51	376993965.51
净利润	42447311.36	41691882.54	47809838.87	31288333.15	22030380.55
总资产	868253219.27	629158685.54	626018689.27	639168692.94	629910740.34
股东权益	491390724.14	215508245.51	212368249.24	200423859.72	191165907.12
每股收益	0.25	0.33	0.38	0.25	0.18
每股收益(加权)	0.30	0.33	0.38	0.25	0.18
扣除非经营性损益后的每股收益	0.16	0.27	0.32	0.25	0.18
每股净资产	2.89	1.73	1.70	1.61	1.53
调整后的每股净资产	2.87	1.71	1.68	1.35	1.28
每股经营活动产生的现金流量净额	-0.38	0.22	0.22	--	--
净资产收益率(%)	8.64	19.35	22.51	15.61	11.52

注:主要财务指标的计算公式如下:
每股收益=净利润/年度末普通股股份总数
每股净资产=年度末股东权益/年度末普通股股份总数
调整后的每股净资产=(年度末股东权益-三年以上的应收款项净额-待摊费用-待处理 (流动、固定)资产净损失-开办费-长期待摊费用-住房周转金负数余额)/年度末普通股股份总数
每股经营活动产生的现金净流量净额=经营活动产生的现金流量净额/年度末普通股股份总数
净资产收益率=净利润/年度末股东权益＊100%
每股收益 (加权)=当期净利润/[期末普通股股份总数/(1+配股比例或增发新股比例)+期末普通股股份总数/(1+配股比例或增发新股比例)＊配股比例或增发新股比例＊缴款结束日下一月份至期末的月份数/12]

(三)报告期内股东权益变动情况及原因

项目	股本	资本公积	盈余公积	法定公益金	未分配利润	股东权益合计
期初数	124800000	31200000	23599145.92	7866381.98	32769103.32	212368249.24
本期增加	45000000	191575163.54	6367096.71	2122365.57	36080214.65	279022474.90
期末数	169800000	222775163.54	29966242.63	9988747.55	68849317.97	491390724.14

变动原因:
股本增加是因为 1999 年 8 月公司发行社会公众股 4500 万股。
资本公积金增加是因为增加发行新股的股本溢价。
盈余公积金增加是因为计提本年实现利润的盈余公积金。
法定公益金增加是因为计提本年实现利润的法定公益金。
未分配利润增加是因为增加本年实现的利润。

三、股东情况介绍

1、报告期末,公司股东总数为 39828 户。
2、前十名股东持股情况(截止 1999 年 12 月 31 日)

名次	股东名称	持股数量(股)	占总股本比例(%)
1	邢台机械轧辊(集团)有限公司	97,600,000	57.48
2	邢台顺达实业公司	3,200,000	1.89
3	爱建公司	455,000	0.27
4	修淑华	225,600	0.13
5	苏泉窝	200,000	0.12
6	中航金信	166,900	0.10
7	刘振华	163,515	0.10
8	邢鸿森	152,300	0.09
9	程素花	131,800	0.08
10	曹宏志	130,000	0.08

沪东重机股份有限公司

一、公司简介

1、公司法定中文名称:沪东重机股份有限公司
公司法定英文名称:Hudong Heavy Machinery CO.,LTD.
公司英文名称缩写:HHM
2、公司法定代表人:李本度先生
3、公司董事会秘书:王惠梁先生、林勤国先生
联系地址:上海市浦东大道 2845 号
电话:(021)58461891　传真:(021)38710103　电子信箱:stock@hhm.com.cn
4、公司注册地址:上海市浦东大道 2851 号
公司办公地址:上海市浦东大道 2851　邮政编码:200129
公司国际互联网网址:http://www.hhm.com.cn
电子信箱:stock@hhm.com.cn
5、公司信息披露报纸名称:《中国证券报》、《上海证券报》
登载公司年度报告的中国证监会指定国际互联网网址:http://www.sse.com.cn
公司年度报告备置地点:上海市浦东大道 2845 号股民接待室
6、公司股票上市交易所:上海证券交易所
股票简称:沪东重机　股票代码:600150

二、会计数据和业务数据摘要

1、本年度利润总额及构成 (单位:人民币元)

利润总额	-29191979.72
其中:主营业务利润	45203242.62
其他业务利润	1273402.93
营业利润	-30388295.38
投资收益	1367597.23
补贴收入	1751000.00
营业外收支净额	-1922281.57
净利润	-29191979.72
扣除非经常性损益后的净利润	-28870035.55
经营活动产生的现金流量净额	26488140.39
现金及现金等价物净增加额	-60308915.68

注:扣除的非经常性损益项目和涉及金额:
补贴收入项目:

a.铸件增值税先征后返	1580000.00
b.新产品增值税先征后返	171000.00
以上项目涉及金额:	1751000.00

2、截至报告期末公司前三年主要会计数据和财务指标:(单位:人民币元)
追溯调整后:

项　目	1999 年度	1998 年度	1997 年度
主营业务收入	547668028.65	719061067.46	813812649.24
净利润	-29191979.72	26912897.01	45313543.38
总资产	1202012851.68	1165666072.59	644518885.81
股东权益	508020506.52	537212486.24	257146204.82
每股收益(摊薄)	-0.121	0.123	0.303
每股收益(按月平均加权法计算)	-0.121	0.137	
扣除非经常性损益后的每股收益	-0.120	0.125	
每股净资产	2.10	2.45	1.72
调整后的每股净资产	2.06	2.42	
每股经营活动产生的现金流量净额	0.11	-0.417	
净资产收益率(%)	-5.75	5.01	17.62

3、报告期内股东权益变动情况　单位:元

项　目	股　本	资本公积	盈余公积	法定公益金	未分配利润	股东权益合计
期初数	219539200.00	295423879.25	5188505.15	5188505.15	38048864.74	563388954.29
调整数		-4326423.27	-2544385.10	-2544385.10	-16761274.58	-26176468.05
调整后	219539200.00	291097455.98	2644120.05	2644120.05	21287590.16	537212486.24
本期增加	21953920.00	7227705.30			-29191979.72	-10354.42
本期减少		7227705.30			21953920.00	29181625.30
期末数	241493120.00	291097455.98	2644120.05	2644120.05	-29858309.56	508020506.52

变动原因:(1).股本增加和未分配利润减少系 1998 年分配 10 股送 1 股派送红股所致。
(2).因追溯调整坏账准备、存货跌价准备,清算上年所得税等而相应调减期初未 分配利润 16,761,274.58 元及上年提取的法定公积金 2,544,385.10 元、公益金 2,544,385.10 元。
(3).资本公积本期增加减少系"资产评估增值准备"转至"其他资本公积金转入"。
(4).原 1998 年 12 月 31 日资产负债表中资本公积余额为人民币 295,423,879.25 元, 与本年期初余额的差异为人民币 4326423.27 元, 原因系 1998 年资产评估增值应交所得 税是按评估增值额的 35%计算,实际应按评估增值全额计算应交所得税,差异部分调整 年初数,从"资本公积--资产评估增值准备"转入"递延税款贷项"。

三、股东情况介绍

1、报告期末本公司股东总数为 46471 户。
2、持有本公司 5%以上股份的股东只有本公司发起人沪东造船厂与上海船厂,其所持股份为国有法人股,全部属未上市流通股份。其中沪东造船厂期初持有 111673800 股, 期末 122841180 股, 增加了 11167380 股; 上海船厂期初持有 37865400 股, 期末持有 41651940 股, 增加了 3786540 股。 以上变动皆系公司送股所致。
公司前十名股东持股情况如下:

股东名称	持股数(股)	占总股本比例(%)
(1) 沪东造船厂	122841180	50.87
(2) 上海船厂	41651940	17.25
(3) 熊猫电子	946856	0.39
(4) 金三元	793260	0.33
(5) 战兰芳	361131	0.15
(6) 黄志恒	281000	0.12
(7) 杨静卿	270200	0.11
(8) 常州信托	268570	0.11
(9) 恒和投资	250000	0.10
(10)屠荣兴	242000	0.10

以上持股 5%以上的国有法人股股东所持股份均无质押和冻结等情况。本公司未知以上(3)-(10)股东之间的关联关系。

上海航天汽车机电股份有限公司

(一)公司简介

1.公司法定中文名称:上海航天汽车机电股份有限公司
公司法定英文名称:
SHANGHAI AEROSPACE AUTOMOBILE ELECTROMECHANICAL CO.,LTD
英文缩写:SAAE
2.公司法定代表人:赵元昌
3.公司董事会秘书:瞿建华
公司董事会秘书授权人:王慧莉
联系地址:上海浦东新区商城路 660 号 10 楼
电话:021-58783212　传真:021-58784116
电子信箱:saae@shanghai.cngb.com
4.公司注册地址:上海浦东新区商城路 660 号　邮政编码:200120
公司办公地址:上海市浦东新区金桥金吉路 738 号
邮政编码:201206
公司国际互联网网址:http://www.saae-ch.com
电子信箱:saae@shanghai.cngb.com
5.公司选定的信息披露报纸名称:《中国证券报》、《上海证券报》
登载公司年度报告的中国证监会指定国际互联网网址: http://www.sse.com.cn
公司年度报告备置地点:上海浦东新区商城路 660 号 1011 室
6.公司股票上市交易所:上海证券交易所
股票简称:航天机电　股票代码:600151

(二) 会计数据和业务数据摘要

1.本年度利润总额及构成　(单位:元)

利润总额	
其中:主营业务利润	267,846,976.09
其他业务利润	-3,563,457.88
营业利润	135,501,035.14
投资收益	25,291,109.60
补贴收入	3,500,000.00
营业外收支净额	5,231,390.99
净利润	115,495,160.21
扣除非经常性损益后的净利润	106,763,769.22
经营活动产生的现金流量净额	73,445,439.04
现金及现金等价物净增加额	-139,898,655.47

2.公司近三年主要会计数据及财务指标(万元)

	1999	1998		1997
		调整前	调整后	
主营业务收入	82,040.87	70,214.84	70,214.84	81,928.17
净利润	11,549.52	11,054.67	10,492.09	12,914.49
总资产	155,939.37	132,429.34	131,649.00	81,912.34
股东权益	77,004.70	74,349.71	73,376.69	30,456.36
每股收益 (元)	0.425	0.406	0.386	0.633
扣除非经营损益后的每股收益(元)	0.393	0.373	0.353	0.467
每股净资产(元	)2.83	2.73	2.7	0 1.49
调整后的每股净资产(元)	2.55	2.58	2.54	1.43
每股经营活动产生的现金净流量(元)	0.27	0.83		
净资产收益率%	15	14.87	14.30	42.40

计算公式:
每股收益=净利润/年度末普通股股份总数
每股净资产=年度末股东权益/年度末普通股股份总数
调整后的每股净资产=(年度末股东权益-三年以上的应收款项净额-待摊费用-待处理 (流动、固定)资产净损失-开办费-长期待摊费用-住房周转金负数余额)/年度末普通股股份总数
每股经营活动产生的现金流量净额=经营活动产生的现金流量净额 /年度末普通股股份总数
净资产收益率=净利润/年度末股东权益×100%
加权平均每股收益=当期净利润/[期末普通股股份总数/(1+配股比例或增发新股的比例)+期末普通股股份总数/(1+配股比例或增发新股比例)×配股比例或增发新股比例×自缴款结束日下一月份至期末的月份数/12]

3. 股东权益变动情况

项目	期初数	本期增加	本期减少	期末数
股本	27,200,000.000.00	0.00	272,000,000.00	
资本公积	437,172,945.45	18,768,403.21	10,665,220.46	445,276,128.20
盈余公积	27,457,325.38	20,147,234.980.00	47,604,560.36	
法定公益金	9,234,936.43	438,307.450.00	9,673,243.88	
未分配利润	-2,863,354.19	115,495,160.21	107,465,447.20	5,166,358.82
股东权益合计	733,766,916.64	154,410,798.40	118,130,667.66	770,047,047.38

变动原因:资本公积的增加主要系被投资单位对外投资的资产评估增值,减少主要是被投资单位对外投资的资产评估增值重复部分转出。盈余公积的增加主要是提取盈余公积和法定公益金。未分配利润的增加主要是报告期内实现的净利润而引起,减少主要是提取“两金”及股利分配。

(三) 股东情况介绍

1.报告期末股东总数 50173 户。
2.报告期末公司主要股东持股情况

股东名称	年末持股数量(万股)	占总股本比例(%)
上海航天工业总公司	17116.91	62.93
上海新光电讯厂	1591.385.85	
上海舒乐电器总厂	1571.755.78	
东方证券	161.960.60	
上海仪表厂	119.960.44	
杜志康	40.000.15	
豫中信投	39.430.15	
罗先良	25.800.09	
东方中兴	24.650.09	
朱恩禄	21.560.08	

宁波敦煌集团股份有限公司

(一)公司简介

1、公司法定中文名称:宁波敦煌集团股份有限公司
公司法定英文名称:NINGBO DUNHUANG GROUP LIMITED LIABILITY COMPANY.
英文名称缩写:D.H
2、公司法定代表人:何承命
3、公司董事会秘书:童国通
联系地址:浙江省宁波市和义路 99 号
联系电话: 0574-7341480
传　　真: 0574-7253691
4、公司注册地址:浙江省宁波市长春路 60 号
董事会办公地址:浙江省宁波和义路 99 号
公司邮政编码:315000
公司国际互联网址:http//www.dunhuang.com
公司电子信箱:dunhuang@nbtex.com.cn
5、公司指定信息披露报纸:《上海证券报》、《中国证券报》
登载公司年度报告的国际互联网址:http://www.sse.com.cn
年度报告备置地点:公司董事会秘书处(宁波市和义路 99 号)
6、公司股票上市地点:上海证券交易所
股票简称:敦煌集团　股票代码:600152

(二)会计数据和业务数据摘要(合并报表)

1、公司本年度实现:(单位:元)
利润总额:53008637.23
净利润:51321836.14
扣除非经营性损益后的净利润:25997488.58
注:非经常性损益的项目及金额
(1) 申购资金冻结利息摊销:2089896.81
(2) 转让宁波宏大公司股权收益:3783341.09
(3) 转让市区不动产收益:17783144.10
(4) 税费返回:1778314.10
主营业务利润:79674737.80
其他业务利润:3467199.44
营业利润 28030775.35
投资收益:4000917.36
补贴收入:1943266.08
营业外收支净额:19033678.44
经营活动产生的现金流量净额:51426505.36
现金及现金等价物净增加额:-1563420.09

2、近三年主要会计数据和财务指标

	1999	1998	1997
主营业务收入(万元)	60215	39446	33623.47
净利润　(万元)	5132	4072	3024.26
总资产　(万元)	79472	56670	37369.30
股东权益　(万元)	38683	33738	13519.47
每股收益　(元)	0.3768	0.299	0.33
每股加权收益(元)	0.3768	0.34	---
扣除非经营性收益后每股收益(元)	0.19	0.28	---
每股净资产　(元)	2.84	2.48	1.48
调整后的每股净资产(元)	2.80	2.51	---
每股经营活动产生的现金流量净额	0.38	0.30	---
净资产收益率 (%)	13.27	11.52	22.37

每股收益=净利润/年度末普通股股份总数
每股净资产=年度末股东权益/年度末普通股股份总数
调整后每股净资产=[年度末股东权益—三年以上应收款项—待摊费用—待处理 (流动、固定)资产净损失—开办费—长期待摊费用-住房周转金负数余额]/年度末普通股股份总数
每股经营活动产生的现金流量净额=经营活动产生的现金流量净额/年度末普通股股份总数
净资产收益率=净利润/年度末股东权益×100%

3、报告期内股东权益变动情况　　单位:万元

项目	股本	资本公积金	盈余公积金	法定公益金	未分配利润	其他	股东权益合计
期初数	13618.46	17276.51	2009.67	664.84	1313.86	-480.76	33737.74
本期增加	0.00	0.00	769.83	256.61	4362	-188	4944.88
本期减少	0.00	0.00	0.00	0.00	0.00	0.00	0.00
期末数	13618.46	17276.51	2779.50	921.46	5676	-668.76	38682.62
变动原因	---	---	法定计提	法定计提	---	---	---

(三)股东情况介绍

2、股东情况介绍
(1)截止 1999 年 12 月 30 日,本公司股东总数 6696 户。
(2)公司前十名股东情况

股东名称	持股数(万股)	占股本比例(%)
① 宁波维科集团股份有限公司	4025.96	29.56
② 宁波市工业投资有限责任公司	2437.50	17.90
③ 宁波纺织(控股)集团有限公司	900.00	6.61
④ 金　泰　基　金	672.76	4.94
⑤ 南京帝豪房地产开发公司	386.00	2.83
⑥ 南　京　新　城	264.00	1.94
⑦ 宁波成功信息股份有限公司	260.00	1.91
⑧ 宁波中元股份有限公司	130.00	0.95
⑨ 宁　波　钢　铁　总　厂	130.00	0.95
⑩ 杭州天目药业股份有限公司	130.00	0.95

前 10 名股东中①、③为国有法人持股。
前 10 名股东之间③是①的控股股东。
持本公司 29.56%股权的股东-宁波维科集团股份有限公司, 所持的股票质押给中国工商银行宁波支行。质押期限:1999 年 12 月 23 日起至 2000 年 8 月 20 日止。

厦门建发股份有限公司

一、公司简介

1、公司名称:厦门建发股份有限公司
英文名称及缩写:XIAMEN C&D INC.
2、法定代表人:王宪榕
3、董事会秘书:林茂
联系地址: 厦门市鹭江道 52 号海滨大厦六楼
联系电话: 0592-2132319　传真:0592-2132319
4、注册地址:厦门市鹭江道海滨大厦六楼
办公地址:厦门市鹭江道海滨大厦六楼
邮政编码:361001　电子信箱:xcdc@public.xm.fj.cn
公司网址:http://www.chinacdc.com
5、信息披露报刊:《中国证券报》、《上海证券报》及《证券时报》
登载中国证监会指定国际互联网址:http://www.sse.com.cn
年度报告备置地点:厦门市鹭江道 52 号海滨大厦六楼证券部
6、股票上市地:上海证券交易所
股票简称:厦门建发
股票代码:600153

二、会计数据和业务数据摘要

1、本年度主要会计数据　　单位:人民币元

利润总额	170,081,349.86
净利润	122,368,020.87
扣除非经常性损益后的净利润	111,033,948.99
主营业务利润	211,581,075.37
其他业务利润	27,930,590.11
营业利润	115,419,954.59
投资收益	44,285,868.17
补贴收入	0
营业外收支净额	10,375,527.10
经营活动产生的现金流量净额	199,361,796.32
现金及现金等价物净增加额	64,631,827.08

注:扣除非经常性损益项目和涉及金额:
(1)、合并价差摊销:　958,544.78
(2)、营业外收支净额:10,375,527.10
2、公司近三年主要财务指标

项目	1999 年末	1998 年末		1997 年末	
		调整前	调整后	调整前	调整后
主营业务收入	3,399476,942.32	2,147,951,120.73	2,147,951,120.73	1,470,422,452.25	1,470,422,452.25
净利润	122,368,020.87	92,782,596.18	75,239,009.86	58,414,913.79	54,421,443.75
总资产	2,011,259,046.24	954,830,160.01	931,700,572.92	456,925,459.66	451,692,466.95
股东权益	710,498,816.67	608,115,074.06	586,578,017.70	223,706,438.75	219,712,968.71
每股收益	0.51	0.50	0.41	0.43	0.40
扣除非经常性后的每股收益	0.46	0.43	0.33	0.44	0.41
每股净资产	2.95	3.29	3.17	1.66	1.63
调整后每股净资产	2.86	3.25	3.12	1.62	1.59
每股经营活动产的现金净流量	0.83	0.51	0.51	/	/
净资产收益率(%	17.22	15.26	12.83	26.11	24.77
加权平均每股收益	0.56	0.57	0.46	0.43	0.40
加权平均净资产收益率(%)	18.92	21.28	17.68	26.11	24.77

注(1):上表 97 年指标是以总股本 13,500 万股计算,98 年指标是以总股本 18,500 万股计算,99 年指标是以总股本 24,050 万股计算。
注(2):计算公式如下:
每股收益 = 净利润/年度末普通股股份总数
每股净资产 = 年度末股东权益/年度末普通股股份总数
净资产收益率 = 净利润/年度末股东权益× 100%
调整后的每股净资产 = (年度末股东权益- 三年以上的应收款项 - 待摊费用-待处理(流动、固定)资产净损失 - 开办费 - 长期待摊费用)/年度末普通股股份总数
3、报告期内股东权益的变动情况　　单位:人民币元

项目	股本	资本公积	盈余公积	其中:公益金	未分配利润	股东权益合计
期初数	185,000,000.00	311,585,184.04	14,249,107.96	7,124,533.98	75,743,725.70	586,578,017.70
本期增加	55,500,000.00	5,252,778.10	18,355,203.13	6,118,401.04	104,012,817.74	183,120,798.97
本期减少		37,000,000.00			22,200,000.00	59,200,000.00
期末数	240,500,000.00	279,837,962.14	32,604,311.09	13,242,955.02	157,556,543.44	710,498,816.67

变动原因说明:
(1)、总股本增加是报告期内实施每 10 股送 1 股转增 2 股所致。
(2)、资本公积本期增加数为报告期内被投资单位评估增值,本期减少数系报告期内每 10 股转增 2 股所致。
(3)、盈余公积和法定公益金本期增加数均为本年净利润计提。
(4)、未分配利润本期增加数来源于本年净利润,本期减少数系报告期内每 10 股送 1 股,派发现金红利 0.20 元(含税)所致。

三、股本情况介绍

1、股东数量:截止 1999 年 12 月 31 日,公司股东总数为 14,127 户。
2、主要股东持股情况(前 10 名):

股东名称	持股数量(股)	比例(%)
厦门建发集团有限公司	175,500,000	72.97
周斌	837,700	0.35
李宏东	739,600	0.31
肖绿霞	688,600	0.29
苏茂林	619,720	0.26
裴常华	582,010	0.24
李丹	579,900	0.24
许颖	481,080	0.20
天元基金	467,674	0.19
佟荣华	420,570	0.17

备注:以上各股东间无关联关系。

河北宝硕股份有限公司

一、公司简介

1、公司法定中文名称:河北宝硕股份有限公司
　法定英文名称:HEBEI BAOSHUO CO.,LTD
2、公司法定代表人:周山
3、公司董事会秘书:何胜利
　联系电话:(0312)3209658　传真:(0312)3209655　电子信箱:shl_he@baoshuo.com.cn
　联系地址:河北省保定市向阳南路 117 号(邮编:071051)
4、公司注册地址:河北省保定国家高新技术产业开发区朝阳北路 176 号
　公司办公地址:河北省保定市向阳南路 117 号(邮编:071051)
　公司国际互联网址:http:\\www.baoshuo.com.cn　公司电子信箱:baoshuo@baoshuo.com.cn
5、公司选定的信息披露报纸名称:《中国证券报》、《上海证券报》
　登载公司年度报告的中国证监会指定国际互联网网址:http:\\www.sse.com.cn
　公司年度报告备置地点:公司规划及证券管理部
6、公司股票上市交易所:上海证券交易所　股票简称:宝硕股份　股票代码:600155

二、会计数据和业务数据摘要

1、公司本年度实现利润情况(单位:人民币元)

利润总额	132,870,434.67
净利润	85,669,569.38
扣除非经常性损益后的净利润	81,646,865.75
主营业务利润	174,583,400.35
其他业务利润	6,732,913.98
营业利润	109,487,731.09
投资收益	−134,466.91
补贴收入	19,779,139.77
营业外收支净额	3,738,030.72
经营活动产生的现金流量净额	80,708,977.03
现金及现金等价物净增加额	−1,133,898.07

注:扣除的非经营性损益项目和涉及金额:

(1)营业外收支净额项目	3,738,030.72
① 股票发行无效申购冻结资金利息	4,601,106.31
② 处理固定资产净收益	−866,262.48
③ 其他净收入	3,186.89
(2)补贴收入项目	284,672.91
①出口贴息	45,923.00
②新产品增值税返还	238,749.91
(3)以上项目涉及金额	4,022,703.63

2、截止 1999 年末,公司前三年主要会计数据和财务指标(单位:人民币元)

(1)追溯调整后:

指标项目	1999 年	1998 年	1997 年
主营业务收入	864,482,928.77	553,018,449.37	500,026,146.54
净利润	85,669,569.38	56,468,678.84	56,331,717.00
总资产	1,404,975,388.02	1,077,673,691.81	533,041,713.41
股东权益	595,447,838.35	509,778,268.97	210,882,580.54
(不含少数股东权益)			
每股收益			
加权平均	0.428	0.323	
全面摊薄	0.428	0.282	0.375
扣除非经常性损益后的每股收益	0.408	0.273	0.374
每股净资产	2.977	2.549	1.406
调整后的每股净资产	2.922	2.506	1.397
每股经营活动产生的现金流量净额:	0.404	0.269	
净资产收益率(%)	14.39	11.08	26.71

调整前各年度会计数据如下:

项目	1999 年	1998 年	1997 年
坏帐准备	888,177.08	436,266.85	242,837.86
存货跌价准备	0	0	0
未分配利润	115,087,481.51	46,643,368.44	529,283.62

调整后各年度会计数据如下:

项目	1999 年	1998 年	1997 年
坏帐准备	1,228,689.34	767,312.45	242,837.86
存货跌价准备	279,309.95	1,448,864.07	0
未分配利润	114,135,479.61	45,691,366.54	529,283.62

3、股东权益变动情况(单位:人民币元)

项目	股本	资本公积	盈余公积	法定公益金	未分配利润	合计
期初数	200,000,000.00	252,780,306.51	11,306,595.92	5,631,529.22	45,691,366.54	509,778,268.97
本期增加			17,225,456.31	8,499,136.01	68,444,113.07	85,819,569.38
本期减少						
期末数	200,000,000.00	252,780,306.51	28,532,052.23	14,130,665.23	114,135,479.61	595,447,838.35
变动原因			净利润增加	净利润增加	净利润增加	

三、股东情况介绍

1、截止 1999 年末,公司股东总数为 6,377 户。

2、前 10 名股东持股情况

名次	股东名称	持股数量(股)	占总股本比例(%)	股份性质
1	河北宝硕集团有限公司	150,000,000	75.00	国家股
2	杭州康城	3,648,937	1.82	社会公众股
3	金鹰公司	3,604,120	1.80	社会公众股
4	兴发公司	1,991,478	1.00	社会公众股
5	康庄餐饮	1,378,084	0.69	社会公众股
6	富阳工程	1,319,930	0.66	社会公众股
7	东方基础	1,293,900	0.65	社会公众股
8	中兴发	1,178,568	0.59	社会公众股
9	东方证券	846,600	0.42	社会公众股
10	方国琴	790,605	0.40	社会公众股

湖南华升益鑫泰股份有限公司

(一) 公司简介

1、公司法定中文名称:湖南华升益鑫泰股份有限公司
公司法定英文名称:Hunan Huasheng Yixingtai co., ltd
英文缩写:HSYXT
2、公司法定代表人:刘郁文
3、公司董事会秘书:郝利民
联系地址:湖南省长沙市芙蓉南路 257 号七楼
电话:0731-5215526
传真:0731-5217081
电子信箱:hnyxt@public.cs.hn.cn
4、公司注册地址:湖南省长沙市建湘路南路 131 号
公司办公地址:湖南省长沙市芙蓉南路 257 号
邮政编码:410015
电子信箱:hnyxt@public.cs.hn.cn
5、公司选定的信息披露报纸名称:《上海证券报》、《湖南证券报》
登载公司年度报告的中国证监会指定国际互联网网址:
http://www.sse.com.cn
公司年度报告备置地点:公司董事会秘书办公室
6、公司股票上市交易所:上海证券交易所
股票简称:益鑫泰
股票代码:600156

(二) 会计数据和业务数据摘要

1、本年度主要利润指标情况(单位:人民币元)

利润总额:	118,725,782.71
净利润:	100,998,265.34
扣除非经常性损益后的净利润:	95,385,947.97
主营业务利润:	150,849,595.60
其它业务利润:	6,435,877.49
营业利润:	99,012,265.55
投资收益:	12,153,848.44
补贴收入:	454,581.56
营业外收支净额:	7,105,087.16
经营活动产生的现金流量净额:	133,229,273.61
现金及现金等价物净增加额:	6,919,370.44

注:扣除的非经常性损益项目和涉及金额
新股申购冻结资金利息收入:5,612,317.37

2、截至报告期末公司前三年主要会计数据和财务指标(单位:人民币元)

项目	1999 年	1998 年		1997 年	
		(调整前)	(调整后)	(调整前)	(调整后)
主营业务收入	902,546,451.82	803,830,193.99	803,830,193.99	661,083,491.97	661,083,491.97
净利润	100,998,265.34	100,969,729.83	74,518,772.14	74,165,646.50	64,624,221.23
总资产	1,300,845,637.38	1,317,355,891.36	1,280,837,065.83	718,918,120.67	709,376,695.40
股东权益	951,864,340.99	886,858,458.62	850,866,075.65	344,801,683.29	335,260,258.02
每股收益(摊薄)	0.2443	0.3175	0.2343	0.3310	0.2885
每股收益(加权)	0.2762	0.3522	0.2600	0.3310	0.2885
每股净资产	2.30	2.79	2.68	1.54	1.50
调整后的每股净资产	2.29	2.76	2.65	1.51	1.47
每股经营活动产生的现金流量净额	0.32	−0.20	−0.20	/	/
净资产收益率(摊薄)	10.61%	11.39%	8.76%	21.51%	19.28%
净资产收益率(加权)	10.61%	14.62%	10.79%	21.51%	19.28%

注:(1)主要财务指标计算方法
每股收益(摊薄)=净利润/年度末普通股股份总数
每股净资产=年度末股东权益/年度末普通股股份总数
调整后的每股净资产=(年度末股东权益—三年以上的应收款项净额—待摊费用—待处理(流动、固定)资产净损失—开办费—长期待摊费用—住房周转金负数余额)/年度末普通股股份总数
每股经营活动产生的现金流量净额=经营活动产生的现金流量净额/年度末普通股股份总数
净资产收益率(摊薄)=净利润/年度末股东权益×100%
注:(2)根据财政部[1999]35 号文的有关规定,公司对以前年度的会计数据和财务指标进行了追溯调整,并分别以调整前、调整后的数据列示。

3、报告期内股东权益变动情况

项目	股本	资本公积金	盈余公积	法定公益金	未分配利润	股东权益合计
期初数	318,000,000	467,888,728.79	9,746,602.02	3,248,867.34	55,230,744.84	850,866,075.65
本期增加	95,400,000	/	15,149,739.81	5,049,913.27	100,998,265.34	211,548,005.05
本期减少	/	63,600,000.00	/	/	46,949,739.81	110,549,739.81
期末数	413,400,000	404,288,728.79	24,896,341.83	8,298,780.61	109,279,270.37	951,864,340.99

变动原因:
①实施 98 年利润分配:每 10 股送红股 1 股,资本公积金每 10 股转增 2 股。
②从本年净利润中提出 10%的法定盈余公积金和 5%的法定公益金。
③上述各项目期初数与上年度报表数不一致的,系会计政策变更,计提四项准备,追溯调整以前年度损益所致,具体见会计报表附注 4。

(三)股东情况介绍

1、报告期末本公司股东总数为 58008 户。

2、报告期末主要股东持股情况

序号	股东名称	持股数(股)	占总股本比例(%)
①	湖南华升工贸进出口(集团)公司	291200000	70.44
②	益阳市财源建设投资有限公司	7150000	1.73
③	中国服装集团公司	4550000	1.10
④	杨丽	724800	0.18
⑤	湛桂珍	573556	0.14
⑥	郭才顺	537004	0.13
⑦	温海蓉	474540	0.12
⑧	陈 梅	474000	0.12
⑨	曾东升	463669	0.11
⑩	开元基金	461810	0.11

泰安鲁润股份有限公司

一、公司简介

1、公司法定名称： 泰安鲁润股份有限公司
英 文 名 称： TAIAN LURUN CO.,LTD 缩写： TALRCL
2、公司法定代表人
公司法定代表人：张志福
3、公司董事会秘书及其联系地址、电话、传真、电子信箱
董事会秘书：尚福平
联 系 地 址：山东省泰安市青年路 111 号
泰安鲁润股份有限公司董事会办公室
电 话：0538-8201817 传真：0538-8226885
电 子 信 箱：Lrgfdb public.taptt.sd.cn
4、公司注册地址、公司办公地址及其邮政编码、公司国际互联网网址、电子信箱
公司注册地址： 山东省泰安市青年路 111 号
公司办公地址： 山东省泰安市青年路 111 号
邮 政 编 码： 271000
公司国际互联网网址：http://www.lurungufen.com
公 司 电 子 信 箱：Lrgf public.taptt.sd.cn
5、公司法定的信息披露报纸名称、登载公司年度报告的中国证监会指定国际互联网网址、公司年度报告备置地点
公司法定的信息披露报纸：上海证券报、中国证券报、证券时报登载公司年度报告的中国证监会指定国际互联网网址：
http://www.sse.com.cn
公司年度报告备置地点：泰安鲁润股份有限公司董事会办公室
6、公司股票上市交易所、股票简称和股票代码
公司股票上市地：上海证券交易所
股 票 简 称：鲁润股份 股票代码：600157

二、会计数据和业务数据摘要

（一）本年度实现利润及其构成：

1、利润总额：	94,503,246.61 元
其中：主营业务利润	133,230,503.62 元
其他业务利润	735,336.80 元
营业利润	94,399,838.79 元
投资收益	136,800.00 元
补贴收入	元
营业外收支净额	-33,392.18 元
2、净利润	80,102,892.62 元
扣除非经常性损益后的净利润	80,102,892.62 元
3、经营活动产生的现金流量净额	87,895,731.29 元
现金及现金等价物净增加额	65,366,629.42 元

（二）截至报告期末公司前三年的主要会计数据及财务指标：（单位：人民币元）
1、追溯调整后

项目/年度	1999 年 12 月 31 日	1998 年 12 月 31 日	1997 年 12 月 31 日
主营业务收入（元）	574,920,147.07	370,301,207.54	240,728,648.63
净利润（元）	80,102,892.62	49,670,622.86	16,577,464.00
总资产（元）	644,332,348.97	425,663,177.99	277,309,512.07
股东权益（不含少数股东权益）	237,692,045.26	157,589,954.88	107,112,259.99
每股收益（元/股）	0.85	0.52	0.32
每股净资产（元/股）	2.51	1.66	2.04
调整后的每股净资产（元）	2.5	1.66	2.03
每股经营活动产生的现金流量净额：	0.93	0.10	
净资产收益率（%）	33.70	31.52	15.48
扣除非经常性损益后的每股收益（元/股）	0.85	0.55	0.32

注 1、财务指标计算方法：
每股收益=净利润/年度末普通股股份总数
每股净资产=年度末股东权益/年度末普通股股份总数
调整后的每股净资产=（年度末股东权益－三年以上的应收款项净额－待摊费用－待处理（流动、固定）资产净损失－开办费－长期待摊费用－住房周转金负数余额）/年度末普通股股份总数
加权净资产收益率=当期净利润/[（期初净资产+期末净资产）/2+当期发行新股或配股新增净资产×（自缴收结束日下一月份至期末的月份数-6）/12]
加权每股收益=本年度净利润/年度末普通股股份总数
每股经营活动产生的现金流量净额=经营活动产生的现金流量净额/年度末普通股股份总数
净资产收益率=年度末净利润/年度末股东权益×100%
注 2、"应收款项"包括应收帐款、其他应收款、预付帐款、应收股利、应收利息、应收补贴款。
3、股东权益变动情况：

项 目	股 本	资本公积	盈余公积	法定公益金	未分配利润	股东权益合计
期初数	94,692,312.00	6,028,589.51	10,605,170.80	4,833,477.90	41,429,602.43	157,589,152.64
本期增加			8,496,018.02	8,215,648.90	63,391,225.70	80,102,892.62
本期减少						
期末数	94,692,312.00	6,028,589.51	19,101,188.82	13,049,126.80	104,820,828.13	237,692,045.26

三、股东情况介绍

1、股东总数。至本年度末，公司股东总数为 8,589 户。
2、前 10 名最大股东：

股东户名	持股数（股）	本年度内股份增减变动情况	股份性质
泰安鲁浩贸易公司	42,662,072	45.05	法人股份
山东童海集团公司	10,600,000	11.19	法人股份
泰安市国有资产管理局	6,120,000	6.46	国家股份
红泰经贸	3,720,000	3.93	上市流通股份
谢金东	500,000	0.53	上市流通股份
周天安	407,300	0.43	上市流通股份
高国峰	392,792	0.41	上市流通股份
孔柏英	370,989	0.39	上市流通股份
沈云虎	330,300	0.35	上市流通股份
金泰基金	327,932	0.35	上市流通股份

中体产业股份有限公司

一、公司简介

（一）公司中文名称：中体产业股份有限公司
英文名称：CHINA SPORTS INDUSTRY CO., LTD.
英文缩写：CSIC
（二）公司法定代表人：魏纪中
（三）公司董事会秘书及授权代表
董事会秘书：郑玉春 联系电话：（010）67161168
授权代表： 王戊一 联系电话：（010）67159828
公司咨询服务机构：公司证券部
联系地址：北京市崇文区天坛东路 80 号
联系电话：（010）67159828 67143790—328
联系传真：（010）67159826
（四）公司注册地址：天津市新技术产业园区武清开发区三号路
办公地址：北京市崇文区天坛东路 80 号 邮政编码：100061
（五）公司选定的信息披露报纸为：《中国证券报》、《上海证券报》
中国证监会指定的登载公司年度报告的国际互联网网址：
http://www.sse.com.cn.
公司年度报告置备地点：董事会秘书处（公司证券部）
（六）公司股票上市地：上海证券交易所
股票简称：中体产业
股票代码：600158

二、会计数据和业务数据摘要

（一）本年度经营业绩 单位：元

利润总额	59,947,616.33
净利润	55,012,140.12
扣除非经常性损益后净利润	36,337,129.15
主营业务利润	99,267,523.00
其他业务利润	4,063,525.03
营业利润	33,244,230.09
投资收益	8,060,808.09
补贴收入	12,167,849.08
营业外收支净额	6,474,729.07
经营活动产生的现金流量净额	10,121,745.13
现金及现金等价物净增加额	153,633,919.02

说明：本公司非经常性损益构成为：补贴收入 12167849.08 元，新股冻结利息 7094853.70 元，固定资产处置损益-587691.81 元，合计 18675010.97 元。
（二）公司前三年的主要会计数据和财务指标

指标项目	1999 年	1998 年		1997 年
		调整前	调整后	
1.主营业务收入（元）	165,845,617.75	161,686,391.17	161,686,391.17	177,314,418.84
2.净利润（元）	55,012,140.12	50,806,906.80	49304048.37	39,351,474.52
3.总资产（元）	844,031,066.65	808,505,404.25	806834693.03	457668072.28
4.股东权益（元）	521,446,054.88	476,936,773.18	475433914.76	211268626.38
5.每股收益（元/股）	0.31	0.282	0.27	0.292
6.扣除非正常性损益的每股收益	0.20			
7.每股净资产（元/股）	2.90	2.65	2.64	1.56
8.调整后每股净资产	2.79	2.57	2.64	1.26
9.每股经营活动产生的现金流量净额	0.06			
10.净资产收益率（%）	10.55	10.65	10.37	18.60

注：主要财务指标计算公式如下：
每股收益=净利润÷年度末普通股股份总数
每股净资产=年度末股东权益÷年度末普通股股份总数
净资产收益率=净利润÷年度末股东权益 x100%
调整后的每股净资产=[年度末股东权益－三年以上的应收款项净额－待摊费用－待处理（流动、固定）资产净损失－开办费－长期待摊费用－住房周转金负数余额]÷年度末普通股股份总数
每股经营活动产生的现金流量净额=经营活动产生的现金流量净额÷年度末普通股股份总数
（三）报告期内股东权益变动情况

项目	股 本	资本公积	盈余公积	法定公益金	未分配利润	合 计
期初数	180,000,000.00	278,553,577.83	17,221,334.79	8,367,900.20	-340,997.86	475,433,914.76
本期增加			12,253,356.56	6,071,214.33	42,758,783.56	55,012,140.12
本期减少					9,000,000.00	9,000,000.00
期末数	180,000,000.00	278,553,577.83	29,474,691.35	14,439,114.53	33,417,785.70	521,446,054.88

变动原因：
1、盈余公积、公益金和未分配利润期初数的变更系会计政策变更追溯调整所致。
2、盈余公积和法定公益金增加的原因，均系本报告期利润分配所致。
3、未分配利润变动的原因：本报告期内实现利润及利润分配。本期利润分配预案为：每 10 股派现金 0.5 元。

三、股东情况介绍

（一）截止到 1999 年 12 月 31 日，公司在册股东 26824 户
（二）公司前 10 名股东持股情况：

序号	股 东 名 称	持股数量（股）	持股比例	股份类别
1	国家体育总局体育基金筹集中心	76,850,000	42.70%	国有法人
2	沈阳房产实业公司	43,200,000	24.00%	国有法人
3	国家体育总局体育彩票管理中心	7,150,000	3.79%	国有法人
4	中华全国体育基金会	7,150,000	3.79%	国有法人
5	华兴财政	1,000,000	0.55%	社会公众
6	同益基金	802,614	0.45%	社会公众
7	国家体育总局体育器材装备中心	650,000	0.36%	国有法人
8	景博基金	459,879	0.26%	社会公众
9	谭和平	330,000	0.18%	社会公众
10	东证芷江	315,750	0.18%	社会公众

持有本公司 5%以上股份的股东为：国家体育总局体育基金筹集中心，年末持股数为 76,850,000 股，持股占总股本的 42.7%；沈阳房产实业公司，年末持股数为 43,200,000 股，持股占总股本的 24%。

内蒙古宁城老窖股份有限公司

内蒙古宁城老窖股份有限公司1999年年度报告摘要

一、公司简介

1、公司的法定中文名称:内蒙古宁城老窖股份有限公司
2、公司的英文名称:NINGCHENG LAOJIAO COMPANYLIMITED
3、公司法定代表人:马德海先生
4、公司董事会秘书:邢凤铁先生
联系地址:内蒙古宁城县八里罕镇宁城老窖股份有限公司证券部
电话:0476-4800807 4800135-8085 传真:0476-4800807 4800131
电子信箱:ncljzq@public.hh.nm.cn
5、公司注册地址:内蒙古自治区宁城县八里罕镇
公司办公地址:内蒙古宁城县八里罕镇宁城老窖股份有限公司办公大楼 邮政编码:024231
6、公司国际互联网网址:http://nclj.com.cn 电子信箱:nclj@public.hh.nm.cn
7、公司信息披露报纸名称:中国证券报、上海证券报
8、登载本公司年报的国际互联网网址:http://www.sse.com.cn
9、公司年度报告备置地点:宁城老窖股份有限公司证券部
10、公司股票上市地:上海证券交易所
11、股票简称:宁城老窖
12、股票代码:600159

二、会计数据和业务数据摘要

1、公司本年度主要利润指标情况(元)

利润总额:	73995923.39
净利润:	62896534.89
主营业务利润:	101227605.60
其他业务利润:	656229.09
营业利润:	64503188.10
投资收益:	
补帖收入:	6500000.00
营业外收支净额:	2992735.29
扣除非经常性损益后的净利润:	54015862.53
经营活动产生的现金流量净额:	72233572.58
现金及现金等价物净增加额:	12800011.00

说明:扣除的非经常性损益项目是指99年公司临时性获得的补贴收入6,500,000.00元,新股申购冻结资金利息2,380,672.36元。

2、公司前三年主要会计数据和财务指标

项 目	1999年	1998年	1997年
总资产(元)	655752395.44	622774204.78	350865847.92
主营业务收入(元)	286858143.53	323219193.53	303461891.69
股东权益(元)	600069320.85	537172785.96	202587366.08
净利润(元)	62896534.89	46186119.65	69469790.73
每股收益(元/股)	0.3024	0.43	0.58
净资产收益率(%)	10.48	12.2854	
每股收益(加权)	0.34	0.46	
每股净资产(元/股)	2.88	3.50	1.69
调整后的每股净资产(元/股)	2.83	3.46	1.66
每股经营活动产生的现金流量净额	0.35		

注:主要财务指标的计算方法
每股收益=净利润/年度末普通股股份总数
每股净资产=年度末股东权益/年度末普通股股份总数
净资产收益率=净利润/年度末股东权益 *100%
调整后的每股净资产=[年度末股东权益-三年以上的应收款项净额-待摊费用-待 处理(流动、固定)资产净损失-开办费-长期待摊费用-住房周转金负数余额]/年度末 普通股股份总数
加权平均每股收益=当期净利润/[(送股前公司总股本 *6+送股后公司总股本 *6)/12]
每股经营活动产生的现金流量净额=经营活动产生的现金流量净额/年度末普通股股份总数

3、报告期内股东权益变动情况(元)

项 目	股本	资本公积	盈余公积	其中:公益金	未分配利润	合计
期初数	160000000	299505857	22474191	7491397.08	58067054.74	540047103.17
本期增加	48000000		17696480	5898826.86		
本期减少					5674262.91	
期末数	208000000	299505857	40170671	13390223.94	52392791.83	600069320.85

变化原因:1)盈余公积金增加17,696,480.59元,系公司按净利润10%提取法定盈 余公积金和按5%提取公益金所致. 2)未分配利润减少5,674,262.91元,系公司99年送股及会计政策变更调减年初未 分配利润所致.

三、股东情况介绍

1、报告期末股东总数
报告期末,公司股东总数为33822户。
2、公司前十名股东持股情况:

股东名称	报告期末持股数(股)	比例(%)
宁城县国有资产管理局	156000000	75
裕元基金	1125040	0.5
沈怡	442000	0.2
蒋伯君	430909	0.2
蒋宁君	380490	0.18
吴广成	355810	0.17
张成凤	330000	0.16
徐大武	319560	0.15
毕春娥	300907	0.14
琼新世纪	297900	0.14

注:1)上述10名股东之间不存在关联关系;
2)内蒙古宁城县国有资产管理局持有的股份为国有股,因送股原因,由期初的12000万股变为15600万股,这部分股份在本年度末有质押、冻结等情况。

四、股东大会简介

公司在本年度共召开一次股东大会和一次临时股东大会,即1998年度股东大会和1999年临时股东大会。

1998年度股东大会于99年5月29日上午召开,有关本次股东大会的决议事项公司于99年5月31日在《中国证券报》上进行了公告。

1999年临时股东大会于99年12月25日召开,本次大会决议内容公司于99年12月28 日在《中国证券报》上进行了公告。

五、董事会报告

1、公司经营情况

(1)公司所处的行业:公司所处的行业为酒类及饮料制造业。

(2)公司主营业务范围:白酒、啤酒、葡萄酒、保健饮料制造与销售;种植业、养 殖业;饲料加工与销售;包装品、印刷品制作。

(3)公司经营状况:

①报告期内公司主营业务收入、主营业务利润构成情况

1999年公司共实现主营业务收入286,858,143.53元,主营业务利润101,227,605.60元,其中宁城老窖及系列酒销售收入232,764,263.61元,主营业务利润90,463,971.32元,分别占81.14%和89.37%;杏仁饮料销售收入26,258,313.95元,主营业务利润3,788,764.57元,占9.15%和3.74%;啤酒销售收入18,358,870.85元,主营业务利润3,852,395.67元,占6.40%和3.80%;饲料及包装制品销售收入9,476,695.12元,主营业务利 润3,122,474.04元,占3.30%和3.08%。

②占公司主营业务收入或主营业务利润10%以上的行业及产品介绍

公司以宁城老窖及系列酒为主导的酿酒制造业,其生产和销售规模近年来在我国 北方地区一直处于龙头地位,产品品牌也一直享有较高声誉,虽然目前白酒市场受诸多因素限制处于不利地位,但公司依靠科技创新、强化管理、服务市场等手段,使公司保持了稳定发展的势头,99年,公司完成了老窖酒提档升级项目,为拓展高档老窖的销售 市场打开了空间,其中金彩宁城老窖、保健高档老窖、保健宁城王、38度、50度双龙 老窖已经有了一定的市场份额。宁城老窖系列酒是经国家绿色食品发展中心审核通过的绿色食品,近年来,通过公司科研人员的努力,产品科技含量不断提升,“名酒+国药 ”这一新的产品定位已经成为公司努力发展的方向。

(4)在经营中出现的问题及解决方案

由于目前人们消费观念的变化,限制了白酒生产和销售规模的进一步扩大,公司将积极调整产品结构,进一步开发农村市场,加大对低档优质白酒的生产和营销。

生产管理水平有待进一步提高,由此导致的产品成本偏高、费用开支过大影响了 公司利润,公司将努力学习国内外先进的管理方法,吸收专业人才,提高企业管理水平,倡导科技创新,鼓励员工在生产中进行发明创造。

由于白酒市场竞争日趋激烈,为了取得更多的市场份额,使企业的营业费用和销售费用以及应收帐款有一定幅度的增加,今后,公司将集中力量搞好重点市场,以点带面,以新技术产品的推广取得较好的营销效果,降低费用和投入,同时加强应收款项的资金回笼工作,强化资金的运营效率。

针对国有企业因历史原因所形成的弊端,公司将根据国家的有关政策和精神,彻底地转换管理体制和经营机制,裁减富余人员,减轻企业包袱,促进企业健康发展。

2、公司财务状况

公司年末总资产为655,752,395.44元,比上年增加5.68%,主要原因是公司实现净利润使资产增加;长期负债6,092,921.00元,比上年减少67.47%,主要是公司偿还部分到期借款;股东权益600,069,320.85元,比上年增加11.71%,主要是公司实现净利润; 主营业务利润101,227,605.60元,比上年减少11.54%,主要是99年市场销售受到影响 ;净利润62,896,534.89元,比上年68,729,784,15元(由于会计政策变更, 调减年初净利润22,543,664.50元, 使上年净利润实现数为46,186,119.65元) 减少8.48%,主要是受 收入减少影响。

3、公司投资情况

本公司于1998年4月21日采用上网定价发行的方式, 向社会公开发行A股股票4000 万股,发行价格7.42元,共募集资金296,800,000.00元,扣除发行费用,实际募集资金287,489,080.00元。

(1)募集资金使用情况

①宁城老窖酒提档升级项目 宁城老窖酒提档升级项目计划投资63,580,000.00元, 实际投资61,334,217.66元,其中98年投入22,867,576.17元,99年投入38,466,641.49元,该项目已全部完工。公司对产品结构进行了调整,研制的新产品已投放市场,其使用完全按招股说明书的承诺执行。

②酒糟加工用综合利用项目 该项目计划投资21,750,000.00元,实际投资20,521,442.11元,其中98年投入5,927,631.66元,99年投入14,593,810.45元。该项目是对原公司酒糟加工进行改造扩建, 并已形成年产能力3万吨的神奇蛋白粉和菌体蛋白饲料生产线。现在,项目已全部完工并进入正常生产阶段。

③年产5000吨葡萄酒技改项目 该项目计划投资93,160,000.00元, 实际投资69,190,244.85元。目前,该项目干红、干白葡萄酒生产线已全部完成,并投产使用,半甜葡萄酒和甜葡萄酒两条生产线和意大利洽谈合作未能达成协议,公司决定暂缓投资。

④杏仁饮料技改项目 该项目计划投资57,600,000.00元,现已投资77,433,666.20元,其中98年投入11,172,165.01元,99年投入66,261,501.09元。由于该项目前景广阔,具有较强的发展潜力,因此公司追加投资19,833,666.20元。公司募集资金时承诺的投资项目与实际投资项目相同,计划投资累计236,090,000.00元,实际总投资228,479,570.82元,剩余资金做 为银行存款,上述项目的募集资金使用,公司均按招股说明书的承诺执行,其使用情况 与公司各年度报告(中期报告)和其他信息披露内容相符。

(2)报告期内公司无非募集资金投资的重大项目。

4、新年度业务发展计划

(1)开发新技术,提高宁城老窖酒的科技含量,使“名酒+国药”这一新型定位产品适应人们未来更人们更健康的消费观念。 (2)调整产品结构,顺应消费市场,扩大葡萄酒、啤酒、杏仁饮料的生产和销售,改善公司的利润渠道来源。 (3)面对白酒行业的发展形势,公司将立足品牌优势和白酒生产的技术优势,巩固 销售市场,拓展销售领域,面向未来,促进产业投资的多元化,谋求企业跨行业发展。

(4)在新千年到来之际,公司将全面提高各项工作水平,树立优质、高效、适应市 场、竞争力强的企业形象,在新世纪之初,为企业的快速发展创造一个良好的开端。

5、董事会日常工作情况

(1)报告期内董事会会议召开时间、重要决议及信息披露情况

报告期内公司共召开了三次董事会会议。

公司第一届董事会第三次会议于99年4月20日召开,会议审议的内容有:①审议通 过了公司98年年度报告和年度报告摘要;②审议通过公司98年财务决算报告和99年财 务预算方案;③审议公司本年度利润分配方案;④确定98年度股东大会召开的时间为99年5月29日。本次董事会决议公告刊登于1999年4月24日的《中国证券报》和《上海证券报》上。

浙江巨化股份有限公司

浙江巨化股份有限公司1999年年度摘要

一、公司简介

1、公司法定中文名称:浙江巨化股份有限公司　　缩写:巨化股份
公司法定英文名称:ZHEJIANG JUHUA CO.,LTD.　　缩写:ZJJH
2、公司法定代表人:刘　奇
3、公司董事会秘书:余洁敏
联系电话:(0570)3091688　传真:(0570)3091777　　电子信箱:YJM@Juhua.com.cn
4、公司注册地址:浙江省衢州市柯城区
公司办公地址:浙江省衢州市巨化集团公司内　　邮政编码:324004
公司国际互联网网址:http://www.juhua.com.cn　　公司电子信箱:ZJP@Juhua.com.cn
5、选定的信息披露报纸:中国证券报、上海证券报
登载公司年报的国际互联网网址:http://www.sse.com.cn
年度报告备置地点:公司证券部
6、公司股票上市交易所:上海证券交易所　　股票简称:巨化股份　　股票代码:600160

二、会计数据和业务数据摘要

1、公司本年度实现利润情况(合并报表)　　单位:元

	1999年度
利润总额	131455201.57
净利润	113080068.79
扣除非经常损益后的净利润	107774472.58
主营业务利润	251231109.91
其它业务利润	3174566.75
营业利润	109603460.29
投资收益	19512330.18
补贴收入	———
营业外收支净额	2339411.10
经营活动产生的现金流量净额	325999132.96
现金及现金等价物净增加额	−61363807.88

注:扣除非经常性损益包括:新股申购冻结资金利息,固定资产处置净收益,股权差额摊销共计5,305,596.21元。

2、公司前三年主要会计数据和财务指标(合并报表)　单位:元

项　目	1999年	1998年 调整后	1998年 调整前	1997年
主营业务收入	1121870106.04	1025363573.81	1025363573.81	1114499092.28
净利润	113080068.79	95708751.39	102262760.82	112580913.76
总资产	1479003037.25	1330714915.29	1337615576.67	952320790.66
股东权益	962592648.84	849512580.05	856066589.48	287203748.07
每股收益(摊薄)	0.332	0.309	0.33	0.49
每股收益(加权)	0.347	0.354	0.38	0.49
扣除非经常性损益后的每股收益	0.316	0.291	0.32	
每股经营活动产生的现金流量净额	0.96	0.32	0.32	
每股净资产	2.82	2.74	2.76	1.25
调整后每股净资产	2.75	2.43	2.45	
净资产收益率(%)	11.75	11.27	11.95	39.20

注1:上述指标计算涉及股份总数时,1999年按总股本34,100万股计算,1998年按总股本31,000万股计算,1997年按23,000万股计算。

注2:1999年"扣除非经常性损益后的净利润"中扣除非经常性损益5,305,596.21元,为资产清理损失、新股申购冻结资金利息、股权差额摊销;1998年"扣除非经常性损益后的净利润"中扣除非经常性损益5,185,536.78元,为资产清理损失、新股申购 冻结资金利息、股权差额摊销。

注3:财务指标计算公式如下:

每股收益=净利润/年度末普通股股份总数

每股净资产=年度末股东权益/年度末普通股股份总数

调整后的每股净资产=(年度末股东权益−三年以上应收款项−待摊费用−待处理(流动、固定)资产净损失−开办费−长期待摊费用−住房周转金负数余额)/年度末普通股股份总数

每股经营活动产生的现金流量净额=经营活动产生的现金流量净额/年度末普通股股份总数

净资产收益率=净利润/年度末股东权益×100%

3、报告期内股东权益变动情况　　单位:元

项目	股本	资本公积	盈余公积	法定公益金	未分配利润	股东权益合计
期初数	310000000	474803828	9339813	4669906	50669030	849512580
本期增加	31000000	−11291121	5645560		113080068	161016751
本期减少		31000000			16936682	47936682
期末数	341000000	443803828	20630935	10315467	146842416	962592648

变动原因: (1)股本和资本公积变动是因为本年度根据股东大会决议实施了资本公积金转增 股本方案。

(2)盈余公积和法定公益金变动是利润分配提取。

(3)未分配利润变动是本年度利润增加和因计提四项准备追溯调整年初未分配利 润。

三、股东情况介绍

1、报告期末公司股东总数60668户。

2、前10名股东为:

名次	股东名称	年末持股数量(股)	占总股本(%)
①	巨化集团公司	253000000	74.19
②	尚洋科技	863570	0.25
③	东警万家	830000	0.24
④	余　霞	630000	0.18
⑤	陈朝恩	370000	0.11
⑥	姜　蔚	341500	0.10
⑦	邦信财务	293000	0.09
⑧	兆源投资	205000	0.06
⑨	王兴俊	200000	0.06
⑩	夏秀海	199907	0.05

注:报告期内控股股东仍为巨化集团公司,年末持有本公司股份为25,300万股,占 公司总股本的74.19%。所持股份为国有法人股,未流通,无质押和冻结情况。

公司与第②至第⑩名股东之间不存在关联关系,与第一大股东的关联交易详见本 报告第七部分和第八部分。

3、持有本公司股份10%以上的股东为巨化集团公司。　　法定代表人:刘　奇

经营范围:化肥,化工原料及产品,化学纤维、医药原料、中间体及成品,机电设备、金属材料、建筑材料、矿产品、包装材料、针纺织品,服装,食品,文体用品,发供电等。

四、股东大会简介

报告期内公司召开了一次年度股东大会和二次临时股东大会,具体情况如下:

1、公司于1999年2月8日在上海证券报、中国证券报刊登召开第一次临时股东大 会通知公告,于1999年3月10日以通讯方式在本公司召开。经大会审议,以投票表决方 式通过了关于17176万元募集资金变更投向的决议。

本次股东大会决议公告刊登在1999年3月11日的上海证券报和中国证券报上。

2、公司于1999年3月26日在上海证券报、中国证券报刊登召开一九九八年度股东大会通知公告,由公司董事会召集于1999年5月6日在公司会议室召开。经大会审议,以投票表决方式通过了以下决议:

(1)审议通过《公司1998年度董事会工作报告》;
(2)审议通过《公司1998年度监事会工作报告》;
(3)审议通过《公司1998年度业务工作报告》;
(4)审议通过《公司1998年度财务决算报告》;
(5)审议通过《公司1998年度利润分配及资本公积金转增股本方案》。

本次股东大会决议公告刊登在1999年5月7日的上海证券报和中国证券报上。

1、公司于1999年8月6日在上海证券报、中国证券报刊登召开第二次临时股东大 会通知公告,于1999年9月10日以通讯方式在本公司召开。经大会审议,以投票表决方 式通过了如下决议:

(1)公司章程部分章节修改议案;
(2)续聘浙江天健会计师事务所为公司的财务审计机构。

本次股东大会决议公告刊登在1999年9月11日的上海证券报和中国证券报上。

五、董事会报告

1、公司经营情况

(1)公司所处行业和地位

公司所处化工行业。化工行业是我国国民经济的支柱产业。本公司是全国最大的氟化学品生产企业,根据中国氟硅有机材料行业协会统计,本公司主要产品甲烷氯化物和氟致冷剂的市场占有率处于全国同行业第一位。其余产品的规模和盈利水平也处于全国前列。

(2)公司主营业务范围及经营情况

①公司主营业务为氟化工原料及后续产品, 基本化工原料及后续产品和化肥的生 产与销售。本年度的化工市场呈现出竞争激烈、逐步回升的特点。公司全体员工在董事会和总经理的领导下,内强管理,外战市场,采取措施确保年度经营目标的实现。一 是通过精细管理、调整结构,实现高产低耗;二是加强外贸和新品促销工作,积极开拓 国外市场;三是依靠技术创新,走稳发展建设步伐;四是深化内部改革,强化企业管理, 实现了经济效益的稳步增长。1999年本公司主要产品产销率平均达到了99.98%。公 司通过了ISO9002质量体系认证,公司产品出口东南亚、西欧、港澳等地区,出口创汇1205万美元。全年公司主营业务收入1,121,870,106.04元,比上年增长9.41%;主营业 务利润251,231,109.91元。

②主营业务收入和主营业务利润的构成:　　(元)

按产品分类	主营业务收入	主营业务利润
氟产品	225837944.24	79134297.72
氨产品	293644522.81	44508093.89
氯产品	398557756.09	89052412.38
酸产品	72307503.32	20765290.52
农药产品	129687655.46	17393800.34
其　它	1834724.12	377215.06
合　计	1121870106.04	251231109.91

(3)在经营中出现的问题与困难及解决方案

1999年,受东南亚金融风潮余波的影响,国内需求仍然较为低迷,化工产品市场普 遍出现淡季长、旺季短、供大于求的特点,市场竞争十分激烈。为提高本公司在国内 、国际市场的竞争力,公司采取的措施有:

①加强市场开拓和市场预测,以优质产品、优质服务巩固国内市场,积极开拓国外市场,提高产品的市场占有率,全公司增产增销增利1100万元。

②推行精细管理, 深化目标成本管理的各项措施, 进一步挖潜增效, 全公司降低原 材料消耗3600万元,提高了产品盈利能力。

③加快技术创新步伐,加快技改项目建设进度,提高生产能力,不断推出新产品,培育新的利润增长点,全年新产品创利300万元。

2、公司财务状况　　单位:元

指标项目	1999年末	1998年末	增长比例(%)
总资产	1479003037.25	1330714915.29	11.14
长期负债	84703606.00	118281436.84	−28.39
股东权益	962592648.84	849512580.05	13.31
主营业务利润	251231109.91	222767647.52	12.78
净利润	113080068.79	95708751.39	18.15

增减变动的主要原因为:

(1)总资产增加主要是因为在建工程增加1.34亿元,主要是募集资金投资项目用款;
(2)长期负债减少主要是归还银行借款;
(3)股东权益增加主要是本年度利润转入;
(4)净利润增加主要是增加了公司主营业务利润,降低了财务费用开支,增加了投 资收益所致。

3、公司投资情况

(1)本年度长期投资情况

①公司原投资的上海巨化实业发展有限公司的股权在报告期内未发生变动,该公 司注册资本1200万元,巨化集团公司出资720万元,占60%股权;本公司出资480万元,占40%股权。主营化工原料及产品、医药原料、煤炭、金属材料、机电设备等。

②报告期内新增投资上海邦联投资有限公司2040万元,占该公司注册资本的7.894%,投资浙

江巨化博联高新技术有限公司600万元,占该公司注册资本的60%,投资上海好多网络信息技术有限公司1530万元,占该公司注册资本的51%。

上海邦联投资有限公司是于1998年1月在上海设立的有限责任公司,主要从事投资控股、创业投资、投资咨询等。该公司增资前总股本为18500万元,增资后总股本为25336.1168万元。

浙江巨化博联高新技术有限公司是本公司与浙江博联营养与工程科学研究所共同出资组建,于1999年4月工商注册,公司设立在杭州经济技术开发区,注册资本1000万元,主营生物化工制品、动物饲料及饲料添加剂的科研开发、生产、销售及技术服务。

上海好多信息技术有限公司是本公司与中国电信上海信息产业有限公司、上海浦东工业技术研究院及蒋宏业共同组建。于1999年10月工商注册,公司设立在上海浦东 开发区张江软件园区,注册资本3000万元,主营计算机网络信息服务、软硬件技术服务和信息产品的开发、生产、销售等。

(2)募集资金投向及进度情况

本公司1998年6月1日发行新股8000万股,扣除发行费用后,实际募集资金44347.58万元,严格按招股说明书承诺的项目及经股东大会批准变更后的投资项目投资,募集资金使用情况如下:

单位:万元

项目名称	计划投资	计划完工时间	实际投入资金	项目进度
兼并兰溪农药厂	3000	1998年	2688.00	完成
聚偏氯乙烯工程聚合工号建设扫尾	19622	2000年	8490.06	单体工号试生产
乙氧氟草醚	4950	1999年	1178.44	主装置建成将试车
甲烷氯化物	9433	2000年	9404.12	主装置安装完成
无水氟化氢	2329	1999年	1174.56	试生产
收购氟化学公司外方股权	2000	1999年	2044.16	完成
2万吨离子膜烧碱技改	4890	2000年	69.12	引进技术合同已执行

注:①20,000吨/年聚偏氯乙烯项目:总投资19622万元,分两期进行。一期工程总投资11,529万元,1998年7月开工,单体工号于1999年7月完工,进行化工投料试车,拿出合格产品;聚合工号设备安装结束,进入电仪调试,计划于2000年4月投料试车。

②250吨/年乙氧氟草醚:计划总投资4950万元,1999年3月开工建设。目前主装置 已建成,将于2000年3月进行投料试车。

③甲烷氯化物技改项目:计划总投资9433万元,1999年3月开工建设,主装置钢框架安装完成,工艺设备就位,辅配工程大部分完成投用,计划于2000年4月进入投料试车。

④无水氟化氢扩建项目:计划总投资2329万元,1999年1月开工,1999年10月建成投产。项目投产后,使公司无水氟化氢年生产能力由1万吨提高到1.5万吨,并提高产品质量。

(3)募集资金投资项目调整情况

本公司募集资金原定17176万元投向建设年产5000吨HFC-134a项目,因联合国多边基金赠款尚未落实等原因,1999年2月5日公司董事会决定暂缓建设该项目,并变更17176万元募集资金投向为:①用约2000万元收购浙江衢化氟化学有限公司外方25%股权;②投资9433万元用于氟化工甲烷氯化物生产装置技术改造;③投资2329万元用于氟化 工无水氟化氢生产装置技术改造;④投资4890万元,引进离子膜法烧碱技术和部分设备,增产烧碱2万吨。本次变更经1999年3月10日公司临时股东大会表决通过,股东大会决议公告刊登在1999年3月11日的中国证券报和上海证券报上。

截止报告期末,本公司已投入募集资金25,048.46万元,未使用的募集资金19,299.12万元,其中10,000万元用于国债投资,4,100万元用于对子公司短期融资,其余存入银行。

(4)非募集资金投资项目进度:报告期内公司非募集资金投资项目主要有改建大颗粒尿素装置、建设空分提氩项目及部分生产装置的技改等,99年实际投资3183.10万元,项目进度均达到计划要求,其中空分提氩项目已投产。

4、加入WTO对公司的影响

我国加入WTO后,对我公司,既是难得的机遇,又是严峻的挑战。从本公司所处的行业看,因平均关税的降低,化肥和化工产品市场将会受到进口产品的冲击,无疑将加剧 国内市场的竞争。但是,就本公司主营的氟化工和氯碱化工产品而言,也有机遇。本公司的氟化工生产技术在国际上处于先进水平,产品在国内外市场有较强竞争优势,出口量日益增大。氯碱产品,我国是世界第二大生产国,从1991年起,我国已成为世界上烧 碱的净出口国,本公司在氯碱产品生产上具有能源、生产技术和衍生配套的优势。对 化肥和农药的影响,本公司已在进行产品结构调整,如提高尿素的性能,并逐步调整氨 产品的加工比例,开发深度加工产品。将建成的乙氧氟草醚项目为低毒高效除草剂,国内为首家生产,产品出口为主。因此,加入WTO后,将有利于本公司对国际市场的开拓。同时,公司所属的氟化工、化肥、农药、基础化工行业,均属国民经济的支柱产业,国 家将给予重点支持。公司自身具有的技术先进、产品多样、规模经济的优势,也为加 入WTO后参与国际竞争打下了良好的基础。公司管理层已认真分析加入WTO对公司的影响,积极采取措施,通过技术创新和管理创新,提高产品科技含量,降低生产成本,迎接 加入WTO的挑战。

5、新年度的业务发展计划

2000年是二十一世纪的开局之年,本公司以"狠抓安全生产,促进高销高产;强化 四项管理,提高综合效益;推进技术创新,增强应变能力;加快发展建设,壮大企业实力 "为总体工作思路,重点工作是:

(1)以效益最大化的原则精心组织生产,确保装置安全、稳定、长周期运行;以市 场需求为导向,优化产品结构,力求高产高效。

(2)确立"以销保产,以价保效;拓展国内市场,竞争国际市场;巩固老产品,促销新产品;以质取胜,以新取胜"的经营策略,提高市场占有率。加强原料采购的比质比价 管理,不断降低采购成本。严格应收帐款的管理,防范资产损失风险。

(3)本着对投资者高度负责的态度,确保工程建设质量,节约投资,加快进度,早日 形成新的利润增长点。2000年度主要项目建设如下:

①偏氯乙烯一期工程确保聚合、成品包装上半年投入试生产;

②乙氧氟草醚项目三月份进入试生产;

③甲烷氯化物项目上半年进入试生产;

④无水氟化氢项目整改完善转入正常生产;

⑤F22扩建工程年底试车;

⑥离子膜烧碱主体施工;

⑦大颗粒尿素上半年建成投产;

⑧合成氨煤氨生产能力改造主体施工。

(4)全面推进技术创新工程,加快技术开发与储备的步伐,增添企业发展后劲。加 强与科研单位的合作,加快公司精细化工研究发展中心的建设,加快氟化工研究中心以及合成材料、生物化工等研究中心的培育。进一步开拓上海好多网络公司和浙江巨化博联公司经营范围,拓展网络服务内容,发展电子商务;发展生物化工和精细化工产品,使高科技产业成为公司新的经济增长点。

(5)实施管理创新,继续深化目标成本管理,贯彻ISO9002质量体系,实施品牌战略 ,提高公司产品市场竞争力。进一步强化责任制管理,注重培养和营造企业运营的良 好氛围,提高员工的凝聚力和工作积极性。

6、董事会日常工作情况

(1)报告期内董事会的会议情况及决议内容

本公司董事会在报告期内共召开五次会议。

①公司一届五次董事会会议于1999年2月4日召开,会议审议通过了《关于变更部 分募集资金投向的议案》、《召开一九九九年度第一次临时股东大会的决定》、《关于合资筹组浙江巨化博联高新技术有限公司的议案》。本次董事会决议公告刊登在1999年2月8日、1999年5月10日的《上海证券报》和《中国证券报》上。

②公司一届六次董事会会议于1999年3月19日召开,会议审议通过了《一九九八年年度报告及摘要》、《一九九八年总经理业务报告》、《一九九八年度财务决算及一九九九年度财务预算报告》、《一九九八年度利润分配预案和资本公积金转增股本预案》、《召开一九九八年度股东大会的决定》、《关于投资入股上海邦联投资有限公司的议案》。本次董事会决议公告刊登在1999年3月23日、1999年4月10日的《上海证券报》和《中国证券报》上。

③公司一届七次董事会会议于1999年7月2日召开,会议审议通过了《关于合资筹 组上海好多网络信息技术有限公司的议案》。本次董事会决议公告刊登在1999年7月5日、1999年10月13日的《上海证券报》和《中国证券报》上。

④公司一届八次董事会会议于1999年8月2日召开,会议审议通过了《公司一九九 九年度中期报告》、《一九九九年中期不进行利润分配和资本公积金转增的议案》、《公司章程部分章节修改预案》、《续聘浙江天健会计师事务所为公司财务审计机构的预案》、《召开一九九九年度第二次临时股东大会的决定》。本次董事会决议公告刊登在1999年8月6日的《上海证券报》和《中国证券报》上。

⑤公司一届九次董事会会议于1999年9月22日召开,会议主要听取公司项目投资进展情况汇报。

(2)报告期内股东大会决议执行情况

报告期内公司董事会按照股东大会决议和授权,认真履行职责。根据股东大会决 议,于1999年6月17日实施了《一九九八年度利润分配方案和资本公积金转增股本方案》,即公司以1998年年末总股本31000万股为基数,向全体股东按每10股派发现金1.00 元(含税),资本公积金按每10股转增1股分配。1999年6月16日为股权登记日,1999年6 月17日为除权日。分配方案实施公告刊登在1999年6月11日上海证券报、中国证券报 上。

7、公司董事、监事、高级管理人员

(1)现任董事、监事及高级管理人员情况

职务	姓名	性别	年龄	任期起止日期	期初持股数(股)	期末持股数(股)
董事长	刘 奇	男	42	1998.6-2001.6	2400	2640
副董事长、总经理	叶志翔	男	41	1998.6-2001.6	2400	2640
副董事长、党委书记	苗 育	男	44	1998.6-2001.6	2400	2640
董事、董事会秘书	余洁敏	女	43	1998.6-2001.6	2400	2640
董事	王吉生	男	49	1998.6-2001.6	2400	2640
董事	尹亚卿	女	51	1998.6-2001.6	2400	2640
董事	黄华章	男	36	1998.6-2001.6	2400	2640
董事、副总经理	季柏林	男	56	1998.6-2001.6	2400	2640
董事、工会主席	曹雨虹	男	46	1998.6-2001.6	2400	2640
副总经理	丁锦南	男	54	1998.6-2001.6	2400	2640
副总经理	谢耀松	男	57	1998.6-2001.6	2400	2640
监事会主席	吴南华	男	58	1998.6-2001.6	2400	2640
监事	张柏栋	男	58	1998.6-2001.6	2400	2640
监事	徐福森	男	39	1998.6-2001.6	2400	2640

(2)公司董事、监事、高管人员年末持股数增加是由于报告期内公司实施按10:1 比例以公积金转增股本的方案。

(3)董事、监事、高管人员本年度报酬总额为215807元,其中本年度报酬数额在5 万元至7万元有1人,在2万元至3万元有6人,在1万元至2万元有1人。刘奇、王吉生、尹亚卿、黄华章、吴南华、张柏栋未在公司领取报酬。

8、本次利润分配预案

经浙江天健会计师事务所审计,1999年度母公司实现净利润112,911,219.06元,提取10%法定公积金11,291,121.90元和提取5%法定公益金5,645,560.95元后,当年可 供股东分配利润为95,974,536.21元;加年初未分配利润48,388,417.62元,共计可供股东分配的利润为144,362,953.83元。本期末公司资本公积金为443,803,828.66元。面对日益临近的WTO,公司为了提高竞争能力,从投资者的长期利益出发,对合成氨、氯碱、氟化工等主要生产装置进行技术改造和扩建,计划2000年总投资量达3亿多元,除募 集资金投向项目可投入1.93亿元之外,其余需自筹资金投入。主要项目有:投资2277万元的大颗粒尿素改造,提高产品质量和改善性能;投资9915万元的煤氨生产能力改造,降低生产成本;投资4200多万元的制冷剂F22生产能力扩建;投资2亿多元的新增6万吨 离子膜烧碱改造等。这些项目的建设,对提高公司的竞争能力有积极意义。鉴于正在 进行的技术改造和建设项目多,即将投产的项目也较多,建设资金和生产流动资金需求量大,为保持公司持续稳定发展,经公司董事会讨论决定:本年度不进行利润分配,也不进行公积金转增股本。

9、本公司指定信息披露的报刊为上海证券报、中国证券报。

六、监事会报告

1、监事会工作情况

报告期内,公司监事会成员按照公司章程和《公司法》《证券法》等法规,以维护公司利益和股东利益出发开展工作。对公司董事会成员、总经理及其它高级管理人员遵守法律法规和公司章程的情况进行监督。全体监事列席公司董事会会议。

2、公司依法运作情况

公司的决策程序符合《公司章程》和《公司法》等规定。公司董事会认真实施股东大会的决议,总经理班子精心组织生产经营取得较好的业绩。公司董事、总经理及 高级管理人员在执行公司职务中无违反法律、法规、公司章程或损害公司利益的行为。

3、公司财务情况

公司的财务报告真实反映公司的财务状况和经营成果,浙江天健会计师事务所出 具了无保留意见的审计报告。

4、公司募集资金使用情况

报告期内,公司变更了17176万元的募集资金投向,其变更的程序是合法的。其它 募集资金投向与承诺投入项目一致。

5、公司收购、出售资产情况

报告期内,本公司以2044.16万元的价格收购了浙江衢化氟化学有限公司原外方持有的25%的股权,同时以196.03万元的价格向浙江巨化集团进出口公司转让该公司2%的股权。本次股权转让价格合理,无内幕交易,无损害股东的权益或造成公司资产流失。

6、公司关联交易公平,无损害本公司的利益。

七、重要事项

1、报告期内本公司无重大诉讼、仲裁事项。

2、报告期内公司、公司董事及高级管理人员无受监督部门处罚的情况。

3、报告期内公司控股股东变更、公司董事、公司监事、公司总经理、董事会秘 书无变更。

4、公司收购兼并情况

根据公司股东大会决议,报告期内公司用募集资金收购了浙江衢化氟化学有限公 司外方持有的25%股权。浙江衢化氟化学有限公司是本公司控股的企业,本公司原持 有该公司75%的股权。经浙江省外资局、国资局、工商局批准,本公司以浙江衢化氟 化学有限公司1998年12月31日经审计净资产的25%即2044.16万元人民币受让原富春 公司(香港)持有的该公司25%股权。同时以196.03万元人民币为转让价格向浙江巨化集团进出口有限公司转让浙江衢化氟化学有限公司2%的股权。本次股权变更后,本公司持有浙江衢化氟化学有限公司98%的股权,浙江巨化集团进出口有

限公司持有浙江 衢化氟化学有限公司 2%的股权。

5、重大关联交易事项

本公司主要原材料委托巨化集团公司供应,本公司的部分产品作为生产原料销售 给巨化集团公司的生产企业,双方签有《生产经营合同书》和相关补充协议,供应价格按市场价或合同价结算。主要采购和销售商品如下(销售产品单价为不含税价):

(1)由巨化集团公司采购供应矿砂 27.87 万吨,价格 159.69 元/吨,总金额 4451.24 万元;

(2)由巨化集团公司供应生产用水 12472.87 万吨,价格 0.11 元/吨,总金额 1372.02 万元;

(3)由巨化集团公司供应生产用电 3.7 亿千瓦/时,价格 0.23 元/度,总金额 8515.33 万元;

(4)由巨化集团公司供应生产用蒸汽 45.62 万吨,价格 68.11 元/吨,总金额 3107.19 万元;

(5)由巨化集团公司采购供应无烟煤 19.1 万吨,价格 389.79 元/吨,总金额 7444.22 万元;

(6)由巨化集团公司采购供应重油 5.32 万吨,价格 835.37 元/吨,总金额 4445.04 万 元;

(7)由巨化集团公司采购供应黄磷 1.74 万吨,价格 820 元/吨,总金额 1426.06 万元;

(8)由巨化集团公司采购供应苯 0.54 万吨,价格 2421.4 元/吨,总金额 1298.07 万元;

(9)由巨化集团公司采购供应工业盐 20.74 万吨,价格 185.67 元/吨,总金额 3851.68 万元;

(10)由巨化集团公司供应电石 5.75 万吨,价格 1961.88 元/吨,总金额 11276.10 万元;

(11)本公司向巨化集团公司销售氯磺酸 1.02 万吨,价格 898.01 元/吨,总金额 916.55 万元;

(12)本公司向巨化集团公司销售氨水 1.95 万吨,价格 471.61 元/吨,总金额 921.29 万元;

(13)本公司向巨化集团公司销售液氨 0.51 万吨,价格 1310.04 元/吨,总金额 671.09 万元;

(14)本公司向巨化集团公司销售液碱 1.16 万吨,价格 963.19 元/吨,总金额 1113.30 万元;

(15)本公司向巨化集团公司销售 AC 发泡剂 1085.00 吨,价格 11281.26 元/吨,总金额 1224.00 万元;

(16)本公司向巨化集团公司销售甲醛 1.35 万吨,价格 832 元/吨,总金额 1124.16 万元;

(17)本公司向巨化集团公司销售 PVC 树脂 7723.56 吨,价格 5095.87 元/吨,总金额 3935.83 万元;

(18)本公司向巨化集团公司子公司富巨公司销售 VC 单体 983 吨,价格 4487.62 元/吨,总金额 441.40 万元;

(19)本公司向巨化集团公司子公司巨圣公司销售氢氟酸 2128 吨,价格 4259.02 元/ 吨,总金额 906.32 万元;

(20) 本公司向巨化集团公司子公司巨圣公司销售 F22224 吨, 价格 13161.11 元/吨, 总金额 295.15 万元;

(21)本公司向巨化集团公司子公司进出口公司销售改性 AC226 吨,价格 11508.81 元/吨,总金额 260.79 万元。

上述委托巨化集团公司采购供应的原材料和本公司销售给巨化集团公司及其子公司的产品采用转帐结算,对公司利润无影响。因巨化集团公司是综合性的特大型生产 企业,本公司与其互供原材料及产品的情况仍会持续。

6、本公司与控股股东之间已做到人员独立、资产完整、财务独立。

7、报告期内,本公司仍向巨化集团公司租赁 6017.1 平方米的土地使用,年支付租 金 65400 元。该土地租赁期限为 45 年,从 1998 年 1 月 18 日起。除此外无其它托管、承包 、租赁其它公司资产及其它公司托管、承包、租赁本公司资产的情况。

8、报告期内公司聘任的会计师事务所未发生变更。

9、重大合同情况

(1)本公司为浙江衢化氟化学有限公司提供 2100 万元人民币借款担保,期限自 1998 年 9 月 10 日至 2001 年 9 月 10 日;为巨化股份兰溪农药厂提供 1200 万元人民币借款担保,期限自 1998 年 10 月 5 日至 2001 年 10 月 4 日,并为该厂提供 150 万元人民币银行承兑汇票担保,期限自 1998 年 9 月 4 日至 2001 年 3 月 3 日。

(2)浙江衢化氟化学有限公司与巨化集团公司签订财产租赁协议书一份,巨化集团公司将部分办公楼及辅助生产设备租赁给浙江衢化氟化学有限公司使用,租赁资产原 值为 99,516,851.03 元,年租赁费用按资产总额 5%计算,期限自 1998 年 1 月 1 日起至 2002 年 12 月 31 日止。

10、承诺事项

本公司兼并兰溪农药厂前,原兰溪农药厂对外贷款担保达 3149 万元,根据兼并协议和 1998 年 9 月 4 日兰溪市人民政府市长办公会议纪要及 1998 年 9 月 16 日本公司和兰溪市 人民政府签订的关于兰溪农药厂担保问题的备忘录精神,本公司收购前原兰溪农药厂 对外贷款担保,由兰溪市人民政府协调贷款单位以物抵贷,债权资产抵押等方式来解除。至报告期末已解除 463 万元,尚有 2686 万元仍在协调处理和办理相关手续中。

11、报告期内公司未更改名称或股票简称。

八、财务会计报告

(一)审计报告

以下是浙江天健会计师事务所浙天会审(2000)第 265 号审计报告

浙江巨化股份有限公司全体股东:

我们接受委托,审计了贵公司 1999 年 12 月 31 日的资产负债表和合并资产负债表,1999 年度的利润及利润分配表和合并利润及利润分配表,以及 1999 年度的现金流量表和 合并现金流量表。这些会计报表由贵公司负责,我们的责任是对这些会计报表发表审 计意见。我们的审计是依据中国注册会计师独立审计准则进行的。在审计过程中,我 们结合贵公司实际情况,实施了包括抽查会计记录等我们认为必要的审计程序。

我们认为,上述会计报表符合《企业会计准则》和《股份有限公司会计制度》的 有关规定,在所有重大方面公允地反映了贵公司 1999 年 12 月 31 日的财务状况及 1999 年 度的经营成果和现金流量,会计处理方法的选用遵循了一贯性原则。

浙江天健会计师事务所　　中国注册会计师　　吕苏阳

中国注册会计师　　付芳芳

报告日期:2000 年 3 月 9 日

(二)会计报表(附后)

(三)会计报表附注

1、会计制度

本公司执行《企业会计准则》和《股份有限公司会计制度》及其补充规定。

2、外币业务核算方法

对发生的外币经济业务,采用当月一日中国人民银行公布的市场汇价(中间价)折 合人民币记账。对各种外币账户的外币期末余额,按期末市场汇价(中间价)进行调整,发生的差额,与购建固定资产有关且在其尚未交付使用前的,计入有关固定资产的购建成本;与购建固定资产无关,属于筹建期间的计入开办费,属于生产经营期间的计入当 期财务费用。

3、坏账核算方法

(1)采用备抵法核算坏账。坏账准备按应收款项(包括应收账款和其他应收款)余额的账龄分析法计提,确定 提取比例分别为:账龄 3 年(不含 3 年)以内的,按其余额的 6%计提;账龄 3 年(含 3 年)以上的,按其余额的 35%计提。对母公司募集资金投向子公司用于工程项目建设用的款项 暂挂“其他应收款”,不计提坏账准备。

(2)坏账的确认标准为:

①债务人破产或者死亡,经法律程序以其破产财产或者遗产清偿后,确实无法收回;

②债务人资不抵债、现金流量严重不足,逾期未履行偿债义务超过三年,确实无法收回;

③债务人未履行偿债义务,逾期虽不足三年,但具有明显特征表明确实无法收回。

对确实无法收回的应收账款,经批准后作为坏账损失,并冲销提取的坏账准备。

4、存货核算方法

(1)存货包括在生产经营过程中为销售或耗用而储备的原材料、包装物、低值易 耗品、在产品、库存商品等。

(2)存货按实际成本计价。购入并已验收入库原材料按实际成本入账,发出原材料采用加权平均法计价;入库产成品(自制半成品)按实际生产成本核算,发出产成品采用加权平均法计价。领用低值易耗品按一次摊销法摊销。生产领用的包装物直接计入成本费用。

(3)由于存货遭受毁损、全部或部分陈旧过时和销售价格低于成本等原因造成的 存货成本不可收回的部分,期末采用成本与市价孰低计价原则,按分类存货项目的成本高于可变现净值的差额提取存货跌价准备。

5、短期投资核算方法

(1)短期投资,按实际支付的价款扣除已宣告发放但尚未领取的现金股利或利息入账。

(2)期末短期投资按成本与市价孰低计价,并按各投资项目计提跌价准备。

6、长期投资核算方法

(1)长期股权投资,按投资时实际支付的价款或确定的价值入账。投资额占被投资企业有表决权资本总额 20%以下,或虽占 20%或 20%以上,但不具有重大影响的,按成 本法核算;投资额占被投资企业有表决权资本总额 20%或 20%以上,或虽投资不足 20%但有重大影响的,采用权益法核算;投资额占被投资企业有表决权资本总额 50%(不含 50%)以上的,采用权益法核算,并合并会计报表。

(2)股权投资差额,在合同规定的投资期限内平均摊销。合同没有规定投资期限的,借方差额在 10 年内平均摊销;贷方差额按不低于 10 年平均摊销。

(3)长期债权投资,以实际支付的价款扣除自发行日至债券购入日的应计利息后的余额记账。溢价或折价在债券存续期间内,按直线法予以摊销。

(4)期末由于市价持续下跌或被投资单位经营状况恶化等原因,导致长期投资可收回金额低于账面价值,按可收回金额低于长期投资账面价值的差额提取长期投资减值 准备。

7、固定资产及累计折旧核算方法

(1)固定资产按实际成本计价。固定资产的标准为:使用年限在一年以上的房屋、建筑物、机器、机械、运输工具和其他与生产经营有关的设备、器具、工具等,以及 不属于生产经营主要设备,但单位价值在 2,000 元以上,并且使用期限超过两年的物品 。

(2)固定资产折旧采用平均年限法。按固定资产类别、预计使用年限和预计净残 值率(原值的 5%)确定折旧率如下:

固定资产类别	折旧年限(年)	年折旧率(%)
房屋及建筑物	15-40	6.30-2.375
通用设备	8-18	11.875-5.280
专用设备	8-20	11.875-4.750
运输工具	6-12	15.83-7.920

8、收入确认原则

(1)商品销售

在商品所有权上的重要风险和报酬转移给买方,公司不再对该商品实施继续管理 权和实际控制权,相关的收入已经收到或取得了收款的证据,并且与销售该商品有关的成本能够可靠地计量时,确认营业收入的实现。

(2)提供劳务

①劳务在同一年度内开始并完成的,在劳务已经提供,收到价款或取得收取款项的证据时,确认劳务收入。

②劳务的开始和完成分属不同会计年度的,在劳务合同的总收入、劳务的完成程 度能够可靠地确定,与交易相关的价款能够流入,已经发生的成本和为完成劳务将要发生的成本能够可靠地计量时,按完工百分比法,确认劳务收入。

③长期合同工程在合同结果已经能够合理预见时,营业收入按结账时已完成工程 进度的百分比计算;营业成本以预计完工总成本的同一百分比计算。

(3)他人使用本公司资产而发生的收入

他人使用本公司现金资产发生的利息收入,按使用现金的时间和适用利率计算确 定;他人使用本公司非现金资产,发生的使用费收入按有关合同或协议规定的收费时间和方法计算确定。上述收入的确定并应同时满足:(1)与交易相关的经济利益能够流入公司;(2)收入的金额能够可靠地计量。

9、所得税的会计处理方法

公司所得税,采用应付税款法核算。

10、合并会计报表的编制方法

合并会计报表以母公司、纳入合并范围的子公司的会计报表和其他有关资料为依据,按照《合并会计报表暂行规定》编制而成。对合营企业,则按比例合并法予以合并。子公司的主要会计政策按照母公司统一选用的会计政策厘定,合并报表范围内各公 司间的重大交易和资金往来等,均已在合并时抵销。

11、会计政策、会计估计变更说明

本公司坏账准备原按应收账款余额 5‰计提,短期投资、存货和长期投资原期末不计提短期投资跌价准备、存货跌价准备和长期投资减值准备,现按照《股份有限公司 会计制度》的规定和财政部财会字[1999]35 号文的有关要求,从 1999 年 1 月 1 日起改为 坏账准备按应收款项期末余额的账龄分析法计提、短期投资期末计提跌价准备、存货期末计提跌价准备、长期投资期末计提减值准备的会计政策。对上述会计政策变更已采用追溯调整法,调整了期初留存收益及相关项目的期初数;利润及利润分配表的上年数栏,已按调整后的数字填列。上述会计政策变更的累积影响数为 6,900,661.38 元,其中,因坏账准备计提方法变更的累积影响数为 6,900,661.38 元、短期投资跌价准备计提方法变更的累积影响数为 0 元、存货跌价准备计提方法的变更的累积影响数为 0 元、长期投资减值准备计提方法的变更的累积影响数为 0 元;由于会计政策变更,调减了 1998 年度的净利润 6,900,661.38 元;调减了 1999 年初少数股东权益 346,651.95 元;调减了 1999 年年初留存收益 6,554,009.43 元,其中,未分配利润调减了 5,228,466.27 元,盈余公积调减了 1,325,543.16 元;利润及利润分配表上年数栏的“年初未分配利润”调减了 5,230,491.27 元,“提取法定盈余公积”调减了 883,695.44 元,“提取法定公益金”调 减了 441,847.72 元。

12、控股子公司及合营企业

控制的所有子公司

公司名称	注册地址	注册资本	经营范围	投资额	拥有权益比例
浙江衢化氟化学有限公司	浙江衢州	6324.8 万	氟产品制造	6,198.3 万	98%
浙江巨化股份有限公司兰溪农药厂	浙江兰溪	2,688 万	农药制造	2,688 万	100%
上海好多网络信息技术有限公司	上海浦东	3,000 万	网络信息工程	1,530 万	51%
浙江巨化博联高新技术有限公司	浙江杭州	1,000 万	饲料及添加剂制造	600 万	60%

13、或有事项

本公司于 1999 年 12 月 31 日,无重大未决诉讼等或有事项。

14、承诺事项

根据 1998 年 9 月 4 日兰溪市人民政府市长办公会议纪要及 1998 年 9 月 16 日本公司和 兰溪市人民政府签订的关于兰溪农药厂担保问题的备忘录精神,本公司收购前之原兰 溪农药厂对外贷款担保,由贷款单位以物抵贷,债权资产抵押方式来解除,但相关手续 尚在办理之中。至 1999 年 12 月 31 日,上述担保事项包括:

被担保单位	担保金额	担保期限
兰溪市经济技术开发实业总公司	20760000.00	1995.12.26-1998.5.29
兰溪市开发投资发展公司	6100000.00	1997.08.06-1997.10.6

九、公司的其他有关资料

1、公司首次注册日期:1998 年 6 月 17 日

公司注册地点:浙江省衢州市柯城区

2、企业法人营业执照注册号:14294947-3(1/1)

3、税务登记号码:330800704204554

4、公司未流通股票的托管机构名称:上海证券中央登记结算公司

5、公司聘请的会计师事务所名称:浙江天健会计师事务所

办公地址:杭州市下城区体育场路423号

浙江巨化股份有限公司

二OOO年三月二十五日

现金流量表

编制单位:浙江巨化股份有限公司　　1999年度　　单位:人民币元(会股03表)

项目	行次	母公司	合并
一、经营活动产生的现金流量:			
销售商品、提供劳务收到的现金	1	1058613785.74	1390519056.81
收取的租金	2	–	–
收到的税费返还	4	68667366.69	73556244.69
收到的其他与经营活动有关的现金	8	99863311.57	84279726.32
现金流入小计	9	1227144464.00	1548355027.82
购买商品、接受劳务支付的现金	10	728357441.71	898510454.73
经营租赁所支付的现金	11	6302.76	6977421.79
支付给职工以及为职工支付的现金	12	96656852.12	121857271.41
实际交纳的增值税款	13	35343163.95	52208267.39
支付的所得税款	14	29922337.52	36033434.79
支付的除增值税、所得税以外的其他税费	15	605013.01	1293055.28
支付的其他与经营活动有关的现金	20	135035103.80	105475989.47
现金流出小计	21	1025926214.87	1222355894.86
经营活动产生的现金流量净额	22	201218249.13	325999132.96
二、投资活动产生的现金流量			
收回投资所收到的现金	23	146863877.73	148695011.48
分得股利或利润所收到的现金	24	–	–
取得债券利息收入所收到的现金	25	–	–
处置固定资产、无形资产和其他长期资产而收回的现金净额	26	426306.76	438090.20
收到的其他与投资活动有关的现金	30	20311646.87	14479025.86
现金流入小计	31	167601831.36	163612127.54
购建固定资产、无形资产和其他长期资产所支付的现金净额	32	109513380.62	352072613.64
权益性投资所支付的现金	33	112181319.14	112181319.14
债权性投资所支付的现金	34	160761648.00	15000000.00
支付的其他与投资活动有关的现金	40	510506.00	7345577.55
现金流出小计	41	382966853.76	486599510.33
投资活动产生的现金流量净额	42	−215365022.40	−322987382.79
三、筹资活动产生的现金流量		–	–
吸收权益性投资所收到的现金	43	–	31300000.00
其中:子公司吸收少数股东权益投资收到的现金		–	18700000.00
发行债券所收到的现金	44	–	–
借款所收到的现金	45	87000000.00	212179143.41
收到的其他与筹资活动有关的现金	50	–	–
现金流入小计	51	87000000.00	243479143.41
偿还债务所支付的现金	52	105000000.00	246075148.35
发生筹资费用所支付的现金	53	–	–
分配股利或利润所支付的现金	54	31000000.00	36416380.86
其中:子公司支付少数股东的股利		–	5416380.86
偿付利息所支付的现金	55	7039784.10	25350524.29
融资租赁所支付的现金	56	–	–
减少注册资本所支付的现金	57	–	–
其中:子公司依法减资支付给少数股东的现金			
支付的其他与筹资活动有关的现金	62	–	–
现金流出小计	63	143039784.10	307842053.50
筹资活动产生的现金流量净额	64	−56039784.10	−64362910.09
汇率变动对现金的影响	65	–	−12647.96
五、现金及现金等价物净额增加额	66	−70186557.37	−61363807.88

利润及利润分配表

编制单位:浙江巨化股份有限公司　　1999年度　　单位:人民币元(会股02表)

项目	本期数		上年同期数	
	母公司	合并	母公司	合并
一、主营业务收入	871076126.13	1121870106.04	844548176.49	1025363573.81
减:折扣与折让				
主营业务收入净额	871076126.13	1121870106.04	844548176.49	1025363573.81
减:主营业务成本	714471285.22	867995424.80	690204031.17	800213436.69
主营税金及附加	2279044.12	2643571.33	2343837.35	2382489.60
二、主营业务利润	154325796.79	251231109.91	152000307.97	222767647.52
加:其他业务利润	2930543.08	3174566.75	9448404.17	10160771.53
减:存货跌价损失	3831386.19	4365404.20	–	–
营业费用	6406418.55	14031048.30	4468151.75	10565677.92
管理费用	88169857.14	116496396.80	66275513.43	93622431.65
财务费用	−2353556.09	9909367.07	9328983.96	28808730.38
三、营业利润	61202234.08	109603460.29	81376063.00	99931579.10
加:投资收益	61622641.44	19512330.18	15427988.68	5026950.68
补贴收入	–	–	9203125.31	9203125.31
营业外收入	4322378.09	4365718.29	4720523.74	4763907.15
减:营业外支出	1192765.96	2026307.19	457165.96	488315.20
四、利润总额	125954487.65	131455201.57	110270534.77	118437247.04
减:所得税	13043268.59	13043268.59	16872396.40	16872396.40
少数股东损益	–	5331864.19	–	5856099.25
五、净利润	112911219.06	113080068.79	93398138.37	95708751.39
加:年初未分配利润	48388417.62	50699030.64	–	–
盈余公积转入数				
六、可供分配的利润	161299636.68	163779099.43	93398138.37	95708751.39
减:提取法定公积金	11291121.90	11291121.90	9339813.83	9339813.83
提取法定公益金	5645560.95	5645560.95	4669906.92	4669906.92
提取职工奖励及福利基金				
七、可供股东分配的利润	144362953.83	146842416.58	79388417.62	81699030.64
减:应付优先股股利				
提取任意盈余公积金				
已分配普通股股利	–	–	31000000.00	31000000.00
转作股本的普通股股利				
八、未分配利润	144362953.83	146842416.58	48388417.62	50699030.64

资产负债表

编制单位:浙江巨化股份有限公司　　1999年12月31日　　单位:人民币元

项目	年初数		期末数	
	母公司	合并	母公司	合并
流动资产:				
货币资金	132253839.53	143181101.76	62067282.16	81817293.88
短期投资	188100000.00	57600000.00	141000000.00	106000000.00
减:短期投资跌价准备				
短期投资净额	188100000.00	57600000.00	141000000.00	106000000.00
应收票据	22635356.01	35883190.81	25040000.00	32244500.00
应收股利				
应收利息				
应收账款	68160154.12	109620328.29	54597249.27	97547584.56
其它应收款	32676804.20	12067226.84	152209917.61	12437542.75
减:坏账准备	6191054.20	7448763.03	5899245.73	7306566.25
应收款项净额	94645904.12	114238792.10	200907921.15	102678561.06
预付账款	1407034.26	2618570.64	9428553.31	20476177.32
应收补贴款	7075372.56	7075372.56	6406019.87	8328895.09
存货	89315664.86	145297987.57	90012843.46	152240476.79
减:存货跌价准备	–	–	3831386.19	4365404.20
存货净额	89315664.86	145297987.57	86181457.27	147875072.59
待摊费用	2461076.47	3733421.00	55829.28	1807816.34
待处理流动资产净损失				
一年内到期的长期债权投资				
其他流动资产				
流动资产合计	537894247.81	509628436.44	531087063.04	501228316.28
长期投资:				
长期股权投资	69513773.62	−4204068.21	176417936.70	25387920.39
长期债权投资	–	32000.00	–	24000.00
长期投资合计	69513773.62	−4172068.21	176417936.70	25411920.39
减:长期投资减值准备				
长期投资净额	69513773.62	−4172068.21	176417936.70	25411920.39
固定资产:				
固定资产原价	867734488.57	1331469675.26	888628614.78	1356664278.55
减:累计折旧	486162522.78	661441305.93	539648594.54	751493225.80
固定资产净值	381571965.79	670028369.33	348980020.24	605171052.75
工程物资	330436.08	1662287.64	1839297.50	2622069.72
在建工程	32963924.58	67687741.28	114917885.55	249006745.94
固定资产清理				
待处理固定资产净损失				
固定资产合计	414866326.45	739378398.25	465737203.29	856799868.41
无形资产及其他资产:				
无形资产	–	67934751.44	–	73490065.16
开办费	–	–	–	535371.59
长期待摊费用	200369.25	17945397.37	260875.25	21537495.42
其他长期资产				
无形资产及其他资产合计	200369.25	85880148.81	260875.25	95562932.17
递延税项:				
递延税款借项				
资产总计	1022474717.13	1330714915.29	1173503078.28	1479003037.25
流动负债:				
短期借款	–	94160000.00	49000000.00	173765000.00
应付票据	–	2000000.00	30500000.00	33500000.00
应付账款	34022238.92	76872491.89	34616982.25	64109864.83
预收账款	6405237.59	9276402.95	15338623.45	22918090.07
代销商品款				
应付工资	–	840247.72	–	–
应付福利费	2724037.54	3578755.31	4386250.66	5654252.01
应付股利	31000000.00	31000000.00	–	–
应交税金	14866469.65	11227665.46	13194172.31	11650819.73
其他应交款	–	40338.00	–	1795.01
其他应付款	1906049.56	111650768.03	48456709.41	92472549.06
预提费用	308266.00	2179261.85	4897154.11	7090488.15
一年内到期的长期负债				
其他流动负债				
流动负债合计	91232299.26	342825931.21	200389892.19	411162858.86
长期负债:				
长期借款	80000000.00	114240986.00	13000000.00	84703606.00
应付债券				
长期应付款				
住房周转金				
其他长期负债	4040450.84	4040450.84	–	–
长期负债合计	84040450.84	118281436.84	13000000.00	84703606.00
递延税项:				
递延税款贷项				
负债合计	175272750.10	461107368.05	213389892.19	495866464.86
少数股东权益	–	20094967.19	–	20543923.55
股东权益:				
股本	310000000.00	310000000.00	341000000.00	341000000.00
资本公积	474803828.66	474803828.66	443803828.66	443803828.66
盈余公积	14009720.75	14009720.75	30946403.60	30946403.60
其中:公益金	4669906.92	4669906.92	10315467.87	10315467.87
未分配利润	48388417.62	50699030.64	144362953.83	146842416.58
外币报表折算差额				
股东权益合计	847201967.03	849512580.05	960113186.09	962592648.84
负债及股东权益总计	1022474717.13	1330714915.29	1173503078.28	1479003037.25

北京天坛生物制品股份有限公司

一、公司简介

1、公司法定中文名称:北京天坛生物制品股份有限公司
公司法定英文名称:BEIJING TIANTAN BIOLOGICAL PRODUCTS CORPORATION LIMITED
公司英文名称缩写:BTBP
2、公司法定代表人:倪道明先生
3、公司董事会秘书:张翼先生
联系地址:北京市朝阳区三间房南里四号
联系电话:010—65762911 65724045 65772357 传真:010—65792747
4、公司注册地址:北京市海淀区紫竹院南路十七号
公司办公地址:北京市朝阳区三间房南里四号
联系电话:010—65762911 传真:010—65792747 邮政编码:100024
5、公司选定的信息披露报纸名称:《中国证券报》、《上海证券报》
登载公司年度报告的中国证监会指定国际互联网网址:http://www.sse.com.cn
公司年度报告备置地点:本公司证券部
6、公司股票上市地:上海证券交易所
股票简称:天坛生物 股票代码:600161

二、会计数据和业务数据摘要

(一)、本年度会计数据摘要(单位:元)

1、利润总额:	50,819,779.13
2、净利润:	43,164,582.29
3、扣除非经常性损益后的净利润:	42,227,532.54
4、主营业务利润:	77,739,778.37
5、其他业务利润:	−34,708.86
6、营业利润:	48,661,896.05
7、投资收益:	1,220,833.33
8、补贴收入:	0.00
9、营业外收支净额:	937,049.75
10、经营活动产生的现金流量净额:	42,582,093.75
11、现金及现金等价物净增加额:	−9,479,602.31

注:扣除的非经常性损益项目和涉及金额:

处理固定资产净损失:	707,413.00
冻结资金利息:	2,321,293.44
各种罚款支出(收入):	20010.00
其它:	−656,820.69

(二)、主要会计数据及财务指标

指标项目	1999年	1998年调整前	1998年调整后
1.主营业务收入(元)	137,496,607.87	105,917,417.82	105,917,417.82
2.净利润(元)	43,164,582.29	33,575,892.60	30,451,113.09
3.总资产(元)	439,547,398.86	378,343,586.59	375,218,807.08
4.股东权益(元)(不含少数股东权益)	279,226,602.97	265,798,951.85	262,674,172.34
5.每股收益(元/股)	0.22	0.28	0.25
6.每股净资产(元/股)	1.45	2.21	2.19
7.调整后的每股净资产(元/股)	1.45	2.21	2.19
8.每股经营活动产生的现金流量净额(元/股)	0.22	0.20	0.20
9.净资产收益率(%)	15.46	12.63	11.59
按月平均加权法计算的每股收益(元/股)	0.22	0.28	0.25
扣除非经常性损益后的每股收益(元/股)	0.22	0.27	0.24

计算公式:
1、每股收益=净利润/年度末普通股股份总数
2、每股净资产=年度末股东权益/年度末普通股股份总数
3、调整后的每股净资产=(年度末股东权益−三年以上的应收款项净额−待摊费用−待处理(流动、固定)资产净损失−开办费−长期待摊费用—住房周转金负数余额)/年度末普通股股份总数
4、每股经营活动产生的现金流量净额=经营活动产生的现金流量净额/年度末普通股股份总额

(三)、本年度股东权益变动情况(单位:元)

项目	股本	资本公积	盈余公积	其中:法定公益金	未分配利润	股东权益合计
期初数	120,000,000	99,419,291.25	8,659,434.62	4,329,717.31	34,595,446.47	262,674,172.34
本期增加	72,000,000	250,000.00	8,674,990.96	4,328,571.31	43,164,582.29	124,089,573.25
本期减少	0	48,000,000.00	0.00	0.00	59537,142.62	107,537,142.62
期末数	192,000,000	51,669,291.25	17,334,425.58	8,658,288.62	18,222,886.14	279,226,602.97

变动原因:
1、年度内股本增加7200万股是因为实行了1998年度每10股送2股转增4股的分配方案所致;
2、年度内资本公积金减少,是实行了1998年资本公积金每10股转增4股的分配方案所致;
3、年度内盈余公积金、法定公益金、增加是本年度实现利润所致;
4、年度内未分配利润减少是实行了1998年度利润分配方案;本年度利润分配预案拟以1999年末总股本为基数,每10股分派现金红利1.40元(含税)所致;
5、年初会计数据是根据会计调整后的数据填写。

三、股东情况介绍

一、报告期末股本总数:截止1999年12月31日公司登记在册的股东总数为38119户。
二、公司前十名股东持股情况如下:(单位:股)

股东名称	年初持股数量	年度内增减情况	年末持股数量	占总股本比例(%)	备注
北京生物	90,000,000	+54,000,000	144,000,000	75	国有法人股
裕阳基金			1,340,327	0.698	
景阳基金			1,310,816	0.683	
景博基金			1,106,525	0.576	
浦文龙	271,600	+84,820	356,420	0.186	
荣佳公司	275,000	+6,780	281,780	0.147	
力桥科技			227,020	0.118	
伊春证券			223,047	0.116	
林冬铭			196,960	0.103	
张力亚			150,000	0.078	

山东临沂工程机械股份有限公司

一、公司简介

(一)、公司法定中文名称:山东临沂工程机械股份有限公司
英文名称:Shandong Linyi Engineering Machinery Stock Co.,Ltd
英文缩写:SLEM
(二)、公司法定代表人:王志中
(三)、公司董事会秘书:高树建
公司董秘授权代表:徐洁
联系地址:山东省临沂市金雀山路17号
电　　话:0539-8308809
传　　真:0539-8109193
电子信箱:gsj162@163.net
(四)、公司注册地址:山东省临沂市金雀山路17号
公司办公地址:山东省临沂市金雀山路17号
邮政编码:276004
公司国际互联网网址:http://www.sdlg.com
公司电子信箱:lingong@ly-public.sd.cninfo.net
(五)、公司选定的信息披露报纸:《上海证券报》
登载公司年度报告的中国证监会指定国际互联网网址:http://www.sse.com.cn
公司年度报告备置地点:山东省临沂市金雀山路17号公司证券部
(六)、公司股票上市交易所:上海证券交易所
股票简称:山东临工 股票代码:600162

二、会计数据和业务数据摘要

(一)、本年度实现利润情况(单位:人民币元)

项　目	1999年度
利润总额	45,588,120.97
净利润	40,194,961.18
扣除非经常性损益后的净利润	37,894,961.18
主营业务利润	93,808,420.55
其他业务利润	74,223.25
营业利润	35,751,332.45
投资收益	7,505,000.00
补贴收入	0
营业外收支净额	2,331,788.52
经营活动产生的现金流量净额	−25,408,441.33
现金及现金等价物净增加额	57,532,027.67

注:"扣除非经常性损益后的净利润"指标扣除了新股申购冻结资金利息230万元。

(二)、前三年主要会计数据和财务指标(单位:人民币元)

项　目	1999年度	1998年度调整前	1998年度调整后	1997年度调整前	1997年度调整后
主营业务收入	391,915,519.50	226,802,270.65	226,802,270.65	229,029,511.29	229029511.29
净利润	40,194,961.18	32,209,594.25	28,793,139.39	32,671,232.06	24467833.85
总资产	721,110,190.39	554,518,003.87	542,898,150.80	339,672,109.24	331468711.03
股东权益(不含少数股东权益)	394,885,347.60	363,219,317.99	351,599,464.92	201,959,588.29	193756190.08
每股收益	0.27	0.24	0.21	0.32	0.24
按月平均加权法计算的每股收益	0.28	0.26	0.24	0.32	0.24
扣除非经常性损益后的每股收益	0.25	0.22	0.19	0.32	0.24
每股净资产	2.63	2.66	2.58	1.98	1.91
调整后的每股净资产	2.59	2.64	2.55	1.97	1.89
每股经营活动产生的现金流量净额	−0.17	−0.06	−0.06		
净资产收益率(%)	10.18	8.87	8.19	16.18	12.63

注:①1997年年末总股本为10,150万股,1998年年末总股本为13,650万股,1999年年末总股本为15,015万股。
②主要财务指标计算方法:
每股收益=净利润/年度末普通股股份总数
每股净资产=年度末股东权益/年度末普通股股份总数
调整后的每股净资产=[年度末股东权益−三年以上的应收款项净额−待摊费用−待处理(流动、固定)资产净损失−开办费−长期待摊费用−住房周转金负数余额]/年度末普通股股份总数
每股经营活动产生的现金流量净额=经营活动产生的现金流量净额/年度末普通股股份总数
净资产收益率=净利润/年度末股东权益×100%

(三)、本年度股东权益变动情况及原因

项目	股本	资本公积	盈余公积	法定公益金	未分配利润	股东权益合计
期初数	136,500,000.00	136,030,770.84	33,743,913.60	12,641,029.66	45,324,780.48	351,599,464.92
本期增加	13,650,000.00	3,090,921.50	10,048,740.30	4,019,496.12	40,194,961.18	66,984,622.98
本期减少					23,698,740.30	23,698,740.30
期末数	150,150,000.00	139,121,692.34	43,792,653.90	16,660,525.78	61,821,001.36	394,885,347.60
变动原因	送股	评估增值	本年提取	本年提取	本年实现	

三、股东情况介绍

(一)、报告期末公司股东总数为31276户。
(二)、报告期末公司前10名股东持股情况

股东名称	年末持股数(股)	占总股本比例(%)
①山东工程机械集团有限公司	63,250,000	42.13
②临沂工程机械配件中心	1,210,000	0.81
③临沂友谊宾馆	1,210,000	0.81
④汲波	459,140	0.31
⑤金鑫基金	379,940	0.25
⑥王炜	346,060	0.23
⑦张爱云	330,000	0.22
⑧李若启	330,000	0.22
⑨韩玉英	330,000	0.22
⑩阎萍	330,000	0.22

福建省南纸股份有限公司

一、 公司简介

1、公司中文名称:福建省南纸股份有限公司

公司英文名称:NanzhiCo.,Ltd.,Fujian　缩写:FJNZ

2、公司法定代表人:黄国英　公司总经理:陈守勤

3、公司董事会秘书:李公然

联系地址:福建省南平市滨江北路177号福建省南纸股份有限公司证券部

联系电话:0599—8808806　传真:0599—8801260　电子信箱:Aute@163.net

4、公司注册办公地址:福建省南平市滨江北路177号　公司邮政编码:353000

公司国际互联网网址:http://www.nanping-paper.com

5、公司信息披露报纸名称:《上海证券报》、《中国证券报》

公司登载年度报告的国际互联网网址:http://www.sse.com.cn

公司年度报告备置地点:公司证券部

6、公司股票上市交易所:上海证券交易所　股票简称:福建南纸　股票代码:600163

二、 会计数据和业务数据摘要

1、公司本年度利润总额及构成(合并报表)　单位:人民币元

利润总额	95,778,011.70
净利润	84,113,009.29
扣除非经常性损益后净利润	63,362,569.74
主营业务利润	121,094,544.06
其他业务利润	5,896,278.26
营业利润	66,675,833.14
投资收益	8,486,517.80
补贴收入	18,937,954.55
营业外收支净额	1,677,706.21
经营活动产生的现金流量净额	114,602,017.14
现金及现金等价物净增加额	245,892,429.10

公司非经常性损益项目涉及净利润的是:

(1)所得税弥补被兼并企业亏损:18,257,251.63元;

(2)增值税、社会事业发展费返还680,702.92元;

(3)新股申购冻结资金利息:2,019,811.52元;

(4)合并价差:-207,326.52元。

2、主要会计数据和财务指标单位:人民币元

指标项目	1999年度	1998年度		1997年度
		调整后	调整前	
主营业务收入	456,803,607.01	452,495,574.47	452,495,574.47	642,452,169.06
净利润	84,113,009.29	68,860,800.04	76,875,228.90	85,837,471.86
总资产	2,124,138,391.07	1,493,207,544.78	1,501,225,297.95	932,602,259.89
股东权益	763,713,368.70	707,208,359.41	715,222,788.27	313,113,498.23
每股收益摊薄	0.303	0.248	0.277	0.413
加权	0.303	0.277	0.309	0.413
每股净资产	2.75	2.54	2.57	1.51
调整后的每股净资产	2.73	2.53	2.56	1.50
每股经营活动产生的现金流量净额	0.41	-0.07	-0.07	——
净资产收益率(%)摊薄	11.01	9.74	10.75	27.41
加权	11.43	12.74	14.22	30.78
扣除非经常性损益后的每股收益	0.228	0.228	0.257	——

三、股东情况介绍

1、截止1999年12月31日,本公司股东总数为23322户。

其中:国家股股东1户　公司董事、监事及高级管理人员18户

2、前十名股东情况如下

持有本公司5%以上股份的股东1户为公司发起人福建省轻纺工业总公司,持有本 公司国家股20808万股,占公司总股本的74.83%,法定代表人:梁模,经营范围:授权 国有资产投资、控股。年度内所持股份未发生变动,也没有质押或冻结情况。

股东名称	持股数(股)	占总股本比例(%)
①福建省轻纺工业总公司	208080000	74.830
②海通证券	9918570	3.567
③北京财政	709630	0.255
④沈美芬	640905	0.230
⑤北京证券	562800	0.202
⑥沈百荣	439800	0.158
⑦沈通证券	421300	0.152
⑧傅伟明	400890	0.144
⑨秦中华	386400	0.139
⑩郁瑞香	379600	0.137

四、董事会报告

公司经营情况

(1)公司所处的行业及在本行业中的地位

公司归属于轻工业类制浆造纸企业,是以新闻纸生产为主业的大型一档制浆造纸 企业,是国家确定的1000家重点扶持企业中的首批300家大型骨干企业之一,1999年9月国家确定的520户国家重点企业,是福建省重点支柱产业的企业。公司募股资金主投项目———年增产12万吨彩色胶印新闻纸技改项目于1999年12月22日试车投产后,公司 主导产品低定量彩色胶印新闻纸年生产能力达25万吨。1999年度在全国九大新闻纸生产企业中,公司的产量、销售量、经济效益排序均位居前列。

(2)公司主营业务的范围及其经营状况

①报告期内主营业务收入及利润构成情况:公司的主营业务主要是新闻纸、纸制品、纸浆及副产品等的生产和销售,新闻纸 、纸板、纸浆、废纸及副产品等出口,各类纸、纸板、纸浆、废纸及造纸设备进口。 在报告期内完成主营业务收入45680.36万元,实现主营业务利润12109.45万元,净利润8411.30万元。本公司新闻纸、纸制品、纸浆及副产品等的营业利润占利润总额69.61%。

②占公司主营业务收入或利润10%以上的业务活动,所属行业及主要产品介绍占 公司主营业务收入和利润10%以上的业务活动为公司主要产品低定量彩色胶印新闻纸。低定量彩色胶印新闻纸是新闻纸行业发展的主流。

宁夏恒力钢丝绳股份有限公司

一、公司简介

(一)、公司中文名称:宁夏恒力钢丝绳股份有限公司

公司英文名称:NING XIA HENG LI STEEL WIRE ROPE CO.LTD

公司英文简称:NING XIA HENG LI

(二)、公司法定代表人:刘京喜

(三)、公司董事会秘书:朱公录

公司董秘授权代表人:卓青峰

联系地址:宁夏恒力钢丝绳股份有限公司证券部

电话:(0952)3671226　传真:(0952)3671799

(四)、公司注册地址:宁夏回族自治区银川市

公司办公地址:宁夏石嘴山市石嘴山区河滨街　邮政编码:753202

(五)、本公司选定的信息披露报纸《上海证券报》

登载公司年度报告的指定网址:http://www.seecom.cn

公司电子信箱:nxhl@public.yc.nx.cn

公司年度报告备置地点:公司证券部

(六)、公司股票上市交易所:上海证券交易所

股票简称:宁夏恒力　股票代码:600165

二、会计数据和业务数据摘要

(一)、公司本年度会计数据　单位:人民币元

项　　目	1999年
利润总额	50545311.29
净利润	43664507.48
扣除非经常性损益后的净利润	42676468.79
主营业务利润	64660848.91
其他业务利润	6275961.99
营业利润	47729626.84
投资收益	0
补贴收入	988038.69
营业外收支净额	1827645.76
经营活动产生的现金流量净额	-38526847.28
现金及现金等价物净增加额	-45825430.88

注:扣除非经常性损益为补贴收入988038.69元,详见会计附注八,注释28。

(二)、公司近三年的主要会计数据和财务指标　单位:人民币元

项　目	1999年	1998年		1997年	
		调整后	调整前	调整后	调整前
主营利润	64660848.91	49691281.68	49691281.68	50626675.44	50626675.44
净利润	43664507.48	47688081.21	40050318.58	21641183.81	28848824.44
总资产	635627619.96	513916065.12	522415329.13	263493304.72	279630331.36
股东权益	415218601.85	371925437.35	380424701.36	110762973.36	126900000.00
每股收益	0.204	0.357	0.300	0.262	0.349
每股收益(加权)	0.273	0.409	0.344	0.262	0.349
扣除非经常性损益后的每股收益	0.200	0.304	0.246	0.262	0.349
扣除非经常性损益后的每股收益(加权)	0.266	0.348	0.282	0.262	0.349
每股净资产	1.94	2.79	2.85	1.34	1.54
调整后的每股净资产	1.92	2.78	2.84	1.18	1.37
每股经营活动产生的现金净流量	-0.18	-0.17	-0.17		
净资产收益率%	10.5	12.8	10.5	19.5	22.73

注:主要财务指标的计算公式如下:

每股收益=净利润/年度末普通股股份总数

每股净资产=年度末股东权益/年度末普通股股份总数

净资产收益率=净利润/年度末股东权益×100%

调整后的每股净资产=(年度末股东权益-三年以上的应收款项净额-待摊费用-待处理(流动、固定)资产净损失-开办费-长期待摊费用-住房周转金负数余额)/年度末普通股股份总数

每股经营活动产生的现金净流量=经营活动产生的现金流量净额/年度末普通股股份总数。

(三)、报告期内股东权益变动情况　单位:元

项　目	股　本	资本公积	盈余公积	其中:公益金	未分配利润	合　计
期初数	133500000.00	218689498.51	4732658.19	1577552.73	15003280.65	371925437.35
本期增加	80100000.00		7172296.26	2390765.42	43808864.50	131081160.76
本期减少		60075000.00			27712996.26	87787996.26
期末数	213600000.00	158614498.51	11904954.45	3968318.15	31099148.89	415268601.85

变动原因:1、股本变动中期以原股本13350万股为基数,每10股送1.5股、转增4.5股。

2、资本公积减少中期以原股本13350万股为基数,每10股转增4.5股。

3、盈余公积增加从净利润中提取15%。

4、公益金增加从净利润中提取5%。

5、未分配利润变动原因:主要是税后利润增加和中期分配所致。

三、股东情况介绍

1、本公司报告期末股东总数为32436户,国家股股东1户,法人股股东4户;社会公众股股东32431户。

2、本公司前10名大股东持股情况(至年度末)

序号	股东名称	持股数量(万股)	占总股本比例(%)
(1)	宁夏恒力钢铁集团有限公司	13200	61.80
(2)	宁夏大元股份有限公司(原宁夏炼油厂)	480	2.24
(3)	酒泉钢铁公司	160	0.75
(4)	石炭井矿务局	160	0.75
(5)	宁夏有色金属冶炼厂	160	0.75
(6)	杭州中山大酒店	62.22	0.29
(7)	位士信	43.40	0.20
(8)	方元武	40.97	0.19
(9)	刘太菊	40.00	0.18
(10)	申凤梅	33.77	0.15

北汽福田车辆股份有限公司

一、公司简介

1、公司名称:北汽福田车辆股份有限公司
英文名称:BEI QI FU TIAN VEHICLE CO.,LTD
2、公司法定代表人、董事长:安庆衡
总经理:王金玉
3、公司董事会秘书:龚敏
联系地址:北京市崇文区白桥大街14号　电话/传真:010-67181085
E-Mail信箱:bqftzqb@public.east.net.cn
4、公司注册、办公地址:北京市崇文区白桥大街14号　邮编:100062
公司国际互联网网址:http://www.futian.com.cn
E-Mail 信箱:ftzjlb@public3.bat.net.cn
5、公司选定的信息披露报刊为:《中国证券报》《上海证券报》
登载公司年度报告的中国证监会指定国际互联网网址:http://www.sse.com.cn.
公司年度报告备置地点:公司证券部　地址:北京市崇文区白桥大街14号
6、公司股票上市交易所:上海证券交易所
股票简称:福田股份　股票代码:600166

二、会计数据和业务数据摘要

1、本年度主要会计数据

单位:元

项　目	1999年
利润总额	152285197.68
净利润	126159739.34
扣除非经常性损益后的净利润	107799489.56
主营业务利润	406921786.23
其他业务利润	8065374.99
营业利润	133588652.20
投资收益	336295.70
补贴收入	12934909.81
营业外收支净额	5425339.97
经营活动产生的现金流量净额	141070268.08
现金及现金等价物净增加额	79459655.27

注:扣除的非经常性损益项目和涉及金额:　单位:元

项　目	金　额
1、营业外收支净额项目	5425339.97
2、补贴收入项目	12934909.81
所得税返还	2306848.17
增值税返还	10628061.64
3、以上项目涉及金额	18360249.78

2、公司近三年主要会计数据和财务指标

追溯调整后:

单位:元

项　目	1999年度	1998年度	1997年度
主营业务收入	3102936366.56	2186286902.43	1311334998.25
净利润	126159739.34	74012346.81	49515195.16
总资产	1830949586.86	1343071845.32	662199264.61
股东权益(不含少数股东权益)	652214850.50	547408311.16	206274517.42
每股收益(摊薄)	0.500	0.38	0.34
(加权)	0.619	0.43	0.34
扣除非经常性损益后的每股收益(摊薄)	0.427	0.29	0.34
(加权)	0.529	0.32	0.34
每股净资产(摊薄)	2.58	2.81	1.43
(加权)	3.20	3.16	1.43
调整后的每股净资产(摊薄)	2.23	2.62	1.15
(加权)	2.77	2.93	1.15
每股经营活动产生的现金流量净额(摊薄)	0.56	1.15	--
(加权)	0.70	1.32	--
净资产收益率(摊薄)	19.34%	13.52%	24.00%
(加权)	21.03%	19.64%	27.28%

追溯调整后会计数据如下:

项　目	1999年	1998年	1997年
坏帐准备	3840804.11	4091677.93	3293583.50
存货跌价准备	1805494.62	160882.74	185212.50
模具摊销	2704585.09	1779530.43	530266.68
未分配利润	90524483.05	62802782.38	52380613.14

3、本年度股东权益变动情况　单位:元

项　目	股　本	资本公积	盈余公积	法定公益金	未分配利润	股东权益合计
期初数	194120000.00	260441145.33	30406120.93	10135373.64	62441044.90	547408311.16
本期增加	58236000.00		37899101.19	12633033.73	126159739.34	22229484.53
本期减少		19412000.00			98076301.19	117488301.19
期末数	252356000.00	241029145.33	68305222.12	22768407.37	90524483.05	652214850.50

三、股本变动及股东情况

(1) 截止1999年12月31日,公司股东总数为4561户。
(2) 本公司前10名大股东持股情况:

单位:万股

序号	股东名称	年初持股	本年增加	年末持股	所占总股本比例
1	北京汽车摩托车联合制造公司	9252	2775.6	12027.6	47.66%
2	常柴股份有限公司	0	1950	1950	7.73%
3	江苏武进柴油机厂	750	225	975	3.86%
4	山东莱动内燃机有限公司	500	150	650	2.58%
5	上柴扬动股份有限公司	200	60	260	1.03%
6	丹东曙光车桥股份有限公司	200	60	260	1.03%
7	上海拖拉机内燃机有限公司	200	60	260	1.03%
8	安徽全柴集团有限公司	100	30	130	0.52%
9	山东诸城渔业机械股份有限公司	100	30	130	0.52%
10	河南省农业机械总公司	80	24	104	0.41%

沈阳黎明服装股份有限公司

(一)公司简介

1、公司名称:沈阳黎明服装股份有限公司
英文名称:SHENYANG DAWN GARMENTS CO.,LTD
2、法定代表:王宏明
3、董事会秘书:薛彬
授权代表:石巍
联系地址:辽宁省沈阳市皇姑区昆山中路十号
联系电话:024—86842901　传真:024—86242272
电子信箱:stone@dawn-garments.com.cn
4、公司注册地址:辽宁省沈阳市皇姑区昆山中路十号
公司办公地址:辽宁省沈阳市皇姑区昆山中路十号　邮政编码:110032
国际互联网址:http://www.dawn-garments.com.cn
5、信息披露报纸:中国证券报、上海证券报
登载年度报告国际互联网址:http://www.sse.com.cn
年度报告备置地点:董事会秘书处
6、公司股票上市交易所:上海证券交易所
股票简称:黎明股份　股票代码:600167

(二)会计数据和业务数据摘要

1、本年度主要会计数据和业务数据摘要　单位:人民币元

项目	1999年度实现数
利润总额	52,312,076.17
净利润	35,408,419.30
扣除非经营性损益后的净利润	27,692,830.31
主营业务利润	92,942,114.67
其他业务利润	1,895,550.30
营业利润	44,596,487.18
投资收益	-489,397.03
补贴收入	6,412,779.95
营业外收支净额	1,792,206.07
经营活动产生的现金流量净额	20,620,562.33
现金及现金等价物净增加额	120,558,431.63

注:扣除非经营性损益项目和金额包括
(1)本年度摊销新股申购冻结资金利息1,529,736.06元
(2)所得税应由财政返还6,412,779.95元
(3)核销无法支付的应付款项611,130.87元
(4)摊销股权投资差额-528,089.76元
(5)罚款支出-194,791.35元
(6)其他营业外支出-115,176.78元

2、主要会计数据和财务指标　单位:人民币元

项　目	1999年	1998年 调整前	1998年 调整后	1997年(评估后)
主营业务收入	409,425,599.07	373,340,323.40	373,340,323.40	299,781,613.74
净利润	35,408,419.30	32,911,570.30	23,052,172.40	14,458,117.12
总资产	817,620,282.41	498,810,662.24	488,951,264.34	438,664,035.18
股东权益	561,062,793.23	199,115,772.99	189,256,375.09	166,200,122.69
每股收益	0.1864	0.1732	0.1213	0.1205
每股净资产	2.95	1.04	1.00	1.38
调整后的每股净资产	2.92	1.03	0.98	0.81
每股经营活动产生的现金流量净额	0.11			
净资产收益率	6.31%	16.53%	12.18%	10.42%

注:主要财务指标计算方法
每股收益=净利润/年度末普通股股份总数
每股净资产=年度末股东权益/年度末普通股股份总数
调整后的每股净资产=(年度末股东权益-三年以上应收款项净额-待摊费用-待处理(流动、固定)资产净损失-开办费-长期待摊费用-住房周转金负数余额)/年度末普通股股份总数
每股经营活动产生的现金流量净额=经营活动产生的现金流量净额/年度末普通股股份总数
净资产收益率=净利润/年度末股东权益×100%

3、报告期内股东权益变动情况

项目	股本	资本公积	盈余公积	法定公益金	末分配利润	股东权益合计
期初数	120,000,000.00	46,204,202.69	5,763,043.10	2,305,217.24	17,289,129.30	189,256,375.09
本期增加	70,000,000.00	286,300,000.00	8,626,604.53	3,450,641.81	35,408,419.30	391,708,419.30
本期减少					28,528,605.69	19,902001.16
期末数	190,000,000.00	332,504,202.69	14,389,647.63	5,755,859.05	24,168,942.91	561,062,793.23

变动原因:(1)发行社会公众股增加股本7000万;
(2)溢价发行社会公众股增加资本公积;
(3)提取二金增加盈余公积和法定公益金;
(4)未分配利润项目变动主要包括:提取"二金",九八年分配现金红利、本年利润增加及采用追溯调整法计提四项准备金。

(三)股东情况介绍

1、报告期末股东总数36629户。
2、前10名股东持股情况

股东名称	持股数量	持股比(%)
1)沈阳黎明服装集团公司	120,000,000	63.16
2)科远投资	691000	0.36
3)甘证投资	556910	0.29
4)高荣	506100	0.27
5)马英居	480000	0.25
6)邓敬香	475000	0.25
7)范炳根	458680	0.24
8)郭丽芳	426700	0.22
9)李斌	403500	0.21
10)刘换平	400000	0.21

武汉三镇实业控股股份有限公司

一 、公司简介

1、公司法定中文名称：武汉三镇实业控股股份有限公司
公司法定英文名称：WUHAN SANZHEN INDUSTRY HOLDING CO.,LTD.
2、公司法定代表人：谢连和
3、公司董事会秘书及其授权人：曾牧 李丹
联系地址：武汉市发展大道东方商都5楼
电话：(027)85600546
传真：(027)85877108
电子信箱：E-mail:whkonggu@public.wh.hb.cn
4、公司注册地址：武汉经济技术开发区联发大厦
公司办公地址：武汉市发展大道东方商都5楼
邮政编码：430023
公司电子信箱：E-mail:whkonggu@public.wh.hb.cn
国际互联网网址：Http://www.whkg.com.cn
5、公司信息披露报刊名称：《上海证券报》
登载公司年报的中国证监会指定国际互联网址：http://www.sse.com.cn
公司年度报告备置地点：公司董事会办公室
6、公司股票上市交易所：上海证券交易所
公司股票简称：武汉控股
公司股票代码：600168

二、主要财务指标

1、本年度主要会计数据

项目	金额
利润总额	213,769,372.62
净利润	170,145,783.92
扣除非经营性损益后的净利润	142,724,160.26
主营业务利润	133,608,410.42
其他业务利润	---------
营业利润	128,509,016.81
投资收益	24,193,684.98
补贴收入	57,382,994.59
营业外收支净额	3,683,676.24
经营活动产生的现金流量净额	178,883,376.44
现金及现金等价物净增加额	110,261,060.48

2、主要会计数据和财务指标

项目	1999年度	1998年度（调整前）	1998年度（调整后）	1997年度
1、主营业务收入（元）	241,102,922.96	256,534,081.08	256,534,081.08	234,950,662.57
2、净利润（元）	170,145,783.92	159,529,334.05	159,597,553.48	135,659,104.99
3、总资产（元）	1,229,627,201.62	1,046,906,790.87	1,044,377,243.23	347,122,288.05
4、股东权益（元）	1,045,024,694.64	979,408,458.36	976,878,910.72	315,104,012.26
5、每股收益（元/股）	0.4170	0.4692	0.4694	0.5320
6、按月平均加权计算的每股收益	0.4549	0.4692	0.4694	0.5320
7、扣除非经常性损益后的每股收益	0.3489	0.4548	0.4550	0.5320
8、每股净资产（元）	2.5613	2.8806	2.8732	1.2604
9、调整后每股净资产（元）	2.5567	2.8736	2.8663	1.2604
10、每股经营活动产生的现金净流量	0.4384	0.3323	0.3323	---
11、净资产收益率(%)	16.28	16.29	16.34	43.05

注1：本报告期股本自7月以后按40,800万股计算，上年同期股本数按34,000万股计算。
注2：主要财务指标的计算公式如下：
每股收益=净利润/报告期末普通股股份总数
净资产收益率=净利润/报告期末股东权益×100%
每股净资产=报告期末股东权益/报告期末普通股股份总数
调整后每股净资产=（报告期末股东权益-三年以上应收帐款-待摊费用-待处理（流动、固定）资产净损失-开办费-长期待摊费用）/报告期末普通股股份总数
每股经营活动产生的现金净流量=经营活动产生的现金净流量/年度末普通股股份总数

三 、股东情况介绍

1、报告期末股东总数：截止1999年12月31日，公司股东总数为50446户
2、报告期末公司前十名股东持股情况：

序号	股东名称	年末持股（股）	持股比例(%)	年初持股（股）	持股比例(%)
1	武汉三镇基建公司	306,000,000	75	255,000,000	75
2	普惠基金	3,609,436	0.88	0	0
3	钱凤兰	1,749,500	0.43	1,457,900	0.43
4	中信证券	1,379,886	0.34	1,144,100	0.34
5	泰和基金	1,349,474	0.33	0	0
6	浙奥兰多	1,150,000	0.28	0	0
7	王龙强	1,086,326	0.27	905,300	0.27
8	徐州联社	910,800	0.22	1,206,400	0.35
9	内蒙信托	888,000	0.22	740,000	0.22
10	同盛基金	846,542	0.21	0	0

说明：
①、武汉三镇基建公司所持股份为国有法人股；
②、武汉三镇基建公司年末所持股份增加原因为：报告期内，公司实施了资本公积金转增预案，武汉三镇基建公司按1998年末25500万股每10股转增2股，共增加5100万股所致。
③、公司前十名股东中，武汉三镇基建公司所持股份为未上市流通股份，无质押冻结情况，其他股东所持股份均为上市流通股份，本公司不知其有无联系和质押、冻结情况。

太原重工股份有限公司

一、公司简介

1、公司的法定中文名称：太原重工股份有限公司
公司的法定英文名称：TAIYUAN HEAVY INDUSTRY CO.,LTD.
英文缩写：TYHI
2、公司法定代表人：王国正
3、公司董事会秘书：李迎魁
联系地址：太原市万柏林区玉河街53号
电　话：0351—6362754
传　真：0351—6362554
4、公司注册地址：太原高新技术产业开发区
公司办公地址：太原市万柏林区玉河街53号
邮政编码：030024
公司电子信箱：tyhi@public.ty.sx.cn
5、公司选定的信息披露报纸：《上海证券报》和《中国证券报》
登载公司年度报告的国际互联网网址：http://www.sse.com.cn
公司年度报告备置地点：公司证券部
6、公司股票上市交易所：上海证券交易所
股票简称：太原重工
股票代码：600169

二、会计数据和业务数据摘要

1、本年度利润总额及其构成　　单位：元

利润总额	82,741,332.00
净利润	70,326,965.23
扣除非经常性损益后的净利润	61,259,070.83
主营业务利润	104,241,035.05
其他业务利润	8,492,836.71
营业利润	72,347,203.23
投资收益	131,137.13
补贴收入	2,528,996.05
营业外收支净额	7,733,995.59
经营活动产生的现金流量净额	-33,567,462.71
现金及现金等价物净增加额	18,056,322.98

注：扣除的非经常性损益包括，资产处置损益2,992,500.00元，分摊的新股申购冻结资金利息6,075,394.40元。

2、截至1999年末公司前三年的主要会计数据和财务指标　　单位：元

	1999年	1998年		1997年	
		调整前	调整后	调整前	调整后
主营业务收入	425,616,745.24	396,351,918.60	396,351,918.60	416,204,024	416,204,024
净利润	70,326,965.23	62,424,708.11	61,504,628.70	41,995,664	39,888,214.12
总资产	1,090,296,867.54	894,891,120.67	891,863,591.38	400,703,524	398,596,074.12
股东权益	686,521,316.85	620,121,880.91	617,094,351.62	147,393,726	145,602,393.61
每股收益	0.202	0.27	0.265	0.28	0.262
扣除非经常性损益后的每股收益	0.176				
每股净资产	1.972	2.67	2.66	1.13	1.12
调整后的每股净资产	1.963	2.66	2.65	1.13	1.12
净资产收益率 %	10.244	10.07	9.97	28.49	27.40
每股经营活动产生的现金流量净额	-0.096	-0.160	-0.160		

注、主要财务指标的计算公式：
每股收益=净利润/年度末普通股股份总数
每股净资产=年度末股东权益/年度末普通股股份总数
调整后的每股净资产=(年度末股东权益—三年以上的应收款项净额—待摊费用—待处理（流动、固定）资产净损失—开办费—长期待摊费用—住房周转金负数余额)/年度末普通股股份总数
每股经营活动产生的现金流量净额=经营活动产生的现金流量净额/年度末普通股股份总数
净资产收益率=净利润/年度末股东权益×100%

3、报告期内股东权益变化情况　　单位：元

项目	股本	资本公积	盈余公积	法定公益金	未分配利润	股东权益合计
期初数	232,114,950	317,950,426.80	8,909,576.82	2,969,858.94	58,119,398.00	617,094,351.62
本期增加	116,057,475		10,549,044.78	3,516,348.26	70,326,965.23	196,933,485.01
本期减少		69,634,485.00			57,872,034.78	127,506,519.78
期末数	348,172,425	248,315,941.80	19,458,621.60	6,486,207.20	70,574,328.45	686,521,316.85
变动原因	送、转股	转股	计提	计提	送股、实现利润	

三、股东情况介绍

1、报告期末股东总数为74405户。
2、持有本公司5%以上（含5%）股份的股东情况：报告期末，太原重型机械（集团）有限公司持有169,314,210股，本期增加56,438,070股，占公司总股本的48.63%；大同齿轮厂持有47,158,215股，本期增加12,344,405股，占公司总股本的13.54%。太原重型机械（集团）有限公司、大同齿轮厂持有的本公司股份报告期内的变动原因是由于1999年7月本公司实施了10送2转增3的利润分配和资本公积金转增股本方案，上述股东持有的本公司股份报告期内未发生质押或冻结的情况。
3、主要股东持股情况：

股东名称	年末持股数量（股）	占总股本的比例
1.太原重型机械（集团）有限公司	169,314,210	48.63%
2.大同齿轮厂	47,158,215	13.54%
3.山西省经贸资产经营有限责任公司（国家股）	11,700,000	3.36%
4.白秋娟	1,013,500	0.29%
5.孟凡侠	528,750	0.15%
6.建皖基金	500,000	0.14%
7.李金明	462,450	0.13%
8.张静	368,100	0.11%
9.刘安详	360,000	0.10%
10.陈爱芝	359,450	0.10%

上述股东之间无关联关系。

上海建工股份有限公司

一、公司简介

(一)公司法定中文名称:上海建工股份有限公司
公司法定英文名称:SHANGHAI CONSTRUCTION CO. ,LTD
(二)公司法定代表人:蒋志权
(三)公司董事会秘书:尤卫平
联系地址:上海市江西中路406号
电话:(021)63213882
传真:(021)63210500
(四)公司注册地址:上海市浦东新区浦东大道710号
邮政编码:200120
公司办公地址:上海市江西中路406号
邮政编码:200002
(五)公司选定的信息披露报纸名称:《上海证券报》、《中国证券报》
登载公司年度报告的中国证监会指定国际互联网网址:http://www.sse.com.cn
(六)公司年度报告备置地点:公司证券部
(七)股票上市地:上海证券交易所
股票简称:上海建工
股票代码:600170

二、会计数据和业务数据摘要

(一)本年度利润总额及其构成(单位:人民币元)

利润总额:	240,087,715
净利润:	203,744,125
主营业务利润:	425,096,148
扣除非经营性损益后的净利润	203,744,125
其它业务利润:	10,851,612
投资收益:	5,102,312
补贴收入:	
营业外收支净额:	-1,572,442
经营活动产生的现金流量净额:	-55,855,497
现金及现金等价物净增加额:	-340,647,152

(二)主要会计数据及财务指标

单位:人民币元

序号	项目	1999年度	1998年度
1	主营业务收入	7,461,314,909	8,454,756,885
2	净利润	203,744,125	216,986,684
3	总资产	5,056,504,058	5,342,081,253
4	股东权益	1,910,562,822	1,814,218,697
5	每股收益(摊薄)	0.3794	0.4041
6	扣除非经营损益后的每股收益	0.3794	0.4041
7	每股净资产	3.56	3.38
8	调整后每股净资产	3.54	3.36
9	净资产收益率%摊薄	10.66	11.96
10	每股经营活动产生的现金流量净额	-0.10	0.82

注1:98年度主要会计数据及财务指标已经于98年年报中因会计政策、会计估计变更加以调整
注2:主要会计数据及财务指标计算方法:
每股收益=净利润/年度末普通股股份总数
每股净资产=年度末股东权益/年度末普通股股份总数
净资产收益率=净利润/年度末股东权益×100%
调整后每股净资产=(年度末股东权益-三年以上的应收款项-待摊费用-待处理(流动、固定)资产净损失-开办费-长期待摊费用-住房周转金负数余额)/年度末普通股股份总数
每股经营活动产生的现金流量净额=经营活动产生的现金流量净额/年度末普通股股份总数。
注3:98年度公司新股发行中申购新股冻结资金利息收入为 14,417,299元,本年度将其中的2,883,460元计入收益,扣除所得税后的2,450,941元计入净利润,剩余的8,650,379元将在以后年度计入收益。本年度扣除计入的申购新股冻结资金利息收入后的各项财务指标,全面摊薄如下:
净利润:201,293,184元
每股收益:0.37元
(三)报告期内股东权益变动情况

项目	股本	资本公积	盈余公积金	法定公益金	未分配利润	股东权益合计
期初	537,000,000	1,038,374,821	23,884,388	23,884,388	191,075,100	1,814,218,697
本期增加			20,374,412	20,374,412	55,595,301	96,344,125
本期减少						
期末数	537,000,000	1,038,374,821	44,258,800	44,258,800	246,670,401	1,910,562,822

变动原因:报告期内,实现净利润203,744,125元,其中107,400,000元作为利润分配应付股利,提取盈余公积金及法定公益金40,748,824元。

三、股东情况介绍

(一)报告期末股东总数为106,165户。
(二)主要股东持股情况
截止1999年12月31日,本公司前十名大股东持股情况如下:

股东名称	现持股数(股)	占总股本(%)
上海建工(集团)总公司	387,000,000	72.07
裕明天	2,872,733	0.53
泰和基金	1,999,938	0.37
普惠基金	1,380,172	0.26
张忠英	699,900	0.13
徐长明	663,233	0.12
肖永长	591,000	0.11
宣武网点	560,050	0.10
沈丽娜	519,960	0.97
财政证券	500,000	0.09

公司与以上第2至10名股东之间不存在关联交易关系,与第一大股东的关联交易详见财务报告。

上海贝岭股份有限公司

一、公司简介

1、公司中文名称:上海贝岭股份有限公司
英文名称:SHANGHAI BELLING CO., LTD.
2、公司法定代表人:张文义
3、公司董事会秘书:董 倩
联系地址:上海市宜山路810号
联系电话:021-64850700×157
传真: 021-64854424
电子信箱:bloffice@belling.com.cn
4、公司注册地址:上海市漕河泾开发区宜山路810号
公司办公地址:上海市漕河泾开发区宜山路810号
公司邮政编码:200233
公司网址:http://www.belling.com.cn
公司电子信箱:bloffice@belling.com.cn
5、公司选定的信息披露报纸:《上海证券报》、《中国证券报》、《证券时报》
中国证监会指定登载公司年度报告的国际互联网网址:http://www.sse.com.cn
年度报告备置地点:公司董事会办公室
6、股票上市地:上海证券交易所
股票简称:上海贝岭 股票代码:600171

二、会计数据和业务数据摘要

(一)公司本年度实现利润总额及构成(单位:人民币元)

利润总额	159,317,866.01
其中:净利润	141,389,937.35
扣除非经常性损益的净利润	116,271,547.93
主营业务利润	169,377,334.12
其他业务利润	1,111,820.53
营业利润	111,932,045.26
投资收益	22,100,754.75
补贴收入	20,656,201.35
营业外收支净额	4,628,864.65
经营活动产生的现金流量净额	91,758,164.86
现金及现金等价物净增加额	-26,024,057.12

注:扣除的非经常性损益项目和涉及金额共计:25,118,389.42元,其中:无效申购利息摊销为4,462,188.07元;增值税退税共计20,656,201.35元。

(二)近三年主要会计数据和财务指标 (单位:人民币元)

指标栏目	1999年度	1998年度		1997年度	
		调整后	调整前	调整后	调整前
主营业务收入	406,698,469.10	376,317,758.69	381,877,920.36	376,170,857.98	376,170,857.98
净利润	141,389,937.35	121,295,693.16	133,700,046.02	102,386,485.94	109,526,633.65
总资产	1,267,643,005.89	1,227,563,866.91	1,282,504,356.21	583,275,433.27	590,415,580.98
股东权益	1,103,054,695.58	1,026,829,858.23	1,046,374,358.80	207,039,852.29	214,180,000.00
每股收益	0.33	0.36	0.40	-	0.51
每股净资产	2.54	3.07	3.13	-	
1.00					
扣除非经常性损益后的每股收益	0.27	0.28	0.32	-	-
调整后每股净资产	2.52	3.05	3.11	-	-
每股经营活动产生的现金净流量净额	0.21	0.64	0.64	-	-
净资产收益率	12.82%	11.81%	12.78%		51.14%

注:每股收益=净利润÷年度末普通股股本总数
每股净资产=年度末股东权益÷年度末普通股股份总数
调整后每股净资产=(年度末股东权益-三年以上的应收帐款-待摊费用-待处理财产净损失-递延资产)÷年度末普通股股份总数
净资产收益率=(净利润÷年度末股东权益)×100%
(三)报告期内股东权益变动情况:(单位:人民币元)

项目	股本	资本公积	盈余公积	其中:公益金	未分配利润	合计
期初数	334,180,000.00	648,208,502.25	15,256,275.57	5,085,425.19	29,185,080.41	1,026,829,858.23
本期增加	100,254,000.00		21,208,490.61	7,069,496.87	55,016,346.74	176,478,837.35
本期减少	0	100,254,000.00	0	0	0	100,254,000.00
期末数	434,434,000.00	547,954,502.25	36,464,766.18	12,154,922.06	84,201,427.15	1,103,054,695.58

股东权益变化原因:
1) 股本增加是因为报告期内实施每10股转增3股的公积金转增股本方案。
2) 资本公积减少是因为本年度实施公积金转增股本方案。
3) 盈余公积增加是因为提取10%的法定盈余公积金和5%公益金。
4) 未分配利润的增加是由于本年度实现的净利润。

三、股东情况介绍

1、本报告期末,公司股东总数为102,558户。
2、前十名股东持股情况(1999年12月31日)

名称	持股数量(股)	占总股本比例(%)
上海华虹(集团)有限公司	167,060,400	38.45
上海贝尔有限公司	111,373,600	25.64
安徽证券	2,550,810	0.59
景宏基金	1,985,420	0.46
李克	1,950,000	0.46
普惠基金	1,650,000	0.38
金泰基金	1,620,414	0.37
王晓荣	872,235	0.19
蔡聪芬	800,000	0.18
同盛基金	782,672	0.18

说明:
上海华虹(集团)有限公司持有我公司股份为国家股。
持有我公司5%以上股份的股东上海华虹(集团)有限公司和上海贝尔有限公司,因99年实施的每10股转增3股的方案,两股东分别增加股本3588.24万股和2570.16万股。以上两股东持有的本公司股票没有质押、冻结情况。公司前10名股东之间不存在关联关系。

河南黄河旋风股份有限公司

一、公司简介

1、公司名称:河南黄河旋风股份有限公司
英文名称:HENAN HUANGHE XUANFENG CO., LTD　缩写:(HHXF)
2、公司法定代表人:乔金岭
3、公司董事会秘书:李建中
联系地址:河南省长葛市人民路200号
电话:0374—6165530　传真:0374—6128688
授权代表:张乔宏
电话:0374—6132809　传真:0374—6128688
4、公司注册及办公地址:河南省长葛市人民路200号　P.C.:461500
公司网址:HTTP://WWW.XUANFENG.COM.CN　E-mail:LIJZ@371.NET
5、公司选定的信息披露报刊为:《上海证券报》、《中国证券报》登载公司年度报告的中国证监会指定国际互联网网址:HTTP://WWW.SSE.COM.CN
公司年度报告备置地点:公司证券部
地址:河南省长葛市人民路200号
6、公司股票上市交易所:上海证券交易所
股票简称:黄河旋风　股票代码:600172

二、会计数据和业务数据摘要

1、本年度利润总额及构成(单位:人民币元)

利润总额	88,337,132
净利润	74,523,860
扣除非经常性损益后的净利润	63,151,264
主营业务利润	106,054,253
其它业务利润	11,583,028
营业利润	84,322,241
投资收益	
补贴收入	
营业外收支净额	4,014,891
经营活动产生的现金流量净额	53,899,592
现金及现金等价物净增加额	−121,489,599

注:扣除的非经常性损益项目和涉及金额(单位:人民币元)

项　目	金　额
发行股票申购资金利息收入	2,796,946
技术转让	8,575,650

2、公司前三年主要会计数据和财务指标(单位:人民币元)
追溯调整后:

指标项目	1999年度	1998年度	1997年度
主营业务收入	232,815,878	177,450,262	186,766,118
净利润	74,523,860	41,176,853	20,655,164
总资产	533,925,812	430,668,718	233,117,757
股东权益	429,687,161	355,163,302	69,876,446
每股收益(摊薄)	0.305	0.338	0.25
(加权)		0.47	
每股净资产(摊薄)	1.76	2.91	2.84
(加权)		4.01	
调整后每股净资产(摊薄)	1.74	2.88	2.77
(加权)		3.96	
每股经营活动产生的			
现金流量净额(摊薄)	0.22	0.31	
净资产收益率(%)(摊薄)	17.34%	11.59%	29.56%
(%)(加权)		31.4%	

注1、公司1999年末总股本为24400万股,1998年末总股本为12200万股。
3、报告期内股东权益变动情况

项　目	股　本	资本公积	盈余公积	(其中:公益金)	未分配利润	合　计
期初数	122,000,000.00	204,110,000	5,810,660	(2,905,330)	23,242,641	355,163,301
本期增加	122,000,000.00		14,904,772	(7,452,386)	74,523,860	211,428,632
本期减少		73,200,000			63,704,772	136,904,772
期末数	244,000,000.00	130,910,000	20,715,432	(10,357,716)	34,061,729	429,687,161

变动原因:
1.股本增加系实施99年度中期利润分配方案,以公司99年6月30日股本122,000,000为基数每10股送4股转增6股,由未分配利润和资本公积金分别转入48,800,000元和73,200,000元所致。
2.盈余公积金变动的原因:本年度盈余公积金增加14,904,772元,主要是根据公司章程及第一届五次董事会决议,按净利润74,523,860元10%计提法定盈余公积金7,452,386元,按净利润74,523,860元10%计提公益金7,452,386元所致。
3.未分配利润变动的原因:一是本期新增净利润74,523,860元,二是计提盈余公积7,452,386元和计提公益金7,452,386元,使未分配利润减少14,904,772元,三是99年中期利润分配由未分配利润转入股本48,800,000元。

三、股东情况介绍

(一)截止1999年12月31日,公司股东总数为31609户。
(二)主要股东持股情况
截止1999年12月31日,本公司前10名大股东持股情况如下:
单位:万股

股东名称	年初持股	本年增加	年末持股	占总股本(%)
黄河集团公司	5576	5576	11152	45.70
日本ODK公司	2050	2050	4100	16.80
郑州三磨研究所	410	410	820	3.36
汉盛基金	0	500	500	2.05
东方证券	0	322	322	1.32
东方证券	0	300	300	1.23
雪王公司	131	95	226	0.93
长葛市树脂磨具厂	82	82	164	0.67
长葛市星星电子制品厂	82	82	164	0.67
腾龙工程	86	77	163	0.67

注1:公司前10名股东之间不存在关联交易关系。

牡丹江水泥股份有限公司

一、公司简介

1、公司法定中文名称:牡丹江水泥股份有限公司
公司英文名称:MUDANJIANG CEMENT CO.,LTD
2、公司法定代表人:王奎廷
3、公司董事会秘书:陈根祥
电话:0453-6477558　传真:0453-6477515
授权代表:张友波
电话:0453-6477999　传真:0453-6477999
联系地址:牡丹江市西安区温春镇
4、公司注册地址:黑龙江省牡丹江市西安区温春镇公司大楼
公司办公地址:黑龙江省牡丹江市温春镇公司大楼　公司邮政编码:157041
公司电子信箱:ZJXUEYI@PUBLIC.MD.HL.CN
5、公司信息披露报纸名称:上海证券报
登载公司年度报告的中国证监会指定国际互联网网址:HTTP://WWW.SSE.COM.CN
公司年度报告备置地点:公司证券部
6、公司股票上市交易所:上海证券交易所　股票简称:牡丹江　股票代码:600173

二、会计数据和业务数据摘要

1、公司本年度实现的利润指标情况

项目	金额
利润总额(元)	65,291,981.16
净利润(元)	55,498,183.98
扣除非经营性损益后的净利润(元)	46,197,053.88
主营业务利润(元)	109,685,216.37
其他业务利润(元)	2,883,971.38
营业利润(元)	59,354,865.27
投资收益(元)	
补贴收入(元)	
营业外收支净额(元)	5,937,115.89
经营活动产生的现金流量净额(元)	1,750,378.86
现金及现金等价物净增加额(元)	257,366,954.31

说明:扣除非经常性损益的项目涉及金额(元)
营业外收入6,301,130.10,　主要是:冻结申购资金利息:6,205,515.61
处理固定资产净收益:20,000.00。　其他:75,614.49
2、主要会计数据和财务指标

项目	1999年	1998年	1997年
1.主营业务收入(元)	396,331,405.36	389,143,829.17	359,257,538.20
2.净利润(元)	55,498,183.98	55,129,397.86	39,150,697.96
3.总资产(元)	902,133,985.98	560,113,987.66	455,970,202.14
4.股东权益(元)	614,664,448.64	257,660,664.56	232,867,038.43
5.每股收益(元/股)	0.241	0.367	0.26
加权收益(元/股)	0.241	0.367	0.26
扣除非经常性损益后的每股收益	0.20		
6.每股净资产(元/股)	2.67	1.72	1.55
7.调整后的每股净资产(元/股)	2.66	1.70	1.55
8.每股经营活动产生的			
现金流量净额(元)	0.0076	0.31	
9.净资产收益率(%)	9.02	21	16.81

3、本年度股东权益变动情况及原因

单位:元

项目	股本	资本公积	盈余公积	法定公益金	未分配利润	股东权益合计
期初数	150,000,000	9,015,150.00	20,702,633.65	10,351,316.82	67,591,564.09	257,660,664.56
本期增加	80,000,000	263,128,823.69	5,400,996.21	2,700,498.10	55,498,189.98	357,003,784.08
本期减少					49,724,727.60	
期末数	230,000,000	272,143,983.39	26,103,629.86	13,051,814.92	73,365,020.47	614,664,448.64

三、股本变动及股东情况

1、股本变动情况
(1) 公司股份变动情况表
1999年度公司股份变动情况表

数量单位:股

项　目	本次变动前	本次变动增减(+/−)	本次变动后
一.未上市流通股			
1.发起人股份	124,099,500	+810,000	124,909,500
其中:国家持有股份			
境内法人持有股份	124,099,500	+810,000	124,909,500
2.募集法人股份	4,385,000	−810,000	3,575,000
3.内部职工股	21,515,500		21,515,500
未上市流通股份合计	150,000,000		150,000,000
二.已上市流通股份			
1.人民币普通股	80,000,000		80,000,000
已上市流通股份合计	80,000,000		80,000,000
三.股份总数	230,000,000		230,000,000

2、股东情况介绍
(1) 报告期末股东总数:截止1999年12月31日,公司股东总数为45,643户。
(2) 截止1999年12月31日,公司前10名股东持股情况

序号	股东名称	持股数量	占总股本比例(%)
1	牡丹江水泥集团有限责任公司	122,109,500	53.09
2	农总信托	2,424,998	1.05
3	牡丹江水泥集团社会福利编织厂	2,000,000	0.86
4	黑龙江省交通物资公司	1,000,000	0.43
5	黑龙江省达华经济贸易公司	1,000,000	0.43
6	哈尔滨市建筑材料总公司	800,000	0.34
7	黑龙江省友联经贸公司	500,000	0.22
8	马玲	459,727	0.20
9	葛卫民	454,739	0.19
10	陈惠珍	452,000	0.19

海南宝华实业股份有限公司

一、公司简介

1、公司法定中文名称:海南宝华实业股份有限公司
公司法定英文名称:HAINAN BAOHUA INDUSTRY SHARE CO.,LTD
2、公司法定代表人:李发增
3、公司董事会秘书:周　冀
公司董秘授权代表:陆延锋
联系地址:海南省海口市滨海大道 69 号六层
联系电话:0898-8536699 转 6633　　传真:0898-8538942
电子信箱:zhouji70@263.net
4、公司注册地址:海南省海口市滨海大道 69 号六层
公司办公地址:海南省海口市滨海大道 69 号六层　　邮政编码:570105
公司国际互联网网址:http://www.baohua.com
电子信箱:baohua@t-h-g.com.cn
5、公司选定的信息披露报纸名称:《中国证券报》、《上海证券报》
登载公司年度报告的中国证监会指定国际互联网网址:http://www.sse.com.cn
公司年度报告备置地点:公司证券部
6、公司股票上市地:上海证券交易所
股票简称:宝华实业　　股票代码:600175

二、会计数据和业务数据摘要

1、本年度实现利润及主要现金流量指标(单位:元)

利润总额	42,974,537.89
净利润	33,489,762.82
扣除非经常性损益后的净利润	32,012,422.35
主营业务利润	82,608,226.83
其它业务利润	140,025.00
营业利润	27,096,917.24
投资收益	14,247,913.98
补贴收入	
营业外收支净额	1,629,706.67
经营活动产生的现金流量净额	−36,398,856.18
现金及现金等价物净增加额	41,970,407.86

注:扣除的非经常性损益的项目和涉及金额:
① 按五年分摊发行新股申购冻结资金利息本年度摊入额 977,340.47 元。
② 向北京联宝港湾大酒楼收取对方提前中止承包合同违约金 500,000.00 元。

2、截止报告期末公司前三年主要会计数据和财务指标(单位:元)

指标项目	1999 年	1998 年		1997 年	
		调整前	调整后	调整前	调整后
主营业务收入	133,605,797.15	117,798,157.30	117,798,157.30	84,372,723.21	84,372,723.21
净利润	33,489,762.82	32,296,014.29	31,608,884.99	33,869,958.92	34,052,248.28
总资产	669,840,833.87	544,204,446.80	537,581,793.34	530,700,340.58	526,804,232.91
股东权益	408,154,253.59	237,921,943.44	231,751,963.51	237,625,929.15	233,786,566.39
每股收益(摊薄)	0.628	0.807	0.790	0.423	0.426
每股收益(加权)	0.670	0.646	0.632	0.423	0.426
扣除非经常性损益后的每股收益	0.600	0.807	0.790	0.423	0.426
每股净资产	7.65	5.95	5.79	2.97	2.92
调整后的每股净资产	7.31	5.43	5.30	2.69	2.65
每股经营活动产生的现金流量净额	−0.68	0.13	0.13	−	−
净资产收益率(%)	8.21	13.57	13.64	14.25	14.57

调整后各项会计数据如下:

指标项目	1999 年	1998 年	1997 年
坏帐准备	3,996,418.44	2,563,648.10	1,837,787.17
存货跌价准备	4,059,005.36	4,059,005.36	4,059,005.36
未分配利润	33,489,762.82	6,686,482.36	11,818,930.11

3、报告期内股东权益变动情况及原因

项目	股本	资本公积	盈余公积	公益金	未分配利润	股东权益合计
期初数	40000000	117510346.15	67555135.00	22518378.33	6686482.36	231751963.51
本期增加	13340000	156242527.26	8666585.79	2888861.93	24823177.03	176402290.08
本期减少					26670000.00	
期末数	53340000	273752873.41	76221720.79	25407240.26	4839659.39	408154253.59

变动原因:
(1) 股本增加是因为 1999 年 3 月公司发行社会公众股 1334 万股;
(2) 资本公积金增加,系增加发行新股所致;
(3)盈余公积金本期增加,系按本年度实现净利润的 10%提取所致;
(4)公益金本期增加,系按本年度实现净利润的 5%提取所致;
(5) 未分配利润本期增加 24,823,177.03 元,系本年度实现并计提盈余公积及公益金后的净利润;未分配利润本期减少 26,670,000.00 元,系因 1999 年度利润分配所致。

三、股东情况介绍

1、报告期末公司股东总数为 7093 户。其中未流通法人股股东 7 户,流通股股东 7086 户。
2、报告期末公司前十名股东持股情况

股东名称	持股数量(股)	占总股本比例(%)
①北京天鸿集团公司	16070000	30.13
②皓年有限公司	5155000	9.66
③北京宝信实业发展公司	5155000	9.66
④北京宝星服务中心	4150000	7.78
⑤京华房产有限公司	1930000	3.62
⑥华宝信托	404199	0.76
⑦同益基金	318171	0.60
⑧北京房屋建筑设计院	270000	0.51
⑨北京宝华饭店	270000	0.51
⑩长城证券	230000	0.43

注:①前十名股东中第 1 名与第 2、4、5 名股东之间存在关联关系。

中国化学建材股份有限公司

一、公司简介

1、公司法定名称:
中文:中国化学建材股份有限公司
公司简称:中国化建
英文:CHINA CHEMICAL BUILDING MATERIALS CO.,LTD.
英文名称缩写:CCBM
2、公司法定代表人:朱祖华
3、公司董事会秘书:党育
联系电话:010-68415577-6110
010-88411072-816
传真:010-88411072-828
E-mail:ccbm@public.bta.net.cn
4、注册地址:北京市海淀区紫竹院南路 2 号
公司办公地址:北京市海淀区紫竹院南路 2 号
邮政编码:100044
5、公司选定的信息披露报纸:《中国证券报》、《上海证券报》
登载公司年度报告的国际互联网网址:http://wwww.sse.com.cn
公司年度报告备置地点:董事会办公室
6、股票上市地:上海证券交易所
股票简称:中国化建
股票代码:600176

二、会计数据和业务数据摘要

1、公司本年度利润情况　　单位:元

利润总额	46,904,478.71
净利润	27,892,058.31
扣除非经常性损益后的净利润	14,983,435.98
主营业务利润	79,544,390.64
其他业务利润	9,870,681.92
营业利润	20,515,841.06
投资收益	12,865,877.56
补贴收入	9,938,758.89
营业外收支净额	3,584,001.20
经营活动产生的现金流量净额	−79,554,024.42
现金及现金等价物净增长额	53,247,256.50

注:扣除的非经常性损益项目和涉及的金额
新股申购冻结资金利息转入营业外收入 2,969,863.44 元
补贴收入(增值税、所得税返还)　　9,938,758.89 元
2、主要会计数据和财务指标
调整后:

项　目	1999	1998
主营业务收入	369,546,406.46	316,337,518.72
净利润	27,892,058.31	36,045,867.56
总资产	1,093,516,091.04	783,087,954.04
股东权益(不含少数股东权益)	466,032,861.81	228,111,198.99
每股收益(元/股)	0.1328	0.2574
每股净资产(元/股)	2.219	1.629
调整后的每股净资产(元/股)	2.188	1.58
每股经营活动产生的现金流量净额	−0.379	
净资产收益率%	5.985	15.8

公司 1999 年按月平均加权法计算的每股收益为:0.1406
公司 1999 年扣除非经常性损益后的每股收益为:0.0713
计算公式:
每股收益=净利润/年度末普通股股份总数
净资产收益率=净利润/年度末股东权益×100%
每股净资产=年度末股东权益/年度末普通股股份总数
调整后每股净资产=(年度末股东权益-三年以上的应收款项净额-待摊费用-待处理(流动、固定)资产净损失-开办费-长期待摊费用-住房周转金负数余额)/年度末普通股股份总数
每股经营活动产生的现金流量净额=经营活动产生的现金流量净额/年度末普通股股份总数
3、报告期内股东权益变动情况　(单位:元)

项　目	股本	资本公积	盈余公积	法定公益金	未分配利润	股东权益合计
期初数	140,000,000.00	54,835,790.34	0.00	0.00	33,275,399.65	228,111,189.99
本期增加	70,000,000.00	150,529,613.51	5,440,012.38	1,813,337.46	22,452,045.93	248,421,671.82
本期减少	0.00	0.00	0.00	0.00	0.00	0.00
期末数	210,000,000.00	205,365,403.85	5,440,012.38	1,813,337.46	55,727,445.58	476,532,861.81

变动原因:年度内股本增加 7000 万股为公司发行新股所致;年度内资本公积金增加为发行新股溢价所致。

三、股东情况介绍

2、股东情况介绍
(1)截至 1999 年 12 月 31 日,公司股东总数为 38145 户
(2)截至 1999 年 12 月 31 日,前十名股东持股情况

股东名称	年末持股数(股)	占总股本%
中国新型建筑材料(集团)公司	79350000	37.79
浙江振石股份有限公司	46750000	22.26
江苏永联集团公司	8900000	4.24
中国建筑材料及设备进出口公司	5000000	2.38
金鑫基金	2541152	1.2
君安证券	1095497	0.5
南方证券苏州	525689	0.25
王文俭	484200	0.23
循隆电子	440000	0.21
姜海望	434151	0.21

注:中国建筑材料及设备进出口公司原为国家建筑材料局管理的直属企业,国家行政部门与企业脱钩后,划转为由中国新型建筑材料(集团)公司管理的全资子公司。

雅戈尔集团股份有限公司

一、公司简介

1、公司的法定中文名称:雅戈尔集团股份有限公司
公司的法定英文名称:YOUNGOR GROUP CO.,LTD
英文缩写:YOUNGOR
2、公司法定代表人:李如成
3、公司董事会秘书:林燕
公司信息披露授权代表:王新胜
联系地址:浙江宁波鄞县大道西段2号
联系电话:0574-7425136
传真:0574-7425390
E-mail:ystockdp@pub.nb.zj.cninfo.net
4、公司注册地址:浙江宁波雅戈尔大道1号
公司办公地址:浙江宁波鄞县大道西段2号C座
邮政编码:315153
5、公司指定信息披露的报纸:《中国证券报》、《上海证券报》、《证券时报》
中国证监会指定登载公司年度报告的网址:http://www.sse.com.cn
公司年度报告备置地点:公司证券部
6、公司股票上市交易所:上海证券交易所
股票简称:雅戈尔
股票代码:600177

二、会计数据和业务数据摘要

1、利润总额	222,466,967.89 元
净利润	193,755,874.99 元
扣除非经常性损益后的净利润	189,996,932.96 元
主营业务利润	472,122,347.57 元
其他业务利润	-2,480,836.85 元
营业利润	183,112,042.95 元
投资收益	4,202,447.80 元
补贴收入	35,593,090.73 元
营业外收支净额	-440,613.59 元
经营活动产生的现金流量净额	334,923,607.06 元
现金及现金等价物净增加额	-285,122,096.27 元

注:"扣除非经常性损益后的净利润"中扣除项目:1998年公司公开发行社会公众股新股未中签申购资金冻结利息应计入本年度净利润3,758,942.03元。

2、主要会计数据和财务指标(合并报表) 单位:元

会计数据和财务指标	1999	1998	1997
主营业务收入	1016291083.76	785869643.44	508060169.05
净利润	193755874.99	134981850.05	103885555.64
总资产	1569498568.08	1285014971.05	725671743.97
股东权益(不含少数股东权益)	1060044924.77	950053387.29	269989471.90
每股收益	0.7508	0.6799	0.8686
每股收益(按月平均加权)	0.8133	0.8693	0.8686
扣除非经常性损益后的每股收益	0.7362	0.6610	
每股净资产	4.1075	4.7857	2.2574
调整后的每股净资产	4.0922	4.7642	2.2553
每股经营活动产生的现金流量净额	1.2978	0.5011	
净资产收益率	18.28%	14.21%	38.48%

3、其它业务数据和指标

业务指标	1999	1998	1997
市场综合占有率			
西服	10.2%(第二名)	6.8%(第二名)	6.5%(第二名)
衬衫	15.9%(第一名)	10.6%(第一名)	12.7%(第一名)
主营业务收入较上年增长百分比	29.32%	54.68%	53.04%
净利润较上年增长百分比	43.54%	29.93%	9.99%

4、报告期内股东权益变动情况

单位:万元

项目	股本	资本公积	盈余公积	法定公益金	未分配股东权益利润	合计
期初数	19852.00	58363.56	8566.68	2104.73	8223.10	95005.34
本期增加	5955.60	88.15	5169.06	1171.03	13484.22	24697.03
本期减少		5955.60		7742.28	13697.88	
期末数	25807.60	52496.11	13735.74	3275.76	13965.04	106004.49
变动原因	转增股份	增值税返还转增股份	净利润计提	按规定计提	当年新增利润扣除预付股利	

三、股东情况介绍

1、报告期末股东总数:42,245户
2、前10名股东持股情况

股东名称	持股数(万股)	持股比例(%)	说明
宁波盛达发展公司	8,432.78	32.65	未上市流通股份
宁波青春服装厂	5,908.93	22.90	未上市流通股份
鄞县石矸镇资产经营投资公司	2,166.54	8.39	未上市流通股份
鄞县青春职工持股会	649.96	2.52	未上市流通股份
安信证券投资基金	616.93	2.39	已上市流通股份
安顺证券投资基金	503.30	1.95	已上市流通股份
金鑫证券投资基金	226.42	0.88	已上市流通股份
江苏证券	171.18	0.66	已上市流通股份
金泰证券投资基金	142.33	0.55	已上市流通股份
裕明天	112.90	0.44	已上市流通股份

哈尔滨东安汽车动力股份有限公司

(一)公司简介

1、公司中文名称:哈尔滨东安汽车动力股份有限公司
公司英文名称:HARBIN DONGAN AUTO ENGINE CO., LTD
公司英文名称缩写:DAAE
2、法 定 代 表 人:刘成佳
3、公司董事会秘书:龚永胜
联系地址:哈尔滨市平房区保国街51号
电 话:(0451)6520906 6528173
传 真:(0451)6505502
4、公司注册地址:哈尔滨市南岗区高新技术产业开发区36号楼 邮编:150036
公司办公地址:哈尔滨市平房区保国街51号 邮编:150066
电子信箱:dadlzqb@163.net
5、公司选定的信息批露报纸为《上海证券报》,登载公司年度报告的中国证监会指定的国际互联网网址为http://www.sse.com.cn 公司年度报告备置地点:公司证券部
6、公司股票上市地:上海证券交易所
股票简称:东安动力
股票代码:600178

(二)会计数据和业务数据摘要

1、本年度主要会计数据 (单位:人民币元)

利润总额:	153,307,552.40
净利润:	130,992,506.66
扣除非经常性损益后的净利润:	127,459,426.76
主营业务利润:	312,940,691.01
其他业务利润:	-2,058,282.83
营业利润:	154,516,545.39
投资收益:	495,000.00
补贴收入:	0
营业外收支净额:	-1,703,992.99
经营活动产生的现金流量净额:	257,890,760.00
现金及现金等价物净增加额:	69,213,381.80
注:扣除的非经常性损益项目和涉及金额:	
新股申购冻结资金利息:	3,533,079.90

2、截止报告期末公司前三年主要会计数据和财务指标

单位:人民币元

项 目	1999年度	1998年度		1997年度	
		调整前	调整后	调整前	调整后
主营业务收入	1,239,784,648.10	1,250,309,335.04	1,250,309,335.04	1,125,466,828.84	1,125,466,828.84
净利润	130,992,506.54	139,404,789.52	122,915,513.76	105,710,367.94	105,710,367.94
总资产	1,602,678,220.18	1,506,877,952.31	1,490,388,676.55	922,009,596.15	922,009,596.15
股东权益	1,171,910,454.70	1,058,170,847.92	1,041,681,572.16	271,427,760.19	271,427,760.19
每股收益	0.31	0.43	0.38	0.44	0.44
每股收益(加权平均)	0.31	0.43	0.38	0.44	0.44
扣除非经常性收益后的每股收益	0.30	0.43	0.38	0.44	0.44
每股净资产	2.52	3.26	3.21	1.12	1.12
调整后的每股净资产	2.50	3.22	3.17	1.09	1.09
每股经营活动产生的现金净流量	0.61	0.02	0.02		
净资产收益率(%)	12.3%	13.2%	11.8%	38.95%	38.95%

调整前各年度会计数据如下:

项目	1999年	1998年	1997年
坏帐准备	26,402,690.34	1,662,971.30	1,755,238.83
存货跌价准备	0	0	0
盈余公积	48,051,672.76	25,151,026.58	0

调整后各项会计数据:

项目	1999年	1998年	1997年
坏帐准备	26,402,690.34	18,152,247.06	1,755,238.83
存货跌价准备	0	0	0
盈余公积	48,051,672.76	21,853,171.42	0

3、报告期内股东权益变动情况表 单位:人民币元

项目	股 本	资本公积金	盈余公积	其中:法定公益金	未分配利润	股东权益合计
期初数	325,000,000.00	607,415,714.98	21,853,171.42	10,926,585.71	87,412,685.76	1,041,681,572.16
本期增加	97,500,000.00	50,800	26,198,501.34	13,099,250.67	130,992,506.66	254,741,808.00
本期减少		65,000,000.00			165,137,925.34	230,137,925.32
期末数	422,500,000.00	542,466,514.98	48,051,672.76	24,025,836.38	53,267,267.08	1,066,285,454.82

变动原因:
(1)股本增加是本年度按照98年度转二送一的分配原则转增了公司股本所致;
(2)资本公积下降主要原因是本年度转增股本所致。
(3)盈余公积、法定公益金增加是本期利润分配提取了10%法定公积金、10%的公益金所致;
(4)未分配利润增加是本期实现利润所致。

(三)股东情况介绍

1、根据上海证券登记有限公司提供的数据,截止1999年12月30日,本公司股东总数为55594户。
2、持本公司5%以上股份的股东名称:哈尔滨东安发动机(集团)有限公司。
3、截止1999年12月30日公司前10名股东持股情况

股东名称或姓名	年末持股数(股)	持股比例(%)
(1)哈尔滨东安发动机(集团)有限公司	315900000	74.80
(2)开元基金	1590410	0.38
(3)航空信托	561088	0.13
(4)陈鹏飞	293271	0.07
(5)刘云秀	279890	0.07
(6)黄丽月	272220	0.06
(7)兴和基金	224828	0.05
(8)冯庆祯	215700	0.05
(9)李令军	210000	0.05
(10)邓伟华	202700	0.05

黑龙江黑化股份有限公司

一、公司简介

1、公司法定名称：
中文：黑龙江黑化股份有限公司
英文：HeiLongJiang HeiHua Co.,Ltd
英文缩写：HH
2、公司法定代表人：阎树忠
3、公司董事会秘书：王宏伟
联系电话：0452-6817411
联系地址：黑龙江黑化股份有限公司证券部
联系电话：0452-6817998　传　真：0452-6817998
4、注册地址：黑龙江省齐齐哈尔市富拉尔基区向阳大街 2 号
办公地址：黑龙江省齐齐哈尔市富拉尔基区向阳大街 2 号
邮政编码：161041
公司电子信箱：E-mail：HHGF@163.net
5、信息披露报刊名称：中国证券报　上海证券报
登载公司年度报告的网址：http://www.sse.com.cn
公司年度报告备置地点：公司证券部
6、公司股票上市地：上海证券交易所
公司股票简称：黑化股份　公司股票代码：600179

二、会计数据和业务数据摘要

1、本年度利润总额及其构成：(单位：人民币元)

利润总额：	70,623,070.96
净利润：	50,872,551.11
扣除非经营性损益后的净利润：	32,129,640.69
主营业务利润：	70,218,440.76
其他业务利润：	3,496,384.89
营业利润：	41,712,380.40
投资收益：	–
补贴收入：	10,773,010.82
营业外收支净额：	18,137,379.74
经营活动产生的现金流量净额：	–143,723,451.46
现金及现金等价物净增加额：	–141,914,794.53

2、近三年主要会计数据和财务指标

1997 年

项　　目	1999 年	1998 年	调整前	调整后
主营业务收入（元）	778,814,533.39	737,112,006.85	737,112,006.85	807,144,431.69
净利润（元）	50,872,551.11	59,863,977.62	39,171,614.92	50,015,273.39
总资产（元）	2,073,589,105.86	1,762,878,811.83	1,742,186,449.13	938,386,833.53
股东权益（元）	825,538,343.88	795,358,155.47	774,665,792.77	325,544,946.20
每股收益（元）(摊薄)	0.154	0.18	0.12	0.217
每股收益（元）(加权)	0.154	0.22	0.14	–
每股收益(扣除非经营性损益后)	0.097	0.11	0.11	–
每股净资产（元）	2.50	2.41	2.35	1.42
调整后每股净资产（元）	2.49	2.41	2.35	–
每股经营活动产生的现金流量净额	–0.435	0.074	0.074	–
净资产收益率(%)(摊薄)	6.16	7.53	5.06	15.36
净资产收益率(%)(加权)	6.16	13.07	8.55	–

注 1：其中 1999 年度总股本按 33,000 万股计算；
1998 年度总股本按 33,000 万股计算；
1997 年度总股本按 23,000 万股计算；
注 2：财务指标计算公式如下：
每股收益=净利润/年度末普通股股份总数
每股净资产=年度末股东权益/年度末普通股股份总数
净资产收益率=净利润/年度末股东权益×100%
调整后每股净资产=［年度末股东权益-三年以上的应收款项-待摊费用-待处理（流动、固定）资产净损失-开办费-长期待摊费用-住房周转金负数余额］/年度末普通股股份总数
每股经营活动产生的现金流量净额=经营活动产生的现金流量净额/年度末普通股股份总数
净资产收益率=净利润/年度末股东权益×100%
加权平均净资产收益率=当期净利润/［（期初净资产+期末净资产）/2+当期发行新股或配股新增净资产×(自缴款结束日下一月份至报告期末的月份数-6)/12］
注 3：公司按照财政部财会字(1999)35 号、49 号文件的规定，采用追溯法调整了以前年度的有关会计数据。
注 4：非经营性损益是指公司正常经营之外的、一次性或偶发性损益。本公司本年度非经营性损益 18,742,910.42 元，明细如下：

项　目	金　额(单位：人民币元)
滞纳金收入	16,124,113.95
募集资金利息摊销	2,618,796.47
合　计	18,742,910.42

三、股东情况介绍

(1) 报告期末股东总数 59211 户。
(2)报告期末本公司前十名股东持股情况

名 次	股东名称	所持股数(股)	占总股本比例(%)
1	黑化集团	230,000,000	69.70
2	张怀斌	355,770	0.108
3	复华投资	335,300	0.102
4	朱忠翠	320,000	0.097
5	陈德方	310,000	0.094
6	阎　红	283,300	0.086
7	蒋凤金	270,000	0.082
8	管永国	253,000	0.077
9	复华北方	250,000	0.076
10	贺　涛	227,881	0.069

A、公司前十名股东之间不存在关联交易

山东九发食用菌股份有限公司

一.公司简介

1.公司的法定中文名称：山东九发食用菌股份有限公司
公司的法定英文名称：SHANDONG JIUFA EDIBLE FUNGUS CO., LTD.　缩写：SDJF
2.公司法定代表人：蒋绍庆
3.公司董事会秘书：徐　波　　授权代表：姜佩歧
联系地址：山东省烟台市胜利路 201-209 号十楼
联系电话：0535-6623880　传真：0535-6623798
4.公司注册(办公)地址：山东省烟台市胜利路 201-209 号十楼　邮政编码：264001
网　　址：http://www.china- jiufa.com　E-mail：jiufa@public.ytptt.sd.cn
5.公司选定的信息披露报纸：上海证券报、中国证券报
登载公司年报的指定网址：http://www.sse.com.cn
公司年度报告备置地点：本公司证券部
6.公司股票上市交易所：上海证券交易所
股票简称：九发股份　股票代码：600180

二.会计数据和业务数据摘要

1、本年度主要利润指标情况：(单位：人民币元)

项目	1999 年度实现数
利润总额	70,950,841.98
净利润	62,448,627.90
扣除非经营性损益后的净利润	62,448,627.90
主营业务利润	77,193,237.37
其它业务利润	2,412,684.41
投资收益	0
补贴收入	0
营业外收支净额	13,598.53
经营活动产生的现金流量净额	4,614,468.42
现金及现金等价物净增加额	1,294,860.14

2、截止 1999 年末，公司前三年主要会计数据和财务指标（单位：人民币元）

项目	1999 年	1998 年 调整前	1998 年 调整后	1997 年
主营业务收入	277,295,497.11	149,269,477.18	149,269,477.18	141,028,619.74
净利润	62,448,627.90	55,136,174.42	49,512,687.07	32,415,641.96
总资产	573,325,774.67	411,398,486.16	405,774,998.81	206,201,337.69
股东权益	410,000,093.73	354,537,676.97	348,914,189.62	140,977,767.38
每股收益(元/股)(摊薄)	0.3280	0.4633	0.4161	0.373
(元/股)(加权)	0.3280	0.535	0.4804	0.373
每股净资产(元)	2.15	2.98	2.93	1.62
调整后的每股净资产	2.08	2.976	2.93	1.68
净资产收益率(%)(摊薄)	15.23	15.55	14.19	22.99
(%)(加权)	16.46	22.81	20.48	22.99
每股经营活动产生的现金流量净额(元/股)	0.024	–0.24	–0.24	—

1997 年按股本 8,700 万股计算，1998 年按股本 11,900 万股计算，1999 年按股本 19,040 万股计算。
1997 年财务指标与上市公告书有所差异，系调整资产评估增值所致。
注：(1)主要财务指标的计算方法
每股收益=净利润/年度末普通股股份总数
每股净资产=年度末股东权益/年度末普通股股份总数
净资产收益率=净利润/年度末股东权益×100%
调整后的每股净资产=［年度末股东权益-三年以上的应收款项净额-待摊费用-待处理（流动、固定)资产净损失-开办费-长期待摊费用-住房周转金负数余额］/年度末普通股股份总数
每股经营活动产生的现金流量净额=经营活动产生的现金流量净额/年度末普通股股份总数
(2)按月平均加权的计算方法
加权平均每股收益=当期净利润/［期末股份总数/(1+配股比例或增发新股比例)+期末普通股股份总数/(1+配股比例或增发新股比例)×配股比例或增发新股比例×缴款结束日后下一月份至期末的月份数/12］
加权平均净资产收益率=当期净利润/［（期初净资产+期末净资产）/2+当期发行新股或配股新增净资产×(自缴款结束日下一月份至报告期末的月份数-6)/12］
3、报告期内股东权益变动情况　　单位：人民币元

项目	股本	资本公积	盈余公积	法定公益金	未分配利润	股东权益合计
期初数	119,000,000.00	172,095,890.45	4,951,268.70	2,475,634.36	50,391,396.11	348,914,189.62
本期增加	71,400,000.00	180,394.75	6,244,862.79	3,122,431.40	62,448,627.90	143,396,316.84
本期减少	0	37,243,118.54	0	0	45,067,294.19	82,310,412.73
期末数	190,400,000.00	135,033,166.66	11,196,131.49	5,598,065.76	67,772,729.82	410,000,093.73

变动原因：(1)股本增加：1998 年末分配股票股利以及资本公积转增股本所致。
(2)盈余公积：从净利润中提取增加。
法定公益金：从净利润中提取增加。
(3)资本公积：本期增加数系资产评估增值所致，本期减少数系转增股本以及摊销上市发行费用所致。
(4)未分配利润：本期增加数系本年度净利润增加所致，本期减少数系按本年度净利润提取盈余公积以及 1998 年末分配股票股利所致。

三.股东情况介绍

1.至报告期末股东总数 8139 名。
2.至报告期末，本公司前十名股东持股情况如下：

序号　股东名称	持股数量(万股)	占总股本比例(%)
(一)山东九发集团公司	11328	59.50
(二)中国乡镇企业总公司	2592	13.61
(三)海基物业	524.26	2.75
(四)天诚物业	162.92	0.86
(五)南京大邦	113.8	0.60
(六)汉盛基金	90.42	0.47
(七)张红	88.61	0.46
(八)江苏证券	83.21	0.4
(九)科远投资	82.16	0.43
(十)张平	82.06	0.43

昆明云大科技产业股份有限公司

(一)、公司简介

1、公司中文名称:昆明云大科技产业股份有限公司
公司英文名称:Kunming Yunda Science & Technology Industry Co.,Ltd.
2、公司法定代表人:付文明
3、公司信息披露人员:
董事会秘书:洪芳　　授权代表:吴俊
联系地址:昆明市国家高新技术产业开发区科医路 59 号
联系电话:0871—8315883　　传真:0871—8315072
电子信箱:wujun@public.km.yn.cn
4、公司注册地址:昆明市国家高新技术产业开发区科医路
办公地址:昆明市国家高新技术产业开发区科医路 59 号
邮政编码:650106
国际互联网网址:http://www.yunda-120.chem.com.cn
E-Mail:ydstmail@public.km.yn.cn
选定的信息披露报纸名称:《中国证券报》、《上海证券报》、《证券时报》
登载年报的中国证监会指定国际互联网网址:http://www.sse.com.cn
5、公司年报备置地点:公司董事长办公室
6、公司股票上市交易所:上海证券交易所
股票简称:云大科技　　股票代码:600181

(二)、会计数据和业务数据摘要

1、99 年主要会计数据(单位:元)

利润总额:	67,487,042.86
净利润:	52,712,325.32
扣除非经常性损益后的净利润	49,129,588.75
主营业务利润:	116,756,398.03
其他业务利润:	4,655.68
营业利润	57,855,507.40
投资收益:	0
补贴收入:	5,919,937.14
营业外收支净额:	3,711,598.32
经营活动产生的现金流量净额:	29,281,911.18
现金及现金等价物净增加额:	−59,638,434.87

说明:"扣除非经常性损益后的净利润"指标中所扣除的项目和金额是:股票申购利息 3,822,096.08 元,呆帐处置收入 390,725.00 元,其他收入 2,163.12 元。

2、前三年的主要会计数据和财务指标(单位:元)

项　目	99 年	98 年		97 年
		调整前	调整后	
主营业务收入	144,143,334.41	91,023,285.68	91,023,285.68	66,091,502.78
净利润:	52,712,325.32	45,177,759.41	44,841,282.80	35,939,074.69
总资产:	834,883,510.08	563,608,096.42	563,271,619.81	162,478,229.58
股东权益				
不含少数股东权益:	549,759,294.62	497,380,359.74	497,043,883.13	81,165,785.07
每股收益(摊薄):	0.37	0.32	0.32	0.72
(除非经常性损益后):	0.35	0.30	0.29	0.25
每股净资产:	3.89	3.53	3.53	1.62
净资产收益率(%):	9.59	9.08	9.02	44.28
调整后的每股净资产:	3.89	3.61	3.61	1.61
每股经营活动产生的现金流量净额	0.21			

注:主要财务指标的计算方法:
每股收益=净利润/年度末普通股股份总数
每股净资产=年度末股东权益/年度末普通股股份总数
净资产收益率=净利润/年度末股东权益×100%
调整后的每股净资产=(年度末股东权益—三年以上的应收帐款项净额—待摊费用—待处理(流动、固定)资产净损失—开办费—长期待摊费用—住房周转金负数余额)/年度末普通股股份总数
每股经营活动产生的现金流量净额=经营活动产生的现金流量净额/年度末普通股股份总数
净资产收益率=净利润/年度末股东权益×100%

3、报告期内股东权益变动情况(单位:元)

项　目	股本	资本公积	盈余公积	法定公益金	未分配利润	股东权益合计
期初数	141,000,000	311,123,752.58	8,374,780.30	3,892,607.95	36,545,350.25	497,043,883.13
本期增加		3,086.17	11,855,696.47	5,416,707.09	40,856,628.85	52,715,411.49
本期减少						
期末数	141,000,000	311,126,838.75	20,230,476.77	9,309,315.04	77,401,979.10	549,759,294.62
变动原因		注 1	注 2	注 3	注 4	

注 1:接受捐赠。
注 2:按本年度净利润的 10%提取的盈余公积 6,438,989.38 元。
注 3:按本年度净利润的 5%提取的公益金 5,416,707.09 元。
注 4:年初未分配利润 36,545,350.25 元加本年度实现的净利润 52,712,325.32 元,扣除按规定提取的法定盈余公积 6,438,989.38 元、公益金 5,416,707.09 元,年末尚未分配利润为 77,401,979.10 元。

(三)、股东情况介绍

(1)、截止 1999 年 12 月 31 日,股东总数 46,631 户。
(2)、公司前十名股东名单如下:

股东名称	年末持股数量(股)	持股比例(%)
云南大学科工贸总公司	32,270,400	22.89
云南龙泰农业资源开发有限公司	14,126,400	10.02
云南省农垦供销公司	13,818,600	9.80
深圳市蛇口大赢工贸有限公司	10,611,000	7.52
深圳市捷发信息咨询服务有限公司	7,524,900	5.34
云南正通经贸有限责任公司	2,648,700	1.88
裕隆基金	1,070,910	0.76
裕阳基金	1,067,323	0.76
兴和基金	599,894	0.43
哈市国投	570,800	0.40

桦林轮胎股份有限公司

一、公司简介

(一)公司法定中文名称:桦林轮胎股份有限公司
公司法定英文名称:HUALIN TYRE CO.,LTD.
(二)公司法定代表人:孙玉生
(三)公司董事会秘书:齐国东
联系地址:黑龙江省牡丹江市桦林轮胎股份有限公司证券部
电话:(0453)6306948　　传真:(0453)6304100
电子信箱:stock@hualintyre.com
(四)公司注册地址:黑龙江省牡丹江市桦林镇
公司办公地址:黑龙江省牡丹江市桦林镇
邮政编码:157032
公司国际互联网网址:http://www.hualintyre.com
电子信箱:webmaster@hualintyre.com
(五)公司选定的信息披露报纸名称:《上海证券报》
登载公司年度报告的中国证监会指定国际互联网网址:http://www.sse.com.cn
公司年度报告备置地点:公司证券部
(六)公司股票上市交易所:上海证券交易所
股票简称:桦林轮胎　　股票代码:600182

二、会计数据和业务数据摘要

(一) 本年度主要利润指标情况(单位:元)

利润总额	25,475,903
净利润	21,654,518
扣除非经常性损益后的净利润	8,979,376
主营业务利润	125,097,141
其他业务利润	347,345
营业利润	12,800,892
补贴收入	6,040,000
营业外收支净额	6,635,011
经营活动产生的现金流量净额	−87,044,616
现金及现金等价物净增加额	224,308,896

注:扣除的非经常性损益项目和涉及金额:

(1)补贴收入	6,040,000
(2)处理固定资产收益	5,111,701
(3)新股申购冻结资金利息	1,523,441

(二) 近三年主要会计数据和财务指标(单位:元)
追溯调整后:

指标项目	1999 年	1998 年	1997 年
主营业务收入	705,190,775	938,229,943	1,151,015,241
净利润	21,654,518	58,788,065	81,686,414
总资产	1,877,855,011	1,303,317,456	1,252,711,597
股东权益	797,710,985	423,623,203	445,434,255
每股收益	0.064	0.267	0.371
每股收益(加权)	0.072	0.267	0.371
扣除非经常性损益后的每股收益	0.026	0.267	0.371
每股净资产	2.346	1.926	2.025
调整后的每股净资产	2.312	1.857	1.964
每股经营活动产生的现金流量净额	−0.256	/	/
净资产收益率(%)	2.715	13.877	8.339

注:主要财务指标的计算方法
全面摊薄后的计算方法:
每股收益=净利润/年度末普通股股份总数
每股净资产=年度末股东权益/年度末普通股股份总数
调整后的每股净资产=[年度末股东权益-三年以上的应收款项净额-待摊费用-待处理(流动、固定)资产净损失-开办费-长期待摊费用-住房周转金负数余额]/年度末普通股股份总数
每股经营活动产生的现金流量净额=经营活动产生的现金流量净额/年度末普通股股份总数
净资产收益率=净利润/年度末股东权益×100%

(三) 股东权益变动情况及原因(单位:元)

项　目	股　本	资本公积	盈余公积	法定公益金	未分配利润	股东权益合计
期初	220,000,000	110,030,000	43,623,347	14,541,116	49,969,856	423,623,203
本期增加	120,000,000	266,433,264	3,248,178	1,082,726	18,406,340	408,087,782
本期减少					34,000,000	34,000,000
期末数	340,000,000	376,463,264	46,871,525	15,623,842	34,376,196	797,710,985

变动原因:
股本增加 120,000,000 元是因为公司在 1999 年 4 月 12 日发行了 120,000,000 股社会公众股;
资本公积增加 266,433,264 元主要是发行社会公众股的股票溢价部分;
盈余公积增加 3,248,178 元是公司按 15%提取的法定盈余公积金和公益金;
未分配利润增加 18,406,340 元是本年净利润扣除盈余公积后的转入数;
本期未分配利润减少 34,000,000 元是因为根据董事会决议,本年度拟每股分配现金股利 0.10 元。

三、股东情况介绍

(一)、报告期末公司股东总数为 86,604 户。
(二)、报告期末公司主要股东持股情况

股东名称	持股数(股)	占总股本比例(%)
桦林集团有限责任公司	151,070,000	44.43
黑龙江省国际信托投资公司	5,200,000	1.53
黑龙江省火电第一工程公司	3,000,000	0.88
牡丹江市财政资产投资经营公司	2,500,000	0.74
牡丹江市建设房地产投资开发公司	2,000,000	0.59
兴华基金	1,800,000	0.53
同益基金	1,784,000	0.52
黑龙江省龙桦联营经销公司	1,000,000	0.29
韩晓华	870,000	0.26
桦林集团实业公司	800,000	0.24

东莞生益敷铜板股份有限公司

一、公司简介

(一)、公司法定中文名称:东莞生益敷铜板股份有限公司
英文名称:DONGGUAN SHENGYI COPPER CLAD LAMINATE CO.,LTD.
英文名称缩写:SYL
(二)、公司法定代表人:李锦
(三)、公司董事会秘书:温世龙
联系地址:广东省东莞市万江工业区
联系电话:(0769)2271828 转 225
传　　真:(0769)2271854
(四)、公司注册地址及办公地址:广东省东莞市万江工业区
邮政编码:523050
电子信箱:syzjb@pub.dgnet.gd.cn
(五)、公司选定《中国证券报》、《上海证券报》、《证券时报》披露信息,公司年报登载于 http://www.sse.com.cn 网站
,公司年度报告备置点:东莞生益敷铜板股份有限公司证券部。
(六)、公司股票上市交易所:上海证券交易所
股票简称:生益股份
股票代码:600183

二、会计数据和业务数据摘要

(一)、本年利润总额及其构成
利润总额:139,459,412.88 元
净利润:126,559,447.60 元
扣除非经常性损益后的净利润:131,920,533.42 元
主营业务利润:180,209,589.63 元
其他业务利润:4,456,933.29 元
营业利润:123,414,720.08 元
投资收益:20,245,425.82 元
补贴收入:1,160,352.80 元
营业外收支净额:-5,361,085.82 元
经营活动产生的现金流量净额:-65,474,966.16 元
现金及现金等价物净增加额:-225,344,964.97 元
注:"扣除非经常性损益后的净利润"中扣除项目:加营业外支出 8461205.72 元,减营业外收入 3100119.90 元。

(二)、主要会计数据和财务指标比较

	追溯调整后				追溯调整前	
指标项目	1999 年	比上期增减%	1998 年	1997 年	1998 年	1997 年
主营业务收入(元)	773,799,948.26	36.66%	566,206,988.86	564,933,174.05	566,206,988.86	564,933,174.05
净利润(元)	126,559,447.60	73.78%	72,827,397.64	74,471,233.02	72,964,391.86	75,714,668.33
总资产(元)	1,237,934,346.05	10.66%	1,118,698.587.47	778,332,670.17	1,120,671,723.76	779,576,105.48
股东权益(元)(不含少数股东权益)	698,443,670.00	0.32%	696,215,472.40	325,588,383.07	698,188,608.69	326,831,818.38
每股收益(元) 摊薄	0.3868	73.76%	0.2226	0.3075	0.223	0.3126
每股收益(元) 加权	0.3868	39.89%	0.2765	0.3075	0.277	0.3126
扣除非经常性损益后的每股收益	0.4032	87.53%	0.2150	0.3049	0.2154	0.3100
每股净资产(元)	2.1347	0.32%	2.1279	1.3444	2.1339	1.3495
调整后的每股净资产(元)	2.1269	0.35%	2.1195	1.3369	2.1255	1.3420
每股经营活动产生的现金流量净额	-0.6887	-166.19%	1.0405	-0.0551	1.0405	-0.0551
净资产收益率% 摊薄	18.12%	73.23%	10.46%	22.87%	10.45%	23.1641%
净资产收益率% 加权	18.12%	48.89%	12.17%	22.87%	12.19%	23.164%

注:以上指标计算涉及股份总数时,1999 年、1998 年按 32718.75 万股计算,1997 年按 24218.75 万股计算;
主要财务指标的计算方法:
每股收益=净利润/年度末普通股股份总数;
每股净资产=年度末股东权益/年度末普通股股份总数;
调整后的每股净资产=(年度末股东权益-三年以上的应收款项净额-待摊费用-待处理(流动、固定)资产净损失-开办费-长期待摊费用—住房周转金负数余额)/年度末普通股股份总数;
每股经营活动产生的现金流量净额=经营活动产生的现金流量净额/年度末普通股股份总数
净资产收益率=净利润/年度末股东权益×100%;

(三)、报告期内股东权益变动情况

单位:元

项目	股本	资本公积	盈余公积	法定公益金	未分配利润	合计
期初数	32718.75	27838.80	2676.00	1338.00	5049.99	69621.55
本期增加			1265.59	632.80		1898.39
本期减少					1675.57	1675.57
期末数	32718.75	27838.80	3941.60	1970.80	3374.41	69844.37
变动原因			按净利润的10%计提	按净利润的5%计提	分配 99 年度利润	

三、股本变动及股东情况

1、截止 1999 年 12 月 31 日止,持有本公司股份的股东总户数为 13898 户。
2、前 10 名股东持股情况

名次	股东名称	持股数(股)	占总股本(%)	备注
1	东莞市电子工业总公司	85236563	26.05	国有股
2	香港伟华电子有限公司	84771822	25.91	外资股
3	广东省外贸开发公司	44800000	13.69	国有股
4	华南投资	2949063	0.90	
5	同益基金	995800	0.30	
6	广东联发	781250	0.24	
7	刘龙英	723050	0.22	
8	倪强	682204	0.21	
9	兄联毛织	675000	0.21	
10	程华苗	671300	0.21	

持有本公司 5%以上(含 5%)股份的股东,在本年度内股份没有发生增减变动;其中东莞市电子工业总公司和广东省外贸开发公司所持股份向银行质押贷款。

西安海星现代科技股份有限公司

一、公司简介

1、公司法定名称:西安海星现代科技股份有限公司
中文简称:海星科技
英文名称:XI'AN SEASTAR MODERN-TECH CO.,LTD.
英文简称:SEASTAR MODERN-TECH
2、公司法定代表人:荣　海
3、公司董事会秘书:仇胜萍
授权代表:于晓东
联系地址:西安市西新街甲字 3 号海星智能大厦 2 层
联系电话:029-7274643
传　　真:029-7286470
电子信箱:QSP@mail.seastar.com.cn
4、公司注册地址:陕西省西安市高新技术产业开发区
公司办公地址:西安市西新街甲字 3 号海星智能大厦 2 层
邮政编码:710004
公司网址:http://www.seastar.net.cn
电子信箱: ZQB@mail.seastar.com.cn
5、公司选定的信息披露报纸名称:《中国证券报》、《证券时报》、《上海证券报》
登载公司年度报告的国际互联网网址:http://www.sse.com.cn
公司年度报告备置地点:公司证券部
6、公司股票上市交易所:上海证券交易所
股票简称:海星科技　股票代码:600185

二、会计数据和业务数据摘要

1、本年度利润总额及相关指标如下(单位:人民币元)

利润总额	54,960,933.32
净利润	42,318,509.06
扣除非经常性损益后的净利润	33,707,608.43
主营业务利润	83,617,002.13
其他业务利润	2,793,137.12
营业利润	44,835,028.40
投资收益	-4,566.15
补贴收入	0
营业外收支净额	10,130,471.33
经营活动产生的现金流量净额	-85,216,816.42
现金及现金等价物净增加额	154,356,048.76

注:扣除的非经常性损益项目和涉及金额

项　目	1999 年度
发行股票冻结资金利息收入	10,047,330.88
无法支付的应付款项	135,950.44
清理固定资产损益	-32,626.88
其他	-20,183.11
合计	10,130,471.33

2、截止报告期末公司前三年主要会计数据和财务指标(单位:人民币元)
追溯调整后各项指标

指标	1999 年	1998 年	1997 年
主营业务收入	483,864,333.28	480,702,107.84	278,617,286.66
净利润	42,318,509.06	37,266,758.33	29,686,077.08
总资产	878,987,606.28	379,548,496.38	279,495,187.54
股东权益	484,314,667.60	134,940,876.22	123,674,117.89
每股收益(摊薄)	0.2137	0.2867	0.42
每股收益(加权)	0.2494	0.2867	0.42
每股净资产	2.4460	1.038	1.76
调整后的每股净资产	2.4219	1.03	*
每股经营活动产生的现金流量净额	-0.4304	-0.0622	*
净资产收益率	8.74%	27.62%	24%

3、报告期内股东权益变动情况

项目	股本	资本公积	盈余公积	法定公益金	未分配利润	股东权益合计
期初数	130,000,000	36,746.04	4,677,115.72	2,338,557.85	-2,111,543.39	134,940,876.22
本期增加数	68,000,000	239,055,282.32	5,810,468.65	2,905,234.32	42,318,509.06	358,089,494.35
本期减少数	0	0	0	0	8,715,702.97	8,715,702.97
期末数	198,000,000	239,092,028.36	10,487,584.37	5,243,792.17	31,491,262.70	484,314,667.60

变动原因:
1)、股本增加 6800 万系 1999 年 5 月 26 日上网公开发行 A 股股票 6800 万股;
2)、资本公积系以每股 4.68 元发行股票取得的溢价收入;
3)、盈余公积、法定公益金系按本年度实现净利润 10%、5%计提法定公积金,法定公益金所致;
4)、未分配利润期初数为负数系采用追溯调整法处理四项准备,调减期初未分配利润 6,723,092.07 元所致,本年增加数系本年度实现净利润 42,318,509.06 元形成,本年减少数为按规定比例计提公积金、公益金 8,715,702.97 元。

三、股本变动及股东情况

1、至报告期末,本公司股东总数为 41058 户。
2、前十名股东持股情况
公司前十名股东持股情况如下表:

序　号	股东名称	期末持股数量(股)	占总股本比例
1.	西安海星科技实业(集团)公司	62,875,000	31.25%
2.	北京阜康对外贸易公司	37,625,000	19%
3.	西安飞机工业(集团)有限责任公司	10,000,000	5.05%
4.	陕西省技术进步投资有限责任公司	10,000,000	5.05%
5.	西安海惠计算机公司	6,000,000	3.03%
6.	同益基金	2,317,810	1.17%
7.	西安协同软件股份有限公司	2,000,000	1.01%
8.	西安交通大学	1,500,000	0.76%
9.	裕阳基金	680,000	0.34%
10.	泰和基金	680,000	0.34%

河南莲花味精股份有限公司

一、公司简介

1、公司法定中、英文名称
　　中文名称:河南莲花味精股份有限公司
　　英文名称:Henan Lianhua Gourmet Powder Co. Ltd.
2、公司法定代表人:李怀清
3、公司董事会秘书:李国俭
　　授权代表人:时祖健
　　联系地址:河南省项城市莲花大道 18 号
　　电　　话:0394-4298666　　0394-4298889
　　传　　真:0394-4298899
　　董事会秘书电子信箱:liguojian@371.net
4、注册地址:河南省项城市莲花大道 18 号
　　办公地址:河南省项城市莲花大道 18 号
　　邮政编码:466200
　　公司互联网址:http://www.lianhua.com
　　公司电子信箱:hlwjjt@public2.zz.ha.cn
5、选定的信息披露报纸:《上海证券报》
　　公司指定信息披露的国际互联网网址:http://www.sse.com.cn
　　年报备置地点:河南莲花味精股份有限公司证券部
　　地　址:河南省项城市莲花大道 18 号
　　电　话:0394-4298666　　0394-4298889
6、股票上市交易所:上海证券交易所
　　股票简称:莲花味精
　　股票代码:600186

二、会计数据和业务数据摘要

1、公司本年度实现利润情况　　(单位:人民币元)

项　目	金　额
利润总额:	230,658,534.78
净利润:	168,567,976.86
扣除非经常性损益后的净利润:	126,568,825.42
主营业务利润:	250,400,292.05
其他业务利润:	4,381,101.19
营业利润:	177,328,978.26
投资收益:	11,330,405.08
补贴收入:	41,854,375.39
营业外收支净额:	144,776.05
经营活动产生的现金流量净额:	162,029,118.82
现金及现金等价物净增加额:	−166,238,297.86

注:扣除非经常性损益后的净利润系从净利润中扣除了营业外收支净额 144,776.05 元及补贴收入 41,854,375.39 元。

2、截止报告期末公司前三年主要会计数据和财务指标

项　目	1999 年度	1998 年度		1997 年度	
		调整前	调整后	调整前	调整后
主营业务收入(元)	1,253,467,253.63	1,246,718,251.90	1,246,718,251.90	1,599,550,325.13	1,599,550,325.13
净利润(元)	168,567,976.86	120,325,089,18	100,490,251.46	100,660,134.30	100,660,134.30
总资产(元)	2,518,917,125.39	1,770,309,202.61	1,737,607,982.74	1,052,422,699.61	1,052,422,699.61
股东权益(不含少数股东权益)(元)	1,275,393,225.84	1,139,526,468.85	1,106,825,248.98	341,137,168.56	341,137,168.56
每股收益(元)	0.2809	0.40	0.33	0.50	0.50
每股收益(加权平均)	0.3746	0.48	0.40	0.50	0.50
扣除非经常性损益后的每股收益	0.2109	0.22	0.15	0.41	0.41
每股净资产(元)	2.1257	3.80	3.69	1.71	1.71
调整后每股净资产(元)	2.05	3.77	3.69	1.66	1.66
每股经营活动产生的现金流量净额	0.27	−0.2948	−0.29	0.14	0.14
净资产收益率(%)	13.22	10.65	9.07	29.50	29.50

财务指标计算公式如下:
每股收益=净利润/年度末普通股股份总数
每股净资产=年度末股东权益/年度末普通股股份总数
调整后的每股净资产=(年度末股东权益-三年以上应收款项净额-待摊费用-待处理(流动、固定)资产净损失-开办费-长期待摊费用-住房周转金负数余额)/年度末普通股股份总数
每股经营活动产生的现金流量净额=经营活动产生的现金流量净额/年度末普通股股份总数
净资产收益率=净利润/年度末股东权益×100%
注:"应收款项"包括应收帐款、其他应收款、预付帐款、应收股利、应收利息、应收补贴款。

3、报告期内股东权益变动情况(单位:人民币元)

项目	股本	资本公积	盈余公积	法定公益金	未分配利润	股东权益合计
期初数	300,000,000	684,371,877.94	8,762,386.93	4,381,193.47	109,309,790.64	1,106,825,248.98
本期增加	300,000,000		16,278,374.97	8,987,587.48	150,881,814.41	168,567,976.86
本期减少		240,000,000.00			60,000,000.00	
期末数	600,000,000	444,371,877.94	25,606,361.90	12,803,180.95	192,611,805.05	1,275,393,225.84
变动原因	送 2 转增 8	转增股本	本年提取	本年提取	分配、新增	新增

三、股东情况介绍

1.报告期末股东总数为 66216 人,其中国家股股东 1 户,社会公众股股东 66215 户。
2.截止 1999 年 12 月 31 日,公司前十名股东持股情况

股东名称	持股数量(股)	持股比例%
河南莲花味精集团有限责任公司(国家股)	400,000,000	66.6667
农总信托	3,435,510	0.5726
长城信托	3,271,617	0.5453
陈华木	1,940,000	0.3233
陆玉娟	1,218,000	0.2030
林毅彬	1,210,000	0.2017
朱桃英	1,077,050	0.1795
杨宏丽	1,025,600	0.1709
赵巧媛	1,010,607	0.1684
汤云泉	956,174	0.1594

黑龙江黑龙股份有限公司

一、公司简介

1、公司中文名称:黑龙江黑龙股份有限公司
英文名称:HEILONGJIANG BLACK DRAGON CO.,LTD　　缩写:H.BDC
2、公司法定代表人:张伟东
3、公司董事会秘书:程德惠
联系地址:黑龙江省齐齐哈尔市龙沙区长青路 27 号
邮政编码:161005　　电话:(0452)2816277　　传真:(0452)2816277
公司董秘授权代表:石大勇
联系地址:黑龙江省齐齐哈尔市龙沙区长青路 27 号　　邮政编码:161005
电话:(0452)2816277　(0452)2817931-2925　　传真:(0452)2816277
4、公司注册地址及办公地址:黑龙江省齐齐哈尔市龙沙区长青路 27 号　　邮政编码:161005
5、公司信息披露报纸名称:《上海证券报》、《中国证券报》
公司年报登载互联网址:http://www.sse.com.cn
公司年度报告置备地点:公司证券部
地址:黑龙江省齐齐哈尔市龙沙区长青路 27 号　电话:(0452)2816277　(0452)2817931—2925
6、公司股票上市地:上海证券交易所　　股票简称:黑龙股份　　股票代码:600187

二、会计数据和业务数据摘要

(一)本年度实现利润及其构成:

1、利润总额:	81701269.49
其中:主营业务利润	102086218.73
其他业务利润	177389.08
营业利润	66697507.32
补贴收入	12530759.57
营业外收支净额	2473002.60
2、净利润	58658088.53
扣除非经常性损益后的净利润	43654326.36

注:扣除项目为补贴收入和营业外收支净额。

3、经营活动产生的现金流量净额	24300256.89
现金及现金等价物净增加额	−116948954.28

(二)截止报告期末公司前三年的主要会计数据及财务指标:(人民币元)

1、追溯调整后

项目/年度	1999 年	1998 年	1997 年
主营业务收入(元)	363915566.27	400583292.78	402235635.83
净利润(元)	58658088.53	38988796.84	54688048.31
总资产(元)	966360617.22	899226956.14	608664715.03
股东权益(不含少数股东权益)	529403565.47	490745476.94	219265217.22
每股收益(元/股)	0.29	0.20	0.36
每股净资产	2.65	2.45	1.10
调整后的每股净资产(元)	2.57	2.37	1.09
每股经营活动产生的现金流量净额:	0.121	−0.18	
净资产收益率(%)	11.08%	7.94%	24.94%
扣除非经常性损益后的每股收益(元/股)	0.21	0.14	0.31

2、追溯调整前

项目/年度	1998 年	1997 年
主营业务收入(元)	400583292.78	402235635.83
净利润(元)	57416694.75	56351374.93
总资产(元)	921521040.45	610328041.65
股东权益(不含少数股东权益)	510524181.22	220928543.84
每股收益(元/股)	0.29	0.39
每股净资产(元/股)	2.55	1.47
调整后的每股净资产(元)	2.53	1.25
每股经营活动产生的现金流量净额:	−0.18	
净资产收益率(%)	11.25	25.10
扣除非经常性损益后的每股收益(元/股)	0.23	0.38

三、股本变动及股东情况

(一)股本变动情况

	期初数	本次变动增减(+、-) 配、送股	公积金转股	其它	小计	期末数
一、尚未流通股份						
1、发起人股份	150000000					150000000
其中:国家拥有股份	150000000					150000000
2、内部职工股	5000000			−5000000	−5000000	
3、优先股或其它	5000000			−5000000	−5000000	
尚未流通股合计	160000000			−10000000	−10000000	150000000
二、已流通股份						
1、境内上市的人民币普通股	40000000			+10000000	+10000000	50000000
已流通股份合计	40000000			+10000000	+10000000	50000000
三、股份总数	200000000					200000000

(三)股东情况介绍
1、截止 1999 年 12 月 31 日,本公司共有股东 17366 人,
2、本公司前十名股东持股情况

股东名称	持有股份(股)	持股比例
(1)黑龙集团公司	150000000	75%
(2)同益基金	1595754	0.798%
(3)南京大明	1290000	0.645%
(4)南京房产	1233000	0.617%
(5)南京智能	1202939	0.601%
(6)刘云国	1158358	0.579%
(7)邓玉生	1156786	0.578%
(8)邸捷	1132698	0.096%
(9)任兆昌	1062800	0.067%
(10)牛梅丽	872267	0.062%

兖州煤业股份有限公司

兖州煤业股份有限公司1999年年度报告摘要

一、公司简介

1、公司法定中文名称:兖州煤业股份有限公司
公司法定英文名称:Yanzhou Coal Mining Company Limited
2、公司法定代表人:赵经彻
3、公司授权代表:罗太炎陈广水公司 董事会秘书:陈广水
联系地址:山东省邹城市凫山路40号兖州煤业股份有限公司董事会秘书处
电话:0537-5383310 传真:0537-5383311 E-mail:yzc@yanzhoucoal.com.cn
4、公司注册地址:山东省邹城市凫山路40号
公司办公地址:山东省邹城市凫山路40号 邮政编码:273500
公司网址:http://www.yanzhoucoal.com.cn E-mail:yzc@yanzhoucoal.com.cn
5、公司信息披露报纸名称:《中国证券报》、《上海证券报》、《香港经济日报》、《南华早报》
公司年度报告登载网址:http://www.sse.com.cn
年度报告备置地点:兖州煤业股份有限公司董事会秘书办公室
电话:0537—5383310 传真:0537—5383311
6、A股—上市地点:上海证券交易所 股票代码:600188 股票简称:兖州煤业
H股—上市地点:香港联合交易所有限公司 股票代码:1171
ADR—上市地点:纽约股票交易所 股票简称:YZC

二、会计数据和业务数据摘要

(一)公司本年度的主要会计数据与业务数据摘要 单位:千元

利润总额	1094876
净利润	780861
扣除非经常性损益后的净利润	780861
主营业务利润	2323164
其他业务利润	19925
营业利润	1095403
投资收益	-
补贴收入	3062
营业外收支净额	-3589
经营活动产生的现金流量净额	968390
现金及现金等价物净增加额	227,021

(二)按境内外两种会计准则计算净利润差异

本公司聘用德勤.关黄陈方会计师事务所(香港)和沪江德勤会计师事务所(上海) 对1999年度财务报表分别按国际会计准则和中国会计准则进行了审计。经审计的按国际会计准则计算的净利润为825,120千元,按中国会计准则计算的净利润为780,861千 元,两者差额为44,259千元。其差异调节表见财务报告附注17。

(三)前三年主要会计数据及财务指标

项目	单位	1999年	1998年	1997年
主营业务收入	千元	4069515	4333226	3730668
净利润	千元	780861	753840	738371
扣除非经常性损益后的净利润	千元	780861	745516	738371
总资产	千元	7828999	7363602	4844384
股东权益	千元	6284356	5573121	2749268
每股收益(摊薄)	元/股	0.30	0.29	0.44
每股收益(加权)	元/股	0.30	0.33	0.44
扣除非经常性损益后的每股收益(摊薄)	元/股	0.30	0.29	0.44
扣除非经常性损益后的每股收益(加权)	元/股	0.30	0.33	0.44
每股净资产(摊薄)	元/股	2.42	2.14	1.65
调整后的每股净资产	元/股	2.26	2.13	1.62
每股经营活动产生的现金流量净额	元/股	0.37	0.59	-
净资产收益率(摊薄)	%	12.43	13.53	26.86
净资产收益率(加权)	%	12.43	16.65	44.02

注:主要财务指标计算方法:
每股收益(摊薄)=净利润÷年度末普通股股份总数
每股净资产=年度末股东权益÷年度末普通股股份总数
调整后的每股净资产=[年度末股东权益-三年以上的应收款项净额-待摊费用-待 处理(流动、固定)资产净损失-开办费-长期待摊费用-住房周转金负数余额]÷年度末普通股股份总数
每股经营活动产生的现金流量净额=经营活动产生的现金流量净额/年度末普通股股份总数
净资产收益率=净利润÷年度末股东权益× 100%

(四)报告期股东权益变动情况

项目	股本	资本公积	盈余公积	其中:法定公益金	未分配利润	合计
期初数	2600000	2364455	135190	45063	473476	5573121
本期增加	-	161774	117129	39043	432332	711235
本期减少	-	-				
期末数	2600000	2526229	252319	84106	905808	6284356
变动原因	-	维简费转入	税后利润提取	税后利润提取	本年实现利润所致	股东权益各科目的变化

三、股本变动及股东情况

1、报告期末股东数量

截至1999年12月31日止,本公司股东数量如下:

类别	股东数量
国有法人股	1
A股	49636
H股	182
合计	49819

2、公司前十大股东持股情况

股东名称	持股数(1999年12月31日)	占总股本百分比(%)	持股类别
兖矿集团有限公司	1670000000	64.23	国有法人股
香港中央结算(代理人)有限公司	847955800	32.61	H股
兴和基金	971356	0.04	A股
江西水泥	517300	0.02	A股
黄维娣	276696	0.01	A股
马留保	229390	0.01	A股
CHAN MAN RAI DANIEL	214000	0.01	H股
邵文	197756	0.01	A股
门胜利	195600	0.01	A股
沈健康	188602	0.01	A股
总计	2520704810	96.96	

报告期内兖矿集团有限公司持股1,670,000,000股,没有变化,所持股份没有抵押 或冻结情况。香港中央结算(代理人)有限公司作为本公司H股的结算公司,以代理人身份持有本公司股票。

四、股东大会简介

1999年6月3日,公司召开了1998年度股东周年大会,会议审议批准的决议刊登在1999年6月4日的《中国证券报》、《上海证券报》、《香港经济日报》和《南华早报》。

五、董事会报告

本公司于1998年4月1日在香港联合交易所有限责任公司(香港联交所)以及于1998年3月31日在纽约股票交易所,分别通过综合发售H股及美国存托股(每股美国存托股代表50股H股)上市。1998年7月1日,本公司的A股在上海证券交易所上市。1999年1月被《欧洲周刊》评为1998年亚洲最佳新上市公司;1999年被香港《资本杂志》第四期评 为十大优质国企、红筹股之一;1999年被上海证券交易所主办的《上市公司》杂志第 四期评为"《上市公司》50强"第三名;2000年1月,被《亚洲货币》杂志评为"中国 最佳管理公司"第四名。

1、公司经营情况

(1)公司所处的行业及地位

兖州煤业股份有限公司是于1997年9月25日由兖矿集团有限公司(母公司)独家发 起成立的境内外上市公司。本公司1999年实现净利润7.81亿元,是中国盈利最好的煤 矿企业;1999年原煤产量2,400万吨,是华东地区最大的煤炭生产商;1999年本公司销售煤炭2,260万吨,与1998年销量2,028万吨相比增长11.4%;出口煤炭620万吨,约占全国 煤炭出口量的16%,是中国最大的煤炭出口企业之一,1999年出口创汇1.84亿美元。

(2)公司主营业务的范围及其经营状况

本公司的主营业务为煤炭开采、洗选加工及销售。1999年,公司主营业务收入4,069,515千元,与1998年相比减少263,711千元或6%。主营业务收入占1999年全部销售收入总额的91.1%。主营业务利润完成2,323,164千元,与1998年相比增长51,716千元或2.3%。净利润完成780,861千元,与1998年相比增长27,021千元或3.6%。

(3)在经营中出现的问题与困难及解决方案

1999年国内外煤炭供大于求,市场竞争激烈,煤炭价格继续下降。公司1999年煤炭平均销售价格为180.08元/吨,与1998年相比吨煤售价降低了33.57元,降幅为15.7%。 其中:国内煤炭平均售价下降12.2%,出口煤炭价格平均下降13.5%。

为在激烈竞争的市场中取得较好业绩,公司采取了提高产量、扩大销量、降低成 本的措施:

(1)依靠技术进步的优势,挖掘生产潜力,全年生产原煤2,400万吨,在1998年增长22.6%的基础上又增长了16.0%;

(2)提高产品质量,完善销售网络,调整销售政策,增加煤炭销量。1999年销售煤炭2,260万吨,在1998年增长33.9%的基础上增长了11.4%;

(3)实施降低成本措施。1999年公司主营业务成本与1998年相比降低了16.5%。

主要措施包括:

①依靠技术进步提高生产效率,通过完善放顶煤开采工艺、煤矿掘进支护和井下 辅助运输改革减少了材料及电力费用的投入,使吨煤材料成本降低了3.7元或19.3%,吨煤电力成本降低2.2元或24.2%;

②加强管理使吨煤维修费用降低1.0元或14.1%;

③精简人员649人节约工资及附加费用11,600千元使吨煤工资成本降低0.5元;

④1999年4月1日起煤炭出口增值税退税率由9%提高到13%使吨煤成本降低4.5元等。1999年单位销售成本下降了24.8元,在1998年下降4.9%的基础上又降低了25%。

公司采取的各项措施使1999年的经营业绩总体呈现以下特点:煤炭产量继续保持 稳定增长,煤炭销量继续扩大,价格持续下降,成本大幅下降,净利润略有上升。

	1999年 实际	1999年 同比增减(增+减-)	1998年 实际	1998年 同比增减(增+减-)	1997年 实际
产量(万吨)	2400	16.0%	2069	22.6%	1688
销量(万吨)	2260	11.4%	2028	33.9%	1515
平均价格(元/吨)	180.08	-15.7%	213.65	-13.2%	246.31
单位销售成本(元/吨)	74.3	-25.0%	99.1	-4.9%	104.2
净利润(亿元)	7.81	3.6%	7.54	2.1%	7.38

2、公司财务状况

(1)公司财务状况

年末总资产为7,828,999千元,与年初相比增加465,397千元或6.3%。增加的主要 原因是公司生产经营活动实现了资产增值。

年末负债总额为1,544,643千元,与年初相比降低245,838千元或13.7%。主要原因是1999年偿还了115,000千元的银行长期贷款和维简费结余转入资本公积161,774千元。

年末股东权益总额为6,284,356千元,与年初相比增加711,235千元或12.8%。增加的原因是:(1)维简费转入资本公积金161,774千元; (2)提取的法定公积金和公益金使盈 余公积增加117,129千元;(3)未分配利润增加432,332千元。

主营业务利润完成2,323,164千元,与1998年相比增加51,716千元或2.3%。主要原因是由于公司主营业务成本降低幅度大于销售收入降低幅度,主营业务利润实现增长 。1999年,公司实现净利润780,861千元,同比增长27,021千元或3.6%。

(2)本年度德勤.关黄陈方会计师事务所(香港)和沪江德勤会计师事务所(上海)均 未对本公司的年度审计出具保留意见、解释性说明、无法表示意见或否定意见的审计报告。

3、经营环境变化对公司影响

⑴中国加入世界贸易组织对公司影响

中国加入世界贸易组织将会增加本公司煤炭出口的机会，使本公司能更多地参与 国际竞争，提高公司盈利能力。由于本公司拥有国际领先的采煤技术以及优质管理、高质量的产品与服务,在国际煤炭市场中拥有良好的信誉。本公司依靠优越的地理位 置、低成本和较低的运输成本足以应付来自于国际煤炭生产商对中国煤炭市场的冲击。

⑵煤炭监管环境影响

1999 年中国政府在煤炭行业采取的一系列限产压库的措施正在发挥作用。1999 年全国煤炭产量 10.23 亿吨,同比降低 1.7 亿吨。煤炭库存由年初的 2 亿吨下降到 1.74 亿吨。煤炭供需矛盾正在得到改善。2000 年政府将继续采取关井压产措施,计划关闭 1.89 万座小煤窑,压产 1.6 亿吨,使全年煤炭产量控制在 8.7 亿吨以内。政府将继续采取鼓励出口的措施,计划出口煤炭 4300 万吨。各项政策的实施将有利于煤炭价格的回升和公 司效益的增长。

⑶市场环境影响

①日本及东南亚地区经济呈现增长将带动煤炭需求增加。国际石油价格上涨将促使能源结构调整,使煤炭需求增加,煤炭价格上扬。据澳大利亚研究机构分析,2000 年 煤炭现货市场价格暂时会低于合同价格,但下半年会高出。

②全国约 81%的煤炭企业亏损导致大量企业竞争力下降。而公司具备优越的地理 位置及低成本优势,有利于公司进一步拓展客户和市场,提高在国内煤炭市场的竞争力。

③1999 年政府采取的宏观调控政策正在发挥积极作用。2000 年政府采取的扩大内需的财政政策和西部开发将会产生投资拉动效应。国内石油价格上涨将带动国内对能源需求结构的调整。经济增长和能源需求结构的调整将会扩大国内煤炭需求量,拉动 煤炭价格上扬,有利于公司进一步提高效益。

④公司的主要运输通道兖石复线(兖州—石臼所)已于 1999 年开工建设,2001 年将 投入使用。兖石复线的开通将使该铁路线的运输能力增长一倍,有利于本公司煤炭外 运。

4、新年度的业务发展计划

⑴继续扩大销量。增加生产成本低、售价高的块煤;积极开发东南沿海电力用户 和扩大出口;在上海、青岛、广东、日照和济南设立 5 个销售分公司,形成销售网络,分地区做好市场信息、售后服务、煤款回收工作,加强公司煤炭销售。

⑵依靠技术进步和优质管理降低成本。公司将继续对所属的 5 座煤矿推动掘进支 护和辅助运输改革,增强煤巷锚网化程度,提高采煤工艺自动化水平,提高单位工作面 产量,精简职工队伍,提高生产效率。

⑶公司近期拟联合山东科技大学、中国煤炭科学院、中国煤炭信息院,投资 1 亿元人民币左右,以控股方式设立高科技股份公司,进入信息产业。发展的方向主要是电子商务、网络信息提供、网络接入服务、网络集成服务、软件开发、信息产品销售代理、信息咨询等。公司投资新产业主要是在提高煤炭生产经营核心竞争力的基础上,降 低煤炭销售费用和矿用物资采购费用,使企业逐渐向高科技产业方向转移,增加企业的发展潜力和新的经济增长点。

⑷开辟新的运输渠道,采用汽运方式向日照港运输煤炭,每月运输能力可达 40 万吨左右,缓解当前铁路运输紧张对煤炭销量增加的影响。

⑸公司预计在 2000 年下半年至 2001 年上半年收购母公司所属的济宁三号煤矿。

5、董事会日常工作情况

⑴报告期内公司召开两次董事会会议

1999 年 4 月 12 日,公司召开第一届第八次董事会会议,会议通过的议案有:关于审议批准 1998 年年报的议案、关于讨论审议 1998 年度经审计的财务报告的议案、关于讨论审议 1998 年度利润分配预案的议案、关于讨论审议 1998 年度末期股息派发预案的议案、关于确认 1998 年度关联交易的议案、关于讨论审议公司申请转变为外商投资股份有限公司的议案、关于讨论审议修改公司《章程》的议案、关于批准公司坏帐核算方法的议案、关于审议批准召开 1998 年度股东周年大会的议案。会议决议刊登在《中国证券报》、《上海证券报》、《香港经济日报》和《南华早报》。1999 年 8 月 27 日,公司召开第一届第九次董事会会议,会议通过的议案是关于审议批准 1999 年度中期报告的 议案。会议决议刊登在《中国证券报》、《上海证券报》、《香港经济日报》和《南华早报》。

⑵利润分配方案执行情况

公司董事会根据 1998 年度股东周年大会决议，向公司股东派发了 1998 年度末期股 息每股 0.057 元。

6、公司管理层及员工情况

公司现任董事、监事、高级管理人员情况

姓名	性别	年龄	职务	任期
赵经彻	男	63	董事长	三年,至 2000 年 9 月 24 日
杨德玉	男	50	执行董事及总经理	三年,至 2000 年 9 月 24 日
杜铭山	男	57	执行董事	三年,至 2000 年 9 月 24 日
罗太炎	男	59	执行董事	三年,至 2000 年 9 月 24 日
肖立方	男	61	执行董事及财务总监	三年,至 2000 年 9 月 24 日
王邦君	男	55	董事	三年,至 2000 年 9 月 24 日
莫立崎	男	55	董事	三年,至 2000 年 9 月 24 日
刘玉彬	男	58	董事	三年,至 2000 年 9 月 24 日
吴则智	男	58	董事	三年,至 2000 年 9 月 24 日
陈永阁	男	58	董事	三年,至 2000 年 9 月 24 日
马厚亮	男	42	董事	三年,至 2000 年 9 月 24 日
许天恩	男	51	董事	三年,至 2000 年 9 月 24 日
杨家纯	男	45	董事	三年,至 2000 年 9 月 24 日
管维立	男	57	独立非执行董事	三年,至 2000 年 9 月 24 日
罗坚明	男	51	独立非执行董事	三年,至 2000 年 9 月 24 日
孟宪昌	男	52	监事会主席	三年,至 2000 年 9 月 24 日
肖述章	男	56	监事	三年,至 2000 年 9 月 24 日
钱秀兰	女	54	监事	三年,至 2000 年 9 月 24 日
徐新民	男	60	监事	三年,至 2000 年 9 月 24 日
周鸿彬	男	57	监事	三年,至 2000 年 9 月 24 日
孔　青	男	47	副总经理	
张兴祖	男	51	副总经理	
范国强	男	61	总工程师	
吴玉祥	男	38	财务部经理	
陈广水	男	34	董事会秘书	

公司董事、监事及高级管理人员持股情况

姓名	职务	期初持股量	期末持股量	变化原因
赵经彻	董事长	10000	10000	无变化
杨德玉	执行董事及总经理	10000	10000	无变化
杜铭山	执行董事	10000	10000	无变化
罗太炎	执行董事	10000	10000	无变化
肖立方	执行董事及财务总监	10000	10000	无变化
王邦君	董事	10000	10000	无变化
莫立崎	董事	10000	10000	无变化
刘玉彬	董事	10000	10000	无变化
吴则智	董事	10000	10000	无变化
陈永阁	董事	10000	10000	无变化
马厚亮	董事	10000	10000	无变化
许天恩	董事	10000	10000	无变化
杨家纯	董事	10000	10000	无变化
管维立	独立非执行董事	-	-	无变化
罗坚明	独立非执行董事	-	-	无变化
孟宪昌	监事会主席	10000	10000	无变化
肖述章	监事	10000	10000	无变化
钱秀兰	监事	10000	10000	无变化
徐新民	监事	10000	10000	无变化
周鸿彬	监事	10000	10000	无变化
孔　青	副总经理	10000	10000	无变化
张兴祖	副总经理	10000	10000	无变化
范国强	总工程师	10000	10000	无变化
吴玉祥	财务部经理	10000	10000	无变化
陈广水	董事会秘书	1000	1000	无变化

1999 年度公司董事、监事、高级管理人员的酬金总额为 107 万元,其中:

3 万元以下 7 人;

3 万元-5 万元 12 人;

5 万元以上 6 人。

报告期内公司没有董事、监事离任,没有聘任或解聘公司经理、董事会秘书。

7、本次利润分配预案本公司用于可分配的利润是按国际会计准则和中国会计准 则所计算的两者较低者为准。

按国际会计准则和中国会计准则审计的税后利润分别是 825,120 千元和 780,861 千元。根据孰低原则,本年度的税后利润分配按以中国会计准则审计的利润数为基准。 该利润数加年初未分配利润 473,476 千元,本年度可供分配的利润为 1,254,337 千元。 按本年度税后利润的 10%提取法定公积金 78,086 千元和按 5%提取法定公益金 39,043 千 元后，可供股东分配的利润为 1,137,208 千元。

根据公司章程,按当年实现的净利润扣除法定储备后的净利润约 35%用于派发当年股息。公司每年只派发末期股息一次。

公司本年度的股息总额为：本年度税后利润 780,861 千元，扣除法定储备 117,129 千元后的约 35%部分,即 231,400 千元。公司总股本为 26 亿股普通股,折合每股股息 0.089 元。董事会建议全年每股派发股息 0.089 元(含税)。全年股息总额为 231,400 千元(含 税)。

六、监事会报告书

在本报告期内,本公司全体监事按照公司法及本公司章程的有关规定,认真履行监督职能,维护公司利益,维护股东权益,遵照诚信原则谨慎地、积极努力地开展工作。

监事会认为:

1、在本报告期内,本公司严格按照证券法、公司法、公司章程、国家有关法律法规及境内外监管机构的要求规范运作,建立健全了各项内控制度;董事会成员及高级管理人员始终遵守勤勉、诚信原则,真诚地以公司最大利益为出发点行事,忠实履行公司章程规定的职责,认真贯彻落实股东大会和董事会的各项决议,严格按照国际上市公司规范进行运作。在本报告期内,本公司无违反法律、法规和公司章程的行为,也未发生重大诉讼事项。

2、监事会成员认真审核了提交股东大会、经沪江德勤会计师事务所和德勤.关黄陈方会计师行所审计并出具无保留意见的财务报告等有关资料,认为财务报告真实、准确、客观地反映了本公司的财务状况和经营成果,本公司实现的业绩是真实的,各项费用支出基本合理,各项提留符合法律、法规和公司章程的规定,并正确遵守了有关财务准则和会计制度,符合相关法规的规定。通过对上半年和本期报告的审查,在经营管理中也发现有薄弱环节,公司针对实际情况进一步完善,并逐步建立健全了各项内控制度。

3、本公司和母公司及其附属各公司之间的关联交易符合有关规定,无内幕交易，没有发现损害公司权益或造成本公司资产流失的行为。

七、重要事项

1、重大合同本年度公司无重大合同。

2、重大诉讼、仲裁事项本年度公司无重大诉讼、仲裁事项。

3、本年度公司、公司董事及高级管理人员没有受到监管部门处罚。

4、本年度公司控股股东、公司董事、监事、高级管理人员没有变化。

5、本年度公司没有收购、出售资产、吸收合并事项。

6、关联交易

公司的关联方主要是兖矿集团有限公司(母公司)。截至 1999 年 12 月 31 日止年度内,公司发生的 3000 万元以上或占本公司经审计的净资产值 5%以上或占本期净利润 10%以上的关联方为母公司。关联交易内容如下:

⑴根据公司与母公司签署的协议支付退休统筹金及医疗福利金 202,609 千元;

⑵根据与母公司签订的协议,由母公司下属机构向公司提供维修、运输、房产等 服务并收取费用合计 367,851 千元;

⑶与母公司发生应收款项合计金额 220,705 千元;发生应付款项金额合计 282,071 千元。

本公司关联交易详情参见会计报表附注 16。

7、章程修改

本公司于 1999 年 6 月 3 日召开的 1998 年度股东周年大会对本公司章程第十条第二款及第一百四十七条进行修改。第十条第二款修改为“公司经营范围包括:煤炭开采、洗选、销售;货物运输;机械设备及配件、机电产品的制造、销售及租赁;金属材料、化工产品、建材、木材、燃料及油脂、橡胶制品的销售;其他矿用材料生产、销售;纺织品生产、销售;煤矿综合科学技术服务;餐饮、住宿、旅游服务”。第一百四十七条修改为“公司每年只分配末期股利一次,由股东大会通过普通决议授权董事会分配和 支付该末期股利”。

8、“三分开”执行情况

本公司 H 股上市时按照境外上市的有关规定成立了股份有限公司,实现了资产完整、财务独立。目前除公司部分管理人员与母公司尚未实现完全分开外,其余员工实现 人员分立。

9、2000 年电脑问题截至 1999 年 12 月 31 日止，本公司所有的计算机系统均已符合 2000 年电脑问题有关要求。

由母公司承担公司 2000 年电脑问题的所有工作和费用支出。公司 2000 年电脑问题的费用预计少于 600 万元人民币,将于 2000 年 6 月 30 日前向母公司支付,该项费用将作为公司的一般性开支。公司已于 1999 年下半年支付 300 万元人民币并计算为一般性开支,余下的部分将在 2000 年上半年支付并计算费用。

10、济宁三号煤矿建设进展情况

本公司拥有济宁三号煤矿的独家购买权，济宁三号煤矿的设计年生产原煤能力为 500 万吨,其建设进展情况如下:

矿井生产系统施工已完成计划,具备煤炭生产条件。济宁三号煤矿与本公司其他 5 座煤矿相比具有如下特点:

1、煤层赋存条件好,有利于开采;

2、巷道布置更加合理,有利于提高生产效率,降低生产成本;

3、辅助运输、巷道支护等采用新技术。

4、以综采放顶煤技术为核心,生产系统整体装备具有世界先进水平。

济宁三号煤矿目前正处于试运行阶段,预计 2000 年年底前投入商业生产。公司将 继续关注济宁三号煤矿的建设和生产进展情况,视其商业生产状况行使收购济宁三号 煤矿独家购买权。

11、会计师 1999 年度,德勤.关黄陈方会计师行(香港执业会计师)仍继续担任本公司的境外会计师,而沪江德勤会计师事务所(中国(香港除外)注册会计师)仍作为本公 司境内会计师。公司董事会建议在1999年度股东周年大会上批准续聘德勤. 关黄陈方 会计师行及沪江德勤会计师事务所为本公司2000年度境外及境内会计师。

八、财务会计报告

㈠、1999年度　　审计报告　　　　(德师报(审)字(00)P0262号)

兖州煤业股份有限公司全体股东:

我们接受委托,审计了贵公司1999年12月31日的资产负债表及该年度的利润及 利润分配表和现金流量表。这些会计报表由贵公司负责,我们的责任是对这些会计报 表发表审计意见。我们的审计是依据中国注册会计师独立审计准则进行的。在审计过程中,我们结合贵公司实际情况,实施了包括抽查会计记录等我们认为必要的审计程序。

我们认为,上述会计报表符合《企业会计准则》和《股份有限公司会计制度》的有关规定,在所有重大方面公允地反映了贵公司1999年12月31日的财务状况及1999 年度的经营成果和现金流量,会计处理方法的选用遵循了一贯性原则。

沪江德勤会计师事务所　　　　　中国注册会计师

中国.上海　　　　　　　　　　柳伟敏　顾红甫

2000年3月23日

㈡、财务报表㈢会计报表附注

1、公司主要会计政策和会计估计坏帐核算

(1)坏帐确认的标准

因债务人破产,依照法律程序清偿后,确定无法收回的应收款项;因债务人死亡,既无遗产可供清偿,又无义务承担人,确定无法收回的应收款项;因债务人逾期未履行偿 债义务,并且具有明显特征表明无法收回的应收款项。

(2)坏帐损失的核算方法采用备抵法,按帐龄分析法计提坏帐准备。

坏帐准备计提比例是根据公司以往的经验,债务单位的实际财务状况和现金流量 的情况以及其他相关信息合理地估计。

存货

存货按取得时的历史成本计价,历史成本包括为生产商品和提供劳务所发生的直 接材料、直接人工及直接费用以及按一定比例分配计入的为生产商品和提供劳务所发生的各项间接费用。存货主要分为原材料和产成品等。

存货发出时,采用加权平均法核算。存货跌价准备

期末存货可变现净值低于成本时,应提取存货跌价准备。存货跌价准备按单个存 货项目的成本高于其可变现净值的差额提取。可变现净值为预期售价减去最终制成产品所需的未来生产成本及有关推广、销售费用。

固定资产及折旧

固定资产包括使用期限超过一年的房屋、建筑物、机器、机械、运输工具及其他与生产经营有关的设备、器具、工具等;不属于生产经营的主要设备,但单位价值在人民币2,000元以上,并且使用期限超过两年的物品。

固定资产以历史成本或重组时评估值计价。除矿井建筑物折旧根据(89)财工字第302号文件规定,按原料煤产量每吨2.5元计提折旧外,其他均从其投入使用的次月起采用直线法提取折旧。估计残值为原值的3%。各类固定资产的折旧年限和年折旧率如下:

	折旧年限	年折旧率
房屋建筑物	15至30年	3.23-6.47%
机器设备	5至15年	6.47-19.40%
运输设备	6至9年	10.78-16.17%

主营业务收入

商品销售,公司已将商品所有权上的重要风险和报酬转移给买方,并不再对该商品实施继续管理权和实际控制权,相关收入已取得或收到了收款权利时,确认营业收入的实现。

所得税所得税按应付税款法核算。

计算所得税支出所依据的纳税所得额系根据有关税法规定对本年度会计所得额作出相应调整后得出。

退税收入退税收入以实际已收及已经确定但尚未收到的金额计入本年度损益。

2、税项增值税按煤产品销售收入的13%和其他销售收入的17%计算销项税,并按抵扣进项税后的余额缴纳。资源税按实际销售的原煤吨数及洗煤产品领用原煤吨数之和乘以人民币1.2元缴纳。城市建设维护税按应纳增值税额的7%缴纳。教育费附加按应纳增值税额的3%缴纳。所得税按33%缴纳国家所得税及地方所得税。公司与兖矿集团公司合并缴纳所得税和增值税已获得其主管税务部门的批准。

3、应收帐款

应收帐款帐龄分析如下:

帐龄	年末数			年初数		
	金额		坏帐准备	金额		坏帐准备
	人民币元	比例(%)	人民币元	人民币元	比例(%)	人民币元
1年以内	715458951	82	27692800	457679819	93	–
1至2年	126527276	14	37958183	21282544	4	21282543
2至3年	18750850	2	9375425	6307045	1	6267628
3年以上	12490272	2	12490272	8260859	2	4013408
合计	873227349	100	87516680	493530267	100	31563579

欠款金额前五名情况如下:

单位名称	所欠金额人民币元	欠款时间	欠款原因
邹县电厂	60,294,130	1年以内	货款
山东铝业股份有限公司	36,400,434	1年以内	货款
东莞市石碣燃料公司	13,052,951	1年以内	货款
珠海电力燃料公司	12,673,877	1年以内	货款
泉州港丰燃料公司	9,165,854	1年以内	货款
	131587246		

应收帐款余额中持有公司5%以上股份的股东欠款情况见附注38。

应收帐款比年初增加77%,主要原因是:本年度公司为扩大销售量不断寻求新的客 户,较以前放宽了信用政策且较多采用赊销方式。

4、其他应收款

	年末数	年初数
	人民币元	人民币元
应收关联公司款	182340475	258341305
代垫运杂费	80562947	70116908
预付土地塌陷费	44261155	36798598
其他	117696974	82988173
	424861551	448244984

其他应收款帐龄分析如下:

帐龄	年末数			年初数		
	金额		坏帐准备	金额		坏帐准备
	人民币元	比例(%)	人民币元	人民币元	比例(%)	人民币元
1年以内	352100512	83	–	435949741	97	–
1至2年	63588914	15	–	8516324	2	–
2至3年	7597734	2	–	3125054	1	–
3年以上	1574391		–	653865		–
合计	424861551	100	–	448244984	100	–

公司帐龄超过2年以上的余额主要为购置钢材等材料的包装物押金,由于公司滚动使用,故尚未与供应商进行结算。

欠款金额前五名情况如下:

单位名称	所欠金额人民币元	欠款时间	欠款原因
兖矿集团公司	182,340,474	1年以内	代垫款项
济宁兖煤化纤公司	41,035,332	1年以内	材料款
江苏溧阳振华有限公司	4,557,305	1年以内	代垫运费
无锡燃料公司	2,529,099	1年以内	代垫运费
物资部经贸公司	2,352,487	1年以内	代垫运费
合计	232814697		

其他应收款余额中持有公司5%以上股份的股东欠款情况见附注38。

5、预付帐款

预付帐款帐龄分析如下:

帐龄	年末数		年初数	
	人民币元	%	人民币元	%
1年以内	95682679	85	32813145	80
1至2年	10665108	10	6110583	15
2至3年	4260602	4	2279096	5
3年以上	1379068	1	–	–
合计	111987457	100	41202824	100

公司帐龄超过2年以上的余额主要为当时为购置备件及材料的预付款项,由于数额较小,公司暂未与其供应商结算。

欠款金额前五名情况如下:

单位名称	所欠金额	欠款时间	欠款原因
中国煤矿设备进出口公司	23,244,203	1年以内	预付设备款
兖矿集团有限公司	15,225,954	1年以内	预付货款及设备款
马鞍山钢铁股份有限公司	15,000,000	1年以内	预付设备款
五矿钢铁股份有限公司	8,713,416	1年以内	预付设备款
上海气轮机有限公司	6,400,000	1年以内	预付设备款
	68583573		

预付帐款余额中持有公司5%以上股份的股东欠款情况见附注38。

6、固定资产及累计折旧

	房屋建筑物	矿井建筑物	机器设备	运输设备	合计
年初余额	1381620854	2498284787	3816110355	68110191	7764126187
本年购置	–	–	384454	–	384454
本年在建工程转入	58307550	–	381847352	12012127	452167029
本年减少	–	–	−6367959	−1267026	−7634985
年末余额	1439928404	2498284787	4191974202	78855292	8209042685
累计折旧					
年初余额	378224098	922668618	1646772458	55580229	3003245403
本年计提额	67430708	127767483	301620603	7319827	504138621
本年转出额	–	–	−3503984	−1217103	−4721087
年末余额	445654806	1050436101	1944889077	61682953	3502662937
净值					
年初余额	1003396756	1575616169	2169337897	12529962	4760880784
年末余额	994273598	1447848686	2247085125	17172339	4706379748

7、在建工程

工程名称	年初余额	本年增加额	本年完工转出数	本年其他减少数	年末余额	工程进度%	资金来源
待安装设备	443234026	442156902	(391299448)	(113298977)	380792503	95	自筹资金
土建工程	48692321	128051744	(60867581)	---	115876484	90	自筹资金
其他	3407607	---	---	---	---	95	自筹资金
合计	495333954	570208646	(452167029)	(113298977)	500076594		

8、其他流动负债-维简费

根据现行国家规定,公司每年开采原料煤量按每吨人民币6元计算维持简单再生产费用("维简费")计入生产成本及其他流动负债。原定上述维简费应用于支付山东省煤炭工业管理局局长基金、转产费后,每年按企业用于煤炭生产设备支出及煤矿井巷建 筑设施更新支出金额,待年终工程决算后,再相应结转资本公积。

本年由于公司无需支付省煤炭工业管理局有关费用,且公司计提的有关折旧基金 已足以用于煤炭生产设备的支出及井巷建筑的更新,故公司决定从本年度起不再计提 维简费,并将尚未用完的余额人民币161,773,949结转资本公积。参见附注24。公司1999年度因此而未计提的维简费为人民币144,006,906元。

9、长期借款

借款单位	年末数人民币元	年初数人民币元	借款期限	年利率	借款条件
中国建设银行兖州矿区专业支行	---	115,000,000	10年	12.42%	兖矿集团公司担保

上述借款原始金额为人民币18亿元,期限从1997年10月1日起至2007年6月30日止,分十年均额偿还,但截至1999年12月31日止,公司已提前偿还全部借款。

10、主营业务收入

	本年累计数	上年累计数
煤产品国内销售收入	2505205124	2343066080
煤产品出口销售收入	1564309934	1990160020
	4069515058	4333226100

11、主营业务成本

	本年累计数	上年累计数
材料	353081012	392643232
工资	306333164	298970190
职工福利费	42887015	41856126
电力	156901215	185669992
折旧费	471363502	517893257
维简费	–	131056155
土地塌陷费	142736872	103778292
维修费	136088453	142116050
不得抵扣出口进项税成本	21704087	110551106
其他	47215880	84484769
合计	1678311200	2009019169

12、财务费用

	本年累计数	上年累计数
利息支出	10449520	87603370
减:利息收入	24541147	28199765
汇兑损失	10378	591717
其他	134955	122838
	(13,946,294)	60118160

13、营业外收入

	本年累计数	上年累计数
清理固定资产收入	-	431202
股票发行超额认购利息收入	-	12424293
其他	81119	513434
	81119	13368929

14、营业外支出

	本年累计数	上年累计数
处理固定资产损	2116479	1831402
捐赠支出	358862	573300
罚款支出	332405	150149
其他	862856	49526
	3670602	2604377

15、所得税

	本年累计数	上年累计数
本年应计所得税	314014916	371575703
本年度会计所得额	1094875992	1125415530
调增:		
1.捐赠支出	358862	421300
2.罚款支出	332405	150149
	691267	571449
调减:		
1.冲回计提的维简费(注)	144006906	-
本年度应纳税所得额	951560353	1125986979
所得税率	33%	33%
本年度应计所得税	314014916	371575703

上述应纳税所得额调整中未包括对本年度计提的坏帐准备人民币55,953,101元的调增，公司已就这一事项向主管税务机关报批。

注:公司已获得当地税务机关的批准,对公司一九九九年度已冲回的人民币144,006,906元的维简费允许在税前做为调整项目抵扣应纳税所得额,免除所得税款。

16、与关联公司之重大交易事项

(一)存在控制关系的关联方

企业名称:兖矿集团有限公司("兖矿集团公司")

注册地址:山东邹城市凫山路40号

主营业务:工业加工

与本公司关系:控股股东

经济性质:国有独资

法定代表人:赵经彻

(二)存在控制关系的关联方所持股份或权益及其变化

	年初数		本年增加数		本年减少数		年末数	
	人民币元	%	人民币元	%	人民币元	%	人民币元	%
兖矿集团公司	1670000000	64	-	-	-	-	1670000000	64

(三)不存在控制关系的关联方关系的性质

关联方名称	与本公司的关系
邹城南煤轮船航运有限责任公司	关键管理人员

(四)公司与上述关联公司在本年度发生了如下重大关联交易:

(a)销售及采购

公司1999年及1998年度向关联方销售及采购货物有关明细资料如下:

	本年累计数	上年累计数
销 售-邹城南煤轮船航运有限责任公司	24962000	33660000
兖矿集团公司	60697553	36320000
采 购-兖矿集团公司	150201000	114030000
	235860553	184010000

(b)债权债务往来情况

科目	关联公司名称	年末数	年初数
应收票据	兖矿集团公司	-	8000000
应收帐款	兖矿集团公司	23138786	15268462
预付货款	兖矿集团公司	15225954	29936476
其他应收款	兖矿集团公司	182340474	258341305
		220705214	311546243
应付帐款	兖矿集团公司	29681241	15133632
预收货款	兖矿集团公司	3979975	2227552
其他应付款	兖矿集团公司	248409365	324799050
		282070581	342160234

(c)其他事项

1)根据公司与兖矿集团公司签订的协议,由兖矿集团公司统一管理公司的退休统筹基金及医疗福利金,退休统筹基金汇总后统一上交给退休统筹基金单位。为此公司在其1998年度及1999年度会计报表中已列支上述款项为人民币208,620,000元及人民币202,609,000元。

2)根据公司与兖矿集团公司签订的协议,由兖矿集团公司下属各部门、单位向公 司提供以下服务并收取相应的费用,详细如下:

	本年累计数	上年累计数
	人民币元	人民币元
维修及保养	90477000	81700000
技术支持及培训费	15130000	15130000
采矿权费用	12980000	12980000
铁路运输费	168040000	173810000
公用设施费	600000	5380000
公路运输费	13124000	18250000
供气供暖费	11020000	11020000
房产管理费	29700000	29700000
子女就读费	12550000	12550000
其他	14230000	14230000

3)1998年度及1999年度支付给关键管理人员的报酬(包括采用货币、实物形式和 其他形式的工资、福利、奖金等)总额分别为人民币1,270,000元及人民币1,070,000 元。

17、国际会计准则对净利润和净资产的影响

	本年净利润	于1999年12月31日之资产净值
	人民币千元	人民币千元
以中华人民共和国《企业会计准则》及《股份有限公司会计制度》编制之财务报表	780861	6284356
调整:		
-调整复垦费、塌陷费	64,479	(232,876)
-递延资产摊销	1,835	(5,507)
-购入济二矿的商誉摊销	(777)	(1,554)
-递延所得税	(21,278)	76846
按国际会计准则调整后之财务报表	825120	6121265

兖州煤业股份有限公司

2000年4月17日

资产负债表

1999年12月31日单位:人民币元

资产	年末数	年初数
流动资产:		
货币资金	517686974.00	290665539.00
应收票据	57320937.00	168058451.00
应收帐款	873227349.00	493530267.00
其他应收款	424861551.00	448244984.00
减:坏帐准备	87516680.00	31563579.00
应收款项净额	1210572220.00	910211672.00
预付帐款	111987457.00	41202824.00
应收补贴款	64774442.00	71266649.00
存货	310449561.00	297594990.00
减:存货跌价准备		
存货净额	310449561.00	297594990.00
待摊费用	34678505.00	16411566.00
流动资产合计	2307470096.00	1795411691.00
固定资产:		
固定资产原价	8209042685.00	7764126187.00
减:累计折旧	3502662937.00	3003245403.00
固定资产净值	4706379748.00	4760880784.00
工程物资	12788004.00	1566101.00
在建工程	500076594.00	495333954.00
固定资产清理		72727.00
固定资产合计	5219244346.00	5257853566.00
无形资产及其他资产:		
无形资产	296777530.00	302993536.00
长期待摊费用	5507185.00	7342909.00
无形资产及其他资产合计	302284715.00	310336445.00
资产总计	7828999157.00	7363601702.00
流动负债:		
应付票据	47360000.00	8500000.00
应付帐款	492222965.00	498912274.00
预收帐款	63444481.00	74230909.00
应付工资	31165881.00	19039085.00
应付股利	231400000.00	148200000.00
应交税金	23261088.00	359234868.00
其他应付款	355788600.00	405589500.00
其他流动负债		161773949.00
流动负债合计	1544643015.00	1675480585.00
长期负债:		
长期借款		115000000.00
负债合计	1544643015.00	1790480585.00
股东权益:		
股本	2600000000.00	2600000000.00
资本公积	2526228929.00	2364454980.00
盈余公积	252319083.00	135189921.00
其中:公益金	84106361.00	45063307.00
未分配利润	905808130.00	473476216.00
股东权益合计	6284356142.00	5573121117.00
负债和股东权益总计	7828999157.00	7363601702.00

利润及利润分配表

1999年度 单位:人民币元

资产	本年累计数	上年累计数
一、主营业务收入	4069515058.00	4333226100.00
减:折扣与折让		
主营业务收入净额	4069515058.00	4333226100.00
减:主营业务成本	1678311200.00	2009019169.00
主营业务税金及附加	68040058.00	52759165.00
二、主营业务利润	2323163800.00	2271447766.00
加:其他业务利润	19925326.00	40687202.00
减:存货跌价损失		
营业费用	718274056.00	641918843.00
管理费用	543357891.00	495446987.00
财务费用	-13946294.00	60118160.00
三、营业利润	1095403473.00	1114650978.00
加:投资收益		
补贴收入	3062002.00	
营业外收入	81119.00	13368929.00
减:营业外支出	3670602.00	2604377.00
四、利润总额	1094875992.00	1125415530.00
减:所得税	314014916.00	371575703.00
减:少数股东损益		
五、净利润	780861076.00	753839827.00
加:年初未分配利润	473476216.00	56312363.00
盈余公积转入		

六、可供分配的利润	1254337292.00	810152190.00
减:提取法定盈余公积金	78086108.00	75383983.00
减:提取法定公益金	39043054.00	37691991.00
七、可供股东分配的利润	1137208130.00	697076216.00
减:应付优先股股利		
提取任意盈余公积		
应付普通股股利	231400000.00	223600000.00
转作股本的普通股股利		
八、未分配利润	905808130.00	473476216.00

现金流量表

1999 年度　　单位:人民币元

资产	金额
一、经营活动产生的现金流量	
销售商品、提供劳务收到的现金	4209074836.00
收取的租金	
收到的除增值税以外的其他税费返还	191068109.00
收到的其他与经营活动有关的现金	445787585.00
经营活动现金流入小计	4845930530.00
购买商品、接收劳务所支付的现金	1114296494.00
经营租赁所支付的现金	
支付给职工以及为职工支付的现金	379734944.00
支付的增值税款	442241072.00
支付的所得税款	297425771.00
支付的除增值税、所得税以外的其他税费	76057109.00
支付的其他与经营活动有关的现金	1567785579.00
经营活动现金流出小计	3877540969.00
经营活动产生的现金流量净额	968389561.00
二、投资活动产生的现金流量	
收回投资所收到的现金	
分得股利或利润所收到的现金	
取得债券利息收入所收到的现金	
处置固定资产、无形资产和	
其他长期资产而收回的现金净额	797419.00
收到的其他与投资活动有关的现金	
投资活动现金流入小计	797419.00
购建固定资产、无形资产和	
其他长期资产所支付的现金	468516025.00
权益性投资所支付的现金	
债权性投资所支付的现金	
支付的其他与投资活动有关的现金	
投资活动现金流出小计	468516025.00
投资活动产生的现金流量净额	−467718606.00
三、筹资活动产生的现金流量	
吸收权益性投资所收到的现金	
其中:子公司吸收少数股东权益性投资收到的现金	
发行债券所收到的现金	
借款所收到的现金	
收到的其他与筹资活动有关的现金	
筹资活动现金流入小计	
偿还债务所支付的现金	115000000.00
发生筹资费用所支付的现金	
分配股利或利润所支付的现金	148200000.00
其中:子公司支付少数股东的股利	
偿付利息所支付的现金	10449520.00
融资租赁所支付的现金	
减少注册资本所支付的现金	
其中:子公司依法减资支付给少数股东的现金	
支付的其他与筹资活动有关的现金	
筹资活动现金流出小计	273649520.00
筹资活动产生的现金流量净额	−273649520.00
四、汇率变动对现金流量的影响	
汇率变动对现金的影响额	
五、现金及现金等价物净增加额	
现金及现金等价物净增加额	227021435.00
六、不涉及现金收支的投资和筹资活动	
以固定资产偿还债务	
以投资偿还债务	
以固定资产进行长期投资	
以存货偿还债务	
将年初已计提的维简费转作资本公积	−161773949.00
融资租赁固定资产	
七、将净利润调节为经营活动的现金流量	
净利润	780861076.00
加:少数股东损益	
计提的坏帐准备或转销的坏帐	55953101.00
固定资产折旧	504138621.00
无形资产摊销	8051730.00
处置固定资产、无形资产和	
其他长期资产的损失(减:收益)	2116479.00
固定资产报废损失	
财务费用	10449520.00
投资损失(减:收益)	
递延税款贷项(减:借项)	
存货的减少(减:增加)	−12854571.00
经营性应收项目的减少(减:增加)	−309795834.00
经营性应付项目的增加(减:减少)	−52263621.00
增值税增加净额(减:减少)	
待摊费用的减少	−18266940.00
经营活动产生的现金流量净额	968389561.00
八、现金及现金等价物净增加情况:	
货币资金的期末余额	517686974.00
减:货币资金的期初余额	
现金等价物的期末余额	
减:现金等价物的期初余额	290665539.00
现金及现金等价物净增加额	227021435.00

吉林森林工业股份有限公司

一、公司简介

1、公司名称(中文):吉林森林工业股份有限公司
(英文):JiLin Forest Industry Co.,Ltd
2、公司法定代表人:公丕兴
3、公司董事会秘书:李伟明
联系地址:吉林省长春市人民大街 114 号
电　　话:0431--8912969
传　　真:0431--8930595
邮政编码:130021
4、公司注册地址:长春高新技术产业开发区
公司办公地址:吉林省长春市人民大街 114 号
公司国际互联网网址:www.forestindustry.com.cn
电子信箱:zgjlsgjt@public.cc.jl.cn
5、公司选定的信息披露的报纸:中国证券报、上海证券报
登载公司年度报告的中国证监会指定国际互联网网址:http://www.sse.com.cn
公司年度报告备置地点:公司证券部
6、公司股票上市交易所:上海证券交易所
股票简称:吉林森工
股票代码:600189

二、会计数据和业务数据摘要

1、本年度会计数据	(单位:元)
利润总额	117,218,532.46
净利润	97,982,595.78
扣除非经常性损益后的净利润	92,811,926.32
主营业务利润	159,214,863.94
其他业务利润	3,719,670.97
营业利润	89,502,788.95
投资收益	13,099,687.92
补贴收入	9,511,864.16
营业外收支净额	5,104,191.43
经营活动产生的现金流量净额	46,253,645.27
现金及现金等价物净增加额	140,631,748.37

注:扣除非经常性损益项目及金额:申购冻结资金利息 6,280,000.00 元,固定资产处置损益-1,109,330.54 元,合计 5,170,669.46 元。

2、截至报告期末公司前三年的主要会计数据和财务指标(单位:元)

项目	999 年	1998 年		1997 年
		调整前	调整后	
主营业务收入	433,674,670.07	353,116,312.15	353,116,312.15	361,480,560.50
净利润	97,982,595.78	91,803,675.21	84,327,365.82	80,442,658.58
总资产	1,068,905,178.35	991,729,395.76	984,253,086.31	534,990,000.00
股东权益	893,771,482.87	836,533,460.84	829,057,151.39	304,470,578.57
每股收益	0.34	0.32	0.30	0.40
按月加权平均每股收益	0.34	0.42	0.30	0.40
扣除非经常性损益的每股收益	0.33	0.30	0.27	
每股净资产	3.14	2.94	2.91	1.52
调整后的每股净资产	2.98	2.78	2.76	
净资产收益率	10.96	10.97	10.17	26.42
每股经营活动产生的现金流量净额	0.16	0.20	0.20	

注:(1)计算公式如下:
每股收益=净利润/年度末普通股股份总数
每股净资产=年度末股东权益/年度末普通股股份总数
调整后的每股净资产=[年度末股东权益-三年以上的应收款项净额-待摊费用-待处理(流动、固定)资产净损失-开办费-长期待摊费用-住房周转金负数余额]/年度末普通股股份总数
每股经营活动产生的现金流量净额=经营活动产生的现金流量净额/年度末普通股股份总数
净资产收益率=净利润/年度末股东权益×100%
(2)根据财政部财会字(1999)35 号文、49 号文的有关规定,计提坏帐准备按余额百分比法,计提比例为 10%,并采用追溯调整法,调整了 1999 年有关项目的期初数。

3、股东权益变动情况(单位:元)

项目	股本	资本公积	盈余公积	其中:法定公益金	未分配利润	股东权益合计
期初数	285,000,000.00	459,729,785.57	17,012,420.64	4,253,105.16	67,314,945.18	829,057,151.39
本期增加			19,596,519.15	4,899,129.79	49,886,076.63	69,482,595.78
本期减少		4,768,264.30				4,768,264.30
期末	285,000,000.00	454,961,521.27	36,608,939.79	9,152,234.95	117,201,021.81	893,771,482.87

变动原因:
①资本公积减少,是资产评估增值应纳所得税而减少资本公积。
②盈余公积、法定公益金增加是从本年利润中提取而增加,未分配利润增加是本年利润增加而增加。

三、股东情况介绍

1、报告期末股东总数 37,679 户
2、前 10 名股东的持股情况

序号	股东姓名	持股数量(股)	持股比例	股份性质
1	中国吉林森林工业(集团)总公司	200,000,000	70.2	国有法人股
2	同益基金	2,212,200	0.78	流通股
3	泰和基金	2,010,348	0.71	流通股
4	王彦士	1,404,699	0.49	流通股
5	成晓舟	959,585	0.34	流通股
6	孙孟林	463,300	0.16	流通股
7	沪财金山	399,929	0.14	流通股
8	社会帮困	368,400	0.13	流通股
9	何广财	260,000	0.09	流通股
10	梁振堂	227,667	0.08	流通股

锦州港务(集团)股份有限公司

一、公司简介

1、公司法定名称 中文:锦州港务(集团)股份有限公司
缩写:锦港集团
英文:JINZHOU HARBOUR(GROUP)CO.,LTD
缩写:JHG
2、公司法定代表人:张宏伟
3、董事会秘书:于剑平
地　　址:锦州经济技术开发区锦港大街 1 段 1 号
电　　话:0416-2512372
传　　真:0416-3582841
电子信箱:JZCJHGA@MAIL.JZPTT.LN.CN
董秘授权人:高鸿敏
地　　址:锦州经济技术开发区锦港大街 1 段 1 号
电　　话:0416-2512462
传　　真:0416-3582841
电子信箱:JZCJHGA@MAIL.JZPTT.LN.CN
4、公司注册地址:锦州经济技术开发区锦港大街 1 段 1 号
公司办公地址:锦州经济技术开发区锦港大街 1 段 1 号
邮　　编:121007
公司网址:HTTP://WWW.JINZHOUPORT.COM
公司电子信箱:JZCJHGA@MAIL.JZPTT.LN.CN
5、公司信息披露刊:《上海证券报》,香港《南华早报》
证监会 指定网址:HTTP://WWW.SSE.COM.CN
公司年报备置地点:本公司董事会秘书处
6、股票上市交易所:上海证券交易所
股票简称和股票代码:
A 股:锦州港 600190
B 股:锦港 B 股 900952

二、会计数据和业务数据摘要

(一)本年度利润总额及其构成(单位:人民币元)

1、利润总额	175,241,013
2、净利润	147,261,528
3、扣除非经常性损益后的净利润	144,737,660
4、主营业务利润	205,692,152
5、其他业务利润	3,870,806
6、营业利润	171,986,540
7、投资收益	40,570
8、补贴收入	
9、营业外收支净额	3,213,903
10、经营活动产生的现金流量净额	181,553,376
11、现金及现金等价物净增加额	72,521,956
12、按国际会计准则计算的净利润	143,778,937

注:扣除非经常性损益项目及金额
(1)申购新股冻结资金利息 4,242,021
(2)处理固定资产净损失 (1,677,583)
(3)冲回股权投资差额之摊销额 (40,570)
国际会计报表与中国会计报表差异说明见会计报表附注 12
(二)近三年主要会计数据和财务指标:

	1999 年	1998 年	1997 年
1. 主营业务收入(万元)	31,610.2	26,020.5	25,241.9
2. 净利润(万元)	14,726.2	11,606.6	16,952.5
3. 总资产(万元)	205,309.8	166,935.6	127,187.3
4. 股东权益(万元)	133,012.8	94,886.6	65,760.7
5. 每股收益(摊薄)(元)	0.23	0.20	0.37
6. 扣除非经常性损益后的每股收益(摊薄)(元)	0.23	0.20	0.37
7. 每股收益(加权)	0.24	0.22	0.37
8. 扣除非经常性损益后的每股收益(加权)(元)	0.24	0.22	0.37
9. 每股净资产(摊薄)(元)	2.11	1.66	1.43
10. 调整后的每股净资产(元)	2.07	1.64	1.42
11. 每股经营活动产生的现金流量净额(元)	0.29	0.24	
12. 净资产收益率(%)	11.1	12.2	25.8

三、股本变动及股东情况

(一)股东情况介绍
1、截至 1999 年度最后一个交易日止,本公司股东总数为 72939 人。
2、截至 1999 年度最后一个交易日止,公司前 10 名股东情况如下:

股东名称	持股数量(股)	股票种类	持股比例(%)
1. 东方集团实业股份有限公司	154000000	法人股东	24.41
2. 锦州港务局	105000000	国家股东	16.64
3. 锦州石油化工公司	35000000	法人股东	5.55
4. 辽宁省投资集团公司	27000000	法人股东	4.28
5. 锦西炼油化工总厂	10000000	法人股东	1.58
6. 锦州石化工程公司	9800000	法人股东	1.55
7. 东方集团财务公司	8605000	法人股东	1.36
8. 东方集团国际经济技术合作公司	8605000	法人股东	1.36
9. 锦州石化国际事业锦州公司	5850000	法人股东	0.93
10.谭月明	3393000	B 股股东	0.54

说明:以上股东中,持有本公司 5%以上股份的股东所持股份无质押或冻结,年内持股数量均有变化:
(1)东方集团实业股份有限公司于 1999 年 8 月 24 日与东方集团股份有限公司签署股份转让协议,将持有的本公司股份 154000000 股以每股人民币 2.00 元的价格全部转让给东方集团股份有限公司;东方集团股份有限公司还以每股人民币 2.00 元的价格收购东方集团财务公司和东方集团国际经济技术合作公司各自持有的本公司股份 8605000 股。

包头华资实业股份有限公司

一、公司简介

1.公司法定中文名称:包头华资实业股份有限公司
公司法定英文名称:BAOTOU HUAZI INDUSTRY CO.,LTD
2.公司法定代表人:钟锡华
3.公司董事会秘书:肖军
联系电话:0472--4190473
传　　真:0472--4193504
联系地址:包头华资实业股份有限公司
4.公司注册地址:内蒙古自治区包头市东河区
公司注册地址(英文):Donghe Street Baotou City, Inner Mongolia CN
公司办公地址:包头华资实业股份有限公司　　邮政编码:014045
E—mail:hzsyzqb@public.nm.cninfo.net
5.公司选定的信息披露报纸:中国证券报
中国证监会指定披露公司年度报告的国际互联网网址:http://www.sse.com.cn
公司年度报告备置地点:公司证券部
6.公司股票上市地:上海证券交易所
股票简称:华资实业　　股票代码:600191

二、会计数据和业务数据摘要

1、本年度利润总额及其构成(单位:元)

利润总额:	76,229,813.30
净利润:	64,820,925.07
扣除非经常性损益后的净利润:	61,462,225.53
主营业务利润:	108,647,858.13
其他业务利润:	-41,394.79
营业利润:	70,748,039.03
投资收益:	
补贴收入:	1,710,000.00
营业外收支净额:	3,048,174.27
经营活动产生的现金流量净额:	-145,415,465.92
现金及现金等价物净增加额:	-350,747,928.86

2、主要会计数据和财务指标

项　　目	1999 年	1998 年		1997 年	
	调整后	调整前	调整后	调整前	调整后
主营业务收入(元)	340,696,790.01	292,322,675.91	292,322,675.91	313,504,404.88	313,504,404.88
净利润(元)	64,820,925.07	49,529,229.93	47,016,575.85	54,107,464.27	54,107,464.27
总资产(元)	769,509,068.22	684,806,721.70	682,294,067.62	357,502,039.56	357,502,039.56
股东权益(元)	612,000,245.87	547,050,138.72	544,537,484.64	212,368,400.79	212,368,400.79
加权每股收益(元)	0.27	0.26	0.25	--	--
摊薄每股收益(元)	0.27	0.21	0.20	0.32	0.32
扣除非经常性损益后的每股收益(元)	0.26		0.15		
净资产收益率(%)	10.59	9.05	8.63	25.48	25.48
每股净资产(元/股)	2.55	2.28	2.27	1.25	1.25
调整后的每股净资产(元/股)	2.35	2.26	2.25	1.23	1.23
每股经营活动产生的现金净流量	-0.61		0.02		

注(1):主要财务指标计算方法:
每股收益=净利润/年度末普通股股份总数
每股净资产=年度末股东权益/年度末普通股股份总数
调整后的每股净资产=(年度末股东权益—三年以上的应收款项净额—待摊费用—待处理(流动、固定)资产净损失—开办费—长期待摊费用—住房周转金负数余额)/年度末普通股股份总数
每股经营活动产生的现金流量净额=经营活动产生的现金流量净额/年度末普通股股份总数
净资产收益率=净利润/年度末股东权益×100%
(2)说明:由于会计政策变更,根据财政部财会字[1999]35 号文、49 号文的有关规定,采用了追溯调整法,调整了一九九九年度合并会计报表相关的"坏帐准备"、"存货跌价准备"等帐项。
调整后各年度会计数据

项目	1999 年	1998 年	1997 年
坏帐准备	4,936,179.34	2,608,338.81	
存货跌价准备			
未分配利润	71,061,875.77	15,964,089.46	

3、报告期内股东权益变动情况:

项目	股本	资本公积	盈余公积	法定公益金	未分配利润	少数股东权益	股东权益合计
期初数	240,000,000	281,520,908.79	7,052,486.39	2,350,828.80	15,964,089.46		544,537,484.64
本期增加		2,432,962.94	9,723,138.76	3,241,046.25	64,820,925.07	208,873.22	77,185,899.99
本期减少					9,723,138.76		9,723,138.76
期末数	240,000,000	283,953,871.73	16,775,625.15	5,591,875.05	71,061,875.77	208,873.22	612,000,245.87

变动原因:(1)资本公积增加 2,432,962.94 元,系收购乌兰浩特制糖厂投资 52,013,300 元,经大连信义会计师事务所评估后为 54,446,262.94 元,增值 2,432,962.94 元。
(2)盈余公积增加 9,723,138.76 元,系本年按规定提取的数额。
(3)未分配利润净增加 55,097,786.31 元,系本年实现净利润按规定提取盈余公积金后转入的可供股东分配的利润。

三、股东情况介绍

1、截止 1999 年 12 月 31 日,本公司股东总数为 11,095 户。
2、公司前十名股东情况

序号	股东名称	持股数量(股)	所占比例(%)
1	包头草原糖业(集团)有限责任公司	98,374,200	40.99
2	包头市创业经济技术开发公司	55,014,100	22.92
3	包头市北普实业有限公司	16,611,700	6.92
4	浙江证券	4,039,393	1.68
5	浙江证券	2,967,342	1.24
6	深金达盛	2,118,150	0.88
7	浙江证券	1,853,573	0.77
8	浙江证券	1,721,020	0.72
9	浙江证券	1,343,805	0.56
10	浙江证券	1,269,441	0.53

兰州长城电工股份有限公司

(一) 公司简介

1、公司法定中文名称:兰州长城电工股份有限公司
公司法定英文名称:LANZHOU GREAT WALL ELECTRICAL CO.LTD
英文缩写:GWE
2、公司法定代表人:杨书昌先生
3、公司董事会秘书:何世民先生
联系地址:甘肃省兰州市农民巷 125 号
电话:0931-8415001-2422
传真:0931-8414606
公司董秘授权代表:穆成利先生
电话:0931-8415001-2658(联系地址与传真同董秘)
4、公司注册地址:甘肃省兰州市农民巷 125 号
公司办公地址:甘肃省兰州市农民巷 125 号
邮政编码:730000
公司电子信箱:Lzgwe@public.lz.gs.cn
5、公司选定的信息披露报纸名称:《上海证券报》、《证券时报》
登载公司年度报告的中国证监会指定国际互联网网址:http://www.sse.com.cn;
公司年度报告备置地点:公司证券部
6、公司股票上市交易所:上海证券交易所
股票简称:长城电工
股票代码:600192

(二) 会计数据和业务数据摘要

1、本年度主要利润指标情况　　(单位:人民币元)

利润总额:	149,330,133.54
净利润:	113,922,318.74
扣除非经常性损益后的净利润:	93,256,144.48
主营业务利润:	242,481.160.87
其他业务利润:	4,848,379.63
营业利润:	106,704,281.19
投资收益:	3,759,414.09
补贴收入:	36,674,410.67
营业外收支净额:	2,192,027.59
经营活动产生的现金流量净额:	100,399,103.30
现金及现金等价物净增加额:	-324,288,579.07

注:扣除的非经常性损益项目和涉及金额:20,666,174.26
其中:(1)营业外收支净额项目:
冻结募集资金利息收入:　　3,300,290.28
(2)补贴收支项目:
①15%所得税返还[(1999)甘财工发第 103 号]:16,094,461.27
②递延税款 18%的返还:　　1,271,422.71
2、截止报告期末公司前三年主要会计数据和财务指标:
(单位:人民币元)
追溯调整后:

项目	1999 年	1998 年	1997 年
主营业务收入	705,386,243.69	621,107,905.18	578,145,992.87
净利润	113,922,318.74	80,586,816.01	42,824,672.56
总资产	1,313,072,088.42	1,386,611,439.06	772,751,281.46
股东权益(不含少数股东权益)	861,457,941.26	806,535,622.52	235,382,301.82
每股收益	0.3862	0.2732	0.2039
每股收益(按月平均加权法计算)	0.3862	0.3436	0.2039
扣除非经常性损益后的每股收益	0.3161	0.2732	0.2039
每股净资产	2.920	2.734	1.121
调整后的每股净资产	2.913	2.726	1.099
每股经营活动产生的现金流量净额	0.3403	-0.0201	0.0288
净资产收益率%	13.20	9.99	18.19

调整后各项会计数据:

项目	1999 年	1998 年	1997 年
坏帐准备	18,049,945.92	16,524,146.90	14,088.146.12
存货跌价准备	2,327,782.41	2,288,216.08	0
未分配利润	92,874,945.79	60,737.090.79	-7,761,702.81

3、报告期内股东权益变动情况

项目	股本	资本公积	盈余公积	法定公益金	未分配利润	股东权益合计
期初数	295,000,000.00	440,717,827.94	10,080,703.79	3,360,234,60	60,737,090.79	806,535,622.52
本期增加	0	0	22,784,463.74	11,392,231.87	32,137,855.00	54,922,318.74
本期减少	0	0	0	0	0	0
期末数	295,000,000.00	440,717,827.94	32,865,167.53	14,752,466.47	92,874,945.79	861,457,941.26

变动原因:
(1)盈余公积和法定公益金变动是因为本年度利润提取数额;
(2)未分配利润的变动是因为本年度利润增加和因计提四项准备调整年初利润及 2000 年分配预案影响。

(三)股东情况介绍

(1) 报告期末公司股东总数为 44940 户。
(2) 报告期末前十名股东持股情况

股东名称或姓名	持股数	持股比例
① 甘肃长城电工集团有限责任公司	210,000,000 股	71.19%
② 普惠基金	1,012,600 股	0.343%
③ 梁玉贵	896,900 股	0.304%
④ 吕家成	612,210 股	0.208%
⑤ 王洪伟	572,810 股	0.194%
⑥ 武秀丽	519,000 股	0.176%
⑦ 周秀云	418,800 股	0.142%
⑧ 叶　宏	375,300 股	0.127%
⑨ 郭凤霞	320,034 股	0.108%
⑩ 高中新	314,200 股	0.107%

厦门大洋发展股份有限公司

一、公司简介

1、公司法定中文名称:厦门大洋发展股份有限公司
公司英文名称:Xiamen Dayang Development Co.,LTD. 称缩写:XDDC
2、公司法定代表人:陈榕生
3、公司董事会秘书:李晓玲 公司董事会秘书授权代表:吴振忠
联系地址:厦门市建业路 18 号 8F 电话:0592-5311857,5311831 传真:0592-5311955
4、公司注册地址:厦门市杏林区苑亭路 89 号
公司办公地址:厦门市建业路 18 号阳明楼 8-9 层 邮政编码:361012
公司电子信箱:dayang @public.xm.fj.cn
5、公司信息披露报刊名称:《上海证券报》
登载公司年度报告的中国证监会指定国际互联网网址: http://www.sse.com.cn
公司年度报告备置地点:公司证券部
6、公司股票上市交易所:上海证券交易所
公司股票简称:厦门大洋 公司股票代码:600193

二、会计数据和业务数据摘要

(一)本年度主要会计数据: (单位:人民币元)

1、利润总额:	36,223,027.67
2、净利润:	23,281,191.36
3、扣除非经营性损益后的净利润:	22,144,729.50
4、主营业务利润:	45,150,564.57
5、其他业务利润:	1,236,726.15
6、营业利润:	35,086,565.81
7、投资收益:	-317,007.20
8、补贴收入:	603,503.93
9、营业外收支净额:	849,965.13
10、经营活动产生的现金流量净额:	-37,830,879.14
11、现金及现金等价物净增加额:	8,813,807.03

注:扣除非经常性损益的项目和涉及金额:

①补贴收入:	603,503.93
②新股申购冻结资金利息:	576,601.68
③合并价差摊入:	-317,007.20
④纳税奖励金:	298,870.00
⑤财产保险赔偿收入:	82,114.75
⑥其他营业外收入:	19,360.41
⑦罚款支出:	69,802.55
⑧捐赠赞助费:	47,000.00
⑨其它支出:	10,179.16

(二)截止报告期末公司前三年的主要会计数据和财务指标:(单位:人民币元)

序号 项目	1999 年度	1998 年度		1997 年度	
		调整前	调整后	调整前	调整后
1 主营业务收入	302,791,644.50	275,734,256.73	275,734,256.73	307,386,101.81	307,386,101.81
2 净利润	23,281,191.36	26,276,225.78	17,743,996.04	23,319,290.82	18,045,834.41
3 总资产	496,622,314.70	251,063,445.24	241,328,666.49	217,387,586.21	212,113,834.41
4 股东权益	235,562,893.53	82,256,533.91	73,724,304.17	76,139,408.58	70,865,656.78
5 每股收益	0.277	0.431	0.291	0.466	0.361
6 每股收益(加权平均)	0.305	0.459	0.31	0.466	0.361
7 扣除非经常性损益后的每股收益	0.264	0.432	0.291	0.452	0.346
8 每股净资产	2.81	1.35	1.21	1.52	1.42
9 调整后的每股净资产	2.73	1.29	1.05	1.43	1.417
10 每股经营活动产生的现金流量净额	-0.45	-0.14	-0.14	1.02	1.02
11 净资产收益率	9.88%	31.94%	24.07%	30.63%	25.46%

(三)报告期内股东权益变动情况(单位:人民币元)

项目	股本	资本公积	盈余公积	(其中:法定公益金)	未分配利润	股东权益合计
期初数	60,900,000.00	63,545.69	1,914,113.77	638,037.92	10,846,644.71	73,724,304.17
本期增加	23,000,000.00	115,557,398.00	3,492,178.70	1,164,059.57	19,789,012.66	161,838,589.36
本期减少						
期末数	83,900,000.00	115,620,943.69	5,406,292.47	1,802,097.49	30,635,657.37	235,562,893.53

变动原因:本年度内公司股本增加系新发行 2300 万 A 股;资本公积增加系发行新股产生的股本溢价; 盈余公积和法定公益金增加系从本年度实现利润中提取;未分配利润增加系本年度实现利润。

三、股东情况介绍

1、报告期末股东总数为:18650 户
其中未流通法人股股东 5 户,流通股股东 18645 户。
2、(1)持有本公司 5%以上股份的股东:
①厦门特贸有限公司:持有公司股份 16,242,030 股,占公司总股本的 19.36%,报告期内没有增减变动情况。
②厦门大洋集团股份有限公司:持有公司股份 14,165,340 股,占公司总股本的 16.88%,报告期内没有增减变动情况。
③厦门长农鳗业有限公司:持有公司股份 13,769,490 股,占公司总股本的 16.41%,报告期内没有增减变动情况。
④厦门杏苑养殖有限公司:持有公司股份 13,678,140 股,占公司总股本的 16.30%,报告期内没有增减变动情况。
(2)前十名股东持股况如下:

名次	股东名称	持股数(股)	占股本比例(%)
1	厦门特贸有限公司	16242030	19.36
2	厦门大洋集团股份有限公司	14165340	16.88
3	厦门长农鳗业有限公司	13769490	16.41
4	厦门杏苑养殖有限公司	13678140	16.30
5	厦门海洋三所科技开发公司	3045000	3.63
6	金鑫基金	229902	0.27
7	顾勇梁	159000	0.19
8	付自清	156400	0.19
9	津华策	136000	0.16
10	庞妙英	113500	0.14

中牧实业股份有限公司

一、公司简介

1、中文全称:中牧实业股份有限公司
中文简称:中牧股份
英文全称:CHINA ANIMAL HUSBANDRY INDUSTRY CO., LTD.
简称:CAHIC
2、公司法定代表人:区仲生先生
3、公司董事会秘书: 丁春阳先生
董秘授权代表:刘兵先生
联系地址:北京市丰台区莲花池西里 8 号新华保险大厦 12 层
电话:010-63903388-1206 传真:010-63903308
电子信箱:Liubinggg@263.net
4、公司注册地址:北京市丰台区科学城 10D 地块 2 号楼
公司办公地址:北京市丰台区莲花池西里 8 号新华保险大厦 12 层
邮政编码:100073
公司电子信箱:CAHIC@263.net
5、公司信息披露报纸:《上海证券报》、《中国证券报》
登载公司年度报告的国际互联网网址:http:// www . sse . com . cn
公司年度报告备置地点:北京市丰台区莲花池西里 8 号新华保险大厦 12 层 1206 室中牧实业股份有限公司董事会秘书处
6、公司股票上市地:上海证券交易所
股票简称:中牧股份 股票代码:600195

二、会计数据和业务数据摘要

(一)本年度利润总额构成及现金流量: (单位:人民币元)

栏目	1999 年度母公司数	1999 年度合并数
利润总额	112,914,202.82	111,867,871.63
净利润	87,296,467.17	87,296,467.17
扣除非经常性损益后的净利润	85,624,903.02	86,450,211.14
主营业务利润	199,991,360.94	202,081,385.96
其它业务利润	38,347.42	38,347.42
营业利润	105,197,315.32	95,559,311.49
投资收益	6,045,323.35	15,462,304.11
补贴收入		305,437.28
营业外收支净额	1,671,564.15	540,818.75
经营活动产生的现金流量净额	-102,204,298.16	-165,364,366.53
现金及现金等价物净增加额	-280,204,710.77	-264,123,145.35

注:非经常性损益项目和涉及的金额 单位:人民币元

项目	1999 年母公司数	1999 年合并数
冻结利息收入	3,658,631.72	3,658,631.72
增值税返还		305,437.28
其他	-1,987,067.57	-3,117,812.97
合计	1,671,564.15	846,256.03

(二)公司前三年主要会计数据及财务指标
公司根据财政部财会字[1999]35 号文件的规定,变更了公司相关会计政策,规定对以前年度的会计数据进行了追溯调整。

栏目	1999 年度		1998 年度		1997 年度	
	母公司	合并数	调整后	调整前	调整后	调整前
主营业务收入	815,542,885.22	842,528,195.20	582,899,163.55	82,899,163.55	738,050,943.56	38,050,943.56
净利润	87,296,467.16	87,296,467.16	58,881,759.13	63,808,697.17	56,553,824.99	68,275,908.60
总资产	1,043,455,351.20	1,036,569,112.23	944,511,138.22	961,160,159.87	468,034,756.19	479,756,839.80
股东权益(不含少数股东权益)	788,692,095.50	788,692,095.50	711,881,452.26	728,530,473.91	171,997,702.28	183,719,785.89
每股收益(元/股)摊薄	0.224	0.224	0.226	0.245	0.314	0.379
按月平均加权法计算的每股收益(元/股)	0.298	0.298	0.315	0.342	0.314	0.379
扣除非经常性损益后的每股收益(元/股)	0.293	0.296	0.195	0.214	0.280	0.345
每股净资产(元/股)	2.022	2.022	2.740	2.800	0.955	1.020
调整后的每股净资产(元/股)	1.960	1.960	2.680	2.740	0.892	0.960
每股经营活动产生的现金流量净额(元/股)	-0.262	-0.424	0.002	0.002		-
净资产收益率(摊薄)(%)	11.069	11.069	8.270	8.670	32.880	37.10

(三)报告期内股东权益变动情况及原因 单位:人民币元

项目	股本	资本公积	盈余公积	法定公益金	未分配利润	股东权益合计
期初数	260000000	435864727.61	11783344.92	5891672.46	4233379.73	711881452.26
本期增加	130000000	1048521.40	18349293.44	8729646.72	69837173.73	219234988.57
本期减少		115534345.33		890000.00	26000000.00	142424345.33
期末数	390000000	321378903.68	29242638.36	13731319.18	48070553.46	788692095.050

三、股东情况介绍

(一)截止 1999 年 12 月 31 日,公司股东共有 33783 户,持股 39,000 万股,其中国有法人股股东 1 名,持股 27,000 万股;社会公众股股东 33782 户,持股 12,000 万股。
(二)公司主要股东持股情况(截止 1999 年 12 月 31 日)

股东名称	期末持股数(股)	期内增减	占总股本比例%
中国牧工商(集团)总公司	270,000,000	90,000,000	69.23
河北证券有限公司	2,007,025	2,007,025	0.52
席业男	1,741,900	1,741,900	0.45
刘书贞	1,555,275	1,555,275	0.40
泰和基金	1,499,903	1,499,903	0.39
林录良	1,293,592	1,293,592	0.34
陈德时	1,212,621	1,212,621	0.31
马远发	1,121,477	1,121,477	0.29
海南华糖	930,000	930,000	0.24
王明	709,100	709,100	0.19

上海复星实业股份有限公司

一、公司简介

1、公司法定中文名称：上海复星实业股份有限公司
公司英文名称：SHANGHAI FORTUNE INDUSTRIAL JOINT-STOCK CO.,LTD.　缩写：SFIC
2、公司法定代表人：郭广昌
3、公司董事会秘书：秦学棠
联系地址：上海市万航渡路623弄1号
联络电话：021-62485431　传　真：021-62319171
电子信箱：fxdmb@public6.sta.net.cn
4、公司注册地址：上海市曹杨路510号九楼　邮政编码：200063
公司办公地址：上海市万航渡路623弄1号　邮政编码：200042
公司国际互联网网址：http://www.sh-fortune.com　公司电子信箱：fxdmb@public6.sta.net.cn
5、公司选定的信息披露报纸：上海证券报、中国证券报
登载公司年度报告的国际互联网网址：http://www.sse.com.cn
公司年度报告备置地点：上海市万航渡路623弄1号
6、公司股票上市交易所：上海证券交易所
股票简称：复星实业　股票代码：600196

二、会计数据和业务数据摘要

1、本年度利润总额及构成：(合并报表)(单位：元)

利润总额	110,912,301.28
净利润	92,156,899.95
扣除非经常性损益后的净利润	86,086,430.39
主营业务利润	186,272,393.72
其它业务利润	6,304,072.01
营业利润	103,989,987.01
投资收益	2,343,062.87
补贴收入	21,879.50
营业外收支净额	4,557,371.90
经营活动产生的现金流量净额	38,198,526.85
现金及现金等价物净增加额	-159,749,127.03

注：扣除非经常性损益的项目、涉及金额

补贴收入	21,879.50
合并价差摊销	2,451,392.28
冻结申购资金利息收入摊销	4,664,596.03

2、主要会计数据和财务指标：(合并报表)(单位：元)

项　目	1999年度	1998年度		1997年度
		调整后	调整前	
(1)主营业务收入	442,451,367.72	340,396,567.44	340,396,567.44	190,349,930.64
(2)净利润	92,156,899.95	61,663,029.41	63,728,753.74	39,630,005.81
(3)总资产	858,231,182.83	640,268,718.62	647,135,847.15	287,249,922.86
(4)股东权益	604,495,922.70	512,236,935.68	519,149,763.85	104,318,190.25
(不含少数股东权益)				
(5)每股收益(元/股)	0.408	0.409	0.423	0.656
按月平均加权	0.408	0.409	0.423	0.674
扣除非经常性损益	0.381	0.3858	0.40	
(6)每股净资产	2.674	3.399	3.445	1.76
(7)调整后的				
每股净资产(元/股)	2.613	3.297	3.335	1.51
(8)每股经营活动产生的				
现金流量净额	0.169	0.442	0.442	
(9)净资产收益率(%)	15.245%	12.038%	12.276%	37.34%

注：①主要财务指标的计算方法
每股收益=净利润/年度末普通股股份总数
每股净资产=年度末股东权益/年度末普通股股份总数
调整后的每股净资产=(年度末股东权益—三年以上的应收款项净额—待摊费用—待处理(流动、固定)资产净损失—开办费—长期待摊费用—住房周转金负数余额)/年度末普通股股份总数
每股经营活动产生的现金流量净额=经营活动产生的现金流量净额/年度末普通股股份总数
净资产收益率=净利润/年度末股东权益×100%
② 财务指标计算中97年度末普通股股份总数，按公司上市前原复星实业有限公司的注册资金5880万元计算。

3、报告期内股东权益变动情况　(单位：元)

项目	股本	资本公积	盈余公积	法定公益金	未分配利润	股东权益合计
期初数	15070万股	298,396,585.55	20,575,568.69	6,173,058.49	42,564,781.44	512,236,935.68
本期增加	7535万股	102,087.07	20,354,883.60	6,856,292.70	92,156,899.95	187,963,870.62
本期减少		75,350,000.00		20,354,883.60	95,704,883.60	
期末数	22605万股	223,148,672.62	40,930,452.29	13,029,351.19	114,366,797.79	604,495,922.70

三、股东情况介绍

1、截止1999年12月31日，在上海证券中央登记结算公司登记在册的公司股东共有27406人。
2、持有本公司5%以上(含5%)股份的股东：

股　东	期初持股数	公积金转增	期末持股数	持股比例
上海复星高科技(集团)有限公司	9521.18万股	4760.59万股	14281.77万股	63.18%

本年度内股份没有质押和冻结。
3、公司持股前十名股东情况如下：

股　东	持股数(万股)	持股比例(%)
上海复星高科技(集团)有限公司	14281.77	63.18
兴华基金	951.8425	4.21
上海广信科技发展公司	513.57	2.27
兴和基金	363.6526	1.60
裕隆基金	192.7024	0.85
上海申新实业(集团)有限公司	141.99	0.63
上海西大堂科技投资发展有限公司	141.99	0.63
闻晶	32.448	0.14
普惠基金	31.527	0.13
唐敦宁	31.00	0.13

新疆伊力特实业股份有限公司

一. 公司简介

1.公司法定中文名称：新疆伊力特实业股份有限公司
公司法定英文名称：
XINGJIANG YILITE INDUSTRY CO., LTD.
公司英文名称缩写：Y L T
2.公司法定代表人：徐勇辉先生
3.公司董事会秘书：侯宇洲先生
联系地址：新疆伊宁市胜利街98号伊力特大酒店404室
电　话：(0999)8028819　5266475
传　真：(0999)8028819　5266014
4.公司注册地址：新疆新源县肖尔布拉克
公司办公地址：新疆新源县肖尔布拉克
邮 政 编 码：835811
电子信箱：YLTGF-YN@xj.cninfo.net
5.公司选定的信息披露报纸名称：《上海证券报》
登载公司年度报告的中国证监会指定的国际互联网网址：
http://www.sse.com.cn
公司年度报告备置地点：公司证券部
6.公司股票上市交易所：上海证券交易所
股票简称：伊力特
股票代码：600197

二. 会计数据和业务数据

(一) 本年度利润及构成(单位：人民币元)

利润总额：	91,891,402.33
净利润：	6,6991,128.01
扣除非经常性损益后的净利润：	69,926,006.04
主营业务利润：	156,209,295.73
其他业务利润：	291,577.53
营业利润：	92,812,532.54
投资收益：	2,013,747.82
补贴收入：	
营业外收支净额：	-2934878.03
经营活动产生的现金流量净额：	90,040,600.01
现金及现金等价物净增加额：	393,788,913.40

注：扣除的非经常性损益项目和涉及金额：
(1)营业外收支净额项目：

a.处理固定资产净收益：	-1,922,722.31
b.罚款支出：	2,995,464.22
c.新股无效申购资金冻结利息：	1,984,964.23
d.其他净收入：	-1,655.73

(2)补贴收入项目：
(3)以上项目涉及金额：　-2,934,878.03

(二) 公司前三年主要会计数据和财务指标(单位：人民币元)：

项目	1999年度	1998年度		1997年度	
		调整后	调整前	调整后	调整前
主营业务收入	422,387,187.23	402,191 793.83	402,191,793.83	329,911,031.26	329,911,031.26
净利润	66,991,128.01	59,170,274.57	59,235,457.56	51,801,505.22	51,901,179.51
总资产	973,029,053.90	420,250,175.68	420,496,231.33	353,322,654.32	353,471,421.92
股东权益	666,364,679.17	198,541,428.98	198,787,484.63	135,319,491.73	135,468,259,33
(不含少数股东权益)					
每股收益	0.304	0.407	0.407	0.391	0.391
按月加权每股收益	0.379	0.407	0.407	0.391	0.391
扣除非经常性损					
益后的每股收益	0.317	0.415	0.415	0.39	0.39
每股净资产	3.02	1.36	1.37	1.02	1.02
调整后的每股净资产	3.02	1.36	1.37	1.02	1.02
每股经营活动产生的现金流量净额					
摊簿净资产	0.408	0.726	0.726		
收益率%	10.05	29.8	29.7	38.2	38.2

(三)报告期内股东权益变动情况

项目	股本	资本公积	盈余公积	法定公益金	未分配利润	股东权益合计
期初数	145500000	2495639.07			50545789.91	198541428.98
本期增加	75000000	422542737.69	6699112.80	6699112.80	53592902.41	564533865.7
本期减少		2495639.07			94214976.44	96710615.51
期末数	220500000	422542737.69	6699112.80	6699112.80	9923715.88	666364679.17

变动原因：股本增加是因为公司报告期内发行了股票，资本公积增加是因为股票发行溢价收入，盈余公积和法定公益金增加是因为公司在报告期内提取了法定公积金和法定公益金，未分配利润减少是因为公司在报告期内对98年度的利润进行了分配并对99年度的利润进行了预分配。

三.股东情况介绍

1. 报告期末股东总数43,288户。
2. 报告期末前10名股东持股情况。

报告期末前10名股东持股情况表

名次	股东名称	报告期末持股数(股)	持股比例(%)	配售股数(股)	约定持股期限起止时间
1	新疆伊犁酿酒总厂	132,500,000	60.09		公司成立之日起三年内不得转让
2	四川省德阳市黄许印刷厂	5,000,000	2.27		公司成立之日起三年内不得转让
3	新疆副食(集团)有限责任公司	3,500,000	1.59		公司成立之日起三年内不得转让
4	新疆生产建设兵团投资中心	2,000,000	0.91		公司成立之日起三年内不得转让
5	伊犁糖烟酒有限责任公司	1,500,000	0.68		公司成立之日起三年内不得转让
6	金泰基金	1,000,080	0.45	468,000	配售部分1999.9.16--1999.11.16
7	南方证券有限公司	1,000,000	0.45		公司成立之日起三年内不得转让
8	天元基金	907,600	0.41		
9	金鑫基金	853,453	0.39		
10	兴和基金	822,900	0.37	705,000	配售部分1999.9.16--1999.11.16

大唐电信科技股份有限公司

一、公司简介

(一)公司法定中文名称:大唐电信科技股份有限公司
简称:大唐电信
公司法定英文名称:DATANG TELECOM TECHNOLOGY CO.,LTD
ABBREVIATION:DATANG TELECOM
(二)公司法定代表人:周寰
(三)公司董事会秘书:姜涌
公司董事会秘书授权代表人:付景林、陈苒
联系地址:北京海淀区学院路 40 号
电话:0086-10-62303626 传真:0086-10-62303607
电子信箱:姜 涌:jiangy@catt.ac.cn
陈 苒:cran@btamail.net.cn
(四)公司注册地:北京海淀新技术开发试验区
公司办公地址:北京海淀区学院路 40 号 公司邮政编码:100083
公司国际互联网网址:http://www.dtt.com.cn
公司电子信箱:dttgf@catt.ac.cn.
(五)公司选定信息披露报纸:《中国证券报》、《上海证券报》
公司年度报告登载互联网网址:http://www.sse.com.cn
公司年度报告备置地点:北京市海淀区学院路 40 号大唐电信科技股份有限公司。
(六)公司股票在上海证券交易所挂牌上市,股票简称为大唐电信,股票代码为 600198。

二、会计数据和业务数据摘要

(一)公司本年度主要会计数据:
利润总额:151,257,459.47 元
净利润:126,308,453.64 元
扣除非经常性损益后的净利润:120,397,692.62 元
主营业务利润:409,775,475.14 元
其他业务利润:685,973.20 元
营业利润:145,308,899.45 元
投资收益:40,156.58 元
补贴收入:4,411,307.00 元
营业外收支净额:1,497,096.44 元
经营活动产生的现金流量净额:-212,476,392.96 元
现金及现金等价物净增加额:-237,609,245.28 元
注:非经常性损益扣除项目有补贴收入 4,411,307.00 元,合并价差摊入 2,357.58,营业外收支差额 1,497,096.44 元(含冻结资金利息摊入 4,560,000.00 元)
(二)公司前三年的主要会计数据及财务指标: (单位:人民币 元)

	1999	1998		1997
		调整前	调整后	
主营业务收入	1088745130.71	903816883.29	903816883.29	530230013.39
净利润	126308453.64	109871741.39	98761154.64	69998547.23
总资产	2514297404.71	1811620178.72	1801232142.93	672346447.22
股东权益	1168969583.25	1031771532.31	1020660945.56	239138175.42
每股收益	0.404	0.351	0.316	0.40
加权平均每股收益	0.404	0.496	0.446	0.40
扣除非经常性损益后的每股收益	0.385	0.32	0.29	0.385
每股净资产	3.73	3.29	3.26	1.36
调整后的每股净资产	3.71	3.27	3.23	1.33
每股经营活动产生的现金流量净额	-0.68	-0.43	-0.43	-
净资产收益率	10.81	10.65	9.68	29.27
加权平均净资产收益率	11.54	20.77	18.87	29.27

,调整前后各年度的会计数据如下:

	1999 年		1998 年	
项目	调整前	调整后	调整前	调整后
坏帐准备	2846551.57	9348060.15	1971679.78	7211027.88
存货跌价准备	-	1646378.72	-	252687.69
长期投资减值准备	-	4896000.00	-	4896000.00
未分配利润	182180367.85	180055686.64	87897393.11	79008923.72

(三)股东权益变动情况(单位:人民币元)

项目	股本	资本公积	盈余公积	其中:法定公益金	未分配利润	股东权益合计
期初数	313000000	606254467.61	22397554.23	9876115.46	79008923.72	1020660945.56
本期增加			47261874.77	12630845.36	126308453.64	173570328.41
本期减少					25261690.72	25261690.72
期末数	313000000	606254467.61	69659429.00	22506960.82	180055686.64	1168969583.25

注:盈余公积本期增加数其中 25261690.72 元为本年计提法定盈余公积和法定公益金,22000184.05 元为光通信公司、无线公司免税款转入,法定公益金本期增加数为本年计提数,未分配利润本期增加数为本年净利润,本期减少数为本年提取的法定盈余公积和法定公益金。

三、股东情况介绍

(一)截止 1999 年 12 月 31 日,本公司股东总数为 53565 户。
(二)报告期末持有本公司 5%以上股份及前 10 名股东的持股情况:

股东名称		股份数(万股)	持股比例(%)
电信科学技术研究院	国有法人股	13134	41.96
信息产业部电信十所	国有法人股	2721	8.69
ITTI 公司	外资股	2646	8.45
西安高科(集团)公司	国有法人股	794	2.54
安信基金	社会公众股	782	2.49
安顺基金	社会公众股	624	1.99
北京凯腾飞信息技术有限公司	法人股	521	1.66
陕西国际信托投资公司	法人股	508	1.62
湖南南天集团公司	法人股	326	1.04
兴和基金	社会公众股	205	0.65
合计		22261	71.12

安徽金牛实业股份有限公司

一、公司简介

1、公司法定中文名称:安徽金牛实业股份有限公司
公司法定英文名称:ANHUI GOLDEN CATTLE CO.,LTD
缩写:AGCC
2、公司法定代表人:锁炳勋先生
3、公司董事会秘书:陈学会先生
联系地址:安徽省阜阳市莲花路 15 号
电话:0558-2212836 转 2279 传真:0558-2212666
电子信箱:gscxh@gold-seed.com
公司董秘授权代表:朱火生先生
联系地址:安徽省阜阳市莲花路 15 号
电话:0558-2212836 转 2258 传真:0558-2212666
4、公司注册地址:安徽省阜阳市河滨路 302 号
公司办公地址:安徽省阜阳市莲花路 15 号
邮政编码:236018
公司国际互联网网址:http://www.gold-seed.com
公司电子信箱:gsgfb@gold-seed.com
5、公司选定的信息披露报纸名称:《上海证券报》、《中国证券报》
登载公司年度报告的中国证监会指定国际互联网网址:http://www.sse.com.cn
公司年度报告备置地点:公司证券部
6、公司股票上市交易所:上海证券交易所
股票简称:金牛实业 股票代码:600199

二、会计数据和业务数据摘要

1、本年度主要利润指标情况(单位:人民币元)

利润总额:	111,603,117.77
净利润:	95,088,507.08
扣除非经常性损益后的净利润:	89,384,763.20
主营业务利润:	148,570,559.27
其他业务利润:	7,202,359.31
营业利润:	105,194,463.34
补贴收入:	101,161.00
营业外收支净额:	6,307,493.43
经营活动产生的现金流量净额:	41,846,561.25
现金及现金等价物净增加额:	-84,238,226.62

注:扣除的非经常性损益项目和涉及金额:
(1)财政贴息收入: 101,161.00 元;
(2)申购资金利息收入:3,338,440.70 元
(3)债务重组收入: 2,264,142.18 元。
2、截止报告期末公司前三年主要会计数据和财务指标:(单位:人民币元)

主要指标	1999 年	1998 年		1997 年	
		调整前	调整后	调整前	调整后
主营业务收入	691738178.39	548840690.45	548840690.45	618212580.14	618212580.14
净利润	95088507.08	62949235.18	52991216.57	53541997.10	44770628.58
总资产	1232292026.25	1008500376.05	989724381.15	538457940.58	529686572.06
股东权益(不含少数股东权益)	674724890.34	607865770.39	589136383.26	170219462.37	161448093.85
每股收益	0.50	0.33	0.28	0.43	0.36
每股收益(按月平均加权法计算)					
扣除非经常性损益后的每股收益	0.47	0.32	0.27	0.43	0.36
每股净资产	3.55	3.20	3.10	1.36	1.29
调整后的每股净资产:	3.53	3.16	3.08	1.35	1.28
每股经营活动产生的现金流量净额:	0.22	-0.21			
净资产收益率	14.09	10.36	8.99	31.45	27.23

注:主要财务指标的计算方法
每股收益=净利润/年度末普通股股份总数
每股净资产=年度末股东权益/年度末普通股股份总数
调整后的每股净资产=(年度末股东权益-三年以上的应收帐款项净额-待摊费用-待处理(流动、固定)资产净损失-开办费-长期待摊费用-住房周转金负数余额)/年度末普通股股份总数
每股经营活动产生的现金流量净额=经营活动产生的现金流量净额/年度末普通股股份总数
净资产收益率=净利润/年度末股东权益 * 100%
3、报告期内股东权益变动情况

项目	股本	资本公积	盈余公积	法定公益金	未分配利润	股东权益合计
期初数	190,000,000	354,916,535.21	4,421,984.80	2,210,992.40	37,586,870.85	589,136,383.26
本期增加			9,508,850.70	4,754,425.35	80,825,231.03	95,088,507.08
本期减少					9,500,000.00	9,500,000.00
期末数	190,000,000	354,916,535.21	13,930,835.50	6,965,417.75	108,912,101.88	674,724,890.34

变动原因:
1、盈余公积金与法定公益金增加系按公司章程从当年净利润中提取所致;
2、未分配利润增加是因为本年度盈利所致。

三、股东情况介绍

1、截至 1999 年 12 月 31 日,本公司股东共 31895 户,前 10 名股东为:

序号	股东名称	期末数(股)	持股比例
(1)	安徽金种子集团有限公司	125000000	65.79%
(2)	吴阿大	893813	0.47%
(3)	董剑华	785519	0.41%
(4)	刘 庆	547400	0.29%
(5)	杭 涛	509900	0.27%
(6)	庄凤丽	302382	0.16%
(7)	承仲林	287400	0.15%
(8)	刘志利	263397	0.14%
(9)	杨志田	233500	0.12%
10)	重庆啤酒	230400	0.12%

江苏吴中实业股份有限公司

江苏吴中实业股份有限公司 1999 年年度报告摘要

一、公司简介

1、公司法定中文名称:江苏吴中实业股份有限公司
2、公司法定英文名称:Jiangsu wuzhong industrial CO.,LTD　　缩写:Jiangsu　wuzhong
3、公司注册及办公地址:江苏省苏州市人民南路 73 号
4、公司法定代表人:赵唯一先生
5、公司董事会秘书:金建平先生　　6、董事会秘书授权代表:朱菊芳小姐
7、联系电话:0512—5272131　　8、传真:0512—5270086　　9、邮编:215007
10、公司信息披露报纸名称:中国证券报、上海证券报
11、公司年度报告登载的中国证监会指定互联网网站:http://www.sse.com.cn
12、公司年度报告备置地点:公司董秘办公室
13、公司股票上市地:上海证券交易所　　14、公司股票简称:江苏吴中　15、股票代码:600200

二、会计数据和业务数据摘要

1、公司一九九九年度主要会计数据

项目	金额(人民币元)
(1)利润总额	40443431.29
(2)净利润	34585884.89
(3)扣除非经常性损益后的净利润	30842732.28
(4)主营业务利润	63649591.41
(5)其他业务利润	375263.70
(6)营业利润	39452578.96
(7)投资收益	568061.99
(8)补贴收入	
(9)营业外收支净额	422790.34
(10)经营活动产生的现金流量净额	−5442003.41
(11)现金及现金等价物净增加额	160572889.01

注 1:非经常性损益是指公司正常经营损益之外的一次性或偶发性损益,本公司扣 除的非经常性损益项目(1)新股无效申购冻结资金利息本期分摊数 4433280.86 元,影响净利润数 3768288.73 元,(2)资产处理损益−29571.91 元,影响净利润−25136.12 元。

注 2:公司上市时间为 1999 年 4 月 1 日,新股申购冻结资金利息 13330998.48 元,其中 有效申购冻结资金利息 31155.90 元计入公司资本公积,无效申购冻结资金利息 13299842.58 元,本期利润中包括分摊无效申购冻结资金利息 4433280.86 元,摊余额暂挂在其他长期负债户。

2、公司前三年主要会计数据和财务指标:(金额:人民币元)

项目	1999 年(或 99 年 12 月 31 日)	1998 年(或 98 年 12 月 31 日)		1997 年(或 97 年 12 月 31 日)	
		调整前	调整后	调整前	调整后
(1)主营业务收入	301403056.15	304802893.25	304802893.25	212469301.41	212469301.41
(2)净利润	34585884.89	31431123.75	29173708.08	30023060.20	28690591.31
(3)总资产	616384747.00	335940077.70	325077908.30	226466292.57	217861538.84
(4)股东权益	396947266.31	122717999.92	111855830.52	105507236.92	96902483.19
(5)每股收益(摊薄计算)	0.259	0.629	0.583	0.600	0.574
每股收益(加权平均)	0.273	0.629	0.583	0.600	0.574
扣除非经常性损益后的每股收益(摊薄计算)	0.231	0.612	0.567	0.599	0.572
(6)每股净资产	2.97	2.454	2.237	2.110	1.938
(7)调整后的每股净资产	2.861	2.275	2.097	2.015	1.861
(8)每股经营活动产生的现金流量净额	−0.041	0.266	0.266		
(9)净资产收益率(%)	8.71	25.61	26.08	28.46	29.61

(2)"调整后"栏为公司 1999 年根据财政部财会字(1999)35 号及(1999)49 号文的 有关规定变更资产减值准备计提方法,采用追溯调整法调整坏帐准备、存货跌价准备 后的数据。

三、股东情况介绍

1、报告期末股东总数 12588 户
2、主要股东持股情况
(1)持有本公司 5%以上(含 5%)股份的股东持股情况如下:

股东名称	期初持股数(股)	本期增加	本期减少	期末持股数(股)
江苏吴中集团公司	32130000	19278000		51408000
中信澳大利亚公司	6870000	4122000		10992000

本期持股增加原因系公司中期实施了每 10 股送 1.9 股及以资本公积金每 10 股转增 4.10 股的送及转增股本方案。

上述两单位所持本公司股份报告期内无质押、冻结情况。

(2)截止至 1999 年 12 月 31 日,公司前十名股东持股情况如下:

股东名称	期末持股数量(股)	占总股本比例(%)
1、江苏吴中集团公司	51408000	38.48
2、中信澳大利亚公司	10992000	8.23
3、上海海能实业公司	6400000	4.79
4、吴县市吴中饭店	4800000	3.59
5、吴县市通海物资贸易公司	2800000	2.10
6、江苏吴中集团万利发展公司	1600000	1.19
7、孙涛	997120	0.74
8、天翔工艺	959716	0.72
9、金鑫基金	850191	0.64
10、丛林	826879	0.62

注 1:江苏吴中集团万利发展公司系江苏吴中集团公司全资企业。
注 2:中信澳大利亚公司系外资股东。
注 3:第 1—6 名股东所持股份为未上市流通股份,7—10 名股东所持股份为已上市流通股份。

四、股东大会简介

本报告期内公司召开一次股东大会年会、一次临时股东大会。

1、第六次股东大会(98 年度股东大会)1999 年 3 月 9 日在本公司会议室召开,会议通过以下决议:

(一)同意 1998 年度公司董事会工作报告。
(二)同意 1998 年度公司监事会工作报告。
(三)同意公司 1998 年度财务决算报告和利润分配方案。
(四)同意 1999 年度公司盈利预测报告。
(五)同意公司董事会关于聘任光大证券有限公司为公司财务顾问的议案。
(六)同意公司董事会关于聘任中银律师事务所为公司法律顾问的议案。

该会议有关内容刊登在 1999 年 3 月 27 日《中国证券报》、《上海证券报》,本公司新股上市公告书暨九八年度报告中。

2、1999 年度第一次临时股东大会于 9 月 15 日上午在苏州太湖国家旅游度假区明珠酒店举行,会议时间半天,会议审议通过以下决议:

(1)、审议通过公司中期利润分配及公积金转增股本方案。
(2)、审议通过关于授权公司董事会项目投资管理权限议案。
(3)、审议通过增选沈永荣为公司董事会董事的议案。
(4)、审议通过修改公司章程议案。

该临时股东大会决议公告于 1999 年 9 月 16 日的《中国证券报》和《上海证券报》。

五、董事会报告

(一)公司经营情况

1、公司所处行业及在本行业中的地位

公司主营业务有服装和医药两块,分属服装行业和医药行业,其中服装主要从事"365"牌学生装、休闲装、"吴中"牌休闲装及其他各类针织、梭织服装生产销售,医药主要从事各种原料药、输液剂、注射剂、冻干粉针、胶囊等各种抗生素类、维生素类、止血类普通药品和 G−CSF(重组人粒细胞集落刺激因子)等生物药品生产、销售。

99 年是公司股票上市第一年,公司股东大会要求在董事会领导下,面对激烈的市场竞争,调动员工积极性,内抓质量管理,外抓市场,稳步推行各项改革,健全制度,公司取得了一定成绩。

经江苏服装协会统计,公司获 98 年江苏服装行业"销售前十强"和"利税前十强 "单位称号,公司生产的 365 牌学生装、床上用品被"21 世纪江苏市场购物首选品牌"测评委员会评定为"21 世纪购物首选品牌"、"21 世纪政府(用户)采购首选品牌",365 服装产品获 99 江苏国际服装节交易会银奖。

公司所属全资企业苏州第六制药厂 99 年度销售收入列江苏省医药工业企业第 26 位 (资料来源:江苏省医药局统计资料)。

2、公司主营业务的范围及其经营状况

公司主营业务范围:服装、工艺美术品(金银制品除外)、不锈钢制品 、照相器材 、皮革及制品的制造和销售,国内贸易(国家有专项规定的办理许可证后经营),房地产开发、经营。原料药、输液剂、注射剂、冻干针剂、片剂、硬胶囊剂、栓剂制造、销售(限指定的分支机构领取许可证后经营)。本公司自产的服装、绣什品、床上用品、工艺美术品、不锈钢制品、药品、原料药出口业务,本公司生产、科研所需的原辅材 料、机械设备、仪器仪表、零配件进出口业务。

(1)全年实现主营业务收入 30140.31 万元,主营业务利润 6364.96 万元,主营业务收入基本与上年持平,主营业务利润比上年增长 16.39%,主要因为公司生物制药产品 GCSF 实现产销。

分行业资料:

类别	主营业务收入		主营业务成本		主营业务毛利	
	1999 年	1998 年	1999 年	1998 年	1999 年	1998 年
服装	190304788.40	204959442.90	150662295.00	164296382.81	39642493.40	40663060.09
药品	111098267.75	99843450.35	85698005.45	84468342.41	25400262.30	15375107.94
合计	301403056.15	304802893.25	236360300.45	248764725.22	65042755.70	56038168.03

(2)占主营业务收入或主营业务利润 10%以上的业务经营活动,其所属行业及主要产品介绍:服装类产品中主要是"365"学生装、休闲装、各种针织、梭织外销服装; 医药类产品中主要是普药洁霉素、丁胺针剂(硫酸阿米卡星)、孢二磷注射液、辅霉 A 粉针、丁胺原料药、卡络磺钠和生物药品 GCSF。

3、报告期内公司经营中出现的问题与困难及解决方案

市场竞争主体的多元化和科技的不断发展,产品的质量和品牌是"生命",在竞争中更加得到体现,为此公司一方面加大力度内抓质量与管理,引进激励机制,健全公司 管理制度,对服装生产实施 ISO9002 质量管理体系,医药生产进行 GMP 认证;外抓市场,加强"365"内销服装和医药营销网络的建设,制定科学的营销政策;另一方面加大科技 投入,开发高科技普药和生物药品,培育公司新的增长点。

4、报告期内公司实现的利润数与年初预测数无重大差异,略微低于年初利润预测数的原因是公司变更资产减值准备计提方法影响;每股收益(摊薄)低于年初预测数(按 8350 万股摊薄计算:0.426 元/股) 的原因系公司报告期内已实施每 10 股送红股 1.9 股及 公积金转增 4.10 股后股本增大摊薄。

(二)公司财务状况

1、主要指标分析(单位人民币元)

项目	1999 年	1998 年
总资产	616384747.00	325077908.30
长期负债	28866561.72	36918040.87
股东权益	396947266.31	111855830.52
主营业务利润	63649591.41	54687544.90
净利润	34585884.89	29173708.08

说明:公司总资产增加的主要原因是发行新股募集资金到位;

长期负债变动的原因是(1)公司向中国工商银行云南省分行借入的 200 万美元长期贷款到期归还,(2)报告期内发行新股无效申购冻结资金利息摊余额 8866561.72 元暂挂在其他长期负债户;

股东权益增加的主要原因是公司发行新股 3350 万股(发行价 7.75 元/股)以及公司 1999 年实现利润;

主营业务利润增加的主要原因是控股子公司苏州中凯生物药业有限公司的 GCSF 产品实现产销;

净利润增加的主要原因是公司主营业务利润增加及公司发行新股无效申购冻结资金利息分摊入利润。

2、对会计师事务所出具的审计报告说明

苏州天辰会计师事务所为公司 1999 年中期和 1999 年年度财务报表出具了无保留意见的审计报告。

(三)公司投资情况

1、1999 年度,公司项目本年投资 6988.70 万元,比上年增加 2739.90 万元,增加比例为 64.49%,投资主要用于公司三六五床上用品项目、苏州第六制药厂卡络磺钠和丁胺粉针项目,苏州中凯生物药业有限公司实施的生物制药项目(首选产品为 G−CSF)。公司对苏州第六制药厂持有 100%股权,该

企业主要从事各种原料药、输液剂、注射剂、冻干针剂、片剂、硬胶囊剂、栓剂等的生产销售,公司对苏州中凯生物药业有限公司持有90%股权,该企业主要从事各种生物制药的生产、销售。

2、1999年度,公司募股资金使用情况:公司发行新股募集资金净额25047.44万元,具体使用情况如下:(万元)

项目	承诺投资额	99年计划投资	累计实际投资	项目进度
(1)硫酸丁胺卡那霉素原料及粉针技改工程还贷项目	2728	2728	将根据项目贷款到期情况陆续归还	
(2)新建卡络磺钠冻干及原料药项目	3530	2930	2120.70	已完成
(3)生产"365"学生装面料项目	2989	2989	论证中	
(4)生产"365"学生床上用品项目	2611	2611	2093.11	80%
(5)生产重组人粒细胞集落刺激因子	4903	4274	5208.19	已完成
(6)生产重组血小板生长因子项目	4952(2000年始投)		1242.03	25%
(7)补充流动资金	3334.44		568.00	17%
合计	25047.44	15532.00	11232.03	

使用说明:(1)硫酸丁胺卡那霉素原料及粉针技改工程还贷项目,公司将按项目贷款到期情况陆续归还,该项目完工投产,预计本年销售435.90万元、营业毛利373.48万元,实际销售321.66万元、营业毛利45.92万元,营业毛利未达到预计额原因系产品价格下滑造成。

(2)生产注射用卡络磺钠冻干粉针及原料药项目,年内已完工投产,项目总投入2120.70万元,该项目预计本年销售205.13万元,营业毛利121.91万元,实际销售404.60万元,营业毛利119.20万元,毛利率下降原因系产品价格下滑造成。

(3)生产"365"学生装面料项目,在进一步论证中。

(4)"365"学生床上用品项目,计划投资2611万元,公司按项目特点及产品市场需求情况并根据公司整个服装板块布局分批投入资金扩大规模,报告期内已累计投入2093.11万元,完成计划投资80%。

(5)重组人粒细胞集落刺激因子(G-CSF)项目由于公司根据项目的需要在募股资金到位前已贷款建造,故此项目提前完成,于九九年六月进入正常生产经营期,实际投入资金5208.19万元,已获得生产批文和药价批文,报告期内完成销售1557.54万元,利润587.90万元。

(6)生产重组血小板生长因子项目,考虑到整个生物工程项目的的配套和相关性,该项目所需部分车间及附属设施已在生物工程一期项目(G-CSF)项目建造时规划建造,已投资1242.03万元。

(7)已补充公司流动资金568.00万元,募股资金的到位一定程度上保证了公司正常生产经营所需的流动资金。

上述(5)、(6)两个生物制药工程项目由控股子公司苏州中凯生物药业有限公司实施。

余下未使用的募股资金存放于银行。

影响上述有关项目进度的原因是募集资金到位时间晚于项目可行性研究报告中的预计投入时间。由于项目进度需要而在募股资金到位前发生的贷款,公司也将陆续归还,已归还1781.00万元项目贷款。

3、报告期内非募集资金投资情况:

公司投资92万元与江苏南大苏富特软件有限公司、江苏共创教育发展有限公司创立江苏南大苏富特教育信息技术有限公司,该公司总投资需4000万元,其中第一期400万元,本公司持有23%股权,其他二家分别持有25%和24%,余下股权作为公司骨干期股,该公司将重点开发教育软件,报告期内该公司处于开办期,尚未经营。

(四)生产经营环境及宏观政策影响

我国一旦正式加入WTO,随着纺织品出口配额的逐步取消,对公司主业之一服装产品的销售将有积极影响。

加入WTO对公司另一主业医药行业也将面临巨大机遇和挑战,首先是对产品附加值较低的抗生素制剂类产品冲击较大,同时价格大幅下降的进口药品也使国外产品极具竞争力,但医药行业不象其他行业,在WTO的条款下有其特殊的一面,这主要涉及到一个医药行业严格的技术标准和非处方药销售问题,国外产品在进入国内市场时存在行业技术壁垒的限制,使国内企业有较大生存和发展空间,生物医药和高科技普药类企业处于一个不断发展的新兴行业。

报告期内国家实行的医疗改革一定程度上影响了公司药品的盈利水平。

(五)2000年业务发展计划

2000年公司以经济效益为中心,拓展产品市场,加大科技投入,提高公司产品科技含量,具体如下:

1、继续抓好募集资金使用和项目建设进度,及早取得较好的投资回报。

2、进一步健全药品(特别是生物制药)的营销体系,加大生物药品的销售力度。

3、开发"365"牌学生装新款系列,加大"365"学生装及休闲装的宣传、市场调研力度,建立健全"365"服装及学生床上用品市场营销网络。

4、持之以恒抓好产品质量管理,服装生产报告期内通过了ISO9002质量保证体系的验收,中凯生物公司报告期内也整体通过了GMP省级验收,2000年1月份通过GMP国家级验收,在此基础上,2000年公司进一步完善自己的质量保证体系,严格按标准执行。

5、进一步健全完善公司内部管理各项制度,吸收先进管理经验、模式,逐步形成一套高效的内部管理体系机制。

6、加快与科研机构、人员合作,加快新技术、新产品开发。

7、加大对人才的培训、培养和引进力度,提高公司员工素质,推动公司发展。

(六)董事会日常工作情况

1、报告期内董事会的会议情况及决议内容

报告期内公司董事会共召开三次董事会会议:

(1)1999年3月19日召开第二届董事会第五次会议,会议审议并一致通过同意尽快申请公司股票在上海证券交易所上市。该次议有关内容刊登在1999年3月27日《中国证券报》、《上海证券报》本公司新股上市公告书暨九八年度报告中。

(2)1999年4月16日召开第二届董事会第六次会议,经审议表决,作出如下决议:鉴于江苏吴中股票业已挂牌上市,重点项目重组人粒细胞集落刺激因子将始投产,决定实施项目扩展工程,受让附近厂房建筑计7369.13平方米,受让价格按实际评估价格。该事项已披露在1999年8月7日《中国证券报》、《上海证券报》公司1999年中期报告中。(3)1999年8月5日召开第二届董事会第七次会议,会议审议并经出席会议的董事一致同意,通过如下决议:

审议通过公司1999年中期工作报告;

审议通过公司1999年度中期报告;

审议通过公司中期利润分配及公积金转增股本预案,即以1999年6月30日总股本8350万股为基础向全体股东每10股送1.9股及以公积金每10股转增4.10股;

审议通过关于授权公司董事会项目投资权限的预案,即要求股东大会授权董事会单个项目投资权限,按不超过公司净资产的10%授权;

审议通过公司财务管理制度实施方案;

审议通过增选沈永荣同志为公司董事的预案;

审议通过公司章程与以上决议相关的条例修改的预案;

本次会议决议已公告于1999年8月7日《中国证券报》、《上海证券报》。

2、报告期内股票发行和上市情况

依照98年6月29日临时股东大会决议授权,公司董事会完成了3350万普通A股新股发行(7.75元/股)和上市工作,新股发行时间1999年3月11日,上市时间1999年4月1日,上市地点:上海证券交易所,募集资金净额25047.44万元。

3、报告期内公司利润分配及公积金转增股本方案执行情况

公司1999年第一次临时股东大会通过了中期利润分配及公积金转增股本方案,即按99年中期实现净利润提取10%法定公积金和5%法定公益金后,以1999年6月30日总股本8350万股为基础向全体股东每10股派送红股1.90股及以资本公积金转增4.10股,该方案已于1999年9月27日实施,股权登记日为1999年9月24日,股权除权日1999年9月27日,1999年9月21日在《中国证券报》、《上海证券报》刊登公司中期送股及转增股本公告,1999年10月26日在江苏省工商行政管理局完成公司法人营业执照的变更注册登记,至此,公司中期利润分配及公积金转增股本方案执行完毕。

4、报告期内修改《公司章程》方案执行情况

鉴于公司实施中期利润分配及公积金转增股本方案和增选董事后公司总股本和董事人数相应发生变化的情况,公司1999年第一次临时股东大会通过了因此修改公司章程相应条款的决议,该方案已执行完毕,并于1999年10月26日在江苏省行政管理局备案。

(七)公司董事、监事、高级管理人员情况

姓名	职务	性别	年龄	任期(年)	持股数(股) 年初数	增/减(+/-)	期末数
赵唯一	董事长、总经理	男	45	96.10-99.10	19000	11400	30400
姚建林	副董事长、副总经理	男	43	96.10-99.10	19000	11400	30400
夏建平	副董事长、副总经理	男	44	96.10-99.10	19000	11400	30400
钟慎政	董事	男	51	96.10-99.10	14000	8400	22400
沈斌	董事	男	42	96.10-99.10	14000	8400	22400
许益峰	董事	男	45	96.10-99.10	14000	8400	22400
朱燕	董事	女	38	96.10-99.10	14000	8400	22400
杨伍官	董事、财务部经理	男	50	96.10-99.10	14000	8400	22400
金建平	董事、董秘	男	37	96.10-99.10	14000	8400	22400
刘冰	董事	男	42	96.10-99.10			
徐伟良	董事	男	45	96.10-99.10			
沈永荣	董事	男	51	99.9-99.10	4500	2700	7200
魏兴发	监事、监事会主席	男	50	96.10-99.10	19000	11400	30400
张祥荣	监事	男	47	96.10-99.10	14000	8400	22400
罗勤	监事	男	44	96.10-99.10	6500	3900	10400
徐连男	监事(职工代表)	男	48	96.10-99.10	4000	2400	6400
许佩娟	监事(职工代表)	女	36	96.10-99.10	2000	1200	3200

说明:

(1)上述人员年末持股数增加原因系公司中期实施了每10股送1.90股及转增4.10股的利润分配及公积金转增股本方案。

(2)公司董事、监事、高级管理人员年度报酬情况:

以上人员在公司领取报酬的有12人,总额86.50万元。

报酬区间	人数
2—5万	6
5—10万	1
10—15万	5

不在公司领取报酬的董事、监事、高级管理人员:董事刘冰、徐伟良,监事魏兴发、张祥荣、罗勤。

(3)报告期内公司董事、监事、高级管理人员无离任情况。

(4)报告期内公司经理、董事会秘书无变更。

(八)公司董事会拟定的本次利润分配预案及资本公积金转增股本预案

公司1999年全年实现净利润34585884.89元,年初未分配利润-6056314.49元,按10%提取法定盈余公积金4004566.95元,按5%提取法定公益金2002283.48元,可供股东分配利润22522719.97元,其中上半年实现部分已实施利润分配每10股送红股1.90股方案,共计送出15865000元,余下未分配利润6657719.97元,为保证公司长远发展和稳定增长,且99年中期已实施分配及转增股本方案,董事会决定本次不进行年度股利分配,也不进行资本公积金转增股本,该预案须经公司股东大会审议批准。

(九)本届董事会任期届满,换届选举议案须经1999年度股东大会审议批准。

(十)公司信息披露指定报纸《上海证券报》、《中国证券报》。

(十一)其他

报告期内经公司职工全体努力,服装生产通过了ISO9002质量保证体系的验收,中凯公司整体也通过了GMP省级认证(2000年1月通过国家级验收),公司产品质量管理上了一个新台阶。

六、监事会报告

1、报告期内公司监事会共召开一次监事会会议。

1999年3月9日公司监事会召开会议,对公司98年度财务及生产经营状况、项目建设、申请发行新股等工作作出肯定,对公司董事会及经营领导班子的工作表示满意,认为董事会所出具的一九九八年度工作报告是真实的。

2、通过积极开展工作,监事会认为:

(1)没有发现公司存在违法经营问题,公司决策程序合法,内部控制制度逐步健全;公司董事会审议通过了四项资产减值准备的计提政策,并为了审慎经营、有效防范化解资产损失风险,制订了四项资产减值准备计提及损失处理的内控制度,此项决议程序合法、依据充分。

(2)公司董事、经理执行公司职务时无违反法律、法规、公司章程或损害公司利益的行为;

(3)公司年度财务报表经苏州天辰会计师事务所有限公司审计,并出具无保留意见和无解释性说明的审计报告,财务报告真实反映了公司的财务状况和经营成果;

(4)公司1999年3月发行股票3350万股,扣除发行费用,实际募集资金净额25047.44万元,资金实际投入项目和招股说明书承诺投入项目一致;

(5)公司发生的关联交易无损害本公司利益,交易按公平原则执行;

(6)公司经过一年的努力,1999年实现利润总额4044.34万元,比上年增长35.85%,与年初预测数无较大差异,属正常情况。

七、重要事项

1、本年度公司无重大诉讼、仲裁事项;

2、报告期内公司、公司董事及高级管理人员不受监管部门处罚情况;

3、报告期内公司控股股东无变更,为江苏吴中集团公司;报告期内公司董事会未发生换届、改选及半数以上成员变动情况;报告期内公司总经理、董事会秘书无变更;

4、报告期内公司没有发生重大收购及出售资产、吸收、合并事项;

5、重大关联事项;

(1)关联方关系

1)存在控制关系的关联方

①江苏吴中集团公司

注册地址:苏州市人民南路73号;

主营业务:生产销售服装及辅料、纺织品、建材、金属、材料及制品、电子电器、房地产等;

与本公司关系:母公司;

经营性质或类别:集体;

法定代表人:赵唯一。

②苏州第六制药厂

注册地址:吴县市木渎镇西街64号;

主营业务:原料药、片剂、针剂、输液、胶囊剂、栓剂等;

与本公司关系:子公司;

经营性质或类别:股份制;

法定代表人:夏建平。

③苏州中凯生物药业有限公司

注册地址:吴县市经济开发区澄湖路;

主营业务:生产销售注射剂、冻干针剂;

与本公司关系:子公司;

经营性质或类别:有限责任公司;

法定代表人:钟慎政。

2)存在控制关系的关联方的注册资本及其变化

企业名称	期初数	本期增加	本期减少	期末数
江苏吴中集团公司	5000 万	—	—	5000 万
苏州第六制药厂	730.5 万	—	—	730.5 万
苏州中凯生物药业有限公司	300 万	5980 万	—	6280 万

3)存在控制关系的关联方的所持股份或权益及其变化

企业名称	期初数		本期增加		本期减少		期末数	
	金额	比例%	金额	比例%	金额	比例%	金额	比例%
江苏吴中集团公司	3213 万	38.48	1927.8 万	—	—	—	5140.8 万	38.48
苏州第六制药厂	730.5 万	100	—	—	—	—	730.5 万	100
苏州中凯生物药业有限公司	225 万	75	5427 万	15	—	—	5652 万	90

4)不存在控制关系的关联方关系的性质

企业名称	与本企业的关系
吴县市东吴照相器材厂	同一母公司控制
江苏吴中集团销售公司	同一母公司控制
吴县市东吴产业开发公司	同一母公司控制
吴县市车坊教育服装厂	同一母公司控制

(2)关联交易

1)销售货物

企业名称	1999 年	1998 年
江苏吴中集团销售公司	23294235.71	18987739.87

2)关联方应收、应付款项

项目	1999.12.31	1998.12.31
①应收帐款:		
江苏吴中集团销售公司	10530062.43	3816552.95
②其他应收款:		
江苏吴中集团公司	5958103.79	—
江苏吴中集团销售公司	5785781.09	1418900.00
吴县市东吴照相器材厂	2170325.57	5586093.70
吴县市东吴产业开发公司	7000000.00	—
吴县市车坊教育服装厂	1021959.18	—

3)其他关联交易事项

①江苏吴中集团公司为本公司向银行取得人民币银行借款 4808 万元提供担保。

②本公司向江苏吴中集团及其下属公司收取资金占用费 384.94 万元,月利率 6‰-8‰。

③本公司委托吴县市东吴产业开发公司代建吴中综合楼,工程总价约 1847 万元,本年已预付 1500 万元。

④本公司购置吴县市东吴不锈钢型材总厂和吴县市黄埭镇合金建筑装璜厂房屋建筑物、土地使用权共计 2554.74 万元,通过江苏吴中集团公司支付。

公司关联交易按市场公平原则,无任何损害股东利益影响。

6、公司相对于控股股东做到人员独立、资产完整、财务独立,与控股股东在人员、资产、财务上已实行"三分开";

7、报告期内公司未有发生托管、承包、租赁其他公司资产及其他公司托管、承 包、租赁本公司资产事项;

8、报告期内公司聘任的会计师事务所未发生变更,仍为苏州天辰会计师事务所有限公司;

9、重大合同(担保、抵押)事项

(1)报告期内公司所属全资企业苏州第六制药厂与江苏省吴县市石灰氮厂共同为 吴县化肥厂借款 1700 万元提供担保事项继续存在,根据一九九八年一月一公司收购苏 州第六制药厂的补充协议约定,因该项贷款而导致苏州第六制药厂损失的,由吴县市国有资产管理局承担由此而引起的一切责任。

(2)报告期内,公司以部分财产向银行作价抵押贷款 2435 万元,以 200 万美元定期存款取得临时性贷款 200 万美元(该贷款已于 2000 年 1 月 17 日以到期的定期存款归还),具 体抵押事项详见会计报表附注;

10、报告期内未更改公司名称及股票简称;

11、其他重要事项

(1)公司经与江苏南大苏富特软件有限公司、江苏省共创教育发展有限公司友好 协商,于 1999 年 9 月 25 日签定了合作协议,创立"江苏南大苏富特信息技术有限公司",该公司总投资 4000 万元人民币,其中第一期 400 万元,其前述三方按比例出资,本公司出资 23%,其余二家分别为 25%、24%,余下股份作为该公司骨干人员期股股权,该新设 立的公司将重点开发教育软件。

该事项于 1999 年 9 月 28 日公告于《中国证券报》、《上海证券报》。

(2)公司报告期内执行财政部《关于印发股份有限公司会计制度有关会计处理问 题补充规定》的通知(财会字[1999]35 号)文件及《股份有限公司会计制度有关会计处理问题补充规定问题解答》(财政部财会字 [1999]49 号),从 1999 年 1 月 1 日起变更资产 减值准备计提政策,累积影响数 10862169.40 元,其中坏帐准备计提方法变更的累积影 响数为 9442998.73 元,存货计价方法变更的累积影响数为 1419170.67 元,由于会计政策变更,调减了 1999 年初留存收益 10862169.40 元,其中盈余公积调减了 4805854.91 元,未分配利润调减了 6056314.49 元。1999 年当年利润影响 2700901.24 元,对公司财务状况 及经营成果略有影响。

(3)经合作双方友好协商,本公司与江苏省教委所属江苏共创软件有限公司决定共同投资发展教育资源网站,一致达成如下协议:

一、江苏吴中实业股份有限公司以 1600 万元人民币收购江苏共创软件有限公司教育资源网站(www.3JIAX.COM)80%的股份。

二、双方一致同意拟按股份共同投资 5000 万元人民币,即江苏吴中实业股份有限 公司投资 4000 万元、江苏共创软件有限公司投资 1000 万元人民币继续开发教育资源网站的资源库及发展江苏省教育信息技术网络。

三、双方一致同意经过三年努力使教育资源网站覆盖江苏省及周边地区各级教育机构和各级各类学校,并力争成为全国最有影响的教育网站,为推进教育现代化做出贡献。

该事项 2000 年 2 月 22 日公告于《中国证券报》、《上海证券报》。

八、财务会计报告

1、审计报告

审计报告

(2000)苏会审一字第 18 号

江苏吴中实业股份有限公司全体股东:

我们接受委托,审计了贵公司 1999 年 12 月 31 日资产负债表和合并资产负债表,1999 年度利润及利润分配表和合并利润及利润分配表,1999 年度现金流量表和合并现金流 量表。这些会计报表由贵公司负责,我们的责任是对这些会计报表发表审计意见。我 们的审计是依据《中国注册会计师独立审计准则》进行的。在审计过程中,我们结合 贵公司的实际情况,实施了包括抽查会计记录等我们认为必要的审计程序。

我们认为,上述会计报表符合《企业会计准则》和《股份有限公司会计制度》的 有关规定,在所有重大方面公允地反映了贵公司 1999 年 12 月 31 日的财务状况及 1999 年 度的经营成果和现金流量情况,会计处理方法的选用遵循了一贯性原则。

苏州天辰会计师事务所　　中国注册会计师刘勇、叶水林

中国　苏州　　　　　　　　二〇〇〇年二月三日

2、会计报表(附后)

3、会计报表附注

一、公司简介

江苏吴中实业股份有限公司(以下简称"本公司"或"公司")系于 1994 年 4 月 14 日经江苏省体改委苏体改生[1994]114 号文件批复,由江苏吴中集团公司等五家企业法人共同发起,以定向募集方式设立的股份制企业。公司原注册资本 5000 万元,1999 年 3 月经中国证券会证监发行字[1999]25 号文件批准,向社会公开发行人民币普通股 3350 万股,1999 年 9 月实施派送股票股利及资本公积转增股本 5010 万股,转增后股本总额为 13360 万股,注册资本变更为 13360 万元。

本公司经营范围:服装、工艺美术品(金银制品除外)、不锈钢制品、照相器材、皮革及制品的制造、销售,国内贸易(国家有专项规定的办理许可证后经营),房地产开发、经营。原料药、输液剂、冻干针剂、片剂、硬胶囊剂、栓剂制造、销售(限按定 的分支机构领取许可证后经营)。自产的服装、绣什品、床上用品、工艺美术品、不 锈钢制品、药品、原料药出口业务,生产、科研所需的原辅材料、机械设备、仪器仪 表、零配件进口业务。

三、税项

1、增值税:税率为 17%;

2、营业税:税率为 5%;

3、城市维护建设税:按应交流转税额的 7%计算缴纳;

4、教育费附加:按应交流转税额的 4%计算缴纳;

5、所得税:按 33%税率计算缴纳。本公司为普教性小学校办企业,根据财政部、国家税务总局财税字(94)001 号规定并经江苏省地方税务局认定,公司上市前享受免征企业所得税优惠。1998 年 6 月 16 日经江苏省苏政复[1998]58 号批复,公司上市后按国家法定税率 33%缴纳企业所得税,超过 15%税率部分的企业所得税由吴县市财政返还给 企业,并直接进入企业净利润。本公司全资企业苏州第六制药厂经江苏省科学技术委 员会苏科 [1997]580 号认定为高新技术企业,根据江苏省财政厅、地方税务局苏财预(96)110 号享受"先征后返还"的税收优惠,实际所得税税率为 15%。本公司控股子公司苏州中凯生物药业有限公司按 33%税率计算缴纳,超过 15%税率部分由吴县市财政返 还,实际税率为 15%。注 1: 本公司自营出口收入应交增值税实行先征后退,1999 年 1 月 1 日至 6 月 30 日退税率为 13%,从 1999 年 7 月 1 日起退税率为 17%。

注 2:苏州中凯生物药业有限公司经税务主管部门批复,按财政部、国家税务总局 财税字(94)004 号文件,其生物制品按简易

办法依照 6%征收率计算缴纳增值税;

注 3:苏州第六制药厂城市维护建设税税率为 5%。

四、控股子公司及合营企业

至 1999 年 12 月 31 日本公司控股子公司和合营企业情况如下:

公司名称	注册地	注册资本	持股比例	主营业务
苏州第六制药厂	吴县市	730.5 万元	100%	原料药、片剂、针剂、输液、胶囊剂、栓剂等
苏州中凯生物药业有限公司	吴县市	6280 万元	90%	生产销售:注射剂、冻干针剂
江苏南大苏富特教育信息技术有限公司	南京市	400 万元	23%	电子计算机及其配件的研制、销售,计算网络工程的施工教育信息咨询,人才培训,技术服务。

上年度苏州中凯生物药业有限公司由于尚处于筹建阶段,未纳入本公司上年度合 并会计报表范围,本年度该公司已开始生产经营,纳入本年度合并会计报表范围,因而 对本年度合并会计报表年初数相应作了调整。

苏州中凯生物药业有限公司原股东军事医学科学院基础医学研究所,根据中共中 央、国务院、中央军委关于"军队、武警部队和政法机关不再从事经商活动"的要求,于 1999 年 5 月将其持有的 25%股份转让给江苏吴中集团公司。江苏吴中集团公司基于受让该股权较晚且该部分股金占项目总投资比例极小,决定放弃其在苏州中凯生物药 业有限公司 1999 年上半年应得收益部分。1999 年 8 月苏州中凯生物药业有限公司注册 资本增加至 6280 万元,本公司股权比例增至 90%。

江苏南大苏富特教育信息技术有限公司本年处于开办期,尚未经营。

五、承诺事项

截止 1999 年 12 月 31 日本公司无重大承诺事项。

六、或有事项

1、抵押:

(1)公司以即将到期的 200 万美元定期存款于 1999 年 12 月 24 日抵押给中信实业银行苏州分行,取得 2000000 美元短期借款,抵押期限为 1999 年 12 月 24 日至 2000 年 1 月 17 日(该定期存款已于 2000 年 1 月 17 日到期支取,归还该上述短期借款)。

(2)公司以部分固定资产抵押借款:

人民南路西塘北巷 10 号房屋建筑面积 4605.55M2 作价 562.5 万元、向吴县工行新区办事处抵押取得借款 450 万元,3390.8M2 作价 508 万元、向吴县工行新区办事处抵押取 得借款 406 万元,龙西路东美工业村 1 号房屋建筑面积 8073.78M2,作价 1000 万元,向吴县 工行新区办事处取得借款 600 万元。抵押期限分别为:1998 年 7 月 1 日至 2001 年 7 月 1 日、1999 年 7 月 19 日至 2001 年 7 月 19 日、1999 年 7 月 1 日至 2001 年 7 月 1 日。

木渎镇西街 64 号房屋建筑面积 18919.72M2 作价 1049 万元、向吴县工行木渎办事处抵押取得借款 849 万元,抵押期限:1995 年 12 月 20 日至 2000 年 12 月 30 日。

设备 1 台作价 83 万元、人民南路西塘北巷 10 号房屋建筑面积 1014.68M2,作价 120 万元,向吴县市交行抵押取得借款 130 万元,抵押期限为:1999 年 6 月 30 日至 2000 年 6 月 29 日。

2、担保:本公司全资企业苏州第六制药厂与江苏省吴县石灰氮厂共同为吴县市化肥厂借款 1700 万元提供担保。根据"关于收购第六制药厂的补充协议"约定,因该项 担保而导致苏州第六制药厂损失的,吴县市国有资产管理局承担由此而引起的一切责 任。

七、期后事项

1、本公司已于 2000 年 1 月 17 日以抵押的 200 万美元定期存款归还 200 万美元的短期借款。

2、本公司已于 2000 年 2 月 18 日与江苏省教委江苏共创软件有限公司签订协议,共 同投资开发教育资源网站(www.3jiax.com)。

(1)本公司以 1600 万元人民币收购江苏共创软件有限公司所属的教育资源网站 80 %股份。

(2)拟共同投资 5000 万元人民币继续开发教育资源网站的资源库及发展江苏省教 育信息技术网络。

九、备查文件目录

1、载有公司法定代表人、主管会计负责人及会计机构负责人签名并盖章的会计 报表

2、载有会计师事务所盖章、注册会计师签名并盖章的审计报告原件

3、报告期内在中国证监会指定报纸上公开披露过的所有公司文件的正本及公告 的原稿公司备查文件完整,存放于公司董秘室。

江苏吴中实业股份有限公司董事会

二000年三月十五日

合并利润及利润分配表

1999年度　　会股02表

编制单位:江苏吴中实业股份有限公司　　单位:元

项目	本年数	上年数
一、主营业务收入	301403056.15	304802893.25
减:折扣与折让		
主营业务收入净额	301403056.15	304802893.25
减:主营业务成本	236360300.45	248764725.22
主营业务税金及附加	1393164.29	1350623.13
二、主营业务利润	63649591.41	54687544.90
加:其他业务利润	375263.70	224063.23
减:存货跌价损失	−321712.55	−383852.30
营业费用	4945290.92	3941174.44
管理费用	26701621.49	17650525.18
财务费用	−6752923.71	4456899.49
三、营业利润	39452578.96	29246861.32
加:投资收益	568061.99	681754.32
补贴收入		
营业外收入	1266329.37	390491.11
减:营业外支出	843539.03	549523.48
四、利润总额	40443431.29	29769583.27
减:所得税	5718619.33	595875.19
少数股东损益	138927.07	
五、净利润	34585884.89	29173708.08
加:年初未分配利润	−6056314.49	−5189714.24
盈余公积转入		
六、可供分配利润	28529570.40	23983993.84
减:提取法定盈余公积	4004566.95	2140059.99
提取法定公益金	2002283.48	1070030.00
七、可供股东分配的利润	22522719.97	20773903.85
减:提取任意盈余公积		12609857.59
应付普通股股利		14220360.75
转作股本的普通股股利	15865000.00	
八、未分配利润	6657719.97	−6056314.49

合并现金流量表

1999年度　　会合03表

编制单位:江苏吴中实业股份有限公司　　单位:元

项目	行次	金额
一.经营活动产生的现金流量		
销售商品、提供劳务收到的现金	1	339837110.04
收到的租金	2	−
收到的税收返还	3	4225829.62
收到的其他与经营活动有关的现金	7	4402618.04
现金流入小计	8	348465557.70
购买商品、接受劳务支付的现金	9	273558052.64
经营租赁所支付的现金	10	760309.12
支付给职工以及为职工支付的现金	11	20993760.19
支付的增值税款	12	12249907.51
支付的所得税款	13	6228771.01
支付的除增值税、所得税以外的其他税费	14	1776616.40
支付的其他与经营活动有关的现金	17	38340144.24
现金流出小计	18	353907561.11
经营活动产生的现金流量净额	19	−5442003.41
二.投资活动产生的现金流量收回投资所收到的现金	20	−
分得股利或利润所收到的现金	21	561460.00
取得债券利息收入所收到的现金	22	−
处置固定资产、无形资产和其他长期资产而收到的现金净额	23	1026588.13
收到的其他与投资活动有关的现金	26	−
现金流入小计	27	1588048.13
购建固定资产、无形资产和其他长期资产所支付的现金	28	68966940.53
权益性投资所支付的现金	29	920000.00
债权性投资所支付的现金	30	−
支付的其他与投资活动有关的现金	33	−
现金流出小计	34	69886940.53
投资活动产生的现金流量净额	35	−68298892.40
三.筹资活动产生的现金流量		
吸收权益性投资所收到的现金	36	256035550.90
发行债券所收到的现金	37	−
借款所收到的现金	38	63407800.00
收到的其他与筹资活动有关的现金	41	13299842.58
现金流入小计	42	332743193.48
偿还债务所支付的现金	43	74408040.87
发生筹资费用所支付的现金	44	−
分配股利或利润所支付的现金	45	14220360.75
偿付利息所支付的现金	46	9801007.04
融资租赁所支付的现金	47	−
减少注册资本所支付的现金	48	−
支付的其他与筹资活动有关的现金	51	−
现金流出小计	52	98429408.66
筹资活动产生的现金流量净额	53	234313784.82
四.汇率变动对现金的影响额	54	−
五.现金及现金等价物净增加额	55	160572889.01

合并资产负债表

1999年12月31日　　会合01表

编制单位:江苏吴中实业股份有限公司　　单位:元

资产	年初数	年末数
流动资产:		
货币资金	31396120.09	191969009.10
短期投资		
减:短期投资跌价准备		
短期投资净额		
应收票据		
应收股利		
应收利息	962092.17	5001124.79
应收帐款	90079345.57	115954198.85
其他应收款	42245895.04	68309145.04
减:坏帐准备	9713236.78	12813475.13
应收款项净额	122612003.83	171449868.76
预付帐款	23898056.21	15236450.79
应收补贴款		1268411.43
存货	43135602.71	58937986.59
减:存货跌价准备	1419170.67	1097458.12
存货净额	41716432.04	57840528.47
待摊费用	801106.26	1407789.71
待处理流动资产净损失		
一年内到期的长期债权投资		
其他流动资产		
流动资产合计	221385810.60	444173183.05
长期投资:		
长期股权投资	1542920.00	2469521.99
长期债权投资		
长期投资合计	1542920.00	2469521.99
减:长期投资减值准备		
长期投资净额	1542920.00	2469521.99
固定资产:		
固定资产原价	96860343.29	139735765.29
减:累计折旧	31852730.13	40214387.96
固定资产净值	65007613.16	99521377.33
工程物资	422876.08	
在建工程	18654871.83	18880770.16
固定资产清理		
待处理固定资产净损失		
固定资产合计	84085361.07	118402147.49
无形资产及其他资产:		
无形资产	14112556.66	42186748.27
开办费	1912557.23	4387649.25
长期待摊费用	2038702.74	4765496.95
其他长期资产无形资产及其他资产合计	18063816.63	51339894.47
递延税项:		
递延税款借项		
资产总计	325077908.30	616384747.00
负债和股东权益		
流动负债:		
短期借款	98120000.00	105837800.00
应付票据	3250000.00	8250000.00
应付帐款	33850152.30	36470991.43
预收帐款	3036649.18	7131021.67
代销商品款		
应付工资	5430106.71	5537497.48
应付福利费	498417.43	662341.25
应付股利	14220360.75	
应交税金	1504300.03	9349975.78
其他应交款	331327.72	494498.69
其他应付款	12976221.63	8437166.32
预提费用	536501.16	1980699.28
一年内到期的长期负债		
其他流动负债	1800000.00	
流动负债合计	175554036.91	184151991.90
长期负债:		
长期借款	36918040.87	20000000.00
应付债券		
长期应付款		
住房周转金		
其他长期负债		8866561.72
长期负债合计	36918040.87	28866561.72
递延税项:		
递延税款贷项		
负债合计	212472077.78	213018553.62
少数股东权益	750000.00	6418927.07
股东权益:		
股本	50000000.00	133600000.00
资本公积		182770550.90
盈余公积	67912145.01	73918995.44
其中:公益金	4171648.61	6173932.09
未分配利润	−6056314.49	6657719.97
股东权益合计	111855830.52	396947266.31
负债和股东权益总计	325077908.30	616384747.00

内蒙古金宇集团股份有限公司

一、公司简介

(一)公司法定中文名称:内蒙古金宇集团股份有限公司
公司英文名称:INNER MONGOLIA JINYU GROUP CO.LTD
公司英文名称缩写:JINYU GROUP
(二)公司法定代表人:张羽中宇
(三)公司董事会秘书:李树剑
授权代表人:姚艳霞
联系地址:内蒙古呼和浩特市诺和木勒大街 26 号
内蒙古金宇集团股份有限公司证券部
联系电话:(0471)5972266 转 259　　传真:(0471)5972931
公司董事会秘书电子信箱:shujian@li.com.cn
授权代表人电子信箱:yaoyanxia@china.com
(四)公司注册地址:内蒙古呼和浩特市诺和木勒大街 26 号
公司办公地址:内蒙古呼和浩特市诺和木勒大街 26 号　　邮政编码:010020
公司网址:http://www.jinyu.com.cn
公司电子信箱:jygroup@public.hh.nm.cn
(五)公司选定信息披露报纸名称:《上海证券报》
公司年报指定披露网址:http://www.sse.com.cn
公司年度报告备置地点:公司证券部
(六)公司股票上市交易所:上海证券交易所
股票简称:金宇集团　　股票代码:600201

二、会计数据和业务数据摘要

(一)公司本年度经营业绩(单位:人民币元)

利润总额	35,922,100.80
净利润	30,493,628.60
扣除非经常性损益后的净利润	

注:非经常性损益是指公司正常经营损益之外的、一次性或偶发性损益。本期无扣除的非经常性损益项目,金额为 0 元。

主营业务利润	27,597,451.01
其他业务利润	12,835,727.55
营业利润	27,995,181.65
投资收益	4,703,098.48
补贴收入	325,978.82
营业外收支净额	2,897,841.85
经营活动产生的现金流量净额	−30,582,398.83
现金及现金等价物净增加额	−102,916,548.60

(二)报告期末公司前三年的主要会计数据和财务指标
1、前三年主要会计数据(单位:人民币元)

	1999 年	1998 年调整前	1998 年调整后	1997 年调整前	1997 年调整后
主营业务收入	165,621,503.34	155,127,144.44	155,127,144.44	151,323,181.32	151,323,181.32
净利润	30,493,628.60	22,891,627.23	21,506,285.86	24,845,194.14	23,305,960.40
总资产	476,730,348.08	439,722,473.71	432,546,285.62	203,867,311.42	198,440,258.76
股东权益	332,500,306.64	333,060,401.80	326,248,007.37	83,196,484.77	80,641,349.42

(不含少数股东权益)
2、主要财务指标(单位:人民币元)

项　　目	1999 年	1998 年调整前	1998 年调整后	1997 年调整前	1997 年调整后
每股收益(元/股)	0.314	0.236	0.221	0.40	0.376
按月平均加权每股收益	0.314	0.236	0.221	0.40	0.376
扣除非经常性损益后每股收益	0.314	0.236	0.221	0.40	0.376
每股净资产(元/股)	3.43	3.43	3.36	1.34	1.30
调整后的每股净资产(元/股)	3.36	3.38	3.32	1.29	1.25
每股经营活动产生的现金流量净额(元/股)	−0.32	−0.368	−0.368		
净资产收益率(%)	9.17	6.87	6.59	29.86	28.90

注:主要指标计算公式如下:
每股收益=净利润/年度末普通股股份总数;
每股净资产=年度末股东权益/年度末普通股股份总数;
调整后的每股净资产=(年度末股东权益-三年以上的应收款项净额-待摊费用-待处理(流动、固定)资产净损失-开办费-长期待摊费用-住房周转金负数余额)/年度末普通股股份总数;
每股经营活动产生的现金流量净额= 经营活动产生的现金流量净额/年度末普通股股份总数
净资产收益率=净利润/年度末股东权益×100%;
“应收款项”包括应收账款、其他应收款、预付账款、应收股利、应收利息、应收补贴款。
(三)报告期内股东权益变动情况

项目	股本	资本公积	盈余公积	法定公益金	未分配利润	股东权益合计
期初数	97,002,500	200,036,289.80	10,209,275.78	5,030,322.13	13,969,619.66	326,248,007.37
本期增加	--	9,295.67	3,049,362.86	1,524,681.43	30,493,628.60	6,252,299.27
本期减少	--	--	--	--	28,824,669.29	--
期末数	970,02,500	200,045,585.47	13,258,683.64	6,555,003.56	15,638,578.97	332,500,306.64
变动原因	--	价差	利润分配提取	利润分配提取	净利润增加利润分配	--

三、股东情况介绍

(一)本报告期末股东总数为 17380 户。
(二)本报告期末公司前十名股东持股情况:

股东名称	持有股数(万股)	持股比例(%)	持有股份性质
呼市国有资产管理局	2,000	20.62	国家股
内蒙古第一毛纺织厂	1,000	10.31	法人股
呼市立鑫实业开发公司	700	7.22	法人股
内蒙古农牧药业服务中心	680	7.01	法人股
包头钢铁稀土公司	500	5.15	法人股
呼市租赁公司	500	5.15	法人股
普惠基金	308.4974	3.18	流通股
呼市财政信托投资公司	250	2.58	法人股
内蒙古证券有限责任公司	100	1.03	法人股
长城证券	59.5000	0.61	流通股

哈尔滨空调股份有限公司

(一)公司简介

1、公司的法定中文名称:哈尔滨空调股份有限公司
公司的法定英文名称:HARBIN AIR CONDITIONING Co. Ltd.
公司中文名称缩写:哈空调

2、公司法定代表人:高延生
3、公司董事会秘书:王作海
联系地址:哈尔滨市道里区友谊路 193 号
联系电话:0451-4644521
传　　真:0451-4676205
4、公司注册地址:哈尔滨市南岗区嵩山路高开区 26 号
公司办公地址:哈尔滨市道里区友谊路 193 号
邮政编码:150018
5、公司指定信息披露报纸:《上海证券报》
登载公司年度报告的国际互联网址:http://www.sse.com.cn
公司年度报告备置地点:公司证券办公室(哈尔滨市道里区友谊路 193 号)
6、公司股票上市地点:上海证券交易所
股票简称:哈空调
股票代码:600202

(二)会计数据和业务数据摘要

1、公司本年度实现:(单位:元)
利润总额:34661121.25
净利润:2953132.99
扣除非经常性损益后的净利润:23124961.40
注:非经营性损益项目及金额(元)
(1)投资收益:−17669.53
(2)补贴收入:2066512.00
(3)发行股票资金冻结利息:4271761.90
(4)处理固定资产收益:105210.92
(5)营业外支出:19446.83
主营业务利润:55959117.27
其他业务利润:26028.59
营业利润:28254752.79
投资收益:−17669.53
补贴收入:2066512.00
营业外收支净额:4357525.99
经营活动产生的现金流量净额:−20644010.83
现金及现金等价物净增加额:70118283.36
2、公司近三年的主要会计数据和财务指标

	1999	1998 调整前	1998 调整后	1997 调整前	1997 调整后
主营业务收入(万元):	13271.10	16661.75	16661.75	14104.25	141404.25
净利润(万元):	2953.13	3344.21	1607.23	2356.11	2010.63
总资产(万元):	48531.74	29646.59	26755.26	25606.00	24451.65
股东权益(万元):	29929.71	12352.40	9461.07	11459.07	10304.72
每股收益(元):	0.2644	0.4093	0.1967	0.2884	0.2461
每股加权收益(元):	0.2904	0.4093	0.1967	0.2884	0.2461
扣除非经营性收益后每股收益(元):	0.2070	0.4107	0.1981	0.2873	0.2451
每股净资产(元):	2.6796	1.5120	1.1581	1.4026	1.2613
调整后的每股净资产(元):	2.6709	1.4845	1.1306	1.3931	1.2518
每股经营活动产生的现金流量净额(元):	−0.1848	0.1217			
净资产收益率(%):	9.87	27.07	16.99	20.56	19.51

每股收益=净利润/年度末普通股股份总数
每股净资产=年度末股东权益/年度末普通股股份总数
调整后的每股净资产=(年度末股东权益-三年以上的应收款项净额-待摊费用-待处理(流动、固定)资产净损失-开办费-长期待摊费用-住房周转金负数余额)/年度末普通股股份总数
每股经营活动产生的现金流量净额=经营活动产生的现金流量净额/年度末普通股股份总数
净资产收益率=净利润/年度末股东权益×100%
3、报告期内股东权益变动情况(单位:万元)

项目	股本	资本公积	盈余公积	法定公益金	未分配利润	股东权益合计
期初数	8169.60	0.41	1250.60	416.87	40.46	9461.07
本期增加	3000.00	14515.50	442.97	147.65	2510.17	20468.64
本期减少						
期末数	11169.60	14515.91	1693.57	564.52	2550.63	29929.71
变动原因	发行股票	股票发行溢价	法定计提	法定计提		

(三)股东情况介绍

1、截止 1999 年 12 月 31 日,本公司股东总数为 22526 户。
1、公司前 10 名股东情况

序号	股东名称	持股数(股)	占总股本比利(%)
1	哈尔滨金工资产经营有限责任公司	65888000	58.99
2	同盛基金	1096978	0.98
3	兴华基金	865000	0.77
4	普惠基金	456380	0.41
5	廖勇	226300	0.20
6	苏伟峰	160500	0.14
7	海南三强	160000	0.14
8	倪素发	99600	0.09
9	曹立洁	96601	0.09
10	俞华	88200	0.08

前 10 名股东中 3249559 股为已上市流通的股份,其余 65888000 股为未上市流通股份。
前 10 名股东中 1 为代表国家持有股份的单位。
前 10 名股东之间无关联关系,持公司 5%以上股份股东年度内股份无变化,无冻结或质押情况。

福建福日电子股份有限公司

福建福日电子股份有限公司 1999 年年度报告摘要

一、公司简介

(一)公司法定中文名称:福建福日电子股份有限公司
公司法定英文名称:FUJIAN FURI ELECTRONICS CO., LTD
缩写:FFEC
(二)公司法定代表人:李运武
(三)公司董事会秘书:温春旺　　授权代表:王佐
联系地址:福州市五一北路 169 号
电话:0591-3318998　　传真:0591-3319978
电子信箱:furi-wen@163.net
(四)公司注册地址:福州市五一北路 169 号
公司办公地址:福州市五一北路 169 号
邮政编码:350005
公司国际互联网网址:www.furistock.com
公司电子信箱:furielec@pub3.fz.fj.cn
(五)公司信息披露报纸名称:《上海证券报》
登载公司年度报告的国际互联网网址:http://www.sse.com.cn
公司年度报告备置地点:公司证券部
(六)公司股票上市地:上海证券交易所
股票简称:福日股份　　股票代码:600203

二、会计数据和业务数据摘要

(一)公司本年度实现利润情况　　(单位:人民币元)

利润总额	46,755,775.96
净利润	42,746,351.36
扣除非经常性损益后的净利润	31,781,144.97
主营业务利润	139,077,233.29
其他业务利润	5,829,097.76
营业利润	30,840,671.01
投资收益	5,662,068.42
补贴收入	8,742,090.75
营业外收支净额	1,510,945.78
经营活动产生的现金流量净额	22,473,182.26
现金及现金等价物净增加额	195,099,098.48

注:扣除的非经常性损益项目和涉及金额:
1,新股申购冻结资金利息 2,223,115.64 元;
2,补贴收入 8,742,090.75 元;

(二)公司近三年主要会计数据和财务指标(合并)(单位:人民币元)

指标项目	1999 年	1998 年(调整后)	1998 年(调整前)	1997 年
主营业务收入	914036205.82	959843574.85	959843574.85	1009462090.93
净利润	42746351.36	46892122.86	50180816.96	63523334.97
总资产	1651407337.34	1185170713.48	1218099365.24	1241802369.06
股东权益	551483402.82	247551835.35	280830898.56	280855783.75
每股收益(摊薄)	0.167	0.25	0.27	0.34
每股收益(加权)	0.179	0.25	0.27	0.34
扣除非经常性损益后的每股收益	0.124	0.25	0.27	0.34
每股净资产	2.15	1.33	1.51	1.51
调整后的每股净资产	1.94	1.03	1.21	1.31
每股经营活动产生的现金流量净额	0.09			
净资产收益率	7.75%	18.94%	17.87%	22.62%

注:主要财务指标的计算公式如下:
每股收益=净利润/年度末普通股股份总数
每股净资产=年度末股东权益/年度末普通股股份总数
调整后每股净资产=[年度末股东权益-三年以上的应收款项净额-待摊费用-待处理(流动、固定)资产净损失-开办费-长期待摊费用-住房周转金负数余额]/年度末普通股股份总数
每股经营活动产生的现金流量净额=经营活动产生的现金流量净额/年度末普通股股份总数
净资产收益率=净利润/年度末股东权益×100%

(三)股东权益变动情况(单位:人民币元)

项 目	股本	资本公积	盈余公积	法定公益金	未分配利润	股东权益合计
期初数	186400000	94080487.11	0.00	0.00	-32928651.76	247551835.35
本期增加	70000000	191454152.56	1432314.48	477438.16	41045100.43	303931567.47
本期减少						
期末数	256400000	285534639.67	1432314.48	477438.16	8116448.67	551483402.82

变动原因:股本增加系公司于 1999 年 4 月 19 日发行 7,000 万股人民币普通股股票所致;资本公积增加系公司以每股 3.81 元发行新股,超出面值部分转入资本公积所致;盈余公积、法定公益金增加部分系公司年度盈利按规定提取所致;未分配利润变动系因计提四项资产减值准备追溯调整年初未分配利润和本年度利润未分配留存所致;股东权益增加系公司本年度发行新股及本年度盈利留存所致。

三、股东情况介绍

(一)报告期末股东总数

截止 1999 年 12 月 31 日,公司股东总数为 37,576 户,其中未流通国家股股东 1 户,流通股股东 37,575 户。

(二)前十名股东持股情况

股东名称	年末持股数(股)	占总股本比例(%)
(1)福建福日集团公司	186,400,000	72.70
(2)海通证券	1,499,709	0.58
(3)同益基金	875,000	0.34
(4)黄于英	300,000	0.12
(5)金泰基金	295,302	0.12
(6)潘广瑛	270,300	0.11
(7)肖九生	269,000	0.10
(8)财政证券	238,700	0.09
(9)王海军	220,000	0.09
(10)张卫平	200,000	0.08

注:1.福建福日集团公司代表国家持有本公司股票 18,640 万股,占公司股本总额的 72.70%,属发起人股份。

2.前 10 名股东之间不存在关联关系。

3.报告期内,持有本公司 5%以上股份的法人股东福建福日集团公司所持股份没有发生变动,也没有发生质押或冻结的情况。

四、股东大会简介

报告期内,公司召开了一次创立大会暨股东大会。1999 年 5 月 3 日,在福州市西湖宾馆召开了公司创立大会暨首届股东大会,股东大会的决议公告刊登于 1999 年 5 月 5 日的《中国证券报》、《上海证券报》上。

五、董事会报告

(一)公司经营情况

1、公司所处行业及在行业中的地位

公司属信息电子行业,公司于 1999 年 5 月成立后,秉承列入 520 户国家重点企业[见国家经贸委国经贸产业(1999)966 号文]、1999 年全国电子百强企业第三十七位[见国家信息产业部信部运(1999)290 号文]、福建省电子工业的主要骨干企业之一福建福日集团公司的各项优势,特别是彩电生产技术优势,使公司的发展规模不断壮大。

2、公司主营业务范围及经营状况

公司的主营业务范围:电视机、多媒体电子信息产品、电子计算机及配件、电子产品及通讯设备、家用电器、电子元器件的制造、销售;经营本企业和本企业成员企业产品、技术及配套相关产品、技术的进出口业务等。

报告期内,公司实现主营业务收入 914,036,205.82 元,同比下降 4.77%,其中:电视机类产品实现销售收入 760,239,966.85 元,占 82.08%,电子元器件类产品实现销售收入 80,813,561.70 元,占 8.84%,其它产品实现销售收入 72,982,677.27 元,占 7.98%;实现主营业务利润 139,077,233.29 元,同比下降 10.56%。其中:电视机类产品实现利润 124,849,224.70 元,占 89.77%,电子元器件类产品实现利润 7,338,322.91 元,占 5.28%, 其它产品实现利润 6,889,685.68 元,占 4.95%。

一九九九年,公司重点抓了以下几项工作:

(1)加强管理,规范运作。公司成立以后,按照现代企业制度规范化要求,加强科学管理。一是明晰与控股股东的资产产权关系,彻底实现人员、资产、财务"三分开"。二是加强公司内部组织机构建设,建立起一套行之有效的公司法人治理结构体系。按照公司章程,明确了股东大会、董事会、监事会及经营班子的职责及其工作程序。三是建立、健全重大投资的科学决策机制。任何重大项目、重大问题实行集体研究,投票表决,从而形成科学、民主的决策氛围。四是加强对控股、参股公司的监管力度,制定了各项管理制度,明确经营目标责任制,健全严格的考核、奖惩办法,以充分调动经营者的积极性。五是强化了财会管理。会计工作规范化、电算化程度不断提高。

(2)兼并收购,强强联合。公司充分利用资本运营优势,进行低成本扩张,收购了福建福光光学仪器有限公司 50%的股权。同时开展强强联合,一是投资 3,000 万元参与发起设立目前国内最大券商国泰君安证券股份有限公司,介入证券业;二是与民营高科技企业福建华融集团进行合作,注入资金 1,192 万元组建福建华融电子有限公司,进军 IT 产业。

(3)开发新品,优化组合。1999 年,公司一方面在传统彩电基础上推出特、新、优产品,加快实施在国内彩电生产领域中占有技术优势的超大屏幕背投影彩电项目。该项目于 1999 年 10 月份提前投产,建成了目前国内技术领先、规模最大的超大屏幕背投影彩电生产线,项目设计生产能力达 3 万台,成为公司新的利润增长点;另一方面加强与科研单位的合作,与中科院福建物质结构研究所合作设立福建福日激光技术有限公司,开发生产高科技激光系列产品。

(4)齐心协力,狠抓营销。报告期内公司将营销工作列入重点工作之一,以解决营销的薄弱问题。公司斥资为各销售分公司、办事处配置了售后服务维修车,加强了售后服务的快速反应能力;同时斥资 800 万元组建福建福日信息家电有限公司,负责彩电的销售及今后公司其它产品销售网的建立,为公司营销体系的理顺铺平道路;积极申报公司业务自营进出口权,并于 1999 年 11 月获国家外经贸部正式批准。

(5)监控资金,降低成本。本着对股东负责的原则,公司在建设、投资上,尽可能节约成本,出口生产基地 2# 楼建设及超大屏幕背投彩电技改项目建设通过招标方式,比预期节约了近千万元资金。同时,公司还狠抓费用开支控制,将控制计划层层落实,通过努力,报告期内财务费用、营业费用均有较大节约。

3、经营中出现的问题与困难及解决方案

公司的主营目前仍然是彩电,而近年来彩电行业竞争十分激烈,经过数次降价,传统的中、小屏幕彩电几无利润空间,同时又面临着国内需求不足、市场低迷,从而给公司的主营业务拓展造成较大困难;同时,公司的营销网络的建设仍较薄弱。为此,公司将以营销工作建设为重点,发挥公司在彩电生产领域的技术相对优势,推出技术含量高、适应市场需求的产品参与市场竞争,努力提高市场份额;加快超大屏幕背投影彩电的生产规模,以此为突破口,增强公司的盈利水平;实行多元化经营和低成本扩张,并介入高科技领域,培育新的利润增长点。

4、报告期内公司实现利润数 42,746,351.36 元,与预测利润数 52,914,922.39 元相比,完成了 80.78%;若不计"四项计提"的影响,则完成了 91.47%。造成差异的主要原因:(1)会计政策变动,公司计提四项资产减值准备,总体影响 1999 年度净利润 5,653,944.48 元;(2)彩电行业竞争加剧,市场需求不足,导致公司主营产品中传统模拟彩电产品销售价格下降,全年销售额实现数低于预测数而影响利润。由于上述客观因素的影响,造成报告期内公司实现利润数较预测利润数偏差 19.22%,谨此向广大投资者表示歉意。

(二)公司财务状况

项 目	1999 年度	1998 年度	增减(%)
总资产	1,651,407,337.34	1,185,170,713.48	39.34
长期负债	4,876,916.00	0.00	
股东权益	551,483,402.82	247,551,835.35	122.77
主营业务利润	139,077,233.29	155,493,599.89	-10.56
净利润	42,746,351.36	46,892,122.86	-8.84

1.变动原因:报告期内,期末总资产比期初数增加 39.34%,主要是本期公司股票发行成功,募集资金到位、合并报表公司增加及本年度产生的净利润未分配所致。长期负债期末数增加主要是报告期内长期借款增加所致。股东权益期末数比期初数增加 122.77%,主要系本期溢价发行 7,000 万人民币普通股的溢价款和本年度利润增加所致。主营业务利润同比减少 10.56%,是因主营业务中传统模拟彩电部分价格下降,使利润减少。净利润同比减少 8.84%,主要系本年度营业费用、管理费用上升所致。

2.福建华兴有限责任会计师事务所对公司 1999 年年度财务报告进行了审计,并出具了无保留意见的审计报告。

山东铝业股份有限公司

山东铝业股份有限公司1999年年度报告摘要

一、公司简介

1、公司法定中文名称:山东铝业股份有限公司
公司法定英文名称:SHANDONG ALUMINIUM INDUSTRY CO.,LTD
2、公司法定代表人:梁中秀
3、公司董事会秘书:王国忠　授权代表:毕卫光
联系电话:0533-2930136、2943291、3585250　电子信箱:w.k.c@990.net　传真:0533-2985999
4、公司注册地址:山东省淄博市高新技术产业开发区柳泉路北首
公司办公地址:山东省淄博市张店区五公里路1号　邮政编码:255052
5、公司选定的信息披露报纸:中国证券报、上海证券报
登载公司年度报告的国际互联网网址:http://www.sse.com.cn
公司年度报告备置地点:山东省淄博市张店区五公里路1号山东铝业股份有限公司董秘室
6、公司股票上市地:上海证券交易所　股票简称:山东铝业　股票代码:600205

二、会计数据和业务数据摘要

1、本年度主要利润指标情况　(单位:人民币元)

利润总额:	239509232.30
净利润:	155331363.69
扣除非经营性损益后的净利润:	153931323.13
主营业务利润:	385940404.81
其他业务利润:	43143647.19
营业利润:	237419619.52
营业外收支净额:	2089612.78
经营活动产生的现金流量净额:	-252319461.58
现金及现金等价物净增加额:	90962575.93

注:扣除的非经常性损益项目和涉及金额:

营业外收支净额项目:	2089612.78
1)处理固定资产净收益:	-1564154.62
2)赔款支出:	149009.40
3)冻结资金利息:	3798181.30
4)其他净收入:	4595.50

2、截至报告期末公司前三年主要会计数据和财务指标(单位:人民币元):

追溯调整前:

项　目	1999年	1998年	1997年
主营业务收入	1688007522.83	1468948593.41	1391084700.08
净利润	155331363.69	129896110.33	98142496.41
总资产	1676444007.45	1034905458.09	1090435796.35
股东权益	1103583545.61	347432028.21	342431094.97
每股收益	0.277	0.325	0.245
每股收益	0.315	0.325	0.245
(按月平均加权法计算)			
扣除非经常性损益后的每股收益	0.275	0.325	0.245
每股净资产	2.12	1.00	1.00
调整后的每股净资产	2.075		
每股经营活动产生的现金流量净额	-0.45		
净资产收益率%	13.08	37.39	28.66

追溯调整后:

项　目	1999年	1998年	1997年
主营业务收入	1688007522.83	1468948593.41	1391084700.08
净利润	155331363.69	131030676.43	84956136.35
总资产	1676444007.45	1022853664.13	1077249436.29
股东权益	1103583545.61	335380234.25	329244734.91
每股收益	0.277	0.328	0.212
每股收益	0.315	0.328	0.212
(按月平均加权法计算)			
扣除非经常性损益后的每股收益	0.275	0.328	0.212
每股净资产	1.97	1.00	1.00
调整后的每股净资产	1.92		
每股经营活动产生的现金流量净额	-0.45		
净资产收益率%	13.08	39.07	25.8

注:主要财务指标计算方法:
每股收益=净利润/年度末普通股股份总数
每股净资产=年度末股东权益/年度末普通股份总数
调整后的每股净资产=(年度末股东权益-三年以上的应收款项净额-待摊费用-待处理(流动、固定)资产净损失-开办费-长期待摊费用-住房周转金负数余额)/年度末普通股股份总数
每股经营活动产生的现金流量净额=经营活动产生的现金流量净额/年度末普通股股份总数
净资产收益率=净利润/年度末股东权益*100%

3、报告期内股东权益变动情况及原因:

项目	股本	资本公积	盈余公积	法定盈余公积	未分配利润	股东权益合计
期初数	347432028.21	_	_	_	-12051793.96	335380234.25
本期增加数	212567971.79	484303975.88	21491935.46	14327956.97	49839428.23	768203311.36
本期减少数	_	_	_			
期末数	560000000.00	484303975.88	21491935.46	14327956.97	37787634.27	1103583545.61

三、股东情况

1、报告期末股东总数69248户。
2、至报告期末公司前10名股东持股情况

股东名称	持股数(股)	占总股本比例(%)
山东铝业公司	400000000	71.43
天元证券投资基金	4295719	0.77
开元证券投资基金	3698135	0.66
同益证券投资基金	2887000	0.52
普惠证券投资基金	2643400	0.47
景宏证券投资基金	2557300	0.46
晋信证券投资基金	2497700	0.45
泰和证券投资基金	2400000	0.43
普丰证券投资基金	1001188	0.18
黄学文	670000	0.12

持股5%以上的股东只有山东铝业公司,共持有40000万股,占总股本的71.43%,其所持股份代表国家持有,在报告期内无增减变动和质押、冻结情况。

四、股东大会简介

1999年6月18日,公司召开了创立大会暨第一次股东大会,会议通知刊登于1999年6月4日中国证券报、上海证券报、证券时报,会议决议公告刊登于1999年6月22日中国证券报、上海证券报和证券时报。

五、董事会报告

1、公司生产经营情况

(1)公司所处行业及在行业中的地位

本公司是我国主要的氧化铝、电解铝生产企业之一,主营业务为氧化铝、氢氧化铝、氧化铝化学品、电解铝及铝加工制品等的生产和销售。公司现有23种主要产品,涵盖氧化铝及铝化学制品、电解铝、铝型材、碳素制品、金属镓五大类产品。产品用"山铝"牌商标,广泛应用于冶金化工、石油化工、陶瓷、电子电力、建筑、交通、农业生产、人民生活和国防科技等领域。产品远销美国、日本、俄罗斯等国家,在国内外拥有较稳定的市场。

(2)、主营业务情况

经营范围:氧化铝、氢氧化铝、多品种氧化铝、金属镓、电解铝、铝合金、铝制品、碳素制品的生产、销售。

1999年是公司成功上市的第一年。全年共生产氧化铝及铝化学制品63.83万吨,其中铝化学品80451吨;生产电解铝36156吨;生产铝型材4581吨;生产阳极糊31196吨;生产金属镓4502千克。本年度实现销售收入16.88亿元,利润总额2.40亿元,净利润为1.55亿元。

主要工作

①强化企业管理,大力推进公司规范化运作。一是适时落实建立了公司组织机构和初期运作方式,确立了与集团子母间的关联交易基本原则,在规范完成与集团资产、效益交割的基础上,公司实现了财务独立建帐运行。二是强化标准化管理工作,在学邯钢降成本的同时,公司各单位创建无泄漏工厂活动开展得深入扎实、富有成效。1999年公司有三个直属单位创建成为"无泄漏工厂",使公司直属单位"无泄漏工厂"创建率实现了100%。

②立足于产业结构调整,实现科技创新。以市场为导向,努力加快企业新产品、新技术开发应用,1999年以主导产品砂状氧化铝为代表的17种高新技术产品通过了专家认定,进而公司被山东省科委认定为高新技术企业,为增强企业发展后劲,促进企业快速发展奠定了有利条件。

③生产经营各项工作进展顺利,公司主要产品产量、质量再创历史新水平。致力于发挥优良资产优势作用,强化了生产经营管理和经济责任制的分解落实,主体产品产量连攀新高,质量不断实现创新,企业整体盈利能力继续提高,综合经济实力进一步增强。

④坚持科技兴企战略,重点强化科技创新和技术改造工作中的重大科技项目的建设实施。氧化铝焙烧工序节能技术改造、间接加热连续脱硅节能技术改造等投资建设新项目已顺利开工实施。

(3)公司在生产经营中遇到的困难及解决办法

由于历史因素所致,1998年底公司应收帐款达2.41亿元,严重影响公司资金的高效运转,公司通过分解指标分片负责等加强了清欠领导和责任落实,并采取了价格优惠清欠、保供应量清欠、顶帐抹帐清欠、开户解冻清欠等有效方式,1999年底公司应收帐款降到1.75亿元。营销方面,由于产品市场价格大幅波动,营销难度加剧,为此,公司一是加强信息沟通和提供优质服务,密切了用户联系;二是进行市场细分,寻找潜力市场,果断大胆决策,成功开拓了南方市场。9月份市场全面转暖后,公司及时进行了市场定位,加强与客户交流、协商,平衡资源分配与产品的发运,使问题得到了妥善解决,同时为了保证稳定市场和与主要客户的长期合作在产品价格上给予优惠。

2、公司财务状况

总资产期末167644万元,期初102285万元,增长63.89%;长期负债期末1460万元,期初3882万元,降低62.39%,股东权益期末110358万元;1999年度实现主营业务利润38594万元,比上年增长8328万元,增长了27.51%;净利润1999年度15533万元,比上年增长2543万元,增长了19.58%。

有关情况说明:公司资产的增加,股东权益的良好回报,主要是报告年度内发售新股和生产经营顺利运行所致;长期负债减少是由于归还银行贷款所致;由于公司强化管理,挖潜增效以及受主体产品价格回升和电费价格下降等因素的影响,使公司主营业务利润稳定增长。

3、公司投资情况

报告期内公司共完成投资11565.10万元。由于公司上市日期较计划推迟,部分投资项目已由山东铝业公司投资建设,公司将于2000年6月底前以回购的形式购入,报告期内投资为1999年7月1日以后的金额。主要情况如下:

(1)报告期内公司募集资金53986.44万元,已用5707.24万元。

①公司募集资金的项目建设情况:

1)多品种氧化铝技术改造项目计划投资19456万元,报告期内投资113.56万元;拜耳法氧化铝技术改造项目计划投资19764万元,报告期内投资4475.63万元;氧化铝焙烧工序节能技术改造项目计划投资4730万元,报告期内投资997.25万元;间接加热连续脱硅节能技术改造项目计划投资4900万元,报告期内投资120.80万元;

2)烧结法氧化铝配料工序技术改造项目,计划投资4954万元,因发行延迟,开工拖后,计划2000年施工;赤泥粉煤灰砖生产线项目、自备热电厂技术改造项目、热电联产节能工程项目因外部市场环境和政策发生变化,公司正在对其进一步论证。

3)对镇江铝加工有限责任公司投资项目:1998年6月20日,本公司筹委会与华东铝加工厂签署了合资组建镇江铝加工有限责任公司的协议,为了履行该协议,公司特聘请中银律师事务所唐金龙律师为专项法律顾问,并于1999年8月29日至1999年9月2日派出专门工作小组到华东铝加工厂调查。在此次调查中,发现华东铝加工厂拟投入镇江铝加工有限责任公司的资产产权属不清等问题。今后,本公司将继续与华东铝加工厂复议原签协议。

②未使用的资金:

a、银行存款10544.79万元;

b、预付母体代建项目37734.42万元。

(2)报告期内非募集资金投资的重大项目

报告期内非募集资金投资共 4029.50 万元,主要项目如下:

①电解铝厂三电解改造工程

计划投资:1400 万元,报告期内投资 1095.35 万元。

工程主要内容:将 94 台 80KA 自焙槽改为预焙槽,以节约电耗,改善环境。

项目进度:1999 年 10 月底投运 60 台电解槽,其余于报告期末全部投运。

②第二赤泥堆场:

为确保氧化铝的可持续发展及生产的安全性,建设了第二赤泥堆场。

报告期内投资 2934.15 万元。

4、生产经营环境及宏观政策、法规对公司的影响

(1)中国铝业集团的成立,本公司的控股公司山东铝业公司成为中铝集团的骨干企业,凭借中国铝业集团规模化、专业化优势,为跨世纪的长远发展打下良好的基础。

(2)以铝为代表的有色金属市场价格出现回升,使自 1996 年以来持续低迷的市场出现回暖。

(3)国家调整有色金属企业用电价格,特别是电解铝用电价的下调政策的执行,本 公司是受益者之一。

5、公司 2000 年生产经营计划及措施

公司 2000 年计划生产氧化铝及铝化学制品 65 万吨,其中铝化学品 7.5 万吨; 电解铝 5.3 万吨; 铝型材 3600 吨;金属镓 4500 千克;碳素制品 4 万吨;具体措施如下:

①进一步加快技术改造步伐,重点抓好烧结法氧化铝配料工序技术改造、间接加 热连续脱硅节能技术改造、电解阳极糊生产线改造、第二赤泥堆场继续建设等重点技术进步项目的实施,促进公司科技创新水平的继续提高,为公司长期快速发展奠定基础。

②大力搞好技术开发,抢抓机遇,加速产品、产业结构调整力度。充分利用烧结法氧化铝工艺的特点和技术品牌优势,坚持"人无我有,人有我优"的差异领先式生产经营理念,增加产品技术含量,增强市场竞争能力。

③利用上市融资优势和高新技术企业的优惠政策, 在开发区建立高新技术产品研 究生产基地,加快发展高新技术产品,开辟公司新的经济增长点。

④从严治厂,强化管理,建立完善严格的专责制度,推动标准化基础管理工作深入 开展。继续巩固提高无泄漏创建工作成果,强化全员全过程质量管理,力争公司通过 ISO9000 质量体系认证,以取得国际市场的通行证,从而进一步提高企业的竞争实力。

⑤积极研讨资本市场的运行规则,加大资本运营和市场操作力度,通过资本市场的运营操作,为公司利润增长开辟新途径。

⑥建立和完善营销基础管理体系,努力加强对企业营销活动的合同化管理与监督,加强同用户间的联系和沟通,巩固老用户,开发新用户;立足国内市场,大力进军国际市场,努力实现公司跨国经营战略,开创公司营销新局面。

6、董事会日常工作情况

(1)报告期内董事会会议情况及决议内容

报告期内公司共召开 3 次董事会,具体召开时间、地点和决议内容如下:

①首届董事会一次会议于 1999 年 6 月 18 日召开。会议通过如下决议:

梁中秀先生为公司第一届董事会董事长、李选民先生为副董事长;聘任周光蔚先 生为董事长助理;聘任王国忠先生为公司第一届董事会秘书;聘任王再云先生为公司经理;聘任刘春干先生为公司副经理;聘任毛新和先生为总会计师;聘任陶英君先生为总 经济师。

本次会议决议公告的全文刊登于 1999 年 6 月 22 日的中国证券报、上海证券报和证 券时报。

②首届董事会二次会议于 1999 年 8 月 9 日召开。会议通过如下决议:

a、审议并通过了《公司 1999 年度中期报告》;

b、决定公司 1999 年中期不进行利润分配,亦不实施资本公积金转增股本。

本次会议决议公告的全文刊登在 1999 年 8 月 11 日的中国证券报和上海证券报上。

③首届董事会三次会议于 1999 年 11 月 3 日召开。会议通过了以下议案:

a、用国家贴息贷款进行选精矿烧结法氧化铝技术改造的立项的议案;

b、以经营性租赁方式租赁山东铝业公司水泥厂和矿业公司部分资产的议案。

本次会议决议公告的全文刊登在 1999 年 11 月 11 日的中国证券报和上海证券报上。

(2)报告期内公司无利润分配方案。

7、董事、监事、高级管理人员

姓名	职务	性别	年龄	任期起止日期	持股数量	年度报酬总额
梁中秀	董事长	男	56	1999--2002	0	不在本公司领取
李选民	副董事长	男	60	1999--2002	0	不在本公司领取
刘兴亮	董事	男	39	1999--2002	0	不在本公司领取
刘庆科	董事	男	54	1999--2002	0	不在本公司领取
罗　安	董事	男	59	1999--2002	0	不在本公司领取
彭春英	董事	男	54	1999--2002	0	不在本公司领取
高祀胜	董事	男	53	1999--2002	0	不在本公司领取
宋文清	董事	男	49	1999--2002	0	不在本公司领取
冯长森	董事	男	54	1999--2002	0	不在本公司领取
林志祥	董事	男	58	1999--2002	0	不在本公司领取
徐玉柱	董事	男	51	1999--2002	0	不在本公司领取
周光蔚	董事	男	53	1999--2002	0	不在本公司领取
金永静	董事	男	40	1999--2002	0	不在本公司领取
王再云	董事兼经理	男	37	1999--2002	0	23157.25 元
高贵超	董事	男	34	1999--2002	0	不在本公司领取
刘云鹏	监事	男	52	1999--2002	0	不在本公司领取
陈宗生	监事	男	51	1999--2002	0	25903.15 元
郑都然	监事	男	44	1999--2002	0	不在本公司领取
曹永旗	监事	男	42	1999--2002	0	27005.30 元
孙昭贵	监事	男	50	1999--2002	0	不在本公司领取
张目盛	监事	男	47	1999--2002	0	不在本公司领取
赵玉琴	监事	女	45	1999--2002	0	20666.00 元
王国忠	董事会秘书	男	39	1999--2002	0	22073.25 元
刘春干	副经理	男	58	1999--2002	0	28386.70 元
毛新和	总会计师	男	52	1999--2002	0	22628.15 元
陶英君	总经济师	男	36	1999--2002	0	20860.85 元

在本公司领取薪金的董事、监事、高管人员中,年度报酬数额 20000 元至 25000 元(含 25000 元)之间的有 5 人;25000 元至 30000 元之间的有 3 人。报告期内无董事、监事及 高管人员离任情况。

8、本次利润分配预案

经中洲会计师事务所审计,1999 年公司实现税后利润为 155,331,363.69 元 (按全面摊薄法计算每股利润为 0.277 元), 加上年初未分配利润-12,051,793.96 元, 可供分配的利润为 143,279,569.73 元。根据公司章程的有关规定,提取 10%的法定盈余公积金为 14,327,956.97 元,提取 5%的法定公益金为 7,163,978.49 元,本年实际可供股东分配利 润 121,787,634.27 元。

董事会提议以 1999 年末的总股本 560,000,000 为基数, 向全体股东每 10 股派送现金红利 1.5 元(含税),计 84,000,000 元,尚余未分配利润 37,787,634.27 元,结转下一年度 分配。此方案尚需提交股东大会审议通过。

9、其他报告事项

公司选定中国证券报、上海证券报为指定信息披露报纸,http://www.sse.com.cn 为信息披露网址。

六、监事会报告

一年来,本公司监事会本着对股东负责任的精神,根据《公司法》和公司章程的规定,履行公司章程赋予的职责,积极努力的开展各项工作,维护公司利益和股东权益。

1、报告期内,本公司首届监事会第一次会议于 1999 年 6 月 18 日召开,会议选举刘云鹏先生为本届监事会主席,决议内容刊登在 1999 年 6 月 22 日《中国证券报》和《上海证券报》上。

2、本公司监事会列席了报告期内的每次董事会,对公司依法生产经营运作情况进行了监督,监事会认为:

(1)本公司 1999 年度在股东的支持下,通过全体员工的努力,按《公司法》和公司 章程运行,生产经营决策程序合法,理顺内外部各种关系,致力建立完善的法人治理结 构和内部控制制度,通过落实"建机制,稳生产,保技改,降成本,拓市场,增效益;理顺 关系、加快发展"的工作方针,较好的完成了今年的各项生产经营任务。

(2)监督了公司董事会各位董事及高级管理人员是否按国家法律、法规和公司章 程办事,经监事会检查认为,报告期内上述人员在行使职权时,以公司利益为出发点,没有违反法律、法规或公司章程的行为,也没有损害本公司利益和本公司股东权益。

3、监事会对提交 1999 年度股东大会审议的财务决算报告和 1999 年度审计报告进 行了审阅,监事会认为,公司财务决算报告全面、真实、正确地反应了财务状况和经营成果;公司年度经营业绩已经北京中洲会计师事务所有限公司审核,并出具了无保留意见的审计报告,监事会认为,该审计报告客观公正、实事求是,符合有关规定。

4、对公司报告期内募集资金使用情况进行了监督,具体情况如下:

公司报告期内发行新股募集资金 53986.44 万元,截止报告期末,已用于披露承诺的本公司技术改造和节能技术改造项目 5707.24 万元,情况如下:

(1) 报告期内投入多品种氧化铝技术改造项目 113.56 万元、拜耳法氧化铝技术改 造项目 4475.63 万元、氧化铝焙烧工序节能技术改造项目 997.25 万元、间接加热连续 脱硅节能技术改造项目 120.80 万元。

(2)未使用的募集资金情况:

①银行存款 10544.79 万元;

②预付母体代建工程项目款 37734.42 万元。

③由于外部市场环境和政策发生变化等原因,烧结法氧化铝配料工序技术改造项 目,开工拖后;赤泥粉煤灰砖生产线项目、自备热电厂技术改造项目、热电联产节能工程项目,公司正在对其进一步论证。

④镇江铝加工有限责任公司投资项目:经公司专门工作组对其调查发现,拟投入的主要生产线资产涉及抵押借款,另有部分资产权属不清等问题,由于公司坚持对股东负责的投资原则,没有实施对该项目的投入。

监事会认为:投资项目程序合法,延迟开工符合市场变化的要求。

5、公司在本报告期内没有收购、出售资产等的事项。

6、公司的关联交易按公允的市场行情定价,没有损害本上市公司利益。

七、重要事项

1、本年度公司无重大诉讼、仲裁事项。

2、报告期内公司、公司董事及高级管理人员认真依法履行职责,没有发生任何受监管部门处罚的事件。

3、报告期内控股股东没有发生变更,公司由第一次股东大会选举的全体董事均无变动。

4、报告期内公司无收购及出售资产、吸收合并事项。

5、重大关联交易事项

(1)股份公司向关联方购买货物、劳务

关联方单位名称	交易内容	交易金额(元)	占本年度购货百分比%
山东铝业公司	铝矿石	133390670.60	100.00
山东铝业公司	石灰石	19772463.53	100.00
山东铝业公司	进口矿	57419648.90	100.00
山东铝业公司	供水	24086978.28	100.00
山东铝业公司	供电	252745690.63	60.20
山东铝业公司	供汽	160897800.00	100.00
山东铝业公司	材料	206030091.32	100.00
山东铝业公司	运费	6981692.52	100.00
山东铝业公司	备件	19816342.94	100.00
山东铝业公司	计量费	656912.98	100.00
山东铝业公司	检修费	7394136.48	10.81
小　计		889192428.18	
淄博万成工贸有限公司	检修费	22287553.04	45.64
山铝第二工程公司	检修费	2211226.57	3.38
淄博万众实业有限公司	检修费	1263492.27	2.43
淄博施美工贸有限公司	检修费	9060440.73	21.28

(2)股份公司向关联方销售货物

关联方单位名称	交易内容	交易金额(元)	占本年度销货百分比%
山东铝业公司	铝酸钠溶液	34059676.05	100.00
山东铝业公司	二氧化碳	3373700.00	100.00
山东铝业公司	压缩风	3715800.00	100.00
山东铝业公司	浓缩赤泥	349526.28	100.00
山东铝业公司	动力电	24953056.00	100.00
山东铝业公司	转供电	119214901.48	100.00
山东铝业公司	蒸汽	1995136.00	100.00
山东铝业公司	转供汽	98587634.50	100.00
小　计		286249430.31	

(1)以上关联交易价格及结算方式按有关协议执行。

6、公司与控股股东在人员、资产、财务上三分开情况:公司的资产及财务独立。由于控股股东山东铝业公司正值整体改制阶段,在生产技术管理部门有交叉任职情况 。

7、报告期内没有发生托管、承包、租赁其他公司资产或其他公司托管、承包、租赁本公司资产的事项。

8、报告期公司聘任北京中洲会计师事务所有限公司为财务会计审计机构。

9、除本报告涉及的合同外,报告期内公司未签订其它重大合同。

10、报告期内公司名称及股票简称没有更改。

八、财务会计报告

1、审计报告 (中洲(2000)发字第 092 号)

山东铝业股份有限公司全体股东:

我们接受委托,审计了贵公司 1999 年 12 月 31 日的资产负债表,1999 年度利润表及利润分配表和现金流量表。这些会计报表由贵公司负责,我们的责任是对这些会计报表 发表审计意见。我们的

审计是依据《中国注册会计师独立审计准则》进行的。在审计过程中,我们结合贵公司的实际情况,实施了包括抽查会计记录等我们认为必要的审计程序。

我们认为,上述会计报表符合《企业会计准则》和《股份有限公司会计制度》及 国家其他有关财务会计法规的规定,在所有重大方面公允地反映了贵公司1999年12月31日的财务状况和1999年度的经营成果和现金流动情况,会计处理方法的选用遵循了一贯性原则。

此外,我们注意到:

(1)贵公司根据2000年2月14日第一届董事会第四次会议决议,从1999年1月1日起,计提折旧年限由最短年限法改为平均年限法,由于折旧计提方法的改变影响1999年度 利润总额15,362,124.96元。

(2)根据贵公司与山东铝业公司签订的资产置换协议,贵公司委托山东铝业公司代为办理采购业务,因此贵公司于1999年7月31日建帐时,将存货及预付帐款计¥133,900,944.70元与等额的应付帐款划入山东铝业公司;将贵公司应付票据计¥15,820,000.00元转为对山东铝业公司的负债;将原未计入贵公司属于山东铝业公司研究院的流动资产与流动负债净额计¥15,977,262.32元转入公司,同时增加对山东铝业公司的负债。

北京中洲会计师事务所有限公司　　中国注册会计师:温秋菊

中国.北京　　中国注册会计师:杨艳波

2、会计报表(附后)

3、会计报表附注

(一)公司简介

山东铝业股份有限公司(以下简称公司)是由山东铝业公司作为独家发起人,将其 所属的氧化铝厂、第二氧化铝厂、电解铝厂、热电厂、铝加工厂、研究院(科研)等六单位及公司机关(部分)的存量净资产经评估后,折成国有法人股,其余股份经中国证监会证监发行字(1999)61号批准以募集方式向社会公开发行股票组建的股份有限公司,公司股票于1999年6月7日上网发行,1999年6月30日在上海证券交易所上市交易。

公司注册资本:伍亿陆仟万元

经营范围:氧化铝、氢氧化铝、多品种氧化铝、金属镓、电解铝、铝合金、铝制 品、碳素制品的生产、销售

(二)会计报表编制方法

山东铝业股份有限公司于1999年6月18日成立,1999年8月1日起正式建帐。1999年1-7月会计报表是以氧化铝厂、第二氧化铝厂、电解铝厂、热电厂、铝加工厂、研究 院(科研)等六单位的账簿记录和会计报表及山东铝业公司财务处、内部银行、供销公司等与六单位相关的财务数据为基础而编制的。公司的资产负债表中"货币资金"、"存货"、"固定资产"等项目,是以六单位账面值加上山东铝业公司财务处、内部 银行、供销公司划入的实物存量为依据编制的;有关债权、债务是以六单位对外供销 业务所发生的往来款项为依据编制的;其他项目是按实际用途或合理的比例剥离的。 公司损益表的各项数字是根据山东铝业公司财务处及氧化铝厂等六单位账簿记录中属于六单位的经营收支数和期间费用编制的。对原按照内部价格结算的产品,本报表已 按山东铝业公司与公司签订的关联交易协议进行了调整。1999年8-12月以股份有限公 司实际帐表为基础。

(三)公司采用的主要会计政策、会计估计和会计报表的编制方法

1.会计制度

公司执行中华人民共和国财政部制定的《股份有限公司会计制度》。

2.会计年度

公司采用公历制,自每年公历1月1日至12月31日止。本报告所载财务信息为1999年1月1日至12月31日止。

3.记帐本位币

公司以人民币为记帐本位币。

4.记帐基础和计价原则

公司以权责发生制为记帐基础;以历史成本为计价原则。

5.现金等价物的确定标准

现金等价物是指公司持有的期限短、流动性强、易于转换为已知金额现金、价值变动风险很小的投资。

6.坏帐核算方法

(1)坏帐的确认标准:

①因债务人破产或死亡,以破产财产或遗产清偿后仍无法收回的款项;

②因债务人逾期未能履行偿债义务超过三年仍不能收回,经公司董事会批准的款 项。

(2)坏帐核算采用备抵法,按年末应收款项余额的5%计提。

7.存货核算方法

存货分类为:原材料、库存商品、在产品、低值易耗品等;

存货取得时以实际成本计价,发出时采用后进先出法核算。低值易耗品和包装物 于领用时采用一次摊销法摊销。

存货跌价准备的确认标准是:存货遭受毁损、全部或部分陈旧过时或销售价格低 于成本等原因,使存货成本不可收回的部分。

存货跌价准备的计提方法是:按单个存货项目的成本低于其可变现净值的差额提 取。

8.固定资产计价和折旧方法

(1)固定资产标准为:使用期限在一年以上,单位价值在2,000.00元以上的房屋建 筑物、机器设备、运输设备以及其他与生产经营有关的设备、器具、工具等;单位价 值在2,000.00元以上,并且使用年限超过两年的,不属于生产经营主要设备的物品;

(2)固定资产分类为:房屋建筑物、机器设备、运输设备和办公设备;

(3)固定资产计价:按实际成本计价;

(4)固定资产折旧采用直线法平均计算,并按各类固定资产的原值和估计的使用年限制定其折旧率如下:

类别	经济使用年限	年折旧率%
房屋	15-35	6.67-2.86
建筑物	20	5
机械设备	12	8.33
工业炉窑	10	10
电解槽	12	8.33
运输设备	10	10
动力设备	15	6.67
传导设备	25	4
自动仪器仪表	10	10
工具及管理用具	9	11.11

9.在建工程核算方法

在建工程在交付使用前发生的利息计入工程成本;在建工程在工程完工交付使用 后确认为固定资产。

10.开办费摊销方法

以实际成本计价,按5年摊销。

11.收入确认原则

(1)商品销售业务:公司已将商品所有权的主要风险和报酬转移给买方,公司不再 对该商品实施继续管理权和实际控制权,相关的收入已收到或取得了收款的证据,并且与销售该商品有关的成本能够可靠地计量时,确认营业收入的实现;

(2)运输、仓储业务:在劳务已提供,收讫价款或取得收取价款的凭证后确认为营 业收入的实现。

12.所得税的会计处理方法

公司采用应付税款法核算。

13.会计政策、会计估计变更

(1)公司按照《股份有限公司会计制度》的规定,从1999年1月1起改变如下会计政策:

A.坏帐准备原按应收帐款余额的5‰提,现改按年末应收帐款和其他应收款余额的5%计提。

B.期末存货原按成本计价,现改为按成本与可变现净值孰低计价。

上述会计政策变更已采用追溯调整法,调整了期初留存收益及相关项目的期初数;利润及利润分配表的上年数栏,已按调整后的数字填列。上述会计政策变更的累积影 响数为12,051,793.96元,其中,因坏帐准备计提方法变更的累积影响数为12,051,793.96元、存货计价方法变更的累积影响数为0元;由于会计政策变更,调增了1998年度的 净利润1,134,566.10元;调减了1999年年初留存收益12,051,793.96元,全部是调减了 未分配利润12,051,793.96元;利润分配表上年数栏的年初未分配利润调减了13,186,360.06元。

(2)折旧计提方法以前年度按财务制度规定的最短年限法,根据公司2000年2月14 日第一届董事会第四次会议,从1999年1月1日起改为按平均年限法,由于折旧年限的变更影响1999年度利润总额15,362,124.96元。

(四)税项

1、增值税:采用17%和13%税率计算缴纳。

2、城建税、教育费附加:分别按增值税的7%和3%计算缴纳。

3、所得税:按年度应纳税所得额的33%计算缴纳。

(五)会计报表主要项目注释(1999年12月31日,金额单位:人民币元)

1、会计报表项目注释:

注释1.货币资金

项目	期初数			期末数		
	原币金额	汇率	折合人民币	原币余额	汇率	折合人民币
现金			11464.69			34753.57
银行存款			-14508577.22			105447864.27
其他货币资金						
合计			-14520041.91			105482617.84

本期较上期变动较大,主要原因系募股资金到位。

注释2.应收票据

期初数	期末数
30295899.00	49760507.00

本期无贴现应收票据。期末比期初增加较多,主要原因是本期销售更多采用了票 据结算方式。

注释3.应收帐款

帐龄	期初数			期末数		
	金额	比例(%)	坏帐准备	金额	比例(%)	坏帐准备
1年以内	184104789.98	76.53	9205239.50	97544575.52	55.68	4877228.78
1-2年	29257496.21	12.16	1462874.81	34293347.24	19.57	1714667.36
2-3年	16149526.38	6.71	807476.32	21814345.94	12.45	1090717.30
3年以上	11065941.01	4.60	553297.05	21547246.32	12.30	1077362.32
合计	240577753.58	100.00	12028887.68	175199515.02	100.00	8759975.76

无持本公司5%以上股份的股东单位的欠款。

欠款金额前五名的单位:

单位名称	所欠金额	欠款时间	欠款原因
平阴铝厂	18,533,433.68	1999年	正常欠货款
抚顺铝厂	13,384,819.20	1999年	正常欠货款
濉溪铝厂	12,250,636.76	1999年	正常欠货款
合肥铝厂	11,975,654.31	1999年	正常欠货款
萍乡铝厂	9,098,961.58	1999年	正常欠货款

注释4.其他应收款

帐龄	期初数			期末数		
	金额	比例(%)	坏帐准备	金额	比例(%)	坏帐准备
1年以内	23760810.06	96.90	1188040.50	495043939.49	99.82	24752196.97
1-2年	380064.04	1.60	19003.20	456684.47	0.09	22834.22
2-3年	170076.94	0.70	8503.85	88339.05	0.02	4416.95
3年以上	204949.86	0.80	10247.50	362941.83	0.07	18147.09
合计	24515900.90	100.00	1225795.05	495951904.84	100.00	24797595.23

本期较上期增加,主要原因系对山东铝业公司的往来款增加。

持本公司5%以上股份的股东单位欠款

单位名称	款项内容	金额
山东铝业公司	流动资金欠款	489917680.33

欠款金额前五名的单位:

单位名称	所欠金额	欠款时间	欠款原因
山东铝业公司	489,917,680.33	1999年8-12月	流动资金欠款
山东省生建八三厂	1,800,000.00	1999年	正常往来欠款
万众实业有限公司	390,580.80	1999年	正常往来欠款
淄博天工净水公司	353,996.81	1999年	正常往来欠款
华加化学制品有限公司	307,616.40	1999年	正常往来欠款

注释5.预付帐款

帐龄	期初数		期末数	
	金额	比例(%)	金额	比例(%)
1年以内	32469388.70	59.12	9721947.84	99.89
1-2年	20651668.11	37.60	10292.00	0.11
2-3年	362271.36	0.66		
3年以上	1440598.79	2.62		
合计	54923926.96	100.00	9732239.84	100.00

本期较上期减少,主要原因系由于公司改变采购运作方式,直接从山东铝业公司采购。

无持本公司5%以上股份的股东单位的欠款。

欠款金额前五名的单位:

单位名称	所欠金额	欠款时间	欠款原因
山东铝业工程公司	2,300,000.00	1999年	尚未结算
山铝工程劳服公司	1,350,000.00	1999年	尚未结算
山东恒成机械厂	981,800.00	1999年	尚未结算
山东铝业进出口公司	700,000.00	1999年	尚未结算
东方电机股份有限公司	500,000.00	1999年	尚未结算

注释6.存货

项目	期初数		期末数	
	金额	跌价准备	金额	跌价准备
原材料	32238800.35		12715744.56	3603963.00
库存商品	109131907.33		73413774.38	388577.20
自制半成品	6173769.33			
在产品	87623606.02		83495318.86	

修理用备件	12572406.22		3478527.96	
委托加工材料	4547625.00		5481025.05	995254.88
包装物			46579.29	
合计	252288114.25		178630970.10	4987795.08

存货跌价准备系按照存货可变现净值逐项确认计提。

注释 7.固定资产

项目	期初价值	本期增加	本期减少	期末价值
原值				
房屋	124772234.01	30369883.50	15796604.02	139345513.49
建筑物	36090821.00	22582163.34	11490148.92	47182835.42
机械设备	196325211.55	148255057.98	29342299.13	315237970.40
工业炉窑	58695454.37	123914100.33	55679995.70	126929559.00
电解槽	29354012.76	146265605.24	0.00	175619618.00
运输设备	3103783.09	2095958.22	535487.31	4664254.00
动力设备	103525441.32	93578655.46	2814519.78	194289577.00
传导设备	57246091.10	44132056.83	11776309.93	89601838.00
自动控制	11440719.83	3118629.45	240626.28	14318723.00
工具及管理用具	589059.73	45910.00	171113.73	463856.00
不需用	23278050.07	0.00	14489714.07	8788336.00
暂停使用	176240054.08	12275041.63	188515095.71	0.00
合计	820660932.91	626633061.98	330851914.58	1116442080.31
累计折旧				
房屋	64570122.46	8345827.83	29850156.01	43065794.28
建筑物	15995952.14	3099424.90	5188056.69	13907320.35
机械设备	154039991.71	31222258.72	23673385.34	161588865.09
工业炉窑	46772495.52	51385013.49	998489.22	97159019.79
电解槽	8931633.25	85298007.90	0.00	94229641.15
运输设备	2188796.92	437462.52	1298767.20	1327492.24
动力设备	72669541.20	19205509.13	6013162.07	85861888.26
传导设备	38537791.25	2807869.24	12392596.05	28953064.44
自动控制	5761389.72	2575308.99	1056362.89	7280335.82
工具及管理用具	431375.80	40311.45	262571.05	209116.20
不需用	8736888.78	0.00	2644024.78	6092864.00
暂停使用	59861099.24	5591248.62	65452347.86	0.00
合计	478497077.99	210008242.79	148829919.16	539675401.62
净值	342163854.92		–	576766678.69

其中,在建工程转入固定资产 71,399,813.40 元。

本期较上期增加,主要原因系评估增值 221,685,909.83 元、在建工程转入 71,399,813.40 元。

注释 8.在建工程

工程项目名称	期初数	本期增加	本期转入固定资产数	其他减少数	期末数	资金来源	进度
铝加工厂着色改造	1389941.26	209000.00	1598941.26	0	0	自筹	
氧化铝大袋包装	908315.34	0	908315.34	0	0	自筹	
第二赤泥堆厂	7937401.17	29341468.80	0	0	37278869.97	自筹	65%
从钙硅中回收氧化铝	133932.42	212085.04	0	0	346017.46	自筹	85%
连续碳酸分解	888540.46	499604.47	1388144.93	0	0	自筹	
电解铝厂循环	538098.73	0.00	538098.73	0	0	自筹	
一、二电解	47047385.09	1182121.34	48229506.43	0	0	自筹	
粉煤灰输送	15353657.69	759141.82	13941083.85	2171715.66	0	自筹	
赤泥快速分离	2625583.18	175108.86	2800692.04	0	0	自筹	
拜尔法技改	44144943.61		0	0	144943.61	募股资金	
窑后高压泵改造	66948.53		0	0	66948.53	自筹	
印度矿实验	76060.00		0	0	76060.00	自筹	
电解改造	1471600.00		0	0	1471600.00	自筹	
多品种氧化铝	195577.50		0	0	195577.50	募股资金	
赤泥过滤机	167388.00		0	0	167388.00	自筹	
连续脱矽	1196760.00		0	0	1196760.00	募股资金	
三电解技改	10953490.00		0	0	10953490.00	自筹	
拟薄水扩产	938210.00		0	0	938210.00	募股资金	
二铝苛化流程	443600.00		0	0	443600.00	募股资金	
氧化铝罐装风源改造	2550.00		0	0	2550.00	自筹	
氢铝过滤机技术改造	9972534.00		0	0	9972534.00	募股资金	
老南组脱矽改造	11210.00		0	0	11210.00	募股资金	
焦碳破碎生产线	126585.94		0	0	126585.94	自筹	
电解余热锅炉	1041.13		0	0	1041.13	自筹	
分厂零固	238090.00		238090.00	0	0	自筹	
30M2 板式散热器	22650.00		0	0	22650.00	募股资金	
二铝矿场污水回收	145073.75		0	0	145073.75	募股资金	
石灰炉循环水	948379.07		0	0	948379.07	自筹	
地下油库卸油装置	1584.83		0	0	1584.83	自筹	
氧化铝石灰仓扩建	269900.00		0	0	269900.00	自筹	
电解三室	362499.00		362499.00	0	0	自筹	
富矿烧结高科技项目	1173787.86		0	0	1173787.86	自筹	0.3%
6# 螺杆压缩机	1303918.70		1303918.70	0	0	自筹	
袋滤机改造	90265.62		90265.62	0	0	自筹	
铝加工食堂	41917.29		0	0	41917.29	自筹	
1# 窑三通道改造	391195.76		0	0	391195.76	自筹	80%
3# 熟料窑电收尘	440225.50		0	0	440225.50	自筹	90%
多品种整改电气	1800.00		0	0	1800.00	募股资金	85%
四车间袋滤机	0	257.50	257.50	0	0	自筹	
二铝厂内食堂	0	150000.00	0	0	150000.00	自筹	
三电解车间改造	0	7922372.20	0	0	7922372.20	自筹	56%
合计	76822855.34	115650946.12	71399813.42	171715.66	118902272.40		

本期较上期增加,主要原因系公司成立后增加的投资项目。在建工程无利息资本 化。

注释 9.开办费

类别	期初数	本期增加	本期摊销	期末数
开办费	0	4945166.59	412098.80	4533067.79
合计	0 4	945166.59	412098.8	4533067.79

注释 10.短期借款

借款类别	期初数	期末数	备注
抵押借款			
担保借款	55000000.00		
信用借款	224500000.00	180000000.00	
合计	279500000.00	180000000.00	

本期较上期减少,主要原因系归还到期借款。

注释 11.应付帐款

期初数	期末数
269986765.31	156692855.95

无欠持本公司 5%(含)以上股份的股东单位的款项。

本期较上期减少,主要原因系由于公司目前委托山东铝业公司代为办理采购业务 所致。

注释 12.预收帐款

期初数	期末数
45201297.66	69519841.48

本期较上期增加,主要原因系正常经营增加的预收款。

无欠持本公司 5%(含)以上股份的股东单位的款项。

注释 13.应付股利 79200000.00

根据公司第一届董事会第 5 次会议决议,1999 年度分配方案是每 10 股分派现金股利 1.5 元。

注释 14.应交税金

税种	欠交税额
增值税	13330378.96
企业所得税	−3139792.26
城建税	519512.09
印花税	904758.87
分配现金股利代扣代缴的个人所得税	4800000.00
合计	16414857.66

注释 15.其他应付款

期初数	期末数
18435545.14	15889605.73

(无)欠持本公司 5%(含)以上股份的股东单位的款项。

注释 16.预提费用

项目	期初数	期末数	结存原因
修理费	0.00	3792912.71	修理尚未进行

注释 17.一年内到期的长期负债

借款类别	期初数	期末数	备注
信用借款	6500000.00	16770000.00	
合计	6500000.00	16770000.00	

注释 18.长期借款

借款单位	人民币金额	借款期限	年利率%	借款条件
南定工行	2,500,000.00	1999.12.25−2001.05.08	6.8310	信用借款
南定工行	4,000,000.00	1999.12.25−2001.06.27	6.8310	信用借款
南定工行	8,100,000.00	1999.12.26−2001.05.20	6.8310	信用借款
合计	14600000.00			

注释 19.股本

(数量单位:股)

	本次变动前	本次变动增减(+、−)						本次变动后
		配股	送股	公积金转股	增发	其他	小计	
一、未上市流通股份								
1、发起人股份						400000000.00	400000000.00	400000000.00
其中:国家持有股份						400000000.00	400000000.00	400000000.00
未上市流通股份合计						400000000.00	400000000.00	400000000.00
二、已上市流通股份								
1、人民币普通股						160000000.00	160000000.00	400000000.00
已上市流通股份合计						160000000.00	160000000.00	160000000.00
三、股份总数						560000000.00	560000000.00	560000000.00

根据财政部财管字[1999]129 号文件"关于山东铝业股份有限公司(筹)国有股权 管理有关问题的批复",同意公司将净资产的 79.3%折成国有法人股 400,000,000 股。

注释 20.资本公积

项目	期初数	本期增加	本期减少数	期末数
股本溢价	379910487.09			379910487.09
资产评估增值准备	104393488.79			104393488.79
合计	484303975.88			484303975.88

增减变动的原因及依据:

资本公积增减变动项目	变动原因	
资本公积增加	资产评估增值	104,393,488.79 元
资本公积增加	股本溢价	379,864,433.15 元
资本公积增加	申购资金利息收入	46,053.94 元

注释 21.盈余公积

项目	期初数	本期增加	本期减少数	期末数
法定盈余公积		14327956.97		14327956.97
公益金		7163978.49		7163978.49
合计		21491935.46		21491935.46

注释 22.未分配利润

期初数	−12051793.96
本年净利润	155331363.69
减:提取法定公积金(10%)	14327956.97
提取法定公益金(5%)	7163978.49
分配现金股利	84000000.00
期末数	37787634.27

对以前年度损益调整致使期初未分配利润变动情况

变动内容	变动原因	变动依据	影响金额

减少1998年度期初留存收益
追溯调整坏账准备　财会字[1999]35号　-13186360.06
减少1998年度管理费用
追溯调整坏账准备　财会字[1999]35号　1134566.10
注释23.其他业务利润(占报告期利润总额10%含以上的披露)

业务种类	本年发生数		上年发生数	
	收入数	成本数	收入数	成本数
二氧化碳	3373700.00	3406391.34	2870120.00	2870120.00
压缩风	3715800.00	3749959.12	2460160.00	2460160.00
浓缩赤泥	349526.28	5941.95	1800165.30	
动力电	24953056.00	15595660.00	52661894.23	29772667.48
转供电	119214901.48	90909826.68		
蒸汽	1995136.00	1642687.55	2318787.50	1968943.25
转供汽	98587634.50	92351310.56		
废料	4453327.23	5490675.03	8136500.58	7081039.04
运输包装	2226939.26	2571326.21		
其他	833746.47	836341.59	65698.47	1055889.16
合计	259703767.22	216560120.03	70313326.08	45208818.93

注释24.管理费用

本年发生数	上年发生数
111257284.98	60703293.45

本期较上期增加较多,主要原因如下:比上年多提取坏账准备20,306,076.83元;职工养老统筹12,533,928.75元;科研费支出16,477,458.42元。

注释25.财务费用

类别	本年发生数	上年发生数
利息支出	45802087.43	53561305.98
减:利息收入	1441102.23	
其他	3066.30	
合计	44364051.50	53561305.98

注释26.营业外收支(占报告期利润总额10%含以上的披露)

主要项目类别	本年发生数		上年发生数	
	内容	金额	内容	金额
营业外收入	申购资金利息收入	3798181.30		
营业外收入	罚款收入	4595.50		
合计		3802776.80		
营业外支出	赔偿费	149009.40		
营业外支出	处理固定资产净损失	1564154.62		
合计		1713164.02		

注释27.支付的其他与经营活动有关的现金

项目	金额
支付给集团公司的款项	328437586.59
应收集团公司管理费中的剥离数	28236105.22
应收集团公司销售费用剥离口径	2904394.67
第二氧化铝厂已剥离资产	66559352.73
氧化铝厂错剥的资产	60380731.02
热电厂冲回转来上网费	3800000.00
管理费支付现金	72520118.53
99.7.31已留在集团的负债,不应由公司在8月份后替其偿还	4688408.36
支付给集团公司的运费	2660353.15
支付集团往来款	8327882.79
合计	578514933.06

(六)、分行业资料

行业	营业收入		营业成本		营业毛利	
	上年数	本年数	上年数	本年数	上年数	本年数
工业制造	1468948593	1688007522	1155168944	1289817979	313779648	398189543.33
合计	1468948593	1688007522	1155168944	1289817979	313779648	398189543.33

(七)关联方关系及其交易
1、存在控制关系的关联方

企业名称	注册地址	主营业务	与本企业关系	经济性质	法定代表人
山东铝业公司	母公司	铝业	母公司	全民所有制	刘兴亮

2、存在控制关系的关联方的注册资本及其变化

企业名称	年初数	本年增加数	本年减少数	年末数
山东铝业公司	669130740.35			669130740.35

3、存在控制关系的关联方所持股份及其变化

企业名称	年初数		本年增加		本年减少		年末数	
	金额	%	金额	%	金额	%	金额	%
山东铝业公司	400000000.00	100					400000000.00	71.43

4、不存在控制关系的关联方关系的性质

企业名称	与本企业的关系
淄博万成工贸公司	同一母公司
淄博华加化学制品有限公司	同一母公司
烟台龙泰公司	同一母公司
济南鲁东公司	同一母公司
山铝运达公司	同一母公司
山铝设计院	同一母公司
山铝凯鹏公司	同一母公司
山铝设备检测中心	同一母公司
山铝恒成机械厂	同一母公司
智诚监理公司	同一母公司
大地房地产公司	本公司关键管理人员直接控制
电厂劳动服务公司	本公司关键管理人员直接控制
电厂双佳公司	本公司关键管理人员直接控制
氧化铝厂劳动服务公司	本公司关键管理人员直接控制
淄博施美工贸有限公司	本公司关键管理人员直接控制
山铝第二工程公司	本公司关键管理人员直接控制
万众实业有限公司	本公司关键管理人员直接控制

5、关联方交易
(1)采购货物

公司名称	1999年度	1998年度
山东铝业公司	889192428.18	436545648.55
淄博万成工贸有限公司	22287553.04	
山铝第二工程公司	2211226.57	
淄博万众实业有限公司	1263492.27	
淄博施美工贸有限公司	9060440.73	

(2)公司向关联企业销售货物

单位名称	1999年度	1998年度
	金额(元)	金额(元)
山东铝业公司	286249430.31	83337808.45

(3)公司本年度支付关联企业资金占用费

单位名称	金额
山东铝业公司	3705419.67
合计	3705419.67

6、关联方应收应付款项余额

项目	1999年12月31日	1998年12月31日
	金额(元)	金额(元)
应收帐款:		
山铝劳服公司	298552.50	
小计	298552.50	
预付帐款		
山铝恒成机械厂	981800.00	
山东铝业公司		7444723.42
小计	981800.00	7444723.42
应付帐款		
山铝设计院	5144263.23	
山铝恒通厂	693325.82	
智诚监理公司	409522.00	
淄博万成工贸公司	17335882.37	
劳服二公司	771281.15	
淄博施美工贸有限公司	9210440.73	
电厂劳动服务公司	871437.96	
电厂双佳公司	602764.92	
二铝劳服公司	537717.39	
万众清洗公司	808006.45	
鲁中贸易装饰公司	925509.68	
青岛龙泰公司	481180.23	
山东恒成机械制造厂	190910.00	
山铝设备检测中心	830.00	
小计	37983071.93	
其他应收款		
山东铝业公司	489917680.33	
万众实业有限公司	390580.80	
电厂劳动服务公司	105553.84	
电厂双佳公司	269820.62	
山铝劳服公司	193841.68	
济南鲁东公司	5721.45	
山东恒成机械制造厂	70563.53	
山铝凯鹏公司	80000.00	
山铝设备检测中心	77426.46	
淄博华加化学制品有限公司	307626.40	
淄博万成工贸公司	11755.94	
小计	491430571.05	
其他应付款		
电解铝厂劳动服务公司	327204.38	
山铝凯鹏公司	119000.00	
山东恒成机械制造厂	53363.62	
山铝设备检测中心	57497.22	
山铝运达公司	6179.00	
小计	563244.22	

(八)或有事项
无需要说明的或有事项。
(九)承诺事项
无需要说明的承诺事项。
(十)其他重要事项
根据公司第一届董事会第5次会议决议,1999年度分配方案是每10股分派现金股利1.5元,对会计报表相应科目进行了调整。

九、公司的其他有关资料

1、公司首次注册地址:淄博市淄博高新技术产业开发区柳泉路北首
公司注册登记日期:1999年6月18日
2、公司法人营业执照注册号:3700001802806
3、公司税务登记号码:37030326716723X
4、公司未流通股票的托管机构:山东证券登记公司
5、公司报告期内发行股票的主承销商:国泰证券有限公司
6、公司报告期内聘请的会计师事务所:北京中洲会计师事务所有限公司
办公地址:北京市西城区金融大街35号国际企业大厦B座1131号

十、备查文件目录

1、载有公司法定代表人、总会计师、会计主管人员签名并盖章的会计报表。
2、载有中洲会计师事务所盖章、注册会计师签名并盖章的审计报告原件。
3、报告期内在中国证监会指定报纸(中国证券报、上海证券报)公开披露过的所 有公司文件的正本及公告的原稿。

利润表

编制单位:山东铝业股份有限公司　　单位:人民币元
(会股02表)

项目	1999年度	1998年度
一、主营业务收入	1,688,007,522.83	1,468,948,593.41
减:折扣与折让		
主营业务收入净额	1,688,007,522.83	1,468,948,593.41
减:主营业务成本	1,289,817,979.50	1,155,168,944.85
主营业务税金及附加	12,249,138.52	11,115,943.98
二、主营业务利润(亏损以"—"号填列)	385,940,404.81	302,663,704.58
加:其他业务利润(亏损以"—"号填列)	43,143,647.19	25,104,507.15

减:存货跌价损失	4,987,795.08	
营业费用	31,055,300.92	18,494,254.67
管理费用	111,257,284.98	60,703,293.45
财务费用	44,364,051.50	53,561,305.98
三、营业利润	237,419,619.52	195,009,357.63
加:投资收益(损失以"—"号填列)		
补贴收入		
营业外收入	3,802,776.80	
减:营业外支出	1,713,164.02	
四、利润总额	239,509,232.30	195,009,357.63
减:所得税	84,177,868.61	63,978,681.20
五、净利润(净亏损以"—"号填列)	155,331,363.69	131,030,676.43
非常项目:	1999 年度	1998 年度
1.出售、处置部门或被投资单位		
2.自然灾害发生的损失		
3.会计政策变更		
4.其他		

现金流量表

编制单位:山东铝业股份有限公司　1999 年度　单位:人民币元

(会股 03 表)

项目	金额
一、经营活动产生的现金流量:	
销售商品、提供劳务收到的现金	1,729,666,750.56
收到的租金收到的税费返还	
收到的其他与经营活动有关的现金	149,418,714.58
现金流入小计	1,879,085,465.14
购买商品、接受劳务支付的现金	1,349,263,655.60
经营租赁所支付的现金	2,026,707.15
支付给职工以及为职工支付的现金	124,684,316.73
实际交纳的增值税款	36,029,625.94
支付的所得税款	37,950,000.00
支付的除增值税、所得税以外的其他税费	2,935,688.24
支付的其他与经营活动有关的现金	578,514,933.06
现金流出小计	2,131,404,926.72
经营活动产生的现金流量净额	−252,319,461.58
二、投资活动产生的现金流量:	
收回投资所收到的现金	
分得股利或利润所收到的现金	
取得债券利息收入所收到的现金	
现金流入小计	
购建固定资产、无形资产和其他长期资产所支付的现金	41,313,602.58
现金流出小计	41,313,602.58
投资活动产生的现金流量净额	−41,313,602.58
三、筹资活动产生的现金流量:	
吸收权益性投资所收到的现金	539,864,433.15
收到的其他与筹资活动有关的现金	4,242,132.90
现金流入小计	544,106,566.05
偿还债务所支付的现金	113,451,404.37
偿付利息所支付的现金	46,059,521.59
现金流出小计	159,510,925.96
筹资活动产生现金流量净额	384,595,640.09
四、汇率变动对现金的影响额	
五、现金及现金等价物净增加额	90,962,575.93
补充资料	金额
1、不涉及现金收支的投资和筹资活动:	
以固定资产偿还债务	
以投资偿还债务	
以固定资产进行投资	
以存货偿还债务	
2、将净利润调节为经营活动的现金流量:	
净利润	155,331,363.69
加:计提的坏帐准备或转销的坏帐	21,439,466.91
固定资产折旧	68,000,266.35
无形资产摊销	
待摊费用的减少(减:增加)	
预提费用的增加(减:减少)	3,792,912.71
处置固定资产、无形资产和其他长期资产的损失(减:收益)	1,564,154.62
固定资产报废损失	
财务费用	46,059,521.59
存货的减少(减:增加)	78,644,939.23
经营性应收项目的减少(减:增加)	−391,014,573.99
经营性应付项目的增加(减:减少)	−243,523,698.29
其他	7,386,185.60
经营活动产生的现金流量净额	−252,319,461.58
3、现金及现金等价物净增加情况:	
现金的期末余额	105,482,617.84
减:现金的期初余额	14,520,041.91
现金及现金等价物净增加额	90962575.93

利润分配表

编制单位:山东铝业股份有限公司　单位:人民币元

(会股 02 表附表 1)

项目	1999 年度	1998 年度
一、净利润	155,331,363.69	131,030,676.43
加:年初未分配利润	−12,051,793.96	−13,186,360.06
盈余公积转入		
二、可供分配的利润	143,279,569.73	117,844,316.37
减:提取法定盈余公积	14,327,956.97	
提取法定公益金	7,163,978.49	
三、可供股东分配利润	121,787,634.27	117,844,316.37
减:应付优先股股利		
提取任意盈余公积		
应付普通股股利	84,000,000.00	129,896,110.33
转作股本的普通股股利		
四、未分配利润	37787634.27	−12051793.96

资产负债表

编制单位:山东铝业股份有限公司　单位:人民币元

(会股 01 表)

资产	1999 年 12 月 31 日	1998 年 12 月 31 日
流动资产:		
货币资金	105,482,617.84	14,520,041.91
短期投资		
减:短期投资跌价准备		
短期投资净额		
应收票据	49,760,507.00	30,295,899.00
应收股利		
应收利息		
应收帐款	175,199,515.02	240,577,753.58
其他应收款	495,951,904.84	24,515,900.90
减:坏帐准备	33,557,570.99	13,254,682.73
应收款项净额	637,593,848.87	251,838,971.75
预付帐款	9,732,239.84	54,923,926.96
应收补贴款		
存货	178,630,970.10	252,288,114.25
减:存货跌价准备	4,987,795.08	
存货净额	173,643,175.02	252,288,114.25
待摊费用		
待处理流动资产净损失		
一年内到期的长期债券投资		
其他流动资产		
流动资产合计	976,212,388.57	603,866,953.87
长期投资:		
长期股权投资		
长期债权投资		
长期投资合计		
减:长期投资减值准备		
长期投资净额		
固定资产:		
固定资产原价	1,116,442,080.31	820,660,932.91
减:累计折旧	539,675,401.62	478,497,077.99
固定资产净值	576,766,678.69	342,163,854.92
工程物资	29,600.00	
在建工程	118,902,272.40	76,822,855.34
固定资产清理		
待处理固定资产净损失		
固定资产合计	695,698,551.09	418,986,710.26
无形资产及其他资产:		
无形资产		
开办费	4,533,067.79	
长期待摊费用		
其他长期资产		
无形资产及递延资产合计	4,533,067.79	
递延税项:		
递延税款借项		
资产总计	1,676,444,007.45	1,022,853,664.13
负债与股东权益	1999 年 12 月 31 日	1998 年 12 月 31 日
流动负债:		
短期借款	180,000,000.00	279,500,000.00
应付票据		10,001,366.71
应付帐款	156,692,855.95	269,986,765.31
预收帐款	69,519,841.48	45,201,297.66
代销商品款		
应付工资	5,253,372.22	4,026,221.95
应付福利费	13,246,215.95	12,123,516.37
应付股利	79,200,000.00	
应交税金	16,414,857.66	2,877,312.37
其他应交款	1,480,800.14	
其他应付款	15,889,605.73	18,435,545.14
预提费用	3,792,912.71	
一年内到期的长期负债	16,770,000.00	6,500,000.00
其他流动负债		
流动负债合计	558,260,461.84	648,652,025.51
长期负债:		
长期借款	14,600,000.00	38,821,404.37
应付债券		
长期应付款		
住房周转金		
其他长期负债		
长期负债合计	14,600,000.00	38,821,404.37
递延税项:		
递延税款贷项		
负债合计	572,860,461.84	687,473,429.88
股东权益:		
股本	560,000,000.00	347,432,028.21
资本公积	484,303,975.88	
盈余公积	21,491,935.46	
其中:公益金	7,163,978.49	
未分配利润	37,787,634.27	−12,051,793.96
股东权益合计	1,103,583,545.61	335,380,234.25
负债及股东权益合计	1676444007.45	1022853664.13

有研半导体材料股份有限公司

一 公司简介

(一)公司法定中文名称:有研半导体材料股份有限公司
中文简称:有研硅股
公司法定英文名称:GRINM SEMICONDUCTOR MATERIALS CO.,LTD.
英文缩写:GRITEK
(二)公司法定代表人:屠海令
(三)公司董事会秘书:陶森
联系人:陶森
联系地址:北京市海淀区北三环中路43号
电话(Tel):010-62355380 传真(Fax):010-62355381
电子信箱:taosen@mail.gritek.com.cn
(四)公司注册地址:北京市海淀区北三环中路43号
公司办公地址:北京市海淀区北三环中路43号 邮政编码:100088
公司互联网网址:http://www.gritek.com.cn 公司电子邮箱:taosen @mail. gritek.com.cn
(五)公司选定信息披露报纸:《中国证券报》《上海证券报》《证券时报》
公司年度报告登载互联网网址:http://www.sse.com.cn
公司年度报告备置地点:北京市海淀区北三环中路43号有研半导体材料股份有限公司
(六)公司股票上市交易所:上海证券交易所
股票简称:有研硅股 股票代码:600206

二 会计数据和业务数据摘要

(一)本年度主要利润指标情况:(单位:人民币元)

利润总额	61,082,951.60
净利润	49,850,998.59
扣除非经常性损益后的净利润	47,146,036.70
主营业务利润	52,939,411.42
其他业务利润	10,196,923.21
营业利润	57,658,970.64
投资收益	376,731.21
补贴收入	----
营业外收支净额	3,047,249.75
经营活动产生的现金流量净额	-26,948,418.84
现金及现金等价物净增加额	137,091,681.44

注:扣除非经常性损益项目和涉及的金额:
(1)新股申购冻结资金利息:按五年分摊无效申购资金利息本年度摊入额为3,412,977.06元
(2)资产处置损益额:出售固定资产清理收入净额为616,493.09元
(3)合并价差摊入为-342,287.86元
(4)其他:五年增负退税清算税款为-982,220.40元
(二)前三年主要会计数据和财务指标:
追溯调整后: 单位:人民币元

项目	99年	98年	97年
主营业务收入:	110,802,224.23	170,837,823.00	158,427,773.90
净利润:	49,850,998.59	40,847,534.57	43,602,587.46
总资产:	806,092,541.33	220,789,530.80	102,229,930.86
股东权益:	677,009,186.59	124,125,360.76	60,588,789.97
每股收益:	0.344	0.511	0.545
每股净资产:	4.669	1.552	0.757
调整后的每股净资产:	4.665	1.547	0.757
每股经营活动产生的现金流量净额:	-0.19		---
净资产收益率:	7.363%	32.91%	71.96%
加权平均的每股收益:	0.363	0.511	0.545
扣除非经常性损益后的每股收益:	0.325	0.506	0.545

调整前后各年度的会计数据如下:

	1999年		1998年	
项目	调整前	调整后	调整前	调整后
坏帐准备	67,432.45	2,186,755.90	20,096.81	562,684.71
存货跌价准备	---	5,972,513.15	---	---
未分配利润	12,411,096.10	4,896,839.37	1,618,126.62	1,266,040.50

(三)股东权益变动情况:

项目	股本	资本公积	盈余公积	法定公益金	未分配利润	股东权益合计
期初数	80,000,000.00	42,859,320.26			1,266,040.50	124,125,360.76
本期增加	65,000,000.00	476,559,950.80	9,970,199.72		49,850,998.59	601,381,149.11
本期减少		2,277,123.56			46,220,199.72	48,497,323.28
期末数	145,000,000.00	517,142,147.50	9,970,199.72		4,896,839.37	677,009,186.59

注:(1)本年度内公司股本增加6500万股,原因是新发行人民币普通股A股6500万股。
(2)本年度内资本公积增加47656万元,原因是发行新股产生的股本溢价。
(3)本年度内资本公积减少228万元,原因是固定资产评估增值摊销。
(4)盈余公积增加为从本年度净利润中提取数额。
(5)未分配利润增加,原因是本年度净利润增加。
(6)股东权益增加,原因是资本公积增加和未分配利润增加。

三 股东情况介绍

(一)截止1999年12月31日,本公司股东总数为41982户。
(二)主要股东持股情况如下:

股东名称	类别	持股数(股)	占总股本比例(%)
北京有色金属研究总院	国有法人股	80000000	55.17
景阳基金	社会公众股	996282	0.69
景博基金	社会公众股	930528	0.64
熊成勇	社会公众股	443600	0.30
大连华易	社会公众股	440600	0.30
周利明	社会公众股	350000	0.24
王立	社会公众股	282000	0.19
杨五全	社会公众股	270000	0.19
长城证券	社会公众股	240000	0.17
李恩富	社会公众股	233600	0.16

河南安彩高科股份有限公司

一、公司简介

1、公司法定中文名称:河南安彩高科股份有限公司
公司法定英文名称:HENAN ANCAI HI-TECH Co.,LTD
2、公司法定代表人:李留恩
3、公司董事会秘书:许应中
4、公司注册与办公地址:河南省安阳市中州路南段
邮政编码:455000
电 话:0372-3932916-2533
传 真:0372-3938035
电子信箱:acht@public.ha.cn
5、公司选定的信息披露报纸名称:《中国证券报》、《上海证券报》
登载公司年度报告的中国证监会指定国际互联网网址: http://www.sse.com.cn
公司年度报告备置地点:河南省安阳市中州路南段公司证券部
6、公司股票上市交易所:上海证券交易所
股票简称:安彩高科 股票代码:600207

二、主要会计资料

1、本年度效益情况: (单位:人民币元)

利润总额	315,501,858.41
净利润	220,812,711.19
扣除非经营性损益后的净利润	213,964,135.97
主营业务利润	393,548,460.22
其他业务利润	399,277.99
营业利润	278,050,594.08
投资收益	0.00
补贴收入	38,101,946.64
营业外收支净额	-650,782.31
经营活动产生的现金流量净额	11,747,371.47
现金及现金等价物净增加额	217,123,984.12

注:“扣除非经营性损益后的净利润”中非经营性损益项目为:新股发行冻结资金利息6,848,575.22元。
2、前三年主要会计数据和财务指标:

项目	1999年	1998年		1997年
		调整后	调整前	
主营业务收入	965,675,771.52	730,846,887.33	730,846,887.33	622,311,047.87
净利润	220,812,711.19	122,988,270.70	130,168,715.42	102,430,441.81
总资产	2,737,729,493.08	966,695,200.58	966,695,200.58	919,998,892.48
股东权益	1,822,911,238.21	412,699,288.93	419,879,733.65	303,413,807.21
每股收益(摊薄)	0.5018	0.4730	0.5006	0.3952
每股净资产	4.143	1.5873	1.61	1.1708
调整后每股净资产	4.058	3.7087	1.61	3.512
每股经营活动产生现金流量净额	0.027	0.0482	0.0482	
净资产收益率	12.11%	29.80%	31%	33.76%

注:(1)每股收益=净利润/年度末普通股股份总数
(2)每股净资产=年度末股东权益/年度末普通股股份总数
(3)调整后的每股净资产=(年度末股东权益-三年以上的应收款项净额-待摊费用-待处理(流动、固定)资产净损失-开办费-长期待摊费用-住房周转金负数余额)/年度末普通股股份总数
(4)每股经营活动产生的现金流量净额=经营活动产生的现金流量净额/年度末普通股股份总数
(5)净资产收益率=净利润/年度末股东权益*100%
3、本年度股东权益变动情况:

项目	期初数	本期增加	本期减少	期末数
股本	260,000,000.00	180,000,000.00		440,000,000.00
资本公积	134,586,250.56	1,097,399,238.09		1,231,985,488.65
盈余公积	2,716,955.76	33,121,906.68		35,838,862.44
法定公益金	905,651.92	11,040,635.56		11,946,287.48
未分配利润	15,396,082.61	187,690,804.51	88,000,000.00	115,086,887.12
股东权益合计	412,699,288.93	1,498,211,949.28	88,000,000.00	1,822,911,238.21

股东权益变动情况说明:
(1)总股本增加18,000万元,是由于本公司本年度发行社会公众股18,000万股,致使总股本增加至44,000万元。
(2)资本公积增加1,097,399,238.09元,是因为A股募集资金的到位,致使股本溢价1,097,399,238.09元。
(3)盈余公积增加33,121,906.68元,主要是因为本公司本年度从净利润220,812,711.19元中计提了10%的法定公积金22,081,271.12元和5%的法定公益金11,040,635.56元。
(4)未分配利润增加,主要是因为本公司本年度盈利水平提高所致。截止1999年12月31日,公司共有可供股东分配利润203,086,887.12元,根据本公司第一届董事会第七次会议讨论通过了每10股派发现金红利2元(含税),使得未分配利润减少8,800万元。

三、股东情况介绍

股东情况介绍
(1)报告期末股东总数为103011户
(2)前10名股东持股情况

股东名称	年末持股数(股)	占总股本的比例(%)
①河南安阳彩色显像管玻壳有限公司	259,160,000	58.9
②汉盛基金	10,000,800	2.27
③同益基金	8,939,009	2.03
④裕阳基金	2,432,093	0.55
⑤开元基金	1,000,000	0.23
⑥大平公司	798,400	0.18
⑦珠海高和	663,322	0.15
⑧数通信息	630,200	0.14
⑨淮阴农信	614,200	0.139
⑩卓盛发展	541,819	0.12

中宝戴梦得投资股份有限公司

一、公司简介

(一)、公司的法定中文名称:中宝戴梦得投资股份有限公司
公司的法定英文名称:SINO-DIAMEND GEMS&JEWELLERY INVESTMENT CO.,LTD.
(二)、公司法定代表人:李荣
(三)、公司董事会秘书:钱春
联系地址:浙江省嘉兴市禾兴路 336 号戴梦得大厦七楼
北京西城区金融大街 23 号平安大厦 11 层
联系电话:0573-2093599;010-66214200
传真:0573-2093599;010-66214186
电子信箱:sinodiamend@china-diamend.com
公司董秘授权人:高磊
联系地址:浙江嘉兴禾兴路 336 号戴梦得大厦七楼
联系电话及传真:0573-2093599
(四)、公司注册地址:浙江嘉兴禾兴路 336 号　　邮编:314000
公司办公地址:浙江省嘉兴市禾兴路 336 号戴梦得大厦　　邮编:314000
北京西城区金融大街 23 号平安大厦 11 层　邮编:100032
电子信箱:sinodiamend@china-diamend.com
公司国际互联网网址:http://www.sino-diamend.com
(五)、公司信息披露报纸:《中国证券报》
登载公司年报的中国证监会指定国际互联网网址:http://www.sse.com.cn
年度报告备置地点:浙江嘉兴禾兴路 336 号戴梦得大厦七楼公司证券部
(六)公司股票上市地:上海证券交易所
股票简称:戴梦得　　股票代码:600208

二、会计数据和业务数据摘要

(一)、本年度主要会计数据和业务数据(单位:元)

利润总额	72321993.71
净利润	54895039.83
扣除非经常性损益后的净利润	33384008.09
主营业务利润	82390180.96
其它业务利润	484793.37
营业利润	12071.49
投资收益	49550430.79
补贴收入	6892030.01
营业外收支净额	15867461.42
经营活动产生的现金流量净额	35240140.67
现金及现金等价物净增加额	90059124.20

扣除非经常性损益项目如下(单位:人民币　元):

a、新股保证金利息	6217993.63
b、补贴收入	6793038.11
c、补偿费收入	8500000.00

(二)、截止报告期末公司前三年的主要会计数据和财务指标:(单位:元)

指标项目	1999 年	1998 年 调整后	1998 年 调整前	1997 年 调整后	1997 年 调整前
主营业务收入	668382343.66	614367883.60	608689830.70	179913274.60	179913274.60
净利润	54895039.83	20042035.55	33748219.94	12235070.31	23087305.73
总资产	1181276382.44	712488166.01	731675298.78	542541365.34	553393600.76
股东权益(不含少数股东权益)	563306787.54	179738633.57	204496921.87	159404309.27	170256544.69
每股收益(摊薄)	0.26	0.14	0.23	0.09	0.16
(加权)	0.31				
扣除非常性损益后的每股收益	0.16	0.14	0.23	0.09	0.16
每股净资产	2.69	1.25	1.42	1.11	1.18
调整后的每股净资产	2.63	1.19	1.18	1.03	1.14
每股经营活动产生的现金流量净额	0.43	-0.34	-0.34		
净资产收益率(%)(摊薄)	9.75	11.15	16.50	7.68	13.56
(加权)	10.34				

公司调整前后各年度会计数据如下:

项目	1999 年	1998 年 调整前	1998 年 调整后	1997 年 调整前	1997 年 调整后
坏帐准备	-2046944.99	583929.17	8039262.31	174702.77	5245028.37
存货跌价准备	-87866.13	3860.05	3622572.23	0	5607207.05
长期投资减值准备	0	0	2850000.00	0	0
未分配利润	61178529.33	37273215.29	16240184.77	14658081.18	3805845.76

(三)报告期内股东权益变动情况　　(单位:元)

项目	股本	资本公积	盈余公积	法定公益金	未分配利润	股东权益合计
期初数	144033577.48	601586767.00	13449008.65	6215154.19	16240184.77	179738633.57
本期增加	65000000.00	263673114.14	9956695.27	4425197.90	44938344.56	383568153.97
本期减少	0	0	0	0	0	0
期末数	209033577.48	269688976.81	23405703.92	10640352.09	61178529.33	563306787.54

三、股东情况介绍

1、截止 1999 年 12 月 31 日,公司股东总数 41312 户。
2、公司前十名股东持股情况:

股东名称	年度内股份增减变动	年末持股数(万股)	占总股份比例(%)
(1)中国地矿宝石总公司	0	2300	11.01
(2)戴梦得实业发展有限公司	0	1600	7.66
(3)浙江新湖集团股份有限公司	0	1500	7.18
(4)嘉兴商业集团控股(集团)有限公司	0	1433.9761	6.86
(5)上海涌金实业有限公司	0	677.0261	3.24
(6)浙江省商业集团公司	0	642.25	3.08
(7)深圳东海潮投资发展有限公司	0	525	2.52
(8)浙江省钱江生物化学股份有限公司	0	315	1.51
(9)嘉兴粮食总公司	0	306.5	1.47
(10)湖南省成功企业集团有限公司	0	210	1.01

上述股东中代表国家持股的是嘉兴商业集团控股(集团)公司,中国地矿宝石总公司所持股份为国有法人股,其余均为未上市的法人股。前十名股东中不存在关联关系。

海南罗顿发展股份有限公司

一、公司简介

(一)公司法定中文名称:海南罗顿发展股份有限公司　　中文缩写:罗顿发展
英文名称:HAINAN LAWTON DEVELOPMENT CO.,LTD.缩写:LAWTON DEVELOPMENT
(二)公司法定代表人:李维先生
(三)公司董事会秘书及授权代表:韦胜杭先生、韦钟先生
联系地址:海南省海口市人民大道 68 号
电　话:(0898)6258868　　传真:(0898)6254868　　邮政编码:570208
电子信箱:golden@public.hk.hi.cn
(四)公司注册地址及办公地址:海南省海口市人民大道 68 号　　邮政编码:570208
公司国际互联网网址:http://www.lawtonfz.com.cn　　公司电子信箱:golden@public.hk.hi.cn
(五)公司选定的信息披露报纸名称:上海证券报
登载公司年度报告的中国证监会指定国际互联网网址:http://www.sse.com.cn
年度报告备置地点:公司年度报告备置于公司办公地址,以供股东及投资者查阅。
(六)公司股票上市交易所、股票简称和股票代码:
公司股票上市交易所:上海证券交易所
股票简称:罗顿发展　　股票代码:600209

二、会计数据及业务数据摘要

(一)公司本年度实现的利润总额	59,435,704.41 元
其中:净利润	50,007,110.75 元
扣除非经常性损益后的净利润*	38,666,381.01 元
主营业务利润	70,808,526.86 元
营业利润	47,931,442.23 元
投资收益	-71,542.49 元
营业外收支净额	11,575,804.67 元
经营活动产生的现金流量净额	-18,053,270.10 元
现金及现金等价物净增加额	119,523,728.14 元

* 扣除的非经常性损益项目及涉及金额:(1)申购资金利息收入 11,412,272.23;
(2)合并价差摊入-71,542.49。

(二)公司前三年主要会计数据和财务指标:

项　目	1999 年	1998 年 调整前	1998 年 调整后	1997 年 调整前	1997 年 调整后
主营业务收入(元)	189,030,946.00	153,764,471.81	153,764,471.81	125,034,279.93	125,034,279.93
净利润(元)	50,007,110.75	45,092,686.69	45,407,051.17	41,542,035.49	38,363,133.53
总资产(元)	656,382,279.57	374,491,710.54	362,898,906.67	348,941,264.31	337,034,095.96
股东权益(元)(不含少数股东权益)	485,177,608.98	138,402,207.68	130,091,158.66	107,161,243.00	98,535,829.50
每股收益(元)	0.3182	0.4208	0.4237	0.6154	0.5683
每股收益(加权)(元)	0.3360	0.4637	0.4669	0.6154	0.5683
扣除非经常性损益后的每股收益(元)	0.2460	0.4208	0.4237	0.6154	0.5683
每股净资产(元)	3.0871	1.2915	1.2140	1.5876	1.4598
调整后的每股净资产(元)	3.0764	1.2861	1.2085	1.5703	1.4425
每股经营活动产生的现金流量净额(元)	-0.1149	-0.3482	-0.3482	-0.0047	-0.0047
净资产收益率(%)	10.31	32.58	34.90	38.77	38.93

注:主要财务指标计算方法:
每股收益=净利润/年度末普通股股份总数
每股净资产=年度末股东权益/年度末普通股股份总数
调整后的每股净资产=(年度末股东权益-三年以上的应收款项净额-待摊费用-待处理(流动、固定)资产净损失-开办费用-长期待摊费用-住房周转金负数余额)/ 年度末普通股股份总数
每股经营活动产生的现金流量净额=经营活动产生的现金流量净额/年度末普通股股份总数
净资产收益率=净利润/年度末股东权益 x 100%
按月平均加权法计算的每股收益=净利润/‖(发行前普通股股份总数 x2)+(发行后普通股股份总数 x10)/12‖

(三)报告期内股东权益变动情况　　单位:人民币元

项目	股本	资本公积	盈余公积	法定公益金	未分配利润	股东权益合计
期初数	107,161,243.00		8,256,968.16	2,752,322.72	14,672,947.50	130,091,158.66
本期增加	50,000,000.00	255,079,339.57	9,515,373.07	3,171,791.02	50,007,110.75	364,601,823.39
本期减少					9,515,373.07	9,515,373.07
期末数	157,161,243.00	255,079,339.57	17,772,341.23	5,924,113.74	55,164,685.18	485,177,608.98
变动原因	发行股票	股票发行溢价收入净额	本年度利润分配提取	本年度利润分配提取	净利润及利润分配	

三、股东情况介绍

1、报告期末股东总数为 5093 户。其中,未流通法人股股东 5 户,流通股股东 5088 户。
2、持有本公司 5%(含 5%)以上股份的股东情况:持有本公司 5%(含 5%)以上股份的股东共 3 户,即海南黄金海岸集团有限公司、海口金海岸罗顿国际旅业发展有限公司、海口黄金海岸技术产业投资有限公司,报告期内所持股份没有变动,报告期内,持有本公司 5%(含 5%)以上股份的股东在报告期内其所持有的股份没有发生质押、冻结情况。
报告期末,本公司前 10 名股东持股情况列示如下:

单位:万股

股东名称	期初数	期末数	报告期内增减情况	占总股本比例(%)
(1)海南黄金海岸集团有限公司("集团公司")	7008.3453	7008.3453		44.59
(2)海口金海岸罗顿国际旅业发展有限公司("旅业公司")	2143.2249	2143.2249		13.64
(3)海口黄金海岸技术产业投资有限公司("技术产业公司")	814.4254	814.4254		5.18
(4)海口国能物业发展有限公司("国能物业公司")	535.8062	535.8062		3.41
(5)深圳国投	0	256.9260		1.63
(6)北京市久凌商贸	0	249.6302		1.59
(7)海南大宇实业有限公司("大宇实业公司")	214.3225	214.3225		1.36
(8)北京市中技备件	0	188.4950		1.20
(9)深圳市盈益公司	0	123.1372		0.78
(10)深圳市中庆实业	0	113.3295		0.72

注:前 10 名股东中集团公司和旅业公司存在关联关系。

上海紫江企业集团股份有限公司

一、公司简介

(一)公司法定中文名称:上海紫江企业集团股份有限公司
公司法定英文名称:SHANGHAI ZI JIANG ENTERPRISE GROUP CO.,LTD
公司英文名称缩写:ZJQY
(二)公司法定代表人:郭峰
(三)公司董事会秘书:高军
董秘授权代表:黄冰
联系电话:(021)64921636 转 602
联系地址:上海市沪闵路 5481 号　　传　　真:(021)64981861
(四)公司注册及办公地址:上海市沪闵路 5481 号　邮编:201100
电子信箱:zjqy@zijiangqy.com
(五)公司信息披露报纸:上海证券报、中国证券报、证券时报
登载公司年度报告的国际互联网网址:http://www.sse.com.cn
年度报告备置地点:上海沪闵路 5481 号公司证券部
(六)公司股票上市地:上海证券交易所
股票简称:紫江企业　股票代码:600210

二、会计数据和业务数据摘要

(一)本年度实现利润及主要现金流量指标(单位:人民币元)

利润总额	152,135,648.19
净利润	120,576,414.51
扣除非经常损益后的净利润(注)	119,488,765.94
主营业务利润	182,892,101.42
其他业务利润	3,891,056.08
营业利润	128,057,347.55
投资收益	19,705,991.06
补贴收入	3,874,059.94
营业外收支净额	498,249.64
经营活动产生的现金流量净额	124,975,234.65
现金及现金等价物净增加额	329,602,187.19

注:"扣除非经常损益后的净利润"一栏中扣除的项目如下:
新股申购冻结资金利息共计 4,845,306.87 元,分 5 年摊销,本期摊销额为 403,775.57 元;土地出让金返还款为 683,873.00 元;上述两项非经常性损益总计金额为 1,087,648.57 元。

(二)截止报告期末公司前三年主要会计数据及财务指标(单位:人民币元)

财务指标名称	1999 年	1998 年	1997 年
主营业务收入	591,552,888.42	363,414,033.82	239,579,618.76
净利润	120,576,414.51	82,659,423.02	34,735,997.87
总资产	1,688,102,550.87	802,539,720.40	576,786,697.33
股东权益	914,146,202.57	238,140,119.50	191,753,252.04
(不含少数股东权益)			
每股收益(摊薄)	0.373	0.52	0.22
每股收益(加权)	0.44	0.52	0.22
扣除非经常性损益后的每股收益	0.369		
每股净资产	2.83	1.48	1.19
调整后的每股净资产	2.80	1.43	
每股经营活动产生的现金流量净额	0.39	0.56	
净资产收益率	13.19%	34.71%	18.11%

注 1:1997、1998 年度股本按 160,705,107 股,1999 年度股本按 32340 万股计算。
注 2:主要财务数据计算方法:
每股收益=净利润/年度末普通股股份总数
每股净资产=年度末股东权益/年度末普通股股份总数
调整后的每股净资产=(年度末股东权益-三年以上的应收款项净-待摊费用-待处理(流动、固定)资产净损失-开办费-长期待摊费用-住房周转金负数余额)/年度末普通股股份总数
每股经营活动产生的现金流量净额=经营活动产生的现金流量净额/年度末普通股股份总数

(三)报告期内股东权益变动情况

项　目	股本	资本公积	法定盈余公积	公益金	未分配利润
期初数	160,705,107.28				77,435,012.22
发行前增资	77,694,892.72				
发行新股	85,000,000.00	567,449,668.56	12,057,641.45	6,028,820.73	
本期减少					72,224,941.39
期末数	323,400,000.00	567,449,668.56	12,057,641.45	6,028,820.73	5,210,070.83

变动原因:
(1)股本变动原因:公司原发起人 1999 年 3 月 30 日以 1998 年度利润增资 77,694,892.72 元致使股本达到 238,400,000 元;根据中国证券监督管理委员会的证监发行字(1999)82 号通知,1999 年 7 月向社会公众发行人民币普通股 8500 万股。
(2)资本公积变动原因:99 年发行新股的资本溢价。
(3)盈余公积和法定公益金变动原因:根据公司董事会 1999 年度利润预分方案决议按净利润的 10%计提法定盈余公积;5%计提公益金。
(4)未分配利润变动原因:根据公司董事会 1999 年利润预分方案决议,分配普通股股利。

(三)股东情况介绍:

1、报告期末股东总数:58230
2、公司前十位股东情况:

名次	股东名称	年末持股数	占总股份比例(%)
1	紫江集团	152337600	47.11
2	王申氏达投资(香港)有限公司	84632000	26.17
3	裕阳基金	1042500	0.32
4	裕隆基金	710000	0.22
5	景宏基金	710000	0.22
6	同益基金	710000	0.22
7	汉盛基金	710000	0.22
8	普惠基金	700000	0.22
9	泰和基金	700000	0.22
10	安信基金	555500	0.17

西藏诺迪康药业股份有限公司

一、公司简介

1、公司法定名称:西藏诺迪康药业股份有限公司
英文:TIBET　RHODIOLA　PHARMACEUTICAL　HOLDING　CO.
2、公司法定代表人:陈达彬先生
3、公司董事会秘书:高自力先生
联系地址:(1)拉萨市宇拓路 71 号青松饭店三楼
联系电话:(0891)6324449　　联系传真:(0891)6321638
(2)成都市中新街 49 号锦贸大厦 18 楼
联系电话:(028)6653915　　6656600-262　　联系传真:(028)6653915
电子信箱:security@tibetndk.com
4、公司注册地址:拉萨市宇拓路 71 号
公司办公地址:(1)拉萨市宇拓路 71 号青松饭店三楼　　邮政编码:850000
(2)成都市中新街 49 号锦贸大厦 18 楼　　邮政编码:610016
公司电子信箱:master@tibetndk.com
5、公司选定的信息披露报纸:《中国证券报》、《上海证券报》
登载公司年度报告的中国证监会指定国际互联网址:http://www.sse.com.cn
公司年度报告备查地点:公司证券部
6、公司股票上市交易所:上海证券交易所
股票简称:西藏药业　　股票代码:600211

二、会计数据和业务数据摘要

1、本年度主要利润指标情况(单位:元)

利润总额	37,376,680.50
净利润	33,074,986.57
扣除非经常性损益后的净利润	31,087,899.88
主营业务利润	66,939,171.61
其他业务利润	980,135.67
投资收益	/
营业外收支净额	1,219,210.10
经营活动产生的现金流量净额	2,246,631.42
现金及现金等价物增加额	158,928,436.28

注:扣除的非经常性损益项目和涉及金额:系分摊发行新股申购冻结资金利息增加的利润　1,987,086.69 元

2、近三年主要会计数据和财务指标(单位:元)

指标项目	1999 年	1998 年		1997 年	
	调整后	调整后	调整前	调整后	调整前
主营业务收入	82,966,800.82	78,114,399.80	78,114,399.80	49,870,548.13	49,870,548.13
净利润	33,074,986.57	28,688,991.15	31,929,644.40	19,455,768.36	19,878,281.20
总资产	436,441,044.86	168,311,127.60	172,656,099.59	118,558,547.31	119,662,876.05
股东权益	389,708,661.48	96,633,674.91	100,978,646.90	84,235,681.26	85,340,000.00
每股收益	0.27	0.37	0.41	0.25	0.26
每股收益(加权)	0.32	0.37	0.41	0.25	0.26
扣除非经常性损益后的每股收益	0.254	0.37	0.41	0.25	0.26
每股净资产	3.18	1.25	1.30	1.09	1.10
调整后的每股净资产	3.12	1.23	1.29	1.09	1.10
每股经营活动产生的现金流量净额	0.02	0.16	0.16		
净资产收益率(%)	8.49	29.69	31.62	23.10	23.29

注:主要财务指标计算方法:
每股收益=净利润/年度末普通股股份总数
每股净资产=年度末股东权益/年度末普通股股份总数
调整后的每股净资产=[年度末股东权益—三年以上的应收款净额—待摊费用—待处理(流动、固定)资产净损失—开办费—长期待摊费用—住房周转金负数余额]/年度末普通股股份总数
每股经营活动产生的现金流量净额=经营活动产生的现金流量净额/年度末普通股股份总数
净资产收益率=净利润/年度末股东权益×100%
按月平均加权法计算的每股收益=当期净利润÷[期末普通股股份总数÷(1+配股比例或增发新股比例)+期末普通股股份总数÷(1+配股比例或增发新股比例)×配股比例或增发新股比例×缴款结束日下一月份至期末的月份数÷12]

3、股东权益变动情况及原因:　　单位:元

项　目	股　本	资本公积	盈余公积	法定公益金	未分配利润	股东权益合计
期　初	77,600,000	23,378,646.90	0.00	0.00	-4,344,971.99	96,633,674.91
本期增加	45,000,000	215,000,000.00	3,307,498.65	1,653,749.33	28,113,738.59	293,074,986.57
本期减少	/	/	/	/	/	/
期末数	122,600,000	238,378,646.90	3,307,498.65	1,653,749.33	23,768,766.60	389,708,661.48

变动原因:
1、股本增加系本年度股票公开发行后,增加社会公众股 4500 万。

三、股东情况介绍

1、报告期末股东总数 21284 户
2、前 10 名股东持股情况

股东名称	年末持股数(股)	占总股东(%)
(1)西藏华西药业(集团)有限公司	69920000	57.03
(2)西藏自治区藏药厂	3840000	3.13
(3)兴华基金	3678600	3.00
(4)淮海投资	2040370	1.66
(5)汉盛基金	2000459	1.63
(6)西藏自治区科技开发中心	1920000	1.57
(7)西藏科龙建材有限责任公司	1280000	1.04
(8)爱建公司	773550	0.63
(9)安证深部	726760	0.59
(10)西藏科光太阳能工程技术有限责任公司	640000	0.52

本公司前十名股东中第一、第二、第六、第七、第十名股东为发起人股东,其所持股份均为国有法人股。
西藏华西药业(集团)有限公司持有本公司股份超过 5%。该公司在本报告年度内无股份增减变动,所持股份无质押,或冻结情况发生。

山东江泉实业股份有限公司

一、公司介绍

1、公司的法定中文名称：山东江泉实业股份有限公司
公司的英文名称：SHAN DONG JIANG QUAN INDUSTRY CO.,LTD.
2、公司的法定代表人：王廷江
3、公司的董事会秘书及授权代表：厉建仁　王廷宝
联系地址：山东省临沂市罗庄区罗庄镇工业街东段
联系电话：0539--8246243
传　真：0539--8241427
电子信箱：ljr@jiang-quan.com
4、公司的注册地址：山东省临沂市罗庄区罗庄镇龙潭路东
公司办公地址：山东省临沂市罗庄区罗庄镇工业街东段
邮　政　编　码：276017
互　联　网　址：http://www.jiang-quan.com
电　子　信　箱：info@ jiang-quan.com
5、公司的信息披露报纸：《中国证券报》、《上海证券报》
公司年报指定互联网址：http://www.sse .com .cn
公司年度报告备置地点：山东江泉实业股份有限公司证券部
6、公司股票上市交易所：上海证券交易所
股票简称：江泉实业
股票代码：600212

二、会计数据与业务数据摘要

1、本年度实现利润情况（单位：人民币元）

利润总额	93,106,971.94
净利润	76,193,994.07
扣除非经营性损益后的净利润	68,944,796.78
主营业务利润	109,372,832.04
其他业务利润	2,833,611.09
营业利润	91,760,481.45
投资收益	
补贴收入	
营业外收支净额	1,255,336.36
经营活动产生的现金流量净额	30,987,743.16
现金及现金等价物净增加额	249,834,003.33

2、截至报告期末公司前三年主要会计数据和财务指标（单位：人民币元）

项目	1999年	1998年	1997年
主营业务收入	533,942,778.15	416,696,469.61	405,002,598.28
净利润	76,193,994.07	44,102,464.68	51,107,641.90
总资产	981,621,871.82	593,544,245.34	375,267,374.45
股东权益（不含少数股东收益）	813,385,104.36	418,551,110.29	217,562,125.26
每股收益	0.348	0.269	0.47
每股净资产	3.71	2.55	2.00
调整后的每股净资产	3.65	2.48	1.97
每股经营活动产生的现金流量净额	0.14	0.05	---
净资产收益率	9.36%	10.54%	23.5%

注：(1)主要财务指标计算方法：
每股收益=净利润/年度末普通股股份总数
每股净资产=年度末股东权益/年度末普通股股份总数
调整后的每股净资产=(年度末股东权益-三年以上的应收款净额-待摊费用-待处理(流动、固定)资产净损失-开办费-长期待摊费用-住房周转金负数余额)/年度末普通股股份总数
每股经营活动产生的现金流量净额=经营活动产生的现金流量净额/年度末普通股股份总数
净资产收益率=净利润/年度末股东权益×100%

3、报告期内股东权益变动情况及原因

项目	股本	资本公积	盈余公积	法定公益金	未分配利润	股东权益合计
期初数	164,024,000.00	20,192,578.84	54,944,425.83	17,166,696.37	179,390,105.62	418,551,110.29
本期增加	55,000,000.00	263,640,000.00	12,712,485.24	4,237,495.08	63,481,508.83	394,833,994.07
本期减少						
期末数	219,024,000.00	283,832,578.84	67,656,911.07	21,404,191.45	242,871,614.45	813,385,104.36

变动原因：①报告期内股本、资本公积及股东权益的增加，是因报告期内发行新股5500万A股股票募集资金31,864万元所致。②报告期内的盈余公积、未分配利润的增加是因本年度实现净利润76,193,994.07元，计提法定盈余公积金及本年税后利润结转未分配利润所致。

三、股东情况介绍

1、报告期末公司股东总数为14939户。
2、报告期末主要股东持股情况

股东名称	持股数（万股）	占总股本比例(%)
①山东省沂滨水泥厂	3936	17.97
②山东罗庄集团总公司	3112	14.21
③山东华盛集团总公司	3000	13.70
④陈修军	82	0.37
⑤王秀英	82	0.37
⑥王廷洲	80	0.37
⑦岳西美	75	0.34
⑧韩　红	67.24	0.31
⑨沈庆云	60	0.27
⑩陆振云	57.35	0.26

注：
①本公司《招股说明书》前十名股东中的韩红和赵素芬为原沂滨水泥股东，根据山东省体改委鲁体改函字［1998］71号文，原沂滨水泥股份按1:0　.82折股，故本公司前十名股东发生变化。
②除个人股东无法联系外，前十名股东之间不存在关联关系。
③持有5%以上股份的股东山东省沂滨水泥厂、山东罗庄集团总公司、山东华盛集团总公司所持股份为法人股，本年度未有变动。山东罗庄集团总公司因为下属企业担保承担连带责任，被山东省济南市中级法院冻结1000万股法人股，被武汉市青山区人民法院冻结75.6万股法人股。

扬州亚星客车股份有限公司

一、公司简介

1、公司法定中文名称：扬州亚星客车股份有限公司
公司英文名称：YANGZHOU YAXING MOTOR COACH CO.,LTD.
公司英文名称缩写：YXMC
2、公司法定代表人：徐润生
3、董事会秘书：张榕森
授权代表：平长春
联系地址：江苏省扬州市渡江南路41号
联系电话：0514-7820449
传真：0514-7820449
电子信箱：yz.yxmc@public.yz.js.cn
4、公司注册地址：江苏省扬州市渡江南路41号
公司办公地址：江苏省扬州市渡江南路41号
邮政编码：225001
公司电子信箱：yz.yxmc@public.yz.js.cn
公司国际互联网网址：http://www.yaxing.com
5、公司指定信息披露报纸：上海证券报
登载公司年度报告的国际互联网网址：http://www.sse.com.cn
公司年度报告备置地点：公司证券投资部
6、公司股票上市交易所：上海证券交易所
股票简称：亚星客车
股票代码：600213

二、会计数据和业务数据摘要

1、本年度利润总额及构成（单位：元）

利润总额	70,829,966.88
其中：净利润	59,042,432.79
扣除非经常性损益后的净利润	57,934,646.29
主营业务利润	137,633,404.23
其他业务利润	3,822,838.48
营业利润	79,289,756.62
投资收益	0
补贴收入	0
营业外收支净额	-8,459,789.74
经营活动产生的现金流量净额	-4,308,863.43
现金及现金等价物净增加额	201,761,961.52

注：扣除非经常性损益指扣除新股申购无效冻结资金利息1,303,278.24元。
2、截止报告年度末公司前二年的主要会计数据及财务指标（单位：元）

指标项目	1999年度	1998年度		1997年度	
		调整前	调整后	调整前	调整后
主营业务收入	1,040,589,832.58	896,095,215.51	896,095,215.51	696,192,120.28	696,192,120.28
净利润	59,042,432.79	50,275,409.08	47,730,518.18	39,886,339.71	38,612,605.15
总资产	1,072,356,650.34	676,590,311.82	665,553,917.19	470,256,591.15	468,982,856.59
股东权益	584,169,754.20	204,137,353.14	193,100,898.51	145,469,272.17	144,195,537.61
每股收益（摊薄）	0.311	0.387	0.367	0.307	0.297
每股收益（加权）	0.361	0.387	0.367	0.307	0.297
扣除非经常性损益后的每股收益	0.305	0.387	0.367	0.307	0.297
每股净资产	3.07	1.57	1.49	1.12	1.11
调整后的每股净资产	3.04	1.54	1.46	--	--
每股经营活动产生的现金净流量	-0.02	0.40	0.40	--	--
净资产收益率（%）	10.11	24.63	24.72	27.40	26.78

说明：(1)99年末总股本按19,000万股计算，98年末、97年末总股本按13,000万股计算。
(2)主要财务指标计算公式：
每股收益=净利润/年度末普通股股份总数
每股净资产=年度末股东权益/年度末普通股股份总数
调整后的每股净资产=（年度末股东权益—三年以上的应收款项净额—待摊费用—待处理（流动、固定）资产净损失—开办费—长期待摊费用—住房周转金负数余额）/年度末普通股股份总数
每股经营活动产生的现金流量净额=经营活动产生的现金流量净额/年度末普通股股份总数
净资产收益率=净利润/年度末股东权益×100%
3、报告期内股东权益变动情况（单位：元）

项目	股本	资本公积	盈余公积	法定公益金	未分配利润	股东权益合计
期初数	130,000,000.00	52,141,492.44	4,773,051.82	4,773,051.82	1413302.43	193100898.51
本期增加	60,000,000.00	310,026,422.90	5,904,243.28	5,904,243.28	59042432.79	391068855.69
本期减少	0	0	0	0	49808486.56	0
期末数	190,000,000.00	362,167,915.34	10,677,295.10	10,677,295.10	10647248.66	584169754.20

变动原因：(1)股本、资本公积的增加是由于公司发行新股所致；
(2)盈余公积、法定公益金的增加是由于从本年度净利润中提取所致；
(3)未分配利润减少是由于本年度利润提取两金及拟分配现金股利所致。

三、股东情况介绍

1、报告期末股东总数为41,982户。
2、报告期末前10名大股东持股情况：

名次	股东名称	持股数（股）	占总股本比例
1	江苏亚星客车集团有限公司	128,572,500	67.67%
2	淮海投资	476,540	0.25%
3	裕隆基金	429,000	0.23%
4	景宏基金	428,500	0.23%
5	同益基金	428,500	0.23%
6	兴华基金	428,500	0.23%
7	泰和基金	428,500	0.23%
8	江扬船舶	428,200	0.23%
9	兴和基金	390,700	0.21%
10	大绿园艺	379,100	0.19%

注：江苏亚星客车集团有限公司所持股份，是代表国家持有的非上市流通股份。

长春经济技术开发区开发建设(集团)股份有限公司

长春经济技术开发区开发建设(集团)股份有限公司1999年年度报告摘要

一、公司简介

1、公司法定中文名称:长春经济技术开发区开发建设(集团)股份有限公司

公司法定英文名称:Chang chun Economic & Technical Development Zone, Development and Construction(Group) Co., Ltd.

2、公司法定代表人: 张树森

3、公司董事会秘书: 杨永学

联系地址:吉林省长春市自由大路118号

联系电话: 0431-4644225

4、公司注册及办公地址:吉林省长春市自由大路118号　　邮政编码:130031

5、公司信息披露报纸名称:《上海证券报》

登载公司年度报告的中国证监会指定国际互联网网址:http://www. sse. com. cn

公司年度报告备置地点:公司证券部

6、公司股票上市交易所:上海证券交易所

股票简称:长春经开　　股票代码: 600215

二、会计数据和业务数据摘要

1、本年度主要利润指标情况　(单位:人民币元)

本年度实现的利润总额:	171879509.64
净利润:	142578273.52
扣除非经常性损益后的净利润:	126174144.30
主营业务利润:	203248284.51
其他业务利润:	34934.58
营业利润:	156645380.42
投资收益:	−1170000.00
补贴收入:	15000000.00
营业外收支净额:	1404129.22
经营活动产生的现金流量净额:	−386152805.90
现金及现金等价物净增加额:	212601269.76

注:扣除的非经营性损益项目和涉及金额:

a、营业外收支净额项目:　1404129.22

b、临时性获得补贴收入:　15000000.00

2、截至报告期末公司前三年的主要会计数据和财务指标:(单位:人民币元)

项目	1999年	1998年		1997年	
		调整前	调整后	调整前	调整后
主营业务收入	573552707.41	469879070.96	469879070.96	421939587.55	421939587.55
净利润	142578273.52	126389622.96	121109013.62	115016424.25	107012837.80
总资产	1797187093.36	987333599.82	965279967.47	915697640.82	898894241.57
股东权益(不含少数股东权益)	1383689142.54	567129412.36	545052087.77	440739789.40	423936390.15
每股收益	0.56	0.70	0.67	0.64	0.59
每股收益(按月平均加权法计算)	0.68	0.70	0.67	0.64	0.59
每股净资产	5.43	3.15	3.03	2.45	2.36
调整后的每股净资产	5.26	2.98	2.89	2.43	2.34
每股经营活动产生的现金流量净额	−1.5143	−0.0662	−0.0662		
净资产收益率	10.30%	22.30%	22.22%	26.10%	25.24%

注:财务指标计算公式如下:

每股收益=净利润/年度末普通股股份总数

每股净资产=年度末股东权益/年度末普通股股份总数

调整后每股净资产=[年度末股东权益−三年以上的应收款项净额−待摊费用−待处 理 (流动、固定)资产净损失−开办费−长期待摊费用−住房周转金负数金额]/年度末普 通股股份总数

每股经营活动产生的现金流量净额=经营活动产生的现金流量净额/年度末普通股股份总数

净资产收益率=净利润/年度末股东权益X100%

三、股东情况介绍

(1) 截至1999年12月31日止,公司股东总数为83,114 户。

(2)公司前十名股东持股情况

姓　名	年末持股数(股)	占总股本比例%
长春经济技术开发区财政局(国有股)	117200000	45.96
金泰基金	1139790	0.44
裕隆基金	1036053	0.40
航天信托	733205	0.28
兴和基金	656335	0.25
同益基金	536000	0.21
开元基金	536000	0.21
裕阳基金	536000	0.21
汉盛基金	536000	0.21
景宏基金	535000	0.20

注:①前十名股东之间不存在关联关系。

②国有股权由长春市国有资产管理局授权长春市经济技术开发区财政局持有。

③报告期内无控股股东变更情况。

四、股东大会简介

报告期内召开的年度股东大会和临时股东大会的有关情况:

1、1999年2月22日在长春开发大厦3楼会议室召开1998年度股东大会,参加会议的股东131人,代表股份12,950万股,占公司总股份的71.94%。会议经过逐项表决,通过了如下决议:

(1)审议并通过公司1998年度总经理工作报告。

(2)审议并通过公司1998年度董事会工作报告及公司1999年度董事会工作计划。

(3)审议并通过公司1998年度监事会工作报告及公司1999年度监事会工作要点。

(4)审议并通过公司1998年度财务决算报告及公司1999年度财务预算方案。

(5)审议并通过公司1998年度利润分配方案。

公司1998年实现利润为12,639万元,可供分配利润22,112万元,结转1999年度一并分配,待股票上市后由新老股东共享。

(6)审议并通过董事会提交的更换董事议案:

王玉成、王者馥、国里、桂琦为公司新的董事会成员,同意于德水、林岩、王永 春、王永贵辞去公司董事职务,其他董事会成员连任。

(7)审议并通过董事会提交的更换监事的议案:

同意李春杰、赵岫为公司新的监事会成员,同意董凤芹、逯连萍辞去公司监事职 务,其他监事会成员连任。

2、1999年7月21日在长春开发大厦3楼会议室召开临时股东大会。参加会议的股 东88人,代表股份12,950万股,全体监事列席会议,会议经过表决通过了关于增发1,500万社会公众股用于收购东皇实业公司的议案。

3、1999年8月20日在长春开发大厦3楼会议室召开1999年临时股东大会。参加会 议人员171人,代表股份12,600万股,经与会股东表决通过关于公司股票在上海证券交 易所挂牌交易的议案。

五、董事会报告

1、公司经营情况

(1) 公司在行业中的地位

本公司的发展依托于长春经济技术开发区,长春经济技术开发区于1993年4月经国务院批准为国家级经济技术开发区,是全市乃至全省新的经济增长点。随着政府招商 引资的力度加强,本公司的经济效益将会更加可观。

由于地域上的原因,不存在从产量、市场占有率等方面与其它地区的同行业进行 竞争与排名的问题。

(2) 公司主营业务的范围及经营状况

本公司主营开发区城市基础设施和公益设施的开发建设。

单位:元

主营业务	收入的构成	主营业务利润
土地成片开发转让收入	153041863.97	43133381.95
基础设施承建收入	377396000.00	131641898.84
建筑安装及其他收入	43114843.44	28473003.72
合计	573552707.41	203248284.51

2、公司财务状况

项　目	1999年(元)	1998年(元)	增　减
总资产	1797187093.36	965279967.47	86.18%
长期负债	24941030.74	135784.69	187.80%
股东权益	1383689142.54	545052087.77	153.86%
主营业务利润	203248284.51	173609543.93	17.07%
净利润	142578273.52	121109013.62	17.73%

主要原因:

总资产增加原因:由于本年度增发新股所募集资金到位及净利润增加。

长负债增加原因:主要由于本年度长期借款增加。

股东权益增加原因:主要由于增发新股及净利润增长。

主营业务利润增加原因:由于主营业务收入增长。

净利润增长原因:主要由于收入增加,成本降低。

3、公司投资情况

在报告期内,本公司共募集资金69,600万元。投入供热站工程2,395万元,完成计 划的14.34%;热力网工程投入8,728万元,完成计划的100%;63千伏变电所及送电线路工程投入4,580万元,完成计划的100%;修建开发区路网工程及排水工程投入16,570万元,完成计划的58.68%;兼并长春市中药厂所用资金4,000万元和收购长春东皇实业公司所用资金12,000万元,已全部投入。已投入项目的预期收益与上市招股说明书一致,没有发生重大市场变化。

用未使用的募集资金9,000万元用于购买99年第二期国债(一年期,年利率为3.3%)以提高资金的利用率;尚未使用的募集资金21,327万元,现以货币资金的形式存在。将于2000年全部投入。

单位:万元

募集资金项目	计划投资金额	1999年完成
1 集中供热工程(建设期二年)	16700	2395
2 新建热力网工程	8728	8728
3 63千伏变电所及送电线路	4580	4580
4 修建开发区路网工程及排水工程	28240	16570
新外环路	11418	6626
卫星路	3264	3264
南湖大路	4460	2014
新开河路	6117	1685
北一路	959	959
公平路	2022	2022
5 兼并中药厂	4000	4000
6 收购东皇	12000	12000
7 购买国债		9000
合计	74248	57273

4、中国加入经济贸易组织将对公司未来经营产生的重大影响

本公司作为主营开发区城市基础设施和公益设施开发建设的企业,其发展依托于 开发区,依托于政府招商引资的力度。

加入WTO后,将给我们带来更大的发展机遇,通过进一步改善外商投资环境,增强开发区对外商吸引力,有利于更多地引进国外资本、技术和管理?验,使开发区获得更大 的国际市场份额。本公司一定要把握住机遇,调整和优化产业结构,提高管理水平,以 吸引更多的外资特别是跨国公司,从而有利于开发区经济的增长。

5、新年度的业务发展计划

(1) 新年度业务发展指导方针

本公司作为开发区的主要建设者,将随着长春经济技术开发区开发建设的总体推 进和经济发展,在对开发区域基础配套设施开发经营的同时,开始逐步加大对高新技术产业的投资,扩大自身的科技实力,最终建立自已的高新技术产业群,实现基础设施建 设、土地成片开发、高新技术产业投资并举的多元化经营目标。依靠自已的实力从根本上保证持续、稳定、快速的发展。

浙 江 医 药 股 份 有 限 公 司

浙江医药股份有限公司1999年年度报告摘要

一、公司简介

1、公司法定中文名称:浙江医药股份有限公司
公司法定英文名称:ZHEJIANG MEDICINE Co.,Ltd. 缩写:ZMC
2、公司法定代表人:金敏德
3、公司董事会秘书:张国钧 授权代表:俞祝军 张薇
联系地址:浙江省杭州市中河路司马渡巷60号
联系电话:(0571)7213883 7230968 传真:(0571)7213793 电子信箱:zjzmc@hz.col.com.cn
4、公司注册及办公地址:浙江省杭州市中河路司马渡巷60号 邮政编码:310003
公司国际互联网网址:http://www.Chinazmc.com 公司电子信箱:zmc@hz.col.com.cn
5、公司选定的信息披露报纸:中国证券报、上海证券报
登载公司年度报告的中国证监会指定国际互联网网址: http://www.sse.com.cn
公司年度报告备置地点:浙江医药股份有限公司证券部
6、公司股票上市交易所:上海证券交易所 股票简称:浙江医药 股票代码:600216

二、会计数据和业务数据摘要

1、公司本年度主要利润指标情况(金额单位:人民币元)

利润总额:	60989131.45
净 利 润:	40229587.81
扣除非经常性损益后的净利润:	35307565.23
主营业务利润:	311802990.79
其他业务利润:	11881141.20
营业利润:	51087761.10
投资收益:	10114909.47
营业外收支净额:	−360344.12
经营活动产生现金流量净额:	−51902882.91
现金及现金等价物净增加额:	296794134.88

注:“扣除非经常性损益后的净利润”中扣除非经常性损益为新股申购冻结资金 利息收入 4,922,022.58元。

2、公司前三年主要会计数据和财务指标

金额单位:人民币元

指标名称	1999年度	1998年度		1997年度	
		调整前	调整后	调整前	调整后
主营业务收入	1189985763.15	1093012178.30	1093012178.30	915015241.65	915015241.65
净利润	40229587.81	39270384.58	35774664.10	37020319.33	14672444.23
总资产	1720307191.73	1131477130.49	1105632572.66	946351835.04	924003959.94
股东权益	619802993.04	342400288.74	316556693.16	302929904.16	280582029.06
每股收益(摊薄)	0.174	0.227	0.207	0.214	0.085
每股收益(加权)	0.209	0.227	0.207	0.214	0.085
扣除非经常性损益后的每股收益	0.153	0.227	0.207	0.214	0.085
每股净资产	2.69	1.98	1.83	1.75	1.62
调整后每股净资产	2.44	1.67	1.55	1.47	1.36
每股经营活动产生的现金流量净额	−0.225	0.334	0.334		
净资产收益率	6.49%	11.47%	11.30%	12.22%	5.23%

注:(1)以上数据根据公司合并会计报表数据填列或计算后填列。
(2)报告期末至摘要披露日,公司股本未发生变化。
(3)主要指标计算公式:
每股收益=净利润 /年度末普通股股份总数
每股净资产=年度末股东权益 /年度末普通股股份总数
调整后每股净资产=(年度末股东权益−三年以上的应收款项净额−待摊费用−待处 理 (流动、固定)资产净损失−开办费−长期待摊费用−住房周转金负数余额)/年度末普 通股股份总数
净资产收益率=净利润 /年度末股东权益×100%
每股经营活动产生的现金流量净额=经营活动产生的现金流量净额/年度末普通股股份总数

3、报告期内股东权益变动情况(金额单位:人民币元)

项目	股本	资本公积	盈余公积	法定公益金	未分配利润	股东权益合计
期初数	172800000	93065093.47	12856268.43	5044710.82	37835331.26	316556693.16
本期增加	58000000	232712712.07	9928935.78	3971574.31	40229587.81	303246299.88
本期减少					37624935.78	
期末数	230800000	325777805.54	22785204.21	9016285.13	40439983.29	619802993.04

变动原因: (1)盈余公积和法定公益金变动是因为本年度根据公司董事会利润分配预案而相应计提的盈余公积数额。
(2)股本变动是因为本年度公司向社会公开发行了5,800万股社会公众股;资本公 积变动主要是因为新股发行价格超过面值形成的溢价收入。
(3)未分配利润的变动是因为本年度实施了利润分配和因计提四项准备追溯调整 年初未分配利润以及本年度利润增加。

三、股东情况介绍

(一)股东情况介绍
1、截止1999年12月31日,公司股东共有40526人。
2、公司前十名股东持股情况:

股东名称	年末持股数量(股)	持股比例(%)
01、国投药业投资有限公司	49901328	21.62
02、新昌县国有工业总公司(国有法人股)	47671600	20.65
03、仙居县国有资产经营公司(国有法人股)	26466064	11.48
04、仙居制药厂职工技协	7212115	3.12
05、浙江省国有资产管理局(国家股)	6076884	2.63
06、浙江省信托投资公司台州办事处	4862106	2.11
07、中国饲料工业发展总公司	4206168	1.82
08、浙江省经济建设投资公司	3241404	1.40
09、金昌实业发展有限公司	3115171	1.35
10、浙江仙居县财务开发公司	2685905	1.16

公司前十名股东不存在关联关系。持有本公司股份5%(含5%)以上股东为国投药业投资有限公司、新昌县国有工业总公司、仙居县国有资产经营公司,本年度内其所 持股份均无增减变动情况,其所持公司股份也均无质押和冻结情况。

四、股东大会简介

1、本公司1999年度共召开股东大会二次。
2、本公司董事会于1999年3月8日在浙江日报上刊登了《浙江医药股份有限公司 召开1998年度股东大会通知》,本公司1998年度股东大会于1999年4月8日下午在杭州 公司总部会议室召开。
3、本公司董事会于1999年11月20日在《中国证券报》和《上海证券报》上同时 刊登了《浙江医药股份有限公司第一届董事会第十次会议决议公告及召开1999年度临时股东大会通知》, 本公司1999年临时股东大会于1999年12月20日(星期一)下午在杭 州烟草大厦三楼多功能厅召开,本次股东大会决议公告分别刊登在1999年12月22日的《中国证券报》和《上海证券报》。

五、董事会报告

(一)公司经营情况
1、公司所处行业及其地位
公司所处医药行业。医药行业是我国六大支柱产业之一,同时也是浙江省四大支 柱产业之一,是当前我国重点鼓励发展的朝阳产业之一,在国民经济中占有相当重要的地位。
公司是全国医药行业大中型企业之一,是浙江省最大的医药类上市公司。1999年 公司连续第三年被浙江省医药管理局评为全省十佳医药工业企业,被浙江省计经委认 定为“四星级企业”。公司多项产品连续多年被评为浙江省高质量医药产品,多项产 品被列入99年、2000年国家级新产品火炬计划,公司开发的天然VE获得99年度国家医 药行业科技进步二等奖(一等奖空缺)。公司自98年始开发的一类新药(喹诺酮类第四 代新药)加替沙星和四类新药太古霉素(王牌抗生素)目前均已获国家独家行政保护。 公司产品广泛销售于国内各个药厂、医药公司、各大医院,部分产品还远销东南亚、西欧、美洲等国家和港澳地区,深受用户好评。主要经济技术指标、经济效益综合指 标在全国大中型医药企业中排名靠前。
2、公司主营业务范围及其经营状况
(1)本公司从事的主要业务是化学原料药及其制剂产品的研制、开发、生产与销 售。本公司主要生产氟喹诺酮、抗生素、维生素、皮质激素及计划生育等五大类化学原料药及制剂产品。
(2)主营业务收入构成:1999年公司实现主营业务收入1,189,985,763.15元,其中:商业销售收入223,633,477.91元;工业销售收入991,558,633.54元。本公司生产的主 要产品的销售收入占工业销售收入的比例如下:

主 要 产 品	销售收入(万元)	占公司工业销售收入的比重
维生素E原料药及胶丸剂	30635.9	30.89%
来立信针剂、片剂	12893.8	13.00%
利福平原料药及胶囊剂	3625.8	3.66%
柱晶白霉素原料药及片剂	1936.0	1.95%
乙酰螺旋霉素原料药及片剂、胶囊剂	2799.1	2.82%
醋酸泼尼松原料药及片剂	6430.5	6.49%
米非司酮片(含珠停)	5563.0	5.61%
氢化泼尼松原料药	1884.0	1.90%
醋酸氢化泼尼松原料药	1706.5	1.72%
安宫黄体酮	2280.0	2.30%
其它药品	29401.3	29.65%
合 计	99155.9	100.00%

(3)1999年,医药市场持续疲软,竞争日趋激烈,国际市场药价大幅下降,对公司主 要产品VE及利福平影响极大;国内市场又受国家宏观调控影响,国家两次大幅调低药品价格,公司先后有十多个品种列入调低之列。在这样严峻的形势下,公司经营层以清晰的经营思路,排除干扰,巩固以利润为主要指标的考核方法,增加科研投入,加强基础管理,及时调整产品结构,积极开拓市场,强化名牌效应, 大力加强国家级新药来立信的促销力度, 使其单个品种销售收入从98年的5980.0万元提高到99年的12893.8万元,成为 公司又一个重要创利名牌产品。通过全公司上下的共同努力,1999年公司实现主营业 务收入1,189,985,763.15元,实现利润总额60,989,131.45元,基本完成了年初制定的经营计划。

(二)公司财务状况
1、公司财务状况: (单位:元)

项 目	1999年	1998年	增减(%)
总资产	1720307191.73	1105632572.66	55.59
长期负债	107670899.96	77806659.00	38.38
股东权益	619802993.04	316556693.16	95.80
主营业务利润	311802990.79	232415332.74	34.16
净利润	40229587.81	35774664.10	12.45

财务指标变动情况主要原因:
(1)总资产增加的原因:主要因为1999年8月公司发行了5,800万股社会公众股,募 集资金约2.9亿,以及1999年上半年公司因新建技改项目的资金投入和扩大生产规模所增加的流动资金。
(2)长期负债增加的原因:主要因为1999年上半年公司因部分技改项目投入和生产规模扩大,购置设备增多。
(3)股东权益增加的原因:主要因为1999年8月公司发行了5,800万股社会公众股, 募集资金约2.9亿,以及本年度实现净利润40,229,587.81元。
(4) 主营业务利润增加的原因,主要系加强内部经营管理,增加了 新 产 品来 立 信 销 售量,提高了毛利率所致。
(5)净利润增加的原因,主要原因除了母公司主营业务利润增加及投资收益增加外,还因为公司股票发行后收到的申购款存款利息,使营业外收入增加。
2、对会计师事务所初具的有保留意见的审计报告所涉及事项的说明
(三)公司投资情况
1、募集资金运用情况
99年度公司通过公开发行5800万股社会公众股,共募集资金29928万元,扣除发行 费用1334万元,实际募集资金28594万元,截止到报告期末,募集资金所实际投入的项目与招股说明书承诺投

资项目一致,未将募集资金挪作他用,只是在资金投入进度上进行了调整。鉴于募集资金到位已近第四季度,与公司原定计划在时间安排上已有相当出入,公司决定将大部分项目的投资延缓至2000年,集中精力进行内部业务整合优化,为资金的大规模注入创造良好的经营环境。因此,总体投资进度落后于预定投资计划。自1999年9月至年末,募集资金的运用情况如下:

1)年产50吨本芴醇技改项目

2)年产500万支维库溴铵冻干粉针车间技改项目和年产100kg维库溴铵原料药车间技改项目(二期双加)

3)年产200吨天然VE技改项目

截止99年末,公司对以下两个项目尚未进行资金投入:

A、年产1000kg倍他米松技改项目:该项目总投资2940万元,但由于近期该产品市场状况变化较大,公司董事会本着"审慎投资"原则和对广大股民负责的态度,决定暂缓投资。此前,公司在强的松车间内已形成50kg/年的倍他米松中试生产能力,公司将根据中试产品技经指标、市场销售情况等进一步作出投资与否的决策。

B、兼并浙江昂利康制药厂项目:根据1998年3月1日公司与该厂主管单位嵊州市粮食局签订的兼并协议书,公司兼并该厂后将享受到一系列优惠政策。截止1999年年底,由于对人员安置、粮管所欠款以及原老厂区土地由工业用地转为商业用地等问题双方尚未完全协商一致,部分优惠政策亦未彻底落实,公司对该厂暂未进行投资。现公司正积极与地方协商,优惠政策亦将逐步得到落实,在确认各项政策完全到位后,公司将迅即落实资金。目前,公司已派出兼并接管工作小组进驻昂利康药厂开展各项具体工作,预计2000年上半年即可完成该厂的资产评估、兼并、改制工作。

报告期内募集资金应用项目投入总额为3353万元,余额未挪作他用。

2、非募集资金投资情况

(1)VE中间体三甲酚技改项目

三甲酚是VE的一个重要中间体,99年该项目的竣工投产,确保了VE对三甲酚原料中间体的生产需求,并降低了VE生产的原料成本。报告期内该项目投入资金为747万元。

(2)利福平车间改造工程

利福平曾是公司九十年代初的一个重要盈利产品,内销、外贸都曾占较大比重,近年来公司大力进行技术创新,引进西方先进技术和菌种,使发酵水平高于国内平均水平的3—4倍。报告期内公司投入资金1347万元,完成了利福平生产新工艺,从原料到装备全部实现了国产化。虽然目前利福平的价格仍处于低潮,但公司利用新技术生产的高密度、优质晶型的利福平原料药在国际上仍有较好的市场,公司以技术创新和规模优势取得规模效益。目前公司利福平原料药的国内市场份额已由原来的20%扩大到65%,公司很有信心在该产品上成功地实施好价格竞争策略,将市场份额优势转化为效益优势。

(3)米非司酮技改项目

米非司酮一直是公司的一个重要盈利产品,为了降低生产成本,扩大生产产量,增强该产品市场竞争能力,本年度公司共计投入537万元资金对米非司酮工艺进行了改进。

(4)无菌药品车间技改项目

该项目是根据一届九次董事会决议建设一个符合GMP要求的高标准的大输液车间,主要生产公司目前科技含量高的、知名度高的、效益显著的新产品如来立信输液、赛克星输液等产品。该项目预计总投资2996万元,报告期内投入789万元,前期准备工作和土建已完工,目前已进入厂房建设和设备安装阶段。

(四)生产经营环境以及宏观政策发生重大变化的影响

1、加入WTO对公司未来经营产生的影响:加入WTO将强化知识产权执法力度,使制药行业的药品仿制得到抑制,因此目前公司拥有的大量国家级新药的储备,将使公司在近几年内得益,而且在价格上具有较大的竞争优势。但从更长远来看,公司急须提高科技创新能力,力争达至国际水准;同时公司也应迅速提高经营管理水平,积极全面地参与国际市场竞争。

2、医疗制度改革,相关政策和法规的出台,将使医药市场供需情况发生变化,大量药品的降价,将使医药市场竞争更趋激烈。公司一方面将大力开发高附价值、高利润的新产品,另一方面,对老产品,将改进工艺,扩大生产规模,降低生产成本,增强市场竞争能力。

(五)2000年度业务发展计划。

2000年既是充满希望的一年,又是充满压力的一年。一方面,公司具有了股票上市带来的机遇和条件;另一方面,医药市场持续疲软,部分药品价格价格持续下滑,公司经营面临诸多困难和压力,因此,公司经营层经过认真研究,制定2000年度业务发展计划和具体措施如下:

1、主要经济指标

工业总产值:20亿元,销售收入:13.017亿元。

2、加强GMP、GSP认证工作力度,不断提高产品质量

3、加快市场开发

4、降低三项费用,强化内部审计

5、控制风险范围,审慎资本运作

6、公司2000年投资计划。

2000年公司除募集资金投资项目外,还计划进行以下技改项目投资。

(1)口服制剂车间技改工程

(2)污水II期工程

(3)无菌药品车间技改项目

(4)其它零星技改工程预计投入1000万元。

(六)董事会日常工作情况

1、报告期内董事会会议情况和决议内容。

(1)经董事长提议并召集,1999年2月10日在杭州西子宾馆召开了一届九次董事会,应到董事十五名,实到董事十三名,二人委托,监事会成员列席了会议。会议由董事长金敬德先生主持,会议一致通过了如下决议:

1)审议通过了1998年度总经理业务报告和公司1999年度经营工作计划。

2)审议通过了1998年度董事会工作报告。

3)审议通过了1998年度财务决算报告及1999年度财务预算方案。

4)审议通过了1998年度利润分配预案:经浙江天健会计师事务所审计,公司1998年度实现净利润39270384.58元,根据公司章程规定,分别按净利润的10%提取法定公积金和公益金各计3927038.45元,按净利润的5%提取任意盈余公积金1963519.23元,余下的本年度实现的未分配利润计29452788.45元,99年中期前不分配,由新老股东共同享受。99年中期前也不进行资本公积金转增。

5)会议决定聘任刘全志为公司副总经理兼仙居制药厂厂长。

6)会议决定实施新昌制药厂制剂车间GMP技术改造项目,董事会要求:在项目符合GMP的基础上,适当考虑调整装备规模,减少投资风险;

7)决定于1999年4月8日召开公司1998年股东大会。

(2)经董事长提议并召集,1999年11月18日在杭州公司总部会议室召开了一届十董事会,应到董事十五名,实到董事十三名,二人委托,监事会成员列席了会议。会议由董事长金敬德先生主持,会议一致通过了如下决议:

1)审议并通过了公司高级管理人员年薪制修改方案;

2)审议并通过了利润分配方案:经浙江天健会计师事务所审计,截止1998年12月31日,公司可供股东分配的滚存利润57,218,027.95元,董事会决定以现有总股本23,080万股为基数,向全体新老股东现金分红,每十股派1.2元,剩余未分配利润29,522,027.95元结转以后年度分配。

3)决定于1999年12月20日召开公司1999年临时股东大会。

本次董事会决议公告分别刊登在1999年11月20日的《中国证券报》和《上海证券报》。

(七)董事、监事、高级管理人员

1、现任公司董事、监事及高级管理人员情况介绍。

姓　名	性别	年龄	职务	任期起止日期	年初持股数	年末持股数
金敬德	男	53	董事长	1997.5-2000.5	4884	4884
金　彪	男	53	副董事长、总经理	1997.5-2000.5	5014	5014
周益成	男	42	副董事长	1999.4-2000.5	0	0
李春波	男	42	董事、副总经理	1997.5-2000.5	19884	19884
章云樵	男	49	董事、副总经理	1997.5-2000.5	3499	3499
李欣瑞	男	31	董事	1997.5-2000.5		
施田英	女	46	董事	1997.5-2000.5	9768	9768
于士和	男	44	董事	1997.5-2000.5		
王梦泽	男	51	董事	1997.5-2000.5		
陈丁宽	男	45	董事	1997.5-2000.5		
张国安	男	58	董事	1997.5-2000.5		
罗建军	男	37	董事	1997.5-2000.5		
姚锦旗	男	45	董事	1997.5-2000.5		
贺兴夏	男	59	董事	1998.5-2000.5		
刘　伟	男	31	董事	1998.5-2000.5		
李一鸣	男	43	监事会主席	1999.4-2000.5		
孙明洋	男	55	监事、副总经理	1997.5-2000.5	5830	5830
王明福	男	55	监事	1997.5-2000.5		
胡荣兴	男	51	监事	1999.12-2000.5		
徐珍娟	女	48	监事	1997.5-2000.5	830	5830
张　伟	男	41	监事	1997.5-2000.5		
赵先文	男	53	监事	1997.5-2000.5	9768	9768
张国钧	男	39	常务副总、董秘	1997.5-2000.5	6177	6177
刘全志	男	45	副总经理	1999.2-2000.5		

2、以上部分董事、监事、高级管理人员本年度报酬总额约为113.4万元。其中年度报酬数额在12万元至15万元的有3人,在8万元至10万元的有5人,在5万元至6万元的有3人,在3万元至5万元的有3人。周益成、李欣瑞、于士和、王梦泽、陈丁宽、张国安、姚锦旗、贺兴夏、刘伟、胡荣兴未在公司领取报酬。

3、经1998年度股东大会通过,顾炳熙先生因工作变动不再担任本公司董事;聂林先生因工作需要,不再担任本公司监事。经1999年临时股东大会通过陈群华同志因工作调动,不再担任本公司监事。

4、经总经理提名,公司一届九次董事会决定聘任刘全志为公司副总经理兼仙居制药厂厂长。

(八)1999年度利润分配预案

公司1999年度利润分配预案:经浙江天健会计师事务所审计,本年度公司实现母公司净利润39,715,743.14元,合并净利润40,229,587.81元,分别按母公司净利润的10%提取法定公积金和公益金各计3,971,574.31元,按母公司净利润的5%提取任意盈余公积金1,985,787.16元后,加上以前年度未分配利润,公司年末母公司可供股东分配的利润为39,926,138.62元,公司年末合并可供股东分配的利润为40,439,983.29元。鉴于公司刚在2000年2月22日根据1999年临时股东大会决议实施了向全体股东每十股派1.2元的利润分配方案,为了公司的长远发展,董事会决定,本次不进行股利分配,也不进行资本公积金转增股本。

(九)其他报告事项。

公司选定的信息披露指定报刊为《中国证券报》和《上海证券报》,报告期内未发生变更。

六、监事会报告

(一)监事会会议情况。

本年度公司监事会共召开三次会议。

(二)监事会报告事项。

七、重要事项

(一)本年度公司重大诉讼、仲裁事项:

本公司为浙江省对外贸易进口分公司向中国工商银行杭州市分行美元借款提供担保,借款到期,浙江省对外贸易进口分公司无力偿还,本公司负连带责任,经杭州市上城区人民法院民事判决,本公司被冻结银行存款1,682,952.55元。

(二)报告期内公司、公司董事及高级管理人员未受监管部门处罚。

(三)报告期内公司控股股东、总经理、董事会秘书未变更,顾炳熙先生因工作变动不再担任本公司董事,1998年度股东大会选举周益成先生为本公司董事。

(四)报告期内公司出售资产2,094,481.24元。

(五)重大关联交易事项

(六)上市公司与控股股东"三分开"情况

公司第一、第二、第三大股东均无人员出任本公司高级管理人员,公司与三大股东在人员、资产、财务上均无任何关联。公司人员独立、资产完整、财务独立。

(七)本报告期内未发生托管、承包其他公司资产及其他公司托管、承包本公司资产事项。

(八)报告期内聘任会计师事务所情况公司续聘浙江天健会计师事务所为公司的审计机构。

(九)其它重大合同(含担保等)及其履行情况

公司担保情况详见公司财务会计报告承诺事项。

公司无其它重大合同及其履行情况。

(十)报告期内无更改公司名称和股票简称情况。

八、财务会计报告

(一)审计报告

(二)会计报表(见附表)

九、公司的其他有关资料

1、公司首次注册登记日期:1997年5月16日

变更注册登记日期:1999年8月30日

注册地点:浙江省杭州市中河路司马渡巷60号

2、企业法人营业执照注册号:3300001001118(1/1)

3、税务登记号码:330000142943469

4、公司未流通股票的托管机构:上海证券中央登记结算公司

5、公司证券主承销机构名称:华夏证券有限公司

6、公司聘请的会计师事务所名称、办公地:

会计师事务所名称:浙江天健会计师事务所

办公地点:浙江省杭州市体育场路423号

十、备查文件目录

1、载有公司法定代表人、主管会计工作负责人、会计机构负责人签名并盖章的会计报表;

2、载有会计师事务所盖章、注册会计师签名并盖章的审计报告原件;

3、报告期内在中国证监会指定报纸上公开披露过的所有公司文件的正本及公告原稿;

以上备查文件均完整保留在公司所在地。

浙江医药股份有限公司

二000年三月二十八日

陕西秦岭水泥股份有限公司

一、公司简介

1.法定中文名称:陕西秦岭水泥股份有限公司
公司法定英文名称:Shaanxi QinLing Cement Co.,ltd
缩写:QLCC
2.法定代表人:李根元先生
3.董事会秘书:赵彦智先生
联系地址:陕西省耀县县城东郊
电话:0919-6233344
传真:0919-6233344
电子信箱:ZYZ@ qinling-cement.Com
4.注册地址:陕西省耀县县城东郊
公司办公地址:陕西省耀县县城东郊
邮政编码:727100
公司国际互联网网址:http://www.qinling.Com
电子信箱:Webmasterql @qinling-Cement.Com
5.公司选定的信息披露报纸名称:《中国证券报》、《上海证券报》
登载公司年度报告的中国证监会指定国际互联网网址:http://www.sse.com.cn
公司年度报告备置地点:本公司投资证券处
6.股票上市交易所:上海证券交易所
股票名称:秦岭水泥
股票代码:600217

二、会计数据和业务数据摘要

1.公司一九九九年度各项会计数据:(单位:元)

利润总额:	66891222.84
净利润:	56755993.08
非经常性损益的合计:	924187.55
新股申购冻结资金利息:	924187.55
扣除非经常性损益后的净利润:	55831805.53
主营业务利润:	112631908.81
其他业务利润:	3091.07
营业利润:	66018513.37
营业外收支净额:	872709.47
经营活动产生的现金流量净额:	28757231.93
现金及现金等价物净增加额:	304272637.37

2.截止本报告期末公司前三年的主要会计数据和财务指标(单位:元)

财务指标	1999年	1998年		1997年	
		调整前	调整后	调整前	调整后
主营业务收入	248390806.16	230413229.60	230413229.60	190441088.20	190441088.20
净利润	56755993.08	49680626.66	49226171.81	41097224.90	37551221.54
总资产	841640502.04	363627862.42	357792116.82	265227262.33	259845971.58
股东权益	611444974.37	190548154.39	184712408.79	161057688.03	155676397.28
每股收益(全面摊薄)	0.275	0.364	0.361	0.329	0.300
(加权)	0.369	0.372	0.368	0.329	0.300
每股收益(扣除非经营性损益)	0.270	0.364	0.361	0.329	0.300
每股净资产	2.96	1.40	1.35	1.29	1.25
调整后每股净资产	2.93	1.38	1.34	1.28	1.23
每股经营活动产生的现金流量净额	0.14				
净资产收益率(%)	9.28	26.07	26.65	25.52	24.12

注:主要财务指标计算方法:
每股收益=净利润/年度末普通股股份总数
每股收益(加权)=净利润÷[发行前股本总额+本次发行股数(12—新股发行月份)÷12]
每股净资产=年度末股东权益/年度末普通股股份总数
调整后的每股净资产=(年度末股东权益—三年以上的应收款项净额—待摊费用—待处理(流动、固定)资产净损失—开办费—长期待摊费用—住房周转金负数余额)/年度末普通股股份总数
净资产收益率=净利润/年度末股东权益×100%
加权平均净资产收益率=当期净利润÷[(期初净资产+期末净资产)÷2+当期发行新股或配股新增净资产×(自缴款结束日下一月份至报告期末的月份数—6)÷12]

3.报告期内股东权益变动情况(单位:元)

项目	股本	资本公积	盈余公积	法定公益金	未分配利润	股东权益合计
期初数	136500000	33011689.37	20144750.22	4706254.43	-4944030.80	184712408.79
本期增加	70000000	330951572.50	8513398.96	2837799.65	48242594.12	457707565.58
本期减少					30975000.00	30975000.00
期末数	206500000	363963261.87	28658149.18	7544054.08	12323563.32	611444974.37

三、股东情况介绍

1、截止1999年12月31日止,本公司股东总数为45372户。
2、前10名股东持股情况:

	持股数(万股)	占总股本比例	股份性质
陕西省耀县水泥厂	8000	38.74	国有法人股
陕西省耀县水泥厂劳司	3300	15.98	社会法人股
礼泉县袁家集团公司	1150	5.57	社会法人股
中国建筑材料西北公司	600	2.90	社会法人股
建行铜川房地产公司	400	1.90	社会法人股
天元基金	152.39	0.74	社会法人股
陕西铜鑫科技开发公司	100	0.48	社会法人股
陕西省建筑材料总公司	100	0.48	社会法人股
裕隆证券投资基金	60	0.29	社会法人股
兴和证券投资基金	60	0.29	社会法人股

说明:
1.持股5%以上(含5%)的法人股东所持股份未发生冻结、抵押等情况。
2.公司发起人股东未发生转让所持本公司股份情况。其所持股份无质押和冻结;陕西省耀县水泥厂劳动服务公司所持股份无质押和冻结;礼泉县袁家集团公司所持股份无质押和冻结。
3.陕西省耀县水泥厂劳动服务公司是具有法人资格的集体所有制企业,其上级单位是陕西省耀县水泥厂。

安徽全柴动力股份有限公司

(一)公司简介

1、公司法定中文名称:安徽全柴动力股份有限公司
公司法定英文名称:ANHUI QUANCHAI ENGINE CO.,LTD
英文缩写:QCEC
2、公司法定代表人:肖正海
3、公司董事会秘书:彭法峻
联系地址:安徽省全椒县襄河镇建设东路70号
电话:(0550)5018888转2689 传真:(0550)5011156、5015888
电子信箱:pengfajun@china.com
董事会秘书授权代表:马国友
联系地址:安徽省全椒县襄河镇建设东路70号
电话:(0550)5018888转2289 传真:(0550)5011156、5015888
电子信箱:maguoyou@21cn.com
4、公司注册地址及办公地址:安徽省全椒县襄河镇建设东路70号 邮政编码:239500
国际互联网网址:http://www.quanchai.com.cn
电子信箱:quanchai@email.mei.net.cn
5、公司选定的信息披露报纸名称:《上海证券报》、《证券时报》
登载公司年度报告的中国证监会指定国际互联网网址:http://www.sse.com.cn
公司年度报告备置地点:公司证券部
6、公司股票上市交易所:上海证券交易所
股票简称:全柴动力 股票代码:600218

(二)会计数据和业务数据摘要

1、本年度利润情况(单位:人民币元)

利润总额:	120,142,878.54
净利润:	106,920,797.29
扣除非经常性损益后的净利润:	96,328,325.97
主营业务利润:	94,496,245.41
其他业务利润	:4,644,520.06
营业利润:	59,615,899.58
投资收益:	48,962,217.80
补贴收入	:0.00
营业外收支净额:	11,564,761.16
经营活动产生的现金流量净额:	55,535,879.12
现金及现金等价物净增加额:	-81,769,344.56

注:扣除的非经常性损益项目和涉及金额:
无效申购冻结资金利息摊销10,592,471.32元。

2、公司前三年主要会计数据和财务指标:(单位:人民币元)
追溯调整后:

项目	1999年	1998年	1997年
主营业务收入	460,280,273.09	501,686,880.35	542,569,556.86
净利润	106,920,797.29	48,924,957.87	49,563,997.60
总资产	954,104,803.04	845,017,206.42	392,724,077.11
股东权益(不含少数股东权益)	631,083,285.64	562,963,089.05	142,366,472.56
每股收益	0.411	0.245	0.354
每股收益(按月平均加权法计算)	0.486	0.326	0.354
扣除非经常性损益后的每股收益	0.370	0.228	0.357
每股净资产	2.427	2.815	1.017
调整后的每股净资产	2.404	2.809	1.003
每股经营活动产生的现金流量净额	0.214	0.030	--
净资产收益率%	16.94	8.69	34.81

注:(1)主要财务指标计算方法:
每股收益=净利润/年度末普通股股份总数
每股净资产=年度末股东权益/年度末普通股股份总数
调整后的每股净资产=(年度末股东权益-三年以上的应收款项净额-待摊费用-待处理(流动、固定)资产净损失-开办费-长期待摊费用-住房周转金负数余额)/年度末普通股股份总数
每股经营活动产生的现金流量净额=经营活动产生的现金流量净额/年度末普通股股份总数
净资产收益率=净利润/年度末股东权益×100%
(2) 1997年和1998年调整后的主要会计数据和财务指标系根据财政部财会字(1999)35号文、49号文的有关规定,改变会计政策,进行追溯调整所致。

3、报告期内股东权益变动情况

项目	股本	资本公积	法定盈余公积金	法定公益金	未分配利润	股东权益合计
期初数	200,000,000.00	335,455,265.09	2,750,782.40	2,750,782.40	22,006,259.16	562,963,089.05
本期增加	60,000,000.00	199,399.30	10,692,079.73	5,346,039.86	106,920,797.29	183,158,316.19
本期减少	-	60,000,000.00	--	--	55,038,119.59	115,038,119.60
期末数	260,000,000.00	275,654,644.39	13,442,862.13	8,096822.26	73,888,936.86	631,083,285.64

变动原因:
股本变动是由于本公司1999年中期实施了资本公积转增股本所致;
资本公积的减少是由于1999年中期转增股本所致;
法定盈余公积金和法定公益金变动是由于本年度利润分配所致;
未分配利润的变动是由于本年度新增利润和利润分配所致。

(三)股东情况介绍

1、报告期末公司股东总数为21579户。
2、报告期末公司主要股东持股情况:

股东名称	持股数(股)	占总股本比例(%)
1.安徽全柴集团有限公司	182,000,000	70.00
2.宁国水泥厂	1,118,000	0.43
3.许勋章	594,889	0.23
4.杜小华	581,550	0.22
5.陈惠娟	573,701	0.22
6.雍华增	548,340	0.21
7.梁坚清	548,210	0.21
8.张建虎	542,603	0.21
9.雍其苏	537,550	0.21
10.谢安吉	484,100	0.19

山东南山实业股份有限公司

山东南山实业股份有限公司1999年年度报告摘要

(一) 公司简介

1、公司法定中文名称:山东南山实业股份有限公司
公司法定英文名称:SHANDONG NANSHAN INDUSTRIAL CO.,LTD.
2、公司法定代表人:宋建波
3、公司董事会秘书:宋建坤　　公司董秘代表:寇煜、陈爱君
联系地址:山东省龙口市东江镇前宋村
电话:0535-8616188　　传真:0535-8616188
4、公司注册地址:山东省龙口市东江镇
公司办公地址:山东省龙口市东江镇　　邮政编码:265718
公司国际互联网网址:http://www.nanshan.com.cn
电子信箱:nanshan@public.ytptt.sd.cn
5、公司选定的信息披露报纸名称:《上海证券报》
登载公司年度报告的中国证监会指定国际互联网网址:http://www.sse.com.cn
公司年度报告备置地点:公司证券部
6、公司股票上市交易所:上海证券交易所
股票简称:南山实业　　股票代码:600219

(二)会计数据和业务数据摘要

1、本年度主要利润指标情况(单位:人民币元)

利润总额:	118292933.89
净利润:	100548993.81
扣除非经常性损益后的净利润:	94513853.58
主营业务利润:	177943393.59
其他业务利润:	3795621.45
营业利润:	112257793.66
投资收益:	
补贴收入:	
营业外收支净额:	6035140.23
经营活动产生的现金流量净额:	38712691.70
现金及现金等价物净增加额:	609727359.38

注:扣除非经常性损益项目和涉及金额:
(1)新股申购冻结资金利息 5,798,406.86 元
(2)罚款收入 110,878.76 元
(3)其他收入 125,854.61 元

2、截至报告期末公司前三年主要会计数据和财务指标:(单位:人民币元)

项　目	1999 年度	1998 年度(调整前)	1998 年度(调整后)	1997 年度
主营业务收入	745934334.89	669617686.42	669617686.42	644649.946.54
净利润	100548993.81	92099106.26	90954405.29	65957006.61
总资产	1572473.529.19	906831824.87	887749271.41	674566285.34
股东权益	1119228834.44	331026070.31	331026070.31	367010936.84
每股收益	0.39	0.51	0.50	0.36
每股收益(加权平均)	0.50			
扣除非经常损益后的每股收益	0.37			
每股净资产	4.35	1.82	1.82	2.02
调整后每股净资产	4.35	1.82	1.82	2.02
每股经营活动产生的现金流量净额	0.15	−0.19	−0.19	
净资产收益率	8.98	27.82	27.48	17.97

注:(1)主要财务指标计算方法:
每股收益=净利润/年度末普通股股份总数
每股净资产=年度末股东权益/年度末普通股股份总数
调整后的每股净资产=(年度末股东权益-三年以上的应收款项净额-待摊费用-待 处理 (流动、固定)资产净损失-开办费-长期待摊费用-住房周转金负数余额)/年度末 普通股股份总数
每股经营活动产生的现金流量净额=经营活动产生的现金流量净额/年度末普通股股份总数
净资产收益率=净利润/年度末股东权益×100%
(2)需要说明的是:由于会计政策变更,根据财政部财会字(1999)35 号文、49 号文 的有关规定,采用追溯调整法,调整了一九九九年以前年度会计报表相关项目数。

调整前的会计数据:

项目	1999 年	1998 年	1997 年
坏帐准备	763020.43		
未分配利润	85466644.74		67737584.97
应付股利		146021825.28	

调整后的会计数据:

项目	1999 年	1998 年	1997 年
坏帐准备	763020.43	1144700.97	17937852.49
未分配利润	85466644.74		49799732.48
应付股利		126939271.82	

3、报告期内股东权益变动情况(单位:人民币元)

项目	股本	资本公积	盈余公积	法定公益金	未分配利润	股东权益合计
期初数	182000000	94672807	36235508	18117754.44		331026070.31
本期增加	75000000	612653770	10054899	5027449.69	85466644.74	788202764.13
本期减少						
期末数	257000000	707326577	46290408	23145204.13	85466644.74	1119228834.44
变动原因	发行 7500 万 A 股	股本溢价	本期提取增加	本期提取增加	经营产生利润	发行 A 股和利润增加

(三)股东情况介绍

(1)报告期末公司股东总数为 63,583 户。

(2)报告期末公司主要股东持股情况

股东名称	持股数(股)	占总股本比例(%)
南山集团公司	122000000	47.471
卞玉环	1497500	0.583
周锐华	1493996	0.581
周杏英	1490600	0.580
裕阳基金	1429000	0.556
林德英	1200000	0.467
开元基金	1129000	0.439
王祖宽	1085713	0.422
王文训	1046792	0.407
王国友	1000000	0.389

①报告期内,持股 5%以上股东所持股份未发生增减变动,也未有所持股份质押或冻结的情况。
②截止报告期末,以上股东所持股份均为未上市流通股份。其中,南山集团公司所持股份为发起人法人股;裕阳基金和开元基金所持股份为公司发行股票时所配售股份;其它股东所持股份均为内部职工股。
③ 公司未发现前十名股东之间存在任何关联关系。
(3)持有公司 10%以上股份的法人股东情况:

(四)股东大会简介

1、1999 年 3 月 21 日召开了 1999 年临时股东大会,会议决议刊登于 1999 年 3 月 24 日 的《山东证券报》。

2、1999 年 6 月 7 日召开了 1998 年度股东大会,会议决议刊登于 1999 年 6 月 9 日的《 山东证券报》。

(五)董事会报告

1、公司所处的行业和在本行业中的地位

(1)公司是以纺织为主、建材为辅的综合性工业企业。主营业务范围为毛纺织品 、铝材制品的开发、生产及销售。主导产品为"南山"牌系列精纺呢绒面料、腈纶提花织巾和铝型材。其中,精纺呢绒面料已获得国际羊毛局纯羊毛标志使用权,并通过了 ISO9002 国际质量体系认证。目前,精纺面料的年生产能力已达 480 万米至 500 万米,产量 及市场占有率均名列全国同行业前列;腈纶提花织巾的年产量可达 1.2-2 亿条,并连续 三年全国市场占有率达到 70%以上,产品花色品种繁多,质量过硬,一条龙的生产过程也大大降低了生产成本,规模优势十分明显;铝型材的年生产能力为 2 万吨,质量过硬,通 过了 ISO9002 国际质量体系认证,各项指标在同行业中名列前茅。

"南山"牌系列产品被中国保护消费者基金会评为"消费者信得过优质产品", 被人 民日报社"中国名牌 98-99 系列宣传活动组织委员会"授予"中国名牌上榜品牌"。

(2) 公司经营情况(按行业分析):

行业	主营业务收入	主营业务毛利
纺织	496065577.49	135178225.72
铝型材	249868757.40	49213304.25
合计	745934334.89	184391529.97

(3)在经营中出现的问题与困难及解决方案

①1999 年度,经过公司董事会、经理层及全体员工的辛勤工作,圆满完成了年度计划指标。但是,由于纺织行业重复建设与重复生产状况严重,致使纺织产品总量供大于求,行业内的竞争十分激烈,本公司纺织品的生产与销售,面临严峻挑战。市场占有率 达 70%的腈纶织巾系列产品,由于产品结构比较单一,且市场需求发生变化,其销售遇到了前所未有的困难;虽然精纺呢绒和铝材的生产与销售情况较好,但是,来自国内外同 行的竞争仍然不可忽视。

② 解决方案

A、加大销售力度,在稳住腈纶织巾全国农村市场及山东省和周边地区市场优势地位的同时,采取积极措施鼓励销售人员,开拓市场覆盖新的面和销售渠道。

B、加大技术改造和技术革新力度,挖掘设备潜力,增加产品的花色品种,不断开发新产品。坚持产品结构与市场变化相结合,生产围着市场转,按用户需求组织生产。

C、加强内部管理,优化生产组织结构,降低产品成本。强化产品价格优势,以合理的产品价格及市场定位,确保本公司产品的竞争优势。

2、公司财务状况

项目	1999 年(元)	1998 年(元)	增减(+、-)
总资产	1572473529.19	887749271.41	+77.13%
长期负债			
股东权益	1119228834.44	331026070.31	+238.11%
主营业务利润	177943393.59	177111704.55	+0.47%
净利润	100548993.81	90954405.29	+10.50%

总资产和股东权益增加的原因:本年度发行 7500 万 A 股,本年度盈利;
主营业务利润增加的原因:主营业务收入增加;净利润增加主要原因:发行 7500 万 A 股冻结申购资金的利息收入和公司本年度期间费用减少以及本公司租赁龙口市南山铝型材总厂所产生的效益。本年度公司净利润完成盈利预测的 91.5%。

3、公司投资情况:

(1)公司于 1999 年 9 月 10 日公开发行 7500 万 A 股,所募资金扣除发行费用后余额为 687,595,550.00 元。公司招股说明书中披露,1999 年度没有募集资金投资计划,因募集资金比预计时间提前到位,部分项目已经组织实施。实际投资项目与公司募集资金时承 诺项目无变化。

募集资金承诺投资项目情况:

序号	项目	总投资(万元)	99 年实际投资(元)
1	日照木浆	50123	
2	年产 600 万米纤维素面料生产线	6792	29634220.15
3	年产 600 万米纤维素面料印染生产线	9642	
4	年产 900 吨羊毛条生产线	2950	15378817.70
5	年产 30 万套服装生产线	4839	23313520.80
6	年产 15 万立方米加汽粉煤灰混凝土砌块	8438	
合计		82784	68326558.65

注 1:截止报告期末,尚未使用的募集资金为银行存款;

注 2:600 万米纤维素面料生产线和印染项目从生产技术上属前后工序项目,为了便于项目的管理、实施和会计核算工作,实际投资核算作为一个项目进行。

江 苏 阳 光 股 份 有 限 公 司

江苏阳光股份有限公司 1999 年年度报告摘要

公司简介

公司的法定中文名称: 江苏阳光股份有限公司
公司的法定英文名称: JIANGSU SUNSHINE CO., LTD.
公司的法定代表人: 陈丽芬女士
公司董事会秘书: 陈浩先生
联系地址: 江苏省董阴市新桥镇
电 话: (0510)6121688 传 真: (0510)6121188 电子信箱: chss@163.net
公司注册地址及办公地址: 江苏省董阴市新桥镇马嘶桥 邮政编码: 214426
公司国际互联网网址: http: www.jssunshine.com 电子信箱: sunsh@public1.wx.js.cn
公司指定信息披露报纸:《上海证券报》
登载公司年度报告的国际互联网网址: http://www.sse.com.cn
公司年度报告置备地点: 公司证券部
公司股票上市交易所: 上海证券交易所
股票简称: 江苏阳光 股票代码: 600220

会计数据和业务数据摘要

公司本年度主要会计数据 (单位:人民币元)

[2].利润总额	138050618.76
净利润	114959379.36
扣除非董常性损益后的净利润	110822478.08
主营业务利润	175942384.82
其他业务利润	1699986.00
营业利润	135300068.24
投资收益	–
补贴收入	–
营业外收支净额	2750550.52
董营活动产生的现金流量净额	100404880.82
现金及现金等价物净增加额	738774863.25

注 扣除的非董常性损益项目和涉及金额
1. 新股申购冻结资金利息: 4,045,753.52 元
2. 保险赔款:91,147.76 元

公司前三年的主要会计数据和财务指标 (单位:人民币元)

项目	1999 年度后	1998 年度(调整后)	1998 年度(调整前)	1997 年度
主营业务收入	521884563.66	538309388.01	538309388.01	503745521.29
净利润	114959379.36	70669164.04	71715844.64	49880497.98
总资产	1237605937.8	404460188.37	408003802.21	333638557.22
股东权益	1066758291.28	132469610.91	136013224.75	103879823.01
每股收益(摊薄)	0.63	0.62	0.63	0.54
每股收益(加权)	0.84	0.72	0.73	0.54
扣除非董常性损益后的每股收益	0.60			
每股净资产	5.81	1.16	1.20	1.12
调整后的每股净资产	5.80			
每股董营活动产生的现金流量净额	0.55	0.63	0.63	
净资产收益率%	10.78	53.35	52.73	48.02

注 1.1999 年度总股本按 183,753,913 股计算,1998 年度总股本按 113,753,913 股计 算,1997 年度总股本按 93000000 股计算。

2. 主要财务数据计算方法:
每股收益=净利润/年度末普通股股份总数
每股净资产=年度末股东权益/年度末普通股股份总数
调整后的每股净资产=(年度末股东权益董三年以上的应收款项净额经待摊费用经待处理 (流动、固定)资产净损失经开办费经长期待摊费用经住房周转金负数余额)/年度末普通股股份总数
每股经营活动产生的现金流量净额=经营活动产生的现金流量净额/年度末普通股股份总数
净资产收益率=净利润/年度末股东权益×100%
加权平均每股收益=当期净利润/[期末普通股股份总数/(1+配股比例或增发新股 比例)+期末普通股股份总数/(1+配股比例或增发新股比例)×配股比例或增发新股比 例×缴款结束日下一月份至期末的月份数/12]

股东权益变动情况表

项目	股本	资本公积	盈余公积	法定公益金	未分配利润	股东权益合计
期初数	113753913	0.77	5597354	1865784	13118342	132469610
本期增加	70000000	749329301	17243907	5747968	97715472	934288680
本期减少						
期末数	183753913	749329301	22841261	7613753	110833815	1066758291
变动董因	发行 7000 万股 A 股	股本溢价	本期提取增加	本期提取增加	经营产生利润	发行 A 股及利润增加

股本变动情况

1、公司股份变动情况表 数量单位:股

	本次变动前	本次变动增减(+,-) 配股	送股	公积金转股	增发	其他	小计	本次变动后
未上市流通股份								
1、发起人股份	113753913							113753913
其中:境内法人持有股份	113753913							113753913
未上市流通股份合计	113753913							113753913
已上市流通股份								
1、人民币普通股					70000000		70000000	70000000
已上市流通股份合计					70000000		70000000	70000000
股份总数	113753913				70000000		70000000	183753.913

2、股票发行与上市情况

1999 年 8 月 27 日,公司通过上海证券交易所公开向社会发行人民币普通股 7000 万股,其中向证券投资基金定向配售 700 万股,每股发行价格 11.98 元。

1999 年 9 月 27 日,公司发行的社会公众股 6300 万股在上海证券交易所上市交易。1999 年 11 月 27 日,向证券投资基金定向配售的 700 万股在上海证券交易所上市交易。

股东情况介绍

1、报告期末股东总数为 38979 户
2、主要股东持股情况(截止 1999 年 12 月 30 日)

股东名称	持股数(股)	占总股本(%)	备注
江苏阳光集团公司	88,870,244	48.36	法人股
董阴市新桥精毛纺厂	7,109,620	3.87	法人股
董阴市空调除尘设备厂	7,109,620	3.87	法人股
董阴市石油机械厂	7,109,620	3.87	法人股
董阴市郁青时装厂	3,554,809	1.93	法人股
飞翔轻工	3,027,137	1.65	流通股
南京佳恒	2,029,914	1.10	流通股
海通证券	1,657,003	0.90	流通股
兴和基金	673,200	0.37	流通股
裕隆基金	600,000	0.33	流通股

注 1.报告期内持股 5%以上的股东所持股份未发生增减变动,也未发生质押或冻结的情况。
2.公司前五名法人股股东无任何关联关系,后五名流通股股东本公司未知其关联 关系。

3、持股 10%以上法人股东简介

截止 1999 年 12 月 31 日,江苏阳光集团公司持有本公司 48.36%的股份,法定代表人 陆克平先生。

主要董营范围:呢绒、毛纱、针织绒、绒线、羊绒衫、服装、针织品、纺织机械 及配件、砖瓦、染整、洗毛制造、加工,出口本企业生产的全毛花呢、混纺呢绒、全 毛毛纱、及针织绒及服装、混纺毛纱及针织绒,进口企业生产所需的董辅材料、机械 设备、仪器仪表、零配件、销售纺织董料。

4、报告期内控股股东未发生变更。

股东大会简介

报告期内股东大会的召开情况及决议内容。

在报告期内,公司共召开两次股东大会,具体情况如下:

1、公司第一次股东大会暨创立大会于 1999 年 2 月 10 日在董阴市新桥镇举行。出席会议股东共 5 人,代表股份 12695.0391 万股,占公司总股本的 100%,董大会审议和表决,通过了如下决议:
(1)审议通过了关于江苏阳光股份有限公司筹办情况的报告。
(2)审议通过了江苏阳光股份有限公司章程。
(3)审议通过了对江苏阳光股份有限公司设立费用的审核报告。
(4)审议通过了董阴阳光有限公司以评估后的净资产 12695.0391 万元抵作股款的 财产作价报告。
(5) 审议通过了江苏阳光集团公司与公司签订的有关关联交易董议:《避免同业竞争董议书》、《商标许可董议》、《土地租赁董议》、《委托加工董议》、《进口代理董议》、《办公楼租赁董议》、《设备租赁董议》、《综合服务董议》。
(6)审议通过了选举公司第一届董事会成员的决议。
(7)审议通过了选举公司第一届监事会成员的决议。
(8)同意公司法定地址在江苏省董阴市新桥镇。

2、公司 1998 年度股东会于 1999 年 5 月 17 日在公司会议室召开,应到股东 5 名,实到 5 名,代表的股份为 12695.0391 万股,占公司总股本的 100%,会议审议通过了如下决议:
(1)审议通过了公司董事会、监事会 1998 年度工作报告。
(2)审议通过了公司 1998 年度财务决算和利润分配的决议。
(3)审议通过了调整公司部分董事的决议。
(4)审议通过了公开发行股票的决议。
(5)审议通过了调整公司部分监事的决议。
(6)审议通过了江苏阳光股份有限公司章程的决议。全体股东通过了按照中国证 监会《上市公司章程指引》进行修改的新章程。
(7)审议通过了关于调整公司注册资本的决议。
(8)审议通过了公司本次募股资金投向的决议。

选举、更换公司董事、监事情况

1、董公司首届股东大会审议通过,选举陈丽芬、陆克平、汪建平、陶永生、王阿宝、蔡汝忠、王玉成、缪发忠、王洪明共九位为第一届董事会成员,任期三年。选举 孙永烈、蔡国华作为股东代表出任的监事,与职工代表王敏华出任的监事组成公司第 一届监事会,任期三年。

2、董公司第二届股东大会审议通过,同意董公司董事蔡汝忠、监事孙永烈由于工作变动的董因辞去董事、监事职务,同时选举蔡凤贤为公司董事,徐霞为公司监事。

董事会报告

一、公司经营情况

一 公司主营业务的范围及董营状况

公司所在行业为纺织行业,主要从事中高档精毛纺呢绒的生产和销售,99 年度公司精纺呢绒产量达到 650 万米,销售收入为 521,844,563.66 万元,占主营业务收入的 100%,占主营业务利润总额的 100%。

二、公司财务状况 单位:万元

名称	1999 年	1998 年	同比+-%
总资产	123761	40446	205.99
长期负债	–	–	–
股东权益	106676	13247	705.28
主营业务利润	17594	19173	−8.24
净利润	11496	7067	62.67

总资产与股东权益增加的董因:主要为 1999 年 8 月底发行了 7000 万股人民币普通股,募集资金约 8.4 亿元。

主营业务利润减少的董因:主营业务收入略有减少,主营业务成本基本无变化;

净利润增加的主要董因为 1999 年 8 月底发行了 7000 万股人民币普通股,募集资金约 8.4 亿元,导致公司利息收入增加,降低了财务费用,同时冻结资金利息使营业外收入有所增加。

三、公司投资情况

[6].募集资金投资项目情况 单位:万元

序号	项 目	总投资	99 年计划投资	99 年实际投资
1	精纺花式捻线机技改	3712	3012	910

2	筒子染色设备技改	2917	2317	771
3	筒并捻设备技改	3760	3060	623
4	剑杆织机及配套设备技改	4176	3176	顺延 2000 年
5	建立"董阴华洋毛纺染整有限公司"	18,115	14,000	顺延 2000 年
6	科技情报中心	3,002	1,502	顺延 2000 年
7	产品开发检测中心	2999	1499	1651
8	计算机网络信息集成管理系统	2798	1798	106
9	完善公司营销体系(50 家专卖店)	3598	1598	1000
10	合资生产 35 万套男装西服	15,245	11,245	顺延 2000 年
11	合资生产 35 万套女装时装	14,299	11,678	顺延 2000 年
12	补充生产董营所需流动资金	10,000	8,000	顺延 2000 年
合 计		84620.8	62885	5061

注:99 年尚未使用的募集资金为银行存款。

募集资金投资项目进展情况

由于公司募集资金于 9 月份才到位,影响了项目投资的实施时间。在 2000 年度,公 司的募集资金投资项目的建设将会全部到位,项目会按计划进行并产生效益,为公司利润增长作出贡献。

(1)精纺花式捻线机技改项目。该项目 1999 年度投入资金 910 万元,并于 2000 年 1 月 10 日付引进设备款 1,433 万元,2000 年上半年将进行试生产。

(2)筒子染色设备技改项目。该项目 1999 年度投入资金 771 万元,并于 2000 年 1 月 10 日付引进设备款 1,730 万元,2000 年上半年将进行试生产。

(3)筒并捻设备技改项目。该项目 1999 年度投入资金 623 万元,并于 2000 年 1 月 10 日付引进设备款 2,447 万元,2000 年上半年将进行试生产。

(4)剑杆织机及配套设备技改项目。该项目 1999 年度未投入资金,设备已订购,2000 年上半年将进行试生产。

(5)合资建立"董阴华洋毛纺染整有限公司"项目。该项目的设备已开始引进,具体外商尚在洽谈之中。

(6)科技情报中心项目。该项目 1999 年度未投入资金,2000 年完成项目建设。

(7)产品开发检测中心项目。该项目 1999 年度已投入 1,651 万元, 2000 年上半年将正常运行。

(8)计算机网络信息集成管理系统项目。该项目 1999 年度投入 106 万元,2000 年将 全部建成。

(9)完善公司营销体系项目(设立 50 家专卖店)。该项目 1999 年度投入 1000 万元建 设上海阳光专卖店,2000 年将完成项目建设。

(10)合资生产 35 万套高档男装西服项目。该项目 1999 年度尚未投入资金,2000 年 1 月 10 日,公司与外方正式签订了合资董议,并董外董贸苏府资字[2000]33164 号文批准 设立"江苏阳光服饰有限公司",该公司前期总投资 988 万美元,年生产 15 万套高档男西 装。3 月底,公司生产技术人员赴意大利参加培训,生产设备开始订购,预计 2000 年上半年试生产,9 月份面市。

(11)合资生产 35 万套高档女装时装项目。该项目 1999 年度未投入资金,公司与外 方正在洽谈之中,员工已派出培训。

(12)补充生产董营所需流动资金。由于公司 1999 年度产销两旺,资金回笼及时,1999 尚未使用募股资金补充流动资金,2000 年预计流动资金额为 2 亿元。

四、报告期内无非募集资金投资的重大项目。

中国加入世界贸易组织对公司未来董营产生的重大影响公司作为国内最大的中高档精纺呢绒生产企业之一,其生产的"阳光"牌精纺呢绒是国家董贸委支持的"以产顶进"主要品牌之一。加入 WTO 对于江苏阳光而言,机遇与挑战并存,体现如下:

精毛纺是一个高消费的成熟产业, 加入 WTO 引起的贸易自由化将会模糊国际和国内市场之间的界限:一方面,公司向国外拓展的机会更多;另一方面,国外毛纺业进入我 国市场的机会也将增加。面对机遇和挑战,公司在秉承以往优势的同时,将继续加大技改力度,增加对高新技术产品研究和开发的投入,扩大外销,提高产品档次,增加花色品种,加强服务,注重营销策略,充分利用开发能力强和规模、机制优势,提高竞争力。

五、新年度的业务发展计划

新年度业务计划

公司将于 2000 年上半年完成募股资金技改项目的投资,在此基础上,公司将继续抓好生产董营工作,扩大产品产量,提高产品档次,预计 2000 年度公司主营产品的产量会 比 1999 年度有所增长。

公司已取得了进出口业务自营权,故 2000 年度公司将积极拓展海外市场,增加产品出口比重,预计新年度公司对外销售收入将有所扩大。

公司的服装项目预计于 2000 年度上半年完成,产品将于秋季上市,公司将致力于高档服装的生产和销售,使其成为公司新的利润增长点。

新年度投资计划公司新年度无非募集资金投资项目,募集资金投资项目计划已在 公司投资情况中披露。

六、董事会日常工作报告

报告期内董事会的会议情况及决议内容

1999 年 2 月 10 日,本公司第一届董事会第一次会议于董阴市新桥镇召开,公司全体 董事出席了会议,全体监事及高级管理人员列席了会议。会议审议通过了如下决议:选举陈丽芬女士为公司本届董事会董事长,任期三年;聘任陈丽芬女士为公司总董理,王洪明先生为公司副总董理,任期三年;聘任陆阿满先生为公司财务总监,陈浩先生为公司董事会秘书,任期三年。

1999 年 4 月 16 日,本公司第一届董事会第二次会议于公司会议室召开,公司全体董 事出席了会议,会议审议通过了如下议案:公司总董理 1998 年度工作报告;公司 1998 年度财务决算和利润分配的议案;调整公司部分董事的议案;公开发行股票的议案;修改公司章程的议案;调整公司注册资本的议案;关于本次募股资金投向的议案;提议 1999 年 5 月 17 日召开股东大会,审议上述事项。

董事会对股东大会决议的执行情况

1、对股东大会授权事项的执行情况。

①关于公开发行股票:

公司已于 1999 年 8 月 27 日成功向社会发行人民币普通股 7000 万股, 每股发行价格 11.98 元,并已于 9 月 27 日在上海证券交易所上市交易。

②关于调整公司注册资本:

公司已按调整后的注册资本到工商登记机关完成了变更登记。

③关于本次募股资金投向:

公司本次发行所募资金正在按董投资计划积极运用。

2、报告期内公司利润分配方案

报告期内董事会根据股东大会决议实施了 1998 年度利润分配方案

3、报告期内公司未用公积金转增股本。

4、报告期内公司未配股、也未增发新股。

公司管理层及员工情况

现任董事、监事、高级管理人员情况

姓名	性别	年龄	职务	任期起止日期
陈丽芬	女	41	董事长、总董理	1999.2.10~2002.2.10
陆克平	男	56	董事	1999.2.10~2002.2.10
王洪明	男	34	董事、副总董理	1999.2.10~2002.2.10
汪建平	男	49	董事	1999.2.10~2002.2.10
王玉成	男	64	董事	1999.2.10~2002.2.10
陶永生	男	51	董事	1999.2.10~2002.2.10
缪发忠	男	54	董事	1999.2.10~2002.2.10
王阿宝	男	50	董事	1999.2.10~2002.2.10
蔡凤贤	男	46	董事	1999.5.17~2002.2.10
徐 霞	女	36	监事会主席	1999.5.17~2002.2.10
蔡国华	男	54	监事	1999.2.10~2002.2.10
王敏华	女	24	监事	1999.2.10~2002.2.10
陆阿满	男	42	财务总监	1999.2.10~2002.2.10
陈 浩	男	25	董事会秘书	1999.2.10~2002.2.10

注 1.以上人员在报告期内未持有本公司股票。

2.本报告期内,董公司董事蔡汝忠、监事孙永烈因工作变动辞职离任。

3.报告期内,公司高级管理人员共有 8 人在本公司领取薪酬,8 人年度薪酬总额为 66.5 万元,其中:年度薪酬在 10-15 万元区间的有 2 人,在 5-10 万元的有 3 人,在 2-5 万元的有 3 人。

公司员工情况

公司共有员工 1832 人,其中管理人员 119 人,专业技术人员 75 人,销售人员 60 人,财 务人员 16 人,生产及其他人员 1562 人;具有大、中专以上学历人员 90 人,高中以上学历人员 242 人,初中及以下人员 1500 人。

公司员工实行全员劳动合同制。公司执行国家及地方有关法律、法规规定的职工劳保、福利、待业保险和养老退休制度。

八、本次利润分配预案或资本公积金转增股本预案

根据无锡公证会计师事务所有限公司出具的审计报告,1999 年度公司实现净利润 114,959,379.36 元,加上已追溯调整后的年初未分配利润后,按 10%提取法定盈余公积 金 11,495,937.94 元,按 5%提取法定公益金 5,747,968.97 元,当年可供股东分配的利润为 110,833,815.01 元;1999 年年度末资本公积金余额为 749,329,301.78 元。

1999 年度利润分配和资本公积金转增股本预案为: 以 1999 年末公司总股本 183,753,913 股为基数,按每 10 股送红股 2 股向全体股东实施利润分配,共计派送股票股利 36750,783 元;向全体股东每 10 股转增 5 股,实施资本公积金转增股本,共计转增股本 91,876,957 股。董利润分配和资本公积金转增股本后,公司总股本将达到 312,381,653 股,资本公积金余额 657,452,344.78 元,未分配利润尚余 74083032.01 元,结转以后年度进行分 配。

以上分配方案须董本公司股东大会批准后实施。

监事会报告

1999 年度,公司监事会按照《公司法》及《公司章程》赋予的权力,对公司的业务董营活动及董事会的运作进行监督,忠实地履行了公司章程所赋予的职责,为维护公司和股东的合法权益,开展了积极有效的监督工作。

监事会会议情况

报告期内,公司监事会共召开两次会议。

1999 年 2 月 10 日,本公司召开了第一届监事会第一次会议,会议审议通过了如下决 议:选举孙永烈先生为本届监事会主席,任期三年。

1999 年 5 月 17 日,本公司召开了第一届监事会第二次会议,会议审议通过了如下决 议:公司 1998 年度监事会工作报告;由于公司监事会董主席孙永烈先生因工作变动辞 去监事职务,全体监事重新选举徐霞为公司本届监事会主席。

重要事项

一、重大诉讼、仲裁事项

本年度公司无重大诉讼、仲裁事项。

二、报告期内公司、公司董事及高级管理人员无受监管部门处罚的情况

三、报告期内公司控股股东未变更,公司董事会未有换届、改选或半数以上成员 变动,公司总董理、董事会秘书未变更。

四、报告期内公司收购及出售资产、吸收合并事项的简要情况及进程

99 年 1 月,本公司与江苏阳光集团公司签订《房地产买卖契约》,以常州资产评估 事务所确定的评估价值 1754.43 万元作为成交价购入董租用的部分厂房。

五、重大关联交易事项

本报告期内所发生之关联交易均为正常的关联交易,详细情况见财务会计报告附 注 6 之(六)。

六、公司与控股股东在人员、资产、财务上"三分开",即公司相对于控股股东人 员独立、资产完整、财务独立,但由于历史关系,集团公司为本公司提供洗毛、制条和条染等加工业务和电、汽等后勤服务。

七、本公司在报告期内发生的托管、承包、租赁其他公司资产或其他公司托管、承包、租赁本公司资产的事项。

本公司在报告期内租赁江苏阳光集团公司资产事项详见财务会计报告附注 6 之(八)。

八、公司聘任无锡公证会计师事务所有限公司为本公司审计会计师事务所。

九、其它重大合同(含担保等)及其履行情况

公司与集团公司于 1999 年 2 月 15 日签订了《商标使用许可董议》。合同规定:集团公司将其已董登记注册并合法拥有的"阳光"牌注册商标许可公司非独占性无偿使用, 使用期限为两年。。

公司与集团公司于 1999 年 2 月 15 日签定了《委托加工董议》。合同规定:集团公司为公司提供洗毛、制条和条染等加工业务;公司按国家物价管理部门规定的价格/或 可比的当地市场价格/或实际成本加上不超过 5%的利润而构成的推定价格支付给加工费;合同有效期为三年。

公司与集团公司于 1999 年 2 月 15 日签定了《进口代理董议》。合同规定:在同等条件下,公司将进口业务委托集团公司代理;公司向集团公司支付不超过代理业务标的 额 1%的手续费;合同有效期为三年。

公司与集团公司于 1999 年 2 月 15 日签订了《综合服务董议》,合同规定:集团公司 将向公司提供:①水、电、汽、通讯服务;②员工住房;③医疗;④消防、警卫及道 路维护;⑤绿化、环卫排污;⑥宾馆、会务服务;⑦广告服务等。有关服务费用将按国家物价管理部门规定的价格/或市场价格/或合理成本费用加不超过 5%的利润构成 的推定价格计算, 其中广告费用以及本公司当年销售收入占集团公司(所有使用"阳光"牌注册商标的全资、控股和参股企业以及特许使用该商标的其他企业)销售收入的比 例确定分担比例。合同有效期限五年。

公司与集团公司于 1999 年 2 月 15 日签订了《避免同业竞争董议书》,合同约定:待 本公司上市后,集团公司将只生产 80s 以下的中低档呢绒,不以任何方式直接或间接生 产与本公司相竞争的高档精纺呢绒及其他产品。

本公司与集团公司于 1999 年 2 月 15 日签订了《土地租赁董议》。合同规定:集团公司将其以出让方式取得的位于董阴市新桥镇马嘶桥的公司厂房(所占总面积为 39157.2 平方米的土地)于 1998 年 6 月租赁给公司使用;土地年租金总额为 313,257.60 元;租赁期限为 10 年,期满后可向集团公司续租。

以上合同均按合同规定条款履行。

十、公司报告期内未更改名称或股票简称

十一、其他重大事项

1999 年 5 月,江苏省科学技术委员会认定本公司为江苏省高新技术企业。

1999 年 8 月, 中国方圆标志认证委员会质量认证中心和中国进出口商品质量认证中心为本公司颁布了 ISO9002-94 质量体系认证证书。

财务会计报告

审 计 报 告

锡会 A(2000)号

江苏阳光股份有限公司全体股东:

我们接受委托，审计了贵公司 1999 年 12 月 31 日的资产负债表,1999 年度利润表及利润分配表和 1999 年度现金流量表。这些会计报表由贵公司负责,我们的责任是对这些 会计报表发表审计意见。我们的审计是依据《中国注册会计师独立审计准则》进行的。在审计过程中,我们结合贵公司的实际情况,实施了包括抽查会计记录等我们认为必要的审计程序。

我们认为,上述会计报表符合《企业会计准则》和《股份有限公司会计制度》及 国家有关法律法规的规定,在所有重大方面公允地反映了贵公司 1999 年 12 月 31 日的财 务状况及 1999 年度董营成果和 1999 年度现金流量情况,会计处理方法的选用遵董了一 贯性董则。

无锡公证会计师事务所有限公司　　中国注册会计师:马惠兰

金章罗

中国.无锡　　2000 年 3 月 22 日

会计报表附注

1、基本情况

江苏阳光股份有限公司(以下简称本公司)的前身是董阴阳光有限公司(以下简称 有限公司)。有限公司是董董阴市董济体制改革委员会澄政改(1994)13 号文批准,由江苏阳光集团公司、董阴市新桥精毛纺厂、董阴市空调除尘设备厂、董阴市石油机械厂、董阴市郁青时装厂等五家法人单位共同出资，于 1994 年 2 月 18 日在董阴市工商行政管理局注册成立的有限责任公司，注册号为 25034488-5,注册资本 3200 万元。

1996 年 12 月,根据国发(1995)17 号文《国务院关于董有限责任公司和股份有限公 司依据〈中华人民共和国公司法〉进行规范的通知》的要求,董董阴市董济体制改革 委员会澄政改(1996)26 号文批准,有限公司将 1996 年底的法定盈余公积金 5066,680.52 元、未分配利润 42,933,319.48 元、债权转股权 11,375,000 元以及货币出资 1,625,000 元,共计 61,000,000 元增加注册资本,增资后的注册资本总额为 9300 万元,各出资人董 持股比例不变。

1999 年 2 月,董江苏省人民政府苏政复[1999]17 号文批准,将有限公司整体变更为 股份公司,以有限公司 1998 年 9 月 30 日评估确定的净资产 126,950,397.16 元，按 1:1 的 比例折为法人股,注册资本 126,950,397 元,资本公积 0.16 元,于 1999 年 2 月 13 日在江苏 省工商行政管理局依法登记注册,注册号为 3200001104397。整体变更后,有限公司之 债权债务全部由本公司承接。

1999 年 5 月,董本公司股东大会决议通过,并董江苏省人民政府苏政复[1999]44 号 文批准,本公司按 1998 年 9 月 30 日董审计后的帐面净资产调整注册资本,调整后的注册 资本为 113,753,913 元,资本公积为 0.77 元。

1999 年 8 月 27 日,董中国证券监督管理委员会证监发字[1999]107 号"关于核准江苏阳光股份有限公司公开发行股票的通知",本公司采用上网定价方式在上海证券交易所向社会公开发行人民币普通股 7000 万股,每股面值 1 元,股票名称"江苏阳光",股票代码"600220"。

本次人民币普通股发行后,本公司股本变更为 18,375.3913 万元人民币,其中:江苏阳光集团公司出资 8887.0244 万元,占注册资本的 48.364%,董阴市新桥精毛纺厂、董 阴市空调除尘设备厂、董阴市石油机械厂各出资 710.9620 万元,各占注册资本的 3.869%,董阴市郁青时装厂出资 355.4809 万元,占注册资本的 1.935%,社会公众股为 7000 万元,占注册资本的 38.094%。上述股本的变更已董无锡公证会计师事务所有限公司锡 会 B(1999)0098 号验资报告验证。

本公司主要董营范围为呢绒、毛纱、毛线、针纺织品、服装、纺织机械及配件制造、销售、毛洗净分梳、纺织董料(皮棉除外)、金属材料、建筑材料、装璜材料、五金、电子产品及通信设备(卫星地面接收设施除外)、玻璃销售。

公司下设复精梳、纺部、织部、染整四个车间和供应部、生产技术部、销售部、财务部、证券部、办公室等六个职能部门。

2、公司主要会计政策、会计估计

1.会计制度

本公司执行《股份有限公司会计制度》,99 年 2 月前执行《股份制试点企业会计制度》并参照执行《工业企业会计制度》,

在编制本会计报表时,已按《股份有限公司会计制度》及其补充规定进行了调整。

2.会计期间

会计期间采用日历年度制,即自公历一月一日起至十二月三十一日止。

3.记帐本位币

以人民币为记帐本位币。

4.记帐董则和计价基础

以权责发生制为记帐董则,以历史成本为计价基础。

5.现金等价物的确定标准

现金等价物是指持有的期限短、流动性强、易于转换为已知金额现金,价值变动 风险很小的投资。

6.短期投资核算方法

短期投资按成本与市价孰低计价,短期投资跌价准备按投资总体成本高于市价的 差额提取。

7.坏帐核算方法

(1)坏帐的确认标准:债务人破产或死亡,以其破产后的财产或遗产清偿后仍不能 收回,或债务人逾期未履行偿债义务,已超过 3 年确实不能收回或有明显特征表明无法 收回的应收款项,董董事会授权批准,确认为坏帐。

(2)坏帐损失的核算方法:坏帐准备核算采用备抵法。根据本公司董事会决议,应 收款项(包括应收帐款和其他应收款)自一九九九年一月一日起根据债务单位的财务状况、现金流量等情况,对帐龄在 5 年以内的应收款项,结合帐龄个别确认是否需计提坏 帐准备,其余根据帐龄按期末余额分段计提坏帐准备,坏帐准备计提的比例列示如下:

1 年以内	5%
1~2 年	10%
2~3 年	30%
3~5 年	50%
5 年以上	100%

由于会计政策的变更,本公司根据财政部财会字[1999]35 号文《关于印发<股份有限公司会计制度有关会计处理问题补充规定>的通知》的有关规定,采用了追溯调整法,调整了一九九九年度会计报表相关项目的年初数或上年实际数，该等调整对本公司财务状况和董营成果的影响详见本会计报表附注 2 之 15 条。

8.存货核算方法

1).分类:

本公司存货分为董材料、自制半成品、委托加工材料、在产品、产成品等。

2).计价及摊销

(1).董材料取得时按实际成本计价,采用永续盘存制,发出时采用加权平均法结转成本;

(2).产成品入库以实际成本计价,按加权平均法结转销售成本;

(3).在产品根据车间月末盘点结存的董材料,按加权平均法计算保留董材料成本,其余工、费成本全部转入当月完工产品成本。

(4).低值易耗品采用领用时一次摊销的方法。

(5).存货跌价准备的计提:

存货按成本与可变现净值孰低计价,在对存货进行清查时,如确实存在毁损、陈旧或销售价格低于成本的情况,按单个存货项目的成本高于其可变现净值的差额,在中期期末或年终时提取。

根据财政部财政部财会字[1999]35 号文《关于印发<股份有限公司会计制度有关 会计处理问题补充规定>的通知》和财政部财会字[1999]49 号文《关于<股份有限公司会计制度有关会计处理问题补充规定问题解答>的通知》的有关规定,按一九九九年十二月三十一日帐面实存的存货作为追溯调整的基础,本年度发生的存货成本高于其可 变现净值计提的存货跌价损失计入本年度损益项目,不进行追溯调整。

9.长期投资核算方法

1)长期股权投资

(1)股票投资:公司以货币资金购买股票的,按实际支付的金额计入成本,实际支付的款项中若含有已宣告发放的股利,则按实际支付的金额扣除已宣告发放的股利后的 净额作为投资成本;公司以实物和无形资产折价入股的,按董议、合同约定的价值或 资产评估后确定的价值作为成本。

(2)其他股权投资:公司以货币资金投资的,按实际支付金额计入成本;公司以其 流动资产、固定资产或无形资产投资的,则按照资产评估确定的价值、合同或董议确 定的价值入帐,评估确定的价值与董帐面价值的差额,作为资本公积处理。

对于股票投资和其他股权投资,若持有被投资公司的有表决权资本总额 20%以下,或持有被投资公司有表决权资本总额 20%或以上,但不具有重大影响的,按成本法核算;若持有被投资公司有表决权资本总额 20%或以上,或虽投资不足 20%但具有重大影 响的,按权益法核算;持有被投资公司有表决权资本总额 50%以上,或虽不超过 50%但具有实际控制权的,按权益法核算并合并会计报表。

2)长期债权投资

投资按实际支付的价款扣除支付的税金、手续费等各项费用,以及支付的自发行 起至购入债券止的应计利息后的余额作为实际成本,实际成本与债券票面价值的差额,作为溢价或折价;债券的溢价或折价在债券存续期间内于确认相关债券利息收入时摊销,摊销方法为直线法。

10.长期投资减值准备的计提:

如被投资单位由于市价持续下跌或董营状况恶化等董因导致可收回金额低于帐面价值，且这种降低的价值在可预计的未来期间内不可能恢复，按可收回金额低于长期股权投资帐面价值的差额,在中期期末或年终时提取。

11.固定资产核算方法

1)固定资产的标准:使用年限在一年以上,单位价值在 2000 元以上的房屋建筑物、机器设备等,以及不属于主要生产董营设备的,使用年限在二年以上并且单位价值在 2000 元以上的资产;

2)固定资产按实际成本计价;

3)固定资产采用直线法计提折旧,残值率为董值的 5%,其折旧年限及分类折旧率 分别为:

固定资产类别	折旧年限	年折旧率
房屋及建筑物	30 年	3.167%
机 器 设 备	12 年	7.917%
运 输 设 备	8 年	11.875%

12.在建工程核算方法:

在建工程指兴建中的厂房与设备及其他固定资产,在完工交付使用后,按实际发生的全部支出确认为固定资产。在建工程所发生的借款利息,属于在固定资产尚未交付 使用前发生的,计入在建工程成本,固定资产交付使用后发生的,计入当期损益。

13.营业收入的确认

以商品所有权上的主要风险和报酬已转移给买方,不再对该商品实施继续管理权 和实际控制权,相关的收入已董收到或取得了收款的证据,并且与销售该商品相关的成本能够可靠地计量时,确认营业收入实现。

14.所得税的会计处理

采用应付税款法。

15.会计政策、会计估计的变更及对会计报表的影响

如本会计报表附注 2 之 7 条所述,对本年度坏帐准备政策的变更已采用追溯调整法,调整了一九九九年度会计报表相关项目的年初数或上年实际数。

坏帐准备政策变更的累积影响数为 3,543,613.84 元，调减了一九九八年度净利润 1,046,680.60 元,调减了一九九九年年初留存收益 3,543,613.84 元,其中未分配利润调 减了 3,012,071.77 元,盈余公积调减了 531,542.07;一九九八年年初未分配利润调减 了 2,122,393.26 元。

3、税项

本公司适用的主要税种和税率如下:

(1).流转税

实行增值税,销项税按销售商品和提供劳务收入的 17%计征。

(2).城建税及教育费附加

按应交增值税、营业税金额的 5%计征城市维护建设税,按营业收入的 5‰计提教 育费附加。

(3).所得税

根据江苏省人民政府苏政发[1997]91 号文批复,按 33%全额征收,由地方财政返还 18%,实际税负为 15%。

(4).房产税

以房产董值的 70%为计税依据，税率为 1.2%，出租房产以房产出租收入为计税依 据，税率为 12%。

4、利润分配政策

依据《公司法》及本公司章程,按当年税后净利润的 10%、5%分别计提法定盈余公积金、公益金,按董事会、股东大会决议提取任意盈余公积金和分配股利。

5、会计报表主要项目注释

(下列项目无特殊说明,金额均以人民币元为单位)

1. 货币资金

	1998.12.31	1999.12.31
现 金	1209012.29	414926.55
银行存款(RMB)	83982594.15	823551543.14
其他货币资金	1500000.00	1500000.00
	–	–
	86691606.44	825466469.69

货币资金余额较 1998 年末增加 73,877.49 万元，系因本年度向社会公开发行了人民币普通股 7000 万股。

2.应收帐款、其他应收款

(1)按帐龄分类

	1998.12.31	比例(%)	坏帐准备	1999.12.31	比例(%)	坏帐准备
1 年以内	67342504.81	89.98	3367125.24	75633895.08	88.66	3813347.47
1~2 年	5662893.40	7.57	566289.34	7974117.46	9.35	797411.75
2~3 年	1122251.68	1.50	336675.50	1127231.97	1.32	338169.59
3~5 年	711675.99	0.95	355838.00	270736.55	0.32	135368.28
5 年以上	–	–	–	305398.97	0.35	305398.97
	74839325.88	100.00	4625928.08	85311380.03	100.00	5389696.06

(2)本公司应收帐款主要明细项目列示如下:

	1999.12.31	欠款时间	欠款董因
宁波亚太国际贸易公司	5,643,884.88	一年以内	销售欠款
董阴新宏毛纺销售有限公司	3,087,978.86	一年以内	销售欠款
中兴金虎集团大连分公司	1,609,111.31	一年以内	销售欠款
温州华典纺织品公司	1,540,374.93	一年以内	销售欠款
宁波欧罗兰服装公司	1,518,836.52	一年以内	销售欠款

(3)无欠持本公司 5%以上表决权股份的股东款项。

3.存 货

	1998.12.31		1999.12.31	
	金 额	跌价准备	金 额	跌价准备
董材料	47279025.64	-	34131574.69	-
自制半成品	42513822.69	-	51622642.46	-
委托加工材料	1559783.80	-	-	-
在产品	10452902.82	-	16234960.27	-
产成品	30366458.43	1680209.79	55388297.22	186687.67
	132171993.38	1680209.79	157377474.64	186687.67

存货可变现净值根据同类产品期末市价确定。

4.固定资产及累计折旧

(1)固定资产董值

固定资产类别	期初董值	本期增加	本期减少	期末董值
房屋建筑物	21863093.33	20435800.00	-	42298893.33
机器设备	147545909.04	1843452.00	-	149389361.04
运输设备	1921819.89	1167480.00	-	3089299.89
	171330822.26	23446732.00	-	194777554.26

(2)累计折旧

固定资产类别	期初余额	本期增加	本期减少	期末余额
房屋及建筑物	3366305.74	4393215.30	-	7759521.04
机器设备	49600571.13	11610967.18	-	61211538.31
运输设备	1300544.85	182435.39	-	1482980.24
	54267421.72	16186617.87	-	70454039.59

5.在建工程(单位:万元)

工程名称	预算数	期初数	本期增加	本期转固	其他减少	期末数	资金来源	工程进度
引进精纺花式捻线机技改项目	2950	910.33				910.33	募集资金	30%
引进筒子染色设备技改项目	2917	770.90				770.90	募集资金	20%
引进筒并捻设备技改项目	2960	623.20				623.20	募集资金	20%
产品开发检测中心项目	2999	1650.92				1650.92	募集资金	50%
完善公司营销体系项目	2598	1000.00				1000.00	募集资金	35%
计算机网络信息集成管理项目	2739	106.29		106.29			募集资金	3%
		5061.64		106.29		4955.35		

6.短期借款

借款类别	期初数	期末数
信用借款	64300000.00	
担保借款	63900000.00	
	128200000.00	

短期借款余额较 1998 年末减少 12,820 万元,系因按期偿还到期借款。

7.应付帐款

(1)按帐龄分析

	1998.12.31	1999.12.31
均为 1 年以内	31688523.36	37118855.60

(2)欠持本公司 5%以上表决权股份的股东的款项

股 东	内 容	金 额
董阴市新桥精毛纺厂	购货款	4321460.58

8.预收帐款

无欠持本公司 5%以上表决权股份的股东单位款项。

9.应交税金

税 种	1998.12.31	1999.12.31	税率或实际税负
所得税	7875117.48	22791239.40	15%
增值税	674,089.45	6,324,456.72	销项税 17%
城建税	3,713,823.35	1,908,392.25	按应交增值税的 5%计提
房产税	837,398.93	579,519.03	上年末固定资产中房屋董值×70%×1.2%
印花税	103698.97	103698.97	
	13204128.18	31707306.37	

(1)本年度所得税实际税负为 15%,上年度所得税税率为 33%。

(2)无税收减免情况。

应交税金余额较 1998 年底增加 1,850.32 万元,主要系因 1999 年 4 季度所得税款未及缴纳。

10.其他应交款

项 目	1998.12.31	1999.12.31	计缴标准
防洪保安基金	589,938.24	832,599.88	上年末固定资产董值的 2‰
粮食风险基金	1,859,696.14	2,381,540.70	销售收入的 1‰
物价调节基金	1,339,696.14	1,761,540.70	销售收入的 1‰
教育费附加	2,194,105.24	2,963,799.83	销售收入的 5‰
应交管理费	10,327,736.85	10,327,736.85	销售收入的 1%,99 年未计提 *
	16311172.61	18267217.96	

*99 年 2 月份公司进行股份制改制, 董阴市新桥工业总公司同意从 99 年 1 月 1 日起豁免董按销售收入的 1%计征上交的管理费。

11.其他应付款

欠持本公司 5%以上表决权股份的股东单位款项:

股 东	内 容	金 额
江苏阳光集团公司	未付的租赁费、购货款等	2861045.10

12. 预提费用

内容	1998.12.31	1999.12.31
预提广告费	500000.00	
	500000.00	

13.股 本 (数量单位:股)

	期初数	本次增发	期 末 数
一、尚未流通股份			
1、发起人股份	113753913		113753913
尚未流通股份合计	113753913		113753913
二、已流通股份			
(境内上市的人民币普通股)		70000000	70000000
三、股份总数	113753913	70000000	183753913

1999 年 8 月 27 日,董中国证券监督管理委员会证监发字[1999]107 号"关于核准江苏阳光股份有限公司公开发行股票的通知",本公司采用上网定价方式在上海证券交易所向社会公开发行人民币普通股 7000 万股, 每股面值 1 元。上述股本的变更已董无锡公证会计师事务所有限公司锡会 B(1999)0098 号验资报告验证。

14.资本公积

	期初余额	本期增加	本期减少	期末余额
股本溢价	0.77	749260000.00	-	749260000.77
其他资本公积转入	-	69301.01	-	69301.01
	0.77	749329301.01	-	749329301.78

股本溢价期初余额 0.77 元为 1998 年本公司进行股份制改制时根据帐面净资产按 1:1 折股后的溢价部分;本期增加 74,926 万元为 1999 年本公司发行人民币普通股的溢价 部分。

其他资本公积转入本期增加 69,301.01 元, 为 1999 年本公司发行人民币普通股申购成功资金的冻结期间利息。

15.盈余公积

	期初余额	本期增加	本期减少	期末余额
法定盈余公积金	3731569.72	11495937.94	-	15227507.66
公益金	1865784.86	5747968.97	-	7613753.83
	5597354.58	17243906.91	-	22841261.49

(1)98 年报盈余公积金余额为 6,128,896.65 元,与上述本期盈余公积期初数 5,597,354.58 元差额为 531,542.07 元,系本公司执行财政部财会字[1999]35 号文规定,变更了坏帐准备计提的范围和政策, 并采用追溯调整法相应调整减少的法定盈余公积金和公 益金。详见本会计报表附注 2 之 15 条。

(2)本期增加数为本公司按当年净利润的 10%、5%分别计提法定盈余公积金和公益金。

16.未分配利润

期初余额	本期增加	本期减少	期末余额
13118342.56	114959379.36	17243906.91	110833815.01

(1)98 年报期末未分配利润为 16,130,414.33 元,与上述本期期初未分配利润 13,118,342.56 元差额为 3,012,071.77 元,系本公司执行财政部财会字[1999]35 号文规定,变更了坏帐准备计提的范围和政策,并采用追溯调整法相应调整减少的未分配利润。详 见本会计报表附注 2 之 15 条。

(2)未分配利润本期增加数为本期实现的净利润 114,959,379.36 元。

(3)未分配利润本期减少数为根据本期实现净利润的 10%和 5%分别计提的法定盈余公积金和公益金。

17.营业收入

	1998 年度	1999 年度
全毛精纺呢绒	421518000.22	380025703.96
毛涤	116791387.79	141235356.10
染色加工收入	-	583503.60
	538309388.01	521844563.66

18.营业税金及附加

	1998 年度	1999 年度
教育费附加	3503065.88	1736345.09
城建税	1987742.49	2619694.59
	5490808.37	4356039.68

19.其他业务利润

	1998 年度	1999 年度
废料收入	2473759.72	1491454.64
运费	16957.08	208531.36
	2490716.80	1699986.00

20.存货跌价损失

	1998 年度	1999 年度
存货跌价损失	1680209.79	-1493522.12

存货跌价损失 1999 年度发生额为负数的董因为调整冲回上期已计提存货跌价准备的产成品于本期实现销售部分对应的跌价准备。

21.管理费用

管理费用本期发生额比上年同期减少 958.41 万元,主要董因如下:

(1)根据董阴市新桥工业总公司批文,豁免本公司董按销售收入的 1%向其计征上 交的管理费,即本期比去年同期少列支上交管理费 699.40 万元;

(2)本公司执行财政部财会字[1999]35 号文规定,对坏帐准备政策变更的影响采用追溯调整法,本期坏帐准备比去年同期少列支 136.52 万元。

(3)本期比去年同期少列支镇电力二期工程费及税务咨询费等 85.68 万元。

22.财务费用

	1998 年度	1999 年度
利息支出	14700482.25	5177780.42
减:利息收入	375721.99	3687398.01
银行手续费支出	45442.20	266534.09
	14370202.46	1756916.50

(1)本期利息支出较去年同期减少 952.27 万元,系因本公司截止 1999 年 8 月底已偿 还了全部银行借款。

(2)本期利息收入较去年同期增加 331.17 万元,系因本期募股资金到位增加的利息收入。

23.营业外收入

项 目	1998 年度	1999 年度
A 股申购资金利息	-	4045753.52
其他	-	91147.76
	-	4136901.28

24.营业外支出

项 目	1998 年度	1999 年度
粮物调基金	1399560.52	1043689.12
防洪保安基金	341962.31	342661.64
赞助费支出	102800.00	-
	1844322.83	1386350.76

25.收到的其他与董营活动有关的现金	3848545.77
其中:银行存款利息收入	3687398.01
26.支付的其他与董营活动有关的现金	7913621.37
其中:差旅费	2882554.31
业务招待费	1807782.70
邮电费	1167626.49

汽车费用及运费　1333640.38
办公费及其他　722017.49

6、关联方关系及其交易(金额单位:万元)

(一)存在控制关系的关联方

企业名称	注册地址	主营业务	与本企业关系	经济性或类型	法定代表人
江苏阳光集团公司	董阴市	呢绒、毛纱、针织绒、绒线、羊毛衫、服装、针织品、纺织机械及配件、染整、洗毛制造、加工、出口本企业生产的全毛呢绒等、进口企业生产所需董辅材料、机械设备等、销售纺织董料等	母公司	集体	陆克平

(二)存在控制关系的关联方的注册资本及其变化

企业名称	年初数	本期增加数	本期减少数	期末数
江苏阳光集团公司	18000.00	–	–	18000.00

(三)存在控制关系的关联方所持股份及其变化

企业名称	期初数		本期增加		本期减少		期末数	
	金额	%	金额	%	金额	%	金额	%
江苏阳光集团公司	7265.625	78.125	1621.3995				8887.0245	48.364

1999年度本公司向社会公开发行人民币普通股7000万股，使江苏阳光集团公司在本公司所持股份下降至48.364%。

(四)不存在控制关系的关联方关系的性质

企业名称	与本公司关系
董阴施威特毛纺织有限公司	同一母公司
董阴阳光中传毛纺织有限公司	同一母公司
江苏阳光集团公司阳光大厦	同一母公司
董阴市新桥精毛纺厂	股　东
董阴市郁青时装厂	股　东

(五)销售:

本公司历年向关联方销售业务有关明细资料如下:

1、董阴市郁青时装厂

	数量(万米)	金额	占销售百分比
99年度	7.01	790.93	1.52

(六)采购:

本公司历年向关联方采购业务有关明细资料如下:

1、江苏阳光集团公司

品种	1998年度 数量(吨)	金额	1999年度 数量(吨)	金额
羊毛	123.79	687.70	99.59	361.78
羊毛条	738.27	6977.62	62.69	510.89
辅料		2035.45		1993.08

2、董阴市新桥精毛纺厂

品种	1998年度 数量	金额	1999年度 数量(万米)	金额
坯布	93.94万米	4793.78	62.81	2852.17
全毛纱	149.20吨	1193.60	–	–

3、董阴施威特毛纺织有限公司

品种	1998年度 数量	金额	1999年度 数量(吨)	金额
董毛	–	–	49.48	195.74

(七)关联方应收应付款项余额

应付帐款:

	1998.12.31	1999.12.31
董阴市新桥精毛纺厂	3168.85	432.15

其他应付款:

	1998.12.31	1999.12.31
江苏阳光集团公司	3077.79	286.10
董阴阳光中传毛纺织有限公司	–	28.97

(八)其他应披露的事项

1、江苏阳光集团公司、董阴阳光中传毛纺织有限公司、董阴施威特毛纺织有限公司为本公司提供制条、条染、织布及坯布染色加工服务,加工情况如下:

	1998年度 加工数量	加工费	1999年度 加工数量	加工费
江苏阳光集团公司				
制条加工	532.18吨	227.43	359.78吨	153.75
条染加工	2266.04吨	1936.78	1183.05吨	1011.15
董阴阳光中传毛纺织有限公司				
织布加工	–	–	16.42万米	98.24
董阴施威特毛纺织有限公司				
染色加工	–	–	60.43吨	36.16

2、江苏阳光集团公司为本公司提供电、汽,按实际使用量开具发票每月结算支付,结算情况如下:

	1998年度 数量	金额	1999年度 数量	金额
电费	2282.25万度	1404.49	2712.03万度	1668.98
汽费	12.96万吨	921.38	12.61万吨	892.83

3、本公司自一九九七年一月一日起向江苏阳光集团公司租用部分厂房,根据双方签订的《厂房租赁董议》,本公司98年度支付租赁费584.06万元,99年1月与江苏阳光集团公司签订《房地产买卖契约》后,99年度支付食堂租赁费47.16万元。

4、99年1月,本公司与江苏阳光集团公司签订《房地产买卖契约》,以常州资产评估事务所确定的评估价值1754.43万元作为成交价购入董租用的部分厂房。

5、本公司自一九九七年一月一日起向江苏阳光集团公司租用部分设备,根据双方签订的《设备租赁董议》,本公司98、99年度各支付租赁费638.20万元。

6、本公司自一九九七年一月一日起向江苏阳光集团公司阳光大厦租用部分楼层作办公用,根据双方签订的《办公楼租赁董议》,本公司98、99年度各支付租赁费90万元。

7、本公司使用江苏阳光集团公司阳光大厦接待客人和安排会务,发生的费用按江苏阳光集团公司阳光大厦董核准的对外公布的价格按月结算,98年度、99年度分别发生该项费用118.03万元和90.85万元。

8、本公司自一九九八年九月三十日起委托江苏阳光集团公司代理其董料进口业务,根据双方签订的《进口代理董议》,代理进口的手续费金额由双方根据每一项代理业务的实际情况商定,但最高金额不得超过代理业务标的金额的1%,98年度实际发生的进口代理费为19.47万元,99年度未发生该代理业务。

9、本公司使用江苏阳光集团公司的"阳光"牌注册商标,由江苏阳光集团公司统一对外进行广告宣传。每年按本公司当年销售收入占江苏阳光集团公司(所有使用"阳光"牌注册商标的全资、控股和参股企业以及特许使用该商标的其他企业)销售收入的比例确定广告费用的分担比例。根据该董议,本公司98、99年分别分担广告费金额为766.92万元和426.94万元。

10、本公司自一九九八年九月三十日起向江苏阳光集团公司租用部分土地,根据双方签订的《土地租赁董议》,年租金为31.33万元,本公司98年10~12月份、99年度分别支付土地租金7.83万元和31.33万元。

7、或有负债

截至一九九九年十二月三十一日止,本公司无对外担保等其他重大或有负债和损失。

8、承诺事项

截至一九九九年十二月三十一日止,本公司无重大承诺事项。

9、期后事项

1、根据2000年3月22日本公司董事会通过的1999年度利润分配和资本公积转增股本预案,以1999年12月31日总股本183753913股为基数,用可供股东分配利润按每10股送2股红股向全体股东实施利润分配,按每10股转增5股用资本公积转增股本。

2、截至审计报告报告日止,本公司已取得进出口业务自营权。

3、本公司于2000年1月10日与外方正式签订合资董议,并董外董贸苏府字[2000]33164号文批准,设立江苏阳光服饰有限公司,本公司投资463.875万美元,占注册资本的75%。

公司的其他有关资料

公司首次注册的时间、地点: 1999年2月13日在江苏省工商行政管理局登记注册
企业法人营业执照注册号: 3200001104397
税务登记号码: 320281250344885
公司未流通股票的托管机构: 无锡证券登记有限公司
公司报告期内证券主承销机构名称: 联合证券有限责任公司
公司聘请的会计师事务所名称、办公地址:无锡公证会计师事务所有限公司
地　址:无锡市梁溪路28号
电　话:(0510)5888988

备查文件

载有法定代表人、主管会计负责人、会计机构负责人签名并盖章的会计报表
载有会计师事务所盖章、注册会计师签名并盖章的审计报告?件
报告期内在中国证监会指定报纸上公开披露过的所有公司文件的正本及公告的原稿
在其它证券市场公布的年度报告

资产负债表

流动资产:	1999.12.31	1998.12.31
货币资金	825466469.69	86691606.44
短期投资		
减:短期投资跌价准备		
短期投资净额		
应收票据	1150000.00	
应收股利		
应收利息		
应收帐款	85311380.03	74839325.88
其他应收款		
减:坏帐准备	5389696.06	4625928.08
应收款项净额	79921683.97	70213397.80
预付帐款		
应收补贴款		
存货	157377474.64	132171993.38
减:存货跌价准备	186687.67	1680209.79
存货净额	157190786.97	130491783.59
待摊费用		
待处理流动资产净损失		
一年内到期的长期债券投资		
其他流动资产		
流动资产合计	1063728940.63	287396787.83
资产负债表		
资　产		
长期投资:		
长期股权投资		
长期债权投资		
长期投资合计		
其中:合并价差		
减:长期投资减值准备		
长期投资净额		
固定资产:		
固定资产董价	194777554.26	171330822.26
减:累计折旧	70454039.59	54267421.72
固定资产净值	124323514.67	117063400.54
工程物资		
在建工程	49553482.50	
固定资产清理		
待处理固定资产净损失		
固定资产合计	173876997.17	117063400.54
无形资产及其他资产:		
无形资产		
开办费		
长期待摊费用		
其他长期资产		
无形资产及其他资产合计		
递延税项:		
递延税款借项		
资产总计	1237605937.80	404460188.37
资产负债表		
资　产		
流动负债:		
短期借款		128200000.00
应付票据		10000000.00
应付帐款	37118855.50	31688523.36
预收帐款	20233788.79	14943784.62
代销商品款		

应付工资	18330472.72	11273548.44
应付福利费	7345765.64	4778616.47
应付股利	5551702.48	8658659.38
应交税金	31707306.37	13204128.18
其他应交款	18267217.96	16311172.61
其他应付款	32292537.06	32432144.40
预提费用		500000.00
一年内到期的长期负债		
其他流动负债		
流动负债合计	170847646.52	271990577.46
长期负债:		
长期借款		
应付债券		
长期应付款		
住房周转金		
其他长期负债		
长期负债合计		
资产负债表		
负债及股东权益		
递延税项:		
递延税款贷项		
负债合计	170847646.52	271990577.46
少数股东权益		
股东权益:		
股本	183753913.00	113753913.00
资本公积	749329301.78	0.77
盈余公积	22841261.49	5597354.58
其中:公益金	7613753.83	1865784.86
未分配利润	110833815.01	13118342.56
外币报表折算差额		
股东权益合计	1066758291.28	132469610.91
负债和股东权益总计	1237605937.80	404460188.37

利润及利润分配表　　单位:(人民币)元

	1999 年度	1998 年度
一、主营业务收入	521844563.66	538309388.01
减:折扣与折让		
主营业务收入净额	521844563.66	538309388.01
减:主营业务成本	341546139.16	341093122.64
主营业务税金及附加	4356039.68	5490808.37
二、主营业务利润	175942384.82	191725457.00
加:其他业务利润	1699986.00	2490716.80
减:存货跌价损失	−1493522.12	1680209.79
营业费用	21322443.93	30069916.63
管理费用	20756464.27	30340599.09
财务费用	1756916.50	14370202.46
三、营业利润	135300068.24	117755245.83
加:投资收益		
补贴收入		
营业外收入	4136901.28	
减:营业外支出	1386350.76	1844322.83
四、利润总额	138050618.76	115910923.00
减:所得税	23091239.40	45241758.96
减:少数股东损益		
五、净利润	114959379.36	70669164.04
加:年初未分配利润	13118342.56	−2122393.26
盈余公积转入		
六、可供分配的利润	128077721.92	68546770.78
减:提取法定盈余公积金	11495937.94	7066916.40
减:提取法定公益金	5747968.97	3533458.20
七、可供股东分配的利润	110833815.01	57946396.18
减:应付优先股股利		
提取任意盈余公积		
应付普通股股利		39582442.90
转作股本的普通股股利		5245610.72
八、未分配利润	110833815.01	13118342.56

现金流量表

	金额
一、经营活动产生的现金流量	
销售商品、提供劳务收到的现金	472518944.93
收取的租金	
收到的增值税销项税和退回的增值税款	
收到的除增值税以外的其他税费返还	
收到的其他与董营活动有关的现金	3848545.77
董营活动现金流入小计	476367490.70
购买商品、接收劳务所支付的现金	297047437.96
董营租赁所支付的现金	7595230.20
支付给职工以及为职工支付的现金	27824579.83
支付的增值税款	28845437.77
支付的所得税款	300000.00
支付的除增值税、所得税以外的其他税费	6436302.75
支付的其他与董营活动有关的现金	7913621.37
董营活动现金流出小计	375962609.88
董营活动产生的现金流量净额	100404880.82
二、投资活动产生的现金流量	
收回投资所收到的现金	
分得股利或利润所收到的现金	
取得债券利息收入所收到的现金	
处置固定资产、无形资产和其他长期资产而收回的现金净额	
收到的其他与投资活动有关的现金	
投资活动现金流入小计	
现金流量表	
购建固定资产、无形资产和其他长期资产所支付的现金	52564414.50
权益性投资所支付的现金	
债权性投资所支付的现金	
支付的其他与投资活动有关的现金	
投资活动现金流出小计	52564414.50
投资活动产生的现金流量净额	−52564414.50
三、筹资活动产生的现金流量	
吸收权益性投资所收到的现金	823375054.53
其中:子公司吸收少数股东权益性投资收到的现金	
发行债券所收到的现金	
借款所收到的现金	221000000.00
收到的其他与筹资活动有关的现金	
筹资活动现金流入小计	1044375054.53
偿还债务所支付的现金	349200000.00
发生筹资费用所支付的现金	
分配股利或利润所支付的现金	
其中:子公司支付少数股东的股利	
偿付利息所支付的现金	4240657.60
融资租赁所支付的现金	
减少注册资本所支付的现金	
其中:子公司依法减资支付给少数股东的现金	
支付的其他与筹资活动有关的现金	
筹资活动现金流出小计	353440657.60
筹资活动产生的现金流量净额	690934396.93
现金流量表	
四、汇率变动对现金流量的影响	
汇率变动对现金的影响额	
五、现金及现金等价物净增加额	
现金及现金等价物净增加额	738774863.25
六、不涉及现金收支的投资和筹资活动	
以固定资产偿还债务	
以投资偿还债务	
以固定资产进行长期投资	
以存货偿还债务	
融资租赁固定资产	
七、将净利润调节为董营活动的现金流量	
净利润	114959379.36
加:少数股东损益	
计提的坏帐准备或转销的坏帐	763767.98
固定资产折旧	13241943.93
无形资产摊销	
处置固定资产、无形资产和其他长期资产的损失(减:收益)	
固定资产报废损失	
财务费用	4240657.60
投资损失(减:收益)	
递延税款贷项(减:借项)	
存货的减少(减:增加)	−25205481.26
董营性应收项目的减少(减:增加)	−7825572.10
董营性应付项目的增加(减:减少)	4275938.83
增值税增加净额(减:减少)	
其他	−4045753.52
董营活动产生的现金流量净额	100404880.82
现金流量表	
八、现金及现金等价物净增加情况:	
货币资金的期末余额	825466469.69
减:货币资金的期初余额	86691606.44
现金等价物的期末余额	
减:现金等价物的期初余额	
现金及现金等价物净增加额	738774863.25

海南航空股份有限公司

一、公司简介

1、公司中文名称：海南航空股份有限公司
公司英文名称：HainanAirlinesCo,Ltd　　英文缩写：HNA
2、公司法定代表人：陈峰
3、公司董事会秘书：张尚辉　　电子信箱：sh_zhang@hnair.com
董事会秘书授权代表：李林　　电子信箱：lilin@hnair.com
联系地址：海口市海秀路29号海航发展大厦
电话：0898－6722714　　传真：0898－6748191
4、公司注册地址：海南省海口市机场西路168号
公司办公地址：海南省海口市海秀路29号　　邮政编码：570206
公司国际互联网网址：http：//www.hnair.com　　公司电子信箱：webmaster@hnair.com
5、公司选定的信息披露报纸：
《中国证券报》、《上海证券报》、《香港文汇报》
登载公司年报的国际互联网网址：http：//www.sse.com.cn
公司年度报告备置地点：海口市海秀路29号公司股份制管理办公室
6、公司股票上市交易地点：上海证券交易所
股票简称：海南航空　　股票代码：600221
股票简称：海航B股　　股票代码：900945

二、会计数据和业务数据摘要

1、公司本年度会计数据和业务数据：

利润总额（元）：	153,637,679
净利润（元）：	135,689,892
扣除非经常性损益后的净利润（元）：	112,853,341
主营业务利润（元）：	497,359,224
其他业务利润（元）：	28,482,106
营业利润（元）：	130,507,652
投资收益（元）：	20,477,152
补贴收入（元）：	0
营业外收支净额（元）：	2,652,875
经营活动产生的现金流量净额（元）：	－91,941,613
现金及现金等价物净增加额（元）：	110,440,216

注：扣除非经常性损益项目包括出售多余航材1450万；新股申购冻结资金利息支出833.6551万元，以及营业外收入中的增值税返还118.6万元。

按国际会计准则对中国法定帐户的综合股东应占溢利所作的调整。

一九九九年十二月三十一日

综合股东应占溢利人民币千元	
根据中国审计帐目所列报	135,690
国际会计准则及其他调整增加固定资产折旧费用	(34,600)
冲销高价周转件摊销费用	20,938
增加坏帐准备	(5,374)
增加融资租赁利息	(1,471)
飞机大修之预提费用	(10,358)
减少高价周转件出售之溢利	(6,822)
冲销长期待摊费用	(8,196)
其他	1,093
国际会计准则及其他调整后所列报	90,900

2、截至报告期末公司前两年的主要会计数据和财务指标：

序号项目 单位	1999年	1998年 调整后	1998年 调整前	1997年 调整后	1997年 调整前
主营业务收入（元）	1,807,166,637	1,360,878,108	1,360,878,108	1,188,483,745	1,188,483,745
净利润（元）	135,689,892	85,287,852	96,252,960	114224248	117848720
总资产（元）	6,601,699,554	3,645,171,110	3,638,082,492	2962584376	2966208848
股东权益（不含少数股东权益）（元）	2,025,656,868	1,043,837,749	1,068,273,119	960,395,137	964,019,609
每股收益（元/股）	0.20	0.18	0.20	0.24	0.25
扣除非经常性损益后每股收益（元/股）	0.17	0.18	0.20	0.24	0.25
每股净资产（元/股）	3.00	2.22	2.27	2.04	2.05
调整后的每股净资产（元/股）	2.44	1.67	1.72	1.61	1.62
每股经营活动产生的现金流量净额（元/股）	－0.14	0.07	0.07	无	无
净资产收益率（%）	6.70	8.17	9.01	11.89	12.22

3、报告期内股东权益变动情况：
项目 股本　资本公积盈余公积法定公益金　未分配利润　股东权益合计
期初数 471,160,001　268,055,692　85,981,158　25,389,247　218,640,898　1,043,837,749
本期增加　205,000,000　708,745,227　20,353,4846,784,495　135,689,892　1,069,788,603
本期减少 00　0 087,969,484 87,969,484
期末数 676,160,001　976,800,919 106,334,642　32,173,742　266,361,306　2,025,656,868
变动原因 A股发行　A股发行 利润分配利润分配　本年利润及分配

三、股东情况介绍

1、截至本报告期末股东总数90696人。
2、前十名股东持股情况

单位	持股数（股）	增减（股）	持有比例（%）
1 AmericanAviationLDC（外资股持股单位）	100,040,001	－－	14.79%
2 海南琪兴实业投资有限公司	52,209,650	+4,314,550	7.72%
3 中国光大国际信托投资公司	30,747,980	－－	4.55%
4 海南祥云实业开发有限公司	23,299,300	+3,310,000	3.44%
5 海南省财税厅（国有股持股单位）	16,008,662	－－	2.37%
6 海南海航飞机维修有限公司	11,200,000	－3,000,000	1.66%
7 中安成长基金大连海珍品（香港）有限公司（外资股持股单位）	9,250,000	－－	1.37%
8 NAITOSECURITESCO.,LTD 外资股持股单位	9,010,200	+221,100	1.33%
9 WARDLEYJAMESCAPELFAREASTLTD（外资股持股单位）	6,830,000	－－	1.01%
10 中国国际旅行社总社	6,000,000	－－	0.88%

河南竹林众生制药股份有限公司

一、公司简介

1、公司法定中文名称：河南竹林众生制药股份有限公司
公司法定英文名称：HENAN JOYLINE&JOYSUN PHARMACEUTICAL STOCK CO.LTD
缩写：JOYSUN
2、公司法定代表人：赵庆新
3、公司董事会秘书：孙学智
授权代表：王　宁
联系地址：河南省郑州高新技术产业开发区金梭路3号
电话：0371－7982194
传真：0371－7982194
电子信箱：sunxz@371.net
4、公司注册地址：河南省郑州市高新技术产业开发区金梭路3号
公司办公地址：河南省郑州市高新技术产业开发区金梭路3号
邮政编码：450001
公司国际互联网网址：http：//www.joysun.com
电子信箱：joysun@www.joysun.com
5、公司选定的信息批露报纸名称：《中国证券报》、《上海证券报》
登载公司年度报告的中国证监会指定国际互联网网址：
http：//www.sse.com.cn
公司年度报告备置地点：公司证券部
6、公司股票上市交易所：上海证券交易所
股票简称：众生制药
股票代码：600222

二、会计数据和业务数据摘要

1、本年度主要利润指标情况（单位：人民币元）

利润总额	45,317,316.16
净利润	38,440,870.57
扣除非经常性损益后的净利润（注）	38,039,461.37
主营业务利润	88,612,572.09
其他业务利润	
营业利润	45,648,491.02
投资收益	
补贴收入	
营业外收支净额	－331,174.86
经营活动产生的现金流量净额	99,321,190.72
现金及现金等价物增加额	233,398,994.15

注：扣除非经常性损益项目和涉及金额：新股申购冻结资金利息共计4,801,409.2元，分五年摊销，本期摊销额为401,409.2元。非经常性损益总计金额为401,409.2元。

2、截至报告期末公司前三年主要会计数据和财务指标：

（单位：人民币元）

项　目	1999年	1998年调整后	1998年调整前	1997年
主营业务收入	167,561,070.41	136,717,673.78	136,717,673.78	155,730,236.45
净利润（元）	38,440,870.57	22,247,445.75	32,187,787.60	37,405,578.46
总资产（元）	552,672,820.92	309,694,585.60	319,634,927.45	259,153,837.75
股东权益（不含少数股东权益）（元）	401,569,340.53	144,903,469.96	154,843,811.81	118,870,831.71
每股收益（元/股）	0.28	0.22	0.32	0.37
每股收益（按月平均加权法计算）（元/股）	0.34	0.22	0.32	0.37
扣除非经常性损益后的每股收益	0.24			
每股净资产（元/股）	2.95	1.43	1.53	1.18
调整后的每股净资产（元/股）	2.94	1.41	1.51	1.15
每股经营活动产生的现金流量净额	0.73	0.28	0.28	
净资产收益率%	9.57	15.35	20.79	31.47

注：(1)1999年总股本按136,145,240股计算，1998年、1997年总股本按101,145,240股计算。

3、报告期内股东权益变动情况：

项　目	股　本	资本公积	盈余公积	法定公益金	未分配利润	股东权益合计
期初数	101,145,240	43,347,960.00			410,269.96	144903469.96
本期增加	35,000,000	183,225,000.00	7,688,174.12	3,844,087.06	30,752,696.45	256665870.57
本期减少						
期末数	136,145,240	226,572,960.00	7,688,174.12	3,844,087.06	31,162,966.41	401569340.53

变动原因：
① 股本变动原因：由于本公司于1999年8月13日发行了3500万社会公众股股票。
②本年度内资本公积金变动原因：是发行新股产生的股本溢价。
③盈余公积、法定公益金变动原因：根据公司董事会1999年度利润分配预案，从本年度净利润中提取10%的法定盈余公积；提取10%的法定公益金。
④未分配利润变动原因：根据公司董事会1999年度利润分配预案决议本年度利润不进行分配。
⑤股东权益变动原因：因为资本公积增加和未分配利润增加。

三、股东情况介绍

1、报告期末公司股东总数为12191户。
2、报告期末公司前十名股东持股情况

股东名称	持股数量（股）	占总股本比例（%）
郑州众生实业集团有限公司	99,955,240	73.42
同盛基金	1,128,251	0.83
普丰基金	564,100	0.41
爱建公司	539,000	0.40
竹林耐材	350,000	0.26
智益投资	350,000	0.26
仙竹洗涤	350,000	0.26
番禺珠信	295,600	0.22
新华包装	140,000	0.10
毛四海	131,200	0.096

山东淄博万杰实业股份有限公司

山东淄博万杰实业股份有限公司 1999 年年度报告摘要

(一)公司简介

1、公司法定中文名称:山东淄博万杰实业股份有限公司
公司英文名称:shandong zibo wanjie industrial co,. Ltd.　英文缩写:WJ Inc
2、公司法定代表人:孙启玉
3、公司董事会秘书:孙 峰
联系地址:山东省淄博市博山经济技术开发区万杰实业股份有限公司
电 话:0533-4650813　传 真:0533-4650151　电子信箱:sunfeng @wanjie.com
4、公司注册地址及办公地址:山东省淄博市博山经济技术开发区　邮政编码:255213
电子信箱: wanjie@wanjie.com　国际互联网网址:http://www.wanjie.com
5、公司选定的信息披露报纸名称:《上海证券报》
刊载公司年度报告的中国证监会指定国际互联网网址:http://www.sse.com.cn
公司年报备置地点:公司证券部
6、公司股票上市交易所:上海证券交易所　股票简称:万杰实业　股票代码:600223

(二)会计数据和业务数据摘要

1、主要会计指标　(单位:人民币元)

利润总额	160941587.12
净利润	135923387.24
扣除非经常性损益后的净利润	119836955.33
主营业务利润	172181670.58
其他业务利润	-4057012.57
营业利润	144836529.59
投资收益	
补贴收入	11199271.50
营业外收支净额	4905786.03
经营活动产生的现金流量净额	59667752.09
现金及现金等价物净增加额	716120647.44

注: 扣除非经常性损益系扣除补贴收入 11,199,271.50 元, 新股申购冻结资金利息 4,717,050.41 元,清理固定资产收入 170,110.00 元。

2、报告期末公司前三年的主要会计数据和财务指标(单位:人民币元)

追溯调整后

	1999 年度	1998 年度	1997 年度
主营业务收入	569293471.34	277532718.19	214163696.14
净利润	135923387.24	58542005.52	45212035.98
总资产	1771660345.28	884290487.94	465661976.62
股东权益(不含少数股东权益)	1602992131.99	735194044.75	362287096.18
每股收益	0.33	0.365	0.215
每股净资产	3.89	2.43	2.01
调整后的每股净资产	3.88	2.425	2.01
每股经营活动产生的现金流量净额	0.145	0.14	
净资产收益率(%)	8.48%	15.02%	12.48%

追溯调整前

	1998 年度	1997 年度
主营业务收入	277532718.19	214163696.14
净利润	60255181.19	46412695.24
总资产	887204322.87	466862635.91
股东权益(不含少数股东权益)	738107879.68	363487755.44
每股收益	0.37	0.258
每股净资产	2.44	2.02
调整后的每股净资产	2.44	2.02
每股经营活动产生的现金流量净额	0.14	
净资产收益率(%)	15.19%	12.77%

注:(1)公司 1997 年及以前未编制现金流量表。

(2)公司 1997 年末总股本为 18,000 万股;1998 年末总股本为 30,250 万股;1999 年末 总股本为 41,250 万股。

(3)主要财务指标计算公式如下:

每股收益=净利润/年度末普通股股份总数

每股净资产=年度末股东权益/年度末普通股股份总数

调整后的每股净资产=(年度末股东权益-三年以上的应收款项净额-待摊费用-待 处理 (流动、固定)资产净损失-开办费-长期待摊费用-住房周转金负数余额)/年度末 普通股股份总数

每股经营活动产生的现金流量净额=经营活动产生的现金流量净额/年度末普通股股份总数

净资产收益率=净利润/年度末股东权益×100%

3、报告期内股东权益变动情况(单位:人民币元)

项 目	股本	资本公积	盈余公积	其中,法定公益金	未分配利润	股东权益合计
期初数	302500000	121602200	78712578.76	26237526.29	232379265.99	735194044.75
本期增加	110000000	621874700	33980846.80	6796169.36	135923387.24	901778934.04
本期减少	33980846	33980846				
期末数	4125000000	743476900	112693425.56	33033695.65	334321806.43	1602992131.99

变动原因:(1) 股本本期增加额主要是 1999 年 9 月 13 日公司发行新股所致。

(2) 资本公积本期增加额主要是发行新股溢价所致。

(3)盈余公积本期增加额主要是利润增加和按规定提取 10%法定盈余公积金、10% 任意盈余公积金和 5%法定公益金所致。

(4)未分配利润本期增加额系本年实现的净利润所致。本期减少额系提取 10%法定盈余公积金、10%任意盈余公积金及 5%法定公益金所致。

(5)股东权益本期增加额主要是发行新股、发行新股溢价及按规定提取 10%法定盈余公积金、10%任意盈余公积金和 5%法定公益金和净利润增加所致;本期减少额主要是未分配利润减少所致。

(三)　股东情况介绍

(1) 报告期末股东总数为 32,192 人。

(2)持有公司 5%以上(含 5%)股份的股东是万杰集团公司,共持有本公司 22,445 万股法人股,占公司总股本的 54.41%。报告期内股份无增减变动、质押或冻结情况。

公司前 10 名股东持股情况(截止 1999 年 12 月 31 日)

股东名称	持股数(万股)	持股比例(%)
万杰集团公司	22445	54.41
博山万通达总公司建筑安装公司	1500	3.64
淄博第五棉纺织厂	430	1.04
山东淄博万通达工业技术研究所	180	0.44
淄博岜山染料化工厂	180	0.44
淄博市博山毛巾厂	180	0.44
安顺证券投资基金	141.4	0.34
普丰证券投资基金	141.4	0.34
裕隆证券投资基金	141.4	0.34
兴和证券投资基金	141.4	0.34
天元证券投资基金	141.4	0.34

其中前 10 名股东中的第 2 名至第 6 名股东均为第一大股东万杰集团公司的子公司; 第 7 名至第 10 名股东为流通股股东,本公司未知其之间的关联关系。

(四)股东大会简介

报告期内公司于 1999 年 6 月 28 日召开了 1998 年度股东大会

会议审议并通过了如下决议:

(1)审议通过了《公司 1998 年度董事会工作报告》;

(2)审议通过了《公司 1998 年度监事会工作报告》;

(3)审议通过了《公司 1998 年度财务决算报告和 1999 年度财务预算报告》;

(4)审议通过了《公司 1998 年度利润分配预案》;

(5)审议通过了《公司聘任会计师事务所的议案》。

以上决议内容刊载于 1999 年 7 月 3 日《山东证券报》。

(五)董事会报告

1、公司经营情况

(1)公司主要从事医疗康复、医用新材料的经营销售和服务,是以大健康产业为主营的高科技公司。公司率先从国外引进伽玛刀、X 刀、光子刀、诺力刀、派特等世界 先进治疗、诊断设备,填补 6 项国内空白,是世界上最大的立体定向放射治疗中心。公 司所属淄博万杰肿瘤医院,年治疗肿瘤量和总量均居世界第一位。公司医用新材料产 量达 4 万余吨,居国内领先地位。

(2)公司主营业务的范围及其经营状况

①公司主营业务是从事医疗康复、医用新材料的经营销售和服务。本年度经营情况如下:

项 目	主营业务收入(元)	主营业务利润(元)
医疗健康服务	110738450.19	68518034.85
医用新材料	386476687.53	78613194.85

②占公司主营业务收入和主营业务利润 10%以上的业务经营活动为:医疗康复服务、医用新材料的生产销售。公司下属淄博万杰肿瘤医院采用立体定向放射技术,不开 刀、不流血,治疗全身肿瘤,年治疗脑肿瘤患者达 2500 多例,治疗各类肿瘤 5000 多例,开展高档健康查体 1500 多例,年治疗肿瘤量和总量均居世界第一位;公司医用功能性纤维的产量达 4 万余吨,位居国内领先地位。

(3)公司主要全资附属企业及控股子公司经营情况及业绩(单位:人民币元)

企业及公司名称	主营业务收入	主营业务利润
万杰实业母公司	458555021.15	103663635.73
淄博万杰肿瘤医院	110738450.19	68518034.85

(4)在经营中出现的问题与困难及解决方案

公司生产经营中面临的主要问题是医疗健康产业的发展前景被普遍看好,有些医 疗机构开始引入高新设备,医疗健康市场竞争日趋激烈;其次是医用新材料生产存在一定季节性,同时,原料供应受国际市场石油价格影响,聚酯切片原料价格波动,影响产品成本。

针对上述问题,公司主要采取如下对策:公司坚定走"大健康产业之路",跟踪世界 医疗领域先进技术,在设备引进方面花大力气,确保公司在尖端设备方面的领先优势,同时,更加注重强化企业内部管理和科研开发,苦练内功,使企业保持强进的发展动力;在医用新材料方面,及时调整产品结构,其原料供应注重与国内六大原料供应商建立长期稳定协作关系,把握市场脉搏,适当调节库存,确保原料供应及时。

2、公司财务状况

(1)公司财务状况及经营分析

项目	1999 年度(元)	1998 年度(元)	增长幅度(%)
总资产	1771660345.28	884290487.94	100%
长期负债	27386000.00	26000000.00	5%
股东权益	1602992131.99	735194044.75	118%
主营业务利润	172181670.58	54704753.41	215%
净利润	135923387.24	58542005.52	132%

(2)财务状况变动主要原因 ①总资产增加主要是 1999 年 9 月 13 日公司发行新股及增加资本公积和实现利润所 致。 ②长期负债增加主要是长期负债利息所致。 ③主营业务利润增加主要是吸收合并山东淄博万杰医疗股份有限公司、增加新材料生产线和效益提高所致。 ④净利润增加主要是吸收合并山东淄博万杰医疗股份有限公司、增加新材料生产线和效益提高所致。

3、公司投资情况

(1)报告期内募集资金使用情况

公司 1999 年 9 月 13 日发行人民币普通股 11,000 万股,募集资金 731,060,000.00 元(扣除发行费用)。《招股说明书》中承诺的投资项目见下表:

计划投资项目	计划投入资金(元)	实际投入资金(元)	项目实施情况
医疗保健原料项目	66,40		正在实施
博山热电厂二期工程	226,39	65,82	主体工程已竣工
中外合资制药项目	174,30		正在实施
抗菌保健布项目	49,98		正在实施
大蒜种植及开发项目	49,80		尚未投入
大蒜深加工项目	49,50		尚未投入
镍锡磷镀管项目	29,90		尚未投入
收购供销大厦等三企业资产项目	57,00		尚未投入
合 计	70327		

福建天香实业股份有限公司

福建天香实业股份有限公司1999年年度报告摘要

一、公司简介

1、公司法定中文名称:福建天香实业股份有限公司
公司法定英文名称:FuJian TianXiang Industrial Stock Co.,Ltd
2、公司法定代表人:陈海遂
3、公司董事会秘书:吴唐青
联系地址:福州杨桥路中闽大厦B栋七楼
联系电话:0591-7525343　传真:0591-7545948
4、公司注册地址:福建福清镜洋工业区
公司办公地点:福建福清宏路　邮政编码:350304
电子信箱:wtg1800@pub5Fz.Fj.cn
5、公司选定的信息披露报纸名称:《上海证券报》与《中国证券报》;
登载公司年度报告的中国证监会指定国际互联网网址:http://www.sse.com.cn
公司年度报告备置地点:公司办公楼三层财务部
6、公司股票上市交易所:上海证券交易所
股票简称:天香实业　股票代码:600225

二、会计数据和业务数据摘要

(一)本年度主要利润指标　(单位:人民币元)

利润总额	34,757,748.80
净利润	25,214,239.52
扣除非经营性损益后的净利润	20,384,356.27
主营业务利润	57,530,897.36
其他业务利润	71,236.61
营业利润	25,550,159.02
投资收益	3,208,289.02
补贴收入	1,970,000.00
营业外收支净额	4,029,300.76
经营活动产生的现金流量净额	-101,341,217.79
现金及现金等价物净增加额	210,695,310.32

注:扣除非经常损益的项目为:1、补贴收入1,970,000.00元;2、募集申购资金利息收入2,859,883.25元。

(二)截至报告期末公司前三年的主要会计数据和财务指标

(单位:人民币元)

项目	1999年	1998年 追溯调整前	1998年 追溯调整后	1997年
主营业务收入	334319928.18	363181511.91	363181511.91	249230390.99
净利润	25214239.52	28431182.43	21435021.98	23177036.03
总资产	837095578.73	409869066.77	402872906.32	345004460.51
股东权益(不含少数股东权益)	375874607.57	140636852.25	133640691.80	136235669.82
每股收益	0.188	0.320	0.241	0.260
每股净资产	2.805	1.580	1.501	1.531
调整后的每股净资产	2.735	1.530	1.453	1.431
每股经营活动产生的现金流量净额	-0.756			
净资产收益率	6.71%	20.22%	16.04%	17.01%
扣除非经营性损益后的每股收益	0.152	0.308	0.230	0.320
按月平均加权法计算的每股收益	0.252	0.320	0.241	0.260

注:1、各种财务指标的计算公式如下:
每股收益=净利润/年度末普通股股份总数
每股净资产=年度末股东权益/年度普通股股份总额
调整后的每股净资产=(年度末股东权益-三年以上的应收款项净额-待摊费用-待处理(流动、固定)资产净损失-开办费-长期待摊费用-住房周转金负数余额)/年度末普通股股份总数
每股经营活动产生的现金流量净额=经营活动产生的现金流量净额/年度末普通股股份总数
净资产收益率=净利润/年度末股东权益×100%
注2:"应收款项"包括应收账款、其他应收款、预付账款、应收股利、应收利息、应收补贴款。

(三)报告期内股东权益变动情况(单位:人民币万元)

项目	股本	资本公积	盈余公积	法定公益金	未分配利润	股权权益合计
期初数	8900	4079.97	384.09	28.96	-	13364.07
本期增加	4500	18091.97	378.21	252.14	2521.42	25491.61
本期减少	-	-	-	-	1268.21	1268.21
期末数	13400	22171.94	762.31	281.11	1253.21	37587.46

变动原因:1、股本增加原因为本年发行4500万股社会公众股。
2、资本公积变动原因是新股发行溢价收入及有效申购资金冻结期间利息收入。
3、盈余公积,法定公益金增加数是本期利润按规定计提额。
4、未分配利润变动原因为本期利润增加,以及中报后曾对上半年利润按每股0.10元派发现金红利。

三、股东情况介绍

主要股东持股情况(截止至1999年12月31日)　(单位:股)

名次	股东名称	年末持股数(股)	占总股本比例%
1	福建华通置业有限公司	26800000	20
2	华通国际招商集团股份有限公司	17580000	13.12
3	福清市国有资产营运投资有限公司	11800000	8.8
4	厦门中润实业集团有限公司	9605770	7.17
5	福清市粮食经济开发总公司	4388730	3.28
6	福建华兴信托投资公司	3000000	2.24
7	福建宏裕粮食开发公司	1000000	0.75
8	福清市高山抽纱厂	300000	0.22
9	福建省福清供电有限公司	300000	0.22
10	福州市饲料工业公司	300000	0.22

注:(1)截至报告期末,第一名股东分别以2380万股和300万股股份用于向福建兴业银行福兴分理处和福建省建设银行质押贷款,第二名股东以所持800万股股份向福建省中行质押贷款。(2)上述前十名股东所持股份均为未上市流通股份。(3)第一名股东为第二名股东控股子公司。(4)持股10%以上的法人股东a.福建华通置业有限公司,公司法人代表:姜东氵冥,注册地点:福州,公司经营范围:商贸、房地产。b.华通国际招商集团股份有限公司持公司股份占公司总股本13.12%,法人代表:高扬瑜,注册地点:厦门,公司经营范围:项目投资、企业兼并、资产重组及管理、旅游、汽车客货运输、房地产、商贸。

四、股东大会简介

报告期内召开了三次股东大会,其具体情况如下:
1、1999年3月28日在福州中闽大厦召开1998年度股东大会。通过了1998年董事会工作报告、监事会工作报告、总经理业务报告、财务决算报告和分配预案,决定对98年可分配利润以每股0.27元进行现金派发。
2、1999年9月25日召开临时股东大会,批准公司1999年中报,并决定对1999年上半年实现利润以每股0.10元进行现金派发,审核了公司申请公开发行股票的报告,并通过了投资4500万元参股福建兴业证券公司。
3、鉴于1999年10月18日社会公众股发行成功,1999年11月1日召开临时股东大会,决定变更公司注册资本,由8900万股增至13400万股,并修改公司章程中相应条款。

五、董事会报告

(一)公司经营情况:
1、公司所处行业及地位
公司属农业类上市公司,是福建省粮食系统唯一的一家股份有限公司,公司创立以来,坚持"一业为主,多种经营"的道路。主导产品"天香牌"花生油是福建名牌产品,生产规模和市场占有率居全省第一。
2、公司主营业务范围及其经营情况
范围:饲养动物;海水、淡水动物养殖;园艺植物培养;植物园经营;农业技术服务;食用植物油、食品加工,饲料、农业机械加工;食品、建筑五金、水暖器材,家用电器,油漆,涂料,服装,日用百货的批发、零售;住宿服务;咨询服务。
实际主要从事的业务:主要从事油脂业及农业产品的生产、销售。
公司主要产品为:
(1)油脂:"天香牌"花生油及系列食用油脂。
(2)农产品:蔬菜、生猪、鸡等家禽、牲畜。
(3)饲料。
公司为国内外居民提供食品和生活消费品,产品通过ISO9002双认证。食用油脂以福建省和东南沿海为主要销售基地,福建省市场占有率为40%,市场占有率和销售额在食用植物油类中居全省第一位,同时远销北京、天津、香港等国内市场。蔬菜种植、牲畜饲养为福建省"菜篮子"工程重要项目。
公司主要产品名称、年产量、年销售量及主要市场:

名称	年产量	年销售量	主要市场
一级花生油	9100吨	9000吨	福建、广东、广西、海南、北京、天津、上海、香港
食用调和油	610吨	601吨	福建、浙江、海南、广西
种猪	11500头	11500头	福建、广西、广东
商品猪	50000头	50000头	福建
鸡蛋	250000公斤	250000	公斤福建

3、在经营中出现的问题与困难及解决方案
99年盈利预测净利润为3072万元,现完成2521万元,完成预测的82%。未能完成盈利预测目标原因是与经营中出现的问题有关。主要原因是畜牧市场价格波动较大,油脂市场竞争激烈。公司油脂花色品种不够,影响新市场的开发。针对这些情况,公司拟采取以下措施:
(1)加强管理,建立成本管理模式以降低成本。
(2)投资油脂技改项目,增加花色品种,如葵花籽油等。
(二)公司财务状况
1、财务状况变动情况如下:　单位:万元

项目	1999年	1998年	增减(%)
总资产	83709.56	40287.29	+107.78
长期负债	4656.65	1300.00	+258.20
股东权益	37587.46	13364.07	+181.26
主营业务利润	5733.09	6487.95	-11.33
净利润	2521.42	2143.50	+17.63

2、财务状况变动说明
公司年末数与年初数资产负债表主要财务状况发生较大波动,系因报告期内公司股票上市发行募集资金到位后,公司整体资产负债及所有者权益相应产生大幅度的变动所致。
(三)公司投资情况
1、公司用自有资金4500万元投资福建兴业证券公司,占其总股本的3.304%。
2、公司于1999年10月18日首次发行股票,募集资金22590万元。1999年本公司已完成1083.9万元。报告期内本公司募集资金承诺项目和实际投资情况如下:
(1)投资189.95万元用于油脂技改项目;
(2)投资893.95万元用于畜牧养殖基地项目的饲料市场建设;
这些项目99年末产生效益,其余21506.1万元作为银行存款。
(四)中国加入世界贸易组织对公司未来经营产生的重大影响:
国际油脂市场疲软,农副产品价格较低,入世后对我司会有一定影响,但由于我司主要从事油脂加工,所以影响不会太大。为适应新形势,我司将逐步调整产品结构,并改良畜牧品种,以适应国内外市场之需求。
(五)新年度业务发展计划
千禧之年,公司将继续创新企业,加强管理,走高科技农业之路子,开发新项目,用好募股资金,对募股资金投向的项目进行科学论证和设计建设,力争达产并投入使用,使2000年销售收入增加20%,税后利润达3800万元。
(六)董事会日常工作:
(1)报告期内董事会议情况及决议内容:
报告期内董事会共召开了三次会议,均在福州中闽大厦召开,具体情况如下:

召开时间	会议内容
1999 年 2 月 11 日	通过了《公司 1998 年董事会工作报告》、《总经理 1998 年工作总结与 1999 年工作计划》、《1998 年度分配预案》、批准财务管理制度试行。
1999 年 8 月 28 日	通过了 1999 年中报及 1999 年上半年利润分配预案,对公司发行 4500 万股社会公众股的材料进行审核。通过了拟投资 4500 万元参股福建兴业证券公司的议案。
1999 年 10 月 25 日	鉴于公司新股于 1999 年 10 月 18 日在上交所发行成功,同意公司股票在上交所挂牌上市,公司注册资本由 8900 万元增至 13400 万元。

(2)董事会对公司经营班子提出的项目以通讯方式进行审议表决。

(七)公司管理层及员工情况

1、现任董事、监事和高级管理人员情况:(报告期内持股情况无增减变化)

姓名	性别	年龄	职务	持股数(股)	年度报酬(元)
陈海遂	男	45	董事长	20000	66000
林为杰	男	50	副董事长	5000	未在公司领取
林彬	男	42	副董事长	10000	未在公司领取
黄玉森	男	57	董事、总经理	10000	66000
高扬瑜	男	33	董事	0	未在公司领取
姜东溟	男	45	董事	15000	未在公司领取
李开明	男	57	董事	5000	未在公司领取
周苏华	男	41	董事	10000	未在公司领取
郑庆昌	男	48	董事	5000	未在公司领取
吴唐青	男	36	董事会秘书	0	36000
梁永新	男	52	监事会主席	0	未在公司领取
邱华	女	39	监事	5000	30000
郑明和	男	50	监事	0	未在公司领取
薛芸	女	35	监事	7000	未在公司领取
唐庆国	男	35	监事	6500	30000
吴亮灿	男	37	副总经理	0	48000
黄照华	男	43	财务总监	10000	48000

2、截止 1999 年 12 月 31 日,公司职工人数 612 人,其中生产人员 367 人;销售人员 80 人,技术人员 87 人;财务人员 27 人;行政人员 51 人。职工中具有大专以上学历的人员 52 人,占职工总数的 8.5%。

(八)1999 年度利润分配预案或资本公积金转增股本预案经福州闽都有限责任会计师事务所审计,1999 年度公司共实现营业收入 33431.9928 万元,净利润 2521.4240 万 元。提取 10%法定盈余公积金 252.1424 万元和提取 5%公益金 126.0712 万元之后,减去上半年应付普通股股利 890 万元,未分配利润合计为 1253.2104 万元。经公司董事会决 议;因公司于 1999 年 8 月已对上半年实现的利润进行分配,故对下半年实现的利润不分配,也不实施资本公积金转增股本。

六、监事会报告

1、监事会列席了 99 年度三次董事会议。监事会认为,每次会议的召开是符合《公司法》和《公司章程》的,董事会在决策上是充分考虑全体股东利益的,并符合股东大会决议精神,没有损害股东利益的行为。

2、1999 年 8 月 29 日召开第一届监事会第三次会议。会议对公司招股说明进行审核,认为其真实可信。

3、本年度聘任福州闽都有限责任会计师事务所为公司进行年度审计,并出具了无保留意见的审计报告。

4、本公司在本年度内存在关联交易,双方以平等互利交易原则,各项关联交易未 损害本公司利益。

5、对公司的董事高级管理人员在经营活动中的行为进行了监督,经检查,本年度 公司董事及高级管理人员没有违反法律、法规、公司章程或损害公司利益的行为。监事会认为,公司董事会全体成员勤勉尽责,忠于职守,努力维护全体股东的利益,取得较好业绩。

6、同意董事会对未完成盈利预测所做的解释,但希望在今后制定发展计划时能多考虑风险因素,谨慎投资。

七、公司重要事项

1、报告期内公司因所兼并的原福州日化厂与福州飞驰动力制造厂之经济纠纷而 被诉,公司败诉,需代原日化厂归还 300 万元借款;公司因原日化厂与福建省轻工业公 司经济纠纷被诉并败北,需还省轻工业公司 43 万元。

2、报告期内公司、公司董事及高管人员没有受到监管部门的处罚。

3、报告期内本公司控股股东没有变更;公司董事会没有换届;公司总经理没有 变更也没有解聘、新聘董事会秘书。

4、本公司内的关联交易本着平等互利、公开公正的原则,不会对公司经营产生重大影响,重大关联交易如下:

(1)本公司下属厦门中润粮油饲料工业有限公司向公司股东厦门中润实业集团 有限公司发生购销业务 21064368.17 元,该交易是本着公平、公开、等价、有偿的原则进行的,并按市场公平价格签定了相应的合同或协议。

(2)本公司为股东福建华通置业有限公司提供贷款担保 3650 万元。福建华通置 业有限公司与本公司是互保关系,不对公司经营产生消极影响。

(3)公司子公司厦门华亭房地产有限公司与厦门华商置业有限公司共同开发厦 门"至尊门第"而预付账款 22403143.47 元,该合作是本着公平、公开、互利互惠精神进行的。

5、本公司与控股股东在人员、资产、财务上分开,公司人员独立、资产完整、财务独立。

6、报告期聘任的会计师事务所仍为福州闽都有限责任会计师事务所。

7、本报告期内公司证券名称及简称没有更改。

8、公司对外担保事项详见会计报表附注。

八、财务会计报告

(一)审计报告:

(2000)榕会师股字第 017 号

福建天香实业股份有限公司全体股东:

我们接受委托,审计了贵公司 1999 年 12 月 31 日的资产负债表及 999 年度的利润表、利润分配表和现金流量表。这些会计报表由贵公司负责,我们的责任是对这些会计报 表发表审计意见。我们的审计是依据《中国注册会计师独立审计准则》进行的。在审计过程中,我们结合贵公司实际情况,实施了包括抽查会计记录等我们认为必要的审计程序。

我们认为,上述会计报表符合《企业会计准则》和《股份有限公司会计制度》的 有关规定,在所有重大方面公允地反映了贵公司 1999 年 12 月 31 日的财务状况及 1999 年 度的经营成果和现金流量情况,会计处理方法的选用遵循了一贯性原则。

福州闽都有限责任会计师事务所　　中国注册会计师:黄秀泉 陈炳坚

中国.福州　　二零零零年四月二日

(二)会计报表(附后)

(三)会计报表附注:

1.公司概况:

福建天香实业股份有限公司,是 1992 年 7 月 30 日福建省经济体制改革委员会闽体改[1992]048 号批准由原国有企业---福清市粮食局高山油厂改组并向社会法人和 内部职工定向募集股份设立的股份有限公司。经福建省体改委以闽体改[1992]131 号文确认,总股本为 2,646.55 万元。

公司于 1996 年 10 月经福建省经济体制改革委员会闽体改[1996]140 号和福建省 国有资产管理局[1996]462 号文批准,公司总股本由 2,646.55 元万元,增资扩股到 8,900 万元,其中:国家股 1,180 万元;法人股 6,453.45 万元;内部职工股 1,266.55 万元。

公司经中国证券监督管理委员会证监发行字[1999]124 号文批准,于 1999 年 10 月 18 日向社会公开发行人民币普通股 4500 万股,发行股票后股本总额为人民币 13,400 万 元,其中:国家股 1180 万元,占总股本的 8.81%;法人股 6453.45 万元,占总股本的 48.16%;社会公众股 4500 万元,占总股本的 33.58%;内部职工股 1266.55 万元,占总股本 的 9.45%。

公司经营范围:饲养活动物;海水、淡水动物养殖;园艺植物培植;植物园经营;农业技术服务;食用油;植物油、食品加工;饲料、农业机械加工等。

2.主要会计政策:

(1)会计制度:

公司现执行《企业会计准则》、《股份有限公司会计制度》;子公司执行《商品流通企业会计制度》、《工业企业会计制度》、《房地产开发企业会计制度》,在编 制合并会计报表时,已按《股份有限公司会计制度》的规定进行了调整。

(2)会计年度:

公历 1 月 1 日起至 12 月 31 日止为一个会计年度。

(3)记账本位币:

公司以人民币为记账本位币。

(4)记账基础和计价原则:

记账基础按权责发生制,计价原则按历史实际成本。

(5)外币折算方法:

记账本位币为人民币,对发生外币业务折算,按当月一日人民币市场汇价折合人民币记账,期末外币余额按期末人民币市场汇价调整账面汇率,汇兑损益列入当期损益。

(6)合并报表的编制方法:

依据财政部财会字[1995]11 号文《合并会计报表暂行规定》,对投资比例占被 投资单位股本 50%以上的采用合并会计报表。

(7)现金等价物的确定标准:

公司持有的期限短、流动性强、易于转化为已知金额现金、价值变动风险很小的投资为现金等价物。

(8)坏账损失的核算方法:

本公司对于因债务人破产或死亡,以其破产财产或遗产清偿还后仍无法收回的应 收款项和因债务人逾期未履行其清偿义务,而且具有明显特征表明无法收回的应收款 项确认为坏账损失。

本公司坏账采用备抵法核算。1999 年 1 月 1 日前,按应收账款余额的 3‰计提坏账准备;根据财政部财会字[1999]35 号《关于印发〈股份有限公司会计制度有关会计处理补充规定〉的通知》,经公司董事会的决议批准本公司的应收款项(包括应收账款 和其他应收款)自 1999 年 1 月 1 日起,根据债务单位财务状况,现金流量等情况,坏账准 备按账龄分析法计提,并计入当年度损益类账项。坏账准备计提比例如下:

账龄	计提比例
一年以内	0.5%
一至二年	5%
二至三年	10%
三至四年	30%
四年以上	50%
个别认定法	100%

3.税项:

(1)增值税税率油脂 13%,其他 17%;养殖、种植收入按《中华人民共和国增值税暂行条例实施细则》规定免征;饲料收入按财政部、国家税务总局(1998)78 号文件规定,从 1998 年 1 月 1 日至 2000 年 12 月 31 日继续免征增值税,并经福清市国家税务局批准确认;

(2)营业税税率 5%;

(3)城市建设维护税,按应纳增值税额、营业税额的 5%(其中:在厦门特区的 企业按 7%税率)计征;

(4)所得税规定税率为 33%,根据福建省人民政府闽政[1998]文 440 号批复,自公司股票发行上市后,公司所得税按 33%上缴,后由财政部门返还 18%,实际税负为 15 %;

(5)教育费附加按应纳增值税额、营业税额的 4%计征;

(6)基础设施附加费按应纳增值税额、营业税额的 5%(其中:在厦门特区的企业按 3.5%比率)计征;

(7)社会事业发展费按营业收入的 2‰(其中:在厦门特区的企业按 4%比率) 计征。

6、分行业资料:

	营业收入		营业成本		营业毛利	
项目	上年数	本年数	上年数	本年数	上年数	本年数
油类	106406912	71219080	84196738	49858634	22210174	21360445
仁饼、仁粕等	24336984	157589806	18622677	146425054	5714306	11164751
饲料	146654525	27714913	136426497	24890639	10228028	2824273
猪	33318490	38696240	25547960	28643898	7770529	10052342
鸡蛋	1218776	1608696	1295927	1483318	-77151	125378
房地产	50037119	30101629	28112855	16991676	21924264	13109953
其他	1208701	918403	256393	775828	952308	142574
肥皂		6471156		5431963	-	1039192
合计	363181511	334319928	294459051	274501014	68722460	59818913

九、公司的其他有关资料

1、公司注册登记日期:1992 年 8 月 8 日

注册登记地点:福建省福清市镜洋工业区

2、公司法人营业执照注册号:3500001001761

3、税务登记号码:闽地税字:3501811581465---4

4、公司未上市股票的托管机构:上海证券中央登记结算公司

5、报告期内证券主承销机构名称:福建兴业证券公司

6、公司聘请的会计师事物所:福州闽都有限责任会计师事务所

办公地址:福州古田路双福楼四层

十、备查文件

1、载有法定代表人、主管会计工作负责人、会计主管人员签名并盖章的会计报 表。

2、载有会计师事务所盖章、注册会计师签名并盖章的审计报告。

3、报告期内在中国证监会指定报纸上公开披露过的所有文件的正本及公告的原 稿。

福建天香实业股份有限公司董事会

2000 年 4 月 7 日

浙江升华拜克生物股份有限公司

一、公司简介

1、公司法定中文名称:浙江升华拜克生物股份有限公司
公司英文名称:ZHEJIANG SHENGHUA BIOK BIOLOGY CO.,LTD.
2、公司法定代表:夏士林
3、公司董事会秘书:程树伟
联系地址:浙江省德清县钟管工业区
电 话:0572-8402738
传 真:0572-8402738
电子信箱:Stocks@biok.com.cn
4、公司注册地址:浙江省湖州市经济技术开发区
公司办公地址:浙江省德清县钟管工业区
邮编:313220
公司互联网址:hptt://www.biok.com.cn
公司电子信箱:biok@mail.huptt.zj.cn
5、公司选定的信息披露报纸:《中国证券报》、《上海证券报》
登载公司年度报告的互联网址:hptt://www.sse.com.cn
公司年度报告置备地点:公司证券部
6、公司股票上市交易所:上海证券交易所
公司股票简称:升华拜克
股票代码:600226

二、会计数据和业务数据摘要

1、本年度主要会计数据和业务数据 (单位:元)

项 目	1999 年
利润总额	40,362,083.88
净利润	34,313,765.24
扣除非经常性损益后的净利润	34,010,872.89
主营业务利润	63,654,783.68
其他业务利润	311,222.87
营业利润	40,249,191.53
投资收益	-190,000.00
补贴收入	—
营业外收支净额	302,892.35
经营活动产生的现金流量净额	28,867,326.54
现金及现金等价物净增加额	163,989,610.16

2、近三年主要会计数据和财务指标 (单位:元)

项 目	1999 年	1998 年 调整前	1998 年 调整后	1997 年 调整前	1997 年 调整后
主营业务收入	116,387,651.03	115,442,034.69	115,442,034.69	59,944,839.18	59,944,839.18
净利润	34,313,765.24	35,581,927.06	35,071,315.27	13,866,487.75	13,314,720.64
总资产	437,139,280.48	161,039,515.89	158,449,781.31	136,924,331.07	134,935,316.25
股东权益	399,543,477.05	77,184,264.20	74,982,989.81	53,846,680.02	52,156,017.42
每股收益(摊薄)	0.312	0.474	0.467	0.692	0.664
(加权)	0.372	0.828	0.816	1.438	1.381
扣除非经常性损益后的每股收益	0.309	0.491	0.485	0.656	0.629
每股净资产	3.631	1.009	0.999	2.69	2.601
调整后每股净资产	3.617	1.009	0.982	2.581	2.496
每股经营活动产生的现金流量净额	0.262	0.418	0.418		
净资产收益率(%)	8.59%	46.1%	46.77%	25.75%	25.53%

3、报告期内股东权益变动情况

项 目	股本	资本公积金	盈余公积	法定公益金	未分配利润	股东权益合计
期初数	75,023,500.00		1,830,573.04	610,191.01	-1,871,083.23	74,982,989.81
本期增加	35,000,000.00	266,249,072.00	5,147,064.78	1,715,688.26	18,164,350.46	324,560,487.24
本期减少						
期末数	110,023,500.00	266,249,072.00	6,977,637.82	2,325,879.27	16,293,267.23	399,543,477.05

变动原因:
(1)股本增加是因为公司经中国证监会证监发行字(1999)100 号文批准,于 1999 年 8 月 20 日发行人民币普通股 3500 万股 。
(2)资本公积金增加是因为 1999 年 8 月 20 日发行人民币普通股 3500 万股的溢价部分按规定填列为资本公积金 。
(3)盈余公积金增加是因为按规定从本年度分配利润中提取 10%法定公积金 。
(4)法定公益金增加因为按规定从本年度分配利润中提取 5%法定公益金 。
(5)未分配利润的变动是因为本年度利润增加和因计提四项准备追溯调整年初未分配利润 。
(6)股东权益增幅较大是因为本年度发行 3500 万股新股 。

三、股东情况介绍

1、股东情况介绍
(1)截止 1999 年 12 月 31 日,公司股东总数为 27766 户,公司无内部职工股或公司职工股 。
(2)前十名股东持股情况:

股东名称	年末持股数(万 股)	年内股份增减情况	持股比例(%)	股份性质
升华(集团)公司	6036.39	-	54.8646	法人股
源裕投资有限公司	814.01	-	7.4	外资法人股
浙江省科技风险投资公司	300.09	-	2.730	法人股
浙江泛美发展有限公司	201.81	-	1.83	法人股
景阳基金	154.5325	+154.5325	1.4045	流通股
浙江名策投资有限公司	150.05	-	1.36	法人股
裕元基金	50.00	+50.00	0.4544	流通股
普惠基金	39.00	+39.00	0.3545	流通股
中协投资	35.00	+35.00	0.5181	流通股
华大电	25.1922	+25.1922	0.229	流通股

前十名股东无关联关系
持有公司股份 5%以上的股东是升华(集团)公司、源裕投资有限公司,其所持公司股份无质押或冻结情况 。
(3)持公司股份 10%以上法人股东情况

贵州赤天化股份有限公司

一、公司概况

法定名称:贵州赤天化股份有限公司
英文名称:GUIZHOUCHITIANHUACORP.
注册资金:17000 万元
法定代表人:李大学
董事会秘书:杨呈祥
成立时间:1998 年 8 月 28 日
注册地址:贵州省贵阳市新天大道火炬大厦 3 楼
经营范围:氮肥、磷肥、复合肥、化工产品(不含化学危险品)的生产、销售;生物工程制品(不含预防性生物制品)、绿色环保产品的研究、开发、生产。
所属行业:化工
联系电话:(0851)6840828(0852)2878874
传真:(0851)5813068(0852)2878332

二、公司财务会计资料

1、公司 1999 年度主要会计资料和业务数据摘要
(一)1999 年度本公司主要会计数据如下:

项目	1999 年度
主营业务收入(元)	598,795,988.58
利润总额(元)	65,555,232.98
净利润(元)	55,685,048.02
扣除非经常性损益的净利润(元)	55,752,490.62
主营业务利润(元)	99,877,901.81
其他业务利润(元)	129,246.02
营业利润(元)	65,634,577.22
经营活动产生的现金流量净额(元)	62,979,308.39
现金及现金等价物净增加额(元)	404,030,832.60
总资产(元)	789,463,119.69
股东权益(元)	677,974,345.69
全面摊薄每股收益(元/股)	0.328
加权每股收益(元/股)	0.557
全面摊薄每股净资产(元/股)	3.99
调整后每股净资产(元/股)	3.99
每股经营活动产生的现金流量净额(元/股)	0.37
净资产收益率(%)(摊薄)	8.21
净资产收益率(%)(加权)	33.03
流动比率	652.68%
速动比率	535.37%
资产负债率	14.12%
应收帐款周转率	935.75%
存货周转率	756.08%

注:1 公司根据证监会证监发行字[1999]152 号文,于 1999 年 12 月 13 日在上海证 券交易所上网发行 A 股 7000 万股,募集资金于 12 月 17 日到位并经大华会计师事务所华业字(99)第 1188 号验证。按发行前总股本 10,000 万股计算,每股收益 0.557 元,净资产 收益率 33.03%;发行后总股本 17,000 万股,摊薄后每股收益 0.328 元,净资产收益率 8.21%。
2.本次发行共冻结资金 16,001,813.52 万元,冻结资金利息所得为 1,320.15 万元, 根据有关财务制度规定,其中 3.33 万元转入资本公积科目,1,316.82 万元根据公司董事会一届四次会议决定,将从 2000 年起分三年摊销。

(二)报告期内股东权益变动情况:(单位:元)

项目	股本	资本公积	盈余公积	法定公益金	未分配利润	股东权益合计
期初数	100000000	37065990.62	1419853.21	1419853.21	11358825.67	151264522.71
本期增加	70000000	431024774.88	5568504.80	5568504.80	44548038.42	556709822.90
本期减少					30000000.00	30000000.00
期末数	170000000	468090765.50	6988358.01	6988358.01	25906864.09	677974345.61
变动原因	发行股票所致	股票溢价	按净利润的10%提取	按净利润的10%提取	盈利、向股东分股利	

三、股本结构及大股东持股情况

1、上市前的股本结构
上市前公司总股本为 17000 万股,股本结构如下:

股份类别	股数(万股)	占总股本的比例(%)
尚未流通股份	10700	62.94
其中:国有法人股	9778.12	57.52
法人股	221.88	1.30
向基金配售	700	4.12
可流通股份	6300	37.06
其中:社会公众股	5600	32.94
向基金配售	700	4.12
合计	17000	100

2、大股东所持股数及比例

序号	股东名称	股份类别	持股数量(万股)	持股比例
1	贵州赤天化集团有限责任公司	国有法人股	9708.12	57.11%
2	贵州赤天化集团有限责任公司工会	法人股	221.88	1.31%
3	基金安顺		94.38	0.56%
4	基金天元		94.38	0.56%
5	基金同盛		94.38	0.56%
6	基金金鑫		94.38	0.56%
7	基金兴和		94.38	0.56%
8	基金安信		62.92	0.37%
9	基金开元		62.92	0.37%
10	基金金泰		62.92	0.37%
11	基金同益		62.92	0.37%
12	基金汉盛		62.92	0.37%
13	基金兴华		62.92	0.37%

江西昌九化工股份有限公司

江西昌九化工股份有限公司1999年年度报告摘要

一、公司简介

(一)公司中文名称:江西昌九化工股份有限公司
缩写:昌九股份
公司英文名称:JiangXi ChangJiu Chemical Industry Co.,Ltd.
缩写:CJCL
(二)公司法定代表人:邓兴明
(三)公司董事会秘书:谌晓华
联系地址:江西省南昌市北京东路98号华赣大厦五楼
电 话:0791—8300796 传 真:0791—8300796
(四)公司注册地址:南昌市高新区高新一路创业大厦
公司办公地址:南昌市北京东路98号华赣大厦五楼 邮编:330029
电子信箱:jxcjgf@public.nc.jx.cn
(五)选定的信息披露报纸:《中国证券报》、《上海证券报》
登载公司年度报告的中国证监会指定国际互联网网址:Http://www.sse.com.cn
公司年报备置地点:公司证券部
(六)公司股票上市地:上海证券交易所
股票简称:昌九股份 股票代码:600228

二、会计数据与业务数据摘要

(一)本年度利润总额及构成(单位:人民币元)

项 目	1999年度
利润总额	11265903.88
净利润	9576018.30
扣除非经常性损益后的净利润	1241508.17
主营业务利润	15174530.12
其它业务利润	−272627.79
营业利润	−637115.11
投资收益	2094880.24
补贴收入	1000000.00
营业外收支净额	8808138.75
经营活动产生的现金流量净额	−21122903.43
现金及现金等价物净增加额	205857766.31

(二)公司前三年主要会计数据及财务指标

项 目	1999年度	1998年度		1997年度	
		调整后	调整前	调整后	调整前
主营业务收入(元)	248255135	347311332	347311332	339723443	339723443
净利润(元)	9576018	25432243	30558988	28856977	30618900
总资产(元)	715547727	361705534	371149029	294371928	296133850
股东权益(元)	443912792	177507743	188643715	125347213	127109135
每股收益	0.053	0.212	0.255	0.24	0.255
每股经营活动产生的现金流量净额(元/股)	−0.12	0.32	0.328		
每股净资产(元/股)	2.466	1.479	1.572	1.045	1.059
调整后的每股净资产(加权)(元/股)	2.44	1.476	1.565	1.045	1.054
扣除非经营性损益后的每股收益(元/股)	0.007				
净资产收益率(%)	2.16	14.33	16.20	23.02	24.09

注:1、1997、1998年度股本按120,000,000股、1999年度按180,000,000股计算
2、"扣除非经营性损益后的净利润"扣除项目如下:
(1)补贴收入1,000,000元
(2)新股申购资金利息9,508,000.59元;
(3)营业外支出702,694.56元。
(三)主要财务指标计算方法:
(1)全面摊薄后的计算方法
每股收益=净利润 /年度末普通股股份总数
每股净资产=年度末股东权益 /年度末普通股股份总数
净资产收益率=净利润 /年度末股东权益×100%
调整后的每股净资产=(年度末股东权益-三年以上应收款项-待摊费用-待处理(流动、固定)资产净损失-开办费-长期待摊费用)/年度末普通股股份总数
每股经营活动产生的现金流量净额=经营活动产生的现金流量净额/年度末普通股股份总数
(2)按月平均加权的计算方法:
加权平均每股收益=净利润 /加权平均股本
(四)报告期内股东权益变更情况(单位:人民币元)

项 目	期初数	本期增加	本期减少	期末数
股 本	120000000	60000000		180000000
资本公积	35691473.59	196829030.40		232520503.99
盈余公积	4363253.99	1915203.66		6278457.65
法定公益金	2181626.99	957601.83		3139228.82
未分配利润	17453015.92	9576018.30	1915203.66	25113.83 0.56
股东权益合计	177507743.50	268320252.36	1915203.66	443912792.20

变动原因:(1)股本增加是由于增加了6,000万股社会公众股;
(2)其他项目变动是由于99年实现利润及提取两金。

三、 股东情况介绍

1、报告期末股东总数为33932户。
2、截止1999年12月31日止,公司前10名股东的持股情况如下:

序号	股东名称	拥有股数(股)	持股比例(%)
1	江西昌九化工集团有限公司	120000000	66.67
2	汇拓实业	500000	0.28
3	施振兰	280000	0.16
4	爱建公司	243100	0.14
5	泰和基金	200000	0.11
6	贺静波	184300	0.10
7	杨光吉	169591	0.09
8	王恩培	160000	0.09
9	高佩芝	157200	0.09
10	王 静	156100	0.09

注:(1)持有本公司5%以上股份的股东所持股份无增减变动、质押或冻结的情况;
(2)以上公司前10名股东不存在关联关系。
3、持股10%以上法人股东情况
法人股东名称:江西昌九化工集团有限公司
法人代表:邓兴明
经营范围:向企业投资及利用外资、资产经营,化工产品、机械、
电子设备的生产与销售,技术开发与咨询以及综合技术服务等(以上项目国家有专项规定的除外)。
4、报告期内控股股东的情况及相关信息未发生变动。

四、股东大会简介

本公司于1999年1月8日召开首届股东大会,5月18日召开年度股东大会,8月20日召开第一次临时股东大会。通过的重要决议分别刊登于1999年1月9日、5月19日、8月21日的《中国证券报》和《上海证券报》上。

五、董事会报告

(一)公司经营情况
1、本公司所处行业为化工行业,公司的规模为中等偏下。
2、公司主营业务的范围及其经营状况
本公司为中氮企业,主营业务为化肥、化工产品的生产与销售,主要产品有尿 素、聚丙烯、粗甲醇等。尿素以省内销售为主,同时面向江苏、安徽、浙江等周边省 份;聚丙烯主要销往浙江、广东、福建、江苏、湖北、安徽、上海等地区。1999年度 公司实现主营业务收入24826万元,主营业务利润1517万元。
3、1999年盈利预测净利润为3.890万元,实际实现净利润9576018.30元,完成盈利预测的24.63%;原因如下:
①主营产品尿素由于国内市场持续低迷,卖主市场竞争激烈,加上国家对粮、棉、油收购政策的进一步放宽,价格下跌,致使农民的现金收入减少,影响农民购肥的积极 性。公司只好适当降低价格,以确保市场份额,保持产销平衡。其结果使江氨分公司加上100万的补贴收入还亏损18万元。这是造成公司业绩下降的主要原因。
②由于世界石油的大幅提价,引起国内的石化产品价格飞涨,加上赣北分公司周边的九江炼油厂近来使用丙烯的数量成倍增加,造成赣北分公司聚丙烯的原料供应严重 不足和成本提高,以致赣北分公司的全年利润亏损670万元,直接影响了公司的业绩的 提高。
③原预测为1999年度业绩新增长点的白炭黑工程,虽在7月25日就已试车投产,但 由于产品品种的单一及产品质量的不稳定等原因,市场尚未打开,以致全年只试销32吨,造成产品的大量积压,使得这项工程的募股资金投入后,没有产生相应的效益。
(二)公司财务状况
1、以下指标经江西恒信会计师事务所有限公司赣恒会审字(2000)第037号审计报告确认:
单位:人民币元

项 目	1999年末	1998年末
总 资 产	715547727.59	361705534.61
长期负债	47297009.30	80321273.64
股东权益	443912792.20	177507743.50
主营业务利润	15174530.12	69509982.68
净 利 润	9576018.30	25432243.93

公司总资产比去年增长97.82%,主要由于募股资金到帐;长期借款比去年下降41.11%,系归还借款;股东权益比去年增长150%,系当年公司盈利及募股资金到帐;主营 业务利润比去年下降78.17%,是由于主导产品尿素、聚丙烯销价、销量下降。
2、对会计师事务所出具的有保留意见的审计报告事项的说明
经江西恒信会计师事务所有限公司审计并出具的有保留意见的审计报告,董事会 认为公司在1999年1月15日注册并于19日上市,在建立股份公司新帐过程中,由于申请 办理税务登记、工商登记等相关工作拖的时间较长,影响了银行的及时开户,为维持企业的持续生产经营,出现了暂与母体代付代收情况,但未对公司的现金造成损失,公司 的现金流量表正确地反映了公司的现金流量信息。
(三)公司投资情况
1、募集资金运用情况:
公司于1998年12月17日发行了6,000万A股,发行价格4.48元/股,扣除发行费用后,共募集资金25,680万元。
① 承诺投资项目与实际投资项目对照表:单位:万元

承诺投资项目	计划投资	实际投资项目	承诺投资	实际投资
A)技改增产4万吨尿素项目	10,085	技改增产4万吨尿素项目	10085	271
B)年产1万吨白炭黑项目	3,975	年产1万吨白炭黑项目	3975	3851
C)年产4万吨丙烯酸及酯类项目	5,000	年产4万吨丙烯酸及酯类项目	5000	605
D)收购江西轮胎厂并配套建设年产1万吨乳液及涂料和0.3万吨高吸水性树脂项目	3,000	收购江西农科化工有限公司年产0.3万吨丙烯酰胺	3000	1700

装置60%的股
权,并合作兴建
一套年产1万吨
的丙烯酰胺装置项目。

注:根据股份公司筹委会与集团公司签定的关于兼并江西轮胎厂的协议中的第十 条第三款中所述"如果股份公司未能在1998年12月31日之前正式成立,本协议自动失 效,甲乙双方互不承担责任"的规定,鉴于公司创立大会于1999年1月8日召开,1月15日领取工商营业执照的事实,经1999年7月19日的一届五次董事会研究讨论,上报证监会 南昌特派办及中国证监会同意,并由1999年8月20日的公司第一次临时股东大会表决通过,放弃收购江西轮胎厂并配套建设年产1万吨乳液及涂料和0.3万吨高吸水性树脂项 目,变更为收购江西农科化工有限公司年产0.3万吨丙烯酰胺装置60%的股权,并合作 兴建一套年产1万吨的丙烯酰胺装置项目。详见1999年7月20日、1999年8月21日刊登 在《中国证券报》和《上海证券报》上的有关内容。

尚未使用的募集资金19,253万元存放银行。

② 实际投资项目进度及效益情况

A)技改增产4万吨尿素项目至报告期末实际投资额仅为271万元,尚处于开工建设 阶段,该募集资金未产生利润。

B) 年产1万吨白炭黑项目已于1999年7月27日下午5时一次开车成功。所用募集资 金3,851万元。

该产品尚处于市场试产试销阶段,未产生利润。

C)年产4万吨丙烯酸及酯类项目需投资100200万元,由于种种原因,到目前为止,开发行的贷款尚未到位,且这个项目的建设期较长,募集资金的计划投资额为5000万元,现已投资605万元,用于该项目的前期准备工作,两套1000立方米的丙烯球罐预计到2000年3月30日才能投入使用,现未产生效益。

D)原拟收购江西轮胎厂并配套建设年产1万吨乳液及涂料和0.3万吨高吸水性树脂项目,已变更为收购江西农科化工有限公司年产0.3万吨丙烯酰胺装置60%的股权,并 合作兴建一套年产1万吨的丙烯酰胺装置项目,其中收购年产0.3万吨丙烯酰胺装置60 %股权已完成,合作兴建的年产1万吨丙烯酰胺装置已建成,目前正在投料试车。因更 改公司名称后的登记注册尚在进行当中,故该项目的投资收益本报告期内未能反映。

(四)国家宏观政策对公司生产经营的影响

化肥市场形势仍没有好转,下半年继续下滑,公司的收益相对有所减少,我国加入 WTO后,国家宏观政策可能会对公司产生以下影响。

① 本次入关谈判国家对化肥市场没有开放,但在交往中仍有大批化肥涌入国内。

②由于农产品市场开放,可能会使国内农产品种植减少,降低对化肥的需求。对化肥行业造成一定的不利影响。

③由于公司的聚丙烯生产能力明显偏小,世界原油价格涨幅惊人,导致生产聚丙烯的原料丙烯价格暴涨,组织原料难度加大,而聚丙烯的市场售价并没有同步上涨,公司 聚丙烯的效益大幅下降,今后也难有起色。

(五)2000年业务发展规划

2000年工作的总体思路是:以市场为导向,以生产为基础,以营销为龙头,以技术创新为动力,加大投入,加快发展,进行产业升级和产品结构调整,全面提高企业竞争力。

化肥生产中煤、电是两大主要消耗,以现有的生产技术和装备,这两方面已难有大的突破。因此,为迎接入世后更加激烈的市场竞争,必须进行技术创新,在大力节约煤 、电消耗上下功夫,全面强化管理,在严格控制成本上做文章。

紧紧抓住丙烯酰胺这一高新技术产品,加大技术投入,在第一套年产万吨丙烯酰胺生产正常、市场旺销的情形下,争取在最短的时间内建成第二套年产万吨丙烯酰胺装 置,并择机尽快启动年产万吨聚丙烯酰胺项目,使我公司生物法制造丙烯酰胺的生产规模、技术装备和市场份额在国内处于领先地位,不断增强在国际市场上的竞争力。

(六)董事会日常工作

1、董事会的会议情况及决议内容

本公司在报告期内共召开六次董事会会议。

(1)公司一届一次董事会会议于1999年1月8日召开,会议审议通过了以下决议:

① 选举邓兴明先生为公司第一届董事会董事长;

② 选举顾崇先先生、应启炎先生为公司第一届董事会副董事长;

③ 聘任范骏先生为公司总经理;

④ 授权董事长委托谌晓华先生代理董事会秘书;

⑤根据总经理提名,聘任张造弦先生、韩炳华先生、唐杰民先生为公司副总经理 。

本次董事会决议公告刊登在1999年1月9日的《中国证券报》、《上海证券报》上。

(2)公司一届二次董事会会议于1999年3月29日召开,会议审议通过以下决议:

① 批准公司董事会工作报告;

② 批准公司1998年度报告和年度报告摘要;

③ 通过1998年度财务决算报告;

④ 通过1999年度财务预算方案;

⑤通过1998年度利润分配预案:为立足公司的长远发展,本年度不进行利润分配, 也不用公积金转增股本,此预案尚需股东年会审议批准;

⑥决定于1999年5月18日下午2:30在华赣大厦五楼会议室召开1998年度股东大会 。

本次董事会决议公告刊登在1999年3月31日的《中国证券报》、《上海证券报》上。

(3)公司一届四次董事会会议于1999年6月23日召开,会议审议通过以下决议:

①根据工作需要,解聘范骏先生总经理职务,聘任副董事长应启炎先生为公司总经理;

② 聘任原代理董事会秘书谌晓华先生为公司董事会秘书。

本次董事会决议公告刊登在1999年6月25日的《中国证券报》、《上海证券报》上。

(4)公司一届五次董事会会议于1999年7月19日召开,会议审议通过以下决议:

①公司正与江西农科化工有限公司进行多方面的接触,打算以协议方式收购农科 化工年产3000吨丙烯酰胺装置60%的股权,约需资金1200万元,并组建新的江西昌九农科化工有限公司;

②利用集团公司已下马的联碱分厂的厂房及公用工程设施,双方共同兴建一套一 期工程为年产1万吨丙烯酰胺装置。公司仍将按投资总额的60%出资,约需投入资金1800万元,力争年内新装置投运。

由于上述项目所用资金涉及到募股资金用途的改变,以上事项尚需经股东大会及 有关部门批准;

③ 决定于1999年8月20日召开公司临时股东大会。

本次董事会决议公告刊登在1999年7月20日的《中国证券报》、《上海证券报》上。

(5)公司一届六次董事会会议于1999年8月10日召开,会议审议通过以下决议:

① 审议通过《江西昌九化工股份有限公司1999年度中期报告》;

② 审议通过关于中期不分配,也不进行资本公积金转增股本的决议。

本次董事会决议公告刊登在1999年8月11日的《中国证券报》《上海证券报》上 。

2、董事会对股东大会决议的执行情况

(1)董事会对股东大会授权的执行情况

①董事会根据第一届股东大会的授权,在1999年1月19日之前,办理了有关公司的 设立、登记及股票上市事宜;

②完成了对江西农科化工有限公司60%股权的收购,并组织万吨丙烯酰胺装置的 建设;

③ 完成了精甲醇工段的转让。

(2)报告期内1998年度公司没进行分红、公积金转增股本、配股及增发新股。

(七)公司管理层及员工情况

1、董事、监事、高级管理人员

姓名	职务	性别	年龄	任期起止日期
邓兴明	董事长	男	37	1999.1—2002.1
顾崇先	副董事长	男	54	1999.1—2002.1
应启炎	副董事长、总经理	男	54	1999.1—2002.1
范骏	董事	男	51	1999.1—2002.1
陈文荣	董事	男	47	1999.1—2002.1
王九庆	董事	男	55	1999.1—2002.1
涂祈宏	董事	男	52	1999.1—2002.1
胡国金	董事	男	43	1999.1—2002.1
张造弦	董事、副总经理	男	47	1999.1—2002.1
韩炳华	董事、副总经理	男	45	1999.1—2002.1
张和泉	董事	男	53	1999.1—2002.1
王毅群	监事会主席	男	58	1999.1—2002.1
周玉贵	监事	男	53	1999.1—2002.1
梅恩荣	监事	男	48	1999.1—2002.1
沈永尧	监事	男	58	1999.1—2002.1
张金龙	监事	男	38	1999.1—2002.1
唐杰民	副总经理	男	37	1999.1—2002.1
邹冬宝	副总经理	男	45	2000.3—2002.1
谌晓华	董事会秘书	男	33	1999.1—2002.1

注:①本公司董事、监事、高级管理人员年度报酬在0.5—1.5万元区间,其中董事长邓兴明、董事陈文荣、王九庆、胡国金不在公司领取报酬;

② 报告期内公司董事、监事、高级管理人员无离任情况;

③ 本公司董事、监事、高级管理人员均未持有本公司股份;

④1999年6月23日,董事会根据工作需要,解聘范骏先生总经理职务,聘任副董事长应启炎先生为公司总经理;聘任原代理董事会秘书谌晓华先生为公司董事会秘书。

2、公司员工情况

① 公司现有在册员工1852人;

② 公司人员专业构成情况

本公司生产人员1440人,销售人员27人,技术人员276人,财务人员28人,行政人员35人;

③ 公司人员教育程度情况

本公司大专以上学历382人,中专学历99人,中专以上学历人员占公司总数的26%,有高级职称24人,中级职称105人,初级职称32人;

④ 退休职工人数为28人。

(八)本次利润分配预案

公司截止1999年12月31日,未分配利润余额为25,113,830.56元,本期实现净利润9,576,018.30元,公司按实现净利润的10%,提取法定盈余公积金957,601.83元,按10%提取法定公益金957,601.83元。

公司在2000年度将加快扩大丙烯酰胺的生产规模和产品升级,鉴于建设项目所需 资金量较大,为保持公司持续稳定发展,经董事会研究决定,本次不进行利润分配,也不进行公积金转增股本。

六、监事会报告

(一)报告期内监事会于1999年1月8日在南昌召开了第一届第一次监事会会议,会 议选举王毅群先生为第一届监事会主席。

(二)监事会就下列事项发表独立意见:

1、公司在报告期内的运作符合国家和地方政府的有关规定,也符合《公司章程》的要求;公司建立了较为完善的内控制度;董事会关于各项资产减值准备的计提方法等决策程序合法;

2、公司董事、高管人员在执行职务时尚无发现有任何违反法律、法规、《公司 章程》或损害本公司利益的行为;

3、公司报告期内通过证券市场募集资金共25680万元,募资实际投入项目四项中 有三项和承诺投入项目一致,有一项发生变更,变更程序合法;

4、江西恒信会计师事务所有限公司为公司出具的1999年度审计报告真实地反映 了公司的实际财务状况和经营成果;

5、公司出售精甲醇及收购江西农科化工有限公司60%股权交易价格合理,没有发现内幕交易,没有损害部分股东的权益,也没有造成公司资产的流失;

6、公司关联交易公平,没有损害上市公司利益;

7、由于股份公司于1999年1月15日才注册登记,且在办理税务登记、工商登记、银行开户等相关工作中,由于内外部的原因,给股份公司的建立新帐带来了不便,为维 持企业的正常生产经营,曾出现了一段时间的与母体存在着一起代付代收并使用同一 帐号的情况,公司的现金流量表正确地反映了公司的现金流量信息,未分开的这段时间没有给公司造成现金损失。

七、重要事项

(一)本年度公司无重大诉讼,仲裁事项。

(二)报告期内公司、公司董事及高级管理人员无受监管部门处罚情况。

(三)报告期内公司控股股东未变更;1999年6月23日的一届四次董事会会议决定解聘范骏先生总经理职务,聘任副董事长应启炎先生为公司总经理;聘任原代理董秘谌晓华先生为公司董秘。

(四)1999年3月31日公司以帐面值286万元转让精甲醇资产给江西江氨化学工业有限公司,其对公司利润不产生重大影响。

1999年6月30日公司以1200万元购买江西农科化工有限公司60%股权,并组建新的江西昌九农科化工有限公司,因江西昌九农科化工有限公司目前正在登记注册中,下半年的利润在报告期内未反映。

(五)重大关联交易事项(见财务会计报告)。

(六)公司在1999年1月15日注册并于19日上市,在建立股份公司新帐过程中,由于 申请办理税务登记、工商登记等相关工作拖的时间较长,影响了银行的及时开户,为维持企业的持续生产经营,出现了暂与母体代付代收情况,但未对公司的现金造成损失,公司的现金流量表正确地反映了公司的现金流量信息。

(七)公司无租赁其他公司资产或其他公司托管承包、租赁上市公司资产的事项。

(八)公司仍聘用江西恒信会计师事务所有限公司。

(九)公司无对外重大合同(含担保)情况。

(十)公司在本年度内未有更改名称或股票简称的情况。

八、财务会计报告

(一)审计报告

赣恒会审字(2000)第037号江西昌九化工股份有限公司全体股东:

我们接受委托,审计了江西昌九化工股份有限公司(以下简称贵公司)1999年12月31日资产负债表、1999年度的利润表及利润分配表和现金流量表。这些会计报表由贵 公司负责,我们的责任是对这些会计报表发表审计意见。我们的审计是依据《中国注 册会计师独立审计准则》进行的。在审计过程中,我们结合贵公司实际情况,实施了包括抽查会计记录等我们认为必要的审计程序。

因贵公司在1999年初注册并上市,在建立股份公司新帐过程中,银行存款帐户未及时与母体分开,影响了现金流量表编制的合理性。

我们认为,除存在上述问题外,上述会计报表符合《企业会计准则》和《股份有限公司会计制度》

的有关规定,在所有重大方面公允地反映了贵公司 1999 年 12 月 31 日的 财务状况与 1999 年度经营成果和现金流量情况,会计处理方法的选用遵循了一贯性原 则。

江西恒信会计师事务所有限公司　　　　中国注册会计师:李文智

廖卫平

江西　　南昌　　　　　　　　　　　二 000 年三月十五日

(二)会计报表(附后)

(三)会计报表附注

1、坏帐核算方法

A)确认坏帐损失的标准:凡因债务人已经破产或死亡,以其破产财产或遗产清偿后,仍然无法收回;或因债务人逾期未履行偿债义务,经法定程序审批,该等应收款项列为坏帐损失。

B)坏帐损失的核算方法:本公司坏帐损失核算采用备抵法,以决算日应收款项(包 括应收帐款和其他应收款,不包括关联公司往来款项、内部职工借款及备用金)的余额,按余额百分比法计提坏帐准备,提取比例为 6%。

2、存货核算方法

公司存货主要包括:原材料、产成品、在产品、低值易耗品等。

A)存货计价方法:原材料、包装物采用计划成本核算,生产领用、发出按计划成本记帐,月份终了按照发出原材料、包装物的计划成本,计算应负担的材料成本差异。产成品以实际成本计价,发出领用采用加权平均法结转成本。低值易耗品领用时,采用一次摊销法进行摊销。决算日,存货按成本与可变现净值孰低法计算。

B)存货跌价准备,以决算日存货可变现净值低于成本的差额计提,并计入当年损益。

3、短期投资核算方法

A)短期投资按取得时的实际成本计价,在处置时按所收到的处置收入与帐面价值 的差额作为投资损益入帐,期末按成本与市价孰低法计算。

B)短期投资跌价准备:按期末成本低于市价的差额提取,并计入当年损益。

4、长期投资核算方法

A)长期债权投资:本公司债权投资按实际支付的款项扣除应计利息后计价入帐,债权投资实际成本与债券面值的溢价(或折价),采用直线法于债券存续期内摊销。

B)长期股权投资:本公司股票投资按实际支付的价项扣除已宣告发放的现金股利 计价入帐,其他长期股权投资按投出现金及固定资产、无形资产的帐面净值计价入帐 。

股权投资差额系指长期股权投资采用权益法核算时,长期股权投资成本与应享有 被投资单位所有者权益中所占份额的差额。

本公司的长期股权投资采用下列会计处理方法:投资额占被投资企业资本总额不 足 20%时,以成本法核算;投资额占被投资企业资本总额 20%至 50%时,以权益法核算;投资额占被投资企业资本总额 50%以上以及投资额虽占被投资企业资本总额 20%至 50%, 但本公司对其实质上拥有控制权者,采用权益法核算并对会计报表予以合并。

决算日,若因市价持续下跌或被投资单位经营状况恶化(或其他具体原因)等原因 导致长期投资可收回金额低于帐面价值,其差额作为长期投资减值准备,并计入当年损益。

5、固定资产及其折旧

本公司固定资产为使用年限在一年以上且单位价值在 2000 元以上的房屋建筑物、机械设备、动力传导、运输、化工设备及其他设备等。固定资产以实际成本计价,并 以评估前帐面原值按直线法计提折旧,残值率为 5%,各类固定资产的折旧年限及年折 旧率如下:

固定资产类别	折旧年限	年折旧率(%)
房屋及建筑物	5—40 年	3.8— 2.375
机械设备	14—20 年	6.786—4.75
动力设备	18—20 年	5.278—4.75
传导设备	28—30 年	3.39—3.17
运输设备	12—15 年	7.917—6.33
化工设备	14—20 年	6.786—4.75
其他设备	12—15 年	7.917—6.33

6、收入确认原则:

销售商品的收入,在下列条件均能满足时予以确认。

A)公司已将商品所有权上的重要风险和报酬转移给买方;

B)公司既没有保留通常与所有权相联系的继续管理权,也没有对已售出的商品实 施控制;

C)与交易相关的经济利益能够流入企业;

D)相关的收入和成本能够可靠地计量。

他人使用本公司资产,在下列条件均能满足时予以确认收入:

A)与交易相关的经济利益能够流入公司;

B)收入的金额能够可靠地计量。

7、所得税的会计处理方法

本公司所得税的会计处理方法采用应付税款法。

8、公司 1999 年度会计政策、会计估计变更的说明

本公司按财政部会字[1999]35 号文《股份有限公司会计制度有关会计处理问题的补充规定》,从 1999 年 1 月 1 日起改变以下会计政策:

A)坏帐准备原按直接转销法,现改为按备抵法核算,即按应收款项(包括应收帐款 和其他应收款,不包括关联公司往来款项、内部职工借款及备用金)年末余额的 6%计 提坏帐准备。

B)期末存货原按成本计价,现改为按成本与可变现净值孰低法计价。

C)期末短期投资原按成本计价,现改为按成本与可变现净值孰低法计价。

D)期末长期投资原不计提减值准备,现改为计提减值准备。

上述会计政策变更已采用追溯调整法,调整了 1999 年年初留存收益及相关项目期 初数,利润及利润分配表 1998 年度数栏,已按调整后数字填列。上述会计政策变更的累积影响数为 9,443,494.85 元,其中:坏帐准备计提方法变更的累积影响数 6,380,348.35 元,存货计价方法变更的累积影响数为 3,063,146.50 元。由于会计政策变更,调减了 1998 年度净利润 3,434,267.59 元,调减了 1999 年年初留存收益 9,443,494.85 元, 其中未分配利润调减了 7,554,795.88 元, 盈余公积调减了 1,888,698.97 元,利润及利润分配表 1998 年度数栏年初未分配利润调减了 4,807,381.81 元。

9、关联方关系及其交易

(1)存 在控制关系的关联方

企业名称	注册地址	主营业务	与本公司关系	经济性质	法定代表人
江西昌九化工集团有限公司	南昌市北京东路 98 号	化工产品	发起人	国有	邓兴明

(2)存 在控制关系的关联方的注册资本及其变化

企业名称	年初数	本年增加数	本年减少数	年末数
江西昌九化工集团有限公司	31,677 万元	---	---	31,677 万元

(2)存在控制关系的关联方所持股份及其权益的变化

企业名称	年初数	本年增加数	本年减少数	年末数
江西昌九化工集团有限公司	120000000.00			120000000.00

(3)不存在控制关系的关联方关系

企业名称	与本公司关系	经济性质	法定代表人
江氨化学工业有限责任公司	与本公司同一母公司	国有	范 骏
九江化工厂	与本公司同一母公司	国有	张东海
赣北化工厂	与本公司同一母公司	国有	涂祁宏

(4)关联交易

A)采购货物及接受劳务等

交易项目	数量	单价	金 额
向江氨化学工业有限责任公司采购材料			9196581.52
其中:大化工			2022132.60
电 器			1472354.63
备品备件			1128193.63
钢 材			785491.10
阀 门			600799.63
其 他			3187609.93
向江氨化学工业有限责任公司接受劳务(含维修材料费)			4324748.30
向江氨化学工业有限责任公司采购"双加"工程物资			10449529.81
向江氨化学工业有限责任公司支付房屋管理费、医疗服务费			78600.00
向赣北化工厂采购包装袋	363,727 条	1.28 元/条	465541.10
向赣北化工厂采购辅助材料			80932.43
向赣北化工厂采购煤	1,472.18 吨	228.85 元 /吨	336908.50
向赣北化工厂采购聚丙烯	41.975 吨	4,700.85 元/吨	197318.38
向赣北化工厂购进水	376,919 吨	0.73 元 /吨	275776.99
向赣北化工厂购进电	3,356,316 度	0.45 元 /度	1506985.58
合 计			26,912,922.61

B)销售产品、材料、提供劳务等

交易项目	数量	单价	金 额
向江氨化学工业有限责任公司销售产品(粗醇)	11,686.095 吨	1,580.00 元/吨	18464030.21
向江氨化学工业有限责任公司销售材料			1346945.75
向江氨化学工业有限责任公司提供汽、水、电			6791698.24
其中:水	462,792 吨	0.4353/吨	201338.71
电	1936.4 万度	0.265 元/度	5131495.73
汽	27003m3	54 元/米	31458863.80
向江氨化学工业有限责任公司提供劳务			973316.21
向江氨化学工业有限责任公司转让甲醇工段资产			2860000.00
向江氨化学工业有限责任公司收取资金占用费			1911761.60
向九江化工厂提供运输劳务			119385.83
向赣北化工厂收取资金占用费			335154.02
向赣北化工厂销售聚丙烯	3.325 吨	4,700.85 元/吨	15630.34
向赣北化工厂让售辅助材料			500530.47
向赣北化工厂提供运输劳务			366531.43
向赣北化工厂提供蒸汽	1,868.05 吨	81.43 元/吨	152115.29
向赣北化工厂提供机修加工劳务			142957.14
合 计			33980056.53

C)关联方往来款项余额

企业名称	往来科目	余额	占该款项余额的百分比
江西昌九化工集团有限公司	其他应收款	45780053.79	37.78
赣北化工厂	其他应收款	5628445.77	4.65
江氨化学工业有限责任公司	其他应收款	62972365.91	51.97
九江化工厂	应收帐款	32630.00	0.04

D)其他应披露事项

根据 1999 年 12 月 28 日江西昌九化工集团有限公司(甲方)与江西昌九化工股份有限公司(乙方)签订的补充协议:

1)甲方供乙方使用铁道专用线,原综合服务合同规定每年收费 105 万元,现乙方销 售产品使用甲方铁道专用线按铁路运输规定向客户收取的铁路专线费已直接支付给了甲方下属企业江西江氨化学工业有限公司,甲方不收取此项费用。

2)甲方供乙方使用码头设施进行装卸作业及供乙方使用仓库存放零配件等,原综 合服务合同规定年收 4 万元,现乙方没有使用甲方免收此项费用。

3)甲方为乙方提供计量、器具的测试、环保监测等,原综合服务合同规定收费 10 万元,此项劳务已在关联交易中,根据甲方为乙方提供的实际劳务品种、数量进行了劳务清算,甲方不再收取此项费用。

4)甲方为乙方提供厂区绿化维护,安全保卫,在综合服务合同规定年收费 5 万元,现厂区绿化维护,安全保卫由乙方自行负担解决,甲方不再收取此项费用。

10、报告期内需要披露的重大承诺事项及或有事项

赣北分公司应收重庆建北经贸公司货款 265,916.61 元涉及诉讼,赣北分公司已胜 诉,尚在执行中。

11、公司无重大期后事项发生

12、其他重要事项

(1)本年度,因进行会计政策变更及发现以前年度会计差错,有如下调整以前年度 损益事项:

1)根据财政部财会字[1999]35 号文《股份公司会计制度有关会计处理问题的补充规定》变更会计政策需追溯调整以前年度报告。

2)经查 98 年度有如下会计差错,已在本年度追溯调整。

A、昌九股份下属江氨分公司 99 年 1 月接到通知,从 98 年 10 月起,不再享受 0.02 元/ 度电价优惠,需补交 98 年 10-12 电费 1,099,837.00 元。

B、银行对江氨分公司 98 年长期借款计息误差应补计利息 166,280.70 元,南昌市国税局直属分局对江氨分公司 98 年增值税稽查,将多抵扣进项税 515,311.66 元,作不予抵扣进项税转出(进成本)。

C、昌九股份下属赣北分公司因票据贴现、编织袋盘盈等调整 98 年销售成本-78,048.00 元、财务费用 48,126.67 元、管理费用 208,183.44 元、应付帐款 178,262.11 元。

在编制 1999 年昌九股份会计报表报表时,已对 1999 年期初数及上年同期对比数进 行了调整,调整帐项如下:

帐 户	调整原因	调整前	调整后
坏帐准备	会计政策变更	0	6380348.35
存货跌价准备	会计政策变更	0	3063146.50
应付帐款	结转误差调整	11106458.68	11284720.79
应交税金	税务稽查及误差调整	5802567.06	6050664.38
预提费用	电费调整	5369965.57	6469802.37
长期借款	利息误差调整	80154993.37	80321273.64
盈余公积	误差及政策变更调整	6590448.30	4363253.99
未分配利润	误差及政策变更调整	26361793.16	17453015.92
主营业务成本	不予抵扣进项税加价电费等调整	275958255.71	27749
存货跌价损失	会计政策变更	0	18904.89
管理费用	会计政策变更及误差调整	17512029.30	20735575.45
财务费用	利息误差及贴现调整	14351719.48	14566126.42

(2)1999 年 7 月 8 日江西昌九化工股份有限公司与江西农科化工有限公司签订合同,江西昌九化工股份有限公司以货币资金 1200 万元购买江西农科化工有限公司原有股东出让经评估确认后的 60%的股权,并追加 600 万元进行新工程建设,至 99 年 12 月 31 日已 累计投资 1700 万元,收购后的江西农科化工有限公司拟变更为“江西昌九农科化工有 限公司”。相关手续正在办理当中。

江西昌九化工股份有限公司董事会

二 OOO 年三月十九日

现金流量表

编制单位:江西昌九化工股份有限公司 1999 年 12 月 31 日 单位:人民币元(会股 03 表)

项目	行次	金额
一、经营活动产生的现金流量:		
销售商品、提供劳务收到的现金	1	219024927.62
收取的租金	2	
收到的税费返还	3	1800000.00
收到的其他与经营活动有关的现金	4	23179878.22
现金流入小计	5	244004805.84
购买商品、接受劳务支付的现金	6	180304805.07
经营租赁所支付的现金	7	
支付给职工以及为职工支付的现金	8	19789335.83
实际交纳的增值税款	9	2256535.15
支付的所得税款	10	3300000.07
支付的除增值税、所得税以外的其他税费	11	751458.66
支付的其他与经营活动有关的现金	12	58725574.49
现金流出小计	13	265127709.27
经营活动产生的现金流量净额	14	−21122903.43
二、投资活动产生的现金流量:		
收回投资所收到的现金	15	205282766.82
分得股利或利润所收到的现金	16	
取得债券利息收入所收到的现金	17	
处置固定资产无形资产和其他长期资产而收回的现金净额	18	61740.00
收到的其他与投资活动有关的现金	19	2286579.39
现金流入小计	20	207631086.21
购建固定资产、无形资产和其他长期资产所支付的现金	21	82085654.77
权益性投资所支付的现金	22	17000000.00
债权性投资所支付的现金	23	205282766.82
支付的其他与投资活动有关的现金	24	41655419.92
现金流出小计	25	346023841.51
投资活动产生的现金流量净额	26	138392755.30
三、筹资活动产生的现金流量:		
吸收权益性投资所收到的现金	27	256800000.00
借款所收到的现金	28	201073037.00
发行债券所收到的现金	29	
收到的其他与筹资活动有关的现金	30	32464665.68
现金流入小计	31	490337702.68
偿还债务所支付的现金	32	103986000.00
发生筹资费用所支付的现金	33	1328.60
分配股利或利润所支付的现金	34	
偿付利息所支付的现金	35	20930036.24
融资租赁所支付的现金	36	
减少注册资本所支付的现金	37	
支付的其他与筹资活动有关的现金	38	46912.80
现金流出小计	39	124964277.64
筹资活动产生的现金流量净额	40	365373425.04
四、汇率变动对现金的影响	41	
五、现金及现金等价物净增加额	42	205857766.31

利润及利润分配表

编制单位:江西昌九化工股份有限公司 1999 年度 单位:人民币元(会股 02 表)

项目	1999 年度	1998 年度
一、主营业务收入	248255135.02	347311332.13
减:折扣与折让	–	–
主营业务收入净额	248255135.02	347311332.13
减:主营业务成本	232838923.70	277495356.37
主营业务税金及附加	241681.20	305993.08
二、主营业务利润	15174530.12	69509982.68
加:其他业务利润	−272627.79	220978.75
减:存货跌价损失	317279.67	418904.89
营业费用	2050468.07	3452562.45
管理费用	14599679.80	20735575.45
财务费用	−1428410.10	14566126.42
三、营业利润	−637115.11	30557792.22
加:投资收益	2094880.24	–
补贴收入	1000000.00	–
营业外收入	9510833.31	–
减:营业外支出	702694.56	–
四、利润总额	11265903.88	30557792.22
减:所得税	1689885.58	5125548.29
五、净利润	9576018.30	25432243.93
加:年初未分配利润	17453015.92	−2892779.23
盈余公积转入数	–	–
六、可供分配的利润	27029034.22	22539464.70
减:提取法定盈余公积	957601.83	2543224.39
提取法定公益金	957601.83	2543224.39
七、可供股东分配的利润	25113830.56	17453015.92
减:应付优先股股利	–	–
提取任意盈余公积	–	–
应付普通股股利	–	–
转作股本的普通股股利	–	–
八、未分配利润	25113830.56	17453015.92

资产负债表

编制单位:江西昌九化工股份有限公司 1999 年 12 月 31 日 单位:人民币元(会股 01 表)

资产	期末数	期初数
流动资产:		
货币资金	225185326.01	19327559.70
短期投资		
减:短期投资跌价准备		
短期投资净额		
应收票据	1260000.00	9290000.00
应收股利		
应收利息		
应收帐款	89885368.92	106339139.07
其他应收帐款	121167658.79	93188.10
减:坏帐准备	5393165.10	6380348.35
应收款项净额	205659862.61	100051978.82
预帐款	772140.51	8851497.38
应收补贴款		
存货	34187498.42	30936150.38
减:存货跌价准备	3380426.17	3063146.50
存货净额	30807072.25	27873003.88
待摊费用	2042255.14	347535.03
待处理流动资产净损失	8378.00	–
一年内到期的长期债权投资		
其他流动资产		
流动资产合计	465735034.52	165741574.81
长期投资:		
长期股权投资	17000000.00	
长期债权投资		
长期投资合计	17000000.00	
减:长期投资减值准备		
长期投资净额	17000000.00	
固定资产:		
固定资产原价	316341900.39	313261152.57
减:累计折旧	153950968.57	138329701.85
固定资产净值	162390931.82	174931450.72
工程物资	1455003.38	–
在建工程	68966757.87	21032509.08
固定资产清理		
待处理固定资产净损失		
固定资产合计	232812693.07	195963959.80
无形资产及其他资产:		
无形资产		
开办费		
长期待摊费用		
其他长期资产		
无形资产及其他资产合计		
递延税项:		
递延税款借项		
资产总计	715547727.59	361705534.61
负债及股东权益		
流动负债:		
短期借款	155766000.00	60716000.00
应付票据	2000000.00	14500000.00
应付帐款	21896273.16	11284720.79
预收帐款	5546546.78	2621087.20
代销商品款	–	–
其他应付款	550625.06	166750.00
应付工资		
应付福利费	3795743.54	2041842.51
应付股利		
未交税金	4035588.69	6050664.38
其他未交款	83994.74	25650.22
预提费用	–	6469802.37
一年内到期的长期负债	30663154.12	–
其他流动负债		
流动负债合计	224337926.09	103876517.47
长期负债:		
长期借款	47000000.00	80321273.64
应付债券		
长期应付款		
住房周转金	297009.30	–
其他长期负债	–	–
长期负债合计	47297009.30	80321273.64
递延税项:		
递延税款贷项	–	–
负债合计	271634935.39	184197791.11
股东权益:		
股本	180000000.00	120000000.00
资本公积	232520503.99	35691473.59
盈余公积	6278457.65	4363253.99
其中:公益金	3139228.82	2181626.99
未分配利润	25113830.56	17453015.92
股东权益合计	443912792.20	177507743.50
负债和股东权益合计	715547727.59	361705534.61

青岛碱业股份有限公司

青岛碱业股份有限公司股票上市公告书

一、要览

股票简称:青岛碱业
股票代码:600229
总股本:29512.621 万股
可流通股本:9000 万股
本次可流通股本:8100 万股
上市日期:2000 年 3 月 9 日
上市地点:上海证券交易所
登记机构:上海证券中央登记结算公司
上市推荐人:中信证券股份有限公司　国泰君安证券股份有限公司

二、序言

青岛碱业股份有限公司(以下简称"本公司")上市公告书是依据《中华人民共和国公司法》、《中华人民共和国证券法》、《股票发行与交易管理暂行条例》、《公开发行股票公司信息披露实施细则》和《上海证券交易所股票上市规则》以及国家其它有关证券管理的规定,按照中国证券监督管理委员会制订的公开发行股票公司信息披露的内容与格式准则第七号《上市公告书的内容与格式〈试行〉》编制的,旨在向投资者提供有关本公司的基本情况和股票上市的有关资料。

经中国证券监督管理委员会证监发行字[2000]7 号文批准,2000 年 2 月 17 日,本公司在上海证券交易所以上网定价方式向社会公众成功发行了每股面值 1.00 元的人 民币普通股 (A 股)7200 万股股票,向证券投资基金配售了 1800 万股人民币普通股(A 股)股票,每股发行价为 3.78 元。经上海证券交易所批准,本公司股票将于 2000 年 3 月 9 日在上海证券交易所上市挂牌交易。本公司总股本 29512.6 万股,可流通股本 9000 万股,本次上市流通股本为上网定价发行的 7200 万股及向证券投资基金配售的 1800 万股的 50%(即 900 万股),共计 8100 万股,向证券投资基金配售的其余 900 万股将于该股票配售之日起六个月后上市交易。

本公司已经于 2000 年 2 月 15 日分别在《中国证券报》、《上海证券报》和《证券 时报》上刊登了《招股说明书概要》,鉴于与本报告间隔时间不足六个月,多数内容这里不再重复。详细内容请查阅上述报纸刊登的《招股说明书概要》或在《招股说明书》查阅地点查阅《招股说明书》全文。本公司董事会成员已经批准本公司上市公告书,确信本公告书所载内容不存在任何重大遗漏、虚假陈述或者严重误导,并对其内容的真实性、准确性、完整性负个别的及连带的责任。

三、公司概况

1、概况
公司名称:青岛碱业股份有限公司
英文名称:QINGDAO SODA ASH INDUSTRIAL COMPANY LTD.
注册地址:山东省青岛市四流北路 78 号
注册资本:295126210 元
法定代表人:刘毓源
成立日期:1994 年 6 月 14 日
董事会秘书:丁肇远
联系电话:(0532)4822574
传真:(0532)4815402
所属行业:化工
主营业务:主营业务为纯碱、肥料、农药、其他化工产品的生产、加工、销售及研究开发和综合技术服务

2、历史沿革

本公司是经青岛市体改委批准,由青岛碱厂作为独家发起人,于 1994 年 6 月 14 日 ,以定向募集方式设立的股份有限公司。公司设立时总股本 14,472 万股,其中国家 股 13,684 万股,内部职工股 788 万股。

青岛碱厂前身为青岛化肥厂,始建于 1958 年。1965 年设计能力为年产 8 万吨的纯 碱生产线竣工投产。1984 年青岛化肥厂更名为青岛碱厂。

1994 年,经青岛市国有资产管理局批准,青岛碱厂将企业经评估确认的主要国有经营性净资产 18,884 万元按 1.38:1 折为 13,684 万国家股,同时以每股 1.38 元溢 价向内部职工定向募集 788 万股设立青岛碱业股份有限公司。

1997 年 4 月,本公司根据国务院国发[1995]17 号文有关要求进行了重新规范, 青岛市体改委以青体改发[1997]52 号文对规范工作予以确认,被青岛市人民政府确认为募集设立的股份有限公司,并颁发青股改字[1997]11 号《青岛市股份有限公司设立批准证书》。公司总股本 14,472 万股,其中国家股 13,684 万股,内部职工股 788 万股。

1999 年 5 月,为调整产业结构、提高行业内部资源配置效率、实现企业之间的优 势互补和规模经济,本公司吸收合并了青岛天柱化肥股份有限公司(以下简称天柱股份)、青岛双收农药集团股份有限公司(以下简称双收股份)。天柱股份为化肥企业,主营产品有尿素、碳酸氢铵、液氨等;双收股份为农药生产销售企业,主营产品有水胺硫磷、甲基异柳磷等。

截至 1999 年 5 月 31 日,公司完成对两家股份公司的吸收合并后,总股本为 20,513 万股,其中国家股 14,175 万股,法人股 2,893 万股,内部职工股 3,445 万股。

2000 年 2 月 17 日,经中国证券监督管理委员会证监发行字[2000]7 号文批准,本公司在上海证券交易所以上网定价方式向社会公众成功发行了 7200 万人民币普通股(A 股)股票,向证券投资基金配售了 1800 万股人民币普通股(A 股)股票。本次发行后,本公司总股本 29512.6 万股,已于 2000 年 3 月 2 日在青岛市工商行政管理局变更注册登记。

四、会计数据和业务数据摘要

1、本年度主要会计数据　(单位:人民币元)

利润总额	73,729,378.77
净利润	52,367,783.66
扣除非经常性损益后的净利润	41,095,317.82
主营业务利润	128,982,378.90
其他业务利润	718,034.31
投资收益	30,691.08
补贴收入	11,651,779.15
营业外收支净额	−379,313.31
经营活动产生的现金流量净额	78,499,035.76
现金及现金等价物净增加额	47,214,940.63

注:扣除的非经常性损益项目和涉及金额:
(1)营业外收支净额项目:
A.处理固定资产净收益−38,858.33
B.罚款净收入−208,177.29
C.公益性支出−76,210.00
D.其他净支出−56,067.69
(2)补贴收入项目:11,651,779.15
(3)以上项目涉及金额 11,272,465.84

2、近三年主要会计数据和财务指标(单位:人民币元)

项目	1999 年	1998 年 调整前	1998 年 调整后
主营业务收入	613217866.62	517392243.28	517392243.28
净利润	52367783.66	40521924.74	41831808.85
总资产	1300542847.38	708268170.50	695826610.79
股东权益	542224885.89	345996920.39	333555360.68
每股收益(摊薄)	0.255	0.280	0.289
(加权)	0.291	0.280	0.289
扣除非正常损益后的每股收益	0.196	0.216	0.225
每股净资产	2.64	2.39	2.30
调整后每股净资产	2.48	2.36	2.27
每股经营活动产生的现金流量净额	0.38	0.17	0.17
净资产收益率(摊薄)	9.66%	12.19%	12.54%

<续上表>

项目	1997 年 调整前	1997 年 调整后
主营业务收入	551,003,485.51	551,003,485.51
净利润	47,967, 753.54	34,216,309.72
总资产	808,648,343.48	794,896,899.58
股东权益	304,421,995.65	290,670,551.83
每股收益(摊薄)	0.331	0.236
(加权)	0.331	0.236
扣除非正常损益后的每股收益	0.289	0.195
每股净资产	2.10	2.01
调整后每股净资产	2.07	1.97
每股经营活动产生的现金流量净额		
净资产收益率(摊薄)	15.75%	11.77%

五、股票发行及承销

1、公开发行股票
发行数量:9000 万股(其中向证券投资基金配售 1800 万股)
发行价格:3.78 元/股
发行方式:上网定价
发行市盈率:18.5 倍
发行时间:2000 年 2 月 17 日
申购中签率:0.4623865%
有效申购户数:832275 户
持 1000 股以上(含 1000 股)的股东数:79605 户
发行费用总额:1530 万元
每股发行费用:0.17 元
募集资金总量:32490 万元(已扣除发行费用)

2、股票承销本次通过上海证券交易所发行的 9000 万股社会公众股全部由社会公 众及证券投资基金认购,承销团没有余额包销。

3、验资报告

接收本公司委托,山东汇德会计师事务所对青岛碱业股份有限公司截止 2000 年 2 月 28 日的实收资本及相关的资产和负债的真实性和合法性进行了审验。山东汇德会计师事务所(2000)汇所验字第 5--001 号验资报告摘要如下:

验资报告
(2000)汇所验字第 5--001 号

青岛碱业股份有限公司:

我们接受委托,对贵公司截至 2000 年 2 月 28 日止的实收股本及相关的资产和负债 的真实性和合法性进行了审验。在审验过程中,我们按照《独立审计实务公告第 1 号 ———验资》的要求,实施了必要的审验程序。贵公司的责任是提供真实、合法、完整的验资资料,保护资产的安全、完整,我们的责任是按照《独立审计实务公告第 1 号———验资》的要求,出具真实、合法的验资报告。

贵公司申请的注册资本为人民币 295,126,210.00 元。根据我们的审验,贵公 司本次公开发行股票前的股本总额为人民币 205,126,210.00 元,本次经中国证券 监督管理委员会批准向社会公众发行人民币普通股(A 股)9,000 万股,每股面值 1 元。截止 2000 年 2 月 28 日止,募集资金人民币 340,200,000.00 元, 扣除预计发行费用人民币 15,300,000.00 元后净额为人民币 324,900,000.00 元。其中股本 90,000,000.00 元、资本公积 234,900,000.00 元(不含本次募集资金有效申购利息。因银行按季核算利息,待收到申购利息后再按有关规定处理),连同公开发行股票前实收股本,累计实收股本为人民币 295,126,210.00 元,资本公积为人民币 369,671 ,980.22 元。

附件(一)变更前后注册资本、投入股本对照表
附件(二)验资事项说明

中国注册会计师:牟敦潭,李江山
山东汇德会计师事务所
2000 年 2 月 28 日
地址:青岛东海路 37 号金都花园金海大厦 14 层
电话:(0532)5830917

六、董事、监事等简历及持股情况

1、董事

刘毓源先生,58岁,本科学历,高级工程师。1963年参加工作;1989年4月任青岛碱厂厂长、党委书记;1994年6月任本公司董事长、总经理;1997年2月任青岛化工总公司总经理兼本公司董事长;1998年1月至今任青岛凯联(集团)有限责任公司董事长、总经理兼本公司董事长。持本公司股份5000股。

罗方辉先生,46岁,大专学历,高级政工师。1970年参加工作;1993年6月任青岛碱厂党委副书记;1996年1月任本公司副董事长、副总经理;1998年4月至今任本公司副董事长、总经理。持本公司股份5000股。

方雪先生,56岁,本科学历,高级工程师。1964年参加工作;1984年9月任青岛碱厂副厂长、总工程师;1994年6月至今任本公司副董事长、副总经理、总工程师。持本公司股份5000股。

王长友先生,58岁,本科学历,高级工程师。1962年参加工作;1983年1月任青岛化肥厂设计室副主任;1984年11月任青岛碱厂厂长助理;1989年10月任青岛碱厂副厂长;1994年6月至今任本公司董事、青岛碱厂厂长。持本公司股份5000股。

杨光明先生,43岁,大专学历,高级经济师。1975年参加工作;1983年3月任青岛化肥厂厂长办公室秘书;1989年9月任青岛碱厂供销处副处长;1991年4月任青岛碱厂厂长助理兼供销处处长;1993年1月任青岛碱厂副厂长;1994年6月至今任本公司董事、副总经理。持本公司股份5000股。

祝正雨先生,44岁,本科学历,高级工程师。1975年参加工作;1989年6月任青岛碱厂施工处副处长;1991年6月任青岛碱厂厂长助理;1993年1月任青岛碱厂副厂长;1994年6月至今任本公司董事、副总经理。持本公司股份5000股。

王麟泰先生,59岁,本科学历,高级政工师。1962年参加工作;1978年6月任青岛化肥厂安技科副科长;1985年2月任青岛碱厂工会主席;1994年6月至今任本公司董事、工会主席。持本公司股份5000股。

2、监事

于海涵先生,61岁,中专学历,高级经济师。1960年参加工作;1984年11月任青岛碱厂厂办、党办主任;1985年8月任青岛碱厂组织人事处处长兼老干部处处长、离退休办公室主任;1994年6月至今任本公司监事长。持本公司股份4000股。

王德勋先生,59岁,初中文化,政工师。1958年参加工作;1985年任青岛碱厂工会干事;1989年任本公司工会副主席;1994年6月年至今任本公司监事。持本公司股份4000股。

任海燕女士,46岁,大专学历,会计师。1976年12月参加工作;1984年11月任青岛碱厂财务处核算组组长;1994年6月至今任本公司监事。持本公司股份2000股。

3、高级管理人员

张田隆先生,63岁,大专学历,高级会计师。1952年参加工作;1979年4月任5823厂财务科科长;1984年任5823厂副总会计师;1986年10月任青岛碱厂财务处处长;1993年6月任青岛碱厂总会计师;1994年6月至今任本公司副总经理、总会计师。持本公司股份5000股。

丁肇远先生,54岁,大专学历,高级政工师。1963年参加工作;1983年任青岛化肥厂党委办公室秘书;1991年4月任青岛碱厂宣传处副处长;1995年2月任本公司总经理办公室副主任;1999年6月至今任本公司董事会秘书。持本公司股份4000股。

七、公司设立

1、公司设立

1994年6月14日,由青岛碱厂作为独家发起人,以定向募集方式设立的股份有限公司。公司设立时总股本14,472万股,其中国家股13,684万股,内部职工股788万股。

2、吸收合并

1999年5月,本公司吸收合并了青岛天柱化肥股份有限公司(以下简称天柱股份)、青岛双收农药集团股份有限公司(以下简称双收股份)。吸收合并后,总股本为20,513万股,其中国家股14,175万股,法人股2,893万股,内部职工股3,445万股。

3、公开发行

2000年2月17日,经中国证券监督管理委员会证监发行字[2000]7号文批准,本公司在上海证券交易所以上网定价方式向社会公众成功发行了7200万人民币普通股(A股)股票,向证券投资基金配售了1800万股人民币普通股(A股)股票。本次发行后,本公司总股本29512.6万股,其中国家股14,175万股,法人股2,893万股,内部职工股3,445万股,流通股9000万股。

4、变更注册日期:2000年3月2日

5、注册地址:山东省青岛市四流北路78号

6、法定代表人:刘毓源

7、营业执照注册号:3702001805747

八、关联企业及关联交易

1、本公司关联企业及关联交易包括:

(1)青岛凯联(集团)有限责任公司

1994年12月,经青岛市政府批准,原青岛市化学石油工业公司转为青岛市化工总公司。1998年1月经青岛市政府批准,青岛市化工总公司进行改制,以本公司等46家企事业单位为紧密层企业,其他11家企业为半紧密层企业组建大型企业集团——青岛凯联(集团)有限责任公司。

目前集团公司董事长兼任本公司董事长,根据青岛市国有资产管理局的授权,集团公司持有本公司的国家股141,745,756股,占本公司股本总额的48.03%,是唯一对本公司存在控制关系的关联企业。本公司租赁使用集团公司土地94,105平方米;

(2)青岛天柱化工(集团)有限公司

青岛天柱化工(集团)有限公司(以下简称天柱集团)是本公司的第二大股东,持有本公司27,304,348股,占总股本的9.25%。

本公司租赁使用青岛天柱化工(集团)有限公司土地11,746.67平方米;

(3)青岛碱厂

与本公司同属凯联集团,在生产、综合服务等方面与本公司存在关联关系。

(4)胶州市双收化工供销有限公司

该公司为本公司吸收合并的双收股份的全资子公司,合并后,本公司对该公司享有股东权益。

2、关联交易协议

根据相关法律、法规及中国证监会的要求,本公司尽量避免关联交易,保证公司经营的独立性,对于暂时无法避免的关联交易,本公司已经与关联企业按照市场公允价格签定关联协议,其中主要包括:(1)与凯联集团签订的《国有土地使用权租赁合同》。本公司使用的94105平方米土地使用权,系本公司向凯联集团租赁取得,双方已经签定《国有土地使用权租赁合同》,合同规定,租赁期限为30年,年租金33万元,该项租赁已经在相关土地管理部门办理登记手续;(2)与青岛碱厂签定《综合服务协议》。(3)与青岛天柱化工(集团)有限公司签定的《国有土地使用权租赁合同》。本公司与天柱集团签定《国有土地使用权租赁合同》,以租赁的方式取得11746.67平方米土地使用权(天柱集团系以出让方式取得),租赁合同规定,租赁期限为30年,年租金5.5万元,该项租赁已经在相关土地管理部门办理登记手续。

九、股本

1、本公司股本结构如下

(1)尚未流通股份

股份名称	股数(股)	比例(%)
国家股	141,745,756	48.03
法人股	28,935,081	9.80
内部职工股	34,445,373	11.67
向基金配售的A股	9,000,000	3.05
(2)流通股份		
社会公众股	81,000,000	27.45
总股本	295,126,210	100.00

2、本公司前10名股东的持股情况

序号	股东名称	持股数(股)	持股比例(%)
1	青岛凯联(集团)有限责任公司	141,745,756	48.03
2	青岛天柱化工(集团)有限公司	27,304,348	9.25
3	兴和证券投资基金	1,192,000	4.04
4	天元证券投资基金	1,192,000	4.04
5	普丰证券投资基金	1,192,000	4.04
6	安顺证券投资基金	1,192,000	4.04
7	景福证券投资基金	1,192,000	4.04
8	裕隆证券投资基金	1,192,000	4.04
9	金鑫证券投资基金	1,192,000	4.04
10	同盛证券投资基金	1,192,000	4.04

十、财务会计资料

1、审计报告

本公司委托山东汇德会计师事务所中国注册会计师牟敦潭、李江山对1999年12月31日、1998年12月31日、1997年12月31日的资产负债表和1999年度、1998年度、1997年度的利润及利润分配表及1999年度的现金流量表进行了审计。山东汇德会计师事务所出具了无保留意见的审计报告。

2、会计报表(附后)

3、会计报表附注

附注二、会计报表编制基准与方法

1、本公司1997年度、1998年度会计报表是以吸收合并前的青岛碱业股份有限公司各年度期末的财务状况、各年度的经营成果为基础编制的。1999年12月31日的资产负债表是以青岛碱业股份有限公司吸收合并原青岛天柱化肥股份有限公司、原青岛双收农药集团股份有限公司后成立的会计主体为基础编制的;1999年度利润表是以青岛碱业股份有限公司1999年度经营成果合并吸收合并后的原青岛天柱化肥股份有限公司、原青岛双收农药集团股份有限公司1999年6-12月份的经营成果为基础编制的。

2、本公司的有关会计报表数据已按照《股份有限公司会计制度》进行了调整。

附注三、重要会计政策、会计估计和合并会计报表编制方法

1、会计制度:1997年度执行《股份制试点企业会计制度》及其补充规定,并已按照《股份有限公司会计制度》进行了适当调整。1998年1月1日起执行《股份有限公司会计制度》。

2、会计年度:按公历年度,每年1月1日至12月31日。

3、记帐本位币:人民币。

4、记帐基础:公司的记帐基础为权责发生制原则。

5、记帐方法:采用借贷复式记帐法。

6、现金等价物:期限短、流动性强、易于转化为已知金额现金、价值变动风险很小的投资。

7、坏帐核算方法:

坏帐的确认标准是因债务人破产或者死亡,以其破产财产或者遗产清偿后,仍然不能收回的应收款项。坏帐损失的核算方法采用备抵法。应收款项(应收帐款、其他应收款)的坏帐准备计提比例为:

应收款项帐龄	计提比例
1年以内	5%
1-2年	10%
2-3年	30%
3年以上	50%

8、存货计价方法:

a.原材料按计划成本核算,月末将发出的原材料按其应负担的成本差异调整为实际成本.

b.产成品按实际成本计价,发出按加权平均法计算。

c.低值易耗品采用"一次摊销法"进行摊销。

存货的盘存制度为永续盘存制,生产成本在完工产品和在产品之间的分配方法为按照定额成本分配。

期末存货按成本与可变现净值孰低计价。如果期末存货的可变现净值低于其成本,按二者差额计提存货跌价准备。

9、长期投资核算方法:

A:长期股权投资

公司对外股权投资,按投资时实际支付的价款或确定的价值记帐。

公司对其他单位的投资占该单位有表决权资本总额20%或20%以上,或虽投资不足20%但有重大影响的,采用权益法核算。

公司对其他单位的投资占该单位有表决权资本总额20%以下,或对其他单位的投资虽占该单位有表决权资本总额20%或20%以上,但不具有重大影响的,采用成本法核算。

公司对其他单位的投资占该单位有表决权资本总额50%以上,或虽占该单位有表决权资本总额不足50%,但具有实际控制权时,编制合并会计报表。

长期股权投资差额摊销方法:合同规定投资期限的,按投资期限摊销;没有规定投资期限的,无论借方还是贷方差额均按10年以直线法摊销。

B:长期债权投资

长期债权投资:按实际支付的价款扣除支付的各项附加费用,以及支付的自发行日起至购入债券日止的应计利息后的余额作为实际成本。实际成本与债券票面价值的差额,作为溢价或折价。债券的溢价或折价在债券存续期间内于确认相关债券利息收入时,采用直线法摊销。

其他债券投资:按实际支付的价款入帐。

期末长期投资根据其实际减值情况计提长期投资减值准备。

10、合并会计报表编制方法:

合并会计报表编制方法执行财政部颁布的《合并会计报表暂行规定》及其补充规定。以公司本部和纳入合并范围的子公司的会计报表以及其他有关资料为依据,合并各项目数额编制而成。合并时各子公司采用的主要会计政策均按照母公司的统一规定,相同项目的数据逐项汇总,母公司的长期投资与子公司的权益相互抵销,母公司与子公司之间、子公司与子公司之间的重大内部交易和内部往来予以抵销。

公司对其投资占被投资单位有表决权资本总额50%以上,但没有纳入合并会计报表范围的子公司情况如下:

子公司名称	注册资本	实际投资额	业务性质	未合并原因
胶州市双收化工供销有限公司	510,000.00	510,000.00	销售农药、磷肥、化工原料等	附注五-10

11、固定资产及累计折旧:

固定资产按实际成本计价,以使用年限在一年以上,单位价值2000元以上为标准。固定资产折旧采用直线法计算,预计净残值率为3%,并按固定资产类别确定其使用年限。

固定资产类别	使用年限	年折旧率
房屋及建筑物	35—40	2.771%--2.4250%
通用设备	10—14	9.700%--6.9286%
专用设备	10—14	9.700%--6.9286%
运输设备	8—12	12.125%--8.0833%

12、无形资产：

无形资产按实际成本计价，按合同或法律规定的受益期或有效年限，或按不超过10年的期限在经营期内平均摊销，不留残值。

13、借款费用的会计处理方法

工程完工投入使用前的借款费用作为工程成本，工程完工投入使用后的借款费用作为当期财务费用列示。

14、收入确认的方法：

商品销售，在公司已将商品所有权上的重要风险和报酬转移给买方，公司不再对该商品实施继续管理权和实际控制权，相关的收入已经收到或取得了收款的证据，并且与销售该商品有关的成本能够可靠地计量时，确认营业收入的实现；提供劳务（不包括长期合同），按照完工百分比法确认相关的劳务收入。如提供的劳务合同在同一年度内开始并完成的，在完成劳务时确认营业收入的实现。

15、所得税的会计处理方法：

所得税的会计处理方法采用应付税款法。

16、会计估计变更

根据财政部财会字[1999]35号文件规定，从1999年1月1日起，公司改变以下会计政策：

坏帐准备原按应收帐款余额的0.5%计提，现改为按应收款项（应收帐款、其他应收款）帐龄分析法计提，见附注三之7。

期末存货原按成本计价，现改为按成本与可变现净值孰低计价，并按投资总体计提跌价准备。

短期投资与长期投资原不计提减值准备，现改为计提减值准备。

上述会计政策（估计）变更已根据财政部上述文件要求，采用追溯调整法，调整了比较会计报表最早期间的期初留存收益，并调整了比较会计报表各期间的净损益和其他相关项目。上述会计政策（估计）变更的累积影响数为43,653,536.67元，均为因坏帐准备计提方法变更的累积影响数。存货计价方法变更及长期投资计价方法的变更均无影响；由于会计政策的变更，

分别调减了1997、1998、1999年度净利润13,751,443.82元、-1,309,884 .11元、1,376,106.94元。调减了1999年年初留存收益32,839,781.24元，其 中，未分配利润调减了26,271,824.99元，盈余公积调减了6,567,956.25元。

附注四、税项

增值税：

青岛碱业股份有限公司销售纯碱、苏打、氨水、液氨、硫磺、甲醇材料执行17%的增值税率，销售蒸汽、农药执行13%的增值税率；农药产品中水胺硫磷、氧乐果、甲基异硫磷根据财政部国家税务总局财税字（1998）78号《关于对若干农业生产资料征免增值税问题的通知》执行免税，其中水胺硫磷、氧乐果执行期限自1998年1月1日至2000年12月31日。

所得税：

1997年、1998年青岛碱业股份有限公司执行33%的所得税率；1999年青岛碱业股份有限公司根据青岛市人民政府青政字[1999]31号文件"青岛市人民政府关于返还青岛碱业股份有限公司所得税有关问题的批复"按33%税率上缴所得税，由市财政按18%返还给企业，返还资金计入补贴收入。原青岛天柱化肥股份有限公司、原青岛双收农药集团股份有限公司1999年1-5月仍执行33%的所得税率。

营业税：按运输收入的3%，租赁收入、设施服务费的5%计缴。

4、城市维护建设税：按应缴增值税、营业税额的7%计缴。

5、其他税项按国家和地方有关规定计算缴纳。

十一、董事会上市承诺

本公司董事会将严格遵守《中华人民共和国公司法》、《中华人民共和国证券法》、《股票发行与交易管理暂行条例》、《公开发行股票公司信息披露实施细则（试行）》和《上海证券交易所股票上市规则》以及有关法律、法规的规定，并自本公司股票上市之日起做出如下承诺：

1、按照法律、法规规定的程序和要求披露重大的信息，并接受证券主管机关、上海证券交易所的监督管理；

2、及时、真实、准确地公布中期报告和年度报告，并备置于规定场所供投资者 查阅；

3、在任何公共传播媒介中出现的消息可能对本公司股票的市场价格产生误导性 影响时，本公司知悉后将及时对该消息予以公开澄清；

4、本公司董事、监事和高级管理人员将认真听取社会公众的意见和批评，不利 用已获得的内幕消息和其它不正当手段直接或间接从事股票买卖活动；

5、本公司没有无记录负债。

十二、重要事项提示

1、经上海证券交易所批准，本公司于2000年2月17日通过上海证券交易所上网定价发行的7200万股社会公众股股票及向证券投资基金配售的1800万股的50%（即900 万股），共计8100万股将于2000年3月9日在上海证券交易所上市交易，向证券投资基金配售的其余900万股将于该股票配售之日起六个月后上市交易。

2、本公司内部职工股3445万股的上市交易问题将遵照国家有关法律、法规和上 海证券交易所的有关规定执行；

3、截止本公告书刊登之日，本公司董事、监事和高级管理人员没有尚未了结或 可能发生的刑事诉讼事项；

4、截止本公告书刊登之日，本公司无任何（包括与投入公司的资产、负债、业 务及权益有关的）尚未了结的重大诉讼，亦不存在该等重大诉讼的威胁；

5、根据山东汇德会计师事务所出具的盈利预测审核报告，按33%的所得税税负 计算，本公司2000年的净利润为5743万元，全面摊薄后的每股收益为0.195元/股。

6、根据发行前股东大会决议，发行前的滚存利润由发行后的全体股东共享。

十三、备查文件目录

一、《招股说明书》；

二、中国证券监督管理委员会证监发行字[2000]7号文；

三、山东汇德会计师事务所（2000）汇所验字第5--001号《验资报告》；

四、营业执照；

五、上市推荐书；

六、经中国证券监督管理委员会审核的本公司公开发行股票的申报材料；

七、其他备查文件。

十四、咨询机构

上市公司：青岛碱业股份有限公司

法定代表人：刘毓源

地址：山东省青岛市四流北路78号

咨询电话：（0532）4822574

传真：（0532）4815402

联系人：丁肇远

上市推荐人：

（1）中信证券股份有限公司

法定代表人：常振明

地址：北京市朝阳区新源南路6号京城大厦

电话：（0532）5767935（010）64654818-61175

传真：（0532）5767950（010）64661041

联系人：陆致龙、王友安

（2）国泰君安证券股份有限公司

法定代表人：金建栋

注册地址：上海市浦东新区商城路618号

办公地址：青岛市南京路122号乙

电话：（021）62108888-2061（0532）5848465

传真：（0532）5842664

联系人：张征、董有全

青岛碱业股份有限公司

二零零零年三月四日

资产负债表(资产方)　　单位:人民币元

资　产	1999.12.31	1998.12.31	1997.12.31
流动资产:			
货币资金	82325503.64	35110563.01	47108105.69
短期投资			
减:短期投资跌价准备			
短期投资净额			
应收票据	22565850.00	23186398.21	29207220.00
应收股利			
应收利息			
应收帐款	254822666.07	234133178.16	221887405.60
其他应收款	135044228.10	47257265.07	141922814.56
减:坏帐准备	44861112.09	34010447.13	35499230.82
应收帐款净额	345005782.08	247379996.10	328310989.34
预付帐款	59256123.07	18463942.01	18000000.00
应收补贴款	6066779.15		
存货	95247427.29	38878466.73	49683138.26
减:存货跌价准备			
存货净额	95247427.29	38878466.73	49683138.26
待摊费用	1127902.74	2901865.18	2901865.18
待处理流动资产净损失	13630.24		
一年内到期的长期债权投资			
其它流动资产			
流动资产合计	611608998.21	365921231.24	475211318.47
长期投资:			
长期股权投资	2923830.00	913830.00	913830.00
长期债权投资			
长期投资合计	2923830.00	913830.00	913830.00
减:长期投资减值准备			
长期投资净额	2923830.00	913830.00	913830.00
固定资产:			
固定资产原价	954176801.38	633964841.24	614582861.14
减:累计折旧	179337129.52	361760419.51	323421979.59
固定资产净值	474839671.86	272204421.73	291160881.55
工程物资			
在建工程	195773856.85	54907154.50	25679249.76
固定资产清理			
待处理固定资产净损失			
固定资产合计	670613528.71	327111576.23	316840131.31
无形资产及其他资产:			
无形资产	14380352.77	1879973.32	1931619.80
开办费			
长期待摊费用	1016137.69		
其他长期资产			
无形资产及其他资产合计	15396490.46	1879973.32	1931619.80
递延税项:			
递延税项借项			
资产总计	1300542847.38	695826610.79	794896899.58

资产负债表(权益方)

单位:人民币元

负债及股东权益	1999.12.31	1998.12.31	1997.12.31
流动负债:			
短期借款	370883685.32	178292007.29	178728667.63
应付票据	12380000.00		
应付帐款	153007484.23	67180220.46	69103454.19
预收帐款	17303009.13		4269578.70
代销商品款			
应付工资	60047.48	17728373.80	50403253.80
应付福利费	1844794.92	65230.15	816719.53
应付股利	2178118.42		
应交税金	21683799.30	10739971.25	29147902.68
其他应交款	972672.07	734581.69	1176578.61
其他应付款	53866286.55	18016977.19	31131519.62
预提费用	7545627.89		
一年内到期的长期负债	42150000.00		
其他流动负债			
流动负债合计	683875525.31	292757361.83	364777674.76
长期负债:			
长期借款	74752020.03	48908769.51	52202019.51
应付债券			
长期应付款	3218616.88	18344770.16	86368900.00
住房周转金	-3528200.73	2260348.61	877753.48
其他长期负债			
长期负债合计	74442436.18	69513888.28	139448672.99
递延税款:			
递延税款贷项			

负债合计	758317961.49	362271250.11	504226347.75
股东权益:			
股本	205126210.00	144720000.00	144720000.00
资本公积	134771980.22	57218999.78	56165999.78
盈余公积	51264480.84	35862132.47	27495770.71
其中:公益金	16685111.20	9351447.02	5168266.14
未分配利润	151062214.83	95754228.43	62288781.34
股东权益合计	542224885.89	333555360.68	290670551.83
负债及股东权益总计	1300542847.38	695826610.79	794896899.58

利润分配表

单位:人民币元

	1999 年度	1998 年度	1997 年度
一、主营业务收入	613217866.62	517392243.28	551003485.51
减:折扣与折让			
主营业务收入净额	613217866.62	517392243.28	551003485.51
减:主营业务成本	481079336.70	419604626.13	407111094.21
主营业务税金附加	3156151.02	3215915.64	3219956.97
二、主营业务利润	128982378.90	94571701.51	140672434.33
加:其他业务利润	718034.31	−2998899.87	−1346849.33
减:存货跌价损失			
营业费用	7669935.94	4669631.69	4238167.40
管理费用	43012556.92	22579986.96	67797939.27
财务费用	16591698.50	16651828.25	19572309.96
三、营业利润	62426221.85	47671354.74	47717168.37
加:投资收益	30691.08	205083.00	163408.63
补贴收入	11651779.15	9405000.00	7920000.00
营业外收入	267859.30	2102414.28	233250.02
营业处支出	647172.61	2225796.66	2092504.36
四、利润总额	73729378.77	57158055.36	53941322.66
减:所得税	21361595.11	15326246.51	19725012.94
五、净利润	52367783.66	41831808.85	34216309.72
加:年初未分配利润	95754228.43	62288781.34	34915733.56
盈余公积转入			
其他转入	13413759.48		
六、可供分配的利润	161535771.57	104120590.19	69132043.28
减:提取法定盈余公积	5236778.37	4183180.88	3421630.97
提取法定公益金	5236778.37	4183180.88	3421630.97
七、可供股东分配的利润	151062214.83	95754228.43	62288781.34
减:应付优先股股利			
提取任意盈余公积			
应付普通股股利			
转作股本的普通股利			
八、未分配利润	151062214.83	95754228.43	62288781.34

现金流量表

1999 年度　　单位:人民币元

	金额
一、经营活动产生的现金流量:	
销售商品、提供劳务收到的现金	613889776.79
收到的租金	134019.21
收到的增值税销项税额和退回的增值税款	
收到的除增值税以外的其他税费返还	2585000.00
收到的其他与经营活动有关的现金	22622046.42
现金流入小计	639230842.42
购买商品、接受劳务支付的现金	366748711.92
经营租赁所支付的现金	
支付给职工以及为职工支付的现金	51146809.22
支付的增值税款	31472762.52
支付的所得税款	29905278.56
支付的除增值税,所得税以外的其他税费	8828821.58
支付的其他与经营活动有关的现金	72629422.86
现金流出小计	560731806.66
经营活动产生的现金流量净额	78499035.76
二、投资活动产生的现金流量:	
收回投资所收到的现金	
分得股利或利润收到的现金	30691.08
取得债券利息收入所收到的现金	
处置固定资产、无形资产和其他长期资产所支付的现金	242286.76
收到的与其他投资活动的关的现金	
现金流入小计	272977.84
购建固定资产、无形资产和其他长期资产所支付的现金	166737176.76
权益性投资所支付的现金	
债权性投资所支付的现金	
支付的其他与投资活动有关的现金	4019160.05
现金流出小计	170756336.81
投资活动产生的现金流量净额	−170483358.97
三、筹资活动产生的现金流量:	
吸收权益性投资所收到的现金	
发行债券所收到的现金	
借款所收到的现金	665660000.00
收到的与其他筹资活动有关的现金	7154701.03
现金流入小计	672814701.03
偿还债务所支付的现金	513557091.50
发生筹资费用所支付的现金	
分配股利或利润所支付的现金	
偿付利息所支付的现金	20058345.69
融资租赁所支付的现金	
减少注册资本所支付的现金	
支付的与其他筹资活动有关的现金	
现金流出小计	533615437.19
筹资活动产生的现金流量净额	139199263.84
四、汇率变动对现金的影响	
五、现金及现金等价物净增加额	47214940.63

安徽铜峰电子股份有限公司

安徽铜峰电子股份有限公司股票上市公告书

一、要 览

股票简称:铜峰电子　证券代码:600237　总股本:10,000 万股　可流通股本:4,000 万股
本次上市流通股本:4,000 万股　上市时间:2000 年 6 月 9 日
登记机构:上海证券中央登记结算公司
上市推荐人:北京证券有限责任公司　光大证券有限责任公司

二、绪 言

本上市公告书是根据《中华人民共和国公司法》、《中华人民共和国证券法》、《股票发行与交易管理暂行条例》、《公开发行股票公司信息披露实施细则》和《上海证券交易所股票上市规则》等国家有关法律、法规的规定,并按照中国证券监督管理委员会制定的公开发行股票公司信息披露的内容与格式准则第七号《上市公告书的内容与格式(试行)》而编制,旨在向投资者提供有关安徽铜峰电子股份有限公司(以 下简称本公司)和本次股票上市的情况。

经中国证监会证监发行字[2000]54 号文批准,本公司已于 2000 年 5 月 12 日至 5 月 13 日成功地向社会公开发行了每股面值 1.00 元的人民币普通股股票 4,000 万股,其中向二级市场投资者配售 2,000 万股,向一般投资者上网发行 2,000 万股,每股发行价为 7.66 元。

经上海证券交易所上证上字[2000]30 号《上市通知书》批准,本公司股票将于 2000 年 6 月 9 日在上海证券交易所挂牌上市交易,股票简称"铜峰电子",股票代码"600237"。本公司总股本 10,000 万股,可流通股本 4,000 万股,本次上市流通 4,000 万股 。

本公司已于 2000 年 5 月 10 日在《中国证券报》、《上海证券报》和《证券时报》 上刊登了《招股说明书概要》,距今不足六个月,其重复内容不再冗述,敬请投资者查阅本公司的《招股说明书概要》。

本公司董事会及全体董事已批准本上市公告书,确信其中不存在任何虚假记载、误导性陈述或重大遗漏,并对其真实性、准确性、完整性负个别和连带责任。

三、公司概况

(一)本公司基本情况

公司名称:安徽铜峰电子股份有限公司
英文名称:ANHUI TONGFENG ELECTRONIC CO., LTD.
注册资本:10,000 万元　法定代表人:陈升斌　成立日期:1996 年 8 月 8 日
所属行业:电子信息行业
经营范围:电工薄膜、金属化膜、电容器、聚丙烯再生粒子、电力节能装置、电 子材料、元器件的研究、开发、生产、销售、科技成果转让。
注册地址:安徽省铜陵市石城路 168 号　联系电话: 0562-2819178,2819186
传 真: 0562-2831965　联系人:周小平 方大明 张学炎

(二)历史沿革

本公司是由铜峰集团公司作为主发起人,联合铜陵市国有资产运营中心、中国新时代控股(集团)公司、中国电子进出口安徽公司、铜陵市电子物资器材公司四家单位,以发起方式组建的股份有限公司,注册资本为 6000 万元。

1996 年 5 月 8 日,铜峰集团公司、铜陵市国有资产运营中心、中国新时代控股(集 团)公司、中国电子进出口安徽公司、铜陵市电子物资器材公司五家法人单位签订《 发起人协议》,拟共同发起设立安徽铜峰电子股份有限公司。安徽资产评估事务所对拟投入股份公司的资产进行了评估,并出具皖评字(1996)078 号评估报告,经安徽省 国有资产管理局皖国资评字[1996]261 号文确认,铜峰集团公司作为股份公司主发起 人,以其生产电子基础材料及元器件的生产经营性资产及其所属铜陵威斯康电子材料有限公司 74.48%的股权及相关债项作为出资,进入股份公司的资产总额为 15112.6 万元,负债总额为 10502.8 万元,净资产为 4609.8 万元。铜峰集团公司进入股份公司的 10502.8 万元负债中,包含铜陵市国有资产运营中心 720 万元负债、中国新时代控股(集团)公司 600 万元负债、中国电子进出口安徽公司 49.8 万元负债及铜陵市电子物资器材公司 20.4 万元负债,合计为 1390.2 万元。根据发起人协议,四家单位同意将上述 1390.2 万元债权转为出资;根据铜陵市国有资产管理局铜国资字[1996]23 号《关于安徽铜峰电子股份有限公司国有股权管理有关问题的批复》,各发起人出资按 1:1 比率折股 ,股份公司股本总额为 6000 万股。其中,铜陵市国有资产运营中心持有的股权为国家 股,其余发起人所持有的股权均为国有法人股。

1996 年 7 月 3 日,经铜陵市会计师事务所铜会事审字[1996]第 120 号验资报告,拟 发起设立的股份公司已收到各发起股东投入的资本陆仟万元人民币。其中股本 6000 万元,与上述投入资本相关的资产总额为 15258.47 万元,负债总额为 9258.47 万元。1996 年 7 月 18 日,安徽省人民政府以皖府股字[1996]第 008 号批准证书批准设立安徽铜峰 电子股份有限公司,1996 年 8 月 8 日,本公司在安徽省工商局登记注册,股份公司依法设立。

经中国证监会证监发行字[2000]54 号文批准,本公司已于 2000 年 5 月 12 日至 5 月 13 日成功地向社会公开发行了每股面值 1.00 元的人民币普通股股票 4,000 万股,其中向二级市场投资者配售 2,000 万股,向一般投资者上网发行 2,000 万股,每股发行价为 7.66 元。

本公司已在安徽省工商行政管理局办理了工商变更登记手续,注册资本为人民币 10,000 万元,注册号为:3400001300116。

四、股票发行及承销

(一)股票公开发行

发行数量:本次发行股票 4,000 万股,其中二级市场投资者配售 2,000 万股,向一般投资者上网发行 2,000 万股。
股票发行价格:7.66 元/股　募集资金总额:29433.68 万元(已扣除发行费用)
发 行 方 式:向二级市场投资者配售与上网定价相结合
中签率:上网定价发行:0.34870306%　向二级市场投资者配售:0.09507537%
有效申购户数:上网定价发行:641077 户　向二级市场投资者配售:2922407 户
持 1000 股(含 1000 股)以上的户数:38598 户　发行费用总额:1206.32 万元
每股发行费用:0.302 元　发行市盈率: 28.80 倍(加权平均)　34.60(全面摊薄)

(二)股票承销

本次发行采用上网定价发行的 2000 万股已被社会公众全部认购,向二级市场投资者配售的 20000 万股部分出现余股 313964 股,按有关规定,全部由主承销商安徽省证 券公司包销。

(三)验资报告

安徽铜峰电子股份有限公司:

我们接受委托,对贵公司截至 2000 年 5 月 19 日止的注册资本,投入资本变更情况 的真实性和合法性进行了审验。在审验过程中,我们按照《独立审计实务公告第 1 号 —验资》的要求,实施了必要的审验程序。贵公司的责任是提供真实、合法、完整的验资资料,保护资产的安全完整,我们的责任是按照《独立审计实务公告第 1 号—验 资》的要求,出具真实、合法的验资报告。

安徽铜峰电子股份有限公司变更前的的注册资本为 6000 万元人民币。根据我们的审验,截止 2000 年 5 月 19 日止,安徽铜峰电子股份有限公司向社会公开募集股本 4000 万元人民币,变更后的的注册资本为 10000 万元人民币。其中股本为 10000 万元,资本公积 251,305,989.76 元,盈余公积 30,693,128.94 元,未分配利润 38,160,455.17 元。与上述变更后投入资本相关的资产总额为 659,297,935.06 元,负债总额 239,138,361.19 元。

附件(一)变更前后注册资本,投入资本明细表
附件(二)变更前后资产,负债和所有者权益对照表
附件(三)验资事项说明
安徽华普会计师事务所 中国注册会计师:潘峰　中国注册会计师:龚胜昔
募集资金入帐情况:
入帐时间: 2000 年 5 月 19 日
入帐金额: 人民币 298,586,800.00 元　入帐帐号:510263017355
开户银行:中国建设银行铜陵分行长江路办事处

五、董事、监事及高级管理人员持股情况

(一)董事、监事及高级管理人员简介

陈升斌先生:53 岁,大学文化,高级政工师、经济师。自 1973 年起任铜陵市无线 电元件二厂书记、厂长,铜陵市电子工业公司经理、党委书记,铜陵市薄膜电容总厂厂长、党委书记,安徽铜峰电子(集团)公司董事长、总经理、党委书记,本公司董事长、总经理。曾获得电子工业部劳动模范称号、国家外国专家局授予的"有突出贡献的出国培训人员",为中组部表彰的全国先进基层党组织的党委书记、铜陵市企业家协会常务理事,安徽省企业家联合会和安徽省企业家管理协会理事。2000 年 3 月起任 本公司董事长。

程荣顺先生:51 岁,大专文化,高级政工师。曾任安徽省铜陵市运机厂机关党支 部书记,铜陵市电器厂党支部书记,铜陵市机械公司办公室主任,铜陵市无线电元件二厂党总支书记,铜陵市薄膜电容总厂党总支书记,安徽铜峰电子(集团)公司党委副书记。现任本公司副董事长,安徽铜峰电子(集团)公司党委书记。

马永新先生:42 岁,大专文化,工程师。曾任铜陵市无线电元件二厂车间副主任 、主任,铜陵市薄膜电容总厂生产科科长,铜陵市无线电元件一厂副厂长,安徽铜峰电子(集团)公司副总经理。现任本公司董事、总经理。

常荣卿先生:58 岁,大学文化,高级工程师。曾任交通部上海船舶运输科研所工 程师,安徽铜陵市无线电元件二厂副厂长,安徽铜峰电子(集团)公司副总经理,荣获"国家级有突出贡献的中青年专家"称号。现任本公司董事,公司所属安徽省电子基础材料及元器件工程技术研究中心主任,安徽铜峰电子(集团)公司副总经理。

贺师德先生:53 岁,大专文化,经济师。曾任国营 4524 厂车间主任、厂办主任、副厂长,青阳县副县长,安徽铜峰电子(集团)公司副总经理。现为本公司董事,安徽 铜峰电子(集团)公司工会主席。

王晓云先生:37 岁,大学文化,工程师。曾任安徽铜峰电子(集团)公司电容薄膜 厂生产部经理,副厂长兼拉膜车间主任、厂长。现任本公司董事、公司所属电容器用薄膜分公司经理。

王守信先生:45 岁,大专文化,经济师。曾任铜陵市无线电元件二厂供应科科长 ,铜陵市薄膜电容总厂销售二科科长,铜陵市薄膜电容总厂、安徽铜峰电子(集团)公司电容薄膜厂副厂长,铜陵威斯康电子材料有限公司副总经理。现任本公司董事、公司所属销售分公司经理。

徐印琪先生:50 岁,大专文化,经济师。曾任铜陵有色公司彩印厂厂长,铜陵市 财政局科长。现任本公司董事、铜陵市国有资产运营中心主任。

戴先平先生:45 岁,大专文化,高级会计师。曾任铜陵市建委会计,铜陵市财政 局副科长、科长,铜陵市国有资产管理处处长。现任本公司董事、铜陵市国有资产运营中心副主任。

李立先生:36 岁,MBA 硕士,高级工程师。曾任中国新时代控股(集团)公司投资部副经理、总经理助理。现任本公司董事、中国新时代控股(集团)公司副总经理。

姜灏先生:32 岁,大学文化,会计师。曾任北京土地矿业技术开发公司会计。现 任本公司董事、中国新时代控股(集团)公司投资部助理。

方雅君女士:46 岁,大专文化,政工师。曾任铜陵市无线电厂工会主席,铜陵市 薄膜电容总厂纪委副书记,安徽铜峰电子(集团)公司纪委副书记。现任本公司监事会主席、安徽铜峰电子(集团)公司党委副书记、纪委书记。

严永旺先生:46 岁,初中文化,会计师。曾任铜陵市无线电元件二厂、市薄膜电 容总厂、安徽铜峰电子(集团)公司、安徽铜峰电子股份有限公司财务科会计、主办会计,法规处副主任。现任本公司监事、安徽铜峰电子(集团)公司财务处处长。

钱玉胜先生:30 岁,大专文化,会计师。曾在原铜陵市无线电元件二厂,市薄膜 电容总厂,安徽铜峰电子(集团)公司工作。现任本公司监事、公司所属电容器用薄膜分公司综合科副科长。

汤志超先生:30 岁,中专文化,会计师。现任本公司监事、铜陵市国有资产运营 中心干事。

何铁先生:36 岁,大学文化,工程师。曾在北京中级人民法院工作。现任本公司 监事、中国新时代控股(集团)公司投资部职员。

颜世明先生:48 岁,大专文化,经济师。曾任铜陵市第一建筑公司二队党支部书 记,铜陵市建材生产管理公司团委副书记,铜陵市建设制砖厂副厂长,铜陵市水泥厂党总支副书记,铜陵市无线电元件二厂厂长助理,铜陵市薄膜电容总厂党支部副书记、副厂长。现任本公司副总经理。

周小平先生:31 岁,大学文化,工程师。曾任薄膜电容总厂全面质量管理办公室 技术员,安徽铜峰(电子)集团公司技术改造办公室工程师,本公司项目指挥部财务副组长。现任本公司董事会秘书,证券部经理。

方大明先生:33 岁,大专文化,会计师。曾任铜陵市纺织局二服厂财务科科长,铜陵市薄膜电容总厂财会结算中心负责人,安徽铜峰电子(集团)公司财务处副处长,本公司财务部经理。现任本公司财务主管,副总会计师。

注:本公司首届董事会、监事会任期将满三年,鉴于本公司正在申请公开发行社 会公众股,根据 1999 年 5 月 28 日第五次股东年会决议,为保持公司董事会、监事会工 作的延续性,决定暂不进行换届选举,将换届工作延至社会公众股发行后召开的股东大会进行。

(二)本公司董事、监事及高级管理人员持股状况

本公司董事、监事及高级管理人员均未持有本公司股票。

六、公司设立

本公司是安徽省人民政府以皖府股字[1996] 第 008 号批准,由铜峰集团公司作为主发起人,联合铜陵市国有资产运营中心、中国新时代控股(集团)公司、中国电子进出口安徽公司、铜陵市电子物资器材公司四家单位,以发起方式组建的股份有限公司,注册资本为 6000 万元,成立时间 1996 年 8 月 8 日。

本公司 1999 年 3 月 5 日召开了第四次股东大会审议并通过了本公司本次公开发行的股票在上海证券交易所上市等决议。

经中国证监会证监发行字[2000]54 号文批准,本公司已于 2000 年 5 月 12 日至 5 月 13 日成功

地向社会公开发行了每股面值 1.00 元的人民币普通股股票 4,000 万股，其中向二级市场投资者配售 2,000 万股，向一般投资者上网发行 2,000 万股。

2000 年 5 月 25 日，本公司已在安徽省工商行政管理局办理了工商变更登记手续，注册资本为人民币 10,000 万元，注册地址为安徽省铜陵市石城路 168 号，法定代表人:陈升斌，营业执照注册号码为:3400001300116。

七、关联企业

(一)关联企业

1.存在控制关系的关联企业

铜峰集团公司是始建于 1975 年的国有大型一档企业，注册资本 9006.5 万元，主要从事薄膜电容器、金属化膜、电容器用薄膜制造，五金交电、仪器仪表、电子器件等的制造和销售，目前持有本公司 76.83%的股份，为本公司控股股东。

2.不存在控制关系的关联企业:

单位名称	注册资本	与本企业关系
铜陵市国有资产运营中心	6000 万元	持有本公司 12%股份的股东
中国新时代控股(集团)公司	14000 万元	持有本公司 10%股份的股东
中国电子进出口安徽公司	259 万元	持有本公司 0.83%股份的股东
铜陵市电子物资器材公司	150 万元	持有本公司 0.34%股份的股东
安徽裕陵电子有限公司	30 万美元	铜峰集团公司参股公司
安徽华通电子电讯有限公司	21 万美元	铜峰集团公司控股公司

八、股本结构及大股东持股情况

(一)本次上市前本公司股本结构为:

股份类别	股份数(万股)	占总股本比例(%)
未流通股份	6000	60.00
其中:国家股	720	7.20
国有法人股	5280	52.80
可流通股份	4000	40.00
社会公众股	4000	40.00
总股本	10000	100.00

2、本次发行后，本公司前十位股东所持股数及比例

序号	股 东 名 称	持股数(股)	持股比例(%)
1	安徽省铜峰电子(集团)公司	46,089,000	46.10
2	铜陵市国有资产运营中心	7,200,000	7.20
3	中国新时代控股(集团)公司	6,000,000	6.00
4	中国电子进出口安徽公司	498,000	0.50
5	安徽省证券公司	326,964	0.33
6	铜陵市电子物资器材公司	204,000	0.20
7	国通证券	165,000	0.17
8	长江证券	108,000	0.11
9	国信证券	67,000	0.07
10	江苏证券	65,000	0.07

九、公司财务会计资料

本公司截止 1999 年 12 月 31 日的财务状况，已于 2000 年 5 月 10 日在《中国证券报》和《上海证券报》、《证券时报》刊登的《招股说明书概要》中进行了详细的披露。因与本公告间隔时间较短，本公告不再重述。本公告只公布财务报表、主要项目附注及财务指标，欲了解其他内容，请查阅上述报纸或到本公司公告的查阅地址查阅本公司《招股说明书》。

(一)主要财务指标表

项　目	1999.12.31	1998.12.31	1997.12.31
资产负债率(%)	65.93	69.31	70.57
应收帐款周转率(%)	212.59	181.40	152.20
存货周转率(%)	175.13	161.03	137.27
净资产收益率(%)	19.41	21.71	18.99
每股净利(元)	0.39	0.35	0.24
流动比率	1.06	1.25	1.14
速动比率	0.63	0.80	0.71

(注:每股净利是以发行前总股本 6000 万计)

(二)会计报表附后。

(三)主要项目附注

十、董事会上市承诺

本公司董事会将严格遵守《中华人民共和国公司法》、《中华人民共和国证券法》、《股票发行与交易管理暂行条例》、《公开发行股票公司信息披露实施细则（试行)》、《上海证券交易所交易规则》和国家其它有关法律、法规的规定，并自本公司股票上市之日起作出如下承诺:

(一)按照法律、法规的规定程序和要求披露重大的信息，并接受证券主管机关、上海证券交易所的监督管理。

(二)及时、真实、准确地公布中期报告和年度报告，并备置于规定场所供投资者查阅。

(三)本公司董事、监事及高级管理人员如发生人事变动或持本公司股票发生变化时，按有关规定报告证券主管机关、上海证券交易所并进行披露。

(四)在任何公共传播媒介中出现的消息可能对本公司股票的市场价格产生误导性影响时，本公司知悉后将及时对该消息予以公开澄清。

(五)本公司董事、监事及高级管理人员将认真听取社会公众的意见和批评，不利用已获得的内幕消息和其他不正当手段直接或间接从事股票买卖活动。

(六)本公司没有无记录负债。

十一、重要事项揭示

1、根据安徽华普会计师事务所出具的审字[2000]006 号《盈利预测审核报告》，本公司 2000 年度预测实现利润总额 34,227,975.91 元，净利润 22,146,967.99 元，每股全面摊薄 0.22 元。

2、截止本上市公告书刊登之日，本公司不存在任何重大诉讼和仲裁，本公司董 事会成员及高级管理人员未受到任何刑事起诉。

3、根据本公司第六次股(临时)决议，社会公众股发行时，滚存利润由新老股东共同享有。

十二、备查文件

(一)招股说明书；　(二)审计报告；　(三)验资报告；　(四)资产评估报告；
(五)盈利预测审核报告；　(六)中国证监会批准本公司公开发行股票的文件；
(七)上海证券交易所上市通知书；　(八)营业执照；　(九)公司章程；　(十)其他文件。

十三、咨询机构

1、发行人

名 称:安徽铜峰电子股份有限公司　法定代表人:陈升斌
地 址:安徽省铜陵市石城路 168 号　电 话:0562-2819178,2819186
传 真:0562-2831965　联 系 人:周小平 方大明 张学炎

2、上市推荐人:

名 称:北京证券有限责任公司　法定代表人:卢克群
地 址:北京市西城区阜成门外大街 2 号万通新世界广场 B-12 层
电 话:010-68587832,68581166-8799　传 真:010-68587832　联 系 人:王军辉 王锴

名 称:光大证券有限责任公司
法定代表人:刘明康蕖　〉?址:上海市浦东新区浦东南路 528 号上海证券大厦南塔 15 层
电 话:021-68816000-1542　传 真:021-68815112　联 系 人:何忠伟 黄文强

安徽铜峰电子股份有限公司　2000 年 6 月 3 日

资产负债表

编制单位:安徽铜峰电子股份有限公司(母公司)　单位:人民币元

资　产	1999 年 12 月 31 日	1998 年 12 月 31 日	1997 年 12 月 31 日
流动资产:			
货币资金	6231985.01	4088282.84	3775129.94
短期投资	11690.00	11690.00	49590.00
减:短期投资跌价准备			
短期投资净额	11690.00	11690.00	49590.00
应收票据	5890000.00	1735030.22	-
应收股利			
应收利息			
应收帐款	49992794.33	44220504.25	34490769.28
其他应收款	14292562.42	31015550.98	29430769.28
减:坏帐准备	3177120.26	3001855.01	2239179.92
应收帐款净额	61108236.49	72234200.22	61682220.86
预付帐款	12938576.94	2861072.32	4129239.52
应收补贴款		217846.57	
存货	51915863.90	45889880.94	36167501.69
减:存货跌价准备	2802024.99	1952377.59	461276.97
存货净额	49113838.91	43937503.35	35706224.72
待摊费用	-	471842.84	632321.74
待处理流动资产净损失			
一年内到期的长期债券投资			
其他流动资产			
流动资产合计	135294327.35	125557468.36	105974726.78
长期投资:			
长期股权投资	11444426.70	12536608.03	10951052.04
长期债券投资			
长期投资合计	11444426.70	12536608.03	10951052.04
减:长期投资减值准备			
长期投资净额	11444426.70	12536608.03	10951052.04
固定资产:			
固定资产原价	228155530.77	82137490.26	81365017.26
减:累计折旧	45878365.94	33680534.64	28534546.43
固定资产净值	182277164.83	48456955.62	52830470.83
工程物资			
在建工程	8425305.96	108160437.69	77484956.69
固定资产清理			
待处理固定资产净损失			
固定资产合计	190702470.79	156617393.31	130315427.52
无形资产及其他资产:			
无形资产			
开办费			
长期待摊费用			
其他长期资产			
无形资产及其他资产合计			
递延税项:			
递延税项借项			
资产总计	337441224.84	294711469.70	247241206.34
负债及股东权益			
流动负债:			
短期借款	45268063.50	34268063.50	22960000.00
应付票据	7800000.00	4254500.00	6129000.00
应付帐款	29056713.47	23534514.13	25676000.00
预收帐款	3773825.82	3810606.38	12015683.50
代销商品款	-	-	-
应付工资	3837927.17	2928679.35	2905023.35
应付福利费	936671.69	91221.68	168047.75
应付股利	-	-	-
应交税金	5737786.49	7426874.79	5817337.42
其他应交款	179440.03	73960.80	10331.72
其他应付款	5455869.49	5348721.41	5695988.04
预提费用	4121527.43	11900000.00	1114770.58
一年内到期的长期负债	19898701.19	11900000.00	5300000.00
其他流动负债	-	-	-
流动负债合计	126066606.28	95819085.13	87792182.46
长期负债:			
长期借款	89987401.44	98695872.07	80317901.54
应付债券	-	-	-
长期应付款	-	-	-
住房周转金	191944.89	2530212.90	2669990.48
其他长期负债	-	-	-
长期负债合计	90179346.33	101226084.97	82987892.02
递延税款:			
递延税款贷项			
负债合计	216245952.61	197045170.10	170780074.48
股东权益:			
股本	60000000.00	60000000.00	60000000.00
资本公积	-190985.67	-190985.67	-190985.67
盈余公积	30693128.96	18928642.64	8326058.76
其中:公益金	3069312.90	1982864.27	832605.88
未分配利润	30693128.96	18928642.64	8326058.77
股东权益合计	121195272.23	97666299.60	76461131.86
负债及股东权益总计	337441224.84	294711469.70	247241206.34

海南椰岛股份有限公司

(一)公司简介

1、公司法定名称
中文名称:海南椰岛股份有限公司
英文名称:HAINAN YEDAO CO.,LTD.
2、公司法定代表人:张春昌
3、公司董事会秘书
姓名:王光新
联系地址:海南省海口市世界贸易中心 F 楼 1101 房
电话:0898-8520319 传真:0898-8520319
电子信箱(E-mail):hnydlgj@hg.cninfo.net
4、公司地址
注册地址:海南省海口市龙华路 43 号
办公地址:海南省海口市世界贸易中心 F 楼 1101 房
邮政编码:570125
公司国际互联网网址:http://www.yedao.com
电子信箱(E-mail):hnydlgj@hg.cninfo.net
5、公司选定的信息披露报纸名称
《中国证券报》和《上海证券报》
登载公司年度报告的指定国际互联网网址
http://www.sse.com.cn
公司年度报告备置地点: 公司证券部
6、公司股票上市交易所:上海证券交易所
股票简称:海南椰岛股票代码:600238

(二)会计数据和业务数据摘要

1、公司本年度实现的主要会计数据和业务数据

利润总额	2913.55 万元
净利润	2633.56 万元
扣除非经常性损益后的净利润	1726.71 万元
主营业务利润	4447.40 万元
其他业务利润	0.00 万元
营业利润	2006.71 万元
投资收益	0.00 万元
补贴收入	879.30 万元
营业外收支净额	27.55 万元
经营活动产生的现金流量净额	-10060.22 万元
现金及现金等价物净增加额	7912.29 万元

2、截至报告期末公司前三年的主要会计数据和财务指标
(1)四项计提追溯调整后

单位:元

项　目	1999-12-31	1998-12-31	1997-12-31
主营业务收入	115,236,926.11	97,473,220.21	77,539,782.90
净利润	26,335,573.09	22,627,293.70	21,789,408.11
总资产	474.929,444.16	265,689,366.33	244,406,594.67
股东权益 *	358,982,778.93	138,896,703.35	139,470,546.14
每股收益	0.159	0.195	0.188
按月平均加权法计算的每股收益	0.167	0.195	0.188
扣除非经常性损益后的每股收益	0.104	0.189	0.132
每股净资产	2.16	1.20	1.20
调整后的每股净资产	2.119	1.078	1.145
每股经营活动产生的现金流量净额	-0.60	0.059	
净资产收益率	7.35%	16.29%	15.62%

* 不含少数股东权益

4、报告期内,本公司股东权益变动情况及变化原因如下(单位:万股、万元):

项　目	股本	资本公积	盈余公积	法定公益金	未分配利润	股东权益合计
期初数	11600	828.10	1050.30	350.10	411.10	13889.70
本期增加	5000	14375.10	392.70	130.80	2241.00	22008.60
本期减少						
期末数	16600	15203.20	1443.00	480.90	2652.10	35898.30
变动原因	A 股发行	A 股发行	按比例计提	按比例计提	新增利润	A 股发行及新增利润

(三)股东情况介绍

(1)报告期末本公司共有股东 48455 户,其中国家股股东 1 户,发起法人股股东 4 户,募集法人股股东 113 户,内部职工股股东 3322 户,证券投资基金股东 15 户,其他股东 45000 户。

(2)公司前 10 名股东情况

股东名称	股份类别	年度内股份增减变动	年末持股数量(万股)	比例(%)	是否上市流通	质押或冻结
海口市国有资产经营有限公司	国家股	无变动	4639	39.99	否	★
上海市黄浦区老四川小吃馆	法人股	增加 291.62 万股	694.66	4.18	否	无
海南银海技术咨询有限公司	法人股	无变动	510	3.07	否	无
海口市房地产投资开发公司	法人股	无变动	500	3.01	否	无
中国工商银行海口市分行劳动服务公司	法人股	无变动	400	2.41	否	无
海南华侨投资股份有限公司	法人股	无变动	250	1.51	否	★★
海口市社会保障局	法人股	无变动	180	1.08	否	无
深圳市慧能(集团)有限公司	法人股	无变动	150	0.90	否	无
海口市劳动就业管理局	法人股	无变动	100	0.60	否	无
西藏华西药业集团有限公司	法人股	无变动	85	0.51	否	无

★ 海口市国有资产经营有限公司所持有的国家股中的 2000 万股于 1999 年 2 月 9 日和 1999 年 5 月 27 日因质押而被冻结。

★★ 海南华侨投资股份有限公司所持有的 250 万股法人股于 1999 年 9 月 1 日因质押而被冻结。

云南红河光明股份有限公司

(一) 公司简介

1、公司法定中文名称:云南红河光明股份有限公司
公司中文名称缩写:红河光明
公司法定英文名称:YUNNAN HONGHE GUANGMING CO., LTD.
公司英文名称缩写:HHGM
2、公司法定代表人:王铨先生
3、公司董事会秘书:马宇鹏先生　　授权代表:徐晖先生
联系地址:云南省开远市市西南路 120 号
电话:0873-7123420 传真:0873-7122528
4、公司注册地址:云南省开远市市西南路 120 号
公司办公地址:云南省开远市市西南路 120 号　邮政编码:661600
公司国际互联网网址:http://www.hhguangming.com.cn
电子信箱:hhgm@hhguangming.com.cn
5、公司选定的信息披露报纸名称:《上海证券报》
登载公司年度报告的中国证监会指定国际互联网网址:http://www.sse.com.cn
公司年度报告备置地点:公司证券办
6、公司股票上市交易所:上海证券交易所　股票简称:红河光明　股票代码:600239

(二) 会计数据和业务数据摘要

1、本年度主要利润指标情况(单位:人民币元)

利润总额:	14,218,411.15
净利润:	11,139,240.49
扣除非经常性损益后的净利润:	7,689,837.74
主营业务利润:	13,226,084.00
其它业务利润:	1,322,303.49
营业利润:	8,754,090.16
投资收益:	89,508.95
补贴收入:	3,932,447.64
营业外收支净额:	1,442,364.40
经营活动产生的现金流量净额:	8,091,366.80
现金及现金等价物净增加额:	52,516,549.88

注:扣除的非经常性损益项目和涉及金额:3,449,402.75

A、营业外收支净额项目:	1,196,502.74
(1)新股申购冻结资金利息收入:	686,502.74
(2)呆帐处理收入:	510,000.00
B、补贴收入项目:	2,252,900.01
所得税减免:	2,252,900.01

1、截止报告期末公司前三年主要会计数据和财务指标:(单位:人民币元)

项目	1999 年	1998 年		1997 年	
		调整前	调整后	调整前	调整后
主营业务收入	40,152,495.95	48,941,181.22	48,941,181.22	47,970,578.44	47,970,578.44
净利润	11,139,240.49	11,503,250.17	11,543,830.90	12,035,014.44	8,681,612.43
总资产	188,745,921.29	83,352,316.76	80,100,788.50	86,480,632.29	83,127,230.28
股东权益	168,880,668.12	58,162,272.94	54,849,451.63	55,828,822.77	52,475,420.76
每股收益	0.22	0.38	0.38	0.39	0.28
每股净资产	3.34	1.90	1.79	1.83	1.72
调整后的每股净资产	3.29	1.83	1.72	1.75	1.65
每股经营活动产生的现金流量净额	0.16	0.69	0.61	-	-
净资产收益率(%)	6.60	19.78	21.05	21.56	16.54

调整前的各年度会计数据如下:

项目	1999 年	1998 年	1997 年
坏帐准备	59,515.63	51,679.93	97,677.57
存货跌价准备	-	-	-
未分配利润	19,966,749.77	12,761,954.10	13,365,609.51

调整后的各年度会计数据如下:

项目	1999 年	1998 年	1997 年
坏帐准备	923,760.69	1,726,021.74	2,911,738.60
存货跌价准备	1,435,304.17	1,577,186.45	539,340.98
未分配利润	18,120,776.25	10,323,307.91	10,850,557.98

2、报告期内股东权益变动情况

项目	股本	资本公积	盈余公积	法定公益金	未分配利润	股东权益合计
期初数	30,566,000.00	-	13,960,143.72	2,631,104.76	10,323,307.91	54,849,451.63
本期增加	20,000,000.00	82,891,976.00	3,341,772.15	1,113,924.05	7,797,468.34	114,031,216.49
本期减少	-	-	-	-	-	-
期末数	50,566,000.00	82,891,976.00	17,301,915.87	3,745,028.81	18,120,776.25	168,880,668.12

变动原因:股本变动是由于公司 1999 年 9 月 1 日发行社会公众股 20,000,000 股所致;
资本公积的增加是由于公司 1999 年 9 月 1 日发行新股所致;
盈余公积和法定公益金变动是由于本年度利润提取所致;
未分配利润的变动是因为本年度利润增加和因计提四项准备调整年初利润所致。

(三) 股东情况介绍

3、股东情况介绍:
4、报告期末公司股东总数 13597 户。
(2)公司前十名股东持股情况:(单位:股)

股东名称	年末持股数	占总股本比例	是否上市流通
①开远市国有资产管理局	9912000	19.6%	否
②驻昆解放军化肥厂	7600000	15.0%	否
③开远市建筑安装经营公司	5235000	10.3%	否
④云南省小龙潭煤矿	1800000	3.55%	否
⑤开元基金	615662	1.21%	是
⑥开远市市乡企业开发公司	600000	1.18%	否
⑦刘洲萍	415158	0.82%	是
⑧戴金彪	381815	0.75%	是
⑨刘学良	377983	0.74%	是
⑩开远市恒虹经贸公司	331000	0.65%	否

内蒙古仕奇实业股份有限公司

内蒙古仕奇实业股份有限公司股票上市公告书

一，要 览

总股本:17500 万股　　可流通股本:7500 万股　　本次上市流通股本:4750 万股
股票简称:仁奇实业　　股票代码:600240　上市时间:2000 年 6 月 28 日
上市地点:上海证券交易所
股票登记机构:上海证券中央登记结算公司　　上市推荐人:长城证券有限责任公司

二,绪 言

本上市公告书是根据<<中华人民共和国公司法>>,<<中华人民共和国证券法>>,<<股票发行与交易管理暂行条例>>,<<公开发行股票公司信息披露实施细则>>和<<上海 证券交易所股票上市规则>>等国家有关的现行法律,法规的规定,并按照中国证券监督管理委员会制定的公开发行股票公司信息披露的内容与格式准则第七号<<上市公告书的内容与格式(试行)>>而编制,旨在向投资者提供有关内蒙古仕奇实业股份有限公司(以下简称"本公司")和本次股票上市的基本情况.

经中国证券监督管理委员会证监发行字 [2000]58 号文核准，本公司于 2000 年 5 月 24 日和 29 日分别通过"向法人投资者配售"和"向一般投资者上网定价"的发行方式成功发行 7500 万股,每股面值 1.00 元的人民币普通股,其中向法人投资者配售 3500 万股(包括向主送投资基金成功配售 1500 万股),向一般投资者上网定价发行 4000 万股,每股发行价人民币 8.00 元.经上海证券交易所上证上字[2000]38 号<<上市通知书>>批准,本公司股票将于 2000 年 6 月 28 日起在上海证券交易所挂牌交易.股票简称"仕奇实业",股票代码"600240".本次上市流通股本为上网定价发行的 4000 万股及向证券投资基金配售的 50%即 750 万股,共计 4750 万股,向法人投资者配售的 2000 万股及向证券投资基金配售的 750 万股将于 6 个月后上市流通.

本公司董事会全体成员已批准本上市公告书，并确信本公告书所载资料不存在重大遗漏或者误导,并对其真实性,准确性和完整性负个别和连带的责任.

三,发行公司概况

㈠基本情况

1,发行人名称:内蒙古仕奇实业股份有限公司

英文名称:INNER MONGOLIA SHIQI INDUSTRIAL CO.,LTD.

2,本公司成立日期:1998 年 10 月 9 日 3,注册地点:内蒙古自治区呼和浩特诺和木勒大街 54 号

4,注册资本:17500 万元人民币　　5,法定代表人:于志辉

6,经营范围:　根据本公司章程,本公司经营范围如下:

中高档西装,服装,精纺面料,精梳羊毛毛条销售及研制开发.

7,主要业务

本公司主要从事"仕奇"牌中高档西装,"仕奇"牌精纺面料的生产,销售及精梳羊毛毛条的生产.

㈡公司历史沿革　本公司是经内蒙古自治区人民政府"内政股批字[1998]34 号"文批准,以内蒙古内 蒙古仕厅集团有限责任公司(以下简称"仕厅集团")作为主要发起人,联合呼和浩特市 第一针织厂,呼和浩特市纺织建筑安装工程公司,内蒙古啤酒厂,包头市信托投资公司 共同发起设立的;并已于 1998 年 10 月 9 日经内蒙古自治区工商行政管理局核准登记,注 册资本为 10000 万元,注册号为 1500001700175,注册地址为呼和浩特市诺和木勒大街 54 号.

本公司主要从事中高档西服,精纺面料的加工及精梳羊毛毛条,化纤条的生产销售及科研开发,主要产品为西服,精纺面料和毛条.

仕奇集团投资入本公司的净资产 12804.88 万元,是以 1998 年 6 月 30 日为基准日,经 内蒙古中华会计师事务所对其投入股份公司的资产进行评估并经内蒙古自治区国有资产管理局"内国资企[1998]210 号文"批复折股比例为 1:0.7689,折为 10000 万股,其中: 仕厅集团持有 98.462%,其他四家发起人所持股份均占总股本的 0.3845%.

本次发行前本公司总股本为 10000 万股.经中国证券监督管理委员会证监发行字[2000]58 号文批准,本公司已于 2000 年 5 月 16 日至 6 月 7 日以向法人投资者配售与上网定价发行方式相结合的方式成功地发行了人民币普通股 7500 万股,其中上网定价发行 4000 万股,向法人配售 3500 万股,每股面值 1.00 元,每股发行价 8.00 元.

四,股票发行与承销

㈠本次发行情况

1,本次发行社会公众股 7500 万股,

其中:向一般投资者上网定价 4000 万股,占 53.33%　　向支人投资者配售 3500 万股,占 46.67%

2,发行价格:8.00 元/股 3,发行市盈率:加权平均市盈率为 25.17 倍,全面摊薄市盈率为 29.36 倍

4,发行费用总额:本次股票发行费用为 17322755.6 元.　　5,每股发行费用:0.23 元/股

6,募集资金数量:本次股票发行总市值 6 亿元,扣除发行费用,募集资金净额为 582677244.4 元.

7,发行方式:向法人投资者配售与上网定价发行方式相结合.

8,发行日期:向法人投资者配售 2000 年 5 月 24 日 向一般投资者上网定价 2000 年 5 月 29 日

9,中签率:向一般投资者上网定价　　0.26743081%

10,股东数:本次发行后,本公司共持股东 39826 户,其中持 1000 股以上(含 1000 股) 的股东数为 39286 户.

㈡股票承销 本次发行采用上网定价发行的 4000 万股已被社会公众全额认购, 向法人配售的 3500 万股已配售完毕.

㈢验资报告(摘自内蒙古国正会计师事务所国正发验字[2000]第 9 号验资报告)内 蒙古仕奇实业股份有限公司:我们接受委托,对内蒙古仕奇实业股份有限公司截至 2000 年 6 月 5 日止的注册资本,投入资本变更情况的真实性和合法性进行了审验.在审验过程中,我们按照<<独立审计实务公告第 1 号--验资>>的要求,实施了必要的审验程序.内蒙古仕厅实业股份有限公 司的责任是提供真实,合法,完整的验资资料,保证资产的安全,完整,我们的责任是按 照<<独立审计实务公告第 1 号---验资>>的要求,出具真实,合法的验资报告.

内蒙古仕奇实业股份有限公司变更前的注册资本和投资资本分别为 100000000 元 和 139725092.52 元,内蒙古仕奇实业股份有限公司变更后的注册资本为 175000000 元. 根据我们的审验,截至 2000 年 6 月 5 日止,内蒙古仕奇实业股份有限公司增加注册资本 75000000 元,变更后的投入资本总额为 722516862.29 元, 其中股本 175000000 元, 资本公积 537840617.55 元, 盈余公积 8406422.16 元(其中公益金 4203221.08 元),未分配利润 1269840617.55 元.与上述变更后投入资本总额相关的资产总额为 851499737.56 元,相关负 债总额为 128982875.27 元.

内蒙古国正会计师事务所　　中国注册会计师　张占强
2000 年 6 月 6 日　　中国注册会计师　刘翠枝　中国　呼和浩特

五,董事,监事及高级管理人员简历及持股情况

㈠公司董事,监事和高级管理人员简历

于志辉:40 岁,大学学历,高级经济师.于先生曾先后任呼和浩特西装总厂总经理 助理,西装总厂厂长,呼和浩特市青松新技术投资开发公司营销公司总经理.于先生有 着丰富的企业管理与市场营销经验.现任本公司董事长.

胡英杰,50 岁,大学学历,高级工程师.曾先后任内蒙古第二毛纺厂技术员,车间主 任,内蒙古青鸟纺织有限公司常务副总经理,呼和浩特西装总厂党务副总经理.现任本 公司副董事长.

蒿慧敏:38 岁,大学学历,高级工程师.曾先后在内蒙古第二毛纺织厂,青松制衣有 限公司工作,现任本公司董事,总经理.

刘海峰:35 岁,大学学历,曾任内蒙古青松制衣有限公司信息与宣传工作主管,内蒙古青松制衣有限公司总经理办公室副主任,主任.现任本公司董事兼董事会秘书.

宁凤霞:38 岁,大学学历,高级会计师.曾任内蒙古第二毛纺厂会计,内蒙古青松制 衣有限公司财务总经理,呼和浩特西装总厂总经理助理,资产经营部部长,仕厅集团财 务部经理.现任本公司董事,财务总监兼财务总经理.

朱广军:38 岁,大专学历,先后任建设银行佳木斯支行副科长,科长,建设银行海口 支行科长,海口市第二营业部主任,中国广顺房地产开发公司总经理助理,现任本公司 董事,包头市信托投资公司负责人.

孔宪政:56 岁,大学学历.曾先后任呼和浩特市橡塑机械厂生产副科长,呼和浩特市化工公司生产计划科长,内蒙古啤酒厂筹建处副主任,主任,现任本公司董事,内蒙古啤酒厂厂长.

赛娜:38 岁,经济学硕士.曾任内蒙古第二毛纺织厂团委副书记,内蒙古青松制衣有限公司人事总经理,工会主席,呼和浩特青松新技术投资开发公司常务副总经理.现任 本公司监事会主席仕奇集团常务副总经理.

王彦江:60 岁,大专学历,高级经济师.曾任内蒙古第二毛纺厂办公室主任,政治部 主任,内蒙古第二毛纺厂副厂长.现任本公司监事,内蒙古仕奇集团有限责任公司党委 副书记兼纪检委书记.

郑良:66 岁,中专学历.曾任公安部队学院财务处会计,内蒙古自治区公安总队呼市公安独立大队会计,内蒙古市军分区独立营会计,1969 年转业后 0 历任内蒙古第二毛纺 厂会计,科副科长,内蒙古青松制衣有限公司财务部经理,总会计师等职.现为本公司监事.

㈡公司董事,监事和高级人员持股情况

上述公司董事,监事及高级管理人员均未持有本公司股票,实际股票持有数为零.

六,公司设立

1,本公司是经内蒙古自治区人民政府"内政股批字[1998]34 号"文批准,于 1998 年 10 月 9 日注册成立,注册资本 10000 万元.

2,本公司于 2000 年 5 月 16 日---6 月 7 日向社会公众发行 7500 万股社会公众股,募股 资金已到位,本公司于 2000 年 6 月 12 日进行了工商执照变更登记.

注册资本:17500 万元　　注册地点:呼和浩特市诺和木勒大街 54 号
公司法定代表人:于志辉　　营业执照注册号:1500001700175

七,关联企业及关联交易

(一)关联企业

1,存在控制关系的关联企业

企业名称	注册地址	主营业务	与本企业的关系
仕奇集团	呼和浩特市诺和木勒大街 54 号	羊毛加工,纺织,服装生产销售	母公司
青松公司	呼和浩特市诺和木勒大街 54 号	生产各种服装	子公司
青鸟公司	呼和浩特市诺和木勒大街 48 号	生产各种毛纺织面料	子公司

2,存在控制关系关联方的注册资本及其变化:　　(单位:元)

企业名称	1998 年 12 月 31 日	本期增加数	本期减少数	1999 年 12 月 31 日
仕奇集团	219070000.00			219070000.00
青松公司	(USD)4454267.08			(USD)4454264.08
青鸟公司	(USD)7100000.00			(USD)7100000.00

八,股本结构及大股东持股情况

(一)本次上市前 本公司的股权结构如下:

股份类别	股份数量(万股)	占股本比例(%)
尚未流通股份	10000	57.14
其中:国有法人股	3500	20.00
向法人投资者配售		
已流通股份		
社会公众股	4000	22.86
合计	17500	100

(二)本公司前十名股东持股数及比例

序号	名称	股数(股)	持股比例%
1	内蒙古仕奇集团有限公司	98462116	56.2641
2	基金天元	897267	0.5024
3	基金同盛	879267	0.5024
4	基金裕隆	879267	0.5024
5	基金兴和	879267	0.5024
6	基金汉兴	879267	0.5024
7	基金金鑫	879267	0.5024
8	基金普丰	879267	0.5024
9	基金景福	879267	0.5024
10	基金安顺	879267	0.5024

九,本公司财务会计资料

本公司截止 1999 年 12 月 31 日的财务状况已于 2000 年 5 月 25 日在《中国证券报》,《上海证券报》,《证券时报》上刊登的<<招股说明概要>>中进行了详细的披露.因公告距今时间较短,重复的内容在此不再复述.本公告书只公布本公司主要财务指标,欲了解其他内容,敬请投资者查阅本公司<<招股说明书>>　　主要财务指标

主要财务指标	1999 年	1998 年
流动比率	1.33	1.33
速动比率	0.53	0.57
资产负债率(%)	57.1	56.6
应收帐款周转率(次)	7.84	7.01
存货周转率(次)	0.76	0.85
净资产收益率(%)	25.01	22.99
每股收益(元)	0.35	0.30

广东华龙集团股份有限公司

广东华龙集团股份有限公司股票上市公告书

一、要览

股票简称:华龙集团
股票代码:600242
股本总额:17,402.9825 万股
可流通股本:8,795.98 万股
本次可上市流通股本:6,000 万股
上市地:上海证券交易所
上市日期:2000 年 12 月 7 日
股票登记机构:上海证券中央登记结算公司
上市推荐人:广东证券股份有限公司

二、绪言

本公司上市公告书是根据《中华人民共和国公司法》、《中华人民共和国证券法》、《股票发行与交易管理暂行条例》、《公开发行股票公司信息披露的内容和格式准则》和《上海证券交易所股票上市规则》等国家有关法律、法规的规定,并按照中国证券监督管理委员会制定的公开发行股票公司信息披露的内容与格式准则第七号《上市公告书的内容与格式(试行)》而编制,旨在向投资者提供关于广东华龙集团股份有限公司(以下简称本公司)的基本情况和本次股票上市的有关资料。

经中国证券监督管理委员会证监发行字[2000]153 号文批准,本公司已成功上网定价发行了每股面值 1.00 元的人民币普通股 6,000 万股,每股发行价人民币 5.70 元。

经上海证券交易所上证上字[2000]第 99 号《上市通知书》同意,本公司 6,000 万股人民币普通股将于 2000 年 12 月 7 日 (星期四)起在上海证券交易所上市挂牌交易。股票简称"华龙集团",股票代码"600242"。本公司总股本 17,402.9825 万股,可流通股本 8,795.98 万股,本次上市流通股本为本次向社会公众投资者上网定价发行的 6,000 万股。根据有关规定,本公司 2,795. 98 万股内部职工股将于本次 6,000 万股人民币普通股发行之日起,期满三年后方可上市流通。

本公司已于 2000 年 11 月 17 日在《中国证券报》、《上海证券报》和《证券时报》上刊登了《广东华龙集团股份有限公司招股说明书概要》,距今不足六个月,故与其重复的内容在此不再重复,敬请投资者查阅本公司的《招股说明书概要》。

本公司董事会成员已批准本上市公告书,并确信本上市公告书所载资料不存在任何重大遗漏、虚假陈述或者严重误导,并对其真实性、准确性和完整性负个别及连带责任。

三、发行公司概况

(一)公司概况
发行人名称:广东华龙集团股份有限公司
英文名称:GUANGDONG HUALONG GROUPS LIMITED COMPANY
成立日期:1993 年 6 月 3 日
注册地址:广东省阳江市上坑路七号之一
联系电话:0662—3235645
法人代表:岑长篇
注册资本:17402.9825 万元
经营范围:海洋捕捞、海洋开发与养殖、农业开发与种植、渔船修理、信息技术开发与咨询。
所属行业:农渔业
(二)公司历史沿革

广东华龙集团股份有限公司 1992 年经广东省企业股份制试点联审小组办公室粤联审办[1992]122 号文批准筹建,1993 年 2 月经广东省企业股份制试点联审小组及广东省经济体制改革委员会以粤股审[1993]2 号文批准,由阳江市长发实业公司、阳江市金岛实业开发公司和阳江市龙江冷冻厂三家企业共同发起,以定向募集方式设立。设立时三家发起人分别将经评估确认后的部分经营性净资产按 1:1 折价入股,其中:阳江市长发实业公司投入的经营性资产包括土地使用权、房屋建筑物、机器设备等以及属下企业国阳船排厂和南海渔业发展公司,资产总额评估值为 68,490,411.63 元,负债总额评估值为 38,344,456.30 元,净资产评估值为 30,145,955.33 元,折为发起人股 30,145,956 股。阳江市金岛实业开发公司投入的经营性资产包括货币资金和机械设备等,资产总额评估值为,352,792.58 元,负债总额评估值为 1,300,311.06 元,净资产评估值为 10,025,481.52 元,折为发起人股 10,025,481 股。阳江市龙江冷冻厂投入的经营性资产包括生产车间、仓库等,资产总额评估值为 4,710,145.00 元,负债总额评估值为 4,038,756.85 元,净资产评估值为 671,388.15 元,折为发起人股 671,388 股。

公司设立时,三家发起人分别将部分经营性净资产投入共同发起设立,把食堂、职工宿舍等非经营性资产进行剥离。

公司设立时,三家发起人把与投入资产的生产经营有关人员投入到股份公司,其他人员及离退休人员仍由三家发起人接受。

公司自进行股份制改造以来,充分发挥自身在体制、人才及资源等方面的优势,立足于阳江本地,以市场为导向,积极拓展市场。在短短 7 年的发展中,公司立足于海洋经济开发,业已形成包括海洋渔业、海产品养殖及加工、渔轮补给修理等大规模的海洋经济开发体系,并且在海洋资源开发、农业开发、商贸旅游和实业投资等多元化领域进行具有战略意义的横向拓展,经营状况良好稳定。公司目前拥有阳江市南海渔业发展公司、华龙船排厂、海洋养殖开发分公司、万丰果业开发分公司等多家实业企业。

截止 2000 年 5 月 31 日,本公司总资产 298,651,827.26 元,净资产 180,858, 973.63 元。本公司现有职工 1,360 人。

经中国证券监督管理委员会证监发行字[2000]153 号文批准,公司通过上海证券交易所,于 11 月 21 日以上网定价方式向社会公开发行人民币普通股 6,000 万股,每股面值为 1.00 元,每股发行价格为 5.70 元。发行后,公司总股本为 17,402.9825 万股。

四、股票发行及承销

(一)股票发行情况
1、本次发行社会公众股:6,000 万股
2、发行价格:5.70 元
3、募集资金总额:34,200 万元
4、募集资金总额(扣除发行费用):32,928 万元
5、发行方式:上网定价
6、中签率:0.33956734
7、有效申购户数:733,758 户
8、持 1000 股以上(含 1000 股)的股东数:56,202 户
9、发行费用总额:1,272 万元
10、每股发行费用:0.212 元/股
11、发行市盈率:38.72 倍(全面摊薄)
(二)股票承销
本次公开发行的社会公众股 6,000 万股已全部被投资者认购,承销团无余额包销。
(三)验资报告
1、验资报告(摘自深圳华鹏会计师事务所出具的华鹏验字[2000]356 号)

验 资 报 告

华鹏验字[2000]356 号

广东华龙集团股份有限公司:

我们接受委托,对 贵公司截止 2000 年 11 月 27 日止的实收资本及相关的资产和负债的真实性和合法性进了审验。在审验过程中,我们按照《独立审计实务公告第 1 号——验资》的要求,结合贵公司的具体情况,实施了必要的审验程序。贵公司的责任是提供真实、合法、完整的验资资料,保护资产的安全、完整,我们的责任是按照《独立审计实务公告第 1 号——验资》的要求,出具真实、合法的验资报告。

贵公司申请的注册资本为人民币 174,029,825 元,根据我们的审验, 贵公司是次公开发行股票前的股本为人民币 114,029,825 元, 是次经中国证券监督管理委员会批准向社会公众发行人民币普通股(A 股)60,000,000 股,每股面值人民币 1 元。截止 2000 年 11 月 27 日止,募集资金 342,000,000.00 元,扣除发行费用 12,720, 000
.00 元后净额为 329,280,000.00 元(不含募股资金有效申购利息,该项利息按有关规定处理),其中股本 60,000,000 元、资本公积 269,280,000 元。 连同公开发行股票前股本,发行后累计股本为 174,029,825 元,资本公积为 269,280,000 元。

附件:
一、募集前后注册资本、投入资本对照表
二、验资事项说明

深圳华鹏会计师事务所	中国注册会计师:何佳义
中国　深圳	中国注册会计师:姚　炜
	报告日期:2000 年 11 月 27 日

2、募集资金

本次发行总收入 34,200 万元,扣除支付给券商的承销佣金和上市推荐费 880 万元及支付给上海证券交易所的上网发行手续费 119.7 万元,余款计人民币 332,003,000.00 元,已于 2000 年 11 月 27 日存入中信实业银行广州分行花园支行(帐号:3430183900008582)。

五、董事、监事及高级管理人员简介及持股情况

(一)董事、监事及高级管理人员简介

董事:

岑长篇先生,男,44 岁,中共党员,大专学历,经济师,曾任海军 705 工厂生产计划科长,阳江市经委科员,阳江市工业投资公司总经理,广东华龙集团股份有限公司总经理,现任广东华龙集团股份有限公司董事长兼任阳江市长发实业公司法定代表人。

赖增国先生,男,39 岁,中共党员,大专学历,工程师,曾任空军西安某部雷达工程师、作战参谋,阳江市金岛实业开发公司总经理,广东华龙集团股份有限公司副总经理,现任广东华龙集团股份有限公司副董事长、总经理。

梁战存先生,男,39 岁,本科学历,助理研究员,曾在陕西省社会科学院经济研究所从事经济研究工作,现任广东华龙集团股份有限公司董事、常务副总经理。

阮建先生,男,42 岁,大专学历,曾任阳江市经济技术开发公司职员,广东华龙集团股份有限公司实业部经理,现任广东华龙集团股份有限公司董事、副总经理。

曹世军先生,男,44 岁,中共党员,本科学历,经济师,曾任重庆市中安实业有限公司副董事长,现任广东华龙集团股份有限公司董事。

聂勋涛先生,男,46 岁,中共党员,本科学历,工程师,曾任四川省专利局计划处处长,四川省计算机推广应用办公室主任,现任广东华龙集团股份有限公司董事。

李伟跃先生,男,37 岁,中共党员,本科学历,经济师,曾任湖南省外贸总公司岳阳分公司总经理,湖南省大型中转油库工程建设指挥长,现任广东华龙集团股份有限公司董事。

监事:

叶警东先生,男,64 岁,中共党员,大专学历,曾任阳江市体制改革委员会主任,现任广东华龙集团股份有限公司监事长。

陈必雄先生,男,36 岁,大专学历,助理会计师,曾任阳春锡山钨锡矿财务科长,阳江市长发实业公司总经理助理,现任广东华龙集团股份有限公司监事。

李文绍先生,男,36 岁,本科学历,助理工程师,曾任广东华龙集团股份有限公司办公室主任,现任广东华龙集团股份有限公司监事。

曹美兰女士,女,42 岁,大专学历,助理会计师,现在广东华龙集团股份有限公司财务部工作,现任广东华龙集团股份有限公司监事。

李伍怀先生,男,45 岁,高中学历,工程师,曾任阳江市建阳房地产开发公司总经理,现任广东华龙集团股份有限公司监事。

高级管理人员:

王晓先生,男,39 岁,中共党员,本科学历,曾在四川省科技出版社和蜀兴投资公司工作,现任广东华龙集团股份有限公司董事会秘书。

张学明先生,男,36 岁,大专学历,会计师,曾任陕西省汉中地区建行主管会计,主办科员,现任广东华龙集团股份有限公司财务部经理。

(二)董事、监事及高级管理人员持股情况

姓　名	职务	持股数(股)	占发行前总股本比例(%)
岑长篇	董事长	10,000	0.0088
赖增国	董事、总经理	10,000	0.0088
曹世军	董事	0	0
梁战存	董事、副总经理	0	0
阮　建	董事、副总经理	5,000	0.0044
李伟跃	董事	0	0
聂勋涛	董事	0	0
王　晓	董事会秘书	0	0
叶警东	监事长	0	0
陈必雄	监事	0	0
李文绍	监事	0	0
李伍怀	监事	5,000	0.0044
曹美兰	监事	1,000	0.0009

六、公司设立

广东华龙集团股份有限公司 1992 年经广东省企业股份制试点联审小组办公室以“粤联审办[1992]122 号”文批准筹建，1993 年 2 月 26 日经广东省企业股份制试点联审小组及广东省经济体制改革委员会以“粤股审[1993]2 号”文批准，由阳江市长发实业公司、阳江市金岛实业开发公司和阳江市龙江冷冻厂三家企业共同发起，以
定向募集方式设立的股份有限公司。本公司已于 1993 年 6 月 3 日在阳江市工商行政管理局登记注册，领取注册号为 4417001001119 的企业法人营业执照，公司注册资本为 114029825 元。

1999 年 5 月 31 日，公司召开了股东大会，审议并通过了公开发行股票并上市的决议，并授权董事会办理股票发行和上市的相关事宜。

经中国证券监督管理委员会证监发行字[2000]153 号文批准，公司已于 11 月 21 日成功发行了每股面值 1.00 元的人民币普通股 6,000 万股，本次股票发行后，公司总股本为 17,402.9825 万股。

七、关联企业及关联交易

（一）关联企业及关联关系

1、存在控制关系的关联方

关联方	注册资本	主营业务	持股比例	法定代表人	与本公司的关系
阳江市南海渔业发展公司	800 万元	海洋捕捞、海产品收购	100%	冯远光	全资子公司
阳江市华龙旅游有限公司	485 万元	旅游业	98.56%	李雪梅	控股子公司
四川省昊源诚业科技发展有限公司	448 万元	信息产业技术；网络技术开发；销售电子产品	55%	赖增国	控股子公司

2、不存在控制关系的关联方

关联方	与本公司的关系
阳江市长发实业公司	系本公司第一大股东(非控股)；与本公司同一董事长
阳江市金岛实业开发公司	系本公司第二大股东(非控股)
北京德胜普利特科技发展公司	参股企业
成都宏创科技发展有限责任公司	系四川省昊源诚业科技发展有限公司的第二大股东
上海金尔顿投资发展有限公司	参股企业；本公司系其第二大股东(非控股)，董事会成员
湖南票据咨询挂失报案中心	系北京德胜普利特科技发展公司的子公司

（二）关联交易

本公司与控股子公司之间的关联交易皆已纳入合并会计报表核算；除以上关联交易外，本公司没有其他关联交易；今后本公司发生的关联交易均以市场价格为基础，坚持公开、公平、公正的原则，充分保护公司及全体股东的利益。

（三）避免同业竞争的承诺

各发起人承诺今后不从事、开发任何直接或间接与本公司业务构成同业竞争的业务活动。

八、股本结构及大股东持股情况

（一）本公司上市前股本结构

股份类型	股份(股)	占总股本比例(%)
发起人股		
其中：国有法人股	30,817,344	14.66
境内法人股	10,052,481	8.82
社会法人股	45,200,200	25.97
职工股	27,959,800	16.07
社会公众股	60,000,000	34.48
总股本	174,029,825	100.00

（二）公司前十名股东持股情况

股东名称	持股数(股)	占发行前总股本比例(%)
阳江市长发实业公司	30,145,956	26.44
阳江市金岛实业开发公司	10,052,481	8.82
四川省永成电子系统有限责任公司	4,020,000	3.52
深圳合力达装饰有限公司	3,500,000	3.07
茂名市茂南区南方公司	1,500,000	1.31
阳东县合山城建开发公司	1,320,000	1.16
阳江市东田科技开发有限公司	1,260,000	1.10
珠海市珠澳旅游出租汽车有限公司	1,250,000	1.09
阳东县合山化工助剂厂	1,212,000	1.06
成都英伟商贸公司	1,000,000	0.88

九、公司财务会计资料

本公司截止 2000 年 5 月 31 日的财务资料，已于 2000 年 11 月 17 日分别在《中国证券报》、《上海证券报》和《证券时报》上刊登的《招股说明书概要》中进行了详细的披露。因公告距今时间较短，相同的内容在此不再重复。本公告只公布本公司经审计的财务报表及主要财务指标，欲了解详细内容，请查阅上述报纸或至公告的
《招股说明书》查阅地点查阅。

（一）公司前三年及最近一期的主要财务指标

项目	2000.5.31	1999.12.31	1998.12.31	1997.12.31
流动比率	0.58	0.76	0.81	1.00
速动比率	0.53	0.74	0.76	0.95
资产负债率(%)	37.68	41.29	38.42	35.58
应收帐款周转率(次)	10.89	10.84	8.92	18.09
存货周转率(次)	5.24	15.41	11.51	16.87
净资产收益率(%)	6.54	15.66	13.99	16.64
每股净利润(元)	0.100	0.23	0.175	0.22

（二）会计报表(附后)

（三）会计报表主要项目注释

1.货币资金

项目	1999.12.31				2000.5.31			
	原币		汇价	折合人民币	原币		汇价	折合人民币
现金	RMB	573,889.83		573,889.83	RMB	429,894.61		429,894.61
银行存款	RMB	37,110,757.99		37,110,757.99	RMB	29,028,640.97		29,028,640.97
	HKD	3,339.50	1:1.065	3,556.90	HKD	3,356.15	1:1.065	3,573.55
	USD	54.68	1:8.320	454.98	USD	54.89	1:8.320	456.72
				37,688,659.70				29,462,565.85

2.应收帐款

（1）帐龄分析

帐龄	1999.12.31 金额	比例(%)	2000.5.31 金额	比例(%)
1 年以内	2,117,015.50	40.84	1,649,820.50	100.00
1—2 年	1,118,131.00	21.57		
2—3 年	457,621.00	8.83		
3 年以上	1,491,262.00	28.77		
	5,184,029.50	100.00	1,649,820.50	100.00

(2)本帐户余额中无持有本公司 5%(含 5%)以上股份的股东欠款。

(3) 因公司加大收款力度，已将以前年度欠款逐笔全部收回，形成 2000 年余额之款项均为今年所发生，所以帐龄均为一年以内。

(4)应收帐款中欠款金额前 2 名的明细情况如下：

欠款单位	2000.5.31	帐龄	备注
阳江市天龙经纪公司	1,159,000.00	1 年以内	应收租金
个人船主	490,820.50	1 年以内	应收渔船修理收入

(5)应收帐款 2000 年 5 月 31 日的余额比 1999 年 12 月 31 日的余额减少了 68.17%，系由于回收了主要欠款。

3.其他应收款

(1)帐龄分析

帐龄	1999.12.31 金额	比例(%)	2000.5.31 金额	比例(%)
1 年以内	25,166,584.25	80.45	5,382,235.87	39.84
1—2 年	5,379,797.48	17.20	3,006,312.91	22.25
2—3 年	10,000.00	0.03	4,693,823.00	34.74
3 年以上	725,048.80	2.23	428,748.80	3.17
	31,281,430.53	100.00	13,511,120.58	100.00

(2)本帐户余额中无持有本公司 5%(含 5%)以上股份的股东欠款。

(3)其他应收款中欠款金额前 5 名的明细情况如下：

欠款单位	2000.5.31	帐龄	备注
阳江市陵岛粤海渔需部	4,495,000.00*	1-2 年	购渔船设备款
上市费用	1,368,479.48	1 年以内	筹建上市之费用
成都市宏源网络工程有限公司	631,772.00	1 年以内	暂借工程款
湖南票证咨询挂失报案中心	501,350.00	1 年以内	暂借工程款
阳江市华南实业投资公司	500,000.00	1 年以内	购渔具及海产品款

* 系本公司与阳江市陵岛粤海渔需部协议取消船用设备采购合同而应收回的预付设备款。该款项正在依约分期回收。

(4)其他应收款 2000 年 5 月 31 日的余额比 1999 年 12 月 31 日的余额减少了 56. 81%，系由于回收了主要欠款。

4.坏帐准备

项目	应收款项 1999.12.31	应收款项 2000.5.31	坏帐准备 1999.12.31	坏帐准备 2000.5.31
应收帐款	5,184,029.50	1,649,820.50	612,557.72	49,494.62
其他应收款	31,281,430.53	13,511,120.58	2,166,502.04	909,789.67
	36,465,460.03	15,160,941.08	2,779,059.76	959,284.29

坏帐准备 2000 年 5 月 31 日的余额较 1999 年 12 月 31 日的余额减少 65.48%，系由于回收了主要的应收帐款及其他应收款，致按比例计提的坏帐准备减少。

5.预付帐款

帐龄	1999.12.31 金额	比例(%)	2000.5.31 金额	比例(%)
1 年以内	8,000,000.00	100	5,960,000.00	100

6.存货

项目	1999.12.31	2000.5.31
原材料	2,417,822.48	5,371,832.52
库存商品	1,944.00	43,092.34
低值易耗品	479,746.00	—
	2,899,512.48	5,414,924.86

存货 2000 年 5 月 31 日的余额较 1999 年 12 月 31 日的余额增加 86.75%，系由于为生产的购货增加。

本集团在相关期间内未发生存货跌价损失，故未计提存货跌价准备。

7.待摊费用

类别	2000.1.1	本期增加	本期摊销	2000.5.31
车辆保险费	12,750.00	—	12,750.00	—
网具	620,000.00	—	258,333.30	361,666.70
酒店装修费	—	92,133.12	7,700.00	84,433.12
租赁费	—	176,234.35	8,550.00	167,684.35
	632,750.00	268,367.47	287,333.30	613,784.17

8.长期股权投资

被投资单位名称	持股比例	投资期限	原始投资额	2000.1.1	本期增加	本期减少	2000.5.31
(1)投资成本							
上海金尔顿投资发展有限公司	11.77%	15 年	10,000,000.00	10,000,000.00	—	—	10,000,000.00
北京德胜普利特科技发展公司	30.00%	20 年	3,144,000.00	5,557,575.75	1,265,677.66	—	6,823,253.41
			13,144,000.00	15,557,575.75	1,265,677.66	—	16,823,253.41
(2)股权投资差额							
北京德胜普利特科技发展公司*			10,206,000.00	9,639,000.00	—	236,250.00	9,402,750.00
			23,350,000.00	25,196,575.75	1,265,677.66	236,250.00	26,226,003.41

*本公司对其参股企业——北京德胜普利特科技发展公司投资成本与其在该公司所有者权益中所占份额的差额 10,206,000.00 元，设置“长期股权投资—股权投资差额”明细帐项核算，并依约自 1999 年 1 月 1 日起分 18 年摊销，截止 2000 年 5 月 31 日剩余摊销期限 16 年又 7 个月。

本集团在相关会计期间内未发生长期投资减值损失，故未计提长期投资跌价准备。

9.固定资产及累计折旧

项目	2000.1.1	本期增加	本期摊销	2000.5.31
原价				
房屋及建筑物	53,876,317.68	20,179,714.02	73,892.24	73,982,139.46*
机器设备	24,183,283.01	4,450.00	—	24,187,733.01
电子设备	3,188,605.30	5,430.00	—	3,194,035.30
运输设备	7,558,333.36	—	530,000.00	7,028,333.36
其他设备	277,074.20	5,400.00	—	282,474.20
经济林木	618,126.72	—	—	618,126.72
	89,701,740.27	20,194,994.02	603,892.24	109,292,842.05
累计折旧				
房屋及建筑物	8,941,161.25	822,235.17	—	9,763,396.42

机器设备	11,328,528.39	758,340.02	—	12,086,868.41
电子设备	1,042,858.86	53,841.07	—	1,096,699.93
运输设备	1,906,635.56	257,626.35	434,054.81	1,730,207.10
其他设备	161,403.79	50,032.91	—	211,436.70
经济林木	—	—	—	—
	23,380,587.85	1,942,075.52	434,054.81	24,888,608.56
固定资产净值	66,321,152.42			84,404,233.49

＊截止 2000 年 5 月 31 日，本公司以原价计 18,714,325.58 元的金沙湾房产作为本公司向银行借款的抵押物。

10.在建工程

工程名称	预　算	2000.1.1	本期增加	本期减少	2000.5.31	资金来源	项目进度(%)
筑堤工程	1,750,231.78	1,752,680.23	—	1,752,680.23	—	借款	已完工
其中:资本化利		164,651.94	—	164,651.94	—		
筑堤工程	2,022,266.98	—	700,000.00	—	700,000.00	自筹	34
海洋提围	5,946,630.40	2,009,696.97	1,000,000.00	—	3,009,696.97	自筹	51
华龙大道	8,007,392.44	7,000,000.00	—	—	7,000,000.00		80
混养项目一期	5,268,316.86	5,000,000.00	1,931,983.05	6,931,983.05	—	借款	已完工
其中:资本化利息	170,000.00	—	170,000.00	—			
混养项目二期	7,036,655.62	—	5,994,964.15	2,994,964.15	3,000,000.00	自筹	85
高位池工程	12,984,813.15	1,293,151.86	8,655,505.00	8,500,086.59	1,448,570.27	借款	76
其中:利息资本化		138,621.40	—	138,621.40	—		
DDN 专线设备	4,546,493.00	3,542,739.22	882,489.55	—	4,425,228.77	自筹	95
潮排山商住楼	17,940,966.47	6,196,747.45	—	—	6,196,747.45	自筹	60
金沙湾新综合楼＊	60,033,388.00	27,562,604.41	—	—	27,562,604.41	自筹	60
金沙湾酒店旅业	200,000.00	200,000.00	—	—	200,000.00	自筹	基本完工 楼装修
果树抚育工程	7,829,474.88	4,195,028.03	2,221,061.61	—	6,416,089.64	自筹	82
双山岛人工鱼礁	7,882,600.60	—	6,000,000.00	—	6,000,000.00	自筹	76
旅游(一期)工程	141,449,229.21	58,752,648.17	30,886,003.36	20,179,714.02	69,458,937.51		

＊该项在建工程已作为本公司向银行借款的抵押物。

17.应交税金

税　种	1999.12.31	2000.5.31
营业税	452,186.66	185,698.60
印花税	114,359.76	114,359.76
增值税＊	1,844,913.52	2,624,206.02
企业所得税	2,617,348.73	1,982,125.20
城市维护建设税	109,261.10	47,552.62
	5,138,069.77	4,953,942.20

＊2000 年 6 月 5 日，阳江市国家税务局同意本公司缓交 1999 年度及 2000 年 1-4 月增值税，同意延至 2000 年 8 月 25 日前缴清；2000 年 8 月 17 日，经阳江市国家税务局批准本公司缓交 1999 年度及 2000 年 1-4 月增值税，同意延至 2000 年 11 月 25 日前缴清。

18.其他应交款

项　目	1999.12.31	2000.5.31
教育费附加	64,583.74	25,275.57
其他	80.08	
合计	64,663.82	25,275.57

19.其他应付款

(1) 帐龄分析

	1999.12.31		2000.5.31	
帐龄	金额	比例(%)	金额	比例(%)
1 年以内	2,841,600.63	52.00	5,557,949.80	79.29
1—2 年	488,440.63	9.00	170,537.18	2.43
2—3 年	4,800.00	0.01	57,670.00	0.82
3 年以上	2,073,699.24	38.99	1,223,133.33	17.46
	5,408,540.50	100.00	7,009,290.31	100.00

(2)本帐户余额中无应付持有本公司 5%(含 5%)以上股份的股东的款项。

(3)其他应付款中金额前 5 名的明细情况如下：

债权单位	2000.5.31	帐龄	备　注
广州龙海房地产公司	2,000,000.00	1 年以内	代收款
胡振珊	1,190,000.00	1 年以内	代收款
职工保证金	1,050,000.00	3 年以上	住房集资款
成都三强房地产发展有限公司	859,002.00	1 年以内	购房款
成都宏创科技发展有限责任公司	369,000.00	1 年以内	代垫款

20.预提费用

项　目	1999.12.31	2000.5.31
租金	57,447.00	102,521.00
DDN 线路费	74,200.00	8,540.00
旅游团费		276,622.00
	131,647.00	387,683.00

24.股本

	1997.1.1	本次变动增减 配股	送股	公积金转股	其他	小计	2000.5.31
一、未上市流通股份：							
1.发起人股份	40,869,825.00	—	—	—	—	—	40,869,825.00
其中:国有法人股	30,817,344.00	—	—	—	—	—	30,817,344.00
一般法人股	10,052,481.00	—	—	—	—	—	10,052,481.00
2.定向募集法人股	45,200,200.00	—	—	—	—	—	45,200,200.00
3.内部职工股	27,959,800.00	—	—	—	—	—	27,959,800.00
尚未流通股份合计	114,029,825.00	—	—	—	—	—	114,029,825.00
二、已上市流通股份：	—	—	—	—	—	—	—
已上市流通股份							
股份总数	114,029,825.00	—	—	—	—	—	114,029,825.00

以上股本业经阳江市审计师事务所阳审师验字[1993]124 号《验资报告》审验。

25.盈余公积

项　目	2000.5.31	1999.12.31	1998.12.31	1997.12.31
法定盈余公积	9,603,700.62	9,603,700.62	6,956,534.38	4,961,507.38
公益金	9,603,700.62	9,603,700.62	6,956,534.38	4,961,507.38
	19,207,401.24	19,207,401.24	13,913,068.76	9,923,014.76

26.未分配利润

项　目	2000.5.31	1999.12.31	1998.12.31	1997.12.31
年(期)初未分配利润	35,789,604.97	14,612,275.04	27,152,059.00	7,032,104.17
加:本年(期)净利润	11,832,142.42	26,471,662.41	19,950,270.04	25,149,943.53
减:提取法定盈余公积	—	2,647,166.24	1,995,027.00	2,514,994.35
提取法定公益金	—	2,647,166.24	1,995,027.00	2,514,994.35
应付股利	—		28,500,000.00	
年(期)末未分配利润	47,621,747.39	35,789,604.97	14,612,275.04	27,152,059.00

27.主营业务收入

类　别	2000 年 1-5 月	1999 年度	1998 年度	1997 年度
海洋养殖业	7,579,620.00	23,531,841.10	14,977,816.93	12,205,943.90
海洋捕捞业	13,207,205.00	30,454,078.00	29,524,589.00	30,006,194.55
渔船修理业	13,411,202.50	31,402,027.98	29,858,303.21	28,694,678.66
旅游业	2,701,999.65	5,486,870.59	4,450,718.34	3,984,232.41
其他	312,000.00	46,150.00	—	6,034,000.00
	37,212,027.15	90,920,967.67	78,811,427.48	80,925,049.52

28.主营业务税金及附加

类　别	2000 年 1-5 月	1999 年度	1998 年度	1997 年度
营业税	94,350.08	178,080.40	222,280.83	506,821.39
城市维护建设税	46,598.14	107,607.31	107,026.02	123,420.18
教育费附加	26,826.67	62,427.39	61,548.23	71,992.68
农业特产税	—	3,000.00	19,000.00	30,000.00
其他	1,353.37	101.53	—	—
	169,128.26	351,216.63	409,855.08	732,234.25

29.其他业务利润

项　目	2000 年 1-5 月	1999 年度	1998 年度	1997 年度
租赁收入＊	3,074,834.00	7,311,180.00	6,810,000.00	6,470,000.00
减:租赁支出	866,604.14	2,226,668.15	2,135,501.45	2,140,104.21
	2,208,229.86	5,084,511.85	4,674,498.55	4,329,895.79

＊ 如附注一所述，系出租经营金沙湾大酒店及冷库(项目)资产之租赁收入。

(1) 公司将金沙湾大酒店的实物资产出租给阳江天龙经纪公司，按双方签定之协议，出租期限为一九九七年一月一日至二零零一年十二月三十一日共五年，租金约定如下。

(2)公司将冷库(项目)的资产出租给个人钟志梧，按双方签定之协议，出租期限为一九九六年一月一日至二零零零年十二月三十一日共五年，租金约定如下。

	2000 年 1-5 月	1999 年度	1998 年度	1997 年度
金沙湾大酒店	1,979,000.00	4,560,000.00	4,380,000.00	4,140,000.00
冷库(项目)资产	1,095,834.00	2,530,000.00	2,430,000.00	2,330,000.00
合计	3,074,834.00	7,090,000.00	6,810,000.00	6,470,000.00

(3)冷库出租给个体专业经营者钟志梧，原因是：该承租人较长期地从事海产品冷冻业务工作，有较高的冷冻业务技能和管理水平，且以前有较好的同业经营业绩，故而能保证冷库出租资产的目标利润能如期完成。

30.财务费用

类　别	2000 年 1-5 月	1999 年度	1998 年度	1997 年度
利息支出	2,034,966.26	5,014,707.60	3,025,629.81	1,496,568.57
减:利息收入	40,959.10	249,360.46	163,124.20	61,593.65
汇兑损失	—	3,941.58	—	—
减:汇兑收益	—	—	—	—
其　他	1,874.55	5,115.50	101,665.11	3,213.32
	1,995,881.71	4,774,404.22	2,964,170.72	1,438,188.24

十、董事会上市承诺

本公司董事会将严格遵守《中华人民共和国公司法》、《中华人民共和国证券法》、《证券发行与交易管理暂行条例》、《公开发行股票公司信息披露实施细则》、《上海证券交易所股票上市规则》和国家其它法律、法规的规定，并自本公司股票上市之日起作出如下承诺：

1、按照法律、法规的规定程序和要求披露重大的信息，并接受证券主管机关、上海证券交易所的监督管理。

2、及时、真实、准确地公布中期报告和年度报告，并备置于规定场所提供投资者查阅。

3、本公司董事、监事及高级管理人员如发生人事变动或持本公司股票发生变化时，按有关规定报告证券主管机关、上海证券交易所并进行披露。

4、在任何公共传播媒介中出现的消息可能对本公司股票的市场价格产生误导性影响时，本公司知悉后将及时对该消息予以公开澄清。

5、本公司董事、监事及高级管理人员将认真听取社会公众的意见和批评，不利用已获得的内幕消息和其他不正当手段直接或间接从事股票买卖活动。

6、本公司没有无记录负债。

依据 2000 年 5 月 1 日起实施的《上海证券交易所股票上市规则》(2000 年修订本)，本公司全体董事、监事将按照有关规定，在本公司股票上市后两个月内签署《董事(监事)声明及承诺书》并送达上海证券交易所备案。

十一、重要事项提示

1、本次上市流通股份为上网定价方式向社会公众公开发行的 6,000 万股人民币普通股。根据有关规定，本公司 2,795.98 万股内部职工股将于本次 6,000 万股人民币普通股发行之日起，期满三年后方可上市流通。

2、根据公司 1999 年度股东大会决议，1999 年度暂不分配，公司 1999 年末分配利润 35,789,604.97 元及 2000 年度后实现的利润，由新老股东共享。本公司在本次发行后的预计首次股利分配时间在 2001 年第二季度。

3、根据本公司编制并经深圳华鹏会计师事务所出具的《盈利预测审核报告》[华鹏股改字(2000) 第 004—2 号]，本公司 2000 年度及 2001 年度净利润按 33 %所得税计算，预计分别为 25,620,900.00 元和 26,250,440.00 元。

4、本次发行前后的每股净资产分别为 1.59 元和 2.93 元。

5、 阳江市长发实业公司向上海证券交易所书面承诺自本公司股票上市之日起 12 个月内，不转让持有的发行人的股份，也不会由发行人回购阳江市长发实业公司持有的股份(不包括在此期间新增的股份)。

6、根据广东省人民政府粤府函[1999]499 号文《关于广东华龙集团股份有限公司所得税优惠问题的批复》和中华人民共和国财政部财税[2000]99 号文《关于进一步认真贯彻落实国务院<关于纠正地方自定税收先征后还政策的通知>的通知》的规定，发行人在 2002 年 1 月 1 日前享受所得税先征后返的税收优惠政策，实际税负为 15
%；但发行人在招股说明书全文及概要中披露的财务资料、2000 年及 2001 年的盈利预测和本次《股票上市公告书》中引用的财务资料均是按 33%的所得税税率进行披露的，特此说明。

7、截止本公告书公布之日，本公司无重大诉讼事项。

8、除招股说明书及概要和本公告书已披露事项以外，本公司无其他应披露而未披露的重大事项。

十二、备查文件目录

1、招股说明书
2、上海证券交易所上市通知书
3、中国证监会核准本公司公开发行股票的文件
4、审计报告、财务报表及附注
5、验资报告
6、盈利预测报告和注册会计师审核报告
7、资产评估报告书
8、法律意见书
9、公司股东大会决议、董事会决议
10、公司营业执照
11、公司章程
12、其他备查文件

十三、咨询机构

1、发行人:广东华龙集团股份有限公司
法定代表人:岑长篇
地址:广东省阳江市上坑路七号之一
电话:0662-3235645　传真:0662-3221747　联系人:李文绍
2、上市推荐人:广东证券股份有限公司
法定代表人:钟伟华
地址:广州市解放南路 123 号金汇大厦
电话:020-83270523、83270479　传真:020-83270485　联系人:戴卿林、朱权炼、黄晓光

广东华龙集团股份有限公司
2000 年 12 月 2 日

合并资产负债表

编制单位:广东华龙集团股份有限公司　金额单位:元

项目	2000.5.31	1999.12.31	1998.12.31	1997.12.31
资产				
流动资产:				
货币资金	29462565.85	37688659.70	7285944.51	29156557.49
短期投资				
应收帐款	1649820.50	5184029.50	11587014.00	6088883.00
其他应收款	13511120.58	31281430.53	48147234.29	39705951.25
减:坏帐准备	959284.29	2779059.76	3354582.17	2143420.83
应收帐款净额	14201656.79	33686400.27	56379666.12	43651413.42
预付帐款	5960000.00	8000000.00		
存货	5414924.86	2899512.48	4281687.59	3995954.16
减:存货跌价准备				
存货净额	5414924.86	2899512.48	4281687.59	3995954.16
待摊费用	613784.17	632750.00	1011785.35	116120.91
流动资产合计	55652931.67	82907322.45	68959083.57	76920045.98
长期投资:				
长期股权投资	26226003.41	25196575.75		
减:长期投资减值准备				
长期投资净额	26226003.41	25196575.75		
固定资产:				
固定资产原价	109292842.05	89701740.27	80269062.00	72739231.00
减:累计折旧	24888608.56	23380587.85	19367999.41	15462073.95
固定资产净值	84404233.49	66321152.42	60901062.59	57277157.05
在建工程	69458937.51	58752648.17	37368734.80	34163123.93
固定资产合计	153863171.00	125073800.59	98269797.39	91440280.98
无形资产及其他资产:				
无形资产	59961402.35	61004353.45	63507436.09	65847806.85
开办费	2460585.23	1985562.34	62557.96	336586.96
长期待摊费用	487733.60	545233.60	691723.64	
无形资产及其他资产合计	62909721.18	63535149.39	64261717.69	66184393.81
资产总计	298651827.26	296712848.18	231490598.65	234544720.77
项目	2000.5.31	1999.12.31	1998.12.31	1997.12.31
负债及股东权益				
流动负债:				
短期借款	75070000.00	83970000.00	38070000.00	31970000.00
应付帐款	13940.00	15773.00	3589948.95	4151811.82
预付帐款	191360.10	77500.00		
应付工资	967270.64	589099.31		
应付福利费	86817.73	73781.10	18505.43	41377.08
应付股利	5885216.18	9685216.18	18285216.18	
应交税金	4953942.20	5138069.77	4182085.04	3803081.28
其他应交款	25275.57	64663.82	61163.00	67536.11
其他应付款	7009290.31	5408540.50	17447451.18	32654955.65
预提费用	387683.00	131647.00	51060.07	51060.07
一年内到期的长期负债	1330000.00	4364500.00	3640000.00	3470000.00
流动负债合计	95920795.73	109518790.68	85345429.85	76209822.01
长期负债:				
长期借款	13000000.00	13000000.00		
长期应付款	3606333.50	-	3590000.00	7230000.00
长期负债合计	16606333.50	13000000.00	3590000.00	7230000.00
负债合计	112527129.23	122518790.68	88935429.85	83439822.01
少数股东权益	5265724.40	5167226.29		
股东权益				
股本	114029825.00	114029825.00	114029825.00	114029825.00
资本公积				
盈余公积	19207401.24	19207401.24	13913068.76	9923014.76
其中:公益金	9603700.62	9603700.62	6956534.38	4961507.38
未分配利润	47621747.39	35789604.97	14612275.04	27152059.00
股东权益合计	180858973.63	169026831.21	142555168.80	151104898.76
负债及股东权益总计	298651827.26	296712848.18	231490598.65	234544720.77

(所附注释系会计报表的组成部分)

合并利润及利润分配表

编制单位:广东华龙集团股份有限公司　单位:人民币元

项目	2000.1-5	1999 年度	1998 年度	1997 年度
一、主营业务收入	37212027.15	90920967.67	78811427.48	80925049.52
减:主营业务成本	21797134.51	55338214.42	47631408.73	48099663.81
主营业务税金及附加	169128.26	351216.63	409855.08	732234.25
二、主营业务利润	15245764.38	35231536.62	30770163.67	32093151.46
加:其他业务利润	2208229.86	5084511.85	4674498.55	4329895.79
减:存货跌价损失	-	-	-	-
营业费用	83536.76	277531.23	83882.97	
管理费用	2219676.85	8086532.46	10543731.91	9983153.00
财务费用	1995881.71	4774404.22	2964170.72	1438188.24
三、营业利润	13154898.92	27177580.56	21852872.62	25001706.01
加:投资收益	1029427.66	1846575.75		
补贴收入				
营业外收入	-	51981.06	-	1148237.52
减:营业外支出	96121.93	4683.30	159811.54	
四、利润总额	14088204.65	29071454.07	21693065.08	26149943.53
减:所得税	2157564.12	2823565.37	1742795.04	1000000.00
减:少数股东损益	98498.11	-223773.71	-	-
五、净利润	11832142.42	26471662.41	19950270.04	25149943.53
加:年初未分配利润	35789604.97	14612275.04	27152059.00	7032104.17
六、可供分配的利润	47621747.39	41083937.45	47102329.04	32182047.70
减:提取法定盈余公积	-	2647166.24	1995027.00	2514994.35
提取法定公益金	-	2647166.24	1995027.00	2514994.35
七、可供股东分配的利润	47621747.39	35789604.97	43112275.04	27152059.00
应付普通股股利	-	-	28500000.00	
八、未分配利润	47621747.39	35789604.97	14612275.04	27152059.00

(所附注释系会计报表的组成部分)

合并现金流量表

编制单位:广东华龙集团股份有限公司　单位:人民币元

项目	2000 年 1-5 月	1999 年度
一、经营活动产生的:		
销售商品、提供劳务收到的现金	41135780.42	99458461.89
收取的租金	3157500.00	7311180.00
现金流入小计	44293280.42	106769641.89
购买商品、接受劳务支付的现金	17545506.35	50347136.57
经营租赁所支付的现金	190938.30	166114.00
支付给职工以及为职工支付的现金	5596155.39	12628943.54
支付的增值税款	25380.00	1857321.71
支付的所得税款	2792787.65	1949011.68
支付的除增值税、所得税以外的其他税费	733550.01	923076.10
支付的其他与经营活动有关的现金	3046842.96	5114928.57
现金流出小计	29931160.66	72986532.17
经营活动产生的现金流量净额	14362119.76	33783109.72
二、投资活动产生的现金流量:		
收到的其他与投资活动有关的现金	3390000.00	
收回投资所收到的现金	13200000.00	15000000.00
现金流入小计	16590000.00	15000000.00
购建固定资产、无形资产和其他长期资产所支付的现金	31137840.00	43297269.02
权益性投资所支付的现金	-	22500000.00
现金流出小计	31137840.00	65797269.02
投资活动产生的现金流量净额	-14547840.00	-50797269.02
三、筹资活动产生的现金流量:		
吸收权益性投资所收到的现金	-	5391000.00
借款所收到的现金	3300000.00	58400000.00
收到的其他与筹资活动有关的现金	6766953.01	
现金流入小计	10066953.01	63791000.00
偿还债务所支付的现金	12200000.00	3330704.94
分配股利或利润所支付的现金	3800000.00	8600000.00
偿付利息所支支付的现金	2107326.62	4443420.57
现金流出小计	18107326.62	16374125.51
筹资活动产生的现金流量净额	-8040373.61	47416874.49
四、汇率变动对现金的影响		
五、现金及现金等价物净增加额	-8226093.85	30402715.19
项目	2000 年 1-5 月	1999 年度
1.不涉及现金收支的投资和筹资活动		
以固定资产偿还债务	-	677859.92
以投资偿还债务		
以固定资产进行长期投资		
以存货偿还债务		
2.将净利润调节为经营活动的现金流量		
净利润	12755546.27	27207795.61
加:少数股东损益	98498.11	-223773.71
计提的坏帐准备或转销的坏帐	-1171748.54	-1279783.36
固定资产折旧	1942075.52	4561115.52
无形资产和其他长期资产摊销	1403679.52	2676450.05
处置固定资产、无形资产和其他长期资产的损失(减收益)	95945.19	-27640.08
财务费用	2107326.62	4080429.49
投资损失(减收益)	-2387009.56	-1847670.28
存货的减少(减增加)	-2515412.38	1382175.11
经营性应收项目的减少(减增加)	1383339.46	12760402.18
经营性应付项目的增加(减减少)	649879.55	-15506390.81
经营活动产生的现金流量净额	14362119.76	33783109.72
3.现金及现金等价物净增加情况:		
现金的期末余额	29462565.85	37688659.70
减:现金及现金等价物净增加额	37688659.70	7285944.51
(所附注释系报表的组成部分)	-8226093.85	30402715.19

青海华鼎实业股份有限公司

青海华鼎实业股份有限公司股票上市公告书

一、要 览

股票简称:青海华鼎
股票代码: 600243
股本总额:15660 万股
可流通股本:5500 万股
本次上市流通股本:5500 万股
上市地:上海证券交易所
上市日期:2000 年 11 月 20 日
股票登记机构:上海证券中央登记结算公司
上市推荐人:广发证券有限责任公司

二、绪 言

经中国证券监督管理委员会证监发行字[2000]143 号文批准,本公司已成功上网定价发行了每股面值 1.00 元的人民币普通股 5500 万股,每股发行价人民币 4.55 元。经上海证券交易所上证上字[2000]第 90 号《上市通知书》同意,本公司 5500 万股人民币普通股将于 2000 年 11 月 20 日(星期一)起在上海证券交易所上市挂牌交易。股票简称"青海华鼎",股票代码"600243"。本公司总股本 15660 万股,流通股本 5500 万股。

本公司已于 2000 年 11 月 1 日在《中国证券报》和《上海证券报》上刊登了《青海华鼎实业股份有限公司招股书概要》,距今不足六个月,故与其重复的内容在此不再重复,敬请投资者查阅本公司的《招股说明书概要》。

本公司董事会成员已批准本上市公告书,并确信本上市公告书所载资料不存在任何重大遗漏、虚假陈述或者误导,并对其真实性、准确性和完整性负个别及连带责任。

三、发行公司概况

(一)公司概况公司名称:青海华鼎实业股份有限公司
英文名称: QingHai HuaDing Industrial CO.,LTD.
成立日期:1998 年 8 月 18 日
注册地址:西宁市柴达木西路 101 号
联系电话: 0971-6852774
法人代表:于世光
注册资本:15660 万元
经营范围:高科技机械产品开发、制造,数控机床、加工中心、专用机械设备、石油机械、环保设备、食品机械的制造和销售;技术服务及咨询;电热设备、电子产品、家用电器、制冷设备、不锈钢制品的制造与销售。
所属行业:机械制造
(二)公司历史沿革

本公司是经青海省人民政府青股审[1998]第 006 号文批准,由青海重型机床厂作为主发起人,并联合广东万鼎企业集团有限公司、番禺市万鸣实业有限公司、青海第一机床厂、唐山重型机床厂,采取发起方式设立的股份有限公司。其中:青海重型机床厂以其所属部分经营性资产经评估后的净值 7,334.63 万元,按 68.17%的折股比例,折为 5000 万股国家股,占公司总股本的 49.21%;广东万鼎企业集团有限公司亦以其所属部分经营性资产经评估后的净值 6,863.33 万元及现金 430.21 万元,按同比例折为 4972 万股法人股,占公司总股本的 48.94%;番禺市万鸣实业有限公司、青海第一机床厂、唐山重型机床厂则分别以现金 176.03 万元、50 万元、50 万元按同比例折为 120 万股法人股、34 万股国有法人股、34 万股国有法人股,分别占公司总股本的 1.18%、0.335%、0.335%。上述发起人股份共计 10160 万股。

本公司已于 1998 年 8 月 18 日在青海省工商行政管理局依法登记注册(注册号:6300001201067)。本公司注册资本 10,160 万元,截止 2000 年 5 月 31 日,本公司总资产为 41,719.12 万元,净资产为 15,326.29 万元。本公司现有职工 1827 名。

经中国证券监督管理委员会证监发行字[2000]143 号文批准,公司通过上海证券交易所,于 2000 年 11 月 3 日以上网定价方式向社会公开发行人民币普通股 5,500 万股,每股面值 1.00 元,每股发行价格为 4.55 元。发行后,公司总股本为 15,660 万股。

四、股票发行及承销

(一)股票发行情况
1、本次发行社会公众股:5500 万股;
2、发行价格:4.55 元;
3、募集资金总额:25025 万元
4、募集资金总额(扣除发行费用):23595 万元
5、发行方式:上网定价
6、中签率: 0.24622252%
7、有效申购户数:1415245 户
8、持 1000 股以上(含 1000 股)的股东数:52463 户
9、发行费用总额:1430 万元
10、每股发行费用:0.26 元/股
11、发行市盈率:42.33 倍(全面摊薄)
(二)股票承销
本次公开发行的社会公众股 5500 万股已全部被投资者认购,承销团无余额包销。
(三)验资报告

(2000)羊验字第 4220 号

青海华鼎实业股份有限公司全体股东:

我们接受委托,对贵公司截止 2000 年 11 月 9 日止的实收股本变更情况的真实性和合法性进行了审验。在审验过程中,我们按照《独立审计实务公告第 1 号———验资》的要求,实施了必要的审验程序。贵公司的责任是提供真实、合法的验资资料,保护财产的安全、完整,我们的责任是按照《独立审计实务公告第 1 号———验资》的要求,出具真实、合法的验资报告。

贵公司变更前的注册资本和实收股本均为 101,600,000.00 元,拟变更申请的注册资本为人民币 156,600,000.00 元。根据我们的审验,贵公司本次向社会发行人民币普通股 5,500 万股,发行价格为每股人民币 4.55 元。截止 2000 年 11 月 9 日止,实际募集资金为人民币 250,250,000.00 元,扣除发行费用 14,300,000.00 元后为 235,950,000.00 元,其中实收股本 55,000,000.00 元,资本公积 180,950,000.00 元。贵公司变更后的实收股本为人民币 156,600,000.00 元。

附件(一)变更前后注册资本、投入股本对照表
附件(二)验资事项说明
广州羊城会计师事务所有限公司

中国注册会计师:陈雄溢
中国注册会计师:刘佩莲

中国.广州　　二〇〇〇年十一月九日

募集资金入帐时间:2000 年 11 月 9 日
开户银行:中信实业银行广州分行花园支行
入帐帐号:427-01-839-000028340
入帐金额:241,316,350.00 元

五、董事、监事及高级管理人员简介及持股情况

(一)董事、监事及高级管理人员简介

董事:

于世光先生,现年 43 岁,大学文化,中共党员。曾任番禺市市委党校教员、番禺市石楼镇经济发展总公司总经理、广东万鼎企业集团有限公司董事长兼总经理。曾荣获全国星火科技标兵。现任本公司董事长。

魏连成先生,现年 55 岁,大专文化,高级经济师,中共党员。曾任南京有线厂技术员,1970 年后历任青海重型机床厂计划科科长、副总经济师、副厂长、厂长兼党委书记。曾荣获中国机械工业优秀企业家。现任本公司副董事长兼总经理。

杨拥军先生,现年 38 岁,大学文化,高级经济师,中共党员。曾任青海重型机床厂工具车间副主任;生产处副处长、处长;计量检查处处长;厂长助理、常务副厂长兼总工程师。现兼任本公司副总经理。

薛同毅先生,现年 55 岁,大学文化,高级工程师,中共党员。曾任青海第一机床厂研究所所长、厂长助理、经营厂长兼总经济师,上海江湾机械厂副厂长兼总经济师。个人曾荣获国家科技大会奖、国家科技进步三等奖。为本公司独立董事。

尹家骏先生,现年 54 岁,大学文化,高级经济师,中共党员。曾任青海第一机床厂设计室主任、设计科科长、总设计师、总工程师、党委书记兼总工程师、厂长兼总工程师。曾荣获国家"八.五"重点攻关项目先进个人、机械工业部劳动模范。现任青海第一机床厂厂长,为中国机械工程学会理事、中国机床协会理事。是被国务院授予享受政府特殊津贴的专家。

黄建伟先生,现年 45 岁,大专文化,经济师,中共党员。曾任番禺市石楼镇经济办公室副主任,番禺市石楼经济发展总公司副总经理,现任广东万鼎企业集团有限公司副总经理。

李跃南先生,现年 41 岁,大专文化,经济师,中共党员。曾任浙江省衢州市土特产总公司会计兼团委书记、行政计财科科长兼法律顾问,建盈(番禺、珠海)塑料五金实业有限公司财务部部长、行政经理。

宋齐婴先生,现年 46 岁,大专文化,高级经济师,中共党员。曾任青海重型机床厂设备动力科副科长、科长兼书记;设备动力处处长兼设备大修理分厂厂长、书记;厂长助理。曾荣获全国优秀设备工作者。现任唐山重型机床厂厂长。

谭亭先生,现年 47 岁,大学文化,高级工程师,中共党员。曾任青海第二机床厂设计处处长、副厂长、党委书记兼副厂长。现任青海第二机床厂厂长。为本公司独立董事。

监事:

余建国先生,现年 51 岁,大专文化,经济师,中共党员。曾任青海第一机床厂曲型车间副主任、党支部书记兼副主任、党支部书记兼主任;大件车间党支部书记兼主任;装配车间党支部书记兼主任;厂党委副书记兼纪委书记、厂长兼党委副书记、党委书记。现任本公司监事会主席。

冯克顺先生,现年 50 岁,大专文化,高级政工师,中共党员。曾任青海重型机床厂组织部副部长;劳动人事科科长兼党支部书记;工具科科长兼党支部书记;劳动人事处处长;组织部部长;厂党委副书记兼副厂长。现任本公司工会主席。

刘富斌先生,现年 44 岁,大学文化,高级政工师,中共党员。曾任青海重型机床厂党委宣传部干事、副部长、厂办副主任、主任、厂工会主席、副厂长。现任青海重型机床厂厂长。

吴美玲女士,现年 38 岁,大专文化,会计师,中共党员。曾任青海重型机床厂财务处会计员、副处长、处长、计划部部长助理。现在本公司任职。

谭旭女士,现年 28 岁,研究生,中国注册会计师,中共党员。曾任广东万鼎企业集团有限公司总经理办公室秘书。现任本公司证券部部长。

高级管理人员:

王淑云女士,现年 51 岁,大专文化,高级会计师,中共党员。曾任青海重型机床厂财务处副处长、处长;厂副总会计师、总会计师。现任本公司财务总监。

刘文忠先生,现年 38 岁,研究生,高级经济师。曾任青海重型机床厂计划处副处长。现任本公司董事会秘书。

(二)董事、监事及高级管理人员持股情况本公司董事、监事及高级管理人员均未持有本公司股票。

六、公司设立

本公司是根据《中华人民共和国公司法》等有关法规,于 1998 年 8 月 14 日经青海省人民政府青股审(1998)第 006 号文批准,以青海重型机床厂为主要发起人,联合广东万鼎企业集团有限公司、番禺市万鸣实业有限公司、青海第一机床厂、唐山重型机床厂,采取发起方式设立的股份有限公司。本公司已于 1998 年 8 月 18 日在青海省工商行政管理局依法登记注册(注册号:6300001201067),公司注册资本 10,160 万元。1998 年 8 月 15 日,公司召开了创立大会暨首届股东大会,审议并通过了公开发行股票并上市的决议,并授权董事会办理股票发行和上市的相关事宜。

经中国证券监督管理委员会证监发行字[2000]143 号文批准,本公司已于 2000 年 11 月 3 日成功发行了每股面值 1.00 元的人民币普通股 5500 万股,本次股票发行后,公司总股本为 15660 万股。

七、关联企业及关联交易

(一)关联企业及关联关系

1、存在控制关系的关联企业

企业名称	与本公司的关系
青海重型机床厂	母公司
广东万鼎企业集团有限公司	母公司

2、不存在控制关系的关联企业

企业名称	与本公司关系
番禺市万鸣实业有限公司	股东
唐山重型机床厂	股东

青海第一机床厂股东青牟实业总公司	青海重型机床厂子公司
青海重型机床厂物资供销公司	青海重型机床厂子公司
青海重型机床厂西安经销部	青海重型机床厂子公司
青海重型机床厂沈阳经销部	青海重型机床厂子公司
青海重型机床厂长沙经销部	青海重型机床厂子公司
青海申科工贸实业总公司	青海重型机床厂子公司
番禺恒达蓄电池总厂	广东万鼎企业集团有限公司子公司
广东番禺家宝木制品集团公司	广东万鼎企业集团有限公司子公司
石楼制冷压缩机厂	广东万鼎企业集团有限公司子公司
番禺市石楼精细化工厂	广东万鼎企业集团有限公司子公司
石楼自来水厂	广东万鼎企业集团有限公司子公司
广冷番禺华丰冷气公司	广东万鼎企业集团有限公司子公司
广州石潮高性能陶瓷公司	广东万鼎企业集团有限公司子公司
番禺市恒宝厨具设备厂	广东万鼎企业集团有限公司子公司
广东省翁源县青云山中药厂	广东万鼎企业集团有限公司子公司
广东依高泰环保工程有限公司	广东万鼎企业集团有限公司子公司

(二)关联交易

本公司的关联交易主要涉及产品销售、材物料供应、土地使用权租赁、土地使用权转让、商标使用、综合服务以及合作投资等方面的内容。

产品销售方面的关联交易主要是本公司机床产品约20%通过青海重型机床厂下属的全资子公司青海重型机床厂物资经销公司、青海重型机床厂长沙经销部、青海重型机床厂沈阳经销部、青海重型机床厂西安经销部销售,以及本公司为番禺恒达蓄电池总厂加工模具、配件等。

材物料供应主要是青海重型机床厂下属青海申科工贸实业总公司为本公司提供少量铸件、锻件毛坯产品及包装箱及其他原材料,结算价格按照市场原则确定。

土地使用权租赁方面的关联交易为本公司向青海重型机床厂租赁面积为88566.5平方米的土地使用权,年租金标准为10元/平方米,年租金为885665元;本公司从成立至2000年4月向广东万鼎企业集团有限公司租赁总面积为42386.2平方米的土地使用权年租金标准为10元/平方米,年租金为423862元。

土地使用权转让方面的关联交易为本公司于2000年4月向广东万鼎企业集团购买面积分别为14331.2平方米、8630平方米、19425平方米的三宗土地使用权,购买价格为593.41万元。

商标使用方面的关联交易为本公司2001年9月30日之前无偿使用青海重型机床厂的"青重牌"商标和广东万鼎企业集团有限公司的"恒联牌"、"力嘉牌"商标。

综合服务方面的关联交易为青海重型机床厂下属的青海申科工贸实业总公司向本公司提供水、电、热、气等综合服务,价格标准分别为:0.28元/吨、0.45元/度、20元/年.平方米、0.0378元/立方米。

合作投资方面的关联交易为本公司与青海第一机床厂签定了《关于组建青海华鼎数控机床有限责任公司的协议书》,协议约定本公司股票发行后利用募集资金4000万元与青海第一机床厂共同组建青海华鼎数控机床有限责任公司,从事加工中心和数控机床的开发生产,青海第一机床厂以生产加工中心的经营性净资产1000万元投入。该公司正式组建时,将对青海第一机床厂投入的资产进行评估。

上述关联交易中土地使用权租赁、土地使用权转让、综合服务、商标使用及合作投资均以合同和协议明确。其他方面的关联交易均按照市场原则确定交易价格及付款方式。因此,公司虽然与关联企业之间存在一定的关联交易,但这种交易并不会损害公司及其他股东的利益,也不会影响公司重大合同条款及其履行的可能性。公司在该等合同事项下的权益是可以得到保障的。

(三)本公司主要股东关于放弃竞争的承诺

本公司的股东青海重型机床厂将生产机床产品的主要经营性资产投入本公司后,与本公司在机床产品方面不存在同业竞争;广东万鼎企业集团将番禺石楼机械厂、番禺石楼食品机械厂及番禺恒联食品机械厂的全部经营性资产投入本公司后,与本公司在食品机械及电梯配件产品方面不存在同业竞争;同时青海重型机床厂在食品机械及电梯配件产品方面与本公司不存在同业竞争,广东万鼎企业集团有限公司在机床产品方面与本公司也不存在同业竞争。

青海重型机床厂及广东万鼎企业集团有限公司已分别向本公司承诺,不从事与本公司现有业务有竞争的业务,不从事与本公司打算从事的业务有竞争的业务。

八、股本结构及大股东持股情况

(一)本公司上市前股本结构

股份类别	股本数(万股)	占总股本比例(%)
发起人股	10160	64.88
其中:国家股	5000	31.93
国有法人股	68	0.43
法人股	5092	32.52
可流通股	5500	35.12
社会公众持股	5500	35.12
总股本	15660	100

(二)公司前十名股东持股情况

股东名称	持股数量(万股)	持股比例(%)
青海重型机床厂	5000	31.93
广东万鼎企业集团有限公司	4972	31.75
番禺市万鸣实业有限公司	120	0.77
安顺基金	52	0.33
青海第一机床厂	34	0.22
唐山重型机床厂	34	0.22
兴和基金	26.3	0.17
天元基金	24.5	0.16
裕元基金	22.5	0.14
开元基金	21	0.13

九、公司财务会计资料

本公司截止2000年5月31日的财务资料,已于2000年11月1日分别在《中国证券报》和《上海证券报》上刊登的《招股说明书概要》中进行了详细的披露。因公告距今时间较短,相同的内容在此不再重复。本公告只公布本公司经审计的财务报表及主要财务指标,欲了解详细内容,请查阅上述报纸或至公告的《招股说明书》查阅地点查阅。

(一)公司前三年主要财务指标

项目	2000年5月31日	1999年	1998年	1997年
流动比率	1.09	1.12	1.21	1.10
速动比率	0.64	0.72	0.76	0.64
应收账款周转率	0.58	1.45	1.65	1.96
净资产比率	36.74%	34.90%	36.58%	31.69%
存货周转率	0.52	1.302	1.319	1.277
每股税后利润	0.06	270.15	630.13	750.0901
每股净资产	1.51	1.45	1.44	1.13
净资产收益率	4.16%	10.81%	9.54%	8.01%

(二)会计报表(附后)

(三)会计报表主要项目注释

1、应收账款

(1)按账龄列示

账龄	2000.5.31.	比例(%)	坏帐准备
1年以内	73763476.72	52.55	3688173.84
1-2年	51646678.80	36.79	3615267.52
2-3年	5912819.79	4.21	591281.98
3-4年	8310170.27	5.92	1662034.05
4-5年	653370.90	0.47	326685.45
5年以上	77230.01	0.06	77230.01
合计	140363746.49	100.00	9960672.85

2、其他应收款

(1)按账龄列示

账龄	2000.5.31.	比例(%)	坏帐准备
1年以内	7772841.29	36.61	388642.06
1-2年	11541189.75	54.37	807883.28
2-3年	784323.55	3.70	78432.36
3-4年	938434.22	4.42	187686.85
4-5年	173130.18	0.81	86565.09
5年以上	19656.00	0.09	19656.00
合计	21229574.99	100.00	1568865.64

(2)本账户余额中,应收持有本公司5%(含5%)以上表决权股份的股东的款项情况如下:

股东名称	欠款金额	欠款时间	欠款原因
青海重型机床厂	583,082.12	1年以内	往来款

(3)本账户余额中,欠款金额前五名的单位列示如下:

单位名称	欠款金额	欠款时间	欠款原因
青海第一机床厂	11610003.01	2年以内	注
青海重型机床厂	583,082.12	1年以内	往来款
北京康乐商贸公司	547613.62	1年以内	往来款
大通社保局	189,385.00	3-4年	劳动保险统筹垫底资金
香港天发工程有限公司	178,854.50	1-2年	往来款

3、预付账款二〇〇〇年五月三十一日余额为1,267,128.34元。

(1)本账户余额中,无预付持有公司5%(含5%)以上表决权股份的股东的款项。

(2)本账户余额中,欠款金额前五名单位列示如下:

单位名称	欠款金额	欠款时间	欠款原因
广州石潮高性能陶瓷公司	200,000.00	一年以内	预付材料款
广州万隆达商贸公司	134,415.10	一年以内	预付材料款
中捷机电设备公司	94,040.00	一年以内	预付材料款
番禺番裕锻压机床厂	80,000.00	一年以内	预付材料款
阳春轴承企业有限公司	76,024.99	一年以内	预付材料款

4、长期投资

(1)按投资类别列示

类别	2000.5.31 . 金额	减值准备
长期股权投资	403000.00	80000.00
合计	403000.00	80000.00

(2)长期股权投资按明细项目列示

被投资单位名称	2000.5.31 . 金额	减值准备
南方实业股份有限公司	400000.00	80000.00
石楼信用合作社	3000.00	
合计	403000.00	80000.00

(3)长期投资减值准备计提的原因为:依据被投资单位的财务状况、经营成果和现金流量情况,按预计可收回投资的可能性程度计提减值准备。

5、应付账款二〇〇〇年五月三十一日余额为50,037,899.18元。

本账户余额中,无欠持有公司5%(含5%)以上表决权股份的股东的款项。

6、预收账款二〇〇〇年五月三十一日余额为12,486,410.13元。

本账户余额中,无欠持有公司5%(含5%)以上表决权股份的股东的款项。

7、应付股利

(1)按股东明细列示

股东名称	2000.5.31
番禺市万鸣实业有限公司	182559.06
青海第一机床厂	51725.06
唐山重型机床厂	51725.06
合计	286009.18

(2)根据公司二〇〇〇年四月十九日股东大会决议,公司把截至一九九九年十二月三十一日止滚存的未分配利润15,456,666.47元转入本科目。其中:青海重型机床厂的股利7,606,627.20元、广东万鼎企业集团有限公司的股利7,564,030.09元经已支付。

8、应交税金

(1)按明细项目列示

税种	税率或实际税负	2000.5.31 .
营业	5%	266.31
增值税	17%	7045867.55
城建 税应交流转税额的	5%	126294.66
企业所得税	13-33%	7588546.49
个人所得税		8886.00
合计		14769860.71

(2)报告期企业所得税实际税负发生变化。公司改制设立后,青海省人民政府以青政办函(1998)95号文,批复青海省机械电子工业厅"同意青海华鼎实业股份有限公司从成立之日起执行所得税20%返还的政策"。即一九九八年八月至一九九九年十二月公司所在青海省区域内的公司本部、青海重型机床公司实际税负为13%;公司所在青海省区域外的番禺石楼食品机械厂、番禺石楼机械厂、番禺恒联食品机械厂仍执行33%的税率。

二〇〇〇年度公司执行33%的企业所得税税率。

9、其他应交款

项目	计缴标准	2000.5.31.
教育费附加	按应交流转税额的3%计缴	1253171.75
水利工程管理维护费	主营业务收入的1‰	20342.84
合计		1273514.59

10、其他应付款二OOO年五月三十一日余额为7,613,747.77元。

11、股本

(1)各期间股本/净资产(1997年末以净资产列示)列示如下:

2000.5.31.	1999.12.31.	1998.12.31.	1997.12.31.
101600000.00	101600000.00	101600000.00	114297639.56

注:公司会计政策变更采用追溯调整法,致使一九九七年末未分配利润为-8,279,501.58元。

(2)至二〇〇〇年五月三十一日止各发起股东所持股份及持股比例情况列示如下:

发起股东名称	所持股份	持股比例
青海重型机床厂	50000000.00	49.21%
广东万鼎企业集团有限公司	49720000.00	48.94%
番禺市万鸣实业有限公司	1200000.00	1.18%
青海第一机床厂	340000.00	0.335%
唐山重型机床厂	340000.00	0.335%
合计	101600000.00	100.00%

十、董事会上市承诺

本公司董事会严格遵守《中华人民共和国公司法》、《中华人民共和国证券法》、《股票发行与交易管理暂行条例》、《公开发行股票公司信息披露实施细则》和《上海证券交易所股票上市规则》(2000年修订本)等国家法律、法规的规定,并自股票上市之日起作出如下承诺:

1、按照法律、法规的规定程序和要求披露重大的信息、并接受证券主管机关、上海证券交易所的监督管理。

2、及时、真实、准确的公布中期报告和年度报告,并备置于规定场所供投资者查阅。

3、本公司董事、监事、高级管理人员如发生人事变动或持本公司股票发生变化时,在报告证券主管机关、上海证券交易所的同时向投资者公布。

4、在任何公共传播媒介中出现的消息可能对本公司股票的市场价格产生误导性影响时,本公司知悉后将及时对该消息予以公开澄清。

5、本公司董事、监事、高级管理人员将认真听取社会公众的意见和批评,不利用已获得的内幕消息和其他不正当手段直接或间接从事股票买卖活动。

6、本公司没有无记录负债。

依据2000年5月1日起实施的《上海证券交易所股票上市规则》(二〇〇〇年修订本),本公司全体董事、监事将按照有关规定,在本公司股票上市后两个月内签署《董事(监事)声明及承诺书》并送达上海证券交易所备案。

十一、重要事项揭示

1、根据广州羊城会计师事务所有限公司对本公司2000年度盈利预测的(2000)羊查字第7129号审核报告,预计本公司2000年度实现利润总额2512.45万元,净利润1683.34万元。公司2000年所得税按33%税率预测。

2、本公司此次向社会公众公开发行了5500万股人民币普通股股票,本次发行前每股净资产为1.51元,发行后每股净资产为2.49元。

3、公司改制设立后,青海省人民政府以青政办函(1998)95号文,批复青海省机械电子工业厅"同意青海华鼎实业股份有限公司从成立之日起执行所得税20%返还的政策"。即一九九八年八月至一九九九年十二月公司所在青海省区域内的公司本部、青海重型机床公司实际税负为13%;公司所在青海省区域外的番禺石楼食品机械厂、番禺石楼机械厂、番禺恒联食品机械厂仍执行33%的税率。二OOO年度公司执行33%的企业所得税税率。

4、预计本次股票发行后首次股利分配时间为2001年第二季度。公司2000年5月31日未分配利润余额为98.32万元,系2000年1-5月净利润与1999年度分配后余额的累计数,由新老股东共享。

5、青海华鼎实业股份有限公司大股东青海重型机床厂郑重承诺:本厂持有的青海华鼎实业股份有限公司5000万股国家股,自青海华鼎实业股份有限公司的股票上市之日起,一年内不转让,也不由青海华鼎实业股份有限公司回购我厂持有的国家股。

6、截止本上市公告书刊登之日,本公司无重大诉讼事项。

十二、备查文件目录

1、招股说明书　2、上海证券交易所上市通知书
3、中国证监会核准本公司公开发行股票的文件
4、审计报告、财务报表及附注　5、验资报告
6、盈利预测报告及注册会计师审核报告
7、法律意见书　8、资产评估报告
9、公司股东大会决议、董事会决议　10、公司营业执照
11、公司章程　12、其他备查文件

十三、咨询机构

1、发行人:青海华鼎实业股份有限公司
法定代表人:于世光　地址:青海省西宁市柴达木西路101号
联系电话:(0971) 6528774　传真:(0971) 6528774　联系人: 刘文忠、马新萍、李溪
2、上市推荐人:广发证券有限责任公司
法定代表人:陈云贤　地址:广州市天河北路183号大都会广场
联系电话:(020)87555888　传真:(020)87553583　联系人: 薛自强、陈天喜、佟玉华、陈伯军

青海华鼎实业股份有限公司
二〇〇〇年十一月十五日

资产负债表

编制单位:青海华鼎实业股份有限公司　金额单位:元

资产	2000.5.31	1999.12.31
流动资产:		
货币资金	17478396.79	14695234.32
短期投资	-	6000000.00
减:短期投资跌价准备		
短期投资净额		
应收票据	600000.00	-
应收股利		
应收利息		
应收帐款	140363746.49	145320656.97
其他应收款	21229574.99	36669785.27
减:坏帐准备	11529538.49	12018299.34
应收帐款净额	150063782.99	169972142.90
预付帐款	1267128.34	6901445.45
应收补贴款		
存货	117756394.38	110299103.40
减:存货跌价准备	1510918.16	1510918.16
存货净额	116245476.22	108788185.24
待摊费用	1891543.76	464177.90
待处理流动资产净损失	-4068.38	
一年内到期的长期债权投资		
其他流动资产		
流动资产合计	287542259.72	306821185.81
长期投资:		
长期股权投资	403000.00	403000.00
长期债权投资		
长期投资合计	403000.00	403000.00
减:长期投资减值准备	80000.00	80000.00
长期投资净额	323000.00	323000.00
固定资产:		
固定资产原价	179275933.18	175715293.97
减:累计折旧	79918165.51	76356702.72
固定资产净值	99357767.67	99358591.25
工程物资		
在建工程	14949370.81	4253599.49
固定资产清理	-	-800.00
待处理固定资产损失		
固定资产合计	114307138.48	103611390.74
无形资产及其他资产:		
无形资产	6026163.39	683556.29
开办费	452971.50	512573.00
长期待摊费用	8539701.71	8909758.03
其他长期资产		
无形资产及其他资产合计	15018836.60	10105887.32
递延税项:		
递延税款借项		
资产总计	417191234.80	420861463.87
负债及股东权益		
流动负债:		
短期借款	169328000.00	132370000.00
应付票据	1000000.00	-
应付帐款	50037899.18	50139922.85
预收帐款	12486410.13	9845068.18
代销商品款		
应付工资	891066.07	1084802.82
应付福利费	1368234.68	1322730.98
应付股利	286009.18	15456666.47
应交税金	14769860.71	22480381.84
其他应交款	1273514.59	1216934.85
其他应付款	7613747.77	19684189.49
预提费用	2265513.94	1762547.84
一年内到期的长期负债	2000000.00	18000000.00
其他流动负债		
流动负债合计	263320256.25	273363245.32
长期负债:		
长期借款		
应付债券		
长期应付款		
住房周转金	-	-
其他长期负债	608098.64	607997.75
长期负债合计	608098.64	607997.75
递延税项:		
递延税款贷项		
负债合计	263928354.89	273971243.07
股东权益		
股本	101600000.00	101600000.00
资本公积	47442012.80	47442012.80
盈余公积	3237656.40	3237656.40
其中:公益金	1079218.80	1079218.80
未分配利润	983210.71	-5389448.40
股东权益合计	153262879.91	146890220.80
负债及股东权益总计	417191234.80	420861463.87

利润表

编制单位:青海华鼎实业股份有限公司　金额单位:元

资产	2000年1-5月	1999年度
一、主营业务收入	83055672.45	201565863.36
减:折扣与折让		
主营业务收入净额	83055672.45	201565863.36
减:主营业务成本	58794810.72	140804288.35
主营业务税金及附加	429361.74	1114154.96
二、主营业务利润	23831499.99	59647420.05
加:其他业务利润	66260.29	370437.62
减:存货跌价损失	-	227969.60
营业费用	3265911.90	9341514.05
管理费用	7270186.84	21127952.81
财务费用	3932504.76	8952471.49
三、营业利润	9429156.78	20367949.72
加:投资收益	150.00	1320300.00
补贴收入	-	-
营业外收入	244565.27	1139837.90
减:营业外支出	110191.50	469841.91
四、利润总额	9563680.55	22358245.71
减:所得税	3191021.44	6473441.96
五、净利润	6372659.11	15884803.75

利润分配表

编制单位:青海华鼎实业股份有限公司(1999年)　金额单位:元

项目	金额
一、净利润	15884803.75
加:年初未分配利润	-3434865.11
盈余公积转入	
二、可供分配的利润	12449938.64
减:提取法定盈余公积	1588480.38
提取法定公益金	794240.19
三、可供股东分配的利润	10067218.07
减:应付优先股股利	
提取任意盈余公积	
应付普通股股利	15456666.47
转作股本的普通股股利	
四、未分配利润	-5389448.40

现金流量表(2000 年 1-5 月)

编制单位:青海华鼎实业股份有限公司　金额单位:元

项目	金额
一、经营活动产生的现金流量:	
销售商品、提供劳务收到的现金	82632948.50
收取的租金	
收到的增值税销项税额和退回的增值税款	
收到的除增值税以外的其他税费返还	
收到的其他与经营活动有关的现金	31877787.44
现金流入小计	114510735.94
购买商品、接受劳务支付的现金	55631608.58
经营租赁所支付的现金	4800.00
支付给职工以及为职工支付的现金	10634469.39
支付的增值税款	10938222.64
支付的所得税款	4657324.04
支付的除增值税、所得税以外的其他税费	1371577.83
支付的其他与经营活动有关的现金	38794959.47
现金流出小计	122032961.95
经营活动产生的现金流量净额	-7522226.01
二、投资活动产生的现金流量:	
收回投资所收到的现金	6000000.00
分得股利或利润所收到的现金	100.00
取得债券利息收入所收到的现金	
处置固定资产、无形资产和其他长期资产而收回的现金净额	26700.00
收到的其他与投资活动有关的现金	
现金流入小计	6026800.00
购建固定资产、无形资产和其他长期资产所支付的现金	14054375.11
权益性投资所支付的现金	
债权性投资所支付的现金	
支付的其他与投资活动有关的现金	
现金流出小计	14054375.11
投资活动产生的现金流量净额	-8027575.11
三、筹资活动产生的现金流量:	
吸收权益性投资所收到的现金	
发行债券所收到的现金	
借款所收到的现金	35250000.00
收到的其他与筹资活动有关的现金	
现金流入小计	35250000.00
偿还债务所支付的现金	14250000.00
发生筹资费用所支付的现金	
分配股利或利润所支付的现金	
偿付利息所支支付的现金	2667036.41
融资租赁所支付的现金	
减少注册资本所支付的现金	
支付的其他与筹资活动有关的现金	
现金流出小计	16917036.41
筹资活动产生的现金流量净额	18332963.59
四、汇率变动对现金的影响	
五、现金及现金等价物净增加额	2783162.47

附注:

项目	
1.不涉及现金收支的投资和筹资活动	
以固定资产偿还债务	
以投资偿还债务	
以固定资产进行长期投资	
以存货偿还债务	
融资租赁固定资产	
2.将净利润调节为经营活动的现金流量	
净利润	6372659.11
加:计提的坏帐准备或转销的坏帐	-488260.85
固定资产折旧	3757324.62
无形资产摊销	676130.67
待摊费用的减少	-1228374.33
预提费用的增加	-368718.45
处置固定资产、无形资产和其他长期资产的损失(减收益)	-2214.17
固定资产报废损失	27775.34
财务费用	4002419.71
投资损失(减收益)	-150.00
递延税款贷项(减借项)	
存货的减少(减增加)	-7457290.98
经营性应收项目的减少(减增加)	-2744723.41
经营性应付项目的增加(减减少)	-6933978.65
增值税增加净额(减减少)	-3134824.62
其他	
经营活动产生的现金流量净额	-7522226.01
3.现金及现金等价物净增加情况:	
货币资金的期末余额	17478396.79
减:货币资金的期初余额	14695234.32
现金等价物的期末余额	
减:现金等价物的期初余额	
现金及现金等价物净增加额	2783162.47

现金流量表(1999 年度)

编制单位:青海华鼎实业股份有限公司　金额单位:元

项目	金额
一、经营活动产生的现金流量:	
销售商品、提供劳务收到的现金	207554895.80
收取的租金	6880.00
收到的增值税销项税额和退回的增值税款	
收到的除增值税以外的其他税费返还	
收到的其他与经营活动有关的现金	49134259.29
现金流入小计	256696035.09
购买商品、接受劳务支付的现金	143113874.54
经营租赁所支付的现金	
支付给职工以及为职工支付的现金	26586615.21
支付的增值税款	20940917.04
支付的所得税款	505133.85
支付的除增值税、所得税以外的其他税费	922718.53
支付的其他与经营活动有关的现金	89813507.28
现金流出小计	281882766.45
经营活动产生的现金流量净额	-25186731.36
二、投资活动产生的现金流量:	
收回投资所收到的现金	
分得股利或利润所收到的现金	300.00
取得债券利息收入所收到的现金	
处置固定资产、无形资产和其他长期资产而收回的现金净额	19750.00
收到的其他与投资活动有关的现金	1320000.00
现金流入小计	1340050.00
购建固定资产、无形资产和其他长期资产所支付的现金	7716833.94
权益性投资所支付的现金	
债权性投资所支付的现金	
支付的其他与投资活动有关的现金	
现金流出小计	7716833.94
投资活动产生的现金流量净额	-6376783.94
三、筹资活动产生的现金流量:	
吸收权益性投资所收到的现金	
发行债券所收到的现金	
借款所收到的现金	81402600.00
收到的其他与筹资活动有关的现金	1688000.00
现金流入小计	83090600.00
偿还债务所支付的现金	48900000.00
发生筹资费用所支付的现金	
分配股利或利润所支付的现金	
偿付利息所支支付的现金	11703668.20
融资租赁所支付的现金	
减少注册资本所支付的现金	
支付的其他与筹资活动有关的现金	97810.00
现金流出小计	60701478.20
筹资活动产生的现金流量净额	22389121.80
四、汇率变动对现金的影响	
五、现金及现金等价物净增加额	-9174393.50

附注:

项目	
1.不涉及现金收支的投资和筹资活动	
以固定资产偿还债务	
以投资偿还债务	
以固定资产进行长期投资	
以存货偿还债务	
融资租赁固定资产	
2.将净利润调节为经营活动的现金流量	
净利润	15884803.75
加:计提的坏帐准备或转销的坏帐	1673586.71
固定资产折旧	9267780.44
无形资产摊销	3303306.67
待摊费用的减少(减:增加)	855905.24
预提费用的增加(减:减少)	458061.29
处置固定资产、无形资产和其他长期资产的损失(减收益)	13181.92
固定资产报废损失	
财务费用	11559968.61
投资损失(减收益)	-1320100.00
递延税款贷项(减借项)	
存货的减少(减增加)	-4153891.90
经营性应收项目的减少(减增加)	-22038575.46
经营性应付项目的增加(减减少)	-44044211.60
增值税增加净额(减减少)	3353452.97
其他	
经营活动产生的现金流量净额	-25186731.36
3.现金及现金等价物净增加情况:	
货币资金的期末余额	14695234.32
减:货币资金的期初余额	23869627.82
现金等价物的期末余额	
减:现金等价物的期初余额	
现金及现金等价物净增加额	-9174393.50

广西梧州中恒集团股份有限公司

广西梧州中恒集团股份有限公司股票上市公告书

一、要 览

股票简称:中恒集团　　股票代码:600252
总股本:12671.76 万股　　可流通股本:5698.45 万股
本次可上市流通股本:4500 万股
上市地:上海证券交易所　　上市时间:2000 年 11 月 30 日
登记机构:上海证券中央登记结算公司
上市推荐人:国通证券有限责任公司　　广发证券有限责任公司

二、绪 言

本公司上市公告书是根据《中华人民共和国公司法》、《中华人民共和国证券法》、《股票发行与交易管理暂行条例》、《公开发行股票公司信息披露的内容和格式准则》和《上海证券交易所股票上市规则》等国家有关法律、法规的规定,并按照中国证券监督管理委员会制定的公开发行股票公司信息披露的内容与格式准则第七号《上市公告书的内容与格式(试行)》而编制,旨在向投资者提供关于广西梧州中恒集团股份有限公司(以下简称本公司)的基本情况和本次股票上市的有关资料。

经中国证监会证监发行字 [2000]138 号文批准,本公司已成功地向社会公开发行了每股面值 1.00 元的人民币普通股股票 4,500 万股,每股发行价 5.25 元。

经上海证券交易所上证上字[2000]96 号《上市通知书》批准,本公司股票将于 2000 年 11 月 30 日在上海证券交易所挂牌上市交易,股票简称"中恒集团",股票代码"600252"。本公司总股本 12671.76 万股,可流通股本 5698.45 万股,本次上市流通股本为本次向社会公众投资者上网定价发行的 4500 万股。根据有关规定,本公司 1198.45 万股内部职工股将于本次 4500 万股人民币普通股发行之日起,期满三年后方可上市流通。

本公司已于 2000 年 10 月 25 日分别在《中国证券报》、《上海证券报》上刊登了《广西梧州中恒集团股份有限公司招股说明书概要》,距今不足 6 个月,故与其重复的内容在此简要刊登。

本公司董事会全体董事已批准上市公告书,确信其中不存在任何虚假记载、误导性阐述或重大遗漏,并对其内容的真实性、准确性和完整性负个别的及连带的责任。

三、发行公司概况

(一)基本情况公司名称:广西梧州中恒集团股份有限公司
英文名称:GUANGXI WUZHOU ZHONGHENG GROUP CO.,LTD.
公司注册资本:12671.76 万元　　公司法定代表人:尹梅克　　成立日期:1993 年 7 月 28 日
公司经营范围:城市基础设施的建设和经营、工程施工、工程设计、建筑材料、住宅建设、物业管理、装饰工程、高科技食品工业的开发和经营、国内商业贸易(除国家有专项规定的以外)。
地址:广西梧州市蝶山一路 3 号
(二)公司历史情况简介

广西梧州市中恒股份有限公司是 1993 年 4 月 1 日经广西壮族自治区体改委 [桂体股字(1993)63 号]文批准,由梧州市城建综合开发公司改组,联合梧州市地产发展公司、梧州市建筑设计院共同发起,吸收其它法人和内部职工入股,以定向募集方式设立的股份有限公司。

1993 年 7 月 12 日经广西区体改委 [桂体改股字 (1993)96 号] 文批复,同意公司总股本为 6174.925 万股,其中国家股 2488 万股,发起人法人股 756 万股,社会法人股 1732.475 万股,内部职工股 1198.45 万股。

1993 年 12 月 14 日,经桂体改股字[1993]158 号文批复,更名为广西梧州市中房股份有限公司。

1994 年 12 月,为进一步壮大公司实力,经梧州市政府[梧政函(1994)118 号]文和广西区体改委[桂体改股字(1994)178 号]文批准,并经评估事务所评估、梧州市国资局以[梧国资字(1994)28 号]文确认,同意梧州市桂江二桥经评估后的净资产 2625 万元,按 1.05 元/股折算,折股 2500 万股国家股注入公司。根据[桂政办函(1995)333 号]文批复,桂江二桥收费期至 2013 年 12 月 31 日止。增资扩股后公司总股本为 8674.925 万股。以上增资扩股事项已经公司股东大会批准。

1996 年公司依据国务院《关于原有有限责任公司和股份有限公司依照<中华人民共和国公司法>进行规范的通知》(国发[1995]17 号文)和区政府办公厅转发区体改委《关于依照<中华人民共和国公司法>规范我区原有股份公司的实施意见的通知》[桂政办(1995)136 号]文件精神,按照《公司法》的规定对公司进行了规范。经公司股东大会审议批准,回购个人化社会法人股 503.165 万股。回购股份按文件规定办理了注销手续,规范后的公司总股本为 8171.76 万股。以上事项已由广西壮族自治区体改委以[桂体改股字(1996)48 号]文予以确认。同时,经广西区体改委[桂体改股字(1996)49 号]文批准,同意公司更名为广西梧州中恒集团股份有限公司。为此,公司已于 1997 年 1 月 20 日办理了工商注册变更登记。

经中国证监会证监发行字[2000]138 号文核准,本公司于 2000 年 10 月 27 日通过上海证券交易所系统,以上网定价方式成功地向社会公众公开发行每股面值 1.00 元人民币的普通股 4,500 万股。本次发行后公司总股本为 12671.76 万股。2000 年 11 月 8 日,本公司在广西壮族自治区工商行政管理局重新注册登记,注册资金 12671.76 万元。

四、股票发行及承销

(一)本次股票公开发行情况
发行方式:上网定价　　发行日期:2000 年 10 月 27 日
公开发行数量:4,500 万股　　发行价格:人民币 5.25 元/股
募集资金总量:22,455 万元(已扣除发行费用)

发行情况:经上海证券交易所系统主机统计和上海大华会计师事务所有限公司验资,本次股票发行有效申购户数 1,735,071 户,有效申购股数 29,469,584,000 股,超额认购倍数为 654.88 倍,中签率为 0.15269981%,持有 1000 股以上(含 1000 股)的户数为:44394 户

发行费用总额:1,170 万元　　每股发行费用:0.26 元　　发行市盈率:29.01 倍(全面摊薄)
(二)股票承销
本次公开发行的社会公众股 4,500 万股,获得超额认购,承销团成员无余额包销。
(三)验资报告
1、验资报告
(摘自上海东华会计师事务所出具的东会桂验字(2000)006 号)
验资报告　东会桂验字(2000)006 号
广西梧州中恒集团股份有限公司:

我们接受委托,对贵公司截至 2000 年 11 月 2 日止的股本变更的真实性和合法性进行了审验。在审验过程中,我们按照《独立审计实务公告第 1 号--验资》的要求,实施了必要的审验程序。贵公司的责任是提供真实、合法、完整的验资资料,保护资产的安全、完整;我们的责任是按照《独立审计实务公告第 1 号———验资》的要求,出具真实、合法的验资报告。

贵公司变更前的股本为人民币 81,717,600 元。根据我们的审验,截至 2000 年 11 月 2 日止,贵公司已收到其股东增加投入资本 224,550,000 元(已扣除发行费用);全部为货币资金,其中计入股本 45,000,000 元,资本公积 179,550,000 元。公司变更后的股本总额为 126,717,600 元,其中:国家股 49,880,000 元,占总股本的 39.36%;法人股 19,853,100 元,占总股本的 15.67%;内部职工股 11,984,500 元,占总股本的 9.46%;社会公众股 45,000,000 元,占总股本的 35.51%。

附件:一、变更前后股本对照表
二、验资事项说明
上海东华会计师事务所　　中国注册会计师:戴耀民
中国 . 上海　　中国注册会计师:廖元珍
二〇〇〇年十一月五日

2、募集资金的入帐情况

本次发行总收入 23,625 万元,扣除支付给券商的承销佣金和上市推荐费 680.625 万元及支付给上海证券交易所的上网发行手续费 82.71 万元,余款计人民币 228,616,650 元,已于 2000 年 11 月 2 日汇入公司帐户(帐号:2222490009208,开户银行:中国工商银行梧州分行城建支行)。

五、董事、监事及高级管理人员持股情况

1、公司董事、监事及高级管理人员简历
董事会成员:

尹梅克女士董事长。现年 51 岁,大专学历,高级经济师。历任广西梧州市造漆厂企业管理员,广西梧州市城建综合开发公司副经理,广西梧州中恒集团股份公司副总经理。先后被评为"广西八桂巾帼英杰"、"自治区巾帼建功标兵"、"自治区三八红旗手"、梧州市优秀(厂长)经理、梧州市优秀共产党员。

曾宪武先生董事、总经理。现年 35 岁,大专学历,工程师。曾在梧州市城建综合开发公司任经济管理办公室副主任、设计室主任、广西梧州中恒集团股份有限公司总经理助理、投资部经理、梧州市建筑设计院第一副院长。

梁广宁先生董事、副总经理。现年 39 岁,大专学历,工程师。曾任广西梧州市第三建筑公司副经理,广西梧州市中恒股份有限公司总经理助理。

陈业激先生董事。现年 60 岁,大学学历,高级工程师。曾在清华大学任教,历任梧州市建筑设计院任室主任、主任工程师,梧州市建筑设计院院长。

刘婉明女士董事。现年 33 岁,大学学历,工程师、注册建筑师。曾任广西梧州市城建综合开发公司设计科副科长,现任广西梧州中恒集团股份有限公司三总师室工程师。

监事会成员:

覃英海先生监事会主席。现年 48 岁,高中毕业,政工师。历任广西藤县人武部机关党支部书记、部常委委员,广西梧州城建综合开发公司党支部副书记、监事,现任本公司党委副书记。

胡桂朝先生监事。现年 59 岁,大学学历,高级工程师。曾任广西梧州地区八步氮肥厂厂长,梧州市城建综合开发公司经济管理办公室主任,经理办公室主任。

何际珊先生监事。现年 35 岁,大学学历,政工师,曾任梧州中房股份有限公司经理办公室主任。

公司其他高级管理人员:

陈东先生副总经理。现年 46 岁,大专学历,经济师。曾任广西梧州市规划局规划科副科长,广西梧州市蝶山区政府副区长。

谢金权先生党委书记、副总经理。现年 46 岁,大专学历,三级公证员。曾任梧州市船用机械厂副科长,梧州市公证处主任,梧州市司法局副局长。

周亚仙女士副总经理。现年 40 岁,中专学历,工程师。曾任食品总公司副总经理,现兼任梧州市蛋白肠衣厂厂长。

李秀冬先生总会计师。现年 61 岁,中专学历,高级会计师。曾任梧州市二轻局财会科科长,广西梧州市城建综合开发公司副经理。

凌庆全先生总工程师。现年 60 岁,中专学历,高级工程师。曾任梧州市城建综合开发公司副经理。

李澄宇先生董事会秘书、总经理助理、投资部经理。现年 35 岁,大学学历,工程师。曾任梧州市城建综合开发公司部门经理。

2、本公司董事、监事及高级管理人员持股情况

姓名	职务	持股数(股)
尹梅克	董事长	30000
曾宪武	董事、总经理	10000
梁广宁	董事、副总经理	27500
陈业激	董事	9000
刘婉明	董事	32000
覃英海	监事会主席	20000
胡桂朝	监事	47000
何际珊	监事	57000
谢金权	副总经理	0
陈东副	总经理	0
周亚仙	副总经理	5000
李秀冬	总会计师	21600
凌庆全	总工程师	15000
李澄宇	董事会秘书、总经理助理	18000

六、公司设立

1、本公司成立于 1993 年 7 月 28 日。

本公司于 1998 年 10 月 14 日召开的广西梧州中恒集团股份有限公司 1998 年度第二次临时股东大会审议并通过了本公司向社会公开发行 A 股并上市的决议。

2、本次股票发行后,本公司股权变更登记工作已经结束,详细资料如下:
注册资金:12671.76 万元　　变更登记时间:2000 年 11 月 8 日
注册地点:广西梧州市蝶山一路 3 号　　法定代表人:尹梅克
营业执照注册号码:(企)4500001000943(2-1)

七、关联企业及交易

1、存在控制关系的关联方
与本公司存在控制关系的关联方共有四家,详见下表:

企业名称	注册资本	主营业务	与本公司关系	法定代表人	持股比例
广西梧州蛋白肠衣厂	200 万元	蛋白肠衣、人造肠衣	全资企业	周亚仙	100%
广西梧州交通建设开发有限公司	2942 万元	规划、设计、施工和经营	控股子公司	尹梅克	89.23%
梧州怡景实业发展有限公司	1000 万元	餐饮、娱乐、旅宿	控股子公司	尹梅克	70%
广西梧州宏泰建筑					

装饰制品有限公司　150 万元　建筑装修制品制造销售　控股子公司　尹梅克　93.33%

2、不存在控制关系的关联方

企业名称与本公司关系梧州置地楼宇开发有限公司参股公司梧州鸳鸯江大桥有限公司参股公司

3、发行人的发起人单位

企业名称注册资本主营业务与本公司关系法定代表人持有发行人股票数额(万股)梧州市地产发展公司 30 万元统一征用土地、统一开发土地发起人刘柱芬 726 梧州市建筑设计院 176 万元勘察设计发起人陈业激　30

4、关联交易

公司于 2000 年 3 月 28 日与梧州怡景实业发展有限公司签订了《怡景大厦场地租赁合同》,公司租用怡景大厦第 16、17 层作为办公场地，面积 1280 平方米，租金每月按 35 元/平方米，时间从 2000 年 4 月 1 日起至 2005 年 4 月 1 日止。

除此之外,公司与各关联方不存在购买或销售商品、购买或销售除商品以外的其他资产、提供或接受劳务的交易活动;公司与各关联方之间也没有签订租赁合同、许可协议以及其他管理方面的合同,不存在业务代理、研究与开发项目的转移以及担保或抵押等交易事项;公司与各关联方的劳动、人事及工资管理是分离的,不存在相互间支付关键管理人员报酬的事项。

为避免同业竞争,维护股份公司利益,各关联方承诺在其所从事业务与股份公司利益相冲突时,将放弃竞争。

八、股本结构及大股东持股情况

1、本次股票发行后,公司的股本结构为:

股份类型	数量(万股)	占总股本比例(%)
1、发起人股份		
其中:国家股	2488	19.63
国有法人股	756	5.97
2、非发起人股份		
其中:国家股	2500	19.73
国有法人股	777.5	6.14
社会法人股	451.81	3.57
3、内部职工股	1198.45	9.46
4、社会公众股	4500	35.51
合计	12671.76	100

2、公司前十名股东持股数量及持股比例

序号	股东名称	持股数量(万股)	持股比例(%)
1	梧州市国资局	4988	39.36
2	梧州市地产发展公司(发起人)	726	5.73
3	广西梧州恒宝贸易有限责任公司	500	3.95
4	梧州市住宅配套服务公司	451.81	3.57
5	广西梧州融兴贸易有限公司	200	1.58
6	中房集团柳州房地产开发公司	77.5	0.61
7	钟哲光	37.5	0.30
8	彭敏	35	0.28
9	梧州市建筑设计院(发起人)	30	0.24
10	安顺基金	25.9	0.20

九、财务会计资料

本公司截止 2000 年 6 月 30 日的财务会计资料,已于 2000 年 10 月 25 日在《中国证券报》和《上海证券报》刊登的《广西梧州中恒集团股份有限公司招股说明书概要》中进行了详细的披露。本公告只公布主要财务指标、会计报表和合并会计报表主要项目注释,欲了解其他内容,敬请投资者查阅上述报纸或至公告的《招股说明书》查阅地点查询。

(一)主要财务

指标项目	2000 年 1-6 月	1999 年	1998 年	1997 年
流动比率	1.23	1.10	1.20	1.16
速动比率	0.67	0.67	0.76	0.84
资产负债率	54.48%	54.83%	54.73%	58.49%
应收帐款周转率(次/年)	3.21	3.57	3.30	3.26
存货周转率(次/年)	1.19	1.57	1.67	1.94
净资产收益率	6.48%	21.93%	16.81%	17.74%
每股净利润(元)	0.12	0.379	0.310	0.272

注:以上各项财务指标为公司本次发行前的财务指标。

(二)会计报表(附后)

(三)合并会计报表主要项目注释

1、货币资金

项目	1999.12.31	2000.06.30
银行存款	10252302.35	7288227.57
现金	27973.67	66668.57
合计	10280276.02	7354896.14

说明:1998 年银行存款年末余额比年初余额减少 47.55%,主要用于支付工程款。

1999 年银行存款年末余额比年初余额增加 41.76%,主要是年末银行借款增加。

2、应收帐款

帐龄	1999.12.31			2000.06.30		
	金额	比例(%)	坏帐准备	金额	比例(%)	坏帐准备
1 年以内	30702615.39	80.77		34535138.60	83.15	
1-2 年	5878593.84	15.47	1165288.05	5571913.79	13.42	1113955.66
2-3 年	1114663.12	2.93	557331.57	1116890.97	2.69	558445.49
3-4 年	315437.77	0.83	262878.53	295526.52	0.71	236421.21
4 年内				13240.74	0.03	13240.74
合计	38011310.12	100.00	1985498.15	41532710.62	100.00	1922063.10

说明:应收帐款中无持有本公司 5%(含 5%)以上股份的股东单位款项。

2000 年 6 月 30 日应收帐款余额前五名单位名称:

单位名称	金额	发生时间	内容
梧州市自来水公司	5,400,000.00	1999.12	土地开发款
梧州怡辉物业公司	4,736,610.34	2000.06	工程款
梧州置地物业公司	3,198,695.41	1998.12	工程款
马来西亚优良工艺企业	1,750,717.81	2000.06	肠衣款
梧州明兴房地产开发公司	862,434.25	2000.06	土地款

3、其他应收款

帐龄	1999.12.31			2000.06.30		
	金额	比例(%)	坏帐准备	金额	比例(%)	坏帐准备
1 年以内	17080079.44	74.65		20342345.61	78.8	
1-2 年	4527914.68	19.79	905582.94	4333564.68	16.79	866712.94
2-3 年	835428.07	3.65	417714.04	865993.65	3.35	431746.83
3-4 年	437360.00	1.91	349888.00	165984.42	0.64	132787.54
4 年内				106760.00	0.42	106760.00
合计	22880782.19	100.00	1673184.98	25814648.36	100.00	1538007.31

说明:其他应收款中无持有本公司 5%(含 5%)以上股份的股东单位欠款。

2000 年 6 月 30 日其他应收款余额前五名单位名称:

单位名称	金额	发生时间	内容
梧州市财政局	4,575,900.00	2000.06	补偿款
梧州市住房资金管理中心	2,677,573.40	2000.06	住房基金
梧州置地楼宇有限公司	2,315,109.09	2000.06	临时周转款
梧州卓越食品(集团)公司	1,421,104.76	1999.04	往来款
估价材料进项税	1593258.83	2000.06	

4、预付帐款

帐龄	1999.12.31		2000.06.30	
	金额	比例(%)	金额	比例(%)
1 年以内	15280377.10	95.31	19535325.66	94.81
1-2 年	259,513.68	1.62	550,493.32	2.67
2-3 年	341800.00	2.13	290503.31	1.41
3-4 年	150000.00	0.94	229059.25	1.11
合计	16031690.78	100.00	20605381.54	100.00

说明:预付帐款中无持有本公司 5%(含 5%)以上股份的股东单位款项。

1999 年预付帐款年末余额比年初余额减少 53.35%，主要是所购材料按期到货及工程完工结算。

2000 年 6 月 30 日预付帐款余额前五名单位名称:

单位名称	金额	发生时间	内容
梧州市大利水泥厂	3,000,000.00	2000.06	材料款
梧州市建设联合公司	2,310,000.00	2000.06	工程款
梧州市第一建筑工程公司	2,000,000.00	2000.06	工程款
徐州飞虹南宁公司	1,000,833.00	2000.06	设备款
梧州市自来水安装工程公司	693,300.00	2000.06	供水安装款

5、存货

项目	1999.12.31		2000.06.30	
	金额	跌价准备	金额	跌价准备
原材料	3290680.99		4274452.14	
周转材料	350112.71		341558.47	
低值易耗品	209126.35		170193.15	
产成品	3408141.51		8559525.69	
开发产品	11738200.46		17153894.81	
在产品	786699.28		2616130.39	
开发成本	21449524.55		22663944.52	
工程施工	16827002.52		22959020.25	
合计	58059488.37		78738719.42	

说明:1998 年存货年末余额比年初余额增加 56.68%,主要将无形资产中用于商业开发经营的土地使用权转入存货而造成的增加。

2000 年 6 月存货期末余额比年初余额增加 35.62%,一方面是由于季节性销售,造成的肠衣产品库存增加,另一方面未完工工程项目增加。

本报告期末(初)存货价值不存在跌价因素,故未提取跌价准备。

6、待摊费用

类别	1999.12.31	本期增加	本期摊销	2000.06.30
期初进项税	160190.14			160190.14
修理费		318946.20	63789.24	255156.96
保险费	8964.70	49458.84	44823.54	13600.00
广告费		47204.40	17526.10	29678.30
维护费		10867.31		10867.31
合计	169154.84	426476.75	286329.02	309302.57

7、其他流动资产

说明:其他流动资产 2000 年 6 月 30 日余额 3,667,746.92 元是公司本次上市筹备发生的费用,若发行成功,从发行费用中扣除。

8、长期投资

项目	1999.12.31	本期增加	本期减少	2000.06.30
长期股权投资	53170913.17	3081.22		53173994.39

本公司的长期股权投资均为其他股权投资,具体情况如下:

被投资单位名称	投资期限	投资金额	投资比例	本期权益增减额	累计权益增减额	2000.06.30
梧州置地楼宇开发有限公司	无期限	9540000.00	44.28%	3081.22	4523920.98	14063920.98
梧州华强食品有限公司	17 年	433635.00	75%		706438.41	1140073.41
梧州坤泰交通发展有限公司	25 年	17670000.00	11.04%			17670000.00
梧州鸳鸯江大桥有限公司	20 年	20300000.00	30.20%			20300000.00
合 计		47943635.00		3081.22	5230359.39	53173994.39

说明:1995 年 12 月 2 日，公司的下属企业广西梧州交通建设开发有限公司与梧州市交通建设开发总公司及外商 MarKetwinProfitsLimited 签订了《关于成立梧州坤泰交通发展有限公司的合作经营企业合同》,共同投资建设西江二桥。合同规定:坤泰公司投资总额 16000 万元,其中注册资本 5080 万元,超过注册资本部分为股东贷款 10920 万元;广西梧州交通建设开发有限公司以注册资本 327 万元(占 6.43%)和股东贷款 1440 万元以及桂江二桥的经营收费权投入坤泰公司(包括车辆通行费的特许收费权以及附属设施的经营权)。根据合同规定,坤泰公司的经营收入,除保留 15%作路桥设施养护费和收费站人员工资福利等杂项开支外，按各方所占注册资本比例首先偿还现金投资本息(本金为各方现金投入部分,利息是按各方的股东贷款额及规定利率计算),广西梧州交通建设开发有限公司占注册资本比例为 6.43%;在三方均收回现金投资本息后,三方同意重新调整收益分配比例,广西梧州交通建设开发有限公司收益分配比例调整为 18.39%,并至合作期满。广西梧州交通建设开发有限公司将投入坤泰公司的全部现金 1767 万元作为长期股权投资,并采用成本法核算。

1998 年长期投资年末余额比年初余额增加 57.09%，主要是参股梧州鸳鸯江大桥有限公司 20,300,000 元。

本报告期内,被投资单位的经营状况正常,不存在减值因素,故未计提减值准备。

9、固定资产及折旧

(1)固定资产原值

项目	1999.12.31	本期增加	本期减少	2000.06.30
房屋及建筑物	46080661.14			46080661.14
机器设备	64390863.14	10522.22		64401385.36
运输设备	8481849.51	100000.00	376974.86	8204874.65

桥梁	30000000.00			30000000.00
其他设备	1231180.55	218963.96		1450144.51
合计	150184554.34	329486.18	376974.86	150137065.66

(2)累计折旧

项目	1999.12.31	本期增加	本期减少	2000.06.30
房屋及建筑物	3420322.45	782126.50		4202448.95
机器设备	28347246.04	2898704.09		31245950.13
运输设备	7011739.83	557420.57	371450.06	7197710.34
桥梁	9069375.00	581406.25		9650781.25
他设备	740458.14	162076.59		902534.73
合计	48589141.46	4981734.00	371450.06	53199425.40
固定资产净值	101595412.88			96937640.26

10、在建工程

工程名称	1999.12.31	本期增加	本期转入固定资产	2000.06.30	资金来源	工程进度
L4肠衣生产线	353.42			353.42	金融贷款	99%
新增6500万米肠衣生产线	22,561.90			22,561.90	金融贷款	100%
怡景大厦装饰工程	6119832.36	412,300.49		6,532,12.85	金融贷款	95%
新增7500万米肠衣生产线	2977,491.25	-1,144,814.34		1,832,676.91	金融贷款	18%
湿式肠衣生产线	60204.54			60204.54		2%
合计	9157881.57			8447929.62		

其中在建工程利息资本化金额:

工程名称	1999.12.31	本期增加	本期转入固定资产	2000.06.30
新增7500万米肠衣生产线		536713.42		536713.42
怡景大厦	448733.83			448733.83
合计	448733.83	536713.42		985447.25

说明:1999年在建工程期末余额比年初余额减少78.76%,主要是在建工程完工转入固定资产。

2000年6月在建工程中的新增7500万米肠衣生产线项目本期发生额出现负数,主要是定购的设备因规格不符而予以退货,供应商已将设备定金退回。

11、无形资产

种类	原始金额	1999.12.31	本期增加	本期摊销	2000.06.30
土地使用权	21611073.35	5256312.47		85941.20	5170371.27
非专利技术	10715900.00	8896218.80		404373.60	8491845.20
用电权	780000.00	604500.00		39000.00	565500.00
合计	33106973.35	14757031.27		529314.80	14227716.47

说明:本公司的土地使用权均以出让方式取得,并已办理国有土地使用证。非专利技术是指胶原蛋白肠衣的生产技术,由原梧州市蛋白肠衣厂自创,公司以兼并方式取得;用电权是原梧州市蛋白肠衣厂购买的增容电贴费,公司以兼并方式取得。

12、开办费

种类	1999.12.31	本期增加	本期摊销	本期转出	2000.06.30
开办费	516580.77		62214.78		454365.99

13、其他长期资产

项目	1999.12.31	2000.06.30
临时设施净值	429534.39	408730.90

14、短期借款

短期借款2000年6月30日余额80,590,000元,其中担保借款8,640,000元,抵押借款18,950,000元,信用借款53,000,000元,按贷款单位列示如下:

贷款单位	金额	借款期限	年利率(%)	性质
梧州市资金管理局	2000000.00	1999.07.06-2000.07.05	9.912	信用
建行梧州分行	1700000.00	199907.25-2000.07.25	6.4356	担保
梧州市资金管理局	4000000.00	1999.08.21-2000.08.20	9.912	担保
工行梧州分行	2000000.00	1999.09.09-2000.09.08	7.020	抵押
工行梧州分行	6000000.00	1999.11.10-2000.09.26	6.930	信用
工行梧州分行	740000.00	1999.11.12-2000.11.11	9.360	担保
交行梧州支行	1800000.00	1999.12.03-2000.12.02	6.435	担保
交行梧州支行	8000000.00	1999.12.14-2000.10.14	6.435	抵押
梧州市资金管理局	2000000.00	1999.12.30-2000.12.29	6.000	信用
交行梧州支行	1000000.00	1999.12.31-2000.10.30	6.435	抵押
交行梧州支行	6000000.00	2000.01.10-2000.07.10	6.435	信用
梧州市资金管理局	400000.00	2000.02.03-2000.08.02	6.00	担保
交行梧州支行	1000000.00	2000.03.01-2001.01.01	6.435	信用
建行梧州分行	2300000.00	2000.03.07-2001.03.07	6.435	抵押
交行梧州支行	10000000.00	2000.04.02-2001.04.01	6.435	信用
交行梧州支行	1000000.00	2000.04.17-2001.02.16	6.435	抵押
交行梧州支行	10000000.00	2000.05.09-2001.05.08	6.435	信用
交行梧州支行	5000000.00	2000.05.19-2000.09.18	6.138	信用
交行梧州支行	5000000.00	2000.05.19-2001.03.19	6.435	信用
建设梧州分行	4650000.00	2000.05.25-2001.05.25	6.4356	抵押
交行梧州支行	6000000.00	2000.05.31-2001.03.31	6.435	信用
合计	80590000.00			

说明:贷款抵押物包括房屋、机器设备和土地使用权。梧州市资金管理局主要是发放财政技改贷款。

1998年12月31日短期借款年末余额比年初余额增加41.18%, 主要是为了投入桂江三桥而向银行增加借款。

15、应付帐款

1999.12.31	2000.06.30
10595718.08	9899142.42

说明:应付帐款中无持有本公司5%(含5%)以上股份的股东单位款项。

1998年应付帐款年末余额比年初余额减少45.68%,主要是支付了年初所欠的工程款。

1999年应付帐款年末余额比年初余额增加219.05%, 主要是新增7500万肠衣生产线所购设备尚未支付货款。

16、预收帐款

1999.12.31	2000.06.30
16340815.92	22401462.08

说明:预收帐款中无持有本公司5%(含5%)以上股份的股东单位款项。

1998年预收帐款年末余额比年初余额增加39.43%,主要是预收工程款和销货款增加。1999年预收帐款年末余额比年初余额减少64.57%,主要是进行工程结算而减少。

17、应交税金

税种	1999.12.31	2000.06.30
营业税	1632589.90	1983448.01
城建税	165602.94	219954.53
增值税	775701.68	994782.38
房产税	-25358.89	-21546.73
土地增值税	-40000.00	-40000.00
企业所得税	4901420.88	5164896.58
代缴个人所得税	1198450.00	767008.00
合计	8608406.51	9068542.77

18、其他应交款

项目	1999.12.31	2000.06.30	计缴标准
教育费附加	73,148.07	93,363.48	按应交流转税的3%计缴
防洪保安费	376,337.85	382,708.62	按应交流转税的4.5%计缴
合计	449485.92	476072.10	

19、其他应付款

1999.12.31	2000.06.30
10345539.52	10649940.20

说明:其他应付款中无持有本公司5%(含5%)以上股份的股东单位款项。

1998年其他应付款年末余额比年初余额减少88.48%,主要是支付了怡景酒店装修工程款。

1999年其他应付款年末余额比年初余额增加35.19%, 主要是怡景酒店的装修工程款尚未支付。

2000年6月30日余额较大的单位及款项内容有:

单位及内容	金额
职工购房定金	1610405.21
梧州露仙娜护肤美容公司往来款	981641.04
梧州市灯泡厂破产清算组设备款	400000.00

20、预提费用

类别	1999.12.31	2000.06.30	结存原因
设施配套费	1,908,975.69	2,087,260.11	未结算
水、电、消防费	196,459.23	219,061.83	未结算
电费		430,397.51	未结算
其他	160,155.52	114,856.10	未结算
合计	2265590.44	2851575.55	

21、长期借款

借款单位	金额	借款期限	年利率	借款条件
※工行梧州分行	27,970,000.00	97/11/01-2002/10/31	免息	抵押
建行梧州分行	3,000,000.00	93/08/01-2010/08/01	7.56%	信用
工行梧州分行	4,000,000.00	99/12/02-2001/12/02	7.128%	抵押
梧州市民族资金管理局	1,260,000.00	97/11/01-2002/10/31	7.56%	信用
梧州市民族资金管理局	8,000,000.00	99/05/05-2001/11/04	5.4%	抵押
梧州市民族资金管理局	2,000,000.00	2000/6/9-2002/6/8	5%	信用
合计	46230000.00			

※注: 此项借款是本公司以承债方式兼并原梧州市蛋白肠衣厂的银行债务, 按照国务院国发[1997]10号文及[1997]2号《国有企业兼并破产和职工再就业工作计划》的有关规定,该项借款免息,贷款本金自兼并之日起5年内归还。

22、股本

2000年6月30日余额为人民币81,717,600.00元,每股面值1元,计81,717,600股,股本结构如下:

股本类别	2000.06.30	99.12.31	98.12.31	97.12.31
国家股	49880000.00	49880000.00	49880000.00	49880000.00
法人股	19853100.00	19853100.00	19853100.00	19853100.00
职工内部股	11984500.00	11984500.00	11984500.00	11984500.00
合计	81717600.00	81717600.00	81717600.00	81717600.00

说明:(1)本公司是1993年4月1日经广西壮族自治区体改委桂体改股字(1993)63号文批准,以定向募集方式设立的股份有限公司, 截至1993年7月3日止, 公司实收股本金额共计人民币6174.925万元, 其中国家股2488万元, 占40.29%; 法人股2488.475万元, 占40.30%; 内部职工股1198.45万元,占19.41%。业经梧州会计师事务所梧内资验字(1993)第006号验资报告书验证;

(2)1994年12月,经公司股东大会审议通过和广西区体改委以桂体改股字(1994)178号文批复,同意梧州市国资局将桂江二桥经评估后的净资产2625万元,按1:1.05的比例,折合为2500万股国家股投入公司。公司本次增资扩股已经广西区体改委以桂体改股字(1994)178号文批复确认。截至1995年元月31日止,公司实收股本金额共计人民币8674.925万元,其中:国家股4988万元,占股本总额的57.50%;法人股2488.475万元,占股本总额的28.69%;内部职工股1198.45万元,占股本总额的13.81%。业经梧州会计师事务所梧内资验字(1995)第002号验资报告书验证;

(3)1996年4月,公司按照国务院《关于原有有限责任公司和股份有限公司按照〈中华人民共和国公司法〉进行规范的通知》国发[1995]17号文和广西自治区人民政府办公厅《关于对原有有限责任公司和股份有限公司进行规范的通知》桂政办(1995)95号文及有关规定进行了自查和规范,公司按面值回购发售在外的个人化法人股,本次共计回购了个人化法人股503.165万股,经公司股东大会审议批准,并经广西区体改委桂体改股字(1996)48号文批复,

对已回购的个人化法人股按法定程序办理了注销。截止1996年10月31日止,公司总股本为人民币8171.76万元,其中国家股4988万元,占股本总额的61.04%;法人股1985.31万元,占股本总额的24.29%; 内部职工股1198.45万元, 占股本总额的14.67%。业经梧州会计师事务所梧内资验字(1996)第005号验资报告书验证;

23、资本公积

项目	2000.06.30	99.12.31	98.12.31	97.12.31
期初数	2077118.81	1387118.81	1387118.81	1387118.81
本期增加		690000.00		
本期减少				
期末数	2077118.81	2077118.81	1387118.81	1387118.81

说明:1999年增加的资本公积是广西梧州蛋白肠衣厂收到的国家级重点新产品补助费,根据桂经贸字[1998]559号文的规定,收到的国家级重点新产品补助费转作"资本公积"。

24、盈余公积

项目	2000.06.30	99.12.31	98.12.31	97.12.31
期初数	24298762.30	16346436.96	11012327.33	7005077.90
其中:法定盈余公积				

	16198703.00	10897152.77	7341079.67	4669580.05
公益金	8100059.30	5449284.19	3671247.66	2335497.85
本期增加:	2072505.38	7952325.34	5334109.63	4007249.43
其中:法定盈余公积	1381670.26	5301550.23	3556073.10	2671499.62
公益金	690835.12	2650775.11	1778036.53	1335749.81
期末数	26371267.68	24298762.30	16346436.96	11012327.33
其中:法定盈余公积	17580373.26	16198703.00	10897152.77	7341079.67
公益金	8790894.42	8100059.30	5449284.19	3671247.66

25、未分配利润

项目	2000.06.30	99.12.31	98.12.31	97.12.31
期初数	33336820.78	51138870.73	31152602.90	12935733.93
本期增加	9806839.89	31009075.39	25320377.46	22224118.40
本期减少	2072505.38	48811125.34	5334109.63	4007249.43
其中:提取盈余公积	2072505.38	7952325.34	5334109.63	4007249.43
分配股利		40858800.00		
期末数	41071155.29	33336820.78	51138870.73	31152602.90

说明:(1)根据1998年7月21日股东大会通过的1997年度利润分配方案,对1997年度利润暂不分配,结转下一年度。

(2)根据1999年6月28日股东大会通过的利润分配方案,对1998年度及滚存利润进行分配,1998年12月31日股本81,717,600股,每股分红0.50元(含税),总计分配现金股利40,858,800元(含税)。

(3)根据2000年6月5日股东大会通过的1999年度利润分配方案,对1999年度利润暂不分配,结转下一年度。

26、主营业务收入

项目	2000年1-6月	1999年度	1998年度	1997年度
基础设施经营收入	23120213.23	73328841.77	91296807.59	113085255.58
肠衣销售收入	14796355.92	37500272.73	31869837.67	9662983.86
商品房销售收入	23284090.74	22521049.71	11876325.01	7003108.61
住宅配套产品销售收入	594062.85	2087815.25	2243885.77	3669315.19
酒店经营收入	2016395.66	2894971.57		
合计	63811118.40	138332951.03	137286856.04	133420663.24

27、主营业务税金及附加

项目	2000年1-6月	1999年度	1998年	1997年度
营业税	2063318.75	4220733.80	4126903.63	3779849.02
城建税	250732.36	615199.54	575628.50	355469.33
教育费附加	107827.49	261638.55	246697.94	145863.89
合计	2421878.60	5097571.89	4949230.07	4281182.24

28、其他业务利润

项目	2000年1-6月	1999年度	1998年度	1997年度
物业出租	352690.03	441860.07	649833.73	170830.41
其他	463603.32	410653.09		
合计	816293.35	852513.16	649833.73	170830.41

29、财务费用

项目	2000年1-6月	1999年度	1998年度	1997年度
利息支出	2325818.11	4331308.33	4872365.78	4759723.43
减利息收入	72442.95	8514518.30	231219.89	115509.35
其他	20560.56	115253.54	14911.84	23400.39
合计	2273935.72	-4067956.43	4656057.73	4667614.47

说明:1999年度利息收入中的8,201,315.00元是工商银行梧州分行减免梧州蛋白肠衣厂兼并前所欠的贷款利息。

30、投资收益

项目	2000年1-6月	1999年度	1998年度	1997年度
其他股权投资收益	2816381.22	5822808.82	4306135.81	591358.87
其中:梧州置地楼宇开有限公司	3081.22	-105605.06	845717.89	620552.26
梧州华强食品有限公司	301813.88	433817.92	-29193.39	
广西梧州交通建设开发有限公司	2813300.00	5626600.00	3026600.00	

说明:根据梧州市人民政府梧政函[1995]50号文《关于对梧州交通建设开发有限公司投资西江二桥而造成损失给予补偿的批复》的规定:"在桂江二桥收费期限内,若梧州交通建设开发有限公司从坤泰公司获取的投资收益低于西江二桥通车前原桂江二桥的净利润(具体以西江二桥通车前桂江二桥上年的净利润加13%增长率为标准),差额部分由市财政给予补偿"(注:13%的增长率是梧州市政府根据桂江二桥1995年以前各年车流量的平均增长情况来确定的)。西江二桥于1998年8月1日建成通车,财政补偿差额是以1997年桂江二桥的净利润乘1.13为计算标准,若梧州交通建设开发有限公司获取的坤泰公司投资收益低于上述标准,差额部分由市财政补偿,若高于上述标准,则市财政不需补偿。因此,从西江二桥通车之日起,即1998年8月1日起,梧州交通建设开发有限公司按上述文件规定享有财政补偿。

广西梧州交通建设开发有限公司的其他股权投资收益包括坤泰公司的投资收益和财政补偿。坤泰公司的投资收益包括股东贷款利息(按股东贷款额及规定利率计算)和利润分配(按注册资本比例6.43%分配)。财政补偿是根据梧州市人民政府梧政函[1995]50号文的规定取得。广西梧州交通建设开发有限公司1998年投资收益3,026,600元,全部是财政补偿;1999年投资收益5,626,600元,全部是财政补偿;2000年1-6月投资收益2,813,300元,其中已收坤泰公司投资收益864,000元,财政补偿1,949,300元。

31、补贴收入

项目	2000年1-6月	1999年度	1998年度	1997年度
所得税返还		4931446.07	4845875.60	4892450.65

32、营业外收入

项目	2000年1-6月	1999年度	1998年度	1997年度
处理固定资产净收益				28233.06
无法支付的应付款	9130.00			12692.33
其他	6176.00	115962.46		53200.00
合计	15306.00	115962.46	12692.33	81433.06

33、营业外支出

项目	2000年1-6月	1999年度	1998年度	1997年度
处理固定资产净损失	2499.80	11909.72	111170.28	32312.00
捐赠支出		54510.00	3000.00	30675.00
其他	4000.00		12290.00	3130.00
合计	6499.80	66419.72	126460.28	66117.00

34、支付的其他与经营活动有关的现金

项目	2000年1-6月
劳动保险费支出	558173.33
广告费支出	388512.70
办公费支出	399377.69
差旅费支出	589369.19
其他支出	1723113.33
合计	3993618.31

35、2000年1-6月收到的其他与投资活动有关的现金2,000,000.00元,系收回的预付肠衣设备款和坤泰公司的股东贷款利息。

十、董事会上市承诺

本公司董事会将严格遵守《中华人民共和国公司法》、《中华人民共和国证券法》、《证券发行与交易管理暂行条例》、《公开发行股票公司信息披露实施细则》、《上海证券交易所股票上市规则》和国家其它法律、法规的规定,并自本公司股票上市之日起作出如下承诺:

(一)按照法律、法规的规定程序和要求披露重大的信息,并接受证券主管机关、上海证券交易所的监督管理。

(二)及时、真实、准确地公布中期报告和年度报告,并备置于规定场所提供投资者查阅。

(三)本公司董事、监事及高级管理人员如发生人事变动或持本公司股票发生变化时,按有关规定报告证券主管机关、上海证券交易所并进行披露。

(四)在任何公共传播媒介中出现的消息可能对本公司股票的市场价格产生误导性影响时,本公司知悉后将及时对该消息予以公开澄清。

(五)本公司董事、监事及高级管理人员将认真听取社会公众的意见和批评,不利用已获得的内幕消息和其他不正当手段直接或间接从事股票买卖活动。

(六)本公司没有无记录负债。

十一、重要事项揭示

1、本次上市流通股份为上网定价方式向社会公众公开发行的4,500万股人民币普通股。

根据有关规定,本公司1198.45万股内部职工股将于本次4,500万股人民币普通股发行之日起,期满三年后方可上市流通。

2、根据公司1999年度股东大会决议,1999年度暂不分配,若本次股票发行成功,公司1999未分配利润33,336,820.78元及2000年度后实现的利润,由新老股东共享。本公司在本次发行后的预计首次派发股利时间在2001年9月份以前。

3、根据本公司编制并经广西公信会计师事务所出具的《盈利预测审核报告》[(2000)审字第285号],本公司2000年度和2001年度净利润按33%所得税率计算,预计分别为22,875,867.70万元和30,827,091.52万元。

4、本次发行前后的每股净资产分别为1.85元和2.97元。

5、梧州市国有资产管理局向上海证券交易所书面承诺自本公司股票上市之日起12个月内,不转让持有的发行人的股份,也不会由发行人回购梧州市国有资产管理局所持有的股份(不包括在此期间新增的股份)。

6、依据广西壮族自治区人民政府桂政函[1999]143号文《关于梧州中恒集团股份有限公司企业所得税有关问题的批复》和中华人民共和国财政部财税[2000]99号文《关于进一步认真贯彻落实国务院〈关于纠正地方自行制定税收先征后返政策的通知〉的通知》的规定,发行人在2002年1月1日前享受所得税先征后返的税收优惠政策,实际税负为15%;但发行人在招股说明书全文及概要中披露的财务资料、2000年及2001年的盈利预测和本次《股票上市公告书》中引用的财务资料均是按33%的所得税税率进行披露的,特此说明。

7、截止本公告书公布之日,本公司无重大诉讼事项。

8、除招股说明书及概要和本公告书已披露事项以外,本公司无其他应披露而未披露的重要事项。

十二、备查文件目录

1、招股说明书;
2、审计报告;
3、验资报告;
4、资产评估报告;
5、盈利预测报告;
6、中国证监会核准本公司公开发行股票的文件(证监发行字[2000]138号);
7、上海证券交易所上市通知书;
8、营业执照;
9、公司章程;
10、其他备查文件。

十三、咨询机构

1、发行人:广西梧州中恒集团股份有限公司
法定代表人:尹梅克
住所:广西梧州市蝶山一路3号
电话:(0774)5830828 5830863
传真:(0774)5830900
联系人:李澄宇 阳帮元

2、上市推荐人:国通证券有限责任公司
法定代表人:施永庆
住所:深圳市深南中路34号华强佳和大厦A座8-11层
电话:(0755) 3796300
传真:(0755) 3796489
项目负责人:车晓昕
联系人:康剑雄 李慧峰 曾远帆

上市推荐人:广发证券有限责任公司
法定代表人:陈云贤
住所:广州市天河北路183号大都会广场38楼
电话:(020) 87555888
传真:(020) 87553583
联系人:邹云龙 罗圆圆

广西梧州中恒集团股份有限公司

2000年11月25日

合并资产负债表

编制单位: 广西梧州中恒集团股份有限公司　　单位:元(会股01表)

资产	2000/6/30	1999/12/31	1998/12/31	1997/12/31
资产				
流动资产:				
货币资金	7354896.16	10280276.02	7252111.46	13825762.55

短期投资				
减:短期投资跌价准备				
短期投资净额				
应收股利				
应收帐款	41532710.62	38011310.12	39435178.02	43722212.48
其他应收款	25814648.36	22880782.19	26709606.02	24696793.33
减:坏帐准备	3460070.41	3658683.13	1335710.55	982010.97
应收帐款净额	63887288.57	57233409.18	64809073.49	67436994.84
预付帐款	20605381.54	16031690.78	34362268.09	29472246.34
应收补贴款	–	4606372.33	6974104.47	4790376.00
存货	78738719.42	58059488.37	66768631.54	42614713.56
减:存货跌价准备				
存货净额	78738719.42	58059488.37	66768631.54	42614713.56
待摊费用	309302.57	169154.84	485027.50	303942.49
待处理流动资产净损失				
其他流动资产	3667746.92	3166719.54	1883825.97	
流动资产合计	174563335.16	149547111.06	182535042.52	158444035.78
长期投资:				
长期股权投资	53173994.39	53170913.17	52974704.35	30241795.25
长期债权投资				
长期投资合计	53173994.39	53170913.17	52974704.35	30241795.25
减:长期投资减值准备				
长期投资净额	53173994.39	53170913.17	52974704.35	30241795.25
固定资产:				
固定资产原价	150137065.66	150184554.34	96621809.17	91076341.86
减:累计折旧	53199425.40	48589141.46	41246719.42	35199930.77
固定资产净值	96937640.26	101595412.88	55375089.75	55876411.09
工程物资	8447929.62			
在建工程	–	9157881.57	43117535.25	42210231.97
固定资产清理				
待处理固定资产损失	105385569.88			
固定资产合计	–	110753294.45	98492625.00	98086643.06
无形资产及其他资产:				
无形资产	14227716.47	14757031.27	15810456.20	32859419.92
开办费	454365.99	516580.77	361800.04	
长期待摊费用	199617.45	210748.98		
其他长期资产	408730.90	429534.39	564381.58	489392.98
无形资产及其他资产合计	15290430.81	15913895.41	16736637.82	33348812.90
资产总计	348413330.24	329385214.09	350739009.69	320121286.99
负债及股东权益				
流动负债:				
短期借款	80590000.00	79290000.00	73990000.00	52408000.00
应付票据				
应付帐款	9899142.42	10595718.08	3321012.22	7328600.65
预收帐款	22401462.08	16340815.92	46118754.07	33075505.93
代销商品款				
应付工资	5126240.61	5857610.11	3199217.24	1793691.79
应付福利费	1419369.88	1340042.85	1246985.59	876279.85
应付股利	–	252397.97	1714860.00	1714860.00
应交税金	9068542.77	8608406.51	4252898.31	3035998.09
其他应交款	476072.10	449485.92	219977.57	104678.79
其他应付款	10649940.20	10345539.52	7652678.12	24275616.45
预提费用	2851575.55	2265590.44	10234422.54	12138108.95
一年内到期的长期负债				
其他流动负债				
流动负债合计	142482345.61	135345607.32	151950805.66	136751334.50
长期负债:				
长期借款	46230000.00	44230000.00	39430000.00	49970000.00
应付债券				
长期应付款				
住房周转金	1105036.17	1040749.36	569520.08	521582.88
其他长期负债				
长期负债合计	47335036.17	45270749.36	39999520.08	50491582.88
负债合计	189817381.78	180616356.68	191950325.74	187242917.38
少数股东权益	7358806.68	7338555.52	8198657.45	7608720.57
股东权益				
股本	81717600.00	81717600.00	81717600.00	81717600.00
资本公积	2077118.81	2077118.81	1387118.81	1387118.81
盈余公积	26371267.68	24298762.30	16346436.96	11012327.33
其中:公益金	8790894.42	8100059.30	5449284.19	3671247.66
未分配利润	41071155.29	33336820.78	51138870.73	31152602.90
股东权益合计	151237141.78	141430301.89	150590026.50	125269649.04
负债及股东权益总计	348413330.24	329385214.09	350739009.69	320121286.99

合并利润及利润分配表

编制单位: 广西梧州中恒集团股份有限公司　单位:元(会股02表)

项目	2000年1-6月	1999年度	1998年度	1997年度
一、主营业务收入	63811118.40	138332951.03	137286856.04	133420663.24
减:主营业务成本	40777665.82	98142848.26	91173832.60	89513927.11
主营业务税金及附加	2421878.60	5097571.89	4949230.07	4281182.24
二、主营业务利润	20611573.98	35092530.88	41163793.37	39625553.89
加:其他业务利润	816293.35	852513.16	649833.73	170830.41
减:存货跌价损失				
营业费用	2914216.85	3345099.11	1374303.35	963856.73
管理费用	5143889.44	10369677.88	10003245.75	7905505.70
财务费用	2273935.72	−4067956.43	4656057.73	4667614.47
三、营业利润	11095825.32	26298223.48	25780020.27	26259407.40
加:投资收益	2816381.22	5822808.82	4306135.81	591358.87
补贴收入	–	4931446.07	4845875.60	4892450.65
营业外收入	15306.00	115962.46	12692.33	81433.06
减:营业外支出	6499.80	66419.72	126460.28	66117.00
四、利润总额	13921012.74	37102021.11	34818263.73	31758532.98
减:所得税	4093921.69	5985761.64	8907949.39	8994722.36
减:少数股东损益	20251.16	107184.08	589936.88	539692.22
五、净利润(按利润分配)	9806839.89	31009075.39	25320377.46	22224118.40
加:年初未分配利润	33336820.78	51138870.73	31152602.90	12935733.93
盈余公积转入				
六、可供分配的利润	43143660.67	82147946.12	56472980.36	35159852.33
减:提取法定盈余公积	1381670.26	5301550.23	3556073.10	2671499.62
提取法定公益金	690835.12	2650775.11	1778036.53	1335749.81
七、可供股东分配的利润	41071155.29	74195620.78	51138870.73	31152602.90
减:应付优先股股利				
提取任意盈余公积				
应付普通股股利	–	40858800.00		
转作股本的普通股股利				
八、未分配利润	41071155.29	33336820.78	51138870.73	31152602.90

现金流量表

编制单位: 广西梧州中恒集团股份有限公司　2000年1-6月　单位:元

项目	合并	母公司
一、经营活动产生的现金流量:		
销售商品、提供劳务收到的现金	66393798.04	51041207.09
收到的租金	603956.04	351798.04
收到的税费返还	3025760.63	3025760.63
收到的其他与经营活动有关的现金		
现金流入小计	70023514.71	54418765.76
购买商品、接受劳务支付的现金	56511422.58	44668114.64
经营租赁所支付的现金		
支付给职工以及为职工支付的现金	4671514.51	1641848.35
实际交纳的增值税款	2398326.33	
支付的所得税款	3830445.48	3830445.48
支付的除增值税、所得税以外的其他税费	2821342.07	2567070.99
支付的其他与经营活动有关的现金	3993618.31	1794971.20
现金流出小计	74226669.28	54502450.66
经营活动产生的现金流量净额	−4203154.57	−83684.90
二、投资活动产生的现金流量:		
收回投资所收到的现金		
分得股利或利润所收到的现金		
取得债券利息收入所收到的现金		
处置固定资产、无形资产和其他长期资产而收回的现金净额		
收到的其他与投资活动有关的现金	2000000.00	
现金流入小计	2000000.00	
购建固定资产、无形资产和其他长期资产所支付的现金	886770.09	105265.00
权益性投资所支付的现金		
债权性投资所支付的现金		
支付的其他与投资活动有关的现金	886770.09	105265.00
现金流出小计	1113229.91	−105265.00
投资活动产生的现金流量净额		
三、筹资活动产生的现金流量:		
吸收权益性投资所收到的现金		
发行债券所收到的现金		
借款所收到的现金	54750000.00	29950000.00
收到的其他与筹资活动有关的现金		
现金流入小计	54750000.00	29950000.00
偿还债务所支付的现金	51450000.00	29650000.00
发生筹资费用所支付的现金		
分配股利或利润所支付的现金	252397.53	252397.53
偿付利息所支付的现金	2883057.69	1465085.94
融资租赁所支付的现金		
减少注册资本所支付的现金		
支付的其他与筹资活动有关的现金		
现金流出小计	54585455.22	31367483.47
筹资活动产生的现金流量净额	164544.78	−1417483.47
四、汇率变动对现金的影响		
五、现金及现金等价物净增加额	−2925379.88	−1606433.37

附注:

1.不涉及现金收支的投资和筹资活动		
以固定资产偿还债务		
以投资偿还债务		
以固定资产进行长期投资		
以存货偿还债务兹谧首饬薰潭卩什?		
2.将净利润调节为经营活动的现金流量		
净利润	9806839.89	9806839.89
加:少数股东本期损益	20251.16	
加:计提的坏帐准备或转销的坏帐	−198612.72	−175406.25
固定资产折旧	4981734.00	1028451.35
无形资产摊销	550118.29	
待摊费用的减少(减:增加)	−123132.22	
预提费用的增加(减:减少)	585985.11	309741.13
处置固定资产、无形资产和其他长期资产的损失(减收益)		
固定资产报废损失	2499.80	
财务费用	2273935.72	1391052.31
投资损失(减收益)	−2816381.22	−3514503.70
递延税款贷项(减借项)		
存货的减少(减增加)	−20679231.05	−12762132.05
经营性应收项目的减少(减增加)	−6877890.00	−497120.88
经营性应付项目的增加(减减少)	8270728.67	4329393.30
其他		
经营活动产生的现金流量净额	−4203154.57	−83684.90
3.现金及现金等价物净增加情况:		
货币资金的期末余额	7354896.16	6280556.61
减:货币资金期初余额	10280276.02	7886989.98
现金等价物的期末余额	−2925379.88	−1606433.37
减:现金等价物的期初余额		
现金及现金等价物净增加额	−2925379.88	−1606433.37

北京首都旅游股份有限公司

北京首都旅游股份有限公司股票上市公告书

一、要 览

股票简称:首旅股份　股票代码:600258
总股本:23140 万股　可流通股本:7000 万股
本次可流通股本:3700 万股
上市日期:2000 年 6 月 1 日　上市地点:上海证券交易所
登记机构:上海证券中央登记结算公司
上市推荐人:中信证券股份有限公司北京证券有限责任公司

二、绪 言

北京首都旅游股份有限公司(以下简称"本公司")上市公告书是依据《中华人民共和国公司法》、《中华人民共和国证券法》、《股票发行与交易管理暂行条例》、《公开发行股票公司信息披露实施细则》和《上海证券交易所股票上市规则》以及国家其它有关证券管理的规定,按照中国证券监督管理委员会制订的公开发行股票公司信息披露的内容与格式准则第七号《上市公告书的内容与格式〈试行〉》编制的,旨在向投资者提供有关本公司的基本情况和本次股票上市的有关资料。

经中国证券监督管理委员会证监发行字[2000]45 号文批准,2000 年 4 月 21 日至 5 月 12 日,本公司以对法人配售和对一般投资者上网发行相结合的方式向社会公众成功发行了 7000 万人民币普通股(A 股)股票,其中向证券投资基金配售了 1400 万股,向战 略投资者配售 2600 万股,在上海证券交易所对一般投资者上网发行 3000 万股,每股发行价为 5.87 元。

经上海证券交易所上证上字[2000]25 号《上市通知书》批准,本公司股票将于 2000 年 6 月 1 日在上海证券交易所上市挂牌交易,股票简称"首旅股份",股票代码"600258"。本公司总股本 23140 万股,可流通股本 7000 万股,本次上市流通股本为上网定价发行的 3000 万股及向证券投资基金配售的 1400 万股的 50%(即 700 万股),共计 3700 万股。根据有关规定,向证券投资基金配售的其余 700 万股将于该股票配售之日起六个月后上市交易。向战略投资者配售的股份将依据本公司与战略投资者签署的《战略投资者配售协议》,按约定持股时间上市交易。

本公司已经于 2000 年 4 月 28 日分别在《中国证券报》、《上海证券报》上刊登了《招股说明书概要》,鉴于与本报告间隔时间不足六个月,其重复内容不再冗述。详细内容敬请投资者查阅上述报纸刊登的《招股说明书概要》或在《招股说明书》查阅地点查阅《招股说明书》全文。本公司董事会成员已经批准本公司上市公告书,确信本公告书所载内容不存在任何重大遗漏、虚假陈述或者严重误导,并对其内容的真实性、准确性、完整性负个别的及连带的责任。

三、公司概况

1、概况　公司名称:北京首都旅游股份有限公司
英文名称:BEIJING CAPITAL TOURISM CO.,LTD.
注册地址:北京市西城区复兴门内大街 51 号　注册资本:23140 万元　法定代表人:刘毅
成立日期:1999 年 2 月 12 日　所属行业:旅游
经营范围:项目投资及管理;旅游服务;饭店经营及管理;旅游产品开发、销售;承办展览展示活动;出租汽车营运;餐饮服务;设计、制作、代理、发布国内及外商来华广告;信息咨询。
联系电话:(010)66014466-4469999　传真:(010)660194719999
2、历史沿革

北京首都旅游股份有限公司是于 1999 年 2 月 4 日经北京市人民政府京政办函 [1999]14 号文批准,由北京旅游集团有限责任公司作为主发起人,联合北京城乡贸易中心股份有限公司、清华同方股份有限公司、中国北京全聚德集团有限责任公司、北京市昌平县十三陵特区旅游服务开发总公司四家发起人,以发起方式设立的股份有限公司。其中,北京旅游集团有限责任公司在对其所属的北京市民族饭店、北京市燕京饭店、北京海外旅游公司、北京市旅游广告公司和北京市北展展览公司的非经营性资产进行剥离的基础上,对其经营性资产进行评估,并以评估确认后的净资产和北京旅游集团有限责任公司持有的北京市京伦饭店有限责任公司 54%股权、北京首汽实业股份有限 公司 30%股权作为投入;其他四家发起人分别以现金 53.55 万元作为投入。北京首都旅游股份有限公司于 1999 年 2 月 12 日在北京市工商行政管理局登记注册,并领取了法人 营业执照。

经北京京都会计师事务所有限责任公司审计、北京德威评估公司评估,北京市国有资产管理局京国资估[1998]622 号文确认,集团公司作为主发起人,投入股份公司 资产总额为 49,049.91 万元,负债为 24,498.29 万元, 净资产为 24,551.62 万元; 其他 四家发起人共投入现金 214.2 万元。按照 1.53:1 的比例将所投资产折为国有法人股 16,000 万股和法人股 140 万股。

经中国证券监督管理委员会证监发行字[2000]45 号文批准,2000 年 4 月 21 日至 5 月 12 日,本公司以对法人配售和对一般投资者上网发行相结合的方式在上海证券交易所向社会公众成功发行了 7000 万人民币普通股(A 股)股票,其中向证券投资基金配售 了 1400 万股,向战略投资者配售 2600 万股,对一般投资者上网发行 3000 万股。本次发行后,本公司总股本 23140 万股,已于 2000 年 5 月 17 日在北京市工商行政管理局变更注册登记。

四、股票发行及承销

1、公开发行股票
发行数量:本次发行社会公众股股票 7000 万股,其中向证券投资基金配售 1400 万 股,向战略投资者配售 2600 万股,对一般投资者上网发行 3000 万股。
发行价格:5.87 元/股　发行方式:对法人配售和对一般投资者上网发行相结合
发行市盈率:21.74 倍(加权平均,5 月发行)　上网发行时间:2000 年 5 月 8 日
上网发行中签率:0.1740798%　上网发行有效申购户数:1173095 户　发行费用总额:1148 万元
每股发行费用:0.164 元　募集资金总量:39942 万元(已扣除发行费用)

2、股票承销　本次通过上海证券交易所发行的 3000 万股社会公众股全部由社会公众投资者认购,承销团没有余额包销。

3、验资报告　接收本公司委托,北京京都会计师事务所有限责任公司对北京首都旅游股份有限公司截止 2000 年 5 月 15 日的实收资本及相关的资产和负债的真实性和合法性进行了审 验。北京京都会计师事务所北京京都验字(2000)第 040 号验资报告摘要如下:
北京首都旅游股份有限公司全体股东:

我们接受委托,对北京首都旅游股份有限公司(以下简称贵公司)截止 2000 年 5 月 15 日止的股本及相关的资产和负债的真实性和合法性进行了审验。在审验过程中,我 们按照《独立审计实务公告第 1 号—验资》的要求,实施了必要的审验程序。贵公司 的责任是提供真实、合法、完整的验资资料,保护资产的安全、完整。我们的责任是按照《独立审计实务公告第 1 号—验资》的要求,出具真实、合法的验资报告。

贵公司变更前的注册资本和投入资本分别为 16,140 万元和 24,765.82 万元,变更 后的注册资本为 23,140 万元。根据我们的审验,截至 2000 年 5 月 15 日止,贵公司增加 投入资本 40,370.925 万元,其中股本 7,000 万元,资本公积 33,370.925 万元(已扣除 承销费、上网费 719.075 万元)。与上述变更投入资本总额相关的资产总额为 40,370.925 万元,全部为银行存款。

北京京都会计师事务所有限责任公司　中国注册会计师:童登书　中国注册会计师:刘莉

验资事项说明

本次变更增加社会募集股本 7,000 万股。截止 2000 年 5 月 15 日,经中国证券监督管理委员会证监发行字[2000]45 号文批准,贵公司采用一般投资者上网定价发行和法人配售相结合的方式向社会公开发行人民币普通股 7,000 万股,每股面值一元,其中上 网发行部分利用上海证券交易所交易系统发行。贵公司实收股款 40,370.925 万元。该股款分别于 2000 年 4 月 28 日、2000 年 5 月 15 日由中信证券股份有限公司汇入贵公司在中国银行北京市西城区支行开立的 6257800517001 号帐户内。其中:股本 7,000 万元,资本公积 33,370.925 万元(未扣除其他发行费用)。

至此,贵公司申请的注册资本 23,140 万元已足额到位。

五、董事、监事及高级管理人员简历及持股情况

1、董事

刘毅先生:39 岁,在职研究生。曾任北京市旅游事业管理局综合管理处副处长、行业管理处处长、局党组副书记;1998 年 1 月任北京旅游集团有限责任公司党委副书 记、董事。本公司董事长、总经理。

王坚先生:46 岁,研究生学历。曾任中国国际旅行社杭州分社外联部主任、北京新华旅游集团公司副总经理、英国文化旅游有限公司董事长、中国招商国际旅游总公司副总经理。本公司董事、副总经理。

王志强先生:44 岁,研究生学历。曾任北京市首都汽车公司第三分公司副经理、北京市首都汽车公司第三分公司经理、北京市首都汽车公司副总经理;1994 年 2 月任 首汽集团副总经理兼首汽实业股份有限公司总经理。本公司董事、副总经理兼董事会秘书。

赵五一先生:49 岁,大学学历。曾任北京市旅游局国有资产管理处副处长、北京长城饭店有限责任公司董事、总会计师。本公司董事、总会计师。

韩凤岐先生:50 岁,大专学历。曾任北京玻璃总厂总会计师、北京玻璃集团总会计师;1998 年 3 月任北京旅游集团有限责任公司财务部经理。本公司董事。

王诚先生:46 岁,大专学历。曾任北京市旅游公司副总经理、北京市旅游广告公司总经理、北京市旅游事业管理局外经处处长;1998 年 3 月任北京旅游集团有限责任 公司企业管理部经理。本公司董事。

陆二勇先生:48 岁,大专学历。曾任北京市旅游事业管理局监察处副处长、局党组纪检组副组长兼监察处处长;1998 年 3 月任北京旅游集团有限责任公司监察审计室 主任。本公司董事。

陈秋生先生:43 岁,大专学历。曾任北京市昌平县东小口乡企业总公司总经理、北京市昌平县东小口乡党委书记;1997 年 5 月任十三陵特区办事处党委书记、主任兼 十三陵特区旅游服务开发总公司总经理。本公司董事。

姜俊贤先生:49 岁,研究生学历。曾任中国北京全聚德集团公司党委副书记、副董事长、副总经理;1996 年 9 月任中国北京全聚德集团有限责任公司党委副书记、董 事长、总经理。本公司董事。

陆致成先生:50 岁,教授。曾任北京清华人工环境工程公司总经理;现任清华大学企业集团董事、清华同方股份有限公司董事兼总裁。本公司董事。

周和平先生:46 岁,大学学历。曾任北京市城乡贸易中心总经理、北京市郊区旅游实业开发公司总经理、北京城乡贸易中心股份有限公司总经理;1996 年 10 月任北京城乡贸易中心股份有限公司董事长兼总经理。本公司董事。

2、监事

王慕曾先生:56 岁,大专学历。曾任华都饭店财务部经理、北京市旅游事业管理局财务处处长;1998 年 3 月任北京旅游集团有限责任公司资本运营部经理。本公司监 事会召集人。

刘建生先生:44 岁,大专学历。曾任民族饭店质量考核办公司室副主任、民族饭店客房部经理;1997 年 9 月任民族饭店工会主席。本公司监事。

李欣女士:28 岁,大专学历。曾任北京首汽实业股份有限公司办公室主任助理、策划部副经理;1998 年 7 月任北京首都旅游股份有限公司筹备组干事。本公司监事。

3、本公司董事、监事及高级管理人员持股情况
本公司董事、监事及高级管理人员均未持有本公司股票。

六、公司设立

1、公司设立　1999 年 2 月 4 日经北京市人民政府京政办函[1999]14 号文批准,由北京旅游集团有限责任公司作为主发起人,联合北京城乡贸易中心股份有限公司、清华同方股份有限公司、中国北京全聚德集团有限责任公司、北京市昌平县十三陵特区旅游服务开发总公司四家发起人,以发起方式设立的股份有限公司。公司设立时总股本 16140 万股。

2、公开发行　经中国证券监督管理委员会证监发行字[2000]45 号文批准,2000 年 4 月 21 日至 5 月 12 日,本公司以对法人配售和对一般投资者上网发行相结合的方式在上海证券交易所向社会公众成功发行了 7000 万人民币普通股(A 股)股票,其中向证券投资基金配售 了 1400 万股,向战略投资者配售 2600 万股,对一般投资者上网发行 3000 万股。本次发行后,本公司总股本 23140 万股,其中发起人股 16140 万股,社会公众股 7000 万股。

3、变更注册日期:2000 年 5 月 17 日　4、注册地址:北京市西城区复兴门内大街 51 号
5、法定代表人:刘毅　6、营业执照注册号:1100001520068(2-1)

七、关联企业及关联交易

本公司主要的关联企业为集团公司,与集团公司之间存在下述方面的关联交易,目前,已通过签定协议的方式解决:

1、土地使用权　本公司目前占用的土地使用权属于集团公司,本公司与集团公司订立了《土地使用权租赁合同》,租赁使用。

2、综合服务　本公司与集团公司之间签定《服务协议》,双方将按照合同条款履行服务协议中规定的权利与义务。综合服务协议的内容主要是职工宿舍的配套设施和相应服务等。

3、管理委托　鉴于集团公司享有房地产开发资质和经验,并拥有良好的商业信誉和资金实力,本公司与北京旅游集团有限责任公司签订《改扩建及装修工程委托管理协议》,委托北京旅游集团有限责任公司管理北展展览分公司展览场馆的改扩建工程。本公司已于 1999 年 12 月 24 日预付改扩建工程款 7000 万元。

4、本公司与集团公司下属的北京首汽集团公司均为北京首汽实业股份有限公司 的股东,本公司与集团公司存在间接的关联关系。

其他与本公司进行经营活动的关联企业属正常商业往来,依市场原则确定彼此的权利义务,无特别优惠约定。

八、股本

1、本公司股本结构如下

股份名称	股数(万股)	占总股本比例(%)
尚未流通股份:		
其中:I、发起人股份		
(1)国有法人持有股份	16000	69.14
(2)境内法人持有股份	140	0.6
II、非发起人股份		
(1)向证券投资基金配售股份	700	3.03
(2)向法人投资者配售股份	2600	11.24
尚未流通股份合计:	19440	84.01
可流通股份:	3700	15.99
总股本	23140	100

2、本公司前二十名大股东的持股情况

序号	股东名称	持股数(万股)	持股比例(%)
1	北京旅游集团有限责任公司	16,000	69.14
2	北京王府井百货(集团)股份有限公司	220	0.95
3	中国经济技术投资担保有限公司	220	0.95
4	上海汽车股份有限公司	220	0.95
5	北京锦绣大地农业股份有限公司	220	0.95
6	桂林旅游发展总公司	220	0.95
7	北京首创股份有限公司	220	0.95
8	新世纪国际租赁有限公司	220	0.95
9	北京知金科技有限公司	220	0.95
10	中机电投资有限公司	220	0.95
11	北京清华大学企业集团	210	0.91
12	汇森源投资有限公司	210	0.91
13	北京北信东方物业管理有限公司	60	0.26
14	国世通投资管理有限公司	60	0.26
15	中粮粮油饲料进出口公司	40	0.17
16	江苏新基业投资有限公司	40	0.17
17	北京城乡贸易中心股份有限公司	35	0.15
18	清华同方股份有限公司	35	0.15
19	中国北京全聚德集团有限责任公司	35	0.15
20	北京市昌平县十三陵特区旅游服务开发总公司	35	0.15

九、财务会计资料

本公司截止 1999 年 12 月 31 日的财务状况，已于 2000 年 4 月 28 日在《中国证券报》和《上海证券报》刊登的《招股说明书概要》中进行了详细的披露。因与本公告间隔时间较短，本公告不再重述。本公告只公布财务报表、主要项目附注及财务指标，欲了解其他内容，请查阅上述报纸或到本公司公告的查阅地址查阅本公司《招股说明书》。

(一)会计数据与业务数据摘要

1、1999 年度主要会计数据和业务数据摘要(单位:人民币元)

利润总额	78,352,227.33
净利润	51,133,987.43
主营业务利润	259,973,461.29
其他业务利润投资收益	5,350,981.61
补贴收入	

2、公司前三年的主要会计数据和财务指标(单位:人民币元)

项目	1999 年	1998 年	1997 年
主营业务收入	412,259,810.37	388,788,412.59	461,237,808.62
净利润	51,133,987.43	41,116,882.75	58,201,077.51
每股收益(元/股)	0.32	0.25	0.36
总资产	705,513,685.25	608,765,466.45	—
股东权益	264,917,030.23	252,593,207.60	—
每股净资产	1.64	1.57	—
调整后每股净资产	1.64	1.57	—
净资产收益率(%)	19.30	16.28	—

2、因审计报告未涉及 1997 年末资产负债情况，故无相关数据。

(二)会计报表本公司委托北京京都会计师事务所中国注册会计师童登书、刘莉对 1999 年 12 月 31 日、1998 年 12 月 31 日、1997 年 12 月 31 日的资产负债表和 1999 年度、1998 年度、1997 年度的利润及利润分配表进行了审计。北京京都会计师事务所有限责任公司出具了无保留意见的审计报告。

具体会计报表及报表附注如下：　　会计报表附注

一、公司基本情况

北京首都旅游股份有限公司(以下简称本公司)系经北京市人民政府京政办函[1999]14 号批复批准，由北京旅游集团有限责任公司(以下简称集团公司)、北京城乡贸易中心股份有限公司、清华同方股份有限公司、中国北京全聚德集团有限责任公司、北京市昌平县十三陵特区旅游服务开发总公司作为发起人，以发起设立方式设立的股份有限公司。本公司于 1999 年 2 月 12 日在北京市工商行政管理局注册登记，领取 1520068 注册号《企业法人营业执照》，注册资本 16,140 万元。

本公司主营项目投资及管理、旅游服务、饭店经营及管理、旅游资源开发及销售、承办展览展示活动、出租汽车营运、餐饮服务等。

二、会计报表的编制基准

三、公司主要会计政策、会计估计和会计报表的编制方法

四、税项

本公司适用的主要税种及税率如下：

(1)增值税：饭店商品部的增值税税率分别为 13%和 17%,以销项税抵扣进项税额后计缴。

(2)营业税：按收入的 3%、10%比例计缴。

(3)城市维护建设税：按应交增值税和应交营业税额的 5%、7%计缴。

(4)房产税：以帐面房产原值的 70%为计税依据，年税率为 1.2%。

(5)企业所得税：本公司企业所得税以应纳税所得额的 33%计算缴纳。

五、合并会计报表主要项目注释

1、货币资金

	1999/12/31
现金	354,412.96
银行存款	160,423,088.01
其他货币资金	34,373.70
	160,811,874.67

说明：期末银行存款有美元存款 5,512,140.69 美元，折合人民币 45,637,299.51 元，港币存款 559,905.41 港元，折合人民币 596,243.27 元。

2、应收帐款

A、帐龄分析及百分比

帐龄	金额	百分比
1 年以内	22,019,396.60	93.92%
1-2 年	692,248.11	2.95%
2-3 年	733,005.80	3.13%
3 年以上	- -	0.00%
	23,444,650.51	100.00%

B、以上应收帐款不存在持本公司 5%以上股份的股东单位欠款。

C、以上应收帐款主要是北京海外旅游有限责任公司应收国外旅行社的款项。

3、其他应收款

A、帐龄分析及百分比

帐龄	金额	百分比
1 年以内	2,531,329.49	32.30%
1-2 年	4,138,931.96	52.81%
2-3 年	77,065.73	0.98%
3 年以上	1,089,713.34	13.91%
	7,837,040.52	100.00%

B、以上其他应收款不存在持本公司 5%以上股份的股东单位欠款。

C、截止 1999 年 12 月 31 日，帐龄超过三年的大额应收款项有：

单位名称	金额	性质
东城保险公司	848,000.00	储蓄式保险
旅游局	169,027.34	押金
国旅总社	10,000.00	结算押金
烹饪协会	50,000.00	会员资格费
其他	12,686.00	
	1,089,713.34	

D、截止 1999 年 12 月 31 日大额应收款项的性质及内容

单位名称	金额	性质
北京民族富城火锅海鲜酒家有限公司	4,000,000.00	借款
中信证券	1,009,657.80	往来
东城保险公司	848,000.00	储蓄式保险
	5,857,657.80	

4、坏帐准备

帐龄	应收帐款计提的坏帐准备	其他应收款计提的坏帐准备	合计
1 年以内	1,100,969.83	126,566.47	1,227,536.30
1-2 年	69,224.81	413,893.20	483,118.01
2-3 年	109,950.87	11,559.86	121,510.73
3 年以上	-	217,942.67	217,942.67
	1,280,145.51	769,962.20	2,050,107.71

5、预付帐款

A、帐龄分析及百分比

帐龄	金额	百分比
1 年以内	70,222,743.60	89.20%
1-2 年	- -	- -
2-3 年	- -	- -
3 年以上	8,500,000.00	10.80%
	78,722,743.60	100.00%

B、持本公司 5%以上股份的股东单位款项

单位名称	金额	性质
北京旅游集团有限责任公司	70,000,000.00	北展改造款

C、截止 1999 年 12 月 31 日大额预付款项的性质及内容

单位名称	金额	性质
北京旅游集团有限责任公司	70,000,000.00	北展改造款
北京市房地产开发经营总公司	8,500,000.00	购房款
	78,500,000.00	

D、预付北京市房地产开发经营总公司 850 万元系京伦饭店代合营中方支付的购房款。

6、存货

项目	1999/12/31
物料用品	14,520,363.08
库存商品	4,810,136.88
原材料	323,333.72
低值易耗品	49,328.48
	19,703,162.16

7、待摊费用

项目	1999/01/01	本期增加	本期减少	1999/12/31
备品备件	1,468,017.06	6,737,728.00	4,571,167.33	3,634,577.73
顾问费	- -	150,000.00	50,000.00	100,000.00
制装费	- -	561,243.11	- -	561,243.11
更新准备	- -	7,205,300.96		7,205,300.96
其他	102,937.93	76,005.04	130,901.28	48,041.69
	1,570,954.99	14,730,277.11	4,752,068.61	11,549,163.49

说明：更新准备系控股子公司—北京京伦饭店有限责任公司截止 1999 年 12 月 31 日累计更新改造支出超过计提的更新准备。

8、长期投资

项目	1999/01/01	本期增加	本期减少	1999/12/31
长期股权投资	73,334,264.67	13,108,565.53	127,571.30	86,315,258.90

A、股权投资类别

项目	1999/01/01	本期增加	本期减少	1999/12/31
股票投资	- -	- -	- -	- -
其他股权投资	73,334,264.67	12,343,137.74	- -	85,677,402.41
股权投资差额	- -	765,427.79	127,571.30	637,856.49
	73,334,264.67	13,108,565.53	127,571.30	86,315,258.90

B、其他股权投资明细

被投资单位名称	投资期限	投资比例	投资金额	初始投资额
北京同方文化发展有限公司	20 年	30.0%	330,000.00	330,000.00
北京首汽实业股份有限公司	55 年	30.0%	70,392,965.93	70,392,965.93
中外运空运发展股份有限公司	长期	0.97%	3,030,000.00	3,030,000.00
北京古堡餐饮有限公司	6 年	55.0%	3,823,650.00	3,823,650.00

12、长期待摊费用

种类	原始金额	本期摊销	累计摊销	1999/12/31	剩余摊销年限
民族易耗品	1,430,597.73	192,000.00	192,000.00	1,238,597.73	52 个月
北纬租金	250,000.00	5,208.33	5,208.33	244,791.67	235 个月
渔阳租金	50,000.00	833.33	833.33	49,166.67	236 个月
期初进项税额	19,936.68	- -	9,806.72	10,129.96	

1,750,534.41 207,848.38 1,542,686.03

13、短期借款

借款类别	1999/12/31
银行借款	158,279,500.00
其中:担保	158,279,500.00

说明:a、上述担保借款的担保人为北京旅游集团有限责任公司。

b、上述担保借款包括100万美元借款。

14、应付帐款

A、帐龄分析及百分比

帐龄	金额	百分比
1年以内	52,873,899.05	94.24%
1-2年	100,511.00	0.18%
2-3年	531,866.30	0.95%
3年以上	2,598,134.57	4.63%
	56,104,410.92	100.00%

B、以上应付帐款不存在持本公司5%以上股份的股东单位款项。

C、截止1999年12月31日,应付帐款帐龄超过三年的原因主要是北京海外旅游有限责任公司未付国内旅行社接团费用。

15、预收帐款 965,300.00

说明:A、以上预收帐款不存在预收持本公司5%以上股份的股东单位款项。

B、截止1999年12月31日,不存在帐龄超过一年的预收款项。

16、应交税金

税种	1999/12/31
企业所得税	19,632,730.22
营业税	1,196,455.35
房产税	452,867.67
个人所得税	342,474.85
城建税	44,390.41
印花税	20,342.91
增值税	2,746.67
	21,692,008.08

17、其他应交款

项目	计缴标准	1999/12/31
教育费附加	应缴流转税额的3%	19,032.51
文化事业建设费	康乐、广告收入的3%	28,001.20
		47,033.71

18、其他应付款

A、帐龄分析及百分比

帐龄	金额	百分比
1年以内	28,642,227.59	68.40%
1-2年	2,923,343.82	6.99%
2-3年	481,239.43	1.15%
3年以上	9,818,585.05	23.46%
	41,865,395.89	100.00%

B、持本公司5%以上股份的股东单位欠款。

单位名称	金额	性质
北京旅游集团有限责任公司	141,545.61	往来

C、截止1999年12月31日,帐龄超过三年的其他应付款主要是酒店长租客户的定金及保证金。

D、截止1999年12月31日大额应付款项的性质及内容

单位名称	金额	性质
京伦饭店以前年度所得税	7,162,736.46	代收
北京市祥泰旅游实业发展公司	4,000,000.00	工程尾款
京伦饭店其他返还	2,509,961.26	暂存
员工食堂	2,020,775.52	未付款
中国国际信息中心	1,979,000.00	定金

19、预提费用

类别	1999/12/31
利息	2,708,894.62
广告费	1,551,049.63
水电费	394,689.18
其他	75,533.10
	4,730,166.53

20、长期借款

借款单位	1999/12/31
北京旅游集团有限责任公司	89,785,892.70

说明:以上借款主要是股份公司改制时欠付集团公司截止1998年12月13日利润,本公司与集团公司已就该项负债签订长期无息借款协议。

21、股本

	1999/12/31	1998/12/31	1997/12/31
净资产	--	252,604,337.60	277,152,842.00
股本	161,400,000.00	--	--
	161,400,000.00	252,604,337.60	277,152,842.00

说明:本公司16,140万元股本已经北京京都会计师事务所有限责任公司北京京都验字(1999)第008号验资报告验证确认。

22、资本公积

	1999/12/31	1998/12/31	1997/12/31
股本溢价	85,295,129.87	--	--
资产评估增值准备	229,581.46	--	--
	5,524,711.33	--	--

说明:a、股本溢价系本公司发起人投入净资产、货币资金折股后溢余扣除公司筹办费用。

b、资产评估增值准备系本公司组建北京海外旅游有限责任公司、北京旅游广告有限责任公司的资产评估增值。

23、盈余公积

项目	1999/12/31	1998/12/31	1997/12/31
法定盈余公积金	5,086,319.97	--	--
公益金	5,086,319.97	--	--
	10,172,639.94	--	--

说明:根据公司董事会有关1999年度利润分配预案的决议,本公司1999年1至2月净利润由北京旅游集团有限责任公司享有。本公司按1999年3至12月净利润的10%分别计提法定盈余公积和公益金。

24、未分配利润

	1999/12/31	1998/12/31	1997/12/31
年度净利润	51,133,987.43	--	--
加:年初未分配利润	-1,821,959.74	--	--
减:提取盈余公积	10,712,639.94	--	--
分配原股东利润	31,319,708.79	--	--
未分配利润	7,819,678.96	--	--

说明:1、根据公司董事会有关1999年度利润分配预案的决议,截止1999年12月31日未分配利润由新老股东共享。

2、年初未分配利润-1,821,959.74元系四项资产减值准备追溯调整。

3、分配原股东利润系根据公司董事会有关1999年度利润分配预案的决议,分配给公司发起人的利润,其中公司1-2月实现的净利润2,062,594.25元由集团公司独家享有。

25、主营业务收入收入

类别	1999年度	1998年度	1997年度
酒店收入	248,461,401.75	259,062,191.28	312,896,904.95
展览广告	47,810,265.68	53,245,884.52	46,305,479.19
庆典服务	239,132.00	--	--
旅游服务	115,749,010.94	76,480,336.79	102,035,424.48
	412,259,810.37	388,788,412.59	461,237,808.62

26、主营业务税金及附加

税项	1999年度	1998年度	1997年度
营业税	14,372,714.90	15,738,350.76	17,819,860.45
城建税	1,020,830.07	668,661.28	702,873.31
教育费附加	437,601.11	286,569.08	301,322.61
文化事业建设费	296,412.29	393,085.12	201,838.90
消费税	--	--	2,564.12
	16,127,558.37	17,086,666.24	19,028,459.39

27、财务费用

项目	1999年度	1998年度	1997年度
利息支出	4,437,830.00	5,742,780.00	5,731,215.91
减:利息收入	4,481,098.99	4,256,366.83	4,051,054.87
利息净收支	-43,268.99	1,486,413.17	1,680,161.04
汇兑损益	-1,851,164.42	1,782,320.12	-2,069,013.38
手续费	415,630.86	452,361.50	563,998.27
	-1,478,802.55	156,454.55	175,145.93

28、投资收益

类别	1999年度	1998年度	1997年度
短期投资收益	34,937.80	--	--
长期投资收益	5,316,043.81	6,168,420.66	7,834,532.00
其中:成本法核算	--	--	--
权益法核算	5,443,615.11	6,168,420.66	7,834,532.00
股权投资差额摊销	-127,571.30	--	--
	5,350,981.61	6,168,420.66	7,834,532.00

29、营业外收入

项目	1999年度	1998年度	1997年度
无法支付的应付款项	1,204,317.26	1,823,439.38	141,616.51
废物料出售	312,104.87	280,930.53	--
罚款收入	28,320.00	71,109.87	106,345.08
处置固定资产	433,887.20	21,622.13	156,611.04
补偿收入	1,200,000.00	--	850.00
其他	123,979.54	1,214,817.98	983,299.34
	3,302,608.87	3,411,919.89	1,388,721.97

30、营业外支出

项目	1999年度	1998年度	1997年度
员工奖励	321,855.54	--	--
存货损失	129,353.15	--	--
残疾人保险	204,778.35	174,600.00	--
处置固定资产	59,060.43	96,007.48	7,534.54
其他	14,699.74	50,218.92	1,065,197.94
	729,747.21	320,826.40	1,072,732.48

七、关联方关系及交易

1.关联方概况

a.关联方名称及与本公司关系

关联方名称	与本公司关系
北京旅游集团有限责任公司	控股公司,持股比例99.132%
北京市京伦饭店有限责任公司	本公司的控股子公司,持股比例54%
北京海外旅游有限责任公司	本公司的控股子公司,持股比例95%
北京市旅游广告有限责任公司	本公司的控股子公司,持股比例95%
北京吉日礼仪庆典有限责任公司	本公司的控股子公司,持股比例80%

b.关联方概况

关联方名称	经济性质	注册地	主营业务	法定代表人
北京旅游集团有限责任公司	有限责任公司	北京市东城区	饭店管理;旅游资源开发;旅游服务等。	段强

d.关联方所持股份或拥有权益及其变化

	1999/03/01		1999/12/31	
关联方名称	股份(权益)	比例	股份(权益)	比例
北京旅游集团有限责任公司	16,000万股	99.132%	16,000万股	99.132%
北京市京伦饭店有限责任公司	648万美元	54%	648万美元	54%
北京海外旅游有限责任公司	--	--	1146.98万元	95%
北京市旅游广告有限责任公司	--	--	197.49万元	95%
北京吉日礼仪庆典有限责任公司	--	--	400万元	80%

2、关联交易 a、贷款担保

北京旅游集团有限责任公司为本公司借自北京市商业银行的10,000万元短期借款提供担保。

北京旅游集团有限责任公司为京伦饭店借自中国银行北京分行的100万美元、3,000万元人民币短期借款及借自交通银行北京分行的2,000万元人民币短期借款提供担保。

b、土地使用权租赁

本公司于1999年7月12日与北京旅游集团有限责任公司签订《土地使用权租赁合同》,本公司自1999年3月1日至2039年2月28日止承租北京旅游集团有限责任公司拥有的燕京饭店、民族饭店、北展展览分公司91,070.80平方米用地,土地租赁费为每年人民币592,362.40元。

c、展览委托

本公司于1999年7月16日与北京旅游集团有限责任公司签订协议书,北旅游集团有限责任公司委托本公司承办其承接的"建国五十周年成就展"。展览结束后,北京旅游集团有限责任公司支付本公司展览费用1,335.65万元,并给予空调费、水电费、通讯费等补偿579.60万元。

d、管理委托

本公司于 1999 年 7 月 16 日与北京旅游集团有限责任公司签订协议书，委托北京旅 游集团有限责任公司管理北展展览分公司展览场馆的改扩建工程，本公司预付改扩建工程款 7000 万元。

e、综合服务

根据本公司与北京旅游集团有限责任公司订立的《服务协议》，北京旅游集团有限责任公司为本公司有偿提供职工住房、取暖、员工食堂等综合服务。集团公司免收本公司 1999 年度综合服务费。

f、资金使用

根据本公司与北京旅游集团有限责任公司订立的协议书，本公司无偿使用截止 1998 年 12 月 31 日欠付集团公司利润 8,978.59 万元。

3、关联方交易未结算金额

关联方名称	帐户性质	1999/12/31 金额	备注
北京旅游集团有限责任公司	预付帐款	70,000,000.00	北展改造款
	其他应付款	141,545.61	往来款
	长期借款	89,785,892.70	欠付利润

八、或有事项

截止 1999 年 12 月 31 日，本公司不存在应披露的或有事项。

九、承诺事项

截止 1999 年 12 月 31 日，本公司不存在应披露的重大承诺事项。

十、资产负债表日后事项中的非调整事项

截止 2000 年 1 月 20 日，本公司不存在应披露的重大资产负债表日后事项。

十一、其他重要事项

本公司设立前，民族饭店、燕京饭店、北展展览分公司无偿使用 91,070.8 平 方米的土地。本公司将自 1999 年 3 月 1 日起有偿使用该等财产。根据本公司与北京旅游集团有限责任公司签订的《土地使用权租赁合同》，土地租赁费为每年人民币 592,362.40 元。

十、董事会上市承诺

本公司董事会将严格遵守《中华人民共和国公司法》、《中华人民共和国证券法》、《股票发行与交易管理暂行条例》、《公开发行股票公司信息披露实施细则（试行）》和《上海证券交易所股票上市规则》以及有关法律、法规的规定，并自本公司股票上市之日起做出如下承诺：

1、按照法律、法规规定的程序和要求披露重大的信息，并接受证券主管机关、上海证券交易所的监督管理；

2、及时、真实、准确地公布中期报告和年度报告，并备置于规定场所供投资者 查阅；

3、在任何公共传播媒介中出现的消息可能对本公司股票的市场价格产生误导性 影响时，本公司知悉后将及时对该消息予以公开澄清；

4、本公司董事、监事和高级管理人员将认真听取社会公众的意见和批评，不利 用已获得的内幕消息和其它不正当手段直接或间接从事股票买卖活动；

5、本公司没有无记录负债。

十一、重要事项提示

1、经中国证券监督管理委员会证监发行字[2000]45 号文批准，2000 年 4 月 21 日至 5 月 12 日，本公司以对法人配售和对一般投资者上网发行相结合的方式在上海证券交 易所向社会公众成功发行了 7000 万人民币普通股（A 股）股票，其中向证券投资基金 配售了 1400 万股，向战略投资者配售 2600 万股，对一般投资者上网发行 3000 万股。本次发行后，本公司总股本 23140 万股。

2、截止本公告书刊登之日，本公司董事、监事和高级管理人员没有尚未了结或 可能发生的刑事诉讼事项；

3、截止本公告书刊登之日，本公司无任何（包括与投入公司的资产、负债、业 务及权益有关的）尚未了结的重大诉讼，亦不存在该等重大诉讼的威胁；

4、根据北京京都会计师事务所有限责任公司出具的盈利预测审核报告，按 33% 的所得税税负计算，本公司 2000 年的净利润为 5408.89 万元，全面摊薄后的每股收益为 0.23 元/股；

5、根据发行前股东大会决议，发行前的滚存利润由发行后的全体股东共享。

十二、备查文件目录

一、招股说明书；

二、审计报告；

三、验资报告；

四、盈利预测审核报告；

五、中国证券监督管理委员会证监发行字[2000]45 号文；

六、上海证券交易所上市通知书；

七、上市推荐书；

八、营业执照；

九、其他备查文件。

十三、咨询机构

上市公司：北京首都旅游股份有限公司　法定代表人：刘毅

地址：北京市西城区复兴门内大街 51 号　咨询电话：(010)66014466—4468888

传真：(010)660194718888　联系人：王志强　段中鹏

上市推荐人：中信证券股份有限公司　法定代表人：常振明

地址：北京市朝阳区新源南路 6 号京城大厦　电话：(010)646548188888

传真：(010)646610418888　联系人：罗先文、王戈、康健

北京首都旅游股份有限公司

二〇〇〇年五月二十七日

资产负债表

编制单位：北京首都旅游股份有限公司　　单位：人民币元

项目	附注	1999 年 12 月 31 日	1998 年 12 月 31 日
流动资产:			
货币资金		94356978.16	134178900.43
减:短期投资跌价准备			
短期投资净额			
应收票据			
应收股利			
应收收款		4098334.05	11419047.09
其他应收款		6536053.76	14072501.99
减:坏帐准备		956547.74	1623305.01
应收款项净额		9677840.07	23868244.07
预付帐款		70000000.00	
存货		3025850.39	3960969.87
减;存货跌价准备		0.00	0.00
存货净额		3025850.39	3960969.87
待摊费用		682517.36	
流动资产合计		177743185.98	160508008.20
长期投资:			
长期股权投资	六.01	127017049.03	98480183.12
长期债权投资			
长期投资合计		127017049.03	98480183.12
减:长期投资减值准备		0.00	
长期投资净额		127017049.03	98480183.12
固定资产			
固定资产原价	六.02	512420887.67	428100378.81
减:累计折旧	六.02	274688141.50	215520263.08
固定资产净值		237732746.17	212580115.73
工程物资			
在建工程		3780622.19	25231010.69
固定资产清理		13658.73	58599.15
固定资产合计		241527027.09	237869725.57
无形资产及其他资产:			
无形资产			
开办费			
长期待摊费用		1248727.69	19936.68
其他长期资产			1000000.00
无形资产及其他资产合计		1248727.69	1019936.68
资产总计		547535989.79	488301236.29
流动负债:		100000000.00	
短期借款			
应付票据			
应付帐款		4787796.45	54190544.78
预收帐款		945300.00	2888135.60
代销商品款			
应付工资		3134251.29	10831113.84
应付福利费		3056508.78	3828862.47
应付股利		29257114.54	
应交税金		16638850.39	8388904.88
其他应交款		20394.95	87855.87
其他应付款		34634353.46	155492611.25
预提费用		113875.00	
一年内到期的长期负债			
其他流动负债			
流动负债合计		192588309.86	235708028.69
长期负债:			
长期借款		89785892.70	
应付债券			
长期应付款			
住房周转金		244757.00	
其他长期负债			
长期负债合计		90030649.70	0.00
递延税项:			
递延税项贷项			
负债合计		282618959.56	235708028.69
股东权益:			
股本		161400000.00	254415167.34
资本公积		85524711.33	−1821959.74
盈余公积		9814278.64	
其中 :公益金		4907139.32	
未分配利润		8178040.26	
股东权益合计		264917030.23	252593207.60
负债和股东权益总计		547535989.79	488301236.29

利润表

编制单位：北京首都旅游股份有限公司　　单位：人民币元

项目	1999 年度	1998 年度	1997 年度
一,主营业务收入	228415454.98	260218992.03	295011698.31
减:折扣与折让			
主营业务收入净额	228415454.98	260218992.03	295011698.31
减:主营业务成本	60135405.59	85035072.26	113425301.65
主营业务税金及附加	10102021.13	10758848.20	11044341.70
二,主营业务利润	158178028.26	164425071.57	170542054.96
加:其他业务利润			
减:存货跌价损失	0.00	0.00	0.00
营业费用	51076274.28	69349827.21	64008601.57
管理费用	49954871.94	55932788.09	51282950.80
财务费用	−2770190.63	−5558974.27	−5661466.89
三,营业利润	59917072.67	44701430.54	58911969.48
加:投资收益	9781503.54	8736514.34	18962905.66
补贴收入			
营业外收入	1782774.24	3124226.50	532128.26
减:营业外支出	87438.78	130273.10	60238.67
四,利润总额	71393911.67	56431898.28	78346764.73
减:所得税	20259924.24	15315015.53	20145687.22
少数股东本期收益			
五,净利润	51133987.43	41116882.75	58201077.51

利润分配表

1999 年度

编制单位：北京首都旅游股份有限公司　　单位：人民币元

项目	附注	合并	母公司
一,净利润		51133987.43	51133987.43
加:年初未分配利润		−1821959.74	−1821958.74
盈余公积转入			
二,可供分配的利润		49312027.69	49312027.69
减:提取法定公积金		5086319.97	4907139.32
提取法定公益金		5086319.97	4907139.32
三,可供股东分配的利润		39139387.75	39497749.05
减:应付优先股股利			
提取任意盈余公积			
已分配普通股股利		31319708.79	31319708.79
转作股本的普通股股利			
四,未分配利润		7819678.96	8178040.26

北京城建股份有限公司

北京城建股份有限公司1999年年度报告摘要

一、公司简介

(一)公司名称中文名称:北京城建股份有限公司
英文名称:BEIJINGURBANCONSTRUCTIONCO.,LTD　英文缩写:BUCG
(二)公司法定代表人:佟永贵
(三)公司董事会秘书:杨运成
联系地址:北京市海淀区学院南路62号
联系电话:(010)62255511转3621　(010)62260806
传真:(010)62223073
电子信箱:gfyyc@mail.bucg.com
(四)公司注册地址:北京市海淀区学院南路62号
公司办公地址:北京市海淀区学院南路62号
邮政编码:100081
公司国际互联网网址:http://www.bucg.com
电子信箱:gfbucg@mail.bucg.com
(五)信息披露报纸名称:《中国证券报》、《上海证券报》
登载公司年度报告的中国证监会指定国际互连网网址:http://www.sse.com.cn
公司年度报告备置地点:北京市海淀区学院南路62号北京城建股份有限公司投资证券部
(六)公司股票上市地:上海证券交易所
股票简称:北京城建　股票代码:600266

二、会计数据和业务数据摘要

(一)本年度主要利润指标情况(单位:人民币元)

利润总额	208,690,855.13
净利润	174,521,508.93
扣除非经营性损益后的净利润	171,389,014.73
主营业务利润	683,106,020.73
其他业务利润	408,533.52
营业利润	197,467,681.40
投资收益	11,082,741.01
补贴收入	0
营业外收支净额	140,432.72
经营活动产生的现金流量净额	−83,928,930.77
现金及现金等价物净增加额	−142,032,421.36

注:扣除的非经营性损益项目和涉及的金额
新股申购冻结资金利息转入营业外收入　3,132,494.20

(二)截止报告期末公司前三年主要会计数据和财务指标(单位:人民币元):
1、追溯调整后:

项目	1999年	1998年	1997年
主营业务收入	5,875,553,264.49	4,889,862,845.64	3,986,795,818.51
净利润	174,521,508.93	130,889,592.10	78,614,688.81
总资产	4,567,455,320.02	3,084,232,647.81	1,154,856,145.68
股东权益	1,556,338,486.98	1,381,816,978.05	382,703,677.93
每股收益(摊薄)	0.4363	0.3272	0.2620
每股收益(按月平均加权)	0.4363	−	−
扣除非经营性损益后的每股收益	0.4285	−	−
每股净资产	3.8908	3.4545	1.2757
调整后的每股净资产	3.8811	3.4371	1.2757
每股经营活动产生的现金流量净额	−0.2098	−0.5461	−
净资产收益率(%)	11.21	9.472	0.54

注:主要财务指标计算方法:
每股收益=净利润/年度末普通股股份总数
每股净资产=年度末股东权益/年度末普通股股份总数
净资产收益率=净利润/年末股东权益×100%
调整后每股净资产=(年度末股东权益−三年以上的应收款项−待摊费用−待处理(流动、固定)资产净损失−开办费−长期待摊费用−住房周转金负数余额)/年度末普通股股份总数
每股经营活动产生的现金流量净额=经营活动产生的现金流量净额/年度末普通股股份总数
(三)股东权益变动情况(单位:人民币元)

项目	股本	资本公积	盈余公积	法定公积金	未分配利润	股东权益合计
期初数	400000000	872489038.60	10932793.95	5466396.98	92928748.52	1381816978.05
本期增加			17452150.89	8726075.45	174521508.93	200699735.27
本期减少					26178226.34	26178226.34
期末数	400000000	872489038.60	28384944.84	14192472.43	241272031.11	1556338486.98
变动原因			本年提取	本年提取	本年转入	

三、股东情况介绍

(一)截止1999年12月31日,本公司股东总数为48430户,持股40000万股。其中:国 有法人股股东1户,持股30000万股;社会公众股股东48429户,持股10000万股。
(二)公司主要股东持股情况(前十名股东)

股东名称	持股数量(前十名股东)	占总股本(%)
北京城建集团有限责任公司	30000.00	75.00
长盛基金管理有限公司	793.67	1.98
鹏华基金管理有限公司	535.13	1.34
金鑫基金管理有限公司	334.70	0.84
江苏证券	252.46	0.63
裕明天	117.48	0.29
黄　宇	42.65	0.11
刘保合	31.50	0.08
李宏彬	27.00	0.07
袁长金	23.70	0.06

说明:前十名股东之间不存在关联关系。
(三)持股10%以上的法人股股东简介北京城建集团有限责任公司持有国有法人股股份,为本公司最大股东,持股总额为30000万股,占公司总股本40000万股的75%。其 法定代表人是佟永贵先生。主要经营范围:授权进行国有资产经营管理;承担各类型 工业、能源、交通、民用、市政工程建设项目总承包;房地产开发、商品房销售,机 械施工,设备安装;承包本行业的国外工程和境内国际招标工程,向境外派遣本行业的工程、生产行业的劳务人员,自营和代理除国家组织统一联合经营的16种出口商品和 国家实行核定公司经营的12种进口商品以外的其他商品及技术的进出口业务;承办中外合资经营、合作生产业务,开展"三来一补"业务;商品混凝土、钢木制品、建筑 机械、设备制造及销售;建筑机械设备及车辆租赁,仓储、运输服务;购销金属材料 、建筑材料、化工轻工材料、机械电器设备、木材,零售汽车(不含小轿车);饮食服 务;物业管理。
报告期内北京城建集团有限责任公司未将其持有的股份进行质押。
(四)报告期内控股股东未发生变更。

四、股东大会简介

报告期内,公司共召开三次股东大会:
(一)1999年6月11日上午在北京城建北苑会议中心迎宾楼三楼会议室召开了1998 年年度股东大会。此次股东大会决议刊登于1999年6月12日的《中国证券报》、《上 海证券报》上。
(二)1999年11月25日在公司本部以通讯方式召开了1999年第一次临时股东大会。该次临时股东大会决议刊登在1999年11月27日的《中国证券报》和《上海证券报》上。
(三)1999年12月30日上午在北京城建股份有限公司南四楼会议室召开了1999年第二次临时股东大会。该次临时股东大会决议刊登在1999年12月31日的《中国证券报》和《上海证券报》上。

五、董事会报告

(一)公司经营情况
1、公司所处的行业及公司在本行业中的地位公司所处的行业是建筑业。1999年 公司开复工面积及施工产值位居北京地区建筑企业之首。在北京地区开复工面积649.2万平方米,比去年增加15.1万平方米,占北京地区总开复工面积(6,556.5万平方米)的9.9%;在北京地区竣工面积165.8万平方米,占北京地区总竣工面积(2,321.5万平方 米)的7.1%。
2、公司主营业务的范围及其经营情况公司主营业务是工业与民用、能源、交通 、市政、地铁、公共建筑建设项目工程总承包。1999年公司主营业务收入5,875,553,264.49元,比去年增长20.16%;主营业务利润683,106,020.73元,比去年增长15.97%。
1999年,公司坚持"以建筑业为主,生产经营和资本经营结合运作;立足北京,积 极开拓国内外市场"的经营方针,发挥自身优势,积极参与市场竞争,经营业绩显著,主营业务收入和主营业务利润保持快速增长。在整个建筑业市场规模大幅度减少的情况下,中标房建工程244.19万平方米,总造价43.46亿元;中标市政及高速公路工程17.92亿元。
公司圆满完成了一批重点工程建设项目。1999年公司承担了国家及北京市重点关注工程22项,其中天安门广场改造、首都机场新航站楼、王府井大街改造、中华世纪 坛一期工程等均高标准按期完工,获得了良好社会评价,社会效益和经济效益显著,为 建国50周年大庆和迎接新千年庆典作出了贡献。工程质量创历史新水平,竣工工程质 量合格率100%,优良品率68.5%,共获得北京市级以上优质工程奖30项,占北京市市级以上优质工程总数的15.54%,居北京地区建筑企业之首。天安门广场改造工程获得国家"特别鲁班奖",新东安市场工程和清华大学科技楼工程获得"鲁班奖"。腾达大 厦工程在全国建筑安全生产大检查中荣获全国建筑安全奖第一名。公司通过了ISO9002质量保证体系认证。新购置施工设备价值150,590,000元,用于高速公路、地铁、大 型公共设施、高层建筑等施工领域,进一步提高了公司的综合施工能力。
公司大力开辟建筑市场,利用在高速公路领域的施工优势,积极承接高速公路工程,高速公路在施规模达到173公里;根据国家西部大开发战略,积极开辟西部市场,在已有重庆分公司的基础上,又在西安设立了办事处,并承接了西安南郊水厂工程项目,为 下一步扩大公司在西部建筑市场份额创造了条件。目前,除北京以外,公司已在山东、辽宁、黑龙江、河北、河南、山西、陕西、贵州、上海、重庆等省市建筑市场占有一席之地。
3、公司主要全资附属企业及控股子公司的经营情况及业绩
公司所属10家全资附属企业的经营业绩:

单位名称	主营业务收入(人民币元)	利润总额(人民币元)	开复工面积(平方米)	竣工面积(平方米)
北京市第一城市建设工程公司	828798400.00	26069872.40	1373193	506063
北京市第二城市建设工程公司	1034051600.00	36545402.08	1680019	382670
北京市第三城市建设工程公司	716392734.94	16322909.44	292304	115947
北京市第五城市建设工程公司	1134873600.00	37020219.70	1600684	312941
北京市第七城市建设工程公司	350360300.00	7022876.44	559769	122520
北京城建亚泰工程公司	480021100.00	15019999.78	667907	237864
北京市城市建设道桥工程公司	703394288.55	22506800.00	−	−
北京市城市建设工程安装公司	448098700.00	21009906.88	−	−
北京市城建锅炉管道安装公司	61304856.00	1965769.80	−	−
北京城建建筑分公司	118257685.00	3801326.35	318413	33999

4、公司在经营中遇到的问题与困难及解决方案
1999年,公司在经营中遇到的突出困难是一些工程项目的建设单位拖欠工程款。 公司加大了工程款催收力度,成立机构,专人负责,采取一切可以采取的合法手段,多方努力回收资金。特别是借助法律手段追讨已竣已结和已竣未结的工程拖欠款,防止不 良债权的形成,保证了生产经营的顺利进行。
(二)公司财务状况(单位:人民币元)

项目	1999年度	1998年度	增减(%)
总资产	4567455320.02	3084232647.81	48.09
长期负债	491739408.46	12529976.80	3824.50
股东权益	1556338486.98	1381816978.05	12.63
主营业务利润	683106020.73	589028212.30	15.97
净利润	174521508.93	130889592.10	33.33

说明:比上年增减变动的主要原因有
(1)总资产增加主要是流动资产和固定资产增加;
(2)当年增加长期借款480,000,000元造成长期负债增长;
(3)净利润增长33.33%,比《招股说明书》中盈利预测190,460,000元少完成15,938,491.07元,差异率8.37%,主要是会计政策变更后,当年多计提坏帐准备26,116,494.17元造成的。

(三)公司投资情况

1、在报告期末公司投资共计 608,560,000 元,具体投资项目列表如下:

序号	项目名称	主要经营活动	权益比例
1	投建来广营市政拆迁住宅小区一期工程	房地产开发	66%
2	购置高速公路、地铁和建筑施工设备	施工生产	
3	投资"耐泰安"建筑材料生产线	生产销售建材	66.67%
4	补充流动资金	施工生产	
5	参与发起设立北京科技园建设股份有限公司	土地开发	17.17%
6	投资国信证券有限公司	证券承销、自营	4.9%
7	北京城建科鹏爆破工程有限责任公司	土石方爆破	66.67%
8	北京城建美尔广告公司	广告制作	20%

2、募集资金投资情况:

经中国证券监督管理委员会证监发字[1998]305 号和证监发字[1998]306 号文批准,本公司于 1998 年 12 月 9 日通过上海证券交易所向社会公众发行人民币普通股 100,000,000 股, 每股发行价格 8.43 元,募集资金总额 843,000,000 元,扣除发行费用后,实际募集资金 829,000,000 元。

(1)募集资金承诺投资和实际投资情况对照表

单位:人民币万元

序号	募集资金承诺投资项目名称	项目计划投资额	序号	募集资金实际投资项目	计划投入募集资金	已投入募集资金(截止 1999 年 12 月 31 日)
1	出资组建北京地铁京通发展有限责任公司	45000	1	投建来广营市政拆迁住宅小区一期工程	19800	19800
2	购置高速公路、地铁和建筑施工设备	15059	2	购置高速公路、地铁和建筑施工设备	15059	15059
3	投建来广营市政拆迁住宅小区一期工程	19800	3	投资"耐泰安"建筑材料生产线	1200	1200
4	投资 DFS-2 超高效减水剂生产线	1500	4	补充流动资金	6191	6191
5	投资"耐泰安"建筑材料生产线	4500	5	投资 28000 万元参与发起设立北京科技园建设股份有限公司	28000	5600
6	投资建设钢结构加工厂	3000	6	受让集团公司持有的北京城建地铁地基工程有限责任公司等 4 家公司股权	4000	0
7	补充流动资金	6191	7	追加投资 8650 万元购置地铁盾构和高速公路施工设备	8650	0
8	总 计	★95050	8	总 计	82900	47850

★注:按照《招股说明书》披露,原承诺投资项目资金缺口 12150 万元,计划通过银行贷款解决,由于其中三个项目不具备投资条件,故公司按规定程序进行了项目变更。

(2)招股说明书承诺并已实际完成的项目

截止 1999 年 12 月 31 日: ①投建来广营市政拆迁住宅小区一期工程已建成并开始销售,1999 年公司取得收益 9,240,000 元,2000 年随着已建成的成品房销售力度加大, 将给公司带来预期的收益;②购置高速公路、地铁和建筑施工设备项目全部完成,项目计划投资 150,590,000 元,实际投资 150,590,000 元。该项目的实施保持了公司在高速公路、地铁、大型公共设施、高层建筑施工等方面的优势,提高了公司的综合施工能力和竞争能力;③计划投资 45,000,000 元改建"耐泰安"建筑材料生产线项目,由于吸收其他股东入股,公司对该项目实际投入 12,000,000 元,其中股权投资 10,000,000 元,其他投资 2,000,000 元,比承诺投资计划节约 33,000,000 元。目前该项目已经全部建成投产,预计将在 2000 年产生收益;④公司使用募集资金补充流动资金 61,910,000 元。上述四项共投入募集资金 422,500,000 元。

(3)募集资金投资项目的变更情况

本公司前次发行股票实际募集资金 829,000,000 元,按招股说明书承诺,公司已投入募集资金 422,500,000 元,与招股说明书承诺的募集资金投资计划差额 406,500,000 元。公司按规定程序对其中三个项目进行了变更,具体变更项目情况如下:

①出资组建北京地铁京通发展有限责任公司在募集资金实际使用过程中,由于北京市政府为了加快建设中关村科技园区和满足城市建设战略调整的需要,决定暂缓地铁"八通线"项目的建设。根据以上实际情况,公司董事会经认真研究后,决定不再对该项目进行投资。

②投资 DFS-2 超高效减水剂生产线项目由于该项目的实施条件发生了变化,项目原计划租赁使用的生产场地将根据北京市建设地铁 5 号线的需要,改作地铁盾构管片厂的生产场地,致使本项目目前没有合适的生产场所。同时高效减水剂等混凝土外加剂市场的竞争越来越激烈,为确保募集资金的投资效益,公司董事会经认真研究后,决定不再对该项目进行投资。

③投资建设钢结构加工厂项目由于该项目计划投资额较小,从目前的市场来看,简单钢结构加工的市场非常有限,从而使简单钢结构加工面临较大的市场风险。根据以上实际情况,公司董事会经认真研究后,决定不再对该项目进行投资。

经有关部门批准,并经公司董事会、临时股东大会审议通过,决定不再将募集资金投资于上述三个项目,同时为了提高募集资金的使用效率,决定将剩余募集资金 406,500,000 元进行变更,并分别投资于以下三个项目:A、投资 280,000,000 元参与发起设立北京科技园建设股份有限公司;B、投资 40,000,000 元受让北京城建集团有限责任公司持有的北京城建地铁地基工程有限责任公司等 4 家公司的股权;C、追加投资 86,500,000 元购置地铁盾构和高速公路施工设备。

(4)变更后的投资项目进展情况

①投资 280,000,000 元参与发起设立北京科技园建设股份有限公司项目。该项目是在北京市政府的支持下,为加快中关村科技园区的建设而成立的一家股份制企业,注册资本为 1,630,000,000 元。公司出资 280,000,000 元,占北京科技园建设股份有限公司总股本的 17.17%。截止 1999 年 12 月 31 日公司已实际出资 56,000,000 元,其他资金将按照该公司出资协议在 2000 上半年投入。该项目预计将在 2000 年产生收益。

②受让北京城建集团有限责任公司持有的北京城建地铁地基工程有限责任公司等 4 家公司的股权。根据公司的发展战略,为了进一步理顺产权关系,减少关联交易,公司决定使用募集资金 40,000,000 元受让北京城建集团有限责任公司所持有的北京城建地铁地基工程有限责任公司等 4 家公司的股权,目前资产评估工作已完成,待有关部门确认后即可办理受让手续。上述股权受让后,预计 2000 年可给公司带来 8,500,000 元的收益。

③追加投资 86,500,000 元购置地铁盾构和高速公路施工设备。公司通过技贸结合的方式投入剩余募集资金 50,000,000 元引进一套国外先进的地铁盾构成套施工设备(包括技术);同时投入剩余募集资金 36,500,000 元购置部分高速公路施工的关键设备,目前该项目已签定购货合同,近期将陆续到货。

(5)变更程序及其信息披露:1999 年 11 月 29 日,公司召开一届十次董事会,审议通过了《关于变更地铁"八通线"等募集资金投资项目的议案》。本次董事会决议刊登于 1999 年 11 月 30 日的《中国证券报》和《上海证券报》上。1999 年 12 月 30 日,公司召开 1999 年第二次临时股东大会,经投票表决,审议通过了公司董事会提交的《关于变更地铁"八通线"等募集资金投资项目的议案》,本次股东大会决议刊登于 1999 年 12 月 31 日的《中国证券报》和《上海证券报》上。

3、非募集资金投资情况

(1)投资国信证券有限公司 127,400,000 元。由于资金投入时间较晚,本年度未取得收益,预计 2000 将产生预期收益。

(2)投资参与发起设立北京城建科鹏爆破工程有限责任公司。该公司注册资本金 1,500,000 元,本公司出资 1,000,000 元,占总股本的 66.67%。由于该公司处于创建初期,本年度未产生收益。

(3)投资参与发起设立北京城建美尔广告公司,该公司注册资本 1,000,000 元,本公司出资 200,000 元,占总股本的 20%。本年度未产生投资收益。

(四)经营环境及宏观政策影响 1999 年生产经营环境没有重大变化,但由于会计政策变更,当年多计提坏帐准备 26,116,494.17 元,影响了利润总额、净利润及相关财务指标的完成。

(五)2000 年的业务发展计划 2000 年,公司将坚持机制创新、技术创新和管理创新,建立有效的激励机制和约束机制,继续深化企业改革,理顺产权关系,建立和完善现代企业制度;加大技术投入和技术研究开发力度,保持在市场竞争中的优势地位;转变经济增长方式,在提高经济效益的前提下,扩大生产规模,推进资本经营,防范经营风险,以优异的业绩、崭新的姿态进入二十一世纪。

1、以市场为导向,面向国内外市场,开展全员全方位的市场营销,进一步扩大市场份额。2000 年,公司将根据国家改革与发展政策和西部大开发战略,加强市场营销战略研究,巩固已有市场,开辟新市场,在施工领域和施工地域上取得新的突破。公司将建立和完善市场营销网络,以北京为中心,辐射全国,在一些省市创造条件,设立分公司或办事处,全面开拓市场;适应今后北京乃至全国建筑市场价格的发展趋势和执行菲迪克条款的要求,开始实行以企业内部定额为基础、以市场价格为指导的投标报价体系,提高中标率。继续巩固和扩大北京市场份额,在房建、市政道路、地铁、装饰、燃气、热力、垃圾处理等施工领域全方位占领市场。抓住机遇,奋力开拓,保持高速公路施工规模,积极向外省、市的房建、城市地铁等施工领域拓展,提高在全国建筑市场的占有率。特别是发挥重庆、西安分公司(或办事处)的作用,积极在西部省市承接工程建设任务,为我国西部开发建设作出贡献。以在手的国外工程施工为契机,积极开辟周边国家和地区建筑市场,总结积累国外施工经验,为公司参与国际大市场竞争创造条件。

2、以提高经济效益为中心,大力发展建筑施工主业,巩固和扩大主业优势。2000 年公司仍将保持较大的施工规模。特别是承担了国家大剧院工程建设任务,意义重大。公司将合理配置生产要素,科学组织施工,调动一切积极因素,保证各项工程顺利进行,创造最佳效益。2000 年主要在施工程项目预期进度:

(1)国家大剧院是全国瞩目、世界关注的全国最大的文化设施,是我国 21 世纪一个标志性建筑,公司将科学组织,统筹安排,按照"鲁班奖"质量目标要求施工,保证工程各阶段形象进度。

(2)中华世纪坛是迎接新世纪、弘扬中华五千年灿烂文化、展示中华文化神奇魅力的纪念性、标志性建筑,二期工程重点是室内装饰施工,于年内竣工。

(3)远洋大厦工程上半年竣工。

(4)国际俱乐部工程主体结构完工,外装亮相。

(5)大运会运动员公寓 11、12 号楼结构完工,外装亮相。

(6)以色列大使馆工程基本完工,确保 2001 年一季度竣工。

(7)四环路改造工程,2 标段、5 标段 4 月份完工,14 标段 9 月 15 日前完工。

(8)中证大厦工程十层结构完工。实施品牌战略,创建精品工程。公司坚持"创建精美工程,提供满意服务"的质量方针,认真贯彻 ISO9002 质量保证标准,落实《工程项目施工质量管理责任制》和《工程质量奖罚办法》,明确各级、各岗位职责,实现质量全过程控制,制订实施创优目标工程计划,新创一批精品工程,构筑公司质量优势。

(六)董事会日常工作情况

1、1999 年 4 月 22 日,公司召开了一届二次董事会,会议审议并通过了《1998 年年度报告和年度报告摘要》、《1998 年利润分配预案》、《1998 年年度财务决算报告》和《来广营项目投资方案》。此次会议决议公告刊登于 1999 年 4 月 24 日的《中国证券报》、《上海证券报》上。

2、1999 年 5 月 7 日,公司召开了一届三次董事会,会议审议并通过了《1998 年年度股东大会计划》和《为两个全资子公司和两个参股公司 4209 万元短期借款提供担保的议案》。此次会议决议公告刊登于 1999 年 5 月 11 日的《中国证券报》、《上海证券报》上。

3、1999 年 6 月 4 日,公司召开了一届四次董事会,会议审议并通过了《投资管理暂行办法》、《关于修改公司章程的议案》、《关于公司经营方针的议案》、《九九年生产经营计划》、《九九年预算方案》和《机关公务用车改革实施办法》。经上海证券交易所上市部同意,此次会议决议未公告。

4、1999 年 7 月 21 日,公司召开了一届五次董事会,会议审议并通过了《关于投资"声控通"项目的议案》和《关于投资国信证券有限公司的议案》。此次会议决议分别以会议决议公告和重大事项公告刊登于 1999 年 7 月 27 日、1999 年 10 月 16 日的《中国证券报》和《上海证券报》上。

5、1999 年 8 月 10 日,公司召开了一届六次董事会,会议审议并通过了《北京城建股份有限公司 1999 年中期报告》和《1999 年中期分配预案》。此次会议决议公告刊登于 1999 年 8 月 11 日的《中国证券报》、《上海证券报》上。

6、1999 年 8 月 30 日,公司召开了一届七次董事会,会议审议并通过了《北京城建股份有限公司董事会议事规则》、《关于推荐北京城建耐泰安节能建筑有限责任公司董事、监事的议案》和《北京城建股份有限公司总经理工作细则》。经上海证券交易所上市部同意,此次会议决议未公告。

7、1999 年 10 月 16 日,公司召开了一届八次董事会,会议审议并通过了以下议案

(1)同意柯水深先生因工作调动辞去公司董事的请求,推荐严复民先生为公司董事;

(2)推荐赵广义先生为国信证券有限公司董事;

(3)同意参股北京城建国际经济合作有限责任公司;

(4)同意召开一九九九年度第一次临时股东大会(通讯方式)。此次会议决议公告刊登于 1999 年 10 月 23 日的《中国证券报》、《上海证券报》上。

8、1999 年 11 月 8 日,公司召开了一届九次董事会,会议审议并通过了《关于发起设立北京科技园建设股份有限公司的议案》。此次会议决议公告刊登于 1999 年 11 月 18 日的《中国证券报》、《上海证券报》上。

9、1999 年 11 月 16 日,公司召开了一届十次董事会,会议审议并通过了(1)关于北京市第一城市建设工程公司等八家企业的改制方案;(2)关于变更地铁"八通线"等募集资金投资项目的议案;(3)《关于召开 1999 年第二次临时股东大会的议案》。此次会议决议公告刊登于 1999 年 11 月 30 日的《中国证券报》、《上海证券报》上。

10、1999 年 12 月 3 日,公司召开了一届十一次董事会,会议审议并通过了《关于推荐胡军省先生为北京市第三城市建设工程公司经理的议案》、《关于推荐王文德先生为北京市城市建设工程安装公司经理的议案》和《关于推荐朱建春先生为北京城建盾构基础分公司经理的议案》。经上海证券交易所上市部同意,此次会议决议未公告。

(七)董事、监事及高级管理人员

姓名	职务	性别	年龄	任期起止日期	年初持股数量	年末持股数量	年度报酬总额
佟永贵	董事长	男	59	1998.12~2001.12			不在本公司领取报酬
马于明	副董事长	男	58	1998.12~2001.12			不在本公司领取报酬
郁志桐	副董事长	男	56	1998.12~2001.12			不在本公司领取报酬
赵广义	董事 总经理	男	46	1998.12~2001.12			59600
崔玉春	董事	男	56	1998.12~2001.12			不在本公司领取报酬
王立平	董事	女	41	1998.12~2001.12			不在本公司领取报酬
王亚忠	董事	男	48	1998.12~2001.12			不在本公司领取报酬
王秉云	董事 总工程师	男	58	1998.12~2001.12			47600
严复民	董事	男	55	1999.10~2001.12			51300
崔正涛	监事长	男	56	1999.10~2001.12			47300
付士明	监事	男	56	1999.10~2001.12			40500
汤舒畅	监事	男	39	1999.10~2001.12			不在本公司领取报酬
张修尧	监事	男	47	1998.12~2001.12			不在本公司领取报酬
孙树林	监事	男	58	1998.12~2001.12			不在本公司领取报酬

谭晓春 副总经理 男 48 1998.12~2001.12 46000
李 文 副总经理 男 45 1998.12~2001.12 37400
周维顺 总会计师 男 45 1998.12~2001.12 46300
杨运成 董事会秘书 男 44 1998.12~2001.12 46100

说明:(1)本公司有6名董事、3名监事不在公司领取报酬;在公司领取报酬的董事、监事及高级管理人员共9人,其中:30000元-40000元1人,40000元-50000元6人,50000元-60000元2人。

(2)经1999年第一次临时股东大会审议,同意柯水深先生因工作变动不再担任本公司第一届董事会董事,选举严复民先生为本公司第一届董事会董事。

(3)经1999年第一次临时股东大会审议,同意严复民先生因工作变动不再担任本公司第一届监事会监事长,选举崔正涛先生为本公司第一届监事会监事长,选举汤舒畅先生为本公司第一届监事会监事。经公司职工代表大会审议,同意王洪远先生因工作变动不再担任本公司第一届监事会监事,选举职工代表付士明先生为本公司第一届监事会监事。

(八)本次利润分配预案或资本公积金转增股本预案经北京京都会计师事务所有限责任公司审计确认,1999年度公司实现净利润174,521,508.93元,按10%提取法定公积金17,452,150.89元,按5%提取法定公益金8,726,075.45元,本年度可供股东分配的利润为148,343,282.59元,加上以前年度追溯调整结余未分配利润92,928,748.52元,本年度末实际可供股东分配的利润为241,272,031.11元。由于公司经营规模的扩大和资本运作的需要,为保持公司持续稳定发展,从保护股东长远利益出发,经公司一届十四次董事会会议决定本年度不进行利润分配,也不进行资本公积金转增股本。上述分配预案尚须提请股东大会批准。

(九)其他报告事项公司选定的信息披露报纸为《中国证券报》和《上海证券报》,没有变更。

六、监事会报告

(一)报告期内监事会的工作情况

报告期内,监事会共召开两次会议。

1、1999年4月21日,公司召开了一届二次监事会,会议审议通过了《监事会议事规则》、《1998年年度财务决算报告》、《1998年年度监事会工作报告》和《1998年年度报告和年度报告摘要》。该次会议决议公告刊登于1999年4月23日的《中国证券报》和《上海证券报》上。

2、1999年10月16日,公司召开了一届三次监事会,会议审议通过了以下决议:(1)同意严复民先生因工作变动辞去公司监事及监事长职务的请求;(2)选举崔正涛先生为公司监事长;(3)推荐汤舒畅先生为公司监事候选人。并提请1999年第一次临时股东大会审议(1)、(3)议案。该次会议决议公告刊登于1999年10月17日的《中国证券报》和《上海证券报》上。

(二)监事会认为:

1、1999年公司按照《公司法》和国家关于上市公司的政策规定以及本公司章程,依法经营,决策程序合法。董事、总经理能认真履行法律、法规及公司章程所赋予的职责和权力,未发现有违反法律、法规、公司章程和损害公司利益的行为。

2、本次年度报告由北京京都会计师事务所有限责任公司审计,出具了无保留意见审计报告,审计报告真实地反映了公司财务状况和经营成果。

3、公司募集资金中,原计划投入组建北京地铁京通发展有限责任公司项目的450,000,000元、改建DFS-2超高效减水剂生产项目的15,000,000元和改建钢结构加工厂项目的30,000,000元,由于上述项目实施条件发生变化,无法按计划投入(详细情况请参阅董事会报告中的公司投资情况);原计划投入45,000,000元改建"耐泰安"新型建筑材料生产项目,由于吸收了其他股东,实际投资12,000,000元。其余项目已按原计划投入,实际投资共计422,500,000元。经公司一届十次董事会和1999年第二次临时股东大会审议通过,决定将剩余募集资金变更为:(1)投资280,000,000元参与发起设立北京科技园建设股份有限公司;(2)投资40,000,000元受让北京城建集团有限责任公司持有的北京城建地铁地基工程有限责任公司等4家公司的股权;(3)追加投资86,500,000元购置地铁盾构和高速公路施工设备。股东大会会议决议公告刊登于2000年1月2日的《中国证券报》和《上海证券报》上。监事会认为,变更的程序、手续合法,其它募集资金的投向与承诺投入的项目一致。

4、报告期内,公司未发生收购、出售资产,吸收合并等交易。

5、报告期内,公司发生的重大关联交易有4项。经审查,合同条款是公正、公平的。交易按正常的市场价格进行,无任何高于或低于正常售价的情况。未发现有损害公司利益的行为。

七、重要事项

(一)重大诉讼、仲裁事项

1、1998年招股说明书中披露的重大诉讼及仲裁事项北京温榆房地产开发有限公司工程款欠款纠纷案,已于1999年5月20日由北京市第二中级人民法院作出一审判决,现判决已生效。判决主要内容:被告于判决生效后十日内给付北京城建四建设工程有限责任公司尚欠工程款12,965,456元,并按中国人民银行同期固定资产贷款利率支付自1995年7月1日起至判决生效后十日内付清时止的利息,逾期按日万分之四支付滞纳金,并支付受理费70,000元。1999年8月9日向北京市第二中级人民法院申请执行,现已进入执行程序。

2、1999年中报中披露的重大诉讼及仲裁事项北京市第一城市建设工程公司于1999年6月24日向北京市仲裁委员会提出仲裁申请,要求被申请人北京安华发展大厦有限公司支付工程款37,550,000元一案,现已经北京仲裁委员会于1999年9月30日作出裁决,裁决北京安华发展大厦有限公司支付工程款37,550,000元及滞纳金3,766,800元,现该案正在申请强制执行阶段。

3、1999年度新发生的重大诉讼及仲裁事项(1)1999年9月北京市第一城市建设工程公司向青岛市中级人民法院起诉青岛裕宁房地产开发公司,要求其支付青岛黄金广场工程欠款39,750,000元,该案已于1999年10月21日做出判决,由被告支付工程款39,756,649.29元及每日万分之二的滞纳金。现该案正在执行对方财产阶段。

(2)北京市第二城市建设工程公司诉河北省大野集团拖欠工程款案。该案的被告为河北大野集团有限责任公司,受理法院为河北省高级人民法院,案由为拖欠工程款,依据为我公司与被告于1997年6月签订的河北省三河市大野农庄综合项目工程承包合同,诉讼请求为要求被告给付我公司拖欠工程款、误工损失费、违约金等合计30,320,000元。目前,该案正在审理之中。

(3)北京市第五城市建设工程公司因北京市木材厂拖欠工程款,于1999年10月28日向北京市仲裁委员会申请仲裁,于1999年12月12日开庭审理未结。请求标的额工程款本金29,489,900元,利息9,337,400元(截止到1999年11月底)。

(二)报告期内,公司、公司董事及高级管理人员无受监管部门处罚情况。

(三)报告期内,公司控股股东无变更,公司董事会无换届或半数以上人员变动。报告期内柯水深董事因工作变动辞去董事职务,经1999年第一次临时股东大会选举,选举严复民先生为公司第一届董事会董事;公司无经理变更及解聘或新聘董事会秘书情况。

(四)报告期内,公司无收购及出售资产、吸收合并事项的发生。

(五)重大关联交易事项

1、与存在控制关系关联方的关联交易

(1)北京城建集团有限责任公司为本公司331,590,000元短期借款、480,000,000元长期借款提供担保。

(2)本公司在1999年度,向北京城建集团有限责任公司购买钢材、水泥142,918,262.72元,是以正常的市场价格进行交易的,无任何高于或低于正常价格的情况。

(3)1999年度北京城建集团有限责任公司为本公司代办劳务输出、生产经营所需的进出口业务,承包本行业的国际工程和境内国际招标工程,承接或自行开发建设工程交由本公司分包。本公司按照《综合服务协议》支付52,705,200.00元综合服务费。

2、与不存在控制关系关联方的关联交易本公司在1999年度,向北京城建亚东混凝土有限责任公司购买混凝土39,448,345.70元,是以正常的市场价格进行交易的,无任何高于或低于正常价格的情况。

(六)公司与控股股东在人员、资产、财务上的"三分开"情况报告期内,公司实行了与控股股东在人员、资产、财务上的"三分开",做到了人员独立、资产完整和财务独立。

(七)报告期内,公司托管、承包、租赁事项。报告期内,公司根据生产经营需要向北京城建集团有限责任公司租赁129,606平方米房屋,租赁期限自1999年1月1日起至1999年12月31日止,按照《房屋土地使用协议书》,本年度共支付租金8,000,000元。

(八)报告期内,公司继续聘用北京京都会计师事务所负责公司的审计工作。

(九)重大合同

1、1998年招股说明书中已披露的重要合同共16个,其履行情况如下:

(1)长期借款合同1个已履行完毕;

(2)7个协议仍继续履行,内容无根本变化;

(3)发行人筹委会与北京市地铁总公司共同组建八通地铁有限责任公司协议,现因原投资项目不能实施,经北京市政府及证监会批准已改变投资方向,此合同中止。详细情况详见1999年12月31日第二次临时股东大会公告。

(4)在施阶段合同3个,分别为:①北京市第五城市建设工程公司与北京远洋大厦签订的远洋大厦结构施工合同;②北京市第五城市建设工程公司与北京电车公司签订的综合服务用房施工合同;③北京市第一城市建设工程公司与北京敬远房地产开发公司签订的西西工程九号地施工合同。

(5)北京市第五城市建设工程公司与中房北京公主坟项目公司签订的综合商业大厦施工合同,合同价款121,530,000元,现因甲方原因工程停工,施工形象部位为地上一层。

(6)北京市第一城市建设工程公司与北京欣祥房地产开发公司签订的宝鼎广场施工合同已履行完毕,99年10月30日办理了结算,结算价为254,100,000元。

(7)北京市第二城市建设工程公司与北京市京隆房地产开发有限公司签订的通产大厦(危改)施工合同和北京市第二城市建设工程公司与协兴建筑工程公司签订的新世界二期土建工程施工合同工程已竣工,正在办理结算。

2、1998年年报中披露的重大施工合同的履行情况:

除(1)北京市城市建设道桥工程公司与北京市宣武区建委签订的菜市口南路改扩建工程合同、(2)北京市城市建设道桥工程公司与北京自来水公司签订的第九水厂第三期扩建工程合同、(3)北京市城市建设工程安装公司与首都机场签订的新航站楼机电设备安装工程合同已履行完毕,正在办理结算外,其它合同正在施工中。

3、1999年中报中披露的重大施工合同的履行情况:

除(1)北京市第三城市建设工程公司与北京市自来水公司签订的第九水厂三期输水管线工程合同、(2)北京市城市建设道桥工程公司与北京市公联公路联络线有限责任公司签订的丰台北路东段工程施工合同已履行完毕,正在办理结算外,其它合同正在施工过程中。

4、1999年新签订的重大施工合同:

(1)北京市第一城市建设工程公司与北京市城市建设工程开发公司签订的电子城3#、4#、5#楼工程,建筑面积102,998平方米,合同造价147,190,000元,工期自1999年11月30日至2002年7月11日,现该工程正在施工。

(2)北京城建四建设工程有限责任公司与北京香海会展房地产开发有限公司签订的北京科技会展中心1#、2#、3#楼工程,合同造价256,570,000元,合同签订日期1999年7月12日,工期自1998年3月8日至2001年1月8日,现该工程正在施工。

(3)北京城建四建设工程有限责任公司与北京能源房地产开发有限责任公司签订的轻汽F楼±0.00米以上工程,合同造价121,230,000元,工期自1999年9月15日至2001年4月1日,合同签订日期1999年10月12日,现该工程正在施工。

(4)北京城建亚泰工程公司与北京市地铁总公司签订的八王坟区间平台工程,合同造价165,000,000元,合同工期自1999年1月8日至1999年12月30日,现该工程正在施工。

(5)北京市城市建设道桥工程公司与哈双高速公路有限责任公司签订的哈双高速公路B5段工程承包合同,合同价款为140,680,000元,合同工期自1999年5月至2000年9月,合同签订日期1999年9月16日,该工程正在施工。

(6)北京市城市建设道桥工程公司与山东省公路管理局签订的山东省莱芜至新泰高速公路第5合同段工程,于1999年12月28日签订,合同标的113,560,000元,工期自1999年12月28日至2001年5月,现该工程正在施工。

(7)北京城建股份有限公司与陕西腾飞置业有限责任公司签订的鑫源科工贸大厦工程,于1999年12月8日签订,合同标的1,500,000,000元,工期自2000年3月1日至2002年3月1日。

5、担保、委托合同(1)1999年中报披露的公司为三个参股公司提供的担保合同现均处于担保有效期内,无其它变化。(2)1999年公司为子公司提供的担保:①为北京市第一城市建设工程公司向民生银行北京管理部贷款20,000,000元提供担保,担保期限为1999年11月11日至2000年11月10日。

②为北京市第二城市建设工程公司向中国农业银行北京市石景山支行贷款提供担保,担保金额为40,000,000元,担保期限为1999年11月29日至2000年9月28日。

③为北京市第三城市建设工程公司向中国建设银行北京市前门支行贷款28,500,000元提供担保,担保期限为1999年8月30日至2000年8月29日;

④为北京市第三城市建设工程公司向北京商业银行前门支行贷款30,000,000元提供担保,担保期限为1999年7月19日至2000年7月19日。

(3)1999年公司为参股公司提供的担保:

①为北京城建四建设工程有限责任公司向交通银行北京东单支行贷款30,000,000元提供担保,担保期限为1999年12月10日至2000年12月9日;

②为北京城建四建设工程有限责任公司向中国建设银行总行贷款20,000,000元提供担保,担保期限为1999年9月28日至2000年9月27日;

③为北京城建四建设工程有限责任公司向光大银行天宁寺支行贷款20,000,000元提供担保,担保期限为1999年8月31日至2000年8月30日。

(4)子公司对外提供的担保:

①北京市第一城市建设工程公司为首元房地产开发公司提供抵押担保,担保金额为30,000,000元,担保期限为1999年10月29日至2000年10月28日。

②北京城建亚泰工程公司为北京国诚经济技术发展有限公司向建行北京石景山支行贷款30,000,000元提供第三人保证,其贷款期限为99.8.26—2000.8.20,担保期限为2000年8月20日后两年内。

(5)公司的参股公司对外提供的担保:北京城建四建设工程有限责任公司为北京中证房地产开发有限公司向中国民生银行北京中关村支行贷款50,000,000元提供存单质押担保,担保标的:50,000,000元,担保期限自1999年12月13日至2000年12月10日。

(十)公司报告期内无更改名称或股票简称的情况。

(十一)报告期内,公司无其他重大事项。

八、财务会计报告

(一)审计报告

审计报告 北京京都审字(2000)第538号

北京城建股份有限公司全体股东:

我们接受委托,审计了北京城建股份有限公司(以下简称贵公司)一九九九年十二月三十一日资产负债表、一九九九年度利润表和利润分配表、一九九九年度现金流量表。这些会计报表由贵公司负责,我们的责任是对这些会计报表发表审计意见。我们的审计是根据《中国注册会计师独立审计准则》进行的。在审计过程中,我们结合贵公司实际情况,实施了包括抽查会计记录等我们认为必要的审计程序。

我们认为,上述会计报表的编制符合《企业会计准则》及《股份有限公司会计制度》的有关规定,在所有重大方面公允地反映了贵公司一九九九年十二月三十一日的财务状况及一九九九年度的经营成果和现金流量情况,会计处理方法的选用遵循了一贯性原则。

北京京都会计师事务所有限责任公司　　中国注册会计师:童登书
北京建外大街22号赛特广场五层　　中国注册会计师:张森
二〇〇〇年三月三十日

(二)会计报表(附后)
(三)会计报表附注
会计报表附注

1、公司简介北京城建股份有限公司(以下简称"本公司")系北京城建集团有限 责任公司(以下简称"城建集团")作为独家发起人,以募集设立方式设立的股份有限 公司。经中国证券监督管理委员会证监发字(1998)305号批复批准,本公司于1998年12月9日在上海证券交易所上网发行人民币普通股10,000万股。本公司于1998年12月30 日在北京市工商行政管理局登记注册,注册号11520059,注册资本40,000万元。

本公司的经营范围:工业与民用、能源、交通、市政、地铁,公共建筑建设项目工程的总承包;高速公路、燃气长输管线、航空港建筑施工、建筑装饰装修;设备安装;房地产开发;销售商品房;购销金属材料、木材,建筑材料,机械电器设备技术;技术开发、技术服务、信息咨询。

3、控股子公司及合营企业

截止1999年12月31日,本公司控股子公司及合营企业概况如下:

公司名称	经营范围	注册资本	本公司投资额	投资比例
北京城建科鹏爆破有限责任公司	土石方、建筑物爆破与开挖、机械拆除施工;岩土工程加固	150万元	100万元	66.67%
	施工及爆破技术开发应用。	1500万元	1000万元	66.67%
北京城建耐泰安建材有限责任公司	生产、销售耐泰安建筑墙板、建筑材料;技术咨询。			

说明:

(1)北京城建科鹏爆破有限责任公司系1999年8月11日成立,业务尚未开展,故未纳入1999年度合并会计报表的合并范围。

(2)北京城建耐泰安建材有限责任公司系1999年12月28日成立,故未纳入1999年度合并会计报表的合并范围。

4、税项

(1)主要税种及税率

①营业税本公司以建筑、安装工程收入的3%计缴营业税。

②城市维护建设税本公司按应缴纳营业税额的7%计缴城市维护建设税。

③企业所得税本公司按33%税率计缴企业所得税。

(2)优惠税负及批文

①根据财政部、国家税务总局(94)财税字第011号通知,单位和个人承包国防工程和承包军队系统的建筑安装工程取得的收入,免征营业税。

②北京市财政局京财工(1998)166号函同意本公司上市后,依法缴纳所得税超过15%税负部分,由市财政局实行"先征后返",返还资金并入企业税后利润统一进行分配。

九、其它事项

公司认为无其它需要披露的事项。

十、备查文件

1、载有董事长亲笔签名并盖章的年度报告正文;
2、载有法定代表人、总会计师、会计主管人员亲笔签名并盖章的财务报告;
3、载有会计师事务所盖章、注册会计师亲笔签名并盖章的审计报告;
4、报告期内在《中国证券报》、《上海证券报》和《证券时报》刊登的公司《 上市公告书》及有关公告正本;
5、公司章程。

北京城建股份有限公司
董事会
2000年4月4日

资产负债表

编制单位:北京城建股份有限公司　　金额单位:人民币元

	1999年12月31日	1998年12月31日
流动资产:		
货币资金	934582422.44	1076614843.80
短期投资		
减:短期投资跌价准备		
短期投资净额		
应收票据		
应收股利	5362361.56	5362361.56
应收利息		
应收帐款	1322050834.98	811990612.92
其他应收款	341821088.55	41195405.72
减:坏帐准备	77227451.28	44500702.94
应收款项净额	1586644472.25	808685315.70
预付帐款	82681483.28	43977980.10
应收补贴款	46092699.14	5089483.69
存货	1081409023.88	737188626.15
减:存货跌价准备		
存货净额	1081409023.88	737188626.15
待摊费用		
待处理流动资产净损失		
一年内到期的长期债券投资	430000.00	1153800.00
其他流动资产		
流动资产合计	3737202462.55	2678072411.00
长期投资:		
长期股权投资	451044575.21	47429834.20
长期债权投资	150000.00	200000.00
长期投资合计	451194575.21	47629834.20
其中:合并价差		
减:长期投资减值准备		
长期投资净额	451194575.21	47629834.20
固定资产:		
固定资产原价	601114985.36	582745106.50
减:累计折旧	250732581.99	253989769.36
固定资产净值	350382403.37	328755337.14
工程物资		
在建工程		
固定资产清理		
待处理固定资产净损失		
固定资产合计	350382403.37	328755337.14
无形资产及其他资产:		
无形资产		
开办费		
长期待摊费用	3907125.78	6977626.74
其他长期资产	24768753.11	22797438.73
无形资产及其他资产合计	28675878.89	29775065.47
递延税项:		
递延税款借项		
资产总计	4567455320.02	3084232647.81
流动负债:		
短期借款	1226020000.00	688220000.00
应付票据	13710000.00	15690000.00
应付帐款	504459534.33	342130510.89
预收帐款	176321423.66	252555184.04
代销商品款		
应付工资	25738284.05	23933531.40
应付福利费	35148376.51	18751221.85
应付股利		
应交税金	359923446.04	224035716.37
其他应交款	7006732.91	4314144.99
其他应付款	167757352.64	115255383.42
预提费用	3292274.44	
一年内到期的长期负债		5000000.00
其他流动负债		
流动负债合计	2519377424.58	1689885692.96
长期负债:		
长期借款	480000000.00	
应付债券		
长期应付款		
住房周转金	2341925.86	
其他长期负债	9397482.60	12529976.80
长期负债合计	491739408.46	12529976.80
递延税项:		
递延税款贷项		
负债合计	3011116833.04	1702415669.76
少数股东权益		
股东权益:		
股本	400000000.00	400000000.00
资本公积	872489038.60	872489038.60
盈余公积	42577417.27	16399190.93
其中:公益金	14192472.43	5466396.98
未分配利润	241272031.11	92928748.52
外币报表折算差额		
股东权益合计	1556338486.98	1381816978.05
负债和股东权益总计	4567455320.02	3084232647.81

利润表

编制单位:北京城建股份有限公司　　金额单位:人民币元

	1999年度	1998年度
一、主营业务收入	5875553264.49	4889862845.64
减:折扣与折让		
主营业务收入净额	5875553264.49	4889862845.64
减:主营业务成本	5023406785.43	4167158692.51
主营业务税金及附加	169040458.33	133675940.83
二、主营业务利润	683106020.73	589028212.30
加:其他业务利润	408533.52	97852.09
减:存货跌价损失		
营业费用		
管理费用	426076181.91	350014279.39
财务费用	59970690.94	58740865.80
三、营业利润	197467681.40	180370919.20
加:投资收益	11082741.01	10781370.80
补贴收入		
营业外收入	3476220.95	3390527.76
减:营业外支出	3335788.23	2753248.47
四、利润总额	208690855.13	191789569.29
减:所得税	75172561.65	65989460.88
减:少数股东损益		
减:财政返还	−41003215.45	−5089483.69
五、净利润	174521508.93	130889592.10

利润分配表

编制单位:北京城建股份有限公司　　单位:人民币元

项目	1999年度	1998年度
一、净利润	174521508.93	130889592.10
加:年初未分配利润	92928748.52	−18327404.75
盈余公积转入		
二、可供分配的利润	267450257.45	112562187.35
减:提取法定盈余公积金	17452150.89	13088959.22
减:提取法定公益金	8726075.45	6544479.61
三、可供股东分配的利润	241272031.11	92928748.52
减:应付优先股股利		
提取任意盈余公积		
应付普通股股利		
转作股本的普通股股利		
四、未分配利润	241272031.11	92928748.52

浙江海正药业股份有限公司

浙江海正药业股份有限公司股票上市公告书

一、要览

股票简称:海正药业
股票代码:600267
总股本:15600万股
可流通股本:4000万股
本次上市可流通股本:4000万股
上市地点:上海证券交易所
上市时间:2000年7月25日
股票登记机构:上海证券中央登记结算公司
上 市 推 荐 人:广发证券有限责任公司
华夏证券有限公司

二、绪 言

本上市公告书是根据《中华人民共和国公司法》、《中华人民共和国证券法》、《股票发行与交易管理暂行条例》、《公开发行股票公司信息披露实施细则》和《上海证券交易所股票上市规则(2000年修订本)》等国家有关法律、法规的规定,并按照中国证券监督管理委员会制定的公开发行股票公司信息披露的内容与格式准则第七号《上市公告书的内容与格式(试行)》而编制,旨在向投资者提供有关浙江海正药业股份有限公司(以下简称"本公司")和本次股票上市的有关情况。

经中国证监会证监发行字[2000]92号文核准,本公司于2000年7月5日至7月15日通过对一般投资者上网定价发行和对二级市场投资者配售相结合的发行方式成功发行4000万股每股面值1.00元的人民币普通股,每股发行价人民币11.83元。其中,对一般投资者上网定价发行2000万股,对二级市场投资者配售2000万股。

经上海证券交易所上证上字[2000]52号《上市通知书》批准,本公司4000万股社会公众股将于2000年7月25日起在上海证券交易所挂牌交易。股票简称"海正药业",股票代码"600267"。

本公司已于2000年7月5日在《中国证券报》、《上海证券报》和《证券时报》上刊登了《招股说明书概要》,距今不足6个月,故与其重复的内容在此不再陈述,敬请投资者查阅本公司的《招股说明书概要》。

本公司董事会及全体董事已批准本上市公告书,并确信本公告书所载资料不存在重大遗漏或者误导,并对其真实性、准确性和完整性负个别和连带的责任。

三、发行公司概况

(一)基本情况

公司名称:浙江海正药业股份有限公司
英文名称:Zhejiang Hisun Pharmaceutical Co.,Ltd.
注册地址:浙江省台州市椒江区外沙路46号
注册资本:15600万元
法定代表人:白骅
成立日期:1998年2月11日
所属行业:医药制造工业
经营范围:化学原料药、化学中间体、医药制剂、生物制药、中成药、中药制剂、医药辅料(以上五类仅限于片剂、胶囊剂、粉针剂、口服液四种品种)的生产、开发、销售;本企业自产的化学原料药、化学药制剂、合成樟脑的出口;本企业生产、科研所需的原辅材料、机械设备、仪器仪表、零配件的进口。

(二)历史沿革

本公司为经浙江省人民政府浙政发[1998]12号文批准,以浙江海正集团有限公司为主要发起人,联合国投兴业有限公司(现已更名为国投药业投资有限公司)、三龙投资(中国)有限公司及国家医药管理局四川抗菌素工业研究所、国家医药管理局上海医药工业研究院、中国药科大学、浙江省医药工业公司(现已重组为浙江英特药业有限责任公司)及第二军医大学朝晖制药厂(现已改制重组为上海复星朝晖药业有限公司)等七家单位共同发起设立的股份有限公司,于1998年2月11日在浙江省工商行政管理局登记注册成立。

本公司成立时注册资本为11,600万元,其中,浙江海正集团有限公司与国投兴业有限公司分别以原海门制药厂经评估的药品生产经营性净资产12,518.63164万元、3,658.36270万元作为出资,按69.2341%的折股比例折为8,667.16万股和2,532.84万股,分别占本公司总股本的74.72%和21.84%;三龙投资(中国)有限公司以现金出资,按相同折股比例折为150万股,占总股本的1.29%;其他五家发起人亦以现金出资,按相同折股比例折为50万股,分别占总股本的0.43%。

本次4000万股A股发行后,公司股本总额为15600万元。

四、股票发行及承销

(一)本次股票公开发行情况

发行方式:对一般投资者上网定价发行与对二级市场投资者配售相结合
发行期间:2000年7月5日至2000年7月15日
公开发行数量:4000万股
其中:对一般投资者上网定价发行2000万股
对二级市场投资者配售2000万股
发行价格:11.83元/股
募集资金净额:45980万元(已扣除有关发行费用)
中签率:对一般投资者上网定价发行的中签率为0.23275146%
对二级市场投资者配售的中签率为0.07292470%
有效申购户数:对一般投资者上网定价发行的有效申购户数为577276户
对二级市场投资者配售的有效申购户数为3546609户
持有1000股以上(含1000股)的股东数:36907户
发行费用总额:1340万元
每股发行费用:0.335元
发行市盈率:加权平均市盈率为34.80倍,全面摊薄市盈率为40.79倍。

(二)股票承销

本次公开发行的社会公众股共计4000万股,其中对一般投资者上网定价发行的2000万股已被投资者全额认购,对二级市场投资者配售的2000万股中,尚有218544股未被投资者认购,由承销团包销。

(三)验资报告(摘自浙江天健会计师事务所浙天会验[2000]第106号)

验 资 报 告

浙天会验[2000]第106号

浙江海正药业股份有限公司全体股东:

我们接受委托,对贵公司截至2000年7月13日的股本的真实性和合法性进行了审验。在审验过程中,我们按照独立审计准则和《独立审计实务公告第1号--验资》的要求,实施了必要的审验程序。贵公司的责任是提供真实、合法、完整的验资资料,保护资产的安全、完整;我们的责任是按照《独立审计实务公告第1号--验资》的要求,出具真实、合法的验资报告。

贵公司申请的注册资本为156,000,000.00元。根据我们的审验,贵公司本次公开发行股票前的股本总额为116,000,000.00元,本次公开发行人民币普通股(A)股4,000万股,每股面值1元,截至2000年7月13日,实际募集资金473,200,000.00元,扣除发行费用13,401,741.89元后为459,798,258.11元。其中股本40,000,000.00元,资本公积419,798,258.11元。连同公开发行股票前实有股本,公司累计股本为壹亿伍仟陆佰万元(¥156,000,000.00)。

此外,我们注意到,根据计算,贵公司本次发行股票中签申购资金利息19,519.50元,待收到后列作资本公积。

附件(一)投入股本明细表;
附件(二)验资事项说明;
附件(三)中国证监会《关于核准浙江海正药业股份有限公司公开发行股票的通知》;
附件(四)本所的《企业法人营业执照》(验资报告专用件);
附件(五)银行进帐单等入资凭证复印件。
以上附件(三)、(四)、(五)仅送工商行政管理部门。

浙江天健会计师事务所　　中国注册会计师:陈翔
中国.杭州　　中国注册会计师:朱大为
报告日期:2000年7月15日

五、董事、监事和高级管理人员简历及持股情况

(一)董事、监事和高级管理人员简历

1、董事会成员

白　骅先生　53岁,毕业于杭州化工学校,执业药师,高级工程师,全国劳动模范,第九届全国人大代表,现任本公司董事长、总经理。白先生1968年加入海门制药厂,1981年起担任厂长,在新产品开发、技术改造、市场营销及生产管理上具有深厚、独到的经验,曾荣获全国医药行业优秀企业家等荣誉称号。白先生现时还兼任浙江省医药工业有限公司董事长和浙江海正集团有限公司党委书记。

贺兴夏先生　60岁,毕业于清华大学,高级工程师,现任本公司副董事长。贺先生历任北京制药厂副厂长、国原实业开发公司总工程师、深圳康泰生物制品有限公司执行董事、总经理等职务,现任国投药业投资有限公司医药二部经理。贺先生现时还兼任浙江医药股份有限公司董事。

徐阿堂先生　52岁,毕业于浙江省医药学校,管理工程师,现任本公司副董事长、副总经理。徐先生自1981年起开始担任海门制药厂副厂长,在企业管理、技术改造及项目管理方面具有丰富经验,1996年荣获中华全国总工会"五一"劳动奖章。徐先生现时还兼任集团公司副董事长。

陶正利先生　45岁,毕业于浙江省医药学校,管理工程师,现任本公司董事、副总经理。陶先生自1975年加入海门制药厂以来,历任车间主任,总师办主任及副厂长,在新产品开发及产品工业化工艺研究方面具有丰富经验,1999年被评为浙江省劳动模范。陶先生现时还兼任集团公司董事及华尔得副总经理。

蔡时红先生　40岁,毕业于浙江金华财政学校,会计师,现任本公司董事、副总经理。蔡先生从事财务工作近二十年,历任原海门制药厂财务科科长及厂长助理,在财务管理方面具有丰富经验。蔡先生现时还兼任集团公司董事。

金红日先生　本公司董事,40岁,毕业于南京药学院,高级工程师。金先生于1982年加入海门制药厂,历任车间副主任、总师办副总工程师,在合成药开发及技术改造方面具有丰富经验。

喻舜兵先生　本公司董事,37岁,毕业于西安交通大学,工程师。喻先生曾就任于秦山核电公司,1987年加入海门制药厂,历任生产调度科副科长、科长,在生产管理上具有丰富的实践经验。

刘　伟先生　本公司董事,31岁,毕业于中国药科大学,助理工程师,国投药业投资有限公司医药二部业务主管。刘先生现时还兼任浙江医药股份有限公司董事。

孔　众先生　本公司董事,37岁,曾就读于英国牛津大学。孔先生曾就职于香港安邦投资有限公司并创办了三龙投资(中国)有限公司,现任三龙公司董事长。

陈曾湘先生　本公司董事,61岁,毕业于国家医药管理局福建微生物研究所,博士生导师、教授,国家卫生部药典委员会委员,现任国家医药管理局四川抗菌素工业研究所所长,曾荣获全国"五一"劳动奖章。

黄成龙先生　本公司董事,63岁,毕业于华东化工学院,高级工程师,曾任江西省医药管理局副局长、局长,现为国家医药管理局上海医药工业研究院院长。

吴晓明先生　本公司董事,46岁,毕业于南京药学院及日本九州大学,博士、教授。吴先生曾任中国药科大学药学院副院长、院长及副校长,现任中国药科大学校长。

张万年先生　本公司董事,53岁,毕业于第二军医大学,教授。张先生历任兰州军区药检所所长、上海市药学会常务理事、中国药学会理事及中国人民解放军中西药研究所所长等职,现为第二军医大学药学系主任。

缪伟民先生　本公司董事,47岁,毕业于中国药科大学,主管药师,现任浙江省医药工业有限公司副总经理。

王若松先生　本公司董事兼董事会秘书,35岁,毕业于浙江省广播电视大学,政工师,1989年加入海门制药厂,在企业宣传及形象策划方面具有丰富经验,现任公司党委副书记。

2、监事会成员

李如生先生　本公司监事会召集人,55岁,毕业于浙江省医药学校,管理工程师。李先生1963年加入海门制药厂,历任阿霉素车间主任及工会主席。李先生现时还兼任集团公司监事。

张云明先生　本公司监事,55岁,毕业于浙江省医药学校,管理工程师,历任海门制药厂机修车间主任、设备动力科副科长,现兼任集团公司工会主席及监事会主席。

林剑秋先生　本公司监事,33岁,毕业于浙江大学,工程师,现为公司107车间主任。

王玲萍女士　本公司监事,43岁,毕业于浙江工学院,工程师,现任公司103车间副主任。

金小法先生　本公司监事,46岁,现任公司108车间主任。

叶茱莉女士　本公司监事,45岁,香港永久居民,现为三龙公司董事。

孟书豪先生　本公司监事,30岁,毕业于北京机械学院,现供职于国投药业投资有限公司,从事项目管理及财务管理工作。

3、其他高级管理人员

许　雷先生　本公司副总经理,39岁,美国罗切斯特大学工商管理硕士、纽约克拉克森大学生物化学硕士,曾在美国默克公司管理层任职多年。许先生在技术转移、国际市场开拓及质量控制技术方面具有丰富经验和独到的见解,于1999年初加盟本公司,负责海外市场开拓、FDA申报及DMF注册、cGMP和产品质量管理工作。

(二)董事、监事和高级管理人员持股情况

截止目前,上述公司董事、监事及高级管理人员均未持有本公司股份。

六、公司设立

本公司为经浙江省人民政府浙政发[1998]12号文批准,以浙江海正集团有限公司为主要发起人,联合国投兴业有限公司(现已更名为国投药业投资有限公司)、三龙投资(中国)有限公司及国家医药管理局四川抗菌素工业研究所、国家医药管理局上海医药工业研究院、中国药科大学、浙江省医药工业公司(现已重组为浙江英特药业有限责任公司)及第二军医大学朝晖制药厂(现已改制重组为上海复星朝晖药业有限公司)等七家单位共同发起设立的股份有限公司,于1998年2月11日在浙江省工商行政管理局登记注册成立,注册资本为11600万元。

1999年9月7日,本公司召开了1999年度临时股东大会,审议通过了公开发行股票并上市的决议,确定上海证券交易所为公司社会公众股股票的上市地,并授权公司董事会办理股票发行和上市的相关事宜。

经中国证监会证监发行字[2000]92号文核准,本公司已于2000年7月5日至2000年7月15日成功发行了4000万股每股面值1.00元的人民币普通股,每股发行价11.83元。其中,对一般投资者上网定价发行2000万股,对二级市场投资者配售2000万股。本次募股资金已全部到位。

变更注册日期:2000年7月17日

注册资本:15600万股

注册地址:浙江省台州市椒江区外沙路46号

法定代表人:白骅

营业执照注册号:3300001001409

七、关联企业及关联交易

(一)关联关系

与本公司存在关联关系的企业主要包括:

1、浙江海正集团有限公司

浙江海正集团有限公司是本公司的控股股东,持有本公司股份8,667.16万股,占本公司总股本的74.72%。

2、国投药业投资有限公司

国投药业投资有限公司持有本公司股份2,532.84万股,占本公司总股本的21.84%。

3、浙江海正化工股份有限公司

1998年12月注册成立,注册资本3000万元,主营化工产品、合成农药、农用化学品等的生产、开发、销售,浙江海正集团有限公司持股48.33%,为第一大股东。

4、台州市椒江热电有限公司

1995年1月注册成立,注册资本500万元,1998年增资后注册资本增加到3800万元。该公司主营电力开发和供热,浙江海正集团有限公司在该公司于1998年增资时对其出资1650万元,占注册资本总额的43.42%,为第一大股东。

5、浙江华尔得制药有限公司

浙江华尔得制药有限公司成立于1991年12月,注册资本55万美元,主营盐酸金霉素、化工原料及中间体的生产、销售。本公司持有该公司60%的股权,该公司的外方股东——香港好得利洋行持有其40%的股权。

6、浙江省医药工业有限公司

该公司是本公司与浙江英特药业有限责任公司、浙江海正集团有限公司工会和浙江省医药工业公司工会共同出资组建的有限责任公司,成立于1999年11月30日,注册资本2200万元。其中,本公司出资902万元,占注册资本的41%。该公司主营化学原料药及其制剂,抗生素、精神类药品、保健药品、中成药等药品的销售。

(二)关联交易事项

在上述关联企业中,本公司主要与浙江海正集团有限公司、浙江海正化工股份有限公司、浙江华尔得制药有限公司以及浙江省医药工业有限公司存在关联交易,关联交易事项的内容分别为:

1、本公司与浙江海正集团有限公司之间的关联交易

(1)房屋租赁

1998年2月16日,本公司与集团公司签订了《房屋租赁协议》,承租位于浙江省台州市椒江区工人路43号的36幢,总建筑面积为17,393.53平方米的房屋,首期租赁期限为5年,租金每年为142万元人民币,租金按年结算,承租方定时于每年12月31日前交予出租方。

(2)土地租赁

1998年2月16日,本公司与集团公司签订《土地租赁协议》,承租位于浙江省台州市椒江区工人路43号共24,776.34平方米土地,首期租赁期限为5年,租金每年为75.70万元人民币,租金按年结算,承租方定时于每年12月31日前交予出租方。

(3)商标使用许可及商标转让

1998年2月16日,本公司与集团公司签订了《商标使用许可协议》,根据协议,本公司在许可商标的有效期间内无偿获得集团公司"海鸥"及"海药"牌商标的独占使用许可权及再许可权。

1999年9月20日,本公司与集团公司签订了《商标转让协议》。根据该协议,集团公司同意将其拥有的"海鸥"、"海药"以及"海正"商标的所有权无偿转让给本公司。1999年10月28日,国家工商行政管理局核准了以上商标的转让注册。

(4)生活服务与生产协作

1998年2月16日,本公司与集团公司签订了《生活服务和生产协作协议》,协议明确双方将相互提供原材料供应、动力供应、设备维修、房屋维护、保安、消防、住房服务、医疗卫生、后勤服务等生活及生产等方面的服务及协助,以及在业务、运营和管理方面所需的协助,各方将按照所提供服务的实际发生额进行结算。

2、本公司与浙江海正化工股份有限公司之间的关联交易

浙江海正化工股份有限公司在生产过程中使用的部分原材料与本公司相同,但是,本公司用量大,浙江海正化工股份有限公司用量小,考虑到共同采购能有效降低采购成本,1998年12月10日,本公司与浙江海正化工股份有限公司签订了《购销协议》。根据该协议的规定,本公司向浙江海正化工股份有限公司提供生产经营所需要的原材料,双方同意每月月末按照当月该原材料的市场平均价和浙江海正化工股份有限公司的实际用量进行结算,该价格不得明显高于或低于其他供货商的价格。

3、本公司与浙江华尔得制药有限公司之间的关联交易

(1)生活服务与生产协作

1998年2月16日,本公司与浙江华尔得制药有限公司签订了《生活服务和生产协作协议》,协议明确双方将相互提供原材料供应、动力供应、设备维修、房屋维护、保安、消防、住房服务、医疗卫生、后勤服务等生活及生产等方面的服务及协助,以及在业务、运营和管理方面所需的协助,各方将按照所提供服务的实际发生额进行结算。

(2)产品购销

浙江华尔得制药有限公司位于本公司老厂区,生产规模较小,生产过程中使用的部分原材料与本公司相同,由本公司代为采购原材料和销售部分产品可帮助其降低采购和销售成本。1998年2月16日,本公司与浙江华尔得制药有限公司签订了《购销协议》。本公司向浙江华尔得制药有限公司提供生产经营所需的原材料,双方同意浙江华尔得制药有限公司可根据自身之生产经营情况向本公司申请领取原料,双方每月月末按照当月该原料的市场平均价和浙江华尔得制药有限公司的实际用量进行结算;本公司有权根据自己的生产销售情况自主决定是否向浙江华尔得制药有限公司购买产品,但在同等条件下应优先向浙江华尔得制药有限公司购买,其价格应参照市场价格,该价格不得明显高于或低于其他供货商的价格,双方每月月末进行结算。

4、本公司与浙江省医药工业有限公司之间的关联交易

本着平等互利的原则,本公司于2000年1月10日与浙江省医药工业有限公司签订了《产品经销原则协议》,协议明确了本公司委托浙江省医药工业有限公司经销产品的经销区域、经销目标、定价、市场推广等方面问题的处理原则,并约定,具体产品的经销合同将以该协议确定的原则为基础另行签订。

5、本公司与其他关联方的关联交易

1998年2月18日,本公司分别与中国药科大学、国家医药管理局四川抗菌素工业研究所、国家医药管理局上海医药工业研究院三家发起人股东分别签署了《合作协议》。根据协议,上述三家发起人股东分别向本公司提供科研技术及人员培训等服务,双方将继续加强在新药物、新技术方面的合作,包括但不限于优先向本公司转让技术成果的使用权或所有权等。

本公司与上述关联企业之间的关联交易均按照市场公正、公平的原则进行处置,双方约定按照市场价格确定有关原材料、产品的购销以及提供服务的合同价格,关联交易不存在损害本公司及股东利益的内容。

八、股本结构及大股东持股情况

(一)本公司上市前的股本结构

股份种类	股数(万股)	占总股本比例(%)
1、尚未流通股份	11600	74.36
发起人股份	11600	74.36
其中:国家持有股份	8667.16	55.56
境内法人持有股份	2782.84	17.84
外资法人持有股份	150.00	0.96
2、可流通股份	4000	25.64
其中:社会公众持股	4000	25.64
3、股份总数	15600	100.00

(二)公司前十名股东持股情况

股东名称	持股数量(万股)	占总股本比例(%)
浙江海正集团有限公司	8667.16	55.56
国投药业投资有限公司	2532.84	16.24
三龙投资(中国)有限公司	150	0.96
国家医药管理局上海医药工业研究院	50	0.32
国家医药管理局四川抗菌素工业研究所	50	0.32
中国药科大学	50	0.32
浙江英特药业有限责任公司	50	0.32
上海复星朝晖药业有限公司	50	0.32
广发证券有限责任公司	21.85	0.14
大成基金管理有限公司(景福基金)	16.20	0.10

九、公司财务会计资料

本公司截止1999年12月31日的财务状况,已于2000年7月5日分别在《中国证券报》、《上海证券报》和《证券时报》上刊登的《浙江海正药业股份有限公司招股说明书概要》中进行了详尽的披露。由于发行距上市时间不足六个月,本公告只公布本公司经审计的财务报表及财务指标。欲了解有关会计资料的详细内容,敬请投资者查阅上述报纸或至公告的《招股说明书》查阅地点查阅。

(一)财务报表(附后)

(二)主要财务指标

财务指标	1999年	1998年	1997年
流动比率	0.88	0.79	1.49
速动比率	0.50	0.56	1.24
资产负债率(%)	62.82	59.37	47.80
应收帐款周转率(次)	6.06	5.01	6.33
存货周转率(次)	2.89	4.24	3.46
净资产收益率(%)	21.06	24.32	28.80
每股净利(元)	0.43	0.41	0.45

注:(1)股本按公司成立时股本总额11,600万股计算;

(2)以上财务指标均依据合并报表数据计算而得。

十、董事会上市承诺

本公司董事会将严格遵守《中华人民共和国公司法》、《中华人民共和国证券法》、《股票发行与交易管理暂行条例》、《公开发行股票公司信息披露实施细则》和《上海证券交易所股票上市规则(2000年修订本)》及有关法律、法规的规定,并自股票上市之日起作出如下承诺:

1、按照法律、法规的规定程序和要求披露重大的信息,并接受证券主管机关、上海证券交易所的监督管理;

2、及时、真实、准确地公布中期报告和年度报告,并备置于规定场所供投资者公众查阅;

3、本公司董事、监事、高级管理人员如发生人事变动或持本公司股票发生变化时,在报告证券主管机关、上海证券交易所的同时向投资者公布;

4、在任何公众传播媒介中出现的消息可能对本公司股票的市场价格产生误导性影响时,本公司知悉后将及时对该消息予以公开澄清;

5、本公司董事、监事、高级管理人员将认真听取社会公众的意见和批评,不利用已获得的内幕消息和其他不正当手段直接或间接从事股票买卖活动;

6、本公司没有无记录负债。

依据2000年5月1日起实施的《上海证券交易所股票上市规则(2000年修订本)》,本公司全体董事、监事将按照有关规定,在本公司股票上市后两个月内签署《董事(监事)声明及承诺书》并送达上海证券交易所备案。

十一、重要事项揭示

1、根据浙江天健会计师事务所对本公司2000年度盈利预测的"浙天会审(2000)第27号"审核报告,预计本公司2000年度实现利润总额6679.3万元,净利润4512.5万元。按照国务院国发[2000]2号文件的规定,本公司2000年所得税按33%的税率缴纳。

2、本次股票发行后首次派发股利的时间预计为2001年6月30日前。根据2000年3月2日本公司第三届股东大会《关于一九九九年度公司股利分配方案的决议》,1999年度未分配利润结转至下年度,连同以前年度滚存的未分配利润由新老股东共同享有。

除招股说明书及本上市公告书已披露事项外,本公司无其它应披露而未披露的重要事项。

十二、备查文件目录

1、招股说明书

2、上海证券交易所上市通知书

3、中国证监会核准本公司公开发行股票的文件

4、审计报告、财务报表及附注

5、验资报告

6、盈利预测报告及注册会计师审核报告

7、法律意见书

8、资产评估报告

9、公司股东大会决议、董事会决议
10、公司营业执照
11、公司章程
12、其它备查文件

十三、咨询机构

1、发行人:浙江海正药业股份有限公司
法定代表人:白骅
注册地址: 浙江省台州市椒江区外沙路46号
联系电话: 0571-5278141
传 真: 0571-5278141
联系人 : 张薇
2、上市推荐人:广发证券有限责任公司
法定代表人:陈云贤
注册地址:广州市天河区天河北路183号大都会广场
联系电话:021-68816650、68818801
传 真:021-68816650、68815883
联系人 :张旭波、林传辉、周庭硕、陈新军
3、上市推荐人:华夏证券有限公司
公司负责人:赵大建
注册地址:北京市东城区新中街68号
联系电话:010-65515588
传 真:010-65516472
联系人 :李伟

浙江海正药业股份有限公司
2000年7月18日

资产负债表(合并)

编制单位:浙江海正药业股份有限公司　　金额单位:元

资产	1999.12.31	1998.12.31	1997.12.31
流动资产:			
货币资金	33611720.66	23440282.49	56242008.03
短期投资			
减:短期投资跌价准备			
短期投资净额	850000.00	0.00	100000.00
应收票据			
应收股利			
应收利息			
应收帐款	59049637.12	59114434.60	54043491.86
其他应收款	15464578.44	4436298.11	38868647.27
减:坏帐准备	7135731.10	5328252.21	6842575.73
应收帐款净额	67378484.46	58222480.50	86069563.40
预付帐款	9453437.53	18311370.91	3734479.27
应收补贴款	722909.18	73960.73	
存货	85368788.18	41529072.60	30484357.50
减:存货跌价准备	435285.11	100764.77	
存货净额	84933503.07	41428307.83	30484357.50
待摊费用	895507.77	711011.00	478500.00
待处理流动资产净损失			
一年内到期的长期债权投资			
其他流动资产			
流动资产合计	197845562.67	142187413.46	177108908.20
长期投资:			
长期股权投资	812334.83	911804.40	
长期债权投资			
长期投资合计	812334.83	911804.40	
减:长期投资减值准备			
长期投资净额	812334.83	911804.40	
合并价差	812334.83	911804.40	
固定资产:			
固定资产原价	286312286.41	195890085.27	170396955.69
减:累计折旧	76131713.11	56548552.43	40624571.41
固定资产净值	210180573.30	139341532.84	129772384.28
工程物资	15116103.40	7387003.38	
在建工程	199911270.09	143066551.73	45992021.69
固定资产清理	0.00	307550.48	
待处理固定资产损失			
固定资产合计	425207946.79	290102638.43	175764405.97
无形资产及其他资产:			
无形资产	45587457.82	46558736.86	36000.00
开办费	1942487.43	3937483.43	
长期待摊费用	724426.06		
其他长期资产			
无形资产及其他资产合计	48254371.31	50496220.29	36000.00
递延税项:			
递延税款借项			
资产总计	672120215.60	483698076.58	352909314.17
负债及股东权益			
流动负债:			
短期借款	25000000.00	18980000.00	17000000.00
应付票据			
应付帐款	41955970.70	19719240.38	19600263.82
预收帐款	1760998.74	928071.07	1154318.06
代销商品款			
应付工资	29701114.17	31068797.13	35601114.17
应付福利费	13151435.52	10998153.75	7774439.48
应付股利	9520000.00	9280000.00	
应交税金	9185415.91	10850224.44	7574649.70
其他应交款	100730.17	805439.87	1805991.04
其他应付款	44523726.52	36876885.10	673794.56
预提费用	13033436.52	8846647.19	15168702.82
一年内到期的长期负债	37100000.00	30600000.00	12300000.00
其他流动负债			
流动负债合计	225032828.68	178953458.93	118653273.65
长期负债:			
长期借款	197211026.86	106777449.38	48388721.00
应付债券			
长期应付款			
住房周转金	0.00	1466617.74	1636159.45
其他长期负债			
长期负债合计	197211026.86	108244067.12	50024880.45
递延税项:			
递延税款贷项			
负债合计	422243855.54	287197526.05	168678154.10
少数股东权益	15068604.25	2002724.87	1862224.71
股东权益			
股本	116000000.00	116000000.00	
资本公积	51717725.75	51584426.61	
盈余公积	17615156.35	7628221.59	
其中:公益金	8971285.64	3977818.26	
未分配利润	49474873.71	19285177.46	
股东权益合计	234807755.81	194497825.66	182368935.36
负债及股东权益总计	672120215.60	483698076.58	352909314.17

利润及利润分配表

编制单位:浙江海正药业股份有限公司　　金额单位:元

项目	1999年度		1998年度	
	母公司	合并	母公司	合并
一、主营业务收入	357911101.27	357911101.27	283656944.50	283656944.50
减:折扣与折让				
主营业务收入净额	357911101.27	357911101.27	283656944.50	283656944.50
减:主营业务成本	189458317.94	183549204.95	158540354.33	152586831.94
主营业务税金及附加	2919445.06	2934132.65	2300710.26	2329146.23
二、主营业务利润(亏损以"-"号填列)	165533338.27	171427763.67	122815879.91	128740966.33
加:其他业务利润(亏损以"-"号填列)	1462006.54	1462006.54	79892.85	79892.85
减:存货跌价损失	334520.34	334520.34	100764.77	100764.77
营业费用	21452254.08	21452254.08	20462309.30	20462309.30
管理费用	79867193.16	83642690.24	47643519.96	51612236.02
财务费用	6094643.40	6679411.83	1288540.58	1417639.79
三、营业利润(亏损以"-"号填列)	59246733.83	60780893.72	53400638.15	55227909.30
加:投资收益(损失以"-"号填列)	937262.34	-99469.57	1015853.15	-82891.31
补贴收入				
营业外收入	17522.20	51627.91	382345.68	382345.68
减:营业外支出	2881788.52	2938599.75	1286238.33	1286238.33
四、利润总额(亏损总额以"-"号填列)	57319729.85	57794452.31	53512598.65	54241125.34
减:所得税	7385056.04	7647766.21	5922716.65	6213695.79
减:少数股东权益	0.00	690055.09	0.00	723714.41
五、净利润(净亏损以"-"号填列)	49934673.81	49456631.01	47589882.00	47303715.14
加:年初未分配利润	19595811.72	19285177.46	105832536.77	105808069.37
盈余公积转入				
六、可供分配的利润	69530485.53	68741808.47	153422418.77	153111784.51
减:提取法定盈余公积	4993467.38	4993467.38	4305233.20	4305223.20
提取法定公益金	4993467.38	4993467.38	4305233.20	4305233.20
七、可供股东分配的利润	59543550.77	58754873.71	144811952.37	144501318.11
减:应付优先股股利				
提取任意盈余公积				
应付普通股股利	9280000.00	9280000.00	58594798.90	58594798.90
转作股本的普通股股利	0.00	0.00	66621341.75	66621341.75
八、未分配利润	50263550.77	49474873.71	19595811.72	19285177.46

利润及利润分配表

编制单位:浙江海正药业股份有限公司　　金额单位:元

项目	1997年度	
	母公司	合并
一、主营业务收入	269558496.78	269558496.78
减:折扣与折让		
主营业务收入净额	269558496.78	269558496.78
减:主营业务成本	148225217.49	142887038.35
主营业务税金及附加	2783354.99	2814629.91
二、主营业务利润(亏损以"-"号填列)	118549924.30	123856828.52

加:其他业务利润(亏损以"-"号填列)	193948.93	193948.93
减:存货跌价损失		
营业费用	10167894.98	10172162.28
管理费用	45795236.40	49434827.19
财务费用	4790019.45	5103355.31
三、营业利润(亏损以"-"号填列)	57990722.40	59340432.67
加:投资收益(损失以"-"号填列)	836064.66	16540.00
补贴收入		
营业外收入	142625.67	142625.67
减:营业外支出	6398777.82	6398777.82
四、利润总额(亏损总额以"-"号填列)	52570634.91	53100820.52
减:所得税	0.00	283.54
减:少数股东权益	0.00	545488.67
五、净利润(净亏损以"-"号填列)	52570634.91	52555048.31
加:年初未分配利润	61147497.09	61138616.29
盈余公积转入		
六、可供分配的利润	113718132.00	113693664.60
减:提取法定盈余公积	5257063.49	5257063.49
提取法定公益金	2628531.74	2628531.74
七、可供股东分配的利润	105832536.77	105808069.37
减:应付优先股股利		
提取任意盈余公积		
应付普通股股利		
转作股本的普通股股利		
八、未分配利润	105832536.77	105808069.37

合并现金流量表

1999 年度

编制单位:浙江海正药业股份有限公司　　金额单位:元

项目	本期数	
	母公司	合并
一、经营活动产生的现金流量:		
销售商品、提供劳务收到的现金	419927398.19	386444191.47
收取的租金	77100.00	77100.00
收到税费返还		
收到的其他与经营活动有关的现金	502864.79	2346096.18
现金流入小计	420507362.98	388867387.65
购买商品、接受劳务支付的现金	252607566.25	219124359.53
经营租赁所支付的现金		
支付给职工以及为职工支付的现金	33221647.83	34042371.59
支付的增值税款	26540409.57	27264216.78
支付的所得税款	3484337.94	3774100.09
支付的除增值税、所得税以外的其他税费	4664398.68	4683892.27
支付的其他与经营活动有关的现金	58784373.47	67334496.14
现金流出小计	379302733.74	356223436.40
经营活动产生的现金流量净额	41204629.24	32643951.25
二、投资活动产生的现金流量:		
收回投资所收到的现金		
分得股利或利润所收到的现金		
取得债券利息收入所收到的现金		
处置固定资产、无形资产和其他长期资产而收回的现金净额		
收到的其他与投资活动有关的现金	14258.50	14258.50
现金流入小计	14258.50	14258.50
购建固定资产、无形资产和其他长期资产所支付的现金	119234661.71	119234661.71
权益性投资所支付的现金	6311448.00	
债权性投资所支付的现金		
支付的其他与投资活动有关的现金		
现金流出小计	125546109.71	119234661.71
投资活动产生的现金流量净额	-125531851.21	-119220403.21
三、筹资活动产生的现金流量:		
吸收权益性投资所收到的现金	0.00	4400000.00
其中:子公司吸收少数股东权益性投资收到的现金	0.00	4400000.00
发行债券所收到的现金	262890016.24	262890016.24
借款所收到的现金	4830000.00	4830000.00
收到的其他与筹资活动有关的现金	267720016.24	272120016.24
现金流入小计	159936438.76	159936438.76
偿还债务所支付的现金		
发生筹资费用所支付的现金		
分配股利或利润所支付的现金	9040000.00	9644175.71
偿付利息所支付的现金	5791511.64	5791511.64
融资租赁所支付的现金		
减少注册资本所支付的现金		
支付的其他与筹资活动有关的现金		
现金流出小计	174767950.40	175372126.11
筹资活动产生的现金流量净额	92952065.84	96747890.13
四、汇率变动对现金的影响		
五、现金及现金等价物净增加额	8624843.87	10171438.17
附注:		
项目		
1.不涉及现金收支的投资和筹资活动		
以固定资产偿还债务		
以投资偿还债务		
以固定资产进行长期投资		
以存货偿还债务		
融资租赁固定资产		
2.将净利润调节为经营活动的现金流量		
净利润	49934673.81	49456631.01
加:少数股东本期损益	0.00	690055.09
计提的坏帐准备或转销的坏帐	1329436.09	1807478.89
固定资产折旧	18920268.08	19429125.27
无形资产摊销	2143038.54	2155038.54
待摊费用摊销	2195875.08	2226981.24
处置固定资产、无形资产和其他长期资产的损失(减收益)	0.00	-34105.17
固定资产报废损失	2224220.56	2224220.56
财务费用	6094643.40	6679411.83
投资损失(减收益)	-937262.34	99469.57
递延税款贷项(减借项)		
存货的减少(减增加)	-43955334.67	-43839715.58
经营性应收项目的减少(减增加)	5923534.40	-3911397.42
经营性应付项目的增加(减减少)	-2668463.71	-4339242.58
其他		
经营活动产生的现金流量净额	41204629.24	32643951.25
3.现金及现金等价物净增加情况:		
货币资金的期末余额	30988521.42	33611720.66
减:货币资金的期初余额	22363677.55	23440282.49
现金等价物的期末余额		
减:现金等价物的期初余额		
现金及现金等价物净增加额	8624843.87	10171438.17

国电南京自动化股份有限公司

国电南京自动化股份有限公司1999年年度报告摘要

一、 公司简介

1、公司法定中文名称:国电南京自动化股份有限公司公司

英文名称:Guodian Nanjing Automation Co.,LTD 缩写:SAC

2、公司法定代表人:王佩文

3、公司信息披露机构:证券部

董事会秘书:邹峰 授权代表:肖宁

联系电话:025-3410173 025-3418700-3020 传 真:025-3418700-3021

联系地址:江苏南京市新模范马路38号综合楼五层

4、公司注册地址:江苏南京市江宁高新技术开发区中新路

公司办公地址:江苏南京市新模范马路38号

公司国际互联网网址:http://www.sac-china.com

公司电子信箱:s_dept@naef-china.com

5、公司信息披露的报刊为《中国证券报》、《上海证券报》

登载公司年度报告的中国证监会指定的国际互联网网址:http://www.sse.com.cn

公司年报备置地点:江苏南京市新模范马路38号综合楼五层证券部

6、公司股票上市地:上海证券交易所 股票简称:国电南自 股票代码:600268

二、会计数据和业务数据摘要

1、本年度利润总额及构成 (单位:元,合并报表)

利润总额	41936972.03
其中:主营业务利润	119607629.87
其他业务利润	1007332.36
投资收益	-98964.86
补贴收入	
营业外收支净额	3157259.08
净利润	33556161.90
扣除非经营性损益后的净利润	30426967.88
经营活动产生的现金流量净额	-35846547.51
现金及现金等价物净增加额	150659409.26

注:扣除非经常性损益后的净利润指扣除新股申购无效资金的利息摊销数3681404.73元。

2、截止报告年度末公司前三年的主要会计数据及财务指标

序号	栏目	1999年度	1998年度		1997年度	
			调整后	调整前	调整后	调整前
1	主营业务收入	381533670.26	315136258.67	315136258.67	281985436.50	281985436.50
2	净利润	33556161.90	32402355.31	35145683.63	23383741.30	32907255.10
3	总资产	645247098.60	343793504.25	356060346.37	275090087.74	284613601.54
4	股东权益	428684381.02	85438420.25	97705262.37	75765168.59	85288682.39
5	每股经营活动产生的现金净流量	-0.30				
6	每股收益(摊薄)	0.284	0.415	0.451	0.300	0.422
7	按月平均加权法每股 收益	0.367	0.415	0.451	0.300	0.422
8	每股收益(扣除非经常性损益后)	0.258	0.415	0.451	0.300	0.422
9	每股净资产	3.63	1.10	1.25	0.97	1.09
10	调整后的每股净资产	3.57	1.02	1.17	0.92	1.04
11	净资产收益率(%)	7.83	37.92	35.97	30.86	38.58

说明:97、98调整后主要数据和财务指标指因会计政策、会计估计变更、以及会 计差错更正追溯调整以前年度计算所得。

每股收益=净利润/年度末普通股股份总数

每股净资产=年度末股东权益/年度末普通股股份总数

调整后的每股净资产=(年度末股东权益-三年以上的应收款项净额-待摊费用-待 处理 (流动、固定)资产净损失-开办费-长期待摊费用-住房周转金负数余额)/年度末 普通股股份总数。

每股经营活动产生的现金流量净额=经营活动产生的现金流量净额/年度末普通股股份总数

净资产收益率=净利润/年度末股东权益×100%

根据国家财政部财评字[1998]256号文关于对资产评估结果的确认以及财政部财 管字[1999]162号文关于公司国有股权管理方案的批复,南自总厂发起人以11381.89万元净资产,按68.53%的折股比例,折为7800万股国有法人股,加上公司1999年发行的4000万股A股,公司总股本为11800万元。本公司1998年财务指标按7800万元计算,会计报表部分仍按公司改制前的数据列示。

3、报告期内股东权益变动情况

项 目	股 本	资本公积	盈余公积	法定公益金	未分配利润	股东权益合计
期初数					-12266842.12	-12266842.12
本期增	118000000.00	303555061.24	3322237.98	1661118.99	14412804.93	440951223.14
本期减少						
期末数	118000000.00	303555061.24	3322237.98	1661118.99	2145962.81	428684381.02

变动原因:(1)资本公积的增加主要是公司股份改制时发生资产评估增值和发行社会公众股股本溢价形成。

(2)盈余公积和法定公益金的增加系本年度利润提取数额。

(3)未分配利润的变动原因系本年度净利润增加所致。

(4)由于会计政策调整,使未分配利润期初数为负数。

三、股本变动及股东情况

1、截止本报告期末股东总数为18085户

2、前十名股东情况

名次	股东名称	年末持股数(股)	占总股本百分比
1	国家电力公司南京电力自动化设备总厂	78000000	66.1%
2	普丰基金	2042158	1.73%
3	普惠基金	1228575	1.04%
4	广发证券	1105121	0.94%
5	大正投资	1000055	0.85%
6	天元基金	799851	0.68%
7	江苏证券	486500	0.41%
8	景博基金	445119	0.38%
9	科远投资	385000	0.33%
10	潘孟飞	300410	0.25%

注:(I)公司与第(2)至第(10)名股东之间不存在关联交易。

(II)持股10%以上法人股股东情况:

国家电力公司南京电力自动化设备总厂持有本公司国有法人股78000000股,占公 司总股本66.1%

国家电力公司南京电力自动化设备总厂法人代表:吴济安

其生产经营范围:制造销售继电保护、安全自动装置和电力系统成套自动化设备;高低压开关及各类控制屏、盘、柜;电力辅机及电厂水处理成套设备;土工试验及大坝观测仪器;水电、环保、配电等自动化设备、电力测试仪表。

(III)本公司前十名股东中,除国家电力公司南京电力自动化设备总厂外,其余单 位与个人所持股份均为上市流通股,本公司不知其有无关联关系和质押、冻结情况。

四、股东大会简介

1、公司于1999年8月24日在《中国证券报》、《上海证券报》上刊登召开公司创立大会暨第一次股东大会的公告,并于1999年9月12日在南京国际会议大酒店召开。出席会议的股东持股数共计7800.6万股,占公司总股本11800万股的66.107%,大会以投 票表决方式全票通过了以下决议:《国电南京自动化股份有限公司筹建工作报告》《 关于国电南京自动化股份有限公司设立费用的报告》《国电南京自动化股份有限公司章程》《关于设立国电南京自动化股份有限公司的议案》《关于国电南京自动化股份有限公司社会公众股在上海证券交易所上市交易的议案》《关于提请股东大会授权公司董事会投资决策权限的议案》《关于提请审议国电南京自动化股份有限公司第一届董事会、监事会组成人员的议案》大会通过的各项议案均由江苏省公证处作现场公证。

2、公司创立大会暨第一次股东大会决议公告刊登在1999年9月14日的《中国证券报》、《上海证券报》上。

五、董事会报告

(一)、公司经营情况

1、公司所处的行业公司从事以下业务的开发、生产、销售、服务:电力系统各类自动化系统及装置;变电站、发电厂继电保护及自动控制设备、输变电设备、低压电 器设备、铁路、交通、冶金、化工、石油、码头等行业的电气自动化系统及控制设备,属电力二次设备制造企业。根据国家有关部门统计资料显示,其生产规模和销售额在全国同行业中排列前5位。

2、公司经营状况

(1)经江苏天衡会计师事务所审计,公司1999年全年主营业务收入38153万元,比1998年增长21%,公司按国家和地方政府有关政策交纳税收后,实现净利润3356万元,比1998年增长3.58%。

(2)占公司主营业务收入及主营业务利润总额较大的主要产品:

A、线路保护类产品:微机高压线路保护WXB-11、11C系列,新一代微机型高压线路保护CSL-101、102系列,PSL-600系列。1999年度该类产品完成销售收入10265万元,占公司总销售收入的26.9%,完成主营业务利润2912万元。

B、电力主设备保护类产品:集成电路型主设备变压器保护JBZ系列、微机型主设 备变压器保护WBZ系列、微机型发电机变压器保护WFBZ系列,微机型主设备母线保护HWZ-101系列、WMZ系列。1999年度该类产品完成销售收入8719.5万元,占公司总销售收 入的22.8%,完成主营业务利润3106.4万元。

C、电力系统调度自动化类产品:N4F系列、WZY系列远动终端装置。1999年度该类产品完成销售收入1731万元,占公司总销售收入的4.5%,完成主营业务利润509万元。

D、变电站综合自动化类产品:WBX系列变电站综合自动化装置。1999年度该类产 品完成销售收入6504万元,占公司总销售收入的17.0%,完成主营业务利润2698万元。

3、公司主要全资附属企业及控股子公司的经营情况及业绩

全资企业:南京博奥电力自动化公司

销售收入:1475万元

利 润:95万元

净 利 润:40万元

控股子公司:南京南自变电站自动化有限公司

销售收入:5029万元

利 润:1217万元

净 利 润:1217万元

4、公司经营中出现的问题与困难及解决方案:

公司所处行业产品竞争十分激烈,其竞争表现在各公司在产品的科技含量、质量 、可靠性、服务、售价等各个方面。公司在对电厂、电站等项目投标时,不但要面对 国内同类产品生产厂家,而且还要面对国际著名的跨国电气集团。面对激烈的市场竞 争,本公司一方面为确保市场份额,在保证质量及供货期的前提下合理下调产品售价;另一方面,公司狠抓内部经济责任制的建立、健全,严格考核制度,力求不断降低产品 成本。同时,公司强化服务意识,提高服务水平,正在建立一套为客户着想的服务经营 体系。

公司主导产品属微计算机、电子技术类高新技术产品,产品更新换代速度快,对公司科研开发、工程设计及管理水平提出了更高的要求。为此,公司启动人才引进计划 、员工培训工程,吸引国际、国内一流的技术专家、管理专家加盟国电南自;建立强大的研发机构,加快产品更新换代的步伐,保证公司产品和服务在国内处于领先水平。

本公司尽管已规范化改制,但公司职工对市场经济的认识还受到传统观念的束缚,原有的经营理念及组织机构框架已不能适应新形势下公司快速发展的要求。公司正在加快改革进程,建立一套适应市场经济要求的管理体系。

国际上电气工业跨国集团都已在中国设立了合资、合作或独资企业。其领先的技术优势,配合本地化战略,使得这些公司所拥有的先进技术及产品在我国电力自动化领域中有很强的竞争力。我国进入WTO后,这些跨国集团在我国市场中的竞争优势将会更加明显。为了提高企业在我国进入WTO后的竞争实力,本公司正在探索与国外著名公司合作开发、技术引进的可能性。

(二)公司财务状况

	99年	98年	增长率(%)
总资产(万元)	64525	34379	87.69
长期负债(万元)	-24		
股东权益(万元)	42868	8544	401.73
主营业务利润(万元)	11961	10785	10.9
净利润(万元)	3356	3240	3.58

总资产及股东权益增加是因发行社会公众股和净利润增加,长期负债系支出住房 周转金。

江苏恒瑞医药股份有限公司

江苏恒瑞医药股份有限公司股票上市公告书

一、绪 言

本上市公告书依据《中华人民共和国公司法》、《中华人民共和国证券法》、《股票发行与交易管理暂行条例》、《公开发行股票信息披露实施细则》和《上海证券交易所股票上市规则》等国家有关现行法律、法规的规定,按照中国证券监督管理委员会制定的公开发行股票信息披露的内容和格式准则第七号《上市公告书的内容与格式(试行)》而编制,旨在向广大投资者提供有关本公司的基本情况和本次股票上市的有关资料。

经中国证券监督管理委员会证监发行字[2000]122号文核准,本公司已于2000年9月7日在上海证券交易所以上网定价方式向社会公众成功公开发行了每股面值1.00元的人民币普通股4000万股,每股发行价格11.98元。经上海证券交易所上证上字[2000] 第 号《上市通知书》批准,本公司4000万股社会公众股将于2000年10月18日(星期三)在上海证券交易所挂牌交易,股票简称"恒瑞医药",股票代码为"600276"。

本公司已于2000年9月5日分别在《中国证券报》、《上海证券报》上刊登了《招股说明书概要》,距今不足6个月,故与其重复的内容不再赘述,敬请投资者查阅本公司《招股说明书概要》。

本公司董事会全体成员已经批准本上市公告书,确信其中不存在任何重大遗漏、虚假陈述或者严重误导,并对其真实性、准确性、完整性负个别及连带责任。

上市推荐人:华泰证券有限责任公司　　华夏证券有限公司

★股票简称:恒瑞医药　　★股票代码:600276

★总股本:13285万股　　★可流通股本:4000万股

★本次上市流通股本:4000万股

★上市地点:上海证券交易所　　★上市时间:2000年10月18日

★股票登记机构:上海证券中央登记结算公司

二、公司概况

(一)基本情况

公司名称:江苏恒瑞医药股份有限公司

英文名称:JIANGSU HENGRUI MEDICINE CO., LTD.

注册资本:13285万元人民币

法定代表人:孙飘扬

成立日期:1997年4月28日

经营范围:原料药、片剂、硬胶囊剂、注射剂、SP铝箔、PTP铝箔、OP保护剂、VC粘和剂制造、销售。

所属行业:医药

公司注册地:江苏省连云港市经济技术开发区黄河路38号

公司营业执照注册号: 3200001103574

联系电话:0518-5457194

传　　真:0518-5452340

联 系 人:陈学民、孙杰平

(二)历史沿革

公司是1997年2月经江苏省人民政府苏政复[1997]19号文批准设立,由连云港市医药工业公司作为主要发起人,联合中国医药工业公司、连云港市医药工业公司工会、连云港市医药采购供应站、连云港康缘制药有限责任公司共同发起设立的股份有限公司。连云港市医药工业公司以其所属全资企业连云港制药厂及在连云港中金医药包装有限公司拥有的净资产投入股份公司,中国医药工业公司以其在连云港中金医药包装有限公司的净资产投入股份公司,其他三家发起人以现金方式出资。公司成立时总股本6190万股,每股面值1元,1997年4月28日在江苏省工商行政管理局注册登记,注册地址为连云港市经济技术开发区。

连云港制药厂始建于1970年,属国家中型二类企业,是苏北地区最大的制药企业,江苏省高新技术企业。

连云港中金医药包装有限公司始建于1987年,属国家大型二类企业,是全国最大的药用包装材料生产基地,江苏省高新技术企业。

1998年12月经江苏省人民政府批准,连云港市医药工业公司改制为连云港恒瑞集团有限公司并被授权为国有资产投资主体,继续持有本公司国有股股份。

1999年5月5日,公司1998年度股东大会通过公司1998年度利润分配方案,即每10股派发红股5股。送股后,公司总股本为9285万股。

2000年4月28日,为了进一步规范公司股权结构,连云港恒瑞集团有限公司工会将持有的本公司1500万股,分别转让给连云港恒瑞集团有限公司1475万股、连云港圣发包装工业有限公司25万股。股权转让后,连云港恒瑞集团有限公司工会不再持有本公司股份。

经中国证监会证监发行字[2000]122号文核准,本公司已于2000年9月7日通过上海证券交易所(以下简称"上证所")股票交易系统,向社会公众成功发行了每股面值为人民币1.00元的人民币普通股4000万股,每股发行价格11.98元。此次发行后,公司总股本13285万股,其中发起人股9285万股,社会公众股4000万股。

三、股票发行与承销

(一)本次发行情况

发行数量:4000万股

发行价格:11.98元/股

发行市盈率:全面摊薄市盈率为31.44倍

发行方式:上网定价发行

发行费用总额:1260万元

每股发行费用:0.315元

募集资金总额:46660万元(已扣除发行费用)

中签率:0.25721175%

有效申购户数:971034户

持1000股以上(含1000股)的股东数量:38232户

(二)股票承销

本次公开发行的4000万股社会公众股已全部被社会公众认购,承销团无余额包销。

(三)验资报告

接受本公司委托,连云港金衡会计师事务所对江苏恒瑞医药股份有限公司截止2000年9月19日止的实收股本变更的真实性和合法性进行了审验。连金会验(2000)41号验资报告摘要如下:

江苏恒瑞医药股份有限公司:

我们接受委托,对贵公司截至2000年9月19日止的实收股本变更的真实性和合法性进行了审验。在审验过程中,我们按照《独立审计实务公告第1号——验资》的要求,实施了必要的审验程序。贵公司的责任是提供真实、合法、完整的验资资料,保护资产的安全、完整,我们的责任是按照《独立审计实务公告第1号——验资》的要求,出具真实、合法的验资报告。

本次验资是对贵公司向社会公众公开发行股票募集资金的验证,贵公司发行前的注册资本为人民币92,850,000.00元,发行后的注册资本为人民币132,850,000.00元。根据我们审验,截至2000年9月19日止,贵公司向社会公众发行人民币普通股4000万股,发行价为每股人民币11.98元,发行总收入为人民币479,200,000.00元,扣除股票发行费用12,600,000.00元,余额为人民币466,600,000.00元,其中实收股本为人民币40,000,000.00元,资本公积为人民币426,600,000.00元。贵公司本次股票发行后,实收股本已增至132,850,000.00元。

附件(一)发行前后股本对照表

附件(二)验资事项说明

连云港金衡会计师事务所　　中国注册会计师　闫建康　季作云

中国.江苏.连云港　　2000年9月19日

四、董事、监事和高级管理人员简介及持股情况

(一)董事、监事和高级管理人员简介

孙飘扬先生,42岁,大学本科学历,高级工程师。曾任连云港制药厂技术员、连云港市医药工业公司科技科副科长、连云港制药厂副厂长、厂长等职。1996起享有国务院颁发的政府特殊津贴,同年获江苏省优秀共产党员称号,1998年当选为江苏省九届人大代表,1999年荣获江苏省优秀企业经营管理工作者称号。现为连云港恒瑞集团有限公司总经理、本公司董事长。

李永安先生,43岁,大专学历,高级工程师。曾就职于连云港市医药设备厂技术科、连云港市医局技术开发科,曾任连云港制药厂副厂长、连云港中金医药包装有限公司副厂长、总经理等职。1992年获连云港市政府有特殊贡献科技人员奖励,同年获全国包装协会先进工作者称号,1995年被评为江苏省新长征突击手,优秀青年企业家,1998年获江苏省优秀共产党员称号,现为中国医药包装协会材料专业委员会第三届主任委员。现任连云港中金医药包装有限公司董事长,本公司副董事长、总经理。

周启群先生,56岁,大学本科学历,高级工程师。曾任连云港市绝缘材料厂副厂长、连云港碱厂质检处处长、连云港制药厂副厂长、无锡第七制药厂副厂长等职。现任本公司董事、副总经理。

徐根华先生,38岁,大学本科学历,高级工程师。曾在天津纺织机械厂工作,后在连云港中金医药包装有限公司历任技术员、生产科长、副厂长、副总经理等职。现为连云港中金医药包装有限公司总经理,本公司董事。

王述东先生,38岁,大学本科学历,高级工程师。曾在国家医药管理局、中国医药工业公司工作,历任副处长、处长等职。现任中国医药工业公司国内合作处处长,本公司董事。

周锡富先生,48岁,大专学历,助理经济师、政工师。曾任连云港制药厂工会干事、劳资科副科长、厂办主任、组织科长、车间主任、工会主席,本公司党委副书记、纪委书记、工会主席。现任连云港恒瑞集团有限公司党委委员,监事,本公司监事会主席。

汪广汉先生,37岁,大学学历,会计师。曾在连云港市医药供销公司财务科、连云港市医药局财务科、连云港恒瑞集团有限公司财务部工作。现任连云港恒瑞集团有限公司财务部副部长,本公司监事。

陈洪民女士,45岁,大学学历,工程师。曾在连云港市化工研究所工作,历任连云港制药厂技术员、化验室主任、车间主任、技术科长。现任本公司监事。

徐金官先生,37岁,大学学历,工程师。历任连云港中金医药包装有限公司设备科长、生产部经理、副总经理。现任本公司监事。

崔健先生,30岁,中专学历,助理经济师。曾任连云港中金医药包装有限公司车间主任。现任本公司监事。

陈永江,36岁,大学本科学历,高级工程师。曾任连云港制药厂车间技术员、实验室主任,先后主持和参与完成了二十余种新产品的开发,荣获"五一"劳动奖章、国家药品监督管理局"新产品开发先进个人"称号,2000年被评为全国劳动模范。现任本公司副总工程师、研究所所长。

陈学民先生,32岁,大学本科学历,工程师、执业药师。曾任连云港制药厂技术员、连云港市医药局科员、连云港恒瑞集团有限公司发展部副部长等职。现任本公司董事会秘书。

孙杰平先生,30岁,大学本科学历,会计师。曾任连云港医药采购供应站财务科副科长、审计科科长。现任本公司财务总监、证券部长。

(二)董事、监事和高级管理人员持股情况

截至本上市公告书签署之日,本公司董事、监事和高级管理人员均未有持有本公司股票,实际持股数为零。

五、公司设立

(一)公司是1997年2月经江苏省人民政府苏政复[1997]19号文批准设立,由连云港市医药工业公司作为主要发起人,联合中国医药工业公司、连云港市医药工业公司工会、连云港市医药采购供应站、连云港康缘制药有限责任公司共同发起设立的股份有限公司。连云港市医药工业公司以其所属全资企业连云港制药厂及在连云港中金医药包装有限公司拥有的净资产投入股份公司,中国医药工业公司以其在连云港中金医药包装有限公司的净资产投入股份公司,其他三家发起人以现金方式出资。公司总股本6190万股,于1997年4月28日在江苏省工商行政管理局注册登记,注册地址为连云港市经济技术开发区。

(二)本次股票发行成功后,本公司注册资本变更为13285万元。已办理变更登记手续。

六、关联企业及关联交易

1、关联方关系

(1)存在控制关系的关联方

企业名称	注册地址	主营业务	与本企业关?	经济性质或类型	法定代表人
连云港恒瑞集团有限公司	连云港市新浦区	国有资产管理	母公司	国有	徐维钰
连云港中金医药包装有限公司	连云港经济技术开发区	包装材料生产销售	子公司	有限公司	李永安

(2)不存在控制关系的关联方

企业名称	经济性质及类型	与本企业关系	注册资本	所持股份	主营业务
连云港豪森制药有限公司	中外合资	合营企业	78万美元	15%	药品生产销售

2、与关联方交易

本公司2000年1-6月、1999、1998年及1997年度向关联方采购货物及有关明细资料如下:

企业名称	2000年1-6月	1999年	1998年	1997年	备注
连云港中金医药包装有限公司	66.5万元	159万元	70万元	65.2万元	按市场价格购进包装物

3、关联协议

(1)土地租赁协议

本公司以及本公司控股子公司连云港中金医药包装有限公司于 1999 年 7 月分别与 本公司母公司连云港恒瑞集团有限公司签定土地使用权租赁合同,合同约定两公司每 年分别向连云港恒瑞集团公司支付土地使用权租赁费 10 万元。

(2)《综合服务协议》

本公司与集团公司签订《综合服务协议》,约定集团公司向本公司提供职工食堂 、浴室等后勤保障服务。

4、本公司与其他关联方之间无关联交易。

集团公司已作出《承诺书》承诺:集团公司及关联企业已承诺放弃与股份公司进 行同业竞争。

有关本公司关联交易的具体事项,请查阅本公司招股说明书及概要中关于关联交 易及重要合同部分。

七、股本结构及大股东持股情况

(一)本公司股本结构如下:

股份类型	股数(万股)	所占比例(%)
发起人股国家股	8256.5	62.149
国有法人股	973.5	37.328
法人股	55	0.414
社会公众股	4000	30.109
合　计	13285	100

(二)前十名股东所持股数及比例

序号	名称	数量(万股)	比例
1	连云港恒瑞集团有限公司	8256.53	62.15%
2	中国医药工业公司	928.50	6.99%
3	连云港市医药采购供应站	45.00	0.34%
4	连云港康缘制药有限公司	30.00	0.23%
5	连云港圣发包装工业有限公司	25.00	0.19%
6	国信证券	20.50	0.15%
7	汉兴基金	19.70	0.15%
8	安顺基金	17.40	0.13%
9	安信基金	17.00	0.13%
10	汉盛基金	15.70	0.12%

八、公司财务会计资料

本公司截止 2000 年 6 月 30 日的财务状况,已于 2000 年 9 月 5 日在《中国证券报》、《上海证券报》上刊登的《招股说明书概要》中进行了详细披露。因与本公告间隔时间不超过 6 个月,不再重述。本报告只公布财务报表及财务指标,欲了解财务报告详 细内容,请查阅上述报纸或到本公司公告的《招股说明书》查阅地址查阅。

(一)合并会计报表(附后)

(二)主要财务指标及分析

1、主要财务指标

	2000 年 1-6 月	1999 年	1998 年	1997 年
流动比率	1.44	1.25	1.31	0.86
速动比率	1.04	0.96	0.81	0.49
资产负债率	57.78%	64.95%	61.28%	66.93%
应收帐款周转次数	1.69	3.52	4.70	5.68
存货周转次数	1.36	2.59	2.60	2.68
净资产收益率	13.74%	32.00%	30.94%	43.58%
每股净利(元)	0.28	0.55	0.7	0.66

2、公司 1999 年 12 月 31 日资产负债率为 64.95 比 1998 年 12 月 31 日增长 3.67%, 主要由于 1999 年 12 月临时增加短期银行借款 4600 万元。公司 2000 年 6 月 30 日资产负债率为 57.78%,比 1999 年下降 7.17%,这主要是已归还银行短期借款和其他负债减少所致 。

3、公司 1998、1999 年、2000 年上半年净资产收益率、应收帐款周转次数、存货 周转次数稳定,显示公司销售和赢利状况稳定,显示了公司稳定的发展趋势。

(三)合并会计报表主要项目附注:(下列项目无特殊说明,金额均以人民币元 为单位)

1.货币资金

项目	1999.12.31	2000.6.30
现金	1,177.18	1,567.31
银行存款	85,177,301.47	37,059,642.25
合计	85,178,478.65	37,061,209.56

本项目 2000 年 6 月 30 日余额较 1999 年 12 月 31 日余额减少了 56.49%,主要原因是归还贷款以及支付股利所致。

本项目 1999 年 12 月 31 日余额较 1998 年 12 月 31 日余额增加了 246.67%,主要原因是年末贷款余额增加。

2.应收帐款

按帐龄分类	1999.12.31 金额	比例	2000.6.30 金额	比例
1 年以内	108,610,466.15	81.26%	118,228,627.84	84.43%
1 至 2 年	15,365,937.20	11.50%	14,335,699.06	10.24%
2 至 3 年	8,014,671.74	6.00%	5,591,478.63	3.99%
3 年以上	1,668,296.85	1.24%	1,878,434.91	1.34%
合计	133,659,371.94	100.00%	140,034,240.44	100.00%

(1)本项目期末余额中无持本公司 5%以上表决权股份的股东欠款。

(2)本项目 2000 年 6 月 30 日余额比 1999 年 12 月 31 日增加 6,374,868.50 元,1999 年 12 月 31 日余额比 1998 年 12 月 31 日余额增加 32,394,240.33 元, 主要原因为:第一, 公 司 1999 年度和 2000 年 1-6 月加大了对新药的推广力度,扩大了销售网点,新药销售品种和销售量均有较大幅度增长,由于新投放市场的新药尚处于推广阶段,对货款回笼产生了一定影响;第二,2000 年 1—6 月含税销售额比 1999 年同比增加 27,911,521.59 元,1999 年度含税销售额比 1997 年度增加 58,661,076.90 元,一定程度上导致应收帐 款增加。

3.其他应收款

按帐龄分类	1999.12.31 金额	比例	2000.6.30 金额	比例
1 年以内	27,161,052.13	72.71%	30,298,460.24	82.50%
1 至 2 年	6,794,878.48	18.19%	3,116,915.72	8.49%
2 至 3 年	3,057,695.31	8.19%	2,541,818.39	6.92%
3 年以上	339,743.92	0.91%	768,399.39	2.09%
合计	37,353,369.84	100.00%	36,725,593.74	100.00%

(1)本项目期末余额中无持本公司 5%以上表决权股份的股东欠款。

(2)数额较大的款项性质与内容

主要项目	1999.12.31	2000.6.30	业务性质
销售备用金	21,291,760.77	21,505,250.30	销售网点定额备用金

公司对销售机构和销售人员实行定额备用金制度,销售机构和销售人员每月报帐一次,结清本期销售费用,并补足备用金。根据行业和本公司业务特点,公司为加大销售力度,至 1999 年 12 月 31 日,销售分公司由 98 年末的 4 个增加至 11 个(含筹建), 销售办事处由 98 年末的 19 个增加至 52 个(含筹建),销售人员由 98 年末的 231 人增加 至 550 人(含外聘人员),导致 1999 年 12 月 31 日销售备用金余额比 1998 年 12 月 31 日增 加 1354 万元,2000 年 6 月 30 日与 1999 年 12 月 31 日基本持平。经财务、销售部门严格管 理、核查,公司各期销售费用已全部结清,定额备用金余额均为下期业务所需。

4.坏帐准备

项目	1999.12.31	2000.6.30
应收帐款的准备	8,293,704.07	9,961,662.34
其他应收款的准备	3,854,491.76	2,973,359.80
合计	12,148,195.83	12,935,022.14

本项目按应收帐款和其他应收款的帐龄分析计提,备用金按一年以内帐龄计提。

5.预付帐款

按帐龄分类	1999.12.31 金额	比例	2000.6.30 金额	比例
1 年以内	6,801,159.77	65.96%	17,056,828.28	82.26%
1 至 2 年	2,370,083.81	22.99%	2,511,785.41	12.11%
2 至 3 年	898,400.00	8.71%	310,526.10	1.50%
3 年以上	241,478.24	2.34%	855,648.24	4.13%
合计	10,311,121.82	100.00%	20,734,788.03	100.00%

(1)本项目期末余额中无持本公司 5%以上表决权股份的股东款项。

(2)本项目 2000 年 6 月 30 日余额较 1999 年 12 月 31 日余额增加了 101.18%,主要原因是:本公司的生产重心逐步由普药向新药转移,公司加快了新药原材料的订货所致。

6.应收补贴款

项目	1999.12.31	2000.6.30
应收增值税返还	1,113,589.38	459,750.00

上述应收增值税返还款,系控股子公司连云港中金医药包装有限公司依据连云港经济技术开发区管理委员会连开委(1998)027 号《连云港经济技术开发区税收优惠 政策的规定》的文件的规定,应返还而未返还的增值税款。1999 年 12 月 31 日余额,系本公司应收连云港市经济技术开发区财政局 1999 年增值税返还款 1,113,589.38 元,2000 年 4 月已收到市开发区财政局支付的 653,839.38 元,2000 年 6 月 30 日余额 459,750.00 元将于近期付清。

注:连开委(1998)027 号文件第一条规定:凡在开发区注册纳税的企业,在其 登记注册后五年内可以享受增值税返还优惠,1998 年~2000 年增值税返还比例如下:1998 年,年缴纳增值税 1000 万元(含 1000 万元)以上的,返还 30%;500 万元至 1000 万元(含 500 万元),返还 25%;500 万元以下的,返还 20%。1999 年~2000 年,年缴纳增值税 500 万元(含 500 万元)以上的,返还 15%;500 万元以下的, 返还 10%。

7.存货

项目	1999.12.31 金额	跌价准备	2000.6.30 金额	跌价准备
原材料	23,272,337.87	–	25,333,571.18	–
在产品	4,113,500.03	–	3,183,716.52	–
产成品	47,337,634.95	1,097,800.00	58,092,947.71	981,717.85
低值易耗品	76,187.27	–	111,111.25	–
包装物	1,454,219.32	–	1,242,737.31	–
合计	76,253,879.44	1,097,800.00	87,964,083.97	981,717.85

本项目产成品 2000 年 6 月 30 日余额较 1999 年 12 月 31 日余额增长 22.72%, 主要原因是:公司为保证产品质量,部分原料药产品在每年的高温季节停产,因此,1-6 月加大了对这些产品的生产储备。

8.待摊费用

项目	1999.12.31	1-6 月增加	1-6 月摊销	2000.6.30
租赁费	–	2,000,000.00	1,000,000.00	1,000,000.00
合计	–	2,000,000.00	1,000,000.00	1,000,000.00

本项目列示的租赁费系本公司的控股子公司连云港中金医药包装有限公司于 2000 年初支付的厂房、设备租赁费,合同期限为一年。

9.一年内到期的长期债权投资

债券种类	面值	年利率	购入金额	到期日
宁连公路建设债券	22,000.00	5%	22,000.00	2001.02.18
合　计	22,000.00		22,000.00	

10.长期股权投资

被投资单位名称	投资期限	占被投资单位注册资本比例	投资本金	2000.6.30
中国太平洋保险公司	永久存续	0.03%	696,000.00	696,000.00
连云港豪森制药有限公司	25 年	15%	870,743.77	870,743.77
合计			1,566,743.77	1,566,743.77

11.长期债权投资

债券种类	面值	年利率	购入金额	到期日
上海煤气建设债券券	1,000.00	3.6%	1,000.00	2003.01.09
合计	1,000.00		1,000.00	

12.固定资产及累计折旧

固定资产原值

固定资产类别	1999.12.31	1-6 月增加	1-6 月减少	2000.6.30
房屋建筑物	51,506,397.22	1,342,395.77	3,129,777.60	49,719,015.39
机器设备	132,763,883.72	3,038,534.98	10,341.00	135,792,077.70
运输设备	9,718,707.29	868,500.00	241,176.00	10,346,031.29
电子设备	1,899,050.62	287,639.00	–	2,186,689.62
合计	195,888,038.85	5,537,069.75	3,381,294.60	198,043,814.00

累计折旧

固定资产类别	1999.12.31	1-6 月增加	1-6 月减少	2000.6.30
房屋及建筑物	11,246,913.45	815,931.38	–	12,062,844.83
机器设备	66,451,338.60	5,186,010.51	9,676.88	71,627,672.23
运输设备	3,066,407.28	769,236.31	15,073.47	3,820,570.12
电子设备	676,719.48	150,329.82	–	827,049.30
合计	81,441,378.81	6,921,508.02	24,750.35	88,338,136.48
净值	114,446,660.04			109,705,677.52

13.在建工程

工程名称	注射剂车间工程	青年公寓	零星工程	合计
1999.12.31	12,918,186.45	1,077,522.00	209,152.00	14,204,860.45
本期增加	6,033,826.35	1,320,944.33	316,305.02	7,671,075.70
其中:利息资本化金额	35,284.66	–	–	35,284.66
本期转入固定资产数		–	–	–
2000.6.30	18,952,012.80	2,398,466.33	525,457.02	21,875,936.15
其中:利息资本化金额	548,069.56	–	–	548,069.56

资金来源	自筹	自筹	自筹
工程进度	69%	95%	–

本项目 2000 年 6 月 30 日余额较 1999 年 12 月 31 日余额增长 54%，主要由于对上述工程继续投入所致。

14.长期待摊费用

项目	原始金额	1999.12.31	1-6 月摊销	累计摊销	2000.6.30	剩余摊销期限
水电增容费	3876000.00	2842466.67	193800.00	1227333.33	2648666.67	6.73 年

15.短期借款

借款类别	1999.12.31	2000.6.30
抵押借款	–	–
担保借款	119,390,000.00	95,190,000.00
信用借款	–	–
合计	119,390,000.00	95,190,000.00

本项目 1999 年 12 月 31 日余额较 1998 年 12 月 31 日余额增加 72%，系因为公司 1999 年度生产规模有较大增长，年末贷款增加。

本项目 2000 年 6 月 30 日余额较 1999 年 12 月 31 日余额减少 20.27%，系因为公司 2000 年 1—6 月偿还到期贷款所致。

16.应付票据

票据种类	出票日	到期日	金额
银行承兑汇票	2000.4.10	2000.7.5	1,000,000.00
银行承兑汇票	2000.5.12	2000.9.4	1,000,000.00
银行承兑汇票	2000.6.23	2000.9.11	1,000,000.00
合计			3,000,000.00

注：2000 年 7 月 5 日到期的银行承兑汇票已于到期日兑付。

17.应付帐款

按帐龄分类	1999.12.31	2000.6.30
1 年以内	39,707,075.93	42,620,200.91
1~2 年	5,579,943.02	4,651,196.01
2~3 年	4,550,308.50	194,705.70
3 年以上	24,506.13	128,780.77
合计	49,861,833.58	47,594,883.39

本项目期末余额中无欠持有本公司 5%以上表决权股份股东的款项。

18.预收帐款

按帐龄分类	1999.12.31	2000.6.30
1 年以内	5,225,344.74	7,353,385.23
1~2 年	3,263,279.40	2,059,220.78
2~3 年	2,098,140.75	1,672,950.11
3 年以上	221,307.52	631,585.54
合计	10,808,072.41	11,717,141.66

本项目期末余额中无持有本公司 5%以上表决权股份股东的款项。

19.应付股利

1999.12.31	2000.6.30
16,893,254.19	–

本项目 1999 年 12 月 31 日余额中列示的应付股东的现金股利已于 2000 年 6 月全部支付。

20.应交税金

项目	1999.12.31	2000.6.30
所得税	7,845,675.87	12,435,755.56
增值税	9,503,367.75	8,763,146.84
城建税	1,391,842.54	248,122.01
合计	18,740,886.16	21,472,024.41

在公司改制设立初期，公司未能严格执行独立纳税的原则，仍沿用原有纳税统计口径，导致本公司 1997、1998 年度存在所得税由集团公司代缴的不规范情况；1999 年度开始，本公司规范运作，所得税由本公司直接缴纳。

21.其他应交款

项目	计缴标准	1999.12.31	2000.6.30
教育费附加	按流转税的 4%计缴	2,199,574.48	2,832,915.49
副食品基金	按流转税的 2%计缴	954,868.00	1,220,857.18
合计		3,154,442.48	4,053,772.67

副食品基金依据连云港市人民政府连政发(1989)50 号文《连云港市副食品生产发展和稳价基金筹集管理办法》第二条规定：副食品按应纳增值税额的百分之二缴纳。

22.其他应付款

按帐龄分类	1999.12.31	2000.6.30
1 年以内	12,018,581.60	8,699,193.02
1 至 2 年	1,437,280.82	1,866,189.40
2 至 3 年	39,807.21	123,965.21
3 年以上	35,000.00	31,000.00
合计	13,530,669.63	10,720,347.63

(1)本项目期末余额中无持有本公司 5%以上表决权股份股东的款项。

(2)本项目 2000 年 6 月 30 日余额主要包括控股子公司连云港中金医药包装有限公司收取的生产保证金 2,587,200 元、业务人员风险抵押金 525,000 元、应付未付制版费 2,643,900 元。

(3)本项目 1999 年末余额较 1998 年末余额增长 81%，主要为控股子公司连云港中金医药包装有限公司 1999 年度新增。原因为：1 子公司 1999 年新增生产保证金 2,387,200 元，新增业务人员风险抵押金 525,000 元；2 子公司 1999 年增加应付业务人员业务承包费 723,400 元，该项费用已计入 1999 年销售费用；3 子公司 1999 年新增应付未付制版费项目 2,238,700 元，该项费用已计入 1999 年销售费用。

23.一年内到期的长期负债

借款类别	1999.12.31	2000.6.30
担保借款	17,500,000.00	11,000,000.00

借款单位	借款期限	年利率	借款条件	借款金额
工行连云港开发区支行	1998.7.17-2000.7.18	9.00%	担保	11,000,000.00

24.长期借款

借款单位	借款期限	年利率	借款条件	借款金额
工行连云港开发区支行	1999.9.20-2003.3.19	7.9596%	担保	4,000,000.00
工行连云港开发区支行	1999.9.20-2002.1.19	7.9596%	担保	4,000,000.00
工行连云港开发区支行	1998.12.10-2001.12.9	7.992%	担保	2,000,000.00
工行连云港分行	1998.9.22-2003.9.21	7.623%	担保	5,000,000.00
工行连云港分行	1999.7.19-2002.7.18	6.006%	担保	6,000,000.00
工行连云港分行	1999.7.19-2003.12.18	6.03%	担保	12,000,000.00
工行连云港分行	1999.12.9-2003.12.8	7.236%	担保	7,000,000.00
工行连云港分行	2000.1.31-2004.10.20	7.11%	担保	8,000,000.00
合计				48,000,000.00

25.住房周转金

项目	1999.12.31	2000.6.30
租金收入	104,774.25	117,010.85
住房出售净损失	−4,585,563.34	−6,008,994.65
合计	−4,480,789.09	−5,891,983.80

本项目 2000 年 6 月 30 日余额中列示的住房出售净损失为本公司设立后职工住房制度改革中出售公有住房发生的净损失。

26.股本

单位：人民币万元

项目	1999.12.31 金额	1999.12.31 比例	1-6 月增减 变动金额	2000.6.30 金额	2000.6.30 比例
国家股	6,781.50	73.04%	–	8,256.50	88.92%
其中：连云港恒瑞集团有限公司	6,781.50	73.04%	+1475.00	8,256.50	88.92%
国有法人股	928.50	10.00%	–	928.50	10.00%
其中：中国医药工业公司	928.50	10.00%	–	928.50	10.00%
法人股	1,575.00	16.96%	–	100.00	1.08%
其中：连云港恒瑞集团有限公司工会	1,500.00	16.15%	−1,500.00	–	–
连云港医药采购供应站	45.00	0.49%	–	45.00	0.49%
连云港康缘制药有限责任公司	30.00	0.32%	–	30.00	0.32%
连云港圣发包装工业有限公司	–	–	+25.00	25.00	0.27%
合计	9,285.00	100.00%	–	9,285.00	100.00%

公司设立时的股本由连云港会计师事务所连会验(1997)146 号《验资报告》验证，1999 年 5 月经股东大会决议，以截止 1998 年底的未分配利润按每 10 股送 5 股的比例向全体股东分配股票股利，股本由 6190 万元变更为 9285 万元，已由连云港金衡会计师事务所连会验(1999)25 号《验资报告》验证。2000 年 4 月 12 日公司临时股东大会会议决定，连云港恒瑞集团有限公司工会将原持有的 1500 万股股份转让给连云港恒瑞集团有限公司和连云港圣发包装工业有限公司，其中连云港恒瑞集团有限公司受让 1475 万股，连云港圣发包装工业有限公司受让 25 万股。

27.资本公积

项目	2000.6.30	1999.12.31.	1998.12.31	1997.12.31
股本溢价	1,621,832.77	1,621,832.77	1,621,832.77	1,621,832.77
其他	2,270,960.61	2,270,960.61	2,270,960.61	–
合计	3,892,793.38	3,892,793.38	3,892,793.38	1,621,832.77

注："其他"为依据连云港市国家税务局和连云港市财政局连国税发(1998)80 号文批复减免的 1995 年以前提取的国家重点能源交通建设基金和预算调节基金。

28.盈余公积

项目	2000.6.30	1999.12.31	1998.12.31	1997.12.31
法定盈余公积金	14,019,799.36	14,019,799.36	8,283,858.45	3,182,565.95
法定公益金	14,019,799.36	14,019,799.36	8,283,858.45	3,182,565.95
合计	28,039,598.72	28,039,598.72	16,567,716.90	6,365,131.90

29.未分配利润

项目	2000.6.30	1999.12.31	1998.12.31	1997.12.31
期初余额	35,647,280.80	57,377,194.92	24,349,811.60	–
本期净利润	25,556,945.72	51,332,467.70	43,229,968.32	41,070,678.37
减：提取法定盈余公积	–	5,735,940.91	5,101,292.50	3,182,565.95
提取法定公益金	–	5,735,940.91	5,101,292.50	3,182,565.95
改制时转净资产的利润	–	–	–	10,355,734.87
分配现金股利	–	30,640,500.00	–	–
转作股本的利润	–	30,950,000.00	–	–
期末余额	61,204,226.52	35,647,280.80	57,377,194.92	24,349,811.60

(1)根据连云港市国有资产管理局连国企(1996)20 号文件《关于连云港市医药工业公司等五家共同发起设立江苏恒瑞医药股份有限公司股本设置的通知》规定，原企业"自评估基准日至恒瑞(股份)公司设立之日间权益的增加，计入资本公积单独反映"。公司设立前，1997 年 1 月 1 日至 1997 年 4 月 30 日期间实现的净利润 10,355,734.87 元转净资产，其中：股本 8,733,902.10 元，资本公积 1,621,832.77 元。

本公司设立评估时，评估基准日为 1996 年 9 月 30 日，投入股份公司的连云港制药厂评估后资产中包括存货增值额 13,426,053.93 元，存货增值原因为发出商品采用现行市价法进行评估所致。自评估基准日(1999 年 9 月 30 日)至公司设立日(1997 年 4 月 28 日)期间，原纳入评估范围的发出商品已全部确认为销售收入并结转成本，即发出商品评估增值额已全部反映在企业该期间的净利润中，其中 1996 年 10 月 1 日至 1996 年 12 月 31 日净利润中反映评估增值 4,692,151.83 元，1997 年 1 月 1 日至 1997 年 4 月 30 日净利润中反映评估增值 8,733,902.10 元。1997 年 4 月 28 日公司设立后建帐时，由于上述发出商品评估增值额已全部反映在企业 1996 年 10 月 1 日至 1997 年 4 月 30 日的净利润中。因此，股份公司在 1997 年度将设立前净利润(1997 年 1 月 1 日至 1997 年 4 月 30 日期间实现的净利润)10,355,734.87 元中，所反映的发出商品评估增值额 8,733,902.10 元转为股本处理。本公司控股子公司连云港中金医药包装有限公司无发出商品评估增值问题。

(2)根据公司董事会决议，1997 至 1999 年三年均按实现的净利润分别提取 10% 法定盈余公积金和 10%法定公益金；

(3)根据公司 1998 年度股东会的决议，按 1998 年末股本总额每 10 股派发红股 5 股，分配股票股利 30,950,000.00 元；

(4)根据董事会 1999 年度分配预案，1999 年度按每股 0.33 元分配现金股利，共分配 30,640,500.00 元；

(5)截止 2000 年 6 月 30 日，累积未分配利润 61,204,226.52 元。

30.主营业务收入

项目	2000 年 1-6 月	1999 年度	1998 年度	1997 年度
片剂	77,567,767.00	151,639,719.48	114,023,416.27	106,230,435.53
针剂	62,842,210.00	108,828,068.07	103,937,712.63	61,552,229.67
原料药	7,280,703.93	17,002,728.56	6,107,015.92	13,735,785.04
医药包装材料	83130286.17	136,459,415.38	139,724,114.11	122,052,350.00
合计	230,820,967.10	413,929,931.49	363,792,258.93	303,570,800.24

31.主营业务税金及附加

项目	2000 年 1-6 月	1999 年度	1998 年度	1997 年度
城市维护建设费	1,421,631.74	2,656,046.51	1,987,252.76	1,472,903.92
教育附加费	812,360.99	1,517,740.86	1,135,573.00	841,659.39
合计	2,233,992.73	4,173,787.37	3,122,825.76	2,314,563.31

32.其他业务利润

项目	2000 年 1-6 月	1999 年度	1998 年度	1997 年度
废料收入	547,686.70	533,047.68	958,473.02	1,212,367.83
材料收入	38,419.52	–	–	–
转让专有技术	475,000.00	–	–	–
合计	1,061,106.22	533,047.68	958,473.02	1,212,367.83

本项目本期金额较上年同期有较大幅度增长，主要是转让专有技术所致。

33.财务费用

项目	2000 年 1-6 月	1999 年度	1998 年度	1997 年度
利息支出	5,137,265.84	7,169,569.07	9,341,424.41	10,128,326.30
其他	82,242.51	175,625.86	225,569.42	170,121.14
减:利息收入	328,605.25	607,634.57	298,855.98	232,641.58
合计	4,890,903.10	6,737,560.36	9,268,137.85	10,065,805.86

34.投资收益

项目	按成本法计算之收益	债券收益	合计
1997 年	74,430.00	6,583.40	81,013.40
1998 年	31,613.00	3,750.00	35,363.00
1999 年	303,750.00	-	303,750.00
2000 年 1-6 月	240,000.00	-	240,000.00

35.补贴收入

项目	2000 年 1-6 月	1999 年度	1998 年度	1997 年度
增值税返还	-	1,072,516.23	3,774,010.41	12,593,727.00
合计	-	1,072,516.23	3,774,010.41	12,593,727.00

增值税返还,见附注 5.6 。

36.营业外收入

项目	2000 年 1-6 月	1999 年度	1998 年度	1997 年度
罚款、赔款收入	60,625.57	64,490.53	200,064.00	305,724.62
无法支付的应付款项	-	528,023.16	313,524.78	93,739.47
捐赠收入	-	230,499.00	-	-
固定资产清理收入	-	4,579.01	-	-
其他	74,519.16	13,360.97	42,194.81	33,108.32
合计	135,144.73	840,952.67	555,783.59	432,572.41

37.营业外支出

项目	2000 年 1-6 月	1999 年度	1998 年度	1997 年度
处理固定资产损失	112,654.65	394,219.71	132,201.27	309,479.19
赞助支出	78,110.00	38,000.00	22,600.00	21,100.00
副食品基金	442,730.05	779,716.44	519,975.47	421,866.67
防洪保安与粮食风险基金	544,441.04	340,718.35	351,034.03	252,224.26
其他	109.91	210,590.08	146,059.30	27,491.00
合计	1,178,045.65	1,763,244.58	1,171,870.07	1,032,161.12

38.所得税

项目	2000 年 1-6 月	1999 年度	1998 年	1997 年
会计利润	38,623,704.41	62,710,988.90	52,133,861.69	44,511,539.10
减:国库券利息收入	-	-	3,750.00	6,613.40
股权投资收益	240,000.00	303,750.00	31,613.00	74,400.00
加:坏帐准备及存货跌价准备	670,744.16	3,521,280.55	5,221,464.73	4,152,510.62
捐赠、赞助支出	78,110.00	-	-	-
应纳税所得额	39,132,558.57	65,928,519.45	57,319,963.42	48,583,036.33
应纳所得税额(33%)	12,913,744.33	21,756,411.42	18,915,587.93	16,032,401.99
减:所得税返还	-	10,695,097.66	10,421,323.86	12,650,000.00
所得税金额	12,913,744.33	11,061,313.76	8,494,264.07	3,382,401.99

所得税返还,系根据连云港市政府连发(1996)34 号文件和江苏省人民政府苏政发(1996)153 号文件的规定,由连云港市财政返还的所得税款。江苏省人民政府苏 政发(1996)153 号文件规定:高新技术企业,实行先按 33%缴纳所得税,后返还 18 %。

39.支付的其他与经营活动有关的现金

本项目 1999 年 1-12 月累计发生额为 91,025,184.15 元,2000 年 1-6 月累计发生额为 57,391,747.00 元,主要系管理费用和营业费用中的现金支出, 其主要内容如下:

明细项目	2000 年 1-6 月	1999 年度
销售推广费(含销售办事处房租)	35,643,123.10	48,139,756.89
办公费	561,406.43	2,220,125.78
修理费	588,235.56	1,804,532.68
机物料消耗	619,778.15	1,348,567.89
差旅费	2,299,597.93	3,545,602.20
运输费	2,882,390.01	9,810,162.43
劳动保险费	3,290,406.64	3,855,978.44
新产品试制费	8,588,927.13	13,656,031.55
会务费	390,108.22	1,050,092.82
排污费	247,219.00	1,329,686.50
保险费	600,839.93	418,334.37
印花税、车船使用税	225,255.00	718,498.18
劳动保护费	262,268.27	1,465,695.04
业务招待费	492,415.80	843,087.60
电话费	365,301.26	551,183.22
水费	334,474.57	267,848.56
合计	57,391,747.00	91,025,184.15

九、董事会上市承诺

本公司董事会将严格遵守《中华人民共和国公司法》、《中华人民共和国证券法》、《股票发行与交易管理暂行条例》、《公开发行股票公司信息披露实施细则(试 行)》和《上海证券交易所股票上市规则》及有关法律、法规的规定,并自股票上市之日起作出如下承诺:

1.按照法律、法规的规定程序和要求披露重大的信息、并接受国家证券主管机关、上海证券交易所的监督管理。

2.及时、真实、准确地在证券主管部门指定的报刊上公布中期报告和年度报告、并备置于规定场所供投资者查阅。

3.本公司董事、监事和高级管理人员如发生人事变动或前述人员持有本公司股票数量发生变化时,在及时报告证券主管机关、上海证券交易所的同时向投资者公布。

4.在任何公共传播媒介中出现的消息可能对本公司股票的市场价格产生误导性影响时,本公司知悉后将及时对该消息予以公开澄清。

5.本公司董事、监事及高级管理人员将认真听取社会公众的意见和批评,不利用 已获得的内幕消息和其他不正当手段直接或间接从事股票买卖活动。

6.本公司没有无记录负债。

十、重要事项揭示

(一)经上海证券交易所上证上字[2000] 第号文批准,本公司通过上海证券交易所上网定价方式向社会公众发行的 4000 万股人民币普通股股票将于 2000 年 10 月 18 日在上海证券交易所挂牌交易。

(二)本公司利润分配以会计期间实际实现的可分配利润为依据。本公司发行股票前未分配利润由本次公开发行股票后新老股东共享。本公司本次公开发行股票后,社 会公众股股东与发行前原有股东同股同权,共享本公司成立后产生的利润。

(三)根据连云港金衡会计师事务所出具的盈利预测审核报告,本公司 2000 年的净 利润按 33%的所得税负计算预计为 5061.4 万元,全面摊薄每股盈利为 0.381 元。

(四)截止本上市公告书刊登之日,本公司和本公司董事、监事及高级管理人员并 无涉嫌任何未了结或可能发生的诉讼。

(五)除《招股说明书》中披露的事项外,本公司无其它应披露而未披露的重要事 项。

(六)截止本上市公告书刊登之日,本公司未涉及任何重大诉讼事项和仲裁,亦无任何尚未了解或可能面临的重大诉讼或索赔要求。

(七)所得税政策

目前,本公司所得税税率为 33%。1997 年,股份公司(含合并的子公司)根据连云 港市政府连发(1996)34 号文件规定,享受先按 33%计征所得税后全额返还的优惠政策 。1998、1999 年,根据江苏省人民政府苏政发(1996)153 号文件,实行先按 33%缴纳所 得税,后返还 18%,实际税赋 15%的高新技术企业优惠政策。

(八)其他重大事项说明

1、重要合同:

下列合同应属对本公司经营业务有重大影响的经济合同:

(1)《代理发行协议书》

1998 年 4 月 13 日,连云港康缘制药有限公司、江苏省国际信托投资公司和连云港中金医药包装有限公司三方签订《代理发行协议书》,约定连云港康缘制药有限公司发 行企业债券 1000 万元,期限三年,江苏国际信托投资公司代理发行,连云港中金医药包 装有限公司提供不可撤销连带责任保证担保。

(2)《土地使用权租赁合同》

本公司与集团公司就位于连云港新浦区新桥街人民东路地号为 04-71-131-1 的土地签订《土地使用权租赁合同》,租赁使用上述土地,土地使用权的租金为每年 10 万元,每五年可由双方协商调整一致,调整幅度依照物价上涨指数等因素由双方商定。

中金公司与恒瑞集团就位于连云港市经济技术开发区第八小区地号为 07-08-01、第二小区地号为 07-03-02 和纬一路引水河东地号为 07-07-01 的土地签订《土地使用权租赁合同》,租赁使用上述土地,土地使用权的租金为每年 10 万元,每五年可由 双方协商调整一致,调整幅度依照物价上涨指数等因素由双方商定。

(3)《综合服务协议》

本公司与集团公司签订《综合服务协议》,约定集团公司向本公司提供职工食堂 、浴室等后勤保障服务。

十一、备查文件

1、上海证券交易所上市通知书
2、中国证监会关于核准本公司公开发行股票的批准文件(证监发行字[2000] 122 号)
3、招股说明书及其概要
4、验资报告
5、资产评估报告
6、审计报告、财务报表及附注
7、盈利预测审核报告
8、公司章程
9、法律意见书
10、本公司成立的登记注册文件及营业执照
11、与本次发行、上市有关的其它备查文件

十二、咨询机构

1、发行人:江苏恒瑞医药股份有限公司
法定代表人:孙飘扬
注 册 地 址:江苏省连云港市经济技术开发区黄河路 38 号
电 话:0518-5457194
传 真:0518-5452340
联 系 人:陈学民、孙杰平
2、上市推荐人:华泰证券有限责任公司
法定代表人:张开辉
地 址:江苏省南京市中山东路 90 号华泰证券大厦
电 话:025-4457777-961
传 真:025-4579930
联 系 人:黄庆兵、徐彦武、孔玉飞
上市推荐人:华夏证券有限公司
公司负责人:赵大建
地 址:北京市东城区新中街 68 号
电 话:010-65515588×2043
传 真:010-65516423
联 系 人:张鸣溪、江军
3、股票登记机构:上海证券中央登记结算公司
法定代表人:王笛彬
地 址:上海市浦建路 727 号
电 话:021-58708888
传 真:021-63257454

江苏恒瑞医药股份有限公司
二 000 年十月十三日

南京钢铁股份有限公司

南京钢铁股份有限公司股票上市公告书

一、要览

证券简称:南钢股份
证券代码:600282
总股本:42,000 万股
可流通股本:12,000 万股
本次上市流通股本:12,000 万股
上市地点:上海证券交易所
上市日期:2000 年 9 月 19 日
股份登记机构:上海证券中央登记结算公司
上市推荐人:华泰证券有限责任公司

二、绪言

南京钢铁股份有限公司(以下简称"本公司"或"公司")股票上市公告是根据《中华人民共和国公司法》、《中华人民共和国证券法》、《股票发行与交易管理暂行条例》、《公开发行股票公司信息披露实施细则》和《上海证券交易所股票上市规则》(2000 年修订本)等有关现行法律、法规的规定,按照中国证券监督管理委员会制定的公开发行股票信息披露内容和格式准则第七条《上市公告书的内容与格式(试行)》编制,旨在向投资者提供有关本公司的基本情况和股票上市的有关资料。

经中国证券监督管理委员会证监发行字[2000]112 号文批准,本公司已成功发行了每股面值 1.00 元的人民币普通股 12,000 万股,其中上网定价发行 6,000 万股,向二级市场投资者配售 6,000 万股,每股发行价人民币 6.46 元。 经上海证券交易所上证上字(2000)第 72 号《上市通知书》同意,本公司 12,000 万股人民币普通股将于 2000 年 9 月 19 日 (周二) 起在上海证券交易所上市挂牌交易。 证券简称"南钢股份",证券代码"600282"。本公司总股本 42,000 万股,流通股本 12,000 万股。

本公司已于 2000 年 8 月 30 日在《中国证券报》、《上海证券报》和《证券时报》上刊登了《南京钢铁股份有限公司招股说明书概要》,距今不足六个月,故与其重复的内容在此不再重述,敬请投资者查阅本公司的《招股说明书概要》。

本公司董事会及全体董事已批准本上市公告书,并确信所载资料不存在任何重大遗漏或者误导,并对其真实性、准确性和完整性负个别的和连带的责任。

三、公司概况

(一)概况
公司法定名称:南京钢铁股份有限公司
英文名称:Nanjing Iron & Steel Co., Ltd.
注册地址:江苏省南京市大厂区卸甲甸
注册资本:42,000 万元
法定代表人:肖同友
成立日期:1999 年 3 月 18 日
董事会秘书:徐林
联系电话:(025)7052160
传真:(025)7797742
经营范围:黑色金属冶炼及压延加工,钢材、钢坯及其他金属销售。
(二) 历史沿革

本公司根据《中华人民共和国公司法》等有关法律、法规的规定,经江苏省人民政府苏政复(1999)23 号文批准,由南京钢铁集团有限公司(以下简称"南钢集团公司")作为主发起人,联合中国第二十冶金建设公司、冶金工业部北京钢铁设计研究总院、中国冶金进出口江苏公司、江苏省冶金物资供销公司等四家企业共同发起设立。股份公司于 1999 年 3 月 18 日在江苏省工商行政管理局注册登记,正式成立。

根据公司改制方案,南钢集团公司将下属焦化厂、第一烧结厂、第二烧结厂、炼铁厂、炼钢厂、中板厂、棒材厂等 7 个生产单位的经营性资产(不含土地使用权)和相应负债投入到股份公司,其他发起人以现金方式出资。截止 1998 年 12 月 31 日,南钢集团公司拟投入股份公司净资产经评估合计为 45,686.42 万元,按 1:0.6523 的比例折为 29,800 万国有法人股,由国有资产授权经营主体南钢集团公司持有。其它四家发起人分别以现金出资 76.66 万元,合计折为 200 万股。

经中国证券监督管理委员会证监发行字[2000]112 号文批准,本公司通过上海证券交易所于 2000 年 9 月 1 日上网定价发行 6,000 万股,9 月 2 日向二级市场投资者配售发行 6,000 万股。

本次发行后,本公司已于 2000 年 9 月 12 日在江苏省工商行政管理局变更工商注册登记,注册号为 3200001104431。

四、股票发行及承销

(一) 本次公开发行社会公众股
发行数量:12,000 万股
股票面值:1 元/股
发行价格:6.46 元/股
发行方式:上网定价发行与向二级市场投资者配售相结合
其中:
1、上网定价发行:
发行股数 :6,000 万股
有效申购总量:10,885,013,000 股
有效申购资金总量:7,031,718.398 万元
有效申购户数:611,474 户
中签率:0.55121661%
2、向二级市场投资者配售:
配售数量:6,000 万股
有效申购总量:37,200,008,000 股
有效申购户数:3,757,589 户
中签率:0.16129029%
持 1000 股以上(含 1000 股)的股东数:107,347 户(不含发起人)。
募集资金总额(未扣除发行费用):775,200,000 元
实际募集资金总额:757,785,705.57 元
发行费用总额:17,414,294.43 元
每股发行费用:0.145 元
发行市盈率:20.84 倍(全面摊薄计算)
(二)股票承销

本次上网定价发行 6,000 万股已全部被社会公众认购; 向二级市场投资者配售之 6,000 万股有 836,153 股余股,按承销协议有关规定,全部由本次发行主承销商华泰证券有限责任公司及其他承销团成员包销。

(三)验资报告

接受本公司委托,江苏天衡会计师事务所有限公司对本公司截止 2000 年 9 月 8 日止的实收资本变更的真实性和合法性进行了审验。天衡验字(2000)41 号验资报告摘要如下:

南京钢铁股份有限公司:

我们接受委托,对贵公司截至 2000 年 9 月 8 日止的实收股本变更的真实性和合法性进行了审验。在审验过程中,我们按照《独立审计实务公告第 1 号—验资》的要求,实施了必要的审验程序。贵公司的责任是提供真实、合法、完整的验资资料,保护资产的安全、完整,我们的责任是按照《独立审计实务公告第 1 号—验资》的要求,出具真实、合法的验资报告。

贵公司变更前的注册资本和实收股本均为人民币 300,000,000.00 元,变更后的注册资本为人民币 420,000,000.00 元。根据我们的审验,截至 2000 年 9 月 8 日止,贵公司本次向社会发行人民币普通股 120,000,000 股,发行价每股人民币 6.46 元,发行总收入计人民币 775,200,000.00 元,扣除股票发行费用 17,414,294.43 元后的余额计人民币 757,785,705.57 元,其中:实收股本人民币 120,000,000.00 元,资本公积人民币 637,785,705.57 元。贵公司本次股票发行后,实收股本增至人民币 420,000,000.00 元。

附件(一)变更前后股本对照表
附件(二)验资事项说明

江苏天衡会计师事务所有限公司　　中国注册会计师:狄云龙
中国.南京　　中国注册会计师:虞丽新
2000 年 9 月 8 日

募集资金入帐时间:2000 年 9 月 7 日
入帐金额:760,305,705.57 元
银行帐号:066170010000907
开户银行:交通银行南京市大厂支行

五、董事、监事和高级管理人员简介及持股情况

(一)董事、监事和高级管理人员简介

肖同友,男,53 岁,中共党员,大学文化,高级工程师、高级政工师。1969 年毕业于昆明工学院,同年到昆明钢铁公司实习,1970 年 9 月起至 1986 年 12 月在南京铅锌银矿工作,历任矿办公室秘书,副主任,一工区党支部书记,矿党委副书记、书记等职。1987 年 1 月到南钢工作,历任厂党委副书记、书记,现任本公司董事长及南钢集团公司董事长、党委书记。鉴于集团公司和股份公司董事长均由肖同友先生担任,因此肖同友先生承诺股票上市后三个月内辞去股份公司董事长一职。

杨思明,男,47 岁,中共党员,大学文化,高级工程师、高级政工师。1975 年 12 月到南钢工作,历任修建部工人、修建部政工科副科长,修建部、建设开发部党总支副书记 、书记,厂党办主任,厂办主任,厂党委副书记兼纪委书记,南钢集团公司董事、党委副书记、副总经理、纪委书记,现任本公司董事及南钢集团公司董事、总经理兼党委副书记。1995 年作为江苏省首期高级管理人才研讨班学员赴美国马里兰大学学习 6 个月。

赵永和,男,53 岁,中共党员,大学文化,高级工程师。1970 年毕业于北京钢铁学院,同年到徐州钢铁厂工作,历任徐州市钢铁会战指挥部技术员,徐钢办公室秘书、副主任,烧结厂副厂长,徐钢办公室主任兼焊管工程筹建处办公室主任,炼铁分厂厂长。1985 年 1 月起任徐州市冶金工业公司经理兼徐州钢铁厂副厂长(主持工作)。1988 年 5 月起任徐州市冶金工业办公室副主任(主持工作)。1990 年 9 月任徐州市建材公司党委书记兼副经理,1991 年 1 月起到南钢工作, 历任梅山工程办公室主任,副厂长,南钢集团公司董事、副总经理,现任本公司董事、总经理。

杨振和,男,51 岁 ,中共党员,大学文化,经济师。1965 年 12 月来南钢工作,历任炼铁车间工人、工段长、车间主任,厂生产经营处处长助理、厂生产处副处长、处长,厂长助理,总经理助理,现任本公司董事及南钢集团公司董事、副总经理。

陶 魄,男,42 岁,中共党员,大学文化,高级工程师。1982 年毕业于上海工业大学,同年到南钢工作。历任 一轧分厂设备组设备员 、副组长、组长,五轧分厂厂长助理、副厂长、厂长,南钢集团公司总经理助理,现任本公司董事、副总经理。

徐德华,男,51 岁,中共党员,大专文化,高级政工师。1969 年 1 月至 1971 年 9 月参军。1971 年 9 月至 1982 年 2 月任吉林省桦町县武装部干事、秘书,1982 年 3 月到南钢工作,历任保卫处干事 、民警大队副教导员,公安处机关支部书记、处办公室主任、总支副书记、处长兼总支书记,现任本公司董事及南钢集团公司办公室主任。

郎秋燕,男,51 岁,中共党员,中专文化,工程师。1970 年毕业于南京钢铁厂冶金学校,同年进厂工作,历任炼钢车间工人,炼钢分厂调度室调度、副班长、副主任,炼钢厂连铸车间副主任、主任 ,炼钢厂副厂长,现任本公司董事、炼钢厂厂长。

董广龙,男,48 岁,中共党员,大学文化,经济师。1970 年到南钢工作,历任钻车间工人、大班长、副工段长、党支部书记兼团总支副书记、党总支副书记,厂团委副书记,厂团委书记兼职工子弟中学书记,三轧分厂党总支书记,现任本公司董事、棒材厂厂长。

应文禄,男,35 岁,中共党员,大学文化,高级会计师、注册会计师。1984 年 7 月到南钢工作。历任南钢财务处成本科会计、副科长、科长,财务处处长助理、副处长。现任本公司董事、总会计师兼财务部经理。

吕庆明,男,46 岁,中共党员,大专文化,高级政工师。1971 年来南钢工作。历任供应科工人,运输部政工干事,运输部团总支干事、团总支书记,厂团委干事、副书记,动力厂党总支副书记、书记,厂党委组织处处长兼厂党校校长,高线厂党总支书记,集团公司办公室主任,干部处处长,现任本公司监事会主席及南钢集团公司党委副书记兼纪委书记。

郭必龙,男,50 岁,中共党员,大学文化,高级政工师。1968 年 3 月至 1971 年 3 月参军。1971 年 4 月退伍分配来南钢工作,历任炼铁厂工人、团总支书记、宣传干事、机修车间党支部副书记、政工组副组长、副科长、办公室副主任、党委副书记、书记、集团公司工会副主席。现任本公司监事、工会主席兼办公室主任。

王永玉,男,46 岁,中共党员,大学文化,经济师,政工师。1970 年 3 月到南钢工作。历任焦化车间工人、组长、副工段长兼党总支部副书记,焦化车间团总支书记,焦化分厂团委书记、党支部书记、党办主任,球团厂党总支副书记,集团公司党委组织处副处长、处长。现任本公司监事、人事部经理。

潘长根,男,51 岁,中共党员,大专文化,政工师。1970 年 4 月来南钢工作,历任轧钢车间工人,厂保卫科干事,厂保卫处干事,厂公安处副科长,厂监察审计处副科长、处长助理、副处长。现任本公司监事及南钢集团公司审计处处长。

刘中豪,男,39 岁,中共党员,大专文化,会计师。1981 年 7 月来南钢工作,历任炼铁厂会计,烧结分厂主办会计,烧结分厂办公室主任、工会副主席、副厂长,现任本公司监事及南钢集团公司预决算处处长。

秦 勇,男,38 岁,中共党员,大学文化,经济师,政工师。1981 年 7 月到南钢工作,历任炼铁分厂计划统计员、团委副书记、机关党支部书记,炼铁厂厂办主任、厂长助理、副厂长、厂党委副书记、书记。

现任本公司副总经理兼炼铁厂厂长、党委书记。

朱金宝,男,35 岁,中共党员,硕士研究生,高级工程师。1990 年重庆大学毕业,同年来南钢工作。历任中板厂技术员、动力科副科长、技术科科长、厂长助理、副厂长。现任本公司副总经理兼中板厂厂长。

徐　林,男,36 岁,中共党员,大专文化,经济师。1985 年来南钢工作。历任厂办秘书、厂办秘书科副科长(主持工作)、科长、南钢集团公司办公室主任助理。现任本公司董事会秘书兼证券部经理。

(二)董事、监事和高级管理人员的持股情况

本公司董事、监事和高级管理人员均未持有本公司的股票。

六、公司设立

本公司是根据《中华人民共和国公司法》等有关法律、法规的规定,经江苏省人民政府苏政复(1999)23 号文批准,由南钢集团公司、中国第二十冶金建设公司、冶金工业部北京钢铁设计研究总院、中国冶金进出口江苏公司、江苏省冶金物资供销公司共同发起设立的股份公司。公司于 1999 年 3 月 18 日正式成立,注册资本 30,000 万元。

2000 年 3 月 11 日,在公司 1999 年度股东大会上,审议并通过《公司增资发行股票并授权董事会全权办理有关发行上市事宜的议案》。2000 年 8 月 31 日,在二 000 年第二次临时股东大会上,审议通过公司股票在上海证券交易所上市的议案。

经中国证券监督管理委员会证监发行字 [2000]112 号文批准, 本公司已成功发行每股面值 1.00 元的社会公众股 12,000 万股,每股发行价格为 6.46 元,其中上网定价发行 6,000 万股,向二级市场投资者配售发行 6,000 万股。本次 12,000 万股社会公众股发行结束后,本公司注册资本为 42,000 万元, 注册地址: 江苏省南京市大厂区卸甲甸, 法定代表人: 肖同友, 本公司营业执照注册号码: 3200001104431。

七、关联企业及关联交易

(一)关联企业

本公司系由南京钢铁集团有限公司在部分改制的基础上联合其他发起人共同发起设立。本次股票发行上市后,关联交易主要存在于本公司和南钢集团公司之间。公司主要关联企业及其概况如下:

1.南钢集团公司下属主要生产厂

(1)原料厂　原料厂负责大宗原料的收、发、库存, 以及各种矿料的平铺混匀。原料厂为公司加工混匀料,同时公司向原料厂提供生铁。

(2)球团厂　球团厂生产氧化球团供高炉冶炼生铁使用,设计年生产能力 40 万吨。球团厂向公司提供球团矿。

(3)石灰车间　石灰车间向公司提供石灰。

(4)动力厂　动力厂为公司供应水、电、蒸汽及转供电。

(5)铁路运输公司　铁运公司承担进、出物资及内转物资的铁路运输工作。

(6)四通公司　南京钢铁集团有限公司四通运输公司(以下简称四通公司)是由南钢原所属的二级辅助单位汽车运输公司改制而成,为非独立法人的分公司。四通公司下属汽车队、客车队、汽车修理队、码头作业队等四个经济实体。四通公司向公司提供运输服务。

(7)供气厂　供气厂负责煤气的加工、氧气和其他气体的供应。 供气厂向公司提供氧气、氮气、氩气、煤气加工服务,另外公司向供气厂提供煤气。

(8) 带钢厂　带钢厂设计年生产能力为 30 万吨, 主要产品为普带、优带 (10-60#、40-65Mr、20MnSi、SM490A)。1999 年 7 月份开始,带钢厂向公司提供加工钢带服务。

(9)生产处　公司向生产处提供钢坯。

2.南钢集团公司全资子公司

(1)南京钢铁集团盛达实业有限公司(以下简称"盛达公司")属综合型实业公司。公司主要生产净水剂、热电偶、建筑材料、服装、复合肥等产品。提供机械设备、房屋、家用电器维修,住宿、饮食服务和劳务服务。本公司与盛达公司无关联交易。

(2)南京钢铁集团经销公司(以下简称"经销公司")是南钢为进一步开拓产品销售市场,于 1990 年在南京市市区投资成立的国有独资企业,为南钢的全资子公司,注册资本 220 万元。该公司主要经营业务是销售南钢的钢材等产品。本公司与经销公司无关联交易。

(3)南京钢铁集团江苏冶金机械厂(以下简称"江冶厂")是南钢集团有限公司于 1998 年 12 月按照江苏省政府苏政办函(1998)106 号文及江苏省计经委苏计经企函(1999)29 号文件精神, 以承债式兼并方式成立的全资子公司, 注册资金 1825 万元。江冶厂主要经营冶金设备、锻压机械、液压设备、机械备件加工、安装、维修;铸钢、铸铁件制造;机械技术服务等。本公司与江冶厂无关联交易。

(4)南京钢铁集团冶金铸造公司(以下简称"铸造公司")为南钢全资子公司,成立于 1999 年,注册资本 2000 万元。 该公司主要经营各种铸钢件、锻钢锭、铸钢坯制造、销售,氧气瓶充装、铆焊制作、机械加工以及机电设备安装、维修等。本公司与铸造公司无关联交易。

(5)南京钢铁集团进出口公司(以下简称"进出口公司")由南钢原二级核算单位进出口公司于 1998 年 4 月改制而成,为南钢的全资子公司,注册资本 200 万元。 该公司主要经营代理进口南钢集团生产、建设、科研所需要的原辅材料、机械设备、零部件、金属材料、焦化副产品、耐火材料等。代理出口金属材料、焦化副产品、冶金机电设备及材料、零部件等以及与南钢集团自产产品配套的相关或同类的商品等。进出口公司代理公司产品进出口,收取代理费用。

(6)南京钢铁集团机械修造有限公司(以下简称"机修公司")于 1997 年 9 月由南钢原所属的二级辅助单位机修分厂改制而成,为南钢集团公司的全资子公司,注册资本 1800 万元。该公司主要经营普通机械制造、冶金矿山机械配件加工销售、机床及其配套设备安装维修、工业专用设备安装检修等。机修公司为本公司提供劳务服务。

(7)南京钢铁集团建设有限公司(以下简称"建设公司")于 1997 年 9 月由原南钢二级辅助单位修建部剥离改制而成,为南钢集团公司的全资子公司,注册资本 2880 万元。该公司主要经营冶金、有色工程施工,金属铆焊加工等。本公司接受建设公司工程维修服务。

(8)南京中山工业炉窑节能工程公司(以下简称"炉窑公司")于 1992 年成立,注册资本 100 万元,为南钢出资成立的全资子公司。 该公司主要经营工业炉窑节能技术研究、开发、咨询服务等。本公司与炉窑公司无关联交易。

(9)南京钢铁集团江苏冶金设计院(以下简称"设计院")于 1996 年并入南钢集团公司,为南钢全资子公司,注册资本 320 万元。 主要从事各类型矿山、冶金企业的总体及单体设计、规划、改造和可行性研究,工业与民用建筑、电气、自动化仪表、供排水、暖、通风、公用设施等设计,冶金设计的技术咨询、技术服务。本公司与设计院无关联交易。

(10)江苏大阳工程建设监理有限公司(以下简称"监理公司")系南京钢铁集团有限公司 1997 年投资建立的全资子公司,注册资本 50 万元。 主要经营冶金建设工程、一般工业与民用建筑工程、市政、公用工程监理。本公司与监理公司无关联交易。

(11)张家港保税区汇达实业公司(以下简称"汇达公司"),成立于 1994 年,为南钢全资子公司,注册资本 1800 万元,主要经营保税区进出口贸易、转口贸易,国内保税区内企业间贸易、与区外有进出口权的企业间贸易,与贸易有关的仓储、加工、商品展示、中介服务等。本公司与汇达公司无关联交易。

3.南钢集团公司主要控股子公司

(1)江苏南钢宝兴钢铁有限公司(以下简称"宝兴公司") ,南钢集团公司持有 75%的股份。南钢宝兴公司主要经营钢材轧制、机械设备和金属制品的制造、销售本企业所生产的产品、机电设备的修理以及钢铁生产技术的咨询服务等。本公司向宝兴公司销售钢坯。

(2)南京金腾钢铁有限公司(以下简称"金腾公司"), 南钢集团公司持有 60%的股份。金腾公司电炉炼钢工程于 1993 年开始筹建,1996 年调试投产。公司拥有 70T 超高功率电炉一座,五流小方坯连铸机一台。目前经改造后, 产品品种结构全面转向合金钢等高附加值产品。该公司生产和销售电炉钢连铸小方坯,直接供应宝兴公司轧制线材。本公司向金腾公司提供供水。

(3)无锡蠡湖宾馆(以下简称"蠡湖宾馆"),南钢集团公司持有 70 %的股份。本公司与蠡湖宾馆无关联交易。

(4)无锡金鑫轧钢有限公司(以下简称"金鑫轧钢"), 南钢集团公司持有 87%的股份。金鑫轧钢主要经营钢铁产品、金属结构件、普通机械的加工制造及销售等。目前主要生产角钢以及新近开发的球扁钢。本公司与金鑫轧钢无关联交易。

(5)南京金桥钢管有限公司(以下简称"金桥钢管"), 南钢集团公司持有 42%的股份。金桥钢管的前身是南京金陵特殊无缝钢管厂, 1994 年 8 月,南钢入股后改制成立。公司注册资本 2400 万元,其中南京钢铁集团有限公司占注册资本的 42%。 公司主要从事无缝钢管的生产销售。 由于市场环境影响及公司经营不理想,从 1999 年开始,基本处于停产状态。本公司与金桥钢管无关联交易。

4.南钢集团公司主要参股子公司　深圳深冶轧钢联合公司, 南钢集团公司占 32.5%的股份。本公司与深圳深冶轧钢联合公司无关联交易。

(二)关联交易

本公司与关联交易方的关联交易是公司正常生产经营活动中不可避免的。 为维护广大投资者尤其是中小投资者的合法权益,本公司与关联方之间的购销交易的价格,有国家定价的,适用国家价格;没有国家定价的,按市场价格确定;没有市场价格的,参照实际成本加合理的费用由双方定价。 对于某些无法按照"成本+费用"原则确定价格的特殊服务,由双方协商定价。 具体内容如下:

(1)《生铁钢坯销售合同》。公司为集团公司提供部分生铁和钢坯。 协议规定了产品品名、规格、质量标准、最少供应量、价格和结算办法、交货地点与运输及运输价格、计量、质检等。1999 年,公司为集团公司提供价值为 546,264,897.33 元的钢坯和价值为 24,084,659.28 元的生铁。2000 年 1–6 月,公司为集团公司提供价值为 150,546,730.30 元的钢坯和价值为 30,539,800.85 元的生铁。

(2)《钢坯销售合同》。公司为南钢宝兴公司提供部分钢坯。 协议规定了产品品名、规格、质量标准、最少供应量、价格和结算办法、交货地点与运输及运输价格、计量、质检等。1999 年,公司为宝兴公司提供价值为 151,426,128.23 元的钢坯。2000 年 1–6 月,公司为宝兴公司提供价值为 158,867,102.44 元的钢坯。

(3)《生铁销售合同》。公司为南京金腾公司提供部分生铁。 协议规定了产品品名、规格、质量标准、最少供应量、价格和结算办法、交货地点与运输及运输价格、计量、质检等。1999 年,公司为金腾公司提供价值为 98,967,756.00 元的生铁。2000 年 1–6 月,因 1–4 月份金腾公司停产改造,只向金腾公司提供价值为 9,189,188.50 元的生铁。

(4)《煤气供应合同》。公司为集团公司供应高炉煤气和焦炉煤气。 合同规定了煤气的质量标准、最少供应量、价格、结算办法、计量和质检等。1999 年,公司为集团公司提供价值为 60,490,692.50 元的煤气;2000 年 1–6 月, 公司为集团公司提供价值为 23,263,297.79 元的煤气。

(5)《原材料供应合同》。集团公司为公司提供部分球团矿和石灰。 合同规定了原材料品名、最少供应量、价格及结算办法、交货地点与运输及运输价格、质检等。1999 年,集团公司为本公司提供价值为 159,371,620.00 元的球团矿和 25,288,379.80 元的石灰;2000 年 1–6 月,集团公司为本公司提供价值为 80,622,700.00 元的球团矿和 12,666,823.20 元的石灰。

(6)《能源供应合同》。集团公司为本公司提供水、电、蒸汽、氧气、氮气、氩气等所需能源。合同规定了其质量标准、最少供应量、价格和结算办法、合同期限等。 1999 年,集团公司为本公司提供了价值为 26,289,471.06 元的水、153,135,544.65 元的电、10,850,283.00 元的蒸汽、56,035,159.52 元的氧气、2,570,365.60 元的氮气和 2,428,737.00 元的氩气;2000 年 1–6 月, 集团公司为本公司提供了价值为 14,591,247.28 元的水、84,859,862.00 元的电、5,510,205.60 元的蒸汽、37,429,641.20 元的氧气、1,530,698.40 元的氮气和 1,480,551.00 元的氩气。

(7)《运输服务协议》。集团公司为本公司提供铁路运输、 公路运输服务,转运公司的原料及产品。协议规定了收费标准、结算办法等。1999 年,集团公司向本公司收取铁路运输和公路运输服务费分别为 15,218,727.61 元和 2,202,123.91 元。2000 年 1–6 月,集团公司向本公司收取铁路运输和公路运输服务费分别为 16,077,173.88 元和 1,463,344.52 元。

(8)《工程维修协议》。南钢集团建设公司为本公司提供工程维修服务。 协议规定了收费标准、结算办法等。1999 年,本公司向其支付工程维修费用 1,109,729.57 元;2000 年 1–6 月,公司向其支付工程维修费用 1,165,236.70 元。

(9)《机械修造协议》。南钢集团机修公司为本公司提供机械修造服务。 协议规定了收费标准、结算办法等。1999 年,本公司向其支付机械修造费用 16,317,880.57 元;2000 年 1–6 月,公司向其支付机械修造费用 8,787,501.69 元。

(10)《进出口代理协议》。公司委托南钢集团进出口公司代理出口产品和进口原材料,代理费用按进口原料采购成本(或出口产品销售收入)的 0.8%计付,代理费在实际发生代理并结算时支付,年底结清,期限为十年。协议还规定了代理方式、双方责任及其他。1999 年,本公司支付进出口公司产品进出口代理费用为 1,221,700.00 元;2000 年 1–6 月, 本公司支付进出口公司产品进出口代理费用为 1,161,431.25 元。

(11)《混匀料、高炉煤气加工合同》。公司所用混匀料、高炉煤气委托集团公司加工。协议规定了产品品名及最少供应量、价格及结算方法、交货地点及运输价格、计量、质检等条款。1999 年,本公司支付集团公司混匀料和高炉煤气委托加工费分别为 29,304,570.94 元和 17,330,208.00 元;2000 年 1–6 月, 本公司支付集团公司混匀料和高炉煤气委托加工费分别为 27,555,073.90 元和 36,412,520.88 元。

(12)《带钢委托加工合同》。为平衡公司生产能力,公司委托集团公司加工带钢。协议规定了产品品名及最少供应量、价格及结算方法、交货地点及运输价格、计量、质检等条款。1999 年,公司支付集团公司带钢委托加工费 33,715,917.80 元。2000 年 1–6 月, 公司支付集团公司带钢委托加工费 53,411,319.40 元。

(13)《仓库租赁协议》。公司租用集团公司部分仓库。协议规定了租赁方式、价格和结算办法、期限等。1999 年,公司支付集团公司仓库租赁费用 1,976,400.00 元。2000 年 1–6 月,公司支付集团公司仓库租赁费用 1,317,600.00 元。

(14)《资产租赁协议》。集团公司将公司所属厂原有已剥离机修等租赁给公司有偿使用,协议规定了双方责任、租赁费用及结算方法等。 1999 年, 本公司向集团公司支付剥离资产租赁费用为 3,559,692.24 元;2000 年 1–6 月,本公司向集团公司支付剥离资产租赁费用为 2,373,128.16 元。

(15)《综合服务协议》。公司有偿使用集团公司提供的通讯服务、计量服务、质量检验、安全、清洁绿化、公共设施、治安保卫及消防等。协议规定了收费标准、结算办法等。1999 年本公司支付集团公司综合服务费用为 1822.86 万元。 其中:通讯服务 1,229,400.00 元、计量服务 2,632,500 元、质量检验 2,217,600.00 元、安全 643,500.00 元、清洁绿化 2,986,200.00 元、公共设施 807,300.00 元、治安保卫及消防 1,062,000.00 元、医疗教育食堂 6,650,100.00 元。2000 年 1–6 月,本公司支付集团公司综合服务费用为 771.9 万元。

(16)《双锤牌注册商标使用许可协议》。集团公司将"双锤牌"商标无偿转让给股份公司,现正在办理商标专用权人变更手续。协议规定在"双锤牌"商标专用权变更未最终完成前,集团公司许可本公司继续无偿使用该商标,本公司取得"双锤牌"商标专用权后,公司将许可集团公司无偿使用该商标,期限为 10 年,在期满前六个月内,双方可协商延长有效期限。

(17)《收购南京钢铁集团有限公司带钢厂的协议》。 该收购方案已获公司 1999 年度股东大会表决通过。协议规定了收购范围、交接、收购日期、收购款项及资产交接等事项。 以 2000 年 4 月 30 日为评估基准日,经评估的带钢厂净资产为 9867.04 万元。上述评估结果已经江苏省财政厅苏财办(2000)33 号文确认。 预计本次收购需要资金 9867 万元。

(18)《国有土地使用权租赁合同》(宁地租(2000)字第 01 号)。该合同已在南京市土地管理部门登记后生效。合同约定:南钢集团公司将宁国用(2000)第 00001 号至 00007 号土地使用证项下面积为 408791.6 平方米的国有土地使用权租赁给发行人使用,期限自 1999 年 4 月 12 日至 2004 年 4 月 12 日,土地使用权年租金为 310.7 万元。

(19)南钢集团公司关于放弃与公司竞争业务的承诺

本公司产品为 5~40mm 普碳板、5.5~30mm 低合金板、6~24mm 容器板、6~20mm 锅炉板、5.5~28mm 船用板、6~20mm 汽车大梁板、6~20mm 桥梁板;φ14~32mm 小型圆钢 (含普碳圆钢和标准件用、锚链用等优质圆钢)和小型螺纹钢; 规格为(108—234)×(2.5−−3.2)mm 的普带、规格为(110—175)

×(2.4—3.95) mm 的优带。

南钢集团公司生产的钢材产品为 0.5—2.0mm 普碳薄板、0.5mm 电机用硅钢片、φ12mm 小型圆钢和小型螺纹钢；集团公司控股的江苏南钢宝兴钢铁公司的钢材产品为 φ5.5~13.5mm 普碳线材，φ5.5~13mm 优质钢线材(含中碳和高碳)；集团公司控股的无锡金鑫轧钢公司钢材产品为∠452×4~1252×12 等边角钢、∠100×63×8×10~∠160×100×(10、12、14) 不等边船用角钢、100×26×6~270×57×14 船用球扁钢;集团公司控股的南京金桥钢管公司钢材产品为 ϕ(15~60)×(1~4.5)mm 冷轧精密无缝钢管等。

因此,股份公司与集团公司及其控股公司钢材产品在规格和用途上有较大差异,不构成同业竞争。根据集团公司签署的不竞争承诺函,集团公司作为公司控股股东保证不从事公司目前从事的和将要从事的业务、以及其他可能与公司形成直接或间接竞争关系的业务活动。

八、股本结构及大股东持股情况

(一)本公司上市前的股本结构

股份类别	股份(万股)	占总股本比重(%)
尚未流通股份		
发起人股份	30,000	71.43
其中:国家股	29,800	70.95
国有法人股	200	0.48
可流通股份		
境内上市人民币普通股	12,000	28.57
股份总数	42,000	100.00

(二)公司前十名股东持股情况

股东名称	持股数(万股)	占发行后总股本比例(%)
南钢集团有限公司	29800	70.95
江苏证券(华泰证券)	84.6153	0.20
国通证券	79.4	0.19
国信证券	61	0.15
长江证券	52.9	0.13
中国冶金进出口江苏公司	50	0.12
中国第十二冶金建设公司	50	0.12
江苏省冶金物资供销公司	50	0.12
冶金工业部北京钢铁设计总院	50	0.12
华宝信托	44.7	0.11

九、公司财务会计资料

本公司截止 2000 年 6 月 30 日的财务会计资料,已于 2000 年 8 月 30 日分别在《中国证券报》、《上海证券报》、《证券时报》上刊登的本公司《招股说明书概要》中进行了详细披露。因招股说明书报告基准日距本次上市日不足六个月,故相同的内容在此不再重复,本公告只公布本公司经审计的财务报表及主要财务指标,欲了解详细内容,敬请投资者查阅上述报纸或至公告的《招股说明书》查阅地查阅。

(一)主要财务指标及分析

1、主要财务指标

项目	2000 年 1–6 月	1999 年	1998 年	1997 年
流动比率	1.50	1.37	1.11	1.05
速动比率	0.98	0.92	0.59	0.58
资产负债率(%)	65.88	68.00	64.10	68.12
应收帐款周转率	6.98	7.97	11.42	–
存货周转率	7.32	8.59	8.60	–
净资产收益率(%)	12.14	25.87	27.19	–
每股净资产(元)	2.21	1.94	–	–
每股盈利(元)	0.27	0.40	0.31	0.29

注: (A)各期每股盈利按 30,000 万股计算;

每股盈利按所得税 33%计算。

(B)会计报表主要项目注释

1、应收帐款:截止 2000 年 6 月 30 日应收帐款余额 446,425,486.31 元,其主要情况列示如下:

(1)帐龄分析:

帐龄	金额	比例	坏帐准备
一年以内	401,296,367.41	89.89%	24,077,782.04
一至二年	27,940,985.67	6.26%	2,794,098.57
二至三年	8,777,686.95	1.97%	2,633,306.09
三至四年	8,382,366.64	1.87%	4,191,183.32
四至五年	–	–	–
五年以上	28,079.64	0.01%	28,079.64
合计	446,425,486.31	100.00%	33,724,449.66

(2)本帐户余额中无应收持公司 5%以上股份的股东单位款项;

(3)应收帐款中欠款金额前五名的往来单位列示如下:

单位名称	金额	欠款时间	欠款原因
浙江杭州江城工贸公司	57,788,839.94	一年以内	赊销货款
江苏长城物资贸易公司	44,205,383.02	一年以内	赊销货款
无锡景宏国际金属制造有限公司	25,904,813.39	一至二年	赊销货款
南京苏盐物资公司	24,809,515.72	一年以内	赊销货款
浙江诸暨金属公司	20,005,694.76	一年以内	赊销货款

应收帐款 1999 年年末较 1998 年年末上升 96.23%, 其主要原因:公司为进一步提高市场占有率,对已有信誉较好的、有储备能力的购货大户采用赊销方式销售产品;对经过公司调查确认有实力、讲信用的新客户给予一定的铺底资金。

2、其他应收款:截止 2000 年 6 月 30 日其他应收款余额 19,165,575.57 元, 其主要情况列示如下:

(1)帐龄分析:

帐龄	金额	比例	坏帐准备
一年以内	18,935,957.45	98.80%	1,136,157.44
一至二年	165,345.92	0.86%	16,534.59
二至三年	11,390.80	0.06%	3,417.24
三至四年	49,631.40	0.26%	24,815.70
四至五年	3,250.00	0.02%	2,600.00
五年以上	–	–	–
合计	19,165,575.57	100.00%	1,183,524.97

(2)本帐户余额中无应收持公司 5%以上股份的股东单位款项;

(3)其他应收款中欠款金额前五名的往来单位列示如下:

单位名称	金额	欠款时间	欠款原因
应收出口退税	13,704,337.11	一年以内	暂未退税
南京市商检局	1,219,572.70	一年以内	预付船检费
备用金	996,977.30	一年以内	暂借款
上海言福实业公司	450,000.00	一年以内	暂借款
沿江废渣利用厂	259,542.15	一年以内	暂借款

(二)会计报表(附后)

1、资产负债表

2、利润及利润分配表

3、现金流量表

4、现金流量附表

十、董事会上市承诺

公司董事会将严格遵守《中华人民共和国公司法》、《中华人民共和国证券法》、《股票发行与交易管理暂行条理》、《公开发行股票公司信息披露实施细则》和《上海证券交易所股票上市规则》等有关法律、法规的规定,并自本公司股票上市之日起向全体股东作出如下承诺:

(一)严格按照法律、法规的规定程序和要求披露本公司重大信息,自觉接受证券主管机关、上海证券交易所的监督管理。

(二)及时、准确、真实地公布本公司中期报告、年度报告,并备置于规定场所供投资者公众查阅。

(三)本公司董事、监事及高级管理人员如发生人事变动,或前述人持有本公司股份数量发生变化时,在及时通报证券主管机关、上海证券交易所的同时向投资者公布。

(四)在任何公共传播媒介中出现的消息可能对本公司股票的市场价格产生误导性的影响时,本公司知悉后将及时对该消息予以公开澄清。

(五)本公司董事、监事及高级管理人员将认真听取社会公众的建议和批评,自觉抵制不正之风,不利用已获得的内幕消息和不正当手段直接或间接从事股票买卖活动。

(六)本公司董事会及各位董事保证不就任何未经主管机关审阅的可能影响股份变动的重大信息私自公告或发表意见。

(七)本公司没有无记录负债。

(八)依据 2000 年 5 月 1 日实施的《上海证券交易所上市规则》,本公司全体董事、监事将按照有关规定,在本公司股票上市后两个月内签署《董事(监事)声明及承诺书》并送达上海证券交易所备案。

十一、重要事项揭示

(一)经上海证券交易所上证上字[2000] 第 72 号文批准,本公司通过上海证券交易所采用上网定价发行和向二级市场投资者配售相结合的方式向社会公众发行 12,000 万股人民币普通股股票将于 2000 年 9 月 19 日在上海证券交易所挂牌交易。

(二)本公司利润分配以会计期间实现的可分配利润为依据。 本公司发行股票前未分配利润由本次公开发行股票后新老股东共享。本公司本次公开发行股票后,社会公众股股东与发行前原有股东同股同权,共享本公司成立后产生的利润。股利分配方式采用派发现金、股票或者其它合法形式。预计第一次股利派发时间为 2000 年度股东大会后两个月内。

(三)根据江苏天衡会计师事务所有限公司出具的盈利预测审核报告,本公司 2000 年的净利润按 33%的所得税负计算预计为 12,860 万元,全面摊薄每股盈利为 0.31 元。

(四)截止本上市公告书刊登之日,本公司和本公司董事、监事及高级管理人员并无涉嫌任何未了结或可能发生的诉讼。

(五)发行前每股净资产为 2.21 元/股;发行后每股净资产为 3.38 元/股(扣除预计的发行费用)。

(六)公司本次股票发行前后均执行 33%的所得税税率。

(七)除《招股说明书》中披露的事项外,本公司无其它应披露而未被披露的重要事项。

十二、备查文件目录

1、上海证券交易所上市通知书;

2、招股说明书;

3、中国证券监督管理委员会证监发行字[2000]112 号文;

4、江苏省人民政府同意设立南京钢铁股份有限公司的批复;

5、公司营业执照;

6、公司章程;

7、法律意见书;

8、审计报告;

9、验资报告;

10、资产评估报告;

11、其他备查文件。

十三、咨询机构

1、上市公司:南京钢铁股份有限公司

法定代表人:肖同友

住　　所:江苏省南京市大厂区卸甲甸

咨询电话:(025)7052160

联 系 人:徐林、应文禄

2、上市推荐人:华泰证券有限责任公司

法定代表人:张开辉

住　　所:江苏省南京市中山东路 90 号华泰证券大厦

电　　话:(025)4457777

联 系 人:陈刚、王光林、李虎、李少初

3、股票登记机构:上海证券中央登记结算公司

法定代表人:王迪彬

住　　所:上海市浦建路 727 号

电　　话:(021)58708888

传　　真:(021)63257454

南京钢铁股份有限公司

2000 年 9 月 13 日

资产负债表

编制单位:南京钢铁股份有限公司　　单位:人民币元

资产	2000.06.30	1999.12.31	1998.12.31	1997.12.31
流动资产:				
货币资金	104425236.18	148974306.34	12529141.50	60290445.90
短期投资				
减:短期投资跌价准备				
短期投资净额				
应收票据	70971763.70	16657956.06	21940000.00	39000000.00
应收股利				
应收利息				
应收帐款	446425486.31	447805032.12	228203460.62	163285553.78
其他应收款	19165575.57	4238922.87	3724940.63	2811135.36
减:坏帐准备	34907974.63	36906601.38	25824475.00	19131237.64
应收帐款净额	430683087.25	415137353.61	206103926.25	146965451.50
预付帐款	100400503.83	54726142.46	4948058.18	
应收补贴款				
存货	392703604.61	315442403.49	227119843.49	211151888.53

减:存货跌价准备	12400389.03	8563587.03		
存货净额	380303215.58	306878816.46	227119843.49	211151888.53
待摊费用	8104275.18	4557736.62	11404514.89	12912904.74
待处理流动资产净损失				
一年内到期的长期债权投资				
其他流动资产				
流动资产合计	1094888081.72	946932311.55	484045484.31	470320690.67
长期投资:				
长期股权投资				
长期债权投资				
长期投资合计				
减:长期投资减值准备				
长期投资净额				
固定资产:				
固定资产原价	1432730850.06	1431510798.06	1557885047.00	1317770953.68
减:累计折旧	633914375.10	584771928.05	487594919.87	394123046.02
固定资产净值	798816474.96	846738870.01	1070290127.13	923647907.66
工程物资				
在建工程	50735837.56	28064637.26	1806484.84	14942248.88
固定资产清理				
待处理固定资产损失				
固定资产合计	849552312.52	874803507.27	1072096611.97	938590156.54
无形资产及其他资产:				
无形资产				
开办费				
长期待摊费用				
其他长期资产				
无形资产及其他资产合计				
递延税项:				
递延税款借项				
资产总计	1944440394.24	1821735818.82	1556142096.28	1408910847.21
负债及股东权益				
流动负债:				
短期借款	145000000.00	185000000.00	114000000.00	156000000.00
应付票据	50000000.00	10000000.00		
应付帐款	187372797.26	250790235.68	888801102.90	88696493.38
预收帐款	25000023.88	22660851.87		
代销商品款				
应付工资	88187680.10	61732916.89	52390729.69	60161768.80
应付福利费	68498387.44	56517568.07	50200694.85	47619952.09
应付股利				
应交税金	87984270.34	54357748.45	19209599.45	25172304.46
其他应交款	10532112.52	6382203.19	2116505.28	5058369.21
其他应付款	18292021.68	32601228.00	93036435.94	66257390.73
预提费用	40769963.79	2380460.52	716000.00	364000.00
一年内到期的长期负债	10000000.00	10000000.00	16800000.00	
其他流动负债				
流动负债合计	731637257.01	692423212.67	437271068.11	449330278.67
长期负债:				
长期借款	513000000.00	513000000.00	523000000.00	489800000.00
应付债券				
长期应付款				
住房周转金	31483200.04	33383200.04	37185311.63	20662433.18
其他长期负债	4875033.00			
长期负债合计	549358233.04	546383200.04	560185311.63	510462433.18
递延税项:				
递延税款贷项				
负债合计	1280995490.05	1238806412.71	997456379.74	959792711.85
股东权益				
股本	300000000.00	300000000.00	558685716.54	449118135.36
资本公积	159930600.00	159930600.00		
盈余公积	22152339.57	22152339.57		
其中:公益金	7384113.19	7384113.19		
未分配利润	181361964.62	100846466.54		
股东权益合计	663444904.19	582929406.11	558685716.54	449118135.36
负债及股东权益总计	1944440394.24	1821735818.82	1556142096.28	1408910847.21

利润及利润分配表

编制单位:南京钢铁股份有限公司　　单位:人民币元

项目	2000 年 1-6 月	1999 年度	1998 年度	1997 年度
一、主营业务收入	1560078532.88	2693517579.35	2235115683.32	2019200576.97
减:折扣与折让				
主营业务收入净额	1560078532.88	2693517579.35	2235115683.32	2019200576.97
减:主营业务成本	1295757752.24	2331581531.83	1884427049.47	1674841756.62
主营业务税金及附加	11412159.75	11714606.85	10823397.82	11205931.45
二、主营业务利润	252908620.89	350221440.67	339865236.03	333152888.90
加:其他业务利润	674442.85	1771973.74		
减:存货跌价损失	3836802.00	8563587.03		
营业费用	10822906.39	16423246.20	11594325.41	12032235.19
管理费用	71061178.28	92472547.48	92636668.72	95665014.47
财务费用	21212162.83	55602337.54	94132862.54	89516253.33
三、营业利润	146650014.24	178931696.06	141501379.36	135939385.91
加:投资收益				
补贴收入				
营业外收入	116807.41	478758.58		
减:营业外支出	–	3393490.45	4487769.02	4333206.08
四、利润总额	146766821.68	177016964.29	137013610.34	131606179.83
减:所得税	66251323.60	29334700.48		
五、净利润	80515498.08	147682263.81	137013610.34	131606179.83
加:年初未分配利润	100846466.54	–24683457.70		
盈余公积转入				
减:净利润折股	–	–	137013610.34	131606179.83
六、可供分配的利润	181361964.62	122998806.11		
减:提取法定盈余公积	–	14768226.38		
提取法定公益金	–	7384113.19		
七、可供股东分配的利润	181361964.62	100846466.54		
减:应付优先股股利				
提取任意盈余公积				
应付普通股股利				
转作股本的普通股股利				
八、未分配利润	181361964.62	100846466.54		

现金流量表

2000 年 1-6 月

编制单位:南京钢铁股份有限公司　　单位:人民币元

项目	金额
一、经营活动产生的现金流量:	
销售商品、提供劳务收到的现金	1508318391.55
收取的租金	
收到的税费返还	
收到的其他与经营活动有关的现金	1703994.78
现金流入小计	1510022386.33
购买商品、接受劳务支付的现金	1166873344.93
经营租赁所支付的现金	5244200.00
支付给职工以及为职工支付的现金	107363743.43
实际交纳的增值税款	108273584.30
支付的所得税款	30044459.79
支付的除增值税、所得税以外的其他税费	9363915.34
支付的其他与经营活动有关的现金	40762209.19
现金流出小计	1467925456.98
经营活动产生的现金流量净额	42096929.35
二、投资活动产生的现金流量:	
收回投资所收到的现金	
分得股利或利润所收到的现金	
取得债券利息收入所收到的现金	
处置固定资产、无形资产和其他长期资产而收回的现金净额	
收到的其他与投资活动有关的现金	
现金流入小计	
购建固定资产、无形资产和其他长期资产所支付的现金	23891252.30
权益性投资所支付的现金	
债权性投资所支付的现金	
支付的其他与投资活动有关的现金	
现金流出小计	23891252.30
投资活动产生的现金流量净额	–23891252.30
三、筹资活动产生的现金流量:	
吸收权益性投资所收到的现金	
发行债券所收到的现金	
借款所收到的现金	145000000.00
收到的其他与筹资活动有关的现金	
现金流入小计	145000000.00
偿还债务所支付的现金	185000000.00
发生筹资费用所支付的现金	
分配股利或利润所支付的现金	
偿付利息所支支付的现金	22754747.21
融资租赁所支付的现金	
减少注册资本所支付的现金	
支付的其他与筹资活动有关的现金	
现金流出小计	207754747.21
筹资活动产生的现金流量净额	–62754747.21
四、汇率变动对现金的影响	–44549070.16
五、现金及现金等价物净增加额	
补充资料	
1.不涉及现金收支的投资和筹资活动	
以固定资产偿还债务	
以投资偿还债务	
以固定资产进行长期投资	
以存货偿还债务	
融资租赁固定资产	
2.将净利润调节为经营活动的现金流量	
净利润	80515498.08
加:计提的坏帐准备或转销的坏帐	–1998626.74
计提的存货跌价准备	3836802.00
固定资产折旧	49142447.05
无形资产摊销	
待摊费用摊销	–3546538.56
预提费用增加	38389503.27
处置固定资产、无形资产和其他长期资产的损失(减收益)	
固定资产报废损失	
财务费用	22754747.21
投资损失(减收益)	
递延税款贷项(减借项)	
存货的减少(减增加)	–77261201.12
经营性应收项目的减少(减增加)	–62546709.52
经营性应付项目的增加(减减少)	–7188992.31
经营活动产生的现金流量净额	42096929.35
3.现金及现金等价物净增加情况:	
货币资金的期末余额	104425236.18
减:货币资金的期初余额	148974306.34
现金等价物的期末余额	
减:现金等价物的期初余额	
现金及现金等价物净增加额	–44549070.16

钱江水利开发股份有限公司

钱江水利开发股份有限公司股票上市公告书

一、要 览

总股本:28,533 万股
可流通股份:8,500 万股
本次上市流通股份:8,500 万股
股票简称:钱江水利
股票代码:600283
上市地点:上海证券交易所
上市日期:2000 年 10 月 18 日
股票登记机构:上海证券登记有限公司
上市推荐人:中信证券股份有限公司
山东证券有限责任公司

二、绪 言

钱江水利开发股份有限公司(以下简称本公司或公司)股票上市公告书是根据《中华人民共和国证券法》、《中华人民共和国公司法》、《股票发行与交易管理暂行条例》、《公开发行股票公司信息披露的内容与格式准则》、《上海证券交易所股票上市规则》及国家其他有关证券管理的现行法规、规定,按照中国证券监督管理委员会制定的公开发行股票公司信息披露的内容与格式准则第七号《上市公告书内容与格式(试行)》而编制,旨在向投资者提供有关本公司基本情况和股票上市的有关资料。

经中国证券监督管理委员会证监发行字[2000]127 号文批准,本公司已成功向社会公众发行面值为 1.00 元的人民币普通股 8500 万股。 经上海证券交易所沪证上[2000]80 号《上市通知书》批准,本公司 8500 万 A 股将于 2000 年 10 月 18 日在上海证券交易所挂牌交易。

本公司已于 2000 年 9 月 13 日分别在《中国证券报》、《上海证券报》和《证券时报》上刊登了《招股说明书概要》,距今不足 6 个月,故与其相重复的内容简化刊登,敬请投资者查阅本公司的《招股说明书概要》。

本上市公告书已经本公司董事会审议批准,董事会各成员确信本上市公告书所载资料不存在任何重大遗漏或误导,并对其真实性、准确性和完整性负个别的和连带的责任。

三、公司概况

1、基本情况
中文名称:钱江水利开发股份有限公司
英文名称:QIANJIANG WATER RESOURCES DEVELOPMENT CO.,LTD.
注册资本:28533 万元
法定代表人:王猛照
成立日期:1998 年 12 月 30 日
经营范围:本公司经营登记注册的经营范围是:水力发电,供水(凭卫生许可证),水利资源开发,水利工程承包,水产养殖,实业投资,经济信息咨询(不含证券、期货咨询),旅游服务(不含旅行社)。
所属行业:水力发电
注册地址:浙江省杭州市天目山路 48 号浙江投资大厦
联系电话:(0571)8805888-1088
传　　真:(0571)8822251
联 系 人:王林江、贾庆洲

2、历史沿革:

本公司是 1998 年 12 月经浙江省人民政府浙政发[1998]266 号文批准,由水利部综合开发管理中心对其直属企业浙江水利水电开发公司进行整体改制,并联合浙江省境内的浙江省水利水电建设投资总公司、浙江省水电实业公司、嵊州市水电开发有限公司和自然人李国祥先生共同发起设立。水利部综合开发管理中心以其全资的浙江水利水电开发公司的资产整体投入,浙江省水利水电建设投资总公司、浙江省水电实业公司、嵊州市水电开发有限公司分别以其经营性资产水电站投入。以上发起人投入的实物性净资产经浙江省资产评估公司评估,评估值分别为 91,018, 220.54 元,86,975,018.47 元,66,339,829.87 元,57,349,743.46 元,并经财政部财评字(1998)202 号文的确认;自然人李国祥先生投入现金,经浙江会计事务所浙会验[1998]第 151 号文验证确认为 50 万元。上述五家发起人均以 66.29%的比例折合股份,共计总股本为 20,033 万股。五家发起人已于 1998 年 10 月签定了《关于共同发起设立钱江水利开发股份有限公司的协议书》,制定了《钱江水利开发股份有限公司章程》,并经本公司首届股东大会通过。1998 年 12 月 30 日,钱江水利在浙江省工商行政管理局依法登记注册[注册号为 3300001005361]。

本公司成立后为加强电站管理,以县为单位设立了九个分公司,分别管理本县的电站。嵊州分公司下辖嵊州市辽湾电站、嵊州市三溪江一、二、三级电站、嵊州市丰潭电站、嵊州市南山一、二、三级电站;安吉分公司下辖安吉县赋石电站、安吉县老石坎电站;天台分公司下辖天台县龙溪电站;仙居分公司下辖仙居县北斋电站、仙居县河埠电站、仙居县谷坦电站、仙居县西岙电站、仙居县双溪电站;松阳分公司下辖松阳县谢村源电站;庆元分公司下辖庆元县马蹄岙电站、庆元县兰溪桥电站;龙泉分公司下辖龙泉市瑞洋电站、龙泉市大赛电站、龙泉市竹洋电站;东阳分公司下辖东阳市横锦电站、东阳市南江电站;开化分公司下辖开化县齐溪电站、开化县茅岗电站、开化县城明池电站。

本公司主营业务是水力发电、供水。现有发电机组 100 多台,水电装机容量 142,530 千瓦,设计年发电量 37,717 万千瓦时,近几年实际年平均发电量为 41,480 万千瓦时。1998 年 12 月本公司成立时总资产 48,133.53 万元,净资产 31,385.69 万元,截止到 2000 年 6 月 30 日,公司总资产 52,729.28 万元,净资产 32,906.71 万元。

经中国证券监督管理委员会证监发行字[2000]127 号文批准,本公司于 2000 年 9 月 15 日、9 月 16 日通过上海证券交易系统,以上网定价和向二级市场投资者配售相结合的发行方式成功向社会公众公开发行每股面值 1.00 元人民币的普通股 8,500 万股。发行后总股本为 28,533 万股,其中发起人股 20,033 万股,社会公众股 8,500 万股。

四、股票的发行与承销

(一)、股票发行
1、发行方式:上网定价和向二级市场投资者配售相结合。
2、发行时间:2000 年 9 月 15 日上网定价发行 4250 万股,9 月 16 日向二级市场投资者配售 4250 万股。
3、发行数量:8,500 万股,因未向证券投资基金配售,则本次可流通股本为 8,500 万股。
4、发行价格:6.00 元/股
5、募集资金总额:48,738 万元(已扣除发行费用)
6、 发行情况:本公司本次采取上网定价和向二级市场投资者配售相结合的发行方式发行了 8500 万股。

其中上网定价发行了 4250 万股,经上海证券交易所系统主机统计和上海立信长江会计师事务所有限公司验资,本次股票发行有效申购户数为 1,024,829 户,有效申购股数为 18,891,368,000 股,超额认购倍数为 444.50 倍,中签率为 0.22497047%;

向二级市场投资者配售 4250 万股,有效申购股数 3,938,869 户, 有效申购股数为 35,030,469,000 股,超额认购倍数为 824.24 倍,中签率为 0.12132295%。

7、持有本公司 1000 股以上(含 1000 股)的股东数:65536 个
8、每股发行费用:0.266 元
9、发行市盈率:30 倍(按加权平均计算)
2、股票承销:本次通过上海证券交易所上网定价发行 4250 万股,承销团无余额包销;向二级市场投资者配售 4250 万,未认购余股 490,782 股,根据《承销团协议》,余股由承销团成员包销。
3、验资报告(浙天会验[2000]第 155 号)

五、董事、监事及高级管理人员简介及持股情况

1、董事、监事和高级管理人员简介

王猛照先生,59 岁,大专学历,工程师, 现任钱江水利开发股份有限公司董事长,曾任浙江省仙居县县长,浙江省围垦局副局长,浙江省水利水电建设投资总公司总经理,浙江省水利经济管理中心主任,是浙江省第四届政协委员、全国五届政协委员、浙江省六届、七届人大代表,1997 年被水利部授予"全国水利企业优秀管理者"称号。

李国祥先生,41 岁,大学本科学历,工程师,现任钱江水利开发股份有限公司副董事长,嵊州市水电开发有限公司董事长。曾任河北易金汽车发展公司副董事长、总经理,河北塔林有限公司总经理。

吕天舒女士,33 岁,大学本科学历,经济师,现任钱江水利开发股份有限公司副董事长,曾任杭州市农科所工会主席,浙江水利水电开发公司副总经理。

何中辉先生,37 岁,大学本科学历,工程师,现任钱江水利开发股份有限公司董事、总经理,1993 年至 1994 年到日本研修,曾任浙江省水利厅规划计划处副处长,舟山市人民政府副秘书长。

王林江先生,33 岁,硕士,现任钱江水利开发股份有限公司董事、常务副总经理、董事会秘书,曾任浙江大学讲师,嵊州市水电开发有限公司总经理。

施新友先生,45 岁,大学本科学历,高级工程师,钱江水利开发股份有限公司董事,现任浙江省水利水电建设投资总公司总经理。曾任浙江省水电开发管理中心副主任、浙江省援藏办公室副主任。

叶舟先生,36 岁,大学本科学历,钱江水利开发股份有限公司董事,现任浙江省水电实业公司总经理。曾任浙江省兰溪市人民政府副市长,浙江省水电开发管理中心副主任。

王柏华先生,42 岁,大专学历,工程师,现任钱江水利开发股份有限公司监事会主席,嵊州市水电开发有限公司副总经理,曾任嵊州市丰潭工程处科长、嵊州市南山水库管理局副局长、嵊州市丰潭引水工程副指挥、嵊州市水电局副局长。

周吉先生,38 岁,大专学历,会计师,钱江水利开发股份有限公司监事,现任浙江省水利水电建设投资总公司财务部经理,曾任浙江省水电工程局财务部主任,副总会计师。

沈建中先生,37 岁,大学本科学历,经济师,钱江水利开发股份有限公司监事,现任钱江水利开发股份有限公司办公室主任,曾任浙江省建材工业学校团委书记,浙江省水利水电建设投资总公司办公室副主任。

吴天石先生,47 岁,大专学历,现任钱江水利开发股份有限公司副总经理,曾任浙江省水利厅主任科员、浙江省水电实业公司副总经理。

2、董事、监事和高级管理人员持股情况

截至本上市公告书签署之日,除李国祥先生持有 33 万股自然人发起人股外,本公司其他董事、监事、高级管理人员未持有公司股票。

六、公司设立

1、本公司是 1998 年 12 月经浙江省人民政府浙政发[1998]266 号文批准,由水利部综合开发管理中心对其直属企业浙江水利水电开发公司进行整体改制,并联合浙江省境内的浙江省水利水电建设投资总公司、浙江省水电实业公司、嵊州市水电开发有限公司和自然人李国祥先生共同发起设立的股份有限公司。本公司创立大会暨首届股东大会于 1998 年 12 月 27 日在杭州召开,1998 年 12 月 30 日在浙江省工商行政管理局登记注册,注册号为 3300001005361,注册地址:浙江省杭州市天目山路 48 号浙江投资大厦。

2、经中国证券监督管理委员会证监发行字[2000]127 号文批准,本公司 2000 年 9 月 15 日、9 月 16 日成功向社会公开发行面值 1 元的人民币普通股 8,500 万股。本公司已于 2000 年 10 月 10 日在浙江省工商行政管理局变更营业执照,详细内容如下:

注册资本:28,533 万元
注册地址:浙江省杭州市天目山路 48 号浙江投资大厦
公司法定代表人:王猛照
营业执照注册号:3300001005361

七、关联企业与关联交易

1. 无与关联方交易
2.其他关联方交易事项

为确保本公司与水利部综合开发管理中心、浙江省水利水电建设投资总公司、浙江省水电实业公司、嵊州市水电开发有限公司及有关各地水库管理局、水库管理处之间关联交易的公平合理,维护本公司全体股东的利益,在重组中双方签署了一系列关联交易协议,主要包括:

(1) 水库水资源有偿使用协议

1997 年 12 月浙江省天台县水电管理所、浙江省松阳县谢村源流域水电开发公司、浙江省仙居县水利电力局水利管理总站、浙江省水利水电建设投资总公司、浙江省龙泉市水电总站、浙江省庆元县水电管理总站、浙江省水电实业公司、浙江省东阳市横锦水库管理局、浙江省东阳市南江水库管理局、浙江省开化县水电实业公司、嵊州市丰潭水电管理处、嵊州市南山水库管理局、嵊州市辽湾水库管理处、嵊州市三溪江水库管理处、安吉县赋石水库管理局、安吉县老石坎水库管理局承诺在本公司成立后根据国务院国发[1985]94 号文件规定按本公司发电收入的 10%收取水费,有偿使用水库水资源,按会计年度计算,每半年结算一次,每年 1 月和 7 月支付。该费用为水库水资源的全部费用(包括水库维护管理费等)。水库水资源有偿使用期限为 30 年。

(2) 职工食堂就餐协议

1997 年 12 月浙江省天台县水电管理所、浙江省松阳县谢村源流域水电开发公司、浙江省仙居县水利电力局水利管理总站、浙江省水利水电建设投资总公司、浙江省龙泉市水电总站、浙江省庆元县水电管理总站、浙江省水电实业公司、浙江省东阳市横锦水库管理局、浙江省东阳市南江水库管理局、浙江省开化县水电实业公司、嵊州市丰潭水电管理处、嵊州市南山水库管理局、嵊州市辽湾

水库管理处、嵊州市三溪江水库管理处、安吉县赋石水库管理局、安吉县老石坎水库管理局本着公平合理、等价有偿的原则为本公司职工提供食堂就餐服务,并按市场价格或不高于向第三方提供同类服务的价格结算。

(3) 水利部综合开发管理中心、浙江省水利水电建设投资总公司、浙江省水电实业公司、嵊州市水电开发有限公司作为本公司发起人和股东承诺在本公司成立后,今后涉及属于本公司主营业务的项目投资时,同等条件下,本公司拥有优先实施权,在投资项目上不与本公司竞争。

(4) 本公司成立后根据国务院国发[1985]94 号文件规定按本公司发电收入的 10%向有关水库管理单位支付水费。1997-1998 年度利润表已按发电收入的 10%计提水费,并计入各有关期间营业成本。

八、股本结构及大股东持股情况

1、本公司发行后的股本结构如下:

类　　别	持　股　人	股数(万股)
发起人股		
国家股	水利部综合开发管理中心	6033
国有法人股	浙江省水利水电建设投资总公司	5767
	浙江省水电实业公司	4399
	嵊州市水电开发有限公司	3801
自然人股	李国祥	33
社会公众股	社会公众	8500
总　　股　　本		28533

2、前十名股东持股数及持股比例

序号	股东名称	股数(万股)	持股比例(%)
1	水利部综合开发管理中心	6033.00	21.14%
2	浙江省水利水电建设投资总公司	5767.00	20.21%
3	浙江省水电实业公司	4399.00	15.42%
4	嵊州市水电开发有限公司	3801.00	13.32%
5	李国祥	33.00	0.12%
6	天元证券投资基金	29.60	0.10%
7	兴和证券投资基金	27.50	0.096%
8	裕隆证券投资基金	26.50	0.093%
9	金鑫证券投资基金	23.40	0.082%
10	裕阳证券投资基金	21.30	0.075%

九、公司财务会计资料

以下资料全文引用浙江天健会计师事务所出具的审计报告

一、审计报告

审　计　报　告

浙天会审(2000)第 600 号

钱江水利开发股份有限公司全体股东:

我们接受委托,审计了贵公司 1998 年 12 月 31 日、1999 年 12 月 31 日和 2000 年 6 月 30 日的资产负债表,1997 年度和 1998 年度的利润表、1999 年度和 2000 年 1-6 月的利润及利润分配表,以及 1999 年度和 2000 年 1-6 月的现金流量表。这些会计报表由贵公司负责,我们的责任是对这些会计报表发表审计意见。我们的审计是依据中国注册会计师独立审计准则进行的。在审计过程中,我们结合贵公司实际情况,实施了包括抽查会计记录等我们认为必要的审计程序。

我们认为,上述会计报表符合《企业会计准则》和《股份有限公司会计制度》的有关规定,在所有重大方面公允地反映了贵公司 1998 年 12 月 31 日、1999 年 12 月 31 日和 2000 年 6 月 30 日的财务状况,1997 年度、1998 年度、1999 年度和 2000 年 1-6 月的经营成果,以及 1999 年度和 2000 年 1-6 月的现金流量,会计处理方法的选用遵循了一贯性原则。

浙江天健会计师事务所　　　　中国注册会计师:陈翔

中国.杭州　　　　中国注册会计师:朱大为

报告日期:2000 年 7 月 17 日

二、主要财务会计数据(附后)

三、主要财务指标

1、有关财务指标

项　　目	2000 年 6 月 30 日	1999 年	1998 年
1.营运资金(元)	-9,355,470.25	-38,491,508.83	-3,299,501.58
2.流动比率	0.95	0.84	0.98
3.速动比率	0.94	0.83	0.96
4.资产负债率(%)	37.60	44.48	34.79
5.存货周转率(次/年)	13.78	30.66	29.48
6.应收帐款周转率	2.04	4.64	3.21
7.销售利润率	28.23	39.72	38.73
8.净资产收益率(%)	5.35	19.8	17.91
9.每股净收益(元)	0.088	0.31	0.28

以上指标均根据浙江天健会计师事务所浙天会审[2000]第 600 号审计报告的数据计算。

2、主要财务指标计算方法:

(1)营运资金=流动资产-流动负债

(2)流动比率=流动资产/流动负债

(3)速动比率=(流动资产-存货)/流动负债

(4)资产负债率=(负债总额/资产总额)×100%

(5)存货周转率=(营业成本/存货平均余额)×100%

其中 1998 年指标根据 1998 年末存货余额计算

(6)应收帐款周转率=主营业务收入/应收帐款平均余额

其中 1998 年指标根据 1998 年末应收帐款余额计算

(7)销售利润率=(税后利润/主营业务收入)×100%

(8)净资产收益率=(税后利润/期末净资产总额)×100%

(9)每股净利=税后利润/期末总股本

3、主要财务指标变动原因

1999 年公司营运资金减少,流动比率、速动比率下降,以及资产负债率上升的主要原因是由于应付股利增加所致;公司销售利润率和净资产收益率提高,主要原因是由于投资收益增加所致。2000 年营运资金增加,流动比率和速动比率上升,资产负债率下降,是由于本公司归还贷款较多;公司销售利润率和净资产收益率下降,主要是上半年降雨量较少,发电量降低,引起销售收入下降所致。

四、会计报表附注(全文引自浙江天健会计师事务所浙天会审[2000]第 600 号审计报告)

钱江水利开发股份有限公司会计报表附注

1997 年 1 月 1 日至 2000 年 6 月 30 日

单位:人民币元

〈一〉、公司简介

钱江水利开发股份有限公司(以下简称"本公司"或"公司")系根据浙江省人民政府浙政发[1998]266 号《关于设立钱江水利开发股份有限公司的批复》,于 1998 年 12 月 25 日由水利部综合开发管理中心、浙江省水利水电建设投资总公司、浙江省水电实业公司、嵊州市水电开发有限公司和李国祥先生等五家(位)发起人联合发起设立,其中前四家发起人分别将其拥有并经评估确认后的部分经营性净资产折股投入,李国祥先生以现金折股投入。公司注册资本为 20,033 万元,已于 1998 年 12 月 30 日取得浙江省工商行政管理局颁发的 3300001005361 号企业法人营业执照。

本公司经营范围:水力发电、供水(凭卫生许可证)、水利资源开发、水利工程承包、水产养殖、实业投资、经济信息咨询(不含证券、期货咨询)、旅游服务(不含旅行社)。

〈二〉、会计报表的编制基准与方法

〈三〉、公司主要会计政策、会计估计

1. 货币资金 期末数 40,621,759.20

(1) 明细情况

项　　目	期末数
现　　金	105,272.21
银行存款	40,516,486.99
合　　计	40,621,759.20

(2) 变动幅度超过 30%的原因说明

2000 年 6 月 30 日余额较 1999 年末余额下降 45.88%,主要系公司本期归还了部分银行借款,相应银行存款减少。1999 年末余额较 1998 年末余额大幅增加,主要系公司年末银行借款大幅增加且尚未支用,相应银行存款增加。

2. 应收账款 期末数 39,339,593.93

(1) 账龄分析

账　　龄	期末数		
	金　　额	比例(%)	坏账准备
1 年以内	38,157,206.21	96.99	2,289,432.37
2-3 年	1,182,387.72	3.01	70,943.26
合　　计	39,339,593.93	100.00	2,360,375.63

(2) 欠款金额前五名的单位账款

单位名称	期末数	欠款时间	欠款原因
开化县供电局	8,648,822.68	2000 年	未结清
仙居县供电局	7,063,763.32	2000 年	未结清
丽水地区电业局	6,801,501.60	2000 年	未结清
嵊州市水利水电发展有限公司	4,379,007.54	2000 年	未结清
东阳市供电局	4,192,886.13	2000 年	未结清
小　　计	31,085,981.27		

3. 其他应收款　　期末数 75,249,082.45

(1) 账龄分析

账　　龄	期末数		
	金　　额	比例(%)	坏账准备
1 年以内	52,743,868.60	70.09	3,164,632.11
1-2 年	9,452,832.17	12.56	567,169.93
2-3 年	4,173,196.60	5.55	250,391.80
3 年以上	8,879,185.08	11.80	532,751.11
合　　计	75,249,082.45	100.00	4,514,944.95

〈四〉、税(费)项

(一)增值税

县以下小型水力发电单位增值税税负为 6%。本公司下设九个分公司,分公司拥有的全部电站均分布在浙江省各个县,各电站取得发电收入的增值税均按属地原则就地缴纳。根据国家财政部、税务总局[94]财税字第 004 号《关于调整农业产品增值税税率和若干项目征免增值税的通知》和浙江省国家税务局浙国税流[1998]81 号《浙江省国家税务局关于县以下小型水力发电单位征收增值税问题的函》的规定,对县以下小型水力发电单位生产的电力依照 6%征收率计算缴纳增值税,并可由其自己开具专用发票,因此本公司所属的在各县的县以下小型水力发电单位增值税税负为 6%。

(二)营业税

按 5%、8%的税率计缴。

(三)城市维护建设税

根据实际纳税地税率分别按应交流转税税额的 1%或 5%或 7%计缴。

(四)教育费附加

按应交流转税税额的 4%计缴。

(五)所得税

本公司发起人水利部综合开发管理中心直属浙江水利水电开发公司、浙江省水利水电建设投资总公司和浙江省水电实业公司 1997-1998 年执行 33%的所得税税率,1997-1998 年经浙江省财政厅批准同意按 33%税率征收企业所得税,并全额由财政返还;嵊州市水电开发有限公司 1997-1998 年执行 33%的所得税税率,并经嵊州市人民政府批准同意按 33%税率征收企业所得税,并由财政全额返还。1999 年经浙江省财政厅批准同意按 33%税率征收企业所得税,其中 18%由财政返还,实际所得税税负为 15%。以上 1997-1999 年度的所得税政策业经浙江省人民政府浙政发[1999]218 号文批复确认。根据国务院国发 [2000]2 号文规定,公司从 2000 年起按 33 %税率计缴企业所得税。

〈五〉、利润分配

本公司成立后净利润按以下顺序及规定进行分配:

(一)弥补以前年度的亏损;

(二)按净利润的 10%提取法定盈余公积金;

(三)按净利润的 5%提取法定公益金;

(四)提取任意公积金;

(五)支付股东股利。

〈六〉、会计报表有关项目注释

〈七〉、关联方关系及其交易

(一)关联方关系

1.存在控制关系的关联方

(1)存在控制关系的关联方

企业名称	注册地址	主营业务	与本企业关系	经济性质	法定代表人
水利部综合开发管理中心	北京市白广路 1 号	水利资源开发等	发起人	全民所有制	王文珂
浙江省水利水电建设投资总公司	杭州市梅花碑 7 号	水利水电建设等	发起人	全民所有制	高志瑞
浙江省水电实业公司	杭州市梅花碑 7 号	水利水电开发等	发起人	全民所有制	叶　舟
嵊州市水电开发有限公司	嵊州市城关镇环城路 29 号	水利水电开发等	发起人	全民所有制	李国祥

〈八〉、或有事项

无重大或有事项。

〈九〉、承诺事项

无重大承诺事项。

〈十〉、资产负债表日后事项中的非调整事项

(一)杭州临安青山殿水电开发有限公司《公司章程》规定,公司负债计划在电站并网发电之日起八年内还清。该公司已于1998年5月25日并网发电,并于2000年开始归还债务。本公司已于2000年7月14日收到杭州临安青山殿水电开发有限公司归还的债权投资本金330万元。

(二) 2000年8月21日,本公司与中国光大银行杭州西湖支行就临安青山殿水电开发有限公司的债权投资签署了《委托贷款委托合同》,合同规定,本公司委托中国光大银行杭州西湖支行对临安青山殿水电开发有限公司贷款,贷款期限为六年,本公司通过中国光大银行杭州西湖支行收取利息并向银行支付手续费,年利率为7.56%。本公司每年需向中国光大银行杭州西湖支行支付手续费约15万元。 根据《股份有限公司会计制度》的有关规定,本公司账面仍将上述委托银行贷款列长期债权投资-其他债权投资。

〈十一〉、其他重要事项

(一)本公司1998年6月30日资产、负债、所有者权益已经浙江资产评估公司评估,出具浙评[1998]第64号资产评估报告。1998年11月6日经财政部财评字[1998]202号《对组建钱江水利开发股份有限公司(筹)并公开发行A 种上市股票资产评估项目审查确认的批复》确认资产总额为50,606.92万元,负债为20,438.64万元,净资产为30,168.28万元。

(二)本公司国有股权管理于1999年2月12日经财政部财管字[1999]30 号《关于钱江水利开发股份有限公司(筹)国有股权管理有关问题的批复》同意,公司以1998年6月30日评估后净资产30,168.28万元按66.29%的比例折股,计20,000 万股,其中水利部综合开发管理中心折合6,033万股,占30.12%;浙江省水利水电建设投资总公司折合5,767万股,占28.79%;浙江省水电实业公司折合4,399万股,占21.96%;嵊州市水电开发有限公司折合3,801万股,占18.97%,共计20,000万股,其余 10,168.28万元计入资本公积金。增加自然人李国祥先生出资现金人民币50万元,占0.16%,折合33万股,其余17万元记入资本公积金。

(三)本公司经国家证券管理有关部门和水利部水经济[1998]320号文批准,获得1997年A股发行额度8,500万股,本次公开募股后总股本达到28,533万股,其中国家股6033万股,占总股本21.14%,国有法人股13,967万股,占总股本48.95%(其中:浙江省水利水电建设投资总公司5,767万股,占总股本20.21%、浙江省水电实业公司4,399万股,占总股本15.42%、嵊州市水电开发有限公司3,801万股, 占总股本13.32%),个人股33万股,占总股本0.12%,社会公众股8,500万股,占总股本的29.79%。

(四)本公司四家发起人水利部综合开发管理中心所属浙江水利水电开发公司、浙江省水利水电建设投资总公司、浙江省水电实业公司、嵊州市水电开发有限公司分别于1996年11月进行了资产重组和产权界定。经各地国有资产管理局批准,分别将开化县水电实业公司资产1,129万元,东阳市横锦、南江电站资产1,223万元和东阳市横锦、南江水库资产5,697万元自1996年11月30日起界定给浙江省水电实业公司,并经浙江钱江会计师事务所浙钱所[1996]验字第337号验资报告验证确认;将庆元县各电站资产661万元,安吉县老石坎电站、赋石电站资产580万元,安吉县老石坎水库、赋石水库资产31,971万元和龙泉县各电站资产1,016万元自1996年11 月30日起界定给浙江省水力水电建设投资总公司,并经浙江钱江会计师事务所浙钱所[1996]验字第336号验资报告验证确认;将天台县龙溪电站1,131万元,仙居县北岙电站、发电公司资产1,207万元和松阳县谢村源电站资产2,265万元自1996年11月30日起界定给浙江省水利水电工程承包开发公司 (后更名为浙江水利水电开发公司)并经浙江钱江会计师事务所浙钱所[1996]验字第335号验资报告验证确认,1997 年12月25日根据浙江省国有资产管理局浙国资行[1997]49号《关于浙江水利水电开发公司产权划转的批复》将浙江水利水电开发公司划转给水利部。嵊州水电开发有限公司于1997年成立,注册资本9,000 万元,业经嵊州会计师事务所嵊会所内验字[1997]第03号验资报告验证确认。

(五)1999年1月15日, 本公司根据与浙江省水利供水开发公司签订的《关于转让临安青山殿水电开发有限公司股权和债权的协议》,受让浙江省水利供水开发公司原在临安青山殿水电开发有限公司16.5%的股权8,250,000.00元及债权37, 872,340.68元,转让款计46,122,340.68元,全部以现金支付,产权转移时间为1999年1月1日,临安青山殿水电开发有限公司注册资本为5,000万元。1999年1月25日本公司根据与浙江省水利水电建设投资总公司签订的《关于转让丽水玉溪电站长期股权的协议》,出让本公司所拥有的浙江丽水玉溪水利枢纽有限责任公司32.5%的股权5,360万元,转让款计5,360万元。浙江省水利水电建设投资总公司出让款支付方式为:将其拥有的临安青山殿水电开发有限公司长期债权29,132,659.32元,自 1999年1月1日起转由本公司持有,1999年1月1日起免除本公司所欠浙江省水利水电建设投资总公司债务280万元, 本协议签订后浙江省水利水电建设投资总公司为本公司承担本公司原欠浙江省水利厅债务21,667,340.68元。1999年1月15日,根据本公司与浙江省水利水电建设投资总公司签订的《关于转让金华沙畈、泰顺三插溪电站债权的协议》,从1999年1月1日起本公司将拥有的金华沙畈水库的债权2,850 万元、泰顺三插溪电站债权2,000万元共计4,850万元,转让给浙江省水利水电建设投资总公司,转让条件为浙江省水利水电建设投资总公司为本公司承担本公司原欠上海浦东发展银行清泰支行债务2,500万元,免除本公司原欠浙江省水利水电建设投资总公司债务2,350万元,两项合计4,850万元,上述转让业经公司临时股东大会决议通过。

(六)根据1999年6月18日公司股东大会通过的1998 年度利润分配方案的决议,评估基准日(1998年6月30 日)后产生的利润全额分配给浙江水利水电开发公司、浙江省水利水电建设投资总公司、浙江省水电实业公司、嵊州市水电开发有限公司等四家发起人。

(七)本公司1999年2月10日第一次临时股东大会第三号决议, 同意公司评估基准日至公司成立日之间的利润19,948,048.30元全额分配给老股东。根据2000年3月27日本公司1999年度股东大会决议,决定1999年度产生的可供分配利润由发起人享有,同意公司发行当年产生的利润由公司股票公开发行后新老股东共同享有。

(八)嵊州分公司下属南山电站厂房及发电机组于本年度枯水期更新改造,鉴于更新改造资金(优惠贷款)以南山水库名义筹措,故账面暂时在南山水库反映,待工程竣工决算后公司按账面成本与南山水库统一结算。现嵊州分公司帐面未作任何处理。截止2000年6月30日,该项固定资产的账面原值为5,298,650.00元, 累计折旧为4,436,833.09元,固定资产净值为861,816.91元。

(九)本公司于1999年12月13日与浙江水电职业病医院筹建处签订《购置商住办公用楼合同》,拟向浙江水电职业病医院筹建处购买商住办公用楼。该商住办公楼位于杭州市学院路99号,总建筑面积三万七千八百平方米,将于2000年9月30 日竣工。合同商定本公司购买该办公用楼十三至二十一层,建筑面积壹万伍千叁百贰拾平方米,价款总额62,812,000.00元,分二次付清,首期31,000,000.00元已支付,余额待办公楼交付使用后十五个工作日内付清。

(十)本公司会计报表附注六(二)10中的所得税项目列示的金额为各该期间实际缴纳的所得税。如按国家统一税率33%计缴,则各期间的所得税及税后净利润分别如下:

项 目	2000年1-6月	1999年度	1998年度	1997年度
所得税(税率33%)	8,686,307.03	23,937,190.57	18,546,464.47	13,243,308.41
净利润	17,635,835.49	48,599,750.55	37,654,943.02	26,887,929.19

(十一)本公司不存在公司成立前无偿使用而成立后有偿使用的财产或权利。

(十二)有关公司调账日调账情况参见调账日调账前后比较资产负债表。

(十三) 杭州临安青山殿水电开发有限公司债权的形成是由于青山殿工程总投资超过注册资本,而杭州临安青山殿水电开发有限公司成立初期,信誉不高,以自身名义对外筹资十分困难,为解决资金来源,杭州临安青山殿水电开发有限公司原《公司章程》规定:除资本金以外的 出资,由股东按资本金出资比例筹资, 作为公司对股东的负债。本公司已于1999年度实际收到债权投资收益9,890,000.00元,实际收益率为14.76%;2000年1-6月已实际收到债权投资收益4,658,032.50 元,实际收益率为6.95%。以上收益是杭州临安青山殿水电开发有限公司股东会根据电站当年收入情况而确定。但是由于杭州临安青山殿水电开发有限公司原《公司章程》对其负债的偿还期限和收益率没有明确规定,本公司认为应当加以明确。 因此,2000年7月,由本公司提议,经临安青山殿水电开发有限公司股东会同意并修改了《公司章程》,新的《公司章程》明确规定:此负债计划在电站并网发电之日起八年内还清;负债未还清前,股东会根据电站当年收入情况确定收益率。为了进一步规范债权投资,2000年8月21 日本公司通过中国光大银行杭州西湖支行就临安青山殿水电开发有限公司的债权投资签署《委托贷款委托合同》,贷款期限为六年,年利率为7.56%。

(十四) 杭州临安青山殿水电开发有限公司1999年度实现营业收入5,979.36 万元,本公司1999年度分得债权投资收益9,890,000.00元,实际收益率 14. 76 %;2000年上半年实现营业收入2,640万元,2000年1- 6月收到分得的债权投资收益4,658,032.50 元,实际收益率6.95%。

十、董事会上市承诺

本公司董事会将严格遵守《中华人民共和国证券法》、《中华人民共和国公司法》、《股票发行与交易管理暂行条例》、《公开发行股票公司信息披露实施细则》和《上海证券交易所业务规则》及国家有关法律法规的规定,并自本公司股票上市之日起,作出如下承诺:

1、按照法律、法规的规定程序和要求披露重大的信息,并接受证券主管机关、上海证券交易所的监督管理;

2、及时、准确、真实地在证券主管部门指定的报刊上公布中期报告、年度报告,并置于规定场所供投资者查阅;

3、本公司董事、监事及高级管理人员如发生人事变动,或持有本公司股票数量发生变化时,及时通报证券主管机关、上海证券交易所,并及时通过证券主管部门指定的媒体通告社会公众;

4、在任何公众传播媒介出现的消息可能对本公司股票的市场价格产生误导性影响时,本公司知悉后将及时对消息进行公开澄清;

5、本公司董事、监事及高级管理人员将认真听取社会公众的意见与批评, 不利用已获得的内幕消息和其他不正当手段直接或间接从事股票买卖活动。

6、本公司没有无记录负债。

十一、重要事项提示

1、为了降低主营业务单一的风险,本公司正积极开展包括供水业务在内的多元化经营。经本公司董事会授权,本公司于2000年9月26日通过竞拍, 成功获得浙江省杭州市赤山埠水厂的特许经营权,期限为30年,竞拍价格1.5亿元整。 以上所需资金本公司通过自筹解决。通过获得杭州市赤山埠水厂30年的长期特许经营权,本公司正式介入了城镇供水业务,并拟以此为契机,逐步扩展在浙江省其他地区的供水业务。

杭州市赤山埠水厂位于杭州市西南西湖区赤山埠,土地面积33436.11平方米,建筑物20栋,建筑面积5198.12平方米,构筑物8座,面积6700平方米。杭州市赤山埠水厂供水区域为环西湖地区,区域内主要用户为宾馆饭店、大专院校、政府机关等,水厂设计供水能力15万立方米/每天,水价为0.65元/立方米。

根据《杭州市自来水总公司赤山埠水厂特许经营权转让合同》及《水厂经营及购售水合同》,杭州市赤山埠水厂的原水由杭州市自来水总公无偿提供,经该水厂制成净水后,杭州市自来水总公司以现金收购全部净水。

根据《杭州市赤山埠水厂特许经营权拍卖成交确认书》,本公司已于2000年10月9日支付了成交金额的50%,计金额为7500万元;剩余50%的成交金额计7500 万元将在2000年12月25日前付清。

根据本公司测算,该项目的年投资收益率为12%。

经协商,双方将于2000年10月下旬签署正式合同。

2、截止本上市公告书公布之日,本公司无重大诉讼事项。本公司董事、监事及高级管理人员均未受到刑事起诉。

3、除《招股说明书》已披露事项外,本公司无其他应披露而未披露的重要事项

十二、备查文件

1、招股说明书
2、审计报告、财务报表及附注
3、验资报告
4、资产评估报告
5、盈利预测报告及盈利预测审核报告
7、中国证券监督管理委员会证监发行字[2000]127号文
8、上海证券交易所上市通知书
9、法律意见书
10、公司营业执照
11、公司章程
12、其他备查文件

十三、咨询机构

1、发行人
名称:钱江水利开发股份有限公司
法定代表人:王猛熙　　注册地址:浙江省杭州市天目山路48号浙江投资大厦
电　话:(0571)8805888-1088　8822250　　传　真:(0571)8822251
联系人:王林江、贾庆洲
2、上市推荐人
名称:中信证券股份有限公司
法定代表人:常振明　　地址:深圳市罗湖区湖贝路1030号海龙王大厦
电话:(0755)2208272　　传真:(0755)2284149　　联系人:胡毅、张秀杰
3、股票登记机构
名称:上海证券登记有限公司　　法定代表人:王迪彤
法定地址:上海市浦东新区浦建路727号
电话:(021)58708888

钱江水利开发股份有限公司
二零零零年十月十四日

资产负债表

单位:人民币元

资产	2000年6月30日	99年12月31日	98年12月31日
流动资产:			
货币资金	40621759.20	75064090.43	9274561.78
短期投资			66820.00
减:短期投资跌价准备			
短期投资净额			66820.00
应收票据			
应收股利			
应收利息			
应收帐款	39339593.93	21800553.00	45164769.14
其他应收款	75249082.45	77789566.80	94992084.46
减:坏帐准备	6875320.58	5975407.18	8409411.25
应收帐款净额	107713355.80	93614712.62	131747442.35
预付帐款	31000000.00	31037600.00	217500.00
应收补贴款			
存货	1898693.87	1933005.43	2050875.72
减:存货跌价准备			
存货净额	1898693.87	1933005.43	2050875.72
待摊费用	441914.90	343333.33	183333.33

待处理流动资产净损失			
一年内到期的长期债权投资			
其他流动资产			
流动资产合计	181675723.77	201992741.81	143540533.18
长期投资：			
长期股权投资	8507890.00	8507890.00	53857890.00
长期债权投资	67005000.00	75155000.00	45900.00
长期投资合计	75512890.00	83662890.00	53903790.00
减：长期投资减值准备	225000.00	225000.00	
长期投资净额	75287890.00	83437890.00	53903790.00
固定资产：			
固定资产原价	405458593.14	403765221.85	398193503.63
减：累计折旧	150715762.67	144108798.04	131362718.23
固定资产净值	254742830.47	259656423.81	266830785.40
工程物资			
在建工程	1376513.82	862333.77	626974.98
固定资产清理	7322.97		
待处理固定资产损失	55642.56	55642.56	
固定资产合计	256182309.82	260574400.14	267457760.38
无形资产及其他资产：			
无形资产	9532636.79	9633140.90	9834881.18
开办费	4614233.44	5278692.10	6598365.12
长期待摊费用			
其他长期资产			
无形资产及其他资产合计	14146870.23	14911833.00	16433246.30
递延税项：			
递延税款借项			
资产总计	527292793.82	560916864.95	481335329.86
负债及股东权益			
流动负债：			
短期借款	60140000.00	117240000.00	45740000.00
应付票据			
应付帐款	36459.09	55352.66	157232.91
预收帐款	947702.78	1831876.81	
代销商品款			
应付工资	658482.26	1030669.12	1361671.34
应付福利费	955804.10	908076.71	556192.35
应付股利	44134023.02	44134023.02	
应交税金	25223250.48	15051488.60	5415710.30
其他应交款	413475.06	323153.37	292529.62
其他应付款	55631997.23	54999610.35	89620748.24
预提费用	200000.00		
一年内到期的长期负债	2690000.00	4910000.00	3695950.00
其他流动负债			
流动负债合计	191031194.02	240484250.64	146840034.76
长期负债：			
长期借款	6021020.83	7827870.83	7315807.83
应付债券			
长期应付款	1173471.14	1173471.14	13322543.56
住房周转金			
其他长期负债			
长期负债合计	7194491.97	9001341.97	20638351.39
递延税项：			
递延税款贷项			
负债合计	198225685.99	249485592.61	167478386.15
少数股东权益			
负债合计			
股东权益			
股本	200330000.00	200330000.00	200330000.00
资本公积	101852812.34	101852812.34	101852812.34
盈余公积	9248460.00	9248460.00	
其中：公益金	3082820.00	3082820.00	
未分配利润	17635835.49	-	11674131.37
股东权益合计	329067107.83	311431272.34	313856943.71
负债及股东权益总计	527292793.82	560916864.95	481335329.86

利润表

单位：人民币元

项目	2000年1-6月	99年度	98年度	97年度
一、主营业务收入	62466770.92	155223415.88	145099191.65	107654675.87
减：折扣与折让				
主营业务收入净额	62466770.92	155223415.88	145099191.65	107654675.87
减：主营业务成本	26391189.75	61075191.33	60457594.15	44337280.44
主营业务税金及附加	753362.33	1641078.67	911309.57	655526.75
二、主营业务利润	35322218.84	92507145.88	83730287.93	62661868.68
加：其他业务利润	-	-	4089.00	31599.09
减：存货跌价损失				
营业费用				
管理费用	12845015.90	23956649.74	21287000.62	18767443.95
财务费用	1344956.10	3784245.19	4058230.97	5071694.59
三、营业利润	21132246.84	64766250.95	58389145.34	38854329.23
加：投资收益	5658032.50	9696264.75	64938.78	1490459.75
补贴收入				
营业外收入	-	14952.32	61832.79	550316.37
减：营业外支出	468136.82	1940526.90	2314509.42	763867.75
四、利润总额	26322142.52	72536941.12	56201407.49	40131237.60
减：所得税	8686307.03	10880541.17		
减：少数股东权益				
五、净利润	17635835.49	61656399.95	56201407.49	40131237.60
加：年初未分配利润	-	11674131.37		
盈余公积转入				
六、可供分配的利润	17635835.49	73330531.32		
减：提取法定盈余公积	-	6165640.00		
提取法定公益金	-	3082820.00		
七、可供股东分配的利润	17635835.49	64082071.32		
减：应付优先股股利				
提取任意盈余公积				
应付普通股股利	-	64082071.32		
转作股本的普通股股利				
八、未分配利润	17635835.49			

现金流量表 单位：人民币元

项目	2000年1-6月	99年度
一、经营活动产生的现金流量：		
销售商品、提供劳务收到的现金	47760755.82	178685146.97
收取的租金		
收到的除增值税以外的其他税费返还		
收到的其他与经营活动有关的现金	3264222.09	270473.62
现金流入小计	51024977.91	178955620.59
购买商品、接受劳务支付的现金	11663109.38	30206420.27
经营租赁所支付的现金	334566.69	
支付给职工以及为职工支付的现金	11684496.47	21978980.07
支付的增值税款	2698727.68	13571971.27
支付的所得税款		
支付的除增值税、所得税以外的其他税费	196057.97	874103.66
支付的其他与经营活动有关的现金	14115151.53	41317126.59
现金流出小计	40692109.72	107948601.86
经营活动产生的现金流量净额	10332868.19	71007018.73
二、投资活动产生的现金流量：		
收回投资所收到的现金		66820.00
分得股利或利润所收到的现金		
取得债券利息收入所收到的现金		
处置固定资产、无形资产和其他长期资产而收回的现金净额	-	634805.81
收到的其他与投资活动有关的现金	13808032.50	1740000.00
现金流入小计	13808032.50	2441625.81
购建固定资产、无形资产和其他长期资产所支付的现金	2481726.34	7829686.01
权益性投资所支付的现金	-	8250000.00
债权性投资所支付的现金	-	37872340.68
支付的其他与投资活动有关的现金		
现金流出小计	2481726.34	53952026.69
投资活动产生的现金流量净额	11326306.16	-51510400.88
三、筹资活动产生的现金流量：		
吸收权益性投资所收到的现金		
发行债券所收到的现金		
借款所收到的现金	10400000.00	72214050.00
收到的其他与筹资活动有关的现金		
现金流入小计	10400000.00	72214050.00
偿还债务所支付的现金	65204950.00	1427937.00
发生筹资费用所支付的现金		
分配股利或利润所支付的现金	-	19948048.30
偿付利息所支付的现金	1296555.58	3880438.92
融资租赁所支付的现金		
减少注册资本所支付的现金		
支付的其他与筹资活动有关的现金	-	664714.98
现金流出小计	66501505.58	25921139.20
筹资活动产生的现金流量净额	-56101505.58	46292910.80
四、汇率变动对现金的影响		
五、现金及现金等价物净增加额	-34442331.23	65789528.65

附注：

项目		
1.不涉及现金收支的投资和筹资活动		
以固定资产偿还债务		
以投资偿还债务		
以固定资产进行长期投资		
以存货偿还债务		
融资租赁固定资产		
2.将净利润调节为经营活动的现金流量		
净利润	17635835.49	61656399.95
加：少数股东本期损益		
计提的坏帐准备或转销的坏帐	899913.40	-2443151.02
固定资产折旧	6863069.13	14003948.79
无形资产摊销	764962.77	3925589.91
预提费用的增加	200000.00	
处置固定资产、无形资产和其他长期资产的损失(减收益)	10747.53	7745997.65
固定资产报废损失		
财务费用	1344956.10	3933015.19
投资损失(减收益)	-5658032.50	-9696264.75
递延税款贷项(减借项)		
存货的减少(减增加)	34311.56	117870.29
经营性应收项目的减少(减增加)	-7486696.65	20114455.82
经营性应付项目的增加(减减少)	-4329982.86	-30943590.82
其他	152365.79	2752747.72
经营活动产生的现金流量净额	10332868.19	71007018.73
3.现金及现金等价物净增加情况：		
货币资金的期末余额	40621759.20	75064090.43
减：货币资金的期初余额	75064090.43	9274561.78
现金等价物的期末余额		
减：现金等价物的期初余额		
现金及现金等价物净增加额	-34442331.23	65789528.65

湖 南 国 光 瓷 业 集 团 股 份 有 限 公 司

湖南国光瓷业集团股份有限公司1999年年度报告摘要

一、 公司简介

1、公司法定中文名称:湖南国光瓷业集团股份有限公司
公司法定英文名称:HuNan GuoGuang Ceramic Group CO.,LTD.
2、公司法定代表人:费明仪先生
3、公司董事会秘书:段 军先生
公司董秘授权代表:宋卫林先生
联系地址:湖南省醴陵市花园庵270号
电话:0733-3247688
传真:0733-3247684 电子信箱:hngg@mail.zz.hn.cn
4、公司注册地址:湖南省醴陵市花园庵270号
公司办公地址:湖南省醴陵市花园庵270号
邮政编码:412200
公司国际互联网网址:http://www.guoguang-ceramic.com
电子信箱:hngg@mail.zz.hn.cn
5、公司选定的信息披露报纸名称:《上海证券报》、《中国证券报》
登载公司年度报告的中国证监会指定国际互联网网址:http://www.sse.com.cn
公司年度报告备置地点:公司证券部
6、公司股票上市交易所:上海证券交易所
股票简称:国光瓷业 股票代码:600286

二、 会计数据和业务数据摘要

1、本年度主要利润指标情况 (单位:人民币元)

利润总额	24642715.93
净利润	21032272.64
扣除非经常性损益后的净利润	20778511.26
主营业务利润	63145317.38
其它业务利润	6436470.95
营业利润	24316681.05
投资收益	233212.50
补贴收入	
营业外收支净额	92822.38
经营活动产生的现金流量净额	-11932045.06
现金及现金等价物净增加额	123254322.59

扣除非经常性损益项目如下(单位:人民币元)

a、新股冻结资金利息	500000
b、超税负返还	185270.16
c、房屋出租收入	160939
d、资产处置收益:出售固定资产清理收益等净额	-633279.95
e、罚没收入等	40832.17

2、主要会计数据和财务指标 单位:人民币元

指标项目	1999年	1998年		1997年	
		调整后	调整前	调整后	调整前
主营业务收入	182286776.33	145080117.44	145080117.44	142113623.47	142113623.47
净利润	21032272.64	12271097.01	17498025.07	10258704.11	17137458.78
总资产	619940846.50	329201114.20	352742922.32	272816950.24	291131830.30
股东权益(不含少数股东权益)	338462108.69	130795101.39	152900898.89	127887993.06	146202873.82
每股收益 摊薄	0.2214	0.2045	0.2916	0.1710	0.2856
加权	0.3059	0.2045	0.2916	0.1710	0.2856
每股净资产	3.5628	2.1779	2.5483	2.1315	2.4367
调整后的每股净资产	3.4837	2.1407	2.5092	2.0174	2.3226
每股经营活动产生的现金流量净额	-0.1256	-0.5719	-0.5719		
净资产收益率(%)摊薄	6.21	9.38	11.44	8.02	11.72
加权	11.19	9.49	11.70	8.89	13.16
扣除非经常性损益后的每股收益	0.2187	0.1979	0.2851	0.1417	0.2564

注(1):全面摊薄的财务指标计算公式如下:

每股收益=净利润/年度末普通股股份总数

扣除非经常性损益后的每股收益=扣除非经常性损益后的每股净利润/年度末普通股股份总数

每股净资产=年度末股东权益/年度末普通股股份总数

净资产收益率=(净利润/年度末股东权益)×100%

调整后的每股净资产=[年度末股东权益一三年以上的应收款项净额-待摊费用-待处理(流动固定)资产净损失-开办费-长期待摊费用-住房周转金负数余额]/年度末普通股股份总数

注(2):加权平均法计算方法说明:

每股收益=净利润/[期末普通股股份总数/(1+配股比例)+期末普通股股份总数/(1+配股比例)×配股比例×缴款结束日下一月份至报告期末的月份数/12]

净资产收益率=净利润/|[(年初股东权益+年末股东权益)/2]+当期配股新增净资产×(自缴款结束日下一月份至报告期末的月份数-6)/12|× 100%

2、需要说明的是:由于会计政策变更,根据财政部财会字(1999)35号文、49号文 的有关规定,采用了追溯调整法,调整了一九九九年度合并会计报表相关的"坏帐准备"帐项"存货跌价准备"帐项调整前各年度会计数据如下:

项目	1999年	1998年	1997年
坏帐准备		196757.76	144643.35
存货跌价准备			
未分配利润		41606342.82	37038990.36

调整后各项会计数据如下:

	1999年	1998年	1997年
坏帐准备	13173564.40	11612176.30	7957915.85
存货跌价准备	12966141.58	12126389.58	8469123.37
未分配利润	40174006.21	22144131.00	20741059.04

3、年内股东权益变动情况 (单位:元)

项目	股本	资本公积	盈余公积	法定公益金	未分配利润	股东权益合计
期初数	60000000	38758740	9892230.39	3297410.13	22144131	130795101.39
本期增加	35000000	151688080.32	3002397.43	997188.83	18029875.21	207720352.96
本期减少			53345.66			
期末数	95000000	190446820.32	12841282.16	4294598.96	40174006.21	338462108.69
变动原因:	发行新股	股票溢价	净利润提取及合并外资企业	净利润提取追溯调整	新增净利润追溯调整	发行新股股票溢价及新增利润追溯调整

报表产生的差异

三、股东情况介绍

1、股东数量

报告期末公司股东总数为20273户,其中流通股11917户,未流通个人股8326户,法 人股29户,国家股1户。

2、主要股东持股情况(前十名股东) (数量单位:股)

股东名称	持股数(股)	占总股本比例(%)	股东性质
1、株洲市国有资产管理局	30000000	31.58	国家股
2、湘财证券	1700364	1.79	流通股
3、同盛基金	880955	1.05	流通股
4、刘冬飞	366240	0.39	流通股
5、张洪军	325300	0.34	流通股
6、株洲市二轻工业联社	300000	0.32	法人股
7、郑小东	276000	0.29	流通股
8、周四元	258000	0.27	流通股
9、赵楚艳	250700	0.26	流通股
10、方平	250000	0.26	个人股
11、杨定一	250000	0.26	个人股

注:公司个人股2760万股系柜台交易过的个人股,暂未上市流通。根据国务院办公厅国办发[1998]10号文件《国务院办公厅转发证监会关于清理整顿场外非法股票交易方案的通知》的精神,该部分个人股可以在2002年12月9日以后上市流通。

四、股东大会简介

报告期内公司只召开了一次股东大会,即1999年6月8日召开的公司1998年度股东 大会年会。此次股东大会决议公告于1999年6月12日刊登在《湖南证券报》上。

五、董事会报告

1、公司经营情况

(1)、公司所处的行业及公司1999年在本行业中的地位公司以日用陶瓷制造业为 主业,产品主要以出口为主,目前已开发的国际市场包括美国、加拿大及东南亚、中东各国等五十几个国家和地区,内销方面以高级宾馆瓷、成套瓷、礼品瓷为主要产品,尤以生产毛主席、周总理等领导人生前专用瓷、中国政府赠送克林顿等外国元首礼品瓷而闻名,销售网络遍及全国各大城市,现公司按四瓷并举的发展战略,逐步向电瓷电器 、建筑陶瓷和特种陶瓷领域拓展。

据中国陶瓷协会1999年1—9月日用陶瓷信息通报统计显示,公司的工业总产值、产量、销售收入和利润总额在全国同行业排列名次均位居前三名。

(2)、公司主营业务的范围及其经营状况

公司主营业务范围:日用瓷、工艺瓷、建筑瓷、卫生瓷、耐火材料、纸箱、瓷用 花纸制造、销售;自营本企业生产的产品出口和本企业所需的物质设备的进口业务;杂件印刷;陶瓷技术服务。

①报告期内主营业务收入及利润构成情况

1999年公司在董事会决策指导和总经理层的直接领导下,全体员工共同努力,依靠科技进步,坚持规范运作和科学管理,推进技术创新、营销创新、管理创新和制度创新,使产品结构进一步优化,生产成本进一步降低,市场竞争力进一步增强,基本实现了1999年度预定工作目标。报告期内实现总收入18228.68万元,主营业务利润6314.53万元。

②占公司主营业务收入或利润10%以上的业务活动,所属行业及主要产品介绍:

公司主营业务活动主要有日用陶瓷、电瓷电器、建筑陶瓷、特种陶瓷和包装印刷的生产经营,因每类产品都品种繁多,故无单一产品在报告期内其业务收入或利润达到主营业务的10%。

(3)、在经营中出现的问题与困难及解决方案

①在经营中出现的问题与困难

根据分析预测,陶瓷行业市场将面临产品价格继续下滑,各种减利增支因素增多,货款回收困难,市场竞争日趋激烈等困难,同时公司报告期内因并购企业基础薄弱,盘 活存量压力大,一定程度存在产品质量不高、技术含量偏低、生产成本偏高及2000年 环保治理等问题。

②解决方案

A、节能降耗,调整配方,降低成本,消化涨价因素;
B、调整产品结构,提高产品档次和科技含量;
C、加大营销力度、重构营销网络、强化销售人员经济责任考核;
D、实行技术改造、加大环保力度,确保2000年环保治理达标;
E、调整公司组织结构,实行事业部制管理模式,提高管理效能,与国际接轨。

2、公司财务状况

项目	1999年(元)	1998年(元)	增减%
总资产	619940846.50	329201114.20	88.32
长期负债	13761142.33	1691329.85	713.63
股东权益	338462108.69	130795101.39	158.77
主营业务利润	63145317.38	57539305.59	9.74
净利润	21032272.64	12271097.01	71.39

公司以上财务指标及数据,经开元会计师事务所(2000)股审字第016号审计报告确认无误。

江苏舜天国际集团服装进出口股份有限公司

江苏舜天国际集团服装进出口股份有限公司股票上市公告书

一、要 览

股票简称	江苏舜天
股票代码	600287
总股本	15272.59 万股
可流通股份	4000 万股
本次上市流通股份	4000 万股
上市地点	上海证券交易所
上市时间	2000 年 9 月 1 日
股份登记机构	上海证券中央登记结算公司
上市推荐人	国泰君安证券股份有限公司 华泰证券有限责任公司

二、绪 言

江苏舜天国际集团服装进出口股份有限公司(以下简称"本公司")上市公告书是依据《中华人民共和国公司法》、《中华人民共和国证券法》、《股票发行与交易管理暂行条例》、《公开发行股票公司信息披露实施细则》和《上海证券交易所股票上市规则》以及国家其他有关证券管理的规定,按照中国证券监督管理委员会制订的公开发行股票公司信息披露的内容与格式准则第七号《上市公告书的内容与格式〈试行〉》编制的,旨在向投资者提供有关本公司的基本情况和股票上市的有关资料。

经中国证券监督管理委员会证监发行字[2000]109 号文批准,2000 年 8 月 14 日本公司在上海证券交易所以上网定价方式向社会公众成功发行了每股面值 1.00 元的人 民币普通股 (A 股)4000 万股股票,每股发行价人民币 10.56 元。经上海证券交易所 上证上字[2000]号文批准,本公司 4000 万股社会流通股股票将于 2000 年 9 月 1 日在上海证券交易所挂牌交易,股票简称"江苏舜天",股票代码 600287。内部职工股 281 .8147 万股,将按国家有关规定,于新股发行之日起 3 年后流通。

本公司已于 2000 年 8 月 10 日分别在《中国证券报》、《上海证券报》和《证券时 报》刊登了《招股说明书概要》,距今时间不超过六个月,故与其相重复的内容在此不再赘述,敬请投资者查阅本公司的《招股说明书概要》。本公司董事会成员已批准本上市公告书,确信本公告书不存在任何重大遗漏或者误导及虚假成分,并对其真实性、准确性、完整性负个别的和连带的责任。

三、公司概况

1、基本情况

公司法定名称:江苏舜天国际集团服装进出口股份有限公司

英文名称:SaintyInternationalGroupJiangsuGarmentsImp.&Exp.Co.,Ltd.

公司注册地点:南京市建邺路 98 号舜天大厦

公司注册资本:15272.59 万元

公司法定代表人:董启彬

公司成立日期:1993 年 12 月 28 日

董事会秘书:杨青峰

联系电话:025-4208688-82402,4208847

传真:025-4201927

公司所属行业:外贸行业

公司经营范围:自营和代理除国家组织统一联合经营的 16 种出口商品和国家实行核定公司经营的 14 种进口商品以外的商品及技术的进出口业务;开展"三来一补"、进料加工业务;经营对销贸易和转口贸易、国内贸易(国家有专项规定的办理许可证后经营),仓储,公路运输,房地产开发,室内外装饰,咨询服务。

公司从事的主要业务:公司主营各类服装、面料、辅料及相关的纺织服装产品的生产、加工和进出口贸易。

公司营业执照注册号:3200001101893 公司职工人数:2430 人

2、历史沿革

本公司原名为江苏省服装进出口(集团)公司。1993 年 12 月,根据国家体改委《股份公司规范意见》,经江苏省体改委苏体改生(1993)356 号文批准,由江苏省服 装进出口(集团)公司独家发起,在整体改制的基础上,以定向募集方式设立。公司设立时股本总额为 11866.39 万股,其中国家股 10416.39 万股,占总股本的比例为 87.78%,内部职工股 1450 万股,占总股本的比例为 12.22%。

1994 年,经江苏省体改委苏体改通(1994)438 号文批准,股份公司向 17 家法人 单位定向募集法人股 600 万股。此时,公司总股本为 12466.39 万股,其中国家股 10416.39 万股,占总股本的比例为 83.56%,法人股 600 万股,占总股本的比例为 4.81 %,内部职工股 1450 万股,占总股本的比例为 11.63%。

1995 年底,经江苏省财政厅、国资局、体改委联合发文(苏国资企(1995)54 号文)批准,剥离改制时进入股份公司的非经营性资产 1193.8 万元,同时调减国家股 1193.8 万股。此时,公司总股本为 11272.59 万股,其中国家股 9222.59 万股,占总 股本的比例为 81.81%,法人股 600 万股,占总股本的比例为 5.33%,内部职工股 1450 万股,占总股本的比例为 12.86%。

1996 年 12 月江苏舜天国际集团有限公司(以下简称"集团公司")成立。江苏省人民政府批准集团公司作为国有资产授权投资主体,持有股份公司的国家股股权,股份公司更名为江苏舜天国际集团服装进出口股份有限公司。

1999 年 6 月,根据国家体改委《关于清理定向募集股份有限公司内部职工持股不 规范做法的通知》和《定向募集股份有限公司内部职工股持股管理规定》的要求,经公司股东大会决议通过、江苏省体改委苏体改通(1999)62 号文批准,公司对内部职工股进行了清理,与 13 家法人单位签订了转让协议,将超比例发行部分共计 1168.1853 万股转让给上述法人单位,转让后公司总股本为 11272.59 万股,其中国家股 9222 .59 万股,占总股本的比例为 81.81%,法人股 1768.1853 万股,占总股本的比例为 15.69%,内部职工股 281.8147 万股,占总股本的比例为 2.5%。

本次发行前本公司总股本为 11272.59 万股。经中国证券监督管理委员会证监发 行字[2000]109 号文批准,2000 年 8 月 14 日在上海证券交易所以上网定价方式向社会公众成功发行了 4000 万股人民币普通股(A 股)股票。发行后总股本为 15272.59 万股,其中国家股 9222.59 万股,法人股 1768.1853 万股,内部职工股 281.8147 万股,社会流通股 4000 万股。

本次发行后,本公司已于 2000 年 8 月 24 日在江苏省工商行政管理局变更工商注册 登记,注册号为 3200001101893。

四、股票发行及承销

1、本次公开发行

发行数量:4000 万股

发行价格:10.56 元/股

发行方式:上网定价

发行时间:2000 年 8 月 14 日

中签率:0.25467938%

有效申购户数:1024880 户持 1000 股以上

(含 1000 股)的股东数量:39451 户

发行费用总额:1344 万元每股

发行费用:0.336 元

募集资金总额:40896 万元(已扣除发行费用)

2、股票承销

本次公开发行的 4000 万股社会公众股已全部由社会公众认购,承销团成员无包销比例及数量。

3、验资报告

接受本公司委托,江苏天衡会计师事务所对江苏舜天国际集团服装进出口股份有限公司截止 2000 年 8 月 21 日止的实收股本变更的真实性和合法性进行了审验。天衡验 字(2000)31 号验资报告摘要如下:

江苏舜天国际集团服装进出口股份有限公司:

我们接受委托,对贵公司截至 2000 年 8 月 21 日止的实收股本变更的真实性和合法 性进行了审验。在审验过程中,我们按照《独立审计实务公告第一号—验资》的要求,实施了必要的审验程序。贵公司的责任是提供真实、合法、完整的验资资料,保护资产的安全、完整,我们的责任是按照《独立审计实务公告第一号—验资》的要求,出具真实、合法的验资报告。

贵公司变更前的注册资本为人民币 112,725,900.00 元, 变更后的注册资本为 人民币 152,725,900.00 元。根据我们的审验,截至 2000 年 8 月 21 日止,贵公司本次向社会发行人民币普通股 4000 万股,发行价为人民币 10.56 元,发行总收入为人民币 422,400,000.00 元,扣除股票发行费用 13,440,000.00 元后,余额为人民币 408,960,000.00 元,其中:实收股本人民币 40,000,000 元,资本公积金人民币 368 ,960,000.00 元。贵公司本次股票发行后,实收股本已增至人民币 152,725,900.00 元。

附件(一)发行变更前后股本对照表

附件(二)验资事项说明

江苏天衡会计师事务所　　中国注册会计师:　余瑞玉

中国南京中国注册会计师:郭　澳

2000 年 8 月 22 日

五、董事、监事和高级管理人员持股情况

(一)公司董事、监事及高级管理人员简历:

1、董事

董事长:董启彬先生,46 岁,经济学硕士,中共党员,高级国际商务师,持有本公司股票 16273 股。历任江苏省服装进出口(集团)公司业务员、办公室主任、公司 总经理。1993-1996 年任江苏省服装进出口集团股份有限公司董事长兼总经理,1996 年起任江苏舜天国际集团有限公司党委书记、董事长、总裁。曾获得全国外经贸系统优秀企业家、江苏省优秀企业家、江苏省优秀企业经营管理者等称号。

副董事长:成俊先生,42 岁,大专学历,中共党员,国际商务师,持有本公司股票 12207 股。历任江苏省服装进出口(集团)公司综合计划部副经理、经理,江苏省 服装进出口集团股份有限公司总经理助理、副总经理。现任本公司总经理。年薪约 12 万元。曾获得江苏省第三届十大杰出青年企业家称号。

董事:曹怀娥女士,44 岁,本科学历,中共党员,国际商务师,持有本公司股票 12207 股。历任江苏省工艺品进出口(集团)公司办公室副主任、副总经理,江苏省 服装进出口(集团)公司人事部经理,江苏省服装进出口集团股份有限公司党委副书记、副总经理。1997 年 3 月起任本公司党委书记。年薪约 11 万元。

董事:金国钧先生,41 岁,中专学历,中共党员,统计师,持有本公司股票 12207 股。历任江苏省服装进出口(集团)公司财会科、计划科、经理办公室职员、香港 钟山有限公司财务部经理,江苏省服装进出口集团股份有限公司总经理办公室副主任、主任,副总经理。现任本公司副总经理。年薪约 10 万元。

独立董事:范从来先生,38 岁,中共党员,教授,经济学博士,博士生导师,持有本公司股票 0 股。现任南京大学国际商学院经济学系主任。

2、监事

监事会主席:白金良先生,54 岁,中共党员,本科学历,持有本公司股票 6103 股。现任江苏舜天国际集团有限公司副总裁、工会主席。

监事:刘爱民先生,45 岁,中共党员,高级会计师,持有本公司股票 6103 股。现任江苏舜天国际集团有限公司投资发展部副总经理。

监事:周治年女士,52 岁,中共党员,高级会计师,持有本公司股票 12206 股。 现任江苏舜天国际集团有限公司审计法律部副总经理。

监事:余丽行女士,48 岁,持有本公司股票 9155 股。现任本公司工会副主席。

监事:芦肖伟先生,42 岁,中共党员,持有本公司股票 9155 股。现任江苏舜天服装面料有限公司副总经理。

外部监事:安同良先生,33 岁,博士研究生,中共党员,持有本公司股票 0 股。 现任南京大学国际商学院讲师。

3、其他高级管理人员

李晓俊女士,50 岁,大专学历,中共党员,国际商务师,持有本公司股票 12207 股。现任本公司副总经理。

曹小建先生,48 岁,本科学历,国际商务师,持有本公司股票 12207 股。现任本 公司副总经理。

龚建人先生,39 岁,大专学历,国际商务师,持有本公司股票 12207 股。现任本 公司副总经理。

魏庆文先生,32 岁,本科学历,中共党员,会计师,持有本公司股票 9155 股。现任本公司财务部经理。

杨青峰先生,27 岁,经济学硕士,中共党员,持有本公司股票 3560 股。现任本公司董事会秘书。

六、公司设立

本公司是于 1993 年 12 月,根据国家体改委《股份公司规范意见》,经江苏省体改委苏体改生(1993)356 号文批准,由江苏省服装进出口(集团)公司独家发起,在 整体改制的基础上,以定向募集方式设立的股份有限公司。

2000 年 8 月 9 日,经中国证券监督管理委员会证监发行字[2000]109 号文批准, 本公司成功发行了每股面值 1.00 元的人民币普通股 4000 万股。发行后总股本 15272.59 万股, 其中国家股 9222.59 万股,法人股 1768.1853 万股,内部职工股 281.8147 万 股,社会流通股 4000 万股。

本次发行后, 本公司已于 2000 年 8 月 24 日在江苏省工商行政管理局变更工商注册 登记,注册号为 3200001101893。

七、关联企业及关联交易

本公司是由原江苏省服装进出口(集团)公司整体改制而成,拥有独立、完整的经营系统,独立面向市场,并以公平、公正的市场原则从事与其他经济单位的经济交往活动。

本公司与集团公司及其他关联方之间仍存在一些正常的业务往来和关联交易,各项关联交易均遵循公平、诚信的原则,以市场公认的合理价格和条件进行,保证本公司和中小股东的权益不受侵害。本公司与集团公司已就有关关联交易签订了协议。具体内容如下:

1、本公司与集团公司共同在江苏省南京市舜天大厦办公,其中本公司拥有4-20层,集团公司拥有1-3层和21-26层,舜天大厦的综合管理和服务由本公司承担。实行有偿服务,本公司已就舜天大厦的综合管理和服务与集团公司签署了《大楼综合管理服务协议》,协议规定:综合服务管理的价格以不高于南京市通常的有关服务价格标准为原则,每月每平方米6元。此外,电话费按实际成本如实计算,电费、水费、空调费按对大楼产权的比例分摊。上述费用于当年7月15日和12月31日前分二次付清。

2、本公司与集团公司下属响水服装厂、赣榆服装厂、丹阳服装厂及本公司参股企业南京江大服饰有限公司有委托加工业务关系。为规范委托加工关系,依照等价有偿、平等互利的原则,本公司与上述4家企业分别签订了《委托加工合同》,主要内容有:加工价格按上述企业当地市场通常的服装价格和本公司服装出口/销售价格的33%孰低的原则;加工费每季度结算一次,于每个季度结束后7个工作日支付。

八、股本结构及大股东持股情况

1、本公司股本结构

股份类型	股数(万股)	占总股本比例(%)
尚未流通股份		
(一)发起人股	9222.59	60.38
其中:国家股	9222.59	60.38
(二)募集法人股	1768.1853	11.58
(三)内部职工股	281.8147	1.85
已流通股份		
人民币普通股(A股)	4000	26.19
合计	15272.59	100

2、本公司前十名股东名单和持股比例:

股东	股数(万股)	持股比例(%)
江苏舜天国际集团有限公司	9222.59	60.38
江苏省纺织品进出口集团股份有限公司	358.19	2.35
江苏航空产业集团有限责任公司	200	1.31
中国外运江苏公司	190	1.24
江苏省轻工业品进出口集团股份有限公司	150	0.98
江苏汇鸿国际集团有限公司	100	0.65
广东省纺织品进出口集团公司	100	0.65
江苏省国际经贸实业总公司	100	0.65
江苏省工艺品进出口集团股份有限公司	100	0.65
江苏省丝绸进出口集团股份有限公司	80	0.52

九、公司财务会计资料

本公司截止2000年5月31日的财务状况,已于2000年8月10日分别在《中国证券报》、《上海证券报》和《证券时报》上刊登的的《江苏舜天国际集团服装进出口股份有限公司招股说明书概要》中进行了详细披露。因与本报告时间间隔不超过6个月,不再重复。本报告只公布财务报表及财务指标,欲了解财务报告详细内容,请查阅上述报纸或至公告的《招股说明书》查阅地点查阅。

主要财务指标及分析

1、主要财务指标

	2000年1-5月	1999年	1998年	1997年
流动比率(%)	92.07	93.39	84.00	88.15
速动比率(%)	75.84	79.68	64.96	63.47
资产负债率(%)	67.32	69.74	69.48	71.26
应收帐款周转次数	4.74	13.03	13.57	12.15
存货周转次数	7.38	18.57	14.12	11.81
净资产收益率(%)	10.19	31.37	25.52	24.78
每股净利(元)	0.23	0.63	0.43	0.43

2、本公司计划进行的重大资本支出项目详见招股说明书概要第六部分"募集资金的运用",在上述计划项目中,高档西服生产线技改项目和组建江苏舜达针织制品有限公司项目,根据市场的要求,本公司已利用自筹资金开始前期投入,因前期投入的金额不大,对本公司财务状况无重大影响;

3、本公司近三年及最近一期的资产流动性比较稳定,并有一定程度的改善,公司经营状况良好。因公司业务的发展,流动资产,特别是货币资金比以前年度有较大幅度增加;

4. 本公司在近三年及最近一期主营业务利润在利润总额中的比例保持稳定增长,1997-1999年及最近一期主营业务利润与利润总额的比例分别为264%、286%、289%、323%。其他业务利润总额变化不大,盈利水平逐年提高。

5.本公司近三年及最近一期股本总额未发生变化,仍为11272.59万元。股本结构因1999年将超比例发行部分的内部职工股向法人转让,有所调整。公司最近一期的资本公积为5135万元;盈余公积因历年利润分配,由1997年底的3737.34万元增加到2000年5月底的6031.47万元;未分配利润受"计提四项准备"会计政策调整的影响,1997-1999年分别为470.78万元、-1903.29万元、277.75万元,2000年5月底为2835.51万元。

会计报表(附后)

1、合并资产负债表

2、合并利润及利润分配表

3、现金流量表

4、现金流量表附表

5、母公司资产负债表

6、母公司利润及利润分配表

十、董事会上市承诺

本公司董事会将严格遵守《中华人民共和国公司法》、《中华人民共和国证券法》、《公开发行股票公司信息披露实施细则(试行)》、《股票发行与交易管理暂行条例》、《上海证券交易所股票上市规则》和有关法律、法规的规定,并自股票上市之日起向全体股东作出如下承诺:

(1)严格按照法律、法规的规定程序和要求披露本公司重大信息,自觉接受证券主管机关、上海证券交易所的监督管理。

(2)及时、准确、真实地公布本公司中期报告、年度报告,并备置于规定场所供投资者公众查阅。

(3)本公司董事、监事及高级管理人员如发生人事变动,或前述人持有本公司股份数量发生变化时,在及时通报证券主管机关、上海证券交易所的同时向投资者公布。

(4)在任何公共传播媒介中出现的消息可能对本公司股票的市场价格产生误导性的影响时,本公司知悉后将及时对该消息予以公开澄清。

(5)本公司董事、监事及高级管理人员将认真听取社会公众的建议和批评,自觉抵制不正之风,不利用已获得的内幕消息和不正当手段直接或间接从事股票买卖活动。

(6)本公司董事会及各位董事保证不就任何未经主管机关审阅的可能影响股份变动的重大信息私自公告或发表意见。

(7)本公司没有无记录负债。

十一、重要事项揭示

(一)经上海证券交易所上证上字[2000]号文批准,本公司通过上海证券交易所上网定价方式向社会公众发行的4000万股人民币普通股股票将于2000年9月1日在上海证券交易所挂牌交易。内部职工股281.8147万股,将按国家有关规定,于本次股票发行之日起3年后流通。

(二)本公司利润分配以会计期间实际实现的可分配利润为依据。本公司发行股票前未分配利润由本次公开发行股票后新老股东共享。本公司本次公开发行股票后,社会公众股股东与发行前原有股东同股同权,共享本公司成立后产生的利润。

(三)根据江苏天衡会计师事务所出具的盈利预测审核报告,本公司2000年的净利润按33%的所得税负计算预计为5214.32万元,全面摊薄每股盈利为0.34元。

(四)截止本上市公告书刊登之日,本公司和本公司董事、监事及高级管理人员并无涉嫌任何未了结或可能发生的诉讼。

(五)除《招股说明书》中披露的事项外,本公司无其它应披露而未披露的重要事项。

十二、备查文件目录

1、上海证券交易所上市通知书;

2、招股说明书;

3、中国证券监督管理委员会证监发行字[2000]109号文;

4、江苏省体改委同意设立江苏舜天国际集团服装进出口股份有限公司的批复;

5、公司营业执照;

6、公司章程;

7、法律意见书;

8、审计报告;

9、验资报告;

10、资产评估报告;

11、其他备查文件。

十三、咨询机构

1、上市公司:江苏舜天国际集团服装进出口股份有限公司

办公地址:江苏南京市建邺路98号

咨询电话:025-4208688-82402,4208847

传真:025-4201927

联系人:杨青峰

2、上市推荐人

(1)国泰君安证券股份有限公司

注册地址:上海市浦东新区商城路618号

法定代表人:金建栋

办公地址:上海市延平路135号

电话:021-62580818

传真:021-62531028

联系人:杨武斌、王文毅

(2)华泰证券有限责任公司

法定代表人:张开辉

住所:江苏省南京市中山东路90号华泰证券大厦

电话:(025)4457777

传真:(025)4579930

联系人:张亚涛、黄庆兵、孔玉飞、何晖

3、股票登记机构:上海证券中央登记结算公司

法定代表人:王迪彬

住所:上海市浦建路727号

电话:(021)58708888

传真:(021)63257454

江苏舜天国际集团服装进出口股份有限公司

2000年8月26日

母公司资产负债表

编制单位:江苏舜天国际集团服装进出口股份有限公司　　单位:人民币元

资　产	注释	2000.5.31	1999.12.31	1998.12.31	1997.12.31
流动资产:					
货币资金		112525043.30	113795606.64	43513016.35	76874110.42
短期投资					
减:短期投资跌价准备					
短期投资净额					
应收票据					
应收股利					
应收利息					
应收帐款		127610110.11	148712829.60	91814563.32	110911483.38
其他应收款		119903300.07	141020105.08	131407471.83	98549067.69
减:坏帐准备		21649595.59	20706659.47	40407343.95	33514227.15
应收帐款净额		226163814.59	269026275.21	182814691.20	175946323.92
预付帐款		–	1400000.00	–	–
应收出口退税		39900293.06	40822415.23	19184915.29	21100583.74
应收补贴款		–	–	–	–
存货		42184885.54	49632897.76	43618215.11	85048761.91
减:存货跌价准备		–	–	–	–
存货净额		42184885.54	49632897.76	43618215.11	85048761.91
待摊费用		–	–	–	1446920.40
待处理流动资产净损失		–	–	–	–
一年内到期的长期债券投资		–	–	–	–
其他流动资产		–	–	–	–
流动资产合计		420774036.49	474677194.84	289130837.95	360416700.39
长期投资:					
长期股权投资		92946923.81	85628445.10	96086505.62	102382699.22
长期债券投资					
长期投资合计		92946923.81	85628445.10	96086505.62	102382699.22
其中:合并价差					
减:长期投资减值准备					
长期投资净额		92946923.81	85628445.10	96086505.62	102382699.22
固定资产:					
固定资产原价		174551217.95	165603176.47	134732366.58	122213678.45
减:累计折旧		25239930.50	22282403.16	26070301.58	19569727.88
固定资产净值		149311287.45	143320773.31	108662065.00	102643950.57
工程物资					

在建工程	13028806.56		89891831.22	87336774.47
固定资产清理				
待处理固定资产净损失				
固定资产合计	162340094.01	143320773.31	198553896.22	189980725.04
无形资产及其他资产:				
无形资产	5400447.50	2429713.44	2484934.20	
开办费				
长期待摊费用				
其他长期资产				
无形资产及其他资产合计	5400447.50	2429713.44	2484934.20	
递延税项:				
递延税项借项				
资产总计	681461501.81	706056126.69	586256173.99	652780124.65
负债及股东权益	2000.5.31	1999.12.31	1998.12.31	1997.12.31
流动负债:				
短期借款	113000000.00	104000000.00		155730000.00
应付票据				
应付帐款	143375287.05	141547196.38	127551831.43	87823920.34
预收帐款	88393639.73	122355699.79	52075024.02	16249771.80
应付工资	37692372.94	30192372.94	32162012.19	36192910.83
应付福利费	17938454.36	17484013.49	18659578.09	21755456.20
应付股利		33817770.00	54672061.50	27054144.00
应交税金	23161861.43	20794040.00	17449935.84	16012229.99
其他应交款	71486.94	72826.94	84490.98	34461.25
其他应付款	48358491.85	56350292.18	45517407.54	41231942.57
预提费用	1335290.96	483600.00	100000.00	500000.00
一年内到期的长期负债				
其他流动负债				
流动负债合计	475326885.26	527097811.72	348242341.59	402584836.98
长期负债:				
长期借款				
应付债券				
长期应付款			42326181.34	42326181.34
住房周转金	−41958956.98	−43609889.13	8885791.42	9239059.88
其他长期负债				4694510.18
长期负债合计	−41958956.98	−43609889.13	51211972.76	56259751.40
递延税款:				
递延税款贷项				
负债合计	433367928.28	483487922.59	399454314.35	458844588.38
少数股东权益				
股东权益:				
股本	112725900.00	112725900.00	112725900.00	112725900.00
资本公积	51349985.55	51345833.01	51345833.01	51345833.01
盈余公积	57505271.87	57505271.87	43588448.99	36457691.25
其中:公益金	25894416.11	25894175.67	18935764.23	16558844.98
未分配利润	26512416.11	991199.22	−20858322.36	−6593887.99
股东权益合计	248093573.53	222568204.10	186801859.64	193935536.27
负债及股东权益总计	681461501.81	706056126.69	586256173.99	652780124.65

合并资产负债表

编制单位:江苏舜天国际集团服装进出口股份有限公司　　单位:人民币元

资　产　注释	2000.5.31	1999.12.31	1998.12.31	1997.12.31
流动资产:				
货币资金	168125367.08	181597124.10	94931428.96	100226913.41
短期投资	76355.00	319800.00	1000000.00	
减:短期投资跌价准备				
短期投资净额	76355.00	319800.00	1000000.00	
应收票据				
应收股利				
应收利息				
应收帐款	181966679.36	178518868.72	109001267.53	129533745.08
其他应收款	39575401.06	63141687.73	68885067.36	50029705.17
减:坏帐准备	23638639.95	20568763.71	38903885.92	32262885.43
应收帐款净额	197903440.47	221091792.74	138982448.97	147300564.82
预付帐款	55057883.21	58625108.20	18565354.88	15277399.69
应收出口退税	65137876.94	54352716.89	22772018.77	32453940.58
应收补贴款	–	–	–	–
存货	104074686.28	88808953.38	81051871.38	115450165.19
减:存货跌价准备	–	–	–	–
存货净额	104074686.28	88808983.38	81051871.38	115450165.19
待摊费用	80087.84	107588.77	224014.29	1653248.28
待处理流动资产净损失	–	–	–	–
一年内到期的长期债券投资	–	–	–	–
其他流动资产	–	–	–	–
流动资产合计	590455696.82	604903084.08	357527137.25	412362231.97
长期投资:				
长期股权投资	47466980.86	44662825.85	59478023.67	64517548.84
长期债券投资	1230000.00	1230000.00	1152000.00	1123900.00
长期投资合计	48696980.86	45892825.85	60630223.67	65641448.84
减:长期投资减值准备				
长期投资净额	48696980.86	45892825.85	60630223.67	65641448.84
其中:合并价差	375989.21	394241.11		
其中:股权投资差额	375989.21	394241.11		
固定资产:				
固定资产原价	271061539.31	256918331.53	222813413.41	203281713.87
减:累计折旧	55084373.00	49727067.84	49948951.14	37615804.26
固定资产净值	215977166.31	207191263.69	172864462.27	165665909.61
工程物资				
在建工程	13614004.38	3404660.03	89917952.82	87336774.47
固定资产清理				
待处理固定资产净损失				
固定资产合计	229591170.69	210595923.72	262782415.09	253002684.08
无形资产及其他资产:				
无形资产	19303825.58	2429713.44	2484934.20	
开办费	186074.95	220769.95	849039.40	1604618.21
期待摊费用	510610.22	638647.61	839949.83	1226951.78
其他长期资产				
无形资产及其他资产合计	20000510.75	3289131.00	4173923.43	2831569.99
递延税项:				
递延税项借项				
资产总计	888744359.12	861680964.65	685113699.44	733837934.88
负债及股东权益	2000.5.31	1999.12.31	1998.12.31	1997.12.31
流动负债:				
短期借款	118760000.00	110230000.00	5260000.00	162640000.00
应付票据				
应付帐款	209313729.60	188714236.81	156617860.52	106264728.33
预收帐款	140300314.47	156554217.61	67277062.97	27964835.52
应付工资	46012608.11	37389056.46	33792387.72	37898540.82
应付福利费	23725462.02	22835139.09	22029438.72	24331085.49
应付股利		33817770.00	54672061.50	27054144.00
应交税金	23699255.08	20914889.61	16390742.29	15242979.07
其他应交款	410743.46	176990.37	228163.14	369687.40
其他应付款	74009512.47	75761808.67	68547753.58	56547419.01
预提费用	5098938.89	1348489.74	823614.01	9488414.02
一年内到期的长期负债				
其他流动负债				
流动负债合计	641330564.10	647742598.36	425639084.45	467801833.66
长期负债:				
长期借款				
应付债券				
长期应付款			42326181.34	42326181.34
住房周转金	−43032764.24	−44693562.59	8043942.04	8141280.72
其他长期负债				4694510.18
长期负债合计	−43032764.24	−44693562.59	50370123.38	55161972.24
递延税款:				
递延税款贷项				
负债合计	598297799.86	603049035.77	476009207.83	522963805.90
少数股东权益	39508808.54	36059690.24	18590283.10	14136780.57
股东权益:				
股本	112725900.00	112725900.00	112725900.00	112725900.00
资本公积	51349985.55	51345833.01	51345833.01	51345833.01
盈余公积	60314662.72	60314662.72	45475326.60	37373392.43
其中:公益金	27299588.32	27299588.32	19879920.26	17017412.80
未确认的投资损失	−1807871.77	−1591675.59		
未分配利润	28355074.22	2777518.50	−19032851.10	−4707777.03
股东权益合计	250937750.72	225572238.64	190514208.51	196737348.41
负债及股东权益总计	888744359.12	864680964.65	685113699.44	733837934.88

母公司利润及利润分配表

编制单位:江苏舜天国际集团服装进出口股份有限公司　　单位:人民币元

项　目　注释	2000年1−5月	1999年度	1998年度	1997年度
一、主营业务收入	437010284.12	1149445489.66	1194310088.56	1308575204.45
减:折扣与折让				
主营业务收入净额	437010284.12	1149445489.66	1194310088.56	1308575204.45
减:主营业务成本	334744153.17	887568543.48	990483862.28	1128364770.17
主营业务税金及附加	25000.56	46602.32	205445.98	3165.26
二、主营业务利润	102241130.39	261834343.86	203620780.30	180207269.02
加:其他业务利润	65309.42	1498746.52	178699.52	70592.94
减:存货跌价损失				
营业费用	49855858.88	154495241.63	66191518.74	49607888.13
管理费用	18221358.39	24557908.49	58527076.09	47005623.42
财务费用	1665044.37	−7985327.60	6266971.53	10138157.06
三、营业利润	32564178.17	92285267.86	72813913.46	73526193.35
加:投资收益	4057338.17	−220119.76	719684.03	2506488.35
补贴收入		2516636.00		
营业外收入	141780.43	28271.22	459257.90	277205.25
减:营业外支出	690817.71	1727732.81	1451829.37	2451207.76
四、利润总额	36072479.06	92882322.51	72541026.02	73858679.19
减:所得税	10551262.17	23298208.05	25002641.15	25110438.33
五、净利润	25521216.89	69584114.46	47538384.87	48748240.86
加:年初未分配利润	991199.22	−20858322.36	−6593887.99	−18538336.67
盈余公积转入				
六、可供分配的利润	26512416.11	48725792.10	40944496.88	30209904.19
减:提取法定盈余公积		6958411.44	4753838.49	4874824.09
提取法定公益金		6958411.44	2376919.25	4874824.09
七、可供股东分配的利润	26512416.11	34808969.22	33813739.14	20460256.01
减:应付优先股股利				
提取任意盈余公积金				
应付普通股股利		33817770.00	54672061.50	27054144.00
转作股利的普通股股利				
八、未分配利润	26512416.11	991199.22	−20858322.36	−6593887.99

合并利润及利润分配表

编制单位:江苏舜天国际集团服装进出口股份有限公司　　单位:人民币元

项　目　注释	2000年1−5月	1999年度	1998年度	1997年度
一、主营业务收入	853703262.18	1873537447.67	1618762825.12	1573343612.92
减:折扣与折让				
主营业务收入净额	853703262.18	1873537447.67	1618762825.12	1573343612.92
减:主营业务成本	711446947.16	1577169102.03	1387056399.54	1363793013.57
主营业务税金及附加	337060.91	502817.15	669687.31	654871.96
二、主营业务利润	141919254.11	295865528.49	231036738.27	208895727.39
加:其他业务利润	1479242.47	2434658.74	1939477.52	2247948.57
减:存货跌价损失				
营业费用	65609371.42	160591113.13	73552618.94	58644923.57
管理费用	29359907.40	42748306.81	69725127.55	58506580.75
财务费用	3666458.14	−6360404.85	9186552.83	13878432.48

三、营业利润	44762759.62	101321172.14	80511916.47	80113739.16
加:投资收益	−9204.34	−40669.32	1260144.36	1636692.15
补贴收入		3073619.08		
营业外收入	409173.25	1211395.27	970796.74	661565.76
减:营业外支出	1178420.46	3149443.18	1953748.04	3168718.98
四、利润总额	43984308.07	102416073.99	80780109.53	79243278.09
减:所得税	14947822.54	27723492.34	26865103.08	27352511.31
少数股东损益	3675125.99	5511553.08	5288889.34	3144374.15
五、净利润	25577555.72	70772704.16	48626117.11	48746392.63
加:年初未分配利润	2777518.50	−19032851.10	−4707777.03	−15960231.11
盈余公积转入				
六、可供分配的利润	28355074.22	51739853.06	43918340.08	32786161.52
减:提取法定盈余公积		7419668.06	5239426.71	5132856.23
提取法定公益金		7419668.06	5239426.71	5132856.23
子公司提取奖福基金		305228.44	177195.51	174082.09
七、可供股东分配的利润	28355074.22	36595288.50	35639210.40	22346366.97
减:应付优先股股利				
提取任意盈余公积金				
应付普通股股利		33817770.00	54672061.50	27054144.00
转作股利的普通股股利				
八、未分配利润	28355074.22	2777518.50	−19032851.10	−4707777.03

现金流量表

编制单位:江苏舜天国际集团服装进出口股份有限公司　　单位:人民币元

项目	注释	2000 年 1-5 月		1999 年度	
		母公司	合并	母公司	合并
一.经营活动产生的现金流量:					
销售商品,提供劳务收到的现金		449080184.55	881345296.10	1178380967.05	1976969244.90
收取的租金			379374.00	450000.00	2471147.89
收到的税费返还		68608039.59	78006367.16	112796500.96	132068326.37
收到的其他与经营活动有关的现金		141780.43	352691.56	24669907.22	25464626.38
现金流入小计		517830004.57	960083728.82	1316297375.23	2136973345.54
购买商品,接受劳务支付的现金		370394591.46	795729942.01	1044112823.99	1807915793.54
经营租赁所支付的现金					
支付给职工以及为职工支付的现金		7095559.13	17180529.75	28310012.46	45691828.64
实际交纳的增值税款			4322373.16		6650592.56
支付的所得税款		12867501.13	14521631.29	22319443.45	24820244.88
支付的除增值税,所得税以外的其他税费		778435.60	1619129.61	3710205.13	5083292.87
支付的其他与经营活动有关的现金		83793807.65	83427105.26	183496545.55	199846713.55
现金流出小计		474929894.97	916800711.08	1281949030.58	2090008466.04
经营活动产生的现金流量净额		42900109.60	43283017.74	34348344.65	46964879.50
二.投资活动产生的现金流量:					
收回投资所收到的现金		896000.00	1016000.00	1068383.78	1877823.78
分得股利或利润所收到的现金		841000.00	841000.00	818270.73	818270.73
取得债券利息收入所收到的现金					91800.00
处置固定资产,无形资产和其他长期资产而收回的现金净额			93012.09	6841441.74	7532771.74
收到的其他与投资活动有关的现金					12650297.70
现金流入小计		1737000.00	1950012.09	8728096.25	22970963.95
购建固定资产,无形资产和其他长期资产所支付的现金		13035359.17	23365025.42	11135508.84	17183486.81
权益性投资所支付的现金		7755488.00	7755488.00	15677597.50	16904320.42
债权性投资所支付的现金					
支付的其他与投资活动有关的现金					
现金流出小计		20790847.17	31120513.42	26813106.34	34087807.23
投资活动产生的现金流量净额		−19053847.17	−29170501.33	−18085010.09	−11116843.28
三.筹资活动产生的现金流量:					
吸收权益性投资所收到的现金					
其中:子公司吸收少数股东权益性投资收到的现金					
发行债券所收到的现金					
借款所收到的现金		113000000.00	121650000.00	325000000.00	332860000.00
收到的其他与筹资活动有关的现金		3616810.06	4337520.20	7370285.65	8636310.41
现金流入小计		116616810.06	125987520.20	332370285.65	341496310.41
偿还债务所支付的现金		104000000.00	113120000.00	221000000.00	227890000.00
发生筹资费用所支付的现金		350492.22	788393.44	899614.11	1299042.22
分配股利或利润所支付的现金		33817770.00	35115470.00	54672061.50	58626327.97
其中:子公司支付少数股东的股利			1297700.00		3954266.47
偿还利息所支付的现金					
融资租赁所支付的现金					
减少注册资本所支付的现金					
其中:子公司依法减资支付给少数股东的现金					
支付的其他与筹资活动有关的现金		234382.00	460431.82		
现金流出小计		141820262.94	153682123.65	278450610.61	290779596.16
筹资活动产生的现金流量净额		−25203452.88	−27694603.45	53919675.04	50716714.25
四.汇率变动对现金的影响		86627.11	110330.02	99580.69	100944.67
五.现金及现金等价物净增加额		−1270563.34	−13471757.02	70282590.29	86665695.14
补充资料					
1.不涉及现金收支的投资和筹资活动:					
以固定资产偿还债务					
以投资偿还债务					
以固定资产进行投资					
以存货偿还债务					
融资租赁固定资产					
2.将净利润调节为经营活动的现金流量:					
净利润		25521216.89	25577555.72	69584114.46	70772704.16
加:少数股东损益			3675125.99		5511553.08
加:计提的坏帐准备或转销的坏帐		942936.12	3069876.24	−19700684.48	−18335122.21
减:未确认的投资损失			216196.18		1591675.59
固定资产折旧		2957473.56	5783631.75	9353341.37	15425062.78
无形资产摊销		48165.94	165001.05	55220.76	55220.76
开办费摊销			34695.00		628269.45
长期待摊费用摊销			161868.88		546762.07
待摊费用的减少(减:增加)			27500.93		116425.52
预提费用增加			2843843.76		141275.73
处置固定资产,无形资产和其他长期资产的损失(减:收益)					208698.24
固定资产报废损失		2190.00	−25545.05	127523.09	127523.09
财务费用		1665044.37	3666458.14	−7985327.60	−6360404.85
投资损失(减:收益)		−4057338.17	9204.34	220119.76	40669.32
递延税款贷项(减:借项)					
存货的减少(减:增加)		7448012.22	−15265732.90	−6014682.65	−7757082.00
经营性应收项目的减少(减:增加)		38764481.92	10467184.33	−104908533.93	−146769249.50
经营性应付项目的增加(减:减少)		−30392073.25	3308545.74	95326161.63	137462929.68
增值税增加净额(减:减少)					
其他				−1708907.76	−3258680.23
经营活动产生的现金流量净额		42900109.60	43283017.74	34348344.65	46964879.50
3.现金及现金等价物净增加情况:					
货币资金的期末余额		112525043.30	168125367.08	113795606.64	181597124.10
减:货币资金的期初余额		113795606.64	181597124.10	43513016.35	94931428.96
现金等价物的期末余额					
减:现金等价物的期初余额					
现金及现金等价物净增加额		−1270563.34	−13471757.02	70282590.29	86665695.14

大恒新纪元科技股份有限公司

大恒新纪元科技股份有限公司股票上市公告书

一、要览

股票简称:大恒科技　　证券代码:600288
总股本:14,000 万股　　可流通股本:5,000 万股
本次上市流通股本: 5,000 万股
上市地:上海证券交易所
上市时间:2000 年 11 月 29 日
登记机构:上海证券中央登记结算公司
上市推荐人:南方证券有限公司

二、绪言

大恒新纪元科技股份有限公司(以下简称"本公司"或"公司")股票上市公告书是根据《中华人民共和国公司法》、《中华人民共和国证券法》、《股票发行与交易管理暂行条例》、《公开发行股票公司信息披露实施细则》和《上海证券交易所股票上市规则》等国家有关的现行法律、法规的规定,按照中国证券监督管理委员会制定的公开发行股票公司信息披露的内容和格式准则第七号《上市公告书的内容与格式(试行)》编制,旨在向投资者提供有关本公司的基本情况和股票上市的有关资料。

经中国证券监督管理委员会证监发行字[2000]142 号文批准,本公司已成功上网定价发行了每股面值 1.00 元的人民币普通股 5000 万股,每股发行价人民币 9.00 元。经上海证券交易所上证上字[2000]第 95 号《上市通知书》同意,本公司 5000 万股人民币普通股将于 2000 年 11 月 29 日(星期三)起在上海证券交易所上市挂牌交易。股票简称"大恒科技",股票代码"600288"。本公司总股本 14000 万股,流通股本 5000 万股。

本公司已于 2000 年 11 月 1 日在《中国证券报》和《上海证券报》上刊登了《大恒新纪元科技股份有限公司招股说明书概要》,距今不足六个月,故与其重复的内容在此不再重复,敬请投资者查阅本公司的《招股说明书概要》。

本公司董事会成员已批准本上市公告书,并确信本上市公告书所载资料不存在任何重大遗漏、虚假陈述或者严重误导,并对其真实性、准确性和完整性负个别及连带责任。

三、公司概况

(一) 概况

公司名称:大恒新纪元科技股份有限公司　　英文名称:Daheng New Epoch Technology, Inc.
注册地址:北京市海淀区海淀路 80 号中科大厦 11 层　　法定代表人:边勇壮
注册资本:人民币壹亿肆仟万元　　成立日期:1998 年 12 月 14 日

经营范围:光学、激光、红外元器件及设备、计算机软硬件、多媒体产品、办公自动化设备、医疗器械、精细化工及生物工程设备、音视频设备、通信导航产品、自动化控制设备、家用电器、电光源产品、高新技术产品的生产、开发、销售(国家有专项专营规定的除外);商品、商品流通服务设施的建设的投资、经营;汽车(含小汽车)及配件的销售;机械、电子设备、黑色金属、仪器仪表、建筑材料、五金交电、化工产品及化工材料、轻工产品的组织生产、加工、销售、租赁、仓储运输。

(二) 历史沿革

本公司是根据《中华人民共和国公司法》等有关法规,并经国家经贸委国经贸企改[1998]714 号文批准设立,以原中国新纪元物资流通中心(现已更名为中国新纪元有限公司,以下简称新纪元公司)作为主发起人,联合中国汽车贸易天津公司(以下简称天津汽贸)、中国机电设备总公司、中国基建物资总公司、中国机电设备成套服务中心等四家企业,采用发起方式设立的股份有限公司。1998 年 12 月 14 日公司注册时名称为新纪元物产股份有限公司,1999 年 9 月 9 日更名为大恒新纪元科技股份有限公司。

根据财政部财评字[1998]110 号《对中国新纪元物资流通中心等单位共同组建股份有限公司并发行 A 种上市股票项目资产评估结果确认的批复》,经资产评估确认截止 1997 年 12 月 31 日,新纪元公司和天津汽贸拟投入本公司的资产总额为人民币 19,681.61 万元,负债总额为人民币 9,290.5 万元,净资产为人民币 10,391.11 万元。中国机电设备总公司、中国基建物资总公司、中国机电设备成套服务中心各以现金方式投入本公司人民币 865.8 万元。根据财政部财管字[1998]58 号《关于新纪元物产股份有限公司(筹)国有股权管理有关问题的批复》,将净资产按 69.29 %的比例折为股本,计 9,000 万股。其中:新纪元公司持有 6,000 万股;天津汽贸持有 1,200 万股;中国机电设备总公司、中国基建物资总公司、中国机电设备成套服务中心各持有 600 万股。以上股份均为国有法人股。

根据 1999 年 5 月 1 日本公司临时股东大会批准及授权,本公司于 1999 年 5 月 4 日与中科实业集团(控股)公司和中国大恒公司签署股权转让及增资合同,利用本公司自有资金分步实施了对中国大恒公司的股权收购和增资。根据北京兴业会计师事务所出具的(98)兴会评字第 224 号资产评估报告并经财政部财评字 [1999]163 号文确认,截止 1998 年 8 月 31 日中国大恒公司净资产为人民币 10696.08 万元。本公司于 1999 年 5 月 25 日出资 2674.02 万元受让中科院中科实业集团(控股)公司持有的中国大恒公司 25%的股权。1999 年 6 月 3 日本公司对中国大恒公司增资 5800 万元,中国大恒公司更名为中国大恒(集团)有限公司。截止 1999 年 6 月 30 日,中国大恒(集团)有限公司注册资金人民币壹亿元,股东权益人民币 18368.38 万元,本公司持有中国大恒(集团)有限公司 51.37%股权,中科实业集团(控股)公司持有 48.63%股权。

为明确本公司和中国大恒(集团)有限公司的主营方向,双方商定:本公司以光机电一体化产业为主营方向;中国大恒(集团)有限公司以电子信息类产业为主营方向。为积极稳妥的实现业务重组,董事会决定分步实施人员、技术和资产的重组。通过对高科技企业中国大恒(集团)有限公司的控股,本公司成功地将主营业务方向转向光机电一体化和信息领域等高科技产业,为本公司大规模发展高新技术产业打下了基础。

经中国证券监督管理委员会证监发行字 [2000]142 号文批准,本公司通过上海证券交易所,于 2000 年 11 月 3 日以上网定价方式向社会公开发行人民币普通股 5000 万股,每股面值 1.00 元,每股发行价格为 9.00 元。发行后,本公司总股本为 14000 万股。

四、股票发行与承销

(一) 股票发行情况

1、本次发行社会公众股:5000 万股;　2、发行价格:9.00 元/股;
3、募集资金总额:45000 万元;　4、发行费用:1219 万元;
5、每股发行费用:0.244 元;　6、实际募集资金总额:43781 万元(已扣除发行费用);
7、发行方式:上网定价;　8、中签率:0.16775681%;
9、有效申购户数:1395483 户;　10、持 1000 股(含 1000 股)以上的股东数:47934 户;
11、发行市盈率:43.062 倍(按 1999 年净利润,发行后总股本全面摊薄计算)

(二) 股票承销

本次公开发行的社会公众股 5000 万股已全部被投资者认购,承销团无余额包销。

(三) 募集资金入帐情况

入帐金额:¥441,025,000.00 元　　入帐时间:2000 年 11 月 9 日
开户银行:中国工商银行北京市宣武支行广安门分理处　　银行帐号:04691695

(四)验资报告

验资报告　　(2000)京会兴字第 241 号

大恒新纪元科技股份有限公司全体股东:

我们接受委托,对贵公司截至 2000 年 11 月 9 日止变更后的注册资本、 投入资本的真实性和合法性进行了审验。在审验过程中,我们按照《独立审计实务公告第 1 号-验资》的要求,实施了必要的审验程序。贵公司的责任是提供真实、合法、完整的验资资料,保护资产的安全、完整,我们的责任是按照《独立审计实务公告第 1 号-验资》的要求,出具真实、合法的验资报告。

大恒新纪元科技股份有限公司(以下简称"公司")变更前注册资本为 90,000,000 元,已经北京兴华会计师事务所有限责任公司以(98)京会兴字第 290 号验资报告验证在案。此次根据中国证券监督管理委员会证监发字[2000]142 号文件《关于核准大恒新纪元科技股份有限公司公开发行股票的通知》,公司采用上网定价方式,向社会公开发行人民币普通股股票 5,000 万股。经过我们的审验,截止 2000 年 11 月 9 日, 证券承销机构缴来经上海证券交易所网上发行 5,000 万股社会公众股股款人民币 441,025,000 元,其中:股本人民币 50,000,000 元,资本公积金人民币 387, 810,000 元,应支付的有关发行费用人民币 3,215,000。与此相关的资产总额为人民币 441,025,000 元,全部为银行存款。本次发行完毕后,总股本为 140,000,000 股。其中:发起人股 90,000,000 股,占总股本的 64.30%,社会公众股 50,000,000 股,占总股本的 35.70%。资本公积金由发行前的人民币 40,831,210.63 元变更为人民币 428,641,210.63 元,上述变更后,公司资产总额为 772,499,104.48 元,负债总额为 124,856,657.15 元。

附件(一)注册资本、投入资本变更明细表
(二)变更前后资产、负债和所有者权益对照表
(三)验资事项说明　　(四)银行入资凭证

北京兴华会计师事务所有限责任公司　　注册会计师:吴亦忻
地址:阜成门外大街 2 号万通新世界广场 708 室　注册会计师:王全洲
二零零零年十一月九日

五、董事、监事和高级管理人员简介及持股情况

(一) 董事、监事和高级管理人员简介

董事长:边勇壮先生,44 岁,经济学博士,中共党员,副研究员,中国社会科学院研究生院毕业。曾在英国牛津大学学习四年,获经济学博士学位,曾任中国社会科学院财贸经济研究所研究室主任,无锡新江南实业股份有限公司总经理,中国新纪元物资流通中心常务副总经理。

副董事长:江彪先生,36 岁,经济学硕士,高级经济师,中国人民银行总行金融研究所毕业。曾任深圳金图实业股份有限公司董事长。现任中国新纪元有限公司董事长。

董事、总裁:张家林先生,57 岁,大学学历,高级工程师,全国政协委员,曾任中科院自动化研究所工程师、高级工程师,中国自动化技术公司总经理。现任中国大恒(集团)有限公司董事长。

董事:周小宁先生,44 岁,工商行政管理硕士(MBA),中共党员,高级工程师,纽约理工学院毕业。曾任中国科学院科技政策局处长,中科院办公厅副主任,中科实业集团公司副总裁。现任中科实业集团(控股)公司总裁。

董事:张会合先生,53 岁,大学学历,中共党员,高级工程师,北京经济学院毕业。曾任天津储运公司技术检验员,中国汽车华北公司天津进口设备检验站副总经理兼站长。现任中国汽车贸易总公司总经理。

董事:杨书德先生,47 岁,中共党员,大专学历,高级政工师,曾任中国农业机械华北公司业务员、副科长、科长、副总经理。现任中国农业机械华北公司总经理兼党委书记。获得过"天津市优秀企业家"称号。

董事:宋菲君先生,57 岁,中共党员,中国科学院研究员,曾任北京第三光学仪器厂设计科副科长,北京信息光学仪器研究所副所长。现任中国大恒(集团)有限公司总工程师兼大恒新纪元科技股份有限公司光电研究所所长。

监事长:张云岗先生,58 岁,中共党员,高级工程师,博士生导师,历任中国科学院处长、局长、副秘书长。现任中科实业集团(控股)公司董事长、总裁。

监事:梁守砚先生,37 岁,中共党员,大学学历,高级经济师,曾任物资部办公厅秘书处副处长,国内贸易部产业发展司四处处长,梁山彝族自治州羌姑县副县长。现任华星物产集团有限公司总经济师。

监事:杨桂法先生,44 岁,中共党员,大专学历,经济师,曾任空军指挥学院教员、秘书,物资部监察局办公室主任,中国新纪元物资流通中心办公室副主任、政工部主任。现任大恒新纪元科技股份有限公司办公室副主任。

副总裁:孙夏安先生,36 岁,高级工程师,曾任中科院中国自动化技术公司工程部总经理,北京科日达电子技术有限公司总经理,北京大恒电气有限公司董事长。

财务负责人:庄燕女士,37 岁,中共党员,经济学学士,会计师,曾任机械电子工业部经济调解司主任科员,中国电子信息产业集团公司经贸公司财务部经理,中国新纪元物资流通中心财务部经理。

董事会秘书:严宏深先生,35 岁,中共党员,经济学硕士,曾在全国人大财经委员会办公室工作,留学归国后曾任中国新纪元物资流通中心投资部经理。

(二) 董事、监事和高级管理人员持股情况

本公司董事、监事和高级管理人员均未持有本公司股票。

六、公司设立

本公司是根据《中华人民共和国公司法》等有关法规,并经国家经贸委国经贸企改[1998]714 号文批准设立,以原中国新纪元物资流通中心(现已更名为中国新纪元有限公司)作为主发起人,联合中国汽车贸易天津公司(以下简称天津汽贸)、中国机电设备总公司、中国基建物资总公司、中国机电设备成套服务中心等四家企业,采用发起方式设立的股份有限公司。

1998 年 12 月 14 日,公司在国家工商行政管理局办理了注册登记,注册名称为新纪元物产股份有限公司,营业执照注册号 1000001003100,注册资本 9000 万元,注册地址为北京市海淀区海淀路 80 号中科大厦 11 层。

1999 年 9 月 9 日,公司更名为大恒新纪元科技股份有限公司,营业执照注册号 1000001003100。

1999 年 9 月 23 日, 公司召开了第三次临时股东大会, 审议并通过了公开发行股票并上市的决议,同时授权公司董事会全权办理股票发行和上市的相关事宜。

经中国证券监督管理委员会证监发行字 [2000]142 号文批准, 本公司通过上海证券交易所,于 2000 年 11 月 3 日以上网定价方式向社会公开发行人民币普通股 5000 万股,本次股票发行后,公司总股本为 14000 万股。

七、关联企业及关联交易

(一) 关联各方及关联关系

关联方	关联关系	持股比例
中国新纪元有限公司	本公司的控股股东	42.86%
中国汽车贸易天津公司	本公司的股东	8.57%
中国机电设备总公司	本公司的股东	4.29%
中国基建物资总公司	本公司的股东	4.29%

中国机电设备成套服务中心	本公司的股东	4.29%
天津天佳进口汽车配件有限公司	本公司的控股子公司	90%
天津港保税区润佳国际贸易有限公司	本公司的控股子公司	75%
中国第一汽车集团贸易公司无锡联合公司	本公司的控股子公司	70%
无锡东风汽车专营有限公司	本公司的控股子公司	90%
中国大恒(集团)有限公司	本公司的控股子公司	51.37%

天津天佳进口汽车配件有限公司成立于1996年1月23日,注册资本200万元,主要经营:国际贸易及相关产品的加工,汽车配件的销售,代办保税货物的仓储,咨询服务。

天津港保税区润佳国际贸易有限公司成立于1999年6月3日,注册资本1370万元,主要经营:国际贸易及相关产品的加工;汽车(不含小轿车)及零配件的销售;代办保税仓储服务。

中国第一汽车集团贸易公司无锡联合公司成立于1996年10月30日, 注册资本500万元,主要经营:汽车;汽车配件,普通机械,电器机械及器材,金属材料的销售。

无锡东风汽车专营有限公司成立于1994年11月17日,注册资本100万元, 主要经营:汽车、普通机械、电器机械及器材、金属材料的销售。

中国大恒(集团)有限公司(以下简称大恒公司)前身中国大恒公司是中国科学院为发展我国高新技术产业,实现中科院科技成果转化为生产力和面向国民经济主战场的总体目标,于1987年经国务院批准成立,在国家工商行政管理局登记注册的全民所有制企业。1999年6月,为加快企业发展速度,经重组改制为中国大恒(集团)有限公司,我公司控股51.37%。大恒公司目前注册资本10000万元,现有资产规模4.5亿元人民币,净资产1.8亿元。主营业务范围:激光,光机电;计算机及相关工控,CAD和CAM系统;通信导航;全数字广播电视机及音频系统;系列综合智能医疗系统;生产经营方式:研发,生产,销售,服务,进出口。大恒公司经中国工商银行,中国农业银行评审认定:公司信用等级为AA级。

(二) 关联交易

(1)发行人与中国汽车贸易天津公司签订有办公用房租赁协议,根据该协议,发行人租用中国汽车贸易天津公司办公用房200M2,年租金28.8万元。

(2)发行人与中国大恒(集团)有限公司签订有办公用房租赁《协议书》。根据该协议发行人租用中国大恒(集团)有限公司294M2(建筑面积432.77M2)的办公用房,年租金58.8万元。

(三) 同业竞争

本公司主发起人新纪元公司同本公司均为具有独立法人资格的实体企业,新纪元公司将利用成立以来一直在北京地区从事基本建设和不动产经营方面积累的业务经验和干部队伍, 优化开发结构,从主要从事市场设施建设扩展到民用住宅建设,并继续开展与本公司无同业竞争的国内外贸易及固定资产经营,并在此基础上适当拓展经营方向、扩大经营规模。此外,通过同本公司签署《避免同业竞争承诺书》的方式,承诺避免发生同本公司的同业竞争,以此保护本公司及中小投资者的利益。

本公司主要发起人天津汽贸根据中国汽车贸易总公司的要求将其存续的从事汽车销售的相关资产上划。因此,天津汽贸同本公司无同业竞争关系。

八、股本结构及大股东持股情况

(一) 本公司上市前股本结构

类别	股份数量(万股)	占发行后总股本比例
尚未流通部分:		
发起人股(国有法人股)	9,000	64.3%
可流通部分:		
社会公众股	5,000	35.7%
总股本	14,000	100%

(二) 公司前十名股东持股情况

股东名称	持有股数(股)	占总股本比例
中国新纪元有限公司	60,000,000	42.86%
中国汽车贸易天津公司	12,000,000	8.57%
中国机电设备总公司	6,000,000	4.29%
中国基建物资总公司	6,000,000	4.29%
中国机电设备成套服务中心	6,000,000	4.29%
汉兴基金	200,000	0.14%
同益基金	162,000	0.12%
汉盛基金	159,000	0.11%
兴华基金	151,000	0.11%
景福基金	144,000	0.10%
小　计	90,816,000	64.87%

九、公司财务会计资料

本公司截止2000年6月30日的财务资料,已于2000年11月1日分别在《中国证券报》和《上海证券报》上刊登的《招股说明书概要》中进行了详细的披露。因公告距今时间较短,相同的内容在此不再重复。本公告只公布本公司经审计的财务报表及主要财务指标,欲了解详细内容,请查阅上述报纸或至公告的《招股说明书》查阅地点查阅。

(一) 主要财务指标

项目	2000.6.30	1999.12.31	1998.12.31	1997.12.31
流动比率	1.462	1.440	0.978	0.536
速动比率	0.949	0.870	0.653	0.430
资产负债率	58.54%	56.98%	52.12%	57.64%
净资产收益率	7.81%	16.32%	12.88%	11.43%
应收帐款周转率	12.773	24.189	19.247	17.564
存货周转率	3.159	6.619	9.605	21.670
每股净利	0.169	0.326	0.215	0.129

(二) 会计报表(附后)

(三) 合并会计报表主要项目注释(单位:元)

1、货币资金

项　目	期末余额(2000年6月30日,下同)
现金	257,265
银行存款	164,158,000
其他货币资金	-
合　计	164,415,265

2、短期投资

项目	期末余额
短期合作经营投资	4,000,000
短期证券投资	7,500,000
合计	11,500,000

说明:1.公司委托中国信息信托投资公司进行国债回购投资金额400万元,已于7月1日收回;

2.公司进行短期证券投资,投资成本为7,500,000元,目前该笔投资中:证券投资成本价59,660元,市值85,420元,现金7,532,432元,资金余额7,617,852元。

3、应收帐款

帐龄	期末余额	所占比例
一年以内	42,747,523	87%
一至两年	4,212,283	9%
二至三年	2,334,510	4%
合计	49,294,316	100%

应收帐款无持有本公司股份5%以上股东单位欠款.

大额应收帐款:

单位名称	资金性质	金额
1.无锡成孚股份公司	货款	7,680,804
2.北京华联超市综合有限公司	租金	4,750,000
3.湖南新纪元实业发展有限公司	货款	2,119,640
4.一汽大众公司	货款	2,065,876
5.烟台明达经贸有限公司	货款	1,431,296

4、预付货款

帐龄	期末余额	所占比例
一年以内	86,133,357	95%
一至两年	3,359,855	4%
二至三年	183,159	0.8%
三年以上	157,500	0.2%
合　计	89,833,873	100%

预付帐款无持有本公司股份5%以上股东单位欠款.

大额预付款

单位名称	资金性质	金额
1. 中国海碟技贸联合公司	预付货款	20,800,000
2. 深圳行得昌实业有限公司	预付货款	6,500,000
3. 北京恒裕经贸公司	预付货款	5,477,897
4. 济南大恒商务机器有限公司	预付货款	2,897,430
5. 武汉美能达办公机器有限公司	预付货款	2,648,742

5、其他应收款

帐龄	期末余额	所占比例
一年以内	56,493,181	81%
一至二年	6,746,026	10%
二至三年	3,505,633	6%
三年以上	2,591,989	3%
合　计	69,336,829	100%

单位名称	资金性质	金额
1.无锡机电设备公司	往来款	11,552,040
2.南京恒生房地产开发公司	借款	9,745,118
3.无锡市江铃汽车销售有限公司	往来款	5,818,991
4.北京大金源有限公司	往来款	3,000,000
5.北辰创新高科技城	往来款	2,000,000

6、存货

类别	期末余额
原材料	11,161,630
在产品	12,300,240
产成品	27,630,988
库存商品	159,879,608
合计	210,972,466

7、待摊费用

项目	期初数	本期增加	本期摊销数	期末数
1、房租	432,714	841,974	786,299	488,389
2、保险费	150,549	22,165	114,724	57,990
3、广告费	620,077	1,120,631	835,441	905,267
4、期初进项	486,328		274,745	211,583
5、市场调研	86,250	99,850	173,922	12,178
6、评估费	441,510			441,510
7、其他	91,729	1,231,319	914,506	408,512
合计	2,309,157	3,315,939	3,099,637	2,525,459

8、长期投资

被投资单位名称	占被投资单位注册资本比例	购买日投资金额	期末调整的占被投资单位所有者权益净增减额
1、上海嘉光斯米克光学有限公司	20%	3,600,078	
2、南京恒生房地产开发有限公司	39%	12,628,250	576,666
3、上海中科股份有限公司	4.5%	2,700,051	107,954
4、北京力克力建筑材料有限公司	20%	260,571	
5、北海新世纪高科技有限责任公司	10%	500,000	
6、其他		897,542	
6、股权投资差额		-5,727,667	
合计		14,858,825	684,620

9、固定资产及累计折旧

原值类别	期初	本期增加	本期减少	期末
房屋建筑物	134,369,322	1,356,350	1,060,577	134,665,095
专用设备	12,086,561	501,775	6,837	12,581,499
运输工具	8,376,032	236,081		8,612,113
其他	3,564,588	161,453	106,496	3,619,545
合计	158,396,503	2,255,659	1,173,910	159478,252

累计折旧

类别	期初	本期增加	本期减少	期末
房屋建筑物	9,828,676	1,817,812	1,034,859	10,611,629
专用设备	4,345,080	689,425	1,177	5,033,328
运输工具	3,760,176	665,402	15,137	4,410,441
其他	1,355,876	422,541	76,110	1,702,307
合计	19,289,808	3,595,180	1,127,283	21,757,705

10、在建工程

工程名称	期初数	本期增加数	本期转入固定资产	期末数	资金来源	工程进度
1、北郊建房工程	119.38万元		119.38万元		自筹	
2、东小区建房工程	156.88万元	25.62万元		182.5万元	自筹	
3、新厂房车间	68.45万元	39.17万元		107.62万元	自筹	
7、固体溶剂车间						

102.97 万元 12.54 万元 90.43 万元 自筹

8、井房储物棚

8.6 万元 8.6 万元 自筹

合计 447.68 万元 73.39 万元 131.92 万元 389.15 万元

11、无形资产

单位:万元

种类	取得方式	原值	本期摊销	累计摊销	期末余额	剩余摊销年限
1、电影版权	外购	454.52	39.47	84.63	369.89	2.5
2、专利及专有技术	自创入资	800.42	21.72	45.08	755.34	4.5-14.5
3、房屋土地使用权	外购入资	59.16	6.50	27.48	31.68	4.5-22.5
合计		1,314.10	67.69	157.19	1156.91	

12、长期待摊费用

种类	原始发生额	本期摊销	累计摊销	期末余额	剩余摊销年限
1、装修费	2,956,611	353,124	729,983	2,226,628	3.5
2、软件费	4,998	833	2,499	2,499	2
3、土地租金	348000	11,600	19,333	328,667	14
合计	3,309,609	365,557	751,815	2,557,794	

13、短期借款

担保贷款:

到期日	金额
2000.6	8,000,000(已续借)
2000.7	7,000,000(已续借)
2000.8	37,000,000(已续借)
2000.9	21,500,000
2000.10	19,000,000
2000.11	12,000,000
2000.12	2,000,000
2001.1	5,000,000
2001.2	34,000,000
2001.3	20,700,000
2001.4	21,000,000
2001.5	30,000,000
小计	217,200,000

14、应付票据

银行承兑汇票:

到期日	金额
2000.7.11	2,000,000(已承兑)
2000.7.19	1,500,000(已承兑)
2000.8.27	3,000,000(已承兑)
2000.8.27	1,500,000(已承兑)
2000.9.26	5,350,000
2000.10.24	1,000,000
2000.11.22	1,300,000
合　计	15,650,000

15、应付帐款

帐龄	期末余额
一年以内	35,378,364
一至二年	4,449,968
二至三年	2,934,333
三年以上	3,363,813
合　计	46,126,478

16、预收帐款

帐龄	期末余额
一年以内	26,741,985
一至二年	595,182
二至三年	316,498
合　计	27,653,665

17、应交税金

税　项	期末余额
增值税	-2,216,079
所得税	1,235,375
营业税	325,368
房产税	
城建税	57,148
其他	-132,445
合　计	-730,633

18、其他应付款

帐龄	期末余额
一年以内	50,139,426
一至二年	11,953,247
二至三年	723,724
三年以上	256,401
合　计	63,072,798

19、预提费用

费用名称	期末余额
借款利息	1,282,351
其他	364,234
合计	1,646,585

20、一年内到期的长期负债

借款单位	金额	期限	利率(月息)
1、工行海淀支行	7,000,000	97.12.19-2000.11.19	5.55‰
2、农行海淀支行	4,000,000	98.12.21-2000.12.31	5.325‰
3、中行北京分行	4,000,000	99.10.9-2000.10.9	4.875‰
合计	12,000,000		

21、长期借款

借款单位	金额	期限	利率(月息)
1、工行海淀支行	5,000,000	98.9.11-2001.9.19	4.95‰
2、工行海淀支行	9,000,000	98.12.31-2001.10.31	5.55‰
3、工行海淀支行	5,000,000	99.12.2-2000.11.30	4.95‰
4、工行海淀支行	5,000,000	99.12.2-2001.11.30	4.95‰
5、工行海淀支行	10,000,000	99.12.2-2001.12.1	4.95‰
6、北京科鑫宇供电有限公司	450,000	97.12.30-2000.12.30	无息
合　计	37,450,000		

十、董事会上市承诺

本公司董事会将严格遵守《中华人民共和国公司法》、《中华人民共和国证券法》、《股票发行与交易管理暂行条例》、《公开发行股票公司信息披露实施细则》和《上海证券交易所交易规则(2000 年修订本)》等国家法律、法规的规定,并自股票上市之日起作出如下承诺:

1.按照法律、法规的规定程序和要求披露重大的信息、并接受证券主管机关、上海证券交易所的监督管理。

2.及时、真实、准确地公布中期报告和年度报告,并备置于规定场所供投资者查阅。

3.本公司董事、监事及高级管理人员如发生人事变动或持本公司股票发生变化时,在报告证券主管机关、上海证券交易所的同时向投资者公布。

4.在任何公共传播媒介中出现的消息可能对本公司股票的市场价格产生误导性影响时,本公司知悉后将及时对该消息予以公开澄清。

5.本公司董事、监事及高级管理人员将认真听取社会公众的意见和批评,不利用已获得的内幕消息和其他不正当手段直接或间接从事股票买卖活动。

6.本公司没有无记录负债。

依据 2000 年 5 月 1 日起实施的《上海证券交易所交易规则(2000 年修订本)》,本公司全体董事、监事将按照有关规定,在本公司股票上市后两个月内签署《董事(监事)声明及承诺书》,并送达上海证券交易所备案。

十一、主要事项揭示

1、本公司已取得北京市新技术产业开发试验区《新技术企业认定证书》,根据《北京市新技术产业开发试验区暂行条例》的有关规定,本公司享受新技术企业所得税 15%税负等有关政策优惠。

2、本公司本次向社会公开发行了 5000 万股人民币普通股票,本次发行前每股净资产 2.321 元/股,本次发行后每股净资产 4.620 元。

3、 预计本次股票发行后首次股利分配时间为 2001 年 6 月 30 日前。 根据本公司 1999 年年度股东大会决议,本公司 1999 年度利润不分配。凡认购公司本次发行的社会公众股的股东将与公司发起人共同享有公司 1999 年和 2000 年的利润分配。

4、为加大中国大恒(集团)有限公司发展信息技术产业的力度,发行人已与中科实业集团(控股)公司达成一致,并经中国大恒(集团)有限公司 1999 年度第三次股东大会同意,计划对中国大恒(集团)有限公司作进一步的增资,增扩约 8309 万股股权,每股股价以该公司实施扩股时的每股净资产为基准。发行人拟利用本次 A 股募集资金,出资 15,041 万元认购中国大恒(集团)有限公司本次新增的全部股权。中国大恒(集团)有限公司完成此次增资后,注册资本由 10000 万元扩大为 18309 万元,从而使发行人持有该公司的股权由 51.37%上升为 73.44%。中国大恒(集团)有限公司完成本次增资后,将利用本次新增的资本金,投资建立大恒新纪元信息技术研发创新中心。

5、本公司大股东中国新纪元有限公司郑重承诺:其持有的大恒新纪元科技股份有限公司国有法人股 6000 万股,自大恒新纪元科技股份有限公司股票上市之日起,一年内不转让、也不由大恒新纪元科技股份有限公司回购其持有的国有法人股。

6、截止本上市公告书刊登之日,本公司无重大诉讼事项和仲裁,亦无尚未了结或可能面临的重大诉讼或索赔要求。

7、根据发行人已经北京兴华会计师事务所有限责任公司审核的财务资料,主承销商和发行人律师认为: 公司 2000 年及 2001 年的预期利润率可达到同期银行存款利率水平, 符合《公司法》第 137 条规定的“公司预期利润率可达到同期银行存款利率”的发行条件。

十二、备查文件

1、招股说明书
2、上海证券交易所上市通知书
3、中国证监会核准本公司公开发行股票的文件
4、审计报告、财务报表及附注
5、验资报告
6、法律意见书
7、资产评估报告
8、公司股东大会决议、董事会决议
9、公司营业执照
10、公司章程
11、其他备查文件

十三、咨询机构

1. 发行人: 大恒新纪元科技股份有限公司
法定代表人:边勇壮
注册地址: 北京市海淀区海淀路 80 号中科大厦 11 层
联系电话:(010)62628443 传真:(010)62628384 联系人:严宏深

2. 上市推荐人:南方证券有限公司
法定代表人:沈沛
注册地址:深圳市嘉宾路 4028 号太平洋商贸大厦 20-28 层
联系电话: (010)66212447,(0755)2138227 传真:(010)66210025 联系人:李文、刘新丰、王海玲

大恒新纪元科技股份有限公司 2000 年 11 月 23 日

合并资产负债表

编制单位:大恒新纪元科技股份有限公司　　单位:元

资产	2000.6.30	1999.12.31	1998.12.31	1997.12.31
流动资产:				
货币资金	164415265.00	110503347.00	28293943.00	27211013.00
短期投资	11500000.00	4000000.00	4000000.00	4000000.00
减:短期投资跌价准备				
短期投资净额	11500000.00	4000000.00	4000000.00	4000000.00
应收票据	100000.00	5000000.00	1000000.00	
应收股利				
应收利息				
应收帐款	49294316.00	49217696.00	18454809.00	15261937.00
其他应收款	69336829.00	81705563.00	51564928.00	3735902.00
减:坏帐准备	5931557.00	6546163.00	3500987.00	949892.00
应收帐款净额	112699588.00	124377096.00	66518750.00	18047947.00
预付帐款	89833873.00	46374426.00	11413998.00	
应收补贴款				
存货	210972466.00	196569693.00	56648026.00	12552335.00
减:存货跌价准备	4635452.00	4635452.00	1270580.00	365210.00
存货净额	206337014.00	191934241.00	55377446.00	12187125.00
待摊费用	2525459.00	2309157.00		
待处理流动资产净损失	966719.00			
一年内到期的长期债权投资				
其他流动资产				
流动资产合计	588377918.00	484498267.00	166604137.00	61446085.00

长期投资：				
长期股权投资	15543445.00	40945022.00		
长期债权投资	0.00		60244583.00	54899583.00
长期投资合计	15543445.00	40945022.00	60244583.00	54899583.00
减:长期投资减值准备				
长期投资净额	15543445.00	40945022.00	60244583.00	54899583.00
固定资产：				
固定资产原价	159478252.00	158396503.00	102836146.00	83516017.00
减:累计折旧	21757705.00	19289808.00	2963041.00	1176000.00
固定资产净值	137720547.00	139106695.00	99873105.00	82340017.00
工程物资				
在建工程	3891540.00	4476784.00		
固定资产清理	23315.00			
待处理固定资产损失				
固定资产合计	141635402.00	143583479.00	99873105.00	82340017.00
无形资产及其他资产：				
无形资产	11569141.00	9594770.00	267321.00	
开办费	2355863.00	1262345.00		
长期待摊费用	2557794.00	2923351.00	0.00	60000.00
其他长期资产				
无形资产及其他资产合计	16482797.00	13780466.00	267321.00	60000.00
递延税项：				
递延税款借项	0.00	2534.00		
资产总计	762039562.00	682809768.00	326989146.00	198745685.00
负债及股东权益				
流动负债：				
短期借款	217200000.00	169500000.00	7500000.00	44500000.00
应付票据	15650000.00	25830598.00	12400000.00	
应付帐款	46126478.00	68029242.00	59472995.00	22711932.00
预收帐款	27653665.00	23497580.00	2806127.00	1260210.00
代销商品款				
应付工资	2832827.00	2625955.00	18809.00	
应付福利费	11290790.00	6646189.00	−19639.00	−55370.00
应付股利	4742571.00	5270576.00	4533851.00	
应交税金	−730633.00	3147907.00	2473244.00	4606766.00
其他应交款	496985.00	317876.00	42042.00	10887.00
其他应付款	63072798.00	29674098.00	80840330.00	41517184.00
预提费用	1646585.00	1388187.00	245475.00	
一年内到期的长期负债	12000000.00			
其他流动负债	450490.00	450490.00		
流动负债合计	402432556.00	336378697.00	170313235.00	114551609.00
长期负债：				
长期借款	37450000.00	52600000.00		
应付债券				
长期应付款	6144752.00			
住房周转金	62434.00	61620.00	121122.00	
其他长期负债				
长期负债合计	43657186.00	52661620.00	121122.00	
递延税项：				
递延税款贷项				
负债合计	446089742.00	389040317.00	170434357.00	114551609.00
少数股东权益	121236209.00	114152422.00	6245559.00	3166354.00
股东权益				
股本	90000000.00	90000000.00	90000000.00	
资本公积	40831211.00	40944414.00	40944414.00	
盈余公积	10295911.00	10295911.00	3738134.00	
其中:公益金	3397651.00	3397651.00	1246045.00	
未分配利润	53586490.00	38376704.00	15626682.00	
股东权益合计	194713611.00	179617029.00	150309230.00	81027722.00
负债及股东权益总计	762039562.00	682809768.00	326989146.00	198745685.00

合并利润表

编制单位:大恒新纪元科技股份有限公司　　单位:元

项目	2000 年度 1-6 月	1999 年度	1998 年度	1997 年度
一、主营业务收入	629130242.00	818448321.00	324476882.00	268057865.00
减:折扣与折让	0.00	0.00	160688.00	
主营业务收入净额	629130242.00	818448321.00	324316194.00	268057865.00
减:主营业务成本	561583384.00	722239018.00	290039590.00	244366606.00
主营业务税金及附加	1693794.00	2436649.00	1940196.00	878167.00
二、主营业务利润	65853064.00	93772654.00	32336408.00	22813092.00
加:其他业务利润	5326185.00	3585922.00	777187.00	1754047.00
减:存货跌价损失	0.00	2999662.00	1270580.00	365210.00
营业费用	27122339.00	24828673.00	3897435.00	3542585.00
管理费用	11863166.00	22345216.00	6075379.00	8754660.00
财务费用	6642864.00	5334210.00	3089926.00	4909246.00
三、营业利润	25550879.00	41850815.00	18780275.00	6995438.00
加:投资收益	684620.00	2719736.00	8821984.00	5619583.00
补贴收入				
营业外收入	191174.00	776324.00	587809.00	32603.00
减:营业外支出	94425.00	441993.00	121007.00	
四、利润总额	26332248.00	44904883.00	28069060.00	12647624.00
减:所得税	3975395.00	7837027.00	7602688.00	3278760.00
减:少数股东权益	7147067.00	7760056.00	1101556.00	104538.00
五、净利润	15209786.00	29307799.00	19364816.00	9264326.00

合并现金流量表

编制单位:大恒新纪元科技股份有限公司　　单位:元

项目	金额	
	2000 年度-6 月	1999 年度
一、经营活动产生的现金流量：		
销售商品、提供劳务收到的现金	692368028.16	80141806.00
收取的租金	6089526.48	22850000.00
收到的增值税销项税额和退回的增值税款	82130235.71	96906945.00
收到的除增值税以外的其他税费返还	95669.88	1686216.00
收到的其他与经营活动有关的现金		
现金流入小计	780683460.00	922861223.00
购买商品、接受劳务支付的现金	653958207.29	737903245.00
经营租赁所支付的现金	1455656.62	280429.00
支付给职工以及为职工支付的现金	15571255.64	11021758.00
支付的增值税款	83731494.17	91398767.00
支付的所得税款	2574762.21	7053966.00
支付的除增值税、所得税以外的其他税费	2916898.73	3789995.00
支付的其他与经营活动有关的现金	35638611.13	54782394.00
现金流出小计	795846886.00	906230554.00
经营活动产生的现金流量净额	−15163426.00	16630670.00
二、投资活动产生的现金流量：		
收回投资所收到的现金	3306439.24	
分得股利或利润所收到的现金	373509.73	1723997.00
取得债券利息收入所收到的现金		
处置固定资产、无形资产和其他长期资产而收回的现金净额	148436.00	
收到的其他与投资活动有关的现金	0.00	15504681.00
现金流入小计	3828385.00	17228678.00
购建固定资产、无形资产和其他长期资产所支付的现金	4481003.08	8663014.00
权益性投资所支付的现金	9600000.00	
债权性投资所支付的现金		
支付的其他与投资活动有关的现金	2497367.42	45000000.00
现金流出小计	16578371.00	53663014.00
投资活动产生的现金流量净额	−12749986.00	−36434336.00
三、筹资活动产生的现金流量：		
吸收权益性投资所收到的现金	1000000.00	
发行债券所收到的现金		
借款所收到的现金	130117000.00	89730000.00
收到的其他与筹资活动有关的现金	27517110.83	27182465.00
现金流入小计	158634111.00	116912465.00
偿还债务所支付的现金	85200000.00	39810000.00
发生筹资费用所支付的现金		
分配股利或利润所支付的现金	1165873.59	2223568.00
偿付利息所支支付的现金	6140915.70	4771901.00
融资租赁所支付的现金	0.00	
减少注册资本所支付的现金	150000.00	
支付的其他与筹资活动有关的现金		
现金流出小计	92656789.00	46805469.00
筹资活动产生的现金流量净额	65977322.00	70106996.00
四、汇率变动对现金的影响		
五、现金及现金等价物净增加额	38063910.00	50303331.00

附注：

项目		
1.不涉及现金收支的投资和筹资活动		
以固定资产偿还债务		
以投资偿还债务		
以固定资产进行长期投资		
以存货偿还债务		
融资租赁固定资产		
2.将净利润调节为经营活动的现金流量		
净利润	15209786.00	29307799.00
加:计提的坏帐准备或转销的坏帐	765497.00	8899401.00
固定资产折旧	3409377.00	4499561.00
无形资产摊销	883642.00	613936.00
处置固定资产、无形资产和其他长期资产的损失(减收益)	−52658.00	
固定资产报废损失	2053945.00	
财务费用	3222070.00	5334210.00
投资损失(减收益)	−7170141.00	
递延税款贷项(减借项)	106398.00	
存货的减少(减增加)	−11883141.00	−17817092.00
经营性应收项目的减少(减增加)	−5383171.00	−23513380.00
经营性应付项目的增加(减减少)	−41587260.00	−3405076.00
增值税增加净额(减减少)	−504396.00	9827749.00
其他	25766625.00	2883561.00
经营活动产生的现金流量净额	−15163426.00	16630670.00
3.现金及现金等价物净增加情况:		
货币资金的期末余额	148567257.00	110503347.00
减:货币资金的期初余额	110503347.00	60200017.00
现金等价物的期末余额		
减:现金等价物的期初余额		
现金及现金等价物净增加额	38063910.00	50303330.00

合并利润分配表

编制单位:大恒新纪元科技股份有限公司　　单位:元

项目	2000 年度 1-6 月	1999 年度
一、净利润	15209786.00	29307799.00
加:年初未分配利润	38376704.00	15626682.00
盈余公积转入		
二、可供分配的利润	53586491.00	44934481.00
减:提取法定盈余公积	0.00	4371851.00
提取法定公益金	0.00	2185926.00
三、可供股东分配的利润	53586491.00	38376704.00
减:应付优先股股利		
提取任意盈余公积		
应付普通股股利		
转作股本的普通股股利		
四、未分配利润	53586491.00	38376704.00

苏 福 马 股 份 有 限 公 司

苏福马股份有限公司股票上市公告书

一、要 览

股票简称:苏福马股票代码:600290
股本总额:8300 万股可流通股本:3000 万股　　本次上市流通股本:3000 万股
上市地:上海证券交易所　　上市日期:2000 年 11 月 6 日
股票登记机构:上海证券中央登记结算公司
上市推荐人:中信证券股份有限公司南方证券有限公司

二、绪 言

苏福马股份有限公司(以下简称"本公司"或"公司")股票上市公告书是根据《中华人民共和国公司法》、《中华人民共和国证券法》、《股票发行与交易管理暂行条例》、《公开发行股票公司信息披露实施细则》和《上海证券交易所股票上市规则》等国家有关的现行法律、法规的规定,按照中国证券监督管理委员会制定的公开发行股票公司信息披露的内容和格式准则第七号《上市公告书的内容与格式(试行)》编制,旨在向投资者提供有关本公司的基本情况和股票上市的有关资料。

经中国证券监督管理委员会证监发行字[2000]136 号文批准,本公司已成功上 网定价发行了每股面值 1.00 元的人民币普通股 3000 万股,每股发行价人民币 4.80 元。经上海证券交易所上证上字[2000]第 86 号《上市通知书》同意,本公司 3000 万股人民币普通股将于 2000 年 11 月 6 日(星期一)起在上海证券交易所上市挂牌交易。股 票简称"苏福马",股票代码"600290"。本公司总股本 8300 万股,流通股本 3000 万股。

本公司已于 2000 年 10 月 12 日在《中国证券报》和《上海证券报》上刊登了《苏福马股份有限公司招股书概要》,距今不足六个月,故与其重复的内容在此不再重复,敬请投资者查阅本公司的《招股说明书概要》。

本公司董事会成员已批准本上市公告书,并确信本上市公告书所载资料不存在任何重大遗漏、虚假陈述或者误导,并对其真实性、准确性和完整性负个别及连带责任。

三、发行公司概况

(一)公司概况

公司名称:苏福马股份有限公司　　英文名称:SUFUMACO.,LTD.
成立日期:1998 年 12 月 31 日
注册地址:江苏省苏州市新区何山花园 8 幢 103 室
联系电话:0512-7524718 法人代表:葛仁优　　注册资本:8300 万元

经营范围:林业机械、木工机械、人造板机械、柴油发动机及其他机械设备的制造、销售;主机配套电控及配件生产、销售、安装服务;各种车辆(不含小轿车)的销售。

所属行业:机械制造

(二)公司历史沿革

苏福马股份有限公司是根据《中华人民共和国公司法》等有关法规,由苏州林业机械厂作为主发起人,并与吴江电子仪器厂、吴县市黄桥林机配套厂、吴县市冷作二厂、吴县市环境保护设备厂和中国林业机械广州公司五家企业共同发起,采用发起方式设立的股份有限公司。经国家经贸委国经贸企改[1998]825 号文批准设立,并于 1998 年 12 月 31 日在国家工商行政管理局注册登记。

主发起人苏州林业机械厂将所属柴油机分厂、金加工车间、钣焊车间、机动车间、装配车间、综合车间和生产经营管理部门的生产经营性净资产和相应负债及在小松常林铸造有限公司 14%的股权投入股份公司。经中锋资产评估事务所评估,并由国家财政部财评字[1998]175 号文确认,苏州林业机械厂投入股份公司的净资产总额 6375.45 万元。经财政部财管字[1998]120 号文批复,按 77.70%的折股比例,折为 4953.47 万股国有法人股。苏州林业机械厂作为本公司此次发起设立的主发起人,持有本公司 93.46%的股份。其他五家发起人投入现金 446 万元,按 77.70%的折股比例 折为 346.53 万股发起人股,公司设立后的总股本为 5300 万股。

经中国证券监督管理委员会证监发行字[2000]136 号文批准,公司通过上海证 券交易所,于 2000 年 10 月 16 日以上网定价方式向社会公开发行人民币普通股 3000 万股,每股面值 1.00 元,每股发行价格为 4.80 元。发行后,公司总股本为 8300 万股。

四、股票发行及承销

(一)股票发行情况

1、本次发行社会公众股:3000 万股;　　2、发行价格:4.80 元;
3、募集资金总额:14400 万元　　4、募集资金总额(扣除发行费用):13550 万元
5、发行方式:上网定价　　6、中签率:0.29125210%　　7、有效申购户数:933920 户
8、持 1000 股以上(含 1000 股)的股东数:28119 户　　9、发行费用总额:850 万元
10、每股发行费用:0.283 元/股　　11、发行市盈率:36.09 倍(全面摊薄)

(二)股票承销

本次公开发行的社会公众股 3000 万股已全部被投资者认购,承销团无余额包销。

(三)验资报告

验资报告

(2000)苏会审三字第 82 号

苏福马股份有限公司全体股东:

我们接受委托,对贵公司截至 2000 年 10 月 23 日止的股本变更的真实性和合法性进行了审验。在审验过程中,我们按照《独立审计实务公告第一号———验资》的要求,实施了必要的审验程序。贵公司的责任是提供真实、合法、完整的验资资料,保护资产的安全、完整,我们的责任是按照《独立审计实务公告第一号———验资》的要求,出具真实、合法的验资报告。

贵公司变更前的股本为人民币 53000000 元,拟变更申请的股本为人民币 83000000 元。根据我们的审验,截至 2000 年 10 月 23 日止,贵公司已收到其股东增加投入资本 135500000 元(已扣除发行费用),全部为货币资金,其中计入股本 30000000 元,资本 公积 105500000 元。公司变更后的股本总额为 83000000 元,其中:国有法人股 49923200 元,占总股本 60.15%;其他法人股 3076800 元,占总股本 3.71%;社会公众股 30000000 元,占总股本 36.14%。

附件:(一)变更前后注册资本、股本对照表

(二)验资事项说明

苏州天辰会计师事务所　　　　中国注册会计师
中国 苏州　　　　二○○○年十月二十三日

募集资金入帐时间:2000 年 10 月 23 日　　入帐金额:人民币 138964000 元
收款银行:中国工商银行苏州分行营业部　　银行帐号:20624501998000

五、董事、监事及高级管理人员简介及持股情况

(一)董事、监事及高级管理人员简介

葛仁优,本公司董事长,男,1941 年生,大专文化,高级工程师。历任云南林业机械厂技术科副科长、副厂长、厂长,苏州林业机械厂党委书记、副厂长。1994 年被林业部及江苏省委分别授予"全国林业行业思想政治工作优秀工作者"和"江苏省优秀党务工作者"称号。1996 年被批准为林业部有突出贡献的中青年科学、技术管理专家。

岳群飞,本公司董事、总经理,男,1961 年生,大学文化,高级工程师。历任苏州林业机械厂技术科工艺员、生产科副科长、科长、柴油机分厂厂长、苏州林业机械厂副厂长。

庞辉,本公司董事,男,1953 年生,大学文化,高级工程师。历任中国福马林业机械集团有限公司助理工程师、工程师、副处长、党委办公室主任。现任中国福马林业机械集团有限公司人事劳资处处长。

孙锐,股份公司董事,女,1953 年生,大学文化,高级工程师。历任中国福马林业机械集团有限公司助理工程师、工程师、副处长。现任中国福马林业机械集团有限公司技术开发处处长。

唐琮,本公司董事、副总经理,男,1944 年生,大学文化,高级工程师。历任苏州林业机械厂车间工艺员、副主任、主任、检验科科长、生产制造部部长、厂长助理。

朱振良,本公司董事、总经济师,男,1940 年生,大学文化,高级工程师。历任苏州林业机械厂经销科副科长、科长、总经济师。

施琦,本公司董事、总会计师(财务负责人),男,1948 年生,大专文化,高级会计师。历任苏州林业机械厂财务科副科长、科长、副总会计师、总会计师。

张建东,本公司董事,男,1959 年生,苏州大学经济管理专业研究生进修班结业,工程师。历任苏州林业机械厂车间主任助理、劳动人事科安全员、车间副主任、主任、党支部书记等职。现任本公司柴油机厂(分公司)厂长。

富雯里,本公司董事,女,1960 年生,大学文化,高级工程师。历任苏州林业机械厂研究所副所长,本公司研究所所长。

汪文锐,本公司监事会召集人,男,1950 年生,大专文化,高级政工师。历任苏州林业机械厂技术员、副科长、厂办秘书、副主任、党委副书记、纪委书记。1992 年获"江苏省优秀党员教育工作者"称号,1995 年被评为苏州市优秀党务工作者。

罗会恒,本公司监事,男,1966 年生,大学文化,会计师。历任中国福马林业机械集团有限公司助理会计师、会计师。现任中国福马林业机械集团有限公司财务会计处副处长。

宋六奇,本公司监事,男,1952 年生,初中文化。历任吴江电子仪器厂车间主任、副厂长。现任吴江电子仪器厂厂长兼党支部书记。

陈洁,本公司监事,女,1962 年生,大专文化,经济师。曾任苏州林业机械厂工会副主席,现任本公司工会副主席,为职工代表。

孙东生,本公司监事,男,1943 年生,中专文化,助理统计师。历任苏州林业机械厂团委副书记、车间党支部书记、主任、行政监察员、综合党支部书记等职。现任本公司行政监察员、行政党支部书记,为职工代表。

章炬,本公司副总经理,男,1956 年生,大专文化,经济师。历任苏州林业机械厂劳动人事科副科长、科长、管理部部长、厂长助理、副厂长等职。

胡其新,本公司董事会秘书,男,1950 年生,大专文化,经济师。历任苏州林业机械厂供应科计划员、综合计划科副科长、企业管理及全面质量管理办公室主任、厂部办公室主任等职。现兼任本公司办公室主任。

(二)董事、监事及高级管理人员持股情况

本公司董事、监事及高级管理人员均未持有本公司股票。

六、公司设立

本公司是根据《中华人民共和国公司法》等有关法规,由苏州林业机械厂作为主发起人,并与吴江电子仪器厂、吴县市黄桥林机配套厂、吴县市冷作二厂、吴县市环境保护设备厂和中国林业机械广州公司五家企业共同发起,采用发起方式设立的股份有限公司。经国家经贸委国经贸企改[1998]825 号文批准设立,并于

1998 年 12 月 31 日在国家工商行政管理局注册登记,公司注册资本 5300 万元,注册地址为江苏省苏州市新区

何山花园 8 幢 103 室,营业执照注册号码为:1000001003105。

1999 年 5 月 7 日,公司召开了股东大会临时会议,审议并通过了公开发行股票并上市的决议,并授权董事

会办理股票发行和上市的相关事宜。

经中国证券监督管理委员会证监发行字[2000]136 号文批准,本公司已于 2000 年 10 月 16 日成功发行了每股面值 1.00 元的人民币普通股 3000 万股,本次股票发行后 ,公司总股本为 8300 万股。

七、关联企业及关联交易

(一)关联企业及关联关系

关联企业与股份公司关系苏州林业机械厂股份公司发起人股东吴江电子仪器厂股份公司发起人股东吴县市黄桥林机配套厂股份公司发起人股东吴县市冷作二厂股份公司发起人股东吴县市环境保护设备厂股份公司发起人股东中国林业机械广州公司股份公司发起人股东小松常林铸造有限公司股份公司的参股公司(占 14%)国林竹藤科技有限责任公司股份公司的参股公司(占 11.26%)

(二)关联交易

股份公司与苏州林业机械厂之间存在关联交易

为了保证发行人及其他股东的利益不受到侵害,发行人与苏州林业机械厂签订了《土地使用租赁合同》、《关联交易协议》、《综合服务协议》等合同、协议。上述合同、协议的主要内容为:

A.《土地使用租赁合同》的主要内容为,苏州林业机械厂向发行人出租 98422.6 平方米的土地使用权。土地使用权出租的年限为 50 年,第一期土地使用权租赁期限 为 3 年,即自 1999 年 1 月 1 日至 2002 年 1 月 1 日。第一期租赁期满后,提前三个月续签。 土地使用权租金为每年 5 元/平方米。

B.《关联交易协议》的主要内容为发行人根据生产经营的需要,向苏州林业机械厂下属全资企业、控股企业、参股企业或苏州林业机械厂下属全资企业、控股企业、参股企业向发行人按市场价格或按成本费用加上合理之利润的定价方式定制、选购产品、配套件和劳动保护用品。

C.苏州林业机械厂重组前卫生所、食堂等非经营性资产数额不足 50 万元,所占 资产比例较小,故已进入股份公司。本公司与苏州林业机械厂已签订《综合服务协议》,向苏州林业机械厂提供离退休职工日常服务;向苏州林业机械厂在册人员提供医务所、食堂等生活服务;向苏州林业机械厂提供水、电、汽、通讯、车辆及有关设施的维修服务等。苏州林业机械厂每月向本公司支付基本服务费 4 万元,本公司提供的 物料及水电消耗、运输、维修按实际费用结算。

根据律师对上述协议的审查,发行人与控股股东之间关于关联交易的安排符合有偿使用、公平、公开的原则,上述协议的内容不存在损害发行人及其股东利益的情况,协议内容合法有效。

苏州林业机械厂作为发行人的主要发起人,本次发行后,持有发行人 59.68%的股份,为发行人的控股股东。苏州林业机械厂已与发行人签署了《不同业竞争承诺函》,承诺:将不利用控股股东的地位谋取不正当的利益;不与发行人发生业务交叉重复和同业竞争问题。

八、股本结构及大股东持股情况

(一)本公司上市前股本结构

股份种类　　股数(万股) 占总股本比例(%)

1、尚未流通股份:	5300	63.86
发起人股份	5300	63.86
其中:国有法人持有股份	4992.32	60.15
境内法人持有股份	307.68	3.71
2、可流通股份:	3000	36.14
其中:社会公众股	3000	36.14
3、股份总数	8300	100.00

(二)公司前十名股东持股情况

序号	股东名称	持股数量(万股)	持股比例(%)
1.	苏州林业机械厂	4953.47	59.68
2.	吴江电子仪器厂	122.76	1.48
3.	吴县市黄桥林机配套厂	77.70	0.94
4.	吴县市冷作二厂	68.37	0.82
5.	兴华基金	47.60	0.57
6.	吴县市环境保护设备厂	38.85	0.47
7.	中国林业机械广州公司	38.85	0.47
8.	同益基金	24.60	0.30
9.	同盛基金	23.00	0.28
10.	普惠基金	15.00	0.18

九、公司财务会计资料

本公司截止 2000 年 7 月 31 日的财务资料,已于 2000 年 10 月 12 日分别在《中国证券 报》和《上海证券报》上刊登的《招股说明书概要》中进行了详细的披露。因公告距今时间较短,相同的内容在此不再重复。本公告只公布本公司经审计的财务报表及主要财务指标,欲了解详细内容,请查阅上述报纸或至公告的《招股说明书》查阅地点查阅。

(一)公司前三年主要财务指标

项目	1999 年	1998 年	1997 年
流动比率	0.97	1.13	1.19
速动比率	0.69	0.81	0.73
资产负债率	67.72	69.00	75.71
应收账款周转率	1.93	1.97	3.74
存货周转率	1.95	1.61	2.44
净资产收益率	12.83	2.26	20.54
每股净资产	1.48	1.29	–

(二)会计报表

(三)会计报表主要项目注释一、会计报表编制基础

公司 1997 年至 1998 年的会计报表是假设公司现时构架在上述二年业已存在并持续经营,以苏州林业机械厂的会计报表为基础,按照资产重组方案和《股份有限公司会计制度》调整编制。

公司 1999 年及 2000 年 1-7 月会计报表是按业已成立的股份有限公司实际的资产、负债及生产经营业绩编制。

二、税项

1.增值税:税率为 17%;

2.营业税:税率为 5%;

3.城市维护建设税:按应交流转税额的 7%计算缴纳;

4.教育费附加:按应交流转税额的 4%计算缴纳;

5.所得税:1997 年执行 33%的税率。1998 年主发起人经江苏省科委苏科高[1997]580 号文件认定为高新技术企业,1999 年本公司经江苏省科委苏科高 [1999]235 号文件认定为高新技术企业,根据财政部、国家税务总局[94]财税字第 001 号文件 ,执行 15%的税率。

三、2000 年 7 月 31 日资产负债表主要项目注释(单位:人民币元)

1.货币资金

项目	1999.12.31	2000.7.31
现金	5230.74	5155.30
银行存款	13213322.75	19066779.73
合计	13218553.49	19071935´.03

2.应收帐款

(1)帐龄及坏帐准备

帐龄	1999.12.31			2000.7.31		
	金额	比例%	坏帐准备	金额	比例%	坏帐准备
1 年以内	50842829.96	77.73	2542141.49	38547508.19	63.65	1927375.41
1~2 年	8566583.58	13.10	856658.36	13213566.66	21.82	1321356.67
2~3 年	3894916.41	5.95	778983.28	5016333.82	8.28	10032660.76
3 年以上	2105108.74	3.22	842043.50	3782231.53	6.25	1512892.61
合计	65409438.69	100	5019826.63	60559640.20	100	5764891.45

(2)公司无 5%以上股份的股东欠款。

3.其他应收款

(1)帐龄及坏帐准备

帐龄	期初数			期末数		
	金额	比例%	坏帐准备	金额	比例%	坏帐准备
1 年以内	15646966.33	87.00	358267.84	2953709.33	62.30	147685.47
1~2 年	549768.15	3.06	54976.82	–	–	–
2~3 年	599112.76	3.33	119822.55	9332.50	0.20	1866.50
3 年以上	1189921.09	6.61	475968.44	1778033.85	37.50	711213.54
合计	17985768.33	100	1009035.65	1787366.35	37.7	713080.04

(2)其他应收款期末无持有本公司 5%以上股份的股东欠款。

4.固定资产及折旧

类别	1999.12.31	本期增加	本期减少	2000.7.31
原值:				
房屋建筑物	33986202.37	–	–	33986202.37
机器设备	72763740.13	4890399.71	68900.00	77585239.84
运输设备	1591152.00	–	–	1591152.00
合计	108341094.50	4890399.71	68900.00	113162594.21
累计折旧:				
房屋建筑物	13875420.24	604204.92	–	14479625.16
机器设备	26930030.41	3363517.72	44400.43	30249147.70
运输设备	766353.87	94788.25	–	861142.12
合计	41571804.52	4062510.89	44400.43	45589914.98
净值:	66769289.98	62982034.52		

5.短期借款

种类	1999.12.31	2000.7.31
抵押借款	22000000.00	24000000.00
担保借款	3000000.00	8000000.00
信用借款	3000000.00	0
合计	28000000.00	32000000.00

6.应交税金

项目	1999.12.31	2000.7.31
增值税	3882055.86	3796371.10
企业所得税	1310073.17	2375609.02
个人所得税	63488.34	62798.72
城市维护建设税	153221.78	113667.32
合计	5408839.15	6350447.17

7.一年内到期的长期负债

项目	1999.12.31	2000.7.31
抵押借款	5000000.00	10000000.00
担保借款	43000000.00	17000000.00
合计	48000000.00	27000000.00

8.资本公积

项目	1999.12.31	本期增加	本期减少	2000.7.31
股本溢价	15214503.85	–	–	15214503.85

上述资本公积系本公司设立时,根据财政部财管字[1998]120 号文件"关于苏 福马股份有限公司国有股权管理有关问题的批复",各发起股东投入净资产及现金 68214503.85 元,按 77.70%的比例折股形成的资本溢价。

9.盈余公积

项目	1999.12.31	本期增加	本期减少	2000.7.31
法定盈余公积	100367711.89	–	–	100367711.89
公益金	501838.94	–	–	501838.94
合计	1505516.83	–	–	1505516.83

10.未分配利润

1999.12.31	本期增加	本期分配	2000.7.31
8531262.02	6038036.47	–	14569298.49

四、利润表主要项目注释(单位:人民币元)

1.主营业务收入

项目	2000 年 1-7 月	1999 年度	1998 年度	1997 年度
砂光机	19770940.17	23302564.08	16173503.74	44854187.98
干燥机	14574358.96	22099145.30	14089694.14	25558376.04
浸渍干燥机	17538461.48	13003846.15	17169230.78	18207264.98
柴油机	14534916.50	28189286.85	28180022.58	33701474.62
压机压贴线	9673162.41	13119658.13	8185299.14	16558376.06
其他	3628784.28	16529794.49	12494267.20	19324471.18
合计	79720623.80	116244295.00	96292017.58	158204150.86

2.主营业务成本

项目	2000 年 1-7 月	1999 年度	1998 年度	1997 年度
砂光机	8968154.95	10204000.36	7118504.86	22040421.99
干燥机	12972621.62	17033751.46	10675671.96	19381374.01
浸渍干燥机	11829485.81	7884292.11	10197167.25	10856618.58
柴油机	14330618.94	23297777.50	25457092.13	29664921.71
压机压贴线	7672811.08	10444269.81	6922849.10	12106660.97
其他	2892654.06	9496163.91	8116664.77	13948895.46
合计	58668339.46	78360255.15	68487950.07	107998892.72

3.其他业务利润

项目	2000 年 1-7 月	1999 年度	1998 年度	1997 年度
材料销售	174984.43	160001.69	430428.89	564756.33
技术服务	128163.78	10320701.65	162891.68	254626.76
房屋租赁	–	–	338770.43	154939.77
汽车销售	16868.29	26010.48	92755.98	296355.11
合计	320016.50	289219.82	1024846.98	1270677.97

4.财务费用

项目	2000 年 1-7 月	1999 年度	1998 年度	1997 年度
利息支出	2337692.99	7090009.53	10097260.44	8501813.84
减:利息收入	485930.73	535999.37	2273795.09	377442.45
其他	11022.08	17515.39	19162.04	31303.94
合计	1862784.34	6571525.55	7842627.39	8155675.33

5.补贴收入

项目	2000 年 1-7 月	1999 年度	1998 年度	1997 年度
新产品开发补助	–	650000.00	–	–

根据国家林业局林计财字[1998]20 号文和国家林业局林计财字[1999]98 号文拨给公司新产品开发补助费 650000 元。

6.营业外收入

项目	2000 年 1-7 月	1999 年度	1998 年度	1997 年度
违约赔偿及罚款收入	41151.00	532890.00	150082.00	422229.93
固定资产清理收入	19500.43	–	157861.82	63277.69
其他	–	31475.00	82425.84	102315.08
合计	60651.43	564365.00	390369.66	587822.70

7.营业外支出

项目	2000 年 1-7 月	1999 年度	1998 年度	1997 年度
固定资产清理损失	–	193708.72	28505.56	22153.38
赔偿支出	–	–	– 45	86.89
其他支出	19400.56	9762.43	49030.72	102267.25
合计	19400.56	203471.15	77536.28	129007.52

五、其他重要事项

1. 公司股东大会决议通过自公司成立日至本次股票发行股权登记日的滚存利润 由新老股东共享。

2.1994 年 12 月 15 日, 公司主发起人苏州林业机械厂通过中国机床总公司代理进 口捷克 BUB/3000 型高精度外圆磨床(该设备已由主发起人投入公司),合同总金额 为 122067 美元。由于捷克方提供的产品质量问题,中国机床总公司于 1997 年 12 月 23 日 向中国国际经济贸易促进委员会对外经济贸易仲裁委员会申请仲裁,根据(99)贸仲裁字第 0193 号裁决书裁决,捷克方应支付 115964 美元和人民币 448223.20 元。

3.公司成立时(1998 年 12 月 31 日)已按资产评估结果进行了调帐。

十、董事会上市承诺

本公司董事会严格遵守《中华人民共和国公司法》、《中华人民共和国证券法》、《股票发行与交易管理暂行条例》、《公开发行股票公司信息披露实施细则》和《上海证券交易所股票上市规则(2000 年修订本)》等国家法律、法规的规定,并自股票上市之日起作出如下承诺:

1、按照法律、法规的规定程序和要求披露重大的信息、并接受证券主管机关、上海证券交易所的监督管理。

2、及时、真实、准确的公布中期报告和年度报告,并备置于规定场所供投资者 查阅。

3、本公司董事、监事、高级管理人员如发生人事变动或持本公司股票发生变化 时,在报告证券

主管机关、上海证券交易所的同时向投资者公布。

4、在任何公共传播媒介中出现的消息可能对本公司股票的市场价格产生误导性 影响时，本公司知悉后将及时对该消息予以公开澄清。

5、本公司董事、监事、高级管理人员将认真听取社会公众的意见和批评，不利 用已获得的内幕消息和其他不正当手段直接或间接从事股票买卖活动。

6、本公司没有无记录负债。

依据 2000 年 5 月 1 日起实施的《上海证券交易所股票上市规则(二〇〇〇年修订本)》，本公司全体董事、监事将按照有关规定，在本公司股票上市后两个月内签署《董事(监事)声明及承诺书》并送达上海证券交易所备案。

十一、重要事项揭示

1、1998 年由于受亚洲金融危机、国内经济周期性波动、内需不足和特大洪灾等 多方面外部重大因素的影响，整个行业经营形势出现了前所未有大的波动，本公司也在所难免出现主营业务收入和利润比 1997 年业绩明显下降的情况。1999 年情况明显回升，净利润接近 1997 年的水平，2000 年 1-7 月又比上年同期增长，可见本行业受宏观经济形势的影响较大。

2、根据苏州天辰会计师事务所有限公司对本公司 2000 年度盈利预测的(2000) 苏会审三字第 10 号审核报告，预计本公司 2000 年度实现利润总额 1863.98 万元，净利润 1248.87 万元。公司 2000 年所得税按 33%税率预测。

3、本公司此次向社会公众公开发行了 3000 万股人民币普通股股票，本次发行前 每股净资产为 1.59 元，发行后每股净资产为 2.65 元。

4、本公司 1997 年执行 33%的税率。1998 年主发起人经江苏省科委苏科高[1997]580 号文件认定为高新技术企业，1999 年本公司经江苏省科委苏科高[1999]235 号文件认定为高新技术企业，根据财政部、国家税务总局[94]财税字第 001 号文件，执行 15%的税率。

5、预计本次股票发行后首次股利分配时间为 2001 年 6 月 30 日前。公司 2000 年 7 月 31 日未分配利润余额为 1456.93 万元，系 2000 年 1-7 月净利润与 1999 年度分配后余额 的累计数，由新老股东共享。

6、苏福马股份有限公司大股东苏州林业机械厂郑重承诺：本公司持有的苏福马 股份有限公司国有法人股 4953.47 万股，自苏福马股份有限公司的股票上市之日起，一年内不转让，也不由苏福马股份有限公司回购我公司持有的国有法人股。

7、截止本上市公告书刊登之日，除本上市公告书第九章第五项第二条所披露事 项外，本公司无重大诉讼事项。

十二、备查文件目录

1、招股说明书
2、上海证券交易所上市通知书
3、中国证监会核准本公司公开发行股票的文件
4、审计报告、财务报表及附注
5、验资报告
6、盈利预测报告及注册会计师审核报告
7、法律意见书
8、资产评估报告
9、公司股东大会决议、董事会决议
10、公司营业执照
11、公司章程
12、其他备查文件

十三、咨询机构

1、发行人：苏福马股份有限公司
法定代表人：葛仁优　　地址：江苏省苏州市新区何山花园 8 幢 103 室
联系电话：(0512)7524718　　传真：(0512)7534072　　联系人：胡其新
2、上市推荐人：中信证券股份有限公司
法定代表人：常振明　　地址：深圳市罗湖区湖贝路 1030 号海龙王大厦
联系电话：(025)6630891　　传真：(025)3303876　　联系人：甘舒宁
3、上市推荐人：南方证券有限公司
法定代表人：沈沛　　地址：深圳市嘉宾路 4028 号太平洋商贸大厦 20-28 层
联系电话：(010)66212441，(0755)2138227　　传真：(010)66210025
联系人：郭群杨 扬许燕

苏福马股份有限公司
二〇〇〇年十月三十一日
资产负债表　　单位：人民币元

资产	2000 年 7 月 31 日	1999 年 12 月 31 日	1998 年 12 月 31 日	1997 年 12 月 31 日
流动资产：				
货币资金	19071935.03	13218553.49	8709258.25	16121478.93
短期投资	–	–	–	–
减：短期				
投资跌价准备	–	–	–	–
短期投资净额	–	–	–	–
应收票据	2747000.00	601509.00	1413892.00	1600000.00
应收股利	–	–	–	–
应收利息	–	–	–	–
应收帐款	60559640.20	65409438.69	54949218.57	42968420.01
其他应收款	4741075.68	17985768.33	14098449.69	12276797.27
减：坏帐准备	6625656.96	6028862.28	4192749.25	3464133.65
应收款项净额	58675058.92	77366344.74	64854919.01	51781083.63
预付帐款	4729673.29	4069327.24	2369726.16	2501650.78
应收补贴款	–	–	–	–
存货	42755867.97	44531571.63	35634538.40	49478523.60
减：存货跌价准备	5101920.65	4919536.89	4453707.95	4005826.42
存货净额	37653947.32	39612034.74	31180830.45	45472697.18
待摊费用	–	1546086.22	1546086.22	1546086.22
待处理流动资产净损失	–	–	–	–
一年内到期的				
长期债权投资	–	–	–	–
其他流动资产	–	–	–	–
流动资产合计	122877614.56	136413855.43	110074712.09	119022996.74
长期投资：				–
长期股权投资	25444131.24	24444131.24	24444131.24	24444131.24
长期债权投资	–	–	–	–
长期投资合计	25444131.24	24444131.24	24444131.24	24444131.24
减：长期投资减值准备	–	–	–	–
长期投资净额	25444131.24	24444131.24	24444131.24	24444131.24
固定资产：				
固定资产原价	113162594.21	108341094.50	107163788.33	82103866.45
减：累计折旧	45589914.98	41571804.52	36143425.61	18641635.33
固定资产净值	67572679.23	66769289.98	71020362.72	63462231.12
工程物资	–	–	–	–
在建工程	6907251.53	14129276.71	13766780.08	5498143.22
固定资产清理	–	–	–	–
待处理固定资产净损失	–	–	–	–
固定资产合计	74479930.76	80898566.69	84787142.80	68960374.34
无形资产及其他资产：				–
无形资产	507974.75	569551.65	612263.19	514734.87
开办费	–	–	–	–
长期待摊费用	75700.80	102196.08	149124.62	272523.00
其他长期资产	–	–	–	–
无形资产及				
其他资产合计	583675.55	671747.73	761387.81	787257.87
递延税项：				–
递延税款借项	–	–	–	–
资产总计	223385352.11	242428301.09	220067373.94	213214760.19

资产负债表(续)

负债和股东权益	2000 年 7 月 31 日	1999 年 12 月 31 日	1998 年 12 月 31 日	1997 年 12 月 31 日
流动负债：				
短期借款	32000000.00	28000000.00	30000000.00	23000000.00
应付票据	1200000.00	2100000.00	–	–
应付帐款	40504762.54	42129713.52	39998922.28	51366566.85
预收帐款	14626955.29	7594879.46	2228309.99	4063164.43
代销商品款	–	–	–	–
应付工资	1905180.10	4025086.90	6642158.43	9967304.54
应付福利费	1509861.44	1194266.55	650804.71	531648.27
应付股利	–	–	–	–
应交税金	6348446.16	5408839.15	114491.35	9367726.60
其他应交款	64556.78	87555.30	–	56505.43
其他应付款	3356101.19	1749158.71	5418183.33	1799086.63
预提费用	521182.80	878295.80	–	–
一年内到期				
的长期负债	27000000.00	48000000.00	12000000.00	–
其他流动负债	–	–	–	–
流动负债合计	129037046.30	141167795.39	97052870.09	100152002.75
长期负债：				
长期借款	10000000.00	23000000.00	54800000.00	66195700.00
应付债券	–	–	–	–
长期应付款	–	–	–	–
住房周转金	58986.64	9223.00	–	-4913156.96
其他长期负债	–	–	–	–
长期负债合计	10058986.64	23009223.00	54800000.00	61282543.04
递延税项：				
递延税款贷项	–	–	–	–
负债合计	139096032.94	164177018.39	151852870.09	161434545.79
股东权益：				
股本	53000000.00	53000000.00	53000000.00	–
资本公积	15214503.85	15214503.85	15214503.85	–
盈余公积	1505516.83	1505516.83	–	–
其中：公益金	501838.94	501838.94	–	–
未分配利润	14569298.49	8531262.02	–	–
股东权益合计	84289319.17	78251282.70	68214503.85	51780214.40
负债和股东权益总计	223385352.11	242428301.09	220067373.94	213214760.19

调整日前后资产负债比较表

资产	评估入帐前	评估入帐后
流动资产:		
货币资金	8,709,258.25	8,709,258.25
短期投资	–	–
减：短期投资跌价准备	–	–
短期投资净额	–	–
应收票据	1,413,892.00	1,413,892.00
应收帐款	54,949,218.57	54,949,218.57
其他应收款	5,616,840.15	5,616,840.15
减:坏帐准备	293,752.92	164,847.66
应收款项净额	60,272,305.80	60,401,211.06
预付帐款	2,369,726.16	2,369,726.16
待摊费用	1,546,086.22	1,546,086.22
存货	35,634,538.40	35,634,538.40
减：存货跌价准备	–	–
存货净额	35,634,538.40	35,634,538.40
待处理流动资产净损失	–	–
一年内到期的长期债券投资	–	–
其他流动资产	–	–
流动资产合计	109,945,806.83	110,074,712.09
长期投资		
长期负债：		
长期股权投资	24,444,131.24	24,444,131.24
长期债券投资	–	–
长期投资合计	24,444,131.24	24,444,131.24
减：长期投资减值准备	–	–
长期投资净额	24,444,131.24	24,444,131.24
长期负债合计	54,800,000.00	54,800,000.00
固定资产:		
固定资产原价	82,454,669.83	107,163,788.33
减:累计折旧	23,250,467.11	36,143,425.61
固定资产净值	59,204,202.72	71,020,362.72
工程物资	–	–
在建工程	13,766,780.08	13,766,780.08
固定资产清理	–	–
待处理固定资产净损失	–	–
固定资产合计	72,970,982.80	84,787,142.80
资本公积	3,240,214.40	15,214,503.85

无形资产及其他资产：		
无形资产	583,039.00	612,263.19
开办费	–	–
长期待摊费用	149,124.62	149,124.62
其他长期资产		
无形资产及其他资产合计	732,163.62	761,387.81
递延税款：		
递延税款借项	–	–
资产总计	208,093,084.49	220,067,373.94
负债及股东权益	评估入帐前	评估入帐后
流动负债：		
短期借款	30,000,000.00	30,000,000.00
应付票据	–	–
应付帐款	39,998,922.28	39,998,922.28
预收货款	2,228,309.99	2,228,309.99
代销商品款	–	–
应付工资	6,642,158.43	6,642,158.43
应付福利费	650,804.71	650,804.71
应付股利	–	–
应交税金	114,491.35	114,491.35
其他应交款	–	–
其他应付款	5,418,183.33	5,418,183.33
预提费用	–	–
一年内到期长期负债	12,000,000.00	12,000,000.00
其他流动负债	–	–
流动负债合计	97,052,870.09	97,052,870.09
长期借款	54,800,000.00	54,800,000.00
应付债券	–	–
长期应付款	–	–
住房周转金	–	–
其他长期负债	–	–
递延税款：		
递延税款贷项	–	–
负债合计	151,852,870.09	151,852,870.09
股东权益：		
股本	53,000,000.00	53,000,000.00
盈余公积	–	–
其中：公益金	–	–
未分配利润	–	–
股东权益合计	56,240,214.40	68,214,503.85
负债及股东权益总计	208093084.49	220,067,373.94

利润及利润分配表　　单位：人民币元

项目	2000 年 1–7 月	1999 年度	1998 年度	1997 年度
一、主营业务收入	79720623.80	116244295.00	96292017.58	158204150.86
减：折扣与折让	–	–	–	–
主营业务收入净额	79720623.80	116244295.00	96292017.58	158204150.86
减：主营业务成本	58666346.46	78360255.15	68487950.07	107998892.72
主营业务税金及附加	669738.40	777738.96	887652.19	1139788.45
二、主营业务利润	20384538.94	37106300.89	26916415.32	49065469.69
加：其他业务利润	320016.50	289219.82	1024846.98	1270677.97
减：存货跌价损失	182383.76	465828.94	447881.53	1272501.92
营业费用	2397278.27	3810505.37	2799356.97	3661669.05
管理费用	9199787.62	14983327.71	15002609.02	21276378.98
财务费用	1862784.34	6571525.55	7842627.39	8155675.33
三、营业利润	7062321.45	11564333.14	1848787.39	15969922.38
加：投资收益	–	–	–	–
补贴收入	–	650000.00	–	–
营业外收入	60651.43	564365.00	390369.66	587822.70
减：营业外支出	19400.56	203471.15	77536.28	129007.52
四、利润总额	7103572.32	12575226.99	2161620.77	16428737.56
减：所得税	1065535.85	2538448.14	616871.10	5791780.35
五、净利润	6038036.47	10036778.85	1544749.67	10636957.21
加：年初未分配利润	8531262.02	–		
盈余公积转入		–		
六、可供分配利润	14569298.49	10036778.85		
减：提取法定盈余公积	–	1003677.89		
提取法定公益金	–	501838.94		
七、可供股东分配的利润	14569298.49	8531262.02		
减：应付优先股股利		–		
提取任意盈余公积	–	–		
应付普通股股利	–	–		
八、未分配利润	14569298.49	8531262.02		

盈利预测表

预测期间：2000 年 8–12 月及 2001 年度　　单位：人民币元

项目		1999 年度已审数		2000 年预测数	2001 年预测数
	1–7 月已审数	8–12 月预测数	合计数		
一、主营业务收入	116244295.00	79720623.80	73198924.09	152919547.89	180222760.00
减：主营业务成本	78360255.15	58666346.46	51974118.39	110640464.85	130147500.00
主营业务税金及附加	777738.96	669738.40	492754.20	1162492.60	1303000.00
二、主营业务利润	37106300.89	20384538.94	20732051.50	41116590.44	48772260.00
加：其他业务利润	289219.82	320016.50	0.00	320016.50	0.00
减：存货跌价损失	465828.94	182383.76	400000.00	582383.76	800000.00
营业费用	3810505.37	2397278.27	2105000.00	4502278.27	4750000.00
管理费用	14983327.71	9199787.62	9172000.00	18371787.62	20541000.00
财务费用	6571525.55	1862784.34	1576800.00	3439584.34	3300000.00
三、营业利润	11564333.14	7062321.45	7478251.50	14540572.95	19381260.00
加：投资收益	0.00	0.00	0.00	0.00	0.00
补贴收入	650000.00	0.00	0.00	0.00	0.00
营业外收入	564365.00	60651.43	0.00	60651.43	0.00
减：营业外支出	203471.15	19400.56	0.00	19400.56	0.00
四、利润总额	12575226.99	7103572.32	7478251.50	14581823.82	19381260.00
减：所得税(33%)			2467823.00	2467823.00	6395815.80
所得税(15%)(注)	2538448.14	1065535.85		1065535.85	
五、净利润	10036778.85	6038036.47	5010428.51	11048464.98	12985444.20

注：本公司经江苏省科学技术委员会苏科高[1999]235 号文件认定为高新技术企业，根据财政部和税务总局[94]财税字第 001 号文规定，实际所得税税率为 15%。

现金流量表　　单位：元

项目	1999 年度	2000 年 1–7 月
一.经营活动产生的现金流量		
销售商品、提供劳务收到的现金	142,820,753.72	99,924,379.83
收到的租金	–	–
收到的税费返还	–	–
收到的其他与经营活动有关的现金	1,214,365.00	499,874.83
现金流入小计	144,035,118.72	100,424,254.66
购买商品、接受劳务支付的现金	92,803,102.82	64,917,173.58
经营租赁所支付的现金	–	–
支付给职工以及为职工支付的现金	19,608,804.92	9,053,505.93
实际交纳的增值税款	3,535,259.38	5,317,732.55
支付的所得税款	1,228,374.97	–
支付的除增值税、所得税以外的其他税费	828,502.75	1,048,065.81
支付的其他与经营活动有关的现金	15,211,753.09	8,942,421.63
现金流出小计	133,215,797.93	89,278,899.50
经营活动产生的现金流量净额	10,819,320.79	11,145,355.16
二.投资活动产生的现金流量		
收回投资所收到的现金	–	–
分得股利或利润所收到的现金	–	–
取得债券利息收入所收到的现金	–	–
处置固定资产、无形资产和其他长期资产而收到的现金净额	42,496.00	2,740,032.00
收到的其他与投资活动有关的现金		
现金流入小计	42,496.00	2,740,032.00
购建固定资产、无形资产和其他长期资产所支付的现金	1,948,978.80	364,406.53
权益性投资所支付的现金	–	1,000,000.00
债权性投资所支付的现金	–	–
支付的其他与投资活动有关的现金	–	–
现金流出小计	1,948,978.80	1,364,406.53
投资活动产生的现金流量净额	−1,906,482.80	1,375,625.47
三.筹资活动产生的现金流量		
吸收权益性投资所收到的现金		
发行债券所收到的现金	–	
借款所收到的现金	2,200,000.00	–
收到的其他与筹资活动有关的现金		–
现金流入小计	2,200,000.00	–
偿还债务所支付的现金		4,000,000.00
发生筹资费用所支付的现金		
分配股利或利润所支付的现金	–	–
偿付利息所支付的现金	6,586,027.36	2,667,599.09
融资租赁所支付的现金	–	–
减少注册资本所支付的现金	–	–
支付的其他与筹资活动有关的现金	17,515.39	–
现金流出小计	6,603,542.75	6,667,599.09
筹资活动产生的现金流量净额	−4,403,542.75	−6,667,599.09
四.汇率变动对现金的影响额	–	–
五.现金及现金等价物净增加额	4,509,295.24	5,853,381.54
1.不涉及现金收支的投资和筹资活动：		
以固定资产偿还债务		
以投资偿还债务		
以固定资产进行投资		
融资租赁固定资产		
以存货偿还债务		
2.将净利润调节为经营活动的现金流量		
净利润	10,036,778.85	6,038,036.47
加：计提的坏帐准备或转销的坏帐	1,836,113.03	596,794.68
固定资产折旧	5,900,850.19	4,062,510.89
无形资产、其他资产摊销	208,340.08	88,072.18
待摊费用的减少（减：增加）	–	1,546,086.22
预提费用的增加（减：减少）	492,113.00	–
处置固定资产、无形资产和其他长期资产的损失（减：收益）	–	−19,500.43
固定资产报废损失	193,708.72	–
财务费用	6,571,525.55	2,310,486.09
投资损失（减：收益）	–	–
递延税款贷项（减：借项）	–	–
存货的减少（减：增加）	−8,897,033.23	1,775,703.66
经营性应收项目的减少（减：增加）	−15,234,756.84	−5,256,001.84
经营性应付项目的增加（减：减少）	9,236,629.50	−179,216.52
其他（计提存货跌价损失准备）	475,051.94	182,383.76
经营活动产生的现金流量净额	10,819,320.79	11,145,355.16
3.现金及现金等价物净增加情况		
现金的期末余额	13,218,553.49	19,071,935.03
减：现金的期初余额	8,709,258.25	13,218,553.49
加：现金等价物的期末余额		
减：现金等价物的期初余额		
现金及现金等价物净增加额	4,509,295.24	5,853,381.54

重 庆 九 龙 电 力 股 份 有 限 公 司

重庆九龙电力股份有限公司股票上市公告书

一、要 览

证券简称:九龙电力
证券代码:600292
总股本:16725 万股
可流通股本:6000 万股
本次上市流通股本:6000 万股
上市地点:上海证券交易所
上市日期:2000 年 11 月 1 日
股份登记机构:上海证券中央登记结算公司
上市推荐人:华夏证券有限公司
联合证券有限责任公司
西南证券有限责任公司

二、绪 言

重庆九龙电力股份有限公司(以下简称:"本公司") 股票上市公告是根据《中华人民共和国公司法》、《中华人民共和国证券法》、《股票发行与交易管理暂行条例》、《公开发行股票公司信息披露实施细则》和《上海证券交易所股票上市规则》等国家有关的现行法律、法规的规定，按照中国证券监督管理委员会制定的公开发行股票公司信息披露的内容和格式准则第七号《上市公告书的内容与格式(试行)》编制,旨在向投资者提供有关本公司的基本情况和股票上市的有关资料。

经中国证券监督管理委员会证监发行字[2000]135 号文核准,本公司已成功上网定价发行了每股面值 1.00 元的人民币普通股 6000 万股,每股发行价人民币 9.00 元。经上海证券交易所上证上字[2000]第 85 号《上市通知书》同意,本公司 6000 万股人民币普通股将于 2000 年 11 月 1 日(星期三)起在上海证券交易所上市挂牌交易。 证券简称"九龙电力",证券代码"600292"。本公司总股本 16725 万股,流通股本 6000 万股。

本公司已于 2000 年 10 月 11 日在《中国证券报》和《上海证券报》上刊登了《招股说明书概要》,距今不足六个月,故与其重复的内容在此不再重述，敬请投资者查阅本公司的《招股说明书概要》。

本公司董事会及全体董事已批准本上市公告书，并确信所载资料不存在任何重大遗漏和误导，并对其真实性、准确性和完整性负个别和连带责任。

三、公司概况

(一)概况
公司名称:重庆九龙电力股份有限公司
英文名称: CHONGQING JIULONG ELECTRIC POWER CO., LTD.
注册地址: 重庆市高新技术产业开发区九龙园区盘龙村 113 号
网址:WWW.JIULON.COM.CN
注册资本:16725 万元
法定代表人:罗维
成立日期:1994 年 6 月 30 日

经营范围:电力生产,电力技术服务;销售电机,输变电设备,电器机械及器材,电子元件,煤炭,化工产品及原料(不含化学危险品)。输变电设备及电机的制造、销售,环境保护技术的研究、开发,高新科技产品的研究、开发(国家有专项管理规定的除外),房地产开发(按资质证书核定项目承接业务),物业管理。

(二)历史沿革

重庆九龙电力股份有限公司是 1994 年 5 月经重庆市经济体制改革委员会以渝改企[1994]51 号文批准,由四川省电力公司、重庆市建设投资公司、重庆发电厂等八家国有大中型企业共同发起,以定向募集方式设立的股份有限公司，公司于 1994 年 6 月 30 日注册登记。公司成立时总股本 10725 万股,按每股面值 1 元的价格发行，发起人法人股共计 8629.10 万股。其中:四川省电力公司持有 4000 万股，重庆市建设投资公司持有 3000 万股,重庆发电厂持有 629.1 万股,重庆电业局持有 200 万股,天府矿务局持有 200 万股,重庆煤炭工业公司持有 200 万股,成都铁路局重庆铁路分局持有 200 万股,四川电力建设一公司持有 200 万股。定向募集社会法人股 2095.90 万股。

1998 年 3 月至 1998 年 10 月重庆拓源电力公司(以下简称"重庆拓源")协议授让重庆电业局、四川电力建设一公司(重庆直辖后更名为重庆电力建设总公司)、重庆发电厂各自持有本公司的 200 万股及社会募集法人股 1208.1 万股， 收购完成后重庆拓源持有本公司的股份共计 1808.1 万股,成为本公司第三大股东,占总股本的 16.86%。

1997 年因重庆市设立为直辖市,经国家有关部门批准,相应成立重庆市电力公司,四川、重庆电网财产分割,原四川省电力公司所持本公司的 4000 万股转由重庆市电力公司持有。1998 年根据国家电力公司的统一规定，将重庆市发电厂持有的公司 429.1 万股划转其母公司重庆市电力公司持有。重庆铁路分局 1998 年将其持有的公司 200 万股转让给重庆铁路投资开发有限责任公司持有。

上述股权变更后,公司第一大股东为重庆市电力公司,持有本公司 4429.1 万股;公司第二大股东为重庆市建设投资公司,持有本公司 3000 万股;公司第三大股东为重庆拓源电力公司,持有本公司 1808.1 万股。

我公司目前主营项目为电力生产。截止 2000 年 5 月 31 日,本公司的总资产为 59,896.07 万元,总负债为 35,907.23 万元,净资产为 23,988.84 万元。2000 年 1-5 月主营业务收入为 14,485.43 万元,实现净利润 4,496.56 万元。公司现有员工 127 人,其中具有中高级职称的人员 33 人。经中国证券监督管理委员会证监发字[2000] 135 号文批准,公司通过上海证券交易所,于 2000 年 10 月 13 日上网定价发行 6000 万股。

四、股票发行及承销

(一)股票发行
1、股票面值:1 元/股
2、发行价格:9.00 元/股
3、发行方式:上网定价发行
4、发行股数:6000 万股
5、上网定价发行情况:
(1)、有效申购总量:13,504,190,000 股
(2)、有效申购资金总额:12,153,771 万元
(3)、有效申购户数:802,449 户
(4)、超额认购倍数:225.0698 倍
(5)、中签率:0.44430654%
(6)、持 1000 股以上(含 1000 股)的股东数:57,932 户
6、募集资金总额(未扣除发行费用):540,000,000.00 元
7、实际募集资金总额:521,647,484.78 元
8、发行费用总额:18,352,515.22 元
9、每股发行费用:0.30587 元
10、发行市盈率:15.52 倍(加权平均计算)
22.14 倍(全面摊薄计算)

(二)股票承销

本次上网定价发行之 6000 万股已全部被社会公众认购,未出现余股。

(三)验资报告

重庆天健会计师事务所重天健验字(2000)第 009 号《验资报告》重庆九龙电力股份有限公司全体股东:

我们接受委托,对重庆九龙电力股份有限公司截止 2000 年 10 月 19 日止的注册资本、投入资本变更情况的真实性和合性法进行了审验。在审验过程中，我们按照《独立审计实务公告第 1 号--验资》的要求,实施了必要的审验程序。重庆九龙电力股份有限公司的责任是提供真实、合法、完整的验资资料,保护资产的安全、完整,我们的责任是按照《独立审计实务公告第 1 号--验资》的要求,出具真实、合法的验资报告。

重庆九龙电力股份有限公司变更前的注册资本和股本均为 107,250,000. 00 元,拟变更申请的注册资本为人民币 167,250,000.00 元。根据我们的审验,截止 2000 年 10 月 19 日止,重庆九龙电力股份有限公司已收到股东增加投入资本人民币 521, 647,484.78 元(已扣除实际发行费用),其中计入股本 60,000,000.00 元,资本公积 461,647,484.78 元。变更后的股本总额为 167,250,000.00 元,其中国有法人股 78, 291,000.00 元,占总股本 46.81%;社会法人股 28,959,000.00 元,占总股本的 17. 32%;社会公众股 60,000,000.00 元，占总股本的 35.87%。与本次增加投入资本相关的资产总额为 521,647, 484.78 元,均系货币资金。

附件(一)变更前后注册资本、股本对照表
附件(二)验资事项说明

重庆天健会计师事务所 中国注册会计师:龙文虎
有限责任公司
中国.重庆 中国注册会计师:刘 云
二 OOO 年十月二十日

募集资金(已扣除发行费用)入帐时间:2000 年 10 月 19 日
开户银行:中国建设银行重庆杨家坪支行
入帐帐号:2634712038
入帐金额:527,110,000.00 元

五、董事、监事和高级管理人员简介及持股情况

本公司董事会共有董事 11 名,监事会有监事 5 名,非董事高级管理人员 3 名,除了在公司担任管理职务的董事、监事外,其他董事、监事均不在公司领取薪酬,公司董事、监事、非董事高级管理人员情况简介如下:

(一)、董事、监事和高级管理人员简介

1、董事

罗维先生:本公司董事长。1943 年出生,浙江大学热动专业毕业,大学学历,教授级高级工程师。1985 年至 1988 年任江西省分宜发电厂厂长,1988 年至 1990 年任九江发电厂厂长,1990 年至 1995 年任江西省电力局副局长,1995 年至 1999 年任中国电力国际有限公司副总经理,1999 年至今任重庆市电力公司副总经理。

万大晖先生:本公司副董事长。1943 年出生,1967 年毕业于西北工业大学,大学学历,高级工程师。1984 至 1989 年任重庆市计委能源交通处处长,1989 年至今任重庆市建设投资公司总经理。

叶明先生:本公司董事。1942 年出生,1966 年毕业于天津大学发电厂及电力系统专业,大学学历,教授级高级工程师。1987 年至 1997 年期间先后任黑龙江省电力工业局基建处长、基建副总工程师、基建总工程师、副局长。1997 年至今任重庆市电力公司总经理。1999 年荣获重庆市政府授予的重庆市首届振兴重庆杰出贡献奖章。

李承的先生:本公司董事。1938 年出生,1964 年毕业于成都工学院,大学学历,教授级高级工程师。1985 年至 1987 年任川东电业局副局长,1987 年至 1997 年任重庆电业局局长、党委书记,1997 年至 1999 年任重庆市电力公司副总经理,曾荣获四川省企业优秀领导干部、优秀企业家等荣誉。现为重庆电力行业协会会长。

冯仁礼先生:本公司董事、总经理。1943 年出生，大学学历，高级经济师。1982 年到 1984 年任重庆发电厂生产副厂长,1984 年到 1997 年任重庆发电厂经营副厂长,1997 年至今任本公司总经理,同时兼任公司下属九龙西厂厂长。曾多次荣获电力系统先进个人荣誉称号。1999 年度从公司领取的薪酬总额共计 3.03 万元。

周康定先生:本公司董事。1942 年出生,大学学历,高级经济师。 1983 年至 1987 年任重庆供电局党委副书记,1987 年至 1997 任重庆电业局副局长,1997 年至今任重庆市电力公司副总经济师。

吴尚亨先生:本公司董事。1948 年出生,大专学历,经济师。1989 年至 1990 年任四川省重庆船厂副厂长,1990 年至今任重庆市建设投资公司项目一处副处长。

杨锡友先生:本公司董事。1948 年出生,大专学历。曾任牡丹江电力实业公司经理、黑龙江省水电建设管理局副局长,现任重庆拓源电力公司总经理。

刘代泽先生:本公司董事。1939 年出生,1964 年毕业于重庆大学采矿系,大学学历,高级工程师。1974 年到 1981 年任天府矿务局矿长、总工,1981 年到 1983 年任中梁山矿务局矿长、总工,1983 年至今任重庆煤炭工业公司总工、经理。

吴梅女士:本公司董事。1966 年出生,1986 年毕业于西南师范大学中文系,大学学历,高级政工师。曾任重庆电业局团委干事、多经局办公室主任、重庆龙源电力设备总公司书记、副总经理,现任重庆拓源电力公司副总经理、重庆鼎泰电力有限公司副总经理。

杜建钧先生:本公司董事。1953 年出生,大专学历,高级经济师。曾在渝中区交通机械厂、重庆百货站工作过,现任重庆市建设投资公司项目主管。

2、监事

何瑞兰女士:本公司监事会主席。1945 年出生,1969 年毕业于西南财经大学会计专业,大学学历,高级会计师。曾任重庆市针织站财务科科长,现任重庆市建设投资公司财务处副处长。

陈启华先生:本公司监事。1949 年出生,大学学历,工程师。1989 年到 1995 年任重庆铁路分局副局长,1996 年至今任重庆铁路分局局长、重庆铁路投资开发有限责任公司董事长。1992 年被评为成都铁路局优秀知识分子,1998 年荣获铁道部"火车头"奖章。

张治强先生:本公司监事。1968 年出生,1990 年毕业于厦门大学会计系审计专业,大学学历,会计师。原在重庆电业局审计处工作,1997 年,通过竞争上岗担任重庆市电力公司审计处处长。1994 年参加全国注册会计师统一考试全科一次合格,获中国注册会计师资格证书。现任重庆市电力公司审计

处处长。

贺瑞明先生:本公司监事。1964 年出生,1986 年毕业于华北电力大学动力系生产过程自动化专业,大学学历,工程师。曾在重庆发电厂热工车间工作,后在重庆电力职工大学任教,1999 年至今任本公司规划发展部副经理。1999 年度从公司领取的薪酬总额共计 2.25 万元。

游碧珍女士:本公司监事。1954 年出生,1977 年毕业于重庆大学电机系电力专业,大学学历,经济师。曾在重庆发电厂电气车间和发电一车间担任管理员,1998 年至今任公司九龙西厂综合管理员。1999 年度从公司领取的薪酬总额共计 2.20 万元。

3、非董事、监事高级管理人员

岳钢先生:本公司副总经理。1963 年出生,1980 年至 1984 年就读于重庆大学热力工程系电厂热能动力专业,获工学学士。1984 年 8 月至 1997 年 10 月先后担任重庆发电厂车间技术干部、车间副主任、主任,1997 年至 2000 年 1 月任重庆发电厂生产副厂长,1994 年 6 月至 2000 年 1 月间任公司监事,2000 年 1 月至今任公司副总经理兼公司下属九龙西厂副厂长。

张奇先生:本公司董事会秘书。1954 年出生,大学学历,法学学士,中级职称。原在重庆发电厂子弟中学任教。曾任重庆九龙坡两江机械厂经营副厂长、重庆九龙坡电力五金电器厂厂长、重庆龙源电力开发公司开发部经理,1997 年至 1999 年任本公司办公室主任,2000 年 1 月至今任公司董事会秘书。 曾荣获"四川省电力局先进教育工作者"称号。1999 年度从公司领取的薪酬总额共计 2.42 万元。

吴小平女士:本公司财务部经理。1956 年出生,大学学历。曾任重庆发电厂扩建工程指挥部财务科主办会计、重庆发电厂劳动服务公司财务室主办会计、重庆电力实业开发总公司财务科科长、重庆发电厂厂团委委员和车间团支部书记,1980 年被评为四川省电力工业局"新长征突击手",曾获川东电业局"优秀会计"称号。从 1998 年至 2000 年 1 月任本公司财务负责人。1999 年度从公司领取的薪酬总额共计 2.32 万元。

(二)董事、监事和高级管理人员的持股情况

本公司董事、监事和高级管理人员均未持有本公司的股票。

六、公司设立

重庆九龙电力股份有限公司是 1994 年 5 月经重庆市经济体制改革委员会以渝改企[1994]51 号文批准,由四川省电力公司、重庆市建设投资公司、重庆发电厂等八家国有大中型企业共同发起,以定向募集方式设立的股份有限公司,公司于 1994 年 6 月 30 日注册登记,注册资本 10725 万元。

2000 年 1 月 24 日,在公司 1999 年度股东大会上,审议并通过了将公司由定向募集股份有限公司转为社会募集股份有限公司以及公开发行股票并上市的决议, 同时授权董事会办理股票发行和上市的相关事宜。

经中国证监会证监发行字[2000]135 号文批准,本公司已成功发行每股面值 1.00 元的社会公众股 6000 万股,每股发行价格 9.00 元。本次 6000 万股社会公众股发行结束后,本公司注册资本 16725 万元,注册地址:重庆市高新技术产业开发区九龙园区盘龙村 113 号,法定代表人:罗维,本公司营业执照注册号码:5000001804165。

七、关联企业及关联交易

(一)关联企业

本发行人的关联企业为:

1、重庆市电力局

重庆市电力局为本公司第一大股东,持有本公司 4429.1 万股的股份,占公司总股本的 41.3%,拥有本公司相对控股权。

2、重庆市建设投资公司

重庆市建设投资公司为本公司第二大股东, 持有公司 3000 万股的股份, 占公司总股本的 27.98%。

3、重庆发电厂

重庆发电厂为重庆市电力公司的全资子企业, 重庆发电厂与公司均为重庆市电力公司控股的企业。

4、重庆英康九龙智能控制技术有限公司

重庆英康九龙智能控制技术有限公司为公司控股的子公司,该公司注册资本为 500 万元,公司占有 51%的权益。

(二)关联交易

1、公司与重庆市电力公司之间

目前,本公司与重庆市电力公司在电力销售上存在一定的关联关系。

由于电力行业的特殊性,公司所发电能只能够全部销售给重庆市电力公司,公司与重庆市电力公司之间为此签订有《购售电合同》,执行的价格为国家定价;公司与重庆市电力公司还存在一定资金上的往来,公司在成立时为机组的建设向重庆市电力公司借款 10340 万元,按同期银行贷款利率计息,截止 2000 年 6 月 30 日该笔借款及利息均已归还。

2、公司与重庆市建设投资公司之间

目前,公司与重庆市建设投资公司之间在资金上存在一定的关联关系。公司在成立时为机组的建设向重庆市建设投资公司价款 8500 万元,目前仍欠 4000 万元本金、利息 2790 余万元。公司与重庆市建设投资公司之间为此签有《借款合同》,按照银行同期贷款利率计息。

3、公司与重庆发电厂之间

由于公司发电机组紧邻重庆发电厂的几台发电机组,向重庆发电厂租用铁路专用线、灰场等辅助设施,同时,公司有部分设施向重庆发电厂提供服务,为此公司与重庆发电厂签订了《相互服务协议》,2000 年公司以公允的价格付给重庆发电厂服务费净额为 542 万元。

4、同业竞争

公司与重庆市电力公司下属的包括重庆发电厂在内的发电企业存在着同业竞争。

对于同业竞争的问题,重庆市电力公司已向公司作出书面承诺:从 2000 年 1 月 1 日起的五年内向公司现有的发电机组年购电量不低于 10.4 亿千瓦时;重庆市电力公司所属的全资企业、控股企业与公司生产的电力上网销售和电力调度冲突时,将优先满足公司的需求;重庆市电力公司下属火力发电的优质资产和持有的其他火力发电企业的股权转让时, 将以公允价格和公允条件优先出让给公司或配股进入公司。

(三)关联人士

本公司如下董事、监事在关联企业中存在兼职情况:

罗维:本公司董事长,兼任重庆市电力公司副总经理。

叶明:本公司董事,兼任重庆市电力公司总经理。

周康定:本公司董事,兼任重庆市电力公司副总经济师。

重庆市电力公司已经对本公司相应关联关系做出书面承诺:"在贵公司股东大会和董事会审议表决本公司与贵公司之间的关联交易事项时,本公司及本公司人员出任的董事将按照国家法律、法规和规范性文件的要求,严格执行回避制度。"

八、股本结构及大股东持股情况

(一)本公司上市前的股本结构

1、尚未流通股份	
国有法人股	78,291,000 股
社会法人股	28,959,000 股
2、可流通股份	
境内上市人民币普通股	60,000,000 股
3、股份总数	167,250,000 股

(二)公司前十名股东持股情况

股东名称	持股数量(万股)	持股比例%
重庆市电力公司	4429.1	26.482
重庆市建设投资公司	3000.0	17.937
重庆拓源电力公司	1808.1	10.811
松藻矿务局	300.0	1.794
天府矿务局	200.0	1.196
重庆煤炭工业公司	200.0	1.196
重庆铁路投资开发有限责任公司	200.0	1.196
南桐矿务局	200.0	1.196
华能国际电力开发公司重庆分公司	200.0	1.196
天府矿务局物资经营公司	78.3	0.468

九、公司财务会计资料

本公司截止 2000 年 5 月 31 日的财务会计资料, 已于 2000 年 10 月 11 日分别在《中国证券报》、《上海证券报》上刊登的本公司《招股说明书概要》中进行了详细披露。因公告距今时间较短,相同的内容在此不再重复。 本公告只公布本公司经审计的财务报表及主要财务指标,欲了解详细内容, 敬请投资者查阅上述报纸或在公告的《招股说明书》查阅地查阅。

(一)主要财务指标

项目	2000 年 1-5 月或 2000 年 5 月 31 日	1999 年或 1999 年 12 月 31 日	1998 年或 1998 年 12 月 31 日	1997 年或 1997 年 12 月 31 日
流动比率	0.31	0.42	0.88	1.07
速动比率	0.29	0.41	0.87	1.03
资产负债率	59.95%	67.89%	82.05%	89.13%
应收帐款周转率	5.21	5.72	3.59	3.10
存货周转率	20.98	71.56	40.77	27.17
净资产收益率	18.74%	35.51%	45.17%	45.41%
每股净利	0.42	0.65	0.54	0.31

(二)会计报表(附后)

1、资产负债表

2、利润及利润分配表

3、现金流量表

(三)会计报表主要项目注释(单位:元)

1、货币资金

项目	2000.5.31 余额	1999.12.31 余额
现金	23,952.88	11,534.07
银行存款	32,578,668.78	37,160,265.78
其他货币资金	0.00	0.00
合计	32,602,621.66	37,171,799.85

2、应收票据

(1)2000 年 5 月 31 日应收票据余额列示如下:

出票单位	种类	出票日期	到期日	金额
重庆富皇水泥有限公司	银行承兑	2000-03-01	2000-08-25	300,000.00
深圳北方建设摩托车股份有限公司重庆分公司	银行承兑	2000-01-24	2000-07-04	50,000.00
成都前锋电子股份有限公司	银行承兑	2000-01-29	2000-07-28	500,000.00
重庆北盛玻璃制品有限公司	银行承兑	2000-01-18	2000-07-10	270,000.00
常熟市轻工刃具厂	银行承兑	2000-01-13	2000-07-12	500,000.00
杭州重特钢铁材料有限公司	银行承兑	2000-02-01	2000-08-01	800,000.00
宜春齿轮厂	银行承兑	2000-01-25	2000-07-24	300,000.00
深圳北方建设摩托车有限公司	银行承兑	2000-01-24	2000-07-04	40,000.00
上虞市兴联实业公司	银行承兑	2000-03-01	2000-09-01	500,000.00
杭州化工原料总公司	银行承兑	2000-02-17	2000-08-11	500,000.00
合肥美菱股份有限公司	银行承兑	2000-01-21	2000-07-20	200,000.00
重庆嘉华摩托车曲轴工业有限公司	银行承兑	2000-02-29	2000-08-28	200,000.00
合计				4,160,000.00

(2)截止 2000 年 5 月 31 日公司有金额为 7,678,059.00 元的应收票据(均为银行承兑汇票)已向银行贴现。

3、应收账款

(1)账龄分析

账龄	2000.5.31 余额		
	金额	比例(%)	坏账准备
1 年以内	32,110,061.34	100.00	1,605,503.07
合计	32,110,061.34	100.00	1,605,503.07

续上表:

账龄	1999.12.31 余额		
	金额	比例(%)	坏账准备
1 年以内	23,542,903.40	100.00	1,177,145.17
合计	23,542,903.40	100.00	1,177,145.17

★ 公司应收账款余额均为应收重庆市电力公司电价款。

★★ 公司应收账款 2000 年 5 月 31 日余额与 1999 年 12 月 31 日余额增加 8,567, 157.94 元,增长 36.39%,主要原因是重庆市电力公司欠款增加。

★★★ 公司应收账款 1999 年 12 月 31 日余额较 1998 年 12 月 31 日余额大幅下降,主要原因是公司 1999 年度加大了电费的催收和结算力度,使公司 1999 年 12 月 31 日应收账款余额大幅下降。

(2)持有本公司 5%以上表决权股份的股东重庆市电力公司欠款 32,110, 061.34 元。

4、其他应收款

(1)账龄分析

账龄	2000.5.31 余额			1999.12.31 余额		
	金额	比例(%)	坏账准备	金额	比例(%)	坏账准备
1 年以内	656,287.98	15.58	32814.40	2,404,699.29	44.58	120,234.97
1—2 年	656,911.29	15.59	65,691.13	2,988,658.50	55.41	298,865.85
2—3 年	2,900,000.00	68.83	580,000.00	600.00	0.01	120.00
合计	4,213,199.27	100.00	678,505.53	5,393,957.79	100.00	419,220.82

★其他应收款 1999 年 12 月 31 日余额较 1998 年 12 月 31 日余额大幅下降, 主要原因是 1998 年公司对招商银行投资 5200 万元,因手续未完善暂挂其他应收款,后未获中国人民银行的批准,公司于 1999 年年初收回, 以及公司代垫重庆拓源电力公司收购公司股份 1808.1 万股款项 22,166, 514.13 元和重庆发电厂结算款于 1999 年度收回等原因, 使 1999 年 12 月 31 日余额较 1998 年 12

月 31 日大幅下降。

★★1997 年 12 月根据本公司与重庆发电厂签定的委托生产管理协议书,1998 年度由重庆发电厂代管本公司发电机组,公司按 800 万元的资金额度(含库存物资)核定给重庆发电厂,作为重庆发电厂的定额流动资金,截止 1998 年 12 月 31 日尚余 7,727,008.36 元。1999 年度本公司为该机组办理了非法人营业执照,其生产经营由本公司自行管理,收回了核定给重庆发电厂这部分定额流动资金。

(2)其他应收款期末余额中欠款金额较大的项目列示如下:

单位名称	金　额	性　质
重庆市模具中心	2,900,000.00	暂借款
重庆斯瑞达公司	399,919.78	往来款
重庆拓源电力公司	128,730.00	往来款
合　计	3,428,649.78	

(3)无持有本公司 5%以上表决权股份的股东欠款。

5、预付账款

(1)账龄分析

账　龄	2000.5.31 余额		1999.12.31 余额	
	金额	比例(%)	金额	比例(%)
1 年以内	2,058,290.00	100.00	1,890,900.00	100.00
合　计	2,058,290.00	100.00	1,890,900.00	100.00

(2)无持有本公司 5%以上表决权股份的股东欠款。

6、存货

项目	2000.5.31 余额	1999.12.31 余额
燃料	4,984,628.54	2,368,002.14
备品备件	0.00	0.00
低值易耗品	33,397.38	0.00
合　计	5,018,025.92	2,368,002.14

★公司存货 2000 年 5 月 31 日余额较 1999 年 12 月 31 日余额增加 2,650,023.78 元, 增长 111.91%,主要原因是燃煤存量增加。

★★公司期末存货成本无低于市价情况,故未提取存货跌价准备。

7、待摊费用

类　别	原始价值	1999.12.31 余额	本期增加	本期摊销	2000.5.31 余额
财产保险费	842,720.80	0.00	842,720.80	343,802.69	498,918.11
合　计	842,720.80	0.00	842,720.80	343,802.69	498,918.11

8、长期投资

(1)项目

项　目	1999.12.31 余额		本期增加	本期减少	2000.5.31 余额	
	金额	减值准备			金额	减值准备
长期股权投资	74,860,810.06	0.00	429,536.33	730,578.31	74,559,768.08	0.00
长期债权投资	—	—	—	—	—	—
合　计	74,860,810.06	0.00	429,536.33	730,578.31	74,559,768.08	0.00

(2)其他股权投资

被投资单位名称	投资起止期	投资金额	占被投资单位注册资本比例(%)	减值准备	核算方法
西南证券有限责任公司	1999-	50,000,000.00	4.43	0.00	成本法
重庆英康九龙智能控制技术有限责任公司	1999-	2,550,000.00	51.00	0.00	权益法★
重庆渝永电力股份有限公司	1999-	23,885,717.40	20.89	0.00	权益法★★
合　计		76,435,717.40		0.00	

十、董事会上市承诺

本公司董事会将严格遵守《中华人民共和国公司法》、《中华人民共和国证券法》、《股票发行与交易管理暂行条例》、《公开发行股票公司信息披露实施细则》和《上海证券交易所股票上市规则》等有关法律、法规的规定,并自本公司股票上市之日起,作出如下承诺:

(一)按照法律法规的和要求披露重大信息,自觉接受证券主管机关、上海证券交易所的监督管理。

(二)及时、真实、准确地公布中期报告和年度报告,并置于规定场所供投资者查阅。

(三)本公司董事、监事及高级管理人员如发生人事变动,或持有本公司股份发生变化时,在及时报告证券主管机关、上海证券交易所的同时,向投资者公布。

(四)在任何公共传播媒介中出现的消息可能对本公司股票的市场价格产生误导性影响时,本公司知悉后将及时对该消息予以公开澄清。

(五)本公司董事、监事及其他高级管理人员将认真听取社会公众的意见和批评,不利用已获得的内幕消息和其他不正当手段直接或间接从事股票买卖活动。

(六)本公司没有无记录负债。

依据 2000 年 5 月 1 日起实施的《上海证券交易所股票上市规则(二 OOO 年修订版)》,本公司全体董事、监事将按照有关规定,在本公司股票上市后两个月内签署《董事(监事)声明及承诺书》并送达上海证券交易所备案。

十一、重要事项提示

(一)经上海证券交易所上证上字[2000]第★★★号文批准,本公司通过上海证券交易所交易系统上网定价发行的 6000 万股人民币普通股(A 股),将于 2000 年 11 月 1 日起在上海证券交易所挂牌交易。

(二)本公司将依照同股同利的原则,按各股东所持股份数分配股利。公司可以采取现金或股票方式分配股利。公司根据每一会计年度的盈利状况和发展情况,由董事会提出利润分配方案,经股东大会通过后实施,预计本次发行后首次股利分配时间在 2001 年 6 月 30 日前。根据公司 2000 年 1 月 24 日召开的 1999 年度股东大会,公司股票发行前滚存的未分配利润由新老股东共享。

(三)根据重庆华源会计师事务所有限责任公司出具的盈利预测审核报告,本公司 2000 年预计可实现税后利润 6798.82 万元,全面摊薄每股税后利润 0.41 元/股。

(四)本公司本次发行前每股净资产 2.24 元/股,发行后每股净资产 4.55 元/股(扣除预计的发行费用)。

(五)1999 年重庆市科学技术委员会以重科委函 [1999]99 号文认定本公司为高新技术企业,从 1999 年 7 月起,有效期为三年; 同时本公司获得重庆市国家税务局渝国税发[1999]153 号文的批准,公司企业所得税从 1999 年 1 月 1 日起减按 15 %税率缴纳。除此之外,国家政策、法规、制度等对公司生产经营条件没有优惠或限制。

(六)公司发电机组目前尚未安装烟气脱硫设备,每年排放大量的二氧化硫,为此公司每年需要缴纳数百万元的排污费。公司拟安装烟气脱硫设备,以解决公司发电机组二氧化硫排放的问题。

公司在发电过程中还产生大量的粉煤灰,造成环境污染,公司目前大部分粉煤灰未处理而堆放于灰场。公司拟投资开发水泥替代型粉煤灰,以解决粉煤灰形成的污染问题。

(七)公司与重庆远达环保(集团)有限公司于 2000 年 1 月 28 日签订了《投资协议》,该协议约定,发行人以现金出资 8000 万元认购重庆远达环保(集团)有限公司本次实际新增注册资本 8000 万元人民币,重庆远达环保(集团)有限公司本次增资所筹集的该 8000 万元人民币将投向其经国家计委下达的烟气脱硫技术及装置高技术产业化示范工程建设项目, 发行人缴纳出资款的期限为该协议生效之日起的 30 日内, 双方约定该协议在发行人本次 A 股发行获中国证监会批准及募股资金到帐后生效。

(八)公司与重庆远望科技实业有限公司于 2000 年 1 月 28 日签订了《关于转让重庆远达环保(集团)有限公司股权的协议书》,该协议约定,重庆远望科技实业有限公司将其持有的重庆远达环保(集团)有限公司 40%的股权转让给发行人,转让价款为 2000 万元,发行人应支付的收购资金来源为其本次 A 股发行募集资金, 双方约定该协议在双方股东会作出相应决议、发行人本次 A 股发行获中国证监会批准及募股资金到帐后生效。

(九)公司与重庆科源电力有限公司于 2000 年 1 月 20 日签订了《投资协议》,该协议约定,以中介机构出具的审计报告为据,发行人以现金出资 4050 万元,按 1.35:1 的比例认购重庆科源电力有限公司本次实际新增注册资本 3000 万元人民币, 重庆科源电力有限公司本次增资所筹集的该 4050 万元人民币将投向其经重庆市计委批准立项的低压配电线数字载波自动抄表系统项目, 发行人缴纳出资款的期限为该协议生效之日起的 15 日内, 双方约定该协议在发行人本次 A 股发行获中国证监会批准及募股资金到帐之日起生效。

(十)截止本上市公告书发布之日,本公司和本公司董事、监事及高级管理人员并无涉嫌任何未了结或可能发生的重大诉讼事项。

(十一) 重庆市电力公司郑重承诺: 本公司所持有的重庆九龙电力股份有限公司国有法人股 4429.1 万股,自重庆九龙电力股份有限公司的股票上市之日起,一年内不转让,也不由重庆九龙电力股份有限公司回购我公司持有的国有法人股。

(十二)除《招股说明书概要》中披露的事项外,本公司无其他应披露而未披露的重要事项。

十二、备查文件目录

1、招股说明书
2、上海证券交易所上市通知书
3、中国证监会证监发行字[2000]135 号文
4、审计报告、财务报表及附注
5、验资报告
6、盈利预测报告及注册会计师审核报告
7、法律意见书
8、资产评估报告
9、公司股东大会决议、董事会决议
10、公司营业执照
11、公司章程
12、其他备查文件

十三、咨询机构

1、发行人:重庆九龙电力股份有限公司
法定代表人:罗维
地址: 重庆市高新技术产业开发区九龙园区盘龙村 113 号
电话:(023)68628920　68637303
传真:(023)68635244
联系人:张奇　揭京　王宏岩

2、上市推荐人:华夏证券有限公司
公司负责人:赵大健
联系地址: 北京市东城区新中街 68 号
电话:(023)63711320　63808622
传真:(023)63808623
联系人:周黎祥　苗青

3、上市推荐人:联合证券有限责任公司
法定代表人:王世宏
地址:深圳市深南东路 5647 号发展银行大厦
电话:010-68085588-652
传真:010-68085688
联系人:马卫国

4、西南证券有限责任公司
法定代表人:张引
地址:重庆市渝中区临江支路 2 号合景国际大厦 A 幢
电话:023-63631504
传真:023-63620684
联系人:李晓涛　谢玮　粟建国

重庆九龙电力股份有限公司
2000 年 10 月 27 日

资产负债表

编制单位:重庆九龙电力股份有限公司　　单位:元

资产	2000.5.31	1999.12.31	1998.12.31	1997.12.31
流动资产:				
货币资金	32602621.66	3717199.85	3229349.53	38165154.02
短期投资				
减:短期投资跌价准备				
短期投资净额				
应收票据	4160000.00	-	500000.00	
应收股利				
应收利息				
应收帐款	32110061.34	23542903.40	82395229.31	81927684.92
其他应收款	4213199.27	5393957.79	100217793.82	10448540.63
减:坏帐准备	2284008.60	1596365.99	149492.93	30.00
应收帐款净额	34039252.01	27340495.20	182463530.20	92376195.55
预付帐款	2058290.00	1890900.00	-	4532949.64
应收补贴款				
存货	5018025.92	2368002.14	2622116.36	5788098.40
减:存货跌价准备				
存货净额	5018025.92	2368002.14	2622116.36	5788098.40
待摊费用	498918.11	-	-	3499.72
待处理流动资产净损失				
一年内到期的长期债权投资				
其他流动资产				
流动资产合计	78377107.70	68771197.19	217879096.09	140865897.33
长期投资:				
长期股权投资	74559768.08	74860810.06		
长期债权投资				
长期投资合计	74559768.08	74860810.06		
减:长期投资减值准备				
长期投资净额	74559768.08	74860810.06		

其中:合并价并				
股权投资差额	15049913.23	15780491.54		
固定资产:				
固定资产原价	618629193.05	618353483.05	614198159.45	609725287.87
减:累计折旧	179452374.88	161911893.77	120097172.58	78613580.36
固定资产净值	439176818.17	456441589.28	494100986.87	531111707.51
工程物资	–	–	272991.64	272991.64
在建工程	1841890.43	1828637.59	–	728889.00
固定资产清理				
待处理固定资产损失				
固定资产合计	441018708.60	458270226.87	494373978.51	532113588.15
无形资产及其他资产:				
无形资产	4109310.67	3954821.67	4040641.67	4126461.67
开办费				
长期待摊费用	895824.50	1240372.40	2101941.13	2945489.88
其他长期资产				
无形资产及其他资产合计	5005135.17	5195194.07	6142582.80	7071951.55
递延税项:				
递延税款借项				
资产总计	598960719.55	607097428.19	718395657.40	680051437.03
负债及股东权益				
流动负债:				
短期借款	135000000.00	50000000.00	82000000.00	
应付票据				
应付帐款	21431530.91	49528575.54	21754042.63	11415535.18
预收帐款				
代销商品款				
应付工资	724651.78	748288.78	748288.78	1116662.90
应付福利费	969411.53	1332446.52	870001.31	758869.21
应付股利	3346230.00	3346230.00	3217500.00	
应交税金	29789618.81	25319393.84	23488709.77	16780905.84
其他应交款	882405.98	1193063.66	912460.65	429076.86
其他应付款	31568586.24	24343367.20	113837250.27	101200028.47
预提费用	7787717.43	8000000.00		
一年内到期的长期负债	25265000.00			
其他流动负债				
流动负债合计	256765152.68	163811365.54	246828253.41	131701078.46
长期负债:				
长期借款	102307112.27	248363162.26	342640255.46	474446574.94
应付债券				
长期应付款				
住房周转金				
其他长期负债				
长期负债合计	102307112.27	248363162.26	342640255.46	47446574.94
递延税项:				
递延税款贷项				
负债合计	359072264.95	412174527.80	589468508.87	606147653.40
少数股东权益				
股东权益				
股本	107250000.00	107250000.00	107250000.00	107250000.00
资本公积				
盈余公积	18821580.08	18821580.08	4978929.70	
其中:公益金	9410790.04	9410790.04	2489464.85	
未分配利润	113816874.52	68851320.31	16698218.83	−33346216.37
股东权益合计	239888454.60	194922900.39	128927148.53	73903783.63
负债及股东权益总计	598960719.55	607097428.19	718395657.40	680051437.03

利润及利润分配表

编制单位:重庆九龙电力股份有限公司　　单位:元

项目	2000 年 1−5 月	1999 年度	1998 年度	1997 年度
一、主营业务收入	144854292.97	302925335.65	294741640.71	254079671.09
减:折扣与折让				
主营业务收入净额	144854292.97	302925335.65	294741640.71	254079671.09
减:主营业务成本	78542895.29	178556993.63	171437689.72	15723478.42
主营业务税金及附加	1900871.72	3304990.98	2727397.40	2981764.85
二、主营业务利润	64410525.96	121063351.04	120576553.59	93863127.82
加:其他业务利润	–	–	–	74307.02
减:存货跌价损失				
营业费用				
管理费用	3869757.58	8407888.50	4806615.44	2869256.36
财务费用	7288169.04	29872704.77	46204051.85	57508999.65
三、营业利润	53252599.34	82782757.77	69565886.30	33559178.83
加:投资收益	−301041.98	553199.35	598503.02	
补贴收入				
营业外收入		–	530248.00	31200.00
减:营业外支出	4553.60	292492.50		
四、利润总额	52947003.76	83573712.62	70195589.32	33559178.83
减:所得税	7981449.55	14360460.76	11954724.42	
减:少数股东权益				
五、净利润	44965554.21	69213251.86	58240864.90	33559178.83
加:年初未分配利润	68851320.31	16698218.83	−33346216.37	−66905395.20
盈余公积转入				
六、可供分配的利润	113816874.52	85911470.69	24894648.53	−33346216.37
减:提取法定盈余公积	–	6921325.19	2489464.85	
提取法定公益金	–	6921325.19	2489464.85	
七 可供股东分配的利润	113816874.52	72068820.31	19915718.83	−33346216.37
减:应付优先股股利				
提取任意盈余公积				
应付普通股股利	–	3217500.00	3217500.00	
转作股本的普通股股利				
八、未分配利润	113816874.52	68851320.31	16698218.83	−33346216.37

现金流量表

编制单位:重庆九龙电力股份有限公司　　单位:元

	2000 年 1−5 月	1999 年度
一、经营活动产生的现金流量:		
销售商品、提供劳务收到的现金	151574294.96	353937964.67
收取的租金		
收到的增值税销项税额和退回的增值税款		
收到的除增值税以外的其他税费返还	–	450000.00
收到的其他与经营活动有关的现金	1500918.00	27110966.96
现金流入小计	153075167.93	381528931.63
购买商品、接受劳务支付的现金	83626361.54	126312952.78
经营租赁所支付的现金	3387065.28	
支付给职工以及为职工支付的现金	3637668.11	6950114.80
实际交纳的增值税	18927110.78	25879608.90
支付的所得税款	3857151.24	13400000.00
支付的除增值税、所得税以外的其他税费	2936897.13	2924926.99
支付的其他与经营活动有关的现金	1965306.86	7504309.12
现金流出小计	114950495.66	186358977.87
经营活动产生的现金流量净额	38124672.30	195169953.76
二、投资活动产生的现金流量:		
收回投资所收到的现金		20000000.00
分得股利或利润所收到的现金		
取得债券利息收入所收到的现金		2128106.69
处置固定资产、无形资产和其他长期资产而收回的现金净额		
收到的其他与投资活动有关的现金		77093785.25
现金流入小计		99221891.94
购建固定资产、无形资产和其他长期资产所支付的现金	414717.60	1468089.60
权益性投资所支付的现金	–	76435717.40
债权性投资所支付的现金	–	20000000.00
支付的其他与投资活动有关的现金	–	13429052.31
现金流出小计	414717.60	111332859.31
投资活动产生的现金流量净额	−414717.60	−12110967.37
三、筹资活动产生的现金流量:		
吸收权益性投资所收到的现金		
其中:子公司吸收少数股东权益性投资收到的现金		
发行债券所收到的现金		
借款所收到的现金	85000000.00	
收到的其他与筹资活动有关的现金		
现金流入小计	85000000.00	
偿还债务所支付的现金	122656237.96	153000000.00
发生筹资费用所支付的现金		
分配股利或利润所支付的现金	–	3088770.00
其中:子公司支付少数股东的股利		
偿付利息所支支付的现金	4622894.93	22091866.07
融资租赁所支付的现金		
减少注册资本所支付的现金		
其中:子公司支付依法减资支付给少数股东的现金		
支付的其他与筹资活动有关的现金		
现金流出小计	127279132.89	178180636.07
筹资活动产生的现金流量净额	−42279132.89	−178180636.07
四、汇率变动对现金的影响		
五、现金及现金等价物净增加额	−4569178.19	4878350.32
附注:		
项目		
1.不涉及现金收支的投资和筹资活动		
以固定资产偿还债务		
以投资偿还债务		
以固定资产进行长期投资		
以存货偿还债务		
融资租赁固定资产		
2.将净利润调节为经营活动的现金流量		
净利润	44965554.21	69213251.86
加:少数股东损益		
加:计提的坏帐准备或转销的坏帐	687642.61	1446873.06
固定资产折旧	17540481.11	41814721.19
无形资产摊销	53811.00	85820.00
待摊费用的减少	−498918.11	861568.73
预提费用的增加	−212282.57	8000000.00
处置固定资产、无形资产和其他长期资产的损失(减收益)		
固定资产报废损失		
财务费用	7431129.04	29872704.77
投资损失(减收益)	−197096.58	−553199.35
递延税款贷项(减借项)		
存货的减少(减增加)	−2650023.78	254114.22
经营性应收项目的减少(减增加)	−11546399.42	90874077.52
经营性应付项目的增加(减减少)	−17449225.21	−46699978.24
其他		
经营活动产生的现金流量净额	38124672.30	195169953.76
3.现金及现金等价物净增加情况:		
货币资金的期末余额	32602621.66	37171799.85
减:货币资金的期初余额	37171799.85	32293449.53
现金等价物的期末余额		
减:现金等价物的期初余额		
现金及现金等价物净增加额	−4569178.19	4878350.32

湖北三峡新型建材股份有限公司

湖北三峡新型建材股份有限公司股票上市公告书

一、要览

股票简称:三峡新材　　股票代码:600293
总股本:21100 万股　　可流通股本:5500 万股
本次上市流通股本:5500 万股　　上市地点:上海证券交易所
上市时间:2000 年 9 月 19 日
股票登记机构:上海证券中央登记结算公司
上市推荐人:联合证券有限责任公司　三峡证券有限责任公司

二、绪言

本上市公告书是根据《中华人民共和国公司法》、《中华人民共和国证券法》、《股票发行与交易管理暂行条例》、《公开发行股票公司信息披露实施细则》和《上海证券交易所股票上市规则》(2000 年修订本)等国家有关法律、法规的规定,并按照中国证券监督管理委员会制定的公开发行股票公司信息披露的内容与格式准则第七号《上市公告书的内容与格式(试行)》而编制,旨在向投资者提供有关湖北三峡新型建材股份有限公司(以下简称公司或本公司)和本次股票上市的情况。

经中国证券监督管理委员会证监发行字[2000]115 号文批准,本公司已于 2000 年 8 月 28 日成功上网发行了每股面值 1.00 元的人民币普通股股票 5500 万股,每股发行价为人民币 8.30 元。

经上海证券交易所上证上字[2000]第 71 号《上市通知书》同意,本公司公开发行的 5500 万股社会公众股,将于 2000 年 9 月 19 日起在上海证券交易所挂牌上市交易,股票简称"三峡新材",股票代码"600293"。本公司总股本 21100 万股,流通股本 5500 万股。

本公司已于 2000 年 8 月 24 日在《中国证券报》、《证券时报》和《上海证券报》上刊登了《湖北三峡新型建材股份有限公司招股说明书概要》,距今不足六个月,其重复内容在此不再陈述。敬请投资者查阅本公司的《招股说明书概要》。

本公司董事会及全体董事已批准本上市公告书,确信其中不存在任何虚假记载、误导性陈述或重大遗漏,并对其内容的真实性、准确性、完整性负个别和连带责任。

三、公司概况

(一)基本情况

1、中文名称:湖北三峡新型建材股份有限公司

英文名称:Hubei Sanxia New Building Material Co., Ltd

2、注册资本:(人民币)贰亿壹仟壹佰万元

3、法定代表人:吕宗林

4、成立日期:1993 年 3 月 26 日

5、经营范围:石膏及制品、平板玻璃及玻璃深加工制品等新型建材的生产与销售;新型建材的科研、开发与生产销售;其它建材及非金属矿产品销售。

6、所属行业:建材

7、公司住所:湖北省当阳市经济技术开发区

8、联系电话:(0717)3280220　9、传真:(0717)3280220　10、联系人:刘玉春　高莉

(二)公司沿革

本公司原称湖北三峡玻璃股份有限公司,是 1993 年 3 月经湖北省体改委鄂改[1993]190 号批复,由湖北省当阳玻璃厂、湖北应城石膏矿、当阳电力联营公司等三家共同发起,以定向募集方式设立。公司设立时总股本为 12000 万股,其中国家股 5326 万股,占总股本的 44.38%;发起人法人股 1827 万股,占总股本的 15.23%;募集法人股 2687 万股,占总股本的 22.39%;内部职工股 2160 万股,占总股本的 18%。1993 年 3 月 26 日公司在湖北省工商行政管理局登记注册,工商注册号为 18272497-37。

1996 年,经湖北省体改委鄂体改[1996]61 号批准,公司以 10 股配 3 股的比例增资扩股,配股价格为 1.80 元/股。增资扩股完成后,公司总股本增至 15600 万股。其中国家股 6923.8 万股,占总股本的 44.38%;发起人法人股 2375.1 万股,占总股本的 15.23%;法人股 3493.1 万股,占总股本的 22.39%;内部职工股 2808 万股,占总股本的 18%。

经公司 1996 年临时股东大会审议通过,增资扩股时湖北应城石膏矿和湖北荆玻(集团)玻璃总厂投入的高强石膏粉生产线和镀膜玻璃生产线等相关资产,仍由其分别租赁经营。

1996 年 12 月,公司根据国务院国发[1995]17 号文件要求,依据《公司法》进行规范,并经湖北省体改委审查验收,以鄂体改[1996]309 号文批复,确认公司为募集设立的股份有限公司。同时,公司在湖北省工商行政管理局重新登记,注册登记号为 27175025-X。

1997 年 3 月,湖北省体改委以鄂体改[1997]649 号文批准公司更名为"湖北三峡新型建材股份有限公司"。

公司设立时,国家股由主发起人湖北省当阳玻璃厂持有并行使股权。1996 年公司实施增资扩股方案,依据《股份有限公司国有股权管理暂行办法》,国家股股权转由当阳市国资局持有,并由湖北省当阳玻璃厂继续行使经营管理权。1996 年 1 月,湖北省转机建制领导小组以鄂转机建制办[1996]11 号文批准,同意将湖北省当阳玻璃厂改制为国有独资性质的宜昌当玻集团有限责任公司。1997 年 8 月宜昌当玻集团有限责任公司正式成立,同时湖北省当阳玻璃厂法人资格注销。集团公司成立后,依据湖北省人民政府鄂政办[1996]109 号文件精神,省人民政府授权集团公司对包括股份公司国家股在内的国有资产行使经营管理权。1997 年 9 月,集团公司与当阳市国资局签订了《委托行使国有股权协议书》。1998 年湖北省国资局以鄂国资企发[1998]77 号文对本公司国有股权性质界定及持有人予以确认。

截止 2000 年 6 月 30 日,公司总资产已达 76511.13 万元,净资产 27099.99 万元,2000 年 1—6 月实现净利润 1988.83 万元。

中国证监会证监发行字[2000]115 号文批准,本公司于 2000 年 8 月 28 日在上海证券交易所采用上网定价发行的方式成功发行了 5500 万股人民币普通股,本次发行后,公司总股本为 21100 万股,并于 2000 年 9 月 5 日在湖北省工商行政管理局办理了变更登记手续,注册号为 4200001000025。

四、股票发行及承销

1、股票公开发行情况

发行数量:本次发行股票 5500 万股　股票发行价格:8.30 元/股　发行费用总额:1817 万元
每股发行费用:0.3304 元　发行市盈率:31.63 倍(加权平均)　39.32 倍(全面摊薄)
募集资金总额:43833 万元(已扣除发行费用)
发行方式:上网定价发行方式　发行中签率:0.1326364 %
有效申购户数:41466746 户　有效申购股数:41466746000 股
持股 1000 股以上(含 1000 股)的户数:52152 户

2、股票承销:本次通过上海证券交易所上网定价发行之 5500 万股已全部被社会公众认购,承销团无余股包销。

3、验资报告:

验 资 报 告

鄂万信验字(2000)第 033 号

湖北三峡新型建材股份有限公司:

我们接受委托,对湖北三峡新型建材股份有限公司截至 2000 年 9 月 4 日止的注册资本,实收资本变更情况的真实性和合法性进行了审验。在审验过程中,我们按照《独立审计实务公告第 1 号—验资》的要求,实施了必要的审验程序,湖北三峡新型建材股份有限公司的责任是提供真实、合法、完整的验资资料,保护资产的安全、完整。我们的责任是按照《独立审计实务公告第 1 号—验资》的要求,出具真实、合法的验资报告。

湖北三峡新型建材股份有限公司变更前的注册资本和股本均为 156,000,000.00 元,拟变更申请的注册资本为人民币 211,000,000.00 元。根据我们的审验,截至 2000 年 9 月 4 日止,湖北三峡新型建材股份有限公司已收到股东增加投入资本人民币 438,330,000.00 元(已扣除实际发行费用),其中计入股本 55,000,000.00 元,资本公积 383,330,000.00 元。变更后的股本总额为 211,000,000.00 元,其中国家股 69,238,000.00 元,占总股本 32.81%;法人股 58,682,000.00 元,占总股本 27.81%;内部职工股 28,080,000.00 元,占总股本 13.31%;社会公众股 55,000,000.00 元,占总股本的 26.07%,与本次增加投入资本相关的资产总额为 438,330,000.00 元,均系货币资金。

截至 2000 年 9 月 4 日止,增加投入资本 55,000,000.00 元,变更后的投入资本总额为 714,689,876.41 元,其中实收资本 211,000,000.00 元,资本公积 435,680,593.73 元,盈余公积 36,024,792.45 元(其中公益金 12,008,264.15 元),未分配利润 31,984,490.23 元,与上述投入资本相关的资产总额为 1,211,441,330.49 元,负债总额为 455,006,228.48 元。

附件(一)变更前后注册资本、股本对照表;
附件(二)变更前后资产、负债和所有者权益对照表;
附件(三)验资事项说明。

湖北万信有限责任会计师事务所　　中国注册会计师　郭有珍　辛正义
中国.武汉　　二OOO年九月四日

公司新增资本人民币 438,330,000.00 元(已扣除实际发行费用)已于 2000 年 9 月 4 日到帐,到帐银行:三峡建行当阳支行营业部,帐号:26300011。

五、董事、监事和高级管理人员简介及持股情况

(一)董事、监事及高级管理人员简历

1、公司董事会成员

吕宗林,男,52 岁,大专学历,高级经济师。曾任湖北当阳化肥厂厂长、湖北省当阳玻璃厂厂长、公司总经理、董事长等职。1994 年被湖北省委、省政府授予"湖北省有突出贡献的中青年专家"称号,1995 年,被国务院批准享受政府特殊津贴,1999 年被授予全国"五·一"劳动奖章。现任本公司董事长、党委书记。

杨震,男,47 岁,大专学历,工程师。曾任国营第二八八厂党委宣传部长、党委工作部部长、宜都光学技工学校校长、公司党委副书记、董事会秘书等职。现任本公司董事、总经理,兼任湖北三宝石膏制品有限公司、湖北新光建材有限公司、湖北江峡玻璃有限公司董事长。

徐麟,男,31 岁,大专学历,工程师。曾任湖北省当阳玻璃厂技术员、厂技改办主任、公司副总经理兼董事会秘书等职。现任本公司董事、副总经理。

曾凡斌,男,48 岁,本科学历,经济师。曾任湖北应城石膏矿团委书记、二分矿矿长、应城石膏矿副矿长、矿长等职。现任本公司董事。

吴良国,男,37 岁,大专学历,会计师。曾任湖北应城石膏矿财务处处长。现任湖北应城石膏矿副矿长、本公司董事。

何立威,男,48 岁,大专学历,经济师。曾任武汉市硅酸盐制品厂副厂长,中国新型建材公司武汉公司经理、武汉市建材工业总公司副处长等职。现任武汉市建筑材料工业总公司处长、本公司董事。

万里,男,38 岁,大专学历,工程师。曾任当阳市电力局技术员、湖北省当阳玻璃厂副厂长、公司副总经理兼总工程师等职。现任本公司董事、副总经理。

尹红,男,35 岁,大专学历,助理经济师。曾任湖北省当阳玻璃厂原料车间主任、公司副总经理等职。现任本公司董事、副总经理。

易乔木,男,36 岁,硕士学历,工程师。曾任武汉市玻璃厂副厂长、总工程师等职。现任本公司董事、副总经理兼湖北江峡玻璃有限公司总经理。

成六生,男,25 岁,本科,曾任湖北荆玻(集团)玻璃总厂副总经理,现任本公司董事。

朱志文,男,37 岁,大专学历,高级会计师。曾任湖北荆玻(集团)玻璃总厂会计、副部长等职。现任湖北荆玻(集团)玻璃总厂财务部部长、本公司董事。

2、公司监事会成员

李照明,男,55 岁,中专学历,曾任海军北海舰队北航独立团政治处副主任、湖北省当阳玻璃厂党委副书记等职。现任本公司工会主席、监事会主席。

尹德泉,男,47 岁,大专学历,审计师。曾任湖北省当阳玻璃厂行管科副科长、审计室主任等职。现任宜昌忠信大酒店副总经理、本公司监事。

艾道新,男,50 岁,大专学历,会计师。曾任湖北应城石膏矿总会计师、矿长等职。现任湖北应城石膏矿党委书记、本公司监事。

欧阳玉,女,35 岁,本科学历,会计师。曾任武汉市玻璃厂财务科会计、副科长等职。湖北江峡玻璃有限公司财务科科长、现任本公司监事。

卢志保,男,37 岁,中专学历,曾任湖北省当阳玻璃厂劳资科科长。现任本公司监事。

3、公司其他高级管理人员

罗晓光,男,34 岁,大专学历,工程师。曾任湖北省当阳玻璃厂设备科科长。现任本公司副总经理。

代小明,男,36 岁,中专学历,助理政工师。曾任湖北应城石膏制品厂副厂长。现任本公司副总经理兼湖北三宝石膏制品有限公司总经理。

张烈学,男,41 岁,中专学历,会计师。曾任湖北省当阳玻璃厂财务科科长。现任本公司总会计师。

张光春,男,37 岁,本科学历,政工师,曾任湖北省当阳玻璃厂办公室秘书、党委办公室主任等职。现任本公司董事会秘书。

(二)董事、监事及高级管理人员持股情况

持股人	持股数(股)	持股比例(%)
吕宗林	5000	0.00321
杨　震	1000	0.00064
徐　麟	2000	0.00128
曾凡斌	0	0
吴良国	0	0

何立威	500	0.00032
万　里	1000	0.00064
尹　红	1000	0.00064
易乔木	0	0
成六生	0	0
朱志文	0	0
张光春	1000	0.00064
李照明	2000	0.00128
尹德泉	1500	0.00096
艾道新	0	0
欧阳玉	0	0
卢志保	2000	0.00128
罗晓光	2000	0.00128
代小明	1500	0.00096
张烈学	2000	0.00128

上述人员均不持有本公司关联企业的任何股份。

六、公司设立

1、本公司原称湖北三峡玻璃股份有限公司,是1993年3月经湖北省体改委鄂改[1993]190号批复,由湖北省当阳玻璃厂、湖北应城石膏矿、当阳电力联营公司等三家共同发起,以定向募集方式设立。1993年3月26日公司在湖北省工商行政管理局登记 注册,工商注册号为18272497-37。1996年12月,公司根据国务院国发[1995]17号 文件要求,依据《公司法》进行规范,并经湖北省体改委审查验收,以鄂体改[1996]309号文批复,确认公司为募集设立的股份有限公司。同时,公司在湖北省工商行 政管理局重新登记,注册登记号为27175025-X。

1997年3月,湖北省体改委以鄂体改[1997]649号文批准公司更名为"湖北三峡 新型建材股份有限公司"。

2、1999年6月20日,本公司召开临时股东大会,审议并通过了公开发行股票并上市的决议,同时授权董事会办理股票发行和上市的相关事宜。经中国证监会证监发行字[2000]115号文批准,本公司于2000年8月28日在上海证券交易所成功发行了每股面值1.00元的人民币普通股5,500万股。本公司已于2000年9月5日在湖北省工商行政管 理局办理变更注册登记,详细内容如下:

公司注册资本:贰亿壹仟壹佰万元

公司注册地址:当阳市经济技术开发区

公司法定代表人:吕宗林

营业执照注册号:4200001000025

七、关联企业及关联交易

(一)关联企业

1、存在控制关系的关联方

公　司　全　称	注册资本(万元)	与本公司关系	经济性质
宜昌当玻集团有限责任公司	12,531.00	控制方	有限责任公司
湖北江峡玻璃有限公司	3,833.20	控股子公司	有限责任公司
湖北三环墙体材料有限公司	4,727.70	控股子公司	中外合作经营
宜昌当玻硅矿有限责任公司	2,080.00	控股子公司	有限责任公司
湖北新光建材有限公司	1482.00	控股子公司	有限责任公司
湖北三宝石膏制品有限公司	4118.84	控股子公司	有限责任公司

2、不存在控制关系的关联方

公司名称	与本公司关系	持股比例(%)	经济性质
湖北应城石膏矿	本公司股东	14.14	国有
武汉市建材工业总公司	本公司股东	13.00	国有
湖北荆玻(集团)玻璃总厂	本公司股东	5.00	国有
国家建材局蚌埠玻璃工业设计研究院	本公司股东	1.25	国有
中国核工业总公司第二二建设公司	本公司股东	1.25	国有
当阳电力联营公司	本公司股东	1.08	国有

为保护湖北三峡新型建材股份有限公司股东的利益,宜昌当玻集团有限公司承诺今后将不从事、开发任何直接或间接与股份公司业务构成同业竞争的业务活动。

(二)关联方交易

1、原料供应

公司平板玻璃生产的主要原材料硅砂由宜昌当玻硅矿有限公司提供。公司与上述控股子公司在平等互利、等价有偿的基础上签订有《原料供应合同》。

2、辅助生产和综合服务

宜昌当玻集团有限责任公司与湖北三峡新型建材股份有限公司、湖北应城石膏矿与湖北三宝石膏制品有限公司、湖北荆玻(集团)玻璃总厂与湖北新光建材有限公司各自分别签订《综合服务合同》,提供运输,仓储,设备维修、福利设施等服务,并根据公平合理的市场价格支付服务费。

3、商标专用权

公司现使用的"锦屏"、"金晶"牌注册商标是从湖北省当阳玻璃厂无偿受让取得。公司于1995年3月在国家工商局商标局办理了注册人名称变更登记手续,变更后 的商标注册人为湖北三峡玻璃股份有限公司。1997年3月公司名称发生变更,公司再 次向国家工商局商标局提出商标注册人名称变更申请。国家工商局商标局于1999年7 月出具了商标变更文件,确认"锦屏"、"金晶"牌商标注册人名义变更为湖北三峡新型建材股份有限公司。

4、土地使用权

湖北应城石膏矿为湖北三峡新型建材股份有限公司控股子公司—湖北三宝石膏制品有限公司所属的石膏矿及石膏制品生产线提供土地使用权,湖北三宝石膏制品有限公司以市场原则与其签订《土地使用权租赁合同》;武汉市建材工业总公司为湖北三峡新型建材股份有限公司控股子公司—湖北江峡玻璃有限公司所属的玻璃生产线提供土地使用权,湖北江峡玻璃有限公司以市场原则与其签订《土地使用权租赁合同》;湖北荆玻(集团)玻璃总厂为湖北三峡新型建材股份有限公司控股子公司—湖北新光建材有限公司所属的玻璃及深加工生产线提供土地使用权,湖北新光建材有限公司以市场原则与其签订《土地使用权租赁合同》。

八、上市前股本结构及大股东持股情况

1、本公司上市前的股本结构

股份类型	持股数(股)	占总股本比例(%)
发起人股	92,989,000	59.61
其中:国家股	69,238,000	44.38
发起人法人股	23,751,000	15.23
募集法人股	34,931,000	22.39
内部职工股	28,080,000	18.00
总　股　本	156,000,000	100.00

2、本次发行后,本公司前十位股东所持股数及比例

股　东　名　称	持股数量(万股)	持股比例(%)
1、当阳市国有资产管理局	6923.80	32.80
2、湖北应城石膏矿	2206.10	10.46
3、武汉市建材工业总公司	2028.00	9.61
4、荆门玻璃总厂	780.00	3.70
5、蚌埠玻璃工业设计研究院	195.00	0.92
6、核工业部22公司	195.00	0.92
7、当阳市电力联营公司	169.00	0.80
8、福建省土木开发总公司	130.00	0.62
9、湖北双环化工集团有限公司	100.10	0.47
10、河南工业设备安装公司	65.00	0.31
合　　计	12792.00	60.62

九、公司财务会计资料

本公司截止2000年6月30日的财务状况,已于2000年8月24日在《中国证券报》、《证券时报》及《上海证券报》刊登的《湖北三峡新型建材股份有限公司招股说明书概要》中进行了详细的披露。因刊登招股说明书概要的时间距上市时间不足六个月,本公告不再重述。本公告只公布主要财务指标、财务报表、主要项目附注,欲了解详细内容,请查阅上述报纸或到本公司公告的查阅地址查阅本公司《招股说明书》及湖北万信有限责任会计师事务所出具的关于本公司截止2000年6月30日三年又一期会计 报表的审计报告。

(一) 财务报表(附后)

(二) 主要财务指标

指标名称	2000年6月30日	1999年	1998年	1997年
1. 流动比率	1.33	1.20	1.05	1.05
2. 速动比率	0.86	0.69	0.50	0.64
3. 股东权益比率	35.42	35.80	32.91	33.09
4. 每股净利润	0.13	0.30	0.27	0.21
5. 每股净资产	1.74	1.60	1.50	1.45
6. 净资产收益率	7.34	18.82	18.33	14.22
7. 资产负债率	59.12	62.35	65.31	65.14
8. 销售利润率	17.15	17.04	21.16	18.59
9. 存货周转率	1.36	2.24	1.80	2.47
10.应收帐款周转率	3.68	8.12	6.98	4.86

注:1997年、1998年、1999年、2000年6月30日的每股净利润均按15600万股计算。

(三)主要项目附注

1、应收票据

出票单位	出票日期	到期日	金　额	备　注
安徽省舒城华光	2000.6.2	2000.9.2	100,000.00	—
河南省济源玻璃总厂	2000.4.18	2000.9.30	82,500.00	—
广州市珠海区江南公司	2000.4.14	2000.7.14	580,000.00	—
新纪元渡膜玻璃	2000.3.7	2000.9.7	400,000.00	—
合　　计	—	—	1,162,500.00	—

2、应收帐款

帐　龄	期初数			期末数		
	金额	比例	坏帐准备	金额	比例	坏帐准备
1年以内	36566949.32	77.38%	1828347.47	40342787.64	74.41%	2017139.40
1-2年	4343352.87	9.19%	217167.64	9268344.39	17.10%	463417.22
2-3年	3887108.81	8.23%	194355.44	1790494.77	3.30%	89524.74
3年以上	2458805.46	5.20%	122940.27	2816040.07	5.19%	140.802.00
合　计	47256216.46	100.00%	2362810.82	54217666.87	100.00%	2710883.36

注:(1)无关联企业往来及持有5%以上股份的股东欠款。

(2)三年以上帐龄的项目属正常业务往来,其收回的可能性较大。

3、其他应收款

帐　龄	期初数			期末数		
	金额	比例	坏帐准备	金额	比例	坏帐准备
1年以内	17032198.31	85.51%	851609.91	25825087.05	87.64%	1291254.36
1-2年	729140.43	3.66%	36457.02	1424234.53	4.83%	71211.73
2-3年	1131945.71	5.68%	56597.29	1317287.15	4.47%	65864.36
3年以上	1025404.42	5.15%	51270.22	900642.15	3.06%	45032.11
合　计	19918688.87	100.00%	995934.44	29467250.88	100.00%	1473362.56

其中,较大金额有:

户　　名	金额(元)	欠款性质
武汉长利玻璃有限公司	1,159,860.11	往来款
宜昌当玻集团有限责任公司	1,936,786.09	代垫款
当阳市火车站	521,229.61	运费
广水化建工程队	772,852.32	工程款
蚌埠华宇公司	1,500,000.00	设备款

其中:宜昌当玻集团有限责任公司为其控制方。

4、预付帐款

帐　龄	期初数		期末数	
	金额	比例	金额	比例
1年以内	31,839,764.25	79.56%	31,745,300.43	70.41%
1-2年	7,802,063.84	19.50%	12,959,707.09	28.74%
2-3年	283,661.46	0.71%	383,608.76	0.85%
3年以上	92,056.15	0.23%	—	—
合　计	40,017,545.70	100.00%	45,088,616.28	100.00%

注:(1)无关联企业往来及持有5%以上股份的股东欠款。

(2)预付帐款一年以上未收回的原因:

1 预付款项后实际结算价低于预付款,多余款项尚未支付;

2 货物已收到,但发票尚未收到;

3 工程尚未完工。

5、长期投资(合并)

项　目	期初数		本期增加	本期减少	期末数	
	金额	减值准备			金额	减值准备
长期股权投资	550000.00	—	—	—	550000.00	—
长期债权投资	—	—	—	—	—	—
合　计	550000.00	—	—	—	550000.00	—

其中:股票投资

被投资公司名称	股份性质	股票数量	占被投资公司注册资本的比例	投资金额	减值准备	备注
湖北双环碱业股份公司	法人股	700000.00	0.26%	550000.00	—	—

注:长期投资减值准备未计提的原因:期末该股票的价值高于股票投资成本。

6、应付票据

票据种类	期初数	期末数	备　注
银行承兑	16,600,000.00	14,400,000.00	

合计	16,600,000.00	14,400,000.00

注:无持有公司5%以上股份的股东及关联企业款项。

7、应付帐款

帐龄	期初数		期末数	
	金额	比例	金额	比例
1年以内	20,009,674.56	67.85%	21,389,215.68	70.30%
1—2年	672,398.38	2.28%	5,608,457.18	18.44%
2—3年	396,480.63	1.34%	232,286.01	0.76%
3年以上	8,413,280.74	28.53%	3,194,411.39	10.50%
合计	29,491,834.31	100.00%	30,424,370.26	100.00%

注:应付帐款超过3年未付的原因如下:

1公司在购进设备、仪器等时与供货方达成协议按生产线运行分阶段付款,因此 还未支付,如武汉鹏达电气公司、武汉通用机电产品公司;

2有债权人已出逃不须支付;

3由于全国企业之间互相拖欠造成资金周转困难而应该支付未予支付;

4有债权单位一直未催收。

其中金额较大的有:

户名	金额	款项性质
湖北双环碱业股份有限公司	987,852.96	货款
北京西林耐火材料公司	885,206.65	货款
内蒙蒙西化工有限公司	1,828,464.73	货款
河南桐柏市碱矿有限责任公司	1,195,650.00	货款
湖南溆浦光明硅砂有限责任公司	638,842.26	货款

注:无持有公司5%以上股份的股东及关联企业款项。

8、预收帐款

帐龄	期初数		期末数	
	金额	比例	金额	比例
1年以内	7,836,970.84	89.41%	11,597,143.38	96.27%
1—2年	59,657.48	0.68%	58,416.90	0.49%
2—3年	868,269.22	9.91%	323,254.15	2.68%
3年以上	—	—	67,719.75	0.56%
合计	8,764,897.54	100.00%	12,046,534.18	100.00%

注:无持有公司5%以上股份的股东及关联企业款项。

9、应付股利

期末余额为31,340,019.39元,其中:母公司应付股东股利31,200,000.00元,子公司应付少数股东股利140,019.39元。

21、其他应交款

项目	期初数	期末数
堤防管理费	89,634.70	158,242.73
教育费附加	369,042.25	627,198.92
地方教育发展费	52,497.81	97,959.99
合计	511,174.76	883,401.64

10、其他应付款

帐龄	期初数		期末数	
	金额	比例	金额	比例(%)
1年以内	39,297,622.43	95.07%	35,075,703.81	90.59%
1—2年	909,939.91	2.20%	2,466,417.11	6.37%
2—3年	925,590.26	2.24%	1,175,428.99	3.04%
3年以上	204,125.41	0.49%	—	—
合计	41,337,278.01	100.00%	38,717,549.91	100.00%

其中:较大金额有:

户名	金额(元)	款项性质
集装架押金	3,498,743.59	包装物押金
蓬布押金	223,500.00	包装物押金
坝陵供电站	500,000.00	电费
七一零研究所	964,508.96	工程设计费
武汉市建材工业总公司	13,212,515.40	往来款项

注:武汉市建材工业总公司为持股5%以上股东。

11、资本公积

项目	2000-6-30	1999-12-31	1998-12-31	1997-12-31
期初余额	50,400,000.00	50,400,000.00	50,400,000.00	50,400,000.00
本期增加数	1,950,593.73	—	—	—
本期减少数	—	—	—	—
合计	52,350,593.73	50,400,000.00	50,400,000.00	50,400,000.00

注:其期末余额52,350,593.73元,其中期初50,400,000.00元为股本溢价,本期增加1,950,593.73元为固定资产对外投资评估增值。

12、盈余公积

项目	2000-6-30	1999-12-31	1998-12-31	1997-12-31
期初余额	36024792.45	28959086.25	22570818.62	17774127.14
本期增加数	—	7065706.20	6388267.63	4796691.48
本期减少数	—	—	—	—
合计	36024792.45	36024792.45	28959086.25	22570818,62

变动原因分析:历年增加的数额为按净利润的10%计提法定盈余公积、按5%计 提公益金。

13、未分配利润(合并)

项目	2000-6-30	1999-12-31	1998-12-31	1997-12-31	本期分配比例
期初余额	6736209.03	-1890266.46	-2428297.66	-1759946.29	—
加:本年净利润	19888281.20	46892181.69	42806298.83	32208340.11	—
减:提取法定公积金	—	4710470.80	4258845.09	3197794.32	
提取法定公益金	—	2355235.40	2129422.54	1598897.16	
提取任意公积金	—	—	—	—	
分配普通股股利	—	31200000.00	35880000.00	28080000.00	
转作股本的股利	—	—	—	—	—
期末余额	26624490.23	6736209.03	-1890266.46	-2428297.66	—

14、主营业务收入(合并)

项目	2000年1-6月	1999年度	1998年度	1997年度
浮法兰玻	87513183.00	157875567.29	124732490.02	21568427.23
钢化玻璃	7851820.14	24521953.48	14268066.84	30800259.54
装饰玻璃	16340170.94	38909979.93	35645470.07	47026307.69
平板玻璃	52318742.11	73358935.99	35293006.57	84305765.01
瓶子	1838473.06	—	—	—
纤维石膏板	12593905.75	31903922.23	34486843.92	19033600.73
精砂	—	135790.52	44768.85	1400000.00
石膏及石膏粉	8445046.97	—	—	—
其他	22058.66	392688.50	182545.29	—
合计	186923400.63	327098837.94	244653191.56	204134360.20

15、投资收益(合并)

项目	2000年1-6月	1999年度	1998年度	1997年度
处置股权损失	—	-253,574.28	—	—
股权投资收益	—	—	1,012,410.74	2,639,332.77

16、所得税(合并)

项目	2000年1-6月	1999年度	1998年度	1997年度
应纳税所得额	34134309. 64	55588608.93	44935493.67	34418458.07
所得税率	33%	15%	15%	15%
所得税额	11264322.18	8338291.34	6740324.05	5162768.71

十、董事会上市承诺

本公司董事会将严格遵守《中华人民共和国公司法》、《中华人民共和国证券法》、《股票发行与交易管理暂行条例》、《公开发行股票公司信息披露实施细则》和《上海证券交易所股票上市规则》(2000年修订本)等国家有关法律、法规的规定,并自本公司上市之日起作出如下承诺:

1、按照法律、法规的规定程序和要求披露重大信息,并接受证券主管机关、上 海证券交易所的监督管理;

2、及时、真实、准确地在证券主管部门指定的报刊上公布中期报告和年度报告 ,并备置于规定场所供投资者公众查阅;

3、本公司董事、监事及高级管理人员如发生人事变动或所持本公司股票发生变 动时,在报告证券主管机关、证券交易所的同时向投资者公布;

4、在任何公共传播媒介中出现的消息可能对本公司股票的市场价格产生误导性 影响时,本公司知悉后将及时对该消息予以公开澄清;

5、公司董事、监事和高级管理人员将认真听取公众的意见和批评,不利用已获 得的内幕消息和其他不正当手段直接或间接从事股票买卖活动;

6、公司所有董事、监事承诺在本公司股票上市后两个月内,分别签署《董事声 明及承诺书》、《监事声明及承诺书》并送达上海证券交易所;其中声明事项发生变化时,董事、监事承诺在该等情况发生变化之日起两个月内向上海证券交易所提交最新资料备案,并保证资料的真实和完整。

7、公司没有无记录负债。

十一、重要事项揭示

1、根据湖北万信有限责任会计师事务所出具的鄂万信审字[2000]331号《盈利预测审核报告》,本公司2000年度及2001年度预测税后利润分别为4454万元和4877.19 万元。按全面摊薄法计算的每股盈利分别为0.2111元和0.2311元。

2、经本公司1999年度股东大会决议,公司发行前滚存的未分配利润和本次发行 前实现的净利润由本次新股发行后的新老股东共享。

3、本公司上市前后所得税率均为33%,没有发生变化。

4、本次新股发行后首次股利分配方案由董事会根据经营状况和发展需要提出,经2000年度股东大会上审议通过后执行。

5、发行前公司每股净资产为1.74元,发行后每股净资产预计为3.36元。

6、平板玻璃及其深加工制品的生产,要求对玻璃熔窑每3-5年停火冷修一次,正常维修期为2个月。由于公司拥有5座玻璃熔窑,冷修间隔期缩短或维修期延长将直接影响公司的生产能力及主营收入;同时,公司生产所用主要能源之一为重油,国际和国内油品价格的波动可能导致公司生产成本增加和利润减少。

以上情况对本公司的生产经营可能构成较大风险,请投资者对此予以特别关注。

7、截止本上市公告书公布之日,本公司无其他影响投资者进行投资判断的重要 事项。

十二、备查文件目录

1、本公司成立的批准文件
2、审计报告、财务报表及附注
3、中国证监会和上海证券交易所批准发行上市的文件
4、招股说明书
5、资产评估报告
6、盈利预测报告
7、验资报告
8、法律意见书
9、本公司章程
10、公司营业执照
11、公司股东大会决议、董事会决议
12、其他备查文件

十三、咨询机构

1、发行人:湖北三峡新型建材股份有限公司

法定代表人:吕宗林 注册地址:湖北省当阳市经济技术开发区

联系电话:(0717)3280220 传 真:(0717)3280220 联系人:刘玉春 高莉

2、上市推荐人:联合证券有限责任公司

法定代表:王世宏 注册地址:深圳市深南东路5047号发展银行大厦10、24、25层

联系电话:(0755)2492153 传 真:(0755)2492166 联系人:胡卓敏 程洁

上市推荐人:三峡证券有限责任公司

法定代表人:邓贯安 注册地址:湖北省武汉市武胜路泰合广场30-31楼

湖北三峡新型建材股份有限公司

2000年9月14日

资产负债表

编制单位:湖北三峡新型建材股份有限公司　　单位:人民币元

资产	2000年6月30日	1999年12月31日	1998年12月31日	1997年12月31日
流动资产:				
货币资金	49570905.52	21236801.79	13308953.55	9270965.58
短期投资				
减:短期投资跌价准备				
短期投资净额				
应收票据	1162500.00	200000.00		
应收股利				
应收利息				
应收帐款	54217666.87	47256216.46	33296267.90	36843130.91
其他应收款	29467250.88	19918688.87	38370902.07	49280331.66
减:坏帐准备	4184245.92	3358745.26	3583358.50	4306173.13
应收帐款净额	79500671.83	63816160.07	68083811.47	81817289.44
预付帐款	45088616.28	40017545.70	23037922.18	18744058.02
应收补贴款				
存货	97143453.82	91534461.94	115788209.48	71774755.33
减:存货跌价准备				

存货净额	97143453.82	91534461.94	115788209.48	71774755.33
待摊费用	578545.83	117650.04	432177.31	755345.00
待处理流动资产净损失				
一年内到期的长期债券投资				
其他流动资产				
流动资产合计	273044693.28	216922619.54	220651073.99	182362413.37
长期投资:				
长期股权投资	550000.00	550000.00	5225168.78	5102594.35
长期债券投资				
长期投资合计	550000.00	550000.00	5225168.78	5102594.35
其中:合并价差				
减:长期投资减值准备				
长期投资净额				
固定资产:				
固定资产原价	538139611.53	536978472.66	551899368.52	550133574.04
减:累计折旧	124163402.82	112829639.45	89633777.12	37180638.04
固定资产净值	413976208.71	424148833.21	462265591.40	482952936.00
工程物资				
在建工程	51725306.06	28291728.25	3843879.63	
固定资产清理				
待处理固定资产净损失				
固定资产合计	465699514.77	452440561.46	466109471.03	482927495.20
无形资产及其他资产:				
无形资产	22669969.21	23326105.88	13918240.58	14225500.91
开办费	109955.53	115622.80	90676.34	102010.88
长期待摊费用	3037197.70	2537824.61	3392122.77	
其他长期资产				
无形资产及其他资产合计	25817122.44	25979553.29	17401039.69	14327511.79
递延税项:				
递延税项借项				
资产总计	765111330.49	695892734.29	709386753.49	684720014.71
负债及股东权益				
流动负债:				
短期借款	26400000.00	25700000.00	36600000.00	25000000.00
应付票据	14400000.00	16600000.00	17300000.00	14774194.80
应付帐款	30046534.18	29491834.31	53983848.20	39847389.99
预收帐款	12046534.18	8764897.51	8349582.45	9002980.36
应付工资	736924.67	593737.06	502810.64	477898.16
应付福利费	539216.16	1514634.70	1192073.20	1199054.17
应付股利	31340019.39	31422929.76	37553374.49	28717484.71
应交税金	32818712.03	14824779.86	5085306.94	1349176.42
其他应交款	883401.64	511174.76	−423983.11	−514904.13
其他应付款	38717549.91	41337278.01	44057504.90	44925136.34
预提费用	16411626.24	10725689.54	5555327.94	8560215.80
一年内到期的长期负债				
其他流动负债				
流动负债合计	204718354.48	181486955.54	209755845.65	173338626.62
长期负债:				
长期借款	243274258.00	247274258.00	248274258.00	267274258.00
应付债券				
长期应付款				
住房周转金	4115906.75	5135052.93	5298575.34	5390798.51
其他长期负债	−703030.92			
长期负债合计	246687133.80	252409310.93	253572833.34	272665056.51
递延税款:				
递延税款贷项	96074.20			
负债合计	452366228.48	433896266.47	463328678.99	466003683.13
少数股东权益	41745225.60	12835466.34	12589254.71	12173810.62
股东权益:				
股本	156000000.00	156000000.00	156000000.00	156000000.00
资本公积	52350593.73	50400000.00	50400000.00	50400000.00
盈余公积	36024792.45	36024792.45	28959086.25	22570818.62
其中:公益金	12008264.15	12008264.15	9653028.75	7523606.21
未分配利润	26624490.23	6736209.03	−1890266.46	−2428297.66
股东权益合计	270999876.41	249161001.48	233468819.79	226542520.96
负债及股东权益总计	765111330.49	695892734.29	709386753.49	684720014.71

利润及利润分配表

编制单位:湖北三峡新型建材股份有限公司　　单位:人民币元

项　目	2000 年 1-6 月	1999 年度	1998 年度	1997 年度
一、主营业务收入	186923400.63	327098837.94	244653191.56	204134360.20
减:折扣与折让				
主营业务收入净额	186923400.63	327098837.94	244653191.56	204134360.20
减:主营业务成本	128358489.32	232542136.30	168355178.38	156140826.86
主营业务税金及附加	1147582.86	2621043.54	1334659.25	1643407.64
二、主营业务利润	57417328.45	91935658.10	74963353.93	46350125.70
加:其他业务利润	277781.08	7833037.69	10578955.63	11163445.80
减:存货跌价损失				
营业费用	2530493.43	3669004.84	2071859.19	2236468.68
管理费用	14274493.19	15674422.97	13330050.50	10785934.60
财务费用	9927921.61	24736117.39	20190030.22	9170046.37
三、营业利润	30962201.30	55689150.59	49950369.65	35321121.85
加:投资收益		−253574.28	1012410.74	2639332.77
补贴收入	1127341.92			
营业外收入	125396.09	805173.74	1041237.75	91176.28
减:营业外支出	152576.67	488262.68	239462.50	110578.45
四、利润总额	32062362.64	55752487.37	51764555.64	37941052.45
减:所得税	11264322.18	8338291.34	6740324.05	5162768.71
少数股东损益	909759.26	467622.19	1966268.58	487351.81
应付福利及奖福基金		54392.15	251664.18	82591.82
五、净利润	19888281.20	46892181.69	42806298.83	32208340.11
加:年初未分配利润	6736209.03	−1890266.46	−2428297.66	−1759946.29
盈余公积转入				
六、可供分配的利润	26624490.23	45001915.23	40378001.17	30448393.82
减:提取法定盈余公积		4710470.80	4258845.09	3197794.32
提取法定公益金		2355235.40	2129422.54	1598897.16
七、可供股东分配的利润	26624490.23	37936209.03	33989733.54	25651702.34
减:应付优先股股利				
提取任意盈余公积金				
应付普通股股利		31200000.00	35880000.00	28080000.00
转作股利的普通股股利				
八、未分配利润	26624490.23	6736209.03	−1890266.46	−2428297.66

现金流量表

编制单位:湖北三峡新型建材股份有限公司　　单位:人民币元

项目	2000 年 1-6 月
一.经营活动产生的现金流量:	
销售商品,提供劳务收到的现金	214058064.97
收取的租金	
收到的税费返还	1679229.99
收到的其他与经营活动有关的现金	6488321.24
现金流入小计	222225616.20
购买商品,接受劳务支付的现金	149180832.58
经营租赁所支付的现金	
支付给职工以及为职工支付的现金	13046325.12
实际交纳的增值税款	5659966.82
支付的所得税款	3000000.00
支付的除增值税,所得税以外的其他税费	1229820.00
支付的其他与经营活动有关的现金	10989114.51
现金流出小计	183106059.03
经营活动产生的现金流量净额	39119557.17
二.投资活动产生的现金流量:	
收回投资所收到的现金	
分得股利或利润所收到的现金	
取得债券利息收入所收到的现金	
处置固定资产,无形资产和其他长期资产而收回的现金净额	
收到的其他与投资活动有关的现金	
现金流入小计	
购建固定资产,无形资产和其他长期资产所支付的现金	25092089.77
权益性投资所支付的现金	
债权性投资所支付的现金	
支付的其他与投资活动有关的现金	
现金流出小计	25092089.77
投资活动产生的现金流量净额	−25092089.77
三.筹资活动产生的现金流量:	
吸收权益性投资所收到的现金	28000000.00
其中:子公司吸收少数股东权益性投资收到的现金	28000000.00
发行债券所收到的现金	
借款所收到的现金	700000.00
收到的其他与筹资活动有关的现金	
现金流入小计	28700000.00
偿还债务所支付的现金	4000000.00
发生筹资费用所支付的现金	
分配股利或利润所支付的现金	82910.37
其中:子公司支付少数股东的股利	82910.37
偿还利息所支付的现金	10310453.30
融资租赁所支付的现金	
减少注册资本所支付的现金	
其中:子公司依法减资支付给少数股东的现金	
支付的其他与筹资活动有关的现金	
现金流出小计	14393363.67
筹资活动产生的现金流量净额	14306636.33
四.汇率变动对现金的影响	
五.现金及现金等价物净增加额	28334103.73
补充资料	
1.不涉及现金收支的投资和筹资活动:	
以固定资产偿还债务	
以投资偿还债务	
以固定资产进行投资	
以存货偿还债务	
融资租赁固定资产	
2.将净利润调节为经营活动的现金流量:	
净利润	
加:计提的坏帐准备或转销的坏帐	
固定资产折旧	
无形资产摊销	
待摊费用的减少(减:增加)	
处置固定资产,无形资产和其他长期资产的损失(减:收益)	
固定资产报废损失	
财务费用	
投资损失(减:收益)	
递延税款贷项(减:借项)	
存货的减少(减:增加)	
经营性应收项目的减少(减:增加)	
经营性应付项目的增加(减:减少)	
增值税增加净额(减:减少)	
其他	
经营活动产生的现金流量净额	
3.现金及现金等价物净增加情况:	
货币资金的期末余额	49570905.52
减:货币资金的期初余额	21236801.79
现金等价物的期末余额	
减:现金等价物的期初余额	
现金及现金等价物净增加额	28334103.73

兰州铝业股份有限公司

兰州铝业股份有限公司股票上市公告书

一、要 览

股票简称:兰州铝业
股票代码:600296
总股本:29500.448 万股
可流通股本:11000 万股
本次上市流通股本:5500 万股
上市地点:上海证券交易所
上市时间:2000 年 7 月 19 日
股票登记机构:上海证券中央登记结算
公司上市推荐人:南方证券有限公司海通证券有限公司

二、绪 言

本上市公告书是根据《中华人民共和国公司法》、《中华人民共和国证券法》、《股票发行与交易管理暂行条例》、《公开发行股票公司信息披露实施细则》和《上海证券交易所股票上市规则》等国家法律、法规的规定,并按照中国证券监督管理委员会制定的公开发行股票公司信息披露的内容与格式准则第七号《上市公告书的内容与格式(试行)》而编制,旨在向投资者提供有关兰州铝业股份有限公司(以下简称本公司)的基本情况和股票上市的有关资料。

经中国证券监督管理委员会证监发行字 [2000]80 号文核准,本公司已成功发行了每股面值 1.00 元的人民币普通股 11000 万股,其中向一般投资者上网定价发行 5500 万股,向法人配售 5500 万股(其中证券投资基金配售 1050 万股),每股发行价人民币 7.68 元。经上海证券交易所上市上字[2000]第 49 号《上市通知书》同意,本公司 5500 万股人民币普通股将于 2000 年 7 月 19 日(星期三)起在上海证券交易所上市挂牌交易。股票简称"兰州铝业",股票代码为"600296"。本公司总股本 29500.448 万股,可流通股本 11000 万股。本次上市流通股 份为向一般投资者上网定价发行的 5500 万股。向法人投资者(含证券投资基金)配售的 5500 万股中,向战略投资者配售的 2000 万股将于本公司办理股权登记之日(2000 年 7 月 13)起十二个月后可申请上市流通;向一般法人投资者配售的 3500 万股将于本次 5500 万股人民币普通股上市交易之日起六个月后可申请上市流通。

本公司已于 2000 年 7 月 1 日在《中国证券报》、《上海证券报》、《证券时报》上刊登了《招股说明书概要》,距今不足六个月,故与其重复的内容在此不再重述,敬请投资者查阅本公司的《招股说明书概要》。

本公司董事会及全体董事已批准本上市公告书,并确信所载资料不存在任何重大遗漏和误导,并对其真实性、准确性和完整性负个别和连带的责任。

三、发行公司概况

(一)基本情况公司名称:兰州铝业股份有限公司
注册地址:兰州市城关区东岗西路 316 号
注册资本:29500.448 万股
法定代表人:冯诗伟
成立日期:1999 年 4 月 14 日
经营范围:铝冶炼、铝材加工、批发零售、技术培训
(二)历史沿革

本公司是根据《中华人民共和国公司法》等有关法律、法规,并经国家经贸委国经贸企改[1999] 251 号文批准,由兰州铝厂作为主发起人,并联合兰州经济信息咨 询公司、兰州永达工贸有限公司、兰州铝加工厂和兰州兴铝商贸部等四家发起人, 于 1999 年 4 月 14 日发起设立的股份有限公司。

主发起人兰州铝厂将其拥有的经营性资产经评估作价后投入股份公司,范围包括:电解一厂、电解二厂、炭素厂、动力厂、机修厂以及办公楼等资产。经中庆会计师事务所(改制后现已更名为中庆会计师事务所有限责任公司)评估,并由国家财政部财评字[1998]294 号文确认及财政部财管字[1999]66 号文批准,兰州铝厂进入股 份公司的净资产总额为 25043.47 万元,按 70.63%的比例折为 17688.203 万股,由 主发起人兰州铝厂持有,其他四家发起人合计投入现金 1150 万元,按 70.63%的折股比例折为 812.245 万股,公司设立后总股本为 18500.448 万股。

本公司的主营业务为:铝冶炼。

股份公司承继了兰州铝厂的生产经营性资产,是全国十大铝生产企业之一,采用 60KA 侧插自焙阳极电解槽炼铝,用微机进行电解生产过程控制和企业管理,生产工艺成熟稳定,引进美国烟气干法净化技术治理污染,生产稳定,指标先进。其中,铝锭一级品率位于全行业之首,氧化铝单耗为同槽型之首,氟化盐单耗为同槽型第二,交、直流电单耗及综合电耗居同槽型前三位。公司主导产品重熔用铝锭、电工用铝锭、稀土铝合金锭、ZLD-102 铸造铝合金锭全部为省、部级优质产品。其中重熔用铝锭获国家优质产品银奖,被确定为甘肃省免检产品和名牌产品,并在伦敦金属交易所正式注册,畅销全国且远销国际市场。

本公司将以上述业务的整合和资产的重组为基础,以上市公司建立现代企业制度为契机,在坚持以经济效益为中心、以追求股东权益最大化为目标的前提下,发挥自身在产品、经营、管理、人才、营销网络、信息等方面的优势,在巩固国内市场的同时,积极开拓国际市场。

四、股票发行及承销

(一)本次股票公开发行情况

本次股票公开发行社会公众股 11000 万股,其中向法人投资者配售 5500 万股,向 一般投资者上网定价发行 5500 万股,本次流通 5500 万股。

发行方式:向法人配售和向一般投资者上网发行相结合
发行日期:2000 年 6 月 22 日—7 月 7 日
发行价格:7.68 元/股
中签率:向法人投资者配售的中签率为 10.46%
向一般投资者上网定价发行中签率为 2.41758348%
法人投资者配售有效申购户数:100 户
一般投资者上网发行有效申购户数:241269 户
持有 1000 股以上(含 1000 股)的股东数:44853 户(其中战略投资者和一般法人 投资者 56 户)
募集资金总额(未扣除发行费用):84480 万元
实际募集资金总额:82593.12 万元
发行费用总额:1886.88 万元
每股发行费用:0.172 元
发行市盈率:23.63 倍(加权平均)29.09 倍(全面摊薄)
(二)股票承销

本次公开发行的社会公众股 11000 万股已全部被投资者认购,承销团无余额包销 。

(三)验资报告

验资报告

甘会验字(2000)第 020 号兰州铝业股份有限公司:

我们接受委托,对贵公司截止 2000 年 7 月 10 日止的股本变更情况的真实性和合法 性进行了审验。在审验过程中,我们按照《独立审计实务公告第 1 号———验资》的 要求实施了必要的审验程序。贵公司的责任是提供真实、合法、完整的验资资料,保护资产的安全、完整,我们的责任是按照《独立审计实务公告第 1 号———验资》的 要求,出具真实、合法的验资报告。

贵公司变更前的注册资本为 18,500.448 万元,股本为 18,500.448 万元,已由甘肃五联会计师事务所甘会验字[1999]第 005 号验资报告予以验证。变更后的注册 资本为 29,500.448 万元,股本为 29,500.448 万元。根据我们的审验,截止 2000 年 7 月 10 日,贵公司已收到本次发行的主承销商南方证券有限公司汇入的货币资金 83,064.96 万元(已扣除券商承销费 1267.20 万元和上网发行费 147.84 万元),扣除其 他发行费用 471.84 万元后的募股资金净额为 82,593.12 万元,其中股本增加 11,000.00 万元,资本公积增加 71,593.12 万元。

附件(一)变更前后注册资本对照表
附件(二)验资事项说明

甘肃五联会计师事务所有限责任公司　　中国注册会计师:巩 平
中国注册会计师:唐洪广
中国.兰州.庆阳路 258 号国贸大厦　　二○○○年七月十日

五、董事、监事和高级管理人员简介及持股情况

(一)董事、监事和高级管理人员简介
1、董事会成员

冯诗伟先生,53 岁,大学学历,高级工程师。1967 年 9 月参加工作,历任兰州铝 厂技术员、车间主任、厂工会主席、副厂长、厂长;现任兰州铝业股份有限公司董事长。

郭士安先生,58 岁,研究生学历,教授级高工。1965 年 8 月参加工作,历任西北 铝加工厂技术员、科长、分厂副厂长、处长、副厂长,厂长;现任兰州铝业股份有限公司副董事长。

马志成先生,58 岁,大学学历,教授级高工。1967 年 9 月参加工作,历任兰州铝 厂技术员、车间主任、副厂长、总工程师;现任兰州铝业股份有限公司董事。

罗则中先生,53 岁,大学学历,高级工程师。1967 年 9 月参加工作,历任兰州铝 厂车间副主任、主任、副厂长;现任兰州铝业股份有限公司董事。

纪清和先生,51 岁,研究生学历,高级会计师。1968 年 12 月参加工作,历任兰州铝厂财务部会计、副部长、部长、副总会计师、总会计师;现任兰州铝厂总会计师,兰州铝业股份有限公司董事。

严平先生,48 岁,大学学历,高级工程师。1970 年 9 月参加工作,历任兰州铝厂 技术员、副科长、车间主任、处长、副厂长;现任兰州铝业股份有限公司董事。

李宁先生,38 岁,大学学历,高级工程师。1982 年 7 月参加工作,历任兰州铝厂 技术员、工程师、车间副主任、分厂副厂长、厂长、总厂厂长助理;现任兰州铝业股份有限公司董事、总经理。

2、监事会成员

焦振东先生,53 岁,大学学历,高级工程师。1967 年 9 月参加工作,历任兰州铝 厂车间副主任、主任、副厂长、党委书记;现任兰州铝厂厂长、兰州铝业股份有限公司监事长。

王万增先生,58 岁,初中文化,高级政工师。1960 年 2 月参加工作,历任兰州铝 厂干事、车间党支部书记、工会副主席、工会主席;现任兰州铝厂工会主席,兰州铝业股份有限公司监事。

褚贵国先生,54 岁,大学学历,高级工程师。1964 年 12 月参加工作,历任兰州铝厂技术组长、车间主任、分厂副厂长、厂长;现任兰州铝厂厂长助理,兰州铝业股份有限公司监事。

3、高级管理人员李宁先生(同上)

周殿忠先生,48 岁,大专学历,政工师。1970 年 9 月参加工作,历任兰州铝厂车 间主任、党支部书记、供应处处长;现任兰州铝业股份有限公司副总经理。

刘光武先生,48 岁,大学学历,助理工程师。1968 年 12 月参加工作,历任兰州铝厂车间副主任、主任,分厂副厂长、厂长;现任兰州铝业股份有限公司副总经理。

毕玉喜先生,49 岁,大专学历,高级工程师。1970 年 9 月参加工作,历任兰州铝 厂技术员、工程师、技术发展部副主任、净化公司经理、分厂党支部书记;现任兰州铝业股份有限公司副总经理。

李智勇先生,46 岁,大学学历,经济师。1970 年 9 月参加工作,历任兰州铝厂厂 办秘书、副主任、政研室主任,新闻中心主任;现任兰州铝业股份有限公司董事会秘书。

杨民平先生,35 岁,大学学历,注册会计师。1989 年 9 月参加工作,历任兰州铝 厂财务部会计、建设指挥部财务部副主任,总厂财务处副处长;现任兰州铝业股份有限公司财务负责人。

(二)本公司董事、监事和高级管理人员持股情况

上述公司董事、监事和高级管理人员均未持有本公司股票。

六、公司设立

本公司是根据《中华人民共和国公司法》等有关法律、法规,并经国家经贸委国经贸企改[1999] 251 号文批准,由兰州铝厂作为主发起人,并联合兰州经济信息咨 询公司、兰州永达工贸有限公司、兰州铝加工厂和兰州兴铝商贸部等四家发起人, 于 1999 年 4 月 14 日发起设立的股份有限公司,注册资本为 18500.448 万元人民币。

2000 年 2 月 11 日,公司召开了 1999 年度股东大会,审议并通过了公开发行股票并 上市的决议,并授权董事会办理股票发行和上市的相关事宜。

经中国证券监督管理委员会证监发行字[2000]80 号文批准,本公司已于 2000 年 6 月 22 日—7 月 7 日成功发行了每股面值 1.00 元的人民币普通股 11000 万股,每股发行 价人民币 7.68 元。其中向法人配售 5500 万股,向一般投资者上网定价发行 5500 万股 。本次募集资金已全部到位。

注册资本:29500.448 万元
注册地址:兰州市城关区东岗西路 316 号
法定代表人:冯诗伟
营业执照注册号码:6200001050577-3/3

七、关联企业及关联交易

1、关联关系

(1)股份公司与发起人之间存在的关联关系:

①兰州铝厂;②兰州经济信息咨询公司;③兰州永达工贸有限公司;④兰州铝加工厂;⑤兰州兴铝商贸部

(2)股份公司与主要发起人兰州铝厂下属企业及控股公司之间存在的关联关系 :

①兰州铝厂建筑安装公司;②兰州铝厂运输部;③兰州连海铝业进出口公司;④兰州银星工贸有限公司;⑤兰州西固金鹰保安服务公司;⑥西北铝加工厂;⑦海南中亚铝业有限公司;⑧兰州兰铝实业开发总公司。

2、关联交易

(1)股份公司与兰州铝厂之间存在的关联交易：

①土地租赁

股份公司与兰州铝厂签订了《土地租赁合同》。该合同规定，股份公司将从兰州铝厂租用土地，租赁期到2048年5月，并按照约定方式和期限向其支付土地租赁费。 公司土地总面积为379556.99平方米，每平方米每年租金为19.87元人民币，自合同生效之日起，股份公司每年向兰州铝厂支付租金754万元人民币，该等租金在每年的7月1日之前支付清结。在租赁期内，可以按国家土地管理部门颁布的土地租金调价幅 度，经双方协商调整年租金金额。

②商标转让

股份公司与兰州铝厂经协商，签订了《商标转让合同》。该合同规定，兰州铝厂同意将其注册商标"兰铝"牌和"LL"牌无偿转让给股份公司。

③专利权转让

股份公司与兰州铝厂和东北大学签订了《专利权转让合同》，合同标的指兰州铝厂与东北大学共同所有的"一种自焙阳极铝电解槽"专利技术。该合同规定，兰州铝厂对该项专利的权利和义务全部无偿转让给股份公司，由股份公司和东北大学共同所有。

④技术成果转让

股份公司与兰州铝厂签订了《技术成果转让合同》。合同规定，将其所有的5项 技术成果全部无偿转让给股份公司所有。

⑤用电权、用水权、通讯权

股份公司与兰州铝厂签订了《用电权、用水权、通讯权使用许可合同》，股份公司无偿使用兰州铝厂的用电权、用水权、通讯权。

⑥医疗保健、教学服务股份公司与兰州铝厂签订了《医疗保健与教学服务合同》。

由兰州铝厂所属医院向股份公司职工及家属提供普通门诊、住院治疗、护理服务及定期保健预防服务；双方根据《甘肃省省级医疗机构收费标准》制定结算价格，费用在每月完成上述服务，双方会签后支付。

由兰州铝厂所属子弟学校向股份公司职工子女提供由小学、初中至高中的全部基础教育；双方根据兰州市教育委员会规定标准制定结算价格，费用在每学期完成上述服务，双方会签后支付。

(2)股份公司与主要发起人兰州铝厂下属企业及控股公司之间存在的关联交易 ：

①建筑安装

股份公司与兰州铝厂全资子公司兰州铝厂建筑安装公司签订了《建筑安装服务合同》。该合同规定，兰州铝厂建筑安装公司完成股份公司委托的建筑安装项目，改扩建项目及各项维修项目，双方按国家有关标准或双方在工程合同中共同商定的工程造价进行结算。每项工程完工后，由兰州铝厂建筑安装公司编制决算书或决算清单，直接与股份公司进行结算。

②运输服务

股份公司与兰州铝厂全资子公司兰州铝厂运输部签订了《运输服务合同》。该合同规定，兰州铝厂运输部向股份公司提供职工通勤接送、货物运输和车辆维修方面的服务，双方根据甘肃省物价委员会、甘肃省交通厅《关于整顿公路汽车(拖拉机)货物运价的通知》制定结算价格。由兰州铝厂运输部每月开具结算发票和清单，经股份公司审核认可，在保质保量、按时完成各项服务，双方会签后直接支付款项，也可以实物作价相抵。

③生活服务

股份公司与兰州铝厂全资子公司兰州银星工贸有限公司签订了《生活服务合同》。该合同规定，其在物业管理、单身宿舍、职工食堂、职工浴池、饮用开水、环境清扫、环境绿化、供暖、幼儿入托等方面为股份公司提供有偿服务。双方根据《甘肃省物业管理服务收费标准》、《兰州市供热收费标准》确定物业管理及供暖服务价格，对其他服务项目，依据服务成本费用及税金，在双方协商一致的基础上确定价格。兰州银星工贸有限公司根据实际完成服务量向股份公司开具结算发票并附清单进行结算，经股份公司审核，在保质保量、按时完成各项服务，双方会签后按月付款(服务费用中，不含在食堂就餐、幼儿入托、供热水等方面向受益个人直接收取的费用)。

④保安

股份公司与兰州铝厂全资子公司兰州西固金鹰保安服务公司签订了《保安服务合同》。该合同规定，其在保安、辖区综合治安、货物押运等方面向股份公司提供安全、警卫有偿服务。双方在参考矿山、冶炼、井下等行业有关保安服务收费标准的基础上，结合地区实际，与股份公司协商制定服务价格。由兰州西固金鹰保安服务公司每季向股份公司开具结算发票和结算清单，在保质保量、按时完成各项服务、双方会签后股份公司支付费用。

(3)股份公司与兰州永达工贸有限公司之间存在的关联交易：

股份公司与兰州永达工贸有限公司签订了《辅助生产服务合同》。合同约定，由兰州永达工贸有限公司在铝锭打包、加工铜带材、供暖等方面为股份公司提供有偿服务。双方根据《全国统一安装工程定额》、《有色金属工业工程建设预算定额》及《冶金建筑安装工程专用预算定额》，并参照市场价格制定结算价格。由兰州永达工贸有限公司每月按实际发生额向股份公司开具结算发票和结算清单，经股份公司审核，在保质保量、按时完成各项服务、双方会签后支付费用。

股份公司1999年向兰州永达工贸有限公司按市场价格销售铝锭，价值1845万元人民币。上述关联交易按照一般市场经营规则进行，与其他业务往来企业同等对待，不存在损害发行人及其股东利益的情形。

根据律师对上述合同的审查，股份公司与关联企业之间关于关联交易的处理符合有偿使用、公平、公开的原则，上述合同的内容不存在损害发行人及其股东利益的情况，协议内容合法有效。

八、股本结构及大股东持股情况

(一)本公司上市前的股本结构

股份种类	股数(万股)	占总股本比例(%)
1、尚未流通股份	18500.448	62.71
发起人股份	18500.448	62.71
其中：国有法人持有股份	18465.133	62.59
境内法人持有股份	35.315	0.12
2、可流通股份	11000	37.29
其中：战略法人持有股份	2000	6.78
一般法人持有股份	3500	11.86
一般投资者(社会公众)持股	5500	18.64
3、股份总数	29500.448	100.00

(二)公司前十名股东持股情况

股东名称	持股数量(万股)	占总股本比例(%)
兰州铝厂	17688.203	59.96
甘肃省电力公司	1200	4.07
山西铝厂	800	2.71
兰州经济信息咨询公司	706.3	2.39
长盛基金管理有限公司(基金同益)	150	0.51
大成基金管理有限公司(基金景福)	100	0.34
大成基金管理有限公司(基金景宏)	100	0.34
博实基金管理有限公司(基金裕阳)	100	0.34
博实基金管理有限公司(基金裕隆)	100	0.34
长盛基金管理有限公司(基金同盛)	100	0.34
鹏华基金管理有限公司(基金普丰)	100	0.34
湖南省驰宇实业有限公司	100	0.34
深圳市创新科技投资有限公司	100	0.34
甘肃兰光科技股份有限公司	100	0.34
上海市原水股份有限公司	100	0.34
上海国有资产经营有限公司	100	0.34
中国技术进出口总公司	100	0.34
青岛国信实业公司	100	0.34
上海宝源资产管理有限责任公司	100	0.34

九、公司财务会计资料

本公司截止1999年12月31日的财务资料，已于2000年7月1日分别在《中国证券报》、《上海证券报》和《证券时报》上刊登的《招股说明书概要》中进行了详细的披露。因公告距今时间较短，相同的内容在此不再重复。本公告只公布本公司经审计的财务报表及主要财务指标，欲了解详细内容，请查阅上述报纸或至公告的《招股说明书》查阅地点查阅。

(一)主要财务指标

财务指标	1999年	1998年	1997年
流动比率	0.6768	0.5421	0.4829
速动比率	0.3345	0.3219	0.2602
应收帐款周转率	11.0347	14.4856	21.7011
存货周转率	6.0339	9.0298	9.1567
资产负债率	66.44%	72.48%	72.36%
净资产收益率	25.46%	2.24%	15.27%
每股净利	0.38	420.0231	0.1529

(二)会计报表(附后)

十、董事会上市承诺

本公司董事会严格遵守《中华人民共和国公司法》、《中华人民共和国证券法》、《股票发行与交易管理暂行条例》、《公开发行股票公司信息披露实施细则》和《上海证券交易所股票上市规则(2000年修订本)》等国家法律、法规的规定，并自股票上市之日起作出如下承诺：

1、按照法律、法规的规定程序和要求披露重大的信息、并接受证券主管机关、上海证券交易所的监督管理。

2、及时、真实、准确地公布中期报告和年度报告，并备置于规定场所供投资者 查阅。

3、本公司董事、监事、高级管理人员如发生人事变动或持本公司股票发生变化 时，在报告证券主管机关、上海证券交易所的同时向投资者公布。

4、在任何公共传播媒介中出现的消息可能对本公司股票的市场价格产生误导性 影响时，本公司知悉后将及时对该消息予以公开澄清。

5、本公司董事、监事、高级管理人员将认真听取社会公众的意见和批评，不利 用已获得的内幕消息和其他不正当手段直接或间接从事股票买卖活动。

6、本公司没有无记录负债。

依据2000年5月1日起实施的《上海证券交易所股票上市规则(二〇〇〇年修订本)》，本公司全体董事、监事将按照有关规定，在本公司股票上市后两个月内签署《董事(监事)声明及承诺书》并送达上海证券交易所备案。

十一、重要事项提示

1、公司部分募集资金将用于收购西北铝加工厂所属的板带箔材厂等四个分厂，该企业负债较高、开工不足，近年来均不同程度地发生亏损，收购后将存在一定的经营风险。

2、公司主要产品铝锭受国际国内经济发展周期和市场供求关系变化的影响，市 场销售价格波动较大，这可能导致产品价格下跌，直接影响公司的经济效益。

3、根据甘肃五联会计师事务所有限责任公司对本公司2000年度盈利预测的［甘 会审字(2000)第019号］审核报告，预计本公司2000年度实现利润总额11628.85万元，净利润7791.33万元。按照国务院国发[2000]2号文件的规定，公司2000年所 得税按33%税率预测。

4、预计本次股票发行后首次股利分配时间为2001年6月30日前。公司2000年2月11日召开1999年度股东大会，决议公司2000年实现的全部利润由新老股东共享。

5、截止本上市公告书刊登之日，本公司无重大诉讼事项。

十二、备查文件目录

1、招股说明书
2、上海证券交易所上市通知书
3、中国证监会核准本公司公开发 行股票的文件
4、审计报告、财务报表及附注
5、验资报告
6、盈利预测报告及注册会计师审核报告
7、法律意见书
8、资产评估报告
9、公司股东大会决议、董事会决议
10、公司营业执照
11、公司章程
12、其他备查文件

十三、咨询机构

1.发行人：兰州铝业股份有限公司
法定代表人：冯诗伟
注册地址：兰州市城关区东岗西路316号
联系电话：0931-7567057、7558888、7566981
传真：0931-7558857
联系人：李智勇　钦义发　李发俊
2.上市推荐人：南方证券有限公司
法定代表人：沈沛
注册地址：深圳市嘉宾路4028号太平洋商贸大厦20-28层
联系电话：010-662124430755-2138227
传真：010-66210025
联系人：张业丰、赵莉红、杨扬、王焱、袁晨
3.上市推荐人：海通证券有限公司
法定代表人：王开国
注册地址：上海市唐山路218号
联系电话：0755-2083692
传真：0755-2083677
联系人：刘书锦

兰州铝业股份有限公司
二〇〇〇年七月十四日

资产负债表

编制单位：兰州铝业股份有限公司　　　　单元：人民币元

资　产	1999年12月31日	1998年12月31日	1997年12月31日
流动资产：			

货币资金	64383598.30	34188627.28	60548332.18
短期投资			
减:短期投资跌价准备			
短期投资净额			
应收票据	2020000.00	7208152.00	1250000.00
应收帐款	99849422.60	86025383.12	48040773.05
其他应收款	11252735.93	12924329.56	7076822.26
减:坏帐准备	2438428.67	1604361.30	1680196.58
应收帐款净额	108663729.86	97345351.38	53437498.73
预付帐款			
存货	181682637.77	97466674.28	101716945.70
减:存货跌价准备			
存货净额	181682637.77	97466674.28	101716945.70
待摊费用	2484470.04	3677823.96	3508835.66
待处理流动资产净损失			
一年内到期的长期债券投资			
其他流动资产			144320.68
流动资产合计	359234435.97	239886628.90	220605932.95
长期投资:			
长期股权投资			
长期债券投资			
长期投资合计			
其中:合并价差			
减:长期投资减值准备			
长期投资净额			
固定资产:			
固定资产原价	808978068.11	773252084.45	718219881.19
减:累计折旧	342754750.67	334665119.60	280017058.94
固定资产净值	466223317.44	438586964.85	438202822.25
工程物资			
在建工程	5098631.09	15798876.67	11711250.70
固定资产清理			
待处理固定资产净损失			
固定资产合计	471321948.53	454385841.52	449914072.95
无形资产及其他资产:			
无形资产			
开办费	1442251.46		
长期待摊费用			
其他长期资产			
无形资产及其他资产合计	1442251.46		
递延税项:			
递延税项借项			
资产总计	831998635.96	694272470.42	670520005.90
负债及股东权益			
流动负债:			
短期借款	377700000.00	384700000.00	355800000.00
应付票据		20000000.00	
应付帐款	24587616.89	18340285.44	50995284.25
预收帐款	39546669.91		
应付工资			
应付福利费	87902.83		
应付股利	40277827.49		
应交税金	11368293.11	−378843.77	9004975.23
其他应交款	162017.70		
其他应付款	10687159.97	969474.78	6253807.35
预提费用	−3671848.98	18843936.20	34801252.23
一年内到期的长期负债	30000000.00		
其他流动负债			
流动负债合计	530745638.92	442474852.65	456855319.06
长期负债:			
长期借款	3000000.00	43000000.00	15500000.00
应付债券			
长期应付款	19056236.63	17736853.64	12837482.14
其他长期负债			
长期负债合计	22056236.63	60736583.64	28337482.14
递延税款:			
递延税款贷项			
负债合计	522801875.55	503211436.29	485192801.20
股东权益:			
净资产		192665395.43	187007301.28
股本	185004480.00		
资本公积	76930354.33		
盈余公积	17261926.08		
其中:公益金	5753975.36		
未分配利润		−1604361.30	−1680096.58
股东权益合计	279196760.41	191061034.13	185327204.70
负债及股东权益总计	831998635.96	694272470.42	670520005.90

利润表

编制单位:兰州铝业股份有限公司　　单位:人民币元

项　目	1999 年度	1998 年度	1997 年度
一、主营业务收入	1025536274.32	971011847.88	1042538060.17
减:销售折扣与折让			
主营业务收入净额	1025536274.32	971011847.88	1042838060.17
减:主营业务成本	842181585.25	899291707.98	931391202.74
主营业务税金及附加	2767097.37	2228152.92	
二、主营业务利润	180587591.70	69491986.98	111146857.43
加:其他业务利润	2027791.32	5065096.25	4737796.35
减:存货跌价损失			
营业费用	7865470.82	7920894.21	7482331.35
管理费用	60384286.57	31063105.13	38590409.27
财务费用	27774532.47	29979050.29	34072933.47
三、营业利润	86591093.16	5594033.60	35738979.69
加:投资收益			
补贴收入			
营业外收入	49141.06	1144010.12	1233843.50
减:营业外支出	3215104.61	2181023.62	7946636.65
四、利润总额	83425129.61	4557020.10	29026186.54
减:所得税	12342433.75	276421.49	728786.69
五、净利润	71082695.86	4280598.61	28297399.85

利润分配表

1999 年度

编制单位:兰州铝业股份有限公司　　单元:人民币元

项　目	金额
一.净利润	71082695.86
加:年初未分配利润	−1604361.30
减:年初至公司成立日分配给主发起人股东的利润	11938580.99
二、可供分配的利润	57539753.57
减:提取法定盈余公积	5753975.36
提取法定公益金	5753975.36
三、可供股东分配的利润	46031802.85
减:应付优先股股利	
提取任意盈余公积金	5753975.36
应付普通股股利	40277827.49
转作股利的普通股股利	
其他	
四、未分配利润	

星辰化工新材料股份有限公司

星辰化工新材料股份有限公司股票上市公告书

一、要览

股票简称:星新材料　　股票代码:600299
总股本:24000万股　　可流通股本:8000万股　　本次上市流通股本:7200万股
上市地点:上海证券交易所　　上市时间:2000年4月20日
股票登记机构:上海证券中央登记结算公司
上市推荐人:国信证券有限公司　西南证券有限责任公司　国通证券有限责任公司

二、绪言

本上市公告书是根据《中华人民共和国公司法》、《中华人民共和国证券法》《股票发行与交易管理暂行条例》、《公开发行股票公司信息披露实施细则》和《上海证券交易所股票上市规则》等国家有关法律、法规的规定,并按照中国证券监督管理委员会制定的公开发行股票公司信息披露的内容与格式准则第七号《上市公告书的内容与格式(试行)》而编制,旨在向投资者提供有关星辰化工新材料股份有限公司(以下简称本公司)和本次股票上市的有关情况。

本公司是经国家经贸委国经贸企改(1999)314号文批准,由中国蓝星化学清洗 总公司为主发起人,联合化工部橡胶工业研究设计院、化工部连云港研究设计院、化工部合成材料研究院和国营长风机器厂等四家企业,共同发起设立的股份有限公司。经中国证券监督管理委员会证监发行字[2000]13号文批准,本公司已于2000年3月3
1日至4月1日以上网定价和向二级市场投资者配售相结合的方式成功地向社会公众公 开发行了人民币普通股8000万股,其中上网定价发行3200万股,向二级市场投资者配售3200万股,向证券投资基金配售1600万股,每股面值1.00元,每股发行价6.41元。

经上海证券交易所上证上字[2000]第13号《上市通知书》批准,本公司股票将于2000年4月20日在上海证券交易所挂牌交易,股票简称"星新材料",股票代码"600299"。本公司总股本24000万股,可流通股本8000万股,本次上市流通股本为上网定价发行的3200万股、向二级市场投资者配售的3200万股和向证券投资基金配售的1600万股的50%(即800万股),共计7200万股。根据有关规定,向证券投资基金配售 的1600万股的其余50%(即800万股),将于本配售之日起6个月后上市流通。

三、公司概况

(一)基本情况
公司名称:星辰化工新材料股份有限公司
股本总额:24000万元　　法定代表人:刘宪秋　　成立日期:1999年5月
经营范围:有机硅及相关产品的研制、生产、销售;化学合成材料、化工产品的开发、生产、销售。
所属行业:化工类　　注册地址:北京市海淀区海淀路19-1号
联系电话:010-82087351　　传真:010-62376625　　联 系 人:王晓东、王祥德、刘佳
(二)历史沿革:

本公司是经国家经贸委国经贸企改(1999)314号文批准,共同发起设立的股份 有限公司,由中国蓝星化学清洗总公司为主发起人,以其经评估确认后净资产20088 .31万元,按75.16%的折股比例折为国有法人股150980964股;化工部橡胶工业研 究设计院、化工部连云港研究设计院、化工部合成材料研究院和国营长风机器厂等四家企业,以现金300万元作为其各自出资按75.16%的折股比例折为国有法人股2254759股,共计9019036股。本公司成立时注册股本16000万股,每股面值1元。 经中国证券监督管理委员会证监发行字[2000]13号文批准,本公司已于2000年3月31日至4月1日以上网定价和向二级市场投资者配售相结合的方式成功地发行了人 民币普通股8000万股,其中上网定价方式向社会公众发行3200万股,向二级市场投资者配售3200万股,向证券投资基金配售1600万股,每股面值1.00元,每股发行价6.41元。本次发行后,公司股本增至24000万元。

四、股票发行及承销

(一)本次股票公开发行
发行方式:上网定价和向二级市场投资者配售相结合
发行日期:2000年3月31日至4月1日
公开发行数量:8000万股
其中:上网定价发行3200万股　　向二级市场投资者配售3200万股
向22家证券投资基金配售1600万股
发行价格:6.41元/股　　募集资金总额:51,280万元(未扣除发行费用)
中签率:上网定价发行:0.18404816%　　向二级市场投资者配售:0.13273345%
有效申购户数:上网定价发行:971538户　　向二级市场投资者配售:3240525户
持有1000股以上(含1000股)的户数:63836户(其中证券投资基金22户)
发行费用总额:2021.6万元　　每股发行费用:0.25元
发行市盈率:22.92倍(加权平均)　　24.65倍(全面摊薄)

(二)股票承销　本次发行采用上网定价发行的3200万股已被社会公众全额认购,向证券投资基金配售的1600万股已配售完毕,向二级市场投资者配售的3200万股部分出现余额382962股,按有关规定,全部由主承销国通证券有限责任公司包销。

五、董事、监事及高级管理人员的简历及持股情况

(一)董事、监事及高级管理人员简历

刘宪秋,男,58岁,大学本科,教授级高级工程师,曾任化工部化工机械研究院工程师、北京化工大学副教授、研究室主任、美西蓝星公司常务副总裁兼总工程师、中国蓝星化学清洗总公司副总经理;现任本公司董事长。

谢先知,男,47岁,大学本科,高级工程师,曾任化工部晨光化工研究院专题组长、化工部南通合成材料厂厂办秘书、PBT合成车间主任、经营副厂长、厂长、中国 蓝星化学清洗总公司总经理助理兼生产办主任;现担任本公司副董事长。

李刚,男,53岁,大学本科,高级工程师,曾任无锡树脂厂车间主任、项目组副组长、厂长助理、副厂长、厂长;现担任本公司副董事长。

郭云钊,男,33岁,大专,工程师,曾任甘肃济公保健饮品公司经理、上海蓝星清洗技术有限公司经理、中国蓝星化学清洗总公司副总工程师、中国蓝星化学清洗总公司总经理助理兼科技办公室主任;现担任本公司董事。

杨成勇,男,37岁,大学本科,高级工程师,曾任化工部星火化工厂车间主任、分厂厂长、设计所所长、副总工程师、副厂长、厂长,现任本公司董事兼总经理。

周传敏,男,30岁,大学本科,工程师,曾任中国蓝星化学清洗总公司工程公司项目经理、化工部星火化工厂副厂长、化工部南通合成材料厂副厂长;现担任本公司董事兼副总经理。

郭驯宙,男,37岁,大学本科,高级工程师,曾任无锡树脂厂分厂厂长、厂研究所副所长、生产处处长、厂长助理、无锡树脂厂副厂长;现担任本公司董事兼副总经理。

朱炼钢,男,41岁,大专,工程师,曾任化工部星火化工厂车间主任、生产处处长、化工部星火化工厂副厂长;现任本公司董事兼副总经理。

蔡朋发,男,37岁,大学本科,高级工程师,曾任星火化工厂车间主任、机动科科长、销售公司经理、中国蓝星化学清洗总公司生产办副主任;现任本公司副总经理。

王晓东,男,28岁,大学本科,会计师,曾任中国蓝星化学清洗总公司西北分公司计财处副处长,现担任本公司董事兼董事会秘书。

宋海强,男,34岁,大专,经济师,曾任中国蓝星化学清洗总公司行政处处长、机动处处长、综合处处长、财经办主任;现任本公司监事会主席。

陆韶华,男,43岁,大学本科,高级工程师,曾任中国蓝星化学清洗总公司工程公司总工程师、华东分公司经理、总公司副总工程师、总公司人力资源办主任;现任本公司监事。

李惠军,男42岁,大学本科,律师,曾任甘肃纪检委干部处副处长、执法监察处副处长、中国蓝星化学清洗总公司人事处副处长、监事办副主任;现任本公司监事。

王祥德,男,28岁,大学本科,会计师,曾任中国蓝星化学清洗总公司财务会计、结算中心业务主办、财经办财务科科长;现任本公司财务总监。

(二)本次发行后,董事、监事和高级管理人员持股情况

截止目前,上述本公司董事、监事和高级管理人员均不持有本公司股票。

六、公司设立

本公司是经国家经贸委国经贸企改(1999)314号文批准,由中国蓝星化学清洗 总公司为主发起人,联合化工部橡胶工业研究设计院、化工部连云港研究设计院、化工部合成材料研究院和国营长风机器厂等四家企业,共同发起设立的股份有限公司。

经中国证券监督管理委员会证监发行字[2000]13号文批准,本公司已于2000年3月31日至4月1日利用上海证券交易所系统,采用向二级市场投资者配售和上网定价 相结合的方式向社会公开发行人民币普通股8000万股。根据《信达律师事务所关于星辰化工新材料股份有限公司2000年度8000万股A股股票发行、上市的法律意见书》,"1999年5月5日,发行人创立大会暨第一次股东大会依法定程序合法有效地作出批准本次发行、上市的决议;根据国家有关法律、法规及发起人协议,上述决议的内容合法有效;发行人股东大会已授权董事会全权办理有关本次发行、上市的有关事宜,根据国家有关法律、法规及公司章程,上述授权是合法的。"

七、关联企业及关联交易

(一)、关联企业

1、存 在控制关系的关联企业

企业名称	注册地址	主营业务	与本公司的关系	济性质或类型	法定代表人
中国蓝星化学清洗总公司	北京市朝阳区北土城西路9号	专业化清洗	母公司	全民所有制	任建新

2、不存在控制关系的关联方关系的性质

企业名称	与本公司的关系
无锡石化总厂与本公司	同一母公司
蓝星星火化工厂与本公司	同一母公司

八、股本结构及大股东持股情况

1、本公司上市前的股本结构

股份类别	股份数(万股)	占总股本比例(%)
未流通股份	16800.00	70.00
其中:国有法人股	16000.00	66.67
证券投资基金持股(50%)	800.00	3.33
可流通股份	7200.00	30.00
其中:社会公众股	6400.00	26.67
证券投资基金持股(50%)	800.00	3.33
总股本	24000.00	100.00

2、本次发行后,本公司前十位股东所持股数及比例

序号	股东名称	持股数持股(股)	比例(%)
1	中国蓝星化学清洗总公司	150980964	62.909
2	化工部橡胶工业研究设计院	2254759	0.939
3	化工部连云港研究设计院	2254759	0.939
4	化工部合成材料研究院	2254759	0.939
5	国营长风机器厂	2254759	0.939
6	基金安顺	950000	0.396
7	基金裕隆	950000	0.396
8	基金普丰	950000	0.396
9	基金金鑫	950000	0.396
10	基金同益	950000	0.396

九、公司财务会计资料

本公司截止1999年12月31日的财务状况,已于2000年3月28日在《中国证券报》和《上海证券报》刊登的《招股说明书概要》中进行了详细的披露。因与本公告间隔时间较短,本公告不再重述。本公告只公布财务报表,主要项目附注及财务指标,欲了解其他内容,请查阅上述报纸或到本公司公告的查阅地址查阅本公司《招股说明书》。

(一)会计数据与业务数据摘要

1、1999年度主要会计数据和业务数据摘要(单位:人民币元)

项目名称	1999年
利润总额	421,107,184.84
净利润	61,451,278.69
扣除非经常性损益后的净利润	60,481,240.01
主营业务利润	81,150,962.31
其他业务利润	1,971.87
营业利润	64,630,397.35
投资收益	0.00
补贴收入	0.00
营业外收支净额	970,038.68

注:公司于1999年5月注册,故无1999年度现金流量表。

徐州维维食品饮料股份有限公司

徐州维维食品饮料股份有限公司股票上市公告书

一、要 览

股票简称:维维股份　　股票代码:600300
总股本:33,000 万股　　可流通股本:10,000 万股
本次上市流通股本:5,000 万股
上市地点:上海证券交易所
上市时间:2000 年 6 月 30 日
股票登记机构:上海证券中央登记结算公司
上市推荐人:西南证券有限责任公司
　　　　　　大鹏证券有限责任公司
　　　　　　广发证券有限责任公司

二、绪 言

本上市公告书是根据《中华人民共和国公司法》、《中华人民共和国证券法》、《股票发行与交易管理暂行条例》、《公开发行股票公司信息披露实施细则》和《上海证券交易所股票上市规则》等国家法律、法规之规定,并按照中国证券监督管理委员会制定的公开发行股票公司信息披露的内容与格式准则第七号《上市公告书的内容与格式(试行)》而编制,旨在向投资者提供有关徐州维维食品饮料股份有限公司(以下简称本公司)和本次股票上市的有关情况。

经中国证监会证监发行字[2000]63 号文核准,本公司已成功发行了每股面值 1.00 元的人民币普通股 10,000 万股,每股发行价为人民币 10.28 元。其中向战略投资者配 售 5,000 万股,向一般投资者上网定价发行 5,000 万股。

经上海证券交易所上证上字[2000]41 号《上市通知书》批准,本公司股票将于 2000 年 6 月 30 日在上海证券交易所挂牌交易,股票简称"维维股份",股票代码"600300"。本公司总股本为 33,000 万股,可流通股本为 10,000 万股,本次上市流通股本为 上网定价发行的 5,000 万股。根据有关规定,向战略投资者配售的股份 5,000 万股将依据本公司与战略投资者签署协议之约定的持股时间期满后上市交易。

本公司已于 2000 年 6 月 5 日分别在《中国证券报》、《上海证券报》和《证券时报》上刊登了《招股说明书概要》,距今不足六个月,故与其重复的内容在此不再赘述,敬请投资者查阅本公司《招股说明书概要》。

本公司董事会已批准本上市公告书,确信本公告书不存在任何重大遗漏或者误导,并对其真实性、准确性、完整性负个别的和连带的责任。

三、公司概况

(一)基本情况

公司名称:徐州维维食品饮料股份有限公司
股本总额:33,000 万元
法定代表人:崔桂亮
成立日期:1999 年 8 月 6 日
经营范围:食品、饮料的制造,销售自产产品。
所属行业:食品饮料行业
注册地址:江苏省徐州市建国东路 205 号
联系电话:0516-3290169　传真:0516-2704888
联系人:魏伯玲　丁金礼　殷建平

(二)历史沿革

1999 年 8 月,经中国对外贸易经济合作部[1999]外经贸资二函字第 409 号文批准,由维维集团、正禾食品、金元实业、恒天酒店和外方五丰食品为股东的徐州维维依法变更为中外合资股份有限公司-徐州维维食品饮料股份有限公司(以下简称"维维股 份"),维维股份的股权结构为:维维集团持有股份公司 63.76%的股份,五丰食品持有股份公司 36%的股份,正禾食品、金元实业和恒天酒店三家公司分别持有股份公司 0.08%的股份。

1999 年 8 月 6 日,维维股份正式领取营业执照,股本为人民币 23000 万元,股份总 数 23000 万股,已经大华会计师事务所有限公司华业字(99)第 1203 号验资报告验证。

经中国证监会证监发行字[2000]63 号文批准,本公司已成功发行了每股面值 1.00 元的人民币普通股 10,000 万股,每股发行价格人民币 10.28 元。其中向战略投资者配 售 5,000 万股,向一般投资者上网定价发行 5,000 万股。

本次发行后,公司股本增至 33,000 万元,本公司已完成验资,同时保持原有工商登记号不变,由于发行导致的注册资本变更登记手续正在办理之中。

四、股票发行及承销

(一)本次股票公开发行

发行方式:上网定价发行和向法人投资者配售相结合
发行日期:2000 年 5 月 29 日至 6 月 14 日
公开发行数量:10,000 万股
其中:向战略投资者配售 5,000 万股
上网定价发行 5,000 万股
发行价格:10.28 元/股
募集资金总额:99,500 万元(已扣除有关发行费用)
上网定价发行中签率:0.25913086%
上网发行有效申购户数:1187846 户持有 1000 股以上(含 1000 股)的户数:48369 户(其中上网发行一般投资者 48351 户,战略投资者 18 户)
发行费用总额:3,300 万元
每股发行费用:0.33 元
发行市盈率:28.16 倍(加权平均)
　　　　　　33.16 倍(全面摊薄)

(二)股票承销

本次发行采用上网定价发行的 5,000 万股已被社会公众全额认购,向战略投资者 配售的 5,000 万股也已配售完毕,承销团没有余额包销之股票。

(三)验资报告

验资报告

华业字(2000)第 959 号

徐州维维食品饮料股份有限公司全体股东:

我们接受委托,对贵公司向社会法人和社会公众募集股份而增加的股本及相关的 资产的真实性和合法性进行了审验。我们按照《中国注册会计师独立审计实务公告第 1 号-验资》的规定,根据贵公司的具体情况实施了我们认为必要的审验程序。贵公司的责任是提供真实、合法和完整的验资资料,保护资产的安全、完整。我们的责任是在对上述资料进行审验的基础上出具真实、合法的验资报告。

贵公司经第一次股东大会通过并报经中国证券监督管理委员会批准、采用对法人配售和上网定价相结合的方式向社会公开发行人民币普通股 10,000 万股,每股面值人民币 1 元,溢价发行、发行价为每股人民币 10.28 元,委托西南证券有限责任公司主承销,应募集股款为人民币 1,028,000,000.00 元,按招股说明书规定,由主承销商预扣发行费用 33,000,000.00 元后,实际可募集款为人民币 995,000,000.00 元。

经过我们审验,截至 2000 年 6 月 16 日止,除上网申购资金利息外,承销机构已将 所募集的股款人民币 995,000,000.00 元和获配法人的申购资金利息人民币 62,659.88 元、共计人民币玖亿玖仟伍佰零陆万贰仟陆佰伍拾玖元捌角捌分 ($995,062,659.88) 缴入贵公司,其中增加股本 100,000,000.00 元、增加资本公积 895,062,659.88 元,与缴入股款相关的资产总额为人民币 995,062,659.88 元,均为货币资金。

本报告附件:
变更前后注册资本、实收股本对照表;
验资事项说明;
验资依据证明文件。

大华会计师事务所有限公司　　　中国注册会计师
　　　　　　　　　　　　　　　陆国豪
　　　　　　　　　　　　　　　陆永炜
中国·上海·昆山路 146 号　　　2000 年 6 月 16 日

附件二

验资事项说明

一、资本变更情况

贵公司系经中华人民共和国对外经济贸易合作部于 1999 年 7 月 8 日以"[1999]外经贸资二函字第 409 号"《关于同意徐州维维食品饮料有限公司转制为外商投资股份有 限公司的批复》批准改制的股份有限公司。公司总股份 23,000 万股,每股面值人民币 1.00 元,股本为人民币 230,000,000.00 元,其中:维维集团股份有限公司持股 14,66 4.8 万股,占总股本的 63.76%;五丰食品(中国)有限公司持股 8,280 万股,占总股本的 36%;徐州正禾食品饮料有限公司、徐州金元实业发展有限责任公司和徐州恒天酒 店管理有限公司持股均为 18。4 万股,分别占总股本的 0.08%。现经 1999 年 8 月 2 日第一次股东大会通过并报经中国证券监督管理委员会以"证监发行字[2000]63 号"文批准,采用对法人配售和上网定价相结合的方式向社会公开发行人民币普通股 10,000 万股,每股面值人民币 1 元,溢价发行、发行价为每股人民币 10.28 元,并委托西南证券有限责任公司为主承销商。

二、实际增加股本情况

2000 年 6 月 7 日,西南证券有限责任公司解入中国银行铜山县支行 0182521867 帐号贵公司人民币帐户股款人民币 481,062,659.88 元;2000 年 6 月 14 日,西南证券有限责 任公司解入中国银行铜山县支行 0182521867 帐号贵公司人民币帐户股款人民币 512,201,000.00 元;2000 年 6 月 16 日,西南证券有限责任公司解入中国建设银行徐州市城南 支行 22324600 帐号贵公司人民币帐户股款人民币 1,799,000.00 元。其中增加股本人民币 100,000,000.00 元, 增加资本公积人民币 895,062,659.88 元(已预扣发行费用 33,000,000.00 元)。

经本次募集新股后,股本增至人民币 33,000 万元,其中发起人股 23,000 万元,社会法人(战略投资者)股 5,000 万元,社会公众股 5,000 万元。

五、董事、监事及高级管理人员持股情况

(一)董事、监事及高级管理人员简介

1、董事会成员

崔桂亮:男,1962 年 12 月出生于江苏徐州,党员,研究生学历,高级经济师。崔先生从 1981 年 9 月至 1992 年 9 月期间,任铜山碾米厂技术员,副厂长,厂长和徐州豆奶粉厂厂长;1992 年 10 月开始担任江苏维维集团总经理兼党委书记;1994 年成立维维集团后,崔先生任维维集团董事长及总经理,同时任徐州维维总经理。崔先生现只任本公司董事长。

陈树林:男,1954 年 4 月出生于黑龙江省伊春市,党员,研究生学历,副译审。 陈先生 1979 年 2 月至 1982 年 8 月担任中国驻悉尼总领事馆商务处副领事;1982 年 8 月至 1984 年 3 月担任中国驻澳大利亚使馆商务处三秘;1984 年 3 月至 1988 年 12 月担任经贸部 三局副处长;1988 年 12 月至 1992 年 11 月任华润集团企发部副总经理;1992 年 11 月至 1996 年 12 月任泰国长春置地有限公司总经理;1996 年 12 月至今担任五丰行董事长兼总经理。陈先生现任本公司副董事长。

魏伯玲:男,1951 年 10 月出生于江苏徐州,党员,大专学历,会计师。魏先生 1975 年至 1987 年在铜山化工厂任会计、主管会计,1988 年至 1992 年任铜山碾米厂会计,1992 年至 1994 年任江苏维维集团财务部长,1994 年至今任维维集团财务部长和总会计师。魏先生现任本公司董事。

李福增:男,1946 年 6 月出生于河北深州市,党员,大专学历,经济师。李先生 1971 年 9 月至 1984 年 2 月任新疆自治区外贸局食品土产包装仓储公司进出口公司科员、科长,1984 年 3 月任新疆自治区包装仓储公司及新疆广告公司副总经理,1985 年 3 月至 1986 年 9 月担任深圳南洋贸易有限公司副总经理,1986 年 10 月至 1988 年 10 月担任深圳啤酒有限公司副总经理,1988 年 10 月至 1993 年 2 月担任深圳五丰行有限公司总经理,1993 年 2 月至 1996 年 4 月担任五丰行副总经理,1997 年 9 月至今担任五丰行执行董事。李先生现任本公司董事。

曹荣开:男,1962 年 5 月出生于江苏铜山,党员,大专学历,工程师。曹先生 1978 年参加工作,1979 年 12 月任铜山碾米厂生产技术科长;1989 年 11 月任徐州豆奶粉厂 副厂长;1992 年 10 月任徐州维维副总经理。曹先生现任本公司董事、副总经理。

2、监事会成员

杨启典:男,1958 年 12 月生于江苏铜山,党员,本科学历,高级政工师。杨先生 1976 年 12 月至 1980 年 5 月任南京军区总医院押训队文书;1980 年 6 月至 1982 年 1 月任南 京军区第一医院门诊部会计;1982 年 5 月至 1991 年 7 月任铜山县柳集轧花厂会计;1991 年 8 月至 1992 年 9 月任铜山县日用杂品公司业务员;1992 年 10 月至今任维维集团人事部长、副总经理。杨先生现任本公司监事、监事会召集人。

郭晋清:女,1965 年 12 月出生于江苏省扬州市,党员,大学本科学历。郭女士 1989 年 10 月至 1991 年 12 月任北京中国华润总公司业务员;1991 年 12 至今任五丰行副经理,经理,助理总经理,执行董事。郭女士现任本公司监事。

刘莉:女,1963 年 12 月出生于山东,本科学历,助理会计师。刘女士 1986 年 8 月 至 1989 年 12 月在铜山冶金机械厂工作;1990 年 1 月至 1997 年 9 月在农业银行徐州市支行工作;1997 年 10 月至 1999 年 8 月历任徐州维维销售中心财务副部长、销售中心财务部 长。刘女士现任本公司监事、销售中心财务部长。3、其他高级管理人员

胡云峰:男,1962 年 2 月出生于江苏徐州,党员,研究生学历,高级经济师。胡 先生 1986 年 9 月至 1995 年 12 月任空军后勤学院少校营长;1996 年 1 月至 1999 年 8 月历任 徐州维维生产部副

总经理、副总经理和常务副总经理。胡先生现任本公司总经理。

丁金礼:男,1962 年 9 月出生于江苏徐州,党员,本科学历,会计师和审计师。 丁先生 1982 年 8 月至 1987 年 2 月在江苏省铜山货运公司从事财务工作,1987 年 3 月至 1991 年 6 月任江苏省铜山县联运公司副总经理;1991 年 7 月至 1994 年 8 月任江苏省铜山县交通局审计股长;1994 年 9 月至 1999 年 8 月历任徐州维维审计部长、企管部长和总经济师。丁先生现任本公司董事会秘书和总经济师。

汤国华:男,1962 年 10 月出生于浙江诸暨市,党员,研究生学历,工程师。汤先生 1984 年 8 月至 1986 年 8 月任云南大学经济系教师;1989 年 8 月至 1992 年 2 月任中国华润总公司副科长;1992 年 3 月至 1994 年 4 月任华润集团人事部副经理;1994 年 5 月至今任 五丰行副经理,经理,高级经理。汤先生现任本公司副总经理。

张明洋:男,1961 年 8 月出生于江苏省铜山县,党员,大专学历,会计师。张先 生 1982 年 7 月至 1986 年 12 月任铜山县吴部供销社会计;1987 年 1 月至 1994 年 9 月任铜山 县化学工业公司财务股长;1994 年 10 月至 1999 年 8 月任徐州维维财务部部长和总会计 师。张先生现任本公司财务部部长和总会计师。

(二)、本公司董事、监事及高级管理人员持股情况

本公司董事、监事及高级管理人员均未持有本公司股票。

六、公司设立

1999 年 8 月,经中国对外贸易经济合作部[1999]外经贸资二函字第 409 号文批准,由维维集团、正禾食品、金元实业、恒天酒店和外方五丰食品为股东的徐州维维依法变更为中外合资股份有限公司-徐州维维食品饮料股份有限公司(以下简称"维维股 份"),维维股份的股权结构为:维维集团持有股份公司 63.76%的股份,五丰食品持有股份公司 36%的股份,正禾食品、金元实业和恒天酒店三家公司分别持有股份公司 0.08%的股份。

1999 年 8 月 6 日,维维股份正式领取营业执照,股本为人民币 23000 万元,股份总 数 23000 万股,已经大华会计师事务所有限公司华业字(99)第 1203 号验资报告验证。

经中国证监会证监发行字[2000]63 号文批准,本公司已成功发行了每股面值 1.00 元的人民币普通股 10,000 万股,每股发行价格人民币 10.28 元。其中向战略投资者配 售 5,000 万股,向一般投资者上网定价发行 5,000 万股。

本次发行后,公司股本增至 33,000 万元,本公司已完成验资,同时保持原有工商登记号不变,由于发行导致的注册资本变更登记手续正在办理之中。

注册资本:33,000 万元

注册地址:江苏省徐州市建国东路 205 号

法定代表人:崔桂亮

营业执照注册号码:企股苏总副字第 000226 号

七、关联方关系及其交易

(一)关联企业

(1)维维集团股份有限公司

1992 年 10 月,以原铜山碾米厂、徐州豆奶粉厂为核心层企业,成立了江苏维维豆奶集团公司;以江苏维维康泰尔食品有限公司等几家企业为紧密层企业,以配套协作企业为半紧密层、松散层企业,成立了江苏维维集团。

1994 年 6 月,江苏维维豆奶集团公司、徐州市贾汪区副食品加工厂和铜山县淮海 化工厂共同发起,经江苏省体改委苏体改生(1994)288 号文批准,以定向募集方式 设立了江苏维维集团股份有限公司 。

1996 年,江苏维维集团股份有限公司经国家工商总局企业注册局(1996)企名函字 176 号文批准更名为维维集团股份有限公司。

1997 年, 维维集团列江苏省贸工农一体化重点龙头企业排名之首,1999 年又被确定为全国 520 户重点企业之一。

(2)五丰食品(中国)有限公司(GIANT HARVEST LIMITED)

五丰食品(中国)有限公司是于 1998 年 10 月 13 日在英属维尔京群岛以 No.297374 营业执照登记注册的外国公司。它是(香港)五丰行有限公司的全资子公司,现持有维维股份 36%的股权。

五丰行有限公司成立于 1951 年,原是香港一家以经销食品为主的公司,经过四十多年的不断发展,五丰行的业务范围不断扩大,并建立了从代理、批发、超市零售到国际贸易的完整的销售网络。目前,五丰行在内地、香港及国外控股、参股经营三十多家企业,业务涉及牲畜饲养,屠宰及肉制品加工,食品与饮料生产,葡萄酒酿造,超市零售,远洋捕捞与水产品加工,食品运输,食品包装等,已成为一家完全配套经营的大型综合企业,在香港食品经销市场稳居领导地位。1995 年 10 月,五丰行有限公司在香港挂牌上市。

(3)徐州正禾食品饮料有限公司

徐州正禾食品饮料有限公司是一家成立于 1997 年 6 月的中外合资企业,法定地址 在徐州市张集工业区。公司经营范围为生产销售食品、饮料、植脂末。

(4)徐州金元实业发展有限责任公司

徐州金元实业发展有限责任公司成立于 1994 年 12 月,法定地址在徐州市铜山县新区。公司经营范围为粮油食品加工,饮料制造,室内外装潢服务等。

(5)徐州恒天酒店管理有限公司

徐州恒天酒店管理有限公司成立于 1997 年,法定地址在徐州市。公司已成为集餐饮、住宿、娱乐服务及物业管理为一体的综合性管理型企业。

(6)江苏维维康泰尔食品有限公司

江苏维维康泰尔食品有限公司是于 1992 年 6 月, 由维维集团与德国康泰国际贸易 股份有限公司共同出资成立的中外合资经营企业,合资经营期限为 10 年。公司经营范围为生产销售速溶维他豆奶粉及以大豆为主要原料的新型食品,多种饮料。

康泰尔的产品全部直接出售给维维股份,由维维股份利用其销售网络统一对外销售。合资双方于合资期间不再增加任何投资,康泰尔的生产范围和生产规模不再扩大,合营期满后将不再续签合资合同。

(7)其他关联企业

A、铜山县棠张包装箱厂

铜山县棠张包装箱厂是 1995 年由铜山县棠张镇工业公司投资兴建的纸制品包装专业厂,现由维维股份承包经营,承担"维维"系列产品的纸制品包装箱的生产。

B、徐州鲜禾种猪养殖有限公司

徐州鲜禾种猪养殖有限公司是维维股份与金元实业联合投资的合资企业。维维股份持有徐州鲜禾种猪养殖有限公司 90%的股权。

(二)关联交易与同业竞争

维维股份主要与维维集团和铜山县包装箱厂发生关联交易,具体情况如下:

1、维维股份与维维集团签订了商标独家使用许可协议,在豆奶粉系列产品方面 维维股份拥有"维维"商标的独家使用权。

2、维维股份承包经营铜山县棠张包装箱厂,铜山县棠张包装箱厂承担"维维" 系列产品的纸制品包装的生产。

维维股份与维维集团和五丰食品同业竞争的具体情况如下:

1、根据徐州维维成立时,维维集团在合资合同中作出的承诺,维维集团将所有 豆奶粉及相关业务全部投入徐州维维,集团将不再从事同一业务,五丰行也不从事豆奶粉及相关业务,故维维股份与两大股东之间不存在同业竞争。

2、维维股份与江苏维维康泰尔食品有限公司生产同样产品,双方签订有独家销 售协议,康泰尔生产的产品全部由维维股份销售。

3、维维集团和五丰行郑重承诺,双方将不从事维维股份经营的豆奶粉及其系列 产品的生产和销售。

八、股本结构及大股东持股情况

(一)上市前本公司的股本结构:

股份类别	数量(万股)	占总股本的比例(%)
尚未流通股份:		
其中:境内法人股	14720	44.619999
境外法人股	8280	25.099999
向战略投资者配售股份	5000	15.15
尚未流通股份合计:	28000	84.85
可流通股份:	5000	15.15
总股本	33000	100

(二)公司前十名股东持股情况:

序号	股东单位	持股数量(万股)	比例(%)
1	维维集团股份有限公司	14,664.8	44,44
2	五丰食品(中国)有限公司	8,280	25.09
3	甘肃亚盛盐化工业集团有限责任公司	800	2.42
4	中国牧工商(集团)总公司	700	2.12
5	北京金翰元科贸有限公司	500	1.52
6	上海中路(集团)有限公司	500	1.52
7	徐州宏利食品有限公司	400	1.21
8	徐州鑫宇经贸有限公司	300	0.91
9	兰州高新技术产业开发区技术交易所	300	0.91
10	密山金源油脂油料有限责任公司	300	0.91

九、财务会计资料

本公司截止 1999 年 12 月 31 日的财务状况,已于 2000 年 6 月 5 日分别在《中国证券报》、《上海证券报》和《证券时报》上刊登的《招股说明书概要》中进行了详细的披露。因公告的时间较短,重复的内容在此不再赘述。本公告只公布财务报表及财务指标,欲了解其它内容,敬请投资者查阅本公司《招股说明书概要》。

(一)主要财务指标

财务指标	1999	1998	1997
流动比率	0.90	0.86	0.79
速动比率	0.75	0.66	0.55
资产负债率	65.08%	68.51%	75.74%
应收帐款周转率	7.62	10.45	15.30
存货周转率	9.83	9.86	9.29
净资产收益率	44.47%	45.72%	53.19%
每股净利	0.48	0.54	0.46

(注:每股净利按照发行前总股本 23,000 股计算)

(二)会计报表(附后)

(三)主要项目附注(单位:人民币元)

1、货币资金 1999 年 12 月 31 日余额为人民币 110,648,194.57 元,其中:

项目	原币	汇率	期初数	原币	汇率	期末数
现金			1,268,316.33			338,165.94
银行存款-人民币			56,529,083.42			87,362,678.90
-美元	233526.22	8.2786	1,933,270.16	249079.69	8.2793	2062205.48
其它货币资金			42,710,309.80			20,885,144.25
合计			102,440,979.71			110,648,194.57

2、应收票据 1999 年 12 月 31 日余额为人民币 87,154,424.00 元,均为银行承兑汇票。其中:

到期日	金额
1 个月内到期	17,324,824.00
2-3 个月到期	45,385,600.00
3-6 个月到期	24,444,000.00
合计	87,154,424.00

期末无已贴现未到期、抵押的票据。

3、应收帐款 1999 年 12 月 31 日余额为人民币 120,772,901.92 元,按帐龄分析:

帐龄	期初数		期末数	
	金额	比例(%)	金额	比例(%)
1 年以内	105,512,952.05	87.84	100,156,345.83	82.93
1~2 年	1,003,767.76	0.84	8,260,184.59	6.84
2~3 年	5,357,944.68	4.46	548,084.45	0.45
3 年以上	8,238,934.64	6.86	11,808,287.05	9.78
合计	120,113,599.13	100.00	120,772,901.92	100.00

本帐户期末余额中无持本公司 5%(含 5%)以上股份的股东单位的欠款。

应收帐款期末余额中欠款金额较大的债务人均为关联企业,1999 年末应收关联企业共计人民币 77,372,845.66 元。

4、其他应收款 1999 年 12 月 31 日余额为人民币 30,057,513.53 元,按帐龄分析:

帐龄	期初数		期末数	
	金额	比例(%)	金额	比例(%)
1 年以内	32,323,485.54	69.95	12,021,997.49	40.00
1~2 年	6,586,889.70	14.25	5,776,381.67	19.22
2~3 年	3,782,258.35	8.18	5,531,951.76	18.41
3 年以上	3,518,998.11	7.62	6,727,182.61	22.37
合计	46,211,631.70	100.00	30,057,513.53	100.00

本帐户期末余额中无持本公司 5%(含 5%)以上股份的股东单位的欠款。

其他应收款中非关联企业期末欠款额较大的款项有:

债务人	金额
职工暂支款合计	2,390,518.16
潘塘农业资源开发办	1,000,000.00
A 股上市费	3,764,841,78
郑集八一农机修造厂	1,339,297.53
铜山八一农机厂	985,808.00
合计	9,480,465.47

5.坏帐准备 1999 年 12 月 31 日余额为人民币 17,881,015.04 元,其中:

	期初数	期末数
应收帐款坏帐准备	10,917,906.98	11,534,460.64
其他应收款坏帐准备	3,500,000.00	6,346,554.40
合计	14,417,906.98	17,881,015.04

6、预付货款 1999 年 12 月 31 日余额为人民币 12,306,195.64 元,按帐龄分析:

帐龄	期初数		期末数	
	金额	占总额比例(%)	金额	占总额比例(%)
1 年以内	4,213,546.20	98.60	11,843,725.43	96.24

1~2 年	59,990.00	1.40	438,569.44	3.56
2~3 年	/	/	23,900.77	0.20
3 年以上	/	/	/	/
合计	4,273,536.2	100.00	12,306,195.64	100.00

其中预付广告费为人民币 10,025,000.00 元。

本帐户期末余额中无持本公司 5%(含 5%)以上股份的股东单位的欠款。

7、存货 1999 年 12 月 31 日余额为人民币 68,695,515.30 元,其中:

类别	期初数	期末数
①原材料	38,469,841.95	33,169,735.21
③产成品	36,346,522.69	13,508,110.89
④包装物	21,039,360.36	19,162,671.09
⑤幼畜及育肥畜	/	2,854,998.11
合计	95,855,725,00	68,695,515.30

本年末提存货跌价损失准备。

公司存货减少的原因主要是 97 年初,根据市场预测,大豆价格将大幅上涨,而豆奶粉主要原料为大豆,为了减少因大豆价格上涨引起成本上升造成的损失,公司储备了大量大豆。而从 98 年开始东北大豆价格平稳并有所下降,所以公司减少了大豆的储备量。并在本年度加强了以销定产的控制,大量减少了产成品的库存。

8、待摊费用 1999 年 12 月 31 日余额为人民币 265,375.11 元,其中:

类别	期初数	本期增加	本期摊销	期末数
①广告费	175,000.00	/	175,000.00	0.00
②汽车保险费、运管费	735,193.34	/	469,818.23	265,375.11
③其他	4,087.68	/	4,087.68	0.00
合计	914,281.02	/	648,905.91	265,375.11

9、固定资产及累计折旧 1999 年 12 月 31 日余额分别为人民币 275,113,925.68 元和 69,026,157.55 元,其中明细内容如下:

固定资产分类	期初数	本期增加	本期减少	期末数
(1)固定资产原值				
房屋建筑物	89,773,461.66	4,716,901.38	100,000.00	94390363.04
机器设备	110,726,739.00	863,418.04	/	111,590,157.04
运输设备	56,108,585.97	68,525.50	/	56,177,111.47
其它设备	9,802,568.67	2,142,666.24	/	11,945,234.91
其它	/	1,123,348.69	112,289.47	1,011,059.22
合计	266,411,355.30	8,914,859.85	212,289.47	275113925.68
(2)累计折旧				
房屋建筑物	8,372,188.66	2,116,936.50	6,526.50	10482,598.66
机器设备	26,913,672.84	10,789,969.64	/	37703,642.48
运输设备	9,308,646.30	5,035,722.03	/	14,344,368.33
其它设备	4,274,507.88	2,033,273.19	/	6,307,781.07
其它	/	200,742.31	12,975.30	187,767.01
合计	48,869,015.68	20,176,643.67	19,501.80	69026,157.55
(3)净值	217,542,339.62			206,087,768.13

累计折旧年末比年初增加 41.25%,原因是公司成立时间较短,累计折旧期初余额较低。

10、在建工程 1999 年 12 月 31 日余额为人民币 8,216,391.75 元,其中:

工程项目	期初数金额	本期增加金额	本期转入固定资产金额	期末数金额	预算数	资金来源	项目进度
①职工宿舍	909600.00	64000.00	973600.00	0.00	0.00	自有资金	
②潘塘综合楼	154000.00	4508471.68	/	4662,471.68	7451701.68	自有资金	60%
③三基地招待楼	/	532,644.62	/	532,644.62	710,544.62	自有资金	80%
④潘塘水池工程	/	226,000.00	/	226,000.00	343900.00	自有资金	60%
⑤喷码机及包装机	/	2180,000.00	/	2180,000.00	3520000.00	自有资金	90%
⑥三峡车间改造	/	345,000.00	/	345,000.00	500,826.00	自有资金	60%
⑦其他	100,000.00	270,275.45	100000.00	270,275.45	307,275.45	自有资金	
合计	1,163,600.00	8126391.75	1073600.00	8216391.75	12834247.75		

在建工程金额中无资本化利息。

11、无形资产 1999 年 12 月 31 日余额为人民币 79,859,058.23 元,其中:

	原始金额	期初数	本期摊销	期末数	剩余摊销年限
土地使用权	50695000.00	46,047,958.23	1,013,900.00	45,034,058.23	44.4 年
商标使用权	39,800,000.00	35,820,000.00	995,000.00	34,825000.00	35 年
合计	90,495,000.00	81867,958.23	2,008,900.00	79,859,058.23	

12、开办费 1999 年 12 月 31 日余额为人民币 49,450.48 元:

项目	原始金额	期初数	本期增加	本期摊销	期末数	剩余摊销年限
母公司开办费	999,494.85	199,899.00	199,899.00	0.00	/	
子公司开办费	61,813.12	0.00	61,813.12	12,362.64	49,450.48	4 年
合计	1,061,307.97	199,899.00	61,813.12	212261.64	49,450.48	

13、长期待摊费用 1999 年 12 月 31 日余额为人民币 855,000.00 元,其中:

种类	原始金额	期初数	本期摊销	期末数
电力增容费	1,210,000.00	726,000.00	121,000.00	605,000.00
车辆租费	500,000.00	300,000.00	50,000.00	250,000.00
合计	1,710,000.00	1,026,000.00	171,000.00	855,000.00

14、短期借款 1999 年 12 月 31 日余额为人民币 140,000,000.00 元,其中:

借款类别	期初数 币种	期初数 金额	期末数 币种	期末数 金额	到期日
担保	人民币	140000000.00	人民币	140000000.00	2000-6-10/2000-8-30
合计	人民币	140000000.00	人民币	140000000.00	

注:以上贷款均由维维集团股份有限公司担保。

15、应付帐款 1999 年 12 月 31 日余额为人民币 64,371,478.21 元,其中没有应付给 持本公司 5%(含 5%)以上股份的股东单位的款项。

应付帐款年末比年初减少 57.12%,原因是本年度外购商品减少。

16、预收货款 1999 年 12 月 31 日余额为人民币 53,167,955.96 元,其中没有预收持 本公司 5%(含 5%)以上股份的股东单位的款项。

预收帐款年末比年初增加 43.73%,原因主要是公司推出新产品所收到的预收帐款。

17、应付股利 1999 年 12 月 31 日余额为人民币 126,326,147.53 元,其中:

主要投资者	期初数	期末数
GIANT HARVEST LIMITED	15,542,972.10	48,894,406.34
维维集团股份有限公司	31,631,950.42	77,208,178.25
徐州正禾食品饮料有限公司	/	74,520.98
徐州金元实业发展有限公司	/	74,520.98
徐州恒天酒店管理有限公司	/	74,520.98
合计	47,174,922.52	126,326,147.53

应付股利年末比年初增加 168%,原因是按董事会 1999 年度利润预分方案的决议进行了帐务处理。

18、应交税金 1999 年 12 月 31 日余额为人民币 19,579,507.75 元,其中:

税种	期初数	期末数
增值税	7,779,078.18	10,637,299.33
营业税	28,237,948.90	2,132,240.75
所得税	13,738,806.24	6,526,139.08
其他	13,217.30	283,828.59
合计	49,769,050.62	19,579,507.75

19、其他应付款 1999 年 12 月 31 日余额为人民币 10,622,247.47 元,其中没有应付 给持本公司 5%(含 5%)以上股份的股东单位的款项。

20、预提费用 1999 年 12 月 31 日余额为人民币 5,889,143.66 元,其中:

费用类别	期初数	期末数
广告费	15,981,880.00	5,470,000.00
场地使用费	430,000.00	0.00
电费	122,585.35	143,868.66
利息	2,381,850.50	275,275.00
其他	45,514.80	0.00
合计	18,961,830.65	5,889,143.66

21、公司 1996 年-1999 年 12 月 31 日实收资本变动如下:(附后)

维维集团股份有限公司(原公司名为江苏维维豆奶集团公司)与(香港)维维食品集团有限公司(原公司名为永威发企业有限公司)于 1994 年 5 月 6 日签订合资经营合同,成立徐州维维食品饮料有限公司,合营公司注册资本为 2,300 万美元。维维集团股份有 限公司将其生产豆奶系列产品的所有资产,包括但不局限于土地、厂房、设备、有形资产、无形资产(商标所有权除外)一揽子作价 2,300 万美元,其中 40%作为其出资,其余 60%以 1,380 万美元转让给徐州维维食品饮料有限公司。(香港)维维食品集团有限公司投入现汇 1,380 万美元。

合营公司建帐时,根据经徐州市对外经济贸易委员会所批准的合营公司合同的相关条款及合营双方签署的补充协议,将维维集团股份有限公司所投入和转让给公司的与生产豆奶系列产品相关的 1994 年 12 月 31 日的帐面净资产一揽子协议作价人民币 200,000,000.00 元,其中 80,000,000.00 元折合 9,200,0000.00 美元列入实收资本,作为维维集团股份有限公司的出资,其余 120,000,000.00 元列入应付维维集团股份有限公司的资产转让金。维维集团股份有限公司的出资方式与经徐州市对外经济贸易委员会所批准的合营公司合同的相关条款一致,且已由江苏铜山会计师事务所出具"铜会师[1995]155 号"验资报告予以验证,(香港)维维食品集团有限公司投入的现汇 1,380 万美元也已由江苏铜山会计师事务所和徐州市审计师事务所分别予以验证。合营公司已分别于 1995 年 12 月 4 日和 1995 年 12 月 12 日将上述资产受让金支付给维维集团股份有限公 司,其中 1995 年 12 月 4 日支付了 96,601,800.00 元,其余 23,398,200.00 元于 1995 年 12 月 12 日连同维维集团股份有限公司所代垫的购料款 3,305,475.70 元一并支付。

1999 年 7 月 18 日,经中华人民共和国对外贸易经济合作部批准徐州维维食品饮料 有限公司以发起设立的方式,转为外商投资股份有限公司-徐州维维食品饮料股份有 限公司。以 1998 年 12 月 31 日公司净资产 23,000 万元按 1:1 比例折股,股本总额为 23,000 万股,每股面值人民币 1 元。折股后股本结构如下:

股东	持股数(万股)	比例(%)
维维集团股份有限公司	14,664.8	63.76
五丰食品(中国)有限公司		
GIANT HARVEST LIMITED	8,280.0	36.00
徐州正禾食品饮料有限公司	18.4	0.08
徐州金元实业发展有限公司	18.4	0.08
徐州恒天酒店管理有限公司	18.4	0.08
合计	23,000.0	100.00

资本公积变动如下:

项目	1995 年 1 月 1 日余额	1995-1998 年	1999 年折股	1999 年 12 月 31 日余额
溢交资本	4,310,926.39	无变动	-4,310,926.39	0.00

22、盈余公积 1999 年 12 月 31 日余额为人民币 16,438,451.48 元,其明细内容如下 :

项目	1995 年计提	1996 年计提	1997 年计提	1997 年末	1998 年计提
法定盈余公积	4969,422.96	6561534.06	9,014,168.37	20545,125.39	4452772.14
公益金	2,484,711.48	3280767.03	/	5,765,478.51	/
小计	7,454134.44	9842301.09	9,014,138.37	26310,603.90	4452772.14

项目	1998 年末	1999 年折股	1999 年计提	1999 年末
法定盈余公积	24,997,897.53	-24,997,897.53	10,958,967.65	10,958,967.65
公益金	5,765,478.51	-5,765,478.51	5,479,483.83	5,479,483.83
小计	30,763,376.04	30,763,376.04	16,438,451.48	16,438,451.48

23、未分配利润 1999 年 12 月 31 日余额为零,具体来源如下:

	1995 年度	1996 年度	1997 年度	1998 年度	1999 年度
期初未分配利润额		-16738527.43	-27877939.53	-57526008.02	0.00
本期净利润	48,781,778.01	64702,888.99	89366099.88	105153702.68	109589676.49
减:提取法定盈余公积金	4,969,422.96	6,561,534.06	9,014,168.37	4452,772.14	10958967.65
提取法定公益金	2,484,711.48	3,280,767.03	/	/	5,479,483.83
提取奖福基金	10,066,171.00	6,000,000.00	/	/	/
减:分配股利	48,000,000.00	60000,000.00	110000000.00	43174922.52	93,151,225.01
期末未分配利润余额	-16738,527.43	-27877939.53	-57526008.02	0.00	0.00

根据公司第一届董事会第五次会议决议,1999 年度利润分配方案如下:提取利润额 10%的法定公积金,提取利润额 5%的公益金,其余利润分配给股东。

未分配利润中前三年均存在大额负数,原因系公司前三年是按其他会计师事务所审计的利润进行分配的,而经大华会计师事务所有限公司审计后,前三年利润调减幅度很大,造成报表中未分配利润前三年出现大额负数。公司前三年的利润分配均按股东会或董事会决议进行的,上述关于利润分配的事项是真实的,其会计处理未违反现行会计制度的规定。

十、董事会上市承诺

本公司董事会将严格遵守《中华人民共和国公司法》、《中华人民共和国证券法》、《股票发行与交易管理暂行条例》、《公开发行股票公司信息披露实施细则》和《上海证券交易所股票上市规则》等国家法律、法规的规定,并自股票上市之日起作出如下承诺:

1、按照法律、法规的规定程序和要求披露重大的信息、并接受证券主管机关、上海证券交易所的监督管理。

2、及时、真实、准确的公布中期报告和年度报告,并备置于规定场所供投资者公众查阅。

3、本公司董事、监事、高级管理人员如发生人事变动或持本公司股票发生变化时,在报告证券管理机关、上海证券交易所的同时向投资者公布。

4、在任何公共传播媒介中出现的消息可能对本公司股票的市场价格产生误导性影响时,本公司知悉后将及时对该消息予以公开澄清。

5、本公司董事、监事、高级管理人员将认真听取社会公众的意见和批评,不利用已获得的内幕消息和其他不正当手段直接或间接从事股票买卖活动。

6、本公司没有无记录负债。

十一、重要事项揭示

1、截止本上市公告刊登之日，本公司目前不存在尚未了结或可预见之诉讼、仲裁或者被行政处罚的案件，亦不存在任何针对本公司董事会成员的刑事、经济诉讼案件。

2、根据上海大华会计师事务所有限公司出具的华业字(2000)第025号《盈利预测审核报告》，本公司2000年度预测实现利润总额152,712,514.79元，净利润102,300,630.54元，每股全面摊薄0.31元。

3、本公司总股本33000万股，可流通股本10000万股，本次上市流通股本为上网 定价发行的5000万股、向战略投资者配售的股份5000万股将依据本公司与战略投资者签署协议之约定的持股时间期满后上市交易。

4、根据本公司《招股说明书概要》披露：根据公司1999年度股东大会决议，本 次股票发行后新老股东将共同享有本公司2000年1月1日至股票发行前实现的利润和以前年度结存的未分配利润。具体分配方案将由股东大会批准决定。

十二、备查文件目录

1、本公司成立的批准文件
2、审计报告、财务报表及附注
3、主管部门和上海证券交易所批准发行上市的文件
4、招股说明书
5、资产评估报告
6、关于资产评估报告的确认报告
7、盈利预测报告
8、验资报告
9、本公司章程
10、其它备查文件

十三、咨询机构

1、发行人：徐州维维食品饮料股份有限公司
法定代表人：崔桂亮
住所：江苏省 徐州市建国东路205号
电话：0516-3290169
传真：0516-2704888
联系人：魏伯玲 丁金礼 殷建平

2、上市推荐人：西南证券有限责任公司
法定代表人：张引
住所：重庆市渝中区临江支路2号“合景国际大厦”A幢
电话：021-64458367
传真：021-64673891
联系人：王国春任

咏华陈时来大鹏证券有限责任公司
法定代表人：徐卫国
住所：深圳罗湖区深南东路5002号信兴广场地王商业中心商业大楼八层
电话：0755-2462023
传真：0755-2462021
联系人：黄映红

广发证券有限责任公司
法定代表人：陈云贤
住所：广州市天河区天河北路183号大都会广场
电话：020-87555888-539
传真：020-87553583
联系人：何宽华

徐州维维食品饮料股份有限公司　　2000年6月23日

合并资产负债表

编制单位：徐州维维食品饮料股份有限公司　　单位：人民币元

资　产	1999.12.31	1998.12.31	1997.12.31
流动资产:			
货币资金	110648194.57	102440979.71	135253583.99
短期投资			
减:短期投资跌价准备			
短期投资净额应收票据	87154424.00	73197229.00	
应收股利			
应收利息			
应收帐款	120772904.92	120113599.13	105937025.80
其他应收款	30057513.53	46211631.70	57708601.84
减:坏帐准备	17881015.04	14418906.98	11710916.98
应收帐款净额	132949400.40	151907323.85	151934710.66
预付帐款	12306195.64	4273536.20	2582215.78
应收补贴款			
存货	68695515.30	95855725.00	122607366.04
减:存货跌价准备			
存货净额	68695515.30	95855725.00	122607366.04
待摊费用	265375.11	914281.02	202912.16
待处理流动资产净损失			-124180.01
一年内到期的长期债券投资			
其他流动资产			
流动资产合计	412019105.03	428589074.78	412456608.62
长期投资:			
长期股权投资			
长期债券投资			
长期投资合计			
其中:合并价差			
减:长期投资减值准备			
长期投资净额			
固定资产:			
固定资产原价	275113925.68	266411355.30	190485384.74
减:累计折旧	69026157.55	48869015.68	33176620.11
固定资产净值	206087768.13	217542339.62	157308764.63
工程物资			
在建工程	8216391.75	1163000.00	37262874.87
固定资产清理			
待处理固定资产净损失			
固定资产合计	214304159.88	218705939.62	194571639.50
无形资产及其他资产:			
无形资产	79859058.23	81867958.23	83876858.23
开办费	48450.48	199899.00	399803.88
长期待摊费用	855000.00	1026000.00	1197000.00
其他长期资产			
无形资产及其他资产合计	80763508.71	83093857.23	85473662.11
递延税项:			
递延税项借项			
资产总计	707086773.62	730388871.63	692501910.23
负债及股东权益			
流动负债:			
短期借款	140000000.00	140000000.00	80000000.00
应付票据			
应付帐款	64371478.21	150119439.17	169210360.87
预收帐款	53167955.96	36990462.01	18928223.93
应付工资	30405278.95	27580968.91	22137294.88
应付福利费	9789895.86	11883669.68	12320185.06
应付股利	126326147.53	47174922.52	110000000.00
应交税金	19579507.75	19769050.62	40165476.34
其他应交款	36322.12	282379.50	227313.01
其他应付款	10622247.47	17626148.57	10646150.93
预提费用	5889143.66	18961830.65	60845685.37
一年内到期的长期负债			
其他流动负债			
流动负债合计	460187977.51	500388871.63	524480690.39
长期负债:			
长期借款			
应付债券			
长期应付款			
住房周转金			
其他长期负债			
长期负债合计			
递延税款:			
递延税款贷项			
负债合计	460187977.51	500388871.63	524480690.39
少数股东权益	460344.63		
股东权益:			
股本	230000000.00	194925697.57	194925697.57
资本公积		4310926.39	4310926.39
盈余公积	16438451.48	30763376.04	26310603.90
其中:公益金	5518263.02	8765478.51	5765478.51
未分配利润	0.00	0.00	-57526008.02
股东权益合计	246438451.48	230000000.00	168021219.84
负债及股东权益总计	707086773.62	730388871.63	692501910.23

合并利润及利润分配表

编制单位：徐州维维食品饮料股份有限公司　　单位：人民币元

项　目	1999年	1998年	1997年
一、主营业务收入	915507135.89	1181448798.53	1305136636.99
减:折扣与折让			
主营业务收入净额	915507135.89	1181448798.53	1305136636.99
减:主营业务成本	809139766.68	1076769137.98	1210342307.38
主营业务税金及附加	434649.22	282778.08	226209.24
二、主营业务利润	107932719.99	104396882.47	94568120.37
加:其他业务利润	126212698.17	199718616.58	203871321.15
减:存货跌价损失			
营业费用	97310709.54	117666716.96	132873657.72
管理费用	47049297.24	47928023.30	53534559.08
财务费用	8922048.45	11317329.11	5842878.10
三、营业利润	80863362.93	127203432.68	106188346.62
加:投资收益			
补贴收入	41430000.00		
营业外收入	431241.82	3954358.87	102626.72
减:营业外支出	836277.69	6858936.23	562000.00
四、利润总额	121888327.06	124298855.32	105728973.34
减:所得税	12338305.94	19145152.64	16362873.46
少数股东损益	-39655.37		
加:未确认的投资损失			
五、净利润	109589676.49	105153702.68	89366099.88
加:年初未分配利润	0.00	-57526008.02	-27877939.53
减:减少注册资本减少的未分配利润			
加:盈余公积转入			
六、可供分配的利润	109589676.49	47627694.66	61488160.35
减:提取法定盈余公积	10958967.65	4452772.14	9014168.37
提取法定公益金	5497483.83		
七、可供股东分配的利润	93151225.01	43174922.52	52473991.98
减:应付优先股股利			
提取任意盈余公积金			
应付普通股股利	93151225.01	43174922.52	110000000.00
转作股利的普通股股利			
八、未分配利润	0.00	0.00	-57526008.02

附注:非常项目:
1.出售,处置部门或被投资单位
2.自然灾害发生的损失
3.会计政策变更
4.其他

南 宁 化 工 股 份 有 限 公 司

南宁化工股份有限公司股票上市公告书

一、要 览

股票简称:南化股份
股票代码:600301
总股本:15225.7795 万股
可流通股本:4,000 万股
本次上市流通股本:4,000 万股
上市地:上海证券交易所
上市时间:2000 年 7 月 12 日
登记机构:上海证券中央登记结算公司
上市推荐人:光大证券有限责任公司

二、绪 言

本上市公告书是根据《中华人民共和国公司法》、《中华人民共和国证券法》、《股票发行与交易管理暂行条例》、《公开发行股票公司信息披露实施细则》和《上海证券交易所股票上市规则》等国家有关法律、法规的规定,并按照中国证券监督管 理委员会制定的公开发行股票公司信息披露的内容与格式准则第七号《上市公告书的内容与格式(试行)》而编制,旨在向投资者提供有关南宁化工股份有限公司(以下简称本公司)和本次股票上市的情况。

经中国证监会证监发行字 [2000]75 号文批准, 本公司已成功地向社会公开发行了 每股面值 1.00 元的人民币普通股股票 4,000 万股,每股发行价为 4.65 元,其中向二级市 场投资者配售 2,000 万股,向一般投资者 上网发行 2,000 万股。

经上海证券交易所上证上字[2000]46 号《上市通知书》批准,本公司股票将于 2000 年 7 月 12 日在上海证券交易所挂牌上市交易, 股票简称"南化股份", 股票代码"600301"。本公司总股本 15225.7795 万股,可流通股本 4,000 万股,本次上市流通股本为上 网定价发行的 2,000 万股和向二级市场投资者配售的 2,000 万股。

本公司已于 2000 年 6 月 14 日在《中国证券报》、《上海证券报》和《证券时报》 上刊登了《招股说明书概要》,距今不足六个月,其重复内容不再冗述,敬请投资者查 阅本公司的《招股说明书概要》。

本公司董事会及全体董事已批准本上市公告书,确信其中不存在任何虚假记载、误导性陈述或重大遗漏,并对其真实性、准确性、完整性负个别和连带责任。

三、发行公司概况

(一)基本情况
公司名称:南宁化工股份有限公司 (中文)
NANNING CHEMICAL INDUSTRY CO.LTD(英文)
法定代表人:曾代宏
公司成立日期:1998 年 6 月 15 日
公司住所:广西壮族自治区南宁市亭洪路 80 号
(二)公司历史沿革:

本公司是 1998 年 6 月 15 日,经广西壮族自治区人民政府桂政函[1998]57 号文批准 ,由南宁化工集团有限公司(下称"南化集团")作为主要发起人,联合南宁统一糖 业有限责任公司、南宁味精厂、邕宁县纸业有限公司及广西赖氨酸厂共同发起设立之股份有限公司。

本公司主要发起人南化集团前身为 1958 年成立的南宁化工厂,该厂于 1979 年 11 月被化工部确定为全国 22 家重点氯碱企业之一。1989 年 7 月,经各方自愿申请,报南宁 市人民政府批准,南宁化工厂和南宁木薯综合技术开发公司、南宁市有机玻璃厂实现 合并组建南宁化学工业集团公司。

1996 年 8 月,经南宁市国资委[1996]21 号文批准,南宁化学工业集团公司与南宁 第二化工厂开始筹划合并,并于 1997 年 1 月 3 日两家公司正式合并组建南宁化工集团有 限公司。主要从事氯碱化工系列产品、木薯综合利用及其产品的开发、生产;化工建筑材料、食品添加剂的生产、制造。1997 年 1 月 5 日,经南宁市国资委[1997]32 号文批 准,南化集团成为有权经营国有资产的国有独资有限责任公司。南宁第二化工厂前身为成立于 1958 年 5 月 1 日的赛璐璐加工厂。1972 年 5 月,更名为南宁第二化工厂,主要 从事醋酸及食品添加剂等产品的生产。

南化集团为国家大型一档企业,全国化工百强企业,全国化工 22 家重点氯碱企业、全国 50 家重点农药企业、全国 512 家重点扶持大型国有企业之一,是自主经营、独立核算、自负盈亏的科研生产经营性经济实体。

南化集团以氯碱产品生产为主,是全国重要的基础化工原料生产基地。农药、聚氯乙烯和山梨酸、氯乙酸等产品产量占广西总产量的 70%以上,烧碱产量占 60%以上,强氯精在国内首家实现工业化生产,是该产品目前国内生产规模最大的厂家。

南化集团拥有雄厚的技术力量,所生产的强氯精、固体山梨醇、山梨酸等产品在技术上处于全国领先地位。

到 1999 年 12 月 31 日,南化集团总资产 95,032 万元,净资产 29,536 万元。(不含土地)

1998 年 6 月 8 日,经广西壮族自治区人民政府以桂政函[1998]57 号文批准,由南化集团作为主要发起人,联合另外四家法人以发起设立的方式共同设立本公司。南宁化工集团有限公司将其拥有的生产氯碱化工及其系列产品和农药等产品的核心经营性资产以及部分辅助生产车间中的资产投入本公司。这部分资产为:烧碱车间、合成氨车间 、氯加工车间、农药车间、强氯精车间、聚氯乙烯车间、电气车间、水汽车间的生产经营性资产。

经评估,南化集团投入本公司的主要经营性净资产总计 17,040 万元,共折为本公司股份 11,076 万股,占本公司总股本的 98.67%,未进入股份公司的资产,包括部分辅 助生产车间、土地、非生产经营性资产等仍由集团公司持有,并本着有偿使用的原则,为本公司提供服务。其他四家企业以现金投入本公司,占全部股份的 1. 33%。

经中国证监会证监发行字 [2000]75 号文批准, 本公司已成功地向社会公开发行了 每股面值 1.00 元的人民币普通股股票 4,000 万股,每股发行价为 4.65 元,其中向二级市 场投资者配售 2,000 万股,向一般投资者 上网发行 2,000 万股。

目前,本公司总股本为 15225.7795 万股。

四、股票发行及承销

(一)股票公开发行情况
发行方式:上网定价发行和向二级市场投资者配售相结合
发行日期:2000 年 6 月 16 日至 2000 年 6 月 23 日
公开发行数量:4,000 万股
其中:上网定价发行 2,000 万股
向二级市场投资者配售 2,000 万股
发行价格:人民币 4.65 元/股
募集资金总额:17,752 万元(已扣除相关发行费用)
中签率:向一般投资者上网定价中签率 0.10203328%
向二级市场投资者配售中签率 0.07427462%
上网定价发行有效申购户数:1,327,725
二级市场配售有效申购户数:3,449,199
持有 1000 股以上(含 1000 股)的户数:37,348 户
发行费用总额:848 万元
每股发行费用:0.212 元
发行市盈率:20.85 倍(加权平均)
23.97 倍(全面摊薄)
(二)股票承销

本次公开发行的社会公众股共计 4,000 万股,除投资者认购外,余股 231,707 股由主承销商包销。

(三)验资报告
验资报告

中和会师验字(2000)第 2015 号

南宁化工股份有限公司全体股东:

我们接受委托,对贵公司公开发行股票后,截至 2000 年 6 月 23 日止的注册资本、投入资本变更情况的真实性和合法性进行了审验。在审验过程中,我们按照《独立审计实务公告第 1 号——验资》的要求,实施了必要的审验程序。贵公司的责任是提供 真实、合法、完整的验资资料,保护资产的安全、完整,我们的责任是按照《独立审计实务公告第 1 号—验资》的要求,出具真实、合法的验资报告。

贵公司本次公开发行股票前的注册资本和股本均为 112,257,795.00 元,贵公司本次申请变更的注册资本为 152,257,795.00 元。根据我们的审验,贵公司本次经中国证券监督管理委员会批准,向社会公众公开发行人民币普通股(A 股)4,000 万股,每股面值 1 元。截止 2000 年 6 月 23 日止,实际募集资金 186,000,000.00 元,扣除预计发行费用 84,800,00.00 元,净额为 177,520,000.00 元,其中,股本 40,000,000.00 元,资本 公积 137,520,000.00 元(不含本次募集资金有效申购利息。因银行按季核算利息,待收到申购利息后再列作资本公积处理)。贵公司本次股票发行后,注册资本和股本均变更为 152,257,795.00 元。

附件:(一)变更前后注册资本、投入资本对照表;
(二)验资事项说明;
(三)验资依据证明文件。

广西中和会计师事务所　　中国注册会计师:谢泽敏
中国注册会计师:彭思奇
中国·南宁　　二 000 年六月二十七日

五、董事、监事及高级管理人员持股情况

1、本公司董事会成员:

曾代宏先生,董事长,60 岁,中共党员,高级工程师,大学本科文化。毕业于广 西大学无机化工专业,曾任南宁化工集团有限公司董事长、总经理等职。化工部优秀厂长、全国"五一"劳动奖章获得者、化工部"对氯碱工业做出突出成绩"者,享受国家特殊津贴。

赖晓杨先生,董事兼总经理,38 岁,中共党员,高级工程师,大学本科文化,毕 业于华南工学院高分子专业。曾任南宁化工集团有限公司董事、副总经理。获全国劳动模范荣誉。

刘建国先生,董事兼副总经理,42 岁,中共党员,经济师,大学专科文化,毕业 于南京化工学院化工技术管理专业,曾任南宁化工集团有限公司副总经理。

何秉华先生,董事、副总经理、总工程师,59 岁,中共党员,高级工程师,毕业 于广西大学无机化工专业,曾任南宁化工集团有限公司董事、总工程师,化工部"对氯碱工业做出突出成绩"者,享受国家特殊津贴。

高莹女士,董事、董事会秘书,54 岁,中共党员,高级政工师,大学专科文化, 毕业于广西电大电子专业,曾任南宁化工集团有限公司总经理助理兼组干处处长。 甘仲伶先生,董事,50 岁,中共党员,高级政工师,,大学本科,毕业于广西大学 化工机械专业,现任南宁化工集团有限公司董事长、总经理、党委副书记。

谢正旭先生,董事,55 岁,中共党员,经济师,现任南宁化工集团有限公司董事、副总经理。

彭华波先生,董事,49 岁,中共党员,高级政工师,大学专科文化,现为南宁化 工集团有限公司董事、工会主席。

董亚彬先生,董事,46 岁,中共党员,工程师,大学专科文化,现任南宁化工集团有 限公司总经理助理。

2、本公司监事会成员:

李秋凤女士,监事会主席,48 岁,中共党员,高级经济师,大学专科文化,毕业于湖北财经学院函授经济管理专业,现为南宁化工集团有限公司监事会主席、党委副书记。

袁良毅先生:监事,35 岁,中共党员,工程师,大学本科文化,毕业于天津轻工业学院无机专业,现任本公司总经理助理。

乔南湘女士:监事,39 岁,中共党员,工程师,大学本科文化,毕业于广西行政 学院经济管理专业,现任本公司技术中心主任。

骆成志先生:监事,51 岁,中共党员,政工师,大学专科文化,毕业于广西区党校行政管理专业,现任南宁化工集团有限公司监事会监事,工会副主席。

许毓专先生:监事,51 岁,中共党员,会计师,大学专科文化,山东矿冶学院济南分院会计专业结业,现任南宁化工集团有限公司计财部副部长。

4、本公司高级管理人员

潘四生先生,本公司总会计师,59 岁,中共党员,会计师,曾任南宁化工集团有 限公司董事、副总经理、总会计师。

5、本公司董事、监事、高级管理人员均未持有本公司股份。

六、公司设立

1、本公司是 1998 年 6 月 15 日,经广西壮族自治区人民政府桂政函[1998]57 号文批准,由南化集团作为主要发起人,联合南宁统一糖业有限责任公司(现已变更为南宁 统一综合服务有限责任公司)、南宁味精厂、邕宁县纸业有限公司及广西赖氨酸厂共同发起设立之股份有限公司。

本公司注册资本为 11,225.7795 万元, 本次股票发行成功后, 本公司注册资本变 更为 15,225.7795 万元。

本公司于 2000 年 1 月 18 日召开的 2000 年第一次临时股东大会审议并通过了本公司 向社会公开发行 A 股并上市的决议。

2、经中国证监会证监发行字[2000]75 号文批准,本公司已成功地向社会公开发行了每股面值 1.00 元的人民币普通股股票 4,000 万股,每股发行价为 4.65 元,其中向二级 市场投资者配售 2,000 万股,向一般投资者上网发行 2,000 万股。本次募集资金已全部 到位,且本公司已于 2000 年 7 月 5

日在广西南宁市工商行政管理局办理了工商注册变更登记。

注册资本:15,225.7795 万元

注册地址:广西壮族自治区南宁市亭洪路 80 号

法定代表人:曾代宏

营业执照注册号:

七、关联企业及交易

(一)关联企业

本公司关联企业情况如下:

(1)南宁化工集团有限责任公司,本公司之主要发起人,注册资本人民币 11,984 万元,主要从事氯碱化工产品的生产、销售。

(2)南宁统一糖业有限责任公司,本公司之发起人,现已注销。原南宁统一糖 业有限责任公司所持有的本公司 65 万股股份(占本公司注册资本 0.58%)由南宁统一综合服务有限责任公司持有.南宁统一综合服务有限责任公司注册资本人民币 10,000 万元,经营范围为饲料,酵母,减水剂,复合肥,蔗渣碎粒板制糖设备的制造及安装等。

(3)邕宁县纸业有限公司,本公司之发起人,注册资本 1,268.5 万元,经营范 围为机制纸、纸制品、造纸材料、运输等。

(4)南宁市味精厂,本公司之发起人,注册资本 1,037 万元,经营范围为味精 ,酱油,醋,各种酱料,鸡精等。

(5)广西赖氨酸厂,本公司之发起人,注册资本 2,745 万元,主要从事氨基酸 的生产销售。

本公司的下属企业(南宁凯特利生物技术有限责任公司、广西南宁正新科技开发有限公司)及公司主要发起人南化集团的附属企业(南宁赫司特食品添加剂有限公司、广西南宁兰怡精细化工有限责任公司、珠海经济特区海宁化工有限公司、南宁市南化大厦)亦为本公司之关联企业。

(二)关联交易及协议

南化集团作为本公司之主要发起人在本次股票发行前占有本公司总股本 98.67% 的股份,为本公司之控股股东。本公司在生产经营过程中,还需部分依赖于集团公司,主要表现在:

(1)本公司与南化集团签订《生产协作与生活服务协议》就以下事项作出规定 :

本公司使用集团公司提供的消防服务所支付的费用按集团公司每年发生的消防费(包括消防设施维护、消防器材消耗和集团公司所属消防人员的工资)总额,集团公司承担 30%,本公司承担 70%。

集团公司医院向本公司职工提供医疗服务,由本公司职工本人自行支付费用,本公司每月向职工支付医疗补贴。

集团公司向本公司职工提供的职工住房,由职工本人向集团公司支付住房费用。本公司对未实施房改的职工每月支付住房补贴。

本公司按集团公司的年度生产计划对集团公司提供生产所需的水、电和蒸汽。供水、供电、供汽的价格均以本公司成本价为基础,并以当地主管部门核定价格为准。

(2)本公司与南化集团签订《原材料(聚氯乙烯等)供应协议》,本公司向集团公司供应聚氯乙烯等原材料的价格根据公平交易的原则,按市场公允价格确定。

(3)本公司与南化集团签订《包装材料供应协议》、《原材料(冰醋酸)供应 协议》,集团公司向本公司供应农药包装塑料瓶及冰醋酸的价格根据公平交易的原则,按市场公允价格确定。

(4)本公司与南化集团签订《机器设备维修服务协议》,集团公司向本公司提供的设备维修的劳务费按不高于南宁市的市场价格确定。

(5)本公司与南化集团签订《仓储运输服务协议》,集团公司按不高于南宁市 同行业收费标准向本公司提供仓储、汽车运输服务;集团公司向本公司提供铁路运输代理服务收费按铁路部门规定的标准执行。

(6)本公司与南化集团签订《房屋租赁合同》,本公司租用南化集团办公楼房 屋建筑总面积为 5,734 平方米,月租金为 22,900 元;

(7)本公司与南化集团签订《土地使用权租赁合同》,由南化集团向本公司出 租生产用地,本公司租用集团公司土地面积 314,056.78 平方米,年租金为 157 万元。

(三)关联公司交易事项

	1999 年度		1998 年度		1997 年度	
	金额	%	金额	%	金额	%
购入材料＊1	4,894,223.28	3.05	23,039,996.35	12.50	—	—
销售收入＊2	17,299,219.35	6.11	22,347,731.53	7.79	—	—
销售收入＊3	14,877,021.70	5.25	25,327,034.38	8.83	—	—
提供劳务＊4	4,253,930.92	—	5,940,752.89	—	—	—
物业租用＊5	1,845,083.90	—	931,931.34	—	—	—

＊1.1998 年度、1999 年度,本公司分别向南化集团购入化工原料 4334.54 吨、1025.14 吨,分别计 23,039,966.35 元、4,894,223.28 元,该等购买交易遵循公平原则按 市场价格执行。该等价款系以现金方式于交易发生时即时支付或约定期限支付。

＊2.1998 年度、1999 年,本公司分别向南化集团销售化工产 8013.97 吨、6717.77 吨,分别计 22,347,731.53 元、17,299,219.35 元,该等销售交易遵循公平原则按市场价格执行。该等价款系以现金方式于交易发生时即时支付或约定期限支付。

＊3.1998 年度、1999 年,本公司分别向其他关联方销售化工产品 14038.13 吨、7808.53 吨,分别计 25,327,034.38 元、14,877,021.70 元,该等销售交易遵循公平原则 按市场价格执行。该等价款系以现金方式于交易发生时即时支付或约定期限支付。

＊4.1998 年度、1999 年度, 本公司向南化集团提供水电汽分别计 5,940,752.89 元、4,253,930.92 元,该等交易遵循公平原则按协议价格执行。该等价款系以现金方式于交易发生时即时支付或约定期限支付。

＊5.1998 年度、1999 年度,本公司租用南化集团房屋及土地分别计 931,931.34 元、1,845,083.90 元,该等交易遵循公平原则按协议价格执行。该等价款系以现金方式于交易发生时即时支付或约定期限支付。

(四)关联方应收、应付款项余额

1999-12-31

企业名称	金　额	占该项应收(付)款项余额的比重(%)
应收帐款		
其中:南化集团	8,464,154.67	7.25%
广西赖氨酸厂	3,434,699.90	2.94%
南宁市味精厂	3,897,622.87	3.34%
邕宁县纸业有限公司	4,646,893.70	3.98%
广西兰怡精细化工有限责任公司	140,517.82	0.12%
珠海经济特区海宁化工有限公司	692,510.82	0.59%
其他应收款		
其中:南化集团	13,339,146.37	76.68%
预付帐款		
其中:南化集团	6,716,756.06	50.86%
应付股利		
其中:南化集团	8,750,416.53	96.62%
南宁市味精厂	66,687.90	0.74%
邕宁县纸业有限公司	66,687.90	0.74%
广西赖氨酸厂	39,092.90	0.43%
南宁统一糖业有限责任公司	133,375.81	1.47%

上列与南化集团之间的往来款主要是因关联交易而产生的尚未结算的价款、未支付的股利、代垫的款项等。

八、股本结构及大股东持股情况

(一) 本次上市前本公司的股本结构如下:

股份类别	股数(股)	所占比例
国有法人股		
其中:南宁化工集团有限公司	110762795	98.67%
南宁统一综合服务有限责任公司	650000	0.58%
南宁市味精厂	325000	0.29%
广西赖氨酸厂	195000	0.17%
法人股		
其中:邕宁县纸业有限公司	325000	0.29%

(二)公司前十名股东持股数量及持股比例

截止 2000 年 6 月 23 日,持有发行人股份数量最多的前十名股东依次为:

股东名称	持有股份类别	持有股数(万股)	占总股本比例(%)
南宁化工集团有限公司	国有法人股	11076.28	72.75
南宁统一综合服务有限责任公司	国有法人股	65	0.43
南宁味精厂	国有法人股	32.50	0.21
邕宁县纸业有限公司	法人股	32.50	0.21
光大证券有限责任公司	流通股	23.17	0.15
同盛基金	流通股	22.60	0.15
广西赖氨酸厂	国有法人股	19.50	0.13
天元基金	流通股	18.00	0.12
裕隆基金	流通股	17.80	0.12
景福基金	流通股	14.80	0.10

九、财务会计资料

本公司截止 1999 年的 12 月 31 日的财务状况,已于 2000 年 6 月 14 日分别在《中国证 券报》、《上海证券报》和《证券时报》上刊登的《招股说明书概要》中进行了详尽的披露,由于发行距上市时间不足六个月,本报告只公布财务报表及财务指标。欲了解有关财务会计资料的详细内容,敬请投资者查阅刊登于上述报纸或至公告的《招股说明书》查阅地点查阅。

(一) 财务报表(附后)

(二) 主要财务指标对比表

财务指标	1999 年	1998 年	1997 年
1.流动比例	1.39	1.58	0.76
2.速动比例	1.14	1.25	0.58
3.资产负债率(%)	66.16	69.40	67.86
4.应收帐款周转率(次/年)	1.81	1.90	4.31
5.存货周转率(次/年)	4.70	5.10	6.26
6.净资产收益率(%)	11.59	7.39	11.97
7.每股净利(元/股)	0.18	0.11	0.14

十、董事会上市承诺

本公司董事会将严格遵守 《中华人民共和国公司法》、《中华人民共和国证券法》、《股票发行与交易管理暂行条例》、《公开发行股票公司信息披露实施细则(试 行)》、《上海证券交易所交易规则》和国家其它有关法律、法规的规定,并自本公司股票上市之日起作出如下承诺:

(一)按照法律、法规的规定程序和要求披露重大的信息,并接受证券主管机关、上海证券交易所的监督管理。

(二)及时、真实、准确地公布中期报告和年度报告,并备置于规定场所供投资者 查阅。

(三)本公司董事、监事及高级管理人员如发生人事变动或持本公司股票发生变化时,按有关规定报告证券主管机关、上海证券交易所并进行披露。

(四)在任何公共传播媒介中出现的消息可能对本公司股票的市场价格产生误导性影响时,本公司知悉后将及时对该消息予以公开澄清。

(五)本公司董事、监事及高级管理人员将认真听取社会公众的意见和批评,不利 用已获得的内幕消息和其他不正当手段直接或间接从事股票买卖活动。

(六)本公司没有无记录负债。

十一、重要事项揭示

1、根据深圳同人会计师事务所有限责任公司出具的深同证盈字[2000]第 005 号盈利预测审核报告,本公司 2000 年年度预测实现利润总额 4402.55 万元,净利润 2953.34 万元(按 33%所得税负计算),每股全面摊薄 0.194 元。

2、截止招股说明书签署之日,本公司无重大诉讼事项。

3、本公司总股本 15225.7795 万股,可流通股本 4,000 万股,本次上市流通股本为上网定价发行的 2,000 万股和向二级市场投资者配售的 2,000 万股,共计 4,000 万股。

4、根据本公司《招股说明书》披露:本次股票发行后预计公司第一次股利分配时间为 2001 年上半年,根据本公司 2000 年度第一次临时股东大会决议,新老股东共享本次发行前滚存利润的分配。

5、本公司本次发行前每股净资产 1.56 元,发行后每股净资产 2.32 元。

6、在招股说明书签署之日前,没有发生对公司的经营活动有较大影响的诉讼、仲裁或行政处罚事项,公司董事、监事、经理等高级管理人员亦未受到刑事起诉,或涉及重大民事、经济或行政案件。

7、南化转债的转股

根据本次 A 股的发行价格,本公司《招股说明书》中已确定本公司发行的南化转债的初始转股价格为 4.56 元/股(4.65 元/股×98%);自本次发行的 A 股上市之日起,本公 司发行的南化转债可按此初始转股价格转换为公司股票。关于转股的具体办法,本公 司将另行公告。

十二、备查文件

(一)招股说明书;

(二)审计报告;

(三)验资报告;

(四)资产评估报告;

(五)盈利预测审核报告;

(六)中国证监会批准本公司公开发行股票的文件;

(七)上海证券交易所上市通知书;

(八)营业执照;

(九)公司章程;

(十)其他文件。

十三、咨询机构

1、发行人:南宁化工股份有限公司

地址:广西壮族自治区南宁市亭洪路 80 号

电话:0771—4834872

传真:0771—4835643

联系人:高莹、陈劲

2、上市推荐人:光大证券有限责任公司

法定地址:上海市浦东新区浦东南路 528 号上海证券大厦

深圳地址:广东省深圳市深南中路电子科技大厦 A 座 12 层

电话:0755—3350333/3782225
传真:0755—3793030
联系人:陈军、赵奕

南宁化工股份有限公司
2000年7月7日

南宁化工股份有限公司
资产负债表

编制单位:南宁化工股份有限公司 单位:人民币元

项目	1999-12-31	1998-12-31	1997-12-31
资产:			
流动资产:			
货币资金	74,460,381.02	18,828,941.15	20455632.09
应收票据	190,000.00	1,000,000.00	
应收帐款	116,659,861.26	128,283,410.03	93712534.87
其他应收款	17,343,275.76	70,997,118.18	28321316.51
减:坏帐准备	8,040,188.22	11,956,831.69	7322031.08
应收款项净额	125,962,948.80	187,323,696.52	114711820.30
预付帐款	13,795,489.83	1,910,420.76	4105365.87
应收补贴款	--	1,015,100.00	
存货	47,288,483.64	54,877,162.11	41654667.55
减:存货跌价准备	--	--	
存货净值	47,288,483.64	54,877,162.11	41654667.55
待摊费用	--	746,893.38	1493786.76
流动资产合计	261,697,303.29	265,702,213.92	182421272.57
长期投资:			
长期股权投资	4,120,398.80	1,420,398.80	1263700.00
长期债权投资	406,800.00	570,800.00	734800.00
长期投资合计	4,527,198.80	1,991,198.80	1998500.00
减:长期投资减值准备	--	--	
长期投资净额	4,527,198.80	1,991,198.80	1998500.00
固定资产:			
固定资产原价	360,352,029.35	359,791,709.93	192092781.56
减:累计折旧	133,900,366.57	111,258,962.71	80253586.70
固定资产净值	226,451,662.78	248,532,747.22	111839194.86
工程物资	2,171,525.23	2,551,913.35	17769038.29
在建工程	22,418,335.12	15,969,008.86	102521517.19
固定资产合计	251,041,523.13	267,053,669.43	232129750.34
资产总计	517,266,025.22	534,747,082.15	416549522.91
负债和股东权益:			
流动负债:			
短期借款	67,300,000.00	49,000,000.00	31204000.00
应付票据			453000.00
应付帐款	22,349,559.03	76,616,622.11	96667005.63
预收帐款	16,505,208.92	10,086,085.40	2968671.20
应付工资	4,969.03	4,969.03	2604969.03
应付福利费	(174,502.25)	29,608.83	610798.50
应付股利	14,107,861.82	14,127,462.35	
应交税金	3,479,796.85	2,697,897.55	17459133.55
其他应交款	216,625.18	254,908.61	179299.61
其他应付款	7,305,683.97	5,887,360.22	10445783.32
预提费用	9,061,640.50	5,414,406.41	8907209.25
一年内到期的长期负债	53,286,666.67	4,220,000.00	70000000.00
流动负债合计	193,443,509.72	168,339,320.51	241499870.09
长期负债:			
长期借款	--	36,000,000.00	30220000.00
应付债券	153,827,956.97	166,782,346.69	10966666.67
长期负债合计	153,827,956.97	202,782,346.69	41186666.67
负债合计	347,271,466.69	371,121,667.20	282686536.76
股东权益:			
净资产			133862986.15
股本	112,257,795.00	112,257,795.00	
资本公积	53,405,626.34	53,405,626.34	
盈余公积	4,279,032.96	1,813,373.40	
其中:公益金	1,426,344.32	604,457.80	
未分配利润	52,104.23	(3,851,379.79)	
股东权益合计	169,994,558.53	163,625,414.95	133862986.15
负债和股东权益总计	517,266,025.22	534,747,082.15	416549522.91

南宁化工股份有限公司
利润及利润分配表

编制单位:南宁化工股份有限公司 单位:人民币元

项目	1999年度	1998年度	1997年度
一.主营业务收入	283,236,364.17	286,772,526.44	383803647.76
减:折扣与折让	--	--	
主营业务收入净额	283,236,364.17	286,772,526.44	383803647.76
减:主营业务成本	240,214,840.68	246,296,625.75	319665163.25
主营业务税金及附加	1,160,607.41	868,676.92	1222766.08
二.主营业务利润	41,860,916.08	39,607,223.77	62915718.43
加:其他业务利润	1,038,260.49	884,603.76	(1481618.32)
减:营业费用	5,890,551.69	3,562,587.01	3984708.72
管理费用	9,933,011.56	21,456,340.01	24343360.68
财务费用	4,008,044.35	4,920,883.58	10300136.35
三.营业利润	23,067,568.97	10,552,016.93	22805894.36
加:投资收益	96,041.20	113,733.00	201001.20
补贴收入	143,277.54	4,502,580.00	847971.23
营业外收入	569,326.14	100.02	
减:营业外支出	38,616.87	55,122.45	965105.87
四.利润总额	23,837,596.98	15,113,307.50	22889760.92
减:所得税	3,548,486.82	3,023,851.54	6865169.56
五.净利润	20,289,110.16	12,089,455.96	16024591.36
加:年初未分配利润	(9,836,184.24)	(7,040,893.48)	
六.可分配利润	10,452,925.92	5,048,562.48	
减:提取法定公积金	1,045,292.59	504,856.25	
提取法定公益金	522,646.30	252,428.12	
七.可供股东分配的利润	8,884,987.30	4,291,278.11	
减:提取任意公积金	--	--	
应付普通股股利	8,868,365.80	14,127.462.35	
八.未分配利润	16,621.23	(9,836,184.24)	

南宁化工股份有限公司
现金流量表

编制单位:南宁化工股份有限公司 单位:人民币元

项目	1999年度
一.经营活动产生的现金流量:	
销售商品、提供劳务收到的现金	276,660,247.79
收到的租金	541,102.95
收到的税费返还	3,561,900.00
收到的其它与经营活动有关的现金	64252368.38
现金流入小计	345,015,619.12
购买商品,接受劳务支付的现金	244,419,853.80
支付给职工以及为职工支付的现金	14,560,823.50
实际交纳的增值税款	10,530,561.48
支付的所得税款	3,111,483.23
支付的除增值税、所得税以外的其他税费	1,384,194.60
支付的其它与经营活动有关的现金	22,458,882.95
现金流出小计	296,465,799.56
经营活动产生的现金流量净额	48,549,819.56
二.投资活动产生的现金流量	
处理固定资产、无形资产和其他长期资产而收到的现金净额	
收到的其它与投资活动有关的现金	
现金流入小计	
购建固定资产、无形资产和其他长期资产所支付的现金	6,083,140.34
现金流出小计	6,083,140.34
投资活动产生的现金流量净额	(6,083,140.34)
三.筹资活动产生的现金流量	
吸收权益性投资所收到的现金	--
发行债券所收到的现金	--
借款所收到的现金	57,300,000.00
收到的其它与筹资活动有关的现金	268,587.77
现金流入小计	57,568,587.77
偿还债务所支付的现金	39,000,000.00
偿还利息所支付的现金	3,853,827.12
支付的其他与筹资活动有关的现金	1,550,000.00
现金流出小计	44,403,827.12
筹资活动产生的现金流量净额	13,164,760.65
五.汇率变动对现金的影响额	--
六.现金及现金等价物净增加额	55,631,439.87
附注:	
1.不涉及现金收支的投资和筹资活动:	
2.将净利润调节为经营活动的现金流量:	
净利润	20,289,110.16
加:计提的坏帐准备或转销的坏帐	(3,969,447.11)
固定资产折旧	22,641,403.86
长期待摊费用的摊销	746,893.38
财务费用	3,914,665.01
预提费用	2,630,058.80
投资损失(减:收益)	(96,041.20)
存货的减少(减:增加)	7,588,678.47
经营性应收项目的减少(减:增加)	42,317,253.05
经营性应付项目的增加(减:减少)	(46,852,954.82)
其他	(712,603.68)
经营活动产生的现金流量净额	48,549,819.56
3.现金及现金等价物净增加情况:	
货币资金的年末余额	74,460,381.02
减:货币资金的年初余额	18,828,941.15
现金及现金等价物净增加额	55,631,439.87

丹东曙光车桥股份有限公司

丹东曙光车桥股份有限公司股票上市公告书

一、要 览

股本总额:9,000 万股
可流通股本:5,125 万股
本次上市流通股本:4,000 万股
股票简称:曙光股份
股票代码:600303
上市地点:上海证券交易所
上市日期:2000 年 12 月 26 日
股票登记机构:上海证券中央登记结算公司
上市推荐人:国泰君安证券股份有限公司
东北证券有限责任公司

二、绪 言

丹东曙光车桥股份有限公司(以下简称"本公司")股票上市公告书是根据《中华人民共和国公司法》、《中华人民共和国证券法》、《股票发行与交易管理暂行条例》、《公开发行股票公司信息披露的内容和格式准则》、《上海证券交易所股票上市规则》等国家有关法律、法规的规定,并按照中国证券监督管理委员会制订的《公开发行股票公司信息披露的内容和格式准则第七号(上市公告书的内容与格式(试行))》而编制,旨在为本公司股票公开上市之目的向投资者提供本公司基本情况和有关资料。

经中国证券监督管理委员会证监发行字[2000]165 号文批准,本公司于 2000 年 12 月 11 日在上海证券交易所以上网定价方式向社会公众成功发行了每股面值 1.00 元的人民币普通股(A 股)4,000 万股,每股发行价人民币 8.80 元。

经上海证券交易所上证上字[2000]第 116 号《上市通知书》批准, 本公司股票将于 2000 年 12 月 26 日在上海证券交易所上市挂牌交易。股票简称"曙光股份",股票代码"600303"。本公司总股本 9,000 万股,可流通股本 5,125 万股,本次上市流通股本为上网定价发行的 4,000 万股。根据有关规定,本公司 1,125 万股内部职工股将于本次 4,000 万股人民币普通股发行之日起,满三年后方可上市流通。

本公司董事会成员已批准本公司上市公告书,并确信本上市公告书所载资料不存在任何重大遗漏、虚假陈述或者严重误导,并对其真实性、准确性和完整性负个别及连带责任。

三、发行公司概况

(一)公司概况
1、发行人名称:丹东曙光车桥股份有限公司
英文名称:DANDONG SHUGUANG VEHICLE AXLE CO.,Ltd
2、注册资本:9,000 万元
3、法定代表人:李进巅
4、成立日期:1993 年 3 月 2 日
5、注册地址:辽宁省丹东市振安区燕窝街 300 号
6、联系电话:0415-4145739
7、联系人:那涛
6、公司所属行业:汽车行业
7、经营范围:汽车前后桥、汽车零配件制造、加工; 汽车修理(设分支销售汽车及零配件)。
(二)公司历史沿革
1.股份制改制过程

本公司是经辽宁省体改委辽体改发[1993]5 号《关于丹东曙光车桥总厂改组为股份有限公司的批复》批准,在对丹东曙光车桥总厂(以下简称为"总厂")进行改组的基础上,由总厂、中国农业银行丹东市支行和交通银行丹东支行共同发起,以定向募集方式设立的股份公司。

主发起人丹东曙光车桥总厂始建于 1984 年 12 月,其前身为丹东市机动车配件厂,1985 年 3 月更名为丹东市曙光机动车配件厂,企业性质为集体所有制。1986 年 5 月,总厂归属中国康华实业公司,并更名为中国康华实业公司丹东曙光机动车配件厂。1988 年 4 月,企业更名为丹东曙光车桥总厂。1989 年 8 月,中国康华实业公司撤销时,将总厂移交给丹东市政府,成为市属集体企业。

本公司成立时,总厂将全部经营性资产投入本公司,不再从事与本公司具有同业竞争的业务。

2.历次股票发行情况

公司成立时股本总额为 3844.5 万股,其中总厂以其经评估的全部经营性净资产 2344.5 万元投入,折合 2344.5 万股,占总股本的 60.98%;中国农业银行丹东市支行投入现金 200 万元,折合 200 万股,占总股本的 5.20%;交通银行丹东市支行投入现金 150 万元,折合 150 万股,占总股本的 3.90%。社会法人工商银行丹东市分行投入现金 100 万元,折合 100 万股,占总股本的 2.60%;建设银行丹东市分行投入现金 150 万元,折合 150 万股,占总股本的 3.90%。公司内部职工投入现金 900 万元, 折合 900 万股,占总股本的 23.42%。

1994 年 2 月,经辽宁省体改委辽体改发[1994]12 号文件《关于同意丹东曙光车桥股份有限公司扩股的批复》批准,公司增资扩股 155.5 万元。其中,北京市汽车半轴厂以货款抵付股款方式认购 50 万股,总厂以应收股利抵付股款认购 105.5 万股。本次增资扩股后,公司总股本增至 4000 万股。

1998 年 9 月,北京市汽车半轴厂将其持有的 50 万股转让给总厂。1998 年 12 月、1999 年 5 月,交通银行丹东市支行(现交通银行丹东分行)、中国农业银行丹东市支行(现中国农业银行丹东市锦山支行)、建设银行丹东市分行、工商银行丹东市分行根据《商业银行法》和人民银行总行的有关规定,分别将其持有的 150 万、200 万、150 万、100 万股股权转让给总厂。转让后总厂共持有本公司股份 3,100 万股,内部职工持有公司股份 900 万股。

1999 年 6 月,经辽体改发[1999]15 号文件《关于同意丹东曙光车桥股份有限公司派送红股的批复》同意,公司向全体股东按每 10 股送 2.5 股比例派送红股。送股后,公司总股本由 4,000 万股增加到 5,000 万股,其中法人股 3,875 万股, 内部职工股 1,125 万股。

经中国证券监督管理委员会证监发行字[2000]165 号文批准,2000 年 12 月 11 日,本公司在上海证券交易所以上网定价方式向社会公众发行了 4,000 万股人民币普通股(A 股)股票,每股面值 1.00 元,每股发行价 8.80 元,本次发行后, 本公司总股本为 9,000 万股。

四、股票发行及承销

(一)本次股票公开发行
1、发行日期:2000 年 12 月 11 日
2、发行方式:上网定价
3、本次发行社会公众股:4,000 万股
4、股票面值:1 元/股
5、股票发行价格:8.80 元/股
6、募集资金总额:35,200 万元
7、中签率:0.26894711%
8、有效申购户数:601,404
9、有效申购股数:14,872,813,000
10、持 1000 股以上(含 1000 股)的户数:31,915 户(不含内部职工股)
11、发行费用总额:1,384 万元
12、每股发行费用:0.346 元
13、发行市盈率:33.85 倍(全面摊薄)
(二)股票承销
本次公开发行的 4,000 万股社会公众股已全部由投资者认购, 承销商无余额包销。
(三)验资报告
1、验资报告(摘自中庆会计师事务所有限责任公司出具的(2000)318 号验资报告)

验 资 报 告

中庆审字(2000)318 号

丹东曙光车桥股份有限公司全体股东:

我们接受委托,对丹东曙光车桥股份有限公司截至 2000 年 12 月 15 日止的股本变更情况的真实性和合法性进行了审验。在审验过程中,我们按照《独立审计实务公告第 1 号——验资》的要求,实施了必要的审验程序。贵公司的责任是提供真实、合法、完整的验资资料,保护资产的安全、完整,我们的责任是按照《独立审计实务公告第 1 号——验资》的要求,出具真实、合法的验资报告。

贵公司变更前的注册资本和股本均为人民币 50,000,000 元, 拟变更申请的注册资本为人民币 90,000,000 元。贵公司本次向社会公开发售的人民币普通股每股面值为 1 元,发行数量为 40,000,000 股,发行价格为每股人民币 8.80 元, 募集资金总额为人民币 352,000,000 元,扣除本次发行费用人民币 13,840,000 元,募集资金净额为人民币 338,160,000 元。根据我们的审验,截至 2000 年 12 月 15 日止,贵公司已收到上述募集资金净额人民币 338,160,000 元, 全部为货币资金, 其中股本为人民币 40,000,000 元,资本公积为人民币 298,160,000 元。贵公司变更后的股本总额为人民币 90,000,000 元,资本公积为人民币 299,963,875.38 元。

附件(一)变更前后注册资本、资本公积对照表
附件(二)验资事项说明

中庆会计师事务所	中国注册会计师:树新
有限责任公司	中国注册会计师:王勇
中国 北京	2000 年 12 月 18 日

2、募集资金

本次发行共计募集资金 35,200 万元, 扣除支付给承销商的承销佣金和上市推荐费 1,056 万元及支付给上海证券交易所的上网发行手续费 123.20 万元,余款计人民币 34,020.8 万元,已于 2000 年 12 月 15 日存入中国农业银行丹东市分行营业部(帐号 8740054006)。

五、董事、监事及高级管理人员简介及持股情况

(一)公司董事、监事和高级管理人员简介
1、董事

李进巅先生 董事长兼总经理,53 岁,大专文化,在职 MBA 研究生,高级经济师。曾任丹东市运输联社科员、办公室主任、丹东市第二运输公司党委副书记、丹东曙光车桥总厂厂长,现任本公司董事长兼总经理。

李进巅先生致力于企业管理工作三十余年,曾多次在国内重要刊物和学术交流会上发表论文,多次荣获全国机械工业"劳动模范"、辽宁省"劳动模范"、"优秀厂长"、辽宁省机械工业"创业英雄"、丹东市"特等劳动模范"等称号。李进巅先生也是丹东市人大代表、辽宁省人大代表。

陈少云女士 董事,副总经理,总会计师,48 岁,大专文化,高级会计师。曾任丹东纺织配件厂核算员、丹东印染厂财务科会计、丹东曙光车桥总厂财务科长、总会计师,现任本公司副总经理兼总会计师。

陈少云女士从事企业财务管理工作二十多年,先后荣获辽宁省现代化管理成果一等奖、科技成果三等奖。

李德武先生 董事,副总经理,46 岁,大学文化,工程师。曾任西安红旗机械厂助理工程师、丹东市工具厂工艺员、丹东医用电器厂副厂长、丹东空二军电子仪器厂厂长、丹东曙光车桥总厂生产调度、办公室主任、厂长助理、副厂长,现任本公司副总经理。李德武先生从事技术工作和企业管理工作二十多年,多次获省市科技进步奖。

张雨田先生 董事,副总经理,56 岁,经济师。曾任丹东纺织机械厂车间主任、丹东市计委交通办公室科员、丹东丽华人造有限公司业务经理、丹东曙光车桥总厂车间主任、生产科长、副厂长,现任本公司副总经理。张雨田先生拥有丰富的企业管理经验。

曹安斌先生 董事,副总经理,40 岁,大专文化,经济师。曾任丹东纺织公司财务科科员、丹东市棉纺三厂技术科科员、准备车间主任,现任本公司副总经理。

梁文郁先生 董事,49 岁,大学文化,高级工程师。曾任丹东市第二运输公司技术员、丹东曙光车桥总厂研究所所长,现任本公司副总工程师、规划部经理。梁文郁先生从事产品开发和技术改造工作二十多年,多次获省市科技进步三等奖。

李海阳先生 董事,28 岁,硕士,经济师。曾任丹东曙光车桥总厂供应科科员、广州汽贸公司经理、丹东汽贸公司经理、现任丹东曙光汽车贸易有限责任公司经理。

王世渝先生 独立董事,42 岁,大学文化。曾任重庆起重机厂工人、教师,四川省巫山阳区副区长,海南顺丰集团董事,万盟投资管理有限公司总经理、执行董事,现任辽宁足球俱乐部股份有限公司董事兼财务总监。自 91 年以来,致力于中国新兴资本市场,对资本经营方面拥有丰富经验。

方之昭先生 独立董事,71 岁,大学文化,高级工程师。曾任抚顺挖掘机厂工程师、总工艺师;辽宁省机械工业厅科技处处长;省机床工业公司副总经理、总工程师;省经委机械处处长;省机械工业厅副厅长,厅长;省科委党组书记,副主任;全省机械专业高级技术职称评委会主任;省人民代表大会常务委员,科教文委主任,财经委副主委,兼任中国机械工程学会常务理事,辽宁省机械工程学会理事长,省科协副主席,现离休。

齐湘泉先生 独立董事,44 岁,法学硕士,副教授。曾任丹东商业技校教师,辽宁省司法厅干部,现任中国政法大学副教授。

张大壮先生 独立董事,60 岁,大学文化,教授级高工。曾在长春汽车研究所任职 32 年,负责汽车整车设计、试验研究工作。现任中国第一汽车集团公司综合规划处处长。曾获多项国家级和部级科技进步奖。张大壮先生也是中国汽车工程学会燃料经济性动力性专业委员会主任委员,哈尔滨工业大学客座教授。

2、公司监事

王永林先生 监事会主席,50 岁,大专文化,经济师。曾任丹东印染厂车间工会主席、科员、分厂厂长、劳动人事科科长、企管办主任、厂办主任,现任本公司党委副书记、工会主席。

于增才先生　监事,46岁,大专文化,政工师。曾任东沟县马家岗乡公社知青,青岛 37205 部队战士,丹东照相机工业公司组织部干事、人事工资科副科长、副部长,现任本公司人力资源部经理。

孙永军先生　监事,31岁,初中文化,党员。曾就职胜天机械厂,现为本公司工人。

3.高级管理人员及重要职员

总经理李进巅先生(略)

副总经理陈少云女士(略)

副总经理李德武先生(略)

副总经理张雨田先生(略)

副总经理曹安斌先生(略)

董事会秘书,那涛先生,35岁,大学文化,工程师。 曾任丹东手表工业公司助理工程师,本公司工程师、办公室主任。现任本公司董事会秘书。

(二)公司董事、监事和高级管理人员持股情况

姓　名	职　务	持股数	占发行后总股本比例%
李进巅	董事长、总经理	12,500	0.0139%
陈少云	董事、副总经理、总会计师	6,250	0.0069%
李德武	董事、副总经理	10,000	0.0111%
张雨田	董事、副总经理	6,875	0.0076%
曹安斌	董事、副总经理	2,500	0.0028%
梁文郁	董事	6,250	0.0069%
王世渝	董事	0	0.0000%
方之昭	董事	0	0.0000%
齐湘泉	董事	0	0.0000%
李海阳	董事	25,000	0.0278%
张大壮	董事	0	0.0000%
那　涛	董事会秘书	0	0.0000%
王永林	监事长	2,500	0.0028%
于增才	监事	0	0.0000%
孙永军	监事	0	0.0000%

六、公司设立

本公司是经辽宁省体改委辽体改发[1993]5号《关于丹东曙光车桥总厂改组为股份有限公司的批复》批准,在对丹东曙光车桥总厂进行改组的基础上,由丹东曙光车桥总厂、中国农业银行丹东市支行和交通银行丹东支行共同发起,以定向募集方式设立的股份公司。

1993年3月2日,公司在丹东市工商局登记注册,营业执照编号为丹工企字 1200668949。

本公司于1999年9月10日召开临时股东大会, 审议并通过了本次向社会公开发行4,000万股A股股票并上市的决议。

经中国证券监督管理委员会证监发行字[2000]165号文批准,本公司已于 2000年12月11日发行了每股面值1.00元的人民币普通股4,000万股,本次股票发行后,公司总股本为9,000万元。

本公司于2000年12月18日进行了工商执照变更登记:

注册资本:9,000万元

注册地址:辽宁省丹东市振安区燕窝街300号

法定代表人:李进巅

营业执照注册号:2106001110977

七、关联企业及关联交易

(一)关联企业

在本次发行前,总厂拥有发行人77.5%的股份,为股份公司的控股股东。发行人本次发行成功后,总厂将拥有发行人43.06%的股份,仍为股份公司的控股股东。总厂及总厂的控股子公司丹东汽车改装厂是发行人的关联企业。

发行人持有山东荣成曙光齿轮有限责任公司(以下简称为"荣城齿轮公司")67%的股权、凤城市曙光汽车半轴有限责任公司(以下简称为"凤城半轴公司")80%的股权、诸城曙光车桥有限责任公司(以下简称为"诸城车桥公司")57.5%的股权、河南省汽车制动器有限责任公司(以下简称为"河南制动器公司")51%的股权。上述公司是发行人的关联企业。

(二)关联交易

本公司在以下四个方面存在关联交易。

(1)租赁厂房

丹东汽车改装厂原为本公司的全资子公司,1999年1月转让给总厂。1999年1月20日,本公司与丹东汽车改装厂签订《房产租赁合同》,将面积为11,426.4平方米,房产证号:丹房权证元宝区字第99111574号房产证下418图1942宅租赁给该厂,租赁期至2010年10月25日止,年租赁费190万元。根据《房产租赁合同》,上述租赁费中包含了本公司为该厂提供相应的水、电、汽服务,这部分水、电、汽成本每年大约50万元。该房产租赁费用是严格按丹东市工业厂房市场租赁价格确定的。租金按年支付,每年的1月15日为下一年度租金支付日。

(2)租赁办公用房

1999年10月20日,本公司与总厂签订《房产租赁合同》,总厂向本公司租赁办公用房100平方米,房产证号:丹房权证元宝区字第99111574号房产证下418图1942宅,租赁期至2010年10月20日止,根据丹东市相近租金标准,年租金6000元人民币。

根据该协议,总厂所使用的上述房产的房屋维修费、管理费、水电费及其他有关费用由总厂负责。租金按年支付,每年的1月15日为下一年度租金支付日。

(3)租赁土地使用权

1998年7月,总厂与本公司签订《土地使用权租赁合同》,由本公司租用属于总厂的丹国用(九九)字第062410005号土地,以满足公司生产需要,租赁土地面积44622.8平方米。1999年11月,本公司就上述土地使用问题与总厂重新签署协议,租期50年,至2049年11月2日止。将该宗土地评估值按使用年限均摊,年租金为25.8万元。租金按年支付,每年1月10日或之前为下一年度租金交付日。

(4)产品供应协议

①本公司与控股子公司-诸城车桥公司于1999年10月20日签署《长期供应合同》,由本公司向诸城车桥公司提供其生产车桥所需的桥壳冲压件,供货数量由诸城车桥公司根据生产需要按季度提前通知本公司,货款按季结算,产品定价原则为执行市场价,每季度之前五日支付上一个季度的货款。合同的有效期为一年,有效期满,双方如无异议,本合同自动延长一年。

②本公司与控股子公司 - 凤城半轴公司于1999年10月20日签署《长期供应合同》,由凤城半轴公司向本公司提供其生产的半轴产品(供应量占凤城半轴公司产量的90%以上),供货数量由本公司根据生产需要按季度提前通知凤城半轴公司,货款按季结算, 产品定价原则为执行市场价,每季度之前五日支付上一个季度的货款。合同的有效期为一年,有效期满,双方如无异议,本合同自动延长一年。

③本公司与控股子公司-荣成齿轮公司于1999年10月20日签署《长期供应合同》,由荣成齿轮公司向本公司提供生产汽车车桥所需的齿轮产品(供应量占荣成齿轮公司产量的90%以上),供货数量由本公司根据生产需要按季度提前通知荣成齿轮公司,货款按季结算,产品定价原则为执行市场价,每季度之前五日支付上一个季度的货款。合同的有效期为一年,有效期满,双方如无异议,本合同自动延长一年。

④本公司与控股子公司-河南制动器公司于1999年10月28日签署《长期供应合同》,由河南制动器公司向本公司提供生产汽车车桥所需的制动器产品(供应量占河南制动器公司产量的15%-18%),供货数量由本公司根据生产需要按季度提前通知河南制动器公司,货款按季结算,产品定价原则为执行市场价,每季度之前五日支付上一个季度的货款。合同的有效期为一年,有效期满,双方如无异议,本合同自动延长一年。

⑤本公司与丹东汽车改装厂于1999年10月20日签署《长期供应合同》,由本公司向丹东汽车改装厂提供其生产改装车所需要的车桥产品(销售量约占本公司产量的1%),产品定价原则为执行市场价。合同有效期为一年,有效期满,双方如无异议,合同自动延长一年。

(三)避免同业竞争的承诺

本公司控股股东承诺不从事与股份公司经营范围内的产品生产和服务业务构成竞争或可能构成的业务或活动,以切实保护股份公司中小股东的合法权益。

八、股本结构及大股东持股情况

(一)本公司上市前的股本结构

股份种类	股数(万股)	占总股本的比例(%)
一.尚未流通股份	5,000	55.56
1.发起人股份	3,875	43.06
2.内部职工股	1,125	12.50
二.本次可流通股份	4,000	44.44
本次公开发行股份	4,000	44.44
三.总股本	9,000	100.00

(二)前十名股东所持股数及比例

股东名称	持股数量(万股)	占总股本比例(%)
丹东曙光车桥总厂	3,875.0	43.056
卢既敏	28.0	0.311
同益基金	23.7	0.263
安顺基金	21.3	0.237
李慧英	18.5	0.206
天元基金	17.9	0.200
殷建芬	14.1	0.157
景福基金	12.8	0.142
刘虎	12.5	0.139
泰和基金	10.2	0.113

九、公司财务会计资料

本公司截止2000年6月30日的财务会计资料,已于2000年12月7日分别在《中国证券报》、《上海证券报》和《证券时报》上刊登的《招股说明书概要》中进行了详细披露。因公告距今时间较短,相同的内容在此不再重复。本公告只公布本公司经审计的会计报表、主要财务指标及会计报表附注部分内容,欲了解详细内容,敬请投资者查阅上述报纸或在公告的《招股说明书》查阅地查阅。

(一)公司前三年及最近一期的主要财务指标

指　标	2000年6月30日	1999-12-31	1998-12-31	1997-12-31
流动比率	1.07	0.83	1.00	0.96
速动比率	0.76	0.60	0.68	0.55
资产负债率(%)	69.78	69.77	68.66	75.16
净资产收益率(%)	13.87	22.37	14.30	16.40
每股收益(元)	0.25	0.35	0.21	0.21
应收帐款周转率(次)	2.97	3.61	3.57	4.38
存货周转率(次)	2.47	3.52	2.84	2.08

(二)会计报表(附后)

(三)会计报表主要项目附注

* 合并会计报表主要项目附注

1. 货币资金　　单位:人民币元

项　目	2000年6月30日
现　金	42,261.89
银行存款	48,397,546.25
其他货币资金	-
合　计	48,439,808.14

1999年12月31日货币资金余额较期初余额增加3,410,274.69元,增幅53.99%,主要原因是货款回收情况较好及本期借款增加较多。

2000年6月30日货币资金余额较期初余额增加　38,713,184.75元,增幅398.01%,主要原因一是2000年公司将河南省汽车制动器有限责任公司纳入合并报表范围, 使货币资金增加24,138,637.29元;二是本期借款增加较多。

2000年6月30日银行存款中有79,900,000.00意大利里拉、250,799.　41美元,2000年6月30日基准汇率为401.7元人民币/十万里拉、8.278元人民币/美元。

2. 应收票据

应收票据2000年6月30日余额为40,584,200.00元,应收票据中较大金额明细列示如下:

单位:人民币元

种　类	出票日	承兑日	票面金额	备　注
银行承兑	2000.02.29	2000.08.28	2,500,000.00	质押
银行承兑	2000.04.07	2000.08.10	1,100,000.00	质押
银行承兑	2000.05.24	2000.08.24	1,000,000.00	
银行承兑	2000.04.20	2000.10.19	1,000,000.00	质押
银行承兑	2000.01.27	2000.07.27	1,000,000.00	质押
银行承兑	2000.02.24	2000.07.23	1,000,000.00	质押
银行承兑	2000.03.30	2000.09.30	1,000,000.00	质押
银行承兑	2000.04.01	2000.10.01	1,000,000.00	质押
银行承兑	2000.04.27	2000.10.26	1,000,000.00	质押
银行承兑	2000.04.28	2000.10.15	1,000,000.00	质押
银行承兑	2000.02.25	2000.08.25	1,000,000.00	
银行承兑	2000.04.07	2000.10.06	1,000,000.00	
银行承兑	2000.01.21	2000.07.04	800,000.00	质押
银行承兑	2000.05.11	2000.10.17	800,000.00	质押
银行承兑	2000.01.29	2000.07.29	700,000.00	质押
银行承兑	2000.05.12	2000.11.12	700,000.00	质押
银行承兑	2000.01.17	2000.07.17	600,000.00	质押
银行承兑	2000.04.01	2000.10.01	600,000.00	质押
银行承兑	2000.04.07	2000.10.04	600,000.00	质押
银行承兑	2000.02.25	2000.08.25	550,000.00	质押
银行承兑	2000.04.11	2000.09.30	500,000.00	质押
合　计			19,450,000.00	

1999年12月31日应收票据余额较期初余额增长17,915,156.00元,增幅118.07%,主要因为公司改变了售货方式。公司为支付部分原材料购货款,将其中13,000, 000.00元应收票据质押给当地银行开出应付票据。

2000年6月30日应收票据余额中有19,596,280.00元质押给银行办理银行承兑汇票,1,069,000.00元质押给银行用于补充流动资金借款。

截止至 2000 年 6 月 30 日有 13,821,000.00 元应收票据办理了未到期贴现业务。

3. 应收帐款　　单位:人民币元

帐龄	2000 年 6 月 30 日 金额	比例	坏帐准备
1 年以内	75,711,372.31	95.62%	757,113.72
1 至 2 年	3,269,644.68	4.13%	326,964.47
2 至 3 年	–	–	–
3 年以上	194,343.94	0.25%	38,868.79
合　计	79,175,360.93	100.00%	1,122,946.98

2000 年 6 月 30 日应收帐款余额较期初余额增加 31,162,115.89 元，增幅 64.90%，主要原因是 2000 年公司将河南省汽车制动器有限责任公司纳入合并报表范围，使应收帐款增加 37,620,255.57 元。2000 年 6 月 30 日应收帐款余额中,无应收持有公司 5%以上(含 5 %)股份的股东单位的款项。

三年以上的应收帐款是由于企业间拖欠三角债所产生,公司已采取措施,设专人进行清欠处理,计划在 2000 年完成三年以上应收帐款的清理。

4. 其他应收款　　单位:人民币元

帐龄	2000 年 6 月 30 日 金额	比例	坏帐准备
1 年以内	6,554,320.76	66.02%	65,543.21
1 至 2 年	130,281.14	1.31%	13,028.11
2 至 3 年	12,583.46	0.13%	1,887.52
3 年以上	3,231,339.91	32.54%	646,267.98
合　计	9,928,525.27	100.00%	726,726.82

1999 年公司将对丹东汽车改装厂的投资转让给丹东曙光车桥总厂（公司主要股东，持公司 77.5%股份)。1999 年 12 月 31 日其他应收款余额较期初减少 2,795,967.80 元,减少幅度 31.05%,其中有 2,406,364.39 元为丹东汽车改装厂其他应收款期末余额。

2000 年 6 月 30 日其他应收款余额较期初余额增加 3,719,585.21 元,增幅 59.91%,主要原因是与丹东汽车改装厂往来款增加 1,890,397.54 元。

2000 年 6 月 30 日其他应收款帐龄三年以上往来单位主要是应收丹东柏利莱齿轮有限公司 3,043,038.91 元。

2000 年 6 月 30 日其他应收款余额中,无应收持有公司 5%以上(含 5%)股份的股东单位的款项。

2000 年 6 月 30 日其他应收款余额中金额较大的款项列示如下:　　单位:人民币元

项目	金额	性质、内容
丹东柏利莱齿轮有限公司	3,043,038.91	
丹东汽车改装厂	2,762,881.15	租金及代垫水电费等
上市费用	1,411,778.08	上市费用
合　计	7,217,698.14	

5. 预付帐款　　单位:人民币元

帐龄	2000 年 6 月 30 日 金额	比例
1 年以内	12,154,946.18	91.48%
1 至 2 年	1,132,310.34	8.52%
2 至 3 年	–	–
3 年以上	–	–
合　计	13,287,256.52	100.00%

2000 年 6 月 30 日预付帐款余额较期初余额增加 9,720,965.57 元,增幅 272.58%,主要原因一是 2000 年公司将河南省汽车制动器有限责任公司纳入合并报表范围，使预付帐款增加 6,997,204.25 元,二是公司预付了三季度钢材款。

2000 年 6 月 30 日预付帐款余额中,无预付持有公司 5%以上(含 5 %)股份的股东单位的款项。

单位:人民币元

项目	2000 年 6 月 30 日
长期股权投资	2,000,000.00
长期债权投资	–
合　计	2,000,000.00

6.长期股权投资

单位:人民币元

项目	2000 年 6 月 30 日
股票投资	2,000,000.00
其他股权投资	–
合　计	2,000,000.00

股票投资　　单位:人民币元

项目	股份类别	股数(万股)	占被投资公司股权比例	投资金额
北汽福田车辆股份有限公司	法人股	200	1.03%	2,000,000.00
合　计				2,000,000.00

根据财政部财会字[1998]66 号文件的有关规定,由于公司到 1999 年 12 月 31 日并没有控制河南省汽车制动器有限责任公司的财务和经营政策，所以公司 1999 年未将其纳入合并会计报表范围。

2000 年 1 月，公司对河南省汽车制动器有限责任公司派出常务副总经理和财务总监,取得了对该公司的实际控制权,故从 2000 年 1 月起,公司将河南省汽车制动器有限责任公司纳入合并会计报表范围,使其他股权投资减少 30,768,108.46 元。

7.应付票据

公司 2000 年 6 月 30 日应付票据余额为 27,562,580.00 元,均为银行承兑汇票,按到期月份列示如下:　　单位:人民币元

到期月份	金额
2000 年 7 月	6,098,000.00
2000 年 8 月	3,536,800.00
2000 年 9 月	6,785,200.00
2000 年 10 月	6,689,000.00
2000 年 11 月	3,464,000.00
2000 年 12 月	989,580.00
合　计	27,562,580.00

1999 年 12 月 31 日应付票据余额较期初余额增加 9,378,864.00 元,增幅 90.89%,主要原因为公司 1999 年改变了付款方式。

2000 年 6 月 30 日应付票据余额较期初余额增加 7,864,916.00 元，增幅 39.93%，主要原因是 2000 年公司将河南省汽车制动器有限责任公司纳入合并报表范围，使应付票据增加 4,909,000.00 元。

8.应付帐款　　单位:人民币元

帐龄	2000 年 6 月 30 日 金额	比例
1 年以内	58,185,184.06	97.32%
1 至 2 年	1,111,450.58	1.86%
2 至 3 年	118,812.82	0.20%
3 年以上	372,562.03	0.62%
合　计	59,788,009.49	100.00%

2000 年 6 月 30 日应付帐款余额中,均无应付持有公司 5%以上(含 5 %)股份的股东单位的款项。

9.预收帐款　　单位:人民币元

帐龄	2000 年 6 月 30 日 金额	比例
1 年以内	6,333,093.77	100.00%

2000 年 6 月 30 日预收帐款余额较期初余额增加 6,333,093. 77 元，主要原因是 2000 年公司将河南省汽车制动器有限责任公司纳入合并报表范围,使预收帐款增加 6,256,651.96 元。

10.资本公积　　单位:人民币元

项目	2000 年 6 月 30 日	1999 年 12 月 31 日	1998 年 12 月 31 日	1997 年 12 月 31 日
期初数	1,803,875.38	91,239.99	91,239.99	91,239.99
本期增加数	–	1,712,635.39	–	–
其中:				
其他资本公积转入	–	300,000.00	–	–
股权投资准备	–	1,412,635.39	–	–
股本溢价	–	0.00	–	–
本期减少数	–	–	–	–
期末数	1,803,875.38	1,803,875.38	91,239.99	91,239.99

1999 年资本公积余额较上年增加 1,712,635.39 元,增幅 1877.07%,主要原因:

1 公司以非专利技术向控股子公司诸城市曙光车桥有限责任公司投资,该项非专利技术经丹东市资产评估事务所评估为 1,412,000.00 元,并出具了丹资报字(1999)第 356 号评估报告,公司将此计入资本公积;2 根据辽经发 [1997]006 号《关于印发省级以上新产品返还增值税具体实施办法的通知》和辽经发[1999]104 号、辽科发[1999]26 号《关于下达 1998 年省级以上新产品返还增值税计划项目的通知》,将收到的增值税返还款计入资本公积 300,000.00 元。

1999 年公司与山东省荣成齿轮箱厂共同出资组建山东荣成曙光齿轮有限责任公司时产生股权投资准备 948.35 元,按投资比例 67%公司享受股权投资准备 635.39 元。

11.盈余公积　　单位:人民币元

项目	2000 年 6 月 30 日	1999 年 12 月 31 日	1998 年 12 月 31 日	1997 年 12 月 31 日
期初数	9,043,513.42	7,156,169.10	5,741,137.83	3,924,237.41
本期增加数	–	2,942,432.58	1,415,031.27	1,816,900.42
其中:法定盈余公积	–	1,961,621.72	943,354.18	908,450.21
法定公益金	–	980,810.86	471,677.09	908,450.21
本期减少数	–	1,055,088.26	–	–
其中:法定盈余公积	–	527,544.13	–	–
法定公益金	–	527,544.13	–	–
期末数	9,043,513.42	9,043,513.42	7,156,169.10	5,741,137.83

公司 1999 年将对丹东汽车改装厂的投资转让给丹东曙光车桥总厂,1999 年盈余公积减少 1,055,088.26 元（含法定公益金 527,544.13 元)，即为丹东汽车改装厂盈余公积（含法定公益金 527,544.13 元)期末余额。

根据会计制度有关规定,公司下属子公司首先按各期净利润计提盈余公积,然后作为母公司的投资收益计入母公司当期净利润,再次计提盈余公积。故合并报表中各期盈余公积计提数大于母公司计提数。

12.投资收益　　单位:人民币元

期间	项目	股票投资 成本法	股票投资 权益法	其他股权投资 成本法	其他股权投资 权益法	债权投资	合计
2000 年 1−6 月	短期投资						
	长期投资						
	合　计						
99 年度	短期投资						
	长期投资	220,000.00	–	–	468,108.46	–	688,108.46
	合　计	220,000.00	–	–	468,108.46	–	688,108.46
98 年度	短期投资						
	长期投资	430,000.00	–	–	81,909.26	–	511,909.26
	合　计	430,000.00	–	–	81,909.26	–	511,909.26
97 年度	短期投资						
	长期投资	–	–	–	−195,790.34	–	−195,790.34
	合　计	–	–	–	−195,790.34	–	−195,790.34

十、董事会上市承诺

本公司董事会将严格遵守《中华人民共和国公司法》、《中华人民共和国证券法》、《股票发行与交易管理暂行条例》、《公开发行股票公司信息披露实施细则》和《上海证券交易所股票上市规则》及国家有关法律、法规的规定,并自本公司股票上市之日起,作出如下承诺:

(一)按照法律、法规的规定程序和要求披露重大信息,自觉接受证券主管机关、上海证券交易所的监督管理;

(二)及时、真实、准确地公布中期报告和年度报告,并备置于规定场所供投资者公众查阅;

(三)本公司董事、监事及高级管理人员如发生人事变动,或持有本公司股份发生变化时,在报告证券主管机关、证券交易所的同时向投资者公布;

(四)在任何公共传播媒介中出现的消息可能对本公司股票的市场价格产生误导性影响时,本公司知悉后将及时对该消息予以公开澄清;

(五)本公司董事、监事及高级管理人员将认真听取社会公众的意见和批评,不利用已获得的内幕消息和其他不正当手段直接或间接从事股票买卖;

(六)本公司没有无记录负债。

依据 2000 年 5 月 1 日起实施的《上海证券交易所上市规则(二 OOO 修订版)》,本公司全体董事、监事将按照有关规定,在本公司股票上市后两个月内签署《董事(监事)声明及承诺书》并送达上海证券交易所备案。

十一、重要事项揭示

(一)本次上市流通股份为上网定价方式向社会公众公开发行的 4,000 万股人民币普通股。根据有关规定,本公司 1,125 万股内部职工股将于本次 4,000 万股人民币普通股发行之日起,期满三年后方可上市流通。

(二)经公司股东会决议,本公司 1999 年 1 月 1 日以后实现的利润由发行前原股东和发行后社会公众股东共享,本次股票发行后,预计首次股利分配时间为 2001 年上半年。

(三)根据本公司编制并经中庆会计师事务所有限责任公司出具的《盈利预测审核报告》[中庆预核字(2000)第 246 号],本公司 2000 年度及 2001 年度净利润按 33%所得税计算,预计分别为 23,755,905.66 元和 27,508,729.94 元。

(四)根据辽宁省人民政府辽政发[1999]221 号《关于丹东曙光车桥股份有限公司企业所得税问题的批复》和中华人民共和国财政部财税[2000]99 号文《关于进一步认真贯彻落实国务院<关于纠正地方自定税收先征后返政策的通知>的通知》的规定,发行人在 2002 年 1 月 1 日前享受所得税先征后返的税收优惠政策，实际税负为 15%；但发行人在招股说明书全文及概要中披露的财务资料、2000 年及 2001 年的盈利预测和本次《股票上市公告书》中引用的财务资料均是按 33%的所得税税率进行披露的,特此声明。

(五)本次发行前后的每股净资产分别为 1.82 元和 4.77 元。

(六)1996 年公司与美国柏利莱机械公司签订协议,共同投资筹建合资公司,由于美国柏利莱机械公司在出资期限内没有出资,并将公司汇付购置设备款 3,043,038.91 元据为己有,拒不返还。对此,公司于 1997 年 1 月 7 日向中国国际经济贸易仲裁委员会提请仲裁。1997 年 12 月 3 日,中国国际经济贸易仲裁委员会作出终局裁决,裁决美国柏利莱机械公司违约,返还、赔偿公司款项共计美元 435,257.00 元和人民币 385,700.00 元。1998 年 6 月 9 日,美国柏利莱机械公司向北京市第二中级人民法院提出撤消仲裁申请,北京市第二中级人民法院于 1998 年 11 月 13 日依法驳回了美国柏利莱机械公司的请求。1999 年 4 月 26 日,公司申请北京市第一中级人民法院执行。此案目前正在执行中。

经金杜律师适当审查,除此仲裁案件之胜诉裁决尚未执行完毕外,发行人不存在其他尚未了结或者可预见的重大诉讼、仲裁及行政处罚案件。与美国柏利莱机械公司的仲裁案裁决执行对本次发行上市没有不良影响。

(七)根据《上海证券交易所股票上市规则》公司第一大股东丹东曙光车桥总厂已向上海证券交易所承诺,自发行人股票上市之日起 12 个月内,第一大股东不转让其持有的发行人股份,也不由上市公司回购其持有的股份。

(八)除招股说明书概要和本公告书已披露事项外,本公司无其他应披露而未披露的重大事项。

十二、备查文件

(一)招股说明书
(二)上海证券交易所上市通知书
(三)中国证监会关于本公司公开发行股票的批准文件
(四)审计报告、财务报表及附注
(五)盈利预测报告及注册会计师审核报告
(六)验资报告
(七)资产评估报告
(八)法律意见书
(九)公司临时股东大会决议、董事会决议
(十)公司营业执照
(十一)公司章程
(十二)其它备查文件

十三、备查文件查阅地点及咨询机构

(一)发行人　丹东曙光车桥股份有限公司
法定代表人:李进巅
法定地址:辽宁省丹东市振安区燕窝街 300 号
咨询电话:0415-4145739
传真:0415-4142821
联系人:那涛
(二)上市推荐人
国泰君安证券股份有限公司
法定代表人:金建栋
法定地址:上海市浦东新区商城路 618 号
电话:010-88026295,010-88026297
传真:010-88026778
联系人:徐工、罗爱梅
东北证券有限责任公司
法定代表人:李维雄
法定地址:长春市长春大街 142 号
电话:0431-8950357
传真:0431-8931919
联系人:孙晔伟

丹东曙光车桥股份有限公司
二 OOO 年十二月二十一日

资产负债表

编制单位:丹东曙光车桥股份有限公司　　单位:人民币元

资产	2000.6.30	1999.12.31	1998.12.31	1997.12.31
流动资产:				
货币资金	21206280.90	7916896.36	5192953.28	12565631.61
短期投资				
减:短期投资跌价准备				
短期投资净额				
应收票据	20736280.00	31365956.00	14773200.00	7887300.00
应收股利				
应收利息				
应收帐款	43586993.49	43007011.31	37723849.44	39365253.21
其他应收款	13595536.31	5820910.71	11292755.72	15462104.23
减:坏帐准备	1456071.94	1568053.90	1407631.36	1094017.12
应收帐款净额	55726457.86	47259868.12	47608973.80	53733340.32
预付帐款	6219916.14	2415600.93	2072965.89	2949792.34
应收补贴款				
存货	28120316.90	28848939.78	24350125.90	36955878.84
减:存货跌价准备				
存货净额	28120316.90	28848939.78	24350125.90	36955878.84
待摊费用	1203068.18	1452646.38	14848896.38	1733534.91
待处理流动资产净损失				
一年内到期的长期债权投资				
其他流动资产				
流动资产合计	133212319.98	119259907.57	95483115.25	115825478.02
长期投资:				
长期股权投资	65196701.20	45081566.64	13313865.29	12644925.89
长期债权投资				
长期投资合计	65196701.20	45081566.64	13313865.29	12644925.89
减:长期投资减值准备				
长期投资净额	65196701.20	45081566.64	13313865.29	12644925.89
固定资产:				
固定资产原价	90845989.46	89033476.72	64666182.02	67105007.46
减:累计折旧	16842912.83	15155916.35	12627493.31	10208841.38
固定资产净值	74003076.63	73877560.37	52038688.71	56896166.08
工程物资				
在建工程	8128813.90	6614819.21	3861985.42	1472108.87
固定资产清理				
待处理固定资产损失				
固定资产合计	82131890.53	80492379.58	55900674.13	58368274.95
无形资产及其他资产:				
无形资产	3653595.40	3692054.30	2551779.11	
开办费				
长期待摊费用	130560.00	123120.00	54133.33	
其他长期资产				
无形资产及其他资产合计	3784155.40	3815174.30	2605912.44	
递延税项:				
递延税款借项				
资产总计	284325067.11	248649028.09	167303567.11	186838678.86
负债及股东权益				
流动负债:				
短期借款	83448000.00	53388000.00	42328000.00	52679000.00
应付票据	24913580.00	19697664.00	10118800.00	4430000.00
应付帐款	45597398.69	45254656.92	29504373.91	34614144.10
预收帐款	75221.51			
代销商品款				
应付工资				
应付福利费	1549813.01	1268237.79	833175.63	542155.32
应付股利			4900000.00	8000000.00
应交税金	2001282.21	−173924.62	1098074.90	7307736.53
其他应交款	−9179.58	35795.34	13437.85	47868.90
其他应付款	5405754.55	21289841.65	8011319.68	12364719.04
预提费用	485931.28	233271.68	231213.01	621533.08
一年内到期的长期负债				
其他流动负债				
流动负债合计	163467801.67	140933542.76	97038394.98	120607156.97
长期负债:				
长期借款	33702546.45	33168141.45	15000000.00	15000000.00
应付债券				
长期应付款				
住房周转金	−3659729.64	−3727459.44	−3740820.60	664095.90
其他长期负债				
长期负债合计				
递延税项:				
递延税款贷项				
负债合计	193510618.48	170434224.77	108297574.38	136271252.87
少数股东权益				
股东权益				
股本	50000000.00	50000000.00	40000000.00	40000000.00
资本公积	1803875.38	1803875.38	91239.99	91239.99
盈余公积	8576260.86	8576260.86	5951834.58	4686049.57
其中:公益金	3434833.14	3434883.14	256024.58	2138096.04
未分配利润	30434312.38	17834667.08	12962918.16	5790136.43
股东权益合计	90814448.63	78214803.3	59005992.73	50567425.99
负债及股东权益总计	284325067.11	248649028.09	167303567.11	186838678.86

利润及利润分配表

编制单位:丹东曙光车桥股份有限公司　　单位:人民币元

项目	2000 年 1-6 月	1999 年度	1998 年度	1997 年度
一、主营业务收入	97653546.06	149444130.97	131072204.61	125071471.49
减:折扣与折让				
主营业务收入净额	97653546.06	149444130.97	131072204.61	125071471.49
减:主营业务成本	76470528.33	114647705.08	104755962.97	97426830.37
主营业务税金及附加	642215.03	811344.56	578728.15	536551.04
二、主营业务利润	20540802.70	33985081.33	25737513.49	27108090.08
加:其他业务利润	242773.94	665717.84		
减:存货跌价损失				
营业费用	2402017.32	3467770.31	2798003.92	3127094.01
管理费用	4478681.70	7882694.58	5744213.46	5721341.27
财务费用	2988565.00	5652767.99	5882056.01	6141260.71
三、营业利润	10914312.62	1764566.29	11313240.10	12118394.09
加:投资收益	5148134.56	2808150.43	955977.06	595617.03
补贴收入				
营业外收入	161356.61	52189.12	58849.29	99087.97
减:营业外支出	10595.00	53391.40	44581.73	295712.05
四、利润总额	16213208.79	20454514.44	12283484.72	12517387.04
减:所得税	3613563.48	2958339.24	3844917.69	4224292.31
减:少数股东权益				
五、净利润	12599645.31	174969175.20	8438566.74	8293094.73
加:年初未分配利润	17834067.08	12962918.16	5790136.43	7155660.64
盈余公积转入				
六、可供分配的利润	30434312.39	30459093.36	14228703.17	15448755.37
减:提取法定盈余公积	1749617.52	843856.67	829809.47	
提取法定公益金	874808.76	421928.34	829309.47	
七、可供股东分配的利润	30434312.39	27834667.08	12962918.16	13790136.43
减:应付优先股股利				
提取任意盈余公积				
应付普通股股利				8000000.00
转作股本的普通股股利				10000000.00
八、未分配利润	30434312.39	17834667.08	12962918.16	5790136.43

甘肃酒钢集团宏兴钢铁股份有限公司

甘肃酒钢集团宏兴钢铁股份有限公司股票上市公告书

一、要 览

股票简称:酒钢宏兴
股票代码:600307
股本总额:72800 万股
可流通股本:20000 万股
本次上市流通股本:20000 万股
上市地点:上海证券交易所
上市日期:2000 年 12 月 20 日
股票登记机构:上海证券中央登记结算公司
上市推荐人: 广发证券有限责任公司
华夏证券有限公司
中国信达资产管理公司

二、绪 言

甘肃酒钢集团宏兴钢铁股份有限公司(以下简称"本公司")股票上市公告书是根据《中华人民共和国公司法》、《中华人民共和国证券法》、《股票发行与交易管理暂行条例》、《公开发行股票公司信息披露的内容和格式准则》、《上海证券交易所股票上市规则》等国家有关法律、法规的规定,并按照中国证券监督管理委员会制定的公开发行股票公司信息披露的内容与格式准则第七号《上市公告书的内容与格式(试行)》而编写,旨在向投资者提供本公司的基本情况及本次股票上市的有关资料。

经中国证券监督管理委员会证监发行字[2000]157 号文核准,本公司已成功上网定价发行了每股面值 1.00 元的人民币普通股 20,000 万股,每股发行价人民币 5.50 元。经上海证券交易所上证上字[2000]第 109 号《上市通知书》同意,本公司 20,000 万股人民币普通股将于 2000 年 12 月 20 日(星期三)起在上海证券交易所上市挂牌交易。股票简称"酒钢宏兴",股票代码"600307"。本公司总股本 72,800 万股,流通股本 20,000 万股。

本公司已于 2000 年 11 月 28 日在《中国证券报》、《上海证券报》和《证券时报》上刊登了《甘肃酒钢集团宏兴钢铁股份有限公司招股书概要》,距今不足六个月,上市公告书中与其重复的内容不再重述,敬请投资者查阅本公司的《招股说明书概要》。

本公司董事会成员已批准本上市公告书,并确信本上市公告书所载资料不存在任何重大遗漏、虚假陈述或者误导,并对其真实性、准确性和完整性负个别及连带责任。

三、发行公司概况

(一) 公司概况
公司名称: 甘肃酒钢集团宏兴钢铁股份有限公司
英文名称: Gan Su Jiu Steel Group Hong Xing Iron & Steel Co. , Ltd.
成立时间: 1999 年 4 月 21 日
注册地址: 甘肃省嘉峪关市雄关东路 12 号
法定代表人:马鸿烈
主营业务范围:钢铁压延加工,金属制品的生产、批发零售,科研开发服务。
(二)公司历史沿革

本公司是 1999 年 4 月 14 日经甘肃省人民政府甘政函[1999]21 号文件批准,由酒泉钢铁(集团)有限责任公司作为主要发起人,联合兰州铁路局、甘肃省电力公司、金川有色金属公司、西北永新化工股份有限公司以发起方式设立的股份有限公司。其中酒泉钢铁(集团)有限责任公司将其所属的炼铁厂、炼钢厂、二轧厂和销售部门的经营性资产折价入股,其余四家单位以现金方式按相同比例折价入股。公司于 1999 年 4 月 17 日在甘肃省兰州市召开创立大会,1999 年 4 月 21 日在甘肃省工商行政管理局注册登记,法人营业执照号码为:6200002050681。

截止 2000 年 6 月 30 日,公司的资产总额为 211,646.5 万元,负债总额为 117,795.4 万元,净资产总额为 93,869.3 万元。公司拥有员工 3,546 人,其中拥有高级职称的 19 人,中级职称的 120 人,初级职称的 337 人。

经中国证券监督管理委员会证监发行字 [2000]157 号文核准, 公司通过上海证券交易所,于 2000 年 11 月 30 日以上网定价方式向社会公开发行人民币普通股 20,000 万股,每股面值 1.00 元,每股发行价格为 5.50 元。本次发行后,公司总股本为 72,800 万股。

四、股票发行及承销

(一) 股票发行情况
1、股票面值:1.00 元/股
2、发行价格:5.50 元/股
3、发行数量:20,000 万股
4、发行方式:上网定价发行
5、募集资金总额:110,000 万元
6、实际募集资金总额(扣除发行费用):107,000 万元
7、有效申购户数:817,133 户
8、中签率:2.06543995%
10、持 1000 股以上(含 1000 股)的股东数:123,808 户
11、发行费用总额:3,000 万元
12、每股发行费用:0.15 元
13、发行市盈率:25.94 倍(全面摊薄)
(二) 股票承销
本次上网定价发行的社会公众股 20,000 万股已全部被投资者认购,承销团无余额包销。
(三) 验资报告五联联合会计师事务所有限公司

五联验字[2000]第 1003 号

甘肃酒钢集团宏兴钢铁股份有限公司:

我们接受委托,对贵公司截止 2000 年 12 月 7 日止的实收股本变更情况的真实性和合法性进行了审验。在审验过程中,我们按照《独立审计实务公告第 1 号——验资》的要求,实施了必要的审验程序。贵公司的责任是提供真实、合法的验资资料,保护财产的安全、完整,我们的责任是按照《独立审计实务公告第 1 号——验资》的要求,出具真实、合法的验资报告。

贵公司变更前的注册资本为 52,800 万元,股本为 52,800 万元,已由甘肃五联会计师事务所甘会验字[1999]第 015 号验资报告予以验证。 变更后的注册资本为 72,800 万元,股本为 72,800 万元。根据我们的审验,截至 2000 年 12 月 7 日,贵公司已收到本次发行的主承销商广发证券有限责任公司汇入的货币资金 107,635 万元(已扣除券商承销费 1,980 万元和上网发行费 385 万元),扣除其他发行费用 635 万元后的募股资金净额为 107,000 万元。其中股本增加 20,000 万元,资本公积 87,000 万元。

附件(一)变更前后注册资本、投入股本对照表
附件(二)验资事项说明
五联联合会计师事务所有限公司　　中国注册会计师:惠全红
中国注册会计师:赵 燕
中国 兰州 庆阳路 258 号国贸大厦　　二〇〇〇年十二月七日
募集资金入帐时间:2000 年 12 月 7 日
开户银行:中信实业银行广州分行营业部
入帐帐号:343-01-839-00026712
入帐金额:107,635 万元

五、董事、监事及高级管理人员简介及持股情况

(一)董事、监事及高级管理人员简介

董事长:马鸿烈先生,汉族,现年 55 岁,高级经济师,第九届全国人大代表。毕业于东北工学院管理工程系,1965 年参加工作,曾任酒泉钢铁公司内燃机厂副厂长、党委副书记、代理厂长、厂长、酒泉钢铁公司副经理、甘肃省冶金工业厅副厅长、党组成员,1995 年任酒泉钢铁公司经理、党委常委。1998 年至今担任酒泉钢铁(集团)有限责任公司董事长、总经理、党委常委。

独立董事:王汝林先生,汉族,现年 67 岁,高级工程师。毕业于上海圣约翰大学土木工程系,1952 年参加工作,1954 年赴苏联学习,1956 年任鞍建公司工程处工程师,1959 至 1966 年任酒泉钢铁公司设计院副科长,1966 年任嘉峪关地区总指挥部秘书长,1980 年任酒泉钢铁公司副经理,1983 年任酒泉钢铁公司经理,1986 年任冶金工业部副部长,现任全国政协委员。

董事:吴立本先生,汉族,现年 58 岁,高级经济师。毕业于北京钢铁学院采矿系,1965 年参加工作,先后担任酒泉钢铁公司镜铁山矿技术员、计划员、副队长,酒泉钢铁公司计划处科长、副处长、处长,酒泉钢铁公司总经济师,酒泉钢铁(集团)有限责任公司总经济师、董事会董事。

董事:周幼方先生,汉族,现年 57 岁,高级会计师。1966 年毕业于中央财金学院财政金融系。曾任酒钢公司财务处处长、酒泉钢铁(集团)有限责任公司副总会计师、总会计师。

董事兼总经理:虞海燕先生,汉族,现年 38 岁,高级工程师。毕业于西安冶金建筑学院冶金系,1982 年参加工作,先后任炼钢厂副厂长、酒钢生产调度处副处长、甘肃省计委工交处副处长、酒泉钢铁公司炼钢厂厂长,酒泉钢铁(集团)有限责任公司总经理助理兼生产处处长、副总经理兼总工程师。

董事兼副总经理:刘惠东先生,汉族,现年 48 岁,会计师。1968 年参加工作,1984 年毕业于甘肃省职工财经学院,曾任炼钢厂财务科科长,河西堡铁厂副厂长,财务处副处长、审计处处长、材料供应处处长兼党委书记,酒泉钢铁(集团)有限责任公司销售处处长。

董事兼财务总监:孙光明先生,汉族,现年 45 岁,会计师。1969 年参加工作,1983 年毕业于酒钢职工大学,先后任财务处副科长、科长,酒泉钢铁(集团)有限责任公司财务处副处长。

董事会秘书:刘延齐先生,汉族,现年 57 岁,高级经济师,北京科技大学、东北大学硕士研究生导师。1966 年毕业于北京矿业学院国民经济计划专业,曾任炼钢厂副厂长、企管处副处长、计划处副处长、经济研究中心主任、酒泉钢铁(集团)有限责任公司副总经济师。

监事会召集人:胡绍祥先生,汉族,现年 54 岁,高级政工师。毕业于上海铁道学院。1965 年参加工作,先后任内燃机厂组织部部长、纪委书记、党委办公室主任、内燃机厂党委书记兼副厂长、酒泉钢铁公司党委常委、组织部部长,酒泉钢铁(集团)有限责任公司党委常委、纪委书记兼组织部部长、监事会副主席。

监事:邱平笃先生,汉族,现年 44 岁,政工师。毕业于北京科技大学管理工程专业。1973 年参加工作,先后任炼铁厂团委书记、党支部副书记、炼铁厂车间副主任、主任、支部书记,炼铁厂党委副书记、纪委书记。

监事:秦治庚先生,汉族,现年 44 岁,工程师。毕业于酒钢职工大学,1972 年参加工作,历任炼钢厂机动科技术员、副科长、科长、第一轧钢厂车间主任,自 1993 年先后任炼钢厂工会主席、党委副书记兼纪委书记、党委书记。

监事:孔哲先生,汉族,现年 36 岁,高级工程师。毕业于东北工学院工程机械系。1982 年参加工作,先后任酒钢镜铁山矿科长、车间主任等职务,1992 年起历任第二轧钢厂机动科科长、厂长助理、副厂长,第二轧钢厂党委书记兼副厂长。

监事:姬树高先生,汉族,现年 53 岁,高级政工师。毕业于西安冶金建筑学院轧钢专业。1964 年参加工作,先后任酒泉钢铁公司干部处专业科科长、二轧钢厂工程师、车间主任、副厂长、钢改厂副厂长,中板厂副厂长兼总工程师、党总支副书记。

(二) 兼职情况说明

股份公司担任总经理、副总经理、财务总监等经营管理高级职位的人员在集团公司没有兼任任何职务。集团公司董事长马鸿烈先生承诺在公司股票上市后三个月内辞去在股份公司董事长的兼职。在此之后,集团公司与股份公司在高级管理人员方面将不再存在兼职问题。

(三) 董事、监事及高级管理人员持股情况

本公司董事、监事及高级管理人员均未持有本公司股票。

六、公司设立

本公司是 1999 年 4 月 14 日经甘肃省人民政府甘政函[1999]21 号文件批准,由酒泉钢铁(集团)有限责任公司作为主要发起人,联合兰州铁路局、甘肃省电力公司、金川有色金属公司、西北永新化工股份有限公司以发起方式设立的股份有限公司。其中酒泉钢铁(集团)有限责任公司将其所属的炼铁厂、炼钢厂、二轧厂和销售部门的经营性资产折价入股,其余四家单位以现金方式按相同比例折价入股。公司于 1999 年 4 月 17 日在甘肃省兰州市召开创立大会,1999 年 4 月 21 日在甘肃省工商行政管理局注册登记。

2000 年 5 月 11 日, 公司 2000 年第一次临时股东大会同意公司向社会公开发行不超过 20,000 万股的人民币普通股,并授权董事会办理股票发行及上市的具体事宜。

经中国证券监督管理委员会证监发行字[2000]157 号文核准,本公司已于 2000 年 11 月 30 日向社会公众成功发行了每股面值为 1.00 元的人民币普通股 20,000 万股,本次股票发行后,公司总股本为 72,800 万股。

七、关联企业及关联交易

(一)关联企业及关联关系

酒泉钢铁(集团)有限责任公司	股份公司控股股东
酒钢宏昌机械制造有限责任公司	集团公司全资子公司
酒钢集团兰州长虹焊接材料有限公司	集团公司控股子公司
甘肃嘉峰冶金有限公司	集团公司控股子公司
兰州环保设备厂	集团公司全资下属企业
酒钢(集团)酒泉长峰轧钢有限责任公司	集团公司控股子公司

酒钢钢丝绳厂	集团公司全资下属企业
酒钢(集团)宏达建材有限责任公司	集团公司控股子公司
酒钢集团西安钢铁有限责任公司	集团公司全资子公司
兰州钢铁公司	集团公司全资子公司

(二)关联交易

本公司在正常的生产经营过程中与集团公司等关联方产生了许多不可避免的关联交易。股份公司与关联方之间产品及服务的交易价格,按照以下定价原则确定:有国家定价的,适用国家定价;没有国家定价的,按市场价格确定;没有市场价格的,参照实际成本加费用及合理的利润确定;对于某些无法按照"成本+费用"原则确定价格的特殊商品及服务价格,由双方协商确定。

为保证投资者的利益不受侵害,股份公司在"三公"原则的基础上与关联方签订了以下关联协议:

《产品购销协议》

《原料、辅助材料、燃料及动力互供协议》

《产品代销协议》

《商标使用许可协议》

《土地使用权租赁协议》

《综合服务协议》

《中板厂收购协议》

有关关联交易的详细内容,请参见 2000 年 11 月 28 日刊登于《中国证券报》、《上海证券报》和《证券时报》的《招股说明书概要》。

(三)本公司主要股东关于放弃竞争的承诺

本公司已与主发起人签署了《资产重组及投入协议》,主发起人在协议中向本公司承诺:

在主发起人为本公司控股股东期间,主发起人不会在中国境内外以任何方式直接或间接参与任何或可能与本公司构成竞争的任何业务或活动。

主发起人或其任何下属机构进行任何与本公司主营业务有关的技术研究将不视为与本公司构成竞争的业务或活动。

如主发起人或其任何下属机构的上述研究形成任何研究成果,需以书面方式通知本公司,具体说明该研究成果的内容,在受到本公司的合理要求之后,尽快向本公司提供与该研究成果有关的详尽资料。并且,主发起人及其下属机构应根据本公司的要求,立即将有关该研究成果和/或关联的知识产权优先转让或许可本公司使用。

八、股本结构及大股东持股情况

(一)本公司上市前股本结构

股份类别	数量(万股)	占总股本比例(%)
发起人股	52,800	72.53
其中:国家股		
国有法人股	52,750	72.46
法人股	50	0.07
可流通股	20,000	27.47
其中:社会公众股	20,000	27.47
总股本	72,800	

(二)公司前十名股东持股情况

序号	股东名称	持股数量(万股)	持股比例(%)
1.	酒泉钢铁(集团)有限责任公司	51,500	70.74
2.	兰州铁路局	500	0.69
3.	甘肃省电力公司	500	0.69
4.	兴和基金	299.9	0.41
5.	金川有色金属公司	250	0.34
6.	金鑫基金	78.5	0.11
7.	普丰基金	75.4	0.10
8.	普惠基金	56.7	0.08
9.	西北永新化工股份有限公司	50	0.07
10.	裕隆基金	41.6	0.06

九、公司财务会计资料

本公司截止 2000 年 6 月 30 日的财务资料,已于 2000 年 11 月 30 日在《中国证券报》、《上海证券报》和《证券时报》上刊登的《招股说明书概要》中进行了详细的披露。因公告距今时间较短,相同的内容在此不再重复。本公告只公布本公司经审计的财务报表及主要财务指标,欲了解详细内容,请查阅上述报纸或至公告的《招股说明书》查阅地点查阅。

(一)主要财务指标

下表列示了公司 1997 年、1998 年、1999 年及 2000 年 1-6 月份的主要财务指标:

财务指标	2000 年 1-6 月	1999 年	1998 年	1997 年
流动比率	1.35	1.04	1.18	1.29
速动比率	1.13	0.61	0.73	0.83
资产负债率(%)	54.99	55.90	57.55	56.87
应收帐款周转率(次/年)	28.10	27.18	22.77	27.96
存货周转率(次/年)	15.26	11.03	8.99	9.99
每股净利润(元)	0.22	0.27	0.35	0.30
每股净资产(元)	1.78	1.56	1.39	1.40
净资产收益率(%)	12.12	18.26	24.93	22.32

说明:应收帐款周转率及存货周转率数值是以半年数据计算的结果×2 得出。

(二) 会计报表(见附表)

(三) 会计报表主要项目注释

1、应收票据

公司应收票据截止 2000 年 6 月 30 日余额为 197,026,093.06 元。

(1)按照签发银行划分

签发银行	工行	建行	中行	农行	其他行	合计
7 月份到期	21450000.00	14017657.80	7199650.00	45075000.00	3400000.00	91142307.80
8 月份到期	7910000.00	1499985.26	13490800.00	13230000.00	6990000.00	43120785.26
9 月份到期	3200000.00	6635000.00	15930000.00	10078000.00		35843000.00
10 月份到期	4400000.00	1500000.00	5720000.00	2800000.00		14420000.00
以后到期	200000.00		12000000.00			
合计	136960000.00	23852643.06	42340450.00	83183000.00	10690000.00	197026093.06

(2)签发金额前六位的单位:

单位	金额
A、新疆宝亨物产有限公司	12,200,000.00
B、杭州珍琪电器有限公司	8,500,000.00
C、嘉市长城发展有限责任公司	7,000,000.00
D、新疆兵团物产金属材料有限公司	6,600,000.00
E、江苏琼花塑料(集团)厂	6,400,000.00
F、中铁物资成都公司重庆分公司	6,400,000.00

(3)应收票据均无贴现、抵押的情况。

(4)本项目无持有公司 5%(含 5%)以上股份的股东单位的欠款。

说明:本项目期末比期初增加 26.30%,主要系钢材市场升温,销售增加所致。

2、应收帐款

(1)帐龄分析

帐龄	2000 年 6 月 30 日			1999 年 12 月 31 日		
	金额(元)	比例(%)	坏帐准备	金额(元)	比例(%)	坏帐准备
1 年以内	97,042,044.81	73.08%	970,420.00	90,988,830.28	83.93%	909,888.30
1 至 2 年	20,258,943.35	15.25%	1,012,947.17	17,424,213.56	16.07%	871,360.68
2 至 3 年	15,501,137.14	11.67%	3,109,848.07			
合计	132,802,125.30	100%	5,093,215.24	108,413,043.84	100%	1,781,248.98

(2)2000 年 6 月 30 日欠款金额前 5 名的单位明细如下:

单位	金额	欠款时间	欠款原因
酒钢集团公司张家港经销部	15,802,117.47	2000 年	货款
酒钢钢丝绳厂	15,021,072.19	1999 年	货款
陕西北冶人和贸易公司	13,025,512.12	2000 年	货款
酒钢集团公司西安经销部	12,968,785.37	2000 年	货款
酒钢公司荆门经销部	11,309,371.45	2000 年	货款

(3)本项目期末比期初增加 24,389,081.46 元,增加了 22.50%, 主要系本期开拓销售市场所致;

(4)本项目自 1997 年至期末连年递增,主要是由于公司在市场不景气、铁路运输季节性的运力矛盾等情况下,为了保住原有市场份额,并不断开拓新产品的新市场,导致应收帐款增加;

(5)本项目有持有公司 5%(含 5%)以上股份的股东单位的欠款 40,080,274.29 元。

3、其他应收款

其他应收款帐龄分析如下:

帐龄	2000 年 6 月 30 日			1999 年 12 月 31 日		
	金额(元)	比例(%)	坏帐准备	金额(元)	比例(%)	坏帐准备
1 年以内	478,431.56	69.54%	4,874.32	1,869,862.91	100%	18,698.63
1—2 年	213,535.47	30.46%	10,676.77			
合计	700,967.03	100%	15,551.09	1,869,862.91	100%	18,698.63

说明:1. 其他应收款主要是职工借款;

2. 本项目无持有公司 5%(含 5%)以上股份的股东单位的欠款。

4、预付帐款

(1)帐龄分析

帐龄	2000 年 6 月 30 日	1999 年 12 月 31 日
一年以内	172,786,375.88	40,000,000.00

(2)本项目均系预付给持有公司 5%(含 5 %)以上股份的主发起人(酒泉钢铁集团有限责任公司)的材料款。

5、长期投资

项目	期初数	本期增加	本期减少	期末数	投资比例
长期股权投资:					
上海酒钢大酒店	1,000,000.00			1,000,000.00	50%
合计	1,000,000.00			1,000,000.00	

6、应付帐款

(1)帐龄分析

帐龄	2000 年 6 月 30 日		1999 年 12 月 31 日	
	金额(元)	比例(%)	金额(元)	比例(%)
1 年以内	46,739,326.07	100%	32,281,195.56	100%
合计	46,739,326.07	100%	32,281,195.56	100%

(2)本项目无应付持有公司 5%(含 5%)以上股份的股东单位的款项;

7、预收帐款

(1)帐龄分析

帐龄	2000 年 6 月 30 日		1999 年 12 月 31 日	
	金额(元)	比例(%)	金额(元)	比例(%)
1 年以内	178,883,112.84	100%	144,302,693.49	100%
合计	178,883,112.84	100%	144,302,693.49	100%

(2)2000 年 6 月 30 日预收金额前 4 名的单位的明细如下:

单位	金额
A.兰钢河西堡铁厂	29,291,819.87
B.杭州云峰金属材料有限公司	11,612,150.40
C.宝鸡东岭物资有限责任公司	9,147,046.71
D.广汉工业联合供销公司	6,823,818.68

(3)本项目期末比期初增加 34,580,419.35 元,增加了 23.96%, 主要系公司的产品销售情况看好,预收销货款增加所致。

(4)本项目无预收持有公司 5%(含 5%)以上股份的股东单位款项.

8、应付股利

投资单位	投资比例	期初应付	本期已付	期末余额
酒钢集团	97.54%	984,000.13	984,000.13	0.00
兰州铁路局	0.95%	692,492.24	692,492.24	0.00
省电力局	0.95%	692,492.24	692,492.24	0.00
金川公司	0.47%	342,601.42	342,601.42	0.00
西北化工	0.09%	65,604.52	65,604.52	0.00
合计		2,777,190.45	2,777,190.45	0.00

说明:根据 2000 年 2 月 24 日公司第一届董事会第三次会议决议, 按各股东的出资比例向股东分配 72,893,920.85 元。

9、应交税金

本项目 2000 年 6 月 30 日余额为 95,753,879.11 元,比期初增加 60,410,742.81 元,增加了 171%, 1999 年比 1998 年增加了 547%,主要系所得税尚未汇算清缴,销售产品应计销项税增加所致,明细如下:

税项	2000 年 6 月 30 日(RMB)	1999 年 12 月 31 日(RMB)
增值税	51,542,720.53	-791,810.65
城市维护建设税	1,941,875.26	247,559.69
所得税	40,655,709.17	34,565,744.79
车船使用税	1,641.00	1,221.00
房产税	178,281.30	398,281.30
个人所得税	103,719.18	16,122.27
营业税	1,329,932.67	906,017.90
合计	95,753,879.11	35,343,136.30

10、其他应付款

(1)帐龄分析

帐龄	2000 年 6 月 30 日		1999 年 12 月 31 日	
	金额(元)	比例(%)	金额(元)	比例(%)
1 年以内	1,514,864.49	70.59%	9,892,510.03	100%
1—2 年	631,253.11	29.41%		

合　计　　2,146,117.60　　100%　　9,892,510.03　　100%

(2)2000 年 6 月 30 日欠款金额前 4 名单位明细如下:

单　　位	金　额
A、嘉峪关市劳动保险局	912,246.49
B、河北县龙华综合金属加工厂	288,644.00
C、西安钢铁厂	180,932.15
D、大友企业科技公司	20,559.00

(3)本项目无应付持有公司 5%(含 5%)以上股份的股东单位的款项。

11、资本公积

项　目	1999 年 12 月 31 日(RMB)	本期增加	本期减少	2000 年 6 月 30 日(RMB)
股本溢价	281,971,333.75			281,971,333.75

说明:1. 股本溢价系根据甘国资企发[1999]第 10 号文《关于酒泉钢铁（集团）发起设立甘肃酒钢集团宏兴钢铁股份有限公司国有股权管理有关问题的批复》对发起人投入的净资产及现金按 65.19%折股形成的。

2. 公司的股东权益 1998 年 12 月 31 日、1997 年 12 月 31 日分别以净资产 736, 754,119.15 元、740,255,457.05 元列示,股本未单独列示。

12、盈余公积

项　目	2000 年 6 月 30(RMB)	本期增加	本期减少	1999 年 12 月 31 日(RMB)
法定盈余公积	8,903,297.91			8,903,297.91
任意盈余公积				
公益金	4,451,648.95			4,451,648.95
合　计	13,354,946.86			13,354,946.86

说明:1. 公司自 1999 年 5 月 1 日设立至年末实现净利润 89,032,978.99 元,按 10%的比例提取法定盈余公积 8,903,297.91 元,按 5%的比例提取公益金 4,451, 648.95 元。

2. 公司的股东权益 1998 年 12 月 31 日、1997 年 12 月 31 日分别以净资产 736, 754,119.15 元、740,255,457.05 元列示,盈余公积未单独列示。

13、未分配利润

项　目	2000 年 6 月 30 日	1999 年 12 月 31 日
年初未分配利润	1,580,377.12	−1,203,734.16
加:本年净利润	113,786,317.21	142,554,558.50
减:分配给主发起人的利润		53,521,579.51
减:提取法定盈余公积金		8,903,297.91
减:提取法定公益金		4,451,648.95
减:已分配普通股股利		72,893,920.85
年末未分配利润	115,366,694.33	1,580,377.12

说明:1.公司的股东权益 1998 年 12 月 31 日、1997 年 12 月 31 日分别以净资产 736,754,119.15 元、740,255,457.05 元列示,未分配利润未单独列示;

2.1999 年度公司成立前(1-4 月)实现的净利润为 53,521,579.51 元,全部分配给主发起人;

3. 根据 2000 年 2 月 24 日公司第一届董事会第三次会议决议,1999 年 5-12 月份实现的净利润在提取盈余公积后,按照各股东的出资比例分配了 72,893,920.85 元。

4. 根据财政部会字[1999]35 号文《关于印发<股份有限公司会计制度有关会计处理问题补充规定>的通知》的有关规定,对坏帐准备采用了追溯调整法,计提 1999 年度以前的坏帐准备 1,203, 734.16 元,导致 1999 年期初未分配利润红字 1,203,734.16 元;

5. 1998 年、1997 年的的追溯调整影响数均在股东权益中做了调整。

十、董事会上市承诺

本公司董事会严格遵守《中华人民共和国公司法》、《中华人民共和国证券法》、《股票发行与交易管理暂行条例》、《公开发行股票公司信息披露实施细则》和《上海证券交易所股票上市规则》等国家法律、法规的规定,并自股票上市之日起作出如下承诺:

1、按照法律、法规的规定程序和要求披露重大的信息、并接受证券主管机关、上海证券交易所的监督管理。

2、及时、真实、准确的公布中期报告和年度报告，并备置于规定场所供投资者查阅。

3、本公司董事、监事、高级管理人员如发生人事变动或持本公司股票发生变化时,在报告证券主管机关、上海证券交易所的同时向投资者公布。

4、在任何公共传播媒介中出现的消息可能对本公司股票的市场价格产生误导性影响时,本公司知悉后将及时对该消息予以公开澄清。

5、本公司董事、监事、高级管理人员将认真听取社会公众的意见和批评，不利用已获得的内幕消息和其他不正当手段直接或间接从事股票买卖活动。

6、本公司没有无记录负债。

依据 2000 年 5 月 1 日起实施的《上海证券交易所股票上市规则》(二〇〇〇年修订本),本公司全体董事、监事将按照有关规定,在本公司股票上市后两个月内签署《董事(监事)声明及承诺书》并送达上海证券交易所备案。

十一、重要事项揭示

1、根据甘肃五联会计师事务所有限责任公司甘会审字[2000]第 293 号盈利预测审核报告,预计本公司 2000 年度实现利润总额 23,035.49 万元,净利润 15,433.78 万元。公司 2000 年所得税按 33%税率预测。

2、本公司此次向社会公众公开发行了 20,000 万股人民币普通股股票，本次发行前每股净资产为 1.78 元,发行后每股净资产为 2.76 元。

3、本公司第一大股东酒泉钢铁(集团)有限责任公司承诺，自发行人股票上市之日起 12 个月内,第一大股东不转让其持有的发行人股份,也不由上市公司回购其持有的股份。

4、预计本次股票发行后首次股利分配时间在 2001 年 6 月 30 日之前。 根据公司 2000 年临时股东大会决议,公司 2000 年产生的利润及以往年度未分配利润由新老股东共同享有。

5、截止本上市公告书刊登之日,本公司无重大诉讼事项。

6、除本公司招股说明书及其概要和本上市公告书披露的事项外,本公司认为没有其他对本公司资产、负债及股东权益有较大影响的重要事项。

十二、备查文件目录

1、招股说明书
2、上海证券交易所上市通知书
3、中国证监会核准本公司公开发行股票的文件
4、审计报告、财务报表及附注
5、验资报告
6、盈利预测报告及注册会计师审核报告
7、法律意见书
8、资产评估报告
9、公司股东大会决议、董事会决议
10、公司营业执照
11、公司章程
12、其他备查文件

十三、咨询机构

1、发行人

甘肃酒钢集团宏兴钢铁股份有限公司
法定代表人:马鸿烈
公司地址:甘肃省嘉峪关市雄关东路 12 号
电话:(0937)6715510,6715370
传真:(0937)6715507
联系人:赵金、姜力、路等乐、宋之国

2、上市推荐人:

广发证券有限责任公司
法定代表人:陈云贤
地　　址:广州市天河北路 183 号大都会广场
电话:(020)87555888-539
传真:(020)875553583
联系人:董宇、马肃爽、易阳方、徐荔军

华夏证券有限公司
公司负责人:赵大建
地址:北京市东城区新中街 68 号
电话:(010)65515588
传真:(010)65516472
联系人:高亮

中国信达资产管理公司
法定代表人:朱登山
地址:北京市东环广场 B 座
电话:(010)64171188-8910
传真:(010)64181244
联系人:李进先、何陵

甘肃酒钢集团宏兴钢铁股份有限公司
二〇〇〇年十二月十五日

资产负债表

编制单位:甘肃酒钢集团宏兴钢铁股份有限公司　　单位:人民币元

资产	2000.6.30	1999.12.31
流动资产：		
货币资金	283612316.54	82540948.50
短期投资		
减:短期投资跌价准备		
短期投资净额		
应收票据	197026093.06	155999581.77
应收股利		
应收利息		
应收帐款	132802125.30	108413043.84
其他应收款	700967.03	1869862.91
减：坏帐准备	5099146.14	1799947.61
应收帐款净额	128403946.19	108482959.14
预付帐款	172786375.88	40000000.00
应收补贴款	0	18854042.61
存货	153556626.54	282739409.26
减：存货跌价准备		
存货净额	153556626.54	282739409.26
待摊费用		
待处理流动资产净损失		
一年内到期的长期债权投资		
其他流动资产		
流动资产合计	935385358.21	688616941.28
长期投资：		
长期股权投资	1000000.00	
长期债权投资		
长期投资合计	1000000.00	
减：长期投资减值准备		
长期投资净额	1000000.00	
固定资产：		
固定资产原价	1928723750.41	1913878160.67
减：累计折旧	801693746.03	743245390.59
固定资产净值	1127030004.38	1170632770.08
工程物资		
在建工程	21268938.12	9955047.82
固定资产清理		
待处理固定资产损失		
固定资产合计	1148298942.50	1180587817.90
无形资产及其他资产：		
无形资产		
开办费		
长期待摊费用	862241.55	1263936.89
其他长期资产		
无形资产及其他资产合计	862241.55	1263936.89
递延税项：		
递延税款借项		
资产总计	2085546542.26	1870468696.07
负债及股东权益		
流动负债：		
短期借款	274000000.00	262000000.00
应付票据		
应付帐款	46739326.07	32281195.56
预收帐款	178883112.84	144302693.49
代销商品款		
应付工资	3791909.36	2144476.77
应付福利费	9437279.89	7827595.88
应付股利	0	2777190.45
应交税金	95753879.11	35343136.30
其他应交款	717676.51	63239.86
其他应付款	2146117.60	9892510.03
预提费用	9954265.94	0
一年内到期的长期负债	73300000.00	163680000.00

其他流动负债		
流动负债合计	694723567.32	660312038.34
长期负债：		
长期借款	452130000.00	385250000.00
应付债券		
长期应付款		
住房周转金		
其他长期负债	0	0
长期负债合计	452130000.00	385250000.00
递延税项：		
递延税款贷项		
负债合计	1146853567.32	1045562038.34
少数股东权益		
股东权益		
股本	528000000.00	528000000.00
资本公积	281971333.75	281971333.75
盈余公积	13354946.86	13354946.86
其中：公益金	4451648.95	4451648.95
未分配利润	115366694.33	1580377.12
股东权益合计	938692974.94	824906657.73
负债及股东权益总计	2085546542.26	1870468696.07

利润及利润分配表

编制单位：甘肃酒钢集团宏兴钢铁股份有限公司　　单位：人民币元

项目	2000 年 1-6 月	1999 年度
一、主营业务收入	1663578905.77	2929262839.94
减：折扣与折让		
主营业务收入净额	1663578905.77	2929262839.94
减：主营业务成本	1433547777.12	2616154369.38
主营业务税金及附加	8306630.79	11940197.76
二、主营业务利润	221724497.86	301168272.80
加：其他业务利润	17859842.24	8549710.54
减：存货跌价损失		
营业费用	26955284.87	60172665.14
管理费用	17193099.99	25708486.83
财务费用	25084126.58	58082804.27
三、营业利润	170351828.66	165754027.10
加：投资收益(损失以"-"号填列)		
补贴收入	0	18854042.61
营业外收入		
减：营业外支出	521504.46	
四、利润总额	169830324.20	184608069.71
减：所得税	56044006.99	42053511.21
五、净利润	113786317.21	142554558.50
加：年初未分配利润	1580377.12	-1203734.16
盈余公积转入		
减：分配给主发起人的利润	0	53521579.51
六、可供分配的利润	115366694.33	87829244.83
减：提取法定盈余公积	0	8903297.91
提取法定公益金	0	4451648.95
七、可供股东分配的利润	115366694.33	74474297.97
减：应付优先股股利		
提取任意盈余公积		
应付普通股股利	0	72893920.85
转作股本的普通股股利		
八、未分配利润	115366694.33	1580377.12

现金流量表

2000.1-6

编制单位：甘肃酒钢集团宏兴钢铁股份有限公　　单位：人民币元

项目	金额
一、经营活动产生的现金流量：	
销售商品、提供劳务收到的现金	1632745762.37
收取的租金	-
收到的增值税销项税额和退回的增值税款	276391457.08
收到的除增值税以外的其他税费返还	-
收到的其他与经营活动有关的现金	37929308.09
现金流入小计	1947066527.54
购买商品、接受劳务支付的现金	1395502074.97
经营租赁所支付的现金	-
支付给职工以及为职工支付的现金	21069204.99
实际交纳的增值税	240899319.78
支付的所得税款	-
支付的除增值税、所得税以外的其他税费	12250000.00
支付的其他与经营活动有关的现金	33219045.26
现金流出小计	1702939645.00
经营活动产生的现金流量净额	244126882.54
二、投资活动产生的现金流量：	-
收回投资所收到的现金	-
分得股利或利润所收到的现金	-
取得债券利息收入所收到的现金	-
处置固定资产、无形资产和其他长期资产而收回的现金净额	
收到的其他与投资活动有关的现金	
现金流入小计	
购建固定资产、无形资产和其他长期资产所支付的现金	780000.00
权益性投资所支付的现金	1000000.00
债权性投资所支付的现金	-
支付的其他与投资活动有关的现金	-
现金流出小计	1780000.00
投资活动产生的现金流量净额	-1780000.00
三、筹资活动产生的现金流量：	-
吸收权益性投资所收到的现金	-
发行债券所收到的现金	-
借款所收到的现金	508030000.00
收到的其他与筹资活动有关的现金	-
现金流入小计	508030000.00
偿还债务所支付的现金	519530000.00
发生筹资费用所支付的现金	-
分配股利或利润所支付的现金	2777190.45
偿付利息所支支付的现金	26998324.05
融资租赁所支付的现金	-
减少注册资本所支付的现金	-
支付的其他与筹资活动有关的现金	-
现金流出小计	549305514.50
筹资活动产生的现金流量净额	-41275514.50
四、汇率变动对现金的影响	-
五、现金及现金等价物净增加额	201071368.04

现金流量表

1999 年 5 至 12 月

编制单位：甘肃酒钢集团宏兴钢铁股份有限公司　　单位：人民币元

项目	金额
一、经营活动产生的现金流量：	
销售商品、提供劳务收到的现金	1340362378.86
收取的租金	-
收到的增值税销项税额和退回的增值税款	373431915.88
收到的除增值税以外的其他税费返还	-
收到的其他与经营活动有关的现金	348478608.44
现金流入小计	2062272903.18
购买商品、接受劳务支付的现金	1525025106.52
经营租赁所支付的现金	-
支付给职工以及为职工支付的现金	42865205.66
实际交纳的增值税	397074021.24
支付的所得税款	-
支付的除增值税、所得税以外的其他税费	11000000.00
支付的其他与经营活动有关的现金	15043910.95
现金流出小计	1991008244.37
经营活动产生的现金流量净额	71264658.81
二、投资活动产生的现金流量：	-
收回投资所收到的现金	
分得股利或利润所收到的现金	
取得债券利息收入所收到的现金	
处置固定资产、无形资产和其他长期资产而收回的现金净额	
收到的其他与投资活动有关的现金	
现金流入小计	
购建固定资产、无形资产和其他长期资产所支付的现金	
权益性投资所支付的现金	
债权性投资所支付的现金	
支付的其他与投资活动有关的现金	
现金流出小计	
投资活动产生的现金流量净额	
三、筹资活动产生的现金流量：	
吸收权益性投资所收到的现金	
发行债券所收到的现金	
借款所收到的现金	
收到的其他与筹资活动有关的现金	
现金流入小计	
偿还债务所支付的现金	
发生筹资费用所支付的现金	
分配股利或利润所支付的现金	34256481.96
偿付利息所支支付的现金	38602804.27
融资租赁所支付的现金	-
减少注册资本所支付的现金	-
支付的其他与筹资活动有关的现金	-
现金流出小计	72859286.83
筹资活动产生的现金流量净额	-72859286.83
四、汇率变动对现金的影响	-
五、现金及现金等价物净增加额	-1594627.42

山东华泰纸业股份有限公司

山东华泰纸业股份有限公司股票上市公告书

一、要 览

股票简称:华泰股份
股票代码:600308
股本总额:19,247.3308 万股
可流通股本:9,000 万股
本次上市流通股本:9,000 万股
上市地点:上海证券交易所
上市日期:2000 年 9 月 28 日
股票登记机构:上海证券登记有限公司
上市推荐人:山东证券有限责任公司
南方证券有限公司

二、绪 言

山东华泰纸业股份有限公司(以下简称"本公司"、"公司"或"股份公司")股票上市公告书是根据《中华人民共和国公司法》、《中华人民共和国证券法》、《公开发行股票公司信息披露实施细则》、《上海证券交易所股票上市规则》等国家有关法律、法规的规定,并按照中国证券监督管理委员会(以下简称"中国证监会")制定的公开发行股票的公司信息披露的内容与格式准则第七号《上市公告书的内容与格式(试行)》编制,旨在向投资者披露本公司的基本情况及本公司股票上市的有关资料。

经中国证监会证监发行字[2000]125 号文批准,本公司已分别于 2000 年 9 月 8 日和 2000 年 9 月 9 日以上网定价发行和向二级市场投资者配售的方式成功地向社会公开发行了每股面值 1.00 元的人民币普通股 9,000 万股,每股发行价为 11.98 元。

经上海证券交易所上证上字[2000]77 号文《上市通知书》批准,本公司 9,000 万股社会公众股将于 2000 年 9 月 28 日(星期四)在上海证券交易所挂牌交易,股票简称" 华泰股份",股票代码"600308"。

本公司已于 2000 年 9 月 6 日在《上海证券报》、《中国证券报》、《证券时报》上刊登了《招股说明书概要》,距今不足 6 个月,故与其重复内容不再重述,敬请投资 者查阅本公司《招股说明书概要》。

本公司董事会及各位董事已批准本上市公告书,确信其中不存在任何重大遗漏、虚假陈述或者严重误导,并对其内容的真实性、准确性和完整性负个别及连带责任。

三、公司概况

(一) 基本情况

1、公司名称:山东华泰纸业股份有限公司
英文名称:Shandong Huatai Paper Co., Ltd.
2、法定代表人: 李建华
3、公司成立日期:一九九三年六月六日
4、公司注册地址及住所: 山东省广饶县大王镇
5、经营范围:造纸,非出版物印刷,纸制品加工及纸料加工,热电,化工产品,机械制造、销售,货物运输
6、联系电话:0546-6888423
7、传　　真:0546-6888018
8、联 系 人:王兆国　　李刚　　许华村

(二)历史沿革:

该公司前身为东营市造纸厂,始建于 1976 年,1992 年 9 月被山东省体改委和中国 人民银行山东省分行鲁体改生字[1992]第 98 号文确定为山东省首批 50 户大中型企业 股份制试点单位。

1993 年 1 月经山东省体改委鲁体改生字[1993]26 号文批准,该公司前身原东营市造纸厂以经评估确认的全部净资产 5285.02 万元折为 528.502 万股,每股面值 10 元,其中公有集体股 422.799 万股,职工集体股 105.703 万股;同时向社会法人及个人各募 50 万股,合计 100 万股,每股面值 10 元。1993 年 2 月,"东营市纸业集团股份有限公司筹委会"刊登招股说明书,向企业内部职工和社会法人各募集股份 50 万股,按 13 元/股 溢价发行。在实际募股过程中,由于股份制改造尚处在试点阶段,加之当时发行方式所限,受市场较为低迷和国家紧缩银根企业资金普遍短缺的影响,使得社会法人股难以募集,而公司职工由于对公司的业绩及发展潜力较为了解,使社会法人股全部由内部职工购买,公司实际募集资金 1300 万元,折合内部职工股 100 万股。1993 年 3 月公司召开创立大会。1993 年 6 月办理工商登记手续,成立"东营市纸业集团股份有限公司 "。本次定向募集发行后公司股本结构为:总股本 628.502 万股,其中:发起人股 528.502 万股,占总股本的 84.09%,内部职工股 100 万股, 占总股本的 15.91%。

1994 年 3 月公司 1993 年度股东大会决议通过了公司股权证拆细、发起人股折股以 及送红股的议案;东营市体改委东体改发[1994]28 号文对公司股权证拆细和发起人 股折股事宜予以批复,东营市体改委东体改发[1994]40 号文对公司送红股事宜予以 批复。公司将每股面值 10 元的股权证拆细为每股面值 1 元;鉴于公司在最初发行时, 存在发起人股折股比例(折股比例为 10:1)与内部职工股发行价不一致的问题 (发 行价为 13 元/股), 依据同股同价的原则, 公司对发起人股按 1.3:1 的比例进行折股 ;按拆细、折股清理后的股本以 10:1 的比例送红股。拆细、折股、送股后,总股本 变为 5571.94 万股,其中发起人股 4471.94 万股,内部职工股 1100 万股。

经东营市体改委东体改发[1994]54 号文批准,并经山东企业产权交易所同意, 公司内部职工股于 1994 年 12 月 28 日开始在山东企业产权交易所挂牌转让。

1995 年 9 月,经山东省体改委鲁体改函[1995]34 号文批准,公司名称由"东营市纸业集团股份有限公司"变更为"山东华泰纸业集团股份有限公司"。

1996 年,发起人股持有者将其持有的部分股份转让给职工个人,公司将非经营性资产进行剥离。

鉴于东营市造纸厂整体改制时存在将历年积累的职工应付工资和应付福利费一起折为发起人股的情况,经 1995 年 3 月公司职工代表大会和 1995 年 4 月公司董事会提议,发起人股持有者东营市广饶县大王镇政府大政发[1995]18 号文批准,1996 年 4 月公司 1995 年度股东大会表决通过,经 1996 年 10 月东营市体改委东体改发[1996]89 号文批 准,根据公司华泰纸业[1996]27 号文"关于职工集体股量化的分配办法"制定的分 配标准,1996 年 10 月发起人股持有者大王镇政府将其持有职工集体股中的 250 万股无 偿转让给 1984 年以前参加工作的老职工,作为老职工养老金;经山东企业产权交易所同意,所转让股份股权证于 1996 年 12 月 27 日开始在山东企业产权交易所挂牌交易。

鉴于原东营市造纸厂最初为整体改制,未进行非经营性资产的剥离,根据国家对原有股份制企业进行重新规范确认的要求,经发起人东营市广饶县大王镇政府大政发[1995]37 号文同意,并经东营市体改委东体改发[1996]92 号文批准,公司 1995 年度股东大会表决通过,公司于 1996 年 12 月将创立时原东营市造纸厂职工宿舍、食堂、招待所、卫生室等非经营性资产 211.0822 万元剥离给大王镇政府。鉴于此前公司股本的变动情况(1994 年发起人股按 1.3:1 的比例折股并以折股后的总股本按 10:1 的比例向全体股东派送红股),公司在剥离非经营性资产时,本着基本公正的原则,相应核减发 起人股 178.608 万股,计算公式为:211.0822÷1.3×1.1=178.608。

1996 年 12 月山东省体改委鲁体改函字[1996]334 号文、山东省人民政府鲁政股字[1996]250 号文分别出具《关于同意确认山东华泰纸业集团股份有限公司的函》和《山东省股份有限公司批准证书》,对公司进行了规范确认,将发起人大王镇人民政府持有的公有集体股和职工集体股统一规范为发起人股, 确认公司总股本为 5393.33 万 股, 其中发起人股 4043.33 万股, 占股份总数的 74.97%,内部职工股 1350 万股,占股份总数的 25.03%。

1997 年,该公司的控股股东由东营市广饶县大王镇政府变为华泰集团有限公司的前身山东省东营市广饶华泰兴业有限责任公司。山东省东营市广饶华泰兴业有限责任公司由东营市广饶县大王镇政府与山东大王集团总公司于 1997 年 1 月 17 日共同出资组 建,其中大王镇政府以其持有的山东华泰纸业股份有限公司股权以及部分公益服务性资产共 13828 万元出资, 山东大王集团总公司以货币资金 2000 万元出资。1998 年,东 营市广饶华泰兴业有限责任公司更名为华泰集团有限公司,集团公司成为该公司的控股母公司。

1997 年 6 月公司 1996 年度股东大会决议通过,并经山东省体改委鲁体改函字[1997]102 号文同意,公司决定 1996 年利润分配方案以 1996 年末股本总数为基数实施送股 ,送股比例 10:9。送股后,总股本增至 10247.33 万股,其中发起人股 7682.33 万股,内部职工股 2565 万股。山东省人民政府鲁政股字[1997]79 号文对此予以确认。1997 年 6 月 28 日经山东省工商局登记注册,公司名称变更为"山东华泰纸业股份有限公司 "。

公司内部职工股在山东企业产权交易所的挂牌转让于 1998 年 6 月 8 日按有关规定停止。1999 年 8 月 21 日山东证券登记有限责任公司鲁证登字[1999]第 22 号文对公司股票托管情况出具了证明,1999 年 8 月 31 日山东省人民政府鲁政证字[1999]第 208 号文对 公司股票托管情况进行了确认。

1998 年 8 月 27 日山东省体改委鲁体改企字[1998]第 149 号文对上述股权证拆细、发起人股折股、按拆细和折股后的股本送红股、部分发起人股的转让给职工以及剥离非经营性资产并相应减少发起人股等股本变动情况予以确认。

经中国证监会证监发行字[2000]125 号文批准,该公司已于 2000 年 9 月 8 日和 2000 年 9 月 9 日以上网定价发行和向二级市场投资者配售相结合的方式成功地向社会公开发行了人民币普通股 9000 万股,每股面值 1.00 元,每股发行价 11.98 元。本次发行后, 本公司已于 2000 年 9 月 20 日在山东省工商行政管理局变更注册登记,注册号为 3700001801481。

四、股票发行与承销

(一)本次公开发行社会公众股
发行数量:9,000 万股
股票面值:1 元/股
发行价格:11.98 元/股
发行方式:上网定价发行与向二级市场投资者配售相结合
其中:
1、上网定价发行:
发行股数:4,500 万股
有效申购总量:733,580.8 万股
有效申购资金总量:8,788,297.984 万元
有效申购户数:475,792 户
中签率:0.61342936%
2、向二级市场投资者配售:
配售股数:4,500 万股
有效申购总量:3,428,619.1 万股
有效申购户数:3,785,583 户
中签率:0.131248175%
持有 1,000 股(含 1,000 股)以上的户数 84,114 户
募集资金总额:107820 万元,扣除发行费用后,募集资金净额 106058 万元
发行费用总额:1762 万元
每股发行费用:0.20 元
发行市盈率:30.72 倍(全面摊薄计算)

(二)股票承销

本次上网定价发行 4,500 万股已全部被社会公众认购; 向二级市场投资者配售 4,500 万股有 544,425 股余股,已由承销团成员按承销团协议全部包销。

(三)验资报告

验 资 报 告

(2000)鲁正会验字第 029 号

山东华泰纸业股份有限公司全体股东:

我们接受委托,对山东华泰纸业股份有限公司(以下简称"贵公司")截至 2000 年 9 月 18 日止由发行 90,000,000 股每股面值 1.00 元的记名式人民币普通股而增加实收 资本的情况的真实性和合法性进行了审验。在审验过程中,我们按照《独立审计实务公告第 1 号-验资》的要求,实施了必要的审验程序。贵公司的责任是提供真实、合 法、完整的验资资料,保护资产的安全、完整,我们的责任是按照《独立审计实务公告第 1 号-验资》的要求,出具真实、合法的验资报告。

经中国证券监督管理委员会于 2000 年 9 月 4 日证监发行字 [2000]125 号文批准, 贵公司于 2000 年 9 月 6 日向社会公众发行人民币普通股 9000 万股。贵公司本次发行股票前的股份总数为 102,473,308 股。根据我们的审验,截至 2000 年 9 月 18 日止,贵公司变更后的股份总数为 192,473,308 股,每股面值人民币 1.00 元,股本总额为 192,473,308 元,其中发起人股本 76,823,308 元,占总股本的 39.91%;内部职工股股本 25,650,000 元,占总股本的 13.33%;社会公众股股本 90,000,000 元,占总股本的 46.76%。

由于上述审验程序并不构成一个按照公认审计原则而进行的审计,因此,我们不对贵公司的会计科目或财务报表的任何部分发表意见。

本报告是按照《中华人民共和国公司法》及有关条例的规定,并为满足政府有关部门的需要而编制的,具有很强的时效性,因此不适用于其他目的。

本报告之附件《变更前后股本对照表》及《验资事项说明》是本报告的组成部分。

山东正源会计师事务所有限公司　　　中国注册会计师: 王传顺、乌净均
地址:泺源大街 5 号(良友富邻四层)　 中国.济南　　　2000 年 9 月 18 日

五、董事、监事与高级管理人员简介及其持股情况

(一)董事、监事与高级管理人员简介

李建华先生,现年 48 岁,大学文化,高级政工师、高级工程师,现任本公司董事长。李建华先生 1976 年加入本公司,历任东营市造纸厂车间主任、生产技术科长、副厂长、集团公司董事长,是全国

劳动模范，全国优秀经营管理工作者，全国优秀党务工作者，九届全国人大代表，全国“优秀经营管理者”和“五一劳动奖章”获得者。

王洪祥先生，现年48岁，大学文化，高级经济师，现任本公司副董事长、集团公司总经理、集团公司董事长。王洪祥先生1976年加入本公司，历任技术员、工段长、主管会计，大王福利卫生纸厂厂长。

王兆国先生，现年36岁，大学文化，高级工程师，现任本公司董事、总经理。王兆国先生1981年加入本公司，历任东营市造纸厂办公室秘书、技术科科长、技术部经理。

李刚先生，现年31岁，大学文化，会计师，现任本公司董事、董事会秘书。李刚先生1988年加入本公司，历任东营市造纸厂财务部副科长、财务部副部长。

田居龙先生，现年38岁，大专文化，政工师，现任本公司董事。田居龙先生1984年加入本公司，历任东营市造纸厂团支书、秘书，公司办公室主任。

聂仁政先生，现年37岁，大专文化，高级会计师，现任本公司董事、财务总监。聂仁政先生1987年加入本公司，历任东营市造纸厂主管会计、财务科长、财务部副部长、财务部部长。

卜祥生先生，现年47岁，大学文化，高级工程师，现任本公司董事、副总经理。卜祥生先生1976年加入本公司，曾任工段长，车间主任，部长，副厂长等职务。

魏清明先生，现年41岁，大专文化，经济师，现任本公司董事。魏清明先生自1984年加入本公司，历任东营市造纸厂行政科科长，副厂长，华泰集团有限公司副总经理。

王义勇先生，现年36岁，大专文化，经济师，现任公司本公司董事。王义勇先生1984年加入本公司，历任东营市造纸厂团总支书记，统计科科长。

宋洪升先生，现年44岁，中专文化，工程师、政工师，现任本公司监事会主席。宋洪升先生1978年加入本公司，历任东营市造纸厂行政科科长、工段长、车间主任、副总经理。

朱永河先生，36岁，大专文化，经济师，助理政工师，现任本公司监事。朱永河先生1985年加入本公司，历任东营市造纸厂厂办秘书，厂办副主任，企业管理办公室主任。

杜延国先生，33岁，大专文化，经济师，助理政工师，现任本公司监事。杜延国先生1989年加入本公司，历任总经理办公室秘书，总经理办公室副主任，行政科科长。

魏文光先生，25岁，大专文化，助理工程师，现任本公司监事。魏文光先生1995年加入本公司，历任总经理办公室秘书，总经理办公室副主任。

李江涌先生，30岁，大学文化，工程师，现任本公司监事。李江涌先生1993年加入本公司，成为电仪车间职工。

吴克孟先生，现年46岁，大专文化，工程师，现任本公司总工程师。吴克孟先生1977年加入本公司，历任东营市造纸厂零修工段长、设备科科长、基建部经理。

(二)董事、监事及高级管理人员持股情况

姓名	职务	持股数量(股)	占总股本比例(%)
李建华	董事长	25,450	0.0132
王洪祥	副董事长	25,659	0.0133
王兆国	董事、总经理	10,000	0.0052
田居龙	董事	10,000	0.0052
聂仁政	董事、财务总监	10,000	0.0052
李刚	董事、董事会秘书	5,405	0.0028
卜祥生	董事、副总经理	48,070	0.0250
魏清明	董事	20,900	0.0108
王义勇	董事	16,720	0.0087
宋洪升	监事会主席	20,450	0.0106
朱永河	监事	16,720	0.0087
杜延国	监事	6,695	0.0035
魏文光	监事	0	0
李江涌	监事	0	0
吴克孟	总工程师	20,900	0.0204

以上人员均不持有本公司关联企业的任何股份。

六、公司设立

1、本公司前身为东营市造纸厂，1993年1月经山东省体改委鲁体改生字[1993]26号文批准，以经评估确认的全部净资产折股、定向募集设立。1993年6月办理工商 登记手续，成立“东营市纸业集团股份有限公司”，营业执照注册号：16496767-2 。

1995年9月，经山东省体改委鲁体改函[1995]34号文批准，公司名称变更为“山东华泰纸业集团股份有限公司”。1996年12月山东省体改委鲁体改函字[1996]334号文、山东省人民政府鲁政股字[1996]250号文分别出具《关于同意确认山东华泰纸业集团股份有限公司的函》和《山东省股份有限公司批准证书》，对公司进行了规范确认。

1997年，本公司的控股股东由东营市广饶县大王镇政府变为华泰集团有限公司。

1997年6月经山东省体改委鲁体改函字[1997]102号文同意，公司名称变更为“山东华泰纸业股份有限公司”。

2、1999年6月22日，本公司召开一九九八年度股东大会，审议并通过了公开发行股票并上市的决议，同时授权董事会办理股票发行和上市的相关事宜。

经中国证监会证监发行字[2000]125号文批准，本公司已成功地向社会公开发行了每股面值1.00元的人民币普通股9,000万股，发行价格为每股11.98元，其中上网定价发行4,500万股，向二级市场投资者配售4,500万股。本次9,000万股社会公众股发 行结束后，本公司注册资本为19247.33万元，注册地址：山东省广饶县大王镇，公司法定代表人：李建华，营业执照注册号码：3700001801481。

七、关联企业及关联交易

(一)关联企业基本情况

1、存在控制关系的关联方

企业名称	经济性质	注册地址	法定代表	与公司关系	主营业务
华泰集团有限公司	集体	广饶县大王镇	李建华	母公司	纸品、塑料印刷品等
东营市大王福利卫生纸厂	集体	广饶县大王镇	王洪祥	子企业	生产销售卫生纸
东营协发纸业有限公司	中外合资	广饶县大王镇	李培义	子公司	生产销售各种文化纸
东营市联成化工有限责任公司	有限责任公司	东营市青州路1号	李建华	子公司	生产销售氯丙烯等
东营华泰纸业有限公司	中外合资	广饶县大王镇	李建华	子公司	生产销售高级杂志纸

2、存在控制关系的关联方注册资本(万元)

企业名称	注册资本(万元)
华泰集团有限公司	12,000.00
东营市大王福利卫生纸厂	733.00
东营市联成化工有限责任公司	3,500.00
东营协发纸业有限公司(万美元)	823.60
东营华泰纸业有限公司(万美元)	1,200.00

3、存在控制关系的关联方所持股份

企业名称	持股比例(%)
华泰集团有限公司	74.97
东营市大王福利卫生纸厂	100.00
东营市联成化工有限责任公司	57.14
东营协发纸业有限公司(万美元)	75.00
东营华泰纸业有限公司(万美元)	75.00

4、不存在控制关系的关联方

企业名称	与公司关系	经济性质
东营华泰新华印刷有限责任公司	同一母公司	有限责任公司
山东省东营市造纸厂印刷厂	同一母公司	集体

(二)关联交易

1、《供应合同》

1本公司与集团公司签定的《供应合同》

根据该合同，集团公司向本公司供应生产用液氯、烧碱及盐酸。预计2000年集团公司向本公司供应液氯5,300吨，预计交易总额901万元；供应烧碱49,200吨，预计交易总额2,115.1万元；供应盐酸1,900吨，预计交易总额为89.3万元。该等交易以市场价格为基础协商定价的交易原则按实际发生额定期结算，期限为十年。

2东营市联成化工有限责任公司与集团公司签定的《供应合同》

根据该合同，集团公司向东营市联成化工有限责任公司供应生产用液氯、烧碱及气氯。预计2000年集团公司向东营市联成化工有限责任公司供应液氯10,800吨，预计交易总额1,836万元；供应烧碱34,300吨，预计交易总额1,474.9万元；供应气氯9,900吨，预计交易总额792万元。该等交易以市场价格为基础协商定价的交易原则按实际发生额定期结算，期限为十年。

3本公司与东营市造纸厂印刷厂签定的《供应合同》

根据该合同，预计2000年东营市造纸厂印刷厂向本公司提供塑印品和印刷品交易总额97.60万元。该等交易以市场价格为基础协商定价的交易原则按实际发生额定期 结算，期限为十年。

2、《纸张销售合同》

1本公司与集团公司签定的《纸张销售合同》

合同规定，公司向集团公司及其青岛分公司销售纸张。预计2000年，公司向集团公司及其青岛分公司销售纸张6,630吨，预计交易总额3,028.4万元。该等交易以市场价格为基础协商定价的交易原则按实际发生额定期结算，期限为十年。

2公司与东营市造纸厂印刷厂签定的《纸张销售合同》

合同规定，公司向东营市造纸厂印刷厂销售纸张。预计2000年，公司向东营市造纸厂印刷厂销售纸张43吨，预计交易总额20.8万元。该等交易以市场价格为基础协商定价的交易原则按实际发生额定期结算，期限为十年。

3公司与东营市新华印刷厂签定的《纸张销售合同》

合同规定，公司向东营市新华印刷厂销售纸张。预计2000年，公司向东营市新华印刷厂销售纸张480吨，预计交易总额249.5万元。该等交易以市场价格为基础协商定价的交易原则按实际发生额定期结算，期限为十年。

3、本公司与集团公司签定的《综合服务合同》

根据该合同，集团公司向本公司提供职工及外来人员的就餐与住宿等生活服务，本公司向集团公司提供生产和生活用水、生产与生活用电及运输等服务。预计2000年，集团公司向本公司提供的就餐费用50.0万元,集团公司向本公司提供的住宿服务费 用28万元；本公司向集团公司提供的生产用水费用0.1万元,本公司向集团公司提供的生活用水费用2.2万元，本公司向集团公司提供的生产用电费用4.5万元,本公司向集 团公司提供的生活用电费用67.5万元，本公司向集团公司提供的运输费用69.8万元。双方按实际发生额定期结算，合同期限为十年，服务价格依顺序适用国家定价、市场价格或由双方协商定价。双方同意，在同任何第三方价格、服务质量等相同的条件下，一方应优先与对方交易；双方之任何一方向对方提供服务或要求对方提供服务之条件均不应逊于该方同任何第三方交易的条件。

4、本公司与集团公司签定的《土地使用权租赁合同》

根据该合同，本公司以年租金2元/平方米租用集团公司以出让方式取得的位于 广饶县大王镇、土地使用权证分别为广国用[98]字第14号(使用年限至2047年4月止)、广国用[98字第15号(使用年限至2047年12月29日止)、广国用[98]字第16号(使用年限至2045年12月止)、广国用[98]字第28号(使用年限至2007年5月3日止) 和广国用[98]字第30号(使用年限至2048年6月11日止)共5宗、面积共计710,636.10平方米的土地。

5、避免同业竞争的承诺

集团公司所属化工厂与本公司控股子公司东营市联成化工有限责任公司皆生产盐酸，但后者主要产品为氯丙烯和环氧氯丙烷，盐酸为副产品。除在盐酸的生产上集团公司对本公司构成同业竞争外，集团公司及其除本公司以外的控股子企业(子公司)与本公司之间不存在其他实质性同业竞争，且集团公司已向本公司作出承诺：保证集团公司及其除本公司以外的其他全资、控股子企业(子公司)将不从事其他与本公司相同或类似的生产、经营业务，以避免对本公司的生产经营构成新的、可能的直接或间接的业务竞争；集团公司保证将促使其除本公司以外的其他全资、控股子企业(子公司)不直接或间接从事、参与或进行其他与本公司的生产、经营相竞争的任何活动。

八、股本结构及大股东持股情况

(一) 上市前股本结构

股本类别	股数(万元)	所占比例(%)
法人股	7682.3308	74.97
内部职工股	2565	25.03
总股本	10247.3308	100

(二)本次发行后，本公司前10名股东所持股数及比例

股东名称	持股数量(股)	占总股本比例(%)
华泰集团有限公司	76,823,308	39.91
山东证券有限责任公司	544,425	0.28
张峰	486,649	0.25
景福基金	384,000	0.20
吴广来	347,727	0.18
天元基金	310,000	0.16
吴鸣霄	303,682	0.16
宋国农	301,925	0.16
郭立	300,000	0.16
孟令翠	296,825	0.15

九、公司财务会计资料

本公司截止2000年5月31日的财务状况，已于2000年9月6日在《中国证券报》、《证券时报》和《上海证券报》上刊登的《招股说明书概要》中进行了详细的披露。因与本公告间隔时间较短，本公告不再重述。本公告只公布主要财务报表、主要项目附注及主要财务指标，欲了解其详细内容，请查阅上述报纸或到公告的查阅地址查阅本公司的《招股说明书》。

(一)会计报表(附后)

(二)主要财务指标

项 目	2000年1-5月	1999年	1998年	1997年
流动比率	0.77	0.56	0.80	0.86
速动比率	0.44	0.39	0.49	0.67

资产负债率(%)	68.18	65.50	61.08	70.17
应收帐款周款率(次)	1.81	4.27	3.41	3.04
存货周转率(次)	1.18	3.09	2.69	2.65
每股收益(元)	0.24	0.69	0.62	0.46
净资产收益率(%)	8.39	26.08	25.32	24.92

注:各期每股收益按 10,247.3308 万股计算。

(三)主要项目附注

1、应收票据

出票单位	出票日	到期日	2000.5.31 余额	类别
青岛市胶州医药公司	200.04.27	2000.10.15	200,000.00	银行承兑
江苏江动集团有限公司	2000.01.26	2000.07.18	200,000.00	银行承兑
即墨市永吉包装彩印厂	2000.04.11	2000.10.10	500,000.00	银行承兑
青岛高科技工业园星辰实业公司	2000.04.30	2000.10.30	500,000.00	银行承兑
河南省漯河市昌达实业有限公司	2000.04.19	2000.10.10	500,000.00	银行承兑
临沂市三联漆业有限公司	2000.05.18	2000.11.18	200,000.00	银行承兑
岳阳市岳阳楼区南方副食经营部	2000.01.13	2000.07.13	500,000.00	银行承兑
山东泰山恒泰彩色印刷有限公司	2000.01.28	2000.07.27	400,000.00	银行承兑
中外合资泰山恒泰彩印厂	2000.01.11	2000.07.11	500,000.00	银行承兑
山东华光印务有限公司	2000.03.27	2000.09.27	400,000.00	银行承兑
信阳市百文酒业经营处	2000.03.20	2000.09.20	200,000.00	银行承兑
蓬莱市精美商标印刷有限公司	2000.04.10	2000.10.06	200,000.00	银行承兑
南京红宝丽股份有限公司	2000.03.28	2000.09.28	311,600.00	银行承兑
山东工程机械厂	2000.03.01	2000.08.28	250,000.00	银行承兑
郯城县地产纸张销售处	2000.05.04	2000.11.04	100,000.00	银行承兑
山东省沾化县吉利家禽有限公司	2000.03.13	2000.09.13	400,000.00	银行承兑
山东滨州新华印刷厂	2000.05.23	2000.10.23	180,000.00	银行承兑
福建省石狮市万力印刷厂	2000.04.20	2000.10.20	450,000.00	银行承兑
山东沂水绿源包装印刷物资公司	2000.05.23	2000.08.23	57,360.00	银行承兑
山东省诸城酒业股份有限公司	2000.05.16	2000.11.16	21,434.00	银行承兑
聊城市瑞星糖酒有限公司	2000.04.27	2000.08.27	50,000.00	银行承兑
江西省印刷物资总公司	2000.05.22	2000.11.16	955,000.00	银行承兑
菏泽地区东新实业公司	2000.05.16	2000.11.19	150,000.00	银行承兑
临沂市鹏宇钢铁有限公司	2000.03.27	2000.09.27	200,000.00	银行承兑
浙江上虞兴联实业公司	2000.01.18	2000.07.05	200,000.00	银行承兑
浙江上虞兴联实业公司*	2000.05.23	2000.11.16	100,000.00	银行承兑
杭州吉华化工有限公司 *	2000.04.28	2000.08.27	50,000.00	银行承兑
浙江省海宁宝圆染化有限公司*	2000.05.11	2000.11.11	50,000.00	银行承兑
重庆民丰农化股份有限公司	2000.04.05	2000.10.04	400,000.00	银行承兑
重庆民丰农化股份有限公司	2000.04.21	2000.10.15	200,000.00	银行承兑
四川省广安市农药有限责任公司	2000.01.21	2000.07.25	200,000.00	银行承兑
四川省广安市农药有限责任公司	2000.01.21	2000.07.25	200.000.00	银行承兑
湖南南天实业股份有限公司	2000.01.13	2000.07.08	200,000.00	银行承兑
湖北省烟草物资有限公司*	2000.03.09	2000.06.09	438,000.00	银行承兑
合　　计			9,953,394.00	

*说明:该应收票据已在 2000 年 6 月背书转让。

2000 年 5 月 31 日余额系 1999 年 12 月 31 日的 3.14 倍,主要原因系公司 2000 年对新客 户采取了预收货款和银行承兑汇票结算方式,以尽可能避免坏帐损失。

2、应收帐款

帐　龄	2000.5.31		
	金　额	比例(%)	坏帐准备
1 年以内	116,126,751.06	93.47	11,612,675.11
1-2 年	7,564,201.14	6.09	756,420.11
2-3 年	515,551.60	0.41	51,555.16
3 年以上	32,510.70	0.03	3,251.07
合　计	124,239,014.50	100	12,423,901.45

(1)2000 年 5 月 31 日余额中持公司 5%以上股份的股东单位欠款 1,776,886.68。

(2)大额应收帐款列示如下:

欠款单位	2000.5.31 余额	款项内容
香港协发纸业贸易公司	6,114,734.20	销货款
江苏出版印刷物资公司	5,881,317.79	销货款
浙江出版印刷物资总公司	5,060,678.80	销货款
山东省印刷物资公司	5,033,140.70	销货款
辽宁印刷物资公司	4,938,888.35	销货款

3、其他应收款

帐　龄	2000.5.31		
	金　额	比例(%)	坏帐准备
1 年以内	38,779,104.66	81.92	3,877,910.47
1-2 年	4,652,572.19	9.83	465,257.22
2-3 年	3,906,262.30	8.25	390,626.23
3 年以上	-	-	-
合　计	47,337,939.15	100	4,733,793.92

(1)2000 年 5 月 31 日余额中持公司 5%以上股份的股东单位欠款 29,970,411.91。

(2)大额其他应收款列示如下:

应收项目	2000.5.31 余额	款项内容
华泰集团有限公司	29,970,411.91	暂欠款、无利息
东营华泰新华印刷有限责任公司	2,691,543.50	暂欠款、无利息
大王镇财政所	2,000,000.00	借款 、月利率 9.24‰
山东大王企业集团总公司	1,641,424.76	暂欠款、无利息
申请股票公开发行前期费用	2,039,492.01	股票发行费用
广饶县家具厂	990,000.10	借款、无利息

(注:2000 年 5 月 31 日华泰集团有限公司欠款 29,970,411.91,东营华泰新华印刷有限责任公司欠款 2,691,543.50,已于 2000 年 7 月 22 日全额归还公司。)

(3)1998 年 12 月 31 日余额比 1997 年 12 月 31 日降低 85.72%,主要原因系公司大力清 欠应收款项,改变麦草收购结算办法所致。1999 年 12 月 31 日余额系 1998 年 12 月 31 日的 3.59 倍,主要原因系与华泰集团有限公司往来款增加及发生股票发行费用所致。

4、预付帐款

帐　龄	2000.5.31	
	金　额	比例(%)
1 年以内	5,516,221.25	64.06
1-2 年	2,351,253.43	27.31
2-3 年	743,435.25	8.63
3 年以上	-	-
合　计	8,610,909.93	100

(1)2000 年 5 月 31 日余额中没有预付给持公司 5%以上股份的股东单位款项。

(2)大额预付帐款列示如下:

单位名称	2000.5.31 余额	内容和性质
青岛海林纸业有限公司	9,444,950.10	预付购货款
江苏华机集团有限公司	5,898,600.00	预付设备款
宁波市华伦纸张经贸有限公司	5,896,552.55	预付购货款
江苏良久轻工制造有限公司	5,520,120.00	预付设备款
济南加林纸业有限公司	4,388,214.70	预付购货款
英国英沛公司	3,450,058.56	预付设备款

(3)1998 年 12 月 31 日余额比 1997 年 12 月 31 日降低 32.26%,主要原因系公司加强预 付款金额控制,使预付款减少;1999 年 12 月 31 日余额系 1998 年 12 月 31 日的 2.18 倍,主 要原因系公司预付设备款增加。2000 年 5 月 31 日余额比 1999 年 12 月 31 日减少 38,921,704.72, 主要原因系 1999 年末在建工程 212,427,583.07,约 50%在 2000 年 1-5 月份完工转资,因完工转资的这部分工程预付的设备款已收到设备结算完毕,从而使预付帐款大幅度降低。

5、长期投资

(1)项目	1999.12.31		本期增加	本期减少	2000.5.31	
	金额	减值准备			金额	减值准备
长期股权投资	14527508.00	-	61537118.18	-	76064626.18	-

(2)其他股权投资

被投资单位名称	投资起止期	投资金额	投资比例	减值准备
广饶县信用社	1998 年投资、长期	1030000.00	15.82%	-
东营华泰纸业有限公司	1999.9.27-2011.9.26	74686626.18	75.00%	-
东营华泰新华印刷有限责任公司	2000.5.16 投资、长期	348000.00	12.00%	-
合　　计		76064626.18		

2000 年 5 月 31 日余额、1999 年 12 月 31 日余额比以前年度大幅度增加, 主要原因系 公司对东营华泰纸业有限公司投资额逐年大幅度增加,而东营华泰纸业有限公司暂未纳入合并范围。

6、应付帐款

帐龄	2000.5.31	
	金额	比例(%)
1 年以内	96,935,067.16	78.52
1-2 年	24,400,579.86	19.77
2-3 年	2,110,701.26	1.71
3 年以上	-	-
合计	123,446,348.28	100.00

(1)2000 年 5 月 31 日余额中欠持公司 5%以上股份的股东单位款项 22,812,336.81。

(2)大额应付帐款列示:

债　权　人	2000.5.31 余额
华泰集团有限公司	22,812,336.81
淄博市建筑工程公司	8,159,719.98
桓台建筑公司	4,033,543.10

(3)1999 年 12 月 31 日余额系 1998 年 12 月 31 日的 2.11 倍,主要原因系欠付工程款和 欠付华泰集团有限公司货款增加。

7、预收帐款

帐龄	2000.5.31	
	金额	比例(%)
1 年以内	9,969,913.67	98.55
1-2 年	146,894.33	1.45
2-3 年	_	-
3 年以上	_	-
合计	10,116,808.00	100.00

系预收新客户产品订货单定金。

1997 年 12 月 31 日至 2000 年 5 月 31 日余额变动系因新客户订购产品数量变动所致。

2000 年 5 月 31 日余额中没有持公司 5%以上股份的股东单位款项。

8、应付工资

2000.5.31 余额

6,492,969.45

系应付职工工资余额。

1999 年 12 月 31 日余额比 1998 年 12 月 31 日余额降低 54.14%,主要原因系 1999 年 5 月 31 日公司将所属东营市化工厂按帐面值有偿转让给华泰集团有限公司,使本项目余额减少。

9、应付福利费

项　　目	2000.5.31 余额
(1)按职工工资总额 14% 计提的应付福利费	4,845,172.34
(2)东营协发纸业有限公司计提的 职工奖励及福利基金	4,445,282.81
合　　计	9,290,455.15

10、应付股利

项　　目	2000.5.31 余额
应付公司内部职工股股利	13,006,400.18

1998 年 12 月 31 日余额比 1997 年 12 月 31 日减少 10,121,435.72, 系子公司东营协发 纸业有限公司应付外方投资人利润减少所致。1999 年 12 月 31 日余额比 1998 年 12 月 31 日增加 50,575,105.80,系将 1999 年度股东大会决议分配给老股东的利润由未分配利润转入本项目,详见本注释 27 说明(1)。2000 年 5 月 31 日欠付公司内部职工股股利的原因系 1999 年度股东大会关于向公司老股东每 10 股派现金红利 5 元的决议是 2000 年 5 月 22 日作 出的, 到 2000 年 5 月 31 日尚未支付完毕。

11、应交税金

税　种	2000.5.31 余额
增值税	34,805,521.99
营业税	1,699,547.83
城市维护建设税	2,718,994.92
企业所得税	8,714,334.88
土地使用税	2,568.31
合　计	47,940,967.93

(注:截止 2000 年 5 月 31 日,公司应交税金总额为 47,940,967.93 元,欠缴税金业 经广饶县地方税务局批准缓交,公司已于 2000 年 8 月 8 日前将全部欠缴税金缴纳完毕.)

12、其他应交款

	2000.5.31 余额
教育费附加	1,211,901.89

13、其他应付款

帐龄　　2000.5.31

	金额	比例(%)
1 年以内	55,620,027.46	83.48
1-2 年	2,307,854.12	3.46
2-3 年	8,631,167.09	12.96
3 年以上	64,378.35	0.10
合计	66,623,427.02	100.00

2000 年 5 月 31 日余额中没有欠持公司 5%以上股份的股东单位款项。

大额其他应付款列示:

应付项目	2000.5.31 余额	内容与性质
污染治理费	16,275,099.69*	污染治理费
职工养老保险金	11,147,013.85*	职工养老保险金
中方职工住房补贴	1,711,627.01	住房补贴
工会经费	1,885,225.28	工会经费

*说明:(1)污染治理费。系根据山东省人民政府鲁政发[1996]19 号文《山东省人民政府关于设立造纸酿造行业污染治理专项资金有关问题的通知》,公司按规定标准每生产 1 吨草浆提取 100 元污染治理费,2000 年 5 月 31 日余额是环保主管部门返还 给公司用于污染治理的专项资金,该返还资金公司已用于污染治理设施建设,本项目余额系返还数不是欠缴数。

(2)职工养老保险金。系历年养老保险金节余滚存数,形成原因系:公司按职 工工资总额和国家规定比例计提,对从厂区周围农村招收的短期工、勤杂工和销售旺季使用的季节工不能办理养老保险金交纳,从而使计提数大于需交纳数,形成节余。

14、长期应付款

1998 年 12 月 31 日余额比 1997 年 12 月 31 日减少,主要系应付发起人股股利减少。1998 年 12 月 31 余额为借方 1,005.31,系支付发起人股股利时记帐凭证有误导致的多付 金额,因金额很小,且于 99 年初已收回,故未进行重分类调整。

15、资本公积

项 目	2000 年 5 月	1999 年	1998 年	1997 年
期初余额	4,450,156.43	4,450,156.43	4,450,156.43	4,393,418.02
本期增加	-	-	-	56,738.41
本期减少	-	-	-	-
期末余额	4,450,156.43	4,450,156.43	4,450,156.43	4,450,156.43

说明:上述各期初、期末余额皆系股本溢价形成。1997 年增加数系对 1997 年期初余额错帐调整数。

16、盈余公积

项 目	2000 年 5 月	1999 年	1998 年	1997 年
期初余额	62,311,944.95	46,863,985.07	36,279,653.67	28,290,775.26
本期增加	-	15,447,959.88	10,584,331.40	7,988,878.41
期末余额	62,311,944.95	62,311,944.95	46,863,985.07	36,279,653.67

说明:以上各期增加数皆系按净利润提取的法定盈余公积金、公益金和任意盈余公积金。

17、未分配利润

项 目	2000 年 5 月	1999 年	1998 年	1997 年
期初未分配利润	100,689,479.04	97,367,533.91	44,538,446.82	58,834,161.21
本期净利润	24,689,200.88	70,408,879.08	63,593,692.76	46,786,317.25
提取法定盈余公积金	-	7,723,979.94	5,292,165.70	3,994,439.19
提取公益金	-	3,861,989.97	2,646,082.85	1,997,219.61
提取职工奖励及福利基金	184,440.45	402,320.07	180,274.27	4,553,165.23
提取任意盈余公积金	-	3,861,989.97	2,646,082.85	1,997,219.61
应付普通股股利 (1)	-	51,236,654.00	-	-
转作股本的普通股股利(2)	-	-	-	48539,988.00
期末未分配利润	125,194,239.47	100,689,479.04	97,367,533.91	44538,446.82

说明:(1)2000 年 5 月 22 日,公司 1999 年度股东大会决议,从截止 1999 年底可供股东 分配的利润中拿出 13,744,154.50 与截止 1997 年底的滚存利润 37,492,499.50 共计 51,236,654.00 一并以公司现有总股本 102,473,308 股为基数,向老股东每 10 股派发现金红 利 5.00(含税)。剩余未分配利润 100,689,479.04 及 2000 年起公司实现的利润待公司股票发行上市以后由新老股东共享。按照该决议将未分配利润 51,236,654.00 转至"应 付股利"项目。 (2)详见本注释 24。

18、主营业务收入

类 别	2000 年 1-5 月	1999 年	1998 年	1997 年
各类文化纸	163,176,819.22	344,572,239.49	223,825,899.16	191,127,853.65
板纸	45,654,620.12	121,553,573.44	86,552,444.06	94,059,774.31
生活用纸	4,740,072.08	12,195,890.83	19,105,362.03	24,648,541.62
氯碱产品	698,029.18	23,024,765.22	58,811,418.82	26,691,385.33
氯丙烯产品	5,564,857.43	3,594,314.31	-	-
合 计	219,834,398.03	504,940,783.29	388,295,124.07	336,527,554.91

19、投资收益

项 目	核算方法	2000 年 1-5 月	1999 年	1998 年	1997 年
短期投资收益					
(1)股票投资收益*		-	-	10,869,835.97	10,048,287.97
(2)国库券投资收益		-	-	-	4,000,000.00
小计		-	-	10,869,835.97	14,048,287.97
长期投资收益					
其他股权投资收益	成本法	61,800.00	123,600.00	-	-
合计		61,800.00	123,600.00	10869,835.97	14,048,287.97

*说明:系中外合资子公司东营协发纸业有限公司的股票投资收益。1997 年申购 新股 31 支,卖出实现收益 10,048,287.97;1998 年申购新股 41 支,卖出实现收益 10,869,835.97。

20、所得税

	2000 年 1-5 月		1999 年		1998 年		1997 年	
	税率	金额	税率	金额	税率	金额	税率	金额
母公司	33%	7167988.83	15%	7873478.58	33%	12792529.70	33%	5642551.72
东营协发纸业有限公司	15%	3254831.46	15%	7099765.92	15%	4120149.55	15%	8667524.76
东营市大王福利卫生纸厂	33%	免税	33%	免税	33%	免税	33%	免税
东营市联成化工有限责任公司	33%	亏损	33%	亏损	-	-	-	-
合计		10422820.29		14973244.50		16912679.25		14310076.48

十、董事会上市承诺

本公司董事会将严格遵守《中华人民共和国公司法》、《中华人民共和国证券法》、《股票发行与交易管理暂行条例》、《公开发行股票公司信息披露实施细则》、《上海证券交易所上市规则》和有关法律、法规的规定,并自股票上市之日起作出如下承诺:

1、按照法律、法规的规定程序和要求披露重大的信息,并接受证券主管机关、上海证券交易所的监督管理。

2、及时、真实、准确地公布中期报告和年度报告,并备置于规定场所供投资者 公众查阅。

3、本公司董事、监事及高级管理人员如发生人事变动或持本公司股票发生变化 时,在报告证券主管机关、上海证券交易所的同时向投资者公布。

4、在任何公共传播媒介中出现的消息可能对本公司股票的市场价格产生误导性 影响时,本公司知悉后将及时对该消息予以公开澄清。

5、本公司董事、监事及高级管理人员将认真听取社会公众的意见和批评,不利 用已获得的内幕消息和其他不正当手段直接或间接地从事股票买卖活动。

6、公司所有董事、监事及高级管理人员承诺在本公司股票上市后两个月内,分 别签署《董事声明及承诺书》、《监事声明及承诺书》;其中声明事项发生变化时,董事、监事承诺在该等情况发生变化之日起两个月内向上海证券交易所提交最新资料备案,并保证资料的真实和完整。

7、本公司没有无记录负债。

十一、重要事项揭示

1、根据山东正源会计师事务所有限公司(2000)鲁正会审字第 025 号《盈利预测审核报告》,本公司 2000 年和 2001 年度预测税后利润分别为 7494.10 万元和 7517.88 万元。按全面摊薄法计算的每股税后利润分别为 0.3894 元/股和 0.3906 元/股。

2、根据公司一九九九年度股东大会决议,公司截止到 1999 年底以前的滚存未分 配利润向老股东每 10 股派发现金红利(含税)5.00 元;剩余未分配利润元及 2000 年起公司实现的未分配利润待公司股票发行上市以后由新老股东共享。

3、根据山东省东营市人民政府东政字[1999]69 号批文规定,公司 1999 年度所得税超过 15%的部分由同级财政部门予以返还,因此公司 1999 年度所得税实际税负为 15%,山东省人民政府鲁政字[2000]147 号文对此予以批准确认。根据国务院国发[2000]2 号文件规定,公司自 2000 年 1 月 1 日起所得税税率不再享受 15%的优惠政策,按 33%的法定税率交纳。本公司之子公司东营协发纸业有限公司是中外合资企业,享受税收优惠政策,该公司 1993、1994 年为所得税免税期,1995 年至 1997 年为所得税减半期。根据山东省对外经济贸易委员会外经贸鲁 AT17 字(012)号确认证书,确认公司为 先进技术企业,1998 年度和 1999 年度继续享受 15%的所得税率。本公司之子企业东营市大王福利卫生纸厂系社会福利企业,1997 年、1998 年、1999 年企业所得税免征业经山东省地方税务总局鲁地税二字[1998]第 69 号文件、鲁地税函[1999]100 号文件、鲁地税函[2000]98 号文件批准。根据财政部、国家税务总局财税字[94]003 号文《 关于对福利企业、学校办企业征税问题的通知》规定,东营市大王福利卫生纸厂增值税实行先征税后返还政策。东营市大王福利卫生纸厂 No.70530011 号《社会福利企业 证书》的有效期限为自 1997 年 1 月 1 日至 2000 年 12 月 31 日,到期后经年检认证,该企业若仍达到福利企业标准,将更换福利企业证书,若达不到福利企业标准,将不再享受福利企业税收优惠待遇。

4、发行前公司每股净资产为 2.87 元/股,发行后每股净资产预计为 7.04 元/股。 5、截至本公司招股说明书签署之日,本公司无重大诉讼、仲裁或行政处罚。

十二、备查文件目录

1、中国证监会证监发行字[2000]125 号文
2、上海交易所上市通知书
3、验资报告
4、审计报告、财务报表及附注
5、盈利预测审核报告
6、招股说明书
7、公司章程
8、本公司营业执照
9、法律意见书
10、本公司设立批准及注册登记的有关文件
11、公司股东大会决议、董事会决议
12、其他备查文件

十三、咨询机构

1、本公司:
山东华泰纸业股份有限公司 法定代表人:李建华
公司地址:山东省广饶县大王镇
电话:0546-6888423 传真:0546-6888018
联系人:王兆国 李刚 许华村

2、上市推荐人:
山东证券有限责任公司 法定代表人:段虎
公司地址:山东省济南市泉城路 180 号
电话:(0531)6019999-6615、6019999-6620 传真:(0531)6019816
联系人:黄方亮

南方证券有限公司
公司地址:深圳市嘉宾路 4028 号太平洋商贸大厦 20-28 层
法定代表人:沈沛
电话:0531—7905754、7905756 传真:0531—7905710
联系人:尉向东 宋涛

山东华泰纸业股份有限公司
二〇〇〇年九月二十三日

合并资产负债表

编制单位:山东华泰纸业股份有限公司 单位:人民币元

资 产	2000 年 5 月 31 日	1999 年 12 月 31 日	1998 年 12 月 31 日	1997 年 12 月 31 日
流动资产:				
货币资金	37349724.05	41323329.46	46723542.65	44416017.78
短期投资				361133.40
减:短期投资跌价准备				
短期投资净额				361133.40
应收票据	9953394.00	3170000.00	4484000.00	
应收股利				
应收利息				
应收帐款	124239014.50	119317949.55	117268931.72	110612139.61
其他应收款	47337939.15	60934463.99	16964106.52	118793470.42
减:坏帐准备	17157695.37	18025241.35	13423303.82	22940561.00
应收帐款净额	154419258.28	162227172.19	120809734.42	206465049.03
预付帐款	8610909.93	47532614.65	21767328.66	32133739.31
应收补贴款				
存货	163786220.02	104000260.87	124651125.89	78711677.53
减:存货跌价准备				
存货净额	163786220.02	104000260.87	124651125.89	78711677.53
待摊费用	473596.40	610658.29	1145344.34	97377.46
待处理流动资产净损失				-266944.07
一年内到期的长期债券投资				
其他流动资产				
流动资产合计	374593102.68	358864035.46	319581075.96	361918050.44
长期投资:				

长期股权投资	76064626.18	14527508.00	1030000.00	
长期债券投资				
长期投资合计	76064626.18	14527508.00	1030000.00	
其中:合并价差				
减:长期投资减值准备				
长期投资净额	76064626.18	14527508.00	1030000.00	
固定资产:				
固定资产原价	671481106.07	477890949.50	459233008.86	374461526.56
减:累计折旧	105929885.09	92444359.17	108407280.59	83616825.23
固定资产净值	511551220.98	385446590.33	350825728.27	290844701.33
工程物资				
在建工程	112127886.25	212427583.07	63506353.28	28662767.44
固定资产清理				
待处理固定资产净损失				
固定资产合计	623679107.23	597874173.40	414332081.55	319507468.77
无形资产及其他资产:				
无形资产	2703793.25	100000.00	1296420.55	1464913.73
开办费				
长期待摊费用				
其他长期资产				
无形资产及其他资产合计	2703793.25	100000.00	1296420.55	1464913.73
递延税项:				
递延税项借项				
资产总计	1077040629.34	971365716.86	736239578.06	682890432.94
负债及股东权益				
流动负债:				
短期借款	204000000.00	294400000.00	162552105.61	171152105.61
应付票据				
应付帐款	123446348.28	155162341.17	73690865.15	70288505.96
预收帐款	10116808.00	2840174.38	4673917.61	1054387.85
代销商品款				
应付工资	6492969.45	5017155.26	10941096.04	10318115.51
应付福利费	9290455.15	15435414.67	15860353.32	12884698.92
应付股利	13006400.18	51418054.18	842948.38	10964384.10
应交税金	47940967.93	54693167.29	61495081.46	61694369.60
其他应交款	1211901.89	1122835.57	972328.39	835821.19
其他应付款	66623427.02	65211941.59	65925451.61	69585161.01
预提费用	1854051.68	344661.42	4496061.63	11965345.17
一年内到期的长期负债			100000.00	
其他流动负债				
流动负债合计	483983329.58	645645765.53	401550209.20	420742894.92
长期负债:				
长期借款	250000000.00		40000000.00	42780000.00
应付债券				
长期应付款			−1005.31	8568425.15
住房周转金			4348920.58	3009589.41
其他长期负债	340994.69	340994.69	3767805.48	4091082.10
长期负债合计	250340994.69	340994.69	48115720.75	58449096.66
递延税款:				
递延税款贷项				
负债合计	734324324.27	645986760.22	449665929.95	479091991.58
少数股东权益	48286656.22	55454068.22	35418664.70	15956876.44
股东权益:				
股本	102473308.00	102473308.00	102473308.00	102473308.00
资本公积	4450156.43	4450156.43	4450156.43	4450156.43
盈余公积	62311944.95	62311944.95	46863985.07	36279653.67
其中:公益金	14056077.52	14056077.72	10194087.75	7548004.90
未分配利润	125194239.47	100689479.04	97367533.91	44538446.82
股东权益合计	294429648.85	269924888.42	251154983.41	187741564.92
负债及股东权益总计	1077040629.34	971365716.86	736239578.06	682890432.94

合并利润及利润分配表

编制单位:山东华泰纸业股份有限公司　　单位:人民币元

项　目	2000 年 1-5 月	1999 年	1998 年	1997 年
一、主营业务收入	219834398.03	504940783.29	388295124.07	336527554.91
减:折扣与折让				
主营业务收入净额	219834398.03	504940783.29	388295124.07	336527554.91
减:主营业务成本	158500359.91	353077255.74	273629557.72	208591631.95
主营业务税金及附加	229360.00	1492292.82	1046967.17	1689502.58
二、主营业务利润	61104678.12	150371234.73	113618599.18	126246420.38
加:其他业务利润	−507156.89	4208638.26	4787546.86	771363.76
减:存货跌价损失				
营业费用	9176698.10	16457518.53	8658446.01	6575759.03
管理费用	8240537.57	34496876.33	23918269.94	61873912.18
财务费用	4915433.62	11030238.63	15903121.70	15942873.08
三、营业利润	38264851.94	92595239.50	69926308.39	42625239.85
加:投资收益	61800.00	123600.00	10869835.97	14048287.97
补贴收入		1425389.19	5201447.16	6890410.10
营业外收入	356365.88	974676.75	171448.18	9897330.00
减:营业外支出	274150.28	651378.34	1200879.43	1293317.18
四、利润总额	38408867.54	94467527.10	84968160.27	72167950.74
减:所得税	10422820.29	14973244.50	16912679.25	14310076.48
少数股东损益	3296846.37	9085403.52	4461788.26	11071557.01
五、净利润	24689200.88	70408879.08	63593692.76	46786317.25
加:年初未分配利润	100689479.04	97367533.91	44538446.82	58834161.21
盈余公积转入				
六、可供分配的利润	125378679.92	167776412.99	108132139.58	105620478.46
减:提取法定盈余公积		7723979.94	5292165.70	3994439.19
提取法定公益金		3861989.97	2646082.85	1997219.61
提取职工奖励和福利基金	184440.45	402320.07	180274.27	4553165.23
七、可供股东分配的利润	125194239.47	155788123.01	100013616.76	95075654.43
减:应付优先股股利				
提取任意盈余公积金		3861989.97	2646082.85	1997219.61
应付普通股股利		51236654.00		
转作股利的普通股股利				48539988.00
八、未分配利润	125194239.47	100689479.04	97367533.91	44538446.82

合并现金流量表

编制单位:山东华泰纸业股份有限公司　　单位:人民币元

项目	2000 年 1-5 月	1999 年度
一.经营活动产生的现金流量:		
销售商品,提供劳务收到的现金	252778420.37	551194311.43
收取的租金		
收到的税费返还	500830.85	
收到的其他与经营活动有关的现金	2156368.76	2256345.78
现金流入小计	255435619.98	553450657.21
购买商品,接受劳务支付的现金	253681937.81	358149029.01
经营租赁所支付的现金		
支付给职工以及为职工支付的现金	22144804.61	42963755.68
实际交纳的增值税款	13684191.31	29122779.81
支付的所得税款	10938681.96	20854738.26
支付的除增值税,所得税以外的其他税费	817320.23	647161.27
支付的其他与经营活动有关的现金	2226919.27	2231245.12
现金流出小计	303493855.19	453968709.15
经营活动产生的现金流量净额	−48058235.21	99481948.06
二.投资活动产生的现金流量:		
收回投资所收到的现金		
分得股利或利润所收到的现金	61800.00	123600.00
取得债券利息收入所收到的现金		
处置固定资产,无形资产和其他长期资产而收回的现金净额	40000.00	13000.00
收到的其他与投资活动有关的现		
现金流入小计	101800.00	136600.00
购建固定资产,无形资产和其他长期资产所支付的现金	36862065.02	168413973.44
权益性投资所支付的现金	57060734.18	13497508.00
债权性投资所支付的现金		
支付的其他与投资活动有关的现金		
现金流出小计	93922799.20	181911481.44
投资活动产生的现金流量净额	−93820999.20	−181774881.44
三.筹资活动产生的现金流量:		
吸收权益性投资所收到的现金		
其中:子公司吸收少数股东权益性投资收到的现金		
发行债券所收到的现金		
借款所收到的现金	461000000.00	658700000.00
收到的其他与筹资活动有关的现金		
现金流入小计	461000000.00	658700000.00
偿还债务所支付的现金	301400000.00	566960000.00
发生筹资费用所支付的现金	404316.93	1911996.00
分配股利或利润所支付的现金	10464258.37	
其中:子公司支付少数股东的股利	10464258.37	
偿还利息所支付的现金	10795934.21	12935283.81
融资租赁所支付的现金		
减少注册资本所支付的现金		
其中:子公司依法减资支付给少数股东的现金		
支付的其他与筹资活动有关的现金		
现金流出小计	323064509.51	581807279.81
筹资活动产生的现金流量净额	137935490.49	76892720.19
四.汇率变动对现金的影响	−29861.49	
五.现金及现金等价物净增加额	−3973605.41	−5400213.19
补充资料		
1.不涉及现金收支的投资和筹资活动:		
以固定资产偿还债务		
以投资偿还债务		
以固定资产进行投资		
以存货偿还债务		
融资租赁固定资产		
2.将净利润调节为经营活动的现金流量:		
净利润	24689200.88	70408879.52
加:少数股东损益	3296846.37	9085403.52
加:计提的坏帐准备或转销的坏帐	−867545.98	4601737.53
固定资产折旧	13587237.91	24951541.40
无形资产摊销	166206.75	40000.00
待摊费用的减少(减:增加)		
处置固定资产,无形资产和其他长期资产的损失(减:收益)		55828.99
固定资产报废损失		16923.38
财务费用	4915433.62	11030238.63
投资损失(减:收益)	−61800.00	−123600.00
递延税款贷项(减:借项)		
存货的减少(减:增加)	−59785959.15	20650865.00
经营性应收项目的减少(减:增加)	−5463455.72	−80470661.26
经营性应付项目的增加(减:减少)	−30180852.04	42851306.39
待摊费用的减少(减增加)	137061.89	534686.05
预提费用的增加(减减少)	1509390.26	−4151400.65
其他		
经营活动产生的现金流量净额	−48058235.21	99481948.50
3.现金及现金等价物净增加情况:		
货币资金的期末余额	37349724.05	41323329.46
减:货币资金的期初余额	41323329.46	46723542.65
现金等价物的期末余额		
减:现金等价物的期初余额		
现金及现金等价物净增加额	−3973605.41	−5400213.19

烟台万华聚氨酯股份有限公司股票

烟台万华聚氨酯股份有限公司股票上市公告书

一、要 览

股票简称:烟台万华
股票代码:600309
总股本:12,000 万股
可流通股本:4,000 万股
本次上市流通股本:4,000 万股
上市地点:上海证券交易所
上市日期:2001 年 1 月 5 日
股份登记机构:上海证券中央登记结算公司
股票登记机构:上海证券中央登记结算公司
上市推荐人:光大证券有限责任公司
广发证券有限责任公司

二、序 言

烟台万华聚氨酯股份有限公司(以下简称"本公司")上市公告书是根据《中华人民共和国公司法》、《中华人民共和国证券法》、《股票发行与交易管理暂行条例》、《上海证券交易所业务规则》和《上海证券交易所股票上市规则》等国家现行有关法律、法规的规定,按照中国证券监督管理委员会(以下简称"中国证监会")制定的公开发行股票公司信息披露的内容与格式准则第七号《上市公告书的内容与格式(试行)》编制,旨在向投资者提供有关本公司的基本情况和股票上市的有关资料。

经中国证监会证监发行字 [2000]167 号文批准,本公司已成功地向社会公开发行了每股面值 1.00 元的人民币普通股股票 4,000 万股,每股发行价为 11.28 元。经上海证券交易所上证上字[2000]128 号上市通知书批准,本公司 4,000 万股社会公众股将于 2001 年 1 月 5 日在上海证券交易所挂牌上市交易。

本公司已于 2000 年 12 月 13 日在《中国证券报》、《上海证券报》上刊登了《招股说明书概要》,距今不足六个月,故与其重复的内容在此不再赘述,敬请投资者查阅本公司的《招股说明书概要》。

本公司董事会全体成员已批准本上市公告书,确信其中不存在任何重大遗漏和误导,并对其真实性、准确性、完整性负个别和连带的责任。

三、公司概况

(一)本公司基本情况
法定名称:烟台万华聚氨酯股份有限公司
英文名称:Yantai WanHua Polyurethane Co.,Ltd.
法定代表人:李建奎
注册资金:12,000 万元
成立日期:1998 年 12 月 16 日
经营范围:聚氨酯及助剂、异氰酸酯及衍生产品的开发、生产、销售;技术服务,人员培训;房地产开发、经营。
所属行业:化工
注册地址:山东省烟台市幸福南路 7 号
联系电话:(0535)6837888
传真:(0535)6837894

(二)主发起人简介

公司主发起人烟台万华合成革集团有限公司(以下简称"万华集团公司")前身是烟台合成革总厂,1995 年经山东省人民政府和国家经济贸易委员会以鲁政字[1995]104 号文批准,改制组建为万华集团公司,并由山东省人民政府授权为国有资产投资主体,是目前国内唯一能够配套生产聚氨酯基本原料、聚氨酯树脂和聚氨酯合成革、人造革的大型轻化工联合企业,是中国第一个聚氨酯工业基地。万华集团公司于 1998 年 4 月一次通过北京九千标准质量体系认证中心的质量体系审核,获 ISO9001 质量体系认证证书,产品生产实现了标准化、系列化、自动化,在聚氨酯原料、人工制革产品的生产和技术上处于国内领先水平和国际先进水平,某些技术属国内独有。1995 年万华集团公司被评为山东省高新技术企业。截止 2000 年 5 月 31 日总资产为 166,561.08 万元,净资产为 86,402.24 万元。2000 年 1~5 月实现销售收入 35,676.44 万元,实现利润 1,021.84 万元。

(三)本公司历史沿革

本公司系经山东省人民政府鲁政股字[1998]70 号文批准,以烟台万华合成革集团有限公司为主发起人,联合烟台东方电子信息产业集团有限公司、烟台冰轮股份有限公司、烟台氨纶集团有限公司和红塔兴业投资有限公司,以发起方式设立的股份有限公司。

万华集团公司以其所属异氰酸酯分厂、制氮车间、原料罐区、供应分公司、销售分公司及相关职能部门的部分生产经营性资产投入股份公司,经中和会计师事务所评估并经山东省国有资产管理局鲁国资评字[1998]第 104 号文确认,万华集团公司投入股份公司的净资产为 11,474.46 万元,其它发起人均以现金出资,其中烟台东方电子信息产业集团有限公司出资 307.63 万元,烟台冰轮股份有限公司出资 307.63 万元,烟台氨纶集团有限公司出资 153.81 万元,红塔兴业投资有限公司出资 61.52 万元,上述五家发起人共计出资 12,305.05 万元,按 65%的折股比例,折成股本 8,000 万股。公司于 1998 年 12 月 16 日经山东省工商行政管理局注册成立。

经中国证监会证监发行字[2000]167 号文批准,本公司于 2000 年 12 月 15 日以"上网定价"发行方式向社会公开发行 4,000 万股社会公众股,每股面值 1.00 元,发行价 11.28 元。发行后,本公司总股本达 12,000 万股。

四、股票发行与承销

(一)本次股票公开发行情况
社会公众股发行数量:4,000 万股。
股票发行价格:每股人民币 11.28 元
募集资金总额:43,496 万元(已扣除发行费用)
发行方式:上网定价
中签比率:1.02104006%
有效申购户数:323413 户
持有 1000 股以上股东户数:37004 户
发行费用总额:1,624 万元
发行市盈率:51.51 倍(按 1999 年净利润全面摊薄)
每股盈利:0.219 元(按 1999 年净利润全面摊薄)
预计 2000 年发行股票后净资产收益率可达到同期银行存款利率。

(二)本次发行股票承销情况
本次公开发行的 4000 万股社会公众股已全部由投资者认购,承销团成员无余额包销。
(三)本次发行验资报告
山东烟台乾聚会计师事务所有限公司

烟乾会验字[2000]49 号

烟台万华聚氨酯股份有限公司董事会暨全体股东:

我们接受委托,对烟台万华聚氨酯股份有限公司截止 2000 年 12 月 22 日止的实收资本、投入资本变更情况的真实性和合法性进行了审验。在审验过程中,我们按照《独立审计实务公告第 1 号---验资》的要求,实施了必要的审验程序。贵公司的责任是提供真实、合法、完整的验资资料,保护财产的安全、完整,我们的责任是按照《独立审计实务公告第 1 号---验资》的要求,出具真实、合法的验资报告。

烟台万华聚氨酯股份有限公司变更前的注册资本为 8,000,000 元人民币,本次公司申请的注册资本为 12,000,000 元。经中国证券监督管理委员会证监发行字[2000]167 号文批准,烟台万华聚氨酯股份有限公司于 2000 年 12 月 15 日向社会公开发行人民币普通股 4,000 万股,每股面值一元,发行价 11.28 元。截至 2000 年 12 月 22 日,共募集资金 451,200,000 元,扣除累计发行费用 16,239,200 元,净额 434,960,800 元.其中:股本 40,000,000 元,资本公积 394,960,800 元。根据我们的审验,公开发行股票后,烟台万华聚氨酯股份有限公司实收股本 120,000,000 元,资本公积为 394,960,800 元。

附件:1、变更前后注册资本、投入股本对照表
2、变更前后资产、负债和股东权益对照表
3、验资事项说明
山东烟台乾聚会计师事务所有限公司　中国注册会计师:孙祥祚
中国注册会计师:赵永兰
中国烟台胜利路 201-209 号汇丰广场 12F　二〇〇〇年十二月二十二日
募集资金入帐时间:2000 年 12 月 22 日
开户银行:中国工商银行烟台市分行
入帐帐号:20522111769
入帐金额:440,120,800 元
募集资金入帐时间:2000 年 12 月 23 日

五、董事、监事及高级管理人员的简历及持股情况

(一)董事、监事及高级管理人员简介

李建奎先生,46 岁,大学本科、高级工程师。历任烟台合成革总厂助工、总调度室副主任、厂长助理、副厂长、厂长、烟台万华合成革集团有限公司董事长兼党委书记。现任本公司董事长。曾获全国轻工系统劳动模范称号、烟台市优秀企业家称号、山东省技术开发优秀组织者称号。

曲进胜先生,50 岁,硕士、高级经济师。历任烟台市经委主任、党组书记、烟台市政府副秘书长、万华集团公司党委副书记、副总经理。现任万华集团公司副董事长、总经理、本公司董事。曾获山东省劳动模范称号。

于文祥先生,47 岁,大学本科、工程师。历任山东掖县化肥厂总调度、车间副主任、烟台合成革总厂车间主任、水气厂厂长、厂长助理兼后勤部长。现任万华集团公司常务副总经理、本公司董事。曾获山东省劳动模范称号。

丁建生先生,45 岁,大学本科、教授级高级工程师。历任烟台合成革总厂 MDI 分厂车间副主任、生产技术科科长、副厂长兼总工程师、厂长兼总工程师、万华集团公司总经理助理、副总工程师、技术中心副主任。现任本公司副董事长兼总经理。国务院特殊津贴获得者,曾获山东省科技进步一等奖、国家科技进步二等奖。

张有安先生,39 岁,大学本科、高级工程师。历任烟台合成革总厂车间副主任、主任、MDI 分厂厂长助理、MDI 分厂厂长。现任本公司董事、副总经理。曾获山东省科技进步一等奖、烟台市第五届优秀青年厂长(经理)荣誉称号。

郭兴田先生,38 岁,在读研究生、会计师。历任烟台合成革总厂财务处成本科副科长、科长、财务部副部长、万华集团公司资产经营部副部长。现任本公司董事、副总经理、董事会秘书。

吕洪杰先生,32 岁,大学本科、工程师。历任烟台合成革总厂车间副主任、车间主任、党支部书记。现任本公司生产设备部部长助理兼工艺主管、董事。

王雷先生,36 岁,博士。任英国伦敦大学高级讲师,LS 电子集团总经理,瑞士联合银行高级研究员、企业融资执行董事,亚洲证券公司常务董事,英国 LMM 投资基金管理公司董事、总经理。现任红塔兴业投资有限公司总裁、本公司董事。

刘立新先生,45 岁,大学本科、高级会计师。历任烟台冷冻机总厂财务科长、副总经理。现任烟台冰轮股份有限公司董事、董事会秘书、本公司董事。

李云生先生,36 岁,大学专科、会计师。历任烟台合成革总厂财务部审计科副科长、科长。现任本公司监事会召集人。

沈萍女士,45 岁,大学本科、工程师、高级政工师。曾任烟台合成革总厂技术员。现任万华集团公司工会副主席、本公司监事。

臧运建先生,37 岁,大学专科、经济师。历任烟台合成革总厂计划科副科长、科长、万华集团公司资产经营部部长助理、副部长。现任万华集团公司资产财务部副部长、本公司监事。

周吉吉先生,37 岁,大学专科、助理政工师。历任烟台合成革总厂工人、干事、MDI 分厂党总支书记。现任本公司党总支副书记、工会主席、监事。

赵军生先生,38 岁,大学专科、技师。现任本公司光化工段工段长、监事。

汤光武先生,48 岁,大学专科、高级经济师。历任烟台市政府办公室秘书、市人大办公室秘书、烟台电力开发公司办公室主任。现任烟台氨纶集团有限公司副总经理、本公司监事。

廖增泰先生,36 岁,大学本科、高级工程师。历任烟台合成革总厂设计员、MDI 分厂设备动力科副科长、二期工程技术组组长、厂长助理、副厂长。现任本公司副总经理兼总工程师。

孙毅先生,43 岁,大学本科、高级工程师。曾任万华集团公司销售公司经理。现任本公司副总经理。

寇光武先生,33 岁,在读研究生、会计师。烟台合成革总厂财务部会计、副科长、科长、部长助理、财务部副部长。现任本公司总会计师。

(二)董事、监事及高级管理人员持股情况截止本报告日期,本公司的董事、监事及高级管理人员均未持有本公司的股份。

(三)兼职情况说明

除本公司董事长的双重任职外,公司的高级管理人员均未在万华集团公司兼职,万华集团公司已出具了避免本公司的高级管理人员双重任职承诺书。本公司及本公司董事长李建奎先生承诺:在本次股票发行后三个月内,李先生将辞去本公司董事长或万华集团公司董事长职务,以解决本公司董事长双重任职问题。

六、公司设立

本公司是经山东省人民政府鲁政股字[1998]70号文批准,由烟台万华合成革集团有限公司(以下简称"万华集团公司")为主发起人,联合烟台东方电子信息产业集团有限公司、烟台冰轮股份有限公司、烟台氨纶集团有限公司和红塔兴业投资有限公司,以发起方式设立的股份有限公司。其中万华集团公司以其所属异氰酸酯分厂、制氮车间、原料罐区、供应分公司、销售分公司及相关职能部门的生产经营性净资产折价入股,其它发起人均以现金出资按相同比例折价入股。公司于1998年12月16日在山东省工商行政管理局注册登记,注册资本为8,000万元。

1999年12月28日,公司1999年第二次临时股东大会同意公司向社会公开发行股票并上市的决议,并授权董事会办理股票发行及上市的相关事宜。

本公司经中国证券监督管理委员会证监发行字[2000]167号文核准,已于2000年12月15日向社会公众成功发行了每股面值为1.00元的人民币普通股4,000万股,本次股票发行后,公司总股本为12,000万股。

七、关联企业与关联交易

(一)关联企业

1.存在控制关系的关联方:

万华集团公司为本公司的控股股东,本次发行结束后,持有本公司62.17%的股份。该公司注册资本23,440万元,经济类型为国有独资有限责任公司,注册地址在烟台市芝罘区幸福南路7号,法定代表人为李建奎,经营范围为聚氨酯和聚氨树酯原料及产品、工业气体等产品制造和加工销售等。

2.不存在控制关系的关联方:

企业名称与本公司关系烟台万华合成革集团工贸实业有限公司同一母公司烟台万华合成革集团塑料试验有限公司同一母公司烟台万华合成革集团防腐隔热有限公司同一母公司烟台华力热电股份有限公司同一母公司万华贸易储运有限公司同一母公司烟台氯碱厂同一母公司烟台万华合成革集团皮件服装有限公司同一母公司烟台华大化学工业有限公司同一母公司

(二)关联交易本公司在正常的生产经营过程中与万华集团公司等关联方产生了不可避免的关联交易。股份公司与关联方之间产品及服务的交易价格,按照以下定价原则确定:有国家定价的,适用国家定价;没有国家定价的,按市场价格确定;没有市场价格的,参照实际成本加费用及合理的利润,由双方协商确定。

为保证投资者的利益不受侵害,股份公司在"三公"原则的基础上与关联方签订了以下关联协议和合同:

《国有土地使用权租赁合同》

《综合服务协议》

《注册商标转让协议》

《产品购销合同》

《生产辅助购销合同》

《铁路系统收费协议》

有关关联交易的详细内容,请参见2000年12月13日刊登于《中国证券报》和《上海证券报》上的《招股说明书概要》。

(三)本公司主要股东关于放弃竞争的承诺

虽然万华集团公司及下属公司的营业执照所示经营范围与本公司有相同业务,但实际上万华集团公司及下属公司未从事与本公司相同的业务,未构成任何同业竞争。为保证社会投资者利益,本公司主发起人以书面形式承诺:本公司的主发起人万华集团公司及下属公司将不生产与股份公司相同或相近的产品,不以任何方式从事任何与股份公司直接或间接竞争的业务。

八、股本结构及大股东持股情况

(一)本公司上市前股本结构

股份类别	数量(万股)	占总股本比例(%)
发起人股	8,000	66.67
其中:国有法人股	7,800	65.00
法人股	200	1.67
可流通股	4,000	33.33
其中:社会公众股	4,000	33.33
总股本	12,000	100.00

(二)公司前十名股东持股情况

序号 股东名称	持股数量(万股)	持股比例(%)
1.烟台万华合成革集团有限公司	7,460	62.167
2.东方电子信息产业集团有限公司	200	1.667
3.烟台冰轮股份有限公司	200	1.667
4.烟台氨纶集团有限公司	100	0.833
5.汉盛基金	64.1	0.534
6.安顺基金	49.9	0.416
7.红塔兴业投资有限公司	40	0.333
8.普丰基金	19.3	0.161
9.同益基金	17.4	0.145
10.景宏基金	13.3	0.111

九、公司财务会计资料

本公司截止2000年5月31日的财务资料,已于2000年12月13日在《中国证券报》和《上海证券报》上刊登的《招股说明书概要》中进行了详细的披露。因公告距今时间较短,相同的内容在此不再重复。本公告只公布本公司经审计的财务报表及主要财务指标,欲了解详细内容,请查阅上述报纸或至公告的《招股说明书》查阅地点查阅。

(一)公司前三年主要财务指标:

财务指标	2000年1-5月	1999年	1998年	1997年
流动比率	1.05	1.00	1.20	1.83
速动比率	0.60	0.69	0.57	0.48
资产负债率(%)	52	50	38	57
应收帐款周转率(次/年)	9.43	23.29	17.26	11.04
存货周转率(次/年)	1.63	6.22	3.74	2.04
每股净利润(元)	0.29	0.33	0.26	0.18
净资产收益率(%)	15	20	17	20

说明:每股净利润均按发行前8000万股的总股本计算。

(二)会计报表(见附表)

(三)会计报表主要项目注释

1.应收票据

截止2000年5月31日应收票据余额为6,068,625.00元,明细如下:

出票单位	出票日期	到期日	金额	备注
江西赣兴树脂有限公司	2000.4.13	2000.6.21	670,000.00	银行承兑
江西赣兴树脂有限公司	2000.5.23	2000.8.19	338,625.00	银行承兑
莒县正方皮鞋代办处	2000.4.5.	2000.10.5	20,000.00	银行承兑
江苏森达集团公司	2000.5.16.	2000.8.30	1500000.00	银行承兑
江苏森达集团公司	2000.5.16	2000.9.15	1500000.00	银行承兑
江苏森达集团公司	2000.5.16.	2000.9.30	1500000.00	银行承兑
山西淮海机械厂	2000.3.14	2000.9.13	100,000.00	银行承兑
无锡霍尔塞特工程有限公司	2000.3.17.	2000.9.6	50000.00	银行承兑
常州海华化工有限公司	2000.5.11	2000.11.8	180000.00	银行承兑
绍兴县振西染料有限公司	2000.4.29	2000.10.28	100000.00	银行承兑
三联商社日照商业广场	2000.3.28	2000.7.1	110000.00	银行承兑
合计			6068,625.00	

截止2000年5月31日,本公司无用于抵押的应收票据。

2、应收帐款

截止2000年5月31日应收帐款余额为18,968,978.05元,按帐龄分析:

帐龄	期末余额	比例(%)	提取比例(%)	坏帐准备
一年以内	17,187,036.81	90.61	5	859,351.84
一年至二年	1409,140.07	7.43	10	140,914.01
二年至三年	271,560.87	1.43	30	81,468.26
三年以上	101,240.30	0.53	50	50,620.15
合计	18,968,978.05	100		1,132,354.26

本帐户期末余额无持本公司5%(含5%)以上股份的股东欠款。

应收帐款期末余额中欠款金额最大的前五名债务人情况:

债务人名称	期末余额	欠款原因	帐龄
烟台华大化学工业有限公司	2,621,480.05	货款	1年以内
温州市盈丰实业有限公司	1,317,636.00	货款	1年以内
合肥安利化工有限公司	1,312,747.50	货款	1年以内
烟台冰轮股份有限公司	1,216,838.80	货款	1年以内
辽宁大连冷冻机股份有限公司	976,060.00	货款	1年以内

应收帐款期末数较期初数增加193.22%,原因是本期销售收入较上年同期增长;公司对部分信用较好的客户延长收款期。

3、其他应收款

A、截止2000年5月31日其他应收款余额为12,342,627.06元,按帐龄分析:

帐龄	期末余额	比例(%)	提取比例(%)	坏帐准备
一年以内	12,342,627.06	100	5	617,131.34
合计	12,342,627.06	100		617,131.34

B、本帐户余额中持本公司5%(含5%)以上股份的股东单位欠款:

烟台万华合成革集团有限公司欠6,857,773.96元。

C、其他应收帐款期末余额中欠款金额最大的前五名债务人情况:

债务人名称	期末余额	欠款原因	帐龄
烟台万华合成革集团有限公司	6,857,773.96	工程暂借款	1年以内
工行信用卡保证金	40,000.00	保证金	1年以内
证券部-上市前期费用	2,364,821.35	前期费用	1年以内
住房公积金	789,036.15	公积金	1年以内
其他保证金	100,010.90	保证金	1年以内

4、预付帐款

截止2000年5月31日预付帐款余额为42,532,349.65元,帐龄全部为一年以内。预付帐款期末余额中金额最大的前五名情况:

债务人名称	期末余额	欠款原因	帐龄
烟台中聚化工有限公司	9,740,000.00	材料款	1年以内
淄博地方工贸有限公司	4,102,076.21	材料款	1年以内
中国石化国际事业齐鲁公司	7,280,428.05	材料款	1年以内
开封空分集团有限公司	1,196,879.12	材料款	1年以内
吉林化学工业股份有限公司	1876,390.39	材料款	1年以内

预付帐款期末数较期初数增加625.85%,主要原因是本公司之原料—化工原料价格上涨,部分材料须预付款方能提货。

本帐户期末余额无持本公司5%(含5%)以上股份的股东欠款。

5、应付票据

截止2000年5月31日应付票据余额为7,448,648.00元,明细如下:

出票单位	出票日期	到期日	金额	备注
临沂中联包装实业公司	2000.3.3	2000.6.3	550,000.00	
上海商桥石油化工公司化工三厂	2000.3.3	2000.6.3	844,000.00	
烟台氯碱厂	2000.3.3	2000.6.3	500,000.00	
烟台氯碱厂	2000.3.3	2000.6.3	500,000.00	
烟台氯碱厂	2000.3.13	2000.6.13	1254648.00	
福山锦程化工厂	1999.12.29	2000.06.28	300,000.00	
吉林化学工业股份有限公司	2000.4.25	2000.07.25	3500000.00	
合计			7,448,648.00	

无欠持本公司5%(含5%)以上股份的股东单位欠款。

6、应付帐款

A、截止2000年5月31日应付帐款余额为24,385,322.49元,主要是应付未付的材料款。

帐龄	期末余额	占总额的比例(%)
一年以内	24,385,322.49	100
合计	24,385,322.49	100

B、期末欠款数额较大的前五名非关联往来款项有:

单位名称	期末余额
临沂中联包装实业有限公司	778,887.46
通化市恒达化工厂	544,320.00
凯特姆球阀制造有限公司	213,184.00
山东东方冶炼股份有限公司	185,349.21
上海化工机械厂一厂容器制造分厂	155,000.00

C、本公司欠持本公司5%(含5%)以上股份的股东单位仅烟台万华合成革集团有限公司一家,欠款情况列示如下:

单位名称	金额
烟台万华合成革集团有限公司	234,153.23

D、应付帐款期末数较期初数增加154.88%,主要原因系本期产量较上期增加,材料采购亦相应增加。1999年12月31日较上期期末数增加219%,主要原因是1999年进行技术改造,部分设备款未付;技改完成后,产量较1998年增长,材料采购相应增加,导致应付帐款比1998年大幅增加。

7、预收帐款

截止2000年5月31日预收帐款余额为5,487,415.30元,为预收的销货款,帐龄分析如下:

帐龄	期末余额	占总额的比例(%)
一年以内	5,487,415.30	100
合计	5,487,415.30	100

无欠持本公司5%(含5%)以上股份的股东单位欠款。

本公司预收帐款逐年增加,主要系产品产销两旺,本公司对新客户采取预收货款后再发货的销售策略所致。

8、应付股利

截止 2000 年 5 月 31 日应付股利余额为 20,370,356.07 元。系根据本公司 2000 年 6 月 23 日第一届董事会第五次会议决议，向全体股东每 10 股派发 1.55 元现金红利，现金红利共计 12,400,000.00 元;同时根据本公司 1999 年第二次临时股东大会决议,公开发行以前年度所产生的利润仍由老股东所有,将 1999 年派发现金红利后剩余 7,970,356.07 元转作应付股利以待分配所致。

9、应交税金

截止 2000 年 5 月 31 日应交税金余额为 5,050,858.69 元,明细列示如下:

项目	金额
1、增值税	1,682,941.14
2、所得税	3,250,641.84
3、个人所得税	34,472.20
4、城建税	82,803.51
合计	5,050,858.69

所得税业经烟台市地方税务局第二征收分局以延期缴纳税款申请审批表的形式批准缓交税款。

10、其他应付款

截止 2000 年 5 月 31 日其他应付款余额为 17,184,320.66 元,帐龄分析如下:

帐龄	期末余额	占总额的比例(%)
一年以内	17,184,320.66	100
合计	17,184,320.66	100

大额明细如下:

项目	金额	内容
科技开发拨款	9,876,588.58	MDI 研究拨款
个人住房公积金	795,959.50	未付的住房公保金
养老统筹费	580,243.50	提取的统筹费
职工教育经费	149,813.80	提取的教育经费

无欠持本公司 5%(含 5%)以上股份的股东单位欠款。

11、资本公积

2000 年 5 月 31 日期末余额为 43,050,538.91 元,系股份公司设立时发起人出资的股本溢价。

12、盈余公积

盈余公积期末余额为 5,256,015.32 元。

项目	2000-5-31	1999-12-31
法定盈余公积	2,628,007.66	2,628,007.66
公益金	2,628,007.66	2,628,007.66
合计	5,256,015.32	5,256,015.32

说明:公司按税后净利润的 10%提取法定公积金,根据 2000 年 6 月 23 日临时股东大会决议,提取法定公益金 10%。

13、未分配利润

未分配利润 2000 年 5 月 31 日余额为 23,488,114.75 元。

项目	2000-5-31	1999-12-31
本期净利润	23,488,114.75	26,280,076.58
加:年初未分配利润	-	-
追溯调整影响数		-653705.19
可供分配利润	23,488,114.75	25,626,371.39
减:提取法定盈余公积		2,628,007.66
提取公益金		2,628,007.66
可供股东分配的利润		20,370,356.07
减:分配普通股股利		20,370,356.07
提取任意盈余公积		
期末未分配利润	23,488,114.75	

1999 年,公司设立后实现的净利润 26,280,076.58 元。公司 2000 年 6 月 23 日股东大会决议,提取法定盈余公积 10%、公益金 10%,向全体股东每 10 股派发现金红利 1.55 元。2000 年 1-5 月公司实现净利润 23,488,114.75 元。

公司 1999 年第二次临时股东大会决议,股票公开发行当年所产生的利润由公司新老股东按照同股同权的原则共同享有,公开发行以前年度产生的滚存利润仍由老股东享有,因此将剩余利润 7,970,356.07 元转作应付股利。

十、董事会上市承诺

本公司董事会严格遵守《中华人民共和国公司法》、《中华人民共和国证券法》、《股票发行与交易管理暂行条例》、《公开发行股票公司信息披露实施细则》和《上海证券交易所股票上市规则》等国家法律、法规的规定,并自股票上市之日起作出如下承诺:

1、按照法律、法规的规定程序和要求披露重大的信息、并接受证券主管机关、上海证券交易所的监督管理。

2、及时、真实、准确的公布中期报告和年度报告,并备置于规定场所供投资者查阅。

3、本公司董事、监事、高级管理人员如发生人事变动或持本公司股票发生变化时,在报告证券主管机关、上海证券交易所的同时向投资者公布。

4、在任何公共传播媒介中出现的消息可能对本公司股票的市场价格产生误导性影响时,本公司知悉后将及时对该消息予以公开澄清。

5、本公司董事、监事、高级管理人员将认真听取社会公众的意见和批评,不利用已获得的内幕消息和其他不正当手段直接或间接从事股票买卖活动。

6、本公司没有无记录负债。

依据 2000 年 5 月 1 日起实施的《上海证券交易所股票上市规则》(二〇〇〇年修订本),本公司全体董事、监事将按照有关规定,在本公司股票上市后两个月内签署《董事(监事)声明及承诺书》并送达上海证券交易所备案。

十一、重要事项揭示

1、本公司此次向社会公众公开发行了 4,000 万股人民币普通股股票,本次发行前每股净资产为 1.90 元,发行后每股净资产为 4.88 元。

2、预计本次股票发行后首次股利分配时间在 2001 年 8 月 31 日之前。根据公司 1999 年第二次临时股东大会决议，本次股票公开发行当年所产生的利润由公司新老股东按照同股同权的原则共同享有,以前年度产生的滚存利润仍由原股东享有。

3、根据国家经济贸易委员会国经贸产业(2000)1086 号文"凡将股权抵押担保或股权质押作为债转股先决条件或附加条件的条款予以取消"的有关规定,本公司第一大股东万华集团公司已经与债权方取消了因办理债转股事宜以持有的本公司股权所作的质押。本公司不再存在因第一大股东易主而影响正常生产经营的风险。

4、根据本公司已经山东烟台乾聚会计师事务所有限公司审核的财务资料,主承销商和发行人律师认为:发行人预期净资产收益率在可预期的近两年内可达到同期银行存款利率,符合《公司法》第一百三十七条关于公司发行新股的条件。

5、本公司第一大股东万华集团公司承诺,自发行人股票上市之日起 12 个月内,第一大股东不转让其持有的发行人股份,也不由上市公司回购其持有的股份。

6、截止本上市公告书刊登之日,本公司无重大诉讼事项。

7、除本公司招股说明书及其概要和本上市公告书披露的事项外,本公司认为没有其他对本公司资产、负债及股东权益有较大影响的重要事项。

十二、备查文件目录

1、招股说明书

2、上海证券交易所上市通知书

3、中国证监会核准本公司公开发行股票的文件

4、审计报告、财务报表及附注

5、验资报告

6、法律意见书

7、资产评估报告

8、公司股东大会决议、董事会决议

9、公司营业执照

10、公司章程

11、其他备查文件

十三、备查文件查阅地点及咨询机构

1、发行人

发行人:烟台万华聚氨酯股份有限公司

法定代表人:李建奎

地址:烟台市幸福南路 7 号

电话:(0535)6837888

传真:(0535)6837894

联系人:郭兴田、张道辉

2、上市推荐人:

光大证券有限责任公司

法定代表人:王明权

地址:上海浦东新区浦东南路 528 号证券大厦

电话:(010)68561513

传真:(010)68561008

联系人:靳磊广发证券有限责任公司

法定代表人:陈云贤

地址:广东省广州市天河北路 183 号大都会广场 38 楼

电话:020-87555888-539　021-68818801

传真:020-87553583　021-68815883

联系人:林传辉、周庭硕、詹先惠、陈新军

烟台万华聚氨酯股份有限公司

2000 年 12 月 30 日

资产负债表

编制单位:烟台万华聚氨酯股份有限公司　单位:人民币元

资产	2000.5.31	1999.12.31	1998.12.31	1997.12.31
流动资产:				
货币资金	12622404.89	31873298.43	11065911.38	5415168.28
短期投资				
减:短期投资跌价准备				
短期投资净额				
应收票据	6068625.00	10886745.40		
应收股利				
应收利息				
应收帐款	18968978.05	9817181.33	8254619.00	12678121.76
其他应收款	12342627.06	7851829.40	1335425.49	976659.53
减:坏帐准备	1749485.60	1088459.62	695278.22	819286.88
应收帐款净额	29562119.51	16580551.11	8894766.27	12835494.41
预付帐款	42532349.65	6795947.32	0.00	1017434.69
应收补贴款				
存货	68445683.80	29513489.48	21916789.77	54198832.22
减:存货跌价准备	276474.87	276474.87		
存货净额	68169208.93	29237014.61	21916789.77	54198832.22
待摊费用	0.00	0.00	77316.40	
待处理流动资产净损失	3373.00	118000.00		
一年内到期的长期债权投资				
其他流动资产				
流动资产合计	158958080.98	95491556.87	41954783.82	73466929.60
长期投资:				
长期股权投资				
长期债权投资				
长期投资合计				
减:长期投资减值准备				
长期投资净额				
固定资产:				
固定资产原价	412267968.69	411665148.69	401771731.00	144588289.87
减:累计折旧	260046098.94	250340984.01	274163158.00	112125190.53
固定资产净值	152221869.75	161324164.68	127608573.00	32463099.34
工程物资				
在建工程	7650884.01	1922036.73	27771852.27	57895730.58
固定资产清理				
待处理固定资产损失				
固定资产合计	159872753.76	163246201.41	155380425.27	90358829.92
无形资产及其他资产:				
无形资产				
开办费				
长期待摊费用				
其他长期资产				
无形资产及其他资产合计				
递延税项:				
递延税款借项				
资产总计	318830834.74	258737758.28	197335209.09	163825759.52
负债及股东权益				
流动负债:				
短期借款	44600000.00	41730000.00	31730000.00	32000000.00
应付票据	7448648.00	5007148.00		
应付帐款	24385322.49	15744723.05	4935488.41	5114112.10
预收帐款	5487415.30	2440649.42	585212.95	866891.48

代销商品款
应付工资 453850.77 261198.70 0.00 594418.34
应付福利费 1491649.45 1033985.99 654110.81 656904.71
应付股利 20370356.07 20370356.07
应交税金 5050858.69 −5266459.25 −3731885.57
其他应交款 35487.21
其他应付款 17184320.66 14109602.07 765448.77 812965.50
预提费用 5528257.12
一年内到期的长期负债
20000000.00
其他流动负债
流动负债合计
152036165.76 95431204.05 34938375.37 40045292.13
长期负债：
长期借款 15000000.00 35000000.00 40000000.00 53000000.00
应付债券
长期应付款
住房周转金 0.00 0.00 0.00 772141.87
长期负债合计 15000000.00 35000000.00 40000000.00 53772141.87
递延税项：
递延税款贷项
负债合计 167036165.76 130431204.05 74938375.37 93817434.00
少数股东权益
股东权益
股本 80000000.00 80000000.00 80000000.00
资本公积 43050538.91 43050538.91 43050538.91
盈余公积 5256015.32 5256015.32
其中：公益金 2628007.66 2628007.66
未分配利润 31458470.82 7970356.07 −653705.19
股东权益合计 151794668.98 128306554.23 122396833.72 70008325.52
负债及股东权益总计
318830834.74 258737758.28 197335209.09 163825759.52

利润表

编制单位:烟台万华聚氨酯股份有限公司 单位:元
项目 2000 年 1-5 月 1999 年度 1998 年度 1997 年度
一、主营业务收入 135785616.29 210406102.94 180697101.69 140004535.76
减:折扣与折让
主营业务收入净额 135785616.29 210406102.94 180697101.69 140004535.76
减:主营业务成本 79834892.01 160030203.71 142355825.76 110766360.22
主营业务税金及附加 605203.21 1076291.96 769057.81 526966.91
二、主营业务利润(亏损以"−"号填列)
55345521.07 49299607.27 37572218.12 28711208.63
加:其他业务利润(亏损以"−"号填列)
394359.28 437355.58 827144.78 733036.16
减:存货跌价损失 0.00 276474.87
营业费用 6366140.76 4024681.17 3815283.33 2622320.12
管理费用 12315240.00 9185742.01 6116144.11 5895552.05
财务费用 1962699.79 2589207.45 4043301.61 3372272.53
三、营业利润(亏损以"−"号填列)
35095799.80 33660857.35 24424633.85 17554100.09
加:投资收益(损失以"−"号填列)
补贴收入 0.00 5701422.68
营业外收入 8.54 2800.00
减:营业外支出 18387.96 2632395.20
四、利润总额(亏损总额以"−"号填列)
35077420.38 36732684.83 24424633.85 17554100.09
减:所得税 11589305.63 10452608.25 3721593.27 3801115.32
五、净利润(净亏损以"−"号填列)
23488114.75 26280076.58 20703040.58 13752984.77

利润分配表

编制单位:烟台万华聚氨酯股份有限公司 单位:元
项目 2000 年 1-5 月 1999 年度
一、净利润 23488114.75 26280076.58
加:年初未分配利润 0.00 −653705.19
其中:追溯调整影响数 0.00 −653705.19
二、可供分配的利润 23488114.75 25626371.39
减:提取法定盈余公积 0.00 2628007.66
提取法定公益金 0.00 2628007.66
三、可供股东分配的利润 23488114.75 20370356.07
减:应付优先股股利 0.00
提取任意盈余公积 0.00 20370356.07
应付普通股股利
转作股本的普通股股利
四、未分配利润 23488114.75

现金流量表

1999 年度及 2000 年 1-5 月
编制单位:烟台万华聚氨酯股份有限公司 单位:元
项目 2000 年 1-5 月 1999 年度
一、经营活动产生的现金流量:
销售商品、提供劳务收到的现金 158143660.98 237176842.00
收取的租金
收到的除增值税以外的其他税费返还 0.00 7830820.21
收到的其他与经营活动有关的现金 1096268.67 2038958.21
现金流入小计 159239929.65 247046620.42
购买商品、接受劳务支付的现金 145204990.73 136274993.82
经营租赁所支付的现金
支付给职工以及为职工支付的现金 4562566.66 9082638.97
支付的增值税款 4387053.42 10772683.63
支付的所得税款 4907262.99 14356503.71
支付的除增值税、所得税以外的其他税费 474381.80 1377772.74
支付的其他与经营活动有关的现金 13611811.41 20744457.79
现金流出小计 173148067.01 192609050.66
经营活动产生的现金流量净额 −13908137.36 54437569.76
二、投资活动产生的现金流量:
收回投资所收到的现金
分得股利或利润所收到的现金
取得债券利息收入所收到的现金
处置固定资产、无形资产和其他长期资产而收回的现金净额
0.00 6094878.00
收到的其他与投资活动有关的现金
现金流入小计 0.00 6094878.00
购建固定资产、无形资产和其他长期资产所支付的现金
6212273.51 41978974.15
权益性投资所支付的现金
债权性投资所支付的现金
支付的其他与投资活动有关的现金 0.00 200000.00
现金流出小计 6212273.51 42178974.15
投资活动产生的现金流量净额 −6212273.51 −36084096.15
三、筹资活动产生的现金流量:
吸收权益性投资所收到的现金
发行债券所收到的现金
借款所收到的现金 20000000.00 64600000.00
收到的其他与筹资活动有关的现金
现金流入小计 20000000.00 64600000.00
偿还债务所支付的现金 17130000.00 59600000.00
发生筹资费用所支付的现金
分配股利或利润所支付的现金
偿付利息所支付的现金 2000482.67 2546086.56
融资租赁所支付的现金
减少注册资本所支付的现金
支付的其他与筹资活动有关的现金
现金流出小计 19130482.67 62146086.56
筹资活动产生的现金流量净额 869517.33 2453913.44
四、汇率变动对现金的影响
五、现金及现金等价物净增加额 −19250893.54 20807387.05

附注:
项目
1.不涉及现金收支的投资和筹资活动
以固定资产偿还债务
以投资偿还债务
以固定资产进行长期投资
以存货偿还债务
融资租赁固定资产
2.将净利润调节为经营活动的现金流量
净利润 23488114.75 26280076.58
加:计提的坏帐准备或转销的坏帐 661025.98 1323361.46
固定资产折旧 9705114.93 25058312.66
无形资产摊销
待摊费用的减少(或增加) 0.00 77316.40
预提费用的增加(或减少)
处置固定资产、无形资产和其他长期资产的损失(减收益)
0.00 2632395.20
固定资产报废损失
财务费用 1962699.79 2589207.45
投资损失(减收益)9 递延税款贷项(减借项)
存货的减少(减增加) −38932194.32 −7596699.71
经营性应收项目的减少(减增加) −44560876.31 −26346871.91
经营性应付项目的增加(减减少) 33734961.71 30377842.50
其他 33016.11 42629.13
经营活动产生的现金流量净额 −13908137.36 54437569.76
3.现金及现金等价物净增加情况:
货币资金的期末余额 12622404.89 31873298.43
减:货币资金的期初余额 31873298.43 11065911.38
现金等价物的期末余额
减:现金等价物的期初余额
现金及现金等价物净增加额 −19250893.54 20807387.05

中垦农业资源开发股份有限公司

中垦农业资源开发股份有限公司股票上市公告书

一、要 览

股票简称:中农资源　股票代码:600313
总股本:25220 万股　本次上市流通股本:8000 万股　本次可流通股本:8000 万股
上市地点:上海证券交易所　上市时间:2001 年 1 月 19 日
股票登记机构:上海证券中央登记结算公司
上市推荐人:联合证券有限责任公司　国泰君安证券股份有限公司

二、绪 言

本上市公告书是根据《中华人民共和国公司法》、《中华人民共和国证券法》、《股票发行与交易管理暂行条例》、《公开发行股票公司信息披露实施细则》和《上海证券交易所股票上市规则》(2000 年修订本)等国家有关法律、法规的规定,并按照中国证券监督管理委员会制定的公开发行股票公司信息披露的内容与格式准则第七号《上市公告书的内容与格式(试行)》而编制,旨在向投资者提供有关中垦农业资源开发股份有限公司(以下简称公司或本公司)和本次股票上市的情况。

经中国证券监督管理委员会证监发行字[2000]178 号文批准,本公司已于 2000 年 12 月 22 日成功上网发行了每股面值 1.00 元的人民币普通股股票 8000 万股,每股发行价为人民币 6.30 元。

经上海证券交易所上证上字[2001]第 11 号《上市通知书》同意,本公司公开发行的 8000 万股社会公众股,将于 2001 年 1 月 19 日起在上海证券交易所挂牌上市交易,股票简称"中农资源",股票代码"600313"。本公司总股本 25220 万股,流通股本 8000 万股。

本公司已于 2000 年 12 月 20 日在《中国证券报》、《证券时报》和《上海证券报》上刊登了《中垦农业资源开发股份有限公司招股说明书概要》,距今不足六个月,其重复内容在此不再陈述。敬请投资者查阅本公司的《招股说明书概要》。

本公司董事会及全体董事已批准本上市公告书,确信其中不存在任何虚假记载、误导性陈述或重大遗漏,并对其内容的真实性、准确性、完整性负个别和连带责任。

三、发行公司概况

(一)基本情况

1、中文名称:中垦农业资源开发股份有限公司

英文名称:ZhongKenAgriculturalResourceDevelopmentCo.,Ltd

2、注册资本:(人民币)贰亿伍仟贰佰贰拾万元　3、法定代表人:李润福

4、成立日期:1999 年 8 月 13 日

5、经营范围:油料作物、花卉、剑麻的种植、加工销售;粮食种植;水产品养殖;农业高新技术及产品的开发、技术转让、技术服务;种子加工设备、检验仪器的销售、安装;饲料及饲料添加剂、针纺织品及服装、皮革制品的生产、销售;货物仓储服务;对农业、食品业的投资、管理;与上述业务相关的信息咨询服务;农作物种子经营;对住宿、餐饮、文化娱乐项目的投资管理。

6、所属行业:农业　7、公司注册地址:北京市丰台区科学城 10D 地块 2 号楼

8、公司办公地址:北京市月台北街 2 号月台大厦 C501

9、联系电话:(010)68083255-59　10、传真:(010)68083262　11、联系人:陈建政　赵宇华

(二)公司沿革　本公司经农业部农财函[1999]76 号文和经贸委国经贸企改[1999]698 号文批准,由中国农垦(集团)总公司作为主发起人,联合江苏省农垦集团有限公司、江苏大圣集团有限公司、中国水果与蔬菜有限公司以及天津开发区兴业房地产投资有限公司共同发起设立,并于 1999 年 8 月 13 日在国家工商行政管理局注册登记,取得企业法人营业执照,注册号为 1000001103216(2-2)。本公司经北京市科学技术委员会认定为高新技术企业(编号为 0121105F),注册于北京市中关村科技园区丰台园。

中国农垦(集团)总公司投入本公司的资产为原北京中垦农牧有限责任公司、原北京中垦农业物资供销公司、原华垦物资公司、原中国农垦进出口江苏公司、原北京华垦农科公司的经营性净资产;江苏省农垦集团有限公司投入本公司的资产为原江苏省农垦大华种子集团公司(含 17 家全资子公司及江苏省农垦大华淮阴种子有限公司 80%的股权和江苏省农垦大华种子徐州有限公司 52%的股权)经剥离为农场服务的资产及相关负债后的全部净资产;江苏大圣集团有限公司、中国水果与蔬菜有限公司以及天津开发区兴业房地产投资有限公司分别以 50 万元现金投入本公司。

本公司成立后,进行如下改制:

将原江苏省农垦大华种子集团公司的全资子公司江苏省农垦东辛农场、岗埠农场、云台农场、黄海农场、滨淮农场、新洋农场、新曹农场、港农场、沿湖农场、湖西农场、五里江农场、三河农场、宝应湖农场、南通农场种子公司,以及原北京中垦农牧有限责任公司、原北京中垦农业物资供销公司、原北京华垦农科公司分别取消原有法人资格,相应改制为:中垦农业资源开发股份有限公司苏垦东辛、岗埠、云台、黄海、滨淮、新洋、新曹、弶港、沿湖、湖西、五里江、三河、宝应湖、南通种子分公司及中垦农业资源开发股份有限公司北京农牧分公司、科技发展分公司、北京第一分公司。同时,将原江苏省农垦大华种子集团公司所持有的江苏省农垦大华淮阴种子有限公司 80%的股权及江苏省农垦大华种子徐州有限公司 52%的股权转由本公司直接持有。

以原江苏省农垦大华种子集团公司总部及其全资子公司江苏省农垦白马湖农场种子公司、江苏省农垦淮海农场种子公司、江苏省农垦临海农场种子公司经评估的净资产 2981.7 万元出资,与江苏省农垦集团有限公司合资组建了江苏省农垦大华种子集团有限公司,本公司占 90%权益;以原华垦物资公司经评估净资产 4250 万元,与中国农垦(集团)总公司及原华垦物资公司 19 名员工合资组建了华垦物资有限公司,本公司占 85%权益;以原中国农垦进出口江苏公司经评估净资产 900 万元出资,与中国农垦进出口公司合资组建了中垦进出口江苏有限公司,本公司占 90%权益。

截止 2000 年 6 月 30 日,公司总资产已达 83140.08 万元,净资产 25519.63 万元,2000 年 1-6 月实现净利润 1377.08 万元。

中国证监会证监发行字[2000]178 号文批准,本公司于 2000 年 12 月 22 日在上海证券交易所采用上网定价发行的方式成功发行了 8000 万股人民币普通股,本次发行后,公司总股本为 25220 万股。

四、股票发行及承销

1、股票公开发行情况　发行数量:本次发行股票 8000 万股。

股票发行价格:6.30 元/股　发行费用总额:1571 万元　每股发行费用:0.196 元
发行市盈率:52.5 倍(全面摊薄)　募集资金总额:48829 万元(已扣除发行费用)
发行方式:上网定价发行方式　发行中签率:0.78472486%　有效申购户数:500539 户
有效申购股数:10194656000 股　持股 1000 股以上(含 1000 股)的户数:65540 户

2、股票承销　本次通过上海证券交易所上网定价发行之 8000 万股已全部被社会公众认购,承销团无余股包销。

3、验资报告:验资报告(2000)京会兴字第 277 号中垦农业资源开发股份有限公司全体股东:

我们接受委托,对贵公司截至 2000 年 12 月 29 日的实收资本、投入资本变更情况的真实性和合法性进行了审验。在审验过程中,我们按照《独立审计实务公告第 1 号-验资》的要求,实施了必要的审验程序。贵公司的责任是提供真实、合法、完整的验资资料,保护资产的安全、完整,我们的责任是按照《独立审计实务公告第 1 号-验资》的要求,出具真实、合法的验资报告。

贵公司变更前的注册资本为 172,200,000.00 元,本次申请的注册资本为 252,200,000.00 元。根据我们的审验,贵公司变更前的股本为 172,200,000.00 元,资本公积为 73,794,048.38 元。本次向社会公开发行人民币普通股 8,000 万股,每股面值 1.00 元,发行价 6.30 元。截至 2000 年 12 月 29 日,共募集资金 504,000,000.00 元,扣除 15,710,000.00 元发行费用后净额为 488,290,000.00 元,其中股本 80,000,000.00 元,资本公积 408,290,000.00 元。公开发行股票后的投入资本总额为 734,284,048.38 元,其中股本为 252,200,000.00 元,资本公积为 482,084,048.38 元。

北京兴华会计师事务所有限责任公司注册会计师王全洲地址:北京市阜城门外大街 2 号注册会计师谭红旭万通新世界广场 708 室 2000 年 12 月 29 日。

编制单位:北京兴华会计师事务所有限责任公司注册会计师:谭红旭(填表人:谭红旭

1、组建及审批情况

中垦农业资源开发股份有限公司是经农业部农财函[1999]76 号文和国家经贸委国经贸企改[1999]698 号文批准,由中国农垦(集团)总公司作为主发起人,联合江苏省农垦集团有限公司、江苏大圣集团有限公司、中国水果蔬菜有限公司以及天津开发区兴业房地产投资有限公司共同发起设立,并于 1999 年 8 月 13 日在国家工商行政管理局注册登记的股份有限公司,公司成立时注册资本为 17,220 万元。经中国证券监督管理委员会以证监发行字[2000]178 号文批准,中垦农业资源开发股份有限公司向社会公开发行人民币普通股 8,000 万股(每股面值 1.00 元)。发行后,中垦农业资源开发股份有限公司的注册资本变更为 25,220 万元。主要发起股东的基本情况如下:

发起人	注册地	主营范围
中国农垦(集团)总公司	北京市	组织农垦系统企业的生产
江苏省农垦集团有限公司	江苏省南京市	省政府授权范围内的国有资产经营
中国水果与蔬菜有限公司	香港	农作物、水果、蔬菜的零售、批发代理、进出口业务
江苏大圣集团有限公司	江苏省盐城市	棉纱、针织内衣制造
天津开发区兴业房地产投资有限公司	天津市	房地产开发及商品房销售

2、申请的注册资本及出资规定

根据经批准的章程规定,中垦农业资源开发股份有限公司的注册资本为 25,220 万元,股本结构及出资规定如下:股票种类股份数(万股)持股比例(%)国有法人股 17,150 68.00 内资法人股 35 0.14 外资法人股 35 0.14 社会公众股 8,000 31.72 总股本 25,220 100.00

发起人(国有法人股股东和其他法人股股东)认股数额及方式详见(99)京会兴字第 186 号验资报告。

注:上述募集股款已由证券承销机构划入中垦农业资源开发股份有限公司开立于中国光大银行总行营业部的 301027942 帐户内。

五、董事、监事和高级管理人员简介及持股情况

(一)董事、监事及高级管理人员简历

1、董事会成员:

李润福先生,53 岁,大专,高级农业经济师。历任江苏省国营大中农场党委书记兼场长、江苏省农垦总公司副总经理、党委委员,分管农业、劳资工作。现任江苏省农垦集团有限公司总经理、副董事长、党委副书记、本公司董事长。

魏淑琪女士,59 岁,大学本科,高级农艺师。历任国家农垦生产总局办公室干部、中国农垦农业公司处长、副总经理、总经理。现任中国农垦(集团)总公司总经理、本公司副董事长。

徐昌年先生,50 岁,大学本科,工程师。历任农业部农垦司热作处副处长、中国农垦物资公司副总经理、华垦物资公司总经理。现任华垦物资有限公司董事长、本公司副董事长。

梁宝忠先生,44 岁,大学本科,高级经济师。历任中国农垦经济研究所经济研究室副主任、中国农垦南方公司(深圳)生产发展部副主任、中国农垦工业公司项目开发处处长、中国农垦(集团)总公司计划部主任、总经理助理。现任本公司董事、总经理。

李伟斌先生,47 岁,高级经济师。历任黑龙江生产建设兵团 31 团防疫员、兽医,北京市朝阳区南磨房种鸡场场长、北京中垦农牧有限责任公司总经理。现任本公司北京农牧分公司总经理、本公司董事。

黄金鉴先生,36 岁,大学本科,高级审计师。历任农业部审计局审计员、中国农垦(集团)总公司审计室主任。现任本公司董事、副总经理。

彭重民先生,50 岁,博士。历任英国 W.G.CURTIN 合伙公司土木工程师、英国 DUNLOP 公司计划部经济师、英国 BOOKER 农业国际公司财务与经济分析员、中国农垦部/农牧渔业部经济师、世界银行国际金融公司资本市场部高级投资官员、亚洲部首席投资官员、驻曼谷亚洲地区首席代表、美国所罗门兄弟公司董事及中国首席代表、美国美洲银行高级副总裁及中国部总经理。现任中国水果与蔬菜有限公司总裁、本公司董事。

苏南俊先生,男,59 岁,大学本科,高级工程师。历任江苏省清江合成纤维厂厂长、党委书记,江苏省农垦总公司副总经理。现任江苏省农垦集团有限公司总工程师、本公司董事。

顾学明先生,47 岁,大专,经济师。历任江苏农垦大华甜菜种子公司经理、江苏省农垦大华种子集团公司副总经理。现任江苏省农垦大华种子集团有限公司董事长、总经理、本公司董事、副总经理。

孙宝成先生,37 岁,本科,高级会计师。历任江苏省农垦总公司计财处副科长、副处长。现任江苏省农垦集团有限公司财务处处长、本公司董事。

张海波先生,37 岁,工商管理硕士,高级经济师。历任中共江苏省委农村工作部副处长、江苏省政府办公厅秘书处秘书。现任华泰证券有限责任公司总裁助理、本公司独立董事。

2、监事会成员:

吴玉潮先生,52 岁,中专,经济师。历任江苏省清江制药厂厂长、党支部书记,江苏省农垦总公司工业处处长、江苏省农垦总公司副总经理。现任江苏省农垦集团有限公司副总经理、本公司监事长。

韩相山先生,48 岁,大学本科,工程师。历任国家农垦总局、农垦部、农牧渔业部干部、劳资处处长,中国农垦总公司人事劳资部副主任、党办主任、计划部经理,中国农垦上海公司经理、中国农垦(集团)总公司党委副书记。现任中国农垦(集团)总公司副总经理、本公司副监事长。

陈建军先生,41 岁,大学,高级统计师。历任江苏省农垦总公司计财处副处长。现任江苏省农垦集团有限公司办公室主任、本公司监事。

王子明先生,46 岁,研究生,副研究员。历任江苏省农科院研究室主任、江苏省农垦大华种子公司副总经理。现任江苏省农垦大华种子集团有限公司副总经理,本公司职工监事。

杨汉琴女士,44 岁,大专,高级会计师。历任江苏省棉纺织厂总会计师,副厂长、江苏大圣集团有限公司副董事长、副总经理、财务总监。现任江苏大圣集团有限公司总经理、本公司监事。

王世水先生,42岁,大学,高级会计师。现任中国农垦(集团)总公司财务部经理、本公司监事。

包秀丽女士,39岁,大专,助理会计师。历任北京华垦农科公司财务部经理、副总经理。现任本公司北京第一分公司副总经理、本公司职工监事。

戎武康先生,35岁,大学,会计师。历任中国农垦进出口江苏公司综合开发部经理兼财务部经理。现任中垦进出口江苏有限公司副总经理、本公司职工监事。

吴军先生,33岁,大学本科。现任天津开发区兴业房地产投资有限公司证券部经理、本公司监事。

3、其他高级管理人员:

杨炳生先生,37岁,大专,会计师。历任江苏东辛集团公司会计主管、计划财务处处长、财务总监。现任本公司财务总监。

陈建政先生,32岁,硕士,高级经济师。历任江苏省农垦总公司办公室主任科员、江苏省国营掘港农场副场长、江苏省国营掘港农场党委书记。现任本公司董事会秘书。

(二)董事、监事及高级管理人员持股情况本公司董事、监事、高级管理人员及重要职员未持有本公司的股份。本公司副董事长徐昌年先生持有本公司控股85%的华垦物资有限公司0.38%的股份。

六、公司设立

1、本公司经农业部农财函[1999]76号文和经贸委国经贸企改[1999]698号文批准,由中国农垦(集团)总公司作为主发起人,联合江苏省农垦集团有限公司、江苏大圣集团有限公司、中国水果与蔬菜有限公司以及天津开发区兴业房地产投资有限公司共同发起设立,并于1999年8月13日在国家工商行政管理局注册登记,取得企业法人营业执照,注册号为1000001103216(2-2)。本公司经北京市科学技术委员会认定为高新技术企业(编号为0121105F),注册于北京市中关村科技园区丰台园。

2、经中国证券监督管理委员会证监发行字[2000]178号文批准,本公司通过上海证券交易所交易系统,于2000年12月22日公开发行人民币普通股(A股)8000万股。本次发行结束后,本公司注册资本为25220万元。

七、关联企业及关联交易

(一)关联企业

(二)关联交易

1、合资设立华垦物资有限公司 本公司以经评估的原华垦物资公司净资产4250万元出资(占85%股权),中国农垦(集团)总公司以现金500万元出资(占10%股权),原华垦物资公司19名职工以现金250万出资(占5%股权),于1999年10月合资设立了华垦物资有限公司。本次合资行为属关联交易,已经本公司第一届董事会第二次会议在关联董事回避表决下审议通过,并经本公司99年第一次临时股东大会在关联股东中国农垦(集团)总公司回避表决下审议通过。

2、合资设立中垦进出口江苏有限公司 本公司以原中国农垦进出口江苏公司经评估净资产900万元出资(占90%股权),中国农垦进出口公司以现金100万元出资(占10%股权),于1999年12月合资设立了中垦进出口江苏有限公司。本次合资行为属关联交易,已经本公司第一届董事会第二次会议在关联董事回避表决下审议通过,并经本公司99年第一次临时股东大会在关联股东中国农垦(集团)总公司回避表决下审议通过。

3、合资设立江苏省农垦大华种子集团有限公司 本公司以原江苏农垦大华集团公司总部及其全资子公司江苏农垦白马湖种子公司、江苏农垦淮海种子公司、江苏农垦临海种子公司经评估的净资产2981.7万元出资(占90%股权),江苏省农垦集团有限公司以现金331.3万元出资(占10%股权),于1999年11月合资设立了江苏农垦大华种子集团有限公司。本次合资行为属关联交易,已经本公司第一届董事会第二次会议在关联董事回避表决下审议通过,并经本公司99年第一次临时股东大会在关联股东江苏省农垦集团有限公司回避表决下审议通过。

4、土地租赁 本公司于1999年8月30日与江苏省农垦集团有限公司签署《国有土地使用权租赁合同》。

5、种子预约生产 本公司于1999年1月8日与江苏省农垦集团有限公司签订了《种子预约生产原则协议》。

6、种子销售 江苏省农垦集团有限公司所属农场生产需要的各类种子主要由本公司负责供应,每年根据生产需要签订销售合同,供应期结束后根据各农场向本公司实际采购量结算,价格随市场情况变动。

7、饲料采购

8、综合服务协议

9、抵押和担保

(三)、避免同业竞争的承诺

1、根据中国农垦(集团)总公司1999年1月10日出具的《不竞争承诺函》及1999年11月28日出具的《关于不竞争承诺函的补充协议》,中国农垦(集团)总公司以及其除本公司以外的其他控股子公司将不增加对与本公司生产经营相同或类似业务的投入,以避免对本公司构成竞争,同时承诺不会利用其在本公司的控股地位及控制关系进行侵害、侵占、影响本公司其他股东利益的经营活动,此外,其若取得计划内进口化肥配额将全部无偿转让给华垦物资有限公司,其若取得钢材、腈纶、涤纶、植物油、柴汽油、燃料油及其他华垦物资有限公司业务经营范围内产品的计划内配额也应优先于任何第三方给予华垦物资有限公司使用。

2、本公司第二大股东江苏省农垦集团有限公司于1999年1月10日向本公司出具《不竞争承诺函》,承诺其以及其除本公司以外的其他控股子公司将不增加对与本公司生产经营相同或类似业务的投入,以避免对本公司构成竞争,同时承诺不会利用其第二大股东的地位进行侵害、侵占、影响本公司其他股东利益的经营活动。

八、上市前股本结构及大股东持股情况

1、本公司上市前的股本结构

股份类型	本次发行前		本次发行后	
	持股数(股)	占总股本比例(%)	持股数(股)	占总股本比例(%)
发起人股	172,200,000	100.00	172,200,000	68.28
其中:国家股	171,500,000	99.60	171,500,000	68.00
发起人法人股	350,000	0.20	350,000	0.14
外资持股	350,000	0.20	350,000	0.14
社会公众股	0	0	80,000,000	31.72
合计	172,200,000	100	252,200,000	100

2、本次发行后,本公司前十位股东所持股数及比例

股东名称	持股数量(万股)	持股比例(%)
1、中国农垦(集团)总公司	10010.00	39.69
2、江苏省农垦集团有限公司	7105.00	28.17
3、同盛基金	58.70	0.23
4、中国水果与蔬菜有限公司	35.00	0.14
5、江苏大圣集团有限公司	35.00	0.14
6、天津开发区兴业房地产投资有限公司	35.00	0.14
7、同益基金	33.40	0.13
8、裕隆基金	27.20	0.11
9、天元基金	26.50	0.11
10、兴和基金	13.80	0.05
合计	17379.60	68.91

九、公司财务会计资料

本公司截止2000年6月30日的财务状况,已于2000年12月20日在《中国证券报》、《证券时报》及《上海证券报》刊登的《中垦农业资源开发股份有限公司招股说明书概要》中进行了详细的披露。因刊登招股说明书概要的时间距上市时间不足六个月,本公告不再重述。本公告只公布主要财务指标、财务报表、主要项目附注,欲了解详细内容,请查阅上述报纸或到本公司公告的查阅地址查阅本公司《招股说明书》及北京兴华会计师事务所有限责任公司出具的关于本公司截止2000年6月30日三年又一期会计报表的审计报告。

(一)财务报表(附后)

(二)主要财务指标

项目	2000年1-6月	1999年	1998年	1997年
流动比率	1.20	1.18	1.19	1.24
速动比率	1.03	0.85	0.98	0.92
资产负债率(%)	67.64	66.52	69.30	65.80
净资产收益率(%)	5.40	11.92	21.98	28.14
存货周转率	4.34	9.71	12.40	10.02
应收帐款周转率	7.29	17.01	20.63	15.29
每股收益(元/股)	0.08	0.17	0.25	0.28

本公司流动比率偏低、资产负债率较高的主要原因是:本公司控股85%的子公司华垦物资有限公司属大型商贸企业,由于日常商品流通需要大量资金支持,该公司短期借款金额较大。并且,该公司大量销售均采用预收款的方式,故预收帐款的余额也较大,因此,流动负债总体较大。上述情况可能造成难以按时偿还短期债务的风险,但该公司内部控制制度健全,业务发展情况较好,有较强的风险防范和控制能力。

16、未分配利润

项目	金额	备注
年初未分配利润	633,291.14	
加:本年净利润	13954,680.44	
减:提取法定盈余公积	1,395468.04	按净利润的10%提取
提取法定公益金	697,734.02	按净利润的5%提取
减:应付普通股股利	10000,000.00	
年末未分配利润	2494,769.52	

十、董事会上市承诺

本公司董事会将严格遵守《中华人民共和国公司法》、《中华人民共和国证券法》、《股票发行与交易管理暂行条例》、《公开发行股票公司信息披露实施细则》和《上海证券交易所股票上市规则》(2000年修订本)等国家有关法律、法规的规定,并自本公司上市之日起作出如下承诺:

1、按照法律、法规的规定程序和要求披露重大信息,并接受证券主管机关、上海证券交易所的监督管理;

2、及时、真实、准确地在证券主管部门指定的报刊上公布中期报告和年度报告,并备置于规定场所供投资者公众查阅;

3、本公司董事、监事及高级管理人员如发生人事变动或所持本公司股票发生变动时,在报告证券主管机关、证券交易所的同时向投资者公布;

4、在任何公共传播媒介中出现的消息可能对本公司股票的市场价格产生误导性影响时,本公司知悉后将及时对该消息予以公开澄清;

5、公司董事、监事和高级管理人员将认真听取公众的意见和批评,不利用已获得的内幕消息和其他不正当手段直接或间接从事股票买卖活动;

6、公司所有董事、监事承诺在本公司股票上市后两个月内,分别签署《董事声明及承诺书》、《监事声明及承诺书》并送达上海证券交易所;其中声明事项发生变化时,董事、监事承诺在该等情况发生变化之日起两个月内向上海证券交易所提交最新资料备案,并保证资料的真实和完整。

7、公司没有无记录负债。

十一、重要事项揭示

1、本公司未披露2000年度、2001年度盈利预测资料,根据《公司法》第一百三十七条的有关规定,本公司全体董事、本次发行主承销商及本公司律师分别作如下声明、确认:本公司全体董事声明:"本公司及全体董事确保公司2000年预期利润率高于同期银行存款利率,公司董事会及全体董事愿对该承诺负个别和连带责任。"

本次发行主承销商国泰君安证券股份有限公司以"国泰君安司发(2000)561号文"确认:根据中垦农业资源开发股份有限公司向我司(指国泰君安证券股份有限公司)提供的经北京兴华会计师事务所有限责任公司审核的中垦农业资源开发股份有限公司2000年度盈利预测报告,及中垦农业资源开发股份有限公司全体董事关于2000年发行当年预期净资产收益率不低于同期银行存款利率的保证,我司(指国泰君安证券股份有限公司)经认真审核认为:中垦农业资源开发股份有限公司2000年发行当年预期净资产收益率不低于同期银行存款利率。

本公司律师就本公司本次A种股票公开发行与上市的预测利润率问题发表法律意见如下:经本所对北京兴华会计师事务所有限责任公司出具的(2000)京会兴字第176号《盈利预测审核报告》进行审查,并根据中垦农业资源开发股份有限公司以2000年度已实现经营业绩为基础向本所出具的《承诺函》,本所律师认定中垦农业资源开发股份有限公司预期利润率高于同期银行存款利率。

2、根据本公司第一届董事会第六次会议审议通过的2000年1-6月利润分配议案:本公司按本次发行前各股东出资比例分配利润10,000,000.00元,剩余未分配利润由发行后的新老股东共享。

3、本公司上市前后所得税率均为33%,没有发生变化。

4、本次新股发行后首次股利分配方案由董事会根据经营状况和发展需要提出,经2000年度股东大会上审议通过后执行。

5、截止本上市公告书公布之日,本公司无其他影响投资者进行投资判断的重要事项。

6、公司第一大股东中国农垦(集团)总公司已向上海证券交易所承诺,自公司股票上市之日起12个月内,不转让其持有的公司股份,也不由公司回购其持有的股份。

十二、备查文件目录

1、本公司成立的批准文件　2、审计报告、财务报表及附注

3、中国证监会和上海证券交易所批准发行上市的文件 4、招股说明书 5、资产评估报告

6、验资报告　7、法律意见书　8、本公司章程　9、公司营业执照

10、公司股东大会决议、董事会决议　11、其他备查文件

十三、咨询机构

1、发行人中垦农业资源开发股份有限公司

法定代表人:李润福　注册地址:北京市丰台区科学城10D地块2号楼

电话:010-68083255-59 转传真:010-68083262　联系人:陈建政、赵宇华

2、上市推荐人　联合证券有限责任公司

法定代表人:王世宏　地址:深圳市深南东路5047号深圳发展大厦10层

电话: 021-68403700　传真:021-68403690　联系人:李俊旭、王全国

上市推荐人　国泰君安证券股份有限公司　法定代表人:金建栋

注册地址:上海市浦东商城路618号　办公地址:上海市延平路135号

电话: 021-62580818　传真:021-62531028　联系人:陈曙光、张征、柴哲树

中垦农业资源开发股份有限公司

2001年1月13日

安徽巢东水泥股份有限公司

安徽巢东水泥股份有限公司股票上市公告书

一、要 览

股票简称:巢东股份
证券代码:600318
总股本:20,000 万股
可流通股本:8,000 万股
本次上市流通股本:8,000 万股上
市时间:2000 年 12 月 8 日
登记机构:上海证券中央登记结算公司
上市推荐人:北京证券有限责任公司　　平安证券有限责任公司

二、绪 言

本上市公告书是根据《中华人民共和国公司法》、《中华人民共和国证券法》、《股票发行与交易管理暂行条例》、《公开发行股票公司信息披露实施细则》和《上海证券交易所股票上市规则》等国家有关法律、法规的规定,并按照中国证券监督管理委员会制定的公开发行股票公司信息披露的内容与格式准则第七号《上市公告书的内容与格式(试行)》而编制,旨在向投资者提供有关安徽巢东水泥股份有限公司(以下简称本公司)和本次股票上市的情况。

经中国证监会证监发行字[2000]150 号文批准,本公司已于 2000 年 11 月 17 日至 11 月 18 日成功地向社会公开发行了每股面值 1.00 元的人民币普通股股票 8,000 万股，其中向二级市场投资者配售 4,000 万股,向一般投资者上网定价发行 4,000 万股,每股发行价为 5.10 元。

经上海证券交易所上证上字[2000]98 号《上市通知书》批准,本公司股票将于 2000 年 12 月 8 日在上海证券交易所挂牌上市交易,股票简称"巢东股份",股票代码"600318"。本公司总股本 20,000 万股,可流通股本 8,000 万股,本次上市流通 8,000 万股。

本公司已于 2000 年 11 月 15 日在《中国证券报》、《上海证券报》和《证券时报》上刊登了《招股说明书概要》，距今不足六个月，其重复内容不再冗述，敬请投资者查阅本公司的《招股说明书概要》。

本公司董事会及全体董事已批准本上市公告书,确信其中不存在任何虚假记载、误导性陈述或重大遗漏,并对其真实性、准确性、完整性负个别和连带责任。

三、公司概况

(一)本公司基本情况
公司名称:安徽巢东水泥股份有限公司
英文名称:ANHUI　CHAODONG　CEMENT　CO.,LTD.
注册资本:20,000 万元
法定代表人:陈学祥
成立日期:1999 年 4 月 16 日
所属行业:建材
经营范围:水泥及相关产品、轻钢结构、新型建材产品生产、销售;建材设计;设备制造、安装及调试;技术服务。
注册地址:安徽省巢湖市健康路 238 号
联系电话:0565-2391720
传真:0565-2391918
联系人:钱业银
(二)历史沿革

安徽巢东水泥股份有限公司(原名安徽巢湖水泥(集团)股份有限公司)是经安徽省人民政府皖政[1998]273 号文批准,由安徽省巢湖水泥厂、东关水泥厂、安徽省巢湖市富煌轻型建材有限责任公司、巢湖地区物资建筑材料总公司、巢湖市安得房地产开发有限责任公司、巢湖金建物资有限公司以发起设立方式组建的股份有限公司。

巢湖水泥厂始建于 1958 年,系国家大型二档企业,拥有 5 条旋窑生产线,年生产水泥能力达到 90 万吨,居安徽省第 2 位,企业曾被评为"全国建材行业红旗企业"、"全国环境保护先进企业",连续十年被评为"安徽省最佳经济效益单位",是安徽工业 50 强之一。东关水泥厂始建于 1958 年,是国家大型二档企业,拥有 6 条水泥生产线,设计年产水泥 84 万吨,居安徽省第 3 位,企业多次被评为"安徽省最佳经济效益单位",是中国 100 家最大建材工业企业和安徽工业 50 强之一。

巢湖水泥厂、东关水泥厂将其与水泥生产相关的完整经营性资产投入股份公司,安徽省巢湖市富煌轻型建材有限责任公司将其从事钢结构产品生产的经营性资产投入股份公司,包括:巢湖水泥厂投入的制造二、三、四分厂(1-5 号窑)、销售公司、铁路、物资供应公司、化验室;东关水泥厂投入的制造二、三、四分厂(1-6 号窑)、销售公司、物资供应公司、铁路、化验室以及其所持有的东兴水泥有限责任公司、东环水泥有限责任公司股权;安徽省巢湖市富煌轻型建材有限责任公司投入的钢结构车间、安装分公司。巢湖地区物资建筑材料总公司、巢湖市安得房地产开发有限公司、巢湖金建物资有限公司分别以现金方式投入。经安徽资产评估事务所(皖评报字(1998)074、075、076 号)评估,截止 1998 年 6 月 30 日,巢湖水泥厂、东关水泥厂、安徽省巢湖市富煌轻型建材有限责任公司投入股份公司的资产总额合计为 44,535.49 万元,负债 27,020.92 万元,净资产为 17,514.57 万元,其中:巢湖水泥厂投入股份公司的净资产为 7,379.10 万元,东关水泥厂投入股份公司的净资产为 8,444.09 万元,安徽省巢湖市富煌轻型建材有限责任公司投入股份公司的净资产为 1,691.38 万元。巢湖水泥厂、东关水泥厂的资产评估结果经安徽省国资局(皖国资评字(1998)126 号、127 号)文确认。巢湖地区物资建筑材料总公司、巢湖市安得房地产开发有限责任公司分别投入现金 50 万元,巢湖金建物资有限公司投入现金 10 万元。

经安徽省国有资产管理局皖国资工字[1998]035 号文批准,六家发起人投入股份公司的净资产(包括现金)按 68.09%的折股比例,折为 12,000 万股,其中国有法人股 10,773.50 万股,由巢湖水泥厂持有 5,024.20 万股,东关水泥厂持有 5,749.30 万股,法人股 1,226.50 万股,由安徽省巢湖市富煌轻型建材有限责任公司、巢湖地区物资建筑材料总公司、巢湖市安得房地产有限责任公司、巢湖金建物资有限公司持有。

1999 年 11 月 8 日,经安徽省人民政府皖政秘(1999)228 号文批准,巢湖水泥厂、东关水泥厂合并组建安徽巢东水泥集团有限责任公司,巢湖水泥厂、东关水泥厂法人资格注销,其所持有的股份公司国有法人股股份由集团公司持有。

经中国证监会证监发行字[2000]150 号文批准,本公司已于 2000 年 11 月 17 日至 11 月 18 日成功地向社会公开发行了每股面值 1.00 元的人民币普通股股票 8,000 万股，其中向二级市场投资者配售 4,000 万股,向一般投资者上网定价发行 4,000 万股,每股发行价为 5.10 元。

本公司已在安徽省工商行政管理局办理了工商变更登记手续,注册资本为人民币 20,000 万元,注册号为:3400001300188。

四、股票发行及承销

(一)股票公开发行

发行数量:本次发行股票 8,000 万股,其中二级市场投资者配售 4,000 万股,向一般投资者上网定价发行 4,000 万股。

股票发行价格:5.10 元/股　　募集资金总额:39,120 万元(已扣除发行费用)
发行方式:向二级市场投资者配售与上网定价相结合　　中签率:上网定价发行 0.30130229%
向二级市场投资者配售:0.10650991%　　有效申购户数:上网定价发行:892479 户
向二级市场投资者配售:4094512 户　　持 1000 股(含 1000 股)　　以上的户数:71870 户
发行费用总额:1,680 万元　　每股发行费用:0.21 元
发行市盈率:18.61 倍(加权平均)　　28.65 倍(全面摊薄)
(二)股票承销

本次发行采用上网定价发行的 4000 万股已被社会公众全部认购,S 向二级市场投资者配售的 4000 万股部分出现余股 379125 股,按有关规定,全部由主承销商平安证券有限责任公司包销。

(三)验资报告

安徽巢东水泥股份有限公司全体股东:

我们接受委托,对安徽巢东水泥股份有限公司("贵公司")截至 2000 年 11 月 23 日止股本变动情况的真实性和合法性进行了审验。在审验过程中,我们按照《独立审计实务公告第 1 号-验资》的要求,实施了必要的审验程序。贵公司的责任是提供真实、合法、完整的验资资料,保护资产的安全、完整。我们的责任是按照《独立审计实务公告第 1 号-验资》的要求,出具真实、合法的验资报告。

贵公司变更前的注册资本和实收股本均为人民币 120,000,000.00 元。本次向社会公开发行 A 股 80,000,000 股,每股面值人民币 1.00 元,计人民币 80,000,000.00 元,变更后的股份总数为 200,000,000 股,实收股本为人民币 200,000,000.00 元。

根据我们的审验,截至 2000 年 11 月 23 日止,贵公司已收到募集资金人民币 408,000,000.00 元,扣除与发行有关的费用 16,758,000.00 元,贵公司实际增加投入资产人民币 391,242,000.00 元(均为货币资金),其中计入股本人民币 80,000,000.00 元,计入资本公积人民币 311,242,000.00 元。

附件(一)变更前后注册资产、投入股本对照表
附件(二)验资事项说明
附件(三)验资依据证明文件
深圳中天会计师事务所　　中国注册会计师:蒋贤山
中国注册会计师:祝小兰
中国深圳　　二 OOO 年十一月二十三日
募集资金入帐情况:
入帐时间:2000 年 11 月 23 日
入帐金额:人民币 396,372,000.00 元
入帐帐号:8319301012301
开户银行:中国光大银行合肥支行营业部

五、董事、监事及高级管理人员持股情况

(一)董事、监事及高级管理人员简介

陈学祥先生,董事长,42 岁,研究生,高级工程师,全国建材劳动模范。历任安徽省叉车集团合肥铸煅厂技术员、厂长助理、副厂长,安徽省建材设计研究院院长、党委书记,安徽省巢湖水泥厂厂长兼党委书记。现任安徽巢东水泥集团有限责任公司副董事长。

杨俊斌先生,副董事长,41 岁,本科学历,高级经济师。历任巢湖市黄麓镇经委副主任、安徽省巢湖市富煌轻型建材有限责任公司董事长兼总经理。曾获全国优秀乡镇企业厂长(经理)和安徽省优秀企业家等称号。现兼任股份公司富煌分厂厂长。

王松苗先生,董事,35 岁,本科学历,高级工程师。历任东关水泥厂技术员、制成车间主任、技术科科长、总工办主任、分厂厂长兼党总支书记、副厂长。现任股份公司总经理。

赵吉祥先生,董事,56 岁,本科学历,高级经济师。历任东关水泥厂团委书记、煅烧车间主任兼党支部书记、常务副厂长。现任股份公司副总经理,兼任股份公司控股子公司安徽省东兴水泥有限责任公司董事长。

梁力先生,董事,41 岁,大专学历,会计师。历任安徽省建材设计研究院财务科科长、院长助理、副院长,安徽省巢湖水泥厂总会计师。现任股份公司总会计师。

张守义先生,董事,35 岁,大专学历,工程师。历任东关水泥厂烧成车间副主任、分厂厂长兼党总支书记、厂长助理。现任股份公司东关分厂副厂长。

邵杰先生,董事,43 岁,中专学历,工程师。历任安徽省巢湖水泥厂技术质量处副处长、分厂厂长、厂长助理。现任股份公司巢湖分厂副厂长。

卢正明先生,监事会主席,43 岁,本科学历。历任安徽省巢湖水泥厂办公室副主任、党支部书记、厂党委副书记兼工会主席。

胡从望先生,监事会副主席,55 岁,大专学历,高级政工师。历任东关水泥厂宣教科科长、组干科科长、厂党委副书记兼纪委书记。

郎西悦先生,监事,58 岁,大专学历,高级政工师。历任东关水泥厂人武部部长、厂纪委书记、厂工会主席。

祝高先生,监事,45 岁,大专学历。历任安徽省巢湖水泥厂团委副书记、车间党支部副书记、监察审计室主任、厂纪委副书记、书记。

杨继平先生,监事,34 岁,大专学历,高级工程师。历任安徽省巢湖市富煌轻型建材有限责任公司副董事长、副总经理。

陈锦潭先生,副总经理,49 岁,本科学历。历任安徽省巢湖水泥厂厂办秘书、副主任、厂长助理兼后勤处处长、副厂长。现兼任股份公司巢湖分厂厂长。

姚旭先生,副总经理,36 岁,本科学历,工程师。历任东关水泥厂化验室主任、烧成车间主任、分厂厂长兼党总支书记、东关水泥厂副厂长。现兼任股份公司东关分厂厂长。

顾国威先生,副总经理,44 岁,本科学历,工程师。历任安徽省建材设计院设计所所长、水泥所所长、安徽省水泥质检站站长、安徽省巢湖水泥厂总工程师。现兼任股份公司总工程师。

雷功群先生,副总经理,37 岁,大专学历,高级经济师。历任巢湖市百货公司总经理助理、安徽省巢湖市富煌轻型建材有限责任公司副总经理。

钱业银先生,董事会秘书,34 岁,本科学历,经济师。历任东关水泥厂办公室秘书、车间副主任、供销处副处长、销售总公司副总经理。

(二)本公司董事、监事及高级管理人员持股状况

本公司董事、监事及高级管理人员均未持有本公司股票。

六、公司设立

安徽巢东水泥股份有限公司(原名安徽巢湖水泥(集团)股份有限公司)是经安徽省人民政府皖政[1998]273 号文批准,由安徽省巢湖水泥厂、东关水泥厂、安徽省巢湖市富煌轻型建材有限责任公司、巢湖地 区物资建筑材料总公司、巢湖市安得房地产有限责任公司、巢湖金建物资有限公司,

采用发起方式组建的股份有限公司,注册资本为人民币12,000万元,,成立时间1999年4月16日。1999年8月26日,经1999年临时股东大会决议,公司更名为安徽巢东水泥股份有限公司。

1999年11月8日,经安徽省人民政府皖政秘(1999)228号文批准,安徽省巢湖水泥厂、东关水泥厂采取新设合并组建安徽巢东水泥集团有限责任公司,安徽省巢湖水泥厂、东关水泥厂法人资格注销,其所持有的股份公司国有法人股股份由安徽巢东水泥集团有限责任公司持有。

本公司于1999年12月19日召开了1999年第二次临时股东大会,审议并通过了公开发行股票并上市的决议,并授权董事会全权负责办理有关申请向社会公开发行上市股票的事宜。

经中国证监会证监发行字[2000]150号文批准,本公司已于2000年11月17日至11月18日成功地向社会公开发行了每股面值1.00元的人民币普通股股票8,000万股,其中向二级市场投资者配售4,000万股,向一般投资者上网定价发行4,000万股。

2000年11月23日,本公司已在安徽省工商行政管理局办理了工商变更登记手续,注册资本为人民币20,000万元,注册地址为安徽省巢湖市健康路238号,法定代表人:陈学祥,营业执照注册号码为:3400001300188。

七、关联企业及关联交易

(一)关联企业

(1)安徽巢东水泥集团有限责任公司

安徽巢东水泥集团有限责任公司由安徽省巢湖水泥厂和东关水泥厂于1999年11月8日采取新设合并方式设立,注册资金22,409.25万元,持有本公司10,773.50万股,占发行前总股本的89.78%,系本公司的发起人和控股股东。主营业务和主要产品:具有年产200万吨石灰石、4,000万条水泥包装袋、3.2万根(段)水泥电杆、30万立方米商品混凝土的产品生产能力,并从事运输、建筑安装、水电供应、宾馆、餐饮等业务。

(2)安徽省巢湖市富煌轻型建材有限责任公司

安徽省巢湖市富煌轻型建材有限责任公司注册资金1,461万元,系本公司的发起人,截止1998年6月30日,总资产4,332万元,净资产3,634万元,富煌公司持有本公司1,151.61万股,占发行前总股本的9.60%。主营业务和主要产品:具有年产10万平方米彩钢门窗,36万平方米菱镁制品,15,000只果壳箱,1万平方米路面砖生产能力。

(3)巢湖地区物资建筑材料总公司

巢湖地区物资建筑材料总公司注册资金为114万元,系本公司的发起人,持有本公司34.04万股,占发行前总股本的0.28%。主营业务:销售水泥、玻璃、油毡、石棉制品、卫生陶瓷等建材产品。

(4)巢湖市安得房地产开发有限责任公司

巢湖市安得房地产开发有限责任公司注册资金220万元,系本公司的发起人,持有本公司34.04万股,占发行前总股本的0.28%。主营业务:房地产开发。

(5)巢湖金建物资有限责任公司

巢湖金建物资有限责任公司注册资金为50万元,系本公司的发起人,持有本公司6.81万股,占发行前总股本的0.06%。主营业务:销售金属材料、燃料、化工建材、机电仪表、木材、食用油、汽车配件。

(6)安徽巢湖东亚水泥有限责任公司

安徽巢湖东亚水泥有限责任公司是集团公司的控股子公司,集团公司持有该公司的60%股权,注册资金为3,000万元,目前东亚公司正处于建设阶段,投产后主要产品为年产100万吨水泥。鉴于该公司与本公司有同业竞争,本公司已和集团公司签定协议,集团公司同意在本公司上市后将其所持有的东亚公司股权全部转让给本公司。

(7)安徽东环水泥有限责任公司

为了向江苏开拓产品市场,原东关水泥厂与毗邻江苏的含山县环峰镇人民政府共同投资成立了安徽东环水泥有限责任公司,该公司于1997年7月8日正式成立,注册资本1,333万元,其中,原东关水泥厂以货币资金、实物资产及"东关牌"注册商标使用权作为出资,持有51%的股权,含山县环峰镇人民政府以设备、厂房等作为出资,持有49%的股权。该公司的经营范围为生产、销售普通硅酸盐水泥、矿渣硅酸盐水泥及水泥制品。公司现有职工101人,拥有一台Φ2.2×7m水泥磨,年设计生产能力10万吨,自1998年2月投产以来,共生产水泥24万吨,实现销售收入5003万元 。

(8)安徽省东兴水泥有限责任公司

为占领合肥市场,减少运输成本,原东关水泥厂与合肥市大兴企业集团总公司在合肥共同投资设立了安徽省东兴水泥有限责任公司,该公司于1998年5月21日正式成立,注册资本1066万元,其中,原东关水泥厂以货币资金、实物资产及"东关牌"注册商标使用权出资,持有55%的股权,合肥市大兴企业集团总公司以原有熟料库至成品库等实物资产出资,持有45%的股权。该公司的经营范围为普通硅酸盐水泥、矿渣硅酸盐水泥及水泥制品。该公司现有职工198人,拥有两台Φ2.2×6.5m水泥磨,年设计生产水泥15万吨。公司自成立以来,共生产水泥近30万吨,实现销售收入6300多万元。

(二)关联交易

(1)安徽巢东水泥集团有限责任公司与本公司存在原材料供应、水电供应、综合服务、办公用房租赁以及上市后对东亚公司的股权转让等关联交易。本公司已就上述关联交易的价格、期限、数量与安徽巢东水泥集团有限责任公司签定了协议。

(2)安徽省巢湖市富煌轻型建材有限责任公司与本公司存在土地使用权租赁的关联交易,本公司已就此项关联交易的价格期限数量与安徽省巢湖市富煌轻型建材有限责任公司签定了协议。

(三)大股东承诺

(1)安徽巢东水泥集团有限责任公司及其附属企业和控股子公司将放弃生产与本公司相同的产品,不从事任何与本公司构成直接或间接竞争业务;

(2)公司股票上市后,在安徽巢东水泥集团有限责任公司与本公司发生的、不可避免的关联交易中,安徽巢东水泥集团有限责任公司将无保留地执行相关协议确定的交易原则,不利用大股东的地位侵犯股份公司的合法权益

八、股本结构及大股东持股情况

(一)本次上市前本公司股本结构为:

股东名称	持股数量(万股)	持股比例(%)
国有法人股	10773.50	53.87
法人股	1226.50	6.13
社会公众股	8000.00	40.00
总股本	20000.00	100.00

2、本次发行后,本公司前十位股东所持股数及比例

序号	股东名称	持股数(万股)	持股比例(%)
1.	安徽巢东水泥集团有限责任公司	10773.50	53.87
2.	安徽省巢湖市富煌轻型建材有限责任公司	1151.61	5.76
3.	国信证券	46.80	0.23
4.	广发证券	38.20	0.19
5.	平安证券	37.91	0.19
6.	巢湖市安得房地产开发有限责任公司	34.04	0.17
7.	巢湖地区物资建材总公司	34.04	0.17
8.	裕隆基金	32.30	0.16
9.	国通证券	30.60	0.15
10.	天元基金	27.00	0.14

九、公司财务会计资料

本公司截止2000年4月30日的财务状况,已于2000年11月15日在《中国证券报》、《上海证券报》和《证券时报》刊登的《招股说明书概要》中进行了详细的披露。因与本公告间隔时间较短,本公告不再重述。本公告只公布财务报表、主要项目附注及财务指标,欲了解其他内容,请查阅上述报纸或到本公司公告的查阅地址查阅本公司《招股说明书》。

(一)主要财务指标表

项目	2000.4.30	1999	1998	1997
1.流动比率	0.78	0.73	0.73	0.68
2.速动比率	0.60	0.55	0.53	0.54
3.资产负债率(%)	62.95	60.47	71.51	70.83
4.应收帐款周转率(次)	1.52	5.69	6.22	6.16
5.存货周转率(次)	1.76	6.48	7.61	10.66
6.净资产收益率(%)	5.00	22.02	22.72	28.31
7.每股净利润(元/股)	0.076	0.349	−	−

(二)会计报表附后。

(三)主要项目附注

1.应收帐款

账龄	2000.4.30		1999.12.31	
	金额 RMB	比例(%)	金额 RMB	比例(%)
一年以内	44914696.39	54.40	89472910.71	95.46
一年以上二年以内	35411701.50	42.88	4250500.00	4.54
二年以上三年以内	2243356.74	2.72	−	−
三年以上者	−	−	−	−
合计	82569754.63	100.00	93723410.71	100.00

应收账款中无持有本公司5%(含5%)以上股份的股东单位欠款情况。欠款金额前五名单位情况如下:

欠款单位名称	所欠金额 RMB	经济内容	欠款时间
合肥恒中建材有限公司	5,026,556.17	货款	一至两年
六安地区公路工程服务部	4,127,676.96	货款	一年以内
合肥市政总公司砼搅拌站	1,546,899.35	货款	一年以内
合肥公路工程材料站	1,518,288.24	货款	一年以内
上海申宏实业公司	1,508,800.00	货款	二至三年

2.预付帐款

账龄	2000.4.30		1999.12.31	
	金额 RMB	比例(%)	金额 RMB	比例(%)
一年以内	9,297,058.31	70.13	10487051.06	96.58
一年以上二年以内	3959062.12	29.87	371866.27	3.42
二年以上三年以内	−	−	−	−
三年以上者	−	−	−	−
合计	13256120.43	100.00	10858917.33	100.00

预付账款中无持有本公司5%(含5%)以上股份的股东单位欠款情况。欠款金额前五名单位情况如下:

欠款单位名称	所欠金额 RMB	经济内容	欠款时间
马鞍山钢铁公司	1,142,872.61	材料款	一年以内
河南省铁生沟煤矿公司	500,000.00	购煤款	一年以内
白马山水泥厂	270,000.00	材料款	一年以内
江苏溧阳重型机械厂	159,707.60	设备款	一年以内
郭庆平	112,688.52	材料款	一年以内

变动原因:1999年12月31日的预付帐款为1,085.89万元比1998年12月31日的预付帐款为327.65万元,增长231.42%,主要原因是1999年产量大幅度增长,预付购货款也相应增长。

3.其他应收款

账龄	2000.4.30		1999.12.31	
	金额 RMB	比例(%)	金额 RMB	比例(%)
一年以内	27304228.75	88.71	21563027.80	89.96
一年以上二年以内	2833965.23	9.21	2406761.56	10.04
二年以上三年以内	641604.23	2.08	−	−
三年以上者	−	−	−	−
合计	30779798.21	100.00	23969789.36	100.00

其他应收款中持有本公司5%(含5%)以上股份的股东单位欠款情况见注释七.三。欠款金额前五名单位情况如下:

欠款单位名称	所欠金额 RMB	经济内容	欠款时间
含山县供电局	500,000.00	电费	一至两年
含山县人寿保险公司	407,887.15	代垫职工保险费	一至两年
江苏溧阳重型机械厂	300,000.00	修理费	一至两年
李秉义	210,000.00	借款	一至两年
安徽省环保局	205,627.50	贷款贴息*	一至两年

对环保局的贷款贴息系股份公司进行环保技改贷款,由股份公司向银行贷款,利息由财政通过环保主管部门给予贴息,截止2000年4月30日,利息没有收到,挂其他应收款。

4.长期股权投资

(1)投资项目

项目名称	2000.4.30 RMB	1999.12.31 RMB
其他股权投资	20000.00	20000.00
股权投资差额	1845882.65	1914248.67
	1865882.65	1934248.67

其他股权投资是对含山县东关农村信用社的投资,不存在减值的情况,故未计提减值准备。

(2)股权投资差额

被投资公司名称	投资成本 RMB	在被投资公司权益中所占金额 RMB	股权投资差额 RMB
安徽省东兴水泥有限责任公司	8167612.44	5860000.00	2307612.44
安徽东环水泥有限责任公司	7,092,239.51	7,348,871.23	(256,631.72)
合计			2,050980.72

被投资公司名称	形成原因	摊销年限	累计摊销金额 RMB	2000.4.30 RMB
安徽省东兴水泥有限责任公司	评估增值	10年	230761.24	2076851.20
安徽东环水泥有限责任公司	评估减值	10年	(25,663.17)	(230,968.55)

合计	1845882.65

5.长期债权投资

投资项目

项目名称	2000.4.30	1999.12.31
	RMB	RMB
债券投资	446871.67	486871.67

债券投资债券种类

	面值	年利率	购入金额	应收利息	2000.4.30	到期日
	RMB		RMB		RMB	
★特种电力债券	214200.00	−	214200.00	−	214200.00	−
★国库券	220000.00	9.18%	220000.00	12671.67	232671.67	2000年4月
合计					446871.67	

备注:截止1998年6月30日,国库券经安徽资产评估所评估增值12,671.67元,该国库券已到期,尚未兑现。

6.应付帐款

账龄	2000.4.30		1999.12.31	
	金额	比例(%)	金额	比例(%)
	RMB		RMB	
一年以内	38714660.54	68.16	57837622.04	85.10
一年以上二年以内	16143351.02	28.42	10125942.80	14.90
二年以上三年以内	1942880.80	3.42	−	−
三年以上者	−	−	−	−
合计	56800892.36	100.00	67963564.84	100.00

应付账款中无欠付持有本公司5%(含5%)以上股份的股东单位款项情况。

7.其他应付款

账龄	2000.4.30		1999.12.31	
	金额	比例(%)	金额	比例(%)
	RMB		RMB	
一年以内	6339800.61	34.02	14372511.37	58.12
一年以上二年以内	1956794.43	10.50	10358088.95	41.88
二年以上三年以内	10337664.23	55.48	−	−
三年以上者	−	−		
合计	18634259.27	100.00	24730600.32	100.00

其他应付款中无欠付持有本公司5%(含5%)以上股份的股东单位款项。

8.应交税金

税种	2000.4.30	1999.12.31
	RMB	RMB
增值税	4889102.96	2368811.37
城市维护税	168941.08	57782.91
企业所得税	5015873.32	550952.62
个人所得税	−	5526.52
合计	10073917.36	2983073.42

变动原因:本期应交税金比上期数增加709.08万元,增长237.71%,主要原因是增值税和企业所得税增加。

截止2000年6月本公司已缴纳增值税款共计人民币3,174,827.50元。

9.应付股利

单位名称	2000.4.30	1999.12.31
	RMB	RMB
安徽巢东水泥集团有限责任公司	160590852.91	17237760.00
安徽省巢湖市富煌轻型建材有限公司	1717248.70	1843200.00
巢湖地区物资建筑材料总公司	50086.42	53760.00
巢湖市安得房地产开发有限责任公司	50086.42	53760.00
巢湖金建物资有限责任公司	10732.81	11520.00
合计	17888007.26	19200000.00

1999年度的应付股利人民币1920万元已于2000年4月21日支付。

10.投资收益

项目	2000.1−4	1999.1−12	1998.1−12	1997.1−12
	RMB	RMB	RMB	RMB
债权投资收益	−	372748.32	226250.00	383906.00
股权投资差额摊销	(68,366.02)	(136,732.05)	−	−
合计	(68,366.02)	236016.27	226250.00	383906.00

注:股权投资差额从1999年5月开始计摊;债权投资收益系承兑到期国库券收取的利息收入。

11.资本公积

项目	2000.1.1	增加数	减少数	2000.4.30
	RMB	RMB	RMB	RMB
股本溢价	56245651.83	−	−	56245651.83

12.盈余公积

项目	2000.1.1	增加数	减少数	2000.4.30
	RMB	RMB	RMB	RMB
法定盈余公积	3296416.36	−	−	3296416.36
法定公益金	1648208.18	−	−	1648208.18
合计	4944624.54	−	−	4944624.54

13.未分配利润

项目	2000.4.30	1999.12.31
	RMB	RMB★
期初余额	8819539.00	−
加:当期净利润	9068468.26	41847315.67
减:1999年1-4月净利润	−	8883152.13
提取法定盈余公积	−	3296416.36
提取法定公益金	−	1648208.18
应付股利	17888007.26	19200000.00
转作股本的普通股股利	−	−
期末余额	−	8819539.00

备注:1.根据"安徽巢东水泥股份有限公司1999年股东大会决议",1999年5月至12月公司实现的净利润按10%提取法定盈余公积,按5%提取法定公益金,可供股东分配利润85%按每股0.16元向全体股东派发股利。

2.根据本公司股东大会决议,2000年1月至4月的利润归老股东享有。

十、董事会上市承诺

本公司董事会将严格遵守《中华人民共和国公司法》、《中华人民共和国证券法》、《股票发行与交易管理暂行条例》、《公开发行股票公司信息披露实施细则(试行)》、《上海证券交易所交易规则》(2000年修订本)和国家其它有关法律、法规的规定,并自本公司股票上市之日起作出如下承诺:

(一)按照法律、法规的规定程序和要求披露重大的信息,并接受证券主管机关、上海证券交易所的监督管理。

(二)及时、真实、准确地公布中期报告和年度报告,并备置于规定场所供投资者查阅。

(三)本公司董事、监事及高级管理人员如发生人事变动或持本公司股票发生变化时,按有关规定报告证券主管机关、上海证券交易所并进行披露。

(四)在任何公共传播媒介中出现的消息可能对本公司股票的市场价格产生误导性影响时,本公司知悉后将及时对该消息予以公开澄清。

(五)本公司董事、监事及高级管理人员将认真听取社会公众的意见和批评,不利用已获得的内幕消息和其他不正当手段直接或间接从事股票买卖活动。

(六)本公司没有无记录负债。

(七)依据2000年5月1日起实施的《上海证券交易所股票上市规则》(二OOO年修订本),本公司全体董事、监事将按照有关规定,在本公司股票上市后两个月内签署《董事(监事)声明及承诺书》并送达上海证券交易所备案。

十一、重要事项揭示

1、根据深圳中天会计师事务所出具的审字[2000]C010号《盈利预测审核报告》,预计本公司2000年度可实现利润总额53,100,700.00元,净利润35,572,779.00元,2001年度可实现利润总额56,701,000.00元,净利润37,982,670.00元,。

2、本公司首次分配股利是在2000年4月19日,经本公司1999年度股东大会决议,按照每股0.16元向全体股东派发股利。

本次股票发行后,预计在2001年上半年分配股利,具体时间由股东大会审议后确定。经1999年度股东大会决议,2000年5月1日以后产生的利润归新老股东共享。

3、本公司大股东安徽巢东水泥集团有限责任公司郑重承诺:自本公司股票上市之日起12个月内,安徽巢东水泥集团有限责任公司不转让其持有的本公司股份,也不由本公司回购其持有的本公司的股份。

4、截止本上市公告书刊登之日,本公司不存在任何重大诉讼和仲裁,本公司董事会成员及高级管理人员未受到任何刑事起诉。

十二、备查文件

(一)招股说明书;
(二)审计报告;
(三)验资报告;
(四)资产评估报告;
(五)盈利预测审核报告;
(六)中国证监会批准本公司公开发行股票的文件;
(七)上海证券交易所上市通知书;
(八)营业执照;
(九)公司章程;
(十)其他文件。

十三、咨询机构

1、股票上市交易所:上海证券交易所
法定代表人:朱从玖　地址:上海市浦东南路528号　电话:021−68808888

2、股票登记机构
名称:上海证券中央登记结算公司
法定代表人:王迪彬　地址:上海市浦东新区浦建路727号
电话:021−58708888　传真:021−58732631　联系人:周铭

3、发行人
名称:安徽巢东水泥股份有限公司
法定代表人:陈学祥　地址:安徽省巢湖市健康路238号
电话:(0565)2391720　传真:(0565)2391918　联系人:钱业银

4、上市推荐人
名称:北京证券有限责任公司
法定代表人:卢克群　地址:北京市西城区万通新世界广场B座12层
电话:(010)68587832　传真:(010)68587832　联系人:刘侃巍

5、上市推荐人
名称:平安证券有限责任公司
法定代表人:马明哲　地址:深圳市八卦岭三路平安大厦三层
电话:(0755)2262888　传真:(0755)2400862　联系人:薛荣年　胡进　张文斌　杨林

安徽巢东水泥股份有限公司

二000年十一月二十九日

合并资产负债表

编制单位:安徽巢东水泥股份有限公司　单位:人民币元

资产	2000.4.30	1999.12.31	1998.12.31	1997.12.31
流动资产:	RMB	RMB	RMB	RMB
货币资金	37067550.67	20436906.04	20379543.44	12369257.44
短期投资			2700000.00	
减:短期投资跌价准备				
短期投资净额			2700000.00	
应收票据	5320000.00	6960000.00	8502000.00	3391898.82
应收帐款	82569754.63	93723410.71	66115621.55	59149044.22
其他应收款	30779798.21	23969789.36	28402587.07	12539154.39
减:坏帐准备	6100221.80	5884660.00	4725910.43	3584409.93
应收帐款净额	107249331.04	111808540.07	89792298.19	68103788.68
预付帐款	13256120.43	10858917.33	3276491.83	911021.87
存货	50810855.72	49143920.18	45703595.06	22577863.07
减:存货跌价准备	198628.30	151467.09		
存货净额	50612227.43	48992453.09	45703595.06	22577863.07
待摊费用	1054338.30	1029333.29	1814943.90	1854812.76
流动资产合计	214559567.86	200086149.82	172168872.42	109208642.64
长期投资:				
长期股权投资	1865882.65	1934248.67		4620429.08
长期债权投资	446871.67	486871.67	838350.00	1457000.00
长期投资合计	2312754.32	2421120.34	838350.00	6077429.08
减:长期投资减值准备				
长期投资净额	2312754.32	2421120.34	838350.00	6077429.08
固定资产原值	493217724.20	489301321.17	366544549.68	241546930.94
减:累计折旧				

	216036296.96	205337812.24	129627428.45	111988820.98
固定资产净值	277181427.24	283963508.93	236917121.23	129558109.96
工程物资	1925746.44	1033470.64		
在建工程	20285402.50	18554316.63	12591522.76	4919026.40
固定资产合计	299392576.18	303551296.20	249508643.99	134477136.36
无形资产及其他资产：				
无形资产	2502441.73	2594179.60	2868393.20	
开办费	485778.07	314147.27	399823.79	
长期待摊费用				388132.72
无形资产及其他资产合计	2988219.80	2908326.87	3559316.57	388132.72
资产总计	519253118.16	508966893.23	426075182.98	250151340.80
负债及股东权益				
流动负债：				
短期借款	122988000.00	110638000.00	104100000.00	63756000.00
应付票据	2000000.00	2128000.00	5200000.00	
应付帐款	56800892.36	67963564.84	70211221.13	59542491.63
应付工资	1342478.07	1706184.64	1823288.31	1760886.87
应付福利费	1371586.63	1359619.74	782908.68	461280.83
应付股利	17888007.26	19200000.00		
应交税金	10073917.36	2983073.42	6504397.59	3968653.22
其他应交款	1074856.45	911973.59	1172660.07	694919.52
其他应付款	18634259.27	24730600.32	38306140.34	21604721.11
预提费用	5228843.35	5021567.04	9257987.90	641161.12
一年内到期的长期负债	36000000.00	37850000.00		9252080.13
其他流动负债				
流动负债合计	273402840.75	274492583.59	237368604.02	161682194.43
长期负债：				
长期借款	52700000.00	32700000.00	67350000.00	15500000.00
住房周转金	772530.03	579746.59		
长期负债合计	53472530.03	33279746.59	67350000.00	15500000.00
负债合计	326875370.78	307772330.18	304718604.02	177182194.43
少数股东权益	11187471.01	11184747.68	11181598.98	
股东权益				
股本	120000000.00	120000000.00		
资本公积	56245651.83	56245651.83		
盈余公积	4944624.54	4944624.54		
其中:公益金	1648208.18	1648208.18		
未分配利润		8819539.00		
股东权益合计	181190276.37	190009815.37	110174979.98	72969146.37
负债及股东权益总计	519253118.16	508966893.23	426075182.98	250151340.80

合并利润表

编制单位:安徽巢东水泥股份有限公司　　单位:人民币元

项目	2000.1-4	1999	1998	1997
	RMB	RMB	RMB	RMB
一、主营业务收入	133776296.63	455181702.27	390043422.22	364380295.70
减:折扣与折让				
主营业务收入净额	133776296.63	455181702.27	390043422.22	364380295.70
减:主营业务成本	87678973.38	307051978.93	259859773.33	240647815.70
主营业务税金及附加	957116.31	3132152.47	1893674.33	1735693.91
二、主营业务利润(亏损以"-"号填列)	45140206.94	144997570.87	128289974.56	121996786.09
加:其他业务利润(亏损以"-"号填列)	371713.97	2334108.61	4788405.69	268757.95
减:存货跌价损失	47161.21	151467.09		
营业费用	16080990.83	47071334.35	44377171.38	47084359.60
管理费用	11227907.97	39172347.40	38382315.61	36472919.24
财务费用	4522834.41	14320687.11	13740747.26	11879388.10
三、营业利润(亏损以"-"号填列)	13633026.49	46615843.53	36578146.00	26828877.01
加:投资收益(损失以"-"号填列)	−68366.02	236016.27	226250.00	383906.00
补贴收入				
营业外收入	3000.00	330730.55	1359259.82	3992965.18
减:营业外支出	31548.15	375889.48	1072122.91	564692.07
四、利润总额(亏损总额以"-"号填列)	13536112.29	46806700.87	37091532.91	30641056.12
减:所得税	4464920.70	4956236.50	12215236.47	9984859.54
减:少数股东权益	2723.33	3148.70	−150585.19	
五、净利润(净亏损以"-"号填列)	9068468.26	41847315.67	25026881.63	20656196.58

合并利润分配表

编制单位:安徽巢东水泥股份有限公司　单位:人民币元

项目	2000.1-4	1999
	RMB	RMB
一、净利润	9068468.26	41847315.67
加:年初未分配利润	8819539.00	
盈余公积转入		
二、可供分配的利润	17888007.26	41847315.67
减:提取法定盈余公积		3296416.36
提取法定公益金		1648208.18
三、可供股东分配的利润	17888007.26	36902691.13
减:应付优先股股利		
提取任意盈余公积		
应付普通股股利	17888007.26	19200000.00
转作股本的普通股股利		
1999年1月至4月净利润		8883152.13
四、未分配利润		8819539.00

合并现金流量表

编制单位:安徽巢东水泥股份有限公司　单位:人民币元

项目	2000.1-4	1999.5.12
一、经营活动产生的现金流量：	RMB	RMB
销售商品、提供劳务收到的现金	167340613.67	332954935.58
收到的其他与经营活动有关的现金	2972692.80	3248648.66
现金流入小计	170313306.47	336203584.24
购买商品、接受劳务支付的现金	123343839.19	257107474.14
支付给职工以及为职工支付的现金	19724498.20	39172690.03
支付的增值税款		
支付的所得税款		30000.00
支付的除增值税、所得税以外的其他税费	1396830.07	4657289.50
支付的其他与经营活动有关的现金	10715021.71	24093944.99
现金流出小计	155180189.17	325061398.66
经营活动产生的现金流量净额	15133117.30	11142185.58
二、投资活动产生的现金流量：		
收回投资所收到的现金	40000.00	
分得股利或利润所收到的现金		372748.32
取得债券利息收入所收到的现金		
处置固定资产、无形资产和其他长期资产而收回的现金净额	2976.00	
收到的其他与投资活动有关的现金		
现金流入小计	42976.00	372748.32
购建固定资产、无形资产和其他长期资产所支付的现金	5207322.70	10134729.28
权益性投资所支付的现金		20000.00
债权性投资所支付的现金		
支付的其他与投资活动有关的现金		
现金流出小计	5207322.70	10154729.28
投资活动产生的现金流量净额	−5164346.70	−9781980.96
三、筹资活动产生的现金流量：		
吸收权益性投资所收到的现金		1100000.00
发行债券所收到的现金		
借款所收到的现金	89700000.00	76538000.00
收到的其他与筹资活动有关的现金	81249.37	691149.40
现金流入小计	89781249.37	78329149.40
分配股利或利润所支付的现金	19200000.00	
偿还债务所支付的现金	59200000.00	64300000.00
偿还利息所支付的现金	4719375.34	15331991.42
分配筹资费用所支付的现金		
分配股利或利润所支付的现金		
偿付利息所支付的现金		
融资租赁所支付的现金		
减少注册资本所支付的现金		
支付的其他与筹资活动有关的现金		
现金流出小计	83119375.34	79631991.42
筹资活动产生的现金流量净额	6661874.03	−1302842.02
四、汇率变动对现金的影响		
五、现金及现金等价物净增加额	16630644.63	57362.60

附注：

项目		
1.不涉及现金收支的投资和筹资活动		
以固定资产偿还债务		
以投资偿还债务		
以固定资产进行长期投资		
以存货偿还债务		
融资租赁固定资产		
2.将净利润调节为经营活动的现金流量		
净利润	9068468.26	41847315.67
减:1999年1月至4月净利润		8883152.13
加:少数股东本期损益	2723.33	3148.70
加:计提的坏帐准备或转销的坏帐	215561.80	567108.42
固定资产折旧	11174698.44	24657952.08
无形资产摊销	120296.71	204146.88
处置固定资产、无形资产和其他长期资产的损失(减收益)		939221.28
财务费用	4522834.41	9924307.55
投资损失(减收益)	68366.02	236016.27
存货的减少(减增加)	−1666935.54	1404325.12
经营性应收项目的减少(减增加)	3586444.03	31271114.20
经营性应付项目的增加(减减少)	−12188772.67	−22227629.57
待摊费用减少(减增加)	−25005.01	785610.61
预提费用增加(减减少)	207276.31	−4236420.86
其他	47161.21	
经营活动产生的现金流量净额	15133117.30	11142185.58
3.现金及现金等价物净增加情况:		
货币资金的期末余额	37067550.64	20436906.04
减:货币资金的期初余额	20436906.04	20379543.04
现金等价物的期末余额		
减:现金等价物的期初余额		
现金及现金等价物净增加额	16630644.63	57362.60

南海发展股份有限公司

南海发展股份有限公司股票上市公告书

一、要　览

◆股票简称:南海发展　◆股票代码:600323
◆股本总额:20851.42 万股　◆可流通股本:13241.97 万股
◆本次上市流通股本:6500 万股　◆上市地:上海证券交易所　◆上市日期:2000 年 12 月 25 日
◆股票登记机构:上海证券中央登记结算公司　◆上市推荐人:广东证券股份有限公司

二、绪　言

本公司上市公告书是根据《中华人民共和国公司法》、《中华人民共和国证券法》、《股票发行与交易管理暂行条例》、《公开发行股票公司信息披露的内容和格式准则》和《上海证券交易所股票上市规则》等国家有关法律、法规的规定,并按照中国证券监督管理委员会制定的公开发行股票公司信息披露的内容与格式准则第七号《上市公告书的内容与格式(试行)》而编制,旨在向投资者提供关于南海发展股份有限公司(以下简称本公司)的基本情况和本次股票上市的有关资料。

经中国证券监督管理委员会证监发行字[2000]159 号文批准,
本公司已成功发行了每股面值 1.00 元的人民币普通股股票 6500 万股,其中 2000 年 12 月 4 日至 12 月 5 日向本公司的原 NET 流通法人股持有者定向配售 30,380,684 股,12 月 7 日向一般投资者上网定价发行 34,619,000 股,主承销商包销余股 316 股。每股发行价为人民币 6.68 元。

经上海证券交易所上证上字[2000]第 115 号《上市通知书》同意,本公司 6500 万股人民币普通股(A 股)将于 2000 年 12 月 25 日(星期一)起在上海证券交易所挂牌上市交易,股票简称"南海发展",股票代码"600323"。本公司总股本 20,851.42 万股,可流通股本 13,241.97 万股,本次上市流通股本为 6500 万股。根据有关规定,本公司 306.97 万股内部职工股及 6435 万股原 NET 流通法人股将于本次 6500 万股人民币普通股发行之日起,期满三年后方可上市流通。

本公司已于 2000 年 11 月 29 日在《中国证券报》、《上海证券报》和《证券时报》上刊登了《南海发展股份有限公司招股说明书概要》,距今不足六个月,故与其重复的内容在此不再重复,敬请投资者查阅本公司的《招股说明书概要》。

本公司董事会成员已批准本上市公告书,并确信本上市公告书所载资料不存在任何重大遗漏、虚假陈述或者严重误导,并对其真实性、准确性和完整性负个别及连带责任。

三、发行公司概况

(一)公司概况

发行人名称:南海发展股份有限公司　　成立日期:1992 年 12 月 17 日
注册地址:广东省南海市桂城南桂东路 43 号　　联系电话:(0757)6280996　　法人代表:谢育智
注册资本:20851.42 万元　　所属行业:公共事业

经营范围:自来水的生产和供应;供水工程的设计、安装及技术咨询;销售:供水设备及相关物资;路桥及信息网络设施的投资;房地产经营等。

(二)公司历史沿革

本公司成立于 1992 年 12 月,是经广东省企业股份制试点联审小组和广东省经济体制改革委员会粤股审[1992]65 号文批准,由广东南海市发展集团公司(以下简称"发展集团")属下的业务部、南海市贸易实业总公司、南海市工贸联合公司、南海市有色金属矿产公司、南海市物资开发公司等五家企业发起,以募集方式设立的股份有限公司。设立时股本总额 10,071 万股,每股面值人民币 1.00 元,其中国有法人股 8057 万股,占总股本的 80%,由发展集团持有;定向法人股 1764 万股,占总股本的 17.52%;内部职工股 250 万股,占总股本的 2.48%。

1993 年 5 月,经广东省企业股份制试点联审小组办公室粤联审办[1993]42 号文同意,本公司调整股权结构,总股本和内部职工股保持不变,国有法人股调整为 5321 万股,占总股本的 52.8%,定向法人股调整为 4500 万股,占总股本的 44.7%。同时,由广东省经济体制改革委员会粤体改函[1993]57 号文推荐,经中国证券交易系统有限公司中证交上市[1993]9 号文批准,本公司调整股权后定向募集的法人股于 1993 年 6 月 10 日起在 NET 系统上市流通。

1999 年 11 月,本公司对自身资产状况进行了重组,将原四家全资子公司和大量不良资产重组出去,而将供水集团所属的优质资产----南海市自来水公司置换进股份公司,从而改变主营业务,使公司从以贸易为主的经营格局转变为以经营自来水的生产、供应及路桥投资等公用事业、基础设施为主的新型企业。

经过历年的送配股,截止至 1999 年 12 月 31 日,本公司总股本 14351.42 万股,其中国有法人股 7609.45 万股,占总股本的 53.02%;流通法人 6435 万股,占总股本的 44.84%;内部职工股 306.97 万股,占总股本的 2.14%。本公司现有 5 个职能部门,主要从事自来水的生产、供应和路桥投资,
此外还投资参股广东发展银行。截止 2000 年 6 月 30 日,本公司总资产 42969 万元,总负债 16565 万元,净资产 26404 万元。从 1997 年至 1999 年,连续三年的利润总额达 549 万元、2116 万元、2865 万元。

经中国证券监督管理委员会证监发行字[2000]159 号文批准,
本公司通过上海证券交易所,成功发行了每股面值 1.00 元的人民币普通股股票 6500 万股,其中向本公司的原 NET 流通法人股持有者配售 30,380,684 股,向一般投资者上网定价发行 34,619,000 股,主承销商包销余额 316 股。每股发行价为人民币 6.68 元。发行后,公司总股本为 20851.42 万股。

四、股票发行及承销

(一)股票发行情况

本次公开发行社会公众股　　发行数量:6,500 万股　　股票面值:1.00 元/股
发行价格:6.68 元/股　　发行方式:部分定向配售;部分上网定价发行
其中: 1、向本公司原 NET 系统流通法人股持有者按 10:5 的比例定向配售
拟配售数量:3217.5 万股　　实际认购数量:3038.0684 万股　余股回拨网上数量:179.4 万股
主承销商包销零股数量:316 股
2、上网定价发行
发行数量:3461.9 万股　　有效申购户数: 1,144,108 户　　有效申购股数: 1,135,730.6 万股
有效申购资金总额: 7,586,680.408 万元　　中签率: 0.30481701%
持有 1,000 股以上(含 1,000 股)的股东人数:37480 人　　募集资金总额:43,420 万元
扣除发行费用后实际募集资金总额:41,825 万元　　发行费用总额:1,595 万元
每股发行费用: 0.245 元/股　　全面摊薄发行市盈率:32.75 倍

(二)股票承销

本次公开发行的 6500 万股社会公众股已按有关规定,由社会公众及本公司原 NET 系统流通法人股的持有者认购 6499.9684 万股,由本次发行主承销商广东证券股份有限公司包销 316 股零股。

(三)验资报告

1、验资报告(摘自中庆审字(2000)第 321 号)

验　资　报　告　中庆审字(2000)第 321 号

南海发展股份有限公司全体股东:

我们接受委托,对贵公司截至 2000 年 12 月 14 日止的实收资本及相关的资产和负债的真实性和合法性进行了审验。在审验过程中,我们按照《独立审计实务公告第 1 号—验资》的要求,实施了必要的审验程序。贵公司的责任是提供真实、合法、完整的验资资料,保护资产的安全、完整,我们的责任是按照《独立审计实务公告第 1 号—验资》的要求,出具真实、合法的验资报告。

贵公司变更前的注册资本为 143,514,168 元,贵公司申请的注册资本为 208,514,168 元。根据我们的审验,贵公司本次公开发行股票前的股本总额为 143,514,168 元,资本公积为 28,399,305.58 元。本次公开发行人民币普通股(A 股)6,500 万股,每股面值 1 元,截至 2000 年 12 月 14 日止,募集资金 434,200,000 元,扣除 15,950,000 元发行费用后净额为 418,250,000 元,其中股本 65,000,000 元,资本公积 353,250,000 元。连同公开发行股票前实收股本及资本公积,累计实收股本贰亿零捌佰伍拾壹万肆仟壹佰陆拾捌元(¥208,514,168.00),资本公积叁亿捌仟壹佰陆拾肆万玖仟叁佰零伍元伍角捌分(¥381,649,305.58)。

附件: 验资事项说明

中庆会计师事务所有限责任公司　　中国注册会计师:晏辉清
中国.北京　　东城区和平里　　中国注册会计师:谢德章
2000 年 12 月 14 日

2、募集资金

本次发行共募集资金 43,420 万元,扣除支付给券商的承销佣金和上市推荐费共 1085.5 万元及支付给上海证券交易所的定向配售经手费、手续费和上网发行手续费共 1,544,037.71 元,余款计人民币 421,800,962.29 元,已分别于 2000 年 12 月 8 日、12 月 14 日汇入中国工商银行南海市支行(帐号:20024559988)。

五、董事、监事及高级管理人员简介及持股情况

(一)董事会成员简介

谢育智,男,57 岁,大学学历,工程师,曾任重庆冶炼厂副科长、科长,重庆市冶金局办公室主任,南海化纤企业总公司副总经理,发展集团办公室主任、副总经理,本公司副总经理、副董事长。现任本公司董事长、法定代表人。

叶二,男,53 岁,大专学历,政工师,曾任中共南海市大沥镇委副书记,大沥市场开发集团公司总经理。现任本公司副董事长,南海市供水集团有限公司法定代表人、总经理。

廖满雄,男,35 岁,大专学历,助理会计师,曾任南海飞行家电企业集团公司财务科副科长、科长,南海飞行经济发展总公司总经理,南海亚太不锈钢型材厂有限公司总经理,南海中南发展集团有限公司副总经理、总经理。现任本公司董事、总经理。

郭展全,男,30 岁,大学学历,曾任发展集团办公室副主任。现任本公司董事、董事会秘书。

黄志河,男,40 岁,大专学历,经济师,曾任南海市第二水厂总经理助理、办公室主任,现任本公司董事,南海市供水集团有限公司副总经理,南海市第二水厂负责人。

麦锐年,男,34 岁,大专学历,助理工程师,曾任南海市自来水公司经理助理、副经理,南海市建设局办公室副主任,现任本公司董事,南海市供水集团有限公司副总经理。

胡荣强,男,47 岁,曾任南海县小塘供销社副主任,南海市贸易实业总公司副股长、股长,南海市经济开发公司副总经理、总经理。现任本公司董事、行政部经理。

(二)监事会成员简介

黎泳仪,女,43 岁,中专学历,曾任南海市东风藤木集团公司经理办公室副主任,南海市东南工贸公司办公室主任,南海市中南发展集团有限公司办公室副主任、主任,现任本公司监事会召集人、行政部副经理。

朱丽珍,女,45 岁,中专学历,政工师,曾任南海市河沙资源开发总公司总经理助理,南海市第二水厂办公室副主任,南海市供水集团有限公司办公室主任,现任本公司监事、工会主席。

吴明福,男,35 岁,大学学历,给排水工程师,曾任南海市第二水厂工艺部副经理、南海市第二水厂副厂长,现任本公司监事,南海市第二水厂厂长。

(三)其他高级管理人员

徐庆贤,女,51 岁,中专学历,曾任发展集团财务部副经理、经理。现任本公司财务负责人。

(四)董事、监事及高级管理人员持股情况

姓　名	职　务	持股数(股)	占发行前总股本比例(%)
谢育智	董事长	31,460	0.022
叶二	副董事长	0	0
廖满雄	董事、总经理	0	0
郭展全	董事、董事会秘书		
黄志河	董事	0	0
麦锐年	董事	0	0
胡荣强	董事	31,460	0.022
黎泳仪	监事会召集人	0	0
朱丽珍	监事	0	0
吴明福	监事	0	0
徐庆贤	财务负责人	26,620	0.019

六、公司设立

南海发展股份有限公司成立于 1992 年 12 月,是经广东省企业股份制试点联审小组和广东省经济体制改革委员会粤股审[1992]65 号文批准,由发展集团属下的业务部、南海市贸易实业总公司、南海市工贸联合公司、南海市有色金属矿产公司、南海市物资开发公司等五家企业发起,
以募集方式设立的股份有限公司。本公司于 1992 年 12 月 17 日在南海市工商行政管理局登记注册,注册资本为 10,071 万元。

1996 年,本公司根据国务院和广东省政府的要求,对照《公司法》的规定进行自查,并报经佛山市体改委同意,进行规范重新登记,重新领取《企业法人营业执照》。经过历年的送配股,截止本次公开发行股票前,本公司注册资本为 14,351 万元。

经中国证券监督管理委员会证监发行字[2000]159 号文批准,
本公司通过上海证券交易所交易系统,于 2000 年 12 月 4 日至 12 月 7 日公开发行人民币普通股(A 股)6500 万股。本次发行结束后,本公司注册资本为 20851 万元,注册地址:南海市南桂东路 43 号,法定代表人:谢育智,营业执照注册号码:4406821507371。

七、关联企业及关联交易

(一)股份公司的关联企业

(1)股份公司的主要股东:南海市供水集团有限公司

(2)股份公司的对外长期投资企业:广东发展银行

(3)其他关联企业(均为控股股东的下属企业):南海市第二水厂、南海市供水工程有限公司、南海市自来水资源发展有限公司、南海市南源自来水工程有限公司

(二)股份公司目前主要的关联交易有:

(1)房屋租赁　股份公司与供水集团于2000年2月1日签订了《房屋租赁合同》,由供水集团将建筑面积为4000平方米的房屋出租给股份公司作办公场地使用,租金为每月捌万元,期限从2000年1月1日至2000年12月31日。

(2)收购第二水厂　股份公司与供水集团于2000年2月25日签订了《关于收购南海市第二水厂的协议书》,股份公司拟以29800万元募集资金收购供水集团全资附属的南海市第二水厂,该协议以股份公司此次申请发行成功、募集资金到位为生效条件。

(三)避免同业竞争的承诺　上述几家关联企业承诺今后不从事与本公司构成同业竞争的业务,以充分保护本公司及全体股东的利益。

八、股本结构及大股东持股情况

(一)本次A股发行完成后,本公司上市前的股本结构:

股份类别		股份总额(万股)	占总股本比例(%)
国有法人股	南海市供水集团有限公司	7609.45	36.50
	NET流通法人股	6435.00	30.86
	内部职工股	306.97	1.47
	社会公众股	6500.00	31.17
	合计	20851.42	100.00

(二)公司前十名股东持股情况

序号	股东名称	持股额(股)	占总股本比例(%)
1	南海市供水集团有限公司	76,094,508	36.50
2	福建华兴信托投资公司	14,537,155	6.97
3	南海讯达实业公司	4,119,300	1.98
4	卓娇华	3,933,165	1.89
5	林燕玉	3,540,000	1.70
6	薛奇峰	3,090,000	1.48
7	曾国健	2,846,910	1.37
8	严建国	2,742,849	1.32
9	林淑珠	2,567,130	1.23
10	缪炯	2,410,389	1.16

九、公司财务会计资料

本公司截止2000年6月30日的财务资料,已于2000年11月29日分别在《中国证券报》、《上海证券报》和《证券时报》上刊登的《招股说明书概要》中进行了详细的披露。因公告距今时间未满六个月,相同的内容在此不再重复。本公告只公布本公司经审计的财务报表、报表主要项目注释及主要财务指标,欲了解详细内容,请查阅上述报纸或至公告的《招股说明书》查阅地点查阅。

(一)公司前三年及最近一期的主要财务指标

项目	2000.6.30	1999.12.31	1998.12.31	1997.12.31
流动比率	0.38	0.41	1.52	1.30
速动比率	0.34	0.40	1.50	1.28
资产负债率(%)	38.55	46.60	50.26	59.48
应收帐款周转率(次)	28.41	5.71	1.87	0.44
存货周转率(次)	6.61	6.81	4.43	1.26
净资产收益率(%)	6.88	7.81	8.63	3.13
每股收益(元)	0.127	0.134	0.136	0.042

注:1997年度每股收益中所依据的股本总额为12186.27万股,1998年度、1999年度、2000年6月每股收益中所依据的股本总额为14351.42万股。

(二)会计报表(三)会计报表主要项目注释

1、应收帐款

(1)账龄分析如下:

帐龄	2000.6.30 金额	比例%	坏账准备	1999.12.31 金额	比例%	坏账准备
一年以内	744,021.13	100	37,201.06	3,577,693.31	100	178,884.67
合计	744,021.13	100	37,201.06	3,577,693.31	100	178,884.67

(2)大额应收帐款明细如下:

欠款单位	2000.6.30	占应收账款的比例%	款项说明
应收水费	737,156.04	99.08	欠交水费

备注1: 本公司应收帐款主要核算欠收水费,无持有本公司5%以上股份的主要股东欠款。

备注2:2000年6月30日比1999年末下降79.2%, 是由于公司加大清收欠缴水费的力度;1999年比1998年减少48.5%,是因为1999年11月公司进行资产重组,原四个子公司的相关资产负债重组出股份公司所致,应收帐款中原子公司－工贸公司应收帐款2,598,000.00元、贸易实业公司应收帐款2,986,195.78元重组出股份公司,原自来水公司应收帐款1,141,298.18元重组入股份公司。

备注3:重组后相应的应收账款已视同实现,故对1999年以前的应收帐款未计提坏账准备。

2、其他应收款

(1)账龄分析如下:

帐龄	2000.6.30 期末数	比例%	坏账准备	1999.12.31 期末数	比例%	坏账准备
一年以内	4,303,510.37	24.01	215,175.52	16,515,946.23	51.91	825,797.32
一至两年	11,953,377.01	66.70	956,270.16	14,557,147.77	5.76	1,164,571.82
两至三年	1,061,186.97	5.93	106,118.70			
三年以上	603,119.77	3.36	592,807.69	738,602.83	2.33	717,609.83
合计	17,921,194.12	100	1,870,372.07	31,811,696.83	100	2,707,978.97

(2)、大额其他应收款明细如下:

欠款单位	2000.6.30	占其他应收款的比例%	款项说明
南海市供水集团有限公司	8,029,836.37	44.81	往来款
南海第二水厂	4,089,155.30	22.82	往来款
南海发展集团	3,280,677.74	18.32	往来款

备注1:本公司其他应收款中含有持本公司5%(含5%)以上股份的主要股东单位－南海市供水集团公司欠款8,029,836.37元及其所属分公司南海第二水厂欠款4,089,155.30元,是因为供水集团原附属企业南海市自来水公司置换进股份公司时,已附带了与供水集团及其附属企业－南海市第二水厂之间的内部往来款所致,2000年上半年供水集团公司偿还24,213.19元、南海第二水厂偿还14,050,645.14元。

备注2:其他应收款2000年6月30日比1999年末下降43.66%,是由于公司加大清款力度,收回供水集团和第二水厂所欠款项,1999年比1998年、1997年大幅减少,是因为1999年11月公司进行资产重组,原四个子公司的相关资产负债及母公司的部分资产重组出股份公司所致,其他应收款中原子公司－工贸公司其他应收款21,992,232.11元、贸易实业公司其他应收款2,889,960.80元、业务部其他应收款22,894,300.64元、有色金属公司其他应收款190,339,992.70元、母公司其他应收款123,810,526.11元(应收发展集团98,958,327.07元、应收桂江公路公司24,852,199.04元)重组出股份公司,原自来水公司其他应收款30,339,959.68元重组入股份公司。

备注3:重组后,相应的应收款已视同实现,故对1998年及1997年的其他应收款未计提坏账准备。

备注4:三年以上的其他应收款均为应收工程款及工程押金。

3、预付帐款

(1)、账龄分析如下:

帐龄	2000.6.30 金额	比例%	1999.12.31 金额	比例%
一年以内	1,039,532.92	48.98	493,668.59	30.25
一至两年	374,269.74	17.63	788,979.62	48.34
两至三年	592,245.67	27.91	314,333.34	19.26
三年以上	116,330.94	5.48	35,000.00	2.15
合计	2,122,379.27	100	1,631,981.55	100

(2)、大额预付账款明细如下:

单位	2000.6.30	占预付账款的比例%	款项性质
预付上市费用	860,792.30	40.56	预付上市费用
中山市华捷钢管有限公司	454,797.20	21.43	预付材料款
第二建筑工程总公司装饰公司	300,000.00	14.14	预付装修款

备注1:本公司预付帐款中无持本公司5%(含5%)以上股份的股东欠款。

备注2:预付帐款2000年6月30日比1999年末增加30%,是由于预付上市费用增加所致;1999年比1998年、1997年大幅减少,是因为1999年11月公司进行资产重组,原四个子公司的相关资产负债重组出公司所致。

4、应收补贴款

本公司1999年根据南府函[2000]16号"关于给予南海发展股份有限公司专项补贴的批复"的文件规定,应收1999年度财政供水工程专项补贴540万元,该款已于2000年3月10日收到南海市桂江农村信用社营业部账户。

5、长期投资

长期股权投资

被投资公司名称	股份类别	股票数量(股)	投资金额	占被投资公司%	减值准备
广东发展银行	法人股	6,372,450	4,725,000	0.278	–
南海市信用社	法人股	3	3,015.00	–	
合计			4,728,015.00		

备注1:本公司长期投资1999年比1998年、1997年减少1048.64万元,是因为1999年11月公司进行资产重组,原四个子公司的投资－南方有色金属交易所100万元投资、南海罗村土地78.64万元投资和海联大厦370万元投资重组出去及1999年11月出售桂江公路公司500万元投资所致;增加3,015.00元南海市信用社投资是重组中由原南海自来水公司转入。

备注2:公司本报告期末未发生被投资单位可收回金额低于长期投资账面价值的事项,故未提取长期投资跌价准备,以账面价值列示。

6、应付帐款

(1)、账龄分析如下:

账龄	2000.6.30 金额	比例%	1999.12.31 金额	比例%
一年以内	1,143,554.33	8.25	19,044,578.01	99.76
一至两年	12,723,459.84	91.75	46,499.70	0.24
合计	13,867,014.17	100	19,091,077.71	100

(2)、大额应付账款明细如下:

单位	2000.6.30	占应付账款的比例%	款项性质
石肯给排水工程部	7,333,395.04	52.88	工程款
罗永春	4,169,035.80	30.03	工程款

备注1:应付账款中无应付持本公司5%以上(含5%)股份股东单位账款。

备注2:应付账款系应付材料和工程款,1999年增加是因为1999年11月公司进行资产置换,置入南海市自来水公司的应付款所致。

7、预收帐款

(1)　账龄分析如下:

帐龄	2000.6.30 金额	比例%	1999.12.31 金额	比例%
一年以内	3,473,228.89	41.39	5,521,086.92	59.48
一至两年	3,484,334.57	41.52	2,918,483.40	31.44
两至三年	1,434,145.88	17.09	843,851.75	9.08
合计	8,391,709.34	100	9,283,422.07	100

(2)大额预收账款明细如下:

单位	2000.6.30	占预收账款的比例%	款项性质
南海能兴房地产开发有限公司	826,507.32	9.85	工程款
南海兴业新村房地产开发公司	700,000.00	8.34	工程款

备注1:本公司预收账款中无应付持本公司5%以上(含5%)股份股东单位账款。

备注2:预收账款系预收供水工程款,1999年增加是因为1999年11月公司进行资产置换,置入南海市自来水公司的预收账款所致。

8、应交税金

税种	2000.6.30	1999.12.31	税负
增值税	4,063,625.23	584,771.40	6%
营业税	44,514.24	27,751.14	3–5%
城建税	205,407.04	30,626.13	5%
所得税	18,427,532.20	9,456,095.88	33%
合计	22,741,078.71	10,099,244.55	

备注1:本公司所得税2000年和1999年按33%计提,1998年、1997年均按南海市财政局核定数额计征,1998年核定并上交数为1,632,648.37元,1997年核定并上交数为345,372.58元。

备注2:(1)、本公司每月月末按纳税申报表向当地税务机关指定的银行账户存入应缴税款,因税务机关未及时开具税票,而无法结清应交税金科目。

(2)、本公司至2000年6月30日,银行存款中有两个专门用于缴纳税款的专项存款,累计金额16,032,227.60元,其中:国税专户2,803,557.64元,地税专户13,228,669.96元,此项存款公司无权动用,只能由税局用于划拨税款,由于完税凭证未收到,故银行存款余额与应交税金未相互抵销。

9、其他未交款

项目	2000.6.30	1999.12.31	计提标准

教育费附加	246,496.51	36,751.34	按营业税、增值税 6%
提围费	7,697.37	6,134.63	按水费收入 0.5‰及营业税 5%、3%
共济金	–	20,958.16	按收入的 2‰
合　计	254,193.88	63,844.13	

10、其他应付款

(1)、账龄分析如下:

	2000.6.30		1999.12.31	
帐　龄	金　额	比例%	金　额	比例%
一年以内	5,614,724.51	32.57	31,497,096.25	99.97
一至两年	11,613,852.17	67.37	818.37	–
两至三年	818,37	0.01	–	–
三年以上	9,480.00	0.05	9,480.00	0.03
合　计	17,238,875.05	100	31,507,394.62	100

(2)、大额其他应付账款明细如下:

单　位	2000.6.30	占其他应付款的比例%	款项性质
国土局	9,211,000.00	53.43	购土地款
代收污水费	3,156,371.36	18.31	代收
南海狮山自来水工程公司	2,073,536.02	12.08	材料款

备注 1:本公司其他应付款中无应付持本公司 5%以上股份股东单位账款。

备注 2:2000 年 6 月 30 日比 1999 年 12 月 31 日下降 45.29%,是因为当期偿还国土局土地款 19,000,000.00 元。

11、资本公积

项　目	2000.6.30	1999.12.31	1998.12.31	1997.12.31
股本溢价	28,399,305.58	28,399,305.58	27,891,939.99	7,407,673.39
接受捐赠资产准备	–	–	–	–
资产评估增值准备	–	–	–	–
合　计	28,399,305.58	28,399,305.58	27,891,939.99	7,407,673.39

备注:1997 年末的资本公积为本公司于 1993 年 6 月 10 日定向募集法人股 4500 万股及内部职工股 250 万股,每股以 1.20 元溢价发行,扣除发行费用的股本溢价。

1998 年比 1997 年增加 20,484,266.60 元,是以 1996 年末总股本 110,784,238 股为基数,用 1996 年可供分配利润向全体股东每 10 股送 1 股,每股面值 1 元,每 10 股配 2 股, 配股价为每股 2.00 元,扣除发行费用的股本溢价。

12、盈余公积

项　目	2000.6.30	1999.12.31	1998.12.31	1997.12.31
期初余额	32,946,491.77	28,146,806.75	23,264,391.25	21,979,050.18
其中:法定盈余公积金	13,178,596.71	11,258,722.70	9,305,756.50	8,791,620.07
法定公益金	13,178,596.71	11,258,722.70	9,305,756.50	8,791,620.07
任意盈余公积金	6,589,298.35	5,629,361.35	4,652,878.25	4,395,810.04
本期增加	4,540,006.93	4,799,685.02	4,882,415.50	1,285,341.07
其中:法定盈余公积金	1,816,002.77	1,919,874.01	1,952,966.20	514,136.43
法定公益金	1,816,002.77	1,919,874.01	1,952,966.20	514,136.43
任意盈余公积金	908,001.39	959,937.00	976,483.10	257,068.21
期末余额	37,486,498.70	32,946,491.77	28,146,806.75	23,264,391.25
其中:法定盈余公积金	14,994,599.48	13,178,596.71	11,258,722.70	9,306,756.50
法定公益金	14,994,599.48	13,178,596.71	11,258,722.70	9,306,756.50
任意盈余公积金	7,497,299.74	6,589,298.35	5,629,361.35	4,653,378.25

备注:本公司盈余公积的提取比例以当年税后利润为基数,法定盈余公积金提取比例为 10%,法定公益金提取比例为 10%,任意盈余公积金提取比例为 5%。

13、未分配利润

项　目	2000.6.30	1999.12.31	1998.12.31	1997.12.31
期初数	41,021,880.41	26,622,825.30	11,975,578.83	8,119,555.65
本期增加	18,160,027.74	19,198,740.13	19,529,661.97	5,141,364.25
本期减少	4,540,006.93	4,799,685.02	4,882,415.50	1,285,341.07
其中:				
提取法定公积金	1,816,002.77	1,919,874.01	1,952,966.20	514,136.43
提取法定公益金	1,816,002.77	1,919,874.01	1,952,966.20	514,136.43
提取任意盈余公积	908,001.39	959,937.00	976,483.10	257,068.21
分配股利	–	–	–	–
期末数	54,641,901.22	41,021,880.41	26,622,825.30	11,975,578.83

14、投资收益

项　目	2000 年 1–6 月	1999 年度	1998 年度	1997 年度
股权投资收益	–	14,707,342.00	–135,991.58	–3,917,593.19
债权投资收益	–	–	–	50,284.80
其他投资收益	–	4,900,000.00	23,198,026.42	–439,215.20
合　计	–	19,607.342.00	23,062,034.84	–4,306,523.59

明细如下:

投资项目	期　限	核算方法	2000 年 1–6 月	1999 年度	1998 年度	1997 年度
股票投资	短期投资	成本法	–	–	–135,991.58	–4,725,593.19
期货投资	短期投资	成本法	–	–	–	–2,122.887.84
债券投资	短期投资	成本法	–	–	–	50,284.80
桂江公路	长期投资	成本法	–	14,000,000.00	21,098,026.42	2,266,672.64
广东发展银行	长期投资	成本法	–	707,342.00	–	225,000.00
皮厂收益	长期投资	成本法	–	4,900,000.00	2,100,000.00	–
合　计			–	19,607,342.00	23,062,034.84	–4,306,523.59

备注 1:南海市桂江公路建设公司成立于 1987 年,
是由南海市发展集团公司等多家单位共同出资组建的,其中发展集团公司出资 500 万元,占桂江公路公司 18.18
%的权益。1993 年发展集团公司将桂江公路公司 18.18%的权益作价 500 万元转让给股份公司。截至 1998 年末,桂江公路公司资产总额 24182.62 万元,净资产 10219.16 万元。

根据桂江公路公司 1998 年 12 月的董事会决议, 将 1988 年–1996 年的累计未分配利润 116,050,750.39 元进行分配,本公司依其所持有的权益按照成本法核算确认 1998 年投资收益为 21,098,026.42 元,其中:88 年 91,678.47 元、89 年 914,842.83 元、90 年 1,230,018.18 元、91 年 796,179.94 元、92 年 1,641,605.50 元、93 年 2,894,766.59 元、94 年 4,373,973.19 元、95 年 3,805,532.25 元、96 年 5,349,429.47 元。

1999 年 11 月 29 日,本公司经南海市国有资产办公室以南国资[1999]37 号文件批准,将桂江公路公司 18.18%的权益作价 1900 万元转让给南海市交通建设集团有限公司,该款已于 1999 年 12 月 27 日收到,其中本金 500 万元,转让收益 1400 万元。

备注 2:本公司于 1996 年与南海发展集团公司签订协议, 将本公司持有的“南海皮厂有限公司”的 24.41%的股份及股权相应的其他一切权益转让给南海发展集团公司, 南海发展集团公司除于当年向本公司支付投资本金外,再于五年内向本公司支付人民币 2500 万元,其中:96 年支付 1800 万元,98 年支付 210 万元,99 年支付 490 万元。故皮厂的投资于 96 年转让收回本金后,即不存在长期投资项目。

(四)本公司按资产置换后现时的结构模拟前三年的会计报表

本公司于 1999 年 11 月进行资产重组,经中国证监会证监发行字[1999]136 号文和广东省人民政府粤府函[1999]477 号文批准,
将其下属四家全资子公司和部分不良资产置换出股份公司。本次重组,股份公司将 90%的资产进行置换,从而使公司的资产规模、主营业务及经营业绩均发生根本变化,从原来从事贸易为主的经营格局转变为以经营自来水的生产、供应及路桥投资等公用事业、基础设施为主的企业。为了便于全体股东对本公司现时结构所对应的以前年度财务状况及经营成果作出客观评价及可比性分析, 特按现时结构编制了 1997 年 12 月 31 日、1998 年 12 月 31 日的模拟资产负债表、1999 年 12 月 31 日、2000 年 6 月 30 日的资产负债表,1997 年度、1998 年度、1999 年度的模拟利润表、2000 年 1–6 月份的利润及利润分配表,以及 2000 年 1–6 月份的现金流量表。上述报表的编制基础是假设本公司的现时结构在 1996 年年末业已存在,按照《企业会计准则》和《股份有限公司会计制度》进行规范模拟后编制的。上述会计报表已经具有证券从业资格的中庆会计师事务所进行审计,审计报告号:中庆审字(2000)第 288 号。

经中庆会计师事务所有限责任公司审计的本公司模拟财务报表:

十、董事会上市承诺

本公司董事会将严格遵守《中华人民共和国公司法》、《中华人民共和国证券法》、《股票发行与交易管理暂行条例》、《公开发行股票公司信息披露实施细则 (试行)》、《上海证券交易所交易规则》(2000 年修订本)和国家其它有关法律、法规的规定,并自本公司股票上市之日起作出如下承诺:

1、按照法律、法规的规定程序和要求披露重大的信息,并接受证券主管机关、上海证券交易所的监督管理。2、及时、真实、准确地公布中期报告和年度报告, 并备置于规定场所提供投资者查阅。3、本公司董事、监事及高级管理人员如发生人事变动或持本公司股票发生变化时,按有关规定报告证券主管机关、上海证券交易所并进行披露。4、在任何公共传播媒介中出现的消息可能对本公司股票的市场价格产生误导性影响时,本公司知悉后将及时对该消息予以公开澄清。5、本公司董事、监事及高级管理人员将认真听取社会公众的意见和批评,不利用已获得的内幕消息和其他不正当手段直接或间接从事股票买卖活动。6、本公司没有无记录负债。7、依据 2000 年 5 月 1 日起实施的《上海证券交易所股票上市规则》(2000 年修订本),本公司全体董事、监事将按照有关规定,在本公司股票上市后两个月内签署《董事(监事)声明及承诺书》并送达上海证券交易所备案。

十一、重要事项提示

1、经上海证券交易所上证上字[2000]第 115 号文批准,本公司通过上海证券交易所交易系统以部分定向配售、部分上网定价发行方式公开发行的 6500 万股人民币普通股(A 股),将于 2000 年 12 月 25 日起在上海证券交易所挂牌交易。本公司 306.97 万股内部职工股及 6435 万股原 NET 流通法人股将于本次 6500 万股人民币普通股发行之日起,期满三年后方可上市流通。

2、本公司将依照同股同利的原则,按各股东所持有股份份额分配股利,股利的派发采用现金、股票二者之一或二种形式。本公司股利拟每年派发一次,具体利润分配方案由董事会根据公司盈利状况提出,并经股东大会审议通过后执行。预计本次发行后首次股利分配时间在 2001 年第二季度,新老股东享受以前滚存未分配利润。

3、根据本公司编制并经中庆会计师事务所出具的《盈利预测审核报告》,本公司 2000 年度及 2001 年度净利润按 33%所得税计算,预计分别为 4243. 37 万元和 6515.66 万元。全面摊薄每股盈利分别为 0.204 元、0.313 元。

4、本次发行前后的每股净资产分别为 1.84 元和 3.27 元。

5、南海市供水集团有限公司向上海证券交易所书面承诺自本公司股票上市之日起 12 个月内,不转让持有的股份,也不会由发行人回购其持有的股份(不包括在此期间新增的股份)。

6、本公司在招股说明书及概要中披露 2001 年度享受的所得税负为 33%。 根据财政部的通知, 经国务院批准,各地实行的上市公司税收优惠政策将允许保留到 2001 年 12 月 31 日。本公司上市后,将按有关规定向广东省政府提出所得税优惠的申请。

7、本公司于 2000 年 3 月为控股股东南海供水集团有限公司的下属企业南海市第二水厂提供 1000 万元贷款担保。该笔贷款担保已于 2000 年 11 月解除。

8、截止本公告书公布之日,本公司无重大诉讼事项。

9、除招股说明书及概要和本公告书已披露事项以外, 本公司无其他应披露而未披露的重大事项。

十二、备查文件目录

1、招股说明书　2、上海证券交易所上市通知书
3、中国证监会核准本公司公开发行股票的文件　4、审计报告、财务报表及附注
5、验资报告　6、盈利预测报告　7、资产评估报告书　8、法律意见书
9、公司股东大会决议、董事会决议　10、公司营业执照　11、公司章程 12、其他备查文件

十三、咨询机构

1、发行人:南海发展股份有限公司
法定代表人:谢育智　地址:广东省南海市桂城南桂东路 43 号
电话:(0757)6280996　传真:(0757)6236551　联系人:郭展全、何伏信
2、上市推荐人:广东证券股份有限公司
法定代表人:钟伟华　地址:广州市解放南路 123 号金汇大厦
电话:(020)83270479　传真:(020)83270485　联系人:钟慧玲、周伟军

南海发展股份有限公司
2000 年 12 月 20 日

南海发展股份有限公司(合并)资产负债表　单位:元

资产	2000.6.30	1999.12.31	1998.12.31	1997.12.31
流动资产:				
货币资金	37291697.44	45673915.59	5703548.96	11396520.81
短期投资	0	0	0	527650.00
减:短期投资跌价准备				
短期投资净额	0	0	0	527650.00
应收票据				
应收股利				
应收利息				
应收帐款	744021.13	3577693.31	6946310.34	16107457.57
其他应收款	17921194.12	31811696.83	327604470.04	279540290.20
减:坏帐准备	1907573.13	2886863.64		
应收帐款净额	16757642.12	32502526.50	334550780.38	295647747.77
预付帐款	2122379.27	1631981.55	3461525.00	3346884.45
应收补贴款	0	5400000.00		
存货	6034029.26	2849029.49	3355324.89	4002528.29
减:存货跌价准备				

存货净额	6034029.26	2849029.49	3355324.89	4002528.29
待摊费用	0	0	67225.80	134511.72
待处理流动资产净损失				
一年内到期的长期债权投资				
其他流动资产				
流动资产合计	62205748.09	88057453.13	347138435.03	315055843.04
长期投资：				
长期股权投资	4728015.00	4728015.00	15211400.00	18433449.92
长期债权投资				
长期投资合计	4728015.00	4728015.00	15211400.00	18433449.92
减：长期投资减值准备				
长期投资净额	4728015.00	4728015.00	15211400.00	18433449.92
固定资产：				
固定资产原价	382890848.75	378595222.14	62738155.86	62278621.86
减：累计折旧	80447925.81	68117866.87	22321788.91	18257178.06
固定资产净值	302442922.94	310477355.27	40416366.95	44021443.80
工程物资				
在建工程	7745340.73	4511067.82		
固定资产清理				
待处理固定资产损失				
固定资产合计	310188263.67	314988423.09	40416366.95	44021443.80
无形资产及其他资产：				
无形资产	52433696.00	52433696.00	51933696.00	28520000.00
开办费				
长期待摊费用	131600.00	231800.00		
其他长期资产				
无形资产及其他资产合计	52565296.00	52665496.00	51933696.00	28520000.00
递延税项：				
递延税款借项				
资产总计	429687322.76	460439387.22	454699897.98	406030736.76
负债及股东权益				
流动负债：				
短期借款	99700000.00	139700000.00	1836094114.46	176458485.55
应付票据	0	0	0	4000000.00
应付帐款	13867014.17	19091077.71	4887693.15	17888915.04
预收帐款	8391709.34	9283422.07	185000.00	396607.94
代销商品款				
应付工资	2553711.14	3504561.07	637368.65	879222.74
应付福利费	872096.89	972296.51	510061.69	578494.92
应付股利				
应交税金	22741078.71	10099244.55	1465280.98	1089959.02
其他应交款	254193.88	63844.13		
其他应付款	17238875.05	31507394.62	27884008.63	31162845.77
预提费用	0	0	9345630.38	9065901.31
一年内到期的长期负债				
其他流动负债				
流动负债合计	165618679.18	214221840.66	228524157.94	241520432.29
长期负债：				
长期借款	0	310000.00		
应付债券				
长期应付款				
住房周转金	26770.08	25700.80		
其他长期负债	26770.08	335700.80		
长期负债合计				
递延税项：				
递延税款贷项				
负债合计	165645449.26	214557541.46	228524157.94	241520432.29
少数股东权益				
股东权益				
股本	143514168.00	143514168.00	143514168.00	121862661.00
资本公积	28399305.58	28399305.58	27891939.99	7407673.39
盈余公积	37486498.70	32946491.77	28146806.75	23264391.25
其中：公益金	14994599.48	13178596.71	11258722.70	9306756.50
未分配利润	54641901.22	41021880.41	26622825.30	11975578.83
股东权益合计	264041873.50	245881845.76	226175740.04	164510304.47
负债及股东权益总计	429687322.76	460439387.22	454699897.98	406030736.76

南海发展股份有限公司摸拟资产负债表

编制单位:南海发展股份有限公司　　单位:元

资产	2000.6.30	1999.12.31	1998.12.31★	1997.12.31★
流动资产：				
货币资金	37291697.44	45673915.59	16154262.70	8183066.64
应收股利				
应收帐款	744021.13	3577693.31	3599073.04	3460902.30
其他应收款	17921194.12	31811696.83	9324131.48	9810820.04
减：坏帐准备	1907573.13	2886863.64	827315.08	717063.16
应收帐款净额	16757642.12	32502526.50	12095889.44	12554659.18
预付帐款	2122379.27	1631981.55	2125640.60	4290224.11
应收补贴款	0	5400000.00		
存货	6034029.26	2849029.49	5907926.92	6501394.90
减：存货跌价准备				
存货净额	6034029.26	2849029.49	5907926.92	6501394.90
待摊费用	0	0	411716.98	155007.87
流动资产合计	62205748.09	88057453.13	36695436.64	31684352.70
长期投资：				
长期股权投资	4728015.00	4728015.00	4728015.00	4839515.00
长期债权投资				
长期投资合计	4728015.00	4728015.00	4728015.00	4839515.00
减：长期投资减值准备				
长期投资净额	4728015.00	4728015.00	4728015.00	4839515.00
固定资产：				
固定资产原价	382890848.75	378595222.14	407082058.20	365267705.36
减：累计折旧	80447925.81	68117866.87	78152184.24	56898229.65
固定资产净值	302442922.94	310477355.27	328929873.96	308369475.71
在建工程	7745340.73	4511067.82	355092.75	41901798.84
固定资产清理	0	0	44210.14	
固定资产合计	310188263.67	314988423.09	329329176.85	350271274.55
无形资产及其他资产：				
无形资产	52433696.00	52433696.00	51933696.00	28520000.00
长期待摊费用	131600.00	231800.00	432200.00	1732600.00
无形资产及其他资产合计	52565296.00	52665496.00	52365896.00	30252600.00
资产总计	429687322.76	460439387.22	423118524.49	417047742.25
负债及股东权益				
流动负债：				
短期借款	99700000.00	139700000.00	108700000.00	54600000.00
应付帐款	13867014.17	19091077.71	15843510.05	8985293.74
预收帐款	8391709.34	9283422.07	5879036.51	13739426.24
应付工资	2553711.14	3504561.07	3350795.33	3913174.81
应付福利费	872096.89	972296.51	1068795.62	704149.75
应付股利				
应交税金	22741078.71	10099244.55	12432581.78	10171345.15
其他应交款	254193.88	63844.13	376616.80	176172.26
其他应付款	17238875.05	31507394.62	36952634.00	66814158.69
预提费用	0	0	956063.24	4288050.55
流动负债合计	165618679.18	214221840.66	185560033.33	163391771.19
长期负债：				
长期借款	0	310000.00	21626600.00	94085898.00
住房周转金	26770.08	25700.80		
长期负债合计	26770.08	335700.80	21626600.00	94085898.00
负债合计	165645449.26	214557541.46	207186633.33	257477669.19
少数股东权益				
股东权益				
股本	143514168.00	143514168.00	143514168.00	121862661.00
资本公积	28399305.58	28399305.58	27891939.99	7407673.39
盈余公积	37486498.70	32946491.77		
其中：公益金	14994599.48	13178596.71		
未分配利润	54641901.22	41021880.41	44525783.17	30299738.67
股东权益合计	264041873.50	245881845.76	215931891.16	159570073.06
负债及股东权益总计	429687322.76	460439387.22	423118524.49	417047742.25

注:★按照公司现时结构的模拟数据

南海发展股份有限公司摸拟利润及利润分配表

编制单位：南海发展股份有限公司　　单位:元

项目	2000年1-6月	1999年度★	1998年度★	1997年度★
一、主营业务收入	61384431.17	119466676.60	122584063.97	103109261.74
减：折扣与折让				
主营业务收入净额	61384431.17	119466676.60	122584063.97	103109261.74
减：主营业务成本	29342681.11	61516562.28	72323887.04	60269633.44
主营业务税金及附加	378407.25	833568.70	980652.67	706671.80
二、主营业务利润(亏损以"-"号填列)	31663342.81	57116545.62	49279524.26	42132956.50
加：其他业务利润(亏损以"-"号填列)	3269860.85	699387.69	1890524.35	948877.81
减：存货跌价损失				
营业费用	44400.00	30620.00	45468.00	
管理费用	3316721.80	8709519.24	7588363.10	6738678.45
财务费用	4457150.56	9106200.00	11257634.85	12922708.26
三、营业利润(亏损以"-"号填列)	27114931.30	39969594.07	32278582.66	23420447.60
加：投资收益(损失以"-"号填列)	0	353911.00	404651.00	225000.00
补贴收入				
营业外收入	35087.81	667102.92	459418.01	219210.06
减：营业外支出	18555.05	1902497.64	6154339.34	225340.09
四、利润总额(亏损总额以"-"号填列)	27131464.06	38380768.35	26280970.33	23189317.57
减：所得税	8971436.32	12665653.56	8672720.20	7632357.69
减:少数股东权益				
五、净利润(净亏损以"-"号填列)	18160027.74	25715114.79	17608250.13	15556959.88
加：年初未分配利润	41021880.41			
盈余公积转入				
六、可供分配的利润	59181908.15			
减：提取法定盈余公积	1816002.77			
提取法定公益金	1816002.77			
减:提取任意盈余公积金	908001.39			
七、可供股东分配的利润	54641901.22			
八、未分配利润	54641901.22			

西藏天路交通股份有限公司

西藏天路交通股份有限公司招股说明书

一、要 览

总股本:10000 万股　　可流通股本:4000 万股
本次上市流通股本:4000 万股
股票简称:西藏天路　　股票代码: 600326
上市地点:上海证券交易所　　上市时间:2001 年 1 月 16 日
登记机构:上海证券中央登记结算公司
上市推荐人:南方证券有限公司

二、绪 言

本上市公告书是根据《中华人民共和国公司法》、《中华人民共和国证券法》、《公开发行股票公司信息披露实施细则》和《上海证券交易所股票上市规则》等国家有关法律、法规的规定,并按照公开发行股票公司信息披露的内容与格式准则第七号《上市公告书的内容与格式(试行)》而编制,旨在向投资者提供有关西藏天路交通股份有限公司(以下简称"本公司")和本次股票上市的基本情况。

经中国证监会证监发行字[2000]179 号文核准,本公司于 2000 年 12 月 25 日通过"上网定价"的方式成功发行 4000 万社会公众股,每股发行价为人民币 6.88 元。

经上海证券交易所上证上字[2001]7 号《上市通知书》批准,本公司通过上网定价发行的 4000 万社会公众股将于 2001 年 1 月 16 日起在上海证券交易所挂牌交易。股票简称"西藏天路",股票代码"600326"。

本公司已于 2000 年 12 月 21 日在《中国证券报》、《上海证券报》上刊登了《招股说明书概要》,距今不足六个月,故与其重复的内容在此不再重述,敬请投资者查阅本公司的《招股说明书概要》。

本公司董事会全体成员已批准本上市公告书,确信本公告书所载资料不存在重大遗漏或者误导,并对其真实性、准确性和完整性负个别的和连带的责任。

三、本公司概况

(一)基本情况
1、公司名称:西藏天路交通股份有限公司
2、注册地点:西藏自治区拉萨市夺底路 14 号
3、成立日期:1999 年 3 月 29 日
4、注册资本:10000 万元　　5、法定代表人:尼玛
6、经营范围:公路、桥梁的建设(一级);货物运输、长短途客运;与公路建设相关的建筑材料(含水泥制品)的生产、销售;汽车贸易及配件(含小轿车);筑路机械配件的经营、销售;汽车维修、塑料制品;氧气制造、销售。
7、主要业务:本公司是主要从事公路工程施工的基础设施建设企业。主要承担西藏自治区内的公路、桥梁的建设任务。工程施工质量、公路建设市场占有率、高等级公路施工市场占有率、工程机械设备的先进程度及拥有量在自治区内居于领先地位。本公司的公路工程施工业务,在西藏自治区一直处于领先地位,占有西藏公路工程建设市场 20%的份额,其中在高等级公路建设中占有 50%以上的市场份额。
8、所属行业:基础设施建设
9、联系电话:0891-6322208　　10、联系传真:0891-6333071　　11、联系人:饶邦骥

(二)本公司历史沿革

本公司是由西藏公路工程总公司(以下简称"工程公司")作为主发起人,联合西藏自治区交通工业总公司(以下简称"工业公司")、西藏拉萨汽车运输总公司(以下简称"拉运公司")、西藏自治区汽车工业贸易总公司(以下简称"汽贸公司")、西藏自治区交通厅格尔木运输总公司(以下简称"格尔木公司")四家企业,以经评估确认后的与公路、桥梁施工建设有关的经营性资产及其相关负债作为出资(格尔木公司以现金 60 万元投入股份公司),并经自治区人民政府藏政函[1999]80 号文批准,共同发起设立的股份有限公司。

根据西藏自治区国有资产管理局[1999]17 号文批复,各发起人出资按 71.7269%的比例折为发起人股 6,000 万股,其中工程公司持股 3,667.88 万股,持股比例 61.13%;工业公司持股 874.88 万股,持股比例 14.58%;拉运公司持股 715.29 万股,持股比例 11.92%;汽贸公司持股 698.91 万股,持股比例 11.65%;格尔木公司持股 43.04 万股,持股比例 0.72%,以上股权界定为国有法人股。

四、股票发行及承销

(一)本次发行情况
1、社会公众股发行数量:4000 万股　　2、股票发行价格:6.88 元/股
3、发行市盈率:26.06 倍(全面摊薄)　　4、发行费用:1267.92 万元
5、每股发行费用:0.31698 元　　6、募集资金数量:26252.08 万元(扣除发行费用)
7、发行方式:上网定价发行　　8、发行日期:2000 年 12 月 25 日
9、中签率:0.48 375526%　10、有效申购户数:414,037 户
11、持有 1000 股以上的户数:38,521 户

(二)股票承销本次公开发行的 4000 万社会公众股得到超额认购,承销团无余额包销。

(三)验资报告

本次发行募集资金 26,252.08 万元已于 2001 年 1 月 3 日到帐,全部存入中国建设银行西藏自治区分行拉萨市林廓北路支行西藏天路交通股份有限公司帐户,帐号 2333012116。

验资报告　　君和审字(2001)第 3001 号

西藏天路交通股份有限公司全体股东:

我们接受委托,对西藏天路交通股份有限公司(下称:贵公司)截至 2001 年 1 月 3 日公开发行的社会公众股本金到位情况的真实性和合法性进行了审验。在审验过程中,我们按照《独立审计实务公告第 1 号-验资》的要求,实施了必要的审验程序。贵公司的责任是提供真实、合法、完整的验资资料,保护资产的安全、完整,我们的责任是按照《独立审计实务公告第 1 号-验资》的要求,出具真实、合法的验资报告。

根据我们的审验,截至 2001 年 1 月 3 日,贵公司本次向社会发行人民币普通股 4,000 万股,发行价为每股人民币 6.88 元,发行总收入为人民币 27,520 万元,扣除股票发行费用 1,267.92 万元后,实际募集资金人民币 26,252.08 万元,其中:实收股本人民币 4,000 万元,资本公积人民币 22,252.08 万元。贵公司本次股票发行后,实收股本已增至人民币 10,000 万元。与上述变更股本相关的资产总额为 26,252.08 万元,均为货币资金。

附件一:公开发行股票前后注册资本、投入资本对照表
附件二:验资事项说明
附件三:募股资金进账单复印件

四川君和会计师事务所　　中国注册会计师:唐国峰
中国　　成都　　中国注册会计师:庄瑞兰

报告日期:2001 年 1 月 3 日

五、董事、监事及高级管理人员持股情况

(一)公司董事、监事及高级管理人员简历

董事长:尼玛先生,藏族,1946 年出生,大专文化,中共党员,1968 年参加工作。曾任聂拉木养护段副段长,日喀则行署交通局副科长,聂拉木县委书记,日喀则地区交通局局长,日喀则地区纪委副书记,西藏自治区交通厅纪委副书记。

副董事长兼总经理:扎西江措先生,藏族,1966 年出生,大专文化,中共党员,1986 年参加工作。曾任西藏自治区交通厅科研所技术员,西藏自治区交通战备办公室科员、主任科员,西藏公路工程总公司副总经理、代总经理等职。

副董事长兼董事会秘书:饶邦骥女士,汉族,1954 年出生,大专文化,中共党员,1971 年参加工作。曾任西藏自治区汽车配件公司营业员、计划员、业务科科长,西藏自治区汽车工业贸易总公司成都公司党支部书记兼副经理,上海汽车工业西藏销售公司总经理,西藏自治区汽车工业贸易总公司副总经理、总经理、党委副书记等职。

董事兼副总经理:赵锐先生,汉族,1955 年出生,大专文化,中共党员,1975 年参加工作。曾任西藏交通厅拉萨汽车修配厂会计、财务科副科长、科长,西藏交通工业总公司副总经理。

董事兼副总经理:田根先生,汉族,1958 年出生,大专文化,中共党员,1972 年参加工作。曾任西藏拉萨汽车运输总公司三公司调度、副经理,西藏拉萨运输总公司副总经理兼一公司经理。

董事兼副总经理:李留丰先生,汉族,1957 年出生,大专文化,中共党员,1978 年参加工作。曾任西藏公路工程总公司五公司统计员、技术员、分队长、科长、副经理、经理,西藏公路工程总公司副总经理。

董事:边连仲先生,汉族,1953 年出生,大专文化,中共党员,1969 年参加工作。曾任西藏自治区人民政府驻北京办事处干部;西藏自治区汽车工业贸易总公司驻北京站站长,西藏自治区汽车工业贸易总公司副总经理。

董事:旦增木龙先生,藏族,1942 年出生,中专文化,中共党员,高级政工师,1959 年参加工作。曾任西藏自治区交通工业总公司车间主任,拉萨汽车修配厂副厂长,交通工业总公司党委书记等职。

董事:平措先生,藏族,1947 年出生,大学文化,中共党员,1966 年参加工作。曾任西藏公路工程局二队工人、政工干事、技术员、生产办主任;西藏公路工程总公司计划统计处副处长;西藏公路工程总公司计划统计处处长。

董事:达瓦次仁先生,藏族,1958 年出生,初中文化,中共党员,1975 年参加工作。曾任西藏公路工程总公司二公司管理员、工会主席、分队队长;西藏公路工程总公司一公司总支副书记;西藏公路工程总公司五公司总支书记、代经理。

董事:胡浩先生,汉族,1970 年出生,中专文化,中共党员,1989 年参加工作。曾任西藏拉萨汽车运输总公司一公司科员、计划调度科科长;西藏拉萨汽车运输总公司一公司副经理。

监事会主席:洛桑曲加先生,藏族,1948 年出生,大学文化,中共党员,1965 年参加工作。曾任西藏公路工程局五公司分队长、副队长、队长;西藏公路工程总公司副总经理;西藏自治区交通厅科研所副所长兼西藏自治区交通厅质监站副站长;西藏公路工程总公司党委书记、副总经理。

监事:强巴珍珠先生,藏族,1946 年出生,初中文化,中共党员,1963 年参加工作。曾任西藏自治区交通工业总公司车间主任;西藏自治区交通工业总公司副总经理。

监事:刘海女士,汉族,1956 年出生,初中文化,中共党员,1972 年参加工作。曾任西藏公路工程总公司五公司政治办公室主任;西藏公路工程总公司纪委纪检干事。

副总经理:肖慈祥先生,汉族,高中文化,1964 年出生,中共党员,1982 年参加工作。曾任西藏自治区汽车工业贸易总公司汽车销售公司副经理、经理,上海汽车工业西藏销售公司经理、西藏自治区汽车工业贸易总公司副总经理等职。

总工程师:林素明先生,汉族,1968 年出生,大学文化,中共党员。1988 年 7 月毕业于重庆交通学院道路工程系公路与城市道路工程专业,获工学学士学位。曾在区公路工程总公司五公司任副经理,公路工程总公司工程技术处任处长,公路工程总公司任总工程师。

董事会秘书授权代表:方权立先生,汉族,1958 年出生,大专文化,中共党员,1975 年参加工作。曾任西藏自治区交通工业总公司厂办副主任,西藏自治区交通工业总公司供销科副科长,西藏自治区交通矿业公司副经理、经理;交通建材公司副经理等职。

财务负责人:李忠先生,1968 年出生,大专学历,曾任西藏公路工程总公司财务处任副处长。

(二)公司董事、监事及高级管理人员持股情况公司董事、监事及高级管理人员未持有公司股票。

六、公司设立

1、本公司是经西藏自治区人民政府藏政函[1999]80 号文批准,以工程公司作为主发起人以其经评估确认后的与公路、桥梁施工建设有关的经营性资产及其相关负债作为出资,联合工业公司、拉运公司、汽贸公司、格尔木公司四家企业格尔木公司以现金 60 万元投入股份公司),共同发起设立的股份有限公司。

根据西藏自治区国有资产管理局[1999]17 号文批复,各发起人出资按 71.7269%的比例折为发起人股 6,000 万股,其中工程公司持股 3,667.88 万股,持股比例 61.13%;工业公司持股 874.88 万股,持股比例 14.58%;拉运公司持股 715.29 万股,持股比例 11.92%;汽贸公司持股 698.91 万股,持股比例 11.65%;格尔木公司持股 43.04 万股,持股比例 0.72%,以上股权界定为国有法人股。

1999 年 3 月 29 日公司在西藏自治区拉萨市工商行政管理局登记注册。注册资本 6000 万元。

2、本公司于 2000 年 12 月 25 日向社会公众发行 4000 万股社会公众股,募股资金已到位,本公司于 2001 年 1 月 5 日进行了工商变更登记:

注册资本:10000 万元　　注册地点:西藏自治区拉萨市夺底路 14 号公司
法定代表人:尼玛　　营业执照注册号:5400001000128

七、关联企业及关联交易

(一)关联企业

工程公司是本公司的主要发起人,本次发行前持有本公司 61.13%的股份(发行后持有 36.68%的股份),是本公司的控股股东,因此成为本公司的关联企业。

本公司的关联企业共有 7 家,其中:

1、本公司的控股、参股企业即发起人(名称及持股情况如下表)

公司名称	发行前		发行后	
	数量(万股)	比例	数量(万股)	比例
	6000.00	100.00%	6000.00	60.00%
其中:1、西藏公路工程总公司	3667.88	61.13%	3667.88	36.68%
2、西藏自治区交通工业总公司	874.88	14.58%	874.88	8.75%
3、西藏拉萨汽车运输总公司	715.29	11.92%	715.29	7.15%
4、西藏自治区汽车工业贸易总公司	698.91	11.65%	698.91	6.99%

5、西藏自治区交易厅格尔木运输总公司　　43.04　0.72%　43.04　0.43%

2、本公司控股、参股的企业

西藏日喀则地区宗山水泥有限责任公司,本公司持股 51%;山南地区水泥,本公司持股 49%。

3、发起人情况简介

(1)西藏公路工程总公司(以下简称"工程公司")

注册地址:拉萨市夺底路 14 号　　法人代表:罗丹

注册资金:人民币 5924 万元　　经营范围:建筑设备安装。

(2)西藏自治区交通工业总公司(简称"工业公司")

注册地址:拉萨市夺底路 86 号　　法人代表:连大雷　　注册资金:2316 万元

经营范围:土木工程建筑(三级);肉食品;机电安装;机械制造;硼砂、铬矿开采;胶合板等。

(3)西藏拉萨汽车运输总公司(简称"拉运公司")

注册地址:拉萨市北京中路 189 号　　法人代表:张德川　　注册资金:3903 万元

经营范围:汽车运输;矿产品经销。

(4)西藏自治区汽车工业贸易总公司(简称"汽贸公司")

注册地址:拉萨市罗布林卡 16 号　　法人代表:蔺清民　　注册资金:2191 万元

经营范围:汽车(含小轿车)及配件;摩托车及配件;建筑材料;五金交电、石油化工产品、酒、糖、百货及服装。

(5)西藏自治区交通厅格尔木运输总公司(简称"格尔木公司")

注册地址:青海省格尔木市盐桥路开拓街 001 号　　法人代表:朱祖虎　　注册资金:692 万元

经营范围:货物运输;铬矿石加工、建材、汽车配件销售。

(二)关联交易

本公司已建立起独立完整的生产、供应、销售经营体系,仅在土地、房屋、后勤服务等方面与发起人存在关联交易,为此,本公司已与各发起人按照公平原则签订了相关的关联交易协议。

(1)《土地使用权租赁协议》

本公司使用的土地均为向工程公司、工业公司、拉运公司和汽贸公司 4 家股东租赁使用,4 家股东已就出租的土地办理出让手续,取得了出租土地的使用权。1999 年 5 月,本公司与工程公司、工业公司、拉运公司和汽贸公司分别签署了《土地使用权租赁协议》,向 4 家股东租赁面积分别为 38077.9 平方米、78705 平方米、22728.36 平方米和 24291.91 平方米的土地,年租金分别为 278962.73 元、611537.88 元、189962.73 元和 630486.70 元。

(2)《房产租赁协议》

公司的部分生产经营用房是向工程公司和汽贸公司租赁的。1999 年 5 月,本公司与工程公司、汽贸公司分别签署《房产租赁合同》,向 2 家股东租赁建筑面积分别为 11770.57 平方米和 1154.25 平方米的房产,租赁期限均为 20 年,年租金分别为 398339.54 元和 56064.12 元。

本公司股东汽贸公司向本公司租赁建筑面积为 1643.52 平方米的库房,双方于 1999 年 5 月签署《房产租赁合同》,约定租赁期限为 20 年,年租金为 54137.76 元人民币。

(3)《综合服务协议》

本公司在水、电、职工宿舍、绿化、卫生、保安等后勤服务方面需要发起人提供一定的服务。

1999 年 5 月,本公司与工业公司、拉运公司和汽贸公司分别签署《综合服务协议》,约定工业公司、拉运公司和汽贸公司向本公司提供水、电、职工住房、道路、绿化、保安、消防等综合服务。协议中约定上述服务的收费按照不高于物价管理部门规定的价格或当地市场价格标准收取。

本公司与工程公司在水、电、职工宿舍、绿化、卫生、保安等后勤服务方面需要相互提供服务,为此,1999 年 5 月,本公司与工程公司签署《综合服务协议》,约定本公司与工程公司相互供应对方所需的水、电、职工住房、后勤、道路、绿化、保安等服务。协议中约定上述服务的收费按照不高于物价管理部门规定的价格或当地市场价格标准收取。

(4)业务协议

1999 年 3 月 20 日,本公司与工业公司签署《民用爆破器材买卖合同》,本公司向工业公司购买铵锑炸药 200 吨,价格为每吨 5800 元人民币,合同履行期至 2000 年 10 月 31 日。

2000 年 3 月 27 日,本公司与工业公司签定《合同转让书》,本公司以 100.50 万元的转让价格,将与拉萨市红远工贸公司签定的《联营协议书》中的全部权利和义务转让给工业公司。本公司已于 2000 年 4 月收到工业公司支付的转让价款。

2000 年 4 月 18 日,本公司与工业公司签署《委托还款协议》,由于本公司对工业公司存在较大数额的应付款项(购原材料款、应付股利等),本公司与工业公司约定,由公司代工业公司归还本金及利息总额为 671.18 万元的银行贷款,并以此款冲减本公司应支付给工业公司的原材料款 453.84 万元和股利 217.34 万元。本公司已于 2000 年 4 月 24 日向银行支付了 671.18 万元。

1999 年 3 月 18 日,公司与汽贸公司签定了《物资中转服务原则性协议》,协议约定汽贸公司长期为本公司接收各地发至格尔木的汽车、配件、轮胎等物资,并负责储存和转运至拉萨。协议就中转服务的基本原则、服务范围、服务要求、服务费用标准等事项做了具体规定。上述协议为本公司正在履行的关联交易协议。1999 年的交易金额为 9 万余元。

八、股本结构及大股东持股情况

1、股本结构

本次股票发行后,本公司的股本总额为 10000 万股,股本结构如下:

股份类型	股数(万股)	比例
发起人股	6000	60%
社会公众股	4000	40%
总股本	10000	100%

2、前十名股东持股数及比例

股东名称	持股总数(万股)	所占比例
西藏公路工程总公司	3667.88	36.68%
西藏自治区交通工业总公司	874.88	8.75%
西藏拉萨汽车运输总公司	715.29	7.15%
西藏自治区汽车工业贸易总公司	698.91	6.99%
西藏自治区交通厅格尔木运输总公司	43.04	0.43%
兴和基金	38.00	0.38%
景宏基金	19.70	0.20%
安顺基金	18.90	0.19%
普丰基金	14.90	0.15%
天元基金	14.10	0.14%

九、公司财务会计资料

本公司截止 2000 年 10 月 31 日的财务状况,已于 2000 年 12 月 21 日在《中国证券报》、《上海证券报》刊登的《招股说明书概要》中进行了详细的披露。因公告的时间较短,重复的内容在此不再赘述。本公告只公布会计报表,主要财务指标及会计报表附注,欲了解详细内容,请查阅上述报纸或至公告的《招股说明书》查阅地点查阅。

(一)会计报表(附后)(二)主要财务指标西藏天路交通股份有限公司 1997 年-2000 年 10 月主要财务指标

时间	2000 年 1-10 月		1999 年	
项目	合并数	母公司数	合并数	母公司数
销售利润率	8.75%	9.14%	8.87%	9.67%
销售毛利率	19.67%	19.78%	21.60%	21.18%
销售净利率	7.61%	7.78%	7.44%	7.65%
净资产收益率	15.64%	15.64%	18.38%	18.38%
资产负债表	57.71%	55.66%	57.56%	55.48%
流动比率	1.40	1.51	1.12	1.15
速动比率	1.07	1.16	0.81	0.84
应收款款周转率	6.60	6.01	4.66	4.70
存货周转率	4.18	4.42	3.66	3.82
每股收益	0.26	0.26	0.26	0.26

续上表:

时间	1998 年度		1997 年度	
项目	合并数	母公司数	合并数	母公司数
销售利润率	10.10%	9.96%	9.95%	9.98%
销售毛利率	24.56%	24.74%	26.07%	25.85%
销售净利率	7.16%	7.45%	6.71%	6.98%
净资产收益率	18.32%	18.32%	16.69%	16.69%
资产负债表	61.60%	59.66%	61.19%	69.50%
流动比率	1.14	1.18	1.10	1.13
速动比率	0.72	0.74	0.50	0.61
应收款款周转率	5.00	5.03	9.29	9.09
存货周转率	2.32	2.33	1.83	1.86
每股收益	0.22	0.22	0.20	0.20

以上财务指标的计算公式:

销售利润率=利润总额/销售收入;

销售毛利率=(销售收入-销售成本)/销售收入;

销售净利率=净利润/销售收入;

净资产收益率=净利润/期末净资产总额;

资产负债率=负债/资产;

流动比率=流动资产/流动负债;

速动比率=(流动资产-存货)/流动负债;

应收帐款周转率=销售收入/平均应收帐款;

存货周转率=销售成本/平均存货余额;

每股收益=净利润/股本总额

(三)、会计报表附注

1、货币资金

类别	1999.12.31	2000.10.31
现金	701032.84	1546042.61
银行存款	36470447.94	55903701.95
其他货币资金		8200632.88
合计	37171480.78	65650377.44

注:期末比期初增长的主要原因是收到建设单位(西藏交通厅)支付公路工程款。

2、应收帐款

①、帐龄分析:

	1999.12.31			2000.10.31		
帐龄	金额	比例(%)	坏帐准备	金额	比例(%)	坏帐准备
一年以内	17030484.27	44.93	851524.21	21737890.79	57.41	1086894.54
一至二年	17182102.21	45.33	1374568.18	8756510.00	23.13	700520.80
二至三年	3691896.66	9.74	369189.67	4223058.93	11.15	422305.89
三至五年				3147400.37	8.31	1573700.19
五年以上合计	37904483.14	100.00	2595282.06	37864860.09	100.00	3783421.42

②、本项目中无持有本公司 5%以上股份的股东单位欠款。

③、三年以上帐龄的大额款项情况

单位名称	金额	性质	原因
江孜县人民政府	876,145.00	水泥款	财政困难
江孜县城建局	693774.20	水泥款	基建资金未到位
余祝龙	110,502.50	水泥款	还款困难
林永江	509,366.12	水泥款	还款困难
合计	2189787.82		

4、其他应收款

①、帐龄分析:

	1999.12.31			2000.10.31		
帐龄	金额	比例(%)	坏帐准备	金额	比例(%)	坏帐准备
一年以内	3000325.87	17.00	150016.29	6390352.79	61.94	319517.64
一至二年	13013183.23	73.75	1041054.66	811313.67	7.86	64905.09
二至三年	1632417.79	9.25	163241.79	2549674.73	24.71	254967.47
三至五年				565793.59	5.49	282896.80
五年以上						
合计	17645926.89	100.00	1354312.74	10317134.78	100.00	922287.00

②、本项目中无持有本公司 5%以上股份的股东单位欠款。

③、期末比期初减少 42%,主要原因是本公司设立后,严格控制备用金,及时清理收回欠款。

6、长期股权投资

被投资单位名称	投资期限	占被投资单位注册资本比例	投资金额	99.12.31 权益金额	减值准备
西藏山南地区水泥厂	10 年	49%	1,720,000.00	580,648.56	619,772.55

注:99 年 12 月 31 日本公司合并报表的长期股权投资净额为负数。其原因是本公司的会计政策规定:会计期末根据母公司长期投资余额的 20%计提长期投资减值准备。本公司的长期股权投资包括对控股子公司"宗山水泥"(51%)及联营企业"山南水泥厂"(49%)的投资。计提长期投资减值准备的基数包括对"宗山水泥"及"山南水泥厂"的投资。合并报表的长期股权投资余额是本公司对"山南水泥厂"的投资。本公司至 99 年 12 月 31 日对"山南水泥厂"的投资余额是 580,648.56 元,应计提减值准备 116,129.69 元。对"宗山水泥"投资余额是 2,518,214.37 元,应计提减值准备 503,642.86 元。合并报表长期股权投资余额为 580,648.56 元,减值准备余额为 619,772.55 元。因此,99 年 12 月 31 日合并报表长期股权投资净额是-39,123.99 元。

7、固定资产及累计折旧

类别	1999.12.31	本期增加	本期减少	2000.10.31
(1)、固定资产原值:				
房屋及建筑物	36731291.22	403301.30	281385.00	36853207.52
专用设备	51474492.71	10766078.34		62240571.05
通用设备	18199118.45	108565.87		18307684.32
运输设备	61072512.35	4396819.60		65469331.95
电子设备及其他设备	3193590.35	2582759.18	25000.00	5751349.53
小计	170671005.08	18257524.29	306385.00	188622144.37
(2)、累计折旧:				
房屋及建筑物	9591871.14	1006562.75		10598433.89
专用设备	27827911.92	4794492.49		32622404.41
通用设备	8272940.92	1089598.53		9362539.45

运输设备	47662207.19	4820217.98		52482425.17
电子设备及其他设备	1588194.27	439774.94	1160.00	2026809.21
小计	94943125.44	12150646.69	1160.00	107092612.13

(3)、固定资产净值

固定资产净值	75727879.64	81529532.24

9、应付帐款

①、帐龄分析：

帐龄	1999.12.31 金额	比例(%)	2000.10.31 金额	比例(%)
一年以内	12145126.00	60.36	43514776.69	83.43
一至二年	4716913.36	23.45	4298427.58	8.24
二至三年	3105067.76	15.43	3506035.42	6.72
三年以上	153765.48	0.76	837313.47	1.61
合计	20120872.60	100.00	52156553.16	100.00

②、持本公司5%以上股份的股东单位的款项为：

单位名称	金额
汽贸公司	42606.86

③、三年以上帐龄的款项情况：

单位名称	金额	备注
江孜县日郎乡	368937.30	

⑥期末余额比期初增长159%的原因是尚未支付对外劳务协作单位工程款。

10、预收帐款

①、帐龄分析：

帐龄	1999.12.31 金额	比例(%)	2000.10 .31 金额	比例(%)
一年以内	20851990.07	58.91	23597193.60	81.91
一至二年	13999256.62	39.55	4337326.98	15.06
二至三年	378740.95	1.07	190872.04	0.66
三年以上	166362.85	0.47	682688.65	2.37
合计	35396350.49	100.00	28808081.27	100.00

②、本项目中无预收本公司5%以上股份的股东单位的款项。

③、帐龄超过一年的大额款项情况

项目	金额
预收川藏林芝段工程款	4000000.00
合计	4000000.00

形成原因是：相关工程项目在98年、99年开工，将在2000年、2001年陆续完工，待工程项目完工后西藏交通厅才与公司进行最后结算。

④、帐龄一年内的大额款项情况

单位名称	金额
预收2000年工程款	18000000.00

11、应交税金

税种	1999.12.31	2000.10.31
增值税	803812.59	879575.52
城建税	49403.89	80222.27
所得税	1685981.86	1378953.03
营业税	1,416,159.04	−6623.39
合计	3955357.38	2332127.43

14、净资产

项目	2000年10月31日	1999年12月31日	1998年12月31日	1997年12月31日
股本	60000000.00	60000000.00		
资本公积	23650598.47	23650598.47		
盈余公积	4745400.79	2371584.79		
未分配利润	13451624.02			
合计	101847623.28	86022183.26	73300706.51	70441597.23

注：①1997年12月31日净资产系依据公司重组方案计算形成。

②1998年12月31日的净资产是98年4月30日评估前净资产73,300,706.51元。

③1999年12月31日的净资产包括：

a、1998年4月30日评估前净资产73,300,706.51元。

b、评估增值9,749,891.96元。

c、格尔木公司投入600,000.00元，其中：计入股本430,400.00元；计入资本公积169,600.00元。

d、1999年实现的净利润计提"两金"2,371,584.79元。

④2000年10月31日的净资产包括：

a、1999年末净资产。

b、2000年1~10月实现的净利润计提"两金"2,373,816.00元以及未分配利润13,451,624.02元。

⑤根据财政部财评字(1999)86号文及西藏自治区国有资产管理局藏国资企字(1999)17号文，本公司五家发起人的出资按71.7269%进行折股，共折股本60,000,000.00元，资本公积23,650,598.47元。

⑥盈余公积4,745,400.79元，系根据本公司章程，以1999年度税后利润和2000年1-10月税后利润为基数计提15%所形成。

⑦2000年1~10月的净利润13,451,624.02元，根据本公司股东会决议：由新老股东共享。

合并利润表主要项目附注：

15、主营业务收入

项目	2000年1~10月	1999年	1998年	1997年
公路工程收入	130736304.74	122909802.39	104142396.68	82703554.97
建材销售收入	25175095.84	29767493.06	26377620.89	25719776.59
汽车销售收入	45130919.28	49199949.36	48332920.37	59731200.83
运输收入	7279549.83	10555645.32	8748539.84	7039176.82
合计	208321869.69	212432890.13	187601477.78	175193709.21

16、主营业务税金及附加

项目	2000年1~10月	1999年	1998年	1997年
营业税	4140675.65	3768273.86	3710373.14	2676983.06
城建税	269528.12	200172.35	159824.90	398386.38
教育费附加	124189.13	99724.48	64332.86	
合计	4534392.90	4068170.69	3934530.90	3075369.44

19、投资收益

项目	2000年1~10月	1999年	1998年	1997年
长期股权投资(权益)	63,979.97	−322,214.47	126,312.50	124,778.98
长期债权投资		12805.13	17585.35	33000.00
长期投资减值准备	−75,100.18	−101,419.73	−387769.62	
合计	139,080.15	−207989.61	531667.47	157778.98

20、所得税

项目	2000年1~10月	1999年	1998年	1997年
会计利润	18195918.29	18573489.98	19182362.78	16792668.39
减：纳税调整		153991.93		
应纳税所得额	18195918.29	18419498.05	19182362.78	16792668.39
所得税率	15%	15%	30%	30%
母公司所得税	2792724.71	2762924.71	5754708.83	5037800.52
加：子公司所得税		129404.99		
所得税	2792724.71	2892329.70	5754708.83	5037800.52

注：指公司从"宗山水泥"分回的税后投资收益。

十、董事会上市承诺

本公司董事会将严格遵守《中华人民共和国公司法》、《中华人民共和国证券法》、《公开发行股票公司信息披露实施细则(试行)》和《上海证券交易所股票上市规则》及有关法律、法规的规定，并自股票上市之日起做出如下承诺：

1、按照法律、法规的规定程序和要求披露重大信息，并接受证券主管机关、上海证券交易所的监督管理；

2、及时、真实、准确地公布中期报告和年度报告，并置备于规定场所供投资者查阅；

3、本公司董事、监事及高级管理人员如发生人事变动或持本公司股票发生变动时，在报告证券主管机关、证券交易所的同时向投资者公布；

4、在任何公共传播媒介中出现的消息可能对本公司股票的市场价格产生误导性影响时，本公司知悉后将及时对该消息予以公开澄清；

5、本公司董事、监事及高级管理人员将认真听取社会公众的意见和批评，不利用已获得的内幕消息和其他不正当手段直接或间接从事股票买卖活动；

6、本公司没有无记录负债。

依据2000年5月1日起实施的《上海证券交易所股票上市规则》(二〇〇〇年修订本)，本公司全体董事、监事将按照有关规定，在本公司股票上市后两个月内签署《董事(监事)声明及承诺书》并送达上海证券交易所备案。

十一、重要事项揭示

1、本公司本次上市流通股份4000万股自本次挂牌交易之日起即可流通。

2、依据公司2000年4月28日临时股东大会决议，新股东无权享有公司2000年利润分配。本次股票发行后的第一个盈利年度将派发股利，预计首次股利分配时间在发行次年6月底以前。

3、截止本公司上市公告书公布之日，本公司无重大诉讼。

4、本公司大股东工程公司郑重承诺：本公司持有的西藏天路交通股份有限公司3667.88万法人股，自西藏天路交通股份有限公司的股票上市之日起，一年内不转让，也不由西藏天路交通股份有限公司回购我公司持有的股份。

5、除本公司招股说明书及概要和本上市公告书披露的事项外，本公司董事会认为没有其它对本公司资产、负债及股东权益有较大影响的重要事项。

十二、备查文件目录

1、招股说明书及概要
2、上海交易所上市通知书
3、中国证监会关于本公司公开发行股票的批准文件
4、审计报告、财务报表和附注
5、验资报告
6、法律意见书
7、本公司成立的登记注册文件及营业执照
8、公司章程

十三、咨询机构

1、西藏天路交通股份有限公司

法定代表人：尼玛　　注册地址：西藏自治区拉萨市夺底路14号

联系电话：(0891) 6322208　6328624　传真：(0891) 6333071　联系人：饶邦骥

2、南方证券有限公司

法定代表人：沈沛　　注册地址：深圳市嘉宾路4028号太平洋商贸大厦20-28层

联系电话：(010)66212491　(0755)2138227　传真：(010)66210025　联系人：李文、顾捷峰

西藏天路交通股份有限公司

2001年1月11日

资产负债表

编制单位：西藏天路交通股份有限公司　　单位：元

资产	2000.10.31 合并	2000.10.31 母公司	1999.12.31 合并	1999.12.31 母公司
流动资产：				
货币资金	65650377.44	65585863.55	37171480.78	37127254.17
短期投资	1800367.12	1800367.12	1005000.00	1005000.00
减：短期投资跌价准备				
短期投资净额	1800367.12	1800367.12	1005000.00	1005000.00
应收票据				
应收股利				
应收利息				
应收帐款	37864860.09	32170296.14	37904483.14	35585786.30
其他应收款	10317134.78	10316592.57	17645926.89	15844359.29
应收帐款合计	48181994.87	42486888.71	55550410.03	51430145.59
减：坏帐准备	4705708.42	4685010.49	3949594.80	3936786.77
应收帐款净额	43476286.45	37801878.22	51600815.23	47493358.82
预付帐款	10568020.68	10520290.38	4222606.05	4186150.70
应收补贴款				
存货	40357244.51	37754656.50	39679978.23	36192669.83
减：存货跌价准备	3403128.04	3403128.04	3187342.39	3187342.39
存货净额	36954116.47	34351528.46	36492635.84	33005327.44
待摊费用	311656.73	309026.73	299993.21	299993.21
待处理流动资产净损失				
一年内到期的长期债权投资				
其他流动资产				
流动资产合计	158760824.89	150368954.46	130792531.11	123117084.34
长期投资：				
长期股权投资	644628.53	2723361.86	580648.56	3098862.87
长期债权投资				
长期投资合计	644628.53	2723361.86	580648.56	3098862.87
减：长期投资减值准备	544672.37	544672.37	619772.55	619772.55
长期投资净额	99956.16	2178689.49	−39123.99	2479090.32

固定资产:				
固定资产原价	188622144.37	177140710.84	170671005.08	159248971.55
减:累计折旧	107092612.13	104877902.01	94943125.44	93225361.26
固定资产净值	81529532.24	72262808.83	75727879.64	66023610.29
工程物资				
在建工程	4045253.43	4045253.43	552794.50	552794.50
固定资产清理				
待处理固定资产损失				
固定资产合计	85574785.67	76308062.26	76280674.14	66576404.79
无形资产及其他资产:				
无形资产	279176.41	0.00	305130.42	
开办费	839912.02	839912.02	1049890.02	1049890.02
长期待摊费用				
其他长期资产				
无形资产及其他资产合计	1119088.43	839912.02	1355020.44	1049890.02
递延税项:				
递延税款借项				
资产总计	245554655.15	229695618.23	208389101.70	193222469.47
负债及股东权益				
流动负债:				
短期借款	5313147.05	913147.05	18813147.05	14413147.05
应付票据				
应付帐款	52156553.16	49835294.47	20120872.60	18432145.86
预收帐款	28808081.33	28573737.28	35396350.49	35165206.44
代销商品款				
应付工资	140305.83	140305.83	110147.82	110147.82
应付福利费	1028570.84	1051338.78	109171.41	159155.41
应付股利	4498497.21	4498497.21	20570049.03	20570049.03
应交税金	2332127.43	1871662.17	3955357.38	3710308.96
其他应交款	11919.54	2026.35	53162.03	49731.27
其他应付款	14497570.52	12418733.01	15946275.33	13655033.70
预提费用	1774244.60	424452.80	1270431.13	635360.67
一年内到期的长期负债	3030000.00			
其他流动负债				
流动负债合计	113591017.51	99729194.95	116344964.27	106900286.21
长期负债:				
长期借款	28118800.00	28118800.00	3600000.00	300000.00
应付债券				
长期应付款				
住房周转金				
其他长期负债				
长期负债合计	28118800.00	281188000.00	3600000.00	300000.00
递延税项:				
递延税款贷项				
负债合计	141709817.51	127847994.95	119944964.27	107200286.21
少数股东权益	1997214.36	0.00	2421954.17	
股东权益				
股本	60000000.00	60000000.00	60000000.00	60000000.00
资本公积	23650598.47	23650598.47	23650598.47	23650598.47
盈余公积	47454400.79	4745400.79	2371584.79	2371584.79
其中:公益金	1581800.26	1581800.26	790528.26	790528.26
未分配利润	13451624.02	13451624.02		
股东权益合计	101847623.28	101847623.28	86022183.26	86022183.26
负债及股东权益总计	245554655.15	229695618.23	208389101.70	193222469.47

利润及利润分配表

编制单位:西藏天路交通股份有限公司　　单位:元

项 目	2000 年 1—10 月 合并	2000 年 1—10 月 母公司	1999 年 合并	1999 年 母公司
一、主营业务收入	208321869.69	203785783.66	212432890.13	206744794.34
减:折扣与折让	19188.45	19188.45	8778.00	8778.00
主营业务收入净额	208302681.24	203766595.21	212424112.13	206736016.34
减:主营业务成本	167324759.75	163465840.79	166541588.06	162945645.46
主营业务税金及附加	4534392.90	4526222.90	4068170.69	4045931.45
二、主营业务利润(亏损以"—"号填列)	36443528.59	35774531.52	41814353.38	39744439.43
加:其他业务利润(亏损以"—"号填列)	65117.09	65117.09	165722.93	165722.93
减:存货跌价损失	215785.65	215785.65		
营业费用	2308262.41	2300122.13	2953351.40	2896227.59
管理费用	15048894.10	14299241.92	17725015.83	16971604.32
财务费用	1076594.08	303662.05	1650465.64	920716.11
三、营业利润(亏损以"—"号填列)	17859109.44	18720836.86	19651243.44	19121614.34
加:投资收益(损失以"—"号填列)	139080.15	−300400.83	−207989.61	−53997.68
补贴收入	0.00			
营业外收入	207728.70	207728.70	229128.94	228978.00
减:营业外支出	10000.00	10000.00	821534.76	723104.68
四、利润总额(亏损总额以"—"号填列)	18195918.29	18618164.73	18850848.01	18573489.98
减:所得税	2792724.71	2792724.71	2892329.70	2762924.71
减:少数股东权益	−422246.44	0.00	147953.04	
五、净利润(净亏损以"—"号填列)	15825440.02	15825440.02	15810565.27	15810565.27
加:年初未分配利润	0.00			
盈余公积转入	0.00			
六、可供分配的利润	15825440.02	15825440.02	15810565.27	15810565.27
减:提取法定盈余公积	1582544.00	1582544.00	1581056.53	1581056.53
提取法定公益金	791272.00	791272.00	790528.26	790528.26
七、可供股东分配的利润	13451624.02	13451624.02	13438980.48	13438980.48
减:应付优先股股利				
提取任意盈余公积				
应付普通股股利	0.00	0.00	13438980.48	13438980.48
转作股本的普通股股利				
八、未分配利润	13451624.02	13451624.00		

现金流量表

编制单位:西藏天路交通股份有限公司　2000 年 1—10 月　　单位:元

项目	合并数	母公司数
一、经营活动产生的现金流量:		
销售商品、提供劳务收到的现金	217647096.82	215598058.01
收取的租金	49970.18	49970.18
收到的增值税销项税额和退回的增值税款		
收到的除增值税以外的其他税费返还		
收到的其他与经营活动有关的现金	653009.19	650994.98
现金流入小计	218350076.19	216299023.17
购买商品、接受劳务支付的现金	118614522.46	117638151.50
经营租赁所支付的现金	837700.76	837700.76
支付给职工以及为职工支付的现金	27518641.15	27093054.27
支付的增值税款	9880954.55	9732415.03
支付的所得税款	3478381.79	3478381.79
支付的除增值税、所得税以外的其他税费	255724.74	250968.63
支付的其他与经营活动有关的现金	18637575.17	18491462.97
现金流出小计	179223500.62	177522134.95
经营活动产生的现金流量净额	39126575.57	38776888.22
二、投资活动产生的现金流量:		
收回投资所收到的现金		
分得股利或利润所收到的现金		
取得债券利息收入所收到的现金		
处置固定资产、无形资产和其他长期资产而收回的现金净额		
收到的其他与投资活动有关的现金		
现金流入小计		
购建固定资产、无形资产和其他长期资产所支付的现金	18677139.49	18617739.49
权益性投资所支付的现金	1800367.12	1800367.12
债权性投资所支付的现金		
支付的其他与投资活动有关的现金		
现金流出小计	20477506.61	20418106.61
投资活动产生的现金流量净额	−20477506.61	−20418106.61
三、筹资活动产生的现金流量:		
吸收权益性投资所收到的现金		
发行债券所收到的现金		
借款所收到的现金	27818000.00	27818000.00
收到的其他与筹资活动有关的现金		
现金流入小计	27818000.00	27818000.00
偿还债务所支付的现金	13770000.00	13500000.00
发生筹资费用所支付的现金		
分配股利或利润所支付的现金	2636950.20	2636950.20
偿付利息所支支付的现金	1581222.03	1581222.03
融资租赁所支付的现金		
减少注册资本所支付的现金		
支付的其他与筹资活动有关的现金		
现金流出小计	17988172.23	17718172.23
筹资活动产生的现金流量净额	9829827.77	10099827.77
四、汇率变动对现金的影响		
五、现金及现金等价物净增加额	28478896.66	28458609.38

附注:

项目		
1.不涉及现金收支的投资和筹资活动		
以固定资产偿还债务		
以投资偿还债务		
以固定资产进行长期投资		
以存货偿还债务		
融资租赁固定资产		
2.将净利润调节为经营活动的现金流量		
净利润	15825440.02	15825440.02
加:少数股东损益	−422246.44	
加:计提的坏帐准备或转销的坏帐	848726.22	748223.72
计提的投资准备或转销的投资	−75100.18	−75100.18
存货跌价损失	215785.65	215785.65
待摊费用摊销	218437.31	205287.31
固定资产折旧	12149486.69	11652540.75
无形资产摊销	10174.01	
开办费及长期待摊费用摊销	209978.00	209978.00
处置固定资产、无形资产和其他长期资产的损失(减收益)		
固定资产报废损失		
财务费用	1076594.08	303662.05
投资损失(减收益)	−63979.97	375501.01
递延税款贷项(减借项)		
存货的减少(减增加)	−677266.28	−1561986.67
除现金及应收项目以外流动资产的减少(减增加)	−11193873.91	−10329455.85
经营性应收项目的减少(减增加)	−1018401.84	2090833.20
经营性应付项目的增加(减减少)	22022822.21	19116179.21
其他		
经营活动产生的现金流量净额	39126575.57	38766888.22
3.现金及现金等价物净增加情况:		
货币资金的期末余额	65650377.44	65585863.55
减:货币资金的期初余额	37171480.78	37127254.17
现金等价物的期末余额	28478896.66	28458609.38
减:现金等价物的期初余额		

浙江天通电子股份有限公司

浙江天通电子股份有限公司招股说明书

一、绪 言

本招股说明书概要摘自招股说明书,系依据《中华人民共和国公司法》、《中华人民共和国证券法》、《股票发行与交易管理暂行条例》、《公开发行股票公司信息披露实施细则》等国家现行有关证券管理法规及发行人的实际情况而编写、公布。旨在为投资者提供有关发行人的基本情况和股票发行认购的各项有关资料。

本公司董事会全体成员已批准本招股说明书概要,确信本招股说明书概要所摘内容不存在任何重大遗漏或者误导,并对其真实性、准确性、完整性负个别的和连带的责任。

本次发行的承销团全体成员已对本招股说明书的内容进行认真审核,保证经审核的文件没有虚假、严重误导性陈述或重大遗漏,并对此承担相应的法律责任。

公司新发行的股票是根据本招股说明书所载明的资料申请发行的。除本发行人和主承销商外,没有委托或授权任何其他人提供未在本招股说明书中列载的信息和对本招股说明书作任何解释或者说明。投资者如对本招股说明书有任何疑问,可咨询本次股票发行的有关当事人。

本招股说明书提醒投资人自行负担买卖发行人股票所应支付的税款,发行人、推荐人和承销商对此不承担任何责任。

本次发行已获中国证券监督管理委员会证监发行字[2000]181号文批准。

二、释 义

在本招股说明书中,除非另有所指,下列词语具有以下意义:

1、发行人(公司、本公司、天通电子或股份公司):均指浙江天通电子股份有限公司

2、股份:指法人股、个人股和社会公众股

3、股票:指本公司每股面值1元的人民币普通股

4、新股(A股或社会公众股):指公司本次向社会公开发行的4,000 万股人民币普通股

5、公司章程或章程:指本公司章程(修正案)

6、主承销商:指浙江证券有限责任公司

7、承销团:指以浙江证券有限责任公司为主承销商组成的承销团

8、上市推荐人:指海通证券有限责任公司　　浙江证券有限责任公司

9、省政府:指浙江省人民政府

10、证监会:指中国证券监督管理委员会

11、宝钢或上海宝钢:指宝钢集团企业开发总公司

12、四十八所:指信息产业部第四十八研究所

13、元:指人民币元

14、公司住所为浙江省海宁市郭店镇建设路11号。

三、发售新股的有关当事人

1、发行人

名称:浙江天通电子股份有限公司

法定代表人:潘广通　　住所:浙江省海宁市郭店镇建设路11号

电话:0573-7230878　　传真:0573-7230228　　联系人:许丽秀

2、主承销商

名称:浙江证券有限责任公司　　法定代表人:项建中　　住所:浙江省杭州市延安路400号

电话:0571-5069016、5069036　　传真:0571-5069039　　联系人:叶新江、郭瑞、王小慰、徐菁菁

3、副主承销商

(1)名称:华西证券有限责任公司　　法定代表人:司沛文　　住所:成都市陕西街239号

电话:028-6610497　　传真:028-6751785　　联系人:贾渠平、丘登勇

(2)宁波证券有限责任公司　　法定代表人:顾志斌　　住所:宁波市开明街417-427号

电话:021-63192367　　传真:021-63193822　　联系人:毛钧

4、分销商

(1)名称:国信证券有限公司　　法定代表人:李南峰　　住所:深圳市罗湖区红岭中路7号

电话:010-66215566×242　　传真:010-66215566×240　　联系人:毛红英

(2)名称:东方证券有限责任公司　　法定代表人:朱福涛　　住所:上海市浦东新区东方路1025号

电话:021-62568800×2095　　传真:021-62569331　　联系人:任江宏

(3)闽发证券有限公司　　法定代表人:马凌　　住所:福建省福州市五一中路199号

电话:021-68865858×6268　　传真:021-68866179　　联系人:谷茹

(4)名称:大连证券有限责任公司　　法定代表人:石雪　　住所:大连市中山区人民路29号

电话:0755-3323687　　传真:0755-3323687　　联系人:赵建成

(5)名称:汕头证券股份有限公司　　法定代表人:吴小辉　　住所:汕头市金砂东路汕融大厦

电话:021-62838817　　传真:021-62830636　　联系人:赵远军

(6)联合证券有限责任公司　　法定代表人:王世宏　　住所:上海市浦电路370号宝钢大厦6楼

电话:021-68403700-270　　传真:021-68403707　　联系人:徐菲

(7)山西证券有限责任公司　　法定代表人:张广慧　　住所:山西省太原市迎泽大街282号

电话:0351-4034209　　传真:0351-4062188　　联系人:牛岗

(8)湖南证券有限责任公司　　法定代表人:谭载阳　　住所:湖南省长沙市芙蓉中路458号

电话:0731-4419106　　传真:0731-4419109　　联系人:谭新宇

5、上市推荐人　　名称:海通证券有限责任公司　　浙江证券有限责任公司

6、发行人的法律顾问　　名称:浙江国傲律师事务所

法定代表人:马正良　　住所:嘉兴市禾兴北路540号信用实业大楼A幢3楼

电话:0573-2081917　　传真:0573-2098316　　经办律师:马正良、唐松华、陈祥发

7、主承销商的法律顾问

名称:浙江星韵律师事务所　　法定代表人:胡祥甫　　住所:杭州市庆春路157号中河大厦6楼

电话:0571-7210882　　传真:0571-7213519　　经办律师:张立民、沈田丰

8、财务审计机构

名称:浙江天健会计师事务所　　法定代表人:胡少先　　住所:杭州市下城区体育场路423号

电话:0571-5178168　　传真:0571-5178268　　经办注册会计师:陈翔、朱大为

9、股票登记机构

名称:上海证券中央登记结算公司　　法定代表人:王迪彬　　住所:上海市浦建路727号

电话:021-58708888　　传真:021-58709940

四、承 销

1、股票种类:本次发行的股票全部为"浙江天通电子股份有限公司"记名式人民币普通股(A股)

2、发行日期:2000年12月26日上海证券交易所的交易时间

3、发行地区:全国与上海证券交易所系统联网的交易网点

4、发行对象:具有上海证券交易所股票账户卡的中华人民共和国公民、法人及其他组织(法律、法规禁止购买者除外)。

5、承销期:2000年12月22日–2001年1月3日

6、挂牌交易:本次发行的社会公众股(A股)在发行结束后尽早在上海证券交易所挂牌交易。

7、发行方式:利用上海证券交易所股票交易系统进行上网定价发行。

8、承销方式:本次公开发行的4,000万股社会公众股股票采用余额包销的承销方式

9、发行股票的种类:人民币普通股(A股)

(1)每股面值:1.00元

(2)发行数量:4,000万股。

10、每股发行价格:8.99元。

经向机构投资者询价,发行人与主承销商协商,并报中国证监会核准,本次A股发行采用溢价发行,每股发行价格暂定为8.99元,按上年盈利计算,市盈率33倍;按全面摊薄股本计算,市盈率45倍。

11、发行总市值:本次A股股票发行总市值为35,960万元

12、本次发行预计实收金额:本次发行如获成功,扣除发行费用1,480万元后,实际募集资金34,480万元。

五、风险因素与对策

投资者在评价本发行人此次发售的股票时,除本招股说明书提供的其他资料外,应特别认真地考虑下述各项风险因素。

公司目前的主营业务及将来的发展方向为软磁铁氧体磁性材料和磁芯的生产销售,在此过程中要经受生产经营、行业、市场、国家政策、股市诸方面风险的考验。

(一)主要风险因素

1、经营风险

(1)原材料供应风险　　(2)产品价格风险　　(3)产品结构风险　　(4)汇率风险

2、行业风险　　(1)环保因素的限制　　(2)竞争风险

3、市场风险

4、政策性风险

(1)加入世贸组织(WTO)的风险。

(2)由于我国正处于深化经济体制改革过程中,国家的各项宏观经济政策将会直接或间接影响公司的生产经营。

5、股市风险

6、其他风险

(1) 投资项目风险

(2)本公司不排除因政治、经济、自然灾害等不可抗力对生产经营带来不利影响的可能性。

(二)主要风险对策

1、针对经营风险

(1)原材料风险的对策

本公司具有十分广泛的信息渠道,能及时了解和掌握国内外市场的价格信息,进而采取正确的采购策略,有效地降低原料采购成本。并且本公司已与国内主要原材料供应商建立了长期稳定的供货合作关系,这部分供货量占本公司原材料进货总量的90%以上,且均能按时满足公司供货的要求。与此同时,公司亦积极开拓新的原材料供应商。由于公司拥有自营进出口权,可以通过拓展自营进口业务,利用国内外两个市场的价格差,有效地降低原料成本。

(2)产品价格风险的对策

软磁产品的内外销价格联系紧密,尤其受到国际市场价格波动的影响。本公司一方面通过稳固与原材料供应商的关系,树立良好的信誉,求得价格优惠,降低原料成本;另一方面,加强公司内部管理,加强成本预算、控制、分析,充分挖潜,降低经营成本,并通过技术创新,提高设备装备水平,提高产品合格品率和附加值。通过努力,使本公司产品在国内外市场上占有一定的价格优势,降低产品价格风险。

(3)产品结构风险的对策

公司经过15年发展,目前拥有国内领先的15条自动化氮窑生产线,可年产环型、U型、E型软磁磁芯6000吨,生产规模和效益水平国内同行业领先,生产技术水平接近世界领先水平。公司现有四大类主导产品,35种材料牌号,300多种磁芯规格。其中目前电子整机市场需求量最大的TP3、TP4、TF1等材料,公司均已开发成功并投入大批量生产,材料性能指标均已赶上了代表国际先进水平的日本TDK的相应材料性能指标,因此本公司被浙江省科技部门认定为省区外高新技术企业,并被国家科技部认定为国家火炬计划重点高新技术企业。

4、针对政策性风险的对策

5、针对股市风险的对策

(1)公司将通过盈利水平的不断提高,给股东以长期稳定的投资回报,增强股民对本公司股票的信心,提高公司股票在二级市场上的抗风险能力。

(2)公司将严格按照《公司法》、《证券法》、《股票发行与交易暂行条例》和《公开发行股票公司信息披露实施细则》等法律、法规规范公司行为,及时准确地公告中期、年度财务、经营业绩以及重大经济活动信息,自觉接受证券管理部门的监督,加强与投资公众的信息沟通,以保护广大股东及本公司的利益。

6、针对投资项目风险的对策

公司对投资项目已经作了充分的科学的论证,技术成熟,经济可行。公司将在实施过程中加强管理,注意合理运用资金,根据工程进度分期投入,保质保量按时完成,尽早产生效益。

六、募集资金的运用

若本次股票发行成功,本公司预计可募集资金34,480万元(已扣除发行费用)。募集资金将用于:(1)投资16,733.5万元作为"国家重点"项目——抗电磁干扰、通讯等专用软磁铁氧体粉料及磁芯技改项目的自筹资金;

(2)投资6,000万元作为建立高磁导率及高频低功耗高档软磁铁氧体材料出口基地技改项目的自筹资金;其余资金将用于补充公司流动资金。具体情况如下:

(一)"国家重点"项目抗电磁干扰(EMI)、通讯等专用软磁铁氧体粉料及磁芯生产线技术改造项目　项目名称:抗电磁干扰(EMI)、通讯等专用软磁铁氧体粉料及磁芯技改项目

投资总额:16,733.5万元人民币　　生产规模:6,000吨/年(粉料);4,440吨/年(磁芯)

年销售收入:24,420万元人民币　　年利税总额:7,387万元人民币

年利润总额:4,949.3万元人民币　投资利润率:29.6%　投资回收期:4.1年　计划完成时间:2002年

(二)建立高磁导率及高频低功耗软磁铁氧体材料出口基地技术改造项目

项目名称:建立高磁导率及高频低功耗高档软磁铁氧体材料出口基地技改项目

投资总额:6,000万元人民币　　生产规模:5,000吨/年(磁芯)

年销售收入:23,810万元人民币　　年利税总额:6,368.5万元人民币

年利润总额:4,266.9 万元人民币　　投资利润率:71.1%　　投资回收期:2.5 年

计划完成时间:2001 年

4、目前项目进度

为尽早抢占市场,公司已先期启动该项目,待股票发行后,所募资金部分将用于继续投入。

(三)流动资金的使用和管理

(四)资金年度使用计划详见下表:　　单位:万元

项目	合 计	2000 年	2001 年	2002 年
抗电磁干扰(EMI)、通讯等专用软磁铁氧体粉料及磁芯技改项目	16,733.5	6,693.4	6,693.4	3,346.7
建立高磁导率及高频低功耗高档软磁铁氧体材料出口基地技改项目	6,000	4,500	1,500	
流动资金	11,780		11,780	

七、股利分配政策

公司将按国家法律、法规、政策的规定向股东派发股利,股利可以采用现金和股票两种形式支付。公司股票均为普通股股票,同股同权,同股同利。

1、 本公司在公开发行股票后第一个盈利年度由董事会依据公司章程向股东大会提出该年利润分配方案。

股利发放于每年年终决算后进行,具体派发时间由董事会以书面形式向股东公告。

2、法人股、个人股和社会公众股在股利分配方面的权益相等。

3、公司向个人分配股利时,由公司按《中华人民共和国个人所得税法》和国家税务总局发布的《征收个人所得税若干问题的规定》代扣、代缴个人收入所得税。

4、根据国家有关规定和本公司章程,本公司实现的利润在依法缴纳所得税后,按下列顺序分配:

(1)弥补上一年度亏损;

(2)提取法定公积金,提取比例为净利润的 10%;

(3)提取法定公益金,提取比例为净利润的 5%;

(4)提取任意公积金;

(5)分配股利。

关于股利的确定,由董事会依据有关法律法规和公司章程的规定并视公司经营情况提出分配方案,经股东大会批准后实施。

5、若本次公开发行股票按计划完成,预计首次股利分配的日期在 2001 年 6 月 30 日以前。

以上股利分配方案尚需经公司 2000 年度股东大会予以确认。

6、本公司 1999 年度股利分配情况:

1999 年公司的税后净利润为 30,340,389.25 元,提取法定公积金 10%,计 3,034,038.93 元;提取公益金 5%,计 1,517,019.46 元;公司 1999 年度可供股东分配净利润为 25,789,330.86 元,加上 1999 年初未分配利润为-1,582,756.41 元, 合计可分配利润为 24,206,574.45 元。根据 2000 年 5 月 13 日公司 2000 年第一次股东大会决议,1999 年度利润分配如下:以 1999 年底公司总股本 11,298 万股为基数,每股分配利润 0.21 元;分配后剩余利润 480,774.45 元,由公司新老股东(包括公司股票公开发行后的股东)共同享受。

八、发行人情况

1、发行人名称:浙江天通电子股份有限公司

英文名称:ZHEJIANG TIANTONG ELECTRONIC CO.,LTD.

2、注册日期:1999 年 2 月 10 日　　3、法定代表人:潘广通

4、发行人住所:浙江省海宁市郭店镇建设路 11 号

5、发行人的历史沿革及改制情况

本公司是经浙江省人民政府证券委员会浙证委[1998]145 号文批准,由原海宁市天通电子有限公司于 1999 年 2 月整体变更设立的股份有限公司。

公司前身为海宁电子元件厂,成立于 1984 年 11 月,系经原海宁县计经委(84)570 号文件批准,在国家无任何投资的情况下,由企业的创办者及企业筹资创建。鉴于当时的国家政策,企业归类为乡镇企业报批设立。注册资金 80 万元。

1998 年 12 月,公司原股东职工劳动保障基金协会变更为浙江天通电子股份有限公司员工持股会。

1999 年 2 月,经浙江省人民政府浙证委(1998)145 号《关于同意变更设立浙江天通电子股份有限公司的批复》批准,并经海宁会计师事务所审计,公司以 1998 年 11 月 30 日为基准日的净资产 11,298 万元按 1:1 的比例折股,整体变更设立为股份有限公司,股份总额为 11,298 万元,每股面值人民币 1 元,共计 11,298 万股,同时拟向社会公开发行社会公众股 4,000 万股。

6、改制后本公司的组织机构图见附表。

本公司对外投资公司仅一家, 为上海宝钢天通磁业有限公司, 公司注册资本 2000 万元人民币,其中本公司出资 400 万元。公司主营磁性材料、电子元器件制造加工;金属材料、化工原料、建材批发零售。

7、关联企业情况

本公司成立后,与本公司有业务往来或应收应付款项的关联企业主要有:

(1)信息产业部第四十八研究所

信息产业部第四十八研究所系本公司股东,在本次发行后持有本公司股份的 3.27%。

(2)海宁市天成投资发展有限公司

海宁市天成投资发展有限公司系本公司股东,该公司法定代表人担任本公司董事,在本次发行后持有本公司股份的 9.55%。

(3) 宝钢集团企业开发总公司

宝钢集团企业开发总公司系本公司股东,在本次发行后持有本公司股份的 7.84 %。

(4)海宁市郭店镇资产经营公司

海宁市郭店镇资产经营公司系本公司股东,该公司法定代表人担任本公司董事。在本次发行后持有本公司股份的 3.92% 。

(5)上海宝钢天通磁业有限公司

上海宝钢天通磁业有限公司系本公司的参股公司,由宝钢集团企业开发总公司、吴淞工业公司和本公司于 1997 年 6 月出资设立,注册资本为 2000 万元人民币,其中本公司出资 400 万元,占注册资本的 20%。上海宝钢天通磁业有限公司主营磁性材料、电子元器件制造加工;金属材料、化工原料、建材批发零售。

8、职工人数及构成

截止 2000 年 6 月 30 日,本公司在册职工 1,048 人,其中各类人员及其构成如下:

(1)职工专业构成

行政人员:42 人,占总数 4.01%;技术人员:164 人,占总数 15.65%;生产人员:705 人,占总数 67.27%;销售人员:43 人,占总数 4.10%;财务人员:12 人,占总数 1.15%;其他人员:82 人,占总数 7.82%。

(2)职工文化程度情况

大中专以上学历:127 人,占总数 12.12%;其他:921 人,占总数 87.88%。

(3)专业技术人员构成

高级职称:14 人,占总数 1.34%;中级职称:15 人,占总数 1.43%;初级职称:18 人,占总数 1.72%,其他:117 人,占总数 71.34%。

(4)职工年龄结构

35 岁以下:880 人, 占总数 83.97%;36-50 岁:130 人, 占总数 12.40%;50 岁以上:38 人, 占总数 3.63%。

9、经营业务范围

磁性材料、电子元件、机械设备的生产、销售及技术开发。经营自产产品及相关技术的出口业务,经营本企业生产、科研所需的原辅材料、机械设备、仪器仪表、零配件及相关技术的进口业务。

10、主要业务

软磁铁氧体磁芯的生产和销售。

11、主要产品品种及生产能力

本公司现有四大类主导产品系列,35 种材料牌号,300 多种磁芯规格。四大类主导产品分别为:

高频开关电源用 MnZn 功率铁氧体材料及磁芯;

电脑显示器、高清晰度彩电回扫变压器用 MnZn 功率铁氧体材料及磁芯;

高磁导率 MnZn 铁氧体材料及磁芯;

抗电磁干扰 MnZn 铁氧体材料及磁芯。

现磁芯年生产能力为 6000 吨,主要国内市场有广东、福建、深圳、山东、四川等 17 个省市,占有 30%以上的国内市场份额,国际市场有日、韩、美、德、法、印度、墨西哥等 10 多个国家和港、台地区,占有 0.3%的国际市场份额。1999 年度,公司外贸出口交货值 718 万美元,均为自营出口销售方式,2000 年度预计出口交货值可达 1400 万美元。

九、董事、监事、高级管理人员及重要职员

董事会人员简介:

1、潘广通:男,1938 年 5 月出生,高中学历,经济师。历任郭店镇水机站站长、海宁电子元件厂厂长、海宁市电子元件总厂厂长、海宁市天通电子有限公司董事长等职。现为海宁市政协常委。曾三次获得浙江省乡镇企业优秀企业家称号, 并于 1998 年被评为全国乡镇企业优秀董事长。现任股份公司董事长。

2、潘建清:男,1963 年 4 月出生,大专学历,助理经济师,中共党员。历任海宁电子元件厂副厂长和海宁市电子元件总厂副厂长、党支部书记、海宁市天通电子有限公司副董事长、总经理、党支部书记等职。现为浙江省青年联合会委员、嘉兴市政协委员。曾被评为浙江省优秀青年企业家,并获得浙江省青年标兵称号。现任股份公司副董事长兼总经理、党支部书记。

3、徐楠:男,1949 年 7 月出生,硕士研究生学历,工程师,中共党员。历任宝钢总厂办公室秘书、科长、副处长、宝钢炼钢厂厂长、生产部部长、宝钢集团企业开发总公司总经理等职。现任宝钢集团企业开发总公司总经理、股份公司副董事长。

4、杨洪普:男,1940 年 8 月出生,大学学历,工程师,中共党员。历任信息产业部第四十八研究所研究室主任、副所长、总工程师、所长等职。现任电子工业部第四十八研究所所长、股份公司董事。

5、王俊曙:男,1964 年 11 月出生,大学学历,中共党员。历任海宁市硖石镇人民政府办事员、主任、副镇长、马桥镇人民政府副镇长、郭店镇人民政府镇长助理、郭店镇资产经营公司总经理等职。现任郭店镇资产经营公司总经理、股份公司董事。

6、潘金兴:男,1963 年 3 月出生,大专学历,助理经济师,中共党员。历任海宁电子元件厂生产计划科长、副厂长、海宁市天通电子有限公司董事、常务副总经理等职。曾获得省级优秀管理者称号。现任股份公司董事兼常务副总经理。

7、李明镜:男,1967 年 4 月出生,大学学历,工程师。历任南京 898 厂分厂副厂长、海宁市天通电子有限公司装备事业部部长、员工持股会理事长等职。现任股份公司项目管理副总监、股份公司董事。

8、金建清:男,1963 年 12 月出生,大专学历,工程师,中共党员。历任海宁电子元件总厂技术科长、总师办主任、厂办主任、海宁市天通电子有限公司董事、技术部部长、质量中心主任等职。现任股份公司生产管理副总监、股份公司董事。

9、段金柱:男,1964 年 3 月出生,大专学历,助理工程师,中共党员。历任海宁市天通电子有限公司董事、二分厂厂长、制造部部长、浙江天通电子股份有限公司事业二部部长等职。现任股份公司中国二区贸易总监、股份公司董事。

高级管理人员简介

1、王凤鸣:男,1971 年 10 月出生,大学学历,注册会计师、注册资产评估师、注册税务师。1993 年分配在海宁会计师事务所从事审计、评估工作,1995 年取得注册会计师资格并于 1996 年注册,1997 年取得注册资产评估师资格并于当年注册,1999 年取得注册税务师资格和会计师职称。曾担任海宁会计师事务所资产评估部经理。

现任股份公司财务负责人。

2、许丽秀:女,1965 年 10 月出生,大学学历,历任嘉兴市级机关——嘉兴市委宣传部、嘉兴市经济研究中心、嘉兴市经济体制改革委员会公务员。现任股份公司董事会秘书。

监事会人员简介

1、徐春明:男,1967 年 3 月出生,大专学历,助理工程师,中共党员。历任海宁电子元件总厂和海宁市天通电子有限公司技术科长、生产科长、总经理助理、事业部部长等职。曾多次被评为海宁市和郭店镇先进工作者、先进管理工作者。现任股份公司中国一区贸易总监、股份公司监事会主席。

2、李学礼:男,1950 年 8 月出生,大专学历,会计师,中共党员。历任基建工程兵三支队三团会计、宝钢总务处财务科副科长、宝钢集团企业开发总公司交通运输公司和厂容绿化公司财务科科长、财务处处长助理等职。现任宝钢集团企业开发总公司财务处处长助理、股份公司监事。

3、庄海江:男,1950 年 2 月出生,大专学历,经济师,中共党员。历任斜桥财税所副所长、硖石第二财税所副所长、所长、海宁市财税局资金管理科长、海宁市经济发展投资公司经理等职。曾多次被评为财税系统先进工作者、并于 1992 年被授予浙江省税收财务大检查先进工作者。现任海宁市经济发展投资公司经理、股份公司监事。

4、张锦康:男,1941 年 2 月出生,中专学历,会计师。历任海宁电子元件总厂财务主管、海宁市天通电子有限公司董事、财务主管、财务部部长、股份公司董事会办公室主任等职。曾获海宁市优秀会计和嘉兴市先进财会工作者称号。现任股份公司监事(职工代表)。

5、鲍飞兵:男,1966 年 9 月出生,大学学历,工程师。历任海宁电子元件总厂、海宁市天通电子有限公司新品生产部经理、股份公司新品开发部经理等职。曾获南京市优秀新产品奖、浙江省乡镇企业科技进步一等奖。现任股份公司市场开发部经理、股份公司监事(职工代表)。

十、经营业绩

1、生产经营的一般情况

本公司近几年来,在公司广大员工的努力开拓下,经济效益连上台阶。1999 年、1998 年、1997 年实现销售收入分别为 15727.91 万元、13146.53 万元、11224.94 万元, 年环比递增速度分别为 19.64%和 17.12%;1999 年、1998 年、1997 年实现净利润分别为 3034.04 万元、2513.41 万元、2281.92 万元,年环比递增速度分别为 20.71%和 10.14%;公司已进入快速良性发展的轨道,目前已成为国内软磁行业最大企业之一,也是国际上在软磁行业有较大影响的公司之一。主要经济指标均高于国内同行业的平均水平,劳动生产率增加值达到 10.49 万元/人.年,居于全国软磁行业首位。

本公司近几年取得良好经济效益的原因是:

充分发挥公司的品牌、管理、技术和人才优势,锐意推进企业改革,加强企业内部管理和领导班子建设,依靠管理和技术大幅度降低了生产成本和费用,通过不断的技术创新,研制开发生产了一些高附加值新产品,同时建立了一支能拓展国内外市场,参与市场竞争,适应市场经济的以销售工程师为骨干的营销队伍和国内外营销网络。

2、公司主营业务收入和利润总额的情况　　单位:人民币元

年度 项 目	2000 年	1999 年度 (1-6 月)	1998 年度	1997 年度
主营业务收入	103,778,709.52	157,279,073.25	131,465,337.95	112,249,375.29
主营业务利润	38757,819.22	53,708,090.79	46,462,967.95	37,057,064.73
利润总额	26,153,603.74	30,340,389.25	25,134,097.35	22,819,189.61
净利润	17,522,914.51	30,340,389.25	25,134,097.35	22,819,189.61

3、业务收入的主要构成

本公司业务收入主要来自软磁铁氧体磁性材料及磁芯的生产和销售。产品内外销在公司收入中所占份额如下表所示:　　单位:人民币元

项目	2000 年 1-6 月	1999 年度	1998 年度	1997 年度
软磁产品内销收入	62254075.05	140281203.01	127,669,481.93	112,249,375.29
软磁产品外销收入	41,524,634.47	16,997,870.24	3,795,856.02	
合计	103,778,709.52	157279,073.25	131,465,337.95	112,249,375.29

4、重大项目和科研成果

成果名称	用途	应用	开发权
MnZn 功率铁氧体 TK 材料	电脑电源用、推挽式变压器等	大规模生产,出口日本、香港、东南亚等	自主
MnZn 功率铁氧体 TP3A 材料	高频低功耗开关电源等	大规模化生产,内销及出口台湾、香港、日本	自主
MnZn 功率铁氧体 TP4 材料	高频低功耗开关电源等	大规模生产,内销及出口日、韩、台湾等,有待进一步扩大	自主
MnZn 功率铁氧体 TP4A 材料	高频低功耗开在电源等	已开发成功有待批量试产	自主
MnZn 功率铁氧体 TF 材料	彩电回扫变压器	大规模生产	自主
MnZn 功率铁氧体 TF1 材料	高分辨率电脑显示器、彩电	大规模生产	自主
MnZn 功率铁氧体 TF2 材料	高分辨率电脑显示器、彩电	已开发成功,批量生产,有待扩产	自主
MnZn 功率铁氧体 TF3 材料	高清晰度彩电显示器、全数	已开发成功,批量生产,字高清晰度彩电有待技改扩产	自主
MnZn 高磁导率铁氧体 TL5 材料	脉冲变压器、宽带变压器、滤波器、输出变压器	大规模生产	自主
MnZn 高磁导率铁氧体 TL7 材料	脉冲变压器、宽带变压器、滤波器、扼流圈	大规模生产	自主
MnZn 高磁导率铁氧体 TL10 材料	脉冲变压器、宽带变压器、滤波器、扼流圈	已规模化生产,有待技改扩产	自主
MnZn 高磁导率铁氧体 TL13 材料	脉冲变压器、宽带变压器、滤波器、扼流圈	小规模生产,有待技改扩产	自主
抗电磁干扰 MnZn 高磁导率铁氧体 TS5,TS7,TS10 材料	抗 EMI 器件、共模滤波器	大规模生产,有待进一步技改扩产	自主
上海宝钢 Fe2O3 应用技术	用于制造 MnZn 功率铁氧体,国内最先大规模应用	用料价格从 8000 元/吨降到 4000 元/吨,年用量 6000 吨,大大提高了效益	合作
吸收国内外先进经验,建立国产化样板	用于公司大规模生产,全国同行国产化样板	大大降低了投资成本,提高效益	合作
半湿混料技术	用于公司大规模生产	节约能耗,提高原料利用率	自主
成份偏离补偿技术	用于公司大生产	提高了产品合格率	自主

5、产品的市场情况

本公司主要产品如下:

A.抗电磁干扰材料 TS5、TS7、TS10;

B.高磁导率材料 TL5、TL7、TL10、TL13;

C.MnZn 功率铁氧体材料 TK、TP3、TP4、TP4A;

D.MnZn 功率铁氧体回扫变压器用 TF、TF1、TF2、TF3。

目前,公司生产的 E 型、U 型、T 型磁芯在国内的市场占有率分别为 34.7%,31.7%和 21.7%;国际市场占有率为同类产品的 0.3%。

十一、股本

1、本公司注册资本 11,298 万元。

2、浙江天通电子股份有限公司是根据《中华人民共和国公司法》、《中华人民共和国证券法》和《股票发行与交易管理暂行条例》等有关法律、法规的规定,经浙江省人民政府证券委员会浙证委[1998] 145 号文批准,于 1999 年 2 月 10 日由原海宁市天通电子有限公司整体变更设立的股份有限公司,总股本为 11,298 万股。

3、股本演变过程

改制后有限公司股权结构如下:

股东名称	出资额(元)	比例
法人股:	10,750,000	90.72%
郭店镇人民政府	4,300;000	36.29%
郭店镇水利农机管理站	537,500	4.54%
企业集体	5,912,500	49.89%
自然人股:(304 人)	1,100,000	9.28%
总股本:	11,850,000	100.00%

股本结构如下:

股东名称	出资额(元)	比例
法人股:	20,786,700	52.23%
郭店镇资产经营公司	6,765,800	17.00%
海宁市经济发展投资公司	1,211,000	3.04%
郭店镇水利农机管理站	674,500	1.70%
职工劳动保障基金协会	12,135,400	30.49%
自然人股:(10 人)	19,011,200	47.77%
总股本:	39,797,900	100.00%

4、本公司本次向社会公众公开发行人民币普通股 4,000 万股,如发行获得成功,则本公司实收股本金 15,298 万元,本公司注册资本变更为 15,298 万元。本次溢价发行超过面值部分,扣除发行费用后全部进入公司资本公积金。

5、本次股票发行与上市后股本结构如下: 单位:股

股份类别	股份数量	比例
法人股	44,900,768	29.4%
个人股	68,079,232	44.5%
社会公众股	40,000,000	26.1%
总股本	152,980,000	100%

6、本次发行前公司前 10 名股东名单及简要情况 单位:股

股东名称	持股数量	比例
潘广通	16,880,000	14.94%
潘建清	15,980,000	14.14%
海宁天成投资发展有限公司	14,641,268	12.96%
宝钢集团企业开发总公司	12,000,000	10.62%
郭店镇资产经营公司	6,000,000	5.31%
海宁市经济发展投资公司	5,425,000	4.80%
信息产业部第四十八研究所	5,000,000	4.43%
潘金兴	3,017,183	2.67%
金建清	2,142,905	1.90%
段金柱	2,110,605	1.87%

(6)自然人简介:

姓名	身份证号码	住址
潘广通	330419380531401	海宁市郭店镇群益村
潘建清	330419630427403	海宁市硖石镇成园里 7 幢 23 号
潘金兴	330419630324401	海宁市郭店镇群益村
金建清	330419631224401	海宁市郭店镇众联村
段金柱	330419640321401	海宁市郭店镇郭店村

(7)有关联关系的股东股份总额为 42,259,282 股,具体如下:

关联关系一览表(之一)

姓名	互相间关系	持股数	在股份公司任职情况
潘广通	—	16,880,000	董事长
潘建清	潘广通之子	15,980,000	副董事长、总经理
杜海利	潘建清之妻	1,362,065	总经办副主任
潘建忠	潘广通之子	1,828,115	采购部原材料采购副经理
潘娟美	潘广通之女	2,061,705	贸易一区深圳销售副经理
股份合计		38,111,885	

关联关系一览表(之二)

姓名	互相间关系	持股数	在股份公司任职情况
杜海利	潘建清之妻	1,362,065	总经办副主任
杜海仪	杜海利之弟	400,957	贸易二区业务经理
股份合计		1,763,002	

关联关系一览表(之三)

姓名	互相间关系	持股数	在股份公司任职情况
张锦康	—	1,743,588	监事
张晓红	张锦康之女	1,007,766	财务部主办会计
股份合计		2,751,354	

关联关系一览表(之四)

姓名	互相间关系	持股数	在股份公司任职情况
张桂宝	—	621,088	财务中心资金管理部副经理
张敬民	张桂宝之弟	373,998	贸易二区业务经理
股份合计		995,086	

(8)本公司所有股东所持有公司的股权不存在质押的情况。

7、公司董事、监事、高级管理人员持有本公司及其他关联企业的股份数额及比例

公司五位董事、二位监事持有本公司的股票,具体如下:

职务	姓名	持股数(股)	占总股本比例
董事长	潘广通	16,880,000	14.94%
副董事长、总经理	潘建清	15,980,000	14.14%
董事、副总经理	潘金兴	3,017,183	2.67%
董事	金建清	2,142,905	1.90%
董事	段金柱	2,110,605	1.87%
监事	徐春明	2,059,369	1.82%
监事	张锦康	1,743,588	1.54%

8、本次发行前净资产总额 136,381,278.61 元,每股净资产 1.21 元;本次发行后净资产总额约为 401,581,278.61 元,每股净资产 2.62 元。

9、股票回购程序

根据《中华人民共和国公司法》、《中华人民共和国证券法》和《股票发行与交易管理暂行条例》的有关规定,公司不得收购本公司的股票,但为减少公司资本而注销股份或者与持有本公司股票的其他公司合并时除外。股票回购程序执行《公司法》、《证券法》及《暂行条例》关于股票回购程序的具体规定办理。

十二、财务会计资料

一、主要会计资料数据

主要会计数据	2000 年 1—6 月	1999 年	1998 年
流动比率	1.68	1.05	1.27
速动比率	1.14	0.57	0.78
资产负债率(%)	61.38	57.79	54.91
应收帐款周转率(次)	2.58	4.52	6.95
存货周转率(次)	1.07	2.95	2.73
净资产收益率(%)	12.77	28.41	22.37
每股净利(元)	0.15	0.27	0.46

注:(1)流动比率=流动资产÷流动负债

(2)速动比率=(流动资产-存货)÷流动负债

(3)资产负债率=负债总额×100%÷资产总额

(4)应收帐款周转率=主营业务收入÷应收帐款平均余额

(5)存货周转率=主营业务成本÷存货平均余额

(6)净资产收益率=净利润×100%÷期末净资产总额

(7)每股净利=净利润÷期末股本总额

二、会计报表的编制基准与方法

四、税(费)项

(一)增值税 按 17%的税率计缴。

(二)营业税 按 5%的税率计缴。

(三)城市维护建设税 按应交流转税税额的 5%计缴。

(四)粮食附加税 根据浙江省人民政府 1987 年 11 月颁布的《关于开征粮食附加税的通知》的规定,税率为 6‰,按营业收入额计缴。

(五)农村教育事业费附加

(六)所得税

经海宁市人民政府海政发[1999] 186 号文批复,原海宁市天通电子有限公司 1997 年所得税执行比上年增长部分全额返还的政策,同意浙江天通电子股份有限公司 1998 年和 1999 年的企业所得税按浙江省区外高新技术企业的有关规定实行二年全额返还、三年减半返还的所得税政策,本公司属省定的区外高新技术企业,根据浙江省人民政府办公厅浙政办[1997] 1 号文《转发省财政厅、省税务局关于财税支持重点骨干企业发展若干意见的通知》和浙江省人民政府浙政发[1995] 150 号文《浙江省人民政府批转省科委等四单位关于杭州高新技术产业开发区区外高新技术企业认定工作实施意见的通知》的规定可享受相应的税收优惠政策,上述期间所得税政策业经浙江省人民政府浙政发[2000] 205 号文确认。2000 年 1-6 月本公司按 33%的比例税率计缴企业所得税。

截止 2000 年 11 月 20 日,公司已缴上述税金共计 33,073,371.53 元。上述已交税金属企业正常应纳税金,对企业的现金流量和正常生产经营活动不产生重大影响。

五、利润分配 根据公司章程规定,净利润按以下顺序及规定进行分配:

(一)弥补上一年度的亏损; (二)提取法定盈余公积金 10%; (三)提取法定公益金 5%;

(四)提取任意公积金; (五)支付股东股利。

六、会计报表有关项目注释

七、关联方关系及其交易

九、无承诺事项

十、无资产负债表日后事项中的非调整事项

十一、其他重要事项

(一)根据本公司 2000 年 4 月 10 日一届四次董事会和 2000 年 5 月 13 日股东大会通过 1999 年度利润分配决议,本公司 1999 年度可供分配利润按每股 0.21 元向全体股东分配现金股利,分配后剩余的未分配利润由公司的新老股东共同享受。2000 年 1 月 1 日以后的利润由公司的新老股东(包

括公司股票公开发行后的股东)共同享受。

(二)本公司 2000 年 5 月 13 日股东大会通过了《关于公开发行人民币普通股 4,000 万股并申请上市的决议》,鉴于本公司于 1999 年 11 月作为高新技术企业已通过中国科学院和科技部的评审,中国证监会发行监管函[2000] 56 号文《关于浙江天通电子股份有限公司作为高新技术企业公开发行股票有关问题的通知》同意公司作为高新技术企业,可按程序报送申请公开发行人民币普通股股票(A 股)。

十三、盈利预测

发行人提醒投资者,本公司盈利预测报告的编制遵循了谨慎性原则,但鉴于盈利预测所依据的种种假设的不确定性,进行投资判断时不应过于依赖本项资料。

十四、公司发展规划

(一)发展思路。

以磁业为基石,发展新的电子材料、抗电磁干扰器件、表面贴装器件、片式器件、功能组件及电子信息领域的高技术产品,开辟新的发展领域,拓展新的发展空间,增强公司抗风险能力,用 3—5 年时间争创年销售总额 10—15 亿元,使公司成为具有现代水平的大型企业,为国家电子信息行业的发展作出新的贡献。

(二)新品开发计划

1.高导产品。$\mu i \geq 15000$ 材料和宽温度、低温度系数产品,按 TDK 标准全面考核指标。

2.功率铁氧体。提高 TP4 的稳定性、一致性并进行大规模生产,完成 TP4A、TP5 等磁芯的开发和批量生产。

3.电脑、HDTV 行输出。完成低损耗材料 TF2、TF3 的开发。

4.镍锌铁氧体 10~2000 系列产品。 5.抗电磁干扰新材料及其器件。

6.铁粉芯实现规模化生产,并继续开发相关产品。

7.改善检测装备、装置,加强原材料及生产过程的在线测量、监控。

(三)其它计划

1.人才计划。 2.投资计划。 3.市场拓展计划。 4.内部管理计划。 5.质量管理计划。

十五、重要合同及重大诉讼事项

(一)重要合同

截止本招股说明书公布之日止,公司尚未履行完结的重要合同有:

(1) 设备租赁合同 (2) 抵押借款合同 (3)保证借款合同 (4)工矿产品购销合同

(5)财产保险合同

(二)重大诉讼事项

截止本招股说明书公布之日止,公司股东、公司、公司董事、监事、高级管理人员及重要职员等有关人员现无重大诉讼、仲裁或行政处罚事项。

十六、其它重要事项

除本招股说明书前述已披露的事项外,本公司还有一项关于公司欠缴税款 1400 万元的重要事项说明。

截至 2000 年 6 月 30 日,本公司应交税金余额 14,197,752.14 元,其中:

(1)应交增值税 5,170,154.66 元,系 2000 年 4 月、6 月的应交增值税。 本公司实际已于 2000 年 7-10 月全额缴清;

(2)应交粮食附加税 178,632.01 元,系 2000 年 6 月的应交粮食附加税,本公司实际已于 2000 年 7 月全额缴清;

(3)应交城建税 267,776.24 元,系 4 月、6 月的应交城建税,本公司实际已于 2000 年 7-8 月全额缴清;

(4)应交所得税 8,581,189.23 元,系 2000 年 1-6 月的应交所得税,公司已分别于 2000 年 7 月和 10 月报请缓缴,浙江省、嘉兴市和海宁市地方税务局已分别同意延期缴纳。本公司实际已于 2000 年 11 月 17 日全额缴清。

(5)截至 2000 年 11 月 20 日,本公司已缴纳 2000 年度增值税 22,152,021.33 元,缴纳粮食附加税 1,314,223.41 元、缴纳城建税 1,025,937.56 元,缴纳所得税 8,581,189.23 元,共纳税 33,073,371.53 元。

十七、招股说明书备查文件

1、审计报告、财务报表及附注

2、浙江省人民政府同意设立浙江天通电子股份有限公司的文件

3、主管部门和证券交易所批准发行上市的文件

4、承销协议 5、本公司改组的有关资料 6、重要合同 7、其他文件

备查文件的查阅期间:2000 年月日至 2000 年月日

周一至周五上午 9:30--11:30,下午 1:30--4:30

备查文件查阅地点

发行人:浙江天通电子股份有限公司 住所:浙江省海宁市郭店镇建设路 11 号

查阅地点:浙江省海宁市龙祥大酒店写字楼十八层

电话: 0573-7230878 传真: 0573-7230228 联系人:许丽秀

主承销商:浙江证券有限责任公司 住所:浙江省杭州市延安路 400 号

电话:0571-5069036 0571-5069016 传真:0571-5069039 联系人:郭瑞、王小慰、徐菁菁

浙江天通电子股份有限公司

二 OOO 年十二月

资产负债表

编制单位:浙江天通电子股份有限公司 单位:人民币元

资产	2000 年 6 月 30 日	1999 年 12 月 31 日	1998 年 12 月 31 日
流动资产:			
货币资金	60845591.64	22255944.45	20576362.75
短期投资			
减:短期投资跌价准备			
短期投资净额			
应收票据	4086595.72	168381.08	15835000.00
应收股利			
应收利息			
应收帐款	46184692.72	34183052.02	27710297.10
其他应收款	5648943.40	6386945.04	5753216.65
减:坏帐准备	3110018.17	2434199.82	2007810.83
应收帐款净额	48723617.95	38135797.24	31455702.92
预付货款	2246624.40	6257314.12	4989063.31
应收补贴款	5790768.87	2101004.04	130448.11
存货	57321284.65	60735126.36	46063931.90
减:存货变现损失			
存货净额	57321284.65	60735126.36	46063931.90
待摊费用	428086.86	640997.57	283992.55
待处理流动资产净损失			
一年内到期的长期债券投资	16000.00	16000.00	24500.00
其他流动资产			
流动资产合计	179458570.09	132010564.86	119359001.54
长期投资:			
长期股权投资	6500000.00	4000000.00	4000000.00
其他投资	270000.00	270000.00	286000.00
长期投资合计	6770000.00	4270000.00	4286000.00
减:长期投资减值准备			
长期投资净额	6770000.00	4270000.00	4286000.00
固定资产:			
固定资产原价	163102006.75	162880659.09	115924725.49
减:累计折旧	55533409.37	46314237.20	32076553.01
固定资产净值	107568597.42	116566421.89	83848172.48
工程物资			
在建工程	40261367.08	17712765.91	30626777.20
固定资产清理	477261.64	477261.64	
待处理固定资产损失			
固定资产合计	148307226.14	134756449.44	114474949.68
无形及其他资产			
无形资产	1872774.84	10795345.17	11019615.97
开办费			
长期待摊费用			
其他长期资产			
无形及其他资产合计	1872774.84	10795345.17	11019615.97
递延税项:			
递延税款借项			
资产总计	353263571.07	281832359.47	249139567.19
负债及股东权益			
流动负债:			
短期借款	20033000.00	26942000.00	22442000.00
应付票据	9679960.08	8930000.00	9050000.00
应付帐款	16845380.26	26601759.28	23417504.47
预收帐款	10167874.82	6327299.28	9150279.15
代销商品款			
应付工资	7020919.68	7454823.50	4594502.00
应付福利费	935940.88	937853.39	659384.23
应付股利	13581415.00	24336915.00	6197328.00
应交税金	14247252.14	6819244.74	6107185.83
其他应交款	339511.67	370196.79	336016.57
其他应付款	3991485.56	5630423.71	6736556.89
预提费用	434531.53	72202.00	450500.00
一年内到期的长期负债	9545520.84	10991777.68	4893017.60
其他流动负债			
流动负债合计	106822792.46	125414495.37	94034274.74
长期负债:			
长期借款	104500000.00	32000000.00	40000000.00
应付债券			
长期应付款	5459000.00	5459000.00	2761017.60
其他长期负债			
长期负债合计	109959000.00	37459000.00	42761017.60
递延税项:			
递延税款贷项			
负债合计	216781792.46	162873495.37	136795292.34
股东权益:			
股本	112980000.00	122980000.00	54707989.00
资本公积金	–	–	29035821.02
盈余公积金	5498089.65	5498089.65	8427493.87
其中:公益金	1832696.54	1832696.54	3458869.35
未分配利润	18003688.96	480774.45	20172970.96
股东权益合计	136481778.61	118958864.10	112344274.85
负债及股东权益合计	353263571.07	281832359.47	249139567.19

利润及利润分配表

编制单位:浙江天通电子股份有限公司 单位:人民币元

	2000 年 1-6 月	1999 年度	1998 年度	1997 年度
一、主营业务收入	103778709.52	157279073.25	131465337.95	112249375.29
减:折扣与折让				
主营业务收入净额	103778709.52	157279073.25	131465337.95	112249375.29
减:主营业务成本	63358269.60	101248753.97	83010053.71	73543406.38
主营业税金及附加	1662620.70	2322228.49	1992316.29	1648904.18
二、主营业务利润	38757819.22	53708090.75	46462967.95	37057064.73
加:其他业务利润	533266.94	116492.87	–92286.25	–106098.75
减:存货跌价损失				
营业费用	5869201.76	7703637.37	6546679.72	5104242.50
管理费用	8520627.11	14366578.53	12162336.55	8288391.02
财务费用收入	1167953.31	2886093.57	4042862.31	4033650.18
三、营业利润	23733303.98	28868274.19	23618803.08	19524682.28
加:投资收益	212525.00	12549.14	426352.60	407646.90
补贴收入	2368295.00	2057986.78	2662600.00	403642.00
营业外收入	500.60	35974.00	97073.78	3259916.50
减:营业外支出	161020.84	634394.86	1670732.11	776698.07
四、利润总额	26153603.74	30340389.25	25134097.35	22819189.61
减:所得税	8630689.23	–	–	–
减:少数股东损益				
五、净利润	17522914.51	3034389.25	25134097.35	22819189.61
加:年初未分配利润	480774.45	20172970.96	4913369.22	–6690494.95
盈余公积转入				
六、可分配利润	18003688.96	50513360.21	30047466.57	16128694.66
减:提取法定盈余公积	–	3034038.93	2513409.74	2281918.96
提取法定公益金	–	1517019.46	1256704.87	1140959.48
七、可供股东分配的利润	18003688.96	45962301.82	26277351.96	12705816.22
减:已分配优先股股利				
提取任意公积				
应付普通股股利	–	23725800.00	6104381.00	7792447.00
转作股本的普通股股利	–	21755727.37	–	–
八、未分配利润	18003688.96	480774.45	20172970.96	4913369.22

青 岛 澳 柯 玛 股 份 有 限 公 司

青岛澳柯玛股份有限公司招股说明书

一、释 义

在本招股说明书中,除非另有说明,下列简称具有以下含义:
1、公司、本公司、发行人:指青岛澳柯玛股份有限公司
2、主要发起人:指青岛澳柯玛电器公司
3、主承销商:指中信证券股份有限公司
4、上市推荐人:指东方证券有限责任公司、海通证券有限公司、南方证券有限公司
5、公司章程:指青岛澳柯玛股份有限公司章程
6、A股:指每股面值1元的记名式人民币普通股
7、本次发行:指本次向社会公众发行的9,000万股A股
8、筹备委员会:指青岛澳柯玛股份有限公司筹备委员会
9、董事或董事会:指本公司董事或董事会
10、监事:指本公司监事
11、集团总公司、集团公司:指青岛澳柯玛集团总公司
12、电器公司:指青岛澳柯玛电器公司
13、CCEE:指中国电工产品安全认证
14、CE:指电工产品欧洲安全认证
15、UL:指电工产品美国安全认证
16、COA:指电工产品澳大利亚安全认证
17、GOST:指电工产品俄罗斯安全认证

二、绪 言

本招股说明书概要是依据《中华人民共和国公司法》、《中华人民共和国证券法》、《股票发行与交易管理暂行条例》、《公开发行股票公司信息披露实施细则》等国家法律、法规以及本公司的实际情况编写而成,旨在向投资者提供本公司的基本情况及本次发行和认购的各项有关资料。

本公司董事会全体成员确信本招股说明书概要与招股说明书正文一致,不存在任何重大遗漏、虚假或者误导,并对其真实性、准确性、完整性负个别的和连带的责任。本招股说明书概要已获本公司董事会全体成员通过,并报中国证监会核准。

本次发行的A股是根据招股说明书所载明的资料申请发行的。除发行人和主承销商外,没有委托或授权任何其他人提供未在招股说明书中列载的信息和对招股说明书作任何解释或者说明。

投资人须自行负担买卖本公司股票所应支付的税款,发行人、承销商和上市推荐人对此不承担任何责任。

本次发行业经中国证券监督管理委员会证监发行字【2000】166号文核准。

三、发售新股的有关当事人

(一)发行人:青岛澳柯玛股份有限公司
法定代表人:王大亮　法定地址:山东省青岛经济技术开发区前湾港路315号
电话:0532-6765168、6765099　传真:0532-6765166　联系人:孙武、伍旭文
(二)主承销商:中信证券股份有限公司　法定代表人:常振明
地址:青岛市南京路9号联合大厦19层　电话:5767935　联系人:王付学、何永明、韩新军
(三)副主承销商:
●海通证券有限公司　法定代表人:王开国　联系地址:青岛市湛山一路25号
联系电话:0532-3896419　传真:0532-3891001　联系人:周威、佟华
●青岛万通证券有限责任公司　法定代表人:迟绍良　地址:山东省青岛市东海路36号
电话:0532-5022331、5022338　传真:0532-5022353　联系人:杨峰江、刘国锋、牛振松
(四)分销商(排名不分先后):
河北证券有限责任公司　法定代表人:武铁锁
地址:石家庄市裕华东路81号冶金大厦15层　电话:0311-6978334　联系人:樊丽莉
天津证券有限责任公司　法定代表人:葛子平　法定地址:天津市和平区赤峰道132号
电话:022-27116148　联系人:徐洁、丁宇
长城证券有限责任公司　法定代表人:李仁杰
地址:深圳市深南大道6008号特区报业大厦16-17层　电话:3516283　联系人:张东
长江证券有限责任公司　法定代表人:明云成
法定地址:湖北省武汉市江汉区新华下路特8号　电话:027-87655394　联系人:刘跃先、鲁雪
山东证券有限责任公司　法定代表人:段虎
法定地址:山东省济南市泉城路180号　电话:0531-6029816　联系人:宋瑞波、周巍
东方证券有限责任公司　法定代表人:朱福涛　法定地址:上海市浦东新区东方路1025号
电话:021-62569291　联系人:费华武
东北证券有限责任公司　法定代表人:李乃洁
法定地址:长春市人民大街142号　电话:0431-8931919　联系人:高毅辉
(五)发行人财务顾问:中华企业咨询有限责任公司　注册地址:北京海淀区海淀大街12号
法定代表人:孙效良　电话:010-66077558　传真:010-66077548　联系人:祝捷
(六)上市推荐人:
●东方证券有限责任公司
●海通证券有限公司
●南方证券有限公司　法定代表人:沈沛　地址:深圳市罗湖区嘉宾路4028号太平洋商贸大厦
电话:0532-3889599　传真:0532-3887622　联系人:许银翼
(七)发行人法律顾问:山东琴岛律师事务所　地址:青岛市东海路37号金都花园C楼16层
法定代表人:杨伟程　电话:5810888-4167　传真:5830803　经办律师:史志军、王亚平
(八)主承销商法律顾问:震序律师事务所　法定代表人:马军
地址:云南省昆明市书林街书林花园5号楼9楼
电话:0871-3104293　传真:0871-3104024　经办律师:马军、杨西安
(九)财务审计机构:山东汇德会计师事务所　地址:青岛市东海路37号金都花园金海大厦14层
法定代表人:王庆和　电话:0532-5810888-5887　经办注册会计师:徐世欣、王晖
(十)资产评估机构:青岛资产评估事务所　地址:青岛市东海路37号金都花园金海大厦15层
法定代表人:高国轩　电话:0532-5830805　经办评估人员:徐永青、刘黎清、胡德年、耿学文
(十一)资产评估确认机构:青岛市国有资产管理局　地址:山东省青岛市山东路10号
机构负责人:王安民　电话:0532-5820077
(十二)土地估价机构:青岛市土地估价所　地址:山东省青岛市沂水路7号甲
机构负责人:高庆振　电话:0532-2879502　土地估价师:高庆振、马元成、张明辉
(十三)股票登记机构:上海证券中央登记结算公司　地址:上海市浦建路727号
法定代表人:王迪彬　电话:021-58708888　传真:021-58754185

四、发行情况

(一)承销方式:余额包销方式。
(二)发行日期:2000年12月13日。
(三)承销起止日期:2000年12月13日至2000年12月29日。
(四)发行地区:与上海证券交易所的交易系统联网的各证券交易网点。
(五)发行对象:中华人民共和国境内的合法投资者,国家法律、法规禁止购买者除外。
(六)发行方式:上网定价发行。
(七)发行数量:本次发行9,000万股,每股面值1元。
(八)发行价格及确定价格的方法:本次发行为溢价发行,根据《证券法》第28条有关规定,主承销商与发行人协商,并经中国证监会核准的发行价格为每股9.10元。
(九)发行市盈率:37.92倍(按1999年每股收益0.24元计算)。
(十)发行总市值:81,900万元。扣除发行费用3,492万元,预计实收金额78,408万元。
(十一)拟上市证券交易所:上海证券交易所。

五、风险因素与对策

投资者在评价发行人本次发行的股票时,除本招股说明书提供的其它资料外,应特别认真地考虑下述各项风险因素:

(一)风险因素

1.经营风险 (1)原材料供应风险 (2)产品结构相对集中风险 (3)融资风险 (4)产品价格变动风险

2.行业风险 (1)行业供需不平衡风险 (2)行业内部竞争风险 (3)商业周期风险。(4)环保因素限制风险 (5)加入WTO风险

3.市场风险　4.政策性风险　5.投资风险　6.财务风险　7.股市风险

(二)主要风险对策　针对以上风险因素,本公司将采取如下对策,以最大限度降低风险,保护投资者的利益。

1.经营风险对策

(1)针对原材料供应风险的对策　多年来,本公司在原材料采购方面,与供应厂家建立了良好的合作关系,并积累了丰富的经验。今后本公司将继续巩固和发展与供应商的合作伙伴关系,目前公司已与主要供应商达成了长期供货协议,制定了严格的价格条款和质量索赔制度,保证采购价格和质量的稳定。此外,在保证质量的前提下,本公司计划将部分原材料由国外进口改为由国内采购,以缩短采购周期,降低采购成本。

(2)针对产品结构相对集中风险的对策　针对产品结构相对集中的现状,本公司在对优势产品加大技术改造和科技创新投入的同时,逐步拓宽业务领域,向医用冰柜、净化水设备、锂电池、自动售货机等领域发展,分散产品结构相对集中的风险。

(3)针对融资风险的对策　募集资金到位后,努力提高资金运用效益,增强本公司的融资能力。改善产品结构,缓解淡旺季对产品需求不均衡的影响。加强存货管理和应收帐款催收,减少库存资金占用,提高应收帐款周转率。同时,合理调度和使用资金,利用暂时闲置资金进行安全、收益稳定的投资,提高公司的净资产收益率,以增强持续融资能力。公司将根据证券市场的发展,积极开辟其他融资渠道。

(4)针对产品价格变动风险的对策　利用规模经济优势,降低现有产品的生产成本,采取薄利多销的策略。利用技术优势开发高附加值产品,规避低水平的价格竞争。加快新投资项目的投产工作,以多元化降低单一产品对价格变动的风险,稳步提高企业经济效益。

六、募集资金的运用

本次股票发行成功,可募集资金净额78,408万元,主要投资以下项目:

(一)开发研制医用冰柜项目　项目总投资8,000万元,静态投资回收期(含建设期1年)4.75年。项目完工后,年产可达12万台,可实现销售收入30,000万元,新增利润2,857.2万元,投资利润率35.7%。该项目预计2002年7月份产生效益。该项目已得到国家经贸委国经贸技[1998]345号文立项批复,被列为1998年国家技术创新项目(第一批),经青岛市经委组织专家论证,该项目被认定为国际领先、国内空白的高新技术项目。

(二)无氟电冰柜生产线技术改造项目　项目总投资27,581万元,静态投资回收期(含建设期2年)6.48年。该项目达产后预计每年可新增销售收入83,500万元,新增利润13,225.93万元,投资利润率28.2%。该项目预计于2002年底产生效益。

(三)开发水净化设备技术　该项目总投资6,000万元,静态投资回收期(含建设期2年)6.01年。项目完工达产后,生产能力可达75万台(套),可新增销售收入127,500万元,新增利润5,251万元,投资利润率52.6%。该项目预计于2002年年底产生效益。该项目已得到国家经贸委国经贸技[1998]345号文立项批复,经青岛市经委组织专家论证,认定该项目采用多项世界上最尖端的水处理技术,属高新技术项目。

(四)引进国外先进技术,生产车用冷热转换箱　项目投资总额6,067万元,静态投资回收期(含建设期1年)4.08年。该项目完工后,年产能力为30万台。每年可新增销售收入21,000万元,新增利润2,702万元,投资利润率44.5%。该项目预计于2002年7月份产生效益。该项目被青岛市经委列为青岛市重点技术创新项目,已得到青岛市经委青经技改[1998]520号文立项批复。

(五)新型多层复合管材技改项目　该项目的总投资估算为3,980万元,静态投资回收期(含建设期1年)5.33年。该项目完成后,可形成年产新型多层复合管材700万米的能力,年新增销售收入11,800万元,利润924万元,投资利润率23.22%。该项目预计于2002年5月份产生效益。该项目已得到青岛市经委青经技改[1998]521号文立项批复。

(六)消化吸收国外先进技术,生产特种多功能超低温系列冷冻柜项目　项目总投资6,116万元,静态投资回收期(含建设期1年)3.68年。该项目完工后,形成年产特种多功能超低温冷冻柜6,000台,年新增销售收入22,950万元,新增利润3,432.6万元,投资利润率56.1%。该项目预计于2002年8月份产生效益。

(七)引进国外先进技术设备,生产自动售货机项目　该项目通过引进日本的生产技术和专用生产设备,形成年产1.5万台自动售货机生产能力。年产香烟型自动售货机5,000台、饮料型自动售货机5,000台、多功能自动售货机5,000台。项目总投资估算6,128万元,静态投资回收期(含建设期1.1年)4.37年。该项目完工后,年产量可达15,000台,每年可新增销售收入37,500万元,可新增利润4,131.8万元,投资利润率67.42%。该项目预计于2002年10月份产生效益。

(八)合资生产锂电池项目　项目总投资估算为2,998万美元,其中中方出资2,100万美元,占注册资本的70%,外方出资898万美元,占注册资本的30%。该项目完工后,年产锂电池840万只,可新增销售收入69,720万元,新增利润16,890万元,静态投资回收期4.45年(含建设期2年),投资利润率为67.83%。该项目预计于2002年年底产生效益。该项目已得到青岛市经委青经技改[1998]526号文立项批复。

以上八个项目总投资81,302万元,其中无氟电冰柜生产线技术改造项目已投入6,299万元。目前还需资金75,003万元(81,302万元-6,299万元)。本次募集资金净额78,408万元,其中75,003万元将全部用于上述投资,多余资金3,405万元(78,408万元-75,003万元)将用于补充企业流动资金。

七、股利分配政策

本公司的股利采取同股同利的分配政策。公司董事会根据当年的经营业绩和未来的生产经营计划提出股利分配方案,经股东大会批准后实施。股利分配采取现金或股票形式。本公司的股利分配在每一会计年度结束后的六个月内进行。公司向个人分配股利时,按《中华人民共和国个人所得税法》和国家税务总局发布的《征收个人所得税若干问题的规定》,本公司代扣、代缴个人收入所得税。

根据公司章程规定,公司净利润在弥补以前年度亏损后,按下列顺序及比例分配:1、按税后利润的10%提取法定公积金;2、按税后利润的5-10%提取法定公益金;3、提取任意公积金;4、支付普通股股利。除股东大会特别决议以外,本公司每年派发一次年度股利,在会计年度结束后六个月内进行;公司当年无利润时,不分配股利。本公司自1998年12月28日设立以来,未进行过股利分配。根据1999年度股东大会决议,公司1999年度不分配股利。根据2000年临时股东大会决议,本次新股发行后,新老股东共同享有本次发行完成前形成的滚存未分配利润。预计首次分配股利的时间在2001年6月底以前。

八、发行人及发行人主要成员情况

(一)发行人名称:青岛澳柯玛股份有限公司。

英文名称:QINGDAOAUCMACOMPANYLIMITED。

(二)发行人成立日期:1998年12月28日。

(三)发行人地址:山东省青岛经济技术开发区前湾港路315号。

(四)发行人历史沿革

1、发行人筹建情况　青岛澳柯玛股份有限公司是经青岛市经济体制改革委员会青体改发【1998】215号文批准,以青岛澳柯玛电器公司作为主要发起人,以其经评估确认后的与生产冷柜相关的完整的生产经营资产及相应的供应销售系统作为出资,联合山东凌云工贸股份有限公司、重庆长风压缩机厂、荆州市泰隆股份合作公司、牡丹江市广汇交电有限责任公司、河北省五金交电化工公司五家发起人,发起设立青岛澳柯玛股份有限公司。本次改制,根据有关规定,制定企业改制方案,确定将企业生产冰柜的经营性资产及相应的供应销售系统投入股份公司。改组过程中,按照发起人协议,电器公司以其经评估确认后的,与冷柜生产、研制相关的经营性资产及相应的销售、供应系统净资产36,667万元投入本公司,按1:0.68的比例折成24,933.6万股,其余五家发起人则按相同折股比例以现金出资,共认购170万股,六家发起人认购股份合计为25,103.6万股。股份公司已获得青岛市经济体制改革委员会青体改发[1998]215号文的批准,并已于1998年12月28日在青岛市工商行政管理局注册登记(注册号:3702001805678)。

2、发行人的历史情况　发行人青岛澳柯玛股份有限公司是以青岛澳柯玛电器公司(以下简称电器公司)作为主要发起人,同时联合其他五家发起人,以发起设立方式成立的股份有限公司。青岛澳柯玛电器公司(以下称电器公司)是经青岛经济技术开发区经济贸易发展局青开经贸发【1994】12号文批准,于1994年3月由集团公司投资注册成立,注册资本为4,200万元,企业经济性质为集体企业;1995年为扩大企业经营规模,公司以盈余积累转增资本,注册资本增至8,200万元;1998年4月,为理顺产权关系,维护所有者权益,经清产核资后,青岛市清产核资领导小组办公室(青清办【1998】24号文)界定电器公司原始投入属国家所有,经济性质为国有企业。电器公司进行改制后,其法人资格注销。1995年,电器公司被第50届世界统计大会中国组委会、国家统计局、中国技术进步评价中心认定为"中国电冰柜大王"。1997年,"澳柯玛"品牌被国家工商局认定为"中国驰名商标"。

3、经营优势:冷柜行业中的高科技企业　电器公司继1995年获得青岛市科委颁发的《高新技术企业认证证书》后,于1997年又获得了国家科委火炬计划委员会颁发的《重点高新技术企业认证证书》。1997年和1998年,电器公司先后获得了目前国家环保局环境管理体系审核中心唯一向电冰柜行业颁发的《ISO14001国际环境管理体系认证证书》,中国环境标志产品认证委员会颁发的《环境标志产品认证证书》和上海质量体系审核中心颁发的《ISO9001质量体系认证证书》。目前,在13大系列,170种规格型号的冰柜系列中,BD-150L冷冻箱被国家科委命名为《1994年度国家级新产品》,SD330商用冷冻食品储藏箱被国家经贸委评为《1997年度国家级新产品》,在1997年国家卫生部举办的"卫生VIT疾病控制"招标中成为唯一中标的冷柜产品。1999年4月,公司通过国家科技部、中科院组织的高新技术企业认证,成为高新技术拟上市企业。

(五)发行人组织结构

公司组织结构图如下:(附后)

(六)发行人职工情况

截止2000年6月30日,本公司现有在职职工1,804人。

(七)经营范围及经营方式　经营范围为:冷柜系列,水净化设备,车用冷热转换箱,自动售货机,锂电池,新型多层复合管材制造、销售、技术开发、技术咨询、技术服务;制冷微电脑控制技术开发。经营方式:制造、销售、服务。

(八)主要业务、主要产品情况

公司主营业务为冷柜的制造与销售,业务收入以冷柜销售收入为主,公司近三年一期各项业务销售收入及占总收入的比例如下表:

金额单位:万元

收入及比例	2000年1-6月		1999年度	
业务种类	收入	比例(%)	收入	比例(%)
1、主营业务收入	37,630	96.82	70,776	96.83
其中:冰柜	35,161	90.47	67,758	92.73
展示柜	2,121	5.46	3,018	4.10
其他小家电	348	0.89		
2、其他业务收入	1,236	3.18	2,320	3.17
合计	38,866	100	73,096	100

九、经营业绩

(一)、生产经营的一般情况

1、经审计,本公司近三年一期的经营业绩如下:　单位:万元

年份	2000年1-6月	1999年度	1998年度	1997年度
主营业务收入	37630	70776	78728	86117
主营业务利润	11432	22510	17191	18222
利润总额	3393	9155	10339	4907
净利润	2897	5909	7124	3202
净资产收益率(%)	6.34	13.80	19.30	9.56

2、本公司的业务收入构成

各项业务销售收入及占总收入的比例如下表:　金额单位:万元

收入及比例	2000年1-6月		1999年度		1998年度		1997年度	
业务种类	收入	比例(%)	收入	比例(%)	收入	比例(%)	收入	比例(%)
1、主营业务收入	37630	96.82	70776	96.83	78728	98.16	86117	97.86
其中:冰柜	35161	90.47	67758	92.73	78728	98.16	86117	97.86
展示柜	2121	5.46	3018	4.10				
其他小家电	348	0.89						
2、其他业务收入	1236	3.18	2320	3.17	1472	1.84	1885	2.14
合计	38866	100	73096	100	80200	100	88002	100

由于冰柜行业市场竞争激烈、销售价格下降,1997年—1999年公司冰柜业务收入逐年下降,但市场占有率仍处首位。

(二)主要工作、重大项目和科研成果

三年来,公司一直注重于无氟环保系列产品、高档豪华产品、医用制冷产品的研制、开发与生产,并确定了以高新技术产品作为公司的发展方向。

(1)产品开发项目:

序号	名称	系列	规格型号
1	水冷柜	SPC128系列	SPC128、SPC160
2	双温双箱冷柜	SCD158系列	SCD158、SCD182、SCD180A、SCD210A
3	冷柜	BD362系列	BD362、BD418、BD462、BD525 BD568
		SD362系列	SD362、SD418、SD462、SD525、SD568
		BD179系列	BD179、BD199、BD252、BD273
		BD155系列	BD87 BD102 BD131 BD155 BD177 BD208
		SD325系列	SD256 SD325
4	展示柜	SC80系列	SC60、SC80 SC100
5	家用小冷柜	BD99系列	BD66、BD99
6	金海豚系列冷柜	BD202系列	BD138 BD168 BD202 BD238
7	改薄系列冷柜	BD102H系列	BD102H BD118H BD150H BD171H BD208H BD226H
		BD199H系列	BD199H BD218H BD252H BD273H
8	壁挂式冷藏箱	BC62系列	BC62 BC62A
9	冷藏冷冻柜	PCD206系列	PCD206 PCD170
10	医用冰柜	冷冻箱	BD180 BD300
		冷藏箱	BC500
		冰衬冰柜	BCH180
11	展示柜	SC230系列	SC230 SC201 SC181 (SC201为系列扩展型号)
12	展示柜	SC275系列	SC275 SC275A
13	抗菌展示柜	SC230Y系列	SC230Y SC201Y SC181Y
14	抗菌展示柜	SC275Y系列	SC275Y SC275AY
15	展示柜	SC160系列	SC160
16	冰柜	平底式蝶形门双箱	PCD156、170188、206、226、246、266、156D、170D、188D、206D、206D、226D
		台阶式顶开门	BD/C100、116、149、169、206、222
		台阶式玻璃门	SD/C179、199、227、252
		台阶式顶开门	BD315、340、378、362、418、462、525、568、
		台阶式玻璃门	SD362、418、462、525、568

(2)近期完成的重大项目:

序号	项目名称	项目水平	投产年限	鉴定时间
1	BD179无CFCs系列冷柜	国际领先	98年	98.10 .25
2	BD155无CFCs系列冷柜	国际领先	98年	98.10 .25
3	BD362无CFCs系列冷柜	国际领先	98年	98.10 .25
4	SD362无CFCs系列冷柜	国际领先	98年	98.10 .25
5	BD325无CFCs系列冷柜	国际领先	98年	98.10 .25
6	SC230展示柜	国际领先	98年	99.01 .27
7	SC275展示柜	国际领先	98年	99.01 .27
8	BD202系列冷柜	国际领先	98年	99.01 .27
9	BD99系列冷柜	国际领先	98年	99.01 .27
10	无CFCs系列医用冰柜	国际领先	98年	99.7 .10
11	PCD无CFCs系列双温双箱冷柜	国际领先	99年	99.7 .10
12	BCY35饮水冷藏箱	国际领先	98年	99.7 .10
13	SC230无CFCs	国际领先	98年	99.7 .10

(3)近三年科研工作获奖情况:

序号	奖项名称	获奖类别	颁奖部门	获奖时间
1	BD179无CFCs冰柜系列	科技进步奖	山东省科学技术委员会	99.11
2	SD325弧形玻璃门冷冻箱	国家级新产品	国家经贸委	99.10
3	SC275立式透明门冷藏箱	国家级新产品	国家经贸委	99.10
4	SD330商用冷冻箱	优秀新产品	山东省经济贸易委员会	98.7
5	BD330商用冷冻箱	优秀新产品	山东省经济贸易委员会	98.7
6	SD312—SD520系列商用冷冻箱	优秀新产品	市工业企业技术进步领导小组	98.3
7	BD318—BD520系列商用冷	科技进步奖	市工业企业技术进步领导小组	98.3
8	BD、SD318—520系列商用冷	科技进步奖	市工业企业技术进步领导小组	97.12
9	BD318—BD520系列商用冷冻箱	科技进步奖	山东省科学技术委员会	97.12
10	BD、SD318—520系列商用冷	科技进步奖	山东省第二轻工总会	97.12
11	SD330商用冷冻箱获1997年	国家级新产品	国家经贸委	97.10

(三)产品的市场情况　到目前为止,本公司已建立了完善的市场营销体系。在国内除西藏外所有的省都建立了销售分公司、办事处,现有代理商、经销商643个,营销网络2,874个。1999年度,澳柯玛冷柜的产量为597,448台,销量为574,806台,市场占有率为33%。2000年1-6月,冰柜产量39万台,销量40万台,继续稳居冷柜行业龙头企业地位。

(四)产品质量情况　公司制定了从产品设计、供应、生产、销售、售后服务等环节的全过程六级质量控制体制,产品质量保持长期稳定,开箱合格率一直保持在99.9%。1994年以来,公司产品先后通过ISO9001国际质量保证体系认证、CE欧洲安全认证、UL美国安全认证,澳大利亚COA认证、俄罗斯GOST认证。产品质量在国际上得到确认。

十、股本

1、注册资本:本次发行前公司注册资本为25,103.6万元。2、股本的形成过程:经青岛资产评估事务所评估,青岛市国有资产管理局青国资评[1998]158号文确认,及青岛市国有资产管理局青国资企[1998]71号文批准,青岛澳柯玛电器公司以其经营性净资产36,667万元,按1:0.68比例折为24,933.6万股投入本公司,界定为国家股,其国家股股权委托集团公司持有。其余五家发起人以现金方式按每股1.47元价格认购,共计投入170万股,界定为法人股,由各自投资单位持有。本次发行经青岛市人民政府青政字【2000】10号文推荐,中国证券监督管理委员会证监发字【2000】166号文核准,以每股9.10元向社会公众发行9,000万股,新股发行超过面值的部分扣除发行费用后计入本公司资本公积金。3、股本结构　本次股票发行后,本公司股本总额为34,103.6万股,股本结构如下:

股份类型	股数(万股)	占总股本比例(%)
发起人股	25103.6	73.61
其中:国家股	24933.6	73.11
社会法人股	170	0.50
社会公众股	9000	26.39
总股本	34103.6	100

4、本次发行前后本公司的净资产总额,每股净资产变动情况如下:

★发行前:

净资产总额	46,927万元
总股本	25,103.6万股
每股净资产	1.82元

★发行后:

净资产总额	125,334万元
总股本	34,103.6万股
每股净资产	3.64元

5、本次发行前,公司的总股本为25103.6万股,其中青岛澳柯玛集团总公司持有24933.6万股,

占总股本的 99.32%,为本公司的控股股东。青岛澳柯玛集团总公司是集科研、工贸、商业于一体的跨行业跨地区的国家大型一级企业集团，是山东省重点大型企业集团，也是青岛市十大企业集团之一。目前,集团总公司注册资本 7118 万元,总资产 27.8 亿元。

6、管理人员持股情况目前,本公司董事会成员及高级管理人员均未持有本公司股票。

十一、财务会计资料

本公司委托山东汇德会计师事务所对 2000 年 6 月 30 日、1999 年 12 月 31 日、1998 年 12 月 31 日、1997 年 12 月 31 日的资产负债表和 2000 年 1-6 月、1999 年度、1998 年度、1997 年度的利润及利润分配表和 2000 年 1-6 月、1999 年度的现金流量表进行了审计。

青岛澳柯玛股份有限公司全体股东:

我们接受委托,审计了贵公司 2000 年 6 月 30 日、1999 年 12 月 31 日、1998 年 12 月 31 日、1997 年 12 月 31 日的资产负债表和 2000 年 1-6 月、1999 年度、1998 年度、1997 年度的利润及利润分配表及 2000 年 1-6 月、1999 年度的现金流量表,这些会计报表由贵公司负责,我们的责任是对这些会计报表发表审计意见。我们的审计是依据《中国注册会计师独立审计准则》进行的。在审计过程中,我们结合贵公司的实际情况,实施了包括抽查会计记录等我们认为必要的审计程序。我们认为,上述会计报表符合《企业会计准则》和《股份有限公司会计制度》的规定,在所有重大方面公允地反映了贵公司 2000 年 6 月 30 日、1999 年 12 月 31 日、1998 年 12 月 31 日、1997 年 12 月 31 日的财务状况和 2000 年 1-6 月、1999 年度、1998 年度、1997 年度的经营成果及 2000 年 1-6 月、1999 年度的现金流量情况,会计处理方法的选用遵循了一贯性原则。

中国注册会计师:徐世欣、王晖 山东汇德会计师事务所 报告日期: 2000 年 7 月 8 日

附注一、公司简介 青岛澳柯玛股份有限公司(以下简称本公司)于 1998 年 12 月经青岛市经济体制改革委员会青体改发(1998)215 号文件批准,在原青岛澳柯玛电器公司的基础上,以其与生产冷柜相关的、完整的生产经营性资产及相应的供应销售系统,联合牡丹江广汇交电有限责任公司、河北省五金交电化工公司、重庆长风压缩机厂、荆州市泰隆股份合作公司、山东凌云工贸股份有限公司共同发起设立。公司于 1998 年 12 月 28 日在青岛市工商行政管理局注册登记并领取了企业法人营业执照,1999 年通过科技部、中科院审核,列为国家级高科技拟上市公司。经营范围是:冰柜系列、水净化设备、车用冷热转换箱、自动售货机、锂电池、新型复合管材制造销售、技术开发、技术咨询、技术服务;制冷微电脑控制技术开发。发行人的前身—青岛澳柯玛电器公司是由青岛澳柯玛集团总公司于 1994 年 3 月投资注册成立。1995 年被第 50 届国际统计大会中国组委会、国家统计局、中国技术进步评价中心认定为"中国电冰柜大王",1996 年被认定为国家大型一级企业,被列为青岛市建立现代企业制度试点企业,1997 年被山东省信誉评级委员会评定为"特级信誉企业",信誉等级为 AAA 级,同年"澳柯玛"品牌被中国国家工商行政管理局认定为"中国驰名商标",1997-1999 年澳柯玛冰柜连续三年被中国消费者协会认定为"全国推荐商品"。

附注二、资产剥离重组暨现行股权设置情况 青岛澳柯玛电器公司以截止 1998 年 8 月 31 日的与生产冷柜相关的、完整的生产经营性净资产经评估确认后,投入本公司。本公司现行股权设置为总股本 251,036,000.00 元,计 251,036,000 股,其中:国家股 249,336,000.00 元,由青岛澳柯玛电器公司将评估后的净资产 366,670,000.00 元按 68%的折股比例折股投入,计 249,336,000 股;法人股 1,700,000.00 元,由牡丹江广汇交电有限责任公司、河北省五金交电化工公司、重庆长风压缩机厂、荆州市泰隆股份合作公司、山东凌云工贸股份有限公司分别以货币资金 500,000.00 元按 68%的折股比例折股投入,分别计 340,000 股,合计 1,700,000 股。

附注五、税项

增值税:本公司销售执行 17%的增值税税率。根据青岛经济技术开发区财政税务局青开财发(1997)第 91 号文、(1998)第 69 号文、(1999)第 62 号文件的规定,1997-1999 年按照当年实缴数的 15%予以返还,上述税收政策已经青岛市人民政府青政字(2000)9 号文确认。本公司 2000 年执行 17%的增值税税率,不再享受税收优惠。

所得税:本公司 1997-1999 年执行 33%的所得税税率,2000 年执行 15%所得税税率。根据青岛经济技术开发区财政地税局青开财税发(1997)第 91 号、(1998)第 69 号文件的规定,1997 年、1998 年实际税负为 7.5%,超过部分全部返还;根据青岛经济技术开发区管理委员会青开管字(1999)10 号文件的规定,1999 年实际上缴的所得税超税负 15%以上部分全部返还,上述税收政策已经青岛市人民政府青政字(2000)9 号文确认。根据青岛市地方税务局青地税函(2000)15 号文件的规定,自 2000 年 1 月 1 日起减按 15%的税率征收企业所得税。

十二、资产评估

青岛资产评估事务所根据青岛市国有资产管理局(98)第 149 号评估立项的批复,对原企业投入本公司的全部资产及负债进行评估。评估结果已得到青岛市国有资产管理局青国资评[1998]158 号文确认。本公司已按财务会计制度的有关规定对此次评估的结果作了帐务调整。

截止资产评估基准日 1998 年 8 月 31 日,青岛澳柯玛电器公司投入本公司全部资产评估价为 952,396,150.87 元,负债总额为 585,724,678.27 元,净资产为 366,671,472.60 元。资产评估情况如下:

单位:人民币元

资产类型	审计后帐面原值	审计后帐面净值	调整后帐面净值	评估价值	差异额	差异率	%
	1	2	3	4	5	6=5-4	7=6/4
流动资产	770310876.00	770310876.00	770679723.87	368847.87		0.05	
固定资产	203776653.62	173357979.77	167873611.67	178866427.00	10992815.33	6.55	
其中:机械设备							
	136215767.54	111224953.53	106356049.27	108886643.00	2530593.73	2.38	
车辆	14783616.70	11068619.60	10839742.17	8259014.00	-2580728.17	-23.81	
房屋建筑物	51280222.70	49567359.96	49180773.55	60920770.00	11739996.45	23.87	
在建工程	1497046.68	1497046.68	1497046.68	800000.00	-697046.68	-46.56	
无形资产				2850000.00	2850000.00		
资产总计	943668855.77	938184487.67	952396150.87	14211663.20		1.51	
流动负债	559533012.27	559533012.27	559533012.27				
长期负债	26191666.00	26191666.00	26191666.00				
负债总计	585724678.27	585724678.27	585724678.27				
净资产	357944177.50	352459809.40	366671472.60	14211663.20		4.03	

十三、公司发展规划

(一)经营发展计划

1、经营方针(1)加强产品开发和技术创新,包括开发市场所需的创新产品和对现有产品进行技术改造。(2)降低产销成本,包括搞好虚拟生产,节能降耗、减员增效;加强营销网络建设;做好审核工作,降低成品损失,杜绝质量事故。(3)做好创新经营,包括无形资产经营创新;营销方式创新;管理创新。2、经营目标进一步扩大市场份额,完善营销网络,五年内达到年销售收入 25 亿元。

(二)产品销售计划 1、继续实施"江北战略",即"巩固江北市场,开发南方市场"。采取的主要策略为各中心在各省建立自己稳固的销售分销网络,根据各省的情况确定 1—2 名主经销商,合理划分销售区域,充分发挥他们的资金优势与网络优势,在二、三级市场形成密集的分销体系,保证销售网点均匀分布。通过这种销售方式可以切实保证经销商的利益,充分调动他们的积极性,提高公司产品的市场占有率。2、根据各省的特点,因地制宜,制订适合当地市场的销售策略,保证业务的灵活性与价格的统一性。3、为顺利实施开辟农村市场的战略,将进一步加强在农村市场的宣传工作,结合主经销商销售制度,继续推广网络建设工作,利用他们完善的网络拓展自己的销售网点,争取在经济较发达地区实现"一县一点"。4、加大营销策划和广告宣传力度,结合新产品的卖点和消费者的消费需求,针对不同地区的消费特点开展不同的广告宣传和促销活动,树立良好的企业形象。5、利用品牌优势,继续加大高水平多品种的产品定牌(OEM),利用品牌优势扩大市场占有率,提高产品竞争力。6、加强营销队伍建设工作,进一步充实营销人员,通过与各中心签定承包协议的形式约束双方的责、权、利,调动业务人员的积极性,形成一支具有市场开拓能力的营销队伍。

(三)产品开发和技术创新计划

1、产品开发和技术创新思路 将现有的冰柜类产品向高科技、多层次发展,具体就是在提高产品技术含量的基础上,把公司产品进一步按消费对象和市场层次进行划分。

2、产品开发具体计划(1)开发家用冷藏箱、冷冻箱 推出豪华环保型冷藏箱产品进入家庭,作为家庭用和出口用产品。为集团消费开发牛奶保鲜箱,葡萄酒保鲜箱,水冷柜等。(2)展示柜产品 计划新开发单门、双门 200-500 升之间 6 个型号的展示柜。(3)开发医用冷藏冷冻设备,介入人类生命健康及生物研究领域医用冷冻冷藏设备在国内尚未有专业生产厂家,该类产品适用于医疗卫生部门和实验室,该类产品的特点是:a、产品可靠性高,技术含量高。b、市场需求量不高,利润高,此类产品的需求在 3 万台左右,但消费群对价格不敏感,可获得高额利润。开发此类产品可使公司产品介入医疗行业。该类产品前期的研究开发投入相对较大。通过与医疗机构探讨并借鉴国外同类产品,实施针对性开发,采用新的制冷剂,使血液疫苗储藏箱、超低温冷柜一级制冷达到-40?C 以下,达到一级制冷设计要求。两级制冷参考国外样机做针对性开发,使超低温冷柜二级制冷达-80?C (4)自动售货机项目和锂电池项目

(四)人才资源计划

为适应知识经济新时代发展的需要,公司将更加注重高素质人才的引进和培养,特别是科研人才、管理人才及营销人才,大力提高公司员工的文化素质和业务能力,营造一个使各类人才都能发挥聪明才智的人才环境。为此,公司制定如下人才资源培训计划:

(五)市场发展计划

1、国内市场发展计划 (1)根据冰柜主市场从城市转向农村(大农村市场)的市场状况,公司决定积极开发占领位于城市市场和农村市场边缘的县城一级的市场。(2)公司将以金海豚 1# 系列、金海豚 2# 系列、蝶型门双温系列、玻璃门系列、医用冰柜系列、特种多功能超低温冰柜系列、展示柜系列、玻璃门双温箱系列、大冰柜系列等 13 大系列为主导产品,进一步扩大主导产品的市场占有率。

十四、重要合同及重大诉讼事项

截止本招股说明书签署之日,本公司签订的重大合同如下:1、1998 年 10 月 25 日,集团公司与公司筹备委员会签订《综合服务协议》,有偿使用集团公司食堂、职工宿舍、医务室等服务设施,公司以公允的价格向集团公司支付使用费。该协议已经本公司 1999 年 1 月 30 日临时股东大会确认。2、1998 年 12 月 25 日,集团公司与本公司筹备委员会签订《房屋租赁合同》,合法取得使用集团公司办公大楼的权利,根据该合同约定,本公司承租面积 3,648.39 平方米,房屋租赁费每年 218,903.64 元,于每年的最后一个工作日向集团公司支付。该协议已经本公司 1999 年 1 月 30 日临时股东大会确认。3、1998 年 11 月 26 日,公司筹备委员会与青岛市家用电器研究所签订《专利实施许可合同》,无偿使用青岛市家用电器研究所的专利。2000 年 10 月 31 日和 2000 年 11 月 6 日,公司与青岛市家用电器研究所分别签订补充协议书,约定公司对《专利实施许可合同》中许可的专利享有永久使用权,并具有优先受让权。 4、1998 年 11 月 26 日,公司筹备委员会与集团公司签订《商标使用许可协议》,无偿使用"澳柯玛"系列商标。2000 年 10 月 31 日、11 月 6 日和 11 月 27 日,公司与集团公司分别签订补充协议书,约定公司对《商标使用许可协议》中许可使用的商标享有永久使用权,如果发生商标权对外转让的行为,集团公司必须将商标权无偿转让给本公司,不得向本公司之外的任何第三方转让。5、1999 年 10 月 31 日,集团公司与公司签订《国有土地使用权租赁合同》,并从青岛经济技术开发区土地规划管理局获得了《土地他项权利证书》,公司依法拥有了 77,971.77 平方米土地的使用权。租赁价格以青岛市土地估价事务所出具的 1999(022)号《土地估价报告书》的评估价格为基准确定,每年租金 537,753.7 元,于每年十二月份的最后一个工作日向集团公司一次性支付租金。6、1999 年 3 月 6 日,本公司与青岛澳柯玛集团浙江电器有限责任公司及集团总公司三方签订有效期两年的《冰柜定牌生产协议书》,本协议从生产、销售、价格、质量等方面限定青岛澳柯玛集团浙江电器有限责任公司生产冰柜产品的规格型号、市场销售,从而有效地避免了同业竞争。根据上述协议,1999 年度本公司从青岛澳柯玛集团浙江电器有限责任公司采购价值 2,158.96 万元的定牌冰柜,2000 年 1-6 月,本公司从青岛澳柯玛集团浙江电器有限责任公司采购价值 1,401.36 万元的定牌冰柜。2000 年 8 月 15 日,青岛澳柯玛集团浙江电器有限责任公司董事会通过了变更经营范围的决议,经营范围变更后,该公司将不再从事冰柜业务。2000 年 8 月 26 日,股份公司、集团公司和青岛澳柯玛集团浙江电器有限责任公司三方之间签订了关于终止《冰柜定牌生产协议书》的补充议定书,约定在青岛澳柯玛集团浙江电器有限责任公司办理完工商变更登记手续后,三方于 1999 年 3 月 6 日签订的《冰柜定牌生产协议书》将终止执行,以真正解决同业竞争问题。青岛澳柯玛集团浙江电器有限责任公司已于 2000 年 11 月 10 日完成了工商变更登记,《冰柜定牌生产协议书》已经终止执行。

十五、其他重要事项

1、根据青岛澳柯玛电器公司资产重组方案,电器公司的用电权、用水权(评估值 285 万元)应作为出资投入本公司,上述产权变更工作由集团公司统一到青岛市公用事业局和电业局办理。因用水权、用电权属特殊专用权,该等权利变更至股份公司需较长时间,为保证设立股份公司的资金全部及时到位,集团公司同意用货币资金 285 万元作为用水权、用电权的替代出资。该 285 万元的货币资金已用电器公司剥离至集团公司的货币资金解决,即从电器公司少剥离 285 万元的货币资金。目前,股份公司已无偿取得独立的用水权、用电权。

2、根据《公司法》规定的关于公司发行新股必须具备的盈利性要求,发行人、发行人律师、主承销商向投资者做如下说明:"公司预期利润率可达同期银行存款利率"。该说明是本着谨慎、稳健的原则作出的,主要依据于公司上半年已经实现净利润 2897 万元,并基于:(1)公司目前生产经营情况正常,供、产、销按计划如期平稳运行;(2)公司经营面临的政治、经济、法律、文化等环境因素没有重大变化;(3)公司遵循的税收政策没有发生变化;(4)存贷款利率在正常范围; (5)公司能源和原材料供应无重大变化;(6)公司在生产经营中没有发生不可预见因素和不可抗因素。因此,公司预测下半年还将有较大的利润实现。鉴于此,发行人特此声明:公司预期利润率可达同期银行存款利率。

十六、备查文件

1、审计报告。 2、盈利预测审核报告。 3、资产评估报告。 4、法律意见书。 5、验资报告 6、招股说明书验证笔录 7、相关证书 8、公司章程。 9、发行人成立的注册登记文件。 10、主管部门和证券交易所批准发行上市的文件。 11、承销协议。

12、青岛市国有资产管理局青国资评[1998]158 号《关于对青岛澳柯玛电器公司拟改制资产评估结果验证确认的通知》。 13、重要合同。

查阅时间:2000 年 12 月 11 日

查阅地点:青岛澳柯玛股份有限公司 ——青岛经济技术开发区前湾港路 315 号

中信证券股份有限公司——青岛市南京路 9 号联合大厦 19 层

上海证券交易所

青岛澳柯玛股份有限公司 二〇〇〇年十一月十七日

资产负债表(资产方)

编制单位:青岛澳柯玛股份有限公司 金额单位:人民币元

资产	2000.06.30	1999.12.31	1998.12.31	1997.12.31
流动资产:				
货币资金	433411447.53	128417544.78	202811662.58	65219411.69
短期投资				
减:短期投资跌价准备				
短期投资净额				
应收票据	29193400.00	206200000.00	2400000.00	44172956.00
应收股利				
应收利息				
应收帐款	455667140.38	484185398.25	373890551.01	336626414.14
其他应收款	21592362.05	49331172.18	35684664.45	51340240.29
减:坏帐准备	23862975.12	26675828.52	20478760.77	19398332.72
应收帐款净额	453396527.31	506840741.91	389096454.69	368568321.71

预付帐款	33063543.29	78678503.32	74904237.97	52962685.86
应收补贴款	9438181.44	12438812.60	5688181.44	12103526.48
存货	166674926.66	177223083.43	224555145.53	257565625.08
减:存货跌价准备	1115932.76	748169.98		
存货净额	165558993.90	176474913.45	224555145.53	257565625.08
待摊费用	6122998.45	4678183.95	4137901.97	14016051.14
待处理流动资产净损失				
一年内到期的长期债权投资				
其他流动资产				
流动资产合计	1130185091.92	1113728700.01	903593584.18	814608577.96
长期投资:				
长期股权投资	112850000.00	32850000.00	32400000.00	
长期债权投资				
长期投资合计	112850000.00	32850000.00	32400000.00	
减:长期投资减值准备				
长期投资净额	112850000.00	32850000.00	32400000.00	
固定资产:				
固定资产原价	204969466.73	201153942.73	196498866.37	97821949.69
减:累计折旧	38958698.22	31761118.69	17370394.00	22372980.70
固定资产净值	166010768.51	169392824.04	179128472.37	75448968.99
工程物资				
在建工程	1571395.25	827172.99	800000.00	79413597.27
固定资产清理				
待处理固定资产损失				
固定资产合计	167582163.76	170219997.03	179928472.37	154862566.26
无形资产及其他资产:				
无形资产				
开办费				
长期待摊费用	2036933.33			
其他长期资产				
无形资产及其他资产合计	2036933.33			
递延税项:				
递延税款借项				
资产总计	1412654189.01	1316798697.04	1115922056.55	969471144.22

利润及利润分配表

编制单位:青岛澳柯玛股份有限公司　　金额单位:人民币元

项目	2000 年 1-6 月	1999 年度	1998 年度	1997 年
一、主营业务收入	376299737.34	707755366.45	787277460.44	861167262.12
减:折扣与折让				
主营业务收入净额	376299737.34	707755366.45	787277460.44	861167262.12
减:主营业务成本	260130722.50	480785848.33	612210132.14	674229627.97
主营业务税金及附加	1846284.26	1867721.15	3152844.81	4721827.25
二、主营业务利润	114322730.58	225101796.97	171914483.49	182215806.90
加:其他业务利润	−737888.93	−1574939.99	1762363.58	6075830.28
减:存货跌价损失	367762.78	748169.98		
营业费用	46515998.58	70493330.64	32667636.78	76859583.56
管理费用	15788554.28	36275905.69	31119459.44	47372796.12
财务费用	18919601.93	39787709.00	38803375.99	37635060.90
三、营业利润	31992924.08	76221741.67	71086374.86	26424196.60
加:投资收益	1799028.00	1800000.00	2468100.00	
补贴收入	−	12306090.16	29103783.83	22926451.84
营业外收入	298422.78	2746606.441	550218.17	1117938.74
减:营业外支出	156322.44	1528146.72	818804.49	1400688.39
四、利润总额	33934052.42	91546291.55	103389672.37	49067898.79
减:所得税	4960696.15	32456711.58	32145162.67	17051018.95
五、净利润	28973356.27	59089579.97	71244509.70	32016879.84
加:年初未分配利润	50226142.97			
盈余公积转入				
六、可供分配的利润	79199499.24	59089579.97		
减:提取法定盈余公积	−	5908958.00		
提取法定公益金	−	2954479.00		
七、可供股东分配的利润	79199499.24	50226142.97		
减:应付优先股股利				
提取任意盈余公积				
应付普通股股利				
转作股本的普通股股利				
八、未分配利润	79199499.24	50226142.97		

现金流量表　2000 年 1-6 月

编制单位:青岛澳柯玛股份有限公司　　金额单位:人民币元

项目	金额
一、经营活动产生的现金流量:	
销售商品、提供劳务收到的现金	680790802.07
收取的租金	
收到的税额返还	3000631.16
收到的其他与经营活动有关的现金	46755955.34
现金流入小计	730547388.57
购买商品、接受劳务支付的现金	133382061.23
经营租赁所支付的现金	5160557.17
支付给职工以及为职工支付的现金	21511727.09
实际交纳的增值税款	7122746.20
支付的所得税款	22062613.42
支付的除增值税、所得税以外的其他税费	7792087.43
支付的其他与经营活动有关的现金	53465850.19
现金流出小计	250497642.73
经营活动产生的现金流量净额	480049745.84
二、投资活动产生的现金流量:	
收回投资所收到的现金	
分得股利或利润所收到的现金	1799028.00
取得债券利息收入所收到的现金	
处置固定资产、无形资产和其他长期资产而收回的现金净额	
收到的其他与投资活动有关的现金	
现金流入小计	1799028.00
购建固定资产、无形资产和其他长期资产所支付的现金	7525096.26
权益性投资所支付的现金	80000000.00
债权性投资所支付的现金	
支付的其他与投资活动有关的现金	
现金流出小计	87525096.26
投资活动产生的现金流量净额	−85726068.26
三、筹资活动产生的现金流量:	
吸收权益性投资所收到的现金	
发行债券所收到的现金	
借款所收到的现金	5144710.07
收到的其他与筹资活动有关的现金	1264627.81
现金流入小计	6409337.88
偿还债务所支付的现金	69850000.00
发生筹资费用所支付的现金	101169.22
分配股利或利润所支付的现金	
偿付利息所支支付的现金	24920887.79
融资租赁所支付的现金	
减少注册资本所支付的现金	
支付的其他与筹资活动有关的现金	867055.70
现金流出小计	95739112.71
筹资活动产生的现金流量净额	−89329774.83
四、汇率变动对现金的影响	
五、现金及现金等价物净增加额	304993902.75
补充资料	
1.不涉及现金收支的投资和筹资活动	
以固定资产偿还债务	686000.00
以投资偿还债务	
以固定资产进行长期投资	
以存货偿还债务	
2.将净利润调节为经营活动的现金流量	
净利润	28973356.27
加:计提的坏帐准备或转销的坏帐	−2812853.40
计提的存货跌价损失	367762.78
固定资产折旧	7583902.54
无形资产和其他长期资产的摊销	29166.67
处置固定资产、无形资产和其他长期资产的损失(减收益)	−134242.82
固定资产报废损失	
待摊费用的减少(减:增加)	−1444814.50
预提费用的增加(减:减少)	1505848.06
财务费用	18919601.93
投资损失(减收益)	−1799028.00
递延税款贷项(减借项)	
存货的减少(减增加)	10548156.77
经营性应收项目的减少(减增加)	236264299.16
经营性应付项目的增加(减减少)	182048590.38
经营活动产生的现金流量净额	480049745.84
3.现金及现金等价物净增加情况:	
现金的期末余额	433411447.53
减:现金的期初余额	128417544.78
加:现金等价物的期末余额	
减:现金等价物的期初余额	
现金及现金等价物净增加额	304993902.75

青岛澳柯玛股份有限公司股票上市公告书

一、要　览

总股本:34,103.6 万股　　可流通股本:9000 万股　　本次上市流通股本:9000 万股

股票简称:澳柯玛　　股票代码:600336

上市时间:2000 年 12 月 29 日　　上市地点:上海证券交易所

股票登记机构:上海证券中央登记结算公司

上市推荐人:东方证券有限责任公司　　海通证券有限公司　　南方证券有限公司

二、绪　言

本上市公告书是根据《中华人民共和国公司法》、《中华人民共和国证券法》、《股票发行与交易管理暂行条例》、《公开发行股票公司信息披露实施细则》和《上海证券交易所股票上市规则》等国家有关的现行法律、法规的规定,并按照中国证券监督管理委员会制定的公开发行股票公司信息披露的内容与格式准则第七号《上市公告书的内容与格式(试行)》而编制,旨在向投资者提供有关青岛澳柯玛股份有限公司(以下简称“本公司”)和本次股票上市的基本情况。

经中国证券监督管理委员会证券发行字[2000]166 号文核准、本公司于 2000 年 12 月 13 日通过“上网定价”的发行方式成功发行共 9000 万股每股面值 1.00 元的社会公众股,每股发行价人民币 9.10 元。

本公司通过上网定价发行的 9000 万社会公众股将于 2000 年 12 月 29 日起在上海证券交易所挂牌交易。股票简称“澳柯玛”,股票代码“600336”。

本公司已于 2000 年 12 月 11 日《中国证券报》、《上海证券报》上刊登了《招股说明书概要》,距今不足六个月,故与其重复的内容不再重述,敬请投资者查阅本公司的《招股说明书概要》。

本公司董事会全体成员已批准本上市公告书,并确信本公告书所载资料不存在重大遗漏或者误导,并对其真实性、准确性和完整性负个别和连带的责任。

三、本公司概况

(一)基本情况

1、发行人名称:青岛澳柯玛股份有限公司

英文名称:QINGDAO AUCMA COMPANY LIMITED

2、成立日期:1998 年 12 月 28 日

3、地址:山东省青岛经济技术开发区前湾港路 315 号　　4、法人代表:王大亮

5、经营范围及经营方式

经营范围:冷柜系列,水净化设备,车用冷热转换箱,自动售货机,锂电池,新型多层复合管材制造、销售,技术开发、技术咨询、技术服务;制冷微电脑控制技术开发。

经营方式:制造、销售、服务。

6、主要业务　公司主营业务为冷柜的制造与销售,主营业务突出,主营业务收入以冷柜销售收入为主,冷柜销售收入占主营业务收入的 95%左右。

7、联系电话:0532-6765168、6765099　　8、传真:0532-6765166　　9、联系人:伍旭文、孙武

(二)本公司历史沿革

青岛澳柯玛股份有限公司是经青岛市经济体制改革委员会青体改发【1998】215 号文批准,以青岛澳柯玛电器公司作为主要发起人,以其经评估确认后的与生产冷柜相关的完整的生产经营资产及相应的供应销售系统作为出资,联合山东凌云工贸股份有限公司、重庆长风压缩机厂、荆州市泰隆股份合作公司、牡丹江市广汇交电有限责任公司、河北省五金交电化工公司五家发起人,发起设立青岛澳柯玛股份有限公司。

本次改制,根据有关规定,制定企业改制方案,确定将企业生产冰柜的经营性资产及相应的供应销售系统投入股份公司。

公司已获得青岛市经济体制改革委员会青体改发[1998]215 号文的批准,并已于 1998 年 12 月 28 日在青岛市工商行政管理局注册登记(注册号:3702001805678)。

公司的主要产品-澳柯玛牌 BD、SD 系列冷柜在国内市场上占有很大份额,自 1994 年以来,已连续 5 年保持全国冰柜市场占有率同行业第一名。1996 年冷柜销售量超过第二、第三名厂家销量的总和;1997 年实现产量 69.9 万台,国内市场销量 68.84 万台,市场占有率为 17.91%;1998 年实现产量 68.35 万台,国内市场销量 68.74 万台,市场占有率 20.5%,销售收入 7.87 亿元;1999 年实现产量 59.74 万台,国内市场销售 57.48 万台,市场占有率 33%。公司 2000 年 1-6 月实现产量 39 万台,销量 40 万台,继续稳居冷柜行业龙头企业地位。

目前,公司产品的国内主要市场为长江以北地区,公司已在除西藏以外的各省市、自治区设立了 2,874 个营销网点,拥有经销商、代理商 643 家;在国外,公司产品行销东南亚、中东、东欧、美洲、非洲等区域的 26 个国家和地区。

四、股票发行与承销

(一)本次发行情况

1、本次共发行社会公众股 9000 万股,全部采用上网定价的发行方式

2、发行价格:9.10 元/股　　3、发行市盈率:37.92 倍

4、发行费用:本次股票发行费用为 3492 万元　　5、每股发行费用:0.388 元/股

6、募集资金数量:本次股票发行总市值 81900 万元,扣除发行费用 3492 万元,净募集资金 78408 万元

7、发行方式:上网定价发行　　8、发行日期:2000 年 12 月 13 日　　9、中签率:0.67052691%

10、股东数:本次发行后,本公司共有股东 78092 人,其中持有 1000 股以上(含 1000 股)的股东数为 78092 人。

(二)股票承销本次公开发行的 9000 万股社会公众股得到超额认购,承销团无余额包销。

(三)验资报告

验资报告

(2000)汇所验字第 4-038 号

青岛澳柯玛股份有限公司全体股东:

我们接受委托,对青岛澳柯玛股份有限公司截至 2000 年 12 月 19 日止的注册资本、投入资本变更情况的真实性和合法性进行了审验。在审验过程中,我们按照《独立审计实务公告第一号--验资》的要求,实施了必要的审验程序。青岛澳柯玛股份有限公司的责任是提供真实、合法、完整的验资资料,保护资产的安全、完整。我们的责任是按照《独立审计实务公告第一号———验资》的要求,出具真实、合法的验资报告。

青岛澳柯玛股份有限公司变更前的注册资本和投入资本分别为人民币 251,036,000.00 元和 491,940,214.13 元。根据我们的审验,截至 2000 年 12 月 19 日止,青岛澳柯玛股份有限公司增加投入资本 784,080,000.00 元(已扣除预计发行费用 34,920,000.00 元),其中,股本 90,000,000.00 元,资本公积 694,080,000.00 元(不含本次募集资金有效申购利息,待收到申购利息后再按有关规定处理)。变更后的股本总额为 341,036,000.00 元,其中,国家股 249,336,000.00 元,占总股本的 73.11%;法人股 1,700,000.00 元,占总股本的 0.5%;社会公众股 90,000,000.00 元,占总股本的 26.39%。与本次增加投入资本相关的资产总额为 784,080,000.00 元,均系货币资金。

附件(一)、变更前后注册资本、投入资本对照表

(二)、验资事项说明

山东汇德会计师事务所有限公司　　中国注册会计师:孙涌

地址:中国青岛东海路 37 号金都　　中国注册会计师:吴春芬

花园金海大厦 14 层　　二 000 年十二月十九日

截止 2000 年 12 月 19 日,贵公司股款 78,408 万元已存入中信实业银行青岛经济技术开发区支行 82100012910 帐户。

五、董事、监事及高级管理人员简历及持股情况

(一)公司董事、监事和高级管理人员简历

1、董事

王大亮先生,35 岁,本科学历,高级工程师,曾任青岛澳柯玛电器公司副总经理,现任集团公司副总裁、股份公司董事长。

鲁群生先生,45 岁,研究生学历,高级经济师,曾任青岛红星电器股份有限公司第一副总经理。现任集团公司董事长、党委书记。1995 年被国际统计大会中国组委评为"中国经济管理大师",1997 年荣获国家经贸委颁发的"金球奖",1999 年被青岛市人民政府授予"青岛市十大功勋人物"称号。

万学军女士,48 岁,大专学历,高级经济师,曾任青岛红星电器股份有限公司全质办主任、青岛澳柯玛电器公司副总经理、青岛澳柯玛股份有限公司总经理。现任集团公司总裁。先后荣获青岛市三八红旗手、青岛市巾帼建功先进工作者、青岛市优秀质量管理工作者。

姜秀臣女士,49 岁,大专学历,高级经济师,曾任海尔集团洗衣机公司售后服务中心经理、销售公司副总经理、青岛澳柯玛集团副总裁。现任青岛澳柯玛股份有限公司总经理。先后荣获青岛市先进营销工作者、省二轻厅企业管理先进工作者。

于锦波先生,42 岁,本科学历,高级工程师。现任集团公司副总裁,兼任青岛保税区澳柯玛国际商社、青岛澳柯玛进出口有限公司及青岛澳柯玛塑胶有限公司法定代表人。

戈风钰先生,44 岁,本科学历,高级工程师,曾任青岛海尔电冰箱股份有限公司设备处处长、海尔运输公司总经理,现任青岛澳柯玛股份有限公司副总经理。

伍旭文先生,34 岁,本科学历,会计师,曾任集团公司投资管理中心副经理。现任青岛澳柯玛股份有限公司副总经理。

2、监事

赵团社先生,30 岁,大专学历,会计师,现任集团公司总裁助理兼资产投资管理中心经理,兼任青岛澳柯玛集团销售公司副总经理。荣获青岛市管理技术成果鼓励奖。

周鸿业先生,48 岁,高中文化程度。裴振洪先生,47 岁,本科学历,高级工程师,现任集团公司总裁。张学斌先生,55 岁,高中文化程度。现任集团公司纪委书记。张芳女士,27 岁,大专学历,会计师。

胡进萍女士,49 岁,中专学历,经济师,曾任青岛澳柯玛电器公司副总经理、集团公司制冷事业部副部长,现任青岛澳柯玛股份有限公司副总经理。

孙武先生,30 岁,本科学历,经济师,曾任集团公司市场监督信息处负责人、证券投资处副处长。现任青岛澳柯玛股份有限公司董事会秘书兼总经理办公室主任。

(三)公司董事、监事和高级管理人员持股情况目前,本公司董事会成员及高级管理人员均未持有本公司股票。

六、公司设立

公司 1998 年 12 月 28 日经青岛市经济体制改革委员会青体改发【1998】215 号文批准,以青岛澳柯玛电器公司作为主要发起人,以其经评估确认后的与生产冷柜相关的完整的生产经营资产及相应的供应销售系统作为出资,联合山东凌云工贸股份有限公司、重庆长风压缩机厂、荆州市泰隆股份合作公司、牡丹江市广汇交电有限责任公司、河北省五金交电化工公司五家发起人,发起设立青岛澳柯玛股份有限公司。

改组过程中,按照发起人协议,电器公司以其经评估确认后的,与冷柜生产、研制相关的经营性资产及相应的销售、供应系统净资产 36,667 万元投入本公司,按 1:0.68 的比例折成 24,933.6 万股,其余五家发起人则按相同折股比例以现金出资,共认购 170 万股,六家发起人认购股份合计为 25,103.6 万股。

1998 年 12 月 28 日,公司在青岛市工商行政管理局登记注册。

本公司于 2000 年 12 月 13 日向社会公众发行 9000 万股社会公众股,募股资金已到位,本公司于 2000 年 12 月 20 日进行了工商执照变更登记:

注册资本:34103.6 万元　　注册地点:青岛经济技术开发区前湾港路 315 号

公司法定代表人:王大亮　　营业执照注册号:3702001805678。

七、关联企业及关联交易

1、关联企业

根据青岛市政府发展大型企业集团的战略方针,集团公司受青岛市国有资产管理局(青国资企【1998】71 号文)的委托,持有青岛澳柯玛电器公司 36,667 万元净资产折成的 24,933.6 万股国家股,占公司总股本的 99.32%,是本公司的控股股东,因此成为本公司的关联企业。

本公司的关联企业共 39 家,其中:

(1)本公司董事、监事兼职的关联企业和本公司的控股母、子公司的基本情况如下:(见附表一)

上述企业,澳柯玛芜湖科技有限公司为本公司控股子公司,本公司监事赵团社先生兼任青岛澳柯玛集团销售公司副总经理。

2000 年 11 月 4 日以前,股份公司的董事长由鲁群生担任,鲁群生同时兼任集团公司法定代表人,根据股份公司的董事长原则上不能由控股股东法定代表人兼任的规定,鲁群生提议辞去股份公司董事长职务。2000 年 11 月 4 日公司董事会表决通过了关于同意鲁群生先生辞去董事长职务并由王大亮先生担任董事长的决议,公司已于 2000 年 11 月 6 日完成了工商变更登记。由此,全面保证了股份公司生产经营的独立性。

(2)集团公司的其他子公司均为本公司的关联企业,主要包括:(见附表二)

2、关联交易

本公司的关联交易情况如下:

(1)1998 年 10 月 30 日,公司筹备委员会与集团公司、青岛澳柯玛电器公司签订《资产重组协议书》,就电器公司投入本公司的资产、负债的安排签订协议。

(2)1998 年 10 月 25 日,集团公司与本公司筹备委员会签订《综合服务协议》,有偿使用集团公司食堂、职工宿舍及医务室等服务设施,公司以公允的价格向集团公司支付使用费。

(3)1998 年 12 月 25 日,集团公司与本公司筹备委员会签订《房屋租赁合同》,从而合法取得了使用集团公司办公大楼的权利,根据该合同约定,本公司承租面积 3,648.39 平方米,房屋租赁费每年 218,903.64 元,于每年的最后一个工作日向集团公司支付。

(4)1998 年 11 月 26 日,公司筹备委员会与集团公司签订《商标使用许可协议》,无偿使用"澳柯玛"系列商标。集团公司与本公司签订的《补充协议书》,本公司对"澳柯玛"系列商标享有永久使用权,如果发生商标权对外转让的行为,集团公司必须将商标权无偿转让给本公司,不得向本公司之外的任何第三方转让。

(5)1999 年 10 月 31 日,集团公司与公司签订《国有土地使用权租赁合同》,并经青岛经济技术开发区土地规划管理局批准,取得《土地他项权利证书》,公司依法拥有 77,971.77 平方米土地的使用权。租赁价格以青岛市土地估价事务所出具的 1999(022)号《土地估价报告书》的评估价格为基准确定,每年租金 537,753.7 元,于每年十二月份的最后一个工作日向集团公司一次性支付租金。

(6)1999 年 1 月 31 日,公司与集团公司签署《工矿产品购销、订货合同》,该协议为框架式协议,集团公司在履行该合同时,1999 年实际购入产品的总金额为 3,348 万元。

(7)1999 年 1 月 31 日,公司与集团公司的全资子公司-青岛澳柯玛集团销售公司签订《工矿产品购销、订货合同》,1999 年共计向青岛澳柯玛集团销售公司销售各种型号的冰柜 15 余万台,涉及金额为 15,598 万元。

(8)1999 年 12 月 31 日,公司与集团公司签订《还款协议书》,因集团公司无法及时足额清偿应付本公司的到期债务,在征得本公司的债权人的同意后,公司将部分债务 15,634 万元转由集团公司承担,公司同时抵减集团公司对本公司相应金额的债务。

(9)1999 年 12 月 31 日,公司与青岛澳柯玛集团销售公司签订《还款协议书》,因青岛澳柯玛集团销售公司无法及时足额清偿应付本公司的到期债务,在征得本公司的债权人的同意后,本公司将部分债务 8,449.3 万元转由青岛澳柯玛集团销售公司承担,本公司同时抵减青岛澳柯玛集团销售公司对本公司相应金额的债务。

(10)2000 年 1 月 10 日,公司与青岛澳柯玛集团销售公司签订《还款计划书》,约定青岛澳柯玛集团销售公司应付未付本公司的货款共计 15,170 万元,将在 2000 年 10 月 31 日前支付完毕。截止 2000 年 6 月 30 日,青岛澳柯玛集团销售公司已向本公司偿还 12,776 万元,尚欠货款 2,394 万元将按照还款计划书在 2000 年 10 月 31 日前全部还清。截止招股说明书签署日,销售公司已偿还 2,394 万元剩余欠款。

(11)2000 年 1 月 10 日,公司与集团公司签订《还款计划书》,约定集团公司应付未付本公司的货款共计 3,153.3 万元,将在 2000 年 10 月 31 日前支付完毕。截止 2000 年 6 月 30 日,澳柯玛集团已偿清欠款。

(12)截止 2000 年 6 月 30 日,本公司向青岛澳柯玛进出口有限公司销售了价值 755.66 万元的冰柜,同时根据本公司对进口材料的需求状况,青岛澳柯玛进出口有限公司为本公司采购了价值 1,472.64 万元的进口原材料。

(13)2000 年 5 月,本公司与澳柯玛集团公司签订《工矿产品购销合同》,本公司为集团公司提供所需产品,合同总金额 597.49 万元,本公司实际销货金额 547.30 万元。

对于上述交易行为,虽然发生在公司与本公司的控股股东集团公司及其他关联企业之间,但双方已经签订了规范的协议,不存在损害公司及小股东利益的条款,也不会对公司及小股东的利益造成损害。虽然在 1999 年底澳柯玛集团公司及集团销售公司存在未能及时支付货款的情形,但是澳柯玛集团及集团销售公司严格履行了 2000 年 1 月 10 日两公司与本公司之间签订的还款计划书。截止 2000 年 6 月 30 日,澳柯玛集团欠本公司的货款已经全部还清,澳柯玛集团与本公司之间的还款计划书业已履行完毕;对于集团销售公司欠本公司的 15,170 万元款项,截止 2000 年 6 月 30 日,集团销售公司已经偿还了 12,776 万元,尚余约 2,394 万元欠款未付;在此期间,集团销售公司及时兑付了开给本公司的 20,000 万元的承兑汇票。由于集团销售公司尚未还清全部欠款,所以本公司与集团销售公司之间签订的还款计划书继续有效,集团销售公司仍将执行上述还款计划书,在 2000 年 10 月 31 日之前将尚欠本公司的 2,394 万元款项偿还完毕。截止招股说明书签署日,销售公司已偿还 2,394 万元剩余欠款。

3、关联企业之间存在的供应、销售明细如下表:

采购货物

时间	企业名称	内容	数量	金额	比重

1999 年	青岛澳柯玛集团总公司	冷轧卷板	1437 吨	4957306.47	1.05%
		异氢酸脂	740 吨	8453080.82	1.79%
	青岛澳柯玛集团浙江电器有限公司				
		冰柜	22377 台	21589594.73	4.58%
	合计			34999982.02	7.42%
2000 年	青岛澳柯玛进出口有限公司				
		压缩机	1800 台	463076.93	0.17%
1-6 月		冷轧卷板	2955 吨	11801738.46	4.27%
		异氢酸脂	200 吨	2461538.46	0.89%
	青岛澳柯玛集团销售公司				
		空调	955 台	2819645.30	1.02%
	青岛澳柯玛集团浙江电器有限公司				
		冰柜	15039 台	14013552.14	5.07%
	合计			31559551.29	11.42%

销售货物

时间	企业名称	内容	数量	金额	比重
1999 年	青岛澳柯玛集团浙江电器有限公司	压缩机	570 台	121209.40	0.02%
		冷轧卷板	373 吨	1528287.18	0.21%
		异氢酸脂	20 吨	273504.27	0.04%
	青岛澳柯玛集团销售公司	冰柜	138106 台	155980913.03	21.34%
	青岛澳柯玛集团总公司	冰柜	17861 台	33480174.28	4.58%
	合计			191384088.16	26.19%
2000 年	青岛澳柯玛进出口有限公司	冰柜	9768 台	7556596.23	1.94%
1-6 月	青岛澳柯玛集团总公司	冰柜	4725 台	5472977.33	1.41%
合计				13029573.56	3.35%

4、其他事项说明

(1)1998 年 12 月 30 日,本公司与集团公司、集团公司销售公司签订了《股权转让协议书》,根据本协议书规定,青岛澳柯玛集团总公司将光大银行股权转让给本公司持有,该股权帐面价值 3,240 万元,本次股权转让通过抵偿债务的方式实现,即本公司抵减应收青岛澳柯玛集团销售公司的 3,240 万元帐款,青岛澳柯玛集团销售公司相应抵减应收集团公司 3, 240 万元的帐款。目前该股权已被本公司用于贷款质押。

(2)截止 1999 年底,本公司为青岛澳柯玛集团饮水设备厂、青岛澳柯玛电子科技有限公司、青岛澳柯玛集团洗碗机制造总厂提供周转性无息借款共计 31,523,835.48 元。经过协商,2000 年 1 月 10 日和 11 日,本公司分别与上述三公司签订还款计划书,约定于 2000 年 9 月 30 日之前上述三公司还清所欠全部款项。截止 2000 年 6 月 30 日,上述三公司已经将所欠款项全部还清。

避免同业竞争承诺

1、为避免同业竞争,1999 年 3 月 6 日,本公司与青岛澳柯玛集团浙江电器有限责任公司及集团总公司签订《冰柜定牌生产协议书》,本协议从生产、销售、价格、质量等方面限定冰柜产品生产的规格型号、市场销售,从而有效地避免了同业竞争。2000 年 8 月 15 日,青岛澳柯玛集团浙江电器有限责任公司董事会通过了变更经营范围的决议,经营范围变更后,该公司将不再从事冰柜业务。2000 年 8 月 26 日,股份公司、集团公司和青岛澳柯玛集团浙江电器有限责任公司三方签订了关于终止《冰柜定牌生产协议书》的补充议定书,约定在青岛澳柯玛集团浙江电器有限责任公司办理完工商登记手续后,三方于 1999 年 3 月 6 日签订的《冰柜定牌生产协议书》将终止执行,以真正解决同业竞争问题。青岛澳柯玛集团浙江电器有限责任公司已于 2000 年 11 月 10 日完成了工商变更登记,《冰柜定牌生产协议书》已终止执行。

2、青岛澳柯玛集团总公司及本公司的其他关联企业生产经营的产品与本公司所生产经营的产品不存在相同的情形,与本公司不存在同业竞争。且集团公司亦出具承诺函,放弃在未来从事可能与本公司相竞争的生产、经营活动。

3、本公司的其他发起人除与股份公司现存在的投资关系外,不存在关联交易和同业竞争的情况。

八、股本结构及大股东持股情况

1、股本结构

本次股票发行后,本公司股本总额为 34,103.6 万股,股本结构如下:

股份类型	股数(万股)	占总股本比例(%)
发起人股	25103.6	73.61
其中:国家股	24933.6	73.11
社会法人股	170	0.50
社会公众股	9000	26.39
总股本	34103.6	100

2、本公司前十名股东持股数及比例

名称	股数(万股)	持股比例
青岛澳柯玛集团总公司	24933.6	73.11%
山东凌云工贸股份有限公司	34	0.10%
重庆长风压缩机有限责任公司	34	0.10%
荆州泰隆股份合作公司	34	0.10%
牡丹江市广汇交电有限责任公司	34	0.10%
河北省五金交电化工公司	34	0.10%
普丰基金	11	0.03%
开元基金	10.6	0.03%
金鑫基金	10.5	0.03%
裕隆基金	7.5	0.02%

九、公司财务会计资料

本公司截止 2000 年 6 月 30 日的财务状况,已于 2000 年 12 月 11 日在《中国证券报》、《上海证券报》上刊登的《招股说明书概要》中进行了详细的披露。因公告的时间较短,重复的内容在此不再讲述。本公告只公布会计报表,主要财务指标及会计报表附注,欲了解详细内容,请查阅上述报纸或至公告的《招股说明书》查阅地点查阅。

A:会计报表(附后)B:主要财务指标

指标	2000 年 6 月	1999 年	1998 年	1997 年
流动比率	1.71	1.88	1.44	1.33
速动比率	1.46	1.58	1.08	0.91
资产负债率(%)	67.63	67.48	66.92	65.44
应收帐款周转率(次)	1.57	1.58	2.10	2.34
存货周转率(次)	1.52	2.40	2.54	2.62
净资产收益率(%)	6.34	13.80	19.30	9.56
每股净利润(元)	0.12	0.24	0.28	0.13

C:会计报表主要项目附注

1、货币资金

项目	2000.06.30	1999.12.31
现金	12838.27	2516.00
银行存款	433398609.26	106413028.78
其他货币资金		22002000.00
合计	433411447.53	128417544.78

1999 年 12 月 31 日货币资金较 1998 年 12 月 31 日减少主要是本年度及时偿还货款,以取得购货折扣所致,2000 年 6 月 30 日货币资金比 1999 年 12 月 31 日增加 237.50%, 主要是由于及时回收货款所致。

2、应收票据

出票单位	票据种类	出票日	到期日	金额
烟台彩虹家电有限公司	银行承兑汇票	2000.01.31	2000.07.31	3000000.00
天津市正泰实业总公司电器分公司	银行承兑汇票	2000.01.21	2000.07.18	3000000.00
大连金州金龙家电有限公司	银行承兑汇票	2000.01.24	2000.07.23	1000000.00
山东宁阳凌云物资有限公司	银行承兑汇票	2000.02.17	2000.08.17	500000.00
南京交电家电总公司	银行承兑汇票	2000.02.29	2000.08.21	5000000.00
南京交电家电总公司	银行承兑汇票	2000.02.29	2000.08.22	4000000.00
三联集团枣庄家电公司	银行承兑汇票	2000.03.02	2000.09.11	1000000.00
重庆商社(集团)有限公司	银行承兑汇票	2000.03.30	2000.09.24	500000.00
延安百货大楼家电有限公司	银行承兑汇票	2000.03.31	2000.09.30	1000000.00
蚌埠市天洋家电有限公司	银行承兑汇票	2000.03.31	2000.09.30	500000.00
青海家电大楼	银行承兑汇票	2000.06.02	2000.12.01	500000.00
合肥天骥贸易有限公司	银行承兑汇票	2000.06.22	2000.12.22	500000.00
甘肃省临夏五交化批发站	银行承兑汇票	2000.06.22	2000.12.21	500000.00
枣庄购物中心	银行承兑汇票	2000.06.19	2000.12.19	1600000.00
内蒙古东鸽电子有限公司	银行承兑汇票	2000.05.19	2000.11.18	500000.00
其他	银行承兑汇票	6093400.00		
合计		29193400.00		

2000 年 6 月 30 日应收票据比 1999 年 12 月 31 日减少 85.84%, 主要是由于青岛澳柯玛集团销售公司 1999 年开给本公司 20,000 万元的票据及时兑付所致。

本公司应收票据 2,009 万元现已质押给交通银行青岛经济技术开发区支行,作为开具银行承兑汇票的保证金。其中无持本公司 5%以上表决权股份的股东欠款。

3、应收帐款

帐龄	2000.06.30			1999.12.31		
	金额	比例	坏帐准备	金额	比例	坏帐准备
1 年以内	455667140.38	100%	22783357.02	484185398.25	100%	24209269.91
1--2 年						
2--3 年						
3 年以上						
合计	455667140.38	100%	22783357.02	484185398.25	100%	24209269.91

应收帐款 1999 年 12 月 31 日比 1998 年 12 月 31 日增长 29.5%, 主要是货款回收不及时所致;2000 年 6 月 30 日较 1999 年 12 月 31 日减少 6%,主要是收回关联公司欠款所致。

应收帐款中应收金额较大的五名单位:

单位名称	金额	时间	内容
石家庄燕春商场	36,713,328.67	一年以内	货款
河北省五金交电化工公司	30,995,946.80	一年以内	货款
青岛澳柯玛集团销售公司	23,936,628.25	一年以内	货款
天津正泰实业总公司电器分公司	18,167,321.14	一年以内	货款
西安中山家电有限责任公司	15,184,535.51	一年以内	货款
合计	124997760.37		

其中无持本公司 5%以上表决权股份的股东欠款。

4、其他应收款

帐龄	2000.06.30			1999.12.31		
	金额	比例	坏帐准备	金额	比例	坏帐准备
1 年以内	21592362.05	100%	1079618.10	49331172.18	100%	2466558.61
1--2 年						
2--3 年						
3 年以上						
合计	21592362.05	100%	1079618.10	49331172.18	100%	2466558.61

其他应收款中应收金额较大的五名单位:

单位名称	金额	时间	内容
青岛经济技术开发区			
三星塑胶有限公司	2,168,350.00	一年以内	往来款
广州海珠格腾贸易公司	1,706,140.00	一年以内	往来款
青岛澳柯玛网络科技有限公司	983,900.00	一年以内	微机硬件款
中国扬子集团设备模具制造公司	584,898.00	一年以内	模具款
南昌家电有限公司	524,320.80	一年以内	运费
合计	5967608.80		

2000 年 6 月 30 日其他应收款比 1999 年 12 月 31 日减少 56.23%, 主要是由于回收关联公司的欠款所致。本年度内没有应计提超过 5%的应收款项。

其中无持本公司 5%以上表决权股份的股东欠款。

5、预付帐款

帐龄	2000.06.30		1999.12.31	
	金额	比例	金额	比例
1 年以内	20799027.20	63%	55929179.35	71%
1--2 年	12264516.09	37%	22749323.97	29%
2--3 年				
3 年以上				
合计	33063543.29	100%	78678503.32	100%

预付帐款中预付金额较大的五名单位:

单位名称	金额	时间	内容
青岛菲尔特商务有限公司	3,500,000.00	1 年以内	货款
青岛保税区华一国际贸易公司	1,584,000.00	1 年以内	货款
青岛四方振华模具厂	1,248,150.00	1 年以内	货款
烟台华绮计算机辅助工程公司	1,199,774.85	1 年以内	货款
来安县诚安塑化厂	1,157,217.02	1 年以内	货款
合计	8689141.87		

2000 年 6 月 30 日预付帐款比 1999 年 12 月 31 日减少 57.98%, 主要是由于所购货物验收入库所致。

其中无持本公司 5%以上表决权股份的股东欠款。

6、应收补贴款

项目　　2000.06.30　　1999.12.31　　备注

增值税	9,438,181.44	9,440,332.27	附注六-31
所得税	-	2,998,480.33	附注六-31
合计	9438181.44	12438812.60	

根据青岛经济技术开发区财政局的返还税款计划,尚未返还部分将于 2001 年 6 月前返还。

7、存货

项目	2000.06.30		1999.12.31	
	金额	跌价准备	金额	跌价准备
原材料	77254840.69	1115932.76	76459339.42	748169.98
库存商品	87098619.32	-	100324260.17	
在产品	2321466.65	-	439483.84	-
合计	166674926.66	1115932.76	177223083.43	748169.98

存货 1999 年 12 月 31 日较 1998 年 12 月 31 日下降 21.08%,2000 年 6 月 30 日较 1999 年下降 6.16%,主要原因是公司加强存货管理,从而使其周转加快所致。

8、待摊费用

类别	期初数	本期增加	本期摊销	期末数
期初存货已征税款	3137901.97	-		3137901.97
保险费	1540281.98	309971.84	869753.75	980500.07
模具加工费	-	3479054.94	1474458.53	2004596.41
合计	4678183.95	3789026.78	2344212.28	6122998.45

待摊费用期末数较期初数增长 30.88%,主要是增加的模具加工费尚未摊销完毕所致。

9、长期投资

(一)项目

种类	1999.12.31		本期增加	本期减少	2000.06.30	
	金额	减值准备			金额	减值准备
长期股权投资	32850000.00	-	80000000.00	-	112850000.00	-
长期债权投资合计	32850000.00	-	80000000.00	-	112850000.00	-

(二)长期股权投资

(1)股票投资

被投资公司名称

股份性质	持股数量	占被投资公司注册资本的比例	投资金额	减值准备	备注
中国光大银行股份有限公司					
法人股	27,720,000.00	0.64%	32,400,000.00	-	已被质押
合计	27,720,000.00		32,400,000.00	-	

按成本法核算投资收益,因光大银行经营情况良好且每年有较稳定的投资回报,故对该长期投资未计提减值准备。

中国光大银行股份有限公司根据其第四次股东大会 2000 年 5 月 18 日通过的《关于重新确认增资方案的提案》,用资本公积金向股东每 100 股转增股份 54 股,本公司原持有其股份 1,800 万股,股本转增后持有其股份 2,772 万股。

(2)其他股权投资

被投资单位名称

投资期限	投资金额	占被投资单位注册资本的比例	减值准备
澳柯玛芜湖科技有限公司			
20 年	450000.00	90.00%	-
北京证券有限责任公司			
20 年	80000000.00	5.61%	
合计	80,450,000.00		

未合并澳柯玛芜湖科技有限公司的原因:根据财政部财会工字(1996)2 号《关于合并报表合并范围请示的复函》的规定,其资产标准、收入标准、利润标准计算得出的比率在母公司 10%以下。

北京证券有限责任公司原注册资本为 85,000 万元,现申请变更为 151,500 万元,各股东出资已经到位,并由天健会计师事务所有限公司出具天健(2000)验字 006 号验资报告,营业执照尚未进行变更登记。

10、固定资产及累计折旧

(一)固定资产

类别	期初价值	本期增加	本期减少	期末价值
房屋及建筑物	64633616.52	1050632.00	-	65684248.52
通用设备	15376000.00	86550.00		15462550.00
专用设备	108823697.61	250000.00		109073697.61
运输设备	11323493.00	2840900.00	899250.00	13265143.00
其他	997135.60	486692.00		1483827.60
合计	201153942.73	4714774.00	899250.00	204969466.73

11、在建工程

工程名称	期初数	本期增加	本期转入固定资产数	期末数	资金来源	工程进度
1、2 号仓库扩建	-	695,830.00	-	695,830.00	自筹	90%
悬挂链工程改造	800,000.00	-	-	800,000.00	自筹	68%
宿舍楼	-	1036532.00	1036532.00	-	自筹	100%
其它	27,172.99	48,392.26	-	75,565.25	自筹	
合计	827,172.99	1780,754.26	1036532.00	1571395.25		

其中无利息资本化金额。

12、长期待摊费用

类别	原始金额	摊销年限	本期增加	本期摊销	期末数
广告费	1,050,000.00	3 年	1050000.00	29166.67	1020833.33
企业管理软件	1,016,100.00	5 年	1016100.00	-	1016100.00
合计	2066100.00		2066100.00	29166.67	2036933.33

支付三年的户外喷绘广告费用。 2000 年 6 月从青岛澳柯玛网络科技有限公司购入企业资源管理系统软件,金额为 1,016,100.00 元,由于尚未安装使用,故未摊销。

13、短期借款

借款类别	币种	2000 年 9 月 30 日前到期	2000 年 10 月 1 日至 12 月 31 日到期	2001 年 1 月 1 日至 3 月 31 日到期	2001 年 4 月 1 日至 6 月 30 日到期	合计
银行借款	人民币	76800000.00	126810000.00	-	40940000.00	244550000.00
其中:担保	人民币	76800000.00	126810000.00	-	40790000.00	244400000.00
	信用				150000.00	150000.00
	抵押					
非金融机构借款						
其中:担保	信用					
	抵押					
其他单位借款						

短期借款 1999 年 12 月 31 日较 1998 年 12 月 31 日、2000 年 6 月 30 日增加的主要原因是 99 年度增加借款用于偿还货款,以获取购货折扣所致。

14、应付票据

票据种类	2000 年 9 月 30 日前到期	2000 年 10 月 1 日至 12 月 31 日到期	合计
银行承兑汇票	81510000.00	37850000.00	119360000.00
合计	81510000.00	37850000.00	119360000.00

应付票据 1998 年比 1997 年增加 10708 万元、2000 年 6 月 30 日比 1999 年增加 6436 万元的主要原因是根据银行授信给本公司开具票据的规模,采购货物付款时大量使用了银行承兑票据的方式所致;1999 年比 1998 年减少的主要原因是 1999 年 12 月 31 日澳柯玛集团公司、澳柯玛集团销售公司因无法及时足额清偿应付本公司的到期债务,在征得本公司债权人的同意后,本公司将部分债务 15,634 万元、8,449.3 万元分别转由澳柯玛集团公司、澳柯玛集团销售公司承担,本公司同时抵减澳柯玛集团公司、澳柯玛集团销售公司对本公司相应金额的债务。

其中无欠持本公司 5%以上表决权股份的股东款项。

15、应付帐款

帐龄	2000.06.30	比例	1999.12.31	比例
1 年以内	227267992.11	96.34%	141272757.34	88.79%
1--2 年	8635361.67	3.66%	17836562.84	11.21%
2--3 年				
3 年以上				
合计	235903353.78	100%	159109320.18	100%

2000 年 6 月 30 日应付帐款比 1999 年 12 月 31 日增加 48.26%,主要是由于赊购材料所致。1999 年 12 月 31 日较 1998 年 12 月 31 日降低 28%,主要是公司及时偿还货款所致。

其中无欠持本公司 5%以上表决权股份的股东款项。

16、应交税金

税种	2000.06.30	1999.12.31	税率
增值税	-12530263.88	-22230670.26	17%
所得税	23637701.20	41608683.64	33%
营业税	2915.55	-	5%
城市维护建设税	3212657.51	4231354.50	按应缴流转税的 7%
计提合计	14323010.38	23609367.88	

2000 年 6 月 30 日应交税金比 1999 年 12 月 31 日减少 39.33%,主要是由于缴纳欠缴的 1999 年度所得税所致。公司现欠缴的所得税、城建税、教育费附加经青岛经济技术开发区地税局同意于 2000 年 10 月 31 日之前清缴完毕。本公司欠缴所得税、城建税的主要原因是公司资金较为紧张,而将此资金用于发展生产所致。

17、其他应交款

税种	2000.06.30	1999.12.31	计缴标准
教育费附加	3,902,154.27	6,730,928.33	按应缴流转税的 3%计提
合计	3,902,154.27	6,730,928.33	

2000 年 6 月 30 日其他应交款比 1999 年 12 月 31 日减少 42.03%, 主要是由于缴纳欠缴的教育费附加所致。公司现欠缴的教育费附加经青岛经济技术开发区地税局同意于 2000 年 10 月 31 日之前清缴完毕。本公司欠缴的主要原因是公司资金较为紧张,而将此资金用于发展生产所致。

其中无欠持本公司 5%以上表决权股份的股东款项。

18、其他应付款

帐龄	2000.06.30	1999.12.31
1 年以内	38070684.86	27874814.46
1--2 年		
2--3 年		
3 年以上		
合计	38070684.86	27874814.46

其他应付款中应付金额较大的单位:

单位名称	金额	时间	内容
青岛经济技术开发区财政局	12,034,152.77	一年以内	返还税款
青岛经济技术开发区财政局	5,144,710.07	一年以内	借款
青岛经济开发区社会保障管理中心	1,652,017.41	一年以内	养老金
青岛市黄岛区辛安建筑工程公司	825,068.15	一年以内	工程款
合　　计	19,655,948.40		

其他应付款 2000 年 6 月 30 日较 1999 年 12 月 31 日增加 36.57%,主要是:青岛经济技术开发区财政局返还税款 12,034,152.77 元,不能确认为补贴收入,暂挂其他应付款;提供扶持生产的无息借款 5,144,710.07 元。

其中无欠持本公司 5%以上表决权股份的股东款项。

19、预提费用

项目类别	2000.06.30	1999.12.31
利息	1806201.42	5814691.22
仓储费	868466.66	-
广告费	300000.00	-
其他	337381.40	-
合计	3312049.48	5814691.22

20、长期借款

借款单位	2000.06.30	期限	借款条件	利率(年)
工商银行青岛开发区支行				
	8,000,000.00	99.5.31-2002.3.16	担保	6.66%
	8,000,000.00	99.7.9-2002.3.6	担保	6.66%
	30,000,000.00	99.3.30-2002.3.26	担保	6.66%
工商银行总行营业部				
	90,000,000.00	99.12.28-2001.8.27	担保	6.53%
	90,000,000.00	98.11.3-2001.11.3	抵押、担保	7.11%
	40,000,000.00	99.5.27-2002.5.27	抵押、担保	7.33%
农行青岛市市北第一支行				
	30,000,000.00	99.7.16-2001.1.15	担保	6.53%
合计	296,000,000.00			

长期借款 1999 年比 1998 年增加 228.9%的主要原因是为了及时偿付购货款以取得购货折扣而采取增加借款形式筹措资金所致。

21、股本/净资产

股本性质	2000.06.30 股本	1999.12.31 股本	1998.12.31 股本	1997.12.31 净资产
发起人股份	251036000.00	251036000.00	251036000.00	335059869.35
其中:国家股	249336000.00	249336000.00	249336000.00	-
合计	251036000.00	251036000.00	251036000.00	335059869.35

股本 251,036,000.00 元系根据山东青岛会计师事务所(98)青会验字第 4-016 号验资报告对青岛澳柯玛电器公司、重庆长风压缩机厂等六家发起股东投入净资产合计 369,170,000.00 元,按青岛市国有资产管理局批准的折股比例 68%分别折股计算所得。

22、资本公积

项目	2000.06.30	1999.12.31	1998.12.31
股本溢价	118134000.00	118134000.00	118134000.00
合计	118134000.00	118134000.00	118134000.00

系本公司成立时发起股东投入净资产按批准的折股比例折股后之溢价金额

23、盈余公积

	法定公积金	法定公益金	任意公积金	合计
1999年期初数				
1999年增加数	5908958.00	2954479.00	−	8863437.00
1999年减少数				
2000年期初数	5908958.00	2954479.00	−	8863437.00
2000年1-6月增加数				
2000年1-6月减少数				
2000年6月30日余额	5908958.00	2954479.00	−	8863437.00

法定盈余公积每年增加数是根据当年税后利润的10%提取，法定公益金每年增加数是根据当年税后利润的5%提取。

24、未分配利润

项目	2000.06.30	1999.12.31
净利润	28973356.27	59089579.97
加:期初未分配利润	50226142.97	−
减:提取法定盈余公积	−	5908958.00
提取法定公益金	−	2954479.00
应付普通股股利		
期末未分配利润	79199499.24	50226142.97

利润分配:根据净利润的10%提取法定盈余公积,按5%提取法定公益金。

25、主营业务收入

产品类别	2000年1-6月	1999年度	1998年度	1997年度
冰柜	351607539.85	677578689.20	787277460.44	861167262.12
展示柜	21208755.65	30144390.92	−	
其他	3483441.84	32286.33	−	
合计	376299737.34	707755366.45	787277460.44	861167262.12

主营业务收入逐年下降的原因主要是由于冰柜市场竞争激烈,销售价格下降所致。

26、主营业务税金及附加

种类	2000年1-6月	1999年度	1998年度	1997年度
城建税	1292398.98	1339903.52	2326132.62	3324444.24
教育费附加	553885.28	527817.63	826712.19	1397383.01
合计	1846284.26	1867721.15	3152844.81	4721827.25

主营业务税金及附加1997-1999年度逐年下降的原因主要是由于主营业务收入逐年下降;1999年度金额较小的原因主要是本公司设立时主发起人青岛澳柯玛电器公司向本公司投入的资产中含有留待下期抵扣的增值税进项税3755万元,致使1999年度应缴的城建税、教育费附加相应减少。2000年1-6月较1999年度增长较大的原因主要是增值税进项税较1999年度减少，致使2000年1-6月份应缴的城建税、教育费附加相应增大。

27、其他业务利润

项目	2000年1-6月	1999年度	1998年度	1997年度
废料、下脚料	−179880.73	116575.42	758399.52	3754502.38
材料销售	−656400.03	−997208.82	640142.87	1745657.88
其他	98391.83	−694306.59	363821.19	575670.02
合计	−737888.93	−1574939.99	1762363.58	6075830.28

其他业务利润逐年下降的原因是公司加强生产管理,废料、下脚料大幅减少;材料销售利润降低所致。

28、存货跌价损失

项目	2000年1-6月	1999年度	1998年度	1997年度
原材料	367762.78	748169.98		
库存商品				
合计	367762.78	748169.98		

公司1999年原材料中M1350D型等6种压缩机10128台、5种型号门梯等3967件、方条272041米由于帐面价值低于期末市价,按帐面价值与期末市价的差额计提存货跌价准备。2000年1-6月原材料中NR52AEG型等11种压缩机23822台帐面价值低于期末市价,按帐面价值与期末市价的差额计提存货跌价准备。公司改制时已将不良存货资产(含原材料、库存商品)予以剥离,且冰柜年末可变现净值大于其帐面成本,故对库存商品未提取跌价损失。

29、财务费用

类别	2000年1-6月	1999年度	1998年度	1997年度
利息支出	20083060.52	40817572.18	32578872.99	38736898.62
减:利息收入	1264627.81	1586657.52	1624424.75	1280791.46
汇兑损失	−	−	6113158.55	
减:汇兑收益				
其他	101169.22	556794.34	1735769.20	178953.74
合计	18919601.93	39787709.00	38803375.99	37635060.90

30、投资收益

项目	2000年1-6月	1999年度	1998年度	备注
长期债权投资				
长期股权投资	1,799,028.00	1,800,000.00	2,468,100.00	成本法核算
股权投资差额摊销				
合计	1799028.00	1800000.00	2468100.00	

31、补贴收入

项目类别	2000年1-6月	1999年度	1998年度	1997年度
增值税退税	−	4952150.83	8991119.40	9767464.47
所得税退税	−	7353939.33	20112664.43	13158987.37
合计	−	12306090.16	29103783.83	22926451.84

实际执行的税收政策为:

a、所得税:根据青岛经济技术开发区财政地税局青开财税发(1997)第91号、(1998)第69号文件的规定,1997年、1998年实际税负为7.5%,超过部分全部返还;根据青岛经济技术开发区管理委员会青开管字(1999)10号文件的规定,1999年实际上缴的所得税超税负15%以上部分全部返还;根据青岛市地方税务局青地税函(2000)15号文件的规定,自2000年1月1日起减按15%的税率征收企业所得税。

b、增值税:根据青岛经济技术开发区财政税务局青开财发(1997)第91号文、(1998)第69号文、(1999)第62号文件的规定,1997-1999年按照当年实缴数的15%予以返还。

32、营业外收入

项目类别	2000年1-6月	1999年度	1998年度	1997年度
固定资产清理收入	179566.27	745787.98	142234.65	−
罚款收入	118430.63	1475275.73	311456.59	160656.13
其他收入	425.88	525542.73	1096526.93	957282.61
合计	298422.78	2746606.44	1550218.17	1117938.74

1999年度罚款收入是供货商供应的原材料质量不合格而向其收取的罚款。

33、营业外支出

项目类别	2000年1-6月	1999年度	1998年度	1997年度
赔偿金、罚款支出	18201.44	756609.35	222522.43	60621.65
捐赠支出	52015.00	161326.00	117035.45	317550.00
处理固定资产损失	45323.45	539640.91	140000.00	1022516.74
其他	40782.55	70570.46	339246.61	−
合计	156322.44	1528146.72	818804.49	1400688.39

34、所得税

项目类别	2000年1-6月	1999年度	1998年度	1997年度
会计利润	33934052.42	91546291.55	103389672.37	64236309.05
应纳税所得额	33071307.68	98353671.46	97409583.85	51669754.39
所得税	4960696.15	32456711.58	32145162.87	17051018.95

差额系调整投资收益、坏帐准备、捐赠支出、返还所得税计入的补贴收入等。本公司1997-1999年执行33%的所得税税率,2000年执行15%所得税税率。根据青岛经济技术开发区财政地税局青开财税发(1997)第91号、(1998)第69号文件的规定,1997年、1998年实际税负为7.5%,超过部分全部返还;根据青岛经济技术开发区管理委员会青开管字(1999)10号文件的规定,1999年实际上缴的所得税超税负15%以上部分全部返还;根据青岛市地方税务局青地税函(2000)15号文件的规定,自2000年1月1日起减按15%的税率征收企业所得税。

35、支付的与其他经营活动有关的现金

1999年度、2000年度1-6月份支付的与其他经营活动有关的现金明细如下:

明细	1999年度	2000年1-6月
运输费	23190422.72	17897031.34
广告费	10926802.28	8867162.83
研究开发费	5267061.66	4283636.47
差旅费	7222511.08	4296386.80
修理费	1683568.14	1183591.51
物料消耗	1777301.22	1103823.21
业务招待费	913967.37	291684.57
电话费	1618469.48	969381.56
与集团公司往来款	156344524.25	
其他	6671470.71	14573151.90
合计	215616098.91	53465850.19

十、董事会上市承诺

本公司董事会将严格遵守《中华人民共和国公司法》、《中华人民共和国证券法》、《股票发行与交易管理暂行条例》、《公开发行股票公司信息披露实施细则(试行)》、和《上海证券交易所股票上市规则》及有关法律法规的规定,并自股票上市之日起作出如下承诺:

1、按照法律、法规的规定程序和要求披露重大的信息,并接受证券主管机关、上海证券交易所的监督管理;

2、及时、真实、准确地公布中期报告和年度报告,并置于规定场所供投资者查阅;

3、本公司董事、监事及高级管理人员如发生人事变动或持本公司股票发生变动时,在报告证券主管机关、证券交易所的同时向投资者公布;

4、在任何公共传播媒介中出现的消息可能对本公司股票的市场价格产生误导性影响时,本公司知悉后将及时对该消息予以公开澄清;

5、本公司董事、监事及高级管理人员将认真听取社会公众的意见和批评,不利用已获得的内幕消息和其他不正当手段直接或间接从事股票买卖活动;

6、本公司没有无记录负债。

依据2000年5月1日起实施的《上海证券交易所股票上市规则》(二000年修订本),本公司全体董事、监事将按照有关规定,在本公司股票上市后两个月内签署《董事(监事)声明及承诺书》并送达上海证券交易所备案。

十一、重要事项揭示

1、本公司本次上市流通股份9000万股自本次挂牌之日起即可流通。

2、依据1999年股东大会决议,公司1999年度不分配股利;根据2000年临时股东大会决议,本次新股发行后,新老股东共同享有本次发行完成前形成的滚存未分配利润。预计首次股利分配的时间在2001年6月底以前。

3、公司根据财政部、国家税务总局财税字[1994]001号关于高新技术产业开发区内的高新技术企业有关税收优惠政策的规定,并经青岛市地方税务局青地税函[2000]15号批复,从2000年1月1日起减按15%的税率征收企业所得税。

4、截止本公司上市公告书公布之日,本公司无重大诉讼。

5、本公司大股东青岛澳柯玛集团总公司郑重承诺:我公司持有的青岛澳柯玛股份有限公司24,933.6万股国有法人股,自青岛澳柯玛股份有限公司的股票上市之日起,一年内不转让,也不由青岛澳柯玛股份有限公司回购我公司持有的国有法人股。

6、除本公司招股说明书及概要和本上市公告书披露的事项外,本公司董事会认为没有其它对本公司资产、负债及股东权益有较大影响的重要事项。

十二、备查文件

1、招股说明书概要

2、上海证券交易所上市通知书

3、中国证监会关于本公司公开发行股票的批准文件

4、审计报告、财务报表和附注

5、验资报告

6、盈利预测报告

7、法律意见书

8、本公司成立的登记注册文件及营业执照

9、公司章程

十三、咨询机构

1、青岛澳柯玛股份有限公司

地址:山东省青岛经济开发区前湾港路315号　法定代表人:王大亮

电话:0532-6765168、6765099　传真:0532-6765166　联系人:伍旭文、孙武

2、东方证券有限责任公司

地址:上海市巨鹿路756号　法定代表人:朱福涛

电话:021-62568800　联系人:费华武、许劲

3、海通证券有限公司

地址:青岛市湛山一路25号　法定代表人:王国开

电话:0532-3896419　联系人:周威、佟华

4、南方证券有限公司

地址:深圳市罗湖区嘉宾路4028号太平洋商贸大厦　法定代表人:沈沛

电话:0532-3889599　联系人:许银翼

美克国际家具股份有限公司

美克国际家具股份有限公司股票上市公告书

一、要 览

证券简称:美克股份
证券代码:600337
总股本:9208 万股
可流通股本:4000 万股
本次上市流通股本:4000 万股
上市地点:上海证券交易所
上市日期:2000 年 11 月 27 日
股份登记机构:上海证券中央登记结算公司
上市推荐人:中信证券股份有限公司
湘财证券有限责任公司

二、绪 言

美克国际家具股份有限公司(以下简称"本公司"或"公司") 股票上市公告书是根据《中华人民共和国公司法》、《中华人民共和国证券法》、《股票发行与交易管理暂行条例》、《公开发行股票公司信息披露实施细则》和《上海证券交易所股票上市规则》等国家有关的现行法律、法规的规定, 按照中国证券监督管理委员会制定的公开发行股票公司信息披露的内容和格式准则第七号《上市公告书的内容与格式(试行)》编制,旨在向投资者提供有关本公司的基本 情况和股票上市的有关资料。

经中国证券监督管理委员会证监发行字[2000]147 号文核准,本公司已成功上网定价发行了每股面值 1.00 元的人民币普通股 4000 万股,每股发行价人民币 13.09 元。经上海证券交易所上证上字[2000]第 93 号《上市通知书》同意,本公司 4000 万股人民币普 通股将于 2000 年 11 月 27 日(星期一)起在上海证券交易所上市挂牌交易。证券简称"美 克股份",证券代码"600337"。本公司总股本 9208 万股,流通股本 4000 万股。

本公司已于 2000 年 11 月 8 日在《中国证券报》、《上海证券报》和《证券时报》 上刊登了《招股说明书概要》,距今不足六个月,故与其重复的内容在此不再重述,敬 请投资者查阅本公司的《招股说明书概要》。

本公司董事会及全体董事已批准本上市公告书,并确信所载资料不存在任何重大 遗漏和误导,并对其真实性、准确性和完整性负个别和连带责任。

三、公司概况

(一)概况公司名称:美克国际家具股份有限公司
英文名称:MARKOR INTERNATIONAL FURNITURE CO.,LTD.
成立日期:1995 年 8 月 16 日
变更设立日期:1999 年 10 月 15 日
注册地址:乌鲁木齐市经济技术开发区迎宾南路 15 号
法定代表人:冯东明
经营范围:生产销售装饰、装修材料、实木家具、聚酯家具及配套产品。
(二)历史沿革

公司的前身为美克国际家私制造有限公司(以下简称"原公司")。原公司系经自治区外经贸厅新外资企字[1995]0036 号文和乌鲁木齐经济技术开发区管理委员会乌经开(管)字[1995]058 号文批准,由新疆美克实业有限公司 (以下简称"实业公司") 和台湾台升木器厂股份有限公司共同出资并于 1995 年 8 月 16 日在乌鲁木齐经济技术开发区设立 的中外合资企业, 注册号为: 企合新乌总字第 100198 号。公司注册资本 200 万美元,其中实业公司出资 150 万美元,占注册资本的 75%;台湾台升木器厂股份有限公司出资 50 万美元,占注册资本的 25%。

1999 年 1 月 18 日,经原公司董事会决议通过,并征得出资人同意,经新疆维吾尔自治区人民政府外经贸新外资企字[1995]0036 号和乌鲁木齐经济技术开发区管理委员会乌经开(管)字[1999]第 20 号文件批准, 实业公司将其持有的原公司 17%的出资权益分别转让给新疆维吾尔自治区天山西部林业局 6.5%、富蕴林场 6.5%和新疆维吾尔自治区技术改造投资公司 4%,转让金额以原公司经评估的截止 1998 年 12 月 31 日的净资产 8162.66 万元为依据按相应比例计算确定, 分别为 526.5 万元、526.5 万元和 324 万元。该次转让后,原公司股东增至 5 个。

1999 年 3 月 31 日,原公司董事会通过决议,同意将原公司整体变更为外商投资的股 份有限公司。1999 年 4 月 5 日,原公司股东实业公司、台湾台升木器厂股份有限公司、新疆天山西部林业局、富蕴林场和新疆维吾尔自治区技术改造投资公司签订发起人协议书, 以原公司截止 1998 年 12 月 31 日经评估确认净资产值 8162.66 万元按 1:1 的比例折 为 8100 万股, 余额 62.66 万元计入资本公积。本次变更经新疆维吾尔自治区人民政府新政函[1999]99 号文和中华人民共和国对外贸易经济合作部[1999]外经贸资二函字 575 号文批准。公司于 1999 年 10 月 15 日在国家工商行政管理局依法注册,注册号:企股新总字第 4000820。公司注册资本 8100 万元。

1999 年 12 月 15 日经公司临时股东大会决议通过,根据国家相关政策的规定,对公司已获批准的股本 8100 万元进行调整,改按改制基准日 1998 年 12 月 31 日经审计的帐面净 资产 5208 万元重新调整公司的股本。本次股本调整已经新疆维吾尔自治区人民政府新政函[2000]8 号文和国家外经贸部[2000]外经贸资二函字第 117 号文批准。2000 年 3 月 14 日,公司作了变更注册资本的工商登记。调整后,公司注册资本为 5208 万元。注册号:企股新总字第 4000820。公司各股东在公司持股比例保持不变。

经中国证券监督管理委员会证监发字[2000]147 号文批准,公司通过上海证券交易所,于 2000 年 11 月 10 日上网定价发行人民币普通股 4000 万股,每股面值 1.00 元,每股发 行价 13.09 元。

四、股票发行及承销

(一)股票发行
1、股票面值:1.00 元/股
2、发行价格:13.09 元/股
3、发行方式:上网定价发行
4、发行股数:4,000 万股
5、上网定价发行情况:
(1)、有效申购总量:30,441,058,000 股
(2)、有效申购资金总额:39,847,344.922 万元
(3)、有效申购户数:1,820,256 户
(4)、超额认购倍数: 761.02645 倍
(5)、中签率:0.13140148%
(6)、持 1000 股以上(含 1000 股)的股东数:38,726 户
6、募集资金总额(未扣除发行费用):523,600,000.00 元
7、实际募集资金总额:509,237,400.00 元
8、发行费用总额:14,362,600.00 元
9、每股发行费用:0.359 元
10、发行市盈率:33.56 倍(全面摊薄计算)
(二)股票承销
本次上网定价发行之 4000 万股已全部被社会公众认购,未出现余股。
(三)验资报告

深圳同人会计师事务所
深同证验字[2000]第 017 号
《验资报告》

美克国际家具股份有限公司:

我们接受委托,对美克国际家具股份有限公司截止 2000 年 11 月 16 日止向社会公众 增量发行人民币普通股 4,000 万股的实收股本的真实性和合法性进行了审验。在审验 过程中,我们按照《独立审计实务公告第 1 号--验资》的要求,实施了必要的审验程序 。美克国际家具股份有限公司的责任是提供真实、合法、完整的验资资料,保护资产 的安全、完整,我们的责任是按照《独立审计实务公告第 1 号--验资》的要求,出具真 实、合法的验资报告。

美克国际家具股份有限公司变更前的注册资本和实收股本为人民币 52,080,000.00 元, 本次发行新股 40,000,000.00 股,每股一元,发行后的实收股本为人民币 92,080,000.00 元。根据我们的审验,截至 2000 年 11 月 16 日止, 美克国际家具股份有限公司本次公开发行股票实际收到社会公众投入资本人民币 523,600,000.00 元,扣除券商佣金、手 续费等计人民币 14,362,600.00 元后余额为人民币 509,237,400.00 元,其中:人民币 40,000,000.00 元作为美克国际家具股份有限公司的"股本",人民币 469,237,400.00 转作 美克国际家具股份有限公司的"资本公积"。至此,美克国际家具股份有限公司的股东 权益增至人民币 586,009,298.17 元,其中股本 92,080,000.00 元,资本公积 469,242,529.35 元,盈余公积 4,335,835.76 元(其中公益金 1,445,278.59 元),未分配利润 20,350,933.06 元。与上述变更后投入资本总额相关的资产总额为 700,911,340.26 元,负债总额 为 114,902,042.09 元。

附件 1:变更前后注册资本、股本对照表
附件 2:变更前后资产、负债和股东权益对照表
附件 3:验资事项说明
附件 4:缴付出资银行进帐单复印件
附件 5:缴付出资银行讯证函复印件

深圳同人会计师事务所　　中国注册会计师:张义勤
中国.深圳　　中国注册会计师:安宁
二 OOO 年十一月十六日

募集资金(已扣除发行费用)入帐时间:2000 年 11 月 16 日
开户银行:中国银行新疆支行
入帐帐号:018110888888
入帐金额:509,237,400.00 元

五、董事、监事和高级管理人员简介及持股情况

(一)董事会成员

董事长冯东明先生:现年 43 岁,硕士研究生学历,高级工程师,曾任乌鲁木齐装饰艺术研究所所长、乌鲁木齐装饰实业有限公司董事长,现任新疆外商投资企业协会副会 长,新疆台资企业促进会副会长。1993 年被评为全国民办科技青年实业家,1998 年荣获新疆"十佳"民营科技企业家,自治区第八届政协委员。

副董事长寇卫平先生:现年 42 岁,硕士研究生,高级经济师,曾任乌市装饰艺术研究所副所长、乌市装饰实业有限公司总经理,新疆美克实业有限公司副董事长,美克国际家私制造有限公司副董事长和总经理等职务,现任公司总经理,新疆美克家私有限公司总经理。

董事陈江先生:现年 38 岁,硕士研究生,高级经济师,曾任美克国际家私制造有限公司副总经理等职务,现任公司副总经理。

董事毕才寿先生:现年 44 岁,大学专科学历,高级经济师,曾任塔城地区中级法院副院长,新疆美克家私有限公司副总经理等职务,现任美克国际家私(天津)制造有限公司董事长、总经理。

董事刘兰芳女士:现年 39 岁,硕士研究生学历。曾从事新疆日报社画报部美术编辑工作和美克国际家私制造有限公司副总经理,现任新疆美克实业有限公司董事长、总 经理。

董事郭山辉先生:现年 45 岁,大学学历,曾任台湾台统企业股份有限公司总经理等 职务,现任台湾台升木器厂股份有限公司总经理,台湾家具协会常务理事。

董事巴吾东.司马义先生:维吾尔族,现年 47 岁,硕士研究生学历,高级工程师,曾任阿尔泰山林业局副局长,自治区林业厅资源林政处处长等职务。现任天西林业局局长 、党委副书记,自治区林业经济学会常务理事。

董事周振学先生:现年 38 岁,大学学历,高级政工师,曾任阿尔泰山林业局党委办公室主任、党委副书记兼纪委书记。现任阿尔泰山林业局局长、党委副书记。

董事何建平先生:现年 42 岁,大学学历,曾任新疆钢铁公司组织部副部长、改制办 副主任等职务。现任新疆技术改造投资公司总经理。

(二)监事会成员

监事会主席魏玉明先生:现年 42 岁,大学学历,高级工程师,曾任新疆第一汽车厂副总经济师等职务。现任新疆美克家私有限公司经营厂长。

监事李煊先生:现年 44 岁,大学专科学历,工程师,曾任天山电影制片厂办公室主任,现任新疆美克实业有限公司办公室主任。

监事王乐先生:现年 27 岁,大学学历,助理工程师,曾任美克国际家私制造有限公司工艺股股长,现任企划部技术组负责人。

监事钟永丰先生:现年 37 岁,台湾省台中县人。曾任纬树企业股份有限公司组长、课长、厂长,太平洋贸易公司经理等职务,现任台湾台升木器厂股份有限公司担任副总经理。

监事吕超先生:现年 52 岁,大学专科学历,高级工程师,曾任新源林场场长。现任天山西部林业局党委委员、副局长。

监事曹定贵先生:现年 37 岁,大学学历,高级工程师,曾任阿尔泰山林业局资源林政处副处长等职务,现任阿尔泰山林业局总工程师。

监事邓放女士:现年 42 岁,中等专科学历,会计师,曾任自治区化工厅副主任科员、主任科员等职务,现任自治区技术改造投资公司财务部经理。

(三)其他高级管理人员

牟丽女士:现年 29 岁,大学专科学历,曾任美克国际家私制造有限公司财务部经理,现任公司财务部经理、公司财务负责人。

黄新女士:现年 33 岁,大学学历,工程师,曾在新疆水利厅和新疆美克实业有限公司从事技术管理工作和企业管理工作,现任公司董事会秘书。

(四)兼职情况

冯东明先生、寇卫平先生、陈江先生兼任新疆美克实业有限公司、新疆美克家私有限公司、美克国际家私(天津)制造有限公司董事;寇卫平先生兼任美克国际家具股份有限公司之控股子公司新疆

美克家私有限公司总经理职务;寇卫平先生、陈江先生兼任新疆天美木业有限公司董事;其它高级管理人员未在其它公司兼职。

(五)董事、监事和高级管理人员的持股情况本公司董事、监事和高级管理人员均未持有本公司的股票。

六、公司设立

公司的前身为美克国际家私制造有限公司(以下简称"原公司")。原公司系经自治区外经贸厅新外资企字[1995]0036 号文和乌鲁木齐经济技术开发区管理委员会乌经开(管)字[1995]058 号文批准,由新疆美克实业有限公司(以下简称"实业公司")和台湾台升木器厂股份有限公司共同出资设立的中外合资企业。1999 年 1 月 18 日,实业公司分别向新疆维吾尔自治区天山西部林业局、富蕴林场和新疆维吾尔自治区技术改造投资公司转让原公司的部分出资权益,原公司股东增至 5 个。

1999 年 3 月 31 日,原公司董事会通过决议,同意将原公司整体变更为外商投资的股 份有限公司。1999 年 4 月 5 日,原公司股东实业公司、台湾台升木器厂股份有限公司、新疆天山西部林业局、富蕴林场和新疆维吾尔自治区技术改造投资公司签订发起人协议书, 以原公司截止 1998 年 12 月 31 日经评估确认净资产值 8,162.66 万元按 1:1 的比例折为 8,100 万股, 余额 62.66 万元计入资本公积。本次变更经新疆维吾尔自治区人民政府 新政函[1999]99 号文和中华人民共和国对外贸易经济合作部[1999]外经贸资二函字 575 号文批准。公司于 1999 年 10 月 15 日在国家工商行政管理局依法注册,注册号:企股新 总字第 4000820。公司注册资本 8100 万元。

1999 年 12 月 15 日,根据国家相关政策的规定,经公司临时股东大会决议通过,对公 司已获批准的股本 8100 万元进行调整,改按改制基准日 1998 年 12 月 31 日经审计的帐面 净资产 5208 万元重新调整公司的股本。本次股本调整已经新疆维吾尔自治区人民政府新政函[2000]8 号文和国家外经贸部[2000]外经贸资二函字第 117 号文批准。2000 年 3 月 14 日,公司作了变更注册资本的工商登记。调整后,公司注册资本为 5208 万元。

1999 年 12 月 15 日, 公司 1999 年第一次临时股东大会同意公司公开发行人民币普通 股 4000 万股(以中国证监会核准的数额为准),并授权董事会按有关法律法规的规定制 作并上报公司申请股票公开发行并上市的材料。

经中国证券监督管理委员会证监发字[2000]147 号文批准,公司通过上海证券交易所于 2000 年 11 月 10 日上网定价发行人民币普通股 4000 万股,每股面值 1.00 元,每股发行价 13.09 元。公司于 2000 年 11 月 17 日在新疆维吾尔自治区工商行政管理局办理了工商 变更登记, 注册资本变更为 9208 万元。

七、关联企业及关联交易

(一)关联企业

1、公司股东

(1)新疆美克实业有限公司

新疆美克实业有限公司成立于 1993 年 5 月,法定代表人刘兰芳,注册资本 1500 万元,其中冯东明出资 825 万元,占注册资本的 55%;寇卫平出资 450 万元,占注册资本的 30%;陈江出资 225 万元,占注册资本的 15%。注册地在乌鲁木齐市北京南路 26 号,主营业务为高新技术的开发,企业策划,电子计算机网络工程,工业农业的项目投资,环境艺术的设计,咨询服务。该公司拥有公司 58%的股份,为公司的控股股东。

(2)台湾台升木器厂股份有限公司

台湾台升木器厂股份有限公司成立于 1973 年,法定代表人郭天祥,注册资本新台币 1500 万元,注册地在台湾省台中市北屯区三光里东山路一段 144 之 2 号 1 楼,主营业务为 木制品(家具)之制造加工买卖,该公司拥有公司 25%的股份。

(3)新疆维吾尔自治区天山西部林业局

新疆维吾尔自治区天山西部林业局成立于 1978 年,法定代表人巴吾东.司马义,注 册资本 2789 万元,注册地在伊宁市新华西路 31 号,主营业务为原木、新闻纸、松针膏、锯材、刨花板,兼营业务为种植、养植、饮食服务、运输服务、百货、五金交电。该 局拥有公司 6.5%的股份。

(4)富蕴林场

富蕴林场成立于 1979 年,法定代表人李志程,注册资本为 676 万元,注册地为可可托海大桥,主营业务为树苗种植、木制品加工、原木种伐加工、更新造林。该场拥有公 司 6.5%的股份。

(5)新疆维吾尔自治区技术改造投资公司

新疆维吾尔自治区技术改造投资公司成立于 1993 年,法定代表人何建平,注册资本为 3200 万元,注册地为乌鲁木齐市友好南路 179 号,主营业务为技术改造项目投资的经 营、咨询、评估及有关的中介服务,开展对原苏联、东欧等周边国家地方易货贸易。 该公司拥有公司 4%的股份。

2、控股子公司

新疆美克家私有限公司成立于 1993 年 5 月,由实业公司和香港顺诚国际有限公司共同出资组建。注册资本 100 万美元,其中实业公司持有其注册资本出资权益的 75%,香港顺诚国际有限公司持有其注册资本出资权益的 25%。1998 年 1 月 15 日经原公司董事会决议通过, 原公司以 1997 年 12 月 31 日为基准日的新疆美克家私有限公司帐面净资产值为 价格确定转让价格,于 1998 年 1 月 22 日受让实业公司持有的新疆美克家私有限公司 75% 的股权,成为该公司的控股母公司。法定代表人冯东明,注册地为乌鲁木齐高新技术产业开发区,主营业务为生产、销售茶几系列产品及装饰装璜材料。

3、公司控股股东的子公司和参股企业

(1)美克国际家私(天津)制造有限公司

该公司是公司控股股东新疆美克实业有限公司的控股子公司,成立于 1997 年 5 月 30 日,法定代表人毕才寿,注册资本 500 万美元,实业公司持有其 75%的股权。注册地在天 津经济技术开发区泰丰工业园,主营业务为设计、加工、销售房间组合家具、聚酯实 木家具,并提供相关售后服务。

(2)新疆天美木业有限公司

新疆天美木业有限公司是新疆美克实业有限公司参股企业,成立于 1997 年 9 月 23 日,是由新疆维吾尔自治区天山西部林业局和美克实业有限责任公司共同出资设立的有 限责任公司。法定代表人吕超,注册资本 500 万元,实业公司持有其 25%的股权。主要经营锯材、板材、木制家具的制造加工和销售。

(二)关联交易

公司遵循"公平、公开、公正"和确保中小股东利益的原则,参照市场价格,在平等协商的基础上与关联企业签订了以下关联交易合同:

1、原材料供应合同

公司分别与其关联企业富蕴林场、新疆天美木业有限公司签署了《原材料供应合同》。富蕴林场、新疆天美木业有限公司向公司供应原木、板材等原材料,其价格不 得高于向任何独立第三方供应的价格。

2、注册商标无偿转让合同

公司与实业公司于 2000 年 8 月 21 日签订了《注册商标无偿转让合同》,根据该合同,新疆美克实业有限公司无偿转让其拥有合法所有权的两项分别为"美克"和"MARKORE"注册商标,注册号分别为:1068902、1068910 号。根据双方约定:在上述商标转让登记手续完成前,由发行人无偿使用上述注册商标。

3、房屋租赁合同

实业公司与新疆美克家私有限公司签订《房屋租赁合同》,据此实业公司租用新 疆美克家私有限公司位于北京南路 26 号的办公楼内面积 50 平方米的房屋,租赁期限为 5 年,每年支付 25,550 元的租金。

根据公司章程草案的规定,股东大会在审议有关关联交易的决策时,关联股东应回避,不对有关议案进行表决。

(三)放弃竞争的承诺

1.公司股东台湾台升木器厂股份有限公司是生产樱桃木家具的专业厂家,其所生 产的产品与公司产品的风格及市场消费群体均有较大的区别,不存在竞争。该公司已 郑重承诺,其本身及其除公司以外的其他控股子公司将不从事与股份公司相同或类似 的生产、经营业务,以避免对公司的生产经营构成新的、可能的直接或间接的业务竞 争。

2.公司控股股东美克实业及其控股子公司美克国际家私(天津)制造有限公司已郑重承诺将不以任何直接和间接方式从事、生产与公司相同的业务和产品,美克实业将 不利用其对公司的控股或控制关系进行损害公司及公司中除美克实业以外其他股东利益的经营活动。

八、股本结构及大股东持股情况

(一)公司上市前的股本结构

项目	数量(万股)	股权比例(%)
法人股	5208.00	56.56
其中:国有法人股	885.36	9.62
社会法人股	3020.64	32.80
外资法人股	1302.00	14.14
社会公众股	4000.00	43.44
合计	9208.00	100.00

(二)公司前十名股东持股情况

股东名称	持股数量(万股)	持股比例%
新疆美克实业有限公司	3020.64	32.80
台湾台升木器厂股份有限公司	?302.00	14.14
新疆维吾尔自治区天山西部林业局	338.52	3.68
富蕴林场	338.52	3.68
新疆维吾尔自治区技术改造投资公司	208.32	2.26
天元基金	11.20	0.12
安顺基金	10.40	0.11
安信基金	8.60	0.09
汉盛基金	8.10	0.09
汉兴基金	8.00	0.09

九、公司财务会计资料

本公司截止 2000 年 5 月 31 日的财务会计资料,已于 2000 年 11 月 8 日分别在《中国证 券报》、《上海证券报》和《证券时报》上刊登的本公司《招股说明书概要》中进行了详细披露。因公告距今时间较短,相同的内容在此不再重复。本公告只公布本公司 经审计的合并会计报表及主要财务指标,欲了解详细内容,敬请投资者查阅上述报纸或在公告的《招股说明书》查阅地查阅。

(一)主要财务指标

以下"主要财务指标"根据深圳同人会计师事务所出具的深同证审字[2000]第 049 号《审计报告》提供的数据测算编制

项目	2000 年 1-5 月	1999 年度	1998 年	1997 年
资产负债率(%)	58.55	59.12	64.18	74.33
流动比例	1.49	1.37	1.2	1.27
速动比例	0.92	0.70	0.81	0.81
应收帐款周转率(次)	3.28	5.65	5.54	3.1
存货周转率(次)	1.24	2.76	3.07	1.3
净资产收益率(%)	21.82	48.07	45.46	46.57
每股净利润(元/股)	0.32	0.56	1.46	0.26

(二)会计报表(附后)

(三)合并会计报表主要项目注释(单位:元)

1.应收账款

账龄	2000-5-31 金额	占该账项金额的百分比	坏帐准备
1 年以内	19,623,730.49	60.28%	196,237.31
1 年至 2 年	7,756,284.54	23.82%	775,628.45
2 年至 3 年	3,671,159.22	11.28%	734,231.84
3 年以上	1,505,224.01	4.62%	451,567.21
	32,556,398.26	100%	2,157,664.81

本账户余额中无持本公司 5%以上股东的欠款。

本公司 3 年以上的应收账款主要是由于本公司与国外供货商就某些供货发生争议 造成的,这些公司目前与本公司仍有贸易往来,本公司目前正与该等公司协商,争取尽 快收回欠款。

2.其他应收款

账龄	2000-5-31 金额	占该账项金额的百分比	坏帐准备
1 年以内	2,501,051.55	50.85%	25,010.52
1 年至 2 年	1,795,677.26	36.51%	179,567.73
2 年至 3 年	166,093.22	3.38%	33,218.65
3 年以上	455,671.83	9.26%	136,701.55
	4,918,493.86	100%	374,498.45

本账户余额中关联公司的往来余额在附注七中披露。

1997、1998 年度本账户余额较大,主要系与关联公司往来较大;本期本账户余额减少主要是本公司在近期按公司法要求对公司运作进行规范,减少关联公司往来所致。

本公司目前 3 年以上的其他应收款主要是应收回的各种押金及部分职工借款。

大额其他应收款列示如下:

名称	金额	经济内容
各中介机构	1,589,931.46	代垫上市费用
YEH 公司	185,975.86	代垫运费
PMI 公司	181,075.72	代垫运费
王建	100,000.00	个人借款
强新公司	110,514.71	代垫运费

3.预付账款

项目	2000-5-31
1 年以内	31,712,201.26

本账户余额中关联公司的往来余额在附注七中披露。

本期预付账款增加主要是增加了餐椅车间的预付工程款和预付材料款。

大额预付帐款列示如下:

名称	金 额	内 容
爱德华薄皮公司	1,872,943.70	预付购货款
芬兰林业公司	2,744,420.40	预付购货款
PANPAC 公司	3,578,853.51	预付购货款
特莱特利亚公司	1,911,551.52	预付购货款
辛诺利公司	2,077,024.42	预付购货款
东莞大宝公司	7,796,715.58	预付购货款

4.应收补贴款

项目 2000-5-31

出口退税 2,088,141.68

本期应收出口退税款减少主要是收到了税务局的出口退税款。

5.长期股权投资

	2000-1-1	本期增加	本期减少	2000-5-31
股权投资差额	(1,394,696.00)	----	(72,640.42)	(1,322,055.58)

股权投资差额其明细列示如下:

被投资单位名称	差额初始金额	形成原因	摊销期限	期初余额	本期摊销额	2000-5-31 摊销余额
新疆美克家私有限公司	(1743370.00)	★	10 年	(1394696.00)	(72640.42)	(1322055.58)

★1998 年 1 月,本公司收购了新疆美克家私有限公司 75%的股权。根据收购协议,以 收购基准日 1997 年 12 月 31 日止该司账面净资产 13,175,080.78 元为作价依据,本公司共支付了收购价款 9,881,310.58 元。1999 年及 2000 年根据财政部财会字(1999)35 号文及税务局的汇算清缴结果,本公司及该司对相关会计科目分别进行了追溯调整(调整情况详见附注二.十八)。调整后截止 1997 年 12 月 31 日,该司账面净资产变为 15,499,574.11 元,本公司应享有的权益为 11,624,680.58 元,与本公司实际已支付的股权转让款相差 1,743,370.00 元。根据会计制度有关规定,本公司将此差额列作股权投资差额,并经本 公司董事会决议将此差额从 1998 年起分 10 年摊销。

6.应付账款

账龄	2000-5-31	占该账项金额百分比
1 年以内	12,774,209.15	65.90%
1-2 年	6,544,845.19	33.76%
2-3 年	66,085.19	0.34%
	19,385,139.53	100%

本账户余额中关联公司的往来余额在附注七中披露。

7.预收账款

账龄	2000-5-31	占该账项金额百分比
1 年以内	3,274,317.15	99.33%
1-2 年	22,218.21	0.67%
	3,296,535.36	100%

本公司尚无应付持本公司 5%以上股份股东的款项。

8.其他应付款

账龄	2000-5-31	占该账项金额百分比
1 年以内	6,494,765.94	68.49%
1-2 年	2,908,609.99	30.68%
2-3 年	78,628.28	0.83%
	9,482,004.21	100%

本账户余额中关联公司的往来余额在附注七中披露。

大额其他应付款列示如下:

名称	金额	内容
自治区国税局进出口分局	1,843,770.07	多退 1999 年度退税款
工会经费	1,133,544.66	计提后尚未使用的工会经费
职工教育费	906,814.27	计提后尚未使用的职工教育费
各公司	176,383.74	暂扣各公司的机器质量保证金
西安博通公司	690,000.00	暂扣的软件质量保证金

本科目 1999 年末余额比 1998 年末余额增加 400 万元,主要是由于工会经费、职工教育费计提增加 70 万元及收到自治区国税局进出口分局多退的 1999 年度退税款 184 万元 等原因造成的。2000 年 5 月 31 日的余额比 1999 年末余额增加 200 万元,主要是由于暂扣 西安博通公司的软件质量保证金 69 万元,工会经费、职工教育费计提增加 60 万元等原 因造成的。

9.资本公积

	2000-5-31	1999-12-31	1998-12-31	1997-12-31
期初余额	5,129.35	--	--	--
其中:股本溢价	5,129.35	--	--	--
本期增加	--	626,524.60	--	--
其中:股本溢价	--	626,524.60	--	--
本期调整	--	(621,395.25)	--	--
其中:股本溢价	--	(621,395.25)	--	--
期末余额	5,129.35	5,129.35	--	--
其中:股本溢价	5,129.35	5,129.35	--	--

本公司前身为美克国际家私制造有限公司(以下简称"原公司")。1999 年初原公司着手进行股份制改组。经新疆维吾尔自治区人民政府新政函(1999)99 号文、中华人民共和国对外贸易经济合作部(1999)外经贸资二函字第 575 号文及新疆维吾尔自治区国 有资产管理局新国企字(1999)29 号文的批准, 原公司以改制基准日 1998 年 12 月 31 日评 估后的净资产 8,100 万元折合为股份公司的股本,注册成立了本公司,其余 626,524.60 元列为资本公积。

1999 年 12 月,本公司临时股东大会决议,根据国家相关政策的规定对本公司已获批准的股本 8,100 万元进行调整,改按改制基准日 1998 年 12 月 31 日评估前的净资产 5,208 万元重新调整本公司的股本。该次股本调整已经新疆维吾尔自治区人民政府新政函(2000)8 号文、中华人民共和国对外贸易经济合作部(2000)外经贸资二函字第 117 号文及新疆维吾尔自治区国有资产管理局新国企字(2000)04 号文的批准。该次股本调整后, 美克国际家具股份有限公司的注册资本变更为 5,208 万元,资本公积相应调整为 5,129.35 元。

10.盈余公积

	2000-5-31	1999-12-31	1998-12-31	1997-12-31
期初余额	8,146,975.39	7,752,034.72	1,838,709.14	--
其中:法定盈余公积	?,431,316.92	5,168,023.14	1,225,806.09	--
法定公益金	2,715,658.47	2,584,011.58	612,903.05	--
本期增加	--	5,833,601.05	5,913,325.58	1,838,709.14
其中: 法定盈余公积	--	3,889,067.36	3,942,217.05	1,225,806.09
法定公益金	--	1,944,533.69	1,971,108.53	612,903.05
本期减少	--	5,438,660.38	--	--
其中: 法定盈余公积	--	3,625,773.58	--	--
法定公益金	--	1,812,886.80	--	--
期末余额	8,146,975.39	8,146,975.39	7,752,034.72	1,838,709.14
其中: 法定盈余公积	?,431,316.92	5,431,316.92	5,168,023.14	1,225,806.09
法定公益金	2,715,658.47	2,715,658.47	2,584,011.58	612,903.05

本公司及控股子公司各年度均按 10%和 5%的比例分别计提法定盈余公积金和法定 公益金,同时按持股比例 75%计算本公司在控股子公司当期计提法定盈余公积金和法定公益金所应分享的份额,并在合并报表中予以补计。1999 年度本公司进行股份制改组 时按母公司改制基准日的净资产额折为等额股份,将母公司账面的盈余公积 5,438,660.38 元转为股本。

11.未分配利润

	2000-5-31	1999-12-31	1998-12-31	1997-12-31
期初余额	--	28,582,337.51	10,419,351.78	(1,197,278.70)
本期合并净利润	16,810,448.03	28,955,726.56	24,076,311.31	13,455,339.62
减:其中:利润分配				
1.提取法定盈余公积	--	3,889,067.36	3,942,217.05	1,225,806.09
2.提取任意盈余公积	--	--	--	--
3.提取法定公益金	--	1,944,533.69	1,971,108.53	612,903.05
4.已分配普通股股利	--	21,689,590.59	--	--
已作为发起人出资折股的以前年度滚存未分配利润	--	30,014,872.43	--	--
期末余额	16,810,448.03	--	28,582,337.51	10,419,351.78

1999 年度本公司进行股份制改组时按母公司改制基准日的净资产额折为等额股份, 将母公司账面的未分配利润 30,014,872.43 元转为股本。

根据临时股东大会决议,截止 1999 年 12 月 31 日的滚存利润为本公司原股东享有,自 2000 年 1 月 1 日起的利润由本公司原股东及未来的社会公众股东共同享有。根据该决议,本公司对 1999 年度的利润进行了分配, 将计提法定基金及转增股本后的合并净利润 21,689,590.59 元转为应付股利列示。

12.投资收益

	2000 年 1-5 月 长期投资	1999 年 长期投资	1998 年 长期投资	1997 年 长期投资
股权投资差额摊销	72,640.42	174,337.00	174,337.00	--

十、董事会上市承诺

本公司董事会将严格遵守《中华人民共和国公司法》、《中华人民共和国证券法》、《股票发行与交易管理暂行条例》、《公开发行股票公司信息披露实施细则》和《上海证券交易所股票上市规则》等有关法律、法规的规定,并自本公司股票上市之 日起,作出如下承诺:

(一)按照法律法规的要求披露重大信息,自觉接受证券主管机关、上海证券交易 所的监督管理。

(二)及时、真实、准确地公布中期报告和年度报告,并置于规定场所供投资者查 阅。

(三)本公司董事、监事及高级管理人员如发生人事变动,或持有本公司股份发生 变化时,在及时报告证券主管机关、上海证券交易所的同时,向投资者公布。

(四)在任何公共传播媒介中出现的消息可能对本公司股票的市场价格产生误导性影响时,本公司知悉后将及时对该消息予以公开澄清。

(五)本公司董事、监事及其他高级管理人员将认真听取社会公众的意见和批评, 不利用已获得的内幕消息和其他不正当手段直接或间接从事股票买卖活动。

(六)本公司董事会及各位董事保证不就任何未经主管机关审阅的可能影响股份变动的重大信息私自公告或发表意见。

(七)本公司没有无记录负债。依据 2000 年 5 月 1 日起实施的《上海证券交易所股票上市规则(二 OOO 年修订版)》,本公司全体董事、监事将按照有关规定,在本公司股票 上市后两个月内签署《董事(监事)声明及承诺书》并送达上海证券交易所备案。

十一、重要事项提示

(一)经上海证券交易所上证上字[2000]第 93 号文批准, 本公司通过上海证券交易所交易系统上网定价发行的 4000 万股人民币普通股(A 股),将于 2000 年 11 月 27 日起在上海证券交易所挂牌交易。

(二)本公司将依照同股同利的原则,按每一股东所持股份数分配股利。股利分配 采取采取现金、股票或其他合法方式。公司股利拟每年派发一次,于当年会计年度结 束后六个月内派付。然而是否派发股利和派发数额、方式及时间,均需由董事会根据 公司盈利状况提出分配方案,经股东大会审议通过后执行。根据公司 2000 年 8 月 21 日召开的临时股东大会,截止 1999 年 12 月 31 日以前的滚存利润由公司原股东享有,2000 年的利润由新老股东共享。预计首次股利分配时间将在 2001 年第二季度。

(三)根据深圳同人会计师事务所出具的盈利预测审核报告,本公司 2000 年预计可 实现税后利润 3634.19 万元,全面摊薄每股税后利润 0.39 元/股。

(四)本公司本次发行前每股净资产 1.48 元/股,发行后每股净资产 6.579 元/股(扣 除预计的发行费用)。

(五)税收政策和自营进出口政策的影响

公司是外商投资的股份有限公司,产品 100%出口,根据《中华人民共和国外商投资企业和外国企业所得税法》第 7 条、第 8 条的规定,并依据自治区人民政府《新疆维吾 尔自治区鼓励外商投资办法(试行)》的规定,公司执行 15%的所得税征收比例,并享受 自净获利年度起"两免三减"的所得税优惠政策。1997 年度为公司第一个净获利年度,1997、1998 年度免缴所得税,1999 年开始减半征收所得税,1999 年实际所得税税负比例 为 7.5%。本次股票发行并上市后,公司的外资股比例将降低到公司总股本的 25%以下, 因而不再享受外商投资企业税收优惠政策。根据自治区人民政府新政函[2000]137 号 及新政办函[2000]89 号文件规定,公司自上市之日起所得税按应征税额减征 55%(实际按应征税额的 45%征收)。减征时间暂为 5 年。

由于公司产品全部出口,按《中华人民共和国增值税条例》第 2 条、第 3 款的规定,公司出口货物的增值税率为零,并享受 1997 年 5 月 21 日国家财政部、国家税务总局财税字[1997]050 号《关于有进出口经营权的生产企业自营(委托)出口货物实行免抵退税 收管理办法的通知》、1998 年 7 月 15 日国税函[1998]432 号国家税务总局《关于外商投资企业执行免抵退政策有关问题的通知》和 1999 年 7 月 20 日国税明电[1999]11 号国家 税务总局《关于提高部分出口货物退税率的通知》的优惠政策,本公司的家具出口适 用 13%的出口退税率。

根据国家税务总局印发的(国税发[1997]071 号)"《关于外商投资企业合并、分立、股权重组、资产转让等重组业务所得税处理的暂行规定》的通知"中第五、(一)项"凡重组前企业的外国投资者持有的股权,在企业重组业务中没有退出而是已并入或分 入合并、分立后的企业或者保留在股权重组后的企业的,不论重组前的企业经营期长 短,均不适用税法第 8 条规定关于补缴已免征、减征税款的规定",由此,本次股票发行 并上市后,公司不会被追缴本次发行前其作为外商投资企业已依法免征、减征的企业 所得税税款。

另外,本次股票公开发行后,外商持股比例降低,公司将不再拥有自营进出口权。 自治区外经贸厅已同意在公司股票发行后即核准公司新的自营进出口权。

(六)公司主要原材料为人造板、薄皮和木材(松木、杉木、青杨木等),原材料成 本约占制造成本的 49%,其中木材占 30%,人造板、薄皮等占 19%。在国家限制林木采伐 政策出台之前,公司木材供应主要来源于新疆本地,1998 年国家天然林保护工程的全面实施,使公司的木材供应结构发生重大变化,目前公司生产用木材年需求 2.17 万立方米,主要来自俄罗斯、芬兰、新西兰,少量来自新疆本地,形成对进口木材的依赖。如果 俄罗斯、芬兰、新西兰等主要木材出口国原材料供应紧张或价格大幅度上涨,将在一 定程度上削弱公司的盈利能力。

(七) 公司目前尚在履行的土地使用权出让合同

(1)中国新疆乌鲁木齐经济技术开发区土地规划建设房产局(出让方)与原公司(受让方)于 1997 年 3 月 5 日签定了《国有土地使用权出让合同》,根据该合同约定:出让方 向受让方出让使用面积为 51,200.00 平方米的土地,受让方分期向出让方支付土地出让金人民币 1,536 万元,土地使用权出让期限为五十年(1997 年至 2047 年)。1999 年 4 月,出让方与受让方就该《国有土地使用权出让合同》中尚未交付部分土地出让金的支付期限达成《补充协议》。根据该土地使用权出让合同及《补充协议》,发行人截止 2000 年 5 月 31 日尚有部分土地出让金 1,000 万元人民币需于合同约定的缴款期限到期日交纳。

(2)中国新疆乌鲁木齐经济技术开发区土地规划管理局与美克国际家私制造有限 公司于 1999 年 7 月 27 日签定的土地使用权出让合同。该合同约定:出让土地面积为 8514.614 平方米,受让方分期向出让方支付土地出让金人民币 2,554,384.20 元。公司已于 1999 年 7 月 27 日交纳土地出让金 510,876.84 元人民币,余款 2,043,507.36 元人民币将分 期支付。具体支付方式如下:公司应于 2000

年支付土地出让金 510,876.84 元人民币；应于 2001 年支付土地出让金 510,876.84 元人民币；应于 2002 年支付土地出让金 1,021,753.68 元人民币,届时发行人将取得土地使用权证。土地使用权出让期限为五十年(1999 年 7 月 27 日至 2049 年 7 月 26 日)。

(3)中国新疆乌鲁木齐经济技术开发区土地规划管理局与发行人于 2000 年 2 月 28 日签定了国有土地使用权出让合同。根据该合同约定:出让面积为 24,803.2 平方米的土 地,受让方分期向出让方支付土地出让金人民币 7,440,960 元。公司已首期付款 30 万元人民币,约定余款 7140960 元人民币自本合同签定之日起,若公司两年内上市,则应于 2002 年 2 月 28 日前付清余款,若公司两年内未上市,则应按以下约定支付余款:A.2000 年 12 月 25 日支付 1,188,960 元;B.2001 年 12 月 25 日支付 1,488,000 元;C.2002 年 12 月 25 日支付 1,488,000 元;D.2003 年 12 月 25 日支付 1,488,000 元;2004 年 12 月 25 日支付 1,488,000 元 。土地使用权出让期限为五十年(2000 年 2 月 15 日至 2050 年 2 月 14 日)。公司尚未取得该合同项下出让土地之土地使用权证。

截止本上市公告书发布之日止,公司土地出让金严格按照合同约定的情况缴付,未出现拖欠情况。

(八)截止本上市公告书发布之日,本公司和本公司董事、监事和高级管理人员并 无涉嫌任何未了结或可能发生的重大诉讼事项。

(九)新疆美克实业有限公司郑重承诺:我公司所持有的美克国际家具股份有限公 司社会法人股 3020.64 万股,自美克国际家具股份有限公司的股票上市之日起,一年内 不转让,也不由美克国际家具股份有限公司回购我公司持有的社会法人股。

(十)除《招股说明书概要》中披露的事项外,本公司无其他应披露而未披露的重 要事项。

十二、备查文件目录

1、招股说明书
2、上海证券交易所上市通知书
3、中国证监会证监发行字[2000]147 号文
4、审计报告、财务报表及附注
5、验资报告
6、盈利预测报告及注册会计师审核报告
7、法律意见书
8、资产评估报告
9、公司股东大会决议、董事会决议
10、公司营业执照
11、公司章程
12、其他备查文件

十三、咨询机构

1、发行人:美克国际家具股份有限公司
法定代表人:冯东明
地址:乌鲁木齐市经济技术开发区迎宾南路 15 号
电话:(0991)3836028
传真:(0991)3828180
联系人:黄新 罗军

2、上市推荐人:中信证券股份有限公司
法定代表人:常振明
地址:北京市朝阳区新源南路 6 号京城大厦
电话:(021)62802631
传真:(021)62802267
联系人:文钊 方浩

3、上市推荐人:湘财证券有限责任公司
法定代表人:陈学荣
地址:湖南省长沙市黄兴路 63 号中山国际大厦 12 楼
电话:(0731)4453940
传真:(0731)4451639
联系人:高云飞 何勇

美克国际家具股份有限公司 2000 年 11 月 22 日

合并资产负债表

编制单位:美克国际家具股份有限公司 单位:人民币元

资产	00 年 5 月 31 日	99 年 12 月 31 日	98 年 12 月 31 日	97 年 12 月 31 日
流动资产:				
货币资金	12149599.22	4809778.19	1669452.53	12522783.17
短期投资				
减:短期投资跌价准备				
短期投资净额				
应收票据				
应收股利				
应收利息				
应收帐款	32556398.26	26134311.46	36444614.91	17020890.05
其他应收款	4918493.86	5058814.92	33897200.23	12047076.35
减:坏帐准备	2532163.26	1607227.48	2927219.88	849899.81
应收帐款净额	34942728.86	29585898.90	67414595.26	28218066.59
预付帐款	31712201.26	8636542.30	2795426.78	
应收补贴款	2088141.68	10372593.41	1763619.86	516779.18
存货	50509091.90	51275455.05	34643550.47	23148198.31
减:存货跌价准备	249894.57	539930.29	266464.99	
存货净额	50259197.33	50735524.76	34377085.48	23148198.31
待摊费用	304112.74	113373.64	80719.72	142479.86
待处理流动资产净损失	−618763.80	−59063.87		
一年内到期的长期债权投资				
其他流动资产				
流动资产合计	130837217.29	104194647.33	108100899.63	64548307.11
长期投资:				
长期股权投资	−1322055.58	−1394696.00	−1569033.00	
长期债权投资				
长期投资合计	−1322055.58	−1394696.00	−1569033.00	
减:长期投资减值准备				
长期投资净额	−1322055.58	−1394696.00	−1569033.00	
其中:股权投资差额	−1322055.58	−1394696.00	−1569033.00	
固定资产:				
固定资产原价	63721080.35	62099737.27	54566826.88	34116469.46
减:累计折旧	18875313.78	17496041.30	12888529.84	4508979.49
固定资产净值	44845766.57	44603695.97	41678297.04	29607489.97
工程物资				
在建工程	11761978.59	3200849.20	931938.62	323679.70
固定资产清理				
待处理固定资产损失				
固定资产合计	56607745.16	47804545.17	42610235.66	29931169.67
无形资产及其他资产:				
无形资产	31648918.83	24477013.73	20448889.10	15145800.00
开办费	69144.27	117870.77	234814.36	351214.36
长期待摊费用	2080353.98	2329336.45	3224294.18	2577782.80
其他长期资产				
无形资产及其他资产合计	33798417.08	26924220.95	23907997.64	18074797.16
递延税项:				
递延税款借项				
资产总计	219921323.95	177528717.45	173050099.93	112554273.94
负债及股东权益				
流动负债:				
短期借款	–		23000000.00	3000000.00
应付票据	4880500.00	3373789.00	3252689.60	
应付帐款	19385139.53	16547705.21	11884640.19	
预收帐款	3296535.36	4662383.83	12588933.66	6027126.77
代销商品款				
应付工资	2162867.80	1847727.08	1913081.25	1483624.34
应付福利费	6134909.75	5282608.32	3951165.27	449404.00
应付股利	21689590.59	21689590.59		
应交税金	4420583.23	3349565.22		
其他应交款				
其他应付款	9482004.21	7454512.99	3401790.71	26615484.63
预提费用	3430248.53	3162412.53	8432287.11	1277870.74
一年内到期的长期负债	12708208.85	8538717.90	21922000.00	11935520.00
其他流动负债				
流动负债合计	87590587.85	75909012.67	90346587.79	50789030.48
长期负债:				
长期借款	20000000.00	17000000.00	8561818.00	20515586.00
长期借款	22500000.00	17000000.00	8561818.00	20515586.00
应付债券				
长期应付款				
住房周转金				
其他长期负债	18673590.52	12043507.36	12160000.00	12360000.00
长期负债合计	41173590.52	29043507.36	20721818.00	32875586.00
递延税项:				
递延税款贷项				
负债合计	128764178.37	104952520.03	111068405.79	83664616.48
少数股东权益	14114592.81	12344092.68	9015725.37	
股东权益				
股本	52080000.00	52080000.00	16631596.54	16631596.54
资本公积	5129.35	5129.35		
盈余公积	8146975.39	8146975.39	7752034.72	1838709.14
其中:公益金	2715658.47	2715658.47	2584011.58	612903.05
未分配利润	16810448.03	–	28582337.51	10419351.78
股东权益合计	77042552.77	60232104.74	52965968.77	28889657.46
负债及股东权益总计	219921323.95	177528717.45	173050099.93	112554273.94

合并利润及利润分配表

编制单位:美克国际家具股份有限公司 单位:人民币元

项目	2000 年 1−5 月	99 年度	98 年度	97 年度
一、主营业务收入	96380970.78	176796219.43	148219577.74	52772485.32
减:折扣与折让				
主营业务收入净额	96380970.78	176796219.43	148219577.74	52772485.32
减:主营业务成本	63243605.77	118563453.27	88736393.63	30567454.85
主营业务税金及附加				
二、主营业务利润	33137365.01	58232766.16	59483184.11	22205030.50
加:其他业务利润	10062.56			
减:存货跌价损失	−290035.72	273465.30	266464.99	
营业费用	5370137.63	14230996.40	15529280.45	4639768.51
管理费用	5925453.32	7371502.16	10207842.48	2256416.81
财务费用	1179409.31	6321755.45	4623201.31	4669645.35
三、营业利润	20962463.03	30035046.85	28856394.88	10639199.83
加:投资收益	72640.42	174337.00	174337.00	
补贴收入	196203.48	4491273.46	1246840.68	2817616.19
营业外收入	4.83	1557286.45	53984.89	3706.00
减:营业外支出	763953.75	624284.67	1114414.30	5182.40
四、利润总额	20467358.01	35633659.09	29217143.15	13455339.62
减:所得税	1886409.85	3349565.22		
减:少数股东权益	1770500.13	3328367.31	5140831.84	
五、净利润	16810448.03	28955726.56	24076311.31	13455339.62
加:年初未分配利润	–	28582337.51	10419351.78	−1197278.70
盈余公积转入				
六、可供分配的利润	16810448.03	57538064.07	34495663.09	12258060.92
减:提取法定盈余公积	–	3889067.36	3942217.05	1225806.09
提取法定公益金	–	1944533.69	1971108.53	612903.05
七、可供股东分配的利润	16810448.03	51704463.02	28582337.51	10419351.78
减:应付优先股股利				
提取任意盈余公积				
应付普通股股利	–	21689590.59		
转作股本的普通股股利				
减:已作为发起人出资折股的以前年度滚存未分配利润	–	30014872.43		
八、未分配利润	16810448.03	–	28582337.51	10419351.78

合并现金流量表

编制单位:美克国际家具股份有限公司　　单位:人民币元

2000 年 1-5 月

一、经营活动产生的现金流量:	
销售商品、提供劳务收到的现金	99933194.14
收取的租金	
收到的除增值税以外的其他税费返还	
收到的税费返还	6440681.66
收到的其他与经营活动有关的现金	718753.48
现金流入小计	107092629.28
购买商品、接受劳务支付的现金	93968596.34
经营租赁所支付的现金	
支付给职工以及为职工支付的现金	
支付的增值税款	
支付的所得税款	
支付的除增值税、所得税以外的其他税费	39237.04
支付给职工以及为职工支付的现金	11388743.97
支付的其他与经营活动有关的现金	652545.93
现金流出小计	106049123.28
经营活动产生的现金流量净额	1043506.00
二、投资活动产生的现金流量:	
收回投资所收到的现金	
分得股利或利润所收到的现金	
取得债券利息收入所收到的现金	
处置固定资产、无形资产和	
其他长期资产而收回的现金净额	−1672.50
收到的其他与投资活动有关的现金	
现金流入小计	−1672.50
购建固定资产、无形资产和	
其他长期资产所支付的现金	8188826.30
权益性投资所支付的现金	
债权性投资所支付的现金	
支付的其他与投资活动有关的现金	
现金流出小计	8188826.30
投资活动产生的现金流量净额	−8190498.80
三、筹资活动产生的现金流量:	
吸收权益性投资所收到的现金	
其中:子公司吸收少数股东权益性投资收到的现金	
发行债券所收到的现金	
借款所收到的现金	20000000.00
收到的其他与筹资活动有关的现金	
现金流入小计	20000000.00
偿还债务所支付的现金	4500000.00
发生筹资费用所支付的现金	323904.19
分配股利或利润所支付的现金	
其中;子公司支付少数股东股利	
偿付利息所支付的现金	626837.08
融资租赁所支付的现金	
减少注册资本所支付的现金	
其中:子公司依法减资产支付给少数股东的现金	
支付的其他与筹资活动有关的现金	
现金流出小计	5450741.27
筹资活动产生的现金流量净额	14549258.73
四、汇率变动对现金的影响	−62444.90
五、现金及现金等价物净增加额	7339821.03
附注:	
项目	
1.不涉及现金收支的投资和筹资活动	
以固定资产偿还债务	
以投资偿还债务	
以固定资产进行长期投资	
以存货偿还债务	
融资租赁固定资产	
2.将净利润调节为经营活动的现金流量	
净利润	16810448.03
加:少数股东损益	1770500.13
计提的坏帐准备或转销的坏帐	924935.78
固定资产折旧	1413003.53
无形资产、开办费、长期待摊费用摊销	635696.00
待摊费用摊销	157463.77
处置固定资产、无形资产和	
其他长期资产的损失(减收益)	751987.27
财务费用	902468.16
预提费用增加	25961.82
投资损失(减收益)	−72640.42
递延税款贷项(减借项)	
存货的减少(减增加)	768912.78
存货跌价损失	−290035.72
经营性应收项目的减少(减增加)	−33592079.64
经营性应付项目的增加(减减少)	10836884.51
其他	
经营活动产生的现金流量净额	1043506.00
3.现金及现金等价物净增加情况:	
货币资金的期末余额	12149599.22
减:货币资金的期初余额	4809778.19
现金等价物的期末余额	
减:现金等价物的期初余额	
现金及现金等价物净增加额	7339821.03

合并现金流量表

编制单位:美克国际家具股份有限公司　　单位:人民币元

1999 年度

一、经营活动产生的现金流量:	
销售商品、提供劳务收到的现金	174724010.03
收取的租金	
收到的除增值税以外的其他税费返还	
收到的其他与经营活动有关的现金	
现金流入小计	174724010.03
购买商品、接受劳务支付的现金	134338455.71
经营租赁所支付的现金	114184.14
支付给职工以及为职工支付的现金	28077876.12
支付的增值税款	
支付的所得税款	
支付的除增值税、所得税以外的其他税费	
支付的其他与经营活动有关的现金	1616875.64
现金流出小计	164147391.61
经营活动产生的现金流量净额	10576618.42
二、投资活动产生的现金流量:	
收回投资所收到的现金	
分得股利或利润所收到的现金	
取得债券利息收入所收到的现金	
处置固定资产、无形资产和	
其他长期资产而收回的现金净额	16731.02
收到的其他与投资活动有关的现金	
现金流入小计	16731.02
购建固定资产、无形资产和	
其他长期资产所支付的现金	13679366.71
权益性投资所支付的现金	
债权性投资所支付的现金	
支付的其他与投资活动有关的现金	
现金流出小计	13679366.71
投资活动产生的现金流量净额	−13662635.69
三、筹资活动产生的现金流量:	
吸收权益性投资所收到的现金	
其中:子公司吸收少数股东权益性投资收到的现金	
发行债券所收到的现金	
借款所收到的现金	71000000.00
收到的其他与筹资活动有关的现金	
现金流入小计	71000000.00
偿还债务所支付的现金	61000000.00
发生筹资费用所支付的现金	963369.94
分配股利或利润所支付的现金	
其中;子公司支付少数股东股利	
偿付利息所支付的现金	3073290.75
融资租赁所支付的现金	
减少注册资本所支付的现金	
其中:子公司依法减资产支付给少数股东的现金	
支付的其他与筹资活动有关的现金	
现金流出小计	65036660.69
筹资活动产生的现金流量净额	5963339.31
四、汇率变动对现金的影响	263003.62
五、现金及现金等价物净增加额	3140325.66
附注:	
项目	
1.不涉及现金收支的投资和筹资活动	
以固定资产偿还债务	
以投资偿还债务	
以固定资产进行长期投资	
以存货偿还债务	
融资租赁固定资产	
2.将净利润调节为经营活动的现金流量	
净利润	28955726.56
加:少数股东损益	3328367.31
计提的坏帐准备或转销的坏帐斯	−1319992.40
固定资产折旧	4356403.78
无形资产、开办费、长期待摊费用摊销	2144448.80
待摊费用摊销	280637.95
处置固定资产、无形资产和	
其他长期资产的损失(减收益)	−16731.02
固定资产报废损失	−627304.32
财务费用	6008171.67
投资损失(减收益)	−174337.00
递延税款贷项(减借项)	−229694.40
存货的减少(减增加)	−16631904.58
存货跌价损失	273465.30
经营性应收项目的减少(减增加)	−6794000.53
经营性应付项目的增加(减减少)	8976638.70
其他	
经营活动产生的现金流量净额	10576618.42
3.现金及现金等价物净增加情况:	
货币资金的期末余额	4809778.19
减:货币资金的期初余额	1669452.53
现金等价物的期末余额	
减:现金等价物的期初余额	
现金及现金等价物净增加额	3140325.66

新疆独山子天利高新技术股份有限公司

新疆独山子天利高新技术股份有限公司股票上市公告书

一、概 要

股票简称:天利高新　股票代码:600339
股本总额:17000 万股　可流通股本:6000 万股
本次上市可流通股本:6000 万股
上市地点:上海证券交易所
上市日期:2000 年 12 月 25 日
股票登记机构:上海证券中央登记结算公司
上市推荐人:海通证券有限公司　中信证券股份有限公司

二、绪 言

本上市公告书是根据《中华人民共和国公司法》、《中华人民共和国证券法》、《股票发行与交易管理暂行条例》、《公开发行股票公司信息披露实施细则》和《上海证券交易所股票上市规则(2000 年修订本)》等国家有关法律、法规的规定,并按照中国证券监督管理委员会制定的公开发行股票公司信息披露的内容与格式准则第七号《上市公告书的内容与格式(试行)》而编制,旨在向投资者提供有关新疆独山子天利高新技术股份有限公司(以下简称"本公司")的基本情况和本次股票上市的有关资料。

经中国证券监督管理委员会证监发行字[2000]161 号文核准,本公司已成功上网定价发行了每股面值 1.00 元的人民币普通股 6000 万股,每股发行价人民币 7.28 元。

经上海证券交易所上证上字[2000]114 号《上市通知书》批准,本公司 6000 万股人民币普通股将于 2000 年 12 月 25 日起在上海证券交易所挂牌交易。股票简称"天利高新",股票代码"600339"。本公司总股本 17000 万股,流通股本 6000 万股。

本公司已于 2000 年 12 月 4 日在《中国证券报》和《上海证券报》上刊登了《新疆独山子天利高新技术股份有限公司招股说明书概要》,距今不足六个月,故与其重复的内容在此不再陈述,敬请投资者查阅本公司的《招股说明书概要》。

本公司董事会及全体董事已批准本上市公告书,并确信本公告书所载资料不存在重大遗漏、虚假陈述或者严重误导,并对其真实性、准确性和完整性负个别及连带责任。

三、发行公司概况

(一)公司概况
发行人名称:新疆独山子天利高新技术股份有限公司
英文名称:Xinjiang Dushanzi TianLi High&New Tech Co.,Ltd
成立时间:1999 年 4 月 28 日
注册地址:新疆克拉玛依市独山子区北京路 3 号
法定代表人:徐福贵
注册资本:17000 万元

经营范围:高级润滑油系列添加剂产品,高级沥青系列产品,土工合成新材料,塑料原料和制品,精细化工系列产品的科技开发,生产,储运和销售。石油化工技术咨询与服务。经营本企业及其成员企业自产产品和技术的进出口业务(具体范围以外经贸厅核发自营进出口权登记证书为准)。成品油的零售。密封件生产和销售。

所属行业:石油化工

(二)公司历史沿革

新疆独山子天利高新技术股份有限公司是经新疆维吾尔自治区人民政府新政函【1999】103 号文批准,由主要发起人—新疆独山子天利实业总公司联合新疆石油管理局等四家企业共同发起设立的股份有限公司。

新疆独山子天利实业总公司以经评估确认的生产经营性资产包括塑料厂、添加剂厂、油脂厂、供应公司、销售公司(包括经营成品油零售业务的天利和群利两个加油站)以及其持有的新疆特变电工股份有限公司 0.5%和克拉玛依市融兴城市信用社 10%的股权投入本公司。经中国石油天然气总公司中油资产字【1998】362 号文批准,新疆石油管理局以其下属独山子石油化工总厂经评估的部分生产经营性资产包括塑料成型车间、聚丙烯化工车间和沥青车间投入本公司。经新疆维吾尔自治区国资局新国评字【1999】157 号文确认,以上两家发起人投入的生产经营性资产总额为 24,625.36 万元,其中净资产为 13,714.12 万元。乌鲁木齐高新技术产业开发区高新房地产有限责任公司、新疆特变电工股份有限公司和上海中大高新电子技术有限公司三家发起人则分别以货币资金 850 万元、500 万元和 51 万元投入本公司认购发起人股份。

经新疆维吾尔自治区国有资产管理局新国企【1999】34 号文批准,新疆独山子天利实业总公司、新疆石油管理局作为出资的净资产 7,702.44 万元和 6,011.68 万元分别按 1:0.72775 的比例折为本公司国有法人股 5,605.44 万股和 4,375 万股,占本公司总股本的 50.96%和 39.77%;乌鲁木齐高新技术产业开发区高新房地产有限责任公司、新疆特变电工股份有限公司和上海中大高新电子有限公司的现金出资按同等比例分别折为本公司法人股 618.58 万股、363.87 万股和 37.11 万股,占本公司总股本的 5.62%、3.31%和 0.34%。

1999 年 4 月 28 日,本公司在新疆维吾尔自治区工商行政管理局注册登记,注册资本 11000 万元。1999 年 6 月,本公司经国家科技部和中国科学院认定为高新技术企业。

本公司设立后独立建帐,开立了独立的银行帐户,在当地税务机关办理了税务登记证依法独立纳税;本公司以出让方式取得了 12 宗国有土地的使用权,在当地国土局完成了过户手续,办理了有关的土地使用证和房产证等;本公司拥有独立的产品研制、分析测试、生产管理、销售和原料采购等部门和相应人员,建立了完整的内部管理体系;本公司遵照中国证监会 1998 年 259 号文件精神,确定高级管理人员和财务人员,经理层人员以及所有财务人员不存在双重任职现象。本公司自成立以来,生产装置安全运行,产品质量稳定,销售收入和利润稳定增长。

截止 2000 年 6 月 30 日,本公司总资产 332323705.03 元,净资产 193269170.42 元。本公司现有职工 931 人。

经中国证券监督管理委员会证监发行字[2000]161 号文核准,公司通过上海证券交易所,于 2000 年 12 月 6 日以上网定价的方式向社会公开发行人民币普通股 6000 万股,每股面值 1.00 元人民币,每股发行价格 7.28 元。发行后,公司股本总额为 17000 万股。

本公司已在新疆维吾尔自治区工商行政管理局办理了工商变更登记手续,注册资本为人民币 17000 万元,注册号为:6500001000591。

四、股票发行及承销

(一)股票发行情况
发行方式:上网定价发行　发行时间:2000 年 12 月 6 日
发行股数:6000 万股 A 股　发行价格:7.28 元/股每股
发行费用:0.2215 元　发行费用总额:1328.98 万元
募集资金净额:42351.02 万元(已扣除有关发行费用)
有效申购股数:22507564000 股　有效申购户数:1180274 户
配号总数:22507564　超额认购倍数:375.13　中签率:0.26658%
持有 1000 股以上(含 1000 股)的户数:58929 户
发行市盈率:25.45 倍(加权平均),35.33 倍(全面摊薄)

(二)股票承销
本次公开发行的社会公众股 6000 万股已全部被投资者认购,承销团无余额包销。

(三)验资报告
1、验资报告(摘自新疆华西会计师事务所(有限公司)出具的华会所验字[2000]104 号)

新疆华西会计师事务所(有限公司)
华会所验字[2000]104 号
验资报告

新疆独山子天利高新技术股份有限公司全体股东:

我们接受委托,对新疆独山子天利高新技术股份有限公司截止 2000 年 12 月 13 日止的股本变更情况的真实性和合法性进行了审验。在审验过程中,我们按照《独立审计实务公告第 1 号———验资》的要求,实施了必要的审验程序。新疆独山子天利高新技术股份有限公司的责任是提供真实、合法、完整的验资资料,保护资产的安全、完整。我们的责任是按照《独立审计实务公告第 1 号———验资》的要求,出具真实、合法的验资报告。

新疆独山子天利高新技术股份有限公司变更前的股本为人民币 110,000,000.00 元(壹亿壹仟万元),资本公积为人民币 43,231,196.22 元(肆仟叁佰贰拾叁万壹仟壹佰玖拾陆元贰角贰分)。根据我们的审验,截止 2000 年 12 月 13 日止,新疆独山子天利高新技术股份有限公司实际收到募股资金为人民币 426,535,200.00 元(肆亿贰仟陆佰伍拾叁万伍仟贰佰元)扣除各项发行费用后的股款净额为人民币 423,510,200.00 元(肆亿贰仟叁佰伍拾壹万零贰佰元),其中:人民币 60,000,000.00(陆仟万元)记入"股本",人民币 363,510,200.00(叁亿陆仟叁佰伍拾壹万零贰佰元)作为股本溢价记入"资本公积"。变更后"股本"为 170,000,000.00 元(壹亿柒仟万元),"资本公积"为人民币 406,741,396.22 元(肆亿零陆佰柒拾肆万壹仟叁佰玖拾陆元贰角贰分)。附件:

1、变更前后股本对照表;
2、验资事项说明。

新疆华西会计师事务所(有限公司)　中国注册会计师:陈　军
中国　新疆　乌鲁木齐　中国注册会计师:吴秀莲
报告日期:2000 年 12 月 15 日

2、募集资金入帐情况
1)入帐金额:426,535,200.00 元人民币(该款项已扣除券商手续费、承销费人民币 10,264,800.00 元)
2)入帐时间:2000 年 12 月 13 日
3)开户银行:中国工商银行独山子区支行
4)银行帐号:06502210023613

五、董事、监事及高级管理人员简介及持股情况

(一)董事、监事及高级管理人员简介董事

徐福贵先生,43 岁,汉族,本科学历,高级工程师,曾任独山子炼油厂常减压车间副主任、主任,炼油厂厂长助理,独山子石油化工总厂副厂长兼炼油厂厂长、独山子石油化工总厂厂长,现任中国石油天然气股份有限公司独山子石化分公司经理、书记、新疆独山子天利高新技术股份有限公司董事长。

王明章先生,52 岁,汉族,大专学历,高级经济师,曾任独山子炼油厂裂化车间副主任、主任,炼油厂企管处处长,炼油厂副总经济师,独山子石油化工总厂企管部主任、副总经济师,现任新疆石油管理局独山子石油化工总厂副厂长、新疆独山子天利高新技术股份有限公司副董事长。

肖宏伟先生,33 岁,汉族,本科学历,工程师,曾任独山子炼油厂供应处处长助理、副处长,独山子石油化工总厂供应处副处长、处长,独山子石油化工总厂厂长助理、副厂长,现任中国石油天然气股份有限公司独山子石化分公司副经理、新疆独山子天利高新技术股份有限公司副董事长。

李太成先生,53 岁。汉族,中专学历,工程师,曾任新疆独山子天利实业总公司总经理,现任新疆独山子天利高新技术股份有限公司副董事长兼总经理。

陈鹏飞先生,52 岁,汉族,大专学历,高级会计师,曾任独山子炼油厂财务处室主任、副处长、处长,独山子石油化工总厂计财部主任,独山子石油化工总厂副总会计师,现任中国石油天然气股份有限公司独山子石化分公司副总会计师、新疆独山子天利高新技术股份有限公司董事。

宫伟军先生,40 岁,汉族,本科学历,高级工程师,曾任独山子炼油厂润滑油车间副主任、重整加氢车间主任,独山子炼化研究院院长,独山子炼油厂副总工程师,独山子石油化工总厂副总工程师兼技术开发部主任,现任中国石油天然气股份有限公司独山子石化分公司副总工程师、新疆独山子天利高新技术股份有限公司董事。

温国军先生,44 岁,汉族,大专学历,工程师,曾任新疆独山子天利实业总公司常务副总经理,现任新疆独山子天利实业总公司总经理、新疆独山子天利高新技术股份有限公司董事。

任兆中先生,52 岁,汉族,大专学历,工程师,曾任新疆独山子天利实业总公司副总经理,现任新疆独山子天利实业总公司党委书记、新疆独山子天利高新技术股份有限公司董事。

李琴女士,28 岁,汉族,本科学历,1993 年毕业于新疆维吾尔自治区党校经济管理系,现任乌鲁木齐高新区高新房地产有限责任公司副董事长、新疆独山子天利高新技术股份有限公司董事。

张新先生,38 岁,汉族,大专学历,高级工程师,曾任昌吉市专用变压器厂技术科科长、技术副厂长、厂长,现任新疆特变电工股份有限公司董事长兼总经理、新疆独山子天利高新技术股份有限公司董事。

张景云先生,59 岁,汉族,硕士研究生,曾任中国科学院上海有机化学研究所研究员、副所长,上海市科协副主席,现任上海科学院院长、新疆独山子天利高新技术股份有限公司董事。

监事

李德学先生,38 岁,汉族,大专学历,工程师,曾任独山子炼油厂酮苯车间副主任、主任,独山子石油化工总厂审计事务所所长、审计处处长,现任新疆石油管理局独山子石油化工总厂审计部主任、新疆独山子天利高新技术股份有限公司监事会主席。

林保平先生,53 岁,汉族,中专学历,政工师,曾任独山子厂区纪委办公室主任、纪检委办公室主任,独山子厂区纪委副书记,现任新疆石油管理局独山子石油化工总厂研发中心调研员、新疆独山子天利高新技术股份有限公司监事会副主席。

薛刚先生,46 岁,汉族,大专学历,政工师,曾任独山子石油学校组织科副科长、新疆独山子天利实业总公司纪委办公室主任,现任新疆独山子天利实业总公司党委副书记、纪委书记、新疆独山子天利高新技术股份有限公司监事。

熊贵华先生,55 岁,汉族,中专学历,经济师,现任乌鲁木齐高新区高新房地产有限责任公司董事长、总经理、新疆独山子天利高新技术股份有限公司监事。

曹淑萍女士,33岁,汉族,中专学历,助理会计师,曾任新疆有色局克拉玛依二矿财务科会计员、新疆独山子天利实业总公司财务部副部长,现任职于新疆独山子天利高新技术股份有限公司财务资产部副部长,新疆独山子天利高新技术股份有限公司监事。

尼玛教先生,46岁,蒙古族,1971年参加工作,大专学历,中共党员,1986年12月 1998年12月任独山子区工会副主席,1998年起任新疆独山子天利实业总公司工会主席,1999年5月起在新疆独山子天利高新技术股份有限公司办公室工作。

张锋刚先生,30岁,汉族,1992年参加工作,本科学历,中共党员,1992年8月 1996年7月在独山子乙烯厂车间工作,1996年8月考入石油大学会计专业攻读第二学位,1998年7月起在独山子乙烯厂财务处成本科工作,1999年12月起在新疆独山子天利高新技术股份有限公司证券部工作。

高级管理人员

罗建国先生,43岁,汉族,本科学历,经济师,曾任独山子兴华实业总公司经理助理、副总经理、总经济师,独山子天利实业总公司副总经济师,现任新疆独山子天利高新技术股份有限公司副总经理。

杨宁先生,41岁,汉族,大专学历,会计师,曾任新疆独山子天利实业总公司副总会计师,现任新疆独山子天利高新技术股份有限公司财务总监。

宋清山先生39岁,汉族,本科学历,高级工程师,曾任独山子乙烯碳四车间副主任,独山子石油化工总厂技术开发部科长、副主任工程师、主任工程师,现任新疆独山子天利高新技术股份有限公司总工程师。

马新海先生,35岁,汉族,研究生学历,高级经济师,先后在新疆石油管理局东疆石油勘探指挥部、独山子乙烯厂计财处工作,曾任独山子烷基苯工程指挥部办公室主任、副总会计师,现任新疆独山子天利高新技术股份有限公司董事会秘书。

朱良明先生,38岁,汉族,本科学历,经济师,曾任独山子兴华实业总公司人教科副科长、科长,新疆独山子天利实业总公司人事劳资部部长、总经理助理,现任新疆独山子天利高新技术股份有限公司总经理助理。

(二)董事、监事及高级管理人员持股情况本公司董事、监事及高级管理人员均未持有本公司股票。

六、公司设立

本公司是根据《中华人民共和国公司法》等有关法规,经新疆维吾尔自治区人民政府批准(新政函【1999】103号),由新疆独山子天利实业总公司、新疆石油管理局、乌鲁木齐高新技术产业开发区高新房地产有限责任公司、新疆特变电工股份有限公司、上海中大高新电子技术有限责任公司共同发起设立,于1999年4月28日在新疆维吾尔自治区工商行政管理局注册登记,公司注册资本11000万元,注册地址为新疆独山子区北京路3号,注册号为6500001000591。

2000年3月20日,公司召开了股东大会,审议并通过了公开发行股票并上市的决议,并授权董事会办理股票发行和上市的相关事宜。

经中国证券监督管理委员会证监发行字[2000]161号文批准,本公司已于2000年12月6日成功发行了每股面值1.00元的人民币普通股6000万股,本次股票发行后,公司总股本为17000万股。公司于2000年12月15日在新疆维吾尔自治区工商行政管理局办理了工商变更登记,注册资本变更为17000万元,注册号为6500001000591。

七、关联企业与关联交易

(一)关联企业及关联关系

1、存在控制关系的关联企业

企业名称	注册地址	注册资本	主营业务	与本公司关系	经济性质或类型	法定代表人
新疆独山子天利实业总公司	独山子区大庆路39#	14,000万元	石化产品及原料、石化机械及运输设备配件、化工清洗剂、注塑及吹塑制品、建筑材料的生产与销售等	持有本公司32.97%的股权	国有	温国军

2、不存在控制关系的关联企业

企业名称	与本公司的关系
新疆石油管理局(及其全资和控股企业)	非控股股东,持有本公司25.74%的股权
乌鲁木齐高新区高新房地产有限责任公司	持有本公司3.64%的股权
新疆特变电工股份有限公司	持有本公司2.14%的股权
上海中大高新电子技术有限公司	持有本公司0.22%的股权
新疆里奥国际高新技术投资有限公司	本公司持有该公司35%的股权
克拉玛依市融兴城市信用社本公司	持有该社30.4%的股权
乌鲁木齐金诚大厦有限公司	受同一母公司控制
新疆独山子天利实业总公司	乌市经销中心受同一母公司控制

(二)关联交易

与本公司有重大关联交易的关联企业是新疆石油管理局。本公司与其它关联企业无关联交易发生。

本公司设立后与新疆石油管理局独山子石油化工总厂(由新疆石油管理局授权)签订了有关关联交易合同,确定了交易内容、交易结算价格、费用计算方法和结算方式。目前,双方发生的关联交易包括以下五个方面:

1.1999年4月,本公司与独山子石油化工总厂签订了《办公用房租赁合同》,由本公司向独山子石油化工总厂租赁位于独山子区北京路3号的综合楼作为办公用房,房屋建筑面积共计3,252平方米,租期两年,租金10,000元/月。

2.根据本公司与新疆石油管理局独山子石油化工总厂1999年5月签订的《注册商标使用许可合同》,由本公司无偿使用"天山"和"雄鹰"牌商标作为产品商标。根据2000年2月双方重新签订的《注册商标使用许可合同》,本公司自2000年起使用正在自行申请注册的"泥火山"商标作为产品主商标,并在当年继续无偿使用"天山"和"雄鹰"商标作为产品副商标。

3.1999年6月,本公司与新疆石油管理局独山子石油化工总厂签订了《非专利技术转让合同》,由该厂将其拥有的《高碱性环烷酸钙(DN250)》、《TBN300环烷酸钙》、《T111B中碱值环烷酸镁研制》、《20#、30#、35#、40#电池封口剂》、《新疆原油重交通道路沥青的研制》和《聚合物改性道路沥青研制及工业试验成果》等六项非专利技术的所有权和技术资料等无偿转让与本公司,双方还就技术保密期、技术指导、后续改进的提供与分享、违约责任等事项明确作了约定。

4.1999年7月,本公司与新疆石油管理局独山子石油化工总厂签订了《后勤综合服务合同》,合同期内由独山子石油化工总厂按照服务质量优良、价格公平合理的原则向本公司有偿地提供职工社会保险管理、人事档案管理、职工住房管理、生活用水电汽暖及其它生活福利方面的综合性服务,并根据服务性质和特点分别以执行政府定价、参照市场价或成本价加合理利润的方式确定具体服务项目的收费标准。

5.1999年7月,本公司与新疆石油管理局独山子石油化工总厂签订了《生产经营保障协议》,协议期内由独山子石油化工总厂按照等价有偿原则向本公司提供生产经营用水、电、汽、风、燃料气、部分生产装置的维护及其产品的质量检验,并参照行业标准、市场价格或以成本价加合理利润的方式确定收费标准。

以上关联交易协议本着平等互利、等价有偿及公开的原则订立,以保证本公司的生产经营活动持续正常进行。以上关联交易不存在损害本公司及股东利益的内容。

(三)避免同业竞争的承诺

本公司现有产品或品种以及计划投资生产的产品与本公司大股东—新疆独山子天利实业总公司和新疆石油管理局之间不存在相互竞争。同时,两企业分别以书面形式作出如下承诺:本企业及其除本公司以外的其它控股企业将不增加对与本公司生产经营相同或类似业务的投入,以避免对本公司生产经营构成新的、可能的直接或间接的业务竞争,保证促使其控股企业不直接或间接从事、参与或进行与本公司生产经营相竞争的任何活动,不利用控股关系进行损害本公司及本公司其它股东利益的经营活动。

八、股本结构及大股东持股情况

(一)本次上市前公司的股本结构

股份种类	持股数(万股)	持股比例(%)
国有法人股	9980.44	58.71
法人股	1019.56	6.00
社会公众股	6000	35.29
总股本	17000	100

(二)上市前本公司前十名股东持股情况

序号	前十名股东名称	持股数(万股)	占总股本比例(%)
1	新疆独山子天利实业总公司	5605.44	32.97
2	新疆石油管理局	4375.00	25.74
3	乌鲁木齐高新技术产业开发区高新房地产有限责任公司	618.58	3.64
4	新疆特变电工股份有限公司	363.87	2.14
5	上海中大高新电子技术有限公司	37.11	0.22
6	国信证券	31.60	0.19
7	广发证券	31.00	0.18
8	汉盛基金	25.80	0.15
9	国通证券	22.70	0.13
10	湘财证券	21.70	0.13

九、公司财务会计资料

本公司截止2000年6月30日的财务资料,已于2000年12月4日分别在《中国证券报》和《上海证券报》上刊登的《新疆独山子天利高新技术股份有限公司招股说明书概要》中进行了详尽的披露。由于发行距上市时间不足六个月,相同的内容在此不再重复。本公告只公布本公司经审计的财务报表及主要财务指标。欲了解有关会计资料的详细内容,敬请投资者查阅上述报纸或至公告的《新疆独山子天利高新技术股份有限公司招股说明书》查阅地点查阅。

(一)公司前三年主要财务指标

项目	2000.6.30	1999.12.31	1998.12.31	1997.12.31
资产负债率	41.84%	40.90%	49.92%	47.94%
净资产收益率	9.65%	18.13%	27.69%	28.69%
每股收益(元)	0.17	0.286	0.265	0.263
流动比率(次)	0.97	1.126	0.874	1.360
速动比率(次)	0.688	0.779	0.398	0.677
应收账款周转率(次)	6.3	8.6	7.8	7.7
存货周转率(次)	3.5	5.3	3.4	3.3

注:每股收益均按发行前11000万股的总股本计算。

(二)会计报表(附后)

(三)会计报表主要项目注释

注释1　应收账款

2000年6月30日余额18,430,329.82元

(1)按账龄分:

账龄	1999年12月31日 金额	比例(%)	坏账准备	2000年6月30日 金额	比例(%)	坏账准备
一年以内	24457039.04	86.87	733716.15	14988754.56	81.33	449662.64
一年至二年	2159663.76	7.67	215966.38	1905080.28	10.33	190508.03
二年至三年	1152874.90	4.10	230574.98	1152874.90	6.26	230574.98
三年至四年	383620.08	1.36	115086.02	383620.08	2.08	115086.02
合计	28153197.78	100.00	1295343.53	18430329.82	100.00	985831.67

(2)主要客户:

单位名称	金额	欠款时间	欠款原因
中国石油天然气股份有限公司独山子石化分公司	4,096,314.64	一年以内	未结算销货款
独山子鑫源有限责任公司	1,741,974.22	一年以内	未结算销货款
独诚信石化有限公司	955,967.95	一年以内	未结算销货款
四川郫县独塑厂	907,120.00	一年至二年	未结算销货款
乌市天润高特润滑油公司	598,047.43	一年至二年	未结算销货款

注:(1)应收账款较期初减少了9,722,867.96元,减少比例为34.54%,主要系由于独山子万和公司、独山子福利工厂等企业偿还货款所致。

(2)期末余额中含三至四年帐龄的应收账款383,620.08元,均为公司设立时发起人投资带入,因客户信用较好,可收回性较强。

(3)本账户期末余额中无持有公司5%(含5%)以上股份的股东单位的欠款。

注释2其他应收款2000年6月30日余额1,115,292.45元

(1)按账龄分:

账龄	1999年12月31日 金额	比例(%)	坏账准备	2000年6月30日 金额	比例(%)	坏账准备
一年以内	963410.40	64.04	28902.31	566493.55	50.79	16994.80
一年至二年	8000.00	0.53	800.00	15798.90	1.42	1579.89
二年至三年	533000.00	35.43	106600.00	0.00	0.00	0.00
三至四年	0.00	0.00	0.00	533000.00	47.79	159900.00
合计	1504410.40	100.00	136302.31	1115292.45	100.00	178474.69

(2)公司其他应收款主要明细项目如下:

单位名称	金额	欠款时间	欠款原因
鑫源有限责任公司	533,000.00	二年至三年	往来款
王风华	30,000.00	一年以内	备用金
陈红	24,100.00	一年以内	备用金

(3)本账户期末余额中无持有公司5%(含5%)以上股份的股东单位的欠款。

注释3预付账款2000年6月30日余额3,954,018.79元。

(1)按账龄分:

账龄	1999年12月31日 金额	比例(%)	2000年6月30日 金额	比例(%)
一年以内	1137357.02	100.00	3415017.61	86.37
二年至三年	0.00	0.00	539001.18	13.63
合计	1137357.02	100.00	3954018.79	100.00

(2)公司预付货款主要明细项目如下:

单位名称	金额	欠款时间	欠款原因
淄博齐鲁石化地区开源运贸有限公司	999,040.00	一年以内	未结算

北京路正公司	600,000.00	一年以内	未结算
铁道部十五局	451,910.18	一年以内	未结算

(3)预付货款较期初增加了 2,816,661.77 元,增长比例为 247.65%,主要是增加预付淄博齐鲁石化地区开源运贸有限公司等单位的材料款所致。

(4)本账户期末余额中无持有公司 5%(含 5%)以上股份的股东单位的欠款。

注释 4 应收补贴款 2000 年 6 月 30 日余额 1,014,525.98 元。

根据克拉玛依市财政局(克财发【1999】158 号)《关于下达 1999 年第二批财政返还企业名单的通知》及克拉玛依市人民政府(克政办发【1998】51 号)"转发市财政局《关于地方税返还政策实施办法》的通知",公司 1999 年度按应缴纳增值税的 25%应收财政返还增值税款 1,089,525.98 元,截止至 2000 年 6 月 30 日,已收回 75,000.00 元,尚余 1,014,525.98 元。

注释 5 长期投资

注释 6 应付账款 2000 年 6 月 30 日余额为 21,675,022.45 元。按账龄分:

	1999 年 12 月 31 日		2000 年 6 月 30 日	
账龄	金额	比例(%)	金额	比例(%)
一年以内	13573706.85	92.81	19619715.74	90.52
一年至二年	907405.90	6.20	1535301.26	7.08
二年至三年	145540.58	0.99	52000545	2.40
合计	14626653.33	100	21675022.45	100

注:1、本账户期末余额中无持有公司 5%(含 5%)以上股份的股东单位的欠款。

2、应付账款较期初增加了 7,048,369.12 元,减少比例为 48.19%,主要系由于增加暂估入库材料所致。

注释 7 预收账款 2000 年 6 月 30 日余额为 13,362,490.24 元。按账龄分:

	1999 年 12 月 31 日		2000 年 6 月 30 日	
账龄	金额	比例(%)	金额	比例(%)
一年以内	9902009.45	92.76	12637019.61	94.57
一年至二年	771930.88	7.23	725470.63	5.43
二年至三年	1240.68	0.01	0.00	0.00
合计	10675181.01	100	13362490.24	100

注:本账户期末余额中无持有公司 5%(含 5%)以上股份的股东单位的欠款。

注释 8 应交税金

税种	1999 年 12 月 31 日	2000 年 6 月 30 日
增值税	4058103.91	1811638.01
所得税	9975520.81	4934709.74
营业税	9720.95	280.77
城建税	178391.24	126834.31
房产税	381398.20	0.00
合计	14603135.11	6873462.83

注:应交税金较年初减少 7,729,672.28 元,增加比例 52.93%,主要系由于本期缴纳所得税、增值税所致,未交税金均在正常的纳税期限内。

注释 9 其他应交款 2000 年 6 月 30 日余额为 54,357.56 元,均为应交教育费附加款。

注释 10 其他应付款

2000 年 6 月 30 日余额为 6,866,316.35 元。

(1)按账龄分:

	1999 年 12 月 31 日		2000 年 6 月 30 日	
账龄	金额	比例(%)	金额	比例(%)
一年以内	10843711.20	100	6866316.35	100

(2)公司其它应付款主要明细项目如下,无其它期末余额在 1000,000.00 元以上的项目。

单位名称	金额	性质
克拉玛依市城市规划土地管理局	2,675,675.30	土地出让金

注:本帐户期末余额中无持有公司 5%(含 5%)以上股份的股东单位的欠款。

注释 11 投资收益

投资单位	投资比例	金额
克拉玛依市融兴城市信用社	30.40%	56626.18
新疆里奥国际高新技术有限公司	35%	−233688.12
合计		−177061.94

注释 12 资本公积

项目	期初数	本期增加	本期减少	期末数
股本溢价	41151196.22	0.00	0.00	41151196.22
其他	800000.00	1280000.00	0.00	2080000.00
合计	41951196.22	1280000.00	0.00	43231196.22

注:1、股本溢价 41,151,196.22 元为公司 1999 年 4 月 28 日成立时,按各发起股东投入资本的 72.775%比例折算股本产生。

2、"其他"中期初余额 800,000.00 元系根据克拉玛依市财政局(克财发【1999】158 号)《关于下达 1999 年第二批财政返还企业名单的通知》及(新克财发【2000】76 号《关于 1999 年度财政返还资金帐务处理的通知》和克拉玛依市人民政府(克政办发【1998】51 号)"转发市财政局《关于地方税返还政策实施办法》的通知",由克拉玛依市财政局返还公司 1999 年度缴纳的所得税款。

"其他"中本期增加 1,280,000.00 元系根据克拉玛依市独山子区人民政府(克独政发【2000】15 号)《关于拨付技术改造资金的批复》,由克拉玛依市财政局全额返还公司的 2000 年三月缴纳的契税款。

注释 13 盈余公积

项目	期初数	本期增加	本期减少	期末数
法定盈余公积	2138558.04	1865239.38	0.00	4003797.42
公益金	2138558.04	1865239.38	0.00	4003797.42
合计	4277116.08	3730478.76	0.00	8007594.84

注释 14 未分配利润

项目	金额
期初余额	17108464.30
本期增加	14921915.06
本期减少	0.00
期末余额	32030379.36

注:1、依据公司 1999 年度股东大会《关于 1999 年度利润分配议案》的决议,公司税后利润弥补亏损后,按 10%的比例分别提取法定盈余公积金和法定公益金,剩余部分不分配,由新老股东共享。

2、根据公司 2000 年第一次临时股东大会决议,公司自 2000 年 1 月 1 日至上市前的未分配利润由公开发行股票后的新老股东共同享有。

十、董事会上市承诺

本公司董事会将严格遵守《中华人民共和国公司法》、《中华人民共和国证券法》、《股票发行与交易管理暂行条例》、《公开发行股票公司信息披露实施细则》和《上海证券交易所股票上市规则(2000 年修订本)》等国家有关法律、法规和规范性文件的规定,并自股票上市之日起作出如下承诺:

1、按照法律、法规的规定程序和要求披露重大信息,并接受证券主管机关、上海证券交易所的监督管理;

2、及时、真实、准确地在证券主管部门指定的报刊上公布中期报告和年度报告,并备置于规定场所供投资者查阅;

3、本公司董事、监事、高级管理人员如发生人事变动或持本公司股票发生变化时,在报告证券主管机关、上海证券交易所的同时向投资者公布;

4、在任何公众传播媒介中出现的消息可能对本公司股票的市场价格产生误导性影响时,本公司知悉后将及时对该消息予以公开澄清;

5、本公司董事、监事、高级管理人员将认真听取社会公众的意见和批评,不利用已获得的内幕消息和其他不正当手段直接或间接从事股票买卖活动;

6、本公司没有无记录负债;

7、依据 2000 年 5 月 1 日起实施的《上海证券交易所股票上市规则(2000 年修订本)》,本公司全体董事、监事将按照有关规定,在本公司股票上市后两个月内签署《董事(监事)声明及承诺书》并送达上海证券交易所备案。

十一、重要事项揭示

1、根据新疆华西会计师事务所(有限公司)对本公司 2000 年度和 2001 年盈利预测的"华会所核字【2000】第 006 号"审核报告,预计本公司 2000 年度实现利润总额 5228.8 万元,净利润 3503.3 万元;2001 年实现利润总额 5199.2 万元,净利润 4427.1 万元(以上数据为合并的盈利预测数)。

2、本次发行前公司每股净资产为 1.757 元,发行后为 3.631 元。

3、本次公开发行后,本公司首次股利发放时间预计在 2001 年第二季度,具体分配时间由公司董事会提出并经股东大会审议批准。根据公司 2000 年第一次临时股东大会决议,公司自 2000 年 1 月 1 日至上市前的未分配利润由公开发行股票后的新老股东共同享有。

4、本公司第一大股东———新疆独山子天利实业总公司郑重承诺,自新疆独山子天利高新技术股份有限公司股票上市之日起 12 个月内不转让其持有的本公司发起人股份 5605.44 万股,也不由本公司回购其持有的本公司股份。

5、根据新疆维吾尔自治区人民政府新政函[2000]137 号文《关于同意对上市公司所得税进行减征的批复》及新疆维吾尔自治区人民政府办公厅新政办函[2000]96 号文《关于同意减征新疆独山子天利高新技术股份有限公司企业所得税的批复》,本公司股票上市后,公司所得税将按应征税额减征 55%(实际按应征税额的 45%征收),即所得税由 33%变为 14.85%。

6、截止本上市公告书刊登之日,本公司无重大诉讼事项。

7、除招股说明书及本上市公告书已披露事项外,本公司无其它应披露而未披露的重要事项。

十二、备查文件目录

1、招股说明书
2、上海证券交易所上市通知书
3、中国证监会核准本公司公开发行股票的文件
4、审计报告、财务报表及附注
5、验资报告
6、盈利预测报告及注册会计师审核报告
7、法律意见书
8、资产评估报告
9、公司股东大会决议、董事会决议
10、公司营业执照
11、公司章程
12、其它备查文件

十三、咨询机构

1、发行人:新疆独山子天利高新技术股份有限公司
注册地址:新疆克拉玛依市独山子区北京路 3 号　法定代表人:徐福贵
电话:(0992)3872308　3680703　传真:(0992)3680651　联系人:马新海　肖艳　张锋刚

2、上市推荐人:海通证券有限公司
注册地址:上海市唐山路 218 号　办公地址:深圳市深南东路深业中心 24F
法定代表人:王开国　电话:(0755)2083680　传真:(0755)2083677　联系人:王建辉

3.上市推荐人:中信证券股份有限公司
注册地址:深圳市罗湖区湖贝路 1030 号海龙王大厦　办公地址:上海市番禺路 390 号 6F
法定代表人:常振明　电话:(021)62802631　传真:(021)62802267　联系人:方浩

4、股票上市交易所:上海证券交易所
注册地址:上海市浦东南路 528 号　法定代表人:朱从玖
电话:(021)68808888　传真:(021)68802819　联系人:周卫、唐军青

5.股票登记机构:上海证券中央登记结算公司
注册地址:上海市浦东新区浦建路 727 号　法定代表人:王迪彬
电话:(021)58750463　传真:(021)58732631　联系人:徐瑛、周铭

新疆独山子天利高新技术股份有限公司

二 000 年十二月二十日

资产负债表

编制单位:新疆独山子天利高新技术股份有限公司　单位:人民币元

资产	2000.6.30	1999.12.31	1998.12.31	1997.12.31
流动资产:				
货币资金	32237116.07	63071987.08	6203281.14	4056261.81
短期投资	40000000.00			
减:短期投资跌价准备				
短期投资净额	40000000.00			
应收票据				
应收股利				
应收利息				
应收帐款	18430329.82	28153197.78	25495134.17	30825261.97
其他应收款	1115292.45	1504410.40	4121573.95	1201618.97
减:坏帐准备	1164306.36	1431645.84	1174467.60	1137244.23
应收帐款净额	18381315.91	28225962.34	28442240.52	30889636.71
预付帐款	3954018.79	1137357.02	1252807.28	17794294.04
应收补贴款	1014525.98	1014525.98		
存货	39450538.88	44262286.27	43060979.64	53216853.02
减:存货跌价准备	247625.94	2638140.53		
存货净额	39202912.94	41624145.74	43060979.64	53216853.02
待摊费用	156583.16			
待处理流动资产净损失				
一年内到期的长期债权投资				
其他流动资产				
流动资产合计	134946472.85	135073978.16	78959308.58	105957045.58
长期投资:				
长期股权投资	28262838.84	1950000.00	950000.00	950000.00
长期债权投资				

长期投资合计	28262838.64	1950000.00	950000.00	950000.00
减:长期投资减值准备	0.00	10099.22		
长期投资净额	28262838.84	1939900.78	950000.00	950000.00
固定资产:				
固定资产原价	213627438.47	197002907.90	191903840.01	119690738.60
减:累计折旧	51541395.30	46567869.66	61525540.24	54072242.18
固定资产净值	162086043.17	150435038.24	130378299.77	65618496.42
工程物资				
在建工程	762858.49	36983.07	0.00	20907679.14
固定资产清理				
待处理固定资产损失				
固定资产合计	162848901.66	150472021.31	130378299.77	86526175.56
无形资产及其他资产:				
无形资产	4521489.13	3753671.61	0.00	318860.41
开办费	1525326.40	1724282.02		
长期待摊费用		218676.15	340096.26	390827.97
其他长期资产				
无形资产及其他资产合计	6265491.68	5818049.90	390827.97	318860.41
递延税项:				
递延税款借项				
资产总计	332323705.03	293303950.15	210678436.32	193752081.55
负债及股东权益				
流动负债:				
短期借款	82400000.00	64400000.00	67500000.00	57000000.00
应付票据				
应付帐款	21675022.45	14626653.33	7135108.32	9810199.46
预收帐款	13362490.24	10675181.01	6086834.14	3878240.24
代销商品款				
应付工资	2565526.93	2850000.00	1251002.67	1122464.66
应付福利费	2238586.24	1201041.15	1356926.68	1471935.79
应付股利				
应交税金	6873462.83	14603135.11	1449106.70	−971948.40
其他应交款		54357.56	107034.75	8776.30
其他应付款	6866316.35	10843711.20	4652426.83	5580550.44
预提费用		3018772.01	660417.00	865500.00
一年内到期的长期负债				
其他流动负债				
流动负债合计	139054534.61	119967173.55	90305681.64	77891442.19
长期负债:				
长期借款	0.00	0.00	15000000.00	15000000.00
应付债券				
长期应付款				
住房周转金				
其他长期负债				
长期负债合计	0.00	0.00	15000000.00	15000000.00
递延税项:				
递延税款贷项				
负债合计	139054534.61	119967173.55	105305681.64	92891442.19
少数股东权益				
股东权益				
股本	110000000.00	110000000.00		
资本公积	43231196.22	41951196.22		
盈余公积	8007594.84	4277116.08		
其中:公益金	2243255.16	2138558.04		
未分配利润	32030379.36	17108464.30		
股东权益合计	193269170.42	173336776.60	105372754.68	100860639.36
负债及股东权益总计	332323705.03	293303950.15	210678436.32	193752081.55

利润表

编制单位:新疆独山子天利高新技术股份有限公司　　单位:人民币元

项目	2000 年 1-6 月	1999 年度	1998 年度	1997 年度
一、主营业务收入	146255543.43	230709452.34	218941605.09	237202034.22
减:折扣与折让				
主营业务收入净额	146255543.43	230709452.34	218941605.09	237202034.22
减:主营业务成本	106646952.03	170402817.74	161530265.93	175758707.23
主营业务税金及附加	964560.77	448841.93	520597.39	541226.96
二、主营业务利润	38644030.63	59857792.67	56890741.77	60902100.03
加:其他业务利润	−168493.39	3569481.62	3787460.20	2798055.10
减:存货跌价损失	−2390514.59	2638140.53		
营业费用	5515041.15	3679568.10	4627089.85	5655563.67
管理费用	5472910.14	8930417.84	7794587.73	8830543.88
财务费用	1829592.95	3146392.38	4785944.37	6053323.65
三、营业利润	28048507.59	45032755.44	43470580.02	43160723.93
加:投资收益	−177061.94	544879.78	77333.67	24000.00
补贴收入	0.00	1089525.98		
营业外收入	11200.16			
减:营业外支出	43252.05	34377.68		
四、利润总额	27839393.76	46632783.52	43547913.69	43184723.93
减:所得税	9186999.94	15205675.49	14370811.51	14250958.90
减:少数股东权益				
五、净利润	18652393.82	31427108.03	29177102.18	28933765.03

利润分配表

编制单位:新疆独山子天利高新技术股份有限公司　　单位:人民币元

项目	2000 年 1-6 月	1999 年度
一、净利润		
减:1999 年 1-4 月净利润	18652393.82	31427108.03
加:年初未分配利润	0.00	8994556.47
盈余公积转入	17108464.30	−1046971.18
二、可供分配的利润	35760858.12	21385580.38
减:提取法定盈余公积	1865239.38	2138558.04
提取法定公益金	1865239.38	2138558.04
三、可供股东分配的利润	32030379.36	17108464.30
减:应付优先股股利		
提取任意盈余公积		
应付普通股股利		
转作股本的普通股股利		
四、未分配利润	32030379.36	17108464.30

现金流量表　2000 年 1-6 月

编制单位:新疆独山子天利高新技术股份有限公司　　单位:人民币元

项目	金额
一、经营活动产生的现金流量:	
销售商品、提供劳务收到的现金	185341070.71
收取的租金	
收到的税费返还	1280000.00
收到的其他与经营活动有关的现金	366107.05
现金流入小计	186987177.76
购买商品、接受劳务支付的现金	110108048.28
经营租赁所支付的现金	40000.00
支付给职工以及为职工支付的现金	11353992.40
支付的增值税款	12029036.12
支付的所得税款	14227811.01
支付的除增值税、所得税以外的其他税费	1353546.03
支付的其他与经营活动有关的现金	3207817.84
现金流出小计	152320251.68
经营活动产生的现金流量净额	34666926.08
二、投资活动产生的现金流量:	
收回投资所收到的现金	
分得股利或利润所收到的现金	
取得债券利息收入所收到的现金	
处置固定资产、无形资产和其他长期资产而收回的现金净额	8000.00
收到的其他与投资活动有关的现金	
现金流入小计	8000.00
购建固定资产、无形资产和其他长期资产所支付的现金	14814097.09
权益性投资所支付的现金	26500000.00
债权性投资所支付的现金	40000000.00
支付的其他与投资活动有关的现金	
现金流出小计	81314097.09
投资活动产生的现金流量净额	−81306097.09
三、筹资活动产生的现金流量:	
吸收权益性投资所收到的现金	
发行债券所收到的现金	
借款所收到的现金	88000000.00
收到的其他与筹资活动有关的现金	
现金流入小计	88000000.00
偿还债务所支付的现金	70000000.00
发生筹资费用所支付的现金	
分配股利或利润所支付的现金	
偿付利息所支支付的现金	2195700.00
融资租赁所支付的现金	
减少注册资本所支付的现金	
支付的其他与筹资活动有关的现金	
现金流出小计	72195700.00
筹资活动产生的现金流量净额	15804300.00
四、汇率变动对现金的影响	
五、现金及现金等价物净增加额	−30834871.01

附注:

项目	
1.不涉及现金收支的投资和筹资活动	
以固定资产偿还债务	
以投资偿还债务	
以固定资产进行长期投资	
以存货偿还债务	
融资租赁固定资产	
2.将净利润调节为经营活动的现金流量	
净利润	18652393.82
加:少数股东本期收益	
计提的坏帐准备或转销的坏帐	−267339.48
固定资产折旧	5276733.59
无形资产、开办费及长期待摊摊销	372440.96
待摊费用的减少(减增加)	75758.83
预提费用的增加(减减少)	2358355.01
处置固定资产、无形资产和其他长期资产的损失(减收益)	43252.05
固定资产报废损失	
财务费用	1829592.95
投资损失(减收益)	177061.94
递延税款贷项(减借项)	
存货的减少(减增加)	4811747.39
计提的存货跌价准备	−2390514.59
经营性应收项目的减少(减增加)	7295324.14
经营性应付项目的增加(减减少)	−3567880.53
其他	
经营活动产生的现金流量净额	34666926.08
3.现金及现金等价物净增加情况:	
货币资金的期末余额	32237116.07
减:货币资金的期初余额	63071987.08
现金等价物的期末余额	
减:现金等价物的期初余额	
现金及现金等价物净增加额	−30834871.01

武汉长江通信产业集团股份有限公司

武汉长江通信产业集团股份有限公司股票上市公告书

一、要 览

股票简称:长江通信
股票代码:600345
总股本:16500 万股
可流通股本:4500 万股
本次上市流通股本:4500 万股
上市地点:上海证券交易所
上市时间:2000 年 12 月 22 日
股票登记机构:上海证券中央登记结算公司
上市推荐人:湘财证券有限责任公司兴业证券有限责任公司

二、绪 言

武汉长江通信产业集团股份有限公司(以下简称"本公司")上市公告书是根据《中华人民共和国公司法》、《中华人民共和国证券法》、《股票发行与交易管理暂行条例》、《公开发行股票公司信息披露实施细则》和《上海证券交易所股票上市规则》等有关法律、法规的规定,并按照中国证券监督管理委员会制定的公开发行股票公司信息披露的内容与格式准则第七号《上市公告书的内容与格式(试行)》而编制,旨在向投资者提供本公司的基本情况及本次股票上市的各项有关资料。

经中国证券监督管理委员会证监发行字[2000]160 号文批准,本公司已于 2000 年 12 月 6 日至 12 月 15 日成功地采取上网定价发行方式向社会公开发行了每股面值 1.00 元的人民币普通股 4500 万股,每股发行价为 8.18 元。

经上海证券交易所上证上字(2000)第 113 号《上市通知书》批准,本公司 4500 万股社会公众股将于 2000 年 12 月 22 日起在上海证券交易所挂牌交易,股票简称"长江通信",股票代码为 600345。

本公司已于 2000 年 12 月 4 日分别在《中国证券报》和《上海证券报》上刊登了《招股说明书概要》,距今不足六个月,故与其重复的内容不再赘述,敬请投资者查阅本公司的《招股说明书概要》。

本公司董事会已批准本上市公告书,确信其中不存在任何重大遗漏、虚假陈述或严重误导,并对其真实性、准确性、完整性负个别和连带责任。

三、公司概况

1、基本情况
公司名称:武汉长江通信产业集团股份有限公司
英文名称:WUHAN YANGTZE COMMUNICATIONS INDUSTRY GROUP CO.,LTD
注册地址:武昌珞瑜路 200—1 号东湖高新技术开发区管理大楼 11 楼
注册资本:16500 万元人民币
法定代表人:熊瑞忠
成立日期:1996 年 1 月 2 日
联系人:胡湘建 李辉 蔡丽华
联系电话:(027)87411083
传真:(027)87411083

经营范围:通信、电子、计算机技术及产品的开发、研制、技术服务;开发产品的销售;通信工程的设计、施工(国家有专项规定的从其规定);通信信息的咨询服务。

2、历史沿革:

武汉长江通信产业集团股份有限公司是经湖北省体改委鄂体改[1995]108 号文件批准,由长江光通信产业集团(武汉)、武汉市信托投资公司、长江经济联合发展(集团)股份有限公司武汉公司、武汉东湖高新技术发展股份有限公司、华中科技实业总公司共同发起,于 1996 年 1 月正式设立的股份有限公司,总股本为 1.2 亿股。其中,长江光通信产业集团(武汉)以其拥有的经评估后的净资产 5,579.15 万元入股,计 5,570 万股,占总股本的 46.42%;武汉市信托投资公司以其拥有经评估后的长飞光纤光缆有限公司 25%的权益 4,855 万元入股,计 4,850 万股,占总股本的 40.42%;武汉东湖高新技术发展股份有限公司(现更名为"东湖高新集团股份有限公司")以其拥有经评估后的土地 731 万元和现金 269 万元入股,计 1,000 万股,占总股本的 8.33%;长江经济联合发展(集团)股份有限公司武汉公司以现金认购 500 万股,占总股本的 4.17%;华中科技实业总公司以现金认购 80 万股,占总股本的 0.66%。

在股份公司设立后,为规范企业间的产权关系,1997 年经武汉市人民政府办公厅和武汉市计划委员会同意,由武汉新能实业发展有限公司将长江光通信产业集团(武汉)全资收购,并在收购后对长江光通信产业集团(武汉)进行了重组:即于 1998 年 12 月 28 日注销了长江光通信产业集团(武汉),并于 1999 年 1 月 7 日将该企业的全部资产作为出资与武汉市电力开发公司共同设立武汉长江光通信产业有限公司,经湖北省体改委鄂体改[1999]107 号文批准,原长江光通信产业集团(武汉)持有本公司的发起人股份即由武汉长江光通信产业有限公司持有。

1999 年 9 月,经湖北省体改委鄂体改[1999]109 号文批准,长江经济联合发展(集团)股份有限公司武汉公司将其持有的本公司法人股 500 万股中的 351 万股,协议转让给武汉新能实业发展有限公司。本次股权转让后,本公司股本结构为:总股本 12,000 万股,其中武汉长江光通信产业有限公司 5,570 万股,占 46.42%;武汉市信托投资公司 4,850 万股,占 40.42%;武汉东湖高新集团股份有限公司 1,000 万股,占 8.33%;武汉新能实业发展有限公司 351 万股占 2.93%;长江经济联合发展(集团)股份有限公司武汉公司 149 万股,占 1.24%;华中科技实业总公司 80 万股,占 0.66%。

本公司设立后,在集中力量发展湖北省通信产业,发挥武汉市作为中南地区中心城市作用,优化行业资源配置的指导思想下,将武汉市通信行业的优质资产进行了有效聚合,突出了以通信电子产品开发、通信工程设计等高新技术为特点的主营业务。经过三年多的运营和发展,目前已形成了通信产品研究、开发、生产、销售及配套安装、维护的完整体系,并取得了较好的经营业绩。截止至 2000 年 6 月,武汉长江通信产业集团股份有限公司总资产已增长为 5.67 亿元,净资产为 1.89 亿元,2000 年中期实现净利润 2,690 万元。1999 年 2 月,经湖北省科学技术委员会鄂科工[1999]9 号文批准,本公司被认定为"高新技术企业";1999 年 6 月,本公司经中国科学院、国家科技部审核,通过国家高新技术企业认证,成为国家光电子信息产业基地骨干企业之一。

1999 年 8 月 2 日公司 1999 年度股东大会通过了本次公开发行股票并上市的决议,经中国证券监督管理委员会证监发行字[2000]160 号文

批准,本公司已于 2000 年 12 月 6 日在上交所成功地采取上网定价方式向社会公开发行了每股面值 1.00 元的人民币普通股 4500 万股。本次发行成功后,本公司已于 2000 年 12 月 13 日在湖北省工商行政管理局依法办理了工商变更登记手续,公司注册资本变更为 16500 万元人民币,工商执照注册号码为 4200001000753。

四、股票发行及承销情况

1、本次股票公开发行

发行数量:4500 万股　　发行价格:8.18 元/股
募集资金总额:35460 万元(已扣除发行费用)
发行方式:上网定价发行
发行中签率:0.19136746%
有效申购户数:1,305,435 户
有效申购股数:23,514,969,000 股持 1000 股(含 1000 股)以上的户数:41,681 户
发行费用总额:1350 万元
每股发行费用:0.3 元
发行市盈率:29.2 倍。
2、股票承销
本次发行被超额认购,承销团无余额包销。
3、验资报告

武众会(2000)376 号

验资报告

武汉长江通信产业集团股份有限公司全体股东:

我们接受委托,对武汉长江通信产业集团股份有限公司截至 2000 年 12 月 12 日止的注册资本、投入资本变更情况的真实性和合法性进行了审验。在审验过程中,我们按照《独立审计实务公告第 1 号—验资》的要求,实施了必要的审验程序。武汉长江通信产业集团股份有限公司的责任是提供真实、合法、完整的验资资料,保护资产的安全、完整。我们的责任是按照《独立审计实务公告第 1 号———验资》的要求出具真实、合法的验资报告。

武汉长江通信产业集团股份有限公司变更前的注册资本和投入资本分别为人民币 120,000,000 元和 120,054,896.78 元,变更后的注册资本为 165,000,000 元。根据我们的审验,截至 2000 年 12 月 12 日止,武汉长江通信产业集团股份有限公司已收到股东增加的投入资本 354,600,000 元(已扣除发行费用 13,500,000 元),其中股本 45,000,000 元,资本公积 309,600,000 元。变更后的股本为 165,000,000 元,其中国有法人股为 105,000,000 元(占注册资本的 63.64%),发起人法人股 15,000,000 元(占注册资本的 9.09%),社会公众股为 45,000,000 元(占注册资本的 27.27%)。与本次增加投入资本相关资产总额为 354,600,000 元,均系货币资金。

附件(一)变更前后注册资本、投入资本对照表

(二)验资事项说明

公司本次公开发行 45,000,000 股 A 股,股票发行收入为 368,100,000.00 元,扣除承销费用和上网发行手续费后的股票发行收入 354,600,000.00 元于 2000 年 12 月 12 日已全部缴存公司帐户,收款银行为武汉市农行洪山支行,帐号为 870188801036018。本公司公开发行 45,000,000 股 A 股实际募集资金为 354,600,000.00 元。

武汉众环会计师事务所有限责任公司

中国注册会计师:石文先
中国注册会计师:刘忠新
中国武汉国际大厦 B 座 16 楼　　2000 年 12 月 12 日

五、董事、监事和高级管理人员简介及持股情况

(一)公司董事、监事和高级管理人员简历

熊瑞忠先生,董事,现任董事长,现年 47 岁,大学文化程度,高级经济师。曾从事战士、工人、教师职业,后历任武汉市人事局工资处处长,武汉市社会保险局副局长。现任武汉长江通信产业集团股份有限公司董事长。

李明女士,董事,公司副董事长,现年 54 岁,大专文化程度,高级会计师。曾任武汉市房地产公司财务科科长、公司副经理,武汉市房地产管理局财务处副处长,武汉市信托投资公司副总经理,现任总经理。

陈晓伟先生,董事,现年 41 岁,大学文化程度。曾在武汉市纺织工业局外贸处工作,武汉市计委外经处工作。现任武汉电力开发公司总经理,武汉长江光通信产业有限公司董事长。

宋功云先生,董事,现年 62 岁,大专文化程度,高级经济师。曾任邮电部中南物资管理处技术员、工程师,武汉市计划委员会交通处副长,处长,本公司总经理。现任武汉长江光通信产业有限公司总经理。

雷雨先生,董事,现年 37 岁,硕士研究生。曾在空军雷达学院从事教学、科研和管理工作。现任武汉新能实业发展有限公司策划部经理、董事和董事会秘书。

单熙瑞先生,董事,现年 56 岁,大学文化程度,高级工程师。曾任中国包装总公司武汉分公司副总经理,武汉市建材工业局副局长,武汉市建材工业总公司副总经理,长发集团武汉公司经营研究室项目经理,香港长宏(武汉)实业有限公司副总经理。现任长发集团武汉公司副总经理。

龙爱民先生,董事,现年 48 岁,大专文化程度。曾任海军航空兵第二师六团领航长,参谋,副参谋长,现任武汉市信托投资公司副总经理。

刘行念先生,董事,现年 35 岁,研究生学历,工程师。曾就职于湖北省肿瘤医院,武汉市东湖开发区管委会。现任东湖高新集团股份有限公司总裁。

万文霞女士,董事,现年 40 岁,经济师。曾就职于湖北省林业学校,湖北省林业机械厂。现任武汉市信托投资公司计划财务部副处长。

查黎先生,监事,现年 44 岁,硕士研究生,高级工程师。曾任武汉市科委计划处副处长,办公室主任,中国科技开发院珠海分院技术部部长、院办公室主任。现任华中科技实业总公司总经理。

卢俊先生,监事,现年 39 岁,大专文化程度,会计师。曾任武汉市财政局副处长,长发集团武汉公司投资部副经理、经理,现任长发集团武汉公司办公室主任兼投资部经理。

袁德广先生,监事,现年 51 岁,大专文化程度。曾任武汉市物资局组织部副部长、部长,纪委副书记,现任武汉长江通信产业集团股份有限公司党委副书记。

夏亚民先生,总经理,现年 37 岁,硕士研究生,高级工程师。曾任教武汉水运工程学院,任武汉东湖新技术开发区管理委员会副处长,武汉东湖高新集团股份有限公司副总裁,现任本公司总经理。

董兴发先生,副总经理,现年 52 岁,大学文化程度,高级工程师。曾在武汉通信仪表厂研究所任副所长,武汉通信仪表厂副厂长,武汉长江通信有限公司经理,现任本公司副总经理。

胡湘建先生,副总经理兼董事会秘书,现年 34 岁,硕士研究生。曾任武汉市人民政府政策研究室副处长,武汉市国有资产管理委员会办公室副处长、处长。现任本公司副总经理兼董事会秘书。

黄笑声先生,财务负责人,现年 45 岁,大学文化程度。曾任武汉市统计局处长,武汉市交通银行房地产公司副总经理,期货公司副总经理。现任本公司财务负责人。

(二)公司董事、监事及高级管理人员持股情况本公司董事、监事及高级管理人员均未持有本公司股票。

六、公司设立

本公司是经湖北省体改委鄂改[1995]108 号文件批准,以原长江光通信产业集团(武汉)为主发

起人,同时联合武汉市信托投资公司、长江经济联合发展(集团)股份有限公司武汉公司、武汉东湖高新技术发展股份有限公司、华中科技实业总公司,共同发起设立的股份有限公司。

1999年8月2日公司1999年度股东大会通过了本次公开发行股票并上市的决议,经中国证券监督管理委员会证监发行字[2000]160号文批准,本公司已于2000年12月6日采取上网定价方式在上交所成功地向社会公开发行了每股面值1.00元的人民币普通股4500万股。

2000年12月13日,本公司已在湖北省工商行政管理局依法办理了工商变更登记手续,注册资本:16500万元人民币;注册地址:武昌珞瑜路200-1号东湖新技术开发区管理大楼11层;法定代表人:熊瑞忠;营业执照注册号码:4200001000753。

七、关联企业与关联交易

1、武汉长江光通信产业有限公司,持有本公司46.42%的股权,为本公司相对控股股东;

2、武汉长江通信有限公司,为本公司控股子公司,本公司持有其51%的股份;

3、武汉三网通信设备有限公司,为本公司控股子公司,本公司所持有的股份占其总股本的51%;

4、武汉长日通信设备有限公司,为本公司控股子公司,本公司持有其51%的股份;

5、武汉日电光通信工业有限公司,为本公司控股子公司,本公司所持有的股份占其总股本的51%;

6、武汉雅龙信息技术有限公司,为本公司控股子公司,本公司所持有的股份占其总股本的50%;

7、长飞光纤光缆有限公司,为本公司参股企业,本公司持有其25%的股份。

目前,本公司与关联公司之间不存在关联交易。武汉长江光通信产业有限公司,已向本公司作出不可撤消承诺,放弃从事与本公司相同的业务,不从事任何与本公司在经营上构成同业竞争的业务。另外,在武汉长江光通信产业有限公司与本公司发生不可避免的关联交易时,武汉长江光通信产业有限公司将按公平的市场原则进行,并履行必经的法律程序,不产生侵犯小股东利益的关联交易。

八、股本结构及大股东持股情况

(一)本公司本次上市后股本结构

股份类别	股数(万股)	占总股本的比例(%)
发起人股	12000	72.73
其中:国有法人股	10500	63.64
法人股	1500	9.09
社会公众股	4500	27.27
总股本	16500	100

(二)前十名股东持股数及比例

序号	股东名称	持股数(万股)	持股比例(%)
1	武汉长江光通信产业有限公司	5570	33.76
2	武汉市信托投资公司	4850	29.39
3	武汉东湖高新集团股份有限公司	1000	6.06
4	武汉新能实业发展有限公司	351	2.13
5	长江经济联合发展(集团)股份有限公司武汉分公司	149	0.9
6	华中科技实业总公司	80	0.48
7	安顺基金	33.9	0.21
8	安信基金	22.6	0.14
9	同盛基金	22.6	0.14
10	天元基金	22.1	0.13

九、公司财务会计资料

本公司截止2000年6月30日的财务状况,已于2000年12月4日在《中国证券报》和《上海证券报》上刊登的《招股说明书概要》中进行了详细披露。因与本公告间隔时间较短,本公告不再重述。本次只公布合并会计报表、主要财务指标及合并会计报表附注,欲了解其他内容,请查阅上述报纸或到本公司董事会公告的《招股说明书》查阅地址查阅。

1、合并会计报表(附后)

2、主要财务指标

指标年度	2000年6月	1999年	1998年	1997年
流动比率	1.28	1.23	1.11	1.13
速动比率	1.07	1.04	0.88	0.84
资产负债率(%)	56	58.46	69.68	68.66
应收帐款周转率(次)	0.65	1.22	1.64	1.59
存货周转率(次)	1.72	2.79	3.01	2.39
净资产收益率(%)	14.23	21.32	19.55	15.29
每股净利润(元)	0.22	0.29	0.21	0.16

3、合并会计报表附注:

(1)货币资金

项目	2000年6月30日 原币	汇率	人民币	1999年12月31日 原币	汇率	人民币
现金			81965.81			130969.83
其中						
USD	1004.19	8.27 80	8312.68	1007.19	8.27 93	8338.83
HKD	13283.28	1.0624	14112.16	13294.05	1.0653	14162.15
JPY	737078.00	0.0788	58081.75	739328.00	0.0809	59811.64
银行存款			50989488.74			94403811.31
其中:						
USD	282601.72	8.2780	2339377.04	282601.72	8.2793	2339744.42
HKD	7460.00	1.0624	7925.50	7460.00	1.0653	7947.14
JPY	1038029.77	0.0788	81796.75	1038029.77	0.0809	83976.61
合计			51071454.55			94534781.14

注:2000年6月30日货币资金余额51,071,454.55元,比1999年12月31日货币资金余额94,534,781.14元减少43,463,326.59元,下降45.98%,主要原因有:

A.公司本期增加权益性投资减少货币资金17,212,400.00元;

B.公司本期购建固定资产、无形资产和其他长期资产减少货币资金1,887,672.50元;

C.公司本期利息等财务费用净支出减少货币资金6,805,801.26元;

D. 公司本期销售商品、提供劳务和购买商品、接受劳务相抵后净支出减少货币资金7,027,918.88元;

E.公司本期支付税款减少货币资金8,659,538.36元。

(2)应收股利

根据长飞光纤光缆有限公司2000年4月19日第四届董事会第一次会议关于1999年利润分配的决议,公司应收长飞光纤光缆有限公司1999年度现金股利21,754,275.63元。

(3)应收账款

A.应收帐款按帐龄列示如下:

账龄	2000年6月30日 金额	比例	坏账准	1999年12月31日 金额	比例	坏账准备
1年以内	52085795.38	89.21%		204745218.99	90.32%	
1-2年	29316198.04	10.37%		17272484.23	7.62%	
2-3年	715127.10	0.25%		4111474.13	1.82%	
3年以上	469949.60	0.17%		550078.55	0.24%	
合计	282587070.12	100%	28258707.01	226679255.90	100%	22667925.59

a、本公司2000年6月30日应收账款比1999年末增加55,907,814.22元,增长24.66%。主要为武汉日电光通信工业有限公司和武汉长江通信有限公司当期增加应收账款所致。其中:武汉长江通信有限公司因吉林邮电局工程项目完工决算增加应收账款13,149,449.12元;武汉日电光通信工业有限公司因销售货款回款高峰期集中在年末,其2000年6月30日应收账款比1999年末增加43,229,653.46元。

b、本公司2000年6月30日应收账款余额为282,587,070.12元,其中89%以上为一年以内应收账款。主要是公司下属武汉日电光通信工业有限公司销售合同约定的付款时间一般在购货方收到商品后的6至12个月,且多集中在年末。其购货客户稳定,且绝大多数为国家大型的交通、通讯等重要基础设施单位,经营稳定,武汉日电光通信工业有限公司主要依据客户定单生产,产品的质量已通过ISO9002认证,并实行售后一条龙跟踪服务,退货纠纷发生机率很小,应收账款一般能在第二年收回,公司承担的财务风险很小。

c、2000年6月30日三年以上应收账款为469,949.60元,其中公司下属工贸分公司与债务人因经销的商品发生质量争议而被拖欠的货款344,690.15元;公司下属武汉长江通信有限公司债务人以超合同发货为由拖欠货款125,259.45元,公司为避免损失仍在积极催收,但存在一定财务风险。

公司为防止和减少难以预见的财务风险,本着谨慎性原则,董事会已确定按应收款项(包括应收账款和其他应收款)年末余额的10%计提坏账准备。

B、欠款金额前五名的单位:

单位名称	欠款金额	欠款时间	欠款原因
北京鑫佳泓科技有限公司	29394399.61	1999-2000	尚欠货款
甘肃省邮电器材公司	29007201.27	1999-2000	尚欠货款
香港和谷有限公司	20628235.44	1999-2000	尚欠货款
甘肃省邮电管理局	16854327.84	1999-2000	尚欠货款
吉林邮电局	14159457.72	1999-2000	尚欠货款

C、应收账款中无持本公司5%(含5%)以上股份的股东单位的欠款。

(4)其他应收款

其他应收帐款按帐龄列示如下:

账龄	2000年6月30日 金额	比例	坏账准备	1999年12月31日 金额	比例	坏账准备
1年以内	7154043.71	52.15%		8618834.33	45.81%	
1-2年	5062702.68	36.91%		6523353.37	34.67%	
2-3年	1079606.81	7.87%		3127569.01	16.63%	
3年以上	421694.60	3.07%		544583.05	2.89%	
合计	13718047.80	100%	1371804.80	18814339.76	100%	1881433.98

C、本期末三年以上其他应收款为421,694.60元。其中:职工经手购装修材料,因未取得正式发票暂未转账的款项120,000.00元;因债务人已确认但无款支付的暂付款项300,000.00元;因往来业务继续,暂不能收回的税务保证金及电话押金1,694.60元。

D、本公司因业务往来关系,于1997年12月给众旺建材营销有限公司提供无息借款计50万元,债务人已确认,但目前资金紧张暂未偿还。

E、本公司2000年6月30日其他应收款比1999年末减少5,096,291.96元,下降27.09%,主要是本公司本期收回武汉长江无线寻呼机制造有限公司借款400万元等。

F、其他应收款中无持本公司5%(含5%)以上股份的股东单位的欠款。

(5)预付帐款

A.预付帐款按账龄列示如下:

账龄	2000年6月30日 金额	比例	1999年12月31日 金额	比例
1年以内	715082.44	9.69%	1577513.01	18.56%
1-2年	47930.05	0.65%	307326.00	3.62%
2-3年				
3年以上	6613560.44	89.66%	6614440.00	77.82%
合计	7376572.93	100%	8499279.01	100%

B、欠款金额前五名的单位:

单位名称	欠款金额	欠款时间	欠款原因
休斯网络系统有限公司	6,613,560.44	1996年	预付工程设备款
江天智能大厦	299,000.00	2000年	预付货款
广星通讯开发公司	80,000.00	2000年	预付货款
深圳瑞嘉华公司	78,229.00	2000年	预付货款
深圳瑞文兴公司	66,560.00	2000年	预付货款

(8)长期投资

A、长期投资

项目	1999年12月31日	本期增加	本期摊销	2000年6月30日
长期股权投资	48548800.00	17466660.16		66015460.16
合计	48548800.00	17466660.16		66015460.16

B、长期股权投资

其他股权投资

被投资单位名称	投资期限	投资金额	占被投资单位注册资本比例	本期权益增减额
长飞光纤光缆有限公司	20年	48548800.00	25%	
湖北东湖光盘技术有限责任公司	20年	10590000.00	39%	
武汉安凯电缆有限公司	25年	6622400.00	20%	254260.16
合计		65761200.00		254260.16

续上表:

被投资单位名称	累计权益增减额	减值准备	2000年6月30日
长飞光纤光缆有限公司			48548800.00
湖北东湖光盘技术有限责任公司			10590000.00
武汉安凯电缆有限公司	254260.16		6876660.16

合计	254260.16	66015460.16

说明:1. 本期以购买方式取得湖北东湖光盘技术有限责任公司 39%的股权，协议价为 21,180,000.00 元,截止 2000 年 6 月 30 日已支付价款的
50%(即 10,590,000.00 元)。该公司 2000 年 6 月 30 日账面净资产为 24,618,830.68 元,按持股比例计算本公司享有该公司所有者权益份额为 9,601,343.97 元。该公司 2000 年 1-6 月账面净利润 2,037,415.02 元,公司本期未计算投资收益。

2. 本期对武汉安凯电缆有限公司投资成本为 6,622,400.00 元，本期取得投资收益 254,260.16 元。

(21)应交税金

税种	2000 年 6 月 30 日	1999 年 12 月 31 日
增值税	6632759.29	5427534.25
营业税	360262.67	205322.60
个人所得税	55680.75	237193.89
城市维护建设税	256725.25	153322.72
企业所得税	1744824.23	2270101.38
代扣所得税	817975.17	668213.22
合计	9868227.36	8961688.06

注:欠税款主要为当期计提、按规定由后期缴纳的应交税款。其中:

2000 年 6 月 30 日应交增值税中有 4,321,385.13 元已于 2000 年 9 月 30 日前缴纳。

②2000 年 6 月 30 日应交代扣企业所得税余额 817,975.17 元,2000 年 7-9 月已缴 117,511.20 元,下余 700,463.97 元,系在支付外方延期付款利息时缴纳。

注: 预提销售服务费系武汉日电光通信工业有限公司产品出售后根据合同规定为客户提供售后服务及业务培训的费用。

(27)股本

股本总额为 120,000,000 股,每股面值 1 元,股本总金额为 120,000,000 元。其股份结构如下:

	本次变动前	本次变动增减(+、-)						本次变动后
		配股	送股	公积金转股	增发	其他	小计	
一.未上市流通股份	120000000.00							120000000.00
1.发起人股份	120000000.00							120000000.00
其中:国家持有股份境内法人持有股份	120000000.00							120000000.00
二.已上市流通股份								
三.股份总数	120000000.00							120000000.00

说明:公司股本 12,000 万元业经武汉东湖开发区审计事务所武东开审事验(95)245 号验资报告予以验证。

(31)主营业务收入

项目	2000 年 1-6 月	1999 年度	1998 年度	1997 年度
PDH 设备	10,648,753.84	46,433,445.04	55,954,920.05	67,000,130.51
SDH 设备	121518949.41	220719518.76	296504706.91	230019240.12
CATV 设备	8547.00	2000871.78	1100689.92	
其他设	5356132.31	8866907.39	9515883.88	2371316.50
电器产品	4994477.65	7502141.04	7627795.82	8363981.51
技术服务收入	8406313.00	6674777.20	126808.50	237716.50
合计	150933173.21	292197661.21	370830805.08	307992385.14

注:A.2000 年 1-6 月主营业务收入 150,933,173.21 元，占 1999 年度主营业务收入 292,197,661.21 元的 51.65%,无异常变动,但收入结构有所变化,变动较大的项目及主要原因有:

a.2000 年 1-6 月其他设备收入 5,356,132.31 元,占 1999 年收入 8,866,907.39 元的 60.40%,高于 50%,主要系配套设备销售增加。2000 年,国家邮电体制改革基本完成,市场回暖,邮电市场投资建设项目增加。公司产品销售对象除邮电部门(公网项目)外,又新增煤炭、供电等系统(专网项目),因专网项目多系新建,对配套设备的需求增加,配套设备销售相应增加;

b.2000 年 1-6 月电器产品收入 4,994,477.65 元,占 1999 年收入 7,502,141.04 元的 66.57%,高于 50%,系公司下属工贸分公司 2000 年 1-6 月进一步开拓市场,在武汉市内各大商场又新增 7 个销售网点,销售额相应增加。

c.2000 年 1-6 月技术服务收入 8,406,313.00 元,占 1999 年收入 6,674,777.20 元的 125.94%,高于 50%,由于市场竞争的加剧,公司充分利用自身的专业技术优势,加大技术服务力度,为金融系统和"中国光谷"软件工业园开发各类管理及技术软件及系统集成,技术服务收入增长较快。

B.主营业务收入 1999 年度较 1998 年度减少 78,633,143.87 元,下降 21.20%。主要原因是子公司武汉日电光通信工业有限公司因国家邮电体制改革带来邮电投资项目推迟或停顿，致使订单有所减少,收入下降。下降幅度较大的产品有:PDH 设备(光传输数字复接设备),SDH 设备
(光同步传输系统)。

(32)主营业务税金及附加

项目	2000 年 1-6 月	1999 年度	1998 年度	1997 年度
营业税	258355.65	207034.12	13752.08	20774.41
城市维护建设税	131468.81	174139.28	22593.69	34658.37
教育费附加	56343.77	74631.12	9682.91	14853.58
地方教育发展费	147191.82	310357.29		
合计	593360.05	766161.81	46028.68	70286.36

(33)其他业务利润

项目	2000 年 1-6 月	1999 年度	1998 年度	1997 年度
维修费	99833.47	211428.43	989556.33	550146.57
佣金收入	519671.17		1337748.33	
合计	619504.64	211428.43	2327304.66	550146.57

说明:1、武汉日电光通信工业有限公司代日本电器株式会社提供售后维修服务取得维修费收入为非经常性收入,年度之间发生变动属于正常。

3、武汉日电光通信工业有限公司为日本住友商社介绍业务收取的佣金收入为非经常性收入,年度之间发生变动属于正常。

十、董事会上市承诺

本公司董事会将严格遵守《中华人民共和国公司法》、《中国人民共和国证券法》、《股票发行与交易管理暂行条例》、《公开发行股票公司信息披露实施细则》和《上海证券交易所股票上市规则》等有关法律、法规规定,并自股票上市之日起作出如下承诺:

1、按照法律、法规的规定程序和要求披露重大信息,并接受证券主管机关、上海证券交易所的监督管理;

2、及时准确地公布中期报告和年度报告,并置于规定场所供股东查阅;

3、本公司董事、监事及高级管理人员如发生人事变动或持本公司股票发生变化时,在报告证券主管机关、上海证券交易所的同时向投资者公布;

4、在任何公众传播媒介出现的消息可能对公司股票的市场价格产生误导性影响时,本公司知悉后将及时对消息进行公开澄清;

5、本公司董事、监事及高级管理人员将听取社会公众的意见与批评,不利用已获得的内幕消息和其他不正当手段直接或间接从事股票买卖活动;

6、本公司没有无记录负债。

依据《上海证券交易所股票上市规则》,本公司全体董事、监事将按照有关规定,在本公司股票上市后两个月内签署《董事(监事)声明及承诺书》并送达上海证券交易所备案。

十一、重要事项提示

1、经上海证券交易所上证上字[2000]第 113 号文批准,本公司通过上海证券交易所交易系统上网定价发行的 4500 万股人民币普通股(A 股),将于 2000 年 12 月 22 日起在上海证券交易所挂牌交易。

2、本公司及下属武汉长日通信设备有限公司、武汉长江通信有限公司、武汉三网通信设备有限公司、武汉雅龙信息技术有限公司均是武汉东湖新技术开发区认定的高新技术企业,并在国务院批准设立的武汉东湖开发区内注册的企业,根据财政部、国家税务总局《关于企业所得税若干优惠政策的通知》(财税字[1994]001 号)和《武汉东湖新技术开发区条例》的规定,享受如下所得税优惠政策:所得税税率为 15%;企业自投产年度起免征所得税两年。本公司下属合资企业武汉日电光通信工业有限公司也是武汉东湖新技术开发区认定的高新技术企业,根据上述文件和《外商投资企业和外国企业所得税法实施细则》(国务院令[1991]85 号)的规定,享受如下优惠政策:所得税税率为 15%,并且从获利年度起两年内免征所得税,两年后减半征收所得税。

3、本公司将依照同股同利的原则,按各股东所持股份数分配股利。公司可以采取现金或股票方式分配股利。公司根据每一会计年度的盈利状况和发展情况,由董事会提出利润分配方案,经股东大会通过后实施，预计本次发行后首次股利分配时间在 2001 年 6 月 30 日前。根据公司 2000 年 1 月 25 日召开的 1999 年度股东大会,公司股票发行前滚存的未分配利润由新老股东共享。

4、根据武汉众环会计师事务所有限责任公司武众会(2000)第 074 号《盈利预测审核报告》,本公司 2000 年度预测实现利润总额 5,649.66 万元,净利润 3,623.73 万元,每股全面摊薄收益为 0.22 元。

5、本公司第一大股东武汉长江光通信产业有限公司向上交所郑重承诺,自长江通信股票上市之日起 12 个月内不转让其持有的发起人股份,也不由上市公司回购其持有的股份。

6、截止本上市公告书刊登之日,本公司没有尚未了结的重大诉讼、仲裁或行政处罚案件,公司董事、监事和高级管理人员亦未受到任何刑事起诉。

十二、备查文件目录

1、招股说明书
2、上海证券交易所上市通知书
3、审计报告、财务报表及附注
4、资产评估报告
5、盈利预测审核报告
6、法律意见书
7、验资报告
8、公司章程
9、公司营业执照
10、中国证监会批准本公司公开发行股票的文件
11、其他文件

十三、咨询机构

1、发行人:武汉长江通信产业集团股份有限公司
法定代表人:熊瑞忠
地址:武昌珞瑜路 200-1 号东湖新技术开发区管理大楼 11 层
电话:(027) 87411083 传真:(027) 87411083
联系人:胡湘建、李辉、蔡丽华
2、上市推荐人:湘财证券有限责任公司
法定代表人:陈学荣
地址:长沙市黄兴中路 63 号中山国际大厦 12 楼
电话:(010) 64916537 联系人:战颖、彭淼
3、上市推荐人:兴业证券有限责任公司
法人代表:兰荣
地址:福建省福州市湖东路 99 号
电话:(010) 66512959 联系人:朱彤

武汉长江通信产业集团股份有限公司

二 OOO 年十二月十三日

合并利润表

编制单位:武汉长江通信产业集团股份有限公司 单位:人民币元

项目	2000 年 1 至 6 月	1999 年度	1998 年度	1997 年度
一、主营业务收入	150933173.21	292197661.21	370830805.08	307992385.14
减:折扣与折让				
主营业务收入净额	150933173.21	292197661.21	370830805.08	307992385.14
减:主营业务成本	110299603.71	226059576.49	298466999.80	243425765.12
主营业务税金及附加	593360.05	766161.81	46028.68	70286.36
二、主营业务利润(亏损以"-"号填列)	40040209.45	65371922.91	72317776.60	64496333.66
加:其他业务利润(亏损以"-"号填列)	619504.64	211428.43	2327304.66	550146.57
减:存货跌价损失	-83233.40		250875.14	
营业费用	4239818.16	12451007.76	12984507.83	10175605.51
管理费用	17320643.56	22692207.60	38564628.23	28436450.89
财务费用	6981558.43	16593247.04	12913154.20	14703532.26
三、营业利润(亏损以"-"号填列)	12200927.34	13846888.94	9931915.86	11730891.57
加:投资收益(损失以"-"号填列)	22008535.79	16916615.81	16118043.26	11600738.24
补贴收入	961338.01	16200000.00	15000000.00	8100000.00
营业外收入	485246.54	145664.06	56376.11	232169.13
减:营业外支出	67871.03	2110601.56	1192967.57	1825023.24
四、利润总额(亏损总额以"-"号填列)	35588176.65	44998567.25	39913367.66	29838775.70
减:所得税	1786340.34	2501052.99	3836330.79	1805323.61
减:少数股东权益	6900141.92	8585699.72	11000965.65	9130977.50
五、净利润(净亏损以"-"号填列)	26901694.39	33911814.54	25076071.22	18902474.59

合并利润分配表

编制单位:武汉长江通信产业集团股份有限公司 单位:人民币元

项目	2000 年 1 至 6 月	1999 年度	1998 年度	1997 年度
一、主营业务收入	26901694.39	33911814.54	25076071.22	18902474.59
加:年初未分配利润	20619953.66	-3118316.53	-292114.02	-6271066.06
盈余公积转入数				
二、可分配的利润	47521648.05	30793498.01	24783957.20	12631408.53
减:提取法定盈余公积		3391181.45	2507607.12	1263140.85

提取法定公益金 3391181.45 2507607.12 1263140.85
三、可供股东分配的利润
47521648.05 24011135.11 19768742.96 10105126.83
减:应付优先股股利
提取任意盈余公积 3391181.45 2507607.12 1263140.85
应付普通股股利 20379452.37 9134100.00
转作股本的普通股股利
四、未分配利润 47521648.05 20619953.66 −3118316.53 −292114.02

合并现金流量表

编制单位:武汉长江通信产业集团股份有限公司 金额单位:人民币元
项目
一、经营活动产生的现金流量: 2000 年 1−6 月 1999 年度
销售商品、提供劳务收到的现金 116250225.88 380138858.06
收取的租金
收到的增值税销项税额和退回的增值税款
961338.01 16200000.00
收到的除增值税以外的其他税费返还 4019295.61 701843.40
收到的其他与经营活动有关的现 121230859.50 397040701.46
现金流入小计 123278144.76 254168064.70
购买商品、接受劳务支付的现金 6300.00 76658.60
经营租赁所支付的现金 6993948.80 18340322.35
支付给职工以及为职工支付的现金 4079894.08 15821628.52
支付的增值税款 2311617.49 1433432.11
支付的所得税款 2268026.79 1248474.50
支付的除增值税、所得税以外的其他税费
7081494.59 21902244.67
支付的其他与经营活动有关的现金 146019426.51 312990825.45
现金流出小计 −24788567.01 84049876.01
经营活动产生的现金流量净额
二、投资活动产生的现金流量:
收回投资所收到的现金
分得股利或利润所收到的现金 − 16916615.81
取得债券利息收入所收到的现金
处置固定资产、无形资产和其他长期资产而收回的现金净额
252575.50
收到的其他与投资活动有关的现金
现金流入小计 17169191.31
购建固定资产、无形资产和其他长期资产所支付的现金
1887672.50 9685188.46
权益性投资所支付的现金 17212400.00
债权性投资所支付的现金
支付的其他与投资活动有关的现金
现金流出小计 19100072.50 9685188.46
投资活动产生的现金流量净额 −19100072.50 7484002.85
三、筹资活动产生的现金流量:
吸收权益性投资所收到的现金
发行债券所收到的现金
借款所收到的现金 128678750.00 161072252.57
收到的其他与筹资活动有关的现金
现金流入小计 128678750.00 161072252.57
偿还债务所支付的现金 120339160.00 209470762.57
发生筹资费用所支付的现金
分配股利或利润所支付的现金 − 10000000.00
偿付利息所支支付的现金 587132.53 7075560.30
融资租赁所支付的现金 7051840.41 17910726.38
减少注册资本所支付的现金
支付的其他与筹资活动有关的现金 250448.90
现金流出小计 128228581.84 244457049.25
筹资活动产生的现金流量净额 450168.16 −83384796.68
四、汇率变动对现金的影响 −24855.24 −8677.84
五、现金及现金等价物净增加额 −43463326.59 8140404.34
2000 年 1−6 月 1999 年度
补充资料
1.不涉及现金收支的投资和筹资活动
以固定资产偿还债务
以投资偿还债务
以固定资产进行长期投资
以存货偿还债务
融资租赁固定资产
2.将净利润调节为经营活动的现金流量
净利润 26901694.39 33911814.54
加:少数股东本期损益 6900141.92 8585699.72
计提的坏帐准备或转销的坏帐 4646743.09 −4419235.08
固定资产折旧 3404383.52 8080495.56
无形资产摊销 3417005.10 6718597.69
开办费及长期待摊费用摊销 335181.34 652047.94
待摊费用的减产(减:增加) 618571.37 −4500.00
预提费用的增加(减:减少) −1424125.98 −1451012.43
处置固定资产、无形资产和其他长期资产的损失(减收益)
− −15818.51
固定资产报废损失 − 384909.74
财务费用 6981558.43 16593247.04
投资损失(减:收益) −22008535.79 −16916615.81
递延税款贷款(减:借项)
存货的减少(减:增加) −5713881.60 28399261.95
经营性应付项目的减少(减:增加) −44619706.77 41489048.55
经营性应付项目的增加(减:减少) −4227596.03 −37958064.89
其他
经营活动产生的现金流量净额 −24788567.01 84049876.01
3.现金及现金等价物净增加情况:
货币资金的期末余额 51071454.55 94534781.14
减:货币资金的期初余额 94534781.14 86394376.80
现金等价物的期末余额
减:现金等价物的期初余额
现金及现金等价物净增加额 −43463326.59 8140404.34

合并资产负债表

编制单位:武汉长江通信产业集团股份有限公司 单位:人民币元
资产 2000 年 6 月 30 日 1999 年 12 月 31 日 1998 年 12 月 31 日 1997 年 12 月 31 日
流动资产:
货币资金 51071454.55 94534781.14 86394376.80 83698913.96
短期投资
减:短期投资跌价准备
短期投资净额
应收票据
应收股利 21754275.63
应收利息
应收帐款 282587070.12 226679255.90 273385593.92 198336451.84
其他应收款 13718047.80 18814339.76 13628528.68 169393782.31
减:坏帐准备 29630511.81 24549359.57 28701412.26 21527583.43
应收帐款净额 266674606.11 220944236.09 258312710.34 193748250.72
预付帐款 7376572.93 8499279.01 10017432.69 7854801.15
应收补贴款
存货 66771830.16 61141181.96 89540443.91 98521210.01
减:存货跌价准备 167641.74 250875.14 250875.14
存货净额 66604188.42 60890306.82 89289568.77 98521210.01
待摊费用 291552.91 910124.28 771730.90 810322.28
待处理流动资产净损失
一年内到期的长期债权投资
其他流动资产
流动资产合计 413772650.55 385778727.34 444785819.50 384633498.12
长期投资:
长期股权投资 66015460.16 48548800.00 48548800.00 48548800.00
长期债权投资
长期投资合计 66015460.16 48548800.00 48548800.00 48548800.00
减:长期投资减值准备
长期投资净额 66015460.16 48548800.00 48548800.00 48548800.00
其中:合并价差额
其中:股权投资差额
固定资产:
固定资产原价 83154878.01 88063633.62 86868830.53 78649536.60
减:累计折旧 41055318.80 38789312.78 33433026.28 24821106.61
固定资产净值 42099559.21 49274320.84 53435804.25 53828429.99
工程物资
在建工程 20406167.41 20151785.76 22729965.05 13783148.33
固定资产清理
待处理固定资产损失
固定资产合计 66724516.35 69426106.60 76165769.30 67611578.32
无形资产及其他资产:
无形资产 18351616.19 18596521.29 24199365.90 30916341.24
开办费 425330.84 504459.22 423331.62 131059.29
长期待摊费用 1522672.83 1371255.79 1513459.44 1871002.95
其他长期资产
无形资产及其他资产合计
20299619.86 20472236.30 26136156.96 32918403.48
递延税项:
递延税款借项
资产总计 566812246.92 524225870.24 595636545.76 533712279.92
负债及股东权益
流动负债:
短期借款 130173000.00 121833410.00 158385410.00 134685380.00
应付票据
应付帐款 120416294.64 114595637.45 151023611.35 147645123.22
预收帐款 8684594.77 11918750.09 18233128.85 20385668.94
代销商品款
应付工资 5778711.50 8001749.28 8192232.42 6438361.07
应付福利费 8274673.40 8563260.93 7008527.61 3804502.57
应付股利 14069428.81 10911723.79 21029284.09 9408588.74
应交税金 9868227.36 8961688.06 2866404.01 2697097.79
其他应交款 342750.35 187510.69 883.12 721.25
其他应付款 15005331.43 15958769.56 22082646.25 14358281.13
预提费用 10187229.41 11688411.69 13690110.35 1843752.89
一年内到期的长期负债
705665.00 705665.00
其他流动负债
流动负债合计 323505906.67 313326576.54 402512238.05 341267477.60
长期负债:
长期借款 12552175.00 22737840.00
应付债券
长期应付款 2455224.01
住房周转金 −6082697.67 −5212353.27
其他长期负债
长期负债合计 −6082697.67 −5212353.27 12552175.00 25193064.01
递延税项:
递延税款贷项
负债合计 317423209.00 308114223.27 415064413.05 366460541.61
少数股东权益 60326704.83 53951008.27 52323308.55 43699533.00
股东权益 2 股本 120000000.00 120000000.00 120000000.00 120000000.00
资本公积 54896.78 54896.78 54896.78 54896.78
盈余公积 21485788.26 21485788.26 11312243.91 3789422.55
其中:公益金 7161929.42 7161929.42 3770747.97 1263140.85
未分配利润 47521648.05 20619953.66 −3118316.53 −292114.02
股东权益合计 189062333.09 162160638.70 128248824.16 123552205.31
负债及股东权益总计
566812246.92 524225870.24 595636545.76 533712279.92

牡丹江恒丰纸业股份有限公司

牡丹江恒丰纸业股份有限公司招股说明书

一、绪 言

本招股说明书概要摘自《牡丹江恒丰纸业股份有限公司招股说明书》,系依据《中华人民共和国公司法》、《中华人民共和国证券法》、《股票发行与交易管理暂行条例》、《公开发行股票公司信息披露实施细则》等国家现行有关证券管理法律、法规及本公司的实际情况编制而成,旨在向投资者提供有关本公司的基本情况和本次发行、认购的各项有关资料。

本公司董事会全体成员已审阅批准本招股说明书概要,确信本招股说明书概要所摘内容与招股说明书正文一致且不存在任何重大遗漏、虚假或误导,并愿意对其真实性、准确性、完整性负个别及连带责任。

本公司本次发行的股票是根据招股说明书所载明的资料申请发行的。除本发行人和主承销商外,没有委托或授权任何其他人提供未在招股说明书中列载的信息和对招股说明书作任何解释或者说明。

本招股说明书概要提醒投资人自行负担买卖发行人股票所应支付的税款,发行人、推荐人和承销商对此不承担任何责任。

本次发行已获中国证券监督管理委员会证监发行字[2000]174号文批准。

二、释 义

在本招股说明书中,除非另有所指,下列简称具有以下特定含义:

1、发行人:指牡丹江恒丰纸业股份有限公司,或简称为"本公司"、"公司"、"股份公司"。
2、集团公司:指牡丹江恒丰纸业集团有限责任公司。
3、本次发行:指本次向社会公开发行人民币普通股4,000万股。
4、股票:指本公司每股面值1元的人民币普通股。
5、公司章程:指牡丹江恒丰纸业股份有限公司章程修正案。
6、主承销商:指中信证券股份有限公司。
7、大宇公司:指牡丹江造纸厂与韩国大宇在牡丹江合资成立的大宇制纸有限公司。
8、《公司法》:指《中华人民共和国公司法》。
9、《证券法》:指《中华人民共和国证券法》。
10、元:指人民币元。

三、发售新股的有关当事人

1、发行人:牡丹江恒丰纸业股份有限公司
法定代表人:李荣华
地址:黑龙江省牡丹江市阳明区造纸路11号
电话:0453-6331111转6447、6451　　传真:0453-6330989
联系人:李迎春　李荣伟
2、主承销商:中信证券股份有限公司
法定代表人:常振明
地址:深圳市罗湖区湖贝路1030号海龙王大厦
电话:023-62812201　　传真:023-62812616
联系人:温志武陈宇涛万久清
3、副主承销商:黑龙江省证券公司
法定代表人:卞玉祥
地址:哈尔滨市道里区通江街188号
电话:0451-4681007　　传真:0451-4680835
联系人:徐晓东
4、分销商
(1)西南证券有限责任公司
法定代表人:张引
地址:重庆市渝中区临江支路2号合景国际大厦A座
电话:010-82616773　　传真:010-82616801　　联系人:欧旭
(2)长江证券有限责任公司
法定代表人:明云成　　地址:湖北省武汉市江汉区新华下路特8号
电话:027-87655891　　传真:027-87655162　　联系人:孙玉龙
(3)中国银河证券有限责任公司
法定代表人:朱利　　地址:北京市德外大街97号
电话:0451-4687100　　传真:0451-4697868　　联系人:封建波
5、上市推荐人:
(1)中信证券股份有限公司
(2)中国银河证券有限责任公司
6、发行人法律顾问:信达律师事务所
法定代表人:靳庆军
地址:深圳市深南中路东风大厦21层
电话:0755-3663700　　传真:0755-3663710
经办律师:陈利民、徐育康　　联系人:许志刚
7、主承销商法律顾问:北京市众天律师事务所
地址:北京市西城区阜外大街7号国投大厦
电话:010-68095613　　传真:010-68095616
经办律师:梁文福、苌宏亮
8、财务审计机构:深圳中天会计师事务所
法定代表人:蒋贤山
地址:深圳市深南中路爱华大厦8层
电话:0755-3697036　　传真:0755-3697329
经办注册会计师:朱子武、徐林文　　联系人:谢军、梁新辉
9、资产评估机构:黑龙江国通资产评估有限公司
法定代表人:夏双实
地址:哈尔滨市南岗区花园街235号1101室
电话:0451-3666036转67556756　　传真:0451-3666072
经办注册评估师:古凤峻、王兴文
10、资产评估确认机构:中华人民共和国财政部
地址:北京市三里河路南三巷3号
电话:010-68551114　　传真:010-68551229
1、股票登记机构:上海证券中央登记结算公司
法定代表人:王迪彬
地址:上海市浦建路727号　　电话:021-58708888

四、发行情况

1、股票种类:本次发行的股票全部为"牡丹江恒丰纸业股份有限公司"人民币普通股(A股)。
2、发行日期:2000年12月18日至2000年12月28日。
3、发行方式:上网定价发行。
4、发行地区:与上海证券交易系统联网的全国各证券交易网点。
5、发行对象:持有上海证券交易所股票帐户卡的中华人民共和国境内公民、法人及其他组织(法律、法规禁止购买者除外)。
6、承销方式:由主承销商中信证券股份有限公司依法组成的承销团采用余额包销的方式。
7、股票面值:每股面值人民币1.00元。
8、发行数量:本次向社会公开发行4,000万股。
9、发行价格:7.09元/股。

根据《中华人民共和国证券法》第28条的规定,经发行人与主承销商协商,并报中国证监会核准,发行价格为7.09元/股。2000年12月发行,加权平均市盈率为16.49倍,全面摊薄市盈率为22.87倍。发行价格计算如下:

每股发行价格=2000年预测税后利润÷[发行前总股本+本次公开发行股份数×(12-发行月份)÷12×市盈率=4336.93÷[10000+4000×(12-12)÷12]×16.49=7.09元

10、发行总市值:本次发行总市值为283,600,000元。

11、预计实收金额:如本次发行成功,扣除发行费用1,280万元后,预计实际募集资金270,800,000元。

12、挂牌交易本次发行结束后,将尽快在上海证券交易所挂牌上市。

五、风险因素与对策

提示

投资者在评价发行人此次发售的股票时,除本招股说明书提供的其它资料外,应特别认真地考虑下述各项风险因素。

(一)风险因素
1、经营风险
(1)原材料依赖风险
(2)客户依赖风险
(3)汇率风险
(4)技术领先风险
2、行业风险
(1)环保风险
(2)行业内部竞争风险
(3)产业政策的限制
3、市场风险
(1)卷烟纸市场风险
(2)成型纸市场风险
(3)短线小品种产品市场风险
4、政策风险
5、投资项目的风险
6、股市风险
7、大股东控制风险
(二)风险因素对策

针对上述客观存在的风险因素,本公司将采取以下对策,在最大程度上规避风险,保护投资者的利益。

1、经营风险对策
(1)原材料依赖风险对策

本公司已经与针叶木浆和阔叶木片经销商建立了长期的业务关系,供货渠道相对稳定。亚麻和阔叶木片均为本公司当地产品,资源丰富,纺织行业使用精选的长纤维亚麻,本公司对亚麻纤维长短无要求,所以大部分亚麻原料与纺织业不存在竞争,再加上本公司所用阔叶木片是林区枝桠材及下脚料,受木材市场变化影响较小,基本上能满足生产的需要。此外,本公司将严格挑选针叶木浆的进口代理商,把原材料的进口价格降到最低限度。

同时,本公司将严格贯彻ISO9002质量管理体系,从合格分承包方中采购所需原材料,并不断进行技术改造,强化企业内部管理,改进工艺水平,降低生产成本,把原材料价格上涨带来的不利影响减小到最低程度,确保经济效益稳步提高。

(2)客户依赖风险对策

本公司的经营方针是不断开拓新市场,五年来开发新产品十余种,产品档次不断提高,销售对象不断向具有较高盈利水平的高档卷烟生产厂家转移。目前,本公司产品销往国内160余家卷烟厂、卷烟材料厂,客户遍及全国二十几个省、市、自治区,并且信誉好的客户比例稳步上升,这将有效地降低公司的经营风险。与此同时,公司正向其它工业用纸领域开拓,这将会在一定程度上降低依赖于单一客户群的风险。

(3)汇率风险对策

本公司将进出口业务委托给有丰富经验的代理商,同时安排了专门人员密切关注外汇市场行情,根据对市场的合理预测科学安排用汇计划,把汇率变化风险降到最低限度。与此同时,公司拟出口卷烟纸和优质商品亚麻浆,以此来平衡外汇收支。

(4)技术领先风险对策

本公司是国内造纸行业首家通过中国科学院、国家科技部高新技术企业认证的企业。公司历来把技术创新看成是企业发展的根基,将进一步加强与大专院校和科研机构的合作,充分利用他们的研究成果,加大新产品开发与技改工作的力度,并不断提高科研经费,不断充实科研力量,同时,设立了科研奖励基金,重奖有突出贡献的科研人才,以此来建立对科研人员的激励机制。1999年年底,本公司成功研制出了超低侧流烟气无公害的环保型卷烟纸,并已批量生产,该项技术是卷烟纸工艺技术上的重大突破,在国际上处于领先水平。

2、行业风险对策
(1)环保风险对策

公司目前现有的50吨/日碱回收工程能够将制浆蒸煮黑液回收87%,PH值基本达标。

公司30,000吨/日污水处理场已投入运行,制浆中段水得到了合理处理。该工程由清华紫光环

保设备有限公司设计,采用当前较为先进、成熟的阶段曝气活性污泥法。该工艺方案运行稳定可靠,故障率低,国内已有成熟经验,特别适用于较大型污水处理场。该项目投入使用后,每年将减少的污染物量为:COD-cr—9,240 吨;BOD—3,292 吨;SS—6,006 吨;硫化物—10 吨。

公司募集资金拟投资的 6,000 吨高档卷烟纸技术改造项目是国家"双加"二期工程项目,主要设备从法国进口,该产品技术先进,用水采用封闭循环方式,耗水量低,污染少。公司募集资金拟投资的 4,200 吨无氯漂麻浆高科技节能环保项目采用先进的无氯漂白制浆技术,实现亚麻浆清洁生产,产生的污染量将减少 85%。

6,000 吨高档卷烟纸技术改造项目、烟用高透气度滤嘴棒纸项目、5,000 吨高档成型纸项目建成以后,公司将压缩部分低档产品产量,拆除技术老化、设备陈旧的制浆、抄纸生产线,总污染物质将比现在大幅度降低。

此外,公司各个生产环节都已做到清洁生产,节约用水政策深入人心,最大限度地降低了污染负荷,为实现达标排放奠定了坚实的基础。

年底,如果万一未能通过污水达标排放验收,公司将暂停自制浆生产线,减少污染负荷,这样可以保证实现污水达标排放。

在暂停自制浆期间,公司将使用提前准备的外购纸浆(目前已存储 3 个月用量的外购纸浆),保证抄纸生产线正常运转。据测算,使用外购纸浆方式将会增大公司的生产成本,每月约增加 110 万元。

(2)行业内部竞争风险对策

为了在竞争中取胜,公司坚持以市场需求为导向,并早已着手调整产品结构。公司批量生产高档卷烟纸和成型纸已有多年时间,拥有整套独特的制浆、抄纸技术。目前,公司正在进行高档卷烟纸和成型纸生产线的改(扩)建工程,待工程全部完工后,高档产品将占有较大的比重,形成合理的产品结构。届时,公司将具有很强的竞争优势。

随着行业内部竞争加强,市场需求高档化,公司拟进一步开拓国际市场,将部分卷烟纸产品出口朝鲜、孟加拉、越南、伊朗等国,缓解行业内部竞争的压力。

与此同时,公司从不放弃对高档次短线小品种产品的开发,先后成功开发了氧化锌原纸、无碳复写原纸、高级印刷型水松原纸等。公司将继续追踪市场需求信息,适时推出新产品。

(3)产业政策限制风险的对策

国家虽然控制卷烟生产总量,但鼓励生产焦油含量低的高档卷烟,提高高档卷烟所占比重。高透气度、高强度的高品质卷烟纸是生产高档卷烟所必需的材料,A 级卷烟纸已列入国家经贸委和中国轻工总会制定的《国家级轻工新产品开发指南》造纸名册,属于急需优先发展的 9 个新品种之一,符合国家产业政策。

3、市场风险对策

(1)卷烟纸市场风险对策

近几年来,我国卷烟计划生产量控制在 3,450 万箱,各类卷烟纸需求量约 9 万吨,目前国内市场有近 2 万吨的缺口由进口产品占领。国产高档卷烟纸由杭州华丰、恒丰纸业、浙江民丰、红塔蓝鹰、四川锦丰五大卷烟纸制造商生产,总量约 2.3 万吨/年。本公司年产 6,000 吨亚麻浆高档卷烟纸项目是中国烟草专卖局卷烟纸总体规划项目,产品可以较好地满足国内高档卷烟生产厂家的需要,实现"进口替代"。

(2)成型纸市场风险对策

本公司是国内成型纸首家生产企业,现行成型纸国家标准即由本公司起草。公司现拟投资改建 5,000 吨高档成型纸生产线,进一步提高产品质量,满足用户对高质量成型纸的需求。同时,公司研制的环保型高透气度成型纸现已通过中试,将于年内通过技术鉴定,公司将利用该技术,改造现有生产线,实现高透气度成型纸的批量供货,抢占国内市场。

(3)短线小品种产品市场风险对策

针对高档次短线小品种市场变化快的特点,本公司专门安排了小纸机用于生产这些产品,小纸机转型快,可以根据市场变化即时作调整,执行以销定产的政策。与此同时,公司将加强对技改人员的培训工作,提高技改班子的实力。目前,公司小纸机零部件全部实现了国产化,可以根据需要在很短的时间内完成改造工作。

4、政策风险对策

如果中国能成功地加入世界贸易组织,国产卷烟纸价格优势将大大削弱。面对即将到来的进口卷烟纸的冲击,本公司正抓紧时间扩大高档卷烟纸的生产规模,尽快抢占市场份额,与客户建立起长期合作的关系。

此外,本公司利用自有专有技术生产的特种阔叶木浆,其性能要优于国内其它卷烟纸生产厂家所采用的巴西桉木浆,且成本降低 30%以上,这使公司更能够承受产品降价,抵御进口卷烟纸的冲击。

5、投资项目风险对策

(1)目前本公司已经具备年产 5,000 吨高档卷烟纸的能力,在生产过程中积累了大量的实践经验,掌握了一整套独特的工艺技术,这是新项目顺利生产的重要保证。为了能达到稳定的高质量,本公司将从法国进口全套设备控制系统和质量控制系统,关键设备由国外厂家定做。在新项目开工之前,本公司进行了详细的可行性论证,对每一步工艺的各个参数都作了具体的分析。此外,公司将加强原材料的质量检验工作,保证该生产线所使用的原材料完全符合设计要求。

(2)本公司已经对目前国内各大造纸企业的污水处理设施进行了考察,在对比的基础上确定了本公司的污水处理方案,并经过有关专家鉴定,由实力强大的清华紫光环保设备有限公司承担设计。针对北方冬季温度低、微生物活性差的特点,本公司计划采用生化法与物化法相结合的处理工艺,确保经处理后的污水达到国家最新颁布的排放标准。为了降低项目投入使用后的故障发生率,本公司在国内外优选药剂计量泵、鼓风机、底曝机、污泥泵、污泥脱水机等关键设备。目前,本公司已动用流动资金进行项目前期工作,并配备强大的工作小组专项负责,该项目土建工程、设备安装已完工,现已投入调试运行,经试运行检测可实现污水处理达标排放,将在年底验收。

(3)4,200 吨无氯漂白亚麻浆项目、烟用高透气度滤嘴棒纸、5,000 吨高档成型纸技术改造三个项目具有较高的技术含量,国内造纸企业涉足该领域的不多,因此具有较长的生命周期。本公司在募集资金到位后,将加快工程进度,以最快的速度生产出高质量的产品。

6、股市风险对策

本公司股票上市后将严格按《公司法》、《证券法》、《股票发行与交易管理暂行条例》、《公开发行股票公司信息披露实施细则》等法律、法规规范公司行为,及时、准确、完整地披露公司信息,树立良好的公司形象。公司将采取多种措施,完善经营机制,提高盈利水平,给股东以长期稳定的投资回报。

7、大股东控制风险对策

本公司已经与集团公司签订了一系列的协议,按照市场化原则对确实无法避免的关联交易进行了规范。同时,集团公司对本公司出具了《不竞争承诺函》,承诺其控股或受其控制的公司不进行与股份公司相竞争的业务。

六、募集资金运用

(一)募集资金的计划用途 1、6,000 吨高档卷烟纸技术改造项目

恒丰纸业从事多年的卷烟纸生产与研究,无论是理论水平,还是实践经验都达到了较高水平。为了抵御国外同行业的进攻,保护民族工业,恒丰纸业提出进行技术改造,以满足烟草工业的需要。本着"投资少、见效快、起点高"的原则,恒丰纸业决定改造 2362mm 卷烟纸机生产线,产量由 3,000 吨/年增加到 6,000 吨/年,车速相应由现在 150m/min 提高到 300m/min,产品质量水平由中档提高到高档,产品主要质量指标均高于国家 A1 级产品标准,达到国际先进水平。项目产品可满足 10,000 支/分卷烟速度下运行稳定的要求,同时配合烟草工业降焦油工程,降低香烟焦油含量 1-2mg/支,实现替代进口同类产品的目的。

本项目总投资为 11,859 万元,其中:固定资产投资 11,541 万元(含外汇 759 万美元、建设期利息 641 万元),流动资金 318 万元。项目建设期一年,项目投产后可形成 6,000 吨高档卷烟纸生产能力,年可实现销售收入 15,000 万元,年利润总额 5,400 万元,项目税后财务内部收益率 30.76%,投资回收期为 4.29 年(含建设期一年)。本项目于 2000 年 9 月投产,本年即可产生效益。

该项目的可行性研究报告已经[国经贸改[1998]95 号]文件批准。

2、4,200 吨无氯漂白麻浆高科技节能、环保项目

恒丰纸业在国内率先开发出麻类原料制浆造纸技术,经过多年的研究与实践,掌握了一套独特的麻类原料制浆造纸技术,在国内始终处于领先地位。

恒丰纸业现用年产亚麻浆 2,000 吨,全部自用于生产卷烟纸,现拟应用高科技新工艺制造全无氯(TCF)漂白麻浆,提高产品质量并增加 2,200 吨生产能力,用于出口创汇,变出口原料为出口半成品,增加附加值;实现清洁生产、减少污染、节约能源,实现总排放废水污染负荷减少 85%左右,节约水、电、汽消耗,降低制造成本。

本项目总投资为 4,998 万元,其中固定资产投资 4,300 万元(含美元 186 万美元),流动资金 698 万元。项目建设期一年,投产后可形成 4,200 吨麻浆年生产能力,其中 2,100 吨自用,2,100 吨出口,出口部分可新增销售收入 520 万美元(4,316 万元),年利润总额 2,089 万元,项目内部收益率 27.01%,投资回收期为 4.75 年(含建设期一年)。本项目预计于 2001 年 7 月投产,2001 年即可产生效益。

项目投产后将创造良好的社会效益:

1)可年减少 BOD 排放量 436 吨,COD 排放量 1259 吨,SS 排放量 894 吨,降低污染负荷 85%左右,从而管理污染源头,有利环境保护;

2)对拟建的污水处理厂可减轻处理负荷,降低运行费用 500 万元。

该项目的可行性研究报告已经[黑经贸资发[1999]365 号]文件批准。

3、30,000m3/d 污水处理场项目

为了遵循国家对技改项目的环保政策,体现环境保护"三同时"和"以新带老"的原则,实现 2000 年污水达标排放、减轻对牡丹江水体污染,在进行 6,000 吨高档卷烟纸项目改造的同时,公司拟配套建设污水处理场一座,处理能力为 30,000m3/d,对制浆、碱回收系统的中段废水及部分污染较严重的废水进行处理。

针对制浆造纸污水的特征,该项目采用以化学絮凝除去污水中木素类维生物降解的 COD,以粉末碳投料曝气生物处理除去污水 BOD 的综合处理工艺,技术先进、稳妥可靠经济合理可行。

污水处理工程建成后,由于制浆造纸污水的水质得到净化,将大大减少公司排入水环境的污染量。每年减少的污染物量为:CODcr—9,240$吨;BOD—3,292 吨;SS—6,006 吨;硫化物—10 吨。此外,污水处理场每年尚可从污水中回收一定量的杂纤维,用作低级卫生纸或包装纸的原料,取得一定的经济效益。

该污水处理工程的实施,不仅将为公司的生产持续发展提供了保证,而且对提高牡丹江市的水环境质量,改善外部投资环境,加速牡丹江地区的经济发展,都具有重要意义。

本项目总投资 4,685 万元,建设期一年,完工后将产生显著的社会、环境效益和促进经济发展的间接经济效益。

该项目的可行性研究报告已经[黑经贸资发[1998] 222 号]、[黑经贸资发[1999]377 号]文件批准。

4、烟用高透气度滤嘴棒纸项目

烟用高透气度滤嘴棒纸是公司自主开发研制的新产品,该产品主要采用商品绒毛浆板及维纶短纤为原料,利用湿法无纺布生产技术和断键技术,使其在常规接触式烘缸干燥的纸机上生产出高透气度纸张。

本项目产品是一种新型的烟用丝束包覆材料,透气性能良好,可降低香烟焦油含量,减轻香烟对人体的危害。该产品在国外已被广泛使用,与打孔水松纸的结合已成为烟草行业"降焦工程"的重要组成部分。目前该纸在国内市场需求量每年在 8,000 吨以上,因此,开发该产品意义重大,市场前景广阔,有着良好的经济效益和社会效益。

本项目新增总投资为 2,787 万元,其中新增建设投资估算为 2,434 万元,流动资金估算为 353 万元。所需资金由本次股票发行募集资金解决。

本项目建设期为一年,建成后形成年产 1,000 吨的规模,年销售额达 3,000 万元,年净利润为 502.5 万元,税后内部收益率为 18%,投资回收期 5.5 年。本项目预计在 2001 年 7 月投产,当年即可产生效益。

本项目已经由黑龙江省经贸委《关于牡丹江恒丰纸业股份有限公司烟用高透气度滤嘴棒纸项目列入我省 2000 年重点科技项目计划的函》通知,正式列入黑龙江省《全省计划会议计划[2000]10 号》之"重点新产品开发计划"。

5、5,000 吨高档成型纸技术改造项目

本项目拟对现有 2362mm 纸机进行改造,使纸机达到目前国内先进水平,专门生产高档成型纸。同时,为保证产品质量、降低消耗,拟引进美国 NDC 公司生产的水份定量控制系统(QCS),该系统可行较精确地测控成纸的水份和定量,使成纸的质量稳定,提高成品率,降低成本。

公司原生产成型纸每年为 4000 吨,销售情况良好,1998 年产销率为 101%,1999 年为 105%,本项目在提高产品质量的基础上实现年产量 5000 吨。纸机设计车速 220m/min,工作车速 200m/min,计算车速 190m/min,日产量 14.7 吨,产品质量达到国内先进水平。

本项目新增总投资估算为 2,906 万元(含外汇 30.70 万美元),其中:新增建设投资估算为 2,685 万元(含外汇 30.70 万美元),流动资金估算为 221 万元。项目资金来源为本次公开发行股票募集资金。

本项目预计于 2001 年 7 月投产,当年即可产生效益。项目达产后每年新增销售收入 2,320 万元,利润 721.51 万元,税金 271 万元,税后内部收益率为 23.15%,项目投资回收期 5.23 年(含建设期一年)。

本项目已经黑龙江省经贸委[黑经贸改发[2000]15 号]文件批准。

(二)募集资金计划投入时间表

序号	项目名称	项目总投资	资金来源		年度使用	
			募集资金	银行贷款	2000 年	2001 年
1	6,000 吨高档卷烟纸技术改造项目	11,859	11859		11,859	
2	4,200 吨麻浆高科技节能、环保项目	4,998	4,998		1,300	3,698
3	30,000m3/d 污水处理场项目	4,685	4,685		4,685	
4	烟用高透气度滤嘴棒纸项目	2,787	2,787		1,434	1,353
5	5,000 吨高档成型纸技术改造项目	2,906	2,751	155	1,685	1,221
合计		27235	27080	155	20963	6272

七、股利分配政策

1、本公司实行同股同利的分配政策,按股东持有的股份比例进行分配,各类普通股享有同等的权益。在每个会计年度结束后的六个月内,由公司董事会根据该会计年度的经营业绩和未来的生产经营计划提出股利分配方案,报股东大会批准后予以执行。

根据本公司章程规定,税后利润具体分配顺序和比例如下:

(1)弥补以前年度亏损

(2)按 10%的比例提取法定公积金

(3)按 5%—10%的比例提取法定公益金

(4)提取任意公积金

(5)支付股东股利

当公司法定公积金已达到注册资本的 50%时,可不再提取。任意公积金的提取比例由股东大会

决定。

2、公司股利分配采取现金或股票的形式,每年派发一次年度股利,年度股利将于次年上半年派发。公司除分配年度股利外,股东大会可授权董事会决定分配中期股利。公司在向个人股东分配股利时,由公司按国家有关规定代扣、代缴个人所得税。

3、本公司股东大会已经作出决议,公司2000年1月1日后形成的利润由新老股东共享。公司A股成功发行后,预计首次分配时间将在2001年二季度。

4、历年股利分配

经1995年3月1日公司第二次股东大会决议,1994年度分配现金红利0.219元/股;经1996年3月1日第三次股东大会决议,1995年度分配现金红利0.217元/股; 经1997年4月8日公司1996年度股东大会决议,1996年度分配现金红利0.184元/股;经1997年度股东大会决议,1997年度分配现金红利0.154元/股; 经1998年度股东大会决议,1998年度分配现金红利0.25元/股;1999年度利润尚未分配。

八、发行人情况

(一)公司名称:牡丹江恒丰纸业股份有限公司

英文名称:MUDANJIANG HENGFENG PAPER CO., Ltd.

(二)成立日期:1994年3月6日

(三)公司住所:黑龙江省牡丹江市阳明区造纸路11号

(四)发行人历史沿革:

牡丹江恒丰纸业股份有限公司的前身———牡丹江天宇股份有限公司,是经黑龙江省经济体制改革委员会1993年2月23日以[黑体改复[1993]431号]文件批准,由原牡丹江造纸厂(现已改制为牡丹江恒丰纸业集团有限责任公司)以其主要生产经营性资产出资,联合哈尔滨卷烟厂、延吉卷烟厂以定向募集方式设立的股份有限公司。本公司在黑龙江省工商行政管理局注册登记,注册资本10,000万元,注册号:2300001101433。1996年,根据国家有关法律法规的规定,公司进行了清理与规范,黑龙江省体改委于1996年12月13日以【黑体改复[1996]107号】文件确认牡丹江天宇股份有限公司为规范化股份有限公司。1998年7月16日,经黑龙江省体改委以【黑体改复(1998)39号】文批准牡丹江天宇股份公司更名为牡丹江恒丰纸业股份有限公司。

公司自成立至今,未曾发生过送红股、资本公积金转增股本以及其他增资扩股行为。总股本10,000万股,其中发起人股8,000万股,内部职工股2,000万股。

本公司是国家大型卷烟纸生产企业,1999年被国家科技部认定为一九九九年度火炬计划高新技术企业;1999年6月和8月,公司相继通过了国家科技部和中国科学院作为高新技术企业上市的评审。

(五)关联企业情况

1、牡丹江恒丰纸业集团有限责任公司

集团公司的前身牡丹江造纸厂创建于1952年,是黑龙江省50家重点企业之一。1986年以来,牡丹江造纸厂先后荣获省"六好企业"、省级"先进企业"、轻工部质量管理优秀企业以及省"文明单位"等称号。1989年,牡丹江造纸厂晋升为国家二级企业;1990年荣获国家"五.一"劳动奖状。1993年,牡丹江造纸厂作为主发起人以其主要的生产经营性资产出资投入牡丹江天宇股份有限公司,持有股份公司股份7,780万股。1997年10月18日,经牡丹江市经济体制改革委员会【牡体改复[1997]37号】文批准,牡丹江造纸厂改制为牡丹江恒丰纸业集团有限责任公司,性质为国有独资公司,注册资本为21,350万元。1999年12月18日,集团公司协议受让哈尔滨卷烟厂持有的股份公司发起人股200万股,并经黑龙江省国有资产管理局黑国资企字[1999]第15号文批准。至此,集团公司持有股份公司股权7,980万股。2000年3月1日,黑龙江省国有资产管理局黑国资企字[2000]第4号文将集团公司所持股份公司7,980万股股权界定为国有法人股。

集团公司主要为股份公司和大宇制纸有限公司提供水、电、汽、取暖以及后勤服务。

牡丹江恒丰纸业集团有限责任公司的组织结构图如下:

2、大宇制纸有限公司1996年11月5日,牡丹江造纸厂以部分生产设备及其厂房、土地使用权出资,韩国大宇以美元现金出资成立了中外合资的大宇制纸有限公司。该公司位于牡丹江市光华街8号,在国家工商行政管理局登记注册,注册资本2,165万美元,注册号:企合黑牡总字第00200号,经营期限自1996年11月5日至2046年11月4日。

根据该公司章程,集团公司持有大宇制纸40%的股权,韩国大宇持有60%的股权。该公司主要生产高档美术铜版纸,年生产能力为5万吨。

(六)股份公司组织结构图

(七)职工情况

截止2000年8月31日,公司员工总人数为1,517人。职工的专业分工、文化程度、技术构成及年龄结构情况如下:

1、专业分工:

分工	人数	占员工总数的比例(%)
生产人员	1317	86.82
技术人员	105	6.92
财务人员	21	1.38
销售人员	47	3.10
行政管理人员	27	1.78
合计	1517	100.00

2、文化程度

学历类别	人数	占员工总数的比例(%)
大专以上	177	11.67
中专	81	5.34
高中及以下	1259	82.99
合计	1517	100.00

3、技术职称

职称类别	人数	占员工总数的比例(%)
高级职称	15	1.00
中级职称	73	4.81
初级职称	181	11.93
无职称	1248	82.26
合计	1517	100.00

4、年龄结构

年龄分布	人数	占员工总数的比例(%)
30以下	529	34.87
31-50岁	915	60.32
51岁以上	73	4.81
合计	1517	100.00

本公司实行全员劳动合同制,根据国家有关法律、法规、政策的规定执行职工福利、劳保和养老保险等制度。

(八)公司的业务经营范围

本公司经营范围为:高档卷烟纸及卷烟工业系列用纸、印刷用纸、工业用(纸、造纸原辅材料及技术开发。

(九)公司实际从事的主要业务

本公司是我国最大的卷烟配套系列用纸制造商,主要生产中高档卷烟纸、成型纸、铝箔衬纸、氧化锌胶印版纸原纸等产品。

(十)公司主要产品生产能力及市场销售

1、主要产品:中高档卷烟纸、成型纸、铝箔衬纸等。

2、生产能力

产品	生产能力(吨/年)
卷烟纸	12000
成型纸	5000
铝箔衬纸	12000

3、产品销售及市场状况

公司与国内100多家卷烟厂有业务关系,主要产品均为国家专营产品。凭借在卷烟纸生产技术方面的优势,公司生产的卷烟纸质量、性能指标在国内同类产品中处于领先地位,因此产品在市场上有较强的竞争力。1999年公司产品总销量为26,723吨,其中卷烟纸9,546吨,成型纸4,305吨,铝箔衬纸10,833吨。公司卷烟纸国内市场占有率达到11%,成型纸、铝箔衬纸市场占有率分别达到15.6%和17.1%,是国内最大的卷烟配套系列用纸制造商。

九、董事、监事、高级管理人员

1、董事

李荣华:男,生于1941年2月,大学本科,研究员级高级工程师。历任牡丹江造纸厂设计室副主任、副厂长、党委书记、厂长,集团公司董事长,牡丹江天宇股份有限公司董事长。现任集团公司总经理,大宇制纸有限公司副董事长,股份公司董事长。

徐祥:男,生于1962年12月,大学本科,高级工程师。历任牡丹江造纸厂三车间主任、厂长助理、副厂长,集团公司副董事长、副总经理,牡丹江天宇股份有限公司董事、总经理。现任集团公司副董事长,股份公司副董事长、总经理。

魏雨虹:男,生于1960年4月,大学本科,高级工程师。历任牡丹江造纸厂技术科副科长、四车间副主任、总工办副主任、主任、厂长助理、副总工程师,牡丹江天宇股份有限公司副总经理。现任集团公司董事、副总经理、总工程师兼技改部部长。

王桂娥:女,生于1949年1月,大学本科,高级会计师。历任牡丹江造纸厂财务处副处长、财务部副部长、副总会计师、财务部部长、总会计师。现任集团公司董事、总会计师。

李迎春:男,生于1968年5月,大学本科,经济师。历任牡丹江天宇股份有限公司抄纸六分厂副厂长、三分厂厂长、副总经理兼管理部部长。现任集团公司董事、股份公司副总经理兼财务负责人。

李劲松:男,生于1964年4月,大学本科,高级工程师。历任牡丹江造纸厂二车间副主任、主任,牡丹江天宇股份有限公司抄纸二分厂厂长、技术处处长、副总工程师兼开发办主任。现任集团公司董事、股份公司总工程师兼品质部部长。

潘权利:男,生于1964年10月,大学本科,高级工程师。历任牡丹江造纸厂三车间主任、化学车间主任,牡丹江天宇股份有限公司生产部部长。现任股份公司副总经理兼生产部部长。

施长君:男,生于1964年6月,大学本科,高级工程师。历任牡丹江造纸厂电气车间副主任、厂长助理兼设备能动部部长。现任集团公司总经理助理。

李荣伟:男,生于1956年8月,大专,会计师。历任牡丹江造纸厂财务处会计、副处长、劳服光华纸厂副厂长、企管处副处长,牡丹江天宇股份有限公司证券部部长。现任股份公司董事会秘书兼证券部部长。

2、监事

李振汉:男,生于1944年10月,大专,高级政工师。历任牡丹江造纸厂党办主任、厂宣传部部长、厂纪委书记。现任集团公司监事会副主席、纪委书记兼法治部部长,股份公司监事会召集人。

孙中华:男,生于1949年12月,大专,会计师。历任集团公司审计处处长,牡丹江天宇股份有限公司监事。现任集团公司审计处处长。

迟振安:男,生于1962年10月,历任牡丹江造纸厂2362分厂抄纸工段长、2362分厂副厂长,牡丹江天宇股份有限公司抄纸六分厂副厂长。现任股份公司抄纸六分厂副厂长。

3、其他高级管理人员及重要职员

王志有:男,生于1959年9月,大专学历,会计师。历任牡丹江造纸厂财务处副处长,牡丹江天宇股份有限公司财务部部长。现任股份公司财务部部长。

十、经营业绩

1、生产经营的一般情况

本公司是我国最大的卷烟配套系列用纸制造商,拥有实力雄厚的技术开发、制造、销售体系,年产各类纸产品近3万吨,卷烟纸、成型纸、铝箔衬纸市场占有率均达到10%以上。

2、公司近三年又一期的销售和利润情况(单位:元)

项目	2000年1-8月	1999年	1998年	1997年
主营业务收入	211941913.58	298327863.52	265410228.24	253704226.13
利润总额	40721861.01	48352317.97	45210528.76	38200726.26
税后利润	27283646.88	32642379.75	30481728.89	25791270.43

3、主要财务指标

项目	1999年	1998年	1997年
流动比率	1.28	2.32	1.74
速动比率	0.81	1.25	0.90
资产负债率(%)	57.08	44.13	37.77
存货周转率	4.26	3.47	3.47
应收帐款周转率(次)	4.67	4.22	3.86
每股净资产(元/股)	1.62	1.88	1.73
净资产收益率(%)	20.17	16.16	14.86
每股净利(元/股)	0.33	0.31	0.26

注:每股净利=税后利润/当年年末股本数

4、公司主营业务收入的构成(销售收入单位:万元)

项目	1999年度		1998年度		1997年度	
产品名称	销售收入	比例	销售收入	比例	销售收入	比例
卷烟纸	15352.46	51.46%	14372.90	54.15%	13897.62	54.78%
成型纸	4937.57	16.55%	4379.40	16.50%	5052.89	19.92%
铝薄衬纸	7340.84	24.61%	6579.44	24.79%	5314.60	20.95%
其他纸	2201.92	7.38%	1209.28	4.56%	1105.31	4.35%
合计	29832.79	100%	26541.02	100%	25370.42	100%

十一、股本

1、本公司目前注册资本10,000万元,本次发行成功后,公司注册资本将变更为14,000万元。

2、股权结构的演变

1993年2月23日,经黑龙江省体改委批准,牡丹江造纸厂以部分生产经营性资产(评估确认为8,029.6万元)按1.3:1折为6,177万股,哈尔滨卷烟厂投入现金300万元按1.5:1折为200万股,延吉卷烟厂投入现金30万元按1.5:1折为20万股。经黑体改复[1993]439号文同意,公司按1.5:1的比例以现金方式募集内部职工股2,000万股。根据黑体改复[1993]439号文及当时的招股文件,牡丹江造纸厂追加投入部分生产经营性资产(评估确认为2,404.57万元)按1.5:1折为1,603万股以补充未募足的社会法人股。1994年3月6日,牡丹江天宇股份有限公司成立,其股本结构如下:

股份名称	股份(万股)	占总股本比例(%)
法人股:	8000.00	80.00
牡丹江恒丰纸业集团有限责任公司	7780.00	77.80
哈尔滨卷烟厂	200.00	2.00
延吉卷烟厂	20.00	0.20

内部职工股	2000.00	20.00
总股本	10000.00	100.00

公司成立至今,未进行过送红股、配股以及其他增资扩股行为。目前,公司的股本结构如下:

股份名称	股份(万股)	占总股本比例(%)
法人股:	8000.00	80.00
牡丹江恒丰纸业集团有限责任公司	7980.00	79.80
延吉卷烟厂	20.00	0.20
内部职工股	2000.00	20.00
总股本	10000.00	100.00

3、内部职工股的托管及确认

股份公司所发行的2,000万股内部职工股已经过严格清理与规范,集中托管于黑龙江省证券登记公司,并经黑龙江省人民政府黑政函[2000]96号、黑政函[2000]97号文确认。

4、本次发行后股份公司股本结构股份公司本次向社会公开发行社会公众股4,000万股,发行后总股本为14,000万股,股本结构如下:

股份名称	股份(万股)	占总股本比例(%)
法人股	8000.00	57.14
内部职工股	2000.00	14.29
社会公众股	4000.00	28.57
总股本	14000.00	100.00

5、超过面值缴入的资本及其用途

本次溢价发行超过面值缴入的资金为23,080万元,全部计入本公司资本公积金。

6、本次发行前后的净资产(发行前以2000年8月31日为基准)

项目	净资产(元)	总股本(万股)	每股净资产(元/股)
发行前	189084042.31	10000	1.89
发行后	459884042.31	14000	3.28

7、本次发行前股份公司前十名股东名单

股东名称	持股数量(万股)	持股比例%
牡丹江恒丰纸业集团有限责任公司	7980	79.80
延吉卷烟厂	20	0.20
王福成	6	0.06
贾	6	0.06
毕玉凤	6	0.06
贾忠田	6	0.06
孙少峰	6	0.06
董青	6	0.06
王伟	6	0.06
赵秀华	6	0.06

8、董事、监事、高级管理人员及重要职员持股情况

姓名	职务	持股数量(股)	占发行前总股本的比例(%)
李荣华	董事长	5000	0.005
徐祥副	董事长、总经理	4000	0.004
魏雨虹	董事	0	0
王桂娥	董事	4000	0.004
李迎春	董事、副总经理	0	0
李劲松	董事、总工程师	0	0
潘权利	董事、副总经理	2000	0.002
施长君	董事	3000	0.003
李荣伟	董事、董事会秘书	2000	0.002
李振汉	监事会召集人	4000	0.004
孙中华	监事	4000	0.004
迟振安	监事	2000	0.002
王志有	财务部部长	2000	0.002

十二、财务会计资料

本公司1997年、1998年、1999年、及截止2000年8月31日的财务会计资料已经深圳中天会计师事务所审计,并出具了股审字(2000)第D025号审计报告。投资者欲详细了解本公司的财务状况、经营成果及会计政策,请仔细阅读审计报告、会计报表及注释。以下是审计报告全文:

审计报告

牡丹江恒丰纸业股份有限公司全体股东:

我们接受委托,审计了贵公司一九九七年十二月三十一日、一九九八年十二月三十一日、一九九九年十二月三十一日及二OOO年八月三十一日的资产负债表及分别截至上述日期为止一九九七年度、一九九八年度、一九九九年度及二OOO年一至八月会计期间的利润表及利润分配表和一九九九年度及二零零零年一月至八月会计期间的现金流量表。这些会计报表由贵公司负责,我们的责任是对这些会计报表发表审计意见。我们的审计是依据《中国注册会计师独立审计准则》进行的。在审计过程中,我们结合贵公司实际情况,实施了包括抽查会计记录等我们认为必要的审计程序。

我们认为,上述会计报表符合《企业会计准则》和《股份有限公司会计制度》及其补充规定的有关规定,在所有重大方面公允地反映了贵公司一九九七年十二月三十一日、一九九八年十二月三十一日、一九九九年十二月三十一日及二零零零年八月三十一日的财务状况及一九九七年度、一九九八年度、一九九九年度及二零零零年一至八月会计期间的经营成果和一九九九年度及二零零零年一月至八月会计期间的现金流量情况,会计处理方法的选用遵循了一贯性原则。

深圳中天会计师事务所　　中国注册会计师:朱子武

中国注册会计师:徐林文

深圳深南中路爱华大厦16层　　二OOO年九月二十五日

牡丹江恒丰纸业股份有限公司

会计报表注释

一九九七、一九九八、一九九九年度及二OOO年一至八月会计期间

单位:人民币元

一、公司简介

本公司原称"牡丹江天宇股份有限公司",是根据中华人民共和国有关法律的规定,经黑龙江省经济体制改革委员会以黑体改复[1993]431号文件批准,由原牡丹江造纸厂(现已改制更名为牡丹江恒丰纸业集团有限责任公司)以主要生产经营性资产出资,联合哈尔滨卷烟厂、延吉卷烟厂以定向募集方式设立的股份有限公司。本公司于1994年3月6日在黑龙江省工商行政管理局注册登记,领取2300001101433号营业执照。1996年12月13日,黑龙江省经济体制改革委员会以黑体改复[1996]107号文件确认牡丹江天宇股份有限公司为规范化股份有限公司;1998年7月16日,黑龙江省经济体制改革委员会以黑体改复[1998]39号文件批准"牡丹江天宇股份有限公司"更名为"牡丹江恒丰纸业股份有限公司"。本公司于1998年12月16日被黑龙江省科学技术委员会认定为高新技术企业,1999年3月被国家科技部火炬中心认定为国家级高新技术企业,并于1999年6月和8月相继通过国家科技部和中国科学院的高新技术企业认证。本公司现在是国内最大的卷烟配套系列用纸制造商,被国家烟草总公司确定为卷烟辅料生产基地。

批准的经营范围包括:高档卷烟纸及卷烟工业系列用纸、印刷用纸、工业用纸、造纸原辅材料及技术开发。

二、公司采用的主要会计政策

四、会计报表主要项目注释

五、关联公司主要交易

六、或有事项本公司本报告期末无重大或有事项。

七、承诺事项本公司本报告期末无重大承诺事项。

八、期后事项本公司本报告期无重大期后事项。

九、主要财务

指标项目	2000年1-8月	1999年	1998年	1997年
流动比率	1.50	1.28	2.32	1.74
速动比率	0.83	0.81	1.25	0.90
资产负债率(%)	50.37	57.08	44.13	37.77
存货周转率	2.07	4.26	3.47	3.47
应收帐款周转率(次)	3.16	4.67	4.22	3.86
每股净资产(元/股)	1.89	1.62	1.88	1.73
净资产收益率(%)	14.43	20.17	16.16	14.86
每股净利(元/股)	0.27	0.33	0.31	0.26

注:每股净利=税后利润/当年年末股本数

十三、资产评估

(一)1993年1月19日,公司主发起人牡丹江造纸厂将二、五、六、八车间的房屋建筑物、机器设备、产成品投入股份公司。牡丹江市资产评估事务对上述资产进行了评估,并出具了牡评字(93)04号评估报告,评估值为80,296,000元。牡丹江市国有资产管理局93-3号文对此次评估予以确认。公司据此结果进行了相应的帐务处理。

(二)1993年12月1日,为补足未募足的社会法人股,公司主发起人牡丹江造纸厂追加投入一、三、四、七车间的资产,根据牡丹江市资产评估事务所出具的牡评字(93)047号评估报告,该部分资产评估值24,045,742.60万元。上述评估结果业经牡丹江市国有资产管理局93-4号文确认,公司据此结果进行了相应的帐务处理。

(三)1999年12月17日,本公司委托黑龙江国通资产评估事务所对公司整体资产进行了评估,评估基准日为1999年9月30日。根据黑龙江国通资产评估事务所国通评报字(1999)第A09号评估报告,公司总资产帐面价值为38,123.48万元,评估值为39,769.80万元,增值1,646.32万元,增值率4.32%;总负债帐面价值为19,282.02万元,评估值为18,893.88万元,减值388.14万元,增值率为-2.01%;净资产帐面价值为18,841.46万元,评估值为20,875.92万元,增值2,034.46万元,增值率为10.80%。

1、资产评估结果汇总表(单位:万元)

评估基准日:1999年9月30日

项目		帐面价值	调整后帐面值	评估价值	增减值	增值率
流动资产	1	19245.70	19245.70	20083.69	837.99	4.35%
固定资产	3	18877.78	18877.78	19686.11	808.33	4.28%
其中:在建工程	4	8084.28	8084.28	8084.28		
建筑物	5	3696.34	3696.34	4535.28	838.94	22.70%
设备	6	7097.16	7097.16	7066.55	-30.61	-0.43%
资产总计	10	38123.48	38123.48	39769.80	1646.32	4.32%
流动负债	11	11982.02	11982.02	11593.88	-388.14	-3.24%
长期负债	12	7300.00	7300.00	7300.00		
负债总计	13	19282.02	19282.02	18893.88	-388.14	-2.01%
净资产	14	18841.46	18841.46	20875.92	2034.46	10.80%

注:本评估结果数据小数点后保留两位。

十四、盈利预测

重要提示:鉴于盈利预测所依据的各种假设的不确定性,进行投资判断时不应过分依赖该项资料。

深圳中天会计师事务所对本公司2000及2001年度的盈利预测所依据的基本假设、选用的会计政策和编制基础进行了审核,并出具了盈核字(2000)年第D020号盈利预测审核报告,摘录如下:

盈利预测审核报告

牡丹江恒丰纸业股份有限公司全体股东:

我们对牡丹江恒丰纸业股份有限公司(以下简称"贵公司")2000及2001年度的盈利预测所依据的基本假设、选用的会计政策及其编制基础进行了审核。贵公司董事会对盈利预测的基本假设、选用的会计政策及其编制基础须承担全部责任。我们的责任是对它们发表审核意见。我们的审核是根据《独立审计实务公告第4号——盈利预测审核》进行的,并实施了必要的审核程序。

我们认为,上述盈利预测所依据的基本假设已充分披露,没有证据表明这些假设是不合理的;贵公司的盈利预测已按照确定的编制基础编制,所选用的会计政策与贵公司实际采用的相关会计政策一致。

深圳中天会计师事务所　　中国注册会计师:朱子武

深圳深南中路爱华大厦16层　　中国注册会计师:徐林文

二零零零年九月二十六日

一、盈利预测基准

本公司的2000及2001年度盈利预测系以业经中国注册会计师审计的本公司1997年度、1998年度及1999年度及2000年1月至8月已实现的经营业绩为基础,以本公司现实生产经营能力、发展潜力、投资计划、生产计划和营销计划及募集资金运用可行性报告为依据编制的。盈利预测所依据的主要会计政策与本公司前期实际采用的会计政策相一致。

二、盈利预测基本假设

1、国家现行的法律、法规、政策无重大变化;

2、国家现行的利率、汇率等无重大变化;

3、本公司所在地区的社会经济环境无重大变化;

4、本公司目前执行的税赋、税率政策不变;

5、本公司计划的投资项目能如期完成,投入生产;

6、无其他人力不可抗拒因素造成的重大不利影响。

三、会计政策

本公司盈利预测所采用的会计政策与本公司现行会计政策一致(见本招股说明书概要第十二章财务会计资料)。

四、盈利预测表各项目的预测依据和计算方法(单位:人民币千元)

1、主营业务收入预测说明

项目	1999年度已审实际数	2000年度预测数	2001年度预测数
1.卷烟纸	153524.63	198659.49	213628.50
2.成型纸	49375.67	45597.50	53516.00
3.铝箔衬纸	73408.44	71810.35	64817.73
4.其他	22019.12	23079.95	28281.40
合计	298327.86	339147.29	360243.63

预测本公司主营业务收入2000年度将比1999年度增长40,819.43千元,增长率为13.7%,预测

的依据是:

(1)根据本公司1999年末参加的2000年首季全国烟纸交易会已签订的协议和达成的初步意向书,公司的烟纸2000年销售呈上升势头,且价格稳中有升,同时公司将抓好生产,以保证烟纸足量供应,防止脱销,稳占市场的份额。

(2)本公司的特大技术改造项目2362号纸机于2000年9月份改造完毕,该机是采用法国最先进的造烟纸技术,因而生产的QRFW高档烟纸技术含量高,产品附加值高,且该产品的售价定位合理,能替代同类进口产品,估计至2000年末生产1,415吨QRFW高档烟纸将全部销出,会使公司的销售额有较大幅度的提高。

(3)公司在重点抓好上述2项工作的同时,还制定了铝箔衬纸等其他纸制品的生产和销售计划,特别是与卷烟纸配套的低利纸制品,保证卷烟纸顺利销售。

(4)预测本公司2001年度主营业务收入将比2000年度增长21,096.34千元,增长率为6.2%。

2、主营业务成本预测说明

项目	1999年度 已审实际数	2000年度 预测数	2001年度 预测数
1.卷烟纸	88129.02	115994.07	118539.17
2.成型纸	31770.82	34261.61	39632.46
3.铝箔衬纸	65969.81	60332.56	60898.18
4. 其他	21277.93	20422.12	24368.43
合计	207147.58	231010.36	243438.24

预测本公司主营业务成本2000年度将比1999年度增长23,862.78千元,增长率为11.5%,主要因素是:

(1)公司预计2000年造纸原材料的价格会有较大幅度上涨,因而产品的单位成本会随着上升,导致销售成本增长。

(2)本公司预测2000年10月初开始生产的新产品QRFW高档卷烟纸销量大,销售成本亦会同步增长。

(3)预测本公司主营业务成本2001年度将比2000年度增长12,427.88千元,增长率为5.4%。

3、主营业务税金及附加预测说明

1999年度已审实际数	2000年度预测	2001年度预测数
2340.76	2743.36	2999.30

(1)本公司销售产品适用增值税,税率为17%,附加的城建税为7%,教育费附加为3%;

(2)由于预计销售收入增加,预测2000年度应交增值税为27,433.60千元,主营业务税金及附加2,741.18千元,比上年增加402.60千元,增长率为17.2%。预测2001年应交增值税为29,993.00千元,主营业务税金及附加2,999.30千元,比2000年增长9.3%。

4、营业费用预测说明

1999年度已审实际数	2000年度预测数	2001年度预测数
17436.75	19865.63	20657.43

预测本公司营业费用2000年度将比1999年度增加2,428.88千元,增长率为13.93%,2001年将在2000年的基础上再增长4.00%,主要是由于业务费及运输费增长影响,因本公司预计2000年及以后销售形势更加严峻,为稳定甚至进一步扩大市场占有率,预计业务费及运输费将有一定幅度的增长。

5、管理费用预测说明

1999年度已审实际数	2000年度预测数	2001年度预测数
16204.24	17416.37	18079.65

预测2000年度管理费用比1999年度实际数增加约1,212.13千元,提高了7.80%,2001年将在2000年的基础上再增长3.81%,主要是随着公司规模的扩大,相关费用会正常合理有所增加。

6、财务费用预测说明项目

	1999年度 已审实际数	2000年度 预测数	2001年度 预测数
利息支出	6231.45	2915.59	2409.26
减:利息收入	415.56	200.00	540.00
加:其他	37.16	180.00	200.00
合计	5853.05	2895.59	2069.26

预测2000年度财务费用比1999年度实际数减少2,957.46千元,降低50.53%。

(1)短期借款年平均余额预计为8,000千元左右,按6.138%的平均年利息率计算,应计利息支出491.04千元;

(2)长期借款用于2362号纸机改造,于9月完工,故1-8月份的长期借款利息予以资本化,共计3,271.06千元。其借款年平均余额预计为94,000千元左右,按6.038%的平均年利息率计算,应计利息支出5,695.61千元。公司用于2362号纸机改造借款的利息扣除资本化金额后,实际进入财务费用金额估计为2,424.55千元;

(3)利息收入按照现行银行活期存款利率预测;

(4)公司预计全年发生银行手续费180.00千元。

(5)预测2001年财务费用将比2000年减少888.20千元,主要原因包括预计借款规模下降以及现金存量大幅增加,增加存款利息收入所致。

7、所得税预测说明

1999年度已审实际数	2000年度预测数	2001年度预测数
15709.94	21360.99	24089.91

(1)假定本公司2000及2001年度的所得税税率适用33%;

(2)本公司认为在严格控制上述影响利润总额的各要素无出现较大偏差的前提下,预测2000年度将实现税前利润64,730.28千元,应纳所得税21,360.99千元,比上年增加5,651.05千元,增长率为35.97%。预测2001年实现税前利润72,999.75千元,应纳所得税24,089.91千元,增长率为12.8%。

十五、公司发展规划

公司董事会认为,自成立以来,本公司在中、高档卷烟纸以及低定量特种薄型纸生产方面已经具备了相当的实力和行业市场地位,产、销量均居于国内同行业生产厂家前列。本公司将凭借上述优势,不断总结并完善公司企业文化体系,加速公司现代企业管理体系建设,保障公司稳健、长期、持久的发展。

1、公司发展战略与方针

公司发展的总战略:第一步,从2000年开始用三年时间,扩大生产规模,提高产品档次,提高国内市场占有份额,逐步替代进口高档卷烟纸,不断巩固国内市场。第二步,提高高档产品的科技含量,稳定产品质量,利用价格优势打入国际市场。第三步,以高利税、高附加值为前提,拓宽生产经营领域,向特殊印刷用纸、特种工业用纸和深加工方向发展。

公司发展的总方针:立足于高科技特种薄型纸的开发、生产,依托先进生产、科研设备,提高生产自动化控制水平;利用公司上市的契机,推动公司资本运作,采用低成本扩张手段,开拓新领域,实现公司跨行业、跨地域发展。

2、公司发展的总体设想

(1)利用股票发行所募资金,扩建高档卷烟纸生产线、滤嘴棒纸生产线和亚麻浆生产线,形成浆、纸一条龙的竞争优势,减少对外购商品浆的依赖,以期扩大生产规模,实现规模经济效益;

(2)进一步加大科研投入,根据市场需求状况不断开发出高档次短线新产品;

(3)加强生产管理,挖掘内部潜力,不断提高管理水平,降低生产成本,利用价格优势占领市场;

(4)待国内市场稳固以后,以商品亚麻浆作为突破口,逐步进军国际市场;

(5)按照《证券法》、《公司法》等法律、法规的要求,强化公司内部管理,完善公司信息披露制度,把公司发展为一个运作规范化的上市公司。

3、市场发展规划

(1)以高科技、薄型特种纸为公司生产与开发的目标,采取领先战略,不断提高高档纸产销量,扩大产品市场占有率。

(2)细化市场,挖掘市场潜能,引导市场消费,在重要地区增设销售网点,建立产品调拨站。

(3)不断加强公司销售队伍建设,提高人员素质,进一步拓展市场营销网络,加大对销售人员的奖、罚力度,加速资金的回笼。

4、产品发展规划

5、科研投入规划

6、质量保证计划

7、公司人力资源发展战略

十六、重要合同及重大诉讼事项

(一)重要合同1、2000年1月6日,公司与牡丹江恒丰纸业集团有限责任公司签订了《土地使用权租赁协议》壹份,由集团公司将以出让方式取得使用权的土地贰宗出租给股份公司使用,面积分别为47,895.27平方米、571.9平方米,出租期限为1999年12月20日至2029年12月19日。

2、1999年11月9日,公司与牡丹江恒丰纸业集团有限责任公司签订了《仓库租赁协议》,由集团公司将部分仓库租给股份公司使用,建筑面积计31,067平方米,租赁期限为1999年11月9日至2009年11月8日,年租金总额为19.59万元人民币。

3、1999年11月9日,公司与牡丹江恒丰纸业集团有限责任公司就有关服务的范围及服务费用计算标准等重要事宜签订了《综合服务协议》,由集团公司在生产、经营、员工生活方面向公司提供服务。

4、2000年4月5日,公司与中国工商银行牡丹江市分行签订了《人民币短期借款合同》壹份,借款人为股份公司,借款金额为450万元,利息为月息5.3625‰,借款期限自2000年4月5日至2000年11月15日。

5、1998年9月18日,公司与中国工商银行牡丹江市分行签订了《人民币中长期借款合同》壹份,借款人为股份公司,借款金额为4,000万元,利息为年息6.03%,一年一定,借款期限自1998年9月18日至2001年11月15日。

6、1998年9月18日,公司与中国工商银行牡丹江市分行签订了《人民币中长期借款合同》壹份,借款人为股份公司,借款金额为3,300万元,利息为年息6.03%,一年一定,借款期限自1998年9月18日至2002年11月15日。

7、2000年7月24日,公司与中国工商银行牡丹江市分行签订了《借款展期协议书》壹份,借款人为股份公司,借款金额为700万元,利息为年息6.633%,借款期限自2000年7月26日至2001年12月5日。

8、2000年6月15日,公司与中国人民保险公司牡丹江市阳明区支公司签订了《财产保险合同》壹份,保险期限为2000年6月16日零时至2001年6月15日二十四时止。总保险金额为96,751,185.34元,支付保险费363,709.15元。

9、1999年12月9日,公司与呼和浩特卷烟厂签订了《卷烟纸购销合同》壹份,合同总金额为5,367,600元。

10、1999年12月9日,公司与张家口卷烟厂签订了《卷烟纸购销合同》壹份,合同总金额为4,680,000元。

11、1999年12月8日,公司与延吉卷烟厂签订了《卷烟纸购销合同》壹份,合同总金额为5,272,000元。

12、1999年12月9日,公司与营口卷烟厂签订了《卷烟纸购销合同》壹份,合同总金额为5,857,000元。

13、1999年12月8日,公司与四川省烟草物资公司签订了《卷烟纸购销合同》壹份,合同总金额为6,126,000元。

(二)重大诉讼事项截止招股说明书签署之日,本公司无可预见的重大诉讼事项。

十七、其它重大事项

截止本招股说明书概要刊载之日,本公司认为没有对投资者作出投资判断有重大影响的其他事项需披露。

备查文件:

一、发行人成立的批准文件

二、审计报告、财务报表及附注

三、主管部门和证券交易所批准发行上市的文件

四、承销协议

五、关于资产评估的确认文件

六、招股说明书验证笔录

七、发行人改组的其他有关资料

八、重要合同

九、证监会要求的其他文件

查阅时间:2000年12月18日至2000年12月28日

查阅地点:牡丹江恒丰纸业股份有限公司

中信证券股份有限公司

资产负债表

编制单位:牡丹江恒丰纸业股份有限公司　　单位:人民币元

资产	2000.8.31 RMB	1999.12.31 RMB	1998.12.31 RMB	1997.12.31 RMB
流动资产:				
货币资金	10019303.74	32604493.56	8147370.93	9233410.70
短期投资				
减:短期投资跌价准备				
短期投资净额				
应收票据	3800000.00	6270000.00	1970000.00	2204000.00
应收股利				
应收利息				
应收帐款	68882254.40	65129576.33	62559384.76	63139724.67
其他应收款	2021391.95	1412121.75	1059503.32	1516011.86
减:坏帐准备	2248298.40	2157051.74	2365401.14	2171725.87
应收帐款净额	68655347.95	64384646.34	61253486.94	62484010.66
预付帐款	9901053.01	11768214.14	13490111.01	9725424.41
应收补贴款				
存货	75331838.94	67223641.35	73622477.65	79235424.21
减:存货跌价准备	989040.97	732682.81		
存货净额	74342797.97	66490958.54	73622477.65	79235424.21
待摊费用	758199.09	467725.47	1442911.53	1086399.24
待处理流动资产净损失				
一年内到期的长期债权投资				
其他流动资产				
流动资产合计	167476701.76	181986038.05	159926358.06	163968669.22
长期投资:				
长期股权投资				

长期债权投资				
长期投资合计				
减:长期投资减值准备				
长期投资净额				
固定资产:				
固定资产原价	183175513.92	187167549.13	184149318.46	162717312.14
减:累计折旧	75312797.19	76158049.10	69979833.13	62535854.31
固定资产净值	107862716.73	111009500.03	114169485.33	100181457.83
工程物资				
在建工程	105639768.42	83962057.53	63484966.78	14714333.57
固定资产清理				
待处理固定资产损失				
固定资产合计	213502485.15	194971557.56	177654452.11	114895791.40
无形资产及其他资产:				
无形资产				
开办费				
长期待摊费用				
其他长期资产				
无形资产及其他资产合计				
递延税项:				
递延税款借项				
资产总计	380979186.91	376957595.61	337580810.17	278864460.62
负债及股东权益				
流动负债:				
短期借款	4500000.00	18000000.00	23000000.00	21000000.00
应付票据	0.00	1500000.00	0.00	4421400.00
应付帐款	50622027.10	46431810.08	34276774.03	51206909.29
预收帐款	10338857.46	16375053.39	4630805.58	13940532.98
代销商品款	202477.50			
应付工资	953650.03	246454.60	899341.33	1590500.35
应付福利费	34436421.88	34436421.88		
应付股利	5735755.27	−2819105.43	−2009069.01	−857496.26
应交税金	9957.39	−50499.79	38595.23	63627.00
其他应交款	1051057.62	20874013.49	3266195.44	2069820.28
其他应付款	4044940.35	163051.96	883730.01	889158.31
预提费用	0.00	7000000.00	4000000.00	
一年内到期的长期负债				
其他流动负债				
流动负债合计	111895144.60	142157200.18	68986372.61	94324451.95
长期负债:				
长期借款	80000000.00	73000000.00	80000000.00	11000000.00
应付债券				
长期应付款				
住房周转金				
其他长期负债				
长期负债合计	80000000.00	73000000.00	80000000.00	11000000.00
递延税项:				
递延税款贷项				
负债合计	191895144.60	215157200.18	148986372.61	105324451.95
少数股东权益				
股东权益				
股本	100000000.00	100000000.00	100000000.00	100000000.00
资本公积	37641742.60	37641742.60	37641742.60	37641742.60
盈余公积	24158652.83	24158652.83	19262295.86	14690036.53
其中:公益金	8052884.28	8052884.28	6420765.29	4896678.85
未分配利润	27283646.88	0.00	31690399.10	21208229.54
股东权益合计	189084042.31	161800395.43	188594437.56	173540008.67
负债及股东权益总计	380979186.91	376957595.61	337580810.17	27886460.62

利润表

编制单位:牡丹江恒丰纸业股份有限公司　　单位:人民币元

项目	2000.1-8	1999	1998	1997
	RMB	RMB	RMB	RMB
一、主营业务收入	211941913.58	298327863.52	265410228.24	253704226.13
减:折扣与折让				
主营业务收入净额	211941913.58	298327863.52	265410228.24	253704226.13
减:主营业务成本	145847444.66	207147580.95	179148279.00	178106963.05
主营业务税金及附加	569670.60	2340758.66	2127639.88	2029242.87
二、主营业务利润	65524798.32	88839523.91	84134309.36	73568020.21
加:其他业务利润	0.00	81148.90	−35809.31	81352.92
减:存货跌价损失	256358.16	732682.81		
营业费用	12832563.46	17436755.70	14241138.54	12829268.15
管理费用	10868350.10	16204238.21	15848881.15	14161251.24
财务费用	616325.09	5853050.61	8663214.18	8026201.84
三、营业利润	40951201.51	48693945.48	45345266.18	38632651.90
加:投资收益				
补贴收入				
营业外收入	0.00	0.00	188.00	
减:营业外支出	229340.50	341627.51	134925.42	431925.64
四、利润总额	40721861.01	48352317.97	45210528.76	38200726.26
减:所得税	13438214.13	15709938.22	14728799.87	12409455.83
五、净利润	27283646.88	32642379.75	30481728.89	25791270.43

利润分配表

编制单位:牡丹江恒丰纸业股份有限公司　　单位:人民币元

项目	2000.1-8	1999	1998	1997
	RMB	RMB	RMB	RMB
一、净利润	27283646.88	32642379.75	30481728.89	25791270.43
加:年初未分配利润	0.00	31690399.10	21208229.54	17707709.67
盈余公积转入	0.00			
二、可供分配的利润	27283646.88	64332778.85	51689958.43	43498980.10
减:提取法定盈余公积	0.00	3264237.98	3048172.89	2579127.04
提取法定公益金	0.00	1632118.99	1524086.44	1289563.52
三、可供股东分配的利润	27283646.88	59436421.88	47117699.10	39630289.54
减:应付优先股股利				
提取任意盈余公积				
应付普通股股利	0.00	59436421.88	15427300.00	18422060.00
四、未分配利润	27283646.88		31690399.10	21208229.54

现金流量表

1999年度及2000年1-8月会计期间

编制单位:牡丹江恒丰纸业股份有限公司　　单位:人民币元

项目	2000.1-8	1999
	RMB	RMB
一、经营活动产生的现金流量:		
销售商品、提供劳务收到的现金	215132954.49	304116285.48
收取的租金		
收到的增值税销项税额和退回的增值税款	36572602.26	50715736.80
收到的除增值税以外的其他税费返还		
收到的其他与经营活动有关的现金	74119.91	415560.00
现金流入小计	251779676.66	355247582.28
购买商品、接受劳务支付的现金	154024388.77	162938593.66
经营租赁所支付的现金		
支付给职工以及为职工支付的现金	12393556.29	15768359.21
支付的增值税款	32362160.66	51726242.71
支付的所得税款	8057605.83	15697655.67
支付的除增值税、所得税以外的其他税费	1911792.02	3543596.20
支付的其他与经营活动有关的现金	28627019.24	10435962.41
现金流出小计	237376522.81	260110409.86
经营活动产生的现金流量净额	14403153.86	95137172.42
二、投资活动产生的现金流量:		
收回投资所收到的现金		
分得股利或利润所收到的现金		
取得债券利息收入所收到的现金		
处置固定资产、无形资产和其他长期资产而收回的现金净额		
收到的其他与投资活动有关的现金		
现金流入小计		
购建固定资产、无形资产和其他长期资产所支付的现金	19868253.15	26743684.80
权益性投资所支付的现金		
债权性投资所支付的现金		
支付的其他与投资活动有关的现金		
现金流出小计	19868253.15	26743684.80
投资活动产生的现金流量净额	−19868253.15	−26743684.80
三、筹资活动产生的现金流量:		
吸收权益性投资所收到的现金		
发行债券所收到的现金		
借款所收到的现金	9500000.00	46500000.00
收到的其他与筹资活动有关的现金		
现金流入小计	9500000.00	46500000.00
偿还债务所支付的现金	23000000.00	55500000.00
发生筹资费用所支付的现金	61492.65	615160.90
分配股利或利润所支付的现金	0.00	25000000.00
偿付利息所支支付的现金	3005127.88	9321204.09
融资租赁所支付的现金		
减少注册资本所支付的现金		
支付的其他与筹资活动有关的现金		
现金流出小计	26620090.53	90436364.99
筹资活动产生的现金流量净额	−17120090.53	−43936364.99
四、汇率变动对现金的影响		
五、现金及现金等价物净增加额	−22585189.82	24457122.63

附注:

项目		
1.不涉及现金收支的投资和筹资活动		
以固定资产偿还债务		
以投资偿还债务		
以固定资产进行长期投资		
以存货偿还债务		
融资租赁固定资产		
2.将净利润调节为经营活动的现金流量		
净利润	27283646.88	32642379.75
加:计提的坏帐准备或转销的坏帐	64246.66	−368186.62
固定资产折旧	4368091.00	7620507.84
无形资产摊销及其他资产摊销		
处置固定资产、无形资产和其他长期资产的损失(减收益)		
固定资产报废损失		
财务费用	616325.09	5853050.61
投资损失(减收益)		
递延税款贷项(减借项)		
存货的减少(减增加)	−8108197.59	6398836.30
经营性应收项目的减少(减增加)	−24787.14	−1958227.70
经营性应付项目的增加(减减少)	−13643943.97	43961621.42
待摊费用的减少(减增加)	−290473.62	975186.06
预提费用的增加(减减少)	3881888.39	−720678.05
其他	256358.16	732682.81
经营活动产生的现金流量净额	14403153.86	95137172.42
3.现金及现金等价物净增加情况:		
货币资金的期末余额	10019303.74	32604493.56
减:货币资金的期初余额	32604493.56	8147370.93
现金等价物的期末余额		
减:现金等价物的期初余额		
现金及现金等价物净增加额	−22585189.82	24457122.63

新疆塔里木农业综合开发股份有限公司

新疆塔里木农业综合开发股份有限公司1999年年度报告摘要

(一) 公司简介

1、公司法定中文名称:新疆塔里木农业综合开发股份有限公司
英文名称:Xinjiang Talimu Agriculture Development Co.,Ltd.　　英文缩写:XTAD
2、公司法定代表人:沙敬禹
3、公司董事会秘书:李新海
联系地址:新疆阿克苏市健康路3号社会保险大楼5层
电话:(0997)2134083　　传真:(0997)2130840
4、公司注册地址:新疆维吾尔自治区阿拉尔南口镇迎宾路1号
邮政编码:843301
公司办公地址:新疆阿克苏市健康路3号社会保险大楼5层　　邮政编码:843000
公司网址:http://www.600359.com　　公司电子信箱 E-mail:nyshg-ak@xj.cninfo.net
5、公司指定信息披露报刊:《中国证券报》、《上海证券报》
公司年度报告登载网址:http://www.sse.com.cn
公司年度报告备置地点:本公司办公地点和上海证券交易所
6、公司股票上市地:上海证券交易所
股票简称:新农开发　　股票代码:600359

(二) 会计数据和业务数据摘要

1、本年度会计数据摘要(单位:元)

利润总额	74,847,555.13
净利润	64,878,759.17
扣除非经常性损益后的净利润	60,538,231.10
主营业务利润	177,023,258.20
其它业务利润	258,173.07
营业利润	69,627,023.02
投资收益	4,207,818.61
补贴收入	764,946.98
营业外收支净额	247,766.52
经营活动产生的现金流量净额	60,478,498.21
现金及现金等价物净增加额	105,431,546.23

说明:扣除非经常性损益后的净利润所扣除项目系新股申购冻结资金利息4340528.07元。

2、截止报告期末公司前三年的主要会计数据和财务指标(单位:元)

	1999年	1998年 调整后	1998年 调整前	1997年
主营业务收入	632,616,731.01	608,777,353.45	608,777,353.45	522,426,621.90
净利润	64,878,759.17	119,047,762.32	127,089,419.17	97,317,528.73
总资产	1262,630,307.97	888,301,758.05	896,343,414.90	649,057,648.56
股东权益	714,979,960.29	379,109,624.40	387,151,281.25	269,708,460.08
每股收益 (摊薄)	0.221	0.584	0.623	0.477
(加权)	0.246	—	—	—
(扣除非经常性损益)	0.206	—	—	—
每股净资产	2.432	1.858	1.898	1.322
调整后每股净资产	2.115	—	—	—
每股经营活动产生的现金流量净额	0.206	—	—	—
净资产收益率% (摊薄)	9.07	31.40	32.83	36.08
(加权)	10.76	—	—	—

注:主要财务指标计算公式

每股收益=净利润÷年度末普通股股份总数每股净资产=年度末股东权益÷年度末普通股股份总数

调整后每股净资产=(年度末股东权益-三年以上的应收款项净额-待摊费用-待处理(流动、固定)资产净损失-开办费-长期待摊费用-住房周转金负数余额)÷年度末普通股股份总数

净资产收益率=净利润÷年度末股东权益×100%

3、报告期内股东权益变动情况(单位:元)

项目	股本	资本公积	盈余公积	法定公益金	未分配利润	股东权益合计
期初数	204000000	65708460.08	17857164.35	5952388.12	91543999.97	379109624.40
本期增加	90000000	254491576.72	10704995.27	3243937.96	64878759.17	420075331.16
本期减少					84204995.27	84204995.27
期末数	294000000	320200036.80	28562159.62	9196326.08	72217763.87	714979960.29

说明:(1)期初数均为计提资产减值准备追溯调整后的数据。

(2)变动原因: ①报告期内发行9000万股新股,募集资金329052153.39元,增加股本、资本公积及股东权益。

②本年度实现净利润64878759.17元,增加盈余公积、公益金、未分配利润及股东权益。

③　本年预分配利润73500000元,减少未分配利润及股东权益。

(三) 股东情况介绍

1、报告期末公司股东总数为68979户。

2、前十名股东持股情况

名次	股东名称	期末持股数量(股)	占总股本比例(%)
1	新疆阿克苏农垦农工商联合总公司	204000000	69.388
2	冯惠君	360000	0.122
3	湖北证券	279714	0.095
4	普惠基金	255504	0.087
5	国盛达	230000	0.078
6	金龙基金	220000	0.075
7	贾志农	214000	0.073
8	光大轻工	200000	0.068
9	朱国宝	192388	0.065
10	黎培根	184700	0.063

持有本公司5%以上的股东为新疆阿克苏农垦农工商联合总公司,股权性质为国有法人股。年度内其所持股份没有增减变动情况,亦没有发生质押、冻结等情况。

前十名股东之间不存在关联关系。

(四) 股东大会简介

公司于1999年4月21日召开公司创立暨第一次股东大会,决议公告刊登在1999年4月23日《上海证券报》上。

公司于1999年12月27日召开1999年度第一次临时股东大会,1999年11月25日,决议公告分别刊登在1999年12月28日《中国证券报》和《上海证券报》上。

(五) 董事会报告

1、公司经营情况

(1)公司所处行业为种植业,主要农作物是棉花。1999年公司皮棉总产67万担,占 全国产量的0.93%,占新疆产量的2.79%,占农工商联合总公司的23.93%(99年全国皮棉总产7228万担,新疆2400万担,农工商联合总公司280万担,数据来源于新疆兵团农一师棉麻公司)。

(2)公司主营业务的范围及其经营状况:

①公司主营农业种植;牧渔养殖;农产品、畜产品的生产、加工及销售;同时生产加工种子、种衣剂、农用塑料制品等。公司主要产品是棉花,是国家重要的商品棉 生产基地。

报告期内公司农作物播种面积37.2万亩,其中棉花播种面积31.54万亩,水稻4万亩,小麦2万亩。皮棉总产达33456吨,比上年增长11.89%,粮食14468吨,棉种8209吨,食 用棉油5875吨,农用地膜5008吨,饲料5031吨,棉短绒2092吨。.主营业务收入63261.67万元,实现利润7484.76万元,与上年相比,主营业务收入增长了3.92%,利润下降了37.1%,与粮棉产量大幅度增长的情况相比,造成利润下降的主要原因是国家棉花流通体 制改革造成棉花价格的大幅度下降,详见本报告(五)—4部分。

主营业务收入、主营业务利润构成情况:

行业	主营业务收入	主营业务成本	主营业务利润
农业	468,903,069.25	302,206,587.69	162,541,012.60
畜牧业	2,160,097.40	3,371,221.87	-786,976.97
工副业	161,553,564.36	147,444,518.20	15,269,222.57
合计	632,616,731.01	453,022,327.76	177,023,258.20

②占公司主营业务收入或主营业务利润10%以上的业务是农业种植及其初加工,所属行业为种植业。占主营业务收入10%以上的主要产品是棉花,1999年棉花总销售 额46890.31万元,占销售总额的74.12%。

2、公司财务情况

财务指标	1999	1998(调整后)	增减比率%
总资产(元)	1,262,630,307.97	888,301,758.05	42.14
长期负债(元)	4,421,183.75	9,840,655.86	-55.07
股东权益(元)	714,979,960.29	379,109,624.40	88.59
主营业务利润(元)	177,023,258.20	264,739,525.76	-33.13
净利润(元)	64,878,759.17	119,047,762.32	-45.50

说明:

(1)总资产、股东权益增长系报告期内发行新股、实现利润及资产评估增值等原 因所致。

(2)长期负债减少系归还长期贷款所致。

(3)主营业务利润、净利润降低系公司主导产品棉花降价以及公司上市后征收33 %所得税所致。

3、公司投资情况

(1)报告期内募集资金使用情况。报告期内发行新股募集资金32906万元,使用情 况如下表(表中"计划"栏为《招股说明书》承诺内容):

投资项目	项目完成情况(万亩)		资金投入(万元)		投资收益率(%)			
	计划	实际	计划	实际	计划	实际	计划	实际
25万亩棉花基地建设第一期工程		已完成	8.7	18.295	30906	39053	13.46	12.85
补充被收购兼并企业流动资金2000万元		未实施			2000			
合计			8.7	18.295	32906	39053	13.46	12.85

说明:

①新垦耕地分别种植了水稻、小麦及棉花,未能达到预期收益率,其主要原因:a、为达到洗盐脱碱、改良土壤的目的,新垦耕地多数种植水稻,直接影响收益。b、1999 年遭受自然灾害比较严重,尤其是新耕地防护林还幼小,损失更大。

②"补充被收购兼并企业新疆阿克苏玉粕化纤厂流动资金2000万元"项目,由于 该企业市场环境发生重大变化,企业内部资产状况进一步恶化,其发展前景暗淡,目前 未实施,公司董事会正就该项目的可行性做进一步的研究论证。

(2)报告期内非募集资金投资情况。

报告期内公司非募集资金投资总额10047万元。其中棉花基地建设投资8147万元 ;棉花加工厂技改及塑料厂设备更新投资1500万元;10000亩节水喷灌投资400万元。

4、生产经营环境以及宏观政策法规变化对公司的影响

今年国家对棉花流通体制做出重大调整,棉花价格主要由市场供求形成。该项宏 观政策的调整使公司今年的新棉销售价格平均比上一年降低24.33%(98年棉花平均销售单价15173元/吨,99年11481元/吨),按相同销售总量计算,直接影响公司1999年利润达6430余万元。

国家税务总局国税函[1999]750号文规定新疆兵团举办的股份制企业分别以独立 经济核算的企业为企业所得税纳税人,而公司原享受的18%的所得税财政补贴优惠政 策面临障碍,如此,公司1999年净利润减少450万元。

随着中国加入世界贸易组织(WTO)双边谈判的顺利进行,中国加入WTO的步伐将进 一步加快。对植棉企业来说有有利的一面也有不利的一面,加入WTO对国内纺织企业的发展具有积极的促进作用,棉花作为主要纺织原料,对其生产企业也是十分有利;另一方面,加入WTO后,国家将逐步降低原棉进口关税并最终取消进口配额,这将使公司面临更加激烈的国际市场竞争。从总体上看,加入WTO后对公司的影响是利大于弊,目前公 司棉花销售价格已基本与国际市场接轨,无论从棉花品质上还是从单产水平上公司都 具备了参与国际市场竞争的实力。1999年十二月份,公司的棉花销售出现了价格步步 回升、产品供不应求的局面,特别是公司生产的长绒棉更是走俏市场。

5、新年度的业务发展计划

(1)2000年公司农作物播种面积计划43.5万亩。棉花35万亩,其中细绒棉20万亩, 长绒棉14万亩,生态棉(彩色棉)1万亩,预计皮棉总产38750吨,比上年提高3800吨;粮 食5.5万亩;新增植林面积0.43万亩;畜牧业存栏头数78500头(只);肉类总产2080吨。

(2)走精准农业道路,加大中低产田改造的力度,尤其是对15.97万亩新耕地的改造,通过洗盐压碱,平整土地,种植绿肥来培肥地力,争取在2000年将60%以上的新耕地改造成稳产高产田。

重庆长江水运股份有限公司

重庆长江水运股份有限公司股票上市公告书

一、要 览

股票简称:长运股份
股票代码:600369
总股本:17230 万股
可流通股本:7000 万股
本次上市流通股本:7000 万股
上市地点:上海证券交易所
上市日期:2001 年 1 月 9 日
股份登记机构:上海证券中央登记结算公司
上市推荐人:联合证券有限责任公司　　北京证券有限责任公司

二、绪 言

重庆长江水运股份有限公司(以下简称"本公司"或"公司")股票上市公告是根据《中华人民共和国公司法》、《中华人民共和国证券法》、《股票发行与交易管理暂行条例》、《公开发行股票公司信息披露实施细则》和《上海证券交易所股票上市规则》等国家有关的现行法律、法规的规定,按照中国证券监督管理委员会制定的公开发行股票公司信息披露的内容和格式准则第七号《上市公告书的内容与格式(试行)》编制,旨在向投资者提供有关本公司的基本情况和股票上市的有关资料。

经中国证券监督管理委员会证监发行字[2000]175 号文核准,本公司已成功上网定价发行了每股面值 1.00 人民币元的普通股 7000 万股,每股发行价 6.18 人民币元。经上海证券交易所上证上字[2000]第 130 号《上市通知书》同意,本公司 7000 万股人民币普通股将于 2001 年 1 月 9 日(星期二)起在上海证券交易所上市挂牌交易。股票简称"长运股份",股票代码"600369"。本公司总股本 17230 万股,流通股本 7000 万股。

本公司已于 2000 年 12 月 19 日在《中国证券报》、《上海证券报》上刊登了《招股说明书概要》,距今不足六个月,故与其重复的内容在此不再重述,敬请投资者查阅本公司的《招股说明书概要》。

本公司董事会及全体董事已批准本上市公告书,并确信所载资料不存在任何重大遗漏和误导,并对其真实性、准确性和完整性负个别和连带责任。

三、公司概况

(一)概况

1、公司名称:重庆长江水运股份有限公司

英文名称:CHONGQING CHANGJIANG RIVER WATER TRANSPORT CO.,LTD

2、法定代表人:李立

3、公司成立日期:1993 年 12 月 30 日

4、注册资本:17230 万元

5、公司注册地址及住所:重庆市涪陵区中山东路 2 号

6、经营范围:本公司主要从事长江干支流客、货运输;民用船舶设计、制造、修理(甲级)。

(二)历史沿革

本公司原名长江天府旅游轮船股份有限公司,成立于 1993 年 12 月 30 日,是经四川省经济体制改革委员会川体改[1993]216 号文批准,由国营四川涪陵轮船总公司、四川蜀海交通投资有限公司、四川省轮船公司三家企业共同发起,并向社会法人和内部职工定向募集股份而设立的股份有限公司。

本公司设立时的总股本为 6600 万股,其中国家股 5,263.7449 万股,占总股本的 79.75%,由涪陵地区国有资产管理局持有(1994 年 3 月 16 日涪陵地区国有资产经营公司成立后,该股份由涪陵地区国有资产管理局委托涪陵地区国有资产经营公司持有); 法人股 1,171.2551 万股, 占总股本的 17.75%;内部职工股 165 万股,占总股本的 2.5%。

1996 年 4 月,经四川省人民政府办公厅批准,四川蜀海交通投资有限公司依法注销,其债权债务和原有职能全部转移到四川高速公路建设开发总公司。

1997 年 3 月,经涪陵市人民政府函[1997]48 号和重庆市国有资产管理局渝国资管[1997]19 号文件批准, 公司国家股持有人涪陵市国有资产经营公司分别向华融投资有限公司转让 1,500 万股;向神泉投资有限公司转让 1,200 万股;向北京威萃实业有限责任公司转让 400 万股%;向北京和泉投资顾问公司转让 300 万股%。共转让 3,400 万股国家股。1998 年 3 月,经股东大会审议通过并经涪陵市经济体制改革委员会涪市体改发[1998]43 号文批准,以盈余公积金按每 10 股转增 5.5 股比例向全体股东转增共计 3,630 万股,由此总股本扩大至 10,230 万股,注册资本变为 10,230 万元。

1998 年 7 月,公司经重庆市经济体制改革委员会渝改委[1998]61 号文批准,更名为重庆长江水运股份有限公司,并在重庆市工商行政管理局登记注册。

1999 年 12 月,根据四川省国有资产管理局川国资企[1999]53 号文及四川省港航开发有限责任公司川港司[1999]16 号《关于重庆长江水运股份有限公司国有股权划转的函》,将四川高速公路建设开发总公司与四川省轮船公司所持公司股份划转给了四川省港航开发有限责任公司。至此,四川省港航开发有限责任公司持有长运股份法人股 775 万股,占总股本的 7.58%。

经中国证券监督管理委员会证监发字[2000]175 号文批准,公司通过上海证券交易所,于 2000 年 12 月 21 日以上网定价方式成功地向社会公开发行人民币普通股 7000 万股, 每股面值 1.00 元,每股发行价 6.18 元。2000 年 12 月 27 日,本公司在重庆市工商行政管理局办理工商变更登记手续,注册号为 5001021800058。

四、股票发行及承销

(一)股票发行

发行股数:7000 万股
发行价格:6.18 元/股
发行方式:上网定价
中签率: 0.67 120214%
有效申购户数:718295 户
持 1000 股以上(含 1000 股)的股东数:58167 户
募集资金总额(已扣除发行费用):415,007,900 元
发行费用总额:17,592,100 元
每股发行费用:0.2513 元
发行市盈率:29.62 倍(加权平均计算)
34.33 倍(全面摊薄计算)

(二)股票承销

本次上网定价发行之 7000 万股已全部被社会公众认购,承销团无余额包销。

(三)验资报告

重庆长江水运股份有限公司全体股东:

我们接受委托,对贵公司截止 2000 年 12 月 27 日止的股本变更情况的真实性和合法性进行了审验。在审验的过程中,我们按照《独立审计实务公告第 1 号-验资》的要求,实施了必要的审验程序。贵公司的责任是提供真实、合法、完整的验资资料,保护资产的安全、完整;我们的责任是按照《独立审计实务公告第 1 号-验资》的要求,出具真实、合法的验资报告。

贵公司变更前的股本为人民币 10,230 万元。根据我们的审验,截止 2000 年 12 月 27 日止,贵公司已收到其股东增加投入资本 41,500.79 万元(已扣除发行费用),其中记入股本 7,000 万元,资本公积 34,500.79 万元。公司变更后的股本总额为 17,230 万元,其中,国家股 2,888.8048 万元(占注册资本的 16.77%),法人股 7,085.4454 万元(占注册资本的 41.12%),内部职工股 255.75 万元(占注册资本的 1.48%), 社会公众股 7,000 万元 (占注册资本的 40.63%)。与本次增加投入资本相关资产总额为 41,500.79 万元,均系货币资金。

附件(一)变更前后注册资本、投入资本对照表
附件(二)验资事项说明

利安达信隆会计师事务所有限责任公司　　中国注册会计师:张艳
中国注册会计师:凌运良
中国　北京　　2000 年 12 月 27 日
入帐时间:2000 年 12 月 27 日　　入帐金额:417307900.00
帐号:13122116991　　行号:28658-090
开户行:工行重庆枳城支行营业部

五、董事、监事和高级管理人员简介及持股情况

(一)董事、监事和高级管理人员简历及持股情况

董事长李立先生:生于 1963 年,本科学历,经济师。1985 年至 1988 年先后在重庆市计委、中央农村政策研究室发展所工作;1988 年以后,曾任中国农村信托投资公司河北分公司副总经理、总公司计财部资金处、发展部项目处负责人;中国兴南集团公司计财部副主任、总裁办主任、财务总监、副总裁;现任华融投资有限公司总经理、重庆长江水运股份有限公司董事长。

副董事长刘龙铸先生:生于 1944 年,本科学历,高级经济师。曾任四川省轮船公司副经理、经理;四川省交通厅港航监督局副局长、局长、党组书记;四川省航务管理局任党组书记、局长;现任四川省港航开发有限责任公司董事长、重庆长江水运股份有限公司第一副董事长。

副董事长兼总经理李光炳先生:生于 1939 年,中专学历,高级经济师。先后担任公司党委副书记、副经理、经理、总经理、董事长;现任公司副董事长兼总经理。曾被评为四川省优秀企业家和有突出贡献的优秀专家。

董事曹明贵先生:生于 1944 年 5 月,本科学历。曾任涪陵地区财政局副局长;涪陵龙桥电厂建设指挥部副指挥长;现任四川省信托投资公司涪陵办事处总经理。

董事许少才先生:生于 1961 年 11 月,研究生学历。曾任贵州省广播电视厅团委副书记;现任神泉投资有限公司董事长。

董事李元发先生:生于 1954 年,本科学历。曾任涪陵地委组织部政策研究室主任;公司党委副书记、监事会主席;现任公司党委副书记、工会主席。

董事肖宗华先生:生于 1965 年 6 月,大专学历。曾任涪陵国泰资产评估所所长;涪陵市枳城区国有资产经营公司副总经理;现任重庆市涪陵区国有资产经营公司副总经理。

董事会秘书饶正力女士:生于 1956 年,大专学历,经济师。曾任公司总经理办公室主任、总经理助理职务;现任公司董事会秘书。

监事会召集人申永洁先生:生于 1957 年,大专学历,助理工程师。曾任涪陵海陵总厂机修分厂厂长、海陵总厂生产管理办公室主任;现任涪陵国有资产经营公司企股科科长。

监事周炳智先生:生于 1943 年,高中学历,政工师。曾任公司所属涪陵造船厂党总支书记、厂长。现任公司审计监察部部长。

监事郑霞女士:生于 1961 年,大专学历,助理会计师。曾任公司财务科主办会计、票据科科长。现任公司审计监察部副部长。

常务副总经理滕林先生:生于 1954 年 11 月,大专学历,经济师。曾任公司副经理、总经济师、副总经理;现任公司常务副总经理。

副总经理陈兴元先生:生于 1943 年 9 月,本科学历,高级工程师。曾任公司所属涪陵造船厂厂长、公司副经理、副总经理;现任公司副总经理、总工程师。

副总经理汪德寿先生:生于 1949 年 12 月,中专学历。曾任公司运输部部长、总经理助理;现任公司副总经理。

副总经理刘平女士:生于 1953 年 9 月,大专学历,会计师。曾任公司总经理助理兼财务部部长;现任公司副总经理。

本公司高级管理人员不存在违背法律、法规的双重任职或兼职。

本公司董事、高级管理人员承诺在本公司任职期间不在任何国家或地方的其他单位、企业从事与本公司相同、相似的构成或可能构成竞争的业务。

(二)董事、监事和高级管理人员的持股情况

姓名	职务	持股(股)	持股比例(%)
李立	董事长	0	0
刘龙铸	副董事长	0	0
李光炳	副董事长、总经理	1048	0.00102
曹明贵	董事	0	0
许少才	董事	0	0
李元发	董事	699	0.00068
肖宗华	董事	0	0
申永洁	监事会召集人	0	0
周炳智	监事	349	0.00034
郑霞	监事	1747	0.00171
滕林	常务副总经理	1572	0.00154
陈兴元	副总经理	2970	0.00290
汪德寿	副总经理	1747	0.00171
刘平	副总经理	699	0.00068
饶正力	董事会秘书	1747	0.00171

本公司董事、监事和高级管理人员持有本公司股份数额为 12,578 股, 占本公司总股本的 0.01229%。

本公司董事、监事、经理在其任职期间及离职后六个月内不得转让其所持有的本公司的股份。

六、公司设立

本公司是经四川省经济体制改革委员会川体改(1993)216 号文批准,以原国营四川涪陵轮船总公司为主发起人,联合四川蜀海交通投资有限公司、四川省轮船公司共同发起,以定向募集方式设立的股份有限公司。公司成立于 1993 年 12 月 30 日,注册资本 6600 万元。

1998 年 4 月 10 日,公司以盈余公积按每 10 股转增 5.5 股比例向全体股东转增新股,转增后公司总股本为 10,230 万股。

1998 年 7 月 23 日,公司更名为重庆长江水运股份有限公司,并在重庆市工商行政管理局重新注册,注册资本为人民币 10,230 万元。

经中国证券监督管理委员会证监发字[2000]175 号文批准,公司通过上海证券交易所,于 2000 年 12 月 21 日以上网定价方式成功地向社会公开发行人民币普通股 7,000 万股,本次股票发行结束后,公司总股本为 17,230 万元,本公司于 2000 年 12 月 27 日在重庆市工商行政管理局办理了工商注册变更登记。

七、关联企业及关联交易

(一)关联企业

1、本公司目前的主要股东

(1)第一大股东:重庆市涪陵国有资产经营公司,持有本公司 16.77%的股份;

(2)第二大股东:华融投资有限公司,持有本公司 13.49%的股份;

(3)第三大股东:神泉投资有限公司,持有本公司 10.79%的股份;

(4)第四大股东:四川省信托投资公司,持有本公司 5.92%的股份。

2、本公司的参控股公司

(1)重庆宝达船舶工程有限公司,本公司控股子公司,现持有其 75%股权;

(2)重庆北部仓储加工基地建设有限公司,本公司参股公司,现持有其 47%股权;

(3)涪陵长江博华电缆有限公司,本公司参股公司,现持有其 27.78%股权;

(4)重庆新华旅行社,本公司参股公司,现持有其 49%股权。

(二)关联交易

1、1999 年 10 月 30 日、12 月 9 日、12 月 10 日、12 月 15 日、12 月 25 日, 本公司与四川信托的分支机构四川信托涪陵办分别签订(99)020、(99)023、(99)026、(99)027、(99)022 号借款合同,借款总额为 460 万元人民币。其中,(99)022 号借款合同(30 万元)已履行完毕。

本公司与四川信托涪陵办之间存在存款关系,截止至 2000 年 5 月 31 日,本公司在四川信托涪陵办存款余额为 54,403.74 元人民币。

为保护股份公司股东的利益,股份公司的主要股东已向股份公司出具了《非竞争承诺函》,承诺今后不从事与本公司构成同业竞争的业务,以充分保护本公司全体股东的利益。

八、股本结构及大股东持股情况

(一)本公司上市前的股本结构

股份类型	股数(万股)	占总股本比例(%)
国家股	2888.8046	16.77
法人股	7085.4454	41.12
内部职工股	255.7500	1.48
社会公众股	7000.0000	40.63
总股本	17230.0000	100.00

(二)公司前十名股东持股情况

序号 股份名称	持股数量(万股)	持股比例(%)
1、重庆市涪陵国有资产经营公司	2888.8046	16.77
2、华融投资有限公司	2325.0000	13.49
3、神泉投资有限公司	1860.0000	10.79
4、四川省信托投资公司	1020.2954	5.92
5、四川省港航开发有限责任公司	775.0000	4.50
6、北京威萃实业有限责任公司	620.0000	3.60
7、北京和泉投资顾问公司	465.0000	2.70
8、兴华基金	88.5000	0.51
9、汉盛基金	77.1000	0.45
10、同益基金	14.2000	0.08

九、公司财务会计资料

本公司截止 2000 年 05 月 31 日的财务会计资料, 已于 2000 年 12 月 19 日分别在《中国证券报》、《上海证券报》上刊登的本公司《招股说明书概要》中进行了详细披露。因公告距今时间较短,相同的内容在此不再重复。本公告只公布本公司经审计的财务报表及主要财务指标, 欲了解详细内容,敬请投资者查阅上述报纸或至公告的《招股说明书》查阅地查阅。

(一)主要财务指标

	2000 年 5 月	1999 年	1998 年	1997 年
流动比率	0.97	0.84	1.41	1.48
速动比率	0.93	0.81	1.23	1.29
资产负债率(%)	62.60	59.39	56.01	57.65
应收帐款周转率(次)	1.46	3.75	3.02	4.42
存货周转率(次)	5.79	9.37	6.17	6.27
净资产收益率(%)	9.76	19.23	9.23	15.57
每股净利润(元)	0.145	0.296	0.133	0.316

(二)会计报表(附后)

(三)合并会计报表主要项目注释摘录

应收帐款 2000/05/31

帐龄	金额	占该帐项金额比例	坏帐准备
1 年以内	35543743.35	75.53%	1777187.17
1-2 年	7155824.35	15.21%	1073373.65
2-3 年	2075094.74	4.41%	622528.42
3 年以上	2282434.99	4.85%	1682006.59
合计	47057097.43	100%	5155095.83

欠款金额前五名如下:

欠款单位	金额	时间	内容
四川省轮船公司	4,636,540.72	2000 年	客运票款
贵州省乌江轮船公司	3,500,000.00	2000 年	售船款
重庆光大国际旅行社	2,636,047.71	2000 年	客运票款
重庆九州旅行社	2,557,315.49	1999 年	客运票款
重庆假日旅游公司	2,523,233.77	1999 年	客运票款

上述款项中无持股 5%(含 5%)以上股东欠款。

3 年以上应收款未收回的主要原因是:(1)对一部分代理售票单位的票款　未及时清理;(2)未能及时收回部分货运款。但尚无证据表明上述款项无法收回。

2.其他应收款

2000/5/31

帐龄	金额	占该帐项金额比例	坏帐准备
1 年以内	41681284.85	83.76%	2084064.24
1--2 年	1532063.31	3.08%	229809.50
2-3 年	1872362.43	3.76%	561708.73
3 年以上	4679604.68	9.40%	4055388.53
合计	49765315.27	100%	6930971.00

欠款金额前五名如下:

欠款单位	金额	内容
重庆船厂	30,000,000.00	材料采购款
北京东西部经济中心	3,230,000.00	预付项目合作款
重庆纺织品批发公司	2,480,246.00	代垫货款
湖北省恒川轮船公司	2,000,000.00	代付造船款
重庆信泰物业公司	1,500,000.00	购房款

无持股 5%(含 5%)以上股东欠款。

本公司三年以上的其他应收款,无任何证据表明无法收回。

报表日其它应收款较期初减少系收回清理欠款所致。

其它应收款 1998 年末较 1997 年末增加了 3,675 万元,主要是由于:(1)发生了对涪陵长天康利实业有限公司的代垫款项 2,693 万元,(2)对外股权投资转让,根据股权转让协议转让价款分期支付,至 1998 年末一部分股权转让款未收回,形成应收款项 891 万元。上述应收款项已全部依约收回。

3.预付帐款

2000/05/31

帐龄	金额	占该帐项金额比例
1 年以内	29565662.55	97.22%
1--2 年	331621.84	1.09%
2--3 年	30149.12	0.10%
3 年以上	482229.42	1.59%
合计	30409662.93	100%

前五名供货人情况:

单位名称	金额	内容
重庆渝亚房地产建设开发公司	20,000,000.00	预付办公楼款
新大江公司	6,000,000.00	预付主机款
重庆船厂	1,736,020.56	预付修理费
重庆新力技术发展有限公司	370,995.30	燃料油款
长江燃料供应总站涪陵站	258,654.39	燃料油款

4.长期投资

(1)分类

项目	期初数	本期增加	本期减少	期末数
长期股权投资	58296536.23	469975.12	3007861.71	55758649.64

5.应付票据

种类 收票人	出票日期	到期日	2000/05/31	
银行承兑汇票	重庆石油集团巫山石油公司	2000/01/07	2000/07/05	200000.00
银行承兑汇票	湖北荆州市原燃料有限公司	2000/01/07	2000/07/05	500000.00
银行承兑汇票	长江燃料供应总站宜昌站	2000/01/12	2000/07/11	500000.00
银行承兑汇票	长江燃料供应总站宜昌站	2000/01/28	2000/06/26	300000.00
银行承兑汇票	湖北荆州港物资供销公司	2000/01/28	2000/06/26	200000.00
银行承兑汇票	重庆新渝石化制品有限公司	2000/03/23	2000/09/02	500000.00
银行承兑汇票	涪陵金昌贸易公司	2000/04/20	2000/10/03	1000000.00
银行承兑汇票	涪陵金昌贸易公司	2000/04/20	2000/10/03	1000000.00
银行承兑汇票	长江燃料供应总站宜昌站	1999/12/17	2000/06/16	1000000.00
合计			5200000.00	

6.应付帐款

2000/05/31

帐龄	余额	占该帐项金额比例
1 年以内	8099131.97	79.81%
1--2 年	443816.70	4.37%
2--3 年	950951.52	9.37%
3 年以上	654350.67	6.45%
合计	10148250.86	100%

前五名债权人如下:

单位名称	金额	内容
湖北省荆州市荆原燃料有限公司	1,618,104.05	燃料费
重庆新时代贸易公司	857,438.20	燃料费
重庆市燃料供应站	789,355.12	燃料费
长江燃料供应总站沙市站	738.500.00	燃料费
重庆轮船总公司物贸供应站	571,018.86	燃料费

无欠持股 5%(含 5%)以上股东单位的款项。

7.预收帐款

2000/05/31

账龄	金额	占该帐项金额比例
1 年以内	88512.60	100.00%
1--2 年		
合计	88512.60	100.00%

无欠持股 5%(含 5%)以上股东单位的款项。

8.应付股利

股东名称	2000/5/31
重庆涪陵国有资产经营公司	5777609.20
华融投资有限公司	4650000.00
神泉投资有限公司	3720000.00
四川省信托投资公司	2040590.80
北京威萃实业有限责任公司	1240000.00
北京和泉投资顾问公司	930000.00
四川省港航开发有限责任公司	1550000.00
阿坝交通旅行社	31000.00
成都天府旅行社	9300.00
内部职工股股东	511500.00
合计	20460000.00

根据 2000 年 4 月 2 日本公司第二届第十次董事会决议,制定的 1999 年度利润分配方案,每股派发现金红利 0.20 元(含税)。

9.未分配利润

项目	2000/05/31	1999/12/31	1998/12/31	1997/12/31
年初未分配利润	21760537.48	16469183.21	4875080.62	-4872089.53
加:本期净利润	14821737.43	30295710.91	13640120.67	20879023.70
可供分配利润	36582274.91	46764894.12	18515201.29	16006934.17
减:提取法定盈余公积金	-	3029571.09	1364012.05	2087902.37
提取法定公益金	-	1514785.55	682006.03	1043951.18
可供股东分配的利润	36582274.91	42220537.48	16469183.21	12875080.62
减:提取任意盈余公积	-	-	-	8000000.00
应付普通股股利	20460000.00	20460000.00	-	-
未分配利润	16122274.91	21760537.48	16469183.21	4875080.62

*1:1997 年年初未分配利润出现负数的原因:根据财政部财会字(1999)35 号文,并经本公司董事会决议,提高坏帐准备金提取比例,采用追溯调整法,调减 1997 年年初未分配利润 5,812,623.94 元所致。

10.投资收益

类别	2000 年 1-5 月	1999 年度	1998 年度	1997 年度
其他投资收益	162113.41	1004036.23	1182449.31	1907579.56
其中:成本法	-	-	-	-
权益法	162113.41	1004036.23	1182449.31	1907579.56
合计	162113.41	1004036.23	1182449.31	1907579.56

11.资本公积

项目	2000/05/31	1999/12/31	1998/12/31	1997/12/31
接受捐赠实物资产	502500.00	502500.00	502500.00	501300.00
合计	502500.00	502500.00	502500.00	501300.00

12.盈余公积

项目	2000/05/31	1999/12/31	1998/12/31	1997/12/31
法定盈余公积金	10355573.71	10355573.72	7326002.63	5961990.58
公益金	5728705.07	5728705.07	4213919.52	3531913.49
任意盈余公积金	16900000.00	16900000.00	16900000.00	53200000.00
合计	32984278.79	32984278.79	28439922.15	62693904.07

本公司按税后利润 10%提取法定盈余公积金,5%提取公益金。1997 年度根据董事会、股东大会决议提取任意盈余公积金 8,000,000.00 元。

十、董事会上市承诺

本公司董事会将严格遵守《中华人民共和国公司法》、《中华人民共和国证券法》、《股票发行与交易管理暂行条例》、《公开发行股票公司信息披露实施细则》和《上海证券交易所股票上市规则》等有关法律、法规的规定,并自本公司股票上市之日起,作出如下承诺:

(一)按照法律法规的要求披露重大信息,自觉接受证券主管机关、上海证券交易所的监督管理。

(二)及时、真实、准确地公布中期报告和年度报告,并置于规定场所供投资者查阅。

(三)本公司董事、监事及高级管理人员如发生人事变动,或持有本公司股份发生变化时,在及时报告证券主管机关、上海证券交易所的同时,向投资者公布。

(四)在任何公共传播媒介中出现的消息可能对本公司股票的市场价格产生误导性影响时,本公司知悉后将及时对该消息予以公开澄清。

(五)本公司董事、监事及其他高级管理人员将认真听取社会公众的意见和批评,不利用已获得的内幕消息和其他不正当手段直接或间接从事股票买卖活动。

(六)本公司没有无记录负债。

(七)依据 2000 年 5 月 1 日起实施的《上海证券交易所股票上市规则(二 OOO 年修订版)》,本公司全体董事、监事将按照有关规定,在本公司股票上市后两个月内签署《董事(监事)声明及承诺书》并送达上海证券交易所备案。

十一、重要事项提示

1、本公司第一大股东重庆市涪陵国有资产经营公司承诺,自发行人股票上市之日起 12 个月内,该公司不转让其持有的本公司股票,也不由本公司回购其所持有的股份。

2、预计本次股票发行后首次股利分配时间为 2001 年 6 月前,公司本次股票发行后的社会公众股股东与原股东对上市前的滚存利润有同等分配权。

3、本公司在招股说明书及招股说明书概要中披露 2000 年度及 2001 年度享受的所得税负为 33%。根据财政部的通知,经国务院批准,各地实行的上市公司税收优惠政策将允许保留到 2001 年 12 月 31 日。本公司上市后,将按有关规定向重庆市政府提出所得税优惠的申请。

4、截至本上市公告书刊登之日,本公司无重大诉讼事项。

5、其他重要事项

(1)由于三峡移民搬迁的影响,本公司所属涪陵造船厂目前的生产经营活动受到限制,已不具备制造船舶的条件,仅能修理船舶。根据重庆市涪陵区人民政府涪府移民发[1996]100 号文件淹没补偿额的通知,公司将获得补偿费 19,232,190.00 元,截止 2000 年 5 月 31 日公司共收到补偿费 14,500,000.00 元。

本次搬迁给公司造成的影响及公司的对策:

①搬迁给公司造成的影响:涪陵造船厂是公司内部独立核算二级单位,主要任务是为公司提供船舶建造和维修服务,确保船舶的正常运行,而不是以赢利为目的。公司对船厂的修造船是按实际发生额结费,与外部船厂相比,修造船质量、交船期易于保证,对保证船舶正常营运有一定积极作用;同时,与外部船厂相比,修造船成本相对较低,对降低船舶的运输成本,节约维修费开支有一定作用。尽管涪陵造船厂在 1997 年 10 月份以后失去了造船能力,但在 2003 年三峡大坝建成前仍保持船舶的维修能力,可确保船舶的正常运行;而且近两年船舶营运能力良好,1999 年为扩大市场份额成功收购了四川省轮船公司的六艘客运船舶。因此,对公司经营业绩没有重大影响。搬迁的影响主要表现为两方面:一是职工安置问题;二是重建公司的修造船基地,以适应股份公司业务发展的需要。

②股份公司的对策:

1992 年涪陵造船厂被确定为三峡工程淹没全迁企业,公司就开始寻找船厂的出路问题,制定了新建船厂、兼并重庆船厂等多种方案。经过反复论证后决定:兼并重庆船厂以实现涪陵造船厂的移民迁建、扩大船厂的生产规模和提高修造能力,同时开发新的项目,安置移民。

(2)关于公司预期利润率的专项意见

根据发行人已经珠海嘉信达会计师事务所审核的财务资料,发行人、主承销商和发行人律师认为:公司 2000 年及 2001 年的预期利润率可达到同期银行存款利率水平,符合《公司法》第 137 条规定的"公司预期利润率可达到同期银行存款利率"的发行条件。

(3)1997 年 10 月 19 日本公司与重庆船厂签订协议书,约定本公司以承担债权、债务的方式对重庆船厂实施整体兼并,本公司承诺将在兼并重庆船厂后按本公司上市申报材料中有关项目规划实施对重庆船厂的投资技改项目。

6、除本公司招股说明书及其概要和本上市公告书披露的事项外,本公司认为没有其它对本公司资产、负债及股东权益有较大影响的重要事项。

十二、备查文件目录

1、招股说明书
2、上海证券交易所上市通知书
3、中国证监会证监发行字[2000]175 号文
4、审计报告、财务报表及附注
5、验资报告
6、法律意见书
7、公司股东大会决议、董事会决议
8、公司营业执照
9、公司章程
10、其他备查文件

十三、咨询机构

1、发行人:重庆长江水运股份有限公司
法定代表人:李立
地址:重庆市涪陵区中山东路 2 号
电话:(023)72228178
传真:(023)72224613
联系人:饶正力　庞勇

2、上市推荐人:联合证券有限责任公司
法定代表人:王世宏
联系地址:北京市西城区月坛北街 2 号月坛大厦 17 层
电话:(010)68085588-651
传真:(010)68085688
联系人:马卫国　谭静

3、上市推荐人:北京证券有限责任公司
法定代表人:卢克群
地址:北京市西城区万通新世纪广场 B 座 12 层
电话:(010)68587832
传真:(010)68587832
联系人:秦洁　宾良驹　申克非

重庆长江水运股份有限公司
二 000 年十二月三十日

资产负债表

编制单位:重庆长江水运股份有限公司　　单位:人民币元

资产	2000-5-31		1999-12-31
	合并数	母公司	
流动资产:			
货币资金	54066974.57	54022678.38	37909007.36
短期投资			
减:短期投资跌价准备			
短期投资净额			
应收票据			
应收股利			
应收利息			
应收帐款	47057097.43	43292097.43	48749812.73
其他应收款	49765315.27	49765315.27	59732919.71
减:坏帐准备	12086066.83	11897816.83	11724647.43
应收帐款净额	84736345.87	81159595.87	96758085.01
预付货款	30409662.93	32849730.93	7809403.71
应收补贴款			
存货	8703658.31	6004944.19	6688096.99
减:存货变现损失	333380.93	333380.93	333380.93
存货净额	8370277.38	5711563.26	6354716.06
待摊费用	319652.63	319352.63	907089.12
待处理流动资产净损失	5000.00	5000.00	-
一年内到期的长期债券投资			
其他流动资产			
流动资产合计	177907913.38	174068221.07	149738301.26
长期投资:			
长期股权投资	55758649.64	29560331.50	58296536.23
长期债权投资			
长期投资合计	55758649.64	29560331.50	58296536.23
减:减值准备			
长期投资净额	55758649.64	29560331.50	58296536.23
固定资产:			
固定资产原价	203061741.66	202853001.19	203151343.24
减:累计折旧	50848947.09	50826345.74	45616244.78
固定资产净值	152212794.57	152026655.45	157535098.46
工程物资			
在建工程	18720061.59	18720061.59	18711452.49
固定资产清理	58000.00	-58000.00	
待处理固定资产损失			
固定资产合计	170874856.16	170688717.04	176246550.95
无形及其他资产			
无形资产	3206436.86	2718936.87	2743788.74
开办费	449526.53	14090.10	29090.10
长期待摊费用	1680986.53	677483.88	780004.67
其他长期资产	130000.00	130000.00	130000.00
无形及其他资产合计	5466949.92	3540510.85	3682883.51
递延税项:			
递延税款借项			
资产总计	410008369.10	407857780.46	387964271.95
流动负债:			
短期借款	78946000.00	78946000.00	81250000.00
应付票据	5200000.00	5200000.00	1000000.00
应付帐款	10148250.86	10148250.86	15715490.53
预收帐款	88512.60	88512.60	778801.67
代销商品款			
应付工资	2740390.47	2686413.42	2646004.86
应付福利费	345473.70	364202.60	22361.65
应付股利	20460000.00	20460000.00	-
应交税金	9523575.95	9325462.74	7898184.15
其他应交款	464036.78	464036.78	1154642.72
其他应付款	23179168.92	22679168.92	19169409.70
预提费用	2314252.72	2314252.72	110.78

一年内到期的长期负债	29146800.00	29146800.00	47690000.00
其他流动负债			
流动负债合计	182556462.00	181823100.64	177325006.06
长期负债:			
长期借款	50121259.00	50121259.00	33146800.00
应付债券			
长期应付款	23945149.62	23945149.62	19945149.62
住房周转金	59217.50	59217.50	-
其他长期负债			
长期负债合计	74125626.12	74125626.12	53091949.62
递延税项:			
递延税款贷项			
负债合计	256682088.12	255948726.76	230416955.68
少数股权及权益	1417227.28	-	-
股东权益:			
股本	102300000.00	102300000.00	102300000.00
资本公积金	502500.00	502500.00	502500.00
盈余公积金	32984278.79	32984278.79	32984278.79
其中:公益金	5728705.07	5728705.07	5728705.07
未分配利润	16122274.91	16122274.91	21760537.48
股东权益合计	151909053.70	151909053.70	157547316.27
负债及股东权益合计	410008369.10	407857780.46	387964271.95

利润表

编制单位:重庆长江水运股份有限公司　　单位:人民币元

项目	2000年1-5月 合并数	母公司	1999年度
一、主营业务收入	70164227.99	66620400.82	142882101.06
减:折扣与折让	-	-	287469.06
主营业务收入净	70164227.99	66620400.82	142594632.00
减:主营业务成本	42652716.03	40316005.37	81902998.00
营业税金及附加	2264637.52	2264637.52	4844543.13
二、主营业务利润	25246874.44	24039757.93	55847090.87
加:其他业务利润	187138.87	187138.87	22340.87
减:存货跌价损失	-	-	333380.93
营业费用	136289.30	134259.30	84840.22
管理费用	4482994.76	4345981.61	9261268.96
财务费用	5303186.28	5303609.26	9354854.06
三、营业利润	15511542.97	14443046.63	36835087.57
加:投资收益	162113.41	963795.27	1004036.23
补贴收入	4300000.00	4300000.00	7250000.00
营业外收入	17542.88	17080.08	116828.45
减:营业外支出	254280.19	254230.19	3183204.71
四、利润总额	19736919.07	19469691.79	42022747.54
减:所得税	4647954.36	4647954.36	11727036.63
减:少数股东损益	267227.28	-	-
五、净利润	14821737.43	14821737.43	30295710.91

利润分配表

编制单位:重庆长江水运股份有限公司　　单位:人民币元

项目	2000年1-5月 合并数	母公司	1999年度
一、净利润	14821737.43	14821737.43	30295710.91
加:年初未分配利润	21760537.48	21760537.48	16469183.21
盈余公积转入			
二、可供分配的利润	36582274.91	36582274.91	46764894.12
减:以法定盈余公积	-	-	3029571.09
提取法定公益金	-	-	1514785.55
三、可供股东分配的利润	36582274.91	36582274.91	42220537.48
减:应付优先股股利			
提取作意盈余公积	-	-	-
应付普通股股利	20460000.00	20460000.00	20460000.00
转作股本的普通股股利			
四、未分配利润	16122274.91	16122274.91	21760537.48

北京天鸿宝业房地产股份有限公司

北京天鸿宝业房地产股份有限公司招股说明书

一、绪 言

本招股说明书概要系根据《中华人民共和国公司法》、《中华人民共和国证券法》、《股票发行与交易管理暂行条例》、《公开发行股票公司信息披露实施细则》及其他有关法律、法规以及本公司之实际情况而编写,旨在披露本公司基本情况及有关详尽资料。本招股说明书概要业经董事会全体董事批准通过,确信其所摘内容与招股说明书正文一致,且无任何重大误导、虚假或遗漏。

本公司本次公开发行4,000万股社会公众股已获中国证监会证监发行字[2001]10号文核准。

新发行的股票是根据本公司招股说明书所载明的资料申请发行的。除本发行人和主承销商外,没有委托或授权任何其他人提供未在本说明书中列载的信息和对本说明书作任何解释或者说明。

投资者可在本次股票承销期内到本公司指定地点查阅招股说明书全文。如对本招股说明书概要有任何疑问,可咨询本公司或主承销商。

特别提醒:

投资者须自行负担买卖本公司股票所应支付的税款,发行人、主承销商和上市推荐人对此不承担任何责任。

二、释 义

在本招股说明书概要中,除非文意另有所指,下列词语具有如下含义:公司或本公司(发行人)指北京天鸿宝业房地产股份有限公司天鸿集团指北京天鸿集团公司宝骥公司指北京宝骥材料设备有限责任公司建设部指中华人民共和国建设部主承销商指中信证券股份有限公司上市推荐人指中信证券股份有限公司公司章程指北京天鸿宝业房地产股份有限公司章程股票指每股面值1.00元的记名式人民币普通股本次发行指本次向社会公众发行4,000万股A股董事或董事会指本公司董事或董事会监事指本公司监事元指人民币元

三、发售新股的有关当事人

(一)发行人:北京天鸿宝业房地产股份有限公司
法定代表人:赵东杰　　地址:北京市东城区安定门外大街183号京宝花园二层
电话:010-64256268　　传真:010-64256258　　联系人:龚谦炜 钟宁
(二)主承销商:中信证券股份有限公司
法定代表人:常振明　　地址:深圳市罗湖区湖贝路1030号海龙王大厦
电话:021-62802631　　传真:021-62802267　　联系人:冒友华 谢小弟 周燕
(三)副主承销商:三峡证券有限责任公司
法定代表人:邓贵安　　地址:湖北省宜昌市滨湖路2号
电话:027-85712072　　传真:027-85712070　　联系人:董巍 颜永军
(四)分销商:国信证券有限公司　西南证券有限责任公司　平安证券有限责任公司　联合证券有限责任公司
(五)上市推荐人:中信证券股份有限公司
(六)发行人法律顾问:中银律师事务所
法定代表人:唐金龙　　地址:北京市西城区金融街23号平安大厦6层
电话:010-66210709　　传真:010-66213817　　经办律师:朱玉栓 邓鸿成
(七)主承销商法律顾问:北京市金台律师事务所
法定代表人:林章龙　　地址:北京市广安门外南滨河路1号高新大厦七层
电话:010-63288571　　传真:010-63288570　　经办律师:郭卫东 贺艳菊
(八)财务审计机构:岳华会计师事务所有限责任公司
法定代表人:李延成　　地址:北京市朝阳区安定路39号长新大厦五层
电话:010-64448901　　传真:010-64418625　　经办注册会计师:张连起 潘帅
(九)资产评估机构:北京六合正旭资产评估有限责任公司
法定代表人:薛勇　　地址:北京市海淀区复兴路12号
电话:010-63965468　　传真:010-63950272　　经办评估人:黄二秋 宋吉力
(十)资产评估确认机构:中华人民共和国财政部
负责人:项怀诚　　地址:北京市三里河路南三巷3号
电话:010-68551114　　传真:010-68551229
(十一)股票登记机构:上海证券中央登记结算公司
法定代表人:王迪彬　　地址:上海市浦东新区浦建路727号
电话:021-58708888　　传真:021-58709940

四、发行情况

(一)承销方式

本次发行由以中信证券股份有限公司为主承销商之承销团采用余额包销方式承销。

(二)承销期的起止日期本次股票发行承销期为2001年1月15日至2001年1月19日。

(三)发行方式本次发行采用"上网定价发行"的发行方式。

(四)发行地区所有与上海证券交易所交易系统联网的各证券交易网点。

(五)发行对象　持有上海证券交易所股票帐户的有权购买人民币普通股的法人和持有中华人民共和国居民身份证的公民(法律法规禁止者除外)。

(六)股票种类 本次发行的股票全部为人民币普通股(A股),每股面值1.00元。本次共发行4,000万股。

(七)发行价格及发行价格确定方法发行价格为10.40元/股。

确定发行价格的方式:根据《证券法》28条有关规定,发行价格由主承销商与发行人商定,并经证监会核准;本次发行以溢价方式发行,通过对本次发行价格的估值,经主承销商与发行人共同协商后确定的。发行市盈率按2001年每股盈利预测计算为28.05倍(全面摊薄)。

(八)预计实际募集资金总额 本次A股发行预计募集资金为人民币41,600万元,扣除发行费用1,360万元,预计实际募集资金总额为40,240万元。

(九)发行前后每股净资产

发行前每股净资产:3.063元/股(审计基准日);发行后每股净资产(扣除发行费用):5.649元

(十)挂牌交易:本次公开发行之社会公众股在发行结束后,将尽快在上海证券交易所挂牌交易。

五、风险因素与对策

提示:投资者在评价发行人此次发售的股票时,除本公司本次发行的招股说明书提供的其他资料外,应特别认真地考虑下述各项风险因素。

(一)经营风险

1、原材料、设备供应的风险　2、土地风险　3、公司经营过于集中的风险
4、住房分配制度改革风险　5、产品质量与工程建设风险　6、筹资风险
7、项目开发品种更新的风险　8、产品价格限制和销售的风险　9、新项目开发的风险

(二)行业风险

1、产业政策限制的风险　2、环保因素限制的风险　3、严重依赖其他行业的风险
4、对自然资源严重依赖的风险　5、行业内部竞争的风险
6、行业发展存在的其他限制因素　7、北京市商品住宅价格情况

(三)市场风险

1、受国民经济发展周期影响的风险　2、市场不够发达和存在市场分割的风险

(四)政策风险

1、与城市建设总体发展不同步的风险 2、房屋拆迁政策变化的风险
3、土地供应政策变化的风险
4、房地产业税收变化的风险国家经常采用税收调控房地产业,这些税收政策经常变化,如土地增值税、固定资产投资方向调节税等,如果国家提高税收标准或开征其他税种,将使公司的盈利水平降低。
5、购房贷款政策变化的风险

(五)股市风险

(六)其他风险

针对上述风险,本公司拟采取相应对策

六、募集资金的运用

(一)本次募集资金情况

如果本次人民币普通股4000万股发行成功,每股发行价10.40元,可募集资金41,600万元,扣除发行费用1,360万元,预计实际募集资金40,240万元。

(二)本次募集资金的计划用途 1、曙光花园小区二期工程建设项目

曙光花园二期工程是曙光花园小区的一部分,位于目前北京市西部房地产市场最为热销的区域。小区座落于昆玉河畔,是北京市实施城市绿化隔离带试点工程中的住宅建设项目,紧邻紫竹桥、航天桥交通大动脉,交通十分便利。小区规划导入国际先进的居住公园模式,周边望山、上风、亲水、绿化,同时又处于现代城市生活之中,拥有稀贵的城市山水环境,是北京较少见的大规模亲水现代化居住社区。

2、回龙观文化居住区后期D05、D06建设项目

回龙观文化居住区是北京市规模最大的经济适用房建设项目,位于北京市区北部的城乡结合部,建设用地面积11.27平方公里,规划建设为一个集居住、商业、娱乐、工业为一体的新城,规划总建筑面积800多万平方米,规划居住人口23万。回龙观文化居住区的开发建设已被纳入中关村高科技园区的规划范围,其建设开发既可满足园区的住宅需求,又可进一步改善中关村高科技园区的投资环境。

(三)本次募集资金的运用情况表

单位:万元

项目/内容	投资总额	募集资金投资额	年度投资计划 2001年	2002年	2003年	预期收益 销售收入	净利润	批准文号
曙光花园	49909	20000	23651	21110	5148	63030	6468	京计基字二期[2000]第1135号
回龙观	95818	20000	81481	14337		109044	4843	京计基字D05D06[2000]第1136号
合计	145727	40000	105132	35447	5148	172074	11311	

如公司本次公开发行股票募集资金按时到位,将全部投入以上项目,确保工程顺利按计划完成。募集资金是用于项目的启动资金,根据《中华人民共和国房地产法》,在项目缴纳土地出让金取得土地使用权证、获得建设工程规划许可证、投入开发建设资金达到工程建设总投资的25%并已经确定施工进度和竣工交付日期,取得商品房销售许可证后即可进行预售,公司将通过预售来解决开发资金缺口,如在短期内有资金缺口,将通过银行贷款等其他方式解决。如果出现在一定时期内募集资金闲置的情况,公司将归还部分银行借款,并运用国家政策法规允许的投资工具,为股东获取最佳回报。

(四)前次募股资金使用情况介绍

本公司1993年12月设立时共募集资金6,825万元,原准备用于北池子小区一期工程(四合院住宅),由于考虑到该项目地处故宫附近,建筑面积受规划条件限制,盈利水平较低,经1994年2月1日董事会研究将募集资金全部用于回龙观(龙华园)小区及定慧东里1、2、3号楼(恩济庄二区北工程)的开发建设,达到了预期效果,并产生了良好的效益。

七、股利分配政策

(一)股利分配政策

本公司的股利分配采取同股同利的原则。根据公司章程规定,公司税后利润按下列顺序分配:
1、弥补以前年度亏损;　2、提取10%的法定公积金;　3、提取5~10%的法定公益金;
4、提取任意公积金;　5、支付普通股股利。

公司不在弥补公司亏损和提取法定公积金、公益金之前向股东分配利润。利润分配在公司股东大会对利润分配方案作出决议后,两个月内完成股利的派发。

公司可以采取现金或者股票方式分配股利。

本公司在分配股利时,将按照法律规定代扣代缴各股东所获股利收入应缴的税金。

公司预计本次A股发行后首次分配股利的时间为2001年12月底之前。经2000年7月26日股东大会讨论通过,公司本次新发行的A股股票上市后,持有本公司股份的新老股东将共同享有公司历年来未分配利润的股利分配权利。

(二)公司历年发放股利情况

1997年4月7日,公司股东大会通过了关于1996年度每股派0.245元的利润分配方案,并进行了实施。

1998年4月22日,公司股东大会通过了关于1997年度每股派0.132元的利润分配方案,并进行了实施。

1999年5月30日,公司股东大会通过了关于1998年度每股派0.025元的利润分配方案,并进行了实施。

2000年2月27日,公司股东大会通过了关于1999年度每股派0.24元的利润分配方案,并进行了实施。

2000年7月26日,公司股东大会通过了关于2000年4月30日以前公司滚存利润每股派0.70元进行分配的方案,并进行了实施。

八、发行人情况

(一)发行人名称:北京天鸿宝业房地产股份有限公司

BEIJINGTIANHONGBAOYEREALESTATECO.,LTD

(二)发行人成立日期:1993 年 12 月 29 日

(三)发行人住所:北京市东城区安定门外大街 183 号京宝花园二层

(四)发行人历史沿革

公司是经北京市经济体制改革委员会京体改字(93)第 128 号文《关于批准设立北京宝业房地产股份有限公司的批复》批准,由北京市房地产开发经营总公司(1998 年 9 月,北京市房地产开发经营总公司更名为北京天鸿集团公司,即天鸿集团)、北京华澳房产有限公司、北京市房屋建筑设计院共同发起并拟向其他社会法人和内部职工定向募集股份设立的股份有限公司;根据该批复,公司的股本总额为 7000 万股,每股发行价 1.00 元,其中发起人认购 4650 万股,向社会法人募集 2175 万股,向内部职工募集 175 万股。在公司筹建过程中,北京市经济体制改革委员会京体改委字(1993)第 152 号文《关于同意北京宝业房地产股份有限公司注册登记后再募集内部职工股的批复》同意公司先募集法人股 6825 万股,并注册登记,保留公司内部职工股额度 175 万股。公司设立时,发起人认购 4650 万股,定向募集法人股 2175 万股,股份总额为 6825 万股,上述股份发行价每股 1.00 元,均由公司股东以现金认购。公司于 1993 年 12 月 29 日在北京市工商行政管理局注册登记,并取得《企业法人营业执照》。公司成立后,一直未募集内部职工股。

公司原名为北京宝业房地产股份有限公司,2000 年 4 月经公司股东大会批准更名为北京天鸿宝业房地产股份有限公司,并于 2000 年 5 月 26 日在北京市工商行政管理局办理了变更手续。公司自成立以来,充分利用股份有限公司的经营管理优势,先后开发建设了回龙观(龙华园)小区、恩济庄二区北工程(定慧东里 1、2、3 号楼)、曙光花园小区等适合工薪阶层的文、教、卫系统及企事业单位职工的住宅项目。公司 1997、1998、1999 年分别实现销售收入 13,009.61 万元、7,406.53 万元、15,805.75 万元,实现净利润 1,098.11 万元、1,864.9 万元、3,505.54 万元。截止 2000 年 6 月 30 日,公司资产总额 55,583.20 万元,净资产 20,907.25 万元。

公司开发的恩济庄二区北工程 2 号楼(定慧东里 3 号楼)于 1996 年被评为北京市"长城杯"奖工程,曙光花园于 2000 年 3 月被中国建筑文化中心、房地产世界杂志社入选"跨世界最佳住宅环境和最佳住宅房型"。2000 年 1 月曙光花园小区荣获第六届首都建筑设计汇报展"城市绿化规划设计奖"。

(五)股东情况

1、天鸿集团

天鸿集团持有本公司国有法人股 3600 万股,占本公司本次发行前总股本的 52.76%,为本公司第一大股东。天鸿集团成立于 1984 年,原为"北京市房管局住宅建设经营公司",1992 年更名为"北京市房地产开发经营总公司",1998 年更名为"北京天鸿集团公司"。天鸿集团主要从事房地产的投资开发与经营及相关业务、物业管理、旅游、饭店管理,是具有城市开发一级资质、城建开发一等资信的北京市国有大型房地产开发企业,国家二级企业。天鸿集团自成立以来,在北京市先后开发了西罗园小区、石榴庄小区、青年湖小区、恩济庄小区、南磨房小区、天宁寺小区、幸福一村小区、幸福二村小区、东花市小区、永泰小区、莲花小区、华侨村、回龙观文化居住区等几十个住宅小区。天鸿集团于 1994 年被建设部、国家统计局评为"首届中国房地产综合效益百强企业"、1992 年被评为"北京市经济百强开发企业"第二名。

2、海南宝华实业股份有限公司

海南宝华实业股份有限公司持有本公司社会法人股 1750 万股,占本公司本次发行前总股本的 25.64%。该公司成立于 1993 年 4 月,主营旅游业、海洋资源和现代农业的开发,餐饮娱乐服务、房地产开发经营、仓储业务,目前注册资金为 10,668 万元。1999 年 3 月,该公司发行人民币普通股(A 股)1334 万股,同年 4 月在上海证券交易所挂牌上市,股票代码 600175。

天鸿集团是海南宝华实业股份有限公司第一大股东,持有海南宝华实业股份有限公司 3214 万股股份,占 30.13%。

3、北京市房地产开发经营深圳公司

北京市房地产开发经营深圳公司持有本公司国有法人股 983 万股,占本公司本次发行前总股本的 14.4%。该公司成立于 1993 年 1 月,主要从事在深圳市合法取得土地上的房地产单项开发业务,注册资金人民币 2,000 万元。北京市房地产开发经营深圳公司是天鸿集团全资子公司。

4、京华房产有限公司

京华房产有限公司持有本公司社会法人股 260 万股,占本公司本次发行前总股本的 3.81%。该公司成立于 1985 年 7 月,系中外合资企业,主营公寓、写字楼的出租、出售,侨用四合院的新建、翻建、收购和经营,餐厅、康乐设施的经营及物业管理服务、日用百货等业务,注册资金人民币 2,000 万元。京华房产有限公司是中外合资企业,天鸿集团占其注册资本的 70%。

5、北京宝华饭店

北京宝华饭店持有本公司社会法人股 50 万股,占本公司本次发行前总股本的 0.73%。该饭店成立于 1989 年 5 月,主要从事旅客住宿、中餐、信息咨询、打字、复印及销售等业务,注册资金人民币 228 万元。北京宝华饭店为集体所有制企业,天鸿集团对其具有实质的控制权。

6、北京市房屋建筑设计院

北京市房屋建筑设计院持有本公司国有法人股 50 万股,占本公司本次发行前总股本的 0.73%。该设计院成立于 1979 年 8 月,原名北京市住宅建筑勘察设计所,隶属于北京市房地产管理局,1989 年 1 月更名为北京市房屋建筑设计院,1991 年 8 月由事业单位转为企业单位。该设计院是具有建筑工程设计甲级资格、工程地质勘察乙级资格、工程总承包乙级资格的设计单位,主要从事建筑工程设计、工程地质勘察、建筑工程总承包、建筑装修设计、建筑工程可行性研究、电子计算机及外部设备的技术开发、咨询、服务等业务,注册资本人民币 589 万元。北京市房屋建筑设计院是天鸿集团的全资子公司。

7、北京宝信实业发展公司

北京宝信实业发展公司原名北京宝信房地产估价咨询公司,目前持有本公司社会法人股 132 万股,占本公司本次发行前总股本的 1.93%。该公司成立于 1993 年 7 月,主要从事房地产估价、房地产开发咨询、中介服务、劳务服务、物业管理;建筑材料、装饰材料、机电设备、百货等销售业务,注册资本人民币 1,000 万元。 北京宝信实业发展公司是集体所有制企业,天鸿集团对其没有控制权。

(六)发行人员工情况 目前,本公司职工人数为 48 人。

(七)发行人的业务经营范围

经营范围:房地产开发、商品房销售;建筑工程咨询;室内外装饰装璜;技术开发、技术服务;销售自行开发的产品;购销建筑材料、化工轻工材料、工艺美术品、家具、机械电器设备(汽车除外)、五金交电、纺织品、百货、计算机软硬件、日用杂品;经营信息咨询;劳务服务。

(八)发行人主要业务

本公司主要从事房地产的开发与经营,具体为商品住宅小区的开发建设,包括商品房、经济适用房、普通办公楼、商业设施以及土地等的开发与销售。

(二十二)本公司董事会、监事会成员及高级管理人员介绍

赵东杰先生:36 岁,大学本科,工程师,本公司董事长。1987 年 7 月参加工作,曾任北京市房地产开发经营总公司开发处处长,北京市房地产开发经营总公司总经理助理,本公司副董事长、总经理。现任天鸿集团总规划师。

李发增先生:59 岁,大学专科,高级政工师、高级经济师,本公司董事。1958 年 12 月参加工作,曾任北京燕化总公司动力厂组织部长,北京市房地产开发经营总公司党委书记、副董事长兼副总经理,本公司董事长。现任天鸿集团董事长兼总经理,党委副书记,海南宝华实业股份有限公司董事长,北京宝晟住房股份有限公司董事长,北京华澳房产有限公司董事长,北京万佳物业管理有限公司董事长,珠海汇晟投资有限公司董事长。

巴峥嵘先生:31 岁,大学本科,经济师,本公司副董事长兼总经理。1990 年 7 月参加工作,曾任本公司副总经理。现任北京宝汇房地产开发有限责任公司董事,北京宝威土地开发有限责任公司董事,北京元隆丝绸股份有限公司董事,珠海汇晟投资有限公司董事,北京宝嘉恒房地产开发经营有限责任公司董事。

田占雄先生:49 岁,大学专科,注册房地产估价师,本公司董事。1969 年 5 月参加工作,曾任北京市房地产开发经营总公司经营处处长。现任北京天鸿集团公司董事兼常务副总经理,北京市房地产交易中心总经理,北京宝信实业发展公司董事长,北京宝能热力有限责任公司董事长,北京宝轩房地产开发经营有限责任公司董事长。

辛伟民先生:48 岁,大学专科,助理经济师,本公司董事。1969 年 3 月参加工作,曾任京华房产有限公司办公室主任,总经理助理,副总经理。现任京华房产有限公司副董事长兼总经理,北京燕侨物业管理有限公司董事长兼总经理,北京燕华物业有限公司董事兼总经理。

戴肇辉先生:33 岁,大学本科,助理经济师,本公司董事。1989 年 7 月参加工作。现任海南宝华实业股份有限公司总经理,海南天惠鸿建材有限公司董事长,海南京碧实业发展有限公司董事兼总经理,海南汇祥旅业投资有限公司董事兼总经理,北京华澳房产有限公司董事。

胡瑞深先生:35 岁,研究生、硕士,高级工程师,本公司董事。1991 年 4 月参加工作,曾任北京宝瑞房地产开发有限责任公司副总经理、总经理,北京天鸿集团公司副总工程师。现任北京天鸿集团公司总工程师。

李薇女士:53 岁,大学本科,高级政工师,本公司监事会召集人。1968 年 12 月参加工作,曾任北京市房管局机械施工公司党办主任、组织部长,北京市房地产开发经营总公司党办主任、党委副书记兼组织部长。现任北京天鸿集团公司党委书记兼纪委书记、工会主席,北京燕华物业有限公司董事长,北京宝星服务中心总经理。

张欣先生:55 岁,大学专科,高级政工师,本公司监事。1965 年 9 月参加工作。现任北京天鸿集团公司纪委副书记。

梁桥女士:45 岁,中专学历,助理工程师,本公司监事。1974 年 4 月参加工作,曾任职于北京市房地产开发经营总公司经理办公室。现任本公司办公室主任。

宋洪先生:32 岁,大学本科,工程师,本公司副总经理。1991 年 7 月参加工作,曾任本公司工程部经理、总工程师。

陈斌先生:29 岁,硕士,工程师,本公司副总经理。1998 年 5 月参加工作,曾任职于北京宝润房地产开发有限责任公司。

王立新先生:32 岁,大学本科,会计师,本公司财务总监。1991 年 7 月参加工作,曾任北京天鸿集团公司财务部副经理。

龚谦炜先生:29 岁,大学本科,经济师,本公司董事会秘书。1994 年 7 月参加工作,曾任职于本公司经营部。

本公司高级管理人员未在本公司以外的其他公司任职。

九、发行人的业务

(一)发行人主要业务

公司主要从事商品房的开发建设、投资、销售等。目前,主要是住宅小区的开发与建设,主要有普通商品房、经济适用房及少部分办公用房等。目前本公司正在开发的项目有曙光花园一期工程、恩济庄二区北工程 3 号楼(定慧东里 2 号楼),已完成的工程有回龙观龙华园小区、恩济庄二区北工程 1,2 号楼(定慧东里 1,3 号楼),拟利用募集资金开发项目有曙光花园二期工程、回龙观文化居住区后期 D05,D06 项目,土地储备有动物园商业街 3、4、5 号地块。

公司为具备国家一级资质的房地产开发企业,在国内开发项目的规模及开发地域均不受限制,公司目前主要从事住宅小区的开发建设。

(二)房地产业务的特点房地产业务的特点有:

1、房地产开发一次性投资量大,成品销售价值量也很大。投资风险高,收益高。

2、房地产是不动产,使用年限长,不能象其他商品那样随时以旧换新。

3、房屋附着于土地之上,同土地构成一个整体的房地产。

4、房地产作为特殊的商品,其流通市场目前尚不够发达,并且受到国家政策的严格控制。

5、房地产商品的生产和销售具有明显的地域性特点。

6、房地产商品开发程序复杂,并且投资周期长,资金周转率低。

7、房地产企业普遍资产负债率较高。

8、由于公共配套设施、土地开发成本及政策性收费的变化,房地产商品的成本具有高度的不确定性。

(三)行业概况

(四)北京地区房地产市场分析

(六)本公司产品开发流程如下(附后):

(七)本公司有关房地产开发的专用名词

十、关联交易与同业竞争

(一)关联交易说明至本公司招股说明书签署之日,存在的关联方和关联交易有:

1、关联方

本公司的关联方为本公司股东、本公司的第一大股东天鸿集团的全资、控股、参股的企业和本公司参股的企业。与本公司存在关联交易的关联方除天鸿集团外还有:

(1)北京京宝房产有限公司

(2)北京万佳物业管理有限公司

(3)北京市房屋建筑设计院

(4)北京宝骥材料设备有限责任公司

2、关联交易的基本原则及定价原则

3、关联交易

十一、经营业绩

(一)本公司生产经营的一般情况

公司自 1993 年底成立以来,房地产开发经营稳步发展,在激烈的市场竞争中脱颖而出,取得良好的业绩,公司在开发、规划设计、建筑施工、经营销售和物业管理等方面具有一整套成熟而有效的经营管理方法。公司年开复工面积、竣工面积逐年递增,主营业务利润大幅度增长,经过 6 年多的运作,截止 2000 年 6 月 30 日,公司总资产和净资产已分别达到 55,583.20 万元和 20,907.65 万元。

(二)本公司 2000 年 1-6 月份、1999 年、1998 年、1997 年经营业绩: 单位:元

项目/年份	2000 年 1-6 月	1999 年	1998 年	1997 年
主营业务收入	215,761,552.84	158,057,504.05	74,065,329.34	130,096,061.64
利润总额	77,127,970.53	45,350,072.87	19,919,653.48	16,711,313.07
净利润	61,109,619.88	35,055,385.45	18,649,043.98	10,981,164.03

(三)本公司业务收入的主要构成

本公司近三年主要开发项目的销售收入及其占本公司销售收入的比例情况:

单位:万元

项目名称/时间	2000 年 1~6 月	比例	1999 年	比例	1998 年	比例	1997 年	比例
回龙观龙华园小区	0	0	5844.11	36.97%	1843.26	24.89%	11349.46	87.24%
恩济庄二区北工程	0	0	5781.04	36.58%	114.69	1.55%	1660.14	12.76%
曙光花园一期	21576.16	100%	4180.59	26.45%	5448.59	73.56%	0	0
总计	21576.16	100%	15805.7	100%	7406.53	100%	13009.61	100%

(四)本公司产品质量、主要产品市场占有率和行业排名情况

本公司严格控制产品质量,开发的商品房均符合国家有关部门对建筑物的验收标准,大部分达

到优良标准。

恩济庄二区北工程(定慧东里1、2、3号楼);2号楼(定慧东里3号楼)于1996年被评为北京市"长城杯奖"工程;

曙光花园小区:入选"跨世界最佳住宅环境和最佳住宅房型",第六届首都建筑设计汇报展"城市绿化规划设计奖","百龙杯"新户型时代全国精品户型设计夺标活动"优秀平面布局大奖",甲3号、甲4号、甲16号被评为北京市1998年度市级优质工程。甲7号1999年被评为北京市结构"长城杯"奖工程;

本公司主要产品销售是面向需在北京市购置住宅的企事业单位、政府机关、个人等,2000年1-6月份,本公司所开发的中价商品房(售价为5000-7000元/平方米)销售量占北京市同期销售量的0.7%。

(五)投资方面的情况公司对外投资共人民币3,001万元,投资情况见下表。

投资额:万元

公司名称	主要业务	投资额	持股比例
北京宝嘉恒房地产开发经营有限责任公司	房地产开发	300	30%
珠海汇晟投资有限公司	实业投资、咨询等	2000	20%
北京宝汇房地产开发有限责任公司	房地产开发	200	20%
北京宝威土地开发有限责任公司	土地开发	150	15%
北京元隆丝绸股份有限公司	经营针纺织品	351	8.66%

(六)本公司主要经营设备和固定资产情况

公司从事房地产开发和经营,主要是进行项目的投资和策划,不直接从事生产,因此,主要固定资产和生产经营设备为办公设备,为降低成本并保证资产的流动性,公司的办公场所采用租赁的办法。

十二、股本

(一)本次发行前股本结构

股份类型	股数(万股)	占总股本比例
国有法人股	4633	67.88%
法人股	2192	32.12%
总股本	6825	100%

(二)股本形成及原因

1993年10月29日,本公司经北京市经济体制改革委员会京体改字(93)128号文和京体改委字(93)第152号文批准,由北京市房地产开发经营总公司、北京华澳房产有限公司、北京市房屋建筑设计院三家单位作为发起人,以定向募集方式设立。公司设立时股本结构如下:

股份类型	股数(万股)	占总股本比例
发起人股	4650	68.13%
其中:国有法人股		
	3650	53.48%
法人股	1000	14.65%
募集股份	2175	31.87%
其中:国有法人股		
	983	14.40%
法人股	1192	17.47%
总股本	6825	100.00%

各发起人和募集法人均以现金投入,折股比例为1:1,其中发起人北京市房地产开发经营总公司出资3,600万元,折为3,600万股,北京华澳房产有限公司出资1,000万元,折为1,000万股,北京市房屋建筑设计院出资50万元,折为50万股,募集法人北京市房地产开发经营深圳公司等十家共出资2,175万元,折为2,175万股。

十家募集法人持股情况如下:

单位名称	出资方式	认购股数(万股)
北京市房地产开发经营深圳公司	现金	983
海南宝华实业股份有限公司	现金	500
京华房产有限公司	现金	260
北京京宝房产有限公司	现金	200
北京宝信房地产估价咨询公司	现金	100
北京宝华饭店	现金	50
天津皓南新技术产业有限公司	现金	50
北京市房地产开发经营总公司工会	现金	20
北京市房屋建筑设计院工会	现金	7
京华房产有限公司工会	现金	5
合计		2,175

1996年12月,公司根据《北京市人民政府转发国务院关于原有有限责任公司和股份有限公司依照<中华人民共和国公司法>进行规范文件的通知》(京政发[1996]3号)的有关规定,并经北京市人民政府办公厅京政办函[1996]145号文件批准,将定向募集的设立方式规范为以发起方式设立的股份有限公司,公司股本为6,825万股,股东为十一家,持股比例如下:

发起人单位名称	持股数量(万股)	持股比例
北京市房地产开发经营总公司	3,600	52.76%
北京华澳房产有限公司	1,000	14.65%
北京市房地产开发经营深圳公司	983	14.4%
海南宝华实业股份有限公司	750	10.99%
京华房产有限公司	260	3.81%
北京宝信实业发展公司	100	1.47%
北京市房屋建筑设计院	50	0.73%
北京宝华饭店	50	0.73%
北京市房地产开发经营总公司工会	20	0.29%
北京市房屋建筑设计院工会	7	0.1%
京华房产有限公司工会	5	0.07%
合计	6,825	100.00%

1999年4月5日,北京华澳房产有限公司与海南宝华实业股份有限公司签订协议,将其持有的本公司的1000万股股权转让给海南宝华实业股份有限公司。经过该次转让,海南宝华实业股份有限公司持有本公司1750万股股权。

2000年5月8日,北京宝信实业发展公司分别与北京天鸿集团公司工会、京华房产有限公司工会(京华房产有限公司工会现已变更为"北京燕侨物业管理有限公司工会")、北京市房屋建筑设计院工会三家签订协议,受让这三家共32万股本公司股权,经过此次转让,北京宝信实业发展公司持有本公司132万股股权。

(三)本次发行后股本结构

本次4,000万股社会公众股发行完成后,公司将形成如下股本结构:

股份类型	股数(万股)	占总股本比例
国有法人股	4633	42.80%
法人股	2192	20.25%
社会公众股	4000	36.95%
总股本	10825	100.00%

(四)本次发行前后净资产情况

本次发行前(以2000年6月30日为基准日)后,公司净资产总额、股本及每股净资产变动情况如下:

	净资产总额(万元)	股本(万股)	每股净资产(元/股)
发行前	20,907.25	6,825	3.063
发行后	61,147.25	10,825	5.649

(五)公司前10名股东及持股情况本次发行前,公司的股东为7名,其持股情况如下:

股东名称	持股数量(万股)	股权性质	持股比例
北京天鸿集团公司	3,600	国有法人股	52.76%
海南宝华实业股份有限公司	1,750	社会法人股	25.64%
北京市房地产开发经营深圳公司	983	国有法人股	14.40%
京华房产有限公司	260	社会法人股	3.81%
北京宝信实业发展公司	132	社会法人股	1.93%
北京市房屋建筑设计院	50	国有法人股	0.73%
北京宝华饭店	50	社会法人股	0.73%
合计	6,825		100%

(六)天鸿集团在本公司直接和间接持有本公司的股权情况

天鸿集团在本次发行前持有本公司52.76%的股权,通过其全资或控股的公司持有本公司45.31%股权,直接和间接持有本公司共98.07%的股权。本次公开发行4000万股后,天鸿集团持有33.26%的股权,通过其全资或控股公司持有本公司28.57%的股权,直接和间接持有本公司共61.83%的股权。

(七)董事会成员及高级管理人员持股情况本公司董事、监事及高级管理人员均不持有本公司的股票。

十三、财务会计资料

会计报表附注

一、公司简介

北京天鸿宝业房地产股份有限公司(以下简称公司或本公司)成立于1993年12月29日,是经北京市经济体制改革委员会京体改字(93)第128号文件和京体改委字(1993)第152号文件批准,由北京市房地产开发经营总公司、北京华澳房产有限公司、北京市房屋建筑设计院共同发起,以定向募集方式设立的股份有限公司。公司设立时股本总额为6825万股,出资方式全部为现金出资。

1996年12月24日,经北京市人民政府办公厅京政办函[1996]145号批准,将原以定向募集方式设立的股份有限公司重新确定为以发起方式设立的股份有限公司,公司并于1996年12月31日在北京市工商行政管理局办理重新登记手续。公司发起人为北京天鸿集团公司(原北京市房地产开发经营总公司)、北京华澳房产有限公司、北京市房屋建筑设计院、海南宝华实业股份有限公司、北京市房地产开发经营深圳公司、京华房产有限公司、北京宝华饭店、北京宝信实业发展公司、北京天鸿集团公司工会、京华房产有限公司工会、北京市房屋建筑设计院工会共11家单位。

公司注册资本为6825万元人民币;经营范围为房地产开发、商品房销售、建筑工程咨询,室内外装饰装璜、技术开发、技术服务、销售自行开发的产品、购销建筑材料、机械电器设备(汽车除外)、五金交电、纺织品、百货、计算机软硬件、日用杂品、经贸信息咨询、劳务服务;法定代表人为李发增。

二、公司采用的主要会计政策、会计估计的编制方法

三、会计政策、会计估计的变更

四、税项

营业税:销售收入的5%计缴;以预收款方式收取价款时,按收到的预收账款的5%计缴;

城市维护建设税:按应纳流转税额的7%计缴;教育费附加:按应纳流转税额的3%计缴;

所得税:按应纳税所得额的33%计缴;根据北京市财政局京财企一[2000]1097号《关于同意北京天鸿宝业房地产股份有限公司申请享受财政优惠政策的函》文件,对因账务调整增加的所得税不再追缴,对1997、1998、1999年缴纳所得税超过15%税负的部分由市财政返还,并入企业税后利润统一进行分配。北京市地方税务局已对公司享受以上财政税收优惠政策予以确认;

土地增值税:按增值额的超率累进税率计缴。公司开发的回龙观龙华园小区、恩济庄二区北工程符合国家税务总局《关于1994年1月1日前签订开发及转让合同的房地产免征土地增值税》的规定,北京市东城区地方税务局专业税务所已出具证明;曙光花园小区已开发和正在建设的甲3#、甲4#、甲10#、甲16#、甲7#、甲9#、乙1#符合普通标准住宅的规定,已经北京市东城区地方税务局专业税务所审核,经计算不需计缴土地增值税;

其他税项:按国家有关的具体规定计缴。

五、会计报表主要项目注释

六、关联方关系及其交易

七、或有事项公司无需说明的或有事项。

八、承诺事项

2000年7月21日,本公司与北京宝骥材料设备有限责任公司签订《付款协议》,本公司将在2000年7月至2002年7月期间分阶段支付尚欠该公司的材料设备款。

九、其他重要事项

1.本公司股东北京华澳房产有限公司将其持有的股份1000万股,转让给本公司另一股东海南宝华实业股份有限公司,于2000年5月26日获得北京市工商行政管理局批准。

2.2000年5月8日,本公司股东北京天鸿集团公司工会、北京市房屋建筑设计院工会、北京燕侨物业管理有限公司工会(原京华房产有限公司工会)与本公司股东北京宝信实业发展公司签订《股权转让协议书》,将三方工会所持股份转让给北京宝信实业发展公司。

3.2000年6月26日,本公司与本公司第一大股东北京天鸿集团公司签订《避免同业竞争协议书》。

4.2000年5月31日,本公司与北京宝骥材料设备有限责任公司签订《材料设备供应终止协议》。

5.截止2000年6月30日,公司为银行向商品房承购人发放的总额为2,141.00万元(银行与商品房承购人签订的借款合同金额)个人住房抵押贷款提供保证,该保证责任在商品房承购人取得房屋所有权证并办妥抵押登记后解除。

主要财务指标分析

财务指标	2000年1-6月	1999年度	1998年度	1997年度
1 应收账款周转率(次)	215.76	-	1.61	2.83
2 存货周转率(次)	0.29	0.24	0.16	0.3
3 流动比率	1.51	1.37	1.31	1.38
4 速动比率	0.40	0.36	0.46	0.65
5 净资产收益率(%)	29.23	17.91	10.53	6.86
6 每股收益(元)	0.90	0.51	0.27	0.16
7 资产负债比率(%)	62.39	69.56	72.93	71.40

十四、关于会计调整事项的说明

(一)专项鉴证报告

一、贵公司涉及损益的重大调整项目,主要包括:

(一)收入的确认

公司根据会计记录及相关资料,依照《企业会计准则—收入》准则的原则精神,以及公司确定的收入实现条件,确认了相应期间的主营业务收入。1994-1999年共结转收入774,029,894.89元,比原会计报表多结转收入294,009,787.47元,多结转税前利润101,244,835.52元,影响所得税33,410,795.72元,其中:

	结转收入	影响税前利润	影响所得税
期初余额	411,810,999.86 元	85,493,643.23 元	28,212,902.27 元
1997 年度	130,096,061.64 元	383,675.07 元	126,612.77 元
1998 年度	74,065,329.34 元	10,520,155.03 元	3,471,651.16 元
1999 年度	158,057,504.05 元	4,962,545.20 元	1,637,639.92 元

(二)预提费用的调整

二、关于税收优惠政策

三、关于利润分配

(二)公司股东的承诺

公司股东天鸿集团、北京华澳房产有限公司、北京市房地产开发经营深圳公司、海南宝华实业股份有限公司、京华房产有限公司、北京宝信实业发展公司、北京市房屋建筑设计院、北京宝华饭店、北京市房地产开发经营总公司工会、北京市房屋建筑设计院工会、京华房产有限公司工会分别于 2000 年 12 月 11 日出具承诺,由于本次会计事项的调整,公司在今后的运行中如发生需补交税款、预提费用不足等情况,各股东均将根据需要及时归还以 2000 年 4 月 30 日为基准日,经 2000 年 7 月 26 日股东大会批准分配的每股 0.7 元股利。

(三)发行人律师对本次审计调整的意见

根据公司律师中银律师事务所为公司本次公开发行股票出具的法律意见书,本公司前三年不存在违反会计制度的情形,没有违反税收法律法规的行为。

十五、资产评估

(一)对存货的评估　(二)对开发成本评估的情况　(三)对开发产品评估的情况

十六、盈利预测

(一)公司盈利预测报告的编制遵循了谨慎性原则,但盈利预测所依据的各种假设具有不确定性,投资者进行投资时不应过分依据该项资料。

(二)盈利预测数据　具体财务数据详见附表。(附后)

(三)盈利预测编制说明

十七、公司发展规划

(一)发展战略　(二)发展目标　(三)市场发展计划　(四)销售计划

(五)生产经营计划　(六)资金筹措和运用计划　(七)人力资源发展计划

十八、重要合同及重大诉讼事项

(一)重要合同截止本招股说明书签署之日,公司正在履行或将要履行的重大合同如下:

1、避免同业竞争协议书及补充协议　2、租赁合同　3、合作建设曙光花园小区合同书

4、北京市内销商品房买卖契约　5、国有土地使用权出让合同　6、土地补偿合同

7、合作建设经营协议书　8、北京市建设工程施工合同　9、曙光花园地产销售策划顾问协议书

10、材料设备供应协议　11、付款协议　12、借款合同　13、承销协议

(二)重大诉讼事项截止本招股说明书签署日,公司无正在进行的重大诉讼事项。

十九、其他重要事项

截止到 2000 年 10 月 31 日,本公司为银行向商品房承购人发放的总额为 4328 万元个人住房抵押贷款提供保证,该个人住房抵押贷款保证责任在购房人取得房屋所有权证并办妥抵押登记后解除。除此之外,本公司无其他需要说明的重大事项。

二十、备查文件

1、审计报告、财务报表及注释　2、会计事项调整专项鉴证报告　3、资产评估报告

4、验资报告　5、盈利预测报告及注册会计师意见　6、发行人律师法律意见书

7、招股说明书的验证笔录　8、公司章程　9、发行人企业法人营业执照

10、关于本次发行的股东大会决议　11、发行人成立的注册登记文件

12、主管部门和证券交易所批准发行上市的文件

13、承销协议　14、重要合同　15、其它文件

二十一、招股说明书及备查文件查阅时间和地址

1、查阅时间:2001 年 1 月 11 日至 2001 年 1 月 19 日

2、(1)查阅地点:北京天鸿宝业房地产股份有限公司

地址:北京市东城区安定门外大街 183 号京宝花园二层

(2)查阅地点:中信证券股份有限公司 地址:上海市长宁区番禺路 390 号时代大厦 6 楼

资产负债表

编制单位:北京天鸿宝业房地产股份有限公司　单位:人民币元

资产	2000.6.30	1999.12.31	1998.12.31	1997.12.31
流动资产:				
货币资金	117736559.68	67437168.55	105873690.25	164736614.83
短期投资			500000.00	500000.00
减:短期投资跌价准备			500000.00	500000.00
短期投资净额				
应收票据				
应收股利				
应收利息				
应收帐款	2000000.00			92000000.00
其他应收款	10181753.97	85611215.85	112969931.58	3618304.17
减:坏帐准备				
应收帐款净额	12181753.97	85611215.85	11269931.58	95618304.17
预付帐款	8977934.50	7417000.00	436800.00	1196800.00
应收补贴款				
存货	386056905.03	451816720.43	406194703.50	290062752.34
减:存货跌价准备				
存货净额				
待摊费用				
待处理流动资产净损失				
一年内到期的长期债权投资				
其他流动资产				
流动资产合计	524953153.18	612282104.83	625475125.33	551614471.34
长期投资:				
长期股权投资	30010000.00	30010000.00	28060000.00	8060000.00
长期债权投资				
长期投资合计	30010000.00	30010000.00	28060000.00	8060000.00
减:长期投资减值准备				
长期投资净额	30010000.00	30010000.00	28060000.00	8060000.00
固定资产:				
固定资产原价	1619208.50	1370565.50	1316590.50	606318.50
减:累计折旧	750385.30	665887.41	488276.62	269137.34
固定资产净值	868824.20	704678.09	828313.88	337181.16
工程物资				
在建工程				
固定资产清理				
待处理固定资产损失				
固定资产合计	868824.20	704678.09	828313.88	337181.16
无形资产及其他资产:				
无形资产				
开办费				
长期待摊费用				
其他长期资产				
无形资产及其他资产合计				
递延税项:				
递延税款借项				
资产总计	555831977.38	642996782.92	654363439.21	560011652.50
负债及股东权益				
流动负债:				
短期借款	20000000.00	20000000.00		
应付票据				
应付帐款	52450229.78	45967864.60	19508827.66	9233027.66
预收帐款	117804816.02	249307434.96	284906842.30	211187505.25
代销商品款				
应付工资				
应付福利费	397494.04	403897.05	304625.74	260500.62
应付股利	60278778.03	12529507.20	12084868.48	13319007.61
应交税金	26167837.13	11818941.62	3466571.77	21111384.57
其他应交款	284343.17	45259.46	63667.53	430824.73
其他应付款	6287463.88	22578247.68	50308026.48	49277086.24
预提费用	63051826.37	84503081.75	105994800.38	94754474.21
一年内到期的长期负债				
其他流动负债				
流动负债合计	346722788.42	447154234.32	476638230.34	399573810.98
长期负债:				
长期借款				
应付债券				
长期应付款				
住房周转金	36681.31	104660.83	608211.98	289914.16
其他长期负债				
长期负债合计	36681.31	104660.83	608211.98	289914.16
递延税项:				
递延税款贷项				
负债合计	346759469.73	447258895.15	477246442.32	399863725.14
少数股东权益				
股东权益				
股本	68250000.00	68250000.00	68250000.00	68250000.00
资本公积				
盈余公积	34826933.83	34826933.83	27789471.31	24086047.94
其中:公益金	8565592.07	8565592.07	6806226.44	5880370.59
未分配利润	105995573.82	92660953.94	81077525.58	67811879.42
股东权益合计	209072507.65	195737887.77	177116996.89	160147927.36
负债及股东权益总计	555831977.38	642996782.92	654363439.21	560011652.50

利润及利润分配表

编制单位:北京天鸿宝业房地产股份有限公司　单位:人民币元

项目	2000 年 1-6 月	1999 年度	1998 年度	1997 年度
一、主营业务收入	215761552.84	158057504.05	74065329.34	130096061.64
减:折扣与折让				
主营业务收入净额	215761552.84	158057504.05	74065329.34	130096061.64
减:主营业务成本	120325371.62	102425021.95	54587969.88	108778523.58
主营业务税金及附加	11912237.19	8775903.10	4081856.53	7216346.95
二、主营业务利润(亏损以"-"号填列)	83523944.03	46757579.00	15395502.93	14101191.11
加:其他业务利润(亏损以"-"号填列)	17010.00		332321.85	189000.00
减:存货跌价损失				
营业费用	4777857.33	2584574.20	3052992.62	222725.00
管理费用	1520871.64	2674598.48	2394511.49	1882283.46
财务费用	414254.53	-3326666.55	-9114332.81	-3928130.42
三、营业利润(亏损以"-"号填列)	76827970.53	44825072.87	19394653.48	16113313.07
加:投资收益(损失以"-"号填列)	300000.00	525000.00	525000.00	598000.00
补贴收入				
营业外收入				
减:营业外支出				
四、利润总额(亏损总额以"-"号填列)	77127970.53	45350072.87	19919653.48	16711313.07
减:所得税	25452230.27	15127271.56	6688268.60	5730149.33
加:财政返还收入	9433879.62	4832584.14	5417659.10	
五、净利润(净亏损以"-"号填列)	61109619.88	35055385.45	18649043.98	10981164.03
加:年初未分配利润	92660953.94	81077525.58	67811879.42	68026416.64
盈余公积转入数				
六、可供分配的利润	153770573.82	116132911.03	86460923.40	79007580.67
减:提取法定盈余公积		3518731.26	1851711.68	1098116.40
提取法定公益金		1759365.43	925855.84	549058.19
七、可供股东分配的利润	153770573.82	110854814.14	83683355.88	77360406.08
减:应付优先股股利				
提取任意盈余公积		1759365.63	925855.84	549058.19
应付普通股股利	47775000.00	16434494.57	1679974.46	8999468.47
转作股本的普通股股利				
八、未分配利润	105995573.82	92660953.94	81077525.58	67811879.42

江 苏 宁 沪 高 速 公 路 股 份 有 限 公 司

江苏宁沪高速公路股份有限公司招股说明书

一、要 览

股票简称:宁沪高速
股票代码:600377
总股本:503,774.75 万股
可流通股本:137,200 万股
本次上市流通股本:15,000 万股
上市地点:上海证券交易所
上市时间:2001 年 1 月 16 日
股票登记机构:上海证券中央登记结算公司
上市推荐人:南方证券有限公司
华泰证券有限责任公司

二、绪 言

本上市公告书是根据《中华人民共和国公司法》、《中华人民共和国证券法》、《股票发行与交易管理暂行条例》、《公开发行股票公司信息披露实施细则》和《上海证券交易所股票上市规则》等国家法律、法规之规定,并按照中国证券监督管理委员会制定的公开发行股票公司信息披露的内容与格式准则第七号《上市公告书的内容与格式(试行)》而编制,旨在向投资者提供有关江苏宁沪高速公路股份有限公司(以下简称本公司)和本次股票上市的有关情况。

经中国证监会证监发行字[2000]177 号文核准,本公司已于 2000 年 12 月 22 日至 12 月 23 日成功地向社会公众发行了每股面值 1.00 元的人民币普通股 15,000 万股, 其中向二级市场投资者配售 7,500 万股,向一般投资者上网定价发行 7,500 万股,每股发行价人民币 4.20 元。

经上海证券交易所上证上字[2001]8 号《上市通知书》批准,本公司股票将于 2001 年 1 月 16 日在上海证券交易所挂牌交易,股票简称"宁沪高速",股票代码"600377"。本公司总股本 503,774.75 万股,可流通股本 137,200 万股,本次上市流通股本为上网定价发行的 15,000 万股。本公司已于 2000 年 12 月 20 日分别在《中国证券报》、《上海证券报》和《证券时报》上刊登了《招股说明书概要》,距今不足六个月,故与其重发的内容在此不再赘述,敬请投资者查阅本公司《招股说明书概要》。

本公司董事会已批准本上市公告书,确信本公告书不存在任何重大遗漏或者误导,并对其真实性、准确性、完整性负个别的和连带的责任。

三、公司概况

(一)基本情况公司名称:江苏宁沪高速公路股份有限公司
注册资本:503,774.75 万元
法定代表人:章俊元
成立日期:1992 年 8 月 1 日
经营范围:高速公路建设和维护管理,按章对通过车辆收费,汽车客货运输;物资储存;石油制品零售(限批准的分支机构经营);设计、制作、发布国内印刷品广告及所属公路的招牌、灯箱、电子显示牌广告;汽车维修;住宿、餐饮、食品(烟限零售)销售(限批准的分支机构经营);技术咨询。百货、纺织品、日用杂品、五金、交电、化工产品(危险品除外)、汽车零配件、摩托车零配件的销售,书报刊零售、出租(限批准的分支机构经营)。
所属行业:公用事业类
注册地址:江苏省南京市石鼓路 69 号
联系电话:025-4469568,4469332,4200999-4716
传真:025-4466643
联系人:钟章万、姚永嘉

(二)历史沿革为了建设、管理、经营、开发上海至南京高速公路江苏段,1992 年 8 月经江苏省经济体制改革委员会苏体改生[1992]151 号文件批准,由江苏省交通厅、江苏省交通工程公司、江苏公路桥梁建设公司及江苏省汽车运输公司作为发起人,以发起方式设立本公司。发起人全部以现金出资,总股本 65,300 万元,其中江苏省交通厅出资 65,000 万元,作为国家股,占股本总额的 99.55%;江苏省交通工程公司、江苏公路桥梁建设公司、江苏省汽车运输公司各出资 100 万元,作为国有法人股,分别占股本总额的 0.15%。1993 年 6 月 9 日,经江苏省体改委苏体改生[1993]211 号文批准,公司进行了如下股本变动:

1、公司将评估增值额中 1.5 亿元向发起人转增股本,转增后的股本总额为 8.03 亿元,其中,国家股 7.994 亿元,占股本总额的 99.55%,法人股 360 万元,占股本总额的 0.45%。

2、公司将江苏省交通厅 1992 年对沪宁高速公路江苏段建设投入而未入股本的 57 万元于 1994 年 6 月 14 日转为 57 万元公司股份(国家股)。

3、公司以定向募集方式增发 5 亿股法人股(每股 1 元),分两期发行,第一期发行 2 亿股,第二期发行 3 亿股。第一期发行的 2 亿股(每股面值 1 元,按面值发行)于 1993 年 9 月发行,第一期定向募集完成后,本公司注册资本增至 100,357 万元,其中江苏省交通厅持有 79,997 万股国家股,占公司总股本约 79.71%,其余 20,360 万股为法人股,占公司总股本约 20.29%。1994 年 6 月,经江苏省体改委苏体改生〔1994〕369 号文批准,公司进行了如下股本变动:

1、公司将江苏交通控股有限公司 1993 年对沪宁高速公路江苏段建设投入的 5.1 亿元,按 1993 年公司法人股的同期发行价格以 1:1 的比例折为 5.1 亿股国有法人股。

2、公司按每股 1.8 元的溢价定向募集发行了第二期 3 亿股法人股。

3、公司将江苏交通控股有限公司 1994 年度投入沪宁高速公路的 1.85333 亿元,按 1.8:1 的比例折成 1.029629 亿股国有法人股。

截止 1994 年 12 月 31 日,公司总股本增为 191,653.29 万股,其中国家股 79,997 万股,占公司总股本 41.74%,法人股 111,656.29 万股,占公司总股本 58.26%。1996 年 12 月 31 日,经国务院证券委员会证委发〔1996〕67 号文同意,公司被列为境外上市预选企业。依照《中华人民共和国公司法》和赴境外上市相关法规,公司进行了如下规范化重组:

1、本公司对 1993 年将土地增值部分折为 1.5 亿股转增予四家发起人的事宜进行了规范,四家发起人退出 1.5 亿股,公司股本调整为 176,653.29 万股。

2、将土地作价入股。沪宁高速公路江苏段土地面积共 17,371,851.5 平方米,经国家土地管理局国土批〔1997〕50 号文确认,1996 年 12 月 31 日为基准日的国有土地 30 年使用权总价值为 17.16088 亿元。经国家国有资产管理局国资企发〔1997〕90 号文批准,将其折为 7.871963 亿股国家股,委托江苏交通控股有限公司持有。

3、公司将江苏交通控股有限公司 1995 年度、1996 年度对沪宁高速公路建设投入的 6.805 亿元、7.405 亿元以及自 1996 年 12 月 1 日起,由江苏交通控股有限公司代公司偿还 10.032 亿元贷款因而形成对本公司拥有的 10.032 亿元债权,累计共 24.242 亿元,按照 1996 年 12 月 31 日为基准日并经国家国有资产管理局国资评〔1997〕第 400 号文确认的资产评估结果(每股净资产 2.18 元),以 2.18:1 的比例折为 11.120183 亿股。

以上重组方案经国家体改委体改生〔1997〕84 号文《关于同意确认江苏宁沪高速公路股份有限公司为到香港发行股票并上市的股份有限公司的批复》和国家国有资产管理局国资企发〔1997〕90 号文《关于江苏宁沪高速公路股份有限公司国有股权管理有关问题的批复》批准。增资扩股后公司总股本 366,574.75 万股(每股面值为人民币 1 元),其中:江苏交通控股有限公司持有 337,613.46 万股国家股,占总股本的 92.10%(交通部拥有股份 59,747.1 万股,由交通部委托江苏交通控股有限公司持有);江苏省交通工程公司、江苏公路桥梁建设公司、江苏省汽车运输公司各持有 100 万股国有法人股,占总股本的 0.08%;社会法人持有 28,661.29 万股,占总股本的 7.82%。1997 年 6 月 4 日,经国务院证券委员会证委发〔1997〕38 号文批准,公司在境外发行境外上市外资股(H 股)122,200 万股,并于 1997 年 6 月 27 日在香港联合交易所上市。至此,公司总股本增加到 488,774.75 万股。

经中国证监会证监发行字[2000]177 号文批准,本公司已于 2000 年 12 月 22 日至 12 月 23 日成功发行了每股面值 1.00 元的人民币普通股 15,000 万股,每股发行价人民币 4.20 元,发行后总股本为 503,774.75 万股。

本公司已于 2001 年 1 月 4 日在江苏省工商行政管理局办理了工商注册变更登记
注册资本:503,774.75 万元
注册地址: 江苏省南京市石鼓路 69 号
法定代表人:章俊元
营业执照注册号码:3200001100976

四、股票发行及承销

(一)本次股票公开发行
发行方式:上网定价发行和向二级市场投资者配售相结合
发行日期:2000 年 12 月 22 日至 12 月 23 日
公开发行数量:15,000 万股
发行价格:4.20 元/股
募集资金总额:61,450 万元(已扣除有关发行费用)
中签率:
上网定价发行:1.37 343344
向二级市场投资者配售:0.17 649644
有效申购户数:
上网定价发行:435303 户
向二级市场投资者配售:4210087 户
有效申购股数:
上网定价发行:5,460,767,000 股
向二级市场投资者配售:42,493,776,000 股
持有 1000 股以上(含 1000 股)的户数:121554 户
发行费用总额:1,550 万元
每股发行费用:0.103 元
发行市盈率:35.90 倍(全面摊薄)

(二)股票承销本次公开发行的 15,000 万股已被社会公众全额认购,承销团没有余额包销之股票。

(三)验资报告
1、验资报告(摘自)验资报告苏亚金诚审验[2000]2 号
江苏宁沪高速公路股份有限公司全体股东:

我们接受委托,对江苏宁沪高速公路股份有限公司(以下简称贵公司)截至 2000 年 12 月 29 日止向社会公众增量发行人民币普通股股票 15,000 万股实收股本的真实性和合法性进行了审验。在审验过程中,我们按照《独立审计实务公告第 1 号--验资》的要求,实施了必要的审验程序。贵公司的责任是提供真实、合法、完整的验资资料,保护资产的安全、完整,我们的责任是按照《独立审计实务公告第 1 号--验资》的要求,出具真实、合法的验资报告。

贵公司变更前的注册资本为和实收股本为人民币 488,774.75 万元, 发行后的实收股本为人民币 503,774.75 万元。根据我们的审验,截至 2000 年 12 月 29 日止,贵公司实际收到社会公众投入的资本为人民币 63,000 万元,扣除券商承销佣金、手续费等计人民币 1,550 万元后余额为人民币 61,450 万元,其中实收股本为人民币 15,000 万元,资本公积为人民币 46,450 万元。至此,贵公司实收股本为人民币 503,774.75 万元。附件

(一):变更前后股本对照表
附件(二):验资事项说明

江苏苏亚金诚会计师事务所　　中国注册会计师:陈玉生
有限公司　　中国注册会计师:李云松
中国·南京　　2000 年 12 月 29 日

2、募集资金本次发行共计募集资金 63,000 万元,扣除券商承销费 945 万元、上网发行费 220.5 万元后的余额 61,834.5 万元, 已于 2000 年 12 月 29 日存入中国工商银行南京市城南支行 (帐号 021292210-0136875)。

五、董事、监事及高级管理人员持股情况

(一)董事、监事及高级管理人员简介
1、董事会成员
(1)公司董事

章俊元先生:董事长,四十七岁,大学、高级会计师,现任江苏交通控股有限公司董事长。章先生原任江苏省交通厅副厅长职务,兼任中国交通会计学会副会长,江苏省交通企业管理协会会长,具有丰富的企业管理经验。

李大鹏先生:董事、副总经理,四十七岁,大专、经济师,一九九六年一月加入本公司。李先生曾先后担任江苏省交通规划设计院副院长及江苏快鹿汽车运输有限责任公司董事长等职,具有二十多年经济管理及运输管理经验。

张全庚先生:董事,本公司高级顾问,六十岁,大学、教授、高级工程师,一九九二年八月加入本公司。张先生曾先后担任交通部科研所技术员、交通部重庆研究所副研究员、江苏交通科研所副所长及江苏省高速公路建设指挥部副处长、本公司副总经理等职,具有三十多年交通科学研究和基建项目的管理经验。

刘步存先生:董事、副总经理,五十岁,大学、经济师,一九九二年八月加入本公司。刘先生曾任江苏省交通厅办公室副主任及江苏省高速公路建设指挥部副处长等职,具有二十多年法律和经济管理经验。

范玉曙女士:董事,四十八岁,大专、会计师,现任江苏交通控股有限公司财务处处长。范女士曾担任江苏省租赁公司交通业务部经理、江苏交通投资公司副经理等职,有二十年从事金融、财务管理经验。

徐轶群女士:董事,三十六岁,大学,现任江苏交通控股有限公司投资发展处正科级干部,曾先

后任江苏省金陵汽车运输总公司财务科会计、主管会计、江苏省租赁公司交通业务部副经理、江苏交通投资公司财务科副科长、科长等职。徐女士曾从事会计、融资、租赁等业务工作，并曾参加沪宁高速公路、江阴长江大桥等省交通重点工程建设的筹资工作，具有丰富的财务、融资、租赁管理工作实践经验。

乐家骅先生：董事，五十四岁，大学、工程师，一九六六年参加工作，现任本公司镇江管理处处长。乐先生曾先后任江苏省交通厅工程大队航道工程处技术员、江苏省交通工程公司镇江机械厂车间主任、生产技术科长及江苏省交通工程公司副总经理、总经理等职。

王正义先生：董事，四十二岁，大学、高级工程师，现任江苏交通建设集团董事长。王先生先后任江苏省交通规划设计院副院长、江苏省交通厅驻马达加斯加合营公司副总经理、总工程师等职。有近二十年从事公路设计、建设、管理等经验。

(2)公司独立非执行董事

郑张永珍女士：独立非执行董事，六十八岁。郑女士曾任香港特别行政区筹备委员会委员、中国全国政治协商会议委员会常务委员、中国国务院港澳办及新华社香港分社香港事务顾问及香港管理专业协会企业发展中心主席。郑女士也是大庆石油有限公司董事经理、瑞典爱立信电话有限公司中国高级顾问、富豪汽车国际有限公司高级顾问及ABB戴姆勒－奔驰交通公司中国有限公司高级顾问，具有几十年商业投资和创业经验，更荣获瑞典国王卡尔十六世古斯塔夫颁发瑞典皇家北极星勇士勋章。

方镡先生：独立非执行董事，六十一岁，祖籍上海。60年代毕业于美国麻省理工学院并取得化学工程硕士学位，现任香港肇丰针织有限公司主席、香港汇丰银行非执行董事、全国政协委员。同时担任重要工商贸团体及公共服务机构职位，如香港生产力促进局主席、香港菲腊牙科医院管理局主席、香港纺织业联合会名誉会长、香港羊毛化纤针织业厂商会名誉会长及纺织业咨询委员会委员等职。

(3)公司监事

钟章万先生：监事会主席，五十八岁，大专，一九九二年八月加入本公司，现为本公司投资证券部经理。钟先生曾先后担任江苏省联运公司副经理及江苏省高速公路建设指挥部副处长、本公司证券处副处长等职。钟先生长期从事经济工作，具有丰富的经济管理工作经验，从一九九二年加入本公司后一直从事证券、融资等工作。

贾大康先生：监事，五十七岁，大学、高级工程师，一九九六年十月加入本公司，现任本公司资产管理部经理。贾先生曾担任江苏省公路局路政科副科长、科长，江苏海员、公路运输工会副主席，江苏交通工程学会委员及秘书长、本公司路政处处长等职。贾先生从事经济管理和交通管理工作近三十年。

耿流玉先生：监事，四十八岁，大专、经济师，一九九六年十月加入本公司，现任本公司总经理助理、兼任人力资源部经理。耿先生曾先后担任江苏新华船厂劳资科科员、江苏省交通厅政治部劳资科副科长及科长、本公司人事劳资处副处长等职。耿先生从事经济管理和人事工作二十多年。

吴赞平先生：监事，三十六岁，大学、高级工程师，一九九二年八月加入本公司，现任本公司总经理助理、兼任工程技术部经理。吴先生曾先后任江苏省高速公路建设指挥部副科长及科长、本公司工程技术处副处长等职。吴先生从事交通项目管理工作十多年。

邢国强先生：监事，三十六岁，大专、助理会计师，现任江苏交通控股有限公司人事组织处正科级干部。邢先生一九八六年毕业于江苏商业专科学校，曾先后在江苏省交通厅、江苏交通投资公司工作。

(4)其他高级管理人员

陈祥辉先生：总经理，三十七岁，大学、高级工程师。陈先生长期从事交通建设与管理工作，曾任江苏省交通厅工程质量监督站副站长，江苏省宁连宁通公路管理处处长，具有十多年的交通建设以及经营管理经验。

姚永嘉先生：董事会秘书，三十六岁，硕士、高级工程师，一九九二年八月加入本公司。姚先生曾先后任职江苏省交通规划设计院、江苏省高速公路建设指挥部科长及本公司证券科科长，有超过十年从事工程管理、投资分析、融资及证券等经验。

林志华先生：香港董事会秘书，三十六岁，英国特许秘书及行政人员公会会员及香港公司秘书公会会员，负责遵守香港有关规定的本公司秘书。林先生亦是本公司的香港公司秘书及传票接受人，为本公司香港法律顾问－齐伯礼律师行的雇员。

刘伟女士：财务会计部经理，四十四岁，中专、会计师，一九九二年八月加入本公司，曾担任江苏省交通厅规划计划处副科级科员、江苏省路桥公司财务部负责人及江苏省高速公路建设指挥部财务处科长、本公司财务处副处长等职。

2、本公司董事、监事及高级管理人员持股情况本公司董事、监事及高级管理人员均未持有本公司股票。

六、公司设立

1992年8月经江苏省经济体制改革委员会苏体改生[1992]151号文件批准，由江苏省交通厅、江苏省交通工程公司、江苏公路桥梁建设公司及江苏省汽车运输公司作为发起人，以发起方式设立本公司。发起人全部以现金出资，总股本65,300万元，其中江苏省交通厅出资65,000万元，作为国家股，占股本总额的99.55%，江苏省交通工程公司、江苏公路桥梁建设公司、江苏省汽车运输公司各出资100万元，作为国有法人股，分别占股本总额的0.15%。1997年6月4日，经国务院证券委员会证委发[1997]38号文批准，公司在境外发行境外上市外资股(H股)122,200万股，并于1997年6月27日在香港联合交易所上市。至此，公司总股本增加到48.877475亿股。2000年12月15日，经中国证监会证监发行字[2000]177号文批准，本公司已于2000年12月22日至12月23日成功发行每股面值1.00元的人民币普通股15,000万股，其中向二级市场的投资者配售7,500万股，向一般的投资者上网定价发行7,500万股，每股发行价人民币4.20元。

本公司已于2001年1月4日在江苏省工商行政管理局办理了工商注册变更登记：

注册资本：503,774.75万元

注册地址：江苏省南京市石鼓路69号

法定代表人：章俊元

营业执照注册号码：3200001100976

七、关联方关系及其交易

(一)关联企业

(1)本公司的控股股东江苏交通控股有限公司及其直接投资人江苏省交通厅，以及发起人股东江苏省交通工程公司、江苏公路桥梁建设公司；

(2)本公司控股股东江苏交通控股有限公司的控股子公司及全资子企业：江苏扬子大桥股份有限公司、无锡爱邦高聚物有限公司、江苏全福宾馆；

(3)本公司的附属公司及联营公司：江苏锡澄高速公路有限责任公司、江苏广靖高速公路有限责任公司、江苏快鹿汽车运输有限责任公司、宜兴宜漕公路有限公司。

(二)关联交易的主要内容

本公司与上述关联方的关联交易主要包括：江苏交通控股有限公司向本公司提供借款及为本公司部分贷款进行担保等资金支持；江苏交通控股有限公司等向本公司转让部分股权或某段公路的经营权等。具体内容列示如下：

(1)截至2000年6月30日，公司尚欠银行短期借款人民币9.65亿元。公司向银行获得的借款额度计约980万美元，用于进口机械设备及技术，由江苏交通控股有限公司提供担保，目前贷款余额折合人民币为4,124.28万元。

(2)公司参与建设由江苏省交通厅负责兴建的位于南京市石鼓路69号的江苏交通大厦。该大厦于1998年初竣工，截至2000年6月30日，公司已支付人民币3240万元。作为投资回报，公司已取得其中4120平方米场所作办公使用，但尚未获得上述场所的产权证书。

(3)锡澄、广靖高速公路有限责任公司，于1997年分别与江苏省交通厅下属之无锡市高速公路建设指挥部、泰州市高速公路建设指挥部分别签订了有关锡澄高速公路、广靖高速公路的总承包建筑合同，两份合同正在履行中。

(4)公司于1999年4月8日与江苏交通控股有限公司签订《关于买卖江苏扬子大桥股份有限公司部分股份之协议》，由公司向江苏交通控股有限公司购买其持有的扬子大桥公司股份中的381,185,660股，总价为47,267万元。此协议已经公司1999年6月18日股东大会以特别决议案方式表决通过，并已于2001年1月1日零时起生效。

(5)公司于1999年4月8日与江苏交通控股有限公司投资人江苏省交通厅下属之江苏省宁连宁通公路管理处(下称"公路管理处")签订《收购南京至连云港公路之南京段公路经营权合同》，以44,820万元的总价格购买南京段公路收费经营权30年。公司并于1999年4月8日，与公路管理处签订《连云港至南京公路南京段公路委托营运养护管理合同》，以每年收取南京段公路车辆通行费总收入的17%的总价格，委托公路管理处对南京段公路进行营运养护管理。上列二合同已经公司1999年6月18日股东大会以特别决议案方式表决通过。江苏省人民政府亦于1999年12月28日，以"苏政复(1999)160号"《省政府关于同意转让南京至连云港公路南京段公路收费经营权的批复》批准公司收购南京段公路经营权30年。从2000年1月1日零时起，两份合同开始履行。

上述涉及关联交易的合同、协议、以及其他相关文件，公司已对其进行了充分的披露。合同、协议的内容与形式，符合法律规定，公平合理，并无任何损害公司及公司股东利益的内容，合同、协议的签署及获得批准、通过的程序，亦符合法律规定。凡关联交易的一方是公司控股股东控股公司或控股公司直接投资人江苏省交通厅的，公司均已采取必要措施对小股东的利益进行保护，无任何损害小股东利益的行为。

(三)江苏交通控股有限公司避免同业竞争的承诺

本公司的大股东--江苏交通控股有限公司持有本公司55.15%的股权，处于绝对控股地位，存在对本公司经营决策等方面产生一定控制的可能。为此，江苏交通控股有限公司苏交投[1997]第5号文已向本公司承诺，除已经由江苏省交通厅或其下属部门正在经营或兴建的道路、隧道或桥梁外，江苏交通控股有限公司将不采取任何投资、经营行为，对公司构成任何直接或间接的竞争。江苏省交通厅于1997年5月16日以"苏交计（1997)98号"《关于省交通厅承诺及确认事项的批复》，向公司承诺，交通厅将依法在同等条件下优先审批公司就江苏省内的由交通厅主管实施的基础设施所提交投资、建设、经营或收购的方案。

八、股本结构及大股东持股情况

(一)上市前本公司的股本结构：

股份类别	数量(万股)	占总股本的比例(%)
国家股	277866.36	55.15
国有法人股	60047.10	11.92
法人股	28661.29	5.69
H股	122200.00	24.26
A股	15000.00	2.98
总股本	503774.75	100.00

(二)上市前公司前十名股东持股情况：

序号	股东单位	持股数量(股)	比例(%)
1	江苏交通控股有限公司	2778663600	55.15
2	华建交通经济开发中心	597471000	11.86
3	Real Cheer Ltd.	152463500	3.13
4	The Capital Group Companies,Inc	126514000	2.60
5	华夏证券有限公司	16660000	0.34
6	申银万国证券股份有限公司	14450000	0.30
7	WINNER GLORY DEVELOPMENT LTD	12000000	0.25
8	江苏鑫苏投资管理公司	9020000	0.18
9	昆山市土地开发总公司	7500000	0.15
10	江苏汇远房地产发展实业公司	6200000	0.13

九、财务会计资料

本公司截止2000年6月30日的财务状况，已于2000年12月20日分别在《中国证券报》、《上海证券报》和《证券时报》上刊登的《招股说明书概要》中进行了详细的披露。因公告的时间距今较短，重复的内容在此不再赘述。本公告只公布经审计的财务报表及主要财务指标，投资者欲了解其它内容，敬请查阅本公司《招股说明书概要》。

(一)主要财务指标

项目	2000年6月30日	1999年	1998年	1997年
速动比率	0.56	0.68	0.97	1.54
流动比率	0.57	0.68	0.98	1.55
资产负债率(%)	9.41	11.60	11.41	13.43
存货周转率(次)	29.05	46.87	32.41	30.03
净资产收益率(%)	2.08	4.84	4.42	2.61
每股净利润(元)	0.054	0.124	0.111	0.073

注：1997年每股净利润按加权平均股本429,850.9万股，2000年6月30日每股净利润是按发行前的总股本488,774.75万股计算。(二)会计报表(附后)(三)主要项目附注(单位：人民币元)

1、应收款项

二〇〇〇年六月三十日

	本公司	本集团
应收帐款(a)	6291946	6298712
其他应收款(b)	25771707	22967306
减：坏帐准备(c)	-641273	-585320
应收款项，净额	31422380	28680698

应收款项中无持有本公司5%(含5%)以上股份的股东单位之欠款。坏帐准备按年末应收款项的余额之2%计提。

2、本集团之其他应收款余额分析如下：

二〇〇〇年六月三十日

帐龄	比例(%)	金额
1年以内	84.2	19327744
1-2年	15.8	3637762
2-3年	-	1800
合计	100.00	22967306

于二〇〇〇年六月三十日，本集团其他应收款中欠款金额前五名的单位详细情况如下：

单位名称	欠款金额	帐龄	欠款原因
国通证券有限责任公司	4,342,277	1年以内	资产委托管理收益
中国技术进出口公司	3,273,562	1-2年	预付设备款
宜漕公路公司	3,141,600	1年以内	应收投资款
招标保证金	982,900	1年以内	工程保证金
宁连管理处	800,000	1年以内	垫付款

3、应交税金

本集团

二〇〇〇年六月三十日

企业所得税	64300389
营业税	6774576
增值税	(140,249)

城市维护建设税　　413115
　　　　　　　　　71347831
4、应收股利，应收利息及应收补贴款
本集团二〇〇〇年六月三十日
应收宜漕公路公司股利(附注9(b))　5758400
应收银行定期存款利息(附注5)　　8040215
应收财政所得税补贴款(附注3(c))　2983700
截至二〇〇〇年六月三十日止，应收股利、应收利息及应收补贴款的帐龄均在一年以内。
5、应付帐款本集团应付帐款主要系应付工程款项，无应付持有本公司5%以上(含5%)股份股东之款项。
截至二〇〇〇年六月三十日，本集团之应付帐款余额分析如下：
帐龄　　比例(%)　　金额
1年以内　100%　　165879316
6、其他应付款
截至二〇〇〇年六月三十日，本集团之其他应付款余额分析如下：
帐龄　　比例(%) 金额
1年以内　70.6 58240197
1-2年　　16.2 13398634
2-3年　　13.2 10819433
　　　　　100 82458264
本集团其他应付款中包括应付关联公司款项人民币4,590,395元(附注29(f))。
7、长期投资
本集团二〇〇〇年一月一日至六月三十日：
期初数 本期增加 本期减少　期末数
长期股权投资 a)　47391002 1773362　－　49164364
其他投资 b)　94400000　－ －3141600　91258400
合计　141791002 1773362　－3141600 140422764
本集团长期股权投资包括以下联营公司
二〇〇〇年一月一日至六月三十日
被投资公司
名称　投资期限　1996年6月21日至2016年6月20日
初始投资　初始投资额占　累计追加投　追加投资后
金额　被投资公司注册　资额　占被投资公司
资本比例　注册资本比例
快鹿运输(原:江苏宁沪汽车客运 23200000　40%　14663400　33.2%
有限责任公司("宁沪快客"))
名称　本期权益 累计权益　本期分得　累计分得　期末金额　备注
增加额　增加额　现金红利　现金红利
快鹿运输(原:江苏宁沪汽车客 1773362　20807598　－　－9506634　49164364　－
有限责任公司("宁沪快客"))
本公司于一九九八年四月二十九日与江苏省汽车运输公司(简称"运输公司")签订股权转让协议。依协议，本公司以人民币8,700,000元收购运输公司持有的宁沪快客15%的权益，然而，由于运输公司涉及有关一项担保的民事诉讼，上述运输公司持有的权益被南京市中级人民法院("法院")冻结。本公司于一九九八年十二月按协议支付给法院人民币8,700,000元帐列投资预付款。一九九九年一月二十八日法院解除该冻结款项。因此本公司出资额由人民币23,200,000元增至人民币31,900,000元。
根据江苏省交通厅苏交财(1999)58号批复，宁沪快客获准更名为江苏快鹿汽车运输有限责任公司，注册资本由原来的人民币58,000,000元增加到人民币107,705,300元。
由于上述增资，本公司于一九九九年六月增加投资快鹿运输人民币5,963,400元，出资总额由人民币31,900,000元增至人民币37,863,400元。增资后，本公司所持快鹿运输的权益为33.2%。
本集团及本公司其他投资如下列示
二〇〇〇年一月一日至六月三十日
本期增加 本期返回
期初数　投资额　投资额　期末数
宜兴宜漕公路有限责任公　94400000　－　－3141600　91258400
司("宜漕公路公司")
本公司于一九九八年十二月二十五日与宜兴市交通建设发展有限公司(简称"宜兴交通建设公司")共同出资成立宜漕公路公司，营业期限自一九九八年十二月二十五日起共十年。宜漕公路公司主要从事宜兴与漕桥间公路的兴建、经营与管理。宜漕公路公司注册资本为人民币120,000,000元，本公司出资人民币58,800,000元占资本的49%，宜兴交通建设公司出资人民币61,200,000元占资本的51%。
根据一九九八年十二月三十一日签定的补充协议，本公司除投入注册资本金人民币58,800,000元外，尚需投入建设资金人民币117,600,000元。截至一九九九年十二月三十一日止，本公司累计投入宜漕公路公司注册资本金及建设资金人民币100,000,000元。根据上述补充协议，本公司全权委托宜兴交通建设公司承包宜漕公路公司的经营活动。宜兴交通建设公司将在宜漕公路公司经营期限内，自一九九九年起按年收益率17.8%向本公司支付定额承包金。宜兴市投资公司(宜兴交通建设公司的控股公司)对上述承包金提供担保。宜漕公路公司营业期满后，本公司将不获得任何资产的分配。
根据上述协议，本公司截至二〇〇〇年六月三十日应收定额承包金计人民币8,900,000元，包含应收回投资款人民币3,141,600元及应收股利人民币5,758,400元。
本公司长期股权投资包括对下列公司的投资：
二〇〇〇年一月一日至六月三十日
投资公司　投资期限　投资　投资金额　本期权益增　累计权增加
名称　比例　加额额
江苏锡澄　一九九七年九月十六日至二〇二七年九月十五日
5% 1398015679　1591883　2152089
江苏广靖　一九九七年九月十六日至二〇二七年九月十五日
5%　601854998　15242675 20705908
快鹿运输　一九九六年六月二十一日至二〇一六年六月二十日
投资公司　33.2%　37863400　1773362 20807598
2037734077　32934876 63034398
名称　本期分得的　累计分得的现　期末数　备注
现金红利　金红利
江苏锡澄
一九九七年九月 －47617　476174　1414774826
江苏广靖　－4643747　－4643747　617917159 －
快鹿运输　－　－9506634　49164364 －
－9405492　－18912126　2081856349
8、投资收益
本集团二〇〇〇年一月一日至六月三十日
项目　股权投资收益　其他投资收益　合计
成本法 权益法
短期投资的收益　－　－　6669998　6669998
长期投资的收益(附注9)　－1773362　5758400　7531762
－1773362　12428398 14201760
本集团一九九九年度
项目　股权投资收益　其他投资收益　合计
成本法　权益法
长期投资的收益(附注9)　－　5849016　12372000　18221016
本集团一九九八年度
项目　股权投资收益　其他投资收益　合计
成本法 权益法
长期投资的收益(附注9) －7351190　－　7351190
本集团一九九七年度
项目　股权投资收益　其他投资收益　合计
成本法　权益法
长期投资的收益(附注9)　－5393343　－　5393343
本公司二〇〇〇年一月一日至六月三十日
项目　股权投资收益 其他投资收益 合计
成本法　权益法
短期投资的收益　－　6669998　6669998
长期投资的收益　－
(附注9)　32934876　5758400 38693276
－ 32934876 12428398 45363274
本公司一九九九年度
项目　股权投资收益 其他投资收益　合计
成本法　权益法
长期投资的收益(附注9)　－16914302　12372000 29286302
本公司一九九八年度
项目　股权投资收益　其他投资收益　合计
成本法　权益法
长期投资的收益(附注9)　－7351190　－　7351190
本公司一九九七年度
项目　股权投资收益　其他投资收益　合计
成本法　权益法
长期投资的收益(附注9)　－5393343　－　5393343
9、补贴收入
本集团 二〇〇〇年一月一日
至六月三十日一　九九九年度　一九九八年度　一九九七年度
财政返还　－　148,193,657　135,009,576　－
(附注3(c))
10、资本公积本集团及本公司资本公积之变动如下：
附注 股本溢价 资产评估增值　合计
一九九七年一月一日　320969687 1912295300 2233264987
发行H股之溢价收入　2842929232　－ 2842929232
H股发行费用　－139018856　－ －139018856
资产评估增值　－　1407878235 1407878235
股东贷款及垫支折股溢价 19 1312181700　－ 1312181700
土地使用权折股　19　－ －787196300 －787196300
原土地使用权退股　19　－　150000000　150000000
一九九七年十二月三十一日　4337061763　2682977235 7020038998
本年增加(减少)　－　－　－
一九九八年十二月三十一日　4337061763　2682977235 7020038998
本年增加(减少)　－　－　－
一九九九年十二月三十一日　4337061763　2682977235 7020038998
本期增加(减少)　－　－　－
二〇〇〇年六月三十日　4337061763　2682977235 7020038998
为发行H股，本公司于一九九六年十二月三十一日净资产值人民币4,154,158,628元经中国资产评估师评估，并于一九九七年五月十六日经国家国有资产管理局批准。评估所产生的评估增值具体列示如下：
存货　1682750
长期投资　66103
固定资产净值　1019305048
无形资产　383646947
长期待摊费用　2562225
应交税金　615162
　1407878235
11、盈余公积本集团盈余公积之变动如下
法定盈余公积(a)　法定公益金(b)　合计
一九九七年一月一日　436074　218037　654111
减:变更会计政策对期初余额之影响　－62604　－31302　－93906
变更会计政策后于一九九七年一月一日之余额　373470　186735　560205
本年增加-变更会计政策前　31376183　15688092　47064275
加:变更会计政策之影响　32476　16238　48714
变更会计政策后于一九九七年十二月三十一日之余额
31782129　15891065　47673194
年增加-变更会计政策前　54273062　27136531　81409593
加:变更会计政策之影响　4429　2215　6644
变更会计政策后于一九九八年十二月三十一日之余额
86059620　43029811　12909431
本年增加-变更会计政策前　61823220　30911610　92734830
减:变更会计政策之影响　－47146　－23572　－70718
变更会计政策后于一九九九年十二月三十一日之余额
147835694　73917849 221753543
加:本期增加
二〇〇〇年六月三十日　147835694　73917849 221753543
(1)法定盈余公积
根据公司法和本公司章程，本公司需按中国会计制度编制的法定帐目税后利润(弥补以前年度亏损后)提取10%的法定盈余公积。当该公积金累计已达本公司股本的50%时可不再提取。法定盈余公积经批准后，可用于弥补以前年度亏损或转增股本，但使用该公积金后，其余额不得低于本公司股本的25%。
(2)法定公益金
根据中国有关财务规定和本公司章程，本公司应根据中国会计制度编制的法定帐目税后利润提取5%至10%法定公益金，作为本公司的员工集体福利的资本性支出。江苏锡澄及江苏广靖董事会建议法定公益金的提取比例为5%。根据董事会决议,并经股东大会批准,本公司一九九九年度、一九九八年度及一九九七年度的法定公益金提取比例分别为5%。

12、未分配利润

本集团	二〇〇〇年一月一日至六月三十日	一九九九年度	一九九八年度	一九九七年度
变更会计政策前的期初未分配利润	361405986	239946400	71890222	3706630
减:变更会计政策对期初未分配利润的影响	-493531	-218444	-256090	-532136
按变更会计政策重编后的期初未分配利润	360912455	239727956	71634132	3174494
加:重编前的净利润	265699522	60521216	542730621	313761833
加/(减):变更会计政策对净利润的影响	17477	-345805	44290	324760
减:按重编前净利润提取盈余公积	-	-61823220	-54273062	-31376183
加/(减):变更会计政策对提取盈余公积的影响	-	47146	-4429	-32476
减:按重编前净利润提取法定公益金	-	-30911610	-27136531	-15688092
加/(减):变更会计政策对提取法定公益金的影响	-	23572	-2215	-16238
减:股利分配	-	-391019800	-293264850	-195509900
减:发行H股前股利分配	-	-	-	-3004066
重编后的期末未分配利润	626629454	360912455	239727956	71634132

根据本公司章程,股息分派按中国会计制度编制的法定帐目及国际会计准则编制的报表,两者未分配利润较低数额作为分派基础。于一九九九年十二月三十一日,按变更会计政策重编后的可供股东分配利润为人民币751,932,255元。于二〇〇〇年五月二十五日,经股东大会决定,一九九九年度股利每股人民币0.08元,合计人民币391,019,800元。截至二〇〇〇年六月三十日止,应付股利余额为人民币13,000,960元。

本公司之控股子公司江苏锡澄和江苏广靖于二〇〇〇年六月三十日尚有应支付除本公司以外投资者的利润分别为人民币840,308元和人民币819,485元。

本公司于一九九七年六月二十三日发行H股。依一九九七年六月十八日为发行H股而编制的售股章程,发行H股前之股东截至一九九七年三月三十一日获股利人民币3,004,066元。经股东大会决定一九九七年度和一九九八年度的股利分别为每股人民币0.04元和人民币0.06元,合计分别为人民币195,509,900元和人民币293,264,850元。

十、董事会上市承诺

本公司董事会将严格遵守《中华人民共和国公司法》、《中华人民共和国证券法》、《股票发行与交易管理暂行条例》、《公开发行股票公司信息披露实施细则》和《上海证券交易所股票上市规则》等国家法律、法规的规定,并自股票上市之日起作出如下承诺

1、按照法律、法规的规定程序和要求披露重大的信息、并接受证券主管机关、上海证券交易所、香港交易所的监督管理。

2、及时、真实、准确的公布中期报告和年度报告,并备置于规定场所供投资者公众查阅。

3、本公司的董事、监事、高级管理人员如发生人事变动或持本公司股票发生变化时,在报告证券管理机关、上海证券交易所、香港交易所的同时向境内、外投资者公布。

4、在任何公共传播媒介中出现的消息可能对本公司股票的市场价格产生误导性影响时,本公司知悉后将及时对该消息予以公开澄清。

5、本公司董事、监事、高级管理人员将认真听取社会公众的意见和批评,不利用已获得的内幕消息和其他不正当手段直接或间接从事股票买卖活动。

6、本公司没有无记录负债。

7、依据2000年5月1日起实施的《上海证券交易所股票上市规则》(2000年修订本),本公司全体董事、监事将按照有关规定,在本公司股票上市后两个月内签署《董事(监事)声明及承诺书》并送达上海证券交易所备案。

十一、重要事项揭示

1、截止本上市公告刊登之日,本公司目前不存在尚未了结或可预见之诉讼、仲裁或者被行政处罚的案件,亦不存在任何针对本公司董事会成员的刑事、经济诉讼案件。

2、根据安达信·华强会计师事务所出具的《二000年度及二00一年度盈利预测审核报告》,本公司2000年度预测实现利润总额为847,166,000.00元,净利润587,521,000.00元,每股全面摊薄0.117元。该盈利预测系按照国务院国发[2000]2号文的规定,按33%所得税计算。现根据财政部财税[2000]99号文的规定,本公司二000年度及二00一年度可继续享受有关的优惠政策。因此,董事预计二000年度盈利预测可增加到7亿元,每股盈利达0.139元/股。

3、本公司总股本503,774.75万股,可流通股本137,200万股,本次上市流通股本为上网定价发行的15,000万股。

4、根据本公司《招股说明书概要》披露:本公司2000年5月25日股东大会审议通过,本次A股发行成功后,新老股东将一并享有本公司所有滚存未分配利润。本公司股利每年派发一次,具体利润分配方案由董事会提出,并经股东大会审议通过后执行。预计2000年度股利分配时间在股东大会之后即2001年6月份实施。

5、江苏交通投资公司经批准于2000年9月15日已正式更名为江苏交通控股有限公司。根据财政部财管字[1999]156号《关于华建交通经济开发中心持有并管理有关公路上市公司国有股权问题的批复》、交通部交财发[1999]366号《关于转发关于华建交通经济开发中心持有并管理有关公路上市公司国有股权问题的批复的通知》,江苏交通控股有限公司与华建交通经济开发中心于2000年11月22日签署了《国有股权变更协议》,将原由江苏交通投资公司代交通部持有的本公司59747.1万股国家股变更为国有法人股,由华建交通经济开发中心持有。2000年12月25日江苏证券登记有限公司出具了该项股权的托管确认书,并已交上海中央登记公司托管。

6、根据2000年12月25日江苏宁沪高速公路股份有限公司第三届第四次董事会讨论通过,聘任陈祥辉先生为江苏宁沪高速公路股份有限公司总经理,负责公司日常经营工作,聘期二年。

7、本公司第一大股东江苏交通控股有限公司向上海证券交易所郑重承诺:自本公司股票上市之日起十二个月内,第一大股东不转让其持有的本公司股份,也不由本公司回购第一大股东持有的股份。

十二、备查文件目录

1、招股说明书
2、中国证监会批准本公司公开发行股票的文件
3、上海证券交易所上市通知书
4、审计报告、财务报表及附注
5、资产评估报告
6、盈利预测审核报告
7、验资报告　　8、公司营业执照　　9、公司章程
10、其它备查文件

十三、咨询机构

1、发行人:江苏宁沪高速公路股份有限公司
法定代表人:章俊元　地址:江苏省南京市石鼓路69号江苏交通大厦
电话:025-4469568 4469332 4200999-4716　传真:4466643　联系人:钟章万、姚永嘉
2、上市推荐人:南方证券有限公司
法定代表人:沈沛　地址:深圳市嘉宾路4028号太平洋商贸大厦20-28层
电话:021-52340808　传真:021-52340280　联系人:关光齐、朱兵、吴剑
华泰证券有限责任公司
法定代表人:张开辉　地址:江苏省南京市中山东路90号华泰证券大厦
电话:025-4457777　传真:025-4579930　联系人:贺文慧、邓纬安、安雪梅

江苏宁沪高速公路股份有限公司
2001年1月16日

合并资产负债表

编制单位:江苏宁沪高速公路股份有限公司及其子公司　　金额单位:人民币元

资产	二000年六月十日	一九九九年十二月三十一日	一九九八年十二月三十一日	一九九七年十二月三十一日
流动资产:				
货币资金	590024108	948761253	1213773403	2017100241
短期投资	100000000			
减:短期投资跌价准备				
短期投资净额	100000000			
应收票据				
应收股利	5758400	5800000		
应收利息	8040215	5080178	25671647	27019500
应收款项				
应收帐款	6298712	8178556	247347	
其他应收款	22967306	21961303	12602253	15064076
减:坏帐准备	-585320	-602797	-256992	-301282
应收帐款净额	28680698	29537062	12592608	14762794
预付货款	4320724	1652572	3444295	16619697
应收补贴款	2983700	119163699	69430043	
存货	6361098	4952597	15473517	15768284
减:存货变现损失				
存货净额	6361098	4952597	15473517	15768284
待摊费用	369795	-	-	468914
待处理流动资产净损失	-	-	-	9176
一年内到期的长期债券投资				
其他流动资产				
流动资产合计	746538738	1114947361	1340385513	2091748606
长期投资:				
长期股权投资	49164364	47391002	39698636	29034030
合并价差				
其他投资	91258400	94400000	58800000	
长期投资合计	140422764	141791002	98498636	29034030
减:长期投资减值准备				
长期投资净额	140422764	141791002	98498636	29034030
固定资产:				
固定资产原价	10255271737	10243385593	7655648252	7557487593
减:累计折旧	-672038288	-565540715	-388001903	-234735808
固定资产净值	9583233449	9677844878	7267646349	7322751785
工程物资				
在建工程	128069799	124380000	1854680970	982768137
固定资产清理	-44450	-44450		
待处理固定资产损失				
固定资产合计	9711258798	9802180428	9122327319	8305519922
无形及其他资产				
无形资产	3858755596	3447382645	3515614886	3582042760
开办费	172971	217114	19767	822284
长期待摊费用	8270245	12657631	21412636	29497749
其他长期资产				
无形及其他资产合计	3867198812	3460257390	3537047289	3612362793
递延税项:				
递延税款借项				
资产总计	14465419112	14519176181	14098258757	14038665351
负债及股东权益				
流动负债:				
短期借款	965000000	565000000	720000000	605000000
应付票据				
应付帐款	165879316	176142413	125636135	219490106
预收帐款				
代销商品款				
应付工资	11336162	10440000	6116884	
应付福利费	6094937	4358832	2012963	3837279
应付股利	14660753	391020760	293265810	198513966
应交税金	71347831	137619667	107287547	5264674
其他应交款				
其他应付款	82458264	93290199	65911326	58578770
预提费用				
一年内到期的长期负债	3437516	260500000	50000000	257935714
其他流动负债				
流动负债合计	1320214779	1638371871	1370230665	1348620509
长期负债:				
长期借款	41242843	46399117	439475	320966286
应付债券	-	-	238500000	216500000
长期应付款				
其他长期负债				
长期负债合计	41242843	46399117	439475	320966286
递延税项:				
递延税款贷项				
负债合计	1361457622	1684770988	1609170140	1886086795
少数股东权益	347791995	343952697	212484732	125484732
股东权益:				
股本	4887747500	4887747500	4887747500	4887747500
资本公积金	7020038998	7020038998	7020038998	7020038998
盈余公积金	221753543	221753543	129089431	47673194
其中:公益金	73917849	73917849	43029811	15891065
未分配利润	626629454	360912455	239727956	71634132
股东权益合计	12756169495	12490452496	12276603885	12027093824
负债及股东权益合计	14465419112	14519179181	14098258757	14038665351

四川天一科技股份有限公司

四川天一科技股份有限公司招股说明书

一、绪 言

本招股说明书概要是根据《中华人民共和国公司法》、《中华人民共和国证券法》、《股票发行及交易管理暂行条例》和《公开发行股票公司信息披露的内容与格式准则第一号》等国家法律、法规以及发行人的实际情况编写而成，旨在向社会公众提供本公司的基本情况及本次发行和认购的各项有关资料。

本公司董事会全体成员已批准本招股说明书概要，并确信本招股说明书概要所摘内容与招股说明书正文一致，不存在任何重大遗漏或者误导，并愿对其真实性、准确性、完整性负个别的和连带的责任。

本次发行的股票是根据本招股说明书所载明的资料申请发行的。除本发行人和主承销商外，没有委托或授权任何其它人提供未在本招股说明书中列载的信息和对本说明书作任何解释或者说明。

投资人应自行承担买卖本公司股票所应支付的税款，发行人、上市推荐人和主承销商对此不承担责任。

本次发行申请已经中国证券监督管理委员会证监发行字[2000]180号文核准。

二、释 义

在本招股说明书中，除非文意另有说明，下列简称具有以下含义：

本公司、公司或发行人　指　四川天一科技股份有限公司
西南化研院或主要发起人　指　西南化工研究设计院
芳华公司　指　浙江芳华日化集团公司
化工科技总院　指　中化化工科学技术研究总院
晨光研究院　指　化学工业部晨光化工研究院(成都)
炭黑研究院　指　中橡集团炭黑工业研究设计院
发起人　指　西南化工研究设计院、浙江芳华日化集团公司、中化化工科学技术研究总院、化学工业部晨光化工研究院(成都)和中橡集团炭黑工业研究设计院
股票　指　本公司发行的人民币普通股股票
公司章程　指　本公司的公司章程
股东大会　指　本公司的股东大会
董事会　指　本公司的董事会
监事会　指　本公司的监事会
本次发行　指　本公司本次公开发行股票的行为
中国证监会　指　中国证券监督管理委员会
主承销商　指　国信证券有限责任公司
上市推荐人　指　大鹏证券有限责任公司　国信证券有限责任公司
元　指　人民币元
成都高新区　指　成都高新技术产业开发区

三、新股发行的有关当事人

1、发行人:四川天一科技股份有限公司
法定代表人:冯孝庭
注册地址:成都高新区高朋大道5号成都高新区技术创新服务中心
电话:028—5964616转3168　传真:028—5881997　联系人:杨重谊
2、主承销商:国信证券有限责任公司
法定代表人:李南峰
注册地址:深圳市红岭中路1012号国信证券大厦
电话:010—66215566转248　传真:010—66211976　联系人:白岚、齐广胜
3、副主承销商:中信证券股份有限公司
法定代表人:常振明
注册地址:深圳市湖贝路1030海龙王大厦
电话:021—62802631　传真:021—62802267　联系人:冒友华
4、分销商:西南证券有限责任公司
法定代表人:张引
注册地址:重庆市渝中区临江支路2号合景国际大厦A幢
电话:010—88092288　传真:010—88092060　联系人:傅小楠
分销商:山西证券有限责任公司
法定代表人:张广慧
注册地址:山西省太原市迎泽大街282号
电话:0351—4034209　传真:0351—4062188　联系人:刘建峰
分销商:天津证券有限责任公司
法定代表人:葛子平
注册地址:天津市和平区赤峰道132号
电话:022—27111176　传真:022—27119890　联系人:郑雪迎
分销商:广州证券有限责任公司
法定代表人:吴张
注册地址:广州市先烈中路69号东山广场主楼5楼
电话:020—87325081　传真:020—87325041　联系人:丁训刚
5、上市推荐人:
(1)大鹏证券有限责任公司
法定代表人:徐卫国
注册地址:深圳市深南东路5002号信兴广场地王大厦8层
电话:028—7736640　传真:028—7742270　联系人:林红
(2)国信证券有限责任公司
6、发行人聘请的审计机构:四川君和会计师事务所有限责任公司
法定代表人:尹淑萍
注册地址:成都市走马街68号锦城大厦10楼
电话:028—6677443　传真:028—6661684　经办会计师:罗建平、贺军
7、发行人聘请的律师事务所:信达律师事务所
法定代表人:靳庆军
注册地址:深圳市深南中路东风大厦21层
电话:0755—3243139　传真:0755—3243108　经办律师:宋萍萍、郑伟鹤
8、主承销商聘请的律师事务所:北京市中伦金通律师事务所
法定代表人:陈文
注册地址:北京建国门外东环南路2号北京招商局大厦12层
电话:010—65681188　传真:010—65681838　经办律师:刘凤良、孙为、刘岚
9、资产评估机构:东方资产评估事务所有限公司
法定代表人:魏铁冰
注册地址:四川省德阳市泰山南路一段15号
电话:0838—2303694　传真:0838—2304866
经办评估师:周跃龙、许怀瑞、黄超惠、方炳希、何俊
10、土地评估机构:中地资产评估事务所
法定代表人:王朝阳
注册地址:北京市西城区金融街33号通泰大厦B601室
电话:010—68714669　传真:010—68478954
经办估价师:董丽萍、钱海滨
11、资产评估确认机构:中华人民共和国财政部
12、股票登记机构:上海证券中央登记结算公司
法定代表人:王迪彬
注册地址:上海市浦建路727号
电话:021-58708888　传真:021-58707813

四、发行情况

1、股票种类:记名式人民币普通股。　2、发行日期:2000年12月25日。
3、发行地区:全国与上海证券交易所交易系统联网的各证券经营机构。
4、发行对象:在上海证券交易所开户的符合中华人民共和国法律规定可购买人民币普通股的法人和自然人(法律法规禁止者除外)。
5、承销起止日期:2000年12月25日至2001年1月8日。
6、预计上市日期:公司已取得上海证券交易所上市承诺，股票发行完毕后，将尽快在上海证券交易所上市。
7、上市交易所名称:上海证券交易所。　8、发行方式:上网定价发行方式。
9、每股面值:1.00元。　10、发行价格及确定的办法
(1)每股发行价格:溢价发行，每股发行价6.58元。
(2)发行价格确定方法:根据《中华人民共和国证券法》第28条有关规定，本次股票发行价格由主承销商和发行人协商确定，并经中国证监会核准。经四川君和会计师事务所有限责任公司君和审字(2000)第1058号《盈利预测审核报告》审核，本公司2000年预测净利润1,902万元，按照全面摊薄每股税后利润0.164元计算，本次发行市盈率为40.12倍。
11、发行量:4,500万股。　12、发行总市值:29,610万元。

五、风险因素与对策

投资者在评价发行人本次发行的股票时，除本说明书提供的其它资料外，应特别认真地考虑下述各项风险因素。

(一)主要风险因素

1、经营风险

本公司主要从事PSA技术及装置的转让以及镍系催化剂、铜系催化剂、碳一化学品、合成芳樟醇等产品的开发、生产、销售等经营业务，在经营过程中可能存在以下风险:

(1)设备和原料供应风险:　(2)对主要客户依赖的风险　(3)高新技术企业的特殊风险　(4)异地经营的风险

2、市场风险

(1)价格波动风险:近年来，化工产品市场价格波动较大，使公司的经营效益产生波动，是本公司产品所面临的主要市场风险。

(2)商业周期的风险　(3)受相关行业的制约风险　(4)国外同类技术的竞争风险

3、行业风险

(1)环保风险　(2)精细化工行业竞争风险　(3)PSA技术行业风险　(4)催化剂行业风险

4、中国近期可能加入世贸组织对公司产生的风险

(1)面临更加激烈的市场竞争风险　(2)增加科研项目产业化的投资风险　(3)人才流失的风险

5、政策风险

6、本次募股资金投资新项目的风险

7、控股风险

8、股市风险

(二)主要风险对策

六、募集资金的运用

本公司本次发行预计可实际募集资金28,321.6万元。根据股东大会决议，本公司计划将所得款项用于如下项目，并根据轻重缓急，按以下顺序实施:

第一类:变压吸附气体分离技术科技产业发展项目，包括:
(1)变压吸附供气中心项目;
(2)变压吸附专用吸附剂生产装置项目;
(3)变压吸附特种阀门生产装置项目。
第二类:碳一化学科技产业发展项目，包括:
(1)年产3000吨乙酰乙酸甲酯生产装置项目;
(2)催化剂生产装置扩建工程项目。
第三类:新技术产业发展项目，包括:
(1)CO_2超临界萃取天然植物有效成份工业装置项目;
(2)年产3万吨超微细重质碳酸钙湿法生产装置项目。

(一)募集资金运用项目简介

第一类:变压吸附气体分离技术科技产业发展项目

PSA技术(包括成套装置)及产业化是本公司的优势科技应用领域，该项技术可以从各种混合气体及工业废气中回收提纯氢、二氧化碳、一氧化碳、甲烷;脱除天然气中C2烃类;从空气中制取富氧、纯氮等。成套装置处理气体的规模由每小时几十立方米到十万立方米以上不等。本公司的该项技术1985年获国家科技进步一等奖，本公司计划利用本次募集资金投资以下3个变压吸附气体分离技术科技产业发展项目。

1、变压吸附供气中心项目
2、变压吸附专用吸附剂生产装置项目
3、变压吸附特种阀门生产装置项目

第二类:碳一化学科技产业发展项目

本公司的主要发起人——西南化研院从建院起就以天然气化工为主攻方向，1978年以后，研究

领域拓宽为碳一化学。碳一化学研究方向的重点是解决能源和化工原料多样化的问题,以克服完全依赖石油的局面,是重要的战略研究领域,同时可使煤、气资源优化利用和减少环境污染。

1、年产3000吨乙酰乙酸甲酯生产装置项目

2、催化剂生产装置扩建工程项目

第三类:新技术产业发展项目

1、CO2超临界萃取天然植物有效成份工业装置项目

2、年产3万吨超微细重质碳酸钙湿法生产装置项目

(二)募集资金投资项目使用资金计划

上述投资项目共需资金28,011万元,如没有发生重大的不可预测的市场变化,将在募集资金到位后按下述项目排列顺序实施,剩余募集资金310.6万元,计划用于补充流动资金。

序号	项目名称	项目计划投资总额(万元)	建设期	2001年计划投入资金(万元)	2002年计划投入(万元)	投资回收期
1	变压吸附供气中心项目	4,570	1年	4,570		3.89年
2	变压吸附专用吸附剂生 产装置项	3,975	1年	3,475	500	3.04年
3	变压吸附特种阀门生产装置项目	2,155	1年	1,655	500	3.88年
4	年产3000吨乙酰乙酸甲酯项目	4,946	1年	2,946	2,000	3.50年
5	催化剂生产装置扩建工程项目	2,975	1年	1,975	1,000	2.71年
6	CO2超临界萃取天然植物有效成份工业装置项目	4,680	1年	4,680		2.46年
7	年产3万吨超微细重质碳酸钙湿法生产装置项目	4,710	1年	4,710		3.45年
合计		28,011		24,011	4,000	

七、股利分配政策

1、本公司股利分配的一般政策

根据国家有关法律和公司章程的规定,本公司每年税后利润按下列顺序和比例分配:

(1)弥补以前年度的亏损;

(2)按税后利润的10%提取法定公积金,当法定公积金达到公司注册资本的50%时,可不再提取;

(3)按税后利润的5%-10%提取法定公益金,具体提取比例由股东大会决定;

(4)提取任意盈余公积金,提取比例由股东大会决议确定;

(5)支付股东股利。

在每个会计年度结束后的六个月内,由本公司董事会根据该会计年度的经营业绩和未来的经营计划提出股利分配方案,经股东大会批准后予以实施。

本公司实行同股同权的分配政策,公司普通股股利按各股东持有股份比例进行分配,各普通股享有同等权益。

本公司采取现金和股票的形式分配股利,现金股利以人民币派发。公司分配股利时,按有关法律法规代扣代缴股东股利收入的应纳税金。

2、历年股利分配情况

根据公司1999年度股东大会决议,本公司1999年度进行了公司设立以来的首次股利分配,以10股派2.2元(含税)的比例向全体发起人股东派发现金1,555.93万元,该次股利分配已于2000年3月实施。

3、关于本次股票发行后公司第一个盈利年度股利分配问题

本次新股发行后,公司第一个盈利年度的股利分配方案由新股发行后第一个盈利年度的年度股东大会审定批准。本公司公开发行股票,如果在年度6月30日前完成,则发行当年的滚存利润由新老股东共同享有;如果发行股票在年度6月30日后完成,则发行当年7月1日后形成的利润由新老股东共同享有。

八、发行人情况

1、发行人名称:四川天一科技股份有限公司

(英文名称: SICHUAN TIANYI SCIENCE & TECHNOLOGY CO., LTD.)

2、成立时间:1999年8月5日

3、注册地址:成都高新区高朋大道5号成都高新区技术创新服务中心

4、公司历史沿革

本公司是经国家经贸委国经贸企改[1999]745号文批准,由西南化研院为主要发起人,将其所属的变压吸附分离工程研究所、化肥催化剂生产实验厂、碳一化学催化剂生产实验厂、机械厂(特种阀门厂)、开发设计所、碳一化学品生产实验厂、有机化工厂、脱硫剂生产实验厂、气体工程技术研究所、水汽厂、电器厂、化工技术经济研究所、氮肥工业工程技术研究室等二级单位占用的经营性资产作为发起人资产,同时联合芳华公司、化工科技总院、晨光研究院、炭黑研究院四家发起人,以发起设立的方式设立的股份有限公司。

1998年11月,国家科技部以国科发政字[1998]453号"关于推荐高新技术企业改制上市的函"推荐西南化研院改制并公开发行股票。1999年1月西南化研院通过中国科学院组织的专家论证。

公司发起人会议于1998年12月13日召开,同日成立公司筹备委员会。1998年2月23日公司取得名称预先核准通知书(后经三次展期),1999年8月3日召开公司创立大会,1999年8月5日公司在成都市工商行政管理局注册登记。

1999年8月,为便于经营管理,经董事会批准,公司成立泸州分公司。

1999年12月,本公司获得四川省科学技术委员会颁发的高新技术企业证书。

5、发起人简介

(1)主要发起人简介 西南化工研究设计院的前身是"化学工业部化工设计院西南分院",成立于1958年,为国家事业单位,院址在四川成都市。1965年化工部西南化工研究设计院设计和研究部分分立,研究部分迁至四川省泸州市,成立"化学工业部西南化工研究院"。

1999年4月根据国科发政字[1999]143号《关于国家经贸委管理的10个国家局所属科研机构管理体制改革的实施意见》要求,西南化研院转制为科技企业,进入中国昊华化工(集团)总公司,注册地址由泸州市变更为成都高新技术产业开发区。

2000年4月,"化学工业部西南化工研究设计院"更名为"西南化工研究设计院"。

西南化研院注册在成都高新区高朋大道5号,注册资本950万元,法定代表人冯孝庭,企业性质为国有经济,经营范围:化工技术转让、咨询、设计。

西南化研院是集科研、工程设计、科技产业与贸易为一体的大型综合性研究设计院,是国家科委批准的"国家碳一化学工程技术研究中心"和"国家变压吸附气体分离技术研究推广中心"依托单位,也是天然气化工专业委员会、煤化工专业委员会和全国化学气体标准化委员会秘书处的挂靠单位。西南化研院自八十年代以来,共有123人次获得国家及省部级科技进步奖,其中3人为国家级有突出贡献专家,2人为省级有突出贡献专家,6人为省部级学术带头人,5人为部级跨世纪人才,29人享受国家政府津贴。

西南化研院投入本公司的技术和产品主要包括变压吸附技术及成套装置,碳一化学技术及镍系催化剂,铜系催化剂,甲酰胺、二甲基甲酰胺和芳樟醇等精细化工产品产品。西南化研院在组建本公司的过程中,非经营性的资产均未进入本公司。如子弟校、幼儿园、职工医院、物业管理机构、闭路电视系统(用于职工福利)、职工食堂、离退休活动室、职工文体活动场所、生活用水电气网络系统等资产均未投入本公司。西南化研院保留了部分经营性资产的技术和产品包括羰化氧化合成碳酸二甲酯、低压甲醇合成技术、甲醇裂解制氢及二氧化碳、甲醛、甲醇制二甲醚、醇醚燃料、醋酸新工艺、苯乙酸、四氢呋喃、氧化偶联制草酸二烷基酯、化工厂造气生产工艺自动控制系统等。

(2)其他发起人概况

芳华公司地处浙江省上虞市,成立于1980年,是一家主要生产化妆品以及高档工艺化妆玻璃瓶的企业。芳华公司注册资金3,249万元,被评为"全国1000家最佳经济效益乡镇企业"。

化工科技总院的前身是化学工业部科学技术研究总院,地处北京市,成立于1978年。该院在化工领域的科技规划、大型科技项目的立项评估、组织实施研究和产业化方面,具有较强的实力。根据国家经贸委管理的10个国家局所属242家科研机构管理体制改革的要求,该院改制为科研企业,于2000年5月更名为中化化工科学技术研究总院。

晨光研究院成立于1965年,地处四川省成都市,是国家有机硅工程技术研究中心、国家受力结构工程塑料工程技术研究中心、国家合成树脂质量监督检验中心、国家合成材料检验实验室的依托单位,是全国有机硅和工程塑料技术研究及产业化的综合性研究院。根据国家经贸委管理的10个国家局所属242家科研机构管理体制改革的要求,该院改制为科技企业。

炭黑研究院的前身是化学工业部炭黑工业研究设计院,地处四川省自贡市,成立于1965年。该院是我国炭黑工业唯一的科技开发与工程设计单位,是国家炭黑行业的技术中心。根据国家经贸委管理的10个国家局所属242家科研机构管理体制改革的要求,该院改制为科技企业,1999年7月更名为中橡集团炭黑工业研究设计院。

6、公司组织结构图

7、职工与福利

目前,本公司在册职工人数953人。

本公司实行全员劳动合同制。公司职工享受住房、医疗、教育、劳动保护等方面的福利,公司职工参加了集体失业保险及养老保险等社会统筹,医疗保险按照地方政府的有关规定办理。

公司目前没有离退休人员。

8、公司的经营范围:碳一化学技术及催化剂,变压吸附气体分离技术及装置,合成芳樟醇、维生素E系列精细化工品(不含药品)、

工业气体(不含危险品)的研制、开发、生产、销售、技术服务及相关的工程设计与工程承包。

9、公司从事的主要业务:催化剂,PSA技术及装置,合成芳樟醇、工业气体的研制、生产、销售,化工工程设计与工程承包。

九、董事、监事、高级管理人员

1、董事会成员:

董事长:冯孝庭,男,现年60岁,大学文化,毕业于天津大学化工系,教授级高级工程师。曾任西南化研院专题组长、研究室主任、副院长,

现任西南化研院院长、党委书记,四川省化学化工学会理事长。1990年获国家有突出贡献中青年专家称号,从1991年起享受政府特殊津贴,1978年获全国科技大会奖,1981年获化工部科技进步三等奖,1989年获国家科技进步二等奖,1994年获四川省科技进步二等奖,1998年获国家科技进步(推广类)一等奖,1999年获四川省首届科技突出贡献奖及我国首届侯得榜化工奖,2000年获全国先进工作者称号。

副董事长:陶鹏万,男,现年59岁,研究生,毕业于华东理工大学化学工程专业,教授级高级工程师。曾任西南化研院专题组长、气体室副主任、主任,院副总工程师,现任西南化研院副院长、西南化研院成都技术开发中心党委书记。从1992年起享受政府特殊津贴,1979年获国防科工委技术改进三等奖,1985年获国家科技进步一等奖,1998年获国家科技进步(推广类)一等奖。

董事:白全义,男,现年60岁,中专文化,高级工程师。曾任西南化研院行政办公室副主任、院长助理,现任西南化研院副院长。

董事:崔基道,男,现年49岁,大学文化,毕业于浙江大学化工系,高级工程师。曾任西南化研院专题组长、气体室副主任、院长助理,现任西南化研院副院长、西南化研院成都技术开发中心党委副书记、纪委书记。

董事:黎成宣,男,现年45岁,大专文化。曾任西南化研院党委工作部副主任、党委秘书,现任西南化研院院长助理、工会主席。

董事:叶明星,男,现年50岁,高中文化,高级工程师。现任芳华公司董事长、总经理、党委书记。获浙江省办厂能人、省跨世纪改革家、省创业标兵称号。

董事:傅向升,男,现年39岁,大学文化,毕业于青岛化工学院,高级工程师。曾任化工部科技司副处长、处长、中国乐凯胶片集团公司董事、中国乐凯胶片集团感光化工研究院副院长、党委副书记,现任化工科技总院院长。

董事:岳润栋,男,现年60岁,大学文化,毕业于南京农学院,高级工程师。曾任晨光研究院分院党委副书记、党委书记,晨光研究院纪委书记,

现任晨光研究院(成都)院长、党委书记。

董事:范汝新,男,现年53岁,大学文化,毕业于华南工学院化工系,高级工程师。曾任化工部炭黑工业研究设计所副主任、主任、所长助理、副所长,炭黑研究院副院长,现任炭黑研究院院长。从1997年起享受政府特殊津贴。

1、监事会成员

监事会主席:薛正儒,男,现年58岁,大专文化,高级工程师。曾任西南化研院四室副主任、党支部书记,现任西南化研院副院长、党委副书记。1978年获全国科学大会奖。

监事:李恩宏,男,现年50岁,高中文化,经济师。曾任浙江省上虞市财政局副局长、市计经委副主任,现任芳华公司副总经理。

监事:张进,女,现年45岁,大专文化,高级经济师。曾任西南化研院劳资科副科长、人事处副处长,现任西南化研院财务处处长。

监事:聂勇,男,现年37岁,大专文化,工程师,曾任人事处副处长,现任西南化研院工会副主席、本公司总经理办公室副主任。

监事:赵学谦,男,现年58岁,中专文化,工程师。曾在西南化研院工会分管文体工作。现任西南化研院工会副主席、本公司总经理办公室任职。

2、高级管理人员

总经理:古共伟,男,现年43岁,大学文化,毕业于华东理工大学,高级工程师。曾任西南化研院组织部副部长、院技术经营部副主任、PSA所工程科科长、PSA所所长、院长助理、副院长。从1995年起享受政府特殊津贴。1994年获四川省科技进步特等奖;1996年获国家科委"金桥奖";1998年获国家科技进步(推广类)一等奖,同年获中国十大杰出科技青年创业奖。

董事会秘书:杨重宣,男,现年41岁,大学文化,毕业于武汉测绘科技大学,高级工程师。曾在武汉测绘科技大学担任副教授,并任该校科技处副处长、科技委员会副主任以及湖北省测绘学会副秘书长、科技委员会主任。1997年调入西南化研院科管处工作,曾担任本公司筹备办公室副主任。1995年获部级科技进步奖二等奖,1996年获部级科技进步奖三等奖,1996年获部级"八.五"攻关项目管理先进个人。

副总经理:罗超,男,现年59岁,中专文化,高级工程师。曾任西南化研院催化剂生产实验厂副厂长、西南化研院副院长。1996年获四川省科技进步二等奖。

副总经理:陈健,男,现年36岁,硕士,毕业于成都科技大学,高级工程师。曾任西南化研院PSA所所长助理、副所长、西南化研院院长助理,兼任本公司PSA所所长。1987年获中国有色金属总公司科技进步二等奖,1996年获四川省科技进步一等奖,1998年获国家科技进步(推广类)一等奖,1997年被四川省委、省政府授予"有突出贡献的优秀专家"称号。

总工程师:周江宁,男,现年43岁,大学文化,毕业于华东理工大学,高级工程师。曾任西南化研院开发设计所副所长、所长。曾获四川省科技进步二等奖。

财务负责人:郑竺,男,现年52岁,大专文化,高级会计师。曾在四川省安岳县农资公司当会计,1973年调入西南化研院,历任财务科副科长、科长、财务处副处长、处长。现任本公司财务总监兼财务部经理。

本公司的董事、监事不在公司领取报酬,总经理等高级管理人员的报酬按公司有关规定执行。

本公司董事、监事及高级管理人员的任职符合法律、法规和公司章程的规定。

十、经营业绩

1、生产经营的一般情况

本公司主要从事 PSA 技术及装置、镍系转化催化剂及铜系催化剂、合成芳樟醇的研制、生产、销售。其中,PSA 技术及装置的国内市场占有率达到 90%以上,用户覆盖全国 28 个省、自治区和直辖市;镍系转化催化剂的国内市场占有率达到 85%以上,铜系催化剂的国内市场占有率达到 60%以上;本公司是国内主要的合成芳樟醇生产企业之一。

2、近三年及最近一期的销售总额和利润总额　　单位：元

	2000 年 1-6 月	1999 年度	1998 年度	1997 年度
销售总额	66,745,218.70	128,380,557.49	92,912,128.79	117,356,557.60
利润总额	8,010,503.39	20,585,738.20	18,642,933.72	13,975,663.41

3、公司主营业务收入按类别列示如下

	2000 年 1 月-6 月		1999 年度	
	销售额(万元)	所占比例	销售额(万元)	所占比例
PSA 技术及装置	2,785	42%	4,561	35%
镍系催化剂	1,082	16%	2,324	18%
铜系催化剂	241	4%	758	6%
合成芳樟醇	1,790	27%	3,687	29%
其他技术及产品	777	12%	1,508	12%
合　计	6,675	100%	12,838	100%

4、完成的重大项目及科研成果

本公司拥有雄厚的科研技术力量。截止 1999 年底,本公司及其主要发起人西南化研院共完成科研项目约 400 项,其中 78 项获得国家级和省部级奖励,有 10 余项成果达到或超过国际先进水平,形成了具有世界水平的 PSA 技术和碳一化学技术两大优势技术领域。

本公司的 PSA 技术具有国际先进水平,被列为国家重点推广项目,多次获得国家和省部级科技进步奖,其中"用四塔一均式变压吸附工艺从合成氨弛放气中回收氢"于 1985 年获得国家科技进步一等奖,"变压吸附气体分离"1995 年获得第 44 届世界博览会尤里卡特别金奖,PSA 技术及应用 1998 年获得国家科技进步(推广类)一等奖。本公司 PSA 技术与世界著名的美国 UOP 公司、德国林德公司已形成世界三足鼎立的局面,抑制了国外气体工业向中国全面渗透的攻势。

本公司碳一化学技术在国内处于领先地位,经过多年的发展,在多个研究领域取得了重大进展,例如:转化催化剂及工艺技术、低压合成甲醇技术及催化剂、乙炔及丙酮合成芳樟醇、芳樟醇合成异植物醇等,被国家科委列为国家攻关计划,其中大部分已产业化。其中比较突出的有如下几个方面:

气态烃类转化催化剂:本公司该项技术已形成 5 个系列,30 多个品种,曾二次获得国家科技进步二等奖,是国家重点推广的科技成果。目前公司镍系气态烃类转化催化剂生产技术水平已达到国际先进水平,在全国大中小型化肥厂广泛使用,国内市场占有率达到 85%以上,替代了进口催化剂。

低压合成甲醇工艺及 C3O2 催化剂专有技术:曾获得国家科技进步二等奖,替代了国内长期使用的高压技术,降低了能耗,提高了回收率,迄今利用该项技术在国内已建成 19 套装置,总规模已达到 80 万吨,替代了进口产品。

乙炔及丙酮合成芳樟醇项目:合成芳樟醇是生产维生素 E、K 及主要香料的大宗重要原料。本公司已成功研制出乙炔及丙酮合成芳樟醇及其生产维生素 E 的全套技术,填补了国内该项技术的空白,并建成了年产 1000 吨的合成芳樟醇装置,改变了我国以往主要依靠进口产品的局面。

十一、股本

1、注册资本:

本公司注册资本为 7,072.39 万元。

2、股本形成过程

本公司是由西南化研院作为主要发起人,联合芳华公司、化工科技总院、晨光研究院、炭黑研究院四家单位,共同发起设立的股份有限公司。根据国家财政部财管字[1999]237 号文件"关于四川天一科技股份有限公司(筹)国有股权管理有关问题的批复",西南化研院以经评估确认后的经营性净资产 9,740.74 万元作为出资,按 66%的比例折为国家股 6,428.89 万元,3,311.85 万元计入资本公积金;芳华公司以对西南化研院的债权 750 万元作为出资,按 66%的比例折为法人股 495 万元,255 万元计入资本公积金;化工科技总院、晨光研究院、炭黑研究院分别以现金 75 万元作为出资,按 66%的比例分别折为国有法人股 49.5 万元,分别计入 25.5 万元资本公积金。

3、本公司股权结构(发起人认购情况)如下图所示:

股东名称	股权性质	持股数量(股)	持股比例(%)
西南化研院	国家股	64,288,900	90.90
芳华公司	法人股	4,950,000	7.00
化工科技总院	国有法人股	495,000	0.70
晨光研究院	国有法人股	495,000	0.70
炭黑研究院	国有法人股	495,000	0.70
合　计		70723900	100.00

4、本公司董事、监事、总经理等高级管理人员未持有本公司的股票。

5、本次发行前后的股本情况

	本次发行前		本次发行后	
类别	股份数(股)	比例(%)	股份数(股)	比例(%)
发起人股	70723900	100	70723900	61.11
社会公众股	-	-	45,000,000	38.89
合计	70723900	100	115723900	100

6、本次发行前后公司净资产总额、总股数及每股净资产变动状况如下:

	净资产总额(万元)	总股数(万股)	每股净资产(元/股)
本次发行前	11,903.86	7,072.39	1.68
本次发行后	40225.46	11572.39	3.48

十二、财务会计资料

以下财务会计资料全文引自四川君和会计师事务所有限责任公司出具的君和审字 (2000)第 1056 号审计报告。

审计报告

四川天一科技股份有限公司全体股东:

我们接受委托,审计了四川天一科技股份有限公司(下称"贵公司")一九九七年十二月三十一日、一九九八年十二月三十一日、一九九九年十二月三十一日、二○○○年六月三十日的资产负债表,一九九七年度、一九九八年度、一九九九年度、二○○○年一至六月的利润表和一九九九年度、二○○○年一至六月的利润分配表和二○○○年一至六月的现金流量表。这些会计报表由贵公司负责,我们的责任是对这些会计报表发表审计意见。我们的审计是依据中国注册会计师独立审计准则进行的。在审计过程中,我们结合贵公司实际情况,实施了包括抽查会计记录等我们认为必要的审计程序。

四川君和会计师事务所　　中国注册会计师 罗建

中国、四川、成都　　中国注册会计师 贺 军

报告日期:二○○○年七月十八日

(附注五注 3、4 和附注九注 1 的报告日期为二○○○年七月三十一日)

(附注五注 10 的报告日期为二○○○年十二月十五日)

四川天一科技股份有限公司会计报表附注

1997 年 1 月 1 日至 2000 年 6 月 30 日

一、本公司简介

四川天一科技股份有限公司("本公司")是 1999 年 8 月 3 日经国家经济贸易委员会[国经贸企改(1999)745 号]批准由化工部西南化工研究设计院(现更名为"西南化工研究院设计院",简称"西南化研院")与浙江芳华日化集团公司、化工部科学技术研究总院(现名为"中化化工科学技术研究总院")、化工部晨光化工研究院[现名为"化学工业部晨光化工研究院(成都)"]、化工部炭黑工业研究设计院(现名为"中橡集团炭黑工业研究设计院")共同发起设立的股份有限公司。同年 8 月 5 日在成都市工商行政管理局办理了注册登记手续,本公司正式成立。本公司经营范围是碳一化学技术及催化剂,变压吸附气体分离技术及装置,合成芳樟醇、维生素 E 系列及精细化工品(不含药品)、工业气体(不含危险品)的研制、开发、生产、销售、技术服务及相关的工程设计与工程承包。1999 年 8 月 12 日,成立了四川天一科技股份有限公司泸州分公司。

1999 年 12 月 7 日、9 日四川省科学技术委员会和成都市高新区科技局[成高科(1999)123 号]认定本公司为高新技术企业。

为设立本公司,西南化研院根据"设立四川天一科技股份有限公司的方案"(简称"改组方案")将与变压吸附气体分离技术及其装置设计安装、碳一化学技术及催化剂等产品、工程设计及工程承包、特种气体等业务相关的所属的独立核算的碳一化学产品生产实验厂、碳一化学催化剂生产实验厂、化肥催化剂生产实验厂、变压吸附分离工程研究所、脱硫剂生产实验厂、有机化工厂、机械厂、气体工程技术研究所、开发设计所等 12 个实验厂、研究所(室)的全部经营性资产、负债及相应净资产投入本公司,以此编制反映西南化研院根据改组方案进行资产重组结果的基本会计报表。1998 年 12 月 13 日,西南化研院与浙江芳华日化集团公司、化工部科学技术研究总院、化工部晨光化工研究院、化工部炭黑工业研究设计院签订了"发起人协议",约定西南化研院以上述各实验厂、研究所(室)经评估确认的全部经营性资产减去负债后的净资产作为出资,浙江芳华日化集团公司以债权转股权出资,其他 3 家发起人均以现金出资。1998 年 11 月 18 日,西南化研院委托东方资产评估事务所对西南化研院投入本公司截止 1998 年 9 月 30 日的全部帐面资产、负债和净资产进行评估,该所于 1999 年 5 月 8 日出具[东评所评报字(1999)第 18 号]评估报告,评估结果是资产总额 169,582,975.58 元,负债合计 72,175,638.50 元,净资产为 97,407,337.08 元,并于 1999 年 6 月 30 日经财政部[财评字(1999)298 号]确认。本公司根据此确认的评估结果对评估后净资产 97,407,337.08 元按 1:0.66 的比率折股本 64,288,900.00 元,设定为国家股,由西南化研院持有。此折股方案(比率)及股权结构获财政部[财管字(1999)237 号]批准。本公司已将上述确认的评估结果及经批准的折股方案调入 1999 年 12 月 31 日的资产负债表。

二、会计报表编制的基础

三、主要会计政策、会计估计和合并会计报表的编制方法

四、税项

本公司应缴纳的税项及税率如下:

1、流转税

(1)营业税:运输收入按 3%计缴;技术服务收入按 5%计缴;技术转让收入根据财政部、国家税务总局[(94)财税字第 010 号]规定,为鼓励技术引进和推广,对科研单位取得的技术转让收入免征营业税。国家经贸委、财政部等[国科发政字(1999)143 号]规定科研机构转制后从 1999 年起 5 年内免征其技术转让收入的营业税,科研机构进入企业后仍然从事科技开发并实行独立经济核算的,享有上述同等免税政策。

(2)增值税:按中试产品销售收入及变压吸附所设备销售收入的 17%计算销项税额,抵扣当期进项税额后缴纳。

2、城市维护建设税按当年实际缴纳营业税、增值税的 7%计缴。

3、教育费附加按当年实际缴纳营业税、增值税的 3%计缴。

4、交通费附加按当年实际缴纳营业税、增值税的 4%计缴。

5、企业所得税:根据财政部、国家税务总局[财税字(1994)001 号]规定:(1)国务院批准的高新技术产业开发区内新办的高新技术企业,自投产年度起免征所得税两年;(2)对科研单位和大专院校服务于各业的技术成果转让、技术培训、技术咨询、技术服务、技术承包所取得的技术性服务收入暂免征收所得税。划入本公司的化工产品 1997 年度的利润为 2,074,022.75 元,1998 年度的利润为 6, 553 ,715.65 元,在原西南化研院的会计报表中,根据财工字(1996)41 号文件精神,该部分资金已在当年投入了科技"新产品、新工艺、新技术"的研究中,计入成本和费用,因此在当时西南化研院会计报表中,化工产品的利润为零,因此不须缴纳所得税。根据泸州市国家税务局[泸国税函(2000)141 号]规定,对本公司改制模拟编制的 1997 年度、1998 年度会计报表的所得税不予征收。科学技术部、国家经贸委、财政部等[国科发政字(1999)143 号]规定,科研机构转制为科技型企业后,从 1999 年起 5 年内,免征企业所得税,免征其技术转让收入的营业税,免征其科研开发自用土地的城镇土地使用税,科研机构进入企业仍然从事科技开发并实行独立经济核算的,享有上述同等免税政策。故本公司 1997 年至 1999 年未计提应交所得税。

成都市高新区地税局[成高地税函(2000)018 号]《关于免征四川天一科技股份有限公司企业所得税的批复》同意本公司从 1999 年 12 月起执行 15%的企业所得税,并免征从 1999 年 9 月至 2001 年 8 月共两年实现的企业所得税。

五、会计报表主要项目注释

六、关联方关系及关联交易

七、其他重大事项

八、承诺及或有事项

本公司在报告期内,无重大诉讼事项和重大经济纠纷;也未以现有资产对外作重大经济担保。

九、资产负债表日后事项中的非调整事项

十、公司主要财务指标

十一、评估调帐前后比较资产负债表(附后)

十三、资产评估

1、资产评估情况

本公司主要发起人西南化研院委托东方资产评估事务所有限公司对西南化研院投入本公司的各类资产进行了评估。东方资产评估事务所有限公司对评估结果出具了东评所评报字(1999)第 18 号《资产评估报告》,并经国家财政部财评字[1999]298 号文件确认。

十四、盈利预测

本公司对 2000 年和 2001 年公司盈利情况进行了预测,并委托四川君和会计师事务所有限责任公司进行了审核,并出具了君和审字(2000)1058 号审核报告。

君和审字(2000)第 1058 号

十五、公司发展规划

1、公司的发展战略目标

公司将以股票上市为契机,一方面建立健全公司法人治理结构,全面规范公司经营机制,完善经营手段,研究开发具有高科技含量的产品,扩大生产规模,巩固和发展国内市场,积极开拓国际市场;另一方面通过资本运营,收购、控股、兼并有发展潜力的企业和项目,发展扩大一批技术含量高、有市场潜力的的应用项目,加速实现多元化、集团化、国际化的发展目标。

2、公司的生产经营战略

公司将坚持以变压吸附气体分离技术及装置(包括提氢、一氧化碳、二氧化碳,脱硫,制氧、氮等)开发、推广应用;碳一化学的拳头产品催化剂(用于合成氨、有机化工等)及合成芳樟醇(用于生产维生素 E、K 及主要香料的大宗重要原料)等精细化学品的开发、生产与销售为主业,按照"筹集资金、加速发展"的战略部署,在加强公司自身科技研究开发能力的同时,进一步加强与其他科研机构的合作,不断开发新技术、新产品,尤其是医药的中药深加工以及环保产业的科研及产业化,拓宽市场领域。通过技改、扩建等手段,加速实现规模经济,壮大公司实力。长期贯彻"管理严格、科技创新、产品

优质、完善服务”的企业方针，巩固扩大国内市场，积极拓展国际市场，参加国际竞争，使公司在主营业务中部分技术和产品保持国际领先地位，部分技术和产品由国内领先地位达到国际领先地位，并通过开发新技术、新产品，不断拓展新的市场，成为国内优秀的上市公司之一。

3、公司的生产经营计划

公司2000年要突出重点，全面围绕几个重点技术、产品，尤其是新产品的销售和生产开展工作，严格管理、扩大销售网络，建立可靠高效的销售体系，推行定量化成本管理，降低成本，实现利润最大化。

公司将抓住上市这一大好机会，精心细致策划公司的形象建设，通过形象策划、市场运作和产品包装，逐渐树立起“天科”的品牌，从广开市场和树立良好市场形象的角度支持销售工作。

对技术和产品实行销售额、利润率、资金回笼率统一考核，全承包销售。严格执行采购资格认定制度，以确保质量及降低成本

4、固定资产投资计划及设备更新计划：

本公司2000年至2003年固定资产投资额计划项目为：变压吸附供气中心项目；变压吸附专用吸附剂生产装置项目；变压吸附特种阀门生产装置项目；年产3000吨二乙甲酯生产装置项目；催化剂生产装置扩建工程项目；二氧化碳超临界萃取天然植物有效成份工业装置项目；年产3万吨超微细重质碳酸钙湿法生产装置项目。

十六、重大合约及重大诉讼事项

一、重大合同

经信达律师事务所审查，本公司正在履行和将要履行且可能对公司的生产、经营活动以及资产、负债和权益产生显著影响的重大合同有：

（一）公司改制涉及的协议

1、2000年1月18日，发行人与西南化研院签订《土地使用权租赁协议》，由西南化研院向发行人出租其位于四川省泸州市和成都市的3宗面积为75220.746平方米的土地使用权，期限自协议签署之日起至上述土地使用权出让期满（2023年9月）。根据该协议，发行人成立后首三年，每年向西南化研院支付总计为60.18万元的土地租金（每平方米年租金8元），以后每三年调整一次，其调整价格比照相邻类似土地的市场租赁价格确定。

2、1999年8月10日，发行人与西南化研院签订《综合服务协议》，由西南化研院向发行人提供后勤保障所必需的服务，其中包括员工医疗、保安、绿化、环卫、房屋维修、幼儿园及子弟校教育等服务。发行人向西南化研院支付服务费用，费用价格的确定根据公平的市场原则确定。

3、1999年8月10日，发行人与西南化研院签订《经营服务协议》，双方相互提供生产经营所必需的服务和设施，其中发行人向西南化研院提供生产用蒸气、生产用水、生产用电、生产用天然气等服务，西南化研院向发行人提供车辆租赁服务。接受服务方向提供服务方支付服务费用，费用价格的确定根据公平的市场原则确定。

4、1999年8月10日，发行人与西南化研院签订《专利使用许可协议》，由西南化研院无偿许可发行人独家使用该协议附件列明的专利技术（从气态烃中脱除乙烷和乙烷以上烃类的方法、侧面开孔的催化剂、N–甲基甲酰胺的置备方法），协议有效期三年。三年后，若本公司生产经营需要，则西南化研院承诺在专利有效期内，仍然许可本公司独家使用上述专利，专利使用费根据评估结果确定。

二、重大诉讼事项。

十七、其它重要事项

截止本招股书签署之日，本公司没有对投资者作出投资判断有重大影响的其它应披露而未披露的重要事项。

十八、备查文件及查阅地点

本次股票发行期间，投资者在阅读招股说明书时，可在本公司及主承销商的办公地点查阅下列文件：

1、审计报告、财务报表及附注；

2、国家经贸委“国经贸企改[1999]745号文”《关于同意设立四川天一科技股份有限公司的复函》；

3、国家科技部“国科发政字[1998]453号文”《关于推荐高新技术企业改制上市的函》；

4、中国证监会“发行监管函[1998]8号文”《关于西南化工研究设计院作为高新技术企业公开发行股票有关问题的通知》；

5、中国证监会和交易所批准公司发行上市的文件；

6、承销协议；

7、国家财政部“财评字[1999]289号”文《对组建四川天一科技股份有限公司资产评估项目审核意见的函》；

8、国家财政部“财管字[1999]237号”文《关于四川天一科技股份有限公司（筹）国有股权管理有关问题的批复》；

9、国土资源部“国土资函[1999]204号”文《关于组建四川天一科技股份有限公司所涉及土地估价结果确认和土地使用权处置的复函》；

10、创立大会、历次股东大会和董事会的有关文件；

11、重要协议及合同；

12、其它有关文件。

备查文件查阅地点：

1、四川天一科技股份有限公司

地　点：四川省成都市机场路445信箱　　电　话：028—5964616转3168

传　真：028—5881997　　联系人：杨重谊

2、国信证券有限责任公司　　地　点：北京金融街投资广场A座20层

电　话：010—66215566转248　　传真：010—66215566转240　　联系人：齐广胜

四川天一科技股份有限公司

2000年12月21日

资产负债表　　会股01表

编制单位：四川天一科技股份有限公司　　单位：元

资产	2000.6.30	1999.12.31	1998.12.31	1997.12.31
流动资产：				
货币资金	34793689.01	43357911.56	23768007.50	20946483.07
短期投资	–	–	–	–
减：短期投资跌价准备	–	–	–	–
短期投资净额	–	–	–	–
应收票据	290000.00	4924530.00		
应收股利	–	–	–	–
应收利息	–	–	–	–
应收帐款	33913580.45	22410322.92	21474434.27	19505686.45
其他应收款	6909394.92	7846606.92	10119913.31	16876631.02
减：坏帐准备	1508209.67	1815415.79	1895660.85	2182939.05
应收帐款净额	39314765.70	28441514.05	29698686.73	34199378.42
预付帐款	8304488.33	3399164.16	2278691.62	4107733.55
应收补贴款	–	–	–	–
存货	31482465.39	34369760.26	39048467.68	28343363.29
减：存货跌价准备	–	–	–	–
存货净额	31482465.39	34369760.26	39048467.68	28343363.29
待摊费用	0	0	678300.32	1537116.55
待处理流动资产净损失	–	–	–	–
一年内到期的长期债权投资	–	–	–	–
其他流动资产	–	–	–	–
流动资产合计	114185408.43	114492880.03	95472153.85	89134074.88
固定资产：	–	–	–	–
固定资产原价	100466326.43	98163856.86	66662528.27	43250356.63
减：累计折旧	37468918.24	35033558.73	15347738.75	11552787.84
固定资产净值	62997408.19	63130298.13	51314789.52	31697568.79
工程物资	–	–	–	–
在建工程	621824.15	2348069.93		
固定资产清理	–	–	–	–
待处理固定资产损失	–	–	–	–
固定资产合计	63619232.34	65478368.06	51314789.52	31697568.79
无形资产及其他资产：	–	–	–	–
无形资产	5154074.07	5469629.63		
开办费	–	–	–	–
长期待摊费用	–	–	–	–
其他长期资产	–	–	–	–
无形资产及其他资产合计	5154074.07	5469629.63		
递延税项：	–	–	–	–
递延税款借项	–	–	–	–
资产总计	182958714.84	185440877.72	146786943.37	120831643.67
负债及股东权益	–	–	–	–
流动负债：	–	–	–	–
短期借款	46100000.00	34100000.00	26100000.00	14100000.00
应付票据	0	0	927000.00	
应付帐款	7157604.43	6463800.61	11412658.88	12866169.02
预收帐款	1737891.32	4393999.09	6251084.07	6278877.15
代销商品款	–	–	–	–
应付工资	64312.00	3983107.79	3657735.79	4980905.08
应付福利费	1007400.33	921503.77	2822950.46	4389900.50
应付股利	0	15559258.00		
应交税金	−145456.86	−536431.65	−1636043.27	1023426.12
其他应交款	74556.39	88532.25	56578.78	
其他应付款	3700211.78	4430240.79	12913881.84	1887663.97
预提费用	4223631.44	8806.45		
一年内到期的长期负债	0	5000000.00	8000000.00	
其他流动负债	–	–	–	–
流动负债合计	63920150.83	74412817.10	70505846.55	45526941.84
长期负债：	–	–	–	–
长期借款	0	0	2250000.00	14583071.07
长期负债合计	0	0	2250000.00	14583071.07
递延税项：	–	–	–	–
递延税款贷项	–	–	–	–
负债合计	63920150.83	74412817.10	72755846.55	60110012.91
少数股东权益	–	–	–	–
股东权益	–	–	–	–
净资产	0	0	75192916.40	60721630.76
股本	70723900.00	70723900.00		
资本公积	36439500.00	36439500.00		
盈余公积	3087860.73	3087860.73		
其中：公益金	1029286.91	1029286.91		
未分配利润	8787303.28	776799.89	−1161819.58	
股东权益合计	119038564.01	111028060.62	74031096.82	60721630.76
负债及股东权益总计	182958714.84	185440877.72	146786943.37	120831643.67

利润表

编制单位：四川天一科技股份有限公司　　单位：元

项目	2000年1–6月	1999年度	1998年度	1997年度
一、主营业务收入	66745218.70	128380557.49	92912128.79	117356557.60
减：折扣与折让	–	–	–	–
主营业务收入净额	66745218.70	128380557.49	92912128.79	117356557.60
减：主营业务成本	51712743.21	97517031.56	66460567.97	92417946.14
主营业务税金及附加	167988.74	311898.69	420759.88	169634.80
二、主营业务利润（亏损以"–"号填列）	14864486.75	30551627.24	26030800.94	24768976.66
加：其他业务利润（亏损以"–"号填列）	1170851.49	276340.21		
减：存货跌价损失	–	–	–	–
营业费用	3360565.00	2393589.81	392931.35	1485053.18
管理费用	3546785.27	6459542.16	5297539.44	7555135.81
财务费用	1112249.58	1388160.90	1697396.43	1753124.26
三、营业利润（亏损以"–"号填列）	8015738.39	20586674.58	18642933.72	13975663.41
加：投资收益（损失以"–"号填列）	–	–	–	–
补贴收入	–	–	–	–
营业外收入	–	–	–	–
减：营业外支出	5235.00	936.38		
四、利润总额（亏损总额以"–"号填列）	8010503.39	20585738.20	18642933.72	13975663.41
减：所得税	–	–	–	–
五、净利润（净亏损以"–"号填列）	8010503.39	20585738.20	18642933.72	13975663.41

利润分配表

编制单位：四川天一科技股份有限公司　　单位：元

项目	2000年1–6月	1999年度	1998年度	1997年度
一、净利润	8010503.39	20585738.20		
加：年初未分配利润	776799.89	−1161819.58		
盈余公积转入	–	–		
二、可供分配的利润	8787303.28	19423918.62		
减：提取法定盈余公积	0	2058573.82		
提取法定公益金	0	1029286.91		
三、可供股东分配的利润	8787303.28	16336057.89		
减：应付优先股股利	–	–		
提取任意盈余公积	–	–		
应付普通股股利	0	15559258.00		
转作股本的普通股股利	–	–		
四、未分配利润	8787303.28	776799.89		

广东明珠球阀集团股份有限公司

广东明珠球阀集团股份有限公司股票上市公告书

一、要 览

股票简称:广东明珠
股票代码: 600382
股本总额:17087.33 万股
可流通股本:6000 万股
本次上市流通股本:6000 万股
上市地点:上海证券交易所
上市日期:2001 年 1 月 18 日
股票登记机构:上海证券中央登记结算公司
上市推荐人:广东证券股份有限公司
国通证券有限责任公司

二、绪 言

本上市公告书是根据《中华人民共和国公司法》、《中华人民共和国证券法》、《股票发行与交易管理暂行条例》、《公开发行股票公司信息披露实施细则》和《上海证券交易所股票上市规则》等国家有关法律、法规的规定,并按照中国证券监督管理委员会制定的公开发行股票公司信息披露的内容与格式准则第七号《上市公告书的内容与格式(试行)》而编制,旨在向投资者提供有关广东明珠球阀集团股份有限公司(以下简称本公司)和本次股票上市的有关情况。

经中国证券监督管理委员会证监发行字[2000]189 号文批准,本公司已于 2001 年 1 月 4 日以上网定价发行方式成功地公开发行了人民币普通股 6000 万股 ,每股面值 1 .00 元,每股发行价 5.50 元。

经上海证券交易所上证上字[2001]第 10 号《上市通知书》批准,本公司 6000 万股 A 股将于 2001 年 1 月 18 日在上海证券交易所挂牌交易,股票简称"广东明珠", 股票代码"600382"。本公司总股本 17087.33 万股,可流通股本 6000 万股。

本公司已于 2001 年 1 月 2 日分别在《中国证券报》、《上海证券报》和《证券时报》上刊登了本公司《招股说明书概要》,距今不足六个月, 故与其重复的内容在此不再重述,敬请投资者查阅本公司《招股说明书概要》。

本公司董事会及全体董事已批准本上市公告书, 确信本公告书不存在任何重大遗漏或者误导,并对其真实性、准确性、完整性负个别的和连带的责任。

三、公司概况

(一)基本情况
1、公司名称: 广东明珠球阀集团股份有限公司
2、注册资本: 17087.33 万元
3、法定代表人: 张坚力
4、成立日期: 1994 年 4 月 21 日
5、经营范围: 制造、销售普通机械。
6、所属行业: 阀门行业
7、注册地址: 广东省兴宁市兴城镇赤巷口
8、联系电话: 0753-3338549
联 系 人: 李新梓
(二)历史沿革

股份公司的前身为创建于 1971 年的广东省球阀厂。 1991 年以广东省球阀厂为主体组建了广东明珠球阀集团公司。 1993 年 9 月,经广东省企业股份制试点联审小组、广东省经济体制改革委员会粤股审[1993]61 号文批准,并于 1994 年 2 月经广东省体改委以粤体改[1994]66 号文补充批复,由集团公司的股东原兴宁县国资办、深圳市宝安区友谊球阀厂和友谊投资发展(兴宁)有限公司三家单位共同发起,以定向募集方式设立广东明珠球阀集团股份有限公司。1994 年 4 月 21 日,股份公司正式成立。设立时的总股本为 10087.33 万股。

1997 年 5 月,股份公司实施 1996 年度配股计划,向全体股东配售 10000 万股,配股价格为每股 1.3 元。配股完成后,股份公司的股本增加至 20087.33 万股。

1999 年 9 月 24 日,股份公司召开临时股东大会, 经与会股东研究讨论并一致通过,股份公司向深圳市宝安区友谊球阀有限公司等股东单位实施定向股份回购方案。 1999 年 12 月,股份公司与参与回购的股东分别签订回购协议,本次回购以经广东正中会计师事务所有限公司审计确认的本公司截止 1999 年 5 月 31 日的每股净资产 1. 39 元为回购价格,由股份公司采用协议的方式以相应的债权为出资向限定的股东回购股份。回购股份总数为 9000 万股,占总股本的 44.8%。本次回购经广东省体改委粤体改函[1999]253 号文确认了股份公司注册资本的变更,股份回购并注销后,股份公司的股本减少为 11087.33 万股。

经中国证券监督管理委员会证监发行字[2000]189 号文批准,本公司已于 2001 年 1 月 4 日以上网定价发行方式成功地公开发行了人民币普通股 6000 万股 ,每股面值 1 .00 元,每股发行价 5.50 元。本次发行后,公司股本增至 17087.33 万元。

四、股票发行及承销

(一)本次股票公开发行
发行价格:5.50 元/股
公开发行数量:6000 万股
发行方式:上网定价
募集资金总额:33,000 万元(未扣除发行费用)
中签率:0.29582021%
有效申购户数: 1471626 户
配售户数:54233 户
持有 1000 股以上(含 1000 股)的户数:54242 户
发行费用总额:1304 万元
每股发行费用: 0.21 元
发行市盈率:25.46 倍(加权平均)
39.28 倍(全面摊薄)
(二)股票承销
本次上网定价发行的 6000 万股已全部被社会公众认购,承销团无余额包销。
(三)验资报告

验 资 报 告

广会所验字(2001)第 30056 号

广东明珠球阀集团股份有限公司全体股东:

我们接受委托, 对广东明珠球阀集团股份有限公司(以下简称贵公司)截至 2001 年 1 月 10 日因公开上网定价发行而引起 贵公司股本、投入资本变更情况的真实性和合法性进行了审验。在审验过程中,我们按照《独立审计实务公告第 1 号—验资》的要求,实施了必要的审验程序。贵公司的责任是提供真实、合法、完整的验资资料,保护资产的安全、完整。我们的责任是按照《独立审计实务公告第 1 号— 验资》的要求,出具真实、合法的验资报告。

贵公司截止于 2001 年 1 月 10 日变更前的股本和注册资本均为人民币壹亿壹仟零捌拾柒万零叁仟叁佰元(RMB170,873,300 元),变更后申请注册的资本为人民币壹亿柒仟零捌拾柒万零叁仟叁佰元(RMB170,873,300 元)。 根据我们的审验, 截止 2001 年 1 月 10 日,贵公司因公开发行新股而增加的投入资本为 319,545,000.00 元, 其中: 股本增加 60,000,000.00 元, 资本公积增加 259,545,000.00 元 (已扣除上市承销相关费用 10,455,000.00 元)。变更后的股本为 170,873,300.00 元。资本公积为 259,545,000.00 元。与上述变更投入资本相关的资产总额 319,545,000.00 元(均为货币资金)已全部实收到位

附件(一):本次上网定价发行 A 股前后股本、资本公积对照表;
附件(二):验资事项说明;
附件(三):验资机构营业执照(注册号:4400002005991);
附件(四)银行进帐单复印件;
附件(五)变更注册资本(股本)的批准文件。

广东正中会计师事务所有限公司　　中国注册会计师:吉争雄
中国注册会计师:熊永忠
中国　　广州　　2001 年 1 月 10 日

募集资金入帐情况:
入帐时间: 2001 年 1 月 10 日
入帐金额: 人民币 319,545,000 元
入帐帐号:32-2610207-04(广东明珠球阀集团股份有限公司人民币帐户)
开户银行: 中国建设银行广州第四支行

五、董事、监事及高级管理人员的简历及持股情况

张坚力:男,1963 年 4 月出生,大专文化,经济师。1978 年参加工作, 曾任深圳宝安区友谊球阀厂厂长,具有多年企业经营管理经验。现任股份公司董事长兼总经理。

张振昌:男,1944 年 5 月出生,大专文化,会计师,中共党员。1964 年参加工作。历任兴宁市财政局专管员,企财股副股长、股长,预算股股长,财政局副局长。现任股份公司副董事长、兴宁市国有资产经营公司总经理。

肖汉山:男,1964 年 8 月出生,中专文化,助理会计师。1989 年参加工作, 曾在江西赣州市贸易公司工作,曾任兴宁市友谊投资发展有限公司总经理,1994 年起历任股份公司总经理助理、副董事长等职务。现任股份公司董事。

谢中华:男,1948 年 3 月出生,中专文化,工程师,中共党员。1968 年参加工作,历任兴宁通用机械厂车间调度员、技术员、副厂长、厂长,股份公司人事部经理、办公室主任、董事会秘书、副总经理。现任股份公司董事、副总经理、党委书记。

李新梓:男,1953 年 1 月出生,中专文化,经济师,中共党员。1968 年参加工作,历任股份公司销售科员、科长、部长、销售公司经理、股份公司办公室主任 、总经济师、副总经理。现任股份公司董事、董事会秘书、党委副书记,是中国通用机械阀门行业协会企业管理工作委员会委员。

周来发:男,1957 年 7 月出生,中专文化,经济师,中共党员。1974 年参加工作,历任兴宁机械厂主办会计,兴宁铸造厂财务科长,股份公司财务核算科长、财务结算中心经理。现任股份公司董事、广东珍珠红酒业有限公司董事长。

秦军:男,1963 年 8 月出生,财政金融研究生,经济师,中共党员。1980 年参加工作,长期从事金融管理,先后在辽宁省抚顺市工商银行从事会计、信贷工作,历任对公存款科长,存款贷款部副主任、资金营运科长。现任股份公司董事、财务总监。

罗复元:男,1943 年 5 月出生,中专文化,工程师,中共党员。1960 年参加工作,历任兴宁县工业局副局长、兴宁纺机厂厂长、股份公司研究所副所长、兴宁铸造厂党支部副书记、工会主席。现任股份公司监事会召集人。

何育枢:男,1948 年 9 月出生,高中文化,会计师,中共党员。1971 年参加工作,历任兴宁市财政局企财股专管员,外经股副股长,国资办副主任,国资局副局长。现任股份公司监事、兴宁市国有资产经营公司副总经理。

张云华:男,1952 年 3 月出生,高中文化,中共党员。1970 年参加工作, 历任广东省梅田矿务局机修车间主任,股份公司车间副主任、主任、人事部保卫主管、人事部经理助理,生产部经理助理。现任股份公司监事。

李景山,男,46 岁,工程师,大学文化。曾在辽宁抚顺钢厂工作先后担任销售处、外经贸处副处长、技术监督处、质量保证处处长,香港东富洋行五金矿产部经理,深圳顺阳特殊钢有限公司总经理。现任股份公司副总经理。

杨庆余,男,46 岁,高级工程师,大学文化。曾在铁岭阀门厂工作,历任设计处处长,副总工程师,研究所所长,重点项目办公室主任。现任股份公司总工程师。

王治福,男,58 岁,高级工程师,大学文化。曾在抚顺机械厂工作,历任技改办主任、技术副厂长、副总工程师。现任股份公司副总工程师。

上市前,全体董事、监事、高级管理人员均没有个人持股。

六、公司设立

本公司成立于 1994 年 4 月,股份公司的前身为创建于 1971 年的广东省球阀厂。
1991 年以广东省球阀厂为主体组建了广东明珠球阀集团公司。 1993 年 9 月,经广东省企业股份制试点联审小组、广东省经济体制改革委员会粤股审 [1993] 61 号文批准,并于 1994 年 2 月经广东省体改委以粤体改[1994]66 号文补充批复, 由集团公司的股东原兴宁县国资办、深圳市宝安区友谊球阀厂和友谊投资发展(兴宁)有限公司三家单位共同发起,以定向募集方式设立广东明珠球阀集团股份有限公司。

经中国证券监督管理委员会证监发行字[2000]189 号文批准,本公司已于 2001 年 1 月 4 日以上网定价发行方式成功地公开发行了人民币普通股 6000 万股 ,每股面值 1 .00 元,每股发行价 5.50 元。本次发行后,公司股本增至 17087.33 万元。

根据《广东明大律师事务所关于广东明珠球阀集团股份有限公司 2000 年度股票发行、上市的法律意见书》, 发行人董事会于 1999 年 1 月召开会议,作出了公开发行股票并申请上市的决议。发行人于 1999 年 2 月 8 日召开了临时股东大会, 会议审议通过了关于公开发行股票并申请上市议案。本次股东大会并授权董事会办理发行有关的具体事宜。上述决议的内容及形式,符合有关法律、行政法规及发行人章程之规定,有关决议及授权事项合法有效。2001 年 1 月 11 日,本公司已完成工商变更登记。

公司注册资本:17087.33 万元

公司注册地址：广东省兴宁市兴城镇赤巷口
公司法定代表人:张坚力
营业执照注册号:4400001000131

七、关联企业及关联交易

(一)关联企业

1、本公司的主要股东

(1)深圳市金信安投资有限公司(金信安投资公司)

金信安投资公司成立于1995年10月,注册资本1098万元。公司主要从事各种经济实体的投资、国内外商业贸易、金融投资等综合资本经营。1997年5月，股份公司实施配股时,金信安投资公司以现金出资认购5267.7万股配股,占当时的26. 22 %股份。1999年股份公司实施股份回购后,金信安投资公司成为股份公司第一大股东,拥有股份公司5267.7万股,占47.51%的股份。目前，金信安投资公司的主要投资如下：

(2)兴宁市国资局

兴宁市国资局目前持有股份公司2405.31万股,占21.69%的股份,是股份公司第二大股东。

(3)兴宁市友谊投资发展有限公司(友谊投资)

友谊投资原名友谊投资发展(兴宁)有限公司,成立于1993年3月,注册资本为 1689万元,1994年10月公司更名为兴宁市友谊投资发展有限公司,公司主要经营房地产中介、百货、针织、棉花、棉纱、建材、粮油、饲料、副食;同时兼营汽车出租、设备租赁。友谊投资目前拥有股份公司2119.52万股,占19.12%的股份,是股份公司第三大股东。

2、本公司控股的企业

(1)广东明珠企业集团阀门有限公司(阀门公司)

阀门公司注册资金2000万元,股份公司投资1400万元,持有其70%股权;金信安投资公司持有其19.5%的股权。阀门公司主要销售阀门系列产品、钢材、建材、机电产品等。公司销售渠道广阔,销售网络分布在北京、上海、深圳、乌鲁木齐、太原等地。

(2)兴宁市明珠药业有限公司(药业公司)

药业公司是兴宁市国资局和股份公司共同投资设立有限责任公司，公司注册资本2920万元。目前股份公司拥有药业公司88.31%的股权。 公司主要生产销售各种药剂、针剂。

(3)梅州市明珠冶炼有限公司(冶炼公司)

冶炼公司是股份公司控股的有限责任公司，公司注册资本3750万元。 股份公司持有80%股权。公司主要经营有色金属产品(主要为铜)的冶炼、电解,通过技术改造,目前具有年产10000吨标准阴极铜的生产能力。

(4)广东珍珠红酒业有限公司(珍珠红酒业公司)

广东珍珠红酒业有限公司是药业公司的控股子公司,注册资本496万元，其中药业公司出资416万元,占83.87%股权。公司主要制造、销售珍珠红酒及各种酒类、饮料、食用二氧化碳和包装物;采购酿酒原辅材料。

3、其他关联企业

(1)深圳市金信安阀门有限公司(金信安阀门公司)

深圳市金信安阀门有限公司是阀门专业销售公司，成立于1997年1月， 注册资本为人民币1000万元。其股权由个人股东控股50%,深圳市金信安投资有限公司持有其25%的股权。

(2)大庆市金信安投资有限公司(大庆金信安公司)

大庆金信安公司成立于1996年5月,注册资本1000万元。 公司主要经营商业、物资供应业,经济信息咨询等业务。大庆金信安公司由深圳市金信安投资有限公司投资控股，持有其51%的股权。

(3)兴宁市明珠物业有限公司(物业公司)

物业公司成立于1994年4月,注册资本318万元,公司主要经营物业改造、开发、工程管理等业务,股份公司的董事长张坚力先生和董事肖汉山先生均兼任物业公司董事,股份公司董事周来发先生兼任物业公司监事。

(4)兴宁市明珠酒店有限公司(酒店公司)

兴宁市明珠酒店有限公司成立于1995年7月,注册资本1000万元。 主要经营旅业、餐饮及娱乐业,股份公司的第三大股东友谊投资持有酒店公50%股权。

(二)关联交易事项

股份公司存在的关联交易有：

1、与阀门公司的产品购销交易

阀门公司专门从事阀门、钢材、建材、五金、交电等系列产品的销售。阀门公司一直都有向股份公司采购阀门产品,2000年1-6月、1999 年代理销售额分别为 5936元、1628元。股份公司与其签订了产品代理合同和长期供货协议。双方在协议中约定:双方的关联交易遵循公开、合理、等价有偿的原则,股份公司向阀门公司提供产品,供货数量和价格,均随行就市,按正常市场价格确定;双方是对方的客户,双方均确认已方与对方的其他客户平等,不享有特殊地位,无权提出特殊要求;股份公司不得要求对方在没有需货要求时,购买股份公司滞销的产品。

2、与物业公司的关联交易

1997年12月,股份公司与物业公司签订合作开发协议,进行兴宁市旧城改造建设项目—明珠商贸城项目。该项目计划建成7栋楼房,建筑总面积约为5万4 千多平方米,项目总投资为8000万元。股份公司以位于兴宁市旧城区兴田二路的旧厂房所占用的土地(土地帐面价款3030万元)为合作条件,物业公司负责筹集资金,并具体负责项目的开发经营和建成物业的销售。项目建成竣工后,股份公司　按照协议规定分配获得其中的3栋楼房,该楼房委托物业公司代为销售。 目前该建设项目已经初步建成。

3、与深圳市金信安阀门有限公司的材料销售交易

深圳市金信安阀门有限公司是本公司在深圳地区的销售代理商,每年向股份公司购买球阀产品在当地代理销售,2000年1—6月、1999年的代理销售额分别为 465 万元、520万元,产品销售价格按照正常的批发价格结算。

4、与大庆市金信安投资有限公司的材料销售交易

大庆市金信安投资有限公司是本公司在大庆市的销售代理商,每年向股份公司购买球阀产品在当地代理销售,2000年1—6月、1999年的代理销售额分别为450 万元、922万元,产品销售价格按照正常的批发价格结算。

5、与兴宁市明珠酒店有限公司的物业租赁交易

股份公司自1997年起将自有物业明珠酒店大楼出租给兴宁市明珠酒店有限公司,每年按150万元收取租赁费,该价格系按合同协商确定。

为保护股份公司股东的利益,股份公司的主要股东已向股份公司出具了《非竞争承诺》,承诺今后不从事与本公司构成同业竞争的业务。

八、股本结构及大股东持股情况

(一) 本公司上市前的股本结构

股份类别	股份数(万股)	占总股本比例(%)
未流通股份	11087.33	64.89
其中:国家股	2405.31	14.08
法人股	8682.02	50.81
可流通股份	6000.00	35.11
总股本	17087.33	100.00

(二)本次发行后,本公司前十位股东所持股数及比例

股　东　名　称	持股数(万股)	占总股本比例(%)
深圳市金信安投资有限公司	5267.70	30.83
兴宁市国资局	2405.31	14.08
兴宁市友谊投资发展有限公司	2119.52	12.40
兴宁市东联投资有限公司	1195.10	7.00
汉盛基金	40.90	0.24
宁波不锈钢标准件厂	30.00	0.18
兴宁市投资发展总公司	24.70	0.14
上海群力铸锻厂曹行分厂	20.00	0.12
温州市瓯海燎原机械紧固件厂	20.00	0.12
开元基金	16.70	0.10

九、公司财务会计资料

本公司截止2000年6月30日的财务状况,已于 2001年1月2日在《中国证券报》、《上海证券报》和《证券时报》刊登的《招股说明书概要》中进行了详细的披露。因与本公告间隔时间较短,本公告不再重述。本公告只公布经审计的财务报表、主要项目附注及财务指标，欲了解其他内容，请查阅上述报纸或到本公司公告的查阅地址查阅本公司《招股说明书》。

(一)主要财务指标表

项　　目	2000年1—6月	1999年度	1998年度	1997年度
流动比率	1.71	2.22	2.55	2.09
速动比率	0.80	1.25	1.68	1.29
资产负债率	53%	54%	36%	33%
应收帐款周转率	1.99	2.46	0.87	—
存货周转率	0.91	2.77	0.91	—
净资产收益率	7.14%	12.43%	5.76%	5.13%
每股收益(元)	0.12	0.19	0.08	0.06

注:1997、1998年每股收益计算依据的股本为20087.33万股;1999年、2000年每股收益计算依据的股本为11087.33万股。

(二)会计报表(附后)。

(三)主要项目附注

1、合并报表附注

(1)应收帐款

应收帐款2000年6月30日余额为33,636,541.69元,其账龄构成及相关坏帐准备列示如下：

帐　龄	金　　额	比　例	坏帐准备	计提比例
1年以内	26,789,166.74	79.64%	535,783.34	2%
1—2年	3,619,291.89	10.76%	180,964.59	5%
2—3年	2,127,690.59	6.33%	212.769.06	10%
3—4年	741,371.08	2.20%	370,685.54	50%
4—5年	—	—	—	80%
5年以上	359,021.39	1.07%	359,021.39	100%
合计	33,636,541.69	100.00%	1,659,223.92	

应收帐款中不存在持有公司5%以上股份的股东欠款。

应收帐款余额主要明细情况列示如下：

单　　位　　名　　称	金　　额	性质	帐　　龄
山东省烟台市创进房地产有限公司阀门分公司	10,054,182.56	货款	1年以内
山东省烟台市创进房地产有限公司阀门分公司	2,513,545.64	货款	1-2年
山东省烟台市创进房地产有限公司阀门分公司	2,106,000.00	货款	2-3年
山东省烟台市开发区兆汇经贸有限公司	5,063,657.00	货款	1年以内
湖南省衡阳市瑞发阀门有限公司	4,384,658.60	货款	1年以内

(2)其他应收款

其他应收款2000年6月30日余额为18,049,201.10元，持有公司5 %以上股份的股东欠款见附注七(5)。其账龄构成如下：

帐龄	金　　额	比例	坏帐准备	计提比例
1年内	17,319,249.38	95.98%	102,732.19	2%
1—2年	649,251.72	3.60%	32,462.59	5%
2—3年	—	—	—	10%
3—4年	80,700.00	0.45%	40,350.00	50%
合计	18,049,201.10	100.00%	175,544.78	

其他应收款主要明细列示如下：

单　位　名　称	金　　额	性质	帐　　龄
兴宁市电力集团股份有限公司	630,000.00	往来款	一年以内
兴宁市明珠物业有限公司	10,066,195.60	往来款	一年以内

(3)预付帐款

预付帐款2000年6月30日余额为1,782,955.88元，不存在持有公司5%以上股权的股东的预付款项。其账龄构成如下：

帐龄	金　　额	比例
1年内	1,594,319.15	89.42%
1—2年	188,636.73	10.58%
合计	1,782,955.88	100%

预付帐款主要明细列示如下：

单　位　名　称	金　额	性质	帐龄
北京扬子科工贸有限责任公司	644,716.00	货款	一年以内
河南开封高压阀门厂	760,364.16	货款	一年以内

(4)长期股权投资：

项　　目	2000.06.30
长期股权投资	40,195,434.13
长期股权投资差额	51,264.10
合计	40,246,698.23

A:长期股权投资

被投资单位	注册资本	初始投资额	占资本比例	1999.12.31	本期计提收益	2000.6.30
兴宁明珠商贸城	30,300,000.00			32,195,434.13	--	32,195,434.13*
兴宁市电力集团股份有限公司	69,000,000.00	8,000,000.00	11.59%	8,000,000.00	--	8,000,000.00
合　　计		38,300,000.00		40,195,434.13	--	40,195,434.13

*:本公司以旧厂房用地与兴宁市明珠物业有限公司合作开发房地产项目

B:长期股权投资差额

项目	原始发生额	1999.12.31	本期摊销	2000.6.30	摊销期限
明珠药业长期投资差额	−3,765,775.96	−3,012,620.76	227,282.75	−2,785,338.01	10年
明珠冶炼长期投资差额	2,985,896.96	—	−149,294.85	2,836,602.11	10年
合　　计	−779,879.00	−3,012,620.76	79,987.90	51,264.10	

(5)应付帐款

应付帐款 2000 年 6 月 30 日余额为 59,952,961.80 元，不存在应付持本公司 5 %以上股份的股东单位的款项。其帐龄构成如下：

帐 龄	金 额	比 例
1 年内	55,304,905.60	92.25%
1—2 年	3,270,854.36	5.46%
2—3 年	1,377,201.84	2.29%
3 年以上	—	—
合 计	59,952,961.80	100%

2000 年 6 月 30 日应付帐款比 1999 年 12 月 31 日增加了 46,647,519.97 元，主要是今年上半年铜精矿价格较低，梅州市明珠冶炼有限公司抓住有利时机，以分期付款方式向梅州市玉水硫铜矿购进铜精矿 2000 吨，使应付帐款增加 3370 多万元。

(6)预收帐款

预收帐款 2000 年 6 月 30 日余额为 17,496,624.03 元，均为一年以内预收帐款，不存在持有本公司 5%以上股份的股东单位的预收帐款。

(7)应交税金

应交税金 2000 年 6 月 30 日余额为 12,251,555.58 元，其构成如下：

税 种	金 额
增值税	5,249,896.46
所得税	6,259,278.79
消费税	33,559.56
城建税	676,223.77
个人所得税	411.00
房产税	24,798.00
土地使用税	7,388.00
合计	12,251,555.58

(8)其他应交款

其他应交款 2000 年 6 月 30 日余额为 724,301.99 元，其构成如下：

项 目	金 额
社会劳动保险费	69,453.43
教育费附加	654,848.56
合 计	724,301.99

(9)其他应付款

其他应付款 2000 年 6 月 30 日余额为 6,987,495.38 元，无应付持本公司 5%以上股份的股东单位的款项。其账龄构成如下：

帐 龄	金 额	比 例
1 年内	2,244,62.56	32.12%
1—2 年	4,354,393.61	62.32%
2—3 年	388,480.21	5.56%
3 年以上	—	—
合 计	6,987,495.38	100%

其他应付款主要明细列示如下：

单 位 名 称	金 额	性 质	帐龄
兴宁市电力集团股份有限公司	4,000,000.00	往来款	1-2 年

(10)股本

股本历年变动情况如下：

股份类别	2000.6.30	1999.12.31	1998.12.31
国家股	24,053,100.00	24,053,100.00	24,053,100.00
法人股	86,820,200.00	86,820,200.00	176,820,200.00
合 计	110,873,300.00	110,873,300.00	200,873,300.00

公司于 1993 年 9 月 18 日经广东省企业股份制试点联审小组，广东省经济体制改革委员会“粤股审[1993]61 号”文批准成立，股本为 100,873,300 股，业经兴宁县审计师事务所“兴审所验(1994)9 号”验资报告验证。

公司于 1996 年 12 月经广东省证券监督管理委员会“粤证监发字[1996]021 号”文批准配股，公司配股后的总股本为 200,873,300 股，业经兴宁市审计师事务所“兴审所验(1997)13 号”验资报告验证。

公司于 1999 年 9 月经广东省体改委“粤体改函[1999]253 号”文批准，于 1999 年 12 月回购 90,000,000 股股本，回购后公司股本为 110,873,300 股，业经广东正中会计师事务所有限公司“粤会所验字(1999)第 31133 号”验资报告验证。

(11)资本公积

资本公积历年变动情况如下：

项 目	2000.6.30	1999.12.31	1998.12.31
期 初	-	29,424,258.76	29,424,258.76
本期增加数	-	—	-
本期减少数	-	29,424,258.76	-
期末数	-	-	29,424,258.76

1999 年资本公积减少 29,424,258.76 元，为公司回购股本，溢价部分冲减资本公积。

(12)盈余公积

期间	期初余额	本期增加法定盈余公积	本期增加法定公益金	本期减少	期末余额
1998	10,732,359.33	1,543,763.05	771,881.53	—	13,048,003.91
1999	13,048,003.91	2,053,997.56	1,026,998.78	3,875,741.24	12,253,259.01
2000	12,253,259.01	1,270,895.72	635,447.86	—	14,159,602.59

(1) 历年法定盈余及法定公益金增加额，均分别依据各年的税后利润的 10%、5%提取。

(2) 1999 年盈余公积减少 3,875,741.24 元，为回购公司股本溢价部份冲减盈余公积。

(13)未分配利润

未分配利润历年情况如下：

项 目	2000.6.30	1999.12.31	1998.12.31
净 利 润	12,708,957.26	20,539,975.56	15,437,630.53
加:期初未分配利润	42,146,502.92	24,687,523.70	11,565,537.75
减:提取法定盈余公积	1,270,895.72	2,053,997.56	1,543,763.05
提取法定公益金	635,447.86	1,026,998.78	771,881.53
提取任意盈余公积	—	—	—
期末未分配利润	52,949,116.60	42,146,502.92	24,687,523.70

2、母公司报表附注

(1)应收帐款

母公司应收帐款 2000 年 6 月 30 日余额为 32,888,353.47 元，其帐构成如下：

帐龄	金额	比例
1 年内	27,386,724.50	83.27%
1—2 年	3,110,617.95	9.15%
2—3 年	1,390,618.55	4.23%
3 年以上	1,000,392.47	3.35%
合计	32,888,353.47	100.00%

(2)其他应收款

母公司其他应收款 2000 年 6 月 30 日余额为 32,788,912.12 元，其帐龄构成如下：

帐龄	金额	比例
1 年内	31,770,031.01	96.89%
1—2 年	828,180.11	2.53%
2—3 年	0.00	0.00%
3 年以上	190,700.00	0.58%
合计	32,788,911.12	100.00%

(3)预付帐款

母公司预付帐款 2000 年 6 月 30 日余额为 2,687,464.63 元，其帐龄构成如下：

帐龄	金额	比例
1 年内	1,582,300.91	58.88%
1—2 年	1,105,163.72	41.12%
合计	2,687,464.63	100.00%

(4)长期股权投资：

项 目	2000.06.30
长期股权投资	124,631,073.85
长期股权投资差额	51,264.10
合计	124,682,337.95

A:长期股权投资

被投资单位	注册资本	初始投资额	占比例	期初余额	本期计提收益	期末余额
兴宁市电力集团股份有限公司	69,000,000.00	8,000,000.00	11.59%	8,000,000.00	—	8,000,000.00
兴宁明珠商贸城		30,300,000.00		32,195,434.13		32,195,434.13
兴宁市明珠药业有限公司	29,200,000.00	25,784,800.00	88.30%	32,325,304.86	315,032.11	32,640,336.97
广东明珠企业集团阀门有限公司	20,000,000.00	14,000,000.00	70%	17,178,314.79	84,122.66	17,262,437.45
梅州市明珠冶炼有限公司	37,500,000.00	30,000,000.00	80%		4,532,865.30	34,532,865.30
合计		108,084,800.00		89,699,053.78	4,932,020.07	124,631,073.85

B:长期股权投资差额

项 目	原始投资额	期初余额	本期摊销	期末余额	摊销期限
明珠药业长期投资差额	−3,765,775.96	−3,012,620.76	227,282.75	−2,785,338.01	10 年
明珠冶炼长期投资差额	2,985,896.96	0.00	−149,294.85	2,836,602.11	10 年
合 计	−779,879.00	−3,012,620.76	77,987.90	51,264.10	

(5)应付帐款

母公司应付帐款 2000 年 6 月 30 日余额为 26,362,352.89 元，其帐龄构成如下：

帐龄	金额	比例
1 年内	24,589,453.48	93.27%
1—2 年	1,230,597.65	4.67%
2—3 年	542,301.76	2.06%
合计	26,362,352.89	100.00%

(6)预收帐款

母公司预收帐款 2000 年 6 月 30 日余额为 5,126,860.65 元，帐龄都为一年以内。

(7)其他应付款

母公司其他应付款 2000 年 6 月 30 日余额为 24,293,883.91 元，其帐龄构成如下：

帐龄	金额	比例
1 年内	19,060,729.82	78.46%
1—2 年	4,001,787.80	16.47%
2—3 年	1,231,366.29	5.07%
合计	24,293,883.91	100.00%

(8)盈余公积

期间	期初余额	本期增加法定盈余公积	本期增加法定公益金	本期减少	期末余额
1998	10,732,359.33	1,543,763.05	771,881.53	—	13,048,003.91
1999	13,048,003.91	2,053,997.56	1,026,998.78	3,875,741.24	12,253,259.01
2000	12,253,259.01	1,270,895.72	635,447.86	—	14,159,602.59

(1) 历年法定盈余及法定公益金增加额，均分别依据各年的税后利润的 10%、5%提取。

(2) 1999 年盈余公积减少 3,875,741.24 元，为回购公司股本溢价部份冲减盈余公积。

(9)主营业务收入

	2000 年 1-6 月	1999 年度	1998 年度
球阀类	51,559,218.48	108,893,631.26	110,806,400.44
冶 炼	—	168,057,073.97	—
合 计	51,559,218.48	276,950,705.23	110,806,400.44

(10)投资收益

项 目	2000 年 1-6 月	1999 年	1998 年
长期股权投资	4,932,020.07	1,961,966.67	1,459,446.17

(11)所得税

项 目	2000 年 1-6 月份	1999 年	1998 年
所得税	3,830,431.75	3,278,472.16	2,531,644.58

根据广东省委“粤发[1998]16 号”文的精神，并经根据广东省兴宁市地方税务局“兴地发[1998]61 号”文，从 1997 年度起广东明珠球阀集团股份有限公司享受高新技术优惠，所得税率按 15%执行，2000 年母公司按 33%的税率计缴。

十、董事会上市承诺

本公司董事会将严格遵守《中华人民共和国公司法》、《股票发行与交易管理暂行条例》、《公开发行股票公司信息披露实施细则》和《上海证券交易所股票上市规则(2000 年修订本)》及其他有关法律、法规的规定，并自股票上市之日起作出如下承诺：

1、按照法律、法规的规定程序和要求披露重大的信息，并接受证券主管机关、上海证券交易所的监督管理。

2、及时、真实、准确地公布中期报告和年度报告，并备置于规定场所供投资者公众查阅。

3、本公司董事、监事、高级管理人员如发生人事变动或前述人员持本公司股票发生变化时，在报告证券管理机关、上海证券交易所的同时在中国证监会指定的信息披露报刊上向投资者公布。

4、在任何公共传播媒介中出现的消息可能对本公司股票的市场价格产生误导性影响时，本公司知悉后将及时对该消息予以公开澄清。

5、本公司董事、监事、高级管理人员将认真听取社会公众的意见和批评， 不利用已获得的内幕消息和其他不正当手段直接或间接从事股票买卖活动。

6、本公司没有无记录负债。

7、 本公司董事会及各位董事保证不就任何未经主管机关审阅的可能影响股价变动的重大信息私自或公开发表意见。

8、依据 2000 年 5 月 1 日起实施的《上海证券交易所股票上市规则(2000 年修订本)》,本公司全体董事、监事将按照有关规定,在本公司股票上市后两个月内签署《董事(监事)声明及承诺书》并送达上海证券交易所备案。

十一、重要事项提示

1、根据广东正中会计师事务所有限公司出具的粤会所函字(2000)第 22028 号盈利预测报告,本公司 2000 年、2001 年度税后利润预测为 2396.78 万元、2486.06 万元 (本公司所得税为 33%)。

2、根据本公司《招股说明书》披露: 本次公开发行股票后, 新股东将享受本公司以前年度滚存未分配利润;预计本公司首次股利分配时间在 2001 年上半年,具体实施时间由本公司的股东大会决定。

3、本公司本次发行前每股净资产 1.61 元,发行后每股净资产 2.90 元。

4、根据《上海证券交易所股票上市规则》公司第一大股东深圳金信安投资有限公司已向上海证券交易所承诺,自发行人股票上市之日起 12 个月内不转让其持有的发行人股份,也不由上市公司回购其持有的股份。

5、从 1997 年度起股份公司享受高新技术企业所得税优惠,按 15 %计算征收企业所得税,增值税地方分成部分全部返还。1997 年至 1999 年度,股份公司的子公司仍按 33%的所得税率计征所得税。根据国务院国发[2000]2 号文,从 2000 年 1 月 1 日起,本公司执行 33%的所得税率,税收不再由地方财政返还。

6、截止本公司上市公告书刊登之日,本公司和本公司董事、监事和高级管理人员无任何重大诉讼事项。

7、除本公司招股说明书及其概要和本上市公告披露的事项外, 本公司没有其他应披露而未披露的重要事项。

十二、备查文件目录

1、本公司成立的批准文件
2、审计报告、财务报表及附注
3、中国证监会和上海证券交易所批准发行上市的文件
4、招股说明书
5、盈利预测报告
6、验资报告
7、本公司章程
8、法律意见书
9、其他备查文件

十三、咨询机构

1、发 行 人： 广东明珠球阀集团股份有限公司
住 所： 广东省兴宁市兴城镇赤巷口
法定代表人： 张坚力
电 话： (0753)3338549
传真： (0753)3335802
联 系 人： 李新梓
2、上市推荐人:广东证券股份有限公司
法定代表人:钟伟华
住 所: 广州市解放南路 123 号金汇大厦
电 话: 020-83270480
传 真: 020-83270485
联系人: 胡汉杰
国通证券有限责任公司
住 所：深圳市深南中路 34 号华强佳和大厦 A 座 9 楼
法定代表人：施永庆
电 话：0755-3796436
传 真：0755-3796474
联 系 人：周崇武、龙曦

广东明珠球阀集团股份有限公司
二〇〇一年一月十三日

合并资产负债表

编制单位:广东明珠球阀集团股份有限公司　　单位:元

资产	2000.6.30	1999.12.31	1998.12.31	1997.12.31
流动资产:	0.00	0.00	0.00	0.00
货币资金	70221177.77	22912441.41	8335594.53	2368808.30
短期投资	0.00	0.00	0.00	0.00
减:短期投资跌价准备	0.00	0.00	0.00	0.00
短期投资净额	0.00	0.00	0.00	0.00
应收票据	0.00	0.00	0.00	0.00
应收股利	0.00	0.00	0.00	0.00
应收利息	0.00	0.00	0.00	0.00
应收帐款	33636541.69	43382884.94	35839479.37	21672232.39
其他应收款	18049201.10	56200227.14	139817270.85	112643914.73
减:坏帐准备	1834768.70	5079178.94	7775215.85	6293650.14
应收帐款净额	49850974.09	94503933.14	167881534.37	128022526.98
预付帐款	1782955.88	10006121.32	6615689.76	12291037.41
应收补贴款	0.00	0.00	0.00	0.00
存货	140735577.80	102363972.29	97194999.48	86956739.41
减:存货跌价准备	4065499.88	4065499.88	3085648.14	979851.74
存货净额	136670077.92	98298472.41	94109351.34	85976887.67
待摊费用	1186270.85	600594.55	1351828.78	1918668.11
待处理流动资产净损失	0.00	0.00	0.00	0.00
一年内到期的长期债权投资	0.00	0.00	0.00	0.00
其他流动资产	0.00	0.00	0.00	0.00
流动资产合计	259711456.51	226321562.83	278293998.78	230577928.47
长期投资:	0.00	0.00	0.00	0.00
长期股权投资	40246698.23	37267902.79	36588779.81	34799145.07
长期债权投资	0.00	0.00	0.00	0.00
长期投资合计	40246698.23	37267902.79	36588779.81	34799145.07
减:长期投资减值准备	0.00	0.00	0.00	0.00
长期投资净额	40246698.23	37267902.79	36588779.81	34799145.07
合并价差	161516.71	161516.71	161516.71	161516.71
固定投资:	0.00	0.00	0.00	0.00
固定资产原价	133507728.94	127431834.91	120419343.89	120244520.89
减:累计折旧	36241091.48	32005013.91	23286680.16	18921559.91
固定资产净值	97266637.46	95426821.00	97132663.73	101322960.98
工程物资	0.00	0.00	0.00	0.00
在建工程	4782475.46	2500976.30	4620873.05	5180722.05
固定资产清理	0.00	0.00	0.00	0.00
待处理固定资产损失	0.00	0.00	0.00	0.00
固定资产合计	102049112.92	97927797.30	101753536.78	106503683.03
无形资产及其他资产:	0.00	0.00	0.00	0.00
无形资产	20062104.39	22991522.02	18574421.93	19496295.89
开办费	0.00	270458.79	129187.60	322966.00
长期待摊费用	1675531.45	664882.58	676428.24	1489437.66
其他长期资产	0.00	0.00	0.00	0.00
无形资产及其他资产合计	21737635.84	23926863.39	19380037.77	21308699.55
递延税项:	0.00	0.00	0.00	0.00
递延税款借项	0.00	0.00	0.00	0.00
资产总计	423906420.21	385605643.02	436177869.85	393350972.83
负债及股东权益	0.00	0.00	0.00	0.00
流动负债:	0.00	0.00	0.00	0.00
短期借款	26140000.00	46142000.00	30961700.00	25936000.00
应付票据	0.00	9053000.00	9872800.00	0.00
应付帐款	59952961.80	13305441.83	21065466.00	30418085.54
预收帐款	17496624.03	4235859.42	16459736.90	22384512.70
代销商品款	0.00	0.00	0.00	0.00
应付工资	111710.47	87239.54	200000.00	276987.92
应付福利费	2502877.48	2122393.21	1830557.09	1754834.62
应付股利	0.00	0.00	0.00	0.00
应交税金	12251555.58	5594441.10	6193546.27	6229289.05
其他应交款	724301.99	575151.74	360557.22	125172.72
其他应付款	6987495.38	15444602.62	19473167.75	21127395.68
预提费用	1681146.01	2265036.88	2633745.19	2165411.97
一年内到期的长期负债	24198150.00	3000000.00		
其他流动负债	0.00	0.00	0.00	0.00
流动负债合计	152046822.74	101825166.34	109051276.42	110417690.20
长期负债:	0.00	0.00	0.00	0.00
长期借款	71163840.00	104512009.80	47967000.00	19767000.00
应付债券	0.00	0.00	0.00	0.00
长期应付款	0.00	0.00	0.00	0.00
住房周转金	1092705.97	1104205.04	51822.99	45377.19
其他长期负债	0.00	0.00	0.00	0.00
长期负债合计	72256545.97	105616214.84	48018822.99	19812377.19
递延税项:	0.00	0.00	0.00	0.00
递延税款贷项	0.00	0.00	0.00	0.00
负债合计	224303368.71	207441381.18	157070099.41	130230067.39
少数股东权益	21621032.31	12891199.91	11074684.07	10525449.60
股东权益	0.00	0.00	0.00	0.00
股本	110873300.00	110873300.00	200873300.00	200873300.00
资本公积	0.00	0.00	29424258.76	29424258.76
盈余公积	14159602.59	12253259.01	13048003.91	10732359.33
其中:公益金	6011781.28	5376333.42	4349334.64	3577453.11
未分配利润	52949116.60	42146502.92	24687523.70	11565537.75
股东权益合计	177982019.19	165273061.93	268033086.37	252595455.84
负债及股东权益总计	423906420.21	385605643.02	436177869.85	393350972.83

合并利润及利润分配表

编制单位:广东明珠球阀集团股份有限公司　　单位:元

项目	2000 年 1-6 月	1999 年	1998 年	1997 年
一、主营业务收入	141471685.61	322923792.37	129375303.31	103220342.04
减:折扣与折让	0.00	0.00	0.00	0.00
主营业务收入净额	141471685.61	322923792.37	129375303.31	103220342.04
减:主营业务成本	107143239.34	266938559.49	81801197.34	64367759.60
主营业务税金及附加	953874.90	2360020.36	1573086.63	1467631.09
二、主营业务利润	33374571.37	53625212.52	46001019.34	37384951.35
加:其他业务利润	755579.82	1315327.72	1418318.02	1388643.28
减:存货跌价损失	0.00	979851.74	2105796.40	0.00
营业费用	2609715.56	4599125.42	3785968.23	4340430.47
管理费用	7212460.11	15346918.76	16927679.29	14557292.05
财务费用	3787919.03	7649696.77	6565744.04	3739267.23
三、营业利润	20520056.49	26364947.55	18034149.40	16136604.88
加:投资收益	0.00	0.00	0.00	0.00
补贴收入	200000.00	0.00	1201962.46	544670.53
营业外收入	269130.86	86223.85	57859.24	252726.03
减:营业外支出	209448.34	512735.83	79310.08	52896.37
加:以前年度损益调整	0.00	0.00	0.00	0.00
四、利润总额	20779739.01	25938435.57	19214661.02	16881105.07
减:所得税	6857313.87	4625517.15	3423579.17	3297816.75
减:少数股东股本收益	1213467.88	772942.86	353451.32	618520.61
五、净利润	12708957.26	20539975.56	15437630.53	12964767.71
加:年初未分配利润	42146502.92	24687523.70	11565537.75	545485.20
盈余公积转入	0.00	0.00	0.00	0.00
六、可供分配的利润	54855460.18	45227499.26	27003168.28	13510252.91
减:提取法定盈余公积	1270895.72	2053997.56	1543763.05	1296476.77
提取法定公益金	635447.86	1026998.78	771881.53	648238.39
七、可供股东分配的利润	52949116.60	42146502.92	24687523.70	11565537.75
减:应付优先股股利	0.00	0.00	0.00	0.00
提取任意盈余公积	0.00	0.00	0.00	0.00
应付普通股股利	0.00	0.00	0.00	0.00
转作股本的普通股股利	0.00	0.00	0.00	0.00
八、未分配利润	52949116.60	42146502.92	24687523.70	11565537.75

北京巴士股份有限公司

北京巴士股份有限公司招股说明书

一、释 义

在本招股说明书中,除非另有说明,下列词组具有以下含义:

本招股书　　　　　指　本招股说明书
发行人、本公司或股份公司　指　北京巴士股份有限公司
主发起人、公交总公司　　指　北京市公共交通总公司
股票　　　　　　　指　本公司发行的人民币普通股股票
公司章程　　　　　指　本公司的公司章程
董事会、股东大会、监事会　指　本公司的董事会、股东大会、监事会
证监会　　　　　　指　中国证券监督管理委员会
证券交易所　　　　指　上海证券交易所
主承销商　　　　　指　南方证券有限公司
上市推荐人　　　　指　南方证券有限公司
元　　　　　　　　指　人民币元
公交广告公司　　　指　北京公交广告有限责任公司

二、绪 言

本招股说明书是根据《中华人民共和国公司法》、《中华人民共和国证券法》、《股票发行与交易管理暂行条例》和《公开发行股票公司信息披露实施细则》等国家法律、法规以及发行人的实际情况编写而成,旨在向社会公众提供本公司的基本情况及本次发行和认购的各项有关资料。本招股书已经本公司董事会成员批准,确信其中不存在任何重大遗漏或者误导,并对其真实性、准确性、完整性负个别的和连带的责任。

新发行的股票是根据本招股书所载明的资料申请发行的。除发行人和主承销商外,没有委托或授权任何其他人提供未在本招股书中列载的信息和对本招股书作任何解释或者说明。

本次新股发行已经中国证券监督管理委员会证监发行字[2000]188 号文批准。

投资人应自行承担买卖本公司股票所应支付的税款,发行人和承销商对此不承担责任。

为方便广大投资者,公司在本次发行期间特设咨询电话: (010)68477383

主承销商为本次股票发行特设咨询电话:(010)66212491

三、新股发行的有关当事人

1. 发行人:　北京巴士股份有限公司
法定代表人:赵文芝
地址: 北京市海淀区紫竹院路 32 号
联系电话: 010-68477383、68477379
传真: 010-68429293
联系人:傅世学、汤世华

2. 主承销商:南方证券有限公司
法定代表人: 沈沛
办公地址:深圳市嘉宾路 4028 号太平洋商贸大厦 20-28 层
联系电话:010-66212491、0755-2138227
传真:010-66210025
联系人:张业丰、何向东、王焱、袁晨、龚娜娜

3. 改制顾问:北京国际信托投资有限公司
法定代表人: 刘建华
注册地址: 北京市朝阳区新源西里中街 18 号渔阳饭店 7 层
联系电话: 010-84512469
传真: 010-84512469
联系人:郭力帆

4. 副主承销商:光大证券有限责任公司
法定代表人:　王明权
注册地址: 上海市浦东新区浦东南路 528 号上海证券大厦
联系电话: 010-68561122
传真: 010-68561008
联系人:邱小兵

5. 副主承销商: 广州证券有限责任公司
法定代表人: 吴张
注册地址: 广东省广州市先烈中路 69 号东山广场主楼 5 楼
联系电话: 020-87322668-307
传真:　020-87325041
联系人:王文博

6. 副主承销商:宁波证券有限责任公司
法定代表人: 顾志斌
注册地址:宁波市开明街 417-427 号
联系电话: 021-63192367
传真: 021-63193822
联系人:潘建云、毛钧

7. 分销商: 中信证券股份有限公司
分销商:　长江证券有限责任公司
分销商:　山东证券有限责任公司
分销商:　深圳经济特区证券公司
分销商:　天津证券有限责任公司
分销商:　苏州证券有限责任公司

8. 上市推荐人: 南方证券有限公司(同上)

9. 发行人律师: 北京市通商律师事务所
法定代表人:韩小京
地址: 北京市朝外大街 19 号华普国际大厦 714 号
电话: 010-65992255
传真: 010-65992678
经办律师:　韩小京、邸晓峰、陈金占

10. 主承销商律师:观韬律师事务所
法定代表人: 韩德晶
地址: 北京市西城区金融大街 33 号通泰大厦 B 座 6 层
电话: 010-88086638-44
传真: 010-88086645
经办律师:　杨光、苏波

11. 会计师事务所:北京京都会计师事务所有限责任公司
法定代表人:徐华
注册地址:北京市朝阳区建国门外大街 22 号赛特广场 5 层
电话:010-65227609
传真:010-65227621
经办会计师:郑建彪、高利萍

12. 资产评估机构:北京德威评估有限责任公司
法定代表人:邓小丰
地址: 北京市海淀区车公庄西路 20 号国际泥沙中心 7 层 706 室
电话: 010-68438528
传真: 010-68438529
估价人:邓小丰、朱喜初、田勇

13. 土地评估机构:北京市房地产价格评估事务所
法定代表人:杨于北
地址: 东城区大甜水井胡同 37 号
电话: 010-65273528
土地估价师:陈力、杜建国

14. 资产评估确认机构:北京市财政局
地址: 北京市海淀区阜成路 15 号
电话: 010-68416437
传真: 010-68416437

15. 股票登记机构:上海证券中央登记结算公司
地址:上海市浦建路 727 号
电话:021-58708888
传真:021-63257454

四、发行情况

1、本次发行的一般情况
(1)股票种类:人民币普通股。
(2)发行日期:2001 年 1 月 4 日至 2001 年 1 月 14 日。
(3)发行地区:与上海证券交易所联网的证券交易网点。
(4)发行对象:在上海证券交易所开户的中华人民共和国公民和法人(法律、法规禁止者除外)。
(5)发行方式:上网定价发行。
(6)承销方式:本次新股发行的承销方式为余额包销。 主承销商承诺在股票发行后,包销全部未被认购的剩余股票。
(7)上市地点:上海证券交易所。
(8)发行前每股净资产(按审计基准日计算):1.86 元。
(9)发行后每股净资产:4.34 元。
(10)每股发行价:9.92 元。
(11)每股面值:1.00 元。
(12)发行数量:本次共发行股票 8000 万股。
(13)发行总市值:79360 万元。
2、发行价格的确定方法

本次发行为溢价发行,根据《证券法》第 28 条有关规定,主承销商与发行人商定,并经中国证监会核准,发行价格为 9.92 元/股,以全面摊薄法计算发行市盈率为 35.81 倍。

五、风险因素与对策

投资者在评价本公司此次发行的股票时,除本招股书提供的其他资料外,应特别认真地考虑下述各项风险因素:

(一) 风险因素
1、经营风险
(1) 燃料价格风险
(2) 道路通行风险
(3) 广告业务风险
(4) 优惠政策时限性及税收风险
2、行业风险
(1) 其它公交方式竞争风险
(2) 环保风险
3、财务风险
4、市场风险
5、政策风险
(1) 国家产业政策风险
(2) 票价调整风险
6、大股东控制及同业竞争风险
7、项目投资风险
8、股市风险

(二) 风险因素之对策
针对上述风险,公司将采取如下对策:
1、经营风险主要对策:
(1) 燃料价格风险对策

本公司将规范燃料供应渠道,完善供应网络,实行统一配送燃料,多家选择,与供应商签订长期的供应合同,保证燃料价格更加合理。

优先选用安全、节能的新型车辆,积极开发和采用燃料以气代油技术,使用液化气、天然气可以降低运营成本。提高节油的技术含量,节约燃料从车辆抓起。提高车辆运营调度水平,提高车辆利用率,减少空驶里程,通过增效降低能耗。

提高员工的节油环保意识,规范员工操作,减少燃料消耗,降低成本,完善节油工作的激励机制,公司成立几年来,经济效益稳定增长,

企业呈良性循环发展势态。

(2) 道路通行风险的对策

在现有道路通行状况下,优化线网布局,优先利用公共交通专用道和准快速车道,优先利用交通管理水平较高,交通信号、交通标线清晰、有效的路段,优先利用新改扩建的主干路段,优先利用新建、改建小区的配套路段。全面采用智能调度交通指挥系统(ITS),加强公交枢纽站建设和使用,提高车辆运营的实时调度水平,充分利用线网和车辆的规模优势,当局部交通出现堵塞时,及时调整该路段及周边路段的运力,以适应客运量的变化。

(3) 广告业务风险的对策

随着社会主义市场经济的不断发展,新兴的广告业会得到快速的发展,广告业的发展也引导社会需求的增加,促进经济的发展、繁荣。得到政府在税收等方面的扶植,公司控股的公交广告有限责任公司是全国最大的公交广告公司,具有得天独厚的广告媒体,运营车辆车身、候车亭、站牌及车厢内空间,广告效果显著,深受商家青睐,部分媒体被商家长期订购,公司继续加强对广告市场的研究,开发广告服务品种,满足不同客户的需求,与客户建立良好的长期合作关系,加强与其它广告公司的合作,开拓新的市场,取得较高而且稳定的收益。

(4) 优惠政策时限性及税收风险对策

公司享受的企业所得税优惠在公司股票上市后,积极报请市政府按上市公司和城市基础设施产业的相关税收政策给予优惠;同时,公司享受的城市公用事业附加费定额减免到期后,公司也将积极报请市政府继续给予一定的减免优惠,以此来降低税费优惠政策到期后减少利润的风险。

2、行业风险主要对策

(1) 其它公交方式竞争风险对策

随着经济的发展,人们生活水平的提高,北京市交通量呈逐年上升趋势,轻轨交通、出租汽车的运营,于公司的客运互为补充,活跃客运市场,使客运量稳定增长。

加强公交枢纽站建设和使用,完善和优化区域交通网和小区交通网,充分利用公共交通优先的优惠政策,如公共交通专用道,合理配备车辆、科学调度车辆,营造良好的乘车环境,满足人们增长的工作、购物、娱乐出行需求,完善旅游线网建设,覆盖北京主要景区、大型景点。逐步建立长途客运线网,把北京全部县、区与中心区连接,开辟市区观光线路,扩大服务,提高客运市场占有率,同时,加强员工的素质培训,使公司的服务质量和服务水平得以迅速提高,以增强竞争能力,减少同业竞争的风险,也可在具备一定条件时,兼并收购一些同行业中的企业,以减少由于行业竞争而带来的风险。

(2) 环保风险对策

本公司将在全部车辆通过年检基础上,加大对车辆尾气治理力度,完善环保工作的激励机制。新购车辆将按国家和首都环保标准购置,同时研究实施现有车辆改装为清洁燃料车工作,并引进改造清洁燃料车的技术和装备,用于北京市公共汽车的改造工程,加强日常的维修监测和检测,充分利用政府推动清洁燃料汽车行动、在燃料价格、进口设备、税赋等方面的优惠政策,提高市场占有和竞争能力,减小环保风险。

通过多种方式,逐步提高公司车辆维护水平,使用先进的车辆保养办法,提高保养质量。逐步使用安全节能的新型车辆,选定能够满足北京公交需求的主力车型并大力发展。

3、财务风险对策

公司将通过扩大生产规模,调整线路结构,扩大客运市场占有率等,增加主营业务收入,降低财务费用对盈利水平的影响,提高盈利能力、增加现金流入量,集中调度营运资金,提前偿还部分长期贷款,以减少财务费用,降低财务风险。

4、市场风险主要对策

公司将进一步加强客运市场调研,了解人们的出行需求,及时根据客流变化,调整运力,充分发挥自身的服务特色,提高服务质量档次,提供多品种服务,满足不同乘客群体的需求,为乘客提供优质服务,提高公司在客运市场的竞争力。本公司将坚持以主营业务为主,兼营业务并举的经营方针,以减少由于主营业务在一定时期内规模受到限制带来的风险。

5、政策风险主要对策

本公司将大力拓展业务,保证公司收益,使公司效益稳定上升,以减少由于政策对价格的限定而带来的风险。同时力求加强对国家政策的研究,加强与政府有关部门的沟通,加速公共交通优先政策的实施,积极争取政府给予公司在燃料等方面的扶植政策。

(1) 国家产业政策风险对策

随着政策的调整,有公司会进入公共交通行业,公司面对多家竞争的局面,本公司将充分利用自身在同行业中已具备的优势,采取有效措施,及时调整运营生产布局。在成为上市公司后,进一步发挥公司实力,创立公司服务品牌,增加市场占有率,充分利用规模优势,降低成本,增强竞争力,在竞争中求发展。

本公司将结合经济发展和企业效益情况,及时向政府提出票价调整方案,并研究制定稳定的票制、票价政策,同时汲取国内同行在票制改革方面的成功经验,通过实施"IC"卡工程,在北京率先使用"IC"卡乘车。

抓住小公共汽车退出城市中心区的机遇,充分利用企业管理和资金优势,快速实施以专线车替代小公共汽车的"以专代小"工作。公司小公共汽车受影响的是局部的,专线车取得了替代的整体利益。小公共汽车转到其它线路继续经营。

(2) 票价调整风险对策

本公司将结合经济发展和企业效益情况,及时向政府提出票价市场价格调整方案,并研究制定稳定的、随市场水平、消费水平的变化而调整的票制、票价政策,同时大力拓展业务,使公司效益稳定上升,减少由于政策对价格的限定而带来的风险。

北京是政治文化中心,人员流动性强,生活水平较高,商业、旅游业发达,客运市场具有很大的发展空间。冬暖夏凉的空调车特别受客运市场欢迎,同时,随着旅游客运业务品种的增加,会使公司客运量稳定增长。

公司将在北京率先使用"IC"卡乘车,促进票制、票价改革,以提高公司的客运量和客运收入。

6、大股东控制及同业竞争风险对策

针对本公司与控股股东之间存在的关联交易,双方本着公正、公平、公开的原则签订了综合服务、车辆维修、车辆加油加气等一系列关联协议,并且双方按照市场化的原则,明确并规范了双方的权利和义务。同时,公司在《公司章程(草案)》中,制定了关联股东与关联董事的回避表决制度,以加强决策的科学性与公允性;并且公司已在董事会新增选了独立董事,以确保董事会决策的公正性,从而避免了控股股东对董事会形成实质控股。

7、项目投资风险的对策

本公司计划进行的投资项目都已进行了充分的可行性论证,在项目实施过程中,本公司将严格按照预定的进度安排投资,排除可能存在的不利因素的影响,以确保项目如期完成,并取得预期的收益。

8、股市风险主要对策

由于股票市场价格波动不可避免,公司提请投资者在投资公司股票时正视股价波动所带来的风险。同时,公司一方面按照《中华人民共和国公司法》、《中华人民共和国证券法》等法律、法规要求进行规范运作,妥善使用资金,给广大股东良好回报;另一方面将严格按照上市公司有关规定及时充分地向广大投资者披露公司生产经营、融投资、资产重组等方面的重大信息,使投资者尽可能多地了解公司生产经营情况,从而降低股市投资风险,切实保护投资者的合法权益,特别是中小投资者的合法权益。

六、募集资金的运用

(一) 募集资金的计划用途

如本次股票发行成功,公司募集资金为 79360 万元,扣除 2050.88 万元发行费用后,实际募集资金 77309.12 万元,该部分资金将用于以下项目:

1、空调专线车线网项目

随着城市的发展,社会的进步,人们收入的增加必然带动乘客出行量的迅速增长,较高层次的公共交通服务将越来越得到人们的欢迎。在北京大力发展首都经济的今天,方便、快捷、舒适、冬暖夏凉的公共交通可以推动北京市的发展,起到维护城市功能的作用。北京气候一年四季变化明显,温度变化较大,公交空调车能较好地满足人们在不同季节的乘车需求,市场发展潜力巨大。为此,北京巴士股份有限公司拟按不同区域开辟以下空调车专线线网。

(1) 中关村科技园区公交空调专线车线网

(2) 北京西站六里桥交通枢纽公交空调专线车线网

(3) 建国门国贸区公交空调专线车线网

(4) 东直门望京电子城公交空调专线车线网

2、双层公共汽车专线

本项目实施,可为北京市公共交通提供优质的双层车服务,增加双层车线路 4 条,线网覆盖北京主要交通干线和观光市区,新增双层车 124 辆。项目实施后,预计年可运送乘客 993 万人次,进一步满足人们的乘坐双层公共汽车需求。 该项目的经营归由北京巴士股份有限公司双层分公司管理。

该项目总投资 9872 万元,其中购买车辆的固定资产投资 9672 万元, 流动资金 200 万元,股份公司拟全部以公开发行股票募集资金投入。项目实施后,可实现运营收入 2946 万元,税后利润 788 万元,投资回收期 5.66 年,内部收益率 12.33%。该项目已经北京市发展计划委员会京计能字[2000] 1264 号文批准。

3、长途公共汽车专线

随着城乡经济的繁荣、人民生活水平的提高,城乡居民对去乡间休闲旅游和进城购物出行需求日益增长,而北京市中心区通往远郊区县高速公路和快速路网的建设完成,为这种需求的实现提供了可能。

北京八达岭高速公路使市区和昌平、延庆县间的出行更加便利;北京机场高速公路、京密公路使顺义、怀柔、密云的城乡往来密切;京通快速路将通州区与市区连成一线;京津高速公路、京石高速公路、京开公路使丰台、大兴、燕山同市区交通往来更加方便;阜石公路、复兴路、石景山路使石景山区、门头沟区居民出行方便。各远郊区县经济发展、特别是特色经济的发展,如密云、怀柔、石景山高新技术开发区,顺义、大兴绿色农业、门头沟的京西旅游、昌平的长城景区等,都进一步促进了城乡的人员往来,客运量增长显著。

本项目实施,可为北京市公共交通提供优质、高档次的远郊长途旅行服务,增加空调车长途线路 5 条,线网覆盖北京主要城近郊区、远郊区县、旅游景点、名胜古迹,新增空调长途车 141 辆。项目实施后,每年预计运送乘客 822 万人次,基本满足人们往返城近郊区的乘车需求。

该项目总投资 6968 万元,其中购买车辆的固定资产投资 6768 万元, 流动资金 200 万元,股份公司拟全部以公开发行股票募集资金投入。该项目实施后, 可实现运营收入 3458 万元, 税后利润 656 万元, 投资回收期 5.23 年, 内部收益率 14.53%。该项目已经北京市发展计划委员会京计能字[2000]1263 号文批准。

4、旅游公共汽车专线

本项目实施, 可为北京市公共交通提供优质的高档次的旅游服务, 增加旅游专空调车线路 10 条,线网覆盖北京主要旅游景点、名胜古迹,开展特色旅游项目,新增空调旅游车 130 辆。项目实施后,每年预计运送乘客 241 万人次,基本满足人们的旅游乘车需求。

该项目总投资 9300 万元,其中购买车辆的固定资产投资 9100 万元, 流动资金 200 万元,股份公司拟全部以公开发行股票募集资金投入。项目实施后,可实现运营收入 3627 万元,税后利润 1308 万元,投资回收期 4.21 年,内部收益率 20.41%。该项目已经北京市发展计划委员会京计能字[2000] 1262 号文批准。

5、清洁燃料公共汽车改装工程

该项目的实施需购置清洁燃料车的改装部件 700 套, 取代车上部分原有部件,并在每部车安装一个储气罐,用来充装液化石油气和天然气。

该项目共需投资 1050 万元,拟用公开发行股票募集的资金投入此工程项目,投资额 10 年可收回,每年可节省运营成本 105 万元。该项目经济效益比较显著,社会效益十分突出。该项目已经北京市发展计划委员会京计能字[2000]1261 号文批准。

6、IC 卡电子车票系统

该项目建设的一次性投资 300 万元拟全部由公开发行股票募集的资金投入。

项目实施后,可节约大量人工成本。同时,该系统运行而产生的沉淀资金也将带来一定的经济效益。该项目技术先进,市场前景广阔,行业优势突出,高科技含量大,具有良好的社会效益和经济效益。 该项目已经北京市发展计划委员会京计能字 [2000]1259 号文批准。

7、公交候车亭广告及电子广告牌

股份公司本次投资扩大广告业务范围和提高广告媒体档次,具体包括:

(1)候车亭新建和改建工程:

拟将安定门外大街上的公交候车亭改建为新式灯箱广告候车亭; 在展览馆南路建设新式灯箱广告候车亭;在公主坟至石景山路段新建部分新式灯箱广告候车亭,同时改建部分新式灯箱广告候车亭;在四环路上建设新式灯箱广告候车亭。以上四条路段共需投资 2200 万元。

(2)车厢新型镜框式广告牌安装工程:

拟在公交新型车内安装镜框式广告牌 20000 个,投入资金 400 万元。

(3)滚动式电子显示广告牌新建工程等。

拟新建 600 个滚动式电子显示牌,需投入资金 3600 万元。

上述三项工程总投资 6200 万元,拟全部由公开发行股票募集的资金投入,并按照以上披露顺序实施。项目实施后,当年可实现净利润约 2000 万元,经济效益非常显著。该项目已经北京市发展计划委员会京计能字 [2000] 1260 号文批准。

8、归还部分银行贷款

为了降低企业的资金成本,减少财务费用,优化财务结构,本公司拟以 5000 万元用于归还部分银行贷款。

以上项目资金不足部分,由股份公司自筹解决。

(二) 投资项目使用资金计划时间表:

本公司拟将募集的部分资金投入以下项目,其年度投资计划见下表: 单位:万元

项目名称	计划投资	第一年投入	第二年
1、中关村科技园区公交空调专线车线网	9944.00	6000.00	3944.00
2、北京西站六里桥交通枢纽公交空调专线车线网	9224.00	5000.00	4224.00
3、建国门国贸区公交空调专线车线网	9992.00	6500.00	3492.00
4、东直门望京电子城公交空调专线车线网	9896.00	7000.00	2896.00
5、双层公共汽车专线	9872.00	3000.00	6872.00
6、长途公共汽车专线	6968.00	2500.00	4468.00
7、旅游公共汽车专线	9300.00	6300.00	3000.00
8、清洁燃料公共汽车改装工程	1050.00	1050.00	–
9、IC 卡电子车票系统	300.00	300.00	–
10、公交候车亭广告及电子广告牌	6200.00	6200.00	–
11、归还部分银行贷款	5000.00	5000.00	–
合计	77746.00	48850.00	28896.00

七、股利分配政策

依据国家有关法律法规和本公司章程所载的利润分配政策的规定, 本公司每年的税后利润在弥补亏损后将按下列顺序和比例分配:

1、提取法定公积金 10%;

2、提取法定公益金 5%-10%;

3、提取任意盈余公积金;

4、税后利润在提取公积金和公益金后用于股利分配;

本公司采取现金和股票的形式分派股利,同股同利。现金股利以人民币派付。公司分派股利时,按有关法律和法规代扣股东股利收入的应缴税金;关于弥补亏损的年限、数额、公积金和公益金计提比例以及股利率的确定,即某一年度的具体分配比例,均由董事会依据有关法规和公司章程的有关规定,并视公司经营状况和发展需要提出分配方案,经股东大会审定批准后实施;

本公司股利每年派付一次。每年的股利应当在每一会计年度结束后六个月以内分配给股东,经董事会提议并经股东大会决议,公司也可决定中期分配利润或者决定当年不分配利润,转存下一年度分配。公司分派股利时,以公告书形式通知股东。预计发行后首次分配股利时间为2001年6月30日前。

本公司成立于1999年6月,1999年1—6月形成的期间利润1800.24万元,由公交总公司享有。本公司1999年7-12月实现净利润5125.88万元,按照财政部财会字[1999]35号文件规定,公司采用追溯法计提"四项准备",累计影响利润减少398.47万元。根据《公司法》、《公司章程》,分别提取10%的法定盈余公积金729.46万元(含子公司)、10%法定公益金729.46万元(含子公司),可供股东分配的利润3268.49万元。, 股份公司已于2000年6月26日召开公司1999年度股东大会并通过利润分配方案,即将1999年度可供股东分配的利润3268.49万元,以总股本17200万股为基数,每10股派发现金股利1.90元。

股份公司本次利润分配后留存未分配利润4907.41元,结转下一年度分配。

公司2000年实现的全部利润,由新老股东共享。

八、发行人情况

(一) 发行人概况

1、发行人名称:北京巴士股份有限公司

2、公司住址:北京市海淀区紫竹院路32号

3、法定代表人:赵文芝

4、成立日期: 1999年6月18日

(二) 发行人简介

本公司是根据《中华人民共和国公司法》等有关法律、法规,并经北京市人民政府京政办函[1999]82号文《关于同意设立北京巴士股份有限公司通知》的批准,由北京市公共交通总公司作为主发起人,并联合北京城建集团有限责任公司、北京城市开发集团有限责任公司、北京北辰实业集团公司、北京华讯集团等四家发起人,于1999年6月18日发起设立的股份有限公司。

在本公司设立时,主发起人北京市公共交通总公司将其下属巴士分公司的全部经营性资产以及所拥有的北京公交广告有限责任公司的权益经评估作价后投入股份公司,范围包括:下属巴士分公司所属的旅游专线车、空调专线车、小公共汽车以及所拥有的北京公交广告有限责任公司的99%的权益。经北京德威评估公司(改制后现已更名为北京德威评估有限责任公司)评估,并由原北京市国有资产管理局京国资估[1999]229 、230号文确认,北京市公共交通总公司进入股份公司的净资产总额为26010.15万元,按65.47%的折股比例折为17028万股国有法人股,由主发起人持有,其他四家发起人分别以现金65.68万元按65.47%的折股比例折为43万股,共计172万股,公司设立后总股本为17200万股。

本公司的主营业务为:城市公共汽车客运,公交广告业务。

本公司将以上业务整合和资产重组为基础,以上市公司建立现代企业制度为契机,在坚持以经济效益为核心、以追求股东权益最大化为目标的前提下,推进改革,强化管理,增强经营和经济实力,力争把股份公司朝着结构优化、布局合理、装备先进、管理科学、服务规范的现代化公交企业方面发展。

(三) 发起人简介

1、北京市公共交通总公司

注册地址:北京市西城区南礼士路44号

成立日期:1980年7月1日

法人代表:郑树森

注册资本:84425万元

经济性质:全民所有制

经营范围:汽车客运、客车修理

认购股份数额:17028万股

北京市公共交通总公司是以经营地面公共交通客运为主的特大型国有企业。其前身为北京市电车股份有限公司,始建于1921年,具有悠久的历史。截止到1999年底,总公司拥有各类运营车14729辆,运营线路701条,年行驶里程6.83亿公里,总客运量37亿人次,占北京市公共交通总运量的75%。现有下属单位26个,包括13个分公司;6个全资子公司;3个控股子公司;4个直属企事业单位。在册职工74000人,总资产70.7亿元,净资产42亿元,是以客运主业为依托,多元化投资,多种经济类型并存,集客运、汽车修理、汽车租赁、房地产开发、物资销售、通讯、旅游、餐饮、商贸、物业管理和公交科研为一体的大型公交企业集团。

随着城市建设的发展和人民出行的需求,公交总公司围绕提高城市公共交通综合管理水平,以运营、安全、服务为中心,坚持"方便出行,改善服务"的方针,不断调整运营结构、车辆结构,合理规划线网布局,开辟新线路,已形成了以城市道路为主体的公共交通体系,在北京城市公共交通发展中处于主体地位,发挥着主导作用。

2、北京城建集团有限责任公司

法定代表人:佟永贵

注册资本:30210万元

企业类型:有限责任公司(国有独资)

注册地址:北京市海淀区学院南路62号

经营范围:授权进行国有资产经营管理,承担各类型工业、能源、交通、民用、市政工程建设项目总承包,房地产开发、商品房销售,机械施工,设备安装等。

北京城建集团是国家120家大型企业集团试点单位之一、国有企业500强之一,国际225家大承包商之一。是一家以建筑业为主,集工业与民用建筑、市政工程、地下铁道、高速公路、深基础工程、机场工程、长输管线工程施工和房地产开发、工业生产、商贸流通、物业管理、旅游餐饮等多元经营的大型综合性企业集团。

3、北京城市开发集团有限责任公司

法定代表人:高久长

注册资本:50000万元

企业类型:有限责任公司(国有独资)

注册地址:北京市西城区三里河东路34号

经营范围:建设用地开发、转让;出租、销售商品房;房屋拆迁;物业管理、维修等。

北京城市开发集团公司前身是成立于1980年的北京市城市建设开发总公司,1992年10月组建为集团。1995年10月被市政府批准实行国有资产授权经营。集团是一个以房地产业为主,多元化经营、多成分结构的企业群体。

4、北京北辰实业集团公司

法定代表人:李岩岭

注册资金:70000万元

经济性质:全民所有制

注册地址:北京市朝阳区北四环中路北辰东路8号

经营范围:承接会议、展览;接待国内外旅游者;出租汽车运营;房地产开发、商品房销售等。

北京北辰实业集团公司是北京市政府直接领导的,集高档物业管理、会展旅游、房地产开发、高新技术产业、商贸等大型综合性企业集团。

5、北京华讯集团

法定代表人:戴焕忠

注册资金:5000万元

经济性质:集体所有制

注册地址:北京市海淀区北三环西路23号院

经营范围:无线电通信设备、计算机、遥控遥测、电子仪器的制造、技术开发、技术服务;无线电寻呼业务等。

北京华讯集团是在1988年12月成立的北京华讯通讯技术公司的基础上发展起来的,是以无线电通信和计算机通信为主的技、工、贸、服务一体化的高新技术企业。

(四) 控股子公司简介

北京公交广告有限责任公司是本公司的控股子公司,成立于1999年5月,是专门经营首都公交媒体广告的大型现代广告企业,注册资本4000万元人民币,北京巴士股份有限公司持有其99%的股权,北京国安广告总公司持有其1%的股权。该公司拥有公交总公司及股份公司所属的近400余条公交线路,9000余部各种公交车辆,10000余处公交站位以及上百处公共电汽车首末站等雄厚、独特的媒体资源。

公交广告公司拥有先进的电脑设计、制作设备,以全车彩绘、车身彩贴、灯箱式站台、霓虹灯路牌等十几种广告发布形式,为国内外客户提供优良的服务。并已形成了集国内外旅游、汽车租赁、艺术装潢、电视剧制作、图片印制、彩扩等一体的集团化经营网络。

目前,该公司的利润总额已进入全国广告行业50强,位居全国公交广告单位之首。1997年以来,公司连续被全国广告协会、北京市广告协会评为广告行业精神文明建设先进单位。

截至2000年9月30日公交广告公司总资产为16533.47万元,净资产为6028.76万元,资产负债率为63.16%;公交广告公司2000年1-9月已实现利润总额1626.10万元。

(五) 发行人内部组织结构

本公司将实行董事会领导下的总经理负责制,公司成立后内部组织结构图:(附后)

(六) 发行人职工与福利

本公司现有职工8587人,平均年龄35岁。现有高级职称89人,中级职称2205人,初级职称2708人。

(七) 发行人经营范围

本公司的经营范围为:城市公共汽车客运,省际公路客运,轻轨客运;汽车租赁;汽车用清洁燃料的开发、销售及设施改装;公交IC卡和ITS智能交通系统的技术开发、技术转让、技术服务;销售开发后产品、机械电器设备、电子计算机及外部设备、汽车(不含小轿车);代理车辆保险、自制广告业务;餐饮服务;人员培训。

九、发行人董事、监事、高级管理人员简介

(一) 董事会人员简介

赵文芝女士,45岁,研究生学历,高级政工师。曾任共青团北京市委副书记兼机关党委书记、北京市青联副主席,中共北京市委城建工委副书记,现任北京巴士股份有限公司董事长、北京市公交总公司党委书记。

张国光先生,49岁,研究生学历,管理经济师,曾任北京市电车公司副经理、公汽一公司副经理,公交房地产开发公司党支部书记、副经理,电车公司经理、党委副书记,北京市公交总公司巴士客运分公司经理,现任北京巴士股份有限公司副董事长、总经理、党委副书记。

龚绍清先生,52岁,大学学历,高级经济师,曾任北京市公汽一公司副经理、北京市公交总公司运营处副处长、公汽一公司经理、党委副书记,北京市公交总公司巴士客运分公司党委书记,现任北京巴士股份有限公司党委书记、副董事长、副总经理。

直军先生,38岁,大学学历,高级会计师,曾任北京市电车公司财务科科长,北京市公共交通总公司财务处副处长、处长,现任北京市公共交通总公司总会计师,本公司董事。

张家骥先生,47岁,大学学历,政工师,曾任北京市公汽二公司副经理、党委书记,公交广告公司党总支书记,北京市公交广告公司经理、党总支副书记,现任北京巴士股份有限公司董事。

董杰先生,42岁,大专学历,高级会计师,曾任北京市公交总公司财务处副处长,现任北京市公交总公司财务处处长,北京巴士股份有限公司董事。

汤舒畅先生,40岁,大专学历,高级会计师,曾任北京城建四公司成本会计,北京城建集团有限公司会计,资产管理部副部长,现任北京城建集团有限责任公司投资管理部部长,北京城建股份有限公司监事,现任本公司董事。

孙志让先生,56岁,大专学历,曾任北京市建工集团安装公司三工区副主任,北京市建工集团安装公司副经理,北京市建工集团安装公司总会计师,现任北京北辰实业集团公司副总会计师,资产管理部部长。现任本公司董事。

龙涛先生,47岁,经济学硕士,1985年起任教于中央财经大学会计系,曾任国外会计教研室主任,现任会计系副教授。龙涛先生拥有15年以上的会计、财务、证券、投资等方面的工作经验,1989年开始参加中国证券市场研究设计中心工作,曾任财务事业部主任,1993年至1994年曾任中国证券监督管理委员会股票发行审查委员会委员,中港证券小组中方会计专家组成员。1987年—1989年曾就职于毕马威国际会计公司纽约分部,从事审计和财务分析工作。现任北京海问投资有限责任公司董事长,本公司独立董事。

(二) 监事会人员简介

葛新先生,36岁,大专学历,1983年9月参加工作,助理政工师,曾任北京市公汽一公司运营一分公司党委副书记、北京市公共交通总公司组织部副处级调研员,现任北京巴士股份有限公司党委副书记、纪委书记、工会主席、监事会主席。

张庆峰先生,59岁,大专学历,高级政工师,曾任北京市公交总公司人事处副处长、监察处副处长、纪委副书记,现任北京公交广告有限责任公司党总支书记、副经理,北京巴士股份有限公司监事。

崔铁山先生,49岁,大专学历,会计师,曾任地质物资供销总公司财务处副处长、处长,现任北京市公交总公司审计处副处长,北京巴士股份有限公司监事。

(三) 高级管理人员简介

张国光先生,同上。

龚绍清先生,同上。

曹孟义先生,49岁,大专学历,助理经济师,曾任北京市公汽一公司安全科副科长、科长,公交总公司安全处副处级干部,现任北京巴士股份有限公司副总经理。

蔡连齐先生,43岁,研究生毕业,经济师,曾任北京市公交总公司电车公司二分公司经理,公交巴士客运分公司副经理,现任北京巴士股份有限公司副总经理。

汤世华先生,42岁,大学学历,经济师,曾任北京公交总公司运营处副处级调研员,北京公交巴士客运分公司副经理,现任北京巴士股份有限公司副总经理。

傅世学先生,27岁,大学学历,助理经济师,曾于北京住宅开发建设集团总公司资产处工作,曾任北京顺鑫农业股份有限公司项目发展部项目经理,现任北京巴士股份有限公司董事会秘书。

张莉萍女士,50岁,大专学历,高级会计师,曾任公汽一公司财务科副科长,公交巴士客运分公司副总会计师,现任北京巴士股份有限公司总会计师。

黄志洁先生,61岁,大学学历,高级工程师,曾任北京市出租汽车公司副经理,北京市公交总公司副总工程师,现任北京巴士股份有限公司总工程师。

十、经营业绩

(一) 生产经营一般情况

本公司是北京市经营地面公共交通客运的大型股份制公司,主要业务范围是市内空调公共汽车、旅游公共汽车、双层公共汽车、专线公共汽车及公交广告等相关业务。公司明确以空调公共汽车、旅游公共汽车等高中档客运和公交广告为主的发展战略。目前公司空调公共汽车市场份额占北京市场的90%以上,公交广告业务居全国之首。公司成立以来,凭借不断壮大的实力,已成为北京公交系统的龙头企业。公司将逐步加大科技投入,完成公司车辆的燃料清洁化,减少空气污染指数,实现首都的"绿色交通";同时,充分利用以计算机联网、卫星定位、车上通讯、电子屏幕显示、IC卡等多项现代科技集一体的智能调度指挥系统,提高管理水平,扩大运营区域和运营线路,在稳定现有市场

份额的同时,逐步开展跨省旅游、长途公路客运及市内出租汽车等项业务。使北京巴士股份有限公司成为线网遍布首都,并逐步向全国辐射的现代化大型客运交通企业。

公司完成了公交总公司委托经营事项,经营其500多辆运营车,取得了预期的效益。

截止到2000年9月30日,本公司总资产77039.69万元,净资产31969.27万元。公司利用自有资金和银行贷款添置生产经营设备,车辆比公司成立初期增加近700辆,现有运营车辆2398辆,运营线路70条,公司车辆主要是中高挡新型公共汽车。公司职工总数8587人,其中高级职称89人,中级职称2205人,初级职称2708人,比公司成立初期都有不同提高。公司经营业绩良好,主营业务收入和利润总额连续几年稳步增长。

(二) 发行人前三年及最近一期经营业绩:

本公司前三年及最近一期主要经营业绩:

单位:人民币万元

	2000年1-9月	1999年	1998年	1997年
主营业务收入	36948.78	33085.56	19693.68	17319.97
主营业务利润	10457.80	11451.02	8128.86	5356.30
利润总额	4947.36	7212.71	4909.14	2713.81
净利润	4347.87	6926.12	4874.07	2713.81

(三) 业务收入的主要构成

发行人业务收入的构成主要为运营收入和广告收入。发行人1999年及2000年1-9月主营业务收入和利润构成情况如下:

单位:人民币万元

项目	1999年实现数		2000年1-9已审实现数	
	金额	所占比重%	金额所	占比重%
主营业务收入	33085.56	100.00	36948.78	100.00
其中:运营收入	22742.38	68.74	27725.83	75.04
广告收入	10343.18	31.26	9222.95	24.96
利润总额	7212.71	100.00	4947.36	100.00
其中:运营利润	4085.37	56.64	3321.26	67.13
广告利润	3127.34	43.36	1626.10	32.87

十一、股本

1、本次公开发行股票为本公司首次发行,发行前公司注册资本17200万元。

2、北京巴士股份有限公司是由北京市公共交通总公司作为主发起人,并联合北京城建集团有限责任公司、北京城市开发集团有限责任公司、北京北辰实业集团公司、北京华讯集团等四家发起人,采用发起设立方式于1999年6月18日成立的股份有限公司。经原北京市国有资产管理局京国资工[1999]249号文批准按65.47%的折股比例折为17200万股法人股,其中国有法人持股17157万股,占总股本的99.75%,其它法人持股43万股,占总股本的0.25%。根据《中华人民共和国公司法》第一百七十八条的规定,公司以超过股票票面金额的发行价发行股份所得的溢价款扣除发行费用后列入公司资本公积金。

发行前,公司股本结构如下:

持股单位	类别	股数(万股)	比例(%)
北京市公共交通总公司	国有法人股	17028	99.00
北京城建集团有限责任公司	国有法人股	43	0.25
北京城市开发集团有限责任公司	国有法人股	43	0.25
北京北辰实业集团公司	国有法人股	43	0.25
北京华讯集团	法人股	43	0.25
总股本		17200	100.00

3、本次发行成功后,公司股本结构如下:

类别	股本数(万股)	占总股本比例(%)
尚未流通股发起人股	17200.00	68.25
其中:国有法人股	17157.00	68.08
法人股	43.00	0.17
可流通股社会公众股	8000.00	31.75
总股本	25200.00	100.00

4、本次发行成功后,公司净资产总额预计为109278.39万元,发行前(按审计基准日)每股净资产为1.86元,发行后每股净资产为4.34元。

5、截止2000年9月30日,公司股东名单如下:

持股单位	类别	股数(万股)	比例(%)
1、北京市公共交通总公司	国有法人股	17028	99.00
2、北京城建集团有限责任公司	国有法人股	43	0.25
3、北京城市开发集团有限责任公司	国有法人股	43	0.25
4、北京北辰实业集团公司	国有法人股	43	0.25
5、北京华讯集团	法人股	43	0.25

十二、财务会计资料

以下审计报告、财务报表及其附注均全文引用北京京都会计师事务所有限责任公司出具的审计报告。

(一) 审计报告

北京巴士股份有限公司全体股东:

我们接受委托,审计了北京巴士股份有限公司(以下简称"贵公司")1997年12月31日、1998年12月31日、1999年12月31日、2000年9月30日的资产负债表和合并资产负债表;1997年度、1998年度、1999年度、2000年1-9月的利润表及利润分配表和合并利润表和合并利润分配表以及2000年1-9月现金流量表和合并现金流量表。这些会计报表由贵公司负责,我们的责任是对这些会计报表发表审计意见。我们的审计是依据《中国注册会计师独立审计准则》进行的。在审计过程中,我们结合贵公司的实际情况,实施了包括抽查会计记录等我们认为必要的审计程序。

我们认为,上述会计报表符合《企业会计准则》和《股份有限公司会计制度》的有关规定,在所有重大方面公允地反映了贵公司1997年12月31日、1998年12月31日、1999年12月31日和2000年9月30日的财务状况和合并财务状况及1997年度、1998年度、1999年度、2000年1-9月经营成果和合并经营成果以及2000年1-9月现金流量情况和合并现金流量情况,会计处理方法的选用遵循了一贯性原则。

北京京都会计师事务所有限责任公司　　中国注册会计师:郑建彪
　　中国注册会计师:高利萍
北京市建外大街22号赛特广场五层　　二零零零年十月十八日

(二) 主要财务报表:(附后)

(三) 会计报表附注:

1、公司简介

北京巴士股份有限公司(以下简称"本公司")系经北京市人民政府办公厅京政办函[1999]82号《关于同意设立北京巴士股份有限公司的通知》批准,由北京市公共交通总公司、北京城建集团有限责任公司、北京城市开发集团有限责任公司、北京北辰实业集团公司、北京华讯集团作为发起人,以发起设立方式设立的股份有限公司。北京市公共交通总公司以经评估确认后的净资产及权益作为出资,出资额为人民币26010.15万元,按65.47%的比例折成17028万股,占总股本的99%;北京城建集团有限责任公司、北京城市开发集团有限责任公司、北京北辰实业集团公司、北京华讯集团分别以现金出资,出资额均为65.68万元,按65.47%的比例分别折成43万股,分别占总股本的0.25%。本公司于1999年6月18日在北京市工商行政管理局注册登记,领取注册号为1100001045426的《企业法人营业执照》,注册资本17200万元。

本公司主要经营范围:城市公用汽车客运,出租汽车客运,省际公路客运,轻轨客运;汽车租赁;汽车修理;汽车用清洁燃料的开发、销售及设施改装;公交IC卡及ITS智能交通系统的技术开发、技术转让、技术咨询、技术服务;销售开发后产品、机械电器设备、电子计算机及外部设备、汽车(不含小轿车);代理车辆保险、自制广告业务;餐饮服务;人员培训。

2、会计报表的编制基准

3、公司主要会计政策、会计估计和合并会计报表的编制方法

4、税项

1)营业税:本公司运营收入按收入扣除城市公用事业附加费后的3%计算缴纳;本公司广告收入按收入的3%-5%计算缴纳。

2)增值税:本公司增值税按营业收入的4%计算缴纳。

3)城市公用事业附加费:按本公司运营收入的8/108计算缴纳。根据北京市财政局京财工(1999)1039号文件规定,本公司1999年-2001年实行限额减免,年应上交1400万元以内,予以免交;年应上交超1400万元,定额减征1400万元。

4) 城市维护建设税和教育费附加:本公司分别按应交营业税额和增值税额的7%和3%计算缴纳。

5)企业所得税:本公司改制前,隶属于北京市公共交通总公司,享受免交企业所得税的优惠政策。本公司改制后,企业所得税税率为33%。根据北京市财政局、北京市地方税务局京财税(1999)897号文件规定,北京巴士股份有限公司自转制之日起,第一年免征企业所得税,第二年减半征收企业所得税;北京公交广告有限责任公司自转制之日起,免征企业所得税两年。

5、控股子公司

北京公交广告有限责任公司　北京市东城区交　张家骥道口东大街64号

经营和代理国内和外商来华广告,摄影,图片制作。

6、会计报表主要项目注释

所得税 5,463,453.47

7、关联方关系及其交易

(1) 存在控制关系的关联方

1)存在控制关系的关联方关系

企业名称	注册地	主营业务	与本公司关系	经济性质	法定代表人
北京市公共交通总公司	北京市	客运	母公司	全民所有制	郑树森
北京公交广告有限责任公司	北京市	车身广告	子公司	有限责任公司	张家骥

8、或有事项

截至2000年9月30日止,本公司不存在应披露的或有事项。

9、承诺事项

截至2000年9月30日止,本公司不存在应披露的承诺事项。

10、资产负债表日后事项中的非调整事项

截至2000年9月30日止,本公司不存在应披露的资产负债表日后事项中的非调整事项。

11、其他重要事项

十三、资产评估

(一) 股份公司设立的资产评估

根据北京德威评估公司(改制后现已更名为北京德威评估有限责任公司)出具的德威评报字(1999)第002号、第004号《资产评估报告书》,并经原北京市国有资产管理局京国资估[1999]229、230号文确认,截止1998年12月31日,主发起人投入总资产帐面值52314.30万元,调整后帐面值52314.30万元,评估值52038.03万元,减幅0.01%;

总负债帐面值26100.31万元,调整后帐面值26100.31万元,评估值26027.88万元,减幅0.28%;

净资产帐面值26214.00万元,调整后帐面值26214.00万元,评估值26010.15万元,减幅0.78%。

本公司设立时进行了相应的财务调整。

(二) 本次发行进行的资产评估

本公司为本次股票发行于2000年进行了资产评估,根据北京德威评估有限责任公司德威评报字(2000)第59号评估报告,本公司2000年6　月30日帐面净资产为30529.32万元,评估值为30009.89万元,并经北京市财政局京财评[2000]1612号文确认,本公司未进行帐务调整。

7、评估结果

评估结果汇总表　　单位:万元

项目	帐面价值	调整后帐面值	评估价值	增减值	增值率
流动资产	15,285.92	15,296.19	15,249.27	-46. 92	-0.31
长期投资	5,316.82	5,316.82	4,779.53	-537.29	-10.11
固定资产	26,337.89	26,337.89	26,639.00	301. 11	1.14
其中:在建工程					
建筑物					
设备	26,265.58	26,265.58	26,639.00	373.42	1.42
固定资产清理	72.31	72.31		-72.31	-100
无形资产					
其中:土地使用权					
其它资产	52.13	59.13	55.06	-4.07	-6.88
资产总计	46,992.76	47,010.03	46,722.86	-287.17	-0.61
流动负债	16,525.70	16,543.32	16,775.58	232.26	1.40
长期负债	-62.26	-62.61	-62.61		
负债总计	16,463.44	16,480.71	16,712.97	232.26	1.41
净资　产	30,529.32	30,529.32	30,009.89	-519.43	-1.70

十四、盈利预测

本公司提示投资者,鉴于预测的不确定性,投资者在进行投资预测时,不应过分依赖本节资料。

(一) 盈利预测审核报告

北京巴士股份有限公司全体股东:

我们接受委托,对北京巴士股份有限公司(以下简称"贵公司")2000-2001年度的盈利预测所依据的基本假设、选用的会计政策及其编制基础进行了审核。

贵公司董事会对盈利预测的基本假设、选用的会计政策及其编制基础须承担全部责任。我们的责任是对它们发表审核意见。我们的审核是依据《独立审计实务公告第4号-盈利预测审核》进行的,并实施了必要的审核程序。

我们认为,上述盈利预测所依据的基本假设已充分披露,没有证据表明这些基本假设是不合理的;盈利预测已按照确定的编制基础编制,所选用的会计政策与贵公司实际采用的相关会计政策一致。

北京京都会计师事务所有限责任公司　　中国注册会计师:郑建彪
　　中国注册会计师:高利萍
北京市建外大街22号赛特广场五层　　二零零零年十月十八日

(二) 盈利预测基准

本公司盈利预测是以业经北京京都会计师事务所审计的1997年度、1998年度、1999年度以及2000年1-9月的经营业绩为基础,根据国家的宏观政策,结合本公司2000-2001年度经营能力、经营计划及其他有关资料编制的。本盈利预测所依据的会计政策在所有重大方面遵循了我国现行法

律、法规和财务会计制度的规定,且与本公司实际采用的会计政策一致。

(三) 盈利预测基本假设:

(四) 盈利预测汇总表(附后)

(五) 盈利预测编制说明

十五、公司发展规划

(一) 发展目标和规模

公司将以城市客运为主体,以中高档客运交通方式为基础,站稳首都市场,面向全国市场。同时,狠抓经济效益,运用优质高效的服务手段,逐步加大公司的环保、科技投入,把股份公司发展成线网遍布首都,运力配备充足,运营指挥高效灵活,服务质量优良的,以城市客运为龙头,集旅游、广告、公共交通高新技术应用为一体并逐渐向全国辐射的现代化大型交通企业。

(二) 生产经营发展战略

公司作为北京客运交通行业第一家股份制企业,将积极利用上市公司在管理科学、规范运作等诸多方面的优势,充分发挥公司在城市客运交通方面多年积累的经营经验,以及在市场份额及车辆档次、车辆技术上的优势,利用国家加大基础设施投入、首都大力发展公共交通事业、公交优先的一系列政策优势,努力开拓市场,开发新的运营品种,调整运营结构,使公司的市场占有率迅速提高,运营生产结构更加合理。

公司将充分利用公开发行股票及上市公司的资金优势,购置新开运营线路所需的车辆,迅速增加运营车辆,提高车辆档次,以市场为导向,努力满足广大市民的乘车需求,稳步提高盈利水平。

公司将重点发展首都空调公共汽车业务,根据充分的市场调查,空调公共汽车由于定价合理,乘车环境优雅,方便快捷,深受广大乘客欢迎,其发展空间广阔,市场潜力巨大。公司将继续发展旅游客运交通,充分利用首都旅游资源丰富的良好条件,发挥公司专营首都旅游专线公共汽车的优势,积极拓展旅游客运市场,努力满足首都市民及外埠来京乘客旅游出行的需求,在首都旅游消费呈逐年上升趋势的良好市场中,大幅度提高公司的盈利水平。公司还将投资于首都环保产业,为治理首都环境污染做出贡献。如进行汽车用清洁燃料的开发、销售及车辆设施改装,在提高公司经济效益的同时,还将取得良好的社会效益。公司还将继续开发公交广告市场,公司的运营线路覆盖全市,公司所拥有的运营车辆、公共汽车站台、候车亭是得天独厚的广告媒体资源,公交广告市场空间巨大,是公司稳定的经济增长点。公司将投资于出租汽车行业,并逐渐开展省际公路客运业务。国有企业的出路,一要靠改革,二要靠用高新技术来改造传统产业,在即将来临的21世纪知识经济时代中,"向管理要效益,向科技要效益",必将是全国所有公交企业发展的共同方向。因此,公司将大力发展高科技产业,全面启动科技兴企工程,引进优秀技术人才,涉足高科技项目的研究和开发。公司还将继续做好外埠客运市场的开发工作,努力扩大企业的知名度。在两至三年内,形成以城市公共汽车客运为主体、多元经营交通产业的大型客运交通企业。

(三) 经营管理计划

公司将建立一套科学的、适应市场与企业发展的经营管理机制。主要包括:以市场为导向,以现代化企业制度为目标,建立和优化企业的决策、执行、管理的权利分配机制;建立公司内部各层次的责任机制;建立健康发展的制约机制,建立激发企业活力的分配机制,从而保证企业资源的优化配置,保证企业经营管理机制的系统性,配套性和高效运行。

(四) 技术开发计划

在市政府的统一部署下,北京市将计划建成交通"一卡通"IC卡管理系统,公司将积极参与本系统的建设,加大公司IC卡项目的投资,建立公司IC卡管理结算中心,并率先在公司现有的部分运营车上试行IC卡乘车,积累经验,以便尽快全面推广使用,提高企业的整体效益。公司计划研究和开发"综合管理信息系统(MIS)",建立具有优化线网、车辆运行监控、车辆维护监控、营运成本分析、生产经营活动分析等功能的生产经营决策支持系统。

(五) 市场开发计划与运营网络建设计划

建立面向市场、反应灵敏的营运管理机制。公交企业的优势在市场,潜力也在市场,公司将大力挖掘市场潜力,立足于改善服务质量,提高供应水平,通过更新车辆,增加车辆、班次,延长营业时间,合理调整线路布局和设站,提高线网覆盖率等措施提高公共交通的方便性和可靠程度,吸引市民乘坐公交车。

以方便乘客为目的,通过开辟、调整、延伸线路,全面优化公交线网。到2002年形成以棋盘型为主加环型和放射型为主要特征的线网布局,建成4~5座换乘合理方便、地面交通与轨道交通相衔接的公交枢纽站,改善新建居民住宅小区的乘车条件,使居民通过1次换乘即可进入市中心区。

为进一步在全国扩大企业知名度,拓展客运市场,充分利用自有资源优势和兄弟城市特有的优势,实现优势互补,共同培育和发展公交事业,公司将大力开发外埠客运市场,成立投资公司,积极与外埠客运公司进行合作经营、联营或投资,组建合作公司,组建公交连锁企业,共同开发外埠客运市场,提高公司客运市场的占有率,同时获取经济效益。力争在2002年,与10家企业建立合作关系,共同组建合作公司。

(六) 人事管理计划

公司将建立企业内部经营者责权利明确,人尽其才,能者上、庸者下,优胜劣汰的公平竞争机制,广揽贤才,优化人才结构,在实行全员劳动合同制、管理人员聘任制的基础上,通过多层次、多形式的员工培训,培养具有现代企业意识和管理经验的企业骨干人才,建立一套完善的经营者选拔、任用、考核、激励、约束、培养、淘汰的竞争上岗机制。同时根据需要,加快培养和吸收研究开发、市场营销方面的高级专业人才及生产管理方面的综合人才。

十六、重要合同及重大事项

下列合同应属对本公司经营业务有重大影响的经济合同:

(一) 重要合同

1、土地租赁

发行人与公交总公司于1999年6月18日签订了《土地使用权租赁协议》其内容为:发行人向公交总公司承租的六宗土地的土地使用权面积总计为104609.84平方米,土地租赁费为年1686400元人民币,土地租赁使用年限为五年,租赁使用期限为自1999年6月18日起至2004年6月17日止。

2、房屋租赁

发行人与公交总公司于1999年6月18日签订了《房屋租赁协议》其内容为:发行人向公交总公司承租三栋房屋,建筑面积总计为11776平方米,房屋租赁费为年635904元人民币,房屋使用年限为五年,租赁使用期限为自1999年6月18日起至2004年6月17日止。

3、综合服务

发行人与公交总公司于1999年6月18日签订了《综合服务协议》,其内容为:公交总公司向发行人供应其所需的水、电、天燃气等能源、动力;向发行人的专业人员提供职工培训;向发行人员工家属宿舍提供取暖和向发行人员工出租房屋等项服务。提供上述服务的收费原则为:(a) 有国家定价的,采用国家统一规定;(b) 国家没有定价的,参照国内同类行业的市场价格,经双方协商后确定;(c) 若无上述任何一项价格时,按实际成本价双方协商确定服务价格。为确保股份公司与公交总公司的平等互利原则,公交总公司保证,其向股份公司提供的能源动力服务,生活后勤服务及职工住房等服务,设施所收取的费用标准不高于其向第三方(包括公交总公司下属企业)收取的费用标准。《综合服务协议》有效期五年,自1999年6月18日起至2004年6月17日止。

4、车辆维修

发行人与公交总公司于1999年6月18日签订了《车辆维修协议》,其内容为:公交总公司指定其下属修理厂负责发行人的全部公交车辆的维修、保养工作。收费标准为:每部车辆每年一级保养费为人民币6000元;每部车辆每年二级保养费为人民币5000元;每部车辆年修理费为人民币4000元。《车辆维修协议》有效期二年,自1999年6月18日起至2001年6月17日止。

5、车辆加油加气服务

发行人与公交总公司于1999年6月18日签订了《车辆加油加气协议》,其内容为:公交总公司指定其所属物资配送总站为发行人提供车辆加油加气服务,提供的燃油燃气价格与公交总公司自用价格相同(该价格将根据国家物价管理局的要求随时进行调整)。《车辆加油加气协议》有效期三年,自1999年6月18日起至2002年6月17日止。

6、委托经营

发行人与公交总公司于1999年7月1日签订了《委托经营协议》,其内容为:公交总公司将其所拥有的515部公交车辆委托给发行人经营管理,委托经营管理期限为自1999年7月1日起至1999年12月31日止, 发行人应于1999年12月31日前向公交总公司缴纳运营车辆使用费3370860.72元人民币。

发行人与公交总公司于2000年1月1日签订了《委托经营协议》,其内容为:公交总公司将其所拥有的595部公交车辆委托给发行人经营管理,委托经营管理期限为自2000年1月1日起至2000年7月31日止,发行人应于2000年7月31日前向公交总公司缴纳运营车辆使用费10573293-2.18元人民币。

7、收购协议

发行人与公交总公司于1999年9月24日签订了《收购协议》,发行人以经北京德威评估有限责任公司(德威评报字[2000]第521号《评估报告》)的评估值为依据,收购由公交总公司拥有的115部双层公交车辆,收购价格为25,041,797.09元人民币,此次收购行为已取得公交总公司经理办公会通过及发行人临时股东大会通过。

发行人与公交总公司于2000年8月1日签订了《收购协议》,发行人以经北京德威评估有限责任公司评估的[2000]第56号《评估报告》的评估值为依据,收购由公交总公司拥有的595部公交车辆,收购价格为170128192⁄,-(元人民币,此次收购行为已取得公交总公司经理办公会通过及发行人股东大会通过。

8、重大债权合同

(1)发行人与中国民生银行海淀区营业部于2000年8月7日签订的编号为:(2000)年(水管贷)字(057)号短期《借款合同》,借款金额为:3500万元人民币,借款年限为:自2000年8月7日起至2001年8月7日止一年,借款利率为6.435%。公交总公司为此笔借款提供担保(保证合同编号:[2000]年[水管保]字[061]号)。

(2)发行人与中国工商银行北京市南礼士路支行于2000年8月11日签订的编号为:2000年临字第90-1号《流动资金借款合同》,借款金额为:8000万元人民币,借款年限为:自2000年8月11日起至2003年8月10日止三年,借款月利率为4.95‰。公交总公司为此笔借款提供担保(保证合同编号:2000年临字第90-1号)。

(3)发行人与中国工商银行北京市南礼士路支行于2000年8月14日签订的编号为:2000年临字第92号《流动资金借款合同》,借款金额为:7000万元人民币,借款年限为:自2000年8月14日起至2003年8月10日止三年,借款月利率为4.95‰。公交总公司为此笔借款提供担保(保证合同编号:2000年临字第92号)。

(4)发行人与中国工商银行北京市南礼士路支行于2000年8月14日签订的编号为:2000年临字第93号《流动资金借款合同》,借款金额为:5000万元人民币,借款年限为:自2000年8月14日起至2003年8月10日止三年,借款月利率为4.95‰。公交总公司为此笔借款提供担保(保证合同编号:2000年临字第93号)。

9、承销协议

发行人与南方证券有限公司于2000年10月8日签订了《承销协议》,其主要内容

为:本次发行的发行数量为8000万股,发行价格拟定为9.92元;发行方式拟定为上网定价发行的方式发行,承销方式为余额包销,承销费用包括(1)股票发行中的文件制作、印刷、散发及刊登招股说明书等费用;(2) 承销佣金;(3) 杂项费用; 本次发行的承销费用按本次发行股票募集资金总额的1.7%计算,共计1349.12万元。

(二) 重大诉讼事项

2000年1月24日本公司之控股子公司北京公交广告有限责任公司被合作方埃威夷国际集团亚洲候车亭广告有限公司以其未按协议书约定和市政府主管部门批准文件的规定向其提供王府井北口至美术馆,朝阳门至美术馆区间的公交车站站点供其安装候车亭为由,向中国国际经济贸易仲裁委员会提出仲裁请求。北京公交广告有限责任公司对此向中国国际经济贸易仲裁委员会提出反请求。2000年5月25日,中国国际经济贸易仲裁委员会开庭审理,7月10日做出仲裁决定,确定双方所签协议未经有关部门批准,系一无效的法律文件,双方请求全部驳回。该事项涉及金额为490万元,截至2000年9月30日止,根据董事会决议,公司已将此项应收帐款在报告期内按100%计提坏帐准备。

十七、备查文件

投资者可于本次股票发行期间, 到发行人或主承销商住所处查阅以下文件:

1、审计报告、财务报表及附注;

2、发行人设立的注册登记文件;

3、中国证监会同意公开发行股票的文件;

4、上海证券交易所同意安排上市的承诺函;

5、发行人与南方证券有限公司签订的社会公众股的承销协议;

6、国有资产管理部门关于资产评估的确认文件;

7、发行人设立的其他有关资料;

8、重要合同;

9、其他备查文件。

北京巴士股份有限公司

二〇〇一年一月二日

合并资产负债表

编制单位:北京巴士股份有限公司　　单位:人民币元

资产	2000.9.30	1999.12.31	1998.12.31	1997.12.31
流动资产:				
货币资金	136307157.90	113305166.57	62753918.26	42058158.31
短期投资	1015910.80	1665910.80	8825910.80	6010000.00
减:短期投资跌价准备				
短期投资净额	1015910.80	1665910.80	8825910.80	6010000.00
应收票据				
应收股利				
应收利息				
应收帐款	7904541.12	13429728.27	64945766.47	87877.04
其他应收款	12433682.25	33877085.83	42915686.03	13019532.45
减:坏帐准备	5671911.16	2365340.71	5328072.63	655370.49
应收帐款净额	14666312.21	44941473.39	102533379.87	12452039.00
预付货款	46339521.72	12114724.35	933692.95	2059973.40
应收补贴款	4021938.48	1278831.65	1435624.71	2196006.87
存货				
减:存货变现损失				
存货净额	4021938.48	1278831.65	1435624.71	2196006.87
待摊费用	3156493.84	4403523.23	1390145.80	1396641.43
待处理流动资产净损失			-150.00	-
一年内到期的长期债券投资				
其他流动资产	-	35395.15	-	-
流动资产合计	205507334.95	177745025.14	177872522.39	66172819.01
长期投资:				
长期股权投资	965000.00	968555.03	950000.00	477000.00

其他投资				
长期投资合计	965000.00	968555.03	950000.00	477000.00
减:长期投资减值准备				
长期投资净额	965000.00	968555.03	950000.00	477000.00
其中:合并价差	－	3555.03		
固定资产:				
固定资产原价	733639029.57	507612602.23	438518401.67	341012221.98
减:累计折旧	196289549.32	159129740.09	114298355.03	74776235.28
固定资产净值	537349480.25	348482862.14	324220046.64	266235986.70
工程物资				
在建工程	15774259.46	11637100.20	45700.00	7773371.96
固定资产清理	695123.54	723121.44		
待处理固定资产损失				
固定资产合计	553818863.25	360843083.78	324265746.64	274009358.66
无形及其他资产				
无形资产	7404718.77	7523793.18	336700.00	－
开办费	274756.34	604465.30	－	－
长期待摊费用	2426192.81	412345.33	994444.32	185407.01
其他长期资产				
无形及其他资产合计	10105667.92	8540603.81	1331144.32	185407.01
递延税项:				
递延税款借项				
资产总计	770396866.12	548097267.76	504419413.35	340844584.68
负债及股东权益	2000.9.30	1999.12.31	1998.12.31	1997.12.31
流动负债:				
短期借款	69000000.00	47500000.00	32000000.00	46100000.00
应付票据				
应付帐款	7515331.96	8026938.76	94872017.97	22506417.77
预收帐款	61245415.12	54516712.47	55363873.32	4037021.60
代销商品款	－	272650.06	－	－
应付工资	4960268.41	4213381.10	−3936715.19	3730858.12
应付福利费	9252217.47	6126585.51	1474867.85	1409199.70
应付股利	32475817.31	32855268.72	2501362.75	－
应交税金	3609784.15	3283683.91	1028596.88	939742.51
其他应交款	275189.83	391357.99	1362946.06	447327.84
其他应付款	48237577.48	97849732.48	38863182.21	60005428.47
预提费用	573068.35	722270.58	1805862.59	1253997.89
一年内到期的长期负债				
其他流动负债				
流动负债合	237144670.08	255758581.58	225335994.44	140429993.90
长期负债:				
长期借款	212200000.00	12200000.00	19700000.00	13000000.00
应付债券				
长期应付款	139842.00	1739352.00	2240410.74	3348267.74
住房周转金	－	44545.18	36399.85	20060.05
其他长期负债				
长期负债合	212339842.00	13983897.18	21976810.59	16368327.79
递延税款				
递延税款贷项				
负债合计	449484512.08	269742478.76	247312805.03	156798321.69
少数股东权益	1219616.58	1032091.10	596557.39	－
股东权益:				
净资产			256510050.93	184046262.99
股本	172000000.00	172000000.00	－	－
资本公积金	90728643.51	90728643.51		
盈余公积金	14589146.98	14589146.98		
其中:公益金	7294573.49	7294573.49		
未分配利润	42374946.97	4907.41		
股东权益合计	319692737.46	277322697.90	256510050.93	184046262.99
负债及股东权益合计	770396866.12	548097267.76	504419413.35	340844584.68

合并利润及利润分配表

编制单位:北京巴士股份有限公司　单位:人民币元

项目	2000年1-9月	1999年度	1998年度	1997年度
一、主营业务收入	369487817.40	330855584.36	196936815.87	173199692.01
减:折扣与折让				
主营业务收入净额	369487817.40	330855584.36	196936815.87	173199692.01
减:主营业务成本	243621619.52	199525297.20	100484319.11	106318235.93
主营业务税金及附加	21288211.05	16820104.01	15163893.70	13318434.66
二、主营业务利润	104577986.83	114510183.15	81288603.06	53563021.42
加:其他业务利润	5223580.44	5881508.06	2488694.13	778667.14
减:存货跌价损失				
营业费用	5894799.77	4249066.80	3182405.57	4839270.92
管理费用	48923738.24	43206148.15	33883462.47	24244808.51
财务费用	5084859.09	4100448.10	4566174.19	4435558.69
三、营业利润	49898170.17	68836028.16	42145254.96	20822050.44
加:投资收益	70000.00	980000.00	4428787.79	4522126.32
补贴收入				
营业外收入	540080.14	2410135.43	2974852.02	1865353.58
减:营业外支出	1034616.91	99038.20	457476.23	71401.23
四、利润总额	49473633.40	72127125.39	49091418.54	27138129.11
减:所得税	5807376.09	2655339.53	354185.58	
少数股东损益	234075.48	210602.43	−3442.61	
五、净利润	43478731.83	69261183.43	48740675.57	27138129.11
加:年初未分配利润	−1103784.86	−5319072.63		
盈余公积转入				
六、可供分配的利润	42374946.97	63942110.80		
减:提取法定盈余公积	－	7294573.49		
提取法定公益金		7294573.49		
七、可供股东分配的利润	42374946.97	49352963.82		
减:应付优先股股利				
提取任意盈余公积				
应付普通股股利	32680000.00			
滚存未分配利润和年初至评估基准日实现利润的评估折股数额				
评估基准日至公司设立日实现的利润分配给原发起股东的数额	16668056.41			
转作股本的普通股股利				
八、未分配利润	42374946.97	4907.41		

合并现金流量表(2000年1-9月)

编制单位:北京巴士股份有限公司　单位:人民币元

项目	合并
一、经营活动产生的现金流量:	
销售商品、提供劳务收到的现金	374898395.64
收到的租金	
收到的税费返还	
收到的其他与经营活动有关的现金	136780115.38
现金流入小计	511678511.02
购买商品、接受劳务支付的现金	252307429.25
经营租赁所支付的现金	560000.00
支付给职工以及为职工支付的现金	71502069.74
实际交纳的增值税款	
支付的所得税款	5716753.76
支付的除增值税、所得税以外的其他税费	21288145.05
支付的其他与经营活动有关的现金	103374135.47
现金流出小计	454748533.27
经营活动产生的现金流量净额	56929977.75
二、投资活动产生的现金流量:	
收回投资所收到的现金	650000.00
分得股利或利润所收到的现金	
取得债券利息收入所收到的现金	
处置固定资产、无形资产和其他长期资产而收到的现金	
收到的其他与投资活动有关的现金	
现金流入小计	650000.00
购建固定资产、无形资产和其他长期资产所支付现金	259888336.56
权益性投资所支付的现金	
债权性投资所支付的现金	
支付的其他与投资活动有关的现金	
现金流出小计	259888336.56
投资活动产生的现金流量净额	−259238336.56
三、筹资活动产生的现金流量:	
吸收权益性投资所收到的现金	
子公司吸收少数股东权益性投资收到的现金	
发行债券所收到的现金	
借款所收到的现金	248250000.00
收到的其他与筹资活动有关的现金	367953.36
现金流入小计	248617953.36
偿还债务所支付的现金	18250000.00
发生筹资费用所支付的现金	
分配股利或利润所支付的现金	
偿付利息所支付的现金	5057603.22
融资租赁所支付的现金	
减少注册资本所支付的现金	
支付其他与筹资活动有关的现金	
现金流出小计	23307603.22
筹资活动产生的现金流量净额	225310350.14
四、汇率变动对现金的影响额	
五、现金及现金等价物净增加额	23001991.33

补充资料:	合并
1.不涉及现金收支的投资和筹资活动:	
以固定资产偿还债务	
以投资偿还债务	
以固定资产进行投资	
以存货偿还债务	
2.将净利润调节为经营活动的现金流量:	
净利润	43478731.83
加:少数股东损益	187525.48
加:计提的坏帐准备或转销的坏帐	3446570.45
固定资产折旧	44160376.26
无形资产等摊销	119074.41
待摊费用的减少(减增加)	1283629.39
预提费用的增加(减减少)	−281825.73
处置固定资产、无形资产和其他长期资产的损失(减:收益)	
固定资产报废损失	815656.22
财务费用	5086397.58
投资损失(减收益)	−70000.00
递延税款贷项(减借项)	
存货的减少(减增加)	−2743106.83
经营性应收项目的减少(减增加)	−8848240.26
经营性应付项目的增加(减减少)	−29704811.05
其他	
经营活动产生的现金流量净额	56929977.75
3.现金及现金等价物净增加情况:	
货币资金的期末余额	136307157.90
减:货币资金的期初余额	113305166.57
现金等价物的期末余额	
减:现金等价物的期初余额	
现金及现金等价物净减少额	23001991.33

福建龙净环保股份有限公司

福建龙净环保股份有限公司股票上市公告书

一、要 览

总股本:16700 万股
可流通股本:6500 万股
本次上市流通股本:6500 万股
股票简称:龙净环保
股票代码:600388
上市地点:上海证券交易所
上市时间:2000 年 12 月 29 日
登记机构:上海证券中央登记结算公司
上市推荐人:华泰证券有限责任公司　　兴业证券股份有限公司

二、绪 言

本上市公告书是根据《中华人民共和国公司法》、《中华人民共和国证券法》、《公开发行股票公司信息披露实施细则》和《上海证券交易所股票上市规则》等国家有关法律、法规的规定,并按照公开发行股票公司信息披露的内容与格式准则第七号《上市公告书的内容与格式(试行)》而编制,旨在向投资者提供有关福建龙净环保股份有限公司(以下简称"本公司")和本次股票上市的基本情况。

经中国证监会证监发行字[2000]171 号文核准,本公司于 2000 年 12 月 14 日通过"上网定价"的方式成功发行 6500 万社会公众股,每股发行价为人民币 7.20 元。

经上海证券交易所上证上字[2000]123 号《上市通知书》批准,本公司通过上网定价发行的 6500 万社会公众股将于 2000 年 12 月 29 日起在上海证券交易所挂牌交易。股票简称"龙净环保",股票代码"600388"。

本公司已于 2000 年 12 月 12 日在《上海证券报》、《证券时报》、《中国证券报》上刊登了《招股说明书概要》,距今不足六个月,故与其重复的内容在此不再重述,敬请投资者查阅本公司的《招股说明书概要》。

本公司董事会全体成员已批准本上市公告书,确信本公告书所载资料不存在重大遗漏或者误导,并对其真实性、准确性和完整性负个别的和连带的责任。

三、本公司概况

(一)基本情况
1、公司名称:福建龙净环保股份有限公司
2、注册地点:福建省龙岩市新罗区陵园路 81 号
3、成立日期:1998 年 2 月 23 日
4、注册资本:16700 万元
5、法定代表人:周苏华
6、经营范围:经公司登记机关核准,公司的经营范围是:环境污染防治设备,高压硅整流用设备,低压配套设备,水利水电、电站用高低压控制设备,电器机械及器材,三基色节能萤光灯,高压硅堆,高压绝缘件的制造、销售、安装;出口本企业自产的电除尘器及配套设备、电子节能灯;进口本企业生产、科研所需的原辅材料、机械设备、仪器仪表及零配件;经营本企业的进料加工和"三来一补"业务(以上经营范围凡涉及国家专项专营规定的从其规定)。
7、主要业务:环境污染防治设备,除尘、脱硫及配套高低压电控设备的制造、销售、安装。
8、所属行业:环保
9、联系电话:0597-2210288
10、联系传真:0597-2290903
11、联系人:陈培敏
(二)本公司历史沿革
1、公司设立

1998 年 1 月,经福建省人民政府闽政体股[1998]01 号文批准,在原福建龙净企业集团公司整体改制的基础上,由龙岩市国有资产管理局联合中国电能成套设备总公司、福建龙净企业集团公司工会、龙岩环星工业公司、福建龙岩龙净工贸有限公司、福建龙岩汽车改装厂、龙岩市排头建筑工程有限公司、龙岩市通用机械有限公司、龙岩市汇东金属材料有限公司、龙岩市电力建设发展公司和福建省龙岩市经济技术协作公司,共同发起设立福建龙净股份有限公司。成立时公司注册资本 5000 万元,其中国家股 2246.5798 万股,占总股本的 44.93%,法人股 2753.4202 万股,占总股本的 55.07%。1998 年 2 月 23 日,公司在福建省工商局登记注册。

2、增资扩股 1999 年 11 月,经福建省人民政府闽政体股[1999]29 号文批准,公司 1999 年第一次临时股东大会决议通过,按 1999 年 5 月 31 日公司每股净资产值 1.23 元的价格进行增资扩股。新增福建省东正股份有限公司(现更名为"福建省东正投资股份有限公司")、厦门硕华经贸发展有限公司、福建省莆田市吉润粮油饲料工业有限公司等 3 家法人股东,合计增加股份 5200 万股。增资扩股后公司股本总额达到 10200 万元,其中国家股 2246.5798 万股,占总股本的 22.03%,法人股 7953.4202 万股,占总股本的 77.97%。1999 年 12 月 7 日,公司办理了本次增资扩股的工商变更登记手续。

四、股票发行及承销

(一)本次发行情况
1、社会公众股发行数量:6500 万股
2、股票发行价格:7.20 元/股
3、发行市盈率:59.52 倍(全面摊薄)
4、发行费用:1865.8 万元
5、每股发行费用:0.287 元
6、募集资金数量:44934.2 万元(扣除发行费用)
7、发行方式:上网定价发行
8、发行日期:2000 年 12 月 14 日
9、中签率:0.31714206%
10、有效申购户数:920,422 户
11、持有 1000 股以上的户数:61613 户
(二)股票承销:本次公开发行的 6500 万社会公众股得到超额认购,承销团无余额包销。
(三)验资报告(厦门天健所验(2000)GF 字第 5021 号)
福建龙净环保股份有限公司全体股东:

我们接受委托,对贵公司截至 2000 年 12 月 20 日止变更前后的注册资本、投入资本的真实性和合法性进行了审验。在审验过程中,我们按照《独立审计实务公告第 1 号-验资》的要求,实施了必要的审验程序。贵公司的责任是提供真实、合法、完整的验资资料、保证资产的安全、完整,我们的责任是按照《独立审计实务公告第 1 号-验资》的要求,出具真实、合法的验资报告。

贵公司变更前的注册资本和实收股本均为人民币 102,000,000.00 元,已经龙岩会计师事务所龙会所 (98) 内验字第 08 号验资报告和厦门天健会计师事务所有限公司厦门天健所验 (99)GF 字第 5013 号验资报告验证。此次根据中国证券监督管理委员会证监发行字[2000]171 号文件《关于核准福建龙净环保股份有限公司公开发行股票的通知》,贵公司采用上网定价方式向社会公开发行人民币普通股股票 6500 万股,每股面值 1 元,每股发行价格 7.20 元。经过我们的审验,截止 2000 年 12 月 20 日止,证券承销机构缴来经上海证券交易所网上发行 6500 万股社会公众股股款人民币 452,322,000.00 元(已扣承销费 14,040,000.00 元和上网发行费 1638000.00 元),其中股本人民币 65,000,000.00 元,资本公积 383,092,000.00 元,应支付的有关发行费用 4,230,000.00 元。此次发行完毕后,贵公司股本总额为 167,000,000 股,其中国家股及法人股 102,000,000 股,占总股本的 61.08%,社会公众股 65,000,000 股,占总股本的 38.92%。资本公积金由发行前的 22,430,152.46 元增加为 405,522,152.46 元。

与此次增资发行相关的资产总额为人民币 452,322,000.00 元,全部为货币资金。

附件一、变更前后股本对照表
附件二、验资事项说明
附件三、银行入资凭证
厦门天健会计师事务所有限公司　　中国注册会计师　熊建益
中国注册会计师　刘　维
地址:厦门市湖滨南路金源大厦 18 楼　　二 OOO 年十二月二十日
入帐时间:2000 年 12 月 20 日
入帐金额:452,322,000.00 元
入帐帐号:117130101400045438
开户银行:福建兴业银行福州市华林支行

五、董事、监事及高级管理人员持股情况

(一)公司董事、监事及高级管理人员简历
1、董事

董事:周苏华,男,41 岁,经济学研究生,中共党员,中国青年企业家协会副会长,福建省"十大杰出青年企业家"。曾任厦门八一经济发展公司董事长兼总经理,福建省东正股份有限公司董事长兼总经理。现任公司董事长。

董事:邱一希,男,52 岁,大专学历,高级工程师,中共党员,中国环保产业协会理事。曾任龙岩无线电厂科长、副厂长、厂长,福建龙净企业集团公司总经理,福建龙净股份有限公司董事长、总经理。现任公司副董事长。

董事:林明星,男,51 岁,大专学历,工程师,中共党员。曾任龙岩钢铁厂副科长,龙岩空气净化设备厂第一副厂长,福建龙净企业集团公司党委书记兼副总经理。现任公司党委书记。

董事:黄炜,男,37 岁,大专学历,工程师,中共党员,中国环保产业协会电除尘委员会副主任。曾任龙岩空气净化设备厂科长、厂长助理,福建龙净企业集团公司营销处长、总经理助理、副总经理、福建龙净股份有限公司第一副总经理。现任公司总经理,福建省龙岩市龙净脱硫工程有限公司董事长。

董事:卞友苏,女,48 岁,大专学历,政工师,中共党员。曾任龙岩空气净化设备厂党委副书记、工会主席,福建龙净企业集团公司工会副主席。现任公司工会主席。

董事:陈锡贵,男,49 岁,本科学历,高级工程师,中共党员。现任中国电能成套设备有限公司经营开发部总经理。

董事:吴京荣,男,39 岁,本科学历,中共党员。曾任中国人民解放军防化学院讲师,国务院中央军委军品贸易办公室正团职参谋。现任福建省东正投资股份有限公司董事。

董事:黄建忠,男,38 岁,经济学博士,中共党员。曾任厦门大学国际贸易系副教授、系主任,福州大学经济管理学院教授,中盛投资股份有限公司总经理,福建南平电缆股份有限公司董事、总经济师。现任福建省东正投资股份有限公司总经理。

董事:钟亚平,男,48 岁,大专学历,中共党员。曾任福建省粮食海运公司经理。现任福建省莆田市吉润粮油饲料工业有限公司董事长,福州雄盛航运贸易有限公司董事长。

董事:黄国典,男,28 岁,本科学历,中共党员。曾任福建省华福证券公司干部。现任福建省东正投资股份有限公司总经理助理。

董事:冯婉如,女,29 岁,本科学历,注册会计师、注册评估师、注册税务师。曾任厦门象屿集团公司主任会计,现任福建龙净环保股份有限公司财务总监。

董事会秘书:陈培敏,女,35 岁,本科学历,律师。曾任福建闽天律师事务所律师。

2、监事

监事:赖良智,男,56 岁,本科学历,高级工程师,中共党员。曾任龙岩空气净化设备厂副厂长,福建龙净企业集团公司副总经理。现任公司党委副书记、监事会召集人。

监事:郭俊,男,45 岁,本科学历,高级工程师。曾任龙岩空气净化设备厂研究所副所长,福建龙净企业集团公司副总工程师兼开发一部部长。现任公司副总工程师兼电控设备研究所所长。

监事:章仁平,男,47 岁,中专学历,助理经济师,曾任福建龙净企业集团公司总经理助理,福建龙净股份有限公司副总经理。现任公司总经济师。

监事:张蔚银,男,49 岁,大专学历,工程师,中共党员。曾任福建龙净企业集团公司总经理助理,福建龙净股份有限公司副总经理。现任公司总经理办公室主任。

监事:曾丽珊,女,43 岁,大专学历,中共党员。曾任厦工集团团委副书记。现任福建省东正投资股份有限公司办公室主任。

监事:林宇,男,30 岁,大专学历。曾任上海扬子饭店财务部经理。现任福建省东正投资股份有限公司财务部经理。

监事:李平,男,51 岁,大专学历,中共党员。曾任福建省石油总公司干部。现任大连鹤港海运有限责任公司副总经理。

3、高级管理人员

总经理:黄炜。董事会秘书:陈培敏。财务总监:冯婉如。

副总经理:张原,男,36 岁,本科学历,工程师。曾任福建龙净企业集团公司总经理助理,福建龙净股份有限公司营销处长,副总经理。

副总经理:何英俊,男,44 岁,大专学历,曾任福建龙净企业集团公司总经理助理,除尘器厂厂长,福建龙净股份有限公司常务副总经理。

副总经理:陈泽民,男,41 岁,大专学历,工程师,中共党员。曾任福建龙净企业集团公司安装公司经理,福建龙净股份有限公司副总经理。

(二)公司董事、监事及高级管理人员持股情况
公司董事、监事及高级管理人员未持有公司股票。

六、公司设立

1、本公司是经福建省人民政府闽政体股[1998]01 号文批准,于 1998 年 2 月 23 日注册成立,注册资本 5000 万元。本公司于 2000 年第一次临时股东大会审议并通过了关于向社会公众公开发行股票并上市等决议。

2、本公司于 2000 年 12 月 14 日向社会公众发行 6500 万股社会公众股,募股资金已到位,本公司于 2000 年 12 月 20 日进行了工商变更登记:

注册资本:16700 万元

注册地点:福建省龙岩市新罗区陵园路 81 号公司

法定代表人:周苏华

营业执照注册号:3500001001680

七、关联企业及关联交易

(一)关联企业

1、福建省东正投资股份有限公司,注册资本 9600 万元,法定代表人甄亚铭。主要从事能源、原材料、高科技项目等投资。该公司持有公司股份 4500 万股,占公司发行前总股本的 44.12%。

2、福建省龙岩环星溪柄电站,注册资本 958 万元,集体所有制企业,法定代表人陈秋棠。

该单位持有公司股份 1471.8028 万股,占公司发行前总股本的 14.43%。

3、福建省龙岩市龙净脱硫工程有限公司,主要从事大气污染防治设备、脱硫、除尘设备的设计、制造、销售、安装、咨询服务及工程承包等业务。法定代表人黄炜,注册资本 3960 万元,本公司出资 3160 万元,占注册资本的 80%;中国节能投资公司以专用于脱硫装备国产化的国债资金 800 万元出资,占注册资本的 20%。

4、厦门龙净科技发展有限公司,主要从事电控新产品、计算机、环保新产品开发应用,机电产品开发、制造、销售,技术咨询服务。法定代表人邱一希,注册资本 100 万元,本公司出资 70 万元,占注册资本的 70%。

5、福建省龙岩龙净设备安装有限公司,主要从事环保设备安装、保温、维修、水电安装等业务。法定代表人陈杭明,注册资本 80 万元,本公司出资 75 万元,占注册资本的 93.75%。

6、福建省莆田市吉润粮油饲料工业有限公司,注册资本 1000 万元,法定代表人钟亚平,主要从事粮油、饲料、食品的加工、销售。持有公司股份 300 万股,占公司总股本的 2.94%。

7、福州雄盛航运贸易有限公司,注册资本 3106 万元,法定代表人钟亚平,主要从事货物运输、船舶运输代理、船舶租赁等。

(二)关联交易

公司于 2000 年 6 月 20 日将持有的大连鹤港海运有限公司 96%股权和福州雄盛航运贸易有限公司 98.55%股权转让给福建省东正投资股份有限公司。截止 2000 年 6 月 20 日止,公司对大连鹤港海运有限公司和福州雄盛航运贸易有限公司投资的帐面价值分别为 18,219,749.31 元和 30,497,384.76 元, 转让价格分别为 19,000,000.00 元和 32,000,000.00 元, 分别增值 780,250.69 元和 1,502,615.24 元。截止 2000 年 7 月 6 日所有转让价款已汇入公司指定账户。

(三)关联企业放弃竞争承诺

为了保护公司利益,避免将来可能发生的同业竞争,公司与第一大股东福建省东正投资股份有限公司于 2000 年 7 月 8 日签订《避免同业竞争协议书》。协议约定,福建省东正投资股份有限公司将不在中国境内外以任何形式从事与本公司主营业务或者主要产品相竞争或者构成竞争威胁的业务活动,包括在中国境内外投资、收购、兼并与公司主营业务或者主要产品相同或者相似的公司、企业或者其他经济组织;若公司将来开拓新的业务领域,公司享有优先权,福建省东正投资股份有限公司将不再发展同类业务。

八、股本结构及大股东持股情况

1、上市前的股本结构

总股本:16700 万股尚未流通股份:

(1)发起人股份

其中:国家持有股份:2246.5798 万股

境内法人持有股份:2753.4202 万股

(2)募集法人股:5200 万股

境内上市人民币普通股:6500 万股

2、前十名股东持股数及比例

股东名称		持股数量(万股)	持股比例(%)
1	福建省东正投资股份有限公司	4500.00	26.95
2	龙岩市国有资产管理局	2246.5798	13.45
3	福建省龙岩环星溪柄电站	1471.8028	8.81
4	厦门硕华经贸发展有限公司	400.00	2.40
5	龙岩通用机械有限公司	372.0842	2.23
6	福建省莆田市吉润粮油饲料工业有限公司	300.00	1.80
7	龙岩市汇东金属材料有限公司	289.3986	1.73
8	龙岩市电力建设发展公司	206.7130	1.24
9	中国电能成套设备有限公司	165.3702	0.99
10	龙岩环星工业公司	115.7588	0.69

九、公司财务会计资料

本公司截止 2000 年 6 月 30 日的财务状况,已于 2000 年 12 月 12 日在《中国证券报》、《上海证券报》、《证券时报》上刊登的《招股说明书概要》中进行了详细的披露。因公告的时间较短,重复的内容在此不再赘述。本公告只公布会计报表,主要财务指标及会计报表附注,欲了解详细内容,请查阅上述报纸或至公告的《招股说明书》查阅地点查阅。

(一)会计报表(附后)

(二)会计报表主要项目附注

1.应收帐款

应收帐款帐龄分析列示如下:

帐龄	2000.6.30 金额	比例(%)	坏帐准备	1999.12.31 金额	比例(%)	坏帐准备
1 年以内	45452414.44	70.93	454524.14	44197545.43	79.62	441975.45
1-2 年	12103870.50	18.89	605193.53	6067513.26	10.93	303375.67
2-3 年	3891257.63	6.08	778251.53	4755498.95	8.57	951099.79
3 年以上	2628806.69	4.10	1314403.34	489413.26	0.88	244706.63
合计	64076349.26	100.00	3152372.54	55509970.90	100.00	1941157.54

应收帐款中无持有本公司 5%(含 5%)以上股份股东的欠款,应收帐款 2000 年 6 月 30 日欠款余额前五名情况如下:

欠款单位	欠款余额	欠款原因	欠款时间
河南信阳华豫发电公司	6,949,243.42	货款	2000 年
山东鲁能电力物资集团公司	3,480,000.00	货款	2000 年
广西电力开发公司	3,076,930.15	货款	2000 年
浙江电除尘器总厂	2,879,390.64	货款	2000 年
龙岩市污水处理厂	2,500,000.00	受托运营款	2000 年
合计	18885564.21		

本公司无超过净资产 5‰且帐龄在三年以上的大额应收帐款。

2.其他应收款

其他应收款帐龄分析列示如下:

帐龄	2000.6.30 金额	比例(%)	坏帐准备	1999.12.31 金额	比例(%)	坏帐准备
1 年以内	67923070.47	100.00	363230.70	50732123.68	100.00	507321.24

其他应收款期末欠款余额前三名情况如下表所述,其余款项主要为内部职工借款。

欠款单位	欠款余额	欠款原因	欠款时间
福建省龙岩市龙净脱硫工程有限公司	32,000,000.00	主要为投资款	2000 年
福建省东正投资股份有限公司	31,283,073.84	主要为股权转让款	2000 年
龙岩市中纳有限公司	3,500,000.00	暂付款	2000 年
合计	66783073.84		

注:

(1)福建省龙岩市龙净脱硫工程有限公司欠款 32,000,000.00 元,其中 31,600,000.00 元为本公司对福建省龙岩市龙净脱硫工程有限公司的投资款, 该款项拟在福建省龙岩市龙净脱硫工程有限公司正式成立后转入长期投资项目核算;

(2)福建省东正投资股份有限公司(持有本公司 44.12%股份)欠款 31,283,073.84 元,为该公司应付受让股权款余额,于 2000 年 7 月 6 日偿还。

由于其他应收款中应收福建省龙岩市龙净脱硫有限公司 32,000,000.00 元中的 31,600,000.00 元将于资产负债表日后转为长期投资,故不计提坏帐准备,其余其他应收款按 1%计提坏帐准备。

3.预付帐款

预付帐款帐龄分析列示如下:

帐龄	2000.6.30 金额	比例(%)	1999.12.31 金额	比例(%)
1 年以内	43851093.18	88.59	21907866.94	71.19
1-2 年	402905.87	0.81	4026329.91	13.08
2-3 年	962989.87	1.95	1115897.99	3.63
3 年以上	4281509.32	8.65	3722677.00	12.10
合计	49498498.24	100.00	30772771.84	100.00

其中无预付持有本公司 5%以上(含 5%)的股份的股东单位的款项,预付帐款 2000 年 6 月 30 日欠款余额前五名情况如下:

欠款单位	欠款余额	欠款原因	欠款时间
大连钦洪实业有限公司	14,000,000.00	购货款	2000 年
大连万邦航运有限公司	3,500,000.00	购货款	2000 年
龙岩建材厂	3,151,817.13	购货款	1997-1999 年
龙岩市华颖工贸公司	2,185,660.40	购货款	2000 年
福建冠金经贸发展中心	1,744,290.34	运费	2000 年
合计	24581767.87		

4.长期投资

长期投资明细项目列示如下:

项目	1999.12.31	本期增加	本期减少	2000.6.30
长期股权投资	48559954.11	110558.58	46500290.12	2170222.57
长期股权投资差额	2216843.95		2216843.95	
长期债权投资	40000.00			40000.00
合计	50816798.06	110558.58	48717134.07	2210222.57

(1)长期股权投资:长期股权投资明细项目列示如下:

子公司名称	投资成本	股权投资差额	累计损益调整	合计
福建省龙岩龙净设备安装有限公司	750000.00	0.00	-97506.69	652493.31
厦门龙净科技发展有限公司	700000.00	0.00	692729.26	1392729.26
龙岩市永丰城市信用社	125000.00	0.00	0.00	125000.00
合计	1575000.00	0.00	595222.57	2170222.57

根据被投资公司的经营情况分析,上述长期投资不需计提长期投资减值准备。投资期限及占被投资单位股权比例情况详见附注六。

(2)长期债权投资:

债券投资明细项目列示如下:

债券种类	面值	购入金额	到期日	备注
电力债券	40,000.00	40,000.00	2007.7	不计息

(3)长期投资的增减变化

1999 年 11 月 23 日,经福建省人民政府"闽政体股[1999]29 号"《关于同意福建龙净股份有限公司增资扩股及调整股权结构的批复》批准,根据本公司 1998 年度股东大会的决议,本公司股本总额从 5000 万元增资至 10200 万元,新增股东按每股 1.23 元的价格认购。新增股东福建省东正投资股份有限公司以现金及其拥有的福建雄盛航运贸易有限公司 98.55%股权和大连鹤港海运有限公司 96.00%的股权按评估值折股投入,认购本次增发的新股中的 4500 万股。根据前述批复的批准日期及上述二公司工商变更登记的日期,这两家子公司的股权购并日确定为 1999 年 12 月 31 日。上述两公司的股权评估值合计为 48,717,134.07 元, 股权购并日经审计确定的帐面净资产乘以股权比例算得应由本公司享有的权益为 46,500,290.12 元,享有的权益与评估值的差额 2,216,843.95 元列作股权投资差额。

根据本公司于 2000 年 6 月 20 日与福建省东正投资股份有限公司签定的合同, 本公司将持有的福州雄盛航运贸易有限公司 98.55%股权和大连鹤港海运有限公司 96%股权转让给福建省东正投资股份有限公司, 转让价格分别为 32,000,000.00 元和 19,000,000.00 元。截至 2000 年 6 月 30 日止, 本公司已收到福建省东正投资股份有限公司支付的股权转让款 20,400,000.00 元, 余款 30,600,000.00 元于 2000 年 7 月 6 日收到。本公司相应结转了对大连鹤港海运有限公司和福州雄盛航运贸易有限公司长期股权投资的帐面价值和股权投资差额。

至此,本公司不再持有上述两家公司的股权。

5.短期借款

短期借款明细项目列示如下:

贷款单位	2000.6.30	贷款期限	年利率	备注
中国银行龙岩分行	3,700,000.00	2000.3.7-2001.3.6	7.02%	由福建龙马集团公司担保
中国银行龙岩分行	4,000,000.00	2000.4.7-2001.2.6	7.02%	由福建龙马集团公司担保
中国银行龙岩分行	5,000,000.00	2000.3.10-2000.10.9	7.02%	由福建龙马集团公司担保
中国银行龙岩分行	2,700,000.00	2000.5.17-2001.3.17	7.02%	由福建龙马集团公司担保
中国银行龙岩分行	2,000,000.00	2000.6.28-2000.12.27	7.02%	由福建龙马集团公司担保
中国银行龙岩分行	2,500,000.00	1999.7.27-2000.7.26	7.722%	由福建龙马集团公司担保
中国银行龙岩分行	3,300,000.00	1999.8.3-2000.8.2	7.722%	由福建龙马集团公司担保
中国银行龙岩分行	3,000,000.00	1999.9.6-2000.9.5	7.722%	由福建龙马集团公司担保
中国银行龙岩分行	6,000,000.00	1999.10.9-2000.10.8	7.722%	由福建龙马集团公司担保
中国银行龙岩分行	3,000,000.00	1999.10.21-2000.10.20	7.722%	由福建龙马集团公司担保
中国银行龙岩分行	3,300,000.00	1999.12.7-2000.7.6	7.722%	由福建龙马集团公司担保

中国银行龙岩分行	2,350,000.00	1999.12.15-2000.11.15	7.722%	由福建龙马集团公司担保
工行龙岩分行新罗支行	5,000,000.00	2000.3.31-2001.1.30	7.02%	由厦门中润吉粮实业有限公司担保
合计	45850000.00			

6.应付票据

应付票据期末余额为10,100,000.00元,均为一年内到期的银行承兑汇票,无欠持本公司5%(含5%)以上股份的股东的欠款。

按票据到期月份列示明细金额如下:

项目	2000.7	2000.8	2000.9	2000.10	2000.11	2000.12
龙岩市中行承兑汇票	2250000.00	3050000.00	2800000.00	1350000.00	350000.00	300000.00

7.应付帐款

应付帐款期末余额为47,711,003.90元，其中无欠持有本公司5%(含5%) 以上股份的股东的款项。

应付帐款帐龄分析列示如下:

帐龄	2000.6.30		1999.12.31	
	金额	比例(%)	金额	比例(%)
1年以内	46470285.06	97.40	35414063.68	96.34
1-2年	853515.12	1.79	1009515.03	2.75
2-3年	49432.91	0.10	272770.81	0.74
3年以上	337770.81	0.71	65000.00	0.17
合计	47711003.90	100.00	36761349.52	100.00

本公司无超过净资产5‰且帐龄在三年以上的大额应付帐款。

8.预收帐款

预收帐款期末余额为74,284,541.70元，其中无欠持有本公司5%(含5%) 以上股份的股东的款项。

9.应付股利

应付股利期末余额为813,195.69元,均为应付普通股股东股利。

10.应交税金

应交税金明细项目列示如下:

税种	2000.6.30	1999.12.31
企业所得税	6774030.48	2467337.21
增值税	5175328.06	3609430.18
营业税	125000.00	0.00
其他	100612.72	275541.97
合计	12174971.26	6352309.36

11.其他应付款

其他应付款期末余额为1,131,301.40元,其中无欠持有本公司5%(含5%)以上股份的股东的款项,其他应付款帐龄均在一年以内,无三年以上大额应付款项。

12.长期借款

长期借款期末余额1,200,000.00元,其中1,000,000.00元系龙岩市国有资产管理局(持有本公司22.03%股份)根据"岩国资(1999)50号"文件拨付的结构调整基金,200,000.00元系龙岩市财政局根据"龙财工[1999]097号"文件拨付的"企业挖潜改造资金"财政专项拨款。上述两项拨款均未约定借款期限及计息办法,本公司尚未计提利息。

13.资本公积

资本公积明细项目如下:

项目	2000.6.30	1999.12.31	1998.12.31
股本溢价	22430152.46	22430152.46	10470152.46

1998年末资本公积均系设立募股时的股本溢价,1999年资本公积增加数11,960,000.00元系增资扩股时的股本溢价。

14.盈余公积

盈余公积明细项目列示如下:

项目	2000.6.30	1999.12.31	1998.12.31
法定公积金	1891106.50	1891106.50	625506.36
法定公益金	1134663.90	1134663.90	375303.82
合计	3025770.40	3025770.40	1000810.18

盈余公积历年发生数均系根据当年度股东大会决议按当期实现净利润弥补年初未弥补亏损的总额的10%提取法定公积金、6%提取法定公益金所致。

15.未分配利润

未分配利润各期增减变动明细项目列示如下:

项目	2000年1-6月	1999年度	1998年度	1997年度
期初未分配利润	0.00	-897522.07	-1162112.44	-2250165.17
加:本期净利润	10296001.37	13553523.54	6694750.80	1088052.73
减:提取法定公积金	1265600.16	25506.36		
提取法定公益金	759360.08	375303.82		
应付普通股股利	10631041.25	6151775.61		
转增股本(折股)		-722425.36		
期末未分配利润	10296001.37	0.00	-897522.07	-1162112.44

根据本公司1998、1999年度股东大会决议及公司章程的有关规定,本公司1998、1999年度以当期实现净利润弥补年初未弥补亏损后的总额为基数，按10%提取法定公积金、6%提取法定公益金,余额向全体股东分配现金股利。1997年年初未分配利润系根据本公司三年又一期的会计报表所执行的会计政策进行调整及其它账务调整,应由以前年度承担的损益。本公司于1998年设立,发起人以福建龙净企业集团公司1997年10月31日经评估确认的净资产折价入股，其中含未分配利润-722,425.36元,该部分未分配利润已在折股时从净资产予以核减。因此,在1998年利润分配表中将这部分已折为股本的年初未分配利润在进行利润分配时予以扣除，并作为独立的利润分配项目进行列示。

根据本公司2000年7月6日临时股东大会《关于公司利润由新老股东共享的股东大会决议》,公司2000年利润由新股东(即社会公众股股东)与现有股东按股份比例共享。

16.投资收益

投资收益明细项目列示如下:

项目	2000年1-6月	1999年度	1998年度	1997年度
按权益法计算的子公司损益	110558.58	373497.79	111166.20	
股权转让收益	2282865.93			
合计	2393424.51	373497.79	111166.20	

十、董事会上市承诺

本公司董事会将严格遵守《中华人民共和国公司法》、《中华人民共和国证券法》、《公开发行股票公司信息披露实施细则(试行)》和《上海证券交易所股票上市规则》及有关法律、法规的规定,并自股票上市之日起做出如下承诺:

1、按照法律、法规的规定程序和要求披露重大信息,并接受证券主管机关、上海证券交易所的监督管理;

2、及时、真实、准确地公布中期报告和年度报告,并置备于规定场所供投资者查阅;

3、本公司董事、监事及高级管理人员如发生人事变动或持本公司股票发生变动时,在报告证券主管机关、证券交易所的同时向投资者公布;

4、在任何公共传播媒介中出现的消息可能对本公司股票的市场价格产生误导性影响时,本公司知悉后将及时对该消息予以公开澄清;

5、本公司董事、监事及高级管理人员将认真听取社会公众的意见和批评,不利用已获得的内幕消息和其他不正当手段直接或间接从事股票买卖活动;

6、本公司没有无记录负债。

依据2000年5月1日起实施的《上海证券交易所股票上市规则》(二〇〇〇年修订本),本公司全体董事、监事将按照有关规定,在本公司股票上市后两个月内签署《董事(监事)声明及承诺书》并送达上海证券交易所备案。

十一、重要事项揭示

1、本公司本次上市流通股份6500万股自本次挂牌交易之日起即可流通。

2、根据本公司编制并经厦门天健会计师事务所有限公司审阅并出具厦门天健所咨(2000)其字第4021号"盈利预测审核报告",本公司2000年预计实现净利润为2020万元(所得税率按33%计算),按发行后股本全面摊薄计算,每股收益为0.121元。

3、依据公司2000年7月6日临时股东大会决议,公司2000年利润由新股东与现有股东按股份比例共享。本次股票发行后的第一个盈利年度将派发股利,预计首次股利分配时间在发行次年6月底以前。

4、截止本公司上市公告书公布之日,本公司无重大诉讼。

5、本公司大股东福建省东正投资股份有限公司郑重承诺:本公司持有的福建龙净环保股份有限公司4500万法人股,自福建龙净环保股份有限公司的股票上市之日起,一年内不转让,也不由福建龙净环保股份有限公司回购我公司持有的股份。

除本公司招股说明书及概要和本上市公告书披露的事项外，本公司董事会认为没有其它对本公司资产、负债及股东权益有较大影响的重要事项。

十二、备查文件目录

1、招股说明书及概要

2、上海交易所上市通知书

3、中国证监会关于本公司公开发行股票的批准文件

4、审计报告、财务报表和附注

5、验资报告

6、盈利预测报告

7、法律意见书

8、本公司成立的登记注册文件及营业执照

9、公司章程

十三、咨询机构

1、福建龙净环保股份有限公司

地址:福建省龙岩市新罗区陵园路81号

电话:0597-2210288

传真:0597-2290903

联系人:陈培敏

2、兴业证券股份有限公司

地址:福建省福州市湖东路99号

电话:0591-7544601　7613888

传真:0591-7542524

联系人:郑强林　日勇

3、华泰证券有限责任公司

地址:南京市中山东路90号

电话:0591-7821127-777

传真:0591-7821127-7967

联系人:张涛

福建龙净环保股份有限公司

2000年12月23日

资产负债表

编制单位:福建龙净环保股份有限公司　　单位:人民币元

资产	2000.6.30	1999.12.31	1998.12.31	1997.12.31
流动资产:				
货币资金	32564832.82	36408001.47	9969402.50	10364240.25
短期投资				
减:短期投资跌价准备				
短期投资净额				
应收票据				
应收股利				
应收利息				
应收帐款	64076349.26	55509970.90	50196262.39	34714740.08
其他应收款	67923070.47	50732123.68	42490769.76	29575063.70
减:坏帐准备	3515603.24	2448478.77	1888365.93	822690.40
应收帐款净额	128483816.49	103793615.81	90798666.22	63467113.38
预付帐款	49498498.24	30772771.84	19730780.24	11759163.62
应收补贴款				
存货	81194101.35	97752992.36	83276380.94	58681973.16
减:存货跌价准备	513731.85	620254.39		
存货净额	80680369.50	97132737.97	83276380.94	58681973.16
待摊费用			1547894.42	2716288.28
待处理流动资产净损失				
一年内到期的长期债权投资				
其他流动资产				
流动资产合计	291227517.05	268107127.09	205323124.32	146988778.69
长期投资:				
长期股权投资	2170222.57	50776798.06	1688166.20	
其中:股权投资差额	2216843.95			
长期债权投资	40000.00	40000.00	40000.00	40000.00
长期投资合计	2210222.57	50816798.06	1726166.20	40000.00
减:长期投资减值准备				
长期投资净额	2210222.57	50816798.06	1726166.20	40000.00
固定资产:				
固定资产原价	43142281.29	42831105.18	41502781.90	25236955.00
减:累计折旧	14491961.93	13503144.93	11681538.51	9923400.10
固定资产净值	28650319.36	29327960.25	29821243.39	15313554.90
工程物资				
在建工程			11104784.32	

固定资产清理				
待处理固定资产损失				
固定资产合计	28650319.36	29327960.25	29821243.39	25418339.62
无形资产及其他资产：				
无形资产	10949126.69	11064786.48	11296106.06	11527425.64
开办费				
长期待摊费用				
其他长期资产				
无形资产及其他资产合计	10949126.69	11064786.48	11296106.06	11527425.64
递延税项：				
递延税款借项				
资产总计	333037185.67	359316671.88	248166639.97	184974543.95
负债及股东权益				
流动负债：				
短期借款	45850000.00	78005000.00	70945000.00	44300000.00
应付票据	10100000.00	12589053.57	10000000.00	7200000.00
应付帐款	47711003.90	36761349.52	14060642.29	34376485.16
预收帐款	74284541.70	81526707.93	76238826.82	61039698.50
代销商品款				
应付工资	1149148.69	1062348.70	1062348.70	4139761.88
应付福利费	548654.99	436152.03	552667.95	−82727.61
应付股利	813195.69	12661464.04	6151775.61	
应交税金	12174971.26	6352309.36	2112515.96	2566353.86
其他应交款	222443.81	456991.86	140284.50	214858.24
其他应付款	1131301.40	1659372.01	2329137.57	1989648.54
预提费用	100000.00	150000.00		
一年内到期的长期负债		4000000.00		
其他流动负债				
流动负债合计	194085261.44	231660749.02	187593199.40	155744078.57
长期负债：				
长期借款	1200000.00	200000.00		6700000.00
应付债券				
长期应付款				
住房周转金				
其他长期负债				
长期负债合计	1200000.00	200000.00		6700000.00
递延税项：				
递延税款贷项				
负债合计	195285261.44	231860749.02	187593199.40	162444078.57
少数股东权益				
股东权益				
股本	102000000.00	102000000.0	50000000.00	22530465.38
资本公积	22430152.46	22430152.46	10470152.46	
盈余公积	3025770.40	3025770.40	1000810.18	
其中：公益金	1134663.90	1134663.90	375303.82	
未分配利润	10296001.37		−897522.07	
股东权益合计	137751924.25	127455922.86	60573440.57	22530465.38
负债及股东权益总计	333037185.67	359316671.88	248166639.97	184974543.95

利润及利润分配表

编制单位：福建龙净环保股份有限公司　　单位：人民币元

项目	2000 年 1-6 月	1999 年度	1998 年度	1997 年度
一、主营业务收入	88589774.40	146220086.68	101065592.31	90751793.52
减：折扣与折让				
主营业务收入净额	88589774.40	146220086.68	101065592.31	90751793.52
减：主营业务成本	65870801.00	111570292.77	70250204.40	69387439.39
主营业务税金及附加	1439020.91	1288722.47	758715.17	960271.80
二、主营业务利润	21279952.49	33361071.44	30056672.74	20404082.33
加：其他业务利润	2724464.90	1230423.87	1177573.66	3376358.87
减：存货跌价损失		620254.39		
营业费用	2706031.29	5931029.54	6422783.12	4726876.84
管理费用	6439726.80	12140658.31	15312657.40	14803072.83
财务费用	1589252.41	3159973.61	2549884.92	3124393.96
三、营业利润	13269406.89	12739579.46	6948920.96	1126097.57
加：投资收益	2393424.51	373497.46	111166.20	
补贴收入		3104865.00		429754.49
营业外收入	1000.00	27497.60	1133292.89	1256.80
减：营业外支出	6860.00	102052.23	328535.41	249365.49
四、利润总额	15656971.40	16143387.62	7864844.64	1307743.37
减：所得税	5360970.03	2589864.08	1170093.84	219690.64
少数股东权益				
五、净利润	10296001.37	13553523.54	6694750.80	1088052.73
加：年初未分配利润		−897522.07	−1162112.44	−2250165.17
盈余公积转入				
六、可供分配的利润	10296001.37	12656001.47	5532638.36	−1162112.44
减：提取法定盈余公积		1265600.14	625506.36	
提取法定公益金		759360.08	375303.82	
七、可供股东分配的利润	10296001.37	10631041.25	4531828.18	−1162112.44
减：应付优先股股利				
提取任意盈余公积				
应付普通股股利	10631041.25	6151775.61		
转作股本的普通股股利			−722425.36	
八、未分配利润	10296001.37	0.00	−897522.07	−1162112.44

现金流量表

编制单位：福建龙净环保股份有限公司　　单位：人民币元

项目	2000 年 1-6 月	1999 年度
一、经营活动产生的现金流量：		
销售商品、提供劳务收到的现金	90960444.05	179706192.12
收取的租金		
收到的增值税销项税额和退回的增值税款		
收到的除增值税以外的其他税费返还		
收到的其他与经营活动有关的现金	1679777.05	
现金流入小计	92640221.10	179706192.12
购买商品、接受劳务支付的现金	70927662.50	129157284.99
经营租赁所支付的现金		
支付给职工以及为职工支付的现金	5537093.88	12572865.36
支付的增值税款	8019236.95	4453451.07
支付的所得税款	1054276.76	567956.54
支付的除增值税、所得税以外的其他税费	1914771.63	1259667.96
支付的其他与经营活动有关的现金	3910594.40	10717875.19
现金流出小计	91363636.12	158729101.11
经营活动产生的现金流量净额	1276584.98	20977091.01
二、投资活动产生的现金流量：		
收回投资所收到的现金	20400000.00	
分得股利或利润所收到的现金		
取得债券利息收入所收到的现金		
处置固定资产、无形资产和其他长期资产而收回的现金净额	1000.00	27267.60
收到的其他与投资活动有关的现金	53000000.00	
现金流入小计	73401000.00	27267.60
购建固定资产、无形资产和其他长期资产所支付的现金	311176.11	1510423.28
权益性投资所支付的现金	39600000.00	
债权性投资所支付的现金		
支付的其他与投资活动有关的现金		6437531.00
现金流出小计	39911176.11	7947954.28
投资活动产生的现金流量净额	33489823.89	−7920686.68
三、筹资活动产生的现金流量：		
吸收权益性投资所收到的现金		15242865.93
发行债券所收到的现金		
借款所收到的现金	64000000.00	79170000.00
收到的其他与筹资活动有关的现金	83315.65	138652.68
现金流入小计	64083315.65	94551518.61
偿还债务所支付的现金	95155000.00	75910000.00
发生筹资费用所支付的现金	17709.88	55870.00
分配股利或利润所支付的现金	5947615.23	1613152.82
偿付利息所支支付的现金	1572568.06	3590301.06
融资租赁所支付的现金		
减少注册资本所支付的现金		
支付的其他与筹资活动有关的现金		
现金流出小计	102692893.17	81169323.97
筹资活动产生的现金流量净额	−38609577.52	13382194.64
四、汇率变动对现金的影响		
五、现金及现金等价物净增加额	−3843168.65	26438598.97

附注：

项目		
1.不涉及现金收支的投资和筹资活动		
以固定资产偿还债务		
以投资偿还债务		
以固定资产进行长期投资		
以存货偿还债务		
融资租赁固定资产		
2.将净利润调节为经营活动的现金流量		
净利润	10296001.37	13553523.54
加：计提的坏帐准备或转销的坏帐	1067126.47	560112.84
固定资产折旧	988817.00	2003706.42
无形资产摊销、开办费、长期待摊费用	115659.79	231319.58
处置固定资产、无形资产和其他长期资产的损失(减收益)	−1000.00	6122.35
固定资产报废损失		
财务费用	1589252.41	3159973.61
投资损失(减收益)	−2393424.51	−373497.79
递延税款贷项(减借项)		
存货的减少(减增加)	16452368.47	−13856357.03
经营性应收项目的减少(减增加)	−33183704.67	−15648279.61
经营性应付项目的增加(减减少)	6345490.65	31340467.10
增值税增加净额(减减少)		
少数股东本期收益		
其他		
经营活动产生的现金流量净额	1276584.98	20977091.01
3.现金及现金等价物净增加情况：		
货币资金的期末余额	32564832.82	36408001.47
减：货币资金的期初余额	36408001.47	9969402.50
现金等价物的期末余额		
减：现金等价物的期初余额		
现金及现金等价物净增加额	−3843168.65	26438598.97

南 通 江 山 农 药 化 工 股 份 有 限 公 司

南通江山农药化工股份有限公司招股说明书

一、绪 言

本招股说明书是根据《中华人民共和国公司法》、《中华人民共和国证券法》、《股票发行与交易管理暂行条例》、《公开发行股票公司信息披露实施细则》等现行证券法规及发行人的实际情况编制的，旨在向投资者反映公司的真实情况。本公司董事会全体成员已确认本招股说明书概要，并确信其所摘内容与招股说明书正文一致，不存在任何重大遗漏、虚假或误导。

本次新发行的股票是根据本说明书所载明的资料申请发行的。除本发行人和主承销商外，没有委托或授权任何其它人提供未在本说明书中列载的信息和对本说明书作任何解释或说明。

投资人须自行负担买、卖本公司股票所应支付的税款，发行人、推荐人和承销商对此不承担任何责任。

本次发行申请已经中国证券监督管理委员会证监发行字[2000]182号文核准。

二、释 义

在本招股说明书内，除非文中另有说明，下列简称具有如下含义：

1、发行人或本公司、公司：指南通江山农药化工股份有限公司

2、发起人：指南通精华集团有限公司、天津绿保农用化学科技开发有限公司、沈阳化工研究院、江苏省农业生产资料(集团)公司、南通江山农药化工股份有限公司工会或南通中南实业有限公司

3、主发起人、集团公司：指南通精华集团有限公司

4、主承销商：指华泰证券有限责任公司

5、董事会：指南通江山农药化工股份有限公司董事会

6、中国证监会：指中国证券监督管理委员会

7、新股：指本次将发行的4000万股人民币普通股股票

8、上市：指公司新股发行结束后在上海证券交易所挂牌交易

9、元：指人民币元

三、发售新股的有关当事人

1、发　行　人：南通江山农药化工股份有限公司

法定代表人：蔡建国　　住所：江苏省南通市姚港路35号

咨　询　电话：0513-3517961　　传真：0513-3510690　　联系人：陶坤山

2、主承销商：　华泰证券有限责任公司

法定代表人：张开辉　　住　所：江苏省南京市中山东路90号华泰证券大厦

咨　询　电话：025-4457777转953　传真：4579930　联系人：曹群　朱毓华　刘晓山　丁俊

3、副主承销：　国泰君安证券股份有限公司

法定代表人：金建栋　　住所：上海浦东新区商城路618号

联　系　电话：021-62580818转428　　联系人：王东

4、分　销　商

(1)分　销　商：福建省闽发证券有限公司　　法定代表人：张晓伟

住　所：福州市五一中路199号　　联系电话：021-68866179　　联系人：王时义

(2)分　销　商：福建兴业证券公司　　法定代表人：兰荣

住所：福州市湖东路169号天骛大厦　　联　系　电话：0591-7562924　　联系人：郭红

(3)分　销　商：深圳经济特区证券公司

法定代表人：王一楠　　住所：深圳市福田区滨河路证券大厦21层

联　系　电话：0755-3379333转2203　　联系人：汪丹

5、上市推荐人

(1)上市推荐人：国泰君安证券股份有限公司　　(2)上市推荐人：华泰证券有限责任公司

6、发行人律师：江苏泰和律师事务所

法定代表人：马群　　住所：江苏省南京市北京西路12-1号3楼

联　系　电话：025-3300770 3300775　经办律师：马群　张辉

7、主承销商律师：江苏金禾律师事务所

法定代表人：乐宏伟　　住所：江苏省南京市管家桥87号华荣大厦5楼

联　系　电话：(025)4526802　　经办律师：乐宏伟　夏维剑

8、审　计　机构：南通众信会计师事务所有限公司

法定代表人：陆德明　　住　所：江苏省南通市环城西路华威园2号

联　系　电话：0513-5511530　5589712　　经办注册会计师：汪金乾　陈荣芳

9、资产评估机构：江苏天衡会计师事务所有限公司

法定代表人：余瑞玉　　住所：江苏省南京市新街口正洪街18号东宇大厦8楼

联　系　电话：025-4711888　4724882　　经办注册评估师：王越　纪学春

10、资产评估确认机构：国家财政部

负　责　人：项怀成　住所：北京市西城区三里河南三巷3号　电话：010-68552464

11、股票登记机构：上海证券中央登记结算公司

法定代表人：王迪彬　　住所：上海市浦建路727号

电　话：021-58708888　　传真：021-58754185

12、收款银行：中国人民银行南京分行

四、发行情况

1、承销方式：承销团余额包销

2、承　销　期：2000年12月26日-2001年1月9日　　3、发行方式：上网定价发行

4、发行地点：与上海证券交易所证券交易系统联网的全国各证券营业网点

5、发行对象：持有中华人民共和国居民身份证的公民及境内法人(国家法律、法规禁止购买者除外)

6、发行股票的种类、面值及数量：向社会公众公开发行人民币普通股(A股) 4000万股，每股面值1.00元。

7、发行价格及确定方法：本次新股发行价格为每股7.00元。

根据《中华人民共和国证券法》第28条的规定，经公司和主承销商协商，并经中国证监会核准的价格为7.00元/股，全面摊薄市盈率为31.82倍。

预计发行后每股净资产为2.70元(已扣除发行费用)。

8、本次发行预计可募集资金28000万元，扣除发行费用1488万元，预计实收金额为26512万元。

五、风险因素与对策

投资者在评价本发行人此次发售的新股时，除本招股说明书提供的其它资料外，应特别认真地考虑本节所列的各项风险因素。

(一)风险因素

1、经营风险

(1)原材料供应及价格波动的风险　　(2)对主要客户依赖的风险

(3)能源或者交通限制风险　　(4)产品价格的限制

(5)产品外销的限制　　(6)产品结构相对集中的风险

(7)自然条件的风险　　(8)融资能力的风险　　(9)外汇风险

2、行业风险

(1)产业政策风险　　(2)环保因素的限制　　(3)行业内部竞争风险

3、市场风险

4、政策性风险

5、股市风险

6、其它风险

(1)控股股东操纵的风险　　(2)项目投资风险

(二)针对风险因素的对策

针对上述风险因素，本公司将积极采取措施。

六、募集资金的运用

(一)公司本次发行预计可募集资金26512万元(已扣除发行费用)，主要用于以下项目：

1、5000吨/年多聚甲醛技术改造项目

为满足市场需求，推进公司下游产品的开发利用，替代进口，公司拟投资4500万元引进国外先进的技术和设备，建立多聚甲醛的生产装置一套，形成年产5000吨多聚甲醛的生产能力。

本项目总投资4540万元，另需配套流动资金330万元。项目建设期12个月，投资回收期6.6年(含建设期)。年新增销售收入3131万元，利润总额869万元。本项目已经苏计经技发(1999)1530号文批准。

2、年产5000吨种衣剂技术改造项目

为优化农药产品结构，缓解国内种衣剂短缺的矛盾，公司拟利用本市南沈化工研究开发联合公司的技术优势，依托联合国剂型中心和省农业新剂型新助剂工程技术研究中心，建设一套种衣剂生产装置，形成年产5000吨种衣剂的生产能力。

本项目总投资4982万元，另需配套流动资金310万元。项目投资建设期一年，投资回收期为4.59年(含建设期)。预计项目建成达产后，年新增销售收入7500万元，利润总额1474万元。本项目已经苏计经技发(1999)1572号文批准。

3、年产200吨精喹禾灵技术改造项目

为优化产品结构，改变农药品种趋于老化的局面，增强企业发展后劲，提高产品的市场竞争力，公司拟对原有喹禾灵生产装置进行技术改造，经过化学反应后拆分生产精喹禾灵除草剂，形成年产200吨精喹禾灵的生产能力。

本项目总投资4398万元，另需配套流动资金385万元。项目建设期18个月，投资回收期4.4年(含建设期)。预计项目建成达产后，年新增销售收入15500万元，年新增销售利润3413万元，年新增净利润2730万元。本项目已经苏计经技发(1999) 1529号批准。

4、年产1000吨毒死蜱技术改造项目

为加快企业产品结构调整步伐，公司拟充分利用南通地区的合成吡啶的原料优势，开发延伸产品，建设毒死蜱生产装置一套，形成年产1000吨的生产能力。

本项目总投资3171万元，另需配套流动资金331万元。项目建设期1年，投资回收期4.52年(含建设期)。预计项目建成达产后，年新增销售收入6580万元，利税1837万元，利润1094万元。本项目已经苏计经技发(1999)1565号文批准。

5、年产200吨乙虫脒技术改造项目

为满足市场需要，优化产品结构，增强企业发展后劲，公司拟充分利用南通地区的合成吡啶原料优势，建一套乙虫脒的生产装置，形成年产200吨乙虫脒的生产能力。

本项目总投资4688万元，另需配套流动资金374万元。项目建设期18个月，投资回收期4.16年(含建设期)。预计项目达产后，年新增销售收入8648万元，利税3362万元，利润1905万元。本项目已经苏计经技发(1999)1560号文批准。

上述项目已根据轻重缓急次序排列。

(二)募集资金年度投资计划：

序号	项　目	投资总额(万元)	投资计划(万元) 第1年	第2年	投资回收期(年)
1	年产5000吨多聚甲醛技术改造项目	4540 需配套流动资金330	2500	2040 330	6.6
2	年产5000吨种衣剂技术改造项目	4982 需配套流动资金310	2082	2900 310	4.59
3	年产200吨精喹禾灵技术改造项目	4398 需配套流动资金385	1820	2578 385	4.4
4	年产1000吨毒死蜱技术改造项目	3171 需配套流动资金331	850	2321 331	4.52
5	年产200吨乙虫脒技术改造项目	4688 需配套流动资金374	1692	2996 374	4.16
6	补充公司流动资金和归还银行贷款	3003	3003	-	-
	合　计	26512	11947	14565	-

七、股利分配政策

(一)股利分配政策

1、公司实行同股同权、同股同利的分配政策。公司的利润分配严格执行《公司法》等有关法律法规、国家财务会计制度及公司章程的规定。每年的股利分配方案由董事会根据公司当年的经营业绩及未来的经营计划拟定，经股东大会通过后执行。

2、依照《南通江山农药化工股份有限公司章程(修改草案)》之规定，公司净利润按下列顺序分配：

1)弥补上一年度的亏损；

2)提取法定公积金百分之十；

3)提取法定公益金百分之五至百分之十；

4)提取任意公积金；

5)支付股东股利。

公司法定公积金累计额为公司注册资本的百分之五十以上时，可以不再提取。但法定公积金转为股本时，所留存的该项公积金不得少于注册资本的百分之二十五。

3、公司依照同股同权、同股同利的原则，按各股东所持股份比例，以人民币现金或股票形式分配股利。公司也可视经营状况，由股东大会作出暂不分配股利的决议。

4、每个会计年度结束后，由公司股东大会对董事会提出的利润分配方案作出决议，公司董事会须在股东大会召开后两个月内完成股利(或股份)的派发事项。

5、在向个人股东分配股利时，按照《中华人民共和国个人所得税法》和国家税务总局发布的《征收个人所得税若干问题的规定》代扣代缴个人所得税。

(二)预计公司本次向社会公众发行新股后首次分配股利的时间为2001年6月底以前。

(三)经公司1999年8月23日临时股东大会的决议通过，公司本次公开发行前的滚存利润由本次新股发行后的在册新老股东共同享有，并按同股同权同利的原则分配。

(四)公司成立以来各年度股利分配情况

经公司1998年度股东大会批准，公司在提取法定盈余公积金和公益金后，将尚余4681844.57元中的4646992.80元，按每100股红利2.4元进行分配；

经公司1999年度股东大会批准，公司至1999年末的未分配利润暂不进行分配。

八、发行人情况

(一)发行人中文名称：南通江山农药化工股份有限公司

英文名称：NANTONG JIANGSHAN AGROCHEMICAL & CHEMICAL LIMITED LIABILITY .Co.

(二)发行人成立日期：1998年1月21日

(三)发行人住所：江苏省南通市姚港路35号

(四)发行人历史沿革

公司的前身南通农药厂创建于1958年4月，为全民所有制农药原药制药厂，是国家大型二档企业和原化学工业部、江苏省的重点骨干企业，1993年被国家统计局列入"中国 500 家最大化学工业企业"之列和行业五十家最佳经济效益型企业。1997年7月4日，经南通市人民政府通政复[1997]54号文批准，原南通农药厂被纳入南通精华集团有限公司管理，由集团公司行使出资者职能，享受出资者权益。

1997年12月31日，经江苏省人民政府苏政复[1997]173号文批准，集团公司联合天津市绿保农用化学科技开发有限公司、沈阳化工研究院、江苏省农业生产资料(集团)公司、南通农药厂工会(现南通江山农药化工股份有限公司工会)四家法人单位共同发起设立本公司。1998年1月21日，公司在江苏省工商行政管理局注册登记，注册资本19362.47万元，计19362.47万股。其中：

集团公司将其下属企业原南通农药厂整体改制，以南通农药厂经评估的经营性净资产17841万元和现金221.47万元计18062.47万元投入公司，按1:1的比例折为18062.47万股。根据江苏省国有资产管理局[1997]179号文，原南通农药厂的非经营性资产包括食堂、托儿所、医务站的房屋和设施、职工住宅土地共计5,575,524.57元(评估值)经剥离进入南通精华集团有限公司。

其他发起人天津市绿保农用化学科技开发有限公司、沈阳化工研究院、江苏省农业生产资料(集团)公司、南通江山农药化工股份有限公司工会分别以货币形式出资50万元、150万元、100万元、1000万元，并按1:1的比例折股，分别折为50万股、150万股、100万股、1000万股。

经公司1999年8月23日召开的临时股东大会决议通过，并经江苏省人民政府苏政复[1999]105号文批准，公司向主发起人南通精华集团有限公司回购股份8362.47万股。股份回购完成后，公司总股本减至11000万股，注册资本相应变更为11000万元。公司已于1999年12月6日在江苏省工商行政管理局办理了变更登记。

2000年6月，为了规范公司运作，公司其他股东与南通江山农药化工股份有限公司工会、南通中南实业有限公司经协商一致，签署了《南通江山农药化工股份有限公司工会持股调整为南通中南实业有限公司持股及出资变更协议》，决定南通江山农药化工股份有限公司工会不再作为本公司的股东，其股东地位由南通中南实业有限公司替代，相应的权利义务由南通中南实业有限公司继承。南通中南实业有限公司出资1000万元人民币获得本公司1000万股股权，公司总股本维持不变。南通众信会计师事务所有限公司已出具[通会验(2000)73号]验资报告，本公司已于2000年6月29日在江苏省工商行政管理局进行了工商变更登记。

(五)公司发起人简介

本次新股发行前，公司共有五家发起人股东。其基本情况如下：

1、南通精华集团有限公司

本公司的主发起人。公司设立时，集团公司持有本公司18062.47万股的股份。1999年12月，本公司向集团公司回购8362.47万股股份，现集团公司持有公司股份9700万股，持股比例为88.18%，为本公司控股股东。

集团公司是经南通市人民政府批准设立的国有独资公司，是一家以精细化工为主，集技术开发、资本经营、跨国经营为一体的大型集团公司，现注册资本31300万元。集团公司产权结构图附后：

2、沈阳化工研究院

本公司的发起人。本公司设立时，沈阳化工研究院以现金150万元认购公司股份150万股，现持有公司股份150万股，持股比例为1.36%。

沈阳化工研究院是国家大型科技企业、原化工部直属的重点研究单位。创建于1949年1月8日，主要从事农药、染料、中间体、有机颜料和助剂等精细化工产品的开发生产，是国家农药和染料技术开发中心和质量检测中心，建院以来共取得各级研究成果2016项。

3、江苏省农业生产资料(集团)公司

本公司的发起人。本公司设立时，江苏省农业生产资料(集团)公司以现金100万元认购公司股份100万股，现持有公司股份100万股，持股比例为0.91%。

江苏省农业生产资料(集团)公司是主营化肥、农药、农膜等农业生产资料商品的大企业集团，是拥有遍布江苏省市、县、乡、村近一万多个经营网点的行业龙头企业，现已进入全国最大的90家商业批发企业前10名。

4、天津市绿保农用化学科技开发有限公司

本公司的发起人。本公司设立时，天津市绿保农用化学科技开发有限公司以现金50万元认购股份50万股，现持有公司股份50万股，持股比例为0.46%。

天津市绿保农用化学科技开发有限公司设立于1996年11月8日，由南开大学和南开大学生物化学科技开发公司共同投资设立，其技术和技术人员主要依托于国家农药中心、南开元素所和元素有机化学国家重点试验室，主要生产南开菊酯、增效锡等产品。

5、南通中南实业有限公司

本公司的发起人。现持有公司股份1000万股，持股比例为9.09%。

南通中南实业有限公司注册成立于1996年4月3日，是江苏省外贸骨干企业，主要生产各种纯棉纱、化纤纱、人棉、纯棉、粘棉、涤棉、涤粘、粘亚麻等坯布及其提花织物，年产纱2500吨，坯布1800万米，产品96%以上出口，畅销欧美、东南亚、港澳等二十多个国家和地区，

(七) 公司职工情况

截至1999年12月31日，公司在册员工总数为1901人，其中专业技术人员、管理人员292人，生产人员1609人；具有大专以上学历192人；具有高级职称的17人，中级职称69人，初级职称172人。

(十)公司主要产品及生产能力

公司以农药生产为主营业务，主要产品包括杀虫剂(敌百虫、敌敌畏、久效磷)、除草剂(丁草胺、乙草胺、草甘膦、喹禾灵)、杀菌剂(拌种灵)等。折百农药生产能力总产量达年产27550吨。公司主要产品现有生产能力如下：

产　品	生产能力(吨/年)
敌百虫	7000
敌敌畏	4000
久效磷	3000
丁草胺	3000
乙草胺	2000
草甘膦	6000
喹禾灵	100
拌种灵	500
烧碱	50000

(十五)正在或计划进行的投资项目

公司计划进行的投资项目主要有：

15000吨/年多聚甲醛技术改造项目

25000吨/年种衣剂技术改造项目

3200吨/年精喹禾灵技术改造项目

41000吨/年毒死蜱技术改造项目

5200吨/年乙虫脒技术改造项目

(十六)环保情况

公司坚持可持续发展方针，在生产经营活动中，严格遵守国家环境保护法规，对"三废"治理和环境污染控制予以高度的重视，投入了大量的资金，并取得明显成效。截至1999年底，公司累计综合利用产值达1.2亿元，拥有环保装置14套，废水治理装置4套，有机磷废水日处理能力达到12000吨，主要出水污染物指标均达到国家工业废水GB8978-96一级排放标准，被江苏省环保局命名为年度清洁生产审计先进单位，并通过江苏省环保局组织的长江流域污染物达标排放验收要求。

(十七)税收优惠情况

1997年，本公司经江苏省科学技术委员会苏高(1997)580号文批准认定为高新技术企业。1997年度和1998年度，公司所得税规定税率为33%，由财政部门返还18%，实际享受15%的优惠税负。1999年公司所得税规定税率为33%，经南通市人民政府通政复[1999]51号文批准，由财政返还18%，公司实际税负为15%。

(十八)近三年公司重大变更事项

1、本公司设立时，集团公司将其以出让形式获得的218476.7平方米的土地使用权作价入股投入本公司，并按1:1的比例折成6590.2746万股，公司取得上述土地的使用权。1999年11月16日，经江苏省国土管理局苏国土籍函[1999]133文批复同意，公司将上述土地经评估作价7599.7719万元转让与集团公司。集团公司已办理了上述三宗土地的受让手续，依法取得了土地使用权证。目前，本公司以租赁方式有偿使用上述土地。

2、为了优化公司资本结构，增强公司持续发展能力，经公司1999年8月23日临时股东大会决议通过，公司决定通过回购的方式减少注册资本。在经江苏省人民政府苏政复[1999]105号文批准后，公司以经评估确认后的每股净资产值1.533元作为此次股份回购的价格，共支付价款12819.67万元向集团公司回购股份8362.47万股。实施股份回购后，公司总股本由19362.47万股减少至11000万股。江苏省国有资产管理局已以苏国资企[1999]159号文确认本次股权变更。1999年12月6日，公司在江苏省工商行政管理局办理了变更登记手续，公司注册资本减少至11000万元。

3、1999年12月，为充分发挥本公司氯碱生产的规模优势，提高公司污染治理和环境保护设施的利用效率，公司向南通树脂有限公司购买了一条1.2万吨/年氯碱生产线及相关设备，转让价值总值600万元。

4、2000年6月，为了规范公司运作，公司其他股东与南通江山农药化工股份有限公司工会、南通中南实业有限公司经协商一致，决定南通江山农药化工股份有限公司工会不再作为本公司的股东，其股东地位由南通中南实业有限公司替代，相应的权利义务由南通中南实业有限公司继承。南通中南实业有限公司出资1000万元人民币获得本公司1000万股股权，公司总股本维持不变。

九、公司董事、监事、高级管理人员

(一)董事会成员

蔡建国先生，46岁，大学文化，高级工程师，曾任原南通农药厂车间支部书记、研究所所长、厂党委副书记、副厂长、厂长、南通市化工局副局长，曾获南通市劳动模范、优秀党员称号。现任本公司董事长。

程恒　先生，51岁，大专文化，政工师，曾任原南通农药厂车间副书记、车间主任、厂党委副书记、书记。曾获南通市、市化工局优秀党员、江苏省优秀国有企业党委书记称号，1998年被评为南通市优秀党务工作者。现任本公司党委书记、副董事长。

朱春林先生，40岁，大学文化，工程师，曾任原南通农药厂车间副主任、主任、副厂长，曾获南通市劳动模范、市新长征突击手等称号，1999年获江苏省五一劳动奖章。现任本公司总经理、董事。

李正名先生，69岁，研究生，教授、博士生导师，中国工程院院士，曾任南开大学元素有机化学研究所所长，南开大学化学院副院长。曾获国家有突出贡献中青年专家等荣誉称号，获国家自然科学二等奖、国家科技进步一等奖等多项奖励。现任国家农药工程研究中心(天津)主任、本公司董事。

李彬先生，43岁，大学文化，高级工程师，曾任沈阳化工研究院化工室主任、研究院副院长。曾参加或主持过多项国家科技攻关项目，曾获国家科技进步二等奖。现任沈阳化工研究院院长、本公司董事。

陆立新先生，37岁，大学文化，经济师，曾任江苏省农业生产资料(集团)公司总经理助理。现任江苏省农业生产资料(集团)公司副总经理、本公司董事。

陆宝基先生，53岁，大专文化，助理工程师，曾任原南通农药厂科研所副所长、车间主任、支部书记，曾获江苏省、南通市劳动模范称号。现任本公司工会主席、董事。

陶坤山先生，45岁，大学文化，曾任原南通农药厂车队队长、储运科副科长、供销科副科长。现任本公司党委副书记、证券部经理、董事兼董事会秘书。

宋金凤女士，57岁，大专文化，高级政工师。曾任通棉五厂党委书记兼厂长，曾获得江苏省优秀企业家称号。现任南通中南实业有限公司董事长、总经理、本公司董事。

(二)监事会成员

张克勤先生，46岁，大专文化，会计师，曾任南通市化工局财务科科长。现任南通精华集团有限公司总会计师、南通化工医药会计学会会长，本公司监事会召集人。

宋军先生，54岁，初中文化，曾任原南通农药厂电器工程队队长。现任本公司电仪车间主任、监事。

薛健先生，36岁，大学文化，曾任原南通农药厂团委副书记、一车间副主任、主任。现任本公司生产管理部经理、监事。

(三)其他高级管理人员

王明华先生，45岁，大专文化，经济师，曾任原南通农药厂供销科副科长、本公司总经理助理。现任本公司副总经理。

茅云龙先生，38岁，大学文化，工程师，曾任原南通农药厂生产计量科副科长、热电站代理站长、本公司总经理助理。现任本公司副总经理。

徐森林先生，37岁，大专文化，会计师，中国注册会计师，曾任原南通农药厂热电站筹建处会计、厂财务科会计、本公司资产财务处副处长。现任本公司财务部经理、财务负责人。

十、经营业绩

(一)生产经营的一般情况

公司主营农药、氯碱、精细化工三大类40余个品种的生产和销售，是一个生产技术水平较高、经营服务完善、符合环保要求的大型综合农药化工企业。2000年7月，公司被国家科学技术部认定为国家火炬计划重点高新技术企业。

公司拥有12个生产车间、一个省级技术开发研究中心和剂型开发中心，具备先进的检测系统、

配套完善的热电站和自备专用码头,生产技术水平处于国内同行业领先地位。

目前,公司已形成主导农药产品100%农药27550吨的生产能力。1998年公司生产农药13695吨,产销率达90%以上,1999年公司生产农药14150吨,产销率达 99 .47%。根据中国化工信息中心的统计资料,1998年、1999年月公司折百农药产量分别占同期全国15家农药重点企业总产量的10.85%、11.48%,并一直保持全国排名第二。

公司具有外贸进出口自营权，已通过ISO9002国际质量标准认证。 公司现有出口农药品种达到20个，实现了公司现有农药品种全部进入国际市场的目标。1998年公司出口1100万美元，1999年出口额同比增长33.6%。

(二)前三年及近一期销售总额和利润总额的情况

本公司多年来一直保持着经济效益的稳定增长,经审计,公司前三年及近一期经营业绩如下：

项目	2000年1-6月	1999年	1998年	1997年
销售收入(万元)	29264.45	45503.68	42542.75	40682.66
利润总额(万元)	3150.23	4759.39	2615.65	1232.33
净利润(万元)	2105.51	3716.48	2132.76	978.16
净资产收益率(%)	15.00	31.16	10.14	7.00

(三)业务收入的主要构成

公司业务收入主要来自农药、烧碱等化工产品的生产销售,前三年及近一期构成情况如下：

(单位:万元)

	2000年1-6月		1999年度		1998年度		1997年度	
	销售收入	比重(%)	销售收入	比重(%)	销售收入	比重(%)	销售收入	比重(%)
农药	24611.96	84.10	36111.36	79.36	36783.56	86.46	34188.47	84.04
化工	4245.99	14.51	7057.79	15.51	5250.20	12.34	5906.95	14.52
蒸汽	108.05	0.37	185.77	0.41	169.37	0.40	190.20	0.47
经销化工	293.00	1.00	2148.76	4.72	339.61	0.80	308.38	0.76
其它	5.45	-	-	-	-	-	88.66	-
合　计	29264.45	100	45503.68	100	42542.75	100	40682.66	100

十一、股本

(一)公司本次发行前注册资本为人民币11000万元。

(二)股本形成及演变

1、1997年12月31日,经江苏省人民政府苏政复(1997)173号文批准,南通精华集团有限公司联合天津市绿保农用化学科技开发有限公司、沈阳化工研究院、江苏省农业生产资料(集团)公司、南通农药厂工会(现南通江山农药化工股份有限公司工会)四家法人以发起方式设立本公司。公司设立时,注册资本为19362.47万元,计19362.47万股。公司设立时股本结构如下：

股份类别	股数(万股)	占总股本比例(%)
发起人股		
其中:集团公司	18062.47	93.28
沈阳化工研究院	150	0.78
江苏省农业生产资料(集团)公司	100	0.52
天津市绿保农用化学科技开发有限公司	50	0.26
南通农药厂工会	1000	5.16
总 股 本	19362.47	100

3、2000年6月,为了规范公司运作，公司其他股东与南通江山农药化工股份有限公司工会、南通中南实业有限公司经协商一致,签署了《南通江山农药化工股份有限公司工会持股调整为南通中南实业有限公司持股及出资变更协议》,决定南通江山农药化工股份有限公司工会不再作为本公司的股东,其股东地位由南通中南实业有限公司替代,相应的权利义务由南通中南实业有限公司继承。南通中南实业有限公司出资1000万元人民币获得本公司1000万股股权,公司总股本维持不变。南通众信会计师事务所有限公司已出具[通会验(2000)73号] 验资报告，本公司已于2000年6月29日在江苏省工商行政管理局进行了工商变更登记。本次变更后，公司股本结构如下：

股份类别	股数(万股)	占总股本比例(%)
发起人股		
其中:		
集团公司	9700	88.18
沈阳化工研究院	150	1.36
江苏省农业生产资料(集团)公司	100	0.91
天津市绿保农用化学科技开发有限公司	50	0.46
南通中南实业有限公司	1000	9.09
总 股 本	11000	100

(三)公司发行后股本结构

本次发行后,公司股本结构如下：

股份类别	持股数额(万股)	所占比例(%)
发起人股	11000	73.33
社会公众股	4000	26.67
合 计	15000	100

(四)公司发行前后净资产情况

根据南通众信会计师事务所有限公司通众会审 [2000]286号审计报告，截止2000年6月30日,公司净资产为14033万元,按公司股本11000万股计算,每股净资产1.28元。

本次发行后，扣除发行费用1488万元，实际可募集资金26512万元， 公司净资产总额将达40545万元(不包含公司2000年净利润),每股净资产2.70元。

本次发行前后本公司净资产总额、每股净资产如下表:

	净资产总额(万元)	每股净资产(元)
发行前	14033	1.28
发行后(已扣除发行费用)	40545	2.70

(五)公司发行前股东持股情况

本次发行前,除五家发起人外,无任何自然人或其它法人持有本公司股份。股东持股情况如下：

股东名称	持股数(万股)	占总股本比例(%)
南通精华集团有限公司	9700	88.18
沈阳化工研究院	150	1.36
江苏省农业生产资料(集团)公司	100	0.91
天津绿保农用化学科技开发有限公司	50	0.46
南通中南实业有限公司	1000	9.09

(六)董事、监事及高级管理人员持股情况

本次公开发行前,公司董事会、监事会成员及其他高级管理人员均未持有本公司股票。

十二、财务会计资料

以下全文引自南通众信会计师事务所有限公司出具的通众会审[2000]286 号审计报告。

审 计 报 告

南通江山农药化工股份有限公司全体股东：

我们接受委托，审计了贵公司1997年12月31日、1998年12月31日、1999年12月 31日、2000年6月30日的资产负债表和合并资产负债表,1997 年度、 1998 年度、 1999年度、2000年1-6月的利润及利润分配表和合并利润及利润分配表,以及1999 年度和2000年1-6月的现金流量表和合并现金流量表。这些会计报表由贵公司负责，我们的责任是对这些会计报表发表审计意见。我们的审计是依据《中国注册会计师独立审计准则》进行的。在审计过程中,我们结合贵公司实际情况,实施了包括抽查会计记录等我们认为必要的审计程序。

我们认为,上述会计报表符合《企业会计准则》和《股份有限公司会计制度》的有关规定,在所有重大方面公允地反映了贵公司1997年12月31日、1998年12月31 日、1999年12月31日和2000年6月30日的财务状况及1997年度、1998年度、1999 年度和2000年1-6月的经营成果以及1999年度和2000年1-6月的现金流量情况,会计处理方法的选用遵循了一贯性原则。

南通众信会计师事务所有限公司　　中国注册会计师　江金乾

中国　　南通　　中国注册会计师　陈荣芳

二000年七月十八日

公司资产负债表、利润表及现金流量表(附后)

合并会计报表附注

一、公司简介

南通江山农药化工股份有限公司(以下简称本公司)的前身南通农药厂创建于 1958年4月，为全民所有制农药原药制造厂,是国家大型二档企业，原化学工业部和江苏省的重点骨干企业，江苏省优秀企业。1997年6月26日，经南通市人民政府通政复[1997]54号文批准,南通农药厂国有资产授权给南通精华集团有限公司经营。

本公司是于1997年12月31日经江苏省人民政府苏政复[1997]173号文批准，由南通精华集团有限公司、天津绿保农用化学科技开发有限公司、沈阳化工研究院、江苏省农业生产资料(集团)公司和南通江山农药化工股份有限公司工会(原南通农药厂工会)5家法人共同发起设立的股份有限公司。本公司已于1998年1月21日办理工商登记注册手续,企业法人营业执照号为13829911-3(1/2),注册资本19,362.47万元。1999年9月28日经江苏省人民政府苏政复[1999]105号文件批准，本公司向本公司主发起人南通精华集团有限公司回购国有法人股8,362.47 万股， 股份回购后,本公司总股本减至11,000万股,注册资本相应变更为11,000万元,本公司于 1999年12月6日办理了营业执照变更手续。2000年6月29日,南通江山农药化工股份有限公司工会的发起人地位被南通中南实业有限公司替代,并已在江苏省工商行政管理局进行了工商变更登记。

公司的经营范围:化学农药、有机化学品、无机化学品、高分子聚合物制造、加工、销售以及经营与本企业相关的进出口和加工业务。

二、会计报表的编制基础及方法

三、主要会计政策和会计估计

四、会计报表有关项目注释

五、或有事项

六、关联企业及交易

七、期后事项

本公司无重大期后事项。

八、承诺事项

本公司无重大承诺事项。

十三、资产评估

(一)公司设立时,本公司的前身南通农药厂委托南通资产评估师事务所对南通农药厂申报的全部资产、负债按照法定程序进行了评估。《资产评估报告》已经南通市国有资产管理局通国评[1997]第41号文确认。

(二)在本次公开发行股票前,本公司委托江苏天衡会计师事务所有限公司对公司本次公开发行新股的经济行为所涉及的资产进行了评估。《资产评估报告》已经国家财政部财评字[2000]21号文确认。以下数据节录自江苏天衡会计师事务所有限公司天衡评报字(2000)02号资产评估报告。

(单位:人民币万元)

资产项目	帐面价值	调整后帐面值	评估价值	增减值	增值率%
流动资产	17,273.75	17,271.04	18,024.26	753.21	4.36
长期投资	4,164.00	4,164.00	4,259.83	95.83	2.30
固定资产	16,351.96	16,544.88	18,895.17	2,350.28	14.21
其中:在建工程	1444.71	1,444.71	1,443.81	-0.90	-0.06
建筑物	4,033.99	4,216.21	4,930.50	714.29	16.94
设备	10,824.30	10,835.00	12,471.89	1,636.89	15.11
无形资产	24.00	24.00	60.00	36.00	150.00
其中:土地使用权	0.00	0.00	0.00	0.00	0.00
其他资产	78.72	78.72	426.09	347.37	441.27
资产合计	37,892.42	38,082.64	41,665.34	3,582.70	9.41
流动负债	22,844.36	22,857.58	22,857.58	0.00	0.00
长期负债	2,755.68	2,755.68	2,755.68	0.00	0.00
负债合计	25,600.04	25,613.26	25,613.26	0.00	0.00
净资产	12,292.39	12,469.38	16,052.08	3,582.70	28.73

十四、盈利预测

本发行人郑重提示,鉴于盈利预测所依据的假设的不确定性,投资者进行投资判断时,不应过于依赖下述资料。

一、盈利预测

根据南通众信会计师事务所有限公司对本公司以往经营业绩的审计及对未来年度的生产经营计划和投资项目可行性的审定,依据我国现行的有关法律法规及会计制度,经南通众信会计师事务所有限公司通众会审(2000)288 号盈利预测报告审核。

十五、公司发展规划

(一)公司的发展战略

公司将借助股票发行的良机,充分发挥股份制企业的机制优势,有效利用公司业已形成的产品优势、市场优势、技术优势和区位优势,以提高资产运营效率和市场占有率为中心,以创新开发新型农药、发展高技术含量精细化工产品为重点,实施以核心产品为依托的资本扩张战略,不断调整产品结构和企业结构,增强企业核心竞争能力,使公司发展成为我国最大的农药生产和出口基地。

(二)公司的发展目标和经济规模

公司将坚持"农药为主,氯碱配套,综合利用,治理三废"的方针,通过加快产品结构、技术结构、营销结构和布局结构的调整,促进企业开发能力的提高,提高产品技术含量,拓宽和完善营销网络,拓展公司经营范围,巩固和扩大公司主业规模优势。同时公司还将通过外引内联,和国内科研院所、国外跨国农药公司以科技为基础,以资产为纽带,加强联合,推进产、学、研的结合,迅速达到规模经济效益,争取到2005年实现销售收入15亿元,利税总额12000万元,到2010 年实现销售收入20亿元,利税总额15000万元。

(三)市场发展计划

公司将充分利用产品品牌和质量优势,以优质的营销服务、灵敏的市场决策和不断更新换代的产品,在现有基础上进一步扩大销售份额。公司还将继续扩大自营出口优势,充实外贸力量,提高公司出口创汇能力,继续巩固南美、欧美、澳洲、东南亚等市场,使产品向多元化、系列化方向发展,建成全方位、低成本、大批量的国内农药生产销售中心。

(四) 产品发展计划

公司将充分利用自身各方面的优势和农药化工行业中的知名度,适应市场发展的要求,积极开发新产品,拓展新领域,培养公司核心竞争能力。

1、在农药方面,公司将着重开发高效、低毒、广谱经济的杀虫剂， 增加新剂型,推出2-3个高效除草剂和生物农药新品种。

2、在精细化工方面，公司将利用已有的三甲酯、双乙烯酮、甲醛、吡啶等原料配套优势，积极开发医药、染料中间体、饲料添加剂等。并增加开发生产甲醛系列产品，向新材料方向发展。

3、公司还将在现有年产50000吨烧碱生产能力基础上，争取到2010年烧碱能力扩展到12万吨/年，并积极发展氯碱深加工产品，提高氯碱自我消化能力和深加工效益。

（五）生产经营计划

公司将坚持可持续发展方针，通过进一步挖掘生产潜力，降低能耗，提高经营效益。通过引进、合资合作和独立开发研制等多种方式开发新产品，加大高科技新产品、新工艺的投入力度，加快农药产品结构调整

步伐。同时，公司将继续抓好综合利用、治理三废工作，提高配套原料深度加工的能力和效益，结合原料、中间体的生产情况向下游产品方向发展，形成多角化、多元化发展的格局。

（六）固定资产投资计划

公司将走内涵扩大再生产和外延扩大再生产相结合的道路，通过新增、技改、收购等方式，进行固定资产投资和设备更新。近期主要完成募集资金运用所揭示的固定资产投资及设备更新计划。

1、投资4540万元用于年产5000吨多聚甲醛技术改造。

2、投资4982万元用于年产5000吨种衣剂技术改造工程。

3、投资4398万元用于年产200吨精喹禾灵技术改造。

4、投资3171万元用于1000吨/年毒死蜱技术改造。

5、投资4688万元用于200吨/年乙虫脒技术改造。

十六、重要合同及重大诉讼事项

（一）截止本招股说明书签署之日，公司签署的重要合同或协议如下：

1、公司和集团公司于1999年12月10日签订《土地租赁协议》。

2、公司和集团公司于1999年10月20日签订《生活服务协议》。

3、公司和南通醋酸化工厂于1999年10月28日签订《产品及服务供应协议》。

4、公司和南通染化厂于1999年11月3日签订《产品及服务供应协议》。

5、公司和华泰证券有限责任公司于2000年7月22日签订《承销协议》。

（二）关于合同之外的重大债权、债务关系，经律师审查，公司没有因环境保护、知识产权、产品质量

、劳动安全、人身权等原因而产生的侵权之债。

经律师审查，发行人100万元以上的其他应收、应付款均系公司正常生产经营活动而发生，该等应收、

应付法律关系均合法、有效。

截止2000年6月30日，本公司仍在履行的对外担保事项总计金额为525万元，未发现公司与股东之间存在

重大债权债务关系及相互提供担保的情形。

（三）截止本招股说明书正式签署之日，公司与公司的董事、监事及高级管理人员未涉及任何重大民事

或刑事诉讼。

十七、备查文件

一、南通众信会计师事务所有限公司出具的南通江山农药化工股份有限公司97、98、99年度审计报告、

财务报表和附注；

二、南通江山农药化工股份有限公司成立的注册登记文件；

三、主管部门和证券交易所批准发行上市的文件；

四、承销协议

五、国家财政部对南通江山农药化工股份有限公司公开发行股票资产评估的确认文件；

六、南通江山农药化工股份有限公司改组的其他有关资料；

七、重要合同；

八、证监会要求的其它文件。

备查文件查阅地点：

1）江苏省南通市姚港路35号公司证券部；

2）江苏省南京市中山东路90号华泰证券有限责任公司投资银行总部。

南通江山农药化工股份有限公司

2000年12月22日

合并资产负债表

编制单位:南通江山农药化工股份有限公司　　金额单位:元

资产	2000.6.30	1999.12.31	1998.12.31	1997.12.31
流动资产：				
货币资金	18457926.90	57901465.33	43999474.24	20922941.26
短期投资				
减:短期投资跌价准备				
短期投资净额				
应收票据	2302555.07	4093641.40	4489335.77	5861537.16
应收股利				
应收利息				
应收帐款	62073687.44	34542123.69	26582830.56	21893329.49
其他应收款	14216396.00	10310665.91	15201823.72	14307508.38
减:坏帐准备	6121471.21	4440188.66	3830712.20	2747665.71
应收帐款净额	70168612.23	40412600.94	37953942.08	33453172.16
预付帐款	6233310.93	11036879.12	6309105.84	11439012.45
应收补贴款				
存货	68295569.01	72606007.08	58890562.18	44797046.15
减:存货跌价准备	439975.46	2045446.09	5245469.69	200339.22
存货净额	67855593.55	70560560.99	58366015.49	44596706.93
待摊费用	154434.78	347378.39	501318.54	1030173.99
待处理流动资产净损失				
一年内到期的长期债权投资				
其他流动资产				
流动资产合计	165172433.46	184352526.17	151619191.96	117303543.95
长期投资：				
长期股权投资	42048136.43	37436517.71	7243958.04	6027727.22
长期债权投资	60000.00	80000.00	80000.00	200000.00
长期投资合计	42108136.43	37516517.71	7323958.04	6227727.22
减:长期投资减值准备				
长期投资净额	42108136.43	37516517.71	7323958.04	6227727.22
其中:合并价差	−945799.57	−1007418.29	−890605.73	
春中:股权投资差额	−945799.57	−1007418.29	−890605.73	
固定资产：				
固定资产原价	271992565.36	252381153.27	207881157.49	193418789.09
减:累计折旧	110099521.93	101344466.06	84903866.09	69377814.40
固定资产净值	161893043.43	151036687.21	122977291.40	124040974.69
工程物资	128667.63	489635.54	202260.25	412148.51
在建工程	13375127.83	14447077.16	9546905.75	8179972.62
固定资产清理				
待处理固定资产损失				
固定资产合计	175396838.89	165973399.91	132726457.40	132633095.82
无形资产及其他资产：				
无形资产	210000.00	240000.00	65944691.08	660000.00
开办费	455964.67	547164.67	729564.67	4921.46
长期待摊费用	180000.00	240000.00	−	145134.17
其他长期资产				
无形资产及其他资产合计	845964.67	1027164.67	66674255.75	810055.63
递延税项：				
递延税款借项				
资产总计	383523373.45	388869608.46	358343863.15	256974422.62
负债及股东权益				
流动负债：				
短期借款	22350000.00	130700000.00	27200000.00	38600000.00
应付票据	−	1061264.74	260000.00	
应付帐款	50303371.53	40311409.23	30086393.93	18944247.97
预收帐款	8319501.07	5339973.93	4502757.94	11889662.60
代销商品款				
应付工资	35883534.86	34916256.01	21387869.31	18897420.90
应付福利费	4773882.09	4157268.65	2288154.05	1192381.20
应付股利	−	360.00	4646992.80	25597.82
应交税金	5235849.73	892318.59	552630.03	−2554158.97
其他应交款	6945.22	35796.99	−17182.88	6245.89
其他应付款	6964979.90	5151531.35	19289221.65	7633931.94
预提费用	9507214.15	4713902.40	4878864.00	5221652.78
一年内到期的长期负债	27200000.00	12000000.00		
其他流动负债	2929913.73	2464655.52	2997902.18	2596967.14
流动负债合计	173475192.28	241744737.41	118073603.01	102453949.27
长期负债：				
长期借款	68352728.70	26552728.70	28552728.70	4983296.70
应付债券				
长期应付款	270000.00	270000.00	270000.00	270000.00
住房周转金	737160.48	734032.52	567709.96	7543415.57
其他长期负债	−	−	574501.37	574501.37
长期负债合计	69359889.18	27556761.22	29964940.03	13371213.64
递延税项：				
递延税款贷项				
负债合计	242835081.46	269301498.63	148038543.04	115825162.91
少数股东权益	359730.31	294646.12	−	1482472.84
股东权益				
股本	110000000.00	110000000.00	193624700.00	
资本公积				
盈余公积	−	−	5728599.01	
其中:公益金	−	−	2132761.29	
未分配利润	30328561.68	9273463.71	10952021.10	
股东权益合计	140328561.68	119273463.71	210305320.11	139666786.87
负债及股东权益总计	383523373.45	388869608.46	358343863.15	256974422.62

合并利润及利润分配表

编制单位:南通江山农药化工股份有限公司　　金额单位:元

项目	2000年1-6月	1999年度	1998年度	1997年度
一、主营业务收入	292644515.54	455036750.01	425427489.76	406826623.73
减:折扣与折让	−	47400.00	450050.00	1921255.90
主营业务收入净额	292644515.54	454989350.01	424977439.76	404905367.83
减:主营业务成本	226504316.15	354921873.71	337345810.06	331079100.65
主营业务税金及附加	495726.76	892850.77	394169.06	613381.98
二、主营业务利润	65644472.63	99174625.53	87237460.64	73212885.20
加:其他业务利润	1056034.48	16937622.16	1117859.77	1739334.28
减:存货跌价损失	−1605470.63	1520899.40	524546.69	200339.22
营业费用	7671959.14	16872610.62	13993708.43	8903129.61
管理费用	24059957.68	50873534.20	43080153.88	48094654.83
财务费用	3056766.05	3000987.85	3707875.92	3345538.91
三、营业利润	33517294.87	43844215.62	27049035.49	14408556.91
加:投资收益	61618.72	429662.42	246104.00	−881813.51
补贴收入	700000.00	2500000.00	1658832.52	1080556.20
营业外收入	1907.98	7782620.72	127220.68	235516.26
减:营业外支出	2778505.16	6962555.80	2924677.30	2519474.48
四、利润总额	31502316.41	47593942.96	26156515.39	12323341.38
减:所得税	10382134.25	10327248.14	4828902.48	2033387.70
减:少数股东权益	65084.19	101886.12	−	508384.21
五、净利润	21055097.97	37164808.70	21327612.91	9781569.47
加:年初未分配利润	9273463.71	10952021.10		
盈余公积转入				
六、可供分配的利润	30328561.68	48116829.80	21327612.91	
减:提取法定盈余公积	−	3716480.87	2132761.29	
提取法定公益金	−	3716480.87	2132761.29	
七、可供股东分配的利润	−	40683868.06	17062090.33	
减:应付优先股股利				
提取任意盈余公积	−	−	1463076.43	
应付普通股股利	−	−	4646992.80	
转作股本的普通股股利	−	3141040.35		
八、未分配利润	−	9273463.71	10952021.10	

金瑞新材料科技股份有限公司

金瑞新材料科技股份有限公司股票上市公告书

一、要 览

股票简称:金瑞科技
股票代码:600390
总股本:10,670 万股
可流通股本:4,000 万股
本次上市可流通股:4,000 万股
上市地点:上海证券交易所
上市时间:2001 年 1 月 15 日
股份登记机构:上海证券中央登记结算公司
上市推荐人:国信证券有限责任公司

二、绪 言

金瑞新材料科技股份有限公司(以下简称本公司或公司)股票上市公告书是依据《中华人民共和国公司法》、《中华人民共和国证券法》、《股票发行与交易管理暂行条例》、《公开发行股票公司信息披露实施细则》及《上海证券交易所股票上市规则》等国家有关法律、法规的规定,并按照中国证券监督管理委员会制定的公开发行股票公司信息披露的内容与格式准则第七号《上市公告书的内容与格式(试行)》而编制,旨在向投资者提供有关本公司的基本情况和本次股票上市的有关资料。

经中国证券监督管理委员会证监发行字[2000]173 号文批准,本公司已成功上网定价发行了每股面值 1.00 元的人民币普通股 4,000 万股,每股发行价 14.99 元。经上海证券交易所上证上字[2001]第 4 号《上市通知书》同意,本公司上网定价发行的 4,000 万股人民币普通股将于 2001 年 1 月 15 日(星期一)在上海证券交易所挂牌交易,股票简称"金瑞科技",股票代码"600390"。本公司总股本 10,670 万股,其中流通股本 4,000 万股。

本公司的《招股说明书概要》刊登在 2000 年 12 月 18 日的《中国证券报》、《上海证券报》和《证券时报》上,距今不足 6 个月,故依照有关规定,本上市公告书与其重复的内容不再赘述,敬请广大投资者查阅本公司的《招股说明书概要》,也可在本公司和主承销商办公处所查阅《招股说明书》全文。

本公司董事会已审议批准本上市公告书,董事会成员确信其中不存在任何重大遗漏或者误导,并对其真实性、准确性、完整性负个别及连带责任。

三、发行公司概况

(一)公司名称:金瑞新材料科技股份有限公司
英文名称:Kingray New Materials Science & Technology Co.,Ltd.
(二)成立日期:1999 年 8 月 31 日
(三)注册地址:长沙市岳麓区麓山南路 1 号
(四)法定代表人:张泾生
(五)本公司从事的主要业务为电子基础材料、金属材料、超硬材料及其制品、专用设备的技术开发、生产和销售;公司主导产品为电子基础材料四氧化三锰、合成金刚石用触媒合金和合成金刚石系列产品(人造金刚石单晶、微粉及其他制品)等。
(六)公司改制情况:

本公司是经国家经贸委国经贸企改[1999]718 号文批准,由冶金工业部长沙矿冶研究院(2000 年 5 月 15 日更名为长沙矿冶研究院,下称长沙矿冶院)为主发起人,联合湖南华菱钢铁集团有限责任公司、电子工业部第四十八研究所(1999 年 8 月 2 日更名为信息产业部电子第四十八研究所,下称第四十八研究所)、长沙银佳科技有限公司(2000 年 4 月 8 日更名为长沙高新技术产业开发区银佳科技有限公司,下称长沙银佳科技公司)、中国冶金进出口湖南公司共同发起设立的股份有限公司。

以 1999 年 3 月 31 日为重组进入股份公司资产评估基准日,经湖南资产评估事务所(2000 年 1 月 28 日更名为湖南湘资有限责任会计师事务所)评估、并经财政部财评字[1999]319 号文和财管字[1999]234 号文批复,长沙矿冶院以其所属的合金材料、超硬材料、电子材料等自办产业以及全资附属企业长沙新冶科技开发公司经评估确认后的经营性净资产 9,568.81 万元投入股份公司,湖南华菱钢铁集团有限责任公司以现金出资 303.78 万元、第四十八研究所以现金出资 151.89 万元、长沙银佳科技公司以现金出资 91.13 万元、中国冶金进出口湖南公司以现金出资 15.19 万元,各发起人投入股份公司的净资产共计 10,130.80 万元,按 65.84%的比例折为 6,670 万股,分别由长沙矿冶院持有 6,300 万股,占总股本的 94.45%;湖南华菱钢铁集团有限责任公司持有 200 万股,占总股本的 3%;第四十八研究所持有 100 万股,占总股本的 1. 5%;长沙银佳科技公司持有 60 万股,占总股本的 0.9%;中国冶金进出口湖南公司持有 10 万股,占总股本的 0.15%。以上股权性质均界定为国有法人股。未折入股本的 3,460.80 万元计入股份公司的资本公积金。公司于 1999 年 8 月 31 日在湖南省工商行政管理局登记注册成立,注册资本 6,670 万元。本公司已经国家科技部、中国科学院及湖南省科委认定为高新技术企业。公司现拥有自营进出口权。

四、股票发行及承销情况

(一)本次公开发行
1、社会公众股发行数量:4,000 万股
2、股票发行价格:14.99 元/股
3、发行方式:4,000 万股人民币普通股全部通过上网定价发行。
上网中签率:0.28381902%　　有效申购户数:822,954 户
持 1000 股以上的户数:38,517 户
4、募集资金总额:59,960 万元(未扣除发行费用)
募集资金到位金额:58,450.92 万元(仅扣除上网发行费用、承销费用和上市推荐费用)
5、发行费用总额:1,840 万元
6、每股发行费用:0.46 元
7、发行市盈率:46.84 倍(全面摊薄)
(二)股票承销

本次上网定价公开发行的 4,000 万股社会公众股全部获得认购,承销团成员无余额包销。本次发行完成后,本公司总股本由发行前的 6,670 万股变更为 10,670 万股。2000 年 12 月 27 日,本公司在湖南省工商行政管理局办理了注册变更登记手续,注册资本变更为 10,670 万元,注册号为 4300001004097。

(三)验资报告(湖南开元有限责任会计师事务所开元所(2000)内验字第 066 号)

金瑞新材料科技股份有限公司:

我们接受委托,对金瑞新材料科技股份有限公司截止二〇〇〇年十二月二十六日止的注册资本、净资产变更情况的真实性和合法性进行了审验。本次主要验证本次发行人民币普通股(A 股)的实收股款情况。在审验过程中,我们按照《独立审计实务公告第 1 号—验资》的要求,实施了必要的审验程序。金瑞新材料科技股份有限公司的责任是提供真实、合法、完整的验资资料,保护资产的安全、完整,我们的责任是按照《独立审计实务公告第 1 号—验资》的要求,出具真实、合法的验资报告。

金瑞新材料科技股份有限公司变更前的注册资本和净资产分别为人民币 66,700, 000.00 元和 104,078,247.81 元,金瑞新材料科技股份有限公司变更后的注册资本为人民币 106,700,000.00 元。根据我们的审验,截止二〇〇〇年十二月二十六日,金瑞新材料科技股份有限公司增加净资产 584,509,200.00 元。变更后的净资产总额为 688,587,447.81 元,其中股本 106,700,000.00 元,资本公积 578,612,664.04 元,盈余公积 3,274,783.77 元(其中:公益金 1,455,459.45 元)。与上述变更后的净资产(即投入资本总额)相关的资产总额为 878,131,965.58 元,负债总额为 189,544, 517 .77 元。

附件:(一)变更前后注册股本、净资产对照表(略)
(二)变更前后资产、负债和所有者权益对照表(略)
(三)验资事项说明(略)

湖南开元会计师事务所　　中国注册会计师:　杨迪航
中国注册会计师:　严　萍
二〇〇〇年十二月二十六日

募集资金入帐时间:2000 年 12 月 26 日
募集资金入帐金额:584,509,200.00 元
募集资金入帐帐号:13004671895
开户银行:工商银行长沙市左家垅分理处

五、董事、监事和高级管理人员简介及持股情况

1、董事及高级管理人员

张泾生先生,公司董事长。汉族,生于 1945 年 4 月,教授级高级工程师,东北大学兼职教授,博士生导师。毕业于长沙矿冶院,工学硕士,曾赴联邦德国亚琛工业大学留学。现兼任长沙矿冶院院长兼党委书记、国家金属矿产资源综合利用工程技术研究中心主任、中国金属学会常务理事、中国稀土学会常务理事。1994 年起享受政府特殊津贴。

李罗生先生,公司董事。汉族,生于 1950 年 1 月,高级工程师,毕业于中央党校。曾任长沙矿冶院机械工厂厂长,现兼任长沙矿冶院副院长。

杨应亮先生,公司董事。汉族,生于 1960 年 10 月,高级工程师,毕业于东北工学院,工学硕士。曾任长沙矿冶院冶金所所长,现兼任长沙矿冶院副院长、冶金材料所所长、国家金属矿产资源综合利用工程技术研究中心副主任。曾被评为"湖南省直机关优秀青年"。

王晓梅女士,公司董事。汉族,生于 1954 年 5 月,高级工程师,毕业于南方冶金学院。曾任长沙矿冶院组织部部长、人事教育处处长,现兼任长沙矿冶院党委副书记、人事教育处处长。

余佐军先生,公司董事、总经理。汉族,生于 1944 年 6 月,教授级高级工程师,毕业于湖南大学。曾任长沙矿冶院合金材料厂厂长、计划财务处处长。现兼任公司控股子公司贵州省松桃县金地锰业有限责任公司董事长。

梁多衍先生,公司董事。汉族,生于 1956 年 8 月,高级工程师,毕业于西安冶金建筑学院,曾任长沙矿冶院冶金所副所长。现任氧化锰厂厂长、公司控股子公司贵州省松桃县金地锰业有限责任公司董事长。

周志良先生,公司董事、财务总监。汉族,生于 1962 年 5 月,高级工程师,毕业于中南工业大学,工学硕士。曾任长沙矿冶院环保研究所副所长、饲料添加剂厂厂长。

李效伟先生,公司董事。汉族,生于 1952 年 3 月,高级经济师,湖南大学兼职教授,湖南省社会科学院特邀研究员,毕业于中国社科院研究生院。曾任湖南省冶金工业厅(集团公司)总经理助理,涟源钢铁股份有限公司副董事长,湖南省冶金企业集团公司副总经理,湖南华菱钢铁集团有限责任公司总经理。现任湖南华菱钢铁集团有限责任公司董事长、党组书记,湖南华菱管线股份有限公司董事长。

陈晓红女士,公司独立董事。汉族,生于 1963 年 5 月,教授、博士生导师。1999 年毕业于东京工业大学,获工学博士学位。曾任中南大学工商管理学院副院长;现任中南大学工商管理学院院长,南方证券与期货研究中心主任,兼任日本办公自动化学会理事、中国计算机模拟学会常务理事、湖南省"十·五"及 2010 发展规划专家组顾问、湖南智邦集团首席顾问、北京华泰投资公司首席经济顾问、云南铜业集团公司顾问、创智集团独立专家董事。

2000 年 12 月 12 日,本公司董事长张泾生先生已向本公司董事会出具了《承诺函》,承诺将在本公司股票发行后三个月内辞去公司董事长职务。本公司董事会于 2000 年 12 月 12 日作出了承诺,承诺将在本公司股票发行后三个月内接受公司董事长张泾生先生的辞职请求,并按法定程序重新选举公司董事长。

2、监事

周田槐先生,公司监事会召集人。汉族,生于 1951 年 11 月,高级政工师,毕业于南京政治学院。曾任长沙矿冶院组织部副部长、党办主任、后勤处处长。现任长沙矿冶院后勤处处长。

周全先生,公司监事。汉族,生于 1951 年 1 月,毕业于中央党校。曾任长沙矿冶院工会副主席,现任长沙矿冶院工会主席。

胡运球先生,公司监事。汉族,生于 1941 年 6 月,高级经济师,毕业于解放军政治学院。曾任长沙矿冶院审计室主任、计财处处长、审计监察处处长兼纪委副书记,现任长沙矿冶院审计处处长。

周慧平女士,公司监事、合金材料厂厂长。汉族,生于 1963 年 9 月,高级工程师。毕业于华中理工大学。

周金玉先生,公司监事。汉族,生于 1964 年 11 月,会计师。毕业于江苏冶金经济管理学校。

本公司监事会由五名监事组成,其中周慧平女士和周金玉先生为职工代表大会选举产生的由公司职工代表出任的监事,占公司监事会监事总数的三分之一以上,符合《公司法》的有关规定。

3、董事会秘书

杜维吾先生,公司董事会秘书。汉族,生于 1965 年 11 月,高级工程师。1988 年毕业于长沙矿冶研究院,工学硕士;1999 年毕业于湖南财经学院,经济学硕士。曾任云南新联期货经纪公司经理、长沙矿冶院生产技术部副部长。

本公司董事、监事和高级管理人员未持有本公司股票。

六、公司设立

本公司是经国家经贸委国经贸企改[1999]718 号文批准,由长沙矿冶院为主发起人,联合湖南华菱钢铁集团有限责任公司、第四十八研究所、长沙银佳科技公司、中国冶金进出口湖南公司共同发起设立的股份有限公司。经湖南省工商行政管理局登记注册,本公司于 1999 年 8 月 31 日正式成立。

本公司本次向社会公开发行 4,000 万股人民币普通股后,本公司总股本由发行前的 6,670 万股变更为 10,670 万股。2000 年 12 月 27 日,本公司在湖南省工商行政管理局办理了注册变更登记手

续,注册资本变更为10,670万元。公司注册地址为长沙市岳麓区麓山南路 1 号, 公司营业执照注册号码为:4300001004097。

七、关联方及关联交易

1、关联企业

本公司已建立起独立完整的产、供、销体系,具备独立的生产经营能力。公司的关联方之一为长沙矿冶院,持有本公司发行后总股本的59.05%;公司的关联方之二为本公司持有其64%股份的子公司贵州省松桃县金地锰业有限责任公司。

2、关联交易

本公司与长沙矿冶院存在的关联交易主要体现在综合服务、技术开发合作和土地使用权租赁等方面。本公司已同长沙矿冶院在公平、合理、自愿的基础上签署了各项关联交易协议,保证关联交易按照公正、公平的原则进行。

(1)《综合服务协议》

依据1999年9月1日签定的《综合服务协议》,本公司需要长沙矿冶院提供生产辅助和生活后勤等服务。协议对有关服务的项目、服务内容及质量要求、服务数量、费用标准、付款方式等作出了详细而明确的规定,其主要内容及作价基准情况如下:

①国家无统一收费定价标准但湖南省或长沙市有统一地方规定,以此规定为作价基准的有:生产供电,按《长沙电力局执行省电网销售电价表》执行,综合电价为0.58元/度;生产供水,按长价房地字[1997]056号《关于调整自来水价格的通知》执行,定价为1.07元/吨;人防管理,依据湖南省物价局(1994)湘价费字第39号文执行,收取标准为工资总额的0.8%。

②国家无统一收费定价标准,湖南省或长沙市无地方统一规定,湖南省或长沙市亦无统一的市场价格作为参考,则以提供服务的实际成本价作为收费标准,具体包括医疗、房屋维修与道路维护、绿化、环保、幼教、保安、消防等19项。

(2)《土地使用权租赁协议》

依据1999年9月1日签定的《土地使用权租赁协议》,长沙矿冶院将其以出让方式取得的10宗国有土地使用权出租给本公司用作生产、办公用地,面积为32, 363 .37平方米;出租年限为本公司成立之日起至长沙矿冶院以出让方式取得的土地使用权到期之日止;出租地块的年租金为4.25元/平方米,合计13.75万元/年,每年的第一季度一次性付清。

(3)《技术合作协议》

根据1999年9月1日签定的《技术合作协议》,本公司将得到长沙矿冶院的技术支持。协议主要内容为:

①长沙矿冶院须在其研究能力和研究条件许可的前提下, 在同等条件下优先接受本公司向其不时委托的研究开发(含改进)项目;

②在该协议存续期间,除政府下达的研究开发计划外,长沙矿冶院不再承担任何第三方委托的与本公司当时所从事产业相竞争的技术研究开发任务;

③对于任何由长沙矿冶院自行研究开发的技术成果的转让或者许可, 在同等条件下本公司有优先选择权;

④技术检验服务:长沙矿冶院须在其研究能力和研究条件许可的情况下,优先接受由本公司向其不时委托进行的技术检验服务。该技术检验服务是指对产品及其原材料的主要质量指标进行的检验和其他就特定产品的指定属性或质量指标进行的检验。

(4)《商标使用许可合同》

依据1999年9月1日签定的《商标使用许可合同》,本公司许可长沙矿冶院无偿使用本公司"金瑞"注册商标5年。

(5)《技术使用许可合同》

依据2000年5月15日签定的《技术使用许可合同》,本公司从长沙矿冶院取得"高比表面积四氧化三锰新工艺"技术成果的独占使用权,使用费总计600万元,有效期自合同签订之日起至2018年10月25日。

(6)《还款协议》

依据1999年9月1日签订的《还款协议》,本公司成立后2年内全部还清公司成立前由长沙矿冶院代偿付的设备和原材料款共计2,001.07万元。截止2000年7月31日,公司尚欠长沙矿冶院该款项176.07万元。

3、大股东放弃竞争和利益冲突的情况

为避免同业竞争,本公司第一大股东长沙矿冶院于1999年6月向本公司出具了《关于避免同业竞争的声明和承诺》,保证并承诺不再保留和发展与本公司主营业务构成竞争的业务;保证并承诺其从事技术研究、技术开发所取得技术成果的转让,在同等条件下将优先满足本公司业务发展需要;保证并承诺不利用控股股东的地位从事任何有损于本公司利益的行为。

八、股本结构及大股东持股情况

(一)本公司上市前股本结构:

股份类别	股 数(万股)	占总股本比例(%)
1、尚未流通股份		
国有法人股	6,670	62.51
尚未流通股份合计	6,670	62.51
2、可流通股份		
社会公众股份	4,000	37.49
可流通股份合计	4,000	37.49
总 股 本	10,670	100.00

(二)前十名股东所持有股数及持有比例:

股 东	持股数(万股)	持股比例(%)
1、长沙矿冶院	6,300	59.05
2、湖南华菱钢铁集团有限责任公司	200	1.87
3、第四十八研究所	100	0.94
4、长沙银佳科技公司	60	0.56
5、汉兴基金	20.50	0.19
6、景福基金	16	0.15
7、安顺基金	15.80	0.15
8、安信基金	13.10	0.12
9、金鑫基金	12.90	0.12
10、泰和基金	10.80	0.10

九、公司财务会计资料

本公司截止2000年7月31日的财务状况已于2000年12月18日在《中国证券报》、《上海证券报》和《证券时报》上刊登的《招股说明书概要》中进行了详细的披露,因距今时间较短,故本上市公告书与之重复的内容不再赘述。本公告书只公布公司的主要财务指标及经审计的合并会计报表、合并会计报表主要项目注释。投资者欲了解详细内容,请查阅上述报纸或至公告的《招股说明书》查阅地点查阅《招股说明书》全文。

(一)公司合并会计报表(见附表)

(二)公司主要财务指标:

财 务 指 标	2000年1-7月	1999年	1998年	1997年
流动比率	1.23	1.25	1.88	1.44
速动比率	0.78	0.72	0.93	0.69
资产负债率(%)	64.88	53.12	49.30	61.24
应收帐款周转率(次)	2.77	5.22	6.53	6.28
存货周转率(次)	1.34	2.14	2.32	2.41
净资产收益率(%)	15.58	30.84	26.09	26.33
每股净利润(元/股)	0.24	0.47	0.33	0.19

(注:以上各年每股收益皆按发行前的总股本6,670万股计算。)

(三)合并会计报表主要项目注释 (金额单位:人民币元)

1、应收票据

期初数	期末数
17,294,118.46	10,702,190.60

2、应收帐款

帐 龄	期初数 金 额	比例(%)	坏账准备	期末数 金 额	比例(%)	坏帐准备
1年以内	27,470,628.58	78.72	1,373,531.43	36,175,336.20	78.12	1,808,766.81
1-2年	2,352,517.60	6.70	235,251.76	4,750,472.73	10.28	475,047.28
2-3年	1,195,975.14	3.46	179,396.72	328,529.98	0.71	49,279.50
3-5年	3,144,446.38	9.01	628,889.28	4,395,151.36	9.49	879,030.27
5年以上	731,307.08	2.11	219,392.12	648,311.32	1.40	194,493.40
合计	34,894,874.78	100.00	2,636,461.31	46,297,801.59	100.00	3,406,617.26

注:(1)本帐户中无持有本公司5%(含5%)以上股份的股东单位欠款。

(2)主要明细如下:

项 目	金 额	经济内容
浙江东阳磁性企业集团公司	6,752,066.40	货款
南京金宁磁业有限公司	5,710,276.44	货款
浙江天通电子股份有限公司	5,045,409.90	货款
包头钢铁公司机动处	3,759,319.32	货款
常熟市彩电磁性材料厂	1,725,100.71	货款

(3)应收帐款余额比年初数增长32.68%,增加1,140万元,主要系1—7月份金刚石、触媒、氧化锰等产品收入快速增长(比上年同期增长42.23%)所致。

(4)本账户三年以上款项中有鞍山钢铁厂的欠款2,341,575.28元,因该项业务较大,达5,000多万元,售后服务、验收时间长,正在逐步收回。

3、其他应收款

帐龄	期初数 金额	比例(%)	坏账准备	期末数 金额	比例(%)	坏帐准备
1年以内	4,840,284.27	95.53	242,014.21	6,547,731.53	86.32	327,386.58
1-2年	3,868.55	0.08	386.86	798,656.40	10.53	79,865.64
2-3年	102,100.28	2.02	15,315.04	1,966.78	0.03	295.02
3-5年	19,123.78	0.38	3,824.76	119,123.78	1.57	23,824.76
5年以上	101,482.65	1.99	30,444.80	117,536.65	1.55	35,261.00
合计	5,066,859.53	100.00	291,985.67	7,585,015.14	100.00	466,633.00

注:(1)本帐户中无持有本公司5%(含5%)以上股份的股东单位欠款。

4、预付帐款

帐龄	期初数 金额	比例(%)	期末数 金额	比例(%)
1年以内	7,135,132.45	78.49	14,303,077.89	91.84
1-2年	174,170.24	1.92	173,612.14	1.11
2-3年	125,052.03	1.38	7,472.43	0.05
3年以上	1,655,585.63	18.21	1,090,448.98	7.00
合计	9,089,940.35	100.00	15,574,611.44	100.00

注:(1)本帐户中无持有本公司5%(含5%)以上股份的股东单位欠款。

(4)本账户三年以上款项中,无大额欠款单位。

5、应付帐款

帐龄	期初数 金额	所占比重%	期末数 金额	所占比重%
1年以内	17,835,233.92	87.17	17,266,452.91	87.92
1-2年	522,326.43	2.55	118,536.09	0.60
2-3年	257,506.14	1.26	748,237.61	3.81
3年以上	1,846,137.20	9.02	1,505,191.97	7.67
合 计	20,461,203.69	100.00	19,638,418.58	100.00

注:(1) 本账户中无欠持本公司5%(含5%)以上股份的股东单位款项。

(2) 应付帐款逐年增加的原因主要系公司生产规模逐年扩大而增加赊欠原材料款所致。

(3) 本账户三年以上款项中,无大额往来款项。

6、预收帐款

帐龄	期初数 金额	所占比重%	期末数 金额	所占比重%
1年以内	13,161,821.48	72.50	10,955,608.89	72.90
1-2年	2,453,529.66	13.50	1,990,765.53	13.25
2-3年	1,092,281.10	6.00	746,679.47	4.97
3年以上	1,462,775.89	8.00	1,335,527.72	8.88
合计	18,170,408.13	100.00	15,028,581.61	100.00

注:(1)本帐户中含有应付关联方款项,见附注7(二)关联方交易——应收应付款项第1条。

(2)本账户中一年以上的无大额款项。

7、应付股利

期初数	期末数
20,010,000.00	28,261,568.54

其中:主要股东单位

长沙矿冶院	期初数	期末数	备 注
	18,900,000.00	27,491,666.48	*

*(1)系根据本公司1999年度股东大会决议,每10股派发3元现金股利,共计应支付股利20,010,000元,其中应付长沙矿冶院18,900,000元。征得该股东单位同意,截止2000年7月31日,本公司应付而未支付长沙矿冶院股利14,900,000元。

(2) 根据本公司2000年11月15日第四次临时股东大会决议确定的分配原则, 公司截止至2000年7月31日的滚存未分配利润由现有股东享有。 根据公司《章程》提取10%法定公积金和8%法定公益金后,共计分配利润为13,331,568.54元,其中应付长沙矿冶院12,591,666.48元。

8、应交税金

税 种	税率	期初数	期末数
增值税	17%	4,554,634.57	2,622,451.37
城建税	7%	308,727.79	98,619.83
个人所得税			227,677.75
合 计		4,863,362.36	2,948,748.95

注:本公司无应交所得税,其原因系本公司经湖南省科委1999年9月27日以12 -00679号认定证书认定为高新技术企业,根据财税[1994]001号《关于企业所得税若干优惠政策的通知》规定,并经湖南省长沙市国家税务局以《关于对金瑞新材料科技股份有限公司申请免征企业所得税的

函复》确认，从 1999 年 9 月至 2001 年 8 月，免征企业所得税。

9、其他应付款

帐龄	期初数 金额	期初数 所占比重%	期末数 金额	期末数 所占比重%
1 年以内	824,320.71	41.80	10,447,044.09	93.30
1-2 年	19,543.47	0.90	342,456.62	3.00
2-3 年	618,472.61	31.40	84,086.23	0.80
3 年以上	508,356.58	25.90	322,476.58	2.90
合计	1,970,693.37	100.00	11,196,063.52	100.00

10、长期应付款

种类	期限	初始金额	应计利息	期末余额
往来款	1999.8.31-2001.8.31	20,010,748.16	0	1,760,668.10

注：系持本公司 94.45%股份的长沙矿冶院代本公司偿付设备、材料等款。

11、股本

2000 年 7 月 31 日	1999 年 12 月 31 日	1998 年 12 月 31 日(权益)	1997 年 12 月 31 日(权益)
66,700,000.00	66,700,000.00	83,263,697.40	47,967,586.32

系根据财政部财评字(1999)第 319 号文确认的长沙矿冶院的评估后的净资产和其他法人股东投入的货币资金折股而成，业经湖南开元会计师事务所开元(1999)内验字第 027 号验资报告确认。股东明细如下：

股东名称	股本金额	比例(%)
长沙矿冶院	6,300 万元	94.45
湖南华菱钢铁集团有限责任公司	200 万元	3.00
第四十八研究所	100 万元	1.50
长沙银佳科技公司	60 万元	0.90
中国冶金进出口湖南公司	10 万元	0.15
合计	6,670 万元	100.00

12、资本公积 34,103,464.04

系各股东根据发起人协议和折股方案，投入评估后净资产和现金经折股后的溢价。根据本公司的实际情况，在评估基准日(1999 年 3 月 31 日)至评估调账日(1999 年 9 月 30 日)期间，对原评估的产成品已发出、领用部分的增值额 504,563.55 元不再调整账面价值。

(四)关联方关系及其交易　　(金额单位：人民币元)

1、关联方关系

(1) 存在控制关系的关联方

公司名称	注册地址	主营业务
长沙矿冶院	长沙市岳麓区麓山南路 1 号	新材料、新工艺、新技术及制品、电子产品的技术开发、技术转让、生产、销售；矿产资源及二次资源的研究、技术开发。
贵州省松桃县金地锰业有限责任公司	贵州省松桃县蓼皋镇三街 176 号	电解金属锰、锰制品及相关产品

公司名称	与本公司关系	经济性质	法定代表人	持股比例
长沙矿冶院	母公司	全民	张泾生	94.45%
贵州省松桃县金地锰业有限责任公司	公司	有限责任公司	梁多衍	64%

(2)存在控制关系的关联方的注册资本及变化

企业名称	期初数	本期增加	本期减少	期末数
长沙矿冶院	254,460,000.00		38,060,000.00	216,400,000.00
贵州省松桃县金地锰业有限责任公司	2,750,000.00			2,750,000.00

(3)不存在控制关系的关联方关系

企业名称	与本公司关系
湖南华菱钢铁集团有限责任公司	持有本公司 3%的股份，是本公司第二大股东
第四十八研究所	持有本公司 1.5%的股份，是本公司第三大股东
长沙银佳科技公司	持有本公司 0.9%的股份，是本公司第四大股东
中国冶金进出口湖南公司	持有本公司 0.15%的股份，是本公司第五大股东

2、关联方交易

(1)关联方应收、应付款项金额

项目	2000 年 7 月 31 日 期末余额	占全部应收(付)款余额比重	1999 年 12 月 31 日 期末余额	占全部应收(付)款余额比重	备注
1、预收帐款					
长沙矿冶院	1,215,248.13	8.09%	1,228,119.89	6.76%	

主要系预收代购进口设备款

2、其他应付款

(1)长沙矿冶院	2,500,000.00	22.32%	0	0

系未付高比表面积四氧化三锰的新工艺技术款项

(2)长沙矿冶院	2,830,000.00	25.30%	0	0

系未付的综合服务费、土地租赁费、科研开发费

3、长期应付款

长沙矿冶院	1,760,668.10	100.00%	2,760,668.10	100.00%

系应付的设备、材料等款

(2)其他应披露的事项

1 长沙矿冶院与本公司签订了《综合服务协议》，长沙矿冶院将向本公司提供部分生产服务和辅助生产服务，包括供水、供电、绿化卫生、幼教、保安、消防等。

2 根据本公司与长沙矿冶院签订的《土地租赁协议》，本公司租用长沙矿冶院土地共计 32,363.365 平方米，每年支付租金 137,544.30 元。

3 根据本公司与长沙矿冶院签订的《技术合作协议》，本公司每年应向长沙矿冶院支付 100 万元的科研开发经费，该协议有效期 5 年。

4 根据本公司与长沙矿冶院签订的《还款协议》规定，长沙矿冶院代本公司偿付设备、材料等款，须在股份公司正式设立后 1 年内还款 1000 万元，2 年内还清全部欠款，勿需向长沙矿冶院支付任何其它费用。如逾期付款，则按合同规定的违约金额承担责任。

十、董事会上市承诺

本公司董事会将严格遵守《中华人民共和国公司法》、《中华人民共和国证券法》、《股票发行与交易管理暂行条例》、《公开发行股票公司信息披露实施细则》和《上海证券交易所股票上市规则(2000 年修订本)》及有关法律、法规的规定，并自股票上市之日起做出如下承诺：

1、按照法律、法规的规定程序和要求披露重大的信息，并接受证券主管机关、上海证券交易所的监督管理；

2、及时、真实、准确地公布中期报告和年度报告，并置备于规定场所供投资者查阅；

3、本公司董事、监事及高级管理人员如发生人事变动或持本公司股票发生变动时，在报告证券主管机关、上海证券交易所的同时向投资者公布；

4、在任何公共传播媒介中出现的消息可能对本公司股票的市场价格产生误导性影响时，本公司知悉后将及时对该消息予以公开澄清；

5、本公司董事、监事及高级管理人员将认真听取社会公众的意见和批评，不利用已获得的内幕消息和其他不正当手段直接或间接从事股票买卖活动；

6、本公司没有无记录负债。

根据 2000 年 5 月 1 日起实施的《上海证券交易所股票上市规则(2000 年修订本)》，本公司全体董事、监事将按照有关规定，在本公司股票上市后两个月内，签署《董事(监事)声明及承诺书》，并送达上海证券交易所备案。

十一、重要事项揭示

(一)税收优惠

本公司成立后经湖南省科委 1999 年 9 月 27 日以 12-00679 号认定证书认定为高新技术企业，根据财税[1994]001 号《关于企业所得税若干优惠政策的通知》规定，并经湖南省长沙市国家税务局以《关于对金瑞新材料科技股份有限公司申请免征企业所得税的函复》确认，从 1999 年 9 月至 2001 年 8 月，免征企业所得税。

(二)股利分配

依据本公司 2000 年 11 月 15 日第四次临时股东大会决议确定的分配原则，本次发行后，社会公众股东与原有股东共享公司 2000 年 8 月(含 8 月)以后形成的利润，此前的滚存未分配利润由公司原有股东享有。

公司在本次发行股票后的第一个盈利年度准备向全体股东派发股利，预计于 2001 年将向全体股东派发股利。

(三)本次发行前公司每股净资产为 1.56 元，发行后为 6.42 元(扣除发行费用)。

(四)盈利预测

根据湖南开元有限责任会计师事务所审核的本公司 2000 年《盈利预测审核报告》和 2001 年《盈利预测审核报告》，本公司预计 2000 年度实现利润总额 3,449.28 万元，较 1999 年度实际数增加 328.48 万元，增长幅度为 10.53%；预计 2001 年度实现利润总额 4,167.95 万元，较 2000 年度预测数增加 718.67 万元，增长幅度为 20.84%。

(五)本公司第一大股东长沙矿冶院郑重承诺：其持有的本公司国有法人股 6,670 万股自本公司股票上市之日起 12 个月内不转让，也不由本公司回购其持有的股份(在此期间新增的股份除外)。

(六)截止本公司上市公告书公布之日，本公司无重大诉讼。

(七)除本公司招股说明书及概要和本上市公告书披露的事项外，本公司董事会认为没有其它对本公司资产、负债及股东权益有较大影响的重要事项。

(八)重大诉讼

截止本上市公告书刊发之日，本公司没有尚未了结的重大诉讼、仲裁或行政处罚案件，本公司董事、监事、高级管理人员亦未受到刑事起诉。

十二、备查文件

(一)招股说明书

(二)上海证券交易所上市通知书

(三)中国证券监督管理委员会证监发行字[2000]173 号文

(四)验资报告

(五)审计报告、财务报表及附注

(六)盈利预测审核报告

(七)公司章程(修改草案)

(八)公司营业执照

(九)重大合同

(十)其他备查文件十三、咨询机构

1、发行人：金瑞新材料科技股份有限公司

法定代表人：张泾生

公司地址：湖南省长沙市岳麓区麓山南路 1 号

联系人：杜维吾

联系电话：0731-8711313　　传真：0731-8711553

2、上市推荐人：

国信证券有限责任公司

法定代表人：李南峰

公司地址：深圳市红岭中路 1012 号国信大厦

联系电话：(021)53085006　　传真：(021)53084311

联系人：李华强　凌江红

金瑞新材料科技股份有限公司

二〇〇一年一月十日

附表：

合并资产负债表

会股:02 表

编制单位:金瑞新材料科技股份有限公司　　单位:元

资产	2000.7.31	1999.12.31	1998.12.31	1997.12.31
流动资产：				
货币资金	16866452.21	16637676.59	7483029.29	7740256.16
短期投资	44940000.00			
减：短期投资跌价准备				
短期投资净额	44940000.00			
应收票据	10702190.60	17294118.46	7899227.59	500000.00
应收股利				
应收利息				
应收帐款	46297801.59	34894874.78	33960556.37	22550194.95
其他应收款	7585015.14	5066859.53	727536.61	388858.38
减：坏帐准备	3873250.26	2928446.98	3079707.06	2375563.25
应收帐款净额	50009566.47	37033287.33	31608385.92	20563490.08
预付帐款	15574611.44	9089940.35	8130070.96	11415952.68
应收补贴款				
存货	84838004.43	65158399.28	58874348.54	45274410.41
减：存货跌价准备	6434469.00	5906499.67	1153097.64	
存货净额	78403535.43	59251899.61	57721250.90	45274410.41
待摊费用	695066.23	546766.45	870981.39	1313617.63
待处理流动资产净损失				
一年内到期的长期债权投资				
其他流动资产				
流动资产合计	217191422.38	139853688.79	113712946.05	86807726.96
长期投资：				
长期股权投资	0	0	0	500000.00
长期债权投资				
长期投资合计	0	0	0	500000.00

减:长期投资减值准备				
长期投资净额	0	0	0	500000.00
固定资产:				
固定资产原价	106914760.34	105498264.89	65634247.64	48944476.50
减:累计折旧	34457599.32	30442049.89	19175563.32	15854305.52
固定资产净值	72457161.02	75056215.00	46458684.32	33090170.98
工程物资	17156.38			
在建工程	1455803.18	946471.88	2428482.02	2296242.57
固定资产清理				
待处理固定资产损失				
固定资产合计	73930120.58	76002686.88	48887166.34	35386413.55
无形资产及其他资产:				
无形资产	5892473.00			
开办费	400523.48	0	1521049.42	1053246.68
长期待摊费用	1553844.27			
其他长期资产	0	0	120000.00	
无形资产及其他资产合计	7846840.75	0	1641049.42	1053246.68
递延税项:				
递延税款借项				
资产总计	298968383.71	215856375.67	164241161.81	123747387.19
负债及股东权益				
流动负债:				
短期借款	95900000.00	38400000.00	19000000.00	24000000.00
应付票据	0	2572000.00	1800000.00	
应付帐款	19638418.58	20461203.69	14061579.20	11929794.57
预收帐款	15028581.61	18170408.13	17847723.94	15981398.31
代销商品款				
应付工资	70458.33	2063961.33	163961.33	187108.25
应付福利费	576285.13	210881.13	−8740.30	−4846.97
应付股利	28261568.54	20010000.00		
应交税金	2948748.95	4863362.36	3506390.78	2600662.41
其他应交款	238599.30	220494.54	204479.91	177904.15
其他应付款	11196063.52	1970693.37	2371651.99	835022.86
预提费用	3343565.50	2955806.59	1433886.35	4737630.08
一年内到期的长期负债				
其他流动负债				
流动负债合计	177202289.46	11898811.14	60380933.20	60444673.66
长期负债:				
长期借款	15000000.00	0	0	6800000.00
应付债券				
长期应付款	1760668.10	2760668.10	20596531.21	8535127.21
住房周转金				
其他长期负债				
长期负债合计	16760668.10	2760668.10	20596531.21	15335127.21
递延税项:				
递延税款贷项				
负债合计	193962957.56	114659479.24	80977464.41	75779800.87
少数股东权益	927178.34			
股东权益				
股本	66700000.00	66700000.00	87394620.43	50275498.99
资本公积	34103464.04	34103464.04		
盈余公积	3274783.77	356458.19		
其中:公益金	1455459.45	158425.86		
未分配利润	0	36974.20	−4130923.03	−2307912.67
股东权益合计	104078247.81	101196896.43	83263697.40	47967586.32
负债及股东权益总计	298968383.71	215856375.67	164241161.81	123747387.19

合并公司利润表

会股 02 表

编制单位:金瑞新材料科技股份有限公司　　单位:元

项目	2000 年 1—7 月	1999 年度	1998 年度	1997 年度
一、主营业务收入	117426471.23	179237525.24	170297342.86	141699495.42
减:折扣与折让				
主营业务收入净额	117426471.23	179237525.24	170297342.86	141699495.42
减:主营业务成本	89221359.61	124877255.31	119430305.71	109141709.91
主营业务税金及附加	436962.26	1441328.83	1309288.34	1116677.87
二、主营业务利润	27768149.36	52918941.10	49557748.81	31441107.64
加:其他业务利润	1566409.96	962561.33	664336.97	−602707.75
减:存货跌价损失	527969.33	4753402.03	1153097.64	
营业费用	2651001.90	3005850.85	4915318.72	3434215.77
管理费用	6630928.57	12335661.39	9369526.33	5429264.26
财务费用	3107781.45	2594566.56	1495643.64	2054045.93
三、营业利润	16416878.07	31192021.60	33288499.45	19920873.93
加:投资收益				
补贴收入				
营业外收入	11760.00	15940.17	0	62948.71
减:营业外支出	104035.19	0	749.84	
四、利润总额	16212919.92	31207961.77	33287749.61	19983822.64
减:所得税	0	0	11564226.10	7356272.65
减:少数股东权益				
五、净利润	16212919.92	31207961.77	21723523.51	12627549.99

合并公司利润分配表

会股 02 表　附表 1

编制单位:金瑞新材料科技股份有限公司　　单位:元

项目	2000 年 1—7 月	1999 年 4—12 月
一、净利润	16212919.92	24534355.42
加:年初未分配利润	36974.20	−4130923.03
盈余公积转入	—	—
二、可供分配的利润	16249894.12	20403432.39
减:提取法定盈余公积	1621291.99	198032.33
提取法定公益金	1297033.59	158425.86
三、可供股东分配的利润	13331568.54	20046974.20
减:应付发起人股利	13331568.54	20010000.00
提取任意盈余公积	—	—
四、未分配利润	0	36974.20

合并现金流量表

2000 年 1—7 月

会股:03 表

编制单位:金瑞新材料科技股份有限公司　　单位:元

项目	金额
一、经营活动产生的现金流量:	
销售商品、提供劳务收到的现金	144509230.89
收取的租金	—
收到的增值税销项税额和退回的增值税款	—
收到的除增值税以外的其他税费返还	1165011.18
收到的其他与经营活动有关的现金	644205.79
现金流入小计	146318447.86
购买商品、接受劳务支付的现金	124121869.03
经营租赁所支付的现金	—
支付给职工以及为职工支付的现金	13260612.47
实际交纳的增值税	5198345.47
支付的所得税款	—
支付的除增值税、所得税以外的其他税费	390997.08
支付的其他与经营活动有关的现金	9411232.04
现金流出小计	152383056.09
经营活动产生的现金流量净额	−6064608.23
二、投资活动产生的现金流量:	—
收回投资所收到的现金	—
分得股利或利润所收到的现金	—
取得债券利息收入所收到的现金	—
处置固定资产、无形资产和其他长期资产而收回的现金净额	—
收到的其他与投资活动有关的现金	—
现金流入小计	—
购建固定资产、无形资产和其他长期资产所支付的现金	13973305.09
权益性投资所支付的现金	44940000.00
债权性投资所支付的现金	—
支付的其他与投资活动有关的现金	—
现金流出小计	58913305.09
投资活动产生的现金流量净额	−58913305.09
三、筹资活动产生的现金流量:	—
吸收权益性投资所收到的现金	990000.00
其中:子公司吸收少数股东权益性投资收到的现金	—
发行债券所收到的现金	—
借款所收到的现金	94500000.00
收到的其他与筹资活动有关的现金	—
现金流入小计	95490000.00
偿还债务所支付的现金	22000000.00
发生筹资费用所支付的现金	—
分配股利或利润所支付的现金	5080000.00
其中:子公司支付少数股东的股利	3203311.06
偿付利息所支支付的现金	—
融资租赁所支付的现金	—
减少注册资本所支付的现金	—
其中:子公司支付依法减资支付给少数股东的现金	—
支付的其他与筹资活动有关的现金	—
现金流出小计	30283311.06
筹资活动产生的现金流量净额	65206688.94
四、汇率变动对现金的影响	—
五、现金及现金等价物净增加额	228775.62
附注:	—
项目	—
1.不涉及现金收支的投资和筹资活动	—
以固定资产偿还债务	—
以投资偿还债务	—
以固定资产进行长期投资	—
以存货偿还债务	—
融资租赁固定资产	—
2.将净利润调节为经营活动的现金流量	—
净利润	16212919.92
加:少数股东损益	−62821.66
加:计提的坏帐准备或转销的坏帐	944803.28
计提存货跌价损失	527969.33
固定资产折旧	4063364.24
无形资产摊销	107257.00
长期待摊费用及开办费摊销	142964.33
待摊费用摊销或预提费用	1006310.31
处置固定资产、无形资产和其他长期资产的损失(减收益)	104035.19
固定资产报废损失	—
财务费用	3203311.06
投资损失(减收益)	—
递延税款贷项(减借项)	—
存货的减少(减增加)	−19679605.15
经营性应收项目的减少(减增加)	−10470981.08
经营性应付项目的增加(减减少)	−2237683.70
其他	73548.70
经营活动产生的现金流量净额	−6064608.23
3.现金及现金等价物净增加情况:	—
货币资金的期末余额	16866452.21
减:货币资金的期初余额	16637676.59
现金等价物的期末余额	—
减:现金等价物的期初余额	—
现金及现金等价物净增加额	228775.62

奥德臣实业股份有限公司

奥德臣实业股份有限公司股票上市公告书

一、要 览

股票简称:德臣股份
股票代码:9670.083 万股
可流通股本:4500 万股
本次上市流通股本:4500 万股
上市地点:上海证券交易所
上市日期:2000 年 12 月 28 日
股份登记机构:上海证券中央登记结算公司
主承销商:华泰证券有限责任公司
上市推荐人:华泰证券有限责任公司

二、绪 言

奥德臣实业股份有限公司(以下简称"本公司"或"公司")股票上市公告书是根据《中华人民共和国公司法》、《中华人民共和国证券法》、《股票发行与交易管理暂行条例》、《公开发行股票公司信息披露实施细则》和《上海证券交易所股票上市规则》(2000 年修订本)等有关现行法律、法规的规定,按照中国证券监督管理委员会制定的公开发行股票信息披露内容和格式准则第七条《上市公告书的内容与格式(试行)》编制,旨在向投资者提供有关本公司的基本情况及本次股票上市的有关资料。

经中国证券监督管理委员会证监发行字[2000]170 号文核准,本公司已通过上海证券交易所采用上网定价发行方式成功发行了每股面值 1.00 元人民币普通股 4500 万股。经上海证券交易所上证上字(2000)第 121 号《上市通知书》同意,本公司 4500 万股人民币普通股将于 2000 年 12 月 28 日起在上海证券交易所挂牌交易。股票简称"德臣股份",股票代码"600398"。本公司股本总额 9670.083 万股,流通股本 4500 万股。

本公司已于 2000 年 12 月 12 日在《上海证券报》和《证券时报》上刊登了《奥德臣实业股份有限公司招股说明书概要》,距今不足六个月,故与其重复的内容在此不再重述,敬请投资者查阅《奥德臣实业股份有限公司招股说明书概要》。

本公司董事会及全体董事已批准本上市公告书,并确信其所载资料不存在任何重大遗漏或者误导,并对其真实性、准确性和完整性负个别的和连带的责任。

三、公司概况

(一)公司基本情况
公司法定名称:奥德臣实业股份有限公司
注册地址:江苏省江阴市新桥镇　　注册资本:9670.083 万元
法定代表人:叶惠丽
成立日期:1999 年 6 月 15 日
经营范围:制造销售精粗纺呢绒、毛纱、服装、针织品、衬衫、领带、袜子、纺织原料(不含棉花)。
所属行业:纺织业
董事会秘书:赵志强
联系电话:(0510)6126388,(0510)6121388-3180　　传真:(0510)6126877

(二)公司历史沿革

本公司是根据《中华人民共和国公司法》等有关法律、法规的规定,经江苏省人民政府苏政复(1999)47 号文批准,由江阴奥德臣精品面料服饰有限公司变更设立的股份有限公司。

奥德臣实业股份有限公司的前身为江阴奥德臣精品面料服饰有限公司 (以下简称原公司)原公司成立于 1997 年 1 月 8 日,成立时注册资本为 1300 万元。其中,三毛集团公司以精纺呢绒实物资产投入 582.50 万元,占注册资本的 44.81%,江阴市第三精毛纺厂(其前身为江阴市新桥第三毛纺厂)以纺纱设备及厂房等实物资产投入 717.50 万元,占注册资本的 55.19%。1998 年 6 月,三毛集团公司受让江阴市第三精毛纺厂的部分出资计 717.50 万元,占注册资本的 55.19%。1998 年 6 月,三毛集团公司受让江阴市第三精毛纺厂的部分出资计 135 万元,受让后,三毛集团公司在原公司中的出资增至 717.50 万元,占原公司注册资本的 55.19%,江阴市第三精毛纺厂在原公司中的出资减为 582.50 万元,占原公司注册资本的 44.81%。

江阴奥德臣精品面料服饰有限公司主要从事"奥德臣"品牌的塑造及"奥德臣"牌高档精纺呢绒及服装、服饰等产品的销售。

1999 年 3 月,江阴奥德臣精品面料服饰有限公司进行了增资扩股,注册资本增加至 5170.083 万元。在新增资本中,三毛集团公司以实物资产追加投入 1950 万元,江阴市第三精毛纺厂以实物资产追加投入 1600 万元,上述股东在原公司中的部分权益(未分配利润及盈余公积)转增股本合计增资 170.083 万元;同时,新增加江阴市振华绒织厂、江阴市协力毛纺织厂、江阴三毛销售有限公司三个法人股股东,投资额均为 50 万元(以人民币现金投入),各占注册资本的 0.97%。

1999 年 6 月 4 日,经江苏省人民政府批准,江阴奥德臣精品面料服饰有限公司获准依法变更为奥德臣实业股份有限公司,即由有限公司 1999 年 3 月 31 日审计确认的净资产 5170.083 万元,按 1:1 的比例折成 5170.083 万股股份。1999 年 6 月 15 日,江苏省工商行政管理局为公司核发了企业法人营业执照,注册号:3200001104507。

1999 年 9 月和 12 月,公司先后通过了中华人民共和国科学技术部和中国科学院组织的高新技术企业上市资格的评审。

公司主营业务:高档精纺呢绒、高档西服、职业服、纺织原料的研制、设计、开发、生产与经营。

经中国证券监督管理委员会证监发行字[2000]170 号文核准,本公司于 2000 年 12 月 14 日通过上海证券交易所以上网定价发行方式发行社会公众股 4500 万股。

本次发行后,本公司已于 2000 年 12 月 22 日在浙江省工商行政管理局变更工商注册登记,注册号为 3200001104507。

四、股票发行及承销

(一)股票发行
本次共发行社会公众股 4500 万股,全部以上网定价方式发行。
发行数量:4500 万股　　股票面值:1 元/股
发行价格:9.98 元/股　　发行方式:上网定价发行
发行日期:2000 年 12 月 14 日　　中签率:0.55616638%
股东数:本次发行后,本公司共有股东 43252 人,其中持 1000 股以上(含 1000 股)的股东数为 43252 人。
募集资金总额(未扣除发行费用):449100000.00 元
实际募集资金总额:436500000.00 元　　发行费用总额:12600000.00 元
每股发行费用:0.28 元　　发行市盈率:28.42 倍(全面摊薄计算)

(二)股票承销
本次发行 4500 万股社会公众股得到超额认购,承销团无余额包销。

(三)验资报告
由江苏天衡会计师事务所有限公司出具的天衡验字(2000)70 号验资报告摘要如下:
奥德臣实业股份有限公司:

我们接受委托,对贵公司截至 2000 年 12 月 21 日止的实收股本变更的真实性和合法性进行了审检。在审验过程中,我们按照《独立审计实务公告第 1 号-验资》的要求,实施了必要的审验程序。贵公司的责任是提供真实、合法、完整的验资资料,保护资产的安全、完整,我们的责任是按照《独立审计实务公告第 1 号—验资的》要求,出具真实、合法的验资报告。

贵公司变更前的注册资本和实收股本均为人民币 51700830.00 元,变更后的注册资本为人民币 96700830.00 元。根据我们的审验,截至 2000 年 12 月 21 日止,贵公司本次向社会发行人民币普通股 45000000 股,发行价为每股人民币 9.98 元,发行总收入为人民币 449100000.00 元,扣除股票发行费用 12600000.00 元后,余额为人民币 436500000.00 元,其中:实收股本人民币 45000000.00 元,资本公积人民币 391500000.00 元。贵公司本次股票发行后,实收股本已增至人民币 96700830.00 元。

江苏天衡会计师事务所有限公司　　中国注册会计师:郭澳
中国·南京　　中国注册会计师:杨宏斌

募集资金入帐情况:
入帐时间:2000 年 12 月 21 日
入帐金额:438146150.00 元
银行帐号:077404080021119
开户银行:上海浦东发展银行南京分行营业部

五、董事、监事和高级管理人员简介及持股情况

(一)董事、监事和高级管理人员简介

叶惠丽女士,董事长,46 岁,大专文化,高级工程师,曾任三毛集团副总经理、工会主席,曾获"江苏省乡镇企业管理成果二等奖"和"无锡市双学双比生产能手"称号。

杨洪先生,副董事长,36 岁,大专文化,经济师,曾任江阴市第三精毛纺厂销售科长,现任江阴市第三精毛纺厂厂长。

陶晓华先生,副董事长,32 岁,大专文化,助理工程师,曾任三毛集团公司总经理助理,现任江阴三毛销售有限公司总经理。

周建平先生,董事,40 岁,大专文化,高级经济师,现任三毛集团公司总经理、党委书记,曾获"全国农村青年星火带头人"、"全国优秀青年企业家"、"全国优秀乡镇企业厂长、经理"、"江苏省十大杰出青年"等荣誉称号,2000 年 4 月,被授予中国青年五四奖章。

赵国英女士,董事,总经理,44 岁,大专文化,工程师,曾任三毛集团公司纺部车间主任,三毛集团公司面料生产管理部部长。

赵志强先生,董事,副总经理兼董事会秘书,36 岁,大专文化,注册税务师,曾任江阴市税务局滨江分局副局长。

蔡卫保先生,董事,副总经理,47 岁,大专文化,高级工程师,曾任江阴市新桥建筑公司经理助理,三毛集团公司行政管理部部长。

陶国华先生,董事,28 岁,中专文化,会计师,曾任三毛集团公司财务部部长,现任公司财务部经理。

周永平先生,董事,46 岁,高中文化,现任江阴市协力毛纺厂书记、厂长。

何莹女士,监事,监事会召集人,37 岁,高中文化,现在本公司办公室工作。

张瑞新先生,监事,33 岁中专文化,曾任江阴市石油机械厂会计,现任三毛集团公司审计部部长。

陈富荣先生,监事,37 岁,高中文化,现在本公司销售部工作。

(二)董事、监事和高级管理人员的持股情况

截至目前,上述公司董事、监事和高级管理人员均未持有本公司的股票。

六、公司设立

本公司是根据《中华人民共和国公司法》等有关法律、法规的规定,经江苏省人民政府苏政复(1999)47 号文批准,由江阴奥德臣精品面料服饰有限公司变更设立的股份有限公司。公司于 1999 年 6 月 15 日正式成立,注册资本 51700830.00 元。

2000 年 9 月 12 日,公司 2000 年第一次临时股东大会通过特别决议:授权董事会在公司股票发行申请获得批准后,尽快办理股票的公开发行及上市事宜。

经中国证券监督管理委员会证监发行字[2000]170 号文核准,本公司已通过上海证券交易所采用上网定价发行方式成功发行每股面值 1.00 元的社会公众股 4500 万股,每股发行价格为 9.98 元,本次 4500 万股社会公众股发行结束后,公司注册资本增加 9670.083 万元。

公司变更登记时间:2000 年 12 月 22 日
注册地址:江苏省江阴市新桥镇
法定代表人:叶惠丽
变更登记后公司营业执照注册号码:3200001104507

七、关联企业及关联交易

(一)关联企业
本公司主要关联企业及其概况如下:

1、三毛集团公司

公司第一大股东,注册资本 1100 万元,法定代表人:周建平。三毛集团公司为江阴市新桥镇镇属集体企业,是全国特大纺呢绒生产企业之一,主要从事毛纱线、精粗纺呢绒的生产经营。目前该公司拥有本公司 2761.3688 万股的股份,占公司发行后总股本的 28.56%。

2、江阴市第三精毛纺厂

公司第二大股东,注册资本 3800 万元,法定代表人:杨洪。该厂为江阴市新桥镇镇属集体企业,目前主要从事中低档精纺呢绒的生产经营。该厂目前拥有公司 2258.7142 万股的股份,占公司发行后总股本的 23.36%。

3、江阴三毛销售有限公司

公司股东,注册资本 1000 万元,法定代表人:陶晓华。该公司由三毛集团公司和江阴市第三精毛纺厂共同出资设立,主要从事精、粗纺呢绒,毛纱线等纺织原料的销售。目前该公司拥有股份公司 50 万股股份,占股份公司发行后总股本的 0.52%。

4、江阴市协力毛纺织厂

公司股东,注册资本 108 万元,法定代表人:周永平。该厂主要从事毛条生产、洗毛等业务,目前该厂拥有公司 50 万股的企业,占公司发行后总股本的 0.52%。

5、上海奥德臣西服有限公司

公司控股子公司,注册资本 500 万元,法定代表人:叶惠丽。该公司主要从面料及服装的销售,

公司拥有其65%的股权。

6、上海克瑞特服饰有限公司

公司控股子公司上海奥德臣西服有限公司之子公司,注册资本50万元,法定代表人:叶惠丽。该公司主要从事服装、服饰的销售,上海奥德臣西服有限公司拥有其80%的股权。

7、江阴市三毛大厦

公司第二大股东之全资子公司,注册资本1000万元,法定代表人:周永平。江阴市三毛大厦主要从事住宿和餐饮服务,公司董事为其法定代表人。

(二)关联交易

1、本公司与关联企业之间在正常生产经营活动中存在着一些难以避免的关联交易,主要有:

(1)三毛集团公司将其拥有的"帅毛"注册商标准许公司无偿使用,双方就此签订了《商标使用许可协议》。

(2)三毛集团公司将公司厂房所占土地使用租赁给公司使用,双方依照市场原则签订了《土地租赁协议》;

(3)三毛集团公司为公司提供原料初加工服务,双方依照市场原则签订了《委托加工协议》;

(4)三毛集团公司为公司提供公司生产所需部分原料等的进口代理服务,双方就此依照市场原则签订了《进口代理协议》及《进口代理协议之补充协议》;

(5)公司生产经营及员工生活将需三毛集团公司提供一定程度的服务,双方就此依照市场原则签订了《综合服务协议》;

(6)公司租赁三毛集团公司拥有的三毛集团公司办公楼一楼作为办公用房,双方就此签订了《办公房屋租赁协议》;

(7)公司租赁三毛集团公司部分仓库,双方就此签订了《仓库租赁协议》;

(8)为完善生产经营体系,公司分别与三毛集团公司及江阴市第三精毛纺厂于2000年1月依照市场原则签订了《设备、厂房转让协议》,鉴于这两笔交易使公司加工设备及厂房暂时存在一定余量,为保障公司利益,公司在近两年内将为江阴市第三精毛纺厂提供部分染整加工服务,并将部分厂房租赁给江阴市第三精毛纺厂使用,双方为此依照市场原则分别签订了《委托加工协议》和《厂房租赁协议》。

2、关联交易的处理原则

公司严格遵守下列原则处理关联交易:

(1)关联交易充分揭示;

(2)以公平、规范的市场化原则来处理公司和关联企业间的关联交易。

(3)股东大会在审议有关关联事项时,关联股东不参与投票表决。

3、保证关联交易价格公平、公允的措施:

对于已经履行的关联交易,公司均遵循市场化的原则定其价格,对于数额较大的关联交易,均按照市场化的原则签订了相应的协议,并依此来规范交易行为。

对于目前及今后仍将发生的关联交易,公司将采取以下措施来保证其交易价格的公平、公允,进而从根本上保障中小股东的利益;

(1)公司与三毛集团公司及江阴市第三精毛纺厂分别就今后不可避免的关联交易签订相关协议,以保证公司与其大股东之间的关联交易合法、规范,符合市场经济原则;

(2)公司召开股东大会审议关联交易时,公司大股东不参与相应的投票表决;

(3)在一些关联交易协议中,公司拥有选择权,即公司有权选择第三方提供产品或服务;

(4)公司将在适当的时机增选1-2名独立董事,由独立董事对公司的关联交易进行审核、把关;

(5)在公司发生重大关联交易时,聘请有关证券从业资格的中介机构对公司的关联交易出具独立财务顾问报告。

(三)放弃竞争承诺

公司第一大股东三毛集团公司主要从事毛纱、呢绒的生产,本次发行前,公司与三毛集团公司签署协议,三毛集团公司向本公司作出放弃竞争的承诺,即:自2000年1月起,三毛集团公司将只生产80支(不含80支)以下的中低档精纺纺呢绒,不以任何方式直接或间接生产与本公司相竞争的高档精纺呢绒及其他产品。

公司第二大股东江阴市第三精毛纺厂主要从事呢绒等产品的生产,本次发行前,江阴市第三精毛纺厂向本公司作出放弃竞争的承诺,即:江阴市第三精毛纺厂保证自2000年1月起,不从事与公司目前从事及今后将从事的构成竞争的业务。

八、股本结构及大股东持股情况

(一)本公司上市前的股本结构

股份类别	股份(万股)	占总股本比重(%)
尚未流通股份		
发起人股份	5170.083	53.46
其中:境内法人持有股份		
	5170.038	53.46
可流通股份		
境内上市人民币普通股	4500	46.54
股份总数	9670.083	100.00

八、股本结构及大股东持股情况

(一)本公司上市前的股本结构

股份类别	股份(万股)	占总股本比例(%)
尚未流通股份		
发起人股份	5170.083	53.46
其中:境内法人持有股份	5170.083	53.46
可流通股份		
境内上市人民币普通股	4500	46.54
股份总数	9670.083	100.00

(二)公司前十名股东持股情况

股东名称	持股数(万股)	占发行后总股本比例(%)
三毛集团公司	2761.3688	28.56
江阴市第三精毛纺厂	2258.7142	23.36
江阴三毛销售有限公司	50	0.52
江阴市协力毛纺织厂	50	0.52
江阴市振华绒织厂	50	0.52
裕元基金	8.7	0.0009
同益基金	8.5	0.00088
金鑫基金	8.4	0.00087
普惠基金	8.1	0.00084
天元基金	7.9	0.00082

九、公司财务会计资料

本公司截止2000年5月31日的财务会计资料,已于2000年12月12日分别在《上海证券报》、《证券时报》上刊登的《奥德臣实业股份有限公司招股说明书概要》中进行了详细披露。因发行日距上市日不足六个月,故相同的内容在此不再重复,本公告只公布本公司经审计的财务报表及主要财务指标,欲了解详细内容,敬请投资者查阅上述报纸或至公告的《奥德臣实业股份有限公司招股说明书》查阅地查阅。

(一)主要财务指标

项目	2000年1-5月	1999年	1998年	1997年
流动比率	0.96	1.11	1.42	7.73
速动比率	0.36	0.64	1.02	7.73
资产负债率%	62.17	56.66	51.29	7.21
应收帐款周转率(次)	3.38	6.34	1.49	
存货周转率(次)	1.05	3.69	2.10	
主营业务利润率(%)	37.67	40.42	26.42	23.80
净资产收益率(%)	13.46	34.06	15.49	4.37
每股净利(元)	0.23	0.51	0.16	0.05

注:(1)以上财务会计数据,以及在本上市公告书中引用的所有财务会计数据,除非特别说明,1997-1999年度为母公司会计报表数据,2000年1-5月为合并会计报表数据;

(2)各期财务指标所引用的股本数为各期期末股本数,其中2000年1-5月的股本数为5170.083万股。

(二)会计报表(见附表)

(三)合并会计报表主要项目简要注释

(如无特别说明,以下货币单位均为人民币元)

1、应收帐款:截止2000年5月31日应收帐款余额28360796.41元,其主要情况列示如下:

(1)帐龄分析:

帐龄	金额	比例%	坏帐准备
一年以内	28269379.21	99.68	1408897.89
一至二年	91417.20	0.32	9141.72
合计	28360796.41	100.00	1418039.61

(2)本帐户余额中无应收持公司5%(含5%)以上股份的股东单位款项

(3)其他主要往来单位列示如下:

单位名称	金额	欠款时间	欠款原因
武汉天和数码设计制作有限公司	2575500.30	一年以内	赊销货款
温州商贸城尔乐纺织品有限公司	2169144.80	一年以内	赊销货款
厦门禾森实业有限公司	1202984.14	一年以内	赊销货款
工行泰兴市支行	1177200.00	一年以内	赊销货款
上海海烟商厦	1084070.00	一年以内	赊销货款

2、其他应收款:截止2000年5月31日其他应收款余额1832838.67元,其主要情况列示如下:

(1)帐龄分析

帐龄	金额	比例%	坏帐准备
一年以内	1807838.67	98.76	89142.14
一至二年	25000.00	1.24	2500.00
合计	1832838.67	100.00	9142.14

(2)本帐户余额中无应收持公司5%(含5%)以上股份的股东单位款项;

(3)其他主要往来单位列示如下:

单位名称	金额	欠款时间	欠款原因
江阴财盛毛纺公司	117273.42	一年以内	资金往来
锦江迪生商厦有限公司	103030.44	一年以内	押金
重庆大都会	74753.54	一年以内	押金
北京景山柏宁顿房产公司	89992.03	一年以内	押金
长沙市商业银行	50000.00	一年以内	押金

(4)坏帐准备计提比例确定的依据

公司应收款均为应收销货款,主要客户:职业服面向金融机构;面料面向各地影响大、信誉好、实力强的批发商;"奥德臣"品牌服装面向经济发达地区的省、地市级大型商场,公司在确定客户前均进行客户信用、资质调查,因客户信誉好,实力强,且公司对应收帐款的回笼有较强的控制和管理,故产生坏帐的可能性较小。公司其他应收款均为支付各商场的进场押金、备用金等,公司定期进行清理,产生坏帐的可能性也较小。基于上述原因,公司将一年以内应收款项的坏帐准备提取比例确定为5%。

如公司存在三年以上的应收款项,其形成坏帐的可能性较大,能否全部收回将会对公司业绩产生影响,为谨慎起见,公司将三年以上应收款项的坏帐准备提取比例确定为40%以上。

3、预付帐款:截止2000年5月31日预支付帐款余额4584193.50元,其主要情况列示如下:

(1)帐龄分析

帐龄	金额	比例
一年以内	4584193.50	100.00%

(2)本帐户余额中无预付持公司5%(含5%)以上股份的股东单位款项;

(3)其他主要往来单位列示如下:

单位名称	金额	欠款时间	欠款原因
上海华运集团有限公司	2023258.50	一年以内	货款
广东省潮阳市峡山工业发展有限公司	520000.00	一年以内	货款
卓越织造广州有限公司	340000.00	一年以内	货款
广州荔湾区联友服装服饰辅料商行	280708.86	一年以内	货款
中山市板芙镇华兴织造厂	189036.00	一年以内	货款

(4)预付帐款2000年5月31日较1999年12月31日增长488.17%,其主要原因为:根据相关协议,公司增加预付上海华运集团有限公司、广东省潮阳市峡山工业发展有限公司等供货单位的材料款。

4、应付票据:截止2000年5月31日应付票据余额6000000.00元,其主要情况列示如下:

(1)明细情况

单位名称	金额	到期日	票据种类
江阴市第三精毛纺厂	6000000.00	2000.7.21	银行承兑汇票
合计	6000000.00		

(2)本帐户余额均为应付持公司43.68%股份的江阴市第三精毛纺厂票据。

5、应付帐款:截止2000年5月31日应付帐款余额41145983.66元,其主要情况列示如下:

(1)帐龄分析

帐龄	金额	比例%
一年以内	40907158.65	99.42
一至二年	238825.01	0.58
合计	41145983.66	100.00

(2)本帐户余额中应付持公司5%(含5%)以上股份的股东单位款项列示如下:

单位名称	金额	备注
三毛集团公司	20579441.45	货款
江阴市第三精毛纺厂	4302969.84	货款

(3)其他主要往来单位列示如下

单位名称	金额	备注
张家港保税区卓越国际贸易有限公司	3614885.90	货款
上海巨澳贸易有限公司	2094919.20	货款
张家港惠华纺织品有限公司	1818576.00	货款
张家港泗港文教印染助剂厂	998700.00	货款
无锡市南长区红枫针织制线厂	522481.49	货款

(4)应付帐款2000年5月31日较1999年12月31日增长326.46%,其主要原因为:公司为扩大生产规模,本期采用赊购结算方式购货增加。

6、预收帐款：截止 2000 年 5 月 31 日预收帐款余额 13972565.68 元，其主要情况列示如下：

(1)帐龄分析：

帐龄	金额	比例%
一年以内	13972565.68	100.00
合计	13972565.68	100.00

(2)本帐户余额中无预收持公司 5%(含 5%)以上股份的股东单位的款项；

(3)其他主要往来单位列示如下

单位名称	金额	备注
广州华盛纺织贸易有限公司	2855378.92	货款
长春市天发经贸有限责任公司	1200000.00	货款
温州商贸城远大纺织品有限公司	601729.29	货款
中行盘锦支行	380000.00	货款
中行扬州支行	351000.00	货款

7、应交税金：截止 2000 年 5 月 31 日应交税金余额 8902451.58 元，其主要情况列示如下：

(1)明细项目

税种	税率「注」	金额
企业所得税	33%	6839301.89
增值税	销项税税率 17%	1640745.16
车船使用税	按车辆吨位核定	160.00
城市维护建设税	实纳流转税额的 5%	422244.53
合计		8902451.58

「注」各税种税率在报告期内未发生变动。

(2)公司大额欠税的依据：(A)企业所得税：经无锡市地税局同意，公司 2000 年上半年的应交所得税将在 2000 年下半年交纳；(B)增值税：公司 2000 年 5 月应交增值税在下月申报、交纳。

(3)应交税金 2000 年 5 月 31 日较 1999 年 12 月 31 日下降 47.98%，主要原因为：1999 年度的企业所得税已在 2000 年 1-5 月交纳。

8、其他应交款：截止 2000 年 5 月 31 日其他应交款余额 1334604.69 元，其主要情况列示如下：

项目	计缴标准	金额
教育费附加	参见本会计报表附注四、3(2)	814279.21
防洪保安基金	按营业收入的 1.5‰	203499.38
粮食风险基金	按营业收入的 1‰	158413.05
物价调节基金	按营业收入的 1‰	158413.05
合计		1334604.69

9、其他应付款：截止 2000 年 5 月 31 日其他应付款余额 14797496.99 元，其主要情况列示如下：

(1)帐龄分析

帐龄	金额	比例%
一年以内	14797496.99	100.00
合计	14797496.99	100.00

(2)本帐户余额中应付持公司 5%(含 5%)以上的股份的股东单位款项；

单位名称	金额	备注
江阴市第三精毛纺厂	12354110.04	注

注：属公司子公司上海奥德臣西服有限公司因经营需要，于 2000 年 1-5 月向江阴市第三精毛纺厂暂借资金，借款期至 2000 年 9 月，不需支付利息。

(3)其他主要往来单位列示如下：

单位名称	金额	备注
中国人寿保险公司无锡公司	208000.00	保险费
无锡铁路综合服务部	77018.90	运费
张家港市电视广告有限公司	38000.00	广告费

(4)其他应付款 2000 年 5 月 31 日较 1999 年 12 月 31 日增长 741.32%，其主要原因为：2000 年 1-5 月公司合并子公司上海奥德臣西服有限公司报表，增加与江阴市第三精毛纺厂往来所致。

10、长期投资：截止 2000 年 5 月 31 日长期投资余额 10000000.00 元，其明细情况列示如下：

项目	期初数		本期	本期	期末数	
	金额	减值准备	增加	减少	金额	减值准备
长期股权投资						
股票投资	10000000.00	-	-	-	10000000.00	
合计	10000000.00	-	-	-	10000000.00	

公司被投资单位各期经营正常，无需计提长期投资减值准备。

股票投资

被投资公司名称	股份性质	股票数量(股)	股权比例	投资金额	减值准备
无锡市商业银行	法人股	10000000.00	2.145%	10000000.00	

11、盈余公积：公司各期盈余公积列示如下：

项目	2000.5.31 合并数	1999.12.31 母公司数
法定盈余公积	2524974.59	2524974.59
法定公益金	1262487.29	1262487.29
合计	3787461.88	3787461.88

注：公司各项盈余公积增加数均为利润分配转入(参见附注 21)。经有限公司股东会决议，有限公司于 1999 年 3 月以帐面净资产中的盈余公积 548895.21 元(法定盈余公积 365930.14、法定公益金 182965.07 元)、未分配利润 1151934.79 元转增资本，上述转增已经江阴市审计事务所澄审所验(1999)038 号验资报告验证。

12、未分配利润：公司各期未分配利润情况列示如下：

项目	2000.1-5 合并数	1999 年度母公司数
期初余额	21382779.36	358895.78
加：本年净利润	11956312.60	26182735.32
可供分配的利润	33339091.96	26541631.10
减：提取法定盈余公积	-	2618273.53
提取法定公益金	-	1309136.77
可供股东分配的利润	33339091.96	22614220.80
减：应付普通股股利	-	79506.65
转作股本的普通股股利	-	1151934.79
期末余额	33339091.96	21382779.36

注：(1)公司历年净利润均按董事会分配方案，在当年提取 10%法定公积金、5%法定公益金；

(2)1998 年度按董事会分配方案决议分配普通股股利 1958469.39 元；

(3) 根据公司 1999 年 3 月 5 日的股东会决议，公司增资扩股时以未分配利润转赠股本 1151934.79 元；根据公司 1999 年 4 月 8 日的股东会"关于 1999 年 3 月份新增利润分配的决议"，公司 1999 年 3 月份的利润分配给增资扩股前的两位股东；

(4)根据公司 1999 年度股东大会"关于本次股票发行前公司滚存利润分配的决议"，公司至 1999 年末的未分配利润由现有股东享有，本次新股发行后的新股东不享有该利润。本次新股发行如在 2000 年完成，则公司自 2000 年 1 月 1 日至本次新股发行截止日所产生的利润由公司新老股东共同享有，按照同股同权的原则进行分配；新股如不能在 2000 年完成，则公司自 2000 年 1 月 1 日至本次新股发行截止日所产生的利润由股东大会另行决定；

(5)根据公司 2000 年第一次临时股东大会决议"公司至 1999 年末的未分配利润原则为公司现有股东享有，现修改为：公司至 1999 年末的未分配利润暂不分配，如果公司本次新股发行在 2000 年完成，则公司至 1999 年末的未分配利润由公司新老股东共同享有，按照同股同权的原则进行分配；新股发行如不在 2000 年完成，则公司至 1999 年末的未分配利润由公司股东大会另行决定。

公司自 2000 年 1 月 1 日起至本次新股发行截止日所实现的利润的分配，仍按照公司 1999 年股东大会的决议执行。"

十、董事会上市承诺

公司董事会将严格遵守《中华人民共和国公司法》、《中华人民共和国证券法》、《股票发行与交易管理暂行条理》、《公开发行股票公司信息披露实施细则》和《上海证券交易所股票上市规则(2000 年修订本)》等有关法律、法规的规定，并自本公司股票上市之日起向全体股东作出如下承诺：

(一)严格按照法律、法规的规定程序和要求披露本公司重大信息，自觉接受证券主管机关、上海证券交易所的监督管理。

(二)及时、准确、真实地公布本公司中期报告、年度报告，并备置于规定场所供投资者公众查阅。

(三)本公司董事、监事及高级管理人员如发生人事变动，或前述人员持有本公司股份数量发生变化时，在及时通报证券主管机关、上海证券交易所的同时在中国证监会指定的信息披露报刊上向投资者公布。

(四)在任何公共传播媒介中出现的消息可能对本公司股票的市场价格产生误导性的影响时，本公司知悉后将及时对该消息予以公开澄清。

(五)本公司董事、监事及高级管理人员将认真听取社会公众的建议和批评，自觉抵制不正之风，不利用已获得的内幕消息和不正当手段直接或间接从事股票买卖活动。

(六)本公司董事会及各位董事保证不就任何未经主管机关审阅的可能影响股价变动的重大信息私自公告或发表意见。

(七)本公司没有无记录负债。

(八)依据 2000 年 5 月 1 日实施的《上海证券交易所上市规则(2000 年修订本)》，本公司全体董事、监事将按照有关规定，在本公司股票上市后两个月内签署《董事(监事)声明及承诺书》并送达上海证券交易所备案。

十一、重要事项揭示

(一)经上海证券交易所上证上字「2000」第 121 号文批准，本公司通过上海证券交易所采用上网定价发行方式向社会公众发行的 4500 万股人民币普通股股票将于 2000 年 12 月 28 日在上海证券交易所挂牌交易。

(二)本公司利润分配以会计期间实现的可分配利润为依据。本公司发行股票前未分配利润由本次公开发行股票后新老股东共享。本公司本次公开发行股票后，社会公众股股东与发行前原有股东同股同权，共享本公司至本次发行日止产生的所有利润。股利分配方式采用派发现金、股票或者其它合法形式。预计第一次股利派发时间为 2001 年上半年适当时候。

(三)根据江苏天衡会计师事务所有限公司出具的通知预测审核报告，本公司 2000 年的净利润按 33%的所得税税率计算预计为 3395.36 万元，全面摊薄每股税后利润为 0.35 元。

(四)公司本次股票发行前后均执行 33%的所得税税率。

(五)本公司控股子公司上海奥德臣西服有限公司之控股子公司上海达娜时装有限公司变更为上海克瑞特服饰有限公司之申请不久前已被工商行政管理部门批准。

(六)本公司第一大股东三毛集团公司郑重承诺：自本公司股票上市之日起 12 个月内，三毛集团公司不转让其持有的本公司股份，也不由本公司回购其持有的本公司股份。

(七)截止本上市公告书刊登之日，本公司和本公司董事、监事及高级管理人员无涉嫌任何未了结或可能发生的诉讼。

(八)除《奥德臣实业股份有限公司招股说明书》中披露的事项外，本公司无其它应披露而未被披露的重要事项。

十二、备查文件目录

1、上海证券交易所上市通知书；

2、奥德臣实业股份有限公司招股说明书；

3、中国证券监督管理委员会证监发字「2000」170 号文；

4、江苏省人民政府同意设立奥德臣实业股份有限公司的批复；

5、公司营业执照；

6、公司章程；

7、法律意见；

8、审计报告；

9、验资报告；

10、资产评估报告；

11、其他备查文件。

十三、咨询机构

1、奥德臣实业股份有限公司

法定代表人：叶惠丽

住所：江苏省江阴市新桥镇

咨询电话： 051-6121388 -3180 6126388

联系人：赵志强、夏亚琴

2、华泰证券有限责任公司

法定代表人：张开辉

住所：江苏省南京市中山东路 90 号华泰证券大厦

电话： 025-4457777

联系人：顾立新、卞剑光、唐涛

奥德臣实业股份有限公司

2000 年 12 月 22 日

利润及利润分配表

编制单位：奥德臣实业股份有限公司　　单位：人民币元

项目	2000 年 1-5 月	1999 年度
一、主营业务收入	96068562.59	134069858.78
减：折扣与折让		
主营业务收入净额	96068562.59	134069858.78
减：主营业务成本	58948489.13	78815912.77
主营业务税金及附加	793661.14	1058081.92
二、主营业务利润(亏损以"-"号填列)	36326412.32	54195864.09
加：其他业务利润(亏损以"-"号填列)	93849.26	0
减：存货跌价损失		
营业费用	9478413.18	10522389.12
管理费用	2304949.65	3230753.17
财务费用	1469140.84	696533.49
三、营业利润(亏损以"-"号填列)	23167757.91	39746188.31
加：投资收益(损失以"-"号填列)	127573.77	
补贴收入		
营业外收入	60335.07	49229.80
减：营业外支出	5827.95	466197.91
四、利润总额(亏损总额以"-"号填列)	23349838.80	39329220.20
减：所得税	7663347.46	13146484.88

减:少数股东权益		
五、净利润(净亏损以"-"号填列)	15686491.35	26182735.32
加:年初未分配利润	21382779.36	358895.78
盈余公积转入		
六、可供分配的利润	37069270.70	26541631.10
减:提取法定盈余公积	0	2618273.53
提取法定公益金	0	1309136.77
七、可供股东分配的利润	37069270.70	22614220.80
减:应付优先股股利		
提取任意盈余公积		
应付普通股股利	0	79506.65
转作股本的普通股股利	0	1151934.79
八、未分配利润	37069270.70	21382779.56

资产负债表

编制单位:奥德臣实业股份有限公司　　单位:人民币元

资产	2000.5.31	1999.12.31
流动资产:		
货币资金	10766713.13	22779238.51
短期投资		
减:短期投资跌价准备		
短期投资净额		
应收票据		
应收股利		
应收利息		
应收帐款	26034296.23	28212275.48
其他应收款	625100.00	5000.00
减:坏帐准备	1332969.81	1410863.77
应收帐款净额	25326426.42	26806411.71
预付帐款	4283306.43	779395.17
应收补贴款		
存货	69138432.93	36891266.99
减:存货跌价准备		
存货净额	69138432.93	36891266.99
待摊费用	0	0
待处理流动资产净损失		
一年内到期的长期债权投资		
其他流动资产		
流动资产合计	109514878.91	87256312.38
长期投资:		
长期股权投资	13335973.77	10000000.00
长期债权投资		
长期投资合计	13335973.77	10000000.00
减:长期投资减值准备		
长期投资净额	13335973.77	10000000.00
固定资产:		
固定资产原价	140564189.45	99029093.02
减:累计折旧	35299406.80	21850004.22
固定资产净值	105264782.65	77179088.80
工程物资		
在建工程	2612444.33	2917821.02
固定资产清理		
待处理固定资产损失		
固定资产合计	107877226.98	80096909.82
无形资产及其他资产:		
无形资产		
开办费		
长期待摊费用		
其他长期资产		
无形资产及其他资产合计		
递延税项:		
递延税款借项		
资产总计	230728079.66	177353222.20
负债及股东权益		
流动负债:		
短期借款	34900000.00	30000000.00
应付票据	6000000.00	
应付帐款	41145983.66	9648286.08
预收帐款	14861867.37	12724373.82
代销商品款		
应付工资	3534262.60	4464279.00
应付福利费	1471086.52	957837.60
应付股利		
应交税金	9771214.55	17114274.84
其他应交款	1334604.69	1373279.48
其他应付款	2278666.36	1758840.14
预提费用	636831.33	440980.00
一年内到期的长期负债		
其他流动负债		
流动负债合计	115934517.08	78482150.96
长期负债:		
长期借款	22236000.00	22000000.00
应付债券		
长期应付款		
住房周转金		
其他长期负债		
长期负债合计	22236000.00	22000000.00
递延税项:		
递延税款贷项		
负债合计	138170517.08	100482150.96
少数股东权益		
股东权益		
股本	51700830.00	51700830.00
资本公积		
盈余公积	3787461.88	3787461.88
其中:公益金		
未分配利润	37069270.70	21382779.36
股东权益合计	92557562.58	76871071.24
负债及股东权益总计	230728079.66	177353222.20

现金流量表

1999年度

编制单位:奥德臣实业股份有限公司　　单位:人民币元

项目	金　额
一、经营活动产生的现金流量:	
销售商品、提供劳务收到的现金	155481738.43
收取的租金	-
收到的增值税销项税额和退回的增值税款	-
收到的除增值税以外的其他税费返还	-
收到的其他与经营活动有关的现金	63306.63
现金流入小计	155545045.06
购买商品、接受劳务支付的现金	116037825.79
经营租赁所支付的现金	-
支付给职工以及为职工支付的现金	2986697.40
实际交纳的增值税	4854879.77
支付的所得税款	-
支付的除增值税、所得税以外的其他税费	303978.32
支付的其他与经营活动有关的现金	8560246.31
现金流出小计	132743627.59
经营活动产生的现金流量净额	22801417.47
二、投资活动产生的现金流量:	-
收回投资所收到的现金	-
分得股利或利润所收到的现金	-
取得债券利息收入所收到的现金	-
处置固定资产、无形资产和其他长期资产而收回的现金净额	3342141.40
收到的其他与投资活动有关的现金	-
现金流入小计	3342141.40
购建固定资产、无形资产和其他长期资产所支付的现金	47384498.01
权益性投资所支付的现金	10000000.00
债权性投资所支付的现金	-
支付的其他与投资活动有关的现金	-
现金流出小计	57384498.01
投资活动产生的现金流量净额	-54042356.61
三、筹资活动产生的现金流量:	-
吸收权益性投资所收到的现金	1500000.00
其中:子公司吸收少数股东权益性投资收到的现金	-
发行债券所收到的现金	-
借款所收到的现金	52000000.00
收到的其他与筹资活动有关的现金	-
现金流入小计	-
偿还债务所支付的现金	53500000.00
发生筹资费用所支付的现金	-
分配股利或利润所支付的现金	-
其中:子公司支付少数股东的股利	-
偿付利息所支支付的现金	269630.32
融资租赁所支付的现金	-
减少注册资本所支付的现金	-
其中:子公司支付依法减资支付给少数股东的现金	-
支付的其他与筹资活动有关的现金	-
现金流出小计	269630.32
筹资活动产生的现金流量净额	53230369.68
四、汇率变动对现金的影响	-
五、现金及现金等价物净增加额	21989430.54
附注:	-
项目	-
1.不涉及现金收支的投资和筹资活动	-
以固定资产偿还债务	-
以投资偿还债务	-
以固定资产进行长期投资	-
以存货偿还债务	-
融资租赁固定资产	-
2.将净利润调节为经营活动的现金流量	-
净利润	26182735.32
加:计提的坏帐准备或转销的坏帐	705508.86
固定资产折旧	7065834.02
无形资产摊销	-
待摊费用的减少	265955.67
预提费用的增加	-
处置固定资产、无形资产和其他长期资产的损失(减收益)	-
固定资产报废损失	-
财务费用	710610.32
投资损失(减收益)	-
递延税款贷项(减借项)	-
存货的减少(减增加)	-31020277.82
经营性应收项目的减少(减增加)	-14572835.39
经营性应付项目的增加(减减少)	33463886.49
其他	-
经营活动产生的现金流量净额	22801417.47
3.现金及现金等价物净增加情况:	-
货币资金的期末余额	22779238.51
减:货币资金的期初余额	789807.97
现金等价物的期末余额	-
减:现金等价物的期初余额	-
现金及现金等价物净增加额	21989430.54

江苏红豆实业股份有限公司

江苏红豆实业股份有限公司股票上市公告书

一、要 览

股票简称:红豆股份　　股票代码:600400
股本总额:17952.30 万股　　可流通股本:5000 万股
本次上市流通股本:5000 万股
上市地:上海证券交易所　　上市日期:2001 年 1 月 8 日
股票登记机构:上海证券中央登记结算公司
上市推荐人:华夏证券有限公司　华泰证券有限公司

二、绪 言

本公司上市公告书是根据《中华人民共和国公司法》、《中华人民共和国证券法》、《股票发行与交易管理暂行条例》、《公开发行股票公司信息披露的内容和格式准则》和《上海证券交易所股票上市规则》等国家有关法律、法规的规定,并按照中国证券监督管理委员会制定的公开发行股票公司信息披露的内容与格式准则第七号《上市公告书的内容与格式(试行)》而编制,旨在向投资者提供关于江苏红豆实业股份有限公司(以下简称"本公司")的基本情况和本次股票上市的有关资料。

经中国证券监督管理委员会证监发行字[2000]176 号文批准,本公司已成功发行了每股面值 1.00 元的人民币普通股股票 5000 万股,每股发行价 7.40 元。经本公司股东大会决议,并经上海证券交易所上证上字[2000]第 129 号《上市通知书》批准,本公司 5000 万股社会公众股将于 20001 年 8 月在上海证券交易所挂牌交易,股票简称"红豆股份",股票代码"600400"。

本公司于 2000 年 12 月 19 日分别在《中国证券报》、《上海证券报》及《证券时报》上刊登了本公司《招股说明书概要》,距今不足六个月,故预期重复的内容在此不再赘述,敬请投资者查阅本公司《招股说明书概要》。

本公司董事会及全体董事已批准本上市公告书,确信本公告书不存在重大遗漏或者误导,并对其真实性、准确性、完整性负个别的和连带的责任。

三、公司概况

(一)公司基本情况
注册地址:江苏省锡山市港下镇　　注册资本:17952.3 万元
法定代表人:周海江　　成立日期:1998 年 9 月 11 日
经营范围:服装、针织品、纺织品、机械的制造加工、销售。
所属行业:纺织服装业
董事会秘书:蒋雄伟　　联系电话:(0510)8761888-278　　传真:(0510)8761888-422
(二)公司历史沿革

本公司是根据《中华人民共和国公司法》等有关法律、法规的规定,经江苏省人民政府苏政复[1998]99 号文批复,由锡山市红豆实业有限公司变更设立的股份有限公司。

本公司的前身是原无锡县红豆实业有限公司。无锡县红豆实业有限公司系 1995 年 6 月 10 日经原无锡县(今锡山市)经济体制改革委员会锡体改[1995]55 号文批准,由红豆集团公司、无锡县第四针织内衣厂(现为锡山市第四针名优内衣厂)、无锡市红仕女装厂、无锡市雏鹰服装厂、无锡县兴达制衣厂(现为锡山市兴达制衣厂)等五家法人单位共同出资,于 1995 年 6 月 16 日在无锡县工商行政管理局注册成立的有限责任公司(注册号为:25022168),注册资本为人民币 5000 万元。

1995 年 8 月 8 日,因胡无锡县撤县设锡山市,相应地无锡县红豆实业有限公司变更为锡山市红豆实业有限公司(以下简称为"原公司")。

为了满足公司发展壮大的需要,进一步扩大公司规模,增强企业竞争力,1997 年 1 月 17 日,经原公司 1996 年度股东大会决议,原公司实施增资 5000 万元的增资方案,注册资本由 5000 万元增至 10000 万元。所增 5000 万元中,2400 万元为公司 1996 年未分配利润,2600 万元为公司截止 1997 年 1 月 10 日所欠集团公司往来款,经双方协商,转为集团公司及其他四家发起人出资,并由其他四家发起人与集团公司签订代为出资协议,其中锡山市第四针织内衣厂向集团公司支付 26 万元,无锡市红仕女装厂、无锡市雏鹰服装厂、锡山市兴达制衣厂各向集团公司支付 13 万元。同时经全体股东同意,增加自然人股东周海江,红豆集团公司转让 10 万元出资予周海江。经锡山市经济体制改革委员会锡体改[1997]2 号文批准,1997 年 1 月 28 日,原公司在锡山市工商行政管理局重新办理了工商登记,领取了新的营业执照(注册号为:25022168-2)。

1998 年 9 月,经原公司 1998 年第一次临时股东会决议,并经江苏省人民政府批准,原公司整体变更为本公司,并于 1998 年 9 月 11 日在江苏省工商行政管理局依法登记注册(注册号:3200001104191。)。原公司以 1998 年 5 月 31 日经审计的帐面净资产 12952.3 万元按 1:1 的比例折为股本 129523000 元。

经中国证券监督管理委员会证监发行字[2000]176 号文核准,本公司于 2000 年 12 月 21 日通过上海证券交易所以上网定价发行方式发行社会公众股 5000 万股。

本次发行后,本公司已于 2000 年 12 月 27 日的江苏省工商行政管理局变更工商注册登记,注册号为:3200001104191。

四、股票发行及承销

(一)股票发行
1、发行方式:上网定价发行　　2、发行日期:2000 年 12 月 21 日
2000 年 12 月 19 日刊登《招股说明书概要》
2000 年 12 月 20 日刊登《发行公告》
2000 年 12 月 21 日上网定价发行
3、发行价格:7.4 元/股　　4、发行数量:5000 万股
5、募集资金总额(未扣除发行费用):370000000 元
6、经上海证券交易所证券交易系统主机统计和上海立信长江会计师事务所有限公司验资,本次股票发行有效申购户数为 618462 户,有效申购股数为 8264147000 股,配号总数为 8264147 个,中签率为 0.60502312%。本次发行后,本公司共有股东 48766 人,其中上网发行新股股东持有 1000 股以上(含 1000 股)的股东数为 48760 人。
7、发行费用总额:11530000 元　　8、每股发行费用:0.2306 元
9、发行市盈率:28.3 倍(全面摊薄计算)
(二)股票承销
本次发行 5000 万股社会公众股得到超额认购,承销团无余额包销。
(三)验资报告
由江苏公证会计师事务所有限公司出具的锡会 B[2000]0817 号验资报告摘要如下:
江苏红豆实业股份有限公司全体股东:

我们接受委托,对江苏红豆实业股份有限公司截至 2000 年 12 月 27 日的注册资本、投入资本变更情况的真实性和合法性进行了审验。在审验过程中,我们按照《独立审计实务公告第 1 号-验资》的要求,实施了必要的审验程序。江苏红豆实业股份有限公司的责任是提供真实、合法、完整的验资资料,保护资产的安全、完整,我们的责任是按照《独立审计实务公告第 1 号---验资》要求,出具真实、合法的验资报告。

江苏红豆实业股份有限公司变更前的注册资本和投入资本分别为人民币 129523000 元和 129523000 元,变更后的注册资本为人民币 179523000 元。根据我们的审验,截至 2000 年 12 月 27 日止,江苏红豆实业股份有限公司增加投入资本 358470000 元,变更后的投入资本总额为 487993000 元,其中股本 179523000 元,资本公积 308470000 元。

江苏公证会计师事务所有限公司　　中国注册会计师:黄德明
中国.无锡　　中国注册会计师:孙新卫
2000 年 12 月 27 日

募集资金入帐情况:
入帐时间:2000 年 12 月 27 日　　入帐金额:36008 万元
银行帐号:9705081128310001　　开户银行:招商银行无锡支行

五、董事、监事和高级管理人员简介及持股情况

(一)董事、监事和高级管理人员简介

周海江先生:董事长,34 岁,研究生,高级经济师。曾任河海大学教师,无锡市太湖针织制衣总厂副厂长,无锡兴利制衣有限公司总经理,江苏赤兔马总公司总经理等职,现任集团公司董事局第一副主席,并当选为中国服装企业家委员会副主任、江苏省青年联合会副主席,荣获中国服装行业十大功勋及全国纺织行业劳动模范称号。

戴克新先生:副董事长,41 岁,高中。曾任集团公司行政科长、生产科长、副厂长,现任红豆集团公司印染总厂总经理。

龚新度先生:副董事长,45 岁,高中。曾任集团公司副总经理,现任红豆集团公司远东有限公司总经理。

陈坚刚先生:董事,34 岁,本科,经济师。曾任无锡市第二人民医院医生,红豆集团公司车间主任、宣传科长,红豆集团公司企划部部长,现任红豆集团公司红豆服装公司总经理。

王竹倩女士:董事,29 岁,本科。曾任集团公司办公室副主任,现任集团公司企划部部长。

蒋锡高先生:董事,43 岁,高中。曾任集团公司车间主任,现任红豆集团公司针织总公司总经理。

周鸣江先生:董事,34 岁,高中。曾任无锡市太湖针织制衣厂车间主任,现任红豆集团公司南国企业公司总经理。

李洪章先生:监事会主席,61 岁,高中,助理工程师。曾任港下镇运输公司书记、经理,戴巷村党支部书记,红豆集团公司企管部部长,现任红豆集团公司总经理。

钱静女士:监事,29 岁,大专,经济师。曾任江苏赤兔马总公司企划部部长,现任江苏赤兔马总公司行政部长兼总经理助理。

孙永安先生:监事,55 岁,本科,高级工程师。曾任山西候马 874 厂工程师,锡山市西漳镇太湖清洗设备制造厂工程师,现任公司设备科科长。

蒋国才先生:总经理,50 岁,高中。曾任无锡市太湖针织制衣总厂副厂长、副书记,集团公司副书记、工会主席,荡上村党支部书记,集团公司常务副总经理。

刘宏彪先生:副总经理,38 岁,高中。曾任上海市第七印染厂技术员,锡山市红豆实业有限公司衬衫厂厂长。

蒋雄伟先生:副总经理、财务负责人兼董事会秘书,27 岁,大学文化。曾任集团公司丝绸服装厂主办会计,红豆集团公司印染总公司财务部部长,江苏赤兔马总公司财务部部长。

张俊先生:副总经理,34 岁,研究生。曾任安徽宣州市文化局秘书、江苏赤兔马总公司经理特别助理。

(二)董事、监事和高级管理人员的持股情况

董事长周海江先生持有本公司 129523 股股票,占公司发行后总股本的 0.07%,本公司其他董事、监事、高级管理人员及重要职员均未持有本公司股票。

六、公司设立

本公司是根据《中华人民共和国公司法》等有关法律、法规的规定,经江苏省人民政府苏政复[1998]99 号文批准,由锡山市红豆实业有限公司变更设立的股份有限公司。公司于 1998 年 9 月 11 日正式成立,注册资本 12952.3 万元。

2000 年 6 月 16 日,公司 1999 年度股东大会通过决议,授权董事会在公司股票发行申请获得批准后,尽快办理股票的公开发行、工商变更及上市事宜。

经中国证券监督管理委员会证监发行字[2000]176 号文核准,本公司于 2000 年 12 月 21 日通过上海证券交易所以上网定价发行方式发行社社会公众股 5000 万股,每股发行价格为 7.4 元。本次 5000 万股社会公众股发行结束后,公司注册资本增加至 17952.3 万元。

公司变更登记时间:2000 年 12 月 27 日
注册地址:江苏省锡山市港下镇　　法定代表人:周海江
变更登记后公司营业执照注册号码:3200001104191。

七、关联企业及关联交易

(一)关联企业
本公司主要关联企业及其概况如下:

1、红豆集团公司　　公司第一大股东,注册资本 10128 万元,法定代表人周耀庭。红豆集团公司为锡山市港下镇镇属集体企业,是锡山市、无锡市、江苏省重点企业集团、农业部先进乡镇企业集团、国务院确定的 120 家深化改革试点企业集团之一。主要从事生产、销售针织品、进出口自营等业务。目前该公司持有本公司 12615.54 万股的股份,占公司发行后总股本的 70.27%。

2、锡山市第四针织内衣厂　　公司第二大股东,注册资本 1510 万元,法定代表人高秀珍。该厂系锡山市港下镇镇属集体企业,目前主要从事生产加工针织棉羊毛衫裤业务。该厂目前拥有本公司 129.52 万股的股份,占公司发行后总股本的 0.72%。

3、锡山市兴达制衣厂　　公司股东,注册资本 50 万元,法定代表人虞秀凤,该厂主要从事加工制造针织内衣业务。目前该厂持有公司 64.76 万股的股份,占公司发行后总股本的 0.36%。

4、无锡市红仕女士装厂　　公司股东,注册资本 50 万元,法定代表人虞翠英,该厂主要从事制造加工服装业。目前该厂持有公司 64.76 万股的股份,占公司发行后总股本的 0.36%。

5、无锡市雏鹰服装厂　　公司股东,注册资本 50 万元,法定代表人虞秀凤,该厂主要从事加工针纺织品、服装、皮革制品、有机玻璃等业务。目前该厂持有公司 64.76 万股的股份,占公司发行后总股本的 0.36%。

6、江苏赤兔马总公司　　公司第一大股东之控股子公司,注册资本 10000 万元,法定代表人高秀珍。该公司主要从事加工销售摩托车、针纺织品、进出口业务。

7、红豆集团公司南国企业公司　　公司第一大股东之控股子公司,注册资本 3500 万元,法定代

表人周耀庭。该公司主要从事加工销售鞋帽、皮革制品、彩印包装等业务。

8、红豆集团公司远东有限公司　公司第一大股东之控股子公司,注册资本1680万元,法定代表人周耀庭。该公司主要从事生产销售针纺织品、皮件箱包等业务。

9、红豆集团公司红豆服装公司　公司第一大股东之控股子公司,注册资本2010万元,法定代表人周耀庭。该公司主要从事加工销售皮革制品、床上用品、小针织类等业务。

10、红豆集团公司针织总公司　公司第一大股东之控股子公司,注册资本1218万元,法定代表人周耀庭。该公司主要从事加工销售化学纤维织品等业务。

11、红豆集团公司东方制衣公司　公司第一大股东之控股子公司,注册资本1510万元,法定代表人周耀庭。该公司主要从事加工销售针织坯布、内衣、纱线等业务。

12、红豆集团公司印染总公司　公司第一大股东之控股子公司,注册资本1800万元,法定代表人周耀庭。该公司主要从事加工染整、印花、化工助剂、轮胎等业务。

13、红豆集团公司太湖制衣公司　公司第一大股东控股子公司,注册资本994万元,法定代表人周耀庭。该公司主要从事加工染整、印花、化工助剂、轮胎等业务。

(二)关联交易

1、本公司与关联企业之间在正常生产经营活动中存在一些难以避免的关联交易,主要有:

(1)红豆集团公司将其所有的"红豆"牌、"相思豆"牌注册商标许可本公司无偿使用,双方就此签订了《商标使用许可协议》和《商标使用许可补充协议。》

(2)红豆集团公司将其拥有的"相思豆"牌注册商标无偿转让给本公司,双方就此签订了《商标转让协议》。

(3)红豆集团公司为本公司提供进出口代理服务,代理进口本公司的生产需要的部分原料和设备和代理出口本公司生产的产品,为此,双方签订了《进出口代理协议》。

(4)由于历史渊源,本公司的生产经营和员工生活仍将有赖于红豆集团公司提供一定的服务。为此,双方根据市场原则签订了《综合服务协议》及《综合服务补充协议》。

(5)出于节省费用等经济利益的考虑,或从集团公司整体形象宣传的需要出发,红豆集团公司在征得本公司同意的情况下,在做宣传广告的同时宣传本公司的企业形象,为此,双方签订了《广告费分摊协议》。

(6)鉴于红豆集团公司下属企业与本公司之间存在的部分产品的供应,为此,双方签订了《生产协作协议》。

(7)鉴于红豆集团公司下属的远东有限公司租用本公司部分厂房,本公司与红豆集团公司远东有限公司签订了《厂房租赁协议》。

2、关联交易的处理原则

公司严格遵循下列原则处理关联交易:

(1)关联交易充分揭示

(2)以公平、规范的市场化原则来处理公司和关联企业之间的关联交易。

(3)股东大会在审议有关关联事宜时,关联股东不参与投票表决。

(三)避免同业竞争的承诺

公司与红豆集团公司于1998年9月28日签订了《避免同业竞争协议书》。协议规定:

红豆集团公司与公司就服装生产产品种进行划分,集团公司除生产针织内衣、童装、文胸、领带、西裤和羽绒服外,不得以任何方式直接或间接生产与本公司相竞争的服装产品。

2000年11月6日,公司与集团公司签订了《避免同业竞争补充协议》。协议规定:如本公司新发展的业务与集团公司发生竞争时,集团公司应在本公司提出受让要求时,聘请有证券从业资格的中介机构进行审计、评估,按市场公允价格,经由双方友好协商确定,将该类企业及相关资产转让予本公司。

八、股本结构及大股东持股情况

(一)本公司上市前的股本结构

股份类别	股份(万股)	占总股本比重(%)
尚未流通股份		
发起人股份	12952.3	72.15
其中:境内法人持有股份	12939.3477	72.08
自然人持有股份	12.9523	0.07
可流通股份		
境内上市人民币普通股	5000	27.85
股份总数	17952.3	100.00

(二)公司前十名股东持股情况

股东名称	持股数(股)	占发行后总股本比例(%)
红豆集团公司	126155400	70.27
锡山市第四针织内衣厂	1295230	0.72
无锡市红仕女装厂	647615	0.36
无锡市雏鹰服装厂	647615	0.36
锡山市兴达制衣厂	647615	0.36
普惠基金	309000	0.17
天元基金	178000	0.10
周海江	129523	0.07
同益基金	116000	0.06
同盛基金	94000	0.05

九、公司财务会计资料

本公司截止2000年6月30日的财务会计资料,已于2000年12月19日分别在《中国证券报》、《上海证券报》及《证券时报》刊登的《江苏红豆实业股份有限公司招股说明书概要》中进行了详细披露。因发行日距上市日不足六个月,敬请投资者查阅上述报纸或至公告的《江苏红豆实业股份有限公司招股说明书》查阅地查阅。

(一)主要财务指标

项目	2000年1-6月	1999年	1998年	1997年
流动比率	1.27	1.51	1.96	1.40
速动比率	0.85	0.99	1.22	0.73
资产负债率(%)	52.28	51.14	35.62	52.84
应收帐款周转率	2.91	5.30	4.00	1.77
存货周转率	1.58	3.31	2.51	1.09
净资产收益率(%)	16.76	30.04	27.31	20.54
每股盈利(元/股)	0.216	0.323	0.276	0.230
每股净资产(元/股)	1.29	1.07	1.01	1.22

注:1、上表中2000年1-6月的应收帐款及存货周转率反映当期的应收帐款及存货周转次数,而非全年周转次数。

2、各期每股收益均以各期期末股本总额为依据计算得出。

(二)会计报表(见附表)

(三)会计报表主要项目注释

(下列项目无特殊说明,金额均以人民币为单位)

1、应收票据

应收票据2000年6月30日余额为1490000.00元。

出票单位	票据种类	到期月份	金额
红豆集团公司	银行承兑汇票	2000年7月	50000.00
红豆集团公司	银行承兑汇票	2000年9月	50000.00
红豆集团公司	银行承兑汇票	2000年11月	350000.00
红豆集团公司	银行承兑汇票	2000年12月	50000.00
南国企业公司	银行承兑汇票	2000年7月	440000.00
南国企业公司	银行承兑汇票	2000年9月	100000.00
南国企业公司	银行承兑汇票	2000年10月	120000.00
南国企业公司	银行承兑汇票	2000年11月	150000.00
南国企业公司	银行承兑汇票	2000年12月	50000.00
南国企业公司	银行承兑汇票	2000年1月	130000.00
合计	1490000.00		

(1)应收票据未作贴现、抵押。

(2)应收票据中应收持本公司5%(含5%)以上股份的股东单位票据为:

出票单位	票据种类	金额
红豆集团公司	银行兑汇票	500000.00

2、应收帐款:

(1)帐龄分析:

帐龄	2000-6-30	比例(%)	坏帐准备
1年以内	60490258.10	96.15	3024512.91
1至2年	1888444.59	3.00	188844.46
2至3年	345553.47	0.55	69110.69
3至5年	191380.21	0.30	95690.10
合计	62915636.37	100	3378158.16

(2)无欠持5%(含5%)以上股份的股东单位欠款。

(3)主要欠款单位:

欠款单位	性质内容	欠款时间	金额
无锡天惠服装厂	货物销售欠款	1年以内	2807468.87
义乌桐城月珍针织厂	货物销售欠款	1年以内	1831700.00
海宁亚星供销经营部	货物销售欠款	1年以内	1516195.63
广西省公安厅	货物销售欠款	1年以内	1500000.00
中国工商银行北京海淀支行	货物销售欠款	1年以内	1496612.90
湖南娄底农行	货物销售欠款	1年以内	1404000.00
福建省公安厅	货物销售欠款	1年以内	450000.00
安凯汽车集团公司	货物销售欠款	1年以内	420000.00
姜堰市合作联社	货物销售欠款	1年以内	300950.00

3、其他应收款

(1)帐龄分析:

帐龄	2000-6-30	比例(%)	坏账准备
1年以内	22742157.74	94.44	1137107.89
1至2年	902634.51	3.75	90263.45
2至3年	25728.50	0.10	5145.70
3至5年	409750.00	1.71	204875.00
合计	24080270.75	100	1437392.04

(2)无欠持5%(含5%)以上股份的股东单位欠款。

(3)主要欠款单位:

欠款单位	性质内容	欠款时间	余额
锡山市彩印厂	代加工费结算	一年以内	1690298.70
锡山市皮件厂	代加工费结算	一年以内	1108818.91
江苏赤兔马总公司	代付货款	大多为一年以内	4694221.31
南国企业公司	代付货款	大多为一年以内	11267845.28

应收江苏赤兔马总公司和南国企业公司的款项,主要是该两公司对外采购原材料时发生暂时的资金短缺,本公司为其代付了购货款,对该垫付资金不计收资金占用费。

其他应收款中1997年至1999年末余额逐年增长的主要原因一是因为本公司对其他单位的借款增加,二是因为职工领用的备用金增加。其他应收款中2000年6月30日余额较1999年末余额下降3077.17万元,主要是因为2000年1月本公司将包括对其他单位借款在内的部分其他应收款3473万元与红豆集团公司拥有的房屋建筑物、机器设备进行等值置换。

应收帐款和其他应收款中,帐龄在1年以内欠款单位多为本公司常年客户和往来单位,企业信誉较好,以前年度未发生坏帐,故按5%计提坏帐准备;帐龄在3至5年的应收款项,结合帐龄较长及形成原因等实际情况,基于谨慎性考虑,按50%计提坏帐准备。

4、预付货款

(1)帐龄分析:

帐龄	2000-6-30
1年以内	30257368.23
1至2年	4632084.73
2至3年	137010.57
合计	35026463.53

(2)无欠持5%(含5%)以上股份的股东单位欠款。

(3)主要欠款单位:

欠款单位	余额
中纺无锡分公司	5550000.00
中海轻纺城东海布行	5349378.33
江苏华燕集团有限公司	2431373.63
锡山市高达布厂	2299350.00
海江纱厂	1146457.23
郑州市第三棉纺织厂	839228.97
上海中纺物产发展公司	630000.00
中纺原料进出口公司	476707.30
绍兴中国轻纺城凌达布业	355158.90

预付帐款2000年6月30日余额为3502.65万元,较1999年12月31日余额增长2239.96万元,主要原因是2000年销量较以前年度有较大增长,对原材料需求增加,为锁定原材料采购成本,故预付购货款增加。

5、应付帐款

(1)帐龄分析

帐龄	2000-6-30
1年以内	48059671.88
1至2年	6008746.33
2至3年	7948.00
合计	54076366.21

(2)无欠持5%(含5%)以上股份的股东单位款项。

(3)主要应付单位:

单位	余额

材料估价入库	13308195.04
华纺针织公司	2747613.42
锡山市长安纺织原料有限公司	1990477.20
张家港市妙中毛纺织厂	1534279.66
锡山市豪达制衣有限公司	703444.27
江苏阳光集团公司	603350.85
绍兴吴县纺织有限公司	542991.67
金坛雁纱制衣厂	430085.47
靖江马桥布厂	319125.40

6、预收帐款

(1)帐龄分析:

帐龄	2000-6-30
1年以内	18317910.85
1至2年	2457122.78
2至3年	112109.91
合计	20887143.54

上述帐龄超过1年的预收帐款主要是因为逐步采用代理经销方式后，特许经销商预先缴纳一定数量的存量货款，其次是因为与部分常年客户货款结算后的尾款挂帐。

(2)无欠持5%(含5%)以上股份的股东单位款项。

(3)主要预收帐款单位:

	余额
淄博地区经销商	1251202.55
长冶毛线专营批发站	1129350.00
温州纳嘉斯经贸有限公司	700000.00
太原地区经销商	533120.32
长沙地区经销商	532805.56
武汉地区经销商	417454.82
经销商吴文辉	408711.00
中国建设银行淮南分行	340000.00
上海新联纺进出口公司	307100.41
山东省公安厅	210000.00

(4)预收帐款2000年6月30日余额较1999年12月31日余额增加775.63万元，主要是因为采用代理经销的营销方式后，对特许经销商实行预先缴纳一定数额货款的政策，致使预收帐款增加。

7、应付股利

	2000-6-30
红豆集团公司	32800404.52
无锡市红仕女装厂	168379.90
无锡市雏鹰服装厂	168379.90
锡山市第四针织内衣厂	336759.80
锡山市兴达制衣厂	168379.90
周海红	33675.98
合计	33675980.00

根据本公司1999年度股东大会决议，以1999年末总股本12952.30万股为基数，每10股分派现金股利2.60元，共计3367.598万元。

随着本公司生产经营规模的扩大，对营运资金的需求增加，经与本公司股东协商，延缓支付上述1999年度股东大会决议分配的股利。

8、其他应付款　　2000-6-30

34555210.28

(1)帐龄分析:

帐龄	2000-6-30	比例%
1年以内	34555201.28	100

(2)欠持5%(含5%)以上股份的股东单位款项:

红豆集团公司　资金占用款　26876057.05

(3)主要应付单位:

单位	性质内容	欠款时间	余额
红豆集团公司	资金占用款	一年以内	26876057.05
经销员押金	押金	一年以内	2046695.00

其他应付款占用红豆集团公司款项主要用于支付原材料采购款、税金等，资金占用款不计收资金占用费。

9、股本

股东名称	2000.06.30	1999.12.31	1998.12.31	1997.12.31
红豆集团公司	126155402.00	126155402.00	126155402.00	97400000.00
无锡市红仕女装厂	647615.00	647615.00	647615.00	500000.00
无锡市雏鹰服装厂	647615.00	647615.00	647615.00	500000.00
锡山市第四针织内衣厂	1295230.00	1295230.00	1295230.00	1000000.00
锡山市兴达制衣厂	647615.00	647615.00	647615.00	500000.00
周海红	129523.00	129523.00	129523.00	100000.00
合计	129523000.00	129523000.00	129523000.00	100000000.00

(1)本公司的前身无锡县红豆实业有限公司于1995年6月16日成立时，注册资本为5000万元，其中:红豆集团公司投资4875万元，占注册资本的97.50%，无锡市红仕女装厂、无锡市雏鹰服装厂、锡山市(无锡县)兴达制衣厂各投资25万元，分别占注册资本的0.5%，锡山市(无锡县)第四针织内衣厂投资50万元，占注册资本的1%。以上5000万元注册资本已经无锡县审计师事务所锡审所验字(1995)73号验资报告验证确认。

(2)1997年1月，有限公司将1996年底的未分配利润2400万元，债权转股权2600万元，共计5000万元增加注册资本，增资后的注册资本总额为10000万元，同时红豆集团公司将其股权10万元转让给自然人周海红，转让后红豆集团公司出资9740万元，以上10000万元注册资本已经锡山会计师事务所锡会所验字(1997)20号验资报告验证确认。

(3)1998年8月，经江苏省人民政府苏政复[1998]99号文批准，有限公司整体变更为股份有限公司，注册资本为12952.30万元，以上12952.30万元注册资本已经锡山会计师事务所验字(1998)469号验资报告验证。

10、盈余公积

项目	2000.06.30	1999.12.31	1998.12.31	1997.12.31
法定盈余公积金	6001392.93	6001281.93	1822692.85	4832319.57
公益金	3000640.98	3000640.98	911346.44	2840971.27
合计	9001922.91	9001922.91	2734039.29	7673290.84

(1)本公司按当年净利润的10%、5%分别计提法定盈余公积金、公益金。

(2)1997年度根据当年的净利润分别计提法定盈余公积金2303170.89元、公益金1151585.45元，余额为7673290.84元，此次按照财政部财会字[1999]35号文对资产减值准备进行追溯调整，调减了盈余公积金30740.35元，即追溯调整前的盈余公积余额为7704031.19元。

(3)1998年8月，本公司将经审计后的帐面净资产折股，增加的29523000元股本由1998年期初未分配利润4656176.75元，1998年度改制前净利润17162792.06元，共计21818968.81元及盈余公积7704031.19元转增。年末根据改制后实现净利润18431864.26元分别计提法定盈余公积金1843186.43元、公益金921593.21元，此次按照财政部财会字[1999]35号文对资产减值准备进行追溯调整，调减了1998年初盈余公积金30740.35元。

利润及利润分配表中的1998年期初未分配利润为4481981.40元，而转增股本时用1998年期初未分配利润4656176.75元转增，差额174195.35地为追溯调整1998年前坏帐准备204935.70元扣减追溯调整有盈余公积后的影响未分配利润数，即追溯调整前1998年期初未分配利润为4656176.75元。

(4)1999年度根据当年净利润41785890.84元分别计提法定盈余公积金4178589.08地，公益金2089294.54元。

11、未分配利润

项目	2000.06.30	1999.12.31	1998.12.31	1997.12.31
期初未分配利润	567052.64	-1274974.58	4481981.40	23905028.82
本期净利润	28012415.42	41785890.84	35768851.67	23031708.92
股份制改制时未分配利润转作股本	0.00	0.00	-21818968.81	
利润分配				
提取法定盈余公积	0.00	4178589.08	1843186.43	2303170.89
提取法定公益金	0	2089294.54	921593.21	1151585.45
应付普通股股利	33675980.00	16942059.20	15000000.00	
转作股本的普通股股利	0	0	0	24000000.00
期末未分配利润	28579468.06	567052.64	-1274974.58	4481981.40

(1)1997年1月，依据股东会决议，有限公司将1996年底的未分配利润2400万元和债权转股权2600万元，共计5000万元增加注册资本，根据有限公司1997年股东年会决议，分配普通股股利1500万元。

(2)1998年8月股份制改制时有限公司将经审计后的帐面净资产折股，增加的29523000元股本由1998年期初未分配利润4656176.75元，1998年改制前净利润17162792.06元，共计21818968.81元及盈余公积7704031.19元转增。

(3)1998年度应付普通股股利16942059.20元为根据1998年股东大会年会决议分配的普通股股利。

(4)1998年期末未分配利润-1274974.58元，为此次按照财政部财会字[1999]35号文对资产减值准备进行追溯调整的金额扣减追溯调整的相应盈余公积后的影响未分配利润数-358780.18元，其余-916194.40元为1998年度末经审计前本公司实际分配普通股股利数与审计调整利润影响未分配利润数的差额。

(5)根据本公司1999年度股东大会决议，以1999年末总股本12952.30万股为基数，每10股分派现金股利2.60元，共计3367.598万元。

十、董事会上市承诺

本公司董事会将严格遵守《中华人民共和国公司法》、《股票发行与交易管理暂行条例》、《公开发行股票公司信息披露实施细则》和《上海证券交易所股票上市规则(2000年修订本)》等有关法律、法规的规定，并自本公司股票上市之日起向全体股东作出如下承诺:

(一)严格按照法律、法规的规定程序和要求披露本公司重大信息，自觉接受证券主管机关、上海证券交易所的监督管理。

(二)及时、真实、准确地公布本公司中期报告、年度报告，并备置于规定场所供投资者公众查阅。

(三)本公司董事、监事及高级管理人员如发生人事变动，或前述人员持有本公司股份数量发生变化时，在及时通报证券主管机关、上海证券交易所的同时在中国证监会指定的信息披露报刊上向投资者公布。

(四)在任何公共传播媒介中出现的消息可能对本公司股票的市场价格产生误导性影响时，本公司知悉后将及时对该消息予以公开澄清。

(五)本公司董事、监事及高级管理人员将认真听取社会公众的建议与批评，自觉抵制不正之风，不利用已获得的内幕消息和不正当手段直接或间接从事股票买卖活动。

(六)本公司董事会及董事保证不就任何未经主管机关审阅的可能影响股价变动的重大信息私自或公开发表意见。

(七)本公司没有无记录负债。

依据2000年5月1日实施的《上海证券交易所上市规则(2000年修订本)》，本公司全体董事、监事将按照有关规定，在本公司股票上市后两个月内签署《董事(监事)声明及承诺书》并送达上海证券交易所备案。

十一、重要事项揭示

(一)经上海证券交易所上证上字[2000]第129号文批准，本公司通过上海证券报交易所采用上网定价发行方式向社会公众发行的5000万股人民币普通股股票将于2001年1月8日在上海证券交易所挂牌交易。

(二)本公司利润分配以会计期间实现的可分配利润为依据，新老股东将共享本公司1999年度剩余未分配利润和2000年1月1日至本次发行结束日实现的净利润，股利分配方式采用现金或者股票两种形式，预计第一次股利派发时间为2001年上半年适当时候。

(三)根据无锡公证会计师事务所有限公司(现改名江苏公证会计师事务所有限公司)出具的盈利预测审核报告，本公司2000年的净利润为4688.17万元，全面摊薄每股收益为0.261元。

(四)公司本次股票发行前后均执行33%的所得税税率。

(五)本公司第一大股东红豆集团公司正式承诺:自本公司股票上市之日起12个月内，红豆集团公司不转让其持有的本公司股份，也不由本公司回购其持有的本公司股份。

(六)截止本公司上市公告书刊登之日，本公司和本公司董事、监事及高级管理人员无涉嫌任何未了结或可能发生的诉讼。

(七)除《江苏红豆实业股份有限公司招股说明书》中披露的事项外，本公司无其他应披露而未披露的重要事项。

十二、备查文件目录

1、上海证券交易所上市通知书
2、江苏红豆实业股份有限公司招股说明书
3、中国证券监督管理委员会证监发行字[2000]176号文
4、江苏省人民政府同意变更设立江苏红豆实业股份有限公司的批复
5、公司营业执照　6、公司章程　7、法律意见书　8、审计报告
9、验资报告　10、资产评估报告　11、其他备查文件

十三、咨询机构

1、江苏红豆实业股份有限公司
法定代表人:周海红　地址:江苏省锡山市港下镇
咨询电话:0510-8761888-422　联系人:蒋雄伟、孟晓平
2、华夏证券有限公司
公司负责人:赵大建　地址:北京市新中街68号
电话:021-63058002 63043413　联系人:王广学、王保平、孔庆龙

江苏红豆实业股份有限公司
2000年12月30日

资产负债表

编制单位:江苏红豆实业股份有限公司　　金额单位:人民币元

资产	2000.6.30	1999.12.31	1998.12.31	1997.12.31
流动资产：				
货币资金	36192076.72	26997072.41	2570705.83	7441200.14
短期投资				
减：短期投资跌价准备				
短期投资净额				
应收票据	1490000.00	738000.00	600000.00	15485780.00
应收股利				
应收利息				
应收帐款	62915636.37	55504471.87	54331623.51	69511688.64
其他应收款	24080270.75	54852013.69	35362439.08	3603037.18
减：坏帐准备	4815550.20	6782231.48	5137003.21	4417278.25
应收帐款净额	82180356.92	103574254.08	84557059.38	68697447.57
预付帐款	35026463.53	12626938.52	815656.04	113269.75
应收补贴款				
存货	90016981.69	88061688.75	65148856.45	90716568.45
减：存货跌价准备	12264218.75	11984853.97	11850097.74	7098704.70
存货净额	77752762.94	76076834.78	53298758.71	83617863.75
待摊费用	129475.00	222190.50	85700.00	
待处理流动资产净损失				
一年内到期的长期债权投资				
其他流动资产				
流动资产合计	232771135.11	220235290.29	141927879.96	175355561.21
长期投资：				
长期股权投资				
长期债权投资				
长期投资合计				
减：长期投资减值准备				
长期投资净额				
固定资产：				
固定资产原价	138176450.89	89148088.89	77655799.60	72459124.70
减：累计折旧	40851606.62	24720342.97	16138937.07	10003192.82
固定资产净值	97324844.27	64427745.92	61516862.53	62455931.88
工程物资				
在建工程	985572.32	1650.00		
固定资产清理				
待处理固定资产损失				
固定资产合计	98310416.59	64429395.92	61516862.53	62455931.88
无形资产及其他资产：				
无形资产	19085453.20			
开办费				
长期待摊费用				
其他长期资产				
无形资产及				
其他资产合计	19085453.20			
递延税项：				
递延税款借项				
资产总计	350167004.90	284664686.21	203444742.49	237811493.09
负债及股东权益				
流动负债：				
短期借款	20200000.00	20100000.00	7820000.00	9050000.00
应付票据	−	−	150000.00	300000.00
应付帐款	54076366.21	44697960.37	25939003.98	32215053.27
预收帐款	20887143.54	13130892.75	5044182.32	15742805.57
代销商品款				
应付工资	4277915.47	3904656.64	3283283.16	5240865.29
应付福利费	3651139.78	2259077.66	2258159.42	1426250.90
应付股利	33675980.00	33675980.00		
应交税金	9856078.47	13226410.24	404205.29	2913564.52
其他应交款	598243.18	369786.06	1937934.43	2630990.72
其他应付款	34555201.28	13827053.52	25338683.65	53026469.29
预提费用	1284546.00	380893.42	287225.53	3110221.29
一年内到期的长期负债				
其他流动负债				
流动负债合计	183062613.93	145572710.66	72462677.78	125656220.85
长期负债：				
长期借款				
应付债券				
长期应付款				
住房周转金				
其他长期负债				
长期负债合计				
递延税项：				
递延税款贷项				
负债合计	183062613.93	145572710.66	72462677.78	125656220.85
少数股东权益				
股东权益				
股本	129523000.00	129523000.00	129523000.00	100000000.00
资本公积				
盈余公积	9001922.91	9001922.91	2734039.29	7673290.84
其中：公益金	3000640.98	3000640.98	911346.44	2840971.27
未分配利润	28579468.06	567052.64	−1274974.58	4481981.40
股东权益合计	167104390.97	139091975.55	130982064.71	112155272.24
负债及股东权益总计	350167004.90	284664686.21	203444742.49	237811493.09

利润及利润分配表

编制单位:江苏红豆实业股份有限公司　　金额单位:人民币元

资产	2000.1-6.	1999.1-12.	1998.1-12.	1997.1-12.
一、主营业务收入	172576856.05	291282365.48	247589614.78	134210260.36
减：折扣与折让				
主营业务收入净额	172576856.05	291282365.48	247589614.78	134210260.36
减：主营业务成本	121558283.88	213851100.80	172104001.13	82114938.86
主营业务税金及附加	1497533.23	1840719.34	1543273.43	667230.88
二、主营业务利润(亏损以"−"号填列)	49512038.94	75590545.34	73942340.22	51428090.62
加：其他业务利润(亏损以"−"号填列)	210461.53	1400909.48	281941.80	332495.76
减：存货跌价损失	279364.78	134756.23	5404650.05	2247105.32
营业费用	5154671.29	5070810.37	7378527.23	5234908.58
管理费用	2864841.39	8502819.77	7390203.30	8545948.74
财务费用	473037.11	163169.26	366185.95	860149.43
三、营业利润(亏损以"−"号填列)	40950585.90	63119899.19	53684715.49	34872474.31
加：投资收益(损失以"−"号填列)				
补贴收入				
营业外收入	3915.00	331647.14	94024.67	137015.52
减：营业外支出	209.06	229261.67	157303.61	103220.85
四、利润总额(亏损总额以"−"号填列)	40954291.84	63222284.66	53621436.55	34906268.98
减：所得税	12941876.42	21436393.82	17852584.88	11874560.06
五、净利润(净亏损以"−"号填列)	28012415.42	41785890.84	35768851.67	23031708.92
加：年初未分配利润	567052.64	−1274974.58	4481981.40	23905028.82
盈余公积转入				
减：股份制改制时未分配				
利润转增股本	−		21818968.81	
六、可供分配的利润	28579468.06	40510916.26	18431864.26	46936737.74
减：提取法定盈余公积	−	4178589.08	1843186.43	2303170.89
提取法定公益金	−	2089294.54	921593.21	1151585.45
七、可供股东分配的利润	28579468.06	34243032.64	15667084.62	43481981.40
减：应付优先股股利				
提取任意盈余公积				
应付普通股股利	−	33675980.00	16942059.20	15000000.00
转作股本的普通股股利	−	−	−	24000000.00
八、未分配利润	28579468.06	567052.64	−1274974.58	4481981.40

现金流量表

编制单位:江苏红豆实业股份有限公司　　金额单位:人民币元

项目	2000年1-6月	1999年度
一、经营活动产生的现金流量：		
销售商品、提供劳务收到的现金	188721824.85	277385477.59
收到的其他与经营活动有关的现金	29671665.73	21132034.73
现金流入小计	218393490.58	298517512.32
购买商品、接受劳务支付的现金	162795351.19	248636021.86
支付给职工以及为职工支付的现金	6537925.67	9830156.20
支付的增值税款	15798318.27	3968617.45
支付的所得税款	15312859.43	17037373.61
支付的除增值税、所得税以外的其他税费	763826.62	991819.21
支付的其他与经营活动有关的现金	6549567.79	4963120.88
现金流出小计	207757848.97	285427109.21
经营活动产生的现金流量净额	10635641.61	13090403.11
二、投资活动产生的现金流量：		
处置固定资产、无形资产和		
其他长期资产而收回的现金净额		8000.00
现金流入小计		8000.00
购建固定资产、无形资产和		
其他长期资产所支付的现金	1498415.80	778948.42
现金流出小计	1498415.80	778948.42
投资活动产生的现金流量净额	−1498415.80	−770948.42
三、筹资活动产生的现金流量：		
借款所收到的现金	100000.00	20003000.00
现金流入小计	100000.00	20003000.00
偿还债务所支付的现金	−	7723000.00
偿付利息所支支付的现金	42221.50	173088.11
现金流出小计	42221.50	7896088.11
筹资活动产生的现金流量净额	57778.50	12106911.89
四、汇率变动对现金的影响		
五、现金及现金等价物净增加额	9195004.31	24426366.58

附注：

项目		
1.不涉及现金收支的投资和筹资活动		
以存货偿还债务	19085453.20	
融资租赁固定资产	34729690.00	
2.将净利润调节为经营活动的现金流量		
净利润	28012415.42	41785890.84
加：计提的坏帐准备或转销的坏帐	−1966681.28	1645228.27
计提的存货跌价准备	279364.78	134756.23
固定资产折旧	3591953.65	5995194.40
待摊费用减少	92715.50	−136490.50
预提费用的增加	402098.45	293667.89
处置固定资产、无形资产和		
其他长期资产的损失(减收益)		−244797.48
固定资产报废损失		
财务费用	688027.90	382837.59
存货的减少(减增加)	−21040746.14	−22912832.30
经营性应收项目的减少(减增加)	−5753981.56	−12575712.54
经营性应付项目的增加(减减少)	6330474.89	−1277339.29
其他		
经营活动产生的现金流量净额	10635641.61	13090403.11
3.现金及现金等价物净增加情况：		
货币资金的期末余额	36192076.72	26997072.41
减：货币资金的期初余额	26997072.41	2570705.83
现金等价物的期末余额		
减：现金等价物的期初余额		
现金及现金等价物净增加额	9195004.31	24426366.58

昆 明 制 药 股 份 有 限 公 司

昆明制药股份有限公司股票上市公告书

一、要 览

股票简称:昆明制药
股票代码:600422
股本总额: 9,818 万股
可流通股本:4,000 万股
本次上市可流通股本:4,000 万股
上市地点:上海证券交易所
上市日期:2000 年 12 月 6 日
股票登记机构:上海证券中央登记结算公司
上市推荐人:华夏证券有限公司、
国通证券有限公司、光大证券有限责任公司

二、绪 言

本上市公告书是根据《中华人民共和国公司法》、《中华人民共和国证券法》、《股票发行与交易管理暂行条例》、《公开发行股票公司信息披露实施细则》和《上海证券交易所股票上市规则(2000 年修订本)》等国家有关法律、法规的规定,并按照中国证券监督管理委员会制定的《公开发行股票公司信息披露的内容与格式准则》(第七号)、《上市公告书的内容与格式(试行)》而编制,旨在向投资者提供有关昆明制药股份有限公司(以下简称"本公司")和本次股票上市的有关情况。

经中国证券监督管理委员会证监发行字[2000]149 号文核准,本公司于 2000 年 11 月 16 日通过上网定价的发行方式成功发行 4,000 万股每股面值 1.00 元的人民币普通股, 每股发行价人民币 10.22 元。

经上海证券交易所上证上字[2000]97 号《上市通知书》批准,本公司 4,000 万股社会公众股将于 2000 年 12 月 6 日起在上海证券交易所挂牌交易。 股票简称"昆明制药",股票代码"600422 "。本公司总股本 9,818 万股,流通股本 4,000 万股。

本公司已于 2000 年 11 月 14 日在《中国证券报》、《上海证券报》和《证券时报》上刊登了《昆明制药股份有限公司招股说明书概要》,距今不足 6 个月, 故与其重复的内容在此不再陈述,敬请投资者查阅本公司的《招股说明书概要》。

本公司董事会及全体董事已批准本上市公告书, 并确信本公告书所载资料不存在重大遗漏或者误导,并对其真实性、准确性和完整性负个别及连带责任。

三、发行公司概况

(一) 公司概况
公司名称:昆明制药股份有限公司
英文名称:KUNMING PHARMACEUTICAL CORP.
注册地址:昆明市国家高新技术开发区金鼎科技园
注册资本: 9,818 万元　　法定代表人:李南高　　成立日期:1995 年 12 月 14 日
所属行业:医药制造工业

经营范围:中西药原料、制剂和保健品、医药原辅材料、中间体、化工原料、包装材料、医疗仪器及设备制造、自产自销、批发零售、科技开发、咨询服务、机械加工、制药设备制造、安装及维修业务、医药工程设计。

(二)公司历史沿革

昆明制药股份有限公司的前身是昆明制药厂,创建于 1951 年 3 月, 为云南省第一家国营制药企业,主要从事天然植物药品的开发生产与销售。四十多年来,昆明制药厂通过深化内部改革,注重技术开发与应用,并适时加大对外开放的广度与深度,已从建厂当年一个简单药品制造实体发展成为云南省最大的制药企业,属国家大型二档企业。

1995 年作为云南省首批现代企业制度试点企业之一,根据云政办函[1995] 120 号文,昆明制药厂进行了整体改制,将其全部经营性资产作为股本投入,与昆明金鼎集团企业发展总公司、昆药职工持股会、昆明富亨房地产开发经营公司、昆明八达实业总公司共同发起,经云南省人民政府云政复[1995]112 号文批准, 设立了昆明制药股份有限公司,各发起人投入股份公司的资本总额为 87,270,000 元,按 1.5 元折 1 股的比例折合股本 58,180,000 股, 公司注册地为昆明市国家高新技术开发区金鼎科技园,注册资本为 5,818 万元。

1998 年 10 月,根据云南省云政办函[1997]139 号文及云南省国有资产管理局云国资企字(1998)第 93 号文批准,原昆明制药厂持有本公司的国有股权转由其上级主管单位云南医药集团有限公司直接持有。昆明制药厂企业法人资格于 1999 年 5 月被注销。

1998 年 12 月 16 日经股东大会讨论, 通过吸收昆明云辰科工贸有限公司成为本公司的新股东,根据所签订的股权转让协议,并经云南省国有资产管理局云国资企字(1998)第 94 号文批准,由五家发起人以每股 1. 80 元的价格各出让部分股份总计 469.977 万股给昆明云辰科工贸有限公司,其中,云南医药集团有限公司和昆明金鼎集团企业发展总公司各转让 172.788 万股,昆药职工持股会转让 92.089 万股, 昆明八达实业总公司和昆明富亨房地产经营公司各转让 16.156 万股。

2000 年 7 月,昆药职工持股会将其所持本公司的股份 1,047.911 万股以每股 3.60 元的价格转让给云南铜业(集团)有限公司。

目前本公司主要生产经营蒿甲醚系列产品、三七系列产品、天麻素系列、秋水仙碱、岩白菜素等名、特、优、新天然药物产品,并享有自营进出口权。其中,公司的"蒿甲醚工程"是国家火炬计划重点项目,在此项目中公司开发出青蒿素原料药、蒿甲醚原料药、蒿甲醚注射液等国家级一类新药。蒿甲醚已列入了世界卫生组织的基本药物手册。本公司与瑞士诺华公司等单位合作开发的复方蒿甲醚片现已向世界 68 个国家申请专利。

本公司占地 17 万平方米,建筑面积 10 余万平方米,拥有各类制药设备设施 300 余台套,其中从欧美发达国家引进先进设备 50 余台套,具备年产固体口服剂 30 亿片(粒),针剂 3 亿支,输液 1,000 万瓶,原料药 150 吨的生产能力。公司 1996 年先后被云南省科委认定为"高新技术企业"、被国家科委认定为 "重点高新技术企业";1999 年中国化学制药工业协会和中国医药工业公司对全国 139 家医药工业重点企业各项经济指标进行综合评价和排序,本公司按收入排名第 25 位,按利润排名第 22 位;1999 年被评为全国医药优秀企业,是国家医药行业大型制药骨干企业。

经中国证券监督管理委员会证监发行字 [2000]149 号文核准, 公司通过上海证券交易所,于 2000 年 11 月 16 日以上网定价的方式向社会公开发行人民币普通股 4,000 万股, 每股面值 1 元人民币,每股发行价格 10.22 元。发行后,公司股本总额为 9,818 万元。

四、股票发行及承销

(一) 股票发行
发行方式:上网定价发行　　发行时间:2000 年 11 月 16 日　　发行股数:4,000 万股 A 股
发行价格:10.22 元/股　　每股发行费用:0.384 元　　发行费用总额:1,537 万元
募集资金净额:39,343 万元(已扣除有关发行费用)
有效申购股数:25,255,694,000 股　　有效申购户数:1,627,243 户　　配号总数:25,255,694
超额认购倍数:631.39245　　中签率:0.15838013 %
持有 1,000 股以上(含 1,000 股)的户数: 37,187 户
发行市盈率: 20.31 倍(加权平均)　　32.42 倍(全面摊薄)
(二)股票承销
本次上网定价发行之 4,000 万股已全部被社会公众认购,未出现余股。
(三)验资报告

云南亚太会计师事务所
亚太验 E(2000)第 47 号
验资报告

昆明制药股份有限公司:

我们接受委托, 对贵公司向社会公开募集股份而增加的股本及相关资产的真实性和合法性进行审验。我们根据《中国注册会计师独立审计实务公告第 1 号--验资》的规定,结合贵公司的具体情况,实施了我们认为必要的审验程序。贵公司的责任是提供真实、合法和完整的验资资料,保护资产的安全、完整。我们的责任是对上述资料进行审验的基础上出具真实、合法的验资报告。

贵公司经 2000 年 8 月 2 日临时股东大会通过并报经中国证券监督管理委员会证监发行字[2000]149 号文批准, 采用对一般投资者上网定价发行的方式向社会公开发行人民币普通股票 4,000 万股,每股面值人民币 1 元,溢价发行,发行价格为每股人民币 10.22 元,委托国泰君安证券股份有限公司主承销, 应募集资金为人民币 408,800,000.00 元,按招股说明书规定,预扣发行费用 15,370,000.00 元后, 实际可募集资金为人民币 393,430,000.00 元。

经过我们验审,截止 2000 年 11 月 22 日止,承销机构已将所募集的资金人民币叁亿玖仟玖佰壹拾陆万玖仟贰佰元整(¥399,169,200.00) 缴入贵公司, 其中增加股本 40,000,000.00 元,增加资本公积 353,430,000.00 元(不含本次募集资金有效申购利息),与缴入资金相关的资产总额为人民币 399,169,200. 00 元(其中 5,739,200.00 元为尚未支付的发行费用),均为货币资金。

本报告附件:
1、变更前后注册资本、实收资本对照表;
2、验资事项说明;
3、验资证明表。

云南亚太会计师事务所有限公司　　中国注册会计师　　杨守任
中国　　昆明　　中国注册会计师　　管云鸿

附注:
募集资金的入账时间:2000 年 11 月 22 日
入账金额:399,169,200.00 元　　入账账号:2730024086
开户银行:中国建设银行云南省分行昆明市泰和分理处

五、董事、监事和高级管理人员简历及持股情况

(一) 董事、监事和高级管理人员简历

董事

李南高,本公司董事长兼总裁,中共党员,51 岁,华东理工大学抗生素制药专业毕业,制药高级工程师,中国制药工业协会常务理事、云南省医药学会常务理事、云南省劳动模范。曾任云南省经委轻工处副处长、昆明制药厂厂长;现任中美昆明贝克诺顿制药有限公司董事长、昆明制药股份有限公司的党委书记, 现任昆明制药股份有限公司党委书记、董事长兼总裁。

李斗龙,本公司副董事长,中共党员,50 岁,大专学历。曾任昆明市五华钢窗总厂厂长,昆明华立总公司董事长、总经理,昆明金鼎企业集团总裁。现任昆明制药股份有限公司副董事长、昆明金鼎企业集团董事长。

李永红,本公司董事兼副总裁,民建会员,36 岁,研究生,高级会计师。曾任昆明制药厂财务科副科长、科长、副总会计师兼财务处处长,昆明制药股份有限公司财务总监。现任本公司副总裁。

熊建民,本公司董事兼副总裁,中共党员,47 岁,高级经济师。曾任昆明制药厂研究所任药理室副主任、办公室副主任、主任、厂长助理,昆明制药股份有限公司总裁助理兼办公室主任、总监。现任本公司党委副书记、副总裁。

任安中,本公司董事,45 岁,大专文化。曾任南美华立铝业有限公司总经理、昆明华立总公司总经理助理。现任金鼎集团企业发展总公司总经理。

王明辉,本公司董事,中共党员,37 岁,研究生,高级经济师。曾任昆明贝克诺顿制药有限公司副总经理、昆明八达实业总公司董事长、昆明制药股份有限公司副总裁。现任云南白药集团股份有限公司总经理。

张伟,本公司董事,中共党员,31 岁,研究生。现任昆明云辰科工贸有限责任公司董事长。

张光华,本公司董事,中共党员,51 岁,大专文化,高级经济师。曾任昆明制药厂基建环保科副科长、企业管理处副处长、党支部副书记。现任昆药生活服务公司经理。

李建华,本公司董事,中共党员,46 岁,大专文化。曾在云南省冶金厅任职、昆明华立总公司工作。现任昆明富亨房地产开发经营公司总经理。

监事

周保珍,本公司监事会主席,中共党员,女,51 岁,中专文化,会计师、审计师。曾在昆明华立总公司工作。现任金鼎集团企业发展总公司总会计师。

潘以文,本公司监事会副主席,中共党员,女,54 岁,大学本科,高级会计师。曾任云南省医药公司财务科长、经营办公室主任、副经理、经理。现任云南省医药集团有限公司总会计师。

简丽云,本公司监事,中共党员,女,49 岁,大专文化,高级政工师。曾任昆明制药厂化学合成车间党支部副书记、书记、车间主任、政工部门党支部书记、综合部门党支部书记,昆明制药股份有限公司党委组织部长、党办主任、宣传部长。现任本公司纪委书记。

魏光友,本公司监事,中共党员,53 岁,政工师。曾任昆明制药厂劳动服务公司任党支部书记。现任昆明制药股份有限公司金鼎分厂支部书记。

万贤耀,本公司监事,58 岁,大专文化,高级经济师。曾任昆明制药厂储运处历任副处长、处长,昆明制药股份有限公司综合计划部经理、计划评价部经理。现任昆明制药销售公司销售服务部经理。

赵志萍,本公司监事,女 45 岁,中专文化,会计师。曾在昆明味精厂工作。现任昆明华立总公司财务科长。

鲁凡实,本公司监事,29 岁,大学文化。曾任昆明云辰科工贸有限公司总经理助理。现任昆明云辰科工贸有限公司装饰分公司经理。

褚波,本公司监事,中共党员,51 岁,大学文化,高级工程师。曾任昆明制药厂研究所副所长、所长,昆明制药股份有限公司研究开发中心主任、企业发展部经理。现任本公司技术质量总监。

其他高级管理人员

徐朝能,本公司财务总监、董事会秘书,中共党员,36 岁,大专文化,高级会计师。曾任中轻依兰集

团有限公司资产财务部副部长、部长,昆明制药股份有限公司资产财务部经理、总裁助理。现任本公司财务总监兼证券部经理。

李华,本公司市场总监,中共党员,41 岁,大学文化,高级工程师。曾任昆明制药厂车间主任,昆明制药股份有限公司市场部经理,昆明制药药品销售有限公司副总经理。现任本公司市场总监。

本公司聘用的高级管理人员无双重任职;本公司董事兼任公司高级管理职务的人数未超过董事会成员的二分之一。

(二) 董事、监事和高级管理人员持股情况

截至目前,上述公司董事、监事及高级管理人员均未持有本公司股份。

六、公司设立

1995 年 12 月根据云政办函[1995]120 号文并经云政复[1995]112 号文批准,在原昆明制药厂整体改制的基础上,由昆明制药厂、昆明金鼎集团企业发展总公司、昆药职工持股会、昆明八达实业总公司、昆明富亨房地产开发经营公司以发起设立方式组建昆明制药股份有限公司。各发起人投入股份公司的资本总额为 87,270,000 元,按 1.5 元折 1 股的比例折合股本 58,180,000 股。

1998 年 10 月,根据云南省云政办函[1997]139 号文及云南省国有资产管理局云国资企字(1998)第 93 号文批准,原昆明制药厂持有本公司的国有股权转由其上级主管单位云南医药集团有限公司直接持有。昆明制药厂企业法人资格于 1999 年 5 月被注销。

1998 年 12 月 16 日经股东大会讨论,通过吸收昆明云辰科工贸有限公司成为本公司的新股东,根据所签订的股权转让协议,并经云南省国有资产管理局云国资企字(1998)第 94 号文批准,由五家发起人以每股 1. 80 元的价格各出让部分股份总计 469.977 万股给昆明云辰科工贸有限公司,其中,云南医药集团有限公司和昆明金鼎集团企业发展总公司各转让 172.788 万股,昆药职工持股会转让 92.089 万股,昆明八达实业总公司和昆明富亨房地产经营公司各转让 16.156 万股。

2000 年 7 月,昆药职工持股会将其所持本公司的股份 1047.911 万股以每股 3. 60 元的价格转让给云南铜业(集团)有限公司。

本公司 2000 年 8 月 2 日召开的临时股东大会一致通过"决定申请向社会公众公开发行人民币普通股 4000 万股并上市,授权董事会具体办理有关此次公开发行股票并上市的事宜"的决议"。

经中国证券监督管理委员会证监发行字[2000]149 号文核准,本公司已于 2000 年 11 月 16 日成功发行了 4000 万股每股面值 1.00 元的人民币普通股,每股发行价 10.22 元,全部上网发行,本次募股资金已全部到位。公司于 2000 年 11 月 27 日在云南省工商行政管理局办理了工商登记变更,注册资本变更为 9,818 万元。

七、关联企业及关联交易

(一) 与本公司存在关联关系的企业主要包括:

1、云南医药集团有限公司

本公司股东,注册资本 28,666 万元人民币,法定代表人陈邦栋。该公司是云南省从事药品生产经营和资产经营的国有独资公司。现拥有本公司股份 1966.212 万股,占发行后总股本的 20.027%。

2、昆明金鼎集团企业发展总公司

本公司股东,注册资本 800 万元人民币,法定代表人任安中。 该公司主要从事高新技术研究及产品开发、技术中介、信息咨询等业务。现拥有本公司股份 1,966.212 万股, 占发行后总股本的 20.027%。

3、云南铜业(集团)有限公司

本公司股东,注册资本 100,000 万元,法定代表人邹韶禄。 该公司是主要从事有色金属、贵金属的生产、加工、销售以及有色金属、贵金属的地质勘察设计、施工、科研等业务的国有独资公司。现持有本公司股份 1047.911 万股,占发行后总股本的 10.643%。

4、昆明云辰科工贸有限公司

本公司的股东,注册资本 1,000 万元人民币,法定代表人张伟。 该公司主要从事土建、装饰、安装工程、房地产等经营业务,现持有本公司股份 469.977 万股,占发行后总股本的 4.787%。

5、昆明富亨房地产开发经营公司

本公司股东,注册资本 2000 万元人民币,法定代表人李建华。该公司主要从事房地产开发、房屋经营、销售和租赁等,现持有本公司股份 183.844 万股, 占发行后总股本的 1.873%。

6、昆明八达实业总公司

本公司股东, 注册资本 600 万元人民币, 法定代表人王明辉。 该公司主要从事药品经营等业务,现持有本公司股份 183.844 万股, 占发行后总股本的 1.873%。

7、昆明制药药品销售有限公司

本公司的控股子公司,注册资本 3000 万元人民币,法定代表人李南高。股份公司拥有其 96.67%的股权。主要从事批零兼营、代购代销化学原料药及其制剂、中药材、中成药、药用原辅材料、医疗器械、药用包装材料等。

8、昆明贝克诺顿制药有限公司

本公司的控股子公司,是公司与美国爱华克斯公司共同投资的合资企业,注册资本 422 万美元,双方各占 50%股权,法定代表人李南高。 公司的经营范围:生产和销售自产的各类西药及保健品,包括原材料和半成品;开发生产中药新品种,引进、研制制药新技术、新产品。该公司主导产品为阿莫西林、阿法 D3、斯耐普等。

9、昆明康普莱特制药有限公司

昆明康普莱特制药有限公司是昆明制药股份有限公司与瑞士康普莱特公司共同投资兴建的以生产和销售高档新型输液产品脂肪乳及氨基酸为主的合资公司,注册资本 380 万美元,股份公司占 75%的股份,法定代表人李南高。 公司全套引进国外先进的脂肪乳生产线设备及具有国际先进水平的化验设备,严格按照 GMP 要求实施生产管理和质量控制。

10、昆明雅阁臣药业有限公司

昆明雅阁臣药业有限公司是由香港雅阁臣药业有限公司、昆明制药股份有限公司等企业共同投资组建的合资公司,注册资本 80 万美元,本公司占 20%股份,法定代表人李南高。该公司主营三七、黄连、黄藤、灯盏花、岩白菜等植物药的有效成分的提取、分离及合成。

11、云南昆药生活服务有限公司

云南昆药生活服务有限公司的注册资本为 105 万元人民币,法定代表人张光华。该公司是在原昆明制药厂改制后存续资产的基础上成立的,为云南医药集团有限公司的全资子公司,主要从事副食、住宿、餐饮、五金、百货等业务。

(二)关联交易

八、股本结构及大股东持股情况

(一)本公司上市前的股本结构、股份种类、股数及其占总股本的比例

股份种类	持股数(万股)	持股比例(%)
国有法人股	2150.056	21.90
发起法人股	2150.056	21.90
社会法人股	1517.888	15.46
社会公众股	4000.000	40.74
总　股　本	9818.000	100.00

(二)上市前本公司前十名股东持股情况

序号	前十名股东名称	持股数(万股)	占总股本的比例(%)
1	云南医药集团有限公司	1966.212	20.027
2	昆明金鼎集团企业发展总公司	1966.212	20.027
3	云南铜业(集团)有限公司	1047.911	10.673
4	昆明云辰科工贸有限公司	469.977	4.787
5	昆明八达实业总公司	183.844	1.873
6	昆明富亨房地产开发经营公司	183.844	1.873
7	安顺基金	20.900	0.213
8	汉兴基金	14.100	0.144
9	汉盛基金	11.500	0.117
10	安信基金	11.400	0.116

九、公司财务会计资料

本公司截止到 2000 年 5 月 31 日的财务状况,已于 2000 年 11 月 14 日分别在《中国证券报》、《上海证券报》和《证券时报》上刊登的《昆明制药股份有限公司招股说明书概要》中进行了详尽的披露。由于发行距上市时间不足六个月,本公告只公布本公司经审计的财务报表及财务指标。欲了解有关会计资料的详细内容,敬请投资者查阅上述报纸或至公告的《招股说明书》查阅地点查阅。

(一) 财务报表(附后)

(二) 本公司前三年主要财务指标

主要财务指标	2000 年 5 月 31 日	1999 年	1998 年	1997 年
营运资金(元)	10,369,034.22	−5,160,488.74	−3,476,130.47	33,404,182.09
流动比率	1.03	0.98	0.99	1.22
速动比率	0.69	0.66	0.63	0.80
资产负债率(%)	66.07	67.61	65.38	56.58
应收账款周转率(次)	1.80	4.12	4.55	4.01
存货周转率(次)	1.34	3.19	3.04	2.82
净资产收益率(%)	17.01	24.26	27.01	12.72
每股净利(元)	0.34	0.41	0.41	0.19

注: (1)每股收益按股本总额 5818 万股计算;

(2)以上财务指标均依据合并报表数据计算而得。

(三) 合并会计报表主要项目注释

1、应收账款

(1)账　　龄

	2000.5.31			1999.12.31		
	金　额	比例(%)	坏账准备	金　额	比例(%)	坏账准备
一年以内	88,269,846.52	73.31	4,413,492.35	100,808,623.93	83.00	5,040,431.20
一至二年	16,241,532.67	13.49	2,436,229.90	7,878,437.90	6.49	1,181,765.69
二至三年	6,837,811.29	5.68	2,051,343.39	5,820,740.54	4.80	1,746,222.16
三年以上	9,051,414.26	7.52	5,683,915.26	6,942,453.26	5.71	6,111,650.01
合　　计	120,400,604.74	100.00	14,584,980.90	121,450,255.63	100.00	14,080,069.06

欠款金额前五名的单位名称	所欠金额	欠款时间	性质及内容
江苏先声药业有限公司	2,212,928.50	1999 年	货款
法国罗纳公司	1,752,445.00	1999−2000 年	货款
吉林振兴生化药业采供站	1,517,120.00	1996−1997 年	货款
云南正生医药经销公司	1,437,586.84	2000 年	货款
云南兴康医药有限公司	1,386,432.30	2000 年	货款

(2)无应收持有本公司 5%(含 5%)以上股份的股东单位的款项。

(3)本期未发生以前年度已全额计提坏账准备,或计提坏账准备比例较大的,但在本年度又全额或部分收回的应收账款。

2、其他应收款

(1) 账　　龄

	2000.5.31			1999.12.31		
	金　额	比例(%)	坏账准备	金　额	比例(%)	坏账准备
一年以内	25,975,305.52	62.10	1,022,834.60	33,665,799.93	86.93	1,683,290.01
一至二年	14,114,538.00	33.74	1,411,453.80	4,428,129.20	11.95	442,812.92
二至三年	1,624,975.20	3.88	243,746.28	230,376.47	0.08	34,556.47
三年以上	115,701.64	0.28	66,141.00	402,325.72	1.04	266,614.45
合　　计	41,830,520.36	100.00	2,744,175.68	38,726,631.32	100.00	2,427,273.85

(2)无应收持有本公司 5%(含 5%)以上股份的股东单位的款项。

(3)本期未发生以前年度已全额计提坏账准备,或计提坏账准备比例较大的, 但在本年度又全额或部分收回的其他应收款。

3、预付账款

(1)账龄

	2000.5.31	1999.12.31
	金　额	金　额
一年以内	3,954,363.75	761,147.08
一至二年	96,166.48	8,540.62
二至三年	7,022.50	3,320.00
三年以上	2,163.00	1,437.17
合　　计	4,059,695.73	774,444.87

欠款金额前五名的单位名称	所欠金额	性质及内容
四川医药包装公司	367,463.98	预付包装材料款
山东新华制药厂	301,054.92	预付医药原料款
青海制药厂	290,525.00	预付医药原料款
昆明化工原料采购供应站	265,838.20	预付化工原料款
昆明软木塞厂	253,324.81	预付包装材料款

变动原因:2000 年以前,昆明制药股份有限公司预付材料款时,为能够直接落实到经办人,原预付货款时未计入"预付账款"科目,而是计入"其他应收款−××采购员"科目,2000 年以后,预付货款时计入"预付账款"科目,故该科目变动幅度较大。

(2)无预付持有本公司 5%(含 5%)以上股份的股东单位的款项。

4、应付票据

类别	2000.5.31	1999.12.31
银行承兑汇票	16,709,853.35	8,725,838.49
合　　计	16,709,853.35	8,725,838.49

注:银行承兑汇票均于 2000 年 9 月 30 日以前到期。

应付票据期末余额无应付持本公司 5%(含 5%)以上股东单位款项。

5、应付账款

(1)账龄

	2000.5.31		1999.12.31	
	金额	比例(%)	金额	比例(%)
一年以内	67,334,534.26	77.12	65,999,094.61	83.29
一至二年	17,467,072.48	20.00	7,142,007.49	9.01
二至三年	1,655,118.40	1.90	5,754,453.03	7.26
三年以上	859,519.15	0.98	348,403.71	0.44
合　　计	87,316,244.29	100.00	79,243,958.84	100.00

(2)无应付持本公司 5%(含 5%)以上股份的股东单位的款项。

(3)三年以上的应付账款 859,519.15 元,主要为尚未支付的结算余额,各明细项目金额较小,无确凿证据证明不需支付,故未转销该部分应付账款。

6、预收账款

(1)账龄

	2000.5.31		1999.12.31	
	金额	比例(%)	金额	比例(%)
一年以内	630,253.81	62.80	4,859,439.66	100.00
一至二年	373,258.47	37.20	0.00	
二至三年	0.00		0.00	
三年以上	0.00		0.00	
合　计	1,003,512.28	100.00	4,859,439.66	100.00

(2)无预收持本公司 5%(含 5%)以上股份的股东单位的款项。

7、应付股利

股东单位	2000.5.31	1999.12.31
云南医药集团有限公司	339,867.82	3,536,324.61
昆明金鼎企业发展总公司	339,867.82	0.00
昆药职工持股会	181,142.16	0.00
昆明富亨房地产公司	31,779.33	0.00
昆明八达房地产总公司	31,779.33	0.00
昆明云辰科工贸有限公司	81,238.40	0.00
合　　计	1,005,674.86	3,536,324.61

10、应交税金

项目	2000.5.31	1999.12.31
增值税	2,788,856.61	3,324,127.57
营业税	0.00	900.00
企业所得税	2,211,788.32	1,275,295.88
城市维护建设税	77,959.85	232,119.00
个人所得税	300,754.70	129,944.17
合　　计	5,379,359.48	4,962,386.62

(1)公司执行高新技术产业开发区所得税税率。根据(96)云财政字第 3 号文件规定:"……根据财政部、国家税务总局财税字(94)001 号《关于企业所得税若干优惠政策的通知》第一条第一款的规定,你公司符合享受 15%的优惠税率条件。同意从 1996 年 1 月 1 日起,对昆明制药股份有限公司减按 15%的所得税税率计征缴纳企业所得税。"即公司的所得税税率为 15%。

(2)子公司昆明制药药品销售公司为新办公司,根据《五地税发字(98)171 号》文免所得税一年,免税期间 1998 年 6 月 1 日至 1999 年 5 月 31 日,免税期结束后,所得税税率为 33%。

(3)子公司昆明贝克诺顿制药有限公司,根据昆国税外字(1998)第 64 号文,该公司可从 1999 年 1 月 1 日起至 2001 年 12 月 31 日止享受按 15%的税率减半征收所得税(实际税率为 7.5%)。

11、长期投资

长期股权投资

被投资单位名称	投资期限	初始投资金额	占被投资单位注册资本比例(%)
昆明雅阁臣药业有限公司	30 年	1,492,218.00	20.00
云南西红花产业股份有限公司	永久	1,000,000.00	2.17
昆明英华美学院	10 年	611,392.00	14.00
云南白药股份有限公司丽江公司	永久	97,234.00	0.41

被投资单位名称	期初余额	本期增加	累计权益增减	期末余额	减值准备
昆明雅阁臣药业有限公司	1,540,684.53	50,198.40	98,664.93	1,590,882.93	0.00
云南西红花产业股份有限公司	1,000,000.00	0.00	0.00	1,000,000.00	0.00
昆明英华美学院	427,974.40	183,417.60	0.00	611,392.00	0.00
云南白药股份有限公司丽江公司	97,234.00	0.00	0.00	97,234.00	0.00
合　　计	3,065,892.93	233,616.00	98,664.93	3,299,508.93	0.00

12、投资收益

(1)其他股权投资

项　目	2000 年 1-5 月	1999 年度	备注
昆明雅阁臣药业有限公司	50,198.40	48,466.53	权益法
云南西红花产业股份有限公司		100,000.00	成本法
昆明康普莱特股权投资差额		-530,320.47	
合　计	50,198.40	-381,853.94	

注:1999 年度母公司以 6,018,573.44 元增购昆明康普莱特制药有限公司 25%的股权而形成,购买实现日为 1999 年 1 月 1 日,母公司持有该公司股份由原来的 50%增加到 75%。

(2)长期债券投资

债券类别	2000 年 1-5 月	1999 年度
国库券	0.00	0.00
合计	0.00	0.00

13、资本公积

项　目	2000.5.31	1999.12.31
股本溢价	29,090,000.00	29,090,000.00
接受捐赠资产准备		
住房周转金转入		
资产评估增值准备		
股权投资准备	3,762,705.87	3,762,705.87
被投资单位接受捐赠准备	609,160.73	609,160.73
被投资单位评估增值准备		
被投资单位股权投资准备		
被投资单位外币指标折算差额	-108,253.47	-108,253.47
其他资本公积转入	14,251.63	
合　　计	33,367,864.76	33,353,613.13

注:(1)资本公积发生增减变动的原因为被投资单位接受捐赠增加。

(2)股权投资准备 3,762,705.87 元的形成原因为:对康普莱特投资的非现金资产的公允价值大于账面价值的差额,扣除未来应交所得税后的余额。

(3)被投资单位外币折算差额-108,253.47 元的形成原因为子公司贝克诺顿的外币折算差额-216,506.73 元,母公司应享有的份额。

(4)其他资本公积转入 14,251.63 元为现金捐赠转入。

14、盈余公积

项　目	2000.5.31	1999.12.31
法定盈余公积	18,139,238.16	13,862,497.27
公益金	5,150,397.32	4,291,286.81
合　计	23,289,635.48	18,153,784.08

注:1、未用盈余公积转增股本、弥补亏损分配股利。

2、法定公积金、公益金、股利分配的会计处理均依据公司股东大会决议或董事会分配议案。

15、未分配利润

未分配利润	2000.5.31	1999.12.31
未分配利润	0.00	-11,189,253.43

分配政策:

1、1997、1998、1999 上半年净利润在提取 10%法定盈余公积和 5%的法定公益金后,按股权比例全部分配;

2、1999 下半年净利润在提取 10%法定盈余公积和 5%的法定公益金后,可供股东分配的利润未作分配;

3、2000 年 1-5 月净利润在提取 10%法定盈余公积和 5%的法定公益金后,加上 1999 年下半年滚存利润,按股权比例全部分配。

注:1、未分配利润变动原因为提取法定盈余公积、公益金及向股东分配利润;

2、1997 年-1999 年各年末分配利润为负数的原因为:由于合并会计报表时要补提被抵销的子公司提取的法定盈余公积及法定公益金,使合并会计报表的可供分配利润比母公司会计报表的可供分配利润小,而昆明制药股份有限公司是以母公司会计报表计算的可供分配利润进行分配,故合并会计报表的未分配利润为负数。

十、董事会上市承诺

本公司董事会将严格遵守《中华人民共和国公司法》、《中华人民共和国证券法》、《股票发行与交易管理暂行条例》、《公开发行股票公司信息披露实施细则》和《上海证券交易所股票上市规则(2000 年修订本)》等国家有关法律、法规和规范性文件的规定,并自股票上市之日起作出如下承诺:

1、按照法律、法规的规定程序和要求披露重大信息,并接受证券主管机关、上海证券交易所的监督管理;

2、及时、真实、准确地在证券主管部门指定的报刊上公布中期报告和年度报告,并备置于规定场所供投资者查阅;

3、本公司董事、监事、高级管理人员如发生人事变动或持本公司股票发生变化时,在报告证券主管机关、上海证券交易所的同时向投资者公布;

4、在任何公众传播媒介中出现的消息可能对本公司股票的市场价格产生误导性影响时,本公司知悉后将及时对该消息予以公开澄清;

5、本公司董事、监事、高级管理人员将认真听取社会公众的意见和批评,不利用已获得的内幕消息和其他不正当手段直接或间接从事股票买卖活动;

6、本公司没有无记录负债。

7、依据 2000 年 5 月 1 日起实施的《上海证券交易所股票上市规则(2000 年修订本)》,本公司全体董事、监事将按照有关规定,在本公司股票上市后两个月内签署《董事(监事)声明及承诺书》并送达上海证券交易所备案。

十一、重要事项揭示

1、根据云南亚太会计师事务所对本公司 2000 年度 7 月-12 月和 2001 年盈利预测的"亚太审 E 字(2000)第 2 号"审核报告,预计本公司 2000 年度实现利润总额 5747.8 万元,净利润 3094.7 万元;2001 年实现利润总额 6642 万元,净利润 3457.5 万元(以上数据为合并的盈利预测数)。

2、本次发行前公司每股净资产为 1.974 元,发行后为 5.177 元。

3、本次发行后,公司预计首次派发股利的时间为 2001 年二季度。根据 2000 年 7 月 15 日本公司股东大会决议,2000 年 6 月 1 日至本次股票发行完成前的公司滚存利润由新老股东共享。

4、截止本上市公告书刊登之日,本公司无重大诉讼事项。

5、本公司并列第一大股东云南医药集团有限公司、昆明金鼎集团企业发展总公司分别郑重承诺,自昆明制药股份有限公司股票上市之日起 12 个月内不转让其持有的昆明制药股份有限公司发起人股份 1966.212 万股,也不由本公司回购其持有的本公司股份。

除招股说明书及本上市公告书已披露事项外,本公司无其它应披露而未披露的重要事项。

十二、备查文件目录

1、招股说明书　2、上海证券交易所上市通知书

3、中国证监会核准本公司公开发行股票的文件　4、审计报告、财务报表及附注

5、验资报告　6、盈利预测报告及注册会计师审核报告　7、法律意见书

8、资产评估报告　9、公司股东大会决议、董事会决议　10、公司营业执照

11、公司章程　12、其它备查文件

十三、咨询机构

1、发行人:昆明制药股份有限公司

法定代表人:李南高　法定地址:昆明市国家高新技术开发区金鼎科技园

电　话:(0871)8182312-294　传真:(0871)8101631　联系人:徐朝能　李祖江　孟丽

2、上市推荐人:华夏证券有限公司

公司负责人:赵大建　法定地址:北京市东城区新中街 68 号

电　话:010-65515588　传真:010-65516472　联系人:姜勇、何继兵、汤双定

上市推荐人:国通证券有限责任公司

法定代表人:施永庆　法定地址:深圳市深南中路 34 号佳和华强大厦 8-11 楼

电　话:(0755)3796300　传真:(0755)3796489　联系人:王琼

上市推荐人:光大证券有限责任公司

法定代表人:王明权　法定地址:上海市浦东新区浦东南路 528 号

电　话:(028)6625922　传真:(028)6626127　联系人:付 岚

上海证券交易所

法定地址:上海市浦东南路 528 日

电　话:021-68808888　传真:021-68802819　联系人:唐军青

上海证券中央登记结算公司

法定地址:上海市浦东新区浦建路 727 号

电　话:021-58750463　传真:021-58732631　联系人:周铭

昆明制药股份有限公司

二零零零年十一月三十日

合并资产负债表

编制单位:昆明制药股份有限公司(会股 01 表)　单位:人民币元

资产	2000.05.31	1999.12.31
流动资产:		
货币资金	68006636.88	48667068.76
短期投资		
减:短期投资跌价准备		
短期投资净额		
应收票据		
应收股利		
应收利息		
应收帐款	120400604.74	121450255.63
其他应收款	41830520.36	38726631.32
减:坏帐准备	17329156.58	16507342.91
应收帐款净额	144901968.52	143669544.04
预付帐款	4059695.73	774444.87
应收补贴款		
存货	107682461.63	95945260.00
减:存货跌价准备	753327.08	1518060.71
存货净额	106929134.55	94427199.29
待摊费用	1749458.61	783760.27
待处理流动资产净损失	0.00	172656.11
一年内到期的长期债权投资		

其他流动资产		
流动资产合计	325646894.29	288494673.34
长期投资：		
长期股权投资	3299508.93	3065892.93
长期债权投资	150.00	150.00
合并价差		
长期投资合计	3299658.93	3066042.93
减：长期投资减值准备		
长期投资净额	3299658.93	3066042.93
固定资产：		
固定资产原价	160788055.52	158141320.95
减：累计折旧	42676910.57	37891115.66
固定资产净值	118111144.95	120250205.29
工程物资	141733.94	125710.90
在建工程	4639170.64	2598572.87
固定资产清理		
待处理固定资产损失		
固定资产合计	122892049.53	122974489.06
无形资产及其他资产：		
无形资产	17004120.57	10429087.06
开办费	2759333.07	3460450.78
长期待摊费用	6418294.00	6691885.65
其他长期资产		
无形资产及其他资产合计	26181747.64	20581423.49
递延税项：		
递延税款借项		
资产总计	478020350.39	435116628.82
负债及股东权益		
流动负债：		
短期借款	140600000.00	134100000.00
应付票据	16709853.35	8725838.49
应付帐款	87316244.29	79243958.84
预收帐款	1003512.28	4859439.66
代销商品款		
应付工资	2913086.55	2040871.47
应付福利费	10124298.66	8432813.94
应付股利	1005674.86	3536324.61
应交税金	5379359.48	4962386.62
其他应交款	44944.28	106745.24
其他应付款	31871983.66	29835887.99
预提费用	2692102.66	1353230.22
一年内到期的长期负债	15616800.00	16457665.00
其他流动负债		
流动负债合计	315277860.07	293655162.08
长期负债：		
长期借款		
应付债券		
长期应付款		
住房周转金	557603.99	534103.93
其他长期负债		
长期负债合计	557603.99	534103.93
递延税项：		
递延税款贷项		
负债合计	315835464.06	294189266.01
少数股东权益	47347386.09	42429219.03
股东权益		
股本	58180000.00	58180000.00
资本公积	33367864.76	33353613.13
盈余公积	23289635.48	18153784.08
其中：公益金	5150397.32	4291286.81
未分配利润	0.00	−11189253.43
股东权益合计	114837500.24	98498143.78
负债及股东权益总计	478020350.39	435116628.82

合并利润及利润分配表

编制单位：昆明制药股份有限公司(会股 02 表)　　单位：人民币元

项目	2000 年 1—5 月	1999 年度
一、主营业务收入	217424754.44	456763005.95
减：折扣与折让	366961.82	2515018.04
主营业务收入净额	217057792.62	454247987.91
减：主营业务成本	134814907.35	300126998.27
主营业务税金及附加	749535.07	2189721.93
二、主营业务利润	81493350.20	151931267.71
加：其他业务利润	−418326.88	1391796.29
减：存货跌价损失	−764733.63	839407.93
营业费用	31375997.42	71612713.01
管理费用	20107480.85	43813985.62
财务费用	3517677.60	6905999.71
三、营业利润	26838601.08	30150957.73
加：投资收益	50198.40	−381853.94
补贴收入	1746161.00	5308710.77
营业外收入	58896.04	1296483.41
减：营业外支出	90736.28	738284.21
四、利润总额	28603120.24	35636013.76
减：所得税	3818387.49	4006638.92
减：少数股东权益	5245472.95	7733650.00
五、净利润	19539259.80	23895724.84
减：提取职工奖励及福利基金	2384000.00	1754000.00
加：年初未分配利润	−11189253.43	−12817546.04
盈余公积转入		
六、可供分配的利润	5966006.37	9324178.80
减：提取法定盈余公积	4101221.01	5426889.19
提取法定公益金	859110.50	1857006.10
七、可供股东分配的利润	1005674.86	2040283.51
减：应付优先股股利		
提取任意盈余公积		
应付普通股股利	1005674.86	13229536.94
转作股本的普通股股利		
八、未分配利润	0.00	−11189253.43

合并现金流量表

2000 年 1—5 月

编制单位：昆明制药股份有限公司　　单位：人民币元

项目	金额
一、经营活动产生的现金流量：	
销售商品、提供劳务收到的现金	249563789.95
收取的租金	
收到的税费返还	
收到的其他与经营活动有关的现金	20481712.99
现金流入小计	270045502.94
购买商品、接受劳务支付的现金	141895205.48
经营租赁所支付的现金	1106298.56
支付给职工以及为职工支付的现金	18846850.55
支付的增值税款	18067136.53
支付的所得税款	3417335.73
支付的除增值税、所得税以外的其他税费	1774834.36
支付的其他与经营活动有关的现金	57351947.28
现金流出小计	242459608.49
经营活动产生的现金流量净额	27585894.45
二、投资活动产生的现金流量：	
收回投资所收到的现金	
分得股利或利润所收到的现金	
取得债券利息收入所收到的现金	
处置固定资产、无形资产和其他长期资产而收回的现金净额	136841.11
收到的其他与投资活动有关的现金	
现金流入小计	136841.11
购建固定资产、无形资产和其他长期资产所支付的现金	12165101.74
权益性投资所支付的现金	183417.60
债权性投资所支付的现金	
支付的其他与投资活动有关的现金	
现金流出小计	12348519.34
投资活动产生的现金流量净额	−12211678.23
三、筹资活动产生的现金流量：	
吸收权益性投资所收到的现金	
发行债券所收到的现金	
借款所收到的现金	72000000.00
收到的其他与筹资活动有关的现金	
现金流入小计	72000000.00
偿还债务所支付的现金	65840000.00
发生筹资费用所支付的现金	
分配股利或利润所支付的现金	
偿付利息所支付的现金	2194648.10
融资租赁所支付的现金	
减少注册资本所支付的现金	
支付的其他与筹资活动有关的现金	
现金流出小计	68034648.10
筹资活动产生的现金流量净额	3965351.90
四、汇率变动对现金的影响	
五、现金及现金等价物净增加额	19339568.12

附注：

项目	
1.不涉及现金收支的投资和筹资活动	
以固定资产偿还债务	
以投资偿还债务	
以固定资产进行长期投资	
以存货偿还债务	
融资租赁固定资产	
2.将净利润调节为经营活动的现金流量	
净利润	19539259.80
加：少数股东损益	5245472.95
计提的坏帐准备或转销的坏帐	821813.67
计提存货跌价准备	−764733.63
固定资产折旧	4897280.85
无形资产摊销、开办费、长期待摊费用摊销	1005755.88
待摊费用的减少(减：增加)	−965698.34
预提费用的增加(减：减少)	1338872.44
处置固定资产、无形资产和其他长期资产的损失(减收益)	52888.84
固定资产报废损失	
财务费用	2194648.10
投资损失(减收益)	−50198.40
递延税款贷项(减借项)	
存货的减少(减增加)	−11737201.63
经营性应收项目的减少(减增加)	−7406552.90
经营性应付项目的增加(减减少)	13241630.70
其他	
经营活动产生的现金流量净额	27585894.45
3.现金及现金等价物净增加情况：	
货币资金的期末余额	68006636.88
减：货币资金的期初余额	48667068.76
现金等价物的期末余额	
减：现金等价物的期初余额	

中化国际贸易股份有限公司

中化国际贸易股份有限公司1999年度报告摘要

一、要 览

股票简称：中化国际　　股票代码：600500
总股本：37265万股　　可流通股本：12000万股　　本次上市流通股本：10500万股
上市地点：上海证券交易所　　上市日期：2000年3月1日
股份登记机构：上海证券中央登记结算公司
上市推荐人：广发证券有限责任公司、华夏证券有限公司

二、绪 言

中化国际贸易股份有限公司股票上市公告书是依据《中华人民共和国公司法》、《中华人民共和国证券法》、《股票发行与交易管理暂行条例》、《公开发行股票公司信息披露实施细则》、《上海证券交易所股票上市规则》和《公开发行股票公司信息披露的内容与格式准则第七号<上市公告书的内容与格式(试行)>》等国家现行有关证券管理法规的规定而编制，为本公司股票公开上市之目的向社会公众披露公司基本情况和相关资料。

本公司经中国证券监督管理委员会证监发行字[1999]155号文批准，已成功向 社会公开发行每股面值为1元之人民币普通股12000万股，其中上网定价发行9000万股，向证券投资基金配售3000万股。经上海证券交易所上证上字[2000]6号《上市通 知书》批准，本公司上网发行的9000万股及向基金配售3000万股的50%(即1500万股)，共计10500万股社会公众股将于2000年3月1日在上海证券交易所挂牌交易，向证 券投资基金配售的其余的1500万股将自该股票配售之日起六个月后方可上市交易。

本公司于1999年12月16日在《中国证券报》、《上海证券报》和《证券时报》上刊登了《招股说明书概要》，距今不足六个月，故与之重复之内容在此不再重复。

本公司董事会及全体董事已批准本上市公告书，确信其中未遗漏任何重大事项，亦不存在任何误导和虚假成分，并对其真实性、准确性、完整性负个别和连带的责任。

三、公司概况

1、基本情况

中文名称：中化国际贸易股份有限公司
英文名称：SINOCHEM INTERNATIONAL COMPANY LIMITED
注册地址：北京市西城区复兴门外大街A2号　　成立时间：一九九八年十二月十四日
法定代表人：林达贤　　注册资本：37265万元

经营范围：自营和代理除国家组织统一联合经营的出口商品和国家实行核定公司经营的进口商品以外的其它商品及技术的进出口业务；进料加工和"三来一补"业务；对销贸易和转口贸易；食品、饮料、棉、麻、土畜产品、纺织品、服装、日用百货、五金交电、化工、医疗器械、化工材料、建筑材料、机械、电子设备、汽车(小轿车除外)、摩托车及零配件的销售；仓储服务；项目投资；以及与上述业务相关的咨询服务、技术交流。

主营业务：本公司主营业务是化工原料、精细化工、农用化工、塑料、橡胶制品的进出口贸易及仓储运输和货运代理业务。

联系电话：(010)68569572　68569885　　联系人：包林生、马宏

2、历史沿革：

中化国际贸易股份有限公司(以下简称"本公司")是经国家经济贸易委员会国经贸企改[1998]746号文批准，由中国化工进出口总公司(以下简称"中化总公司 ")作为主发起人，联合中国粮油食品进出口(集团)有限公司、中国石化集团北京燕山石油化工有限公司、中国石油销售总公司、上海石油化工股份有限公司、浙江中大集团股份有限公司以发起设立方式成立的股份有限公司。公司成立时的总股本为25265万股。

中化总公司成立于1950年，从主要经营石油、化肥、化工品、塑料、橡胶等商品进出口贸易的专业外贸公司，逐步发展成为国际化、跨行业、多功能的综合性跨国集团公司。中化总公司在贸易、实业、金融、保险、运输、仓储、科技、房地产、广告展览、信息咨询等领域都有较大发展。目前，中化总公司拥有全资及控股的海内外二级机构79家(国内36家，国外43家)，三级机构250余家，还有遍及世界主要国家和 地区的营销网络。中化总公司作为我国最大的专业外贸公司，1998年中化总公司进出口总额64.08亿美元，占全国进出口总额的1.98%。截止1999年中化总公司连续10年被美国《财富》杂志评入世界最大500家综合型经营企业。

中化总公司将全资拥有的中化国际化工品公司、中化国际橡胶公司、中化塑料公司、中化国际仓储运输公司的主要经营性资产投入股份公司，以1998年6月30日为基 准日经评估后的评估值共计投入经营性资产98821.45万元，相应的负债总额为67901.23万元，经营性净资产为30920.22万元；同时，中化总公司以其在青岛港兴包装 有限公司、天津北方包装有限公司、上海北海船务有限公司的权益合计2382.42万元(以1998年6月30日为基准日的评估值)投入股份公司。上述经营性净资产及相关股 权以1998年6月30日为基准日经评估后的评估值共计33302.64万元，按72.066%的 比例折为国有法人股24000万股，占股份公司总股本的94.993%；其他五家发起人各投入现金351.07万元，按相同比例各折为253万股，各占股份公司总股本的1.0014 %。本公司于1998年11月27日召开创立大会暨第一届股东大会，并于1998年12月14日完成工商登记。

经中国证券监督管理委员会证监发行字[1999]155号文批准，本公司于1999年12月21日成功向社会公开发行面值1元的人民币普通股12000万股。公司注册资本从成 立时的25265万元增加到37265万元。

四、股票发行及承销

1、本次股票公开发行：

社会公众股发行数量：12000万股
其中：上网定价发行9000万股
向证券投资基金配售3000万股
发行价：8.00元/股　　募集资金总额：96000万元
募集资金净额：94139万元
发行方式：上网定价
上网发行中签率：0.59978468%
上网发行有效申购户数：687,638户
持1000股以上的户数：85,487户
发行费用总额：1861万元　　每股发行费用：0.155元
发行市盈率：17.17倍

2、股票承销：

本次发行的股票被超额认购，承销团无余额包销。

3、验资报告：

五、董事、监事等持股情况

1、董事、监事和高级管理人员简介

(1)董事会成员

林达贤，董事长，男，59岁，中共党员，毕业于对外经贸干部培训班法语专业，大专。曾任对外贸易经济合作部驻刚果使馆经参处二秘，外经贸部办公厅机要处副处长、处长，中纪委驻外经贸部纪检组副组长，外经贸部直属机关纪委书记，监察部驻外经贸部监察局局长，现任中化总公司党委书记兼副总经理。

施国梁，副董事长，男，53岁，中共党员，工程师，毕业于清华大学企业电气自动化专业，大学本科。曾任大连市计划委员会副主任、大连市信息中心主任。现任中化总公司总经济师。

罗东江，董事、总经理，男，45岁，中共党员，国际商务师，毕业于厦门大学计划统计专业，大学本科。曾任中化总公司计划处处长、橡胶公司总经理、中国对外经济贸易信托投资公司常务副总经理、中化亚洲集团总经理、中化韩国株式会社社长、中化总公司企业发展部总经理、中化总公司副总经理。

王引平，董事，男，38岁，中共党员，国际商务师，毕业于中国人民大学法学专业，大学本科。曾在北京大学、复旦大学进修法律、西方经济管理。曾任中化海南公司副总经理、中化浦东公司总经理、中国对外经济贸易信托投资公司常务副总经理，现任中化总公司副总经理。

李向时，董事，男，47岁，中共党员，会计师，毕业于对外经济贸易大学国际贸易专业，研究生。曾任中化总公司财会二处副处长、财会本部副处长。现任中化总公司财会部总经理。

林叶，董事，男，44岁，中共党员，高级国际商务师，毕业于中国人民大学中国跨国公司专业，博士。曾任中化总公司战略室副主任、主任，现任中化总公司发展规划部总经理。

纪文志，董事、副总经理，男，58岁，中共党员，高级国际商务师，毕业于对外经济贸易大学外贸专业，大学本科，曾在对外经济贸易大学干训班学习。曾任中化国际化工品公司出口二处副处长、处长，中化英国有限公司董事长兼总经理，中化总公司保险处处长，中化国际化工品公司常务副总经理。

(2)监事会成员王可强，监事会主席，男，53岁，中共党员，会计师，毕业于 中央党校函授学院经济管理专业，大专。曾任中化总公司财会处副处长、处长，中化香港集团副董事长，中化总公司总经理助理。现任中化总公司副总经理。

姜爱萍，监事，男，46岁，中共党员，会计师，毕业于对外经济贸易大学工商管理专业，研究生。曾任中化总公司财会处副处长。现任中化总公司审计处总经理。

叶廷勋，监事，男，45岁，中共党员，大学本科，高级国际商务师，先后在中化总公司石油处、进口二处、综合业务部、地区业务部、化工品出口四处、出口一处、中化匈牙利代表处工作，现任本公司化工原料分公司总经理。

(3)其他高级管理人员胡学静，财会部经理，女，38岁，毕业于北京电大商业 管理专业，大专，会计师。曾任中化总公司财会处科员、科长，中化美洲集团财务经理，中化总公司审计处副总经理。

包林生，董事会秘书，男，32岁，毕业于中国人民大学投资经济系，硕士。先后在中化财务公司证券部、中国对外经济贸易信托投资公司证券部、中化总公司企业发展部工作。

本公司的高级管理人员不在任何其他企业任职。

2、公司董事、监事和高级管理人员持股情况如下：

截至本上市公告书签署之日，本公司所有董事、监事和高级管理人员未持有本公司股票。

六、公司设立

1、本公司创立大会暨首届股东大会于1998年11月27日在北京怡生园国际会议中 心第一会议室召开，1998年12月14日本公司在国家工商行政管理局登记注册，注册号1000001003099，注册地址：北京市西城区复兴门外大街A2号。

2、本公司在1998年11月27日召开的首届股东大会上通过了发行股票并申请上市 的决议，并授权董事会办理有关股票发行上市的相关事宜；在2000年2月1日召开的第一届董事会第五次(2000年第一次)会议上通过了公司股票在上海证券交易所上市的决议。

3、经中国证券监督管理委员会证监发行字[1999]155号文批准，本公司于1999年12月21日成功向社会公开发行面值1元的人民币普通股12000万股。

4、本公司已于1999年12月28日变更营业执照，详细内容如下：

注册资本：人民币37265万元　　注册变更时间：1999年12月28日
注册地址：北京市西城区复兴门外大街A2号
法定代表人：林达贤
营业执照注册号：1000001003099

七、股本结构及大股东持股

1、本公司股票上市前股本结构

股票种类	股票数量(万股)	占总股本的比例(%)
尚未流通的股份：	26765	71.82
其中：国有法人股	24759	66.44
社会法人股	506	1.35
向基金配售	1500	4.03
可流通股份：	10500	28.18
其中：社会公众股	10500	28.18
总股本	37265	100.00

2、大股东持股数及比例：

股东名称	持股数(万股)	比例(%)
中国化工进出口总公司(国有法人股)	24000	64.40
中国粮油食品进出口(集团)有限公司(国有法人股)	253	0.68
中国石化集团北京燕山石油化工有限公司(国有法人股)	253	0.68
中国石油销售总公司(国有法人股)	253	0.68
上海石油化工股份有限公司(社会法人股)	253	0.68
浙江中大集团股份有限公司(社会法人股)	253	0.68
基金兴和	219.27	0.59
基金同盛	219.27	0.59
基金安顺	219.27	0.59
基金普丰	219.27	0.59
基金天元	219.27	0.59
基金金鑫	219.27	0.59

保定天威保变电气股份有限公司

保定天威保变电气股份有限公司招股说明书

一、释 义

本招股说明书概要中,除非文意另有所指,下列简称具有如下特定意义:

公司、本公司或发行人:指保定天威保变电气股份有限公司,或简称"天威保变"

董事会:指天威保变电气股份有限公司董事会,其成员名单见本招股说明书概要第九章

发起人:指保定天威集团有限公司、保定惠源咨询服务有限公司、河北宝硕集团有限公司、保定天鹅股份有限公司、乐凯胶片股份有限公司

天威集团或集团公司:指保定天威集团有限公司

本次发行:指保定天威保变电气股份有限公司向社会公开发行6,000万A股股票

证监会:指中国证券监督管理委员会

主承销商:指国泰君安证券股份有限公司

元、万元:指人民币元、万元

《公司法》:指《中华人民共和国公司法》

《证券法》:指《中华人民共和国证券法》

MVA(kVA):变压器容量计量单位。1MVA=1000kVA

TEAM第21基准问题:国际电磁测试分析方法(Testing Electromagnetic Analysis Method,TEAM)指导委员会批准的"国际基准问题"之一

SABS:南非国家标准局(South African Bureau of Standards),国际十大电力设备质量认证机构之一

R&D:Research & Development,研究与开发

二、绪言

本招股说明书概要根据《中华人民共和国公司法》、《中华人民共和国证券法》、《股票发行与交易管理暂行条例》、《公开发行股票公司信息披露的内容与格式准则(试行)》等法律、法规的有关规定及发行人的实际情况编写,旨在向境内公众投资者提供有关发行人的基本情况和股票发行与认购的各项有关资料。

本公司董事会成员依据真实、准确、完整的原则,充分而详细地披露本公司有关资料,确信其中不存在任何重大遗漏或者误导,并对其真实性,准确性,完整性负个别和连带的责任。本招股说明书概要已获本公司董事会通过并报证监会批准。

本次新发行的股票是根据本招股说明书概要所载明的资料申请发行的,除发行人和主承销商外,没有委托或授权任何其他人提供未在本招股说明书中列载的信息和对本招股说明书概要作任何解释或者说明。

投资人应自行承担买卖本公司股票应支付的税款,发行人、推荐人和承销商对此不承担责任。

本次发行业经中国证监会证监发行字[2001]1号文核准。

三、本次发行的有关当事人

1.发行人:保定天威保变电气股份有限公司

地址:河北省保定国家高新技术产业开发区竞秀街28号　法定代表人:丁强

电话:0312-3252455　传真:0312-3227710　联系人:边海青

2.主承销商:国泰君安证券股份有限公司　地址:上海市浦东新区商城路618号

法定代表人:金建栋　联系地址:北京市海淀区马甸冠城园冠海大厦14层

联系电话:010-82001452　联系传真:010-82001523　联系人:杜国文、徐工

3.副主承销商:河北证券有限责任公司

地址:河北省石家庄市裕华东路81号冶金大厦　法定代表人:武铁锁

电话:0311-6983058　传真:0311-6982188　联系人:刘相伟、王晨宁

副主承销商:佛山证券有限责任公司

地址:广东省佛山市季华五路17号　法定代表人:刘学民

电话:010-85285120　传真:010-85285004　联系人:沈文高

4.分销商:闽发证券有限责任公司

地址:福建省福州市五四路158号环球广场28-29层　法定代表人:张晓伟

电话:010-66212051　传真:010-66212055　联系人:胡坚

分销商:宏源证券股份有限公司

地址:新疆乌鲁木齐建设路2号　法定代表人:田国立

电话:010-62294400　传真:010-62294199　联系人:方尊

分销商:湘财证券有限责任公司

地址:湖南省长沙市黄兴中路63号中山国际大厦12楼　法定代表人:陈学荣

电话:0731-4457572　传真:0731-4458115　联系人:罗桂华

分销商:华夏证券有限公司

地址:北京市东城区新中街68号　公司负责人:赵大健　电话:010-64172907

传真:010-64172900　联系人:卓越

分销商:北京证券有限责任公司

地址:北京市西城区阜城门外大街2号万通新世界广场A座12层　法定代表人:卢克群

电话:010-68587991　传真:010-68587701　联系人:卢盛

分销商:光大证券有限责任公司

地址:上海市浦东新区浦东南路528号证券大厦南塔　法定代表人:王明权

电话:0755-3350333　传真:0755-3793030　联系人:韦东

分销商:华泰证券有限责任公司

地址:江苏省南京市中山东路90号华泰证券大厦　法定代表人:张开辉

电话:021-68817000　传真:021-68816999　联系人:胡旭

5.上市推荐人:联合证券有限责任公司

地址:深圳市华强北路盛庭苑酒店B座22层　法定代表人:王世宏

电话:010-68085689　传真:010-68085688　联系人:周丹阳

上市推荐人:兴业证券股份有限公司

地址:福建省福州市湖东路99号标力大厦　法定代表人:兰荣

电话:010-66511919　传真:010-66511463　联系人:匙芳

6.发行人法律顾问:北京金城律师事务所

地址:北京市建国门内大街8号　法定代表人:刘治海　电话:010-65263518

传真:010-65263519　经办律师:刘治海、贺宝银

7.承销商法律顾问:北京竞天公诚律师事务所

地址:北京市朝阳区朝阳门外大街20号联合大厦15楼　法定代表人:彭学军

电话:010-65872200　传真:010-65872211　经办律师:张绪生、赵洋

8.财务审计机构:河北华安会计师事务所

地址:石家庄市华安街14号　法定代表人:刘国忠

电话:0311-7024887　传真:0311-7028803　经办会计师:刘国忠、齐正华

9.资产评估机构:河北省资产评估公司

地址:石家庄市康乐街副9号　法定代表人:薄连明

电话:0311-7871042　传真:0311-7896895　经办评估人员:马涛、王捷

10.资产评估确认机构:财政部

地址:北京市三里河月坛南街3号　电话:010-68551888

11.土地评估机构:保定市地价评估咨询服务中心

地址:保定市东风西路1号　法定代表人:曾荣珍

电话:0312-3091467　传真:0312-3091467　评估人员:刘铮、陈英、苏海

12.土地评估确认机构:河北省国土资源厅

地址:河北省石家庄市红旗大街80号　电话:0311-3037254

13.股票登记机构:上海证券中央登记结算公司

地址:上海市浦东新区浦建路727号　电话:021-58708888　传真:021-58889940

四、发行基本情况

1.股票种类:人民币普通股(A股),每股面值1.00元。

2.发行价格:经发行人与主承销商商定并经证监会核准,发行价格为9.10元/股。

3.确定发行价格的方法:按照《证券法》第28条的规定确定发行价格:公司2000年度预测税后利润为4,906万元;发行前总股本16,000万股,本次发行6,000万股,发行市盈率按全面摊薄发行当年预测每股盈利计算为40.8倍。

4.发行数量:6,000万股。

5.本次发行预计实收金额:本次股票发行预计可募集资金54,600万元,扣除各项发行费用2,253万元后,预计实收金额52,347万元。

6.发行方式:上网定价发行。

7.发行地区:全国各地与上海证券交易所交易系统联网的各证券交易机构。

8.发行对象:在上海证券交易所开户的符合中华人民共和国法律规定可购买人民币普通股的自然人和法人。

9.承销方式:由主承销商国泰君安证券股份有限公司组成承销团以余额包销方式承销本次公开发行的6,000万股人民币普通股。

10.发行日期:2001年1月12日

五、风险因素与对策

投资者在评价本公司此次发售的股票时,除本招股说明书提供的其它资料外,应特别认真地考虑下述各项风险因素。

1.主要风险因素

(1)经营风险

* 原材料供应及其价格波动的风险　* 交通条件限制的风险。

* 产品结构相对集中的风险　* 应收帐款及存货的风险

* 融资能力的风险　* 外汇风险

(2)行业与市场风险

* 产品有效需求不足的风险　* 行业内部竞争风险

(3)高新技术发展风险

(4)政策性风险

* 产业政策变化的风险　* 税收优惠政策变化的风险　* 货币政策变化的风险

(5)环保风险

(6)募投项目风险

(7)股市风险

(8)大股东控股风险

2.主要风险对策

针对上述风险,本公司将积极采取对策

六、募集资金的运用

本次A股发行扣除发行费用后,预计实际可募集资金52,347万元,本公司计划将所得款项用作如下用途:

1. 募集资金计划用途

单位:万元

序号	项目名称	投资金额	批准文号
1	收购500kV变压器装配厂房和高压试验大厅	11,734.25	
2	"九五"超高压输变电设备专项500kV变压器子项技术改造项目	14,500	国经贸改[1998]9号 冀经贸技[1998]583号 冀经贸技[2000]195号
3	三峡水利枢纽工程左岸电厂840MVA/500kV变压器技术改造项目	4,100	冀经贸技[2000]201号
4	500kV并联电抗器技术改造项目	4,190	冀经贸技[2000]223号
5	气体绝缘变压器技术改造项目	5,680	冀经贸技[2000]224号
6	卷铁芯变压器技术改造项目	4,060	冀经贸技[1998]377号 冀经贸技[2000]196号
7	新型平衡牵引变压器技术改造项目	4,360	冀经贸投资[2000]448号
8	1000MW级发电机组配套升压变压器技术改造项目	3,700	冀经贸技[2000]279号

注:收购项目中的投资金额为根据评估报告确定的收购价。

七、股利分配政策

1、本公司将依照同股同利的原则,按各股东所持股份数分配股利。

2、股利分配采取现金、股票二者之一或二种形式。

3、本公司股利拟每年派发一次,当年的股利于次年股东大会决议通过后二个月内派发。是否派发股利、派发数额、派发方式、派发时间,需由董事会根据盈利状况提出分配方案,经股东大会审议通过后执行。公司派发股利时,以公告形式通知股东。

4、根据公司法和本公司章程的规定,本公司缴纳所得税后的利润按下列顺序分配:

(1)弥补以前年度亏损(公司现无亏损);

(2)按税后利润的 10%提取法定公积金，当法定公积金已达到公司注册资本的 50%时，可不再提取;

(3)按税后利润的 5%~10%提取法定公益金,具体比例由股东大会决定;

(4)提取任意盈余公积金,具体比例由股东大会决定;

(5)支付普通股股利。

5、本公司利润分配以会计期间实际实现的可分配利润为依据。本公司 1999 年度利润及 2000 年度 1-6 月份利润由原股东享有,自 2000 年 7 月起由新老股东共享。

预计首次分配股利时间为 2001 年 6 月底之前。

6、本公司股票公开发行后的股利分配政策需经公司董事会确认，并经股东大会批准通过后实行。

7、本公司在向个人股东派发股利时,将按国家有关规定代扣代缴个人所得税。

八、发行人情况

1. 发行人名称:

发行人名称: 保定天威保变电气股份有限公司

英文名称: BAODING TIANWEI BAOBIAN ELECTRIC CO.,LTD

2.成立日期:1999 年 9 月 28 日

3.注册地址:

河北省保定国家高新技术产业开发区竞秀街 28 号

4.历史沿革及发起人简介

(1)发行人历史沿革

保定天威保变电气股份有限公司是经河北省人民政府《关于同意设立保定天威保变电气股份有限公司的批复》(冀股办[1999]33 号)文批准，由保定天威集团有限公司(以下简称集团公司)作为主发起人,联合保定惠源咨询服务有限公司、河北宝硕集团有限公司、保定天鹅股份有限公司以及乐凯胶片股份有限公司共同发起设立的股份有限公司。

根据河北省财政厅、河北省国有资产管理局《关于保定天威集团有限公司出资设立保定天威保变电气股份有限公司资产重组方案的批复》(冀财管[1999]26 号),财政部《对保定天威集团有限公司组建保定天威保变电气股份有限公司资产评估项目审核意见的函》(财评字[1999]430 号),河北省财政厅、河北省国有资产管理局《关于保定天威保变电气股份有限公司(筹)国有股权管理方案的批复》(冀财管[1999]51 号),以 1999 年 5 月 31 日为基准,保定天威集团有限公司将其生产经营性资产——大型变压器分公司、机电工程分公司和技术中心作为投入,经评估后的资产净值为 21,160.10 万元。保定惠源咨询服务有限公司、河北宝硕集团有限公司、保定天鹅股份有限公司、乐凯胶片股份有限公司分别投入现金 2,969.47 万元、99.24 万元、99.24 万元、99.24 万元。以上各发起人投入股份公司的资产均按 1:0 .655 的比例折股，分别折为 13,860 万股、1,945 万股、65 万股、65 万股、65 万股,共计 16,000 万股。其中保定天威集团有限公司所持股份界定为国家股,河北宝硕集团有限公司所持股份界定为国有法人股,其他为法人股。

本公司于 1999 年 9 月 28 日在河北省工商行政管理局注册登记。 注册资本为 16 ,000 万元。

(2)发起人简介

1、保定天威集团有限公司

该公司于 1995 年在原保定变压器厂的基础上改组设立,是国务院建立现代企业制度百家试点企业中首家按照《公司法》规范挂牌运营的集团公司。集团公司目前为国有大型一档企业、国家经贸委 520 家重点联系企业、全国 100 家现代企业制度试点企业,1996 年被省政府列为大型支柱性企业集团,1997 年 12 月被省科委确定为高新技术企业,1999 年 12 月被列为省机电产品重点出口企业。注册地址:保定市江城路 318 号,注册资本:27,000 万元,法定代表人:丁强。 主要经营范围:变压器、互感器制造,产品和相关技术出口,原材料、机械设备、仪器仪表、技术进口,中外合资经营、合作生产业务,承办对外来料加工、来样加工、来件装配业务,承办补偿贸易业务,输变电设备、控制设备及配件、电工器材制造,机加工,电工专用设备制造、安装等。

2、保定惠源咨询服务有限公司

该公司成立于 1997 年 11 月 7 日,注册地址:保定市江城路 318 号,注册资本:6 ,080 万元,法定代表人:赵德旺。公司主要从事企业管理咨询、技术信息咨询和财会业务咨询。

3、河北宝硕集团有限公司

该公司成立于 1993 年 9 月 6 日,注册地址:保定市向阳南路 117 号,注册资本:8, 927 万元,法定代表人:周山。公司主要从事塑料制品、塑料机械、复合包装材料、合成材料、助剂、粘合剂、热熔胶等产品的生产。该公司控股子公司"河北宝硕股份有限公司"为在上海证券交易所上市的股份公司。

4、保定天鹅股份有限公司

该公司成立于 1997 年 2 月 1 日,注册地址:保定市金迪路 59 号,注册资本: 29 ,500 万元,法定代表人:王春雨。公司主要从事粘胶纤维制造、销售;粘胶纤维的原辅材料的加工、销售;粘胶材料的深加工等。该公司为在深圳证券交易所上市的股份公司。

5、乐凯胶片股份有限公司

该公司成立于 1998 年 1 月 16 日,注册地址:保定市朝阳路 68 号,注册资本:19 ,000 万元,法定代表人:杜昌焘。公司主要从事彩色胶卷、彩色相纸、彩色电影正片、感光材料的制研、生产、销售。该公司为在上海证券交易所上市的股份公司。

5.组织结构

本公司组织结构见附图一。

6.与控股股东及其下属公司的关系

本公司与控股股东天威集团及其下属公司的关系见附图二。

7.员工情况

截止 1999 年 12 月 31 日,本公司在册员工总数为 2,594 人。

8.经营范围及主要业务

本公司经营范围:变压器、互感器、电抗器等输变电设备及辅助设备、零部件的制造与销售;输变电专用制造设备的生产与销售;相关技术、产品及计算机应用技术的开发与销售。

本公司主要业务:110kV-500kV 全系列发电机变压器、输变电变压器的制造和销售,互感器的制造和销售。

9.所处行业概况

变压器类产品属输变电设备制造业,是输电、变电、配电设施中的主要设备之一。

10.主要产品品种、生产能力、主要市场、销售额、销售方式

1、本公司的主要产品为:

(1)500kV 级高电压大容量变压器

(2)220kV 级高电压大容量变压器

(3)110kV 级电力变压器

(4)110kV-500kV 电流互感器、110kV-220kV 电压互感器

2、本公司产品销往全国各地,主要分布在华北、华中、华南、华东地区和西南地区,根据行业统计资料测算，本公司 220kV-500kV 变压器产品 1997-1999 年在国内产品市场中所占份额平均达 29.6%(详见下表);海外销售市场有日本、香港、马来西亚、泰国、巴基斯坦等 30 多个国家和地区,截止到 1999 年底,出口产品共 8，165MVA。

220 kV-500 kV 变压器产品市场份额

单位:MVA

	1997 年	1998 年	1999 年	平均
全国变压器年产量	40,344.5	35,748.5	46,877.5	40,990.2
本公司变压器年产量	10,400	11,780	14,250	12,140
本公司变压器份额	25.78%	32.95%	30.4%	29.6%

3、本公司按产品品种划分,最近销售额如下表： 单位:万元

产品类别	2000 年 1-6 月	1999 年	1998 年	1997 年
500kV 级电力变压器	6,381.62	10,863.67	5,897.43	3,506.41
220kV 级电力变压器	16,245.98	34,664.37	34,430.55	27,719.26
110kV 级电力变压器	4,434.17	10,954.26	13,184.07	10,466.70
互感器	577.11	1,168.77	971.05	631.67
加工收入	576.08	665.29	710.69	607.41
合计	28,214.96	58,316.35	55,193.79	42,931.45

4、销售方式主要是直销和代理,前者即通过投标方式取得产品订单，后者即通过代理人取得产品订单。公司对出售的产品根据品种的不同在投入运行后一至五年内保修，并提供终身维修服务。

11.重大项目和科研成果

本公司具有较强的科研开发实力,坚持依靠科技进步推动企业快速发展。公司曾先后完成 20 多项国家、部(委)、省级重大科研攻关及新产品开发项目,完成技术创新重大攻关项目 190 多项,获得省部级以上科研奖励的科研成果 38 项。

具有代表性的产品开发项目有:(1) 高电压大容量变压器。1983 年自行研制出国内第一台 ODFPSZ-120MVA/500kV 高压电力变压器;1987 年研制出为我国第一座国产核电站(核电秦山一期) 配套的 400MVA/220kV 电力变压器;1989 年研制成功我国第一台单台容量最大的 360MVA/500kV 三相发电机变压器;1990 年试制成功单相单柱容量最大的 DFP-240MVA/500kV 变压器。(2)节材降耗。90 年代以来,技术中心开发并完成了对 220kV 三圈有载输变电用变压器系列的创新设计，使平均单台变压器重量降低 20%,损耗下降 20%;1996 年自行研制开发出 OSFPS-240MVA/330kV 电力变压器,与国内同规格型号的产品相比,其损耗降低 15.2%,重量减轻了 10 吨。(3)低噪音变压器。1996 年开发出低噪声(58dB)、高阻抗的高低压电缆出线 SFZ -50MVA/132kV 电力变压器。(4)壳式变压器。通过与具有世界先进水平的日本三菱公司开展技术合作,1996 年试制成功了国内首台 SFPSZ-180MVA/220kV 壳式变压器，其技术经济性能指标达到 90 年代国际先进水平,填补了我国高电压大容量壳式变压器的空白。

具有代表性的科研成果:(1)国际 TEAM 第 21 基准问题——三维杂散损耗模拟研究;(2)变压器二维、三维电磁场的数值分析与测量技术研究;(3)损耗分布及阻抗计算;(4)超高压变压器空载过激磁特性研究;(5)变压器承受雷电冲击电压特性研究;(6)降低局部放电技术与局部放电定位技术研究;(7)变压器承受短路能力的数值分析研究;(8)气相干燥工艺研究;(9)变压器排油充氮灭火系统;(10)109 个自主开发的变压器设计数值模拟软件。其中，具有典型意义的国际 TEAM 第 21 基准问题 (Problem21)--三维杂散损耗模拟研究确立了公司在变压器漏磁场分析方面的国际领先地位。Problem21 是世界第一个面向工程的、由制造业提出的国际 TEAM 基准问题,是第一个由中国人(本公司程志光博士)提出的被国际 TEAM 指导委员会批准的基准问题(1993 年)。主要目的是基于一个面向工程的基准模型严格地比较三维涡流分析和试验结果,深入研究钢中损耗行为,探索变压器工程中杂散损耗这一经典难题的有效解法。该项目被国家自然科学基金委员会和河北省科委鉴定为"国际先进水平"的研究项目,获国家科技进步二等奖。

12.新产品研究开发

本公司具有较强的科研实力,坚持依靠科技进步推动企业快速发展。目前国际上大型变压器产品发展趋势一方面是不断向更高电压更大容量方向发展,另一方面是向环保节能方向发展,为了适应这一趋势,并开发输变电相关产品以调整公司产品结构,本公司正在进行的新产品开发项目有:

(1)国家支持的重大科技开发项目:1000kV 级特高压大型变压器，是目前国际已研制成功的最高电压等级的变压器,在我国尚属空白。

(2)低噪声变压器研究:随着人们环保意识的增强，城网改造中采用低噪声变压器的比例与日俱增。公司先后投入 90 多万元开发进行变压器的降噪技术和低噪声冷却技术等的研究。制造出工作噪声在 50dB(A)左右的大型变压器。 目前低噪声冷却器系统的消声技术研究已有突破性进展,可望在两年内使低噪声冷却系统国产化。届时可推出成本更低、噪声更低的大型变压器来满足市场的需求。

(3)可控电抗器研究:公司投入 60 多万元与有关院校共同开发可控电抗器,目前,理论研究已取得重要进展,并已设计制造出可控电抗器模型,并与有关院校合作研制控制装置。

13.主要原材料的供应与自然资源的耗用

本公司的主要原材料为硅钢片、电磁线、绝缘纸板、变压器油和钢材。其中硅钢片每年耗用 8,500t 左右,95%左右为从日本、法国、德国进口;绝缘纸板每年耗用 500 吨左右,50%从国外进口。该两类原材料目前国际市场供应稳定,价格平稳。其它原材料主要从国内市场购买,本公司已与多家厂商建立了长期供货关系,国内市场供应充足。

本公司主要耗费的资源为水、电、汽,供应充足,未对本公司的生产经营构成任何制约。

14.商标以及专有技术

本公司使用的商标为两个"BTW"图形商标(商标注册证号第 1293768 号和第 343588 号)和"保变"文字商标(商标注册证号第 1303704 号)。 本公司与集团公司签署了《商标转让协议》,协议规定,集团公司将其所持有的以上商标无偿转让给本公司,转让后上述商标权归本公司所有。

本公司在生产中将使用变压器和互感器有关专有技术。本公司与集团公司签署了《专有技术转让协议》,协议规定,集团公司将其所持有的变压器和互感器有关专有技术无偿转让给本公司,转让后相关专有技术归本公司所有。

15.正在进行和计划进行的投资项目

本公司正在进行和计划投资的项目有;CIMS 工程; 收购 500kV 变压器装配厂房和高压试验大厅;"九五"超高压输变电设备专项 500kV 变压器子项技术改造项目;三峡水利枢纽工程左岸电厂 840MVA/500kV 变压器技术改造项目;500kV 并联电抗器技术改造项目; 气体绝缘变压器技术改造项目;卷铁芯变压器技术改造项目;新型平衡牵引变压器技术改造项目;1000MW 级发电机组配套升压变压器技术改造项目。

16.税收优惠政策

本公司位于保定国家高新技术产业开发区,属国家高新技术企业,拥有国家级技术中心。根据财政部、国家税务总局财税字(94)001 号文件精神，经保定市地方税务局保地税发[2000]31 号文批准,本公司自 2000 年 1 月 1 日起享受国家规定的 15%所得税税率的优惠政策。

17.三年内重大改组与投资

经河北省人民政府冀股办[1999]33 号文批准，由保定天威集团有限公司作为主发起人,联合保定惠源咨询服务有限公司、河北宝硕集团有限公司、保定天鹅股份有限公司、乐凯胶片股份有限公司,以发起设立方式设立保定天威保变电气股份有限公司。公司股本总额人民币 16,000 万元,1 元 1 股。股权设置为国家股、国有法人股和法人股。其中保定天威集团有限公司国家股 13860 万股， 占股本总额的 86 .625%; 河北宝硕集团有限公司国有法人股 65 万股，占股本总额的 0.40625%;保定惠源咨询服务有限公司法人股 1945 万股,占股本总额的 12.15625%;保定天鹅股份有限公司法人股 65 万股,占股本总额的 0.40625%; 乐凯胶片股份有限公司法人股 65 万股,占股本总额的 0.40625%。

保定天威集团有限公司作为主发起人,以其下属的生产经营性资产——大型变压器分公司、机电工程分公司和技术中心作为投入。其它发起人均以现金作为投入。

集团公司拥有的非经营性资产主要包括:办公楼、职工住宅、职工医院、职工俱乐部、托儿所、子弟学校、招待所、食堂、浴室等。这些非经营性资产不进入股份公司,股份公司根据市场交易原则有偿使用集团公司提供的设施和服务。

1999 年 9 月 28 日本公司在河北省工商行政管理局取得注册登记， 注册号为 1300001001342。

九、董事、监事及其他高级管理人员

丁　强先生

1954 年 9 月出生,汉族,大学文化,经济师,中共党员。 曾任保定变压器厂铁芯车间副主任、绝缘车间主任兼党支部书记,大型变压器分公司经理助理、总经理。现任天威集团董事长兼总经理,股份公司董事长。

张金琢先生

1949 年 12 月出生,汉族,大专文化,高级政工师,中共党员。曾任保定变压器厂团委代理副书记、书记、党委委员、党委副书记、纪检委书记。现任天威集团副董事长、副总经理,股份公司副董事长。

宋淑才先生

1963 年 5 月出生,汉族,大学文化,工程师,中共党员。 曾任保定变压器厂修造车间副主任,机电分公司副经理,大型变压器分公司副总经理、总经理。现任股份公司副董事长、总经理。

赵德旺先生

1943 年 7 月出生,汉族,中专文化,经济师,中共党员。 曾任保定变压器厂设计科副科长、线圈车间主任兼书记、生产处长、厂长助理、副厂长,大型变压器分公司副经理。现任天威集团董事,保定惠源咨询服务有限公司法定代表人,股份公司董事。

边海青先生

1968 年 1 月出生,满族,经济学硕士,经济师,中共党员。 曾任天威集团总经理助理。现任股份公司董事、财务总监、董事会秘书。

赵志恒先生

1949 年 1 月出生,汉族,大专文化,经济师,中共党员。 曾任保定变压器厂团委书记、党支部书记、计管处处长、中小产品部主任,变压器有限公司党委书记、总经理。现任股份公司董事、副总经理。

景崇友先生

1963 年 11 月出生,汉族,大学文化,高级工程师,中共党员。曾任保定变压器厂工艺处副处长,大型变压器分公司工艺处处长、经理助理、副经理。现任股份公司董事、副总经理。

张喜乐先生

1964 年 12 月出生,汉族,工学硕士,高级工程师,中共党员。曾任大型变压器分公司高压室、设计处主任工程师、总工程师助理兼技术中心主任。现任股份公司董事、常务副总工程师。

李　忠先生

1968 年 10 月出生,汉族,大学文化,经济师,中共党员。曾任大型变压器分公司生产处副处长、计划管理处副处长。现任股份公司董事、计划管理处处长。

李志恒先生

1957 年 7 月出生,汉族,大学文化,政工师,中共党员。 曾任保定变压器厂党委办公室秘书、副主任,大型变压器分公司党委副书记兼纪委书记。现任股份公司监事会主席。

王领娣女士

1947 年 11 月出生,汉族,大专文化,政工师,中共党员。曾任保定变压器厂绝缘车间副主任、主任、党支部副书记、书记,卫生科科长、处室支部党支部书记、工会副主席。现任股份公司职工监事。

刘太宪先生

1947 年 11 月出生,汉族,大学文化,经济师,中共党员。曾任保定变压器厂计划管理处副处长,大型变压器分公司计划管理处处长,天威集团监事会监事、规划发展部经理。现任股份公司监事。

刘玉仙先生

1940 年 11 月出生,汉族,大学文化,高级工程师,中共党员。曾任保定变压器厂设计处主管工程师、副总设计师、副总工程师,大型变压器分公司总工程师。现任股份公司总工程师。

夏　巍先生

1959 年 10 月出生,汉族,大学文化,高级工程师,中共党员。曾任机电分公司副经理,大型变压器分公司副总经理。现任股份公司副总经理。

曹　政先生

1958 年 2 月出生,汉族,大专文化,工程师,群众。 曾任保定变压器厂总师办副主任,大型变压器分公司销售处副处长、处长。现任股份公司副总经理。

注:本公司董事长丁强先生同时兼任天威集团董事长职务,天威集团现已作出承诺:在发行人上市后 3 个月内按中国证监会的有关规定并在履行组织程序后解决上述兼职问题。

十、经营业绩

1.生产经营的一般情况

本公司是我国重要电力变压器及互感器生产企业,主导产品为高电压大容量变压器、互感器,产品共 340 多个品种,1000 多个规格,年生产能力变压器 16,000MVA,互感器 1,000 台, 具有明显的规模经济效益。 公司产品销往全国各地, 220kV － 500kV 级电力变压器 1997-1999 年在国内产品市场中所占份额平均达 29.6%; 在国际市场上,至 1999 年底,约有 8,165MVA 的变压器出口到日本、香港、马来西亚、泰国、巴基斯坦等 30 多个国家和地区。公司生产的产品质量优良,性能稳定,生产经营规模逐年扩大,经济效益多年来一直稳居同行业前列。

公司在以下几方面具有较大的影响力:

(1)公司生产的 500kV 变压器保持着事故率为"零"的殊荣;

(2)公司在 1999 年 5 月三峡工程变压器招标中与德国西门子公司联合中标;

(3)公司是国内唯一获得核电秦山联营公司和广东核电合营有限公司质量保证体系认可的合格供应商;

(4)公司是国内唯一能生产高电压大容量壳式变压器的厂家;

(5)公司技术人员的研究成果之一——三维杂散损耗模拟研究被列为国际 TEAM 第 21 基准问题,是唯一以中国人的研究成果命名的国际 TEAM 基准问题;

(6)公司于 1999 年 5 月获得南非国家标准局(SABS)国家电力实验中心授予的 500kV 电力变压器生产能力认证书。

2.历年销售额和利润总额

单位:万元

	2000 年 1-6 月	1999 年	1998 年	1997 年
主营业务收入	28,214.96	58,316.35	55,193.79	42,931.45
主营业务利润	6,691.59	14,099.63	14,138.88	11,897.08
利润总额	2,344.85	5,726.10	6,009.11	4,320.96
净利润	1,971.23	4,178.53	4,356.32	2,892.45

3.业务收入构成

十一、股本

1.注册股份

本公司注册股份 16,000 万元。如本次公开发行股票成功,本公司实收资本为 22, 000 万元,为公司拟注册股本。

2.股本形成过程为 16 ,000 万元。

3.超过面值缴入的资本及其用途

本公司成立时,五家发起人共投入资金 24,427.29 万元,其中股本 16,000 万元,其余 8,427.29 万元计入资本公积金。根据计划公司将发行 A 股 6,000 万元, 每股发行价为 9.10 元。股票溢价金额扣除发行费用后全部计入资本公积金。公开发行股票后注册股本为 22,000 万元。

4.如本次发行成功,本公司的股本结构

股份类别	公开发行前		公开发行后	
	数量(万股)	比例(%)	数量(万股)	比例(%)
发起人股	16,000	100.000	16,000	72.73
国家股	13,860	86.625	13,860	63.00
保定天威集团有限公司	13,860	86.625	13,860	63.00
国有法人股	65	0.406	65	0.30
河北宝硕集团有限公司	65	0.406	65	0.30
法人股	2,075	12.969	2,075	9.43
保定惠源咨询服务有限公司	1,945	12.157	1,945	8.83
保定天鹅股份有限公司	65	0.406	65	0.30
乐凯胶片股份有限公司	65	0.406	65	0.30
社会公众股 A 股	-	-	6,000	27.27
合　　计	16,000	100.000	22,000	100.00

本公司本次发行前未曾公开发行过股票。

5.本次公开发行前后公司净资产总额,股本及每股净资产

根据河北华安会计师事务所有限公司审计后财务报表资料,本次发行成功后, 本公司有关资产数据为:

发行前净资产总额:	24,785 万元
发行前总股数:	16,000 万股
发行前每股净资产:	1.55 元
新股发行预计实收金额:	52,347 万元
发行后净资产总额预计为:	80,067 万元
发行后总股数:	22,000 万股
发行后每股净资产预计为:	3.64 元 (扣除发行费用,全面摊薄)
发行后净资产收益率	6.13%

6.本次发行前全部股东持股情况

股东名称	持股数量(万股)	持股比例(%)
保定天威集团有限公司	13,860	86.625
保定惠源咨询服务有限公司	1,945	12.157
河北宝硕集团有限公司	65	0.406
保定天鹅股份有限公司	65	0.406
乐凯胶片股份有限公司	65	0.406
合　　计	16000	100.000

7.公司股份回购

根据《公司法》规定,公司不得收购本公司股票。但在下列情况下,经报公司审批机构批准,可以回购公司发行在外的股份:

● 为减少公司注册资本而注销股份;

● 与持有本公司股票的其它公司合并;

● 法律、法规许可的其它情况。

公司回购股票后,必须在 10 日内注销该部分股份,并依照规定办理变更登记,并公告。

十二、财务会计资料

本公司 1997-1999 年及 2000 年 1-6 月份会计报表已经河北华安会计师事务所审计, 并出具了冀华会审字[2000] 2046 号审计报告,全文引用如下:审　计　报　告冀华会审字[2000] 2046 号

保定天威保变电气股份有限公司全体股东:

我们接受委托, 审计了贵公司 2000 年 6 月 30 日、1999 年 12 月 31 日、1998 年 12 月 31 日、1997 年 12 月 31 日的资产负债表和 2000 年 1-6 月、1999 年度、1998 年度、1997 年度的利润表以及 2000 年 1-6 月 ,1999 年度的利润分配表、现金流量表。这些会计报表由贵公司负责,我们的责任是对这些会计报表发表审计意见。我们的审计是依据《中国注册会计师独立审计准则》进行的。在审计过程中,我们结合贵公司的实际情况,实施了包括抽查会计记录等我们认为必要的审计程序。

我们认为,上述会计报表符合《企业会计准则》和《股份有限公司会计制度》的有关规定,在所有重大方面公允地反映了贵公司 2000 年 6 月 30 日、1999 年 12 月 31 日、1998 年 12 月 31 日、1997 年 12 月 31 日的财务状况和 2000 年 1-6 月、 1999 年度、 1998 年度、1997 年度的经营成果以及 2000 年 1-6 月 ,1999 年度的现金流量情况,会计处理方法的选用遵循了一贯性原则。

河北华安会计师事务所有限公司　　　　中国注册会计师:刘国忠

中国注册会计师:齐正华

地址:中国石家庄裕华西路 158 号　　　　2000 年 11 月 28 日会计报表附注

一、公司简介

保定天威保变电气股份有限公司(以下简称"公司"或"本公司"),1999 年 9 月 27 日经河北省人民政府股份制领导小组以冀股办[1999] 33 号文批准,由保定天威集团有限公司(以下简称"集团公司")为主发起人,联合保定惠源咨询服务有限公司、乐凯胶片股份有限公司、河北宝硕集团有限公司、保定天鹅股份有限公司共同发起设立的股份有限公司。其中集团公司以其所属的大型变压器分公司、机电工程分公司的经营性净资产作为出资,其他四家发起人以现金出资,公司于 1999 年 9 月 28 日在河北省工商行政管理局登记注册,注册资本为人民币 16000 万元,业经河北华安会计师事务所有限公司以(99)冀华会验字第 2012 号验资报告验证。

该公司的主营业务为变压器、互感器的生产与销售以及相关的加工业务。

二、会计报表编制基准与方法

三、公司的主要会计政策

四、税项

1、增值税:按照《增值税暂行条例》计征,税率为 17%。

2、营业税:根据《营业税暂行条例》,税率为 5%。

3、城建税和教育费附加:分别按应交营业税和增值税的 7 %和 3.5 %计缴;

4、所得税:公司成立日起至 1999 年 12 月 31 日执行 33%的所得税税率,根据保定市地税局保地税发[2000] 31 号文规定,因公司是高新技术企业,自 2000 年起所得税率为 15%。

5、其他:按税法有关规定计缴 。

五、利润分配

公司税后利润按照《公司法》和股东大会决议进行分配,顺序如下:

1.弥补上一年度亏损;

2.提取法定公积金百分之十;

3.提取法定公益金百分之五至百分之十;

4.提取任意公积金;

5.支付股东股利。

六、会计报表项目注释(单位:人民币元)

七、关联方关系及其交易(单位:人民币元)

八、承诺事项和或有事项:

公司无需披露的承诺事项和或有事项。

九、期后事项:

1、长期借款中工行保定分行营业部 250 万元逾期贷款已于 2000 年 7 月 14 日归还。

2、其他应付款中应付集团公司的款项 7 619 995.29 元(其中 500 万元是暂借集团公司款项,2 619 995.29 元是集团公司代垫的材料款),公司已分别于 2000 年 7 月 25 日归还暂借款 300 万元,2000 年 8 月 25 日归还暂借款 200 万元,2000 年 8 月 14 日还清代垫的材料款。

3、公司于 2000 年 11 月 22 日召开了第二次临时股东大会, 大会审议并一致通过了利润分配的调整方案:1999 年 6-9 月(评估基准日至公司成立日)利润由集团公司独享,1999 年 10 月-2000 年 6 月利润由五家发起人共享。

十、其他重要事项

1、本公司截止 1999 年 12 月 31 日的所有借款(包括短期借款、长期借款、一年内到期的长期负债共 32643 万元,详见附注六-8、9、17)的合同均未以本公司名义签订;原借款合同债务人天威集团有限公司、借款合同的债权人工行保定分行、建行保定分行、中行保定分行、借款合同的担保人中国乐凯胶片公司及本公司已签订了变更债权及担保的确认函,同意天威集团有限公司将以上借款转给本公司,中国乐凯胶片公司继续作为本公司借款担保人。公司 2000 年新增借款均以本公司名义签订。

2、根据本公司与天威集团有限公司签订的有关关联协议规定,本公司每年支付天威集团有限公司土地租赁费 150 万元、房屋租赁费 4 万元、非经营服务费 144 万元(详见"附注七、5",如果本公司成立前承担以上费用,将使每年利润总额减少 298 万元。

3、报告期内原企业(保定天威集团有限公司)改制前连续盈利。

十一、主要财务指标

项　目	2000 年 6 月 30 日	1999 年 12 月 31 日	1998 年 12 月 31 日	1997 年 12 月 31 日
流动比率	1.66	2.19	1.12	1.06
速动比率	1.03	1.37	0.46	0.38
资产负债率(%)	68.78	65.71	74.50	75.83
应收帐款周转率(次)	0.88	2.41	3.67	3.53
存货周转率(次)	0.87	1.68	1.40	1.04
净资产收益率(%)	7.95	15.88	29.49	20.73
每股收益(元)	0.12	0.26	--	--

十三、资产评估

1.资产评估

本公司于 1999 年 6 月聘请了河北省资产评估公司以进行股份制改造为目的的资产评估,评估基准日定于 1999 年 5 月 31 日。

根据河北省资产评估公司冀评估字(1999)第 35 号资产评估报告,截止到 1999 年 5 月 31 日,本公司帐面资产总值为 62,586.54 万元,负债总额为 45,550.75 万元,资产净值为 17,035.78 万元;评估后资产总值为 66,490.44 万元,负债为 45,330. 34 万元,资产净值为 21,160.10 万元,比帐面净值增加了 4,124.32 万元,增幅为 24.21 %。具体项目如下表:　　单位:万元

项目	帐面价值	调整后帐面值	评估值	增减值	增减率%
流动资产	53,488.49	53,488.49	54,296.84	808.35	1.51
固定资产	9,098.05	9,098.05	12,193.60	3,095.55	34.02
其中:机器设备	5,119.38	5,119.38	6,769.12	1,649.74	32.23
建筑物	3,978.66	3,978.66	5,424.48	1,445.82	36.34
资产总计	62,586.54	62,586.54	66,490.44	3,903.90	6.24
流动负债	45,550.75	45,550.75	45,330.34	−220.42	−0.48
长期负债	0.00	0.00	0.00	0.00	0.00
负债总计	45,550.75	45,550.75	45,330.34	−220.42	−0.48
资产净值	17,035.78	17,035.78	21,160.10	4,124.32	24.21

说明:

(1)本次评估净资产增值率为 24.21%。

(2)本次评估的主要方法:采用成本加和法, 同时采用收益现值法对成本加和法确定的评估结果进行了验证。

(3)本次评估结果已获财政部(财评字[1999] 430 号)文确认。

2.土地评估

集团公司于 1999 年 6 月聘请了保定地价评估咨询服务中心对其占用的 383, 721 .40 平方米土地进行了评估,土地估价总值为 11,221.4974 万元。集团公司以出让方式取得上述土地的土地使用证,并将其中本公司占用的 261,011 平方米土地出租给本公司。该项评估结果及土地使用权处置方式已经河北省土地管理局冀国土批函字 [1999] 13 号文确认和批复。

十四、盈利预测

本公司对 2000 年和 2001 年公司盈利情况进行了预测, 并委托河北华安会计师事务所以冀会审字[2000] 2047 号文对预测结果予以了验证。

本公司提醒投资者,鉴于盈利预测所依据的种种假设的不确定性,进行投资判断时不应过于依赖此项资料。

河北华安会计师事务所冀会审字[2000] 2047 号盈利预测报告摘录如下:盈利预测审核报告

冀华会审字[2000] 2047 号

保定天威保变电气股份有限公司全体股东:

我们接受委托,对贵公司编制的 2000 年度和 2001 年度盈利预测所依据的基本假设、选用的会计政策及其编制基础进行了审核。贵公司董事会须对盈利预测的基本假设、选用的会计政策及编制基础承担全部责任。我们的责任是对他们发表审核意见。我们的审核是依据《独立会计审计实务公告第 4 号—盈利预测审核》进行的。在审核过程中,我们结合贵公司的实际情况,实施了必要的审核程序。

我们认为,上述盈利预测所依据的基本假设已充分披露,没有证据表明这些假设是不合理的,盈利预测已按照确定的编制基础编制, 所选用的会计政策与贵公司实际采用的相关会计政策一致。

河北华安会计师事务所有限公司　　　　中国注册会计师

地址:中国石家庄市裕华西路 158 号　　　　刘国忠　　齐正华

2000 年 12 月 8 日

盈利预测表

编制单位:保定天威保变电气股份有限公司　　　　单位:人民币元

项　目	2000 年预测数		比 2000 年增长比例(%)
一、主营业务收入	595,826,767.75	625,108,443.45	4.91
减:折让与折扣			
主营业务收入净额	595,826,767.75	625,108,443.45	4.91
主营业务成本	448,381,309.36	476,628,130.44	6.30
主营业务税金及附加	4,274,867.87	4,353,873.73	1.85
二、主营业务利润	143,170,590.52	144,126,439.28	0.67
加:其他业务利润	4,022,247.98	4,344,442.11	8.01
减:存货跌价损失	50,000.00		−100.00
营业费用	14,290,452.57	15,408,478.56	7.82
管理费用	52,245,882.62	52,830,184.34	1.12
财务费用	22,811,351.59	18,696,435.62	−18.04
三、营业利润	57,795,151.72	61,535,782.87	6.47
加:投资收益			
补贴收入			
营业外收入	175,681.02		
减:营业外支出			
四、利润总额	57,970,832.74	61,535,782.87	6.15
减:所得税	8,914,564.97	9,230,367.43	3.54
五、净利润	49,056,267.77	52,305,415.44	6.62

十五、公司发展规划

1. 生产经营发展战略

以高电压大容量变压器生产经营为基础,以发展输变电相关产品为方向,以提高市场占有率和提高经济效益为中心,以创建知名品牌为宗旨,形成科、工、贸一体化的国内、国际知名的综合电气公司。

积极向其他高技术产业渗透,实现跨行业经营,实现产品结构升级。

2. 发展目标和规模

积极发展以大型变压器为核心的系列产品,以高电压大容量变压器、气体绝缘变压器、牵引变压器等为主导产品,三年内高电压大容量变压器生产能力达到 26 ,000MVA,与国际著名变压器制造公司的生产能力相当。在此基础上, 一方面加大科研开发力度,抓紧技术储备,增加产品品种,强化产品质量控制,提高产品的科技含量,提高产品的附加值,提高市场占有率,另一方面以市场为导向,培育、开发输变电相关产品,挖掘和培养新的利润增长点。

3.市场发展计划

市场发展计划总的指导方针是在巩固已有市场的基础上,面向国内国际两大市场,不断提高市场占有率。

下一步工作重点有四个:一是争取国家重点电力工程项目,尤其是举世瞩目的三峡工程及核电工程项目;二是进一步开拓国际市场,重点是东南亚及非洲市场,尽快在这些国家和地区形成本公司的市场优势,抓住我国加入 WTO 的历史机遇, 开发发达国家市场;三是抓住西部大开发的历史机遇,为西部电力建设提供高质量的变压器,为西部大开发做出本公司的贡献;四是生产适合城乡电网改造用的节能环保型变压器。

4.销售计划

本公司将加强营销管理,理顺营销体制,确保市场占有率的不断提高:一是完善产品销售网络,设立华北、华中、华东、华南、西北、西南重点地区的销售网点;二是提高营销队伍素质,调整营销队伍结构,充分发挥科技人员在营销工作中的作用;三是增加投入,建立现代化信息管理系统,一方面保证及时跟踪市场的变化,另一方面提高营销管理水平和效率;四是提高服务水平,进一步完善售前、售中、售后三个服务体系,强化用户服务功能。

5.生产经营计划

公司生产以 220kV−500kV 高电压大容量变压器及互感器产品为主导,在重点发展 500kV 及以上级超高压大容量变压器拳头产品的同时,发展壳式变压器、气体绝缘变压器、干式变压器等节能环保、技术含量高、附加值高的产品。计划在三年内将生产能力提高到每年 26,000MVA,确保完成三峡工程左岸电厂变压器的生产任务。在此基础上,深入研究电力行业的市场需求,发展输变电相关产品,培养新的利润增长点。

6.人力资源计划

人才是本公司生存和发展的根本。因此公司首先要逐步完善科学的考核评价体系,形成本公司强有力的约束机制;通过积极探索员工持股制度等有效措施建立相应的激励机制。其次要投入必要的资金,强化对现有技术队伍和员工队伍的培训,提高现有人员队伍素质,充分挖掘其潜力。同时本公司将根据企业发展的实际需要,引进高素质的专业人才,使员工队伍不断增添新鲜血液,永远保持旺盛的生命力和创造力。

7.资金筹措和运用计划

本次股票发行所募集的资金将主要用于: 收购 500kV 变压器装配厂房和高压试验大厅;"九五" 超高压输变电设备专项 500kV 变压器子项技术改造项目; 三峡水利枢纽工程左岸电厂 840MVA/500kV 变压器技术改造项目;500kV 并联电抗器技术改造项目; 气体绝缘变压器技术改造项目;卷铁芯变压器技术改造项目;新型平衡牵引变压器技术改造项目;1000MW 级发电机组配套升压变压器技术改造项目。

同时开发新产品,谋划新项目,进一步通过再融资进行其他新项目的建设,推动公司向更高目标发展。

十六、重要合同及重大诉讼事项

1.重要合同

1、《综合服务协议》

集团公司为本公司提供部分非经营性服务和生产经营性服务。其中非经营性服务包括厂区三化(绿化、美化和净化)和生活服务(包含但不限于招待所、职工医院、俱乐部、公共浴室、子弟学校),生产经营性服务包括通讯、文献资料检索、交通。集团公司与本公司就上述服务签署了《综合服务协议》,非经营性服务项目本公司每年向集团公司支付 144 万元,经营性服务项目按实际发生额支付。

2、《进出口代理合同》

本公司原材料进口和产品出口等进出口业务在本公司获得进出口权之前由集团公司独家代理。集团公司与本公司签署了《进出口代理合同》,集团公司在其进出口权限范围内,为本公司代理进出口业务。集团公司在进出口代理中不以盈利为目的,代理费用在外经贸部规定标准的基础上下调 20%-30%。

3、《商标转让协议》

4、《专有技术转让协议》

5、《土地使用权租赁协议》

6、《房屋租赁协议》

7、《资产收购协议》

8、《重组与资产投入协议》

2.重要诉讼事项

目前没有涉及尚未了结的,或者可以合理预见的,对本公司资产或业务的持有或经营有重大不利影响的诉讼事项。

十七、其他重要事项

发行人认为除本招股说明书外,无其它对投资者作出投资判断有重大影响的事项。

备查文件

一.备查文件

1.河北省人民政府《关于同意保定天威保变电气股份有限公司作为高新技术企业申请公开发行股票的函》(冀政函[2000] 46 号)

2.本公司设立时的《发起人协议书》

3.财政部《对保定天威集团有限公司组建保定天威保变电气股份有限公司资产评估项目审核意见的函》(财评字[1999] 430 号)

4.河北省土地管理局《关于对保定天威集团有限公司土地使用权处置及评估地价确认的批复》(冀土批函字[1999] 13 号)

5.保定市地方税务局《关于保定天威保变电气股份有限公司执行 15%所得税税率的意见》(保地税发[2000] 31 号)

6.本公司与国泰君安证券股份有限公司签订的《承销协议书》

二.查阅期限

2001 年 1 月 12 日——2001 年 1 月 22 日

三.查阅地点

1.保定天威保变电气股份有限公司

地址:保定市国家高新技术产业开发区竞秀街 28 号

电话:0312-3252455

传真:0312-3227710

2.国泰君安证券股份有限公司

地址:北京市海淀区马甸冠城园冠海大厦 14 层　电话:010-82001452　传真:010-82001523

青岛啤酒股份有限公司

青岛啤酒股份有限公司 1999 年年度报告摘要

一、 公司简介

1、公司法定名称:青岛啤酒股份有限
公司英文名称:TSINGTAO BREWERY COMPANY LIMITED
公司简称:青岛啤酒
2、法定代表人:李桂荣
3、公司董事会秘书:张学举、袁璐　授权代表:张瑞祥
联系地址:青岛市香港中路五四广场青啤大厦 1703 室
联系电话:(0532)5713831;　传真:(0532)5713240
电子信箱:secretary@tsingtao.com.cn
4、公司注册地址:中华人民共和国青岛市登州路 56 号
办公地址:青岛市香港中路五四广场青啤大厦　邮政编码:2660718
公司网址:http://www.tsingtaobeer.com.cn　电子信箱:info@tsingtao.com.cn
5、公司选定信息披露报纸:《中国证券报》、《上海证券报》
登载公司年度报告的中国证监会指定网址:http://www.sse.com.cn
公司年度报告备置地点:公司董事会秘书室
6、公司股票上市地:A 股:上海证券交易所
股票简称:青岛啤酒　编号:600600
H 股:香港联合交易所有限公司
股票简称:青岛啤酒　编号:0168

二、 会计数据和业务数据摘要

1、本年度会计数据(元)

(1)利润总额	130944835
(2)净利润	89472227
(3)扣除非正常性损益后的净利润	43740247
(4)主营业务利润	774786205
(5)其他业务利润	64077
(6)营业利润`	86717165
(7)投资收益	10064531
(8)补贴收入	38535657
(9)营业外收支净额	(4,372,518)
(10)经营活动产生的现金流量净额	307718428
(11)现金及现金等价物净增加额	239479213

注:非正常性损益项目及金额

(1)股权投资差额摊销	7196323
(2)补贴收入	38535657

2、A 股与 H 股差异按中国会计准则与香港普遍采用的会计原则编制的净利润的差 异(人民币千元)

	1999 年度 人民币千元	1998 年度 人民币千元
按中国会计准则计算之除税后利润	89472	98998
香港公认会计原则下所作之调整:		
因汇率并轨而产生之递延汇兑损益在本年度之摊销,减去当中税负后之净额	-	(30,946)
因一九九四年一月一日以前实行之双汇率制度而须多提的固定资产折旧	(11,480)	(11,480)
H 股年报中须多提的应付职工福利费	(3,286)	(2,500)
H 股年报中须多提的职工住房周转金	(9,791)	(5,578)
H 股年报中须列支实际发生的技术开发费	(7,977)	(5,103)
H 股年报中须撇销的待处理固定资产	(8,017)	-
H 股年报中需撇销的开办费	(812)	929
A 股年报中长期投资差异摊销	(7,196)	(6,015)
其它	(254)	910
按香港公认会计原则计算之净利润	40659	39215

3、连续三年主要会计数据和财务指标(合并报表)

	99	98	97
主营业务收入	2445436497	1722713205	1484256161
净利润	89472227	98998453	60165740
总资产	5172518356	3931838740	3824401435
股东权益(不含少数股东)	2247007213	2247534986	2139264282
每股收益	0.0994	0.110	0.067
每股净资产	2.50	2.50	2.38
调整后每股净资产	2.43	2.48	2.32
每股经营活动产生的现金流量净额	0.342	0.19	
净资产收益率	3.98%	4.40%	2.85%
按月平均加权法每股收益与每股收益相同			
扣除非正常性损益后的每股收益	0.0486	0.0954	0.0668

每股收益=净利润/年度末普通股股份总数每股净资产=年度末股东权益/年度末普通股股份总数

调整后的每股净资产=(年度末股东权益-三年以上的预付帐款净额-待摊费用-待 处理 (流动、固定)资产净损失-开办费-长期待摊费用-住房周转金负数余额)/年度末 普通股股份总数

每股经营活动产生的现金流量净额=经营活动产生的现金流量净额/年度末普通股股份总数

净资产收益率=净利润/年度末股东权益★ 100%

4、股东权益变动情况

项目	股本	资本公积	盈余公积	法定公益金	未分配利润	股东权益合计
期初数	900000000	907339314	76299728	56535347	307360597	2247534986
本期增加			17260716	12508296	89472227	119241239
本期减少				(4752420)	(115016592)	(119769012)
期末数	900000000	907339314	93560444	64291223	281816232	2247007213
变动原因			提取及公益金转入	提取及转为一般盈余公积	当期净利润及提取两金、分配股利	

三、 股东情况介绍

1、报告期末股东总数为 63627 户。

2、报告期末持股前十名股东情况

持有人	持股种类	报告期末持股数	占总股本比例(%)
青岛市国有资产管理局	A	399820000	44.42
香港中央结算(代理人)公司	H	155116417	17.24
香港万国宝通银行	H	72436835	8.05
香港上海汇丰银行有限公司	H	62058496	6.90
美国大通银行	H	38910100	4.32
中国银行山东省分行	A	29250000	3.25
中国建设银行青岛市分行	A	19080000	2.12
青岛华青财务有限公司	A	5000000	0.56
香港宝生银行	H	3472500	0.39
香港上海汇丰银行代理人有限公司 A/C 14	H	1272000	0.14

四、 股东大会简介

本公司于 1999 年 6 月 24 日召开了 1998 年度股东年会。股东年会决议公告刊登在 1999 年 6 月 25 日的《中国证券报》、《上海证券报》。

本公司于 1999 年 12 月 14 日分别召开了 1999 年临时股东大会、内资股临时股东大会以及外资股临时股东大会。临时股东大会以及内资股临时股东大会、外资股临时股东大会的决议公告刊登在 1999 年 12 月 15 日的《中国证券报》、《上海证券报》。

五、 董事会报告

1、公司经营情况

一九九九年全国啤酒总产量实现 2088 万吨,比九八年增长 5%,居世界第二位,但消 费市场的持续低迷和啤酒价格的恶性竞争,对企业形成了较大压力。

年内本公司积极扩大规模、努力克服规模迅速膨胀后内部资源整合的困难,不断 开拓全国市场,使公司的市场份额取得了突破性进展。全年实现啤酒产销量首次突破 百万吨,比九八年增长 90%以上,销售收入实现 244544 万元,同比增长 41%,经济效益也保持了稳定增长的势头。目前本公司占全国啤酒市场的份额已由九八年的 2.8%提高至 5.2%,成为国内规模最大和市场占有率最高的啤酒生产商。

根据公司在全国市场发展的战略布局,本公司发挥自身的品牌、质量、技术、人 才等优势,充分把握国内啤酒行业产业结构和布局调整的有利时机,坚定不移地推行了规模化、集约化的积极扩张战略,在上半年收购兼并了国内 5 间啤酒厂之后,下半年又 选择市场前景较好的地区,先后收购兼并和控股联合了湖北应城啤酒厂、广东皇妹啤 酒公司、广东三水啤酒厂、上海啤酒有限公司、安徽芜湖大江啤酒厂等 10 间啤酒厂, 使公司的规模经济进一步壮大,在国内市场的占有率进一步提升。至此,本公司在全国主要市场已建立了二十六个生产基地,既生产适合当地大众消费的中低价啤酒,也与本公司已有的产品和市场销售网络,形成了产品的优势互补和市场资源的优化配置。

公司继续致力于全国营销网络的建设,目前覆盖全国主要市场的销售分公司和办 事处已达 45 个,同时加强了市场开发和推广的力度,以啤酒的新鲜度管理和直供模式为突破口,加大市场投入,在南京、上海、西安、广东等全国重点市场进行了各种形式的宣传和促销活动,极大的促进了青岛啤酒的市场销售,目前公司产品的市场周转时间大大缩短,受到各地消费者的广泛欢迎。

本公司合资建设的深圳青岛啤酒朝日有限公司,已于去年 7 月 22 日正式建成投产并生产出国内技术领先的高品质的瓶装纯生青岛啤酒,使原先基础较薄弱的华南市场有 了坚强的堡垒,公司通过华南市场卓有成效的网络建设及宣传促销,使华南地区的产品销量迅猛提升至 5 万多吨,并为今后的发展打下了坚实的基础。

国外市场公司已在三大主要出口市场中的北美、西欧、香港分别建立了自己的销售分公司,以加强市场的宣传促销和服务,并成功收回了“青岛啤酒”商标在香港的注册权。经过努力开拓,公司全年出口创汇共实现 1845 万美元。

公司继续致力于加强生产全过程的管理和控制,落实经济目标责任制。在去年四 月开始国家有关部门规定啤酒生产企业必须全部使用带“B”字标志的啤酒瓶后,市场 啤酒瓶的价格飚升,本公司通过强化内部管理,进一步压缩生产成本,成功消化了因啤 酒瓶价格上涨而带来的不利因素,全年综合生产成本在连续几年大幅下降的基础上,又同比下降了 6%。

经过不断完善,公司已初步形成了严格细致、全面科学的内部管理体系。对已购 并的企业公司派出了专门工作组,在进行工艺技术改造的同时,注入青啤的管理体系和文化,使这些企业的产品品质和管理及技术水平迅速提高,目前较早购并的几家啤酒厂都已有赢利贡献,特别是青岛啤酒西安有限责任公司去年产销量突破了 11 万吨,利润亦有较大幅度增长。新加盟企业经过一段时间的管理及技术改造后,将成为公司今后市 场份额和盈利的又一增长点。

九九年初本公司在香港上市的 H 股同其它 H 股一样股价出现了较大幅度下跌,为维 护股东、投资者的权益和公司形象,本公司董事会制订了回购 10%的已发行 H 股股份的 计划,经过积极争取取得了中国证监会等监管机构的同意并获得了公司股东大会的批 准,由此本公司作为首家向海外发行 H 股股份的中国企业,在国际资本市场具有了更加 灵活的运作手段。

九九年公司利润与产量和销售收入未保持同步增长的原因:1. 公司控股的深圳青 岛啤酒朝日有限公司去年七月底进入试运行,在建工程于下半年转资,令该公司出现了 2000 余万元的亏损;2.去年公司共购并控股了 15 间啤酒厂,期间的技改、整顿也令部分工厂出现了亏损;3.在市场竞争激烈的环境下,公司为扩大销量在市场营销方面的投入增大。以上因素导致了公司的利润与产量和销售收入的增长未保持同步。新年度展望

在九九年公司实现快速发展的基础上,2000 年本公司将立足于巩固提高,在继续扩大规模、提高市场占有率的同时努力提高公司的经济效益。

随着中国加入世界贸易组织(WTO)的日益临近,中国经济的市场化进程正大大加快,而本公司及国内其他大啤酒集团目前在啤酒行业致力进行的购并和重组,将大大推进啤酒行业的集约化、规模化水平,这正顺应了国内市场发展及经济规律的必然要求。 本公司将抓住机遇,继续扩大规模,通过有重点地收购兼并国内啤酒厂和现有工厂的技术改造及扩建,使集团的规模经济进一步提高,确保 2000 年完成啤酒产销量 140 万吨,国内市场份额提高至 7%的目标。

上海方正延中科技集团股份有限公司

(一)公司简介

1、公司法定中文名称:上海方正延中科技集团股份有限公司
公司法定英文名称:SHANGHAI FOUNDER YANZHONG SCIENCE&TECHNOLOGY GROUP CO.,LTD
公司英文名称缩写:FST
2、公司法定代表人:张玉峰 先生
3、董 事 会 秘 书:王晓青 先生
董事会授权代表:侯郁波 先生
联系地址:上海市南京西路1515号嘉里中心九楼
联系电话:(021)52986118-9017 传 真:(021)52985038
电子信箱:houyb@foundertech.com
wxq@founderpku.com.cn
4、公司注册地址:上海市南京西路1515号嘉里中心九楼
公司办公地址:上海市南京西路1515号嘉里中心九楼
邮政编码:200040
公司网址:http://www.foundertech.com
5、公司选定的信息披露报纸:《上海证券报》、《中国证券报》
登载公司年度报告的中国证监会指定国际互联网网址:http://www.sse.com.cn
6、股票上市地:上海证券交易所
股票简称:方正科技 股票代码:600601

(二)会计数据和业务数据摘要

1、主要财务数据 单位:元

利润总额:	34,275,143.70
净利润:	33,856,938.63
扣除非经常性损益后的净利润:	36,560,490.73
主营业务利润:	202,948,024.67
其他业务利润:	175,641.68
营业利润:	31,393,140.58
投资收益:	3,472,878.91
补贴收入:	
营业外收支净额:	-590,875.79
经营活动产生的现金流量净额:	-111,762,433.61

2、截止报告期末公司前三年的主要会计数据和财务指标

项 目	1999年	1998年		1997年	
		调整前	调整后	调整前	调整后
主营业务收入	1,652,792,891.02	296,921,739.59	252,071,740.92	187,476,214.63	187,476,214.63
净利润	33,856,938.63	35,992,445.29	1,316,326.85	33,783,667.78	-33,661,737.11
总资产	806,936,161.96	1,004,372,636.96	698,701,148.87	786,336,123.95	718,824,947.73
股东权益(不含少数股东权益)	391,924,828.93	352,604,866.72	85,729,904.96	316,719,120.45	249,207,944.23
每股收益(摊薄)	0.1814	0.2314	0.0085	0.3258	-0.3247
每股收益(加权)	0.2107	0.3086	0.0113	0.3258	-0.3247
扣除非经常性损益后的每股收益 (摊薄)	0.1959	0.2442	0.0212	0.3294	-0.3211
扣除非经常性损益后的每股收益 (加权)	0.2275	0.3255	0.0283	0.3294	0.3294
每股净资产	2.1001	2.2673	0.5512	3.0548	2.4036
调整后的每股净资产	1.9514	2.1829	0.3874	2.8994	2.3507
每股经营活动产生的现金流量净额	-0.60	-0.44	-0.44		
净资产收益率(%)(摊薄)	8.64	10.21	1.54	10.67	-13.51

3、报告期内股东权益变动情况 单位:万元

项目	股本	资本公积	盈余公积	法定公益金	未分配利润	未确认的投资损失	股东权益合计
期初数	15552.0	11702.84	433.26	119.42	-18968.23	-146.89	8572.99
本期增加	3110.4	24283.30	1064.79	354.93	3385.69		31844.18
本期减少					1064.79	159.90	1224.69
期末数	18662.4	35986.14	1498.05	474.35	-16647.32	-306.79	39192.48

变动原因 1、股本和资本公积的变动是由于报告期增资配股并溢价发行所致。
2、盈余公积和法定公益金的变动是由于实施了对以前年度利润的追溯调整及子公司本年度提取所致。
3、未分配利润的变动是由于报告期产生的净利润以及对以前年度利润的追溯调整所致。
4、未确认的投资损失是由于合并子公司实施了对以前年度利润的追溯调整后已资不抵债。

(三)股本变动和主要股东持股情况

1、股本变动情况:本报告期内公司股本无变动。
截止本报告期末为止的前三年历次股票发行情况:

发行日期	发行价格	发行数量	发行方式	上市日期	获准上市交易数
1998年	--	5184万股	送红股	10月8日	5184万股
1999年	9元/股	3110.4万股	配股	11月18日	3110.4万股

(3)本报告期内公司以99年中期股本15552万股为基数实施了每10股配2股的增资配股方案,实际配售总数为3110.4万股,实施配股后公司的总股本增至18662.4万股。
2、主要股东持股情况:

股东名称	持股数(股)	持股比例(%)
北大科技	5839477	3.13
同益基金	3149914	1.69
正中广告	2649698	1.42
金鑫基金	2284637	1.22
泰和基金	1887805	1.01
能通公司	1018938	0.54
晨城商贸	930000	0.50
上宏实业	852389	0.46
安徽证券	765120	0.41
张玉珍	754577	0.40

上海真空电子器件股份有限公司

一、公司简介

(一)公司法定中文名称:上海真空电子器件股份有限公司
公司法定英文名称: SHANGHAI VACUUM ELECTRON DEVICES CO., LTD.
公司英文名称缩写: SVEC
(二)公司法定代表人: 董事长 顾培柱先生
(三)公司信息披露机构: 股份制办公室
公司董事会秘书: 胡之奎先生
其他联系人:周祁顺先生、肖敏小姐
联系地址:上海市长寿路97号世纪商务大厦26楼
电话:62980202转646或647 传真:62982121
(四)公司注册地址:上海市浦东即墨路95-97号2号楼4层
公司办公地址:上海市长寿路97号世纪商务大厦26楼
邮政编码:200060
公司国际互联网网址:http://www.china-svec.com
电子信箱:csvec@online.sh.cn
(五)公司选定的信息披露报纸名称:《上海证券报》、香港《南华早报》
登载公司年度报告的中国证监会指定国际互联网网址:http://www.sse.com.cn
公司年度报告备置地点:公司股份制办公室
(六)公司股票上市交易所:上海证券交易所
股票简称:真空电子 真空B股
股票代码:600602 900901

二、会计数据和业务数据摘要

(一)1、本年度主要利润指标情况(单位:人民币元)

利润总额	552,330,511.16
其中:主营业务利润	717,432,055.66
其他业务利润	43,177,553.96
营业利润	320,609,635.26
投资收益	222,570,326.36
补贴收入	13,137,928.97
营业外收支净额	(3,987,379.43)
净利润	323,269,075.81
扣除非经常性损益后的净利润	126,836,221.25
经营活动产生的现金流量净额	623,925,685.31
现金及现金等价物净增加额	1,419,770,802.35

说明:扣除非经常性损益后的净利润包括扣除股权转让收益156,966,225.93元、罚款收入与支出差额-82,530.64元、固定资产处置损益-4,811,611.86元、补贴收入13,137,928.97元和土地补偿收入32,239,274.28元。
2、境内外差异情况及原因
股东应占溢利,上海会计师事务所为32326.9万元,罗兵咸永道会计师事务所为27219.5万元,差异5107.4万元。

调减:永新等子公司提取职工奖福基金	1708.4万元
长期减值准备	1820万元
固定资产减值准备	840万元
存货减值准备	130万元
坏帐呆帐准备	400万元
以前年度调整	712.3万元
其他调整	154.8万元
增加:转让子公司盈利	658.1万元

(二)截至报告期末公司前三年主要会计数据和财务指标:(单位:人民币元)

项目	1999年	1998年		1997年
		调整前	调整后	
主营业务收入	4,374,000,131.03	3,359,112,117.79	3,359,112,117.79	3,114,273,433.52
净利润	323,269,075.81	137,055,491.81	129,512,727.63	120,700,498.49
总资产	7,018,488,612.80	5,369,829,560.62	5,324,417,230.71	5,098,219,640.73
股东权益(不含少数股东权益)	2,689,870,113.11	1,231,181,254.57	1,180,820,765.22	1,103,369,801.09
每股收益	0.422	0.215	0.203	0.227
扣除非经常性损益后的每股收益	0.166	0.016	0.004	0.077
每股净资产	3.51	1.93	1.85	2.08
调整后的每股净资产	3.47	1.84	1.85	1.98
每股经营活动产生的现金流量净额	0.81	0.37	0.37	0.73
净资产收益率%	12.02	11.14	10.97	10.91

(三)报告期内股东权益变动情况

项 目	股本	资本公积	盈余公积	法定公益金	未分配利润	股东权益合计
期初数	637303912.00	310233757.12	256189655.55	28013843.59	(22906559.45)	1180820765.22
本期增加	129000,00.00	1150355709.47	75669351.34	139149.90	230654678.28	1585679739.09
本期减少						
期末数	766303912.00	1460589466.59	33,85,006.89	,152993.49	207748118.83	2689870113.11

三、股东情况介绍

(一)报告期末公司股东总数为106334户。
(二)报告期末公司前十名股东持股情况:

	股东名称	持股数(股)	占总股本比例(%)
1	上海广电(集团)有限公司(国有股)	285,406,862	37.25
2	安信基金	16,460,321	2.15
3	南方证券	15,057,493	1.96
4	安顺基金	12,619,894	1.65
5	钱富荣	8,278,000	1.08
6	维克维京有限公司	7,380,000	0.96
7	上海久事公司	7,000,000	0.91
8	上海汽车股份有限公司	5,000,000	0.65
9	上海置业集团(上海)有限公司	5,000,000	0.65
10	上海申能股份有限公司	5,000,000	0.65

上海兴业房产股份有限公司

一、公司简介

(一) 公司法定名称:上海兴业房产股份有限公司
公司英文名称:SHANGHAI XINGYE HOUSING CO.,LTD.　　公司英文名称缩写:XYHC
(二) 公司法定代表人:唐相道
(三) 公司董事会秘书:祁勇
联系地址:上海市四川南路38号　　邮政编码:200002
联系电话:021-63735258　　传真:021-63735197　电子信箱(E-mail):xingyeb@online.sh.cn
(四) 公司注册地址:上海市四川南路38号　　邮政编码:200002
联系电话:021-63735258　　传真号码:021-63735197
公司办公地址:上海市长乐路333号　　邮政编码:200031
电话:021-64733170、809　　传真:021-64739488　电子信箱(E-mail):xingyeb@online.sh.cn
(五) 公司选定的信息披露的报纸名称:《上海证券报》
登载公司年度报告的中国证监会指定的国际互联网网址:http:// www.sse.com.cn
公司年度报告备置地点:公司办公室
(六) 公司股票上市交易所:上海证券交易所股票简称:兴业房产　股票代码:600603

二、会计数据和业务数据摘要

(一) 本年度主要利润指标情况:(单位:元)

1. 利润总额:	33,098,741.26
2. 净利润:	27,127,028.12
3. 扣除非经常性损益后的净利润:	27,127,028.12
4. 主营业务利润:	50,955,041.74
5. 其它业务利润:	6,417,102.79
6. 营业利润:	24,773,530.13
7. 投资收益:	538,457.83
8. 补贴收入:	7,800,000.00
9. 营业外收支净额:	−13,246.70
10. 经营活动产生的现金流量净额:	−198,374,266.37
11. 现金及现金等价物净增加额:	−41,244,350.62

(二) 截止报告年度末公司前三年的主要会计数据和财务指标

项目 单位	1999年	1998年		1997年	
		调整后	调整前	调整后	调整前
主营业务收入	331958927.86	161674637.11	161674637.11	108058921.70	108058921.70
净利润	27127028.12	34535894.96	37618686.46	32763764.59	36887791.31
总资产	990160625.29	719956424.76	727214050.10	599994444.94	604118471.66
股东权益(不含少数股东权益)	374533229.69	347406201.57	354613019.79	312,70306.61	316,94333.33
每股收益(摊簿)	0.1672	0.2555	0.2783	0.2424	0.2729
(加权)	0.1720	0.2555	0.2783	0.277	0.3119
扣除非常性损益后的每股收益(摊簿)	0.1672		0.2469		0.2729
(加权)	0.1720		0.2469		0.3119
每股净资产	2.3091	2.5702	2.6235	2.3147	2.3452
调整后的每股净资产	2.3017	2.5627	2.622		2.3432
每股经营活动产生的现金流量净额	−1.22		−0.0323		
净资产收益率(%)	7.24	9.94	10.61	10.47	11.64
净资产收益率(加权)(%)	7.24	9.94	10.61	10.47	11.64

(三) 报告期内股东权益变动情况: (单位:元)

项目	股本	资本公积金	盈余公积	其中:法定公益金	未分配利润	股东权益
期初数	135168000.00	113176222.47	51412246.96	15292948.38	47649732.14	347406201.57
本期增加	27033600.00		9524421.74	2721263.35	17602606.38	54160628.12
本期减少					27033600.00	27033600.00
期末数	162201600.00	113176222.47	60936668.70	18014211.73	38218738.52	374533229.69

变动原因　实施1998年度利润分配方案
变动情况说明:1、公司年度内股本变化:公司一九九八年底总股本为13516.8万股,一九九九年三月十九日实施利润分配方案,一九九九年底公司总股本为16220.16万股。
2、盈余公积、未分配利润期初数的变更系会计政策追溯调整所致。
3、盈余公积期末数的变动系根据董事会决议按九九年净利润一定比例计提所致。
4、未分配利润期末数的变动主要系九九年实现利润及实施九八年利润分配方案所致。

三、股本变动及股东情况介绍

(一) 股本变动情况表

数量单位:股

	本次变动前	本次变动增减(+、-) 配股	送股	公积金转股	增发	其他	本次变动后小计
一、未上市流通股份							
二、已上市流通股份	135,168,000.00		27,033,600.00				162,201,600.00
1、人民币普通股	135,168,000.00		27,033,600.00				162,201,600.00
三、股份总数	135,168,000.00		27,033,600.00				162,201,600.00

(二) 股东情况介绍
1、截止一九九九年十二月三十日上海证券交易所下午收市,本公司股东总数为77114户。
2、公司前十名股东名单

股东名称	年末持股数(股)	占总股本比例
(1)上海纺织住宅开发总公司	3,708,082	2.29%
(2)徐汇区上海城开集团有限公司	3,578,569	2.21%
(3)中华企业股份有限公司	1,680,905	1.04%
(4)中实装饰有限公司	1,176,952	0.73%
(5)上海久事公司	1,015,066	0.63%
(6)上海房地产经营(集团)有限公司	930,061	0.57%
(7)辽宁财政证券有限公司	925,000	0.57%
(8)王爱友	682,964	0.42%
(9)林升禄	547,560	0.34%
(10)伊能商社	522,675	0.32%

说明:本公司无持有10%以上公司股票的法人股东和个人股东。

上海二纺机股份有限公司

一、公司简介

1.公司的法定中、英文名称及缩写
公司法定中文名称:上海二纺机股份有限公司
公司法定英文名称:SHANGHAI ERFANGJI CO.,LTD.
2.公司法定代表人:张文卿
3.公司董事会秘书:朱建忠.
公司董事会秘书授权人:吴涛
联系地址:上海市场中路687号
电话:021 65318888*2673　传真:021 65421963　电子信箱:master @ shej.com
公司国际互联网址:http://www.shej.com
4.公司注册及办公地址:上海市场中路687号　　邮编:200434
5.公司选定的信息披露报纸名称,境内《上海证券报》、《中国证券报》;境外:《大公报》、《商报》
登载公司年度报告的中国证监会指定国际互联网网址:http://www.sse.com.cn
公司年度报告备置地点:上海市场中路687号公司本部发展筹划部
6.公司股票上市地:上海证券交易所
股票简称:二纺机　　二纺B股　A股股票代码:600604;　B股股票代码:900902

二、会计数据和业务数据摘要

一)公司本年度会计数据　　单位:元

1	利润总额	7,308,364.27
2	净利润	6,805,793.44
3	扣除非经营性损益后的净利润	−126,444,206.56
4	主营业务利润	18,820,655.62
5	其它业务利润	9,314,994.68
6	营业利润	−130,227,604.13
7	投资收益	137,528,961.91
8	补贴收入	
9	营业外收支净额	−203,656.31
10	经营活动产生的现金流量净值	75,135,531.99
11	现金及现金等价物的净增加值	20,791,288.42

非经营性损益　99年股权转让收入13325万元。
(二)截止报告期末公司前三年主要会计数据和财务指标 合并报表　　单位:万元

项　目	1999年	1998年		1997年	
		调整前	调整后	调整前	调整后
1 主营业务收入	291,039,867.90	307,681,706.50	307,681,706.50	413,238,678.68	413,238,678.68
2 净利润	6,805,793.44	4,678,596.51	2,802,913.38	−167,897,689.87	−192,266,021.07
3 总资产	1,602,075,488.04	1,756,186,610.09	1,726,712,354.39	1,797,543,042.98	1,773,174,711.78
4 股东权益	896,719,403.01	916,012,424.58	889,768,410.25	911,333,828.07	886,965,496.87
5 每股收益	0.012	0.008	0.005	−0.296	−0.339
6 每股收益加权	0.012	0.008	0.005	−0.296	−0.339
7 扣除非经营损益后的每股收益	−0.223	−0.092	−0.095	−0.296	−0.339
8 每股净资产	1.583	1.617	1.571	1.609	1.566
9 调整后每股净资产	1.414	1.496	1.449	1.487	1.444
10 每股经营活动产生的现金净流量	0.133	0.089	0.089		
11 净资产收益率	0.759%	0.511%	0.315%	−18.423%	−21.677%

(三)报告期内股东权益变动情况(单位:元)

项目	期初数	本期增加数	本期减少数	期末数
股本	566,449,189.46			566,449,189.46
资本公积	317,178,500.73	145,199.32		317,323,700.05
盈余公积	167,898,640.31	290,511.99	6,602,158.89	161,586,993.41
其中:公益金	7,867,327.37		2,103,882.31	5,763,445.06
未分配利润	−161,757,920.25	13,117,440.34		−148,640,479.91
股东权益合计	889,768,410.25	13,553,151.65	6,602,158.89	896,719,403.01

三、股本变动及股东情况介绍

1、股本变动情况(单位:股)

	期初数	期末数
(一).尚未流通股份		
1 .发起人股份	262,342,309.00	262,342,309.00
其中:国家拥有股份	262,342,309.00	262,342,309.00
尚未流通股合计	262,342,309.00	262,342,309.00
(二)已流通股份		
1.境内上市的人民币普通股	71,181,880.00	71,181,880.00
2.境内上市的外资股	232,925,000.00	232,925,000.00
已流通股份合计	304,106,880.00	304,106,880.00
(三)股份总数	566,449,189.00	566,449,189.00

2、报告期末公司股东总数为:63,960户
3、报告期末公司主要股东持股情况

股东名称	年末持数量 股	占总股本比例 %
太平洋机电(集团)有限公司	262,342,309	46.31
应维勤	3,833,000	0.67
胡德生	3,286,760	0.58
WISEMAX INTERNATIONAL LIMITED 智万国际有限公司	2,950,300	0.52
晏福有	2,800,000	0.49
WORLDSEC INTERNATIONAL LTD	2,501,621	0.44
甑　强	2,404,000	0.42
廖红静	2,344,964	0.41
余有清	2,136,737	0.38
MERRILL LYNCH NOMINEES HK LTD	1,884,886	0.33

注:1 、太平洋机电 集团 有限公司代表国家持有本公司46.31%股份。法定代表人:黄关从
经营范围:纺织机械,纺织器材,服装机械,机电产品,环保设备,建筑装潢,计算机工程,办公室自动化,金属材料,建筑材料,纺织原料,五金交电,日用百货,服装服饰,设备租赁,外经贸委批准的自营进出口业务。
2 、排名第二至第十位的股东均为B股股东。

上海轻工机械股份有限公司

一、公司简介:

1、公司中文法定名称:上海轻工机械股份有限公司
公司英文名称:SHANGHAI LIGHT INDUSTRY MACHINERY CO.,LTD.
公司英文名称缩写:SLIMC
2、公司法定代表人:童天雄
3、公司董事会秘书:沈　军
联系地址:上海南京西路1576号
电话:021-62560000×147
传真:021-62566022
电子信箱:slimcf@online.sh.cn
4、公司注册地址:上海南京西路1576号
公司办公地址:上海南京西路1576号
邮政编码:200040
公司国际互联网网址:http://www.china-slimc.com
公司电子信箱:slimcf@online.sh.cn
5、公司选定的信息披露报纸名称:《上海证券报》
登载公司年度报告指定的国际互联网网址:http://www.sse.com.cn
公司年度报告备置地点:上海南京西路1576号
6、公司股票上市交易所:上海证券交易所
股票简称:轻工机械
股票代码:600605

二、会计数据与业务数据摘要

1、公司本年度利润总额及构成(合并报表)　单位:元

利润总额:	32703227.19
净利润:	31943644.91
扣除非经常性损益后的净利润:	27319594.91
主营业务利润:	33256185.08
其他业务利润:	13501229.91
营业利润:	6045791.31
投资收益:	6611930.91
补贴收入:	1493000
营业外收支净额:	18552504.97
经营活动产生的现金流量净额:	28298316.70
现金及现金等价物净增加额:	27960606.33

2、公司近三年的主要会计数据和财务指标:　单位:元

指标项目	1999年	1998年		1997年	
		调整后	调整前	调整后	调整前
主营业务收入	271148095.45	352322700.77	352322700.77	329964096.17	329964096.17
净利润	31943644.91	24778192.75	33087176.13	21058133.83	29970047.59
总资产	636751144.53	599372232.24	636872920.14	601846169.51	631769018.48
股东权益	312814452.28	280870807.37	317920048.27	256201830.65	285358875.23
每股收益	0.15	0.14	0.19	0.12	0.17
每股净资产	1.49	1.60	1.82	1.46	1.63
调整后的每股净资产	1.42	1.52	1.73	1.35	1.52
每股经营活动产生的现金流量净额	0.13	-0.007	-0.007		/
净资产收益率%	10.21	8.82	10.41	8.22	10.50
扣除非经常性损益后的每股收益	0.13	0.14	0.19	0.12	0.17

注:主要会计数据和财务指标的计算公式:
每股收益=净利润/年度末普通股股份总数
每股净资产=年度末股东权益/年度末普通股股份总数
净资产收益率=(净利润/年度末股东权益)×100%
调整后的每股净资产=(年度末股东权益-三年以上的应收款项净额-待摊费用-待处理资产净损失-开办费-长期待摊费用-住房周转金负数余额)/年度末普通股股份总数
每股经营活动产生的现金流量净额=经营活动产生的现金流量净额/年度末普通股股份总数

3、报告期内股东权益变动情况:　单位:元

项　目	股　本	资本公积	盈余公积	其中:公益金	未分配利润	合　计
期初数	175160000	35273086.49	59561159.04	15212900.12	10876561.84	280870807.37
本期增加	35032000	/	6286030.22	3143015.11	25657614.69	66975644.91
本期减少	/	/	/	/	35032000	35032000
期末数	210192000	35273086.49	65847189.26	18355915.23	1502176.53	312814452.28

变动原因:(1)、股本增加系按年初股本每10股送2股所致;
(2)、盈余公积本期增加系提取法定公积金和公益金所致;
(3)、未分配利润增加系本年度利润实现扣除两金所致,减少系送红股所致。

三、股东情况介绍

(1)　报告期末股东总数6138户,其中国家股股东1户,社会公众股股东6137户。
(2)　主要股东持股情况(前十名):

名次	股东名称	年末持股数	占总股本比例
①	上海电气(集团)总公司(国家股)	186192000	88.58%
②	福建兴业	1350712	0.64%
③	兴业证券	814506	0.39%
④	兴业三明	774100	0.37%
⑤	福建兴业	710605	0.34%
⑥	陈明兴	488140	0.23%
⑦	裕隆基金	485991	0.23%
⑧	林玉华	433500	0.21%
⑨	陈雄仪	341700	0.16%
⑩	陈玉瑟	287806	0.14%

注:上海电气(集团)总公司系本公司母公司,法人代表夏毓灼,注册地点:上海市四川中路110号,邮编:200002

上海金丰投资股份有限公司

一、公司简介:

1、法定中文名称:上海金丰投资股份有限公司
法定英文名称:Shanghai Jinfeng Investment Co., Ltd. (缩写:JF)
2、法定代表人:徐林宝
3、董事会秘书:王　南
联系地址:上海市延安西路129号华侨大厦17楼
联系电话:(021) 62496858
联系传真:(021) 62496860
电子信箱:wangnan@ online.sh.cn
4、注册地址:上海市延安西路129号华侨大厦17楼
办公地址:上海市延安西路129号华侨大厦17楼
邮政编码:200040
公司网址:www.ehousee.com
5、公司信息披露报纸名称:《中国证券报》、《上海证券报》
登载公司年度报告的中国证监会指定国际互联网网址:http://www.sse.com.cn
年度报告备置地点:公司董事会秘书室
6、股票上市地:上海证券交易所
股票简称:金丰投资
股票代码:600606

二、会计数据和业务数据摘要

1、本年度利润总额及其构成(单位:人民币元)

利润总额:	48,285,428.88
净利润:	41,778,801.07
扣除非经常性损益后的净利润	37,732,914.29
主营业务利润:	61,546,860.61
其他业务利润:	7,551,008.12
营业利润	21,439,598.85
投资收益:	24,122,686.77
补贴收入:	0.00
营业外收支净额:	2,723,143.26
经营活动产生的现金流量净额:	-23,377,756.66
现金及现金等价物净增加额:	28,968,194.30

2、近三年主要会计数据及财务指标(单位:人民币元)

项目	1999年度	1998年度		1997年度
		调整后	调整前	
主营业务收入	140,293,623.34	177,422,368.07	190,810,535.65	245,320,030.51
净利润	41,778,801.07	21,845,471.53	21,098,093.98	3,563,835.45
总资产	768,840,675.07	552,345,747.32	588,402,551.69	436,545,224.60
股东权益	205,069,834.58	163,809,256.10	163,061,878.55	142,040,816.70
每股收益(摊薄)	0.482	0.252	0.243	0.041
(加权)	0.482	0.252	0.243	0.041
扣除非经常性损益后的每股收益	0.435	0.15	0.141	0.029
每股经营活动产生的现金流量净额	-0.27	0.24	0.24	
每股净资产	2.364	1.889	1.880	1.64
调整后每股净资产	2.027	1.873	1.823	0.99
净资产收益率(%)	20.373	13.34	12.94	2.51

注:主要财务数据的计算方法:
每股收益=净利润/年度末普通股股份总数
每股净资产=年度末股东权益/年度末普通股股份总数
调整后的每股净资产=(年度末股东权益-三年以上应收款-待摊费用-待处理(流动、固定)资产净损失-开办费-长期待摊费用)/年度末普通股股份总数
每股经营活动产生的现金流量净额=经营活动产生的现金流量净额/年度末普通股股份总数
净资产收益率=净利润/年度末股东权益×100%

3、股东权益变动情况(单位:元)

项目	股本	资本公积	盈余公积	其中:公益金	未分配利润	合计
期初数	86,734,072	45,610,576.08	14,756,805.07	7,089,389.77	16,707,802.95	163,809,256.10
本期增加	0	0	7,807,698.23	2,745,674.00	41,778,801.07	49,586,499.30
本期减少	0	0	0	0	8,325,920.82	8,325,920.82
期末数	86,734,072	45,610,576.08	22,564,503.30	9,835,063.77	50,160,683.20	205,069,834.58
变动原因			年度计提	年度计提	年度利润增加 年度计提减少	

三、股东情况介绍

1、截止1998年12月31日,本公司股东总户数位5727户,其中:国家股股东1户,社会流通股股东5726户。
2、持有本公司5%以上股份的股东只有本公司的国家股股东上海房地(集团)公司,报告期内所持股份及比例未发生变动。
上海房地(集团)公司所持有的本公司74.69%的国家股未作任何质押或冻结,亦无其他法律争议。
公司前十名股东情况

股东名称	持股数	所占比例%
上海房地(集团)公司	64,781,992	74.69
宏彬实业	967,213	1.12
艺丽服装	789,081	0.91
泰安公司	780,052	0.90
银峰办公	749,277	0.86
建玮置业	665,397	0.77
物群实业	640,131	0.74
舒平实业	617,700	0.71
屠洪军	387,700	0.45
轩林实业	383,900	0.44

注:前十名股东之间不存在关联关系。

上海实业联合集团股份有限公司

一、本集团简介

1、公司法定中文名称：上海实业联合集团股份有限公司(以下简称"本集团")
公司英文名称：SHANGHAI INDUSTRIAL UNITED HOLDINGS CO., LTD.
2、公司注册地址：上海市桃江路8号宝轻大厦5楼
邮政编码：200031
电话：021-64331098
传真：021-64337533
E-mail: Suiljim@public 3.sta.net.cn
互联网网址：www.siuc.com.cn
3、公司法定代表人：余力
4、公司董事会秘书：葛剑秋
联系地址：上海市桃江路8号宝轻大厦5楼
电话：021-64331098，64319966　传真：021-64337533
E-mail: Suiljim@public 3.sta.net.cn
5、公司年度报告备置地点：上海市桃江路8号宝轻大厦5楼
备置网址：http://www.sse.com.cn 和 www.siuc.com.cn
6、公司股票上市地：上海证券交易所
股票简称：上实联合　股票代码：600607
7、公司选定的信息披露报刊：《中国证券报》、《上海证券报》

二、会计数据和业务数据摘要

1、1999年度(以下简称"本年度"或"报告期内")本集团业务数据摘要

	单位：元
利润总额	75,730,213.37
净利润	65,715,341.59
扣除非经常性损益后的净利润	63,520,909.75
主营业务利润	93,056,190.44
其他业务利润	34,453,587.92
营业利润	38,328,842.06
投资收益	35,159,165.70
补贴收入	128,440.00
营业外收支净额	2,113,765.61
经营活动产生的现金流量净额	115,922,813.77
现金及现金等价物净增加额	9,278,546.96

注1：本年度非经常性损益包括：

项目	涉及金额(元)
营业外收入--纺织住宅罚息	2,194,431.84

2、本年度本集团主要会计数据和财务指标摘要

项目	本年度	1998年度		1997年度	
		调整前	调整后	调整前	调整后
主营业务收入	543409409.48	274506415.13	274506415.13	126416105.12	126416105.12
净利润	65715341.59	62360000.38	52,769,343.51	47154377.56	37098100.21
总资产	1056086726.59	902407819.11	873117711.58	664229667.77	645981528.09
股东权益	459178511.14	436655413.43	409711856.37	256226395.22	237978255.55
每股收益	0.4258	0.4040	0.3419	0.374	0.2946
扣除非经常性损益后的每股收益	0.4116	0.3847	0.3226		
每股净资产(元)	2.9751	2.8300	2.6546	2.0350	1.8898
调整后每股净资产(元)	2.8088	2.7190	2.5634	1.9770	1.8316
每股经营活动产生的现金流量净额(元)	0.7511	0.2296	0.2296		
净资产收益率(%)	14.31	14.28	12.88	18.40	15.59

调整前后1997、1998年度有关会计数据如下：

项目	1998年		1997年	
	调整前	调整后	调整前	调整后
坏帐准备	297,105.48	6,746,053.68		4,446,232.26
存货跌价准备	254,474.00	17,673,509.59	1,730,814.23	14,518,775.99
长期投资减值准备		5,045,000.00		885,000.00
盈余公积金	87,304,457.54	80,195,556.56	75,669,771.38	74,041,932.55
未分配利润	50,356,672.58	30,522,016.50	21,397,207.41	23,418,276.11

注5：股东权益为会计报表所列示股东权益数扣减外币报表折算差额。

3、报告期内股东权益变动情况(单位：元)

项目	股本	资本公积	盈余公积	法定公益金	未分配利润	股东权益合计
期初数	154341567.00	144652716.31	80195556.56	9698590.88	30522016.50	409711856.37
本期增加		171200.00	14972423.39	4995253.29	65715341.59	80858964.98
本期减少					31392310.21	31392310.21
期末数	154341567.00	144823916.31	95167979.95	14693844.17	64845047.88	459178511.14
变动原因		医械股份退税	利润分配	利润分配	利润增加、利润分配	利润增加

三、股东情况介绍

1、股东总数
报告期末(1999年12月31日)本集团股东总户数为36,891户。
2、主要股东持股情况

股东名称或姓名	持股数量(万股)	持股比例(%)	年度内持股变动情况(万股)
(1)上海上实	4,564.8000	29.58	0
(2)CITY NOTE	3,935.1735	25.50	0
(3)纺织发展	1,845.9000	11.96	0
(4)香港联沪	656.0820	4.25	0
(5)爱建股份	570.0672	3.69	0
(6)华夏浦东	74.6998		
(7)中信证券	43.2221		
(8)裕元基金	39.9506		
(9)东方证券	35.5000		
(10)陈淑荣	16.9000		

注5：据本集团所知，上海上实(集团)有限公司(以下简称"上海上实")、CITY NOTE HOLDINGS LTD.及上海纺织发展总公司各自持有的本集团的股份未作任何质押，亦未被冻结。

上海一钢异型钢管股份有限公司

一、公司简介：

1.公司名称：
公司法定中文名称：上海一钢异型钢管股份有限公司
公司简称：一钢异型
公司法定英文名称：SHANGHAIYIGANGSHAPEDSTEELTUBECO.,LTD.
公司英文名称缩写：YSST
2.公司法定代表人：王鸿锷
3.公司董事会秘书：胡兴堂
联系部门：投资管理部
联系电话：021-64569832　传真电话：021-64568423
4.公司注册地址：上海浦东新区曹化路2号
邮政编码：201209
公司办公地址：上海中山南二路777号1号楼　邮政编码：200032
公司网页：http:\www.ysst.com
电子信箱：invest@ysst.com
5.信息披露报刊名称：上海证券报
公司年报的网址：http:\www.sse.com.cn
公司年度报告备置地点：投资管理部
6.公司股票上市地点：上海证券交易所
股票简称：一钢异型　股票代码：600608

二、会计数据和业务数据摘要

1.本年度利润总额及其构成：单位：人民币元

利润总额	15,133,366.47
净利润	13,047,421.35
扣除非经常性损益后利润	12,793,213.60
主营业务利润	31,912,119.66
其它业务利润	10,819,360.18
营业利润	13,908,324.81
投资收益	416,388.51
补贴收入	254,207.75
营业外收支净额	554,445.40
经营活动产生的现金流量净额	10,157,620.87
现金及现金等价物净增加额	4,993,671.27

2.主要会计数据和财务指标：

指标项目 (单位：万元、元、元/股)	99年	98年		97年	
		调整前	调整后	调整前	调整后
主营业务收入	176,875,308.76	205,596,154.10	205,596,154.10	159,972,027.63	159,972,027.63
净利润	13,047,421.35	22,368,489.56	20,131,161.57	19,629,532.75	5,945,581.17
总资产	323,252,885.90	342,701,002.68	326,653,934.38	294,197,815.76	280,357,246.10
股东权益	211,619,607.54	214,493,465.76	198,572,186.19	192,124,976.20	178,441,024.62
每股收益	0.1119	0.1919	0.1727	0.2021	0.0612
每股净资产	1.82	1.84	1.70	1.98	1.84
净资产收益率%	6.17	10.43	10.14	10.22	3.33
调整后每股净资产元/股	1.68	1.67	1.59	1.86	1.77
扣除非经常性损益后的每收益元/股	0.1097	0.1135	0.0951		
每股经营活动产生的现金流量净额元/股	0.0871-0.053				

说明：公司一九九九年度增资配股在二000年元月十一日缴款结束，二月廿二日为配股流通股部分上市起始日，目前公司总股本为137,511,102股，按此股本计算，每股收益为0.0949元。

注：主要财务指标计算方法：
每股收益=净利润/年度末普通股股份总数
每股净资产=年度末股东权益/年度末普通股股份总数
调整后的每股净资产=(年度末股东权益-三年以上的应收款项净额—待摊费用-待处理(流动、固定)资产净损失—开办费—长期待摊费用—住房周转金负数余额)/年度末普通股股份总数
每股经营活动产生的现金流量净额=经营活动产生的现金流量净额/年度末普通股股份总数
净资产收益率=(净利润/年度末股东权益)×100%

3.报告期内股东权益变动情况：单位：元
项目期初数本年增加本年减少期末数
股本 116,569,421.00--116,569,421.00
资本公积 49,761,495.82--49,761,495.82
盈余公积 27,902,044.004,277,679.71-32,179,723.71
其中：公益金 8,263,189.641,425,893.24-9,689,082.88
未分配利润 4,339,225.3713,047,421.354,277,679.7113,108,967.01
股东权益合计 198,572,186.1917,325,101.064,277,679.71211,619,607.54
注：(1)期初数按财政部财会字[1999]35号文精神予以调整。
(2)本年增加数除了实现净利润外，主要是根据董事会决议提取的三项基金。

三、股东情况

1.股东情况介绍：
①报告期末股东数量：37,296户
②主要股东持股情况：
股东名称年末持股数(股)占总股本(%)
上海第一钢铁(集团)有限公司 46,876,82640.21
华厦证券 4,010,1143.44
永鑫弹簧 1,214,4001.04
兴和基金 784,5010.67
莘庄公司 419,2720.36
岑玉金 350,0000.30
万隆经发 333,5000.29
陈宁宁 291,7000.25
梁栋 281,7000.24
岑锋 280,0000.24
持股5%以上股东所持股份没有质押。

一汽金杯汽车股份有限公司

1、公司名称

公司法定中文名称:一汽金杯汽车股份有限公司
公司法定英文名称:FAW JINBEI AUTOMOTIVE COMPANY LIMITED
中文缩写:一汽金杯
英文缩写:FAW-JINBEI
2、公司法定代表人:王镇昆
3、公司董事会秘书:张德发　授权代表:乔广海
联系地址:一汽金杯汽车股份有限公司计划财务部
电　话:(024)24800635　24800669 转 8620
传　真:(024)24133597　24801798
4、公司注册地址、办公地址:　沈阳市沈河区万柳塘路 38 号
邮政编码:110015
公 司 网 址:http://www.faw-jinbei.com
电子信箱:jbstar@pub.sy.ln.cn
5、公司信息披露报纸名称:上海证券报、中国证券报
登载公司年度报告的中国证监会指定国际互联网网址:htt://www.sse.com.cn
公司年度报告备置地点:一汽金杯汽车股份有限公司计划财务部
6、公司股票上市交易所:上海证券交易所
股票简称:一汽金杯股票代码:600609

二、会计数据和业务数据摘要

1、本年度主要利润指标(单位:人民币元)

利润总额:	575,192,622.03
净利润:	221,175,726.75
扣除非经常性损益后的净利润:	218,842,718.75
主营业务利润:	1,158,359,982.76
其他业务利润:	53,712,824.72
营业利润:	566,590,488.31
投资收益:	4,109,336.87
补贴收入:	674,282.54
营业外收支净额:	3,818,514.31
经营活动产生的现金流量净额:	1,518,156,304.91
现金及现金等价物净增加额:	1,385,145,643.44

2、公司前三年的主要会计数据及财务指标:(人民币元)

指标项目	1999 年	1998 年	1998 年(调整后)	1997 年	1997 年(调整后)
主营业务收入	5376970178.64	4194711434.84	4194711434.84	3690231717.54	690231717.54
净利润	221175726.75	188950049.93	197829138.44	98793909.29	88601482.37
总资产	9625720206.49	6825175470.25	6748975336.64	6660616558.64	6650424131.72
股东权益	1779892753.04	1644416643.12	1568216509.51	1471994321.60	1461801894.68
每股收益	0.2276	0.1944	0.2036	0.1017	0.0912
加权平均每股收益	0.2276	0.1944	0.2036	0.1017	
扣除非经常性损益后的每股收益	0.2252	0.1944	0.2036	0.1017	0.0912
每股净资产	1.83	1.69	1.61	1.52	1.50
调整后的每股净资产	0.84	1.26	1.16	1.00	1.00
每股经营活动产生的现金流量净额	1.5622	0.5853	0.5853		
净资产收益率	12.43	11.49	12.61	6.71	6.06
加权平均净资产收益率	13.21	12.13	13.06	6.92	6.23

主要财务指标的计算公式如下:
每股收益=净利润/年度末普通股股份总数
按月平均加权每股收益=当期净利润/〖年度末普通股股份总数×(一月份至期末的月份数)/12〗
每股净资产=年度末股东权益/年度末普通股股份总数
调整后的每股净资产=(年度末股东权益—三年以上的应收款项净额—待摊费用—待处理(流动、固定)资产净损失—开办费—长期待摊费用—住房周转金负数余额)/年度末普通股股份总数
每股经营活动产生的现金流量净额=经营活动产生的现金流量净额/年度末普通股股份总数
净资产收益率=净利润/年度末股东权益×100%

3、股东权益变动情况(单位:人民币元)

项目	股本	资本公积	盈余公积	法定公益金	未分配利润	股东权益合计
期初数	971811332	355333783.81	441454959.50	87828942.00	200,83565.80	1568216509.51
本期增加		7542683.58	808015.91	367747.28	204061038.60	212411738.09
本期减少					735494.56	735494.56
期末数	971811332	362876467.39	442262975.41	88196689.28	2941978.24	1779892753.04

变动原因:(1)资本公积比上年增加 754 万元,是由于沈汽厂以无形资产投入一汽金杯车辆制造集团公司的股权投资增加所致。
(2)未分配利润增加 20,406 万元, 是由于 1999 年利润较上年增加所致。

三、股本变动及股东情况

1、截止 1999 年 12 月 31 日,本公司股东总数为 167,007 户。
2、报告期末持有本公司 5%以上股份及前 10 名股东的持股情况:

股东名称	年末持股数(万股)	股份性质	持股比例(%)
(1)中国第一汽车集团公司	49,592.38	国有法人股	51%
(2)沈阳汽车工业股权投资有限公司	12,242.72	法人股	12.60%
(3)沈阳资产经营有限公司	7,376.03	国家股	7.59%
(4)白国享	352.60	社会公众股	0.36%
(5)朱宝成	265.90	社会公众股	0.27%
(6)王滨琴	260.70	社会公众股	0.27%
(7)刘玉芬	199.90	社会公众股	0.21%
(8)赵春生	108.60	社会公众股	0.11%
(9)周冠群	100.00	社会公众股	0.10%
(10)泰和基金	100.00	社会公众股	0.10%

持有本公司 5%以上股份的股东中国第一汽车集团公司和沈阳汽车工业股权投资有限公司及沈阳资产经营有限公司,在本年度内所持本公司股份没有发生变化,也未将本公司股份作任何质押,亦未有其他法律争议。

中国纺织机械股份有限公司

(一)、公司简介

1、公司的法定中文名称:中国纺织机械股份有限公司
公司的英文名称:CHINATEXTILEMACHINERYSTOCKLTD.　英文名称缩写:CTM
2、公司法定代表人:张文卿
3、公司董事会秘书:石李芬　授权代表:应民刚
联系地址:上海市长阳路 1687 号
电话:(021)65432970　传真:(021)65455130
电子信箱:ctmzjbk@online.sh.cn
4、公司注册地址:上海市长阳路 1687 号　邮政编码:200090
公司国际互联网网址:http://www.ctmco.com.cn
电子信箱:ctmzjbk@online.sh.cn
5、公司选定的信息披露报纸:上海证券报、香港文汇报
登载公司年度报告的中国证监会指定国际互联网网址: http://www.sse.com.cn
公司年度报告备置地点:中国纺织机械股份有限公司证券部
6、公司股票上市交易所:上海市证券交易所
股票简称:A 股 ST 中纺机 B 股 ST 中纺 B
股票代码:A 股 600610B 股 900906

(二)、会计数据和业务数据摘要

1、公司本年度实现利润及主要现金流量指标(单位:人民币元)

利润总额	-175,821,925.26
净利润	-175,911,847.54
扣除非经常性损益后的净利润	-154,444,901.39
主营业务利润	-10,539,715.23
其他业务利润	2,284,389.01
营业利润	-203,552,594.19
投资收益	23,223,416.73
营业外收支净额	4,507,252.20
经营活动产生的现金流量净额	-24,653,730.54
现金及现金等价物净增加额	-43,332,212.80
非经常性损益(处置资产及股权转让等净损益)	-21,466,946.15

2、截止报告期末公司前三年主要会计数据和财务指标(合并报表)　(单位:人民币元)

项目	1999 年	1998 年 调整前	1998 年 调整后	1997 年 调整前	1997 年 调整后
主营业务收入	276,886,492.80	274,984,436.52	274,984,436.52	561,128,702.80	561,128,702.80
净利润	-175,911,847.54	-169,130,769.86	-206,500,983.28	4,089,777.37	-22,721,022.50
总资产	958,244,678.37	1,213,072,969.69	1,159,884,142.87	1,357,667,748.22	1,304,652,469.45
股东权益	152,719,127.99	382,294,979.45	328,630,975.53	604,441,028.08	551,425,749.31
每股收益	-0.493	-0.474	-0.578	0.011	-0.064
每股收益(加权)	-0.493	-0.474	-0.578	0.011	-0.064
扣除非经营性损益后的每股收益	-0.433	-	-0.46	-	-
每股净资产	0.43	1.07	0.92	1.69	1.54
调整后的每股净资产	0.23	0.93	0.82	1.62	1.50
每股经营活动产生的现金流量净额	-0.069	0.092	-	-	-
净资产收益率	-115.19%	-44.24%	-62.84%	0.68%	-4.12%

注:(1)、本年度公司根据财政部财会字(1999)35 号《股份有限公司会计制度有关会计处理补充规定》和财会字(1999)49 号《股份有限公司会计制度有关会计处理补充规定问题解答》的规定,从 1999 年 1 月 1 日起对应收款项改变坏帐准备计提方法及比例,对存货、短期投资、长期投资等三项资产计提减值准备,上述会计政策变更已经公司董事会批准,并对上年度有关指标采取追溯调整法作了相应调整。

(三)、股本变动及股东情况

1、公司股份变动情况表(数量单位:股)

	期初数	本次变动增减(+,-) 配股送股公积金转股其他小计	期末数
一、尚未流通股份			
1、发起人股份	188,923,535	188,923,535	188,923,535
其中:国家持有股份	188,923,535	188,923,535	188,923,535
2、募集法人股	22,308,000	22,308,000	22,308,000
尚未流通股份合计	211,231,535	211,231,535	211,231,535
二、已流通股份			
1、境内上市的人民币普通股	25,740,000	25,740,000	25,740,000
2、境内上市的外资股	120,120,000	120,120,000	120,120,000
已流通股份合计	145,860,000	145,860,000	145,860,000
三、股份总数	357,091,535	357,091,535	357,091,535

2、股东情况介绍
(1)、截止 1999 年 12 月 31 日,公司股东总数为 18,341 户,其中 A 股股东户数为 16,114 户,B 股股东户数为 2,227 户。
(2)、截止 1999 年 12 月 31 日,公司前十名股东持股情况

名次股东名称	年末持股数(股)	占总股本(%)
1 太平洋机电(集团)有限公司(国家股授权经营单位)	188,923,535	52.91
2 上海中纺机职工技术开发经营服务公司	4,874,466	1.37
3 申银万国证券股份有限公司	4,366,200	1.22
4 上海双鹿电器股份有限公司	3,432,000	0.96
5 上海第十七棉纺织总厂	3,432,000	0.96
6 上海南市产权经纪有限公司	3,432,000	0.96
7 晏福有	2,040,000	0.57
8 上海国际信托投资公司	1,999,140	0.56
9WARBURGDILLONREADNOMINEES(HONGKONG)LTD.	1,985,106	0.56
10 严彤飚	1,974,012	0.55

注:太平洋机电(集团)有限公司所持 188,923,535 股为国家股。
3、太平洋机电(集团)有限公司法定代表人为黄关从,经营范围为纺织机械,纺织器材,服装机械,机电产品,环保设备,建筑装潢,计算机工程,办公室自动化,金属材料,建筑材料,纺织原料,五金交电,日用百货,服装服饰,设备租赁,外经贸委批准的自营进出口业务。其所持本公司股份未作任何抵押。

大众交通(集团)股份有限公司

一、公司简介

1、公司名称:大众交通(集团)股份有限公司
公司英文名称:DAZHONG TRANSPORTION(GROUP) CO.,LTD.
缩写:DZT
2、公司法定代表人:杨国平
3、公司董事会秘书:顾华
联系地址:上海中山西路 1515 号大众大厦 12 楼
电　　话:021-64289122
传　　真:021-64288660
4、公司注册地址:上海市浦东新区龙阳路 100 号
办公地址:上海中山西路 1515 号大众大厦 12 楼
邮政编码:200233
公司网址:WWW.DZTAXI.COM
E-MAIL:DZ@ DZTAXI.COM
5、公司选定的信息披露报纸名称:《上海证券报》、《中国证券报》
登载公司年度报告的中国证监会指定国际互联网网址:
http://www.sse.com.cn
公司年度报告备置地点:公司本部计财部
6、公司股票上市交易所:上海证券交易所
股票名称:大众交通
股票代码:A 股 600611　B 股 900903

二、会计数据与业务数据摘要

1、本年度主要利润指标情况(单位:人民币元)

利润总额	198,052,745.53
净利润	187,017,419.99
扣除非经常性损益后的净利润	162,340,264.31
主营业务利润	326,173,887.38
其他业务利润	7,962,255.82
营业利润	150,386,040.67
投资收益	76,944,357.46
补贴收入	41,000.00
营业外收支净额	-29,318,652.60
经营活动产生的现金流量净额	246,982,198.79
现金及现金等价物净增加额	224,077,995.02

注:扣除非经常性损益项目和涉及金额:股权转让净收益 23,973,509.62 元、补贴收入 34,850 元、赔偿与罚款收入与其他支出差额 668,796.06 元。
按两种会计制度计算的净利润差异说明:实现净利润按中国会计准则审计为 18701.74 万元,按国际会计准则审计为 18465.33 万元,具体差异如下:

项目	税后利润(人民币千元)
按中国会计准则编制	187017
按国际会计准则调整:	
(1)加速折旧	-31773
(2)旧车处置收益	39258
(3)按权益法核算联营公司投资	-5671
(4)时间性差异之调整	1117
(5)其他	-5295
调整合计	-2364
按国际会计准则编制	184653

2、至报告期末公司前三年会计数据与财务指标:　金额单位:元

指标名称	1999 年	1998 年		1997 年
		调整前	调整后	
主营业务收入	1,016,480,662.19	741,281,612.92	741,281,612.92	675,490,277.21
净利润	187,017,419.99	172,784,675.16	170,556,302.20	171,177,705.00
总资产	3,244,164,781.51	2,559,062,295.17	2,552,928,931.45	1,845,589,651.16
股东权益	1,866,730,434.12	1,345,394,429.89	1,339,310,361.73	1,148,840,159.62
每股收益	0.33	0.41	0.40	0.40
每股收益(加权)	0.38	0.41	0.40	0.51
扣除非经常性损益后的每股收益	0.29	0.41	0.40	0.40
每股净资产	3.30	3.16	3.15	2.70
调整后的每股净资产	3.19	3.10	3.09	2.65
每股经营活动产生的现金流量	0.44	0.69	0.69	
净资产收益率%	10.02	12.84	12.73	14.90

3

三、股东情况介绍

(1)报告期末公司 A 股股东数 44384 户;B 股股东数 6727 户。
(2) 持有本公司 5%以上的股东为大众科创和国家股, 年末持股数量分别为 14000 万股和 11357.82 万股;年内公司向大众科创定向增发法人股,使其成为公司第一大股东,国家股年度内未发生变动情况。公司于 99 年 12 月 25 日《上海证券报》上刊登了公司股份变动公告。
上海大众科技创业(集团)股份有限公司法定代表人:杨国平;经营范围:投资高新技术、海洋生物、新药和保健品、通讯网络等项目研制开发,相关成果的技术咨询与转让;出租汽车、汽车配件。
(3)公司报告期末前十名股东持股情况:

名次	股东名称	年末持股数	占总股本比例(%)
1	上海大众科技创业(集团)股份有限公司	140000000	24.74%
2	国家股	113578180	20.07%
3	TOYO SECURITIES ASIA LTD. A/C CLIENT	5420577	0.958%
4	WARBURG DILLON READ NOMINEES (HONG KONG) LTD--GENERAL A/C	5142752	0.909%
5	WISEMAX INTERNATIONAL LIMITED	4136800	0.731%
6	SCBHK A/C BROWN BROTHERS HARRIMAN & CO SUB A/C THE GREATER CHINA FUND INC	4013160	0.709%
7	CHANG LEE CHUNG MIEN	3109600	0.55%
8	ABU DHABI, UNITED ARAB EMIRATES	2498000	0.441%
9	HKSBCSB S/A-BANQUE INT.A LUXEMBOURG S/A HSBC GLOBAL INV. FUNDS CHINESE EQUITY	2400096	0.424%
10	HKSBCSB S/A HSBC(NOM)S/A ABN AMRO BANK NV	2375040	0.420%

中国第一铅笔股份有限公司

一、公司简介

1、公司法定中文名称:中国第一铅笔股份有限公司
公司英文名称:CHINA FIRST PENCIL CO.,LTD　缩写:C.P.C
2、公司法定代表人:胡书刚
3、公司信息披露机构:总经理办公室
董事会秘书:周富良
联系电话:021-64453300　传真:021-64720802
联系地址:上海市徐家汇路 550 号 24 楼(宝鼎大厦)
4、公司注册地址:上海浦东金桥出口加工区川桥路 1295 号
公司办公地址:上海徐家汇路 550 号 24 楼
公司邮政编码:200025
公司国际互联网网址:http://www.china first pencil.com
公司电子信箱:pencil@mail.china first pencil.com
5、公司信息披露报刊:《上海证券报》
登载公司年度报告的中国证监会指定的国际互联网网址:http://www.sse.com.cn
公司年度报告备置地点:上海市徐家汇路 550 号 24 楼总经理办公室
6、公司股票上市地:上海证券交易所
股票简称:第一铅笔(A 股)　中铅 B 股(B 股)
股票代码:600612 (A 股)　900905 (B 股)

二、会计数据和业务数据摘要

1、本年度利润总额及构成　(单位:元　合并报表)

利润总额	24,278,968.88
其中:主营业务利润	166,928,863.26
其他业务利润	9,869,597.77
投资收益	5,105,011.13
补贴收入	1,485,727.77
营业外收支净额	1,832,725.94
净利润	13,751,788.91
扣除非经常性损益后的净利润	11,164,302.15
经营活动产生的现金流量净额	23,518,987.72
现金及现金等价物净增加额	58,412,389.75

注:(1)扣除非经常性损益后的净利润是指扣除营业外收入、营业外支出、补贴收入以及股权摊销差额 2,587,486.76 元。
(2)根据中国会计准则编制的净利润 13752 千元
根据国际会计准则编制的净利润-27167 千元
按两种不同会计准则编制净利润的差异如下:
以前年度损益调整的不同会计处理方法 -37194 千元
少数股东权益及摊销递延资产和开办费
等不同会计处理方法 -3725 千元
遵照国际会计准则调整后的净利润 -27167 千元
2、截止报告期末公司前三年的主要会计数据和财务指标(单位:元)

序号	栏目	1999 年	1998 年		1997 年	
			调整后	调整前	调整后	调整前
1	主营业务收入	900712800.42	266603044.27	266603044.27	235019019.02	235019019.02
2	净利润	13751788.91	27480285.95	50043911.85	43469623.21	44402459.93
3	总资产	1452364977.21	768949548.77	822350652.21	650432811.06	680117445.77
4	股东权益	449501594.35	435744805.44	487859599.39	406501962.29	436053130.54
5	每股收益(摊薄)	0.055	0.142	0.258	0.224	0.229
	(加权)	0.062	0.142	0.258	0.224	0.229
6	每股收益(扣除非经常性损益后)	0.044	0.042	0.158	0.225	0.230
7	每股净资产	1.785	2.25	2.52	2.10	2.25
8	调整后的每股净资产	1.65	2.17	2.44	2.03	2.18
9	每股经营活动产生的现金流量净额	0.093	-	0.015	-	-
10	净资产收益率%	3.06	6.31	10.26	10.69	10.18

说明:公司因会计政策、会计估价变更、以及会计差错更正追溯调整以前年度会计数据。
3、报告期内股东权益变动情况(单位:元)

项目	股本	资本公积	盈余公积	其中法定公益金	未分配利润	股东权益合计
期初数	193676458	151608682.14	79290106.08	26135602.66	11169559.22	435744805.44
本期增加	58102938	5000.00	7477214.53	3200477.70	6274574.38	71859726.91
本期减少	-	19367646.00	-	-	38735292.00	58102938.00
期末数	251779396.00	132246036.14	86767320.61	29336080.36	-21291158.40	449501594.35

变动原因:(1)实施 98 年分配方案按 10:1 比例资本公积金转增股本 19367646.00 元。
(2)实施 98 年分配方案按 10:2 比例送红股转增股本 38735292.00 元。
(3)盈余公积和未分配利润增加是当年提取数增加所致。

三、股本变动及股东情况

1、截止本报告期末,公司的 A 股股东总数为 24648 户,其中国家股股东 1 户,境内法人股股东 29 户,境内社会个人股股东 24618 户。B 股股东总数为 3086 户。
2、报告期内第一大股东仍为上海轻工控股(集团)公司,持有本公司股份 83328128 股,占公司总股本 33.09%。
3、前十名股东持股情况

名次	股东名称	年末持股数(股)	占总股本(%)
1	上海轻工控股(集团)公司[国家股]	83328128	33.09
2	交通银行上海分行	9996730	3.97
3	HKSBCSB S/A HSBC(NOMS) A/C UNION BANK OF SWITZERLAND ZURICH	3379839	1.34
4	上海建业投资信托基金	2791322	1.11
5	WICARR(OVERSEAS) NOMINEES LTD	2710823	1.08
6	中国建设银行上海市分行第二营业所	2219818	0.88
7	华夏证券有限公司上海业务部	1973470	0.78
8	陈杰	1827700	0.73
9	上海上实资产经营有限公司	1776682	0.71
10	香港鸿发集团有限公司	1693600	0.67

上海永生股份有限公司

一、公司简介

1、公司法定名称:上海永生股份有限公司

公司英文名称:Shanghai Wingsung Co.,Ltd.

英 文 缩 写 :Wingsung

2、公司法定代表人:陈国平

3、公司董事会秘书:陆正芝

联系地址:斜土路 2669 号 11 楼 联系电话:64397553、64399900×8008 传真:64399900

4、公司注册地址:上海市浦东新区上川路 995 号

公司办公地址:上海市斜土路 2669 号 11 楼 邮政编码 :200030

电 子 信 箱 :Wingsung@online.sh.cn

5、公司选定的信息披露报纸:《上海证券报》、《香港商报》

登载公司年度报告的中国证监会指定国际互联网网址: http://www.sse.com.cn

公司年度报告备置地址:斜土路 2669 号 11 楼

6、公司股票上市地点:上海证券交易所

股票简称:A 股 永生股份 B 股:永生 B 股 股票代码:A 股 600613 B 股:900904

二、会计数据和业务数据摘要

1、本年度实现利润及主要现金流量指标(合并报表)

项 目	单位:人民币/元
利润总额	6,867,411.35
净利润	6,442,950.24
扣除非常性损益后的净利润(注)	-15,495,855.28
主营业务利润	18,543,396.49
其他业务利润	1,623,698.77
营业利润	-15,887,686.13
投资收益	1,306,106.50
补贴收入	--
营业外收支净额	21,448,990.98
经营活动产生的现金流量净额	-3,276,702.57
现金及现金等价物净增加额	11,551,783.39

注:"扣除非经常性损益的净利润"一栏中扣除的资产处置损益 21,938,805.52 元。

2、公司 1999 年度净利润 644.3 万元,按国际准则须作以下调整:

(1) 呆帐准备	780.6 万元
(2) 存货变现准备	227 万元
(3) 按权益法分占联营公司亏损减利润	199.2 万元
(4) 其他投资项目投资损失	612.4 万元
(5) 合作经营企业投资损失	186.5 万元
(6) 终止生产笔类业务预提费用	-4125 万元
(7) 房屋机器设备评估增值	166.3 万元
(8) 商誉摊销	-330 万元
(9) 附属公司合并差异	292.8 万元
(10)其他	37 万元
按国际会计准则计算金额	-1308.9 万元

3、截止报告期末公司前三年的主要会计数据及财务指标:(合并报表)(单位:人民币/元)

项 目	1999 年	1998 年		1997 年	
		调整后	调整前	调整后	调整前
主要业务收入	104785605.11	115469053.35	115469053.35	266786003.97	266786003.07
净利润	6442950.24	3888497.69	3888497.69	8816111.39	8816111.39
总资产	486198168.63	743587572.77	747539280.78	532682535.32	536634243.33
股东权益	323938345.14	318739808.22	322691516.23	314851310.53	318803018.54
每股权益	0.0436	0.0263	0.0263	0.0685	0.0685
每股收益(加权)	0.0436	0.0263	0.0263	0.0685	0.0685
扣除非经常性损益后的每股收益	-0.1048	0.0201	0.0201	--	--
每股净资产	2.1902	2.1551	2.1817	2.4484	2.4788
调整后的每股净资产	2.1772	2.0545	2.0831	2.3782	2.4089
每股经营活动产生的现金流量净额	-0.0222	0.4912	0.4912	--	--
净资产收益率	1.99	1.22	1.21	2.80	2.77

每股收益=净利润/年度末普通股份总数

每股净资产=年度末股东权益/年度末普通股股份总数

调整后的每股净资产=(年度末股东权益-三年以上应收款项净额-待摊费用-待处理(流动\固定)资产净损失-开办费-长期待摊费用-住房周转金负数金额)/年度末普通股股份总额

每股经营活动产生的现金流量净额=经营活动产生的现金流量净额/年度末普通股股份总额

净资产收益率=净利润/年度末股东权益×100%

4、报告期内股东权益变动情况

项 目	股本	资本公积	盈余公积	其中公益金	未分配利润	股东权益
期初数	147904998	140515805.72	48764671.28	14838399.25	-18445666.78	318739808.22
本期增加数			1669218.20		6442950.24	8112168.44
本期减少					2782030.33	2913631.52
期末数	147904,98	140515805.72	50433889.48	14838399.25	-14784746.87	323938345.14

三、股东情况介绍

1、报告期末股东数量为 8933 户

2、主要股东持股情况

股东名称	期末持股数(万股)	占总股本比例(%)
1、上海飞天投资有限责任公司	8037.77	54.34
2、浙江省张石番溪文教基金会	310.26	2.10
3、郭进明(B 股)	138.2	0.93
4、郁玉生(B 股)	98.4	0.66
5、周爱丽(B 股)	94.8	0.64
6、狄亚雄(B 股)	94.2	0.63
7、华联商厦股份有限公司	91.25	0.62
8、第一百货商店股份有限公司	89.4	0.61
9、HPS MANAGEMT PTE LTD. (B 股)	88.76	0.60
10、Wang Huaya(B 股)	79.3	0.54

持股 5%(含 5%)以上的法人股股东,所持股份未发生抵押、冻结等情况。

上海胶带股份有限公司

一、公司简介

1、公司法定中文名称:上海胶带股份有限公司

公司法定英文名称:SHANGHAI RUBBER BELT CO., LTD. 缩写:SRB

2、公司法定代表人: 张国勋 先生

3、公司董事会秘书: 丁水石 小姐(现任董秘柏鸿祥先生)

公司董秘授权人: 洪 波 先生

联系地址:上海市海门路 630 号

电话:021-65415210-234 或 235 021-65123957 传真:021-65123671

E-MAIL:sysrb-k@online.sh.cn

4、公司注册地址:上海浦东东昌路 600 号 邮 编:200120

公司办公地址:上海市海门路 630 号 邮 编:200086

公司国际互联网网址:http//www.srbsh.com 公司电子信箱:sysrb-k@online.sh.cn

5、公司选定的信息披露报纸:《上海证券报》、《香港商报》。

登载年度报告的国际互联网网址:http://www.sse.com.cn

公司年度报告备置地点:公司董事会办公室

6、公司股票上市地:上海证券交易所

股票简称:胶带股份 胶带 B 股

股票代码:600614 900907

二、会计数据与业务数据摘要

1、公司本年度财务数据如下:(单位:元)

利润总额:	2,209,276.87
净利润:	1,071,236.62
扣除非经常性损益后的净利润:	-34,278,763.38
主营业务利润:	51,539,592.19
其他业务利润:	19,932,633.04
营业利润:	-34,422,001.59
投 资 收 益:	2,992,845.01
补 贴 收 入:	635,255.05
营业外收支净额:	33,003,178.40
经营活动产生的现金流量净额:	13,719,801.48
现金及现金等价物净增加额:	-5,164,957.17

具体差异调整如下:(单位:元)

3、截至报告期末公司近三年的主要会计数据和财务指标如下:

调整后指标:

项 目	1999 年	1998 年	1997 年
主营业务收入	236,011,445.96	271,225,128.59	312,681,066.33
净利润	1,071,236.62	-18,563,406.17	11,573,603.00
总资产	786,789,747.97	678,101,125.94	682,261,644.85
股东权益(不含少数股东权益)	161,811,539.90	161,473,179.02	180,869,619.04
每股收益 -摊薄	0.009	-0.161	0.111
-加权	0.009	-0.169	0.118
扣除非经营性损益后的每股收益	-0.298		
每股净资产	1.405	1.402	1.728
调整后的每股净资产	0.757	0.883	1.402
每股经营活动产生的现金流量净额	0.119		
净资产收益率	0.66%	-11.50%	6.40%

4、报告期内股东权益变动情况:(单位:元)

项目	股本	资本公积	盈余公积	法定公益金	未分配利润	合计
期初数	115,133,378	83,713,268.56	0	0	-37,373,467.54	159,798,711.42
本期增加	0	1,902,788.92	0	0	1,071,236.62	2,012,828.48
本期减少	0	0	0	0	0	0
期末数	115,133,378	85,616,057.48	0	0	-36,302,230.92	161,811,539.90

变动原因:资本公积增加主要系天纯矿泉水公司等评估增值;本年度因累计亏损尚未弥补完,故未提取盈余公积;未分配利润增加系本期净利润转入。

三、股本变动及股东情况

1、股本变动情况

(1)股本变动情况表(单位:股):

	期初数	期末数
一、尚未流通股份		
其中:国家拥有股份	56,690,378	56,690,378
境内法人持有股份	8,349,000	8,349,000
未上市流通股份合计	65,039,378	65,039,378
二、已流通股份		
1、人民币普通股	8,349,000	8,349,000
2、境内上市的外资股	41,745,000	41,745,000
已上市流通股份合计	50,094,000	50,094,000
三、股份总数	115,133,378	115,133,378

2、股东情况介绍:

(1)报告期末公司股东总数为 9613 名。

(2)前十名股东股东持股情况(单位:股)

股东名称	期末持股数	占总股本(%)	备注
①上海华谊(集团)公司	56,690,378	49.24	国有股
②上海宝钢(集团)公司	1,669,800	1.45	法人股
③郭进明	1,205,296	1.05	外资股
④戴建国	956,600	0.83	外资股
⑤上海纺织机械总厂	868,296	0.75	法人股
⑥ASIA GUARANTEE FUNDS.INC	662,497	0.58	外资股
⑦上海国际信托投资公司	584,430	0.51	法人股
⑧MERRILL LYNCH NOMINEES(HK)LTD	546,303	0.47	外资股
⑨上海民鑫实业公司	508,755	0.44	法人股
⑩天津证券有限责任公司	491,000	0.43	法人股

上海丰华圆珠笔股份有限公司

一、公司简介

1.公司法定中、英文名称及缩写
公司法定中文名称:上海丰华圆珠笔股份有限公司
公司英文名称:SHANGHAI FENGHWA BALLPFN CO.,LTD
公司英文名称缩写: SFH
2.公司法定代表人:翁懋
3.公司董事会秘书:施顾达　授权代表:张国丰
联系地址:上海市浦东新区东方路 3601 号
电话:(021) 58811688×333　传真:(021) 58811023　电子信箱:office@fenghwa.com.cn
4.公司注册和办公地址:上海市浦东新区东方路 3601 号　邮政编码:200125
国际互联网网址:www.fenghwa.com.cn
电子信箱:office@fenghwa.com.cn
5.公司选定的信息披露报纸名称:《上海证券报》
登载公司年度报告的中国证监会指定国际互联网网址:http://www.sse.com.cn
公司年度报告备置地点: 股份制办公室
6.公司股票上市交易所:上海证券交易所
股票简称:丰华圆珠　股票代码:600615

二、会计数据与业务数据摘要

1. 1999 年公司利润指标(单位:人民币元)

利润总额	78,096,557.86
净利润	63,524,824.26
扣除非经常性损益后的净利润	21,285,453.21
主营业务利润	44,390,894.98
其它业务利润	11,096,734.48
营业利润	21,491,555.95
投资收益	56,147,330.99
补贴收入	0
营业外收支净额	457,670.92
经营活动产生的现金流量净额	39,031,919.18
现金及现金等价物净增加额	75,664,901.68

注:扣除的非经常性损益项目和涉及金额:出售法人股 80006124.20 元,扣除成本费用 30312746.50 元,税后获利 42239371.05 元。

2.截止报告期末公司前三年主要会计数据和其它财务指标(单位:元)

指标项目	1999 年	1998 年		1997 年	
		调整前	调整后	调整前	调整后
主营业务收入	210581007.31	384595324.38	384595324.38	107409288.02	107409288.02
净利润	63524824.26	56531304.13	559215766.77	38003371.99	38091595.39
总资产	863403266.96	825786333.79	829282324.93	610979293.49	602067516.89
股东权益	620123792.55	556643578.76	555680968.29	365000901.32	365085124.72
股本	150,416,406.00	150,416,406.00	150,416,406.00	129,356,870.00	129,356,870.00
每股收益	0.42	0.376	0.372	0.29	0.294
扣除非经营性损益后每股收益	0.142				
每股净资产	4.12	3.70	3.70	2.82	2.82
调整后的每股净资产	4.11	3.68	3.68	2.80	2.80
每股经营活动产生的现金流量净额	0.259				
净资产收益率(%)	10.24	10.05	10.06	10.41	10.43

注: (1). 公司公布的 1998 年年度报告中的股东权益期末数误为 562684936.37 元, 现更正为 556643578.76 元。
(2).因坏帐准备计提方法变更的累积影响数为 740143.14 元,由于会计政策变更调减了 1996 年度净利润 1143692.42 元,增加了 1997 年度净利润 88223.40 元、增加了 1998 年度净利润 87576.56 元,调减了 1999 年初留存收益 714325.75 元, 其中未分配利润调减了 571460.60 元, 盈余公积调减了 142865.15 元,少数股东权益 25817.39 元。

3.报告期内股东权益变动情况(单位:元)

项目	股本	资本公积	盈余公积	法定公益金	未分配利润	股东权益合计
期初数	150416406.00	272574444.22	52818389.58	16660388.41	79871728.49	555680968.29
本期增加		918000.00	12704964.86	6352482.43	50819589.40	
本期减少						
期末数	150416406.00	273492444.22	65523354.44	23012870.84	130691587.89	620123792.55

变动原因:
(1).资本公积金增加 918,000.00 元系华光公司财政退税所致。
(2).盈余公积金增加 12704964.86 元系本年度按净利润提取 10%盈余公积金和 10%法定公益金所致。
(3).未分配利润增加 50,819,589.40 元系本年度提取两金后的净利润。
(4).年初调整数据变动情况说明:
调整后的年初资本公积金比调整前年初数增加 268,151.68 元系华光公司子公司增加资本公积金。
调整后的年初盈余公积金比调整前年初数减少 246,152.42 元系计提坏帐准备 142,865.14 元,调整所得税 103,592.16 元,华光公司增加利润 304.88 元。
调整后的年初未分配利润比调整前年初数减少 984,609.73 元系计提坏帐准备 571,460.60 元,华光公司增加利润 1,219.51 元调整所得税 414,368.64 元。

三、股东情况介绍:

(1).报告期末股东总数为 23501 户。
(2).本公司前 10 名股东持股情况

股东名称	持股数量(股)	占总股本%
1.冠生园(集团)有限公司	79,186,360	52.64
2.上海第十七棉纺织总厂	3,168,000	2.11
3.上海国际信托投资公司	2,073,600	1.38
4.申银万国证券股份有限公司	1,947,369	1.29
5.上海市泰康食品有限公司	1,679,800	1.12
6.国泰证券有限公司	1,484,743	0.99
7.中国纺织机械股份有限公司	1,267,200	0.84
8.上海东方明珠股份有限公司	1,036,800	0.69
9.上海第一百货股份有限公司	950,400	0.63
10.上海南市产权经纪有限公司	792,000	0.53

上海市第一食品商店股份有限公司

一、公司简介

(一)公司法定中文名称:上海市第一食品商店股份有限公司
公司英文名称:SHANGHAI FIRST PROVISIONS STORE COMPANY LIMTED
英文缩写:SFPS
(二)公司法定代表人:吴顺宝　董事长
(三)公司董事会秘书:邝志强
联系地址:上海南京东路 720 号
电话:021-63529086　63222777×433、421
传真:021-63517595
电子信箱:kuangzhiqiang@firstfood-cn.com
(四)公司注册及办公地址:上海南京东路 720 号
邮政编码:200001
公司国际互联网网址:
http://www.firstfood-cn.com
http://www.firstfood.com.cn
电子信箱:sfps@firstfood-cn.com
(五)公司选定的信息披露报纸名称:《上海证券报》
登载公司年度报告的中国证监会指定国际互联网网址:http://www.sse.com.cn
公司年度报告备置地点:公司董事会秘书处
(六)公司股票上市交易所:上海证券交易所
股票简称:第一食品
股票代码:600616

二、会计数据和业务数据摘要

(一)本年度主要利润指标情况　单位:元

利润总额	21,107,568.34
净利润	17,935,927.55
扣除非经常性损益后的净利润	17,068,970.90
主营业务利润	70,555,833.95
其他业务利润	7,131,848.17
营业利润	20,609,587.60
投资收益	11,835.06
补贴收入	550,000.00
营业外收支净额	-63,854.32
经营活动产生的现金流量净额	29,189,219.24
现金及现金等价物净增加额	21,053,057.21

注:在"扣除非经常性损益后的净利润"中,公司扣除的项目为:
1、 因南京路步行街改造影响销售而取得的财政补贴收入 550,000 元, 交纳所得税后净利润 467,500 元。
2、因茶叶分公司重庆路门店使用权房拆迁,收到房屋拆迁补贴 469,949 元,交纳所得税后净收入 399,456.65 元。

(二)主要会计数据和财务指标　单位:元

项目	1999 年度	1998 年度		1997 年度	
		调整后	调整前	调整后	调整前
主营业务收入	463,186,824.09	506,701,535.61	494,552,613.92	388,738,385.98	388738,385.98
净利润	17,935,927.55	16,779,690.99	19,359,644.32	15,511,628.13	16779,224.93
总资产	305,929,086.34	284,887,419.57	280,490,470.92	303981,323.40	305248,920.20
股东权益(不含少数股东权益)	176,241,512.58	163,751,641.93	167,809,922.29	160,379,686.79	161647,283.59
每股收益(摊薄)	0.16	0.15	0.18	0.21	0.23
每股收益(按月平均加权法计算)	0.16	0.20	0.23	0.21	0.23
每股收益(扣除非经常性损失后)	0.16	0.10	0.13	0.13	0.14
每股净资产	1.62	1.50	1.54	2.21	2.23
调整后的每股净资产	0.90	0.83	0.87	1.42	1.44
每股经营活动产生的现金流量净额	0.27	0.27	0.27		
净资产收益率(%)	10.18	10.25	11.54	9.67	10.38

(三)报告期内股东权益变动情况及变化原因　单位:元

项目	股本	资本公积	盈余公积	其中: 法定公益金	未分配利润	股东权益合计
期初数	108,921,138	30,929,609.60	24,739,345.20	1,246,235.84	-838,450.87	163,751,641.93
本期增加	0		4,688,656.36	2,161,408.18	13,247,271.19	17,935,927.55
本期减少	0				5,446,056.90	5,446,056.90
期末数	108,921,138	30,929,609.60	29,428,001.56	3,407,644.02	6,962,763.42	176,241,512.58

变动原因:
1、本期盈余公积金和法定公益金变化系本年度利润提取。
2、本年度未分配利润的变化是因为本年度利润增加和因计提四项准备,调整年初利润及 1999 年董事会分配股利预案。

三、股东情况介绍

(一)报告期末股东总数为 24,837 户。
(二)前 10 名股东持股情况

股东名称	年末持股数(股)	增减变动情况	持股比例(%)	股份性质
(1)国家股(上海市糖业烟酒(集团)有限公司持有)	48,866,718	因股权性质界定增持	44.86	国家股
[ ]				
(2)上海市商业投资公司	2,736,115	无增减变化	2.51	法人股
(3)上海国际信托投资公司	2,405,376	无增减变化	2.21	法人股
(4)裕元基金	1,662,942	因二级市场买卖增持	1.53	流通股
(5)上海捷强烟草糖酒(集团)有限公司	1,611,601	无增减变化	1.48	法人股
(6 上海华联商厦股份有限公司	1,443,225	无增减变化	1.33	法人股
(7)上海冰箱压缩机股份有限公司	962,151	法人股受让增持	0.88	法人股
(8)上海烟草(集团)公司	781,747	无增减变化	0.72	法人股
(9)上海南市产权经纪有限公司	691,545	无增减变化	0.63	法人股
(10)裕隆基金	650,206	因二级市场买卖增持	0.60	流通股

上海联华合纤股份有限公司

一、公司简介

1. 公司名称
   公司法定中文名称：上海联华合纤股份有限公司
   公司英文名称及缩写：Shanghai Lian Hua Fibre Corporation（LH FIBRE）
2. 公司法定代表人：李克让
3. 公司董事会秘书：李寿南
   联系电话：021－59534839－116 分机 、021－59528713 传真：021－59528433
   E－Mail：lh－zb@lh－libre com
4. 公司注册及办公地址：上海市嘉定区沪宜公路 4290 号 邮政编码：201800
   网址：http ：// www.lh－fibre.com E－Mail：lhfibre@public4.sta.net.cn
5. 公司选定的信息披露报纸名称：《上海证券报》 香港《文汇报》
   刊登公司年度报告的中国证监会指定的国际互联网网址：http：//www.sse.com.cn
   公司年度报告备置地点：公司总经理办公室
6. 公司股票上市交易所：上海证券交易所
   股票简称：联华合纤 联华 B 股
   股票代码：600617 900913

二、会计数据和业务数据摘要

1、公司本年度主要利润指标情况： 单位：人民币元

利润总额	6,313,501.61
净利润	5,249,908.20
扣除非经营性损益后的净利润	5,176,221.43
主营业务利润	20,202,789.22
其它业务利润	790,399.18
营业利润	6,218,142.84
投资收益	21,672.00
补贴收入	46,000.00
营业外收支净额	27,686.77
经营活动产生的现金流量净额	32,844,005.59
现金及现金等价物净增加额	15,179,973.32

注：非经常性损益指补贴收入 46,000.00 元和营业外收支净额 27,686.77 元。

按国内、国际会计准则审计所产生的净利润差异说明

公司本年度经上海上会会计师事务所审计，净利润为 525 万元，经沪江德勤会计师事务所按国际会计准则审计净利润为 422.6 万元，差异 102.4 万元。

单位：万元

中国会计准则报告净利润金额	525
国际会计准则调整：	
调整少计折旧	(84.7)
其它	(17.7)
按国际会计准则调整后的净利润	422.6

2、截止报告期末公司前三年主要会计数据和财务指标

指标项目	1999 年	1998 年		1997 年
		调整后	调整前	
主营业务收入(万元)	27,825.45	24,567.48	24,576.48	25395.92
净利润(万元)	524.99	53.17	53.17	944.88
总资产(万元)	52,408.35	50,963.90	50,978.68	53,548.91
股东权益(万元)	28,179.64	27,981.66	27,996.38	27,976.39
每股收益(元/股)	0.0314	0.0032	0.0032	0.047
扣除非经常性损益后的每股收益(元)	0.03	0.003	0.003	0.045
每股净资产(元)	1.69	1.67	1.67	1.60
调整后的每股净资产(元)	1.60	1.58	1.58	1.51
每股经营活动产生的现金流量额(元)	0.19	0.17	0.17	/
净资产收益率(%)	1.86	0.19	0.19	2.79

注：主要财务指标的计算方法

每股收益=净利润/年度末普通股股份总数

每股净资产=年度末股东权益/年度末普通股股份总数

调整后的每股净资产=(年度末股东权益—三年以上的应收款项净额—待摊费用—待处理(流动、固定)资产净损失—开办费—长期待摊费用—住房周转金负数余额)/年度末普通股股份总数

3、本期报告期内股东权益变动情况

项目	股本	资本公积	盈余公积	其中：公益金	未分配利润	股东权益合计
期初数	167,194,800	57,835,729.14	27,340,717.04	6,386,573.27	27,445,343.73	279816,589.91
本期增加	0.00	0.00	821,567.87	249,255.95	5,249,908.20	6,071,476.07
本期减少	0.00	0.00	0.00		4,091,663.87	4,091,663.87
期末数	167,194,800	57,835,729.14	28,162,284.91	6,635,829.22	28,603,588.06	281796,402.11

报告期内，公司股东权益变动的原因主要是：

(1) 盈余公积本年度共增加 821,567.87 元，其中增加法定盈余公积 498,511.92 元，增加公益金 249,255.95 元系按规定由净利润中提取，增加任意盈余公积 73,800 元系按浦企外(96)列字第 59 号文规定，由浦东新区财税局退回之所得税提取。

(2) 本年度未分配利润因合并净利润增加 5,249,908.20 元。因母公司、子公司共提取法定盈余公积 747,767.87 元，预分 1999 年股利 3,343,896.00 元，共减少未分配利润 4,091,663.87 元。

三、股东情况介绍

(1) 报告期末股东总数 10,160 户，其中 A 股股东 8,935 名，B 股股东 1,225 名。

(2) 主要股东持股情况

股东名称	年末持股(单位：股)	持股比例
香港佳运集团(外资股东)	28,558,440	17.08
上海化纤(集团)有限公司(国有法人股东)	24,870,960	14.88
中信兴业信托投资公司(国有法人股东)	15,989,220	9.56
中国银行上海分行(国有法人股东)	12,309,480	7.36
上海市上投实业公司(国有法人股东)	11,949,480	7.15
上海纺织工业经营开发公司(国有法人股东)	11,207,880	6.70
上海爱建股份有限公司 (社会法人股东)	5,641,740	3.37
SCBHK A/C PRUDENTIAL SECURITIES INC	2,818,585	1.71
青岛佳运经济技术咨询有限公司(外资股东)	1,674,000	1.00
WARDLEY JAMED CAPEL FAR EAST LTD	1,529,060	0.91

上海氯碱化工股份有限公司

一. 公司简介

1.公司法定中文名称：上海氯碱化工股份有限公司
  公司法定英文名称：SHANGHAI CHLOR ALKLI CHEMICAL CO.,LTD. 缩写：SCAC
2.公司法定代表人：徐荣一
3.公司董事会秘书：陈澄海
  授权代表：刘志平
  联系地址：上海市龙吴路 4747 号
  电话：021－64342640 传真：021－64341341 E－mail：stycc@pubilc2.sta.net.com
  公司年度报告备置地点：董事会秘书室
  联系地址：上海市龙漕路华南宾馆 403 室
  电话：021－64703609 传真：021－64086550 邮编：200233
4.公司注册地址和办公地址：上海市龙吴路 4747 号 邮政编码：200241
  电话：021－64340000 网址：www.scacc.com E－mail：pubilc@styc.com
5.公司选定的信息披露报纸：
  上海证券报、中国证券报、亚洲华尔街报
  登载年报网址：http：//www.sse.com.cn
6.公司股票上市交易所：上海证券交易所
  股票简称：氯碱化工 氯碱 B 股
  股票代码：600618(A 股) 900908(B 股)

二.会计数据和业务数据摘要

1、公司本年度主要利润指标情况(单位：人民币元)

项目	金额
利润总额	44,554,295.51
净利润	35,757,732.47
扣除非经常性损益后的净利润	2,383,498.90
主营业务利润	351,040,409.38
其他业务利润	5,109,640.95
营业利润	8,338,142.19
投资收益	6,853,851.12
补贴收入	31,989,131.20
营业外收支净额	2,626,829.00
经营活动产生的现金流量净额	245,802,894.40
现金及现金等价物净增加额	－68,725,133.76

注：非经常性损益包括补贴收入 31989131.20 元(见会计报表附注<五>、15.)和营业外收入中将本公司氟系统的经营性资产转让给上海天原(集团)有限公司所产生的效益 7,274,673 元。

按两种会计准则、制度计算的净利润及差异说明

项目	1999 年净利润(单位：人民币千元)
A 股	35,758
B 股	24,329

差异原因：坏帐准备计提方式不同。

2.近三年主要会计数据和财务指标(单位：人民币元)

项目	1999 年度	1998 年度		1997 年度	
		调整前	调整后	调整前	调整后
主营业务收入	2224600381.60	2021068779.24	2021068779.24	2246470343.04	2246470343.04
净利润	35757732.47	6890878.43	442001.40	164306237.43	86738101.01
总资产	5003222267.76	5314749778.77	5231961934.26	5302601249.00	5240546739.86
股东权益(不含少数股东权益)	3000465398.13	3048372720.71	2964355707.26	3040797508.87	2978742999.73
每股收益(摊薄)	0.034	0.0065	0.0004	0.155	0.082
每股收益(加权)	0.034	0.0065	0.0004	0.163	0.086
每股收益(扣除非经常性损益)	0.0023	0.0065	0.0004	0.155	0.081
每股净资产	2.83	2.88	2.80	2.87	2.81
调整后的每股净资产	2.47	2.51	2.45	2.61	2.57
每股经营活动产生的现金流量净额	0.23	0.10	0.10		
净资产收益率	1.19%	0.23%	0.01%	5.40%	2.91%

3.报告期内股东权益变动情况及变化原因 (单位：人民币千元)

项目	股本	资本公积	盈余公积	其中：法定公益金	未分配利润	股东权益合计
期初数	1,058,621	1,531,932	262,050	47,336	111,753	2,964,356
本期增加		352	10,711	3,570	35,758	46,820
本期减少					10,711	10,711
期末数	1,058,621	1,532,284	272,761	50,906	136,800	3,000,465

变动原因：

资本公积增加系住房周转金转入所致；

盈余公积增加系计提法定盈余公积、任意盈余公积和法定公益金；

未分配利润变化系当年实现利润和计提法定盈余公积、任意盈余公积、法定公益金所致。

三.股东情况介绍

1.报告期末的股东共有 23635 户。

2.持有本公司 5%(含 5%)以上股份的股东为上海天原(集团)有限公司(国家股)，年度内未发生股份变动及所持股份的质押或冻结情况。

前十名股东持股情况

	股东名称	年末持股数(股)	占总股本%
(1)	上海天原(集团)有限公司	555918770	52.51
(2)	SHANIA CHLOR-ALKALI CHEMICAL (AUSTRLIA)PTY.LTD	26388209	2.49
(3)	BNP NOMINEES SINGAPORE PTE LTD.	21045650	1.99
(4)	BANQUE NATIONALE DE PARIS,HONGKONG	10615870	1.00
(5)	ABU DHABI,UNITED ARAB EMIRATES	9000000	0.85
(6)	上海国际信托投资公司	6796097	0.64
(7)	海南经济物资协作开发总公司	5500000	0.52
(8)	NAITO SECURITIES CO.,LTD	4313390	0.41
(9)	NATEXIS BANQUES POPULAIRES	4009180	0.38
(10)	HKSBCSB S/A HSBC(NOMS) A/C UNION BANK OF SWITZERLAND ZU	3820780	0.36

上海冰箱压缩机股份有限公司

一、公司简介

1、公司法定中文名称：上海冰箱压缩机股份有限公司
公司法定英文名称：SHANGHAI REFRIGERATOR COMPRESSOR CO., LTD.　缩写：SRC
2、公司法定代表人：顾惠龙
3、公司董事会秘书：钟　磊
联系地址：中国上海长阳路 2555 号
电　　话：(021) 65190000　传　　真：(021) 65430941　电子信箱：zhonglei@china-src.com
4、公司注册地址：中国上海浦东金桥出口加工区 26 号地块
公司办公地址：中国上海长阳路 2555 号　　邮政编码：200090
公司国际互联网网址：http://www.china-src.com　电子信箱：srcmailbox@ china-src.com
5、公司选定的信息披露报纸名称：《上海证券报》、香港《南华早报》
登载公司年报的中国证监会指定国际互联网网址：http://www.sse.com.cn
公司年度报告备置地点：公司办公地
6、公司股票上市地：上海证券交易所
股票简称：冰箱压缩(A 股)　冰箱 B 股(B 股)
股票代码：600619 (A 股)　900910 (B 股)

二、会计数据和业务数据摘要

(一)、公司本年度会计数据和业务数据

利润总额	57,990,512.85 元
净利润	11,490,899.98 元
扣除非经常性损益的净利润	8,199,794.62 元
主营业务利润	371,800,302.18 元
其他业务利润	5,211,496.80 元
营业利润	90,820,006.73 元
投资收益	−50,428,823.23 元
补贴收入	13,913,183.16 元
营业外收支净额	3,686,146.19 元
经营活动产生的现金流量净额	498,773,948.39 元
现金及现金等价物净增加额	74,124,493.33 元

(二)、境内外审计差异说明：
根据上海众华社科会计师事务所审计,公司除税及少数股东权益后净利润为 1,149 万元。经安达信公司按照国际会计准则进行调整后,公司的除税及少数股东权益后的净利润为 41.8 万元 。两种审计结果的差异如下： 单位：千元

	1999	1998
本集团调整前法定帐目金额	11,491	1,354
会计制度变更的累计影响	−	(2,486)
法定帐目中其他对年初数的调整		2,458
本集团调整后法定帐目金额	11,491	1,326
补提坏帐准备	(7,646)	(25,290)
存货可以变现净值计价	128	(33,931)
冲销无法使用的固定资产	(1,965)	−
销售截止	(8,060)	11,323
冲销资本化的费用	(645)	(3,969)
调整职工福利及奖励基金	(19)	(3,880)
由于国际会计调整引致的		
于联属公司之投资损失的差异	(15,538)	(3,258)
冲销集团内部交易	21,626	10,848
提前执行国际会计准则三十八条的影响	−	1,764
其他	1,046	13,750
国际会计准则帐目金额	418	(31,317)

(三)、公司前三年主要会计数据和财务指标(合并报表)：

项　目	1999 年	1998 年		1997 年	
		调整前	调整后	调整前	调整后
主营业务收入(万元)	131,255	121,354	121,354	86,334	86,334
净利润(万元)	1,149	135	133	2,915	2,117
总资产(万元)	254,578	282,281	281,419	259,737	258,939
股东权益(万元)	95,928	96,105	95,169	95,970	95,172
每股收益(元/股)(摊薄)	0.027	0.003	0.003	0.069	0.050
每股收益(元/股)(加权)	0.027	0.003	0.003	0.078	0.057
扣除非经常性损益					
的每股收益(元/股)	0.019	−0.034	−0.034		
每股净资产(元/股)	2.270	2.274	2.252	2.271	2.252
调整后每股净资产(元/股)	2.237	2.232	2.209	2.225	2.211
每股经营活动产生的现金流量净额	1.18	0.68	0.68		
净资产收益率(%)	1.20	0.14	0.14	3.04	2.22

三、股本变动及股东情况

(一)、股东情况介绍
1、截止 1999 年 12 月 31 日,公司股东总数为 21842 户,其中 A 股流通股 16526 户,B 股 5227 户。
2、持有 5%以上的股东情况
本年度内持有公司 5%以上股份的股东为上海轻工控股(集团)公司。该公司持有本公司 38.35%股份,年度内其持有的股份没有增减,亦无质押或冻结。
3、前十名股东持股情况

持　股　者	其末持股数	比例
①上海轻工控股(集团)公司(国家股股东)	162062753	38.35%
②上海久事公司	13609908	3.22%
③中国工商银行上海市分行第二营业部	8112000	1.92%
④上海国际信托投资公司	6692400	1.58%
⑤泰纪投资有限公司(B 股股东)	4587336	1.09%
⑥广奇投资有限公司(B 股股东)	3938734	0.93%
⑦TOYO SECURITIES ASIA LTD. A/C CLIEN (B 股股东)	3261384	0.77%
⑧上海电气(集团)总公司	3102840	0.73%
⑨上海新工联实业总公司	3042000	0.72%
⑩展佳国际发展有限公司 (B 股股东)	2368168	0.56%

上海市天宸股份有限公司

(一) 公司简介：

1、公司法定中文名称：上海市天宸股份有限公司
公司法定英文名称：SHANGHAI　TIANCHEN　CO., LTD.　简称：SHSTC
2、公司法定代表人：叶立润
3、公司董事会秘书：周尔忠
联系地址：上海市徐家汇路 550 号 15 楼
联系电话：(021)64453550-1521　传真：(021)64456910　电子信箱：shstc@online.sh.cn
公司注册地址：上海市沪闵路 6200 号
公司办公地址：上海市徐家汇路 550 号 15 楼　　公司邮政编码：200025
公司电子信箱：shstc@online.sh.cn
4、公司选定信息披露报纸名称：《上海证券报》
登载年报指定网址：http://www.sse.com.cn
年报备置地点：　上海市徐家汇路 550 号 15 楼
5、公司股票上市交易所：上海证券交易所
股票简称：天宸股份　　证券代码：600620

(二) 会计数据和业务数据摘要

(单位：元)

1、　利润总额：	41,002,853.20
净利润：	37,063,462.99
扣除非经营性损益后的净利润：	5,076,370.62
主营业务利润：	51,919,636.47
其他业务利润：	15,713,768.19
营业利润：	9,873,355.54
投资收益：	17,421,003.70
补贴收入：	13,646,383.08
营业外收支净额：	62,110.88
经营活动产生的现金流量净额：	151,094,364.15
现金及现金等价物净增加额：	−52,811,974.60

注："扣除非经营性损益后的净利润"说明：

扣除项目	涉及金额
补贴收入(财政奖励)	13,646,383.08
债权投资收益	1,725,468.74
股权转让收益	5,611,181.93
股权投资收益	10,084,353.03
出售车牌收入	13,915,355.36

2、截止报告期末公司前三年的主要会计数据和财务指标：　(单位：元)

	1999	1998(调整后)	1998(调整前)	1997(调整后)	1997(调整前)
主营业务收入	170,550,031.90	111,673,653.71	111,673,653.71	242,273,018.00	242,273,018.00
净利润	37,063,462.99	62,732,596.49	97,974,734.03	32,386,721.69	41,727,229.58
总资产	1,167,710,566.97	920,286,668.38	961,109,476.51	722,882,551.80	722,882,551.80
股东权益	358,690,149.08	321,626,686.09	366,209,331.52	272,926,767.66	272,926,767.66
每股收益(摊薄)	0.139 元	0.353 元	0.551 元	0.364 元	0.469 元
(加权)	0.161 元	0.446 元	0.551 元	0.385 元	0.496 元
扣除非经常性损益					
后每股收益	−0.046 元	0.13 元	0.328 元	0.12 元	0.224 元
每股净资产	1.3445 元	1.824 元	2.06 元	2.906 元	3.07 元
调整后每股净资产	1.16 元	1.585 元	1.824 元	2.906 元	2.906 元
每股经营活动产生的					
现金流量净额	0.566 元	0.029 元	0.029 元		
净资产收益率(摊薄)	10.333%	19.5%	26.75%		15.29%
(加权)	10.798%	20.95%	30.88%		16.55%

计算公式：每股收益=净利润/年度末普通股股份总数
每股净资产=年度末股东权益/年度末普通股股份总数
调整后的每股净资产=[年度末股东权益−三年以上的应收款项净额−待摊费用−待处理(流动、固定)资产净损失−开办费−长期待摊费用−住房周转金负数余额]/年度末普通股股份总数
每股经营活动产生的现金流量净额=经营活动产生的现金流量净额/年度末普通股股份总数
净资产收益率=净利润/年度末股东权益×100%
3、报告期内股东权益变动情况：(单位：　)

项　目	股本	资本公积	盈余公积	未分配利润	股东权益合计
期初数	177849549.84	60249864.92	43079217.21	40448054.12	321626686.09
本期增加	88924775.00		5559519.45	37063462.99	131547757.44
本期减少		17784955.00		76699339.45	94484294.45
期末数	266774324.84	42464909.92	48638736.66	812177.66	358690149.08
变动原因	送、转增股本	转增股本	法定提取	本年利润及追溯调整	积累增加

(三)股本变动及股东情况：

1、股东情况介绍：
(1) 报告期末股东总数(截止 1999 年 12 月 31 日)

	股份(单位：万股)		股东	
	股份	占%	户数	占%
法人股	18630.8838	69.84	123	0.44
个人股	8046.5487	30.16	27660	99.56
合计	26677.4325	100	27783	100

(2)主要股东持股情况：

股东名称	1998 年末持股数(万股)	1999 年末持股数(万股)	比例%	变动原因
上海县房地产总公司	2764.1952	4146.2928	15.54	送、转增股
上海仲盛虹桥房地产开发有限公司	0	3717.9461	13.937	受让
上海市牛奶公司	780.988	1171.482	4.39	送、转增股
上海展览中心友谊实业公司	731.085	1096.6275	4.11	送、转增股
上海前峰建筑工程有限公司	0	666.4083	2.5	受让
上海农业展览馆	450.03686	577.4802	2.16	转让、送、转增股
上海双鹿电器股份有限公司	334.88	502.32	1.88	送、转增股
上海强生集团	299	448.5	1.68	送、转增股
上海展览中心	284.648	426.9720	1.6	送、转增股
上海嘉定区长征镇工业公司	252.4008	378.6012	1.4	送、转增股

上海金陵股份有限公司

一、 公司简介

(一)公司法定中文名称:上海金陵股份有限公司
公司英文名称:SHANGHAI JINLING CO., LTD
(二)公司法定代表人:佘宝庆先生
(三)公司董事会秘书:陈炳良先生
联系地址:上海浦东杨高南路 475~483 号 传真:(021)58753396 电子信箱:jin-ling@online.sh.cn
上海金陵股份有限公司办公室 电话:(021)58815185
(四)公司注册、办公地址:上海浦东杨高南路 475~483 号 邮政编码:200127
公司国际互联网网址:http://www.jin-ling.com 电子信箱:jin-ling@online.sh.cn
(五)公司选定的信息披露报纸名称:《中国证券报》、《上海证券报》
登载公司年度报告的中国证监会指定国际互联网网址: http://www.sse.com.cn
公司年度报告备置地点:公司办公室
(六)公司股票上市交易所:上海证券交易所 股票简称:上海金陵 股票代码:600621

二、会计数据和业务数据摘要

(一) 本年度主要利润指标情况 (合并报表)(单位:元)

利润总额	116248825.98
净利润	108696413.76
扣除非经常性损益后的净利润	80095042.91
主营业务利润	111266644.17
其他业务利润	25377006.51
营业利润	45857201.47
投资收益	57878191.31
补贴收入	101114.05
营业外收支净额	12412319.15
经营活动产生的现金流量净额	62115956.58
现金及现金等价物净增加额	97090819.30

注:"扣除非经常性损益后的净利润"中扣除的项目及涉及金额分别为法人股转 让收益 20,226,080.75 元、固定资产清理净收益 7,746,995.26 元、获得补贴收入 65,798.19 元、股权投资差额摊入 562,496.65 元。

(二) 公司近三年主要会计数据和财务指标

指标项目	1999 年	1998 年		1997 年	
		追溯调整前	追溯调整后	追溯调整前	追溯调整后
主营业务收入(元)	562779730.72	378400472.35	378400472.35	331940941.59	331940941.59
净利润(元)	108696413.76	96719399.34	87970238.45	41625056.02	37894432.62
总资产(元)	1282462253.62	902781618.29	888599106.93	706044962.29	698989038.51
股东权益(元)	764757731.52	506719096.32	492636278.76	412951091.50	404741040.31
每股收益(元/股)	0.27	0.41	0.38	0.23	0.21
每股收益(加权)	0.31	0.41	0.38	0.29	0.26
扣除非经常性损益后每股收益(元/股)	0.20	0.25	0.21	0.16	0.14
每股净资产(元/股)	1.90	2.17	2.11	2.30	2.25
调整后每股净资产(元/股)	1.75	2.04	1.98	2.23	2.18
每股经营活动产生的现金流量净额(元/股)	0.15	−0.06	−0.06		
净资产收益率(%)	14.21	19.09	17.86	10.08	9.36

主要财务指标计算公式:
每股收益=净利润/年度末普通股股份总数
每股净资产=年度末股东权益/年度末普通股股份总数
调整后每股净资产=(年度末股东权益−三年以上的应收款项净额−待摊费用−待处 理(流动、固定)资产净损失−开办费−长期待摊费用−住房周转金负数余额)/年度末普 通股股份总数
每股经营活动产生的现金流量净额=经营活动产生的现金流量净额/年度末普通股股份总数
净资产收益率=净利润/年度末股东权益×100%

(三) 报告期内股东权益变动情况及原因

项目	股本	资本公积	盈余公积	法定公益金	未分配利润	股东权益合计
期初数	233770001	150113802.60	44628780.90	22944849.22	64123694.26	492636278.76
本期增加	169370269	134316770.00	24350370.42	8072262.18	84346043.34	412383452.76
本期减少		70131000.00			70131000.00	140262000.00
期末数	403140270	214299572.60	68979151.32	31017111.40	78338737.60	764757731.52

变动原因: 1.股本增加系公司实施第八次股东大会通过的 1998 年度送股及资本公积转增股本方案及以 1998 年末总股本为基数向全体股东每 10 股配 3 股所致。 2.资本公积增加系配股溢价所致,资本公积减少系实施资本公积转增股本所致。3.盈余公积及法定公益金增加系母子公司分别按本年实现净利润计提盈余公积及公益金所致。 4.未分配利润增加系本年实现净利润所致,未分配利润减少系实施送股所致。

三、股东情况介绍

(一)股本变动情况
1、报告期末股东总数。截止到 1999 年末,公司股东总数为 94,472 户,其中国家股 股东 1 户,发起人法人股 4 户,社会法人股 41 户,社会公众股 94,426 户。
2、公司前 10 名主要股东持股情况

股东名称	股份变动数量	年末持股数量(股)	比例(%)	备注
上海仪电控股(集团)公司	45592800	106383201	26.39	国家股东
上海金陵集体基金合作联社	12793645	38725977	9.61	均为未流
上海汇龙仪表电子有限责任公司	10741800	27394800	6.80	通股份
上海由由实业发展总公司	3725497	9934658	2.47	
上海第十七棉纺织总厂	3427320	9139520	2.27	
上海双鹿电器股份有限公司	3427320	9139520	2.27	
上海汇虹电子有限公司	2808000	7488000	1.86	
上海金欣联合发展有限公司	1838564	7476160	1.86	
上海冰箱压缩股份有限公司	2570490	6854640	1.70	
上海华联商厦股份有限公司	2240578	6124874	1.52	

持有 5%股份以上的股东上海仪电控股(集团)公司(持股份 26.39%)、上海金陵集体基金合作联社(持股份 9.61%)和上海汇龙仪表电子有限责任公司(持股份 6.80%)所持股份在报告期内无质押及冻结情况。

上海嘉宝实业(集团)股份有限公司

(一) 公司简介

1、公司法定中文名称:上海嘉宝实业(集团)股份有限公司
公司英文名称:SHANGHAI JIABAO INDUSTRY & COMMERCE (GROUP) CO.,LTD.
公司英文名称缩写: JB
2、公司法定代表人: 孙维廉
3、公司董事会秘书: 庞瑞华
联系地址:上海市嘉定区嘉戬路 118 号二楼董秘办公室
电 话:021-59162518 传 真:021-59161452
4、公司注册地址: 上海市嘉定区嘉戬路 118 号
公司办公地址: 上海市嘉定区嘉戬路 118 号
公司邮政编码: 201822
公司电子信箱:jb88@mail. xinlian.com.cn
公司电话:021-59161888 转接各部室
5、公司信息披露的报刊:《上海证券报》
登载公司年度报告的中国证监会指定的国际互联网网址:http://www.sse.com.cn
公司年度报告备置地点:上海市嘉定区嘉戬路 118 号二楼董秘办公室
6、公司股票上市地:上海证券交易所
股票简称:嘉宝实业股票代码:600622

(二) 会计数据和业务数据摘要

1、本年利润总额及构成 (单位:元 合并报表)

利润总额	5,706,336.85
其中:主营业务利润	37,134,346.17
其他业务利润	7,759,720.52
投资收益	26,247,333.45
补贴收入	14,473,745.01
营业外收支净额	2,286,968.25
净利润	4,221,406.29
扣除非经常性损益后的净利润	−12,539,306.97
经营活动产生的现金流量净额	93,464,308.32
现金及现金等价物净增加额	52,659,455.19

注:扣除非经常性损益项目和涉及金额:
(1)补贴收入 14,473,745.01
(2) 营业外收支净额 2,286,968.25

2、截止报告期末公司前三年的主要会计数据和财务指标(单位:元、股)

序号 项目	1999 年度	1998 年度		1997 年度	
		调整后	调整前	调整后	调整前
1 主营业务收入	219,935,197.69	236,037,668.29	236,359,282.59	437,528,734.76	437,528,734.76
2 净利润	4,221,406.29	44,333,967.76	62,878,520.20	25,604,823.03	70,963,869.14
3 总资产	1,252,459,471.09	1,221,925,976.82	1,401,247,814.54	1,426,540,307.52	1,472,126,897.11
4 股东权益	811,345,358.48	807,123,952.19	984,800,869.49	650,095,982.72	688,651,171.91
5 每股经营活动产生的现金净流量	0.280	0.043	0.043	–	–
6 每股收益(摊薄)	0.013	0.133	0.188	0.090	0.248
7 扣除非经常性损益后的每股收益	−0.038	−0.115	–	0.077	–
8 每股净资产	2.431	2.419	2.951	2.274	2.409
9 调整后的每股净资产	2.383	2.384	2.800	2.189	2.242
10 净资产收益率(%)	0.52	5.49	6.38	3.94	10.31

3、报告期内股东权益变动情况:

项 目	股 本	资本公积	盈余公积	其中:法定公益金	未分配利润	股东权益合计
期初数	333,688,309	441,034,162.98	30,647,128.93	14,828,336.51	1,754,351.28	807,123,952.19
本期增加			1,356,159.00	452,053.00	2,865,247.29	4,221,406.29
本期减少						
期末数	333,688,309	441,034,162.98	32,003,287.93	15,280,389.51	4,619,598.57	811,345,358.48
变动原因		本年度提取数		本年度提取数	净利润增加	

(三)股本变动及股东情况

1、股本变动情况:
股本变动情况表

	期初数(股)	发起人股东转让(股)	年末数(股)	比例%
(一) 未上市流通股份				
1、发起人股份	159,909,325	− 99,178,523	60,730,802	18.20
2、募集法人股份	58,579,848	99,178,523	157,758,371	47.28
3、转配股	48,383,637		48,383,637	14.50
未上市流通股合计	266,872,810		266,872,810	79.98
(二) 已上市流通股份				
境内上市的人民币普通股	66,815,499		66,815,499	20.02
(三)股份总额	333,688,309		333,688,309	100.00

2、股东情况介绍:
(1) 截止本报告期末股东总数为 62,084 户。
(2) 前十名股东情况:

名次 股东名称	年末持股数(股)	占总股本%	年初持股数(股)	占总股本%	变动原因
1、上海竞法企业发展有限公司	53,420,000	16.01			受让股权
2、上海梅林正广和(集团)有限公司	33,379,000	10.00			受让股权
3、上海戬浜工业总公司	21,614,672	6.48	35,675,262	10.69	转让股权
4、上海南翔资产经营有限公司	19,152,170	5.74			受让股权
5、上海徐行经济实业总公司	13,706,226	4.11	22,697,930	6.80	转让股权
6、上海嘉西工业总公司	12,889,904	3.86	21,567,752	6.50	转让股权
7、上海南翔经济发展总公司	11,000,000	3.30	55,183,356	16.54	转让股权
8、上海华亭资产经营有限公司	10,279,768	3.08	16,998,604	5.09	受让股权
9、上海国平房产有限公司	8,759,768	2.63			受让股权
10、农行上海市信托投资公司	6,739,200	2.02	6,739,200	2.02	

注:公司与前十名股东之间存在关联交易详见"重大关联交易事项"。

上海轮胎橡胶(集团)股份有限公司

一、公司简介

1.公司法定中文名称:上海轮胎橡胶(集团)股份有限公司
公司法定英文名称:SHANGHAI TYRE & RUBBER CO., LTD
公司英文名称缩写:STRC
2.公司法定代表人:虞国卫先生
3.公司董事会秘书:许东铭先生
联系地址:上海市四川中路 63 号
电　　话:021-63290433-31
传　　真:021-63299609
4.公司注册地址:上海市四川中路 63 号
公司办公地址:上海市四川中路 63 号　邮政编码:200002
公　司　网　页:www.cstarc.com
公司电子信箱:compay@cstarc.com
5.公司选定的信息披露报纸:《上海证券报》、《金融时报》、《香港南华早报》
登载年度报告的国际互联网网址:http:// www.sse.com.cn.
公司年度报告备置地点:上海市四川中路 63 号 公司董事会秘书室
6.公司股票上市地:上海证券交易所
股票简称:轮胎橡胶、轮胎 B 股
股票代码:轮胎橡胶　600623　轮胎 B 股　900909

二、会计数据与业务数据摘要

1、公司本年度实现利润及主要现金流量指标(单位:人民币元)

利润总额	8,806,634.19
净利润	2,595,778.30
扣除非经常性损益后的净利润	−160,611,543.19

注:非经常性损益主要为:(1)大中华橡胶厂搬迁补偿 13000 万元;(2)大中华疗养院搬迁补偿 1062.42 万元;(3)上海碳酸碱厂搬迁补偿 2258.31 万元。三项合计 16320.73 万元。

主营业务利润	196,584,152.23
其他业务利润	215,620,569.86
投资收益	107,706,943.80
补贴收入	21,062,621.49
营业外收支净额	1,937,630.25
经营活动产生的现金流量净额	528,746,772.52
现金及现金等价物净增加额	746,783.86

2、公司近三年主要会计数据和财务指标(单位:人民币元)

项目	1999 年	1998 年		1997 年	
		调整前	调整后	调整前	调整后
主营业务收入	3345671393.18	4920468404.54	4920468404.54	4306610513.42	4306610513.42
净利润	2595778.30	124905868.40	1292237.28	129513753.83	−18488683.87
总资产	7700605020.88	7965965473.13	7696825090.26	6538596519.16	6390594081.46
股东权益	2219642849.91	2485319029.74	2213702955.92	2353396200.88	2225796780.90
每股收益	0.0029	0.1404	0.0015	0.1602	−0.0229
扣除非经常性损益后的每股收益	−0.18				
每股净资产	2.495	2.794	2.488	2.910	2.752
调整后每股净资产	2.352	2.562	2.348	2.691	2.546
每股经营活动产生的现金流量净额	0.594	0.089	0.089		
净资产收益率%	0.12	5.03	0.06	5.50	−0.83

注:主要财务指标计算公式:
每股收益=净利润÷年度末普通股股份总数
每股净资产=年度末股东权益÷年度末普通股股份总数
调整后的每股净资产=〖年度末股东权益-三年以上应收款项净额-待摊费用-待处理(流动、固定)资产净损失-开办费-长期待摊费用-住房周转金负数余额〗÷年度末普通股股份总数
每股经营活动产生的现金流量净额=经营活动产生的现金流量净额÷年度末普通股股份总数
净资产收益率=净利润÷年度末股东权益×100%

3、报告期内股东权益变动情况(单位:人民币元)

项目	股本	资本公积	盈余公积	法定公益金	未分配利润	股东权益合计
期初数	889467722.00	1048755625.49	252321579.26	7058756.37	16099272.80	2213702955.92
本期增加	0.00	3344115.69	8803531.21	3789937.86	2595778.30	18533363.06
本期减少	0.00	0.00	0.00	0.00	12593469.07	12593469.07
期末数	889467722.00	1052099741.18	261125110.47	10848694.23	6101582.03	2219642849.91

变动原因:(1)法定盈余公积、法定公积金增加,是按规定提取的法定公积金、法定公益金所致。
(2)期末未分配利润是 99 年度实现利润和利润分配所致。

三、股东情况介绍

1.报告期末股东总数
截止到 1999 年 12 月 31 日,本公司股东总数为 26,437 户,A 股股东总数为 21,574 户,B 股股东为 4,863 户(其中持有公司美国存托凭证(ADR)的股东 2 户,计持有公司 ADR46,753 份,折合 B 股 467,530 股)。
2.本公司前 10 名股东持股情况(截止到 1999 年 12 月 31 日)

序号	股东名称	持股数(股)	持股比例
1	国家股(上海华谊(集团)公司)	608,357,461	68.40%
2	徐州轮胎(集团)公司	9,410,261	1.06%
3	NATEXIS BANQUES POPULAIRES	7,268,011	0.82%
4	ABU DHABI, UNITED ARAB EMIRATES	6,190,000	0.7%
5	国际美洲集团公司	5,596,019	0.63%
6	WISEMAX INTERNATIONAL LIMITED	4,040,997	0.45%
7	SCBHK A/C BANK OF NEW YORK S/A CMG CH CHINA INVESTMENTS LIMITED	3,799,650	0.43%
8	NAMEOF INSUTNTIONAL	3,718,000	0.42%
9	DEBORAH WANG LIN	2,779,000	0.31%
10	TOYO SECURITIES ASIA LTD. A/C CLIENT	2,567,870	0.29%

以上股东间无关联关系。持有本公司 5%以上股份的股东为上海华谊(集团)公司,其所持有的股份年度内无增减变动,无质押和冻结。

上海复华实业股份有限公司

一、公司简介

1.公司法定中文名称:上海复华实业股份有限公司
公司英文名称:FORWARD GROUP LIMITED　缩写:FORWARD
2.公司法定代表人:陈苏阳
3.公司董事会秘书:徐文一　授权代表人:张茜
联系地址:上海市国权路 525 号复华科技楼十楼
电　　话:(021)65103021　63872288　传真:(021)65107402　63869700
电子信箱:shareholder@forwardgroup.net
4.公司注册地址:上海市浦东金张路 1167 号
公司办公地址:上海市国权路 525 号　邮政编码:200433
公司国际互联网网址:http://www. forwardgroup. net
电子信箱:forward@forwardgroup.net
5.公司选定信息披露报纸名称:《上海证券报》
登载公司年度报告的中国证监会指定国际互联网网址:http://www.sse.com.cn
公司年报备置地点:上海市国权路 525 号复华科技楼十楼
6.公司股票上市交易所:上海证券交易所
股票简称:复华实业　股票代码:600624

二、会计数据和业务数据摘要

(一)本年度利润总额及构成　(单位:人民币元)

项　目	1999 年
利润总额	17,515,146.75
净利润	18,837,577.57
扣除非经常性损益后的净利润	16,966,046.79
主营业务利润	55,344,258.93
其他业务利润	8,221,230.64
营业利润	384,305.07
投资收益	15,259,310.90
补贴收入	1,913,041.89
营业外收支净额	−41,511.11
经营活动产生的现金流量净额	−47,363,996.70
现金及现金等价物净增加额	15,322,359.82

说明:扣除非经常性损益后的净利润指扣除补贴收入 1,913,041.89 元,营业外收支净额−41,511.11 元后的净利润。

(二)本报告期末公司前三年的主要会计数据及财务指标

项　目	单位	1999 年	1998 年		1997 年	
			调整前	调整后	调整前	调整后
主营业务收入	万元	22,363.05	21,690.05	21,690.05	23,582.43	23,582.43
净利润	万元	1,883.76	1,510.87	1,240.21	3,410.02	2,162.11
总资产	万元	84,907.60	78,930.80	77,216.91	62,898.08	61,481.38
股东权益	万元	49,492.75	49,833.79	48,036.81	47,265.94	46,018.02
每股收益(摊薄)	元	0.0929	0.0895	0.0734	0.202	0.1280
(加权)	元	0.1014	0.0895	0.0734	0.263	0.1669
每股净资产(摊薄)	元	2.4420	2.9506	2.8442	2.80	2.7246
调整后每股净资产(摊薄)	元	2.2285	2.5998	2.6373	2.66	2.5854
每股经营活动产生的现金流量净额		−0.2337	−0.3838	−0.3838		
净资产收益率(摊薄)	%	3.81	3.03	2.58	7.21	4.70
(加权)	%	3.86	3.11	2.60	8.83	5.70

(三)报告期内股东权益变动情况(单位:万元)

项　目	股本	资本公积	盈余公积	其中:公益金	未分配利润	外币报表折算差异等	合　计
期初数	16,889.56	24,339.42	4,519.74	1,420.13	2,367.35	−79.26	48,036.81
本期增加	3,377.91	4.93	835.43	398.99	1,883.76		6,102.03
本期减少					4,250.78	395.31	4,646.09
期末数	20,267.47	24,344.35	5,355.17	1,819.12	0.33	−474.57	49,492.75

变动说明:1、报告期内公司股本增加系 98 年度分配所致。
2、资本公积和盈余公积增加系从本年度净利润中法定提取所致。

三、股本变动及股东情况

(一)公司股本变动情况
1、股份变动情况表　数量单位:股

	本次变动前	本次变动增减(+,-) 配股	送股	公积金转股	增发	其他	本次变动后 小计
一、未上市流通股份							
1、发起人股份	55,289,543		11,057,909				66,347,452
其中:国家持有股份	9,938,156		1,987,631				11,925,787
2、优先股或其他							
其中:转配股	25,647,006		5,129,401				30,776,407
未上市流通股份合计	90,874,705		18,174,941				109,049,646
二、已流通股份							
人民币普通股	78,020,890		15,604,178				93,625,068
已流通股份合计	78,020,890		15,604,178				93,625,068
三、股份总数	168,895,595		33,779,119				202,674,714

(二)股东情况介绍
1、报告期末股东总数为 99241 户,其中,内部职工股股东和公司职工股股东数量为 0。
2、报告期末公司前十名股东持股情况:

序号	股东名称	年末持股数	占总股本%	股份性质
1	复旦大学	66,347,452	32.736	国有法人股
2	上海市国有资产管理办公室	11,925,787	5.884	国家股
3	申银万国	9,703,564	4.788	转配股
4	华夏浦东	2,271,384	1.121	转配股
5	吴宏伟	696,461	0.344	上市流通股
6	银威特	380,000	0.187	上市流通股
7	王日晓	373,308	0.184	上市流通股
8	赵新穗	332,500	0.164	上市流通股
9	罗兴遂	322,484	0.159	上市流通股
10	杨伯涛	315,880	0.156	上市流通股

上海水仙电器股份有限公司

一、公司简介

1.公司法定中文名称：上海水仙电器股份有限公司
公司英文名称：Shanghai Narcissus Electric Appliances Co.,Ltd.
公司英文名称缩写：SNEC
2.公司法定代表人：宋伟民先生
3.公司董事会秘书：赵钟忆先生
联系地址：上海市汶水路19号
联系电话：(021)56651410
传真：(021)56651093
4.公司注册地址、办公地址：上海市汶水路19号
邮政编码：200072
电子信箱：shui xian @ public. sta. net. cn
5.公司选定的信息披露报纸：《上海证券报》、《香港商报》
登载公司年度报告的中国证监会指定国际互联网网址：
http://www.sse.com.cn
公司年度报告备置地点：公司办公室
6.公司股票上市交易所：上海证券交易所
公司股票简称：A股：ST水仙　　B股：ST水仙B
公司股票代码：A股：600625　　B股：900931

二、会计数据和业务数据摘要

1.本年度会计数据和业务数据：（单位：人民币元）

利润总额	−196,975,615.88
净利润：	−197,137,470.95
扣除非经营性损益后的净利润：	−198,701,984.64
主营业务利润：	22,289,244.35
其他业务利润：	1,102,314.31
营业利润：	−198,540,129.57
投资收益：	−6,381,784.46
补贴收入	
营业外收支净额：	7,946,298.15
经营活动产生的现金流量净额：	−37,841,857.98
现金及现金等价物净增加额	−11,237,774.70

非经营性损益：①投资收益：子公司亏损及长期投资减值准备。
②营业外收支：主要是债务重组收益和火灾损失。
2.境内外差异情况及原因：
主要是长期资产的摊销，联营公司业绩确认存在的差异。
3.截止报告期末，公司前三年主要会计数据和财务指标（单位：人民币元）

项目	1999年度	1998年度 调整前	1998年度 调整后	1997年度
主营业务收入	175,128,566.22	184,873,170.05	184873,170.05	453,175,522.44
净利润	−197,137,470.95	−63985,092.03	−138783,178.61	−66,511,077.34
总资产	638,259,237.02	1,025868,566.23	1,025868,566.23	1,178,712,929.64
股东权益（不含少数股东权益）	80,833,118.90	373,154,262.56	277970,589.85	431,539,329.24
每股收益（摊薄）	−0.834	−0.271	−0.587	−0.28
每股收益（加权）	−0.834	−0.271	−0.587	−0.281
每股净资产	0.34	1.58	1.18	1.83
调整后的每股净资产	0.16	1.42	1.10	1.76
每股经营活动产生的现金流量净额	−0.16	−0.14	−0.14	
净资产收益率（摊薄）(%)	−243.88	−17.15	−23.02	−15.41
净资产收益率（加权）(%)	−109.89	−15.79	−38.81	−14.32

计算方法：
每股收益=净利润/年度末普通股股份总数
净资产收益率=净利润/年度末股东权益×100%
每股净资产=年度末股东权益/年度末普通股股份总数
调整后的每股净资产=（年度末股东权益−三年以上的应收款项净额−待摊费用−待处理（流动、固定）资产净损失−开办费−长期待摊费用−住房周转金负数余额）/年度末普通股股份总数
每股经营活动产生的现金流量净额=经营活动产生的现金流量净额/年度末普通股股份总数
4.报告期内股东权益变动情况表　（单位：元）

项目	股本	资本公积	盈余公积	法定公益金	未分配利润	股东权益合计
期初数	236,401,000	216,484,513.45	38,724,235.98	2,730,411.38	−213,639,159.58	277,970,589.85
本期增加						903,944.83
本期减少				903,944.83	214,619.12	197,137,470.95
期末数	236,401,000	216,484,513.45	37,820,291.15	2,515,792.26	−409,872,685.70	80,833,118.90

变动原因：
盈余公积本期减少系上海水仙物产贸易发展公司本年已注销工商登记，其以前年度计提的盈余公积包括公益金，母公司所拥有份额在本年度转出。
未分配利润变动系四项减值准备的计提。
股东权益合计变动系财政部(1999)35号文的有关规定，公司对以前年度的会计数据进行追溯性调整和本年度的四项减值的计提及经营亏损。

三、股东情况介绍

1.报告期末公司股东总数：11887户
2.报告期末公司前10名股东的持股情况：

股东名称	年末持股数（股）	占总股本比例
上海纳赛斯投资发展中心	51066020	21.60%
上海新工联实业有限公司	31746000	13.43%
COMPLEX SHIPPING COMPANY LIMITED	5237930	2.22%
上海氯碱化工股份有限公司	2640000	1.12%
上海国际信托投资公司	2640000	1.12%
中国纺织机械股份有限公司	2200000	0.93%
徐雪芬	2080790	0.88%
晏福有	2023000	0.86%
王广贵	1900000	0.80%
钟　滢	1873000	0.79%

上海申达股份有限公司

一、　公司简介

1、公司的法定中、英文名称及缩写
法定中文名称：上海申达股份有限公司
法定英文名称：SHANGHAI SHENDA CO.,LTD
公司英文名称缩写：SHSD
2、公司法定代表人：杜双信
3、公司董事会秘书：丁振华
公司董秘授权代表：玛天羽
联系地址：上海市武宁南路448号申达大厦　邮编：200042
联系电话：021-62319898
传真：021-62317250
电子信箱地址：dzh@shenda.com.cn
4、公司注册地址：上海市浦东歇浦路海防新村74号(申佳宾馆)
公司办公地址：上海市武宁南路448号申达大厦
邮编：200042
公司国际互联网网址:http://www.chinashenda.com
电子信箱：shenda@public1.sta.net.cn
5、公司选定的信息披露报纸名称：上海证券报、证券时报
登载年度报告的国际互联网网址:http://www.sse.com.cn
公司年度报告备置地点：上海市武宁南路448号申达大厦415室
6、公司股票上市交易所：上海证券交易所
股票简称：申达股份
股票代码：600626

二、　会计数据和业务数据摘要

1、项目	金额
利润总额	136,118,458.05元
净利润	104,613,897.18元
扣除非经常性损益后的净利润	101,588,349.64元
主营业务利润	254,458,864.37元
其它业务利润	16,812,896.09元
营业利润	99,381,329.53元
投资收益	31,825,523.33元
补贴收入	1,438,050.18元
营业外收支净额	3,473,555.01元
经营活动产生的现金流量净额	180,891,735.97元
现金及现金等价物净增加额	−23,814,190.35元

注：非经常性损益的内容及金额。
a.新股申购冻结资金利息180.614万元，系我司98年6月增发新股7500万股所获得的无效申购冻结资金利息903.07万元按五年分摊的本年度摊入额。
b.补贴收入143.805018万元，其中：新产品减免税129.27万元，职工交通补贴14.54万元。
c.资产处置收益额：出售固定资产清理收入净额为−8,642.64元。
2、前三年主要会计数据和财务指标：

项目	99年	98年 调整后	98年 调整前	97年
主营业务收入:元	2401629006.61	1550431815.05	1550431815.05	1115126452.42
净利润:元	104613897.18	81652955.36	83135098.62	33949598.99
总资产:元	2001065039.33	1768583910.82	1770573510.76	900583750.18
股东权益:元	798552603.65	721623502.63	723109977.82	338841386.31
每股收益:元	0.379	0.295	0.301	0.168
每股净资产:元	2.89	2.61	2.62	1.68
调整后的每股净资产:元	2.84	2.54	2.55	1.37
每股经营活动产	0.65	0.52	0.52	
净资产收益率:%	13.10	11.32	11.50	10.02
加权平均的每股收益:元	0.379	0.351	0.357	0.168
扣除非经营性损益后的每股收益:元	0.368	0.289	0.295	0.075

3、股东权益变动情况：

项目	股本	资本公积	盈余公积	法定公益金	未分配利润	股东权益合计
调整前期初数	276382896	302430780.62	92878857.48	8105819.43	43311624.29	723109977
调整后期初数	276382896	302430780.62	92749260.12	7976857.80	42083708.09	721623502
本期增加			55968164.43	5223346.56	45240541.99	106432052
本期减少			46506.56	1818155.80	27638289.60	29502951
期末数	276382896	302430780.62	148670917.99	11382048.56	59685960.4	798552603
变动原因			当年提取	当年提取和转出	当年盈利分配后增加数	

三、　股本情况介绍

(1)九九年末本公司的股东总数：54605户。
(2)前10名大股东持股情况：

股东单位	持股情况	股份性质	备注
上海申达(集团)有限公司	134,046,000	国家股	
中国华诚财务公司	3,379,200	法人股	被法院冻结
城市房产有限公司	3,168,000	法人股	原恒通集团股份公司转让所形成
上海市投资信托公司	3,168,000	法人股	
天元基金	3,015,000	流通股	99年内新增
上海第十七棉纺织总厂	2,640,000	法人股	原上海龙头股份有限公司转让所形成
中国纺织品进出口公司	2,112,000	法人股	
上海纺织原料公司	2,112,000	法人股	
上海第一百货股份有限公司	2,080,320	法人股	
中国银行上海投资咨询公司	1,689,600	法人股	

注：代表国家持有我司股份的单位是：上海申达(集团)有限公司。年度内该股东所持股份没有增减变动。

上海电器股份有限公司

一、公司简介

1、公司法定中文名称：上海电器股份有限公司
公司英文名称：Shanghai Electrical Apparatus Co., Ltd.
公司英文名称缩写：SEAC
2、公司法定代表人：周飞达先生
3、公司董事会秘书：程彦敏先生
联系地址：上海市福州路89号
电　　话：021—63216175
传　　真：021—63297808
电子信箱：cyamin1@shtel.net.cn
4、公司注册地址：上海市福州路89号
公司办公地址：上海市福州路89号
公司邮政编码：200002
公司电子信箱：seac@smeic.online.sh.cn
5、公司信息披露报刊：《上海证券报》
登载公司年度报告的中国证监会指定的国际互联网网址：http://www.sse.com.cn
公司年度报告备置地点：上海市福州路89号
6、公司股票上市地：上海证券交易所
股票简称：电器股份
股票代码：600627

二、会计数据和业务数据摘要

1、本年度主要会计数据　　单位：人民币元

序号	项　目	1999年
1	利润总额	36055059.85
2	净利润	29695466.70
3	扣除非经营性损益后的净利润	4737272.82
4	主营业务利润	250637814.58
5	其他业务利润	23796591.77
6	营业利润	-33180930.79
7	投资收益	48942713.45
8	补贴收入	1881000.00
9	营业外收支净额	18412277.19
10	经营活动产生的现金流量净额	198225675.54
11	现金及现金等价物净增加额	172027521.45

2、截止报告期末公司前三年的主要会计数据及财务指标　　单位：人民币元

项目	1999年度	1998年度		1997年度	
		调整前	调整后	调整前	调整后
主营业务收入	1665898458.79	1505264866.79	1448958723.20	1578258788.93	1578258788.93
净利润	29695466.70	10758138.27	4798578.13	9172093.50	6223758.79
总资产	4472820309.55	2557890025.16	2423118651.80	2528630813.01	2511353725.20
股东权益	804204079.92	825576554.68	771208093.24	888230207.86	868004785.34
每股收益	0.06	0.02	0.01	0.02	0.01
扣除非经常性损益后的每股收益	0.01	-0.09	-0.10	-0.01	- 0.01
每股净资产	1.55	1.59	1.49	1.71	1.68
调整后的每股净资产	0.99	1.01	0.96	1.18	1.16
每股经营活动产生的现金流量净额	0.38	0.63	0.06	/	/
净资产收益率(%)	3.69	1.30	0.62	1.03	1.20

注：本报期内未发生股本变动。
每股收益=净利润/年度末普通股股份总数
每股净资产=年度末股东权益/年度末普通股股份总数
调整后的每股净资产=(年度末股东权益-三年以上的应收款项净额-待摊费用-待处理（流动、固定）资产净损失-开办费-长期待摊费用-住房周转金负数余额）/年度末普通股股份总数
每股经营活动产生的现金流量净额=经营活动产生的现金流量净额/年度末普通股股份总数
净资产收益率=净利润/年度末股东权益×100%

3、报告期内股东权益变动情况

项目	股本	资本公积	盈余公积	法定公益金	未分配利润	股东权益合计
期初数	517965449	318557942.33	44505759.93	11002391.80	-109821058.02	771208093.24
本期增加	/	3823912.88	1069107.80	424822.23	62730208.50	67623229.18
本期减少	/		33034741.80		1592500.70	34627242.50
期末数	517965449	322381855.21	12540125.93	11427214.03	-48683350.22	804204079.92

变动原因：
1、资本公积本期增加系投资评估增值。
2、盈余公积系资产置换以后扩大合并范围的新增全资子公司转入的盈余公积，减少数系弥补亏损。
3、未分配利润本期增加系当年税后利润，本期减少系资产置换以后全资公司计提坏帐准备　核减数及合并报表中被抵消的子公司的盈余公积返还。

三、股东情况介绍

(1) 截止报告期末股东总数22896户
(2) 报告期内公司前十名股东持股情况：　　单位：万股

序号	股东名称	年末持股数	占总股本(%)
1	上海电气(集团)总公司	43380.7200	83.75
2	安顺基金	288.2715	0.56
3	上海申银万国证券股份有限公司	269.2800	0.52
4	上海投资信托有限公司	204.0000	0.39
5	工行二营	162.2400	0.31
6	沈阳联亚	110.4000	0.21
7	陈玉和	98.4975	0.19
8	金泰基金	97.7200	0.19
9	上海电器职工技协	92.0856	0.18
10	海通证券	91.9435	0.18

上海新世界股份有限公司

一、公司简介

1. 公司名称
公司法定中文名称：上海新世界股份有限公司
公司英文名称及缩写：SHANGHAI NEW WORLD CO., LTD. (SNW)
2.公司法定代表人：董事长江锡洲先生
3.公司董事会秘书：马炳芳先生　　授权代表：财务部经理周丽芬女士
联系电话：(021)63588888 转 3322　　(021)63582189
传　　真：(021)63583331　　(021)63582189
电子信箱：mbf@newworld-china.com　电子信箱：zlf@newworld-china.com
联系地址：上海市南京西路2~68号　公司董事会办公室和财务部
4.公司注册及办公地址：上海市南京西路2号~68号　邮政编码：200003
公司国际互联网网址：http://www.newworld-china.com
电子信箱：newworld@newworld-china.com
5.公司选定的信息披露报纸：《上海证券报》
登载公司年度报告的中国证监会指定国际互联网网址：http://www.sse.com.cn
公司年度报告备置地点：公司董事会办公室、财务部
6.公司股票上市交易所：上海证券交易所　股票简称：新世界　股票代码：600628

二、会计数据和业务数据摘要

1. 本年度会计数据和业务数据摘要　　单位：元

项目	1999年
(1)利润总额	70,062,249.40
(2)净利润	59,256,012.42
(3)扣除非经常性损益后的净利润	59,263,760.87
(4)主营业务利润	273,400,253.00
(5)其他业务利润	11,474,501.68
(6)营业利润	66,128,246.52
(7)投资收益	3,889,780.48
(8)补贴收入	44,250.78
(9)营业外收支净额	-28.38
(10)经营活动产生的现金流量净额	256,387,791.32
(11)现金及现金等价物净增加额	- 31,110,422.50

2.公司近三年主要会计数据与财务指标
单位：元
追溯调整后：

项　目	1999年	1998年	1997年
(1)主营业务收入	1,914,805,386.97	1,836,347,037.74	1,773,355,944.41
(2)净利润	59,256,012.42	64,455,422.22	61,480,072.37
(3)总资产	1,733,550,348.79	1,832,329,629.84	1,743,118,375.18
(4)股东权益	483,223,164.82	423,967,152.40	359,511730.18
(5)每股收益	0.3137	0.3412	0.3580
(6)每股净资产	2.56	2.24	2.09
(7)调整后每股净资产	2.54	2.20	2.03
(8)每股经营活动产生的现金流量净额	1.3572	0.7358	-------
(9)净资产收益率	12.26%	15.20%	17.10%
(10)扣除非经营性损益后的每股收益	0.3137	0.2805	0.3967

追溯调整前：

项　目	1998年	1997年
(1)主营业务收入	1,836,347,037.74	1,773,355,944.41
(2)净利润	68,287,504.64	61,209,772.50
(3)总资产	1,843,993,012.13	1,750,949,675.05
(4)股东权益	435,630,534.69	367,392,345.57
(5)每股收益	0.3615	0.36
(6)每股净资产	2.31	2.14
(7)调整后每股净资产	2.26	2.03
(8)每股经营活动产生的现金流量净额	0.7358	
(9)净资产收益率	15.68%	16.66%
(10)扣除非经营性损益后的每股收益	0.3008	0.3951

注：主要会计数据和财务指标的计算公式
每股收益=净利润/年度末普通股股份总数
每股净资产=年度末股东权益/年度末普通股股份总数
调整后的每股净资产=(年度末股东权益-三年以上的应收款项净额-待摊费用-待处理（流动、固定)资产净损失-开办费-长期待摊费用-住房周转金负数余额)/年度末普通股股份总数
每股经营活动产生的现金流量净额=经营活动产生的现金流量净额/年度末普通股股份总数
净资产收益率=净利润/年度末股东权益×100%

3.股东权益变动情况　　单位：元

项目	股本	资本公积	盈余公积	法定公益金	未分配利润	合　计
期初数	188,908,537.00	116,118,994.93	37,920,892.08	9,917387.29	81,018,728.39	423,967,152.40
本期增加				9,470548.19	3,156,849.40	59,256,012.42
本期减少						9,470548.19
期末数	188,908,537.00	116,118,994.93	47,391,440.27	13,074236.69	130,804,192.62	483223,164.82

三、股东情况介绍

1.报告期末股东总数为56426户。
2.主要股东持股情况

名次	股东名称	期末持股数	占总股本%
(1)	上海市黄浦区国有资产管理办公室	86,699,290	45.89
(2)	上海新世界(集团)有限公司	3,477,247	1.84
(3)	上海申银万国证券公司	2,881,812	1.53
(4)	上海万象(集团)股份有限公司	1,357,171	0.72
(5)	浦发静安	1,273,608	0.67
(6)	潍坊上证	976,937	0.52
(7)	上海第一百货商店股份有限公司	969,408	0.51
(8)	上海华联商厦股份有限公司	969,408	0.51
(9)	上海黄浦区对外经济技术开发合作公司	969,408	0.51
(10)	蔡同德堂药号	775,526	0.41

上海棱光实业股份有限公司

一、公司简介

1、公司的法定中文名称:上海棱光实业股份有限公司
公司的法定英文名称:SHANGHAI LENGGUANG INDUSTRIAL CO., LTD.
英文缩写:LICO
2、公司法定代表人: 吴永强
3、公司董事会秘书:李恒广
联系地址:上海市龙吴路 4900 号
电 话:(021)64342772 转
传 真:(021)64345664 公司
4、公司注册地址:上海市龙吴路 4900 号
公司办公地址:上海市龙吴路 4900 号
邮编:200241
电子信箱:wuygsli @ online. sh. cn
5、公司选定的信息披露报纸名称:《上海证券报》
刊登公司年度报告的中国证监会指定国际互联网网址:http://www.sse.cn
公司年度报告备置地点:公司董事会秘书处
6、公司股票上市地:上海证券交易所
股票简称: 棱光实业
股票代码: 600629

二、会计数据和业务摘要

1、本年度利润总额及构成(1999 年度合并) (单位:人民币元)

项 目	1999 年
利润总额	−37692734.33
净利润	−37479566.71
扣除非经常性损益后的净利润	−33819866.66
主营业务利润	4280878.65
其他业务利润	773181.34
营业利润	−37748355.10
投资收益	64943.10
补贴收入	290300.00
营业外收支净额	−299622.33
经营活动产生的现金流量净额	−14583817.26
现金及现金等价物净增加额	−18011439.77

注:非经常性损益的内容及金额:
A、补贴收入 290300 元,其中新产品减免税 219000 元,贴息收入 71300 元;
B、处置固定资产损失 3,713,801.04 元;
C、税务滞纳金支出 236,198.99

2、截止报告期末公司前三年的主要会计数据及财务指标(单位:人民币元)

项 目	1999 年	1998 年		1997 年	
		调整前	调整后	调整前	调整后
主营业务收入	31695461.69	39854600.47	39854600.47	87115369.84	87115369.84
净利润	−37479566.71	30184638.69	3754688.21	22141044.08	16182763.69
总资产	556791303.25	575100469.96	542712238.09	543905582.27	537053559.82
股东权益	161994551.53	231862349.11	199474118.24	201650707.08	194798684.63
每股收益	−0.248	0.20	0.025	0.161	0.118
每股净资产	1.07	1.53	1.32	1.47	1.42
调整后每股净资产	1.04	1.50	1.29	1.18	1.13
每股经营活动产生的现金流量净额	−0.096	−1.32	−1.32		
净资产收益率(%)	−23.14	13.02	1.88	10.98	8.31

注:本报告期内未发生股本变动
每股收益 = 净利润 / 年度末普通股股份总数
每股净资产 = 年度末股东权益 / 年度末普通股股份总数
调整后每股净资产 = (年末股东权益−三年以上的应收款项净额−待摊费用−待处理(流动、固定)资产净损失−开办费−长期待摊费用−住房周转金负数余额) / 年度末普通股股份总数
每股经营活动产生的现金流量净额 = 经营活动产生的现金流量净额 /年度末普通股股份总数
净资产收益率 = 净利润 / 年度末股东权益×100%

3、股东权益变动情况(单位:元)

项 目	股 本	资本公积	盈余公积	法定公益金	未分配利润	股东权益合计
期初数	151377598	21422564.73	17066827.66	4171290.09	9607127.85	199474118.24
本期增加	--	--	702420.00	--	−37479566.71	−37479566.71
本期减少	--	--	--	702420.00	--	
期末数	151377598	21422564.73	17066827.66	3468870.09	−27872438.86	161994551.53
变动原因			转入盈余公积		本年净利润减少	本年净利润减少

三、股东情况介绍

1、报告期末股东总数为 43169 户。
2、主要股东持股情况

序号	股东名称	年末持股数量(股)	占总股本比例(%)
(1)	恒通集团股份有限公司	53745120	35.50
(2)	上海建筑材料(集团)总公司(国家股)	25140864	16.61
(3)	无锡新江南股份有限公司	3084941	2.04
(4)	上海第十七棉纺织总厂	1229580	0.81
(5)	陕西证券公司	1179399	0.78
(6)	中国纺织机械股份有限公司	1092960	0.72
(7)	申银万国证券公司	956340	0.63
(8)	上海氯碱股份有限公司	819720	0.54
(9)	上海嘉宝股份有限公司	710424	0.47
(10)	中波轮船	634444	0.42

注:恒通集团股份有限公司、上海建筑材料(集团)总公司本年度内所持股份没有发生变动。
恒通集团股份有限公司持股比例 35.50%,1997 年 12 月 18 日恒通集团向上海浦东发展银行社会保险基金部贷款并签订了股票质押合同(期限一年),质押股份 4885.92 万股。因 98 年度 10 送 1 分配方案实施,质押股份增加至 5374.512 万股,其中的 4400 万股由于上海浦东发展银行已向法院申请执行,法院已委托上海拍卖行举行拍卖。
3、报告期间内控股股东未发生变更

上海龙头股份有限公司

一、公司简介

1、公司法定中文名称:上海龙头股份有限公司
公司法定英文名称:SHANGHAI DRAGON HEAD CO., LTD (缩写:SDH)
2、公司法定代表人:朱匡宇
3、公司董事会秘书:袁 梅
联系地址:上海市虹桥路 1488 号 7 楼
联系电话:(021)62199000×23
传 真:(021)62082116
电子信箱:longtou@public4.sta.net.cn
4、注册及办公地址:上海市虹桥路 1488 号
邮 编:200336
公司电子信箱:longtou@public4.sta.net.cn
5、公司信息披露报纸名称:《中国证券报》、《上海证券报》
公司登载年报指定网址:http://www.sse.com.cn
公司年报备置地点:上海市虹桥路 1488 号 7 楼公司本部办公室
6、公司股票上市地:上海证券交易所
股票简称:龙头股份
股票代码:600630

二、会计数据和业务数据摘要

1、本年度主要利润指标情况 (单位:人民币元)

利润总额	138407339.64
净利润	118954686.89
扣除非经常性损益后的净利润	118954686.89
主营业务利润	387732466.47
其他业务利润	8851638.77
营业利润	60116525.98
投资收益	73820722.36
补贴收入	2597930.76
营业外收支净额	1872160.54
经营活动产生的现金流量净额	−11977127.22
现金及现金等价物净增加额	−5196691.22

2、主要会计数据和财务指标 (单位:人民币元)

指标项目	1999 年	1998 年	
		调整后	调整前
主营业务收入	1801140263.83	1648811214.06	1648811214.06
净利润	118954686.89	117598117.26	124505962.29
总资产	3565299245.80	3100497359.58	3217407435.06
股东权益(不含少数股东权益)	1188496439.23	1107061967.74	1223972043.22
每股收益	0.317	0.313	0.332
每股净资产	3.17	2.95	3.26
扣除非经常性损益后每股收益	0.317	0.313	0.332
调整后的每股净资产	2.70	2.58	2.90
每股经营活动产生的现金流量净额	−0.03	−0.009	−0.009
净资产收益率(%)	10.01	10.62	10.17

注:每股收益、每股净资产、调整后的每股净资产、每股经营活动产生的现金流量净额和净资产收益率等财务指标的计算公式如下:
每股收益 = 净利润 / 年度末普通股股份总数
每股净资产 = 年度末股东权益 / 年度末普通股股份总数
调整后的每股净资产 = (年度末股东权益 − 三年以上的应收款项净额 − 待摊费用 − 待处理(流动、固定)资产净损失 − 开办费 − 长期待摊费用 − 住房周转金负数余额) / 年度末普通股股份总数
每股经营活动产生的现金流量净额 = 经营活动产生的现金流量净额 / 年度末普通股股份总数
净资产收益率 = 净利润 / 年度末股东权益 × 100%

3、报告期内股东权益变动情况(单位:人民币元)

项目	股本	资本公积	盈余公积	法定公益金	未分配利润	股东权益合计
期初数	375202154	731527786.89	31518618.98	9240140.77	−31186592.13	1107061967.74
本期增加	0	0	31766273.04	15883136.52	49668198.45	118954686.89
本期减少	0	0	0	0		37520215.40
期末数	375202154	731527786.89	63284892.02	25123277.29	18481606.32	1188496439.23

三、股东情况介绍

1、股东情况介绍
(1)报告期末股东总数:
截止 1999 年 12 月 30 日,公司股东总数为 79165 户。
(2) 主要股东持股情况(前十名股东)

股东名称	年末持股数	占总股本%	流通股份数	未流通股份数
①上海纺织控股(集团)公司(国家股)	185314754	49.39	0	185314754
②上海国际信托投资公司	15156000	4.03	0	15156000
③申北证券公司营业部	3600000	0.96	0	3600000
④中国纺织机械股份有限公司	2401000	0.64	0	2401000
⑤上海申达股份有限公司	2400000	0.64	0	2400000
⑥上海丰华原珠笔股份有限公司	2400000	0.64	0	2400000
⑦金陵集体基金合作联社	2400000	0.64	0	2400000
⑧上海南市产权经纪有限公司	2160000	0.58	0	2160000
⑨南方证券	1939539	0.52	1939539	0
⑩上海双鹿股份有限公司	1800000	0.48	0	1800000

代表国家持有股份的单位是上海纺织控股(集团)公司。

上海市第一百货商店股份有限公司

一、公司简介

(一)公司法定中文名称:上海市第一百货商店股份有限公司
英文名称:SHANGHAI №1 DEPARTMENT STORE CO., LTD
英文简写:№1 SDS
(二)公司法定代表人:董绍诚先生
(三)公司董事会秘书:张锡援女士　　授权代表:左杰先生
联系地址:上海市南京东路800号新一百大厦18楼
电　　话:(021)63223344转　　传　　真:(021)63517447
电子信箱:stock @ no-1.com.cn
(四)公司注册地址:上海市南京东路830号
公司办公地址:上海市南京东路800号新一百大厦18楼
邮政编码:200001
公司国际互联网网址:www.100100.com.cn
公司电子信箱:office @ no-1.com.cn
(五)公司选定的信息披露报纸:《上海证券报》
登载公司年度报告的中国证监会指定国际互联网址: www.sse.com.cn
公司年度报告备置地点:公司总经理办公室
(六)公司股票上市交易所:上海证券交易所
股票简称:第一百货　　股票代码:600631

二、会计数据和业务数据摘要

(一)本年度主要利润指标情况:　　单位:元

项　目	1999年
利润总额	153128283.59
净利润	128890573.75
扣除非经常性损益后的净利润	87542873.49
主营业务利润	545581468.95
其他业务利润	46322248.33
营业利润	97356787.96
投资收益	54430777.72
补贴收入	264264.85
营业外收支净额	-780403.97
经营活动产生的现金流量净额	232919356.02
现金及现金等价物净增加额	444341565.00

注:扣除非经常性损益项目41347700.26元系法人股转让。

(二)主要会计数据与财务指标:　　(单位:元)

项　目	1999年	1998年 调整前	1998年 调整后	1997年 调整前	1997年 调整后
主营业务收入	4988193800.55	4014893926.99	3941841372.45	3944345703.24	3944345703.24
净利润(元)	128890573.75	143256469.26	123356410.83	137892811.78	80764887.06
总资产(元)	4707865856.75	2798954685.38	2722328185.91	2571633910.80	2514505986.08
股东权益(元)(不含少数股东权益)	1736156571.50	1414463996.00	1337436012.85	1368488932.43	1311361007.71
每股收益(元)	0.24	0.31	0.27	0.30	0.17
每股收益(元)(按月平均加权法)	0.25	0.31	0.27	0.39	0.23
每股收益(元)(扣除非经常性损溢后)	0.17	0.22	0.18	0.30	0.17
每股净资产(元)	.28	3.05	2.88	2.95	2.61
调整后的每股净资产(元)	2.75	1.71	1.54	2.69	2.56
每股经营活动产生的现金流量净额(元)	0.44	0.15	0.15	----	----
净资产收益率(%)	7.42	10.12	9.22	10.07	6.16

注:主要财务指标计算方法:
(1)每股收益=净利润/年度末普通股股份总数
(2)每股净资产=年度末股东权益/年度末普通股股份总数
(3)调整后的每股净资产=(年度末股东权益-3年以上应收款项净额-待摊费用-待处理(流动、固定)资产净损失-开办费-长期待摊费用-住房周转金负数余额)/年度末普通股股份总数
(4)每股经营活动产生的现金流量净额=经营活动产生的现金流量净额/年度末普通股股份总数
(5)净资产收益率=净利润/年度末股东权益×100%

(三)报告期内股东权益变动情况及变动原因:(单位:元)

项目	股本	资本公积	盈余公积	法定公益金	未分配利润	股本权益合计
期初数	464025481	707858748.37	212261678.22	53454619.37	-46709894.74	1337436012.85
本期增加	65833887	260447216.97	26370814.76	12889057.38	128890573.75	481542492.48
本期减少		2795975.00	592700.00	592700.00	78764051.56	82152726.56
期末数	529859368.00	965509990.34	238039792.98	65750976.75	3416627.45	1736156571.50

变动原因(1)股本增加系本期按10:3比例实施配股所致;
(2)资本公积增加系配股溢价及第一百货沪太店停业清算冲回原评估增值所致;
(3)盈余公积、法定公益金增加系本年实现净利润所致。

三、股东情况介绍

(一)报告期末公司股东总数为84316户。
(二)报告期末公司前10名股东的持股情况:(单位:股)

名次	名　称	年末持股数(万股)	占总股本%
(1)	上海一百(集团)有限公司	23940.81	45.18
(2)	申银万国证券股份有限公司	861.42	1.63
(3)	松江粮油总公司	673.37	1.27
(4)	金泰基金	646.69	1.22
(5)	兴华信托	549.06	1.04
(6)	上海富士德服饰有限公司	426.81	0.81
(7)	上海市妇女用品商店	416.51	0.79
(8)	上海华联商厦股份有限公司	402.41	0.76
(9)	浙经投资	381.88	0.72
(10)	南京振中有限公司	270.00	0.51

上海华联商厦股份有限公司

一、公司简介

(一)公司法定中文名称:上海华联商厦股份有限公司
公司法定英文名称及缩写:SHANGHAI HUA LIAN CO.,LTD.　　缩写:SHHL
(二)公司法定代表人:董事长 张新生先生
(三)公司董事会秘书:肖树森先生
联系地址:上海市南京东路635号631室
电　　话:021-63224466转7666　　传真:021-63526047
电子信箱:shhlcob@online.sh.cn
(四)公司注册地址及办公地址:上海市南京东路635号　　邮政编号:200001
公司国际互联网网址:shhl.sh.cn　　公司电子信箱:shhlcob@online.sh.cn
(五)公司选定的信息披露报纸:《上海证券报》
登载公司年度报告的中国证监会指定国际互联网网址: http://www.sse.com.cn
公司年度报告备置地点:公司董事会秘书室
(六)公司股票上市交易所:上海证券交易所
股票简称:华联商厦　　股票代码:600632

二、会计数据和业务数据摘要

(一)本年度主要利润指标情况:　　单位:元

项目	金额
利润总额	111,335,082.99
净利润	94,817,563.84
扣除非经常性损益后的净利润	76,350,729.51
主要业务利润	518,892,817.35
其他业务利润	21,990,807.51
营业利润	82,026,721.22
投资收益	19,248,097.97
补贴收入	0.00
营业外收支净额	10,060,263.80
经营活动产生的现金流量净额	433,013,782.72
现金及现金等价物净增加额	160,460,639.79

注:"扣除非经常性损益后的净利润"中扣除的项目及涉及金额分别为股权转让收益7,246,214.13元,股权投资差额摊销-206,284.46元,无法支付的应付款项11,426,904.66元(主要系处理本公司下属控股子公司华联集团家用电器有限公司发生的:(1)在80年代代收购商品专款余额的长期宕帐;(2)预提维修售后服务款项的结余款;(3)年末厂方返利。)

(二)主要会计数据与财务指标:　　单位:元

项目	1999年	1998年 调整前	1998年 调整后	1997年 调整前	1997年 调整后
主营业务收入	3706137904.74	3754437688.62	3754437,688.62	3166416658.44	3166416658.44
净利润	94817563.84	95902310.73	90194029.76	88703453.15	92582895.88
总资产(元)	2558266875.11	2472520181.76	2458593038.86	2119207940.59	2118938063.85
股东权益(元)(不含少数股东权益)	990030086.09	946944397.53	933022321.40	851042086.80	850828291.64
每股收益(元/股)	0.2465	0.30	0.2814	0.30	0.3178
每股收益(加权)	0.2731	0.30	0.2949	0.30	0.3813
扣除非经常性损益后每股收益(元/股)	0.1985	0.2998	0.2820	0.30	0.3178
每股净资产(元/股)	2.5742	2.95	2.91	2.92	2.92
调整后每股净资产(元/股)	1.9731	2.31	2.2689	2.26	2.75
每股经营活动产生的现金流量净额	1.1259	0.2687	0.2687	--	--
净资产收益率(%)	9.577	10.13	9.6669	10.42	10.88

注:主要财务指标计算方法:
(1)每股收益=净利润/年度末普通股股份总数
(2)每股净资产=年度末股东权益/年度末普通股股份总数
(3)调整后的每股净资产=(年度末股东权益-3年以上应收款项净额-待摊费用-待处理(流动、固定)资产净损失-开办费-长期待摊费用-住房周转金负数余额)/年度末普通股股份总数
(4)每股经营活动产生的现金流量净额=经营活动产生的现金流量净额/年度末普通股股份总数
(5)净资产收益率=净利润/年度末股东权益×400%

(三)报告期内股东权益变动情况及变动原因:

项目	股本	资本公积	盈余公积	法定公益金	未分配利润	股本权益合计
期初数	320501669.00	430116434.56	135347271.83	38607471.39	47056946.46	933022321.40
本期增加	64100334.00	715183.38	23988487.61	10428314.17	94817563.84	183621568.83
本期减少	--	16025084.00	3131859.27	3131859.27	107392078.64	126549021.91
期末数	384602003.00	414806533.94	156203899.72	45903926.29	34482431.66	990030086.09

变动原因 (1)股本增加系本期实施按每10股送1 .5股转增0.5股的分配方案所致;
(2)资本公积金增加系公司接受捐赠所致;减少系实施转增股本分配方案所致;
(3)法定盈余公积金、公益金增加系母子公司均按净利润10%计提所致,公益金减少系职工住贴转增任意盈余公积所致。

三、股东情况介绍

(一)报告期末股东总数为 66379户。
(二)报告期末前10名股东持股情况:　　(单位:股)

名次	股东名称	年度内股份增加数	期末持股数	占总股本%
(1)	华联(集团)有限公司	24100708	139725283	36.33
(2)	上海一百(集团)有限公司	2571317	11159036	2.90
(3)	上海国际信托投资公司	954835	5729011	1.49
(4)	中国糖业酒类集团公司	871200	5227200	1.36
(5)	交通银行上海分行	481150	2886899	0.75
(6)	上海申银万国证券公司	432877	2597264	0.68
(7)	上海南市产权经纪有限公司	370260	2221560	0.58
(8)	中国工商银行上海市分行营业部	333422	2000532	0.52
(9)	上海金陵集体基金合作联社	302131	1812788	0.47
(10)	上海商业投资公司	299475	1796850	0.47

上海双鹿电器股份有限公司

一、公司简介

1-1、公司法定中文名称：上海双鹿电器股份有限公司
英文名称：SHANGHAI SHUANGLU ELECTRIC APPLIANCES CO.,LTD.
英文名称缩写：SSEC
1-2、公司法定代表人：施亚龙
1-3、公司董事会秘书：强月玲
联系地址：(021)62346197
传真：(021)62346197
1-4、公司注册地址及办公地址：上海市天山路 651 号
邮政编码：200336
1-5、公司年报备置地点：公司总经理办公室
公司选定的信息披露报纸：上海证券报
登载公司年报的国际互联网网址：
http:/www.sse.com.cn
1-6、公司股票上市交易所：上海证券交易所
股票简称：PT 双鹿
股票代码：600633

二、会计数据和业务数据摘要

2-1、本年度主要利润指标情况　(单位：元)

利润总额	-46,082,509.59
净利润	-46,082,509.59
扣除非经营性损益后的净利润	/
主营业务利润	/
其它业务利润	9,450.00
营业利润	-46,057,779.99
投资收益	-390.48
补贴收入	/
营业外收支净额	-24,339.12
经营活动产生的现金流量净额	-438,081.82
现金及现金等价物净增加额	-387,858.22

2-2、截止本报告期末公司前三年主要会计数据和财务指标

项目	1999 年	1998 年	1997 年
主营业务收入(元)	/	22,654,797.83	70,773,348.53
净利润(元)	-46,082,509.59	-11,898,102.89	-207,119,119.02
总资产(元)	706,536,307.74	707,599,839.78	930,505,224.04
股东权益(元)	18,957,124.23	65,039,178.48	125,893,080.57
每股收益(元/股)	-0.303	-0.078	-1.36
每股收益(元/股)(加权)	-0.303	-0.078	-1.36
每股净资产(元)	0.12	0.43	0.83
调整后的每股净资产(元)	-0.13	0.27	0.56
每股经营活动产生的现金流量净额(元)	-0.003	-0.036	-0.043
净资产收益率(%)	-243.09	-18.29	-165

注：主要财务指标计算方法如下：
每股收益=净利润/年度末普通股股份总数
每股净资产=年度末股东权益/年度末普通股股份总数
净资产收益率=净利润/年度末股东权益×100%
调整后的每股净资产=[年度末股本权益-三年以上的应收款项-待摊费用-待处理(流动、固定)资产净损失-开办费-长期待摊费用]/年度末普通股股份总数
加权平均每股收益=净利润/[期末普通股股份总数/(1+配股比例)+期末普通股股份总数/(1+配股比例)×配股比例×缴款结束日下-月份至报告期末的月份数/12]
每股经营活动产生的现金流量净额=经营活动产生的现金流量净额/年度末普通股股份总数
2-3 报告期内股东权益变动情况　(单位：元)

项目	股本	资本公积	盈余公积	其中：公益金	未分配利润	合计
期初数	15,205.08	23,006.20	3,280.60	1,330.30	-34,987.92	6,503.96
本期增加						
本期减少					4,608.25	4,608.25
期末数	15,205.08	23,006.20	3,280.60	1,330.30	-39,596.17	1895.71
变动原因					本年利润亏损	

三、股东情况介绍

3-1 股东总户数：
截止 1999 年 12 月 30 日，持有本公司股份的股东总户数为 5777 户。
3-2 前 10 名股东持股情况

名次	股东名称	持股数(股)	占总股本(%)
1	上海双联联社	67632269	44.48%
2	上海新工联实业有限公司	15383940	10.12%
3	上海国际投资信托公司	3484800	2.29%
4	中国纺织机械股份有限公司	2904000	1.91%
5	上海金陵联社	2904000	1.91%
6	上海上菱电器股份有限公司	2191200	1.44%
7	上海第十七棉纺总厂	2178000	1.43%
8	上海氯碱化工股份有限公司	1452000	0.95%
9	上海旗忠集团	1161600	0.76%
10	上海青浦制冷公司	955997	0.63%

持有本公司 5%以上(含 5%)股份的股东，在本年度内股份没有发生增减变动，质押和冻结情况。
3-3 持股 10%以上的法人股介绍：
A：公司发起人股东——上海双联联社
注册地址：上海市天山路 205 号
法定代表人：左异群
经营范围：普通机械、电器机械及器材、仪器仪表、建筑材料、五金交电、文教用品、日用百货、纺织材料
持股情况：持有公司 44.48%的股份
B：公司发起人股东——上海新工联实业有限公司
注册地址：上海市南京东路 80 号

上海海鸟电子股份有限公司

一、公司简介

1、公司中文名称：上海海鸟电子股份有限公司
公司英文名称：SHANGHAI ALBATRONICS CO.,LTD.
2、公司法定代表人：王邦煜
3、公司董事会秘书：吴裕芹
联系地址：上海市余姚路 317 号
电话：(021) 62188866
传真：(021) 62725056
4、公司注册及办公室地址：上海市余姚路 317 号
邮政编码：200042
电子信箱：shrf @ guomai.sh.cn
5、公司指定信息披露报刊：上海证券报
登载公司年度报告的中国证监会指定国际互联网网址：http://www.sse.com.cn
公司年度报告备置地点：公司本部
6、公司股票交易所：上海证券交易所
股票简称：海鸟电子
股票代码：600634

二、 会计数据和业务数据摘要

(一) 公司本年度主要会计数据(金额单位：元)

1、利润总额：	7,438250.89
2、净利润：	6,409,734.17
3、扣除非经常性损益的净利润：	6,409,734.17
4、主营业务利润：	6,328,418.29
5、其他业务利润：	4,208,701.63
6、营业利润：	7,038,882.07
7、投资收益：	373,192.36
8、补贴收入：	39,068.96
9、营业外收支净额：	-12,892.50
10、经营活动产生的现金流量净额：	8,442,189.23
11、现金及现金等价物净增加额：	-13,933,326.53

(二) 近三年主要会计数据及财务指标

项目	1999 年度	1998 年度		1997 年度
		调整后	调整前	
主营业务收入(元)	258,151,068.94	231,758,862.07	231,758,862.07	123,124,778.82
净利润(元)	6,409,734.17	8,182,451.55	8,909,004.07	8,821,309.81
总资产(元)	254,574,934.99	278,432,994.73	279,307,766.50	240,718,256.33
股东权益(元)	180,347,325.05	173,937,590.88	174,812,362.65	165,903,358.58
每股收益(摊薄)(元)	0.07	0.11	0.12	0.13
(加权)	0.08	0.12	0.12	0.14
每股净资产(元)	2.07	2.39	2.41	2.51
调整后的每股净资产(元)	2.06	2.39	2.40	2.50
每股经营活动产生的现金流量净额	0.10			
净资产收益率(%)	3.55	4.70	5.10	5.32

注：主要财务指标计算公式如下：
1、每股收益=净利润/年度末普通股股份总数
2、每股净资产=年度末股东权益/年度末普通股股份总数
3、调整后的每股净资产=(年度末股东权益—三年以上的应收款项—待摊费用—待处理(流动、固定)资产净损失—开办费—长期待摊费用-住房周转金负数余额)/年度末普通股股份总数
4、每股经营活动产生的现金流量净额=经营活动产生的现金流量净额/年度末普通股股份总数
5、净资产收益率=净利润/年度末股东权益×100%
(三)报告期内股东权益的变动情况

单位：元

项目	股本	资本公积	盈余公积	法定公益金	未分配利润	合计
期初数	72,672,736.00	76,446,498.27	17,908,717.68	5,827,131.92	6,909,638.93	173937590.88
本期增加	14,534,547.00	0.00	1,281,946.84	640,973.42	6,409,734.17	22,226,228.01
本期减少	0.00	7,267,274.00	0.00	0.00	8,549,219.84	15816,493.84
期末数	87,207,283.00	69,179,224.27	19,190,664.52	6,468,105.34	4,770,153.26	180347325.05

变动原因
1、股本增加系实施 98 年度利润分配方案每 10 股送 1 股，资本公积转增 1 股。
2、资本公积减少系 10:1 转增股本。
3、盈余公积增加系按净利润提取 10%法定公积金，10%法定公益金。
4、未分配利润的变动系实施 98 年度分配及提取 99 年度法定公积金和法定公益金。

三、股东情况介绍

1、截止本报告期末股东总数为 23873 人
2、前十名股东持股情况：

股东名称	期初持股数	期末持股数	占总股本(%)
(1) 上海华成无线电厂	20933917	25120700	28.81
(2) 香港新科创力有限公司	15799181	18959017	21.74
(3) 香港美泰国际有限公司	2764857	3317829	3.80
(4) 裕隆基金		578635	0.66
(5) 严秉忠		350399	0.40
(6) 刘小明		280000	0.32
(7) 苏润辉		265920	0.30
(8) 名流电子		252400	0.289
(9) 顾继宗		240690	0.276
(10)王爱友		238120	0.273

3、持有本公司 10%(含 10%)以上的法人股东：上海华成无线电厂，持有股份 2512.07 万股，占总股本 28.81%，法定代表人：方红凌，经营范围：收录机及其他电子元件；香港新科创力有限公司持有股份 1895.9017 万股，占总股本 21.74%，法定代表人：中原福盛，经营范围：分销电子产品及投资控股。

上海大众科技创业(集团)股份有限公司

(一)公司简介

1、公司法定中、英文名称及缩写
　公司法定中文名称:上海大众科技创业(集团)股份有限公司
　公司法定英文名称:SHANGHAI DAZHONG ENTERPRISES OF SCIENCE AND TECHNOLOGY , LTD.
　英文缩写:DEST
2、公司法定代表人:杨国平
3、公司负责信息披露事务人员:董事会秘书 杨玉成
　联系地址:上海中山西路1515号大众大厦806室
　电话:64288888×5609　传真:64288727
4、公司注册地址:上海浦东商城路518号24楼
　公司办公地址:上海中山西路1515号8楼　邮政编码:200233
5、公司选定信息披露报纸名称:《中国证券报》、《上海证券报》
　登载公司年度报告的国际互联网网址:http://www.sse.com.cn
　公司年度报告备置地点:上海中山西路1515号806室
6、公司股票上市地:上海证券交易所
　股票简称:大众科创　股票代码:600635

(二)会计数据和业务数据摘要

1、本年度会计数据和业务数据摘要　单位:元

项目	1999年
利润总额	125395990.31
净利润	125107162.95
扣除非经常性损益后的净利润	119240257.85
主营业务利润	130875052.11
其他业务利润	1427989.74
营业利润	66739508.41
投资收益	53899022.88
补贴收入	2109205.88
营业外收支净额	2648253.14
经营活动产生的现金流量净额	133179005.88
现金及现金等价物净增加额	-71044744.27

2、公司近三年主要会计数据和财务指标　单位:元

指标项目	1999年	1998年调整后	1998年调整前	1997年调整后	1997年调整前
(1)主营业务收入	334,782,509.30	338,142,140.27	338,142,140.27	194,856,964.77	194,856,964.77
(2)净利润	125,107,162.95	119,578,347.04	120,754,218.72	104,212,979.88	104,351,942.55
(3)总资产	1,734,633,432.30	1,443,349,859.35	1,444,854,792.05	710,282,407.28	710,539,007.92
(4)股东权益	1,201,403,363.28	1,040,769,460.00	1,042,201,932.32	567,249,550.93	567,388,513.60
(5)每股收益(摊薄)	0.2627	0.2599	0.2624	0.4024	0.4030
(加权)	0.2627	0.3213	0.3245	0.4828	0.4835
(6)每股净资产(摊薄)	2.52	2.26	2.26	2.19	2.19
(加权)	2.52	2.65	2.65	2.63	2.63
(7)净资产收益率(摊薄)	10.41%	11.49%	11.59%	18.37%	18.39%
(加权)	10.41%	17.43%	17.58%	22.98%	23.00%
(8)每股经营活动产生的现金流量净额:	0.2633	0.2353	0.2353		
(9)调整后每股净资产	2.50	2.25	2.25	2.17	2.17

注:主要财务指标计算方法:
每股收益=净利润/年度末普通股股份总数
加权平均每股收益=当期净利润/［期末普通股股份总数/(1+配股比例或增发新股比例)+期末普通股股份总数/(1+配股比例或增发新股比例)×配股比例或增发新股比例×(缴款结束下一月份至报告期末的月份数/12)］
每股净资产=年度末股东权益/年度末普通股股份总数
净资产收益率=净利润/年度末股东权益×100%
加权平均净资产收益率=当期净利润/［(期初净资产+期末净资产)/2+当期发行新股或配股新增净资产×(自缴款结束日下一月份至报告期末的股份数-6)/12］×100%
调整后每股净资产=(年度末股东权益-三年以上的应收款项-待摊费用-开办费-长期待摊费用)/年度末普通股股份总数
每股经营活动产生的现金流量净额=经营活动产生的现金流量净额/年度末普通股股份总数

3、股东权益变动情况　单位:万元

项目	股本	资本公积	盈余公积	法定公益金	未分配利润	股东权益合计
期初数	46017.95	39819.05	8696.45	2956.30	9543.49	10407.95
本期增加	1600	1952.68	3764.23	2136.14	12587.84	16063.39
本期减少	-	-	-	-	10984.04	7142.69
期末数	47617.95	41771.73	12460.68	5092.44	11147.29	112997.65
变动原因	吸收合并	吸收合并	利润分配	利润分配	利润分配	利润分配 吸收合并

(三)股东情况介绍

(1)截止1999年12月31日,本公司股东总数为135,569户。
(2)本公司前十名股东持股情况

序号	股东名称	持股数(股)	占总股本比例(%)
1	上海大众企业管理有限公司	102894542	21.61
2	上海煤气销售(集团)有限公司	57861250	12.15
3	上海大众万祥汽车修理公司	36301500	7.62
4	交通银行浦东分行	7012500	1.47
5	无锡客运总公司	4800000	1.01
6	上海双发投资有限公司	4600000	0.97
7	大众保险股份有限公司	3750000	0.79
8	南京证券	2460000	0.52
9	中保财产保险无锡分公司离退休职工服务部	2400000	0.50
10	无锡中联实业公司	1800000	0.38

(3)情况说明:
(A)前10名股东中第2)、4)、5)为国有法人股东。

上海三爱富新材料股份有限公司

一、公司简介

1、公司法定中文名称:上海三爱富新材料股份有限公司
　公司英文名称:SHANGHAI 3F NEW MATERIALS COMPANY LIMITED(缩写 3FNM)
2、公司法定代表人:周云鹤
3、公司董事会秘书:张经仪
　董秘授权代表:何兰娟
　联系地址:上海市衡山路20号6A
　联系电话:021-64310558　传真:021-64310700
　电子信箱:bodoffice@sh-3f
4、公司注册地址:上海市浦东新区蔡路　邮政编码:　201201
　公司办公地址:上海市衡山路20号6A　邮政编码:　200031
　国际互联网网址:sh-3f.com
　电子信箱:webmaster@sh-3f.com
5、公司选定的信息披露报纸:《上海证券报》
　登载公司年度报告的中国证监会指定国际互联网网址:http://www.sse.com.cn
　公司年度报告备置地点:上海市衡山路20号6 A
6、公司股票上市交易所:上海证券交易所
　股票简称:三爱富　股票代码:600636

二、会计数据和业务数据摘要

1、本年度利润总额及构成(1999年度合并)(单位:元)

利润总额	34,009,408.13
净利润	23,455,564.59
扣除非经常性损益后的净利润	21,205,569.98
主营业务利润	78,117,688.89
其他业务利润	6,021,658.22
营业利润	33,508,048.47
投资收益	381,722.06
补贴收入	2,249,994.61
营业外收支净额	-2,130,357.02
经营活动产生的现金流量净额	44,818,532.05
现金及现金等价物净增加额	28,067,346.90

扣除的非经常性损益项目及涉及金额:2,249,994.61
2、截止报告期末公司前三年的主要会计数据及财务指标　单位:元

项目	1999年	1998年 调整后	1998年 调整前	1997年
主营业务收入	404,093,158.77	292,583,517.84	292,583,500	281,593,600
净利润	23,455,564.59	20,184,932.93	20,364,500	17,684,100
总资产	436,926,107.63	372,984,287.79	372,976,100	371,527,100
股东权益	221,349,545.53	197,893,980.90	197,670,200	168,469,300
每股收益(摊薄)	0.2021		0.228	0.237
(加权)	0.2021		0.228	0.237
(扣除非经常性损益后)	0.1827			
每股净资产(摊薄)	1.91	2.22	2.25	2.26
调整后每股净资产(摊薄)	1.8632	2.22	2.25	2.26
每股经营活动产生的现金流量净额	0.386		-0.117	
净资产收益率(%)	10.60%	10.20%	10.30%	10.50%

3、股东权益变动情况

项目	股本	资本公积	盈余公积	法定公益金	未分配利润	股东权益合计
期初数	89280000	68533638.24	22937773.85	9304294.55	17142568.85	197893980.94
本期增加数	26784000		125.73	3433502.46	23455564.59	58119690.32
本期减少数		9820800			4923325.73	34744125.73
期末数	116064000	58712832.24	30897899.58	12737797.01	15674807.71	221349545.53

三、股本变动及主要股东持股情况

1、股本变动情况:公司股份变动情况表　数量单位:股

	本次变动前	本次变动增减(+,-) 送股	公积金转股	其他	小计	本次变动后
一、未上市流通股份	54720000	10396800	6019200		16416000	71136000
1、发起人股份						
其中:国家持有股份				+32497920	32497920	32497920
境内法人持有股份	43200000	8208000	4752000	-32497920	-19537920	23662080
2、募集法人股份	11520000	2188800	1267200		3456000	14976000
未上市流通股份	54720000	10396800	6019200		16416000	71136000
二、已上市流通股份	34560000	6566400	3801600		10368000	44928000
1、人民币普通股	34560000	6566400	3801600		10368000	44928000
已上市流通股份合计	34560000	6566400	3801600		10368000	44928000
三、股份总数	89280000	16963200	9820800		26784000	116064000

2、股东情况介绍
(1)报告期末股东总数为36770户。
(2)本公司前十名股东持股情况　(股)

股东名称	年初持股数量	年末持股数量	占总股本(%)	股份性质
上海华谊(集团)公司	0	32497920	28	国家股
有机氟所	43200000	23662080	20.39	发起人国有法人股
蔡路纺织	1382400	1797120	1.548	社会法人股
金鑫基金	0	1617954	1.394	社会流通股
浙江经协	0	1494343	1.288	社会法人股
上投信托	702720	913536	0.774	社会法人股
顾路工贸	371077	482400	0.54	社会法人股
海联实业	345600	449280	0.387	社会法人股
申银公司	345600	449280	0.387	社会法人股
十二棉纺	332160	431808	0.372	社会法人股

上海广电股份有限公司

一、公司简介

1.公司的法定中、英文名称及缩写
公司中文名称:上海广电股份有限公司
公司英文名称:Shanghai Video & Audio Electronics Co., Ltd.
公司中文名称缩写:广电股份
公司英文名称缩写:SVA
2.公司法定代表人:王成明
3.公司董事会秘书:戴金宝
联系地址:上海市斜土路1646号
联系电话:021-64038833
传　　真:021-64189828
4.公司注册地址:上海市田林路140号　邮编:200233
公司办公地址:上海市斜土路1646号　邮编:200032
公司国际互联网网址:www.sva.com.cn.
电子信箱:svaoffice@online.sh.cn
5.公司选定的信息披露报纸名称:上海证券报
登载公司年度报告的中国证监会指定国际互联网网址:http://www.sse.com.cn
公司年度报告备置地点:上海证券交易所、上海广电股份有限公司董事会秘书处
6.公司股票上市交易所:上海证券交易所
股票简称:广电股份　股票代码:600637

二、会计数据和业务数据摘要

1、公司本年度会计数据:　(单位:万元)

利润总额	11781.85
净利润	11802.50
扣除非经常性损益后的净利润	11757.90
主营业务利润	32684.77
其他业务利润	5850.15
营业利润	227.44
投资收益	12328.02
补贴收入	251.67
营业外收支净额	-1025.28
经营活动产生的现金流量净额	27578.73
现金及现金等价物净增加额	-7652.32

注:"扣除非经常性损益后的净利润"说明:
零陵路332号地块补偿费净收益44.6万元。

2、前三年主要会计数据和财务指标:

指标项目	1999年	1998年调整前	1998年调整后	1997年调整前	1997年调整后
主营业务收入(万元)	222354.49	210171.03	211228.81	174358.32	174358.32
净利润(万元)	11802.50	11247.91	12680.39	9904.02	8103.39
总资产(万元)	382458.48	407552.26	403432.80	376396.29	374,595.66
股东权益(万元)	113719.66	108348.13	101917.04	97100.22	95,299.59
(注:不含少数股东权益)					
每股收益(元)(摊薄)	0.1918	0.1828	0.2061	0.1771	0.1449
(加权)	0.1918	0.1828	0.2061	0.1771	0.1449
扣除非经常性损益后的每股收益(元)	0.1911	0.1661	0.1894	-0.0368	-0.0689
每股净资产(元)	1.8482	1.7609	1.6564	1.7359	1.7038
调整后的每股净资产(元)	1.6513	1.5729	1.4943	1.5916	1.559
每股经营活动产生的现金流量净额(元)	0.4481	0.4623			
净资产收益率(%)(摊薄)	10.38	10.38	12.44	10.20	8.50
(加权)	10.95	10.95	12.74	10.82	8.94

注:主要财务指标计算方法:
每股收益=净利润÷年度末普通股股份总数
每股净资产=年度末股东权益÷年度末普通股股份总数
调整后的每股净资产=(年度末股东权益-三年以上的应收款项净额-待摊费用-待处理<流动、固定>资产净损失-开办费-长期待摊费用-住房周转金负数金额)÷年度末普通股股份总数。
每股经营活动产生的现金流量净额=经营活动产生的现金流量净额÷年度末普通股股份总数
净资产收益率=净利润÷年度末股东权益×100%

3、报告期内股东权益变动情况(单位:元)

项　目	股　本	资本公积	盈余公积	法定公益金	未分配利润	股东权益合计
期初数	615284077.00	324336414.60	28736855.46	28736855.46	22076242.12	1019170444.64
本期增加		1173.22	15547422.05	15547422.05	118025009.02	149121026.34
本期减少					31094844.10	31094844.10
期末数	615284077.00	324337587.82	44284277.51	44284277.51	109006407.04	1137196626.88

变动原因:1、资本公积变动主要是股权投资准备增加。
2、盈余公积、法定公益金变动系本年度利润提取。
3、未分配利润变动系本年度利润增加和计提四项准备调整年初利润及计提各项公积金。

三、股东情况介绍

1、截止1999年末,公司股东总数40367户。
2、前十名股东持股情况:

股　东　名　称	年末持股数(股)	占总股本(%)
①上海广电(集团)有限公司(国家股)	476551603	77.45
②上海申银万国证券公司	7953330	1.29
③上海市宋庆龄基金会	2613600	0.42
④上海爱建股份有限公司	2178000	0.35
⑤上海电气集团总公司	1579050	0.25
⑥上海九百(集团)有限公司	1415700	0.23
⑦上海望春花实业股份有限公司	1306800	0.21
⑧上海金陵集体基金合作联社	1241994	0.20
⑨上海浦东顾路工贸总公司	1184500	0.19
⑩中国工商银行上海市分行工会	925650	0.15

本公司未发现上述十大股东之间存在关联关系。

上海新黄浦置业股份有限公司

一、公司简介

1、公司法定中、英文名称及缩写:
中文名称:上海新黄浦置业股份有限公司
英文名称:SHANGHAI NEW HUANG PU REAL ESTATE CO.,LTD.
英文缩写:NHPRECL
2、公司法定代表人:吴明烈
3、公司董事会秘书:李薇洁
联系地址:上海市北京东路668号C座6层
电话:(021)63238888　传真:(021)63237777
4、公司注册地址:上海市延安东路110号七楼
邮政编码:200002
公司办公地址:上海市北京东路668号C座6层
邮政编码:200001
公司国际互联网网址:http://www.600638.com
公司电子信箱:hprecl@public.sta.net.cn
5、公司选定的信息披露报纸:《上海证券报》、《中国证券报》
登载公司年度报告的中国证监会指定国际互联网网址:http://www.sse.com.cn
公司年度报告备置地点:公司证券部
6、公司股票上市地:上海证券交易所
股票简称:新黄浦　股票代码:600638

二、会计数据和业务数据摘要

1、公司本年度的主要会计数据与业务数据摘要(单位:元)

利润总额	125,922,771.52
净利润	95,475,118.99
扣除非经常性损益后的净利润	46,333,469.77
主营业务利润	130,268,980.60
其他业务利润	220,352.30
营业利润	69,772,543.19
投资收益	19,856,035.67
补贴收入	15,000,000.00
营业外收支净额	21,294,192.66
经营活动产生的现金流量净额	307,814,344.53
现金及现金等价物净增加额	300,590,983.24

注:"扣除非经常性损益后的净利润"说明:

扣除项目	涉及金额(元)
法人股转让收益	5,424,733.24
爱奇爱特股权转让收益	4,677,700.00
税收补贴收入	15,000,000.00
市政动迁损失补偿费	6,239,215.98
职工改制补偿款	9,800,000.00
罗山小区诉讼胜诉补偿费	8,000,000.00
合　计	49,141,649.22

2、前三年主要会计数据及财务指标(单位:元)

项目	1999年	1998年		1997年	
		调整前	追溯调整后	调整前	追溯调整后
主营业务收入	418,828,901.10	1,026,570,764.62	1,022,113,684.93	863,403,266.70	863403,266.70
净利润	95,475,118.99	158,707,145.72	161,103,289.69	197,854,618.45	157201,760.12
总资产	3,131,971,093.31	2,991,202,197.32	2,814,698,013.91	2,353,301,429.75	2,14,474,409.15

项目	1999年	1998年		1997年	
		调整前	追溯调整后	调整前	追溯调整后
股东权益	1,550,891,389.30	1,694,566,865.54	1,533,162,376.41	1,543,435,761.28	1,378,802341.77
(不含少数股东权益)					
每股收益	0.1842	0.3062	0.3108	0.3817	0.3033
加权每股收益	0.1842	0.3062	0.3108	0.5429	0.4314
扣除非经常性损益后的每股收益	0.0894	0.2130	0.2176	0.3817	0.3033
每股净资产	2.9922	3.27	2.9580	2.98	2.6602
调整后每股净资产	2.9282	3.26	2.9573	2.97	2.6524
每股经营活动产生的现金流量净额	0.5939	0.1443	0.1443		
净资产收益率%(摊薄)	6.16%	9.37%	10.51%	12.82%	11.40%
净资产收益率%(加权)	6.19%	9.80%	11.06%	16.70%	16.39%

3、报告期内股东权益变动情况:(单位:元)

项目	期初数	本期增加	本期减少	期末数	变动原因
股本	518,307,374.00			140,889,266.16	本期利润提取
其中公益金	26,648,144.16	5,857,334.80		32,505,478.96	本期利润提取
未分配利润	132,826,830.90	95,475,118.99	95,318,110.55	132,983,839.34	净利润及股利分配
股东权益合计	1,533,162,376.41	113,047,123.44	95,318,110.55	1,550,891,389.30	利润及股利分配

三、股东情况介绍

1、报告期末股东总数106605户。
2、主要股东持股情况:(前10名股东)

股东名称	持股数(股)	比例(%)
1.国家股(新黄浦集团授权管理)	194701118	37.56
2.众鑫实业有限责任公司(新黄浦集团控股)	29786258	5.75
3.新黄浦(集团)公司	18269595	3.52
4.东亚建筑装饰实业有限公司(新黄浦集团控股)	13701261	2.64
5.申银万国证券公司	11091600	2.14
6.广州美盈鞋业公司	10404000	2.01
7.新黄浦楼宇装备公司(新黄浦集团控股)	8016531	1.55
8.上海城市建设投资公司	5791500	1.12
9.华夏证券公司	5497364	1.06
10.永华房地产公司	2592000	0.50

持股5%以上的法人股股东新黄浦(集团)公司、众鑫实业有限责任公司所持股份无质押和冻结。

上海金桥出口加工区开发股份有限公司

一、公司简介

1、公司法定名称:上海金桥出口加工区开发股份有限公司
SHANGHAIJINQIAO%*($+EXPORTPROCESSING ZONEDEVELOPMENTCO.,LTD.
2、公司法定代表人:杨小明
3、董事会秘书:桂华况授权代表:吴海燕
电话:(021)58991818　　传真:(021)58991533、58991812
4、注册办公地址:上海浦东新金桥路 28 号　　邮政编码:201206
公司国际互联网网址:http://www.pdjq.com　　电子信箱:jqepz@public1,sta.net.cn
5、公司选定信息披露报纸名称:《上海证券报》、《大公报》
登载公司年度报告指定国际互联网网址:http://www.sse.com.cn
公司年度报告备置地点:公司董事会办公室
6、公司股票上市地:上海证券交易所
股票简称及代码:A 股浦东金桥 600639　　B 股金桥 B 股 900911

二、会计数据和业务数据摘要

1、公司 1999 年度主要业务数据:　　(单位:元)

项目	金额
利润总额	61,961,575.47
净利润	47,396,971.17
扣除非经常性损益后净利润	38,036,310.89
主营业务利润	107,737,950.97
其他业务利润	9,553,573.12
营业利润	59,380,278.94
投资收益	2,114,386.67
营业外收支净额	466,909.86
经营活动产生的现金流量净额	-21,994,825.10
现金及现金等价物净增加额	-25,808,272.98

注:"扣除非经常性损益后的净利润"中扣除项目为:其他业务利润中的资金占用费 9,360,660.28 元。

不同会计准则、制度计算的净利润及其差异:

经毕马威华振会计师事务所按国际会计准则审核,公司 1999 年度除税及少数股东权益后的利润为人民币-223,327 千元,不同会计准则、制度计算的税后净利润差异及调整项目如下:

单位:千元

中国注册会计师审计的税后净利润	47,397
调整低估的销售收入	6,054
调整其他应收款之坏帐准备	(9,612)
调整待售或待开发和在开发的土地使用权及建筑物减值	(112,249)
对联营公司之会计处理不同而产生之差异	(1,814)
对投资联营公司耗蚀损失之会计处理不同而产生之差异	(143,050)
将返还所得税从储备金转至利润表	2,489
冲回因关联公司交易未实现利润	(12,542)
依据国际会计准则	(223,327)

2、截至报告期末公司前三年的主要会计数据和财务指标:

项目	1999 年	1998 年调整前	1998 年调整后	1997 年调整前	1997 年调整后
主营业务收入	627815189.30	2208328.24	302208328.24	618517735.16	618517735.16
净利润	47396971.17	43803478.42	33398881.43	72096004.29	-39777022.73
总资产	2911611932.05	3015873579.16	2757936054.62	2682858553.86	2434358011.05
股东权益(不含少数股东权益)	1619898494.99	1828183413.29	1570245888.75	1784706928.41	1534899317.32
每股收益(摊薄)	0.075	0.069	0.053	0.1136	-0.063
每股收益(加权)	0.075	0.069	0.053	0.1313	-0.072
扣除非经营性损益后的每股收益(摊薄)	0.06	0.026	0.01	0.082	-0.094
每股净资产	2.55	2.88	2.48	2.81	2.42
调整后的每股净资产(元)	2.37	2.59	2.32	2.73	2.29
每股经营活动产生的现金流量净额(元)	-0.035	-0.45	--	--	--
净资产收益率(摊薄,%)	2.93	2.40	2.13	4.04	-2.59
净资产收益率(加权,%)	2.97	2.43	2.15	4.97	

财务指标的计算公式:

每股收益=净利润/年度末普通股股份总数

每股净资产=年度末股东权益/年度末普通股股份总数

调整后每股净资产=(年度末股东权益-三年以上的应收款项净额-待摊费用-待处理(流动、固定)资产净损失-开办费-长期待摊费用-住房周转金负数余额)/年度末普通股股份总数

每股经营活动产生的现金流量净额=经营活动产生的现金流量净额/年度末普通股股份总数

净资产收益率=净利润/年末股东权益×100%

加权平均净资产收益率=净利润/[(年初股东权益+年末股东权益)/2]

三、股东情况介绍

1、报告期末股东总数

至报告期末,公司股东总数为 138,148 户。

2、主要股东持股情况

持股者	持股数(股)	持股比例(%)
1.国家股	312,000,000	49.18
2.上海国际信托投资公司(发起人法人股)	30,000,000	4.729
3、TOYOSECURITIESASIALTD.A/CCLIENT	4,608,132	0.726
4、蔡光天	2,131,464	0.336
5、京华山一国际(香港)有限公司	1,824,489	0.288
6、THENOMURASECURITIESCO.LTD.	1,820,600	0.287
7、WISEMAXINTERNATIONALLIMITED 智万国际有限公司	1,574,132	0.248
8、NAITOSECURITIESCO.,LTD	.1,563,920	0.247
9、华夏证券	1,498,111	0.236
10、鲍世颖	1,195,839	0.188

上海金桥(集团)有限公司主营业务为房地产开发、工程承包。法定代表人为杨小明先生。

上海国脉通信股份有限公司

一、公司简介

(一) 公司的法定中文名称:上海国脉通信股份有限公司
公司的法定英文名称:SHANGHAI GUOMAI COMMUNICATIONS CO., LTD.
公司英文名称缩写:SGM
(二) 公司法定代表人:董事长:南新生
(三) 公司董事会秘书及其授权代表的姓名、联系地址、电话、传真:
董事会秘书:赵一雷
上海市江宁路 1207 号国脉大厦 1407 室
021-62763321(连传真)
董事会秘书授权代表:王飚
上海市江宁路 1207 号国脉大厦 1510 室　　021-62769616
(四) 公司注册地址:上海市浦东新区川北公路 2626 号
邮编:201204
公司办公地址:上海市江宁路 1207 号国脉大厦　　邮编:200060
公司电子信箱:E-mail:sgm@guomai.sh.cn..
公司国际互联网网址:http://www.guomai.sh.cn.
(五) 公司选定的信息披露报纸:《上海证券报》
登载公司年度报告的中国证监会指定国际互联网网址:http://www.sse.com.cn.
公司年度报告备置地点:国脉大厦 1407 室董事会办公室
(六) 公司股票上市交易所:上海证券交易所
公司股票简称:国脉通信　　公司股票代码:600640

二、会计数据和业务数据摘要

(一) 本年度利润总额构成及现金流量:
(单位:人民币元)

项目	金额
利润总额	148,352,890.11
净利润	123,484,829.23
扣除非经常性损益后的净利润	123,919,641.00
主营业务利润	184,108,602.98
其他业务利润	6,600,137.27
营业利润	104,278,988.17
投资收益	44,194,284.93
补贴收入	0.00
营业外收支净额	-120,382.99
经营活动产生的现金流量净额	146,346,617.81
现金及现金等价物净增加额	146,020,565.41

注:"扣除非经常性损益后的净利润"说明:

EDI 公司、安徽国投资产处置损益	-387,387.82
合并价差摊入	-47,423.95
合计	-434,811.77

(二)前三年主要会计数据和财务指标:单位:人民币元

项目名称	1999 年	1998 年(调整后)	1998 年(调整前)	1997 年(调整后)	1997 年(调整前)
主营业务收入	501,998,849.46	525,977,000.65	525,977,000.65	640,709,694.77	640,709,694.77
净利净利润	123,484,829.23	105,204,120.76	129,345,821.91	203,733,365.64	203,205,286.77
总资产	1,408,758,989.51	1,381,358,864.72	1,412,536,766.59	1,433,181,488.30	1,432,653,409.43
股东权益不含少数股东权益)	1,184,324,298.84	1,123,750,425.63	1,144,324,133.68	1,102,945,498.03	1,102,417,419.16
每股收益(摊薄)	0.34	0.29	0.35	0.56	0.56
每股收益(加权)	0.34	0.29	0.35	0.57	0.57
扣除非经常性损溢后的每股收益	0.34	0.29	0.36	0.56	0.56
每股净资产	3.25	3.08	3.14	3.02	3.02
调整后的每股净资产	3.15	2.99	3.08	2.95	2.95
每股经营活动产生的现金流量净额	0.40	0.47	0.47		
净资产收益率(摊薄)	10.43%	9.36%	11.30%	18.47%	18.43%
净资产收益率(加权)	10.70%	9.45%	11.51%	21.94%	21.89%

(三)报告期内股东权益变动情况:　　单位:元

项目	股本	资本公积	盈余公积	其中:公益金
期初数	364,882,700.00	476,945,094.87	288,952,199.41	42,067,969.96
本期增加	0.00	6,596,732.46	37,287,381.30	16,855,484.71
本期减少	0.00		5,530,662.67	1,207,486.07
期末数	364,882,700.00	483,541,827.33	320,708,918.04	57,715,968.60
变动原因		接受捐赠	本年计提增加	本年计提增加,购职工住房引起减少

项目	未确认的投资损失	未分配利润	股东权益合计
期初数	-7,485,387.52	455,818.87	1,123,750,425.63
本期增加		123,756,589.02	162,110,040.11
本期减少	-3,474,805.10	105,010,972.00	101,536,166.90
期末数	-4,010,582.42	19,201,435.89	1,184,324,298.84
变动原因	子公司亏损	报表口径调整	

三、股东情况介绍

1.报告期末股东总数 40,976 户。

2.报告期末公司前十名股东持股情况:

股东名称	期末持有股数(股)	持股比例(%)
国信寻呼有限责任公司	214,852,514	58.88
陆家嘴(集团)公司	12,581,888	3.45
上海市电话局	8,471,922	2.32
邮电工会上海市委员会	7,526,335	2.06
上海长途电信综合公司	6,499,726	1.78
上海申银万国证券公司	3,947,792	1.08
上海捷时达邮政专递公司	2,746,000	0.75
上海财政证券公司	1,706,562	0.47
上海鸿讯贸易有限公司	1,240,102	0.34
毕可峰	1,232,730	0.34

中远发展股份有限公司

一、公司简介

(一)公司法定中文名称:中远发展股份有限公司
公司法定英文名称:COSCO DEVELOPMENT CO.,LTD.
英文名称缩写:CDC
(二)公司法定代表人:李建红
(三)公司董事会秘书:李澜
联系地址:上海市浦东南路 2161 号
电　　话:021-58700678
传　　真:021-58703267
(四)公司注册及办公地址:上海市浦东南路 2161 号
邮政编码:200127
电子信箱:zhyfzh @ online.sh.cn
(五)公司选定信息披露报纸名称:《中国证券报》、《上海证券报》
登载公司年度报告指定国际互联网网址:http://www.sse.com.cn
公司年度报告备置地点:公司本部
(六)公司股票上市交易所:上海证券交易所
股票简称:中远发展
股票代码:600641

二、会计数据和业务数据摘要

1、本年度主要利润指标情况:(单位:人民币元)

利润总额	257,677,968.82
净利润	220,796,493.66
扣除非经常性损益后的净利润	220,708,634.02
主营业务利润	257,626,495.53
其他业务利润	6,966,823.50
营业利润	244,971,204.84
投资收益	12,603,399.70
补贴收入	0.00
营业外收支净额	103,364.28
经营活动产生的现金流量净额	-460,484,784.76
现金及现金等价物净增加额	-100,812,216.23

说明:扣除的非经常性损益为处置固定资产的收益 103,364.28 元

2、主要会计数据和财务指标:(单位:人民币元)

项　目	1999 年	1998 年	1997 年
主营业务收入	532,845,167.59	502,550,236.69	244,517,698.67
净利润	220,796,493.66	140,183,149.37	104,484,846.66
总资产	1,394,793,619.15	747,048,078.38	610,160,136.23
股东权益	800,390,589.54	579,594,095.88	439,410,946.51
每股收益	0.840	0.533	0.48
每股净资产	3.05	2.21	2.01
调整后的每股净资产	3.04	2.20	1.94
每股经营活动产生的现金流量净额	-1.75	0.48	
净资产收益率(%)	27.59	24.19	23.78

主要财务指标计算方法:
每股收益=净利润/年度末普通股股份总数
每股净资产=年度末股东权益/年度末普通股股份总数
调整后的每股净资产=[年度末股东权益-三年以上的应收款项净额-待摊费用-待处理(流动、固定)资产净损失-开办费-长期待摊费用-住房周转金负数余额]/年度末普通股股份总数
每股经营活动产生的现金流量净额=经营活动产生的现金流量净额/年末普通股股份总数
净资产收益率(%)=净利润/年度末股东权益×100%
注:1999 年度按月平均加权计算的每股收益 0.84 元
1999 年度扣除非经营性损益的每股收益 0.84 元

3、股东权益变动情况:

项目	股本	资本公积	盈余公积	其中:公益金	未分配利润	合计
期初数	262,761,408.00	72,489,816.00	163,371,434.06	39,087,724.82	80,971,437.82	579594,095.88
本期增加			110,398,246.83	22,079,649.37	220,796,493.66	331194,740.49
本期减少					110,398,246.83	110398,246.83
期末数	262,761,408.00	72,489,816.00	273,769,680.89	61,167,374.19	191,369,684.65	800390,589.54

变动原因:本年度实现利润,提取法定公积金、公益金、任意盈余公积金。

三、股东情况介绍

(一)报告期末股东总数为 23226 户。
(二)报告期末公司前 10 名股东持股情况:

序号	股东名称	期末持股数(股)	占总股本比例(%)	股份性质
1	中远置业集团有限公司	179,645,507	68.37	国有法人股
2	上海国际信托投资公司	12,354,301	4.70	国有法人股
3	华夏证券	4,315,676	1.64	未流通股
4	金泰基金	4,097,392	1.55	流通 A 股
5	盛华实业	1,281,552	0.48	流通 A 股
6	万国发行	1,260,496	0.47	未流通股
7	同益基金	1,203,964	0.46	流通 A 股
8	深圳汇鹏	965,012	0.37	流通 A 股
9	大连鸿丰	895,702	0.34	流通 A 股
10	万国证券	855,582	0.33	未流通股

说明:
1、上述主要股东中持有本公司 5%以上(含 5%)股份的股东情况:
中远置业集团有限公司持有本公司国有法人股 17964.5507 万股,占公司总股本 68.37%,报告期内股份未发生增减变动,持有的全部股份亦未发生质押和冻结。
2、上述主要股东中存在关联关系的股东:
万国发行与万国证券皆属申银万国证券股份有限公司。

申能股份有限公司

一、公司简介

1、公司的法定名称:申能股份有限公司
公司英文名称:Shenergy Company Limited　　英文缩写:Shenergy
2、公司法定代表人:杨祥海
3、董事会秘书:王敏文　　授权代表:周燕飞
联系地址:上海市复兴中路 1 号
电话:021-63900143　传真:021-63900119　　电子信箱:zhouyf@shenergy.com.cn
4、公司注册地址:上海市银城东路 139 号 10 楼
公司办公地址:上海市复兴中路 1 号 24 楼　邮政编码:200021
公司网址:www.shenergy.com.cn　　公司电子信箱:zhenquan@shenergy.com.cn
5、公司信息披露报纸:《上海证券报》和《证券时报》。
登载公司年度报告的中国证监会指定国际互联网网址:http://www.sse.com.cn
公司年度报告备置地:公司策划部
6、公司股票上市地:上海证券交易所　　股票简称:申能股份　　股票代码:600642

二、会计数据和业务数据摘要

1.本年度主要利润指标情况:　　(单位:人民币元)

利润总额	631,582,044.58
其中:主营业务利润	433,820,198.36
其他业务利润	320,268.06
营业利润	179,829,087.72
投资收益	451,783,692.04
补贴收入	0
营业外收支净额	-30,735.18
净利润	829,541,482.74
扣除非经常性损益后的净利润	446,545,109.90
经营活动产生的现金流量净额	668,028,396.32
现金及现金等价物净增加额	-553,772,970.67

说明:非经常性损益是指股权投资差额 88,423,867.17 元,石洞口第二电厂非正常经营项目收益调整 290,545,463.20 元。

2.截至报告期末公司前三年主要会计数据和财务指标:(单位:人民币元)

项目	1999 年		1998 年	1997 年
	调整后	调整前	调整后	调整后
主营业务收入	1,144,791,088.65	1,144,791,088.65	91,065,101.79	90,231,250.84
净利润	829,541,482.74	538,996,019.54	806,167,218.00	947,585,540.88
总资产	12,359,586,893.74	12,359,586,893.74	10,859,906,781.68	10,046,480,493.50
股东权益(不含少数股东权益)	4,244,412,305.82	4,244,412,305.82	6,519,610,253.53	5,197,476,683.95
每股收益	0.5080	0.3300	0.3062	0.3599
每股收益(按月平均加权法计算)	0.4075	0.2634	0.3062	0.3599
扣除非经常性损益后的每股收益	0.2759	0.2759	0.1963	0.2426
每股净资产	2.599	2.599	2.476	1.974
调整后的每股净资产	2.525	2.525	2.440	1.937
每股经营活动产生的现金流量净额	0.409	0.409	0.0133	
净资产收益率(%)	19.54%	12.70%	12.37%	18.23%

注:表中"调整后"财务指标说明:为客观、公允、合理地反映公司 1999 年度的经营成果,公司按调整出让华能上海石洞口第二电厂"非正常经营项目收益"后,计算公司的净利润和相关财务指标,以科学、合理地评价公司经营业绩。

2. 由于会计政策变更,根据财政部财会字(1999)35 号文、49 号文的有关规定,采用了追溯调整法,并调整了一九九九年度合并会计报表相关的"坏帐准备"帐项、"短期投资跌价准备"帐项、"长期投资减值准备"帐项。

项目	1999 年	1998 年	1997 年
坏帐准备	8,098,485.97	6,451,685.97	3,272,119.22
短期投资跌价准备	9,322,303.98	6,371,185.28	6,046,185.28
长期投资减值准备	152,000,000.00	152,000,000.00	152,000,000.00
未分配利润	156,801,398.60	191,779,673.62	195,047,563.07

3. 报告期内股东权益变动情况

项目	股本	资本公积	盈余公积	法定公益金
期初数	2,633,087,769	1,867,926,640.90	955,179,780.41	167,504,623.60
本期增加		104,077,975.00	456,247,815.51	41,477,074.14
本期减少	1,000,000,000	995,638,340.95	514,361,659.05	
期末数	1,633,087,769	976,366,274.95	897,065,936.87	208,981,697.74

项目	未分配利润	非正常经营项目收益调整	股东权益合计
期初数	191,779,673.62	871,636,389.60	6,519,610,253.53
本期增加	829,541,482.74	0	1,389,867,273.25
本期减少	864,519,757.76	290,545,463.20	3,665,065,220.96
期末数	156,801,398.60	581,090,926.40	4,244,412,305.82

三、　股东情况介绍

1、报告期末股东总数:截止 1999 年 12 月 31 日,公司共有股东 70151 名,其中社会法人股东 1115 名,社会公众股东 69035 名。
2、前十名股东持股情况:

股东名称	年末持股数(万股)	占总股本比例%
(1)申能(集团)有限公司(国家股)	111309.67	68.16
(2)上海市电力公司	1798.1	1.10
(3)上海申能实业有限公司	1615.3	0.99
(4)国泰君安证券公司	1488.26	0.91
(5)乔晓辉	1000	0.61
(6)上海久事公司	894.4833	0.55
(7)金鑫基金	856.9738	0.52
(8)上海国际信托投资公司	792.95	0.49
(9)华东电力集团公司	670	0.41
(10)安徽信托	605	0.37

上 海 爱 建 股 份 有 限 公 司

上海爱建股份有限公司 1999 年年度报告摘要

一、公司简介

1、公司法定中文名称:上海爱建股份有限公司
法定英文名称:SHANGHAI AJ CORPORATION
2、公司法定代表人:陈铭珊
3、公司董事会秘书:周浩奎　　授权代表:张禾
联系地址:上海市零陵路 583 号 14 楼　　电话:021-64396600　　传真:021-64392118
电子信箱:ajcoob@mail2.online.sh.cn
4、公司注册地址:上海市张杨路 838 号　　邮政编码:200122
公司办公地址:上海市零陵路 583 号 14 楼　　邮政编码:200030
公司电子信箱:ajcorp@online.sh.cn
5、公司选定的信息披露报纸:中国证券报、上海证券报
登载公司年度报告的国际互联网网址:http://www.sse.com.cn
公司年度报告备置地点:上海市零陵路 583 号 14 楼
6、公司股票上市交易所:上海证券交易所　　股票简称:爱建股份　　股票代码:600643

二、会计数据和业务数据摘要

㈠、本年度主要利润指标　　单位:元

利润总额	130478806.39
净利润	124667275.62
扣除非经营性损益后的净利润	125426405.95
非经营性损益(处理固定资产净损失)	759130.33
主营业务利润	98018657.95
其他业务利润	470587.50
营业利润	−6811744.60
投资收益	135146595.15
补贴收入	2703442.89
营业外收支净额	−559487.05
经营活动产生的现金流量净额	55005348.40
现金及现金等价物净增加额	127197675.94

㈡、公司前三年主要会计数据和财务指标
1、追溯调整后

项目	1999 年	1998 年	1997 年
主营业务收入(元)	656126648.77	793448978.07	768033158.40
净利润(元)	124667275.62	118032894.19	168833146.17
总资产	2358596110.37	1721649874.57	1685266017.97
股东权益(不含少数股东权益)	1979557944.89	1378748124.09	1295111654.78
每股收益	0.298	0.355	0.558
每股收益(按月平均加权法计算)	0.321	0.369	0.600
扣除非经营损益后的每股收益	0.299	0.356	0.558
每股净资产	4.73	4.14	4.28
调整后每股净资产	4.61	4.02	4.16
净资产收益率(%)	6.30%	8.56%	13.04%
每股经营活动产生的现金流量净额	0.131	0.038	−

2、追溯调整前

项目	1998 年	1997 年
主营业务收入(元)	793448978.07	768033158.40
净利润(元)	173310198.52	182248121.55
总资产	1790925210.80	1698680993.35
股东权益(不含少数股东权益)	1447706777.88	1306301085.75
每股收益	0.521	0.603
每股收益(按月平均加权法计算)	0.542	0.648
扣除非经营损益后的每股收益	0.522	0.603
每股净资产	4.35	4.32
调整后每股净资产	4.20	4.19
净资产收益率(%)	11.97%	13.95%
每股经营活动产生的现金流量净额	0.038	−

注:(1)主要财务指标的计算公式如下:
每股收益=净利润/年度末普通股股份总数
每股净资产=年度末股东权益/年度末普通股股份总数
调整后的每股净资产=(年度末股东权益−三年以上应收款项净额−待摊费用−待处理(流动、固定)资产净损失−开办费−长期待摊费用−住房周转金负数余额)/年度末普通股股份总数
每股经营活动产生的现金流量净额=经营活动产生的现金流量净额/年度末普通股股份总数
净资产收益率=净利润/年度末股东权益×100%

3、股东权益变动情况

项目	股本	资本公积	盈余公积	法定公益金
期初数	332640162.00	559422401.46	428976214.83	61764507.77
本期增加	86167078.00	466043212.43	76200325.51	8209404.26
本期减少	33519991.00			325900.00
期末数	418807240.00	991945622.89	505176540.34	69648012.03

<续上表>

项目	未分配利润	外币报表折算差额	未确认的投资损失	股东权益合计
期初数	−7205854.95	3155889.89	−5196.91	1378748124.09
本期增加	124667275.62			761287295.82
本期减少	125964553.77	20954.60	646075.65	160477475.02
期末数	−8503133.10	3134935.29	−651272.56	1979557944.89

变动原因:⑴、股本增加系本年度实施配股和资本公积金转增股本。
⑵、资本公积金增加系配股溢价,减少系公积金转增股本。
⑶、盈余公积和法定公益金增加系从税后利润提取法定公积金、法定公益金及任意盈余公积金。
⑷、未分配利润减少系由于实施母公司利润分配方案所致。

三、股东情况介绍

1、报告期末股东总数:88414 人。
2、报告期末持股前十名股东情况:

股东名称	持股数(股)	持股比(%)
上海工商界爱国建设特种基金	95262735	22.75
陆钟汉	5819312	1.39
上海国际信托投资公司	5681966	1.36
爱群实业	4599595	1.10
王明勤	4406728	1.05
上海市工商业联合会	4304520	1.03
刘靖基	3841921	0.92
荣智丰	3337610	0.80
丁鹤寿	3098738	0.74
金鑫基金	3012890	0.72

3、持有 10%以上股份的法人股东情况:
上海工商界爱国建设特种基金,社团法人,法定代表人:郭秀珍。基金的宗旨是发扬上海工商界“爱国建设”的传统精神,为上海的繁荣振兴和祖国社会主义现代化建设作贡献。上级业务主管部门为中国人民银行上海分行,挂靠单位为上海市对外经济贸易委员会。

四、股东大会简介

公司第八次股东大会(1998 年年会)于 1999 年 6 月 15 日在上海肇嘉浜路 777 号青松城百花厅召开。本次股东大会决议公告已于 1999 年 6 月 17 日在《中国证券报》、《上海证券报》上刊登。

五、董事会报告

㈠、公司经营情况
1、公司营业范围及其经营状况:实业投资,房地产开发、经营及咨询,外经贸部批准的进出口业务,商务咨询。
一九九九年公司实现营业收入 6.56 亿元,实现利润总额 1.3047 亿元。
上海爱建信托投资公司在国内信托业清理整顿的情况下,面临了一系列新的挑战和困难,但仍尽力保持业务规模,截止九九年十二月末,各项人民币存款余额为 37 亿元,比上年度末增长 15%;为优化信托资产质量做了大量工作,收回逾期贷款 24 笔共计 4351.4 万元,对部分老贷款及新增贷款采取抵押措施,共计 22 笔,降低了信贷资产风险;信托本源业务也取得进展,继金泰证券投资基金后,又参与发起设立了金鑫证券投资基金;证券总部业务继续较快增长,尤其是经纪业务量有明显上升,占证券总业务收入的 25.74%。全年实现交易量约 238.54 亿元,为 98 年的 1.4 倍。九九年末,上海爱建信托投资公司成为国内首家通过 ISO9002 质量保证体系认证的金融机构,实现利润总额 12599 万元。
公司房地产业务继续稳步发展,爱建新家园二、三期工程截止年末已分别实现销售率达 91%和 41%,该小区在首届上海优秀住宅评选中获得住宅小区优秀设计奖和住宅新技术奖;公司金桥地块和田林地块的前期开发工作也已开展,有望在二OOO年动工。为有利公司房地产业务发展,公司房产经营部转制为房地产分公司。全年房地产业务实现销售 1.4718 亿元,利润总额 2193 万元。
公司实业投资积极贯彻“堵漏、扶优、创新”的经营原则,九九年共压缩沉淀资金 3000 多万元,归并企业 20 余家,纺织品公司、纸张公司、爱建试剂厂(合营)等优势企业已初步形成。其中爱建试剂厂全年实现创利 980 万元。
公司外贸业务探索新的发展方向,九九年矿石的来料加工业务实现出口创汇额占出口创汇总额的 40%。全年完成出口创汇 2300 万美元,进口到货 1500 万美元,实现利润总额 1143 万元。
2、占主营业务利润 10%以上的主要经营业务是:信托业务实现利润总额 5304 万元,占利润总额的 40.65%,主要是存贷款利差收入;证券业务实现利润总额 7296 万元,占利润总额的 55.91%,主要是手续费收入和自营收入。
3、经营中出现的问题与困难及解决方案
1999 年公司面临的经营环境相当严峻,尤其是信托业经营环境发生重大变化,国家对信托业的清理整顿既带来了公司长期发展的机遇,也在短期内造成信托业务的经营困难。
⑴99 年央行又两次降息,存贷款利差进一步缩小,影响收入约 1500 万元,同时央行降低存款准备金利率,减少利息收入 1300 多万元;
⑵银信分离、信证分离的分业经营管理措施更加严格,传统业务如信托贷款等在九九年进一步受到限制,国际结算业务按规定被终止;
⑶在信托业清理整顿期间,新业务的开展缺乏政策支持和保障;
⑷公司经营信托业务十四年,贷款累计达一百多亿,长期积累,有一定数额的不良资产,按央行规定进行清产核资和坏帐冲销,对业务利润产生了一定影响。
针对上述问题和困难,在董事会领导下,全体员工积极努力采取以下措施,确保公司全年经济效益。⑴积极拓展证券业务,全年实现利润总额 7296 万元,并积极努力争取设立爱建控股的证券公司;⑵在力保现有传统业务规模的同时,努力开发产业投资基金和其他新的信托本源业务品种,有的已上报有关部门审核;⑶优化信托资产质量,加大对逾期贷款的催讨力度,对部分老贷款采用抵押措施。
通过上述措施,使得公司利润保持一定规模,资产质量有所提高,新业务的开展也打下良好的基础。公司对爱建信托在清理整顿后继续保留并不断发展充满信心。
㈡、公司财务状况
总资产年初数 172,164.90 万元,年末数为 235,859.60 万元,增加 63,694.70 万元,增加的主要原因是公司实施配股后向信托投资公司增资 5 亿元,使得公司长期投资增加较多,其次是公司加快销售资金回收,年末货币资金增加,短期投资也有所增加。
长期负债年初数 3,137.40 万元,年末数为 3,174.90 万元。
股东权益年初数 137,874.80 万元,年末数为 197,955.80 万元,增加 60,081 万元,主要原因是实施配股和本年新增净利润所致。
本年度主营业务利润 9,801.80 万元,比去年减少 4,440.80 万元,减少主要原因是主营业务收入降低,本年度实现净利润 12,466.70 万元,与去年追溯调整后净利润相比增加 663.40 万元。
㈢、公司投资情况
公司全资附属企业及控股子公司经营业绩　　单位:万元人民币

公司名称	出资额	控股比例	销售收入	税后利润
上海爱建信托投资公司	95000	100%	25439	10779
上海爱建进出口公司	3000	100%	23749	960
上海怡荣发展有限公司	375(万美元)	75%	287	50
上海爱建建筑设计院	100	100%	481	62

1、募股资金使用情况:1999 年 6 月公司实施增资配股,共募集资金 5.18 亿元,按股 东大会通过的募集资金投向,将 5 亿元资金投入信托公司(其中 3 亿元增加证券总部营运资金),增加其资本金。其它留作公司日常经营流动资金。募集资金到位后,信托公司 证券总部经济效益比上年有所增长;信托业务增强了运营能力,在遇到了前所述及困难的情况下,仍保持了一定经济效益规模,并为今后发展打下了基础。

2、非募集资金在本年度无重大投资项目。

3、公司于 1999 年 12 月减持参股的上海佛欣-----爱建河道治理有限公司股权, 截止报告期末,尚持有该公司 5%股权。

㈣、经营环境及宏观政策变化对公司的影响

1、中国加入 WTO 后对公司未来经营的影响

中国加入 WTO 后,公司金融业务、外贸业务等可能会受到较大影响,公司面临的竞 争将更为激烈,同时也会有新的发展机遇。

2、国家对信托业的清理整顿对公司信托业的经营产生较大影响,前已述及。

㈤、新年度业务发展规划

1、在政策允许条件下,想方设法稳定信托传统业务,并争取有所发展;培育和发展信托本源业务,争取受托更多社会资金;重点开发贷款信托、退税基金、融资租赁等项业务;努力扩大委托贷款规模;继续加大对证券投资基金的投入,开展基金管理业务;积极促进产业基金和基础设施基金业务;我们还要开展财务顾问等投资银行业务。总之,要努力抓住信托市场的先机,争取使我们设计的新业务方案能尽快产生经济效益。另 外,为进一步增强抗风险能力和经营各类信托业务的资本实力,信托公司将研究实施相关的定向增资扩股方案。

2、在目前条件下证券总部要进一步挖掘业务潜力,在控制风险的前提下,力争证 券业务盈利水平有所提高。公司必须全力争取成立爱建控股的证券公司。

3、在充分做好可行性论证的基础上,抓好田林和金桥两个居民住宅小区项目的开发工作,争取早日开工,早日产生经济效益,保持房地产业务的稳定发展,同时也要抓好爱建新家园二、三期工程和盘活存量;另外,我们要充分利用爱建综合经营的优势,实 现房产与金融的联动发展,探索住宅抵押证券等新业务。

4、加大对公司化学试剂、纺织品、纸张等优势企业的扶持力度,调整实业投资企业管理体制,提高其参与市场竞争的能力。

5、充分发挥进出口公司、香港公司、怡荣公司的业务联动优势,拓展贸易业务; 要利用爱建(香港)公司的资源和香港资本市场,探索研究香港证券经纪业务、大宗贸 易业务和资产重组业务的可能。

㈥、董事会日常工作情况

1、报告期内董事会的会议情况及决议内容:

⑴1999 年 4 月 12 日,公司第二届董事会第十一次会议在青松城华山厅举行。审议通过了:

①关于《公司业务、财务、资金运用的报告》的决议;

②关于《一九九八年度财务决算报告》的决议;

③关于《上海爱建股份有限公司一九九八年度报告》正本和摘要的决议;

④关于《一九九八年度利润分配预案》的决议;

⑤关于将资本公积金转增股本的决议;

⑥关于召开公司第八次股东大会的决议。

以上决议于 1999 年 4 月 14 日刊登在《中国证券报》、《上海证券报》上。

⑵1999 年 5 月 12 日,公司第二届董事会第十二次会议在青松城华山厅举行。审议通过了:

①原则通过关于《董事会工作报告》的决议;

②关于《董事会换届工作报告》和《第三届董事会董事候选人名单》的决议;

③关于修改《公司章程》第六条、第二十条的决议;

④续聘立信会计师事务所有限公司担任公司一九九九年度审计工作的决议;

⑤召开公司第八次股东大会的决议。

以上决议于 1999 年 5 月 14 日刊登在《中国证券报》、《上海证券报》上。

⑶1999 年 6 月 15 日,公司第三届董事会第一次会议在青松城泰山厅举行。审议通过了:

①推选陈铭珊为董事长;

②推选茅志琼、顾青为副董事长;

③推选陈铭珊、茅志琼、顾青、沈祖木或、杨铨谟为执行董事;

④聘任经叔平、杨延修、王仁中为董事会顾问;

⑤聘任顾青为公司总经理;

⑥聘任康从之、刘顺新为公司副总经理;

⑦聘任周浩奎为董事会秘书。

以上决议于 1999 年 6 月 17 日刊登在《中国证券报》、《上海证券报》上。

⑷1999 年 7 月 12 日,公司第三届董事会第二次会议在青松城泰山厅举行。内容:

①会议讨论了董事会议事规则;

②会议讨论了总经理工作细则。

⑸1999 年 8 月 13 日,公司第三届董事会第三次会议在西郊宾馆举行。内容:

①审议通过了《上海爱建股份有限公司一九九九年度中期报告》的决议;

②听取顾青总经理对公司过去三年的经营情况回顾和今后的发展设想的汇报;

③讨论公司有关管理制度。

公司中期报告于 1999 年 8 月 17 日刊登在《中国证券报》、《上海证券报》上。

2、根据公司第八次股东大会的决议,于 1999 年 7 月 7 日在《中国证券报》、《上海证券报》刊登了关于实施 1998 年度利润分配方案的公告,确定股权登记日为 1999 年 7 月 9 日,除权除息及转增股本上市交易日为 1999 年 7 月 12 日。

㈦、公司管理层及员工情况

1、董事、监事、高级管理人员

姓名	职务	年龄	任期	期初持股数(股)	期末持股数(股)	增减数(股)
陈铭珊	董事长	83	1999.6-2002.5			
茅志琼	副董事长	64	1999.6-2002.5			
顾青副	董事长	53	1999.6-2002.5	7515	10397	2882
经叔平	董事会顾问	82	1999.6-2002.5	4960	6706	1746
杨延修	董事会顾问	88	1999.6-2002.5	11651	15751	4100
王仁中	董事会顾问	67	1999.6-2002.5	10290	13913	3623
沈祖木或	执行董事	80	1999.6-2002.5	319947	432559	112612
杨铨谟	执行董事	68	1999.6-2002.5	8059	10895	2836
周浩奎	董事	64	1999.6-2002.5	102400	120511	18111
张亚培	董事	56	1999.6-2002.5			
康从之	董事	48	1999.6-2002.5	5635	7796	2161
刘顺新	董事	44	1999.6-2002.5	6876	9513	2637
蔡依瑞	董事	50	1999.6-2002.5			
唐仑千	董事	58	1999.6-2002.5	142567	197231	54664
杨建荣	董事	43	1999.6-2002.5			
张绍木	梁董事	67	1999.6-2002.5			
徐国华	董事	63	1999.6-2002.5			
郭秀珍	监事长	82	1999.6-2002.5	285962	321711	35749
王祚岩	副监事长	59	1999.6-2002.5	6131	8482	2351
宗之琥	监事会顾问	84	1999.6-2002.5	11652	16119	4467
吴晓萍	监事	52	1999.6-2002.5			
唐齐千	监事	66	1999.6-2002.5	48217	52412	4195
魏 平	监事	45	1999.6-2002.5	2309	2770	461
刘 英	监事	45	1999.6-2002.5			
郭延曦	监事	46	1999.6-2002.5			

注:董监事、高级管理人员持股变动原因为配股、资本公积金转增。

2、公司董事、监事、高级管理人员薪酬情况

数额区间(万元)	人数
5-8	2
8-10	4
10 万以上	8

公司董事、监事、高级管理人员中不在公司领取报酬的人员:茅志琼、经叔平、沈祖木或、杨建荣、张亚培、张绍木梁、唐仑千、徐国华、蔡依瑞、吴晓萍、唐齐千

3、报告期内进行了董事会、监事会的换届改选。原第二届董事会中的杨延修、王仁中、贝竹韵、刘意成、刘麟章、杨锡山、杨臣勋不再担任董事;第二届监事会中 的宗之琥、冯振新、刘靖、荣正平、程新不再担任监事。

㈧、本次利润分配预案

1999 年公司(母公司)共实现净利润 124,706,716.74 元,弥补年初未分配利润-1,620,755.01 元后,可供分配的利润为 123,055,961.73 元,提取法定公积金 10%,计 12,305,596.17 元,法定公益金 5%,计 6,152,798.09 元,任意盈余公积金 50%,计 61,527,980.87 元,支付普通股股利 41,880,724.00 元[即按 1999 年末股本总数 418,807,240 股计算,每 10 股派发现金红利 1 元(含税)],本年度净利润分配后结余数 1,188,862.60 元结转下年度分 配。

㈨、本次资本公积金转增股本预案

公司以 1999 年年末资本公积金中的 41,880,724.00 元转增股本 (按 1999 年年末股本总数 418,807,240 股计算),每 10 股转增 1 股,共计转增 41,880,724 股。

六、监事会报告

一九九九年,公司监事会按照《公司法》和《公司章程》赋予的职责,不断加强 自身学习,认真开展监督工作。本年度共召开四次监事会会议,其中,公司第二届第七 次监事会决议公告于 1999 年 5 月 14 日刊登于《中国证券报》、《上海证券报》;第三届第一次监事会决议公告于 1999 年 6 月 17 日刊登于《中国证券报》、《上海证券报》。

通过一年来的工作,监事会认为:

1、1999 年度公司董事会认真履行了股东大会各项决议,其决策程序符合《公司法》和《公司章程》的有关规定。公司本着审慎经营、有效防范化解资产损失风险的原则,制定的有关提取四项资产减值准备和损失处理的内部控制制度,已经董事会审议通过并正式实施。本年度公司计提四项资产减值准备的决议程序合法、依据充分。

2、公司董事、高级管理人员忠于职守,规范自律,在经营环境十分严峻的情况下,努力工作,积极化解不利因素,为公司的发展尽责尽力。

3、本年度会计报表已经公司聘请的上海立信会计师事务所审计,出具了无保留意见或解释性说明的审计报告。公司财务报告符合会计制度规定,所有重大方面公允地 反映了公司 1999 年经营成果和财务状况。

4、公司 1999 年实施的增资配股募集资金实际投入项目与承诺投入项目一致。

5、公司关联企业交易未发现损害上市公司利益的事项。

七、重要事项

1、重大诉讼事项

公司于 99 年 5 月 12 日临时公告(临 99007)所披露的关于我司子公司爱建信托投资公司诉上海商业网点发展实业股份有限公司(以下简称商业网点)及担保单位上海同济科技实业股份有限公司(以下简称同济科技)归还 2600 万元贷款案,经上海市第二中级人 民法院审理,于 99 年 8 月 10 日判令商业网点归还借款本金并支付利息及罚息、案件受理费、财产保全费等,同济科技对上述款项承担连带还款责任。同济科技不服判决,向上海市高级人民法院提起上诉。99 年 11 月 5 日上海市高级人民法院以(1999)沪高经终字 第 434 号判决书驳回其上诉,维持原判。至 99 年底,该诉讼尚未进入执行阶段。该临时 公告于 99 年 5 月 12 日刊登在《中国证券报》、《上海证券报》上。

2、报告期内公司、公司董事及高级管理人员没有受监管部门处罚的情况。

3、报告期内,公司第八次股东大会进行了董事会、监事会的换届选举。(详见本 摘要五、董事会报告)

八. 财务会计报告

1、审计意见

公司财务报告经立信会计师事务所中国注册会计师戴定毅、黄晔审计,出具无保 留意见审计报告(信会师报字(2000)第 10484 号)。

2、会计报表(附后)

3、会计报表附注

一、公司简介:

上海爱建股份有限公司的前身上海市工商界爱国建设公司于一九七九年成立,一 九九二年七月经批准改制为股份制企业。一九九三年四月在上海证券交易所上市。入选"上证 30 指数"。属于综合类型的股份制企业。公司的注册地址为上海市浦东新区张扬路 838 号,法定代表人为陈铭珊,截止一九九九年十二月三十一日,股本为肆亿壹仟捌佰捌拾万柒仟贰佰肆拾元。(其中:发起人法人股 98,629,162.00 元; 募集法人股 39,857,473.00 元, 转配股 25,686,051.00 元和人民币普通股 254,634,554.00 元。)

公司经营范围为:实业投资,房地产开发、经营及咨询,外经贸部批准的进出口业 务(按批文),商务咨询。

务进行抵销,对合并盈余公积 进行调整。对纳入合并范围的合营企业,采用比例合并法编制合并会计报表。

三、税项:

公司主要税种和税率为:

税种	税率	备注
增值税	17%、13%	商品(产品)销售
营业税	8%、5%	债权投资收益、商品房销售、咨询费收入
所得税	15%	

四、控股子公司及合营企业:

(一) 公司所控制的所有子公司、合营企业情况及其合并范围:

被投资单位名称	注册地	法定代表人	注册资本(万元)	经营范围	本公司持股	是否合并
上海爱建进出口有限公司	浦东新区张扬路 838 号	刘顺新	3000	进出口贸易、服务咨询	100%	是
上海爱建建筑设计院	金陵东路 505 号-523 号	邬伟民	100	建筑装潢、工程设计	100%	是
上海怡荣发展有限公司	外高桥保税区泰谷路 168 号	刘顺新	USD500	仓储和贸易	75%	是

爱建(香港)有限公司	香港湾仔告士打道 124 -131 号 18 楼信谊大厦 E.F 室		HKD500	进出口贸易	100%	是
上海爱和置业发展有限公司	场中路 1915 号	康从之	500	房地产开发、物业管理	95%	是
上海爱建经贸实业公司	零陵路 629 号 1E 室	丁宗贤	50	金属材料、机电五金、日用百货	100%	是
上海爱建商贸实业公司	宁波路 450 号 303 室	顾　玮	812	电器电讯、五金、橡塑等	100%	是
上海爱建股份有限公司经营部	方浜中路 216 号-218 号	许敏燕	500	服装、百货等	100%	是
上海爱建纺织品公司	香港路 59 号	贝念慈	1,400	纺织品、百货	100%	是
上海爱建包装材料公司	交暨路 10 号	戴盛德	300	原料、纸张	70%	是
上海爱建纸张经营公司	杨浦区凤城一村 135 号	吴颂华	200	纸张批发	100%	是
上海爱圣塑胶有限公司	南汇县新场镇工业园区	嵇金宝	600	塑胶制品	100%	是
上海静爱印刷厂	交暨路 10 号	张惠良	140	包装,印刷,制盒	100%	是
上海爱建经贸实业公司经营部	北京西路 1266 号	倪荣富	30	建筑材料、金属材料、文化用品	100%	是
上海爱建皮塑总汇	学前街 100 号	虞星海	100	皮革、塑料及制品	100%	是
上海爱建百货商场	崂山东路 664 号	徐庆华	100	百货、烟酒、糕点	100%	是
杨浦区迎宾斋清真饭店	隆昌路 740 号	冷瑞治	10	点心、饭菜	100%	是
上海爱建纺织品公司天山店	天山二村 56 号	贝念慈	30	纺织品	100%	是
上海爱建试剂厂	延长路 50 号	倪建平	164.5	化学试剂	50%	是,注
上海爱建信托投资公司	香港路 59 号	王光俭	45000	金融信托投资	100%	否,见原因 1
上海开林服装经营部	太仓路 279 号	管佩卓	15	服装	100%	否,见原因 2
上海市长宁爱建机电五金经营部	延安西路 1619 号	董叶洪	40	商品批发、零售	100%	否,见原因 2
上海爱建电器厂	新泾镇马家桥村	薛忠清	35	蓄电池生产安装	100%	否,见原因 2
太平洋食品厂	淞沪路 45 号	何振国	98	食品	50%	否,见原因 3
上海爱建杨浦实业公司	控江路 1670 弄 30 号	肖永吉	600	纸张、五金橡塑、百货、餐饮等	100%	否,见原因 3
上海爱建服饰厂	交暨路 10 号	任崇文	33	拉链、服饰	100%	否,见原因 3
上海爱邦房产投资有限公司	零陵路 585 号	王昌达	USD170	房产经营	75%	否,见原因 3
香港怡荣发展有限公司	香港湾仔告士打道 124-131 号 18 楼信谊大厦 E.F 室		HKD10	进出口贸易、咨询服务及仓储	100%	否,见原因 3
爱建(新加坡)有限公司	Flat#13-06 Orchard Tower 400 Orchard Road Singapore	刘意成	SGD10	进出口贸易	80%	否,见原因 3
上海爱联置业发展有限公司	锦西路 185 号	周浩奎	500	房地产开发、物业管理	100%	否,见原因 3
上海建汇建设工程监理有限公司	零陵路 583 号 209 室	康从之	50	建筑监理	70%	否,见原因 3
上海爱建房地产信息咨询有限公司	共和新路 3318 号	康从之	58	房地产中介、咨询	99%	否,见原因 3
菱建物业管理有限公司	浦东南路 1472 号	胡法光	USD32.5	房产物业管理	75%	否,见原因 3
兰建清洗工程公司	南汇工业园区沪南路 9828 号	康从之	50	设备清洗	50%	否,见原因 3
上海爱建纸张文化用品商行	天津路 144 号	王信民	50	纸张、文化用品	100%	否,见原因 3
上海爱华旅游用品有限公司	沪太支路 247 号	丁宗贤	USD20	宾馆、旅馆配套洗涤用品及旅游纪念品等	50%	否,见原因 3
上海建设仪表电器电讯器材服务部	汉口路 330 号	徐耀南	60	电讯器材	51%	否,见原因 3
上海爱建建元化工试剂商店	汉口路 126 号	盛佩珏	50	化工试剂	100%	否,见原因 3
南汇爱建参茸店	惠南镇东门街 120 号	唐鹏飞	3	参茸、药品	100%	否,见原因 3
上海爱建食品实业公司	南京东路 353 弄 1 号 435 室	何振敏	96	肉类、食品等	100%	否,见原因 2
上海爱建制冷设备服务部	昌平路 888 号	陆公复	30	空调及制冷设备维修	100%	否,见原因 2
上海步云胶鞋厂	永清路 151 号	严任华	130	橡胶靴鞋制造	100%	否,见原因 2
上海爱建制罐厂	真南路 822 弄 240 号	陈文松	180	制罐、瓶盖	100%	否,见原因 2

注:上海爱建试剂厂采用比例合并法。

(二) 未纳入合并会计报表范围的子公司:

1 、未合并的原因:

(1)上海爱建信托投资公司是上海爱建股份有限公司的全资子公司,作为金融企业属于行业特殊的子公司,因此未纳入合并报表范围。该公司经审计 1999 年净利润为 107,787,163.07 元。该笔金额作为投资收益已计入上海爱建股份有限 20 公司 1999 年度的 净利润中;

(2)属于关停并转的子公司;

(3)属于资产总额、销售收入和当期净利润中母公司所拥有的数额加总计算的比 例均在 10%以下,根据财政部财会字(1996)2 号文件规定,不纳入合并范围的子公司。

2 、对财务状况的影响:

未纳入合并会计报表范围的子公司加总的资产总额为 70,169,934.79 元, 占母子公司资产总额的 2.89%;销售收入为 30,316,272.42 元,占母子公司收入的 4.42%;净利润 909,823.40 元,占母公司净利润的 0.73%。对未纳入合并会计报表范围的子公司净利 润母公司已按权益法核算,计入投资收益 624,494.79 元。

(三) 本年度合并报表范围的变更情况:

本年减少合并单位 8 家,原因为:其中 4 家准备歇业清理,其余 4 家在本年度已撤销独立法人资格,其所属资产已归并到纳入合并报表范围的子公司中。

六、其他报表项目:

公司本年度无报表项目的名称反映不出项目的性质及其他少见的报表项目。

七、或有事项:本年度无或有事项。

八、承诺事项:

(一)截至 1999 年 12 月 31 日公司为关联方及其他单位提供担保情况(除标明币种外,均为人民币):

(1) 1999 年末,公司为下列关联企业提供贷款担保:

企业名称	担保金额(万元)
上海爱建造纸机械有限公司	350
上海静爱印刷厂	30
上海爱建纸张经营公司	600
上海爱建电子技术有限公司	230
上海爱建包装材料公司	570
深沪针织有限公司	170
上海爱圣塑胶有限公司	50
上海爱建试剂厂	170
上海怡荣发展有限公司	2000
上海爱建进出口有限公司	4570
上海爱建杨浦实业公司	200
上海爱和置业发展有限公司	900
合计	9840

(2) 1999 年末,公司为下列关联企业提供信用证开证担保:

企业名称	担保金额(万美元)
上海爱建进出口有限公司	208.09
上海爱建纸张经营公司	37.97
上海爱建包装材料公司	82.27
合计	328.33

九、资产负债表日后事项中的非调整事项:

本年度无资产负债表日后事项中的非调整事项。

十、债务重组事项:

本年度无债务重组事项。

十一、其他重要事项:

本年度无其他重要事项。

九、公司的其他有关资料

1、公司变更注册登记日期:1999 年 11 月 26 日

注册地点:张杨路 838 号

2、企业法人营业执照注册号:3100001050043

3、税务登记号码:310104132206393

4、公司未流通股票的托管机构名称:上海证券中央登记结算公司

5、公司报告期内配股主承销机构名称:中国经济信托投资开发公司

6、公司聘请的会计师事务所名称:立信会计师事务所有限公司

办公地址:上海市高安路 18 弄 20 号

十、备查文件

1、载有法定代表人、主管会计工作负责人签名并盖章的会计报表;

2、载有会计师事务所盖章、注册会计师签名并盖章的审计报告原件;

3、报告期内在《中国证券报》、《上海证券报》上公开披露的所有公司文件的正本及公告的原稿。

上海爱建股份有限公司

二 OOO 年四月十二日

资产负债表

编制单位:上海爱建股份有限公司　　金额单位:元

资　产	年初数		年末数	
	母公司	合并	母公司	合并
流动资产:				
货币资金	100129406.52	159631630.68	157077146.45	236250161.62
短期投资	8901545.00	18274882.73	36886000.00	72020042.43
减:短期投资跌价准备		1488353.11		977318.52
短期投资净额	8901545.00	16786529.62	36886000.00	71042723.91
应收票据	5312130.41		2168792.70	
应收股利	422847.85			
应收利息				
应收帐款	618196.83	89829088.81		88630144.54
其他应收款	185702846.09	114926447.37	192412902.04	110359164.54
减:坏帐准备	4273417.92	20219854.47	4240098.76	20132063.31
应收款项净额	182047625.00	184535681.71	188172803.28	178857245.77
预付帐款	25437736.19	130303418.64	22539158.12	106382402.47
应收补贴款				
期货保证金				
应收席位费				
存货	191978281.08	306405817.82	205551681.68	313906283.56
其中:工程施工				
减:存货跌价准备	8176591.87	9835218.71	8933694.02	11957658.59
存货净额	183801689.21	296570599.11	196617987.66	301948624.97
待摊费用	2877.60	2391855.72		5159153.05
待处理流动资产净损失		186826.84		157627.21
一年内到期的长期债权投资	60000.00	60000.00	30000.00	30000.00
其他流动资产				
流动资产合计	500380879.52	796201520.58	601323095.51	901996731.70
长期投资:				
长期股权投资	958781251.71	809947245.32	1484110474.32	1343268286.28
长期债权投资	699030.20	710614.20	204352.60	1312432.60
长期投资合计	959480281.91	810657859.52	1484314826.92	1344580718.88
减:长期投资减值准备		283804.11		
长期投资净额	959480281.91	810374055.41	1484314826.92	1344580718.88
其中:合并价差		1491118.29		1420859.73
其中:股权投资差额		1491118.29		1420859.73

固定资产:				
固定资产原价	36116301.96	102517216.84	37589643.31	108855596.68
减:累计折旧	8177695.30	21537562.43	10925743.56	27306954.88
固定资产净值	27938606.66	80979654.41	26663899.75	81548641.80
工程物资				
在建工程		3305396.09		159043.59
固定资产清理				
待处理固定资产净损失				
固定资产合计	27938606.66	84285050.50	26663899.75	81707685.39
无形资产及其他资产:				
无形资产	5128025.72	28588552.09	4782572.12	27751459.67
开办费		652534.92		607593.38
长期待摊费用	1198630.61	1548161.07	1112180.52	1951921.35
其他长期资				
其中:临时设施净值				
无形资产及其他资产合计	6326656.33	30789248.08	5894752.64	30310974.40
递延税项:				
递延税款借项				
资产总计	1494126424.42	1721649874.57	2118196574.82	2358596110.37
流动负债:				
短期借款	40000000.00	134206909.00	50000000.00	137698250.00
应付票据		4537764.75		33025933.71
应付帐款	434856.82	40204143.56	284411.29	40043323.72
预收帐款	8576394.17	43492437.69	6618810.86	38161456.12
代销商品款				
应付工资		283182.00	2500000.00	2525310.65
应付福利费	3955755.96	5207868.92	4774331.37	6239593.36
应付股利	33869606.44	34116326.69	42561719.45	42793106.27
应交税金	2161838.72	7633046.46	3213676.71	−1247131.61
其他应交款	18130.67	134658.01	25159.39	−46636.63
其他应付款	14997375.94	32720918.91	16380167.52	38889486.45
预提费用		280501.56		174889.39
一年内到期的长期负债				
其他流动负债				
流动负债合计	104013958.72	302817757.55	126358276.59	338257581.43
长期负债:				
长期借款		2213815.44		1255149.30
应付债券				
长期应付款		765875.00		1861073.71
住房周转金	−42369.66	−42369.66	166633.70	196633.70
其他长期负债	14485441.92	28436723.23	14485441.92	28436723.23
长期负债合计	14443072.26	31374044.01	14652075.62	31749579.94
递延税项:				
递延税款贷项			537.00	537.00
负债合计	118457030.98	334191801.56	141010889.21	370007698.37
少数股东权益(合并报表填列)		8709948.92		9030467.11
股东权益:				
股本	332640162.00	332640162.00	418807240.00	418807240.00
资本公积	559422401.46	559422401.46	991945622.89	991945622.89
盈余公积	485257584.99	490740722.60	565243960.12	574824552.37
其中:公益金	59376055.36	61764507.77	65202953.45	69648012.03
未确认的投资损失		−5196.91		−651272.56
未分配利润	−1650755.01	−7205854.95	1188862.60	−8503133.10
外币报表折算差额		3155889.89		3134935.29
股东权益合计	1375669393.44	1378748124.09	1977185685.61	1979557944.89
负债和股东权益总计	1494126424.42	1721649874.57	2118196574.82	2358596110.37

利润及利润分配表

1999 年度

编制单位:上海爱建股份有限公司　　金额单位:元

项目	上年实际数		本年实际数	
	母公司	合并	母公司	合并
一、主营业务收入	95871229.60	793448978.07	50861477.78	656126648.77
减:销售折让		33894.00		33085.80
主营业务收入净额	95871229.60	793415084.07	50861477.78	656093562.97
减:主营业务成本	58500102.91	639038787.72	41031188.96	547882610.34
主营业务税金及附加	5272917.62	11949374.49	2797381.28	10192294.68
二、主营业务利润	32098209.07	142426921.86	7032907.54	98018657.95
加:其他业务利润	470622.55	2022795.78	−575084.05	470587.50
减:存货跌价损失	7421846.90	8586765.67	757102.15	2122439.88
营业费用	3564253.39	31127862.91	2052638.25	40415736.23
管理费用	37529650.84	70241342.89	29167135.96	54132255.25
财务费用	858410.77	12485986.25	405722.89	8630558.69
三、营业利润	−16805330.28	22007759.92	−25924775.76	−6811744.60
加:投资收益	137909052.68	108140299.08	150130056.03	135146595.15
期货收益				
补贴收入		13000.00	339900.00	2703442.89
营业外收入	140045.19	683143.82	376473.74	722096.80
减:营业外支出	645243.62	1236871.52	191780.72	1281583.85
四、利润总额	120598523.97	129607331.30	124729873.29	130478806.39
减:所得税	2572345.34	11376614.10	23156.55	5913024.73
减:少数股东损益		203019.92		544581.69
加:未确认的投资损失		5196.91		646075.65
五、净利润	118026178.63	118032894.19	124706716.74	124667275.62
加:年初未分配利润	8854130.82	8775452.93	−1650755.01	−7205854.95
减:减少注册资本减少的未分配利润				
加:盈余公积转入				
六、可供分配的利润	126880309.45	126808347.12	123055961.73	117461420.67
减:提取法定盈余公积	11802617.87	14897303.07	12305596.17	14346444.64
提取法定公益金	5901308.93	8289761.34	6152798.09	8209404.26
职工奖福基金				
七、可供股东分配的利润	109176382.65	103621282.71	104597567.47	94905571.77
减:应付优先股股利				
提取任意盈余公积	77307147.00	77307147.00	61527980.87	61527980.87
应付普通股股利	33519990.66	33519990.66	41880724.00	41880724.00
转作股本的普通股股利				
八、未分配利润	−1650755.01	−7205854.95	1188862.60	−8503133.10
附注:非常项目				
1、出售、处置部门或被投资单位				
2、自然灾害发生的损失				
3、会计政策变更	−19110084.95	−19110084.95	−1906641.39	−1906641.39
4、其他				

现金流量表

1999 年度

编制单位:上海爱建股份有限公司　　金额单位:元

项目	金额	
	母公司	合并
一、经营活动产生的现金流量:		
销售商品、提供劳务收到的现金	48483236.99	693892806.16
收取的租金	1700000.00	2498491.72
收到的税费返还	339900.00	14910900.52
收到的其他与经营活动有关的现金	25761649.07	27604109.06
现金流入小计	76284786.06	738906307.46
购买商品、接受劳务支付的现金	57710684.39	566983230.22
经营租赁所支付的现金		2148950.13
支付给职工以及为职工支付的现金	16382032.74	30155074.10
实际交纳的增值税款		11355968.54
支付的所得税款	1897345.34	10229416.24
支付的除增值税、所得税以外的其他税费	4250052.26	14470732.27
支付的其他与经营活动有关的现金	13093822.98	48557587.56
现金流出小计	93333937.71	683900959.06
经营活动产生的现金流量净额	−17049151.65	55005348.40
二、投资活动产生的现金流量:		
收回投资所收到的现金	19706032.82	20170242.04
分得股利或利润所收到的现金	128565205.01	120881821.03
取得债券利息收入所收到的现金	1849978.44	7150535.09
处置固定资产、无形资产和其他长期资产而收回的现金净额	19082.60	227407.89
收到的其他与投资活动有关的现金		
现金流入小计	150140298.87	148430006.05
购建固定资产、无形资产和其他长期资产所支付的现金	1818142.35	5568634.61
权益性投资所支付的现金	538938315.00	545236263.79
债权性投资所支付的现金		1089000.00
支付的其他与投资活动有关的现金	2803890.90	4115201.76
现金流出小计	543560348.25	556009100.16
投资活动产生的现金流量净额	−393420049.38	−407579094.11
三、筹资活动产生的现金流量:		
吸收权益性投资所收到的现金	518573806.95	518573806.95
借款所收到的现金	80000000.00	313023840.00
收到的其他与筹资活动有关的现金		30000.00
现金流入小计	598573806.95	831627646.95
偿还债务所支付的现金	70000000.00	308589865.93
分配股利或利润所支付的现金	33188610.99	33428007.93
其中:子公司支付少数股东的股利		239396.94
偿付利息所支付的现金	1861050.00	9810846.94
现金流出小计	105049660.99	351828720.80
筹资活动产生的现金流量净额	493524145.96	479798926.15
四、汇率变动对现金的影响额		−27504.50
五、现金及现金等价物净增加额	83054944.93	127197675.94

现金流量表

编制单位:上海爱建股份有限公司　　金额单位:元

	母公司	合并
1、不涉及现金收支的投资和筹资活动:		
以固定资产偿还债务		
以投资偿还债务		
以固定资产进行投资		
以存货偿还债务		
融资租赁固定资产		
2、将净利润调节为经营活动的现金流量:		
净利润(亏损以"−"号填列)	124706716.74	124667275.62
加:少数股东净损益		544581.69
减:未确认的投资损失		646075.65
计提的坏帐准备或转销的坏帐	−33319.16	63562.32
固定资产折旧	2391500.38	6666054.73
无形资产、长期待摊费用摊销	1327615.45	2932866.53
待摊费用的减少(减:增加)	2877.60	−2801464.98
预提费用的增加(减:减少)		−60005.68
处置固定资产、无形资产和其他长期资产的损失(减:收益)	36456.92	759130.33
财务费用	1861050.00	9783146.01
投资损失(减:收益)	−150130056.03	−135146595.15
存货的减少(减:增加)	−12816298.45	−7000550.06
经营性应收项目的减少(减:增加)	17658537.22	37177541.56
经营性应付项目的增加(减:减少)	−2054232.32	18065881.13
其他		
经营活动产生的现金流量净额	−17049151.65	55005348.40
3、现金及现金等价物净增加情况:		
货币资金的期末余额	157077146.45	235726311.62
减:货币资金的期初余额	100129406.52	159631630.68
现金等价物的期末余额	35008750.00	66314800.00
减:现金等价物的期初余额	8901545.00	15211805.00
现金及现金等价物净增加额	83054944.93	127197675.94

乐山电力股份有限公司

一、公司简介

1、公司法定中、英文名称及缩写：
中文：乐山电力股份有限公司
英文：LESHAN ELECTRIC POWER CO.,LTD.　　缩写：LEP
2、公司法定代表人：刘虎廷
3、公司董事会秘书：李　江
公司授权代表人：吴烃忠
联系地址：四川省乐山市市中区嘉定北路46号
联系电话：(0833)2445800　2445801
传真：(0833)2445900
4、公司注册地址：四川省乐山市市中区嘉定北路46号(公司办公机构地址)
公司电子信箱：lslep@ls-public.sc.cninfo.net
5、公司信息披露报纸：《中国证券报》、《上海证券报》
登载公司年度报告的中国证监会指定国际互联网网址：http://www.sse.com.cn
公司年度报告备置地点：四川省乐山市市中区嘉定北路46号公司董事办
6、公司股票上市地：上海证券交易所
股票简称：乐山电力　股票代码：600644

二、会计数据和业务数据摘要

1、本年度利润总额及构成　单位：元

利润总额	41,476,813.62
净利润	29,117,360.51
扣除非经营性损益后的净利润	30,922,453.58
主营业务利润	76,604,920.13
其他业务利润	8,954,315.63
营业利润	37,969,825.71
投资收益	201,048.53
补贴收入	5,137,982.54
营业外收支净额	-1,832,043.16
经营活动产生的现金流量净额	38,226,444.90
现金及现金等价物净增加额	76,429,774.16

注：扣除的非经常性损益项目和涉及的金额
A、合并价差报销582,868.07
B、营业外支出(处理固定资产损失)1,222,225.00
以上共涉及金额1,805,093.07

2、公司前三年主要会计数据和财务指标：　单位：元

项目	1999年	1998年		1997年	
		追溯调整前	追溯调整后	追溯调整前	追溯调整后
主营业务收入	265,786,854.35	185,612,349.61	185,612,349.61	130,251,141.24	130,251,141.24
净利润	29,117,360.51	30,729,333.04	28,599,179.13	27,849,132.28	13,538,310.74
总资产	1,036,820,184.87	710,737,363.70	667,659,818.35	610,706,989.41	569,758,915.83
股东权益	447,787,558.52	301,387,924.10	258,332,506.39	274,126,357.16	233,201,093.36
每股收益(摊薄)	0.19	0.24	0.22	0.21	0.10
每股收益(加权)	0.19	0.24	0.22	0.30	0.15
扣除非经营性损益后的每股收益(摊薄)	0.20	0.21	0.19	0.21	0.10
每股净资产	2.87	2.31	1.98	2.10	1.79
调整后的每股净资产	2.76	2.27	1.95	1.97	1.75
每股经营活动产生的现金流量净额	0.25	0.02	0.02		
净资产收益率(%)	6.50	10.20	11.07	10.16	5.81
股本	155,835,312.00	130,289,520.00	130,289,520.00	130,289,520.00	130,289,520.00

注：主要财务指标的计算方法
(1)摊薄的计算方法：
每股收益=净利润/年度末普通股股份总数
每股净资产=年度末股东权益/年度末普通股股份总数
调整后的每股净资产=(年度末股东权益-三年以上应收款项-待摊费用-待处理(流动、固定)财产净损失-开办费-长期待摊费用-住房周转金负数余额)/年度末普通股股份总数
每股经营活动产生的现金流量净额=经营活动产生的现金流量净额/年度末普通股股份总数
净资产收益率=净利润/年度末股东权益×100%
(2)加权的计算方法：
每股收益=净利润/按月份加权股份数

三、股东情况介绍

股东情况介绍
(1)截止1999年12月30日，公司股东总数为61788户：
其中：国家股股东1户；
法人股股东9户；
社会公众股股东61778户。
(2)前十名股东年末持股及变动情况(万股)

	持股数	股份性质	占总股本比例(%)
①乐山市资产经营公司	4512.1139	国家股	29.34
②四川信都建设投资开发有限责任公司	1666.6625	法人股	10.70
③四川川投控股股份有限公司	996.2787	法人股	6.39
④成都华冠实业股份有限公司	155.8953	法人股	1.00
⑤四川金顶(集团)股份有限公司	77.9476	法人股	0.50
⑥ 陶萱	39.9000	社会公众股	0.26
⑦ 新疆宏信	32.0000	社会公众股	0.21
⑧ 乐山碱厂	31.1791	法人股	0.20
⑨ 兴华基金	28.5635	社会公众股	0.18
⑩ 傅宝双	23.7385	社会公众股	0.15

上海望春花(集团)股份有限公司

一、公司简介

1、公司法定中文名称：上海望春花(集团)股份有限公司
公司法定英文名称：SHANGHAI　MET　(GROUP)　CORPORATION
英文缩写：MET
2、公司法定代表人：李培佩
3、公司负责信息披露事务人员：王建明、严建中
联系地址：上海市北翟路1168号
电话：(021)62398803＊5315、5308
传真：(021)62399024
E-MAIL：yanjz@online.sh.cn
4、公司注册地址及办公地址：上海市北翟路1168号
邮政编码：200335
公司网址：http://www.met-china.com
5、公司信息披露报纸：上海证券报
登摘公司年度报告的国际互联网网址：
http://www.sse.com.cn
公司年度报告备置地点：公司证券部
6、公司股票上市交易所：上海证券交易所
股票简称：望春花
股票代码：600645

二、会计数据和业务数据摘要

1、本年度利润总额及构成　(单位：元)

利润总额	31,989,041.03
净利润	25,687,142.45
扣除非经常性损益后的净利润	-1,881,827.41
主营业务利润	12,407,912.24
其他业务利润	5,929,863.14
营业利润	-1,160,501.21
投资收益	10,880,484.79
补贴收入	254,525.32
营业外收支净额	22,014,532.13
经营活动产生的现金流量净额	4,128,859.93
现金及现金等价物净增加额	-34,580,776.04

注：非经常性损益是指公司正常经营损益之外的、一次性或偶发性损益。本公司扣除的非经常性损益包括的项目、涉及金额为：(1)参建房销售5,913,391.38元，(2)赔偿款收入12,210,241.60元，(3)处置固定资产净收入-631,032.34元，(4)处置出租车牌照收入10,034,102.99元，(5)外贸贴息42,266.23元。

2、近三年主要会计数据和财务指标(单位：元)

指标项目	1999年	1998年		1997年	
		调整后	调整前	调整后	调整前
主营业务收入	100,207,573.60	186,509,056.50	186,280,741.99	298,374,422.76	298,374,422.76
净利润	25,687,142.45	19,439,118.43	24,400,707.64	-2,255,084.14	29,129,806.60
总资产	659,363,983.63	642,052,194.80	673,159,984.40	575,129,511.83	606,514,402.57
股东权益(不含少数股东权益)	396,717,803.63	368,384,057.22	404,730,537.17	241,968,400.58	273,353,291.32
每股收益--摊薄	0.164	0.124	0.156	-0.017	0.229
--加权	0.164	0.128	0.161		0.254
--扣除非经常性损益	-0.012	--			
每股净资产	2.538	2.357	2.590	1.905	2.153
调整后的每股净资产	2.350	2.214	2.452		2.039
每股经营活动产生的现金流量净额	0.026				
净资产收益率(%)	6.47	5.28	6.03	-0.93	10.66

注：主要财务指标计算方法：
每股收益=净利润/年度末普通股股份总数
每股净资产=年度末股东权益/年度末普通股股份总数
调整后的每股净资产=(年度末股东权益-三年以上的应收款项净额-待摊费用-待处理(流动、固定)资产净损失-开办费-长期待摊费用-住房周转金负数余额)/年度末普通股股份总数
每股经营活动产生的现金流量净额=经营活动产生的现金流量净额/年度末普通股股份总数
净资产收益率=净利润/年度末股东权益×100%
加权平均每股收益=当期净利润/[期末普通股股份总数/(1+配股比例或增发新股比例)+期末普通股股份总数/(1+配股比例或增发新股比例)×配股比例或增发新股比例×缴款结束日下一月份至期末的月份数)/12]

3、报告期内股东权益变动情况

项目	股本	资本公积	盈余公积	法定公益金	未分配利润	股东权益合计
期初数	156,267,495	183,151,204.85	28,251,820.72	12,140,906.14	713,536.65	368,384,057.22
本期增加		2,646,603.96	7,585,497.95	3,440,559.07	25,687,142.45	35,919,244.36
本期减少					7,585,497.95	7,585,497.95
期末数	156,267,495	185,797,808.81	35,837,318.67	15,581,465.21	18,815,181.15	396,717,803.63

三、股东情况

1、报告期末公司股东总数为29,634户。
2、公司前十名股东持股情况

序号	股东名称	年末持股数量(股)	占总股本比例(%)
1	上海新长宁(集团)有限公司	42,621,512	27.27
2	厦门奇胜股份有限公司	37,977,121	24.30
3	上海望春花贸易商行	15,200,000	9.73
4	豫农嵩证	1,340,613	0.86
5	农行上海	1,082,060	0.69
6	福建冠军	800,000	0.51
7	陈嗣曾	796,311	0.51
8	青阳绒布	655,200	0.42
9	王金萍	636,754	0.41
10	周力	593,549	0.38

上海国嘉实业股份有限公司

一、公司简介

1、公司中文名称：　　上海国嘉实业股份有限公司
　公司英文名称：　　SHANGHAI CITIC-JIADING INDUSTRIAL CO.,LTD.
2、公司法定代表人：　王英玲
3、公司董事会秘书：　李文利
　董秘授权代表：　　吴桂华
　联系电话：　　　　021—63916888
　传真号码：　　　　021—63916777
　联系地址：　　　　上海淮海中路 381 号中环广场 32 层
4、公司注册地址：　　上海余庆路 134 弄 3 号
　公司办公地址：　　上海淮海中路 381 号中环广场 32 层
　邮政编码：　　　　200020
　公司电子信箱：　　gjhotline@gotrade.com.cn
　公司国际互联网网址：www.gotrade.com.cn
5、公司信息披露报纸：《中国证券报》、《上海证券报》、《证券时报》
6、登载公司年报的国际互联网网址：www.Sse.com.cn
7、公司年报备置地点：公司证券部
8、公司股东接待日：　每周五下午 1:00–5:00　接待人：张利雄　周光辉
9、公司股票上市地：　上海证券交易所
　股票简称：　　　　国嘉实业
　股票代码：　　　　600646

二、会计数据和业务数据摘要

1、本年度会计数据摘要：

利润总额	77,787,327.46 元；
净利润	73,338,510.82 元；
扣除非经常性损益后的净利润	81,690,458.73 元；
主营业务利润	103,447,916.82 元；
其它业务利润	48,420.06 元；
营业利润	58,839,388.40 元；
投资收益	27,299,886.97 元；
补贴收入	0 元；
营业外收支净额	−8,351,947.91 元；
经营活动产生的现金流量净额	−197,421,231.30 元；
现金及现金等价物净增加额	−21,198,792.28 元。

2、截至报告期末前三年主要会计数据和财务指标：

指标项目(单位：元)	1999 年	1998 年		1997 年	
		调整前	调整后	调整前	调整后
主营业务收入	385,864,228.53	1,409,398,517.22	1,409,398,517.22	394703,951.03	394,703,951.03
净利润	73,338,510.82	114,062,916.83	101,961,033.90	1940,554.90	−10,889,214.04
总资产	812,832,365.17	774,880,127.62	746,496,374.95	627591,501.35	613,474,886.85
股东权益(不含少数股东权益)	341,423,759.12	290,929,854.07	265,998,202.20	179156,626.04	166,326,857.10
每股收益(摊薄)	0.408	1.32	1.18	0.02	−0.13
每股收益(按月平均加权计算)	0.408	1.32	1.18	0.02	−0.13
每股收益(扣除非经常性损益后)	0.455	1.35	1.21	0.045	−0.10
每股净资产	1.90	3.36	3.07	2.07	1.92
调整后的每股净资产	1.88	3.26	2.99	1.75	1.60
净资产收益率	21.48%	39.21%	38.33%	1.08%	−6.55%
1 每股经营活动产生的现金流量净额	−1.09	−0.644	−0.644	–	–

注：上表中财务指标的计算公式：
1、全面摊薄法的计算公式为：
每股收益=净利润/年度末普通股股份总数
每股净资产=年度末股东权益/年度末普通股股份总数
净资产收益率=净利润/年度末股东权益×100%
调整后的每股净资产=(年度末股东权益－三年以上的应收款项净额－待摊费用－待处理（流动、固定)资产净损失－开办费－长期待摊费用－住房周转金负数余额)/年末普通股股份总数
每股经营活动产生的现金流量净额=经营活动产生的现金流量净额/年度末普通股股数
2、按月加权平均法的计算公式为：
加权平均每股收益=当期净利润÷［期末普通股股份总数÷(1+配股比例或增发新股比例)+期末普通股股份总数÷(1+配股比例或增发新股比例)×配股比例或增发新股比例×缴款结束日下一月份至期末的月份数÷12］
3、报告期内股东权益变动情况(单位：人民币元)

项目	股本	资本公积	盈余公积	法定公益金	未分配利润	股东权益合计
期初数	86607166.00	89235565.42	37887553.64	16891610.79	52267917.14	265998202.20
本期增加	93102704.00	17892348.10	27679798.09	11924166.40	45658712.73	184333,562.92
本期减少		2966032.00			35941974.00	108908006.00
期末数	179709870.00	34161881.52	65567351.73	8815777.19	61984655.87	341423759.12

三、股东情况介绍

1、截至 1999 年 12 月 31 日，公司股东总数为 25595 户，其中，法人股股东 97 户，社会公众股股东 25498 户。
2、主要股东持股情况：

股东名称	年末持股度量	年度内股份增减	持股比例
北京和德实业公司	64967301	33657758	36.15%
US-I.I.I	51411838	26635049	28.61%
中信兴业信托投资公司	7947410	4117333	4.42%
深圳巨兴泰实业公司	3038008	1573908	1.69%
西安喜来登大酒店	3038008	1573908	1.69%
嘉定区建业投资公司	2570581	1331747	1.43%
上海国脉通信股份有限公司	607602	314782	0.34%
上海新锦江大酒店股份有限公司	607602	314782	0.34%
上海市东湖集团联营公司	607602	314782	0.34%
上海振宏经营公司	607602	314782	0.34%

上海粤海企业发展股份有限公司

一、公司简介

1、公司法定中文名称：上海粤海企业发展股份有限公司
　英文名称：SHANGHAI GD ENTERPRISES DEVELOPMENT CO., LTD.
2、公司法定代表人：郭升合先生
3、公司董事会秘书：胡嘉捷先生
　联系地址：上海市华山路 1336 号玉嘉大厦九楼
　联系电话：(021)62265281　　传　　真：(021)62264639
4、公司注册地址：上海市华山路 1336 号玉嘉大厦九楼
　公司办公地址：上海市华山路 1336 号玉嘉大厦九楼
　邮政编码：200052
　公司电子信箱：gd600647@online.sh.cn
5、公司选定的信息披露报纸：《上海证券报》
　登载公司年度报告的中国证监会指定国际互联网网址：http://www.sse.com.cn
　公司年度报告备置地点：上海市华山路 1336 号玉嘉大厦九楼
6、公司股票上市地：上海证券交易所
　股票简称：ST 粤海发　　股票代码：600647

二、会计数据和业务数据摘要

1、1999 年度利润总额及构成(金额单位：人民币元)

项　　目	金　　额
利润总额	22,002,041.88
净利润	5,864,695.59
扣除非经常性损益后的净利润	5,864,695.59
主营业务利润	79,913,499.41
其他业务利润	1,500.00
营业利润	22,317,036.17
投资收益	−548,763.96
补贴收入	
营业外收支净额	233,769.67
经营活动产生的现金流量净额	−102,887,449.91
现金及现金等价物净增加额	−55,242,275.67

2、截至报告期末公司前三年的主要会计数据和财务指标(金额单位：人民币元)

指标项目	1999 年度	1998 年度		1997 年度	
		调整后	调整前	调整后	
调整前					
主营业务收入	515,995,215.92	23,022,784.39	31,706,942.96	54,200,812.70	54,200,812.70
净利润	5,864,695.59	−26,046,657.56	24,690,404.39	−34,453,486.16	−32,438,557.71
总资产	850,953,089.09	231,714,417.11	309,715,092.23	81,747,433.98	83,762,362.43
股东权益	9,096,692.54	5,882,376.37	58,635,466.62	31,930,133.78	33,945,062.23
每股收益(摊薄)	0.1096	−0.4867	0.4614	−0.6437	−0.6061
扣除非经常性损益后的每股净利润	0.1096	−0.2157	−0.1770	−0.1575	−0.1575
每股净资产	0.1700	0.1099	1.0956	0.5966	0.6343
调整后的每股净资产	0.0052	−0.0420	0.7292	0.2353	0.2729
每股经营活动产生的现金流量净额	−1.9225	−0.2645	−0.2589		
净资产收益率(%)摊薄	64.47	−442.79	42.11	−107.90	−95.56

注：(1)、主要财务指标计算方法
每股收益=净利润/年度末普通股股份总数
每股净资产=年度末股东权益/年度末普通股股份总数
调整后每股净资产=(年度末股东权益－三年以上的应收款项净额－待摊费用－待处理(流动、固定)资产净损失－开办费－长期待摊费用－住房周转金负数余额)/年度末普通股股份总数
每股经营活动产生的现金流量净额=经营活动产生的现金流量净额/年度末普通股股份总数
净资产收益率=净利润/年度末股东权益×100%
(2)、以上数据以公司合并会计报表数填列
(3)、根据财政部财会字[1999]35 号文、49 号文的有关规定，公司对前三年主要会计数据和财务指标进行了追溯调整
(4)、根据公司董事会决议，对 1998 年资产置换事宜，进行了调整，详见重要事项说明。
3、报告期内股东权益变动情况(金额单位：人民币元)

项目	股本	资本公积	盈余公积	其中：法定公益金	未分配利润	合计
期初数	53,516,750.00	8,886,706.88	3,182,384.42	717,031.63	−59,703,464.93	5,882,376.37
本期增加			2,879,317.54		334.998.63	3,214,316.17
本期减少						
期末数	53,516,750.00	8,886,706.88	6,061,701.96	717,031.63	−59,368,466.30	9,096,692.54

变动原因：
本年盈余公积增加系本公司所属子公司江都粤海造船有限公司为中外合资企业计提的属于本公司份额的盈余公积。
本年未分配利润变动系实现净利润及子公司计提盈余公积变化所致。

三、股东情况介绍

1、报告期末股东总数 5038 户。
2、主要股东持股情况(前 10 名股东)：

	股东名称	期末持股数(股)	占总股本(%)
(1)	深圳粤海实业投资发展有限公司	22,370,000.00	41.80
(2)	上海新亚集团股份有限公司	2,670,000.00	4.99
(3)	上海嘉宝实业股份有限公司	945,000.00	1.77
(4)	上海市出租汽车公司	945,000.00	1.77
(5)	上海申达实业股份有限公司	630,000.00	1.18
(6)	上海申银万国证券股份有限公司	630,000.00	1.18
(7)	上海永生制笔股份有限公司	630,000.00	1.18
(8)	广东珠江纺织企业公司	535,000.00	0.99
(9)	上海棱光实业股份有限公司	315,000.00	0.59
(10)	上海丰华圆珠笔股份有限公司	315,000.00	0.59

3、持股 5%以上的法人股股东深圳粤海实业投资发展有限公司本年度内所持股份于 1999 年 8 月 19 日至 2000 年 2 月 19 日被北京市第一中级人民法院冻结［详见 1999 年 8 月 24 日《上海证券报》公司重大事件公告］。

上海外高桥保税区开发股份有限公司

一、公司简介

1、公司名称:上海外高桥保税区开发股份有限公司
英文名称:SHANGHAI WAI GAOQIAO FREE TRADE ZONE DEVELOPMENT CO., LTD
(缩写:WGQ)
2、公司法定代表人:刘新民
3、公司董事会秘书:高海明、仲春明
授权代表:刘捷、崔蓉
联系地址:中国上海浦东杨高北路 889 号贵宾楼
电话:58669217　传真:58680808　电子信箱:wgq@mail.shini.net.cn
4、公司注册地址及办公地址:中国上海浦东杨高北路 889 号　邮政编码:200131
公司国际互联网网址:http://www.waigaoqiao.com.cn
5、公司选定信息披露报纸:上海证券报、南华早报、香港商报
登载公司年度报告的中国证监会指定国际互联网网址:　http://www.sse.com.cn
公司年度报告备置地址:中国上海浦东杨高北路 889 号贵宾楼
6、公司股票上市交易所:上海证券交易所
公司股票简称(A 股):外高桥　代码:600648　(B 股):外高 B 股　代码:900912

二、会计数据和业务数据摘要

1、业务数据摘要(单位:人民币元)

本年度实现利润总额	32,862,509.61
净利润	30,495,359.17
扣除非经常性损益后净利润	-24,250,356.96
主营业务利润	37,159,172.73
其他业务利润	798,814.88
营业利润	-46,917,521.95
投资收益	66,720,507.79
补贴收入	13,164,344.75
营业外收支净额	-104,820.98
经营活动产生的现金流量净额	-61,200,837.28
现金及现金等价物净增加额	166,174,293.61

按两种会计准则计算的净利润、综合资产净值的差异及其形成原因的说明:

	除税及少数股东权益后但于分配前之综合溢利		综合资产净值	
	一九九九年 人民币千元	一九九八年 人民币千元	一九九九年 人民币千元	一九九八年 人民币千元
根据中国法定账目而编制	30,495	110,534	1,413,189	1,382,464
拟派股息			-61,575	-61,575
派发红股以支付股息			61,575	
出售附属公司收益之差异	-3,777	-26,885	-38,381	-34,604
坏帐准备、存货跌价损失及长期投资减值准备之差异	-30,991	24,617		30,991
合并以外币为本位币的附属公司资产及负债之差异	-1,816	-6,049	-883	1,163
预提费用之差异	2,183	7,054	997	-1,186
对联营公司投资采纳权益法人账而产生之影响	-3,008	3,008	477	3,485
采纳经修订国际会计准则 38 之影响	732	1,099	-4,401	-5,133
递延税项调整		1,659		
根据国际会计准则重新编制	-6,182	115,037	1,370,998	1,315,605

根据截至一九九九年十二月三十一日止年度以中国会计准则编制之已审核财务报表，有若干以前年度调整合共人民币 28,265,000 元计算在本集团之期初保留盈利内。此等以前年度调整已计入上表所列之一九九八年度比较数字中。

2、主要会计数据和财务指标:

	1999	1998 调整后	1998 调整前	1997 调整后	1997 调整前
主营业务收入(万元)	11,819.29	14,872.79	16,400.24	82,500.70	82,500.70
净利润(万元)	3,049.54	11,053.41	13,271.67	12,482.29	13,075.07
总资产(万元)	291,763.95	260,518.41	263,468.42	435,858.33	436,451.11
股东权益(不含少数股东权益)(万元)	141,164.04	138,246.45	135,419.92	125,169.91	125,762.69
每股收益(元)	0.045	0.1795	0.216	0.203	0.212
按月加权平均每股收益(元)	0.0468	0.1795	0.216	0.203	0.212
扣除非经常性损益后每股收益(元)	-0.0358				
每股净资产(元)	2.0841	2.2452	2.199	2.033	2.042
调整后的每股净资产(元)	2.0473	2.2364	2.138	1.999	2.013
每股经营活动产生的现金流量净额(元)	-0.0904	0.2440	0.2440		
净资产收益率(摊薄)	2.16	7.9	9.8	9.97	10.4

三、股东情况介绍

1、报告期末为止公司股东总数为 33168 人。
2、前 10 名股东情况:

	股东	持股数		
1	上海外高桥(集团)有限公司	396000000	未上市流通	代表国家持有
2	上海国际信托投资公司	49500000	未上市流通	法人股东
3	TOYO SECURITIES ASIA LTD.A/C CLIENT	4962470	已上市流通	外资股东
4	DAVID.KANG	3310061	已上市流通	外资股东
5	IAN C.CHONG	3215963	已上市流通	外资股东
6	SHANGHAI SHENYIN SECURITIES(H.K) NOMINESS LTD.	2483075	已上市流通	外资股东
7	WARDLEY JAMES CAPEL FAR EAST LTD	2094778	已上市流通	外资股东
8	京华山一国际(香港)有限公司	1561756	已上市流通	外资股东
9	NAITO SECURITIES CO.,LTD	1372740	已上市流通	外资股东
10	DAIWA SECURITIES CO.,LTD.TOKYO	1277800	已上市流通	外资股东

上海市原水股份有限公司

一、公司简介

(一)公司名称:上海市原水股份有限公司
英文名称:SHANGHAI MUNICIPAL RAW WATER CO.,LTD.
英文缩写:SMRWC
(二)公司法定代表人:芮友仁
(三)公司董事会秘书:王钅享柔
授权代表的姓名:项伯利
联系地址:上海市四川北路 818 号五楼
电　话:(021)63564899(总机)　传真:(021)63564880
(四)公司注册地址:上海市浦东新区北艾路 1540 号
公司办公地址:上海市四川北路 818 号五楼
邮政编码:200085
电子信箱:SMRWC @ ONLINE.SH.CN
(五)公司选定的信息披露报纸:《上海证券报》
登载公司年度报告的中国证监会指定国际互联网网址:http://www.sse.com.cn
公司年度报告备置地点:上海市四川北路 818 号五楼 516 室
(六)公司股票上市交易所:上海证券交易所
股票简称:原水股份　股票代码:600649

二、会计数据和业务数据摘要

(一)本年度利润总额及其构成(单位:人民币元)

项　目	1999 年度
利润总额	516729796.08
净利润	440139530.62
扣除非经常性损益后的净利润	440139530.62
主营业务利润	516841792.23
其他业务利润	-6478.55
营业利润	490796551.84
投资收益	29182199.73
补贴收入	
营业外收支净额	-3248955.49
经营活动产生的现金流量净额	489697657.51
现金及现金等价物净增加额	61115720.28

(二)公司前三年主要会计数据和财务指标

指标项目	99 年调整后	98 年调整后	98 年调整前	97 年调整后	97 年调整前
主营业务收入	913574837.30	864218651.84	864218651.84	767632754.05	767632754.05
净利润	440139530.62	399162370.34	418495928.05	420878141.09	424992727.19
总资产	5191394691.16	5287861696.55	5319804699.66	5292535136.17	5296649722.27
股东权益	4401177770.86	4134884847.94	4166827851.05	4001180293.15	4005294879.25
每股收益	0.2569	0.2330	0.2443	0.2825	0.2853
按月平均加权法计算的每股收			0.2443	0.4035	0.4074
扣除非经常性损益后的每股收益	0.2569	0.2330			0.4074
每股净资产	2.57	2.41	2.43	2.69	2.69
调整后每股净资产	2.56	2.41	2.43	2.68	2.68
每股经营活动产生的现金流量净额	0.2859	0.1505	0.1505		
净资产收益率%	10.00	9.65	10.04	10.52	10.61

注:
1、主要财务指标计算公式:
每股收益=净利润/年度末普通股股份总数
每股净资产=年度末股东权益/年度末普通股股份总数
调整后的每股净资产=(年度末股东权益-三年以上的应收款项净额-待摊费用-待处理（流动、固定)资产净损失-开办费-长期待摊费用-住房周转金负数余额)/年度末普通股股份总数
每股经营活动产生的现金流量净额=经营活动产生的现金流量净额/年度末普通股股份总数
净资产收益率=净利润/年度末股东权益×100%
2、需要说明的是:由于会计政策变更,根据财政部财会字(1999)35 号文、49 号文的有关规定,采用追溯调整法,调整了一九九九年度合并会计报表相关的"坏帐准备"帐项、"存货跌价准备"帐项、"长期投资减值准备"帐项。
调整后各项会计数据如下:

项目	单位	1999 年度	1998 年度	1997 年度
坏帐准备	元	3408521.86	2804273.53	4114586.10
存货跌价准备	元	32559088.03	28227913.21	
长期投资减值准备	元	2029394.69		
未分配利润	元	308094656.15	105284692.62	207145591.20

三、股本变动及股东情况

(一)报告期末股东总数
截至 1999 年末,公司股东总数为 242710 户,其中:国家股股东 1 户,法人股股东 859 户,社会公众股股东 241850 户。
(二)前十名股东名单及所持股份情况

单位:万股

序号	股东名称	期末持股数	持股比例
1	上海市国有资产管理办公室(国家股)	89796.6115	52.42%
2	申银万国证券股份有限公司	5005.95	2.92%
3	上海远恒实业有限公司	1380	0.81%
4	中国建设银行上海信托投资公司	736.345	0.43%
5	华夏证券公司	701.5	0.41%
6	中国国际海运集装箱股份有限公司	345	0.20%
7	泰和基金	319.9869	0.18%
8	苏州电视机组件厂	297.7925	0.17%
9	上海市城市建设投资开发总公司	270.25	0.16%
10	交通银行上海分行	230	0.13%

上海新锦江股份有限公司

一、公司简介

1、公司法定名称:中文名称:上海新锦江股份有限公司
英文名称:Shanghai Jin Jiang Tower Co., LTD.
英文缩写:JJT
2、公司法定代表人:董事长 沈懋兴先生
3、董事会秘书:王均行先生
联系地址:上海市长乐路 161 号 820 室
电话:(021)64151188 转 828　　传真:(021)64726815
4、公司注册及办公地址:上海市长乐路 161 号　　邮政编码:200020
电子信箱:jjtrsv@public.sta.net.cn
5、公司选定的信息披露报纸名称:《上海证券报》、香港《南华早报》。
登载公司年度报告的中国证监会指定互联网网址:http://www.sse.com.cn
公司年报备置地点:上海市长乐路 161 号 820 室
6、公司股票上市交易所:上海证券交易所
股票简称:A 股"新锦江" B 股"新锦 B 股"
股票代码:A 股 600650　B 股 900914

二、会计数据和业务数据摘要

1、本年度实现的利润总额及其构成:(单位:人民币元)

利润总额	1800765
净利润	148872
扣除非经营性损益后的净利润	148872
主营业务利润	139937735
营业利润	−2084913
其他业务利润	–
投资收益	3939098
补贴收入	–
营业外收支净额	−53420
经营活动产生的现金流量净额	28366393
现金及现金等价物净增加额	−309503

2、香港德勤.关黄陈方会计师行为符合国际会计准则对沪江德勤会计师事务所审计后的税后利润及资产净值作如下调整:项目
除税后溢利 资产净值

	1999 年度	1999 年 12 月 31 日
	人民币千元	人民币千元
按中国会计准则报告	149	1508697
为符合国际会计准则所作之调整		
折旧及摊销	(14,239)	105865
无形资产递延资产及其摊销	(18,697)	(44,922)
准备金提取	(2,011)	7535
呆帐准备及存货准备	7199	–
资产重估差异	–	(241,782)
递延税款	2,783	(21,626)
其他	798	–
按国际会计准则报告	(24,018)	1313767

注:资产净值栏中的资产重估差异减值 241,782 千元,主要是因为新锦江大酒店的土地使用权已到期,目前公司正在办理延期手续,但尚未办妥,故暂作减值准备处理。

3、截至报告期末公司前三年主要会计数据和财务指标(单位:人民币元)

项目	1999 年	1998 年	1997 年
主营业务收入	185364535	204580814	257269208
净利润	148872	11035820	38524826
总资产	1822311148	1664927431	1574584847
股东权益	1508697493	1508548621	1497512801
每股收益 (摊薄)	0.00029	0.026	0.102
(加权)	0.00033	0.026	0.111
扣除非经营性损益后的每股收益			
每股净资产 (摊薄)	3.01	3.61	3.59
(加权)	3.33	–	3.92
调整后每股净资产(摊薄)	2.91	3.53	3.58
(加权)	3.22	–	3.92
每股经营活动产生的现金流量净额	0.057	0.124	–
净资产收益率(%)(摊薄)	0.01	0.73	2.85
(加权)	0.01	0.73	2.89

4、报告期内股东权益变动情况

项目	股本	资本公积	盈余公积	法定公益金	未分配利润	股东权益合计
期初	417886444	978945347	58307262	20247337	53409568	1508548621
本期增加	83577290	–	152681	72619	148872	83878843
本期减少	–	41788645	–	–	41941326	83729971
期末数	501463734	937156702	58459943	20119956	11617114	1508697493

变动原因:实施分配方案

三、股东情况介绍

1、报告期末公司股东总数为 32393 户(其中 B 股股东 3887 户)。
2、主要股东持股情况(单位:股)

股东名称:	持股数	占总股本比例
1、锦江(集团)有限公司	202990614	40.48%
2、上海海通证券公司	3964800	0.79%
3、沈瑞虎	3748785	0.75%
4、上海国际信托投资公司	3706560	0.74%
5、上海锦江饭店	3356813	0.67%
6、上海友谊汽车服务公司	3212352	0.64%
7、工行二营	2851200	0.57%
8、上海振华汽车服务公司	2737152	0.55%
9、孙文雄	2673564	0.53%
10、石德毅	2584370	0.52%

上海飞乐音响股份有限公司

一、公司简介

1.公司法定中文名称:上海飞乐音响股份有限公司
公司英文名称:FEILO ACOUSTICS CO.,LTD. SHANGHAI　　称缩写:FACS
2.公司法定代表人:唐　岷　先生
3.公司董事会秘书:施正明　先生
联系地址:上海长寿路 468 号中环商务大楼 A 幢 9 楼　邮政编码:200060
联系电话:(021)62982217　　(021)62770068＊1336　传真:(021)62982217
4.公司注册地址:上海江苏路 61 号
公司办公地址:上海长寿路 468 号中环商务大楼 A 幢 9 楼　邮政编码:200060
电子信箱:feilocol @ public7.sta.net.cn
5.公司选定的信息披露报刊:上海证券报
登载公司年度报告的中国证监会指定国际互联网网址:http://www.sse.com.cn
公司年度报告备置地点:上海长寿路 468 号中环商务大楼 A 幢 9 楼公司办公室
6.公司股票上市交易所:上海证券交易所
公司股票简称:飞乐音响 公司股票代码:600651

二、会计数据和业务数据摘要

1. 本年度会计数据摘要(单位:人民币元)

利润总额	22,245,935.40
净利润	18,166,369.92
扣除非经常性损益后的净利润	11,505,334.31
主营业务利润	33,354,839.21
其他业务利润	1,286,106.64
营业利润	16,474,847.87
投资收益	5,033,463.73
补贴收入	711,928.46
营业外收支净额	25,695.34
经营活动产生的现金流量净额	9,949,744.35
现金及现金等价物净增加额	6,377,147.79

注:"扣除非经常性损益后的净利润"指标中扣除的项目有:
(1)股权转让收益 5,327,107.82 元;
(2)合并价差摊入 621,999.33 元;
(3)补贴收入 711,928.46 元。

2. 前三年主要会计数据和财务指标(单位:人民币元)

项　目	1999 年	1998 年		1997 年	
		调整前	调整后	调整前	调整后
主营业务收入	210,535,090.05	135,702,765.31	146,422,977.74	100,095,544.12	100,095,544.12
净利润	18,166,369.92	16,719,070.84	11,370,117.11	14,669,271.80	3,502,254.23
总资产	289,242,806.36	241,477,283.00	247,388,280.62	191,235,762.60	180,068,745.03
股东权益	165,709,861.04	164,204,569.50	147,747,131.85	146,387,098.66	135,220,081.09
全面摊薄每股收益	0.123	0.16	0.108	0.18	0.043
加权平均每股收益	0.123	0.16	0.108	0.18	0.043
扣除非经常性损益后的每股收益	0.078	–	–	–	–
每股净资产	1.12	1.56	1.40	1.80	1.67
调整后的每股净资产	1.07	1.35	1.31	1.74	1.63
每股经营活动产生的现金流量净额	0.067	−0.29	−0.29	–	–
净资产收益率	10.96%	10.18%	7.70%	10.02%	2.59%

3.报告期内权益变动情况(单位:人民币元)

项目	期初数	本期增加	本期减少	期末数
股本	105,456,000.00	42,182,400.00		147,638,400.00
资本公积	30,062,305.82		27,418,560.00	2,643,745.82
盈余公积	10,465,946.79	3,731,094.36		14,197,041.15
法定公益金	4,474,484.48	1,794,272.92		6,268,757.40
未分配利润	1,762,879.24	14,435,275,56	14,763,840.00	1,230,674.07
合计	147,747,131.85	60,348,769.92	42,182,400.00	165,709,861.04

注:变动原因说明:(1)本年度实施 98 年度利润分配及资本公积金转增股本方案,以资本公积金每 10 股转增 2.6 股,减少资本公积金 27,418,560.00 元,以未分配利润按每 10 股送 1.4 股;减少未分配利润 14,763,840.00 元,共计增加股本 42,182,400.00 元。
(2)本年度实现净利润 18,166,369.92 元,计提法定盈余公积金和法定公益金后,增加盈余公积 3,731,094.36 元,增加未分配利润 14,435,275.56 元。

三、股本变动及股东情况

1. 股本变动情况
(1)股份变动情况表(单位:股)

	期 初 数	本 次 变 动 增 减		期 末 数
		送 股	公积金转股	
一、未上市流通股份	0	0	0	0
二、已上市流通股份	105456000	14763840	27418560	147638400
其中:人民币普通股	105456000	14763840	27418560	147638400
三、股份总数	105456000	14763840	27418560	147638400

2. 股东情况介绍
(1)报告期末,公司股东总数为 76195 户。
(2)前十名股东持股情况

股东名称	持股数(股)	持股比例(%)	年度内持股增减情况
①上海仪电控股(集团)公司	14778226	10.01	+5132226
②上海飞乐股份有限公司	11812000	8.00	+3232000
③杨慧珠	1017412	0.69	
④裕隆基金	811540	0.55	
⑤左熙争	782753	0.53	
⑥赵颖	556967	0.38	
⑦中兴无线电厂	536520	0.36	
⑧上海仪联资产经营公司	478233	0.32	
⑨张凤莲	475244	0.32	
⑩裕元基金	400164	0.27	

上海爱使股份有限公司

上海爱使股份有限公司1999年年度报告摘要

一、公司简介

1.公司的法定中文名称:上海爱使股份有限公司
英文名称:SHANGHAI ACE CO.,LTD. 英文缩写:SACE
2.公司法定代表人:李遵义
3.公司董事会秘书:王宝义
联系地址:上海市石门二路333弄3号6B 联系电话:(021)62559299转8005
传 真:(021)62556597 电子信箱:SHACE@online.sh.cn
4.公司注册地址:上海市石门二路333弄3号6B
公司办公地址:上海市石门二路333弄3号6B 邮政编码:200041
电子信箱:SHACE@online.sh.cn
5.公司选定的信息披露报纸名称:《上海证券报》
登载公司年度报告的国际互联网网址:http://www.sse.com.cn
公司年度报告备置地点:上海市石门二路333弄3号6B 公司董事会秘书处
6.公司股票上市交易所:上海证券交易所
股票简称:爱使股份 股票代码:600652

二、会计数据和业务数据摘要

1.公司本年度会计数据:1999年度(合并表)

利润总额(元)	21995358.71
净利润(元)	25413359.50
扣除非经常性损益的净利润(元)	13244364.11
主营业务利润(元)	51975082.71
其他业务利润(元)	88942.91
营业利润(元)	−5351149.61
投资收益(元)	29078677.98
补贴收入(元)	17217.81
营业外收支净额(元)	−1749387.47
经营活动产生的现金流量净额(元)	67398398.81
现金及现金等价物净增加额(元)	62666023.63
扣除非经常性损益项目: (单位:元)	
上海爱使汽车服务公司转让净利润	12846245.39
合并价差摊入	−677250.00

2.截至报告期末公司前三年的主要会计数据和财务指标

项 目	1999年度	1998年度		1997年度	
		调整前	调整后	调整前	调整后
1.主营业务收入 (元)	275933559	153402481.21	114219930.41	173428015.62	173428015.62
2.净利润(元)	25413359	23145166.66	1043018.22	20868879.99	11149403.76
3.总资产(元)	520492511	576309870.93	479525739.32	377096875.39	367377399.16
4.股东权益(元)	195239892	220175795.78	178883786.44	208059602.39	198340126.16
(不含少数股东权益)	0.1309	0.191	0.009	0.206	0.11
(加权)	0.1309	0.191	0.009	0.206	0.11
6.扣除非经常性损益后的每股收益(元)(摊薄)	0.068				
(加权)	0.068				
7.每股净资产(元)	1.0059	1.82	1.4747	2.06	1.96
8.调整后的每股净资产(元)	0.8989	1.65	1.3774	2.00	1.89
9.每股经营活动产生的现金流量净额(元)	0.347				
10.净资产收益率(%)(摊薄)	13.02	10.51	0.58	10.03	5.62
(加权平均)	13.58	11.10	0.55	10.56	5.78

每股收益、每股净资产、调整后的每股净资产、每股经营活动产生的现金流量净额和净资产收益率等财务指标的计算公式如下:

每股收益=净利润/年度末普通股股份总数

每股净资产=年度末股东权益/年度末普通股股份总数

调整后的每股净资产=(年度末股东权益-三年以上的应收款项净额-待摊费用-待 处理(流动、固定)资产净损失-开办费-长期待摊费用-住房周转金负数余额)/年度末 普通股股份总数

每股经营活动产生的现金流量净额=经营活动产生的现金流量净额/年度末普通股股份总数

净资产收益率=净利润/年度末股东权益 *100%

3.报告期内股东权益变动情况 (单位:元)

项目	股 本	资本公积	盈余公积	法定公益金	未分配利润	股东权益合计
期初数	121305600	60588083.52	13401390.54	6397446	−6940902.95	178883786.44
本期增加	72783360	0	333969.34	111323	25079390.16	16356105.88
本期减少	0	43670016.00	0	0	29113344.00	
期末数	194088960	16918067.52	13735359.88	6508769	−10974856.79	195239892.32

注:期初数为执行财政部(1999)35号文件追溯调整后的金额。

变动原因:

股本变动是由于本公司1999年10月13日进行了中期利润分配和资本公积金转增所致;

资本公积的减少是由于每10股转增股本3.6股;

盈余公积和法定公益金增加数是因为本年度子公司净利润提取数额;

未分配利润的减少是由于每10股送红股2.4股,未分配利润的增加是 由于本年度实现的净利润。

三、股本变动及股东情况

(1)股东情况介绍

(1)截止1999年12月31日,公司股东总数为65317户,全部为社会公众股股东。

(2)主要股东持股情况:(前10名股东)

股东名称	年末持股数(股)	占总股本比例(%)
重油公司	8079352	4.16
炼达集团	6651621	3.43
港联公司	4700515	2.42
松塔发展	1410720	0.73
刘良莲	955466	0.49
何玉清	857460	0.44
陈正天	850000	0.44
王兰英	787161	0.41
苏 芹	770880	0.40
杨秀英	741452	0.38

注:报告期内重油公司、炼达集团、港联公司由期初的5049595股、4157263股、2937822股增加至8079352股、6651621股、4700515股是因公司实施了每10股送红股2.4股,资本公积金每10股转增股本3.6股的分配方案所致。

关联关系说明:重油公司、炼达集团、港联公司均为大港油田集团有限责任公司 的关联企业。三家公司合并持有本公司股票占总股本的10.01%。

大港油田集团有限责任公司是国有特大型企业,主营天然原油、天然气勘探、开 采、加工及制品;油气伴生品及综合利用;石油、天然气技术咨询及服务;石油钻探设 备、工具、配件制造、土木工程建筑。法定代表人为姚和清。

四、股东大会简介

1.报告期内股东大会情况

报告期内,本公司召开了股东大会1998年年度会议和一次股东大会临时会议。

(1)股东大会1998年年度会议

召开公司第十三次股东大会(1998年年会)的通知公告于1999年5月15日刊登在《上海证券报》上。

(2)股东大会临时会议

召开公司第十四次股东大会(1999年度第一次临时股东大会)的通知公告于1999年8月26日刊登在《上海证券报》上。

五、董事会报告

1.公司经营情况

(1)所处行业介绍

公司尽管上市时间较长,但经营业务庞杂,一直没有形成鲜明的主营业务。1998年底,天津大港油田集团成功入主爱使以来,公司董事会和管理层发生了较大的变动。公司在新的董事会和经理班子的带领下,立足于公司的长远发展,在认真清理盘活现有存量资产,调整理顺管理体制的基础上,初步确立了石油制品、润滑油、防腐材料产销、饮用水(饮水机)生产经营的产业结构,并积极向高科技信息和环保领域拓展,努力为公司开拓新的经济增长点。公司1999年获得了增资配股资格,配股资金将主要用于天津 市宽带多媒体网络项目及上海市城市环保型清洁能源LPG(石油液化气)项目建设。

(2)公司主营业务的范围及其经营状况

①重点抓好"滨海"牌润滑油和"延中"牌饮用水两个主导产品的生产经营。1999年,公司在抓产品生产开发的基础上,整顿营销队伍,提高营销人员素质,不断扩大市场占有率,增强创效能力。润滑油及石油制品年销售收入达21912万元,实现利润2393万元 。"延中"牌5加仑、1加仑桶装水及小瓶水,99年在上海地区销量均名列前茅,形成了纯净水、蒸溜水等系列化产品。

②有效地盘活存量资产,搞活经营。将在建五年的爱使大厦改建成了爱使福利院,并已于1999年12月28日正式开业,现已正式收养老人。将不具备做大做强条件的上海 爱使汽车服务公司的全部股权全部转让,集中财力、人力抓新建项目的建设。

③成立清欠办公室,组织人员采取各种方式进行清欠,收回各类外欠款1320.8万元,为公司挽回了损失。

④加强财务控制,强化制度管理。1999年,完善财务基础工作11项,建立、健全公 司财务管理制度6项;先后向四家控股子公司派出了财务总监;成立了审计监察部,全面实施了财务资产的内部审计。

(3)公司全资子公司附属企业及控股子公司经营业绩

①天津大港油田港润石油高科技有限责任公司,全年完成销售收入16893万元, 实 现利润1815.44万元。

②上海爱使包装有限公司和上海延泉饮料有限公司引进美国先进设备和技术,形 成上海唯一的制罐、制水一体化的1加仑高品质饮用水生产线,当年投放市场,当年产 生效益,分别完成销售收入348.57万元和1006.68万元,实现利润89.76万元和112.43万元。

③上海新延中企业发展有限公司,以拓展市场、扩大份额为目标,落实经营承包责任制,年内实现了"延中水"市场占有率名列全市三甲的经营目标。

(4)公司在经营中出现的问题与困难及解决方案

①盲目投资,负担沉重。公司成立以来,投资参股的子公司曾达二、三十家,涉及 的行业有十几个领域。由于当时投资缺乏必要的市场论证,加之市场环境的变化,大部分子公司经营陷于困境,有的甚至连年亏损,给公司经营造成很大负担。对此,公司进 行了认真分类梳理,在内部审计的基础上,分别采取了歇业清理、内部整顿和合理重组等有力措施,最大限度地减轻不良资产的压力。

②投资难以收回,清欠任务繁重。对以往形成的债权债务,公司成立了专门清欠小组,根据实际情况制定了具体清欠计划,明确专人催讨,力争把损失降到最小程度。

2.公司财务状况 单位:元

项目	期初数或上年数	期末数或本年数	增减%(+/−)
总资产	479525739.32	520492511.24	+8.54
长期负债	0	0	0
股东权益	178883786.44	195239892.32	+9.14
主营业务利润	37291951.74	51975082.71	+39.37
净利润	1043018.22	25413359.50	+2336.52

变动原因:

(1)总资产增加原因:流动资产增加41168031.20,固定资产增加8019803.01元,长 期投资减少13434810.95元;

(2)股东权益增加原因为本年实现净利润所致;

(3) 主营业务利润增加原因: 成品油销售利润增加8105931.02元, 饮用水销售利润 增加6437725.33元;

(4)净利润增加原因:主营业务利润增加14683130.97元,投资收益增加13211119.04元。

3.公司投资情况

(1)报告期内,募集资金的使用情况。本报告期内,公司未有新增募股资金使用情 况,亦无前期募集资金延期使用至本期的情况。

(2)报告期内,公司其他投资项目及收益情况。

1999年11月,投资1000万元设立上海爱使饮水机发展有限公司,公司拥有97%股权,由于该公司尚处筹建期,权益期内无收益。

上海华晨集团股份有限公司

上海华晨集团股份有限公司 1999 年年度报告摘要

一、公司简介

1、公司名称(中文):上海华晨集团股份有限公司
公司英文名称:Shanghai Brilliance Group Co.Ltd
英文缩写:SBGC
2、公司法定代表人:仰融
3、公司董事会秘书:朱胜良
联系地址:上海市宁波路 1 号
电话:(021)63372002
传真:(021)63372000
4、公司注册地址:上海市宁波路 1 号
公司办公地址:上海市宁波路 1 号
邮政编码:200002
5、公司选定的信息披露报纸:《中国证券报》、《上海证券报》、《证券时报》
登载公司年报的国际互联网址:http://www.sse.com.cn
公司年度报告备置地点:上海市宁波路 1 号公司董事会秘书处
6、公司股票上市交易地点:上海证券交易所
股票简称:华晨集团
股票代码:600653

二、会计数据和业务数据摘要

1、公司本年度会计数据和业务数据:

利润总额(元):	218,255,363.51
净利润(元):	187,802,948.27
扣除非经常性损益后的净利润(元):	81,238,458.24
主营业务利润(元):	41,640,121.94
其他业务利润(元):	44,044.46
营业利润(元):	17,955,077.53
投资收益(元):	200,326,874.16
补贴收入(元):	-
营业外收支净额(元):	-26,588.18
经营活动产生的现金流量净额(元):	24,091,543.77
现金及现金等价物净增加额(元):	124,339,189.41

扣除非经常性损益项目: (单位:元)

(1)商务大酒店股权置换净收益	20,715,059.15
(2)国祯能源股权转让净收益	12,749,430.88
(3)五龙公司转让股权净收益	54,825,000.00
(4)华安公司转让股权净收益	18,275,000.00
合计:	106,564,490.03

2、截止报告期末公司前三年的主要会计数据和财务指标

项目	1999 年	1998 年		1997 年	
		调整前	调整后	调整前	调整后
主营业务收入(千元)	2,431,761	105,113.75		214,370.36	
净利润(千元)	187,803	63,249.60	63,029.23	80,020.49	78,418.25
总资产(千元)	1,591,102	1,099,902.54	1,098,079.92	1,063,302.14	1,061,699.89
股东权益(千元)(不含少数股东权益)	810,537	624,557.06	622,734.45	561,307.46	559,705.22
每股收益(元)(摊薄)	0.514	0.294	0.293	0.37	0.365
(加权)	0.596	0.294	0.293	0.41	0.398
扣除非经常性损益后的每股收益(元)(摊薄)	0.222				
(加权)	0.258				
每股净资产(元)	2.22	2.90	2.899	2.61	2.605
调整后的每股净资产(元)	2.21	2.89	2.882	2.57	2.561
每股经营活动产生的现金流量净额(元)	0.07				
净资产收益率(%)(摊薄)	23.17	10.13	10.12	14.26	14.01

每股收益、每股净资产、调整后的每股净资产、每股经营活动产生的现金流量净额和净资产收益率等财务指标的计算公式如下:

每股收益=净利润/年度末普通股股份总数

每股净资产=年度末股东权益/年度末普通股股份总数

调整后的每股净资产=(年度末股东权益-三年以上的应收款项净额-待滩费用-待处理(流动、固定)资产净损失-开办费-长期待摊费用-住房周转金负数余额)/年度末普通股股份总数

每股经营活动产生的现金流量净额=经营活动产生的现金流量净额/年度末普通股股份总数

净资产收益率=净利润/年度末股东权益×100%

3 报告期内股东权益变动情况

单位:万元

项目	股本	资本公积	盈余公积	法定公益金	未分配利润	股东权益合计
期初数	21,481.20	21,800.10	7,827.07	2,719.76	11,165.07	62,273.44
本期增加	15,036.84		5,342.87	1,335.71	13,437.42	33,817.13
本期减少		4,296.24			10,740.60	15,036.84
期末数	36,518.04	17,503.86	13,169.94	4,055.47	13,861.89	81,053.73
变动原因	利润分配及公积金转股,10送5转增2	转增股本10转2	净利润提取	净利润提取	提盈余公积法定公益金任意盈余公积金10送5	

三、股东情况介绍

(1)截止本报告期末,公司计有股东 58059 户。

(2)本公司前 10 名股东的持股情况(截止至 1999 年 12 月 30 日交易结束)

股东名称	年度内股份增减变动情况(+、-)	年末持股数量(股)	占总股本比例(%)
①君安投资发展有限公司	+22841266	55471548	15.19
②华证公司	+11096265	11096265	3.04
③东营丰源	+4926979	4926979	1.35
④厦门华证	+3198310	3198310	0.88
⑤拓普实业	+2690678	2690678	0.74
⑥凌讯图文	+2549209	2549209	0.698
⑦瞿建国	+1033533	2510008	0.687
⑧建国基金	+811445	2449223	0.67
⑨兴达纸箱	+2136682	2136682	0.585
⑩华夏上证	+2014056	2014056	0.55

截止到报告期,公司前 10 名股东所持公司股份无质押或冻结的情况。

四、股东大会简介

本报告期内召开了股东大会 1998 年度会议和三次股东大会临时会议。

1、股东大会 1998 年度会议

公司股东大会 1998 年度会议于 1999 年 4 月 19 日在上海举行,本次股东大会决议公告刊登在 1999 年 4 月 20 日的《中国证券报》、《上海证券报》和《证券时报》上。

2、股东大会临时会议

(1)1999 年 8 月 3 日,公司股东大会临时会议在上海举行。本次股东大会临时会议决议公告刊登在 1999 年 8 月 4 日的《中国证券报》、《上海证券报》和《证券时报》上。

(2)1999 年 10 月 5 日,公司股东大会临时会议以通讯表决方式在上海举行。本次股东大会临时会议决议公告刊登在 1999 年 10 月 9 日的《中国证券报》、《上海证券报》和《证券时报》上。

(3)1999 年 11 月 10 日,公司股东大会临时会议以通讯表决方式在上海举行。本次股东大会临时会议决议公告刊登在 1999 年 11 月 11 日的《中国证券报》、《上海证券报》和《证券时报》上。

五、董事会报告

1、公司经营情况

1999 年,公司董事会和管理层发生较大的变动。公司在新的董事会和经营管理班子的领导下,立足于公司未来的长期稳健发展,认真履行公司董事会对股东大会的承诺,在积极清理盘活现有存量资产、调整理顺管理体系的基础上,努力开拓新的产业和经济增长点,彻底改变了公司的业务结构,保证了利润的稳定来源,初步确立了汽车销售、汽车零部件、生物工程、电子商务和计算机技术并举的公司产业结构。1999 年公司实现主营业务收入 243,176 万元,比 1998 年增长 2,213.46 %;税后利润 18,780.3 万元,比 1998 年增长 197.96 %;现金净流入 12,434.9 万元,比 1998 年增加 18,184.6 万元;每股收益 0.514 元(按摊薄前口径计算为 0.596 元);净资产收益率 23.17 %。

(1)调查和清理公司原有产业家底,调整资产结构,盘活资产存量。公司根据未来发展战略,及时调整资产结构,减持已有的股权投资,腾出更多的投资空间引入新的产业。年内,公司减持仅有帐面收入、无现金流入的非控股公司股权投资 9015.8 万元。同时,调整了公司的管理体系,集中精力加强新产业的引进,以及对重要资产和产业的管理。

(2)确保了申华金融大厦(现更名为华晨集团大厦)年内竣工并交付使用。公司加强了大厦领导班子的建设,充实了施工技术力量,在保证质量的前提下加快施工进度,目前,大厦已通过验收并达到优良等级,1999 年 10 月 1 日起已正式交付使用。大厦的租售情况良好,截止 12 月 31 日,已对外销售 4334.07 平方米,占大厦总建筑面积的 14.6 %;出租 11780.06 平方米,占大厦总建筑面积的 39.8 %。

(3)申华房地产公司加紧存量房地产的盘活和资金的回笼,年内,共收回资金 435 万元。

(4)申华商业发展公司、申华宾馆等原有子公司以扭亏或减亏为目标界定并落实了了资产经营管理责任目标。

(5)初步建立公司总部费用预算制度和子公司现金收支预算制度,实施预算审批制度和预算执行报告制度。1999 年,公司经营费用和管理费用比 1998 年降低 756.8 万元。

(6)设立汽车销售分公司。1999 年 5 月 13 日,公司与沈阳金杯客车制造有限公司签订有关协议,公司成为金客产品全国销售总代理,并于 5 月 26 日起正式投入运行。至年底,共销售金杯客车 22,026 辆,实现销售收入 236,522 万元,税后利润 2,757 万元。汽车销售分公司的成立和运行,使公司有了可观稳定的主营业务收入、现金流量和利润来源。

(7)拥有上海华晨生物技术研究所 80%权益的收益权并获得收益。公司以 1 元价格受让上海华晨实业公司拥有的"上海华晨生物技术研究所"80%的权益收益,即享受该研究所全部开发成果转让(含有偿许可使用)而取得收益的分红权。年内,该研究所与美国南加州大学癌症治疗中心、以色列 The Nessbaum Memorial Biotech Research Labortory 进行合作开发并获得收益,两项合计,本公司年内共获得华晨生物技术研究所的权益收益 711.2 万美元,计人民币 5,888.3 万元。

(8)设立五龙汽车零部件投资有限公司,并以股权置换方式持有了铁岭华晨橡塑制品有限公司 95%的股权,使汽车零部件生产和销售成为公司的产业之一。1999 年,五龙汽车零部件投资有限公司通过对汽车零部件企业的投资,实现税后利润 5,478 万元;铁岭华晨橡塑制品有限公司实现销售收入 4,891 万元,税后利润 609 万元,按持股时间和持股比例,本公司享有利润 579 万元。

1999 年 10 月 29 日,五龙公司与华安投资公司以 3500 万元的价格共同购入沈阳华晨东兴汽车零部件有限公司 100%的股权(截止 1999 年 9 月 30 日东兴公司的净资产为 2941.2 万元)。1999 年 12 月 1 日,五龙公司(持有东兴公司 75%股权)与华安公司(持有东兴公司 25%股权)向 KEY CHOICES GROUP LIMITED 转让东兴公司 100%的股权,转让价格为 12100 万元,通过此次运作,五龙公司实现税后利润 5,478.4 万元。

(9)华安投资公司年内实现税后利润 2,795 万元。

2、公司财务情况

单位:元

项目	期初数	期末数	增减%(+/-)
总资产	1,098,079,922.74	1,591,102,465.80	+44.90
长期负债	249,803,590	237,000,000	-5.1
股东权益	622,734,445.88	810,537,394.15	+30.16
主营业务利润	30,030,944.67	41,640,121.94	+38.66
净利润	63,029,228.96	187,802,948.27	+197.96

变动原因:

(1)总资产增加原因:流动资产增加 274,173,866.30 元,长期投资增加 185,119,936.21 元;

(2)股东权益增加原因:未分配利润增加 26,968,261.10 元;

(3)主营业务利润增加原因:汽车销售利润增加 32,622,875.44 元,原客运等利润减少 21,013,698.17;

(4)净利润增加原因:主营业务利润增加 11,609,177.27 元,投资收益增加 119,541,833.53 元。

3、公司投资情况

(一)报告期内,募集资金的使用情况。

本报告期内,公司未有新增募股资金使用情况,亦无前期募集资金延期使用至本期的情况。

(二)报告期内,公司其他投资项目及收益情况。

(1)1999 年 6 月 2 日,公司以 1 元的价格受让上海华晨生物技术研究所 80%的权益收益。6 月 28 日,上海华晨生物技术研究所与美国南加州大学癌症治疗中心就六条有重要生物学功能的人类全长新基因的研究与应用,签订了《国际技术合作开发合同》,华晨生物技术研究所获得了美方支付的 360 万美元的收入;11 月 10 日, 华晨生物技术研究所与以色列 The Nessbaum Memorial Biotech Research Labortory 就重组腺病毒介导的白细胞介素 2 基因治疗与重组腺病毒介导的粒细胞集落刺激因子基因治疗的联合开发,签订了《国际技术合作开发合同书》,华晨生物技术研究所获得了以色列方支付的 529 万美元的收入。根据华晨生物技术研究所理事会对上述两项合作收入全额分配的决议, 本公司年内共获得华晨生物技术研究所的权益收益 711.2 万美元, 计人民币 5888.27 万元。

(2)9 月和 11 月,通过股权置换方式,获得铁岭华晨橡塑制品有限公司 95%的股权。年内,铁岭华晨橡塑制品有限公司实现销售收入 4891 万元,税后利润 609 万元,按持股时间及持股比例计算,本公司享有利润 579 万元。

(3)出资 6000 万元,投资设立上海五龙汽车零部件投资有限公司,主营汽车零部件的生产销售和售后服务,以及投资其他零部件企业。

(4)出资 8300 万元,筹建设立上海华晨五洲电子商务有限公司,主营电子商务付款网络系统解决办法,电子商务网络设计、市场开发,网络经营和服务等。

(5)出资 3000 万元,筹建设立上海华晨生物技术有限公司,主营生物技术开发,生物制品、生物医学仪器与设备的开发、生产、销售。

(6)与珠海华晨控股有限责任公司等共同设立上海华晨资产管理有限公司,本公司出资 1000 万元,占注册资本的 33.3%。

4、新年度的业务发展计划

(一)华晨生物技术有限公司、华晨五洲电子商务网络有限公司等投入运营,并产生效益。

(二)争取配股方案的批准和实施。按照募集资金的投向,分阶段投入以下项目,实现预期效益:

(1) 建立华晨生物医药产业化基地。拟投资 4.35 亿元对上海华晨生物技术有限公司进行增资扩股,持有其 100%的股权,从而建立生物医药产业化基地和全球销售网络,实现科技成果产业化,并形成 7—8 种基因工程药物的生产能力;

(2) 建设华晨国际医院。拟投资 2.95 亿元对华晨国际医院进行增资扩股,持有华晨医院 50%——60%的股权。华晨医院建成后,将拥有 600 张病床;

(3)拟以 3.65 亿元对上海五龙汽车零部件投资有限公司进行增资,支持其包括汽车空调、电束线等高附加值和高科技含量的汽车零部件项目建设。

(三)继续提高金融大厦的租售比率,加强大厦的经营管理,降低大厦的营运成本。

5、董事会日常工作情况

(一)报告期内董事会的会议情况及决议内容

(1)1999 年 1 月 15 日在上海召开第四届董事会临时会议,会议审议通过了如下决议:

①免去石波先生公司副总裁职务;

②免去肖华先生公司副总裁职务。

本次董事会临时会议决议公告刊登在 1999 年 1 月 16 日的《中国证券报》、《上海证券报》和《证券时报》上。

(2)1999 年 2 月 12 日在上海召开第四届董事会临时会议,会议审议通过了如下决议:

①用公司所持法人股置换申华科环 21%的股权;

②选举华菊耀先生担任公司副董事长;

③决定瞿建国先生的报酬为年薪 5 万美元。

本次董事会临时会议决议公告刊登在 1999 年 3 月 1 日的《中国证券报》、《上海证券报》和《证券时报》上。

(3)1999 年 3 月 17 日在北京召开第四届董事会第六次会议,会议审议通过了如下决议:

①审议通过了总裁业务报告;

②审议通过了董事会工作报告;

③审议通过了公司 1998 年度财务决算和 1999 年度财务预算报告;

④审议通过了 1998 年度利润分配及公积金转增股本预案;

⑤审议通过了公司《1998 年度报告》及《1998 年度报告摘要》;

⑥审议通过了收购华晨中国汽车控股有限公司(简称 CBA)51%股权的方案;

⑦审议通过了增资配股预案;

⑧决定聘任苏强先生为公司总裁,瞿建国先生不再担任公司总裁职务;聘任朱荣恩先生为公司财务总监;聘任朱胜良先生为公司副总裁;聘任杨焕凤女士为公司副总裁,免去杨焕凤女士董事会秘书职务;聘任朱胜良先生为公司董事会秘书。

⑨提请股东大会批准董事会 7 名现任董事的集体辞职请求,并选举潘洪萱先生、朱胜良先生、朱荣恩先生、仰融先生、吴小安先生、洪星先生、曹雪涛先生、苏强先生、何涛先生为公司董事。

⑩决定于 1999 年 4 月 19 日召开公司股东大会 1998 年度会议,审议以下事项:

1、董事会 1998 年度工作报告;

2、监事会 1998 年度工作报告;

3、1998 年度财务决算和 1999 年度财务预算报告;

4、1998 年度利润分配预案及资本公积金转增股本预案;

5、1999 年度配股预案;

6、收购华晨中国汽车控股有限公司 51%股权的议案;

7、审议关于公司董事会现任 7 名董事集体辞职的报告并选举新的董事会成员。

本次董事会决议公告刊登在 1999 年 3 月 19 日的《中国证券报》、《上海证券报》和《证券时报》上。

(4)1999 年 4 月 11 日以通讯方式在上海召开第四届董事会临时会议,审议通过如下决议:

暂缓审议拟在 4 月 19 日股东大会年度会议上提交审议的两项议案:①关于收购华晨中国汽车控股有限公司 51%股权的议案;②配股预案。其他议案不变。前述暂缓审议的议案将提议另行召开股东大会临时会议进行审议,有关事项另行公告。

本次董事会决议公告刊登在 1999 年 4 月 12 日的《中国证券报》、《上海证券报》和《证券时报》上。

(5)1999 年 4 月 19 日在上海召开第四届董事会第七次会议,审议通过了如下决议:

①选举仰融先生为公司董事长,选举潘洪萱先生为公司副董事长;

②根据股东大会 1999 年度会议决议, 决定公司 1998 年度送红股和公积金转增股本的派送除权日为 1999 年 5 月 5 日;

③决定于 1999 年 6 月 1 日召开股东大会临时会议,审议以下事项:

1、收购 CBA 51%股权的议案;

2、审议配股预案。

本次董事会决议公告刊登在 1999 年 4 月 20 日的《中国证券报》、《上海证券报》和《证券时报》上。

(6)1999 年 5 月 24 日以传真会签方式召开第四届董事会临时会议,审议通过决议如下:

为有利于公司经营发展及效益的提高,同意与上海华晨实业公司订立《上海华晨生物技术研究所权益收益转让合同》,以人民币壹元的价格受让上海华晨生物技术研究所 80%的权益收益,并对大股东对本公司的支持表示感谢。

本次董事会决议公告刊登在 1999 年 6 月 4 日的《中国证券报》、《上海证券报》和《证券时报》上。

(7)1999 年 6 月 18 日在上海召开第四届董事会临时会议,审议通过了向君安证券有限责任公司转让我公司持有的安徽国祯能源股份有限公司法人股 1600 万股 (占"国祯能源"总股本的 25.12%)的决议。

本次董事会决议公告刊登在 1999 年 6 月 19 日的《中国证券报》、《上海证券报》和《证券时报》上。

(8)1999 年 6 月 28 日在上海召开第四届董事会临时会议,审议通过如下决议:

①审议通过了公司的增资配股预案;

②提请股东大会授权董事会行使重大贷款合同的审批权 (新增贷款总额累计不超过公司最新一次经审计的净资产额);

③决定于 1999 年 7 月 30 日召开公司股东大会临时会议,审议以下事项:

1、配股预案;

2、授权董事会行使重大贷款合同审批权(新增贷款总额累计不超过公司最新一次经审计的净资产额)的议案;

2、选举盛军先生、姚初晴女士为公司监事。

本次董事会决议公告刊登在 1999 年 6 月 29 日的《中国证券报》、《上海证券报》和《证券时报》上。

(9)1999 年 7 月 1 日在上海召开第四届董事会临时会议,审议通过决议如下:

决定对 1999 年 6 月 28 日董事会临时会议审议通过的关于增资配股预案中的配股价格的确定一项调整为每股 9—14 元,具体价格提请股东大会授权董事会决定;同时原定于 1999 年 7 月 30 日召开的股东大会临时会议推迟至 1999 年 8 月 30 日召开。

本次董事会决议公告刊登在 1999 年 7 月 3 日的《中国证券报》、《上海证券报》和《证券时报》上。

(10)1999 年 8 月 19 日在上海召开第四届董事会临时会议,审议通过如下决议:

①审议通过公司 1999 年中期报告;

②确定公司 1999 年中期不进行利润分配,也不进行资本公积金转增股本;

③同意丁伟先生辞去公司副总裁的职务。

本次董事会决议公告刊登在 1999 年 8 月 20 日的《中国证券报》、《上海证券报》和《证券时报》上。

(11)1999 年 8 月 27 日在上海召开第四届董事会临时会议,审议通过决议如下:

决定以本公司所持的上海申华商务大酒店有限公司 90%的股权与珠海华晨控股有限责任公司所持的铁岭华晨橡塑制品有限公司 95%的股权进行置换,其中的差价 2655.2 万元由本公司以现金向珠海华晨支付。

(12)1999 年 9 月 1 日在上海召开第四届董事会临时会议,审议通过决议如下:

①解除本公司与珠海华晨控股有限责任公司 8 月 27 日签署的《上海申华实业股份有限公司与珠海华晨控股有限责任公司股权置换协议》。决定以本公司所持的上海申华商务大酒店有限公司 87%的股权与珠海华晨控股有限责任公司所持的铁岭华晨橡塑制品有限公司 66%的股权进行置换。两者之间的差额 24.39 万元,由珠海华晨以现金向本公司支付;

②提请股东大会审议授权董事会行使不超过公司最新一次经审计的净资产额 50%(不含 50%)的资金、资产运作及重大合同审批权的决议;

③决定于 1999 年 10 月 5 日以通讯表决方式召开公司股东大会临时会议,审议以下事项:

授权董事会行使不超过公司最新一次经审计的净资产额 50%(不含 50%)的资金、资产运作及重大合同审批权的决议。

本次董事会决议公告刊登在 1999 年 9 月 2 日的《中国证券报》、《上海证券报》和《证券时报》上。

(13)1999 年 10 月 8 日在上海召开第四届董事会临时会议,审议通过如下决议:

①提请股东大会审议变更公司名称为:上海华晨集团股份有限公司。同时,对公司章程中有关公司名称的内容作相应修改;

②决定于 1999 年 11 月 10 日以通讯表决方式召开公司股东大会临时会议,审议以下事项:

变更公司名称为:上海华晨集团股份有限公司。同时,对公司章程中有关公司名称的内容作相应修改。

本次董事会决议公告刊登在 1999 年 10 月 9 日的《中国证券报》、《上海证券报》和《证券时报》上。

(14)1999 年 11 月 10 日在上海召开第四届董事会临时会议,审议通过以下决议:

以本公司所持的上海申华商务大酒店有限公司 3%的股权与珠海华晨控股有限责任公司所持的铁岭华晨橡塑制品有限公司 29%的股权进行置换,置换差额由本公司向珠海华晨支付。

本次董事会决议公告刊登在 1999 年 11 月 11 日的《中国证券报》、《上海证券报》和《证券时报》上。

(二)报告期内公司利润分配方案、公积金转增股本方案执行情况:

报告期内公司实施了 1998 年度的利润分配方案及资本公积金转增股本方案, 即以 1998 年末的公司总股本 21481.2 万股为基数,按每 10 股送红股 5 股向全体股东实施利润分配,共计送红股 10740.6 万股; 同时以资本公积金按每 10 股转增 2 股的比例向全体股东转增股本, 共计转增 4296.24 万股。本次送红股及转增股本的股权登记日为 1999 年 5 月 4 日,除权及派送的红股与转增股上市交易日为 1999 年 5 月 5 日。

报告期内公司未有配股方案实施的情况。

6、董事、监事、高级管理人员

1、现任董事、监事、高级管理人员情况:

姓名	性别	职务	任期起止日期	年初持股数(股)	年末持股数(股)	年度内股份增减变动量(+、-)	增减变动原因	年度报酬总额(元)
仰融	男	董事长	1999/4/19—2000/2					
苏强	男	董事、总裁	1999/4/19—2000/2					270,836 (99 年 4—12 月份)
潘洪萱	男	副董事长	1999/4/19—2000/2					
朱胜良	男	董事、副总裁兼董事会秘书	1999/4/19—2000/2		20000	+20000	二级市场购入	114,430 (4—12 月份)
朱荣恩	男	董事、财务总监	1999/4/19—2000/2		20000	+20000	二级市场购入	110,181 (4—12 月份)
洪星	男	董事	1999/4/19—2000/2					
吴小安	男	董事	1999/4/19—2000/2					
曹雪涛	男	董事	1999/4/19—2000/2					
何涛	男	董事	1999/4/19—2000/2					
唐颢	男	监事	1999/6/25—2000/2					65,350 (4—12 月份)
何小华	男	监事	1999/6/25—2000/2					58,170 (5—12 月份)
盛军	男	监事	1999/8/3—2000/2		100000	+100000	购入	
姚初晴	女	监事	1999/8/3—2000/2		50000	+50000	购入	
华菊耀	男	副总裁	1997/5—	9600	21320	+11720	10 送 5 转增并购入 5000 股	293,748 (1-12 月份)
朱文忠	男	副总裁	1997/5—	3000	5100	+2100	10 送 5 转增	270,374 (1—12 月份)
杨焕凤	女	副总裁	1999/4—	3600	6120	+2520	10 送 5 转增	263,869 (1—10 月份)

注:上表中未列出其年度报酬的董、监事及高管人员系目前不在公司领取报酬的董事、监事、

高级管理人员。

2、在报告期内离任的董事、监事、高级管理人员姓名及离任原因

董事:	姓名	离任原因
	瞿建国	辞职
	华菊耀	辞职
	石波	辞职
	陈耿	辞职
	李静	辞职
	丁伟	辞职
	朱文忠	辞职
监事:	姓名	离任原因
	奚鸿根	辞职
	顾天禄	辞职
	徐国强	辞职
	张菊芳	辞职

3、聘任或解聘公司经理、董事会秘书的情况。

(1)1999年1月15日,公司第四届董事会临时会议,免去石波先生、肖华先生公司副总裁的职务。

(2)1999年3月17日,公司第四届董事会第六次会议,聘任苏强先生为公司总裁,瞿建国先生不再担任公司总裁职务;聘任朱荣恩先生为公司财务总监;聘任朱胜良先生为公司副总裁;聘任杨焕凤女士为公司副总裁,免去杨焕凤女士董事会秘书职务;聘任朱胜良先生为公司董事会秘书。

(3)1999年8月19日,公司第四届董事会临时会议,同意丁伟先生辞去公司副总裁的职务。

7、本次利润分配预案或资本公积金转增股本预案。

1999年度,公司共实现税后利润187,802,948.27元,根据公司章程的规定,提取法定公积金26,714,343.59元,提取法定公益金13,357,171.79元,提取盈余公积金13,357,171.79元,加上年末未分配利润111,650,652.11元,扣除今年5月向全体股东分配的利润107,406,000元,本年度可供股东分配的利润为138,618,913.21元;截止本年度末,公司资本公积金余额为175,038,632.67元,会议决定,本年度以36518.04万股为基数,按每10股派送红股3股、每10股公积金转增2股的比例向全体股东实施分配。上述预案尚需提交股东大会审议。

8、其他报告事项

报告期公司选定的信息披露报纸为《中国证券报》、《上海证券报》和《证券时报》。报告期内无选定报纸的变更情况。

六、监事会报告

(1) 公司监事会临时会议1999年6月25日召开,该次会议决议公告刊登在1999年6月26日的《上海证券报》、《中国证券报》和《证券时报》上。

(2)公司监事会临时会议于1999年8月3日召开,该次会议决议公告刊登在1999年8月4日的《上海证券报》、《中国证券报》和《证券时报》上。

七、重要事项

(一)、重大诉讼、仲裁事项

1、公司第一大股东深圳市君安投资发展有限公司于1999年1月14日在上海市高级人民法院起诉本公司和瞿建国。1999年9月6日,经深圳市君安投资发展有限公司申请,上海市高级人民法院(1999)沪高经初字第2号《民事裁定书》裁定,准许原告深圳市君安投资发展有限公司撤回起诉。

该事项已在1999年3月2日的《上海证券报》、《中国证券报》和《证券时报》以及本公司中期报告中予以披露;

2、公司于1999年2月在上海市第一中级人民法院起诉江西省科环高技术产业集团有限公司、深圳市江山投资发展有限公司和上海科环电子技术有限公司。1999年8月5日,经本公司申请,上海市第一中级人民法院(1999)沪一中经初字第148号《民事裁定书》裁定准许本公司撤回起诉。

该事项已在1999年3月27日的《上海证券报》、《中国证券报》和《证券时报》以及本公司中期报告中予以披露。

(二)报告期内,本公司、公司董事及高级管理人员未受监管部门的处罚。

(三)报告期,本公司间接控股股东、董事会成员、总经理、董事会秘书发生变动。

1、1999年4月11日,本公司接第一大股东君安投资发展有限公司通知,珠海华晨控股有限责任公司和上海华晨实业公司与君安证券有限责任公司和深圳君安财务顾问有限公司签署协议,分别受让深圳市君安投资发展有限公司90%和10%的股权。该股权转让完成后,珠海华晨控股有限责任公司和上海华晨实业公司通过深圳市君安投资发展有限公司间接持有本公司15.19%的股权。

该事项已于1999年4月12日在《中国证券报》、《上海证券报》和《证券时报》上予以披露;

2、1999年4月19日,经公司股东大会1998年度会议审议批准,公司董事会原有7名董事集体辞职,选举潘洪萱先生、朱胜良先生、朱荣恩先生、仰融先生、吴小安先生、洪星先生、曹雪涛先生、苏强先生、何涛先生为公司董事会的新任董事。并于当天召开了公司第四届董事会第七次会议,选举仰融先生为公司董事长,潘洪萱先生为公司副董事长。本公司的法定代表人由瞿建国先生变更为仰融先生。

该事项已于1999年4月20日在《中国证券报》、《上海证券报》和《证券时报》上予以披露;

3、1999年3月17日,经董事会四届六次会议审议批准,聘请苏强先生担任公司总裁,瞿建国先生不再担任公司总裁。

该事项已于1999年3月19日在《中国证券报》、《上海证券报》和《证券时报》上予以披露;

4、1999年3月17日,经董事会四届六次会议审议批准,聘请朱胜良先生担任公司董事会秘书,杨焕凤女士不再担任公司董事会秘书。

该事项已于1999年3月19日在《中国证券报》、《上海证券报》和《证券时报》上予以披露;

(四)报告期内,公司收购及出售资产的情况。

1、1999年2月12日,公司董事会召开临时会议,通过了用公司所持部分法人股置换上海申华科环计算机技术有限公司21%股权的决议。

该事项已于1999年3月1日在《中国证券报》、《上海证券报》和《证券时报》上予以披露;(注:上述置换尚未办理有关手续)

2、1999年6月2日,公司董事会审议决定,以人民币一元的价格受让上海华晨生物技术研究所80%的权益收益。6月2日,本公司和上海华晨实业公司签定了《上海华晨生物技术研究所权益收益转让合同》。

该事项已于1999年6月4日在《中国证券报》、《上海证券报》和《证券时报》上予以披露;

3、1999年6月18日,公司董事会通过了关于出让安徽国祯能源股份有限公司法人股的决议,并与君安证券有限责任公司于当日签定了《安徽国祯能源股份有限公司法人股股权转让合同》,将本公司所持有的"国祯能源"法人股1600万股,占"国祯能源"总股本的25.12%,转让予君安证券,转让总价格为人民币6079.5万元。

该事项已于1999年6月19日在《中国证券报》、《上海证券报》和《证券时报》上予以披露。

4、1999年9月1日和11月10日,本公司与珠海华晨控股有限责任公司签订《股权置换协议》,以本公司持有的上海申华商务大酒店有限责任公司90%的股权与珠海华晨控股有限责任公司持有的铁岭华晨橡塑制品有限公司95%的股权进行置换,并由本公司以现金方式向珠海华晨控股有限责任公司支付置换差额。(详见"重大关联交易事项")

(五)重大关联交易事项

1、1999年9月1日,经董事会审议决定,本公司与珠海华晨控股有限责任公司(珠海华晨控股有限责任公司及其关联企业间接持有本公司15.19%的股权)签订《股权置换协议》,以本公司持有的上海申华商务大酒店有限责任公司87%的股权与珠海华晨控股有限责任公司持有的铁岭华晨橡塑制品有限公司66%的股权进行置换,并由珠海华晨控股有限责任公司以现金方式向本公司支付置换差额。

经上海宏大会计师事务所评估,申华商务大酒店物业的整体价值为7637万元(评估基准日为1999年8月1日),即上海申华商务大酒店有限责任公司87%股权的价值为6466.19万元;经铁岭会计师事务所评估,铁岭华晨橡塑制品有限公司的所有者权益为10030万元(评估基准日为1999年5月31日),即铁岭华晨橡塑制品有限公司66%股权价值为6619.8万元;本次置换方式为等价置换,置换差额24.39万元由珠海华晨控股有限责任公司以现金方式向本公司支付。

上述事项已于1999年9月2日在《中国证券报》、《上海证券报》和《证券时报》上予以披露。

2、1999年11月10日,经董事会审议决定,本公司与珠海华晨控股有限责任公司(珠海华晨控股有限责任公司及其关联企业间接持有本公司15.19%的股权)就上海申华商务大酒店有限责任公司与铁岭华晨橡塑制品有限公司剩余股权置换事宜签订《股权置换协议》,以本公司持有的上海申华商务大酒店有限责任公司剩余3%的股权与珠海华晨控股有限责任公司持有的铁岭华晨橡塑制品有限公司剩余29%的股权进行置换,并由本公司向珠海华晨控股有限责任公司以现金方式支付置换差额。

经上海宏大会计师事务所评估,申华商务大酒店物业的整体价值为7637万元(评估基准日为1999年8月1日),即上海申华商务大酒店有限责任公司3%股权的价值为229.11万元;经铁岭会计师事务所评估,铁岭华晨橡塑制品有限公司的所有者权益为10030万元(评估基准日为1999年5月31日),即铁岭华晨橡塑制品有限公司29%股权价值为2908.7万元;本次置换方式为等价置换,置换差额2679.59万元由本公司以现金方式向珠海华晨控股有限责任公司支付。

上述事项已于1999年11月11日在《中国证券报》、《上海证券报》和《证券时报》上予以披露。

上述两次置换,盘活了公司的存量资产,调整了公司的资产结构,增强了资产的盈利能力。

3、1999年6月2日,本公司和上海华晨实业公司(上海华晨实业公司及其关联企业间接持有本公司15.19%的股权)签订了《上海华晨生物技术研究所权益收益转让合同》,以人民币一元的价格受让上海华晨生物技术研究所80%的权益收益。

4、1999年10月29日,本公司下属子公司上海五龙汽车零部件投资有限公司与上海华安投资有限公司受让上海华晨实业公司与百慕大华晨中国汽车零配件控股有限公司共同持有的沈阳华晨东兴汽车零部件有限公司100%的股权,受让价格为3500万元。截止1999年9月30日,东兴公司的净资产为2941.2万元,该公司在汽车零部件行业具有较强的赢利能力。

(六) 本公司与控股股东在人员独立、资产完整、财务独立上已做到"三分开"

(七)报告期内,本公司未有改聘、解聘会计师事务所的情况

(八)其他重大合同

1、1999年5月13日,本公司与沈阳金杯客车制造有限公司签署了《关于沈阳金杯客车制造有限公司委托上海申华实业股份有限公司为金客产品销售总代理的协议书》,按照该协议,沈阳金杯客车制造有限公司委托本公司为其产品销售业务的全权总代理。

该事项已于1999年5月17日在《中国证券报》、《上海证券报》和《证券时报》上予以披露;

2、1999年6月28日,本公司接上海华晨生物研究所通知,该研究所与美国南加州大学癌症治疗中心于1999年6月28日签定了《国际技术合作开发合同书》,双方就6条有重要生物学功能的人类全长新基因的研究与应用签定了合作协议,由研究所提供上述6条全长新基因,作为对等条件,治疗中心于1999年7月31日前一次性向研究所支付360万美元(或等值人民币),在此基础上进行项目开发。根据本公司与上海华晨实业公司于1999年6月2日签定的《上海华晨生物技术研究所权益收益转让合同》的规定,以及研究所理事会有关分红的决议,本公司享有80%的现金收益。

该事项已于1999年6月29日在《中国证券报》、《上海证券报》和《证券时报》上予以披露;

3、1999年11月12日,本公司接上海华晨生物研究所通知,该研究所与以色列The Nessbaum Memorial Biotech Research Labortory于1999年11月10日签订了《国际技术合作开发合同书》,双方就重组腺病毒介导的白细胞介素2基因治疗与重组腺病毒介导的粒细胞集落刺激因子基因治疗的联合开发签订了合同书,由研究所提供上述两项研究成果,作为对等条件,以色列方于1999年12月30日前一次性向研究所支付529万美元(或等值人民币),在此基础上进行合作研究开发。根据本公司与上海华晨实业公司于1999年6月2日签定的《上海华晨生物技术研究所权益收益转让合同》的规定,以及研究所理事会对上述资金进行分配的决议,本公司享有80%的现金收益。

该事项已于1999年11月13日在《中国证券报》、《上海证券报》和《证券时报》上予以披露;

(八)报告期内,公司更改名称和股票简称的情况

1、经股东大会1999年11月10日临时会议审议通过、上海市工商行政管理局核准变更登记,本公司于1999年11月12日变更名称为"上海华晨集团股份有限公司"。

2、经本公司申请、上海证券交易所同意,本公司于1999年11月22日起变更股票简称为"华晨集团"。

(九)其他重大事件

1999年5月13日,根据公司经营发展的规划及加强主营业务的需要,同时也是对股东大会1998年度会议中通过的公司1999年业务发展规划的具体实施,设立上海申华实业股份有限公司金杯客车经销分公司,该公司为本公司非独立核算的分支机构,营业场所为上海市宁波路1号,其负责人由公司总裁苏强兼任,经营范围为:汽车(不含小轿车)及配件销售,金属材料,国内商业(除专项规定)。

该事项已于1999年5月14日在《中国证券报》、《上海证券报》和《证券时报》上予以披露;

八、财务会计报告

审计报告

沪长会师报字(2000)第19号

上海华晨集团股份有限公司全体股东:

我们接受委托,审计了贵公司1999年12月31日的合并及母公司的资产负债表、1999年度的合并及母公司利润及利润分配表以及合并及母公司的现金流量表。这些会计报表由贵公司负责,我们的责任是对这些会计报表发表审计意见。我们的审计是根据《中国注册会计师独立审计准则》进行的。在审计过程中,我们结合贵公司的实际情况,实施了包括抽查会计记录等我们认为必要的审计程序。

我们认为,上述会计报表符合《企业会计准则》和《股份有限公司会计制度》的有关规定,在所有重大方面公允地反映了贵公司1999年12月31日的财务状况以及1999年度的经营成果和现金流量情况,会计处理方法的选用遵循了一贯性原则。

上海长江会计师事务所有限公司　　中国注册会计师

谢菁菁　何淑华

地址:上海市桃江路8号　　二零零零年一月二十日

宝轻大厦四楼

1999年度合并会计报表附注

一、坏帐核算方法:

(1)坏帐的确认标准:债务人破产或死亡,以其破产后的资产或遗产清偿后仍不能收回,或债务人逾期未履行偿债义务,已超过三年确实不能收回的应收款项。

(2)坏帐准备的计提方法

采用备抵法,按照帐龄计提坏帐准备。

坏帐准备计提比例为:

1年以内	0.5%
1-2年	1%
2-3年	5%
3-4年	10%
4-5年	30%
5年以上	50%

本年度公司坏帐准备的计提方法由原来的按应收帐款借方余额的3‰计提坏帐准备的余额法改为帐龄分析法,且对应收帐款和其他应收款同时计提坏帐准备。根据财政部财会字(1999)第35号

文规定，对以上会计政策的变化采用追溯调整法。

二、存货核算方法：

(1)存货包括原材料、低值易耗品、在产品、库存商品等。

(2)按实际成本计价，购入并已验收入库的原材料按实际成本入帐，发出原材料的成本采用加权平均法核算；入库产品或商品按实际成本核算；发出产成品或商品采用加权平均法核算；领用低值易耗品和包装物按一次摊销法摊销。

(3)存货跌价准备的计提方法：

本期公司对存货采用分类法，年末按成本与市价孰低法计提跌价准备，同时采用追溯调整法。

三、长期投资核算方法

(1)长期股权投资：按投资时实际支付的价款或确定的价值记帐，对其他单位的投资占该单位实收资本20%以上的按权益法核算(家具公司因承包利润除外)；20%(含20%)以下的，按成本法核算。

(2)长期债权投资：以实际支付的价款扣除支付的税金、手续费等各项附加费用，以及自发行日至债券购入日的应计利息后的余额记帐。

(3)长期投资减值准备的计提方法：

本期公司对长期投资采用个别法计提长期投资减值准备，年末按成本与市价孰低法计提，无市价的长期投资以预计可变现净值计提。

四、固定资产计价和折旧方法

(1)固定资产按实际成本计价，固定资产的标准为：单位价值在2,000元以上，使用期限在一年以上的房屋建筑物，机器设备，运输设备和其他与生产经营有关的设备、器具、工具等；以及不属于生产经营主要设备，但单位价值在2,000元以上，并且使用期限超过两年的物品。

(2)固定资产折旧采用直线法计算，按固定资产类别，预计使用年限和估计净残值(原值的3%-5%)确定折旧率如下：

固定资产类别	预计使用年限	年折旧率
房屋建筑物	20-40年	2.38%-4.85%
机器设备	5-20年	4.85%-19.4%
运输设备	5年	19%-19.4%
其他设备	5-10年	9.5%-19.4%

五、收入确认原则

商品销售，在商品所有权上的重要风险和报酬转移给买方，公司不再对该商品实施继续管理权和实际控制权，相关的收入已经收到或取得了收款的证据，并且与销售该商品有关的成本能够可靠地计量时，确认营业收入的实现。

六、所得税的会计处理方法

所得税的会计处理采用应付税款法。

七、合并会计报表编制方法

(1) 编制方法

根据财政部财会字(1995)11号《关于印发〈合并会计报表暂行规定〉的通知》的规定，以公司本部和纳入合并范围的子公司的会计报表以及其他有关资料为依据，合并各项目数额后，相互抵销长期投资和股本，内部应收应付款项等项目。

(2)合并范围的确定原则

公司持股51%以上(含51%)股份的子公司，除在本期第四季度内新成立的控股子公司及尚在筹建中外，全部合并会计报表。

(3)合并报表企业主要财务数据

被投资单位名称	母公司持股比例(%)	实际投资额(万元)	本期净利润
上海申华房地产开发经营公司	100	2,000	-167,775.06
上海申华宾馆	100	1,000	-2,218,524.91
上海申华商业发展公司	100	500	-187,562.27
上海申华旅游公司	100	100	33,864.00
上海华安投资有限公司	100	3,000	27,954,864.00
上海申华黄浦物业发展公司	100	1,000	-737,542.00
上海申华空调电器有限公司	100	180	29,251.65
上海申华印刷公司	100	350	-150,484.04
上海五龙汽车零部件投资有限公司	100	6,000	54,784,396.28

本期合并会计报表范围增加了上海五龙汽车零部件投资有限公司，新增净利润5,478万元。

八、控股子公司

子公司全称	法定代表人	注册资本	经营范围	权益比例
上海华晨五洲电子商务网络有限公司	仰　融	8300万元	经济信息服务	100%
上海华晨生物技术有限公司	仰　融	3000万元	生物工程	100%
上海华晨资产管理有限公司	苏　强	3000万元	投资管理	66.6%
上海申华房地产开发经营公司	朱胜良	2000万元	房地产开发	100%
上海申华宾馆	孙忠鸣	1000万元	餐饮、住宿	100%
上海申华商业发展公司	朱胜良	500万元	商业批零	100%
上海申华旅游公司	潘顺玉	100万元	旅游、百货	100%
上海华安投资有限公司	朱胜良	3000万元	股权投资等	100%
上海申华黄浦物业发展公司	刘扬新	1000万元	物业管理	100%
上海申华空调电器有限公司	张永明	180万元	空调家用电器等	100%
上海申华印刷公司	张建军	350万元	印刷品	100%
上海五龙汽车零部件投资有限公司	苏　强	6000万元	投资汽车零部件生产销售等	100%
铁岭华晨橡塑制品有限公司	唐　颢	7404.6万元	生产汽车配套橡胶件	95%

九.或有事项

1.公司截止1999年12月31日，尚未到期的对外担保共计8家金额为331,900,000元。

(1)为上海方正延中科技集团股份有限公司向银行借款提供担保。

借款金额：45,000,000元

借款期限：1999年6月17日-2000年4月14日

(2)为上海国嘉实业股份有限公司向申银万国提供短期融资券担保。

债券金额：29,000,000元

债券期限：1999年4月28日-2000年1月28日

(3)为上海国嘉实业股份有限公司向银行借款提供担保。

借款金额：30,000,000元

借款期限：1999年8月31日-2000年9月2日

(4)为安徽国祯能源股份有限公司向中信证券有限公司提供长期企业债券担保。

债券金额：50,000,000元

债券期限：1999年1月31日-2002年1月30日

(5)为上海实业联合集团股份有限公司向银行借款提供担保。

借款金额：50,000,000元

借款期限：1999年8月3日-2000年5月31日

(6)为隧道工程股份有限公司向银行借款提供担保。

借款金额：80,000,000元

借款期限：1999年7月21日-2000年11月2日

(7)为上海康派司实业总公司向银行借款提供担保。

借款金额：2,900,000元

借款期限：1999年11月5日-2000年2月18日

(8)为九百集团向银行借款提供担保。

借款金额：45,000,000元

借款期限：1999年12月29日-2000年7月20日

上述担保事项除(4)、(7)项外，均为相互担保。

十、备查文件目录

1、载有法定代表人、主管会计工作负责人、会计机构负责人签名并盖章的会计报表。

2、载有会计师事务所盖章、注册会计师签名并盖章的审计报告原件。

3、报告期内在中国证监会指定报纸上公开披露过的所有公司文件的正本及公告的原稿。

上述备查文件在中国证监会、证券交易所要求提供时和股东依据法规或公司章程要求查阅时，公司保证能及时提供。

上海华晨集团股份有限公司

2000年1月24日

上海飞乐股份有限公司

(一) 公司简介

1、公司法定中文名称: 上海飞乐股份有限公司
公司英文名称: SHANGHAI FEILO CO.,LTD 缩写: FEILO LTD
2、公司法定代表人: 郁建福
3、公司董事会秘书及其授权人: 刘仁仁 毛丽建
联系地址: 上海市昭化路54号
联系电话:021-62512629 传真:021-62517323
E-Mail 信箱: Feilo - zq @ mail2 online.sh.cn.
4、公司注册地址: 上海市武夷路174号
办公地址: 上海市昭化路54号 邮政编码: 200050
公司国际互联网网址: Http://WWW.China - Feilo.com
E-Mail 信箱: Feilo - zq @ mail2 online.sh.cn.
5、公司选定的信息披露报纸名称:《上海证券报》
登载公司年度报告的中国证监会指定国际互联网网址: Http://www.sse.com.cn
公司年度报告备置地点: 上海市昭化路54号
6、公司股票上市交易所: 上海证券交易所 股票简称: 飞乐股份 股票代码: 600654

(二) 会计数据和业务数据摘要

1、公司本年度实现的利润情况: 单位:元

利润总额	105978340.84
净利润	75046405.32
扣除非经营性损益后的净利润	68672909.53
主营业务利润	214493726.12
其他业务利润	10888375.31
营业利润	85428058.91
投资收益	22519039.49
补贴收入	1808262.89
营业外收支净额	-3777020.45
经营活动产生的现金流量净额	22254928.51

注:扣除的非经营性损益项目和涉及金额:
(1)财政所得税退税 1,634,452.90 元
(2)财政补贴 1,808,262.89 元
(3)股票投资收益 2,930,780.00 元

2、截止本年度末公司前三年主要会计数据和财务指标:

项 目	1999年	1998年		1997年	
		调整前	调整后	调整前	调整后
主营业务收入(元)	532683982.01	499159324.65	499159324.65	419840569.70	419840569.70
净利润(元)	75046405.32	68986442.42	65054672.50	61425986.91	56212.911.58
总资产(元)	1545703429.30	1491413600.61	1414995710.68	1220344546.89	1142320.236.36
股东权益(元)	637046170.88	644904321.95	565167274.21	577681665.82	502969853.13
每股收益(元/股)	0.20	0.18	0.17	0.26	0.24
每股收益(元/股)(加权)	0.20	0.27	0.25	0.32	0.29
扣除非经营损益后的每股收益(元/股)	0.18	0.13	0.12	0.18	0.15
扣除非经营损益后的每股收益(元/股)(加权)	0.18	0.19	0.17	0.21	0.19
每股净资产(元/股)	1.70	1.72	1.51	2.47	2.15
调整后的每股净资产(元/股)	1.59	1.62	1.41	2.37	2.09
每股经营活动产生的现金流量净额(元)	0.06	-0.15	-0.15		
净资产收益率(%)	11.78	10.70	11.51	10.63	11.18

注:(1)主要财务指标计算公式:
每股收益=净利润/年度末普通股股份总数
每股净资产=年度末股东权益/年度末普通股股份总数
调整后的每股净资产=(年度末股东权益-三年以上的应收款项净额-待摊费用-待 处理 (流动、固定)资产净损失-开办费-长期待摊费用-住房周转金负数余额)/年度末 普通股股份总数
每股经营活动产生的现金流量净额=经营活动产生的现金流量净额/年度末普通股股份总数
净资产收益率=净利润/年度末股东权益×100%
(2)由于会计政策变更,根据财政部财会字(1999)35号文、49号文的有关规定,采 用了追溯调整法,调整了1999年度合并会计报表相关的"坏帐准备"帐项和"存货跌价准备"帐项。

调整前各年度会计数据如下:

项 目	1999年	1998年	1997年	1996年
坏帐准备	36830696.96	724686.46	637069.14	789271.78
存货跌价准备	47806339.52	-	-	-
未分配利润	35273077.55	42605306.06	62913050.21	54127619.18

调整后各项会计数据:

项 目	1999年	1998年	1997年	1996年
坏帐准备	36830696.96	34250799.18	33580356.93	26404496.25
存货跌价准备	47806339.52	49134695.56	45081022.74	44871082.44
未分配利润	35273077.55	-20120090.53	-1047950.03	-6984779.72

(三) 股东情况介绍

(1)报告期末股东总数:160932户
(2)前10名股东的持股情况:

名次	股东名称	年末持股数量(股)	占总股本比例(%)
①	上海仪电控股(集团)公司	97258602	25.95
②	郑子贤	722700	0.19
③	天信咨询	661600	0.18
④	赵宁	640000	0.17
⑤	陈桂平	640000	0.17
⑥	李秋桂	623000	0.17
⑦	郭琛	600000	0.16
⑧	福建大隆	546930	0.15
⑨	金通物产	540000	0.14
⑩	高健	514300	0.14

上海豫园旅游商城股份有限公司

一、公司简介:

1、公司的法定中文名称:上海豫园旅游商城股份有限公司
公司的英文名称:SHANGHAI YUYUAN TOURIST MART CO.,LTD
英文缩写:YYTM
2、公司法定代表人:董事长程秉海
3、公司董事会秘书:曹有源
联系地址:上海市方浜中路269号
联系电话:(021)63559999 传真:(021)63550558
电子信箱:yytmobd@online.sh.cn
4、公司注册地址:中国上海市文昌路19号
办公地址:中国上海市方浜中路269号
邮政编码:200010
公司国际互联网网址:www.yuyuantm.com
5、公司选定的信息披露报纸:《上海证券报》、《中国证券报》
登载公司年度报告的中国证监会指定国际互联网网址:
http://www.sse.com.cn
公司年度报告备置地点:上海市方浜中路269号董事会办公室
6、公司股票上市交易所:上海证券交易所
股票简称:豫园商城 股票代码: 600655

二、 会计数据和业务数据摘要

1、公司本年度会计数据和业务数据:(单位:元)

项目	1999年
(1)利润总额	120257597.22
(2)净利润	95959661.66
(3)扣除非经常性损益后的净利润	95959661.66
(4)主营业务利润	433736762.63
(5)其他业务利润	29912029.59
(6)营业利润	96834662.04
(7)投资收益	16608985.64
(8)补贴收入	1045.00
(9)营业外收支净额	6812904.54
(10)经营活动产生的现金流量净额	93219176.57
(11)现金及现金等价物净增加额	77735828.54

2、截止报告期末公司前三年的主要会计数据及财务指标
公司近三年主要会计数据和财务指标: 单位:元
追溯调整后:

项目	1999年	1998年	1997年
主营业务收入	3570293910.25	3278749878.10	2717495419.23
净利润	95959661.66	140496272.21	128470732.82
总资产	3218263132.72	2791554980.75	2511016042.82
股东权益(不含少数股东权益)	1426034025.64	1376429651.05	1299911980.49
每股收益(摊薄)	0.22	0.33	0.42
(加权)	0.22	0.33	0.52
每股净资产	3.33	3.21	4.25
调整后的每股净资产	3.12	3.05	4.03
每股经营活动产生的现金流量净额	0.22	-0.13	
净资产收益率(摊薄)	6.73	10.21	9.88
(加权)	6.73	10.50	11.83
按报告披露日股本计算的每股收益	0.21		

注:2000年1月实施1999年配股方案后,公司总股本为46533.3455万股。追溯调整 前:

项目	1998年	1997年
主营业务收入	3278749878.10	2717495419.23
净利润	142048055.54	132700737.62
总资产	2809659095.66	2526218573.88
股东权益(不含少数股东权益)	1393159273.79	1315092603.28
每股收益(摊薄)	0.33	0.43
(加权)	0.33	0.53
每股净资产	3.25	4.30
调整后的每股净资产	3.09	4.09
每股经营活动产生的现金流量净额	-0.13	
净资产收益率(摊薄)	10.20	10.09
(加权)	10.49	12.13

注:主要会计数据和财务指标的计算公式:
每股收益=净利润/年度末普通股股份总额每股净资产=年度末股东权益/年度末普通股股份总额
调整后的每股净资产=(年度末股东权益-三年以上的应收款项净额-待摊费用-待 处理 (流动、固定)资产净损失-开办费-长期待摊费用-住房周转金负数余额)/年度末 普通股股份总额
每股经营活动产生的现金流量净额=经营活动产生的现金流量净额/年度末普通股股份总额
净资产收益率=净利润/年度末股东权益 ×100%

三、 股东情况介绍:

1、报告期末,股东总数:79469户 2、本公司前10名股东的持股情况:

股东名称	年度内股份增减变动情况(股)	年末持股数量(股)	占总股本(%)
上海豫园旅游服务公司		61661601	14.38
国家持股(授权上海豫园(集团)有限公司经营管理)		49927739	11.65
豫园商场		12098317	2.82
上海市商业建设总公司	-1112100	11114800	2.59
上海旅游公司		7332256	1.71
上海南房(集团)有限公司		6298435	1.47
中国纺织机械股份有限公司		4756752	1.11
上海第三钢铁厂		4162158	0.97
上海振南投资发展公司		4054050	0.95
南市区果品总公司		3667230	0.86

浙江省凤凰化工股份有限公司

一、公司简介

1、公司法定中文名称:浙江省凤凰化工股份有限公司
公司法定英文名称:ZHEJIANG PROVINCE PHOENIX CHEMICAL CO., LTD.
2、公司法定代表人:张勇鹤
3、公司董事会秘书:王长虹
联系地址:上海沪青平公路4502号311室
邮政编码:201700
联系电话:021—59735362
4、公司注册及办公地址:浙江省兰溪市大阙路18号
邮政编码:321100
5、公司选定的信息披露报纸:《上海证券报》、《中国证券报》
登载公司《年度报告》的中国证监会指定的国际互联网网址是:
http://www.see.com.cn
《年度报告》备置地点:浙江省兰溪市大阙路18号,公司董事会办公室
6、公司股票上市地:上海证券交易所
股票简称:浙江凤凰
股票代码:600656

二、会计数据和业务数据摘要

1、公司本年度实现的利润总额及其构成:(单位:人民币元)

项 目	1999年度
利润总额	15179741.14
净利润	10972311.30
扣除非经常性损益后的净利润	4852561.59
主营业务利润	51812333.30
其它业务利润	12277869.55
营业利润	4476566.36
投资收益	5193581.48
补贴收入	3213651.25
营业外收支净额	2376642.05
经营活动产生的现金流量净额	17842431.54
现金及现金等价物净增加额	(14,422,826.11)

注:扣除非经常性损益主要项目和金额:地方财政补贴收益3,000,000元.股权投资贷方差额摊销2,989,749.71元。

2、截至报告期末公司前三年的主要会计数据及财务指标:

(单位:人民币元)

项 目	1999年	1998年 调整前	1998年 调整后	1997年 调整前	1997年 调整后
主营业务收入	331134759.67	426672012.02	426672012.02	176443734.20	176443734.20
净利润	10972311.30	20919574.80	17773797.88	11182291.08	15314044.16
总资产	784896191.84	827230222.78	813603793.39	314483547.83	308862802.67
股东权益	128315176.64	126151062.74	117384540.66	105252339.94	99631594.78
每股收益	0.118	0.224	0.191	0.120	0.164
扣除非经常性损益后的每股收益	0.052	0.139	0.105	−0.003	0.042
每股净资产	1.376	1.353	1.259	1.129	1.069
调整后每股净资产	0.87	0.92	0.78	0.89	0.98
每股经营活动产生的现金流量净额	0.19	0.12	0.12		
净资产收益率%	8.55	16.58	15.14	10.62	15.37

注:主要财务指标计算公式如下:
每股收益=净利润/年度末普通股股份总数
每股净资产=年度末股东权益/年度末普通股股份总数
调整后每股净资产=(年度末股东权益—三年以上的应收款项净额—待摊费用—待处理(流动、固定)资产净损失—开办费—长期待摊费用-住房周转金负数余额)/年度 末普通股股份总数
每股经营活动产生的现金流量净额=经营活动产生的现金流量净额/年度末普通股份总数
净资产收益率=净利润/年度末股东权益X100%

3、报告期内股东权益变动情况:(单位:人民币元)

项目	股 本	资本公积	赢余公积	法定公益金	未分配利润	合 计
期初数	93218441.00	41180751.57	8128703.53	4378120.24	(29521475.68)	117384540.66
本期增加					10930635.98	10930635.98
本期减少						
期末数	93218441.00	41180751.57	8128703.53	4378120.24	(18590839.70)	128315176.64

变动原因:
1、期初未分配利润较上期审定数差额8766522.08元,系按财政部财会字(1999)35号文计提四项减值准备,采用追溯调整法,调整未分配利润及相关项目期初数所致。
2、未分配利润本期增加10930635.98元,系本期净利润10972311.30元扣减上海产业城控股子公司上海兴和织造公司(中外合资企业)本年提取职工奖励及福利基金41675.32元后的数额。

三、股东情况介绍

(一)本报告期末股东总数为32066户。
(二)报告期末公司前十名股东持股情况如下:

股东名称	年末持股数(股)	占总股本(%)	备注
①中国华源集团有限公司	38,304,000	41.0906%	法人股
②兰溪市财政局	3,954,456	4.24%	国有股
③浙江上证	1,080,228	1.16%	转配股
④朱文斌	998,790	1.07%	流通股
⑤刘海儒	748,000	0.80%	流通股
⑥静大全	737,840	0.79%	流通股
⑦张天昀	544,000	0.58%	流通股
⑧王文明	478,734	0.51%	流通股
⑨王世秀	473,629	0.50%	流通股
⑩柳福贞	442,700	0.47%	流通股

上述前十名股东中唯一持有本公司5%以上(含5%)股份的股东为中国华源集团有限公司。该公司期初和期末持股数不变。报告期内其所持本公司的全部股份未进行任何形式的质押。

北京天桥北大青鸟科技股份有限公司

一、公司简介

1.公司法定中文名称:北京天桥北大青鸟科技股份有限公司
中文缩写:青鸟天桥
英文名称:Beiuing Tianqiao Beida Jade Bird Sci-Tech Co,Ltd
英文缩写:JBTQ
2.公司法定代表人:许振东
3.公司董事会秘书:侯琦
授权代表:于明
联系地址:北京市海淀区成府路207号(北大青鸟楼)
邮政编码:100871
电话:(10)62757128 62757125
传真:(10)62757128 62752664
电子信箱:hq@jbbiscom.cn
4.公司注册地址:北京市崇文区水内大街1号
邮政编码:100050
办公地址:北京市海淀区成府路207号(北大青鸟楼)
邮政编码:100871
国际互联网网址:www.jbbiscom.cn(尚未开通)
电子信箱:jbtq@jbbiscom.cn
5.公司信息披露报纸:《上海证券报》
登载公司年度报告的中国证监会指定国际互联网网址:www.sse.com.cn
公司年度报告备置地点:公司董事会秘书办公室
6.公司股票上市交易所:上海证券交易所
股票简称:青鸟天桥
股票代码:600657

二、 会计数据和业务数据摘要

1.公司本年度实现利润总额46629057.75元,净利润4768586201元,扣除非经常性 损益的净利润39476961.11元,主营业务利润88943551.45元,其他业务利润1722468.69元,营业利润41328086.26元,投资收益437619.79元,补贴收入0元,营业外收入净额4863351.70元,经营活动产生的现金流量净额28344052.67元,现金及现金等价物净增加额55685899.69元。

2.截至报告期末公司前三年的主要会计数据和财务指标

项 目		1999年	1998年	1997年
主营业务收入		273176987.99	219704356.28	250498990.56
净利润	追溯法调整前	47685862.01	36981283.06	21577081.92
	追溯法调整后	--	34159393.47	18869211.62
总资产	追溯法调整前	415244285.24	365149780.17	267227625.91
	追溯法调整后	--	354129869.73	264519755.61
股东权益	追溯法调整前	289098650.65	252430821.23	215449538.17
	追溯法调整后	--	241412788.64	212741667.87
每股收益	追溯法调整前(摊薄法)	0.40	0.40	0.28
	追溯法调整前(加权法)	0.43	0.43	0.28
	追溯法调整后(摊薄法)	--	0.37	0.25
扣除非经常性损益后的每股收益		0.33	--	--
每股净资产	追溯法调整前	2.43	2.76	2.82
	追溯法调整后	--	2.64	2.79
调整后的每股净资产	追溯法调整前	2.35	2.66	2.78
	追溯法调整后	--	2.54	2.74
每股经营活动产生的现金流量净额		0.24	0.16	--
净资产收益率	追溯法调整前	16.49%	14.65%	10.01%
	追溯法调整后	--	14.15%	8.87%

主要财务指标的计算公式:
每股收益=净利润/年度末普通股股份总数
每股净资产=年度末股东权益/年度末普通股股份总数
调整后的每股净资产=(年度末股东权益-三年以上的应收款项净额-待摊费用-待 处理(流动.固定)资产净损失-开办费-长期待摊费用-住房周转金负数余额)/年度末普通股股份总数
每股经营活动产生的现金流量净额=经营活动产生的现金流量净额/年度末普通股股份总数
净资产收益率=净利润/年度末股东权益*100%

3.报告期内股东权益变动情况及变化原因

项 目	股本	资本公积	盈余公积	法定公益金	未分配利润	股东权益合计
期初数	91582720	93833459.78	40150315.52	13770336.10	15846293.34	252430821.23
本期增加	27474816		1912943.33	2542556.83	18298102.68	47685862.01
本期减少						
期末数	119057536	93833459.78	42063258.85	16312892.93	34144396.02	289098650.65
变动原因	1998年度利润分配10股送3股		1999年度利润分配提取	1999年度利润分配提取	1999年实现的净利润	

三、 股东情况介绍

1.报告期末股东总数:6881
2.前10名股东的持股情况

股东名称	年度内股份增减变动情况	年末持股数量	占总股本比例(%)
北京北大青鸟有限责任	+12071482	27421352	23.03
北京崇文区国有资产经营公司(代表国家持有股份)	+4121871	17861441	15.00
开元基金	+5289131	5289131	4.44
兴和基金	+5124740	5124740	4.30
北京市电影公司	+691200	2995200	2.52
金泰基金	+2163830	2163830	1.82
深圳中农信投资实业公司	+432000	1872000	1.57
对外友好合作服务中心	+345600	1497600	1.26
交通银行北京分行	+306878	1329804	1.12
河南豫财资产评估事务所	+287790	1247090	1.05

上述10名股东所持股份质押或冻结情况:根据广东省深圳市中级人民法院(1999)深中法经调初字第354-1号《广东省深圳市中级人民法院民事裁定书》,冻结深圳中农信投资实业公司在我公司拥有的法人股,其余股东所持股份无质押或冻结情况。

北京市天龙股份有限公司

(一) 公司简介

1、公司中文名称:北京市天龙股份有限公司
公司英文名称:BEIJING TIANLONG COMPANY LTD.
2、公司法定代表人:李冀中
3、公司董事会秘书:王剑飞
联系地址:北京市崇文区白桥大街 12 号
邮政编码:100062
联系电话:(010)67121696
传　　真:(010)67121676
4、公司注册地址:北京市崇文区永定门外琉璃井东街 3 号楼
公司办公地址:北京市崇文区白桥大街 12 号
邮政便码:100062
5、公司选定的信息披露报纸名称:《上海证券报》
登载公司年度报告的中国证监会指定国际互联网网址:http://www.sse.com.cn
公司年报备置地点:公司证券部
6、公司股票上市交易所:上海证券交易所
公司股票简称:北京天龙
公司股票代码:600658

(二) 会计数据和业务数据摘要

1、公司本年度 利润总额: −66,587,767.64 元
净利润: −68,330,947.97 元
扣除非经营性损益后的净利润: −42,321,326.56 元
主营业务利润: 17,770,345.34 元
其他业务利润: 1,494,110.37 元
营业利润: −63,911,281.19 元
投资收益: 251,527.19 元
补贴收入: 42,366.19 元
营业外收支净额: −2,970,379.83 元
经营活动产生的现金流量净额: −301,452.12 元
现金及现金等价物净增加额: −52,302,535.53 元
注:扣除非经营性损益项目和涉及金额:
1999 年公司核销其他应收款: 26009621.41

2、截至报告期末公司前三年的主要会计数据及财务指标:

项目	1999 年	1998 年 追溯法调整前	1998 年 追溯法调整后
主营业务收入	117917898.46	174862293.57	174862293.57
净利润	−68330947.97	−23996828.28	−33715173.31
总资产	491682193.29	688926883.33	631283495.18
股东权益	183032603.59	308991523.55	251363551.56
每股收益	−0.409	−0.144	−0.202
扣除非经营性损益后的每股收益	−0.253	−0.057	−0.115
每股净资产	1.096	1.850	1.505
调整后的每股净资产	0.574	1.820	1.041
每股经营活动产生的现金流量净额	−0.002	0.043	0.043
净资产收益率	−37.33%	−7.77%	−13.41%

<续上表>

项目	1997 年 追溯法调整前	1997 年 追溯法调整后
主营业务收入	212378259.95	212378259.95
净利润	10276799.27	−26999067.75
总资产	643115635.27	605839768.25
股东权益	332988351.83	295712484.81
每股收益	0.062	−0.162
扣除非经营性损益后的每股收益	0.062	−0.162
每股净资产	1.994	1.770
调整后的每股净资产	1.900	1.516
每股经营活动产生的现金流量净额		
净资产收益率	3.09%	−9.13%

主要财务指标的计算公式:
每股收益=净利润/年度末普通股股份总数
每股净资产=年度末股东权益/年度末普通股股份总数
调整后的每股净资产=(年度末股东权益−三年以上的应收款项净额−待摊费用−待 处理 (流动、固定)资产净损失−开办费−长期待摊费用−住房周转金负数余额)/年度末 普通股股份总数
每股经营活动产生的现金流量净额=经营活动产生的现金流量净额/年度末普通股股份总数
净资产收益率=净利润/年度末股东权益 X100%
注:(1)"应收款项"包括应收帐款、其他应收款、预付帐款、应收股利、应收利息、应收补贴款
(2)1997 年和 998 年调整后的主要会计数据和财务指标系根据财政部财会字[1999]35 号、49 号文的有关规定,改变会计政策,采取了追溯调整法调整所致。

(三) 股本变动及股东情况

(1)、报告期内股东总数:68714 个。
(2)、前十名股东的持股情况

股东名称	持股数(股)	占总股本比例(%)
1、北京市崇文天龙公司	30530676	18.28%
2、北京市供销合作总社	25742100	15.41%
3、农行北京市分行信托投资公司	9705600	5.81%
4、北京市崇文区商业网点开发公司(代表国家持有股份)	5974800	3.58%
5、何文雅	500000	0.19%
6、常磊	267825	0.18%
7、森华养殖	263100	0.175%
8、长发武汉	249900	0.16%
9、张世德	240000	0.146%
10、胡斌	230344	0.141%

福建省福联股份有限公司

一、公司简介

1、公司法定名称:福建省福联股份有限公司
英文名称:fujianfulianco.,ltD.
英文缩写:FJFL.
2、公司法定代表人:陈克恩
3、公司董事会秘书:何佳
联系地址:福建省福州市省府路一号金皇大厦十七层
联系电话:0591−7503366　传真:0591−7503068
4、公司注册地址:福建省福州市省府路一号金皇大厦十七层
公司办公地址:福建省福州市省府路一号金皇大厦十七层
邮政编码:350001
电子信箱:fjfl@990.net
5、公司年度报告备置地点:公司董事会秘书室
公司选定的信息披露报纸:《上海证券报》
信息披露网址:www.sse.com.cn
6、公司股票上市地:上海证券交易所
股票简称:福建福联
股票代码:600659

二、会计数据和业务数据摘要

本年度实现利润及主要现金流量指标　(元)
1.利润总额: 28470973.74
净利润: 24318564.26
扣除非经常性损益后的净利润: 2822064.26
主营业务利润 11910482.88
2.其他业务利润 6103255.17
营业利润 −3889125.63
投资收益 31441324.60
补贴收入 1019098.80
营业外收支净额 100324.03
经营活动产生的现金流量净额 −111951147.05
现金及现金等价物净增加额 6479729.94

3.近三年主要会计数据及财务指标　(元)

项目	99 年度	98 年度 调整前	98 年度 调整后	97 年度
主营业务收入	214223916.03	143699443.19	143699443.19	161820582.94
净利润	24318564.26	25078950.60	22446702.72	1190374.56
总资产	634075112.78	434586822.48	431990091.87	355440883.14
股东权益(不含少数股东权益)	214640882.45	200625536.45	190322318.19	175546585.85
每股收益(元/股)	0.20	0.20	0.18	0.013
每股净资产(元/股)	1.73	1.62	1.54	1.46
净资产收益率(%)	11.33	12.5	11.78	0.95
调整后每股净资产(元/股)	1.35	1.16	1.08	1.20
每股经营活动产生的现金流量净额	−0.90	−0.73		

注 1、1997 年度股本按 123872694 股计算;1998 年度股本按 123872694 股计算。1999 年度股本按 123872694 股计算。
注 2、主要财务数据计算方法:
每股收益=净利润/年度末普通股股份总数
每股净资产=年度末股东权益/年度末普通股股份总数
净资产收益率=净利润/年度末股东权益×100%
调整后的每股净资产=(年度末股东权益−三年以上的应收款项净额−待摊费用−待 处理 (流动、固定)资产净损失−开办费−长期待摊费用−住房周转金负数余额)/年度末 普通股股份总额
按月平均加权法计算的每股收益:0.20(元/股)
注 3、1999 年度加权法计算的每股收益 0.20 元
注 4、1999 年度加权法计算的净资产收益率 12.01%
扣除非经常性损益后的每股收益 0.023 元
附:扣除的项目为转让厦门福联有限公司 20%股权,转让收益净利润 21496500 元
注 5、以上各项数据均按合并的会计报表数填列、计算。
注 6、根据财政部(1999)35 号文的有关规定,公司对以前年度的会计数据和财务指标进行了追溯调整,并分别以调整前、调整后的数据列示。

4、股东权益变动情况(元)

项目	股本	资本公积	盈余公积	其中:公益金	未分配利润	合计
期初数	123872694	38192177.32	14100841.97	5111577.61	14156604.90	190322318.19
本期增加			4863712.86	2431856.43	19454851.40	24318564.26
本期减少						
期末数	123872694	38192177.32	18964554.83	7543434.04	33611456.30	214640882.45

说明:1、盈余公积增加系 99 年度提取 10%法定公积金和 10%法定公益金。
2.未分配利润增加系 99 年度可供股东分配的利润增加。
3.上述各项目期初数与上年度报表数不一致的,系会计政策变更,计提四项准备, 追溯调整以前年度损益所致,具体见会计报表附注。

三、股东情况介绍

1.截止 1999 年 12 月 31 日,公司股东总数为 23754 户。
2.截止 1999 年 12 月 31 日,公司前十名股东持股情况:

股东名称	年末持股数(股)	占总股本(%)
福建省神龙企业集团有限公司	21492042	17.35
福建省华兴实业公司	15219600	12.29
中国纺织物资总公司	10731732	8.66
厦门化学纤维厂	6388800	5.16
福建永泰永昌贸易公司	5297160	4.28
建行福建分行直属支行	5132160	4.14
中国化纤总公司	3438600	2.78
建行厦门分行	2964984	2.39
中国丝绸工业总公司	2418306	1.95
上海纺织原料总公司	1880736	1.52

福耀玻璃工业集团股份有限公司

一、公司简介

1、公司中文名称:福耀玻璃工业集团股份有限公司
公司英文名称:FUYAO GLASS GROUP INDUSTRIES CO.,LTD.
公司英文缩写:FYG
2、法定代表人:曹德旺
3、董事局秘书:陈跃丹
联系地址:福建省福清市福耀工业村
电话:0591-5380745 0591-5383562
传真:0591-5383666
E-Mail:fydm@pub3.fz.fj.cn
4、注册地址:福建省福清市融侨经济技术开发区
办公地址:福建省福清市福耀工业村 邮政编码:350301
国际互联网网址:http://www.fuyaogroup.com
E-Mail:info@fuyaogroup.com
5、公司信息披露报刊为:《上海证券报》、《中国证券报》
登载公司年度报告的中国证监会指定国际互联网网址:http://www.sse.com.cn
公司年度报告备置地点:公司董秘办
6、公司股票上市交易所:上海证券交易所
股票简称:福耀玻璃 股票代码:600660

二、会计数据和业务数据摘要

(一)本年度主要会计数据:
单位:人民币元

1.利润总额	75,373,693
2.净利润	70,573,213
3.扣除非经常性损益的净利润	62,988,251
4.主营业务利润	199,781,636
5.其它业务利润	11,534,641
6.营业利润	78,691,321
7.投资收益	−1,275,081
8.补贴收入	588,820
9.营业外收支净额	−2,631,367
10.经营活动产生的现金流量净额	143,499,604
11.现金及现金等价物净增加额	4,917,827

备注:扣减非经营性损益的净利润的扣减项目:
调减项目:
1、本年度经本公司与 F.F.Y.T.LCC 协商,FFYT 同意取消提前终止房屋融资租赁合 同赔偿金 1,176,000 美元,折合人民币 9,765,780 元。此项目 1998 年帐列预提费用,本公司于本年度将此项损失冲回,帐列其他业务利润。
2、本年度本公司所获税收财政返还 588,820 元。调增项目:
1、本报告年度本公司拆除 1-3# 职工宿舍、食堂等房屋建筑物,净值为人民币 2,769,638 元。
(二)近三年主要会计数据及财务指标(合并报表)
单位:人民币元

项 目	1999 年度	1998 年度		1997 年度
		调整后	调整前	
主营业务收入(元)	608,741,151	489,364,967	497,525,273	439,666,650
净利润(元)	70,573,213	−18,630,429	−17,899,914	11,917,780
总资产(元)	1,118,620,987	1,121,915,263	1,126,571,609	1,097,597,181
股东权益(元)	401,781,206	330,601,899	335,258,245	352,513,759
每股收益(摊薄)(元)	0.28	−0.07	−0.07	0.047
每股收益(加权)(元)	0.28	−0.07	−0.07	0.047
每股收益(扣除非经常性损益)(元)	0.25	−0.11	−0.10	0.049
每股净资产	1.58	1.30	1.32	1.38
每股经营活动产生的现金流量净额	0.56	0.40	0.40	-
调整后每股净资产	1.51	1.23	1.22	1.28
净资产收益率(摊薄%)	17.57%	−5.64%	−5.34%	3.38%
净资产收益率(加权%)	19.27%	−5.45%	−5.21%	3.39%

(三)股东权益变动情况表

项目	股 本	资本公积	盈余公积	法定公益金	未分配利润	股东权益合计
期初数	254725513	59694919	20177023	18141533	−21739946	330601899
本期增加	—	565500	4883327	2441663	70573213	78463703
本期减少	—	—	—	—	7324990	7284396
期末数	254725513	60260419	45643546	20583196	41508277	401781206

备注:1、资本公积金增加主要是因为子公司—万达公司获神龙公司优秀配套奖,获赠价值 109000 元之富康轿车一部;其中 456,500 元系 PVB 供应商捐建母公司之 PVB 冷冻仓库。
2、盈余公积增加是由于本公司按本年度实现净利润提取 10%法定盈余公积金及 5%法定公益金所致。
3、未分配利润增加是由于本年利润增加所致,本期减少主要是按本年度实现净利润提取 10%法定盈余公积金及 5%法定公益金所致。

三、股东情况介绍

(一)、本报告期末股东总数为 33,947 户。
(二)、公司前 10 名股东持股情况:

序	股东名称	持股数量	占总股本比例(%)
1	香港三益发展有限公司(外资股)	63,413,532.00	24.89%
2	香港鸿侨海外有限公司(外资股)	43,994,164.50	17.27%
3	福建省耀华工业村开发有限公司	42,414,606.00	16.65%
4	闽辉大厦有限公司	13,827,030.75	5.43%
5	福建省外贸汽车修理厂	9,720,330.75	3.82%
6	华脉通讯	1,335,644.00	0.52%
7	程林	1,197,979.00	0.47%
8	泰阳实业	790,976.00	0.31%
9	振泰实业	700,463.00	0.27%
10	勒玉财	656,670.00	0.26%

上海交大南洋股份有限公司

一、公司简介

1、公司法定中文名称:上海交大南洋股份有限公司
公司法定英文名称:SHANGHAI JIAODA NAN YANG CO.,LTD.
2、公司法定代表人:王宗光
3、公司董事会秘书:夏声川
联系地址:上海市番禺路 667 号六楼
电话:021-62811977 62814035 转 传真:021-62801900
公司董事会秘书授权代表:陈谋亮
联系地址:上海市番禺路 667 号六楼
电话:021-62818544 62814035 转 传真:021-62801900
4、公司注册地址:上海浦东金桥纬七路口 17 地块杉达大厦
办公地址:上海市番禺路 667 号 邮政编码:200030
电子信箱 Email:nanyana@online.sh.cn
5、公司信息披露的报刊为《上海证券报》
登载公司年度报告的中国证监会指定的国际互联网网址:http://www.sse.com.cn
公司年度报告备置地点:上海市番禺路 667 号 6 楼董事会秘书室
6、公司股票上市交易地点:上海证券交易所
股票简称:交大南洋 股票代码:600661

二、会计数据和业务数据摘要

1、本年度利润总额及构成(单位:元)

利润总额	32159794.64
主营业务利润	24415177.47
其他业务利润	3463640.63
营业利润	5672797.31
投资收益	19000443.03
补贴收入	1525666.78
营业外收支净额	5960887.52
净利润	25016284.24
扣除非经常性损益后的净利润	11876513.64
经营活动产生的现金流量净额	21792972.74
现金及现金等价物净增加额	48537840.97

注:扣除非经常性损益后的净利润指扣除上海交大特种合金材料厂等二十家公司 的转让净利润 2035664.29 元;扣除巴士股份等六家法人股转让净利润 11047843.97 元; 扣除其他资产转让净利润 56262.34 元。

2、截止报告年度末公司前三年的主要会计数据及财务指标

序号	指标项目	1999 年度	1998 年度		1997 年度	
			调整后	调整前	调整后	调整前
1	主营业务收入(元)	141650700	130809084	130809084	190305230	190305230
2	净利润(元)	25016284	4276581	8248304	9429385	10663878
3	总资产(元)	455758040	405820931	414856512	417449539	421421262
4	股东权益(元)	276293205	251420383	260289336	247744745	251662946
5	每股收益(摊薄)(元/股)	0.17	0.05	0.09	0.11	0.12
6	扣除非经常性损益后的每股收益(元/股)	0.08	−0.02	0.03	0.11	0.12
7	每股收益(加权)(元/股)	0.17	0.05	0.09	0.11	0.12
8	每股净资产(元/股)	1.91	2.87	2.97	2.82	2.87
9	调整后的每股净资产(元/股)	1.88	2.48	2.57	2.36	2.48
10	每股经营活动产生的现金流量净额(元/股)	0.15	−0.10	−0.10		
11	净资产收益率(%)	9.05	1.70	3.17	3.81	4.24

说明:(1)97、98 年度调整后主要数据和财务指标指因会计政策、会计估计变更追溯调整以前年度计算所得。
(2)本报告期内股本发生变动,股本加权数为 100872903.00=(87715568.00×5+96487125.00×5+144730688.00×2)/12
(3)每股净资产=年度末股东权益/年度末普通股股份总数
(4)调整后的每股净资产=(年度末股东权益-三年以上的应收款项-待摊费用-待处理(流动、固定)资产净损失-开办费-长期待摊费用)/年度末普通股股份总数
(5)每股经营活动产生的现金流量净额=经营活动产生的现金流量净额/年度末普 通股股份总数
(6)净资产收益=净利润/年度末股东权益×100%
3、报告期内股东权益变动情况

项目	股本	资本公积	盈余公积	其中:公益金	未分配利润	股东权益合计
期初数	87715568	148084688	14004743.96	5213694.46	1615694.46	251420383.62
本期增加	57015120	0	10955674.78	2668065.21	13917147.20	81887941.98
本期减少	0	57015120	0	0	0	57015120.00
期末数	144730688	91069568	24960418.74	7881759.67	15532530.85	276293205.60

变动原因:(1)股本增加及资本公积减少系 98 年度及 99 年中期分配转增所致;
(2)盈余公积增加系从本年度税后利润中法定提取及子公司并入。

三、股本变动及股东情况

1、报告期末公司股东总数为 10529 户。
2、报告期末公司主要股东持股情况

	股东名称	持股数(股)	占总股本比例(%)	股份类别
1	上海交通大学	63252569	43.70	国有法人股
2	上海市国资办	10801065	7.46	国家股
3	自仪公司	9475620	6.55	社会法人股
4	万国证券	7311213	5.05	社会法人股
5	住宅科技	2600000	1.80	社会法人股
6	交大工会	2593436	1.79	社会法人股
7	南京证券	1381200	0.95	上市流通股
8	新黄集团	1361250	0.94	社会法人股
9	宝鼎置业	1231739	0.85	上市流通股
10	佳闵实业	1099076	0.76	上市流通股

注:(1)报告期内上海交通大学持有的国有法人股由期初的 38334890 股,增加至 63252569 股,系公司实施两次转增股本所致。

上海强生出租汽车股份有限公司

一、公司简介

1、公司法定中文名称:上海强生出租汽车股份有限公司
公司法定英文名称:Shanghai QiangSheng Taxi CO.,LTD
2、公司法定代表人:张同恩
3、公司董事会秘书:吴本初
联系电话:021--62151181
联系地址:中国上海南京西路 920 号 18 楼
传　真:021--62538782
4、公司注册地址:上海市南京西路 920 号
公司办公地址:上海市南京西路 920 号 18 楼　　邮政编码:200041
公司国际互联网网址:http//wwwqiangsheng-taxicom.cn
公司电子信箱:qiangshenggufen@ qiangsheng-taxi.com.cn
5、公司选定的信息披露报纸名称:上海证券报、中国证券报
公司年度报告登载的互联网网址:http//wwwsse.com.cn
公司年度报告备置地点:上海市南京西路 920 号 18 楼
6、公司股票上市交易所:上海证券交易所
股票简称:上海强生　　股票代码:600662

二、会计数据和业务数据摘要

1、本年度会计数据和业务数据摘要　　单位:元

项　目	1999 年
(1)利润总额	102058329.42
(2)净利润	89691559.66
(3)扣除非经营性损益后的净利润	89691559.66
(4)主营业务利润	204185081.10
(5)其他业务利润	10988221.74
(6)营业利润	96885180.97
(7)投资收益	6163035.56
(8)补贴收入	0.00
(9)营业外收支净额	−989887.11
(10)经营活动产生的现金流量净额	263206263.16
(11)现金及现金等价物净增加额	11725449.24

2.公司近三年主要会计数据和财务指标

追溯调整后

项　目	1999 年	1998 年	1997 年
(1)主营业务收入	512790560.42	392064255.68	306743289.67
(2)净利润	89691559.66	97019108.48	76459237.09
(3)总资产	1210920505.57	957906630.81	551709224.70
(4)股东权益	732146324.96	698642845.30	421631997.88
(5)每股收益	0.32	0.35	0.31
(6)每股净资产	2.61	2.49	1.73
(7)调整后的每股净资产	2.51	2.42	1.67
(8)每股经营活动产生的现金流量净额	0.94	0.68	
(9)净资产收益率	12.25%	13.89%	18.13%

追溯调整前

项　目	1998 年	1997 年
(1)主营业收入	392064255.68	306743289.67
(2)净利润	97784001.21	76832745.73
(3)总资产	959045032.18	552082733.34
(4)股东权益	699781246.67	422005506.52
(5)每股收益	0.35	0.31
(6)每股收益(加权)	0.36	0.38
(7)每股净资产	2.49	1.73
(8)调整后的每股净资产	2.42	1.67
(9)每股经营活动产生的现金流量净额	0.68	
(10)净资产收益率	13.97%	18.21%

注:重要会计数据和财务指标的计算公式
每股收益=净利润 /年度末普通股股份总数
每股净资产=年度末股东权益 /年度末普通股股份总数
调整后的每股净资产=(年度末股东权益-三年以上的应收款项净额-待摊费用-待 处理 (流动、固定)资产净损失-开办费-长期待摊费用-住房周转金负数余额)/年度末 普通股股份总数
每股经营活动产生的现金流量净额=经营活动产生的现金流量净额/年度末普通股股份总数
净资产收益率=净利润 /年度末股东权益×100%

3.股东权益变动情况

项目	股本	资本公积	盈余公职	法定公益金	未分配利润	股东权益合计
期初数	280940400	255410793	86695738	18838126	75595912	698642845
本期增加			31385977	15692988	89691559	121077536
本期减少					87574057	87574057
期末数	280940400	255410793	118081715	34531114	77713415	732146324

变动原因:因本期实现净利润 89,691,559.66 元,按 10%计提法定盈余公积 15,692,988.52 元 和法定公益金 15,692,988.52 元及每股派发红利 0.20 元,分配当年利润 56,188,080 元。

三、股东情况介绍

1)截止本报告期末股东总数为 114274 人。
2)前 10 名股东情况

名次	股东名称	年末持股数(股)	占总股本%
1	上海强生集团有限公司	92350900	32.87
2	上投实业公司	13662000	4.86
3	陆家嘴金融贸易区开发股份有限公司	12295800	4.38
4	建设银行上海分行	12295800	4.38
5	金华证券	7188264	2.56
6	华夏证券	2307672	0.82
7	倪忠	500000	0.7
8	爱建公司	381367	0.14
9	财政证券	365100	0.13
10	余国琴	317710	0.11

上海陆家嘴金融贸易区开发股份有限公司

一、公司简介

1、公司法定中、英文名称及缩写:
中文:上海陆家嘴金融贸易区开发股份有限公司
英文:Shanghai Lujiazui Finance & Trade Zone Development Co., Ltd.
英文缩写:SLDC
2、公司法定代表人:康慧军
3、公司董事会秘书:朱蔚,授权代表:贾伟
联系地址:中国上海市浦东大道 981 号
电话:86-21-58878888　　传真:86-21-58877100
电子信箱:ldcgrp @ stn.sh.cn.
4、公司注册及办公地址:中国上海市浦东大道 981 号　　邮政编码:200135
国际互联网网址:www.shld.com　　电子信箱:ldcgrp @ stn.sh.cn.
5、公司信息披露报刊:上海证券报、亚洲华尔街日报
登载年度报告的国际互联网网址:www.sse.com.cn (中国证监会指定网站)
www. shld.com (公司网站)
公司年度报告备置地点:中国上海市浦东大道 981 号
6、公司股票上市交易所:上海证券交易所
股票简称及代码:A 股:陆家嘴　　600663　B 股:陆家 B 股　900932

二、会计数据和业务数据摘要

1、公司本年度主要会计数据: 单位:人民币元

利润总额	44629791.21
净利润	26433810.01
扣除非经常性损益后的净利润	25814751.39
主营业务利润	186427574.87
其他业务利润	83976836.34
营业利润	56131851.67
投资收益	−12121119.08
补贴收入	0
营业外收支净额	619058.62
经营活动产生的现金流量净额	506367864.10
现金及现金等价物净增加额	587019098.96

非经常性损益是指营业外收支净额 619058.62 元.

2、前三年主要会计数据和财务指标: 单位:人民币

项　目	1999 年	1998 年		1997 年	
		调整后	调整前	调整后	调整前
主营业务收入(万元)	64178.83	59343.43	61398.19	59735.92	61637.32
净利润(万元)	2643.38	12276.56	13526.99	28859.88	29991.15
总资产(万元)	786230.96	775120.95	771895.70	806222.68	802842.68
股东权益(万元)	415125.77	412482.39	410450.75	400539.47	397258.78
每股收益(元)	0.014	0.092	0.10	0.22	0.22
加权平均每股收益(元)	0.017	0.092	0.10	0.22	0.22
扣除非经常性损益后的每股收益(元)	0.014				
每股净资产(元)	2.22	3.09	3.08	3.00	2.98
调整后的每股净资产(元)	2.19	3.07	3.06	2.97	2.95
每股经营活动产生的现金流量净额(元)	0.27	−0.10	−0.10		
净资产收益率(%)	0.64	2.98	3.30	7.21	7.55

注 1:1999 年底公司总股本 186768.4 万股,1998、1997 年底总股本 133406 万股。
注 2:主要财务指标的计算方法:
每股收益=净利润/年度末普通股股份总数
加权平均每股收益=当期净利润/[(期末普通股股份总数/(1+配股比例或增发新股比例)+期末普通股股份总数/(1+配股比例或增发新股比例)×配股比例或增发新股比 例×自缴款结束日下一月份至期末的月份数/12]
每股净资产=年度末股东权益/年度末普通股股份总数
调整后的每股净资产=(年度末股东权益-三年以上的应收款项净额-待摊费用-待处理<流动、固定>资产净损失-开办费-长期待摊费用-住房周转金负数余额)/年度末普通股股份总数每股经营活动产生的现金流量净额=经营活动产生的现金流量净 额/年度末普通股股份总数
净资产收益率=净利润/年度末股东权益×100%

3、报告期内股东权益变动情况: 单位:人民币元

项　目	股　本	资本公积	盈余公积	法定公益金	未分配利润	股东权益合计
期初数	1334060000	1846401295.59	818895685.53	246115263.11	125466940.93	4124823922.05
本期增加	533624000		40285943.45	3167472.87	26433810.01	600343753.46
本期减少		533624000.00			40285943.45	573909943.45
期末数	1867684000	1312777295.59	859181628.98	249282735.98	111614807.49	4151257732.06

变动原因:1、股本增加系报告期实施了 1998 年度资本公积金转增股本方案;
2、资本公积减少系报告期实施了 1998 年度资本公积金转增股本方案;
3、盈余公积、法定公益金增加系本年度利润提取所致;
4、未分配利润减少系从本年度利润中提取盈余公积所致。

三、股东情况介绍

(1)1999 年 12 月 31 日,本公司股东总数合计 178553 名。
(2)公司前十名股东持股情况

股东名称	年末持股数量(股)	占公司股份总额的比例
①国家股	1121120000	60.03%
②上海国际信托投资公司	58800000	3.15%
③TOYO SECURITIES ASIA LTD. A/C CLIENT	13401883	0.72%
④HONGKONG SUCCESS LTD.	9556239	0.51%
⑤上海陆家嘴(集团)有限公司	8820000	0.47%
申银万国证券股份有限公司	8820000	0.47%
⑥THE NOMURA SECURITIES CO. LTD.	8387936	0.45%
⑦NAITO SECURITIS CO., LTD.	7415844	0.40%
⑧CORE PACIFIC SECURITIES INTERNATIONAL LTD.	6907022	0.37%
⑨SCBHK A/C BROWN BROTHERS HARRIMAN AND COBOSTON S/A CMO EMERGING MARKETS FUND	5854684	0.31%
⑩野村国际(香港)有限公司	5810075	0.31%

哈 药 集 团 股 份 有 限 公

哈药集团股份有限公司1999年年度报告摘要

一、公司简介

1、公司法定中文名称:哈药集团股份有限公司
英文名称:HARBIN PHARMACEUTICAL GROUP CO.,LTD.
英文缩写:HPGC
2、公司法定代表人:刘存周
公司董事会秘书:林本松
联系地址:哈尔滨市道里区工厂街94号
联系电话:0451-4611402
传 真:0451-4611402 4611408
电子信箱:linbs@0451.com
4、公司注册地址:哈尔滨市道里区工厂街94号
公司办公地址:哈尔滨市道里区工厂街94号
邮编:150010
公司互联网网址:WWW.Hayiyao.com
电子信箱:hyyghb@public.hr.hl.cn
5、公司信息披露报纸:上海证券报 中国证券报
登载年度报告的国际互联网网址:WWW.sse.com.cn
年报备置地点:哈药集团股份有限公司证券部
6、公司股票上市地:上海证券交易所
股票简称:哈药集团
股票代码: 600664

二、会计数据和业务数据摘要

指标项目	单位:万元
本公司本年度实现利润总额	21625.52
净利润	15791.44
扣除非经营性损益后的净利润	15789.07
主营业务利润	167457.82
其他业务利润	179.93
营业利润	21554.69
投资收益	13.15
补贴收入	1005.2
营业外收支净额	-947.53
经营活动产生的现金流量净额	43121.59
现金及现金等价物净增加额	31353.67

2、主要会计数据和财务指标

指标项目	1999年	1998年		1997年	
		调整前	调整后	调整前	调整后
主营业务收入(万元)	448697.4	292475.8	292475.8	227270.97	227270.97
净利润(万元)	15791.44	13333.15	9761.78	12063.08	-5880.90
总资产(万元)	441468.14	361540.45	340025.12	290124.53	272180.55
股东权益(万元)(不含少数股东权益)	147185.54	126738.82	105223.48	111398.21	93454.24
每股收益(元)	0.35	0.35	0.25	0.32	-0.15
每股净资产(元)	3.26	3.31	2.74	2.91	2.44
调整后的每股净资产(元)	2.88	2.97	2.40	2.78	2.28
每股经营活动产生的现金流量净额(元)	0.96	0.58	0.58		
净资产收益率(%)	10.73	10.52	9.28	10.83	-6.29

3、报告期内股东权益变动情况及原因 单位:元

项目	股本	资本公积	盈余公积	法定公益金	未分配利润	股东权益合计
期初数	383415000	337324723.88	303082204.59	54564300.20	28412917.66	1052234846.13
本期增加	67445357	248520389.88	103004780.40	15807324.52	157914372.45	576884899.73
本期减少					157264394.11	157264394.11
期末数	450860357	585845113.76	406086984.99	70371624.72	29062896	1471855351.75

变动原因:
(1)股本增加的原因是由于本报告期内实施了增资配股。
(2)资本公积增加的原因是由于股本溢价。
(3)盈余公积和法定公益金增加的原因是由于本报告期内计提增加。
(4)未分配利润增加的原因是由于本年新增利润所致;减少的原因是由于提取盈余 公积和送红利所致。

三、股东情况介绍

(1)截至1999年末,公司股东总数为155704户,其中国有股东1户,社会公众股股东155703户。
(2)前十名股东持股情况:

序号	股东名称	年末持股数(股)	占总股本比例%	是否流通
1	哈药集团有限公司	184489686	40.92	否
2	万国深圳	4965800	1.10	否
3	南证房产	4598113	1.01	是
4	南方证券	1576328	0.35	否
5	南方财务	1173000	0.26	是
6	基金金泰	1166957	0.26	是
7	南方天津	1066552	0.24	是
8	南方证券哈尔滨	1050941	0.23	否
9	申银四川	1000000	0.22	否
10	申银浙江	1000000	0.22	否

持有本公司5%以上股份的股东是哈药集团有限公司,本报告期内由于实施了增资 配股,哈药集团有限公司作为本公司的国家股股东,以实物资产参与配股,共配股份8157686股,其余部分放弃。

(3)持有本公司10%以上股份的股东是哈药集团有限公司,法定代表人:刘存周,主营业务:医药制造、医疗器械及医药器械制造,医药化工原料、医药商业等。目前持有公司股份40.92%。

(4)公司于1999年3月8日按1997年12月31日的总股本实施增资配股,控股股东哈药 集团有限公司持股变动情况刊登在1999年4月16日的《上海证券报》和《中国证券报 》上。

四、股东大会简介

1、本公司于1999年54月26日召开了1998年度股东大会,该次股东大会决议刊登 在1999年5月28日的《上海证券报》和《中国证券报》上。

五、董事会报告

1、公司经营情况

(1)本公司属于医药行业的上市公司,是科工贸一体化的特大型现代医药综合企业,销售收入居行业第二位。(中国医药工业公司"中北医药信息网"国内139家重点企业经济指标对比排名)

(2)公司主营业务的范围及经营情况

①公司主营业务范围是:医药原料药及制剂、名牌中成药及中药粉针剂、滋补保 健品制造,生物制药和医药商业等。

②经营情况

1999年,公司实现主营业务收入448,697.4万元,占营业收入的99.65%,其它业务收入1605万元,占营业收入的0.35%;主营业务利润167,457.82万元,其它业务利润179.93万元,占主营业务利润的0.11%。从主营业务收入和主营业务利润的构成情况分析,公 司的生产经营完全是围绕公司主业开展的,并保持稳定增长的态势。

③公司的主营业务及结构较前一报告期末发生较大变化,占主营业务收入和主营 业务利润10%以上的产品主要有:青霉素粉针、葡萄糖酸钙和严迪等。

(3)公司主要全资附属企业及控股子公司的经营情况及业绩

企业名称	持股比例(%)	99年营业收入(万元)	99年净利润(万元)
加滨药业有限公司	54.7	2733.5	298.7
环球塑胶制品有限公司	60	20.3	-0.2
天利天然补品有限公司	57.4	218.9	14

(4)生产经营中出现的问题与困难及解决方案

一年来,公司在发展中遇到了一定的困难和问题,主要表现为:一是个别品种市场 供大于求,价格下浮,如80万单位青霉素最低价跌至0.30元/支,年底才盘出谷底。二是医药行业恶性竞争加剧,众多中外企业分割市场,给老牌制药企业带来较大冲击。对此,公司采取了如下对策:

①科学组织生产,营造公司优势产品群。公司依据市场变化合理调配资源和生产 能力,重点强化27种规模优势品种的增产增销,销售额完成25.1亿元,同比增长39%,青 霉素、氨苄、头孢类产品、泻痢停、强力脑清素、世一治感佳等一批主导产品以治疗面广、竞争能力强的优势,构筑起了公司主导产品群。

②产品开发和市场开发同步,培育新的"拳头"产品阵营。公司积极实施品牌经营 战略和单品种做大的营销理念,取得显著效果。年内投放市场的严迪、盖中盖、葡萄 糖酸钙、葡萄糖酸锌等产品市场迅速放大,严迪销售额实现4.7亿元,一批新的"拳"产 品已经形成。

③学邯钢、降成本,在价格战中赢得优势和主动。公司全力推进学邯钢、降成本,采购比价管理等措施,努力提高指标,改进工艺,极大地缓解了部分产品降价的压力。 其中受降价影响较大的制药总厂全年消化各种降价因素1.5亿元,并创造了实现

利润总额的历史最好水平。

④积极应变市场,努力实现医药经营方式的创新。在该业务上,公司力求改善经营方式,积极寻求创新的突破点,在不断完善"三承诺"、免费送药举措的前提下,年内新 增连锁药店21家,并加大总代总销的比重,总代总销比例已达商业总销售额的3.72%。

⑤加大投入,完善"六大基地"建设。公司积极加快抗生素、中药粉针、多剂型产 品、滋补保健品、名牌中成药、生物工程产品基地的建设步伐,年内配股资金投入项 目已有两项达产见效,"大医药"格局的框架已基本形成。

2、公司财务情况 单位:万元

指标项目	1999年	1998年	增长比例(%)
总资产	441468.1	340025.1	29.8
长期负债	32795	31348.2	4.6
股东权益	147185.5	105223.5	39.9
主营业务利润	167457.8	71676	133.6
净利润	15791.4	9761.8	61.8

变动情况说明:

(1)总资产增加101,443万元,其中:A货币资金增加31,353.7万元,系产品销量增大,现金回款较多所致;B应收帐款增加23,470.8万元,系年内部分货款尚未收回所致;C预 付货款增加8,496.6万元,系扩大业务往来所致;D存货净额增加10,635.5万元,系生产 规模的扩大所致;E固定资产增加19,281.4万元,系年内利用配股资金扩大投资规模所 致;F在建工程增加8,256万元,系年内新增在建项目所致。

(2)长期负债增加,系本年增加长期借款所致。

(3)股东权益增加的主要原因是:年内配股筹资、资产评估增值、增加股本和资本 公积;本年度实现利润和分配结余增加盈余公积和未分配利润。

(4)主营业务利润增加系:本公司各分公司改进营销策略、调整产品结构和扩大生 产规模,增加营业收入所致。

(5)净利润增加系利润总额增加所致。

3、公司投资情况

(1)募集资金使用情况

公司于1999年3月实施了增资配股,共募集资金26939.9万元,并于4月12日验资到 位,其募集资金均按《配股说明书》承诺投向使用,截止本报告期末,项目实施情况如 下: 单位:万元

项目	计划投资额	本期完成额
中药粉针"双加"项目	13500	6018
年产100吨7-ACA项目	2747	1781.7
世一堂制药厂综合制剂车间	2988	3010
塑料瓶输液生产线	1988	59
医药公司经营场所改造	1200	400
150吨氨苄冻干车间	2950	2930.4

(2)以上六个项目实施进展情况:

①中药粉针"双加"项目,提取车间17000平方米厂房封顶并进入内装修;7000平方 米立体仓库已建成,设备招标已结束,并陆续进入设备安装阶段。

②年产100吨7-ACA项目已完成了主厂房及主要设备基础及辅助项目溶媒仓库地下部分的

混凝土浇注。购进非标设备 8 台,加工非标设备 18 台,订购定型设备 4 台套。

③世一堂制药厂综合制剂车间改造项目,该项目于 1998 年下半年开工,现已全部完工,累计投资额 3010 万元。1999 年新增产值 1000 万元,利润 145 万元,税金 88 万元。

④塑料瓶输液生产线改造,该项目由于本公司的分公司-哈尔滨制药三厂产品市场销售一直处于供不应求的局面,生产能力已经饱和,同时受场地变化等因素的影响,尚 未开工。目前哈尔滨制药三厂正在进行生产场地的异地改造,该项目的前期准备工作 已基本就绪,预计将在 2000 年内全部实施完毕。

⑤医药公司经营场所改造项目微机连网第一期工程已完成投入运行,十处网点中 已有两处网点投入使用,其他网点改造项目正在实施之中。

⑥制药总厂 150 吨冻干氨苄车间改造项目已于 1999 年上半年建成投产, 本期实现产量 79.10 吨,销售收入 5240 万元,利润 140 万元。

(2)报告期内非募集资金使用情况

本报告期内哈尔滨制药总厂污水治理工程开工建设,该项目总投资 7715 万元,本报告期完成投资 1071 万元,其中,综合处理间及泵房、加药间基础已完成,初沉间主体达 到封闭。该项目将对完善和巩固抗生素生产基地的现有优势和与国际接轨产生巨大作用。

4、宏观政策及经营环境的变化对公司生产经营方面的影响。

随着中国加入世界贸易组织日期的临近, 中国医药行业也将直接面临"入世"所带 来的机遇和挑战。从本公司的实际情况看,与国际市场接轨,在技术水平、产品市场竞争能力和知识产权等方面并不存在明显优势;但"入世"后进口原材料价格将随着关税 的降低而下降,产品生产成本将随之下降,出口市场将进一步扩大,另外,公司名牌中成药的生产能力较强,技术水平在国内也较高,特别是"双黄连粉针"、"世一堂"牌中成药等均属于国家重点保护的产品,其市场开发和销售的空间巨大。总体上看,"入世"对本公司的生产经营方面利大于弊,公司还将进一步制定相应措施,为迎接新千年和"入世"做好各项准备工作。

另外,目前国内 OTC 市场的发展速度正在逐渐加快,如何充分利用 OTC 市场的巨大潜力,将医药工业和商业流通、传统中成药和西药有机的结合起来已经是医药工业企业 面临的重要课题。针对这种情况,公司提出选准目标市场、策划产品营销、扩大连锁 经营、推行总代总销、建立工商一体化的全方位备战 OTC 市场的经营思路,既强化了国内大中城市的市场份额,又率先向前景广阔的农村市场渗透,为公司在激烈的市场竞争中取得了先入为主的有利条件。

5、新年度业务发展计划

2000 年公司将继续贯彻"精干主业,优化副业,收拢五指,形成拳头,调整经济结构,发展规模经济"的战略思想,围绕经济效益"的,坚持创新思维,推动资产整合、结构调整营销策划、企业文化五大发展战略的实施,实现公司跨跃式发展的目标。

(1)坚持资源合理优化配置,推动资产整合战略的实施。按着合理配置,内部先行的原则,有效实施资源整合,在媒介宣传、市场牵动、生产放大等方面真正实现资源共享。同时,加大对外引资、联合、收购、重组的力度,努力创造更多的发展机遇。

(2)继续开拓营销工作的新思路,向规模经营要效益。一是以公司更名为契机,实施品牌整合,形成营销整体优势。二是运用广告策略,放大单品种规模。三是强化区域目标定位,28 个优势品种总销售额超上年 10%以上。四是新产品销售额比上年增销 5%以上。

(3)加快技改步伐,推动结构升级。2000 年起,公司将围绕"六大基地"建设展开第二轮技术改造。继续全力抓好中药粉针等配股项目及年产 200 吨 7-ACA 等 10 个项目的实施。抓好制药三厂异地改造、制药六厂片剂、胶囊等新开工项目的推进,进而提高竞争 实力和后劲。

(4)实施产品创新,培育企业的核心能力。一是 13 个新立项品种要加速报批,8 个待 批品种力争年内拿到批文。二是提高青霉素产率等 13 项重点技改攻关项目及 6 个引进 和自研项目的技术改造,力争年内全部实施见效。三是适应 OTC 市场的变化,进一步采 用新型制剂技术,加速剂型的转化。

(5)全面启动整体形象策划工作。通过 CI 导入,确立公司产品、服务和品牌的一致 性,促进整体优势的发挥。

(6)推进公司集团化经营战略的实施。通过有效的改组和整合,进一步提高产品的 集中度和集约化程度,在公司内部形成科工贸一体化为基本脉络的具有较强专业化分 工合作的格局,培育能参与国际市场竞争的精锐企业,进而促进哈药集团大医药格局的形成。

6、董事会日常工作情况

(1)报告期内董事会的会议情况及决议内容

①公司于 1999 年 2 月 11 日召开二届八次董事会会议,审议并通过了闫喜绵、陈永祯先生因退休,不再担任公司董事的议案。

本次董事会决议刊登在 1999 年 2 月 13 日的《上海证券报》和《中国证券报》上。

②公司于 1999 年 4 月 22 日召开二届九次董事会会议,审议并通过了:公司 1998 年年 报正本及摘要;1998 年度利润分配预案;补选公司董事的预案;修改公司章程的预案;关于召开 1998 年度股东大会的议案。本次董事会决议刊登在 1999 年 4 月 23 日的《上海证 券报》和《中国证券报》上。

③公司于 1999 年 7 月 26 日召开二届十次董事会会议,审议并通过了 1999 年度中期报告;1999 年度中期利润分配方案。本次董事经峋鲜榭▮窃 1999 年 7 月 27 日的《上海证券报》和《中国证券报》上。

④公司于 1999 年 12 月 27 日召开二届十一次董事会会议,审议并通过了 2000 年生产 经营计划草案。

(2)报告期内公司未进行利润分配,也未进行资本公积金转增股本。1999 年 3 月 8 日 实施了增资配股,按 1997 年末总股本以 10:3 的比例向全体股东配股,配股价格为每股 4.80 元。其中国家股股东以原评估确认后的哈尔滨制药厂分厂和哈尔滨中药三厂综合制剂大楼的净资产合计 39156890.88 元参与配股,共配股份 8157686 股,其余部分放弃;国 家股转配股部分股东承诺放弃本次转配股应配股份 2838229 股,故转配股本次实际配股数量为 3162771 股。

7、管理层及员工情况

(1)董事、监事及高级管理人员情况

姓名	性别	年龄	任期起止日期	年初持股(股)	本期增加(股)	年末持股(股)
刘存周	男	56	1997.4-2000.4	5756	1727	7483
郝伟哲	男	48	1998.8-2000.4	0	0	0
孙树林	男	51	1999.5-2000.4	0	0	0
姜　路	男	53	1997.4-2000.4	8635	2591	11226
刘　永	女	47	1999.5-2000.4	0	0	0
吴志军	男	43	1999.5-2000.4	0	0	0
杨忠臣	男	59	1997.4-2000.4	0	0	0
徐效鹏	男	51	1999.5-2000.4	0	0	0
姜林奎	男	39	1997.4-2000.4	0	0	0
李作文	男	54	1997.4-2000.4	0	0	0
汪兆金	男	53	1997.4-2000.4	0	0	0
刘　巍	男	46	1997.4-2000.4	0	0	0
冷国庆	男	45	1997.4-2000.4	0	0	0
张利君	男	43	1997.4-2000.4	52	0	52
李淑琦	女	50	1997.4-2000.4	0	0	0
金乃晶	女	53	1997.4-2000.4	0	0	0
阎青贤	女	56	1997.4-2000.4	0	0	0
林本松	男	36		0	0	0
于国英	女	47		0	0	0

本报告期内,公司于 1999 年 5 月 26 日召开 1998 年度股东大会,同意闫喜绵、陈永祯 先生退休,不再担任公司董事职务。

公司董事、监事及高级管理人员年度报酬总额在 10 万元以上的有 3 人,在 8-10 万元之间的有 6 人,在 5-8 万元之间的有 4 人,5 万元以下的有 6 人。

8、本次利润分配预案或资本公积金转增股本预案。

根据哈尔滨祥源会计师事务所出具的审计报告, 本公司 1999 年度实现净利润 157,914,372.45 元,提取 10%的法定公积金 16,064,495.59 元,提取 10%的法定公益金 15,807,324.52 元,提取职工奖励及福利基金(子公司)156,370.87 元,提取 45%的任意盈余公积金 71,132,960.29 元;加年初未分配利润 28,412,917.66 元,本年度可供股东分配的利润为 83,166,138.84 元。公司董事会决定以公司目前的总股本 450860357 股计算,每 10 股派 发现金红利 1.20 元(含税),共计 54,103,242.84 元,剩余未分配利润 29,062,896 元,结转以后年度分配。

六、监事会报告

1、本报告期内公司共召开如下两次监事会会议:

1999 年 4 月 27 日召开的二届五次监事会会议,议题是:综合分析 1998 年年度报告;审议公司 1998 年度财务状况和资产保值增值情况。

1999 年 12 月 28 日召开的二届六次监事会会议,议题是:评价 1999 年度总经理经营业绩;审议公司 2000 年生产经营计划。

2、监事会认为,公司已经建立起了较为完善的内部控制制度,公司董事、经理在 执行职务时无违反法律、法规、公司章程或损害公司利益的行为。

3、监事会认为,哈尔滨祥源会计师事务所出具的审计报告真实地反映了公司的财务状况和经营成果。目前公司的财务状况良好,参与市场竞争和抵御风险的能力都较 以前年度有所提高。

4、公司于 1999 年 3 月实施了增资配股,监事会认为,本次配股募集资金所投入的项目对公司加快技术改造,提高产品的科技含量,增强产品的市场竞争能力等方面具有十分重大的意义。目前,配股募集资金均按照《配股说明书》所承诺投资项目投入使用,有些项目已达产见效,其它项目进展顺利。

5、监事会认为,公司的关联交易完全履行了公平交易的原则,没有损害上市公司 的利益,也没有侵害全体股东利益的情况发生。

七、重要事项

1、重大诉讼、仲裁事项

本公司 1999 年度中期披露的公司所属哈尔滨药材分公司与哈尔滨百货大楼合作建房、侵权纠纷一案,于 1999 年下半年接到中华人民共和国最高人民法院判决(此判决为终审判决),以哈尔滨药材分公司胜诉为审判结果。哈尔滨百货大楼向哈尔滨药材分公司赔偿人民币 6,523,606.33 元。目前该案正在执行中。

2、本报告期内公司董事、监事及高级管理人员未曾受到监管部门的处罚。

3、本报告期内,公司未发生控股股东变更、董事会换届、改选或半数以上人员变动,也未发生总经理变动及解聘、新聘董事秘书的情况。

4、本报告期内,公司于 1999 年 3 月按照 1997 年末的总股本实施了增资配股,其中国家股股东以经评估确认后的哈尔滨制药厂分厂和哈尔滨中药三厂综合制剂大楼净资产合计 39,156,890.88 元参与配股,上述两块资产财务状况良好,经营情况正常,1999 年实现利润 302.9 万元,占公司利润总额的 1.4%。

5、重大关联交易事项

本公司与控股股东哈药集团有限公司关联往来主要是: 其他应收款 (哈药集团有限公司) 95285761.10 元和其他应付款(哈药集团有限公司)18318715.02 元,产生的原因系本公司各分公司与哈药集团有限公司之间发生的往来款;其他长期负债(哈药集团有限公司)85925311.97 元,系本公司 1998 年收购哈尔滨制药二厂的应付收购企业款。

6、上市公司与控股股东在人员、资产、财务上的"三分开"情况

公司与控股股东单位之间已经在资产、财务方面实现分立,在人员方面尚未彻底 分开。目前,此项工作正抓紧酝酿,力争尽早完善和规范,彻底实现公司与控股股东单 位在资产、财务、人员方面的"三分开"。

7、本报告期内公司未发生聘任、解聘会计师事务所的情况,公司续聘的"哈尔滨 会计师事务所"在本报告期内更名为"哈尔滨祥源会计师事务所"。

8、本公司报告期内无重大合同担保事项

9、本报告期内,公司未发生更改名称或股票简称的情况。

10、本报告期内,公司未发生《证券法》第六十二条、《股票条例》第六十条和《信息细则》第十七条所列举的重大事件,以及公司董事会判断为重大事件的事项。

八、财务报告

审 计 报 告

哈祥源上市审字(2000)第 016 号

哈药集团股份有限公司全体股东:

我们接受委托, 审计了贵公司 1999 年 12 月 31 日母公司及合并的资产负债表、1999 年度母公司及合并的利润及利润分配表和现金流量表。这些会计报表由贵公司负责, 我们的责任是对这些会计报表发表审计意见。我们的审计是依据《中国注册会计师独立审计准则》进行的。在审计过程中,我们结合贵公司实际情况,实施了包括抽查会计记录等我们认为必要的审计程序。

我们认为,上述会计报表符合《企业会计准则》和《股份有限公司会计制度》的 有关规定,在所有重大方面公允地反映了贵公司 1999 年 12 月 31 日的财务状况及 1999 年 度经营成果和现金流量情况,会计处理方法的选用遵守了一贯性原则。

哈尔滨祥源会计师事务所　　中国注册会计师:李岩青

中国 哈尔滨　　中国注册会计师:毕雅娟

二 000 年四月十八日

地 址:哈尔滨市道里区东安街 5 号

电 话:(0451)4642285 4642253

传 真:(0451)4642213

会计报表附注

一、公司简介

哈药集团股份有限公司是 1991 年 12 月 28 日经哈尔滨市经济体制改革委员会哈体改发(1991) 39 号文批准, 由原"哈尔滨医药集团股份有限公司"分立而成的股份有限公司,1993 年 6 月在上海证券交易所上市,注册资本 252,640,000.00 元;1997 年 4 月按 10:3 比例向全体股东派送红股,送股后注册资本 328,432,000.00 元;1997 年 7 月以 10:2.3 比例配 股,配股后注册资本 383,415,000.00 元;

1999 年 1 月中国证券监督管理委员会以证监公司字[1999]6 号文批准哈药配股方案:集团公司将全资子公司哈尔滨制药分厂(现已改名为哈尔滨制药总厂制剂厂)整体资 产及全资子公司哈尔滨中药三厂综合制剂大楼参与本次配股。配股后注册资本 450,860,357.00 元,其中:国家股 184,489,686.00 元,国家股转配 23,162,771.00 元,社会公众 股 243,207,900.00 元。

公司由哈尔滨制药总厂等十一家分公司组成。公司主要生产抗生素、中药粉针剂、滋补保健品、高档中成药、生物工程药品等五大系列产品计 700 多个品种,是黑龙江省医药行业的排头兵,全国特大型企业之一。

公司 2000 年 3 月 24 日更名为"哈药集团股份有限公司"。

二、公司主要会计政策、会计估计和合并会计报表的编制方法

1、会计制度

执行《股份有限公司会计制度》及其补充规定。

2、会计年度

公历1月1日至12月31日。

3、记帐本位币

采用人民币为记帐本位币。

4、记帐基础和计价原则

以权责发生制为记帐基础,以历史成本为计价原则。

5、外币业务核算方法

会计年度内涉及外币的经济业务,按发生当月初中国人民银行公布的市场汇价中 间价折合人民币入帐。月末将外币帐户余额按月末市场汇价中间价进行调整,发生的 差额,与购建固定资产有关的予以资本化,属于筹建期间的计入开办费,属于生产经营 期的计入当期费用。

6、现金等价物的确定标准

凡同时具备期限短(从购买日起,三个月内到期)、流动性强、易于转换为已知金 额的现金、价值变动风险很小等四个条件的投资确认为现金等价物。本年无现金等价物。

7、坏帐核算方法

(1)坏帐确认标准:因债务人破产或者死亡,以其破产财产或者遗产清偿后,仍然 无法收回的款项;债务人逾期未履行其偿债义务且有明显特征表明确实无法收回的款 项。

(2)坏帐核算方法:母公司采用备抵法。本公司原按资产负债表期末应收帐款余额5‰计提坏帐准备,现根据董事会决议,调整为应收款项(包括应收帐款和其他应收款) 按帐龄分析法计提坏帐准备,并计入当年损益,计提比例如下:

一年以内	5%
1~2年	10%
2~3年	30%
3~4年	50%
4~5年	80%
5年以上	100%

纳入合并会计报表范围的三家子公司为外商投资企业,采用"直接转销法"核销坏 帐。

8、存货核算方法

(1)存货的分类:存货包括在生产经营过程中为销售或耗用而储备的原材料、低值易耗品、在产品、库存商品、产成品等。

(2)存货的计价方法:医药工业采用计划成本法核算库存材料和低值易耗品,月终 摊销材料成本差异,将计划成本调整为实际成本,产成品发出采用加权平均法计价;医 药商业批发企业商品批发按进价核算,商品的发出按毛利率计算已销商品的销售成本,零售企业商品按售价核算,平时按售价结转成本,月终按差价率计算分摊已销商品的进销差价。

(3) 低值易耗品摊销方法:采用五五摊销法。

(4)存货跌价准备确认标准和计提方法:根据董事会决议,本公司的期末存货按成 本与可变现净值孰低计价。

9、长期投资核算方法

(1)长期股权投资的计价及收益的确认:按实际支付的价款入帐。公司对被投资单位无控制、无共同控制或无重大影响的长期股权投资,采用成本法核算;对被投资单位具有控制、共同控制或重大影响的长期股权投资,采用权益法核算。

(2)股权投资差额的摊销方法:采用权益法核算时,长期股权投资取得成本与其在 被投资单位所有者权益中所占份额之间的差额,计入股权投资差额,并按10年平均摊销,计入损益。本年无股权投资差额。

(3)长期债权投资的计价及收益的确认:按取得时实际支付的全部价款(扣除支付 的税金、手续费等各项附加费用)扣除实际支付的分期付息债券价款中包含的已到期 尚未领取的债券利息后的余额作为实际成本记帐,并按权责发生制原则按期计提利息,并入投资收益。

(4)长期债权投资溢价和折价的摊销方法:在债券购入后至到期日止的期间按直线法,于确认相关债券利息收入的同时摊销。

(5)长期投资减值准备的确认及计提方法:根据董事会决议,自1999年1月1日起,本公司对被投资单位由于市价持续下跌或经营经纯韶窕▮仍-因导致其可收回金额低于 长期股权投资的帐面价值,并且这种降低的价值在可预计的未来期间内不可能恢复时,按可收回金额低于长期股权投资帐面价值的差额计提长期投资减值准备,并计入当期 损益。

10、固定资产计价和折旧方法

(1)固定资产的计价:按实际成本或重置成本计价。

(2)固定资产的确认标准:使用期限超过一年的房屋、建筑物、机器、机械、运输工具以及其他与生产经营有关的设备、器具、工具等资产;不属于生产经营主要设备 的物品,单位价值在2000元以上,并且使用期限超过两年的,也作为固定资产。

(3)固定资产折旧方法:采用平均年限法(其中:所属分公司哈尔滨制药六厂、哈 尔滨中药二厂和哈尔滨世一堂制药厂生产设备采用双倍余额递减法)。按各类固定资 产的估计经济使用年限和预计净残值率(原值的3%~5%),确定折旧率如下:

固定资产类别	估计经济使用年限	年折旧率(%)
房屋及建筑物	15-40年	2.38-6.33
通用设备	10-15年	6.33-9.50
专用设备	5-10年	9.50-19.00
运输工具	7-10年	9.50-13.57
其 他	5-25年	3.80-19.00

11、在建工程核算方法

(1)在建工程的计价:按各项工程实际发生额核算。

(2)利息资本化:在建筑期或安装期内为该工程所发生的借款利息支出计入该工程成本。待在建工程完工验收合格正式投产转入固定资产后发生的借款利息支出计入当期损益。

12、无形资产计价及摊销方法

(1)无形资产的计价:按取得时的实际成本计价。

(2)无形资产的摊销:按受益期限采用"直线法"摊销。

13、开办费、长期待摊费用摊销方法

(1)开办费、长期待摊费用的计价:按发生的实际成本计价。

(2)开办费、长期待摊费用的摊销:开办费从开始生产经营的当月起,在5年内平均摊销;长期待摊费用区别不同项目分别按其受益期限采用"直线法"摊销。

14、收入确认原则

公司已将商品所有权上的重要风险和报酬转移给买方,公司不再对该商品实施继 续管理权和实际控制权,相关的收入已经收到或取得了收款的证据,并且与销售该商 品有关的成本能够可靠地计量时,确认收入的实现。

15、所得税的会计处理方法采用应付税款法。

16、合并会计报表的编制方法

根据财政部财会字(1995)11号《关于印发<合并会计报表暂行规定>的通知》等文件规定,以母公司和纳入合并范围的子公司的会计报表以及其他有关资料为依据,合并各项目数额编制而成。公司的重大内部交易、资金往来和内部销售均已在合并时抵销。

17、本年度会计政策、会计估计的变更及影响

公司根据财政部财会字[1999]35号《关于印发〈股份有限公司会计制度有关会计处理问题补充规定〉的通知》及财政部财会字[1999]49号《关于印发〈股份有限公司会计制度有关会计处理问题补充规定问题解答〉的通知》的有关规定。公司本年度对短期投资跌价准备、坏帐准备和存货跌价准备会计政策变更已采用追溯调整法调整了1999年度会计报表相关项目的年初数和上年实际数。上述会计政策变更对以前年度净利润的累计影响数为215,153,383.41元,其中,因坏帐准备计提方法变更的累计影响数为156,979,534.55元,存货计价方法变更的累计影响数为58,173,848.86元。上述累计影响数,调减了1998年度净利润35713,646.84元,调减了1999年年初留存收益215,153,383.41元,其中,盈余公积调减133,377,667.72元,年初未分配利润调减81,775,715.69元。

三、主要税项

(1) 工业企业按销售额的17%计算增值税;

(2)商业企业药材类按销售额的13%计算增值税,成药类按销售额的17%计算增值税;其他按营业额的5%计算营业税;

(3) 按增值税、营业税的7%计算城建税,4%计算教育费附加;

(4)根据哈尔滨市人民政府哈政文(1993)11号文件按15%的税率计算所得税;

(5)合并会计报表的三个子公司均为外商投资企业,按销售额的17%计算增值税,按应纳税所得额的12%、24%、30%计算所得税。

四、控股子公司及合营企业

企业名称	注册资本(元)	经营范围	母公司投资额	母公司占权益比例	是否合并
哈尔滨加滨药业有限公司	5,073,000	医药生产销售	2,776,800	54.7%	是
哈尔滨环球塑胶制品有限公司	802,400	胶针生产销售	481,400	60.0%	是
哈尔滨天利天然补品有限公司	2,491,000	人参茶系列补品	1,431,000	57.4%	是
哈尔滨大中世一药业有限公司	2,750,000	中西成药生产销售	1,375,000	50.0%	否
哈尔滨康福药业有限公司	2,454,400	中西药制剂生产销售	1,227,200	50.0%	否
哈尔滨瑞欣化妆品有限公司	1,046,000	保健化妆品生产销售	523,000	50.0%	否

本期合并会计报表范围未发生变化;本公司无境外子公司。

九、关联方关系及其交易

(1) 存在控制关系的关联方

企业名称	注册地	主营业务	与本企业关系	经济性质或类型	法定代表人
哈药集团有限公司	哈尔滨	医药制造、医药商业医药技术咨询、服务	母公司	国有独资	刘存周
哈尔滨加滨药业有限公司	哈尔滨	医药生产、销售	子公司	中外合资	姜林奎
哈尔滨环球塑胶制品有限公司	哈尔滨	胶针生产、销售	子公司	中外合资	张利君
哈尔滨天利天然补品有限公司	哈尔滨	人参茶系列补品	子公司	中外合资	刘 巍

(2)存在控制关系的关联方的注册资本及其变化

企业名称	期初数	本期增加数	本期减少数	期末数
哈药集团有限公司	436813000.00	–	–	436813000.00
哈尔滨加滨药业有限公司	5073000.00	–	–	5073000.00
哈尔滨环球塑胶制品有限公司	802400.00	–	–	802400.00
哈尔滨天利天然补品有限公司	2491000.00	–	–	2491000.00

(3)存在控制关系的关联方所持股份或权益及其变化

企业名称	期初数 金额	期初数 %	本期增加 金额	本期增加 %	本期减少 金额	本期减少 %	期末数 金额	期末数 %
哈药集团有限公司	176332000.00	45.99	8157686.00	12.10	–		184489686.00	40.92
哈加滨药业有限公司	3096140.39	54.7	246997.39	54.7	–		3343137.78	54.7
哈环球塑胶制品有限公司	517565.39	60			1423.93	60	516141.46	60
哈天利天然补品有限公司	1576992.23	57.4	13212.36	57.4	–		1590204.59	57.4
合 计	181522698.01		8417895.75		1423.93		189939169.83	

(4)不存在控制关系的关联方关系的性质

企业名称	与本企业的关系
哈尔滨千手佛实业公司	属于同一母公司
哈尔滨医药供销总公司	属于同一母公司
哈尔滨中药一厂	属于同一母公司
哈尔滨中药三厂	属于同一母公司
哈尔滨健尔药业公司	属于同一母公司
哈尔滨生物药品公司	属于同一母公司
哈尔滨亚兴工程实业公司	属于同一母公司

(5)关联往来

a:应收帐款

单位名称	期初数	期末数
哈药集团有限公司	267438.34	–
哈尔滨医药供销总公司	2616044.05	514821.13
哈尔滨亚兴实业总公司	–	60000.00
哈尔滨健尔药业公司	–	211561.51
合 计	2883482.39	786382.64

b:其他应收款

单位名称	期初数	期末数
哈尔滨千手佛实业公司	53875213.40	410000.00
哈药集团有限公司	26292772.20	95285761.10
哈尔滨中药一厂	6627436.27	–
哈尔滨生物药品公司	12092173.29	–
哈尔滨医药供销公司	–	500000.00
合 计	98887595.16	96195761.10

c:预付帐款

单位名称	期初数	期末数
哈尔滨医药供销公司	–	2830.70
哈尔滨中药一厂	–	17784.00
哈尔滨中药三厂	–	2052.00
合 计	–	22666.70

d:应付帐款

单位名称	期初数	期末数

单位名称	期初数	期末数
哈尔滨中药三厂	-	3045.50

e:其它应付款

单位名称	期初数	期末数
哈药集团有限公司	50918094.66	18318715.02
哈尔滨亚兴工程实业公司	2361740.68	2361740.68
哈尔滨生物药品公司	9666211.89	700000.00
合 计	62946047.23	21380455.70

f:预收帐款

单位名称	期初数	期末数
哈尔滨千手佛实业公司	-	10310.00

g:其他长期负债-专项应付款

单位名称	期初数	期末数
哈药集团有限公司	85925311.97	85925311.97

十、或有事项

本公司1999年度中期披露的所属哈尔滨药材分公司与哈尔滨百货大楼合作建房、侵权纠纷一案,于1999年下半年接到中华人民共和国最高人民法院判决(此判决为终审判决),以哈尔滨药材分公司胜诉为审判结果。哈尔滨百货大楼向哈尔滨药材分公司赔偿人民币6,523,606.33元。目前该案正在执行之中。

十一、承诺事项

截止1999年12月31日本公司无承诺事项。

十二、资产负债表日后事项中的非调整事项

2000年3月24日本公司改名为"哈药集团股份有限公司"。

十三、债务重组事项

截止1999年12月31日本公司无债务重组事项。

十四、其他重要事项

根据2000年4月18日二届十五次董事会预案,按税后利润的10%提取法定盈余公积 金,10%提取公益金,45%提取任意盈余公积金,按每股0.12元(含税)分配普通股股利,剩余未分配利润本年暂不分配。

九、其他有关部门资料

1、公司首次登记注册日期:1991年12月28日

注册登记地点:哈尔滨市道里区工厂街94号

2、企业法人营业执照注册号:2301001000360

3、税务登记号码:

国税登记号:230102128175037

地税登记号:017010034

4、公司未流通股票的托管机构名称:

上海证券中央登记结算公司

5、公司聘请的会计师事务所名称:哈尔滨祥源会计师事务所

办公地址:哈尔滨市道里区公安街4号

十、备查文件目录

1、载有法定代表人、主管会计工作负责人、会计机构负责人签名盖章的会计报 表。

2、载有会计师事务所盖章、注册会计师签名并盖章的审计报告原件。

3、报告期内在中国证监会指定报纸上公开披露的所有公司文件的正本及公告原 稿。

哈药集团股份有限公司董事会

二〇〇〇年四月十八日

资产负债表

编制单位:哈药集团股份有限公司 1999年12月31日 单位:(人民币)元

	期末数		期初数	
	合并	母公司	合并	母公司
流动资产:				
货币资金	499827478.48	498579740.32	186290760.74	184667994.84
短期投资				
减:短期投资跌价准备				
短期投资净额				
应收票据	8957242.00	8957242.00	2295965.00	2295965.00
应收股利		1565395.77		211771.64
应收利息				
应收帐款	870713461.90	856928767.80	636004817.38	615110206.07
其他应收款	492652951.24	491108948.54	311034834.79	308777614.35
减:坏帐准备	187590484.17	186000280.96	160055085.58	158766797.96
应收款项净额	1175775928.97	1162037435.38	786984566.59	765121022.46
预付帐款	173869937.96	173869937.96	88904112.25	88904112.25
应收补贴款				
存货	1129261213.79	1120692988.15	1004535767.74	998514142.73
减:存货跌价准备	76543816.57	76543816.57	58173848.86	58173848.86
存货净额	1052717397.22	1044149171.58	946361918.88	940340293.87
待摊费用	15875976.09	15854039.15	23025581.35	23012248.55
待处理流动资产净损失				
一年内到期的长期债券投资	963859.00	963859.00	1163196.00	1163196.00
其他流动资产				
流动资产合计	2927987819.72	2905976821.16	2035026100.81	2005716604.61
长期投资:				
长期股权投资	2213106.64	7662590.47	2197388.49	7391085.18
长期债权投资	66000.00	66000.00	120400.00	120400.00
长期投资合计	2279106.64	7728590.47	2317788.49	7511485.18
其中:合并价差				
减:长期投资减值准备				
长期投资净额	2279106.64	7728590.47	2317788.49	7511485.18
固定资产:				
固定资产原价	1842957697.68	1836227040.02	1650144451.43	1643605384.54
减:累计折旧	616772278.61	613258554.14	469997100.64	466941845.27
固定资产净值	1226185419.07	1222968485.88	1180147350.79	1176663539.27
工程物资	4273013.17	4273013.17	7138172.68	7138172.68
在建工程	158132096.26	158132096.26	75482144.65	75482144.65
固定资产清理				
待处理固定资产净损失				
固定资产合计	1388590528.50	1385373595.31	1262767668.12	1259283856.60
无形资产及其他资产:				
无形资产	88714154.21	88265053.05	94294330.06	93758449.66
开办费	802041.60	802041.60	748423.96	748423.96
长期待摊费用	6307772.33	6304136.33	5096844.81	5091390.81
其他长期资产				
无形资产及其他资产合计	95823968.14	95371230.98	100139598.83	99598264.43
递延税项:				
递延税款借项				
资产总计	4414681423.00	4394450237.92	3400251156.25	3372110210.82
流动负债:				
短期借款	678601097.00	670701097.00	920653457.00	912753457.00
应付票据			1090000.00	1090000.00
应付帐款	605335980.95	598728802.49	415349290.21	400105320.77
预收帐款	391443532.50	391443532.50	125649414.80	125649414.80
代销商品款	617456.11	617456.11		
应付工资	330880725.63	329881495.02	125473452.76	124781463.38
应付福利费	22108687.66	22108687.66	12050291.12	11868312.31
应付股利	56246117.13	54103242.84	1325516.60	
应交税金	95157919.61	95547833.11	1771770.71	2227052.47
其他应交款	3486750.15	3447335.27	351853.00	351853.00
其他应付款	266728853.48	266721994.32	298808580.45	298585573.25
预提费用	1700.00	1700.00	352700.00	352700.00
一年内到期的长期负债	159980146.83	159980146.83	127581828.34	127581828.34
其他流动负债				
流动负债合计	2610588967.05	2593283323.15	2030458154.99	2005346975.32
长期负债:				
长期借款	237590000.00	237590000.00	225700000.00	225700000.00
应付债券				
长期应付款			165134.50	165134.50
住房周转金	3936939.94	3936939.94	1193875.29	1193875.29
其他长期负债	86422633.71	85925311.97	86422633.71	85925311.97
长期负债合计	327949573.65	327452251.91	313481643.50	312984321.76
递延税项:				
递延税款贷项				
负债合计	2938538540.70	2920735575.06	2343939798.49	2318331297.08
少数股东权益	4287530.55		4076511.63	
股东权益:				
股本	450860357.00	450860357.00	383415000.00	383415000.00
资本公积	585845113.76	585845113.76	337324723.88	337324723.88
盈余公积	406086984.99	406396428.26	303082204.59	303648818.93
其中:公益金	70371624.72	70500453.51	54564300.20	54693128.99
未分配利润	29062896.00	30612763.84	28412917.66	29390370.93
外币报表折算差额				
股东权益合计	1471855351.75	1473714662.86	1052234846.13	1053778913.74
负债和股东权益总计	4414681423.00	4394450237.92	3400251156.25	3372110210.82

利润及利润分配表

编制单位:哈药集团股份有限公司 1999年度 单位:(人民币)元

	本年数		上年数	
项 目	合并	母公司	合并	母公司
一、主营业务收入	4486974024.44	4458242654.09	2924757951.92	2899262938.80
减:折扣与折让				
主营业务收入净额	4486974024.44	4458242654.09	2924757951.92	2899262938.80
减:主营业务成本	2774930828.55	2761065116.26	2189863880.78	2173243419.11
主营业务税金及附加	37464949.38	37464949.38	18133634.90	18133634.90
二、主营业务利润	1674578246.51	1659712588.45	716760436.24	707885884.79
加:其他业务利润	1799276.36	1802723.72	6568266.54	6566280.13
减:存货跌价损失	20036200.12	20036200.12	9272732.65	9272732.65
营业费用	826247628.93	816459467.53	203427380.72	196887907.84
管理费用	579163712.44	578357234.06	297245256.00	295297284.36
财务费用	35383046.59	34769741.20	96431537.44	95735362.02
三、营业利润	215546934.79	211892669.26	116951795.97	117258878.05
加:投资收益	131540.28	1758906.49	1322148.74	1542957.25
补贴收入	10052000.00	10052000.00		
营业外收入	2302505.26	2144237.52	16099285.05	16049391.93
减:营业外支出	11777783.60	11769952.63	7021031.32	6971158.08
四、利润总额	216255196.73	214077860.64	127352198.44	127880069.15
减:所得税	56999450.52	56004615.56	29566673.12	29469854.85
减:少数股东损益	1341373.76		167715.76	
五、净利润	157914372.45	158073245.08	97617809.56	98410214.30
加:年初未分配利润	28412917.66	29390370.93	777138.02	1835510.91
盈余公积转入				
六、可供分配的利润	186327290.11	187463616.01	98394947.58	100245725.21
减:提取法定盈余公积金	16064495.59	15807324.52	8947956.59	9841021.43
减:提取法定公益金	15807324.52	15807324.52	9841021.43	9841021.43
职工奖励及福利基金	156370.87		19740.48	
七、可供股东分配的利润	154299099.13	155848966.97	79586229.08	80563682.35
减:应付优先股股利				
提取任意盈余公积	71132960.29	71132960.29	51173311.42	51173311.42
应付普通股股利	54103242.84	54103242.84		
转作股本的普通股股利				
八、未分配利润	29062896.00	30612763.84	28412917.66	29390370.93

上海沪昌特殊钢股份有限公司

一、公司简介

1、公司法定中文名称:上海沪昌特殊钢股份有限公司
公司法定英文名称:SHANGHAI HU CHANG SPECIAL STEEL CO.,LTD.
英文缩写:SHC
2、公司法定代表人:乐景彭
3、公司董事会秘书:史美健
董秘授权代表:徐 伟
联系地址:上海市宝杨路 1988 号
电话:(021)56126920
传真:(021)56128176
4、公司注册地址:上海市宝山区同济路 332 号
公司办公地址:上海市宝杨路 1988 号
邮政编码:200940
电子信箱:shcrx @ online.sh.cn
5、公司信息披露报纸名称:《上海证券报》
登载公司年度报告的中国证监会指定国际互联网网址
:http://www.see.com.cn
公司年度报告备置地点:公司总经理办公室
6、公司股票上市交易所:上海证券交易所
股票简称:沪昌特钢
股票代码:600665

二、会计数据和业务数据摘要

1、本年度主要会计数据和业务数据摘要(1999 年度合并报表,单位:元)

利润总额	14957578.07
净利润	11069757.07
扣除非经常性损益的净利润	11017757.07
主营业务利润	47798363.61
其他业务利润	25616042.69
营业利润	10242736.80
投资收益	4070368.71
补贴收入	52000.00
营业外收支净额	592472.56
经营活动产生的现金流量净额	−103219829.22
现金及现金等价物净增加额	−62416480.46

以上"扣除非 x 常性损益的净利润"系"净利润"扣减补贴收入 52,000.00 元后的金额。

2、公司前三年主要会计数据和财务指标(单位:元)

项 目	1999 年	1998 年 调整前	1998 年 调整后	1997 年
主营业务收入	1121260925.10	802992562.39	802992562.39	849492597.27
净利润	11069757.07	51588598.95	31615053.70	92217653.44
总资产	1722305134.62	1708722059.45	1676410621.23	1507407476.96
股东权益	1324226924.83	1344244880.06	1313157167.76	1295145820.04
每股收益(摊薄)	0.0154	0.07	0.04	0.13
每股收益(加权)	0.0154	0.07	0.04	0.17
每股收益(扣除非 x 常性损益后)	0.0153	0.07	0.04	0.13
每股净资产	1.84	1.87	1.82	1.80
调整后每股净资产	1.83	1.83	1.81	1.78
每股经营活动产生的现金流量净额	−0.14	−0.11	−0.14	
净资产收益率摊薄) %	0.836	3.84	2.41	7.12
净资产收益率(加权)%	0.839	3.91	2.42	8.62

注:主要财务指标计算方法:
每股收益=净利润/年度末普通股股份总数
每股净资产=年度末股东权益/年度末普通股股份总数
调整后的每股净资产=(年度末股东收益−三年以上的应收款项净额−待摊费用−待 处理 (流动、固定)资产净损失−开办费−长期待摊费用−住房周转金负数余额)/年度末 普通股股份总数
每股经营活动产生的现金流量净额=经营活动产生的现金流量净额/年度末普通股股份总数
净资产收益率=净利润/年度末股东权益×100%

3、报告期内股东权益变动情况及变化原因 (单位:元)

项 目	股 本	资本公积	盈余公积	其中:(法定公益金)	未分配利润	股东权益合计
期初数	720102101	367530885.33	159605124.72	(40858961.33)	65919056.71	1313157167.76
本期增加	−	−	4165192.64	(1041298.16)	11069757.07	15234949.71
本期减少	−	−		(−)	4165192.64	4165192.64
期末数	720102101	367530885.33	163770317.36	(41900259.49)	72823621.14	1324226924.83

变动原因说明:①本年度股本无变动。资本公积亦无变动。
②盈余公积金增加 4,165,192.64 元,系从税后利润提取法定盈余公积金 10%,法定公益金 10%,以及提取任意盈余公积金 20%。
③公益金增加 1,041,298.16 元,系从税后利润提取法定公益金 10%。
④未分配利润系本年度净利润增加 11,069,757.07 元,提取法定公益金、法定盈余公积金、任意盈余公积金减少 4,165,192.64 元。

三、股本变动及股东情况

2、股东情况介绍
(1)报告期末股东总数:68597 户
(2) 报告期末主要股东持股情况

股 东 名 称	持股数量(万股)	持股比例(%)
①上海五钢有限公司	48270.842	67.03
②上海五钢有限公司	1553.972	2.16
③上海申银万国证券有限公司	1056.000	1.47
④上海市金属材料总公司	284.760	0.40
⑤中国工商银行上海市分行第二营业部	235.800	0.33
⑥中国建设银行上海市分行第二营业部	235.800	0.33
⑦交通银行上海市分行	235.800	0.33
⑧上海汽车工业有限公司	235.800	0.33
⑨上海轴承集团有限公司	188.040	0.26
⑩上海柴油机股份有限公司	168.000	0.23

西南药业股份有限公司

一 、公司简介

1、公司法定中文名称:西南药业股份有限公司
公司英文名称:SOUTHWEST PHARMACEUTICAL CO.,LTD.
公司英文名称缩写:SWP
2、公司法定代表人:张逸屏
3、公司董事会秘书:张新力
授权代表:牟 晓
公司咨询服务机构:公司证券办公室
联系地址:重庆市沙坪坝区天星桥 21 号
电话号码:(023)65313118—5027
传真号码:(023)65311721
4、公司注册及办公地址:重庆市沙坪坝区天星桥 21 号
邮政编码:400038
电子信箱:swpcom@public.cta.cq.cn
5、公司信息披露报纸名称:《中国证券报》、《上海证券报》
公司登载年度报告国际互联网网址:http://www.sse.com.cn
公司年度报告备置地点:公司证券办公室
6、股票上市地:上海证券交易所
股票简称:西南药业
股票代码:600666

二 、会计数据和业务数据摘要

1、本年度财务数据如下: 单位:元

利润总额:	21,215,495.36
净利润:	17,620,616.56
扣除非经营性损益后的净利润:	17,547,725.99
主营业务利润:	93,135,852.18
其他业务利润:	296,818.87
营业利润:	13,539,568.25
投资收益:	7,708,842.28
补贴收入:	
营业外收支净额:	−32,915.17
经营活动产生的现金流量净额:	57,498,319.93
现金及现金等价物净增加额:	40,841,220.86

注:扣除非经营性损益是公司摊销的合并价差,金额为 72,890.57 元。

2、截至报告期末公司前三年的主要会计数据和财务指标 单位:元

项 目	1999 年	1998 年 调整前	1998 年 调整后	1997 年
主营业务收入	285,710,598.22	278,823,207.71	278,823,207.71	235,552,394.75
净利润	17,620,616.56	25,078,611.97	19,293,014.34	32,257,886.87
总资产	357,884,468.16	407,017,570.42	378,223,278.45	331,803,228.11
股东权益	229,789,155.90	255,842,128.61	227,047,836.64	223,644,731.92
每股收益(摊薄)	0.12	0.17	0.13	0.325
每股收益(加权)	0.12	0.17	0.13	0.339
每股净资产	1.54	1.72	1.53	2.25
调整后的每股净资产	1.39	1.61	1.34	2.20
每股经营活动产生的现金流量净额	0.39	0.11	0.11	
净资产收益率(摊薄)	7.67%	9.80%	8.50%	14.42%
净资产收益率(加权)	7.67%	10.46%	8.56%	17.4%

3、股东权益变动情况 单位:元

项目	股本	资本公积	盈余公积
期初数	148,792,973	43,502,672.20	35,849,796.20
本期增加			5,000,398.76
本期减少			7,439,648.65
期末数	148,792,973	43,502,672.20	33,410,546.31

续上表:

项目	其中:法定公益金	未分配利润	股东权益合计
期初数	9,107,810.26	−1,097,604.76	227,047,836.64
本期增加	2,500,199.38	25,060,265.21	30,060,663.97
本期减少		19,879,696.06	27,319,344.71
期末数	11,608,009.64	4,082,964.39	229,789,155.90

变动原因:1、盈余公积、法定公益金增加是报告期按公司章程分别按 10%从税后利润中提 取所致。
2、盈余公积减少是根据 1999 年度利润分配预案:从任意盈余公积中按每 10 股派送 0.5 元现金红利(含税)。
3、未分配利润增加是本年净利润和任意盈余公积转入。减少是根据公司章程提 取盈余公积金、法定公益金及 1999 年度利润分配预案所致。

三 、股东情况介绍

1、股东情况介绍
截止 1999 年 12 月 31 日,公司股东总数为 44282 户。公司无内部职工股。
2、前十名股东持股情况

股东名称	持股数(股)	占总股本比例(%)
重庆市国有资产管理局	83,949,180	56.42
汕头南北制药厂	1,650,000	1.11
煤气二管	362,229	0.24
周 珍	330,000	0.22
南方晓青	203,739	0.14
何锦成	153,000	0.10
新天地产	152,000	0.10
李 勤	148,000	0.10
刘志全	140,000	0.09
杨永中	135,000	0.09

重庆市国有资产管理局代表国家持有 83,949,180 股未上市流通、汕头南北制药厂 持有 1,650,000 股为募集法人股未上市流通。

无锡市太极实业股份有限公司

一、公司简介

1、公司名称:无锡市太极实业股份有限公司
英文名称:WUXI TAIJI INDUSTRY LIMITED CORPORATION
英文缩写:TJ
2、公司法定代表人:李文海
3、公司董事会秘书:朱巨雄
联系地址:无锡市芦村下甸桥南堍
电 话:(0510)5425660 5404840 - -208 传 真:(0510)5423742
电子信箱:tjgf@public1.wx.js.cn
4、公司注册地址:无锡市锡澄路化工桥南
公司办公地址:无锡市芦村下甸桥南堍 邮政编码:214024
电子信箱:tjgf@public1.wx.js.cn
5、公司选定的信息披露报纸名称:上海证券报
登载公司年度报告的中国证监会指定国际互联网网址: http://www.sse.com.cn
公司年度报告备置地点:公司证券部
6、公司股票上市交易所:上海证券交易所
股票简称:太极实业 股票代码:600667

二、会计数据和业务数据摘要

1 、本年度实现的利润总额及构成 (单位:元)

利润总额:	26079148.51
其中: 主营业务利润:	122108836.76
其他业务利润:	406351.32
营业利润:	−24631263.37
投资收益:	12810856.26
补贴收入:	35047964.00
营业外收支净额:	2851591.62
净利润:	19308160.76
扣除非经常性损益后的净利润:	−10482608.64
经营活动产生的现金流量净额:	27239306.47
现金及现金等价物净增加额:	18185251.61

注:扣除非经常性损益项目及金额:
补贴收入: 35047964.00

2、截止报告期末公司前三年主要会计数据和财务指标

指标项目	1999 年	1998 年 调整后	1998 年 调整前	1997 年
(1)主营业务收入(元)	611398292.83	690652738.7	690652738.7	348876750.91
(2)净利润(元)	19308160.76	12508571.12	95072912.77	21856759.86
(3)总资产(元)	2127612605.26	2088211460.96	2183348304.66	1486690877.36
(4)股东权益(元)	936577614.49	921060231.59	1016032383.29	601836292.8
(5)每股收益(摊簿)(元/股)	0.052	0.037	0.284	0.086
(6)每股收益(加权)	0.052	0.042	0.329	0.086
(7)扣除非经常性损益后的每股收益(元/股)	−0.028	−0.113	0.156	
(8) 每股净资产(元/股)	2.54	2.75	3.03	2.36
(9)调整后的每股净资产(元/股)	2.46	2.70	2.98	2.33
(10)每股经营活动产生的现金流量净额(元/股)	0.074	−0.409		
(11)净资产收益率(%)	2.07	1.36	9.36	3.63

注:财务指标计算公式如下:
每股收益=净利润/年度末普通股股份总数
每股净资产=年度末股东权益/年度末普通股股份总数
调整后的每股净资产=(年度末股东权益-三年以上的应收款项净额-待摊费用-待 处理 (流动、固定)资产净损失-开办费-长期待摊费用-住房周转金负数余额)/年度末 普通股股份总数
每股经营活动产生的现金流量净额=经营活动产生的现金流量净额/年度末普通股股份总数
净资产收益率=净利润/年度末股东权益×100%

3.报告期内股东权益变动情况 (单位:元)

项目	股本	资本公积	盈余公积	法定公益金	未分配利润	股东权益合计
期初数	335288528	503740972.89	53886881.47	8405837.45	28143849.23	921060231.59
本期增加	33528853		3206714.94	1068904.98	16101445.82	52837013.76
本期减少			3790777.86	3790777.86	33528853	37319630.86
期末数	368817381	503740972.89	53302818.55	5683964.56	10716442.05	936577614.49

变动原因:
(1) 股本增加:实施每 10 股送 1 股的 1998 年度利润分配方案。
(2) 盈余公积增加:本年度提取的法定公积金和法定公益金。
(3) 盈余公积减少:法定公益金中 3790777.86 万元冲抵住房周转金 。
(4) 法定公益金增加:本年度提取的法定公益金。
(5) 法定公益金减少:冲抵住房周转金。
(6)未分配利润增加:本年度净利润提取法定公积金法定公益金后的未分配利润。
(7)未分配利润减少:实施每 10 股送 1 股的 1998 年度利润分配方案。

三、股本情况介绍

(1)报告期末股东总数:99718 名
(2)主要股东持股情况(1999 年末前十名股东)

股东名称	持股数量(股)	比例(%)	变动情况(股)
无锡纺织控股(集团)公司(代表国家持股)	71128776	19.29	+6466252
无锡市新中业投资开发公司	52709100	14.29	+4791736
中国新技术创业投资公司	45097120	12.23	+4099738
中国烟草物资公司	4710288	1.28	+428208
深圳天骥投资基金	2613600	0.71	+237600
舟山信托	1792499	0.49	已上市流通股
华宝信托	1603995	0.43	已上市流通股
哈里实业	1321300	0.36	已上市流通股
张光富	1250000	0.34	已上市流通股
道里投资	879260	0.24	已上市流通股

注: 变动原因:每 10 股送 1 股

浙江尖峰集团股份有限公司

一、公司简介

1、公司法定中文名称:浙江尖峰集团股份有限公司
英文名称:ZHEJIANG JIANFENG GROUP CO., LTD.(英文缩写:ZJJF)
2、公司法定代表人:杜自弘
3、公司董事会秘书:马 华 授权代表:章文明
联系地址:浙江省金华市婺江东路 88 号
电 话:0579-2326868 转 3907、3917 传 真:0579-2324666
电子信箱:zjjfo@mail.jhptt.zj.cn
4、公司注册地址:浙江省金华市罗店镇
办公地址:浙江省金华市婺江东路 88 号 邮政编码:321000
网 址:http://www.jianfeng.com.cn 电子信箱:zjjfo@mail.jhptt.zj.cn
5、公司选定的信息披露报纸:《上海证券报》
登载公司年报的指定互联网网址:http://www.sse.com.cn
公司年度报告备置地点:浙江省金华市婺江东路 88 号尖峰大厦 907 室
6、公司股票上市地:上海证券交易所
股 票 简 称:尖峰集团 股票代码:600668

二、会计数据和业务数据摘要

1、1999 年度公司实现 :

利润总额	28778579.17 元;
净利润	34083709.29 元;
扣除非经营性损益的净利润	34244322.72 元;
主营业务利润	146161617.81 元;
其他业务利润	2870660.86 元;
营业利润	- 25189525.37 元;
投资收益	54128717.97 元;
补贴收入	2703844.80 元;
营业外收支净额	−2864458.23 元;
经营活动产生的现金流量净额	87269409.85 元;
现金及现金等价物净增加额	18558936.35 元。

说明:"扣除非经常性损益后的净利润"扣除的项目及金额如下:营业外收入 996462.36 元,营业外支出 3860920.59 元,补贴收入 2703844.80 元。

2、主要会计数据和财务指标(单位:万元)

指标项目	1999 年	1998 年 调整前	1998 年 调整后	1997 年 调整前
①主营业务收入	64694.68	61586.17	61586.17	52165.63
②净利润	3408.37	5084.42	2549.13	4088.57
③总资产	138284.62	130883.81	124060.73	97462.53
④股东权益	47789.44	49948.04	43783.04	40805.37
⑤每股收益(元/股)	0.11	0.169	0.08	0.146
⑥每股净资产(元/股)	1.59	1.66	1.46	1.46
⑦调整后的每股净资产(元/股)	1.47	1.56	1.36	1.35
⑧每股经营活动产生的现金流量净额	0.29	0.22	0.22	
⑨净资产收益率(%)	7.13	10.18	5.82	10.02

注:主要财务指标计算公式:
每股收益=净利润/年度末普通股股份总数
每股净资产=年度末股东权益/年度末普通股股份总数
调整后的每股净资产=(年度末股东权益-三年以上的应收款项净额-待摊费用-待 处理 (流动、固定)资产净损失-开办费-长期待摊费用-住房周转金负数余额)/年度末 普通股股份总数
每股经营活动产生的现金流量净额=经营活动产生的现金流量净额/年度末普通股股份总数
净资产收益率=净利润/年度末股东权益× 100%

3、股东权益变动情况

项目	股本	资本公积金	盈余公积金	法定公益金	未分配利润	合计
期初数	300459139	142348926.69	44335167.10	14594971.38	−49312818	437830414
本期增加		6029128.25	1529679.35	509893.12	32554029	40112837
本期减少		48827.43				48827.23
期末数	300459139	148329227.51	45864846.45	15104864.50	−16758788	477894424

注:1、资本公积金增减原因及依据说明:
(1)股本溢价本期增加 13,822.77 元,系联营企业天津天士力制药集团有限公司资 本溢价按本公司投资比例计入额。
(2)国家扶持基金本年增加 5,966,478.05,其中 5,365,341.48 元系联营企业天津天士力制药集团有限公司本年经当地税务部门批准收到的所得税和地方政府拨付的企业发展基金等按本公司投资比例计入额;570,000.00 元系控股子公司浙江尖峰水泥有限 公司环保借款豁免按木公司投资比例计入额;31,136.57 元系控股子公司浙江金华尖峰陶瓷有限公司免征的所得税按本公司投资比例计入。
(3)国家扶持基金本期减少 48,827.43 元,系本期转让了原持有浙江金华黄大仙有限公司的所有股权,原按投资比例计入的该公司资本公积相应转出。
2、盈余公积增加系本年按规定比例提取。
3、法定公益金增加系本年按规定比例提取。
4、未分配利润增加系本年度实现的净利润未予分配所致。

三、股东情况介绍

1、至 1999 年 12 月 31 日止,公司股东总数为 69486 户,其中:国家股股东 1 户,法人股 股东 181 户,转配股股东 15282 户,社会公众股股东 54022 户。
2、前十名股东持股情况。

序号 股东名称	年末持股数(股)	占总股本%
①金华市通济国有资产投资有限公司	95000000	31.62
②金华经济开发区峰联实业公司	20244686	6.74
③深圳天骥投资基金	18000000	5.99
④金华市工联实业公司	14050000	4.70
⑤金华市利民化工厂	9466414	3.15
⑥杭州康和工贸有限公司	5395228	1.80
⑦浙江电力	1314576	0.44
⑧英特电子	1276312	0.42
⑨赤松基金	1200000	0.40
⑩金华玲珑	1174584	0.39

鞍山合成(集团)股份有限公司

一、公司简介

1、公司法定中文名称:鞍山合成(集团)股份有限公司
公司法定英文名称:ANSHAN CO-OPERATI ON(GROUP) CD.,LTD
公司英文缩写:ACOC
2、公司法定代表人:贺殿斌先生
3、公司董事会秘书:迟云岫女士授权代表:齐立新女士
联系地址:中国辽宁省鞍山市铁东区湖南街碧湖园 1-75 号
电话:(0412)5815053　传真:(0412)5816719
电子信箱:stock@ashcjt.com
4、公司注册地址:中国辽宁省鞍山市铁西区柳西街 168 号
公司办公地址:中国辽宁省鞍山市铁东区湖南街碧湖园 1-75 号　邮政编码:114004
公司国际互联网网址:http://www.ashcjt.com
电子信箱:ashc@ashcjt.com
5、公司选定信息披露的报纸:《中国证券报》、《上海证券报》
中国证监会指定登载公司年度报告的网址: http://www.sse.com.cn
公司年度报告备置地点:公司股权事务部
6、公司股票上市交易所:上海证券交易所
股票简称:鞍山合成　股票代码:600669

二、会计数据和业务数据摘要

1、本年度利润总额及构成(合并报表)　单位:人民币元

利润总额:	74,275,932.70
(1)净利润:	39,623,698.33
(2)扣除非经常性损益后的净利润:	1,843,698.33
(3)主营业务利润:	68,318,097.23
(4)其他业务利润:	39,621,796,70
(5)营业利润:	53,692,202.62
(6)投资收益:	−385,984.23
(7)补贴收入:	22,721,351.39
(8)营业外收支净额:	−1,751,637.08
(9)经营活动产生的现金流量净额:	−13,517,460.12
(10)现金及现金等价物净增加额:	−46,008,368.71

注:非经常性损益是控股子公司鞍山市先臻药业有限公司出售"思复胜"药品经 销权所得利润 37,780,000 元。

2、报告期末前三年主要会计数据和财务指标:(合并报表)　单位:人民币元

项目	1999 年度	1998 年度		1997 年度	
		调整前	调整后	调整前	调整后
主营业务收入	220828447.03	261513997.43	261513997.43	169100571.93	169100571.93
净利润	39623698.33	111264241.25	91496336.35	11864403.70	11729514.86
总资产	992996045.32	804353461.27	784392817.72	585932924.46	585798035.62
股东权益(不含少数股东权益)	314197316.13	302645616.84	282747546.12	192925166.96	192790278.12
每股收益	0.17	0.623	0.512	0.089	0.089
加权平均的每股收益	0.19	0.753	0.750	0.089	0.089
扣除非经常性损益的每股收益	0.01	0.24	0.13	0.089	0.089
每股净资产	1.35	1.69	1.58	1.46	1.46
调整后的每股净资产	1.015	1.47	1.44	1.28	1.06
每股经营活动产生的现金流量净额	−0.06	−0.145	−0.145		
净资产收益率(%)	12.61	36.76	32.36	6.15	6.08

注:主要财务指标计算公式如下:
每股收益=净利润/年度末普通股股份总数
每股净资产=年度末股东权益/年度末普通股股份总数
调整后的每股净资产=(年度末股东权益—三年以上的应收款项净额—待摊费用 —待处理(流动、固定)资产净损失—开办费—长期待摊费用—住房周转金负数余额) /年度末普通股股份总数
每股经营活动产生的现金流量净额=经营活动产生的现金流量净额/年度末普通股股份总数
净资产收益率=净利润/年度末股东权益 x100%
加权平均每股收益=净利润/〔期初普通股股数×送股出权日上一月的月份数+期末普通股股数×(12-除权日上一月月份数)〕/12

2、报告期内股东权益变动情况　单位:人民币元

项目	股本	资本公积	盈余公积	法定公益金	未分配利润	股东权益合计
期初数	178592948	39349599.28	23850504.61	5814170.40	40954494.23	282747546.12
本期增加	53577884	793050.40	8951558.62	2434154.84	2973306.69	66295799.71
本期减少		26788942.20	8057087.50			34846029.70
期末数	232170832	13353707.48	24744975.73	8248325.24	43927800.92	314197316.13

变动原因:本期股本变动是因为本年度实施 1998 年度送经股和转增方案,即 10 送 1.5 股及资本公积转增 1.5 股所致。
资本公积金变动主要是由于转增股本而减少所致。
盈余公积金、法定公益金增加是由于从本年度利润中提取所致。
未分配利润及股东权益增加是因为本年度实现利润所致。

三、股东情况介绍

1、本报告期末股东总数为 61,526 户。
2、公司前 10 名股东情况

序号	股东名称	持股数(股)	持股比例(%)
1	鞍山市国有资产管理局	83,522,332	35.97
2	青虹贸易	1,102,984	0.48
3	李勇	531,000	0.23
4	王宗太	520,000	0.22
5	钱兴荣	478,840	0.21
6	沈美坤	461,713	0.20
7	蒋晓林	449,200	0.19
8	曲蓄珍	432,245	0.18
9	尹疆	430,400	0.18
10	周永秀	426,700	0.18

长春高斯达生物科技集团股份有限公司

一、公司简介

1.公司法定名称:长春高斯达生物科技集团股份有限公司
公司英文名称:Changchun Goldenstar Biology Science and Technology Group Co.Ltd.
英文缩写:CCGS
2.公司法定代表人:唐群雁
3.公司董事局秘书:仲 玲
联系地址:长春市解放大路 62 号中吉大厦 2314 号
联系电话:(0431)8931333　传 真:(0431)8931333
4.公司办公地:长春市解放大路 62 号中吉大厦　邮 编:130022
5.公司信息披露报纸名称:《上海证券报》、《中国证券报》
登载公司年度报告的中国证监会指定国际互联网网址:http:www.sse.com.cn
公司年度报告备置地点:董事局秘书处
6.公司股票上市地:上海证券交易所
股票简称:ST 高斯达　股票代码: 600670

二、会计数据和业务数据摘要

1.本年度利润总额及其构成(单位:元)

利润总额	20789028.76
净利润	20789028.76
扣除非经常性损益后的净利润*	−4263224.93
主营业务利润	447028.70
其它业务利润	13718706.58
营业利润	−1817197.38
投资收益	6419020.94
补贴收入	
营业外收支净额	16187205.20
经营活动产生的现金流量净额	−2219310.59
现金及现金等价物净增加额	−5565947.21

扣除项目为:资产处置收益 6,419,020.94 元和债权债务清理收益等 18,633,232.71 元,计 25,052,253.65 元。

2.报告期末公司前三年主要会计数据和财务指标

指标项目	1999 年	1998 年		1997 年	
		调整前	调整后	调整前	调整后
主营业务收入	3109442.19	12526349.04	2680872.58	113816241.45	113816241.45
净利润(元)	20789028.76	1514246.92	3326179.88	−138821241.89	−138821321.19
总资产(元)	254178131.2	339052068.35	249928818.83	321863534.65	321863455.35
股东权益(元)(不含少数股东权益)	119222306.55	91115114.38	98433277.79	90880353.60	90880274.30
每股收益(元/股)	0.148	0.011	0.024	−0.989	−0.990
每股净资产(元)	0.85	0.659	0.701	0.648	0.648
调整后的每股净资产	0.71	0.62	0.63	0.598	0.598
每股经营活动产生的现金流量净额	−0.0158	−0.007	−0.0069		
净资产收益率(%)	17.44	1.66	3.38	−152.75	−152.76

3.报告期内股东权益变动情况

项目	股本	资本公积	盈余公积	法定公益金	未分配利润	股东权益计
期初数	140333684	190512135.39	11427754.73	4005158.90	−243840296.33	98433277.79
本期增加					20789028.77	20789028.77
本期减少						
期末数	140333684	190512135.39	11427754.73	4005158.90	−223051267.56	119222306.56

变动原因:主要是由于 99 年盈利所致。

三、股本变动和主要股东持股情况

1.股本变动情况

	期初数	期末数
(一)尚未流通股份		
(1)国家持股	6038039	6038039
(2)法人持股	48243582	48243582
其中:国有法人股	13170000	13170000
其它法人股	35073582	35073582
小计:	54281621	54281621
(二)已流通股份		
(1)境内上市的人民币普通股	78097983	86052063
(2)内部职工股	7954080	-
已流通股份合计:	86052063	86052063
(三)股份合计:	140333684	140333684

注:本公司 94 年吸收合并辽源一百股份有限公司、四平金龙企业集团有限公司和 浑江五交化股份有限公司而产生的 7,954,080 股内部职工股,经中国证监会批准已于 1999 年 8 月 18 日上市流通。

2.主要股东持股情况
截止 1999 年 12 月 31 日,总股东数 51191 户。前 10 名股东持股情况如下:

股东名称	持股数(股)	持股比例(%)
(1)长春高斯达生化药业集团股份有限公司	23199132	16.54
(2)吉林省国际信托投资有限责任公司	13170000	9.38
(3)辽源市国有资产管理局	6038039	4.3
(4)广州经济技术开发区广开经贸有限公司	2310000	1.65
(5)太原兆和投资发展有限公司	2310000	1.65
(6)深圳鸿基集团股份有限公司	2100000	1.50
(7)深圳市通海生物工程投资股份有限公司	1155000	0.82
(8)吉林省工商银行信托投资股份有限公司白山市办事处	1155000	0.82
(9)深圳百花州实业有限公司	577500	0.41
(10)深圳蛇口旭业投资发展公司	577500	0.41

杭州天目山药业股份有限公司

一、公司简介

1、公司法定中文名称:杭州天目山药业股份有限公司

公司法定英文名称:HANGZHOU TIAN-MU-SHAN PHARMACEUTICAL ENTERPRISE CO., LTD. 公司英文名称缩写:TMSP

2、公司法定代表人 :钱永涛

3、公司董事会秘书 :周群林

联系地址:浙江省临安市锦城镇安阁弄3号

联系电话:0571-3722229 传 真:0571-3715401 电子信箱:tmsp@la.hz.zj.cn

4、公司注册地址:浙江省临安市锦城镇安阁弄3号

公司办公地址:浙江省临安市锦城镇安阁弄3号 邮政编码:311300

公司国际互联网网址:http://www.hztm.com 公司电子信箱:tmsp@la.hz.zj.cn

5、信息披露报纸名称:上海证券报、中国证券报

公司年度报告登载互联网网址:http://www.sse.com.cn

公司年度报告备置地点:浙江省临安市锦城镇安阁弄3号董事会秘书处

6、公司股票上市交易所:上海证券交易所

公司股票简称:天目药业 公司股票代码:600671

二、会计数据和业务数据摘要

1、本年度主要利润指标情况:(单位:人民币元)

利润总额:	17597088.01
净利润:	13861490.10
扣除非经常性损益后的净利润:	11323289.12
主营业务利润:	57226022.03
其他业务利润:	130723.02
营业利润:	15058887.13
投资收益:	477922.70
补贴收入:	5000000.00
营业外收支净额:	-2939721.82
经营活动产生的现金流量净额:	16558124.06
现金及现金等价物净增加额:	

注: 扣除非经营性损益是指公司出让临安手表螺钉厂的净损失4,211,831.33元和 公司获得政府补贴收入500万元。

2、截至报告期末公司前三年主要会计数据和财务指标(合并报表):

序号 项 目	1999年度	1998年度		1997年度	
		调整前	调整后	调整前	调整后
(1) 主营业务收入(万元)	13779.43	12942.53	12942.53	9450.14	9450.14
(2) 净利润(万元)	1386.15	2258.99	2127.64	2110.36	1739.03
(3) 总资产(万元)	32977.79	32301.49	31785.67	29568.94	29290.34
(4) 股东权益(万元)	22765.13	22026.24	21523.56	20982.39	20611.09
(5) 普通股每股收益(元/股)	0.12	0.20	0.19	0.19	0.17
(6) 扣除非经常性损益后普通股每股收益(元/股)	0.11				
(7) 普通股每股净资产(元)	2.02	1.96	1.89	1.86	1.82
(8) 调整后的普通股每股净资产(元)	1.94	1.88	1.81	1.80	1.77
(9) 每股经营活动产生的现金流量净额(元)	0.48	0.02	0.02		
(10)净资产收益率(%)	6.09	10.26	9.89	10.06	8.44

注:(1) 主要财务指标的计算公式:

普通股每股收益=(净利润-优先股股利)/报告期末普通股股份总数

普通股每股净资产=(报告期末股东权益-优先股股利-优先股股本)/报告期末普通股股份总数

调整后的普通股每股净资产=(报告期末股东权益-优先股股利-优先股股本-三年以上的应收款项净额-待摊费用-待处理资产净损失-开办费-长期待摊费用-住房周转金负数余额)/报告期末普通股股份总数

净资产收益率=净利润/报告期末股东权益×100%

每股经营活动产生的现金流量净额=经营活动产生的现金流量净额/年度末普通股股份总数

3、报告期内股东权益变动情况:(金额单位:万元)

项 目	股本	资本公积	盈余公积	法定公益金	未分配利润	股东权益合计
期初数	12177.8628	4999.3606	1853.6440	656.0826	2492.6939	21523.5613
本期增加	0	0	217.1546	72.3848	1386.1490	1603.3036
本期减少	0	0	0	0	361.7395	361.7395
期末数	12177.8628	4999.3606	2070.7986	728.4674	3517.1034	22765.1254

注:(1)盈余公积、法定公益金增加系按公司章程规定计提法定盈余公积和法定公益金所致;

(2)未分配利润增加系公司本年度实现利润所致,减少系提取法定盈余公积和法定公益金以及支付优先股股利所致。

三、股东情况介绍:

1、股东数量:

本报告期末,公司股东总数为15843户。

2、持有本公司5% (含5%)以上股份的股东情况:

(1)杭州天目山药厂是本公司发起人法人股东,持有本公司股份3672.8911万股,本报告期内所持股份未发生变化,无质押和冻结情况。

(2)临安内燃机配件厂是本公司第二大股东,持有本公司股份1517.6万股,本报告 期内所持股份未发生变化,无质押和冻结情况。

3、前10名主要股东的持股情况:(单位:万股)

序号	股 东 名 称	年末持股数	占股份总数比例%	说 明
(1)	杭州天目山药厂	3672.8911	30.16	未上市流通
(2)	临安市内燃机配件厂	1517.6000	12.46	未上市流通
(3)	临安市医药包装用品厂	293.0787	2.41	未上市流通
(4)	杭州临安半唐斋旅游商品有限公司	174.0000	1.43	未上市流通
(5)	深圳天久实业有限公司	174.0000	1.43	未上市流通
(6)	海南若水	104.5972	0.86	流通股份
(7)	吴克海	84.1461	0.69	流通股份
(8)	武仁祥	59.0461	0.49	流通股份
(9)	临安发达	52.1330	0.43	流通股份
(10)	航空信托	51.3993	0.42	流通股份

四川英豪科技教育投资股份有限公司

一、公司简介

一、公司法定中文名称:四川英豪科技教育投资股份有限公司

公司法定英文名称:SICHUANYINGHAOSCIENCE TECHNOLOGY&EDUCATIONINVESTMENTCO.,LTD. 英文缩写:YHSE

二、公司法定代表人:陈忠联先生

三、公司董事会秘书:金楠女士

董事会秘书授权代表:于尹先生

联系地址:四川省广汉市南昌路

电话:0838-5102333 转 68125104776 传真:0838-5104776

四、公司注册地址:四川省广汉市南昌路

公司办公地址:四川省广汉市南昌路 邮政编码:618300

公司国际互联网网址:http://www.600672.com

电子信箱:yhkj@dy-public.sc.cninfo.net

五、公司选定的信息披露报纸名称:《中国证券报》、《上海证券报》

登载公司年度报告的中国证监会指定国际互联网网址:http://www.sse.com.cn

公司年度报告备置地点:公司董事会办公室

六、公司股票上市交易所:上海证券交易所

股票简称:英豪科教 股票代码:600672

二、会计数据和业务数据摘要

一、本年度主要利润指标情况(单位:人民币元)

利润总额:	273,160,294.81
净利润:	242,328,430.82
扣除非经常性损益后的净利润:	231,648,644.89
主营业务利润:	273,406,531.66
其他业务利润:	589,750.96
营业利润:	235,502,778.18
投资收益:	26,977,730.70
补贴收入:	10,826,246.00
营业外收支净额:	-146,460.07
经营活动产生的现金流量净额:	161,130,475.75
现金及现金等价物净增加额:	50,951,433.78

注:扣除的非经常性损益项目和涉及金额:补贴收入10,826,246.00 营业外损益 -146,460.07

二、截止报告期末公司前三年的主要会计数据和财务指标(单位:人民币元):

项目	1999年	1998年		1997年	
		调整前	调整后	调整前	调整后
主营业务收入	695519339.27	435291989.14	435291989.14	139609237.37	139609337.37
净利润	242328430.82	89887986.48	86193617.73	1438625.09	1108801.50
总资产	903831659.90	571600927.95	539146071.28	393937025.35	390152298.93
股东权益(不含少数股东权益)	554113261.13	319260226.73	311784830.31	237643496.71	233853469.04
每股收益	0.88	0.65	0.62		0.01
扣除非经常性损益后的每股收益	0.84		0.59		0.01
每股净资产	2.01	2.32	2.26	1.72	1.70
调整后的每股净资产	1.99	2.26	2.20	1.65	1.65
每股经营活动产生的现金流量净额	0.58		0.12		
净资产收益率(%)	43.73	28.16	27.65	0.61	0.47

注:主要财务指标计算公式:

每股收益=净利润/年度末普通股股份总数

每股净资产=年度末股东权益/年度末普通股股份总数

调整后的每股净资产=(年度末股东权益-三年以上的应收款项净额-待摊费用-待处理 (流动、固定)资产净损失-开办费-长期待摊费用-住房周转金负数余额)/年度末普通股股份总数

调整前各年度会计数据如下:

项目	1999年	1998年	1997年
坏帐准备	422,630.46	25,825.84	26,048.10
存货跌价准备	940,237.33		
未分配利润	204,339,597.49	83,232,800.54	6,828,012.03

调整后各年度会计数据如下:

项目	1999年	1998年	1997年
坏帐准备	9,884,680.07	7,675,051.24	3,810,774.52
存货跌价准备	940,237.33		
未分配利润	199,607,545.63	76,311,559.42	3,046,984.36

三、报告期内股东权益变动情况

项目	股本	资本公积	盈余公积	法定公益金	未分配利润	股东权益合计
期初数	137805300	73548667.08	17275093.58	6844210.22	76311559.43	311784830.31
本期增加	137805300		24232843.08	12116421.54	242328430.82	416482995.44
本期减少	55122120.00	119032444.62	174154564.62			
追溯调整						
期末数	275610600	18426547.08	41507936.66	18960631.76	199607545.63	544113261.13

三、股东情况介绍

一、股东情况介绍

1、报告期末股东总数为18425户。

2、公司前十名股东持股情况(截止1999年12月31日)

名次	股东名称	期初持股数	期末持股数	占总股本比例(%)
1	从化市博大实业有限公司	41024870	82049740	29.77
2	深圳市英迈尔实业有限公司	11000000	22000000	7.98
3	广汉市国有资产管理局	5780430	11560860	4.19
4	海南中纬贸易有限公司		2835550	1.23
5	景宏基金		2090270	0.76
6	李芳		1390000	0.50
7	李化龙		1338600	0.49
8	赖大富		1325250	0.48
9	孙志安		1262000	0.46
10	李永光		1261076	0.46

成都量具刃具股份有限公司

一、公司简介

1、公司法定中文名称:成都量具刃具股份有限公司
　公司法定英文名称:CHENGDU MEASURING & CUTTING TOOLS.CO.LTD
　公司英文缩写:CMCTC
2、公司法定代表人:夏义宝
3、公司董事会秘书:田辉樵
　公司董秘授权代表:贺昌蜀
　联系地址:四川省成都市二环路东一段十四号
　联系电话及传真:(028)3242494
4、公司注册地址:四川省成都市
　公司办公地址:四川省成都市二环路东一段十四号
　公司邮政编码:610056
　公司国际互联网网址:www.Chinachengliang.com
　公司电子信箱:CMCTC@Chinachengliang.com
5、公司指定信息披露报刊:《上海证券报》
　刊载公司年报的证监会指定互联网网址:http://www.sse.com cn
　公司年度报告备置地点:本公司董事会办公室、证券部
6、公司股票上市交易所:上海证券交易所
　公司股票简称:成量股份
　公司股票上市交易代码:600673

二、会计数据和业务数据摘要

1、公司本年度主要会计数据(合并数据) 单位:元

利润总额	2578652.16
净利润	2465084.35
扣除非经常性损益后的净利润	−9837236.32
主营业务利润	22512683.30
其他业务利润	568932.57
营业利润	−14805996.56
投资收益	13873139.34
补贴收入	
营业外收支净额	3511509.38
经营活动产生的现金流量净额	9483424.32
现金及现金等价物净增加额	1841611.38

2、截止报告期末公司前三年会计数据和财务指标(合并数)　　单位:元

项 目	1999 年	1998 年		1997 年	
		调整前	调整后	调整前	调整后
主营业务收入	93185619.69	107750873.65	107750873.65	122700312.83	122700312
净利润	2465084.35	−36755132.96	−52390558.19	2719597.00	−25869416
总资产	366379482.48	461667915.89	385365266.35	490592972.16	436425235
股东权益 (不含少数股东权益)	139906255.46	214068918.41	137441171.11	250652043.81	196484307
每股收益(摊薄)	0.02	−0.33	−0.47	0.02	−0.23
每股收益(加权)	0.02	−0.33	−0.47	0.02	−0.23
每股净资产(摊薄)	1.26	1.93	1.24	2.26	1.77
每股净资产(加权)	1.26	1.93	1.24	2.26	1.77
调整后的每股净资(摊薄)	1.03	1.64	0.95	2.16	1.67
调整后的每股净资产(加权)	1.03	1.64	0.95	2.16	1.67
每股经营活动产生的现金流量净额	0.08	0.07	0.07		
净资产收益率(摊薄)	1.76%	−17.16%	−38.11%	1.08%	−13.16%

注: 1) 全面摊薄后的计算方法
每股收益=净利润÷年度末普通股股份总数
每股净资产=年度末股东权益÷年度末普通股股份总数
净资产收益率=净利润÷年度末股东权益 *100%
调整后的每股净资产=(年度末股东权益−三年以上的应收帐款−待摊费用−待处理 财产净损失−开办费?长期待摊费用−住房周转金负数余额)÷年度末普通股股份总数
每股经营活动产生的现金流量净额=经营活动产生的现金流量净额÷年度末普通 股股份总数
净资产收益率=净利润÷年度末股东权益 *100%
2) 加权后的计算方法
每股收益=当期净利润/[期末普通股份总数/(1+配股比例或增发新股比例)+期末 普通股份总数/(1+配股比例或增发新股比例)* 配股比例或增发新股比例 * 缴款结束日 下一月份至报告期末的月份/12]

3、报告期内股东权益变动情况

项 目	股 本	资本公积	盈余公积	法定公益金	未分配利润	股东权益
期初数	11079.4394	113234360	17044012	148930.89	−103631595	137441171
本期增加			9344.32	3114.77	2465084.35	2465084.11
本期减少					9344.32	

三、股本变动及股东情况

1、股东情况介绍

(1) 本公司股东中持股比例超过 5%股东只有国家股持有人−−成都成量集团公司, 共计 4710.4394 万股,比例为 42.52%,并未有质押。

(2)截止 1999 年 12 月 31 日,公司股东总户 20042 户,其中国家股 1 户,未流通法人股股东 220 户,流通 A 股股东 19821 户。

序号	持股股东名称	年末持股数(万股)	占总股本%
1	成都成量集团公司	4710.4394	42.52
2	成都市工商行信托投资公司	181.5	1.67
3	重庆特殊钢公司	102.85	0.93
4	中国四川国际?济技术合作股份有限公司	96.8	0.87
5	上海机电设备总公司	96.8	0.87
6	重庆机电设备总公司	96.8	0.87
7	深圳广顺公司	48.4	0.44
8	长城实业公司	44.77	0.40
9	第一纺织	36.3	0.33
10	四川电器	36.3	0.33

四川川投控股股份有限公司

一、公司简介

(一)公司法定中、英文名称及缩写:
1、中文名称:四川川投控股股份有限公司
2、英文名称:SICHUAN CHUANTOU HOLDING STOCK CO,LTD.
3、英文名称缩写:SCTHC
(二)公司法定代表人:陈宽金
(三)公司董事会秘书及其权授代表的姓名、联系地址、电话、传真、电子信箱。
1、董事会秘书:许克义
2、董事会授权代表:穆婷云
3、联系地址:四川省峨眉山市九里镇
4、联系电话:0833−−5576179 0833−−5576237
5、传真:0833−5525357
6、电子信箱:Scemfa @ IS−Public.Sc.cninfo.net
(四)公司注册地址:公司办公地址及其邮政编码。
1、公司注册地址及办公地址:四川省峨眉山市九里镇;
2、邮政编码:614222
(五)公司选定的信息披露报纸名称,登载公司年度报告的中国证监会指定国际互 联网网址,公司年度报告备置地点:
1、信息披露报纸名称:《中国证券报》、《上海证券报》
2、证监会指定的国际互联网网址:http://WWW.cninfo.com.cn
3、年度报告备置地点:公司董事会办公室。
(六)公司股票上市交易所、股票简称和股票代码:
1、上市交易所:上海证券交易所
2、股票简称: 川投控股　　股票代码:600674

二、会计数据和业务数据

(一)利润情况:

项目	金额(元)
1、利润总额	44794507.85
2、净利润	33680081.09
3、扣除非经常性损益后的净利润	24051588.24
4、主营业务利润	39911644.96
5、其他业务利润	1321208.56
6、营业利润	24622670.81
7、投资收益	9960918.79
8、补贴收入	11114426.76
9、营业外收支净额	−903508.51
10、经营活动产生 的现金流量净额	3153612.27
11、现金及现金等价物净增加额	−19099296.92

(二)前三年主要会计数据和财务指标(单位:元)

序号	项目	1999 年	1998 年		1997 年	
			调整后	调整前	调整后	调整前
1	主营业务收入	302993082	281158086	280295227	236835600	311622222
2	净利润	33680081	43981976	43586638	−2642074	1435015
3	总资产	653205756	893328287	956419713	979359511	1035318641
4	股东权益	416146658	382466577	431667180	386848190	390830720
5	每股收益	0.14	0.20	0.20	−0.01	0.007
6	每股收益(加权平均)	0.146	0.20	0.20	−0.01	0.007
7	每股收益(扣除非经常性损益)	0.10	0.018	0.015	−0.036	0.006
8	每股净资产	1.72	1.74	1.97	1.94	1.96
9	调整后的每股净资产	1.70	1.71	1.95	1.88	1.90
10	每股经营活动产生的现金流量净额	0.013	0.019	0.019		
11	净资产收益率(%)	8.09	11.50	10.10	−0.68	0.37

计算说明:
每股收益=净利润/年度末普通股股份总数
每股净资产=年度末股东权益/年度末普遍股股份总数
调整后的每股净资产=(年度末股东权益−−三年以上的应收款净额−−待摊费用−−待处理 (流动、固定)资产净损失−−−开办费−−−长期待摊费用−−住房周转金负数余额)/年度末普通股股份总数
每股经营活动产生的现金流量净额=经营活动产生的现金流量净额/年度末普通股股份总数
净资产收益率=净利润/年度末股东权益×100%

(三)股东权益变动情况(元):

项目	股本	资本公积金	盈余公积金	法定公益金	未分配利润	股东权益合计
期初数	219436627	107930104	52564373	9607190.56	2535472.14	382466577.81
本期增加	21943663	14976207	10104024	1684004.05	23576056.78	70599951.39
本期减少	——	36919870	——	——	——	36919870.29
期末数	241380290	85986441	62668398	11291194.61	26111528.92	416146658.91

三、股本变动及股东情况

1、本公司报告期期末股东总数为 50362 户。

2、前 10 名股东持股情况表(单位:股)

序号	持股者单位或姓名	期初持股数	报告期转增	期末持股数	占总股本比重(%)	持股性质
1	四川川投峨眉铁合金(集团)有限责任公司	119052827	11905283	130958110	54.25	国有法人股
2	峨眉铁合金综合服务开发公司	6231500	623150	6854650	2.84	法人股
3	四川汇达科技开发公司	5665000	566500	6231500	2.58	法人股
4	锡金鸿基			658614	0.27	公众股
5	成都铁路分局	566500	56650	623150	0.26	法人股
6	华东鸿基			466200	0.19	公众股
7	四川西开			303754	0.13	公众股
8	伍从平			300300	0.12	公众股
9	刘光明			300000	0.12	公众股
10	胡华富			281980	0.12	公众股

中华企业股份有限公司

中华企业股份有限公司1999年年度报告摘要

(一) 公司简介

1. 公司的法定中文名称:中华企业股份有限公司
   英文名称:CHINA ENTERPRISE STOCK COMPANY LTD.　缩写:CESCL.
2. 公司法定代表人:朱胜杰
3. 公司董事会秘书:印学青
   联系地址:上海市华山路2号中华企业大厦
   联系电话:(021)62170088　传真:(021)62179197
   电子信箱:ZHQYDM @ ONLINE. SH. CN
4. 公司注册地址:上海市浦东大道1700弄17号
   公司办公地址:上海市华山路2号中华企业大厦(200040)
   公司国际互联网网址:http://www.cescl.com　公司电子信箱:ZHQY @ SH.COL.CN
5. 公司选定的信息披露报纸名称:上海证券报
   登载公司年报的中国证监会指定国际互联网网址:http://www.sse.com.cn
   公司年度报告备置地点:上海市华山路2号中华企业大厦
6. 公司股票上市交易所:上海证券交易所
   公司股票简称:中华企业　公司股票代码:600675

(二) 会计数据和业务数据摘要

1. 本年度利润总额及其构成(单位:元 合并报表)

利润总额	137584445.27
净利润	117539287.30
扣除非经常性损益后的净利润	9585462.29
主营业务利润	15054885.56
其他业务利润	13935682.40
营业利润	−28457431.06
投资收益	141065706.45
补贴收入	144064.93
营业外收支净额	24832104.95
经营活动产生的现金流量净额	−2495825.95
现金及现金等价物净增加额	77073937.28

注:扣除的非经常性损益项目和涉及金额

(1)资产处置损益	83303058.85
(2)逾期违约补偿	24781037.41
(3)固定资产处置损益	−274336.18
(4)补贴收入	144064.93
合计:	107953825.01

2. 公司近三年的主要会计数据和财务指标(单位:元 合并报表)

项目	1999年	1998年		1997年	
		调整前	调整后	调整前	调整后
主营业务收入	123777219.07	386797505	305846511.36	488832376	477994999
净利润	117539287.30	113346195	102109222.45	78022041	41617590
总资产	1924055482.92	2015021596	1761059701.81	1559137323	1512427467
股东权益	1173714551.75	1119106144	1055817563.50	755574146	703414023
每股收益	0.30	0.29	0.26	0.26	0.14
扣除非经常性损益后的每股收益	0.02	0.29	0.26	0.26	0.14
每股净资产	3.03	2.89	2.72	2.55	2.37
调整后每股净资产	3.01	2.85	2.68	2.49	2.31
每股经营活动产生的现金流量净额	−0.01	−0.24	−0.24		
净资产收益率	10.01%	10.13%	9.67%	10.33%	5.92%

注1:上述指标的计算公式如下:

每股收益=净利润/年度末普通股股份总数

每股净资产=年度末股东权益/年度末普通股股份总数

调整后的每股净资产=(年度末股东权益−三年以上的应收款项净额−待摊费用−待 处理(流动、固定)资产净损失−开办费−长期待摊费用−住房周转金负数余额)/年度末 普通股股份总数

每股经营活动产生的现金流量净额=经营活动产生的现金流量净额/年度末普通股股份总数

净资产收益率=净利润/年度末股东权益×100%

注2:应收款项包括应收帐款、其他应收款、预付帐款、应收股利、应收利息、应收补贴款。

注3:(1)1998、1997年调整后指标是指公司根据财政部财会字[1999]35号文、49号文的有关规定,进行政策变更、会计差错更正追溯及合并报表范围变化调整后的 数据。

(2)1998、1997年扣除控股公司会计差错更正追溯调整后的净资产收益率分别为 10.05%、10.00%。

3. 报告期内股东权益变动情况及其原因(单位:元)

项目	股本	资本公积	盈余公积	法定公益金	未分配利润	股东权益合计
期初数	387475053	554205517	107540073	19538914.99	6596919.53	1055817563.50
本期增加	–	357700.95	23269903	11634951.99	94269383.32	117896988.25
本期减少						
期末数	387475053	554563218	130809977	31173866.98	100866302.85	1173714551.75

(三) 股本情况介绍

1. 报告期末股东总数

(1)报告期末公司股东总数81,107名。

(2)主要股东持股情况

持有本公司5%以上股份的股东为上海房地(集团)公司,年度内其所持股份无增减变动,其年末所持股份无质押或冻结的情况。

公司前10名股东持股情况如下表所示:

序号	股东名称	年末持股数(股)	持股比例(%)
1	国家股	193234127	49.87
2	申艺交家	5172081	1.33
3	沪通实业	3597858	0.93
4	海证实业	3300000	0.85
5	李　军	2474324	0.64
6	童兆飞	2288299	0.59
7	乔晓辉	1777084	0.46
8	栾绍华	1650000	0.43
9	周赛玲	1564301	0.40
10	朱勇军	1448539	0.37

目前代表国家持有股份的是上海房地(集团)公司,系我公司的控股股东,报告期内控股股东无变更情况。

(四) 股东大会简介

1999年5月18日,公司第七次股东大会在上海影城召开,大会审议表决的决议公告 刊登在5月19日的《上海证券报》上。

(五) 董事会报告

1. 公司经营情况

(1)公司作为老牌房地产企业在房地产行业中具有一定的地位,是沪上41家房地产开发一级企业和24家房地产开发优秀企业之一,据上海市统计局的统计资料显示,公司名列99年度上海市房地产销售额第35名。

(2)公司主营业务的范围及其经营状况

公司主要从事房地产投资及其高科技开发,智能化物业管理和商品房经营租赁等 业务,主营业务收入123,777,219.07元,主营业务利润15,054,885.56元。

(3)在经营中出现的问题与困难及解决方案

1999年,中国经济在比较复杂的国际国内环境中发展,国家制定并出台了大量宏观经济政策,调整经济结构,整顿经济秩序,规范经济发展。对于以房地产开发经营为主 业的上市公司来说,这是不平凡的一年。一方面,扶持和激活房地产市场的一系列优惠政策陆续出台,市场调节和政府宏观调控对缓解房地产市场供求矛盾成效初露端倪,房地产二三级市场联动效应日益显现,住房消费热点正在逐步形成;另一方面,商品房当 期上市量仍高于销售量,空置量继续攀升,市场的潜在需求尚未在短期内释放。从总体上说,房地产市场总量失衡问题仍未从根本上解决,供大于求的基本格局和寻求供求基本平衡的过程仍然在继续。在此背景下,公司紧紧围绕年初董事会构划的基本思路和 股东大会决定的经营方针,在认真分析公司经营现状的基础上,公司领导统一认识:在 企业发展的转折期,重点是通过资产经营和资本运作集中优质资产,盘活呆滞资产,消 除无效资产,为企业新一轮的发展创造良好的条件。据此,公司一方面努力加大商品房主业经营力度,切实加强各项管理措施,力求产品结构向创品牌、出精品靠拢;另一方 面积极盘活存量资产,优化股权投资结构,力求股权结构向集中高效靠拢、投资结构向主业绩优靠拢,并通过资本市场的有效运作,逐步调整产品结构,克服效益产出不均衡 所带来的经营困难,取得了相应的管理效益。

2. 公司财务状况

根据一九九九年合并会计报表,公司总资产192,405.5万元,比上年增长9.26%;长期负债−551.1万元,比上年增加40.6万元,主要是收入住房周转金;股东权益117,371. 45万元,比上年增长11.17%,主要是本年增加的净利润;主营业务利润1,505.5万元,主营业务利润比上年减少的主要原因是因为99年内公司可售商品房减少导致销售收入下降;净利润11,753.9万元,比上年增长15.11%。

3. 公司投资情况

(1)、报告期之前募集资金的使用延续到报告期内的资金的运用和结果:

1998年9月公司通过配股共计募集资金19,359万元,扣除承销费514万元及支付律 师费和配股审核费14万元,实得配股资金为18,831万元。

本次配股募集资金均按公司配股说明书承诺的项目进行投资,具体使用情况如下:(单位:万元)

序号	预计投资项目	预计投入资金(万元)	实际投资项目	实际投入资金(万元)
1	人和街商品住宅	12,700	人和街商品住宅	12700
2	南塘浜商品住宅	3,300	南塘浜商品住宅	1996
3	补充流动资金	4,000	补充流动资金	4135
合计		20000		18831

注:原承诺的投资金额按计划募集数安排,因实际到款数小于计划募集数,因此承 诺投资数与实际投资数之间略有差额。

(2)报告期内非募集资金投资的重大项目、项目进度及收益情况

1999年9月公司以47,354,125元的价格(即受让价格为每股1.81元)受让上海浦江 建设发展总公司持有的上海古北(集团)有限公司2,616.25万股股权,该转让股权占上 海古北(集团)有限公司现有股本人民币20,930万元的12.5%。实现上述股权转让后,我公司持有的上海古北(集团)有限公司的股权由25%增至37.5%。上海古北(集团)有限公司历年来收益稳定,开发项目位于古北开发区,地理条件优越,在古北开发区内具有 相当的土地储备,实现此项转让后对我公司今后主营业务的发展有着积极的意义。

4. 新年度的业务发展计划

公司将进一步调整优化资产结构,盘活存量资产,清理不适资产,提高资产运营质 量,加强资产盈利能力,增加资产投资收益,并在此基础上构筑企业发展的总体框架,包括主营业务构架、高科技产业构架、信息产业构架和资产运作资本经营构架。

主营业务构架:公司将继续以房地产投资开发为主营业务,进一步扩大其核心竞争优势,发挥中华企业品牌效应,确保15万平方米新开工面积和30万平方米的土地储备;努力以科技为先导,切实增强产品的科技含量,建造富有中华企业特色的智能化产品;注意市场细分,研究产品定位,确定客户群体;将传统的营销方式与现代网络技术有机 结合,积极运用电子商务手段开展房地产营销,力争在激烈的房地产市场竞争中稳步扩大市场份额;加强施工管理,降低工程成本,提高房地产开发效益,确保房地产投资收益。

高科技产业构架:公司将以即将登记注册的上海复瑞华信息技术有限公司为契机,加快对高科技产业的投入,做到成熟一个发展一个;要在发展主业的基础上,利用主业 优势,向与房地产相关的高科技领域渗透,促进住宅产品智能化、物业管理网络化、工程设备环保化;同时要逐步培育高科技投资机制,形成工程−产品−网络−服务的有机系 列,以达到联动互补之效应。

信息产业构架:公司已通过股权收购,控股上海房产之窗房地产信息有限公司,进 而将通过上海房产之窗房地产信息有限公司与大中华地区最大的房地产门户网站----"搜房"合资经营,实现与境外风险基金的嫁接。公司将大幅度增加投入,依靠业已建立完善的房地产交易数据库,尽快建成房地产信息服务的龙头企业。

资产资本经营构架:公司将争取发放企业融资债券等,利用资产运作、股权结构调整等资产经营

手段积极筹措资金,并依据董事会确定的一系列经营思路,及时加强上市公司的形象宣传。

5.董事会日常工作情况

(1) 报告期内董事会的会议情况及决议内容

报告期内公司董事会共召开了十五次会议。

第一次是 99 年 2 月 26 日召开的二届十次会议,主要内容是审议通过人事变动提议:因工作变动,盛新健不再担任公司董事长职务,程良不再担任公司副董事长和总经理职务;同意盛新健和程良辞去公司董事的提议。

第二次是 99 年 2 月 26 日召开的二届十一次会议,主要内容是选举董事朱胜杰担任公司董事长职务,经朱胜杰董事长提名,聘任孙勇为公司总经理。

第三次是 99 年 4 月 13 日召开的二届十二次董事会,主要内容是研究确定提请公司第七次股东大会通过的各项报告。

第四次是二届十三次会议,主要内容是决定公司受让上海中顺房地产发展有限公 司对上海中企物业管理有限公司 25.5%的股权。

第五次是 99 年 5 月 18 日召开的二届十四次会议,会议一致选举孙勇担任公司副董事长。

第六次是二届十五次会议,会议通过了《中华企业股份有限公司董事会工作条例 》和《中华企业股份有限公司董事长会议议事规则》,同意将我公司持有的上海房屋 置换股份有限公司 10%的股权转让意向。

第七次是 99 年 6 月 20 日召开的二届十六次会议,决定将我公司持有的上海东南对外房产发展公司 20%的股权转让给上海房产经营(集团)有限公司,将上海企华置业发展 有限公司 22%的股权转让给上海企华置业发展有限公司职工持股会。

第八次是 99 年 8 月 13 日召开的二届十七次会议,主要内容是制订 99 年度中期报告。

第九次是 99 年 9 月 15 日召开的二届十八次会议,研究决定出资组建上海聚星物业管理有限公司。

第十次是 99 年 9 月 28 日召开的二届十九次会议,决定出资 47,354,125 元受让上海古北(集团)有限公司 12.5%的股权,至此公司实际持有的上海古北(集团)有限公司的股权由 25%增至 37.5%。

第十一次是 99 年 11 月 12 日召开的二届二十次会议,同意将公司持有的海通证券有 限公司的股权转让,同时受让申银万国证券股份有限公司的股权。

第十二次是 99 年 11 月 30 日召开的二届二十一次会议,将公司持有的华联商厦等 7 家公司的法人股实施转让。

第十三次是 99 年 12 月 1 日召开的二届二十二次会议,根据公司现有资产状况,优化 资产结构,将公司持有的广电股份的法人股实施转让。

第十四次是 99 年 12 月 14 日召开的二届二十三次会议,决定出让我公司持有的上海 港泰房地产开发有限公司 40%的股权,实现上述股权转让后,公司获利 49,807,259 元。

第十五次是 99 年 12 月 15 日召开的二届二十四次会议,同意出资 110 万元成立由复旦大学、中瑞置业等企业及科研开发人员共同投资的上海复瑞华信息技术有限责任公司。

(2)报告期内公司实施了利润分配方案。

99 年 7 月 3 日,公司在《上海证券报》刊登了关于 1998 年度利润分配方案的实施公 告,确定股权登记日为 99 年 7 月 7 日,7 月 8 日为除息日。公司按此公告按期实施了 1998 年度利润分配方案。

6.公司董事、监事、高级管理人员

姓名	性别	年龄	任期起止日期	年初持股数	年末持股数	股份增减原因
朱胜杰	男	45	1997.4-2000.5	16,393	16,393	
孙　勇	男	39	1999.2-2000.5	0	3,600	购入
夏超寅	男	50	1997.4-2000.5	23,492	23,492	
田汉雄	男	50	1999.5-2000.5	0	1,200	购入
张慧娟	女	35	1997.4-2000.5	4,000	4,000	
朱建中	男	52	1997.4-2000.5	40,055	40,055	
李舒菁	女	50	1997.4-2000.5	23,492	23,492	
印学青	女	32	1997.4-2000.5	25,514	25,514	
滕国纬	男	34	1997.4-2000.5	31,524	31,524	
王铭槐	男	51	1997.4-2000.5	0	5,000	购入
潘顺新	男	36	1997.4-2000.5	0	0	
董世洁	女	55	1997.4-2000.5	23,492	23,492	

注:①公司董事、监事、高级管理人员年度报酬区间:其中 50,000 元-60,000 元 1 人,60,001 元-90,000 元 6 人,90,001 元-100,000 元 2 人。田汉雄、王铭槐、潘顺新不 在本公司领取年度报酬。

②报告期内因工作变动,原董事长盛新健不再担任公司董事长、董事,原副董事长程良不再担任公司副董事长、董事,原董事徐薇初不再担任公司董事。

③报告期内股东大会选举孙勇、田汉雄为公司董事,董事会选举孙勇为副董事长 并聘其为公司总经理。

(2)公司员工数量和专业素质情况

至 1999 年底,公司(合并报表范围内)共有员工 101 人,有大专以上学历的 77 人,其中硕士 3 人。有专业技术职称的 80 人,其中高级职称 15 人,中级职称 44 人,初级职称 21 人,分别为工程类 23 人、经济类 25 人、会计类 18 人、其他类 14 人。有退休职工 29 人。

7.本次利润分配预案或资本公积金转增股本预案

1999 年度母公司实现净利润 116,349,519.91 元,分别提取 10%的法定盈余公积金和提取 10%的法定公益金各 11,634,951.99 元后,尚余 93,079,615.93 元,加上上年度结转未分配利润 12,663,995.82 元,实际可供股东分配利润为 105,743,611.75 元。公司以 1999 年末总股本 387,475,053 股为基数,拟按 10:2 的比例派送红股,计分配利润 77,495,010.60 元,尚余 28,248,601.15 元,结转下年度。

截至 1999 年 12 月 31 日母公司资本公积金 554,563,218.68 元,公司以 1999 年末总股 本 387,475,053 股为基数,拟按 10:3 的比例用资本公积金转增股本,共计 116,242,515.90 元。拟转增后,尚余资本公积金 438,320,702.78 元。

(六) 监事会报告

在过去的一年里,监事会共召开了三次会议。第一次是 1999 年 4 月 13 日召开的二届七次会议,主要内容是听取董事长和总经理的业务工作通报,审议通过监事会工作报告,讨论提请第七次股东大会通过的各项文件;第二次是 1999 年 5 月 25 日召开的二届八次 会议,主要内容是讨论研究《中华企业股份有限公司董事会工作条例》和《中华企业 股份有限公司董事长会议议事规则》;第三次是 1999 年 8 月 13 日召开的二届九次会议,主要内容是讨论、审议和通过 99 年度中期报告。公司监事长列席董事会召开的全部会议,参与公司制定的各项重大决策,定时检查公司的财务报表。监事会尽心尽职,加强 监督,积极参与,深入了解,及时提醒,对公司资金运作、项目开发、工程质量、房屋销售、物业管理及关联子公司的情况进行了检查和监督。

本年度立信会计师事务所审计了公司 1999 年度财务报告,并出具了"无保留意见" 的审计报告。公司监事会确认年报合法、公允、正确地反映了公司一九九九年度财务状况和经营成果。

(七) 重要事项

1. 重大诉讼、仲裁事项

(1) 本年度公司重大诉讼事项

上海公路房地产联合开发经营公司诉中华企业股份有限公司房屋买卖纠纷一案,已由上海市第一中级人民法院受理。原告上海公路房地产联合开发经营公司诉讼请求终止履行上海市内销商品房出售合同,返还原告部分购房款及同期利息损失、偿付有 关税、费等共计诉讼请求标的人民币 5,212,268.52 元。现该案正在法院一审审理过程之中。

我中华企业股份有限公司诉上海徐汇实业公司龙山公寓房屋联建纠纷一案,已由 上海市第一中级人民法院受理。原告中华企业股份有限公司诉讼请求被告向原告支付应付而未付的所有房款,偿付原告因被告的拖欠行为而遭受的利息损失及其他税 、费,共计人民币 9,254,679.78 元。现该案正在法院一审审理过程之中。

(2)本年度公司无重大仲裁事项

2.本报告期内公司、公司董事及高级管理人员未发生受监管部门处罚情况。

3.本报告期内公司控股股东未发生变更,报告期内因工作变动,原董事长盛新健不再担任公司董事长、董事,原副董事长程良不再担任公司副董事长、董事,原董事徐薇初不再担任公司董事;原总经理程良不再担任公司总经理。公司董事会选举朱胜杰为 董事长,根据朱胜杰董事长提名,聘任孙勇为公司总经理。董事会秘书无变动。

4.报告期内公司收购及出售资产、吸收合并事项的简要情况及进程

(1) 报告期内公司收购及出售资产情况及进程

1999 年 9 月 28 日公司召开第二届第十九次董事会,会议一致通过出资人民币 47,354,125 元受让上海浦江建设发展总公司持有的上海古北(集团)有限公司 2,616.25 万股股权,我公司持有的上海古北(集团)有限公司的股权由 25%增至 37.5%。该事项披露于 1999 年 9 月 29 日《上海证券报》。

1999 年 12 月 14 日公司召开第二届第二十三次董事会,会议一致通过出让上海港泰 房地产开发有限公司 40%的股权,受让方为上海房地(集团)公司和上海古北置业股份 有限公司,以上股权转让总价格为 94,483,200 元,公司获得利润 49,807,259.35 元。该 事项披露于 1999 年 12 月 16 日《上海证券报》。

另外,基于公司投资结构和股权结构的调整,年内公司将原持有的东南房产 20%的股权、上房置换 10%的股权、海通证券公司 1,020 万股股权、广电等八家公司的法人 股股权进行了转让,共减少长期投资 6,782.1 万元,获取投资收益 3,350 万元。

(2)报告期内公司无吸收合并事项的情况

5.重大关联交易事项

(1) 商品交易

根据我司和上海房地产经营(集团)有限公司签订的《金坤花苑》内销商品房包销合同,我司为该公司包销《金坤花苑》。该物业建筑面积 14,659.42 平方米,包销单价 为 4,600 元/m2,包销总价为 67,433,332 元。我司已于报告期内按合同规定划给该公司 包销款 64,061,665.40 元。

(2) 资产、股权交易

根据我司和上海房地产经营(集团)有限公司签订的股权转让协议,我司转让持有 的上海东南对外房产发展公司 100 万股股权给上海房地产经营(集团)有限公司,单价为每股 5 元,转让总价 500 万元。我司因此项转让获利 400 万元,转让款于报告期内划入我 公司帐户。

我司转让持有的上海房屋置换股份有限公司的 500 万股股权给上海房地(集团)公 司,转让总价为 5,726,000 元,该项资产的帐面价值 5,000,000 元,我司因该项转让获利 726,000 元,转让价款于报告期内全额转入我司帐户。

我司转让持有的上海港泰房地产开发有限公司的 10%股权给上海房地(集团)公司,该项资产的帐面价值为 11,168,985.17 元,转让价格为每股 1.85 元,转让总价为 23,620,800 元。我司因该项转让获益 12,451,814.83 元,转让款项于报告期内全额转入我司帐户。该项资产的帐面价值经上海市资产评审中心-沪评审[1999]761 号确认。

根据我司和上海房地(集团)公司签订的上房世纪家园联建协议,我司于 98 年支付 联建款 134,700,000 元。因上海房地(集团)公司部分延误建设期,故双方经友好协商,签订了上房世纪家园联建协议之补充协议。该协议规定由上海房地(集团)公司支付我司补偿款(利息损失)计人民币 11,608,133.33 元,在此基础上我司仍按原合同继续履行。故我司于 1999 年支付联建款 82900000 元,累计支付联建款 217,600,000 元。上海房 地(集团)公司的补偿款于报告期内已全额划入我司帐户。

据上海港泰房地产开发有限公司董事会决议,投资三方应按各自投资比例共同无 偿投入 28,245 万元用于工程建造,我司按协议比例从 1997 年至 1998 年共投入资金 197,725,791.17 元,至本期期末无变动。我司以融资方式投入资金,年初为 41,286,900.14 元,本年追加 27,713,099.86 元,年末余额为 69,000,000 元。通过此项融资,我司今年获得融资利息共计 3,660,645.33 元。

6.上市公司与控股股东在人员、资产、财务上的"三分开"情况

公司与控股股东上海房地(集团)公司在人员、资产、财务上实行三分开,即上海 房地(集团)公司除了依法向公司股东大会推荐公司董事会成员之外,公司人员完全独 立于上海房地(集团)公司;公司资产完整;公司财务独立。

7.报告期内没有发生托管、承包、租赁其他公司资产或其他公司托管、承包、租赁上市公司资产的事项。

8.继续聘任上海立信会计师事务所为公司的审计机构。

9.其他重大合同及履行情况

(1)公司与上海浦江建设发展总公司签订的有关受让该公司持有的上海古北(集团)有限公司 12.5%股权的协议现已履行完毕,我公司持有的上海古北(集团)有限公司的股权由 25%增至 37.5%。

(2)公司出让上海港泰房地产开发有限公司 40%的股权的协议现已履行完毕,公司获得利润 49,807,259.35 元。

(3)公司与高华国际发展有限公司、高美国际发展有限公司签订《鹿特丹花园外 销商品房终止履行协议》。公司向高华国际发展有限公司、高美国际发展有限公司收取违约补偿费 13,172,904.08 元。

(4)截至 1999 年底,公司的重大担保事项如下:

①为上海市房产经营(集团)有限公司进行 8 项担保,共计人民币 7,600 万元,美金 60 万元;

② 为上海金丰投资股份有限公司进行 3 项担保,共计人民币 4,500 万元;

③ 为上海兴业房产股份有限公司进行 8 项担保,共计人民币 11,900 万元;

④ 为上海房屋置换有限公司进行人民币 2,000 万元的担保;

⑤ 为上海开开(集团)有限公司进行人民币 2,000 万元的担保;

⑥ 为上海九百(集团)有限公司进行 5 项担保,共计人民币 12,245 万元。

10.报告期内没有更改名称或股票简称的情况。

11.无其他重大事项

(八) 财务会计报告

1.审计报告　　　　信会师报字(2000)第 10458 号

中华企业股份有限公司:

我们接受委托,审计了贵公司一九九九年十二月三十一日母公司及合并的资产负 债表、一九九九年度母公司及合并的利润及利润分配表和现金流量表。这些会计报表由贵公司负责,我们的责任是对这些会计报表发表审计意见。我们的审计是依据中国 注册会计师独立审计准则进行的。在审计过程中,我们结合贵公司实际情况,实施了包括抽查会计记录等我们认为必要的审计程序。

我们认为,上述会计报表符合《企业会计准则》、《股份有限公司会计制度》的 有关规定,在所有重大方面公允地反映了贵公司一九九九年十二月三十一日的财务状 况及一九九九年度经营成果和现金流量情况,会计处理方法的选用遵循了一贯性原则。

立信会计师事务所有限公司　　　　中国注册会计师

地址:中国.上海市　　　　周　琪

高安路 18 弄 20 号　　　　潘莉华

电话:(021)64375544

传真:(021)64331400　　　　二 OOO 年四月六日

2. 会计报表(见附表)

3. 会计报表附注

一、公司概况:

中华企业股份有限公司是全民所有制的中华企业公司改制而成立的上市公司,于 1993 年 9 月 24 日正式挂牌上市,注册地点为浦东大道 1700 弄 17 号,法定代表人朱胜杰,公 司注册资本为 387,475,053.00 元。公司经营范围为商品房设计、建造、买卖、租赁及调剂业务,各类商品住宅的配套服

务;兼营房屋装修及维修业务。

二、公司主要会计政策、会计估计和合并会计报表的编制方法:

(一)会计制度:执行具体会计准则、《股份有限公司会计制度》及其有关的补充 规定。

(二)会计年度:公历1月1日至12月31日止。

(三)记帐本位币:以人民币为记帐本位币。

(四)记帐原则和计价基础:以权责发生制为记帐原则,以历史成本为计价基础。

(五)外币业务核算方法:外币业务发生时,按业务发生当期期初的人民币市场汇价作为折算汇率,折合成人民币记帐,期末外币帐户余额按期末人民币市场汇价折合成人民币金额进行调整。除涉及未完工程的外币负债帐户期末折算差额计入在建工程外,其余外币帐户的折算差额均计入财务费用。

(六)外币会计报表的折算方法:按照财政部财会字(1995)11号《关于印发<合并会计报表暂行规定>的通知》,除所有者权益类项目(不含未分配利润项目)以发生时的人民币市场汇价折算为人民币外,资产负债、损益类项目均以合并会计报表决算日的人 民币市场汇价折算为人民币。

(七)现金等价物的确定标准:凡同时具备期限短(从购买日起三个月到期)、流动 性强、易于转换为已知现金、价值变动风险很小四个条件的投资,确定为现金等价物.

(八)坏帐核算方法:

1、坏帐的确认标准:对因债务人撤消、破产,依照法律清偿程序后确实无法收回 的应收款项;因债务人死亡,既无遗产可清偿,又无义务承担人,确定无法收回的应收款项;因债务人逾期未履行偿债义务超过三年,确实无法收回的应收款项,由公司经理提 交书面材料,按照公司管理权限,由董事会或股东大会批准。

2、坏帐损失的核算方法:采用备抵法核算,坏帐损失发生时,冲销已提取的坏帐准备。

3、坏帐准备的计提方法和计提比例。

坏帐准备的计提范围为应收帐款及其他应收款;坏帐准备的计提方法为按余额百 分比法,计提比例为5%。

(九)存货核算方法:

1、存货分类为:开发产品、开发成本、出租开发产品、低值易耗品。

2、各类存货按取得时的实际成本核算。低值易耗品采用一次摊销法。

3、存货跌价准备的确认标准、计提方法:

年中、年末,对存货进行全面清查后,当存货可变现净值低于其成本时,由公司经 理提交书面材料,按照公司权限,由董事会或股东大会批准后提取存货跌价准备。如果以后存 货价值又得以恢复,在已提跌价准备的范围内转回。

存货跌价准备按单个存货项目的成本高于可变现净值的差额计提。

(十)短期投资核算方法:

取得投资时按实际支付的全部价款扣除价款中包括的尚未领取的现金股利或已到期的分期付息债券利息后计价。取得投资后,实际收到短期投资现金股利或利息时,冲减短期投资的帐面价值;实际收到取得投资时已记入应收项目的现金股利或利息时,冲减应收项目。

持有的短期投资出售或收回时,按实际成本结转。在中期或期末按成本与市价孰 低计价,并根据报告期末收盘价低于成本的差额调整跌价准备。已确认跌价损失的短 期投资价值又得以恢复,在原已确认的投资损失金额内转回。

按投资总体计算并确定计提的跌价损失准备。如某项短期投资占整个短期投资10%以上,则按单项投资为基础计算并确定计提的跌价损失准备。

(十一)长期投资核算方法:

1、长期股权投资的计价及收益确认方法:

长期股权投资取得时的成本为:取得长期股权投资时支付的全部价款,或放弃非现金资产的公允价值,或取得长期股权投资的公允价值,包括税金、手续费等相关费用。

对被投资单位能实施控制、共同控制或重大影响的,长期股权投资采用权益法核 算;对被投资单位无控制、无共同控制且无重大影响的,长期股权投资采用成本法核算。

若对被投资单位有其他额外的责任(如提供担保),投资帐面价值不以减记至零为 限。

2、股权投资差额的摊销方法:

合同规定了投资期限的按投资期限摊销;没有规定投资期限的按10年摊销,如金额较小,则在产生股权投资差额的当年全部摊销.

3、长期债权投资的计价及收益确认方法:

长期债权投资取得时的成本,为取得长期债权投资时支付的全部价款,包括税金、手续费等相关费用。

长期债权投资按期计提利息,计提的利息按债权面值以及票面利率或合同规定的 利率计算,并计入当期投资收益。

4、债券投资溢价和折价的摊销方法:

长期债券投资溢价或折价,在债券购入后至到期前的期间内摊销,摊销方法采用直线法。长期债券投资溢价或折价的摊销,与确认相关的债券利息收入同时进行。

5、长期投资减值准备的确认标准、计提方法:

对由于市价持续下跌或被投资单位经营状况变化等原因导致其可收回金额低于投资的帐面价值,由公司经理提交书面材料,按照公司管理权限,由董事会或股东大会批 准后,将可收回金额低于长期投资帐面价值的差额,计提长期投资减值准备。已确认损失的长期投资价值又得以恢复,在原已确认的投资损失金额内转回。

长期投资减值准备按照个别投资项目计算确定。

(十二)固定资产核算方法:

1、固定资产标准:指使用期限超过一年的房屋及建筑物、专用设备、运输工具以及其他与生产、经营有关的设备、器具、工具等;不属于生产、经营主要设备的物品,单位价值在2,000元以上,并且使用年限超过二年的,也作为固定资产。

2、固定资产的分类:房屋及建筑物、通用设备、运输设备。

3、固定资产的计价:按实际成本计价原则计价。

4、固定资产折旧采用直线法,残值率为3%-10%,各类固定资产折旧年限和年折旧率如下:

类别	预计经济使用年限	年折旧率
房屋及建筑物	20-45年	4.50%-2.16%
通用设备	5年	19.40%-18.00%
运输设备	5-6年	19.40%-15%

(十三)在建工程核算方法:

以工程实际发生的支出为计价基础,按项目分类核算,并以交付使用作为转入固定资产的时点。为工程借款而发生的利息支出,在固定资产交付使用之前计入工程成本,交付使用之后计入当期损益。

(十四)无形资产核算及其摊销方法:

1、无形资产计价:以取得时的实际成本计价;

2、无形资产摊销方法:合同规定了受益年限的,按不超过受益年限的期限摊销;合同没有规定受益年限而法律规定了有效年限的,按不超过法律规定的有效年限摊销;合同没有规定受益年限,且法律也没有规定有效年限的,按不超过10年的期限摊销。

(十五)长期待摊费用摊销方法:

长期待摊费用按实际发生的支出入帐,按其受益期平均摊销。

(十六)收入实现的确认:

1、销售商品:公司已将商品所有权上的重要风险和报酬转移给买方,公司不再对 该商品实施继续管理权和实际控制权,与交易相关的经济利益能够流入企业;相关的收入和成本能可靠地计量时,确认营业收入实现。

2、提供劳务:在同一年度内开始并完成,在劳务已经提供,收到价款或取得收取价款的依据时,确认劳务收入的实现。如劳务的开始和完成分属不同的会计年度,在提供劳务交易的结果能够可靠估计的情况下,在资产负债表日按完工百分比法确认相关的 劳务收入。

3、他人使用本企业资产:与交易相关的经济利益能够流入企业,收入的金额能可 靠地计量时确认为收入。

(十七)所得税的会计处理方法:采用应付税款法。

(十八)合并会计报表的编制方法:

1、合并会计报表的编制方法:

(1)合并会计报表按照《合并会计报表暂行规定》及有关文件,以母公司和纳入合并范围的子公司的个别会计报表以及其他资料为依据进行编制。但对行业特殊及子公司规模较小,符合财政部财会二字(1996)2号《关于合并会计报表合并范围请示的复函》文件的规定,则不予合并。合并时对内部权益性投资与子公司所有者权益、内部投 资收益与子公司利润分配、内部交易事项、内部债权债务进行抵销,对合并盈余公积 进行调整。对纳入合并范围的合营企业,采用比例合并法编制合并会计报表。

(2)母公司与子公司采用的会计政策和会计处理方法无重大差异。

(十九)本年度会计政策、会计估计的变更及影响:

1、根据财政部《股份有限公司会计制度有关会计处理问题补充规定》(财会字[1999]35号),公司应计提坏帐准备,短期投资跌价准备,存货跌价准备,以及长期投资减 值准备,且作为会计政策变更,采用追溯调整法处理。坏帐准备由按应收帐款年末余额的1%计提变更为按年末应收款项的5%计提,并计提存货跌价准备和长期投资减值准备。

2、本次会计政策变更的影响数及累计影响数:

年度	对留存收益的影响	其中:盈余公积	其中:未分配利润
1998年度以前	-49894759.88	-10315829.61	-39578930.27
1998年度	-9972998.03	-2582200.61	-7390797.42
小计	-59867757.91	-12898030.22	-46969727.69
1999年度	-9503952.72	-1886361.15	-7617591.57
合计	-69371710.63	-14784391.37	-54587319.26

三、税项:

(一)流转税:自建房产以及咨询中介等收入营业税税率为5%,购进房出售以销售收入减去成本后的差额按5%计征营业税;拆借资金营业税、税率为8%。

(二)附加税、费:分别按流转税的7%、3%、1%、3‰计征城市维护建设税、教 育费附加、堤防维护费、义务兵优待金;其中拆借资金的附加费按营业税(5%)的基数计征上述附加税、费。

(三)所得税:母公司适用税率为15%,合并子公司适用税率为33%。

(四)有关税收优惠政策:

上海国泰房产发展有限公司1999年度收到税务局增加税负返还款144,064.93元, 已列入补贴收入。

四、控股子公司及合营企业:

(一)公司所控制的所有子公司、合营企业情况及其合并范围:

被投资单位全称	注册资本	经营范围	本公司投资额	投资比例	是否合并
上海国泰房产发展有限公司	500万美元	房地产	325万美元	65%	是
上海华业房地产发展有限公司	500万美元	房地产	300万美元	60%	是
上海中企物业管理有限公司	100万元	物业管理与代理、投资咨询服务	74.50万元	74.5%	否

(二)未纳入合并会计报表范围的子公司:

1、未合并的原因:

上海中企物业管理有限公司由中华企业股份有限公司投资74.50%及上海金华置业发展有限公司投资25.5%组建而成,根据财政部财会二字(1996)2号《关于合并会计报 表合并范围请示的复函》,按照资产标准、销售收入标准和利润标准计算得出的比例 均在10%以下时,"根据重要性原则,可以不纳入合并范围"的规定,1999年度未纳入合 并范围。

2、对财务状况的影响:

未纳入合并会计报表范围的子公司资产总额为6,283,135.51元,占母子公司资产总额的0.33%;销售收入为11,955,093.27元,占母子公司收入的8.81%;净利润564,239.00元,占母公司净利润的0.48%。对未纳入合并会计报表范围的子公司净利润母公司已按权益法核算,计入投资收益400,602.58元。

(三)本年度合并报表范围的变更情况:

与上年相比本年减少合并单位1家,系上海港泰房地产开发有限公司。原因为:1999年度公司向上海房地(集团)公司转让港泰房产10%的股权,向上海古北置业股份有限公司转让港泰房产30%的股权,股权转让之后,公司只拥有其30%的股权而不再控制上海港泰房地产开发有限公司,合并报表的年初数已按规定作相应调整。

五、会计报表主要项目注释:

(一)货币资金:

项目	期初数	期末数
现金	53934.53	51427.70
银行存款	81050163.27	129166771.50
其他货币资金	2202387.05	31162222.93
合计	83306484.85	160380422.13
其中美元:外币金额	128098.83	926018.91
折算汇率	8.2787	8.2793
折合人民币	1060491.78	7666788.36
港元:外币金额	10009.67	11329.62
折算汇率	1.0678	1.0651
折合人民币	10688.33	12067.18

货币资金期末数比期初数增加77,073,937.28元,增加比例为92.52%,增加原因为 增加了预收款。

(二)短期投资:

项目	期初数		期末数	
	投资金额	跌价准备	投资金额	跌价准备
股票投资	4249114.89	- - -	402560.00	- - -
其他投资	318819791.31	- - -	111960000.00	- - -
合计	323068906.20	- - -	112362560.00	- - -

1、股票投资期末数:

股票名称	股数	投资成本	期末每股市价	期末市价总额
长春经开	2000	19000.00	17.26	34520.00
升华拜克	1000	8960.00	20.05	20050.00
南山实业	4000	37600.00	11.38	45520.00
浦东发展	8000	80000.00	24.75	198000.00
上菱电器	9000	106200.00	11.00	99000.00
已上市股票小计	-	251760.00	-	397090.00
海南椰岛	1,000	4,100.00	未上市	
中通客车	3,000	17,820.00	未上市	
锡业股份	3,000	18,000.00	未上市	
东方但业	2,000	18,800.00	未上市	
大连金牛	1,000	4,080.00	未上市	

赤天化	1,000	7,200.00		未上市
中化国际	5,000	40,000.00		未上市
万杰实业	6,000	40,800.00		未上市
未上市股票小计		150800.00		
合计		402560.00	–	397090.00

2、其他投资(企业间信用贷款)期末数:

被投资单位名称	投资金额	投入时间	所得收益	期末帐面金额	到期日
上海中企房产综合经营公司	3700000.00	1999.12	–	3700000.00	2000.12
上海鼎达房地产有限公司	5000000.00	1999.11	–	5000000.00	2000.01
上海鼎达房地产有限公司	3000000.00	1999.12	–	3000000.00	2000.02
上海鼎达房地产有限公司	1000000.00	1999.12	–	1000000.00	2000.01
上海企华置业发展有限公司	1100000.00	1999.06	–	1100000.00	2000.06
上海房地产经营(集团)有限公司	30000000.00	1999.12	–	30000000.00	2000.12
上海中实建筑装饰工程有限公司	5000000.00	1999.08	–	5000000.00	2000.08
上海中实建筑装饰工程有限公司	4300000.00	1999.09	–	4300000.00	2000.09
上海房屋置换股份有限公司	10000000.00	1999.11	–	10000000.00	2000.11
上海中企建筑装饰工程有限公司	7760000.00	1999.11	–	7760000.00	2000.11
上海英俊科工贸发展有限公司	7000000	1999.12	–	7000000.00	2000.11
上海金伦置业公司	20000000.00	1999.12	–	20000000.00	2000.03
上海金樱房地产发展有限公司	10700000	1999.12	–	10700000.00	2000.12
上海华澳国际贸易有限公司	1800000.00	1999.11	–	1800000.00	2000.11
上海华澳国际贸易有限公司	800000.00	1999.11	–	800000.00	2000.11
上海华澳国际贸易有限公司	800000.00	1999.12	–	800000.00	2000.11
合计	111960000.00			111960000.00	

短期投资期末数比期初数减少 210,706,346.20 元,减少比例为 65.22%,主要原因为公司对联营企业上海港泰房地产开发有限公司的短期债权投资转为长期债权投资所致。

(八)长期投资:

项 目	期初数		期末数	
	金额	减值准备	金额	减值准备
长期股权投资	215596358.19	7625000.00	221599140.14	7625000.00
长期债权投资	–	–	266725791.17	–
合 计	215596358.19	7625000.00	488324931.31	7625000.00

1、长期股权投资:

(1)股票投资:

被投资公司名称	股份类型	股票数量	占被投资公司股权比例%	投资金额	期末市价
上海兴业房产股份有限公司	流通股	1680905.00	1.04	23285838.68	23330961.40
成都海发股份有限公司	法人股	10,000.00	---	30,000.00	未上市
上海双鹿电器股份有限公司	法人股	132000.00	0.087	56600.00	---
上海新黄浦置业股份有限公司	法人股	345033.00	0.067	500384.00	4768356.06
上海氯碱化工股份有限公司	法人股	77000.00	0.007	254200.00	707630.00
合 计				24127022.68	

(2)其他股权投资:

被投资单位名称	投资起止期	投资金额	期初余额	期末余额	占被投资单位注册
申城城市建设开发公司		130000.00	130000.00	130000.00	3.56%
金城房产公司		1000000.00	1000000.00	1000000.00	10.00%
市房地产协会		300000.00	300000.00	300000.00	10.00%
宁波华山小庄		1863955.59	1863955.59	1863955.59	30.00%
房产经营公司		700000.00	700000.00	700000.00	0.64%
上游鼎达房地产有限公司		7500000.00	11867186.68	7293076.08	50.00%
市房屋材料公司		3000000.00	3000000.00	3000000.00	9.50%
上海古北(集团)有限公司		86575125.00	45500000.00	103963334.96	37.50%
华宝房产公司		2000000.00	5000000.00	2000000.00	10.00%
上海管理大厦		50000.00	50000.00	50000.00	
福建湄洲岛沿海房协交流中心		700000.00	700000.00	700000.00	
上海华澳国际贸易有限公司		4351000.00	4351000.00	4351000.00	50.00%
上海仲衡土地估价行		20000.00	20000.00	20000.00	2.00%
上海企华置业发展有限公司		1547171.35	3395717.15	1547171.35	18.00%
上海中企建筑装饰工程有限公司		6303000.00	9773018.16	10240860.45	48.40%
上海中企物业管理有限公司		745000.00	1448013.11	1145498.51	74.50%
上海沪江物业管理合作公司		100000.00		100000.00	10.00%
上海中企卫星电视接收设备有限公司		100000.00	100000.00	100000.00	20.00%
上海房产之窗房地产信息有限公司		1000000.00	1000000.00	1000000.00	20.00%
上海港泰房地产开发有限公司		41437283.28	82537178.43	32416980.10	30.00%
上海中顺物业有限公司		141000.00		177121.29	47.00%
海南申亚实业股份有限公司		2000000	2000000.00	2000000.00	2.10%
上海华士行投资咨询有限公司		125000.00	209171.99	161034.01	25%
上海申银万国证券股份有限公司		21634000.00	11250000.00	21634000.00	0.8%
交通银行上海市分行		2000000.00	2000000.00	2000000.00	0.13%

(九) 备查文件

1.载有法定代表人、财务负责人、会计经办人员签名并盖章的会计报表

2.载有会计师事务所盖章、注册会计师签名并盖章的审计报告正本

3.报告期内在中国证监会指定报纸上公开披露过的所有公司文件的正本及公告原件

上述备查文件在中国证监会、证券交易所要求提供时和股东依据法规或公司章程要求查阅时,公司将及时提供。

中华企业股份有限公司

二 000 年四月八日

资产负债表

1999 年 12 月 31 日

编制单位:中华企业股份有限公司　　金额单位:人民币元

资产	年末数		年初数	
	合并	母公司	合并	母公司
流动资产:				
货币资金	160380422.13	141998535.83	83306484.85	71384411.83
短期投资	112362560.00	110960000.00	323068906.20	326836031.31
减:短期投资跌价准备				
短期投资净额	112362560.00	110960000.00	323068906.20	326836031.31
应收票据				
应收股利	19200.00	19200.00		
应收利息				
应收帐款			15395472.47	
其他应收款	20017072.78	26334325.91	14414131.88	10045559.51
减:坏帐准备	1000853.64	1316716.30	1490480.22	502277.98
应收款项净额	19016219.14	25017609.61	28319124.13	9543281.53
预付帐款	281661665.40	281661665.40	134700000.00	134700000.00
应收补贴款				
存货	896070946.22	785008756.93	999025929.82	828654708.54
减:存货跌价准备	63110630.03	55697946.94	54130188.44	46870145.69
存货净额	832960316.19	729310809.99	944895741.38	781784562.85
待摊费用				
待处理流动资产净损失				
一年内到期的长期债券投资			5000.00	
其他流动资产				
流动资产合计	1406400382.86	1288967820.83	1514295256.56	1324248287.52
长期投资:				
长期股权投资	221599140.14	264763567.23	215596358.19	258789700.57
长期债权投资	266725791.17	266725791.17		
长期投资合计	488324931.31	531489358.40	215596358.19	258789700.57
其中:合并价差	–421914.88		–474654.24	
其中:股权投资差额	–421914.88		–474654.24	
减:长期投资减值准备	7625000.00	7255000.00	7625000.00	7255000.00
长期投资净额	480699931.31	524234358.40	207971358.19	251534700.57
固定资产:				
固定资产原价	43257945.05	27727065.71	43456036.90	27816765.56
减:累计折旧	11752774.45	3748167.64	10369957.19	3376670.80
固定资产净值	31505170.60	23978898.07	33086079.71	24440094.76
工程物资				
在建工程				
固定资产清理				
待处理固定资产净损失				
固定资产合计	31505170.60	23978898.07	33086079.71	24440094.76
无形资产及其他资产:				
无形资产	3091175.20	3091175.20	3343921.00	3343921.00
开办费				
长期待摊费用	2358822.95	2288891.02	2363086.35	2268032.46
其他长期资产				
无形资产及其他资产合计	5449998.15	5380066.22	5707007.35	5611953.46
递延税项:				
递延税款借项				
资产总计	1924055482.92	1842561143.52	1761059701.81	1605835036.31
流动负债:				
短期借款	493970000.00	463970000.00	440570000.00	387970000.00
应付票据				
应付帐款				
预收帐款	121429750.26	101898526.46	36114438.95	21060037.84
代销商品款				
应付工资	664977.24		730801.44	10107.24
应付福利费	900005.42	988860.60	886122.59	983988.10
应付股利	314942.80	314942.80	38931802.81	38931802.81
应交税金	18612034.42	17186335.01	25299631.81	20658142.38
其他应交款	368404.15	361123.60	621834.18	621834.18
其他应付款	78652535.90	82611035.00	110808669.02	67474368.86
预提费用	12635939.73	6866378.55	24267706.26	16873835.39
一年内到期的长期负债				
其他流动负债				
流动负债合计	727548589.92	674197202.02	678231007.06	554584116.80
长期负债:				
长期借款				
应付债券				
长期应付款				
住房周转金	–5511435.76	–5511435.76	–5917236.89	–5917236.89
其他长期负债				
长期负债合计	–5511435.76	–5511435.76	–5917236.89	–5917236.89
递延税项:				
递延税款贷项				
负债合计	722037154.16	668685766.26	672313770.17	548666879.91
少数股东权益	28303777.01		32928368.14	
股东权益:				
股本	387475053.00	387475053.00	387475053.00	387475053.00
资本公积	554563218.68	554563218.68	554205517.73	554205517.73
盈余公积	130809977.22	126093493.83	107540073.24	102823589.85
其中:公益金	31173866.98	31173866.98	19538914.99	19538914.99
未分配利润	100866302.85	105743611.75	6596919.53	12663995.82
外币报表折算差额				
股东权益合计	1173714551.75	1173875377.26	1055817563.50	1057168156.40
负债和股东权益总计	1924055482.92	1842561143.52	1761059701.81	1605835036.31

上 海 交 运 股 份 有 限 公 司

上海交运股份有限公司 1999 年年度报告摘要

一、公司简介

1、公司法定中文名称:上海交运股份有限公司

公司英文名称:SHANGHAI JIAO YUN CO.,LTD. 缩写:JYC.

2、公司法定代表人:刘世才

3、公司董事会秘书:李汝德 授权代表:华志明

联系地址:上海市延安西路 704 号

电话:021--62520140 传真:021--62525274

电子信箱:jydm@public.sta.net.cn

4、公司注册、办公地址:上海延安西路 704 号

邮政编码:200050

电子信箱:jygf@public.sta.net.cn

5、公司选定的信息披露报纸名称:上海证券报

登载公司年度报告的中国证监会指定国际互联网网址:http://www.sse.com.cn

公司年度报告备置地点:上海市延安西路 704 号公司本部董事会办公室

6、公司股票上市交易所:上海证券交易所

股票简称:交运股份 股票代码:600676

二、会计数据和业务数据摘要

1、本年度公司实现的利润总额 49372585.42 元

净利润:	40670847.61 元
扣除非经营性损益后的净利润:	40670847.61 元
主营业务利润:	98176250.70 元
其他业务利润:	687802.69 元
营业利润:	50058429.92 元
投资收益:	1633732.33 元
补贴收入:	
营业外收支净额:	-2319576.83 元
经营活动产生的现金流量净额:	13989084.72 元
现金及现金等价物净增加额:	28819225.49 元

2、会计数据和业务数据摘要(合并报表)

指标项目	九九年	九八年		九七年	
		调整前	调整后	调整前	调整后
(1)主营业务收入(万元)	21360.82	21737.61	22164.02	20574.40	
(2)净利润(万元)	4067.08	4745.55	4817.81	2406.09	2332.22
(3)总资产(万元)	37301.20	28866.20	28818.35	30035.49	29961.62
(4)股东权益(不含少数股东权益)(万元)	21307.21	17425.74	17371.99	12706.69	12632.82
(5)每股收益(元)(摊薄)	0.3419	0.5186	0.5265	0.3944	0.3823
(加权)	0.3419	0.5186	0.5265		
扣除非经常性损益后的每股收益(元)					
(6)每股净资产(元/股)	1.791	1.904	1.898	2.08	2.07
(7)调整后的每股净资产(元/股)	1.714	1.874	1.866	2.04	2.03
(8)每股经营活动产生的现金流量净额	0.12				
(9)净资产收益率(%)(摊薄)	19.09	27.23	27.73	18.93	18.46
(加权)	21.03	31.50	32.11	20.92	20.45

计算公式:

每股收益=净利润/年度末普通股股份总数

每股净资产=年度末股东权益/年度末普通股股份总数

调整后的每股净资产=(年度末股东权益—三年以上的应收款项净额—待摊费用—待处理 (流动、固定)资产净损失—开办费—长期待摊费用—住房周转金负数余额)/年度末普通股股份总数

每股经营活动产生的现金流量净额=经营活动产生的现金流量净额/年度末普通股股份总数。

净资产收益率=净利润/年度末股东权益×100%

净资产收益率(加权)=[净利润/[(年初股东权益+年度末股东权益/2]*100%

3、报告期内股东权益变动情况

项目	股本	资本公积	盈余公积	法定公益金	未分配利润	股东权益合计
期初数	91509120.00	29876763.19	24722588.86	4439607.96	27611447.34	173719919.39
本期增加	27452736.00	0	13945731.20	4030366.93	25406474.18	39352205.38
本期减少	0	0	0	0	27452736.00	0
期末数	118961856.00	29876763.19	38668320.06	8469974.89	25565185.52	213072124.77

变动原因:

(1)股本变动,是因本报告期内实施了 98 年度每 10 股派送 3 股的分配方案所致.

(2)盈余公积,法定公益金变动,是因本报告年度利润分配提取法定盈余公积,法定 公益金和任意盈余公积(包括子公司提取生产发展基金,储备基金和提取盈余公积,公 益金)所致.

(3)未分配利润变动,是因本报告年度实现利润及利益分配所致.

三、股本变动及股东情况

1.股本变动情况

(1)股份变动情况表(数量单位:股)

	期初数	本次变动增减(+ -) 送股	期末数
(一)未上市流通股份			
①发起人股份	49509120	+14852736	64361856
其中			
国家持有股份	49509120	+14852736	64361856
②募集法人股份	24000000	+7200000	31200000
未上市流通股份合计	73509120	+22052736	95561856
(二)已上市流通股份			
人民币普通股	18000000	+5400000	23400000
已上市流通股份合计	18000000	+5400000	23400000
(三)股份总数	91509120	+27452736	118961856

(2)股票发行与上市情况

本报告年度末为止的前三年公司未发行新股票及其他衍生证券,公司股票于 93 年 9 月 28 日获准在上海证券交易所上市,95 年实施了每 10 股派送 2 股红股,98 年 6 月 2 日实施 了资本公积金每 10 股转增股本 5 股;99 年 4 月 22 日,公司实施了每 10 股派送 3 股红股,公司股份总数增至 118961856 股,派送红股股份中的流通股部分于 99 年 4 月 23 日上市交易,截止 99 年 12 月 31 日公司上市流通股份为 23400000 股.

2.股东情况介绍

(1)本报告年度末股东总数:17525 户(含国家股,法人股 18 户)

(2)主要股东持股情况(前十名股东):

股东名称	年末持股数	持股比例(%)
①上海交运(集团)公司	64361856	54.10
②大众交通(集团)股份有限公司	9750000	8.195
③上海巴士实业股份有限公司	9750000	8.195
④申银万国证券股份有限公司	5775705	4.86
⑤上海房地(集团)公司	2340000	1.97
⑥上海物资贸易中心股份有限公司	1190475	1.00
⑦杭州金义	989300	0.83
⑧华联(集团)有限公司	884520	0.74
⑨周宗华	273455	0.23
⑩金鑫基金	250000	0.21

上述十名最大股东中持有本公司 5%以上(含 5%)股份的股东是上海交运(集团)公司,大众交通(集团)股份有限公司,上海巴士实业股份有限公司,其中代表国家持有股份 的是交运集团,大众集团和巴士实业持有本公司法人股股份,在本报告期内,因公司实 施了每 10 股派 3 股红股,交运集团增加股份 14852736 股,大众交通增加股份 2250000 股,巴士实业增加股份 2250000 股,年末,交运集团以及大众交通和巴士实业所持有本公司 股份均未质甸或冻结情况,另外第④⑤⑥⑧持有公司的法人股股份,第⑦⑨⑩持有公司的流通股股份.

四、股东大会简介

1.本报告期内公司召开了两次股东大会:

(1)1999 年 4 月 15 日公司召开了第七次股东大会(1998 年年会),本次股东大会召开及决议公告分别刊登在 1999 年 3 月 11 日和 4 月 16 日的《上海证券报》上.

(2)1999 年 9 月 6 日公司召开了 1999 年临时股东大会,本次临时股东大会召开及决议 公告分别在 1999 年 8 月 5 日和 9 月 7 日的《上海证券报》上.

五、董事会报告

1.公司经营情况

(1)本公司目前经营所处行业是汽车工业(轿车零部件制造)行业及交通高速公路客运行业,本公司生产的轿车座椅调角器是全国轿车销售量最大的上海大众有限公司独 家配套,也为一汽集团等厂商供货配套,轿车座椅调角器的产量及销售量均为全国同行业第一,本公司投资控股 50%的中外合资企业上海龙马神汽车座椅有限公司(以下简称 龙马神公司)生产的轿车座椅骨架除为上海大众汽车公司独家配套外,还为美国 Bestop 吉普车配套,其产量和销售量也为全国同行业第一,本公司及龙马神公司还为上海大众,上海通用,一汽大众及美国厂商生产销售几十种其他轿车零部件,公司控股 51%的上海交通高速客运有限公司(下简称高客公司)是从事沪宁,沪杭甬高速客运业务的主要企 业之一.

(2)公司目前主营业务范围是轿车零部件制造及高速客运,本报告年度公司完成了 为上海大众汽车有限公司 23 万辆轿车配套的各种零部件供货:主要有座椅调角器,保险杠,头枕板,座位导向支架等十几种零部件,以及为长春一汽大众汽车集团奥迪,小红旗轿车配套的座椅调角器等,报告期内公司主营业务收入 213608237.23 元,主营业务利润 98176250.70 元.

(3)公司主要全资附属企业及控股子公司的经营业绩,公司全资附属分厂生产经营 情况良好,完成了年度轿车配套零部件的生产供货,龙马神公司完成了为上海大众,上 海通用配套的轿车座椅骨架,并向美国出口 Bestop 吉普车座椅总成,实现销售收入 22121 万元,创利 2288 万元,高客公司实现营业收入 3223 万元,创利 517.77 万元.

(4)在经营中出现的问题与困难及解决方案,一是整车厂轿车年产量及品种都有调 整,为之配套的零部件价格平均降幅在 6%左右,同时冷轧钢板等原材料上涨对企业的营收和利润带来一定影响;二是公司投入的国家重大技改项目已全面铺开,要求加快实施,公司的资金周转带来暂时的困难,对管理也提出了更高的要求.

公司将通过积极争取国家有关财政扶持政策,尽早发挥上市公司的融资功能,及时,规范地解决好项目实施所需的资金,同时加快重大技改项目实施步伐,使新一代轿车 国产化零部件项目早日建成,早日投产,早日供货,早出效益.

2.公司财务状况

本报告年度末公司总资产 37301.20 万元,长期负债 8.53 万元,股东权益 21307.21 万元,主营业务利润 9817.63 万元,净利润 4067.08 万元,本年度母公司净利润比上年下降 了 8508846.88 元,下降率 17.92%,主要原因:一是为整车厂配套的零部件价格全年下降,原材料价格上涨幅度较大,以及公司和主要子公司新产品开发的大量投入,仅龙马神公司净利润减少 700 万左右;二是 98 年度有一块联建开发土地收入创利 184 万元,长期负债减少的主要原因是:期初 900 万长期负债,期末属一年内到期的长期负债转入流动负债.

3.公司投资情况

(1)在报告期内公司未有募集资金事项或报告期这前募集资金的使用延续到报告期内的情况.

(2)在报告期内公司非募集资金投资的重大项目主要有新一代轿车车身零部件技术改造项目,项目将形成各种轿车车身零部件 10 万辆以上的年生产能力,目前项目的厂房,设备基础已完工,设备已基本到位,该项目公司已投入资金 4600 万元.

4.目前尚未有因生产经营环境以及宏观政策,法规的变化而对公司的财务状况和 经营成果产生重大影响,我国进入 WTO 后轿车零部件行业将视国家关税等政策变动情况而化,公司已着手准备相应对策:主要是通过加快新一轮轿车国产化零部件配套的步伐,扩大配套零部件的范围和规模,大幅提升配套产品的科技含量和附加值,化解我国进 入 WTO 后对轿车零部件生产经营带来的不利影响,同时也充分利用其进出口税同步降低的有利因素,在公司目前已有部分产品进入北美市场的基础上,进一步扩大出口产品的品种和范围,创汇创效,另外,进入 WTO 后预计将促进国内新兴交通运输业的进一步发展,公司也将抓住机遇,在现有的基础上,加大对交通运输业的投入,大力发展与国际型大都市城市功能相配套的新兴交通运输业,使之成为公司主营业务和利润的重要组成部 分.

5.新年度的业务发展计划

(1)新年度公司发展的思路

公司 2000 年度总体发展思路是:抓住公司发展的新机遇,早日实现生产经营高效化,主营业务高科技化,融资渠道多元化,投资方向多样化,把交运股份建设成一个机制创新,技术创新,管理创新,经营创新,稳定,健康,持续发展的绩优上市公司.

浙江中汇(集团)股份有限公司

一.公司简介

1.公司法定中方名称:浙江中汇(集团)股份有限公司

公司英文名称:ZHEJIANG ZHONGHUI (GROUP) CO.LTD

公司缩写:ZJZH

2.公司法定代表人:应士歌

3.公司董事会秘书:杨旭安

公司董事会授权代表:叶瑞忠

联系地址:浙江省杭州市解放路 108 号

联系电话:0571-7075755　　传真:0571-7077662

电子信息:zhonghui@mail.hz.zj.cn

4.公司注册及办公地址:浙江省杭州市解放路 108 号　　邮政编码:310009

公司电子信息:zhonghui@mail.hz.zj.cn

5.公司选定的信息年报纸名称:《上海证券报》

登载公司年度报告的中国证监会指定国际互联网网址:http://www.sse.com.cn

公司年度报告备置地点:杭州解放路 108 号浙江中汇(集团)股份有限公司证券部

6.公司股票上市交易所:上海证券交易所

股票简称:浙江中汇　　股票代码:600677

二.会计数据和业务数据摘要

1.本年度实现的利润总额:　84692852.77 元

净利润:　64464768.67 元

扣除非经常性损益后的净利润:　49217010.37 元

主营业务利润:　29662822.26 元

营业利润:　50942189.85 元

投资收益:　13290719.62 元

补贴收入:　88185.00 元

营业外收支净额:　20371758.30 元

经营活动产生的现金流量净额:　104819048.48 元

现金及现金等价物净增加额:　50029365.65 元

注:扣除的非经常性损益项目,涉及金额(单位:元)

项目	涉及金额
营业外收入	17788965.01
营业外支出	2541206.71

2.前三年的主要会计数据和财务指标:

	1999 年	1998 年		1997 年	
		调整后	调整前	调整后	调整前
主营业务收入(万元)	138991.08	113400.93	113400.93	96506.13	96506.13
净利润(万元)	6446.48	3726.58	4266.55	2112.58	2281.55
总资产(万元)	148042.21	150568.16	153997.81	101392.68	104246.92
股东权益(万元)(不含少数股东权益)	45561.33	41513.21	44496.30	26605.59	29416.20
每股收益(元)	0.2569	0.1485	0.17	0.1031	0.1113
加权平均每股收益(元)	0.2569	0.1689	0.1933	0.1031	0.1113
扣除非经常性损益后每股收益(元)	0.196	0.0618	0.083	0.099	0.107
每股净资产(元)	1.816	1.65	1.773	1.30	1.435
调整后的每股净资产(元)	1.56	1.33	1.46	1.044	1.173
每股经营活动产生的现金流量净额(元)	0.418	−0.088	−0.088		
净资产收益率(%)	14.15	8.98	9.59	7.94	7.76

注:有关财务指标计算公式如下:

每股收益=净利润/年度末普通股股份总数

每股净资产=年度末股东权益/年度末普通股股份总数

调整后的每股净资产=(年度末股东权益-三年以上的应收款项净额-待摊费用-待 处理 (流动,固定)资产净损失-开办费-长期待摊费用-住房周转金负数余额)/年度末普通股股份总数

每股经营活动产生的现金流量净额=经营活动产生的现金流量净额/年度末普通股股份总数

净资产收益率=净利润/年度末股东权益 ★1000%

3.报告期内股东权益变动情况及原因(单位:万元)

项目	股本	资本公积	盈余公积	法定公益金	未分配利润	总计
期初数	25090.2	12151	3126.8	1475	1145.3	41513.2
本期增加		92.5	1096.9	539.4	6446.5	7635.9
本期减少					3587.8	3587.8
期末数	25090.2	12243.5	4223.7	2014.4	4004	45561.3

变动原因:(1)资本公积金增加为被投资单位股权投资准备增加;

(2)盈余公积,法定公益金增加为从本年度净利润中各提取 10%的数额;

(3)未分配利润增加,原因是本年度经营产生净利润及利润分配;

(4)以上几条原因共同引起了股东权益的增加.

三.股东情况介绍

1.截止 1999 年末,本公司共有股东 31029 户.

2.前 10 股东持股情况

股东	持股数(股)	比例(%)
1.浙江省国有资产管理局	77861784	31.03
2.中国华诚财务公司	10466680	4.17
3.杭州兴通工贸有限公司	9405486	3.75
4.华氏资产	5490954	2.19
5.中国编织物资总公司	4373600	1.74
6.杭州洁翔持股协会	4047089	1.61
7.杭州兴达物资贸易公司	1694000	0.75
8.中国人民建设银行浙江省信托投资公司	1540000	0.61
9.海通证券有限公司	1500000	0.60
10.唐瑞芬	1414680	0.59

注:持有本公司 5%以上的仅为浙江省国有资产管理局持有的国家股.报告期内无 质押或冻结.已被查封,冻结,并强制执行给中国电 力信托投资有限公司,以抵偿所欠其的部分债务.由此,公司前十名股东持股情况也发 生了变化:中国华诚财务公司还持有公司股份 5169080 股,占公司总股本的 2.06%;中国 电力信托投资有限公司持有本公司股份 5297600 股,占公司总股本的 2.11%.

四川金顶(集团)股份有限公司

(一)公司简介

1、公司法定中文名称:四川金顶(集团)股份有限公司

公司法定英文名称:SICHUAN GOLDEN SUMMIT (GROUP) JOINT-STOCK CO.,LTD.

英文名称缩写:SCSG

2、公司法定代表人:白德华

3、公司董事会秘书:许毅刚

董事会秘书授权代表:周正

联系地址:四川省峨眉山市名山路东段

电话:0833-5521350　　传真:0833-5521205

E-mail:S6512288@ls-public.sc.cninfo.net

4、公司注册地址:四川省峨眉山市名山路东段

公司办公地址:四川省峨眉山市名山路东段

邮政编码:614200

公司电子信箱:S6512288@ls-public.sc.cninfo.net

5、《中国证券报》、《上海证券报》为公司选定信息披露报纸

中国证监会指定的登载公司年度报告的国际互联网网址:http://www.sse.com.cn.

公司年度报告备置地点:四川省峨眉山市名山路东段公司办公楼证券部

6、公司股票上市交易所:上海证券交易所

股票简称:四川金顶　　股票代码:600678

(二)会计数据和业务数据摘要

1、本年度利润总额及构成:(单位:元)

利润总额	15,558,502.10
净利润	8,979,489.41
扣除非经常性损益后的净利润	8,979,489.41
主营业务利润	93,927,999.54
其他业务利润	-365,332.00
营业利润	17,828,430.55
投资收益	-2,811,702.12
补贴收入	3,133,180.02
营业外收支净额	-2,591,406.35
经营活动产生的现金流量净额	14,789,688.84
现金及现金等价物净增加额	-2,110,429.35

2、截止报告期末公司前三年的主要会计数据和财务指标　（单位:元）

指标项目	1999 年度	1998 年度		1997 年度	
		调整前	调整后	调整前	调整后
主营业务收入	232,982,576.72	205,339,489.24	210,973,754.48	203,438,027.62	203,438,027.62
净利润	8,979,489.41	13,263,519.76	-22,577,226.60	13,553,178.23	-25,520,847.46
总资产	678,341,488.56	882,760,399.88	653,335,966.78	848,314,362.23	658,481,233.70
股东权益	415,372,736.46	635,175,493.04	406,506,785.43	628,916,177.34	457,097,156.89
每股收益	0.039	0.057	-0.097	0.0583	-0.11
扣除非经常性损益后的每股收益	0.039	0.057	-0.097	0.0583	-0.11
每股净资产	1.785	2.73	1.747	2.703	1.965
调整后的每股净资产	1.711	2.512	1.651	2.571	1.824
每股经营活动产生的现金流量净额	0.064	-0.031	0.031		
净资产收益率(%)	2.16	2.088	-5.55	2.155	-5.58

注:财务指标计算公式如下:

每股收益=净利润/年度末普通股股份总数

每股净资产=年度末股东权益/年度末普通股股份总数

调整后的每股净资产=(年度末股东权益-三年以上的应收款净额-待摊费用-待处理(流动、固定)资产净损失-开办费-长期待摊费用-住房周转金负数余额)/年度末普通股股份总数

每股经营活动产生的现金流量净额=经营活动产生的现金流量净额/年度末普通股股份总数

净资产收益率=净利润/年度末股东权益＊100%

3、报告期内股东权益变动情况　（单位:元）

项　目	股本	资本公积	盈余公积	法定公益金	未分配利润	股东权益合计
期初数	232660000	152420674.85	129135752.55	24833182.83	-107709641.97	406506785.43
本期增加	-	-	32069.05	5666.83	107855249.40	107887318.45
本期减少	-	-	98875759.99	-	145607.43	99021367.42
期末数	232660000	152420674.85	30292061.61	24838849.66	0	415372736.46

变动原因说明:(1)盈余公积本期增加 32,069.05 元是由于合并四川金顶(集团)青白江水泥厂报表所致;盈余公积本期减少 98,875,759.99 元系根据 2000 年 4 月 20 日公司第二次董事会通过的 1999 年度利润分配预案,用盈余公积金 98,875,759.99 元弥补亏损所致;

(2)未分配利润本期增加 107,855,249.40 元系本年度实现净利润 8,979,489.41 元和盈余公积金转入 98,875,759.99 元所致;未分配利润本期减少 145,607.43 元系合并报表所致。

(三)股东情况介绍

1、截止 1999 年 12 月 31 日,公司股东总数为 73,832 户。

2、报告期末前 10 名股东持股情况

股东名称	持股数量(股)	占总股本比例(%)	股份性质
1、乐山市国有资产经营有限公司	131,160,000	56.37	国有股
2、上海申银万国证券公司	2,000,000	0.86	法人股
3、乐山供电局	1,500,000	0.64	法人股
4、西昌铁路分局	1,000,000	0.43	法人股
5、乐山资信产权经纪有限公司	1,000,000	0.43	法人股
6、洪丽霞	264,976	0.11	流通股
7、朱玲娣	171,643	0.07	流通股
8、刘桂兰	151,000	0.06	流通股
9、兴和基金	124,180	0.05	流通股
10、姜龙银	120,000	0.05	流通股

注:(1)前 10 名股东之间不存在关联关系;(2)乐山资产经营有限公司于 2000 年 3 月 28 日将名称变更注册为乐山市国有资产经营有限公司变更后的公司性质、业务范围不变,该股东代表国家持有本公司 56.37%的股份,所持股份无质押或冻结情况;

(3)公司原法人股股东深圳市乐嘉利贸易有限公司持有的 100 万股本公司法人股已于 1999 年 4 月 28 日经协议转让给乐山资信产权经纪有限公司,同年 7 月 15 日上海证券中央登记结算公司为协议双方办理了股权过户登记手续。

凤凰股份有限公司

一、公司简介

1. 公司名称:(中文)凤凰股份有限公司
(英文)PHOENIX CO., LTD.
2. 公司法定代表人:陈国强
3.公司信息披露机构:董事会秘书室
董事会秘书:徐大为(现任曹琦)
电 话:(86)021 65954641 传 真:(86)021 65952565
联系地址:中国上海市高阳路 168 号
4. 公司注册地址:中国上海市武川路 111 号
公司办公地址:中国上海市高阳路 168 号 邮政编码:200080
公司国际互联网网址:http: // www. Sunrise-cn.com
公司电子信箱:cq @ sunrise-cn.com
5.公司指定信息披露报纸:《上海证券报》、《南华早报》或《香港商报》
登载公司年度报告的中国证监会指定国际互联网网址:http://www.sse.com.cn
公司年度报告备置地点:中国上海市高阳路 168 号董事会秘书室
6.公司股票上市交易所:上海证券交易所
股票简称:凤凰股份(A 股) 凤凰 B 股(B 股) 股票代码: 600679(A 股) 900916(B 股)

二、会计数据及业务数据摘要

1. 本年度利润总额构成: (金额单位:元 合并报表)

利润总额:	5769031
净利润:	5439677
扣除非经营性损益后的净利润	-97444270
主营业务利润:	48646537
其他业务利润:	20444725
营业利润:	-97651440
投资收益:	98482683
补贴收入:	2695677
营业外收支净额:	2242111
经营活动产生的现金流量净额:	19911921
现金及现金等价物净增加额:	-71909969

注:(1)扣除非经营性损益后的净利润是指扣除其他业务收入(出售部分资产)、投资收益(转让股权)、补贴收入差额 102,883,947 元。

(2)中国会计准则与国际会计准则计算的税后利润之间的差异: (金额单位:千元)

按中国会计准则计算,公司本年度合并除税后利润	5440
按国际会计准则之调整:	
(以前年度按照国际会计准则而作出的调整)	
计提的坏帐准备	-7726
计提的滞销存货准备	
计提的投资减值准备	-4542
其他	-3280
按国际会计准则计算,公司本年度合并除税后利润	-10108

2.截止报告期末公司前三年的主要会计数据和财务指标:

栏目	单位	1999 年	1998 年	1997 年
主营业务收入	元	722797025	1061979473	1570498815
净利润	元	5439677	-188298006	2350834
总资产	元	1861432344	1924141447	2048282593
股东权益	元	883199491	877759814	1065433705
每股收益(摊薄)	元/股	0.0117	-0.406	0.006
扣除非经常性损益后的每股收益	元/股	-0.2089		
每股净资产	元/股	1.9021	1.89	2.75
调整后每股净资产	元/股	1.8077	1.73	2.59
每股营业活动产生的现金流量净额	元/股	0.043	0.088	
净资产收益率	%	0.6159	-21.45	0.22
加权每股收益	元/股	0.0117	-0.406	0.006
加权净资产收益率	%	0.6178	-19.38	0.22
自行车销售量	万/辆	305.6	340	439
其中:内销	%	62.2	61.8	65.8
出口	%	37.8	38.2	34.2
市场占有率	%	14	17.4	21.6

3.报告期内股东权益变动情况(单位:元)

项目	股本	资本公积	盈余公积	其中法定公益金	未分配利润	股东权益合计
期初数	464322817	568689044	59423200	23828675	-214675256	877759814
本期增加	-	-	33143	-	5406534	5439677
本期减少	-	-	-	-		
期末数	464322817	568689044	59456352	23828675	-209268722	883199491

三、股本变动及股东情况

1.报告期末股东总数 20848 户。

2.报告期内第一大股东仍为上海轻工控股(集团)公司,持有国家股 292,722,804 股,占总股本 63.04%。报告期内控股股东无变化,持股比例无变化,其所持股份无质押。

3.前十名股东持股情况: (截止 1999 年 12 月 31 日)

股东名称	持股数量(股)	占总股本比例(%)
1.上海轻工控股(集团)公司(国家股)	292722804	63.04
2.上海海通证券公司	7815061	1.68
3.野村国际(香港)有限公司	3973936	0.85
4.NBP S/A FRUCTILUX STCAV	3137844	0.67
5.浙江证券有限责任公司国际业务部	2939998	0.63
6.吴桂英	2436140	0.53
7.姜兆和	2430000	0.52
8.CENTURY TREASURE INC	2278282	0.49
9.HKSBCSB A/C BANQUE NATIONALE DE PARIS LUXEMBOURG/IMI	1643988	0.35
10.WORLDSEC INTERNATIONAL LTD.	1516580	0.32

上海邮电通信设备股份有限公司

一、公司简介

1、公司法定名称:上海邮电通信设备股份有限公司
英文名称:SHANGHAI POSTS & TELECOMMUNICATIONS EQUIPMENT CO., LTD.
英文缩写:STE
2、公司法定代表人:李永林
3、公司董事会秘书:杨家霖
联系地址:上海市宜山路 680 号邮通商苑 221 室
电 话: 86-21-64834310 传真:86-21-64333435、86-21-64834310
邮政编码:200233
4、公司注册、办公地址:上海市宜山路 700 号 邮政编码:200233
公司国际互联网网址:www.shpte.com.cn.
公司电子信箱:spte@ public6. sta. net. cn
5、公司选定的信息披露报纸:上海证券报、香港商报、南华早报
登载公司年度报告的国际互联网网址:http://www.sse.com.cn
公司年度报告备置地点:上海市宜山路 680 号邮通商苑 221 室
6、公司股票上市交易所:上海证券交易所
股票简称及代码:A 股:上海邮通 600680 B 股:邮通 B 股 900930

二、会计数据和业务数据摘要

1、本年度主要会计数据:(单位:人民币元)

利润总额	16092168.39
净利润	12132538.36
扣除非经营性损益后的净利润	8839362.19
主营业务利润	98262210.79
其他业务利润	10745935.82
营业利润	306320.31
投资收益	14643419.29
补贴收入	2304146.14
营业外收支净额	-1161717.35
经营活动产生的现金流量净额	-43938849.52
现金及现金等价物净增加额	-47386638.58

注:扣除非经营性损益后的净利润包括扣除补贴收入 2,304,146.14 元、坏帐准备 金提取比例变更收益 3,240,000 元、罚金收入 70,004.39 元、固定资产处理损失 1,387,558.06 元、股权投资差额摊销 933,416.30 元。

2、境内外审计差异说明 1999 年人民币千元

按中国会计规定所计算的 1999 年度利润	12132
按国际会计准则作出的调整数:	
(1)已于以前年度确认的销售收益	(5,330)
(2)职工奖励及福利基金之分配	(1,221)
(3)冲销递延资产	(1,101)
(4)冲销递延汇兑差异年度摊销	(50)
(5)其他	(513)
按国际会计准则所计算的全年度净利润	3917

3、近三年主要会计数据及财务指标 单位:人民币元

指标项目	1999 年	1998 年	1997 年
主营业务收入	515312958.76	554233169.70	489010177.17
净利润	12132538.36	6494119.80	54983730.88
总资产	1031593656.99	974113885.11	965295875.54
股东权益	522185462.13	510591880.85	508339251.11
每股收益(摊薄)	0.04	0.036	0.29
(加权)	0.05	0.036	0.32
扣除非经营性损益后的每股收益	0.03		
每股净资产	1.71	2.68	2.67
调整后每股净资产	1.63	2.57	2.62
每股经营活动产生的现金流量净额	-0.14	0.33	
净资产收益率(%)	2.32	1.27	10.82

4、报告期内股东权益变动情况(单位:人民币元)

项目	股本	资本公积	盈余公积	法定公益金	未分配利润	股东权益合计
期初数	190578336	206723208.77	33532959.46	20859083.81	58898292.81	510591880.85
本期增加	114347001	0	1980498.91	1159358.13	12132538.36	129619396.40
本期减少	0	76231334.00	0	0	41794481.12	118025815.12
期末数	304925337	130491874.77	35513458.37	22018441.94	29236350.05	522185462.13

三、股东情况介绍

(1)报告期末股东总数

截至 1999 年 12 月 31 日止,公司股东合计数 27,868 户。其中 A 股股东数为 24,489 户,B 股股东数为 3,379 户。

(2)主要股东持股情况(前 10 名股东)

股东名称	年末持股数(万股)	占总股本(%)
①中国普天信息产业集团公司	12874.9337	42.22
②TOYO SECURITIES ASIA LTD.A/C CLIENT	1547.1490	5.07
③海通证券有限公司	552.9680	1.81
④NAITO SECURITIES CO.,LTD	498.3164	1.63
⑤深圳万科企业股份有限公司	429.9360	1.41
⑥深圳经济特区证券公司上海业务部	418.6874	1.37
⑦NIKKO SECURITIES TOKYO LTD.	347.6320	1.14
⑧MERRILL LYNCH NOMINEES(HK)LTD	323.4029	1.06
⑨WICARR(OVERSEAS)NOMINEES LTD	293.8218	0.96
⑩天骥投资	270.4000	0.89

注:以上 10 名股东中,第 1 名股东为国有法人股股东,第 2、4、7、8、9 股东均为 B 股股东,第 3、5、6、10 股东均为境内社会法人股股东。前十名股东不存在关联关系。第 1、3、5、6、10 股东年度内股份增加系公司送红股和资本公积金转增。

持有本公司 5%以上(含 5%)股份的股东所持股份报告期内无质押和冻结情况。

武汉诚成文化投资集团股份有限公司

(一) 公司简介

1、公司中文名称:武汉诚成文化投资集团股份有限公司
公司英文名称:WUHAN CHENG CHENG INVESTMENT IN CULTURE GROUP CO.,LTD
2、公司法定代表人:刘波
3、公司董事会秘书:邹毅生
联系地址:武汉市汉口民意四路55号
联系电话:027-85866663 传真:027-85863470
E-MAIL:CWHLP@PUBLIC.WH.HB.CN
4、公司注册及办公地址:武汉市汉口民意四路55号 邮政编码:430022
5、公司选定的信息披露报纸:《上海证券报》、《中国证券报》
登载公司年度报告的国际互联网网址:http://www.sse.com.cn
公司年度报告备置地点:公司办公室
6、公司股票上市地:上海证券交易所股票简称:诚成文化股票代码:600681

(二) 会计数据与业务数据摘要

1、1999年度主要利润指标(单位:元)

利润总额:	72,128,293.89
净利润:	49,218,416.85
扣除非经常性损益后的净利润:	7,013,343.57
主营业务利润:	53,106,409.20
其他业务利润:	6,567,984.77
营业利润:	9,276,089.34
投资收益:	56,815,953.94
补贴收入:	6,107,944.06
营业外收支净额:	-71,693.45
经营活动产生的现金流量净额:	1,349,140.79
现金及现金等价物净增加额:	521,393.28

注:在"扣除非经常性损益后的净利润"一栏中,扣除了资产置换所形成的净利润38,050,818.35元。

2、前三年主要会计数据和财务指标

	1999年	1998年		1997年	
项目	调整后	调整后	调整前	调整后	调整前
主营业务收入(元)	273675324.07	289337030.00	289337030.00	244952905.84	246491267.58
净利润(元)	49218416.85	23921151.55	27014383.23	42057786.12	43338986.86
总资产(元)	716241105.17	636029073.17	669623164.21	553575710.70	585352887.83
股东权益(元)	407174765.26	361424148.91	391584231.33	337503897.35	364570748.10
每股收益(元/股)	0.36	0.17	0.19	0.35	0.36
每股净资产(元/股	)2.94	2.61	2.82	2.82	3.05
调整后每股净资产(元/股)	2.72	2.49	2.70	2.73	2.96
每股经营活动产生的现金流量净额(元/股)	0.01	0.78	0.78		
按月平均加权法计算的每股收益(元/股)	0.36	0.19	0.21	0.35	0.36
扣除非经常性损益后的每股收益(元/股)	0.05	0.17	0.20	0.35	0.36
净资产收益率(%)	12.09	6.62	6.90	12.46	11.89

注:①"股东权益"中不含少数股东权益。
注:②主要财务指标的计算方法如下:
每股收益=净利润/年度末普通股股份总数
每股净资产=年度末股东权益/年度末普通股股份总数
调整后的每股净资产=[年度末股东权益-三年以上的应收款项净额-待摊费用-待处理(流动、固定)资产净损失-开办费-长期待摊费用-住房周转金负数余额]/年度末普通股股份总数
每股经营活动产生的现金流量净额=经营活动产生的现金流量净额/年度末普通股股份总数
净资产收益率=净利润/年度末股东权益×100%
扣除非经常性损益后的每股收益=(净利润-非经常性收益所形成的净利润)/年度末普通股股份总数

调整前后的各年度会计数据如下(单位:元):

调整前: 项目		1998年	1997年
坏账准备		162,952.30	119,187.05
存货跌价准备			
未分配利润		39,290,357.33	36,811,542.74

调整后: 项目	1999年	1998年	1997年
坏账准备	9,570,989.11	8,009,396.59	4,920,112.97
存货跌价准备	18,886,676.13	17,242,271.71	16,360,053.22
未分配利润	51,022,877.42	15,115,944.95	15,111,715.70

3、报告期内股东权益变动情况(单位:元)

项目	股本	资本公积	盈余公积	法定公益金	未分配利润	股东权益合计
期初数	138712020	184890688.85	22705495.11	7715951.56	15115944.95	361424148.91
本期增加			9843683.38	4921841.69	49218416.85	49218416.85
本期减少	13,311,483.88	3,467,800.50				
期末数	138,712,020	184,890,688.85	32,549,178.49	12,637,793.25	51,022,877.92	407,174,765.26

(三) 股东情况介绍

(1)报告期末本公司股东数量38177户,其中国家股东1户,法人股东38户,社会个人股38138户.

(2)报告期末公司前10名股东持股情况:

股东名称	持股数量(股)	比例(%)
1)海南诚成企业集团有限公司	29000000	20.91
2)武汉国有资产经营公司	9785908	7.05
3)开元基金	4043599	2.92
4)平安信托	3960000	2.85
5)万科企业股份有限公司	3062400	2.21
6)武汉证券	3009202	2.17
7)农业银行武汉信托投资公司	2474419	1.78
8)工商银行武汉信托投资公司	2449920	1.77
9)永安林业	1916788	1.38
10)工商银行武汉市分行桥口支行	1592448	1.15

南京新街口百货商店股份有限公司

(一) 公司简介

1.公司名称:南京新街口百货商店股份有限公司
英文全称:Nanjing XinjieKou Department Store C0.ltd 缩写:NXDSC
2.公司法定代表人:黄树森先生
3.公司董事会秘书:凌泽幸先生 授权代表:陈苹女士
联系地址:南京市中山南路三号新七楼
联系地址:公司新七楼证券办
电话:(025)4721829 电话:(025)4717494 传真:(025)4724722
电子信箱:lzx@njxb.com 电子信箱:njxbgs.z@public1.ptt.js.cn
4.公司注册地址:南京市中山南路三号
公司办公地址:南京市中山南路三号
邮政编码:210005 公司电子信箱:njxbgs.z@public1.ptt.js.cn
公司国际互联网网址:http://www.njxb.com
5.公司选定的信息披露报纸:《中国证券报》、《上海证券报》
刊登公司年度报告的中国证监会指定国际互联网网址 :http://www.sse.com.cn
公司年度报告备置地点:南京市中山南路3号新七楼证券办
6.公司股票上市地:上海证券交易所
股票简称:南京新百 证券代码:600682

(二) 会计数据和业务数据摘要

1、本年度会计数据与业务数据摘要 单位:元

项 目	1999年
① 利润总额	67070673.43
② 净利润	57168531.98
③ 扣除非经常性损益后的净利润	57168531.98
④ 主营业务利润	214457509.82
⑤ 其它业务利润	8666125.34
⑥ 营业利润	83724617.29
⑦ 投资收益	-13629811.47
⑧ 补贴收入	
⑨ 营业外收支净额	-3024132.39
⑩ 经营活动产生的现金流量净额	95970570.65
现金及现金等价物净增加额	33266436.60

2、公司近三年主要会计数据及财务指标 单位:元

①追溯调整后:

项 目	九九年	九八年	九七年
主营业务收入	1275059339.39	1241013030.04	951641400.68
净利润	57168531.98	45877905.99	44635547.73
总资产	1129872387.28	1035946019.00	1010733940.89
股东权益	514354740.80	476303841.95	468661202.22
每股收益(元)	0.30	0.24	0.23
加权每股收益(元)	0.30	0.24	0.23
每股净资产(元)	2.69	2.49	2.45
调整后的每股净资产(元)	2.65	2.44	2.38
净资产收益率%	11.11	9.63	9.52
按加权计算的净资产收益率%			
每股经营活动产生的现金流量净额	0.502	0.805	
扣除非经营性损益后的每股收益	0.30	0.24	0.23

②追溯调整前:

项 目	九 八 年	九 七 年
主营业务收入	1241013030.04	951641400.68
净利润	64385300.97	63959402.00
总资产	1095030690.66	1051311217.57
股东权益	535388513.61	509238478.90
每股收益(元)	0.34	0.33
加权每股收益(元)	0.34	0.33
每股净资产(元)	2.80	2.66
调整后的每股净资产(元)	2.75	2.59
净资产收益率%	12.03	12.56
按加权计算的净资产收益率%		
每股经营活动产生的现金流量净额	0.805	-
扣除非经营性损益后的每股收益	0.34	0.33

3.股东权益变动情况

项 目	股 本	资本公积	盈余公积	法定公益金	未分配利润	股东权益合计
期初数	191176331	260375258	64625105	8716293	-39872853	476303841
本期增加	-	-	11433706	5716853	59234825	70668531
本期减少	-	-	13500000	13573927	19117633	32617633
期末数	191176331	260375258	62558812	859219	244338	514354740

(三) 股东情况介绍

(1)报告期末的股东数量

截止1999年12月31日,公司股东数量为71657户,其中国家股1户,法人股247户,社 会个人股71409户。

(2)主要股东持股情况(前十名股东)

名次	股东名称	年末持股数(万股)	占总股本(%)
①	南京市国有资产经营控股有限公司(国家股)	5319.26	27.83
②	申银万国证券股份有限公司	417.83	2.19
③	工商信息	300	1.57
④	万国发行	211.99	1.11
⑤	万国宝鼎	193.08	1.00
⑥	商业网点	150	0.78
⑦	世兴公司	122.75	0.64
⑧	诸葛伟民	119.33	0.62
⑨	国泰君安	85	0.44
⑩	久青物业	76.7	0.40

宁波华联集团股份有限公司

一、公司简介

(一)公司法定中英文名称
中文名称:宁波华联集团股份有限公司
英文名称:NINGBO HUALIAN GROUP CO.,LTD
英文缩写:NBHL
(二)公司法定代表人:王家兴
(三)公司董事会秘书:钟明海
董秘授权代表:吴宁莲
联系地址:宁波市东渡路 55 号
联系电话:(0574)7361088—3819、3816　传真:(0574)7367652
(四)公司注册地址:宁波市江厦街 21—23 号
办公地址:宁波市东渡路 55 号　邮政编码:315000
公司网址:http://www.nbhl.com
电子信箱 E-mail:hualian@ public.nbptt.zj.cn
(五)公司选定的信息披露报纸名称:中国证券报
登载公司年度报告的国际互联网网址:http://www.sse.com.cn
公司年度报告备置地点:本公司总经理办公室
(六)公司股票上市交易所:上海证券交易所
股票简称:宁波华联　股票代码:600683

二、会计数据和业务数据摘要

(一)本年度主要会计数据(单位:元)

利润总额	−312427597.26
净利润	−308940185.81
扣除非经常性损益后的净利润	−272593271.43
主营业务利润	−4475820.07
其他业务利润	5995092.93
营业利润	−267828740.50
投资收益	284340.00
补贴收入	−
营业外收支净额	−44883196.76
经营活动产生的现金流量净额	22247408.79
现金及现金等价物净增加额	−16447537.61

注:扣除的非经常性损益项目和涉及的金额:
项目:资产(华联 1 号楼主楼)出售损失金额:
7346914.38
--担保或有损失(详见会计报表附注十七)
29000000.00

(二)前三年主要会计数据和财务指标(单位:元)

指标项目	1999 年度	1998 年		1997 年	
		调整前	调整后	调整前	调整后
主营业务收入	733092114	775574661	775574661	661343569	661343569
净利润	−308940185	−67555441	−71511436	3753293	2343655
总资产	975079431	1286161144	1265808319	1322908561	1306529626
股东权益	198574929	527511035	507200857	593633991	577255056
每股收益	−1.55	−0.34	−0.36	0.02	0.01
每股净资产	1.00	2.65	2.55	2.98	2.90
调整后的每股净资产	0.96	2.51	2.44	2.87	2.79
每股经营活动产生的现金流量净额	0.11	0.09	0.09		
净资产收益率(%)	−155.58	−12.81	−14.10	0.63	0.41

调整前 后的 1997、1998 年度的有关会计数据如下:

项目	1998 年		1997 年	
	调整前	调整后	调整前	调整后
坏帐准备	102234.45	9779615.83	275279.78	16741682.54
存货跌价准备	317568.21	10993012.44	362747.69	0
盈余公积	24975232.46	22231313.48	24914172.20	22170253.22
其中:公益金	8244878.97	7330239.31	8244525.55	7309885.89
未分配利润	−41435485.85	−59001744.51	26181016.21	9802081.36

(三)报告期内股东权益变动情况(单位:元)

项目	股本	资本公积	盈余公积	法定公益金	未分配利润	股东权益合计
期初数	199253729	344717559	22231313	7330239	−59001744	507200857
本期增加	−	747953	258209	86069	−	1006163
本期减少	−	−	279675	93225	308918720	309632091
期末数	199253729	345465513	22209848	7323084	−367920464	198574929

增减变动原因:资本公积增加系设立在保税区或开发区的子公司所得税和增值税 返回;盈余公积、法定公益金增加系子公司提取,减少系子公司闭歇转入未分配利润; 未分配利润和股东权益减少系本年度亏损。

注:本年度未确认的损失计 433,696.21 元,系控股子公司宁波大榭开发区纵横二千服饰有限公司净资产出现负数。

三、股本变动及股东情况

(一)股东总数
截止 1999 年 12 月 31 日,公司股东总数为 60297 户。
(二)前十名股东持股情况

股东名称	年末持股数(股)	持股比例(%)	备注
宁波市国有资产管理局(国家)	42,655,600	21.41	未上市流通
宁波金港信托投资有限责任公司	4,018,820	2.02	未上市流通
宁波金港信托上海证券营业部	3,825,198	1.92	未上市流通
交通银行宁波市分行	3,338,000	1.70	未上市流通
中国糖业酒类集团公司	3,042,000	1.53	未上市流通
宁波市工商银行劳动服务公司	2,535,000	1.27	未上市流通
南京新港开发总公司	2,197,000	1.10	未上市流通
上海申银万国证券有限公司	1,458,660	0.73	未上市流通
宁波国际经济技术合作公司	1,352,000	0.68	未上市流通
宁波保税区华能联合开发有限公司	1,383,000	0.59	未上市流通

广州珠江实业开发股份有限公司

一、公司简介

1、公司名称:广州珠江实业开发股份有限公司
英文名称:GUANGZHOU PEARL RIVER INDUSTRIAL DEVELOPMENT CO. LTD
英文缩写:GZPR
2、公司法定代表人:周孟尝
3、公司董事会秘书:丘宝文
联系地址:广州市华乐路 49 号二楼 董事会秘书处
联系电话:(020)83838056　传真:(020)83808469
电子信箱:gzzjsy@gzzjsy.com
4、公司注册地址及办公地址:广州市华乐路 49 号二楼
邮政编码:510060
公司国际互联网网址:http://www.gzzjsy.com.
公司电子信箱:Gzzjsy@gzzjsy.com
5、公司选定的信息披露报纸名称:《上海证券报》
登载公司年度报告的中国证监会指定国际互联网网址:http://www.see.com.cn
公司年度报告备置地点:公司董事会秘书处
6、公司股票上市交易所:上海证券交易所
股票简称:珠江实业　股票代码:600684

二、会计数据和业务数据摘要

1、公司本年度主要利润指标情况(金额单位:人民币元)

利润总额	25410331.96
净利润	20291228.73
扣除非经营性损益后的净利润	0
主营业务利润	3729666.97
其他业务利润	7976560.84
营业利润	−5661357.27
投资收益	31187721.14
补贴收入	0
营业外收支净额	−116031.91
经营活动产生的现金流量净额	−88310839.14
现金及现金等价物净增加额	−35692725.60

2、公司前三年的主要会计数据和财务指标

指标名称	1999 年度	1998 年度		1997 年度	
		调整后	调整前	调整后	调整前
主营业务收入(元)	6724779.73	117271513.89	117271513.89	138086615.33	138080615.33
净利润(元)	20291228.73	37469218.41	38153492.82	36069274.07	36253804.43
总资产(元)	1206347594.97	1206397801.67	1207266606.45	1294726971.47	1294911501.83
股东权益(元)	677424775.56	666460300.43	667329105.21	628632366.77	628816897.13
每股收益(元)(摊薄)	0.11	0.20	0.21	0.19	0.194
(加权)	0.11	0.20	0.21	0.19	0.22
每股净资产(元)(摊薄)	3.62	3.56	3.57	3.36	3.37
(加权)	3.62	3.56	3.57	3.83	3.83
调整后的每股净资产(摊薄)	3.51	3.47	3.28	3.24	3.24
(加权)	3.51	3.47	3.28	3.68	3.68
每股经营活动产生的现金流量净额	−0.47	−1.18			
净资产收益率(%)(摊薄)	3	5.62	5.72	5.74	5.76
(加权)	3.02	5.79	5.89	6.54	6.54

注:(1) 以上数据根据公司合并会计报表数据填列或计算后填列。
(2) 报告期末止,公司股本无变化。
(3))会计政策、会计估计变更追溯调整的会计数据

项目	1999 年	1998 年		1997 年	
		调整前	调整后	调整前	调整后
应收帐款	78949.60	1531517.56	720675.32	1149358.74	1002082.58
其他应收款	265351798.79	269615841.23	269557878.69	325519403.76	325482149.55
合计	265430748.39	271147358.79	270278554.01	326668762.50	326484232.13

3、报告期内股东权益变动情况(单位:人民币元)

项目	股本	资本公积	盈余公积	法定公益金	未分配利润	股东权益合计
期初数	187039387.20	358158513.11	100760152.50	22173705.13	20502247.62	666460300
本期增加		25977793.81	12788477.88	1014561.43	20291228.73	59057500.42
本期减少		25977793.81	3632209.19	3632209.19	18483022.29	48093025.29
期末数	187039387.20	358158513.11	109916421.19	19556057.37	22310454.06	677424775.56

变动原因:

(1)盈余公积增加了 9,156,268.69 元,主要是根据公司董事会提出 1999 年度利润分配预案,提取 10%法定公积金 2,029,122.87 元, 提取 5%法定公益金 1,014,561.44 元, 提取 30%任意盈余公积金 6,087,368.62 元,以及合资公司侨兴公司计提的生产发展基金占 70%的比例 25,215.76 元而构成的。

(2)未分配利润本年增加 20,291,228.73 元,是本年度实现利润总额转入可分配的 利润。本年利润减少 18,483,022.29 元,是按董事会预分方案提取三金(即 10%法定公积金,5%法定公益金,30%任意盈余公积金共 9,131,052.93 元)后,按每股派发现金红利 0.05 元,共 9,351,969.36 元而构成。

三、股东情况介绍

(1) 报告期末股东总数为 75739 户。
(2) 前十名股东持股情况:

序号	股东名称	持股数(股)	比例(%)
1	广州珠江实业集团有限公司	74100940.20	39.62
2	广州市国有资产管理局	12903437.00	6.89
3	华夏证券有限公司	3506288.00	1.87
4	哈里投资股份有限公司	1387589.00	0.74
5	厦门国际信托投资公司	1065658.00	0.56
6	珠江兴业有限公司	1000000.00	0.53
7	浙江金华信托投资股份公司	809143.00	0.43
8	申银万国证券有限公司	763518.00	0.40
9	珠江设计有限公司	694150.00	0.37
10	海通证券有限公司	501437.00	0.26

广州广船国际股份有限公司

一、公司简介

公司法定中文名称:广州广船国际股份有限公司
公司英文名称: GUANGZHOU SHIPYARD INTERNATIONAL COMPANY LIMITED
英文名称缩写:GSI
公司法定代表人:胡国良
公司董事会秘书:王文辉
电 话:(020)81896411 传 真:(020)81891575
联系地址:广州市芳村大道南40号公司注册地址及办公地址:中国,广州市芳村大道南40号
邮 政 编 码:510382
公司国际互联网网址:WWW.Chinagsi.com 公司电子信箱:gsi@chinagsi.com
公司选定的信息披露报纸名称:上海证券报、香港「商报」、「虎报」
登载公司年度报告的网址:www.sse.com.cn
公司年度报告备置地点:公司董事会秘书室
公司股票上市地:
A 股 —— 上海证券交易所
股票代码: 600685 股票简称:广船国际
H 股 —— 香港联合交易所有限公司
股票代码:317 股票名称:广船国际

二、会计数据和业务数据摘要

(一) 本年度实现的利润总额及其构成

本年度本公司及其附属公司(统称「本集团」)实现的利润及其构成如下:

1 、按中华人民共和国会计准则编制

	人民币千元
利润总额	19350
净利润	1101
扣除非经常性损益后的净利润(注)	47360
主营业务利润 288,897 其他业务利润	7577
营业利润	−13525
投资收益	1570
补贴收入	32982
营业外收支净额	−1678
经营活动产生的现金流量净额	18833
现金及现金等价物净增加额	314375

注:所剔除的非经常性损益含新产品增值税先征后返还人民币1,030千元的一项收益和对信托存款提取的超过一般性坏帐准备金(按余额5‰)以上的特殊坏帐准备金共人 民币47,289 千元的一项损失。

(二) 近五年主要会计数据及财务指标

1 、按中华人民共和国会计准则编制

(以人民币千元计算)

本集团最近五年之业绩、资产及负债概列如下:

	1999年	1998年	1997年	1996年	1995年
主营业务收入	2281357	1865084	1682175	2061349	1833513
利润总额	19350	30069	49006	40311	152399
净利润	1101	19032	40495	33296	127019
资产总值	3466470	3357982	3171182	2724421	3033720
负债总额	2057312	1955226	1791488	1357152	1675946
股东权益(不含少数股东权益)	1341972	1350414	1340749	1325462	1316899
每股收益(元)	0.0022	0.0385	0.0819	0.0673	0.2568
每股收益(元)	0.0022	0.0385	0.0819	0.0673	0.2568
每股净资产(元)	2.73	2.73	2.71	2.68	2.66
调整后的每股净资产(元)	2.69	2.69	2.66	2.61	2.58
每股经营活动产生的现金流量净额	0.0381	−0.375			
净资产收益率(%)	0.0820	1.41	3.02	2.51	9.65
净资产收益率(%)	0.0815	1.41	3.04	2.52	9.83
股东权益比率(%)	39	40.22	42.28	48.65	43.41
流动比率	1.38	1.39	1.36	1.32	1.52

(三) 报告期内股东权益变动情况 (以人民币千元计算)

项 目	股 本	资本公积	盈余公积	其中:法定公益金	未分配利润	股东权益合计
期初数	494678	651977	98528	33218	105231	1350414
本期增加	−	−1165	136	1101	2266	
本期减少	−	−	−	334	818	818
期末数	494678	651977 9	9693	33019	105514	1351865

变动原因:盈余公积变动主要是本期利润分配而增加,未分配利润变动主要是增加本年利润及分配本年利润。

三、股本变动及股东情况介绍

(一) 股东情况介绍

1 、股东人数:记录于1999 年12 月31 日本公司股东名册上的股东人数及类别如下:国家股东1个、A 股个人股东73971个、H 股股东 476,股东总数74448。

2 、主要股东持股情况:截至1999 年12 月31 日止年度内持有本公司股份的前10 名股东的名称及其年末持股数量载列如下:

序号	名 称	股份类别	年末持股数(股)	占总股本比例(%)
1	中国船舶工业集团公司	国家持有股份	210800080	42.61
2	HKSCC NOMINEES LIMITED	H 股	133814799	27.05
3	HSBC NOMINEES(HONG KONG LIMITED)	H 股	6714000	1.36
4	CHAN CHEUK SANG	H 股	2000000	0.40
5	TONG WAN LUNG	H 股	1052000	0.21
6	EASTERN HIGHLAND LIMITED	H 股	700000	0.14
7	EAST HARBOUR LIMITED	H 股	700000	0.14
8	KONG WAI MAN	H 股	490000	0.10
9	杨圣坤	A 股	400000	0.08
10	CHEUNG YEE MEI ELIZABETH	H 股	364000	0.07

厦门汽车股份有限公司

一、公司简介

1、公司法定中文名称:厦门汽车股份有限公司
公司法定英文名称:XIAMEN MOTOR CO., LTD. 缩写:AMC
2、公司法定代表人:林小雄
3、公司董事会秘书:姚永宁
董秘授权代表:骆沙波
联系地址:厦门市东渡路64号
联系电话:(0592)5610038
传真:(0592)6015076
4、公司注册地址:厦门市东渡路64号
公司办公地址:厦门市东渡路64号
邮政编码:361012
电子信箱:AMC @PUBLIC.XM.FJ.CN
国际互联网网址:http://www.amc.com.cn
注:本公司2000年即将迁往新址,其地址和电话、传
公司办公地址:厦门市厦禾路820号帝豪大厦27-28层
邮政编码:361004
电话:0592-2962988 传真:0592-2960686
5、公司年度报告备置地点:公司董事会秘书室
公司选定信息披露报刊名称: <<上海证券报>>
中国证监会指定登载公司年度报告的国际互联网网址:
http://www.sse.com.cn
6、公司股票上市地:上海证券交易所
股票简称:厦门汽车 股票代码:600686

二、会计数据和业务数据摘要

1、本年度主要业务指标:(合并报表)

(1)利润总额	5497.23万元
(2)净利润	3175.05万元
(3)扣除非经常性损益后的净利润	2354.80万元
(4)主营业务利润	12543.65万元
(5)其他业务利润	636.62万元
(6)营业利润	2853.37万元
(7)投资收益	1897.15万元
(8)补贴收入	820.26万元
(9)营业外收支净额	−73.55万元
(10)经营活动产生的现金流量净额	11340.19万元
(11)现金及现金等价物净增加额	3315.98万元

注: 扣除非经营性损益项目和涉及金额 :补贴收入820.26万元

2、公司近三年主要会计数据及财务指标(合并报表)

项 目	1999年	1998年		1997年度	
		调整前	调整后	调整前	调整后
主营业务收入(万元)	54772.37	48194.31	48078.25	45650.84	45650.84
净利润(万元)	3175.05	4546.65	3981.12	392.71	1769.87
总资产(万元)	71006.57	69585.67	69607.12	62681.79	62681.79
股东权益 (万元)	29326.47	26820.38	26618.84	22766.73	24143.88
每股收益(元)	0.21	0.45	0.39	0.039	0.175
每股净资产(元)	1.93	62.65	52.635	2.254	2.39
调整后的每股净资产(元)	1.922	2.548	2.546	1.949	2.066
每股经营活动产生的现金流量净额(元)	0.748	0.03	0.03		
扣除非经常性收益后的每股收益(元)	0.155		0.247		0.235
净资产收益率(%)	10.82	16.95	14.96	1.72	7.33
加权每股收益(元)	0.25	0.45	0.39	0.039	0.175

3、报告期内股东权益变动情况 单位:万元

项目	股本	资本公积	盈余公积	法定公益金	未分配利润	股东权益合计
期初数	10101.1728	9662.219	3389.33	1062.77	3466.12	26618.8418
本期增加	5050.5864		881.38	293.79	3175.05	9107.0164
本期减少	0	2020.239	0	0	4379.25	6399.489
期末数	15151.7592	7641.98	4270.71	1356.57	2261.92	29326.3692

变动原因说明:(1) 股本:1998年度利润分配每10股送3股转增股本2股.
(2) 资本公积:资本公积金转增股本所致。
(3) 盈余公积:本年度利润预分配所致。
(4) 法定公益金:本年本年度利润预分配所致。
(5) 未分配利润:本年度利润预分配所致。

三、股本变动及股东情况

1、股本变动情况
(1)股份变动情况表
(2)主要股东持股情况
截止1998年末,持有公司5%以上股份及前10名股东的情况如下:

名次	股东名称	年末持股数量(股)	持股比例(%)	年度内股份增减(股)
1	厦门市财政局(国家股)	44975592	29.68	+14991864
2	力又实业(深圳)有限公司(法人股)	16362000	10.80	+5454000
3	厦门远华电子有限公司(法人股)	10740000	7.09	+3580000
4	厦门永昌投资咨询有限公司 (法人股)	7920000	5.23	+2640000
5	中国汽车工业总公司(法人股)	7500000	4.95	+2500000
6	厦门民兴工业有限公司(法人股)	3600000	2.38	+1200000
7	李菁菁	749259	0.49	增持
8	李文艳	701710	0.46	增持
9	招国毅	660630	0.43	增持
10	李莉	614250	0.41	增持

注: ①厦门远华电子有限公司于1999年4月16日将其持有的厦门汽车股份有限公司法人股716万股在上海证券中央登记结算公司办理质押登记。

②根据厦门国有资产管理局厦国资产权(1997)062号文通知,厦门国有资产管理局授权厦门国有资产投资公司持有本公司国有股股权2998.37万股。

厦门国泰企业股份有限公司

厦门国泰企业股份有限公司1999年年度报告摘要

一、公司简介

1、公司中文名称:厦门国泰企业股份有限公司
公司英文名称:XIAMEN TITAN ENTERPRISES CO.,LTD
英文名称缩写:TITAN
2、公司法定代表人:桑俊杰
3、公司董事会秘书:薛冰
联系地址:厦门市湖滨北路建业大厦14层
联系电话:0592-5113408　传真:0592-5113428
4、公司注册地址及办公地址:福建省厦门市湖滨北路建业大厦14层
邮政编码:361012
公司电子信箱:guotai.public.xm.fj.cn
5、公司年度报告备置地点:厦门市湖滨北路建业大厦14层本公司董事会秘书处
公司选定的信息披露报纸:《上海证券报》
登载公司年报的中国证监会指定国际互联网网址:http://www.sse.com.cn
6、公司股票上市交易所:上海证券交易所
股票简称:国泰股份　股票代码:600687

二、会计数据和业务数据摘要

1、本年度主要利润指标情况:(单位:元)

利润总额	12982240.24
净利润	10784568.13
扣除非经常性损益后的净利润	-8850510.86
主营业务利润	153605.47
其他业务利润	
营业利润	-6639993.80
投资收益	4784245.03
补贴收入	9877.00
营业外收支净额	14828112.01
经营活动产生的现金流量净额	48629561.92
现金及现金等价物净增加额	3168250.37

注:扣除非经常性损益项目和涉及金额:　19635078.99
(1)转让股权收益　4784245.03
(2)资金占用补偿费　15021800.00
(3)处置固定资产净损失　170966.04

2、公司近三年主要财务指标:

指标项目	1999年度末	1998年末		1997年末	
		调整前	调整后	调整前	调整后
主营业务收入(元	4213943.58	67358882.26	67358882.26	121563439.84	121563439.84
净利润(元)	10784568.13	15285215.30	14124508.90	24451169.88	23812119.88
总资产(元)	253943766.05	241823848.30	205028311.36	294844586.32	94205536.31
股东权益(元)	166551444.13	157592484.73	155766876.00	142142148.43	141503098.43
每股收益(摊薄)(元)	0.17	0.24	0.22	0.39	0.38
每股收益(加权)(元)	0.17				
扣除非经常性后的每股收益(元)	-0.14	-0.01	-0.03	-0.06	-0.07
每股净资产(元)	2.62	2.48	2.45	2.24	2.23
调整后每股净资产(元)	2.45	2.28	2.25	2.13	2.12
每股经营活动产生的现金净流量(元)	0.77	-0.16	-0.16		
净资产收益率(%)	6.47	9.70	9.06	17.19	16.83

注:主要财务指标计算方法:
注:主要财务指标计算方法:
(1)每股收益=净利润/年度末普通股股份总数
(2)每股净资产=年度末股东权益/年度末普通股股份总数

3、股东权益变动情况: 单位:人民币元

项目	股本	资本公积	盈余公积	其中公益金	未分配利润	股东权益合计
期初数	63429080	26363713.39	26862350.88	8685659.47	39111731.73	155766876.00
本期增加			2156913.62	1078456.81	10784568.13	12941481.75
本期减少					2156913.62	2156913.62
期末数	63429080	26363713.39	29019264.50	9764116.28	47739386.24	166551444.13

变动原因:
(1)盈余公积本期增加2,156,913.62元,系按本年净利润10%提取法定盈余公积,按本年净利润10%提取公益金;
(2)盈余公积期初数减少361,121.74元,原因系会计政策变更采用追溯调整法以及以前年度损益调整98年所得税等调减期初未分配利润,同时调减盈余公积所致。
(3)未分配利润期初数减少1,464,486.99元,主要原因系会计政策变更,以前年度 损益调整1998年度所得税(未弥补调整1997年应纳税所得额后的亏损)以及补摊98年末摊完的递延投资损失,采用追溯调整法调整帐务所致。

三、公司股东情况介绍

1、截至1999年12月24日止,公司在册股东总数为15513户。
2、主要股东持股情况
(1)截至1998年12月24日,公司前十名最大股东情况:

序号	股东名称	持股数	占总股本(%)
1	海南农业租赁股份有限公司	16783000	26.46
2	新疆新保房地产开发公司	8600000	13.56
3	海南华裕达实业有限公司	8000000	12.61
4	厦门国贸(集团)股份有限公司	4400000	6.94
5	林平	363654	0.57
6	财政证券	280000	0.44
7	中国嵩海实业总公司	275000	0.43
8	金鑫基金	239450	0.38
9	开元运成	220000	0.35
10	光银物业	200000	0.32
	前十名最大股东持股合计	39361104	62.06

前十名股东除海南农业租赁股份有限公司和海南华裕达实业有限公司相互之间有投资关系之外,其余的股东单位之间不存在关联关系。

四、股东大会简介

(一)报告期内召开的年度股东大会情况
厦门国泰企业股份有限公司1998年度股东大会于1999年6月29日上午9:30在厦门 市湖滨北路建业大厦13层本公司总部会议室召开。1999年6月30日的《上海证券报》上。
(二)报告期内的临时股东大会情况
厦门国泰企业股份有限公司1999年临时股东大会于1999年12月30日下午1:30在厦门市湖滨北路建业大厦13层公司总部会议室召开。有关决议内容刊登于2000年元月5 日《上海证券报》上。

五、董事会报告

(一) 公司经营情况回顾
1、公司所处行业和地位
公司所处行业为国内贸易及房地产投资,由于本年度公司正处行业转向阶段,致使行业地位受影响。
2、公司主营业务的范围及其经营状况
<1>主营业务的范围
本年度系公司调整主营业务、定位的关键年,通过一年多的调整定向,公司已将今后的主营方向定位于房地产开发与经营,并以此调整了经营班子的结构框架,投资了房地产项目。
<2>经营状况
本年度上半年,母公司的进出口贸易业务受宏观经济环境和资产重组的影响,处于低迷状部。下半年开始,公司经营班子根据客观形式一直在寻找主营业务的定位点,现调整工作已初步完成,公司工过慎重的调查研究,已决定以房地产投资开发、经营为方向,并且经99年12月31日临时股东大会通过,完成收购长春顺泰商贸有限责任公司95% 产权的工作。此举将是公司涉及房地产开发的第一步。长春顺泰商贸中心拥有长春市市中心普阳街约5.3万平方米的土地使用权,现一期工种约7万平方米的商住小区已建 至地上一层。
3、在经营中出现的问题与困难及解决方案
本年度因宏观经济环境及重组的影响,加之公司转向调整,使进出口贸易严重受阻,影响了公司的利润体现,在经营班子的共同努力下,通过重新调整公司主营业务方向,调整产业结构,加强内部管理等有效途径,已使公司步入良性循环的轨道。
(二)公司财务状况
1、主要财务指标分析

项目	1999年(元)	1998年(元)	增减(%)
总资产	253943766.05	205028311.36	23.86
股东权益	166551444.13	155766876.00	6.92
主营业务利润	153605.47	7405949.25	-97.93
净利润	10784568.13	14124508.90	-23.65

增减变动原因:总资产增加系公司流动负债和少数股东权益增加所致;股东权益增加系99年度留存利润所致;主营业务利润下降主要系公司经主营贸易业务因资产重组 及产业调整所致;净利润下降系公司投资收益下降所致。
2、会计师事务所为公司出具了有解释性说明段的审计报告。
海口齐盛会计师事务所有限公司在审计报告中就我公司确认本年度投资收益及营业外收入作了解释性说明:投资收益增加我公司利润478.4万元,营业外收入增加我公 司利润1502.18万元。我公司董事会认为,因资产重组未成,齐华公司补偿我公司上述 金额是合理的,转让股权款在期后已完全收回,该收入可以确认。
(三)公司投资情况
1、完成了长春顺泰商贸有限责任公司95%股权的收购工作。
经99年11月29日第三届第三次董事会审议通过并提交99年12月31日临时股东大会通过,公司出资14131.25万元收购长春顺泰商贸有限责任公司95%的股权,并直接将上 述收购款投入长春普阳街约10万平方米商品房建设。
2、将全资子公司洋浦旭龙实业有限公司、控股子公司长春万事通经贸有限公司90%股权转让。
经99年12月22日召开临时董事会会议审议通过将全资子公司洋浦旭龙实业有限公司连同其所拥有的进出口权以1400万元价格分别转让给洋浦宇鑫实业有限公司和吴成荣,获得投资收益400万元,以及将长春万事通经贸有限公司96%的股权以1300万元价格转让给孙荣伟,获得投资收益300万元。
(四)本公司生产经营环境及宏观政策、法规未发生重大变化。
(五)新年度的业务发展计划
2000年,公司已完成调整定位,并已涉及房地产的项目开发,公司将在连续开发现 有房地产项目的基础上,进一步调整产业结构,拓展业务领域,继续充实主营业务范围,力争在规范、求实的原则下使公司稳步发展。
(六)董事会工作报告
1、报告期内董事会的会议情况及决议内容
1999年度,董事会共召开了九次会议:
(1)1999年4月20日,公司召开了第二届董事会第十三次会议,会议审议通过了如下决议:《公司一九九八年年度报告及摘要》、《总经理业务报告》、《一九九八年度财务决算报告》、《一九九八年利润分配预案》、上述决议公告刊登于1999年5月15 日《上海证券报》上。
(2)1999年5月13日,公司召开了第二届董事会第十四次会议,会议审议通过了关于向长春市万事通经贸有限公司投资人民币912.577万元的议案。上述决议公告刊登于1999年5月15日《上海证券报》上。
(3)1999年5月27日,公司召开了第二届董事会第十五次会议。会议审议通过了如 下议案:《关于审议公司第三届董事会董事候选人的议案》、《关于收购秦皇岛野力 葡萄酿酒有限公司部分股权的议案》、《关于收加对公司全资子公司--洋浦旭龙实业有限公司部分投资的议案》、《关于召开一九九八年年度股东大会的议案》。上述决议公告刊登于1999年5月29日《上海证券报》上。
(4)1999年6月6日,公司召开第二届董事会第十六次会议,会议审议通过了聘任刘 聚堂先生为公司常务副总经理及聘任岳爱民先生为公司财务总监的议案。上述决议公告刊登于1999年6月8日《上海证券报》上。

上海石油化工股份有限公司

上海石油化工股份有限公司 1999 年度报告摘要

一、公司简况

1.公司名称:上海石油化工股份有限公司
简称:上海石化
英文名称:Shanghai Petrochemical Company Limited
简称:SPC
2.公司注册地址:上海市、金山区、金山卫、纬二路
办公地址:上海市、金山区、金山卫、纬二路
邮政编码:200540 公司
互联网址:http://www.spc.com.cn
E-mail 地址:spc@spc.com.cn
3.公司法定代表人:陆益平
4.公司秘书:张经明　　联系电话:862157943143
传真:862157940050
5.公司股票上市地、股票简称、股票代码

股票种类	股票上市地	股票简称	股票代码
A 股	上海	上海石化	600688
H 股	香港	上海石化	338
ADR	纽约		SHI

6.公司信息披露报纸:《上海证券报》、《中国证券报》、《南华早报》及《文 汇报》(如中英文发生歧义时,以中文为准。)
公司登载年报指定互联网址:http://www.sse.com.cn
年报备置地点:上海石油化工股份有限公司

二、主要财务数据与财务指标

(一)按中华人民共和国会计准则编制

本公司及其附属公司本年度实现利润总额为人民币 876,241,000 元, 净利润为人民币 737,814,000 元,其中主营业务毛利润为人民币 2,634,361,000 元、其他业务利润为 人民币 69,477,000 元、投资收益为人民币 8,989,000 元、补贴收入为人民币 5,667,000 元、营业外净支出为人民币 124,338,000 元、经营活动产生的现金流量净额为人民币 3,106,832,000 元、现金及现金等价物净增加额为人民币 502,545,000 元　。

单位:人民币千元

指标项目	99 年	98 年	97 年
(1).主营业务收入	14386482	11080854	12127256
(2).净利润	737814	237119	726472
(3).总资产	21908455	22209191	20904279
(4).股东权益	12958736	12580922	12559803
(5).每股收益(全摊薄)(人民币元)	0.102	0.033	0.101
(6).每股收益(加权平均)(人民币元)	0.102	0.033	0.101
(7).每股净资产(人民币元)	1.80	1.75	1.74
(8).调整后每股净资产(人民币元)	1.74	1.71	1.70
(9).每股经营活动产生的现金流量净额(人民币元)	0.43	0.26	0.31
(10).净资产收益率(%)(摊薄)	5.69	1.88	5.78
(加权)	5.78	1.89	5.94

(11).股东权益变动情况:　　人民币千元

项目	股本	资本公积	盈余公积	法定公益金	未分配利润	合计
期初数	7200000	2469908	2600268	606119	310746	12580922
本期增加			147562	302850	737814	885376
本期减少				(257,400)	(507562)	(5075623)
期末数	7200000	2469908	2747830	651569	540998	12958736

法定公益金已包含在盈余公积内。

本公司一九九九度合并净利润为 737,814 千元,其中:分别提取法定盈余公积金及 法定公益金各 73,781 千元。

附注:每股收益=净利润/年度末普通股股份总数
每股净资产=年度末股东权益/年度末普通股股份总数
每股经营活动产生的现金流量净额=经营活动产生的现金流量净额/年度末普通股股份总数
净资产收益率(摊薄)=净利润÷年度末股东权益×100%
净资产收益率(加权)=净利润÷(年初股东权益+年末股东权益)÷2×100%
调整后的每股净资产=(年度末股东权益-三年以上的应收款项-待摊费用-待处理 (流动、固定)资产净损失-开办费-住房周转金负数金额)÷年度末普通股股份总数

本年度按国际会计准则及按中华人民共和国会计准则计算的净利润差异详列于按照国际会计准则编制的综合损益表之账项附注内.

(二)、按国际会计准则编制指标项目　　人民币千元

	99 年	98 年	97 年
(1).营业额	14036587	10708507	11832474
(2).净利润	605726	237119	726472
(3).总资产	21947204	22248692	20920357
(4).股东权益	12645124	12399398	12378279
(5).每股盈利(人民币元)	0.084	0.033	0.101

注: 每股盈利按本公司年度内已发行股份之加权平均数 7,200,000,000 股 (一九九 八年:7,200,000,000、一九九七年:7,194,657,534 股)计算。

三、董事会报告

(一)业绩回顾及展望业务回顾

根据一九九九年的净销售额和乙烯产量,本集团是中国最大的石化企业之一,本集团是一家高度综合的石化企业,主要从事石油化工业务,把原油加工以制成多种合成纤维、树脂和塑料、中间石化产品及石油产品。根据一九九九年的销售量,本集团每类 主要产品均位居国内生产商前列。(资料来源:一九九九年《中国石化经济信息》杂志)。

一九九九年,是上海石化面对各种挑战,经受考验并取得较好经济效益的一年。

———生产运行创造历史最好水平一九九九年,公司产品实物总量比去年增加 19.26%,工业总产值、原油加工量、乙烯产量等重要的标志性指标实现较大的突破。主 要生产装置平均负荷率、平均开工率分别提高 12.55%和 4.58%。通过加强全员安全 管理和进一步落实关键装置、重点部位的安全监督管理,全年未发生重大、特大事故;实现了安全生产目标,公司的安全环保工作总体上好于上年;设备管理工作得到进一步加强;产品质量稳中有升。

截至一九九九年十二月三十一日止,本公司加工原油 532.44 万吨,比上年同期增加 11.13%,首次突破 500 万吨大关,创造历史最高水平;生产汽油 63.54 万吨,柴油 89.93 万吨,比上年同期分别增加 18.19%、157.66%; 生产乙烯 59.26 万吨, 比上年同期增加 17.70%, 继续保持全国第一; 生产丙烯 32.40 万吨,比上年同期增加 14.39%;生产合纤聚合物 37.45 万吨,合成纤维 21.83 万吨,合纤聚合物比去年增加 18.20%,合成纤维比去年 增加 15.71%;生产合成树脂 40.02 万吨,比去年增加 10.79%。

———原油成本大幅度上涨

原油成本的波动直接影响公司的经营业绩。一九九九年,本公司继续实行中国石 化集团公司的原油加权平均成本制度,但对实际原油成本的影响轻微。上半年,集团公司原油加权运作标准为:加工每吨大庆原油上交差价人民币 40 元,加工每吨进口或海洋原油上交差价人民币 80 元,加工每吨胜利原油补贴差价人民币 60 元;下半年调整为:加 工每吨大庆原油补贴差价人民币 30 元,加工每吨进口或海洋原油补贴差价人民币 20 元,加工每吨胜利原油上交差价人民币 40 元。截至一九九九年十二月三十一日止, 本公司 共加工原油 532.44 万吨: 其中大庆原油 236.79 万吨, 胜利原油 144.84 万吨,海洋原油 29.46 万吨,进口原油 117.31 万吨,来料加工 4.04 万吨。本公司销售成本中,原油成本开支 为人民币 56.93 亿元,占本公司年度销售成本的 45.42%,加工原油的平均成本价格为人民币 1100 元/吨,(不含增值税,含运输费),比上年同期上升 13.4%,原油价格的上升和 加工量的增加,使本公司成本增加人民币 9.44 亿元。

———石化市场走出低迷,石化产品价格回升

一九九九年,中国石化市场继续得到国家各方面的有力支持,严厉打击走私,控制 石化产品进口,加强行业自律,实行行业整顿,规范经营行为,为石化产品市场创造了较好的内外部环境,国内石化市场需求增长强劲以及受到原油价格上升的推动,石化产品价格得到回升。截至一九九九年十二月三十一日止,本公司合成纤维、树脂与塑料、中间石化产品及石油产品的销售价格比上年同期分别提高 4.5%、9.5%、6.1%、18.9%。

———新产品、新技术开发取得可喜成果

一九九九年,本公司通过加强销售、开发、生产的有机结合,加大新产品、新技术的开发力度,一批市场前景较好、技术含量、附加值较高的新产品相继投放市场,95 号、97 号高标号汽油、-10 号柴油、车用液化气、1.2D 有光缝纫线专用丝、芳香系列、驱蚊、超短涤纶纤维、高收缩腈纶短纤维、远红外、抗菌腈纶、高强高模维纶纤维、流延聚丙烯系列专用料、CTA-6 丙烯腈催化剂等均取得了推向市场、增加效益的效果 。一九九九年, 本公司新产品生产总量达到 41.75 万吨, 比去年增加 24.78%;塑料专用 料比例达到 67.7%,合纤差别化率达到 26.9%,分别比上年提高 9.3 和 3.2 个百分点。

———市场营销工作形成良好局面

公司初步建立了由市场部统一协调管理、事业部专业化销售服务的营销体系。新体制使生产、销售和开发工作结合得更为紧密,使市场反应机制更为灵敏,使产品结构更适应市场需求。公司进一步加大了开拓国际市场的力度,在切实做好油品、化工品 等传统产品出口的同时,积极探索其它产品的出口途径。公司全年实现净销售额比上 年增长 26.6%,产品产销率、货款回笼率双双超过了年初预定的奋斗目标,分别达到
100%和 102%。应收帐款较年初下降人民币 1.10 亿元,降幅达 23.20%。公司的营销工作得到了用户的普遍好评。

———企业内部管理得到进一步加强

根据事业部体制的管理模式,初步理顺了内部运作管理体制和机制,平稳渡过了体制调整的磨合期。在财务管理方面,公司财务部门发挥资金统筹和统一调度的作用,提高资金利用效率,现金流量充足,财务状况良好,有利于公司的稳健经营和发展。在审 计监督方面,公司审计部门发挥内部一级审计的优势,积极开展经营效益审计、工程项目审计、投资效益审计、经济责任审计以及内部控制制度的评审,通过实施各类审计,为公司增加效益,减少了损失。

———资本开支计划进展顺利

一九九九年度,本公司各项资本开支项目进展顺利。100 万吨/年延迟焦化装置建 设,2 号常减压装置、2 号聚丙烯装置、2 号聚酯装置,中外合资金地液化气、杜邦长丝装置改造等重点投资、技术改造项目按计划顺利建成,中外合资金森 2.5 万吨/年石油 树脂项目也在年内顺利投产,并已产出合格产品。

———二零零零年展望及工作安排

二零零零年,本公司预计世界经济增长将有所加快,我国可能加入世界贸易组织, 国际贸易量可望有所扩大。随着亚洲金融危机的结束,亚洲经济将继续呈现回升势头,这将有利于我国扩大出口,增加外需对经济增长的拉动力。

二零零零年,中国政府为确保经济改革和发展目标的实现,将继续采取积极有力的政策,特别是西部大开发战略实施和增发国债和增加中低收入阶层居民的收入等政策 举措,将有利于增强各方面的信心,改善人们的消费心理预期,促进投资和消费的增长;国家关于国企改革和发展的各项政策举措的出台,将促进提高企业的竞争力和市场的 适应能力,这也将有助于改善企业的经营环境。

由于国际市场原油价格偏高,而本公司所用全部原油包括国内大庆、胜利原油的 价格均与国际市场同类原油价格相一致,本公司预计全年原油的平均价格将因此会有 所上升。但相应的绝大部分石化产品随着需求增加,价格会进一步回升,可有效地抵消原油成本上升带来的负面影响。本公司部分生产装置在年内将进行设备的系统大检修, 但本公司将进一步加强管理、优化检修的安排、提高装置的负荷率,力争使本公司在二零零零年取得更好的经营业绩。

(二)董事会日常工作情况

本公司董事会全体成员遵照《中华人民共和国公司法》(“《公司法》”)及公司章程的规定,认真履行公司章程赋予的职责,认真执行股东大会决议,积极开展工作。

报告期内本公司共召开了五次董事会,具体情况如下:

1.一九九九年四月二十七日召开了第二届董事会第十六次会议。会议审议通过了一九九八年度董事会工作报告、一九九八年度财务报告、一九九八年度利润分配方案、一九九八年年报、一九九八年年报摘要、并审议通过了关于提呈一九九八年度股东大会的议案和总经理工作报告。有关公告刊载于一九九九年四月二十八日的《上海证券报》、《中国证券报》、《南华早报》《香港商报》。

2.一九九九年五月八日召开了第二届董事会第十七次会议。会议讨论并一致通过了本公司重要人士变更的决议:

(1)同意董事长吴亦新因工作变动,不再担任本公司董事长、执行董事的职务,即 日起生效。

(2)一致通过选举副董事长兼总经理陆益平为本公司新任董事长,即日起生效。

(3)同意聘任吴海君为本公司副总经理,即日起生效,其任期与本届总经理、副总 经理任期一致。有关公报刊载于一九九九年五月十日的《上海证券报》、《南华早报》、《香港商报》。

3.一九九九年六月十五日召开了第三届董事会第一次会议。会议选举了董事长、副董事长;聘任总经理、副总经理、总会计师、董事会秘书并聘任本公司在香港联交 所的授权代表;审议并通过

了本公司董事会议事规则。有关公告刊载于一九九九年六 月十六日的《上海证券报》、《中国证券报》、《南华早报》、《香港商报》。

4.一九九九年八月二十五日召开了第三届董事会第二次会议。会议审议通过了一九九九年度中期业绩报告、关于不派发九九年度中期股利的决议。有关公告刊载于一九九九年八月二十六日的《上海证券报》、《中国证券报》、《南华早报》、《香港商报》。

5.一九九九年十二月二十七日以通讯方式召开了第三届董事会第三次会议。会议讨论通过了上海石油化工股份有限公司参股投资上海化学工业区发展有限公司的决议。有关公告刊载于一九九九年十二月二十九日的《上海证券报》、《南华早报》、《香港商报》。

(三)、本公司现任董事、监事及高级管理人员资料

姓名	职务	性别	年龄	任期	年薪及津贴
陆益平	董事长兼总经理	男	54	至二零零二年六月	86700
许开程	副董事长	男	43	至二零零二年六月	73400
戎光道	董事兼副总经理	男	44	至二零零二年六月	65700
冯建平	董事兼副总经理	男	46	至二零零二年六月	55800
张志良	董事兼副总经理	男	46	至二零零二年六月	72300
蒋宝兴	董事	男	55	至二零零二年六月	65300
励伟昌	董事	男	46	至二零零二年六月	65700
刘文龙	董事	男	59	至二零零二年六月	-
张洪林	董事	男	57	至二零零二年六月	-
张保鉴	董事	男	55	至二零零二年六月	-
黄 鉴	董事	男	58	至二零零二年六月	-
王永寿	董事	男	60	至二零零二年六月	-
顾传训	独立董事	男	65	至二零零二年六月	-
王行愚	独立董事	男	55	至二零零二年六月	-
何斐	独立董事	男	44	至二零零二年六月	-
杜重骏	监事会主席	男	45	至二零零二年六月	65900
金维城	监事	男	56	至二零零二年六月	52500
夏简英	监事	女	51	至二零零二年六月	42700
刘训峰	副总经理	男	35	至二零零二年六月	50300
吴海君	副总经理	男	38	至二零零二年六月	66800
韩志浩	总会计师	男	49	至二零零二年六月	53600

本公司董事、监事及高级管理人员及其所占股份或债券之权益

姓名	年初持股数	年末持股数	变动原因
陆益平	3600	3600	无变化
许开程	3600	3600	无变化
戎光道	3600	3600	无变化
冯建平	3600	3600	无变化
张志良	3600	3600	无变化
蒋宝兴	3600	3600	无变化
励伟昌	1000	1000	无变化
刘文龙			
张洪林			
张保鉴			
黄 鉴			
王永寿	3600	3600	无变化
顾传训			变化
王行愚			变化
何 斐			无变化
杜重骏	1000	1000	无变化
金维城	1000	1000	无变化
夏简英	1000	1000	无变化
刘训峰	1500	1500	无变化
吴海君		2000	买入
韩志浩			无变化

注:以上人士所持股份均为本公司A股股票,均为其个人权益。除上所述,各董事、监事和高级管理人员及彼等之关联人士于一九九九年年度内概无在本公司已发行之股本中拥有任何实际权益。 彼等人士均为本公司外部董事,均未在本公司领取报酬。

董事、监事及高级管理人员变动

本公司第二届董事会于一九九九年六月十五日任期届满,本公司于同日召开股东 大会,选举陆益平先生、许开程先生、戎光道先生、冯建平先生、张志良先生、蒋宝 兴先生、励伟昌先生、刘文龙先生、张洪林先生、张保鉴先生、黄鉴先生、王永寿先生,顾传训先生、王行愚先生、何斐先生为董事,其中顾传训先生、王行愚先生、何斐先生为独立董事;选举杜重骏先生、金维城先生、夏简英女士为监事,夏简英女士作为本公司职工代表,由本公司职工民主选举为本公司监事。

本公司于一九九九年六月十五日召开的第三届董事会第一次会议选举陆益平先生为董事长、许开程先生为副董事长;根据董事长提名,聘任陆益平先生为总经理;根据 总经理提名,聘任戎光道先生、冯建平先生、张志良先生、刘训峰先生,吴海君先生为 公司副总经理,聘任韩志浩先生为总会计师;根据董事长提名,聘任张经明先生为董 事会秘书。

本公司于一九九九年六月十五日召开的第三届监事会第一次会议,选举杜重骏先 生为监事会主席。

第二届董事会吴亦新先生、瞿国华先生、王观泽先生、徐濒经先生、汤云为先生不再担任本公司董事;许开程先生、谢仁杰先生不再担任本公司监事。吴亦新先生、瞿国华先生、王观泽先生、徐濒经先生、汤云为先生、许开程先生、谢仁杰先生在本公司运营和发展中,勤勉尽职,做了大量工作,为本公司和第二届董事会、监事会作出 了重要贡献。

四、股东情况介绍

1、报告期末本公司股本总额为72亿股,拥有股东330,037户。其中A股股东325,850户,H股股东4,187户。

2、本公司前十大股东持股情况:

名次 名称	年末持股数(股)	占总股本比例%
(1).中国石油化工集团公司	4000000000	55.56
(2).香港中央结算(代理人)有限公司	1840000000	25.56
(3).香港汇丰(代理人)有限公司(A/C-6)	354000000	4.92
(4).上海康利工贸总公司金康工贸分公司	16800000	0.23
(5).浙江省经济建设投资公司	12000000	0.17
(6).泰和基金	9726970	0.14
(7).杨国强	8423044	0.12
(8).香港汇丰(代理人)有限公司(A/C-8)	7606000	0.11
(9).上海广发公司	4960000	0.07
(10).李仙桃	4900000	0.07

代表国家持有股份.

3、购买、出售和赎回股份

报告期内,本公司及其附属公司概无购买、出售或赎回本公司股份。

五、股东大会简介

本公司于1999年6月15日在中华人民共和国上海市金山区科技馆召开了1998年年 度股东大会。股东大会决议公告刊登在一九九九年六月十六日的《上海证券报》、《中国证券报》、《香港商报》及《南华早报》。

六、监事会报告

在本报告期内,本公司监事会共召开了四次会议。

1、一九九九年五月十九日召开了第二届监事会第七次会议,会议讨论通过了九八年度监事会工作报告,审议分析了九八年度公司董事会工作报告及九八年度财务报告 。

2、一九九九年六月十五日召开第三届监事会第一次会议,会议推荐杜重骏为本公司监事会主席,聘任监事会办公室正、副主任。有关决议公告刊登于一九九九年六月 十七日《上海证券报》、《南华早报》、《香港商报》。

3、一九九九年八月二十三日召开第三届监事会第二次会议,审议公司九九年度中期财务报告,研究确定监事会后几个月的主要工作。

4、一九九九年十月六日召开第三届监事会第三次会议,讨论通过了公司新修订的《监事会工作暂行条例》及《监事会议事细则》。

七、重要事项

1、本公司董事会、监事会于一九九九年六月十五日进行了换届选举。详情见“ 董事会报告”。

2、二零零零年的电脑程式问题

截至本年报摘要披露日,本集团未发生计算机二零零零年问题,本集团所有应对计算机二零零零年问题的费用约为人民币700万元。

3、报告期内,本公司并无委托存款。于一九九九年十二月三十一日,本公司并没 有任何定期存款到期而未能收回。

4、职工宿舍

根据上海市住房制度改革办公室及上海市房产管理局于一九九四年六月十五日颁布之《关于出售公有住房的实施细则》(“该条例”)员工宿舍须售与中等收入及低收入之职员。员工宿舍须按成本值减该条例规定之若干折扣之价格出售。折扣乃按如职员任职、年期、员工宿舍之楼龄,位置与地区及鼓励员工购买员工宿舍等多项因素计 算。

按中国政府推行的住房制度改革政策,和进一步调动本公司员工积极性,一九九九年按照国家房改政策规定的价格,本公司部分员工已购入其住房的产权,该等出售职工住房亏损约为人民币1.554亿元,已计入本集团一九九九年度按国际会计准则和按美国公认会计准则编制的损益帐。而在按中华人民共和国会计准则编制的报表中,仍记入 资产负债表内以住房周转金负数反映。

本公司预期日后就尚未出售的员工宿舍的余额而需作出的摊销之款额非常小,而 且不重大,故不会对本公司之财政状况造成重大负面影响。

5、报告期内,本公司没有召开临时股东大会。

6、经本公司一九九八年年度股东大会批准,本公司续聘毕马威华振会计师事务所及毕马威会计师事务所分别为本公司一九九九年度境内和境外核数师。

7、报告期内,本公司没有重大诉讼仲裁事项。

8、最佳应用守则

截至一九九九年十二月三十一日,本公司遵守了香港联合交易所有限公司的上市 规则附录十四《最佳应用守则》的规定要求。根据《最佳应用守则》第14段之规定,本公司于一九九九年六月十五日成立了审核委员会。

9、报告期内,本公司没有重大收购项目。

10、控股公司

本公司最终控股股东中国石油化工集团公司(“中石化集团公司”)于二零零零年二月二十五日完成了一项重组。重组完成后,中国石油化工股份有限公司(“中石化股份公司”)成立。作为该重组的一部分,中石化集团公司将其持有的本公司4,000,000,000股国有法人股股份,占本公司总股份的55.56%,出让给中石化股份公司持有。中石化股份公司因而成为本公司第一大股东。

11、世界贸易组织

如果中国在二零零零年加入世界贸易组织(“世贸”),中国产品出口壁垒将趋向 削弱,中国石化业有望获得更多的出口机会,这将有利于刺激并形成对高品质石化产品,特别是高品质化纤产品的需求。同时,中国石化产品市场将在关税减让、许可配额 、投资限制等方面更加对外开放,石化产品市场将继续保持增长势头,在世贸的规则框架下,开放的中国石化产品市场的供应和需求将在更大的国际范围内求得动态的平衡,产品价格内外差异缩小。石化产品的进口关税将会有较大幅度的减让。总体而言,中 国加入世贸对本公司是机遇大于挑战。

12、四项计提

根据中国财政部《关于印发 [股份有限公司会计制度有关会计处理问题补充规定 的通知]》(“《通知》”)(财会字 [1999] 35号)文件,公司须计提“四项准备”,因 本公司上市后主要会计政策中一直包含此项制度,上述《通知》要求对本公司会计政 策的一致性没有影响。

13、信息披露

除已根据中国《证券法》第六十二条、《股票发行与交易管理暂行条例》第六十条及《公开发行股票公司信息披露实施细则》(暂行) 第十七条的规定所例举的重大事件或须予披露的情况而予以披露的以外,本报告期内本公司无任何重大事件或须予披 露的情况发生。

14、重大关联交易

本公司之独立董事已确认本集团在一九九九年内所参与之所有关联交易均属普通及一般业务的一部分,而所有参与之交易均按一般商业条款成立,或按对股东公平及合理之条款成立。

15.按照国家经贸委和中国证监会《关于进一步促进境外上市公司规范运作和深化改革意见》的要求,本公司与控股股东中石化之间完全实行人员独立、资产完整和 财务独立“三分开”。

八、本年度利润分配预案

上海石 油化工股份有限公司一九九九年利润分配预案如下: 本公司一九九九年度 按中华人民共和国会计准则下的税后利润为人民币737,814,000元,按国际会计准则审计之净利润为人民币605,726,000元。提取10%法定公积金73,781,000元,提取10%公益金73,781,000元;则可分配利润为人民币590,252,000元 (国际会计准则为人民币458,164,000元); 加上年初未分配利润人民币310,746,000元(国际会计准则为人民币174,109,000元),可供股东分配利润为人民币900,998,000元(国际会计准则为人民币632,273,000元)。董事会建议向全体股东派发本期股利每10股人民币0.50元(含税),计人民币360,000,000元。因此,按中国会计制度则年末未分配利润为人民币540,998,000元;按国际会计准则则年末未分配利润为人民币272,273,000元,结转二零零零年度。

九、财务会计报告

1.审计意见

本公司及本集团按中华人民共和国会计准则编制的财务报表经毕马威华振会计师事务所罗铮、金乃雯注册会计师审计,并出具无保留意见的审计报告。同时,本公司及本集团按国际会计准则编制的财务报表经毕马威会计师事务所审计,并出具无保留意 见的审计报告。

2.按照中华人民共和国会计准则编制的会计报表(见附表)3.财务报表附注(1)主 要会计政策

编制本报表所采用的主要会计政策是根据中华人民共和国财政部颁布的《企业会计准则》、《股份有限公司会计制度》及其他有关规定所制订的。

a.合并基准

本公司的合并会计帐项包括了本公司及全部主要子公司(以下简称“本集团”)截至一九九九年十二月三十一日止年度的会计帐项。所有重大的集团内部交易及余额已经在合并时冲抵。

本公司对子公司权益性资本投资的数额与子公司资产净值中本公司所持有的份额在合并时相抵销。抵销时产生的股权投资差额按情况而定借记或贷记入长期股权投资项目下的股权投资差额中,并在规定期间内以直线法摊销。

b.会计年度

本公司会计年度采用公历制,即每年自一月一日起至十二月三十一日止为一个会 计年度。

c.记帐基础和计价原则

本集团按权责发生制为记帐基础,以历史成本为计价原则。

d.坏帐准备

坏帐准备是根据管理层对应收款项的可回收状况的估计而提取的。

e.存货

除零配件及低值易耗品外,存货价值按成本及可变现净值的较低者计算。成本包 括以加权平均成本法计算的物料的实际成本及在产品和产成品中包含的直接人工和相应的间接生产费用。可变现净值是根据产品在资产负债表结算日后在日常业务过程中出售所得的款项或管理层根据当时市场情况作出的估计而定。

存货出售时,其帐面值会被确认为相关收入确认期间的支出。存货损失在损失期 间计入利润表中。存货成本与可变现净值的差额在发生期间调整存货跌价准备及利润表。因可变现净值增加而需逆转的存货跌价准备在发生期间冲减利润表。

零配件及低值易耗品按原值减可能的陈旧准备列示。

f.长期股权投资

对主要子公司的长期股权投资按权益法入帐。取得子公司股权时投资成本与本公司占子公司权益份额按直线法在准则或法律所规定的受益期间摊销其他投资以原值减董事会认为必需的永久性减值准备入帐。

g.固定资产及无形资产

固定资产及无形资产以成本或一九九三年的估值减累计折旧或已摊销金额记入资产负债表内。

(i)固定资产的资本化

与购置或建造厂房及机器有关的一切直接或间接成本全部资本化为固定资产。这些成本包括建设期间有关借贷资金的利息开支、相关汇兑损益及投产之前的业绩等。

厂房如能持续批量生产可销售数量及质量的产品,则视为已经投产,即使有关部门在发出有关的投产证书方面有任何延误,亦不受影响。

(ii)折旧和摊销

.土地及房屋使用权土地及房屋使用权的价值在其使用权期限内按直线法进行摊 销。.固定资产

固定资产折旧根据下列预计可使用年限扣除估计残值后按直线折旧法计算。

建筑物	15 年至 35 年
厂房、机器、设备及其他	5 年至 13 年

在建工程不提折旧准备

h.收入确定

当相关成本或退货可能性不存在重大不确定因素,同时,当货物的所有权及有关重要风险已转移给买方时,即确认收入。

股利收入在明确股东的股利享有权时予以确认。银行存款利息收入则按时间比例,以结存本金及适用利率计算。

i.税项

本集团适用的税种及税率如下:

(i)企业所得税

所得税是按纳税影响会计法计提。按本年度利润或亏损计算的所得税包括即期税项及递延税项。即期税项即期税项是根据年内应税收入以在结算日施行或实质上施行的税率计算的预计应付税项,以及就以往年度应付税项作出的有关调整。

根据国家有关税务法规,本公司一九九九年的所得税率为 15%。子公司按国家有 关税务法规规定的税率缴纳所得税。

递延税项

递延税项是以资产负债表负债法计算,就资产与负债在财务报表的帐面值与计税 所用的数额之间的暂时性差异计提准备,但不会就无法扣税的商誉及在初次确认时不 会影响会计或应税利润的资产或负债的暂时性差异计提准备。递延税项数额的计算是根据预期在资产变现或负债结算期间施行的税率计算的。因税率改变而对递延税项造成之影响将被计入利润表内。

递延税项资产只有在未来有足够的应税利润可用作抵销待弥补税务亏损时才会确认。如相关的税项利益不再可能获实现,则会将递延税项资产减记至可实现的数额。

(ii)增值税

根据国家有关税务法规,本集团需就集团大部分产品按销售发票价的 17%计缴增 值税(销项增值税)。销项增值税由顾客负担,连同发票价一起支付。本集团在采购物 料时所缴付之增值税(进项增值税),可从销货予顾客时所收的增值税中扣除。

(iii)消费税

根据国家有关税务法规,本集团需就集团销售的汽油及柴油分别按每吨人民币 277.6 元及人民币 117.6 元缴纳消费税。

(2)控股子公司

本公司的主要子公司均是在中华人民共和国建立及经营的有限公司。于一九九九年十二月三十一日对本集团的业绩或资产有重要影响的主要子公司之具体情况如下:

公司	注册资本 千元	本公司 持有股权%	子公司 持有股权%	主要业务
上海石化投资发展公司	人民币 650000	100	-	投资管理
上海石化市场经营开发公司	人民币 25000	100	-	石化产品贸易
中国金山联合贸易公司	人民币 25000	70	-	石化产品及机器进出口贸易
上海金化实业有限公司	人民币 17000	-	75.25	石化产品贸易
上海金东石油化工实业公司	人民币 40000	-	52.5	石化产品贸易
上海金阳腈纶厂	人民币 397630	100	-	腈纶产品生产
浙江金浙石化联合股份有限公司	人民币 40000	-	53.4	石化产品贸易
上海金威石油化工有限公司	美金 3460	-	75	醋酸乙烯产品生产
上海金昌工程塑料有限公司	美金 4750	-	50.84	改性聚丙烯产品生产
上海金菲石油化工有限公司	美金 50000	-	60	聚乙烯产品生产
浙江金甬腈纶有限公司	人民币 50000	75	-	腈纶产品生产
上海石化企业发展有限公司	人民币 200000	100	-	投资管理

所有子公司均未发行任何债券。

本公司因兼并子公司而产生的有关投资成本与子公司资产净值中本公司所持有的份额之差额计入股权投资差额。股权投资差额在十年内按直线法摊销。剩余摊销年限为七至八年。

本集团在部分合资企业的权益,包括非控股的股份投资,这些企业主要从事与本集团业务有关的制造或贸易活动。由于本集团在截至一九九九年十二月三十一日止年度内因这些权益而应占的业绩,对本集团的利润并不重要,故未按权益法入帐。同时,在 这些合资企业的权益中包括了未合并的子公司。这些子公司对本集团的业绩或资产并没有重要的影响,故未合并或按权益法入帐。

于一九九九年十二月三十一日,本集团对合资企业有人民币 907,770,000 元的资本承担。

(3).关联方及关联交易

(a)存 在控制关系的关联方

企业名称:中国石油化工集团公司[中国石化]

注册地址:北京市朝阳区惠新东街甲六号

主营业务:石油加工、石油化工综合利用、石油产品包括油田气、液化石油气等 为原料的化工产品、合成纤维和合成纤维单体的生产、销售和进出口业务。兼营与国内外有关单位建立经济业务关系,签订经济合同。

与本企业关系:最终控股公司

经济性质:国有

法定代表人:李毅中

注册资本:人民币 1,049.12 亿元于一九九九年十二月三十一日,中国石化持有本公司股份 40 亿股,年中并无变化。

(b)不存在控制关系的关联方(其他关联方)

中国石化高桥石油化工公司中国石化巴陵石油化工公司中国石化北京燕山石油化工公司中国石化金陵石油化工公司中国石化胜利管道储运公司中国石化财务有限责任公司镇海炼油化工股份有限公司江苏石油公司本公司与以上公司均属同一控股公司。

(c)本集团在截至一九九九年十二月三十一日止年度内所进行的大部分交易的交 易对象及条款,均由

中国石化及有关政府机构所决定。

中国石化代表其集团与供应商洽谈及协定原油供应条款,然后酌情分配给其附属 公司(包括本集团)。在本年度内,本集团按中国石化分配基准所购买的原油价值如下:

	人民币千元	人民币千元
原油价值	5749527	3961828
已付原油加权平均成本制度的净补差	36950	38468

(d)年度本集团与其他关联方进行的其他交易如下:

单位:人民币千元

	1999	1998
销售	2459739	1277466
采购	417062	138116
维修费	112450	11699
保险费	70757	66629
利息收入	2102	4125
研究及开发费用	72721	34343

本集团与以注释(b)所披露的其他关联方的销售及采购交易约占同类关联交易的 80%。

本公司的董事会认为上述交易是一般的普通业务往来及基于普通的商业交易条件或有关交易的协议进行的。以上均得到本公司非执行董事确认。

(e)应收/(应付)关联方款项 单位:人民币千元

	集团		公司	
	1999	1998	1999	1998
应收子公司			402498	524937
应付最终控股公司	(23,409)	(30,701)	(23,409)	(30,701)
应收其他关联方	346932	272207	343917	255165
应付其他关联方	(129,255)	(166,879)	(129,255)	(146,378)

上述应收及应付关联方款项分别包括在其他应收款及其他应付款中。

(f)存于关联方的货币资金

单位:人民币千元

	集团		公司	
	1999	1998	1999	1998
货币资金	258826	58932	258826	58932

(4)资本承担

于十二月三十一日,出于注释 (2) 所披露的资本承担外,其他资本承担如下:集团及公司

单位:人民币千元

	1999	1998
已订约但未提准备	1661425	1171109
已被董事会批准但未签约	5881367	2975576
合计	7542792	4146685

(5)或有负债

于十二月三十一日,或有负债如下:

单位:人民币千元	集团		公司	
	1999	1998	1999	1998
下列单位向银行作出的担保				
-子公司	-	-	1399586	1452235
-合资公司	389554	321800	389554	321800
-第三方	36000	30000	36000	30000
为合资企业向第三方作出的担保	-	33783	-	39783
合计	425554	391538	1825140	1843773

4.按照国际会计准则编制综合损益表

单位:人民币千元

项目	1999 年	1998 年
营业额	14036587	10708507
销售成本	(12,532,636)	(10133606)
毛利	1503951	574901
销售费用	(275,003)	(201,541)
营业外收入	121979	310121
营业外支出	(261,797)	(64,128)
营业利润	1089130	619353
财务费用	(368,287)	(366,561)
税前正常业务利润	720843	252792
税项	(99,185)	(58,833)
税后利润	621658	193959
少数股东权益	(15,932)	43160
股东应占溢利	605726	237119
每股盈利	RMB0.084	RMB0.033

5、账项附注(1)主要会计政策

本报表之会计账项按照国际会计准则及香港公司条例之披露规定编制而成。与一九九八年年度财务报告所采用的会计政策相同。

(2)税项

中华人民共和国所得税是按有关的税务规定按利润的 15%(一九九八年:15%)来 计算。由于本集团并未有业务在中华人民共和国境外,故并不需为中华人民共和国境 外的所得税作准备。财政部并未有通知本公司于二零零零年可继续沿用 15%的税率。因此,本公司的适用税率有可能在二零零零年内上升。

(3)股利

董事会于二零零零年四月十日提议本公司派发末期股利每股人民币 0.05 元(含税),股利总额为人民币 360,000 千元。

(4)每股盈利

每股盈利是按股东应占溢利人民币 605,726 千元(1998 年:人民币 237,119 千元)及 本公司于年度内已发行股份之加权平均数 7,200,000,000 股(1998:7,200,000,000 股) 计算。

(5)储备变动情况

截至一九九九年十二月三十一日止, 本集团储备余额从期初的人民币 5,199,398,000 元增至期末的人民币 5,445,124,000 元。其中,资本公积金期末余额为人民币 2,469,908,000 元,故与期初比未有变化;法定公积金由期初的人民币 659,877,000 元增加至期末的人民币 733,658,000 元,其增加是从一九九九年股东应占溢利中提取法定公积金人民币 73,781,000 元; 法定公益金由期初的人民币 606,119,000 元增至期末的人民币 651,569,000 元,主要是从一九九九年股东应占溢利中提取法定公益金人民币 73,781,000 元,转入一般盈余公积金人民币 257,400,000 元用于购买职工住房使用权,因出售职工住 房使用权,其原值人民币 229,069,000 元转回法定公益金;一般盈余公积金期末由期初的人民币 53,758,000 元增至期末的人民币 82,089,000 元, 主要是从法定公益金转入人 民币 257,400,000 元用于购买职工住房使用权,同时,由于出售职工住房使用权,其 原值人民币 229,069,000 元转回法定公益金;任意公积金期末余额为人民币 1,280,514,000 元,因本年未提取任意公积金,故与期初比没有变化。

(6).按照国际会计准则和中华人民共和国会计准则编制的会计报表的差异就国际会计准则和中华人民共和国会计准则编制的会计报表重大差异对股东应占溢利及股东权益的影响总结如下:

截至十二月三十一日止

单位:人民币千元

	1999	1998
按国际会计准则编制的会计报表之股东应占溢利	605726	237119
调整:员工宿舍房屋使用权清理	155398	–
递延税项的影响	(23,310)	–
按中华人民共和国会计准则编制的会计报表之股东应占溢利	737814	237119

截至十二月三十一日止

单位:人民币千元

	1999	1998
按国际会计准则编制的会计报表之股东权益	12645124	12399398
调整:员工宿舍房屋使用权清理	316147	160749
递延税项的影响	(47,422)	(24,112)
评估差异	4488	744887
按中华人民共和国会计准则编制的会计报表之股东权益	12958736	12580922

(三)给北美投资者参考补充资料

就国际会计准则及美国公认会计准则之重大差别对股东应占溢利及股东权益影响总结如下:

一九九九年 美元千元		一九九九年 人民币千元	一九八八年 人民币千元
73,161	按国际会计准则编制的财务报告之股东应占溢利	605726	237119
	大约按美国公认会计准则之调整:		
4,475	汇兑损益	37054	37054
2,620	固定资产的资本化	21703	21703
16,123	重估固定资产而产生的额外折旧	133491	133491
(3,483)	以上调整对税项之影响	(28,837)	(28,837)
92,896	大约按美国公认会计准则编制的财务报告之股东应占溢利	769137	400530
US$0.013	大约按美国公认会计准则编制的财务报告之每股盈利	RMB0.107	RMB0.056
US$1.290	大约按美国公认会计准则编制的财务报告之美国预托证券每股盈利	RMB10.682	RMB 5.563

一九九九年 美元千元		一九九九年 人民币千元	一九九八年 人民币千元
1527318	按国际会计准则编制的财务报告之股东权益	12645124	12399398
	大约按美国公认会计准则之调整:		
(18,201)	汇兑损益	(150,689)	(187,743)
(13,107)	固定资产的资本化	(108,519)	(130,222)
(104,338)	重估固定资产	(863,843)	(997,334)
20,347	以上调整对税项之影响	168458	197295
43,482	于资产负债表日期后宣布之股利	360000	216000
1,455,501	大约按美国公认会计准则编制的财务报告之股东权益	1205053	111497394

资产负债表

单位:人民币元

资产	年末数		年初数	
	合并	母公司	合并	母公司
流动资产:				
货币资金	2975931	2472456	2617386	2291251
应收票据	432495	398062	379611	305750
应收帐款	641346	380856	796784	492238
其他应收款	772819	990986	918938	1288562
减:坏帐准备	22824	21226	23238	22634
应收款项净额	1391341	1350616	1692484	1758166
预付帐款	87916	45396	51076	18734
存货	2314488	1904982	2373427	1919096
减:存货跌价准备	44871	44871	26740	26740
存货净额	2269617	1860111	2346687	1892356
流动资产合计	7157300	6126641	7087244	6266257
长期投资:				
固定资产:				
固定资产原价	20384848	17587176	19681282	16808652
减:累计折旧	8953910	8349747	7849681	7330668
固定资产净值	11430938	9237429	11831601	9477984
工程物资	3702	3702	14933	14933
在建工程	1609158	1593842	1549986	1534347
固定资产合计	13043798	10834973	13396520	11027264
无形资产及递延资产:				
无形资产	764288	699750	743352	674095
递延资产	–	–	55757	54463
无形资产及递延资产合计	764288	699750	799109	728558
递延税项:			16798	16798
资产总计	21908455	19282981	22209191	19492179
流动负债:				
短期借款	3696399	3462000	3683739	3460000
应付帐款	262203	129413	206233	92743
预收帐款	145388	84434	163303	63904
应付股利	360000	360000	216000	216000
应交税金	131654	133077	87327	112179
其他应付款	800655	610422	899476	740479
一年内到期的长期负债	1046631	708825	582215	422494
流动负债合计	6442930	5488171	5838293	5107799
长期负债:				
递延收益	92141		103659	
长期借款	2463837	1152221	3593502	1964207
住房周转金	−316147	−316147	−160749	−160749
负债合计	8682761	6324245	9374705	6911257
少数股东权益	266958		253564	
股东权益:				
股本	7200000	7200000	7200000	7200000
资本公积	2469908	2469908	2469908	2469908
盈余公积	2747830	2747830	2600268	2600268
未分配利润	540998	540998	310746	310746
股东权益合计	12958736	12958736	12580922	12580922
负债和股东权益总计	21908455	19282981	22209191	19492179

利润及利润分配表

单位:人民币千元

	1999		1998	
	合并	母公司	合并	母公司
一、主营业务收入	14386482	12538094	11080854	9999412
减:营业成本	(11402226)	(9926018)	(9155336)	(8242221)
营业税金及附加	(349895)	(332683)	(372347)	(359868)
二、主营业务利润	2634361	2279393	1553171	1397323
加:其他业务利润	69477	45666	102326	50544
减:存货跌价损失	(18131)	(18131)	(26740)	(26740)
营业费用	(275003)	(207722)	(201541)	(155226)
管理费用	(1056494)	(840987)	(922687)	(755361)
财务费用	(368287)	(266171)	(366561)	(271109)
三、营业利润	985923	992048	137968	239431
加:投资收益	8989	−8933	27872	−25852
补贴收入	5667	5512	6211	6211
营业外收入	24398	3674	160264	145464
减:营业外支出	(148736)	(137342)	(79523)	(72975)
四、利润总额	876241	854959	252792	292279
减:所得税	(122495)	(117145)	(58833)	(55160)
五、税后利润	753746	737814	193959	237119
少数股权应占本年利润	−15932		43160	
六、合并净利润	737814		237119	
加:年初未分配利润	310746	310746	337051	337051
七、可分配利润	1048560	1048560	574170	574140
提取法定公积金	−73781	−73781	−23712	−23712
提取法定公益金	−73781	−73781	−23712	−23712
八.可供股东分配利润	900998	900998	526746	526746
已分配股利	−360000	−360000	−216000	−216000
八、未分配利润	540998	540998	310746	310746

上海三毛纺织股份有限公司

(一) 公司简介

1. 公司法定中文名称:上海三毛纺织股份有限公司
   公司法定英文名称:SHANGHAI SANMAO TEXTILE CO., LTD
2. 公司法定代表人:倪志华女士
3. 公司董事会秘书:张黎芳女士
   联系地址:上海市许昌路1150号
   邮　　编:200082
   电　　话:021-65121377　　传　　真:021-65453247
   E-Mail地址:sanmao@public6.sta.net.cn
4. 公司注册地址:上海市许昌路1150号
   公司办公地址:上海市许昌路1150号
   邮政编码:200082
   公司国际互联网网址:www.shsanmao.com
5. 公司选定的信息披露报纸名称:《上海证券报》、《香港文汇报》登载公司年度报告的中国证监会指定国际互联网网址:http://WWW.SEE.COM.CN
   公司年度报告备置地点:公司总经理办公室
6. 公司股票上市交易所:上海证券交易所
   股票简称:上海三毛
   股票代码:A股:600689　B股:900922

(二) 会计数据和业务数据摘要

1. 本年度主要利润指标情况:(单位:人民币元)

利润总额	43138206
净利润	40806770
扣除非经营性损益后的净利润	14037805
主营业务利润	32757042
其他业务利润	1897944
营业利润	2324794
投资收益	39354280
补贴收入	396841
营业外收支净额	1062291
经营活动产生的现金净流量	-34498925
现金及现金等价物净增加额	-8694324

为了供境内外投资者比较,本公司还委托香港安永会计师事务所,按国际会计准则对公司已经审计的1999年度的财务报告进行差异调整,其结果为公司年度的税后利润 是35,193千元,按国际会计准则核实的税后利润比中国会计准则、制度核实的税后利 润减少5,614千元,具体项目是:

	净利润(人民币千元)
低估固定资产报废损失	-548
利息支出资本化	-800
存货跌价准备	144
长期投资减值准备	-600
短期投资损益	204
股权投资差额摊销	240
吸收子公司经营性损失	-14120
集团内部未实现利润	-1172
处置子公司产生损益	13367
管理费用等其他	-1115
期初留成收益调整	-1214

2. 主要会计数据和财务指标(单位:元)

指标项目　单位	1999年	1998年 调整后	1997年 调整前
主营业务收入	276038403	265806353	258229291
净利润	40806770	32685091	31721339
总资产	806652141	724459416	729291182
股东权益	480858796	442457604	442573436
每股收益	0.273	0.222	0.212
每股净资产	3.215	2.959	2.959
扣除非?常性损益后每股收益	0.094	0.157	0.152
调整后的每股净资产	3.176	2.931	2.931
每股经营活动产生的现金净流量	-0.231	-0.252	-0.252
净资产收益率%	8.486	7.387	7.167

非经营性损益是扣除了上海鑫鑫物业公司和上海三盛实业公司二项股权的净收益,详见财务报告中其他应披露的事项。

计算公式如下:每股收益=净利润/年度末普通股股份总额

每股净资产=年度末股东权益/年度末普通股股份总额

调整后的每股净资产=(年度末股东权益-三年以上的应收款项净额-待摊费用-待处理(流动、固定)资产损失-开办费-长期待摊费用-住房周转金负数余额)/年度末普通股股份总额

每股经营活动产生的现金净流量=经营活动产生的现金净流量/年度末普通股股份总额

净资产收益率=净利润/年度末股东权益★ 100%

(三)股东情况介绍

(1) 报告期末公司股东总数为:35064户

(2) 报告期末公司主要股东持股情况:

	股东单位	持股数(股)	占总股本比例(%)
①	国有股	53997130	36.11
②	景宏基金	2592455	1.73
③	上海纺织控股(集团)公司	2495680	1.67
④	上海工业缝纫机股份有限公司	2162820	1.45
⑤	泰和基金	1494652	1.00
⑥	HKSBCSB A/C BANQUE NATNIONALE DE PARIS LUXEMBOURG/IMI	1445300	0.67
⑦	廖红静	727900	0.49
⑧	中国纺织机械股份有限公司	660000	0.44
⑨	蓝毅	660000	0.44
⑩	智万国际有限公司	617080	0.41

青岛海尔电冰箱股份有限公司

一、公司简介

1、公司法定中文名称:青岛海尔电冰箱股份有限公司
公司法定英文名称:QINGDAO HAIER REFRIGERATOR CO.,LTD.
公司法定英文名称缩写:QHRC
2、公司法定代表人:张瑞敏
3、公司董事会秘书:崔少华　董秘授权人:纪东
联系地址:青岛市重庆南路99号
青岛海尔电冰箱股份有限公司证券部
联系电话:0532-5751777　　传　　真:0532-5751639
电子信箱:cuish@haier.com
4、公司注册地址:青岛市高科园海尔路海尔园
公司办公地址:青岛市重庆南路99号(原青岛市小白干路165号)
公司电话:(0532)5751323　　邮政编码:266032
公司网址:http://www.haier.com
电子信箱:ref@haier.com
5、公司选定信息披露报纸:《上海证券报》
公司年度报告登载网址:http://www.sse.com.cn
公司年度报告备置地点:青岛市重庆南路99号
青岛海尔电冰箱股份有限公司证券部
6、公司股票上市交易所:上海证券交易所
股票简称:青岛海尔　　股票代码:600690

二、会计数据和业务数据摘要

(一)公司本年度实现的利润情况:　　单位:元

利润总额	405,409,142.84
净利润	310,638,893.68
扣除非经常性损益后的净利润	310,638,893.68
主营业务利润	819,035,381.26
其他业务利润	15,224,015.34
营业利润	360,847,856.30
投资收益	43,883,563.31
补贴收入	0
营业外收支净额	677,723.23
经营活动产生的现金流量净额	-63,998,793.14
现金及现金等价物净增加额	365,615,449.14

(二)公司近三年主要的业务数据和财务指标:　　单位:万元

项　目	99年度	98年度 调整前	98年度 调整后	97年度 调整前	97年度 调整后
主营业务收入	397,427	382,337	382,337	382,648	382,648
净利润	31,064	27,415	26,589	24,462	20,133
总资产	378,055	345,089	339,231	337,800	333,471
股东权益(不含少数股东权益)	258,302	185,968	181,026	159,474	155,145
每股收益(元)	0.66	0.65	0.63	0.58	0.48
每股净资产(元)	5.49	4.41	4.29	3.78	3.68
调整后的每股净资产(元)	5.49	4.41	4.29	3.77	3.67
每股经营活动产生的现金流量净额(元)	-0.14	0.08	0.08		
净资产收益率(%)	12.03	14.74	14.69	15.34	12.98
加权每股收益(元)	0.71	0.65	0.63	0.71	0.59
扣除非经常性损益后的每股收益(元)	0.66	0.65	0.63	0.58	0.48

附主要财务指标计算方法:

每股收益=净利润/年度末普通股股份总数

每股净资产= 年度末股东权益/年度末普通股股份总数

净资产收益率= 净利润/年度末股东权益×100%

调整后的每股净资产=(年度末股东权益-三年以上的应收款项净额-待摊费用-待 处理 (流动、固定)资产净损失-开办费-长期待摊费用-住房周转金负数余额)/年度末 普通股股份总数

每股经营活动产生的现金流量净额=经营活动产生的现金流量净额/年度末普通股股份总数

99年度加权平均每股收益=净利润/[普通股股数/(1+配股比例)+普通股股数/(1+ 配股比例)★配股比例★缴款结束日下一月份至期末月份数/12]

扣除非经常性损益后的每股收益=(净利润-非经常性损益)/年度末普通股股份总数

(三)报告期内股东权益变动情况:　　单位:元

项目	股本	资本公积	盈余公积	法定公益金	未分配利润	股东权益合计
期初数	421748031	1009035221	228776116	85791397	150701477	1810260845
本期增加	48841053	507393864	100384155	42792275	310638893	967257966
本期减少					194501972	194501972
期末数	470589084	1516429085	329160271	128583673	266838399	2583016840

三、股东情况介绍

(一)截至1999年12月31日,本公司股东总数为250,968个,其中法人股东3个,社会 公众股东250,965个。

(二)公司前十名股东持股情况:

股东名称	期初 持股数(股)	期初 所占比例	期末 持股数(股)	期末 所占比例
海尔集团公司	147,956,880	35.08%	147,956,880	31.44%
青岛海尔电器国际股份有限公司	84,391,781	20.01%	84,391,781	17.93%
二轻联社	9,145,233	2.17%	9,145,233	1.94%
申银万国			2,392,199	0.51%
张英莉			1,100,000	0.23%
津华策			810,039	0.17%
张观友			552,950	0.12%
青岛工行			528,000	0.11%
内蒙信托			481,364	0.10%
海通证券			480,000	0.10%

东新电碳股份有限公司

一、公司简介

1、公司法定中文名称:东新电碳股份有限公司
公司英文名称:DONGXIN ELECTRICAL CARBON CO.,LTD
英文名称缩写:DONGXIN
2、公司注册地址:四川省自贡市自流井区东光路桌子山22号
邮编:643000
3、公司法定代表人:席平波
4、公司董事会秘书:杜东海
联系电话:(0813)2600860
传真:(0813)2600861
电子信箱地址:dxt888@163.net
5、公司选定的信息披露报纸:《上海证券报》
年度报告指定登载网址:http://www.sse.som.cn
6、公司股票上市地:上海证券交易所
股票简称:ST东碳
股票代码: 600691

二、会计数据和业务数据摘要

1、本年度利润总额及构成(单位:元)

利润总额	4601046.13
净利润	4589342.35
扣除非经常性损益后的净利润	−6164657.65
主营业务利润	15889081.26
其他业务利润	1349630.07
营业利润	−5952278.26
投资收益	10686945.00
补贴收入	
营业外收支净额	−133620.61
经营活动产生的现金流量净额	−518282.68
现金及现金等价物净增加额	14872432.07

注:扣除非经常性损益项目和涉及金额:出售子公司股权收益10,754,000.00元。

2、公司前三年主要会计数据和财务指标 (单位:元)

指标项目	99年度	98年度		97年度	
		调整前	调整后	调整前	调整后
主营业务收入	61953250.54	56153954.11	56153954.11	65490904.32	65490904.32
净利润	4589342.35	−42108915.96	−45738045.56	−5985418.49	−5985418.49
总资产	252130570.61	257918792.54	243211921.05	278501345.13	278501345.13
股东权益	112429415.78	108563894.92	104934765.32	150672810.88	150672810.88
每股收益(摊薄)	0.059	−0.545	−0.592	−0.077	−0.077
每股净资产	1.45	1.40	1.36	1.95	1.95
调整后的每股净资产	1.02	1.12	1.07	1.85	1.85
每股经营性活动产生的现金流量净额	−0.007	−0.031	−0.031		
净资产收益率(摊薄)	4.08%	−38.79%	−43.59%	−3.97%	−3.97%
(加权)	4.22%	−32.49%	−35.79%	−3.86%	−3.86%

注:主要财务指标计算公式:
每股收益=净利润/报告期末普通股股份总数
净资产收益率=净利润/报告期末股东权益x100%
每股净资产=报告期末股东权益/报告期末普通股股份总数
调整后每股净资产=[报告期末股东权益−−三年以上的应收款项−−待摊费用−−待处理(流动、固定)资产净损失−−开办费−−长期待摊费用]/报告期末普遍股股份总数
每股经营活动产生的现金流量净额=经营活动产生的现金流量净额/年度末普通股股份总数

3、报告期内股东权益变动情况

项目	股本	资本公积	盈余公积	法定公益金	未分配利润	股东权益合计
期初数	77274499	56383187	13147716.35	2365105.02	−41870637.68	104934765.32
本期增加		2905308			4589342.35	7494650.46
本期减少						
期末数	77274499	59288495	13147716.35	2365105.02	−37281295.33	112429415.78

注:资本公积本年增加数为将递延税款贷项调帐所致。

三、股东情况介绍

①截止1999年12月30日,公司股东总计8014户。其中,国家股股东1户,法人股股东43户,社会公众股股东共计7970户。

②前十名股东持股情况

股东名称	持有股份(万股)	占总股本(%)
自贡市国有资产管理局(国家股)	2208.2299	28.58
四川省信托投资公司	360	4.66
中国银行四川省分行国际信托投资公司	240	3.11
自贡市银河贸易公司	240	3.11
中国人民保险公司自贡市分公司	121.2	1.57
东方电器集团财务公司	120	1.55
中国工商银行四川省分行信托投资公司	120	1.55
自贡市邮电局	60	0.78
四川省烟草公司自贡分公司	60	0.78
成都华能物资供销公司	60	0.78

3、本公司股东中,持股比例超过10%的只有自贡市国有资产管理局(国家股),持有本公司股份占总股本28.58%。

4、报告期内控股股东的变更情况

1999年12月10日,自贡市国有资产管理局与四川省国际信托投资公司签定了《"东新电碳股份有限公司国家股委托管理协议书"终止履行协议》。根据该协议书,自贡市国有资产管理局持有本公司的国家股22082299股自协议签定之日起,不再委托四川省 国际信托投资公司管理。该协议已经自贡市人民政府等主管机关批准。(公司公告刊 登于1999年12月11日的《上海证券报》)1999年12月11日,自贡市国有资产管理局与中兆实业有限责任公司签定了《东新电碳股份有限公司国家股权转让协议》,将持有的 东新电碳股份有限公司国家股22082299股全部一次性转让给中兆实业有限责任公司。该协议尚需报送国家有关部门批准后生效。(公司公告刊登于1999年12月12日的《上 海证券报》)

上海亚通股份有限公司

一 公司简介

1 、公司法定中文名称:上海亚通股份有限公司
公司法定英文名称:SHANG HAI YA TONG CO., LTD.
英文缩写:YT
2 、公司法定代表人:王建
3 、董事会秘书:沈建新
联系电话:021-53960939 53961018 总机转　　传 真: 021-53961401
联系地址:上海市打浦路1号金玉兰广场西峰6楼
4 、公司注册地址:上海市崇明县八一路1号
公司办公地址:上海市打浦路1号金玉兰广场西峰6楼　　邮政编码:200023
公司电子信箱:E-mail:shytcl@online.sh.cn
公司互联网址:http://www.chinayatong.com
5 、公司选定的信息披露报纸为《上海证券报》
公司年度报告登载的互联网网址:http://www.sse.con.cn
公司年报备置地点:上海市打浦路1 号金玉兰广场西峰6楼
6 、公司股票上市交易所:上海证券交易所
股票简称:亚通股份　　股票代码: 600692

二 会计数据和业务数据摘要

1 、本年度会计数据和业务数据摘要　　单位:元

项 目	1999年
(1)利润总额:	23402733.47
(2)净利润:	19483396.79
(3)扣除非经常性损益后的净利润:	16299288.79
(4)主营业务利润:	45546821.89
(5)其他业务利润:	103392.11
(6)营业利润:	16452222.49
(7)投资收益:	3254108.00
(8)补贴收入:	3741996.38
(9)营业外收支净额:	−45593.40
(10)经营活动产生的现金流量净额:	−32279816.08
(11)现金及现金等价物净增加额:	−13602245.50

2 、公司近三年主要会计数据和财务指标

追溯调整后

项目	1999年度	1998年度	1997年度
(1)主营业务收入	152515315.05	122889820.41	102488451.89
(2)净利润	19483396.79	28968942.53	22694534.91
(3)总资产	496594992.57	405516808.40	368499271.11
(4)股东权益	313421752.73	303164192.49	269243684.02
(5)每股收益	0.15	0.23	0.18
(6)每股净资产	2.48	2.40	2.13
(7)调整后的每股净资产	2.39	2.38	2.12
(8)每股经营活动产生的现金流量净额	−0.26	0.28	
(9)净资产收益率	6.22	9.56	8.43

追溯调整前

项 目	1998年度	1997年度
(1)主营业务收入	122889820.41	102488451.89
(2)净利润	31651413.04	27646100.85
(3)总资产	408869896.58	374688728.54
(4)股东权益	305846663.00	274195249.96
(5)每股收益	0.25	0.219
(6)每股收益(加权)	0.25	0.25
(7)每股净资产	2.42	2.17
(8)调整后的每股净资产	2.37	2.16
(9)每股经营活动产生的现金流量净额	0.28	
(10)净资产收益率(摊薄)%	10.35	10.08
(11)净资产收益率(加权)%	10.91	12.59

三　股本变动及股本情况

1 、股本变动情况　　数量单位:股

	本次变动前		本次变动后
一.尚未流通股份			
1.发起人股份			
其中:国家拥有股份	59079168	转让	24572195
2.募集法人股	14400000		14400000
3.优先股或其他(转配)	27720000		27720000
尚未流通股份合计	101199168		101199168
二.已流通股份			
1.境内上市的人民币普通股	25200000		25200000
已流通股份合计	25200000		25200000
三.股份总数	126399168		126399168

2 、股东情况介绍

(1)截止报告期末股东总数为29757人

(2)公司前十名股东持股情况

股东名称	持股数量(股)	持股比例(%)
中宏资产经营管理有限公司	34506973	27.30
崇明县国资委	24572195	19.44
上海银马实业公司	4995216	3.95
上海振泰实业公司	3019638	2.39
国泰证券有限公司	2672173	2.11
上海吴桥旅游用品公司	2016000	1.59
上海申银万国证券公司	1478218	1.177
湖北证券公司	1150000	0.91
上海蓝天投资公司	792000	0.63
无锡军湖商行	792000	0.63

福建东百集团股份有限公司

一、公司简介

1、公司法定中文名称:福建东百集团股份有限公司
公司法定英文名称:FUJIAN DONGBAI (GROUP)CO.,LTD
公司英文名称缩写:FJDB
2、公司法定代表人:陈明魁
3、公司董事会秘书:陈 玲
4、公司注册与办公地址:福建省福州市八一七北路84号东百大厦18层
联系电话:(0591)7531724
传 真:(0591)7531804
邮政编码:350001
电子信箱:fjdbjt@pub5.fz.fj.cn
5、公司选定的信息披露报纸名称:《上海证券报》
登载公司年度报告的中国证监会指定国际互联网网址:
http://www.sse.com.cn.
公司年度报告备置地点:公司股证部
6、公司股票上市交易所:上海证券交易所
股票简称:东百集团 股票代码:600693

二、主要会计资料

1、本年度效益情况(单位:人民币元):

利润总额:	14147207.29
净利润:	11944516.70
扣除非经常性损益后的净利润:	11906141.70
主营业务利润:	78627159.49
其他业务利润:	12349872.13
营业利润:	14434717.90
投资收益:	147994.04
补贴收入:	38375.00
营业外收支净额:	−473879.65
经营活动产生的现金流量净额:	4912487.08
现金及现金等价物净增加额:	42340896.26

注:"扣除非经常性损益后净利润"中非经常性损益项目为东百进出口公司商品出 口贴息收入38375元。

2、前三年主要会计数据和财务指标:

项目	1999年	1998年		1997年	
		调整前	调整后	调整前	调整后
主营业务收入	537117640	533868852	533868852	437363887	437363887
净利润(元):	11944516	44875132	45199118	37357640	35813993
总资产(元):	798142401	739434308	720846574	587353042	577397569
股东权益(元):	388276234	385516442	376331717	340968775	331460063
每股收益(元/股):	0.09	0.34	0.34	0.28	0.27
每股净资产(元/股):	2.94	2.92	2.85	2.58	2.51
调整后的每股净资产	2.09	2.16	2.10	2.08	2.05
每股经营活动产生的现金流量净额(元):	0.04	0.25	0.25		
净资产收益率(%):	3.08	11.64	12.01	10.96	10.80

注:(1)每股收益=净利润/年度末普通股股份总数
(2)每股净资产=年度末股东权益/年度末普通股股份总数
(3)调整后的每股净资产=(年度末股东权益−三年以上的应收款项净额−待摊费 用−待处理(流动、固定)资产净损失−开办费−长期待摊费用−住房周转金负数余额)/年度末普通股股份总数
(4)每股经营活动产生的现金流量净额=经营活动产生的现金流量净额/年度末普 通股股份总数
(5)净资产收益率=净利润/年度末股东权益×100%

3、本年度股东权益变动情况:

项目	期初数	本期增加数	本期减少数	期末数
股本	132008690.00			132008690.00
资本公积	171903109.32			171903109.32
盈余公积	47379522.34	3583235.43		50962757.77
其中:法定公益金	13970095.78	1194411.81		15164507.59
未分配利润	25040395.81	8361281.27		33401677.08
股东权益合计	376331717.47	11944516.70		388276234.17

注:上述项目本期增加数均系本年度利润增加而相应提取或转入所致。

三、股东情况介绍

(1)报告期末股东总数:
截止1999年末,公司股东总数为26994户,其中:国家股股东1户,社会法人股股东80户,社会公众股股东26913户。
(2)包括持有公司5%以上股份的前10名股东的持股情况(单位:万股)

股东名称	流通股数	未流通股数	总持股数	占总股本比例(%)
福州市国有资产营运公司		5197.192	5197.192	39.37
兴业证券股份有限公司		1103.453	1103.453	8.36
厦门森宝集团有限公司		469.59	469.59	3.56
申银万国	66.00		66.00	0.50
周逊球	39.06		39.06	0.30
福州华昌制衣公司		36.30	36.30	0.27
福建中闽实业公司		31.46	31.46	0.24
李德华	31.46		31.46	0.24
海通证券	28.5037		28.5037	0.22
蔡寿鹏	26.632		26.632	0.20

注:①报告期内控股股东无变更;
②公司前10名股东之间不存在有关联关系;
③公司第二大股东兴业证券股份有限公司年初持有本公司股份1573.043万股,占 总股本11.92%,于1999年8月3日与厦门森宝集团有限公司签订股权转让协议,将所持有的本公司股份转让469.59万股给厦门森宝集团有限公司。转让后兴业证券股份公司持有本公司股份为1103.453万股,占总股本8.36%;厦门森宝集团有限公司持有本公司股 份469.59万股,占总股本3.56%。
④福州市国有资产营运公司持有的本公司股份5197.192万股为国家持有的股份。

大连商场股份有限公司

一、公司简介

1 、公司法定中文名称:大连商场股份有限公司
英 文 名 称:DALIAN MARKET STOCK CO.,LTD
英 文 缩 写:DLMS
2 、公司法定代表人:牛钢
3 、董事会秘书:姜福德 授权代表:刘艳华
联系地址:大连市中山区青三街1 号证券部
电 话:0411 −3643215
传 真:0411 −3630358
4 、公司注册(办公)地址:大连市中山区青三街1 号
邮政编码: 116001
公司国际互联网网址:www.dsjt.com
电子信箱:dsjt @dalian-gov.net
5 、公司信息披露报刊:《上海证券报》或《中国证券报》
登载年度报告的国际互联网网址://www.sse.com.cn
年度报告备置地点:大连市中山区青三街1 号证券部
6 、公司股票上市地:上海证券交易所
股票简称:大连商场
股票代码:600694

二、会计数据和业务数据摘要

(一)本年度主要利润指标情况(单位:人民币元)年度报告 大连商场股份有限公司

实现利润总额	71775040.94
净利润	54365790.39
扣除非经常性损益后的净利润	52277340.39
主营业务利润	203506341.43
其他业务利润	44219027.62
营业利润	90620516.65
投资收益	−20067931.79
营业外收支净额	1222456.08
经营活动产生的现金流量净额	115729506.60
现金及现金等价物净增加额	200053218.83

注:"扣除非经营性损益后的净利润"指标中,扣除了非常性损益项目及涉及金额:大连大商集团有限公司物业管理费260 万元。

(二)主要会计数据和财务指标 单位:人民币元

项 目	99年	98年(调整前)	98年(调整后)	97年(调整前)	97年(调整后)
主营业务收入	1237846877.19	816406466.14	814994860.99	803028526.94	803028526.94
净利润	54365790.39	60740499.57	57214998.19	59825633.50	26410162.98
总资产	1174740518.42	838222097.80	787800524.14	562005178.95	515523238.26
股东权益(不含少数股东权益)	783087886.09	440363941.23	390356499.16	425518399.86	379036459.17
每股收益	0.24	0.34	0.32	0.34	0.15
每股净资产	3.46	2.49	2.21	2.41	2.15
调整后的每股净资产	3.32	2.24	1.99	2.25	1.98
每股经营活动产生现金流量净额	0.51	0.41	0.41		
净资产收益率(%)	6.94	13.79	14.66	14.06	6.97
加权平均后计算每股收益	0.25	0.34	0.32	0.34	0.15
扣除非经常性损益后每股收益	0.23	0.34	0.32	0.34	0.15

注:1 、以上数据和指标系按照合并会计报表数填列和计算。
2、98年末公司股本总额176,519,070股, 由于98年12月至99年1月公司实施增资配股方案,故报告期2 月至年末公司总股本为226,159,791 股。
3 、主要财务指标的计算方法:
每股收益=净利润/年度末普通股股份总数
每股净资产=年度末股东权益/年度末普通股股份总数
调整后的每股净资产=[年度末股东权益−三年以上的应收款项净额−待摊费用−待 处理(流动,固定)资产净损失−开办费−长期待摊费用−住房周转金负数余额]/年度末普通股股份总数
每股经营活动产生的现金流量净额=经营活动产生的现金流量净额/年度末普通股股份总数
净资产收益率=净利润/年度末股东权益×100%
加权平均每股收益=净利润/[期末普通股股份总数÷(1+配股比例)+期末普通股股份总数÷(1+配股比例)×配股比例×缴款结束日下一月份至期末的月份数÷12]年度 报告 大连商场股份有限公司

(三)报告期内股东权益变动情况 单位:人民币元

项目	股本	资本公积	盈余公积	法定公益金	未分配利润	股东权益合计
期初数	176519070.00	131545842.15	50326901.27	21602818.94	31964685.74	390356499.16
本期增加	49640721.00	288724875.54	9407755.03	3135918.35	44958035.36	392731386.93
本期减少						
期末数	226159791.00	420270717.69	59734656.30	24738737.29	76922721.10	783087886.09

三、股本变动及股东情况

(一)股东情况介绍
报告期末公司股东总数为75,714 户。
(二)前十名股东持股情况

股 东 名	称年末持股数量(股)	占总股本比例(%)
国家股	94978000	42.00
海通证券	8331705	3.68
大连商场	2758080	1.22
大连国投	2287350	1.01
甘肃证券	1868279	0.83
大连信托	1105000	0.49
吴键钧	1060813	0.47
金幸	942800	0.42
广西人保	441000	0.19
长城信托	416273	0.18

上海大江(集团)股份有限公司

上海大江(集团)股份有限公司1999年年度报告摘要

一、公司简况

1、公司法定中文名称:上海大江(集团)股份有限公司
公司法定英文名称:SHANGHAI DAJIANG (GROUP) STOCK CO., LTD.
公司英文名称缩写:SDJ
2、公司法定代表人:Mr. Thanakorn Seriburi(李绍祝先生,董事长)
3、公司董事会秘书:顾德明先生
联系地址:上海市松江区谷阳南路26号
联系电话:(0086-021)57817566
传真号码:(0086-021)57820072
电子信箱:dajiang@dajianggroup.com
公司咨询服务机构:公司行政部
4、公司注册地址:上海市松江区谷阳南路26号
公司办公地址:上海市松江区谷阳南路26号
邮政编码:201600
国际互联网网址:http://www.dajiang.com
电子信箱:dajiang@dajianggroup.com
5、公司选定的信息披露报纸:《上海证券报》(境内)、《HONGKONG STANDARD》(《香港虎报》)(境外)。
登载公司年度报告的国际互联网网址:http://www.sse.com.cn
公司年度报告备置地点:公司行政部
6、公司股票上市交易所:上海证券交易所
股票简称:大江股份(A股) 大江B股(B股)
证券代码:600695(A股) 900919(B股)

二、会计数据和业务数据摘要

(一)、本年度利润总数及构成(合并,金额单位:人民币元)
1、利润总数及构成

利润总额	26689742.70
其中:主营业务利润	239705352.18
其他业务利润	-9678228.11
营业利润	30594243.58
投资收益	-13179485.61
补贴收入	0.00
营业外收支净额	9274984.73
净利润	6903865.52
扣除非经常性损益后的净利润	-2371119.21
经营活动产生的现金流量净额	222270170.46
现金及现金等价物净增加额	57734400.04

说明:扣除的非经常性损益项目是:营业外收支净额9,274,984.73元。

2、境内外审计差异

上海上会会计师事务所根据中国会计准则、会计制度进行审计,本公司除税及少 数股东权益后的净利润为人民币690.39万元;香港安永会计师事务所根据国际会计准 则进行审计,本公司除税及少数股东权益后净利润为1943.5万元,差异为1253.1万元。

境内外审计结果发生差异的主要原因是安永会计师事务所按照国际会计准则,对 如下项目进行了调整(金额单位:人民币万元):

减少净利润的项目:	
调整坏帐准备	(486.3)
冲回并入水产公司的递延负债的摊销	(148.3)
冲回申德当年税后分配的职工奖金及相应的少数股权	(67.6)
其它	(150.3)
小计	(852.5)
增加净利润的项目:	
冲回长期投资评估增值的摊销	1561.9
冲回非外购商誉的摊销	200.0
冲回生化公司研究发展费用摊销	196.6
以前年度已冲销之其他应收款当年收回	110.0
调整冲回水产饲料厂土地使用权高估之原值影响当年摊销	37.1
小计	2105.6

(二)主要会计数据及财务指标(合并,金额单位:人民币万元)

指标项目	1999年	1998年		1997年
		调整前	调整后	
1、主营业务收入	178276.56	227483.13	227483.13	274510.30
2、净利润	690.39	-13255.48	-12107.22	3683.53
3、总资产	197511.92	214609.90	215503.61	261618.31
4、股东权益	96430.03	94911.84	95804.04	108040.67
5、每股收益(元)(摊薄)	0.01	-0.196	-0.179	0.065
(加权)	0.01	-0.217	-0.198	0.068
6、扣除非经常性损益后的每股收益	-0.004	-0.187	-0.170	0.072
7、每股净资产(元)(摊薄)	1.43	1.40	1.42	1.92
8、净资产收益率(%)(摊薄)	0.72	-13.97	-12.64	3.41
(加权)	0.72	-13.08	11.88	3.42
9、调整后每股净资产(元/股)(摊薄)	1.38	1.39	1.37	1.85
10、每股经营活动产生的现金净额	0.33	0.53	0.53	—

说明1: 1997年度的财务数据未作调整。

说明2:财务指标计算方法

每股收益=净利润/年度末普通股股份总数

整前后各年度的会计数据如下:

项目	1999年 调整前	1999年 调整后	1998年 调整前	1998年 调整后
坏帐准备	11485511.83	5820167.31	14638016.48	5996153.84
未分配利润	-91437462.03	-86859158.77	-100883879.90	-91437462.03

(三)报告期内股东权益变动情况(金额单位:人民币万元)

项目	股本	资本公积	盈余公积	法定公益金	未分配利润	合 计
期初数	67630.57	22656.69	14660.53	3113.34	-9143.75	95804.04
本期增加		41.39	175.14	26.38	690.39	906.91
本期减少		48.37			232.56	280.92
期末数	67630.57	22649.71	14835.67	3139.72	-8685.92	96430.03

变动原因:1、资本公积金变动是接受捐赠(蛋白酸装置1台)及合并子公司(黄岩大江)资本公积金减少所致。

2、盈余公积和法定公益金变动是按规定本年度计提所致。

3、未分配利润变动是本年度实现利润及分配本年度利润所致。

三、股东情况

1、截止1999年12月31日,本公司股东总数为12,530户。

2、主要股东持股情况(前10名)

股东名称	年末持有股份(股)	年初持有股份(股)	占总股本比例
1.正大上海有限公司	286672848	286672848	42.39
2. 上海市松江区饲料公司	172003709	172003709	25.43
3. 上海市松江区畜禽公司	114669139	114669139	16.96
4.ABU DHABI, UNITED ARAB EMIRATES	4290000	4290000	0.63
5.上海松林工贸有限公司	3186612	3186612	0.47
6.WAH CHUN INTERNATIONAL LIMITED	3181596	3181596	0.47
7.CBNY S/A PNC/SKANDIA SELECT FUND/CHINA EQUITY AC	2211720		0.33
8.长江经济发展集团股份有限公司	1716000	1716000	0.25
9.正大(汕头)投资有限公司	1630200	1630200	0.24
10.兰州盛大	1591380	2464000	0.24

注:持有本公司5%(含5%)以上股份的股东所持股份无质押或冻结情况,前10名股东之间不存在关联关系。

3、持有本公司10%(含10%)以上股份的股东情况介绍

股东名称	占有比例	法定代表	经营范围
泰国正大集团正大上海有限公司	42.39	李绍祝	控股投资
上海市松江区饲料公司	25.43	姚 平	饲料加工
上海市松江区畜禽公司	16.96	洪 萍	畜禽饲养

4、报告期内公司控股股东未发生变更事项。

四、股东大会简介

(一)股东大会

报告期内召开了1999年第一次临时股东大会和第七次股东大会(1998年年会)。

1、关于1999年第一次临时股东大会的有关情况 1999年1月20日,本公司第二届董 事会第七次全体会议决定召开1999年第一次临时股东大会(通讯方式),其会议通知刊 登于 1999年1月22日的《上海证券报》和《HONGKONG STANDARD》(香港虎报)。

2、关于第七次股东大会(1998年年会)股东大会的有关情况

1999年4月21日,本公司第二届董事会第九次全体会议决定召开第七次股东大会(1998年年会),其会议通知刊登于1999年4月23日的《上海证券报》和《HONGKONG STANDARD》(香港虎报)。

五、董事会报告

(一)、公司经营情况

1、公司所处的行业及在本行业中的地位

本公司的主营业务属于畜禽养殖业,实行饲料生产、良种繁育、畜禽饲养、屠宰 加工、内外销售一条龙连贯作业,是上海郊区重要的副食品生产、良种繁育、饲料生 产和出口创汇基地之一。

2、公司主营业务范围及其经营状况

本报告期内,分行业的主营业务、主营业务利润构成如下:

行业	营业务收入		营业毛利	
	上年数	本年数	上年数	本年数
饲料	1047340332.53	614201366.98	149653633.25	122708568.07
鸡肉分割产品	734799472.08	817721479.41	-626007.98	60727503.51
苗鸡	93109581.48	61744963.75	26821574.39	11965751.25
快餐	27464463.73	21191320.50	13443983.27	11490893.10
安装工程	746957.72	3595464.62	105218.25	235273.60
生物制药		2809661.15		1129674.56
食品	245208306.88	177007735.82	26778158.07	16086674.63
饲料机械	28102310.33	32072475.70	10094434.55	12346708.05
种猪	10815710.00	8890220.00	3137372.37	594556.49
其它	87244156.62	43530866.95	-10324907.62	4447409.32
合计	2274831291.37	1782765554.88	219083458.55	241733012.58

主营业务及其构成较前一报告期无大的变化。

3、公司主要全资附属企业及控股子公司的经营情况及业绩公司全资附属企业及 控股子公司共有75家,主要为公司主营业务相配套,报告期内的经营情况正常。

4、在经营中出现的问题与困难及解决方案

报告期内,公司一方面面临扭亏为盈的巨大压力,另一方面畜禽产品价格持续走低,各项主要产品产销量和销售收入出现大幅度下降。对此,公司采取果断措施,调整种 禽规模,实现产品增值;调整肉禽饲养周期,提高生产水平;调整饲料销售策略,达到稳 价增效;调整鸡肉产量,保证鸡肉库存下降,促进产品结构调整;调整组织机构、直属企业"分灶吃饭",增强企业活力;千方百计压缩各项费用,实现降本节支。经过公司全体 员工的艰苦努力,实现了整体扭亏、略有盈余的目标,使公司走出了低谷,摆脱了困境 。

5、本报告期公司未作盈利预测。

(二)公司财务状况(金额单位:人民币万元)

	1999年	1998年
总资产	197511.92	215503.61

长期负债	407.85	7523.38
股东权益	96430.03	95804.04
主营业务利润	23970.54	21696.93
净利润	690.39	-12107.22

财务状况变动原因:

1、总资产比上年减少8.35%,主要是由于大宗原料及鸡肉产品等存货减少15935.18万元所致。

2、长期负债比上年减少94.58%,主要是长期借款6967.58万元转至一年内到期的 长期负债所致。

3、股东权益比上年增加0.65%,主要是本年度实现利润增加所致。

4、主营业务利润比上年增加10.48%,主要是对种鸡饲养规模、肉鸡饲养周期、饲料营销策略、鸡肉产品结构、公司组织机构进行有效调整及采取降本节支措施,主营 业务成本大幅下降所致。

(三)公司投资情况

1、募集资金使用情况

报告期内,公司没有募集资金,也没有报告期之前募集资金的使用延续到报告期内的情况。

2、其他投资情况

报告期内,公司没有其他投资。

(四)关于加入WTO对本公司的影响

加入WTO,对大江来说是机遇和挑战并存。机遇主要表现在两个方面。第一,可以 拓宽鸡肉国际市场,扩大鸡肉的出口量,特别是有助于大江鸡肉重新进入欧盟市场。第二,可以直接从国际市场采购价格便宜的饲料原料,以降低饲料和鸡肉的生产成本,提 高市场竞争力。不利的影响,主要是国外鸡肉大量入境,且具有关税低、价格低的优势,使肉鸡行业国内市场受到冲击。

对此,只要我们充分发挥大江肉鸡"公司+农场"的特有优势,充分利用上海国际港 口的地理优势和上海大都市的市场优势,不断提高肉鸡生产水平,不断提高冰鲜鸡肉、烧烤炸烘等深加工鸡肉制品及特供快餐行业用鸡肉产品的比重,在通过ISO9002认证的基础上,尽早通过HACCP和ISO14000认证,提高产品质量与档次,我们认为是机遇大于挑战。

(五)2000年度业务发展计划

公司2000年的核心工作是夯实公司现有主导产业基础,增强公司经济实力,提高公司的抗风险能力和盈利能力,确保完成 2000年经营目标。

今年以来,畜禽行业仍处于不景气状态,鸡肉市场形势十分严峻,国内外市场价格 仍在低位运行,并有继续下降趋势;农牧业复苏尚需时日,饲料无序竞争日趋激烈;苗鸡市场由暖转让,平均价格将比99年下降。综观全年趋势,宏观经济日渐趋好,国家政策 有利于本行业的发展;公司去年的扭亏和上半年的盈利,为实现全年盈利目标打好了基础,公司内部经营环境要比往年好得多。公司的全价饲料销售已基本停止下滑;鸡肉库存量和库存结构合理,附加值高的出口鸡肉的深加工产品在品种和数量上都将有较大 的突破;饲料原料价格将低于上年水平;各项费用支出已得到有效地控制,降本节支成 效明显。在新的一年里,我们将力争畜禽生产创历史最好水平;饲料销售稳中攀高;食 品生产确保产销平衡,力争在低库存、高附加值状态运行;保证原料采购质量,进一步 降低采购成本;进一步增强全员质量意识,在大江食品系统、大江所属申德饲料机械和大华包装器械已经通过ISO9002质量体系认证的基础上,确保饲料系统、肉食品二厂的ISO9002质量体系认证顺利完成;生物制药要圆满完成重组人表皮生长因子(EGF)的第 四期临床试验,并实现GMP认证成功,为生物制药正常生产见效创造条件;继续加强企业管理,实现增产增收,降本增效。

(六)董事会日常工作情况

1、报告期内董事会的会议情况及决议内容

报告期内共召开了五次董事会全体会议,具体情况及决议内容如下:

(1)第二届董事会第七次全体会议于1999年1月20日以通讯方式召开,审议了《关 于更换董事的议案》,并作出了有关决议:

因工作调动,柳志诚先生不再担任董事及董事长,Mr. Preecha Muenprasertdee(廖凌泉先生)不再担任董事,Mr.Noppadon Vittayaareekul(胡庆江先生)不再担任董事;、推选Mr. Thanakorn Seriburi(李绍祝先生)、Mr. Somphop Petaibanlue(洪钧涛先生)和Mr. Kaviyuth Yaovapongaree(姚民辉先生)为继任董事。

(2)第二届董事会第八次全体会议于1999年3月8日以通讯方式召开,推选Mr. Thanakorn Seriburi(李绍祝先生)为董事长。

(3)第二届董事会第九次全体会议于1999年4月21日在本公司总部召开,会议审议 了《1998年度董事会工作报告》、《1998年度财务决算和1999年度财务预算报告》、《1998年度利润分配预案》、《上海大江(集团)股份有限公司1998年年度报告摘要》、《关于公司组织机构调整的建议》等议案,并作出了有关决议。

(4)第二届董事会第十次全体会议于1999年8月17日在公司总部召开,审议、通过 了《1999年度中期报告》,会议决定,1999年中期不分配股利,也不进行资本公积金转 增股本。

(5)第二届董事会第十一次全体会议于1999年11月12日在公司总部召开,审议、通过了《1999年度1—9月生产经营情况报告》、《2000年度生产经营计划(草案)》,并 作出了有关决议。另外,董事会一致同意聘任Mr. Thaweep Lertdamrongchai(郑学仁
先生)为公司执行副总裁,Mr. Choochai Leelahawongse(李锡灏先生)因工作调动,不
再担任执行副总裁职务。

以上五次董事会全体会议的决议公告皆同时刊登于《上海证券报》和《HONGKONG STANDARD》(《香港虎报》)。

2、董事会对股东大会决议的执行情况

所有股东大会决议都已得以顺利执行。报告期内,股东大会对董事会没有授权事 项,不分配股利,也不进行资本公积金转增股本,没有配股或增发新股方案。

(七)公司管理层及员工情况

1、现任董事、监事及高级管理人员基本情况

姓名	职务	性别	年龄	任期	年初持股数	年末持股数	变动原因
Mr. Thanakorn Seriburi(李绍祝先生)	董事长	男	55	至2000年5月19日	0	0	无
李关生	副董事长兼总裁、总工程师	男	56	至2000年5月19日	11,497A股	11,497A股	无
Mr. Choochai Leelahawongse(李锡灏先生)	执行董事	男	44	至2000年5月19日	0	0	无
华国新	执行董事兼执行副总裁、总畜牧师	男	46	至2000年5月19日	7,894A股	7,894A股	无
车传根	董事	男	50	至2000年5月19日	0	0	无
刘宏达	董事兼副总裁	男	54	至2000年5月19日	11,154A股	11,154A股	无
Mr. Teo Han Eng(张汉荣先生)	董事兼总会计师	男	51	至2000年5月19日	0	0	无
Mr. Boonrit Sri-Obchoey(杨志辉先生)	董事	男	46	至2000年5月19日	0	0	无
洪 萍	董事	女	48	至2000年5月19日	0	0	无
顾德明	董事兼董事会秘书	男	55	至2000年5月19日	7,722A股	7,722A股	无
Mr. Somphop Petaibanlue(洪钧涛先生)	董事	男	54	至2000年5月19日	0	0	无
Mr. Kaviyuth Yaovapongaree(姚民辉先生)	董事	男	52	至2000年5月19日	0	0	无
吴留熙	监事长	男	50	至2000年5月19日	8,752A股	8,752A股	无
吴兴根	监事兼工会主席	男	43	至2000年5月19日	9,214A股	9,214A股	无
胡佩俐	监事、审计师	女	46	至2000年5月19日	7,722A股	7,722A股	无
Mr. Thaweep Lertdamrongchai(郑学仁先生)	执行副总裁	男	46	至2000年5月19日	0	0	无

注:除Mr. Thanakorn Seriburi(李绍祝先生)、Mr. Choochai Leelahawongse(李锡灏先生)、车传根、Mr. Boonrit Sri -Obchoey(杨志辉先生)、洪 萍、Mr. Somphop Petaibanlue(洪钧涛先生)、Mr. Kaviyuth Yaovapongaree(姚民辉先生)
等7名高级管理人员未从公司领取任何报酬外,其余9名高级管理人员的年薪皆在人民 币8万元以上。

2、公司员工的基本情况

报告期末,公司在册员工人数为1282名,其中生产工人261名,销售人员73名,工程 技术人员112名,财务人员90名,管理人员254名,一般行政人员427名;员工的教育程度 是中专以上227名,大专以上118名,本科以上141名;退休员工36名。

(八)本次利润分配预案或资本公积金转增股本预案

1999年度税后净利润为6,903,865.52元;加年初未分配利润-91,437,462.03元,可供分配的利润为-84,533,596.51元;提取法定盈余公积1,487,563.92元,提取法定公益金263,786.67元,提取职工奖励福利基金(中外合资子公司)574,211.67元,可供股东分配的利润为-86,859,158.77元,结转下一年度。

因公司累积未分配利润为亏损,所以1999年度不分配股利,也不进行资本公积金转增股本。

六、监事会报告

(一)监事会工作情况

报告期内,共召开监事会会议3次,组织公司内部审计座谈会1次。

1、第二届监事会第五次全体会议于1999年4月16日在公司总部举行,审议、通过 了第二届董事会提交第七次股东大会(1998年年会)审议的各项文件以及《1998年年度报告》和《1998年年度报告摘要》。

2、第二届监事会第六次全体会议

于1999年6月10日,审议、通过了《1998年度监事会工作报告》。

3、第二届监事会第七次全体会议

于1999年8月13日在公司总部举行,审议、通过了第二届董事会第十次全体会议的文件和《1999年度中期报告》。

(二)监事会对有关事项发表的独立意见

1、本报告期内,监事会根据《公司法》、《证券法》和《公司章程》等有关法律和法规,对股东大会、董事会的召集和召开、决议事项、董事会对股东大会决议的执 行情况、公司高级管理人员的执行职务情况、公司组织机构调整以及管理制度进行了监督,我们认为股东大会和董事会的召集、召开及决策程序符合《公司法》、《证券 法》和《公司章程》的有关规定,公司已建立了内部控制制度,并在逐步完善和提高。公司高级管理人员依法履行职责,没有违反国家法律、法规和公司章程的情况,也未发生损害公司利益和股东权益的情况。

2、公司在财务管理和会计核算方面,严格遵照国家有关准则和法规。董事会提交本次股东大会的1999年度财务决算,是真实的、可靠的。

3、监事会审议了上海上会会计师事务所和安永会计师事务所的查帐报告,认为双方审计结果上所存在的公司经营业绩差异,主要是因依据的会计准则上的差异所致。

4、监事会审查了公司1999年度利润分配预案,认为,公司董事会拟定的"不分配、不转增"的分配预案是可行的,是符合公司实际情况的。

七、重要事项

1、报告期内,公司及公司董事、监事、高级管理人员无重大诉讼、仲裁事项。

2、报告期内,公司及公司董事、监事、高级管理人员无受监管部门处罚的情况。

3、报告期内,无控股股东变更、无公司董事会换届或改选或半数以上成员变动、无公司总裁变更、无解聘和新聘董事会秘书等事项。

4、报告期内,公司无收购及出售资产、吸收合并事项。

5、报告期内,公司无重大关联交易事项。

6、公司与控股股东之间实行人员独立、资产完整、财务独立。

7、报告期内,公司无托管、承包、租赁事项。

8、报告期内,公司聘任的境内外会计师事务所没有变更。

9 、报告期内,公司无重大合同事项。

10、报告期内,公司名称及股票简称没有变更。

八、财务会计报告

(一)审计报告

本公司会计报表经上海上会会计师事务所中国注册会计师许丽蓉、林璐审计,并出具了无保留意见的审计报告[上会师报字(2000)第0031号]。

(二)会计报表

1、资产负债表(见附件)

2、利润及利润分配(见附件)

3、现金流量表(见附件)

(三)会计报表附注

1、坏帐核算方法:

坏帐的确认标准:

(1)债务人破产或死亡,以其破产财产或者遗产清偿后,仍然不能收回的应收款项 。

(2)因债务人逾期未履行偿债义务,且具有明显特征表明无法收回的应收款项。

以上确实不能收回的应收款项,按董事会批准的审批核销权限分级批准后,坏帐损失,并冲销坏帐准备。

坏帐核算方法:坏帐核算采用备抵法,按年末应收帐款及其他应收款余额(除关联 交易和押金外)帐龄提取。1年以内的按3%提取,1-2年的按10%提取,2-3年的按15%提取,3年以上的按20%提取。

2、存货核算方法:存货包括:原材料、包装物、在产品、产成品、低值易耗品。

原材料及包装物取得时按实际成本方法计价,发出时按加权平均方法计价。低值 易耗品采用一次摊销法核算。产成品按标准成本计价,实际成本与标准成本之间的差 额,在月末采用加权平均法在销售产品与库存产品之间摊销,将标准成本调整为实际成本。内部调拨产品的计价,按标准成本结算,其调拨差异随产品调拨一并结转,将标准 成本调整为实际生产成本。

存货跌价准备计提:对期末存货按成本与可变现净值孰低计价,并按单项比较法计提存货跌价准备。

3、长期投资核算方法:

(1)长期债权投资以实际支付的款项记帐,按权益法计算应计利息。

(2)长期股权投资

①股票投资按成本法核算

②其他股权投资:投资额占被投资企业有表决权资本总额20%以下,或虽占20%或20%以上,但不具有重大影响,采用成本法核算;投资额占被投资企业有表决权资本总 额20%或20%以上,或虽不足20%但有重大影响,采用权益法核算。

③股权投资差额:上述②中投资额与按比例享有的被投资单位净资产的差额,按10年摊销。

④长期投资减值准备:公司对长期投资按个别项目估计其未来可收回金额低于投 资帐面价值,并且这种降低的价值在可预计的未来期间内不可能恢复时,按可收回金额低于帐面价值的差额提取长期投资减值准备。

4、固定资产及折旧:

(1)单位价值在2,000元以上,使用年限在一年以上的实物资产作为固定资产,按实际成本计价。

(2)折旧方法:按中外合资经营企业财务制度的有关规定确定使用年限和残值率,采用个别折旧率,按直线法计算折旧。

(3)固定资产分类及使用年限。

类别	使用年限	残值率	折旧率
房屋建筑物	20年	10%	4.5%
机械设备	10年	10%	9%
运输设备	5年	10%	18%
其他设备	5年	10%	18%

5、收入确认原则:

销售商品:公司已将商品所有权上的重要风险和报酬转移给买方,公司不再对该商品实施继续管理权和实际控制权,相关的收入已经收到或取得了收款的证据,并且与销售该商品有关的成本能够可靠地计量时,确认营业收入的实现。

6、所得税的会计处理方法:采用应付税款法。

7、合并会计报表的编制方法:按照《合并会计报表暂行规定》,以合并会计报表 的母公司和纳入合并范围的子公司的个别会计报表及其它有关资料为依据,在将其相 互之间的权益性投资与所有者权益中所持份额、债权与债务以及内部销售收入等进行抵销的基础上,对资产、负债和所有者权益各项目的数额编制合并会计报表。

8、合并报表范围的变动及会计政策的变更:

(1)公司合并会计报表范围的变动:公司本年度合并报表的子公司减少1家。上海 大江种猪场因地方政府公路建设需要,于1999年4月30日终止经营,不再列入合并会计 报表范围。

(2)会计政策和会计估计的变更:根据财政部财会字[1999]35号文《关于印发〈股份有限公司会计制度有关会计处理问题补充规定〉的通知》和财政部财会字[1999]49号文《关于印发〈股份有限公司会计制度有关会计处理问题补充规定问题解答〉的通知》和《企业会计准则-会计政策、会计估计变更和会计差错更正》的有关规定,本公司根据董事会批准的计提坏帐准备的方案及内部控制制度,对坏帐准备会计政策变更 采用了追溯调整法,调整了1999年度会计报表和合并会计报表相关项目的年初数和上 年实际数。上述会计政策变更对以前年度净利润的累计影响数为人民币8,921,976.59元,调增1998年度净利润11115192.80元,调减1997年度净利润2,193,216.21元;调增了1999年初留存收益8,921,976.59元,其中:未分配利润增加了9446417.87元,盈余公积 金调减了524,441.28元;利润及利润分配表上年数栏的年初未分配利润调增了1,864,233.78元。

9、控股子公司及合营企业情况

公司名称	注册资本	经营范围	母公司投资额	所占比例	是否合并
上海大江洞泾饲料厂	13600000	饲料	12920000	95.0%	合并
上海大江得胜饲料厂	9000000	饲料	8955000	99.5%	合并
上海大江车墩蛋白饲料厂	7500000	饲用蛋白粉	6000000	80.0%	合并
常州大江畜禽饲料公司	29600000	畜禽、饲料	20720000	70.0%	合并
扬州大江畜禽饲料公司	47200000	畜禽、饲料	40120000	85.0%	合并
上海大江塘桥养鸡场	5000000	祖代种禽饲养	5000000	100.0%	合并
上海大江洋泾湾养鸡场	5000000	父母代种禽饲养	5000000	100.0%	合并
松江区新业养鸡场	9300000	父母代种禽饲养	9300000	100.0%	合并
上海大江光星养鸡场	9000000	肉鸡饲养	9000000	100.0%	合并
上海大江五里塘种禽场	10000000	肉鸡饲养	10000000	100.0%	合并
上海大江三裕养鸡场	8000000	父母代种禽饲养	7960000	99.5%	合并
松江区洞泾种禽场	8400000	父母代种禽饲养	8400000	100.0%	合并
松江区华阳鸡场	4800000	父母代种禽饲养	2640000	55.0%	合并
松江区塔汇鸡场	3800000	父母代种禽饲养	2090000	55.0%	合并
松江区新金养鸡场	22000000	父母代种禽饲养	22000000	100.0%	合并
松江长兴肉禽场	16800000	肉鸡饲养	16800000	100.0%	合并
松江兴娄肉禽场	16800000	肉鸡饲养	16800000	100.0%	合并
松江黄桥肉禽场	16800000	肉鸡饲养	16800000	100.0%	合并
松江西林肉禽场	16800000	肉鸡饲养	16800000	100.0%	合并
松江松新肉禽场	16800000	肉鸡饲养	16800000	100.0%	合并
松江陈堵肉禽场	16800000	肉鸡饲养	16800000	100.0%	合并
青浦泖洋肉禽场	16800000	肉鸡饲养	16800000	100.0%	合并
松江区天马肉禽场	3800000	肉鸡饲养	2090000	55.0%	合并
松江区昆冈肉禽场	3800000	肉鸡饲养	2090000	55.0%	合并
松江区新桥肉禽场	4000000	肉鸡饲养	2200000	55.0%	合并
松江区车墩肉禽场	4000000	肉鸡饲养	2200000	55.0%	合并
松江区仓大肉禽场	3910000	肉鸡饲养	2150500	55.0%	合并
青浦凤溪白马塘肉鸡场	7950000	肉鸡饲养	7950000	100.0%	合并
青浦朱家角周家港肉鸡场	6800000	肉鸡饲养	6800000	100.0%	合并
青浦沈巷保卫肉禽场	6800000	肉鸡饲养	6800000	100.0%	合并
青浦沈巷新泾肉禽场	6800000	肉鸡饲养	6800000	100.0%	合并
青浦沈巷王金肉禽场	8400000	肉鸡饲养	8400000	100.0%	合并
青浦赵巷北干山肉鸡场	4200000	肉鸡饲养	4200000	100.0%	合并
青浦赵巷崧泽肉鸡场	5400000	肉鸡饲养	5400000	100.0%	合并
青浦环城王仙肉鸡场	8400000	肉鸡饲养	8400000	100.0%	合并
青浦环城泰来肉鸡场	6800000	肉鸡饲养	6800000	100.0%	合并
青浦练塘朱家庄肉鸡场	6800000	肉鸡饲养	6800000	100.0%	合并
青浦蒸淀徐南肉鸡场	6800000	肉鸡饲养	6800000	100.0%	合并
青浦蒸淀大浜肉鸡场	6800000	肉鸡饲养	6800000	100.0%	合并
青浦区沈家浜肉禽场	18000000	肉鸡饲养	18000000	100.0%	合并
青浦区古石肉禽场	18000000	肉鸡饲养	18000000	100.0%	合并
青浦区木家桥肉禽场	18000000	肉鸡饲养	18000000	100.0%	合并
上海大江肉食品二厂	52000000	肉食品加工	44200000	85.0%	合并
上海大江肉食品四厂	50000000	肉食品加工	45000000	90.0%	合并
上海申德机械有限公司	22955200	饲料机械	17216400	75.0%	合并
上海大江金兰快餐店	780000	快餐	780000	100.0%	合并
杭州大江饲料有限公司	50000000	饲料	50000000	100.0%	合并
湖州大江有限公司	5400000	饲料	2700000	50.0%	合并(按比例)
上海大江肉食品三厂	26400000	肉食品加工	13200000	50.0%	合并
黄岩大江有限公司	5000000	饲料	2500000	50.0%	合并(按比例)
上海大江肉食品厂	18000000	肉食品加工	9000000	50.0%	合并
上海大江新桥肉食品厂	17600000	肉食品加工	8800000	50.0%	合并
青浦野马浜养鸡场	3000000	父母代种禽饲养	1500000	50.0%	合并
上海大江天马种禽场	18000000	父母代种禽饲养	9000000	50.0%	合并
松江区新桥新泾种禽场	6000000	父母代种禽饲养	3000000	50.0%	合并
山东济宁大江牧工商公司	6000000	畜禽、饲料	3000000	50.0%	未合并注(1)
山东沪平牧工商联合公司	800000	畜禽、饲料	400000	50.0%	未合并注(2)

注(1)该公司处于破产清算中。对财务状况无影响。

注(2)该公司由对方承包经营。对财务状况无影响。

九、公司的其他有关资料

1、公司首次注册登记日:1993年11月14日

2、企业法人营业执照注册号:企股沪总字第019020号。

3、税务登记号码:310046607270330

4、公司未流通股份托管机构:上海证券中央登记结算公司,上海市浦建路727号,邮政编码:200127。

5、公司聘请的会计师事务所:上海上会会计师事务所(经上海会计师事务所),上 海市四川北路1318号福海商业中心9楼,邮政编码:200080;Ernst &Young(安永会计师事务所),香港夏悫道10号和记大厦15楼。

6、公司法律顾问:上海浦东律师事务所,上海市浦东东方路710号汤臣国际金融大厦6楼,邮政编码:200122。

十、备查文件目录

1、载有公司法人、总会计师、会计经办人签名并盖章的会计报表。

2、载有会计师事务所盖章、注册会计师签名并盖章的审计报告正本。

3、报告期内,在《上海证券报》上公开披露过的所有公司文件的正本及公告的原稿。

4、报告期内,在《HONGKONG STANDARD》《香港虎报》)上公开披露过的所有公司文件的正本及公告的原稿。

上述文件均完整地备置于公司行政部。

上海大江(集团)股份有限公司

2000年4月20日

资产负债表

1999年12月31日

会股地年01表

编制单位:上海大江(集团)股份有限公司　　金额单位:元

资产	期末数 合并	期末数 母公司	年初数 合并	年初数 母公司
流动资产:				
货币资金	280362677.70	245864126.27	222628277.66	174449000.46
短期投资				
减:短期投资跌价准备				
短期投资净额				
应收票据			326600.00	326600.00
应收股利				
应收利息				
应收帐款	101936530.28	68890803.04	100184550.36	74819301.10
其他应收款	33142234.95	49916613.74	26221790.09	86225616.45
减:坏帐准备	5820167.31	4241095.32	5996153.84	4216922.56
应收款项净额	129258597.92	114566321.46	120410186.61	156827994.99
预付帐款	3057818.10	2242396.46	9064561.31	8590809.79
应收补贴款	9394094.20	9394094.20		
存货	370248027.65	273253689.34	529599822.33	395449715.41
减:存货跌价准备	10962848.04	10962848.04	22189595.96	22189595.96
存货净额	359285179.61	262290841.30	507410226.37	373260119.45
待摊费用	3166425.91	1639977.02	3614864.82	1431725.57
待处理流动资产净损失	334066.37		3457.16	
一年内到期的长期债券投资			279750.00	
其他流动资产				
流动资产合计	784858859.81	635997756.71	863737923.93	714886250.26
长期投资:				
长期股权投资	154489959.93	845400669.29	184481351.85	865658205.53
长期债权投资	3100.00		4000.00	
长期投资合计	154493059.93	845400669.29	184485351.85	865658205.53
其中:合并价差				
减:长期投资减值准备	1229623.23	1229623.23	1229623.23	1229623.23
长期投资净额	153263436.70	844171046.06	183255728.62	864428582.30
固定资产:				
固定资产原价	1595523001.23	628391686.97	1509477109.90	567127345.27
减:累计折旧	677373381.99	238715931.29	581409405.97	209905343.84
固定资产净值	918149619.24	389675755.68	928067703.93	357222001.43
工程物资				
在建工程	17522340.91	5874690.21	82155812.64	57627573.48

固定资产清理	89499.95	22128.00	42159.27	
待处理固定资产净损失	120201.00		276723.89	
固定资产合计	935881661.10	395572573.89	1010542399.73	414849574.91
无形资产及其他资产:				
无形资产	78474731.09	56589388.42	74790415.54	52048385.23
开办费	5860075.78	3447785.99	8306491.21	4735815.98
长期待摊费用	16780393.60	5512717.03	14403154.93	6402471.73
其他长期资产				
无形资产及其他资产合计	101115200.47	65549891.44	97500061.68	63186672.94
递延税项:				
递延税款借项				
资产总计	1975119158.08	1941291268.10	2155036113.96	2057351080.41
流动负债:				
短期借款	668305200.00	568880200.00	699557300.00	648082300.00
应付票据				
应付帐款	110888444.94	100660148.45	128929383.25	115053328.32
预收帐款	10395054.68	4763526.07	9824239.61	5635039.66
代销商品款				
应付工资	36113194.77	1160996.03	26481783.11	18751.09
应付福利费	10737787.31	1092420.75	15843538.68	1584823.50
应付股利	52552.50	52552.50	53625.00	53625.00
应交税金	−80934856.78	−86998117.61	−55235671.06	−63024869.32
其他应交款	872607.23	39415.69	2580949.48	50160.76
其他应付款	73134740.58	294699757.85	133460644.26	253963071.55
预提费用	4571978.79	878168.03	12042033.43	125261.52
一年内到期的长期负债	69675800.00	69675800.00	41393500.00	41393500.00
其他流动负债	3035445.29		3035445.29	
流动负债合计	906847949.31	954904867.76	1017966771.05	1002934992.08
长期负债:				
长期借款			69672200.00	69672200.00
应付债券				
长期应付款				
住房周转金				
其他长期负债	4078492.49	4078492.49	5561580.65	5561580.65
长期负债合计	4078492.49	4078492.49	75233780.65	75233780.65
递延税项:				
递延税款贷项				
负债合计	910926441.80	958983360.25	1093200551.70	1078168772.73
少数股东权益	99892419.60		103795140.54	
股东权益:				
股本	676305696.00	676305696.00	676305696.00	676305696.00
资本公积	226497105.13	226497105.13	226566884.02	226566884.02
盈余公积	148356654.32	137987499.82	146605303.73	137987499.82
其中:公益金	31397161.23	29329166.61	31133374.56	29329166.61
未分配利润	−86859158.77	−58482393.10	−91437462.03	−61677772.16
外币报表折算差额				
股东权益合计	964300296.68	982307907.85	958040421.72	979182307.68
负债和股东权益总计	1975119158.08	1941291268.10	2155036113.96	2057351080.41

利润及利润分配表

1999 年度

会股地年 02 表

编制单位:上海大江(集团)股份有限公司　　金额单位:元

项目	本年实际数		上年数	
	合并	母公司	合并	母公司
一、主营业务收入	1815080314.11	1986671341.89	2303171330.06	2659929641.30
减:折扣与折让	32314759.23	23206522.16	28340038.69	20231409.92
主营业务收入净额	1782765554.88	1963464819.73	2274831291.37	2639698231.38
减:主营业务成本	1541032542.30	1832426843.52	2055747832.82	2535945758.88
主营业务税金及附加	2027660.40	1393100.65	2114120.05	1340068.91
二、主营业务利润	239705352.18	129644875.56	216969338.50	102412403.59
加:其他业务利润	−9678228.11	−4639905.25	−269768.10	−2858418.78
减:存货跌价损失	−11226747.92	−11226747.92	19674666.21	19674666.21
营业费用	70177178.95	64362595.56	78453946.54	55181861.45
管理费用	89486892.82	60626280.96	123051723.88	64428443.56
财务费用	50995556.64	46251067.25	70193293.74	63828499.63
三、营业利润	30594243.58	−35008225.54	−74674059.97	−103559486.04
加:投资收益	−13179485.61	28995744.83	−16347398.70	5457080.17
补贴收入			31333.07	
营业外收入	9860459.15	9298932.96	2010748.49	1772289.73
减:营业外支出	585474.42	91073.19	8203725.11	6509925.89
四、利润总额	26689742.70	3195379.06	−97183102.22	−102840042.03
减:所得税	3453761.68		5859756.87	
减:少数股东损益	16332115.50		18029311.05	
五、净利润	6903865.52	3195379.06	−121072170.14	−102840042.03
加:年初未分配利润	−91437462.03	−61677772.16	31436153.92	41162269.87
盈余公积转入				
六、可供分配的利润	−84533596.51	−58482393.10	−89636016.22	−61677772.16
减:提取法定盈余公积金	1487563.92		1000671.06	
减:提取法定公益金	263786.67		114056.54	
职工奖福基金(合并报表添列)	574211.67		686718.21	
七、可供股东分配的利润	−86859158.77	−58482393.10	−91437462.03	−61677772.16
减:应付优先股股利				
提取任意盈余公积				
应付普通股股利				
转作股本的普通股股利				
八、未分配利润	−86859158.77	−58482393.10	−91437462.03	−61677772.16

现金流量表

1999 年度

会股地年 03 表

编制单位:上海大江(集团)股份有限公司　　金额单位:元

项目	合并	母公司
一、经营活动产生的现金流量		
销售商品、提供劳务收到的现金	1832894524.18	1415584399.44
收取的租金	1761478.26	526337.05
收到的税费返还	96882.17	
收到的其他与经营活动有关的现金	7624205.34	726751.11
经营活动现金流入小计	1842377089.95	1416837487.60
购买商品、接收劳务所支付的现金	1304317248.91	1034788373.06
经营租赁所支付的现金	2511616.88	1775376.90
支付给职工以及为职工支付的现金	196946453.02	89404931.39
支付的增值税款	18631169.01	
支付的所得税款	5247194.66	
支付的除增值税、所得税以外的其他税费	13261311.31	12153767.62
支付的其他与经营活动有关的现金	79191925.70	33460400.82
经营活动现金流出小计	1620106919.49	1171582849.79
经营活动产生的现金流量净额	222270170.46	245254637.81
二、投资活动产生的现金流量		
收回投资所收到的现金	273200.00	
分得股利或利润所收到的现金	2543742.60	8343742.60
取得债券利息收入所收到的现金	7250.00	
处置固定资产、无形资产和其他长期资产而收回的现金净额	2283270.89	1698805.19
收到的其他与投资活动有关的现金	3584501.62	3554114.71
投资活动现金流入小计	8691965.11	13596662.50
购建固定资产、无形资产和其他长期资产所支付的现金	36421789.17	18593850.81
权益性投资所支付的现金		
债权性投资所支付的现金		
支付的其他与投资活动有关的现金		
投资活动现金流出小计	36421789.17	18593850.81
投资活动产生的现金流量净额	−27729824.06	−4997188.31
三、筹资活动产生的现金流量		
吸收权益性投资所收到的现金		
其中:子公司吸收少数股东权益性投资收到的现金		
发行债券所收到的现金		
借款所收到的现金	464695000.00	325970000.00
收到的其他与筹资活动有关的现金	107500.00	
筹资活动现金流入小计	464802500.00	325970000.00
偿还债务所支付的现金	537444500.00	446562000.00
发生筹资费用所支付的现金		
分配股利或利润所支付的现金	7457950.87	1072.50
其中:子公司支付少数股东的股利	7456878.37	
偿付利息所支付的现金	53255995.49	48249251.19
融资租赁所支付的现金		
减少注册资本所支付的现金	3450000.00	
其中:子公司依法减资支付给少数股东的现金	3450000.00	
支付的其他与筹资活动有关的现金		
筹资活动现金流出小计	601608446.36	494812323.69
筹资活动产生的现金流量净额	−136805946.36	−168842323.69
四、汇率变动对现金流量的影响		
汇率变动对现金的影响额		
五、现金及现金等价物净增加额		
现金及现金等价物净增加额	57734400.04	71415125.81
六、不涉及现金收支的投资和筹资活动		
以固定资产偿还债务		
以投资偿还债务		
以固定资产进行长期投资		
以存货偿还债务		
融资租赁固定资产		
七、将净利润调节为经营活动的现金流量		
净利润	6903865.52	3195379.06
加:少数股东损益	16332115.50	
计提的坏帐准备或转销的坏帐	−205025.33	−39250.65
固定资产折旧	135717194.07	37148071.46
无形资产摊销	12662053.96	4504292.15
待摊费用的减少	4560574.38	2170327.70
预提费用的增加	430620.00	430620.00
处置固定资产、无形资产和其他长期资产的损失(减:收益)	−549705.00	−740681.93
固定资产报废损失	−337648.44	1045.10
财务费用	49621571.89	44743720.07
投资损失(减:收益)	13179485.61	−28995744.83
递延税款贷项(减:借项)		
存货的减少(减:增加)	116941745.07	113370025.03
经营性应收项目的减少(减:增加)	−619180074.41	79443209.38
经营性应付项目的增加(减:减少)	486193397.64	−9976374.73
其他		
经营活动产生的现金流量净额	222270170.46	245254637.81
八、现金及现金等价物净增加情况:		
货币资金的期末余额	280362677.70	245864126.27
减:货币资金的期初余额	222628277.66	174449000.46
现金等价物的期末余额		
减:现金等价物的期初余额		
现金及现金等价物净增加额	57734400.04	71415125.81

豪盛(福建)股份有限公司

一、公司简介

1、公司法定中文名称:豪盛(福建)股份有限公司
公司法定英文名称:HAWSON (FUJIAN) LIMITED
英文缩写:HSG
2、公司法定代表人:谢炳煌先生
3、公司董事会秘书:林建星先生
联系地址:福建省泉州市城东仕公岭
电话:0595-2688168
传真:0595-2688618
4、公司注册地址:福建省泉州市城东仕公岭(办公地址)
邮政编码:362000
电子信箱:hawson@public.qz.fj.cn
5、公司选定的信息披露报纸名称:《上海证券报》、《中国证券报》
登载公司年度报告的中国证监会指定国际互联网 http://www.sse.com.cn
公司年报置地点:公司股证办
6、公司股票上市交易所:上海证券交易所
股票简称:福建豪盛 股票代码: 600696

二、会计数据和业务数据摘要

1、本年度主要利润指标情况(单位:人民币元)

利润总额	-96052150.40
净利润	-96080504.99
扣除非经常性损益后的净利润	-96081765.99
主营业务利润	-16688311.19
其他业务利润	-24559.96
营业利润	-95886515.66
投资收益	-165835.14
补贴收入	1261.00
营业外收支净额	-1060.60
经营活动产生的现金流量净额	20503309.28
现金及现金等价物净增加额	-33783191.37

注:扣除的项目及金额为补贴收入1,261.00元

2、截止报告期末公司前三年主要会计数据和财务指标 (合并报表数)

项 目	1999年度	1998年度		1997年度	
		调整前	调整后	调整前	调整后
主营业务收入	118707212.35	143435555.41	143435555.41	168390137.90	168390137.90
净利润	-96080504.99	-47690389.48	-50985816.59	14013126.14	4986837.96
总资产	844270698.67	891384183.16	934130098.97	867074292.01	858048003.83
股东权益(不含少数股东权益)	374328477.25	482730697.53	470408982.24	543519762.01	473704409.35
每股收益(摊薄)	-0.3668	-0.182	-0.195	0.053	0.019
每股收益(加权)	-0.3668	-0.182	-0.195	0.053	0.019
扣除非经常性损益后每股收益	-0.3668	-0.182	-0.195	0.053	0.019
每股净资产	1.43	1.84	1.80	2.07	1.81
调整后的每股净资产	1.38	1.83	1.79	2.05	1.79
每股经营活动产生的现金流量净额	0.078				
净资产收益率	-25.67%	-9.29%	-10.84%	2.61%	1.05%

注:(1)主要财务指标计算方法:
每股收益=净利润/年度末普通股股份总数
每股净资产=年度末股东权益/年度末普通股股份总数
调整后的每股净资产=[年度末股东权益-三年以上的应收款项净额-待摊费用-待 处理 (流动、固定)资产净损失-开办费-长期待摊费用-住房周转金负数余额]/年度末 普通股股份总数

(2)需要说明的是:由于会计政策变更,根据财政部财会字(1999)35号文、49号文的有关规定,采用了追溯调整法,调整了一九九九年度合并会计报表相关的坏帐准备、存货跌价准备、长期投资减值准备、未分配利润等帐项期初数,调整前后的会计数据和 财务指标如下:

项目	1998年		1997年	
	调整前	调整后	调整前	调整后
坏帐准备	158886.10	3283125.59	206157.31	3850439.88
存货跌价准备	0	3593772.17	0	699650.00
长期投资减值准备	0	921348.02	0	4682355.61
未分配利润	-17744889.81	-28712661.87	29945499.67	22273154.72

3、报告期内股东权益变动情况及原因(单位:万元)

项目	股本	资本公积	盈余公积	法定公益金	未分配利润	股东权益合计
期初数	26197.35	21335.52	2379.29	7930.96	-2871.26	47040.90
本期增加						
本期减少					9608.05	9608.05
期末数	26197.35	21335.52	2379.29	7930.96	-12479.31	37432.85

变动原因:本年度亏损所致。

三、股本变动及股东情况

1、股东情况介绍
(1)本报告期末,公司股东总数为44243户。
(2)报告期末前十名股东持股情况(单位:股)

股东名称	期末持股数	占总股本%
豪盛(香港)有限公司	113085100	43.17
泉州市区经济发展公司	29618160	11.31
泉州市经济开发公司	23118160	8.82
福建投资开发总公司	6500000	2.48
农自营	1000000	0.38
范铮	700000	0.27
曹建伟	500000	0.19
瑞诚投资	443769	0.17
高伟	400000	0.15
苗德林	284742	0.11

长春欧亚集团股份有限公司

一、公司简介

1.公司法定中文名称:长春欧亚集团股份有限公司
英文名称:CHANG CHUN EURASIA GROUP CO. LTD
英文缩写:CCEG
2.公司法定代表人:曹和平
3.公司董事会秘书:席汝珍
联系地址:长春市工农大路14号
电 话:0431-5620053
传 真:0431-5666517
4.公司注册及办公地址:长春市工农大路14号
邮政编码:130021
公司国际互联网网址:www.cn-eurasiagroup.com
电子信箱:ouya@public.cc.jl.cn
5.公司选定的信息披露报纸名称:上海证券报
登载公司年度报告的国际互联网网址:http://www.sse.com.cn
公司年度报告备置地点:公司证券部
6.公司股票上市交易所:上海证券交易所
股票简称:欧亚集团 股票代码:600697

二、会计数据和业务数据摘要

1.本年度利润总额及构成(1999年度合并)单位:元

利润总额	46601479.39
净利润	33449900.21
扣除非经营性损益后的净利润	30174951.46
主营业务利润	52126646.03
其他业务利润	22549819.16
营业利润	35542175.64
投资收益	-4432.94
补贴收入	7173588.64
营业外收支净额	3890148.05
经营活动产生的现金流量净额	32669845.39
现金及现金等价物净增加额	73233681.86

2.主要会计数据及财务指标(单位:元)

项 目	1999年	1998年		1997年	
		调整后	调整前	调整后	调整前
主营业务收入	499128304	326699899	326824695	467578474	467926935
净利润	33449900	30294808	29559749	13205097	26515199
总资产	551063606	380978060	397859396	340090924	361322654
股东权益	417145283	267500956	288040068	240581669	261855840
每股收益(摊薄)	0.273	0.297	0.289	0.129	0.260
(加权)	0.276	0.297	0.289	0.142	0.286
扣除非经常性损益后的每股收益	0.246	0.271	0.263		
每股净资产(摊薄)	3.40	2.62	2.82	2.36	2.57
调整后的每股净资产	3.34	2.54	2.68	2.33	2.53
每股经营活动产生的现金流量净额	0.266	0.397	0.397		
净资产收益率(摊薄)	8.02%	11.33%	10.262%	5.49%	10.13%

主要财务指标计算方法:
每股收益=净利润/年度末普通股股份总数
每股净资产=年度末股东权益/年度末普通股股份总数
调整后的每股净资产=[年末股东权益-三年以上应收款项净额-待摊费用-待处理 (流动、固定)资产净损失-开办费-长期待摊费用-住房周转金负数余额]/年度末普通股股份总数。
每股经营活动产生的现金流量净额=经营活动产生的现金流量净额/年度末普通股股份总数
净资产收益率=净利润/年度末股东权益×100%
注:非经常性损益系公司处置固定资产(房屋及机器设备)取得收益,实现净利润3,274,948.75元。

3.报告期内股东权益变动情况

项 目	股本	资本公积	盈余公积	其中:公益金	未分配利润	合计
期初数	102041786	120424926	21433151	9317388	23601092	267500956
本期增加	20695400	95865007	7271284	3635642	33449900	157281592
本期减少		365981		155000	7271284	7637266
期末数	122737186	215923952	28704436	12798031	49779708	417145283
变动原因	实施配股	股票溢价	净利润提取追溯调整	净利润提取追溯调整	新增净净利润追溯调整	配股,股票溢价及新增利润,追溯调整

三、股东情况介绍

(1)截止1999年12月31日,股东总数为12,404户。
(2)前10名股东持股情况

股 东 名 称	年末持股数(股)	占总股本(%)
1.长春市汽车城商业总公司(国家股代表)	43,072,428	35.09
2.长春市朝阳区双欧机械制造有限公司	3305500	2.69
3.长春市兴业百货贸易公司	2474700	2.02
4.万科企业股份有限公司	2200000	1.79
5.沈阳万众企业集团股份有限公司	1650000	1.34
6.深圳市赛格达声股份有限公司	1100000	0.90
7.深圳市蛇口安达实业股份有限公司	1100000	0.90
8.周元祥	746119	0.61
9.吉林省证券有限责任公司	679518	0.55
10.麻志俊	552300	0.45

注:①长春市汽车城商业总公司(国家股代表)年初持股数为37356828股,年度内因配股增加5715600股。
②前10名股东所持股份中,周元祥、麻志俊所持股份为流通股份,其余均为未上市流通股份。

济南轻骑摩托车股份有限公司

一、公司简介

1、公司法定中文名称:济南轻骑摩托车股份有限公司
公司中文缩写:济南轻骑公司
英文名称:JINAN QINGQI MOTORCYCLE CO.,LTD
公司英文缩写:JNQQ
2、公司法定代表人:杨仁发
3、公司董事会秘书:陈月华
联系地址:山东省济南市历下区和平路34号
电话:0531-6953325-5517　传真:0531-6953325-4403
董事会秘书授权代表:宋义才
联系地址:山东省济南市历下区和平路34号
电话:0531-6414419
传真:0531-6960676
4、公司注册地址:山东省济南市历下区和平路34号
公司办公地址:山东省济南市历下区和平路34号
邮编:250014
电子信箱:cnjnqq@jn-public.sd.cninfo.net
5、公司选定的信息披露报纸:《中国证券报》、《上海证券报》、香港《文汇报》登载本公司年度报告的中国证监会指定国际互联网网址:http://www.sse.com.cn
公司年度报告备置地点:本公司综合管理部
6、公司股票上市地:上海证券交易所
股票简称:济南轻骑(A股)　轻骑B股(B股)
股票代码:600698(A股)　900946(B股)

二、会计数据和业务数据摘要

1、本年度会计数据摘要(单位:人民币元)

项目金额利润总额	35885351.06
净利润	19725048.29
扣除非经常性损益后的净利润	13743185.07
主营业务利润	93220572.32
其他业务利润	2425428.25
营业利润	29903487.84
投资收益	0
补贴收入	8814710.60
营业外收支净额	-2832847.38
经营活动产生的现金流量净额	83668993.41
现金及现金等价物净增加额	50689007.88

2、公司前三年主要会计数据和财务指标

项目	1999年	1998年		1997年	
		(调整前)	(调整后)	(调整前)	(调整后)
主营业务收入(元):	901597548.37	1949992135.32	19499992135.32	3304560938.67	3304560938.67
净利润(元):	19725048.29	341164071.18	340084547.08	470400230.58	433459558.58
总资产(元):	3848896833.37	3287518959.39	249498763.29	2789097328.91	2752156656.91
股东权益(元):	2988387676.01	3006682823.82	2968662627.72	2665518752.64	2628578080.64
每股收益(元/股)(摊薄):	0.02	0.35	0.35	0.48	0.45
(加权):	0.02	0.35	0.35	0.58	0.58
扣除非经常性损益后的每股收益(元/股)(摊薄):	0.01	40.27	0.27	0.38	0.34
每股净资产(元/股)(摊薄):	3.08	3.09	3.05	2.74	2.70
调整后每股净资产(元/股)(摊薄)	3.08	3.09	3.05	2.74	2.70
每股经营活动产生的现金流量净额	0.09	0.01	0.01		
净资产收益率(%)(摊薄):	0.66	11.35	11.32	17.65	16.49

注:主要财务指标计算公式:每股收益=净利润/年度末普通股股份总数每股净资产=年度末股东权益/年度末普通股股份总数

调整后的每股净资产=(年度末股东权益—三年以上的应收款项净额—待摊费用—待处理(流动、固定)资产净损失—开办费-长期待摊费用-住房周转金负数余额)/年度末普通股股份总数

每股经营活动产生的现金流量净额=经营活动产生的现金流量净额/年度末变通股股份总数

净资产收益率=净利润/年度末股东权益×100%

报告期内股东权益变动情况(单位:元)

项目	股本	资本公积	盈余公积	法定公益金	未分配利润	股东权益合计
期初数	971817440	1075525596.48	356246966.87	115885100.94	565072624.37	2968662627.72
本期增加			7101017.39	1972504.83	19725048.29	19725048.29
本期减少				7101017.39		
期末数	971817440	1075525596.48	363347984.26	117857605.77	577696655.27	2988387676.01
变动原因			本年提取		增加数为本年实现的净利润,减少数为本年	按新会计规则计提坏帐准备金提取的两金

三、股东情况介绍

(1)、报告期末公司股东总数为243798户。
(2)、主要股东持股情况:

股东名称	期末持股数(万股)	占总股本比例(%)
1、济南市国有资产管理局(国家股)	39748.80	40.902
2、NAITO SECURITIES CO.,LTD. (B股)	830.06	0.854
3、孙文雄(B股)	794.80	0.818
4、轻骑集团轻型车厂	780.78	0.803
5、京华山-国际(香港)有限公司	688.50	0.709
6、TOYO SECURITIES ASIA LTD.A/C CLIENT(B股)	575.21	0.592
7、WARDLEY JAMES CAPEL FAR EAST LTD(B股)	508.40	0.523
8、EVER RISE DEVELOPMENT(BVI)LTD(B股)	500.00	0.515
9、SCBHK A/CHWA LIN INTERNATIONAL LIMITED	480.00	0.494
10、NEW JAPAN SECUTIRIES INT'L(HK)(B股)	445.88	0.459

注:持有本公司5%以上股份的股东只有济南市国有资产管理局,所持股份报告期内无变动、质押和冻结。

辽源得亨股份有限公司

一、公司简介

1、公司法定中文名称:辽源得亨股份有限公司
公司英文名称:LIAOYUAN DEHENG COMPANY LIMITED.
公司英文名称缩写:LYDH
2、公司法定代表人:孟祥杰
3、公司董事会秘书:由春玲
联系电话:0437-3513931-335
联系地址:吉林省辽源市福兴路3号
电子信箱: lydhb@public.ly.jl.cn
4、公司注册地址:辽源市福兴路3号
公司办公地址:吉林省辽源市福兴路3号
邮政编码:136200
公司电子信箱:lydhb@public.ly.jl.cn
5、公司信息披露的报刊为:《上海证券报》和《证券时报》
登载公司年度报告的中国证监会指定的国际互联网网址:http://www.sse.com.cn
公司年度报告备置地点:吉林省辽源市福兴路3号(公司办公地)
6、公司股票上市交易所:上海证券交易所
股票简称:辽源得亨
股票代码:600699

二、会计数据和业务数据摘要

1、本年度利润总额及构成(单位:元　合并报表)

利润总额	28,164,991.14
其中:主营业务利润	36,084,058.27
其他业务利润	438,587.52
投资收益	9,291,686.75
补贴收入	7,000,000.00
营业外收支净额	242,906.50
净利润	20,754,982.15
扣除非经常性损益后的净利润	4,988,942.15
经营活动产生的现金流量净额	-14,561,066.69
现金及现金等价物净增加额	21,061,592.35

2、截至报告年度末公司前三年的主要会计数据及财务指标

序号 项目	1999年度	1998年度 调整前	1998年度 调整后	1997年度 调整前	1997年度 调整后
1 主营业务收入(元)	151778284	65840462	65840462	76710509	76710509
2 净利润(元)	20754982	29059190	28048748	504897	-737329
3 总资产(元)	405859263	347546580	331696896	329032281	327827036
4 股东权益(元)	238649635	233744337	217894652	204685146	203450050
5 每股经营活动产生的现金净流量(元/股)	-0.11	0.23	0.23		
6 每股收益(摊薄)(元/股)	0.157	0.22	0.212	0.005	-0.007
(加权)	0.157	0.25	0.239	0.005	-0.007
7 扣除非经营性损益后的每股收益(元/股)	0.038				
8 每股净资产(元/股)	1.80	1.77	1.65	2.01	1.54
9 调整后的每股净资产(元/股)	1.59	1.44	1.46	1.68	1.70
调整后的每股净资产(元/股)(加权)	1.59	1.63	1.65	1.69	1.71
10 净资产收益率(%)(摊薄)	8.70	12.43	12.87	0.25	-0.4
(加权)	9.09	13.26	13.31	0.25	-0.4

每股收益=净利润/年度末普通股股份总数
每股净资产=年度末股东权益/年度末普通股股份总数
调整后的每股净资产=(年度末股东权益一三年以上的应收款项净额-待摊费用-待处理(流动、固定)资产净损失-开办费-长期待摊费用-住房周转金负数余额)/年度末普通股股份总数
每股经营活动产生的现金流量净额=经营活动产生的现金流量净额/年度末普通股股份总数
净资产收益率=净利润/年度末股东权益×100%

3、报告期内股东权益变动情况

	期初数	本期增加	本期减少	期末数
股本	132,429,604.13			132,429,604.13
资本公积	63,786,698.24			63,786,698.24
盈余公积	10,022,998.72	3,986,678.15		14,009,676.87
其中:法定公益金	1,970,334.47	1,328,892.72		3,299,227.19
任意盈余公积	2,762,485.68			2,762,485.68
未分配利润	11,655,351.81	16,768,304.00		28,423,655.81
股东权益合计	217,894,652.90	22,083,874.87		238,649,635.05

三、股东情况介绍

1、股东情况介绍
截至本报告期末股东总数为37,396户。
2、前十名股东

名称	年度末持股数(万股)	占总股份比例(%)
辽源市国有资产管理局(国家股)	4125.8523	31.15
上海二纺机股份有限公司	1184.0400	8.94
辽源市涤纶制品厂	627.5412	4.73
吉林省东丰化纤厂	615.7008	4.64
吉林省信托投资公司	312.5865	2.36
广东福地	305.7229	2.31
长春市工行信托投资公司	165.7656	1.25
深圳建艺集团股份有限公司	157.8720	1.19
陈向荣	59.3408	0.45
常州喷丝板厂	54.4658	0.41

陕西百隆(集团)股份有限公司

一、公司简介

1.公司的法定中、英文名称及缩写
中文名称:陕西百隆(集团)股份有限公司
英文名称:SHAANXI BAILONG (GROUP) CO.,LTD 缩写: SBL
2.公司法定代表人:宋理
3.公司董事会秘书:穆耀
联系地址:西安市南新街 28 号
联系电话:(029)7216331-259 传 真:(029)7218622
电子信箱:Greenmu@public.xa.sn.cn
4.公司注册地址:西安市南新街 28 号
公司办公地址:西安市南新街 28 号
邮政编码:710004
公司国际互联网网址:http://www.Bailong-Group.com.cn
电子信箱:sbl@public.xa.sn.cn
5.公司选定的信息披露报纸名称:《中国证券报》
登载公司年度报告的中国证监会指定国际互联网网址:http://www.sse.com.cn
公司年度报告备置地点:公司证券部
6.公司股票上市交易所:上海证券交易所
股票简称:百隆集团 股票代码:600700

二、会计数据和业务数据摘要

1.本年度主要利润指标情况(单位:人民币元)

公司本年度实现利润总额:	58528715.92
净利润:	46330907.87
扣除非经常性损益后的净利润:	46330907.87
主营业务利润:	98942852.56
其他业务利润:	1762887.75
营业利润:	58900456.56
投资收益:	
补贴收入:	
营业外收支净额:	-371740.64
经营活动产生的现金流量净额:	5017346.17
现金及现金等价物净增加额:	-23754127.07

2.截止报告期末公司前三年的主要会计数据和财务指标(合并报表数)

指标项目	1999 年度	1998 年度		1997 年度	
		调整前	调整后	调整前	调整后
主营业务收入(元)	602692558.51	569940280.29	569940280.29	569326634.78	569326634.78
净利润(元)	46330907.87	22732845.06	15181038.20	11516607.77	7373590.16
总资产(元)	748947853.61	643586528.66	651755033.19	424940760.62	408450380.66
股东权益 (元)(不含少数股东权益)	202438462.31	188981391.26	164939204.44	113714546.20	97224166.24
每股收益(元)(摊薄)	0.35	0.26	0.17	0.16	0.10
(加权)	0.47	0.27	0.20	0.17	0.12
扣除非经常性损益后的每股收益(元)	0.35	0.26	0.17	0.16	0.09
每股净资产(元)	1.53	2.14	1.87	1.56	1.33
调整后的每股净资产(元)	1.36	2.03	1.72	1.36	1.13
每股经营活动产生的现金流量净额(元)	0.04	-0.93	-0.93		
净资产收益率(%)	22.89	12.03	9.20	10.13	7.58
加权净资产收益率(%)	25.22	13.82	11.58	10.67	7.88

注:主要财务指标计算公式如下:
每股收益=净利润/年度末普通股股份总数
每股净资产=年度末股东权益/年度末普通股股份总数
调整后的每股净资产=(年度末股东权益—三年以上的应收款项净额—待摊费用—待处理 (流动、固定)资产净损失—开办费—长期待摊费用-住房周转金负数余额)/年 度末普通股股份总数
每股经营活动产生的现金流量净额=经营活动产生的现金流量净额/年度末普通股股份总数
净资产收益率=净利润/年度末股东权益×100%

3.报告期内股东权益变动情况: 单位:元

项目	股本	资本公积	盈余公积	法定公益金	未分配利润	股东权益合计
期初数	88316500	57964500.49	10207403.58	5103701.79	8450800.37	164939204.44
本期增加	44158250		9266181.58	4633090.79	37064726.29	90489157.87
本期减少	8831650.00			44158250.00	52989900.00	
期末数	132474750	49132850.49	19473585.16	9736792.58	1357276.66	202438462.31

股东权益变动原因说明:
(1)年度内股本增加 44158250 股,系 1999 年中期实施每 10 股送 4 股、转增 1 股的分红送股方案所致。
(2)年度内资本公积金减少 8831650 元,系 99 年中期转增股本所致。
(3)年度内盈余公积金和公益金增加系公司本年度分别按净利润 10%比例提取所 致。
(4)年度内未分配利润减少系 99 年中期分红送股所致。

三. 股东情况介绍

1、1999 年 12 月 31 日,本公司股东总数为 9250 户。
2、公司前十名股东持股情况:

股东名称	持股数(股)	持股比例(%)
〈1〉煤航(集团)实业发展有限公司	38249396	28.87
〈2〉陕西省国资局	30645030	23.13
〈3〉惠能实业有限公司	3881163	2.93
〈4〉青枝家具	2143900	1.62
〈5〉浙江港澳	1528450	1.15
〈6〉中煤地质	1500000	1.13
〈7〉厘鑫公司	1500000	1.13
〈8〉金诚信投	1000000	0.75
〈9〉通信工程	745550	0.56
〈10〉刘学农	697752	0.53

哈尔滨工大高新技术产业开发股份有限公司

一、公司简介

1.公司名称
公司法定中文名称:哈尔滨工大高新技术产业开发股份有限公司
公司英文名称:HABIN GONG DA HIGH-TECH ENTERPRISE DEVELOPMENT CO.,LTD
公司英文名称缩写:HGDHTED
2、公司法定代表人:张大成
3、公司董事会秘书:赵志刚
联 系 地 址:哈尔滨市南岗区西大直街 118 号
工大高新董事会秘书办公室
联 系 电 话:0451--6219247
传 真 :0451--6253555
电子信箱:godagaxi@public.hr.hl.cn
4、公司注册地址:哈尔滨市南岗区护军街 40 号
公司办公地址:哈尔滨市南岗区西大直街 118 号
邮 编:150001
5、公司选定的信息披露报纸:上海证券报
登载公司年度报告的国际互联网址:http://www.sse.com.cn
公司年度报告备置地点:公司董事会秘书办公室
6、公司股票上市地:上海证券交易所
股 票 简 称:工大高新 股 票 代 码:600701

二、会计数据与业务数据摘要

1.本年度主要利润指标情况 单位:元

利 润 总 额:	75428208.17
净 利 润:	58741173.58
扣除非经常性损益后的净利润:	58703000.55
主营业务利润:	123582592.18
其他业务利润:	9666741.19
营 业 利 润:	75260953.07
投 资 收 益:	7937.95
补 贴 收 入:	30235.08
营业外收支净额:	129082.07
经营活动产生的现金流量净额:	-69167545.65
现金及现金等价物净增加额:	-23282943.02

2.截止 1999 年末,公司前三年主要会计数据与财务指标 单位:元

项目	1999	1998 年		1997 年	
		调整前	调整后	调整前	调整后
(1)主营业务收入	633709366.67	301353290.00	301353290.00	182844729.75	182844729.75
(2)净利润	58741173.58	77475734.73	79070999.20	53366305.46	56922826.98
(3)总资产	1362800608.31	778323925.58	769247990.09	548088668.28	5418554449.96
(4)股东权益	741835089.91	693066672.97	688428719.12	448684030.84	442450812.52
(5)每股收益摊薄	0.181	0.430	0.439	0.339	0.362
加权	0.233	0.559	0.571	0.378	0.403
(6)扣除非经常性损益后的每股收益	0.181	0.430	0.439	0.32	0.34
(7)每股净资产	2.29	3.85	3.82	2.85	2.81
调整后每股净资产	2.19	3.82	3.80	2.83	2.79
(8)每股经营活动产生的现金流量净额	-0.21	0.28	0.28		
(9)净资产收益率(%)	7.92	11.18	11.49	11.89	12.87

注:主要财务指标的计算方法:
每股收益=净利润/年度末普通股股份总数
每股净资产=年度末股东权益/年度末普通股股份总数
调整后每股净资产=(年度末股东权益-三年以上的应收款项-待摊费用-待处理(固定、流动)财产净损失-开办费-长期待摊费用)/年度末普通股股份总数
每股经营活动产生的现金流量净额=经营活动产生的现金流量净额/年度末普通股股份总数
3、报告期内股东权益变动情况:

项目	股本	资本公积	盈余公积	法定公益金	未分配利润	股东权益合计
期初数	180050538.00	389622780.60	32338471.44	10779490.48	86416929.08	688428719.12
本期增加	144040430.00	368368.90	11513992.37	3476741.94	58741173.58	53406370.79
本期减少		72020215.00			89237379.06	
期末数	324090968.00	317970934.50	43852463.81	14256232.42	55920723.60	741835089.91

变动原因:
(1) 股本增加系本期公司实施 98 年利润分配方案所致。
(2)资本公积减少系本期公司实施 98 年利润分配方案以资本公积每 10 股转增 4 股所致。
(3) 盈余公积增加系本年度实现净利润提取法定盈余公积金和公益金所致。
(4) 法定公益金增加系本年度实现净利润提取公益金所致。
(5)未分配利润增减变动系本年度内实施 98 年度利润分配方案及本年度实现净利 润提取两金后转入所致。

三、股本变动及股东情况

(1)股东数量:
截止到报告期末公司股东数量为 144087 户。
(2)主要股东持股情况(前十名股东)

名次 股东名称	年末持股数(万股)	占总股本(%)
1、哈尔滨工业大学高新技术开发总公司	11340	34.99
2、哈尔滨哈飞实业总公司	2880	8.89
3、上海福成商贸有限公司	720	2.22
4、华夏证券	457.2	1.14
5、海通证券	234.6394	0.73
6、飞龙工程	30	0.092
7、赵峥	29.5	0.091
8、裕元基金	27.45	0.085
9、李荣方	24.9865	0.077
10、李福军	24.2426	0.075

四川沱牌曲酒股份有限公司

一、公司简介

1、公司法定中文名称:四川沱牌曲酒股份有限公司
英文名称:TUOPAI YEAST LIQUOR CO.,LTD. SICHUAN
2、公司法定代表人:李家顺
3、公司董事会秘书:谢常荣　　授权代表:成戒骄
联系地址:四川省射洪县柳树镇中街 149 号
电话:(0825)6766322　　传真:(0825)6766322
4、公司注册及办公地址:四川省射洪县柳树镇中街 149 号
邮政编码:629209
电子信箱:tuopai@mail.sc.cninfo.net
国际互联网网址:http://www.tuopaigroup.com
5、公司选定的信息披露报纸:中国证券报、上海证券报
登载公司年度报告的国际互联网网址:http://www.sse.com.cn
公司年度报告备置地点:公司证券部办公室
6、公司股票上市交易所:上海证券交易所
股票简称:沱牌曲酒　　股票代码:600702

二、会计数据和业务数据摘要

1、本年度会计数据摘要

项　目	金　额
利润总额	124022759.34
净利润	101626431.21
扣除非经常性损益后的净利润	98855409.87
主营业务利润	238721722.17
其他业务利润	2620222.24
营业利润	121259883.61
投资收益	210000.00
补贴收入	0.00
营业外收支净额	2552875.73
经营活动产生的现金流量净额	183763093.34
现金及现金等价物净增加额	29462240.73

注:"扣除非经常性损益后的净利润"指标中,扣除的项目和涉及金额:

(1)处理固定资产净收益	−89663.22
(2)罚没净收入	79463.56
(3)无法付出的应付款项收入	2823482.20
(4)捐赠支出	42261.20

2、公司前三年的主要会计数据和财务指标

项　目	1999 年度	1998 年度		1997 年度	
		追溯调整前	追溯调整后	追溯调整前	追溯调整后
主营业务收入	846161481.82	821267983.05	821267983.05	851889598.61	851889598.61
净利润	101626431.21	129284855.46	121235991.12	184628268.34	184739302.97
总资产	1638952691.48	1615781089.21	1600662253.69	1215309346.49	1205579128.58
股东权益	1166953190.22	1172587561.26	1154808479.01	656948651.87	647218433.96
每股收益	0.341	0.433	0.406	0.701	0.701
月平均加权每股收益	0.341	0.465	0.436	0.701	0.701
扣除非经常性损益后的每股收益	0.331	0.436	0.409	0.703	0.704
每股净资产	3.91	3.93	3.87	2.49	2.46
调整后的每股净资产	3.90	3.91	3.86	2.47	2.44
每股经营活动产生的现金流量净额	0.616	0.254	0.254		
净资产收益率	8.71	11.03	10.50	28.10	28.54

注:财务指标计算公式如下:

每股收益=净利润/年度末普通股股份总数

月平均加权每股收益=净利润/[年度末普通股股份总数/(1+配股比例或增发新股 比例)+年度末普通股股份总数/(1+配股比例或增发新股比例)×配股比例或增发新股 比例×自缴款结束日下一月份至年末的月份数/12]

扣除非经常性损益后的每股收益=扣除非经常性损益后的净利润/年度末普通股股份总数

每股净资产=年度末股东权益/年度末普通股股份总数

调整后的每股净资产=(年度末股东权益-三年以上的应收款项净额-待摊费用-待 处理 (流动、固定)资产净损失-开办费-长期待摊费用-住房周转金负数余额)/年度末 普通股股份总数

每股经营活动产生的现金流量净额=经营活动产生的现金流量净额/年度末普通股股份总数
净资产收益率=净利润/年度末股东权益× 100%

3、报告期内股东权益变动情况

项目	股 本	资本公积	盈余公积	法定公益金	未分配利润	股东权益合计
期初数	298272400	448524921.40	133805986.91	41265995.86	274205170.70	1154808479.01
本期增加	0.00	0.00	20325286.24	10162643.12	81301144.97	101626431.21
本期减少	0.00	0.00	0.00	0.00	89481720.00	89481720.00
期末数	298272400	448524921.41	154131273.15	51428638.98	266024595.67	1166953190.22
变动原因			本年利润分配	本年利润分配	本年利润分配	本年利润分配

三、股东情况介绍

1、报告期末,公司股东总数 78,390 户。

2、持有本公司 5%(含 5%)以上股份的股东以及公司前 10 名股东的持股情况

股东名称	股份性质	年末持股数(股)	占总股本(%)
1、四川沱牌集团有限公司	国有法人股	150350400	50.41
2、四川射洪广厦房地产开发公司	法人股	17000000	5.70
3、四川射洪顺发贸易公司	法人股	5800000	1.94
4、四川射洪融达房地产综合开发公司	法人股	4000000	1.34
5、中国工商银行四川省分行总府支行	法人股	3000000	1.01
6、遂宁市金宁商贸有限公司	法人股	3000000	1.01
7、广发证券	社会公众股	1814743	0.61
8、房修一	社会公众股	1040723	0.35
9、永通钢联	社会公众股	791020	0.27
10、财政证券	社会公众股	513869	0.17

沙市活力 28 股份有限公司

一、公司简介

1、公司法定中文名称:沙市活力二八股份有限公司
公司法定英文名称:SHASHI POWER28 CO.,LTD
英文缩写:SSP28
2、公司法定代表人:罗传福
3、公司负责信息披露事务人员:饶进 唐科军
电话:0716--8202081　　传真:0716--8202259
E-MAIL:hl28zqb@jz-mail.hb.cninfo.net
4、公司注册地址:中国湖北省荆州市沙市区临江路 1 号
公司办公地址:中国湖北省荆州市沙市区临江路 1 号　　邮政编码:434000
电子信箱:hl28zqb@jz-mail.hb.cninfo.net
5、公司信息披露报纸:《上海证券报》
登载公司年度报告的国际互联网网址;http://www.sse.com.cn
公司年度报告备置地点:活力 28 证券部。
6、公司股票上市地:上海证券交易所
股票简称:活力 28　　股票代码:600703

二、会计数据与业务数据摘要

1、公司本年度主要利润指标情况　单位:人民币(元)

利润总额	−117805117.63
净利润	−117509565.79
扣除非经常性损益后的净利润	
主营业务利润	−8889009.37
其他业务利润	−58754.15
营业利润	−117041812.51
投资收益	220400.00
补贴收入	
营业外收支净额	−983705.12
经营活动产生的现金流量净额	−23298141.85
现金及现金等价物净增加额	−153534.54

2、截止 1999 年末,公司前三年主要会计数据和其财务指标　单位:人民币(元)

指 标 项 目	1999 年	1998 年		1997 年	
		调整后	调整前	调整后	调整前
主营业务收入	113765780.74	190639480.76	190639480.76	312125822.45	312125822
净利润	−117509565.79	−40289269.90	46721714.75	−48666236.65	31521229
总资产	431681580.03	346559669.06	518833087.87	583600619.36	693888233
股东权益(不含少数股东权益)	126538981.02	235447278.11	423785772.79	192062573.00	312447317
每股净资产	1.06	1.97	3.55	1.84	3.01
每股收益	−0.98	−0.337	0.39	−0.40	0.30
调整后的每股净资产	0.93	1.965	3.53	1.692	2.86
每股经营活动产生的现金流量净额	−0.195	0.002	0.002		
净资产收益率(%)	−92.45	−16.83	11.02	−21.73	10.09

3、报告期内股东权益变动情况

单位:元

项目	股本	资本公积	盈余公积	其中公益金	未分配利润	合计
期初数	119516464	227230481.16	19771925.81	6832277.65	−131041592	235477278
本期增加		8571268.70				8571268.70
本期减少					117509565	117509565.79
期末数	119516464	235801749.86	19771925.81	6832277.65	−248551158	126538981

变动原因:1、资本公积本期增加系本期对 1998 年度配股的发行费用进行了清理,调增股票溢价所至。

2、期初未分配利润变动系按有关政策规定对计提"四项准备"及会计差错更正采 用追溯法调整所至,未分配利润负额的增加是本年度亏损所至。

三、股本变动及股东情况

1、股本变动情况

(1)股份变动情况表:(单位:股)

	期初数	本次变动增减	期末数
A.尚未流通股份			
a.发起人股份	54297000	0	54297000
其中:国家拥有股份	54297000	0	54297000
b.募集法人股	6604000	0	6604000
c.内部职工股	25932000	−25932000	0
d.转配股	683464	0	683464
尚未流通股份小计	87516464	0	61584464
B.已流通股份(其中高管人员 78780 股已锁定)			
a.境内上市的人民币普通股	32000000	+25932000	57932000
已流通股份合计	32000000	+25932000	57932000
C.股份总数	119516464	0	119516464

2、股东情况介绍

(1)报告期末公司股东总数为 41127 户。

(2)持有本公司 5%以上及前十名股东持股情况:

名次	股东名称	持股数(股)	占总股本(%)
1	荆州市国有资产管理局	54297000	45.43
2	中国信达信托投资公司	2860000	2.39
3	中国工商银行湖北省信托投资公司荆州办事处	1300000	1.09
4	湖北京源	676000	0.57
5	武汉证券公司	624000	0.52
6	财政证券	430000	0.36
7	海南公司	404000	0.34
8	广发证券	380350	0.32
9	金东物贸	318299	0.27
10	湖北光轻	260000	0.23

浙江中大集团股份有限公司

一、公司简介

1、公司法定中文名称:浙江中大集团股份有限公司
公司英文名称:ZHEJIANG ZHONGDA GROUP CO.,LTD. 缩写:ZD
2、公司法定代表人:陈继达
3、公司董事会秘书:邱亦军
联系地址:杭州市中大广场A座
电话:0571-5155000转5777029 传真:0571-5777050
4、公司注册地址:杭州市莫干山路110号。
公司办公地址:杭州市中大广场A座 邮政编码:310003
公司网站:http://www.zhongda.com 公司电子信箱:zdinc@mail.hz.zj.cn
5、公司选定的信息披露报纸名称:上海证券报、中国证券报
登载公司年度报告的中国证监会指定国际互联网网址:http://www.sse.com.cn
公司年度报告备置地点:公司董事会办公室
6、股票上市交易所:上海证券交易所
股票简称:中大股份 股票代码:600704

二、会计数据与业务数据摘要

(一)公司本年度利润总额及构成:(单位:元 合并报表)

1、利润总额:	167,117,056.55
2、净利润	102,179,664.98
3、扣除非经营性损益后的净利润:	83,815,281.90
4、主营业务利润:	343,944,668.66
5、其他业务利润 :	624,256.59
6、营业利润:	94,644,240.14
7、投资收益:	54,108,433.33
8、补贴收入:	24,594,792.67
9、营业外收支净额:	-6,230,409.59
10、经营活动产生的现金流量净额:	-108,881,247.58
11、现金及现金等价物净增加额:	184,491,166.41

注:扣除的非经常性损益项目和涉及金额:

项目	金额
1、营业外收支净额项目:	-6,230,409.59
2、补贴收入项目:	24,594,792.67
3、以上项目涉及金额:	18,364,383.08

(二)截止报告期末公司前三年主要会计数据和财务指标:(单位:人民币元)

指标项目	1999年	1998年		1997年	
		调整前	调整后	调整前	调整后
1、主营业务收入	4133081278.02	3080543002.65	3080543002.65	2257948180.78	2257948180.78
2、净利润	102179664.98	102686411.54	86091480.23	68682997.47	59477841.48
3、总资产	2984625355.23	2343041036.96	2266734035.76	1959322729.36	1896240411.78
4、股东权益(不含少数股东权益)	775842590.02	777218413.34	708773531.64	680320569.91	628470619.52
5、每股收益	0.40	0.40	0.33	0.42	0.35
6、每股收益(加权)	0.40	0.40	0.33	0.47	0.38
7、每股收益(扣除非经营性损益)	0.33	0.41	0.35	0.40	0.34
8、每股净资产	3.02	3.02	2.76	3.98	3.67
9、调整后的每股净资产	2.87	2.93	2.65	3.72	3.51
10、每股经营活动产生的现金流量净额	-0.42	-0.39	-0.39	/	/
11、净资产收益率(%)	13.17	13.21	12.15	10.47	9.46
12、净资产收益率加权(%)	13.77	14.09	12.88	12.99	11.85

(三)报告期内股东权益变动情况 单位:元

项目	股本	资本公积	盈余公积
期初数	257,153,715	332,617,895.35	72,009,458.36
本期增加	/	/	24,601,872.56
本期减少	/	/	/
期末数	257,153,715	332,617,895.35	96,611,330.92

续上表:

项目	其中:法定公益金	未分配利润	外币报表折算差额	股东权益合计
期初数	25,202,561.08	46,878,085.37	114,377.56	708,773,531.64
本期增加	10,217,966.50	81,743,731.98	/	106,345,604.54
本期减少	/	37,869,568.34	703,488.91	38,573,057.25
期末数	35,420,527.58	90,048,760.10	-589,111.35	775,842,590.02

注:股东权益变化原因:①本期盈余公积和法定公益金变化系本年度利润提取和下属公司本年所得税减免。②本年末分配利润减少系本公司董事会预案分配股利。③由于本年执行财政部财会字[1999]35号、49号文提取资产四项减值准备,影响 盈余公积及未分配利润而引起年初股东权益合计数较98年报审定数少。

三、股东情况介绍

1、截止1999年12月30日公司报告期末股东总数31392户。
2、截止1999年12月30日公司前十名股东持股情况

名次 股东名称	持股数(万股)	占总股本比例(%)
1、国家股(授权浙江中大集团控股有限公司经营)	9924.576	38.59
2、浙江中大集团控股有限公司(法人股)	1831.172	7.12
3、中国纺织品进出口总公司	1507.5	5.86
4、申银万国证券股份有限公司	1005.079	3.91
5、安顺基金	933.5361	3.63
6、大鹏证券有限公司	691.0359	2.69
7、浙江东方集团控股有限公司	645.66	2.51
8、安信基金	380	1.48
9、中国银行杭州信托咨询公司	360	1.39
10、青岛国投证券营业二部	286	1.11

3、注:国家股授权浙江中大集团控股有限公司经营,同时,浙江中大集团控股有限公司还持有本公司法人股。

北亚实业(集团)股份有限公司

一、公司简介

1.公司法定中文名称:北亚实业(集团)股份有限公司
公司法定英文名称:BEIYA INDUSTRIAL(GROUP)CO.,LTD. 缩写:BIG
2.公司法定代表人:齐晓敏
3.公司董事会秘书:陈东
联系地址:黑龙江省哈尔滨市南岗区红军街26号北亚大厦
联系电话:(0451)3600764 传真:(0451)3600770
电子信箱:mr.chendong@263.net
4.公司注册及办公地址:黑龙江省哈尔滨市南岗区红军街26号北亚大厦
邮政编码:150001 电子信箱:beiya@ihw.com.cn
5.公司选定的信息披露报纸名称:《上海证券报》、《中国证券报》
登记公司年度报告的国际互联网网址:http://www.sse.com.cn
公司年度报告备置地点:北亚实业(集团)股份有限公司投资证券部
6.公司股票上市交易所:上海证券交易所
公司股票简称:北亚集团 公司股票代码:600705

二、会计数据和业务数据摘要

1.公司本年度主要会计数据和业务数据(单位:人民币元)

利润总额	98574507.95
净利润	82773503.70
扣除非经常性损益后的净利润	82773503.70
主营业务利润	178912023.32
其他业务利润	694773.25
营业利润	102658472.03
投资收益	-4023483.08
补贴收入营业外收支净额	-60481.00
经营活动产生的现金流量净额	12360473.52
现金及现金等价物净增加额	55990666.79

2.公司前三年主要会计数据和财务指标

追溯调整后:(单位:人民币元)

项目	99年	98年	97年
主营业务收入	325342119.39	203942663.84	174416512.46
净利润	82773503.70	54040066.11	23046995.50
总资产	1300767735.30	884102092.97	782836162.17
股东权益	713198104.57	456873035.11	404304539.50
每股收益	0.247	0.22	0.11
每股收益(加权)	0.325	0.25	0.12
扣除非经常损益后的每股收益	0.325	0.25	0.12
每股净资产	2.13	1.90	2.02
调整后的每股净资产	1.95	1.49	1.41
每股经营活动产生的现金净流量	0.04	-0.22	
净资产收益率	11.6%	11.8%	5.7%

追溯调整前:(单位:人民币元)

项目	98年	97年
主营业务收入	203942663.84	174416512.46
净利润	58105865.31	46390500.69
总资产	961865030.38	854433331.79
股东权益	520658371.29	462552505.98
每股收益(摊薄)	0.24	0.23
每股收益(加权)	0.27	0.25
每股净资产(摊薄)	2.16	2.31
调整后的每股净资产(摊薄)	1.75	1.70
净资产收益率(摊薄)	11.16%	10.03%

每股收益=净利润/年度末普通股股份总数每股净资产=年度末股东权益/年度末普通股股份总数
调整后的每股净资产=(年度末股东权益—三年以上的应收款项净额—待摊费用—待处理 (流动、固定)资产净损失—开办费—长期待摊费用—住房周转金负数余额)/年度末普通股股份总数
每股经营活动产生的现金流量净额=经营活动产生的现金流量净额/年度末普通股股份总数
净资产收益率=净利润/年度末股东权益×100%

3.报告期内股东权益变动情况及变化原因

项目	股本	资本公积	盈余公积	法定公益金	未分配利润	股东权益合计
期初数(元)	240739200	150195710.45	39824549.76	14494537.59	26113574.90	456873035.11
本期增加(元)	94685760	151087565.76	16554700.74	8277350.37	66218802.96	192539733.28
本期减少(元)	72221760.00					
期末数(元)	335424960	229061516.21	56379250.50	22771887.96	92332377.86	713198104.57

变动原因:

(1)股本变动是由于本公司1999年10月22日进行中期利润分配及1999年12月7日—21日实施配股所致;

(2)资本公积金变动由于本公司中期转增股本及实施配股所致;

(3)盈余公积和法定公益金变动是因为本年度利润提取和因计提四项准备调整年 初数所致;

(4)未分配利润的变动是因为本年度利润增加和因计提四项准备调整年初利润所致。

三、股东情况介绍

(一)报告期末公司股东总数为37,512户。
(二)报告期末公司主要股东持股情况

股东名称	持股数量(万股)	比例(%)
1.哈尔滨铁路局	4161.456	12.41
2.哈尔滨财政证券公司	3619.2624	10.79
3.广州国际信托投资公司	2433.6	7.26
4.海通证券有限公司	1227.1264	3.66
5.大庆石油管理局	871.2288	2.60
6.中国石油大庆石油化工总厂	514.7064	1.53
7.交通银行哈尔滨分行	511.056	1.52
8.鞍山钢铁集团公司	462.384	1.38
9.哈尔滨财信投资咨询有限责任公司	448.5	1.34
10.中国工商银行哈尔滨市分行森融支行	425.88	1.27

长安信息产业(集团)股份有限公司

(一) 公司简介

1、公司的法定中、英文名称及缩写
中文:长安信息产业(集团)股份有限公司
英文:CHANG AN INFORMATION INDUSTRY (GROUP) CO.,LTD.
英文缩写:CIIC
2、公司法定代表人:蔡世杰
3、公司董事会秘书:赵爱民
联系地址:陕西省西安市友谊东路 41 号
电话:(029)2214266　传真:(029)2233943
电子信箱:cadsh@xaonline.com
4、公司注册地址:陕西省西安市友谊东路 41 号
公司办公地址:同注册地址　邮政编码:710054
公司国际互联网网址: http://www.changxin.com
电子信箱:changxin@xaonline.com
5、公司选定的信息披露报纸名称:上海证券报、中国证券报
登载公司年度报告的中国证监会指定国际互联网网址:
http://www.sse.com.cn
公司年度报告备置地点:公司董事会秘书处
6、公司股票上市交易所:上海证券交易所
股票简称:长安信息　股票代码:600706

(二) 会计数据和业务数据摘要

一、公司本年度实现利润情况　单位:元

利润总额	−101,528,017.23
净利润	−100,519,531.60
扣除非经常性损益后的净利润	−100,519,531.60
主营业务利润	−3,486,283.70
其他业务利润	2,756,653.91
营业利润	−98,894,788.96
投资收益	39,016.56
补贴收入	0.00
营业外收支净额	−2,672,244.83
经营活动产生的现金流量净额	−41,638,466.36
现金及现金等价物净增加额	−8,711,064.79

二、截止报告期末公司前三年的主要会计数据和财务指标

指标项目	1999 年	1998 年		1997 年	
		调整前	调整后	调整前	调整后
1. 主营业务收入(元)	183973798	322604425	322604425	242119107	242119107
2. 净利润(元)	−100510531	7398190	2115743	16072073	12983209
3. 总资产(元)	482437007	466873265	450931273	339195624	328757414
4. 股东权益(不含少数股东权益)(元)	110233109	226473293	210752636	142039237	131601027
5. 每股收益(元)摊薄	−1.151	0.085	0.024	0.24	0.19
加权	−1.151	0.086	0.025	0.24	0.19
6.每股净资产(元)	1.26	2.59	2.41	2.11	1.95
7. 调整后的每股净资产(元)	1.19	2.50	2.33	2.06	1.90
8.每股经营活动产生的现金流量净额(元)	−0.48	−0.26			
9. 净资产收益率(%)摊薄	−91.19	3.27	1.00	11.32	9.87
加权	−62.63	3.42	1.04	11.99	10.37

(1)全面摊薄的计算公式
每股收益=净利润/年度末普通股股份总数
每股净资产=年度末股东权益/ 年度末普通股股份总数
调整后的每股净资产=(年度末股东权益−三年以上的应收款项净额−待摊费用−待 处理 (流动、固定)资产净损失−开办费−长期待摊费用−住房周转金负数余额)/年度末 普通股股份总数
其中:"应收款项"包括应收帐款、其他应收款、预付帐款、应收股利、应收利 息、应收补贴款。
每股经营活动产生的现金流量净额=经营活动产生的现金流量净额/年度末普通股股份总数
净资产收益率=净利润 / 年度末股东权益×100%
(2) 加权平均的计算公式
每股收益=当期净利润/[期末普通股股份总数/(1+配股比例或增发新股比例)+期 末普通股股份总数/(1+配股比例或增发新股比例)* 配股比例或增发新股比例 * 缴款结 束日下一月份至期末的月份数/12]
净资产收益率=当期净利润/[(期初净资产+期末净资产)/2+当期发行新股或配股 新增净资产)×(自缴款结束日下一月份至报告期末的月份数−6)/12]

三、报告期内股东权益变动情况

项目	股本	资本公积	盈余公积	法定公益金	未分配利润	股东权益合计
*期初数	87333441.00	86210503.28	13478743.26	6277824.19	23729949.42	210752636.96
本期增加		4.62				4.62
本期减少					100519531.60	100519531.60
期末数	87333441.00	86210507.90	13478743.26	6277824.19	−76789582.18	110233109.98

(三) 股本变动及股东情况

一、报告期末股东总数
报告期末公司股东总数为 21916 户,无内部职工股和公司职工股股东。
二、前十名股东持股情况

	股东名称	年末持股数量(股)	占股份总数比例(%)
1	西安万鼎实业(集团)有限责任公司	14,300,000	16.37
2	陕西省国有资产管理局(国家股东)	14,049,750	16.09
3	西安华未杰电子新技术有限责任公司	9,849,999	11.28
4	海南思多克实业有限公司	4,017,000	4.60
5	陕西省国际信托投资股份有限公司	3,900,000	4.47
6	咸阳市永达实业发展公司	1,430,000	1.64
7	建行陕西省信托投资公司	1,430,000	1.64
8	航天总公司第四研究院	1,430,000	1.64
9	咸阳市渭城区信用合作社联社	1,430,000	1.64
10	西安金龙城市信用社	1,430,000	1.64

彩虹显示器件股份有限公司

一、公司简介

1、公司名称
公司法定中文名称:彩虹显示器件股份有限公司
公司英文名称:IRICO DISPLAY DEVICES CO.,LTD(缩写:IDD)
2、公司法定代表人:薛宝明
3、董事会秘书:路西良
授权代表: 郑　涛
联系电话:(029)8214865
传　真:(029)8214864
电子信箱:stock@iricoltd.com
4、公司注册地址:西安高新产业开发区西区
公司办公地址:西安高新技术开发区西区高新一路 16 号
邮政编码:710075
公司网址:http://www.iricoltd.com
5、公司选定的信息披露刊物:《中国证券报》、《上海证券报》
登载公司年报的中国证监会指定的国际互联网网址:
http://www.sse.com.cn
公司年报备置地点:公司证券部
6、公司股票上市交易所:上海证券交易所
股票简称:彩虹股份
股票代码:600707

二、会计数据和业务数据摘要

1、公司本年度主要会计数据
1999 年度

利润总额	191,696,465.21 元
净利润	163,485,885.01 元
扣除非经常性损益的净利润	163,485,885.01 元
主营业务利润	241,465,408.99 元
其他业务利润	349,916.68 元
营业利润	188,094,571.76 元
投资收益	3,625,930.54 元
补贴收入	0.00 元
营业外收支净额	−24,037.09 元
经营活动产生的现金流量净额	94,633,695.52 元
现金及现金等价物净增加额	23,884,376.77 元

2、主要会计数据和财务指标

指标项目	1999 年度	1998 年度		1997 年度
		调整后	调整前	
主营业务收入(元)	1020477484.20	1149549098.97	1149549098.97	1136044451.62
净利润(元)	163485885.01	81516090.38	81125712.05	139393834.45
总资产(元)	1251490073.75	1282386817.05	1285520790.04	1148410648.90
股东权益(元)	941157783.45	777671898.44	780805871.43	700251761.84
每股收益(元)摊薄	0.454	0.226	0.225	0.387
加权	0.454	0.226	0.225	0.387
每股净资产(元)	2.614	2.160	2.169	1.945
调整后的每股净资产(元)	2.613	2.153	2.161	1.928
每股经营活动产生的现金流量净额	0.263	−0.352	−0.352	−−
净资产收益率(%)	17.37	10.48	10.39	19.91

注:公司于 2000 年 2 月 15 日开始实施配股,如以配股后的总股本计算,每股收益为 0.388 元。
财务指标计算公式如下:
- 每股收益=净利润/年度末普通股股份总数
- 每股净资产=年度末股东权益/年度末普通股股份总数
- 调整后的每股净资产=(年度末股东权益−三年以上的应收款项净额−待摊费用− 待处理(流动、固定)资产净损失−开办费−长期待摊费用−住房周转金负数余额)/年度 末普通股股份总数
- 每股经营活动产生现金流量净额=经营活动产生的现金流量净额/年度末普通股股份总数
- 净资产收益率=净利润/年度末股东权益×100%

3、报告期内股东权益变动情况　(单位:万元)

项目	股本	资本公积	盈余公积	法定公益金	未分配利润	股东权益合计
期初数	36000	15000	8163.65	2721.22	18603.57	77767.19
本期增加	−−	−−	2452.29	817.43	13896.27	16348.55
本期减少	−−	−−	−−	−−	−−	−−
期末数	36000	15000	10615.94	3538.65	32499.84	94115.78

变动原因:(1)报告期内公司股本未发生变化;
(2)报告期内公司资本公积金未发生变化;
(3)公司本年度净利润按照 10%的比例提取法定公积金,按照 5%的比例提取法定 公益金,致使本期盈余公积增加;
(4)本年度净利润按照法定比例提取后,剩余部分转入未分配利润,致使未分配利 润增加。

三、股东情况介绍

1、报告期末股东总数
报告期末本公司股东总数为 73227 名。
2、主要股东持股情况　(单位:股)

股东名称	持股数	持股比例
彩虹集团公司	208440000	57.90%
浙江兰溪兰申新科电脑开发公司	7200000	2.00%
西安雅轩有限责任公司	6000000	1.67%
中国建设银行陕西分行第二直属直行	3720000	1.03%
深圳蛇口社会保险公司	3600000	1.00%
兴和基金(流通股)	3168912	0.88%
陕西省华通物资公司	2400000	0.67%
乌鲁木齐幸福城市信用社	2400000	0.67%
中化国际石油有限公司	2400000	0.67%
泰和基金(流通股)	1999960	0.56%

上海东海股份有限公司

一、公司简介

1、公司法定中文名称:上海东海股份有限公司

公司法定英文名称:Shanghai Donghai Co.,Ltd　　简称:SDH

2、公司法定代表人:章祖法

3、公司董事会秘书:王忠达

联系地址:上海南汇东海农场境内

电 话:021-58291285 58291301　　传 真:021-58292687

4、公司注册地址:上海浦东北艾路 1638 号

公司办公地址:上海南汇东海农场境内　　邮政编码:201303

5、公司选定的信息披露报纸名称:<<上海证券报>>

登载公司年度报告的中国证监会指定互连网网址:www.sse.com.cn

公司年度报告备置地点:公司信息部

6、公司股票上市交易所:上海证券交易所

股票简称:东海股份　　股票代码:600708

二、会计数据和业务数据摘要

1、公司本年度主要利润指标情况 (单位:人民币元)

利润总额:	-59446294.49 元
净利润:	-61039566.44 元
扣除非经常性损益后的净利润:	-61039566.44 元
主营业务利润:	16706227.25 元
其他业务利润	:5493672.70 元
营业利润:	-40793357.57 元
投资收益:	-8383017.79 元
补贴收入:	334053.69 元
营业外收支净额:	-10603972.82 元
经营活动产生的现金流量净额:	-18750324.68 元
现金及现金等价物净增加额:	-71092387.31 元

2、公司近三年主要会计数据和财务指标:

追溯调整后:

项 目	1999 年度	1998 年度	1997 年度
主营业务收入(元)	133831851.59	190431781.06	264011870.13
净利润(元)	-61039566.44	-41657666.47	-47930511.22
总资产(元)	1431291526.39	1594574081.78	1402927361.07
股东权益(元)	238254991.40	300950887.35	342608553.82
每股收益(元/股)	-0.2565	-0.1751	-0.2014
扣除非经常性损益后每股收益	-0.4434		
每股净资产(元/股)	1.0013	1.2648	1.4399
调整后每股净资产(元/股)	0.9649	1.2018	1.3621
每股经营活动产生现金流量净额	-0.0788	-0.2524	
净资产收益率(%)	-25.62	-13.84	-13.99

追溯调整前:

项 目	1998 年度	1997 年度
主营业务收入(元)	190431781.06	264011870.13
净利润(元)	5103257.91	46487601.10
总资产(元)	1724686942.41	1500450507.04
股东权益(元)	445234957.70	440131699.79
每股收益(元/股)(摊薄)	0.021	0.1954
(加权)	0.3050	
每股净资产(元/股)	1.87	1.8498
调整后每股净资产(元/股)	1.81	1.8132
每股经营活动产生现金流量净额	-0.0788	-0.2524
净资产收益率(%)	1.15	10.56

(1)全面摊薄的计算方法

每股收益=净利润/年度末普通股股份总数

每股净资产=年度末股东权益/年度末普通股股份总数

净资产收益率=净利润/年末股东权益 *100%

调整后每股净资产=(年度末股东权益-三年以上的应收款项-待摊费用-待处理(流动 固定)资产净损失-开办费-长期待摊费用)/年度末普通股股份总数

(2)加权平均的计算方法

每股收益=净利润/[期末普通股股份总数/(1+配股比例或增发新股比例)+期末普 通股股份总数/(1+配股比例或增发新股比例)* 配股比例或增发新股比例 * 缴款结束日 下一月份至期末的月份数/12

3.报告期内股东权益变动情况及变动原因:

项目	股本	资本公积	盈余公积	法定公益金	未分配利润	股东权益合计
期初数	237934848	126679725.71	28022610.61	10721180.18	-91686296.97	300950887.35
本期增加	0	0	227956.23	0		
本期减少	0	0		0	61593174.45	62695895.95
期末数	237934848	126679725.71	28250566.84	10721180.18	-153279471.42	238254991.40

三、股东情况介绍

(1)截止 1999 年末,公司股东总数为 23120 户。

(2)持有本公司 5%以上股份的股东有上海农工商(集团)总公司和上海农工商集团东海总公司。其中,上海农工商(集团)总公司代表国家持有股份 105262848 股,年度内 没有发生变动。上海农工商集团东海总公司持有 19200000 股,已质押。

报告期末前十名股东情况(截止 1999 年 12 月 31 日):

序号	股东名称	年末持股数(股)	占总股本(%)
1	国家股	105262848	44.24
2	上海农工商集团东海总公司	19200000	8.07
3	上海金鸿实业总公司	4627200	1.94
4	珠海申广电子股份有限公司	3840000	1.61
5	闵行联合发展有限公司	960000	0.40
6	南汇县信用合作社联社	960000	0.40
7	潘亚兰	698450	0.40
8	张翠	686873	0.32
9	杨德志	618470	0.32
10	丁良臣	606900	0.31

湖北蓝田股份有限公司

一、公司简介

1、中文名称:湖北蓝田股份有限公司

英文名称:Hubei Lantian CO.,ltd　　(缩写:LANTIAN)

2、法定代表人:保田

3、董事会秘书:王意玲　　电话 0716-2742181　　传真 0716-2742275

4、注册及办公地址:湖北省洪湖市瞿家湾镇　　邮政编码:433228

国际互联网网址:http://www.lantianstock.com.cn

E—mail 地址:sysltgf@pub.ln.cninfo.net

5、指定信息披露报刊:《中国证券报》、《上海证券报》

登载公司年度报告的中国证监会指定国际互联网网址:http://www.sse.com.cn

年度报告备置地点:公司证券部　上海证券交易所

6、股票上市交易所:上海证券交易所

股票简称:蓝田股份　　股票代码:600709

二、会计数据和业务数据摘要

1、本年度实现利润总额 614,804,548.49 元,净利润 513,027,676.07 元,扣除非经 常性损益后的净利润 513,027,676.07 元,主营业务利润 726,597,837.47 元,其他业务利 润亏损 5,141,227.31 元,营业利润 622,779,065.54 元, 投资收益减少 5,442,662.52 元, 补贴收入 0 元, 营业外支出净额 2,531,854.53 元, 经营活动产生的现金流量净额 691,283,729.19 元, 现金及现金等价物净增加额 44,416,831.21 元。

2、主要会计数据和财务指标(单位:元)

项目	1999 12 31	1998 12 31 调整前	1998 12 31 调整后	1997 12 31
主营业务收入	1851429973.84	1640339546.36	1621781252.49	1251251958.79
净利润	513027676.07	362588945.89	364723426.91	142618683.14
总资产	2342430409.43	1706789260.65	1618420360.65	1210891241.89
股东权益	1752257433.39	1252728737.83	1239229757.32	897114092.15
每股收益(摊薄)	1.15	0.81	0.82	0.64
(月均)	1.15	0.81	0.82	0.79
(扣除非结营性损益后)	1.15	0.81	0.82	0.79
每股净资产(摊薄)	3.93	2.81	2.78	4.00
(调整后)	3.68	2.49	2.46	3.39
每股经营活动产生的现金流量净额:	1.55	0.68		
净资产收益率(%)	29.28	28.94		15.89

3、股东权益变动情况

项 目	股 本	资本公积	盈余公积	法定公益金	未分配利润	股东权益合计
期初数	446039220.00	340810575.26	105480663.82	34876217.34	312023080.90	1239229757.32
本期增加		105795457.13	52897728.57	513027676.07	671720861.77	
本期减少				158693185.70	158693185.70	
期末数	446039220.00	340810575.26	211276120.95	87773945.91	666357571.27	1752257433.39
变动原因		本年利润提取	本年利润提取	本年利润计提公积	本年利润计提公积	

三、股东情况介绍

截至 1999 年 12 月 31 日,本公司股东共 112,777 户,前 10 名股东为:

股东名称	期末数	持股比例
1、洪湖蓝田	162191720	36.36%
2、洪福水产	84097098	18.85%
3、特区证券	5193538	1.16%
4、深瑞华丰	4947986	1.11%
5、大正投资	1001802	0.22%
6、梅春永	662036	0.15%
7、豫中信投	515111	0.12%
8、李道山	463968	0.10%
9、河南财政	460403	0.10%
10、杨和汉	441600	0.10%

上述前 10 名股东之间不存在关联关系。

洪湖蓝田经济技术开发有限公司法定代表人:瞿兆玉,经营范围:农副水产品种、养、加工。其所持股份报告期内有 5000 万股作为本公司银行贷款的担保进行了质押登记。

湖北洪福水产股份有限公司(国有股)法定代表人:王际刚,经营范围:淡水养殖;渔药、渔具、渔肥生产和销售。

四、股东大会简介

本公司 1998 年度股东大会于 1999 年 5 月 15 日在湖北洪湖召开,到会有效股东和股东授权代表人 483 人,共代表股份 252,430,505 股,占总股本的 56.59%。会议审议表决通 过了全部九项决议。

公告刊登于 1999 年 5 月 18 日《中国证券报》、《上海证券报》

五、董事会工作报告

(一)、公司经营情况

1、本公司作为国家重点支持的农业产业化龙头企业,主营农副水产品种养、加工、销售,1999 年公司经营保持了稳定增长的势头,公司跟踪市场变化,加大产品结构调 整力度,加大名优特水产品比例,加大农副水产品深加工程度,提高了主营业务利润率 。1999 年实现主营业务收入 185,143 万元,利润总额 61,480 万元,净利润 51,303 万元,比上年同期分别增加 12.9%、41.4%和 41.5%。

公司的经营范围包括农副水产品种养、加工、销售;制药及卫生保健用品制造餐 饮住宿;房屋开发;商业及烟草专卖;产品及相关技术、设备、材料的进出口业务等。 在公司的各项经营业务中,1999 年度农副水产品种养、加工、销售在行业和产品两方 面,已成为公司主营业务收入及利润的主要组成部分,地处湖北省洪湖地区的生产基地已建成国家重点菜篮子工程基地、农业产业化示范基地、生态保护养殖实验示范基地、绿色食品基地。

公司主要产品:

▲鲜活系列:各种鱼、虾、贝、鳖、水生蔬菜、禽、畜,不仅具有大规模工厂化的繁殖能力,而且充分利用洪湖无污染大型淡水湖泊的自然条件,采用野生放养、立体混养等现代生态农业技术,使产品具有天然、野生、绿色食品的优良品质。

▲冰鲜系列:各种鱼、虾、贝、藕片、青莲子米、野菱角米,采用国际标准的急冻 免洗技术,完全可以与鲜活产品的质量媲美。

▲禽蛋系列:各种野鸭、土鸡、水禽等禽蛋产品,因其具有野禽与家禽多元杂交的品种优势和野生生态养殖的环境食物链优势,保证了禽蛋天然野生的品质,土鸡蛋味美价优,加工后的红心野鸭蛋、松花蛋等品质上乘。

常林股份有限公司

一、公司简介

1、公司名称

公司法定中文名称:常林股份有限公司

公司法定英文名称:CHANGLIN COMPANY LIMITED

公司英文名称缩写:CHL

2、公司法定代表人:董事长吴建平先生

3、公司董事会秘书:高智敏先生

授权代表:冯伟国先生

联系地址:常州市常林路10号

联系电话:(0519)6751888-3119　　传　真:(0519)6750025

公司国际互联网网址:http://www.changlin.com.cn

公司电子信箱:clcdm@public.cz.js.cn

4、公司注册地址:江苏省常州市新区常澄路55号

公司办公地址:江苏省常州市常林路10号

邮政编码:213002

5、公司指定信息披露报纸:《上海证券报》

中国证监会指定登载公司年度报告的网址: http://www.sse.com.cn

公司年度报告备置地点:董事会秘书室

6、公司股票上市地:上海证券交易所

股票简称:常林股份　　股票代码:600710

二、会计数据和业务数据摘要

(一) 公司本年度实现的利润总额及构成(单位:元)

利润总额	8000228.36
净利润	6209620.96
扣除非经常性损益的净利润	4830529.84
主营业务利润	66203174.74
其它业务利润	−51248.74
营业利润	−1233088.83
投资收益	9362997.92
补贴收入	
营业外收支净额	−129680.73
经营活动产生的现金流量净额	17077474.04
现金及现金等价物净增加额	−1093104.70

注:本年度公司非经常性损益构成如下:(单位:元)

项目	金额
申购冻结资金利息收入	1379091.12

(二) 主要会计数据和财务指标

项　目	1999年	1998年		1997年	
	调整后	调整后	调整前	调整后	调整前
1、主营业务收入(万元)	38827.56	32765.88	32765.88	32942.88	32942.88
2、净利润(万元)	620.96	157.52	440.51	1348.76	3344.95
3、总资产(万元)	78237.27	79093.99	81373.17	76622.60	78618.79
4、股东权益(万元)	45033.81	43534.44	45813.62	43376.92	45373.11
5、每股收益(元)	0.038	0.0095	0.027	0.082	0.203
6、每股收益(元)(加权)	0.038	0.0095	0.027	0.091	0.238
7、每股收益(元)(扣除非经常性损益后)	0.029	0.0012	0.018	0.073	0.194
8、每股净资产(元)	2.73	2.64	2.78	2.63	2.75
9、调整后每股净资产(元)	2.69	2.61	2.70	2.61	2.69
10、每股经营活动产生的现金净流量净额(元)	0.103	−0.332	−0.332		
11、净资产收益率%	1.38	0.36	0.96	3.11	7.37

(三) 报告期内股东权益变动情况

项　目	股本	资本公积	盈余公积	法定公益金	未分配利润	股本权益合计
期初数	165000000	236086357.93	9491609.66	4745804.83	24766438	435344406.16
本期增加	8784090	1241924.20	620962.10	6209620.96	16235635	
本期减少	1241924	1241924.20				
期末数	165000000	244870448.21	10733533.86	5366766.93	29734135	450338117.40

三、股本变动及股东情况

1、股本变动及股东情况　　单位:万股

	本次变动前	本次变动增减(+,−) 配股送股	公积金转股	增发其他	小计	本次变动后
一、未上市流通股份						
1.发起人股份	9060					9060
其中:境内法人持有股份	9060					9060
其他:转配	1440					1440
未上市流通股份合计	10500					10500
二、已流通股份						
1.境内上市的人民币普通股	6000					6000
已流通股份合计	6000					6000
三、股份总数	16500					16500

2、股东情况介绍

(1) 截至1999年12月31日公司的股东总数为46539户

(2) 主要股东持股情况　单位:股

股东名称	持股数(股)	占总股本(%)
中国福马林业机械集团有限公司	90600000	54.91
上海万盛	1838594	1.11
孙桂琴	600000	0.36
李文中	600000	0.36
王　磊	600000	0.36
方松林	600000	0.36
杨新华	600000	0.36
杨小君	600000	0.36
刘　洪	600000	0.36
徐　青	600000	0.36

厦门雄震集团股份有限公司

一、公司简介

1、公司的法定中文名称:厦门雄震集团股份有限公司

公司英文名称:XIAMEN EAGLE GROUP CO., LTD

缩写:EIG

2、公司法定代表人:姚雄杰

3、公司董事会秘书:钱国平

联系地址:深圳市深南东路深业中心24楼东座

邮政编码:518001

电话:0755-2083165　　传真:0755-2083063

电子信箱:union123 @ public.szonline.net

4、公司注册、办公地址:厦门市同安路2号鑫明大厦

邮政编码:361003

5、公司选定的信息披露报纸:中国证券报、上海证券报薄

6、公司股票上市交易所:上海证券交易所

股票简称:雄震集团　　股票代码:600711

二、　会计数据和业务数据摘要

1、公司本年度主要会计数据(单位:元):

利润总额	645432.84
净利润	604383.04
扣除非经常性损益后的净利润	−3613093.21
主营业务利润	6596085.64
其他业务利润	772544.08
营业利润	−2834254.48
投资收益	3783940.35
补贴收入	0
营业外收支净额	−304253.03
经营活动产生的现金流量净额	−2881471.30
现金及现金等价物净增加额	1349462.72

注:在计算"扣除非经常性损益后的净利润"所扣除的项目和金额为:股权置换收益491.95万元和合并价差摊入−70.20万元。

2、近三年主要会计数据和财务指标

项目	1999年度	1998年度		1997年度	
		调整前	调整后	调整前	调整后
主营业务收入(万元)	1899.57	3648.91	3648.91	3601.32	3601.32
净利润(万元)	60.43	442.64	375.62	−4530.98	−5062.03
总资产(万元)	13873.48	11875.79	11244.87	12138.89	11607.85
股东权益(万元)	6572.14	7109.76	6511.70	6667.12	6136.07
每股收益(摊薄)(元)	0.01	0.073	0.062	−0.75	−0.839
每股收益(加权)(元)	0.01	0.073	0.062	−0.75	−0.839
扣除非经常性损益后的每股收益(元)	−0.06				
每股净资产(元)	1.089	1.18	1.079	1.11	1.02
调整后的每股净资产(元)	1.08	1.08	0.98	1.08	0.99
每股经营活动产生的现金流量净额(元)	−0.05	0.02	0.02	0.04	0.04
净资产收益率(%)	0.92	6.23	5.77	−67.96	−83.86

财务指标计算公式如下:薄

每股收益=净利润/年度末普通股股份总数

每股净资产=年度末股东权益/年度末普通股股份总数

调整后的每股净资产=(年度末股东权益−三年以上的应收款项净额−待摊费用−待处理(流动、固定)净资产损失−开办费−长期待摊费用−住房周转金负数余额)/年度末普通股股份总数

每股经营活动产生的现金流量净额=经营活动产生的现金流量净额/年度末普通股股份总数

净资产收益率=净利润/年度末股东权益×100%

3、报告期内股东权益变动情况

项目	股本	资本公积	盈余公积	法定公益金	未分配利润	股东权益合计
期初数	60360000	27069771.20	0	0	−22312792.22	65116978.98
本期增加					604,383.04	604383.04
本期减少						
期末数	60360000	27069771.20	0	0	−21708409.18	65721362.0

变动原因:本期实现利润604,383.04元,使期末未分配利润和股东权益增加。

三、　股东情况介绍

(1) 报告期末股东总数为9647人。

(2) 前十名股东持股情况

股东名称	持股数	持股比例
1、深圳市雄震投资有限公司	24000000	39.76%
2、厦门市思明建设发展总公司	19200000	31.81%
3、深圳秦年投资咨询有限公司	1200000	1.99%
4、宝安集团工业发展有限公司	600000	0.99%
5、厦门中山房屋开发公司	240000	0.40%
6、金鑫基金	149400	0.25%
7、任兰芳	143158	0.24%
8、陈宸	85300	0.14%
9、王静	83099	0.14%
10、徐振华	72600	0.12%

本公司第一大股东深圳市雄震投资有限公司于1999年7月30日将其持有的本公司 法人股2400万股质押给易先贸易(深圳)有限公司,质押期限为三年。

前十名股东之间不存在关联关系。

四、股东大会

1、公司经营情况

(1)公司所处的行业以及公司在本行业中的地位

本公司属综合类上市公司,公司所处的行业有:制造业、商贸和房地产等。本公司在涉足的行业中,以福建省内及周边省份为主,其中的主要产品龙舟牌系列电热水器具有较强竞争力。

(2)公司主营业务的范围及其经营状况

公司主营业务范围是电热水器、防盗门和房地产。

南宁百货大楼股份有限公司

南宁百货大楼股份有限公司1999年年度报告摘要

公司简介

一、公司中文名称:南宁百货大楼股份有限公司
二、公司英文名称:NANNING DEPARTMENT STORE CO.,LTD.
三、英文名称缩写:N.N. STORE
四、法定代表人:覃本东
五、董事会秘书:张燕辉 电话:(0771)2610906
联系地址:广西南宁市朝阳路39号公司证券部 传真:(0771)2810261
六、公司注册、办公地址:广西南宁市朝阳路39-41,45号 邮政编码:530012
七、公司选定的信息披露报纸名称:上海证券报
上海证券交易所国际互联网网址:http://www.sse.com.cn;
公司年度报告备置地点:公司六楼证券部
八、公司股票上市地:上海证券交易所
股票简称:南宁百货 股票代码:600712

会计数据和业务数据摘要

一、本年度主要经济指标:(单位:元)

利润总额	20202599.89
净利润	17440576.42
扣除非经常性损溢后的净利润	10000576.42
主营业务利润	64008615.48
其他业务利润	5451452.29
营业利润	10123997.76
投资收益	10007516.52
补贴收入	13079.00
营业外收支净额	58006.61
经营活动产生的现金流量净额	44358364.58
现金及现金等价物净增加额	4205202.52

注:扣除的非经常性损溢为转让持有的南宁商业银行股权的收益744万元。

二、近三年主要会计数据和财务指标

项目	1999年	1998年 调整前	1998年 调整后	1997年 调整前	1997年 调整后
主营业务收入(万元)	38975.53	39736.25	39736.25	35997.85	35997.85
净利润(万元)	1744.06	2311.95	2167.12	1760.31	-6233.85
资产总额(万元)	58935.11	66703.71	58424.52	66492.93	58243.78
股东权益(万元)	26668.96	33606.40	25467.42	31294.46	23300.30
每股收益(元/股)	0.193	0.256	0.239	0.195	-0.689
每股收益(元/股)(加权)	0.193	0.256	0.239	0.195	-0.689
扣除非经常性损益后的每股收益(元/股)	0.111	0.256	0.239	0.195	-0.689
每股净资产(元/股)	2.95	3.72	2.82	3.46	2.58
调整后的每股净资产(元/股)	2.72	2.52	2.61	3.21	2.32
每股经营活动产生的现金流量净额(元/股)	0.49	0.64	0.64		
净资产收益率(%)(加权)	6.54	6.88	8.51	5.62	-26.75
净资产收益率(%)(加权)	6.69	7.12	8.89	5.79	-23.60

三、股东权益变动情况(单位:元)

项目	股本	资本公积	盈余公积	法定公益金	未分配利润	股东权益合计
期初数	90420000	161303135.97	11314455.03	2495690.51	-8363347	254674243.95
本期增加	0	0	2616086.46	872028.82	14824489	17440576.42
本期减少	0	0			5425200	5425200.00
期末数	90420000	161303135.97	13930541.49	3367719.33	1035942	266689620.37

变动原因:盈余公积及法定公益金增加是因为利润提取数所致,未分配利润增加是当年新增利润,减少是扣除预付股利。

股东情况介绍

1、本报告期末,公司股东总数为4752户;

2、报告期末前10名股东持股情况。(单位:万股)

股东名称	期末持股数	占股本比例%
1、南宁市国有资产管理局	2226	24.62
2、南宁市泰安物业发展有限公司	499.8	5.53
3、深圳市永丰国投资发展有限公司	431.5	4.77
4、汕头市佳佳发展有限公司	410	4.53
5、汕头市升平区天亿发展有限公司	400.46	4.43
6、深圳市强泰实业有限公司	378.904	4.19
7、汕头市佳和贸易有限公司	145.38	1.61
8、南宁市德祥工贸有限责任公司	130.43	1.44
9、南宁海辉物资供应公司	72.2	0.79
10、广西城乡房产开发公司	49	0.54

注:国家股持有者为南宁市国有资产管理局。

股东大会简介

1999年5月18日召开年度股东大会,会议决议公告刊登在1999年5月19日《上海证券报》。

1999年12月30日召开股东大会,会议决议公告刊登在1999年12月31日《上海证券报》。

董事会报告

一、公司经营情况。

1、公司所处的行业及在行业中的地位。1999年,在国民经济总体上保持较快增长的宏观经济形势下,由于国家采取了扩大内需的政策措施,国内消费品市场商品销售呈现稳中趋旺的运行态势,但国有及国有控股的零售商业企业经济效益状况改善不大。本公司是目前广西规模最大,设施最先进的大型零售企业,有南、北两栋大楼,总计营业面积近50,000平方米,经营商品50,000多种。根据国家统计局的统计资料,在全国亿元以上重点百货零售企业中销售收入净额排100位,销售利润排75位。

2、主营业务的范围及其经营情况。本公司主营业务包括商品零售,广告,进出口及竹制品生产销售,其中商品零售占 主营业务收入98%以上,1999年公司主营业务收入38,975.53万元,同比-1.91%,主营业 务利润6,400.86万元,同比-8.67%。下降原因一是公司南楼进行全面装修,处于停业、半停业状态,影响商品销售下降,二是由于金融风波滞后影响继续,进出口业务下降。

3、主要全资附属企业及控股子公司的经营情况及业绩。 全资附属企业:南宁百通房地产开发公司、南宁市百顺旅游贸易公司。以上两公司年内继续无营业收入。控股子公司:南宁百宁建筑物业有限公司、桂林南百竹木业发展有限公司。南宁百宁建筑物业有限公司承建的朝阳商业城目前已基本完成投资,尚未完成结 算工作。桂林南百竹木业发展有限公司尚属于试生产阶段,有少量销售收入,目前无利润。

4、在经营中出现的问题与困难及解决方案。1999年,虽然整个零售市场稳中趋旺,但由于经营业态多元化,竞争的加剧使得传 统国有商业在市场中所占分额仍然有限,所面临的困难依然很多,主要表现在多种经济成份抢占市场,市场相对饱和,消费无明显热点;由于就业、社会保障、教育、医疗等 制度的进一步的深入改革,消费者的消费仍然持谨慎态度;企业管理水平仍然滞后于形势的发展。针对这些困难,公司主要采取了以下对策:(1)为消费者提供更好的购物环境。公司用半年多的时间对南楼进行装修,增设了 双向自动扶梯、中央空调。同时,对部分商场的设置和布局进行了调整。(2)采取灵活多样的经营方式,拓展经营空间:①争取著名品牌的总代理、总经销,以买断的方式替代?来的代销制,至今已取得 了十多个品牌的总经销和总代理。②积极引进名优产品,实施特色经营和品牌经营战略。公司重点在服装、鞋帽、化妆品等部门引进了大量的名优产品,设有专柜100多个。此外,还积极开展物业管理,将英式快餐店、新华书店、美食娱乐城等引进大楼,使公司的经营多样化。③结合不同季节和各类节假日,开展形式新颖、内容活泼的促销活动,如举办"南 百世纪风,喜庆千禧年"系列促销活动及举办如化妆文化节、家居装修、装饰讲座、钟表首饰节等,开展专题征文比赛、"美的城市,美的人"大学生辩论赛等,丰富新颖的促 销活动对吸引广大消费者的购物行为起到了较好的作用。

二、公司财务状况

三、公司投资情况

1、募股资金使用情况

本公司1996年公开发行股票募集资金15,954万元,在本报告期内继续按计划使用 于新北楼装修等,全年使用894.27万元,总计使用14,391.98万元,余额1,562.02万元为未支付的部份工程款。1999年新北楼销售收入30,828万元,占主营业务收入的79%,利 润1,874万元,占利润总额的93%。

2、非募股资金投资的重大项目、项目进度及收益情况

本报告期内继续对计算机系统工程进行投资,本期投资393.96万元,累计投资540.14万元,工程进度为50%,尚未产生收益。

四、2000年业务发展计划

2000年,是国企改革攻坚战的最后一年,中国加入WTO将成为现实,启动消费的大环境和背景将会更加复杂,尽管与国际上平均水平相比,我国的消费还具有较大的空间,但目前零售市场的形势依然不容乐观,本公司将从挖掘主业潜力和拓宽盈利渠道入手,结合深化企业内部改革,力争年终各项工作有较大成绩:

1、2000年业务计划:实现商品零售总额5亿元(含税),利税4600万元。

2、主要措施:①扩展经营范围,调整资产结构,寻找新的利润增长点,保证全年的赢利水平,争取在证券市场上获得再次融资的机会。②不断调整市场定位,包括商品结构的调整和经营布局的调整,各商场实行错位经营。③积极采用现代化管理手段,加快企业技术进步,实施"科技兴商"战略,年内完成 计算机信息系统的后期改进和完善工作,通过商品集中采购和配送降低经营成本。④坚持"一业为主,多元化经营"的战略,对商场中的各物业管理项目根据具体情况进行调整,"麦当劳快餐店"六一期间将在我公司新楼开张。⑤提高职能部门的决策分析能力和科学管理水平,制定全年促销方案及布局整改方案。⑥抓好现场管理,加强对员工知识型服务和个性化服务的培训,使员工从单纯的推销商品转向引导消费服务,提高服务质量。

⑦在南、北楼之间架设人行天桥,方便顾客往来购物。

五、董事会日常工作情况

六、公司管理层及员工情况

1、董事、监事、高级管理人员

本公司1999年12月30日召开临时股东大会进行换届选举,根据公司章程,新董事会、监事会成员及其它高级管理人员任期从1999年12月30日至2002年12月30日,时间为 三年。

董事会成员:

姓名	性别	年龄	年初持股数	年末持股数
覃章新	男	49岁	0股	0股
覃本东	男	51岁	11000股	11000股
曾家永	男	52岁	11000股	11000股
黄箭雀	女	48岁	11000股	11000股
金 媛	女	51岁	11000股	11000股
吴光真	男	49岁	11000股	11000股
尹千红	女	48岁	11000股	11000股
陈 春	女	36岁	6600股	6600股
甘 敏	女	39岁	6675股	6675股
钟家瑛	女	54岁	0股	0股
陈国萍	女	39岁	3800股	3800股

监事会成员

姓名	性别	年龄	年初持股数	年末持股数
陆武斌	女	46岁	12000股	12000股
周和苏	女	50岁	7275股	100股
黄玲玲	女	52岁	5000股	5000股
李曼玲	女	48岁	6825股	0股
韦 勇	男	29岁	0股	0股

其它副总经理:

姓名	性别	年龄	年初持股数	年末持股数
吴书斌	男	53岁	11000股	11000股
王 伶	女	48岁	5600股	5600股

董事会秘书:

姓名	性别	年龄	年初持股数	年末持股数
张燕辉	女	33岁	5550股	0股

以上人员持股数变动原因均为6月9日公司内部职工股上市交易。

南京医药股份有限公司

南京医药股份有限公司1999年年度报告摘要

一、公司简介

公司名称:南京医药股份有限公司
英文名称:NANJING MEDICAL COMPANY LIMITED　英文缩写:NJMC
公司法人代表:李家森
公司负责信息披露人员:董事会秘书王永利女士
咨询电话:(025)4415515-1911　传真:(025)4523033
公司注册地址:南京市经济技术开发区(中山东路486号)
公司办公地址:南京市中山东路486号　邮政编码:210002
电子信箱:info@njyy.com　公司网址:www.njyy.com.cn
公司年度报告刊登报纸:《上海证券报》
公司年度报告登载网址:www.sse.com.cn
公司年度报告备置地点:公司证券部
公司股票上市地:上海证券交易所
股票简称:南京医药　股票代码:600713

二、会计数据和业务数据摘要(合并报表)

1. 本年度财务指标　金额单位:元

利润总额	88502599.76
净利润	74015389.54
扣除非经常性损益后的净利润	73807747.79
主营业务利润	182999326.01
其它业务利润	3860833.62
营业利润	87650686.60
投资收益	3265960.73
补贴收入	207641.75
营业外收支净额	-2621689.32
经营活动产生的现金流量净额	50577997.94
现金及现金等价物净增加额	-23044850.17

注:扣除的非经营性损益项目和涉及金额:补贴收入207,641.75元。

2、1997年经1999年主要财务数据与财务指标

指标项目	1999年	1998年		1997年
		调整前	调整后	
主营业务收入(万元)	114667.37	88018.51	88018.51	58233.92
净利润(万元)	7401.54	5941.43	5364.89	3810.72
总资产(万元)	94617.86	86723.06	84650.67	46074.15
股东权益(万元)(不含少数股东权益)	43464.91	41938.84	39948.59	25094.23
每股收益(元)	0.381	0.306	0.276	0.459
每股平均加权收益(元)	0.381	0.368	0.332	0.459
扣除非经营损益后的每股收益	0.380	0.300	0.27	0.459
每股净资产(元)	2.24	2.16	2.06	3.02
调整后的每股净资产(元)	2.21	2.10	2.00	2.91
每股经营活动产生的现金流量净额	0.26	0.40	0.40	
净资产收益率(%)	17.03	14.16	13.43	15.19
平均加权净资产收益率(%)	17.75	15.38	16.50	16.43

注:主要财务数据的计算方法:

每股收益=净利润/年度末普通股股份总数

每股净资产=年度末股东权益/年度末普通股股份总数

调整后的每股净资产=(年度末股东权益-三年以上的应收款项净额-待摊费用-待处理(流动、固定)资产净损失-开办费-长期待摊费用-住房周转金负数余额)/年末普通股股份总数

每股经营活动产生的现金流量净额=经营活动产生的现金流量净额/年度末普通股股份总数

净资产收益率=净利润/年末股东权益×100%

3、1999年股东权益变动情况　单位:万股、万元

项目	股本	资本公积	盈余公积	(公益金)	未分配利润	合计
期初数	19426.0716	18482.10	3353.60	1452.59	-1313.19	39948.58
本期增加			1705.86	835.19	5695.68	7401.54
本期减少					3885.21	3885.21
期末数	19426.0716	18482.10	5059.46	2287.78	497.27	43464.91

注:期初盈余公积金、公益金、未分配利润变动是会计政策变更追溯调整所致,盈余公积金、公益金增加系1999年度利润分配提取及合并报表所增,未分配利润减少系1999年度利润分配所致。

三、股东情况介绍

(1)股东数量

截止1999年12月31日,公司股东数为49065户,其中国有法人股1户,法人股116户,社会公众股48848户。

(2) 主要股东持股情况

股东名称	持股数量(万股)	占总股本(%)
1 南京医药集团有限责任公司	5266.332	27.11
2 南京市证券公司	1485.00	7.64
3 江苏兴宏达投资有限公司	1187.10	6.11
4 淮海投资	1074.60	5.58
5 深圳泰华房地产有限公司	461.70	2.38
6 上海申银万国证券股份有限公司	295.9783	1.52
7 南京福康贸易公司	189.00	0.97
8 浦发保险	180.00	0.93
9 南京市房产经营总公司	153.00	0.79
10 江苏鑫苏投资公司	126.00	0.65

* 前十名股东所持公司股份均为未上市流通股份。
* 本报告期内,持有公司股份5%以上的法人股东的股份无质押或冻结事项。
* 南京医药集团有限责任公司为代表国家持有股份的单位,法定代表人倪忠翔,主要经营范围为国资投资管理、化学原料药及制剂生产销售等。
* 本报告期内,公司股东上海申银万国证券股份有限公司通过协议转让方式,减持公司法人股和转配股共1046.916万股,减持股份占公司股份总数的5.39%。公司公告刊登于1999年7月17日的《上海证券报》。

四、股东大会简介

本公司于1995年5月7日在南京召开1998年度股东大会,有关会议决议刊登在1999年5月8日《上海证券报》上。

五、董事会报告

(一)公司经营情况:

1、公司主营业务的范围及其经营状况

公司主营业务为从事医药产品的研制、开发、生产和销售。1999年是我国医药行业调整改革力度最大的一年,面对日益激烈的市场竞争,医药商业微利时代的到来,以及价改、医改的深化和药品分类管理办法的推行等多种复杂局面的出现,在公司全体员工的努力下较好的完成了各项经济指标,主营业务收入完成11.47亿元,比上年增长30.34%,利润总额完成8850.26万元,比上年增长34.96%,净利润完成7401.54万元,比上年增长37.96%。

主营商贸方面,公司公司根据市场变化和政策导向,加大实施总经销、总代理的市场营销模式,促进了销售规模的增长。"舍尼通"全年销售近195万盒,达7100万元,比去年增长18.2%,新产品"赛莱乐"上市后,市场开拓进展也很迅速,确立了以代理品种开发为重点,适销对路的高新技术产品为主导品种群的经营发展思路,为医药流通领域的改革走出了一条新路。公司于1999年11月底成立"药品经营调度中心",实行统购分销,发挥规模优势,避免资源浪费,降低了交易成本,为公司今后商贸领域的变革打下基础。

科研方面,盐酸丁咯地尔片剂已通过新药评审,已获国家药品监督管理局(SDA)颁发的新药证书和生产批件。生命能科技开发有限公司独立开发了三个二类新药,合作开发了一个二类新药,并有一个一类、三个二类、一个三类新药正在研制当中。99年10月完成了生命能有限责任公司的改制工作。

工业方面,99年恒生制药厂在二次技改工作全面完成后,克服重重困难,顺利度过了停产搬迁的过渡阶段,并于10月份投产。目前恒生制药厂共获得4个新药证书,其中复方地龙胶囊、氨酚伪麻咀嚼片、克?霉素胶囊已投产并面市,妥布霉素滴眼液也将于2000年投产上市。99年7月底恒生制药厂组建营销队伍,8月份开始市场网络建设,新品宣传及办理市场准入手续。目前恒生销售人员增加到100人,销售网络遍及10多个省市地区,商业客户近百家,10-12月已完成销售近2000万元。

资本运营方面,公司于1999年7月收购了南京同仁堂药业有限责任公司55%的股份,计985.46万股。本次收购后,公司将致力于发挥同仁堂公司在传统中成药方面的优势,结合本公司在技术改造、产品开发、市场营销方面的优势,同时使中成药的开发、生产、销售形成一体化的产业格局。1999年11月参股组建了南京华德利医疗设备有限公司,进行医疗器械产品的研发、生产和销售,产品主要为高新技术产品,为公司开创了新的经济增长点。

2、在经营中出现的问题与困难及解决方案:

1999年随着国家医改,药品价格改革工作的推进以及其他一些配套改革措施的不断深化,公司在发展中遇到了前所未有的外部压力。针对上述存在的经营困难,为保证年度各项经济指标的实现,公司实施了销售体制的改革,成立了"药品经营调度中心"在公司实行统购分销,按品种组织规模销售,降低了经营成本。工业生产,克服了停产改造改造带来的困难,并于10月份投产,新产品上市后,迅速组建市场网络,取得了较大的经济效益,并为今后拓展市场份额打下了坚实的基础。

(二)公司财务状况

1999年公司主营业务收入完成11.47亿元,比上年实际完成数8.8亿元增长30.34%,利润总额完成8850.26万元,比上年实际完成数6557.73万元增长34.96%,净利润完成7401.54万元,比上年实际完成数5364.89万元增长37.96%。1999年公司资产总值为94617.86万元,较上年增长11.78%,股东权益为43464.91万元,较上年增长8.8%,体现了稳步增长的趋势。

(三) 公司投资情况

1、前次募集资金的实际使用情况

(1)年产200kg及年产5000万片第三代双磷酸盐原料药和片剂生产线项目

该项目计划从配股募集资金中投入5500万元,实际完成技术改造投资1275万元,该项目从1998年3季度开工,现已完成部分厂房土建项目和部分设备购置,产品科研开发已获得省级临床评审通过,目前正在申报国家药品监督管理局评审。

(2)中药制剂生产线项目

该项目计划从配股资金中投入2500万元,实际完成技术改造投资2375万元。该项目从1998年3季度开工,1999年6月完工,1999年9月通过南京市计生委主持的竣工验收,1999年10月,中药新产品投产上市,当年实现利润220万元。

(3)南京医药大厦扩建项目

该项目计划从配股资金中投入2720万元,实际完成扩建装修投资2165.55万元。该项目从1999年4月启动,内部装修和楼层改造,已完成工程总量90%,预计2000年6月竣工,并投入使用。

(4)经2000年2月29日公司2000年第一次临时股东大会审议通过的变更配股募集资金投向的议案:配股项目中的TPO原料药、粉针剂生产线项目已终止,改为投资1729.65万元生产"爱诺天健口服液"项目和参股投资5000万元组建"南京东方商城有限责任公司"项目。

截止1999年12月31日,配股项目已投资7545.20万元,剩余资金7754.80万元现存入银行。

2、公司报告期末非募集资金对外投资额比期初主要增加了,对收购南京同仁堂药业有限责任公司1182.552万元,占该公司股份的55%,对组建南京医药恒生保健品有限责任公司的投资40万元,占该公司股份的18.18%,对组建南京生命能科技开发有限公司的投资350万元,占该公司股份的35%,对组建南京医药华德利医疗设备有限公司209万元,占该公司股份的51%。

(四)新年度的业务发展计划

2000年公司生产经营的思路是:进一步解放思想,大胆实践,以创新的体制和机制为动力,以技术进步和技术创新为手段,继续实施科工贸可持续发展战略,大力发展规模经济,使公司的各项经营工作再创佳绩。

完成年度经济指标的主要措施是:

(1)在科研方面进一步挖掘潜力,为公司长远发展做技术储备和资本储备,研发方向逐步调整到中药有效成分的提取和天然药物的开发。并且对内深化、完备专家体系、实验体系、信息体系等体系,对外加强与国际交流合作,及时掌握国际医药市场上的产品动态,为公司的产业和市场开拓提供信息,开发具有自主知识产权的新药。

青海山川铁合金股份有限公司

一、公司简介

1、公司法定名称:青海山川铁合金股份有限公司
公司英文名称:QINGHAI SHANCHUAN FERROALLOY CO.,LTD
2、公司法定代表人:尚凤和
3、公司董事会秘书:张光周
电话:(0971)5130464
传真:(0971)5137586
4、公司注册地址:青海省西宁市朝阳西路112号
公司办公地址:青海省西宁市朝阳西路112号
邮政编码:810028
公司国际互联网网址:http://www.shanchuan.com.cn
电子信箱:E-mail:shch@ public. xn.qh.cn
5、公司选定的信息披露报纸名称:《上海证券报》
刊登公司年报的中国证监会指定国际互联网网址:http://www.sse.com.cn
公司年报备置地点:公司证券部
6、公司股票上市地点:上海证券交易所
股票简称:山川股份　　股票代码:600714

二、会计数据和业务数据摘要

1、本年度主要利润情况(人民币:元)

利润总额	21516641.44
净利润	18719478.05
扣除非非常性损益后的净利润	18908603.92
主营业务利润	18782705.68
其他业务利润	3454552.39
投资收益	6080700.64
营业外收支净额	-189125.87
经营活动产生的现金流量净额	37507724.97
现金及现金等价物净增加额	26283780.40

[注]:扣除的非非常性损益项目和涉及金额

项　目	金　额
营业外收支净额项目:	-189125.87
1.处理固定资产收益:	18050.00
2.处理固定资产损失:	207175.87

2、截止报告年度末公司前三年主要会计数据和财务指标 (单位:元)

项　目	1999.12.31	1998.12.31		1997.12.31	
		调整后	调整前	调整后	调整前
主营业务收入	142763755.29	134458940.21	134458940.21	95840717.68	95840717.68
净利润	18719478.05	-7820701.13	482334.66	-3863423.99	5240917.00
总资产	335916358.81	295787225.04	313194601.82	282816945.41	291921286.40
股东权益	181835842.09	163116364.04	180523740.82	170637065.17	179741406.16
每股收益	0.1997	-0.0834	0.0051	-0.0412	0.0599
扣除非经营性收益后每股收益	0.2017				
每股净资产	1.9396	1.7399	1.926	1.8201	1.917
调整后的每股净资产	1.8952	1.5957	1.879	1.6663	1.751
每股经营活动产生的现金流量净额	0.40	0.2543	0.2543		
净资产收益率(%)	10.29	-4.79	0.267	-2.264	2.916

[注]:计算公式如下:
每股收益=净利润/年度末普通股股份总数
每股净资产=年度末股东权益/年度末普通股股份总数
调整后每股净资产=(年度末股东权益-三年以上的应收款项净额-待摊费用-待处理(流动、固定)资产净损失-开办费-长期待摊费用-住房周转金负数余额)/年度末普通股股份总数
每股经营活动产生的现金流量净额=经营活动产生的现金流量净额/年度末普通股股份总数
净资产收益率=净利润/年度末股东权益×100%

3、报告期内股东权益变动情况 (单位:元)

项目	股本	资本公积	盈余公积	其中:法定公益金	未分配利润	股东权益合计
期初数	93750000.00	72654099.93	8396389.23	2714638.92	-11684125.12	163116364.04
本期增加	0.00	0.00	1407070.60	703535.30	18719478.05	20126548.65
本期减少	0.00	0.00	0.00	0.00	1407070.60	1407070.60
期末数	93750000.00	72654099.93	9803459.83	3418174.22	5628282.33	181835842.09

变动原因:

本年期初数公司根据财政部财会字(1999)35号文有关规定,从1999年1月1日起,改变应收帐款、坏帐准备、存货跌价准备、长期投资减值准备的计提政策,采用追溯调 整法调减年初股东权益17,407,376.78元。其中:未分配利润调减16,262,726.44元,盈余公积调减1,144,650.34元(含公益金572,325.17元)。

本年末股东权益余额181,835,842.09元,比年初增长11.48%。增加的原因是公司本年实现的净利润转入。

三、股份情况介绍

(1)截止1999年末,公司股东总户数为12328户。
(2)截止1999年末,公司前10名股东持股情况如下:

序号	股东名称	持股数(万股)	占总股本的比例(%)
1	青海山川铸造铁合金集团有限责任公司	4802.125	51.22
2	海南深海进出口有限公司	1272.875	13.58
3	五矿国际有色金属贸易公司	375	4.00
4	青海百货股份有限公司	275	2.93
5	青海三普药业股份有限公司	50	0.53
6	赢州实业	33.7	0.36
7	中国冶金进出口青海公司	25	0.27
8	中国磨料磨具进出口联营公司海南分公司	25	0.27
9	贵州省机械进出口有限公司	25	0.27
10	中国冶金进出口厦门公司	25	0.27

松辽汽车股份有限公司

一、公司简介

1、公司法定名称:
公司法定中文名称:松辽汽车股份有限公司
公司法定英文名称:Song Liao Automobile Co;Ltd
公司法定英文名称缩写:SLA
2、公司法定代表人:韩志军
3、公司董事会秘书及授权代表:高文忠　孙华东
联系地址:辽宁省沈阳市苏家屯区白松路22号
联系电话:(024)89811610　　传　真:(024)89811259
4、公司注册地址:辽宁省沈阳市苏家屯区白松路22号
公司办公地址:辽宁省沈阳市苏家屯区白松路22号　　邮政编码:110101
5、公司选定的信息披露报刊:《中国证券报》
登载公司年度报告的中国证监会指定国际互联网网址:http://www.sse.com.cn
公司年度报告备置地:公司证券办公室
6、公司股票上市交易所:上海证券交易所
公司股票简称:ST松辽　　公司股票代码:600715

二、会计数据和业务数据摘要

1、公司本年度业务数据摘要(单位:人民币元)

利润总额:	20736601.14
净利润:	20736601.14
扣除非经常性损益后的净利润:	-7112265.00
主营业务利润:	-7112265.00
其他业务利润:	54110540.90
营业利润:	25042103.57
投资收益:	-16878.97
补贴收入:	
营业外收支净额:	-4288623.46
经营活动产生的现金流量净额:	- 8329549.25
现金及现金等价物净增加额:	17731130.59

2、截止报告期末,公司前三年主要会计数据和财务指标

项目	1999年	1998年		1997年
		调整后	调整前	
主营业务收入(元)	-3044372.75	42765206.42	42765206.42	85989835.10
净利润(元)	20736601.14	-118992979.99	-98099664.07	-35355992.42
总资产(元)	652460423.61	632010448.55	698448925.48	784158836.31
股东权益(不含少数股东权益)(元)	207212828.82	186476227.68	261536245.98	359634910.68
每股收益(元)	0.147	-0.85	-0.70	-0.25
每股净资产(元/股)	1.48	1.33	1.87	2.57
调整后的每股净资产(元/股)	1.31	1.16	1.53	2.26
每股经营活动产生的现金流量净额(元/股)	-0.06	-0.23		
净资产收益率(%)	10.00	-63.81	-37.51	-9.83

注:主要财务指标计算方法
每股收益=净利润/年度末普通股股份总数
每股净资产=年度末股东权益/年度末普通股股份总数
调整后的每股净资产=[年度末股东权益-三年以上的应收款项净额-待摊费用-待 处理 (流动、固定)资产净损失-开办费-长期待摊费用-住房周转金负数余额]/年度末 普通股股份总数
每股经营活动产生的现金流量净额=经营活动产生的现金流量净额/年度末普通股股份总数
净资产收益率=净利润/年度末股东权益×100%

3、报告期内公司股东权益变动情况及变动原因(单位:人民币元)

项目	股本	资本公积金	盈余公积	法定公益	未分配利润	股东权益
期初数	140160000	241257544	9377473	4942079.34	-204278790.07	186476227.68
本期增加					20736601.14	20736601.14
本期减少						
期末数	140160000	214257544	9377473	4942079.34	-183542188.93	207212828.82

变动原因:是由于本年度公司利润增长所致。

三、股东情况介绍

1、报告期末,公司总股东户数为10282户。
2、公司前十名股东情况

名次	股东名称	年末持股数(万股)	占总股本(%)
1	松辽企业集团	7440	53.08
2	中国工商银行沈阳市信托投资公司	240	1.71
3	开元基金	153.87	1.09
4	裕隆基金	113.90	0.81
5	大威实业	87.51	0.62
6	孙淑娜	76.45	0.55
7	王　梅	63.11	0.45
8	申银万国	50.29	0.36
9	王　民	49.77	0.355
10	裕元基金	47.30	0.337

注:(1)持有公司5%以上(含5%)股份的股东所持股分未发生质押或冻结情况。
(2)前10名股东之间除裕隆基金和裕元基金是同属博时基金管理有限公司外,其它之间不存在关联关系。
3、持股10%(含10%)以上的法人股东情况

四、股东大会简介

(一) 公司经营情况
1、公司是国家大型二类企业,属机械工业的汽车行业,是全国首批66个汽车定点 生产厂家之一,是辽宁省汽车生产的骨干企业。
2、公司主营业务范围及其经营状况
公司主营业务范围是轻型客车、轻型越野车的制造,主导产品有SLQ6450型轻型越野车、SLQ6501系列轻型客车、SLQ5021系列专用车等。1999年度,公司实施了资产重 组,剥离了部分不良资产。与福特汽车公司签定了技术支持协议,联合开发设计新的产品和技术,做生产换代产品的技术准备工作,所以公司处于减产状态。1999年度公司实现净利润20736601.14元。

秦皇岛耀华玻璃股份有限公司

(一) 公司简介

1、公司名称:秦皇岛耀华玻璃股份有限公司
英文名称:QINHUANGDAO YAOHUA GLASS CO.,LTD
英文名称缩写:YHGC
2、公司法定代表人:李德芳
3、公司董事会秘书:宋英利
授权代表:陈幸
联系地址:河北省秦皇岛市西港路
联系电话:(0335)3028173　　传真:(0335)3028173
电子信箱:syl@yhgc.com.cn
4、公司注册、办公地址:河北省秦皇岛市西港路
邮政编码:066013
公司国际互联网网址:http://www.yhgc.com.cn
电子信箱:yhgc@yhgc.com.cn
5、公司信息披露报纸:中国证券报、上海证券报
登载公司年报的国际互联网网址:http://www.sse.com.cn
公司年度报告备置地点:公司董事会秘书处
6、公司股票上市地:上海证券交易所
股票简称:耀华玻璃　　股票代码:600716

(二) 会计数据和业务数据摘要

1、本年度会计数据　　单位:元

利润总额:	20034124.00
净利润:	17036933.61
扣除非经常性损益后的净利润:	17036933.61
主营业务利润:	66123569.79
其他业务利润:	1072258.02
投资收益:	515099.95
补贴收入:	785695.43
营业外收支净额:	−718916.73
经营活动产生的现金流量净额:	36900553.60
现金及现金等价物净增加额:	−31473747.51

2、主要会计数据和财务指标

项　目	单位	99年	98年		97年	
			调整前	调整后	调整前	调整后
主营业务收入	万元	29966.5	21429.86	21429.86	16157.26	16257.26
净利润	万元	1703.9	3214.93	2106.56	121.44	−378.70
总资产	万元	80480.52	71105.89	69389.38	56574.91	56084.63
股东权益	万元	52866.30	52883.83	51162.61	51307.10	50816.82
每股收益	元	0.0526	0.0992	0.065	0.0037	−0.0117
扣除非经常性损益后的每股收益	元	0.0526	−0.0032	−0.0243	0.0037	−0.0117
每股净资产	元	1.63	1.63	1.58	1.58	1.57
调整后每股净资产	元	1.49	1.55	1.50	1.53	1.51
每股经营活动产生的现金流量净额	元	0.11	0.09	0.09	⋆	⋆
净资产收益率	%	3.22	6.08	4.12	0.24	−0.75

注财务指标计算公式
每股收益=净利润/年度末普通股股份总数
每股净资产=年度末股东权益/年度末普通股股份总数
净资产收益率=净利润/年度末股东权益×100%
调整后每股净资产=[年度末股东权益−三年以上的应收款项净额−待摊费用−待处 理 (流动、固定)资产净损失−开办费−长期待摊费用−住房周转金负数余额]/年度末 普通股股份总数
每股经营活动产生的现金流量净额=经营活动产生的现金流量净额/年度末普通股股份总数

3、报告期内股东权益变动情况及变动原因(单位:元)

项目	股本	资本公积	盈余公积	法定公益金	未分配利润	股东权益合计
期初数	324000000	167759576.81	11500526.60	11500526.60	−3134543.26	511626086.75
本期增加	0	0	1703693.36	1703693.36	17036933.61	20444320.33
本期减少	0	0	0	0	3407386.72	3407386.72
期末数	324000000	167759576.81	13204219.96	13204219.96	10495003.63	528663020.36

(三) 股本变动和股东情况

1、股本变动情况
(1)股份变动情况表　　数量单位:万股

	本次变动前	本次变动增减(+,−)	本次变动后
1、发起人股份	24300		24300
其中:国有法人股	24156		24156
其他法人股	144		144
尚未流通股份合计	24300		24300
二、已流通股份			
社会公众股	8100		8100
已流通股份合计	8100		8100
三、股份总数	32400		32400

2、股东情况介绍
(1)年度末公司股东总数为57382户。
(2)前10名股东持股情况

股东名称	持股数(万股)	持股比例(%)
中国耀华玻璃集团公司	24156	74.56
周梅娥	84	0.28
秦皇岛玻璃工业设计研究院	36	0.11
渤海铝业有限公司	36	0.11
河北省建设投资公司	36	0.11
秦皇岛北山发电股份有限公司	36	0.11
王虎	29.92	0.09
徐仕强	28.45	0.09
基金泰和	25.61	0.08
潘福祥	23.50	0.07

天津港(集团)股份有限公司

一、公司简介

1、公司法定中文名称:天津港(集团)股份有限公司
2、公司法定代表人:王恩德
3、公司董事会秘书:李全勇
联　系地址:天津市塘沽区新港二号路35号
联系电话:(022)25706615
传真:(022)25706615
4、公司注册地址:天津市塘沽区新港二号路卡子门内
公司办公地址:天津市塘沽区新港二号路35号
邮政编码:300456
公司电子信箱:tjpgroup@tianjinport.ptacn.com
5、公司年度报告备置地点:公司证券融资部
公司选定的信息披露报刊《上海证券报》、《中国证券报》
登载公司年度报告的中国证监会指定国际互联网网址:http://www.sse.com.cn
6、公司股票上市交易所:上海证券交易所
股票简称:天津港
股票代码:600717

二、会计数据和业务数据摘要

1、公司本年度主要会计数据和财务指标

指标项目	1999年度
利润总额(万元)	14360.92
净利润(万元)	11814.41
扣除非经常性损益后的净利润(万元)	
主营业务利润(万元)	24046.94
其他业务利润(万元)	55.15
营业利润(万元)	13689.57
投资收益(万元)	812.90
补贴收入(万元)	
营业外收支净额(万元)	−141.55
经营活动产生的现金流量净额(万元)	25978.77
现金及现金等价物净增加额(万元)	10166.49

2、公司前三年的主要会计数据和财务指标

指标项目	1999年	1998年		1997年	
		调整前	调整后	调整前	调整后
主营业务收入(万元)	49779.72	51315.00	49500.71	32022.03	32022.03
净利润(万元)	11814.41	11684.39	10627.38	10120.96	10081.11
总资产(万元)	200596.11	166881.53	164844.36	121440.50	121056.32
股东权益(万元)	114015.27	114612.52	113171.33	102910.95	102526.76
每股收益(元)(摊薄)	0.35	0.345	0.31	0.418	0.42
(加权平均)	0.35	0.34	0.31	0.75	0.75
(配股后)	0.32				
扣除非经常性损益后的每股收益(元)	0.35	0.34	0.31	0.42	0.42
每股净资产(元)(摊薄)	3.36	3.38	3.34	4.25	4.23
(调整后)	3.32	3.34	3.30	4.21	4.20
每股?营活动产生的现金流量净额(元)	0.77	0.88	0.88		
净资产收益率(%)(全面摊薄)	10.36	10.19	9.39	9.83	9.83

计算方法:
每股收益=净利润/年度末普通股股份总数=118,144,083.33/338992956
=0.35
每股净资产=年度末股东权益/年度末普通股股份总数
=1,140,152,744.48/338,992,956=3.36
净资产收益率=净利润/年度末股东权益×100%
=118,144,083.33/1,140,152,744.48×100%
=10.36%
调整后的每股净资产=(年度末股东权益−三年以上的应收款项净额−待摊费用−待处理(流动、固定)资产净损失−开办费−长期待摊费用−住房周转金负数余额)/年度末普通股股份总数
=(1140152744.48−1281462.73−85306.10−0−0−11788567.16−0)/338992956
=3.32

说明:公司于2000年实施了配股,配股后股本总额为366,585,444股,按此股本计算,每股收益为0.32元。

3、报告期内股东权益变动情况

项目	股　本	资本公积	盈余公积	法定公益金	未分配利润	股东权益合计
期初数	338992956	644449556.19	44233915.23	20261049.79	83775817.14	1131713294.35
本期增加			24639179.69	11087934.89	118144083.33	153871197.91
本期减少				2192309.91	143239437.87	145431747.78
期　末　数	338992956	644449556.19	68873094.92	29156674.77	58680462.60	1140152744.48

三、股东情况介绍

1、报告期末公司股东总数为70,584户。
2、公司前十名股东

名次	名　称	报告期末持股数量(股)	占总股本(%)
1	天津港务局(代表国家持有)	230307036	67.94
2	泰和基金	2052777	0.61
3	中国电子系统工程总公司	1372000	0.40
4	天津信托投资公司	980000	0.29
5	天津市药材集团公司	980000	0.29
6	天津北方国际信托投资公司	980000	0.29
7	沈阳建设投资公司	980000	0.29
8	深圳渔丰实业股份有限公司	980000	0.29
9	建设银行天津分行直属支行	784000	0.23
10	交通银行天津分行	784000	0.23

沈阳东大阿尔派软件股份有限公司

一、公司简介

公司法定中文名称: 沈阳东大阿尔派软件股份有限公司
公司法定英文名称及缩写: Shenyang Neu-alpine Software Co.,Ltd. 缩写:NEU-ALPINE
公司法定代表人: 刘积仁
公司董事会秘书: 王自栋
联系地址:沈阳市和平区三好街 84 号
电话:024-23783000 传真:024-23783375
电子信箱:investor@neu-alpine.com
公司注册地址: 沈阳市和平区文化路 3 号巷 11 号 邮政编码:110006
公司办公地址: 沈阳市高新技术产业开发区浑南产业区东大软件园
公司因特网址: http://www.neu-alpine.com
投资者可以通过上述网址取得公司年报及其他有关信息
公司电子信箱: investor@neu-alpine.com
公司选定的信息披露报纸名称: 中国证券报、上海证券报
刊载公司年报的中国证监会指定的因特网址: http://www.sse.com.cn
公司年度报告置备地点:
沈阳市高新技术产业开发区浑南产业区东大软件园公司董事会办公室
股票上市交易所: 上海证券交易所
股票简称: 东大阿派 股票代码: 600718

二、会计数据和业务数据摘要

1、1999 年度公司主要经营指标

利润总额	143,432,915.83 元
净利润	125,620,878.37 元
扣除非经常性损益后的净利润	118,498,661.20 元
主营业务利润	231,636,690.33 元
其他业务利润	2,958,731.61 元
营业利润	132,844,532.47 元
投资收益	3,466,166.19 元
补贴收入	7,962,509.55 元
营业外收支净额	-840,292.38 元
经营活动产生的现金流量净额	109,657,559.15 元
现金及现金等价物净增加额	512,078,611.65 元

说明:"扣除非经常性损益后的净利润"扣除的项目及金额如下:补贴收入 7,962,509.55 元,营业外收入 36,262.08 元,营业外支出 876,554.46 元。

2、截止 1999 年末,公司前三年主要会计数据和财务指标

指标项目	1999 年	比上年增长(%)	1998 年调整前	1998 年调整后	1997 年
主营业务收入(万元)	73475.55	40.03	52471.63		25886.41
净利润(万元)	12562.09	34.87	9368.77	9314.33	6031.68
总资产(万元)	156931.32	95.33	80396.85	80341.41	38037.84
股东权益(万元)(不含少数股东权益)	114128.12	100.75	56904.47	56850.03	24880.28
每股收益(元)(全面摊薄)	0.58	-3.33	0.60	0.60	0.61
每股净资产(元)	5.27	43.60	3.67	3.67	2.51
调整后的每股净资产(元)	5.16	43.33	3.60		2.45
每股经营活动产生的现金流量净额(元)	0.51	5000	0.01		
净资产收益率(%)	11.00	-32.62	16.46	16.38	24.24

3、报告期内股东权益变动情况 单位:元

项目	股本	资本公积	盈余公积	其中:法定公益金	未分配利润	股东权益合计
期初数	155001000	258083766.99	52006516.12	20894538.23	103409012.17	568500295.28
本期增加	61500300	432160000.00	31401144.80	12560457.92	125620878.37	650682323.17
本期减少		46500300.00			31401144.80	77901444.80
期末数	216501300	643743466.99	83407660.92	33454996.15	197628745.74	1141281173.65

变动原因说明:

①因实施每 10 股转增 3 股的 1998 年度公积金转增方案及增发 1500 万股新股方案使 股本增加。

②因实施每 10 股转增 3 股的 1998 年度公积金转增方案使资本公积减少;实施 1999 年增发新股方案,股本溢价使资本公积增加。

③根据 1999 年度利润分配预案, 提取 10%法定盈余公积金、10%公益金、5%任意盈余公积金使盈余公积增加。

④根据 1999 年度分配预案提取 10%法定公益金使法定公益金增加。

⑤因 1999 年度实现净利润使未分配利润增加;根据 1999 年度分配预案,提取公积金、公益金使未分配利润减少。

三、股本变动及股东情况

1、截止 1999 年末,公司股东总数为 47,250 户。
2、截止 1999 年末,前十名股东持股情况

名次	股东名称	年末持股数(股)	占总股本(%)
1	东方软件有限公司	64480416	29.78
2	阿尔派电子(中国)有限公司(外资股)	54222168	25.04
3	中国建设银行沈阳市信托投资股份有限公司	11723712	5.42
4	普惠基金	5228391	2.41
5	裕阳基金	5150438	2.38
6	裕隆基金	5417000	2.50
7	普丰基金	4479103	2.07
8	金鑫基金	3708806	1.71
9	金泰基金	2131055	0.98
10	裕元基金	2000100	0.92

说明:①1999 年 1 月,公司第一大股东宝钢东软信息产业有限公司一次性受让沈阳 资产经营有限公司持有的公司国家股,使其持股数增加 6,763,680 股。

②持股 5%以上的 3 名法人股股东所持股份未发生被质押、冻结的情况。

③在以上 10 名股东中,裕阳基金、裕隆基金、裕元基金为同属于博时基金管理有 限公司管理的证券投资基金;普丰基金、普惠基金为同属于鹏华基金管理有限公司管 理的证券投资基金;金鑫基金、金泰基金为同属于国泰基金管理有限公司管理的证券 投资基金。

大连热电股份有限公司

一、公司简介

1、公司的法定中文名称:大连热电股份有限公司
公司的英文名称:DALIAN THERMAL POWER CO.,LTD.
英文名称缩写:DTPC
2、公司法定代表人:张书用
3、公司董事会秘书:张耀和
联系地址:大连市沙河口区香周路 210 号
电 话:0411-6642089-2188
传 真:0411-6641794
4、公司注册地址:大连市沙河口区香周路 210 号
公司办公地址:大连市沙河口区香周路 210 号
邮政编码:116021
公司国际互联网网址:http://www.dlredian.com
电子信箱:dltpg@263.net
5、公司选定的信息披露报纸名称:《上海证券报》
登载公司年度报告的中国证监会指定国际互联网网址:http://www.sse.com.cn
公司年度报告备置地点:公司证券管理办公室
6、公司股票上市交易所:上海证券交易所
公司股票简称:大连热电 公司股票代码:600719

二、会计数据和业务数据摘要

1.本年度公司实现利润情况(单位:人民币元)

利润总额:	49448156.52
净利润:	42096003.48
扣除非?常性损益后的净利润:	42096003.48
主营业务利润:	101146299.69
其他业务利润:	0.00
营业利润:	49633263.08
投资收益:	0.00
补贴收入:	0.00
营业外收支净额:	-185106.56
经营活动产生的现金流量净额:	2387100.01
现金及现金等价物净增加额:	6828286.96

2、截至报告期末公司前三年的主要会计数据和财务指标指标

项目	1999 年度	1998 年度调整前	1998 年度调整后	1997 年度调整前	1997 年度调整后
1.主营业务收入(元)	277393797.66	275791090.39	278921276.55	260895219.64	260895219.64
2.净利润(元)	42096003.48	49384699.25	40272759.72	52140157.51	31380844.53
3.总资产(元)	1074326037.01	999884600.32	974813180.69	808003592.77	787244279.79
4.股东权益(元)	647936306.15	453625029.62	423754187.67	405658069.62	384898756.64
5.每股收益(元)	0.21	0.28	0.23	0.297	0.18
6.加权平均每股收益(元)	0.22	0.28	0.23	0.297	0.18
7.扣除非经常性损益后的每股收益(元)	0.21	0.27	0.21	0.26	0.15
8.每股净资产(元)	3.20	2.58	2.41	2.31	2.19
9.调整后的每股净资产(元)	3.15	2.55	2.39	2.25	2.15
10. 每股经营活动产生的现金流量净额(元)	0.01	0.02	0.02		
11.净资产收益率(%)	6.50	10.89	9.50	12.85	8.15

注:主要财务指标计算公式

每股收益=净利润/年度末普通股股份总数

每股净资产=年度末股东权益/年度末普通股股份总数

调整后的每股净资产=(年度末股东权益-三年以上的应收款项净额?待摊费用-待 处理(流动、固定)资产净损失-开办费-长期待摊费用-住房周转金负数余额)/年度末 普通股股份总份数

每股经营活动产生的现金流量=经营活动产生的现金流量净额/年度末普通股股份 总数

净资产收益率=净利润/年度末股东权益× 100%

3、报告期内股东权益变动情况 单位:人民币元

项 目	股本	资本公积	盈余公积	法定公益金	未分配利润	股东权益合计
期初数	175500000	146687666.17	53822150.91	11065683.94	47744370.59	423754187.67
本期增加	26799800	155286315.00	14724675.35	2103525.05	42096003.48	224182118.48
本期减少					14724675.35	
期末数	202299800	301973981.17	68546826.26	13169208.99	75115698.72	647936306.15

变动原因:

(1)股本变动系公司配股所致;

(2)资本公积变动系公司配股及资产评估增值所致;

(3)盈余公积变动系将本年度净利润按 10%提取法定公积金,按 5%提取法定公益金,按 20%提取任意盈余公积金所致。

(4)法定公益金变动系将本年度净利润按 5%提取法定公益金所致。

(5)未分配利润变动系报告期内实现净利润及提取盈余公积所致。

三、股东情况介绍

1.报告期末,公司股东总数 67601 户。

2.公司主要股东持股情况(截至 1999 年 12 月 31 日,前十名股东)

数量单位:万股

名次	股东名称	年末持股数	占总股本(%)
1	大连市国有资产管理局	8124.98	40.16
2	武汉宝信科技公司	2430	12.01
3	大连电业局劳动服务公司	1800	8.90
4	大连市经济技术协作总公司	270	1.33
5	君安证券	55	0.27
6	张小波	19.3	0.09
7	刘彦多	18.99	0.09
8	包秀清	18	0.08
9	叶青华	18	0.08
10	李娟	18	0.08

甘肃祁连山水泥股份有限公司

一、公司简介

1.公司法定中文名称:甘肃祁连山水泥股份有限公司
公司英文名称:GANSU QILIANSHAN CEMENT CO.,LTD.
公司英文名称缩写:QLS
2.公司法定代表人:韩超然
3.董事会秘书:王云鹏　　授权代表:陈军
联系地址:甘肃省兰州市永登县中堡镇
联系电话:(0931)6479298 6476501　传　真:(0931)6476538
4.公司注册、办公地址:甘肃省兰州市永登县中堡镇　邮政编码:730301
公司电子信箱:YNMIS@LZ.GS.CN
5.公司指定信息披露报刊名称:上海证券报
登载公司年度报告指定网址:http://www.sse.com.cn
公司年度报告备置地点:公司证券部
6.股票上市交易所:上海证券交易所
股票简称:祁连山　股票代码:600720

二、会计数据和业务数据摘要

(一)本年度主要利润指标情况(单位:人民币元)

利润总额	51509238.56
净利润	41510774.97
扣除非经常性损益后的净利润	35430774.97
主营业务利润	65376552.14
其他业务利润	3899889.69
营业利润	37455816.80
投资收益	3607229.72
补贴收入	6080000.00
营业外收支净额	4366192.04
经营活动产生的现金流量净额	7203105.39
现金及现金等价物净增加额	1894580.96

备注:扣除的非经常性损益所扣项目和涉及金额

非经常性损益所扣除的项目为财政补贴(甘财工发[1999]第103号),金额为人民币6080000.00元。

(二)近三年主要会计数据和财务指标(单位:人民币元)

A、追溯调整后:

项目	1999年	1998年	1997年
主营业务收入	243518271.46	227641215.11	211345734.64
净利润	41510774.97	22484812.39	16109958.18
总资产	581843723.47	540813119.84	416027512.08
股东权益(不含少数股东权益)	342537587.72	297030883.03	200670128.67
每股收益	0.33	0.18	0.17
每股收益(按月平均加权法计算)	0.33	0.19	0.14
扣除非经常性损益后的每股收益	0.28	0.18	0.14
每股净资产	2.72	2.36	1.79
调整后的每股净资产	2.61	2.34	1.77
每股经营活动产生的现金流量净额	0.06	-0.08	-
净资产收益率	12.12%	7.57%	8.03%

B、追溯调整前:

项目	1998年	1997年
主营业务收入	224110014.97	211345734.64
净利润	29158242.45	19360324.00
总资产	549159775.42	422195580.86
股东权益	311157319.65	206838197.45
每股收益(摊薄)	0.232	0.173
每股收益(加权)	0.238	0.178
扣除非经常性损益后的每股收益	0.238	0.178
每股净资产	2.47	1.85
调整后的每股净资产	2.45	1.81
每股经营活动产生的现金流量净额	-0.09	-
净资产收益率(摊薄)	9.38%	9.36%
净资产收益率(加权)	10.55%	10%

(三)报告期内股东权益变动情况

项目	股本	资本公积	盈余公积	法定公益金	未分配利润	股东权益合计
期初数	125772488	121140101.12	11615087.29	4521314.87	38503206.62	297030883.03
本期增加		3995929.72	6864852.93	1932806.37	34645922.04	45506704.69
本期减少						
期末数	125772488	125136030.84	18479940.22	6454121.24	73149128.66	342537587.72
变动原因:		矿山维简费增加	利润提取	利润提取	利润增加	

三、股本变动及股东情况

1、报告期末(1999年12月31日),股东总数为30655名。

2、主要股东持股情况(截止1999年12月31日)

股东名称	年末持股数量(股)	占总股本比例(%)
①永登水泥厂	60960000	48.47
②兰州长青房地产开发公司	5263000	4.18
③大鹏证券有限责任公司	3000000	2.39
④甘肃长青置业发展有限公司	2597186	2.06
⑤兰州铁路局兰州铁路分局	1600000	1.27
⑥包钢综合企业(集团)公司	800000	0.64
⑦甘肃省建筑材料总公司	800000	0.64
⑧甘肃省建筑构件工程公司	800000	0.64
⑨平凉地区峡中水泥厂	800000	0.64
⑩能越技术	240000	0.19

新疆百花村股份有限公司

一　公司简介

1、公司名称:
公司法定中文名称:新疆百花村股份有限公司
公司法定英文名称:XIN JIANG BAI HUA CUN CO.LTD
英文缩写:B H C
2、公司法定代表人:马秋里
3、董事会秘书:苗　军
联系地址:新疆乌鲁木齐市中山路141号
联系电话:0991-2311642
联系传真:0991-2815307
电子信箱:miaojun@mail.xj.cninfo.net
4、公司注册地址:新疆乌鲁木齐市中山路141号
公司办公地址:新疆乌鲁木齐市中山路141号
公司邮政编码:830002
5、公司信息披露报刊:《上海证券报》
公司登载年度报告网址:http://www.sse.com.cn
公司年度报告备置地点:公司董事会秘书办公室
6、公司股票上市地:上海证券交易所
股票简称:百花村
股票代码:600721

二　会计数据和业务数据摘要

1、本年度主要利润指标情况:单位:人民币元

利润总额:	-43139878
净　利　润:	-39835271
扣除非经常性损益后的净利润	-39835271
主营业务利润:	17036591
其他业务利润:	2867569
投资收益:	-225287
补贴收入:	
营业外收支净额:	33476
经营活动产生的现金流量净额:	-443642
现金及现金等价物净增加额:	-818708

2、主要会计数据和财务指标:　单位:人民币元

项　目	1999年	1998年		1997年	
		调整前	调整后	调整前	调整后
主营业务收入	107054344	114839513	114839513	145413591	145413591
净利润	-39835271	-19987162	-24089057	14952965	14970423
总资产	427514421	477661549	468575397	396050957	391082633
股东权益	214074410	262952128	253909681	195791039	190850487
每股收益	-0.42	-0.21	-0.25	0.195	0.195
每股净资产	2.26	2.77	2.68	2.56	2.49
每股经营活动产生的现金流量净额	-0.0047				
净资产收益率(%)	-18.6	-7.6	-9.49	7.64	7.84
调整后的每股净资产	2.13	2.66	2.57	2.55	2.55
加权平均每股收益	-0.42	-0.218	-0.56	0.217	0.195
加权平均净资产收益率(%)	-17	-8.6	-28	7.94	

注:主要财务指标计算方法:

每股收益=净利润/年度末普通股股份总额

每股净资产=年度末股东权益/年度末普通股股份总数

净资产收益率=净利润/年度末股东权益 X　100%

调整后的每股净资产=(年度末股东权益-三年以上的应收款-待摊费用-待处理(流动、固定)资产净损失-开办费-长期待摊费用)/年度末普通股股份总数

加权平均净资产收益率=当期净利润/[(期初净资产+期末净资产)/2+当期发行新 股或配股新增净资产 X(自缴末结束日下一月份至报告期末的月份-6)/12]

加权平均每股收益=年度净利润/加权平均股本

3、股东权益变动情况　单位:人民币元

项目	股　本	资本公积金	盈余公积金	法定公益金	未分配利润	合　计
期初数	94800750	167962277	6812640		-6623539	262952128
本期增加	0	0	0		-39835271	-39835271
本期减少	0	0	745247		8297200	9042447
期末数	94800750	167962277	6067373		-54756010	214074410

变动原因:因本年度公司出现经营亏损,导致股东权益减少。

三　股东情况介绍

1、报告期末股东总数为19137户。

2、主要股东持股情况(前十名)

名次	股东名称	期末持股数额	占总股本比例(%)
1	新疆兵团商业贸易发展中心	41423750	43.70
2	新疆兵团石油公司	2015000	2.13
3	新疆芳草湖糖厂	1428088	1.50
4	新疆兵团商业贸易总公司	1108250	1.17
5	新疆通久经济发展集团公司商业旅游服务公司	1007500	1.06
6	华夏证券有限公司	731250	0.77
7	曹颖	600000	0.63
8	新疆五家渠一0二团	586912	0.62
9	金鑫基金	459923	0.48
10	宁夏信托	349452	0.36

注:

持有本公司10%以上股份的股东为兵团商业贸易发展中心,本会计年度内股份没有发生变动,年末持股41423750万股,占总股本的43.70%。

沧州化学工业股份有限公司

一、公司简介

1、公司名称:沧州化学工业股份有限公司
英文名称:CANGZHOU CHEMICAL INDUSTRIAL CO.LTD
公司注册地址:河北省沧州市南环中路 18 号
电子信箱:info@czchem.com
公司网址:http://www.czchem.com
2、法定代表人:周振德
3、董事会秘书:高润东、郑玉珍
授权代表:程宝杰 邢金生
联系电话:(0317)3030719 传真:(0317)3042321
邮编:061000
5、公司选定的信息披露刊物:《上海证券报》
刊登公司年报的中国证监会指定的国际互联网址:http://www.sse.com.cn
公司年报备置地点:公司证券部
6、股票上市地:上海证券交易所
7、股票简称:沧州化工 股票代码:600722

二、会计数据和业务数据摘要

1、本年利润总额及构成(单位:元)

项 目	99 年度
利润总额	162498166.63
净利润	138120895.81
扣除非经常性损益的净利润	138120895.81
其中:主营业务利润	190313099.65
其他业务利润	1183878.40
投资收益	392424.36
营业外收支净额	0.00
经营活动产生的现金流量净额	33599004.63
现金及现金等价物净增加额	28259550.26

2、主要会计数据和业务数据如下: 单位:元

项 目	1999 年度	1998 年度		1997 年度	
		调整前	调整后	调整前	调整后
主营业务收入	670674037.96	416240886.95	416240886.95	440258912	440258912
净 利 润	138120895.81	55945390.02	58589272.97	57667022	57568563
总 资 产	2107186322.24	1450440701.44	1444088121.05	870613688	861617224
股 东 权 益	7466741499.31	618805868.29	612453287.90	562860478	553864015
每 股 收 益	0.352	0.285	0.299	0.294	0.293
每股净资产	1.90	3.15	3.12	2.87	2.82
净资产收益率	18.50%	9.04%	9.6%	10.25%	10.46%
调整后的每股净资产	1.87	3.05	3.03	2.80	2.80
每股经营活动产生的现金流量净额	0.09	0.45	0.45		
现金及现金等价物净增加额	28259550.26	−3858278.10			

注:每股收益=净利润/年度末普通股股份总数
每股净资产=年度末股东权益/年度末普通股股份总数
净资产收益率=净利润/年度末股东权益×100%
调整后的每股净资产=(年末股东权益-帐龄三年以上的应帐款-年末待摊费用-年 末递延资产-年末待处理财产净损失/年度末普通股股份总数

3、报告期内股东权益变动情况(单位:元)

项 目	股 本	资本公积	盈余公积	其中公益金	未分配利润	合 计
期初数	196200000	219079849.88	39221235.56	13052411.42	157952202	612453287
本期增加	196200000	0	20698697.64	6899565.88	117402761	334320895
本期减少	0	98100000.00	0	0	101932684	200032684
期末数	392400000	120979849.88	59919933.20	19951977.30	173312138	746611921

变动原因:股本增加是由于中期实施分红所致;资本公积减少是由于中期转增股本所致;盈余公积本期增加是因为年度利润分配提取 10%法定公积金和 5%法定公益金 ;未分配利润增加是本年实现的可供股东分配的利润。

三、股东情况介绍

1、报告期内股东总数
报告期内本公司股东总数为 8202 人,除国家股外,全部为社会公众股。
2、主要股东持股情况(前十名股东)

姓 名	持股数(股)	比例(%)
1. 沧州化工实业(集团)有限责任公司	292400000	74.5
2. 大连马泰	1070009	0.27
3. 刘玉清	761568	0.19
4. 狄永在	752200	0.19
5. 姜萍香	745698	0.19
6. 陈长善	713584	0.18
7. 王天芬	695926	0.18
8. 吴秀琴	687675	0.18
9. 高长成	664200	0.17
10. 李强	655000	0.17

(1)河北沧化实业集团有限公司持有本公司国家苻?240 万股,占 74.5%,其所持 有股份未作任何抵押,亦未有其他法律争议。法定代表人:周振德,经营范围:聚氯乙烯树脂、氢氧化钠、液氯、塑料制品、造粒。

(2)、股票发行与上市情况
公司于 19996 年 6 月 4 日向社会公开发行社会公众股 2312 万股,发行价为:9.18 元 /股,并于同年 6 月 26 日连同内部职工股 188 万股,合计 2500 万股在上海证券交易所上市交易。
1999 年中期公司向全体股东每 10 股送红股 5 股,并以公积金每 10 股转增 5 股。

四、股东大会简介

1、公司于 1999 年 6 月 18 日召开 98 年度股东大会,股东大会公告刊登于 1999 年 6 月 19 日的《上海证券报》。
2、1999 年 9 月 6 日召开 1999 年度第一次临时股东大会,股东大会决议刊登于 1999 年 9 月 7 日的《上海证券报》。

北京市西单商场股份有限公司

一、公司简介

1、公司名称(中文):北京市西单商场股份有限公司
(英文):BEIJNG XIDAN MARKET COMPANY LIMITED(BJXMCO.LTD)
2、公司法定代表人:刘秀玲
3、公司董事会秘书:徐德昆
联系地址:北京市西单北大街 120 号
电话:(010)66024984
传真:(010)66014196
4、公司办公地址:北京西城区西单北大街 120 号
邮政编码:100031
公司网址:www.xdsc.com.cn
5、公司信息披露报刊名称:《中国证券报》〈〈上海证券报〉〉
公司年度报告登载网址 www.sse.com.cn
公司年报备置地址:公司证券办公室
6、公司股票上市地: 上海证券交易所
股票简称:西单商场 股票代码:600723

二、会计数据和业务数据摘要

1、本年度实现利润总额及构成 (单位:人民币元)

利润总额:	91697895.66
净利润	74463061.65
扣除非经常性损益后的净利润	69463461.95
主营业务利润	273039224.16
其他业务利润	29318411.58
营业利润	82631956.76
投资收益	2916423.01
补贴收入	646446.26
营业外收支净额	5503069.63
经营活动产生的现金流量净额	116350108.63
现金及现金等价物净增加额	8432378.71

2、截止报告期末公司前三年主要会计数据及财务指标(单位:人民币元)
(1)追溯法调整后各年度财务指标

指标项目	1999 年	1998 年	1997 年
主营业务收入	1635382643.03	1684451106.69	1635121098.66
净利润	74463061.65	89366776.11	102112660.74
总资产	1433612855.94	1334476225.82	815397981.32
股东权益	887246991.41	867393464.96	632508970.65
每股收益	0.20	0.25	0.41
每股净资产	2.44	2.38	2.54
调整后的每股净资产	2.35	2.23	2.43
每股经营活动产生的现金流量净额	0.32	0.19	—
净资产收益率(%)	8.39	10.30	16.14

(2)追溯法调整前各年度财务指标

指标项目	1998 年	1997 年
主营业务收入	1684451106.69	1635121098.66
净利润	90688500.72	99959916.94
总资产	1311699827.81	817119033.10
股东权益	870434991.54	634228773.13
每股收益	0.25	0.40
每股净资产	2.39	2.55
调整后的每股净资产	2.26	2.44
每股经营活动产生的现金流量净额	0.19	—
净资产收益率(%)	10.42	15.76

注:有关财务指标计算公式如下:
每股收益=净利润 /年度末普通股股份总数
每股净资产=年度末股东权益 /年度末普通股股份总数
调整后每股净资产=(年度末股东权益—三年以上应收款项净额—待摊费用—待处理(流动、固定)资产净损失—开办费—长期待摊费用—住房周转金负数余额)/年度末普通股股份总数
每股经营活动产生的现金流量净额=经营活动产生的现金流量净额 /年度末普通股股份总数
净资产收益率=净利润 /年度末股东权益 *100%

3、报告期内股东权益变动情况及原因(单位:人民币元)

项目	股本	资本公积	盈余公积	法定公益金	未分配利润	股东权益合计
期初数	364063568.00	437619632.72	64664222.92	29176378.27	1046041.32	867393464.96
本期增加			17066137.14	8329708.32	74463061.65	91529198.79
本期减少					71675672.34	71675672.34
期末数	364063568.00	437619632.72	81730360.06	37506086.59	3833430.63	887246991.41

变动原因:
(1)股东权益期初变动是由于采用追溯法调整四项准备所影响;
(2)本期权益变动是由于提取公积金及分配股利所影响。

三、股东情况介绍

1、截止 1999 年 12 月 31 日,本公司共有股东 85,404 户。
2、持有本公司 5%以上(含 5%)股份的股东情况:
年末前十名股东及持股情况

股东名称	持股数量(股)	持股比例%
1 北京西单友谊集团	183329557	50.36
2 中国宝安集团股份有限公司	7124111	1.95
3 中国工商银行北京信托投资公司	6760000	1.85
4 中国五金矿产进出口总公司	6760000	1.85
5 中国信达信托投资公司	6760000	1.85
6 北京市国有资产经营公司	1352000	0.37
7 北京长源	845000	0.23
8 北京市商业房地产开发公司	845000	0.23
9 上海华联商厦	507000	0.13
10 北京经济发展投资公司	507000	0.13

宁波富达电器股份有限公司

一、公司简介

1、公司法定中文名称:宁波富达电器股份有限公司
公司英文名称:NINGBO FUDA ELECTRIC APPLIANCE CO.,LTD.
公司英文缩写名称:NINGBO FUDA
2、公司法定代表人:徐强辉
3、公司董事会秘书:陈建新
授权代表:韩菲
电 话:(0574)2814275 传 真:(0574)2813915
电子信箱:nbfd@mail.nbptt.zj.cn
4、公司地址:浙江省余姚市阳明西路355号 邮 编:315400
5、公司国际互联网网址、电子信箱
http://www.Fuda.com
fuda@fuda.com nbfuda@pub.nb.zj.cninfo.net
6、公司选定的信息披露报纸名称:《上海证券报》
7、登载公司年度报告的中国证监会指定国际互联网网址:http://wwwsse.com.cn
8、公司年度报告备置地点:浙江省余姚市阳明西路355号公司董事办
9、公司股票上市交易所:上海证券交易所
10、股票简称:宁波富达 股票代码:600724

二、会计数据和业务数据摘要

1、会计数据及财务指标(合并报表)

序号	栏 目	1999年度(万元)
⑴	利润总额	3204.34
⑵	净利润	2702.40
⑶	扣除非经常性损益后的净利润	2584.59
⑷	主营业务利润	9612.85
⑸	其它业务利润	223.23
⑹	营业利润	2438.07
⑺	投资收益	62.31
⑻	补贴收入	586.16
⑼	营业外收支净额	117.81
⑽	经营活动产生的现金流量净额	−67.12
⑾	现金及现金等价物净增加额	−1164.02

说明:一、扣除非经常性损益项目的金额
营业外收入

1、罚款收入	36981.00
2、确实无法支付的款项	188879.39
3、资产盘盈	4053.04
4、固定资产转让	1091796.16
小计	1321709.59

营业外支出

1、独生子女助托费	5591.6
2、赞助款	27173.5
3、固定资产转让	97686.44
4、滞纳金	13174.07
小计	143625.61

二、扣除非经常性损益后的每股收益0.2521元
三、因本年度无配股等情况,故加权每股收益与每股收益相等。

2、公司前三年主要会计数据和财务指标(截止12月30日)(见附件)

栏 目	1999年度	1998年度		1997年度	
		调整前	调整后	调整前	调整后
主营业务收入(万元)	33694.92	21864.64	21864.64	25945.12	25945.12
净利润(万元)	2702.40	2673.28	2358.27	2571.29	2165.28
总资产(万元)	43171.13	39628.15	38771.66	34195.03	33789.02
股东权益(万元)	25738.60	23868.21	23036.20	15590.64	15073.65
每股收益(元)	0.26	0.26	0.23	0.37	0.31
每股净资产(元)	2.51	2.33	2.25	2.25	2.19
调整后的每股净资产(元)	2.43	2.27	2.19	2.17	2.11
每股经营活动产生的现金流量净额	−0.01	−0.11	−0.11	/	/
净资产收益率(%)	10.50	11.20	10.24	16.49	14.36

3、报告期内股东权益变动情况 单位:万元

项 目	股 本	资本公积	盈余公积	法定公益金	未分配利润	股东权益合计
期初数	10252.22	11165.39	1044.31	517.20	57.08	23036.20
本期增加			263.65	131.82	2306.92	2702.40
本期减少						
期末数	10252.22	11165.39	1307.96	649.02	2364.00	25738.60

变动原因:盈余公积增加系99年利润分配,未分配利润增加系99年未分配的净利润。

三、股东情况介绍

1、报告期末股东总数

截止1999年12月31日公司股东总数量2377户,其中法人股股东22户。社会公众股股东2355户。

2、公司前十名股东报告期末持股情况

序号	名 称	所持非流通股股份数(万股)	所持流通股份数(万股)	占公司股份比率(%)
1	余姚市交通投资有限公司	3282.792	0	32.02
2	宁波保税区中特置业有限公司	864.00	0	8.43
3	工商银行浙江省信托投资公司	680.00	0	6.63
4	农业银行宁波市信托投资公司	514.80	0	5.02
5	宁波龙冠实业有限公司	468.996	0	4.57
6	宁波证券有限责任公司	459.32	0	4.48
7	宁波大榭开发区天宇贸易有限公司	412.00	0	4.02
8	浙江省二轻企业集团	251.692	0	2.45
9	杭州财务开发公司	247.245	0	2.41
10	陈颂华	0	80.722	0.79

云南云维股份有限公司

一、公司简介

1、公司法定中文名称:云南云维股份有限公司
公司法定英文名称:YUNNANYUNWEICOMPANYLIMITED
英文缩写:YNYW
2、公司法定代表人:李剑秋
3、公司董事会秘书:滕仕喜
联系地址:云南省曲靖市沾益县花山镇云维证券部
电话:(0874)3068588
传真:(0874)3068590
4、公司注册及办公地址:云南省曲靖市沾益县花山镇
邮政编码:655038
5、公司信息批露报纸名称:《中国证券报》、《上海证券报》
登载公司年度报告的中国证监会指定国际互联网网址:http://www.sse.com.cn
公司年度报告备置地点:云南云维股份有限公司证券部
6、公司股票上市交易所:上海证券交易所
股票简称:云维股份股票代码:600725

二、会计数据和业务数据摘要:

1、本年实现利润及构成(合并报表数据)
单位:元

项目	金额
利润总额	3,381,211.14
净利润	3,260,574.24
扣除非经常性损益后的净利润	3,260,574.24
主营业务利润	28,782,090.61
其它业务利润	717,832.52
营业利润	2,449,305.49
投资收益	1,159,301.34
补贴收入	0.00
营业外收支净额	−227,395.69
经营活动产生的现金流量净额	12,817,342.42
现金及现金等价物净增加额	−36,049,214.70

2、近三年主要会计数据和财务指标(单位:万元)

指标项目	1999年度	1998年度		1997年度	
		调整前	调整后	调整前	调整后
主营业务收入	14,432.00	12,726.64	12,726.64	16,361.82	16,361.82
净利润	326.06	−2,226.88	−3,017.49	2,306.16	1,463.07
总资产	35,379.84	40,452.67	38,804.64	41,547.13	40,713.90
股东权益(不含少数股东权益)	31,974.79	33,282.43	31,648.73	35,509.31	34,666.22
每股收益(元)	0.0296	−0.2024	−0.2743	0.21	0.133
每股收益(元)(月均)	0.0296	−0.2024	−0.2743	0.21	0.133
扣除非经常性损益后的每股收益(元)	0.0296	−0.2024	−0.2743	0.21	0.133
每股净资产(元)	2.91	3.03	2.88	3.23	3.15
调整后每股净资产	2.79	2.95	2.84	3.195	3.105
净资产收益率(%)	1.02	−6.69	−9.53	6.49	4.22
(加权%)	1.02	−6.47	−9.10	6.71	4.31
每股经营活动产生的现金流量净额	0.117	0.104	0.104		

注:主要财务指标的计算方法:
每股收益=净利润/年度末普通股股份总数
每股净资产=年度末股东权益/年度末普通股股份总数
净资产收益率=净利润/年度末股东权益×100%
加权平均净资产收益率=当期净利润/[(期初净资产+期末净资产)/2+当 期发行新股或配股新增净资产×(自缴款结束日下一月份至报告期末的月份数−6)/12]
调整后的每股净资产=(年度末股东权益−三年以上的应收款项−待摊费用−待处理(流动、固定)资产净损失−开办费−长期待摊费用)/年度末普通股股份总数
每股经营活动产生的现金流量净额=经营活动产生的现金流量净额/年度末普通股股份总额

3、报告期内股东权益变动情况

项目	股本	资本公积金	盈余公积	法定公益金	未分配利润	股东权益合计
期初数	110000000	169802168	43771968	8895856	−7086854	316487282
本期增加					3260574	3260574
本期减少						
期末数	110000000	169802168	43771968	8895856	−3826280	319747856

变动原因:报告期内期末数未分配利润及股东权益发生变化,系本年度实现净利 润3,260,574.24元所致。

三、股东情况介绍

1、报告期末股东数量:截止1999年12月31日,公司共有股东总数29135户,其中,国有法人股股东1户(云南云维集团有限公司),公司高管股东8户,社会公众股股东29126户。

2、公司前10名股东持股情况

股东名称	持股数量(股)	占总股本的比例(%)
云南云维集团有限公司	72500000	65.90
金鑫基金	370000	0.336
庞宏飞	190140	0.173
丁竿	139555	0.127
何先贵	135900	0.124
亿事达	130047	0.118
孟明	130000	0.118
徐剑芳	127000	0.115
朱海娣	120000	0.109
周三玲	113200	0.103

注:云南云维集团有限公司代表国家持有本公司65.9%的股份。
公司前10名股东之间不存在关联关系。

黑龙江电力股份有限公司

一、公司简介

1 、公司法定中文名称: 黑龙江电力股份有限公司
公司英文名称:HEILONGJIANG ELECTRIC POWER COMPANY LIMITED
公司英文名称缩写: HLJEPCL
2、公司法定代表人: 陈峰
3、公司董事会秘书:梅君超
联系地址:哈尔滨市南岗区大成街 209 号
电话:0451-2525778
传真:0451-2525878
电子信箱:mjc@Londian.com
4、公司注册地址: 哈尔滨市香坊区市高新技术开发区 12 号楼 B 座
公司办公地址: 哈尔滨市南岗区大成街 209 号
邮编:150001
国际互联网网址:www.londian.com
电子信箱:dlgf@public.hr.hl.cn
5、公司信息披露
报纸:《上海证券报》、《文汇报》、《南华早报》
国际互联网网址:www.sse.com.cn
公司年报备置地点:公司股权管理部
6、公司股票上市地址:上海证券交易所
股票代码: 600726(A 股) 900937(B 股)
股票简称: 龙电股份(A 股) 龙电 B 股(B 股)

二、会计数据和业务数据摘

(一)公司本年度主要利润指标　　单位:人民币元

利润总额	200516528.21
净利润	184128143.51
扣除非经常性损益后的净利润	184128143.51
主营业务利润	229964134.23
其他业务利润	4507905.95
营业利润	170580424.44
投资收益	30142985.60
补贴收入	0
营业外收支净额	206881.83
经营活动产生的现金流量净额	743259397.67
现金及现金等价物净增加额	366623407.24

(二)前三年主要会计数据和财务指标　　单位:人民币元

指标项目	1999 年	1998 年	1997 年
主营业务收入	775585732.49	688973247.65	441175565.26
净利润	184128143.51	235140795.91	200260102.80
总资产	2498674464.44	2466878310.31	1879858165.00
股东权益	1686001518.30	1501873374.79	1354888568.88
每股收益(元/股)	0.31	0.40	0.51
按月平均加权法计算的每股收益	0.31	0.40	0.56
扣除非经常性损益后的每股收益	0.31	0.40	0.51
每股净资产(元/股)	2.87	2.56	3.46
调整后每股净资产(元/股)	2.85	2.53	3.46
每股经营活动产生的现金流量净额	1.26	0.03	0.52
净资产收益率(%)	10.92	15.66	14.78

注:1 、1999 年底和 1998 年底公司总股本为 587,706,600 股,1997 年底总股本为 391,804,400 股。
2、主要财务指标计算方法
每股收益=净利润/年度末普通股股份总数
每股净资=年度末股东权益/年度末普通股股份总数
净资产收益=净利润/年度末股东权益 *100%
调整后每股净资=(年度末股东权益-三年以上的应收款项-待摊费用-待处理资产净损失-开办费-长期待摊费用)/年度末普通股股份总数.
每股经营活动产生的现金流量净额=经营活动产生的现金流量净额/年度末普通股股份总数

(三)股东权益变动情况　　单位:万元

项目	股本	资本公积	盈余公积	其中:法定公益金	未分配利润	股东权益合计
期初数	58770.66	54700.88	11545.07	3568.96	25170.73	150187.34
本期增加			2761.92	920.64	18412.81	21174.73
本期减少						
期末数	58770.66	54700.88	14306.99	4489.60	40821.62	168600.15

变动原因:1.法定盈余公积按 99 年度净利润的 10%提取;
2.法定公益金按 99 年度净利润的 5%提取;
3.未分配利润系 99 年度盈余利润增加所致.

三、股东情况介绍

(1) 截至 1999 年 12 月 31 日,本公司股东总数为 38380 户,A 股 30945 户, 其中法人 6 户,B 股 7435 户。

(2)1999 年 12 月 31 日主要股东持股情况(前十名)

名次 股东名称	持股数(万股)	占总股本比例(%)
中国东北电力集团公司	21915.105	37.29
2 TOYO SECURITIES ASIA LTD. A/C CLIENT	1981.13	3.37
黑龙江省电力有限公司	1702.77	2.90
4 NAITO SECURITIES CO.,LTD	1340.42	2.28
5 WAH CHUN INTERNATIONAL LIMITED	868.08	1.48
6 黑龙江省电力开发公司	532.125	0.91
7 智万国际有限公司	494.77	0.84
8 黑龙江蓝筹经贸公司	490.08	0.83
9 中国电力投资有限公司	450	0.77
10 康马有限公司	439.39	0.75

注:中国东北电力集团公司法人代表:翟若愚,经营范围:电力、热力生产和销售。

山东鲁北化工股份有限公司

一、公司简介

1、中文名称:山东鲁北化工股份有限公司
英文名称:SHANDONG LUBEI CHEMICAL Co.,LTD　缩写:LBC
2、法定代表:冯久田
3、董事会秘书:田玉新
电话:(0543)6451265　传真:(0543)6451057
电子信箱:bz683@public.bzptt.sd.cn
4、公司注册地址:山东省无棣县马山子镇　邮政编码:251907
办公地址:山东省无棣县埕口镇东　邮政编码:251909
公司网址:www.Lubei.com　电子信箱:Lubei@public.bzptt.sd.cn
5、信息披露报刊:《中国证券报》、《上海证券报》,
登载公司年度报告国际互 联网网址:http://www.sse.com.cn,
年报备置地点:公司证券部
6、股票上市地:上海证券交易所
股票简称:鲁北化工　股票代码:600727

二、会计数据和业务数据摘要

1、公司本年度利润情况　单位:元

利润总额:	338067950.04
净利润:	274803798.72
主营业务利润:	264093027.34
其他业务利润:	195849.45
营业利润:	231166077.95
补贴收入:	107456071.46
营业外收支净额:	-554199.37
经营活动产生的现金流量净额:	333257773.45
现金及现金等价物净增加额:	-85044098.49

2、主要会计数据和财务指标(调整后)　单位:元

指标项目	99 年	98 年	98 年调整前	97 年	97 年调整前
(1)主营业务收入	955706977.74	450462873.36	450462873.36	331399689.16	331399689.16
(2)净利润	274803798.72	216544408.53	214746866.72	142399167.02	142399167.02
(3)总资产	2043200269.86	1696399411.97	1704037583.41	987313293.71	987313293.71
(4)股东权益	1171888646.13	897084847.41	904723018.85	466986821.86	466986821.86
(5)每股收益	0.83	0.975	0.97	0.71	0.71
每股收益(加权)	0.96	1.04	1.03	0.95	0.95
扣除非经常性损益后的每股收益	0.83	-	-	-	2.33
(6)每股净资产	3.52	4.04	4.08	2.33	2.34
(7)调整后的每股净资产	3.52	4.04	4.08	2.34	2.34
(8)每股经营活动产生的现金流量净额	1.00	1.24	1.24	-	-
(9)净资产收益率(%)	23.45	24.13	23.74	30.49	30.49

主要财务指标计算公式:
每股收益=净利润/年度末普通股股份总数
每股净资产=年度末股东权益/年度末普通股股份总数
调整后每股净资产=[年度末股东权益-三年以上的应收款项净额-待摊费用-待处 理 (流动、固定)资产净损失-开办费-长期待摊费用-住房周转金负数余额]/年度末普 通股股份总数
每股经营活动产生的现金流量净额=经营活动产生的现金流量净额/年度末普通股股份总数
净资产收益率=净利润/年度末股东权益×100%

3、报告期内股东权益变动情况

项目	股本	资本公积	盈余公积	法定公益金	未分配利润	股东权益合计
期初数	222000000	283561501.51	59212537.61	19737512.87	332310808.29	897084847.41
本期增加	111000000		41220569.81	13740189.94	122583228.91	274803798.72
本期减少						
期末数	333000000	283561501.51	100433107.42	33477702.81	454894037.20	1171888646.13

变动原因:
股本增加 111000000 元,是因 99 年 5 月份实施 10:5 比例送红股所致;
盈余公积增加 41220569.81,是因本年度利润分配;
法定公益金增加 13740189.94 元,是因本年度利润分配;
未分配利润增加 122583228.91 元,是本年净利润计提盈余公积金后的新增额。

三、股本变动及股东情况

1、股本变动情况　数量单位:万股

	本次变动前	本次变动增减(+,-)						本次变动后
		配股	送股	公积金转股	增发	其他	小计	
一、未上市流通股份								
1、发起人股份	14400		7200				7200	21600
其中:境内法人持有股份	14400		7200				7200	21600
未上市流通股份合计	14400		7200				7200	21600
二、已上市流通股份								
1、人民币普通股	7800		3900				3900	11700
已上市流通股份合计	7800		3900				3900	11700
三、股份总数	22200		11100				11100	33300

2、股东情况介绍:
(1)报告期末股东总数为 73306 户。
(2)前十名股东持股情况:

股东名称	持股数量(股)	比例(%)
鲁北企业集团总公司	216000000	64.86%(未上市流通股份)
山东证券	4554030	1.37%(流通股份)
昆明国投	2160200	0.65%(流通股份)
昆明国投	1974706	0.59%(流通股份)
泰和基金	1499907	0.45%(流通股份)
刘 钰	829000	0.25%(流通股份)
冯怡生	780000	0.23%(流通股份)
王振国	551090	0.17%(流通股份)
华东汽服	499064	0.15%(流通股份)
梁志民	478046	0.14%(流通股份)

辽宁远洋渔业股份有限公司

一、公司简介

1、公司法定中文名称:辽宁远洋渔业股份有限公司
公司法定英文名称:LIAONING PELAGIC FISHERIES CO.,LTD
公司英文名称缩写:LPFC
2、公司法定代表人:张毅
3、公司董事会秘书:潘福久
授权代表:于恩野
联系地址:大连市甘井子区大连湾镇
电话:0411-7600318-6454
传真:0411-7600329
电子信箱:PANFJ@LFG.COM.CN
4、公司注册及办公地址:大连市甘井子区大连湾镇
邮编:116113
公司电子信箱:LPFC@LFG.COM.CN
5、公司选定的信息披露报纸:上海证券报、中国证券报。
登载公司年度报告的国际互联网
网址:http://www.sse.com.cn;
公司年度报告备置地:公司计划财务证券部
6、公司股票上市交易所:上海证券交易所
股票简称:远洋渔业　股票代码:600728

二、会计数据和业务数据摘要

(一)本年度主要会计数据和业务数据(合并报表) 单位:元

项　目	1999 年度
利润总额	48730173.89
净利润	47260544.60
扣除非经常性损益后的净利润	35575559.98
主营业务利润	66614148.08
其他业务利润	4772261.68
营业利润	29568417.62
投资收益	8600720.00
补贴收入	0.00
营业外收支净额	10561036.27
经营活动产生的现金流量净额	83171742.81
现金及现金等价物净增加额	40591844.72

说明:扣除非经常性损益的项目和金额:

1、出售"同兴海"轮等资产处置收益:	9810423.14
2、上市申购资金利息:	2385801.48
3、合并价差摊入:	-511240.00
合　计	11684984.62

(二)主要会计数据和财务指标(合并报表) 单位:元

项　目	1999 年	1998 年		1997 年	
		调整前	调整后	调整前	调整后
主营业务收入	611227190.78	378204427.36	378204427.36	394235446.88	394235446.88
净　利　润	47260544.60	45782700.89	44177363.84	51847707.92	49004374.70
总　资　产	871759140.21	537330782.87	532882112.60	356652878.89	353809545.67
股东权益	441916527.18	399104652.85	394655982.58	233021728.96	230178395.75
每股收益	0.249	0.242	0.233	0.33	0.312
加权每股收益	0.249	0.286	0.276	0.33	0.312
扣除非经常性损益后的每股收益	0.188	0.229	0.221	0.315	0.297
每股净资产	2.333	2.106	2.083	1.484	1.466
调整后每股净资产	2.259	2.098	2.075	1.476	1.458
每股经营活动产生的现金流量净额	0.439	0.425			
净资产收益率(%)	10.69	11.47	11.19	22.25	21.29

注:主要财务指标计算方法
每股收益=净利润/年度末普通股股份总数
每股净资产=年度末股东权益/年度末普通股股份总数
调整后的每股净资产=[年度末股东权益-三年以上应收款项净额-待摊费用-待处 理 (流动、固定)资产净损失-开办费-长期待摊费用-住房周转金负数余额]/年度末普 通股股份总数
每股经营活动产生的现金流量净额=经营活动产生的现金流量净额/年度末普通股股份总数
净资产收益率=净利润/年度末股东权益×100%

(三)报告期内股东权益变动情况　　单位:元

项目	股本	资本公积金	盈余公积	法定公益金	未分配利润	股东权益合计
期初数	189460180.00	169930994.50	38945177.66	6593659.90	-3680369.58	394655982.58
本期增加			7089081.71	2363027.24	40171462.89	47260544.60
本期减少						
期末数	189460180.00	169930994.50	46034259.37	8956687.14	36491093.31	441916527.18

变动原因:本年股东权益的变化是本年实现净利润及利润分配所致。本年实现净利润 47,260,544.60 元,按 10%提取法定盈余公积金 4,726,054.47 元,按 5%提取法定公益金 2,363,027.24 元,余额 40,171,462.89 元转入未分配利润。

三、股东情况介绍

(一)、截止 1999 年 12 月 31 日,公司股东总数为 17,435 户。 无内部职工股。
(二)、主要股东持股情况(前 10 名股东)

股东名称	持股数(股)	占总股本(%)
(1)辽宁省大连海洋渔业集团公司	118060180	62.31
(2)景宏基金	9476765	5.00
(3)景博基金	5057410	2.67
(4)景阳基金	3296790	1.74
(5)大连冷冻机股份有限公司	3000000	1.58
(6)大连海洋渔业进出口公司	3000000	1.58
(7)中国水产总公司	3000000	1.58
(8)阳光机电	1180000	0.62
(9)普惠基金	1000039	0.53
(10)普丰基金	740321	0.39

重庆百货大楼股份有限公司

(一)、公司简介

1、公司法定中文名称:重庆百货大楼股份有限公司
英文名称:Chongqing Department Store Co.Ltd
英文简称:CBDL
2、法定代表人:龚小力
3、董事会秘书:张邕
董秘联系地址:重庆市渝中区民权路 2 号
联系电话:023-63843197　传真:023-63844212
4、公司注册地址:重庆市渝中区民权路 2 号
办公地址:重庆市渝中区民权路 2 号
邮政编码:400010
5、公司信息披露报纸:上海证券报
年度报告登载网址:http://www.sse.com.cn
年度报告备置地点:公司证券部
6、公司股票上市交易所:上交所
股票简称:重庆百货　股票代码:600729

(二)、会计数据和业务数据摘要

1、会计数据　(单位:元)

利润总额	80,908,414.46
净利润	72,913,636.11
扣除非经常性损益后的净利润	75,765,966.77
主营业务利润	202,731,709.25
其他业务利润	2,273,548.29
营业利润	45,954,889.98
投资收益	43,408,206.48
补贴收入	0
营业外收支净额	-8,454,682.00
经营活动产生的现金流量净额	20,843,038.27
现金及现金等价物净增加额	18,287,640.72

注:"扣除非经常性损益后的净利润"指标扣除的项目、涉及金额

项目	1999 年度	1998 年度	1997 年度
处理固定资产净收入	-4,219,580.33 元	-763,017.04	40800
违约金收入	1,367,249.67 元	0	6800

2、业务数据摘要 单位:元

项目	1999 年度	1998 追溯调整前	1998 调整后	1997 追溯调整前	1997 追溯调整后
主营业务收	1,730,830,354.76	1,350,505,460.37	1,350,505,460.37	1,142,521,412.01	1,142,521,412.01
净利润	72,913,636.11	67,388,629.08	70,926,057.52	70,852,328.86	66,834,881.07
总资产	801,320,061.00	949,870,623.19	943,732,628.17	886,622,631.19	881,896,222.03
股东权益(不含少数股东权益)	354,968,370.20	350,406,769.45	349,317,598.28	334,018,141.12	330,000,693.33
每股收益(摊薄)	0.3574	0.3303	0.3477	0.3473	0.3276
每股收益(加权平均)	0.3574	0.3303	0.3477	0.4025	0.3797
扣除非经常性损益后的每股收益	0.3714	0.3341	0.3514	0.3471	0.3274
每股净资产	1.74	1.72	1.71	1.64	1.62
调整后每股净资产	1.61	1.62	1.62	1.54	1.54
每股经营活动产生的现金流量净额	0.10	0.54	0.54		
净资产收益率摊薄	20.54	19.23	20.30	21.21	20.25
净资产收益率(加权)	20.71	19.69	20.76	21.75	19.68

计算公式:
每股收益=净利润/年度末普通股股份总数
每股净资产=年度末股东权益/年度末普通股股份总数
调整后的每股净资产=(年度末股东权益-三年以上的应收帐款净额-待摊费用-待处理流动、固定资产净损失-开办费-长期待摊费用-住房周转金负数余额)/年度末普通股股份总数
每股经营活动产生的现金流量净额=经营活动产生的现金流量净额/年度末普通股股份总数
净资产收益率=净利润/年度末股东权益 100%
调整前后数据如下:

项目	1999	1998 追溯调整前	1998 调整后	1997 追溯调整前	1997 调整后
坏帐准备	5,624,545.02		6,137,995.02		4,726,409.16
存货跌价准备	2,153,260.10				
短期投资跌价准备	8,147,735.79	4,000,000.00	4,000,000.00		
长期投资跌价准备	2,142,307.63				
未分配利润	581,353.53	7,344,812.51	6,419,017.01		-2,952,969.11

3、股东权益变动情况　　单位:万元

项目	股本	资本公积	盈余公积	法定公益金	未分配利润	股东权益合计
期初数	20400	7098.57	6791.29	1687.84	641.90	34931.76
本期增加		5.71	1143.13	381.12		565.08
本期减少					583.76	
期末数	20400	7104.28	7934.42	2068.96	58.14	35496.84

(三)、股东变动及股东情况

(1)、报告期末股东总数:4567 户。
(2)、大股东持股情况(单位:股)

持股单位名称	持有数量	持有类别	持有比例
①重庆华贸国有资产经营有限公司	71400000	国家股	35%
②金泰基金	4858104	流通股	2.38%
③重庆农行渝中区支行	3400000	法人股	1.67%
③重庆建行渝中区支行	3400000	法人股	1.67%
⑤重庆银海租赁有限责任公司	3060000	法人股	1.50%
⑥重庆牙膏厂	2975000	法人股	1.46%
⑦重庆有价证券公司	2550000	法人股	1.25%
⑧北京财政	2087000	流通股	1.02%
⑨重庆市商业银行	1700000	法人股	0.83%
⑩太平洋保险公司重庆分公司	1700000	法人股	0.83%

中国高科集团股份有限公司

一、公司简介

1、公司的法定中文名称:中国高科集团股份有限公司
英文名称:CHINA HI-TECH GROUR CO.,LTD.
2、公司法定代表人:陈培高
3、公司董事会秘书:王珍宝
联系地址:上海市成都北路 333 号招商局广场南幢 17 层
电话:(021)52980008　传真:(021)52980816
电子信箱:hi-tech@china-hi-tech.com
董事会授权代表:李立
电话:(021)52980810　传真:(021)52980816
电子信箱:hi-tech@china-hi-tech.com
4、公司注册地址:上海市浦东新区良基路 39 号
邮政编码:201206
公司办公地址:上海市成都北路 333 号招商局广场南幢 17 层
邮政编码:200041
公司国际互联网网址:http: www.china-hi-tech.com
公司电子信箱:hi-tech@china-hi-tech.com
5、公司指定的信息披露报纸名称:《上海证券报》、《中国证券报》
登载公司年度报告的中国证监会指定国际互联网网址:http: www.sse.com.cn
公司年度报告备置地点:上海市成都北路 333 号招商局广场南幢 17 层
6、公司股票上市交易所:上海证券交易所
股票简称:中国高科　股票代码:600730

二、会计数据和业务数据摘要

1、主要利润指标情况(单位:人民币元)

利润总额:	5764535.70
净利润:	4140138.03
扣除非经常性损益后的净利润	1379043.13
主营业务利润:	41674122.80
其他业务利润:	683086.56
营业利润	2461820.78
投资收益:	448461.67
补贴收入:	93158.35
营业外收支净额:	2761094.90
经营活动产生的现金流量净额:	3184549.76
现金及现金等价物净增加额:	30473794.80

注:非经常性损益项目详见审计报告

2、主要会计数据和财务指标

项目	1999 年	1998 年		1997 年	
		调整前	调整后	调整前	调整后
主营业务收入(元)	347842467.14	185950509.57	185950509.57	132033953.12	132033953.12
净利润(元)	4140138.03	-43701607.97	-50072501.85	18066309.51	18066309.51
总资产(元)	670177318.19	467768059.10	462623447.28	532142788.19	532142788.19
股东权益(元)	243296798.94	240402672.68	226371860.86	284104280.65	284104280.65
每股收益(元/股)	0.0237	-0.250	-0.29	0.107	0.107
加权每股收益(元/股)	0.0237	-0.25	-0.29	0.107	0.107
每股净资产(元/股)	1.39	1.38	1.30	1.63	1.63
调整后的每股净资产(元/股)	1.32	1.36	1.28	1.56	1.56
每股经营活动产生的现金流量净额	0.018	-0.29	0.29		
净资产收益率(%)	1.70	-18.18	-22.11	6.56	6.56
加权平均净资产收益率(%)	1.76	-16.66	-14.22	6.61	6.61

注:(1)表中所列有关指标按下列公式计算:
每股收益=净利润/年度末普通股股份总数
每股净资产=年度末股东权益/年度末普通股股份总数
净资产收益率=净利润/年度末股东权益×100%
调整后的每股净资产=(年度末股东权益-三年以上的应收款项-待摊费用-待处理 (流动、固定)资产净损失-开办费-长期待摊费用)/年度末普通股股份总数

三、股本变动及股东情况

1、股本变动情况　数量单位:万股

	期初数	本次变动增减(+,-)					期末数
		配股	送股	公积金转股	其他	小计	
一、尚未流通股份							
1、发起人股份	10980						10980
其中:境内法人拥有股份	10980						10980
2、募集法人股	1020						1020
3、内部职工股	1080					-1080	
尚未流通股合计	13080						12000
二、已流通股份							
1、境内上市的人民币普通股	4380					+1080	5460
三、股份总数	17460						17460

2、股东情况介绍
(1)1999 年 12 月 31 日,本公司股东总数为 19527 户。
(2)前十名股东持股情况

名次	股东名称	年度内股份增减变动情况	年末持股数量	占总股本比例(%)
1	东方时代投资有限公司	-	3510	20.10
2	上海医科大学	-	540	3.09
3	新疆生产建设兵团教委服务公司	-	480	2.75
4	海通证券有限公司	-	371	2.12
5	复旦大学	-	360	2.06
6	上海铁道大学	-	360	2.06
7	上海交通大学	-	330	1.89
8	四川大学	-	300	1.72
9	汉盛基金	-	289	1.65
10	清华大学	-	240	1.37

湖南海利化工股份有限公司

一、公司简介

1.公司法定中文名称:湖南海利化工股份有限公司
公司英文名称:Hunan Haili Chemical Industry Co.,Ltd.
公司英文名称缩写:HLC
2.公司法定代表人:范涤尘
3.公司董事会秘书:肖光普
联系地址:湖南省长沙市芙蓉中路 399 号
电话:(0731)5552484　传真:(0731)5540475
电子信箱:Hnhlzq03@public.cs.hn.cn
4.公司注册、办公地址:湖南省长沙市芙蓉中路 399 号
邮编:410007
公司国际互联网网址:http://www.hnhlc.com(正在建设)
公司电子信箱:Hnhlzq01@public.cs.hn.cn
5.公司信息披露报纸名称:《中国证券报》、《上海证券报》
登载年报的指定网址:http://www.sse.com.cn
公司年报备置地点:公司证券部
6.公司股票上市地:上海证券交易所
股票简称:湖南海利　股票代码:600731

二、会计数据和业务数据摘要

1、本年度主要利润指标情况(单位:元)

利润总额	34366119.33
净利润	26375793.11
扣除非经常性损益后的净利润	26375793.11
主营业务利润	63782115.23
其它业务利润	1585358.98
营业利润	34298438.85
投资收益	25731.33
补贴收入	235733.37
营业外收支净额	-193784.22
经营活动产生的现金流量净额	2984505.88
现金及现金等价物净增加额	-18205997.14

2、主要会计数据和财务指标单位:人民币元

指标项目	1999 年	1998 年		1997 年	
		调整后	调整前	调整后	调整前
主营业务收入	300148666	285234924	285234924	234383839	234383839
净利润	26375793	26258773	28957563	24757519	27098443
总资产	525610945	461018395	471244374	300522662	307923437
股东权益(不含少数股东权益)	298224840	271849047	281690997	161712861	169113635
每股收益摊薄	0.1874	0.1866	0.206	0.249	0.272
加权	0.1874	0.202	0.223	0.298	0.327
每股净资产	2.1193	1.9319	2.002	1.626	1.70
调整后的每股净资产	2.110	1.9286	1.986	1.627	1.67
每股经营活动产生的现金流量净额	0.0212	0.0143	0.0143		
净资产收益率(%)摊薄	8.844	9.659	10.28	15.3	16.02
加权	9.253	12.298	13.26	16.2	17.42

扣除非经常性损益后的每股收益:0.1874 元(摊薄)
注(1):全面摊薄的财务指标计算公式如下:
每股收益=净利润/年度末普通股股份总数
扣除非经常性损益后的每股收益=扣除非经常性损益后的每股净利润/年度末普通股股份总数
每股净资产=年度末股东权益/年度末普通股股份总数
净资产收益率=(净利润/年度末股东权益)×100%
调整后的每股净资产=[年度末股东权益-三年以上的应收款项净额-待摊费用-待处理(流动、固定)资产净损失-开办费—长期待摊费用—住房周转金负数余额]/年度末普通股股份总数
注(2):加权平均法计算方法说明:
每股收益=净利润/[期末普通股股份总数/(1+配股比例)+期末普通股股 份总数/(1+配股比例)×配股比例×缴款结束日下一月份至报告期末的月份数/12]
净资产收益率=净利润/{[(年初股东权益+年末股东权益)/2]+当期配 股新增净资产×(自缴款结束日下一月份至报告期末的月份数—6)/12}×100%

3、年内股东权益变动情况　(单位:元)

项目	股本	资本公积	盈余公积	法定公益金	未分配利润	股东权益合计
期初数	140715413	98150231	16114737	6669515	16868665	271849047
本期增加	0	0	4239302	1458020	26375793	30615095
本期减少	0	0	0	0	4239302	4239302
期末数	140715413	98150231	2 0354039	8127536	39005156	298224840

注:盈余公积增加系本年度净利润计提所致;
法定公益金增加系本年度净利润计提所致;
未分配利润增加系本年度利润增加和计提四项准备调整年初利润所致;减少系根 据章程提取法定公积金及法定公益金

三、股东情况介绍

1、截止 1999 年 12 月 31 日,公司股东总数为 9779 户.
2、主要股东持股情况(前十名股东)　(数量单位:股)

股东名称	年末持股数	占总股本%	流通股份数	未流通股份数
湖南化工研究院(注)	74757848	53.13	0	74757848
湘化工会	3685890	2.62	0	3685890
湘化学会	3130350	2.22	0	3130350
科旺公司	2535000	1.80	0	2535000
大榭公司	2535000	1.80	0	2535000
京信泰珂	2535000	1.80	0	2535000
长化经营	2535000	1.80	0	2535000
贵溪农药	1624248	1.15	0	1624248
电力公司	1267500	0.90	0	1267500
国贸公司	1267500	0.90	0	1267500

上海港机股份有限公司

一、公司简介

1、公司法定中文名称:上海港机股份有限公司
公司英文名称:Shanghai Port Machinery Co.,Ltd. 缩写:SPMC
2、公司法定代表人:潘钟林
3、公司董事会秘书:蔡爱国
联系地址:上海市浦东南路3500号董事会秘书室
电话:(021)58392564 传真:(021)58398836 电子信箱:dms@mail.spmp.com
4、公司注册地址及办公地址:上海市浦东南路3500号 邮政编码:200125
国际互联网网址:http://www.spmp.com 电子信箱:spmc@mail.spmp.com
5、公司选定的信息披露报纸:《中国证券报》、《上海证券报》
登载公司年度报告的中国证监会指定国际互联网网址: http://www.sse.com.cn
公司年度报告备置地点:公司董事会秘书室
6、公司股票上市地:上海证券交易所
股票简称:上海港机 股票代码:600732

二、会计数据和业务数据摘要

1、本年度主要会计数据(合并报表)(单位:元)

利润总额:	23305176.35
净利润:	10535377.84
扣除非经常性损益后的净利润:	6514752.05
主营业务利润:	85780518.43
其他业务利润:	−90275.27
营业利润:	17534844.44
投资收益:	1436135.87
补贴收入:	0
营业外收支净额:	4334196.04
经营活动产生的现金流量净额:	57388650.99
现金及现金等价物净增加额:	−3698898.62

注:扣除非经常性损益主要是扣除股票申购无效资金的利息摊销数4,685,232元。

2、近三年主要会计数据和财务指标(合并报表)单位:元

序号 指标项目	1999年	1998年 调整前	1998年 调整后	1997年 调整前	1997年 调整后
①主营业务收入	548019878	607703510	607703510	527686558	527686558
②净利润	10535377	6539718	−5678437	3678526	46507578
③总资产	1037080219	932645047	913255943	940395947	933224998
④股东权益	406115130	414968857	395579752	406247816	399076868
⑤每股收益	0.055	0.034	−0.030	0.310	0.268
⑥扣除非经常损益后的每股收益	0.034	0.012	−0.052	0.286	0.245
⑦每股净资产	2.13	2.18	2.07	2.34	2.30
⑧调整后的每股净资产	2.00	2.16	2.06	2.33	2.28
⑨每股经营活动产生的现金流量净额	0.301	−0.137	−0.137	未统计	未统计
⑩净资产收益率(%)	2.59	1.58	−1.44	13.21	11.65

注1:1997年按总股本17,342万股计算,1998年按总股本19,076.2万股计算,1996年按总股本19,076.2万股计算。

注2:主要财务数据的计算方法:每股收益=净利润/年度末普通股股份总数每股净 资产=年度末股东权益/年度末普通股股份总数

调整后的每股净资产=(年度末股东权益-三年以上的应收款项净额-待摊费用-待 处理(流动、固定)资产净损失-开办费-长期待摊费用—住房周转金负数余额)/年度末普通股股份总数

每股经营活动产生的现金流量净额=经营活动产生的现金流量净额/年度末普通股股份总数

净资产收益率=净利润/年度末股东权益×100%

3、本年度股东权益变动情况 单位:元

项目	股本(股)	资本公积	盈余公积	法定公益金	未分配利润	股东权益合计
期初数	190762000	162611696	23599479	5774681	18606577	395579752
本期增加	-	-	4206005	1745514	6329372	10535377
本期减少						
期末数	190762000	162611696	27805484	7520196	24935949	406115130

变动原因:(1)因计提资产减值准备而追溯调整期初的未分配利润、盈余公积及法定公益金 。

(2)盈余公积及法定公益金本期增加是按本年度净利润提取。

(3)未分配利润增加是本年度盈利所致。

三、 股东情况介绍

1、截至1999年末,公司股东总数为56375户。

2、主要股东持股情况:

序号	股东名称	本年末持股数(股)	占总股本比例(%)
1	上海港口机械制造厂	126962000	66.560
2	杨志勇	214500	0.112
3	纪惜娟	144478	0.075
4	淮海投资	137852	0.072
5	覃志成	135000	0.071
6	朱劲松	133000	0.070
7	郑世杰	120290	0.063
8	兴和基金	100560	0.053
9	程瑶	100000	0.052
10	王海燕	98600	0.0517

注:上海港口机械制造厂持有本公司总股本66.56%的国有法人股,持股数为12,696.2万股,且其所持股份未作任何质押或冻结。

四、董事会报告

(一)公司经营情况

1、公司所处的行业以及公司在本行业中的地位

公司属港口机械制造行业,专业开发、制造各类大型起重装卸设备,被评定为大型一类企业。公司的生产规模、技术水准、市场占有率在国内同行业中处于领先水平。

2、公司主营业务的范围及其经营状况

公司主营业务范围是:主要生产、经营各类门座式起重机、集装箱起重机械、散 货装船机械、散货卸船机械、浮式工程起重机械和桥式起重机械等大型起重装卸设备系列产品。

成都前锋电子股份有限公司

一、公司简介

1、公司法定中文名称:成都前锋电子股份有限公司
公司法定英文名称:ChengDu QianFeng Electronics Co.,Ltd
英文缩写:QFEC
2、公司法定代表人:程世平
3、公司董事会秘书:姜久富
联系电话:(028)3255932 联系传真:(028)3255932
电子信箱:jiangjiufu@qianfeng.com
授权代表:邓红光
联系电话:(028)3255932 联系传真:(028)3255932
电子信箱:stock@qianfeng.com
4、公司注册及办公地址:四川省成都市府青路二段2号
电话:(028)3251301(总机) 传真:(028)3261367
邮政编码: 610051
公司网址:http://www:qianfeng.com
公司电子信箱:info@qianfeng.com
5、公司信息披露报纸名称:《上海证券报》、《中国证券报》、《四川金融投资报》
证监会指定年报披露国际互联网网址:http://www.sse.com.cn
公司年度报告备置地点:本公司董事会办公室
6、公司股票上市交易所:上海证券交易所
股票简称:前锋股份 股票代码:600733

二、会计数据和业务数据摘要

1、公司本年度实现的利润总额	27,929,689.41元
净利润	26,320,236.00元
扣除非经常性损益后的净利润★	−15,110,771.01元
主营业务利润	58,565,104.37元
其他业务利润	274,681.55元
营业利润	−13,436,599.20元
投资收益	24,231,007.01元
补贴收入	17,200,000.00元
营业外收支净额	−64,718.40元
经营活动产生的现金流量净额	−50,296,047.91元
现金及现金等价物净增加额	23,192,672.26元

★注:"扣除非经常性损益后的净利润"中扣除项目:补贴收入17,200,000元,投资收益24,231,007. 01元。

2、主要会计数据和财务指标 单位:元

项目	1999年	1998年 调整后	1998年 调整前	1997年 调整后	1997年 调整前
主营业务收入	152652369.90	171403890.42	171403890.42	164991191.15	164991191.15
净利润	26320236.00	24658006.29	28074725.26	94291.01	24447552.73
总资产	458939875.78	389939322.06	474381136.17	322366343.05	403391438.19
股东权益	221241986.00	171718895.40	256160709.51	153245046.26	234270141.40
每股收益	0.1332	0.2246	0.2558	0.0009	0.2196
扣除非经常性损益后的每股收益每股净资产	−0.0765	0.0862	0.1173	0.0004	0.1978
每股净资产	1.1197	1.5644	2.33	1.396	2.13
调整后的每股净资产	1.1197	1.5639	2.24	1.396	2.07
每股经营活动产生的现金流量净额	−0.2546	−0.5229	−0.5229		
净资产收益率(%)	11.90	14.36	10.96	0.062	10.44

调整前后各年度的会计数据如下:

项目	1999年	1998年 调整后	1998年 调整前
坏帐准备	61222200.73	60488267.72	373013.31
存货跌价准备	23577393.75	23577393.75	0
长期投资减值准备	749165.95	749165.95	0
未分配利润	−42587206.22	−8758395.02	58795056.25

3、报告期内股东权益变动情况:(单位:元)

项目	股本(股)	资本公积	盈余公积	法定公益金	未分配利润	股东权益合计
期初数	109770000	70100128.78	607161.64	303580.82	−8758395	171718895
本期增加	87816000	23202854.60	5264047.20	2632023.60	26320236	142603137
本期减少		32931000.00	0		60149047	93080047
期末数	197586000	60371983.38	5871208.84	2935604.42	−42587206	221241986

变动原因1、股本变动是由于公司1999年5月11日实施了1998年度股东大会通过的利润分配方案和资本公积金转增股本方案。

2、资本公积金增加是接受联合国固定资产捐赠2720972.4元,公司股权投资资产 评估增值扣除所得税后净值转入20481882.2;本期减少是根据股东大会审议通过转增 股本。

3、盈余公积和法定公益金增加是由于本年度利润提取;

4、未分配利润变动是因为本年利润和因计提四项资产减值准备调整年初利润及 实施1998年度利润分配。

三、股东情况介绍

1、截止1999年月12月31日,公司股东总数为8474户。其中:国家股股东1户,法人 股股东73户,流通股股东8400户。

2、主要股东持股情况(截止1999年12月31日)

名次	股东名称	持股数量(股)	占总股本比例(%)
1	四川新泰克数字设备有限责任公司	45000000	22.77
2	成都市国有资产投资经营公司	36270000	18.36
3	国投电子公司	8370000	4.24
4	成都市工商银行沙河支行	6750000	3.42
5	四川宏大	5108653	2.59
6	农丰食品	4864257	2.46
7	四川东方电气集团财务公司	4050000	2.05
8	成都市煤气公司	2700000	1.37
9	国光电子管总厂职工技术服务部	2700000	1.37
10	昆明燃气实业公司	1350000	0.68

福建实达电脑集团股份有限公司

一、公司简介:

1、公司的法定中文名称:福建实达电脑集团股份有限公司
公司的法定英文名称:FUJIAN START COMPUTER GROUP CO.LTD
英文名称缩写:SCG
2、公司法定代表人:叶龙
3、公司董事会秘书:沐昌茵
联系地址:福州市福二工业区实达科技城九层
联系电话:(0591)3703333
传　　真:(0591)3796501
4、公司注册地址:福州市经济技术开发区科技工业区 A 小区 C 号楼
公司办公地址:福建省福州市福二工业区实达科技城
公司电子信箱:mcy @ start.com.cn
公司网址:http://www.start.com.cn
5、公司年度报告披露报纸:中国证券报、上海证券报
公司年度报告披露网址:http://www.sse.com.cn
公司年度报告备置地点:本公司董事会办公室
6、公司股票上市交易所:上海证券交易所
公司股票简称:实达电脑
公司股票代码:600734

二、会计数据和业务数据摘要:

1、公司本年度会计数据　　单位:人民币元

(1)利润总额:	−30348728.54
(2)净利润:	−54972505.83
(3)扣除非经常性损益后的净利润:	−76240692.85
(4)主营业务利润:	414808895.07
(5)其他业务利润:	6140799.66
(6)营业利润:	−45267345.24
(7)投资收益:	−3921258.04
(8)补贴收入:	16390167.59
(9)营业外收支净额:	2449707.15
(10)经营活动产生的现金流量净额:	−53406090.57
(11)现金及现金等价物净增加额:	103053818.29

注:扣除非经常性损益项目为补贴收入 16390167.59 元、新股申购款无效利息收入摊销 5564599.12 元、处理固定资产净收益−151697.11 元、股权转让差额摊销−534882.58 元.

2、公司前三年主要会计数据和财务指标 单位:人民币元

指标项目	99	98	97
主营业务收入	2371077535.07	1906227455.61	1618721105.96
净利润	−54972505.83	84871137.20	118881603.39
总资产	1954260280.22	1504731213.32	1446893405.16
股东权益(不含少数股东权益)	784753941.51	634459530.91	609053446.30

	摊薄	加权	摊薄	加权	摊薄	加权
每股收益	−0.1564	−0.1657	0.261	0.261	0.3656	0.43
扣除非经常性损益后的每股收益	−0.2169					
每股净资产	2.23		1.9514		1.87	2.18
净资产收益率(%)	−7.01	−8.35	13.3769	13.6485	19.55	24.32
调整后的每股净资产	2.20		1.85		1.85	2.155
每股经营活动产生的现金流量净额	−0.1519					

每股收益=净利润/年度末普通股股份总数
每股净资产=年度末股东权益/年度末普通股股份总数
净资产收益率=净利润/年度末股东权益×100%
调整后的每股净资产=(年度末股东权益−三年以上的应收款项−待摊费用−待处理(流动、固定)资产净损失−开办费−长期待摊费用)/年度末普通股股份总数
加权平均每股收益=当期净利润/[期末普通股股份总数/(1+配股比例或增发新股 比例)+期末普通股股份总数/(1+配股比例或增发新股比例)×配股比例或增发新比例 ×缴款结束日下一月份至期末的月份数/12]
加权平均净资产收益率=当期净利润/[(期初净资产+期末净资产)/2+当期发行新 股或配股新增净资产×(自缴款结束日下一月份至报告期末的月份数−6)/12]×100%

3、报告期内股东权益变动情况

项目	股本	资本公积金	盈余公积金	法定公益金	未分配利润	合计
期初数	325129440	188235881	90493929	26452590.04	30641378.46	634500629.63
本期增加	26428954	178856770	4796796	895235.09		210082520.32
本期减少					59769301.83	59769301.83
期末数	351558394	367092651	95290725	27347825.13	−29127923.37	784813848.12
变动原因	实施配股	实施配股	本年提取	本年提取	本年利润亏损	

三、股本变动及股东情况

(1)报告期末股东总数:截止 1999 年 12 月 31 日,本公司股东共有 101882 户。
(2)公司前 10 名股东的名称,年度内股份增减变动的情况,年末持股数量及所持股 份的质押或冻结的情况。

股东名称	年度内股份增减变动情况	年末持股数量	持股比例
中国富莱德实业公司	77595750	77595750	22.07%
福建计算机外部设备厂	2800000	58625000	16.68%
福建实达电脑集团股份有限公司工会	−2450000	54620130	15.54%
福州开发区科技园建设发展公司	0	11250000	3.2%
福建八方科技发展有限公司	0	6570000	1.87%
福州市马尾工业建设总公司	0	5996190	1.7%
华夏证券有限公司	0	5884506	1.67%
福州市国有资产营运公司	0	3285000	0.93%
赵春燕	0	2000000	0.57%
福建兴业证券公司	0	1806750	0.514%

山东兰陵陈香酒业股份有限公司

一、公司简介

1、公司法定名称:山东兰陵陈香酒业股份有限公司
英文名称:SHANDONG LANLING CHENXIANG JIUYE CO.LTD
英文缩写:LLCX
2、公司法定代表人:崔学文先生
3、公司董事会秘书:陈东辉先生　授权代表:宁纪太先生
联系地址:山东省临沂市沂蒙路 426 号
电话:(0539)8322568−3058
传真:(0539)8315880
董秘电子信箱:lm_cdh@sina.com
授权代表电子信箱:1262286833@sina.com
4、公司注册地址、办公地址:山东省临沂市沂蒙路 426 号
邮政编码:276004
电子信箱:llzqb@ly-public.sd.cninfo.net
5、公司信息披露报纸:中国证券报、上海证券报
公司年报指定披露的网址:http://www.sse.com.cn
年度报告备置地:山东省临沂市沂蒙路 426 号公司办公室
6、公司股票上市地:上海证券交易所
股票简称:兰陵陈香
股票代码:600735

二、会计数据和业务数据摘要

1、公司本年度主要利润指标情况:

项目	数额(元)
利润总额	30715183.16
净利润	22225470.92
扣除非经常性损益后的净利润	13925347.50
主营业务利润	32046859.38
其他业务利润	1165595.78
营业利润	16968402.63
投资收益	773759.39
补贴收入	12848933.95
营业外收支净额	124087.19
经营活动产生的现金流量净额	2247136.87
现金及现金等价物净增加额	−972435.94

注:扣除的非经营性项目损益项目及金额:
补贴收入 8218181.82 元,固定资产处置 收入 43401.60 元,罚款收入 38540.00 元。

2、会计数据和财务指标:(单位:元)

指标项目	1999 年	1998 年	1998 年调整前	1997 年	1997 年调整前
主营业务收入	227092853.30	249531511.40	249531511.40	170315723.82	170315723.82
净利润	22225470.92	22090180.26	25265809.44	25962807.53	26520557.87
总资产	314303849.08	315131192.87	318864572.39	294989162.64	296906912.98
股东权益	203642376.67	181416905.75	185150285.27	159326725.49	159884475.83
每股收益	0.254	0.252	0.289	0.296	0.303
每股净资产	2.325	2.072	2.114	1.819	1.826
调整后的每股净资产	2.302	2.062	2.098		1.806
每股经营活动产生的现金流量净额	0.026	−0.035	−0.035		
净资产收益率%	10.9	12.2	13.6	16.3	16.6

按月平均加权计算的每股收益:0.254 元
扣除非经常性损益后的每股收益:0.159 元
主要财务指标计算方法:
每股收益=净利润/年度末普通股股份总数
每股净资产=年度末股东权益/年度末普通股股份总数
调整后的每股净资产=[年度末股东权益−三年以上的应收款项净额−待摊费用−待 处理(流动、固定)资产净损失−开办费−长期待摊费用−住房周转金负数余额]/年度末 普通股份总数
每股经营活动产生的现金流量净额=经营活动产生的现金流量净额/年度末普通股股份总数
净资产收益率=净利润/年度末股东权益×100%

3、报告期内股东权益变动情况:

项目	股本	资本公积金	盈余公积金	公益金	未分配利润	股东权益合计
期初数	87572250.00	27150147.18	14382788.80	4794262.93	52311719.77	181416905.75
本期增加			3333820.64	1111273.55	18891650.28	22225470.92
本期减少						
期末数	87572250.00	27150147.18	17716609.44	5905536.48	71203370.05	203642376.67
变动原因			按章程提取	按章程提取	本年实现利润	

三、股本变动及股东情况介绍

1、股东数量:截止 1999 年 12 月 31 日,公司股东共 31295 户,无内部职工股股东和公 司职工股股东。

2、公司前十名股东持股情况:

股东名称	年末持股数	占总股本比例%
国家股[授权山东兰陵企业(集团)总公司经营管理]	45450000	51.9
杨汉标	249800	0.29
余晓东	245000	0.28
季宗水	187100	0.21
郁洁	150000	0.17
周玉生	140000	0.16
李连波	125000	0.14
徐汇区	122953	0.14
水国伟	120000	0.14
运通置业	112300	0.13

公司前 10 名股东之间不存在关联关系。
3、控股股东情况:
山东兰陵企业(集团)总公司经营管理公司 4545 万股国家股。

苏州新区高新技术产业股份有限公司

一、公司简介

1.公司中文名称:苏州新区高新技术产业股份有限公司
英文名称:SUZHOU NEWDISTRICT HI-TECH INDUSTRIAL CO.,LTD
英文缩写:SZNH
2.公司法定代表人:陈华 3.公司董事会秘书:许良枝
联系地址:江苏省苏州市新区运河路 8 号
电话:(0512)8251888-8553 传真:(0512)8253101
电子信箱:XU.LZH@MAIL.CS-SND.COM.CN
4.公司注册地址:江苏省苏州市新区运河 8 号
办公地址:江苏省苏州市新区运河 8 号新区管理中心 5 楼
邮政编码:215011
电子信箱:SZGX@MAIL.CS-SND.COM.CN
5.公司信息披露报纸:上海证券报、中国证券报
登载公司年度报告的国际互联网网址:HTTP//WWW.SSE.COM.CN
公司年度报告备置地点:公司董事会秘书办公室
6.公司股票上市交易所:上海证券交易所
股票简称:苏州高新 股票代码:600736

二、会计数据和业务数据摘要

(一)公司本年度的主要会计数据与业务数据摘要(单位:元)1999 年

利润总额	187510376.55
净利润	149183884.99
扣除非经常性损益后的净利润	142709734.62
主营业务利润	231343854.56
其他业务利润	-77678.45
营业利润	172111213.44
投资收益	7597194.00
补贴收入	2448093.23
营业外收支净额	5353875.88
经营活动产生的现金流量净额	-206560270.35
现金及现金等价物净增加额	166158888.98

上述非经常性损益的项目为:出售苏州新豪轴承有限公司股权处置收益为 2010721.99 元,分摊新股无效申购冻结资金利息 4827874.68 元,合并价差摊入-364446.30 元。

(二)前三年主要会计数据及财务指标(单位:元)

项目	1999 年	1998 年		1997 年
		调整前	调整后	
主营业务收入	536,230,572.46	592,763,412.94	592,763,412.94	386,804,324.01
净利润	149,183,884.99	239,214,220.25	239,568,798.15	137,054,627.57
总资产	2,416,167,192.56	1733,715,672.86	1751,538,735.25	773,546,172.69
股东权益	922,016,531.51	815,655,071.30	815,887,503.60	392,215,186.15
每股收益(摊薄)	0.353	0.853	0.850	0.952
每股收益(加权)	0.353	0.886	-	1.038
扣除非经常性损益后的每股收益	0.338			
每股净资产	2.18	2.90	2.896	2.724
调整后的每股净资产	2.17	2.86	2.856	2.69
每股经营活动产生的现金流量净额	-0.49			
净资产收益率	16.18%	29.43%	29.36%	34.95%

注:1.主要财务指标计算方法
(1)全面摊薄的计算方法
每股收益=净利润/年度末普通股股份总数
每股净资产=年度末股东权益/年度末普通股股份总数
净资产收益率=净利润/年度末股东权益 100%
调整后每股净资产=[年度末股东权益-三年以上的应收款项净额-待摊费用-待 处理 (固定.流动)资产净损失-开办费-长期待摊费用-住房周转金负数余额]/年度末普通股股份总数
每股经营活动产生的现金流量净额=经营活动产生的现金流量净额/年度末普通股股份总数
(2)加权平均的计算方法
加权平均每股收益=当期净利润/[期末普通股股份总数/(1+配股比例或增发新股比例)+期末普通股股份总数/(1+配股比例或增发新股比例)配股比例或增发新股比例 缴款结束日下一月份至期末的月份数/ 12]

(三)股东权益变动情况(单位:人民币元)

项目	股本	资本公积	盈余公积	法定公益金	未分配利润	股东权益合计
期初数	281760000	242606827	90436984	23662005	200851259	815655071
本期增加	140880000		26462222	8640169		106361460
本期减少		70000			60910762	
期末数	422640000	242536827	116899206	32302175	139940497	922016531

变动原因说明:股本变动是由于 98 年利润分配派送红股引起的,资本公积变动是列支配股律师费引起的,盈余公积、法定公益金变动是按规定本年提取引起的,未分配利润变动系分配上年度利润,本年实现利润及分配本年度利润引起的。

三、股本变动及股东情况

1.股东情况介绍
(1)1999 年 12 月 31 日,本公司股东共 109625 名。
(2)主要股东持股情况 单位:万股

股东名称或姓名	年末持股数	年度增减(+、-)	占总股本(%)
苏州新区经济发展集团总公司	22230	+7410	52.60
中信兴业信托投资公司	2592	+864	6.13
苏州乐星工商实业公司	2037	+679	4.82
苏州新城花园酒店(集团)	1539	+513	3.64
江苏苏州物贸中心(集团)有限公司	1296	+432	3.07
江苏鑫苏投资管理公司	810	+270	1.92
苏州新星异型铜材厂	150	+50	0.3549
河南财政	54.75		0.1295
北京隆福	25		0.0592
兴和基金	22.329		0.0528

新疆屯河股份有限公司

一、公司简介

1、公司法定中文名称:新疆屯河股份有限公司
公司英文名称:Xin jiang Tunhe Co.,ltd.
2、公司法定代表人:何贵品
3、公司董事会秘书:刘涛
联系地址:新疆昌吉市乌伊东路 33 号
电话:0994-2350079
传真:0994-2337689
电子信箱:build-cj@mail.xj.cninfo.net
4、公司注册地址:新疆昌吉市河滩北路 8 号
公司办公地址:新疆昌吉市乌伊东路 33 号
邮政编码:831100
5、公司选定的信息披露报纸名称:《中国证券报》《上海证券报》
登载公司年度报告的中国证监会指定的国际互联网网址
:http://www.sse.com.cn
公司年度报告备置地点:公司证券部
6、公司股票上市交易所:上海证券交易所
股票简称:新疆屯河
股票代码:600737

二、会计数据和业务数据摘要

1、本年度主要利润指标情况(单位:人民币元)

利润总额:	100257538.25
净利润:	88750214.93
扣除非经营性损益后的净利润:	87256466.98
主营业务利润:	115908180.57
其他业务利润:	1424539.94
营业利润:	44898948.80
投资收益:	29012658.88
补贴收入:	24852182.62
营业外收支净额:	1493747.95
经营活动产生的现金流量净额:	43194462.40
现金及现金等价物净增加额:	21694601.19

注:扣除的非经营性损益项目及金额:

1、罚款净收入	40088.60
2、毋需偿还应付款	1810171.61
3、捐赠支出	-261933.00
4、处理固定资产净损失	-336427.42
5、其他	241848.16

2、截止报告期末公司前三年主要会计数据和财务指标(单位:人民币元)

财务指标	1999 年	1998 年		1997 年	
		调整后	调整前	调整后	调整前
主营业务收入	311765951.68	210627771.37	210627771.37	145429437.78	145429437
净利润	88750214.93	86010330.78	87441718.18	38476980.63	38547398
总资产	1030122150.13	706419917.94	709431580.98	558119751.51	559343739
股东权益	523038709.11	434288494.18	436754484.77	236188758.26	236589396
每股收益(摊簿)	0.515	0.500	0.508	0.254	0.255
每股收益(加权)	0.515	0.532	0.541	0.383	0.400
扣除非经营性损益后的每股收益	0.507	0.493	0.502	0.254	0.255
每股净资产	3.037	2.522	2.536	1.562	1.565
调整后的每股净资产	2.970	2.485	2.500	1.543	1.545
每股经营活动产生的现金流量净额	0.251	0.378	0.378		
净资产收益率(%)	16.97	19.80	20.02	16.29	16.29

注(1):1999 年、1998 年度总股本按 172,200,000 股计算,1997 年度总股本按 151,200,000 股计算。

调整了一九九九年度合并会计报表相关的"坏帐准备"等项帐款:

	1999 年		1998 年		1997 年	
	调整前	调整后	调整前	调整后	调整前	调整后
坏帐准备	670437.42	3546102.06	383247.49	1475325.32	243694.74	928834.04
存货跌价准备	/	1931585.21	/	1919585.21		
未分配利润	163097258.20	161421808	92394428	90421636.26	22441054	22384719

3、股东权益变化情况

项目	股本	资本公积	盈余公积	法定公益金	未分配利润	股东权益合计
期初数	172200000.00	133212084.79	38454773.13	9956199.65	90421636.26	434288494.18
本期增加	17750042.99	4437510.75	71000171.94	88750214.92		
本期减少						
期末数	172200000.00	133212084.79	56204816.12	14393710.40	161421808	523038709.11

变动原因:1、盈余公积金增加系本年度实现净利润提取所致。
2、未分配利润增加系本年度利润增加所致。

三、股东情况介绍

(1)报告期末股东总数
截止 1999 年 12 月 31 日,公司股东总数为 13369 户。
(2)前十名股东持股情况

序号	股东	年初持股数量	年末持股数量	占总股本比例(%)
1	新疆屯河集团有限责任公司	57261600	57261600	33.25
2	新疆钢铁(集团)有限责任公司	14558400	14558400	8.46
3	新疆德隆(集团)有限责任公司	14104800	14104800	8.19
4	新疆石油管理局	9151200	9151200	5.31
5	北京绿松石投资顾问有限公司	5882630	5882630	3.42
6	海通证券有限公司	5911733	5630250	3.27
7	程之有		576650	0.34
8	成套公司		490200	0.28
9	中机公司		474000	0.28
10	机电公司		473046	0.27

兰州民百(集团)股份有限公司

一、公司简介

1. 公司法定中文名称:兰州民百(集团)股份有限公司
公司法定英文名称:LANZHOU MINBAI SHAREHOLDING(GROUP)CO.,LTD
2. 公司法定代表人:范余祯
3. 公司董事会秘书:甘培万
授权代表:孙志民
联系地址:兰州市中山路 368 号亚欧商厦九楼投资部
联系电话:(0931)8473891 8435839　传　真:(0931)8473891
4. 公司注册地址:兰州市中山路 368 号
公司办公地址:兰州市中山路 368 号亚欧商厦 8-10 层　邮政编码:730030
5. 公司信息披露报纸名称:《上海证券报》
登载年度报告的中国证监会指定国际互联网网址:http:　www.sse.com.cn
公司年度报告备置地点:公司投资部
6. 公司股票上市交易所:上海证券交易所
股票简称:兰州民百　股票代码:600738

二、会计数据和业务数据摘要

1.本年度公司重要经营数据

项目	单位:元
利润总额:	25874989.92
净利润:	21292746.98
主营业务利润:	104570067.46
其他业务利润:	13361053.32
投资收益:	−3250510.98
补贴收入:	11989405.25
营业外收支净额:	1470676.86
经营活动产生的现金流量净额:	4548517.14
现金及现金等价物净增加额:	18106241.17

2.主要会计数据和财务指标(调整后)

项目	1999 年	1998 年	1998 年 调整前	1997 年	1997 年 调整前
主营业务收入(万元)	58700.52	60743.38	60743.38	60259.91	60259.91
净利润(万元)	2129.27	2262.12	205.59	2419.19	2197.70
总资产(万元)	104149.32	72960.83	70683.37	70058.12	69836.04
股东权益(万元)	33397.67	23207.61	20930.15	21157.98	20935.91
每股收益(元)(摊薄)	0.182	0.2349	0.021	0.3015	0.2739
(加权)	0.191	0.2349	0.021	0.3015	0.2739
每股净资产(元)	2.85	2.41	2.17	2.64	2.61
调整后每股净资产(元)	2.82	2.40	2.16	2.59	2.57
每股经营活动产生的现金流量净额(元)	0.39	0.72	0.72	/	/
净资产收益率(%)(摊薄)	6.38	9.75	0.98	11.43	10.50
(加权)	7.15	10.20	0.98	11.82	10.80

注:主要财务指标计算方法:
每股收益=净利润/年度末普通股股份总数
每股净资产=年度末股东权益/年度末普通股股份总数
净资产收益率=净利润/年度末股东权益×100%
调整后的每股净资产=[年度末股东权益−三年以上的应收款项净额−待摊费用−待处理(流动、固定)资产净损失−开办费−长期待摊费用]/年度末普通股股份总数

3.报告期内股东权益变动情况 (单位:元)

项目	股本	资本公积	盈余公积	其中:公益金	未分配利润	合计
期初数	96288000	95869112.35	11770192.44	5049191.74	5374231.36	209301536.15
本期增加	20910560	82471852.24	3193912.05	1064637.35	21292746.98	127869071.27
本期减少					3193912.05	3193912.05
期末数	117198560	178340964.59	14964104.49	6113829.09	23473066.29	333976695.37

变动原因:(1)股本、资本公积增加是由于本公司 1999 年度实施配股方案,每 10 股配 3 股所致。盈余公积、法定公益金及未分配利润增加是由于本年度实现利润及提取两金所致。
(2)未分配利润减少是因为提取两金所致。

三、股本变动及股东情况

1.股本变动情况　数量单位:股

	期初数	本次变动增减(+、−) 配股	送股	公积金转增	小计	期末数
一、尚未流通股份						
1.发起人股份	37862400	7682000			7682000	45544400
其中:国家持有股份	16896000	4224000			4224000	21120000
境内法人持有股份	20966400	3458000			3458000	24424400
2.募集法人股	5923200	102960			102960	6026160
未上市流通股份合计	43785600	7784960			7784960	51570560
二、已流通股份						
1.人民币普通股	52502400	13125600			13125600	65628000
上市已流通股份合计	52502400	13125600			13125600	65628000
三、股份总数	96288000	20910560			20910560	117198560

2.股东情况介绍
(1)截止 1999 年 12 月 31 日,公司股东总数为 16462 户。
(2)公司前十名股东持股情况

股东名称(姓名)	持股数(股)	持股比例(%)
兰州市一商国有资产经营公司	21120000	18.02
兰州第三产业集团公司	18434000	15.73
厦华石材	5800000	4.95
兴和基金	3741948	3.19
兴华基金	1655000	1.41
甘肃世安电子监控有限公司	1497600	1.28
甘肃城市建设综合开发公司	1153152	0.98
湖北荆门信托投资公司	1123392	0.96
沁园春	1098800	0.94
郑斌	790146	0.67

辽宁成大股份有限公司

一、公司简介

1.公司法定中、英文名称及缩写
中文名称:辽宁成大股份有限公司
英文名称:LIAONING CHENG DA CO.,LTD
英文名称缩写:LNCD
2.公司法定代表人:尚书志
3.公司董事会秘书:罗启库
联系地址:大连市人民路 71 号
电　话:0411—2803736　传　真:0411—2656051
电子信箱:LUOQK@LNCDGRP.COM.CN
公司董事会秘书授权代表:于占洋
电　话:0411—2647441
传　真:0411—2641533
4.公司注册地址:大连市人民路 71 号
公司办公地址:大连市人民路 71 号　邮政编码:116001
公司国际互联网网址:WWW.LNCDGRP.COM.CN
公司电子信箱:WUCS@LNCDGRP.COM.CN
5.公司选定的信息披露报刊为《中国证券报》、《上海证券报》。
登载公司年度报告的中国证监会指定国际互联网网址:http://www.sse.com.cn
公司年度报告备置地点:大连市人民路 71 号成大大厦 26 楼 2610 室。
6.公司股票上市交易所:上海证券交易所
股票简称:辽宁成大　股票代码:600739

二、会计数据和业务数据摘要

1.本年度会计数据摘要(单位:人民币元)

利润总额:	176047211.56
净　利　润:	145748112.94
扣除非经常性损益后的净利润:	114147477.26
主营业务利润:	180469241.53
其他业务利润:	5801081.93
营业利润:	70954744.33
投资收益:	74127445.31
补贴收入:	28700161.80
营业外收支净额:	2264857.12
经营活动产生的现金流量净额:	55062702.98
现金及现金等价物净增加额:	−71645130.46

注:扣除的非经常性损益项目和涉及金额:

补贴收入:	28700161.80
冻结资金利息:	3325273.68
处理固定资产净损失:	24799.80
其他支出:	400000.00

2.近三年主要会计数据和财务指标(合并报表)
追溯调整后:

项　目	1999 年	1998 年	1997 年
主营业务收入(元)	1320314028.22	1058961223.06	1096937286.01
净利润(元)	145748112.94	60505593.42	57438144.21
总资产(元)	929036426.35	749017451.53	640723292.79
股东权益(元)	608624277.62	457513449.32	331003118.16
每股收益(元 /股)	1.06	0.44	0.71
扣除非经常性损益后的每股收益(元 /股)	0.83	0.24	0.48
加权每股收益(元 /股)	1.06	0.48	0.71
每股净资产(元 /股)	4.43	3.33	4.11
调整后的每股净资产(元 /股)	4.25	3.20	4.03
每股经营活动产生的现金流量净额(元 /股)	0.40	0.83	
净资产收益率(%)	23.95	13.22	17.35
加权净资产收益率(%)	27.45	16.25	19.40

追溯调整前:

项　目	1998 年	1997 年
主营业务收入(元)	1069444014.97	1096937286.01
净利润(元)	69033151.58	73312655.73
总资产(元)	778862459.78	656597804.31
股东权益(元)	481910781.26	346877629.68
每股收益(元 /股)	0.502	0.91
加权平均每股收益(元 /股)	0.58	0.91
每股净资产(元 /股)	3.50	4.30
调整后的每股净资产(元 /股)	3.44	4.22
每股经营活动产生的现金流量净额(元 /股)	0.83	
净资产收益率(%)	14.32	21.14
加权平均净资产收益率(%)	17.59	24.11

三、股东情况介绍

1.截止本报告期末公司股东总数为 6743 户。
2.前十名股东情况

名次　股东名称	年末持股数(股)	占总股本%
(1)辽宁成大集团有限公司	36335900	26.42
(2)广发证券有限责任公司	26016000	18.92
(3)天元基金	6868378	4.99
(4)辽宁外贸物业发展公司	6097600	4.43
(5)中国平安保险(大连)公司	4160000	3.02
(6)大连保税区润丰国际工贸有限公司	3528330	2.57
(7)中国太平洋保险公司大连公司	2080000	1.51
(8)开元基金	1212085	0.88
(9)裕隆基金	1176018	0.86
(10)大连普惠	1130607	0.82

山西焦化股份有限公司

一、公司简介

1.公司法定中文名称:山西焦化股份有限公司

公司法定英文名称:ShanXi Coking Co.,Ltd 缩写:SCC

2.公司法定代表人:薛佩珍

3.公司董事会秘书:邢良智

电话:0357 -6625220

授权代表:席国旺

电话:0357 -6626012 传真:0357 -6625045

地址:山西省洪洞县广胜寺镇

4.公司注册地址和办公地址:山西省洪洞县广胜寺镇 邮政编码: 041606

电子信箱:sjgf@public.lf.sx.cn

5.公司选定的信息披露报纸名称:《中国证券报》、《上海证券报》

登载公司年度报告的中国证监会指定国际互联网网址: http://www.sse.com.cn

公司年度报告备置地点:董事会秘书处

6.公司股票上市交易所:上海证券交易所

股票简称:山西焦化 股票代码:600740

二. 会计数据和业务数据摘要

㈠本年度主要利润指标 单位:人民币元

指标项目	实现数
利润总额	52382153.82
净利润	44727044.07
扣除非经常性损益后的净利润	40795057.35
主营业务利润	94577362.09
其他业务利润	-3109401.29
营业利润	47975841.16
投资收益	1374529.63
补贴收入	0
营业外收支净额	3031783.03
经营活动产生的现金流量净额	-2869231.78
现金及现金等价物净增加额	13222482.28

㈡截至报告期末公司前三年的主要会计数据和财务指标

指标项目	1999 年	1998 年		1997	
		调整前	调整后	调整前	调整后
主营业务收入	265298822.58	267797807.01	267797807.01	272346501	272346501
净利润	44727044.07	45292291.86	44901636.63	44762033	44762033
总资产	934591891.24	724283936.23	723008672.13	518672775	518672775
股东权益(不含少数股东权益)	430423771.52	385904790.09	384629525.99	241490498	241490498
每股收益	0.246	0.25	0.247	0.287	0.287
每股收益(按月平均加权法计算)	0.246	0.28	0.28	0.287	0.287
扣除非经常性损益后的每股收益	0.225		0.247	0.287	0.287
每股净资产	2.37	2.13	2.12	1.54	1.54
调整后的每股净资产	2.37	2.12	2.12	1.55	1.55
每股经营活动产生的现金流量净额	-0.016		0.0004		
净资产收益率(%)	10.39	11.74	11.67	18.54	18.54

注:1.主要财务指标计算公式:

每股收益=净利润/年度末普通股股份总数

每股净资产=年度末股东权益/年度末普通股股份总数

调整后的每股净资产=[年度末股东权益-三年以上应收款项净额-待摊费用-待处 理(流动、固定)资产净损失-开办费-长期待摊费用-住房周转金负数余额]/年度末普 通股股份总数

每股经营活动产生的现金流量净额=经营活动产生的现金流量净额/年度末普通股股份总数

净资产收益率=净利润/年度末股东权益×100%

2.由于会计政策变更,根据财政部财会字[1999]35 号文、49 号文的有关规定,公司采用了追溯调整法,调整了以前年度相关会计数据。

3.非经常性损益指公司正常经营损益之外的、一次性或偶发性损益,本年度公司 非经常性损益总额 4625866.73 元,税后 3931986.72 元

㈢报告期内股东权益变动情况

单位:元

项 目	期初数	本期增加	本期减少	期末数
股 本	181600000	0	0	181600000
资本公积	139488209.00	1067201.46		140555410.46
盈余公积	20508263.38	8945408.82		29453672.20
法定公益金	8203305.37	3578163.53		11781468.90
未分配利润	34829748.24	32203471.72		67033219.96
股东权益合计	384629525.99	45794245.53		430423771.52

变动原因:1.本年度公司没有实施送配股,也没有利用资本公积金转增股本,股本 结构不变。

2.资本公积、盈余公积和法定公益金比年初增加系本年度从净利润中分别按 10%、10%、8%比例提取数额。

3.未分配利润比年初增加系本年度公司实现利润。

4.股东权益比年初增加系本年度实现净利润。

三、股本变动及股东情况

㈠报告期末公司股东总数为 49909 户。

㈡报告期末公司前 10 名股东持股情况

股东名称	持股数(股)	所占比例(%)
山西焦化集团有限公司	116600000	64.21
飞龙工程	494000	0.27
肖运姑	385603	0.21
黎望姑	368328	0.20
苏宏钰	214521	0.12
秦顺荣	190370	0.10
开宝凝结	162940	0.09
海口百乐	154250	0.08
北陆药业	153810	0.08
鞠晓蓉	150000	0.08

上海巴士实业(集团)股份有限公司

(一) 公司简介

1、公司名称:上海巴士实业(集团)股份有限公司

SHANGHAI BASHI INDUSTRIAL (GROUP)CO.,LTD.

2、公司法定代表人:金晓林

3、公司董事会秘书:王国军

董事会秘书授权代表:周沧桑

联系地址:上海市建国东路 525 号巴士大厦 18 楼

电话:(021)63848484

传真:(021)63863118

E-mail:office@ba-shi.com

4、公司注册地址:上海市浦东南路 500 号

公司办公地址:上海市建国东路 525 号巴士大厦 17、18 楼

邮政编码:200025

公司网址:http://www.ba-shi.com

公司电子信箱 E-mail:office@ba-shi.com

5、《上海证券报》、《中国证券报》为公司选定信息披露报纸;

中国证监会指定的登载公司年度报告的国际互联网网址:

http://www.sse.com.cn。

公司年度报告备置地点:上海建国东路 525 号巴士大厦 18 楼

上海巴士实业(集团)股份有限公司证券部

6、公司股票上市交易所:上海证券交易所

股票简称:巴士股份 股票代码:600741

(二) 会计数据和业务数据摘要

1、本年度利润总额及构成:(单位:元)

栏 目	1999 年度
利润总额	180271150.54
净利润	138173663.54
扣除非经常性损益后的净利润	135317022.78
主营业务利润	483026521.60
其他业务利润	56096004.85
投资收益	30743441.87
补贴收入	11462100.00
营业外收支净额	(8,479,290.53)
经营活动产生的现金流量净额	478342593.53
现金及现金等价物净增加额	(20,045,261.21)

2、主要会计数据和财务指标

追溯调整后

项 目	1999 年度	1998 年度	1997 年度
主营业务收入(万元)	166161.06	95166.36	46541.1
净利润(万元)	13817.37	9964.18	4221.9
总资产(万元)	278242.89	199086.98	104450.3
股东权益(不含少数股东权益)(万元)	86607.05	72779.68	21415.5
每股收益(摊薄)(元)	0.4612	0.3326	0.4060
扣除非经常性损益后的每股收益(元)	0.4517	0.3305	0.3808
每股净资产(摊薄)(元)	2.89	2.43	2.06
调整后的每股净资产(元)	2.70	2.32	1.93
每股经营活动产生的现金流量净额(元)	1.60	0.51	-
净资产收益率	15.95%	13.69%	19.71%

注:(1)本报告年度公司根据国家财政部(99)33 号文的规定以及以前年度损益调整的因素,追溯调整了本公司 1997、1998 年度的会计数据和相关指标;

(2)主要财务指标的计算公式

每股收益=净利润÷年度末普通股股份总数

每股净资产=年度末股东权益÷年度末普通股股份总数

净资产收益率=净利润÷年度末股东权益×100%

调整后的每股净资产=(年度末股东权益-三年以上的应收款项净额-待摊费用-待 处理(流动、固定)资产净损失-开办费-长期待摊费用)÷年度末普通股股份总数

每股经营活动产生的现金流量净额=经营活动产生的现金流量净额÷年度末普通 股股份总数

3、报告期内股东权益变动情况 单位:万元

项目	股本	资本公积	盈余公积	法定公益金	未分配利润	合计
期初数	29960	37003.36	6754.17	3193.90	-937.85	72779.68
本期增加	3.44	5661.61	2363.08	13817.37	19482.42	
本期减少	4.93	4.93	5650.11	5655.04		
期末数	29960	37006.80	12410.85	5552.05	7229.41	86607.06
变动原因		被投资单位股权投资准备增加	因提取而增加	因提取而增加	因本年度利润而增加,因提两金而减少	

(三) 股本变动及股东情况

1、股东情况介绍

(1)报告期末股东总数 35400 户。

(2)主要股东持股情况(前十名)

股东名称	持股数量(万股)	持股比例(%)
1. 上海公交控股有限公司	10360	34.58
2. 大众交通(集团)股份有限公司	1440	4.80
3. 上海强生经济发展(集团)公司	1440	4.80
4. 上海原水股份有限公司	1440	4.80
5. 上海市煤气制气(集团)有限公司	960	3.20
6. 安顺基金	689.1666	2.30
7. 安信基金	643.8456	2.15
8. 上海上投房地产公司	640	2.13
9. 上海交大南洋实业股份有限公司	440	1.47
10. 上海公路房地产联合开发经营公司	320	1.07

长春一汽四环汽车股份有限公司

一、公司简介

1、公司法定中英文名称及缩写
公司法定中文名称:长春一汽四环汽车股份有限公司
公司法定英文名称:CHANG-CHUN FAW SIHUAN AUTOMOBILE CO.,LTD　缩写:FAWSH
2、公司法定代表人:李启祥
3、公司信息披露机构:公司证券部
董事会秘书授权人:宋有材
联系电话:0431-5908703　　传　真:0431-5909675
联系地址:长春市东风大街121号　　邮政编码:130011
电子信箱:FAWSH@PUBLIC.CC.JL.CN
4、公司注册地址:长春市东风大街121号
公司办公地址:长春市东风大街121号
5、公司选定的信息披露报纸名称:《上海证券报》
公司年度报告的中国证监会指定国际互联网网址: http://www.sse.com.cn
公司年度报告备置地点:公司证券部
6、公司股票上市地:上海证券交易所
股票简称:一汽四环　　股票代码:600742

二、会计数据和业务数据摘要

(一)列示公司本年度实现的利润总额及构成:

指标项目	99年度
1.利润总额	155123360.57
2.净利润	107163190.80
3.主营业务利润	155672581.58
4.其他业务利润	-608098.24
5. 补贴收入	9687000.00
6.营业外收支净额	5379859.91
7.经营活动产生的现金流量净额	81166049.15
8.现金及现金等价物净增加额	14798038.50

(二)公司截止报告期末前三年的主要会计数据和财务指标:

指标项目	99年度	98年度	97年度
1.净利润(元)	107163190.80	66148047.47	54740628.53
2.主营业务收入(元)	788259127.09	588197825.64	511876624.63
3.总资产(元)	635087476.84	638599876.69	434333734.32
4.股东权益(元)	470460728.66	411389487.86	239972440.00
5.每股收益(摊薄:元)	0.585	0.542	0.503
每股收益(加权:元)	0.877	0.607	0.503
6.每股净资产(摊薄:元)	2.57	3.37	2.20
7.净资产收益率(摊薄%)	22.78	16.08	22.81
净资产收益率(加权%)	26.18	16.61	22.81
8.调整后的每股净资产(元)	2.52	3.31	2.15

(三)股东权益变动情况:(单位:人民币元)

项目	股本	资本公积	盈余公积	其中公益金	未分配利润	合计
期初数	122130000	164412773.59	76308057.92	20670671.44	48538656	411389487
本期增加	61065000		21357947.27	10678973.63	107163190	189586138
本期减少		36639000			93875897	130514897
本期末数	183195000	127773773.59	97666005.19	31349645.07	61825949	470460728

注:变动原因:
1. 股本增加是由于99年中期实施每10股送2股和每10股转增3股所致。
2. 资本公积金减少是由于99年中期实施每10股转增3股所致。
3.盈余公积金增加是由于根据财政部财会字[1999]35号文件精神,对计提四项准 备进行追溯调整及按《公司章程》提取的10%法定公积金所致。
4. 公益金增加是当年实现的净利润中提取的10%法定公益金所致。
5.未分配利润增加是由于当年实现净利润所致;未分配利润减少是由于99年中期 实施每10股送2股,99年度实施每10股派2.50元,及根据财政部财会字[1999]35号文件 精神,对计提四项准备进行追溯调整所致。

三、股本变动及股东情况

(一)、股本变动情况　　(数量单位:股)

	期初数	本次变动增减(+,-) 配股送股	公积金转股	其他	小计	期末数
一、尚未流通股份						
1、发起人股份	55728000	11145600	16718400		27864000	83592000
其中:国有法人股	37098000	7419600	11129400		18549000	55647000
境内法人股	18630000	3726000	5589000		9315000	27945000
2、募集法人股	9072000	1814400	2721600		4536000	13608000
3、内部职工股	21060000	4212000	6318000	-31590000	-2106000	0
尚未流通股份合	85860000	17172000	25758000	-31590000	11340000	97200000
二、已流通股份						
1、境内上市人民币普通股	36270000	7254000	10881000	31590000	49725000	85995000
已流通股合计	36270000	7254000	10881000	31590000	49725000	85995000
三、股份总数	122130000	24426000	36639000		61065000	183195000

(二)、股东情况介绍
1、报告期末,公司股东总数28355户。其中内部职工股股东0户。
2、前十名股东持股情况如下:

名次 前十名股东	年末持股数(股)	占总股本比例(%)
(1)一汽集团公司	55647000	30.38
(2)一汽四环企业总公司	25515000	13.93
(3)国投机轻有限公司	4050000	2.21
(4)机械工业部长春汽车研究所中实改装车厂	2430000	1.33
5)明华贸易	1714646	0.94
(6)一汽四环热电安装工程公司	1620000	0.88
(7)机械工业部长春汽车研究所科技服务部	1350000	0.74
(8)南方金信	1220020	0.67
(9)一汽四环钢圈厂	1215000	0.66
(10)南方证券	572696	0.31

注:本报告期内持有5%以上的法人股东所持股份无质押、冻结等情况。

湖北幸福实业股份有限公司

一、公司简介

1. 公司法定中文名称:湖北幸福实业股份有限公司
公司法定英文名称:HUBEI XINGFU INDUSTRY CO.,LTD　缩写:HBXF
2. 公司法定代表人:周国应先生
3. 公司董事会秘书:李艳先生 授权代表:李军先生
联系地址:湖北省潜江市张金镇幸福北路1号
电话:0728-6641566　传真:0728-6641999
4. 公司注册地址:湖北省潜江市张金镇幸福北路1号
公司办公地址:湖北省潜江市张金镇幸福北路1号　　邮政编码:433140
5. 公司选定的信息披露报纸名称:《上海证券报》
6. 登载公司年度报告的中国证监会指定国际互联网网址: http://www.sse.com.cn
公司年度报告备置地点:公司证券部
7. 公司股票上市交易所:上海证券交易所
股票简称:幸福实业　　股票代码:600743

二、会计数据和业务数据摘要

1. 本年度主要利润指标情况 (单位:人民币元)

利润总额:	-65906010.28
净利润:	-65906010.28
扣除非经常性损益后的净利润:	-70263662.22
主营业务利润:	15890259.71
其它业务利润:	297014.87
营业利润:	-69997975.97
投资收益:	113326.52
补贴收入:	-
营业外收支净额:	3978639.17
经营活动产生的现金流量净额:	-4960908.91
现金及现金等价物净增加额:	-6899001.04

注:扣除非经常性损益4,357,651.94元,系①申购未成功资金冻结利息收入4,244,036.00元;②股权投资差额(贷方)摊销113,615.94元。

2. 截止报告期末公司前三年主要会计数据和财务指标:　(单位:人民币元)
追溯调整后:

项目	1999年	1998年	1997年
主营业务收入	144899980.24	718758437.92	558870174.39
净利润	-65906010.28	37589063.59	63549212.47
总资产	534087259.31	609767471.80	522871024.77
股东权益(不含少数股东权益)	456952164.22	522858174.50	316821564.03
每股收益	-0.2107	0.1202	0.3972
每股收益(按月加权平均)	-0.2107	0.198	0.4766
扣除非经常性损益后的每股收益	-0.2246	0.106	0.3707
每股净资产	1.46	1.67	1.98
调整后的每股净资产	1.31	1.66	1.95
每股经营活动产生的现金流量净额	-0.016	0.143	-
净资产收益率	-14.42%	7.19%	20.06%

注:(1)主要财务指标计算方法:
每股收益=净利润/年度末普通股股份总数
每股净资产=年度末股东权益/年度末普通股股份总数
调整后的每股净资产=(年度末股东权益-三年以上应收款项净额-待摊费用-待处 理(流动、固定)资产净损失-开办费-长期待摊费用-住房周转金负数余额)/年度末普 通股股份总数
每股经营活动产生的现金流量净额=经营活动产生的现金流量净额/年度末普通股股份总数
净资产收益率=净利润/年度末股东权益×100%
(2)需要说明的是:由于会计政策变更,根据财政部财会字[1999]35号文、49号文 的有关规定,采用了追溯调整法,调整了一九九九年度会计报表相关的"坏帐准备"帐项、"存货跌价准备"帐项。
调整前各年度会计数据如下:

项　目	1999年	1998年	1997年
坏帐准备	104018633.20	604236.58	469064.14
存货跌价准备	3702657.01	-	-
未分配利润	-64060492.88	34288554.38	53992617.70

调整后各年度会计数据:

项　目	1999年	1998年	1997年
坏帐准备	104018633.20	38173279.31	7000878.22
存货跌价准备	3702657.01	-	-
未分配利润	-64060492.88	1845517.40	48693227.07

3. 报告期内股东权益变动情况(单位:人民币元)

项　目	股　本	资本公积	盈余公积	法定公益金	未分配利润	股东权益合计
期初数	312800000.00	181118175.76	27094481.34	8659449.47	1845517.40	522858174.50
本期增加						
本期减少					65906010.28	65906010.28
期末数	312800000.00	181118175.76	27094481.34	8659449.47	-64060492.88	456952164.22

变动原因:(1) 未分配利润减少是因为本年度经营性亏损和提取四项资产减值准备所致。
(2) 股东权益减少也是因为经营性亏损和提取四项减值准备所致。

三、股东情况介绍

(1) 报告期末公司股东总数为63952户。
(2) 报告期末前十名股东持股情况

股东名称	持股数(股)	持股比例(%)
① 湖北省国际信托投资公司	143286930	45.808
② 幸福集团公司	39357028	12.582
③ 潜江市农村信用合作社联合社	28266200	9.037
④ 上海城市房地产有限公司	5314006	1.698
⑤ 国泰兰州	4374005	1.398
⑥ 深圳中农信投资实业公司	3286929	1.051
⑦ 湖北环保集团股份有限公司	3286930	1.051
⑧ 湖北潜江制药股份有限公司	3286930	1.051
⑨ 华夏证券	3154964	1.009
⑩ 南方振华	986078	0.315

湖南华银电力股份有限公司

一、公司简介

1.公司法定中文名称:湖南华银电力股份有限公司
英文名称:HUNAN HUAYIN ELECTRIC POWER CO.,LTD
英文缩写:HHEP
2.公司法定代表人:吴海春
3.公司董事会秘书:金毓江　电话:(0731)5543400
授权代表:刘杰　电话:(0731)5543457
联系地址:湖南省长沙市韶山北路428号
公司传真:(0731) 5502984
4.公司注册及办公地址:湖南省长沙市韶山北路428号
邮政编码:410007
电子信箱:hyep@public.cs.hn.cn
5.信息披露报纸:《中国证券报》、《上海证券报》
信息披露网址:www.sse.com.cn
年度报告备置地点:本公司办公室
6.股票上市交易所:上海证券交易所
股票简称:华银电力　证券代码: 600744

二、会计数据和业务数据摘要

1.本年度利润总额及构成(单位:元)

利润总额:	233795938.94
净利润:	198032272.44
扣除非经常性损益后的净利润:	186033361.66
主营业务利润:	244169620.25
其他业务利润:	341074.34
营业利润:	187056564.75
投资收益:	34740463.41
补贴收入:	
营业外收支净额:	11998910.78
经营活动产生的现金流量净额:	25252713.31
现金及现金等价物净增加额:	79348759.69

2.截止至报告期末公司前三年主要会计数据和财务指标(单位:元)

追溯调整后:

项目	1999年	1998年	1997年
主营业务收入	960150744.67	1040888527.74	603260800.04
净利润	198032272.44	123257660.33	193392742.59
总资产	4272864584.30	2527211833.09	2238112748.29
股东权益	2597464934.81	1078817632.59	943627373.45
每股收益	0.3070	0.3210	0.5036
每股收益(月均)	0.4370	0.3210	0.6044
扣除非经常性损益后每股收益	0.2900	0.2849	0.5682
每股净资产	4.026	2.809	2.961
调整后每股净资产	3.879	2.797	2.931
每股经营活动产生的现金流量净额	0.039	0.372	
净资产收益率(%)	7.62	11.43	13.71

追溯调整前:

项目	1998年	1997年
主营业务收入	1040888527.74	603260800.04
净利润	130610597.12	193392742.59
总资产	2530624602.28	2238112748.29
股东权益	1086170569.38	943627373.45
每股收益	0.3401	0.5036
每股收益(月均)	0.3401	0.6044
扣除非经常性损益后每股收益	0.3014	0.5682
每股净资产	2.8286	2.961
调整后每股净资产	2.816	2.931
每股经营活动产生的现金流量净额	0.372	
净资产收益率(%)	12.02	13.71

注:(1)主要财务指标计算方法:
每股收益=净利润/年度末普通股股份总数
每股净资产=年度末股东权益/年度末普通股股份总数
调整后的每股净资产=(年度末股东权益-三年以上的应收款项净额-待摊费用-待 处理(流动、固定)资产净损失-开办费-长期待摊费用-住房周转金负数余额)/年度末 普通股股份总数
每股经营活动产生的现金流量净额=经营活动产生的现金流量净额/年度末普通股股份总数
净资产收益率=净利润/年度末股东权益×100%
(2)需要说明的是:由于会计政策变更,根据财政部财会字(1999)35号文、49号文 的有关规定,采用追溯调整法,调整了一九九九年度合并会计报表相关的"坏帐准备"帐项、"存货跌价准备"帐项。

三、股本股东情况介绍

1、报告期末公司股东总数为150607户。
2、报告期末公司主要股东持股情况

股东名称	持股数(股)	占总股本比例(%)
①湖南省电力公司	309855045	48.03
②工行湖南省信托投资公司	39512669	6.12
③建行湖南省信托投资公司	26341780	4.08
④湖南省银宏实业发展总公司	13646946	2.12
⑤中国湖南国际经济技术合作煤炭公司	13170889	2.04
⑥中电信电力开发有限责任公司	12821782	1.99
⑦湖南省华厦房地产开发公司	8010889	1.24
⑧海通证券	3661307	0.57
⑨裕明天	1245251	0.19
⑩君安证券	1164417	0.18

3、湖南省电力公司(持股48.03%)法定代表人为周绍文,其经营范围:主营电力生产、销售;电力规划、勘测设计、科研;电力工程施工、设备安装;电力设备修造;电力器材生产、加工、修理、销售。

黄石康赛股份有限公司

(一) 公司简介

1、公司法定中文名称:黄石康赛股份有限公司
公司中文名称缩写:康赛集团
公司法定英文名称:HUANGSHI KANGSAI SECTION LIMITED
公司英文名称缩写:HSKG
2、公司法定代表人　:居少宏
3、公司董事会秘书　:吴年有
联系地址　:湖北省黄石市黄石大道512号
联系电话　:(0714)6226987
传真　:(0714)6223612
电子信箱　:WLYksai@ 163.net
4、公司注册地址　:湖北省黄石市芜湖路85号
公司办公地址　:湖北省黄石市黄石大道512号
邮政编码　:435000
公司互联网网址　:http://www.kangsai.Com.Cn
公司电子信箱　:snow 98@ 163.net
5、公司选定信息披露报纸:《中国证券报》《上海证券报》《证券时报》
登载公司年度报告的中国证监会指定国际互联网网址:http://www.sse.com.cn
公司年度报告备置地点:公司证券部
6、公司股票上市交易所:上海证券交易所
股票简称　:康赛集团
股票代码　:600745

(二) 会计数据和业务数据摘要

1、公司本年度会计数据和业务数据摘要　(单位:人民币元)

利润总额	-70,767,366.01
净利润	-62,035,540.63
扣除非经常性损益后的净利润	-67,596,789.78
主营业务利润	-13,058,520.74
其他业务利润	-2,236,533.60
营业利润	-74,111,816.08
投资收益	-636,730.44
补贴收入	5,561,249.15
营业外收支净额	-1,580,068.64
经营活动产生的现金流量净额	1,231,934.63
现金及现金等价物净增加额	-23,013,227.58

2、截至报告期末公司前三年的主要会计数据和财务指标(单位:人民币元)

指标项目	1999年	1998年		1997年	
		调整前	调整后	调整前	调整后
1. 主营业务收入	58203268	205186188	205186188	186549518	186549518
2. 净利润	-62035540	37348079	-76508874	57639774	-5131288
3. 总资产	665820178	861007826	669669227	492537455	469355155
4. 股东权益(不含少数股东权益)	216132488	454796045	278168029	214214328	150891866
5. 每股收益	-0.51	0.31	-0.63	0.55	-0.05
6. 每股净资产	1.77	3.74	2.29	2.03	1.43
7. 调整后的每股净资产	1.75	3.70	2.22	1.96	1.36
8. 每股经营活动产生的现金流量净额	0.01	-1.63	-1.63		
9. 净资产收益率(%)	-28.79	8.21	-27.5	26.91	-3.4
10. 按月平均加权每股收益	-0.51	0.36	-0.74	0.66	-0.05
11.扣除非经常性损益后的每股收益	-0.53	0.07	-0.87	0.55	-0.05

注:主要会计数据和财务指标的计算公式
1.每股收益=净利润/年度末普通股股份总数
2.每股净资产=年度末股东权益/年度末普通股股份总数
3.调整后的每股净资产=(年度末股东权益-三年以上的应收帐款-待摊费用-待处 理(流动固定) 资产净损失-开办费-长期待摊费用)/年度末普通股股份总数。
4.每股经营活动产生的现金流量净额=经营活动产生的现金流量净额/年度末普通股股份总数
5.净资产收益率=净利润/年度末股东权益×100%

3、报告期内股东权益变动情况　(单位:人民币元)

项目	股本	资本公积	盈余公积	法定公益金	未分配利润	股东权益合计
期初数	121744896	211832159	24177177	4415232	-79586204	278168029
本期增加						
本期减少	62035540	62035540				
期末数	121744896	211832159	24177177	4415232	-141621744	216132488
变动原因					经营性亏损及追溯调整引起。	经营性亏损及追溯调整引起。

(三) 股东情况介绍

(1)报告期末股东总数为46401户。
(2)公司前十名股东持股情况(截止1999年12月31日)

股东名称	持股数(股)	占总股本比例(%)	股份性质
1 黄石康赛实业发展有限公司	64049456	52.61	法人股份
2 襄阳汽车	4968000	4.08	法人股份
3 国泰湖北	2484000	2.04	法人股份
4 中保财险	2484000	2.04	法人股份
5 涌金财金	1000000	0.82	法人股份
6 冯姣枝	597059	0.49	上市流通股份
7 社会帮困	558080	0.46	上市流通股份
8 陈鹏飞	300000	0.25	上市流通股份
9 薛顺仙	228808	0.19	上市流通股份
10 吴　思	220000	0.18	上市流通股份

江苏索普化工股份有限公司

一、公司简介

1、公司名称:江苏索普化工股份有限公司

英文名称:JIANGSU SOPO CHEMICAL CO.LTD

2、公司法定代表人:宋勤华

3、公司董事会秘书:许逸中

联系地址:江苏省镇江市谏壁镇越河街50号

电话:(0511)-3366244　传真:(0511)-3362036

电子信箱:suopo@pub.zj.jsinf.net

4、公司注册地址:江苏省镇江市谏壁镇越河街50号

公司办公地址:江苏省镇江市谏壁镇越河街50号　邮政编码:212006

电子信箱:suopo@pub.zj.jsinf.net

5、公司选定的信息披露报纸为《上海证券报》

登载公司年度报告的中国证监会指定国际互联网网址为:http://www.sse.com.cn

公司年度报告备置地点:本公司

6、公司股票上市交易所:上海证券交易所

股票简称:江苏索普　股票代码:600746

二、会计数据和业务数据摘要

1、本年度主要利润指标 (单位:元)

利润总额	24558291.21
净利润	18707148.39
扣除非经常性损益后的净利润	13329660.03
主营业务利润	27699438.90
其它业务利润	88333.96
营业利润	13528950.47
投资收益	6674760.26
补贴收入	3191532.45
营业外收支净额	1163048.03
经营活动产生的现金流量净额	16054729.44
现金及现金等价物净增加额	1442944.74

说明:扣除非经常性损益情况:

① 新股申购冻结资金利息	1989386.60
② 固定资产盘盈	582326.24
③ 所得税返还	3191532.45

2、公司前三年的主要会计数据和财务指标:

项目	1999年	1998年		1997年	
		调整前	调整后	调整前	调整后
主营业务收入(万元)	20415.11	21186.17	21186.17	20676.01	20676.01
净利润(万元)	1870.71	2272.63	2541.61	2121.54	1989.93
总资产(万元)	30912.78	27689.56	27024.46	24593.32	23659.23
股东权益(不含少数股东权益)(万元)	22672.99	21169.22	20504.13	19297.42	18363.34
每股收益(元/股)	0.1195	0.1742	0.1948	0.28	0.2631
每股收益(元/股)(加权)	0.1195	0.1742	0.1948	0.31	0.2631
扣除非经常性损益后的每股收益(元/股)	0.0851	0.123	0.144	0.199	0.181
每股净资产(元/股)	1.448	1.623	1.572	2.55	2.43
调整后的每股净资产(元/股)	1.418	1.578	1.521	2.49	2.36
每股经营活动产生的现金流量净额(元/股)	0.1026	0.542	0.542		
净资产收益率(%)	8.25	10.74	12.40	10.98	10.84
净资产收益率(%)(加权)	8.67	11.23	12.77	11.64	11.20

计算公式如下:

每股收益=净利润/报告期末普通股股份总数

每股净资产=报告期末股东权益/报告期末普通股股份总数

净资产收益率=净利润/报告期末股东权益×100%

调整后每股净资产=(报告期末股东权益-三年以上的应收款项-待摊费用-待处理(流动、固定)资产净损失-开办费-长期待摊费用)/报告期末普通股股份总数

每股经营活动产生的现金流量净额经营活动产生的现金流量净额/年度末普通股 股份总数

3、报告期股东权益变动情况 (单位:万元)

项目	股本	资本公积	盈余公积	法定公益金	未分配利润	合计
期初数	13045.66	5055.55	1241.67	620.84	1161.25	20504.13
本期增加	2609.13	298.15	374.14	187.07	1870.71	5152.13
本期减少		1304.56			1678.71	2983.27
期末数	15654.79	4049.14	1615.81	807.91	1353.25	2672.99

1、股本增加原因为本年以10:1派发红股,以10:1用资本公积金转增股本。

2、资本公积金增加原因为接受捐赠资产,减少原因为10:1转增股本。

3、盈余公积、法定公益金增加数是本期利润按规定计提额。

4、未分配利润变动原因为本期利润增加,以及以10:1派发红股而减少。

三、股本变动及股东情况

(1)报告期末公司股东总数3218人。

(2)公司前10名股东持股情况

单位:股

股东名称	年度内股份增减(+、-)情况	年末持股数	持有比例(%)
①江苏索普(集团)有限公司	+18546155	111276990	71.08
②王晓枫	1046540		0.67
③林利中	1043154		0.67
④镇江精细化工有限公司	+163013	978076	0.62
⑤镇江市第二化工厂	+163013	978076	0.62
⑥镇江硫酸厂	+163012	978074	0.62
⑦黄增春	907439		0.58
⑧李金英	902408		0.58
⑨信博公司	784206		0.56
⑩王艳红	753571		0.48

大连大显股份有限公司

一、公司简介

1、公司法定中文名称:大连大显股份有限公司

公司法定英文名称:DALIAN DAXIAN CO.,LTD　缩写:DXGF

2、公司法定代表人:刘秉强

3、公司董事会秘书:王忠全;授权代表:原隆欣

电话:0411-6428775-992 0411-6428612　传真:0411-6428328

4、公司注册地址:辽宁省大连市甘井子区革镇堡

公司办公地址:辽宁省大连市甘井子区革镇堡

邮政编码:116035

E-mail:dxdl@mail.dlptt.ln.cn

网址 http://www.dxdl.com

5、公司选定的信息披露报纸:上海证券报、中国证券报

登载公司年报的指定,网址:http://www.sse.com.cn

公司年报备置地点:公司证券投资部

6、公司股票上市地:上海证券交易所

股票简称:大显股份　股票代码:600747

二、会计数据和业务数据摘要

1、本年度主要利润指标情况　单位:人民币元

利润总额:	100641293.52
净利润:	84309514.51
扣除非经常性损益后的净利润:	80441425.20
主营业务利润:	157466444.22
其它业务利润:	567625.32
投资收益:	14500694.17
补贴收入:	8041.00
营业外收支净额:	3309807.29
经营活动产生的现金流量净额:	70251555.51
现金及现金等价物净增加额:	123150881.77

2、主要会计数据和财务指标　单位:人民币元

年度项目	1999年	1998年		1997年	
		调整前	调整后	调整前	调整后
主营业务收入(元)	482005158.42	409377805.69	409377805.69	333588670.27	333588670.27
净利润(元)	84309514.51	77433019.90	74899571.45	42460150.40	32143024.15
总资产(元)	1208064904.33	820897243.84	806554519.52	568922366.47	557478214.45
股东权益(元)	672119212.12	601269421.06	588418846.36	306028177.36	295711051.11
每股收益(元/股)	0.34	0.47	0.45	0.33	0.25
每股收益(元/股)(加权)	0.45	0.53	0.53	0.33	0.25
扣除非经常活动损益的每股收益(摊薄)	0.32	0.44	0.42	0.30	0.22
每股净资产(元)	2.71	3.64	3.56	2.38	2.30
调整后的每股净资产(元)	2.67	3.60	3.52	2.31	2.23
净资产收益率(%)	12.45	12.88	12.73	13.87	10.87
每股经营活动产生的现金流量净额(元/股)	0.28	0.72	0.72		

:扣除非经常性损益项目和涉及金额:

项目	涉及金额(人民币元)
营业外收入	3643938.12
其中:新股申购冻结资金利息	3196086.80
其他	447851.32
营业外支出	334130.83
补贴收入	8041.00
股权转让收入	4000000.00
摊销长期投资股权投资差额	2767154.98
以上非经常性损益合计	4550693.31

3、股东权益变动情况　单位:人民币元

项目	股本	资本公积	盈余公积	其中:公益金	未分配利润	合计
期初数	165351000	241803272.08	58364561.67	9940165.02	122900012.61	588418846.36
本期增加	82675500	0	14389561.11	4630770.52	69310804.64	83700365.76
本期减少	0	82675500.00	0	0	0	0
期末数	248026500	159127772.08	72754122.78	14570935.54	192210817.26	672119212.12

三、股本变动和股东情况

1、股本变动和主要股东持股情况　数量单位:股

	期初数	本次变动增减(+、-)	期末数小计
一、尚未流通股份			
1、发起人股份			
其中:国家拥有股份	93600000	46800000	140400000
2、募集法人股	6075000	3037500	9112500
3、内部职工股	16926000	8463000	0
4、优先股或其他尚未流通股份合计	116601000	58305000	149512500
二、已流通股份			
1、境内上市的人民币普通股	48750000	24375000	98514000
已流通股份合计	48750000	24375000	98514000
三、股份总数	165351000		248026500

2、股东情况介绍

截止1999年12月31日股东总数为24456户。

公司前十名股东持股情况如下:

股东名称	年末持股数(股)	占总股本比例(%)
(1)大连大显集团有限公司	140400000	56.60
(2)汉盛基金	8156790	3.29
(3)大连工行	2925000	1.18
(4)连鑫商贸	2475000	1.00
(5)南京显象管厂	2250000	0.91
(6)久青物业	1705693	0.69
(7)上海永新	1462500	0.59
(8)青松公司	1132049	0.46
(9)宝鼎基金	1113000	0.45
(10)久青房产	1042549	0.42

上海浦东不锈薄板股份有限公司

(一) 公司简介

1、公司法定中、英文名称及缩写
公司法定中文名称:上海浦东不锈薄板股份有限公司
公司法定英文名称:SHANGHAI PUDONG STAINLESS SHEETCO.,LTD.
英文缩写:SPSS
2、公司法定代表人:朱铧
3、公司董事会秘书:阚兆森
授权代表:陈水林
联系地址:上海市浦东新区上南路 300 号
电话:(021)58723089
传真:(021)68630598
4、公司注册地址:上海市浦东新区上南路 300 号
公司办公地址:上海市浦东新区上南路 300 号
邮政编码:200126
公司电子信箱:spssa@shtel.net.cn
5、公司选定的信息披露报纸:上海证券报
登载公司年度报告的国际互联网网址:http://www.sse.com.cn
公司年度报告备置地点:上海浦东不锈薄板股份有限公司证券办公室
6、公司股票上市交易所:上海证券交易所
股票简称:浦东不锈　股票代码:600748

(二) 会计数据和业务数据摘要

1、本年度主要利润指标情况:　单位:元

利润总额	26718118.83
净利润	24234014.82
扣除非经常性损益后的净利润	16734366.40
主营业务利润	24726916.09
其它业务利润	21141806.70
营业利润	15251452.24
投资收益	2808000.00
补贴收入	202949.19
营业外收支净额	8455717.40
经营活动产生的现金流量净额	−38377850.41
现金及现金等价物净增加额	4424114.23

2、主要会计数据和财务指标(合并报表)

项目	1999 年	1998 年(调整后)	1998 年(调整前)	1997 年
主营业务收入(元)	330206646.19	512576259.80	512576259.80	730328983.69
净利润(元)	24234014.82	92668191.35	108512363.65	98453248.54
总资产(元)	1242911270.87	1202878734.52	1255305680.04	783194597.93
股东权益(元)	1049452917.57	1025218902.75	1075190835.71	707445571.53
每股收益(元/股)(摊薄)	0.041	0.252	0.296	0.37
每股净资产(元/股)	1.786	2.792	2.930	2.68
净资产收益率(%)(摊薄)	2.31	9.04	10.09	13.92
调整后的每股净资产(元/股)	1.786	2.79	2.930	2.68
每股经营活动产生的现金流量净额	−0.065	−0.294	−0.294	
加权平均每股收益(元/股)	0.041	0.294	0.345	0.37
加权平均净资产收益率(%)	2.34	11.452	12.790	14.96

注 1. 非经常性损益是公司本年度获得的堤防费补贴及子公司增值税补贴和申购冻结资金利息摊销,共计 7,499,648.42 元。

注 2.扣除非经常性损益后,每股收益 0.028 元/股。

主要财务指标计算方法:

每股收益=净利润/年度末普通股股份总数

每股净资产=年度末股东权益/年度末普通股股份总数

净资产收益率=净利润/年度末股东权益×100%

调整后的每股净资产=(年度末股东权益-三年以上的应收款项净额-待摊费用-待 处理流动、固定资产净损失-开办费-长期待摊费用-住房周转金负数余额)/年度末普 通股股份总数

每股经营活动产生的现金流量净额=经营活动产生的现金流量净额/年度末普通股股份总数

加权平均每股收益=当期净利润÷[期末普通股股份总数÷(1+配股比例或增发新 股比例)+期末普通股股份总数÷(1+配股比例或增发新股比例)×配股比例或增发新股比例×缴款结束日下一月份至报告期末的月份数/12]

加权平均净资产收益率=当期净利润÷[(期初净资产+期末净资产)÷2 当期发行 新股或配股新增净资产×(自缴款结束日下一月份至报告期末的月份数−6)÷12]

3、报告期内股东权益变动情况

项目	股本	资本公积	盈余公积	法定公益金	未分配利润	股东权益合计
期初数	367213527	534599617.18	50411536.91	20142509.02	72994221.66	1025218902.75
本期增加	220328116		6577310.97	2594436.49	17656703.85	24234014.82
本期减少	–	110164058.00	–	–	110164058.00	–
期末数	587541643	424435559.18	56988847.88	22736945.51	−19513132.49	1049452917.57
变动原因	送股、增股	转增股	按规定提取	按规定提取	送股及调整	当年净利润

(三)股东情况介绍

(1)报告期末股东总数为 96107 户。

(2)主要股东持股情况(截止 1999 年 12 月 31 日):　单位:股

序号	股东名称	期末持股数	期内增减	占总股本(%)
1	浦钢公司(国有法人股)	345671808	129626928	58.83
2	上海冶控(国家股)	84899814	31837430	14.45
3	哈里实业	758068	/	0.13
4	哈里投资	687800	/	0.12
5	刘娅	280000	/	0.05
6	葛文荣	234400	/	0.04
7	陈福康	232362	/	0.04
8	裴素华	200975	/	0.03
9	杨延红	200759	/	0.03
10	邹世霖	200411	/	0.03

注:①持有 5%以上的国家股上海冶金控股(集团)公司和国有法人股上海浦东钢铁(集团)有限公司所持有的股份无质押、冻结。

西藏圣地股份有限公司

一、公司简介

一、公司法定中文名称:西藏圣地股份有限公司
公司法定英文名称:TIBET SHENGDI CO,LTD
二、公司法定代表人:苏平(藏族)
三、董事会秘书:谢勤
授权代表:黄继权
联系电话:(0891)6339150　传真:(0891)6339041
联系地址:西藏自治区拉萨市林廓东路 6 号
四、公司注册地址和办公地址:西藏自治区拉萨市林廓东路段 6 号
邮编:850000
公司国际互联网网址:Http:// www.tibet-shengdi.com
电子信箱:tsdc@public.ls.xz.cn
五、公司选定的信息披露报纸名称:《中国证券报》、《上海证券报》
刊登公司年报的指定网址:http//www.sse.com.cn
公司年度报告备置地点:公司证券部
六、公司股票上市交易所:上海证券交易所
股票简称:西藏圣地　股票代码:600749

二、会计数据和业务数据摘要

1、公司本年度主要利润指标情况:(单位:元)

利润总额	561413.12
净利润	849773.48
扣除非经常性损益后的净利润	−1474523.46
主营业务利润	18934144.79
其他业务利润	–
投资收益	13587.66
补贴收益	–
营业外收支净额	2298389.16
经营活动产生的现金流量净额	1698628.59
现金及现金等价物净增加额	4537975.91

2、公司前三年的主要会计数据和财务指标(单位:元)

指标	1999 年	1998 年		1997 年	
		调整前	调整后	调整前	调整后
主营业务收入	42777254.30	38478878.62	38478878.62	29135180.50	29135180.50
净利润	849773.48	7478452.74	4263402.58	9112973.35	5370973.35
总资产	193171185.07	183172648.42	171847596.19	153490469.40	149748469.40
股东权益	104309564.23	114985537.48	103459790.75	107507084.74	103765084.74
每股收益	0.011	0.094	0.053	0.18	0.11
每股净资产	1.30	1.44	1.40	2.18	2.15
调整后的每股净资产	1.15	1.38	1.34	2.15	2.12
每股经营活动产生的现金流量净额	0.021	−0.058	−0.058	0.007	0.007
净资产收益率(%)	0.8	6.50	3.81	8.34	5.18

说明:扣除非经常性损益后的净利润所扣除项目系新股申购冻结资金利息 2,324,296.94 元。

财务指标计算公式如下:

每股收益=净利润/年度末普通股股份总数

每股净资产=年度末股东权益/年度末普通股股份总数

净资产收益率=净利润/年度末股东权益×100%

调整后的每股净资产=(年度末股东权益-三年以上的应收款项净额-待摊费用-待 处理(流动、固定)资产净损失-开办费-长期待摊费用-住房周转金负数余额)/年度末 普通股股份总数

每股经营活动产生的现金流量净额=经营活动产生的现金流量净额/年度末普通股股份总数

3、报告期内股东权益变化情况(单位:万元)

项目	股本	资本公积	盈余公积	法定公益金	未分配利润	股东权益合计
期初数	8000	2472	227	76	−353	10346
本期增加	–	–	13	4	85	98
本期减少	–	–	–	–	13	13
期末数	8000	2472	240	80	−281	10431

说明:(1)期初数均为计提资产减值准备追溯调整后的数据。

(2)变动原因:

①报告期内盈余公积增加 13 万元,其中法定公益金增加 4 万元,系法定盈余公积金 和公益金分别按税后利润 849,773.48 元的 10%和 5%计提。

②未分配利润:本年实现净利润 849,773.48 元,计提盈余公积 127,466.03 元。

三、股本变动及股东情况

1、股东数量:截止 1999 年 12 月 31 日,本公司股东总数 13009 户。

2、主要股东持股情况(前十名)(数量单位:股)

股东名称	期初持股数	期末持股数	持股比例
(1) 拉萨啤酒		22856035	28.57%
(2) 西藏国际体育旅游公司	16017606	16017606	20.02%
(3) 西藏交通工业总公司	5370974	5370974	6.72%
(4) 西藏西农集团	4072992	4072992	5.09%
(5) 西藏信托投资公司	4072992	4072992	5.09%
(6) 四川鑫盛		3202100	4%
(7) 西南边贸	407301	407301	0.51%
(8) 江碧玉		311530	0.39%
(9) 姚传碧		266500	0.33%
(10)金鑫基金		246611	0.31%

3、持股 10%以上法人股东简介

拉萨啤酒股份有限公司法定代表人:王健经营范围:生产销售啤酒、饮料、饲料、养殖业、娱乐服务。持有本公司的股份没有质押和冻结情况。

西藏国际体育旅游公司法定代表人:苏平经营范围:旅游接待、运输、广告、电子通讯等。持有本公司的股份没有质押和冻结情况。

4、报告期内控股股东变更情况

由于本公司原大股东四川省经济技术协作开发公司与四川省信托投资公司存在债务纠纷,根据四川省高级人民法院民事裁定书(1998)川执字第 16-2 号裁定书裁定,将四川省经济技术协作开发公司所持有的西藏圣地股份 22856035 万股强制转让予拉萨啤酒股份有限公司,由此拉萨啤酒成为本公司第一大股东,有关信息披露于 12 月 8 日《中国 证券报》、《上海证券报》。

江西东风药业股份有限公司

江西东风药业股份有限公司1999年年度报告摘要

一、公司简介

1、公司法定中文名称:江西东风药业股份有限公司
公司英文名称:JIANGXI DONGFENG PHARMACEUTICAL CO.,LTD　缩写:DFPC
2、法定代表人:钟虹光
3、公司董事会秘书:杨人彦　董秘授权代表:王晨曦
联系地址:江西省乐平市东风路15号
电话:0798-6803483　传真:0798-6803406　E-Mail:dfzqb@163.net
4、注册、办公地址:江西省乐平市东风路15号　邮政编码:333300
公司网址:Http://www.chinaexporter.com/cpmps/jiangxi/dongfeng/
E-Mail:jxdfp@public1.jdptt.jx.cn
5、公司选定的信息披露报纸:《上海证券报》
登载公司年度报告的中国证监会指定国际互联网网址: Http://www.sse.com.cn
年度报告备置地点:公司证券部
6、公司股票上市交易所:上海证券交易所
股票简称:东风药业　股票代码: 600750

二、会计数据和业务数据摘要

1、本年度主要利润指标情况　(单位:元)

项　目	1999年度
利润总额	52494050.81
净利润	37439529.82
扣除非经常性损益后的净利润	46844106.72
主营业务利润	31534146.70
其他业务利润	45758623.99
营业利润	52068875.86
投资收益	-2308075.19
营业外收支净额	-5478306.77
经营活动产生的现金流量净额	-21894242.71
现金及现金等价物净增加额	124327550.87

注:扣除非经常性损益项目和涉及金额
(1) 中国新技术创业投资公司信托存款损失:4,917,670.35元
(2) 资产处置损失: 4,486,906.55元

2、主要会计数据及财务指标:

项　目	单位	99年	98年		97年	
			调整前	调整后	调整前	调整后
主营业务收入	元	130097647	184969269	184969269	218639022	218639022
净利润	元	37439529	33685773	31084381	25283803	20540682
总资产	元	677533763	421281804	415530955	410895331	406153210
股东权益 (不含少数股东权益)	元	516075683	277859665	270516153	244173892	239431772
每股收益	元	0.256	0.27	0.25	0.21	0.16
每股净资产	元	3.53	2.23	2.17	1.97	1.92
调整后的每股净资产	元	3.52	2.20	2.14	1.96	1.91
每股经营活动产生的现金流量净额	元	-0.15	-0.09	-0.09		
净资产收益率	%	7.25	12.12	11.49	10.63	8.57
本报告期按加权平均法计算的每股收益:		0.29				
本报告期扣除非经常性损益后的每股收益:		0.32				

注:主要财务指标计算方法:
每股收益=净利润/年度末普通股股份总数
每股净资产=年度末股东权益/年度末普通股股份总数
调整后的每股净资产=(年度末股东权益-三年以上的应收款项净额-待摊费用-待处理(流动、固定)资产净损失-开办费-长期待摊费用-住房周转金负数余额)/年度末普通股股份总数
每股经营活动产生的现金流量净额=经营活动产生的现金流量净额/年度末普通股股份总数
净资产收益率=净利润/年度末股东权益×100%
加权平均每股收益=当期净利润/[期末普通股股份总数/(1+配股比例)+期末普通股股份总数/(1+配股比例)×配股比例×缴款结束日下一月份至期末的月份数/12]

3、报告期内股东权益变动情况及变化原因

项　目	股本	资本公积	盈余公积	其中:公益金	未分配利润	股东权益合计
期初数	124800000	58661640.65	13504998.78	6752499.39	46549514.03	270516153
本期增加	21312000	186808000	7487905.96	3743952.98	29951623.86	245559529
本期减少						
期末数	146112000	272469640.65	20992904.74	10496452.37	76501137.89	516075683

变动原因:(1)股本增加是因为实施了配股,其中:国有法人股增加6,912,000股,流动股增加14,400,000股,共计增加股本21,312,000股;
(2)资本公积增加均为实施配股后溢价所致;
(3)盈余公积增加是因为本期提取10%公积金和10%的公益金所致;
(4)未分配利润增加是本期实现利润所致;
(5)股东权益本期增加是因为实施配股和实现净利润所致。

三、股本变动及股东情况介绍

1、股本
数量单位:万股

	期初数	本次变动增减(+,-)						期末数
		配股	送股	公积金转股	增发	其他	小计	
一、未上市流通股份								
发起人股份	7680	691.20					691.20	8371.20
其中:								
国家持有股份	7680	691.20					691.20	8371.20
未上市流通股份合计	7680	691.20					691.20	8371.20
二、已上市流通股								
人民币普通股	4800	1440					1440	6240
已上市流通股份合计	4800	1440					1440	6240
三、股份总数	12480	2131.20					2131.20	14611.20

2、股本变动情况
(1)至本报告期末,公司股东总户数为15462户
(2)持有本公司5%(含5%)以上股份的股东以及公司前10名股东的持股情况:

名次	股东名称	期末持股数(股)	总股本比例(%)
1	江中制药(集团)有限公司	83712000	57.29
2	海通证券	4459850	3.05
3	景宏基金	1324057	0.91
4	久茂中心	1321135	0.90
5	祁艳霞	938400	0.64
6	海通天津	863428	0.59
7	栾爱凤	779385	0.53
8	沪财嘉定	706435	0.48
9	外经开发	661586	0.45
10	久有房产	598650	0.41

(3)江中制药(集团)有限责任公司持有公司国有法人股8371.2万股,占公司总股本的57.29%。

四、股东大会简介

1、股东大会的通知、召集、召开情况:
报告期内,公司共召开了3次股东大会(其中2次为临时股东大会),股东大会的通知、召集、召开,均按有关法规要求规范进行。
2、股东大会通过或否决的决议,决议刊登的信息披露报纸及披露日期:
(1) 1999年4月22日,公司召开1998年度股东大会
会议决议事项于1999年4月24日刊登于《上海证券报》。
(2) 1999年11月18日,公司召开临时股东大会
会议决议事项于1999年11月19日刊登于《上海证券报》。
(3)1999年12月23日,公司召开通讯表决临时股东大会
会议决议事项于1999年12月24日刊登于《上海证券报》。

五、董事会报告

1、公司经营情况
(1) 公司所属行业及在行业中的地位:
本公司属医药制药行业,主要从事抗生素原料药、抗生素制剂、医药中间体,中成药制剂的生产和销售,是我国南方区域重要的抗生素生产企业。公司在1999年全国139家化学医药工业重点企业排名中,产值列97位,销售收入列92位,利润总额列16位。(摘自中国医药工业公司、中国化学制药工业协会编《医药工业简报》2000年第2期)
(2) 公司主营业务的范围及其经营状况:
公司主营抗生素原料药、抗生素制剂及中成药,1999年,国内抗生素市场仍处于持续低迷期,由于受进口药物的冲击和国内青霉素市场无序竞争的影响,青霉素产品的国内市场价格持续下跌。1999年公司主营业务收入13010万元,比上年减少29.67%,主营业务利润3153万元,比上年增长7.6%,1999年公司主营业务收入和主营业务利润构成如下:

品　种	销售收入(万元)	利润(万元)	占主营业务收入比例(%)	占主营业务利润比例(%)
青霉素针剂	5464	635	42.01	20.14
青霉素原料药	3152	94	24.23	2.98
中药制剂	4133	2238	31.77	70.48
其　他	261	189	2.01	5.90
合　计	13010	3153	100	100

(3)在经营中出现的问题与困难及解决方案。
近年来,由于国内各生产企业盲目扩大生产规模,竞相压价销售,致使青霉素市场价格一路下跌,国内抗生素市场持续疲弱,本公司产品受到较大冲击。
针对以上情况,公司一方面加大产品结构调整的力度,进一步加强内部管理,努力降低生产成本;另一方面及时调整销售渠道,拓展销售网点,着力提高品牌竞争力,至报告期末,公司各销售指标均有所改善,预计下一年度将有良好表现。
2、公司财务状况　(金额单位:元)

指标项目	1999年	1998年	增减比例
资产总额	677533763.33	415530955.04	63.05%
长期负债	25000000	53000000	-52.84%
股东权益	516075683.28	270516153.46	90.77%
主营业务利润	31534146.70	29306623.30	7.6%
净利润	37439529.82	31084381.27	20.44%

变动原因:
(1)总资产比上年增加主要原因有二:其一是实施了配股使公司资产增加了21312万元;其二是净利润增加所致。
(2)长期负债比上年减少2800万元,其中归还了到期借款1000万元,一年内到期的借款1800万元转入流动负债。
(3)股东权益增加是实施配股和净利润增加所致。
3、公司投资情况
本报告期内实施配股共募集资金14,400万元,扣除发行费用后,实际募得资金13900万元,本期配股资金未使用。前次募集资金延续到本期使用的1403万元,本期实际使用325.27万元。原存入中国新技术创业投资公司的信托存款9,817,344.92元,经中国人民银行关闭中创投资公司清算组确认金额为4,899,674.57元,本期末已转入其他应收款,其差额已记入本期损益。故而募集资金至本期末实存货币资金为13,996万元。
具体使用情况如下:
(1)720吨普鲁卡因青霉素及制剂项目本期投入512.64万元,累计投入9,002.64万元,工程进度51.89%,该项目受产品市场影响工程进度缓慢,未能如期完工,?已完工的制剂子项目已于1999年

12 月整体与江中制药(集团)有限责任公司的胶囊生产线进行了置换。

(2)热动冷联产节能项目,本期投入 317.41 万元,累计投入 1,829.41 万元,由于青霉素发酵子项目的停建,相继配套的本项目同时调减,因而该项目现已完工。

(3)已完工的 200 吨氨苄西林钠项目已整体于 1999 年 12 月与江中制药(集团)有限责任公司的生物工程车间等相关资产进行了置换。

4、新年度的业务发展计划

(1)进一步扩大中成药的生产经营力度,在原有片剂、胶囊的基础上增加中成药颗 粒剂的生产线。

(2)进一步降低青霉素针剂的生产成本,保持和扩大市场占有份额。

(3)继续调整产品结构,增加抗生素新型制剂品种。

(4)扩大销售队伍,新增终端促销网络,力争全公司的销售额较 99 年有较大增长。

(5)运用信息网络技术改进传统销售体系,增强企业的竞争力。

(6)依托于集团公司国家级企业技术中心和博士后工作站的科技优势,加快新产品开发,2000 年将推出 1 至 2 个新产品,为 2001 年的继续发展打下基础。

(7)高效实施配股资金的建设项目,使之尽快投产,早日产生效益。

5、董事会日常工作情况

(1) 报告期内董事会的会议情况及决议内容:

报告期内,公司共召开 8 次董事会会议,有关决议情况如下:

①1999 年 3 月 16 日召开第一届第十次董事会,会议审议通过了(a)1998 年年度报告;(b)1998 年度董事会工作报告;(c)总经理业务报告;(d)98 年度财务决算及利润分配方 案;(e)关于中止收购江西上饶制药厂的议案;(f)关于董事会成员调整的预案;(g)关于召开股东大会的有关事项。

②1999 年 4 月 15 日召开第一届第十一次董事会,会议审议通过了:(a)关于确认公司配股方案符合证监会"配股通知"规定的决议;(b)关于本次配股募集资金运用的可行性问题;(c)关于配股价格定价方法的说明;(d)前次募集资金使用说明。

③1999 年 4 月 22 日召开第一届第十二次董事会,会议选举钟虹光先生为董事会董事长,聘任易敏之为公司总经理,许滇雄先生不再担任总经理职务。

④1999 年 6 月 15 日召开第一届第十三次董事会、会议审议通过了关于以江中制药(集团)有限责任公司已通过 GMP 认证的胶囊生产线和生物工程车间以及相关资产与公司全资子公司东明药业有限责任公司的全部资产进行整体置换的决议。

⑤1999 年 7 月 17 日召开第一届第十四次董事会, 会议审议通过了:(a) 公司 1999 年中期报告;(b)1999 年中期分配方案;不进行利润分配,也不以公积金转增股本。

⑥1999 年 10 月 14 日召开第一届第十五次董事会,会议审议通过了:(a)董事会换届 改选议案;(b)调整董事会及总经理对外投资决策受权范围的方案;(c)关于资产委托经营终止的议案;(d)关于召开临时股东大会的有关事项。

⑦1999 年 11 月 18 日召开了第二届第一次董事会,会议审议通过了如下决议:(a)选 举钟虹光先生担任第二届董事会董事长;(b)聘任何行真先生为公司总经理,许金发先 生为公司副总经理;(c)聘任杨人彦先生为董事会秘书,乐珍荣先生为财务负责人;(d) 审议通过了《董事会议事规则》;(e)审议通过关于设立子公司的议案;(f)审议通过章 程部分条款修改的议案;(g)决定召开 99 年度第二次临时股东大会的有关事宜。

⑧1999 年 12 月 28 日召开了第二届第二次董事会,会议审议通过了如下决议:(a)关 于调减青霉素生产计划,并对相关的 3104 万元固定资产予以暂封存的议案;(b)通过聘 任高级管理人员的议案:经总经理提名,聘任乐珍荣先生为总会计师。

(2)公司 1999 年度增资配股方案业江中国证监会(99)87 号文核准,并已实施完毕。股权登记日为 9 月 29 日,除权基准日为 9 月 30 日,配股缴款起止日为 9 月 30 日至 10 月 20 日,经上海证券交易所批准,获配新增的社会公众股可流通部分已于 12 月 6 日上市交易。

6、董事、监事、高级管理人员情况:

(1)现任董事、监事、高级管理人员情况:

单位:股

		性别	年龄	年初持股数	年末持股数
董事长	钟虹光	男	42	0	0
董　事	易敏之	男	43	0	0
董　事	万素娟	女	47	0	0
董　事	许金发	男	37	0	0
董　事	廖礼村	男	48	0	0
董　事	刘旭海	男	38	0	0
董　事	张　浩	男	38	7000	2100
董　事	董寿法	男	46	7000	2100
董　事	杨建坤	男	46	0	0
监事长	陈富香	女	50	0	0
监　事	何孝平	男	50	0	0
监　事	罗万根	男	52	2000	2600
总会计师	乐珍荣	男	42	6000	7800
董事会秘书	杨人彦	男	51	4000	5200

以上董事、监事和高管人员持股数发生变化,系报告期内公司实施 10:3 配股增加 的股份,其中部份董事股份变动的原因系 99 年 4 月 22 日辞去董事职务后已解锁流通,99 年 11 月 18 日再度担任董事职务后按规定重新予以锁定的股份。

② 公司董事、监事、高级管理人员年度报酬

公司董事、监事、高级管理人员年度报酬的区间范围为:

1 万元以下的 5 人,1 万至 2 万的 1 人,2 万至 4 万的 8 人。

③ 在本报告期内,离任的董事、监事、高级管理人员姓名及离任原因:

a.在报告期内,?4 月 22 日股东大会审议通过:杨秋林、周福祥、张浩、?寿法、胡 建华不再担任董事职务;

b.经 11 月 18 日临时股东大会审议通过:洪广祥、吕辉章、许滇雄、杜文生、裘雨 占、吴培锋辞去董事职务,王培任、曹鸿霞辞去监事职务,变动的原因系董事会、监事会换届改选。

④ 解聘公司以理、董事会秘书的情况:

a.1999 年 4 月 22 日,许滇雄先生辞去总经理职务,董事会聘任易敏之先生为公司总 经理。

b.1999 年 11 月 18 日,因工作变动易敏之不再担任总经理职务,董事会聘任何行真为总经理,报告期内无解聘董事会秘书情况。

7、本次利润分配预案或资本公积金转增股本预案

1999 年度公司共实现净利润 37,439,529.82 元, 提取 10%的法定公积金 3,743,952.98 元, 提取 10%法定公益金 3,743,952.98 元,本年度可供股东分配的利润为 29,951,623.86 元,加上年度未分配利润 46,549,514.03 元,1999 年度实际可供股东分配的利润为 76,501,137.89 元, 鉴于公司目前处于发展期,资金需求量大,为求得公司长期稳健发展,?董事会研究 1999 年度不进行利润分配,也不以资本公积金转增股本。

8、公司选定的信息披露报纸为《上海证券报》

六、监事会报告

根据《公司法》和公司章程赋予的职权,1999 年度公司监事会主要对公司的依法 运作情况、募集资金投向、财务状况和董事会提交股东大会的报告进行了检查,并监督了董事会和经营班子人员遵守法律、法规以及公司章程和执行股东大会决议的情况。公司监事会列席了历次董事会并召开了二次监事会会议:1999 年 7 月 17 日召开一届七次监事会, 会议审议了公司 1999 年中期报告;1999 年 10 月 14 日召开一届八次监事会,会 议审议了监事会关于换届改选的预案。

公司监事会认为:

1、公司在 1999 年内能够依法规范运作,决策程序合法,内部控制制度日益完善。 经董事会审议通过的有关计提资产减值准备的决议程序合法、依据充分。

2、公司董事及经营班子能够守法经营,认真执行股东大会决议,未见违反公司法 、公司章程及损害股东员工利益的行为。

3、虽然由于青霉素市场的持续低迷影响了公司主导产品的市场销路,严重影响了公司业绩增长,为避免公司业绩滑坡,一方面公司通过"限产压库"等措施降低?济损失;另一方面,通过资产重组,加速产品结构的调整,并以托管经营江中优质资产的形式确 保了公司经营业绩的增长。1999 年 10 月公司顺利实施了 1999 年增资扩股工作,将江中 制药厂的优质资产注入了公司,大大增强了公司的盈利能力。整个配股工作合法有序 进行,为公司未来的发展提供了良好的条件。配股资产进入股份公司之前,公司以受托经营的形式获得该部分资产的收益,公司为此向大股东定期支付管理费用,托管经营公正、公平。

4、公司董事会为优化公司资产结构,提高资产总体质量,实现公司长远发展战略,决定将下属全资子公司江西东明药业有限责任公司与江中制药(集团)有限责任公司已通过 GMP 认证的胶囊生产线和生物工程车间及相关资产进行整体置换,为公司改善资产结构,促进公司业绩增长奠定了基础。

5、公司 1999 年进行的关联交易均以公允的市场价格或协议价格为依据, 对公司利益并无损害。

6、经江西恒信会计师事务所审定的公司 1999 年度财务报告是客观公正的,真实反映了公司的财务状况和经营成果。

七、重要事项

1、重大诉讼、仲裁事项:

本公司诉南昌对外经贸实业公司昌粤发展公司偿还公司损失 300 万元及利息案业 经南昌市中级人民法院(1998)洪经初字第 180 号民事判决书判决:被告南昌市对外经贸实业公司昌粤发展公司赔偿本公司损失 300 万元及其利息,此判决目前正在执行中。

2、报告期内,公司董事及高级管理人员无受监管部门处罚的情况。

3、报告期内,经年度股东大会审议通过,公司调整了董事会部分成员,杨秋林、周福祥、张浩、董寿法、胡建华不再担任董事职务,11 月 18 日,经公司临时股东大会审议 通过,公司董事会进行了换届改选,洪广祥、吕辉章、许滇雄、杜文生、裘雨占、吴培锋不再担任董事职务;许滇雄先生于 99 年 4 月 22 日辞去总经理职务,董事会聘任易敏之 先生任总经理。99 年 11 月 18 日公司第二届第一次董事会聘任何行真先生为公司总经理,易敏之先生因工作变动不再担任总经理职务。

报告期内,公司无解聘董事会秘书情况。

4、报告期内,公司收购及出售资产、吸收合并事项

经公司第一届第十三次董事会审议,公司以下属全资子公司江西东明药业有限责 任公司与江西江中制药(集团)已通过 GMP 认证的胶囊生产线及生物工程车间及其相关 资产进行整体置换,经江西中昊会计师事务所有限责任公司立项评估, 并经江西省国有资产管理局赣国资评字(1999)194 号和 195 号确认,本公司已与江西江中制药(集团)有 限责任公司于 1999 年 12 月 30 日签署双方置换协议书,根据协议规定,江西东明药业有限责任公司以经确认的净资产 3578.7 万元与江西江中制药(集团)有限责任公司经确认的净资产 3537.9 万元进行等价置换,差额部分由江中制药(集团)有限责任公司以货币资 金方式支付。

本次资产置换换出方江西东明药业有限责任公司经评估确认减值 448.69 万元, 已 记入当期损益。

5、报告期内重大关联交易

公司关联交易均按公平公正的?则与各关联方签订关联交易协议,具体关联交易情况详见《会计报表附注》。

6、与控股股东"三分开"情况

本公司独立运作,与控股股东江西江中制药(集团)有限责任公司人员分立,资产完整,财务独立。

7、报告期内,公司受托经营的江西江中制药(集团)有限责任公司原属江西江中制药厂的片剂生产线及其相关资产,(该委托资产帐面净值为 33479854.31 元)经营状况良好,公司本年度 1-10 月共取得托管经营收入 4763 万元,公司已按月委托经营资产的 1%向江中制药(集团)有限责任公司支付管理费 335 万元。公司配股实施后,该委托资产已通过配股方式纳入本公司。截止 10 月 31 日,该委托经营已自然终止。

8、报告期内,公司无解聘会计师事务所情况

9、报告期内,公司无更改名称及股票简称的情况

10、公司董事会 99 年 12 月 28 日召开第二届第二次会议,根据当前青霉素产品总体 供大于求的现状,董事会决定调减青霉素生产计划,对相关的 3104 万元固定资产予以暂封存。

11、本公司原在中国新技术创业投资公司的信托存款 9,817,144.92 元,江中国人 民银行关闭该公司清算组确认后的金额为 4,899,674.57 元,其差额已记入本期损益。

12、会计政策变更的影响

根据财政部财会字(99)35 号文《关于印发股份有限公司会计制度有关会计处理补充规定通知》和财政部财会字(99)49 号文《关于(股份有限公司会计制度有关会计处 理问题补充规定问题解答)的通知》的有关规定,公司 99 年度对坏帐准备,存货跌价准 备,会计政策变更已采用了追溯调整法,调整了期初留存收益及相关项目的期初数,利 润及利润分配表的上年数栏,已按调整后的数字填列。上述会计政策变更的累积影响 数为 6,580,698.07 元,其中:坏帐准备计提方法变更的累计影响数为 6,367,403.44 元, 存货计价方法变更的累计影响数为 212,994.63 元,由于会计政策变更调减了 98 年度的 净利润 1,838,277.68 元,调减了 99 年初留存收益 6,580,398.07 元,其中:未分配利润调 减了 5,264,318.42 元,盈余公积调减了 1,316,079.65 元。利润及利润分配表上述数据 的年初未分配利润调减了 3,793,696.31 元。

上述重要事项的有关情况分别登载于 4 月 24 日,10 月 16 日,11 月 19 日,12 月 29 日的《上海证券报》上。

八、财务报告

江西恒信会计师事务所有限公司

赣恒会审字(2000)第 052 号

审 计 报 告

江西东风药业股份有限公司全体股东:

我们接受委托,审计了贵公司 1999 年 12 月 31 日资产负债表、1999 年度利润表、利 润分配表以及现金流量表。这些会计报表由贵公司负责,我们的责任是对这些会计报 表发表审计意见。我们的审计是依据《中国注册会计师独立审计准则》进行的。在审计过程中,我们结合贵公司实际情况,实施了包括抽查会计记录等我们认为必要的审计程序。

我们认为,上述会计报表符合《企业会计准则》和《股份有限公司会计制度》的 有关规定,在所有重大方面公允地反映了贵公司 1999 年 12 月 31 日的财务状况及 1999 年 度经营成果和现金流量情况,会计处理方法的选用遵循了一贯性原则。

江西恒信会计师事务所 中国注册会计师:

有限公司

地址:南昌市叠山路 119 号 2000 年 3 月 26 日

会 计 报 表 附 注

一、公司简介

本公司系以生产抗生素原料药、中成药及其制剂为主的大型化学制药企业。1996 年 8 月 29 日,江中国证监会(96)153 号文批准,江西东风药业 2400 万 A 股股票以每股 6.80 元的价格在上海证

券交易所上网发行,并于同年 9 月 23 日在上交所正式挂牌上市。公司股票代码为 600750,总股本为 6240 万股,其中国有法人股 3840 万股、社会公众股 2400 万股(含公司职工股 240 万股)。1997 年 5 月 5 日,股东年会审议通过了 1996 年利润分配及资本公积金转增股本方案,总股本增至 12480 万股,其中社会公众股 4800 万股,国有法人股 7680 万股。

1998 年 7 月 14 日经江西省人民政府赣府字(1998)43 号文批准,公司经第一大股东---江西东风制药有限责任公司与江中制药厂联合,联合后的江西江中制药(集团)有限责任公司为本公司第一大股东。

1999 年 9 月,中国证监会(1999)87 号文核准了公司 1999 年配股方案。配股实施后,公司总股本增至 14611.2 万股,其中国有法人股 8371.2 万股。社会流通股 6240 万股。(详见附注十二)

公司根据江西省国有资产管理局赣国资评字[1999]194 号、195 号文对本公司下属全资子公司江西东明药业有限责任公司的净资产与江西江中制药(集团)有限责任公司通过 GMP 验证的胶囊生产线和生物工程车间及相关资产进行整体置换。并于 1999 年 12 月 30 日与江西江中制药(集团)有限公司签订了资产置换的有关协议。(详见附注十二)

通过配股和资产置换后,公司成为生产和销售抗生素原料药、抗生素制剂、医药 中间体、中成药制剂、生物制药的大型化学制药企业。

三、税项

(1)增值税:按销售收入的 17%计算销项税。抵扣进项税后的余额交纳。

(2)城建税和教育费附加:分别按照应交流转税的 7%和 3%交纳。

(3)营业税:按营业额的 5%计算缴纳。

(4)房产税:按税务局核定的标准缴纳。

(5)土地使用税:按税务局核定的标准缴纳。

(6)所得税:经省人民政府赣府字(1996)91 号文批准,从 1996 年起东风药业股份有 限公司的所得税先按 33%税率计征,然后由省财政返回 18%,实际税负 15%。

四、控股子公司及合营企业

公司的合营企业	注册地	法定代表人	注册资本	经营范围	投资所占比例
江西东星化学有限公司	乐平	钟亮生	60 万美元	医药原料	49%

六、关联方关系及关联交易

1.存在控制关系的关联方情况:

(1)存在控制关系的关联方

企业名称	注册地址	主营业务	与本公司关系	经济性质或类型	法定代表人
江西江中制药(集团)公司	江西省南昌市	玻璃瓶 液糖、医药	控股公司	国有独资	洪广祥

(2)存在控制关系的关联方的注册资本及其变化

企业名称	年初数	本期增加数	本期减少数	1999 年 12 月 31 日
江西江中制药(集团)公司	20,000.00 万元	---	---	20,000.00 万元

(3)存在控制关系的关联方所持股份及其变化

企业名称	年初数		本期增加		本期减少		期末数	
	金额	比例(%)	金额	比例	金额	比例	金额	比例(%)
江西江中制药(集团)公司	7680 万元	61.54	691.20 万元	4.73			8371.20 万元	57.29

(4)存在控制关系的关联方交易

a、采购货物

名称	1999 年 1--12 月
液糖	9,414,158.00 元
西林瓶	7,577,038.24 元
其他材料	20,381,549.59 元
水、电、汽	17,024,963.26 元
合计	54,397,709.09 元

b、销售货物

名称	1999 年 1--12 月
让售原材料	2,203,589.36 元

c、其他服务

名称	1999 年 1--12 月
厂房及仓库租赁费	662,000.00 元
土地使用费	153,699.96 元
商标使用费(销售收入的 2‰)	161,586.49 元
运输费	1,303,079.01 元
托管经营收入	47,633,876.28 元
托管经营支出	3,347,985.43 元
劳务费	193,984.52 元
合计	53,456,211.69 元

d、以上交易均按协议价和市场价格结算

e、资金占用费

1999 年 9 月 8 日本公司与江西江中制药(集团)有限公司签订了资金占用协议,除托 管利润形成的资金占用费外,均按中国人民银行半年期内贷款利率收取资金占用费。 该协议自 1999 年元月 1 日起执行。

2.不存在控制关系的关联方情况

(1)不存在控制关系的关联方

企业名称	与本企业的关系
江西东星化学有限公司	被投资单位
上海东辰兽药厂	江西江中制药(集团)公司控股子公司

(2)不存在控制关系的关联方交易

a、公司于 1999 年 1--12 月向江西东星化学有限公司销售材料 1,092,912.65 元,购 入材料 905,463.75 元,租赁费收入 446,919.30 元。

b、公司于 1999 年 1--12 月支付上海东辰兽药厂加工材料加工费 791,455.08 元。

c、以上交易均按协议价和市场价格结算。

3、关联交易往来的余额。

项目	单位	期末数
其他应收款	江西江中制药(集团)公司	124,252,969.86 元
其他应收款	江西东星化学有限公司	7,538,759.61 元
其他应收款	上海东辰兽药厂	1,603,881.25 元
应付帐款	江西江中制药(集团)公司	4,289,980.23 元

九、或有事项

本期无或有事项

十、承诺事项

本公司本报告期内无需要披露的重大承诺事项。

十一、重大诉讼

本公司诉南昌对外经贸实业公司昌粤发展公司偿还公司损失 300 万元及利息案业 经南昌中级人民法院(1998)洪?初字第 180 号民事判决书判决。被告南昌市对外经贸实 业公司昌粤发展公司赔偿本公司损失 300 万元及其利息,此判决目前正在执行中。

十二、重大事项

1、根据 1998 年 9 月 26 日本公司与江西江中制药(集团)有限责任公司签订的资产委托经营协议书和资产委托经营备忘录的规定,江西江中制药(集团)有限责任公司将原 属江西江中制药厂的片剂生产线及其相关资产委托本公司经营管理,该委托资产帐面 净值为 33,479,854.31 元。委托经营资产的收益自 1998 年 9 月 1 日起归本公司所有,本公司每月按委托经营资产的 1%向江西江中制药(集团)有限责任公司支付管理费。公司本年度 1-10 月 47,633,876.28 元(税前收入),本年度 1-10 月已支付管理费 3,347,985.43 元。江中国证监会(99)87 号文核准,于 99 年 10 月配股成功,按资产托管协议条款规定,该 托管协议同时失效。

2、本公司于一九九九年十月成功配售普通股 21,312,000 股,其中:国有法人股 6,912,000 股社会公众股 14,400,000 股,本次配股--国有法人股东江西江中制药(集团)有 限责任公司分别于 99 年 10 月 31 日投入存货 27,540,374.86 元,机器设备 14,177,147.99 元,建筑物 11,617,999.95 元,土地使用权 1,937,704.00 元。和 99 年 11 月 17 日投入货币 资金 13,846,773.20 元。社会公众股--本次配股实际募集资金 139,000,000.00 元。

3、1999 年 7 月 28 日,本公司全资子公司-江西东明药业有限责任公司与江西东风制药有限责任公司签订了中止资产租赁协议书。原租赁协议书期限为三年,自 1999 年 7 月 1 日起中止。

4、公司全资子公司江西东明药业有限责任公司经营业绩不佳,99 年 6 月 25 日公司 董事会审议通过与江西江中制药(集团)有限责任公司已通过 GMP 认证的胶囊生产线和 生物工程车间以及相关资产进行整体置换,江西东明药业有限责任公司换出资产经江 西中昊会计师事务所[赣昊评字(1999) 第 30 号] 评估并经江西省国有资产管理局赣国资评字 [1999]195 号文确认净资产 35,787,553.31 元。江西江中制药(集团)有限公司以换入资产,经江西中昊会计师事务所[赣昊评报字(1999)第 31 号]文评估并经江西国有资 产管理局赣国评字(1999)194 号文确认净资产 35,379,263.51 元。置换双方于 1999 年 12 月 30 日签署资产置换协议,根据协议规定,置换双方以经江西省国有资产管理局确认的净资产额进行等价置换。差额部分江西江中制药集团有限责任公司以货币资金支付,江中制药(集团)有限责任公司已于 2000 年 3 月 21 日支付货币资金 408,289.80 元。

十四、资产负债表日后事项

本公司于 2000 年 1 月 13 日收到上海久和企业发展公司投资收益款 100 万。

九、公司的其他有关资料

1、公司首次注册登记日期:1996 年 9 月 18 日

最近一次变更登记注册日:1998 年 10 月 16 日

注册登记地点:江西省乐平市

2、企业法人营业执照注册号:3600001130740

3、税务登记号码:360281158307408

4、公司未流通股票的托管机构的名称:上海证券中央登记结算公司

5、公司聘请的会计师事务所名称:江西恒信会计师事务所(原江西会计师事务所)

办公地址:江西省南昌市叠山路 246 号

十、备查文件

1、载有公司法定代表人、财务负责人签名并盖章的公司一九九九年的会计年度 报表。

2、载有江西恒信会计师事务所盖章、注册会计师詹铁军、张新万签名并盖章的 审计报告正本。

3、报告期内在中国证监会指定报纸上公开报露过的所有公司文件的正本及公告 原稿。

江西东风药业股份有限公司

二 OOO 年三月十六日

资产负债表

1999 年 12 月 31 日

编制单位:江西东风药业股份有限公司　单位:人民币元

	期初数	期末数
流动资产:		
货币资金	155240007.06	30912456.19
短期投资		
减:短期投资跌价准备		
短期投资净额		
应收票据		
应收股利		
应收利息		
应收帐款	81368840.66	91642929.35
其他应收款	143266455.53	33487105.20
减:坏帐准备	5974921.65	6367403.44
应收款项净额	218660374.54	118762631.11
预付帐款	2222051.96	3792663.88
应收补贴款		8211556.91
存货	72035162.86	53554819.98
减:存货跌价准备	782225.95	212994.63
存货净额	71252936.91	53341825.35
待摊费用	807675.75	2284139.31
待处理流动资产净损失		108561.92
一年内到期的长期债券投资		
其他流动资产		
流动资产合计	456503165.05	209093715.84
长期投资:		
长期股权投资	23693196.77	23761452.38
长期债权投资		
长期投资合计	23693196.77	23761452.38
其中:合并价差		
减:长期投资减值准备		
长期投资净额	23693196.77	23761452.38
固定资产:		
固定资产原价	188886793.83	159848499.11
减:累计折旧	77412162.63	62508309.78
固定资产净值	111474631.20	97340189.33
工程物资	1445087.53	1721763.96
在建工程	82242210.25	80734343.39
固定资产清理		
待处理固定资产净损失		
固定资产合计	195161928.98	179796296.68
无形资产及其他资产:		
无形资产	2175472.53	2756250.00
开办费	123240.14	
长期待摊费用		
其他长期资产		

无形资产及其他资产合计	2175472.53	2879490.14
递延税项:		
递延税款借项		
资产总计	677533763.33	415530955.04
流动负债:		
短期借款	18300000.00	10000000.00
应付票据		
应付帐款	54363945.85	56133211.84
预收帐款	15027245.09	12834394.37
代销商品款		
应付工资		
应付福利费	1947313.66	1574815.28
应付股利		
应交税金	20913101.19	-1467446.88
其他应交款	898554.26	747790.43
其他应付款	6493847.00	9690883.81
预提费用	514073.00	2501152.73
一年内到期的长期负债		18000000.00
其他流动负债		
流动负债合计	136458080.05	92014801.58
长期负债:		
长期借款	25000000.00	53000000.00
应付债券		
长期应付款		
住房周转金		
其他长期负债		
长期负债合计	25000000.00	53000000.00
递延税项:		
递延税款贷项		
负债合计	161458080.05	145014801.58
少数股东权益		
股东权益:		
股本	146112000.00	124800000.00
资本公积	272469640.65	85661640.65
盈余公积	20992904.74	13504998.78
其中:公益金	10496452.37	6752499.39
未分配利润	76501137.89	46549514.03
外币报表折算差额		
股东权益合计	516075683.28	270516153.46
负债和股东权益总计	677533763.33	415530955.04

利润及利润分配表

1999 年度

编制单位:江西东风药业股份有限公司　单位:人民币元

项　目	期末数	上年实际调整后
一、主营业务收入	130097647.79	184969269.89
减:折扣与折让		
主营业务收入净额	130097647.79	184969269.89
减:主营业务成本	97609703.52	154788163.92
主营业务税金及附加	953797.57	874482.67
二、主营业务利润	31534146.70	29306623.30
加:其他业务利润	45758623.99	21742026.32
减:存货跌价损失	569231.32	-318568.44
营业费用	16139433.96	8854382.53
管理费用	7627823.57	11787385.45
财务费用	887405.98	825135.72
三、营业利润	52068875.86	29900314.36
加:投资收益	-2308075.19	3931885.77
补贴收入	8211556.91	
营业外收入	1230.00	220920.34
减:营业外支出	5479536.77	806544.21
四、利润总额	52494050.81	33246576.26
减:所得税	15054520.99	2162194.99
减:少数股东损益		
五、净利润	37439529.82	31084381.27
加:年初未分配利润	46549514.03	21682008.98
盈余公积转入		
六、可供分配的利润	83989043.85	52766390.25
减:提取法定盈余公积金	3743952.98	3108438.11
减:提取法定公益金	3743952.98	3108438.11
七、可供股东分配的利润	76501137.89	46549514.03
减:应付优先股股利		
提取任意盈余公积		
应付普通股股利		
转作股本的普通股股利		
八、未分配利润	76501137.89	46549514.03

现金流量表

1999 年度

编制单位:江西东风药业股份有限公司　单位:人民币元

	金额
一、经营活动产生的现金流量	
销售商品、提供劳务收到的现金	151793192.96
收取的租金	
收到的增值税销项税和退回的增值税款	
收到的除增值税以外的其他税费返还	500000.00
收到的其他与经营活动有关的现金	7517422.22
经营活动现金流入小计	159810615.18
购买商品、接收劳务所支付的现金	108009726.54
经营租赁所支付的现金	
支付给职工以及为职工支付的现金	11603901.78
支付的增值税款	3300560.16
支付的所得税款	803063.33
支付的除增值税、所得税以外的其他税费	616314.37
支付的其他与经营活动有关的现金	57371291.71
经营活动现金流出小计	181704857.89
经营活动产生的现金流量净额	-21894242.71
二、投资活动产生的现金流量	
收回投资所收到的现金	
分得股利或利润所收到的现金	
取得债券利息收入所收到的现金	
处置固定资产、无形资产和其他长期资产而收回的现金净额	
收到的其他与投资活动有关的现金	3848000.00
投资活动现金流入小计	3848000.00
购建固定资产、无形资产和其他长期资产所支付的现金	4262904.84
权益性投资所支付的现金	
债权性投资所支付的现金	
支付的其他与投资活动有关的现金	
投资活动现金流出小计	4262904.84
投资活动产生的现金流量净额	-414904.84
三、筹资活动产生的现金流量	
吸收权益性投资所收到的现金	157846773.20
其中:子公司吸收少数股东权益性投资收到的现金	
发行债券所收到的现金	
借款所收到的现金	71300000.00
收到的其他与筹资活动有关的现金	
筹资活动现金流入小计	229146773.20
偿还债务所支付的现金	73000000.00
发生筹资费用所支付的现金	5000000.00
分配股利或利润所支付的现金	
其中:子公司支付少数股东的股利	
偿付利息所支付的现金	4510074.78
融资租赁所支付的现金	
减少注册资本所支付的现金	
其中:子公司依法减资支付给少数股东的现金	
支付的其他与筹资活动有关的现金	
筹资活动现金流出小计	82510074.78
筹资活动产生的现金流量净额	146636698.42
四、汇率变动对现金流量的影响	
汇率变动对现金的影响额	
五、现金及现金等价物净增加额	
现金及现金等价物净增加额	124327550.87
六、不涉及现金收支的投资和筹资活动	
以固定资产偿还债务	
以投资偿还债务	
以固定资产进行长期投资	
以存货偿还债务	
融资租赁固定资产	
七、将净利润调节为经营活动的现金流量	
净利润	37439529.82
加:少数股东损益	
计提的坏帐准备或转销的坏帐	3965658.31
固定资产折旧	14903852.85
无形资产摊销	133838.61
处置固定资产、无形资产和其他长期资产的损失(减:收益)	
固定资产报废损失	
财务费用	887405.98
投资损失(减:收益)	6958894.76
递延税款贷项(减:借项)	
存货的减少(减:增加)	-17911111.56
经营性应收项目的减少(减:增加)	-96959229.87
经营性应付项目的增加(减:减少)	18143278.27
增值税增加净额(减:减少)	9974408.80
其他	569231.32
经营活动产生的现金流量净额	-21894242.71
八、现金及现金等价物净增加情况:	
货币资金的期末余额	155240007.06
减:货币资金的期初余额	30912456.19
现金等价物的期末余额	
减:现金等价物的期初余额	
现金及现金等价物净增加额	124327550.87

天津市海运股份有限公司

(一) 公司简介

1.公司法定中文名称:天津市海运股份有限公司
公司法定英文名称:TIANJIN MARINE SHIPPING CO.,LTD.
公司中文名称缩写:天津海运
公司英文名称缩写:TMSC
2.公司法定代表人: 宋兴庭
3.公司董事会授权代表:姜涛
联系地址:天津市河西区马场道 207 号
电 话:86-22-23288000 传 真:86-22-23286115 电子信箱:tmsc@public.tpt.tj.cn
4.公司注册地址:天津市河西区马场道 207 号
公司办公地址:天津市河西区马场道 207 号 邮政编码:300204
公司国际互联网址:http//www.tmsc-tj.com.cn
公司电子信箱:tmsc@public.tpt.tj.cn
5.公司选定的信息披露报纸名称:《中国证券报》《亚洲华尔街日报》
登载公司年度报告的中国证监会指定的国际互联网网址:http//www.sse.com.cn
公司年度报告备置地点:公司董事会秘书处
6.股票上市交易所名称:上海证券交易所
公司 A 股股票名称及交易代码:天津海运 600751
公司 B 股股票名称及交易代码:天海 B 股 900938

(二) 会计数据和业务数据摘要

1.本年度利润总额及构成 (单位:人民币元)

利润总额	61397533.12
净利润	49533108.79
扣除非经常性损益后的净利润	51629353.37
主营业务利润	121250402.87
其他业务利润	17363700.60
营业利润	72973940.74
投资收益	-9480163.04
营业外收支净额	-2096244.58
经营活动产生的现金流量净额	105394524.48
现金及现金等价物净增加额	16417656.05

.根据国内会计准则,本公司 1999 年度净利润为 49,533 千元
根据国际会计准则调整净利润:
(1)增加呆帐准备 -9,068 千元
(2)调整长期投资减值准备 4,005 千元
(3)其他 2,012 千元
根据国际会计准则,本公司 1999 年度净利润为 46,482 千元
2.本年度及前两年会计数据及财务指标 (单位:人民币元)

	1999 年	1998 年		1997 年	
		调整前	调整后	调整前	调整后
主营业务收入	504873162.60	384950526.77	384950526.77	518247667.64	518247667.64
净利润	49533108.79	81906184.83	64283299.41	132268007.32	124869047.20
总资产	1370003181.16	1464252977.74	1421564979.21	1419271167.72	1411872207.29
股东权益(不含少数股东权益)	745582650.45	743100012.24	695880057.40	661193827.41	653794867.29
每股收益	0.1063	0.1758	0.1379	0.5677	0.5359
扣除非经常性损益后的每股收益	0.1108	0.1450	0.1072		
每股净资产	1.6000	1.5946	1.4933	2.8377	2.8060
调整后的每股净资产	1.3489	1.55	1.4390	2.78	2.7992
每股经营活动产生的现金流量净额	0.2262	0.0155	0.0155		
净资产收益率(%)	6.6435	11.0222	9.2377	20.0044	19.0991

注 1.主要会计数据及财务指标计算公式如下
每股收益=净利润/年度末普通股股份总数
每股净资产=年度末股东权益/年度末普通股股份总数
调整后的每股净资产=(年度末股东权益-三年以上的应收款净额-待摊费用-待处理 (流动固定)资产净损失-开办费-长期待摊费用-住房周转金负数余额)/年度末普通股股份总数
每股经营活动产生的现金流量净额=经营活动产生的现金流量净额/年度末普通股股份总数
净资产收益率=净利润/报告期末股东权益×100%
3.报告期内股东权益变动情况及变化原因

	股本	资本公积	盈余公积	法定公益金	未分配利润	股东权益合计
期初数	233000000	111517088.85	85909993.28	39226749.86	265452975.27	695880057.40
本期增加	233000000.00		9499202.80	4499622.38		49702593.05
本期减少		93030515.74			99766094.01	
期末数	466000000.00	18486573.11	95409196.08	43726372.24	165686881.26	745582650.45
变动原因	每 10 股送 6 股转增 4 股	资本公积转增股本每 10 股转增 4 股	提取 10%的法定公积金 9%的公益金	提取 9%的公益金	普通股股利转作股本每 10 股送 6 股	

(三) 股东情况

一,报告期末公司股东总数为:58346
二,公司前十名股东的持股情况

股东名称	年末持股数(万股)	所占比例(%)
1.天津市天海集团有限公司(法人股)	18136.8	38.92
2.智万国际有限公司(B 股)	1374.974	2.83
3.WICARR(OVERSEAS) NOMINEES LTD.(B 股)	506.5	1.09
4.北京雪莲羊绒有限公司(法人股)	440	0.94
5.万科企业股份有限公司(法人股)	308	0.66
6.TOYO SECURITIES ASIA LTD. A/C CLIENT(B 股)	284.04	0.61
7.中国抽纱上海进出口公司(B 股)	220.98	0.47
8.卢锦彬(B 股)	200	0.43
KSA S/A HBK SPAARBANK NV(B 股)	200	0.43
10.广博投资有限公司(B 股)	187.326	0.40

哈慈股份有限公司

一、公司简介

1、公司法定中文名称:哈慈股份有限公司
公司法定英文名称:HACI COMPANY LIMITED
2、公司法定代表人:郭立文
3、公司董事会秘书:张文博
董事会秘书授权代表:赵雪梅
联系地址:哈尔滨市动力区通乡街 169 号
联系电话:0451-2688688 传真电话:0451-5672268 电子信箱:zhangwenbo@hacico.com
4、公司注册及办公地址:哈尔滨市动力区通乡街 169 号 邮编:150046
公司网址:www.hacico.com 公司电子信箱:feedback@hacico.com
5、公司选定的信息披露报纸名称:《上海证券报》、《中国证券报》;
登载公司年度报告的中国证监会指定国际互联网网址:http://www.sse.com.cn;
6、公司股票上市地点:上海证券交易所
股票简称:哈慈股份 股票代码:600752

二、会计数据和业务数据摘要

1、公司本年度实现利润情况(单位:人民币元)

利润总额	73,978,008.31
净利润	68,431,166.05
扣除非经常性损益后的净利润:	65,021,001.71
主营业务利润:	107,024,551.50
其他业务利润:	4,362,788.61
营业利润:	71,390,983.65
投资收益:	-654,589.26
补贴收入:	
营业外收支净额:	3,241,613.92
经营活动产生的现金流量净额:	24,199,829.60
现金及现金等价物净增加额:	-58,106,250.81

注:扣除的非经营性损益项目和涉及金额:
(1)股票申购冻结资金利息 3,337,943.6 元;
(2)收购固安县哈慈 V26 健康产品有限责任公司负商誉摊销 72,210.74 元。
2、截止 1999 年末,公司前三年主要会计数据和财务指标
单位:人民币元

项 目	1999 年	1998 年		1997 年
		调整后	调整前	
主营业务收入	208244501.94	315967433.67	315967433.67	222155739.59
净利润	68431166.05	134792730.15	140975962.24	67469719.59
总资产	811008250.55	654355196.07	660538428.18	434757956.74
股东权益	616323613.24	623226447.19	629409697.28	401428917.04
每股收益	0.23	0.45	0.47	0.45
扣除非经常性损益后的每股收益	0.22			
每股净资产	2.05	2.07	2.09	2.21
调整后的每股净资产	1.9	2.04	2.06	2.15
每股经营活动产生的现金流量净额	0.08			
净资产收益率(%)	11.1	21.6	22.4	20.49

3、股东权益变动情况(单位:人民币元)

项 目	期初数	本期增加	本期减少	期末数
股 本	301336000.00			301336000.00
资本公积金	156358910.78			156358910.78
盈余公积	68191167.25	10264674.91		78455842.16
法定公益金	16794931.28	3421588.30		20216489.58
未分配利润	97340369.16	68431166.05	85598674.91	80172860.30
合 计	623226447.19	78695840.96	85598674.91	616323613.24

变动原因:盈余公积、法定公益金增加是按可供分配的利润正常计提所致,未分配利润增加是本年实现利润所致,减少是由于 1999 年度利润分配预案预提及计提两金所致。

三、股本变动及股东情况

1、截止 1999 年 12 月 31 日,本公司共有股东 77830 户。
2、持有本公司 5%以上股份的股东是哈慈集团公司,1999 年末持股数量为 177575575 股,本年度内未发生质押冻结等情况。
前十名股东持股情况如下:

股东名称	年末持股数量(股)	持股比例(%)
哈慈集团	177575575	58.93
泰和基金	1014897	0.336
韩亚坤	714300	0.236
郭子峰	576972	0.191
同盛基金	544649	0.18
刘君平	481771	0.159
刘凤兰	413170	0.137
李秀山	409650	0.135
中电信托	386000	0.128
赵桂兰	376286	0.124

四、董事会报告

1、公司经营情况
(1)公司所处行业及在本行业中的地位
经过一年多的努力,公司经营格局取得了突破性的进展,已由以往单一的医疗保健行业发展形成了"保健、医药(中草药)、预防(绿色食品)"三位一体的健康经营战略格局,公司业务涉及了医疗保健行业、医药行业和绿色食品行业。公司主体医疗保健 行业处于行业领先地位,是中国医疗器械行业协会保健用品分会理事长单位,是本行业的带头人。公司于 1999 年 9 月 1 日通过了 ISO9002 质量体系认证。
(2)公司主营业务的范围及其经营状况
公司以医疗保健产品的生产和销售为主,主导产品为哈慈五行针,其他产品有绿色食品 V26 减肥沙淇和医药产品哈慈驱虫消食片等。报告期内,公司实现主营业务收入 20,824.5 万元,净利润 6,843.1 万元。

河南冰熊保鲜设备股份有限公司

一、公司简介

1、公司法定中文名称:河南冰熊保鲜设备股份有限公司
公司法定英文名称:HENAN BINGXIONG FRESH-PRESER VATION EQUIPMENIS CO.LTD
2 、公司法定代表人:王绍杰
3 、公司董事会秘书:张建新
联系地址:河南省民权县府后街22号
联系电话:(0370)8522789--2026或2013
传真: (0370)8526256
4 、公司注册及办公地址:河南省民权县府后街22号
邮政编码:476800
国际互联网网址:http://www.bingxiong.com.cn
5 、公司年度报告备置地点:公司董秘处
6 、公司股票上市交易所:上海证券交易所
股票简称:冰熊股份
股票代码:600753

二、会计数据和业务数据摘要

1、本年度实现利润及构成情况(单位:人民币元):

利润总额	1349335.00
净利润	1146934.75
扣除非经营性损益后的净利润	670016.62
主营业务利润	19757779.33
其他业务利润	191462.44
营业利润	788254.85
投资收益	
营业外收支净额	561080.15
经营活动产生的现金流量净额	57512128.51
现金及现金等价物净增加额	32966154.64

注:扣除非经营性损益后的净利润系扣除营业外收支净额后的净利润。

2、前三年主要会计数据和财务指标(单位:人民币元):

指标项目	1999年度	1998年度		1997年度	
		调整前	调整后	调整前	调整后
主营业务收入	97065850	164059739	164059739	139216054	139216054
净利润	1146934	27060104	18455752	23268333	4700633
总资产	413656181	432490963	377887134	371410703	325397410
股东权益	197738380	257595275	202991446	230535170	184521877
每股收益	0.009	0.21	0.14	0.29	0.06
扣除非经营性损益后的每股收益	0.005	0.23	0.15	0.29	0.04
每股净资产(摊薄)	1.54	2.01	1.59	2.88	2.31
调整后每股净资产	1.49	1.99	1.49	2.80	2.19
每股经营活动产生的现金流量净额	0.45	0.03	0.03	0.05	0.05
净资产收益率	0.60	10.50	9.00	10.09	2.50

注:主要财务指标的计算方法
每股收益=净利润/年度末普通股股份总数
每股净资产=股东权益/年度末普通股股份总数
调整后的每股净资产=(年度末股东权益 — 三年以上的应收款项净额—待摊费用 —待处理(流动、固定)资产净损失—开办费—长期待摊费用—住房周转金负数余额)/年度末普通股股份总数
每股经营活动产生的现金流量净额=经营活动产生的现金流量净额/年度末普通股股份总数
净资产收益率=净利润/年度末股东权益×100%

3 、报告期内股东权益变化情况(单位:人民币元):

项目	股本	资本公积	盈余公积	其中:公益金	未分配利润	合 计
期初数	128000000	67792119	2279899	759966	4919427	202991446
本期增加			172040	57346	974894	1146934
本期减少					6400000	6400000
期末数	128000000	67792119	2451939	817313	-505672	197738380

变化原因说明:
(1)盈余公积:按规定本年度提取法定公积金10%和法定公益金5%,计172,040.22元
(2)公益金:按规定本年度提取法定公益金5%, 计57,346.74元。
(4)未分配利润增加:本年度净利润提两金后余974,894.53元。
5)未分配利润减少:是每10股分配现金红利0.05元减少6,400,000.00元。

三、股本变动及股东情况

(1)、报告期末股东总数6096户。
(2)、报告期末本公司前10名股东的持股情况:

名次	股东名称	持股数量	所占比例(%)	持股种类
1	河南冰熊制冷工业集团公司	60160000	47	国有法人股
2	北京同达志远网络系统工程有限公司	35840000	28	社会法人股
3	郭肇富	247600	0.19	流通股
4	丁勤富	197000	0.15	流通股
5	吴玉梅	193519	0.15	流通股
6	张世回	186934	0.15	流通股
7	胡金福	160000	0.13	流通股
8	雪影	158300	0.12	流通股
9	曾易	155700	0.12	流通股
10	刘小花	154000	0.12	流通股

持股10%以上的法人股东介绍:
发起人股东--河南冰熊制冷工业集团公司,法人代表:王绍杰,注册地址:河南省民权县工业大道1号,经营范围:冷柜、冰箱、家用电器、空调器、取暖器、制冷汽车、洗衣机、消毒碗柜。
社会法人股东--北京同达志远网络系统工程有限公司,法人代表:刘祥,注册地址:北京市海淀区海淀路46号2507室,经营范围:维修计算机网络系统,技术开发、技术转 让、技术咨询、技术培训、技术服务,人员培训,销售开发后的产品(未经专项许可的 项目除外)、电子计算机及外部设备,设备租赁,组织文化交流活动(演出除外),对计算机网络系统工程项目的投资管理。
以上两家持股10%以上的法人股东所持股份无质押和冻结的情况。

上海新亚(集团)股份有限公司

一 公司简介

1、公司名称:上海新亚(集团)股份有限公司
公司英文名称:SHANGHAI NEW ASIA (GROUP) CO., LTD　　缩写:SNAC
2、公司法定代表人:沈思明
3、公司董事会秘书:王国兴
联系地址:上海市天目西路285号4楼
电 话:86-21-63538008×2404,86-21-63536304　传真: 86-21-63533021
4、公司注册地址:上海市江西中路180号
公司办公地址:上海市天目西路285号4楼　邮政编码:200070
5、公司选定的信息披露报纸名称:《上海证券报》、《香港商报》
登载公司年度报告的中国证监会指定国际互联网网址:http://www.sse.com.cn
公司年度报告备置地点:公司董事会秘书室
6、公司股票上市地:上海证券交易所
股票简称:新亚股份(A股) 新亚B股(B股)
股票代码:600754(A股) 900934(B股)

二 会计数据和业务数据摘要

1、本年度利润总额及构成(1999年度合并) (单位:人民币元)

利润总额	142714040.51
净利润	117941740.96
扣除非经常性损益后的净利润	-4454307.04
主营业务利润	351018235.93
其他业务利润	30213556.70
营业利润	23586481.99
投资收益	121299318.10
补贴收入	3770391.69
营业外收支净额	-5942151.27
经营活动产生的现金流量净额	61841509.00
现金及现金等价物净增加额	91207446.00

说明:扣除的非经常性损益项目及金额为:补贴收入3,770,392元,转让场地使用权收入23,839,950元,转让股票投资收益87,703,000元,转让长期投资收益7,684,000元,建国宾馆合并价差-601,294元。

2、普华永道(中国)有限公司为符合国际会计准则对上海普华大华会计师事务所 审计后的税后利润及资产净值所作之调整如下:(人民币千元)

	税后利润 1999年度	资产净值 1999年
按中国会计准则编制之合并报表	117942	1162506
为符合国际会计准则所作的调整:		
按权益计入合营企业及联营公司的业绩	(5,984)	2221
递延汇兑亏损之摊销	5042	-
按国际会计准则编制之合并报表	117000	1164727

3、截止报告年度末公司前三年的主要会计数据及财务指标

项目	1999年度	1998年度	1997年度
主营业务收入(元)	672204026.15	640659884.26	739919775.41
净利润(元)	117941740.96	104566188.18	97360080.96
总资产(元)	1916723414.11	1685539111.73	1818847440.70
股东权益(元)	1162506262.63	1044564521.67	973192777.89
每股收益(元/股)(摊薄)	0.213	0.189	0.229
(加权)	0.213	0.189	0.229
扣除非经常性损益后的每股收益元/股)(摊薄)	-0.008	0.09	0.195
每股净资产(元/股)	2.10	1.89	2.29
调整后的每股净资产(元/股)	1.91	1.69	2.03
每股经营活动产生的现金流量净额(元/股)	0.11	0.20	0.07
净资产收益率(%)(摊薄)	10.15	10.01	10.00

注:主要财务指标的计算方法
每股收益=净利润/年度末普通股股份总数
每股净资产=年度末股东权益/年度末普通股股份总数
调整后的每股净资产=(年度末股东权益-三年以上的应收款项净额-待摊费用-待处理(流动、固定)资产净损失-开办费-长期待摊费用-住房周转金负数余额)/年度末普通股股份总数
每股经营活动产生的现金流量净额=经营活动产生的现金流量净额/年度末普通股股份总数
净资产收益率=净利润/年度末股东权益×100%

4、报告期内股东权益变动情况 (单位:人民币元)

项目	股 本	资本公积	盈余公积	法定公益金	未分配利润	股东权益合计
期初数	553240740	289347488	163459211	23079165	38517082	1044564521
本期增加			54593989	13918076	117941741	172535730
本期减少					54593988	54593988
期末数	553240740	289347488	218053200	36997241	101864835	1162506263
变动原因			利润分配提取三金增加	利润分配增加	本年利润增加预提三金减少	

三 股东情况介绍

(1)报告期末股东总数40147户,其中B股3731户。
(2)报告期末公司主要股东持股情况:

股东名称	年末持股	占总股本比例	股份性质
①上海新亚(集团)有限公司	255,280,740	46.14%	国家股
②上海国际信托投资公司	14,040,000	2.54%	法人股
③上海久事公司	12,480,000	2.26%	法人股
④上海轮胎橡胶(集团)股份有限公司	9,360,000	1.69%	法人股
⑤上海市城市建设投资开发总公司	9,360,000	1.69%	法人股
⑥交通银行上海分行	7,800,000	1.41%	法人股
⑦上海市陆家嘴金融贸易开发股份有限公司	7,800,000	1.41%	法人股
⑧上海闵行联合发展有限公司	7,800,000	1.41%	法人股
⑨夏平	5,073,452	0.92%	B股
⑩CBNY S/A PNC/SKANDIA SELECT FUND/CHINA EQUITY AC	4,096,320	0.74%	B股

注:前十名股东不存在关联关系。

厦门国贸集团股份有限公司

一、公司简介

1、公司法定中文名称:厦门国贸集团股份有限公司
公司法定英文名称:XIAMEN INTERNATIONAL TRADE GROUP CORP.,LTD
公司英文名称缩写:ITG
2、公司法定代表人:苏春成
3、公司董事会秘书:黄蔚云
联系电话:0592-5161888
联系地址:厦门市湖滨南路国贸大厦 8-18 层
传真:0592-5160280
4、公司注册地址及办公地址:厦门市湖滨南路国贸大厦 8-18 层
邮政编码:361004
互联网网址:http://www.itgchina.com
电子信箱:itg@public.xm.fj.cn
5、公司选定的信息披露报纸:《中国证券报》和《上海证券报》
登载公司年度报告的中国证监会指定互联网网址:http://www.sse.com.cn
公司年度报告备置地点:厦门国贸集团股份有限公司企划部
6、公司股票上市交易所:上海证券交易所
股票简称:厦门国贸　　股票代码:600755

二、会计数据和业务数据摘要

1、本年度主要利润指标情况:(单位:元)

利润总额	76576324.75
净利润	57090725.95
扣除非经常性损益后的净利润	61421789.96
主营业务利润	176776545.58
其他业务利润	21508330.56
营业利润	35965653.26
投资收益	47333681.76
补贴收入	4680498.20
营业外收支净额	-11403508.47
经营活动产生的现金流量净额	-13689829.25
现金及现金等价物净增加额	15367425.54

注:非经常性损益项目 金额

出口商品贴息	4680498.20
营业外收支净额	-11403508.47
长期应付款摊销	2391946.26

2、主要会计数据和财务指标:

指标项目	1999 年度	1998 年度		1997 年度	
		调整后	调整前	调整后	调整前
主营业务收入(万元)	234141.06	239603.32	251482.66	322021.30	322021.30
净利润(万元)	5709.07	-2598.60	1122.11	4956.12	10503.41
总资产(万元)	165409.99	174602.36	194778.10	149073.83	155032.81
股东权益(万元)	71340.58	65942.48	75622.17	43192.25	48796.27
每股收益(元)	0.288	-0.131	0.056	0.284	0.601
每股收益(加权,元)	0.288	-0.139	0.060	0.431	0.912
扣除非经常性损益后的每股收益(元)	0.310	-0.217	-0.027	0.226	0.544
每股净资产(元)	3.60	3.33	3.82	2.472	2.79
调整后每股净资产(元)	3.54	3.24	3.77	2.358	2.68
每股经营活动产生的现金流量净额(元)	-0.069	-0.672	-0.672		
净资产收益率(%)	8.00	-3.94	1.48	11.47	21.53

注:主要财务指标计算方法:
每股收益=净利润/年度末普通股股份总数
每股净资产=年度末股东权益/年度末普通股股份总数
调整后的每股净资产=(年度末股东权益-三年以上应收款项-待摊费用-待处理(流动、固定)资产净损失-开办费-长期待摊费用-住房周转金负数余额)/年度末普通股股份总数
每股经营活动产生的现金流量净额=经营活动产生的现金流量净额/年度末普通股股份总数
净资产收益率=净利润/年度末股东权益 *100%

2、股东权益变动情况

项目	期初数	本期增加	本期减少	期末数
股本	198120000			198120000
资本公积	358054177.15			358054177.15
盈余公积	89137931.63	17127217.80		106265149.43
法定公益金	29712644.88	5709072.60		35421717.48
未分配利润	7964765.39	39963508.15		47928273.54
外币折算差额	6147880.29		3109652.73	3038227.56
股东权益合	659424754.46	53981073.22	3109652.73	713405827.68

变动原因:盈余公积金、法定公益金增加系本年度实现利润,按规定提取法定公积金、公益金所致。

三、股东情况

(一)截止 1999 年 12 月 31 日,公司股东总数 70515 户。
(二)股东情况介绍
截止 1999 年 12 月 31 日,公司在册股东为 70515 户。
主要股东持股情况(前十名)

名 称	持股数(万股)	占股本比例(%)
1、厦门商贸国有资产投资有限公司(国有持股单位)	7112	35.90
2、兴华基金	345.80	1.75
3、厦门证券有限公司	237.15	1.20
4、刘兵	64.98	0.33
5、君安证券	51.33	0.26
6、天之君	43	0.22
7、赵存军	30.03	0.15
8、厦证登记	29.37	0.148
9、赖瑞荣	26.88	0.14
10、证评投资	24	0.12

山东泰山旅游索道股份有限公司

一 公司简介

1、公司的法定中文名称:山东泰山旅游索道股份有限公司
公司的法定英文名称:SHANDONG TAISHAN TOURIST ROPEWAY COMPANY,LIMITED
英文名称缩写:TSTR
2、公司的法定代表人:李爱国
3、公司董事会秘书:公信峰
联系地址:山东省泰安市虎山路 100 号
电话:0538-8418777
传真:0538-8412066
4、公司注册地址:山东省泰安市虎山路 100 号
公司办公地址:山东省泰安市虎山路 100 号
邮政编码:271000
公司电子信箱:tssd@ public.taptt.sd.cn
5、公司信息披露报纸:《中国证券报》、《上海证券报》
登载公司年度报告的中国证监会指定国际互联网网址:
http://www.sse.com.cn
公司年度报告备置地点:公司证券部
6、公司股票上市交易所:上海证券交易所
股票简称:泰山旅游　　股票代码:600756

二 会计数据和业务数据摘要

1、公司本年度主要利润指标情况(单位:元)

利润总额	39496701.07
净利润	28131782.25
扣除非经常性损益后的净利润	21236735.61
主营业务利润	47152258.40
营业利润	33002319.73
投资收益	58387.00
补贴收入	6199046.64
营业外收支净额	236947.70
经营活动产生的现金流量净额	29702558.03
现金及现金等价物净增加额	-24045752.41

注:扣除非经常性损益的项目和涉及金额:
(1)补贴收入 6,199,046.64 元;
(2)冻结无效申购资金利息收入 696,000.00 元。
2、公司前三年的主要会计数据和财务指标　(单位:元)

项目	1999 年	1998 年		1997 年	
		调整后	调整前	调整后	调整前
主营收入	73262089.83	58268677.00	58268677.00	55959321.35	55959321.35
净利润	28131782.26	30592001.92	30458686.12	30321199.57	30448539.06
总资产	261000950.64	243989282.58	244511876.46	234595934.89	235251844.57
股东权益	232731152.99	204599370.74	205121964.62	174007368.82	174663278.50
每股收益	0.26	0.28	0.28	0.28	0.28
加权每股收益	0.26	0.28	0.28	0.29	0.29
扣除非经常性损益后的每股收益	0.19	0.21	0.21	0.27	0.27
每股净资产	2.11	1.86	1.86	1.58	1.59
调整后的每股净资产	2.08	1.86	1.86	1.58	1.58
每股经营活动产生的现金流量净额	0.27	0.45	0.45		
净资产收益率(%)	12.09	14.95	14.85	17.43	17.43
加权净资产收益率(%)	12.87	16.16	16.04	17.85	17.86

注:主要财务指标计算方法
(1)每股收益=净利润/年度末普通股股份总数
(2)每股净资产=年度末股东权益/年度末普通股股份总数
(3)调整后的每股净资产=(年度末股东权益-三年以上的应收款项净额-待摊费用-待处理(流动、固定)资产净损失-开办费-长期待摊费用-住房周转金负数余额)/年度 末普通股股份总数
(4)每股经营活动产生的现金流量净额=经营活动产生的现金流量净额/年度末普 通股股份总数
(5)净资产收益率=净利润/年度末股东权益× 100%
3、股东权益变动情况

项目	股本	资本公积	盈余公积	法定公益金	未分配利润	股东权益合计
期初数	110147200	27613955	10743556	5306046	50788612	204599370
本期增加			2813178	1406589	23912014	28131782
本期减少						
期末数	110147200	27613955	13556734	6712635	74700627	232731152

变动原因:盈余公积、法定公益金、未分配利润和股东权益合计的增加均系本期 实现净利润按法定程序计提所致。

三 股本变动及股东情况

1、报告期末股东总数共为 28,679 户。
2、公司前十名股东持股情况(截止 1999 年 12 月 31 日)

序号 股东名称	持股数(股)	占总股本比例(%)
① 泰安市国有资产管理局(授权泰安市泰山旅游集团有限责任公司经营)	48000000	43.58
②同益基金	1617726	1.47
③武汉银星	560000	0.51
④陈庆隆	417300	0.38
⑤宋建业	407000	0.37
⑥鄢望英	280715	0.25
⑦金鑫基金	269752	0.24
⑧张纯菊	260000	0.24
⑨唐华	219815	0.20
⑩柴盛春	198400	0.18

上海华源企业发展股份有限公司

一、公司简介

1.公司法定中文名称:上海华源企业发展股份有限公司
公司英文名称:SHANGHAI WORLDBEST INDUSTRY DEVELOPMENT CO.,LTD.
英文缩写:SWID
2.公司法定代表人:周玉成
3.公司董事会秘书:杨林峰
授权代表:夏渊
联系地址:上海市浦东新区商城路660号乐凯大厦20层2010室
电话:(021)58792716,58793617
传真:(021)58792223
电子信箱:office@shworldbest.com
4.公司注册地址:上海市浦东新区商城路660号
公司办公地址:上海市浦东新区商城路660号乐凯大厦20层
邮政编码:200120
公司国际互联网网址:http://www.shworldbest.com
电子信箱:office@shworldbest.com
5.公司选定的信息披露报纸:中国证券报、上海证券报
登载公司年度报告的中国证监会指定国际互联网网址:http://www.sse.com.cn
公司年度报告备置地点:公司董事会办公室
6.公司股票上市交易所:上海证券交易所
股票简称:华源发展
股票代码:600757

二、会计数据与业务数据摘要

1.公司本年度主要会计数据(单位:人民币元)

利润总额	79,358,600.55
净利润	72,398,904.81
扣除非经常性损益后的净利润	64,867,134.36
主营业务利润	186,881,494.92
其他业务利润	22,781,594.39
营业利润	72,383,710.32
投资收益	525,801.23
补贴收入	334,455.35
营业外收支净额	6,114,633.65
经营活动产生的现金流量净额	115,318,722.09
现金及现金等价物净增加额	28,956,523.18

注:扣除非经常性损益后的净利润指扣除正常经营损益之外的一次性或偶发性损益,包括①资产处置损益4,000,000.00元、②临时性获得的补贴收入334,455.35元、③新股申购冻结资金利息3,662,513.76元、④合并价差摊入-465,198.66元,共计7,531,770.45元。

2.截止本报告期末公司前三年的主要会计数据和财务指标

指标项目	1999年	1998年		1997年	
		调整后	调整前	调整后	调整前
主营业务收入(万元)	146098.19	133099.34	133099.34	74538.34	74538.34
净利润(万元)	7239.89	4377.79	5862.80	7578.68	8510.36
总资产(万元)	177228.74	162618.82	165410.04	108185.65	109146.93
股东权益(万元)	70388.84	65307.69	67724.38	37494.87	38426.55
每股收益(元)	0.34	0.20	0.27	0.42	0.47
按月平均加权法计算的每股收益(元)	0.34	0.24	0.33	0.42	0.47
扣除非经常性损益后的每股收益(元)	0.30	0.18	0.25	0.40	0.45
每股净资产(元)	3.28	3.05	3.16	2.08	2.13
调整后的每股净资产(元)	3.24	3.01	3.12	2.07	2.12
每股经营活动产生的现金流量净额(元)	0.54	-0.65	-0.65	-	-
净资产收益率(%)	10.29	6.70	8.66	20.21	22.14

注1:1999年底、1998年底公司总股本21427.38万股,1997年底总股本18000万股 。

3.本报告期内股东权益变动情况

项目	股本	资本公积	盈余公积	其中:公益金	未分配利润	股东权益合计
期初数	214273800	321804606	41815456	15794531	75183038	653076901
本期增加	0.00	0.00	32430684	8679405	72398904	104829589
本期减少	0.00	160000	0.00	0.00	53858064	54018064
期末数	214273800	321644606	74246140	24473936	93723878	703888426

变动的原因主要:(1)资本公积:本年度减少160,000.00元,系支付配股费用。
(2)盈余公积本年度共增加32,430,684.70元,其中增加法定盈余公积9,851,169.49元,增加公益金8,679,405.29元,系按规定提取。增加任意盈余公积13,900,109.92元,系按一届十一次董事会决议分配预案提取。
(3)公益金:该数据为盈余公积的其中数。
(4)未分配利润:1998年年报披露年末未分配利润88,749,796.52元,由于会计 政策改变,对1999年期初未分配利润调整13,566,757.82元,调整后的1999年年初未分 配利润额75,183,038.70元。
(5)本年度未分配利润因合并净利润增加72,398,904.81元,母公司及子公司共 提取法定盈余公积32,430,684.70元,预分1999年股利21,427,380.00元,共减少未分配利润53,858,064.70元。

三、股本变动及股东情况

1.截止1999年末,公司股东总数为14434户。
2.公司前十名股东持股情况(数量单位:股)

名次	股东名称	年末持股	年度内增减	持股比例(%)
1	中国华源集团有限公司	85440000	0	39.88
2	江苏雅鹿集团公司	25458000	0	11.88
3	江苏双猫纺织装饰集团有限公司	18649800	0	8.70
4	香港冠丰国际投资有限公司	8730000	0	4.08
5	上海外高桥保税区联合发展有限公司	4374000	0	2.04
6	上海嘉丰棉纺织总厂	4374000	0	2.04
7	上海三毛纺织股份有限公司	4374000	0	2.04
8	嘉丰纺织(香港)有限公司	4374000	0	2.04
9	姜宝元	634000	0	0.30
10	刘家荣	519000	0	0.24

辽宁金帝建设集团股份有限公司

一、公司简介

1、公司法定中文名称:辽宁金帝建设集团股份有限公司
公司法定英文名称:LIAONING JINDI CONSTRUCTION CONSORTIUM CO., LTD.
2、公司法定代表人:胡毅力
3、公司董事会秘书:朱丹石
董秘授权代表人:李飚
联系地址:沈阳市沈河区青年大街118号联系
电话:024-22870330
传真:024-22855430
电子信箱:jindicc@ pub.sy.ln.cn
4、公司注册地址:沈阳市沈河区青年大街118号
公司办公地址:沈阳市沈河区青年大街118号
邮政编码:110014
电子信箱:jindicc@ pub.sy.ln.cn
5、公司选定的信息披露报纸:《上海证券报》、《中国证券报》
中国证监会指定登载公司年度报告的国际互联网网址:http://www.sse.com.cn
公司年度报告备置地点:沈阳市沈河区青年大街118号
6、公司股票上市交易所:上海证券交易所
股票简称:ST金帝
股票代码:600758

二、会计数据和业务数据摘要

1、本年度主要利润指标情况 单位:元

利润总额	11989988.85
净利润	11822405.07
扣除非经常性损益后的净利润	2675107.99
主营业务利润	34852769.53
其他业务利润	7660108.96
营业利润	83751.59
投资收益	3741684.05
补贴收入	-
营业外收支净额	8164553.21
经营活动产生的现金流量净额	1572198.94
现金及现金等价物净增加额	-3737655.24

2、截至本报告期末公司前三年的主要会计数据和财务指标

单位:元

项目	1999年	1998年		1997年	
		调整前	调整后	调整前	调整后
主营业务收入	546024539.04	496517905.29	612536270.22	748420462.19	748420462.19
净利润	11822405.07	-34162859.21	-38665214.76	32380247.21	5919699.32
总资产	1019021049.05	1009681885.42	987113608.47	902143982.20	873052622.38
股东权益	352508355.18	403521425.01	340451093.74	437684284.22	392670638.33
每股收益	0.074	-0.21	-0.24	0.20	0.04
每股净资产	2.21	2.53	2.13	2.74	2.46
调整后的每股净资产	1.83	2.32	1.93	2.67	2.38
每股经营活动产生的现金流量净额	0.01	-0.07	-0.07	-	-
净资产收益率	3.35%	-8.47%	-11.36%	7.4%	1.51%

注:每股收益=净利润/年度末普通股股份总数
每股净资产=年度末股东权益/年度末普通股股份总数
调整后的每股净资产=(年度末股东权益-三年以上的应收款项净额-待摊费用-待 处理 (流动、固定)资产净损失-开办费-长期待摊费用-住房周转金负数余额)/年度末 普通股股份总数每股经营活动产生的现金流量净额=经营活动产生的现金流量净额/年度末普通股股份总数净资产收益率=净利润/年度末股东权益×100%

3、股东权益变动情况

项目	股本	资本公积	盈余公积	法定公益金	未分配利润	股东权益合计
期初数	159755200	201465212.36	29898295.23	7127006.01	-50667613.85	340451093.74
本期增加	234856.37	-	-	-	11822405.07	12057261.44
本期减少						
期末数	159755200	201700068.73	29898295.23	7127006.01	-38845208.78	352508355.18
变动原因	增值调整				利润增加	增值调整、利润增加

三、股东情况介绍

(1) 截至本报告期期末,公司共有股东41,192户。
(2) 公司前十名股东情况: 单位:万股

股东名称	期初数	期末数	占总股本比例%	持股类别
上海新绿复兴城市开发有限公司	4,230	4,230	26.48	法人股
辽宁省建设集团公司	3,315	3,315	20.75	国有法人股
辽宁万利商品混凝土有限公司		500	3.13	法人股
辽建集团国际经济技术合作公司	500	500	3.13	法人股
上海市城市合作银行川南支行	270	270	1.69	法人股
沈阳岁盛高科技产业有限公司	200	200	1.25	法人股
北京鑫宏威经济技术开发有限责任公司	100	100	0.63	法人股
中国泛华工程有限公司	100	100	0.63	法人股
辽宁银宏实业开发总公司	80	80	0.50	法人股
沈阳线材厂	50	50	0.31	法人股

注:1、上海新绿复兴城市开发有限公司持有的4,230万股法人股仍继续质押给债 权人上海浦东联合信托投资公司。
2、辽建集团国际经济技术合作公司是辽宁省建设集团公司的子公司。

海南华侨投资股份有限公司

一、公司简介

(一)公司法定名称:
中文:海南华侨投资股份有限公司
英文:Hainan Overseas Chinese Investment CO.LTD. 缩写:OCI
(二)公司法定代表人:孙小钢先生
(三)公司董事会秘书:宋 扬先生
联系地址:海口市南航东路28号侨企大楼B座第八层
电 话:0898-6787220 6788559 传 真:0898-6773665 6757661
电子信箱:so-ya69@163.net
(四)公司注册地址、办公地址
海口市南航东路28号侨企大楼B座第八层 邮政编码:570206
电子信箱:HQTZ@263.net
(五)公司选定的披露信息报纸:《上海证券报》
登载公司年度报告的中国证监会指定国际互联网网址 :http://www.sse.com.cn
公司年度报告备置地点:海口市南航东路28号侨企大楼B座第八层公司董事会秘书处
(六)公司股票上市交易所:上海证券交易所
股票简称:ST琼华侨 股票代码:600759

二、会计数据和业务数据摘要

(一)本年度主要利润指标情况(单位:人民币元)

项 目	金 额
本年度实现利润总额	-227,118,861.81
净利润	-151,792,930.23
扣除非经常性损益后的净利润	-147,311,660.47
主营业务利润	1,289,280.24
其他业务利润	0.00
营业利润	-208,924,810.99
投资收益	-13,712,781.06
补贴收入	0.00
营业外收支净额	-4,481,269.76
经营活动产生的现金流量净额	-1,875,005.23
现金及现金等价物净增加额	-3,440,531.23

注:"扣除非经常性损益"涉及项目:

营业外收支净额	-4,481,269.76

(二)截止报告期末公司前三年的主要会计数据和财务指标(单位:人民币元)

项 目	1999年	1998年调整前	1998年调整后	1997年(原审计数)
主营业务收入	3,468,046.13	175,175,141.34	43,095,302.91	126,990,448.83
净利润	-151792930.13	-62,434,523.61	-92,507,563.96	38,318,701.65
总资产	272355247.51	553,845,329.55	469,540,620.63	496,645,679.47
股东权益	-348788872.04	193,526,831.97	-122493384.32	277,682,224.96
每股收益(摊薄)	-0.73	-0.30	-0.44	0.18
每股收益(加权)	-0.73	-0.30	-0.44	0.18
每股收益(扣除非经常性损益)	-0.71	-0.30	-0.44	0.18
每股净资产	-1.67	0.93	-0.98	1.33
调整后的每股净资产	-2.03	-0.11	-1.12	1.31
每股经营活动产生的现金流量净额	-0.01	-0.04	-0.04	
净资产收益率(%)	-43.52%	-29.94%	-75.52%	13.80%

注:主要财务指标计算公式如下:
每股收益=净利润/年度末普通股股份总数
每股净资产=年度末股东权益/年度末普通股股份总数
调整后的每股净资产=(年度末股东权益-三年以上的应收款项净额-待摊费用-待 处理 (流动、固定)资产净损失-开办费-长期待摊费用-住房周转金负数余额)/年度末 普通股股份总数
每股经营活动产生的现金流量净额=经营活动产生的现金流量净额/年度末普通股股份总数
每股经营活动产生的现金流量净额=经营活动产生的现金流量净额/年度末普通股股份总数
净资产收益率=净利润/年度末股东权益×100%

(三)报告期内股东权益变动情况 (单位:人民币元)

项 目	股 本	资本公积	盈余公积	法定公益金
期初数	208,551,974	71,857,600.28	0	0
本期增加				
本期减少				
期末数	208,551,974	71,857,600.28	0	0

续上表:

项 目	未分配利润	未确认投资损失	股东权益合计
期初数	-347,986,637.12	-54,916,321.48	-122,493,384.32
本期增加			
本期减少			
期末数	-499,779,567.35	-129,418,878.97	-348,788,872.04

变动原因:
(1) 未分配利润本年新增加亏损-151,792,930.23。
(2)未确认投资损失新增加74,502,557.49,其中现代实业8,929,284.27,金都侨业65,573,273.22。

三、股东情况介绍

1、截止1999年12月31日公司股东总数为41300户。
2、本报告期内前十名股东持股情况

股东名称	持股数量(万股)	持股比例(%)
1、海南新产业投资公司	4646.40	22.28
2、海南亚太工贸有限公司	1584.00	7.59
3、海南物业投资公司	1584.00	7.59
4、亚太奔德有限公司	1267.20	6.07
5、海南正兴投资发展有限公司	1117.84	5.36
6、上海飞天投资有限公司	739.20	3.54
7、正大国际财务有限公司	633.60	3.04
8、上海财政证券公司	480.00	2.30
9、厦门国际信托投资公司	340.00	1.63
10、航天信托投资公司	300.00	1.44

山东黑豹股份有限公司

一、公司简介

1、公司法定中文名称:山东黑豹股份有限公司
英文名称:SHANDONG HEIBAO CO.,LTD
英文缩写:SDHB
2、公司法定代表:孙军亮
3、董事会秘书:孙军芳
电话:0631 -8352083
传真:0631 -8352228
联系地址:山东省文登市龙山路107号证券部
电子信箱:wdnyys@public.whptt.sd.cn
4、公司注册地址:山东省文登市龙山路107号
公司办公地址:山东省文登市龙山路107号
邮政编码: 26440
公司国际互联网网址:http://www.heibao.com.cn
公司电子信箱:wdnyys@public.whptt.sd.cn
5、公司选定的信息披露报纸名称:上海证券报
登载公司年度报告的中国证监会指定国际互联网网址:
http://www.sse.com.cn
公司年度报告备置地点:董事会秘书处
6、股票上市地:上海证券交易所
股票简称:山东黑豹 股票代码:600760

二、会计数据和业务数据摘要

(一)报告期末公司主要会计数据:单位(元)

利润总额	59856233.39
净利润	49398134.04
扣除非经常性损益后的净利润	49398134.04
主营业务利润	85555672.71
其它业务利润	5022497.06
营业利润	66207964.95
投资收益	-5943590.65
补贴收入	0.00
营业外收支净额	-408140.91
经营活动产生的现金流量净额	-25106380.75
现金及现金流等价物净增加额	-34632314.17

(二)截止报告期末公司前三年主要会计数据和财务指标:

指标项目	1999年度	1998年度		1997年度	
		调整前	调整后	调整前	调整后
主营业务收入(万元)	37459.45	40383.86	40383.86	50855.04	50855.04
净利润(万元)	4939.81	8824.69	4640.66	12651.47	12517.08
总资产(万元)	105834.37	100898.86	96507.73	68080.44	67873.36
股东权益(万元)	79493.49	78944.80	74553.68	51369.56	51162.48
每股收益(元/股)	0.181	0.32	0.17	0.903	0.89
每股收益(元/股)(加权)	0.181	0.33	0.17	1.14	1.13
每股收益(扣除非经常性损益)	0.181	0.32	0.17	0.903	1.13
每股净资产(元/股)	2.90	2.89	2.73	3.67	3.65
调整后每股净资产(元/股)	2.90	2.88	2.72	3.66	3.65
每股经营活动产生的现金流量净额(元)	-0.09	-0.19	-0.19	1.24	1.24
净资产收益率(%)	6.21	11.18	6.22	24.63	24.47

注:主要财务指标的计算公式如下:
每股收益=净利润/年度末普通股股份总数
扣除非经常性损益后的每股收益=扣除非经常性损益后的净利润/年度末普通股股份总数
每股净资产=年度末股东权益/年度开普通股股份总数
调整后的每股净资产=(年度末股东权益-三年以上的应收款项净额-待摊费用-待 处理 (流动、固定)资产净损失-开办费-长期待摊费用-住房周转金负数余额)/年度末 普通股股份总数
每股经营活动产生的现金流量净额=经营活动产生的现金流量净额/年度末普通股股份总数
净资产收益率=净利润/年度末股东权益× 100%

(三)报告期内股东权益变动情况:单位(元)

项目	股本	资本公积	盈余公积	其中:法定公益金	未分配利润	股东权益合计
期初数	27300.00	24248.93	6403.83	1754.63	16600.93	74553.68
本期增加			740.97	246.99	4198.84	4939.81
本期减少						
期末数	27300.00	24248.93	7144.80	2001.62	20799.77	79493.49

各项变动原因:1、盈余公积金变动系提取10%法定公积金493.98万元,5%法定公益金246.99万元,及计提四项准备调整年初数所对待。
2、未分配利润增加由净利润增加和提取盈余公积金及计提四项准备调整年初数 所致。
3、股东权益增加由盈余公积金和未分配利润增加所至。

三、股东情况介绍

1、截止1999年末,公司股东总数为94937户。
2、前十名股东持股情况

序号	股东名称	年末持股数(万股) 已上市流通股份	未上市流通股份	占总股本比例(%)
1	山东黑豹集团公司	0	14063.3986	51.51
2	威海烟草公司	78.00		0.29
3	胡光兴	74.93		0.27
4	尹淑云	62.40		0.23
5	徐寿山	62.40		0.23
6	唐天泽	59.92		0.22
7	盛中碧	58.85		0.22
8	任章玉	40.11		0.15
9	飞龙工程	37.95		0.14
10	刘翠兰	37.05		0.14

注:以上前10名股东不存在关联关系。

安徽合力股份有限公司

一、公司简介

1. 公司法定中文名称:安徽合力股份有限公司
   公司法定英文名称:ANHUI HELI CO., LTD
   公司英文缩写:AHHL
2. 公司法定代表人:刘汉生
3. 公司董事会秘书:徐　琳
   联系地址:安徽省合肥市望江西路 15 号
   联系电话:(0551)3648005—6498　　传真:(0551)3633431
   电子信箱:heli-xl@990.net,xlxlxl
   授权代表:周星琪
   联系电话:(0551)3648005-6902
   电子信箱:heli-zxq@990.net,zxqzxq
4. 公司注册地址:安徽省合肥市望江西路 15 号
   公司办公地址:安徽省合肥市望江西路 15 号　　邮政编码:230022
   公司国际互联网网址:WWW.helichina.com
   公司电子信箱:heli@helichina.com
5. 公司信息披露报刊名称:《上海证券报》
   刊登公司年度报告的上海证券交易所国际互联网网址:http://www.sse.com.cn
   公司年报备置地点:安徽省合肥市望江西路 15 号公司证券办
6. 公司股票上市交易所:上海证券交易所
   股票简称:安徽合力　　股票代码:600761

二、会计数据和业务数据摘要

(一)本年度实现利润情况(单位:人民币元)

利润总额	47,612,861.80
净 利 润	40,470,932.53
扣除非经常性损益后的净利润	40,551,842.93
主营业务利润	82,846,800.52
其他业务利润	4,626,975.04
营业利润	47,587,640.33
投资收益	25,868.51
补贴收入	1,242,067.94
营业外收支净额	−1,242,714.98
经营活动产生的现金流量净额	11,707,527.12
现金及现金等价物净增加额	−37,789,561.16

注:扣除非经常性损益项目和涉及金额

1.营业外收支净额项目	−1,322,978.34
A.处理固定资产净收益	−783,998.60
B.罚款收入	11,045.62
C.子弟学校经费	−550,025.36
2.补贴收入项目(铸锻行业增值税退税)	1,242,067.94
3.以上项目涉及金额	80,910.40

(二)报告期末公司前三年主要会计数据及财务指标　　(单位:人民币元)

项　　目	1999 年	1998 年	
	调整后	调整前	调整后
主营业务收入	372,507,714.38	383,246,116.03	383,246,116.03
净利润	40,470,932.53	54,121,461.36	51,683,212.06
总资产	631,850,758.92	691,154,214.82	678,905,873.54
股东权益	505,568,910.69	477,188,438.30	464,940,097.02
每股收益	0.22	0.30	0.29
每股收益(月均)	0.22	0.30	0.29
扣除非经常性损益后每股收益	0.22	0.29	0.27
每股净资产	2.80	2.64	2.64
调整后每股净资产	2.80	2.57	2.57
每股经营活动产生的现金流量净额	0.06	0.13	0.13
净资产收益率(%)	8.01	11.34	11.12

三、股本变动及股东情况

1、股本变动情况:　　单位:万股

	本次变动前	本次变动增减(+,−) 配股	送股	公积金转股	其他	小计	本次变动后
一、尚未流通股份							
1、发起人股份							
其中:国家拥有股份	10720						10720
转配股	1125.6						1125.6
未流通股份合计	11845.6						11845.6
二、已上市流通股份							
1、境内上市的人民币普通股	6240.0						6240.0
已上市流通股份合计	6240.0						6240.0
三、股份总数	18085.6						18085.6

2、股东情况介绍

(1)报告期末公司股东总数为 46517 户。

(2)报告期末公司前十名股东持股情况:　　单位:万股

	股东名称	年末持股数	占总股本(%)
1	安徽叉车集团公司	10,720.00	59.27
2	中信证券	480.00	2.65
3	张　风	80.00	0.44
4	马爱娟	74.83	0.41
5	章金富	48.00	0.27
6	陈　蓉	48.00	0.27
7	陆雪琴	48.00	0.27
8	陆昌英	48.00	0.27
9	郑明珠	48.00	0.27
10	杨十方	48.00	0.27

衡阳市金荔科技农业股份有限公司

一、公司简介

(一)公司法定中文名称:衡阳市金荔科技农业股份有限公司
英文名称:HUNAN HENGYANG JINLI TECHNOLOGY (AGRICULTURAL　　CO.,LTD
(二)公司法定代表人:刘作超
(三)公司董事会秘书:欧阳述安
公司董事会授权代表人:王剑军
联系地址:湖南省衡阳市安居里 37 号
电话:0734-8393868
传真:0734-8393868
(四)公司地址:湖南省衡阳市沿江北路 168 号
邮政编码:421001
(五)公司信息披露报纸名称:《中国证券报》、《上海证券报》
上交所网址:HTTP //WWW.SSE.COM.CN
公司年度报告备置地点:公司董事会秘书办公室
(六)公司股票上市地:上海证券交易所
股票简称:金荔科技
股票代码:600762

二、会计数据和业务数据摘要

1.本年度主要财务指标情况(单位:人民币元)

利润总额:	−54590165.10
净利润 :	−54590165.10
主营业务利润 :	−6264438.14
其它业务利润 :	947609.57
营业利润:	−55136476.15
补贴收入:	612702.53
营业外收支净额:	68946.86
经营活动产生的现金流量净额:	8674741.46
现金及现金等价物净增加额:	46673974.53

2.主要会计数据情况(单位:人民币元)

项　目	1999 年	1998 年 调整前	1998 年 调整后	1997 年 调整前	1997 年 调整后
主营业务收入	49511192.48	84605659.30	84605659.30	199021430.47	19902430.47
净利润	−54590165.10	−66375548.99	−64712829.62	13304846.21	1704846.21
总资产	368897359.71	336668481.96	−109078569.89	391813368.00	331569774.43
股东权益	−32801416.05	80369623.25	21788749.05	172886312.63	112642719.06
每股收益	−0.826	−1.005	−0.980	0.200	0.026
每股净资产	−0.496	1.217	0.330	2.61	1.70
调整后的每股净资产	−0.617	1.19	0.149	2.44	1.53
每股经营活动产生的现金流量净值	0.131	−0.384			
净资产收益率%	−58.45	−119.52	15.6	−33.13	

注;主要财务指标计算公式:
每股收益=利润/度末普通股股份总数
每股净资产=度末股东权益/度末普通股股份总数
调整后的每股净资产=年度末股东权益−年以上的应收款项−摊费用−处理(流动、固定)资产净损失−办费−期待摊费用−房周转金负数余额)/度末普通股股份总数
每股经营活动产生的现金流量净额=营活动产生的现金流量净额/度末普通股股份总数
净资产收益率=利润/度末股东权益×100%

3.报告期内股东权益变动情况(单位:人民币元)

项目	股本	资本公积	盈余公积	法定公益金	未分配利润	股东权益合计
期初数	66040000.00	64827318.94			−109078569.89	21788749.05
本期增加						
本期减少					54590165.10	54590165.10
期末数	66040000.00	64827318.94			−163668734.99	32801416.05

注:期初数与 1998 年年度报告公布数不同,是因为 1999 年度公司根据财政部 35 号文规定变更有关会计政策而计提四项资产减值准备,并追溯调整到 1998 年度所致。

三、股东情况介绍

(一)截止 1999 年 12 月 3 日,本公司股东总数为 14218 户。

(二)主要股东持股情况

股东名称	持股数量(股)	占总股本的比例(%)
1 .东金荔投资有限责任公 司	29822000	45.15
2.圳市旭能投资有限公司	1300000	1.97
3.阳市工商局劳动服务公司	520000	0.97
4.阳市金龙大酒店	53890	0.77
5.阳市铝制品厂技协服务部	304200	0.46
6.鑫基金	269946	0.41
7.治咨 询	26480	0.40
8.阳市城北机电公司	257010	0.39
9.南电机厂郴州供应站	244400	0.37
1 0.阳市制冷设备厂	234975	0.36

注:

广东金荔投资有限责任公司情况介绍:

法定代表人:何雪梅,注册资本:8500 万元人民币,公司住址:广州市天河北路中信 广场 3 楼 08 室,经营范围:股权投资、实业投资、企业委托管理、计算机网络技术开发 、信息咨询。

广东金荔投资有限责任公司受让公司原前三大股东衡阳市供销合作社联合社、中经资管理有限公司、北京涌金财经顾问有限公司所持股份,并于 1999 年 9 月 9 日经国家 证监会(证监函[999]83 号文)同意豁免要约收购飞龙实业股票义务,而成为公司第一大股东,此次股权转让的有关情况公司董事会在 1999 年 9 月 15 日的《上海证券报》、《中国证券报》上作了披露。

北京中燕探戈羽绒制品股份有限公司

一、公司简介

1 .公司的法定中、英文名称及缩写。

中文名称:北京中燕探戈羽绒制品股份有限公司

英文名称:BEIJING ZHONGYAN TANGO DOWN PRODUCTS SHARE CO ,LTD

缩写:BJZY

2 .公司法定代表人:肖爱军.

3 .公司董事会秘书及其授权代表的姓名、联系地址、电话、传真、电子信箱。

公司董事会秘书:范磊

联系地址:北京市平谷县兴谷经济开发区 25 号

联系电话:010—69972854 13801282756 传 真:010—69968811

公司电子信箱:bjzy@bj-subuybs.org.cn

4.公司注册地址、公司办公地址及其邮政编码、公司国际互联网网址、电子信箱。

公司注册地址:北京市平谷县北杨桥乡

公司办公地址:北京市平谷县兴谷经济开发区 25 号

邮政编码:101200

公司电子信箱:bjzy@bj-subuybs.org.cn

5.公司选定的信息批露报纸名称、登载公司年度报告的中国证监会指定国际互联网网址、公司年度报告备置地点。

信息披露报纸:《中国证券报》、《上海证券报》

指定国际互联网网址:WWW.SSE.COM.CN

公司年度报告备置地点:北京市平谷县兴谷经济开发区 25 号

6 .公司股票上市交易所、股票简称和股票代码。

公司股票上市交易所:上海证券交易所

股票简称:北京中燕 股票代码:600763

二、会计数据和业务数据摘要

1 、公司本年度会计数据和业务数据

利润总额(元):	15067311.66
扣除非经常性损益后的净利润(元):	21578951.60
主营业务利润(元):	24944413.09
其它业务利润(元):	−4082875.64
营业利润(元):	19332543.03
投资收益(元):	−2191401.95
补贴收入(元):	1493124.18
营业外收支净额(元):	−2073829.42
经营活动产生的现金流量净额(元):	20619484.13
现金及现金等价物净值增加额(元):	−19396932.87

2 、截止报告期末公司前三年的主要会计数据和财务指标

项目	1999 年	1998 年		1997 年	
		调整前	调整后	调整前	调整后
主营业务收入(万元):	8098.95	2937.14	2937.14	−731.01	−731.01
净利润(万元):	1656.04	−3078.28	−3033.19	54.75	−505.13
总资产(万元):	23921.73	222182.02	21675.47	25796.43	25294.3
股东权益(万元):	22381.58	21076.30	20725.54	24154.58	23646.27
(不含少数股东权益)					
每股收益(摊薄):	0.103	−0.192	−0.189	0.0034	−0.032
(加权):	0.103	−0.192	−0.189	0.0034	−0.032
扣除非经常性损益的					
每股收益(元)(摊薄):	0.135	−0.190	−0.190	0.0034	−0.030
(加权):	0.135	−0.19 0	−0.190	0.0034	−0.030
每股净资产(元):	1.40	1.31	1.29	1.51	1.47
调整后的每股净资产(元):	1.32	1.30	1.28	1.50	1.46
每股经营活动产生的					
现金流量净额(元):	0.13	−0.06	−0.06		
净资产收益率(%)(摊薄):	7.4	−14.61	−14.64	0.23	−2.14

每股收益、每股净资产、调整后的每股净资产、每股经营活动产生的现金流量净额和净资产收益率等财务指标的计算公式如下:

每股收益=净利润/年度末普通股股份总数。

每股净资产=年度末股东权益/年度末普通股股份总数。

调整后的每股净资产=(年度末股东权益减三年以上的应收款项净额减待摊费用减待处理(流动、固定)资产净损失减开办费减长期待摊费用减住房周转金负数余额)/年度末普通股股份总数。

每股经营活动产生的现金流量净额=经营活动产生的现金流量净额/年度末普通股股份总数。

净资产收益率=净利润/年度末股东权益×100%。

3 、报告期内股东权益变动情况

项目	股本	资本公积	盈余公积	法定公益金	未分配利润	股东权益合计
期初数	160320000	68177077.84	1845422.66	615140.89	−23087105.44	207255395.06
本期增加					16560435.84	16560435.84
本期减少						
期末数	160320000	68177077.84	1845422.66	615140.89	−6526669.60	223815830.90

变动原因 本年度利润增长所致

三、股东情况介绍

1 、报告期末股东总数。本年度末股东总数为 17087 户。

2 、本公司前 10 名股东的持股情况(截止 1999 年 12 月 31 日交易结束)

序号 股东名称	持股数量(万股)	占总股本比例(%)
①中国北京国际经济合作公司	4760	29.69
②北京中燕实业集团公司	2500	15.59
③北京宏思达中心集团	2040	12.72
④中土畜羽毛羽绒制品进出口公司	990	6.18
⑤ 北京农工商开发贸易公司	990	6.18
⑥南方证券有限公司	720	4.49
⑦金鑫基金	39.95	0.25
⑧王立阁	32.26	0.20
⑨西达公司	28.91	0.18
⑩王淑会	24.70	0.15

甘肃三星石化(集团)股份有限公司

一 公司简介

1、公司名称:

公司法定中文名称:甘肃三星石化(集团)股份有限公司

公司简称:三星公司

公司英文名称:GANSU TRISTAR PETROCHEMICAL(GROUP)CO.,LTD.

公司英文名称缩写:GTPC

2、公司法定代表人:周国勋先生

3、公司董事会秘书:韩永杰先生

联系地址:三星公司证券办公室

联系电话:(0931)7557333 7933055 7933051

传 真:(0931)7551922

4、注册地址:兰州市高新技术产业开发区科技街 66 号

公司办公地址:兰州市西固区玉门街 10 号

邮政编码:730060

公司国际互联网网址:http:www.threestar.com.cn

电子信箱:SXjlb@ Lanlian.com.cn

信息披露报刊:《上海证券报》

登载公司年报国际互联网网址:http:www.cninfo.com.cn.

5、公司年度报告备置地点:三星公司证券办公室

6、公司股票上市交易所:上海证券交易所

股票简称:三星石化

股票代码:600764

二 会计数据和业务数据摘要

1、本年度利润总额及构成(合并报表) (单位:人民币元)

利 润 总 额	44,923,580.13
净 利 润	29,623,432.19
扣除非经常性损益后的净利润	29,623,432.19
主营业务利润	53,684,059.16
其他业务利润	7,474,897.35
营业利润	44,931,596.71
投 资 收 益	20,131.82
营业外收支净额	−28,148.40
经营活动产生的现金流量净额	−1,039,711.58
现金及现金等价物净增加额	4,634,913.09

2、主要会计数据和财务指标(合并报表) 单位:元

项 目	1999 年	1998 年		1997 年	
		调整前	调整后	调整前	调整后
主营业务收入	424909543	328549500	328549500	195930959.93	195930959.93
净利润	29623432	39727196	36880046	27217467.32	27328993.22
总资产	520657386	428993531	426044591	185829816.09	185924613.11
股东权益	398592960	373876124	370730890	169621906.60	172055481.54
每股收益(摊薄)	0.162	0.282	0.262	0.302	0.303
每股收益(加权)	0.196	0.334	0.310	0.339	0.340
扣除非经常性损益后的每股收益	0.162	0.282	0.262	0.302	0.303
每股净资产	2.176	2.653	2.631	1.908	1.909
调整后每股净资产	2.152	2.641	2.619	1.884	1.885
净资产收益率(摊薄)(%)	7.43	10.63	9.95	15.83	15.88
净资产收益率(加权)(%)	7.70	17.23	15.97	17.187	17.25
每股经营活动产生的现金流量净额	−0.0057	0.1367			

注:主要财务指标计算方法:

每股收益=净利润/年度末普通股股份总数

每股净资产=年度末股东权益/年度末普通股股份总数

净资产收益率=净利润/年度末股东权益×100%

调整后的每股净资产={年度末股东权益－三年以上的应收款项净额－待摊费用－待处理、(流动、固定)资产净损失－开办费－长期待摊费用－住房周转金负数余额}/年度末普通股股份总数

加权平均每股收益=当期净利润/{期末普通股股份总数/(1+配股比例或增 发新股比例)+期末普通股股份总数/(1+配股比例或增发新股比例)×配股比例 或增发新股比例×缴款结束日下一月份至期末的月份数/12}

加权平均净资产收益率=当期净利润/{(期初净资产+期末净资产)/2+当期发行新股或配股新增净资产×(自缴款结束日下一月份至报告期末的月份数−6)/12}

每股经营活动产生的现金流量净额=经营活动产生的现金流量净额/年度末普通股股份总数

3、报告期内股东权益变动情况表 单位:元

项 目	股 本	资本公积金	盈余公积金	其中:法定公益金	未分配利润	合 计
期初数	140908968	167005728	17329008	5527031	45487185.52	370730890.18
本期增加	42272690		7968884	2656294	21654548.15	71896122.19
本期减少		35227242			8806810.10	44034052.00
期末数	183181658	131778486	25297892	8183326	58334923.57	398592960.27

三 股本变动及股东情况

(1)报告期末(1999 年 12 月 31 日)股东总数为:30081 户。

(2)主要股东持股情况:

名次	股东名称	期初数	送 股	转增股数	法人变动后股数	期末数	比例(%)
1	中国石油兰州炼油化工总厂	2701713	3635086	18175428	0	0	0
2	中国石油天然气股份有限公司	0	0	0	94512227	94512227	51.6
3	兰州天益特种润滑油脂厂	17710535	885527	4427634		23023696	12.57
4	中国石化国际事业兰炼公司	1800000	11373	556865		2895698	1.58
5	兰州市商业银行银炼支行	1800000	11373	556865		2895698	1.58
6	泰和基金(流通股份)					2599973	1.42
7	兰州市商业银行科技支行	668238	33412	167059		868709	0.47
8	国服贸易(流通股份)					7500	0.20
9	范义密(流通股份)					221682	0.12
10	刘沛良(流通股份)					194358	0.11
11	王永宽(流通股份)					180000	0.10

贵州力源液压股份有限公司

一、公司简介

1.公司中文名称:贵州力源液压股份有限公司

公司英文名称:GUIZHOU LIYUAN HYDRAULIC COMPONENTS CO.,LTD.

公司英文名称缩写: LYHC

2.公司法定代表人:李 利

3.公司董事会秘书:舒代游

联系地址:贵阳市九十九号信箱公司办公室

联系电话:(0851)6132002

传 真:(0851)6132001

4.公司注册地址:贵州贵阳国家高新技术产业开发区

公司办公地址:贵州贵阳市乌当区新场乡

邮政编码:550202

公司电子信箱:lkccx@public.gzzt.net.cn

5.公司选定的信息披露报纸名称:《上海证券报》

登载公司年度报告的中国证监会指定国际互联网网址:http://www.sse.com.cn

公司年度报告备置地点: 公司董事会秘书办公室

6.公司股票上市交易所:上海证券交易所

股票简称:力源液压

股票代码:600765

二、会计数据和业务数据摘要

1.公司本年度主要利润指标情况 (单位:元)

利润总额:	-7457881.70
净利润:	-7457881.70
扣除非经营性损益后的净利润:	-7457881.70
主营业务利润:	11603937.04
其它业务利润:	103796.49
营业利润:	-7053998.73
投资收益:	0
补贴收入:	0
营业外收支净额:	-403882.97
经营活动产生的现金流量净额:	-7129434.94
现金及现金等价物净增加额:	-18468970.47

2.前三年主要会计数据与财务指标

(1)追溯调整后:

指 标 项 目	1999 年	1998 年	1997 年
主营业务收入(万元):	3685.05	4455.82	5116.95
净利润(万元):	-745.79	663.37	1608.10
总资产(万元):	24145.79	25221.61	23187.71
股东权益(万元):	18183.64	18929.43	15263.61
每股收益(摊薄)(元):	-0.067	0.0597	0.157
(加权)(元):	0.064	0.189	
每股净资产(元):	1.64	1.705	1.49
调整后的每股净资产(元):	1.61	1.69	1.47
每股经营活动产生的现金流量净额:	-0.064	0.08	
净资产收益率(%)(摊簿):	-4.1	3.5	10.54
(加权):	4.27	10.85	

(2)追溯调整前:

指 标 项 目	1998 年	1997 年
主营业务收入(万元):	4455.82	5116.95
净利润(万元):	604.39	1721.49
总资产(万元):	26097.97	23301.10
股东权益(万元):	19805.79	15377.00
每股收益(摊簿)(元):	0.054	0.168
(加权)(元):	0.059	0.202
每股净资产(元):	1.78	1.50
调整后的每股净资产(元):	1.75	1.48
每股经营活动产生的现金流量净额:	0.08	
净资产收益率(%)(摊簿):	3.05	11.20
(加权):	3.78	11.26

3.按下表列市报告期内股东权益变动情况逐项说明变化原因

单位:万元

项 目	股 本	资本公积	盈余公积	法定公益金	未分配利润	股东权益合计
期初数	11103.2	7595.07	417.92	139.31	-186.77	18929.43
本期增加					-745.79	-745.79
本期减少						
期末数	11103.2	7595.07	417.92	139.31	-932.56	18183.64

变动原因 本年度因亏损导致未分配利润和股东权益增加或减少。

三、股东情况介绍

(1)截止 1999 年末,本公司共有股东 22357 户。

(2)前十名股东持股情况如下:

股 东 名 称	持股数(股)	持股比例(%)	股份性质
贵阳航空液压件厂	76532000	68.93	国有法人股
孙建民	583022	0.53	社会公众股
建总证券	472500	0.46	社会公众股
金鑫基金	333316	0.30	社会公众股
马玉玲	274260	0.25	社会公众股
章 俐	200000	0.18	社会公众股
朱景磊	196600	0.18	社会公众股
李晓峰	186337	0.17	社会公众股
沪财金山	163400	0.15	社会公众股
吉文林	142900	0.13	社会公众股

前 10 名股东之间不存在任何关联关系

烟台华联发展集团股份有限公司

一、公司简介

1.公司法定中文名称:烟台华联发展集团股份有限公司

公司法定英文名称:Yantai Hualian Development Group CO.,LTD.

2.公司法定代表人:孙德志

3.公司董事会秘书:杨剑波

联系地址:山东省烟台市北马路 1 号

电话:0535--6624347 传真:0535--6625463 电子信箱:fzb@public.ytptt.sd.cn

4.公司注册地址:山东省烟台市南大街 261 号

公司办公地址:山东省烟台市北马路 1 号 邮政编码:264001

公司选定的信息披露报纸:中国证券报、上海证券报。

登载公司年度报告的中国证监会指定国际互联网网址: http://www.sse.com.cn

5.公司年报备置地点:董事会办公室

6.公司股票上市交易所:上海证券交易所

股票简称:烟台发展 股票代码:600766

二、会计数据和业务数据摘要

1.公司本年度部分会计数据

利润总额:	30,431,016.85 元
净利润:	21,142,422.12 元
扣除非经常性损益后的净利润:	16,317,740.29 元
主营业务利润:	61,344,619.23 元
其他业务利润:	5,011,208.26 元
投资收益:	216,231.48 元
补贴收入:	4,598,792.67 元
营业外收支净额:	225,889.16 元
经营活动产生的现金流量净额:	62,625,940.11 元
现金及现金等价物净增加额:	14,049,970.93 元

注:扣除的非经常性损益为:

项目	涉及金额
补贴收入	4,598,792.67 元
营业外净收入	225,889.16 元
合 计	4,824,681.83 元

2.主要会计数据和财务指标

年份 项目	1999 年	1998 年 调整前	1998 年 调整后	1997 年 调整前	1997 年 调整后
主营业务收入(元)	422402677.94	261624016.12	261612743.85	235234757.00	235234757.04
净利润(元)	21142422.12	23522431.81	20359264.98	22742382.82	20333704.20
总资产(元)	637463910.73	655856358.72	650434605.94	250926786.38	248249957.97
股东权益(不含少数股东权益)	238177828.37	223038846.32	217204985.27	109472746.99	106801132.65
每股收益(元/股) (全面摊薄)	0.1983	0.22	0.1910	0.43	0.3807
每股收益(元/股) (加权平均)	0.1983	0.28	0.2545	0.43	0.3807
扣除非经常损益后的每股收益(元/股)	0.1531				
每股净资产(元/股)	2.2343	2.09	2.0375	2.05	1.9998
调整后的每股净资产(元/股)	2.0424	1.92	1.8608	1.83	1.7940
每股经营活动产生的现金流量净额(元/股)	0.5875				
净资产收益率(%)	8.8767	10.55	9.3733	20.77	19.0388

3.股东权益变动情况

报告期内本公司股东权益变动情况如下:

股东权益变动情况表 单位:元

项目	股本	资本公积	法定盈余公积	法定公益金	未分配利润	合计
期初数	106601800	81369435.00	8932486.07	3771340.70	16529923.50	217204985.27
本期增加			17277.39	2501892.67	1178175.56	17381497.48
本期减少		106000.00				
期末数	106601800	81280712.39	11434378.74	4949516.26	33911420.98	238177828.37

三、股本变动及股东情况

1.股本变动情况 数量单位:股

	期初数	本次变动增减(+,-) 配股	送股	公积金转股	其他	小计	期末数
一、未上市流通股份							
1、发起人股份	21360000						21360000
其中: 国家持有股份	21360000						21360000
2、募集法人股	51790000						51790000
未上市流通股份合计	73150000						73150000
二、已上市流通股份							
1、人民币普通股	33451800						33451800
已上市流通股份合计	33451800						33451800
三、股份总数	106601800						106601800

2.股东情况介绍

(1).截止 1999 年 12 月 31 日,本公司股东总户数 22132 户,其中:未流通国家股股东 1 户,法人股股东 11 户,流通股股东 22120 户。

(2).报告期末本公司前 10 名股东及持股情况 单位:万股

股东	年初持股数	本年增加数 送股	配股	年末持股数	占总股本百分比(%)
深圳市德庐投资发展有限公司	3060	0	0	3060	28.70
烟台市国有资产经营公司(国家股)	2136	0	0	2136	20.04
中国糖业酒类集团公司	1600	0	0	1600	15.01
天元基金	0			527.62	4.95
建行芝罘区支行西南河办事处	200	0	0	200	1.88
烟台张裕葡萄酿酒公司	85	0	0	85	0.80
烟台市聚氨酯制品工业公司	85	0	0	85	0.80
烟台华侨商品供应公司	40	0	0	40	0.37
山东省龙口发电厂	40	0	0	40	0.37
天阳投资	0			30	0.28

运盛(福建)实业股份有限公司

(一) 公司简介

公司名称:运盛(福建)实业股份有限公司
公司英文名称:WINSAN (FUJIAN) INDUSTRIAL CORPORATION LTD.
注册地址及办公地址:福州市湖东路169号天骛大厦11楼
公司法定代表人:李茗公司
电话:0591-7609998、7542845　　传真:0591-7542843　　邮政编码:350003
公司电子信箱:wsfj@pub2.fz.fj.cn
董事会秘书:姓名:孙从胜
电话:0591-7609998-368
电子信箱:wszj@pub3.fz.fj.cn
公司指定信息披露报纸:《中国证券报》、《上海证券报》
登载公司年度报告的中国证监会指定国际互联网网址:Http://www.sse.com.cn
公司年报备置地点:公司证券部公司
股票上市地点:上海证券交易所
股票简称:运盛实业　　股票代码:　600767

(二) 会计数据和业务数据摘要

1.本年度主要利润指标情况(币种:人民币　单位:元)

利润总额:	16710067.65
净利润:	12770473.72
扣除非经常性损益后的净利润:	11713695.96
主营业务利润:	44128007.66
其他业务利润:	1729673.80
营业利润:	15086289.89
投资收益:	567000.00
补贴收入:	0.00
营业外收支净额:	1056777.76
经营活动产生的现金流量净额:	110958305.16
现金及现金等价物净增加额:	22923807.34

注:扣除的非经常性损益项目和涉及金额:营业外收支净额 1056777.76

2.截止报告期末公司三年主要会计数据和财务指标:

指　标	1999年		1998年		1997年	
(1)主营业务收入(元)	342479506.61		131616042.89		93053723.24	
(2)净利润(元)	12770473.72		14748728.82		41181418.72	
(3)总资产(元)	1123561165.90		1225181996.15		717788068.66	
(4)股东权益(元)	609174597.01		596404123.29		410272733.91	
(5)每股净资产(元)	2.68		3.94		3.16	
(6)调整后的每股净资产(元)	2.67		3.94		3.15	
	摊薄	加权	摊薄	加权	摊薄	加权
(7)每股收益(元)	0.06	0.08	0.10	0.13	0.32	0.36
(8)净资产收益率(%)	2.10		2.47	3.72	10.04	10.57
(9)扣除非经常性损益后每股收益(元)	0.05	0.07				
(10)每股经营活动产生的现金流量净额(元)	0.49	-0.40				

调整前各年度会计数据如下:

项　目	1999年	1998年	1997年
坏帐准备	999572.76	252286.54	
存货跌价准备	1,822,936.67	/	
未分配利润	43459425.98	40230593.49	
盈余公积	42899658.98	39306155.93	

追溯调整后各年度会计数据如下:

项　目	1999年	1998年	1997年
坏帐准备	999572.76	1432267.11	
存货跌价准备	1,822,936.67	/	
未分配利润	43459425.98	49676102.37	
盈余公积	42899658.98	39068516.87	

4.报告期内股东权益变动情况及其原因

(1)股东权益变动情况(单位:人民币元)

项　目	期初数	本期增加	本期减少	期末数
股本	151560081.00	75780040.00		227340121.00
资本公积	356099423.05		60624032.00	295475391.05
盈余公积	39068516.87	3831142.11		42899658.98
法定公益金	13022838.96	1277047.37		14299886.33
未分配利润	49676102.37	8939331.71	15156008.10	43459425.98
外币报表折算差额				
股东权益合计	596404123.29	88550513.82	75780040.50	609174597.01

(2)变动原因:本年股本增加是以未分配利润每10股送1股,以资本公积每10股转增4股所至。

盈余公积、法定公益金本期增加是根据本年度净利润的10%计提法定盈余公积,10%计提法定公益金,10%计提任意盈余公积金所至。未分配利润是本期利润转入所致,未分配利润减少是本年度提取盈余公积及未分配利润转作普通股股利所至。

(三) 股东情况介绍

①截止1999年12月31日止,公司股东共计12783人。

②截止1999年12月31日止,公司前10名股东情况如下:

单　位	年初持股数	年末持股数	股份变动原因	持股比例
香港运盛有限公司	6996.25万股	10494.375万股	送股及转增股本所致	46.16%
中国银宏实业发展公司	2300万股	3450万股	送股及转增股本所致	15.18%
运盛(南京)实业有限公司	520万股	975万股	送股及转增股本所致	4.29%
福建华兴信托投资公司	487.5万股	731.25万股	送股及转增股本所致	3.22%
南京钢铁集团有限公司	227.5万股	341.25万股	送股及转增股本所致	1.5%
兴业证券		299.49万股		1.32%
中福实业股份有限公司	195万股	292.5万股	送股及转增股本所致	1.27%
福建兴业		475.1712万股		2.09%
益地科技		187.7885万股		0.83%
胡桂荣		177.556万股		0.78%

宁波华通集团股份有限公司

一、公司简介

1、公司法定中文名称:宁波华通集团股份有限公司　　缩写:宁波华通
英文名称:NINGBO HUATONG GROUP Co,LTD　　缩写:NBHT
2、公司法定代表人:韩青
3、公司董事会秘书处联系人:王亚民、唐剑江
联系地址:宁波市中山东路336号。
电话:(0574)7375767　　传真:(0574)7375767　　电子信箱:rtrt@telekbird.com.cn
4、公司注册及办公地址:宁波市中山东路336号　　邮政编码:315040
5、公司选定的信息披露报纸:《中国证券报》《上海证券报》
登载公司年度报告的中国证监会指定的中国证监会国际互联网网址:http://www.sse.com.cn
公司年度报告备置地点:公司董事会秘书处
6、公司股票上市交易所:上海证券交易所
股票简称:宁波华通　　股票代码:600768

二、会计数据和业务数据摘要

(一) 本年度主要利润指标情况:　(单位:元)

1、利润总额	9300562.12
2、净利润	9200794.59
3、扣除非经常性损益后的净利润	9200794.59
4、主营业务利润	23938547.27
5、其他业务利润	20191.44
6、营业利润	4023149.64
7、投资收益	5386115.74
8、补贴收入	0
9、营业外收支净额	-108703.26
10、经营活动产生的现金流量净额	4418022.72
11、现金及现金等价物净增加额	1610538.89

(二)前三年主要会计数据和财务指标

指标项目	1999年	1998年		1997年	
		调整后	调整前	调整后	调整前
1 主营业务收入(元)	151136407.68	147169395.06	147169395.06	111640602.60	111640602.60
2 净利润(元)	9200794.59	12422689.84	17870240.75	5715082.87	13669235.41
3 总资产(元)	293164417.00	212484783.33	217932334.24	180625911.43	188580063.97
4 股东权益(元)	149830431.37	148497431.41	153944982.32	128068646.66	136022799.20
5 每股收益(元/股)	0.10	0.24	0.35	0.11	0.26
6 每股收益(元/股)(加权)	0.12	0.24	0.35	0.11	0.26
7 扣除非经常性损益后的每股收益	0.10	0.24	0.35	0.11	0.26
8 净资产收益率(%)	6.14	8.37	11.60	4.46	10.05
9 每股净资产(元/股)	1.61	2.87	2.98	2.48	2.64
10 调整后的每股净资产(元/股)	1.60	2.83	2.95	2.45	2.61
11 每股经营活动产生的现金流量净额	0.05	0.37	0.37		

注:主要财务指标计算方法

每股收益=净利润/年度末普通股股份总数

每股净资产=年度末股东权益/年度末普通股股份总数

净资产收益率=净利润/年度末股东权益× 100%

调整后的每股净资产=(年度末股东权益-三年以上的应收款项净额-待摊费用-待 处理(流动、固定)资产净损失-开办费-长期待摊费用-住房周转金负数余额)/年度末 普通股股份总数

加权平均每股收益=当期净利润/[期末普通股股份总数/(1+配股比例或增发新股 比例)+期末普通股股份总数/(1+配股比例或增发新股比例)r 配股比例或增发新股比例 r 缴款结束日下一月份至期末的月份数/12]

每股经营活动产生的现金流量净额=经营活动产生的现金流量净额/年度末普通股股份总数

(三)股东权益变动情况表

项目	股本	资本公积	盈余公积	法定公益金	未分配利润	股东权益合计
期初数	51600000.00	55596521.42	9399462.82	3861351.77	23947294.63	140543278.87
本期增加	41280000.00	86357.91	1840158.92	920079.46	9200794.59	9287152.50
本期减少		25800000.00				15480000.00
期末数	92880000.00	29882879.33	11239621.74	4781431.23	15827930.30	149830431.37

变动原因:

1、公司股本的增加系本年度公司实施10送3转增5的分配方案所致。

2、资本公积的增加系分公司所得税退还所致,减少系转增股本所致。

3、盈余公积、法定公积金增加系根据本年度净利润提取所致。

三、股东情况介绍

1、截止1999年12月31日,股东总户数为7119户。

2、前十名股东持股情况　年度内持股5%以上股东

持股单位	期末持股数	占总股本的比例	股份增减情况
(1) 宁波市第三运输公司	20448000	22%	+9088000
(2) 中物投资有限公司	20160000	21.7%	+8960000
(3) 上海雄龙科技有限公司	13392000	14.4%	+5952000
(4) 宁波交通投资开发公司	10296000	11.1%	+4576000
(5) 宁波保税区晶盛发展有限公司	1800000	1.9%	
(6) 星联医药	580140	0.6%	
(7) 肖枝云	383100	0.4%	
(8) 孙运义	343980	0.37%	
(9) 余远道	326361	0.35%	
(10) 徐科杰	325500	0.35%	

注:A、持股5%以上股东股份增加,系公司实施10送3转增5的分配方案后所致。

B、中物投资有限公司所持的本公司1120万股法人股股权已于1999年1月29日质押给北方工业集团财务有限责任公司,质押期限为1999年1月29日起至2001年11月13日。

3、持股10%以上法人股东情况

(1)宁波市第三运输公司,法定代表人:余华,主要经营范围为对外投资;

(2)中物投资有限公司,法定代表人:候正礼,经营范围为高科技产品的开发;房地 产开发与经营;

(3)上海雄龙科技有限公司,法定代表人:黄志雄,主要经营范围为网络工程设计、施工、调试;

(4)宁波市交通投资开发公司,法定代表人:虞顺德,主要经营范围为:公路、桥梁、场站、码头、机场交通基础设施、交通附设服务设施的投资,委托投资和经营;

武汉祥龙电业股份有限公司

武汉祥龙电业股份有限公司1999年年度报告摘要

(一)、公司简介

1、公司法定中文名称:武汉祥龙电业股份有限公司

公司法定英文名称:WUHAN XIANGLONG POWER INDUSTRY CO.LTD 缩写:(XLD)

2、公司法定代表人:江涤清

3、公司董事会秘书:郭唐明

电话:027---87600367 传真:027---87600367

4、公司注册及办公地址:武汉市洪山区葛化街化工路31号 邮政编码:430078

5、公司选定的信息披露报纸名称:中国证券报

登载公司年度报告的中国证监会指定国际互联网址:http//www.eninfo.com.cn

公司年度报告备置地点:本公司证券部

6、公司股票上市交易所:上海证券交易所 股票简称:祥龙电业 股票代码:600769

(二)、会计数据和业务数据摘要

1、公司本年度主要会计数据和业务数据摘要(单位:元)

利润总额	66243682.26
净利润	56303639.79
扣除非经营性损益后的净利润	56303639.79
主营业务利润	81939945.17
其他业务利润	5528377.40
营业利润	62394419.46
投资收益	5118621.30
营业外收支净额	-1269358.50
经营活动产生的现金流量净额	-66337638.70
现金及现金等价物净增加额	-101074740.56

2、前三年主要会计数据和财务指标

	1999年	1998年		1997年	
	调整后	调整前	调整后	调整前	调整后
主营业务收入(万元)	36693.84	34902.52	34902.52	26294.26	26294.26
净利润(万元)	5630.36	9009.06	8122.09	8398.80	8006.25
总资产(万元)	113559.77	101514.75	100235.22	42831.44	42369.62
股东权益(万元)	91137.69	86786.85	85507.32	27982.19	27589.64
每股收益	0.16	0.26	0.23	0.50	0.48
每股收益(月均)	0.16	0.30	0.26	0.57	0.54
扣除非经营性损益后的每股收益(元)	0.16	0.41	0.37	0.50	0.48
每股净资产(元)	2.61	3.98	3.92	1.67	1.65
调整后的每股净资产(元)	2.61	3.98	3.92	1.67	1.65
每股经营活动产生的现金流量净额	-0.19	-0.13	-0.13		
净资产收益率(%)	6.18	10.38	9.50	30.01	29.02

注1:主要财务指标计算办法

每股收益 = 净利润/年度末普通股股份总数

每股净资产 = 年度末股东权益/年度末普通股股份总数

调整后的每股净资产=[年度末股东权益-三年以上的应收款项净额-待摊费用-待 处理(流动、固定)资产净损失-开办费-长期待摊费用-住房周转金负额]/年度末普通 股股份总数

每股经营活动产生的现金流量净额=经营活动产生的现金流量净额/年度末普通股股份总数

净资产收益率 = 净利润/年度末股东权益 *100%

3、报告期内股东权益变动情况

项目	股本	资本公积	盈余公积	法定公益金	未分配利润	股东权益合计
期初数	348816000	395375065.80	33902981.69	11003543.21	76979179.80	855073227.29
本期增加			8445545.97	2815181.99	47858093.82	56303639.79
本期减少						
期末数	348816000	395375065.80	42348527.66	13818725.20	124837273.62	911376867.08

变动原因:(1)盈余公积金的增加系计提本年度净利润的10%所致;(2)法定公益金的增加系计提本年度净利润的5%所致;(3)未分配利润的增加系本年度净利润的增加所致;(4)股东权益的增加系本年度净利润增加所致。

(三)、股本情况介绍

(1)、报告期末股东总数

截止报告期末,公司股东总数为64048户。

(2)、主要股东持股情况

A、报告期末持有本公司5%以上股份的股东持股情况

序号	股东名称	本年度内股份增减变动(股)	年末持股数(股)	占总股本
1	武汉葛化集团有限公司	74730000	199280000	57.13%
2	武汉华江能源物资开发公司	10056000	26816000	7.69%

上述两公司持有的股份没有质押

B、前十名股东持股情况

序号	股东名称	本年度内股份增减变动(股)	年末持股数(股)	占总股本
1	武汉葛化集团有限公司	74730000	199280000	57.13%
2	武汉华江能源物资开发公司	10056000	26816000	7.69%
3	武汉建设投资公司	5700000	15200000	4.36%
4	武汉市电力开发公司	5160000	13760000	3.94%
5	葛化运输	1200000	3200000	0.92%
6	吕墩农工	1200000	3200000	0.92%
7	?旋酒店	1171851	1171851	0.33%
8	甬工信托	880400	880400	0.25%
9	宁波工信	877700	877700	0.25%
10	甬工上证	421160	421160	0.12%

(四)、股东大会简介

1、股东大会的通知、召集、召开情况

本年度公司召开了1998年度股东大会,有关召开本次股东大会的公告刊登在1999年3月17日的《中国证券报》、《上海证券报》上。本次股东大会由董事会召集,并于1999年4月20日在本公司会议室召开。公司1998年度股东大会决议公告刊登在1999年4月21日的《中国证券报》、《上海证券报》上。

(五)、董事会报告

1、公司经营情况

(1)、公司属能源及基本化工原料企业,公司热电厂采取电、热、汽三联供方式运行,经济效益明显。

(2)、公司主营业务范围及其经营情况

公司经营范围:主营发电、供电、供热及基本化工原料产品的生产和销售。

全年实现了主营业务收入36693.84万元,实现主营业务利润8193.99万元,利润总 额6624.36万元,净利润5630.36万元。按行业划分,具体构成如下:

行业	营业收入(万元)	比例	营业利润(万元)	比例
供电、供汽	9790.42	26.68%	4266.99	50.14%
化工产品	26236.38	71.50%	4138.11	48.89%

(3)、在经营中出现的问题与困难及解决方案

1999年,由于国内市场的竞争变得更加激烈,有效需求严重不足以及原材料价格上涨等不利因素对公司的生产经营带来一定影响。面对新的形势,公司采取了以下措施:第一、采取模拟法人经营机制,使管理重心下移,以此增强职工的危机感,激发广 大职工的生产热情;与此同时狠抓内部的基础管理和资金管理。通过强化管理,达到增收节支,提高效率的目的;第二、坚持技术创新,加快技术改造。在围绕配股资金项目的建设上大搞技术改 造,依托科技,通过加大科技力量的投入,提高产品的生产技术,完善产品的生产工艺。与此同时,公司加强了适销对路产品的质量监控,加大了新产品的开发与研究的力度。以此促进了企业技术创新机制的快速建立和技术创新能力的全面提高;第三、以市场经济为导向,以用户为中心。把握市场脉搏,根据市场的需求,并对 竞争对手进行有效的分析研究,做到生产和营销工作有的放矢,确保公司产品销售渠道的畅通。同时在保持原有客户的基础上,积极稳妥地开发新的市场,建立高效灵活的市场营销机制,加强销售队伍的建设和售后服务工作,树立公司良好的市场形象;第四、引进公司所需人才。市场的竞争就是人才的竞争,公司将继续做好人才的 引进工作,充实科研、销售和管理等工作岗位,为公司的发展储备优秀的人才资源。

2、公司财务状况

截止1999年12月31日,公司总资产113559.77万元、比上年增长13.29%,系应收款 项及存货的增加所致;本年度公司无长期负债,比上年下降100%,系原有长期负债将于 一年内到期而转为一年内到期的长期负债所致;股东权益91137.69万元,比上年增长6.58%,系本年度提取法定盈余公积金、法定公益金及增加未分配利润所致;主营业务利 润8193.99万元,与上年比下降20.57%,系本年度公司面临的市场竞争加剧而降低了销 售利润率所致;净利润5630.36万元,比上年下降30.68 %,系主营业务利润减少和营业费用、管理费用的增加所致。

3、公司投资情况

本报告期内,公司对内投资6349.14万元,比上年增加了1741.45万元,增加了27.43 %,系配股资金投入增加;对外投资购入97(3)国债面值4017万元,购入成本4999.91万元。

公司募集资金使用情况:

1998年4月14日公司1997年度股东大会通过1998年度配股方案,以1997年末总股本16770万股为基数向全体股东按10:3的比例配售新股,可配售新股5031万股,配股价为 人民币10元/股,扣除发起人法人股东以实物资产认购所配股份及发行费用,实际募集 资金12138万元。公司严格按《配股说明书》承诺投资项目进行投资,具体情况见下表:

公司承诺投资项目与实际投资项目情况表:

承诺投资项目	实际投资项目
A、年产5000吨消光聚氯乙烯专用树脂项目	A、年产5000吨消光聚氯乙烯专用树脂项目
B、年产2000吨水相氯化新工艺氯烃--70项目	B、年产2000吨水相氯化新工艺氯烃--70项目
C、年产15000吨新工艺炭黑项目	C、年产15000吨新工艺炭黑项目

截止1999年12月31日,上述项目已累计完成投资8053.06万元,尚未使用资金用于 购买收益高、安全性强的国债及存入银行。

公司实际投资项目及进度:(1)、年产5000吨消光聚氯乙烯专用树脂项目。该工程总投资4787万元,建设期2年,工程竣工投产后,公司可年增销售收入5128万元,投资利润率33.31%。目前已完成 投资3879.55万元,完成进度的95%。(2)、年产2000吨水相氯化新工艺氯烃--70项目。该工程总投资2836.8万元,建设期2年,工程竣工投产后,可年增销售收入2460万元,投资利润率27.75%。目前已完成投资334.67万元,完成进度的18%。(3)、年产15000吨新工艺炭黑项目。该工程总投资4843万元,工程建设期2年,工 程竣工投产后,可年增销售利润收入6750万元,利润1244.33万元。目前已完成投资2715.12万元,完成进度的92%。

4、2000年业务发展计划

公司将进一步推动制度创新、管理创新、科技创新,强化市场营销和优化产品结 构,巩固现有产业,加快高科技产业开发、加大新产品开发力度,实现产业结构、产品 结构的升级,强化资本运作,使公司成为高盈利、高科技、高收益的明星企业。

(1)、为实现经营目标,公司将采取如下措施:第一、突出市场营销在生产经营全过程的中心地位。大力强化市场营销,积极开 拓国内市场,进一步优化和强化营销激励机制,完善营销网络,充实营销力量,建立销售调度制度,统一调度销售和资源分配,建立销售情况上报制度,每个销售网点每天要把 现金流量、存货情况、交易情况向公司汇报,把销售和生产紧密结合起来;根据市场需求均衡稳定组织生产,搞好产、运、销衔接,使产销率达到100%。第二、依靠科技进步调整产品结构,实现产品的升级换代。第三、搞好成本控制。首先,强化财务管理的分析、预测功能,认真研究降低财务费用方法,加强对产品生产周期、新产品开发周期等的控制,加快资金周转,提高资金 管理、营运水平和效率;要积极筹措资金,确保生产和技术改造的需要;要认真对内挖 潜,降低成本。其次,要加大物质、设备采购和工程招标的力度,力争降低采购成本。 要按照"比价购销法"规范采购和销售的办法,物资、设备采购、工程建设原则上都要 实行招投标。对大宗原材料制定具体的招投标办法。第四、充分发挥公司的技术优势,改善品种结构,优化技术经济指标。 第五、严格控制管理费用、财务费用和销售费用,减少不必要的支出。

(2)、在建项目预期进度:公司1998年度配股募集资金严格按照《配股说明书》的承诺进行投资,并按预期 进度予以实施,预计本年度内可建成完工。

5、董事会日常工作情况

(1)、报告期内董事会会议的召开情况

报告期内公司召开了两次董事会会议

a、1999 年 3 月 16 日,公司召开第二届四次董事会,会议审议并通过了公司《一九九八年度董事会报告》、《一九九八年度总经理业务报告》、《一九九八年度财务决算报告》、《一九九八年年度报告》、《一九九八年度利润分配及资本公积金转增股本预案》。以上决议刊登在 1999 年 3 月 17 日的《中国证券报》和《上海证券报》上;b、1999 年 7 月 29 日,公司召开了第二届五次董事会,会议审议通过了公司《一九九九年中期报告》。

(2)、报告期内公司利润分配及资本公积金转增股本方案执行情况

1999 年 4 月 26 日,公司实施《一九九八年度利润分配及资本公积金转增股本方案》:以 1998 年末总股本 21801 万股为基数向全体股东每 10 股送 3 股转增 3 股。

6、董事、监事、高级管理人员

职务	姓名	性别	年龄	任职起止日期	年初持股数(股)	年末持股数(股)	年度报酬(元)
董事长	江涤清	男	49	1997.4 - - - -2000.4	2600	4160	13012.80
副董事长	杨守峰	男	38	1997.4 - - - -2000.4	2600	4160	10996.80
副董事长	张安涛	男	59	1997.4---- 2000.4	0	0	未从本公司取酬
董事	林一铀	男	48	1997.4 - - - -2000.4	2600	4160	11100.00
董事	夏浩中	男	51	1997.4 - - - -2000.4	2600	4160	11317.20
董事	肖　斌	女	54	1997.4 - - - -2000.4	1300	2080	11133.60
董事	尹　征	男	46	1997.4---- 2000.4	13000	20800	未从本公司取酬
董事	薛长钧	男	57	1997.4---- 2000.4	0	0	未从本公司取酬
董事	许宝林	男	62	1997.4---- 2000.4	0	0	未从本公司取酬
董事	何宗尧	男	65	1997.4---- 2000.4	0	0	未从本公司取酬
董事、董秘	郭唐明	男	37	1997.4 - - - -2000.4	1000	1600	10567.80
董事	杜振华	男	36	1997.4 - - - -2000.4	2600	4160	10546.90
董事	段甲明	男	43	1999.4---- 2000.4	0	0	未从本公司取酬
监事会主席	李承佩	男	52	1997.4 - - - -2000.4	2300	3680	10566.80
监事会副主席	朱华能	男	48	1997.4 - - - -2000.4	2600	4160	11170.80
监事	王念渝	男	53	1997.4 - - - -2000.4	3500	5600	11097.60
监事	田明婉	女	53	1997.4 - - - -2000.4	2600	4160	11095.20
监事	王嘉瑜	女	47	1997.4---- 2000.4	3380	5408	未从本公司取酬
监事	张厚甫	男	37	1997.4---- 2000.4	7800	12480	未从本公司取酬
监事	杨建国	男	46	1997.4 - - - -2000.4	0	0	10579.20

年度内董事、监事、高级管理人员所持股份的增加系公司实施了一九九八年度利润分配及资本公积金转增股本方案所致。公司报告期内无聘任或解聘经理、董事会秘书的情况。

7、本次利润分配方案:公司全年实现净利润 5630.36 万元,按 10%提取法定公积金,计提 563.04 万元, 按 5% 提取法定公益金, 计提 281.52 万元, 可分配利润 4785.81 万元, 加上年未分配利润 7697.92 万元,本年度可供股东分配的利润为 12483.73 万元。因公司配股项目建设正处于关键期,需大量资金周转,董事会决定本年度不进行利润分配,也不进行资本公积金转增股 本。未分配利润结转下一年度。

8、其他报告事项:公司选定的信息披露刊报为《中国证券报》。

(六)、监事会报告

1、会议情况:本年度公司监事会召开了两次会议:a、1999 年 3 月 16 日,监事会召开了第二届四次会议,会议审议了《一九九八年度监事会报告》、《公司一九九八年度报告及其摘要》,会议决议刊登于 1999 年 3 月 17 日的《中国证券报》和《上海证券报》上;b、1999 年 7 月 29 日,监事会召开了第二届五次会议。会议审议了《公司 1999 年度 中期报告》。

2、履行监督职能情况:监事会依照《公司法》、《证券法》和《公司章程》的有关规定认真履行监督职能,对公司的生产经营和稳定发展起到了积极的推动作用。a、公司监事列席董事会,了解公司的决策过程及进度;b、公司建立了一整套完整的内部审计制度,对实行模拟法人的经济实体和相关职能部门进行不定期审计,并对公司的经营、财务收支依法进行监督;c、监事会认为会计师事务所出具的审计报告真实地反映了公司的财务状况和经 营成果;d、公司董事、经理执行公司职务时,没有违反法律、法规、公司章程及损害股东利益的行为;e、公司配股募集资金全部用于《配股说明书》承诺投资项目;f、关联交易严格遵循公平交易原则,未损害公司利益。

(七)、重要事项

1、本年度公司无重大诉讼、仲裁事项;

2、报告期内公司、公司董事、高级管理人员无受监管部门处罚的情况;

3、报告期内公司控股股东、公司董事会成员、公司总经理无变动情况,董事会秘书无解聘、新聘情况;

4、报告期内公司无收购及出售资产、吸收合并事项;

5、重大关联交易事项

(1)、关联方

企业名称:武汉葛化集团有限公司　　经济性质:全民所有制　　法定代表人:江涤清

注册地:武汉市洪山区葛化街化工路　注册资金:15439.20 万元

拥有本公司股权: 57.13%

主营业务:化工产品制造,组织企业所需设备、化工原料、材料的配套生产、供应及销售百货五金交电建筑及装饰材料、金属材料批发兼零售、汽车货运、自营进出口业务等。

武汉葛化集团有限公司为本公司控股公司。

(2)、关联交易

a、公司向葛化集团有限公司销售产品

交易类型	1999 年	1998 年
销售产品	125295702.95 元	142485491.00 元

b、关联方应收应付款项余额

项目		1999 年 12 月 31 日	1998 年 12 月 31 日
应收帐款	武汉葛化集团有限公司	128194550.01 元	71655032.68 元
其他应收款	武汉葛化集团有限公司	159397404.95 元	52475017.54 元
应收票据	武汉葛化集团有限公司	30000000.00 元	30000000.00 元

6、公司与控股股东之间在人员、资产、财务方面实行"三分开";

7、报告期内公司没有发生托管、承包、租赁其他公司资产或其他　　公司托管、承包、租赁公司资产的事项;

8、公司聘请的会计师事务所为武汉众环会计师事务所有限责任公司(经武汉中华会计师事务所);

9、公司无其他重大合同(含担保等)及其履行情况;

10、公司报告期内无更改名称或股票简称的情况。

(八)、财务会计报告

(见审计报告)

1、审计报告

武汉众环会计师事务所有限责任公司注册会计师雷闻,谢峰为本公司出具了无保留意见审计报告(武众会[2000]147 号)。

2、会计报告

3、会计报表附注

审 计 报 告

武众会(2000)147 号

武汉祥龙电业股份有限公司全体股东:

我们接受委托,审计了贵公司 1999 年 12 月 31 日的资产负债表及合并资产负债表,1999 年度利润表、利润分配表及合并利润表、合并利润分配表,1999 年度的现金流量表及合并现金流量表。这些会计报表由贵公司负责,我们的责任是对这些会计报表发表审计意见。我们的审计是依据《中国注册会计师独立审计准则》进行的。在审计过程中,我们结合贵公司实际情况,实施了包括抽查会计记录等我们认为必要的审计程序。

我们认为,上述会计报表符合《企业会计准则》和《股份有限公司会计制度》的 有关规定,在所有重大方面公允地反映了贵公司 1999 年 12 月 31 日的财务状况及 1999 年 度的经营成果和 1999 年度的现金流量情况,会计处理方法的选用遵循了一贯性原则。

武汉众环会计师事务所有限责任公司　　中国注册会计师　雷闻

中国注册会计师　谢峰

武汉国际大厦 B 座 16 楼　　2000 年 3 月 31 日

会计报表附注

附注 1、公司简介

武汉祥龙电业股份有限公司(以下简称公司),由武汉葛化集团有限公司、武汉市 汉口建银房地产开发公司、武汉市电力开发公司、武汉建设投资公司、武汉华源物资开发公司共同发起,经武汉市经济体制改革委员会武体改(1993)56 号文批准成立。

公司于 1998 年 7 月实行配股后,注册资本 34,881.60 万元。

公司企业法人营业执照注册号为:30005376-1

经营范围包括:发电、供电、供热;发电设备及配件、仪器仪表销售、安装、维修;本公司电厂废次资源的综合利用;供发电技术开发、成果转让、咨询、人才培训、技术服务;汽车运输;化工原料、建筑材料、机械电器产品销售;组织化工产品的生产。

附注 2、公司主要会计政策、会计估计和会计报表的编制方法

附注 3、税项

A.供电收入、化工产品销售收入增值税销项税率为 17%,供汽收入增值税销项税率为 13%,按扣除进项税后的余额缴纳。

B.运输收入按 3%交纳营业税。

C.城市维护建设费为应纳流转税额的 7%

D.教育费附加为应纳流转税额的 3%。

E.城市堤防费为应纳流转税额的 1%。

F.地方教育发展费为销售收入的 1‰。

G 平抑副食品价格基金为销售收入的 1‰。

H.根据武汉市武政(1996)87 号文,所得税按 15%税率计算。

(九)、备查文件

1、载有法定代表人、总会计师、财务负责人、会计经办人员签名并盖章的会计 报表;

2、载有会计师事务所、注册会计师签名并盖章的审计报告正本;

3、1999 年度内在中国证监会指定报纸上公开披露过的所有公司文件的正本及公 告的原稿;

武汉祥龙电业股份有限公司　　2000 年 4 月 12 日

资产负债表

编制单位:武汉祥龙电业股份有限公司　　单位:人民币元

资产	1999 年 12 月 31 日	1998 年 12 月 31 日
流动资产:		
货币资金	24480397.93	125555138.49
短期投资	49999079.00	20120000.00
减:短期投资跌价准备		
短期投资净额	49999079.00	20120000.00
应收票据	30271937.30	30907460.00
应收股利		
应收利息	0.00	1712000.00
应收帐款	212144337.76	160541444.56
其他应收款	162816562.14	61594380.99
减:坏帐准备	20622849.50	12217500.00
应收款项净额	354338050.40	209918325.55
预付帐款	3110284.02	5791065.88
应收补贴款		
存货	88115093.15	58540760.44
减:存货跌价准备	2762984.55	577797.25
存货净额	85352108.60	57962963.19
待摊费用	602168.75	1566110.35
待处理流动资产净损失	116930.27	71072.37
一年内到期的长期债券投资		
其他流动资产		
流动资产合计	548270956.27	453604135.83
长期投资:		
长期股权投资	3028948.93	
长期债权投资		
长期投资合计	3028948.93	
其中:合并价差		
减:长期投资减值准备		
长期投资净额	3028948.93	
固定资产:		
固定资产原价	631675590.97	628876504.49
减:累计折旧	205873388.60	178159976.83
固定资产净值	425802202.37	450716527.66
工程物资	1068043.52	3165356.52
在建工程	84350709.46	20859338.58
固定资产清理	34061.20	
待处理固定资产净损失		
固定资产合计	511255016.55	474741222.76
无形资产及其他资产:		
无形资产	72511761.21	74006849.07
开办费		
长期待摊费用	531000.00	
其他长期资产		
无形资产及其他资产合计	73042761.21	74006849.07
递延税项:		

递延税款借项		
资产总计	1135597682.96	1002352207.66
负债及股东权益		
流动负债:		
短期借款	53000000.00	23000000.00
应付票据		
应付帐款	60165815.61	17848958.82
预收帐款	10697908.96	6019180.70
代销商品款		
应付工资	0.00	56278.97
应付福利费	131439.07	70746.60
应付股利	292287.00	293727.00
应交税金	16334484.99	12498917.39
其他应交款	1671611.30	1219019.84
其他应付款	21541323.94	27177217.70
预提费用	2108945.01	817933.35
一年内到期的长期负债	58277000.00	
其他流动负债		
流动负债合计	224220815.88	89001980.37
长期负债:		
长期借款	0.00	58277000.00
应付债券		
长期应付款		
住房周转金		
其他长期负债		
长期负债合计	0.00	58277000.00
递延税项:		
递延税款贷项		
负债合计	224220815.88	147278980.37
少数股东权益		
股东权益:		
股本	348816000.00	348816000.00
资本公积	395375065.80	395375065.80
盈余公积	42348527.66	33902981.69
其中:公益金	13818725.20	11003543.21
未分配利润	124837273.62	76979179.80
外币报表折算差额		
股东权益合计	911376867.08	855073227.29
负债和股东权益总计	1135597682.96	1002352207.66

利润表

编制单位:武汉祥龙电业股份有限公司　　单位:人民币元

项目	1999 年度	1998 年度
一、主营业务收入	366938403.47	349025185.53
减:折扣与折让		
主营业务收入净额	366938403.47	349025185.53
减:主营业务成本	282295117.56	243607937.70
主营业务税金及附加	2703340.74	2258901.95
二、主营业务利润	81939945.17	103158345.88
加:其他业务利润	5528377.40	4861380.54
减:存货跌价损失	2185187.30	577797.25
营业费用	4914385.13	2835774.08
管理费用	23450152.14	13112187.94
财务费用	-5475821.46	-4352314.19
三、营业利润	62394419.46	95846281.34
加:投资收益	5118621.30	1712000.00
补贴收入		
营业外收入	52750.54	9039.00
减:营业外支出	1322109.04	750234.98
四、利润总额	66243682.26	96817085.36
减:所得税	9940042.47	15596233.21
减:少数股东损益		
五、净利润	56303639.79	81220852.15

利润分配表

编制单位:武汉祥龙电业股份有限公司　单位:人民币元

项目	1999 年度	1998 年度
一、净利润	56303639.79	81220852.15
加:年初未分配利润	76979179.80	73344459.24
盈余公积转入		
二、可供分配的利润	133282819.59	154565311.39
减:提取法定盈余公积金	5630363.98	8122087.73
减:提取法定公益金	2815181.99	4061043.86
三、可供股东分配的利润	124837273.62	142382179.80
减:应付优先股股利		
提取任意盈余公积		
应付普通股股利		
转作股本的普通股股利	0.00	65403000.00
八、未分配利润	124837273.62	76979179.80

现金流量表

编制单位:武汉祥龙电业股份有限公司　单位:人民币元

项目	1999 年度
一、经营活动产生的现金流量	
销售商品、提供劳务收到的现金	311007148.49
收取的租金	11842.77
收到的税费返还	
收到的其他与经营活动有关的现金	3150105.26
经营活动现金流入小计	314169096.52
购买商品、接收劳务所支付的现金	258263742.48
经营租赁所支付的现金	
支付给职工以及为职工支付的现金	33625363.66
实际缴纳的增值税款	25840735.29
支付的所得税款	8720178.45
支付的除增值税、所得税以外的其他税费	6558317.66
支付的其他与经营活动有关的现金	47498397.68
经营活动现金流出小计	380506735.22
经营活动产生的现金流量净额	-66337638.70
二、投资活动产生的现金流量	
收回投资所收到的现金	24810621.30
分得股利或利润所收到的现金	
取得债券利息收入所收到的现金	2140000.00
处置固定资产、无形资产和其他长期资产而收回的现金净额	1980.00
收到的其他与投资活动有关的现金	
投资活动现金流入小计	26952601.30
购建固定资产、无形资产和其他长期资产所支付的现金	34163547.37
权益性投资所支付的现金	
债权性投资所支付的现金	49999079.00
支付的其他与投资活动有关的现金	
投资活动现金流出小计	84162626.37
投资活动产生的现金流量净额	-57210025.07
三、筹资活动产生的现金流量	
吸收权益性投资所收到的现金	
其中:子公司吸收少数股东权益性投资收到的现金	
发行债券所收到的现金	
借款所收到的现金	86000000.00
收到的其他与筹资活动有关的现金	
筹资活动现金流入小计	86000000.00
偿还债务所支付的现金	56000000.00
发生筹资费用所支付的现金	
分配股利或利润所支付的现金	
其中:子公司支付少数股东的股利	
偿付利息所支付的现金	7527076.79
融资租赁所支付的现金	
减少注册资本所支付的现金	
支付的其他与筹资活动有关的现金	
筹资活动现金流出小计	63527076.79
筹资活动产生的现金流量净额	22472923.21
四、汇率变动对现金流量的影响	
五、现金及现金等价物净增加额	-101074740.56
六、不涉及现金收支的投资和筹资活动	
以固定资产偿还债务	
以投资偿还债务	
以固定资产进行长期投资	
以存货偿还债务	
融资租赁固定资产	
七、将净利润调节为经营活动的现金流量	
净利润	56303639.79
计提的坏帐准备或转销的坏帐	8405349.50
固定资产折旧	27713411.77
无形资产摊销	1495087.86
处置固定资产、无形资产和其他长期资产的损失(减:收益)	23412.64
固定资产报废损失	
财务费用	5475821.46
投资损失(减:收益)	-5118621.30
递延税款贷项(减:借项)	
存货的减少(减:增加)	-29574332.71
经营性应收项目的减少(减:增加)	-184162578.81
经营性应付项目的增加(减:减少)	53101171.10
其他	
经营活动产生的现金流量净额	-66337638.70
八、现金及现金等价物净增加情况:	
货币资金的期末余额	24480397.93
减:货币资金的期初余额	125555138.49
现金等价物的期末余额	
减:现金等价物的期初余额	
现金及现金等价物净增加额	-101074740.56

武汉祥龙电业股份有限公司 2000 年度中期报告摘要

(一)、公司简介

1、公司法定中文名称:武汉祥龙电业股份有限公司

公司法定英文名称:WUHAN XIANGLONG POWER INDUSTRY CO.LTD(缩写:XLD)

2、公司注册及办公地址:武汉市洪山区葛化街化工路 31 号邮政编码: 430078

3、公司法定代表人:江涤清

4、公司董事会秘书及董事会证券事务代表:郭唐明

联系地址:武汉市洪山区葛化街化工路 31 号本公司证券部

电话:027-87600367 传真: 027-87600367

5、公司选定的信息披露报纸名称:中国证券报上海证券报

登载公司中期报告的中国证监会指定国际互联网址:http//www.sse.com.cn

公司中期报告备置地点:本公司证券部

6、公司股票上市交易所:上海证券交易所　股票简称:祥龙电业　股票代码:600769

(二)、主要财务数据和指标

公司本年度中期主要财务数据和指标(单位:元)

	报告期末	上年同期	1999年12月31日
净利润	14801537.06	21016937.28	
扣除非经营性损益后的净利润	14801537.06	21016937.28	
总资产	1135829577.07		1135597682.96
资产负债率(%)	18.46		19.74
股东权益	926178404.14		911376867.08
每股收益	0.04	0.06	
净资产收益率(%)	1.60	2.36	
每股净资产	2.66		2.61
调整后的每股净资产	2.65		2.61

注:主要财务指标计算办法每股收益=净利润/报告期末普通股股份总数每股净资产=报告期末股东权益/报告期末普通股股份总数

调整后的每股净资产=[报告期末股东权益—三年以上的应收款项—待摊费用—待处理(流动、固定)资产净损失—开办费—长期待摊费用—住房周转金负数余额]/报告期末普通股股份总数

净资产收益率=净利润/报告期末股东权益×100%

(三)、股本变动及股东情况

1、股本变动情况

报告期内股本没有发生变动。

	本次变动前	本次变动增减(+、—) 配股	送股	公积金转增	增发	其他	小计	本次变动后
一、未上市流通股份								
1、发起人股份	258256000							258256000
其中:国家持有股份								
境内法人持有股份	258256000							258256000
2、募集法人股份	3200000							3200000
未上市流通股份合计	261456000							261456000
二、已上市流通股份								
人民币普通股	87360000							87360000
已上市流通股份合计	87360000							87360000
三、股份总数	348816000							348816000

2、股东情况介绍

前十名股东持股情况

股东名称	持股数(股)	占总股本
武汉葛化集团有限公司	199280000	57.13%
武汉华原能源物资开发公司	26816000	7.69%
武汉建设投资公司	15200000	4.36%
武汉市电力开发公司	13760000	3.94%
葛化运输	3200000	0.92%
吕墩农工	3200000	0.92%
凯旋酒店	438100	0.13%
甬工信托	328350	0.10%
东方货库	272000	0.08%
兴和基金	257925	0.07%

附注1 2000年4月25日,武汉葛化集团有限公司因拖欠中国信达资产管理公司武汉办事处67443000元及相应利息一案,依照法院裁决,冻结武汉葛化集团有限公司持有的本公司法人股122605364股,冻结期限自2000年4月25日至2000年10月26日。

附注2 2000年7月3日,武汉葛化集团有限公司与中国信达资产管理公司武汉办事处达成协议,武汉葛化集团有限公司用其所拥有祥龙电业法人股112837796股(占公司总股本的32.35%)折价偿还中国信达资产管理公司武汉办事处所享有的债权294506648.09元。双方约定于2000年10月20日前办理完股票转让等相关过户交割手续。如因审批原因不能在此期间办理完毕,则由双方另行协商后顺延。

(四)、经营情况的回顾与展望

1、公司报告期内主要经营情况

(1)、公司主营业务范围及其经营情况

公司经营范围:主营发电、供电、供热及基本化工原料产品的生产和销售。报告期内实现主营业务收入23,001.56万元,主营业务利润3,880.93万元,利润总额1,737.02万元,净利润1,480.15万元。

按行业划分,具体构成如下:

项目	营业收入	营业成本	营业毛
利化工产品	162201433.57	152707018.26	9494415.31
供电供汽	67814175.43	37157851.86	30656323.57
合计	230015609.00	189864870.12	40150738.88

2、公司投资情况

1998年4月14日公司1997年度股东大会通过1998年度配股方案,以1997年末总股本16770万股为基数向全体股东按10:3的比例配售新股,可配售新股5031万股,配股价为人民币10元/股,扣除发起人法人股东以实物资产认购所配股份及发行费用,实际募集资金12138万元。公司严格按

《配股说明书》承诺投资项目进行投资,具体情况见下表:

公司承诺投资项目与实际投资项目情况表:

承诺投资项目	实际投资项目
A、年产5000吨消光聚氯乙烯专用树脂项目	A、年产5000吨消光聚氯乙烯专用树脂项目
B、年产2000吨水相氯化新工艺氯烃———70项目	B、年产2000吨水相氯化新工艺氯烃———70项目
C、年产15000吨新工艺炭黑项目	C、年产15000吨新工艺炭黑项目

截止2000年6月30日,上述项目已累计完成投资9,022.16万元,尚未使用资金存入银行。

公司实际投资项目及进度

(1)、年产5000吨消光聚氯乙烯专用树脂项目。该工程总投资4787万元,建设期2年,工程竣工投产后,公司可年增销售收入5128万元,投资利润率33.31%。目前已完成投资3,882.99万元,该工程已完工待验收。2)、年产2000吨水相氯化新工艺氯烃———70项目。该工程总投资2836.8万元,建设期2年,工程竣工投产后,可年增销售收入2460万元, 投资利润率27.75%。目前已完成投资341.59万元,完成进度的20%。(3)、年产15000吨新工艺炭黑项目。该工程总投资4843万元,工程建设期2年,工程竣工投产后,可年增销售利润收入6750万元,利润1244.33万元。目前已完成投资3,293.38万元,该工程已完工待验收。(4)、与上述三个项目配套的公用工程35KV电网改造工程完成投资1,427.60万元。该工程已于报告期内完工并转入固定资产。

3、公司财务状况(单位:人民币元)

资产负债表项目	2000年6月30日	1999年12月31日	主要变动原因
总资产	1135829577.07	1135597,682.96	股东权益增加
应收帐款	204076193.86	212,144,337.76	销售回款较好
存货	68,422,905.37	88,115,093.15	销售量增加
长期投资	3,028,948.93	3,028,948.93	
固定资产	648,764,036.34	631,675,590.97	在建工程转入
长期负债	0	0	
股东权益	926,178,404.14	911,376,867.08	净利润转入未分配利润

利润表项目	报告期	上年同期	主要变动原因
主营业务利润	38,809,334.13	27,904,564.78	主营业务扩大
净利润	14,801,537.06	21,016,937.28	期间费用增加

4、下半年计划

(1)、推动技术进步、大力提倡在现有设备、工艺方面开展小改小革,提高公司的效益。(2)、强化财务管理,加强资金控制,控制非必要性开支,最大限度地降低成本及费用。(3)、加大应收帐款的清收力度,盘活存量资产。(4)、大力加强职工的培训工作,提高公司员工的整体素质水平。(5)、强化生产安全与环保安全管理,确保公司生产经营的平稳运行。

(五)、重要事项

1、本报告期公司的利润分配预案及资本公积金转增股本预案截止报告期末,公司未分配利润13,963.88万元,资本公积金39,537.51万元,董事会决定本报告期末不进行利润分配,也不进行资本公积金转增股本。

2、公司上年度利润分配方案、公积金转增股本方案及其执行情况

公司上年度实现净利润5630.36万元,按10%提取法定公积金,计提563.04万元,按5%提取法定公益金,计提281.52万元,可分配利润4785.81万元,加98年未分配利润7697.92万元,上年度可供股东分配的利润为12483.73万元。因公司配股项目建设正处于关键期,需大量资金周转,董事会决定上年度不进行利润分配,也不进行资本公积金转增股本。未分配利润结转下一年度。

3、重大诉讼、仲裁事项:本报告期内公司无重大诉讼、仲裁事项。

4、本报告期内公司无收购兼并、资产重组事项。

5、重大关联交易事项

1.关联方

(1) 存在控制关系的关联方

企业名称:武汉葛化集团有限公司　　经济性质:全民所有制

法定代表人:江涤清　　注册地:武汉市洪山区葛化街化工路　　注册资金:15,439.20万元

与本公司关系:控股母公司(拥有本公司股权57.13%)

主营业务:化工产品制造,组织企业所需设备、化工原料、材料的配套生产、供应及销售百货五金交电建筑及装饰材料、金属材料批发兼零售、汽车货运、自营进出口业务等。

(2) 不存在控制关系的关联方

企业名称	与本企业的联系
武汉华原能源物资开发公司	持有本公司7.69%的股权

2.关联交易

(1)公司向葛化集团有限公司销售产品

交易类型　2000年1-6月

销售产品　89921661.15

(2)上述关联交易价格采用市场价格.

(3)公司2000年1-6月向武汉葛化集团有限公司支付土地租赁费162452.07元。

(4)关联方应收应付款项余额

项目	2000年06月30日	1999年12月31日
应收账款武汉葛化集团有限公司	156271894.21	128194550.01
其他应收款武汉葛化集团有限公司	189529798.86	159397404.95
应收票据武汉葛化集团有限公司	30000000.00	30000000.00

6、本公司与控股股东武汉葛化集团有限公司已经完全实现了"人员、资产、财务"三分开,真正做到了人员独立、资产完整、财务独立。

7、报告期内公司没有发生托管、承包、租赁其他公司资产或其他公司托管、承包、租赁公司资产的事项。

8、公司聘请的会计师事务所为武汉众环会计师事务所有限责任公司。

9、公司无其他重大合同(含担保等)及其履行情况。

10、公司报告期内无更改名称或股票简称的情况。

11、公司无对外担保事项。

(六)、财务会计报告

(未经审计)

1、会计报表(附后)

2、本报告期内公司所执行的会计政策、会计估计、会计核算方法均未发生变化。

(七)、备查文件

1、载有董事长亲笔签名的中期报告文本;

2、载有法定代表人、总会计师、财务负责人、会计经办人员签名并盖章的会计报表;

3、报告期内在中国证监会指定报刊上公开披露过的所有公司文件的正本及公告的原稿。

4、公司章程。

武汉祥龙电业股份有限公司

2000年4月12日

利润表

编制单位:武汉祥龙电业股份有限公司　　单位:人民币元

项　目	2000/06/30	1999/06/30
一、主营业务收入	230015609.00	146977738.05
减:折扣与折让		
主营业务收入净额	230015609.00	146977738.05
减:主营业务成本	189864870.12	118226162.64
营业税金及附加	1341404.75	847010.63
二、主营业务利润	38809334.13	27904564.78
加:其他业务利润	257341.78	270494.81
减:存货跌价损失		
营业费用(销售费用)	6080240.90	3176409.09
管理费用	12645721.92	6967330.66
财务费用	3417935.56	-3381895.22
三、营业利润	16922777.53	21413215.06
加:投资收益	1233740.46	3791093.00
补贴收入		
营业外收入	47702.00	15475.00
减:营业外支出	834002.98	493974.50
四、利润总额	17370217.01	24725808.56
减:应交所得税	2568679.95	3708871.28
少数股权		
五、净利润	14801537.06	21016937.28

江苏综艺股份有限公司

一、公司简介

(一)公司法定中文名称:江苏综艺股份有限公司
英文名称:JIANGSU ZONGYI CO.,LTD　　英文缩写:JSZY
(二)公司法定代表人:昝圣达
(三)公司董事会秘书:季风华
授权代表:顾政巍
联系地址:江苏省通州市兴东镇黄金村
联系电话:0513--6563932　6563931　　传　真:0513--6563501
电子信箱:zyjs.n@public.nt.js.cn
(四)公司注册地址:江苏省通州市兴东镇黄金村
办公地址:江苏省通州市兴东镇黄金村
邮政编码:226376
电子信箱:zy600770@public.nt.js.cn
(五)公司指定信息披露报纸:《中国证券报》、《上海证券报》、《证券时报》
年度报告披露网址:http://www.sse.com.cn
年度报告备置地点:公司证券部
(六)公司股票上市交易所:上海证券交易所
股票简称:综艺股份　股票代码:600770

二、会计数据和业务数据摘要

(一)公司本年度主要利润指标情况(单位:人民币元)

利润总额:	114026984.50
净利润:	87143029.17
扣除非经常性损益后的净利润:	87143029.17
主营业务利润:	105808669.64
其他业务利润:	16488574.65
营业利润:	94911666.02
投资收益:	16572576.70
营业外收支净额:	2542741.78
经营活动产生的现金流量净额:	64087524.56
现金及现金等价物净增加额:	56166741.54

(二)公司近三年主要会计数据和财务指标:

项　目	1999 年	1998 年		1997 年
		调整前	调整后	
主营业务收入(元)	404140926.48	253429941.32	253429941.32	243798899.29
净利润(元)	87143029.17	76713238.31	78479809.22	64790993.07
总资产(元)	768652318.55	645189131.68	638311156.03	535499289.26
股东权益(元)	504565317.55	423190911.31	417435507.21	346477673.00
每股收益(元)	0.323	0.43	0.436	0.54
每股收益(加权)(元)	0.323	0.43	0.436	0.65
扣除非经常性损益后的每股收益	0.323	0.43	0.436	0.54
每股净资产(元)	1.87	2.35	2.32	2.89
调整后的每股净资产(元)	1.84	2.28	2.25	2.86
每股经营活动所产生现金流量净额:	0.237	–	0.043	--
净资产收益率(%)	17.27	18	18.13	18.70

注:主要财务指标计算方法
每股收益=净利润/年度末普通股股份总数
每股净资产=年度末股东权益/年度末普通股股份总数
每股收益(加权)=当期净利润/[期末普通股股份总数/(1+配股比例或增发新股比例) +期末普通股股份总数/(1+配股比例或增发新股比例) ×配股比例或增发新股比例×股款结束下一月份至期末月份/12]
净资产收益率=净利润/年度末股东权益×100%
调整后的每股净资产=(年度末股东权益-三年以上的应收款项净额-待摊费用-待处理 (流动、固定)资产净损失-开办费-长期待摊费用-住房周转金额负数余额) /年度末普通股股份总数
每股经营活动产生的现金流量净额=经营活动产生的现金流量净额/年度末普通股股份总数

(三)报告期内股东权益变动情况(单位:人民币元):

项　目	股本	资本公积	盈余公积	其中:法定公益金	未分配利润	合　计
期初数	180000000	78184517	54170592	13060709.00	105080397.16	417435507
本期增加	90000000	--	13010908	4336969.45	74132120.82	177143029
本期减少	--	36013218	--	--	54000000.00	84613218
期末数	270000000	42171298	67181500	17397678.45	125212517.98	504565317
变动原因	中期送,转股	中期转增股本子公司外汇投资差额	从本年度利润中提取	从本年度利润中提取	本期净利润增加中期送红股	

三、股东情况介绍

(一)截至 1999 年 12 月 31 日,公司股东总数为 18956 户。
(二)主要股东持股情况(截至 1999 年 12 月 31 日)

名次	股东名称	年末持股数(万股)	占总股本(%)
1	南通绣衣时装集团公司	12323.66	45.64
2	南通大兴服装绣品有限公司	2571.35	9.52
3	通州市建设投资中心	1350.00	5.00
4	基金安信	892.80	3.31
5	基金安顺	824.89	3.06
6	汇浦企业	355.00	1.31
7	基金裕隆	247.57	0.92
8	基金裕阳	189.09	0.70
9	基金兴华	174.53	0.65
10	基金裕元	100.11	0.37

持有公司 5%(含 5%)以上的公司法人股东南通绣衣时装集团公司、南通大兴服装绣品有限公司、通州市建设投资中心在报告期内股份变动系公司实施 99 年度中期利润分配及公积金转增股本方案所致。 年度内无质押或冻结情况。

公司前十名股东中基金安信、基金安顺的管理人均为华安基金管理有限公司;基金裕隆、基金裕阳、基金裕元的管理人均为博时基金管理有限公司。

青海同仁铝业股份有限公司

一　公司简介

1、公司法定中文名称:青海同仁铝业股份有限公司
公司法定英文名称:qinghai　tongren　aluminum　industrial　CO.,Ltd
缩写:qihlum
2、公司法定代表人:万　林先生
3、公司董事会秘书:殷怀鹏先生
联系地址:青海省同仁县保安乡互助滩
电话:0973-720200
传真:0973-720112
电子信箱:QIHLUM@PUBLIC.XN.QH.CN
4、公司注册地址:青海省同仁县
公司办公地址:青海省同仁县保安乡互助滩
邮政编码:811300
5、公司选定的信息披露报纸名称:《上海证券报》、《中国证券报》、《证券　时报》登载公司年度报告的中国证监会指定国际互联网网址:http://www.sse.com.cn
公司年度报告备置地点:公司证券部
6、公司股票上市交易所:上海证券交易所
股票简称:同仁铝业
股票代码:600771

二　会计数据和业务数据摘要

1、本年度主要利润指标情况(单位:人民币元)

利润总额:	36,779,383
净利润:	28,623,097
扣除非经常性损益后的净利润:	28,495,180
主营业务利润:	48,407,586
其他业务利润:	5,196,045
营业利润:	31,852,592
投资收益:	584,027
补贴收入:	4,897,577
营业外收支净额:	-55,4813
经营活动产生的现金流量净额:	-31383864
现金及现金等价物净增加额:	-42,819,307

2、截至报告期末公司前三年主要会计数据和财务指标:(单位:人民币元)

项　目	1999 年	1998 年	1997 年
主营业务收入	237,201,504	130,369,926	121,804,702
净利润	28,623,097	11,329,620	12,824,689
总资产	368,367,337	296,657,068	248,270,642
股东权益(不含少数股东权益)	239,047,594	139,391,472	128,061,852
每股收益	0.312	0.14	0.16
每股收益(按月平均加权法计算)	0.306	0.14	0.18
扣除非经常性损益后的每股收益	0.305	0.34	
每股净资产	2.558	1.76	1.62
调整后的每股净资产	2.455	1.64	1.51
每股经营活动产生的现金流量净额	-0.34	0.19	
净资产收益率%	11.973	8.13	10.02

注:主要财务指标计算方法:(本年度本公司未作追溯调整的会计处理)
每股收益=净利润/年度末普通股股份总数
每股净资产=年度末股东权益/年度末普通股股份总数
调整后的每股净资产=(年度末股东权益-三年以上的应收款项净额-待摊费用-待处理(流动、固定)资产净损失-开办费-长期待摊费用-住房周转金负数余额)/年度末普通股股份总数
每股经营活动产生的现金流量净额=经营活动产生的现金流量净额/年度末普通股股份总数
净资产收益率=净利润/年度末股东权益×100%

3、报告期内股东权益变动情况

项　目	股　本	资本公积	盈余公积
期初数	79,110,000	31,997,277	5,450,344
本期增加	14,333,480	56,699,545	5,724,620
本期减少			
期末数	93,443,480	88,696,822	11,174,964

项　目	法定公益金	未分配利润	股东权益合计
期初数	2,621,925	22,833,851	139,391,472
本期增加	2,862,310	22,898,477	99,656,122
本期减少			
期末数	5,484,235	45,732,328	239,047,594

变动原因:
本报告期内公司股本变动增加 1433.348 万股,系本期实施了公司 1997 年度临时股　东大会审议通过,经中国证券监督管理委员会证监上字[1998]136 号文批准的以 1997 年末公司总股本 7911 万股为基数,向全体股东每 10 股配售 2.2222 股的配股方案;
资本公积的增加是本期配股完成后,股本溢价收入 56,219,545 元转入资本公积所　致;
盈余公积和法定公益金变动是因为本年度利润提取数额;
未分配利润的变动是因为本年度利润增。

三　股东情况介绍

①报告期末公司股东总数为 1974 户。
②报告期末公司主要股东持股情况

股东名称	持股数(股)	占总股本比例(%)
①西安东盛集团有限公司	27,024,140	28.92
②陕西东盛药业股份有限公司	22,000,000	23.54
③鞍山钢铁集团公司	6,898,391	7.38
④青海省电力公司	3,300,000	3.53
⑤中色(南海)恒达发展有限公司	3,020,000	3.23
⑥南钢集团公司	2,700,000	2.89
⑦校办产业兰州物资总公司	1,860,949	1.99
⑧海南正泰物业发展公司	1,350,000	1.44
⑨青海省西宁祥庆贸易有限公司	540,000	0.58
⑩毕盘华	190,896	0.20

中油龙昌(集团)股份有限公司

(一) 公司简介

1、公司法定中文名称:中油龙昌(集团)股份有限公司
公司英文名称:PETROLEUM LONGCHAMP(GROUP) CO.,LTD.
公司英文名称缩写:LONG CHAMP
2、公司法定代表人:马志祥
3、公司董事会秘书:池洪建
公司董秘授权代表:赵伟文
联系地址:河北省廊坊市爱民东道158号
电话:(0316)2075875
传真:(0316)2077066
电子信箱:E—Mail:hjlflc@public.lfptt.he.cn
4、公司注册地址:河北省廊坊市经济技术开发区
公司办公地址:河北省廊坊市爱民东道158号 邮政编码:065000
公司电子信箱:E—Mail:hjlflc@public.lfptt.he.cn
5、指定信息披露报纸:《中国证券报》、《上海证券报》
登载年报指定国际互联网网址:http://www.sse.com.cn
公司年度报告备置地点:董事会秘书处
6、公司股票上市交易所:上海证券交易所
股票简称:石油龙昌 股票代码:600772

(二) 会计数据和业务数据摘要

1、本年度主要利润指标
单位:元

利润总额	126229901.08
净利润	65297990.37
扣除非经常性损益后的净利润	65580572.26
主营业务利润	137603367.36
其他业务利润	-474245.12
营业利润	122374855.71
投资收益	3946009.64
营业外收支净额	-90964.27
经营活动产生的现金流量净额	320547881.59
现金及现金等价物净增加额	101101098.84

2、三年主要会计数据与财务指标

项 目	99年	98年		97年	
		调整后	调整前	调整后	调整前
主营业务收入(万元)	31793.37	28949.69	28949.69	6309.86	6309.86
净利润(万元)	6529.80	5589.26	6060.45	3800.87	3609.45
总资产(万元)	128714.44	161385.85	163450.20	47134.97	47925.66
股东权益(万元)	43228.51	35314.32	36815.85	29046.46	29705.01
每股收益(摊薄)(元)	0.2877	0.3693	0.4005	0.2512	0.2385
扣除非经常性损益后的每股收益(元)	0.2889				
每股收益(加权)(元)	0.334	0.3693	0.4005	0.2839	0.27
每股净资产(元)	1.90	2.33	2.43	1.92	1.96
调整后每股净资产(元)	1.86	2.30	2.40	1.80	1.847
每股经营活动产生的现金流量净额(元)	1.41	0.22	0.22		
净资产收益率(%)	15.10	15.82	16.46	13.08	12.15

注:非经常性收益为固定资产清理损益-2,149,150.84元,债务重组收益1866568.95
主要财务指标的计算方法:
(1)全面摊薄的计算方法
每股收益=净利润/年度末普通股股份总数
每股净资产=年度末股东权益/年度末普通股股份总数
调整后的每股净资产=(年度末股东权益-三年以上的应收款项净额-待摊费用-待 处理(流动、固定)资产净损失-开办费-长期待摊费用-住房周转金负数余额)/年度末 普通股股份总数
每股经营活动产生的现金流量净额=经营活动产生的现金流量净额/年度末普通股股份总数
净资产收益率=净利润/年度末股东权益×100%
(2)加权平均的计算方法
每股净收益=净利润/加权平均股本
3、股东权益变动情况

项目	股东	资本公积	盈余公积	任意盈余公积	法定公益金	未分配利润	股东权益合计
期初数	151320000	106982538.13	19934319.54	1565362.59	10575455.35	62765540.42	353143216.03
本期增加	75660000	13843939.81	9877650.23		6253707.25	65297990.37	170933287.66
本期减少		45396000.00	46395357.48	91791357.48			
期末数	226980000	75430477.94	29811969.77	1565362.59	16829162.60	81668173.31	432285146.21

变动原因 98年利润分配及99年实现利润、提取取两金。

(三) 股本变动及股东情况

1、本报告期末股东总数为24152户。
2、报告期末公司主要股东持股情况
(截止1999年12月31日)(单位:股)

序号	股东	年初持股数量(股)	增(+)减(-)变动情况	年末持股数量(股)	年末持股占总股本比例(%)
1、	中国石油天然气股份有限公司		+86018841	86018841	37.90
2、	秦皇岛开发区中油管道商贸中心	16707786	+8353893	25061679	11.04
3、	张家港保税区中油管道国际商贸有限公司	7519200	+3759600	11278800	4.97
4、	上海银锋实业公司	4160000	+2080000	6240000	2.75
5、	上海金福实业发展公司	3120000	+1560000	4680000	2.06
6、	潍坊胜利管道安装工程公司	2236000	+1118000	3354000	1.48
7、	海南盛通实业发展公司	1177280	+588640	1765920	0.78
8、	北京管输液化气站	1000000	+500000	1500000	0.66
9、	景博基金			1285696	0.57
10	海口市三生实业有限公司	572000	+286000	858000	0.38

说明:1)、股份的增加系由公司1999年利润分配所至,10股送2股转增3股。

西藏金珠股份有限公司

公司简介

一、公司法定中、英文名称及缩写
1、公司法定中文名称:西藏金珠股份有限公司
2、公司法定英文名称:TIBETJINZHUCO.,LTD.
3、公司英文名称缩写:TJZC
二、公司法定代表人:董事长董金江先生
三、公司负责信息披露事务人员事项
1、公司指定信息披露人:董事会秘书次仁多吉先生
董事会秘书授权代表西虹女士
2、电话及传真:TEL:(0891)6832913、6833922 FAX:(0891)6836322、6833922
3、董秘及授权代表电子信箱:trdj@163.net.
四、公司地址
1、公司注册地址:西藏自治区拉萨市北京中路182号
2、公司办公地址:西藏自治区拉萨市北京中路182号东楼三层 3、邮政编码:850000
4、公司电子信箱:jinzhu@public.ls.xz.cn
五、公司信息披露事项
1、公司年度报告备置地点:西藏金珠股份有限公司证券部
2、公司信息披露报刊:《中国证券报》
3、登载年度报告的国际互联网网址:http://www.sse.com.cn
六、公司股票事项
1、股票上市地:上海证券交易所
2、股票简称:西藏金珠 3、股票代码:600773

会计数据与业务数据摘要

一、本年度主要利润指标情况(单位:元)

1、利润总额:	22039185.04
2、净利润:	18706401.34
3、扣除非经常性损益后的净利润:	18516506.90
其中:①补贴收入:379,688.54②营业外收支净额:	-189794.10
4、主营业务利润:	36199862.25
5、其他业务利润:	170100.00
6、营业利润:	22352120.33
7、投资收益:	-502889.73
8、补贴收入:	379688.54
9、营业外收支净额:	-189794.10
10、经营活动产生的现金流量净额:	13519334.51
11、现金及现金等价物净增加额:	-15555828.49

二、主要会计数据和财务指标:

指标项目	1999.12.31	1998.12.31	1997.12.31
主营业务收入(万元)	10749	7184	8887
净利润(万元)	1871	2247	1748
总资产(万元)	25382	22513	18997
股东权益(不含少数股东权益)(万元)	22096	20225	16366
每股收益(元/股)	0.21	0.25	0.21
每股收益(加权)(元/股)	0.21	0.26	0.26
每股收益(扣除非经常性损益后)(元/股)	0.21	0.20	0.19
每股净资产(元/股)	2.48	2.27	1.95
调整后每股净资产(元/股)	2.43	2.20	1.86
每股经营活动产生的现金流量净额(元/股)	0.15	-0.005	
净资产收益率(%)	8.47	11.11	10.68

注:主要财务指标的计算方法:
每股收益=净利润/年度末普通股股份总数
每股净资产=年度末股东权益/年度末普通股股份总数
净资产收益率=净利润/年度末股东权益×100%
调整后的每股净资产=(年度末股东权益—三年以上的应收款项净额—待摊费用—待处理(流动、固定)资产净损失—开办费—长期待摊费用—住房周转金负数余额)/年度末普通股股份总数
每股经营活动产生的现金流量净额=经营活动产生的现金流量净额/年度末普通股股份总数。
三、股东权益变动情况

项目	股	资本公积	盈余公积	其中:法定公益金	未分配利润	股东权益合计
期初数	88923200	81126383.94	8369138.34	2789712.78	23832364.98	202251087.26
本期增加			2805960.21	935320.07	15900441.14	
本期减少						
期末数	88923200	81126383.94	11175098.55	3725032.85	39732806.12	220957488.61
变动原因			从99年度净利润中提取15%盈余公积金		增加99年度净利润	增加提取15%盈余公积金及净利润

股东情况介绍

1、股东总数:截止1999年12月31日,本公司期末股东总数为18654名。其中公司职工股150万股于1997年5月8日上市流通。
2、公司前10名股东持股情况:

股东名称	年末持股数量(股)	占总股比例(%)	本年度内股份增减(+—)(股)	备注
西藏金珠(集团)	58524000	65.81		国有法人股、未上市流通
兴和基金	548113	0.61		上市流通股
西藏基地公司	384800	0.433		境内法人股、未上市流通
西藏国际公司	384800	0.433		境内法人股、未上市流通
西藏信托公司	384800	0.433		境内法人股、未上市流通
西藏包装公司	384800	0.433		境内法人股、未上市流通
陈方辉	360288	0.4		上市流通股
金鑫基金	186031	0.2		上市流通股
郭文诚	122547	0.13		上市流通股
四川小吃	120000	0.13		上市流通股

说明:
(1)年度内公司前10名股东之间不存在关联关系。
(2)持股5%(含5%)以上法人股东所持股份未发生质押、冻结等情况。

武汉市汉商集团股份有限公司

一、公司简介

公司法定中文名称:武汉市汉商集团股份有限公司
公司英文名称:WUHAN HANSHANG GROUP CO.,LTD
公司英文名称缩写:HSGC
公司法定代表人:张宪华
公司董事会秘书:张 晴
联系地址:湖北省武汉市汉阳大道 134#
联系电话:(027)84843197
传 真: (027)84842384
电子信箱:hssd@public.wh.hb.cn
公司注册及办公地址:湖北省武汉市汉阳大道 134 号
邮编:430050
公司国际互联网网址:http://www.hanshang.com.cn
电子信箱:hanshang@public.wh.hb.cn
公司选定的信息披露报纸名称:中国证券报、上海证券报
登载公司年度报告的中国证监会指定国际互联网
网址:http://www.sse.com.cn
公司年度报告备置地点:公司股证部
公司股票上市交易所:上海证券交易所
股票简称:汉商集团
股票代码:600774

二、会计数据和业务数据摘要

1、本年度利润表及现金流量表主要数据摘要:

项 目	金额(单位:人民币元)
利润总额	30953683.74
净利润	26288706.96
扣除非经常性损益后的净利润	26288706.96
主营业务利润	72103152.85
其他业务利润	25530104.87
营业利润	31584549.62
投资收益	8000.00
营业外收支净额	-638865.88
经营活动产生的现金流量净额	54456592.09
现金及现金等价物净增加额	-4394792.99

说明:本公司报告期内无非经常性损益的项目。

2、主要会计数据及财务指标(金额单位:人民币元)

项 目	1999 年	1998 年		1997 年	
		调整前	调整后	调整前	调整后
1.主营业务收入	802768207.81	1003368221.22	1003368221.22	904317960.52	904317960.52
2.净利润	26288706.96	23879290.58	23702284.49	39140697.50	39049568.41
3.总资产	624837529.60	633365829.74	633050376.59	541926670.39	541819459.70
4.股东权益	343685703.44	317325642.46	317057507.28	245266135.88	245175006.79
5.每股收益	0.30	0.28	0.27	0.49	0.486
加权每股收益	0.30	0.29	0.28	0.54	0.54
6.每股净资产	3.97	3.67	3.67	3.05	3.05
7.调整后的每股净资产	3.85	3.40	3.40	2.74	2.74
8.每股经营活动产生的现金净流量	0.63	0.58	0.58		
9.净资产收益率(%)	7.65	7.53	7.48	15.96	15.93

主要财务指标计算方法:

①每股收益=净利润÷年度末普通股股份总数

②每股净资产=年度末股东权益÷年度末普通股股份总数

③调整后的每股净资产=(年度末股东权益-三年以上应收款项净额-待摊费用-待 处理(流动、固定)财产净损失-开办费-长期待摊费用-住房周转金负数余额)÷年度末普通股股份总数

④每股经营活动产生的现金流量净额=经营活动产生的现金流量净额÷年度末普 通股股份总数

⑤净资产收益率=净利润÷年度末股东权益×100%

3、报告期内股东权益变动情况(金额单位:人民币元)

项目	股本	资本公积	盈余公积	其中:法定公益金	未分配利润	股东权益合计
期初数	86480000.00	119929377.30	42049166.76	12141367.26	68598963.22	317057507.28
本期增加		339489.20	3943306.05	1314435.35	26288706.9	30571502.21
本期减少					3943306.05	3943306.05
期末数	86480000.00	120268866.50	45992472.81	13455802.61	90944364.13	343685703.44

变动原因:

(1)资本公积增加是因为接受往来单位捐赠;(2)盈余公积和法定公益金增加是本年 度根据公司董事会利润分配预案而相应计提的盈余公积;(3)未分配利润的变动是因为 本年度利润增加和因计提四项准备追溯调整年初未分配利润及 1999 年度提取盈余公积。

三、股本变动及股东情况介绍

(一)、股东情况介绍

本年度末股东总数为 12653 户。其中:国家股东 1 户,法人股东 44 户,公众股股东 12608 户。

(二)、公司前 10 名大股东持股情况: 单位:股

股东名称	持股数(股)	占总股本比例%
1、武汉市汉阳区国有资产管理委员会办公室	32000000	37.00
2、交通银行武汉市分行	4800000	5.55
3、建设银行武汉市信托投资公司	3200000	3.70
4、中国工商银行武汉市信托投资公司	3200000	3.70
5、中国农业银行武汉市信托投资公司	3200000	3.70
6、中国工商银行湖北省信托投资公司	1600000	1.85
7、武汉国际租赁公司	832000	0.96
8、武汉证券公司	800000	0.93
9、中国五环化学工程总公司	800000	0.93
10、海通证券有限公司	800000	0.93

持股前 10 名股东均无质押及冻结情况,与公司也无关联交易关系。武汉市汉阳国 有资产管理委员会办公室代表国家持有公司国家股股份。

南京熊猫电子股份有限公司

一、公司简介

1、公司法定中文名称:南京熊猫电子股份有限公司
公司法定英文名称:NanJing Panda Electronics Company Limited
公司英文名称缩写:NPEC
2、公司法定代表人:李安建
联系地址:中华人民共和国南京市中山东路 301 号
邮政编码:210002
联系电话:(86 25)4801144 传真:(86 25)4820729
电子信箱:gfb @ panda.nj.js.cn
4、公司注册地址:中华人民共和国南京市南京高新技术产业开发区 05 幢北侧 1-2 层
公司办公及通讯地址: 中华人民共和国南京市中山东路 301 号
邮政编码:210002
公司国际互联网网址:http://www.chinapanda.com.cn
5、公司选定的信息披露报纸名称:《上海证券报》、《香港商报》、香港《文汇报》、《虎报》
登载公司年度报告的中国证监会指定的国际互联网网址:
http://www.sse.com.cn
公司股票上市交易所:H 股 香港联合交易所有限公司
A 股:上海证券交易所
公司股票简称及代码: H 股 南京熊猫 600775
A 股 ST 熊猫 600775

二、会计数据与业务数据摘要

(一) 按照中华人民共和国股份有限公司会计制度编制

1、公司本年度实现利润情况:

单位:人民币千元

项目	金额
利润总额	37081
净利润	54246
扣除非经常性损益后的净利润	53636
主营业务利润	82502
其他业务利润	2659
营业利润	(126,164)
投资收益	160184
补贴收入	610
营业外收支净额	2451
经营活动产生的现金流量净额	266846
现金及现金等价物净增加额	112364

注:"扣除非经常性损益后的净利润"所扣除的项目、涉及金额分别为补贴收入 609,800 元。

2、公司近三年主要会计数据和财务指标 单位: 人民币

指标项目	1999 年	1998 年	1997 年
主营业务收入(千元)	1430391	1668923	2537573
净利润(千元)	54,246	(495,328)	(338,010)
总资产(千元)	2873945	3388937	3853200
股东权益(千元)(不含少数股东权益)	663319	609072	1104308
每股收益(元)	0.08	(0.76)	(0.52)
每股净资产(元)	1.01	0.93	1.69
调整后的每股净资产(元)	0.91	0.68	1.42
每股经营活动产生的现金流量净额(元)	0.41	(0.23)	
净资产收益率(%)	8.18	(81.32)	(30.61)

注: (1)本公司在本年度股本未发生变化。

(2)主要财务指标的计算方法

每股收益 = 净利润/年度末普通股股份总数

每股净资产 = 年度末股东权益/年度末普通股股份总数

调整后的每股净资产=(年度末股东权益-三年以上的应收款项净额-待摊费用-待 处理(流动、固定)资产净损失-开办费-长期待摊费用-住房周转金负数余额)/年度末 普通股股份总数。

每股经营活动的现金流量净额=经营活动产生的现金流量净额/年度末普通股股份总数

净资产收益率=净利润/年度末股东权益×100%

3、报告期内股东权益变动情况 单位:人民币千元

项目	股本	资本公积	盈余公积	法定公益金	未分配利润	股东权益合计
期初数	655015	478420	188137	38426	(712500)	609072
本期增加	0	1	0	0	54246	54247
本期减少						
期末数	655015	478421	188137	38426	(658254)	663319

变动原因:报告期内,未分配利润项目变动原因是本年度实现的净利润 54,246 千元。

三、股东情况介绍

(1)截至一九九九年十二月三十一日止,本公司共有股东 24,044 户,其中 A 股股东 23,855 户,H 股股东 189 户。

(2)截至一九九九年十二月三十一日, 本公司前十名股东持股情况

股东名称	种类	年末持股数量	占总股本比例(%)
1、熊猫电子集团有限公司	国有股	355015000	54.20
2、香港中央结算代理人有限公司	H	225243799	34.39
3、MOTOROLA INTERNATIONAL DEVELOPMENT CORPORATION	H	12100000	1.85
4、王领高	A	456393	0.07
5、龚自斐	A	454509	0.07
6、袁梅香	A	453045	0.07
7、段茂林	A	452400	0.07
8、魏春香	A	443729	0.068
9、陈志光	A	425954	0.065
10、申兰平	A	383735	0.059

附注:

(1)以上列出的股东情况中代表国家持有股份的单位为熊猫电子集团有限公司,其法定代表人为奚永明,经营范围为无线电通信设备,广播电视设备,电器机械及器材,电子系统工程等。

东方通信股份有限公司

(一) 公司简介

公司法定名称:东方通信股份有限公司公司
英文名称:EASTERN COMMUNICATIONS CO.,LTD. 缩写:EASTCOM
公司法定代表人:施继兴
公司董事会秘书:沈余银 电子信箱:syy@eastcom.com
授权代表:蔡祝平 电子信箱:czp@eastcom.com
电话:86-571-8865228 (总机)8865242 传真:86-571-8865243
公司注册地址:中国浙江省杭州市文三路 80-84 号
公司办公地址:中国浙江省杭州市文三路 398 号 邮政编码:310013
公司网址:www.eastcom.com 公司电子信箱:webmaster@eastcom.com
公司选定信息披露报纸:《中国证券报》、《上海证券报》
公司年度报告登载互联网网址:http://www.sse.com.cn
公司年度报表备置地点:杭州市文三路 398 号东信大厦 1909 室
股票上市交易所名称:上海证券交易所
公司 A 股股票名称及交易代码:东方通信 600776
公司 B 股股票名称及交易代码:东信 B 股,900941

(二) 会计数据和业务数据摘要

1、公司本年度主要会计数据:

利润总额:	340,559,427.06 元
净利润:	287,790,359.59 元
扣除非经常性损益后的净利润:	283,610,055.12 元
主营业务利润:	963,880,285.92 元
其他业务利润:	-2,251,804.68 元
营业利润:	321,404,031.49 元
投资收益:	23,335,700.04 元
补贴收入:	0
营业外收支净额:	-4,180,304.47 元
经营活动产生的现金流量净额:	391,617,873.50 元
现金及现金等价物净增加额:	171,056,413.23 元

注:所扣除的非经常性损益所包括的项目、涉及金额:

项目	金额
处置固定资产净收益	583634.90
罚款收入	7882.00
捐赠支出	2841000.00
非常损失	40464.28
杭嘉湖集资款	1113172.51
罚没支出	416792.98
其他非经常性净损失	360391.60
非经常性净损失	-4180304.47

2、、前三年主要会计数据和财务指标

指标	1999 年	1998 年	1997 年
主营业务收入(万元)	691034.64	568620.20	472583.89
净利润(万元)	28779.04	22206.17	30621.56
总资产(万元)	490217.21	512946.04	443228.59
股东权益(万元)	196014.41	179520.17	165234.60
扣除非经常性损益后的每股收益	0.50		
每股收益(元)	0.50	0.39	0.54
每股净资产(元)	3.44	3.15	2.90
每股经营活动产生的现金流量净额	0.69		
净资产收益率	14.68%	12.37%	18.52%
调整后每股净资产(元)	3.37	3.13	2.86

注:主要财务指标的计算公式如下:

(1)每股收益=净利润/年度末普通股股份总数每股净资产=年度末股东权益/年度 末普通股股份总数

调整后的每股净资产=(年度末股东权益-三年以上的应收款净额-摊派费用-待处理 (流动、固定)资产净损失-开办费-长期待摊费用-住房周转金负数余额)/年度末普通股股份总数

每股经营活动产生的现金净额=经营活动产生的现金流量净额/年度末普通股股份总数净资产收益率=净利润/年度末股东权益×100%

4、报告期内股东权益变动情况(单位:万元)

项目	股本	资本公积	盈余公积	(其中:公益金)	未分配利润	股东权益合计
期初数	57000	77563.58	17051.32	8432.25	24164.11	175778.13
本期增加	0	6.53	5903.82	2951.91	28779.04	34690.10
本期减少					14453.82	14453.82
期末数	57000	77570.11	22955.14	11384.16	38489.33	196014.41
变动原因		接受捐赠	利润分配	利润分配	本期赢利及利润分配	

包括 0.71 万元的外币报表折算差额变动。

(三) 股东情况介绍

(1)1999 年 12 月 31 日,公司股东总数为 8867 名。

(2)本公司前十名股东的持股情况:

股东名称	股份类别	年末持股数	所占比例
1.浙江东方通信集团有限公司	境内法人持有股	3600000000	63.16%
2.TOYO SECURITIES ASIA LTD.A/C CLIENT	境内上市外资股	13434664	2.36%
3.WAH CHUN INTERNATIONAL LIMITED	境内上市外资股	9773550	1.71%
4.NAITO SECURITIES CO.,LTD.	境内上市外资股	8912905	1.56%
5.天元基金	社会公众股	7764098	1.36%
6.MOTOROLA INTERNATIONAL DEVELOPMENT CORPORATION	境内上市外资股	7500000	1.32%
7.开元基金	社会公众股	6645684	1.17%
8.裕阳基金	社会公众股	3597900	0.63%
9.京华山一国际(香港)有限公司	境内上市外资股	3387500	0.59%
10.李素美	境内上市外资股	2470900	0.43%

烟台新潮实业股份有限公司

一、公司简介

1、公司法定中、英文名称及缩写
公司法定中文名称:烟台新潮实业股份有限公司
英文名称:YANTAI XINCHAO INDUSTRY CO.,LTD 缩写:XCIC
2、公司法定代表人:王连忠
3、公司董事会秘书:卢作明 梁宪芝
授权代表:于德海
联系电话:0535-4217777-2280 联系传真:0535-4211592
4、公司注册及办公地址:烟台市牟平区牟山路 98 号 邮政编码:264100
网 址:http://www.xinchao shi ye.com 电子信箱:xinchao@public.ytptt.sd.cn
5、公司选定的信息披露报纸名称:《上海证券报》
登载公司年报的上海证券交易所网址:http://www.sse.com.cn
公司年度报告备置地点:公司证券部
6、公司股票上市交易所:上海证券交易所
股票简称:新潮实业 股票代码:600777

二、会计数据和业务数据摘要

1、本年度主要会计数据和业务数据 单位:元

利润总额	79535959.71
净利润	57630640.01
扣除非经常性损益后的净利润	53103376.48
主营业务利润	103818659.86
其他业务利润	865507.11
营业利润	72098424.06
投资收益	-176556.86
补贴收入	7474143.09
营业外收支净额	139949.42
经营活动产生的现金流量净额	28519362.78
现金及现金等价物净增加额	22598705.71

2、公司前三年主要会计数据与财务指标 单位:元

项目	1999 年	1998 年 调整后	1998 年 调整前	1997 年	比 98 年增减%
主营业务收入	389509671	317323559	212515666	147675019	22.75
净利润	57630640	51624204	30873024	36934882	11.63
总资产	720406455	587721522	368118243	222150448	22.58
股东权益(不含少数股东权益)	515805856	459902105	286173082	166999350	12.16
每股收益	0.309	0.277	0.215	0.503	11.55
每股净资产	2.76	2.465	1.996	2.28	11.97
调整后每股净资产	2.74	2.45	1.97	2.26	11.84
每股经营活动产生的现金流量净额	0.153	0.219	-0.042	---	-3.01
净资产收益率(%)	11.17	11.26	10.79	22.12	-0.79
加权平均每股收益	0.309	0.225	0.225	0.62	11.55
加权平均扣除非经常性损益后的每股收益	0.285	0.254	0.187	0.495	12.20

注:主要财务指标的计算方法:

每股收益=净利润/年度末普通股股份总数

每股净资产=年度末股东权益/年度末普通股股份总数

净资产收益率=净利润/年度末股东权益×100%

调整后的每股净资产=(年度末股东权益-三年以上的应收款项净额-待摊费用-待 处理(流动、固定)资产净损失-开办费-长期待摊费用-住房周转金负数余额)/年度末 普通股股份总数

加权平均每股收益=当期净利润/加权平均股本

加权平均股本=期末普通股股份总额÷(1+配股比例)+期末普通股股份总额÷(1+ 配股比例)×配股比例×缴款结束日下一个月份至期末的月份数÷12

每股经营活动产生的现金流量净额=经营活动产生的现金流量净额/年度末普通股股份总数

3.报告期股东权益变动情况

项目	股本	资本公积	盈余公积	法定公益金	未分配利润	股本权益合计
期初数	186599506	215614819	32853533	12389485	24834246.42	459902105.33
本期增加			12271063	2795187	43632687.27	55903750.74
本期减少						
期末数	186599506	215614819	45124596	15184672	68466933.69	515805856.07

注:1.1999 年度内,本公司经批准吸收合并了山东新牟股份有限公司.本公司已按 会计准则中规定的权益联营法,对股东权益各项的期初数作出必要的调整,上述表格系按调整后数额列示.

2.盈余公积期初数原为 34263506.72 元,因追溯调整坏帐准备计提数,调减了上年 利润后,相应调减了盈余公积计提数 1409973.56 元,本期增加系按 10%提取盈余公积金 所致.

法定公益金增加系按 5%提取公益金所致.

未分配利润增加系本年度按 10%和 5%提取盈余公积、法定公益金及子公司分别按 10%,5%,5%提取储备基金,企业发展基金及职工奖福基金所致.

股东权益增加系公司利润增加所致.

三、股东情况介绍

1.股东总数

截止 1999 年 12 月 31 日,本公司共有股东 39428 户.

2.前十名股东持股情况

(1)前十名股东持股变动情况表 数量单位:万股

名次	股东名称	期初数	年度内股份增减(+-)	期末数	占总股本(%)
1.	新牟国际集团公司	6049.59	2833.33	8882.92	47.604
2.	烟台全洲海洋运输公司	1850.094	0	1850.094	9.915
3.	烟台新豪酒店	68.1849	0	68.1849	0.365
4.	卢美芝			57.8983	0.31
5.	夏万林			56.6467	0.30
6.	苏江			38.3066	0.205
7.	周明庆			33.2200	0.178
8.	迟忠福			33.1567	0.178
9.	贺经花			33.0000	0.177
10.	郑敦成			33.0000	0.177

新疆友好(集团)股份有限公司

一、公司简介

1、公司法定中文名称:新疆友好(集团)股份有限公司
公司法定英文名称:XINJIANG FRIENDSHIP(GROUP)CO.,LTD
2、公司法定代表人:马雍全
3、公司董事会秘书:王建平
联系地址:乌鲁木齐市友好北路14号
电　　话:(0991)4841698
传　　真:(0991)4815090
电子信箱:yhzqb@mail.xj.cninfo.net
4、公司注册地址:乌鲁木齐市友好北路14号
公司办公地址:乌鲁木齐市友好北路14号
邮 政 编 码:830000
公司国际互连网网址:http://www.xjyh.com.cn
电　子　信　箱:xjyhjt@mail.xj.cninfo.net
5、公司选定的信息披露报纸名称:《上海证券报》、《中国证券报》
登载公司年度报告的中国证监会指定国际互连网网址:http:/www.sse.com.cn
公司年度报告置备地点:公司证券投资部
6、公司股票上市交易所:上海证券交易所
股票简称:友好集团
股票代码:600778

二、会计数据和业务数据摘要

1、本年度利润总额及构成　单位:元

项目	金额
利润总额	66534662.03
净利润	54146783.30
扣除非经常性损益后的净利润	52805332.29
主营业务利润	153624683.65
其他业务利润	14037851.65
营业利润	64269505.78
投资收益	1341451.01
补贴收入	–
营业外收支净额	917096.16
经营活动产生的现金流量净额	93520715.92
现金及现金等价物净增加额	45392709.44

2、截止报告期末公司前三年的主要会计数据和财务指标　单位:元

项　目	1999年	1998年		1997年
		调整前	调整后	
主营业务收入	914409178.96	756885737.52	756885737.52	354764104.94
净　利　润	54146783.30	44155165.21	44035795.95	29823506.00
总　资　产	1036749395.37	995702240.54	995582871.28	473457779.39
股 东 权 益	468737980.21	466038466.17	465919096.91	292196850.83
每 股 收 益(摊薄)	0.21	0.26	0.26	0.28
扣除非经常性损益	0.21	0.18	0.18	0.25
(加权)	0.21	0.28	0.28	0.28
每 股 净 资 产	1.83	2.72	2.72	2.73
调整后的每股净资产	1.92	2.50	2.57	2.63
每股经营活动产生的现金流量净额	0.36	0.15	0.15	–
净资产收益率(%)	11.55%	9.47%	9.45%	10.21%

调整前后的会计数据列示如下:

调整前各项会计数据

项　目	1999年	1998年	1997年
坏帐准备	–	42397.56	48791.27
存货跌价准备	–	–	–
长期投资减值准备	–	–	–
未分配利润	–	62881870.53	25349980.10

调整后各项会计数据

项　目	1999年	1998年	1997年
坏帐准备	643731.39	161766.82	48791.27
存货跌价准备	265848.31	411392.86	–
长期投资减值准备	–	–	–
未分配利润	6149437.28	62780471.48	25349980.10

3、报告期内股东权益变动情况　单位:元

项目	股本	资本公积	盈余公积	法定公益金	未分配利润	股东权益合计
期初数	171093000	205752063	18812273.34	7499259.07	62881870.53	466038466
本期增加	85546500	–	5414678.33	2707339.17	46024765.80	139693283
本期减少	–	–	34218600.00	51327900.00	85546500.00	
期末数	256639500	171533463	24214971.53	10200608.17	6149437.28	468737980

变动原因:本年度实施10送3及转增2方案 本期提取盈余公积本期提取法定公益金 本次利润分配

三、股东情况介绍

(1)报告期末公司股东总数为41889户。
(2)主要股东持股情况(截止1999年12月31日)

股 东 名 称	年末持股数量(股)	占总股本比例(%)
乌鲁木齐市国有资产管理局	51060375	19.896
新疆建银房地产开发总公司	12851097	5.007
新疆天正实业总公司	10516500	4.098
新疆天山毛纺织股份有限公司	10147500	3.954
新疆建银设备租赁总公司	6734250	2.624
乌鲁木齐市国债服务中心	6503625	2.534
新疆证券登记公司	5332031	2.078
新疆丹璐实业有限公司	4382018	1.707
乌鲁木齐市国有资产经营公司	3064950	1.194
海通证券	2186470	0.852

四川全兴股份有限公司

(一) 公司简介

1、公司法定中文名称:四川全兴股份有限公司
公司法定英文名称:SICHUAN　QUANXING　CO.,LTD
2、公司注册地址:成都市杉板桥路1号
3、公司法定代表人:杨肇基
4、公司董事会秘书:张光前
联　系　地　址:成都市杉板桥路1号
联　络　电　话:(028)4347880、4387397　传真:(028)4332344　邮政编码:610051
公司电子信箱:quanxing@mail.sc.cninfo.net
5、公司指定信息披露报刊:《中国证券报》、《上海证券报》
登载公司年度报告的国际互联网网址:http://www.sse.com.cn
公司年度报告备置地点:公司董事办
6、公司股票上市地:上海证券交易所
公司股票简称:全兴股份　公司股票代码:600779

(二) 会计数据和业务数据

1、本年度主要利润指标情况(单位:人民币元)

利润总额:	304,735,894.54
净利润:	228,595,210.13
扣除非经常性损益后的净利润:	226,017,298.22
主营业务利润:	339,661,255.16
其他业务利润:	89,137,018.45
营业利润:	302,349,523.22
投资收益:	183,127.54
补贴收入:	0
营业外收支净额:	2,203,243.78
经营活动产生的现金流量净额:	151,211,790.80
现金及现金等价物净增加额:	19,545,514.06

说明:扣除非经常性损益为出售固定资产净收益1,988,191.91元,无法支付款项589,720.00元。

2、截止报告期末公司前三年的主要会计数据和财务指标(单位:人民币元)

项　目	1999年	1998年		1997年	
		调整后	调整前	调整后	调整前
主营业务收入	1181068079.12	317257870.84	317257870.84	302598372.30	302598372.30
净利润	228595210.13	35524437.11	36400163.97	20051617.88	29870083.52
总资产	1399586661.50	665907717.41	676601909.91	609494372.24	619312837.88
股东权益(不含少数股东权益)	548676755.31	319874545.18	330568737.68	284350108.07	294168573.71
每股收益(摊薄计算)	0.841	0.235	0.241	0.133	0.198
扣除非经常性损益后的每股收益	0.833	0.238	0.244	0.137	0.202
每股净资产	2.02	2.12	2.19	1.88	1.95
调整后的每股净资产	1.97	2.10	2.18	1.84	1.90
每股经营活动产生的现金流量净额	0.56	0.30	0.30	--	--
净资产收益率(%)	41.66	11.11	11.01	7.05	10.15

注(1):主要财务指标的计算方法:
每股收益=净利润 /年度末普通股股份总数
每股净资产=年度末股东权益 /年度末普通股股份总数
调整后的每股净资产=(年度末股东权益-三年以上的应收款项净额-待摊费用-待 处理(流动、固定)资产净损失-开办费-长期待摊费用-住房周转金负数余额)/年度末 普通股股份总数
每股经营活动产生的现金流量净额=经营活动产生的现金流量净额/年度末普通股股份总数
净资产收益率=净利润 /年度末股东权益×100%
注(2):根据财政部财会字(1999)35号、49号文的有关规定,公司对前三年会计数 据和财务指标进行了追溯调整,并分别以调整前和调整后的数据进行列示。
注(3):"应收款项"包括应收帐款、其它应收款、预付帐款、应收股利、应收利息、应收补贴款。
注(4):以上会计数据按合并数填列。

3、股东权益变动情况(单位:人民币元)

项　目	期初数	本期增加	本期减少	期末数
股本	150,937,946.24	120,750,356.00	---	271,688,302.24
资本公积	116,896,326.56	207,000.00	90,562,767.00	26,540,559.56
盈余公积	15,473,843.48	22,859,521.02	---	38,333,364.50
法定公益金	6,236,921.74	11,429,760.51	---	17,666,682.25
未分配利润	30,329,507.16	228,595,210.13	64,476,870.53	194,447,846.76
股东权益合计	319,874,545.18	383,841,847.66	155,039,637.53	548,676,755.31

变动原因:
股本本期增加系本公司1999年8月30日实施了利润分配及资本公积转增股本所致;资本公积金本期增加系成都市财政局返还对来源于进出口经营收益所实现的所得税, 根据成财外[1998]35号文,在资本公积列支;本期减少系1999年度中期分配用资本公积按10:6转增股本所致。
盈余公积金、法定公益金本期增加系从本年度实现的净利润中计提所致;
未分配利润本期增加系公司本年度实现净利润所致;本期减少系本年度计提法定 盈余公积金、法定公益金以及1999年度中期分配用利润按10:2送红股所致。

(三) 股东情况介绍

1、报告期末,公司股东总数11175户。
2、前十名股东持股情况如下:

名次	前十名股东	年末持股数(股)	占总股本比例(%)
1	成都市国有资产管理局(已授权四川成都全兴集团有限公司代行股东权利)	145861102	53.69
2	成都自强药业包装材料厂	8292600	3.05
3	工行滨江	7344000	2.70
4	成都菊乐(集团)股份有限公司	1346400	0.50
5	山西省大同第二制药厂	1224000	0.45
6	成都金牛油脂公司	1224000	0.45
7	蓝风实业	1224000	0.45
8	红光公司	1224000	0.45
9	金堂淀粉	1224000	0.45
10	成都淀粉	1224000	0.45

山西通宝能源股份有限公司

一 公司简介

1、公司名称
公司法定中文名称:山西通宝能源股份有限公司
公司法定英文名称:TOP ENERGY COMPANY LTD.SHANXI
英文名称缩写:TEC
2、公司法定代表人:郭明
3、公司董事会秘书:王伟
联 系 地 址:山西省太原市高新技术产业开发区学府工业园区 V-6 区
电 话:0351-7021446 传 真:0351-7021857
4、公司注册地址:山西省太原市高新技术产业开发区学府工业园区 V-6 区
公司办公地址:山西省太原市高新技术产业开发区学府工业园区 V-6 区
邮 政 编 码:030006
公司国际互联网网址:http://www.600780.com
电 子 信 箱:Top@public.ty.sx.cn
5、公司选定的信息披露报纸:《上海证券报》
登载公司年度报告的中国证监会指定国际互联网网址:http://www.sse.com.cn.
公司年度报告备置地点:公司投资证券部
6、公司股票上市交易所: 上海证券交易所
股票简称:通宝能源 股票代码:600780

二 会计数据和业务数据摘要

1、本年度主要会计数据 单位:人民币元

利润总额	61272660.85
净利润	60720856.68
扣除非经营性损益后的净利润	41657106.68
主营业务利润	65427603.45
其他业务利润	17367727.50
营业利润	57990288.72
投资收益	3039652.02
补贴收入	300984.09
营业外收支净额	-58263.98
经营活动产生的现金流量净额	114412032.96
现金及现金等价物净增加额	60791024.93

注: 公司非经常性损益项目及涉及金额:
(1) 承包利润:1,727,062.50 元,
(2) 托管利润:17,336,687.50 元。
2、公司近三年主要财务指标

项 目	1999 年	1998 年		1997 年	
		调整后	调整前	调整后	调整前
主营业务收入(万元)	17620.07	22117.82	22896.10	9169.78	9169.78
净利润(万元)	6072.09	1866.94	2615.40	1283.16	2451.75
总资产(万元)	87050.40	77832.24	86031.35	35245.36	36402.98
股东权益(万元)	45515.55	23979.34	25896.39	22646.29	23944.99
每股收益(元)(摊薄)	0.28	0.18	0.245	0.14	0.275
(加权)	0.32	0.18	0.245	0.14	0.275
扣除非经常性损益后的每股收益(元)	0.19				
每股净资产(元)	2.11	2.25	2.42	2.54	2.69
调整后的每股净资产(元)	2.11	1.97	1.97	2.32	2.48
每股经营活动产生的现金流量净额	0.53	0.295	0.295		
净资产收益率(%)	13.34	7.79	10.10	5.67	10.24

注:1、1999 年度总股本按 21569.4612 万股计算,1998 年度总股本按 10680 万股计算,1997 年度总股本按 8900 万股计算.
2、主要财务指标计算方法:
● 每股收益=净利润/年度末普通股股份总额
● 每股净资产=年度末股东权益/年度末普通股股份总额
● 净资产收益率=净利润/年度末股东权益×100%
3、报告期内股东权益变动情况 单位:人民币元

项目	股本	资本公积	盈余公积	法定公益金	未分配利润	股东权益合计
期初数	106800000	95518196	8976298	8658379.99	19840535.98	239793411.28
本期增加	108894612	131181200	6072085	6072085.67	60720856.68	312940840.02
本期减少	0	64074612	0	0	33504171.34	97578783.34
期末数	215694612	162624784	15048384	14730465.66	47057221.32	455155467.96

注:1)期末股本增加系由于送股、配股、转增所致;
2)期末资本公积变动系由于配股增加及转增减少所致;
3)期末盈余公积增加系由于期末提取所致;
4)期末未分配利润增加系由于本期净利润转入所致;
5)期末所有者权益变动系由于配股和本期净利润转入所致。

三 股东情况介绍

1、截止 1998 年末,公司股东总数 21867 户。
2、公司前十名股东持股情况(单位:股)

序号 股东名称	公积金转股	期末数	占总股本比例(%)
山西省地方电力公司	+17206582	+57922582	26.85
山西省经济建设投资公司	+14569558	+49045558	22.74
山西统配煤炭供销公司	+1703923	+5735923	2.66
潞安矿务局	+730253	+2458253	1.14
晋城矿务局	+730253	+2458253	1.14
阳泉矿务局	+730253	+2458253	1.14
大同铁路分局万通公司	+304272	+1024272	0.47
山西晋煤实业开发总公司	+243418	+819418	0.38
刘党珍		608200	0.28
孙文献		496126	0.23

本报告期内前十名股东之间无关联交易。本报告期内持有 5%以上的法人股东所持股份无质押、冻结等情况。

上海民丰实业股份有限公司

一、公司简介

1、公司的法定中文名称:上海民丰实业股份有限公司
公司的英文名称:SHANGHAI MINFENG HOLDING CO.,LTD
缩写:MF
2、公司法定代表人:郑逢利
3、公司董事会秘书:戴海雄
公司董事会秘书授权人: 孙佩琳 李锡棠
联系地址:上海市徐家汇路 300 号
联系电话:(021) 63843680 转 2、3、79
传 真:(021)63841960
4、公司注册地址:中国上海市徐家汇路 300 号
公司办公地址:中国上海市徐家汇路 300 号
邮政编码:200025
网址:http://www.minfeng holding.com
电子信箱:ZZ@MINFENGHOLDING.COM
5、公司选定的信息披露报纸名称:上海证券报
登载公司年度报告的中国证监会指定国际互联网网址:http://www.sse.com.cn
公司年度报告备置地点:上海民丰实业股份有限公司
6、公司股票上市地:上海证券交易所
股票简称:民丰实业
股票代码:600781

二、会计数据和业务数据摘要

1、公司本年度利润及构成:(单位:元)

利润总额:	4090.14
净利润:	1966666.78
扣除非经常性损益后的净利润:	689963.26
主营业务利润:	21307954.28
其他业务利润:	9627188.74
营业利润:	-8106533.84
投资收益:	6830236.16
补贴收入:	0
营业外收支净额:	1280387.82
经营活动产生的现金流量净额:	-31813738.44
现金及现金等价物净增加额:	30929645.40

2、公司前三年主要会计数据和财务指标(单位: 元)

项目	1999 年度	1998 年度		1997 年度	
		调整后	调整前	调整后	调整前
主营业务收入	317586408.69	394509708.58	380757126.21	286047962.39	286047962.39
净利润	1966666.78	-10698871.83	9973844.46	16284.412.12	27792075.44
总资产	722526251.09	617516904.24	667264675.29	494475155.66	525527240.91
股东权益(不含少数股东收益)	291761964.26	289795297.48	341501600.69	220317356.60	251350943.52
每股收益(摊薄)(元/股)	0.02	-0.09	0.08	0.16	0.27
(加权)(元/股)	0.02	-0.10	0.09	0.16	0.27
扣除非经常性损益后的每股收益	0.01	-0.09	0.08	0.12	0.27
每股净资产(元/股)	2.46	2.45	2.88	2.11	2.41
调整后每股净资产(元/股)	2.41	2.38	2.78	2.11	2.40
每股经营活动产生的现金流量净额	-0.27	-0.07	-0.07		
净资产收益率(%)	0.67	-3.69	2.92	7.39	11.06

计算公式如下:
每股收益=净利润/年度末普通股股份总额
每股净资产=年度末股东权益/年度末普通股股份总额
调整后的每股净资产=(年度末股东权益-三年以上的应收款项净额-待摊费用-待 处理(流动、固定)资产净损失-开办费-长期待摊费用-住房周转金负数余额)/年度末 普通股股份总数
每股经营活动产生的现金流量净额=经营活动产生的现金流量净额/年度末普通股股份总数
净资产收益率=净利润/年度末股东权益×100%
加权平均每股收益=当期净利润/〔期末普通股股份总数/(1+配股比例)+期末普通股股份总数/(1+配股比例)×配股比例×缴款结束日下一月份至期末的月份数/12〕
3、报告期内股东权益变动情况 (单位:万股、万元)

项目	股本	资本公积	盈余公积	法定公益金	未分配利润	股东权益合计
期初数	11840	15303	1560	355	277	28980
本期增加	0	0	77	39	119	196
本期减少	0	0	0	0	0	0
期末数	11840	15303	1637	394	396	29176

变动原因:报告期内股东权益增加,系调整的上年未分配利润增加,并在调整的未 分配利润中按 10%计提盈余公积金和法定公益金所至。

三、股本变动及股东情况

1、股东情况介绍
(1) 报告期末股东总数 7417 人。
(2) 前十名股东持股情况 单位:股

序号	股东名称	年末持股数	占总股本比例(%)	增减变动情况	股份性质
1	上海第十印染厂	36,715,575	31.01	无增减变动	发起人法人股
2	香港金礼发展有限公司	32,636,064	27.57	无增减变动	发起人法人股
3	香港民亿实业有限公司	3,263,604	2.76	无增减变动	发起人法人股
4	上海久事公司	3,096,000	2.62	无增减变动	法人股
5	松?区泗泾镇工业公司	1,680,000	1.42	无增减变动	法人股
6	裕元基金	1,373,474	1.16	二级市场买卖增持	流通股
7	上海棉纺织印染联合有限公司	600,000	0.51	无增减变动	法人股
8	上海真如实业公司	540,000	0.46	无增减变动	法人股
9	方雄熙	519,600	0.44	二级市场买卖增持	流通股
10	裕丰供销	420,000	0.35	无增减变动	法人股

新华金属制品股份有限公司

一、公司简介

1、公司名称:新华金属制品股份有限公司

英文名称:XINHUA METAL PRODUCTS CO.LTD. 缩写:XMPC

2、公司法定代表人:施嘉良

3、公司董事会秘书:姚红江

授权代表姓名:张伟国

联系地址:江西省新余市城经济开发区

电话:0790-6460888 传真:0790-6460089

4、公司注册地址:江西省新余市铁焦路 邮编:338001

办公地址:江西省新余市城东经济开发区 邮编:338004

电子信箱:xmpc@publicl.xyptt.jx.cn

5、公司选定的信息披露报纸名称:《上海证券报》

登载公司年度报告网址:http://www.see.com.cn

年度报告备置地点:公司证券部

6、公司股票上市交易所:上海证券交易所

股票简称:新华股份 股票代码:600782

二、会计和业务数据摘要

(一)本年度主要会计数据

金额单位:人民币元

项目	金额
1、利润总额	18255482.66
2、净利润	14976640.52
3、扣除非常性损益后的净利润	14380456.85
4、主营业务利润	40319326.91
5、其他业务利润	-1012354.08
6、营业利润	17554090.11
7、投资收益	
8、补贴收入	651100.00
9、营业外收支净额	50292.55
10、经营活动产生的现金流量净额	36106959.13
11、现金及现金等价物净增加额	12440414.16

注:(1)非经常性损益是指公司正常经营损益之外的、一次性或偶发生损益,例如资产处置损益、临时性获得的补贴收入、新股申购冻结资产利息、合并价差摊入等。

(2)本年扣除的非经常性损益项目,金额如下:

序号	项目	金额
1	补贴收入--98 年进口环节增值税退税	600000.00
2	补贴收入--教育费附加返还	51100.00
3	营业外收支净额	50292.55
	合计	701392.55

(二)截至报告期末公司前三年的主要会计数据和财务指标

1、追溯调整后的主要会计数据和财务指标

项目	单位	1999 年	1998 年	1997 年
1、主营业务收入	千元	165309.24	145436.30	133532.36
2、净利润	千元	14976.64	19690.83	25005.96
3、总资产	千元	274634.12	241401.81	236058.11
4、股东权益(不含少数股东权益)	千元	245230.01	148696.59	146561.99
5、每股收益(摊薄)	元/股	0.1240	0.1824	0.2317
(加权)	元/股	0.1374	0.1824	0.2978
6、扣除非常性损益后每股收益(摊薄)	元/股	0.1191	0.1382	0.1583
7、每股净资产(摊薄)	元/股	2.0307	1.3775	1.3577
8、调整后的每股净资产(摊薄)	元/股	1.9788	1.3356	1.3148
9、每股经营活动产生的现金流量净额(摊薄)	元/股	0.2990	-0.0734	
10、净资产收益率(摊薄)	%	6.11	13.24	17.06

2、追溯调整前的主要会计数据和财务指标

项目	单位	1998 年	1997 年
1、主营业务收入	千元	145436.30	133532.36
2、净利润	千元	20159.88	24087.98
3、总资产	千元	243897.89	238085.14
4、股东权益(不含少数股东权益)	千元	151192.67	148589.03
5、每股收益(摊薄)	元/股	0.1868	0.2231
(加权)	元/股	0.1868	0.2869
6、扣除非常性损益后每股收益(摊薄)	元/股	0.1426	0.1498
7、每股净资产(摊薄)	元/股	1.4006	1.3765
8、调整后的每股净资产(摊薄)	元/股	1.3572	1.3336
9、每股经营活动产生的现金流量净额(摊薄)	元/股	-0.0734	
10、净资产收益率(摊薄)	%	13.33	

三、股东情况介绍

1、报告期末股东总数:截止 1999 年 12 月 31 日,公司股东总数为 19437 户。

2、前 10 名股东的持股情况 单位:股

次序	股东名称	年内增减(±)	年末持股数	占总股本(%)
1	新余钢铁有限责任公司	+4715676	52204441	43.23
2	香港巍华金属制品有限公司		20236765	163.76
3	江西省国际信托投资公司		12142058	10.05
4	江西金世纪冶金股份有限公司		529735	0.45
5	江西省冶金供销公司		539735	0.45
6	陆美民		378650	0.31
7	金鑫基金		2269650	0.22
8	蓝方		232900	0.19
9	张敏晶		227000	0.19
10	吴泉英		197833	0.16

四砂股份有限公司

一、公司简介

1、公司的法定中文名称:四砂股份有限公司

英文:SISHACO.,LTD

2、公司法定代表人:李协平

3、公司董事会秘书:温锋

联系地址:淄博市张店区南定车站街 69 号

电话:(0533)2980151 转 8273 传真:(0533)2981033

电子信箱:sisha@zb-public.sd.cninfo.net

董事会秘书授权代表:王盛林

联系地址:淄博市张店区南定车站街 69 号

电话:(0533)2980151 转 8300 传真:(0533)2981033

电子信箱:w_sl@yahoo.com

4、公司注册地址:淄博市张店区南定车站街 69 号

公司办公地址:淄博市张店区南定车站街 69 号 邮政编码:255055

互联网网址:http://www.sisha.com 电子信箱:sisha@zb-public.sd.cninfo.net.

5、公司选定的信息披露报纸:

中国证券报、上海证券报

登载公司年度报告的国际互联网网址:http://www.sse.com.cn

公司年度报告备置地点:淄博市张店区南定车站街 69 号公司董事会秘书处

6、公司股票上市交易所:上海证券交易所

股票简称:四砂股份 股票代码:600783

二、会计数据和业务数据摘要

1、1999 年度利润总额及构成(单位:人民币元)

利润总额	30708612.42
净利润	22853372.33
扣除非经常性损益后的净利润	19232344.46
主营业务利润	69577537.56
其他业务利润	4386707.33
营业利润	25197513.13
投资收益	1671511.18
补贴收入	2982539.95
营业外收支净额	857048.16
经营活动产生的现金流量净额	-28276329.44
现金及现金等价物净增加额	-20176238.16

注:扣除的非经常性损益项目和涉及金额

扣除的非经常性损益项目指资产处置收入 1401230 元,补贴收入 2982539.95 元,合 并价差摊销 762742.08 元。

2、截至报告期末公司前三年的主要会计数据和财务指标(单位:人民币元)

指标项目	1999 年度	1998 年度		1997 年	
	调整后	调整前	调整后	调整前	调整后
主营业务收入	288664855.42	254017974.55	254017974.55	212241532.12	212241532.12
净利润	22853372.33	50041527.41	49941003.63	26291383.64	25001149.94
总资产	653621959.43	607781600.06	600340985.12	427652448.74	420312357.58
股东权益	362126174.44	351978217.05	344537602.11	194504778.72	187164687.56
每股收益(摊薄)	0.113	0.371	0.370	0.233	0.222
每股收益(加权)	0.131	0.423	0.422	0.258	0.255
扣除非经常性损益后的每股收益	0.095	0.320	0.319	0.229	0.218
每股净资产	1.79	2.61	2.55	1.72	1.66
调整后的每股净资产	1.73	2.31	2.27	1.58	1.51
每股经营活动产生的现金流量净额	-0.14	0.08	0.08		
净资产收益率(%)	6.31	14.22	14.50	13.52	13.36

注:(1)主要财务指标计算方法

每股收益=净利润/年度末普通股股份总数

每股净资产=年度末股东权益/年度末普通股股份总数

调整后的每股净资产=(年度末股东权益-三年以上的应收款项净额-待摊费用-待 处理(流动、固定)资产净损失-开办费-长期待摊费用-住房周转金负数余额)/年度末 普通股股份总数

每股经营活动产生的现金流量净额=经营活动产生的现金流量净额/年度末普通股股份总数

净资产收益率=净利润/年度末股东权益×100%

(2)以上数据以公司合并会计报表数填列。

3、报告期内股东权益变动情况及其原因(单位:人民币元)

项目	股本	资本公积	盈余公积	法定公益金	未分配利润	股东权益合计
期初数	134852600	103693858.80	25394545.11	7734889.89	80596598.20	344537602.11
本期增加	67426300		4529827.00	1302982.82	18223545.33	
本期减少		26970520.00	40455780.00			
期末数	202278900	76723338.80	29924372.11	9037872.71	58364363.53	362126174.44

●变动原因:

(1)股本变动系 1999 年 5 月实施 1998 年度利润分配方案,按 10 送 3 转增 2 所致。

(2)资本公积减少系 1998 年度利润分配时每 10 股转增 2 股所致。

(3)未分配利润增加和减少系本年度利润增加和实施 1998 年度利润分配方案送红 股所致。

(4)盈余公积和法定公益金增加系公司本年度实现净利润所致。

三、股东情况介绍

1、报告期末股东总数:23838 户。

2、截止到 1999 年 12 月 31 日前 10 名股东的持股情况:

股东名称	年末持股量(股)	占总股份比例(%)
1、通辽艾史迪集团	69750000	34.48
2、淄博市国资局	59052900	29.19
3、海通证券	6739285	3.33
4、淄博泰利	6045000	2.99
5、深圳天骥基金	2535000	1.25
6、黄石工业	1337284	0.66
7、马庆华	814749	0.40
8、刘艳芳	793573	0.39
9、郭爱英	773200	0.38
10.刘昌波	678037	0.34

鲁银投资集团股份有限公司

一、公司简介

1、公司的法定中文名称:鲁银投资集团股份有限公司

公司的法定英文名称:LUYIN INVESTMENT GROUP CO.,LTD.

2、公司法定代表人:刘歧鸣

3、公司董事会秘书:刘世合

联系地址:山东省济南市经十路128号

联系电话:0531—2024123　传　真:0531—2024179

电子信箱:

4、公司注册地址:山东省济南市经十路128号

公司办公地址:山东省济南市经十路128号　邮政编码:250001

电子信箱:luyin@public.jn.sd.cn

5、公司信息披露报纸:

登载公司年报的中国证监会指定国际互联网网址 :http://www.sse.com.cn

公司年度报告备置地点:董事会秘书办公室

6、公司股票上市交易所:上海证券交易所

股票简称:鲁银投资　股票代码: 600784

二、会计数据和业务数据摘要

1、本年度主要会计数据:　(单位:元)

利润总额	56444886.46
净利润	47661365.04
扣除非经常性损益后的净利润	48015563.99
主营业务利润	23287164.12
其他业务利润	2467907.14
营业利润	-15168193.62
投资收益	71967279.03
补贴收入	———
营业外收支净额	-354198.95
经营活动产生的现金流量净额	5283853.94
现金及现金等价物净增加额	28815066.21

注:扣除的非经常性损益项目和金额

固定资产处置损失　354198.95

2、截止报告期末公司前三年的主要会计数据和财务指标: (单位:元)

项目	1999年	1998年 调整前	1998年 调整后	1997年 调整前	1997年 调整后
主营业务收入	138646871.59	137785089.99	137785089.99	126193979.69	126193979
净利润	47661365.04	58474379.82	48516288.98	55442413.96	42982036
总资产	1048530491.36	837220132.85	766973272.27	740597890.07	680309120
股东权益	508093379.54	530678875.08	460432014.5	472204495.26	411915725
每股收益	0.2323	0.2849	0.2364	0.405	0.314
(加权)	0.2323	0.2849	0.2364	0.4974	0.3856
扣除非经常性损益后的每股收益	0.2340				
每股净资产	2.4759	2.586	2.2437	3.45	3.01
调整后的每股净资产	2.4735	2.583	2.241	3.4051	2.97
每股经营活动产生的现金流量净额	0.0257	0.1898	0.1898		
净资产收益率(%)	9.38	11.02	10.53	11.74	10.43

注: a.主要财务指标的计算公式:

每股收益=净利润/年度末普通股股份总数

加权每股收益=净利润/年末普通股股份总数

每股净资产=年度末股东权益总额/年度末普通股股份总数

调整前后的会计数据如下:

项　目	1998年 调整前(元)	1998年 调整后(元)	1997年 调整前(元)	1997年 调整后(元)
短期投资跌价准备	—	22,484,135.70	—	12747054.73
坏帐准备	—	27,999,514.68	—	24226994.78
存货跌价准备	—	19,763,210.20	—	23314720.23
盈余公积	51360650.94	37311278.84	39665774.98	27608021.04
未分配利润	95061281.53	38863793.05	48281777.67	50761.87

会计政策变更的累计影响数为70,246,860.58元;1998年度的净利润调减了9,958,090.84元;调减1998年期初留存收益60,288,769.74元;其中,调减未分配利润48,231,015.80元.

3、本年度股东权益变动情况(单位 :元)

项目	股本	资本公积	盈余公积	公益金	未分配利润	合　计
期初数	205212291	179044651	51360650.94	21864067.74	95061281.53	530678875
本期增加	——	——	9532273	4766136.5	38129092.04	47661365
本期减少						
期末数	205212291	179044651	46843551.84	26630204.24	76992885.09	508093379

注:(1)盈余公积和公益金增加,为本年度实现净利润提取10%法定盈余公积金和10%法定公益金所致

(2)未分配利润增加,系公司本年度实现净利所致

三、股东情况介绍

(1)报告期末股东总数为63861户。

(2)前10名股东持股情况:

序号	股东名称	股份性质	期末股数(股)	占总股本比例(%)
1	山东省经济开发投资公司	国家股	15136875	7.38
2	莱芜钢铁总厂	法人股	12150000	5.92
3	山东省黄金集团总公司	法人股	12150000	5.92
4	山东淄博宏信集团	法人股	6277500	3.06
5	兴华基金	流通股	3290625	1.60
6	王全普	流通股	711018	0.35
7	深创投资	流通股	460719	0.22
8	唐向阳	流通股	460000	0.22
9	巩向告	流通股	377335	0.18
10	福山华荣	流通股	370000	0.18

银川新华百货商店股份有限公司

(一)公司简介

1、公司名称:

公司法定名称:银川新华百货商店股份有限公司

公司英文名称:YinChuan XinHua Department StoreC O.LTD　缩写:XHDS

2、公司法定代表人:徐鸣凤

3、公司董事会秘书:马卫红

电话:0951-6026981

授权人:张凤琴

电话:0951-6022866

联系地址:宁夏回族自治区银川市新华东街29号

传真:0951-6041983

4、公司注册地址:宁夏回族自治区银川市新华东街29号　邮政编码:750004

5、公司信息披露报纸:中国证券报

登载年报的中国证监会指定国际互联网网址:http://www.sse.com.cn

公司年度报告备置地点:公司证券部

6、公司股票上市交易所:上海证券交易所

股票简称:新华百货　股票代码:600785

(二)会计数据和业务数据摘要

1、公司本年度利润情况　单位:元

利润总额	22,926,838.89
净利润	21,025,982.06
扣除非经常性损益后的净利润	17,418,931.90
主营业务利润	38,011,675.14
其他业务利润	3,512,804.30
营业利润	19,086,706.98
投资收益	500,000
补贴收入	2,140,000
营业外收支净额	1,200,131.91
经营活动产生的现金流量净额	69,056,322.68
现金及现金等价物净增加额	100,390,076.16

注:扣除非经常性损益的项目包括:

(1)先征后返退回的流转税收入计　2,140,000元;

(2)取得转让土地收入　1,433,820.66元;

(3)出售固定资产净收益　33,229.50元。

2、主要会计数据和财务指标(调整后)

项目	99年	98年调整前	98年	97年调整前	97年
主营业务收入(万元)	25507.45	20196.05	20196.05	5643.98	5643.98
净利润(万元)	2102.60	2235.92	2218.06	2041.00	1970.54
总资产(万元)	34018.51	24819.59	24731.27	21402.97	21288.82
股东权益(万元)	25081.96	18608.75	18520.43	16372.83	16329.14
每股收益(摊薄.元)	0.24	0.292	0.29	0.40	0.386
每股收益(加权.元)	0.27	0.32		0.416	0.401
扣除非经常损益后的每股收益(元)	0.20	0.22	0.211		
每股净资产(元)	2.85	2.43	2.421	3.21	3.20
调整后的每股净资产(元)	2.835	2.43	2.421	3.20	3.19
每股经营活动产生的现金流量净额	0.785	-0.11	0.11		
净资产收益率%	8.38	12.01	12.46	12.07	

3、报告期内股东权益变动情况

单位:元

项目	股本	资本公积	盈余公积	法定公益金	未分配利润	股东权益合计
期初数	76500000	76141262	4276302	3848672	24438052	185204289
本期增加	11475000	42911875	2102598	1892338	21025982	79407793
本期减少					13792436	13792436
期末数	87975000	119053137	6378900	5741010	31671597	250819646

(三)股本变动及股东情况

1、股本变动情况

(1)公司股份变动情况表　数量单位:股

	本次变动前	本次变动增减(+、-) 配股	送股	公积金转股	增发	其他	小计	本次变动后
一、未上市流通股份								
1.发起人股份	28,500,000							28,500,000
其中:国家持有股份	28,500,000							28,500,000
2.募集法人股份	9,750,000							9,750,000
未上市流通股份合计	38,250,000							38,250,000
二、已上市流通股份								
1.人民币普通股	38,250,000	11,475,000						49,725,000
已上市流通股份合计	38,250,000	11,475,000						49,725,000
三、股份总数	76,500,000	11,475,000						87,975,000

2、股东情况介绍

(1)报告期末,公司股东总数4232户,(其中内部职工股东10名,系高级管理人员)。

(2)报告期末主要股东持股情况

股东名称	持股数(股)	所占比例(%)
银川市新华百货商店	28,500,000	32.4
宁夏长城机器制造厂	3,000,000	3.4
宁夏制药厂	3,000,000	3.4
翔健信息	2,871,310	3.3
宁夏糖酒副食品总公司	2,250,000	2.6
鹏莱投资	1,977,480	2.2
元鑫元	1,813,340	2.1
银川市电信局顺达开发公司	1,500,000	1.7
鹏莱房产	1,178,580	1.3
高小明	741,240	0.8

东方锅炉(集团)股份有限公司

一、公司简介

1.公司法定中文名称:东方锅炉(集团)股份有限公司
公司英文名称:DONGFANG BOILER GROUP CO.,LTD.
公司英文名称缩写:DBC.
2.公司法定代表人:李太顺
3.董事会秘书:
姓名:贺建强
联系地址:四川省自贡市五星街黄桷坪路 150 号
电话:0813-4735000、4734600
传真:0813-2203200
电子信箱:dbcdm@zg-public.sc.cninfo.net
4.公司注册地址及办公地址:
地址:四川省自贡市五星街黄桷坪路 150 号
邮政编码:643001
公司国际互连网址:http://www.dbc-cn.com
电子信箱:dbc@zg-public.sc.cninfo.net
5.信息披露:
指定报刊:上海证券报
指定披露网址:http://www.sse.com.cn
年度报告备置地点:公司董事会秘书处
6.股票上市地:上海证券交易所
股票简称:东方锅炉
股票代码:600786

二、会计数据和业务数据摘要

1. 本年度会计数据摘要(单位:元)

利润总额	8092076.57
净利润	6787321.94
扣除非经常性损益后的净利润	6787321.94
主营业务利润	146123190.07
其他业务利润	3347349.30
营业利润	4759785.21
投资收益	3964525.59
补贴收入	0.00
营业外收支净额	-632234.23
经营活动产生的现金流量净额	11882260.35
现金及现金等价物净增加额	33944718.15

注:"非经常性损益"是指公司正常经营损益之外的、一次性或偶发性损益。1999 年度本公司没有"非经常性损益"扣除项目。

2. 近三年主要会计数据和财务指标

指　标	1999 年	1998 年		1997 年	
		会计调整前	会计调整后	会计调整前	会计调整后
主营业务收入(元)	785988523.69	930774189.34	930774189.34	1099603666.53	1099603666.53
净利润(元)	6787321.94	1812074.95	-12615680.52	26061980.69	11272484.23
总资产(元)	1418247990.22	1791368093.53	1736772532.62	1874236795.85	1859447299.39
股东权益(元)	493234653.83	540042446.57	486447331.89	534765191.92	519975695.46
每股收益(元)	0.0321	0.0086	-0.0597	0.1234	0.0534
每股收益(元)(加权)	0.0321	0.0086	-0.0597	0.1234	0.0534
每股净资产(元)	2.3346	2.5562	2.3025	2.5310	2.4612
调整后的每股净资产(元)	1.5434	2.3760	2.1223	2.3290	2.2592
每股经营活动产生的现金流量净额(元)	0.0562	0.3847	0.3847		
净资产收益率(%)	1.376	0.336	-2.593	4.874	2.168

注:
(1)主要指标计算公式:
每股收益=净利润/年度末普通股股份总数
每股净资产=年度末股东权益/年度末普通股股份总数
调整后的每股净资产=(年度末股东权益-三年以上的应收款项净额-待摊费用待处理(流动、固定)资产净损失开办费长期待摊费用住房周转金负数余额)/年度末普通股股份总数
每股经营活动产生的现金流量净额=经营活动产生的现金流量净额/年度末普通股股份总数
净资产收益率=净利润/年度末股东权益×100%
(2)上述数据和指标以合并会计报表数填列或计算。
(3)"应收款项"包括:应收帐款、其他应收款、预付帐款、应收股利、应收利息 、应收补贴款。
(4)因会计政策、会计估计变更、以及会计差错更正追溯调整以前年度会计数据的(例如审计调整),在列表中同时披露调整前后的主要会计数据和财务指标。

3.报告期内股东权益变化情况(单位:元)

项目	股本	资本公积	盈余公积	法定公益金	未分配利润	股东权益合计
期初数	211271181.00	225900006.32	53713937.59	21003461.11	-4437793.02	486447331.89
本期增减	0.00	0.00	1196445.24	598228.62	5590876.70	6787321.94
期末数	211271181.00	225900006.32	54910382.83	21601683.73	1153083.68	493234653.83

三、股本情况介绍

(1)截止 1999 年 12 月 31 日,公司股东总数为 36461 户,其中,国有法人股股东 1 户,社会公众股股东 36460 户。

(2)前十名股东持股情况

股东名称	持股数(股)	占总股本比例(%)	备注
东方锅炉厂	157271181	74.440	发起人国有法人股
金鑫基金	492770	0.233	
范润金	165300	0.078	
高少华	152800	0.072	
杜沛华	147300	0.070	
兴和基金	112594	0.053	
梁顺利	93100	0.044	
刘戈	89500	0.042	
刘宗豪	88000	0.042	
周宇光	85300	0.040	

中储发展股份有限公司

一、公司简介

1、公司法定中文名称:中储发展股份有限公司
公司英文名称:Zhongchu development stock Co.,LTD.
公司英文名称缩写:ZDS
2、公司法定代表人:洪水坤
3、公司董事会秘书:谢景富
公司董事会秘书授权代表:薛斌
电话:(022)26616266　传真:(022)26616222
E-mail:Acgfxjf@shell.tjvan.net.cn
5、公司信息披露报纸名称:上海证券报
登载公司年度报告的中国证监会指定国际互联网网址:http://www.sse.com.cn
公司年度报告备置地点:公司证券部
6、公司股票上市交易所:上海证券交易所
公司股票简称:中储股份　公司股票代码:600787

二、会计和业务数据摘要

(一)本年度主要会计数据:(单位:人民币元)

1、利润总额	158986812.69
2、净利润	135222189.82
3、扣除非经常性损益后的净利润	46419379.27
4、主营业务利润	227725799.57
5、其他业务利润	3103735.47
6、营业利润	154824546.14
7、投资收益	1472803.05
8、补贴收入	0
9、营业外收支净额	2689463.50
10、经营活动产生的现金流量净额	81550252.83
11、现金及现金等价物净增加额	78665958.43

注:公司的非经常性损益是指剔除本年度公司出售给天津乐康置业有限公司津红 团 98--103 号宗地部分售地款 1.1 亿元,影响公司本年度净利润 8880.28 万元、剔除出售汇辰富立公司股权收入 600 万元,影响公司本年度净利润总额 133.58 万元。

(二)近三年主要会计数据和财务指标:

序号	项目	1999 年度	1998 年度		1997 年度	
			调整前	调整后	调整前	调整后
1	主营业务收入(万元)	58091.64	58803.14	58803.14	57912.25	57912.2
2	净利润(万元)	13522.22	3653.52	3481.93	1509.91	1203.35
3	总资产(万元)	57265.22	49790.01	49311.87	24433.53	24126.97
4	股东权益(不含少数股东权益)(万元)	44178.97	31134.48	30656.33	14941.51	14634.95
5	①每股收益(元/股)	0.71	0.326	0.311	0.266	0.212
	②按加权计算的每股收益(元/股)	0.71	0.364	0.347	0.276	0.22
	③扣除非经常性损益后的每股收益(元/股)	0.244	0.251	0.236	0.266	0.212
6	①每股净资产(元/股)	2.32	2.78	2.74	2.63	2.58
	②调整后的每股净资产(元/股)	2.27	2.69	2.66	2.55	2.52
7	每股经营活动产生的现金流量净额(元/股)	0.43	0.23	0.15		
8	净资产收益率(%)	30.61	11.73	11.35	10.11	8.22

注:主要财务指标计算方法:
(1)每股收益=净利润/年度末普通股股份总数
(2)每股净资产=年度末股东权益/年度末普通股股份总数
(3)调整后的每股净资产=[年度末股东权益-三年以上的应收款项净额-待摊费用-待处理(流动、固定)资产净损失-开办费-长期待摊费用-住房周转金负数余额]/年度 末普通股股份总数
(4)每股经营活动产生的现金流量净额=经营活动产生的现金流量净额/年度末普 通股股份总数
(5)净资产收益率=净利润/年度末股东权益×100%

(三)报告期内股东权益变动情况　(单位:元)

项目	股本	资本公积	盈余公积	法定公益金	未分配利润	股东权益合计
期初数	112037100	148542969.27	19888932.24	3858877.53	26094288.20	306563289.71
本期增加	78425970	4200	47327766.43	13522218.98	135222189.82	135226389.82
本期减少		56018550			69735186.43	
期末数	190463070	92528619.27	67216698.67	17381096.51	91581291.59	41789679.53

注(1)股本变动原因是送股、转增股。
(2)资本公积变动原因是恒科公积金增加,本公司送股、转增股。
(3)盈余公积变动原因是提取法定盈余公积 10%,提取任意盈余公积 15%。
(4)法定公益金变动原因是提取 10%法定公益金。
(5)未分配利润变动原因是会计政策调整、送红股、提取法定盈余公积 10%、提取任意盈余公积金 15%、提取公益金 10%。
(6)股东权益变动原因是实现净利润及恒科公积金增加。

三、股东情况介绍

(一)本报告期末股东总数为 24869 户。
(二)前十名股东持股情况

名次	股东名称	年末持股数量(股)	持股比例(%)
1	中国物资储运总公司	120372070	63.2%
2	国泰实业	5303337	2.78%
3	贾洪勋	1505595	0.79%
4	金泰基金	1142998	0.6%
5	金泰富	1055500	0.55%
6	陈庆祝	765650	0.4%
7	胡平	676272	0.36%
8	王小军	600300	0.32%
9	刘永政	501800	0.26%
10	任鸿奎	470378	0.25%

西安达尔曼实业股份有限公司

一 公司简介

1、公司法定名称:西安达尔曼实业股份有限公司
公司英文名称:XI'AN DIAMOND CO.,LTD
2、公司法定代表人:许宗林
3、公司董事会秘书:李西明
授权代表:王全胜
联系地址:西安市建工路19号
电 话:(029)2238824 传 真:(029)2244503
4、公司注册地址:西安市建工路
公司办公地址:西安市建工路19号
邮 政 编 码 :710043
公司网址:www.cndiamond.com.
E-MAIL 地址:cdiamond@pub.xaonline.com
5、公司选定的信息披露报纸:《中国证券报》、《上海证券报》
登载公司年度报告的中国证监会指定的国际互联网网址:
http://www.sse.com.cn
公司年度报告备置地点:公司证券部
6、股票上市交易所:上海证券交易所
股票简称:达尔曼
股票代码:600788

二 会计数据和业务数据摘要

1、本年度利润总额及其构成:

本年实现利润总额160,366,350.92元,净利润133,911,981.28元,扣除非经常性损益后的净利润106,588,224.25元,主营业务利润140,143,208.79元,其它业务利润25,082,756.56元,投资收益120,000.00元,补贴收入12,293,598.05元,营业外收支净额15,030,158.98元,经营活动产生的现金流量净额146,185,877.77元,现金及现金等价物净增加额19,916,761.88元。扣除非经常性损益的项目及金额为:补贴收入12,293,598.05元;营业外收入16,354,197.77元。

2、近三年主要会计数据和财务指标

项目	1999年	1998年		1997年	
		调整前	调整后	调整前	调整后
主营业务收入(元)	282082697.40	297055138.86	297055138.86	221140801.35	221140801.35
净利润(元	133911981.28	117903263.85	113087534.41	109701915.72	109976210.09
总资产(元)	1440522590.43	1086382209.62	1077984448.20	556218397.55	552988991.79
股东权益(元)(不含少数股东权益)	937023999.55	849260241.91	841928184.27	433632852.46	431087071.24
每股收益(元/股)	0.517	0.456	0.437		
(全面摊薄)	0.722	0.710			
每股收益(加权平均)(元/股)	0.517	0.529	0.515	0.87	0.85
扣除非经常损益后的每股收益(元/股)	0.412	0.424	0.405	0.712	0.700
每股净资产(元/股)	3.62	3.28	3.25	2.85	2.84
调整后的每股净资产(元/股)	3.57	3.26	3.23	2.83	2.81
每股经营活动产生的现金流量净额(元/股)	0.56	-0.279			
净资产收益率(%)	14.29	13.88	13.43	25.30	25.05

注:财务指标计算公式如下:
每股收益=净利润/年度末普通股股份总数
每股净资产=年度末股东权益/年度末普通股股份总数
调整后每股净资产=(年度末股东权益-三年以上的应收帐款项净额-待摊费用-待 处理(流动、固定)资产净损失-开办费-长期待摊费用-住房周转金负数余额)/年度末 普通股股份总数
每股经营活动产生的现金流量净额=经营活动产生的现金流量净额/年度末普通股股份总数
净资产收益率=净利润/年度末股东权益×100%

3、报告期内股东权益变动情况:

项目	股本	资本公积	盈余公积	法定公益金	未分配利润	股东权益合计
期初数	258774440	388419560.34	36967678.96	17711767.00	140054737.97	841928184.27
本期增加			19175521.82	8894903.95	105841555.51	133911981.28
本期减少						
期末数	258774440	388419560.34	56143200.78	26606670.95	245896293.48	937023999.55

三 股东情况介绍

一、股东情况介绍
1、截止1999年12月31日,公司共有股东54933名。
2、报告期末本公司前十名股东持股情况:

股东名称	股 份	占总股本份额
(1)西安翠宝实业集团公司	7920万股	30.61%
(2)西安市新城农工商总公司	1980万股	7.65%
(3)西安市新城区生产资金管理所	1670万股	6.45%
(4)新疆祥合实业有限公司	1650万股	6.38%
(5)海南秦信实业投资公司	1650万股	6.38%
(6)西安铁路局宏达科工贸实业公司	1125.3万股	4.35%
(7)南方证券有限公司	924万股	3.57%
(8)陕西电力投资公司	237.6万股	0.92%
(9)西安市工商银行开发区支行劳司	165万股	0.64%
(10)西安石油机械厂	165万股	0.64%

四、董事会报告

(一)、公司经营情况
1、公司所处的行业及地位

西安达尔曼实业股份有限公司是珠宝首饰类企业,主营珠宝、玉器、工艺美术品 、化工产品等的加工制造,涉及旅游度假服务、现代高科技农业等产业领域。珠宝首 饰产业是朝阳产业,公司以机制改革促技术创新,致力于新品开发,最大程度满足市场 需求,并严把质量关,进一步增强了产品市场竞争力。年度内,公司建设的国际珠宝交 易中心以租赁形式交付外商,使企业主业优势得到强化。同时公司积极培育高技术产 品,在以珠宝首饰产品为主导的基础上,高科技产品比例稳步提高。

公司主营珠宝首饰产品被评为西安市名牌产品。

山东鲁抗医药股份有限公司

一、公司简介

1.公司法定中文名称:山东鲁抗医药股份有限公司
公司法定英文名称:SHANDONG LUKANG PHARMACEUTICAL CO.,LTD
2.公司法定代表人:章建辉先生
3.公司董事会秘书:张鹏先生
联系地址:山东省济宁市太白楼西路173号鲁抗公司证券部
联系电话:(0537)2213961--3306 传真:(0537)2278572
电子信箱:lkzp@21cn.com
4.公司注册地址:山东省济宁市太白楼西路173号
公司办公地址:山东省济宁市太白楼西路173号 公司邮政编码:272121
公司国际互联网网址:www.chinalukang.com 公司电子信箱:zqwlk@public.jiptt.sd.cn
5.公司选定的信息披露报纸名称:《中国证券报》、《上海证券报》
登载公司年度报告的中国证监会指定互联网网址:www.sse.com.cn
公司年度报告备置地点:公司证券部办公室
6.公司股票上市交易所:上海证券交易所
股票简称:鲁抗医药 公司股票代码:600789

二、会计数据与业务数据摘要

1、公司本年度利润总额及构成 (单位:人民币元)

利润总额	54519000.12
净利润	46269194.57
扣除非经常性损益后的净利润	46269194.57
主营业务利润	124112655.73
其他业务利润	3710245.18
营业利润	54602393.37
投资收益	30400.00
补贴收入	———
营业外收支净额	-113793.25
经营活动产生的现金流量净额	35122500.49
现金及现金等价物净增加额	61524277.81

2、前三年主要会计数据和财务指标

A、追溯调整后

指标项目	1999年	1998年	1997年
主营业务收入	592742084.23	563447694.33	690618933.45
净利润	46269194.57	58862741.69	70534503.14
总资产	1791820551.38	1511356023.09	1284347234.11
股东权益	1099899093.94	1075447015.0	5841584273.36
每股收益(元)(摊薄)	0.13	0.16	0.24
按加权计算的每股收益(元)	0.13	0.18	0.25
扣除非经常性损益后的每股收益(元)	0.13	0.16	0.22
每股净资产(元)	3.02	2.95	2.82
调整后的每股净资产(元)	2.92	2.82	2.77
每股经营活动产生的现金流量净额	0.096	0.127	—
净资产收益率(%)	4.21	5.47	8.38

B、追溯调整前

指标项目	1998年	1997年
主营业务收入	563447694.33	690618933.45
净利润	60223682.91	94566072.66
总资产	1556179490.91	1327809760.71
股东权益	1120270482.87	885046799.96
每股收益(元)	0.17	0.32
按加权计算的每股收益(元)	0.18	0.33
扣除非经常性损益后的每股收益(元)	0.17	0.30
每股净资产(元)	3.07	2.96
调整后的每股净资产(元)	3.04	2.96
每股经营活动产生的现金流量净额	0.117	
净资产收益率(%)	5.38	10.68

3、报告期内股东权益变动情况(单位:万元)

项目	股本	资本公积	盈余公积	法定公益金	未分配利润	股东权益合计
期初数	36475.42	153585.01	10230.92	1763.44	7253.35	107544.701
本期增加	0	6.81	694.04	231.35	1744.36	2445.210
本期减少	0	0	0	0	0	0
期末数	36475.42	153591.82	10924.96	1994.79	8997.71	109989.911

三、股东情况介绍

(一)股东情况介绍
1.截止1999年12月31日,公司股东共83425户。
2.主要股东持股情况

①山东鲁抗医药企业集团公司为公司第一大股东,持有本公司股份142,997,400股。所持股份无质押和冻结情况。

②香港中国置业控股有限公司为公司第二大股东,持有本公司股份63,658,870股 。所持股份无质押和冻结情况。

③存在关联关系之股东(前10名)
山东鲁抗医药企业集团公司同公司之间存在关联关系。是本公司的控股公司。
④公司前十名股东持股情况:

股东名称	年末持股数量	占股本比例
(1)山东鲁抗医药企业集团公司(国家股)	142997400	39.21%
(2)香港中国置业(控股)有限公司(外资法人股)	63658870	17.45%
(3)国投兴业	2510000	0.688%
(4)鲁证登记	1100110	0.302%
(5)雪花集团	1050000	0.288%
(6)天利医药	1050000	0.288%
(7)河北农行	718937	0.197%
(8)济宁三药	663847	0.182%
(9)樊东生	550000	0.151%
(10)孙建业	425000	0.116%

浙江中国轻纺城集团股份有限公司

一、公司简介

1、公司法定中文名称:浙江中国轻纺城集团股份有限公司
公司法定英文名称:ZheJiang China Light & Textile Industrial City Group Co.,Ltd.
公司英文名称缩写:L&T City
2、公司法定代表人:谢方员
3、公司董事会秘书:唐国灿
联系地址:浙江省绍兴县柯桥镇鉴湖路6号中轻大厦
联系电话:0575-4116158 传 真:0575-4116045
4、公司注册地址:浙江省绍兴县柯桥轻纺大厦
公司办公地址:浙江省绍兴县柯桥镇鉴湖路6号中轻大厦
邮 政 编 码 :312030
公司电子信箱:qfcjt@mail.sxptt.zj.cn
5、公司选定的信息披露报纸:《上海证券报》、《中国证券报》
登载公司年度报告的中国证监会指定国际互联网网址:http://www.sse.com.cn
公司年度报告备置地点:公司董事会秘书室
6、公司股票上市交易所:上海证券交易所
股票简称:轻纺城
股票代码:600790

二、会计数据和业务数据摘要

(一)公司本年度主要利润指标情况 (单位:人民币元)

利润总额	107784782.03
净 利 润	79511194.42
扣除非经营性损益后的净利润	77963137.57
主营业务利润	196114543.93
其他业务利润	14203708.61
营业利润	103220405.69
投资收益	4396007.65
补贴收入	1548056.85
营业外收支净额	-1379688.16
经营活动产生的现金流量净额	149530693.61
现金及现金等价物净增加额	-21697650.86

说明:"扣除非经营性损益后的净利润"中扣除的项目涉及金额:补贴收入 1,548,056.85 元。

(二)截止报告期末公司前三年的主要会计数据和财务指标

项目	1999 年度	1998 年度		1997 年度	
		调整后	调整前	调整后	调整前
主营业务收入(元)	802913694.95	286517763.45	286517763.45	124942066.09	124942066.09
净利润(元)	79511194.42	80267255.73	81631141.33	1697509.29	70548383.49
总资产(元)	1920029570.54	1785760015.14	1796361480.36	767524646.52	776010257.80
股东权益(元)	571562590.25	539099346.79	548693699.09	353513632.53	361999243.81
每股收益(摊薄)(元/股)	0.406	0.409	0.416	0.613	0.603
每股收益(加权)(元/股)	0.406	0.513	0.522	0.626	0.616
扣除非经营性损益后的每股收益(元/股)	0.398	0.405	0.412	0.613	0.603
每股净资产(元/股)	2.92	2.75	2.80	3.02	3.09
调整后的每股净资产(元/股)	2.78	2.60	2.65	2.90	2.97
每股经营活动产生的现金流量净额(元/股)	0.763	0.266	0.266		
净资产收益率(%)	13.91	14.89	14.88	20.28	19.49
加权净资产收益率(%)	14.32	17.98	17.93	30.67	29.64

注:主要财务指标计算公式如下:
每股收益=净利润/年度末普通股股份总数
每股净资产=年度末股东权益/年度末普通股股份总数
调整后的每股净资产=[年度末股东权益-三年以上的应收款项-待摊费用-待处理(流动、固定)资产净损失-开办费-长期待摊费用-住房周转金负数余额]/年度末 普通股股份总数
每股经营活动产生的现金流量净额=经营活动产生的现金流量净额/年度末普通股股份总数
净资产收益率=净利润/年度末股东权益×100%

(三)报告期内股东权益变动的情况 (单位:人民币元)

项 目	股本	资本公积	盈余公积	法定公益金	未分配利润	合 计
年初数	196033129.00	295462243.31	40896774.21	13632258.06	6707200.27	539099346.79
本年增加	0	0	11619166.83	3873055.61	79511194.42	91130361.25
本年减少	0	0	0	0	58667117.79	58667117.79
年末数	196033129.00	295462243.31	52515941.04	17505313.67	27551276.90	571562590.25

变动原因说明:
(1)盈余公积、法定公益金和未分配利润年初数都有所调整,主要是由于计提四项准备追溯调整所致,其中:盈余公积减少 1,440,607.58 元,法定公益金减少 480,202.53 元,未分配利润减少 8,153,744.72 元。
(2)盈余公积:本年实现净利润,按 10%提取法定公积金和按 5%提取法定公益金,两 项合计增加 11,619,166.83 元;
(3)未分配利润:本年度实现的净利润加上年结转未分配利润,扣除本年分配利润 后的余额。

三、股东情况介绍

(1)截止 1999 年 12 月 31 日止,本公司股东总数为 56581 户。
(2)持有本公司股份的前十名股东情况:

股东名称	年初持股数(股)	年内增减(股)	年末持股数(股)	占总股本(%)
①绍兴县彩虹实业公司	27150532	+2684412	29834944	15.22
②浙江省国际信托投资公司	18254004	0	18254004	9.31
③绍兴县国有资产投资经营有限公司	0	+8297274	8297274	4.23
④浙江省财务开发公司	5710480	0	5710480	2.91
⑤绍兴县柯桥红建村委	3221295	0	3221295	1.64
⑥绍兴市越通房地产公司	2684413	0	2684413	1.37
⑦绍兴县银翔经济实业总公司	1932777	0	1932777	0.99
⑧长江经济联合发展(集团)股份有限公司	1610648	0	1610648	0.82
⑨宁波经济开发区太洲贸易公司	1073765	0	1073765	0.55
⑩中国太平洋保险公司	1073765	0	1073765	0.55

贵州华联旅业(集团)股份有限公司

一、公司简介

1、公司法定中、英文名称及缩写
法定中文名称:贵州华联旅业(集团)股份有限公司
法定英文名称:GUIZHOU HUALIAN TOURSIM(GROUP)CO.,LTD.
英文缩写:GZHLTCO
2、公司法定代表人:王少武
3、公司董事会秘书:江帆
联系地址:贵州省贵阳市中华中路 137 号
电话: 0851--5821644 传真: 0851—5821644
电子信箱: ghlydm@163.net
4、公司注册地址:贵州省贵阳市中华中路 137 号
公司办公地址:贵州省贵阳市中华中路 137 号
邮政编码:550001
公司电子信箱:hualian@publici.gy.gz.cn
5、公司指定信息披露报刊:中国证券报、上海证券报
中国证监会指定登载公司年度报告的国际互联网网址:
http://www.sse.com.cn
公司年度报告备置地点:公司董事会办公室
6、公司股票上市交易所:上海证券交易所
公司股票简称:贵华旅业 公司股票代码:600791

二、会计数据和业务数据摘要

1、本年度公司实现利润情况: 单位:人民币元

项 目	
利 润 总 额	23405391.80
净 利 润	17218895.31
扣除非经常性损益后的净利润	-9514983.81
主 营 业 务 利 润	23836411.26
其 他 业 务 利 润	1173279.29
营业利润	-10510675.39
投 资 收 益	15102188.07
补 贴 收 入	3292679.37
营 业 外 收 支 净 额	15521199.75
经营活动产生的现金流量净额	-33014960.09
现金及现金等价物净增加额	-11600545.40

注:"扣除非经常性损益后的净利润"指标中,扣除项目和涉及金额为:

项目	金额(元)
补贴收入	3292679.37
营业外收支净额	15521199.75
股权转让收益	7920000.00

2、截止本年度末公司前三年的主要会计数据和财务指标:

项 目	1999 年	1998 年		1997 年	
		调整前	调整后	调整前	调整后
主营业务收入(万元)	19794.34	35008.90	34971.30	23737.25	23737.25
净利润(万元)	1721.89	1512.37	1481.88	1969.04	1669.35
总资产(万元)	31682.73	33567.93	32876.03	23919.41	23619.71
股东权益(万元)	16165.14	14773.43	14443.25	13261.06	12976.37
每股收益(元)摊薄	0.174	0.153	0.15	0.298	0.253
按月平均加权	0.174	0.204	0.200	0.308	0.261
扣除非经常性损益	-0.096	0.153	0.15	0.28	0.24
每股净资产(元)	1.63	1.49	1.46	2.01	1.96
调整后的每股净资产(元)	1.51	1.34	1.31	1.89	1.85
每股经营活动产生的现金流量净额	-0.33	0.61	0.61		
净资产收益率(%)摊薄	10.65	10.24	10.26	14.85	12.86
加权	11.25	10.79	16.24	18.90	12.18

调整前后各年度的会计数据如下: 单位:人民币元

项 目	1999 年	1998 年		1997 年	
		调整前	调整后	调整前	调整后
坏帐准备	1618809.20	79956.06	1026768.83	93947.49	1087851.37
存货跌价准备	2654332.60	0	2355000.00	0	2003000.00
未分配利润	27976886.97	16147366	13340825	23092203.58	20544835
盈余公积	20667909.86	18580347.48	18085075.61	16311789.26	15862253.68

3、报告期内股东权益变动情况 单位:人民币元

项目	股本	资本公积	盈余公积	法定公益金	未分配利润	股东权益合计
期初数	99000000	14006633	18085075	3766385.72	13340825.95	144432534.52
本期增加			2582834	860944.76	17218895.31	17218895.31
本期减少					2582834.29	
期末数	99000000	14006633	20667909	4627330.48	27976886.97	161651429.83

三、股东情况介绍

1、报告期末股东总数:
截止 1999 年 12 月 31 日,本公司拥有股东 12807 户。
2、截止 1999 年末,本公司前 10 名股东持股情况: 单位:万股

股 东 名 称	年 初 持 股 数	年度内股份变动情况(+,-) 股份转让	股份划转	年 末 持股数	占总股本 比例(%)	备注
北京市天创房地产开发公司	0	2929.80		2929.80	29.59	
贵州省旅游投资有限公司	0		1603.39	1603.39	16.20	国家股
贵州赤天化集团有限责任公司	346.50			346.50	3.50	
贵州水城钢铁集团公司	330			330	3.33	
贵州省技术改造投资公司	330			330	3.33	
中国.贵州第七砂轮股份有限公司	297			297	3.00	
贵州中天(集团)股份有限公司	165			165	1.67	
中国贵州航空工业公司	165			165	1.67	
贵州神奇制药有限责任公司	83.50			83.50	0.84	
中国商业建设开发公司	75			75	0.76	

注:持股 5%(含 5%)以上的法人股东所持本公司股份均未发生质押、冻结等情况 。

云 南 马 龙 化 建 股 份 有 限 公 司

云南马龙化建股份有限公司 1999 年年度报告摘要

一、公司简介

1.公司法定中文名称: 云南马龙化建股份有限公司
公司英文名称: YUNNAN MALONG CHEMICALS & CONSTRUCTION CO.,LTD 缩写: MLCC
2.公司法人代表: 赵家友
3.董事会秘书: 杨林清 联系电话:0874-8010050 联系传真:0874-8010036
4.公司注册地址:云南省曲靖市马龙县王家庄镇
办 公 地 址:云南省马龙县王家庄镇 邮 政 编 码:655102
5.公司选定的信息披露报纸 :《上海证券报》
登载公司年度报告网址:http://www.sse.com.cn 公司年度报告备置地点:董事会办公室
6.公司股票上市交易所:上海证券交易所 股票简称: 云南马龙 股票代码: 600792

二、会计数据和业务数据摘要

1.公司本年度会计数据和业务数据摘要 单位:元

(1)利润总额:	7465083.85
(2)净利润:	7465083.85
(3)扣除非经常性损益后的净利润:	
(4)主营业务利润:	7682587.25
(5)其它业务利润:	9593283.22
(6)营业利润:	-2894728.56
(7)投资收益 :	18360
(8)补贴收入 :	0
(9)营业外收支净额:	10341452.41
(10)经营活动产生的现金流量净额:	11223657.60
(11)现金及现金等价物净增加额:	30340923.04

2.会计数据与财务指标:

指标名称	1999 年	1998 年		1997 年	
		调整后	调整前	调整后	调整前
(1)主营业务收入	56501457	79153195	79153195	94464409	94464409
(2)净利润 (元)	7465083	-26423949	-25067815	5315155	6550634
(3)总资产(元)	192121387	183977621	186569235	232594608	2233830088
(4)股东权益(不含少数股东权益)	112641633	105176549	107768162	131600498	132835978
(5)每股收益(元/股)	0.146	-0.52	-0.492	0.104	0.128
(6)加权每股收益(元/股)	0.146	-0.52	-0.492	0.108	0.132
(7)扣除非经常性损益后的每股收益(元/股)	-0.06	-0.52	-0.492	0.087	0.111
(8)每股净资产(元)	2.21	2.06	2.11	2.58	2.60
(9)调整后的每股净资产(元)	2.09	1.92	1.97	2.56	2.58
(10)每股经营活动产生的现金流量净额	0.22	-0.04	-0.04		
(11)净资产收益率(%)	6.23	-25.12	-23.26	4.04	6.87

注:主要财务指标的计算方法:
每股收益=净利润/年度末普通股股份总数
每股净资产=年度末股东权益/年度末普通股股份总数
净资产收益率=净利润/年度末股东权益×100%
调整后的每股净资产=(年度末股东权益-三年以上的应收款项净额-待摊费用-待 处理(流动、固定)资产净损失-开办费-长期待摊费用-住房周转金负数余额)/年度末 普通股股份总数

3. 股东权益变动情况 单位:元

项目	股本(股)	资本公积	盈余公积	法定公益金	未分配利润	股东权益合计
期初数	51000000	71248939	1870311.76	935155.88	-18942702.33	105176549.30
本期增加					7465083.85	7465083.80
本期减少						
期末数	51000000	71248939	1870311.76	935155.88	-11477618.48	112641633.15

变动原因:1、未分配利润增加系本年实现利润增加;
2、股东权益增加系本年未分配利润增加所致。

三、股东情况介绍

(1)截止 1999 年 12 月 30 日,公司股东总数为 7347 户,其中:国家股股东 1 户,公司董事、监事及高级管理人员持有 7 户,社会公众股股东 7339 户。

(2) 公司前 10 名股东名单及持股数(截止 1999 年 12 月 30 日)

序号	股东名称	年末持股数量(股)	持股比例(%)
1	马龙县国有资产管理局	36000000	70.60
2	财 政 证 券	503550	0.99
3	沪 财 金 山	309956	0.61
4	杨 琴 昌	246654	0.48
5	石 六 凤	242146	0.47
6	龙 文 开	240636	0.47
7	张 建 生	237056	0.46
8	向 文 选	226751	0.44
9	冯 国 霞	222200	0.44
10	田 野	152800	0.30

(3) 持股 10%以上的法人股东情况:马龙县国资局(法定代表人:李冠乔)持有本公司股份 36,000,000 股,占公司总股本 51,000,000 股的 70.6%,其所持股份本年度未发生增减变化, 也不存在任何质押、冻结情况。马龙县国资局属地方政府国有资产管理部门。本公司前 10 名股东中第一名为国有股股东, 其所持股份本年度未发生增减变化。其它为流通股股东,报告期内股份增减为市场行 为。股东间本公司未知存在关联关系。

四、股东大会简介

报告期内召开的年度股东大会和临时股东大会的有关情况:
1.1998 年年度股东大会

云南马龙化建股份有限公司 1998 年年度股东大会于 1999 年 5 月 28 日下午 2:00 在公 司办公楼四楼大会议室召开 ,会议审议通过如下决议:
(1).1998 年度董事会工作报告;
(2).1998 年度监事会工作报告;
(3).1998 年度财务决算报告;
(4).1998 年度利润分配方案的议案;
(5).关于增补李洪臣先生为公司董事的议案;
(6).关于续聘云南同舟会计师事务所的议案;
本次股东大会决议刊登于 1999 年 5 月 29 日《上海证券报》,信息披露编号:临 990022.1999 年度第一次临时股东大会本公司 1999 年度第一次临时股东大会于 1999 年 8 月 10 日上午 9:00 在公司办公楼四楼大会议室召开,会议审议通过如下决议:
(1).同意朱金贵先生因工作变动辞去公司董事职务;
(2).关于增补苏毅全先生公司董事的议案;
(3).关于修改公司章程的议案;
本次临时股东大会决议刊登于 1999 年 8 月 11 日《上海证券报》,信息披露编号:临 99006。
3.1999 年度第二次临时股东大会
本公司 1999 年度第二次临时股东大会于 1999 年 12 月 6 日上午 9:00 在公司办公楼四 楼大会议室召开 ,会议审议通过如下决议:
(1) 关于转让黄磷 1 号、3 号、4 号炉及相关资产的议案;
(2) 关于授权董事会办理转让黄磷 1 号、3 号、4 号炉及相关资产有关事务的议案 ;
(3)关于授权董事会 3000 万元人民币以下(含 3000 万元)的投资决策及资产处置权 的议案 ;
(4) 本次临时股东大会决议公告刊登于 1999 年 12 月 7 日《上海证券报》, 信息披露 编号:临 99007。

五、董事会报告

(一) 公司经营情况
1.公司集化工建材产品生产、销售为一体 ,主要以化工产品为主,1999 年,由于黄磷、磷酸国际、国内市场销售价格较低,公司采取严措施,减少亏损,黄磷产量较 1998 年减少 2626 吨。同时,公司为调整产品结构,适应市场需求,磷酸产量较 1998 年度增加 2926 吨,水泥产量与 1998 年度持平。1999 年,公 司在主营业务面临严峻市场形势下,将公司部分黄磷生产车间转让给公司国有股股东,为公司向良性方面发展奠定基础。1999 年,公司在同行业中不论是产品产量、营业额 均占较少份额 ,呈萎缩趋势。
2.公司主营业务范围及其经营状况
(1) 公司主营业务范围:
黄磷、磷酸、饲料磷酸氢钙、水泥的生产及销售;建筑材料、化工产品及原料(不含管理商品),矿产品的批发、零售、代购代销;出口商品目录:本企业自产的黄磷、磷酸、水泥(国家统一组织联合经营的 16 种进出口商品除外);进口商品目录:本企业生产、科研所需的原辅材料、机械设备、仪器仪表及零配件(国家实行核定公司经营的 14 种进口商品除外)。
(2) 公司主营业务经营状况
1999 年,公司以市场为导向,遵循市场决定产品的市场经济规律,实事求是地进行 生产经营决策,以尽可能减少亏损,保证出口为指导思想进行产品生产,全年生产黄磷 6432 吨,较 1998 年减产 2626 吨;磷酸 3484 吨,较 1998 年增加 2926 吨;水泥 80894 吨,较 1998 年减少 780 吨。全年销售黄磷 4655 吨(其中:出口销售 1480.8 吨,内销 3174.20 吨),销售 磷酸 3296 吨,销售水泥 79947 吨,实现主营业务收入 5650.15 万元,其中:黄磷 3293.71 万 元,占 58.30%;磷酸 696.93 万元,占 12.33%;水泥 1659.23 万元,占 29.37%;黄磷出口创汇 148 万美元。1999 年,公司在主营产品销售价格基本与成本倒挂的情况下,努力进行节能降耗工作,同时在国家调整出口商品退税率,鼓励出口的大好形势下,多方争取出口减 税配额指标,争取出口销售,减少主营亏损,但由于出口销售配额有限,致使主营业务营业利润仍然处于亏损状态。
3.公司主要全资付属企业及控股子公司的经营情况及业绩
本公司无全资附属企业及控股子公司。
4.在经营中出现的问题与困难及解决方案
(1)1999 年,公司在生产经营中遇到的主要困难有:
A:公司主营产品黄磷、磷酸的国际国内市场持续疲软 ,加之国内同行业生产企业因电价、磷矿石采购价格不等,一方面形成生产过剩,供过 于求;二是竞争更加无序,致使产品销售价格持续下降,水泥产品因销售半径狭窄,基本建设规模增建减缓,行业生产总量大于需求量,市场竞争激烈,销售价格竞争无序,呈下降趋势。
B:由于竞争加剧,销售货款回收困难,资金周转时间延长,资金利用率偏低。
(2)针对以上困难,公司采取了如下对策
A:实事求是面对市场,根据生产越多,销售亏损越多的现实,限产减亏;
B:抓住我公司在 1999 年欧盟对华黄磷反倾销应诉中获得市场经济地位的有利条件,争取出口减税指标配额,增加出口销售量,努力提高产品销售价格,实行出口退税免抵,减少主营业务亏损 ,提高货款回收率。
C.转让不良资产,盘活存量资产,改善存量资产的经营效益。
D.严格控制产品质量,生产低砷黄磷出口销售,同时,确保水泥产品质量,加强市场竞争能力。
E.设置销售货款清欠常设机构,加大货款回收力度,提高资金使用效率。
F.分析、研究、借鉴成功资本运作方式 ,制订公司跨世纪发展战略。
5.公司在报告期内未进行盈利预测;
(二) 公司财务状况
1. 公司财务状况分析
财务指标 单位:人民币元

项 目	1999 年末	1998 年末	增减(%)
总资产	192121387.55	183977621.55	4.43
长期负债	572956.93	4150000.00	-86.19
股东权益	112641633.15	105176549.30	7.10
主营业务利润	7682587.25	307222.73	2400.60
净利润	7465083.85	-26423949.33	

指标变动情况分析
A.总资产增加系公司负债及净资产增加 ;
B.长期负债减少系公司住房周转金红数所致 ;
C.股东权益增加系本年利润增加 ;
D.主营业务利润增加系本年营业成本费用下降 ;
E.净利润增加系本公司今年扭亏为盈。

2.云南同舟会计事务所对本公司一九九九年度财务报告出具了无保留意见带说明段的审计报告；

本公司董事会认为,本公司与关联股东马龙县国有资产管理局的资产转让事项,是严格依据国家有关法律、法规规定,并签订了《资产转让协议书》。资产转让价格作价依照原中华人民共和国财政部评估确认的资产评估价值为作价参考依据。本公司据此调整了一九九九年度的营业外收入。

本公司认为,公司与云南昭晖投资公司签订的托管其下属企业昆明世博游乐中心有限公司的资产托管协议,是在双方自愿的基础上依法签署的合法协议,云南兴华会计师事务所为昆明世博游乐中心有限公司出具了无保留意见的审计报告，本公司据此调整的一九九九年度的其它业务收入。

(三) 公司投资情况

1. 公司募集资金使用情况

1997 年 1 月,公司公开发行 A 股 1500 万股,募集资金 6840 万元,本报告期公司没有配售新股,无募集资金，第一次募集资金投资项目之一:10000 吨/年黄磷装置节能技改项目经 1997 年 10 月 16 日临时股东大会决议通过,修改为投资 2930 万元收购 4000 吨/年黄磷装置生产线,其余二个投资项目:20000 吨饲料磷酸氢钙和 6000 吨五硫化二磷未发生变更，只是在具体投资时间上作了局部调整,本报告期没有实施继续投资,具体投资情况如下:

项目名称	计划投资额(万元)	计划完成时间	实际完成投资额(万元)	工程进度
(1) 20000 吨饲料磷酸氢钙	2183	1998.1	820	1998 年 3 月完成第一期年产 3000 吨工程
(2) 6000 吨五硫化二磷	1100	1997.1	0	因该产品市场发生较大变化尚未实施投资

(3)说明

A:计划投资 2183 万元用于新建年产 20000 吨饲料磷酸氢钙项目,公司原计划一次性投资建成投产,但后因该产品进入 1997 年以后,市场发生较大变化,为减少投资风险,董事会决定实施分期投资,第一期投资为 3000 吨,于 1997 年 10 月动工,1998 年 3 月竣工,7 月 13 日投产成功,实际投资额为 820 万元。目前,该产品因市场原因,未产生投资效益。

B:6000 吨五硫化二磷:鉴于该产品市场状况,本报告期公司未实施投资,在新项目选定之后,本公司拟改变资金投向,使其尽快发挥投资效益。

C:截止本报告期末,公司已使用募集资金 3850 万元(含投资 200 万元用于低砷磷酸生产技改),尚未使用的募集资金 2990 万元暂作流动资金使用。

2. 报告期内非募集资投资项目情况

1998 年 11 月 30 日公司以自有资金 20 万元与云南省五金矿产化工进出口(集团)公司等 5 家单位投资组建"云南五矿新化股份有限公司"该公司总股本为 1100 万元，主要经营范围为进出口业务及国内贸易，本公司投资 20 万元，占该公司总股本 1100 万股的 1.8%,1999 年取得投资收益 28000 元。

(四) 生产经营环境变化对公司财务状况、经营成果的影响

由于公司生产的产品目前市场疲软 ,公司采取限产措施,将对公司的经营业绩产生较大影响 ,公司转让资产取得转让收益 ,托管云南昭晖投资公司世博游乐中心取得托管收益,对公司 1999 年度的经营业绩、财务状况产生较大影响。

(五) 新年度的业务发展规划:

2000 年,公司面临的形势仍然严峻,在 1999 年度实施资产重组,转让不良资产,盘活资产使用效益的有利条件下,对现有存量资产的生产经营上必须深化企业内部管理,提高产品质量,扩大出口销售,积极、稳妥、尽快实施新项目投资,寻求新的利润增长点,依托 1999 年度公司董事会对公司跨世纪发展战略调整所做的卓有成效、深入细致的准备工作为基础 ,扎实有效地实施 2000 的公司质的飞跃发展。

2000 年公司的主要奋斗目标是:1.对现有主营业务方面,实现工业总产值 6500 万元;主营业务收入 5600 万元;主要产品产量:黄磷 5000 吨;水泥 70000 吨;磷酸 3500 吨。2.对 1999 年度资产转让变现的资金 5720 万元,跨行业、高效益,有远见卓识地实施新项目投资收购。3.对尚未使用的募集资金尽快实施投资或改变投资方向进行投资,使公司的经营业绩有较大改观 ,为确保新年度目标任务的完成,公司将强化以下几方面的工作:

(1)抓学习,促进员工队伍思想意识和观念转变,更好地适应公司新的发展思路。

针对公司较为严峻的经营现实,主营产品限产,职工收入较低,以前年度生产正常情况下的工作格局被打破。主营业务亏损,公司面临重新寻求新的发展方向的选择,在这种情况下,抓紧对员工队伍的思想意识、观念转变的培训学习,显得尤为重要,1999 年下半年,公司对中层以上干部进行了企业面临的客观现实,公司怎样走出困境;为什么要进行资产重组?什么是资产重组经怎样进行资产重组经主营产品未来市场预测分析以及公司面临的机遇和挑战等方面的培训学习,使之思想观念有了较大转变,与公司管理层形成了极大共识。2000 年必须认真抓紧、抓好员工队伍的培训、教育和学习，把《劳动法》、《公司法》和《证券法》等法律、法规的理论学习与我公司的生产实际情况结合起来,努力提高员工队伍的综合素质,使他(她)们能比较客观、全面地看待问题、辩证地看待公司及社会的发展过程 ,冷静地面对现实、正确地面对机遇和挑战 ,活跃思维,有效地促进思想解放和观念更新,尽快、稳妥地适应新的机制。

2.抓节能降耗,提高企业经济效益。

企业要发展、要壮大,必须依靠一点一滴的积累,归根到底,就是抓好节能降耗工作。2000 年,我们必须把节能降耗工作作为工作重中之重来切实抓好,第一在原有制度基础上,必须继续健全完善各项规章制度和内部责任制,使之既便于操作而又切实可行,并注意执行中的严肃性;第二重新修订新的经济责任制,进一步调整各种原燃材料的消耗指标和经济技术指标,实行层层分解,使之与有关责任人的收入挂起钩来,严格执行奖惩兑现;第三紧紧抓住降低成本这个关键来提高经济效益,要进一步完善社会主义劳动竞赛的各条措施,激发广大职工的积极性和创造性,认真搞好修旧利废工作,杜绝任何形式的浪费行为,要严格把好各种物资的采购关,尽可能用最低的价格购进最好的原燃材料及备品备件。要充分发挥广大职工的聪明才智,鼓励职工开展技术革新,增加科技含量,降低生产成本,千方百计使节能降耗工作在新的一年里取得新的成绩,提高公司经济效益。

3.扩大黄磷、磷酸出口销售,提高盈利能力。

1999 年,公司作为欧盟对华黄磷反倾销的中方应诉企业之一,经过认真、积极的应诉材料准备工作,在欧盟第一次到公司进行"市场经济地位"的实地核查后,1999 年 4 月 19 日,欧盟正式确认了云南马龙化建股份有限公司在本案中的"市场经济地位"。在此基础上,欧盟对本公司进行了第二次实地核查,2000 年 2 月 9 日,欧盟起诉方向欧委会正式提出撤诉。3 月 14 日,欧委会致函中国各应诉企业,宣布此案将中止调查,中方无税胜诉。鉴于本公司在此案中胜诉中所起的作用,省外经贸厅在云南省省长的直接指示下,2000 年度在公司黄磷出口配额上给予了一定照顾,由 1999 年的 1.5%调整到 5%,即 3000 吨黄磷出口减税配额指标,公司将抓住这一有利条件,生产低砷黄磷,确保出口销售,一方面可提高黄磷出口销售价格,二是享受出口退税优惠,提高主营产品盈利能力。同时,加大磷酸出口销售,提高盈利水平。

4.加强内销工作,积极回收货款。

在加强出口销售前提下,狠抓国内市场销售,2000 年,公司计划生产黄磷 5000 吨,除保证外销的 3000 吨外,用 1000 吨生产磷酸,剩余 1000 吨用于内销,以满足国内客户的需求,在此情况下,内销 1000 吨黄磷,3000 吨左右磷酸,70000 吨水泥,加强内销,保证老用户,拓展新用户,积极促销。同时,实施保险销售,即在确保销售货款能及时、安全回收前提下的销售,加快资金周转,提高资金使用效率,降低财务费用支出。对以前年度积累的应收款项 ,积极采用多种灵活有效措施催收,尽可能减少呆帐、坏帐损失。

5.积极拓展主营业务,用好资产转让资金。

1999 年 9 月,公司在主营业务面临严峻形势的情况下,将部分黄磷生产装置转让给公司第一大股东马龙县国资局,资产变现收入 5720 万元,其目的主要是?化现有主营业务,拓展新的主营业务,构筑新的利润增长点。2000 年,公司将积极、稳妥地寻求具有长线投资价值,并能给公司带来稳定收益的投资项目,高起点地利用好资产转让资金，实施跨世纪发展战略。

6.实施积极的资本运作方式。

解放思想、更新观念,本着顾全大局,有利于公司未来发展的思路,积极分析、研究、借鉴成功的上市公司资本运作方式 ,重塑企业形象。

(六) 董事会日常工作情况。

1. 报告期内董事会的会议情况及决议内容

报告期内公司共召开五次董事会会议

(1)公司于 1999 年 4 月 22 日召开第一届董事会第十一次会议,会议审议通过了以下议案:A.公司 1998 年度总经理业务报告及 1999 年度经营目标计划;B.公司 1998 年年度报告和年报摘要;C.公司 1998 年度财务决算报告;D.关于提请股东大会增选董事的议案;E.公司 1998 年度利润分配议案;F.决定 1999 年 5 月 28 日召开 1998 年度股东大会。

此次董事会决议公告刊登于 1999 年 4 月 24 日《上海证券报》上,信息披露编码为: 临 99002 号。

(2)公司于 1999 年 6 月 16 日召开第一届董事会第十二次会议,会议就公司面临的严峻现实进行了分析研究,并就公司的资产重组工作达成了共识;董事会一致同意聘请朱金贵先生作为公司顾问;对公司董事会近期主要工作的安排。本次会议没有形成决议 。

(3)公司于 1999 年 7 月 6 日召开第一届董事会第十三次会议,会议审议并通过以下决议:A.关于朱金贵先生因工作调动辞去公司董事长的议案;B.同意朱金贵先生因工作调动辞去公司董事长、总经理职务;C.同意赵家友先生辞去公司副董事长职务;D.选举赵家友先生为公司董事长;E.聘任赵家友先生为公司总经理;F.关于修改公司章程部分条款的议案;G.决定 1999 年 8 月 10 日召开 1999 年度第一次临时股东大会。

此次董事会决议公告刊登于 1999 年 7 月 7 日《上海证券报》上,信息披露编号为:临 99004。

(4)公司于 1999 年 8 月 20 日召开第一届董事会第十四次会议,会议审议并通过以下决议:A.公司 1999 年度中期报告;B.公司 1999 年度中期利润分配及资本公积金转增股本议案。

此次董事会决议刊登于 1999 年 8 月 24 日《上海证券报》上。

(5)公司于 1999 年 11 月 2 日召开第一届董事会第十五次会议,本次会议审议并通过以下决议:A.关于转让黄磷 1 号、3 号、4 号炉及相关资产的议案;B.关于受托管理昆明世博园游乐中心有限公司股权的议案;C.关于提请股东大会授权董事会办理资产转让有关事务的议案;D.关于提请股东大会授权董事会 3000 万元人民币以下 (含 3000 万元) 投资决策及资产处置权的议案;E. 决定 1999 年 12 月 6 日召开 1999 年度第二次临时股东大会。此次董事会决议公告刊登于 1999 年 11 月 4 日《上海证券报》上,信息披露编号:临 99006。

2.报告期内公司利润分配方案 ,公积金转增股本、配股方案等的实施情况。

报告期内公司没有进行利润分配 ,资本公积金转增股本,没有实施配股方案。

(七) 公司管理层及员工情况

1. 董事、监事、高级管理人员情况

姓名	职务	性别	年龄	任期起止日期	年初持股数	年末持股数	年度报酬总数
赵家友	董事长.总经理	男	36	1997.1-2000.1	2000	2000	13499
苏毅全	董事	男	32	1999.7-2000.1	0	0	10281
范加学	董事.副总经理	男	47	1997.1-2000.1	1500	1500	12615
高家才	董事.副总经理	男	48	1997.1-2000.1	1500	1500	12617
付正平	董事.副总经理	男	52	1997.1-2000.1	1000	1000	12061
杨林清	董事.董事会秘书	男	32	1997.1-2000.1	1000	1000	10239
李洪臣	董　事	男	38	1999.4-2000.1	0	0	10327
龙巨明	监事会召集人	男	43	1997.1-2000.1	1000	1000	11607
李星文	监　事	男	38	1997.1-2000.1	1000	1000	7636
孙　瑞	监　事	女	32	1997.1-2000.1	0	0	4605

(1)本报告期内,朱金贵先生因工作调动原因,辞去公司董事职务;

(2)本报告期内,吕家亮先生因工作调动原因,辞去公司董事职务;

(3)本报告期,朱金贵先生因工作调动原因,辞去公司总经理职务,改聘赵家友先生为公司总经理。

(4)本报告期没有解聘董事会秘书。

(八)本次利润分配方案或资本公积金转增股本预案

本年度公司共实现净利润 7,465,083.85 元,按照公司章程规定,全部用于弥补上一年度亏损。因公司目前仍然面临诸多困难,公司发展急需大量资金,经董事会第十六次会议审议决定本年度公司不进行利润分配 ,也不进行资本公积金转增股本。

(九)其它报告事项

本公司选定的信息披露报刊仍为《上海证券报》。

六、监事会报告

一九九九年在公司董事会、经营班子领导下,公司监事会按照《公司法》、《公司章程》赋予的权力,对公司 1999 年度的经营活动及董事会依法运作的情况进行监督,认真地履行了职责,维护了公司和股东的合法权益,监事会列席了每次董事会会议和股东大会,并对董事会、股东大会的召集、召开、会议内容、表决程序等进行了依法监督,严格审查了公司的经营计划,提出了意见和建议,进一步规范了公司的运作。

(一) 监事会召开情况

公司监事会于 1999 年 4 月 22 日召开一届监事会五次会议,会议审议并通过了《公司 1998 年度监事会工作报告》;《公司 1998 年年度报告》和《年报摘要》。

公司监事会于 1999 年 8 月 20 日召开一届六次监事会,会议审议并通过了《公司 1999 年度中期报告》。

(二) 监事会对下列事项的独立意见

1. 公司依法运作情况

公司监事会认为:公司的决策程序合法、董事会严格执行股东大会的决议,公司董事、经理执行职务时没有违反法律、法规、公司章程或损害公司及股东利益的行为。1999 年,公司在主营产品国际、国内市场价格不景气的情况下,实事求是地以市场法则制订了生产经营目标计划,努力加强企业内部管理,深挖节能降耗潜力,开拓国际市场,稳定国内市场,提高资金利用率,减少财务费用支出等方面做了很多深入细致的工作，使 1999 年度的主营业务亏损大幅下降,通过资产重组谋求发展机遇,使 1999 年度扭亏为盈,为公司向良性方向发展拓宽了空间,奠定的基础,为主营业务转向作了战略准备,面对客观市场和 1998 年巨额亏损的巨大压力,董事会倍感焦虑,充分发挥了主观能动性,作了很多深入细致的工作。

2. 检查公司财务的情况

云南同舟会计师事务所为公司出具的审报告真实、客观、公正地反映了公司的财务状况和经营成果。

3.公司最近一次募集资金实际投资项目是否和承诺投入项目一致,实际投资项目如有变更,变更程序是否合法。

1997 年 1 月,公司通过公开发行 1500 万股新股并上市,募集资金净额 6840 万元,按照招股说明书和第一届股东大会决议,项目投资方向未发生改变,鉴于市场客观因素的考虑,为尽可能避免投资

风险,公司董事会本着谨慎性原则,在具体投资时间上作了局部 调整和分期投资方式,公司监事会认为,董事会所采取的措施是客观的、科学的,是在 充分进行了市场风险分析的基础上作出的决定。2000 年,公司监事会将严格对募集资 金投向进行监督 ,为股东负责,督促董事会尽快实施投资,使募集资金尽快发挥效益。

4.公司收购、出售资产交易价格是否合理 ,有无发现内幕交易,有无损害部分股东的权益或造成资产流失。 1999 年 11 月 2 日, 公司董事会决议将公司黄磷 1 号、3 号、4 号炉及相关资产转让给公司第一大股东马龙县国有资产管理局,并签订了《资产转让协议》,转让价格以具有证券从业资格的会计师事务所和具有 A 级资质的土地评估中介的资产评估价格为基础 作价, 资产评估价值确认?中华人民共和国国家国有资产管理局确认。交易价格合理, 不存在内幕交易行为,马龙县国资局对公司给予了极大支持,没有损害部分股东权益或造成公司资产流失。

5.关联交易是否公平,有无损害上市公司利益。

1999 年度,公司向第一大股东转让部分不良资产,行成关联交易行为,监事会审查 了本次关联交易的所有材料,认为关联交易是公平的,没有损害上市公司利益,关联股 东马龙县国资局本着促进公司发展的考虑 ,给公司予极大地支持。

6.云南同舟会计师事务所有限公司对公司一九九九年度财务审计,出具了无保留 意见带解释段说明的审计报告。监事会在上述 4、5 项独立意见中已作详细说明。关联交易及托管是在公司主营业务面临较为严峻的市场形势情况下进行的资产重组战略决 策,并未彻底改变公司主营, 其目的为优化资产结构,谋求公司新的发展机遇。

七、重要事项

1.本年度公司按照中国五矿化工进出口商会的要求,积极参加了欧盟 1999 年 1 月 15 日正式立案的黄磷反倾销应诉,认真准备应诉材料,接受欧盟官员的两次到公司现场核查,由于准备工作充分,材料翔实,1999 年 4 月 19 日,欧盟正式确认了云南马龙化建股份 公司在本案中的"市场经济地位",这是我国企业首次在对欧盟反倾销案应诉工作中被 核准为"市场经济地位", 是我国对外反倾销应诉的一项重大突破。2000 年 2 月 9 日,欧盟起诉方向欧盟正式提出撤诉,3 月 14 日,欧委会致函中国各应诉企业,宣布此案将中止调查,中方无税胜诉。此案的胜诉,确保了我国黄磷可继续对欧盟销售,本公司在此案胜 诉中起到了一定作用 ,也为本公司的黄磷销售创造了一定条件。

2.报告期内公司无任何董事及高级管理人员受监管部门处罚。

3.报告期内公司控股股东未变更,公司董事会改选了两位董事,公司总经理发生变动,公司没有解聘董事会秘书。

4.报告期内公司出售资产情况。

本公司于 1999 年 11 月 2 日与马龙县国有资产管理局(以下简称:马龙县国资局)本公司控股股东签订协议,经 1999 年 11 月 2 日公司第十五次董事会会议审议通过,以 1999 年 9 月 30 日为资产转让基准日协议转让本公司黄磷 1 号、3 号、4 号炉和相关资产。经云南 同舟会计师事务所"云同会证字(1999)第 212 号"资产评估报告评估确认,截止 1999 年 9 月 30 日,公司转让固定资产帐面原值 5466 万元,净值 4050 万元,评估值 4477 万元,评估增值 427 万元。资产协议转让价格为 5100 万元。经云南通达资产评估有限公司"云通资评 (2000)-4 号"资产评估报告确认, 公司转让土地无形资产 62395.52 平方米,帐面原值 558 万元,净值 524 万元,评估值 620 万元,协议转让价格 620 万元。资产评估结果已经财政部"财评字[2000]126 号"文审核确认。本次资产出售?1999 年 12 月 6 日第二次临时股东大 会审议表决通过,关联股东马龙县国资局回避表决,资产转让收益为 1127 万元,对公司 1999 年度的财务状况和经营成果产生较大影响。本次资产转让工作经股东大会授权公 司董事会办理,转让工作已经实施完毕。具体事宜详见 1999 年 12 月 7 日《上海证券报》。

5.本公司 1999 年度向关联股东马龙县国有资产管理局协议转让部分资产,关联交 易详细情况见上述第 4 项。转让结算方式为现金,总价款 5720 万元,已于 1999 年 12 月支 付 3000 万元,差额部分 2720 万元按协议于 2000 年 6 月 30 日前支付完毕。

6.本公司与控股股东在人员、资产、财务上实现了"三分开",人员独立,资产完整,财务独立。

7.1999 年 9 月 30 日,我公司与云南昭晖投资管理有限公司(以下简称"昭晖公司")正式签订股权委托管理协议,按协议规定,本公司持有昭晖公司下属企业昆明世博游乐中心有限公司 1760 万股股权,占总股本的 80%,并在委托管理期限内行使管理权,获得受托管理报酬,委托期限自 1999 年 10 月 1 日至 2000 年 12 月 31 日,委托标的的税后净利润中,昭晖公司按每年 5%的股本回报率收取出资报酬,剩余部分作为本公司的受托管理报酬,1999 年 10 月 1 日-1999 年 12 月 31 日,根据昆明世博游乐中心有限公司年度财务决算审计报 告书,本公司获得托管收益 850 万元,增加其它业务利润 850 万元,对公司 1999 年度的财 务状况及经营成果产生较大影响。

8.本报告期内续聘云南同舟会计师事务所。

9.本报告期内公司没有更改名称或股票简称情况。

八、财务会计报告

1.审计报告 云同会证字(2000)第 089 号

云南马龙化建股份有限公司全体股东:

我们接受委托,审计了贵公司 1999 年 12 月 31 日的资产负债表、1999 年度的利润及 利润分配表以及 1999 年度的现金流量表。这些会计报表由贵公司负责,我们的责任是 对这些会计报表发表审计意见。我们的审计是依据《中国注册会计师独立审计准则》进行的。在审计过程中,我们结合贵公司的实际情况,实施了包括抽查会计记录等我们认为必要的审计程序。

我们认为,上述会计报表符合《企业会计准则》和《股份有限公司会计制度》的 有关规定,在所有重大方面公允地反映了贵公司 1999 年 12 月 31 日的财务状况、1999 年 度的经营成果以及 1999 年度的现金流量情况,会计处理方法的选用遵循了一贯性原则 。

此外,我们还注意到贵公司的控股股东云南省马龙县国资局收购贵公司部分固定 资产及土地使用权,收购金额为 57202115.00 元。该收购行为可能对贵公司的主营业务产生重大影响;贵公司与云南昭晖投资管理有限公司签定的资产托管协议, 被托管方: 昆明世博园游乐中心有限公司,其 1999 年度会计报表业经云南兴华会计师事务所审计,托管收入为 8,500,000.00 元,已进入当期损益。

云南同舟会计师事务所有限公司 中国注册会计师: 周 黎

地址:昆明市人民东路 136 号 中国注册会计师:黄 毅

中国.云南 二零零零年四月十一日

2.会计报表(附后)

3.会计报表附注:

(一) 公司简介

云南马龙化建股份有限公司(以下简称本公司)是 1996 年 11 月经云南省人民政府批准,由马龙化建(集团)总公司作为独家发起人,按募集设立方式进行股份制改组成立的。本公司于 1997 年 1 月 20 日领取企业法人营业执照,注册资本 5100 万元,其中社会公众 股 1500 万元(已于 1997 年 1 月 23 日在上海证券交易所挂牌上市)。

本公司主营黄磷、磷酸等磷化工产品,水泥等建材产品,并根据云经贸外(1997)176 号文规定,取得自营进出口权;兼营投资、采矿、综合服务,其它化工产品。

(二) 公司主要会计政策、会计估计和合并会计报表的编制方法

1.会计制度:本公司执行中华人民共和国《企业会计准则》和《股份有限公司会计制度》。

2.会计年度:本公司采用公历年度为会计年度,即 1 月 1 日至 12 月 31 日。

3.记账本位币:本公司采用人民币为记账本位币。

4.记账基础和计价原则:本公司以权责发生制为记账基础,以实际成本为计价?则。

5.外币业务核算方法:本公司以人民币为记帐本位币,会计年度内涉及外币的经济业务按发生当日外币 汇率折合为人民币入账,月末将外币帐户余额按当月一日汇率进行调整,其差额列入当期损益。

6.外币会计报表的折算方法:本公司尚不存在外币会计报表的折算问题。

7.合并会计报表的编制方法

(1) 合并范围

A.本公司拥有其过半数以上(不包括半数)权益性资本的下属企业;

B.本公司虽拥有其过半数以上权益性资本的下属企业,如该企业未发生实际的经 营活动,则不纳入合并范围;

C.本公司虽不拥有其过半数以上权益性资本的企业,但对其具有实质性控制权的,仍纳入合并范围。

(2)按照财政部财会字(95)第 11 号文《关于印发(合并会计报表暂行规定)的通知 》的要求,在合并会计报表时对下列事项进行了抵销:

A.本公司权益性投资与下属并表企业所有者权益中有关的部份;

B.本公司与下属并表公司之间的债权与债务项目;

C.本公司与下属并表公司之间未实现的内部销售。

(3) 本公司目前尚不存在合并报表事宜。

(三) 税项

1.本公司适用的流转税及附加的税种税率如下:

税种	计税依据	税 率
增值税	销售收入(抵扣进项税后缴纳)	17%
营业税	营业收入	5%
城建税	应纳流转税	5%
教育费附加	应纳流转税	3%
资源税	采矿数量 2 元/吨	

2.本公司根据云政复(1997)24 号文规定,所得税实行先征后返的办法,即先按 33% 计征,后由财政返还 18%,所得税实际税负为 15%,1999 年度公司盈利用于弥补以前年度 亏损,未计提所得税;

3.印花税、房产税、车船使用税等按国家规定征收比例计算缴纳。

(四)关联方关系及其交易

1. 关联方关系

云南省马龙县国资局(法定代表人:李冠乔)为本公司关联方,持有本公司 70.60%的股份。

2. 关联方交易事项

云南省马龙县国资局收购本公司部分固定资产及土地使用权,上述资产已评估,并经国家国有资产管理部门确认。双方于 1999 年 11 月 2 日签定了资产转让协议,收购价为 57,202,115.00 元。截止到 1999 年 12 月 31 日本公司收到货币资金 30,000,000.00 元,其 余款项暂未收到。

3. 关联方应收、应付款项余额

项目	上年数	本年数	占应收款项比例(%)
其他应收款		27202115.00	57.38

(六)或有事项

截止 1999 年 12 月 31 日,本公司尚未发现或有损失事项。

(七)承诺事项

1.截止 2000 年 4 月 11 日,本公司无对外提供担保等财务事项。

(八)资产负债表日后事项。

本公司从马龙县建行借入担保借款 90 万元,于 2000 年 1 月 14 日已归还 。

(九)其他重要事项

1.本公司短期借款中有 140 万元借款、一年内到期的长期借款中有 140 万元借款已到期未办展期。

2.本公司转让的固定资产为黄磷 1 号炉、黄磷 3 号炉、黄磷 4 号炉及所属相关的设 备和建筑物以及上述设备、建筑物占用的土地使用权 62395.52 平方米(合 93.59 亩),现正在办理有关资产转移手续。由于上述事项本公司主营业务可能有较大调整。

3.本公司于 1999 年 9 月 30 日与云南昭晖投资管理有限公司签定了股权托管协议,托管经营昆明世博园游乐中心有限公司, 被托管方的 1999 年度会计报表业经云南兴华会 计师事务所"(2000)云兴审字第 10008 号审计报告"审计。

九、公司的其他有关资料

1. 公司首次注册登记或变更注册登记日期、地点

注册登记日期:1997 年 1 月 20 日 注册登记地点:云南省工商行政管理局

2. 企业法人营业执照注册号:5300001006726

3. 税务登记证号:530321291988687

4. 公司未流通股票的托管机构名称:上海证券中央登记结算公司

5. 公司聘请的会计师事务所名称、办公地

会计师事务所名称:云南同舟会计师事务所 地 址:云南省昆明市人民东路 136 号

十、备查文件目录

1.载有董事长亲笔签名的年度报告正本;

2.载有法定代表人、财务负责人、会计主管人员亲笔签名并盖章的会计报表;

3.载有会计师事务所盖章、注册会计师签名并盖章的审计报告正本;

4.报告期内在《上海证券报》上公开披露过的所有公司文件的正本及公司的原稿 ;

5.经一九九七年度股东大会修改的《公司章程》。

云南马龙化建股份有限公司

二零零零年四月十五日

资产负债表 (一)

编制单位:云南马龙化建股份有限公司 单位:人民币元

项目	1999.12.31	1998.12.31
流动资产:		
货币资金	57350447.91	27009524.87
短期投资		
减:短期投资跌价准备		
短期投资净额		
应收票据		
应收股利		
应收利息		
应收帐款	29829432.73	25722796.72
其他应收款	47405848.71	17872041.69
减:坏帐准备	2483254.13	2720227.49
应收款项净额	74752027.31	40874610.92
预付帐款	2096404.14	2098963.43
应收补贴款		1387193.23
存货	19061210.17	16681911.41
减:存货跌价准备	274226.03	
存货净额	18786984.14	16681911.41
待摊费用		
待处理流动资产净损失		
一年内到期的长期债券投资		
其他流动资产		
流动资产合计	152985863.50	88052203.86
长期投资:		

长期股权投资	200000.00	200000.00
长期债权投资	249980.00	231620.00
长期投资合计	449980.00	431620.00
其中:合并价差		
减:长期投资减值准备		
长期投资净额	449980.00	431620.00
固定资产:		
固定资产原价	65531046.52	116279841.42
减:累计折旧	33600068.40	41873543.34
固定资产净值	31930978.12	74406298.08
工程物资		
在建工程		8321218.83
固定资产清理		
待处理固定资产净损失		
固定资产合计	31930978.12	82727516.91
无形资产及其他资产:		
无形资产	5675465.50	11151057.50
开办费		
长期待摊费用	1079100.43	1615223.28
其他长期资产		
无形资产及其他资产合计	6754565.93	12766280.78
递延税项:		
递延税款借项		
资产总计	192121387.55	183977621.55
流动负债:		
短期借款	32100000.00	35395000.00
应付票据		
应付帐款	25020819.38	16026950.40
预收帐款	5187499.71	1850986.40
代销商品款		
应付工资	3324765.90	3354573.94
应付福利费	1776714.15	1282601.84
应付股利		
应交税金	143311.97	1205992.20
其他应交款	114667.59	52578.11
其他应付款	5900768.14	9105457.29
预提费用	1938250.63	1076932.07
一年内到期的长期负债	3400000.00	5300000.00
其他流动负债		
流动负债合计	78906797.47	74651072.25
长期负债:		
长期借款	400000.00	4150000.00
应付债券		
长期应付款		
住房周转金	-3577043.07	
其他长期负债		
长期负债合计	572956.93	4150000.00
递延税项:		
递延税款贷项		
负债合计	79479754.40	78801072.25
少数股东权益		
股东权益:		
股本	51000000.00	51000000.00
资本公积	71248939.87	71248939.87
盈余公积	1870311.76	1870311.76
其中:公益金	935155.88	935155.88
未分配利润	-11477618.48	-18942702.33
外币报表折算差额		
股东权益合计	112641633.15	105176549.30
负债和股东权益总计	192121387.55	183977621.55

利润及利润分配表

编制单位:云南马龙化建股份有限公司　　单位:(人民币)元

项 目	1999 年度	1998 年度
一、主营业务收入	56501457.78	79153195.50
减:折扣与折让		
主营业务收入净额	56501457.78	79153195.50
减:主营业务成本	48255546.73	78295615.86
主营业务税金及附加	563323.80	550356.91
二、主营业务利润	7682587.25	307222.73
加:其他业务利润	9593283.22	667024.20
减:存货跌价损失	274226.03	
营业费用	7568341.37	10519092.64
管理费用	9474363.43	10354178.68
财务费用	2853668.20	6464812.35
三、营业利润	-2894728.56	-26363836.74
加:投资收益	18360.00	22280.00
补贴收入		
营业外收入	10502902.32	91830.99
减:营业外支出	161449.91	174223.58
四、利润总额	7465083.85	-26423949.33
减:所得税		
减:少数股东损益		
五、净利润	7465083.85	-26423949.33
加:年初未分配利润	-18942702.33	7481247.00
盈余公积转入		
六、可供分配的利润	-11477618.48	-18942702.33
减:提取法定盈余公积金		
减:提取法定公益金		
七、可供股东分配的利润	-11477618.48	-18942702.33
减:应付优先股股利		
提取任意盈余公积		
应付普通股股利		
转作股本的普通股股利		
八、未分配利润	-11477618.48	-18942702.33

现金流量表

编制单位:云南马龙化建股份有限公司　　单位:人民币元

项目	1999 年度
一、经营活动产生的现金流量	
销售商品、提供劳务收到的现金	65336582.90
收取的租金	
收到的增值税销项税和退回的增值税款	
收到的除增值税以外的其他税费返还	
收到的其他与经营活动有关的现金	8892237.84
经营活动现金流入小计	74228820.74
购买商品、接收劳务所支付的现金	41638417.22
经营租赁所支付的现金	
支付给职工以及为职工支付的现金	5416436.39
支付的增值税款	2069658.30
支付的所得税款	1000000.00
支付的除增值税、所得税以外的其他税费	1211886.32
支付的其他与经营活动有关的现金	11668764.91
经营活动现金流出小计	63005163.14
经营活动产生的现金流量净额	11223657.60
二、投资活动产生的现金流量	
收回投资所收到的现金	
分得股利或利润所收到的现金	
取得债券利息收入所收到的现金	
处置固定资产、无形资产和其他长期资产而收回的现金净额	30000000.00
收到的其他与投资活动有关的现金	
投资活动现金流入小计	30000000.00
购建固定资产、无形资产和其他长期资产所支付的现金	2764846.98
权益性投资所支付的现金	
债权性投资所支付的现金	
支付的其他与投资活动有关的现金	
投资活动现金流出小计	2764846.98
投资活动产生的现金流量净额	27235153.02
三、筹资活动产生的现金流量	
吸收权益性投资所收到的现金	
其中:子公司吸收少数股东权益性投资收到的现金	
发行债券所收到的现金	
借款所收到的现金	
收到的其他与筹资活动有关的现金	
筹资活动现金流入小计	
偿还债务所支付的现金	5295000.00
发生筹资费用所支付的现金	
分配股利或利润所支付的现金	
其中:子公司支付少数股东的股利	
偿付利息所支付的现金	2822887.58
融资租赁所支付的现金	
减少注册资本所支付的现金	
其中:子公司依法减资支付给少数股东的现金	
支付的其他与筹资活动有关的现金	
筹资活动现金流出小计	8117887.58
筹资活动产生的现金流量净额	-8117887.58
四、汇率变动对现金流量的影响	
汇率变动对现金的影响额	
五、现金及现金等价物净增加额	
现金及现金等价物净增加额	30340923.04
六、不涉及现金收支的投资和筹资活动	
以固定资产偿还债务	
以投资偿还债务	
以固定资产进行长期投资	
以存货偿还债务	
融资租赁固定资产	
七、将净利润调节为经营活动的现金流量	
净利润	7465083.85
加:少数股东损益	
计提的坏帐准备或转销的坏帐	2757480.16
固定资产折旧	5979974.59
无形资产摊销	233530.00
处置固定资产、无形资产和其他长期资产的损失(减:收益)	2565707.03
固定资产报废损失	-7693263.83
财务费用	
投资损失(减:收益)	2853668.20
递延税款贷项(减:借项)	-18360.00
存货的减少(减:增加)	
经营性应收项目的减少(减:增加)	-2379298.76
经营性应付项目的增加(减:减少)	-18087740.12
增值税增加净额(减:减少)	16856775.04
其他	690101.44
经营活动产生的现金流量净额	11223657.60
八、现金及现金等价物净增加情况:	
货币资金的期末余额	57350447.91
减:货币资金的期初余额	27009524.87
现金等价物的期末余额	
减:现金等价物的期初余额	
现金及现金等价物净增加额	30340923.04

宜宾纸业股份有限公司

宜宾纸业股份有限公司1999年年度报告摘要

一、公司简介

公司中文名称:宜宾纸业股份有限公司
公司英文名称:YIBIN PAPER INDUSTRYCO.,LTD. 缩写:YB PAPER
公司法定代表:田心和
公司董事会秘书:鹿 彪 授权人:刘 锋
电 话:(0831)3551975、3554569 传 真:(0831)3551965
联系地址:四川省宜宾市岷江西路54号
公司注册地址:四川省宜宾市岷江西路54号
公司办公地址:四川省宜宾市岷江西路54号 公司邮政编码:644007
公司股票上市地:上海证券交易所
公司股票简称:宜宾纸业 公司股票代码:600793
信息披露报刊:《中国证券报》、《上海证券报》
年报指定披露网址:http://www.sse.com.cn
公司年报备置地点:上海证券交易所 、本公司董事会秘书室

二、会计数据和业务数据摘要

(一)公司本年度利润情况

1、利润总额:	15,083,794.56元
2、净利润:	12,821,225.37元
3、扣除非经营性损益后的净利润:	291,225.37元
4、主营业务利润:	53,284,040.78元
5、其他业务利润:	-3,614.67元
6、投资收益:	0
7、补贴收入:	12,530,000.00元
8、营业外收支净额:	-2,767,267.33元
9、经营活动产生的现金流量净额:	40,245,421.05元
10、现金及现金等价物净增加额:	25,853,324.64元

非经营性损益指财政补贴收入1253万元。

(二)主要会计数据和财会指标

按照财政部[1999]35号文件,追溯调整为

指 标	1999年	1998年		1997年	
		调整后	调整前	调整后	调整前
1、主营业务收入	295,308,503.59	208,237,809.90	208,237,809.90	286,680,159.99	286,680,159.99
2、净利润(	12,821,225.37	8,205,820.68	12,622,729.39	9,396,150.60	21,475,275.31
3、总资产	789,820,757.76	755,817,296.80	771,945,376.73	742,712,650.55	754,791,775.46
4、股东权益	206,475,046.32	193,653,820.95	210,149,854.57	185,448,000.27	197,527,125.18
5、每股收益	0.122	0.078	0.12	0.089	0.20
6、每股净资产	1.96	1.84	2.00	1.76	1.88
7、调整后的每股净资产	1.96	1.81	1.99	1.73	1.85
8、净资产收益率(%)(摊薄)	6.21	4.24	6.01	5.01	10.64
9、加权平均净资产收益率(%)	6.41	4.33	6.19	5.29	11.24
10、每股经营活动产生的现金流量净额(元)	0.38	0.26	-	-	-

注:(1)主要财务指标计算公式:

每股收益 =净利润 /年度末普通股股份总数

净资产收益率 =净利润 /年度末股东权益×100%

每股净资产 =年度末股东权益 /年度末普通股股份总数 调整后的每股净资产=(年度末股东权益一三年以上的应收帐款净额一待摊费用一待处理(流动、固定)资产净损失一开办费一长期待摊费用一住房周转金负数余额)/年度末普通股股份总数

加权平均净资产收益率=当期净利润/[(期初净资产+期末净资产)/2+当期发行新 股或配股新增资产×(自缴款结束日下一月份至报告期的月份数-6)/12]

每股经营活动产生的现金流量净额=经营活动产生的现金流量净额 /年度末普通股股份总数

(2)由于本公司1999年未实施配股和增发新股,加权的每股收益指标与摊薄的相同。

(三)股东权益变动情况 (单位:元)

项目	股本	资本公积金	盈余公积金	法定公益金	未分配利润	股东权益合计
期初数	105300000	8627440.58	43937582.30	9048565.81	35788798.07	193653820.95
本期增加	0	0	2564245.08	1282122.54	10256980.29	12821225.37
本期减少	0	0	0	0	0	0
期末数	105300000	8627440.58	46501827.38	10330688.35	46045778.36	206475046.32

变动原因 :(1)期初数按财政部[1999]35号文件精神予以调整;

(2)本年增加数为实现净利润而提取的金额。

三、股本变动及股东情况

1、股东情况介绍

截止1999年12月31日,公司股东总数为11616户,其中国家股股东1户,境内法人股 股东1户,社会公众股股东11614户。前十名股东为:

股 东 名 称	持股数量(股)	占总股本比例(%)
(1)、宜宾市国有资产管理局	51760000	49.15
(2)、宜宾五粮液集团有限公司	20000000	19.00
(3)、诚信评估	370000	0.35
(4)、黄小兰	340000	0.32
(5)、耿静	333552	0.32
(6)、张美贤	291816	0.28
(7)、李朝东	285466	0.27
(8)、潘红	278400	0.26
(9)、付原美	261700	0.25
(10)、陈小正	238260	0.23

注:(1) 本公司股东中持有比例超过10%的为宜宾市国有资产管理局、宜宾五粮液集团有限公司,比例分别为49.15%和19%,未有质押。宜宾市国有资产管理局1998年10月起授权宜宾纸业集团有限公司经营其所持5176万国家股权。宜宾纸业集团有限公 司经营范围:纸制品、造纸原料、金属材料、机电产品、建筑材料等,法定代表人:王 立人。

(2)宜宾五粮液集团有限公司经营范围:酒类生产、销售、科研;药类生产、销售;印务;塑胶制品等,法定代表人:王国春。

(3)前十名股东间不存在关联关系。

四、股东大会简介

报告期内共召开一次股东大会。

1、公司于1999年4月12日在《中国证券报》、《上海证券报》刊登召开1998年度股东大会公告。

本次股东大会决议披露于1999年5月21日《中国证券报》、《上海证券报》上。

五、董事会报告

(一)公司经营情况

本公司是以生产经营纸及纸制品为主营业务的大型企业,属制浆造纸行业。公司 以生产新闻纸为主要产品,新闻纸产量占公司总产量的95%以上,产品主要供应西南、西北党刊、党报印刷用纸及中央报刊在西南、西北地区印刷点的印刷用纸。1999年公司在纸张市场仍极为疲软的市场状态下,以质量求生存,效益求发展,努力降低营运成 本,本报告期内实现公司主营业务收入295,308,503.59元,净利润12,821,225.37元。

(二)公司财务状况

本年末,公司总资产为789,820,757.76元,比上年同期增加34,003,460.96元,主要原因系货币资金及其他应收款增加;长期负债3,813,553.04元,比上年同期减少67,351,536.01元,主要原因系归还本年到期的长期借款和将部份长期借款转为一年内到期的长期负债所致;股东权益206,475,046.32元,比上年同期增加12,821,225.37元,系本年净利润增加;主营业务利润53,284,040.78元,比上年同期增加17,369,908.59元, 主要 系销售收入增加; 净利润12,821,225.37元, 比上年同期增加4,615,404.69元,主要系销售利润增加。

会计师事务所出具的审计报告客观、公正地反映了企业的实际情况,公司为集团 公司非生产性单位代垫的累计费用4829.5万元,宜宾市国资局按市政府的批示,非生产性单位收不抵支的部分从国家股分红中弥补,因多年未分红利,所以未能弥补。

(三)公司投资情况

本报告期内,公司无对外投资,也无以前年度募集资金延续到本年度使用及非募集资金、投资的重大项目的情况。

(四)本报告期内,公司的经营环境及宏观政策法规未发生重大变化。

(五)新年度业务发展计划

经营方针:强化管理、全面提高产品质量、降低营运成本,瞄准市场开发新品,努 力拓宽销售渠道,提高市场占有率。

主营业务经营目标:纸张总产量70000吨,主营收入36000万元。

业务发展计划:

1、积极把握目前新闻纸市场供需平衡的机遇,调整市场销售战略,完善销售激励 和约束机制;努力抓好市场调研、售后服务。

2、抓好主营业务的生产经营,努力降低营运成本。

3、强化市场调查和工艺技术研究,积极开发新产品,扩大市场占有率,培育新的经济增长点。

4、加强公司财务管理和内部审计监察工作,进一步规范财务核算制度,确保公司 资产的安全营运。

5、高度重视资本运营。坚持生产经营和资本运营并重,在资产重组、资本托管、融资租赁等方面下功夫,进一步优化资本结构,盘活资本存量。并以资本运营为核心, 带动公司的经营管理工作;通过资本运营支持主业发展,提高公司的运营效能。

6、进一步加强企业文化建设,营造良好的企业文化氛围,全面提高职工素质,增加公司凝聚力。

(六)董事会日常工作情况

1、根据公司1998年度股东大会决议,董事会制订了本年度发展计划和生产经营目标。本年度期内公司董事会共召开了三次会议,并形成了以下决议:

(1)、1999年1月19日,董事会决议因四川会计师事务所不能从事证券相关业务,决议改聘四川君和会计师事务所为公司财务审计机构。

(2)、1999年4月9日,董事会审议通过了《公司一九九八年度董事会工作报告》、《一九九八年度总经理业务工作报告》、《一九九八年年度报告》、《一九九八年利润分配预案》、《公司聘请审计机构的议案》和关于召开1998年度股东大会有关事项。

(3)1999年8月17日召开董事会会议,监事会全体监事列席会议,审议通过了《公司1999年度中期报告》。

(七)公司管理层及员工情况

1、董事、监事、高级管理人员情况

姓 名	性别	年龄	任期起止日期	年初持股数(股)	年末持股数(股)
田心和	男	48	1998 -2001	5850	5850
郑庆宝	男	57	1998 -2001	5200	5200
张平华	男	50	1998 -2001	3900	3900
闫子骏	男	48	1998 -2001	5200	5200
赵联盟	男	38	1998 -2001	3120	3120
赵 琳	男	37	1998 -2001	0	0
杨为民	男	44	1998 -2001	3640	3640
陈 雄	男	51	1998 -2001	5200	5200
张君兰	女	50	1998 -2001	3250	3250
伍梦祥	男	50	1998 -2001	3900	3900
宫龙云	男	35	1998 -2001	0	0
陈礼金	男	51	1998 -2001	5850	5850
计林星	男	59	1998 -2001	3900	3900
应家阳	男	51	1998 -2001	0	0
薛子成	男	50	1998 -2001	0	0
陈庆洪	男	36	1998 -2001	0	0
鹿 彪	男	41	1998 -2001	0	0

以上董事、监事及高级管理人员的年度报酬总额为183,941.90元,其中1—1.6万 领取报酬的10人;在0.8—1万元领取报酬的6人。另董事宫龙云先生未在公司领取报酬。

2、公司员工数量、专业构成、教育程度情况

截止1999年12月31日,公司员工共计2756人,其中:专业人员486人,管理人员185人。公司现有大学本科以上学历102人,大学专科以上学历304人,中专以上学历222人。

云南大理造纸股份有限公司

一 公司简介

1.公司名称:
法定中文名称:云南大理造纸股份有限公司
法定英文名称:YUNNAN DALI PAPER MANUFACTURING CO.LTD
英文名称缩写:YDPM
2.公司法定代表人:胡剑鹏
3.公司董事会秘书:肖功伟　授权代表:刘露
通信地址:云南省大理市北郊
电话号码:(0872)2224214　传真:(0872)2223645
4.公司注册地址:云南省大理市下关北郊
办公地址:云南省大理市下关北郊　邮政编码:671000
5.公司信息披露报刊:上海证券报
刊登公司年度报告的国际互联网址:http:..www.ees.com.sse.com.cn
公司年度报告备置地点:公司办公大楼董事会办公室
6.公司股票上市地:上海证券交易所
股票简称:大理造纸　股票代码:600794

二 会计数据和业务数据摘要

(一)本年度实现主要利润指标　(单位:元)

利润总额	37311788.08
净利润	19109448.88
扣除非经常性损益后的净利润	19085806.24
主营业务利润	52830402.14
其他业务利润	50680.88
营业利润	37167442.33
投资收益	2606.95
营业外收支净额	141738.80
经营活动产生的现金流量净额	43160348.96
现金及现金等价物净增加额	-17780344.49

注:扣除非经常性损益 23462.64 元,为受让张家港保税区外商投资服务公司 6500 万元出资额,由此产生投资成本与应享有被投资单位所有者权益份额的差额(贷差)-26069.59 元,按 10 年平均摊销,本期摊销 2606.95 元,尚余贷差 23462.64 元.在编制合并会计 报表,编入合并价差-23462.64 元.

(二)公司近三年的主要会计数据和财务指标　(单位:元)

指标项目	1999 年	1998 年	1997 年	1996 年
		调整前	调整后	
主营业务收入	130732482.30	105309129.62	105309129.62	100419445.09
净利润	19109448.88	16521065.41	14565086.59	16052502.91
总资产	372814916.78	270289484.11	264414084.20	221798251.87
股东权益	171140059.95	157890776.98	152015377.07	141369711.57
每股收益	0.177	0.245	0.216	0.28
加权每股收益	0.258	0.27	0.24	0.30
扣除百经常性损益后的每股收益	0.177	--	--	--
每股净资产	1.59	2.35	2.26	
调整后每股净资产	1.56	2.33	2.22	2.48
每股经营活动产生的现金流量净额	0.40	0.59	0.59	
净资产收益率(%)	11.17	10.46	9.58	11.36

主要财务指标计算公式:
每股收益=净利润/年度末普通股份总数
按加权平均法计算每股收益=净利润/[(期初股本总数×10+年末股本总数)×2)/12]
每股净资产=年度末股东权益/年度末普通股股份总数
调整后的每股净资产=(年度末股东权益-三年以上的应收款项净额-待摊费用-待 处理(流动,固定)资产净损益-开办费-长期待摊费用-住房周转金负数余额)/年度末普通股份总数
每股经营活动产生的现金流量净额=经营活动产生的现金流量净额/年度末普通股股份总数

(三)报告期内股东权益变动情况(单位:元)

项目	股本	资本公积	盈余公积	法定公益金	未分配利润	股东权益合计
期初数	67296000	47998234.42	13033179.08	4709055.52	23687963.57	152015377.07
本期增加	40377600	15234.00	5682066.12	4894022.03		46074900.12
本期减少		20188800.00			6761417.24	26950217.24
期末数	107673600	27824668.42	18715245.2	6603077.55	16926546.33	171140059.95

变动原因:
1.股本增加系因 1999 年中期实施了 10 送 3,10 转增 3 的利润分配方案.
2.资本公积金减少系因 1999 年中期转增股本所致.
3.盈余公积金和公益金增加系公司本年度分别按净利润的 10%和 5%提取所致.
4.未分配利润减少系因 1999 年中期送红股所致.

三 股本变动和股东情况

1.截至 1999 年 12 月 31 日,公司叫数为 9096 户,其中内部职工股股东 1427 户.
2.前 10 名股东持股情况如下 (单位:股)

股东名称	年末持股数	占总股本比例(%)
江苏省张家港保税区保税实业有限公司	27488000	25.53
云南大理造纸厂	26272000	24.40
大理卷烟厂	7680000	7.13
昆明水泥股份有限公司	7680000	7.13
林奇	559960	0.52
赵卫杰	442080	0.41
蔡顺香	432720	0.40
叶亨瑞	420320	0.39
付美玲	339072	0.31
金鑫基金	326343	0.30

持有 10%以上股份的股东有:(1)江苏省张家港保税区各税实业有限公司,法定代表人:胡剑鹏,经营范围:保税区基础设施建设,房地产开发经营,转口贸易,保税区企业间贸易,国内外贸易,储运集散,参与项目投资等,持有本公司法人股 2748.8 万股,占总股 本的 25.53%;(2)云南大理造纸厂,法定代表人:程云川,经营范围:机制纸制造,纸制品 加工,持有本公司国有股 2627.2 万股,占总股本的 24.40%.所持的股份无质押,冻结情况.

国电电力发展股份有限公司

一 公司简介

1.公司法定中、英文名称及缩写
公司法定中文名称:国电电力发展股份有限公司
公司英文名称:SPPOWERDEVELOPMENTCO.,LTD
公司英文名称缩写:SPPD
2.公司法定代表人:高严
3.公司董事会秘书:刘曙光
联系地址:大连市西岗区水仙街 1—13 号
电话:0411-3689108　传真:0411-3689678
电子信箱:E-mail:liusg@netp.com.cn
授权代表人:陈康
4.公司注册地址:大连经济技术开发区黄海西路 4 号
公司办公地址:大连市西岗区水仙街 1—13 号
邮政编码:116011
公司国际互联网网址:http://www.netp.com.cn
公司电子信箱:dnhpdcl.mail.dl.ln.cn
5.公司选定的信息披露报纸名称:中国证券报、上海证券报
刊载公司年度报告的中国证监会指定国际互联网网址: http://www.sse.com.cn
公司年度报告置备地点:大连市西岗区水仙街 1—13 号公司证券部
6.公司股票上市交易所:上海证券交易所
股票简称:国电电力　股票代码:600795

二 会计数据和业务数据摘要

1.本年度实现的利润情况
利润总额:261,879,521.31 元
净利润:220,246,608.89 元
扣除非经营性损益的净利润:220,246,608.89 元
主营业务利润:287,243,948.96 元
其他业务利润:-13,390.79 元
营业利润:262,362,236.51 元
补贴收入:0
营业外收支净额:-482,715.20 元
投资收益:0
经营活动产生的现金流量净额:238,058,123.16 元
现金及现金等价物净增加额:-71,052,963.90 元

2.报告期末公司前三年的主要会计数据和财务指标

项目	1999 年	1998 年	1997 年
主营业务收入(元)	685,114,934.17	272,707,720.35	205,959,438.19
净利润(元)	220,246,608.89	137,488,867.20	74,589,096.84
总资产(元)	813,950,522.98	362,641,940.64	376,562,488.20
股东权益(元)	584,801,688.16	315,319,033.60	182,270,016.50
每股收益(元/股)	0.865	0.810	0.914
(加权)	0.865	0.810	0.914
扣除非经营性损益后的每股收益	0.865	0.810	0.914
每股净资产(元/股)	2.297	1.858	2.234
调整后的每股净资产(元/股)	2.285	1.849	2.225
每股经营活动产生的现金流量净额(元/股)	0.935	1.545	
净资产收益率(%)	37.66	43.60	40.92
(加权)	48.94	55.26	51.45

主要财务指标计算公式:
每股收益=净利润/年度末普通股股份总数
每股净资产=年度末股东权益/年度末普通股股份总数
每股经营活动产生的现金流量=经营活动产生的现金流量净额/年度末普通股股份总数
净资产收益率=净利润/年度末股东权益×100%
调整后的每股净资产=(年度末股东权益-三年以上的应收款项-待摊费用-待处理(流动、固定)资产净损失-开办费-长期待摊费用-住房周转金负数余额/年度末普通股股份总数
加权平均每股收益=当期净利润/[期末普通股股份总数/(1+配股比例或增 发新股比例)+期末普通股股份总数/(1+配股比例或增发新股比例)×配股比例 或增发新股比例×缴款结束日下一月份至期末的月份数/12]
加权平均净资产收益率=当期净利润/[(期初净资产+期末净资产/2+当期 发行新股或配股新增资产×(自缴款结束日的下一月份至报告期末的月份数-6)/12]

3.股东权益变动情况

项目	股本	资本公积	盈余公积金	法定公益金	未分配利润	合计
期初数	169728000	5100000	29696554.34	14848277.05	95946202.21	315319033.60
本期增加	84864000	53041502.39	22024660.89	11012330.44	187209617.56	358152111.28
本期减少					88669456.72	88669456.72
期末数	254592000	58141502.39	51721215.23	25860607.49	194486363.05	584801688.16
变动原因	送股	增值	提取	提取	分配	

三 股东情况介绍

(1)报告期末股东总数
截止一九九九年十二月三十一日公司股东总数 11690 户,其中:未流通法人股股东 3 户,流通股股东 11687 户。
(2)公司前 10 名股东持股情况
截止一九九九年十二月三十一日公司前 10 名股东持股情况如下:

股东名称	持股数	占股本比例(%)
①国家电力公司	86561300	34.00
②辽宁省电力有限公司	78928500	31.00
③龙源电力集团公司	25204600	9.90
④经贸发展	3628836	1.43
⑤电力开发	3521672	1.38
⑥抚高湾	2754400	1.08
⑦中电信托	2390884	0.94
⑧恒信咨询	1259369	0.49
⑨长江实业	1204969	0.47
⑩张立虎	740000	0.29

浙江钱江生物化学股份有限公司

一、公司简介

(一)公司中文名称:浙江钱江生物化学股份有限公司
缩写:钱江生化
公司英文名称:ZhejiangQianjiangBiochemicalCo.,Ltd.
缩写:QJBIOCH.
(二)公司法定代表人:马 炎
(三)公司董事会秘书:胡 明
联系地址:浙江省海宁市硖石镇西山路 598 号
浙江钱江生物化学股份有限公司董事会办公室
电话:0573-7042800
传真:0573-7035640
电子信箱:QjBioch@mail.jxptt.zj.cn
(四)公司注册地址:浙江省海宁市硖石镇西山路 598 号(亦为总部地址)
邮政编码:314400
公司网址:www.qianjiang-bioch.com
公司电子信箱:qj-bioch@ mail.jxptt.zj.cn
(五)公司选定的信息披露报刊:上海证券报、中国证券报
刊登年度报告的中国证监会指定的国际互联网网址:
http://www.cninfo.com.cn
公司年度报告备置地点:浙江海宁硖石西山路 598 号
浙江钱江生物化学股份有限公司
董事会办公室
(六)公司上市交易所:上海证券交易所
股票简称:钱江生化 股票代码:600796

二、会计数据和业务数据摘要

(一)本年度利润总额及构成:(单位:元)

栏目	1999 年度(元)
利润总额	42,897,574.22
净利润	37,407,570.69
扣除非经常性损益后的净利润	33,717,340.55
主营业务利润	62,146,767.95
其它业务利润	286.33
营业利润	35,849,865.87
投资收益	3,357,478.21
补贴收入	3,949,500
营业外收支净额	-259,269.86
经营活动产生的现金流量净额	18,131,021.64
现金及现金等价物净增加额	51,160,658.22

注:扣除的非经常性损益项目和涉及金额
补贴收入: 3,949,500.00
营业外收支净额: -259,269.86

(二)主要会计数据及财务指标

栏 目	1999 年度	1998 年度		1997 年度
		调整后	调整前	
主营业务收入(元)	206,133,723.59	161,268,931.86	161268931.86	138,657,534.34
净利润(元)	37,407,570.69	25,501,865.36	26127811.52	19,490,719.21
总资产(元)	350,126,367.19	235,863,909.10	239560352.85	159,225,428.59
股东权益(不含少数股东权益)(元)	260,314,211.45	151,307,427.76	154203786.11	125,805,562.40
每股收益(摊薄)(元/股)	0.3512	0.463	0.474	0.3893
(加权)(元/股)	0.3969	0.474	0.485	0.411
扣除非经常性损益后的每股收益(元/股)	0.3166			
每股净资产(摊薄)(元/股)	2.444	2.748	2.800	2.513
调整后的每股净资产(摊薄)(元/股)	2.431	2.724	2.780	2.491
每股经营活动产生的现金流量净额(元)	0.17	0.39	0.39	
净资产收益率(摊薄)(%)	14.38	16.85	16.94	15.49
(加权)(%)	19.166	18.51	18.51	21.59

注:
主要财务指标的计算方法
(1)全面摊薄后的计算方法:
每股收益=净利润/年度末普通股股份总数
每股净资产=年度末股东权益/年度末普通股股份总数
调整后每股净资产=(年度末股东权益-三年以上的应收款项净额-待摊费用-待处 理(流动、固定)资产净损失-开办费-长期待摊费用-住房周转金负数余额)/年度末普 通股股份总数
净资产收益率=净利润/年末股东权益×100%
3、报告期内股东权益变动情况

项目	股本(股)	资本公积	盈余公积	法定公益金	未分配利润	股东权益合计
期初数	55068926	38879750.20	18864600.54	6096797.67	38494151.02	235863909.10
本期增加	51445074	64209280.00	6697049.27	2976466.34	30710521.42	114262458.09
本期减少		27534463.00			16520678.00	

三、股本变动及股东情况

(一)股东情况介绍
1、截止 1999 年 12 月 31 日,公司股东总数为 11214 户,其中内部职工股股东 565 户。
2、截止 1999 年 12 月 31 日,公司前十名股东持股情况

名次	股东名称	年末持股数(股)	占总股本(%)
一	海宁市资产经营公司	71450000	67.08
二	浙江省化工进出口公司	823680	0.77
三	海宁市石料厂	772200	0.72
四	张桂莲	521196	0.49
五	兴达包装	514800	0.48
六	李国英	441703	0.41
七	李腊梅	438365	0.41
八	杨建成	417113	0.39
九	黄元弟	411070	0.39
十	徐光海	406577	0.38

注:浙江省海宁市资产经营公司所持 71450000 股为国家股。

浙江天然集团股份有限公司

一、公司简介

(一)公司法定中文名称:浙江天然集团股份有限公司
公司英文名称:ZHEJIANG NATURAL HOLDING LTD. 缩写:ZJTR
(二)公司法定代表人:沈水荣
(三)公司董事会秘书:商洁尔
联系地址:绍兴市胜利东路 17 号
电 话:0575-5126146 传 真:0575-5126892 电子信箱:Shangje @ 163.net
公司董事会秘书授权代表:陈越明
联系地址:绍兴市胜利东路 17 号
电 话:0575-5123901 传 真:0575-5126892
(四)公司注册地址:绍兴市胜利东路 17 号
办公地址:绍兴市胜利东路 17 号 邮政编码:312000
电子信箱:tianran @ public.sxptt.zj.cn
(五)公司指定信息披露报纸:《上海证券报》、《中国证券报》
中国证监会指定登载公司年度报告的网址:http://www.sse.com.cn
公司年度报告备置地点:绍兴市胜利东路 17 号公司董事会办公室
(六)公司股票上市地:上海证券交易所
股票简称:浙江天然 股票代码:600797

二、会计数据和业务数据摘要

(一)公司本年度利润总额及构成(合并报表): (单位:人民币元)

利润总额	79479898.44
净利润	60527556.15
扣除非经常性损益后的净利润	6781294.82
主营业务利润	89735943.23
其他业务利润	58134339.00
营业利润	70602547.63
投资收益	3579878.26
补贴收入	2552299.31
营业外收支净额	2745173.24
经营活动产生的现金流量净额	-136985678.98
现金及现金等价物净增加额	80128555.15

注:"扣除非经常性损益后的净利润"中扣除项目包括:
(1)土地转让收益 51001088.09
(2)营业外收支净额 2745173.24

(二)公司前三年的主要会计数据和财务指标(合并报表): (单位:人民币元)

指标项目	1999 年	1998 年		1997 年	
		调整前	调整后	调整前	调整后
主营业务收入	582793583.01	869404560.69	869404560.69	408014490.21	408014490.21
净利润	60527556.15	40156867.96	31388095.96	37160055.54	22169473.17
总资产	1037785588.84	885242729.82	860451545.64	610454953.86	595423996.54
股东权益	516384894.92	477025316.16	455766072.20	340644700.50	325654118.13
每股收益(摊薄)	0.253	0.285	0.223	0.465	0.277
每股收益(加权)	0.253	0.322	0.252	0.510	0.306
扣除非经常性损益后的每股收益(摊薄)	0.028	0.260	0.198	0.418	0.239
扣除非经常性损益后的每股收益(加权)	0.028	0.294	0.224	0.459	0.264
每股净资产	2.16	3.39	3.24	4.26	4.07
调整后的每股净资产	2.08	3.31	3.16	4.10	3.93
每股经营活动产生的现金流量净额	-0.57	-0.03	-0.03		
净资产收益率(%)(摊薄)	11.72	8.42	6.89	10.91	6.81

调整前各年度会计数据如下: (单位:人民币元)

项目	1999 年	1998 年	1997 年
坏帐准备	22865936.41	652758.45	404041.34
存货跌价准备	9704508.50		
长期投资减值准备	12245370.81		
未分配利润	58895018.00	89208817.62	43317879.13

调整后各年度会计数据如下: (单位:人民币元)

项目	1999 年	1998 年	1997 年
坏帐准备	22865936.41	14045564.83	7946205.60
存货跌价损失	9704508.50	7966799.38	4988793.06
长期投资减值准备	12245370.81		
未分配利润	58895018.00	49255765.69	30575884.12

1997 年度总股本按 8000 万股计算,1998 年度总股本按 14087.5 万股计算,1999 年度 总股本按 23948.75 万股计算。

(三)报告期内股东权益变动情况: 单位:万元

项 目	期初数	本期增加	本期减少	期末数
股本	14087.50	9861.25		23948.75
资本公积	24424.23		5635.00	18789.23
盈余公积	2013.30	862.58		2875.88
其中:公益金	574.67	287.53		862.20
未分配利润	4925.58	6052.75	5088.83	5889.50
股东权益合计	45450.61	16776.58	10723.83	51503.36

三、股东情况介绍:

1、报告期末公司股东总数为 5225 户。
2、主要股东的持股情况(前十名股东):

股东名称	年末持股数(股)	占总股本比例(%)
绍兴市天然羽绒制品总公司	53150000	22.19
金华市天声信息产业投资有限公司	48000000	20.04
浙江中泰投资管理有限公司	27880000	11.64
温鹿木子	5533884	2.31
金越基金	4307219	1.78
番禺市东深羽绒厂	4080000	1.70
浙恒基建	3577314	1.49
绍兴市信托投资公司	2720000	1.14
温东经济	2210772	0.92
裕阳基金	2000027	0.84

宁波海运股份有限公司

一、公司简介

1、公司中文名称:宁波海运股份有限公司
公司英文名称:NINGBO MARINE COMPANY LIMITED
公司英文缩写:NBMC
2、公司法定代表人:夏 刚
3、公司董事会秘书:吴明越
联系地址:宁波市中马路 202 号
电 话:(0574)7356271
传 真:(0574)7355051
电子信箱:wmingyue@pub.cnnb.net
4、公司注册、办公地址:宁波市中马路 202 号
邮 政 编 码:315020
公司电子信箱:nbmcl@mail.nbptt.zj.cn
5、公司选定的信息披露报纸:《中国证券报》、《上海证券报》
登载公司年度报告的中国证监会指定国际互联网网址:
http:/www.sse.com.cn
公司年度报告置备地点:宁波市中马路 202 号
6、公司股票上市交易所:上海证券交易所
股票简称:宁波海运
股票代码:600798

二、会计数据和业务数据摘要

1、本年度利润总额及构成:
单位:人民币元

项目	金额
利润总额	116454901.15
净利润	107357353.56
扣除非经常性损益后的净利润	82670241.04
主营业务利润	78240468.00
其他业务利润	0
营业利润	64424063.41
投资收益	18498902.16
补贴收入	0
营业外收支净额	33531935.58
经营活动产生的现金流量净额	92939809.60
现金及现金等价物净增加额	110110125.61

2、报告期末前三年主要会计数据和财务指标: 单位:人民币元

项目	99 年度	98 年度	97 年度
主营业务收入	208402921.54	189802047.38	168750782.64
净利润	107357353.56	100741097.97	116327214.77
总资产	889349268.74	799152295.68	583409964.75
股东权益	738871963.73	589444468.40	562503370.43
每股收益(元 /股)摊薄	0.21	0.41	0.71
扣除非经常性损益	0.16	0	0
加权	0.22	0.41	0.76
每股净资产(元 /股)	1.44	2.40	3.43
调整后每股净资产(元 /股)	1.44	2.40	3.43
每股经营活动产生的现金流量净额	0.18	0.32	0
净资产收益率(%)	14.53	17.10	20.68

注:
1、1999 年末总股本为 51,187.5 万元;1998 年末总股本为 24,600 万元;1997 末总股 本为 16,400 万元。
2、1999 年净利润中扣除 24,687,112.52 元的非经营性损益,系债务重组收益。
3、1997 年度末编制现金流量表,故每股经营活动产生的现金流量净额未反映。
4、财务指标计算公式:
每股收益=净利润/年度末普通股股份总数
加权平均每股收益=当期净利润/[期末普通股股份总数/(1十配股比例或增发新股比例)+期末普通股股份总数/(1十配股比例或增发新股比例)×配股比例或增发新股比例×缴款结束日下一月份至期末的月份数/12]
每股净资产=年度末股东权益/年度末普通股股份总数
调整后每股净资产=(年度末股东权益—三年以上的应收款项—待摊费用—待处理(流动、固定)资产净损失—开办费—长期待摊费用—住房周转金负数余额)/年度末普通股股份总数
每股经营活动产生的现金流量净额=经营活动产生的现金流量净额/年度末普通股股份总数
净资产收益率=净利润/年度末股东权益×100%

三、股东情况介绍

1、报告期末股东总数为 85719 户。
2、前 10 名股东持股情况(截止 1999 年 12 月 31 日)

股东名称	持股数(万股)	占总股本比例(%)
(1) 宁波海运(集团)总公司	26143.92	51.07
(2) 浙江省电力燃料总公司	9160.32	17.89
(3) 宁波经济技术开发区顺风贸易公司	854.88	1.67
(4) 东胜聚力有限责任公司	688.80	1.34
(5) 金华信托	230.30	0.45
(6) 宁波市交通投资开发公司	194.58	0.38
(7) 柴丽娟	35.80	0.07
(8) 彭建民	33.00	0.06
(9) 中海信托	30.80	0.06
(10) 徐善初	29.94	0.06

持有公司 5%以上股权的股东是宁波海运(集团)总公司和浙江省电力燃料总公司,公司实施年度每 10 股送 2 股、每 10 股转增 8 股和完成 1999 年度配股后,其所持股份分别 由 13013.40 万股和 4580.16 万股分别增加到 26143.92 万股和 9160.32 万股。上述两家法人股东所持有的股份均未有质押和冻结情况。
本报告期内控股股东无变更情况。

黑龙江省科利华网络股份有限公司

一、公司简介

1、公司法定中文名称:黑龙江省科利华网络股份有限公司
公司法定英文名称:HeiLong Jiang Clever Net Corp.Ltd. 缩写:HLJCNC.Ltd
2、公司法定代表人:宋朝弟
3、公司董事会秘书:孙 斌
授 权 代 表:郑 婷
联系地址:北京市海淀区上地信息产业基地创业中路 32 号
电 话:010-62986233 传 真:010-62986233
电子信箱:sunbin@clever.com.cn
4、公司注册地址:黑龙江省阿城市北环路 2 号
公司办公地址:北京市海淀区上地信息产业基地创业中路 32 号
邮政编码:100084
公司国际互联网网址:www.clever.com.cn
公司电子信箱:webmaster@clever.com.cn
5、公司选定的信息披露报纸名称:《中国证券报》、《上海证券报》、《证券时报》
登载公司年报的国际互联网网址: http: //www.sse.com.cn
公司年度报告备置地点:北京市海淀区上地信息产业基地创业中路 32 号科利华软件大厦发展部
6、公司股票上市交易所:上海证券交易所
股票简称:科利华 股票代码:600799

二、会计数据和业务数据摘要

本年度主要利润指标情况(单位:人民币元)
1、主要财务指标

项 目	1999 年 12 月 31
利润总额	137,006,431.78
净利润	117,806,072.10
扣除非经常性损益后的净利润	118,855,809.29
主营业务利润	156,888,425.42
其他业务利润	472,204.82
营业利润	138,056,168.97
投资收益	-709,350.19
补贴收入	
营业外收支净额	-340,387.00
经营活动产生的现金流量净额	-92,798,946.12
现金及现金等价物净增加额	46,722,805.51

2、截止到报告期末前三年主要会计数据和财务指标(单位:人民币 元)

项 目	1999 年	1998 年		19997 年	
	调整后	调整前	调整后	调整前	调整后
主营业务收入	311766612.81	167462880.89	167462880.89	244610210	244610210
净利润	117806072.10	43414160.43	33966402.04	47857804	42376127
总资产	1225075988.12	1020722119.41	1005792683.97	1277347557	1271865880
股东权益	606083088.28	514672451.62	499743016.18	471258291	465776614
每股收益(摊薄)	0.513	0.189	0.148	0.313	0.277
每股收益(加权)	0.513	0.189	0.148	0.351	0.315
每股收益(扣除非经营损益)	0.518	-0.154	-0.196	0.194	0.159
每股净资产	2.643	2.244	2.179	3.083	3.047
调整后的每股净资产	2.609	2.155	2.090	3.034	2.998
每股经营活动产生的现金流量净额	-0.405	-0.792	-0.792		
净资产收益率(%)	19.437	8.435	6.797	10.152	9.098

3、报告期内股东权益变动情况 单位:元

项目	股 本	资本公积	盈余公积	法定公益金	未分配利润	股东权益合计
期初数	229320000	217176727	28337143	9445714.43	24909145.29	499743016
本期增加		17670910	5890303	100135161.30	117806072.10	
本期减少					11466000.00	11466000
期末数	229320000	217176727	46008054	15336018.03	113578306.59	606083088

三、股本变动及股东情况

1、股本变动情况公司股份变动情况表数量单位:股

	本次变动前	本次变动增减(+,-) 配股	送股	公积金转股	增发	其他	小计	本次变动后
一、未上市流通股份								
1、募集法人股份	124,320,000							124,320,000
2、内部职工股	30,000,000							30,000,000
未上市流通股份合计	154,320,000							154,320,000
二、已上市流通股份	75,000,000							75,000,000
三、股份总数	229,320,000							229,320,000

根据中国证券会证监发字 1997(79)号文《关于黑龙江省阿城钢铁股份有限公司申请公开发行股票的批复》的有关规定,本公司已在上海证券交易所托管的 3,000 万股内部职工股,按照有关规定,自 1997 年 3 月 25 日公司公开发行普通股之日起,已期满 3 年,于 2000 年 3 月 27 日上市流通。
2、股东情况介绍
(1) 截止到 1999 年 12 月 31 日,公司股东总户数 22176 户。
(2) 截止到 1999 年 12 月 31 日、公司前十名股东持股情况如下:

股东名称	持股数	持股比例
北京科利华教育软件技术有限责任公司	64,209,600	28%
黑龙江省阿城钢铁集团公司	58,610,400	25.56%
兴和基金	1,831,884	0.8%
黑龙江省三鑫激光图像公司	1,200,000	0.52%
吕玉娥	894,000	0.39%
兴华基金	854,000	0.37%
杨月静	726,754	0.32%
鲍鹏	630,000	0.27%
陈国芳	614,600	0.27%
张云帆	607,350	0.26%

天津环球磁卡股份有限公司

一、公司简介

1、公司法定中文名称:天津环球磁卡股份有限公司
公司法定英文名称:Tian Jin Global Magnetic Card CO.,LTD.
英文缩写:GMCC
2、公司法定代表人:刘栋来
3、公司董事会秘书:万晓彦
联系地址:天津市河西区解放南路 325 号
邮政编码:300202
联系电话:022-23264012、022-23264874-2038
传真:022-23269333
4、公司注册地址:天津市河西区解放南路 325 号
公司办公地址:天津市河西区解放南路 325 号
邮政编码:300202
公司国际互连网网址:http:// www.gmcc.com.cn
公司电子邮箱:gmcc@tjlink.tistic.ac.cn
5、公司年度报告备置地点:公司金融证券部
公司信息披露报纸:《中国证券报》《上海证券报》
中国证监会指定披露年报的国际互联网网址:http:// www.sse.com.cn
6、公司股票上市交易所: 上海证券交易所
股票简称:天津磁卡　　股票代码:600800

二、会计数据和业务数据摘要

1、本年度主要利润指标情况 (单位:元)

利润总额:	165741586.84
净利润:	147464914.77
扣除非经常性损益后的净利润:	147464914.77
主营业务利润:	172598119.28
其他业务利润:	33849713.30
营业利润:	164568314.60
投资收益:	1218129.69
补贴收入:	0.00
营业外收支净额:	-44857.45
经营活动产生的现金流量净额:	-99013353.83
现金及现金等价物净增加额:	63174414.89

2、主要会计数据和财务指标:(单位:元)

指标项目	1999 年	1998 年调整前	1998 年调整后
主营业务收入(元)	339625344.26	310354365.40	310354365.40
净利润(元)	147464914.77	128466953.93	86929689.71
总资产(元)	1724649929.24	1064463023.50	1001307056.73
股东权益(元)(不含少数股东权益)	1004436331.95	549544212.98	485198447.68
每股收益(元/股)	0.601	0.602	0.407
每股净资产(元/股)	4.10	2.56	2.28
调整后的每股净资产(元/股)	3.94	2.51	2.21
每股经营活动产生的现金流量(元/股)	-0.40	-0.22	-0.22
净资产收益率(%)	14.68%	23.51%	17.92%
按月平均加权法计算的每股收益(元/股)	0.67	0.67	0.46
扣除非经常性损益后的每股收益(元/股)	0.60	0.51	0.32

<续上表>

指标项目	1997 年调整前	1997 年调整后
主营业务收入(元)	196544005.98	186544005.98
净利润(元)	85542076.10	63612648.9
总资产(元)	653416729.81	631487302.61
股东权益(元)(不含少数股东权益)	421013555.39	399084128.19
每股收益(元/股)	0.601	0.447
每股净资产(元/股)	2.96	2.81
调整后的每股净资产(元/股)	2.89	2.76
每股经营活动产生的现金流量(元/股)		
净资产收益率(%)	20.32%	15.94%
按月平均加权法计算的每股收益(元/股)	0.71	0.53
扣除非经常性损益后的每股收益(元/股)	0.601	0.447

3、本报告期内股东权益变动情况　　单位:元

项目	股本	资本公积	盈余公积	法定公益金	未分配利润	股东权益合计
期初数	213330306	99779399	66755964	25211765	106211850.89	1001307056.73
本期增加	31851562	339106037	29429279	14746491	117971931.81	723342872.51
本期减少						
期末数	245181868	438885437	96185244	39958257	224183782.70	1724649929.24

变动原因:

1、年度内股本增加 31,851,562 股是因为公司以 1998 年度股本期末数 213,330,306 为基数,实施 10 股配 2 股方案所致;

2、年度内资本公积增加 339,106,037.28,是本年度配股产生的股本溢价;

3、本年度盈余公积金、法定公益金、未分配利润增加是本年度实现利润所致。

三、股东情况介绍

1、截止 1999 年 12 月 31 日,股东总数为 36176 户。

2、本公司前十一名股东持股情况:

	股东名称	年末持股数(股)	占总股本(%)
1	天津市一轻总公司	97803367	39.89
2	天津芙莱实业公司	7312500	2.98
3	天津证券有限责任公司	5400000	2.20
4	天津国际信托投资公司	4500000	1.84
5	天津南开戈德股份有限公司	2700000	1.10
6	交通银行天津分行	2700000	1.10
7	天津劝业场股份有限公司	2250000	0.92
8	开元基金	1851979	0.76
9	国泰证券有限公司天津分公司	1350000	0.56
10	北方国际信托投资公司	1350000	0.55
11	中国国际信托投资公司天津证券部	1350000	0.55

华新水泥股份有限公司

一、公司简况

公司法定名称:华新水泥股份有限公司
英　文　名　称:HUAXIN CEMENT CO.,LTD.　缩写:HXCC
公司法定代表人:陈木森　董事长
公司董事会秘书:王锡明
联系地址:湖北省黄石市黄石大道 897 号证券办公室
电话:(0714)6224971 转 471、474　　传真:(0714)6235204
电子信箱:hxcc@public.hs.hb.cn
公司注册及办公地址:湖北省黄石市黄石大道 897 号　　邮政编码:435002
公司国际互联网网址:http//www.hxcc.com.cn
电子信箱:hxcc@public.hs.hb.cn
公司选定的信息披露报纸名称:《中国证券报》、《上海证券报》、《南华早报 》(英文)
登载公司年度报告的中国证监会指定国际互联网网址:http//www.sse.com.cn
年度报告备置地点:公司证券办公室
公司股票上市地:上海证券交易所
股　票　简　称:华新水泥　　华新 B 股
股　票　代　码:A 股 600801　B 股 900933

二、会计数据与业务数据摘要

(一)本年度利润实现情况

本年度公司实现利润总额 5,227,150 元,其中,主营业务利润 132,001,834 元、其他业务利润-306,781 元、投资收益-584,896 元、营业外收支净额 506,045 元。净利润 4,235,628 元,扣除非经常性损益后的净利润 4,235,628 元。经营活动产生的现金流量净额 119,542,675 元,现金及现金等价物净增加额 94,514,221 元。

(二)两种不同会计准则报表差异

国际会计准则对中国法定帐目之调整

截至一九九九年十二月三十一日止年度

	股东应占综合溢利 人民币千元	综合资产净值 人民币千元
根据中国法定帐目所列	4236	710262
国际会计准则和其它调整之影响:		
—以前年度之调整	-	(4,811)
—拨回以往已全部撇销之商誉摊销	260	(3,424)
—坏帐及呆帐准备	(1,937)	(2,010)
—投资减值准备	(1,367)	-
—收到税款返还	2400	-
—国家补贴拨作递延收入	-	(8,683)
经国际会计准则和其它调整后所重列	3592	691334

(三)近三年主要会计数据和财务指标　　单位:元

	1999 年	1998 年 调整后	 调整前	1997 年
主营业务收入	455379709	340463838	340463838	287931564
净利润	4235628	-2442504	5200252	7546960
总资产	2022367960	1646655050	1655715328	1321732950
股东权益	710261747	541345093	550405371	542270102
每股收益(摊薄)	0.013	-0.010	0.021	0.03
每股收益(加权)	0.014	-0.010	0.021	0.03
每股收益(扣除非经常性损益后)	0.013			
每股净资产	2.16	2.15	2.19	2.16
调整后的每股净资产	2.11	2.14	2.17	2.11
每股经营活动产生的现金流量净额	0.36	0.5	0.5	
净资产收益率%	0.6	-0.005	0.9	1.39

(四)报告期内股东权益变动情况　　(单位:股)

项目	股本(万股)	资本公积	盈余公积	法定公益金	未分配利润	股东权益合计
期初数	25140	223995207	51203520	7742473	7003893	541345093
本期增加	7700	87681027	1694250	423563	2117814	168916654
本期减少						
期末数	32840	311676234	52897770	8166036	9121707	710261747

变动原因:

股本变动系 1999 年 3 月增发 7,700 万 B 股所致。

资本公积增加系增发新股资金到位增加股本溢价、收到财政及税收返还所致。

盈余公积、法定公益金变动系本年度利润提取及因计提四项准备调整年初利润所致。

未分配利润的变动系本年度利润增加及因计提四项准备调整年初利润所致。

三、股东情况介绍

1、报告期末,公司股东总数为 30922 户,其中,A 股股东 28919 户,B 股股东 2003 户。

2、前十名股东持股情况。

股东名称	期末持股数(股)	比例(%)
国家拥有股份(由华新集团有限公司代国家持有)	91526880	27.9
HOLCHINB.V.	77000000	23.4
华新集团有限公司	11994000	3.7
STANDARD CHARTERED BANK HONG KONG A/C CREDIT SUISSE FIRST BOSTON(H.K.) LTD.	8761366	2.7
孙文雄(B 股股东)	8464600	2.6
FI-CIBLUX S/A THE BATTERYMARCH GEM FUND	2920000	0.9
黄石市铁路联营公司(法人股)	2520000	0.8
DAIWA SECURITIES CO.,LTD. TOKYO	2490800	0.8
TOYO SECURITIES ASIA Ltd. A/C CLIENT	2060500	0.6
NAITO SECURITIES CO.,LTD.	1781500	0.5

注:前 10 名股东有 7 名是境外股东,其持股符合国家有关规定。

3.报告期内国家拥有股份及 HOLCHINB.V.持有的股份无变动,也没有质押或冻结情况。

4.本公司无持有 10%以上股份的法人股东。

福建水泥股份有限公司

福建水泥股份有限公司1999年年度报告摘要

一、 公司简介

1、公司法定名称中文:福建水泥股份有限公司　　缩写:福建水泥
英文:FUJIAN CENENT CO.,LTD　　缩写:FJC CO.,LTD
2、公司法定代表人:丁仕达
3、董事会秘书:林成潮
联系地址:福建省福州市杨桥路118号宏杨新城建福大厦
联系电话:0591-7856359　　传真:0591-7816042
电子信箱:dmcement@pub5.fz.fj.cn
董秘授权人:林国金
公司年度报告备置点:公司股证办
联系地址:福建省福州市杨桥路118号宏杨新城建福大厦　　邮编:350001
电　　话:0591-7527300　　传真:0591-7501911
4、公司注册地址:福建省福州市杨桥路118号宏杨新城建福大厦　　邮编:350001
公司办公地址:福建省福州市桥路118号宏杨新城建福大厦
公司国际互联网网址:www.jianfu.com　　公司电子信箱:cement@prb5.fa.fj.cn
5、信息披露报纸名称:《上海证券报》
登载公司年度报告的中国证监会指定国际互联网网址:http://www.sse.com.cn;
6、公司股票上市交易所:上海证券交易所
股票简称:福建水泥　　股票代码:600802

二、会计数据和业务数据摘要

1、本年度实现利润情况　　(单位:人民币元)

利润总额:	83522292.96
净利润:	75232960.43
扣除非经常性损益后的净利润:	20498060.43
主营业务利润:	182119604.20
其他业务利润:	3412104.81
营业利润:	46086908.66
投资收益:	2114476.26
补贴收入:	35365000.00
营业外收支净额:	-44091.96
经营活动产生的现金流量净额:	89676859.18
现金及现金等价物净增加额:	74558401.81

注:扣除非经常损益项目计54734900.00元,
包括以下项目金额:
财政补贴收入:30060250.00所得税前为35365000.00
98年度国有股股利返还款:24674650.00(所得税前为29029000.00)

2、截至报告期末公司前二年主要会计数据及财务指标

追溯调整后(单位:人民币元)

项目	1999年度	1998年度	1997年度
主营业务收入	593224585.81	347452143.38	332491442.65
净利润	75232960.43	64523685.21	47412265.12
总资产	1364931761.01	1304496014.32	1303346200.88
股东权益	679604461.46	642028564.71	522796259.25
每股收益	0.298	0.256	0.208
按月平均加权的每股收益	0.298	0.264	0.208
扣除非经常性损益后的每股收益	0.081	0.008	0.208
每股净资产	2.69	2.54	2.29
调整后的每股净资产	2.53	2.46	1.90
每股经营活动产生的现金流量净额	0.355	-0.158	
净资产收益率%	11.07	10.05	9.07

追溯调整单位(单位:人民币元)

项目	1998年度	1997年度
主营业务收入	347452143.38	332491442.65
净利润	66013271.70	48562078.56
总资产	1307511110.67	674494358.84
股东权益	645018466.92	523946072.72
每股收益	0.26	0.21
按月平均加权的每股收益	0.27	0.21
扣除非经常性损益后的每股收益	0.014	0.21
每股净资产	2.56	2.29
调整后的每股净资产	2.47	1.91
每股经营活动产生的现金流量净额	-0.158	
净资产收益率%	10.23	9.27

3、报告期内股东权益变动情况及变化原因　　单位:人民币元

项　目	股本	资本公积	盈余公积	法定公益金	未分配利润	股东权益合计
期初数	252355495	230384539.99	150964506.36	5867156.42	8324023.36	642028564.71
本期增加		196260.57	37662761.07	7546436.47		
本期减少					283124.89	
期末数	252355495	230580800.56	188627267.43	13413592.89	8040898.47	679604461.46

变动原因:资本公积增加系对外投资的固定资产评估增值,盈余公积金、法定公益金增加系按公司董事会预分配方案转入,未分配利润减少系按公司董事会预分配方案提取盈余公积金和应付股利。

三、股本变动及股东情况

1、股本　公司股份变动情况表　　　　数量单位:股

	本次变动前	本次变动增减(+,-) 配股	送股	公积金转股	增发	其他	小计	本次变动后
一、尚未流通股								
1. 发起人股份								
其中:国家拥有股份	145145000							145145000
2. 内部职工股	3372600							3372600
4. 优先股或其他其中:转配	7584595							7584595
尚未流通股份合计	7584595							7584595
二、已流通股份	156102195							156102195
1. 境内上市的外资股	96253300							96253300
已流通股份合计	96253300							96253300
三、股份总额	252355495							252355495

2、报告期末股东总数为64787户

3、主要股东持股情况

名　称	年末持股数(股)	占总股本比例%
(1)福建省国有资产管理局	145145000	57.52
(2)福建兴业证券公司	2141670	0.85
(3)程有良	875497	0.35
(4)金钢天证	828590	0.33
(5)泰和基金	734940	0.29
(6)福建省青山纸业股份有限公司	698500	0.28
(7)张志红	600000	0.24
(8)福建中闽国贸发展总公司	550000	0.22
(9)孙会兰	495197	0.20
(10)福建省石化经济发展公司	419100	0.17

注:公司国家股由福建省国有资产管理局持有,其中6400万股已质押,为本公司向中国工商银行福建省分行营业部作贷款担保。

四、股东大会简介

本年度公司召开了一次股东大会。

1、股东大会的通知、召集、召开情况:公司于1999年4月28日召开1998年度股东大会,审议通过的决议公告刊登于1999 年4月29日《上海证券报》。

五、董事会报告

1、公司经营情况

(1)公司所处的行业及公司在本行业中的地位

本公司属建材行业,现为国家大型二档建材水泥生产企业,也是福建省最大的旋窑水泥企业。

(2)公司主营业务范围及经营情况

公司主要从事水泥的生产及销售。

(1)公司主营业务收入及主营业务利润构成情况

主营业务收入593244585.81元,其中:水泥收入占573370131.92元,机砖收入1942036.67;主营业务利润182119604.20元,其中:水泥业务利润占174478887.26元。

(2)占主营业务利润或主营业务收入10%以上的业务经营活动、主要产品的介绍

1999年度,公司的水泥生产销售占主营业务利润及主营业务收入分别为95.80% 和96.65%。1999年度公司生活水泥213.5万吨,销售水泥212.14万吨。主导产品建福牌、炼石牌525#、425#普通硅酸盐水泥均为部优、省优产品,产品市场信誉好、深受用户欢迎。

(3)经营中的问题与困难及解决方案

公司兼并福建省顺昌水泥厂后,企业规模急剧扩大,公司整体实力大大提高,同时在市场竞争日益加剧的环境下,给兼并后的整合工作和生产经营管理带来诸多困难。1999年公司根据实际情况,对公司内部机构进行调整设置,设立了公司建福水泥厂、炼石水泥厂,销售、供应、投资管理3个分公司、财务中心、技术开发中心及总经 理办公室;按主辅分流精神改制组建了两个公司控股的子公司;同时加强配套管理制度的建立和落实,深挖内潜,严格物质采购及物质供应管理,在营销上以市场为导向,以满足用户需求为宗旨,转变销售观念、销售方式方法,改进销售服务,大力发展销售网络体系;使公司在兼并后重组后开创了新局面,1999年公司产品产质量指标,多项经济技术指标均创历史新记录。

2、公司财务状况及经营情况

(1)主要财务指标增减变动的说明

指标名称	1999年(元)	1998年(元)	比上年增减变动%(+,-)
总资产	1364932761.01	1304496014.32	+4.63
长期负债	215048416.25	294170919.94	-26.90
股东权益	679604461.46	642028564.71	+5.85
主营业务利润	182119604.20	107359469.31	+69.64
净利润	75232960.43	64523685.21	+16.60

说明:①总资产增加,主要原因是增加四号窑建设资金借款;②长期负债减少,主要归还长期借款和住房周转金负数余额增加;③股东权益增加,系年度内按董事会利润分配预案提取盈余公积金;④主营业务利润增加,系年水泥产量增加,营业成本降低;⑤净利润增长,主要是当年营业利润及财政补贴、投资收益增加及兼并顺昌水泥 厂补贴归还贷款利息冲减财务费用。

3、公司投资情况

报告期内公司长期投资期末余额72982002.64元,比上年70849881.37元,增加幅度1.87%。增加额为1327354.27元。本年度投资138237元受让厦门建材持有的鹭麟散 装水泥公司22.5%的股权,本次受让后本公司持有该公司股权由20.4%增加到42.9%。该公司经营范围:运输散装水泥,道路汽车货物运输、批发、零售建筑材料、散装水泥,拥有散装水泥运输汽车7部,总吨位68吨。

(1)募集资金延续使用情况

报告期内公司无募集资金行为。1998年度配股共募集资金10547万元,因兼并顺 昌水泥厂后情况发生变化,经98年12月28日的98年度临时股东大会决议通过,变更配股资金投向,其中3500万元用于兼并顺昌水泥厂,7000万元易地于公司炼石化水泥厂投建公司四号窑生产线。该事项披露于98年12月30日《上海证券报》,项目进展情况如下:

项　　目	累计投入金额(万元)	其中报告期内投资金额(万元)	项目进度(%)
①兼并福建省顺昌水泥厂	3500		100
②公司四号窑(投资总金额19641万元)	966	886	2

说明:其余暂未使用的募股资金6034万元,继续用于公司四号窑建设,现暂存银行。截止本年度末,四号窑建设已完成环境评估、场地清理平整、初步设计审批和部分设备的定货工程。预计2000年8月可进入全面安装、10月进行单机试车、12月可完 成连动试车并进行全面调试。正式投产后,预计年新增高标号水泥62万吨,全投资财务内部收益率16.73%。

(2)非募集资金投资的重大项目,项目进度及收益情况

工程项目	累计投资额(元)	99 年度投资额(元)	项目进度
烧白煤技改工程	10560844.97	9253409.43	97%
新水泥磨	23815305.08	3296202.73	98%

说明:A:烧白煤技改工程现已产生良好效果,1999 年共烧白煤原煤 2.86 万吨,有效降 低了生产成本。B、新水泥磨的水泥粉磨能力为 39.42 万吨,用于更新原有水泥粉磨系统。

4、生产经营环境及有关政策的变化对公司产生影响的说明

根据福建省财政厅闽财工[1999]96 号《关于福建水泥股份有限公司财税优惠政策的批复》的规定,1998–2002 年公司所得税和新增增值税地方分成部分及国有股股权 益实行先缴存后从财政支出渠道拨给公司,用于增资配股,或回收企业股权,以及解决兼并顺昌水泥厂所应偿还的债务问题。1999 年我司收到已缴存的 1998 年度国有股股利 2902.9 万元,税收拨给款 501.5 万元。以上款项我司将分别用于解决偿还原福建省 顺昌水泥厂的陈欠债务和利息。

5、2000 年度业务发展计划

(1)2000 年公司将进一步完善现代企业制度,强化内部管理,深化内部改革。通 过技术改造和技术创新,进一步降低生产成本,提高公司市场竞争能力及发展后劲。通过加大资本运作和拓宽融资渠道,努力保证公司经营发展的需要。通过自行开发或与有关科研院所合作进行新型建材产品开发,逐步实现公司向多元化建设集团发展的战略。

(2)工作目标

2000 年公司计划生产水泥 205 万吨,销售水泥 205 万吨。

(3)主要新建及在建项目情况:

A:主要技改项目有:公司建福水泥厂老水泥磨的改造、公司炼石水泥厂 390M 工作面运输道路的开拓。B:在建项目:公司建福水泥厂 2# 窑节能降耗和环保达标技改项目预计 2000 年 3 月可完成。水泥磨改造项目预计 2000 年 3 月可完成。公司四号窑建设项目预计 2000 年 12 月可进行全厂调试,完成连动试车。C:新建项目:公司建福水泥厂陈坑粘土矿、罗公岩石灰石矿山、黄竹岩西山头 矿山,以上项目作为公司水泥生产后续矿山,视公司生产需要确定工程进度。

6、董事会日常工作情况

(1)报告期内董事会的会议情况及决议内容:

本年度公司董事会共召开了四次会议,情况如下:

A:公司第二届董事会第十一次会议于 1999 年 3 月 23 日在本公司会议室召开,公司监事及高级管理人员列席了会议。经审议通过如下决议:

①审议通过《1998 年度总经理业务报告》;

②审议通过《1998 年度董事会工作报告》;

③审议通过《公司 1998 年度财务决算及 1999 年度财务预算报告》;

④审议通过《公司 1998 年度报告及公司 1998 年度报告摘要》;

⑤审议通过《公司 1998 年度利润分配案》;

⑥审议通过《公司 1999 年度配股预案》;

⑦审议通过《关于公司机构设置及高级职员的议案》

除公司现有的福州分公司、厦门分公司外,增设建福水泥厂、炼石水泥厂、物业投资管理公司、建牌水泥发展分公司、技术开发分公司等分机构,并设置总经理办公室及财务中心等管理机构,聘任副总经理林锦瑞为公司常务副总经理。

⑧审议通过《关于 1999 年度续聘福建华兴会计师事务所的议案》

⑨关于召开 1998 年度股东大会的有关事宜。

以上决议公告刊登于 1999 年 3 月 26 日《上海证券报》。

B:第二届董事会第十二次会议于 1999 年 6 月 7 日在福建省建材工业总公司会议室 召开,审议通过如下决议:

①审议通过《关于受让厦门建材公司所持厦门建材公司持有的鹭麟散装水泥公司 22.5%的股权,本次受让后本公司持有该公司股权由 20.4%增加到 42.9%,成为该公司第一大股东。经审计该公司 1998 年末总资产 16765055.88 元,总负债 10622224.51 元,净资产 6142831.37 元,1998 年度利润总额–810366.23 元。受让后本公司控制的厦门散装水泥年中能力将达到 25 万吨。

②审议通过《关于收购厦门建福散装水泥运输有限公司股权的议案》。

本公司拟出资 45 万元,收购厦门建福散装水泥有限公司持有的厦门建福散装水泥运输有限公司(以下简称该公司)90%股权。本次收购后本公司持有 90%该公司股权。该公司 1998 年末总资产 2349984.10 元,总负债 1738840.56 元,所有者权益 611143.54 元,净利润–158229.14 元(未经审计)。收购后该公司将拓展经营业务,在厦门市经销本公司生产的"建福牌"、"炼石牌"散装水泥、改善经营状况,并藉此提高本公司散装水泥在厦门市场的占有率。

③审议通过《关于公司建福水泥厂原运输科改组为"永安市福泥汽车运输有限公 司"的情况报告》及《关于公司建福水泥厂原机电分厂改组为"永案市建福设备安装维修有限公司"的情况报告》。

本着分流、剥离辅助生产车间和辅助生产设施的精神,本公司建福水泥厂原运输科及原机电分厂进行分流改制,拟以本公司经评估后的实物资产与职工个人集资入股形式,分别成立"永安市福泥汽车运输有限公司"和"永安市建福设备安装维修有限公 司"。两公司成立后将成为本公司的控股的子公司,并将依法独立经营、自负盈亏。

④审议通过《关于以公司炼石水泥厂资产抵押贷款的议案》

公司炼石水泥厂原向顺昌县各银行贷款共计 4095 万元, 其国 3690 万元贷款由被兼并前的原福建省顺昌水泥厂董事会报经福建省国有资产管理局批准,以其原料车间、烧成车间、制成车站是的机器设备(帐面原值 17148 万元,净值 10016.8 万元)作抵押,期限三年,到期日一九九九年七月二十日。经公司董事会决议,同意到期归还后,改为以公司炼石水泥厂资产为抵押的方式向顺昌县建行贷款 5000 万元,期限一年。

C:第二董事会第十三次会议于 1999 年 8 月 10 日上午在公司会议室召开, 全体董事九人出席,公司全体监事及高级职员列席会议。通过如下决议:

①审议通过了 1999 年中期报告;

②审议通过了公司 1999 年中期不进行利润分配也不进行资本公积金 转增股本。

以上决议公告刊登于 1999 年 12 月 18 日《上海证券报》。

D:第二届董事会第十四会议于 1999 年 12 月 16 日在公司炼石水泥厂会议室召开。 经与会董事研究,形成如下决议:

①根据中国证监会证监公司字[1999]22 号《关于上市公司总经理及高级管理人员不得在控股股东单位兼职的通知》要求,同意王品英女士辞去财务总监职务。

②聘任薛武先生为公司副总经理。

以上决议公告刊登于 1999 年 12 月 18 日《上海证券报》。

(2)董事会对股东大会决议的执行情况

1998 年度利润分配方案实施情况。根据 1999 年 4 月 28 日公司 1998 年度股东大会决 议通过的利润分配决议:以 1998 年度末总股本 252355495 股为基数,向全体股东每 10 股派发现金 2.00 元(含税),扣税后个人股东实际每 10 股派发 1.60 元现金,该方案股权登记日为 6 月 28 日,除息日为 6 月 29 日。

7、公司管理层及员工情况

①董事、监事、高级管理人员情况

姓 名	性别	年龄	职务	任期起止日期	年初持股数(股)	年末持股数(股)
丁仕达	男	52	董事长	97 年 5 月–2000 年 5 月	0	0
黄建民	男	43	副董事长	97 年 12 月–2000 年 5 月	0	0
陈福民	男	53	董事	97 年 5 月–2000 年 5 月	5588	5588
刘永忠	男	58	董事	97 年 5 月–2000 年 5 月	6538	6538
林锦瑞	男	48	董事兼常务副总	97 年 5 月–2000 年 5 月	6538	6538
兰 荣	男	40	董事	97 年 5 月–2000 年 5 月	0	0
张小麟	男	51	董事	97 年 5 月–2000 年 5 月	0	0
王品英	女	50	董事	97 年 5 月–2000 年 5 月	0	0
高 嶙	田	39	董事	97 年 5 月–2000 年 5 月	0	0
陈信生	男	60	监事会主席	97 年 5 月–2000 年 5 月	0	0
林顺贵	男	44	监事	97 年 5 月–2000 年 5 月	0	0
梁奕耙	男	59	监事	97 年 5 月–2000 年 5 月	9261	9261
李丽华	男	40	监事	97 年 5 月–2000 年 5 月	0	0
李宝卫	男	37		97 年 5 月–2000 年 5 月	4181	4181
陈明飞	男	38	监事	97 年 5 月–2000 年 5 月	5052	5052
林述雄	男	43	监事	98 年 8 月–2000 年 5 月	0	0
盖小健	男	49	总经理	97 年 12 月–2000 年 5 月	0	0
杜卫东	男	37	副总经理	98 年 4 月–2000 年 5 月	0	0
薛 武	男	36	副总经理	99 年 12 月–2000 年 5 月	0	0
林成潮	男	49	董事会秘书	97 年 5 月–2000 年 5 月	0	0

公司董事、监事、高级管理人员年度报酬在 2.6–2.9 万元区间的有 4 人(林锦瑞 28793 元、刘永忠 28596 元、盖小健 27328 元、梁奕耙 27916 元),2.3–2.6 万元区间的有 2 人(林顺贵 25068 元、李宝卫 24036 元),1.8–2.3 万元区间的有 4 人(林成潮 20085 元、高嶙 19974 元、陈明飞 19254 元、林述雄 18773 元),其余人员均不在公司领取报酬(丁仕达 、黄建民、陈福民、兰荣、张小麟、王品英、陈信生、李丽华、杜卫东、薛武)。

报告期内,为落实中国证监会证监公司字[1999]22 号《关于上市公司总经理及高级管理人员不得在控股股东单位兼职的通知》,原公司财务总监王品英女士辞去财务总监服务。

报告期内未新聘公司总经理和董事会秘书。

(2)公司员工数量、专业构成、教育程度及退休职工人数情况

公司员工总人数 4413 人

A:专业构成

生产人员 2794 人 销售人员 174 人 技术人员 255 人 财务人员 48 人 行政人员 1142 人

另外:退休职工 558 人,离休人员 24 人。

B:教育程度:

大专及以上 301 人 中专 406 人 高中 2304 人 初中及以下 1392 人

8、本次利润分配预案

公司 1999 年度实现利润 83522292.96 元,净利润 75232960.43 元,根据公司章程有关规定,提取法定公积金 7569576.90 元 (含子公司提取的法定公积金 46280.86 元), 提取法定公益金 7523296.04 元, 提取任意盈余公积金 22569888.13 元, 加上年初未分配 利润 8324023.36 元,1999 年可供股东分配的利润为 45894222.72 元。

拟以 1999 年末总股本 252355495 股为基数, 向全体股东每 10 股派发现金人民币 1.50 元 (含税),计 37853324.25 元,尚余 8040898.47 元结转下一年度分配,该预案尚需经股东会议审议批准后实施。

9、其他报告事项: 选定的信息披露报刊名称:《上海证券报》与《中国证券报》。

六、监事会报告

1、监事会工作情况

监事会按照国家有关法律和公司章程,对公司的日常经营活动、重大决策和财务状况等进行了监督和必要的检查,一九九九年度监事会共召开 4 次会议。

A:99 年 3 月 23 日审核《公司九八年度财务决算和九九年度财务预算报告》、审议了《公司 1999 年度配股预案》、《关于改变土地使用权摊销年限的议案》、《关于改变固定资产折旧年限的议案》、《关于公司机构设置及聘用高级职员的议案》、《关于对外清理投资的工作方案》等重大事项。

B:6 月 7 日,审议了《关于受让厦门建材公司所持厦门鹭麟散装水泥公司部分股 权的议案》、《关于收购厦门建福散装水泥运输有限公司股权的议案》、《关于收购厦门建福散装水泥厂运输有限公司部分资产的议案》、《关于继续以公司炼石水泥厂资产抵押贷款的议案》等重大事项。

C:8 月 10 日,审议了《一九九九年中期利润分配方案》、《公司一九九九年中期报告》、《关于投资兴业证券股份有限公司的议案》等重大事项。

D:12 月 16 日,审议了《关于计提坏帐准备、短期投资跌价准备、存货跌价准备 、长期投资减值准备的议案》、《公司 2000 年工作计划》等事项。

2、公司依法运作情况

一九九九年公司在市场竞争更为激烈,生产经营环境更加恶化的情况下公司董事会,经营管理科学决策、民主决策不断强化管理,深化改革建立健全内部控制制度,使企业经受住了严峻的市场考验,全年生产水泥 213.5 万吨,比年计划 200 万吨增产 13.53 万吨:建福、炼石二个生产厂的产量双双突破历史最高记录。

公司的生产经营活动遵守国家法律、法规,遵守公司章程,没有违反国家财经纪律和制度。经公司监事会审核,福建华兴会计师事务所审计:一九九九年度主营业务收入 593244585.81 元,比一九九八年增长 70.74%; 实现利润总额 83522292.96 元, 比九八年度增长 4.84%; 实现净利润 75232960.43 元,比九八年增长 16.60%。每股收益 0.298 元,比九八年度提高 16.60%。

公司九九年度的财务报告如实反应公司的财务状况和经营成果。

3、公司董事、经理执行公司职务过程中,无违反法律、法规、公司章程和损害 公司利益的行为。

4、公司于 6 月 7 日召开的第二届董事会第十二次会议的《关于收购厦门建福散装 水泥运输有限公司股权的议案》、《关于收购厦门建福散装水泥运输有限公司部份资产的议案》、《关于受让厦门建材公司所持厦门鹭麟散装水泥公司部分股权的议案》,其交易价格合理,无内幕交易,没有损害部分股东的权益或造成公司资产流失。

5、关联交易

(1)本公司 99 年度向关联方销售货物金额:

福建省建福散装水泥联合公司 26275220.00 元;

厦门建福散装水泥联合公司 6519810.13 元;

厦门鹭麟散装水泥公司 3203207.57 元;

以上关联交易均按市场价格交易。

(2)应收关联方款项余额:

福建省建福散装水泥联合公司 9121444.57 元;

三明新型建材总厂 1000000.00 元。

6、1999 年 12 月 16 日公司召开第二届董事会第十四次会议审议通过了《关于计提 坏帐准备、短期投资跌价准备、存货跌价准备、长期投资减值准备的议案》并形成决议,其程序合法,依据充分。

7、1999 年 3 月 23 日公司第二届董事会第十一次会议审议通过了《关于改变土地使用权摊销年限的议案》、《关于改变固定资产折旧年限的议案》并形成有关决议,其程序合法,依据充分。

在新的一年里,监事会将一如继往地支持、配合和促进工作,依照公司章程和国家有关法律、法规,本着对股东负债的精神,强化监事职能,完善监督机制,维护股东权益。

七、重要事项

1、本年度公司无重大诉讼、仲裁事项。

2、报告期内公司、公司董事及高级管理人员未发生受监管部门处罚的情况。

3、报告期内未发生以下情况:

公司控股股东变更、公司董事会换届,改造或半数以上成员变动,公司总经理 变更,公司解聘、新聘董事会秘书情况。

4、重大关联交易事项

(1)销售货物：本公司99年1-12月份向关联方销售货物明细如下：

企业名称	销货金额(元)	占全年销货比例(%)
福建省建福散装水泥有限公司	26275220.00	4.43
厦门建福散装水泥联合公司	6519810.13	1.10
厦门鹭麟散装水泥公司	3203207.57	0.54

注：公司计价原则按市场价：

(2)应收关联方款项余额：

企业名称	年末余额	年初余额
福建省建福散装水泥联合公司	9121444.57	16659888.95
厦门建福散装水泥联合公司		18222827.70
福建省建材工业总公司		9775810.05
三明新型建材总厂	1000000.00	1000000.00
厦门鹭麟散装水泥公司	7903433.78	

5、公司控股股东为福建省国有资产管理局。相对于控股股东，公司人员独立、资产完整、财务独立。

6、1999年度公司续聘福建华兴会计师事务所为公司的审计机构。

7、报告期内公司未更改名称或股票简称。

8、根据福建省政府[1998]186号会议纪要精神，福建省建材工业总公司于1999年6月向本公司转拨省财政厅拨付的3000万元专项资金，我司按规定将此项拨款列入九 九年上半年补贴收入，该笔拨款用于偿还原福建省顺昌水泥厂陈欠银行澳元贷款利息。该事项披露于1999年7月3日《上海证券报》。

9、为投资建立公司四号窑，公司同中国工商银行福建省分行签订了借款金额为12300万元的《人民币中长期借款合同》。福建省国有资产管理局以其持有的本公司国家股中的6400万股为本公司借款作贷款质押，期限五年(1999年12月-2004年12月)。该项质押已在上海证券中央登记结算公司办理登记手续，贷款合同业已开始履行。截止年度末，银行已向本公司发放首期贷款7500万元。该事项披露于1999年12月7日《上海证券报》。

10、根据福建省财政厅闽财工[1999]96号《关于福建水泥股份有限公司财税优惠政策的批复》的规定，1998-2000年公司国有股股权收益实行先缴后返还，用于公司 增资配股，或回收企业股权，以及解决兼并顺昌水泥厂所应偿还的债务问题。1999年12月我司收到已缴存的1998年度国有股股利返还款2902.9万元，该笔款项我司将用于解决偿还原福建省顺昌水泥厂的陈欠债务利息。该事项披露于1999年12月29日《上海证券报》。

11、会计估计变更：

由于兼并顺昌水泥厂后，必须与公司统一会计政策，经公司第二届董事会第十一次会议决议，报经福建省地税局直征分局(闽地税直征[1999]22号文)批准，公司自1999年1月1日起变更如下：

(1)公司土地使用权摊销年限由原20年期限改变为按50年期限摊销，因本年增加 摊销原顺昌水泥厂土地使用权，公司土地使用权摊销全年增加235万元。

(2)固定资产折旧，公司原按国家规定的固定资产分类折旧标准下限提取，而原 顺昌水泥厂按国家规定的固定资产分类折旧标准上限提取，为统一标准，公司决定按国家规定的固定资产分类折旧标准上限提取，本年同比少提折旧1326万元。

以上变更刊登于1999年8月16日《上海证券报》的本公司1999年度中期报告；

八、财务会计报告

1、审议报告经福建兴会计师事务所审计，出具了无保留意见的审计报告[闽华兴所(2000)股审字06号]。

2、会计报表(见附表)

3、会计报表附注

一、公司简介：

福建水泥股份有限公司系经福建省体改委闽体改(1992)114号文件批准，于1994 年1月3日挂牌上市。公司现为国家大型企业，主要从事建筑材料制造及技术服务、汽车货物运输、柴油车总成大修等。为拓展经营，扩大规模，寻求新的利润增长点，公司于1998年12月31日顺利地兼并了福建省第二大水泥生产企业-顺昌水泥厂，实现了 强强联合，并于1999年扭亏为盈。顺昌水泥厂是国家"七五"重点建设项目，1991年正式建成投产，为国家大二型建材企业，拥有一条日产2000吨熟料的新型干法水泥生产线，年产水泥熟料90万吨，职工1700多人。该厂生产的"炼石"牌水泥，各项技术指标均达到国内同行业先进水平，产品产销率达100%。经营范围：水泥、纸袋、工业专 利用设备的制造、加工铸造、加工销售；水泥设备、水泥制品的加工；水泥技术咨询及技术服务；投资房地产。兼并后，公司根据管理的需要，设立了建福水泥厂、炼石水泥厂、供应公司、销售公司、财务中心、投资管理分公司、物业股票管理分公司、物业管理分公司等机构，有效地促进了公司的经营和管理。

1999年公司生产水泥213万吨，实现了产销平衡，完成工业总产值(90年不变)32707.7万元，实现利润总额8352.23万元，实现净利润7523.29万元。

三、税项：

1、增值税：17%；

2、营业税：5%；

3、城建税按应交增值税、营业税的7%交纳。

4、所得税：根据福建省财政厅、省地方税务局闽财税政(1997)第18号文，按15 %的税率缴纳企业所得税。根据福建省财政厅闽财工(1999)96号文，1998年-2002年 已缴母公司企业所得税由财政支出渠道拨给。

四、控股子公司：

公司名称	注册资本	经营范围	投资额(万元)	投资比例(%)
常州金源房地产开发有限公司	2000万港币	房地产开发、出租、出售等	1100万港币	55
莆田建福大厦有限公司	800万元	服务、运输、建材批发、零售等	720	90
厦门建福散装运输有限公司	50万元	运输散装水泥；批发、零售建筑材料、散装水泥等。	45	90
福泥汽车运输有限公司	125万元	汽车运输：汽车、摩托车、工程机械维修等设备维修；配件制作。	68	54.40
永安市建福设备安装维修有限公司	110万元	非标、管道制作安装等	58.30	53

六、关联方关系及其交易

(一)关联方关系：

1、存在控制关系的关联方

企业名称	注册地址	主营业务	与本企业关系	经济性质或类型	法定代表人
常州金融房地产开发有限公司	常州高新技术产业开发区	房地产开发出租、出租等	子公司	中外合资企业	陈福民
莆田建福大厦有限公司	莆田天九湾	建材批发零售等	子公司	有限责任公司	盖小健
厦门建福散装运输有限公司		运输散装水泥；批发、零售建筑材料散装水泥等。	子公司	有限责任公司	盖小健
福泥汽车运输有限公司		汽车运输：汽车，摩托车，工程机械 维修等		有限责任公司	孙少明
永安市建福设备安装维修有限公司		设备维修；配件制作 非标、管道制作安装等	子公司	有限责任公司 有限责任公司	黄强

2、存在控制关系的关联方在注册资本及其变化：

企业名称	年初数	本年增加数	本年减少数	年末数
常州金源房地产开发有限公司	2000万港币			2000万港币
莆田建福大厦有限公司	800万元			800万元
福泥汽车运输有限公司	50万元			50万元
永安市建福设备安装维修有限公司	110万元			110万元

3、存在控制关系的关联方所持股份或权益及其他变化：

企业名称	年初数 金额	年初数 比例	本年增加数 金额	本年增加数 比例	本年减少数 金额	本年减少数 比例	年末数 金额	年末数 比例
常州金源房地产开发有限公司	1100万港币	55%					1100万港币	55%
莆田建福大厦有限公司	720万元	90%					720万元	90%
福泥汽车运输有限公司	45万元	90%					45万元	90%
永安市建福设备安装	68万元	54.4%					68万元	54.4%
维修有限公司	58.3万元	53%					58.3万元	53%

4、不存在控制关系的性质：

企业名称	与本企业的关系
福建省建材工业总公司	与本企业同一法人代表
福建省福散装水泥联合公司	联营企业
厦门建福散装水泥联合公司	联营企业

(一)关联交易：

1、销售货物：本公司1999年1-12月份向关联销售货物明细如下：

企业名称	销货金额	占全年销货比例(%)
福建省建福散装水泥联合公司	26275220.00	4.43
厦门建福散装水泥联合公司	6519810.13	1.10
厦门鹭麟散装水泥有限公司	3203207.57	0.54

注：公司计价原则按市场价。

2、应收关联方款项余额：

企业名称	年末余额	年初余额
福建省建福散装水泥联合公司	9121444.57	16659888.95
厦门建福散装水泥联合公司		182222827.70
福建省建材工业总公司		9775810.05
三明新型建材总厂	1000000.00	1000000.00
厦门鹭麟散装水泥有限公司		7903433.78

七、或有事项：

1、拥有55%的控股子公司，常州金源房地产开发公司或有事项：

常州金源房地产开发公司副董事长杨燕昭擅自用该公司公章向润隆公司许楚汉借款，因无力偿还借款，被法院判决，由常州金源房地产开发公司垫付其借款7294491.18元。公司已对杨燕照起诉，有关部门已按法律程序正在办理。

2、本公司改制前曾对以下三个单位提供贷款担保，后又续保，现在同法地政府 和有关单位协商解决。 单位：万元

被担保单位	起保日	担保金额	担保期限
三明新型建材总厂	88年12月	2043	年10年
三明新型建材总厂	96年12月	700	1年
福建省建福散装水泥联合公司	99年8月	400	1年
三明第二水泥厂	96年7月	40	1年
合计		3183	

八、资产负债表日后事项

公司已于2000年1月19日归还福建国际信托投资公司2500万元长期借款。

九、公司的其他有关资料

1、公司注册登记日期和地址

(1)首次注册登记日期：1993年11月27日 首次注册地点：福建省福州市湖东路157号

(2)报告期内变更注册登记日期：1999年8月2日

报告期内注册地址：福建省福州市杨桥路118号宏杨新城建福大厦

2、企业法人营业执照注册号：15815716-3

3、税务登记号码：国税闽字350100158157163

4、公司未流通股票的托管机构：上海证券中央登记结算公司

5、公司报告期内配股主承销机构：福建兴业证券公司

6、公司聘请的会计师事务所

名称：福建华兴会计事务所 办公地：福建省福州市湖东路中山大厦B座八楼

十、备查文件

1、载有法定代表人、主管会计工作负责人、会计机构负责人签名并盖章的会计 报表。

2、载有会计师事务所盖章，注册会计师签名并盖章的审计报告原件。

3、报告期内在中国证监会指定报纸上公开披露过的所有公司文件的正本及公告 的原稿。

上述备查文件在中国证监会、证券交易所要求提供的和股东依据法规或公司章程要求查阅时，本公司将及时予以提供。

福建水泥股份有限公司董事会 2000年1月26日

利润及利润分配表 会股02表

编制单位：福建水泥股份有限公司 1999年度 单位：人民币元

	本年累计数 母公司	本年累计数 合并	上年累计数 母公司	上年累计数 合并
一.主营业务收入	575312168.59	593244585.81	331521142.75	347452143.38
减：折扣与折让	0.00	0.00	0.00	0.00
主营业务收入净额	575312168.59	593244585.81	331521142.75	347452143.38
减：主营业务成本	391541551.29	401854296.07	221818793.03	232437888.59
主营业务税金及附加	8643729.83	9270685.54	6684181.86	7654785.66
二.主营业务利润	175126887.47	182119604.20	103018167.86	107359469.13
加：其他业务利润	3120894.99	3412104.81	459171.81	539689.41
减：存货跌价损失	212977.67	2096471.88	0.00	0.00
营业费用	63115873.11	68532456.84	39505847.03	42390193.27
管理费用	78902369.22	83428473.73	41593861.55	42997264.93
财务费用	-15499295.25	-14612602.10	-57430880.93	-58299100.45
三.营业利润	51515857.71	46086908.66	79808512.02	80810800.79
加：投资收益	-913315.68	2114476.26	-10165087.03	-9473292.12
补贴收入	35365000.00	35365000.00	10000000.00	10000000.00
营业外收入	1125802.17	1170875.81	1434366.91	1615585.11
减：营业外支出	1154817.12	1214967.77	3286458.30	3286656.41
四.利润总额	85938527.08	83522292.96	77791333.60	79666437.37
减：所得税	9506076.50	9955473.76	14167648.39	14518227.45
少数股东损益	0.00	-1666141.23	0.00	624524.71
五.净利润	76432450.58	75232960.43	63623685.21	64523685.21
加：年初未分配利润	8324032.36	8324023.36	26683121.90	25783121.90

盈余公积转入	0.00	0.00	0.00	0.00
六.可供分配的利润	84756473.94	83556983.79	90306807.11	90306807.11
减:提取法定盈余公积	7523296.04	7523296.04	6302336.95	6302336.95
提取法定公益金	7523296.04	7523296.04	6302336.95	6302336.95
子公司提取盈余公积				
七.可供股东分配的利润	69709881.86	68464110.85	77702133.21	77702133.21
减:应付优先股股利	0.00	0.00	0.00	0.00
提取任意盈余公积	22569888.13	22569888.13	18907010.85	18907010.85
应付普通股股利	37853324.25	37853324.25	50471099.00	50471099.00
转作股本的普通股股利	0.00	0.00	0.00	0.00
八.未分配利润	9286669.48	8040898.47	8324023.36	8324023.36

资产负债表　　会股01表

编制单位:福建水泥股份有限公司 1999年12月31日 单位:人民币元

资　产	年初数母公司	年初数合并	年末数母公司	年末数合并
流动资产:				
货币资金	85000218.88	88847136.20	159382837.57	163405538.01
短期投资				
减:短期投资跌价准备				
短期投资净额				
应收票据			2250000.00	2250000.00
应收股利			2936406.40	2936406.40
应收利息				
应收帐款	187041151.58	187373320.98	174950333.63	184240227.95
其他应收款	79692354.17	81839444.00	94330340.99	96490134.83
减:坏帐准备	3776199.67	3839001.54	22282601.31	22427307.51
应收款项净额	262957306.08	265373763.44	246998073.31	258303055.27
预付帐款	16061764.44	16201764.44	15972046.86	16440527.69
应收补贴款				
存货	99503982.93	114030727.53	91226519.39	105381254.60
减:存货跌价准备	137242.11	137242.11	350219.78	2233713.99
存货净额	99366740.82	113893485.42	90876299.61	103147540.61
待摊费用	4960291.97	4983197.86	3506464.68	3976520.34
待处理流动资产净损失	60328.80	60328.80		
一年内到期的长期债权投资				
其它流动资产				
流动资产合计	468406650.99	489359676.16	521922128.43	550459588.32
长期投资:				
长期股权投资	74493410.44	70849881.37	74584564.63	72177235.64
长期债权投资	1204464.60	1204464.60	804767.00	804767.00
长期投资合计	75697875.04	72054345.97	75389331.63	72982002.64
减:长期投资减值准备	9196636.83	9196636.83	9196636.83	9196636.83
长期投资净额	66501238.21	62857709.14	66192694.80	63785365.81
固定资产:				
固定资产原价	842657516.43	847216717.49	833544769.52	843054568.81
减:累计折旧	307507721.40	308633770.04	344404513.91	348264795.26
固定资产净值	535149795.03	538582947.45	489140255.61	494789773.55
工程物资	3814233.41	3814233.41	2552917.36	2552917.36
在建工程	56183820.07	56183820.07	103047033.07	103047033.07
固定资产清理				
待处理固定资产净损失				
固定资产合计	595147848.51	598581000.93	594740206.04	600389723.98
无形资产及其他资产:				
无形资产	143234854.58	143234854.58	140234003.06	140234003.06
开办费		5352230.49		5270275.66
长期待摊费用	5110543.02	5110543.02	4434294.18	4792804.18
其他长期资产				
无形资产及其他资产合计	148345397.60	153697628.09	144668297.24	150297082.90
递延税款:				
递延税款借项				
资产总计	1278401135.31	1304496014.32	1327523326.51	1364931761.01
流动负债:				
短期借款	167362054.28	167362054.28	234850000.00	236850000.00
应付票据				
应付帐款	37118953.88	37147987.57	29893500.40	30413965.37
预收帐款	11673013.21	13037815.98	25150282.56	26875350.33
代销商品款				
应付工资	25976016.06	26085010.15	26438514.23	26528340.82
应付福利费	3254063.27	3290588.10	-2505539.03	-2172554.07
应付股利	50471099.00	50471099.00	37853324.25	37853324.25
应交税金	29797337.34	30046649.01	18174817.70	19523709.13
其它应交款	1896801.33	1907618.66	3096591.77	3155337.64
其他应付款	10689363.67	20661076.44	30007833.46	49819243.23
预提费用	4101184.12	7339177.68	3798185.92	6008854.67
一年内到期的长期负债			25000000.00	25000000.00
其他流动负债				
流动负债合计	342339886.16	357349076.87	431757511.26	459855571.73
长期负债:				
长期借款	294929538.56	295067774.06	237915993.96	237915993.96
应付债券				
长期应付款	28305.88	28305.88		
住房周转金	-925160.00	-925160.00	-22954130.32	-22954130.32
其他长期负债				86552.61
长期负债合计	294032684.44	294170919.94	214961863.64	215048416.25
递延税项:				
递延税款贷项				
负债合计	636372570.60	651519996.81	646719374.90	674903987.98
少数股东权益		10947452.80		10423311.57
股东权益:				
股本	252355495.00	252355495.00	252355495.00	252355495.00
资本公积	230384539.99	230384539.99	230580800.56	230580800.56
盈余公积	150964506.36	150964506.36	188580986.57	188627267.43
其中:公益金	5867156.42	5867156.42	13390452.46	13413592.89
未分配利润	8324023.36	8324023.36	9286669.48	8040898.47
股东权益合计	642028564.71	642028564.71	680803951.61	679604461.46
负债及所有者权益总计	1278401135.31	1304496014.32	1327523326.51	1364931761.01

现金流量表　　会股03表

编制单位:福建水泥股份有限公司　1999年度　单位:人民币元

	母公司	合并
一.经营活动产生的现金流量:		
销售商品,提供劳务收到的现金	725936255.32	731206663.51
收取的租金	323300.00	323300.00
收到的税费返还	5015000.00	5067063.91
收到的其他与经营活动有关的现金	14178307.15	15170307.15
现金流入小计	745452862.47	751767334.57
购买商品,接受劳务支付的现金	402246835.74	751767334.57
支付给职工以及为职工支付的现金	757704.00	757704.00
实际交纳的增值税款	101078753.82	104338444.85
支付所得税款	51259263.95	51625835.15
支付的除增值税,所得税以外的其他税费	20021411.79	20046669.77
支付的其他与经营活动有关的现金	17157182.02	17886880.73
现金流出小计	653535894.91	662090475.39
经营活动产生的现金流量净额	91916967.56	89676859.18
二.投资活动产生的现金流量		
收回投资所收到的现金	400000.00	400000.00
分得股利或利润所收到的现金		
取得债券利息收入的所收到的现金		
处置固定资产,无形资产和其他长期资产而收回的现金净额	49594.58	58183.58
收到的其他与投资活动有关的现金	2675832.58	2675832.58
现金流入小计	3125427.16	3134016.16
购建固定资产,无形资产和其他长期资产所支付的现金	66450689.17	66896454.17
权益性投资所支付的现金	75086.00	
债权性投资所支付的现金		
支付的其他与投资活动有关的现金	200000.00	200000.00
现金流出小计	66725775.17	67096454.17
投资活动产生的现金流量净额	-63600348.01	-63962438.01
三.筹资活动产生的现金流量		
吸收权益性投资所收到的现金		1092000.00
发行债券所收到的现金		
借款所收到的现金	192537945.72	194537945.72
收到的其他与筹资活动有关的现金	49353184.75	49373874.25
现金流入小计	241891130.47	245003819.97
偿还债务所支付的现金	132533544.60	132772310.10
发生筹资费用所支付的现金		
分配股利或利润所支付的现金	46317583.20	46317583.20
偿付利息所支付的现金	16651951.44	16683768.94
融资租赁所支付的现金		
减少注册资本所支付的现金		
支付的其他与筹资活动有关的现金	322052.09	386177.09
现金流出小计	195825131.33	196159839.33
筹资活动产生的现金流量净额	46065999.14	48843980.64
四.汇率变动对现金的影响		
五.现金及现金等价物净增加额	74382618.69	74558401.81

附注

项　目	母公司	合并
1.不涉及现金收支的投资和筹资活动:		
以固定资产偿还债务		
以投资偿还债务		
以固定资产进行长期投资		
以存货偿还债务		
融资租赁固定资产		
2.将净利润调节为经济活动的现金流量:		
净利润	76432450.58	75232960.43
加:少数股东收益		-1666141.23
加:计提的坏帐准备或转销的坏账	1638376.39	1720280.72
固定资产折旧	41360614.69	42253649.86
无形资产摊销	3677100.36	4052767.89
待摊费用的减少(减:收益)		
预提费用的增加(减:减少)	1236527.29	791024.72
处置固定资产,无形资产和其他长期资产的损失(减:收益)	35801.40	44390.40
固定资产报废损失	111203.60	111203.60
财务费用	14738406.84	15625093.74
投资损失(减:收益)	913315.68	-2114476.26
递延税款贷项(减借项)		
存货的减少(减:增加)	8437571.72	10693075.32
经营性应收项目的减少(减:增加)	-22623171.08	-35935692.99
经营性应付项目的增加(减:减少)	-33738231.71	-19800596.51
其他		
经营活动产生的现金流量净额	91916967.56	89676859.18
3.现金及现金等价物净增加情况:		
货币资金的期末余额	159382837.57	163405538.01
减:货币资金的期初余额	85000218.88	88847136.20
现金价物的期末余额		
减:现金等价物的期初余额		
现金及现金等价物净增加额	74382618.69	74558401.81

河北威远生物化工股份有限公司

一、公司简介:

1、公司法定中文名称:河北威远生物化工股份有限公司
公司法定英文名称:HEBEI WEIYUAN BIO-CHEMICAL CO.,LTD
英 文 缩 写 :HBWY
2、公司法定代表人:霍丽君
3、公司董事会秘书:白 岩
授 权 代 表:郑德河
联 系 地 址:河北省石家庄市新石北路 166 号
联 系 电 话:0311-3836280-8015 传 真: 0311-3833524
4、公司注册地址:河北省石家庄市新石北路 166 号
公司办公地址:河北省石家庄市新石北路 166 号
邮 政 编 码 :050091
公司国际互联网网址:http://www.weiyuan.com
公司电子信箱:vian@weiyuan.com
5、公司选定的信息披露报纸:《上海证券报》
刊登公司年报的国际互联网网址:http://www.sse.com.cn
公司年度报告备置地点:本公司董事会秘书处
6、公司股票上市交易所:上海证券交易所
股票简称:威远生化 股票代码:600803

二、会计数据和业务数据摘要

1、公司本年度利润总额及构成情况

利润总额	
其中:净利润	21,420,056.36 元
扣除非经性损益后的净利润	22,480,089.72 元
主营业务利润	60,154,950.15 元
其他业务利润	556,126.27 元
营业利润	23,651,843.04 元
投资收益	2,315,860.43 元
补贴收入	297,425.92 元
营业外收支净额	1,060,033.36 元
经营活动产生的现金流量净额	-11,552,730.86 元
现金及现金等价物净增加额	60,957,469.10 元

注: 扣除非经常性损益系扣除营业外收入 469,852.05 元, 其中: 处理固定资产净收 益 390,000.00 元,其他 79,852.05 元;营业外支出 1,529,885.41 元,其中:处理固定资产 净损失 1,490,205.30 元,其他 39,680.11 元。

2、公司前三年主要会计数据及财务指标

项目	1999 年	1998 年		1997 年	
		调整后	调整前	调整后	调整前
主营业务收入(万元)	25739.06	20730.11	20730.11	12428.24	12428.24
净利润(万元)	2142.01	2461.96	2248.73	2638.54	2262.55
总资产(万元)	48722.63	36201.54	36571.79	32045.16	32628.64
股东权益(万元)	31340.66	21002.38	21372.63	18539.86	19123.34
每股收益(元/股)摊薄	0.18	0.33	0.30	0.35	0.30
加权	0.20	0.33	0.30	0.35	0.30
每股净资产(元/股)	2.65	2.78	2.83	2.46	2.53
调整后每股净资产(元/股)	2.59	2.72	2.79	2.39	2.50
净资产收益率(%)摊薄	6.83	11.72	10.52	14.23	11.83
加权	9.42	11.72	10.52	14.23	11.83
每股经营活动产生的现金流量净额(元/股)	-0.10	0.13	0.13		

注:主要财务指标计算公式如下:
每股收益=净利润/年度末普通股股份总数
每股净资产=年度末股东权益/年度末普通股股份总数
调整后的每股净资产=(年度末股东权益-三年以上的应收款项净额-待摊费用-待 处理(流动、固定)资产净损失-开办费-长期待摊费用-住房周转金负数余额)/年度末 普通股股份总数
每股经营活动产生的现金流量净额=经营活动产生的现金流量净额/年度末普通股股份总数
净资产收益率=净利润/年度末股东权益×100%

3、报告期内股东权益变动情况(元)

项目	股本	资本公积	盈余公积	公益金	未分配利润	股东权益合计
期初数	75482400	71628675.79	12109590.22	3693647.55	50803099.95	210023765.96
本期增加	42739313	69416447.00	3213008.46	1071002.82	21420056.36	136788824.82
本期减少	0	0	0	0	33405968.46	33405968.46
期末数	118221713	141045122.79	15322598.68	4764650.37	38817187.85	313406622.32
变动原因:	送股,配股	配 股	本年提取	本年提取	减少为年初实施送股增加为本年利润	

三、股东情况介绍

1、截止 1999 年 12 月 31 日,本公司股东总数 8216 户其中:国家股股东 1 户,社会公众 股股东 8215 户。

2、公司前十名股东持股情况:

股东名称	持股数量(万股)	持股比例(%)
石家庄市国资局	5212.571	44.09
广信基金	451.451	3.82
河北农行	74.48	0.63
江迅	64.89	0.55
王世勋	64.82	0.55
方福根	64.08	0.54
陈炳生	64.08	0.54
徐美娣	64.07	0.54
王兰香	64.07	0.54
林丽敏	64.04	0.54

注:(1)以上股东间无关联关系

(2)石家庄市国资局持股为国家股,所持股份无质押或冻结情况。本报告期内,因 公司实施 1998 年中期分红方案(每 10 股送 4 股)以及 1999 年度配股方案(国家股以现金认购 88.235 万股),股份总数由期初 3660.24 万股增至 5212.571 万股。

(3)本报告期内,控股股东未发生变更。

成都工益冶金股份有限公司

一、公司简介

1.公司法定中文名称:成都工益冶金股份有限公司
公司英文名称:CHENDU GONGYI METALLURGY CO.,LTD
公司英文名称缩写:CDGY
2.公司法定代表人:吕春山
3.公司董事会秘书:何 斌
电话:(028)4460046 传真:(028)4460046
E-MAIL:gongyi@mail.sc.cninfo.net
4.公司注册地址:中国四川成都市经华南路 3 号
公司办公地址:同上 邮政编码:610069
5.公司信息披露报纸:上海证券报
登载年度报告的中国证监会国际互联网网址:http://www.sse.com.cn
公司年度报告备置地点:四川成都市经华南路 3 号公司证券投资部
6.公司股票上市交易所:上海证券交易所
股票简称:工益股份 股票代码:600804

二、财务数据摘要

1.公司本年度的主要会计数据(单位:人民币元)

项目	金额
利润	1198179.02
净利润	830893.89
主营业务利润	21965003.27
其他业务利润	240210.91
投资收益	270217.14
营业外收支净额	-55422.74
经营活动产生的现金流量净额	6549903.50
现金及现金等价物净增加额	-3583013.17

2.截止本报告期末公司前三年的主要会计数据和财务指标
(单位:人民币元)

项目	99 年	98 年		97 年	
		调整前	调整后	调整前	调整后
主营业务收入(元)	261568377.04	372226750.70	372226750.70	334100363.14	334100363.44
净利润(元)	830893.89	27596663.39	12430943.81	34433010.69	18144958.80
总资产(元)	404222598.29	552781001.86	458582971.61	490585463.28	414835698.19
股东权益(元)	235866731.13	329012547.80	237875551.73	304279496.17	230762653.31
每股收益(元)	0.0071	0.2367	0.1066	0.2953	0.1556
每股净资产(元)	2.02	2.82	2.04	2.61	1.97
调整后的每股净资产(元)	1.91	2.60	1.95	2.35	1.88
每股经营活动产生的现金流量净额(元)	0.056	0.017	0.017		
净资产收益率(%)	0.35	8.72	5.23	11.32	7.86

以上财务指标的计算公司如下:
每股收益=净利润/年度末普通股股份总数
每股净资产=年度末股东权益/年度末普通股股份总数
调整后的每股净资产=(年度末股东权益-三年以上的应收款项净额-待摊费用-待 处理(流动、固定)资产净损失-开办费-长期待摊费用-住房周转金负数余额)/年度末 普通股股份总数
每股经营活动产生的现金流量净额=经营活动产生的现金流量净额/年度末普通股股份总数
净资产收益率=净利润/年度末股东权益×100%

3.报告期内股东权益变动情况(单位:万元)

项目	股本	资本公积	盈余公积	法定公益金	未分配利润	股东权益合计
期初数	11661.12	8876.26	3272.06	679.55	-21.88	23787.55
本期增加	0.00		7.27	3.66	75.81	
本期减少	0.00	283.97				-200.88
期末数	11661.12	8592.29	3279.33	683.19	53.93	23586.67

变动原因:
(1)资本公积金减少数系根据财政财会函字(1998)16 号文调整资本公积金并相应 调整累计折旧。
(2)盈余公积、法定公益金增加数为税后利润提取。
(3)未分配利润本期增加数为本年可供股东分配利润数。
(4)股东权益减少数系资本公积减少数与本年利润的差额。

三、股本变动及股东情况

1、股东情况介绍
(1)年末股东户数:43772 人
(2)前十名股东持股情况

名称	持股数	占总股权比例(%)
成都无缝钢管厂	43214400	37.06
国泰物业	450000	0.385
应恩伟	386000	0.331
曾志芳	305584	0.262
王建华	280000	0.240
周翠金	239000	0.205
青岛利荣	200000	0.172
施志坚	180000	0.154
李良涛	75850	0.151
宁波大和	160000	0.137

注 1:前十名股东之间未有任何关联关系
注 2:成都无缝钢管厂是代表国家持股。
成都无缝钢管厂简介
法定代表人:陈晓棠
经营范围:主营黑色金属冶炼、加工。
质押情况:1997 年 6 月,成都无缝钢管厂向中国招商银行成都市分行申请贷款,利用其持有的本公司股权进行抵押担保。

江苏悦达股份有限公司

一、公司简介

1、公司的法定中、英文名称及缩写
　法定中文名称:江苏悦达股份有限公司
　法定英文名称:JIANGSU YUEDA COMPANY LIMITED
2、公司法定代表人:胡友林
3、公司董事会秘书:刘晓光
　联系地址:江苏省盐城市通榆中路 36 号
　电话号码:(0515)8331672
　传　　真:(0515)8334601
　电子信箱:lxiaoguang@21cn.com
4、公司注册及办公地址:江苏省盐城市通榆中路 36 号
　邮政编码:224002
　国际互联网网址:http://www.yueda.com
　电子信箱:yueda@public.yc.js.cn
5、公司选定的信息披露报纸:《上海证券报》
　登载公司年度报告的国际互联网网址:http://www.sse.com.cn
　公司年度报告备置地点:江苏省盐城市通榆中路 36 号公司总部三楼证券部
6、公司股票上市地:上海证券交易所
　股票简称:江苏悦达　　股票代码:600805

二、会计数据及业务数据摘要

(一)本年度主要利润指标情况(单位:元)

利润总额:	154497212.02
净利润:	131806019.43
扣除非常性损益后的净利润:	23780819.43
主营业务利润:	117622116.94
其他业务利润:	77372392.98
营业利润:	91430526.73
投资收益:	47081314.52
补贴收入:	4311584.49
营业外收支净额:	11673786.28
经营活动产生的现金流量净额:	130702128.85
现金及现金等价物净增加额:	100861137.22

注:扣除的非常性损益项目和涉及金额:(单位:元)

1、转让南京房地产项目	40500000.00
2、土地转让收入	67525200.00

(二)截止报告期末前三年主要会计数据和财务指标(单位:元)

项　目	1999 年	1998 年		1997 年
		调整后	调整前	
主营业务收入	649680952.54	655209791.20	655209791.20	870320463.07
净利润	131806019.43	58175349.47	61530915.10	72194261.20
总资产	2273654102.31	1611937366.59	1649381739.83	1246166309.94
股东权益(不含少数股东权益)	1104339270.19	972533250.76	1009952782.83	702403961.93
每股收益:摊薄	0.283	0.125	0.13	0.36
加权	0.283	0.13	0.137	0.36
扣除非常性损益后每股收益	0.05			
每股净资产	2.37	2.09	2.17	3.52
调整后每股净资产	2.27	2.05	2.11	3.41
每股经营活动产生的现金流量净额	0.28	–0.55	–0.55	
净资产收益率(%):	11.94	5.98	6.09	10.28

注 1:主要财务指标计算方法:

(1)每股收益=净利润/年度末普通股股份总数

(2)每股净资产=年度末股东权益/年度末普通股股份总数

(3)调整后的每股净资产=(年度末股东权益–三年以上的应收款项净额–待摊费用–待处理(流动、固定)资产净损失–开办费–长期待摊费用–住房周转金负数余额)/年度末普通股股份总数

(4)每股经营活动产生的现金流量净额=经营活动产生的现金流量净额/年度末普通股股份总数

(5)净资产收益率=净利润/年度末股东权益 *100%

注 2: 公司于 2000 年 3 月完成增发 8000 万 A 股可流通股的工作，增发后总股本增加至 545,445,188 股,99 年每股收益全面摊薄为 0.24 元/股。

(三)报告期内股东权益变动情况及其原因(单位:元)

项目	股本	资本公积	盈余公积	法定公益金	未分配利润	股东权益合计
期初数	465445188	402442585.74	78502493.10	14954074.99	26142983.92	972533250.76
本期增加	–	–	32951504.85	6590300.97	98854514.58	131806019.43
本期减少						
期末数	465445188	402442585.74	111453997.95	21544375.96	124997498.50	1104339270.19

变动原因:盈余公积增加 32951504.85 元系按净利润的 10%提取了盈余公积金

法定公益金增加 6590300.97 元系按净利润的 10%提取了法定公益金

未分配利润增加 98854514.58 元,为本年所实现利润计提盈余公积后的余额

股东权益增加 131806019.43 元,为本年实现利润

三、股东情况介绍

1、报告期末股东总数为 80545 户。

2、本公司前十名股东持股情况:

股东名称	持有数量(股)	持股比例(%)
江苏悦达集团有限公司	128234486	27.55%
江苏省国际信托投资公司	72144000	15.50%
盐城市国有资产经营公司	32988148	7.09%
福建华福证券	5850000	1.26%
中信证券	5400000	1.16%
洋浦天合	5400000	1.16%
柳永辉	2322755	0.50%
郑红艳	2266601	0.49%
李忠	2255567	0.48%
宋音莲	2223000	0.48%

昆明机床股份有限公司

一、公司简介

公司法定名称(中文):昆明机床股份有限公司
公司法定名称(英文):KUNMING MACHINE TOOL COMPANY LIMITED
公司英文名称缩写 : KMTC
公司注册和办公地址:中华人民共和国云南省昆明市茨坝路 23 号
公司法定代表人: 叶香瑜先生
公司董事会秘书: 冯思忠先生
公司董事会秘书授权代表(内地): 曲莘野女士
电话:86–871–5212410　86–871–5212411
传真:86–871–5150317
邮政编码:650203
公司国际互联网网址为:http://www.cnkmtc.com
电子信箱: KMMTCL@public.km.yn.cn
公司选定的信息披露报纸:《上海证券报》及《商报》、《虎报》
公司登载年报指定的国际互联网网址为:http://www.sse.com.cn
公司年度报告备置地点:昆明机床股份有限公司董事会秘书室
公司股票内地上市交易所: 上海证券交易所
公司股票内地上市交易所的代码:600806
公司股票香港上市交易所: 香港联合交易所有限公司
公司股票香港上市交易所的代码:0300
公司股票简称: 昆明机床

二、会计数据和业务数据

1. 公司主要会计数据和业务数据

(1)根据中国会计准则

单位:人民币千元

利润总额:	–46568
净利润:	–46568
扣除非经常性损益后的净利润:	–49568
主营业务利润:	11127
其他业务利润:	–15
营业利润:	–48327
投资收益:	–1312
补贴收入:	3000
营业外收支净额:	71
经营活动产生的现金流量净额:	–10080
现金及现金等价物净增加额:	–92232

2. 公司主要会计数据和财务指标　　单位:人民币千元

至 12 月 31 日止年度

	1999	1998	1997	1996	1995
主营业务收入	46247	47314	74347	61790	61264
净利润	(46,568)	(25,671)	1195	2086	7265
总资产	575903	613271	646870	659967	663283
股东权益	505761	552329	578000	576805	574719
每股收益(人民币元/股)	(0.19)	(0.105)	0.0049	0.0085	0.0296
每股净资产(人民币元/股)	2.06	2.25	2.36	2.35	2.35
净资产收益率 %	(9.21)	(4.65)	0.21	0.36	1.26
调整后的每股净资产(人民币元/股)	2.00	2.23	2.34	2.33	2.32
每股经营活动产生的现金流量净额(人民币元/股)	–0.04	–0.07	0	0	0

3.股东权益变动情况　　单位:人民币千元

项目	股本	资本公积金	盈余公积金	公益金	未分配利润	股东权益合计
期初数	245007	305281	16812	8406	–14771	552329
本期增加	0	0	0	0	0	0
本期减少	0	0	0	0	46568	46568
期末数	245007	305281	16812	8406	–61339	505761

三、股东情况介绍

(1)股东人数:

于 1999 年 12 月 31 日止,本公司之股东数详情如下:

股东总数: 34,939 个
A 股股东: 34,573 个
国家股东: 1 个
法人股股东: 1 个
个人股东: 34,571 个
H 股股东: 366 个

(2)主要股东:

股东名称或姓名	年末持股数	年初持股数	股份类别	占总股数比例(%)
①云南省人民政府	102,397,700 股	102,397,700 股	A 股	41.79
②香港中央结算(代理人)有限公司	60,349,499 股	59,819,499 股	H 股	24.63
③昆明精华公司	17,609,700 股	17,609,700 股	A 股	7.19
④wong chi mo	300,000 股	300,000 股	H 股	0.12
⑤吕凤娥	250,200 股		A 股	0.10
⑥明天建设	220,000 股		A 股	0.09
⑦chan pui man	200,000 股		H 股	0.08
⑧王伯清	188,800 股		A 股	0.08
⑨朱敏	173,000 股		A 股	0.07
⑩陈立群	168,000 股		A 股	0.07

注:前 10 名股东中(1)为国家股,持股单位是云南省人民政府;(2)、(4)、(7)是外 资股股东。

除上述披露之主要股东外,于 1999 年 12 月 31 日,根据中国《股票发行与交易管理暂行条例》第 60 条及《公开发行股票公司信息披露的内容与格式准则第二号年度报告的内容与格式》规定,其他股东之持股量并未达到需要报告之数量;而根据香港证券《公开权益条例》第 16(1)条规定,本公司并无获悉其他人士拥有本公司已发行股本 10%或 以上之权益。

山东济南百货大楼(集团)股份有限公司

(一) 公司简介

1、公司的法定中、英文名称及缩写

公司的法定中文名称:山东济南百货大楼(集团)股份有限公司

公司的法定英文名称:SHANDONG JINAN DEPARTMENT STORT(GROUP)STOCK

英文缩写:S.J.D.S.G

2、公司法定代表人:李增起

3、公司董事会秘书:赵川辉

联系地址:济南市泉城路 264 号

电话:(0531)6030094　　传真:(0531)6914416

4、公司注册地址:中国山东济南市泉城路 264 号

邮政编码:250011　　网址 http://www.sse.com.cn

公司年度报告备置地点:上海证券交易所

股票简称:济南百货　　股票代码:600807

(二) 会计数据和业务数据摘要

2、公司本年度会计数据　单位:人民币元

利润总额	30520521.60
净利润	24352492.37
扣除非经常性损益后的净利润	21243666.69
主营业务利润	46104381.13
其他业务利润	5148513.55
营业利润	26691508.81
投资收益	4020187.11
营业外收支净额	-191174.32
经营活动产生的现金流量净额	5098033.91
现金及现金等价物净增加额	35218011.75
扣除非经常性损益项目和涉及金额	
(1)收入性项目	3300000.00
持有的法人股出让获利	3300000.00
(2)营业外收支净额项目	-191174.32
a、处理固定资产净收益	-161174.32
b、社会捐助	30000.00
(3)以上项目涉及金额	3108825.68

2、公司近三年主要财务数据指标

指标项目	1999	1998		1997	
	调整后	调整后	调整前	调整后	调整前
主营业务收入	189086797.72	144609052.64	144609052.64	187180539.56	187180539.56
净利润	24352492.37	21673483.85	21766596.04	18055676.93	18515899.82
总资产	465333532.62	405326600.02	405879935.10	328296342.60	328756565.49
股东权益	229306306.50	204953814.13	205507149.21	183280330.28	183740553.17
每股收益	0.226	0.261	0.262	0.217	0.223
扣除非经常性损益后的每股收益	0.1970	2.254	0.255	0.124	0.130
每股净资产	2.125	2.469	2.475	2.208	2.213
调整后的每股净资产	2.065	2.047	2.054	1.692	1.698
每股经营活动产生的现金流量净额	0.047	-0.459	-0.459		
净资产收益率(%)	10.62	10.575	10.592	9.851	10.077

注:一、主要财务指标计算方法

每股收益=净利润/年度末普通股股份总数

每股净资产=年度末股东权益/年度末普通股股份总数

调整后的每股净资产=(年度末股东权益-三年以上的应收款项净额-待摊费用-待 处理(流动、固定资产)资产净损失-开办费-长期待摊费用-住房周转金负数余额)/年 度末普通股股份总数

每股经营活动产生的现金流量净额=经营活动产生的现金流量净额/年度末普通股股份总数

净资产收益率=净利润/年度末股东权益×100%

需要说明的是:由于会计政策变更,根据财政部财会字(1999)35 号文、49 号文的有关规定,采用了追溯调整法,调整了 1999 年度合并会计报表相关的"坏帐准备"帐项、" 存货跌价准备"由项、"长期投资减值准备",帐项。

调整前各年度会计数据如下:

项目	1999 年	1998 年	1997 年
坏帐准备		39226.39	4109.79
存货跌价准备			
未分配利润		34058140.35	1620790.02

调整后各年度会计数据如下:

项目	1999 年	1998 年	1997 年
坏帐准备	253877.96	455722.80	352995.96
存货跌价准备	493997.77	136838.67	111336.72
长期投资减值准备	56000.00		
未分配利润	53298917.99	33604405.58	15749567.13

(三) 股东情况介绍

(1)报告期末股东总数为:43534 户,其中国有股东 1 户,法人股东 22 户,规劝众股股 东 43511 户。

主要股东持股情况

名次	股东名称	持股数量(股)	占总股本比例(%)
1	济南市国资局	36270000	33.69
2	建信济南办事处	2047500	1.89
3	济南高新建设公司	1755000	1.63
4	山东国际信托	1170000	1.08
5	兴华基金	560100	0.52
6	泰安兴融	409500	0.38
7	洛北城信	351000	0.33
8	林德成	260110	0.24
9	重汽财务	210600	0.19
10	海国正	187930	0.17

持有本公司 5%以上股份的股东是本公司的国有股股东—济南市国有资产管理局, 占总股本的 33.69%,该国有股股东在报告期内由于国有股转增使其持有股份变更为 3627 万股,报告期内所持股份无质押或冻结情况发生。

马鞍山钢铁股份有限公司

一、公司简介

公司名称:马鞍山钢铁股份有限公司 (简称"马钢")

英文名称:MAANSHAN IRON & STEEL COMPANY LIMITED (MAS C.L.)

公司法定代表人: 顾建国

公司注册地址:安徽省马鞍山市红旗中路 8 号

公司网址:http://www.magang.com.cn

董事会秘书:苏鉴钢 王大鹏

办公地址: 安徽省马鞍山市红旗中路 8 号

联系地址:安徽省马鞍山市红旗中路 8 号

电　话:86-555-2888158　　传 真:86-555-2887284

邮政编码:243003

电子信箱:MGGFDMS@mail.magang.com.cn

公司信息披露报纸:《上海证券报》、《南华早报》、《香港文汇报》

登载公司年度报告的指定国际互联网网址:http://www.sse.com.cn

公司年度报告备置地点:马鞍山钢铁股份有限公司董事会秘书室

股票上市地:A 股 上海证券交易所

股票简称:马钢股份　　股票代码:600808

H 股 香港联合交易所有限公司

股票简称:马鞍山钢铁　　股票代码:323

二、会计数据和业务数据摘要

1、本公司及其附属公司(简称"本集团")本年度实现利润总额及构成:(单位:人民币千元)

利润总额	13381
净利润	13112
扣除非经常损益后的净利润	(97,213)
其中:主营业务利润	602293
其他业务利润	676
营业利润	(74,148)
投资收益	3002
补贴收入	110325
营业外收支净额	(25,798)
经营活动产生的现金流量净额	108980
现金及现金等价物净增加(减少)额	(92,707)

注:经安永华明会计师事务所审计,公司 1999 年度按香港会计准则计算之净利润与按中国会计准则计算之净利润并无差异。

2、主要财务数据和财务指标(人民币)

指标项目	1999 年	1998 年	1997 年
主营业务收入(千元)	6668436	6429425	6646860
净利润/(亏损)(千元)	13,112	(167,941)	61622
总资产(千元)	17299627	17805165	17892607
股东权益(千元)	11861932	11848821	12016762
每股收益(亏损)(分/股)	0.20 分/股	-2.60 分/股	0.95 分/股
每股净资产(元/股)	1.84 元/股	1.84 元/股	1.86 元/股
调整后每股净资产(元/股)	1.76 元/股	1.76 元/股	1.81 元/股
每股经营活动产生的现金流量净额(元/股)	0.1718 元/股	0.0858 元/股	0.1441 元/股
净资产收益/(亏损)率(%)	0.11%	(1.41%)	0.51%

主要财务数据的计算公式

每股收益/(亏损)=净利润/(亏损)/年度末普通股股份总数

每股净资产=年度末股东权益/年度末普通股股份总数

调整后的每股净资产=(年度末股东权益-三年以上的应收款项净额-待摊费用-待 处理(流动、固定)资产净损失-开办费-长期待摊费用-住房周转金负数余额)/年度末 普通股股份总数

每股经营活动产生的现金流量净额=经营活动产生的现金流量净额/年度末普通股股份总数

净资产收益/(亏损)率=净利润/(亏损)/年度末股东权益 *100%

注:计算上述财务指标时,待转销汇兑差异人民币 1,373,630,913 元乃计入股东权 益。

3、报告期内股东权益变动情况(单位:人民币千元)

项目	股本	资本公积	盈余公积	法定公益金	未分配利润	合计
期初数	6455300	3491344	342732	171366	185813	10475189
本期增加			2334	1167	10777	13111
本期减少						
期末数	6455300	3491344	345066	172533	196590	10488300

变化原因: 1、盈余公积、法定公益金增加数系本期利润按规定计提额;

2、未分配利润增加系转入 1999 年度可分配利润所致。

注:计算上述股东权益时,待转销汇兑差异人民币 1,373,630,913 元未计入。

三、股东情况介绍

(1)一九九九年十二月三十一日,本公司股东总数为 252685 名,其中:A 股股东 246189 名,H 股股东 6496 名。

(2)于一九九九年十二月三十一日前 10 名股东的持股情况:

A.马钢(集团)控股有限公司(黑马鞍山马钢总公司)(简称「集团公司」)持有本公司股份总数为 407,898 万股 A 股,其中代表国家持有 403,456 万股 A 股,(占本公司总股本 约 62.5%)及法人股 A 股 4442 万股。集团公司法定代表人:顾建国。经营范围:矿产品采 选,建筑工程设计、施工,房地产开发,综合技术服务,国内贸易,饮食,生产服务,制造 机电设备,金属制品.

B:香港 HKSCC NOMINEES LIMITED 持有本公司股份总数为 151963 万股 H 股,占本公司总股本约 23.54%。

其余于一九九九年十二月三十一日名列本公司前十名最大股东如下:

股东名称	持股量(股)	占总股本(%)
HSBC NOMINEES LIMITED	26430000	0.409
上海全隆实业有限公司	9800000	0.152
CHAN CHIU CHI	4000000	0.062
李仙桃	3231593	0.050
中国人民保险公司安徽省分公司	3000000	0.046
平安证券	3000000	0.046
航空公司	3000000	0.046
兴和基金	2585317	0.040

前十名股东之间不存在关联关系。

持有本公司 5%(含 5%)以上股份的股东所持股份没有质押或冻结的情况

山西杏花村汾酒厂股份有限公司

一、公司简介

1.中文名称:山西杏花村汾酒厂股份有限公司
英文名称:SHANXI XINGHUACUN FEN WINE FACTORY CO.,LTD.
2.法定代表人:高玉文
3.董事会授权代表:郭志宏
联系地址:山西汾酒董事会秘书处
电话:0358—72293817220255　传真:0358—7220394
4.公司地址:山西省汾阳市杏花村　邮政编码:032205
5.公司信息披露报纸:《中国证券报》、《上海证券报》
登载年报的国际互联网网址:Http://www.sse.com.cn
年度报告备置地点:董事会秘书处
6.公司股票上市交易所:上海证券交易所
股票简称:山西汾酒　股票代码:600809

二、会计数据和业务数据摘要

1.本年度利润指标情况

项目	金额:元
利润总额	9048851.78
净利润	3714830.39
扣除非经常性损益后净利润	772738.65
主营业务利润	82779590.21
其他业务利润	272568.26
营业利润	5914483.90
投资收益	187247.00
补贴收入	2908941.04
营业外收支净额	38179.84
经营活动产生的现金流量净额	15175333.98
现金及现金等价物净增加额	3022580.22
[注]扣除的非经常性损益项目和涉及金额	
所得税返还的补贴收入	2908941.04
处理固定资产净收益	33150.70

2.主要会计数据和财务指标

项目	1999年	1998年		1997年	
		调整后	调整前	调整后	调整前
主营业务收入	303288197.33	250016078.34	250016078.34	450632802.57	450632802.57
净利润	3714830.39	5055784.74	5323617.41	45845363.78	51697830.53
总资产	1109556518.3	1111301986.73	1119781134.25	1120450000.74	1128550300.74
股东权益(不含少数股东权益)	777185733.65	773470903.26	780623990.93	763427704.20	770312965.59
每股收益	0.0086	0.0017	0.0123	0.1059	0.1194
扣除非经常性损益后每股收益	0.0018	0.0092	0.0097	0.1059	0.1194
每股净资产	1.7952	1.7866	1.8031	1.7634	1.7793
调整后每股净资产	1.7395	1.7267	1.7428	1.7261	1.7420
每股经营活动产生的现金流量净额	0.04	0.03	0.03	—	—
净资产收益率%	0.48	0.65	0.68	6.01	6.71

注:1)主要财务指标的计算方式:
每股收益=净利润/年度末普通股股份总数
每股净资产=年度末股东权益/年度末普通股股份总数
调整后的每股净资产=(年度末股东权益-三年以上应收款项-待摊费用-待处理(流动、固定)资产净损失-开办费-长期待摊费用—住房周转金负数余额)/年度末普通股 股份总数
每股经营活动产生的现金流量净额=经营活动产生的现金流量净额/年度末普通股股份总数
净资产收益率=净利润/年度末股东权益×100%
2)根据财政部(1999)35号、49号文有关规定,本公司变更了会计政策,采用追溯调整法调整了本年度及97、98年度会计报表相关的“坏帐准备”、“存货跌价准备”。
调整前后有关会计数据如下:

项目	99年	1998年		1997年	
		调整前	调整后	调整前	调整后
坏帐准备	9986414.11	478482.74	8244386.35	502598.39	8052898.39
存货跌价准备	750000.00	—	650000.00	—	550000.00
盈余公积金	42343431.29	42859009.20	41786052.44	42060451.55	41027663.30
未分配利润	2676190.75	5598870.12	−481260.79	1073810.36	−4778662.78

3.报告期内股东权益变动情况(单位:万元)

项目	股本	资本公积	盈余公积	法定公益金	未分配利润	股东权益合计
期初数	43292.41	3329924.20	4178.61	1720.51	−48.13	77347.09
本期增加	—	—	55.73	18.57	315.75	374.48
本期减少						
期末数	43292.41	3329924.20	4234.34	1739.08	267.62	77718.57

变动原因: 1.盈余公积、法定公益金本期增加数为税后利润提取。
2.未分配利润本期增加数为本年可供股东分配利润数。

三、股东情况介绍

1.公司报告期末股东总数为:51208户
2.主要股东持股情况

股东名称	年末持股(万股)	占总股本%
①山西杏花村汾酒(集团)公司	328247	5.82
②汾酒(集团)公司晋泉涌贸易公司	473.56	1.09
③泰和基金	210.68	0.49
④太原糖酒副食采供站	200	0.46
⑤义泉涌酒业股份有限公司	173.67	0.40
⑥山西省糖酒副食公司	124	0.29
⑦汾酒(集团)公司进出口公司	110	0.25
⑧太原市副食品贸易中心	100	0.23
⑨太原汾酒大厦	100	0.23
⑩北京市糖烟酒公司	50	0.12

神马实业股份有限公司

一、公司简介

1. 公司法定中文名称:神马实业股份有限公司
公司英文名称: SHEN MA INDUSTRY CO.LTD
公司英文名称缩写:SMIC
2. 公司法定代表人:宋春迎
3. 公司董事会秘书:刘臻
联系电话:0375-3921231　传真:0375-3921100
4. 公司办公地址:河南省平顶山市建设中路63号　邮政编码:467000
公司电子信箱:shenma@public.pdptt.ha.cn
5. 公司选定的信息披露报纸:上海证券报
登载公司年度报告的中国证监会指定国际互联网网址: http://www.sse.com.cn
公司年度报告备置地点:神马实业股份有限公司证券处
6.公司股票上市交易所:上海证券交易所
股票简称:神马实业　股票代码:600810

二、会计数据和业务数据摘要

1.公司本年度实现利润总额:13579.3 万元
净利润:10641.1 万元
扣除非经常性损益后的净利润:10641.1 万元
主营业务利润:21166.6 万元
其他业务利润:182.3 万元
投资收益:0 万元
补贴收入:0 万元
营业外收支净额:−21.96 万元
经营活动产生的现金流量净额:5866.3 万元
现金及现金等价物净增加额:−7710.49 万元

2.公司前三年主要会计数据和财务指标:　单位:人民币元

	1999年度	1998年度(调整前)	1998年度(调整后)	1997年度(调整前)	1997年度(调整后)
主营业务收入	1193118253	1405404563	1405404563	1228321852	1228321852
净利润	106411359	199528976	174877062	206690222	204117729
总资产	3878077586	2180553207	2159677483	1314946873	1301711634
股东权益	3373329388	1329477836	1288796315	1232908859	1216879253
每股收益(摊薄)	0.206	0.581	0.509	0.602	0.594
(加权)	0.21	0.581	0.509	0.696	0.687
扣除非经常性损益后的每股收益	0.206	0.581	0.509	0.602	0.594
每股净资产(摊薄)	6.55	3.87	3.75	3.59	3.54
(加权)	6.74	3.87	3.75	3.59	4.09
调整后每股净资产(摊薄)	6.53	3.81	3.66	3.58	3.53
(加权)	6.72	3.81	3.66	4.14	4.08
每股经营活动产生的现金流量净额	0.115	0.195	0.195	−0.22	−0.22
净资产收益率(摊薄)	3.15%	15%	13.56%	16.76%	16.76%
(加权)	4.56%	15%	13.56%	20.85%	20.75%

调整前后1997、1998年度有关会计数据如下:

报表项目	1998年		1997年	
	调整前	调整后	调整前	调整后
坏帐准备		9187615.49		4542119.62
存货跌价准备		11688108.32		8693119.32
应交税金	−550664.18	10155617.65	30534912.19	32029225.99
其他应交款	302599.10	3082269.55	187442.99	1487495.99
盈余公积	133571036.72	125434732.64	93665241.36	90459320.24
未分配利润	224334745.42	191789529.11	167671564.01	154847879.39
存货跌价损失		2994989.00		1589895.50
管理费用	26565788.21	37531128.38	22905038.00	21093267.78
营业外支出	117123.13	1596740.58	102344.00	1402397.00
所得税	44869685.40	54081653.43	46424543.00	47918856.80

3、报告期内股东权益变动情况(金额单位:人民币元)

项　目	股本(万股)	资本公积	盈余公积	法定公益金	未分配利润	股东合计
期初数	34320	628372054	62522574	62912258	191789529	1288796312
本期增加	17160	1806521713	10641135	10641135	85129087	2084533072
本期减少						
期末数	51480	2434893767	73163710	73553294	276918616	3373329388

变动原因:(1)股本增加系本期按10;5比例配股所致;
(2)资本公积金增加系配股溢价所致;
(3)盈余公积金、法定公益金增加系按本年实现利润提取10%法定盈余公积金和10%法定公益金所致;
(4)本年度实现净利润106411359.3元,提取法定盈余公积金和法定公益金后,加年初未分配利润191789529.11元,期末可供股东分配利润合计276918616.62元。

三、股东情况介绍

1、报告期末股东数量:101066户。其中,发起人法人股东1户。
2、报告期末公司前十名股东持股情况

股东名称	年末持股数(股)	比例%	股份性质
①神马集团	386100000	75.00	国有法人股
②信德企业	752615	0.146	上市流通股
③爱建公司	531700	0.103	上市流通股
④许　放	346817	0.067	上市流通股
⑤天阳投资	322658	0.063	上市流通股
⑥兴和基金	277605	0.054	上市流通股
⑦飞龙工程	237849	0.046	上市流通股
⑧张国庆	193755	0.038	上市流通股
⑨张浩添	179120	0.035	上市流通股
⑩陈国强	168804	0.033	上市流通股

东方集团股份有限公司

一、公司简介

1、公司法定中文名称:东方集团股份有限公司
公司法定英文名称:ORIENTGROUPINCORPORATIAN　　缩写:OGI
2、公司法定代表人:张宏伟
3、公司董事会秘书:关卓华
联系地址:哈尔滨市南岗区花园街235号
电话:0451-3666028　　传真:0451-36660300451-3643214
电子信箱:colog@mail.hrb.hl.cninfo.net
4、公司注册地址:哈尔滨市南岗区长江路科工贸2号楼
公司办公地址:哈尔滨市南岗区花园街235号　　邮政编码:150001
公司国际互联网网址:http://www.china-orient.com
电子信箱:colog3@mail.hrb.hl.cninfo.net
5、公司选定的信息披露报纸名称:《上海证券报》、《中国证券报》
公司年度报告的国际互联网网址:http://www.sse.com.cn
公司年度报告备置地址:本公司证券部
6、公司股票上市交易所:上海证券交易所
股票简称:东方集团　　股票代码:600811

二、会计数据和业务数据摘要

1、本年度主要利润指标情况(单位:人民币元)

利润总额:	352,467,041.36
净利润:	155,785,392.47
扣除非经营性损益后的净利润:	113,095,094.69
主营业务利润:	359,128,593.09
其他业务利润:	10,443,870.45
营业利润:	276,112,795.93
投资收益:	71,661,437.82
补贴收入:	1,569,346.91
营业外收支净额:	3,123,460.70
经营活动产生的现金流量净额:	208,924,179.24
现金及现金等价物净增加额:	50,745,747.46

注:"扣除的非经营性损益项目后的净利润"中扣除项目:1999年度本公司转让部分子公司股权收益42,690,297.78元。

2、截止报告期末公司前三年的主要会计数据和财务指标(单位:人民币元)

项目	1999年	1998年		1997年	
		调整前	调整后	调整前	调整后
主营业务收入	980875188.89	760391704.44	853345508.90	467126972.73	467126972
净利润	155785392.47	139341295.45	143615117.47	131481279.79	126560080
总资产	3627322125	1864813311	3408658527	1487471288	1478900398
股东权益(不含少数股东权益)	1510109990	1359567298	1354324597	1220145388	1211574498
每股收益(摊薄计算)	0.37	0.39	0.40	0.37	0.36
每股收益	0.41	0.39	0.40	0.47	0.45
扣除非经常性损益的每股收益(摊薄)	0.27	0.38	0.38	0.37	0.36
每股净资产	3.55	3.83	3.82	3.44	3.42
调整后的每股净资产	3.41	3.76	3.74	3.39	3.37
每股经营活动产生的现金流量净额	0.49	0.56	0.56		
净资产收益率	10.32	10.25	10.60	10.78	10.45

调整前各年度会计数据 如下:

项目	1999年	1998年	1997年
坏帐准备	869,639.89	679,430.64	556,879.76
存货跌价准备			
长期投资计提减值准备			
未分配利润	197,600,215.67	173,396,600.83	103,794,482.87

调整后各项会计数据

项目	1999年	1998年	1997年
坏帐准备	7,727,375.91	7,831,792.46	9,127,770.61
存货跌价准备			
长期投资计提减值准			
未分配利润	190,742,479.65	165,551,673.14	95,223,592.02

3、股东权益变动情况(单位:人民币元)

项目	期初数	本期增加数	本期减少数	期末数
股本	354785886.00	70957178		425743064.00
资本公积	672925158.78		35478589.00	637446569.78
盈余公积	161061879.74	95115996.96		256177876.70
法定公益金	49807026.95	18217955.98		68024982.93
未分配利润	165551673.14	155785392.47	130594585.96	190742479.65
股东权益合计	1354324597.66	321858567.43	166073174.96	1510109990.13

三、股东情况介绍

1.报告期末股东总数142,643户

2.主要股东持股情况(前十名股东)

名次	股东名称	本年内股份增减	年末持股数(股)	占股本比例
①	东方集团实业股份有限公司	23,318,198	141,709,186	33.29%
	其中:未上市流通股份	22,254,524	133,527,140	
	已上市流通股份	1,363,674	8,182,046	
②	张宏伟		1,983,172	0.47%
③	宏源公司		1,804,960	0.42%
④	刘庆余		1,324,878	0.31%
⑤	华夏证券		1,261,021	0.30%
⑥	安英		1,240,942	0.29%
⑦	泰和基金		1,200,000	0.28%
⑧	关国亮		1,116,263	0.26%
⑨	伍悦		942,000	0.22%
⑩	宏源信托		764,910	0.18%

华北制药股份有限公司

一、公司简介

1、公司法定名称:华北制药股份有限公司
英文名称:NORTH CHINA PHARMACEUTICAL COMPANY.LTD
英文缩写:NCPC
2、公司法定代表人:吕渭川
3、公司董事会秘书:李妍如
授权代表:曹正平联系电话:(0311)5051133
传真:(0311)6672430
4、公司注册地址:河北省石家庄市和平东路388号
邮政编码:050015
5、公司信息披露报纸名称:《中国证券报》、《上海证券报》
登载公司年度报告的国际互联网网址:http://www.sse.com.cn
公司年度报告备置地点:公司股份制管理办公室
6、公司股票上市交易所:上海证券交易所
股票简称:华北制药
股票代码:600812

二、会计数据和业务数据摘要

1、本年度实现利润指标及主要现金流量指标

项目	金额(单位:元)
利润总额	136333731.65
净利润	105425131.20
扣除非经常性损益后的净利润	105425131.20
主营业务利润	258841022.00
其他业务利润	30370126.73
营业利润	92460726.71
投资收益	41707331.85
补贴收入	0
营业外收支净额	2165673.09
经营活动中产生的现金流量净额	-373624885.34
现金及现金等价物净增加额	139730176.14

2、前三年主要会计数据和财务指标

(单位:元)

项目	1999年	1998年		1997年	
		调整前	调整后	调整前	调整后
主营业务收入(元)	1630338043.36	1152675570.21	1331917632.51	1464033582.31	1464033582.31
净利润(元)	105425131.20	112280416.47	100076644.02	192324094.65	176966307.33
总资产(元)	5561864687.11	3920165717.89	4038720718.38	3476731725.60	3461373938.28
股东权益(元)	2499174711.5	1838047299.21	1803968193.41	1847632511.29	1832402846.29
每股收益(元/股)	0.09	0.11	0.10	0.19	0.18
加权平均每股收益(元/股)	0.09	0.11	0.10	0.22	0.20
扣除非经常性损益后的每股收益(元/股)	0.09	0.11	0.10	0.22	0.17
每股净资产(元/股)	2.14	1.83	1.80	1.84	1.83
调整后的每股净资产(元/股)	2.04	1.79	1.73	1.84	1.82
每股经营活动中产生的现金流量净额(元/股)	-0.3195	-0.3255	-0.3255		
净资产收益率(%)	4.22	6.11	5.55	10.41	9.66

注:(1)1997年和1998年度调整后的主要会计数据和财务指标系根据财政部财会字(1999)35号文、49号文的有关规定,改变会计政策,进行追溯调整所致。

(2)主要财务指标计算方法:每股收益=净利润/年度末普通股股份总数每股净资产=年度末股东权益/年度末普通股股份总数

调整后的每股净资产=(年度末股东权益-三年以上的应收款项净额-待摊费用-待 处理(流动、固定)资产净损失-开办费-长期待摊费用-住房周转金负数余额)/年度末 普通股股份总数

每股经营活动产生的现金流量净额=经营活动产生的现金流量净额/年度末普通股股份总额

净资产收益率=净利润/年度末股东权益×100%

3、报告期内股东权益变动情况

(单位:万元)

项目	股本	资本公积	法定盈余公积	法定公益金	未分配利润	合计
期初数	100388	65294	12124	5495	-2904	180397
本期增加	16551	41953	1501	596	11137	71738
本期减少	0	0	0	0	2218	2218
期末数	116939	107247	13625	6091	6015	249917

变动原因:
(1)股本及资本公积增加系配股所致;
(2)法定盈余公积金、法定公益金增加系利润分配按比例提取所致;
(3)未分配利润变动系实现利润及利润分配所致。

三、股东情况介绍

1.报告期末股东总数
截止1999年末,本公司股东总数为:249050户。

2.前十名股东持股情况

股东名称	年末持股数(股)	占总股本%
1.华北制药集团有限责任公司(国家股)	700125565	59.87
2.杨丹瓴	3140000	0.269
3.南方联华	1550386	0.133
4.美联投资	1508369	0.129
5.滕文宏	1017570	0.087
6.yu 纯兵	850000	0.073
7.刘子全	733000	0.063
8.李敏	704947	0.060
9.郑月娟	700000	0.060
10.兴和基金	638608	0.055

注:华北制药集团有限责任公司系代表国家持有股份

鞍山第一工程机械股份有限公司

(一) 公司简介

1、公司的法定中文名称:鞍山第一工程机械股份有限公司
中文简称:鞍山一工
英文名称:ANSHAN NO.1 CONSTRUCTION MACHINERY CO.LTD.
英文简称:ASCM
2、公司法定代表人:沈铁方
3、公司董事会秘书:任贯田
联系地址:辽宁省鞍山市立山区红旗路30号
电 话:0412-6213805
传 真:0412-6211644
4、公司注册地址:辽宁省鞍山市立山区红旗路30号
公司办公地址:辽宁省鞍山市立山区红旗路30号
邮政编码:114042
电子信箱:Yggfgs@mail.asptt.ln.cn
5、公司选定的信息披露报纸名称:《上海证券报》
公司年度报告登载互联网网址:http://www.sse.com.cn
公司年度报告备置地点:公司办公地
6、公司股票上市交易所:上海证券交易所
股票简称:ST 鞍一工
股票代码:600813

(二) 会计数据和业务数据摘要

1、本年度利润总额及构成

项 目	1999年度(单位:元)
利润总额	-7139754.75
净利润	-7139754.75
扣除非经常性损益后的净利润	-77255973.56
主营业务利润	-184714.63
其他业务利润	63650.00
营业利润	-77192323.56
投资收益	-145518.83
补贴收入	68840000.00
营业外收支净额	1358087.64
经营活动产生的现金流量净额	54972605.98
现金及现金等价物净增加额	-1266292.71

注:扣除的非经常性损益项目和涉及金额(单位:元)

其他业务利润	63650.00
投资收益	-145518.83
补贴收入	68840000.00
加:营业外收入	1524009.21
减:营业外支出	165921.57
以上项目涉及金额合计	70116218.81

2、截至报告期末公司前三年的主要会计数据和财务指标

项 目	1999年	1998年		1997年	
	调整后	调整前	调整后	调整前	调整后
主营业务收入(元)	116486957	173215601	173215601	207642522	207642522
净利润(元)	-7139754	1442644	-32660327	-175131291	-218405411
总资产(元)	1426774553	1510811534	1394569826	1354536850	1272061511
股东权益(元)	161670944	280052407	163810699	279190379	196425906
每股收益(元)	-0.0277	0.0056	-0.1266	-0.6788	-0.8465
每股净资产(元)	0.63	1.09	0.63	1.08	0.76
净资产收益率(%)	-4.42	0.52	-19.94	-62.73	-111.19
调整后的每股净资产(元)	-0.32	0.463	0.095	0.508	0.254

每股收益=净利润/年度末普通股股份总数
每股净资产=年度末股东权益/年度末普通股股份总数
调整后的每股净资产=(年度末股东权益-三年以上的应收款项净额-待摊费用- 待处理(流动、固定)资产净损失-开办费-长期待摊费用-住房周转金负数余额)/年度末普通股股份总数
净资产收益率=净利润/年度末股东权益×100%

注:因本公司本年度内无股本变动情况,所以加权平均与摊薄所计算得数额相等,故没有分别计算。

3、报告期内股东权益变动情况

项目	股本	资本公积	盈余公积	法定公益金	未分配利润	股东权益合计
期初数	258000000	225906533	15252267		-335348101	163810699
本期增加		5000000			-7139754	
本期减少						2139754
期末数	258000000	230906533	15252267		-342487856	161670944

变动原因:资本公积增加是由于鞍山市政府无偿拨入的启动资金;未分配利润增加是由于本年度亏损。

(三) 股东情况介绍

(1)报告期末公司股东总数为31954户,其中国家股东1户,法人股东141户,个人股 东31812户。

(2)公司前十名大股东持股情况(截至1999年12月31日)

序号	股东名称	年末持股数(万股)	所占比例(%)
1	辽宁工程机械(集团)有限责任公司	8026.32	31.11
2	海城第三建筑公司第三分公司	730.80	2.83
3	海南银山租赁公司	720.00	2.79
4	鞍山市宏达房屋开发公司	412.32	1.59
5	鞍山铸钢厂	360.00	1.40
6	鞍山市五环实业股份有限公司	360.00	1.40
7	红拖金达经销处	295.44	1.15
8	沈阳万众企业股份有限公司	264.00	1.02
9	海南华通股份有限公司	240.00	0.93
10	灯塔县前进金属制品厂	240.00	0.93

注:辽宁工程机械(集团)有限责任公司代表国家持有股份.

(3)持股10%以上的股东简介
辽宁工程机械(集团)有限责任公司法定代表人:甄星耀

杭州解百集团股份有限公司

一、公司简介

1、公司法定中文名称:杭州解百集团股份有限公司
公司法定英文名称:HANGZHOUJIEBAIGROUPCO.,LIMITED.
英文缩写:HJBG
2、公司法定代表人:胡崇杏
3、公司董事会秘书:诸雪强
联系地址:浙江省杭州市解放路211号
联系电话:0571-7016888转5015
传真:0571-7012247
4、公司注册及办公地址:浙江省杭州市解放路211号
邮政编码:310001
公司网址:www.jiebaigroup.com.cn
5、公司选定的信息披露报纸名称:《中国证券报》、《上海证券报》
登载公司年度报告的国际互联网网址:http://www.sse.com.cn
年度报告备置地点:公司董事会秘书处
6、公司股票上市交易所:上海证券交易所
股票简称:杭州解百
股票代码:600814

二、会计数据和业务数据摘要

1、本年度会计数据和业务数据摘要(单位:人民币元)

项目	1999年
(1)利润总额	30,604,727.00
(2)净利润	25,740,720.41
(3)扣除非经营性损益后的净利润	25,740,720.41
(4)主营业务利润	94,579,045.48
(5)其他业务利润	8,489,483.34
(6)营业利润	29,085,134.74
(7)投资收益	2,709,497.40
(8)补贴收入	--
(9)营业外收支净额	-1,189,905.14
(10)经营活动产生的现金流量净额	69,235,709.63
(11)现金及现金等价物净增加额	-5,542,112.39

2、公司前三年的主要会计数据和财务指标:(单位:人民币元)

	1999年		1998年		1997年	
		调整前		调整前		调整前
(1)主营业务收入	745370937	745370937	827478611	827478611	861740417	861710417
(2)净利润	25740720	19717532	41123496	41847345	28903297	40562698
(3)总资产	770710317	764687129	735561876	775208294	729803109	774855763
(4)股东权益	392146680	386123493	366624967	406294915	352419070	397471723
(5)每股收益	0.1627	0.1246	0.2599	0.2644	0.1826	0.2563
(6)每股净资产	2.48	2.44	2.32	2.57	2.23	2.51
(7)调整后的每股净资产	2.31	2.25	2.18	2.42	2.01	2.29
(8)每股经营活动产生的现金流量净额	0.44	0.34				
(9)净资产收益率	6.48		11.08		8.20	

注:主要财务指标计算公式:
每股收益=净利润/年度末普通股股份总数
每股净资产=年度末股东权益/年度末普通股股份总数
调整后的每股净资产=(年度末股东权益-三年以上的应收款项净额—待摊费用-待处理(流动、固定)资产净损失-开办费-长期待摊费用—住房周转金负数余额)/年度末普通股股份总数
每股经营活动产生的现金流量净额=经营活动产生的现金流量净额/年度末普通股股份总数
净资产收益率=净利润/年度末股东权益×100%

3、报告期内股东权益变动情况:(单位:人民币元)

项 目	股本	资本公积	盈余公积	法定公益金	未分配利润	股东权益合计
期初数	158246946	155345258.50	45336469.66	7648782.75	12312321.02	371240995.18
本期增加		53306.67	10049375.57	1306291.61	25740720.41	35843402.65
本期减少			6134450.56	6134450.56	3914925.01	10049375.57
期末数	158246946	155398565.17	49251394.67	2820623.80	34138116.42	397035022.26

变动原因:1、公司上年披露1998年年末未分配利润为46,453,273.78元。根 据会计准则要求,对原本公司拥有49%股权的子公司杭州解百钱王商厦有限责任公司1997年7-12月实现之损益在本期实行追溯调整,相应调整减少以前年度未分配利润1,172,472.50元,减少法定盈余公积137,937.94元,减少法定公益金68,968.97元。2、因追溯调整坏账准备、存货跌价准备、长期投资减值准备的计提数,相应减少了1999年初法定盈余公积金3,540,290.06元,法定公益金1,770,033.55元。

三、股东情况介绍

1、报告期末股东总数42020户。
2、前十名股东持股情况。

股东名称	持股数(股)	所占比例(%)
①杭州市投资控股有限公司	55390049	35
②杭州股权	6816279	4.307
③浙江省商业集团公司	2202200	1.392
④兴和基金	1409034	0.89
⑤浙江证券	1210000	0.765
⑥浙江省商业厅机关工会	786500	0.497
⑦徐平涛	786500	0.497
⑧杭州西湖电子集团公司	759759	0.48
⑨周肖吾	755210	0.477
⑩浙粮储贸	660660	0.417

前十名股东的股权在本报告期内没有质押和冻结情况。
前十名股东中的浙江省商业厅机关工会为浙江商业集团公司之下属机构,其余股东之间不存在关联关系。
杭州市投资控股有限公司持有的股份为国家股。

厦门工程机械股份有限公司

一、公司简介

1、公司法定名称:中文名称:厦门工程机械股份有限公司
英文名称:XIAMEN ENGINEERING (MACHINERY CO., LTD
公司法定代表人:王昆东
2、公司董事会秘书:王智勇
联系地址:厦门市厦禾路 668 号公司董事会秘书处
电话:0592-2115449　传真:0592-2036720
电子信箱:xggfzqb@public.xm.fj.cn
3、公司注册地址及办公地址:厦门市厦禾路 668 号　邮政编码:361004
公司互联网网址:www.xiagong.com.cn
4、公司选定的信息披露报纸名称:《中国证券报》
登载公司年度报告的中国证监会指定国际互联网网址 :http://www.sse.com.cn
电子信箱:xggfzqb@public.xm.fj.cn
公司年度报告备置地点:公司董事会秘书处
5、公司股票上市交易所:上海证券交易所　股票简称:厦工股份　股票代码:600815

二、会计数据和业务数据摘要

1、公司本年度实现利润总额 3342.67 万元,净利润 2794.43 万元,扣除非经常性损 益后的净利润 2301.94 万元,主营业务利润 10756.23 万元,其他业务利润 293.47 万元,营业利润 3078.39 万元,投资收益-160.19 万元,补贴收入 492.49 万元,营业外收支净额-68.01 万元,经营活动产生的现金流量净额 9042.63 万元,现金及现金等价物净增加额 2925.48 万元。

注:扣除非经营性损益后的净利润,扣除的项目包括补贴收入 492.49 万元。

2、主要会计数据和财务指标:

指标项目	1999 年	1998 年		1997 年	
		调整前	调整后	调整前	调整后
主营业务收入(元)	555161779.98	529065686.42	529065686.42	579226612.00	579226612.00
净利润(元)	27944300.37	22939083.79	20659031.96	31125992.21	24296431.46
总资产(元)	1087462315.64	1121383418.16	1116247189.84	1126202047.02	1119372486.27
股东权益(元)	864218202.01	845383514.23	836273901.64	851532540.44	844702979.69
每股收益(元)(不含少数股东权益)	0.093	0.08	0.069	0.10	0.081
每股净资产(元)	2.88	2.82	2.79	2.84	2.82
调整后的每股净资产(元)	2.74	2.71	2.73	2.78	2.76
每股经营活动产生的现金流量净额(元)	0.30	0.19	0.19	--	--
净资产收益率%	3.23	2.71	2.47	3.66	2.88

注 1、主要财务指标的计算公式如下:
每股收益=净利润/年度末普通股股份总数
每股净资产=年度末股东权益/年度末普通股股份总数
净资产收益率=净利润/年度末股东权益 *100%
调整后的每股净资产=(年度末股东权益—三年以上的应收帐款项净额—待摊费用—待处理(流动、固定) 资产净损失—开办费—长期待摊费用—住房周转金负数余额)/年度末普通股股份总数。
每股经营活动产生的现金流量净额=经营活动产生的现金流量净额/年度末普通股股份总数
加权平均每股收益=当期净利润/[期末股份总数/(1+配股比例或增发新股比例 * 缴款结束日下一月份至期末的月份数/12)]
净资产收益率=净利润/年度末股东权益 *100%(注 2、一九九九年度按月平均加权 法计算的每股收益为 0.093 元;按加权法计算的净资产收益率为 3.23%;注 3、扣除非经 营性损益后的每股收益为 0.077 元,扣除项目为补贴收入 4924900 元。
注 4、以上各项数据均按合并的会计报表数填列、计算。
注 5、根据财政部(1999)35 号文的有关规定,公司对以前年度的会计数据和财务指标进行了追溯调整,并分别以调整前、调整后的数据列示。

3、报告期内股东权益变动情况

项目	股本(万股)	资本公积(万元)	盈余公积(万元)	其中:法定公益金(万元)	未分配利润(万元)	股东权益合计(万元)
期初数	299609100	416987357.29	105282465.39	18051767.64	14394978.96	836273901.64
本期增加	0	0	48989533.32	45452865.84	21724359.08	70713892.40
本期减少	0	0	42769592.03	--	--	42769592.03
期末数	299609100	416987357.29	111502406.68	63504633.48	36119338.04	864218202.01

盈余公积变动较大系出售公房和本年度法定提取;其中法定公益金变动较大系出 售公房和本年度法定提取;未分配利润增加系本年度经营利润增加及期初数追溯调整 。

三、股本变动及股东情况

1 、股本变动情况　数量单位:股

	本次变动前	本次变动增减	本次变动后
一、未上市流通股份			
国家持有股份	219809100	0	219809100
未上市流通股份合计	219809100	0	219809100
二、已上市流通股份			
人民币普通股	79800000	0	79800000
已上市流通股份合计	79800000	0	79800000
三、股份总数	299809100	0	299809100

2、股东情况介绍
(1)截止 1999 年 12 月 31 日,本公司股东总数为 49344 个,其中,国家股东 1 个,社会公 众股东 49343 个。
(2)公司前十名股东持股情况:

股东名称	股份数	持股比例%
厦门厦工集团有限公司	219809100	73.37
王登山	504770	0.17
姚金金	449137	0.15
陈育文	380000	0.13
朱万兵	210375	0.07
保荣工贸	210000	0.07
何进平	207000	0.07
王玉洁	200000	0.07
王建中	183870	0.06
韬盛实业	181800	0.06

鞍山市信托投资股份有限公司公司

一、公司简介

1、公司名称:鞍山市信托投资股份有限公司
英文名称:ANSHAN TRUST & INVESTMENT CO.,LTD
英文缩写:ASTI
2、公司法定代表人:曲玉春
3、公司信息咨询服务机构:董事会秘书处
负责信息披露事务人员:刘桂珍(董事会秘书)
公司授权委托人:刘铁铭
电话:0412-2234351　传真:0412-2214224
电子信箱:axmsc@mail.asptt.ln.cn
4、公司注册地址:鞍山市千山区汪峪路 215 号
办公地址:鞍山市铁东区五道街 55 号
邮政编码:114001
国际互联网网址:http://www.asxt.com.cn
电子信箱:asxtgs@public2.asptt.ln.cn
5、公司选定的信息披露报纸:上海证券报、中国证券报
登载公司年度报告的网址:http://www.sse.com.cn
公司年度报告备置地点:公司办公楼 703 室
6、股票上市地:上海证券交易所
股票代码:600816
股票简称:鞍山信托

二、会计数据和业务数据摘要

1、主要经济指标完成情况

利润总额:	104,581,131.33 元
净利润:	83,979,737.32 元
扣除非经常性损益后的净利润:	79,320,471.91 元
主营业务利润:	99,921,865.91 元
其他业务利润:	4,659,265.41 元
营业利润:	99,921,865.92 元
投资收益:	55,669,320.17 元
补贴收入:	5,811,484.06 元
营业外收支净额:	-1,152,218.65 元
经营活动产生的现金流量净额:	55,212,201.51 元
现金及现金等价物净增加额:	33,480,195.25 元

注:扣除非经常性损益后的净利润的指标,扣除项为补贴收入 5,811,484.06 元,营业外收支净额-1,152,218.65 元。

2、主要会计数据和财务指标
追溯调整后:　单位:元

指标项目	1999 年		1998 年		1997 年
	实际完成指标	比上年度增长率(%)	实际完成指标	比上年度增长率(%)	实际完成指标
(1)主营业务收入	236153364.46	8.83	232832950.00	4.21	223430936.30
(2) 净利润	83979737.32	22.79	68393316.38	-8.38	74649465.42
(3) 总资产	2422870345.79	7.83	2246883091.67	-7.41	2426785272.45
(4) 股东权益	825074848.25	11.40	740642860.93	9.78	674648923.30
(5) 每股收益(摊簿)	0.24	20	0.196	-24.32	0.259
(加权)	0.24	15.38	0.208	-30.90	0.301
(6) 每股净资产	2.36	11.3	2.12	-9.40	2.34
(7) 调整后的每股净资产	1.757	-10.63	1.966	-10.60	2.199
(8) 每股经营活动产生的现金流量净额	0.16	145.45	-0.11		
(9) 净资产收益率(摊簿)	10.18%	10.29	9.23%	-16.55	11.06%

追溯调整前:　单位:元

指标项目	1998 年实际完成指　标	比上年度增长率(%)	1997 年实际完成指　标
(1) 主营业务收入	216534077.85	1.31	213729451.58
(2) 净利润	80316818.12	6.30	75553187.86
(3) 总资产	2297241846.50	-5.37	2427688994.89
(4) 股东权益	796899839.34	10.83	718982399.97
(5) 每股收益(摊簿)	0.23	-8.76	0.251
(加权)	0.244	-20.00	0.305
(6) 每股净资产	2.28	-8.43	2.49
(7) 调整后的每股净资产	2.13		
(8) 净资产收益率(摊簿)	10.08%	0	10.08%

3、报告期内股东权益变动情况　单位:万元

项目	股本	资本公积	盈余公积	法定公益金	未分配利润	股东权益合计
期初数	34932	27054	10039	919	2040	74065
本期增加		45	1261	420	8398	9704
本期减少					1261	1261
期末数	34932	27099	11300	1339	9177	82508

三、股东情况介绍

1、报告期末股东总数 145060 人。其中:国家股东 1 人、法人股东 21 人、个人股东 145038 人。
2、前十名股东持股情况　单位:股

股　东　单　位	期初数	期末数	持股类别	占总股本
(1)鞍山市财政局	85,943,112	85,943,112	国家股	24.60%
(2)中国第三冶金建设公司	13,416,480	13,416,480	法人股	3.83%
(3)南方证券有限公司	5,939,725	5,939,725	转配股	1.70%
(4)鞍山炼油厂	4,878,720	4,878,720	法人股	1.39%
(5)中国工商银行鞍山市分行	4,878,720	4,878,720	法人股	1.39%
(6)鞍钢附属企业公司	4,555,729	4,555,729	法人股	1.30%
(7)鞍山市化纺总厂	3,171,168	3,171,168	法人股	0.91%
(8)鞍山冷弯型钢厂	3,171,168	3,171,168	法人股	0.91%
(9)鞍山钢铁公司矿山公司	3,171,168	3,171,168	法人股	0.91%
(10)中国农业银行鞍山市分行	3,171,168	3,171,168	法人股	0.91%

说明:与年初相比,前十名股东的持股未发生变化。

上海良华实业股份有限公司

(一) 公司简介

1.公司的法定中文名称:上海良华实业股份有限公司
公司的法定英文名称: SHANGHAI LIANGHUA ENTERPRISES CO.,LTD.
英文缩写:SLHE
2.公司法定代表人:龙长生
3.公司董事会秘书:黄德丰　　授权代表:陈建梅
联系地址:上海市浦东新区商城路 618 号
电　　话:(8621)58822100　　传　　真:(8621)58826880
电子信箱:slhec@online.sh.cn.
4.公司注册地址:上海市浦东新区商城路 618 号　邮编:200120
公司办公地址:上海市浦东新区商城路 618 号　邮编:200120
电子信箱:slhec@online.sh.cn.
5.公司选定的信息披露报纸名称:上海证券报
登载公司年度报告的中国证监会指定国际互联网网址:http:/www.sse.com.cn
公司年度报告备置地点:公司董事会秘书办公室
5.公司股票上市交易所:上海证券交易所
公司股票简称:良华实业　　公司股票代码:600817

(二) 会计数据和业务数据摘要

1.本年度主要利润指标情况(单位:元)

利润总额:	6227603.78
净利润:	5859371.33
扣除非经营性损益后的净利润:	2483678.77
主营业务利润:	33969932.43
其他业务利润:	52559.32
营业利润:	4213250.73
投资收益:	1366959.20
补贴收入:	437000.00
营业外收支净额:	210393.85
经营活动产生的现金流量净额:	36589085.26
现金及现金等价物净增加额:	-3950474.88

说明:"扣除的非经营性损益项目后的净利润"中扣除的项目及涉及金额:固定资产清理净收益 723764.48 元; 下属子公司营业税金返回 437000 元; 上海浦江仓储有限公 司转让收益 2214928.08 元.

2、截止报告期末公司前三年的主要会计数据和财务指标

	1999 年	1998 年		1997 年	
		追溯调整前	追溯调整后	追溯调整前	追溯调整后
主营业务收入(元)	9625603.43	119198052.37	110958357.83	198894519.72	198894519.72
净利润(元)	5859371.33	-30027762.37	-34077706.55	6471262.31	-2684000.17
总资产(元)	294568953.48	346526073.81	322757509.40	370972642.90	360870851.66
股东权益(元)	90897265.80	97168117.58	85037894.47	127195879.95	117094088.71
每股收益(元/股)	0.071	-0.364	-0.413	0.078	-0.033
每股收益(加权)	0.071	-0.364	-0.413	0.078	-0.033
扣除非经常性损益的每股收益(元/股)	0.03				
每股净资产(元/股)	1.102	1.178	1.031	1.541	1.419
调整后的每股净资产	1.013	1.07	0.941	1.466	1.343
每股经营活动产生的现金流量净额(元/股)	0.443				
净资产收益率(%)	6.45	-30.9	-40.1	5.1	-2.3

注:计算公式
每股收益=净利润/年度末普通股股份总数
每股净资产=年度末股东权益/年度末普通股股份总数
调整后的每股净资产=(年度末股东权益-三年以上的应收款项净额-待摊费用 -待处理(流动、固定)资产净损失-开办费-长期待摊费用-住房周转金负数余额) /本年度普通股股份总数
每股经营活动产生的现金流量净额=经营活动产生的现金流量净额/年度末普通股股份总数
3.按下表列示报告期内股东权益变动情况,并逐项说明变化原因

项目	股本	资本公积	盈余公积	法定公益金
期初数	82517982	34243518.33	5855134.09	3332202.79
本期增加			180517.39	90258.69
本期减少			297422.94	128167.74
期末数	82517982	34243518.33	5738228.54	3294293.74

续上表

项目	未分配利润	股东权益合计
期初数	-40910942.74	85037894.47
本期增加	6284962.01	6555738.09
本期减少	270776.08	696366.76
期末数	-34896756.81	90897265.80

变动原因: 本期增加数是为子公司上海良华企业发展中心按其本年净利润的 10%提取法定盈余公积金和按 5%提取法定公益金. 本期减少数为本年减少合并范围上海良华 期货经纪有限责任公司以及其投资的上海良华储运有限公司在以前年度计提的盈余公积.

(三) 股本变动及股东情况

1.报告期末股东总数:8448 名
2.公司前十名股东情况:

序号	股东名称	年末持股数量(股)	持股比例(%)
①	上海宏普实业投资有限公司	24594330	29.8048
②	上海市粮食储运公司	9709645	11.7667
③	上海市油脂公司	3383960	4.1009
④	中国面粉有限公司	3171902	3.8439
⑤	中国粮食贸易公司	3080000	3.7325
⑥	中国植物油公司	2420000	2.9327
⑦	建行浦东分行	1210000	1.4663
⑧	上海印染十厂	1210000	1.4663
⑨	上海氯碱化工总厂	1210000	1.4663
⑩	上海双鹿电器股份有限公司	1210000	1.4663

上海永久股份有限公司

(一) 公司简介

1 、公司法定名称:
中文名称:上海永久股份有限公司
英文名称:SHANGHAI FOREVER CO.,LTD.　　缩 写:SF
2 、公司法定代表人:郑盛道先生
3 、公司董事会秘书:陈正国先生
授权代表:袁志坚先生
联系地址:上海市周家嘴路 1357 号
电 话:021-65419538　传 真:021-65458657
4 、公司注册地址:公司办公地址
上海市周家嘴路 1357 号　　邮政编码:200092
5 、公司选定的信息披露报刊名称:《上海证券报》
登载公司年度报告的中国证监会指定国际互联网网址: http://www.sse.com.cn
公司年度报告备置地点:公司办公室
6 、公司股票上市地:上海证券交易所
股票简称:ST 永久 ST 永久 B　　股票代码:600818　　900915

(二) 会计数据与业务数据摘要

1 、本年度主要利润指标情况(单位:人民币元)

利润总额:	-344237424.62
净利润:	-339550060.52
扣除非经常性损益后的净利润:	-329361385.33
主营业务利润:	-113873696.04
其它业务利润:	6218106.48
营业利润:	-331298780.77
投资收益:	-11994106.27
补贴收入:	
营业外收支净额:	-944537.58
经营活动产生的现金流量净额:	5664059.72
现金及现金等价物净增加额:	-62020148.17

注:扣除非经常性损益项目和涉及金额:

三川带钢(集团)公司清算:	59140.00
顾村分厂终止营业:	-889252.67
永胜自行车有限公司本期已停业:	-9417702.52

按两种会计制度计算的净利润差异说明:
股东所占溢利:按上海众华会计师事务所审计为-339,550,060.52 元,按柏德豪国 际会计师行审计为-395,602,000.00 元,具体差异如下:

项 目	股东溢利(千元)
按中国会计准则编制	-339550
按国际会计准则调整	
(1)外币汇率变动处理差异	-14883
(2)按权益法分占联营公司亏损减利润	4069
(3)房屋、机器及设备折旧	-6472
(4)冲销在建工程	-35204
(5)呆帐准备	5102
(6)长期投资减值准备	-9448
(7)存货变现准备	-939
(8)资产评估盈余及无形资产摊销	1881
(9)其它	-176
按国际会计准则编制	-395620

2 、至报告期末公司前三年会计数据与财务指标:(单位:元)

指标项目	1999 年	1998 年	1997 年
主营业务收入:	359179789.57	494493770.92	726798834.21
净利润:	-339550060.52	-169624785.92	-6473788.03
总资产:	53250851126	982442927.31	1222669335.66
股东权益:	-55184571.10	288204925.41	45782701133
每股收益:	-1.28	-0.6385	-0.0244
扣除非经常损益后的每股收益:	-1.24		
每股净资产:	-0.21	1.0849	1.7234
调整后的每股净资产:	-0.6537	0.9912	1.6498
每股经营活动产生的现金流量:	0.02	0.04	
净资产收益率:	0	-58.86	-1.41

注:主要财务指标计算方法:
每股收益=净利润÷报告期末普通股股份总数
每股净资产=年度末股东权益÷年度末普通股股份总数
调整后的每股净资产=(年度末股东权益-三年以上的应收款项净额-待摊费用-待 处理<流动、固定>资产净损失-开办费-长期待摊费用-住房周转金负数余额÷年度末 普通股股份总额)
每股经营活动产生的现金流量净额=经营活动产生的现金流量净额÷年度末普通 股股份总额
净资产收益率=净利润÷报告期末股东权益×100%
每股净资产=报告期末股东权益÷报告期末普通股股份总数

(三) 股东情况介绍

(1)报告期末股东总数为 11116 人。
(2)报告期末公司前十名股东持股情况:

股 东 名 称	持股数(万股)	比例(%)
1)上海轻工控股(集团)公司	17020.94	64.07
2)上工股份有限公司	445.05	1.69
3)赵展岳(B 股)	221.26	0.83
4)APS MANAGEMT PT	200.00	0.75
5)蓝 毅(B 股)	197.03	0.74
6)WARDLEY JAMES B 股	187.86	0.71
7)晏福有(B 股)	171.20	0.64
8)曹中南(B 股)	138.18	0.52
9)NAITO SECURITIE	137.81	0.52
10)夏平 (B 股)	100.00	0.38

上海轻工控股(集团)公司为国有股持股单位

上海耀华皮尔金顿玻璃股份有限公司

一、公司简介

(一)公司法定中文名称: 上海耀华皮尔金顿玻璃股份有限公司
公司英文名称: SHANGHAI YAOHUA PILKINGTON GLASS COMPANY LTD.
英文名称缩写: SYP
(二)公司法定代表人: 朱伯安先生
(三)公司董事会秘书: 金闽丽女士
联系地址: 上海市浦东新区济阳路 100 号
电 话: 0086-21-58839305 传 真: 0086-21-58801554 电子信箱: sypmd@online.sh.cn
(四)公司注册地址和办公地址: 上海市浦东新区济阳路 100 号 邮政编码:200126
电子信箱: sypmd@online.sh.cn
(五)公司选定的信息披露报纸名称、登载公司年度报告的国际互联网网址及年度报告备置地点:公司选定的信息披露报纸名称:《上海证券报》、《南华早报》
登载公司年度报告的中国证监会指定国际互联网网址:www.sse.com.cn
年报备置地点: 上海市浦东新区济阳路 100 号
(六)公司股票上市地: 上海证券交易所
(七)股票简称: A 股 耀皮玻璃 B 股 耀皮 B 股 股票代码: A 股 600819 B 股 900918

二、会计数据和业务数据摘要

(一) 本年度利润总额及构成 (单位:元)

利润总额	109277854.37
净利润	94185705.42
扣除非经常性损益后的净利润	94185705.42
主营业务利润	245796530.87
其它业务利润	4876719.63
营业利润	110462810.05
投资收益	1237058.05
营业外收支净额	−2422013.73
经营活动产生的现金流量净额	174508885.19
现金及现金等价物净增加额	21324525.18

(三)近三年主要会计数据和财务指标

1、追溯调整后的各项指标 (单位:人民币元)

项 目	1999 年	1998 年	1997 年
主营业务收入	658259055.00	631254916.00	639096506.80
净利润	94185705.42	38890671.07	65136331.11
总资产	1703819.813.55	1787032947.37	1902073916.36
股东权益	1561358015.44	1515922310.02	1491656638.95
每股收益(摊薄)	0.193	0.080	0.134
每股收益(按月加权平均)	0.193	0.080	0.134
每股净资产	3.20	3.11	3.06
调整后的每股净资产	3.00	3.07	3.04
每股经营活动产生的现金流量净额	0.36	0.31	
净资产收益率(%)	6.03	2.57	4.37

2、追溯调整前的各项指标 (单位:人民币元)

项 目	1998 年	1997 年
主营业务收入	631254916.00	639096506.80
净利润	34626222.85	69944294.59
总资产	1787576462.63	1906881879.84
股东权益	1516465825.28	1496464602.43
每股收益(摊薄)	0.07	0.14
每股收益(按月加权平均)	0.07	0.14
每股净资产	3.11	3.07
调整后的每股净资产	3.08	3.03
每股经营活动产生的现金流量净额	0.31	
净资产收益率(%)	2.28	4.67

三、股本变动及股东情况介绍

(一) 股本变动情况

1、股份变动情况表 数量单位:股

股份类别	期初数	期末数
(1)未上市流通股份		
境内法人持有股份	244197281	244197281
外资法人持有股份	81399094	81399094
B、募集法人股	5653625	5653625
未上市流通股份合计	331250000	331250000
(2)已上市流通股份		
A、人民币普通股	31250000	31250000
B、境内上市的外资股	125000000	125000000
已上市流通股份合计	156250000	156250000
(3)股份总数	487500000	487500000

(二) 股东情况介绍

1、报告期末股东总数:5528 户

2、主要股东持股情况

名 称	股权性质	年初持股数	占总股本%	年末持股数	占总股本%
中国无机材料科技实业集团公司	国有法人股	0 万股	0	8,139.91 万股	16.70
中国银行上海信托咨询公司	国有法人股	8,139.91 万股	16.70	8,139.91 万股	16.70
上海耀华玻璃厂	国有法人股	8,139.91 万股	16.70	8,139.91 万股	16.70
皮尔金顿国际控股公司	外资股	4,069.95 万股	8.35	8,139.91 万股	16.70
孙文雄	外资股	523.00 万股	1.07	1,920.68 万股	3.94
金环国际有限公司	外资股	179.05 万股	0.004	1,155.37 万股	2.37
TOYO SECURITIES ASIA LTD.A/C CLIENT	外资股	893.37 万股	1.83	1,023.50 万股	2.10
ABU DHABI, UNITED ARAB EMIRATES	外资股	625.00 万股	1.28	642.94 万股	1.32
JUMBO BUILDER LTD	外资股	456.51 万股	0.94	526.64 万股	1.08
浙江证券有限公司国际业务部		524.47 万股	1.08	523.92 万股	1.07

上海隧道工程股份有限公司

(一) 公司简介

1、公司法定中文名称:上海隧道工程股份有限公司
公司法定英文名称:SHANGHAI TUNNEL ENGINEERING CO.,LTD. 缩写:STEC
2、公司法定代表人:程 骁
3、公司董事会秘书:宋天祥;授权代表:金 波
联系地址:上海市肇嘉浜路 239 号
电话:021-64312461 64175588-2082 传真:021-64377289
电子信箱:stecjb@guomai.sh.cn
4、公司注册地址:上海市肇嘉浜路 239 号
公司办公地址:上海市肇嘉浜路 239 号 邮政编码:200032
公司国际互联网网址:www.stec.net 电子信箱:stecodd@public.sta.net.cn
5、公司选定的信息披露报纸名称:《中国证券报》、《上海证券报》
登载公司年度报告的中国证监会指定国际互联网网址:www.sse.com.cn
公司年度报告备置地点:公司董事会秘书室
6、公司股票上市交易所:上海证券交易所
股票简称:隧道股份 股票代码:600820

(二) 会计数据和业务数据摘要

1、本年度主要利润指标:(单位:人民币元)

利润总额:	110821944.65
净利润:	94586764.48
扣除非经常性损益后的净利润:	90000144.67
主营业务利润:	279352333.52
其他业务利润:	16224962.03
营业利润:	58418564.49
投资收益:	47272457.07
补贴收入:	4531200.00
营业外收支净额:	599773.09
经营活动产生的现金流量净额:	−149492751.38
现金及现金等价物净增加额:	238790106.59

注:扣除的非经常性损益项目和涉及金额:

(1)营业外收支净额: 599773.09
(2)投资差额摊销: −544353.28
(3)补贴收入: 4531200.00

2、截止报告期末公司前三年主要会计数据和财务指标: 单位:人民币

项目	1999	1998		1997	
		调整前	调整后	调整前	调整后
主营业务收入(元)	2165449311.55	1896407014.19	1896407014.19	1795166327.65	1795166327.65
净利润(元)	94586764.48	106725488.46	79118632.06	65978135.54	4136509.35
总资产(元)	3960056721.99	1784007608.86	1659436017.97	1439773504.59	1345962790.14
股东权益(元)	118210764.63	555645519.60	434227988.75	504750707.26	410939992.81
每股收益(元/股)(摊薄)	0.2515	0.4019	0.2980	0.3479	0.022
每股收益(元/股)(加权)	0.2715	0.4019	0.2980	0.4130	0.024
扣除非经常性损益后的每股收益	0.2393	0.3074	0.044		
每股净资产	3.14	2.09	1.64	2.66	2.17
调整后的每股净资产	2.96	1.99	1.58	2.51	2.02
每股经营活动产生的现金流量净额	−0.3975	−0.4172	−0.4172		
净资产收益率%	8.01	19.21	18.22	13.07	1.01

注:主要财务指标的计算公式

每股收益=净利润/年度末普通股股份总数

每股净资产=年度末股东权益/年度末普通股股份总数

调整后的每股净资产=(年度末股东权益−三年以上的应收款项净额−待摊费用−待处理 (流动、固定)资产净损失−开办费−长期待摊费用−住房周转金负数余额)/年度末普通股股份总数

每股经营活动产生的现金流量净额=经营活动产生的现金流量净额/年度末普通股股份总数

净资产收益率=净利润/年度末股东权益×100%

3、报告期内股东权益变动情况

项 目	股 本	资本公积	盈余公积	法定公益金	未分配利润	股东权益合计
期初数	265531118	155036824	72364737.72	4139533.45	−64107972.22	428824725.50
本期增加	110538287	540857724	17914315.04	6021342.72	76672449.44	745982775.88
本期减少						
期末数	376069405	695894566	90279052.76	10160876.17	17967740.47	1180210764.63

变动原因:(1) 股本比期初增加,系配股增加 11053.83 万元所致。

(2) 资本公积金比期初增加,系配股溢价收入及本年度提取所致。

(3) 盈余公积金比期初增加,系本年度提取所致。

(4) 法定公积金比期初增加,系本年度提取所致。

(5)未分配利润增加,系根据二届第十四次董事会通过的一九九九年度利润分配预 案后所增加的利润所致。

(6) 股东权益合计增加,系本年度配股及实现利润所致。

(三) 股东情况介绍

(1) 截止 1999 年 12 月 31 日,本公司股东总数为 84704 户。

(2) 本公司前十名股东持股情况(截止报告期末)

和股东名称	年初数	年内增减	年末数	占总股本比例%
上海城建(集团)公司 (国资办授权经营)	134013116	70952517	204965633	54.50
伟盟建材	7568789	−51164	7517625	2.00
宝鼎基金			2186800	0.58
豫郑国泰			1956112	0.52
兰天基金	1948100	0	1948100	0.52
国泰证券			1599800	0.43
浦东市政	944651	539800	1484451	0.39
金建敏	1271900	0	1271900	0.34
吴惠英	1263898	0	1263898	0.34
金鑫基金			1223787	0.33

说明:持有本公司 5%以上(含 5%)股东所持股份未有质押或冻结情况。

天津劝业场(集团)股份有限公司

一 公司简介

1.公司法定中文名称:天津劝业场(集团)股份有限公司
公司英文名称:TIANJIN QUANYE BAZAAR (GROUP)CO.LTD
公司英文缩写:TJQYC
2.公司法定代表人:韩文彬
3.公司董事会秘书:赵熙珍
联系地址:天津市和平区和平路 290 号
联系电话:(022)27211111-2869
传真:(022)27305348
电子信箱:
4.公司注册及办公地址:天津市和平区和平路 290 号
邮证编码:300022
公司国际互联网网址:www.tjqy.com.cn
电子信箱:guobin@tjqy.com.cn
5.公司选定的信息披露报纸名称:上海证券报
登载公司年度报告的中国证监会指定国际互联网网址:
http://www.sse.com.cn
公司年度报告备置地点:天津市和平区和平路 290 号公司证券部
6.公司股票上市交易所:上海证券交易所
股票简称:天津劝业
证券代码:600821

二 会计数据和业务数据摘要

1.本年度主要利润指标情况
利润总额 39,353,160.96 元
净利润 32,790,823.02 元
主营业务利润 154,157,638.56 元
其他业务利润 16,539,384.65 元
营业利润 17,320,550.95 元
投资收益 11,663,643.23 元
营业外收支净额 10368966.78
经营活动产生的现金流量净额-14,996,592.36 元
现金及现金等价物净增加额 21,062,259.61 元

本公司原执行《股份制试点企业会计制度》,自 1998 年 1 月 1 日起执行《股份有限 公司会计制度--会计科目和会计报表》。

2.截止报告期末公司前三年的主要会计数据和财务指标 (单位:元)

追溯调整后

指标项目	1999 年	1998 年	1997 年
主营业务收入	1833895413.61	1997717609.15	1399043243.05
净利润	32790823.02	57106221.84	48768396.22
总资产	1328088347.66	1175501879.29	556940470.45
股东权益	754556814.93	728862904.82	423937447.14
每股收益(摊薄)	0.11	0.195	0.29
每股收益(加权)	0.18		
每股净资产	2.58	2.49	2.61
调整后的每股净资产	2.43	2.40	2.54
每股经营活动产生的现金流量净额	-0.05		
净资产收益率(%)(摊薄)	4.35	7.83	11.5
净资产收益率(%)(加权)	7.24		

追溯调整前(单位:元)

指标项目	1998 年	1997 年
主营业务收入	1997717609.15	1399043243.05
净利润	76603378.04	48768396.22
总资产	1194999035.49	556940470.45
股东权益	748360061.02	423937447.14
每股收益(摊薄)	0.26	0.29
每股收益(加权)	0.27	0.29
每股净资产	2.55	2.61
调整后的每股净资产	2.48	2.54
净资产收益率(%)(摊薄)	10.23	11.5
净资产收益率(%)(加权)	11.8	

股东权益变动情况

项目	股本	资本公积	盈余公积	法定公益金	未分配利润	合计
期初数	292520958	288116914.09	97856865.25	21020862.29	50368167.48	728862904.82
本期增加			6928644.11	3279082.30	26232658.42	33161302.53
本期减少		5529261.17	47330.74	32888.46		7467392.42
期末数	29252095	282587652.92	104738178.62	24267056.13	76600825.90	754556814.93
变动原因:	计提折旧	提取	提取	提取		

三 股东情况介绍

1.截止 1999 年 12 月 31 日,公司股东总数为 67259 户。
2.本公司前十名股东持股情况(截止 1999 年 12 月 30 日)

股东名称	持股数	占总股本比例%
天津市劝业华联集团有限公司(代表国家持有股份)	97023592	33.17
天津环海公司	6920000	2.37
天津市证券公司	3080618	1.05
天津市益商集团总公司	1434658	0.49
大连建信	941674	0.32
华煜公司	807149	0.28
杨继宏	615500	0.21
张淑华	613713	0.21
北方国投	544912	0.19
马瑞全	495619	0.17

上海物资贸易中心股份有限公司

一、公司简介

1. 公司法定中文名称:上海物资贸易中心股份有限公司
法定英文名称:SHANGHAI MATERIAL TRADING CENTRE CO.,LTD.
英文缩写:SMTC
2. 公司法定代表人:朱明连 董事长
3. 公司董事会秘书:傅绍平
联系地点:中国上海市中山北路 2550 号 505 室
电话:(86)021 62570000 8505
传真:(86)021 62572959
公司董事会秘书:蔡嘉德
联系地点:中国上海市中山北路 2550 号 523 室
电话:(86)021 62570000 8523
传真:(86)021 62168718
4. 公司注册地址:中国上海市中山北路 2550 号
办公地址:中国上海市中山北路 2550 号
邮政编码:200063
电子信箱:SWMZX @ public1.sta.net.cn
网址:http://www.swm centre.com/
5. 公司选定的信息披露报纸:境内《上海证券报》、境外《香港商报》
登载公司年报的中国证监会指定网址:http://www.sse.com.cn
6. 公司年度报告备置地点:中国上海市中山北路 2550 号 523 室公司董事会秘书室
7. 公司股票上市地:上海证券交易所
股票简称及代码:A 股 物贸中心 600822
B 股 物贸 B 股 9009272

二、会计数据和业务数据摘要

(一)本年度主要利润指标情况:(单位:人民币元)

利润总额	-8335087.65
净利润	-9664271.84
扣除非经常性损益后的净利润	-24050621.95
主营业务利润	42318330.33
其他业务利润	559422.42
投资收益	7775601.07
补贴收入	333800.00
营业外收支净额	15843464.90
经营活动产生的现金流量净额	-26546196.18
现金及现金等价物净增加额	16106613.60

说明:扣除非经常性损益后的净利润包括:补贴收入所得税返回 333,800.00 元,公 司本年处理固定资产净收益 14,052,550.11 元,其中主要处置王安电脑信息系统取得净收益 13,952,525.36 元,该项固定资产净值为 407474.64 元,清理收入为 14,360,000 元。

(二)截至报告期末前三年的主要会计数据和财务指标(合并报表)

项目	1999 年	1998 年		1997 年	
		调整前	调整后	调整前	调整后
主营业务收入(元)	1097755191	1052107813	1052107813	722852519	722852519
净利润(元)	-9664271	2726146	-19144868	4631162	-2057587
总资产(元)	757933322	708719915	676862526	618879500	60889312
股东权益(元)	339905291	381367513	349510124	378310367	368323992
每股收益(元/股)	-0.038	0.012	-0.083	0.02	-0.01
每股净资产(元/股)	1.34	1.66	1.52	1.647	1.6
调整后的每股净资产(元/股)	0.92	1.59	1.46	1.57	1.53
每股经营活动产生的现金流量净额(元/股)	-0.11	0.01	-0.01		
净资产收益率(%)	-2.84	0.718	-5.48	1.22	-0.56

注:主要财务指标计算方法:
每股收益 = 净利润 / 年度末普通股股份总数
每股净资产 = 年度末股东权益 / 年度末普通股股份总数
调整后的每股净资产=(年度末股东权益-三年以上的应收款项净额待摊费用-待处理(流动、固定)资产净损失-开办费-长期待摊费用住房周转金负数余额)/年度末普通股股份总数
每股经营活动产生的现金流量净额=经营活动产生的现金流量净额/年度末普通股股份总数
净资产收益率 = 净利润/年度末股东权益×100%

(三)报告期内股东权益变动情况(单位:元)

项目	股本	资本公积	盈余公积	法定公益金	未分配利润	股东权益合计
期初数	229745725	98451386	27688532.15	8762538.97	-6375519.19	349510124.22
本期增加	22974573	59439	1153015.86	423325.05	-9664271.84	14522756.62
本期减少	-	22974573	58479.64		-1094536.22	24127588.86
期末数	252720298	75536252	28783068.37	9185864.02	-17134327.25	339905291.98

变化原因转增增加接受捐赠
减少:股本溢价

三、股东情况介绍

1. 股东数量
截至报告期末,公司股东总数为 8,934 户。
2.主要股东持股情况(前十名股东)

序号	股东名称	年末持股数	占总股本(%)
1	上海物资(集团)总公司(国有持股)	144381298	57.13
2	上海华生化工有限公司	16500000	6.53
3	HAITONG SECURITIES LTD.	3209295	1.27
4	兴华基金	3036827	1.20
5	上海期货交易所	1996500	0.79
6	广西玉柴机器集团公司	1996500	0.79
7	姚进	1850174	0.73
8	THE NOMURA SECURITIES CO.,LTD.	1729892	0.68
9	TOYO SECURITIES ASIA LTD.	1507040	0.60
10	长江经济联合发展(集团)股份有限公司	1331000	0.53

说明:1. 第 3 、7 、8 、9 股东均为 B 股股东。
2.上海物资(集团)总公司代表国家持有股份,法定代表人肖文家。

上海万象(集团)股份有限公司

一、公司简介

1、公司的法定中、英文名称及缩写:
中文:上海万象(集团)股份有限公司
英文:Shanghai Wan Xiang Group Co.,Ltd　英文缩写:SWXGCLTD
2、公司法定代表人:于文娟女士
3、公司董事会秘书:祝木英女士
授权代表:张林祥先生
联系地址:上海市金陵东路358号6楼
联系电话:总机 021-63268888
直线:021-63745428　021-63746473　传 真:021-63260888
电子信箱:zmy@a8888.com
4、公司注册地址:上海市南京东路819号
公司办公地址:上海市金陵东路358号　邮政编码:200021
公司国际互联网网址:www.a8888.com　电子信箱:hyx888 @ public4.sta.net.cn
5、公司选定的信息披露报纸名称:《上海证券报》
登载公司年度报告的中国证监会指定国际互联网网址:　http/:www. sse. com. cn
公司年度报告备置地点:上海市金陵东路358号6楼办公室
6、公司股票上市交易所:上海证券交易所
股票简称:万象集团　股票代码:600823

二、会计数据和业务数据摘要

1、本年度会计数据和业务数据摘要 单位:元

项 目	1999年
(1) 利润总额	84262786.49
(2) 净利润	67992950.07
(3) 扣除非?常性损益后的净利润	29282760.99
(4) 主营业务利润	39414530.75
(5) 其他业务利润	50314316.52
(6) 营业利润	12749399.61
(7) 投资收益	32916448.86
(8) 补贴收入	
(9) 营业外收支净额	38596938.02
(10) 经营活动产生的现金流量净额	-26725463.02
(11) 现金及现金等价特净增加额	-42331703.83

2、公司近三年主要会计数据与财务指标 单位:元
追溯调整后:

项 目	1999年	1998年	1997年
(1) 主营业务收入	276368924.31	513681628.95	688823442.38
(2) 净利润	67992950.07	42454772.71	39357529.74
(3) 总资产	1762802489.23	1626880680.45	1348808738.63
(4) 股东权益	544365419.97	533119216.50	406017601.99
(5) 每股收益	0.3595	0.2244	0.2343
(6) 每股收益(加权)	0.3595	0.2450	0.2659
(7) 每股净资产	2.8779	2.8184	2.4168
(8) 调整后每股净资产	2.8031	2.7408	2.3177
(9) 每股经营活动产生的现金流量净额	-0.1413	0.2549	
(10) 净资产收益率	12.49%	7.96%	9.69%
(11) 扣除非经营性损益后的每股收益	0.1548	0.1879	0.1388

追溯调整前:

项 目	1998年	1997年
(1) 主营业务收入	513681628.95	688823442.38
(2) 净利润	44252689.43	42583430.53
(3) 总资产	1632023706.16	1352034639.42
(4) 股东权益	538143034.01	409243502.78
(5) 每股收益	0.23	0.25
(6) 每股收益(加权)	0.26	0.30
(7) 每股净资产	2.84	2.44
(8) 调整后每股净资产	2.77	2.34
(9) 每股经营活动产生的现金流量净额	0.25	49
(10) 净资产收益率	8.22%	10.41%
(11) 净资产收益率(加权)	9.88%	10.98%
(12) 扣除非经营性损益后的每股收益	0.1974	0.1580

注:主要会计数据和财务指标的计算公式
每股收益=净利润/年度末普通股股份总数
每股净资产=年度末股东权益/年度末普通股股份总数
调整后的每股净资产=(年度末股东权益-三年以上的应收款项净额-待摊费用-待 处理(流动、固定)资产净损失-开办费-长期待摊费用-住房周转金负数余额)/年度末 普通股股份总数

三、股东情况介绍

(1) 报告期末股东总数35170户。
(2) 本公司前十名股东持股情况:

单 位 名 称	期末持股数量(股)	占公司总股份比例(%)
1、黄浦区国有资产管理办公室	80526600	42.57
2、沪通实业有限公司	4736200	2.50
3、上海国际信托投资公司	3822000	2.02
4、海南依波	3431775	1.81
5、上海浦东新区国有资产投资管理公司	3386880	1.79
6、海通证券	1150100	0.61
7、裕阳基金	972907	0.51
8、江苏省物资集团总公司	780000	0.41
9、刘益谦	700001	0.37
10、齐永斌	630000	0.33

上海益民百货股份有限公司

一、公司简介

公司法定中文名称:上海益民百货股份有限公司
公司英文名称:SHANGHAI YIMIN DEPARTMENT STORES COMPANY LTD.
公司英文名称缩写:YIMIN
公司法定代表人:罗传均
公司董事会秘书:邵振耀
公司授权代表:钱国富
联系地址:上海市淮海中路645-659号六楼公司董事会
电话:021-53067597　传真:021-53066576
公司注册及办公地址:上海市淮海中路645-659号发
邮政编码:200020
公司国际互联网网址:yimin-stores.com
公司电子信箱:ymdept@online.sh.cn
公司信息披露报告名称:上海证券报
登载公司年度报告中的中国证监会指定的国际互联网网址:http://www.sse.com.cn
公司年度报告备置地点:上海市淮海中路645-659号六楼董事会办公室
公司股票上市交易所:上海证券交易所
股票简称:益民百货　股票代码:600824

二、会计数据和业务数据摘要

(一)本年度主要利润指标情况　单位:元

利润总额	45814429.68
净利润	38791518.25
扣除非经常性损益后的净利润	38791518.25
主营业务利润	136647075.35
其他业务利润	4368455.76
营业利润	36576108.68
投资收益	11807614.64
补贴收入	
营业外收支净额	-2569293.64
经营活动产生的现金流量净额	109566035.53
现金及现金等价物净增加额	34396327.33

(二)主要会计数据和财务指标　单位:元
追溯调整后

	1999年	1998年	1997年
主营业务收入	555086611.44	549147685.36	528208592.64
净利润	38791518.25	31364701.37	41600935.87
总资产	823500230.49	797139071.11	624559913.63
股东权益	468583447.83	455240493.78	274477132.41
每股收益	0.228	0.185	0.288
每股收益(加权)	0.228	0.192	0.363
扣除非经常性损益后的每股收益	0.228		
每股净资产	2.76	2.68	1.90
调整后的每股净资产	2.66	2.55	1.61
每股经营活动产生的现金流量净额	0.645	-0.538	
净资产收益率(%)	8.28	6.89	15.16

追溯调整前

	1998年	1997年
主营业务收入	549331615.46	528208592.64
净利润	36560787.33	40913687.81
总资产	806418812.67	583030255.21
股东权益	464241080.47	278349226.33
每股收益	0.215	0.28
每股收益(加权)	0.224	0.36
每股净资产	2.73	1.93
调整后的每股净资产	2.61	1.64
每股经营活动产生的现金流量净额	-0.538	
净资产收益率(%)	7.88	14.70

注:主要财务指标计算方法:
每股收益:净利润/年度末普通股股份总数
每股净资产=年度末股东权益/年度末普通股股份总数
调整后的每股净资产=[年度末股东权益-3年以上的应收款项净额-待摊费用-待处理(流动、固定)资产净损失-开办费-长期待摊费用-住房周转金负数余额]/年度末普 通股股份总数
净资产收益率=净利润/年度末股东权益×100%

三、股东情况介绍

(一)股东数量:
本年度末股东总数:38938户,其中国家股股东1户,社会公众股股东38937户。
(二)公司前十名股东持股情况(至本年度末)

股东名称	年末持股数	占总股份比例(%)
国家股	100690800	59.31
复兴益民	5630360	3.31
华夏证券	3925548	2.31
益信实业	1874250	1.10
北京证券	1800000	1.06
申银万国	1000321	0.59
康宏综合	998101	0.59
裕元基金	823206	0.48
邱朗葆	410863	0.24
金鑫基金	404590	0.24

注:持有本公司5%(含5%)以上的股东系国家股,持有单位卢湾区国有资产管理办公室,其所持股份本期内未发生质押、冻结等情况。本公司前十名股东中上海复兴益民(集团)有限公司系公司的关联企业。

上海时装股份有限公司

一 公司简介

㈠ 公司法定中文名称:上海时装股份有限公司
公司法定英文名称:SHANGHAI FASHION CO.,LTD.
公司英文缩写:SFCLTD
㈡ 公司法定代表人:陆华生
㈢ 公司董事会秘书:王孟瑾
授权代表:钟 妮
联系地址:上海市张杨路 655 号
电 话:021-58303000 转 传真:021-58301756
电子信箱:manageroffice@shanghai-fashion-co.com
㈣ 公司注册地址:上海市张杨路 655 号
公司办公地址:上海市张杨路 655 号 邮政编码:200120
公司国际互联网网址:http://www.shanghai-fashion-co.com
公司电子信箱:manageroffice@shanghai-fashion-co.com
㈤ 公司选定的信息披露报纸:《上海证券报》
刊登公司年度报告的中国证监会指定国际互联网网址:
http://www.sse.com.cn
公司年报备置地点:上海市张杨路 655 号 12 楼总经理办公室
㈥ 公司股票上市交易所:上海证券交易所
股票简称:时装股份 股票代码:600825

二 会计数据和业务数据摘要

(一)本年度主要利润指标情况: (单位:元)

利润总额	15770774.14
净 利 润	12582767.71
扣除非经常性损益后的净利润	2831861.22
主营业务利润	28617281.72
其他业务利润	2920685.67
营业利润	-1037011.09
投资收益	12732644.78
补贴收入	
营业外收支净额	4075140.45
经营活动产生的现金流量净额	94940692.79
现金及现金等价物净增加额	85269700.09

注:在"扣除非经常性损益后的净利润"中,公司扣除的项目为:

1.因将持有的上海华联经济发展有限公司 1.25%的股权(已委托华联(集团)有限公司管理),上海信时实业有限公司 50%的股权,上海时装股份有限公司深圳分公司 100%股权,上海服饰中心 100%的股权和上海福兴物业经营管理有限公司 49%的股权及龙吴路仓库等部分固定资产转让给华联(集团 _ 有限公司,股权投资收益 9021654.70 元,交纳所得税后净利润 7668406.49 元.

2.因南京路步行街改造财政补贴 1150000.00 元,交纳所得税后净利润 977500.00 元.

3.因湖北路绿化改造补贴款 1300000.00 元,交纳所得税后净利润 1105000.00 元.

(二)主要会计数据和财务指标 单位:元

项 目	1999 年度	1998 年度		1997 年度	
		调整后	调整前	调整后	调整前
主营业务收入	258603679	270234787	270234787	238462981	238462981
净利润	12582767	19627249	20431984	16325257	18257479
总资产	308187048	356241397	363237244	316489758	322680871
股东权益 (不含少数股东权益)	206475906	193893138	200888986	174265888	180457001
每股收益(摊薄)	0.12	0.19	0.20	0.27	0.30
每股收益 (按月平均加权法计算)	0.12	0.24	0.25	0.27	0.30
每股收益 (扣除非经常性损益后)	0.03				
每股净资产	2.01	1.89	1.95	2.88	2.98
调整后每股净资产	1.86	1.71	1.77	2.62	2.72
每股经营活动产生的现金流量净额	0.92	-0.37	-0.37		
净资产收益率(%)	6.09	10.12	10.17	9.37	10.12

(三)报告期内股东权益变动情况及变动原因 单位:元

项目	股 本	资本公积	盈余公积	其中:法定公益金	未分配利润	股东权益合计
期初数	102850165	59423222	20668411	4388402	10951339	193893138
本期增加			2516553	1258276	12582767	15099321
本期减少					2516553	2516553
期末数	102850165	59423222	23184965	5646679	21017553	206475906

变动原因:1.本期盈余公积和法定公益金变化系本年度利润提取所致.

2.本年度未分配利润的变化是因为本年度利润增加和因计提四项准备,调整年初 利润及因合并调整范围的原因.

三 股东情况介绍

㈠报告期末股东总数为 5615 户

㈡前 10 名股东持股情况

股东名称	年末持股数(万股)	占总股本比例(%)	增减变动情况	股份性质
(1)华联(集团)有限公司	6181.285	60.10	无增减变动	
其中:国家持股	6171.00	60.00		国家股
法人持股	10.285	0.10		法人股
(2)裕元基金	365.716	3.56	二级市场买卖增持	流通股
(3)友谊集团	280.3485	2.73	法人股转让增持	法人股
(4)九百集团	205.70	2.00	法人股转让增持	法人股
(5)申银万国证券股份有限公司	64.0344	0.62	无增减变动	法人股
(6)宁波杉杉股份有限公司	61.71	0.60	无增减变动	法人股
(7)上海钢铁汽车运输有限公司	57.596	0.56	无增减变动	法人股
(8)东莞友联皮具有限公司	51.425	0.50	无增减变动	法人股
(9)李永珍	50.2979	0.49	二级市场买卖增持	流通股
(10)裕隆基金	44.6153	0.43	二级市场买卖增持	流通股

上海兰生股份有限公司

一、公司简介

1.公司法定中文名称:上海兰生股份有限公司
公司英文名称:SHANGHAI LANSHENG CORPORATION
公司英文名称缩写:LANSHENG
2.公司法定代表人:张兰生
3.公司董事会秘书及其授权代表:
董事会秘书:张铸 授权代表:杨敏
联系地址:上海市中山北一路 1230 号
电话:(021)65445880×2041 传真:(021)65448550
电子信箱:lllsss@public.sta.net.cn
4.公司注册地址及办公地址:上海市中山北一路 1230 号 邮政编码:200437
公司国际互联网网址:http://www.lanshengcorp.com 公司电子信箱:lllsss@public.sta.net.cn
5.公司选定的信息披露报纸名称:《上海证券报》、《中国证券报》
登载公司年度报告的中国证监会指定国际互联网网址:http://www.sse.com.cn
公司年度报告备置地点:公司总经理办公室
6.公司股票上市交易所:上海证券交易所
股票简称:兰生股份 股票代码:600826

二、会计数据和业务数据摘要

(一)本年度主要利润指标情况(合并报表)(单位:元)

利润总额	89045400.27
净利润	75646681.06
扣除非非常性损益后的净利润	71421341.25
主营业务利润	187029003.19
其他业务利润	1716961.21
营业利润	75841356.61
投资收益	7397773.45
补贴收入	4340133.96
营业外收支净额	1466136.25
经营活动产生的现金流量净额	-91,804,870.57*
现金及现金等价物净增加额	106769836.80

* 注:本年度经营活动产生的现金流量净额负数,主要是本公司下属控股公司出口业务比上年增加 17,232.55 万元。但货款未到收款期。

(二)截止报告期末公司前三年主要会计数据和财务指标(合并报表):

单位:元

项目	1999 年	1998 年		1997 年
		调整前	调整后	
1. 主营业务收入	1578307758.90	1552848220.50	1543885089.87	1636640549.79
2. 净利润	75646681.06	83025617.24	60842526.79	94373253.74
3.总资产	1328660571.06	1089447874.76	1024700534.75	1210296728.56
4.股东权益	720347837.26	731747821.37	705012134.41	648621439.95
5.每股收益	0.27	0.30	0.22	0.34
6.每股收益(加权)	0.27	0.30	0.22	0.34
7.扣除非经营损益后的每股收益	0.25	0.30	0.22	0.34
8.每股净资产	2.57	2.61	2.51	2.31
9.调整后每股净资产	2.42	2.50	2.40	2.24
10.每股经营活动产生的现金净流量	-0.33	0.32	0.32	
11.净资产收益率 %	10.50	11.35	8.63	14.55

注:主要财务指标计算公式:

每股收益=净利润/年末股份总数

每股净资产=年度末股东权益/年末股份总数

调整后的每股净资产=(年度末股东权益-三年以上的应收款项净额-待摊费用-待 处理(流动、固定)资产净损失-开办费-长期待摊费用-住房周转金负数余额)/年末股 份总数

每股经营活动产生的现金流量净额=经营活动产生的现金流量净额/年末股份数

净资产收益率=净利润/年度末股东权益×100%

(三)报告期内股东权益变动情况:(单位:元)

项目	期初数	本期增加数	本期减少数	期末数
股本	280428192.00			280428192.00
资本公积	255523147.25			255523147.25
盈余公积	129639074.05	15500363.72		145139437.77
其中:公益金	33668239.03	7750181.86	2303000.00	39115420.89
未确认的投资损失	-4552596.51	-4225339.81		-8777936.32
未分配利润	43974317.62	75646681.06	71586002.12	48034996.56
股东权益合计	705012134.41	86921704.97	71586002.12	720347837.26

变动说明:1.盈余公积金、公益金增加均系本年度利润提取所致,公益金减少系公司购买职 工住房。

2.未分配利润增加系本年度净利润转入,减少系提取法定盈余公积金、公益金及 本年度现金分红。

3.未确认的投资损失增加,系本年度下属企业超额亏损数增加。

三、股东情况介绍

1.报告期末股东数量

截止 1999 年末,公司股东总数为 72,665 户。

2.报告期末公司主要股东持股情况(前 10 名):

名次	股东名称	持股数量	占总股本比例%
(1)	上海兰生(集团)有限公司	185288192	66.07
(2)	万国深圳	7,137,122(未上市流通)	2.55
(3)	庞振刚	1245963	0.44
(4)	应革	957585	0.34
(5)	刘耀威	873238	0.31
(6)	颜正寿	686119	0.24
(7)	天信咨询	656,025(未上市流通)	0.23
(8)	张鲁	649051	0.23
(9)	华证公司	505,000(未上市流通)	0.18
(10)	华夏浦东	500,000(未上市流通)	0.18

上海友谊华侨股份有限公司

(一)公司简介

1. 公司中文名称：上海友谊华侨股份有限公司
公司英文名称：SHANGHAI FRIENDSHIP & OVERSEAS CHINESE CO., LTD.
2. 公司法定代表人：钟华君
3. 公司董事会秘书：叶凯
系地址:上海市商城路518号8楼
电话:021-58797236　传真:021-58796853
电子信箱：sfoc8@public6.sta.net.cn
4. 公司注册地址：上海市商城路518号8楼
公司办公地址：上海市商城路518号8楼　邮政编码:200120
公司国际互联网网址：http://www.shfriendship.com
5. 公司选定的信息披露报纸名称:《上海证券报》、香港《南华早报》
登载公司年度报告的中国证监会指定国际互联网网址:http://www.sse.com.cn
公司年度报告备置地点:公司股份制办公室
6. 公司股票上市交易所:上海证券交易所
股票简称:友谊华侨(A股)　友谊B股(B股)
股票代码:600827(A股)　900923(B股)

(二)会计数据和业务数据摘要

1. 本年度主要利润指标情况

	金额单位:人民币元
利润总额:	43836952.69
净利润:	40734228.53
扣除非经常性损益后的净利润:	25241221.58
主营业务利润:	102115631.82
其他业务利润:	9113600.21
营业利润:	1010989.96
投资收益:	35932423.67
补贴收入:	4000000.00
营业外收支净额:	2893539.06
经营活动产生的现金流量净额:	25083302.52
现金及现金等价物净增加额:	108777045.85

注:在"扣除非经常性损益后的净利润"中,公司扣除的项目为:
(1)因南京路步行街改造财政补贴4,000,000元,交纳所得税后净利润3,400,000元。
(2)本期法人股转让收益14,227,067元,交纳所得税后净利润为12,093,006.95元。

2. 根据中国会计准则审计与国际会计准则审计的净利润差异说明：单位:人民币千元

根据中国会计准则编制的净利润	40734
根据国际会计准则编制的净利润	30730
两种不同会计准则编制净利润的差异如下:	
国际会计准则调整:	
(1) 以前年度装修费用资本化所导致的额外的折旧	(6,226)
(2) 冲销因采用追溯法更改对坏帐准备的计提方法而产生的款项	(7,916)
(3) 出售持有的法人股红股收益	1006
(4) 由于采用不同的固定资产和无形资产摊销年限而产生的差异	(986)
(5) 冲销低值易耗品	(800)
(6) 由于相关资产不再使用而须同时冲销的以前年度资本化的装修成本及利息	(2,500)
(7) 由于采用不同摊销年限而产生的负商誉摊销差异	8182
(8) 确认一附属公司超出对其投资成本的经营亏损	(889)
(9) 其他	125
--遵照国际会计准则调整后的净利润:	30730

3.截至报告期末公司近三年主要会计数据和财务指标:
追溯调整后:　金额单位:元

项目	1999年	1998年		1997年	
		调整前	调整后	调整前	调整后
主营业务收入	576097861.40	442452054.79	442452054.79	621295541.68	621295541.68
净利润	40734228.53	40761799.63	52962224.51	36261378.43	13167066.10
总资产	1309181736.01	1167292139.96	1155324059.90	814754175.03	792226945.59
股东权益(不含少数股东权益)	407164159.93	401436624.73	390073585.04	359638589.97	337111360.53
每股收益(摊薄)	0.18	0.21	0.28	0.25	0.09
每股收益(按月平均加权法计算)	0.20	0.21	0.32	0.28	0.10
扣除非经常性损益后的每股收益	0.11				
每股净资产	1.79	2.12	2.06	2.47	2.31
调整后的每股净资产	1.51	2.01	1.95	2.23	2.07
每股经营活动产生的现金流量净额	0.11	0.88	0.88		
净资产收益率%	10.00	10.15	13.58	10.08	3.91

(三)股东情况介绍

(1) 报告期末公司股东总数19239户(其中:A股股东16465户,B股股东2774户)。
(2) 报告期末公司主要股东持股情况:

股东名称	持股数(股)	占总股本比例(%)	股份性质
1.上海友谊(集团)有限公司(国家股)	80,308,800	35.29	国家股
2.CHASE LUX S/A TGSF-GLOBAL GROWTH FUND(GTI NO 5490)	9,320,320	4.10	B股
3.孙文雄	7,540,368	3.31	B股
4.NAITO SECURITIES CO., LTD.	6,503,192	2.86	B股
5.CHASE LUX/CMBLSA RE TEMPLE GLOBAL GROWTH (EURO) FUND	4,402,727	1.93	B股
6.上海华联(集团)有限公司	4,030,698	1.77	法人股
7.上海国际信托投资公司	3,346,200	1.47	法人股
8.上海九百(集团)有限公司	2,256,143	0.99	法人股
9.TOYO SECURITIES ASIA LTD. A/C CLIENT	1,651,494	0.73	B股
10.CHASE LUX S/A TGSF-SMALLER COMPANIES FUND (GTI NO2604)	1,622,400	0.71	B股

成都人民商场(集团)股份有限公司

一、公司简介

1、公司法定中文名称:成都人民商场(集团)股份有限公司
公司英文名称:CHENGDU PEOPLE'S DEPARTMENT STORE CO.,LTD.　缩写:CPDS
2、公司法定代表人:吕根旭
3、公司董事会秘书:张学勤
联系地址:四川省成都市东御街19号
电　话:028-6665088　传真:028-6651176
电子信箱:cdmarkt@mail.sc.cninfo.net
4、公司注册地址:四川省成都市东御街19号
公司办公地址:四川省成都市东御街19号　邮政编码:610011
公司电子信箱:cdmarkt@mail.sc.cninfo.net
5、公司选定的信息披露报纸:《上海证券报》、《中国证券报》
登载公司年度报告的中国证监会指定国际互联网网址:http://www.sse.com.cn
公司年度报告备置地点:公司董事会办公室
6、公司股票上市交易所:上海证券交易所
股票简称:成商集团　股票代码:600828

二、会计数据和业务数据摘要

1、本年度会计数据与业务数据摘要　(单位:元)

项　目	1999年
(1)利润总额	42577806.73
(2)净利润	35116153.46
(3)扣除非经常性损益后的净利润	27116153.46
(4)主营业务利润	157144873.22
(5)其他业务利润	18710938.68
(6)营业利润	9745829.88
(7)投资收益	26508918.56
(8)补贴收入	8000000.00
(9)营业外收支净额	-1676941.71
(10)经营活动产生的现金流量净额	45972260.47
(11)现金及现金等价物净增加额	43183844.29

注:扣除的非经常性损益项目和涉及金额:补贴收入800万元系成都市国有资产管 理局为公司1997年接收原市针织品公司基本建设贷款而给予的补贴列帐。

2、公司近三年主要会计数据和财务指标　(单位:元)
追溯调整后:

项　目	1999年	1998年	1997年
(1)主营业务收入	1382378690.96	1155056441.99	975570471.75
(2)净利润	35116153.46	43527273.23	43663781.39
(3)总资产	1010737658.24	970800184.64	874873688.07
(4)股东权益	424166865.58	438601090.09	380303480.11
(5)每股收益	0.21	0.26	0.28
(6)扣除非经常性损益后的每股收益	0.16	0.15	0.28
(7)每股净资产	2.51	2.59	2.47
(8)调整后的每股净资产	2.21	2.28	2.35
(9)每股经营活动产生的现金流量净额	0.27	-0.05	/
(10)净资产收益率(%)	8.28	9.92	11.48

追溯调整前:

项　目	1998年	1997年
(1)主营业务收入	1178955679.54	975570471.75
(2)净利润	49390198.50	47572465.58
(3)总资产	993321602.44	891384106.22
(4)股东权益	460974432.51	396813898.26
(5)每股收益	0.29	0.31
(6)扣除非经常性损益后的每股收益	0.19	0.31
(7)每股净资产	2.72	2.58
(8)调整后的每股净资产	2.66	2.55
(9)每股经营活动产生的现金流量净额	-0.05	/
(10)净资产收益率(%)	10.71	11.99

3、报告期内股东权益变动情况　(单位:元)

项　目	股本	资本公积	盈余公积	其中:法定公益金	未分配利润	股东权益合计
期初数	169290000	187049827.02	60247209.71	6971481.54	22014053.36	438601090.09
本期增加		82200.00	7129738.11	3536899.61	35116153.46	42328091.57
本期减少		538477.97			56223838.11	56762316.08
期末数	169290000	186593549.05	67376947.82	10508381.15	906368.71	424166865.58

变动原因:因本期实现净利润35,116,153.46元,从而使本期未分配利润增加35,116,153.46元;提取资本公积金和法定公益金以及派发现金红利使未分配利润减少56,223,838.11元,盈余公积增加7,129,738.11元;提取评估增值部份的固定固定资产折旧及接受捐赠资产转出,使资本公积减少538,477.97元。

三、股东情况介绍

1、报告期末,公司股东总数为20373户。
2、前十名股东持股情况:

序号	股东名称	年末持股数(股)	持股比例(%)
①	成都市国有资产管理局	110690733	65.39
②	成都市华盛房地产有限责任公司	13491567	7.97
③	特发财务	303600	0.18
④	刘一芝	283465	0.17
⑤	陈其建	254600	0.15
⑥	黄万盛	251700	0.15
⑦	邗江建设	247500	0.15
⑧	李良柱	223000	0.13
⑨	芦京文	200000	0.12
⑩	成都百货	198000	0.12

注:报告期内,成都市国有资产管理局持有本公司股份110690733股,占公司总股本 的65.39%,无质押与冻结的情况。

哈尔滨天鹅实业股份有限公司

一、公司简介

1、公司名称中文:哈尔滨天鹅实业股份有限公司
英文:HARBIN SWAN INDUSTRY COMTANY LIMITED　缩写:HS
2、公司法定代表人:丁洪利
3、公司董事会秘书:乔克荣
联系地址:哈尔滨市道里区共乐街182号
联系电话:0451—4624124 传真:0451—4624142
电子信箱:haswan@public.hr.hl.cn
4、公司注册地址、办公地址:哈尔滨市道里区共乐街182号
邮政编码:150076
电子信箱:haswan@public.hr.hl.cn
5、公司信息披露报纸:上海证券报
登载公司年报的国际互联网网址:http://www.sse.com.cn
公司年度报告备置地点:公司公关部
6、公司股票上市交易所:上海证券交易所
股票简称:天鹅股份　股票代码:600829

二、会计数据和业务数据摘要

1、本年度主要会计数据及业务数据 单位:元

(1)利润总额	4171490.65
(2)净利润	2322593.64
(3)扣除非经营性损益后的净利润	2322593.64
(4)主营业务利润	98315105.50
(5)其它业务利润	142656.10
(6)投资收益	2687370.00
(7)营业外收支净额	-659461.42
(8)经营活动产生的现金流量净额:	58205597.10
(9)现金及现金等价物净增加额	61912278.29

2、公司近三年的主要会计数据和财务指标

项 目	1999年	1998年调整后	1998年调整前	1997年调整后	1997年调整前
(1)主营业务收入(元)	385944704.35	352810907.85	352810907.85	307879868.38	307879868.38
(2)净利润(元)	2322593.64	-6987020.56	780862.25	3207063.84	8419004.48
(3)总资产(元)	709693028.37	655486926.75	672443720.05	662263757.54	667475698.18
(4)股东权益(元)	422133844.99	414399415.23	430688009.46	420803712.64	26015653.31
(5)每股收益(元)	0.0176	-0.0529	0.0059	0.0243	0.064
按月平均加权计算的每每股收益	0.0176	-0.0529	0.0059	0.0243	0.067
扣除非经营性损益后每股收益(元)	0.0176	-0.0529	0.0059	0.0243	0.067
(6)每股净资产	3.19	3.20	3.26	3.18	3.22
(7)调整后的每股净资产(元)	2.84	2.75	2.78	3.00	3.06
(8)每股经营活动产生的现金流量净额	0.44	0.31	0.31		
(9)净资产收益率(%)	0.55	-1.69	0.18	0.76	1.98

说明:主要财务指标的计算方法:
每股收益=净利润/年度末普通股股份总数
每股净资产=年度末股东权益/年度末普通股股份总数
调整后的每股净资产=[年度末股东权益-三年以上的应收款项净额-待摊费用-待 处理(流动、固定)资产净损失-开办费-长期待摊费用-住房周转金负数余额]/年度末 普通股股份总数
净资产收益率=(净利润/年度末股东权益)*100%
每股经营活动产生的现金流量净额=经营活动产生的现金流量净额/年度末普通股份总额。
注:1.以上数据和指标均以合并会计报表数填列或计算;
2."应收款项"包括应收帐款、其他应收款、预付帐款、应收股利、应收利息、应收补贴款。

3、股东权益变动情况　单位:元

项 目	股 本	资本公积	盈余公积	法定公益金	未分配利润	股东权益合计
期 初 数	132168300.00	253565231.02	27604348.23	3431651.58	-2370115.60	414399415.23
本期增加	-	5,411,836.12	-	116099.68	9974204.60	15502140.40
本期减少	-	-	7,767,710.64	-	-	7767710.64
期 末 数	132168300.00	258977067.14	19836637.59	3547751.26	7604089.00	422133844.99

以上项目中资本公积金增加系提取维检费与折旧费差额、资源税减免转入等所致;盈余公积减少系用于弥补因会计政策变更期初未分配利润出现负数所致;法定公益金和未分配利润增加系本年度利润提取和盈余公积金弥补期初负数所致。

三、股东情况介绍

1、截止1999年12月30日,本公司股东总数15,861户。其中:发起人国有股股东1户,社会公众股股东15,860户。

2、公司前十名股东持股情况(股份单位:万股)

股 东	末持股	比例(%)	年初持股	比例(%)
哈尔滨建筑材料工业(集团)公司	9889.33	74.82	9889.33	74.82
李志军	43.3	0.33	——	—
王 峥	41.6	0.31	——	—
金鑫基金	33.0	0.25	——	—
孙桂君	32.0	0.24	——	—
汤仁妹	20.3	0.15	——	—
陆成玉	17.0	0.13	——	—
王保善	16.9	0.13	——	—
徐晓军	13.5	0.10	——	—
徐豪军	12.3	0.09	——	—

说明:本公司前十名股东中,哈尔滨建筑材料工业(集团)公司代表国家持有本公司74.82%的股份无质押冻结情况,其余九名股东所持股份为上市流通股份,本公司不知其有无关联关系和质押冻结情况。

3、持股10%(含10%)以上的法人股东简介
哈尔滨建筑材料工业(集团)公司
法定代表人:丁洪利
公司经营范围:主要经营组织水泥等建筑材料及金属矿物材料和制品、无机非金 属新材料、新型建材、建材机械、建材包装材料的科研、设计、生产采掘、运输;供 应和销售为集团成员单位代购和储运生产所需原材料、代销产品、维修生产设备和加工设备配件。

宁波城隍庙实业股份有限公司

一、公司简介

(一)、公司法定中文名称:宁波城隍庙实业股份有限公司
公司法定英文名称:NINGBO　CHENGHUANGMIAO　INDUSTRYCO.,LTD.
公司法定英文缩写:NCHMI
(二)、公司法定代表人:赵万兴
(三)、公司董事会秘书:林蔚晴
公司咨询服务机构:总经理办公室
联系地址:浙江省宁波市开明街130弄48号公司总经理办公室
联系电话:0574—73153100574—7299688—2005、2045
传真:0574—7294676
公司电子信箱:nb_chm@163.net
(四)、公司注册地址:浙江省宁波市县学街22号
公司办公地址:浙江省宁波市开明街130弄48号　公司邮政编码:315000
公司电子信箱:nb_chm@163.net
(五)、公司选定的信息披露报纸:《中国证券报》、《上海证券报》
登载公司年度报告的中国证监会指定国际互联网网址:http://www.sse.com.cn
公司年度报告备置地点:公司总经理办公室
(六)、公司股票上市交易所:上海证券交易所
股票简称:甬城隍庙　股票代码:600830

二、会计数据和业务数据摘要

(一)、本年度主要利润指标情况:(单位:人民币元)
公司本年度实现利润总额42,984,898.58元
净利润33,386,421.60元
扣除非经常性损益后的净利润14,078,891.33元
主营业务利润73,239,410.85元
其他业务利润23,422,495.59元
营业利润9,678,640.71元
投资收益8,349,762.40元
补贴收入22,059,321.00元
营业外收支净额2,897,174.47元
经营活动产生的现金流量净额42,553,121.11元
现金及现金等价物净增加额20,048,003.83元
注:扣除的非经常性损益项目和涉及金额:

项 目	金 额
1、处置财产净收益	1,035,660.21
2、补贴收入	21,700,000.00
3、长期投资差额摊销	20,918.72
4、以上项目涉及金额:	22,714,741.49

(二)、截止报告期末公司前三年的主要会计数据和财务指标(合并报表)　(单位:人民币元)

栏目	1999年度	1998年度		1997年度	
		调整前	调整后	调整前	调整后
主营业务收入	367898758	35269877	251824676	309273889	309273889.75
净利润	33386421	31176683	35514063	29879760	28886450.60
总资产	489682533	708360560	633796417	596786452	585308063.13
股东权益	329518629	303517725	296378629	293375249	281896860
每股收益(摊薄)	0.211	0.296	0.337	0.284	0.274
(加权)	0.282	0.296	0.337	0.284	0.274
扣除非经常性损益后的每股收益	0.089				
每股净资产(摊薄)	2.085	2.881	2.813	2.785	2.676
(加权)	2.780	2.881	2.813	2.785	2.676
调整后每股净资产	1.928	2.712	2.665	2.66	2.545
每股经营活动产生的现金流量净额	0.269				
净资产收益率(%)	10.132	10.272	11.983	10.185	10.247

注:(1)、主要财务指标的计算方法:
每股收益=净利润/年度末普通股股份总数
每股净资产=年度末股东权益/年度末普通股股份总数
调整后的每股净资产=[年度末股东权益-三年以上的应收款项净额-待摊费用 -待处理(流动、固定)资产净损失-开办费-长期待摊费用-住房周转金负数余额]/年度末普通股股份总数
每股经营活动产生的现金流量净额=经营活动产生的现金流量净额/年度末普通 股股份总数
净资产收益率=净利润/年度末股东权益×100%

(三)、报告期内股东权益变动情况(单位:元)

项目	股本	资本公积	盈余公积	法定公益金	未分配利润	股东权益合计
期初数	105358481	140094773	26704334	11737406	24221041	296378629.95
本期增加	52679241	135775	7888281	3830457	33386421	94089719.78
本期减少		53061438			7888281	60949720.72
期末数	158037722	87169109	34592616	15567864	49719181	329518629.01

三、股东情况介绍

(一)、报告期末股东总数:截止1999年12月31日,本公司股东总数为27351户。
(二)、前十名股东持股情况:

股东名称	年初持股数(股)	年末持股数(股)	占总股本比例(%)	说明
中国烟草总公司浙江省公司	26896300	40344450	25.53	未流通股份
宁波市郡庙企业总公司	5125774	7688661	4.87	未流通股份
中国农业银行宁波市分行直属支行	4290000	6435000	4.07	未流通股份
宁波大红鹰经贸有限公司	4045800	6068700	3.84	未流通股份
浙江省烟草公司宁波分公司	1576776	2365164	1.50	未流通股份
万国宝鼎	0	2223569	1.40	流通股份
宁波市商业银行海曙支行	1430000	2166450	1.37	未流通股份
国泰装潢	1210000	1815000	1.15	未流通股份
国泰房产	1210000	1815000	1.15	未流通股份
外经开发	1359500	1571200	0.99	流通股份

注:前10名股东股本增加是因公司实施1999年中期资本公积金转增股本 所致。

黄河机电股份有限公司

黄河机电股份有限公司1999年年度报告摘要

(一) 公司简介

1、公司法定中文名称:黄河机电股份有限公司
公司英文名称:HUANGHE MACHINERY AND ELECTRONICS.CO.LTD 缩写:HMEC
2、公司法定代表人:代志军
3、公司董事会秘书:李道光
联系地址:西安市幸福北路21号公司证券部
联系电话:029-2526902 2541899 传 真:029-2521831
电子信箱(E-mail):hhkjcw@pub.xaonline.com
4、公司注册地址:西安市幸福北路21号
公司办公地址:西安市幸福北路21号 邮政编码:710043
公司网址:http://www.hhkj.com 电子信箱(E-mail):HHKJ01@pub.xaonline.com
5、公司信息披露报纸名称:《上海证券报》、《证券时报》
公司年度报告登载网址:http://www.sse.com.cn
公司年度报告备置地点:公司证券部
6、公司股票上市交易所:上海证券交易所
股票简称:ST黄河科 股票代码:600831

(二) 会计数据和业务数据摘要

1、本年度主要利润指标情况 单位:元

项 目	1999年
利润总额	39169345.39
净利润	39040153.43
扣除非经常性损益后的净利润	-48932168.31
主营业务利润	6750316.74
其他业务利润	18999743.18
营业利润	-17580337.25
投资收益	—
补贴收入	—
营业外收支净额	56749682.64
经营活动产生的现金流量净额	-24028604.81
现金及现金等价物增加额	2635249.47

注:扣除非经常性损益后的净利润

扣除项目	涉及金额(元)
长岭黄河集团有限公司让债收入	26000000.00
黄河机器制造厂让债收入	30000000.00
出售黄河机器制造厂三十亩土地实现利润	22513407.67
根据公司与黄河机器制造厂减债协议以部分商品抵债务形成销售利润	9458914.07
以上四项共计影响利润	87972321.74

2、报告末期前三年的主要会计数据和财务指标

项目	1999年	1998年		1997年	
		调整前	调整后	调整前	调整后
主营业务收入	106616581.07	252800545.65	231362022.99	157816263.69	157816263.69
净利润	39040153.43	6850854.17	6363529.8	5830664.99	3062538.93
总资产	664950569.31	537828072.09	505460139.12	519247923.49	516659502.70
股东权益	113670807.91	61242049.52	74630654.48	57258050.99	54669630.20
每股收益(元/股)	0.35	0.06	0.06	0.05	0.03
每股收益(加权)	0.35	0.06	0.06	0.05	0.03
扣除非经常性损益后的每股收益	-0.44	-0.08	-0.08	-0.79	-0.81
每股净资产(元/股)	1.02	0.55	0.67	0.51	0.49
调整后的每股净资产	0.55	0.23	0.35	0.35	0.33
净资产收益率(%)	34.34	11.19	8.53	10.18	5.60
每股经营活动产生的现金流量净额	-0.22	-0.34	0.34	—	—

注:主要财务指标计算方法:
每股收益=净利润/年度末普通股股份总数
每股净资产=年度末股东权益/年度末普通股股份总数
调整后的每股净资产=(年度末股东权益-三年以上的应收款项净额-待摊费用-待 处理(流动、固定)资产净损失-开办费-长期待摊费用-住房周转金负数余额)/年度末 普通股股份总数
每股经营活动产生的现金流量净额=经营活动产生的现金流量净额/年度末普通股股份总数
净资产收益率=净利润/年度末股东权益×100%
3、股东权益变动情况

项目	股本	资本公积	盈余公积	法定公益金	未分配利润	股东权益合计
期初数	11286663.15	258590358.80	6950382.69	2191609.18	-302196750.16	74630654.48
本期增加	—					
本期减少						
期末数	11286663.15	258590358.80	6950382.69	2191609.18	-263156596.73	113670807.91

变动原因:本期未分配利润增加39,404,153.43为当期新增利润。

(三) 股东情况介绍

1、截止报告期末,公司股东总数为12928户。
2、主要股东持股情况
截止报告期末,公司前十名股东持股情况如下:

名次	股东名称	年末持股数(股)	持股比例(%)
1	长岭黄河有限公司	59197000	53.2
2	东方证券	3431438	3.08
3	西安证交	1835220	1.649
4	兴华基金	661250	0.59
5	章麟书	498388	0.447
6	东方川南	476700	0.428
7	金鑫基金	459912	0.413
8	郭群锁	355000	0.319
9	深万科	350000	0.314
10	濮国芳	295800	0.265

持有本公司5%以上股份的股东有一名,即长岭黄河(集团)有限公司有限公司,报 告期内其持股情况无变动,也无质押或冻结情况。

(四) 股东大会简介

报告期内共召开三次股东大会
1、经公司董事会会议决定,于1999年4月26日在《上海证券报》上发布公告,定于1999年5月28日召开1998年度股东大会。会议决议公告刊登于1999年5月29日《上海证券报》。
2、经公司董事会会议决定,于1999年3月23日在《上海证券报》发布公告,定于1999年4月23日在西安召开1999年临时股东大会(通讯方式),会议决议公告刊登于1999年4月24日《上海证券报》。
3、经公司董事会会议决定,于1999年8月28日在《上海证券报》发布公告,定于1999年9月28日在西安召开1999年第二次临时股东大会(通讯方式),会议决议公告刊登于1999年9月29日《上海证券报》。

(五) 董事会报告

1、公司经营情况
(1)公司所属行业为机械家电行业,主要产品为黄河牌系列电视、多媒体系统、制冷等高档家用电器产品。
(2)公司主营业务的范围及其经营状况
1999年公司员工群策群力、克服困难、奋力拼搏,主要经济指标较上年实现了大 幅度增长,基本上完成了年初制定的工作目标,基本实现了预期的战略目标,为公司下 一步的发展,奠定了坚实的基础,创造了有利的条件。公司99年度全年主营业务收入106,616,581.07元,较上年下降54%,实现利润39,040,153.43元,比上年增长513.5%。
(3)在经营中出现的问题与困难及解决方案
受宏观经济环境影响,市场持续疲软,彩电价格下滑,销售困难加剧,产量及销量较上年相比有所减少,主营业务受到较大冲击。解决办法:
1.依托科技创新,调整产业结构,在生产普通彩电的同时,相继推出了中国第一台 拥有自主知识产权的"黄河多媒体电视"和国内首创的"黄河逐行扫描/倍场数字化 彩电"。
2.推行目标管理责任制,采取更为有效的激励机制,提高公司的专业水平和行业竞争机制。
3.建立健全新的财务制度,降低经营成本,强化销售工作。
4.继续加大资产重组的步伐与力度,引进高科技,提升公司的科技含量,开拓新业 务,发展新的利润增长点。
(4)公司99年度实现利润39,040,153.43万元,原因是公司与长河集团和黄河机器 制造厂签定了资产及债务划转协议,为公司全年的盈利和今后的发展打下了基础。
2、公司财务状况(单位:万元)
(1)公司财务状况

	1999年	1998年	增长比率(%)
总资产	664950569.31	505460139.12	31.55
长期负债	2578890.70	18861605.51	-86.33
股东权益	113670807.91	74630654.48	52.31
主营业务利润	6750316.74	39600673.27	-82.95
净利润	39040153.43	6363529.08	513.5

原因分析:
1.资产总额比98年上升31.55%,主要原因系当年利润增加及债权增加。
2.长期负债比98年下降86.33%,主要是调整到流动负债中,总负债不发生变动。
3.股东权益净增加52.31%,主要是当期新增利润。
4.主营业务利润减少83.55%,系主营业务收入减少所致。
5.净利润增加513.5%,系本年度资产出售及让债收入所致。
(2)公司董事会对会计师事务所出具的有保留意见的审计报告所涉及事项的说明
深圳大华会计师事务所为我公司出具的1999年度审计报告中所列的保留意见,我 公司董事会认为,此项划转库存商品的业务符合关联方交易的原则,按会计准则的规定,应在报表附注中披露。
3、公司投资情况
本报告期内公司未有新募集资金,也无报告期之前募集资金的使用延缓到本报告 期内。
4、我公司所在地西安市,是西部大开发的桥头堡,随着国家西部大开发政策的不 断出台,西部基础建设的加大,沿海加工业的西进,国家将会在金融、税收等领域对西 部实行更加优惠的政策,会对我公司在今后的发展中形成一个更加有利的外部环境。
5、新年度业务发展计划
总体目标:确保净资产收益率达 10 %,净利润达2000万元以上。
(1)以市场为导向,加快新品开发和产业化进程,尽快完成产品结构的战略调整。
(2)积极探索开发高科技项目和信息技术项目,优化产业结构,培育新的经济增长 点。
(3)深化企业的内部改革,全面强化企业管理。
(4)利用上市公司优势,加大资产重组力度,实现公司的可持续发展。
6、董事会日常工作情况
(1)报告期内董事会的会议情况及决议内容
本报告期内共召开七次董事会议,决议摘要如下:
1999年2月4日董事会通过了如下决议:
1.因多媒体彩电、数字化彩电生产和发展的需要,以及圣河公司自成立以来未能 达到预期经营目标,董事会决定收回公司在圣河科技有限责任公司的全部投资共计2170万元。
2.因工作需要王勇俐先生不再担任公司总经理职务;顾志诚先生不再担任公司总 工程师职务;解聘宫正军先生公司常务副总经理职务。聘任黄琦先生为公司总经理;向坤先生为副总经理;顾志诚先生为公司高级技术顾问。
以上决议公告刊登于1999年2月9日《上海证券报》。
1999年3月22日董事会通过了如下决议:
1.因工作变动原因,王大中先生、曹克坡先生、宫正军先生、刘晓卫先生不再担 任公司董事。
2.推荐陈志龙先生、黄琦先生、向坤先生、何景才先生为公司董事。
3.以上事议待临时股东大会讨论通过。
以上决议公告刊登于1999年3月23日《上海证券报》。
1999年4月23日董事会审议通过了如下决议
1.选举陈志龙先生为公司第三届董事会新任董事长;选举黄琦先生为公司新任副 董事长。
2.审议通过了聘任赵晓光先生为公司副总经理,不再担任公司董事会秘书。

上 海 东 方 明 珠 股 份 有 限 公 司

上海东方明珠股份有限公司1999年年度报告摘要

一、公司简介

1.公司中文名称:上海东方明珠股份有限公司
英文:SHANGHAI ORIENTAL PEARL CO.LTD　缩写:S.O.P
2.公司法定代表人:盛重庆
3.董事会秘书:曹志勇
联系地址:上海市北京东路2号　电话:021-53080966　传真:021-53088424
董事会秘书授权代表:刘海英
联系地址:上海市北京东路2号　电话:021-53088429　传真:021-53088424
4.公司注册地址:上海浦东新区陆家嘴路504弄2号　邮编:200120
公司办公地址:上海市北京东路2号　邮编:200002
电子信箱:shpearl@online.sh.cn　公司网址:www.shpearl.com
5.公司选定的信息披露报纸:《上海证券报》
登载公司年度报告的中国证监会指定国际互联网网址: http://www.sse.com.cn
公司年度报告备置地址:上海北京东路2号东方明珠股份有限公司董事会办公室
6.公司股票上市交易所:上海证券交易所　股票简称:东方明珠　股票代码:600832

二、会计数据和业务数据摘要

1.公司本年度利润情况　单位:元

利润总额	204163842.85
净利润	186882802.28
扣除非经常性损益后的净利润	167870855.69
主营业务利润	222843168.22
其他业务利润	9930565.73
营业利润	89918744.23
投资收益	111758507.29
补贴收入	4141170.00
营业外收支净额	-1654578.67
经营活动产生的现金流量净额	189482619.81
现金及现金等价物净增加额	-6155437.85

注:非经常性损益项目为收回奉浦大桥投资的补偿收入17150000.00元,公司下 属房产公司退税收入4141170.00元,东方明珠绿苑公司投资清理(一)1955513.26元,东方明珠启明广告公司投资清理(一)323710.15元。

2.截止报告年度末公司前三年的主要会计数据及财务指标

单位:元

项目	1999年	1998年调整后	1998年调整前	1997年调整后	1997年调整前
主营业务收入	537989894.21	566894064.62	566894064.62	588794065.70	588794064.70
净利润	186882802.28	145254733.19	161508085.39	146167402.93	167511008.76
总资产	3084395592.36	3030693006.83	3057807712.01	2666410640.98	2671338477.33
股东权益	1594698095.02	1524144177.14	1551379188.98	1490989669.35	1508174583.33
每股收益(摊薄)	0.289	0.193	0.218	0.28	0.33
每股收益(加权)	0.289	0.22	0.25	0.28	0.33
扣除非经常性损益后的每股收益	0.259	0.193	0.218	0.28	0.33
每股净资产	2.47	2.36	2.40	2.31	2.33
调整后的每股净资产	2.35	2.29	2.33	2.25	2.29
每股经营活动产生的现金流量净额	0.293	0.244	0.244		
净资产收益率(摊薄)%	11.72	9.53	10.41	9.81	11.10
净资产收益率(加权)%	11.98	9.64	10.59	13.85	14.31

主要财务指标计算公式
每股收益=净利润/年度末普通股股份总数
每股净资产=年度末股东权益/年度末普通股股份总数
调整后的每股净资产=(年度末股东权益-三年以上的应收款项净额-待摊费用-待处理(流动、固定)资产净损失-开办费-长期待摊费用-住房周转金负数余额)/年度末普通股股份总数
每股经营活动产生的现金流量净额=经营活动产生的现金流量净额/年度末普通股股份总数
净资产收益率=净利润/年度末股东权益*100%

3.股东权益变动情况

项目	股本	资本公积	盈余公积	法定公益金	未分配利润	股东权益合计
期初数	646271580	739296338.94	157980061.83	44809352.09	-19403803.63	1524144177.14
本期增加			48811535.36	22551539.16	186882802.28	235694337.64
本期减少					165140419.76	165140419.76
期末数	646271580	739296338.94	206791597.19	67360891.25	2338578.89	1594698095.02

变动原因:盈余公积、法定公益金增加为99年利润分配,未分配利润的增加为99年末分配的净利润。

三、股东情况介绍

1.报告期末股东总数90567户
2.前十名股东持股情况

		持股数(股)	占总股本比例(%)
1	上海广播电视发展有限公司	351247998	54.35
2	上海有线电视台	54000000	8.36
3	上海精文投资有限公司	27000000	4.18
4	上海大型活动办	14400000	2.22
5	上海东方电视台	13670000	2.12
6	上海电视台	13500000	2.09
7	上海东亚集团公司	13500000	2.09
8	上海《每周广播电视报》	6750000	1.04
9	上海申银万国证券公司	4102680	0.63
10	上海人民广播电台	4050000	0.63

以上股份均未上市流通,公司前十名股东之间不存在关联关系。

四、股东大会简介

(一)1999年6月25日,公司召开了98年度股东大会,该次股东大会的决议公告刊 登在1999年6月26日的《上海证券报》。

(二)1999年12月27日,公司以通迅表决方式召开了临时股东大会的决议公告刊登在1999年12月29日的《上海证券报》。

五、董事会报告

1.公司经营情况

(1)公司所属的行业以及公司在本行业中的地位

公司属综合类上市公司,主要经营业务有广播电视传播服务、电视塔设施租赁、旅游观光、房地产开发、实业投资等.其中东方明珠广播电视塔的旅游观光收入为世 界高塔首位,广播电视传输质量在国内同行业中居领先地位。

(2)公司主营业务的范围及其经营状况

公司主营业务范围:广播电视传播服务、电视塔设施租赁、旅游观光、实业投资等。

东方明珠广播电视塔有限公司99年共接待游客240万人次, 达到日均观光人数6570人,为开业以来接待人数最多年份,全年共实现利润12010万元,占公司利润总额的58.83%,东方明珠传输有限公司实现了安全高质量的传送,全年实现利润2340万元 ,占公司利润总额的11.46%,东方明珠房地产有限公司着重抓销售、抓管理、抓开 发,全年实现利润1911万元,占公司利润总额的9.36%。

(3)在经营中出现的问题与困难及解决方案

公司现有的业务经营状况良好。为配合公司经营宗旨的转变、主营业务的明晰及保持利润较为稳定的增长,公司将积极拓展新的业务空间,寻求新的利润增长点。

2.公司财务状况　单位:元

指标项目	1999年	1998年	增长比例
总资产	3084395592.36	3030693006.83	1.77%
长期负债	46184062.33	45786961.68	0.87%
股东权益	1594698095.02	1524144177.14	4.63%
主营业务利润	222843168.22	171922565.98	29.62%
净利润	186882802.28	1445254733.19	28.66%

变动情况说明:
(1)公司的总资产、长期负债未发生大的变化
(2)股东权益的增加主要为"两金"的提取。
(3)1999年度由于贯彻财主部关于各项资产计提减值准备的规定, 当年计提坏帐损失 准备及处理坏帐2071万元;由于广播电视塔从在建工程转入固定资产,调整增加固定 资产折旧1560万元;广电大厦收益减少2800万元。但由于广播电视塔有限公司净增加 利润1800万元和收回奉浦大桥净增加利润4630万元,因此主营业务利润和净利润有所上升。

3.公司投资情况

1999年度公司通过自筹资金向有线网络公司投资11600万元, 向国际会议中心追 加投资3400万元, 向信息投资股份有限公司投资3000万元, 但由于年末公司收回了对奉浦大桥的投资27680万元,使得公司的资产规模未有较大变化。

4.公司的经营环境及宏观政策、法规目前未发生重大变化。

5.新年度的业务发展计划

在新的一年中,公司的发展计划主要为:一抓住机遇,寻求新的发展方向。公司将紧紧依靠广电事业的发展来开拓新的领域,在发展原有业务的基础上,逐步向媒体和信息产业推进;二:以人为本,重视人才,培养人才,开发人才。要引进一批具有 新观念、新知识的高层人才,充实到公司的各个部门, 继续通过对现有人员的培训的方式提高员工队伍的整体素质, 同时加快调整人员结构。三、严格管理,完善机制,练好企业内功。公司将进一步另强财务管理、项目投资管理、经营管理、人事管理、行政管理等,通过规范管理促进企业效益的提高。

6.董事会日常工作情况

(1)报告期内董事会的会议情况及决议内容

报告期内公司董事会共召开了六次会议。

①1999年3月31日,公司召开了第二届十二次董事会,会议通过了如下决议:一、审议通过了公司九八年度工作报告及九九年度经营计划;二、审议通过了公司九八 年度财务决算和九九年度财务预算报告;三、审议通过了九八年度利润分配预案;四、审议通过了公司年度报告书;五、通过了新一届董事会、监事会修造人名单。该次董 事会的决议刊登在4月1日的《上海证券报》。

②1999年4月19日,公司召开了第二届十三次董事会,会议通过了如下决议:一 、决议改变公司的经营宗旨并修改公司章程;二、公司拟出资人民币3000万元投资上 海市信息投资股份有限公司;三、公司拟出资人民币11600万元投资上海市有线网络有限公司。该次董事会的决议公告刊登在4月21日的《上海证券报》。

③1999年5月24日,公司召开了第二届十四次董事会,会议通过了拟终止东方明 珠广播电视塔上球体合作项目的决议。该次董事会的决议公告刊登在5月25日的《上 海证券报》。

④1999年6月25日,公司召开了第三届一次董事会,推选盛重庆先生为公司董事 长,续聘曹志勇先生为董事会秘书。该次董事会的决议公告刊登在6月26日的《上海 证券报》。

⑤1999年8月24日,公司召开了第三届二次董事会,会议通过了如下决议:一、审议通过了公司一九九九年上半年度总经理工作报告;二、审议通过了公司一九九九 年上半年度财务工作报告;三、会议通过了公司一九九九年度中期报告,决议公司中 期不进行利润分配,不进行公积金转增股本。该次董事会的决议公告刊登在8月25日 的《上海证券报》。

⑥1999年11月24日,公司召开了第三届三次董事会,会议通过了如下决议:一、审议通过了公司拟将持有的奉浦大桥49%的股权转让给上海奉浦大桥发展有限公司的议案;二、决议召开临时股东大会审议上述事项。该次董事会的决议公告刊登在11月25日的《上海证券报》。

(2)公司于1999年8月25日在《上海证券报》。刊登了关于实施1998年度利润分配方案的公告,确定1999年8月27日为发放红利的股权登记日,8月30日为除息日。

7.董事、监事、高级管理人员

姓名	职务	性别	年龄	任期起止日期	年初持股数	年末持股数	年度报酬情况
盛重庆	董事长	男	59	99.6.25-02.6.25	6034	6034	年薪12万元
赵保平	董事兼副总经理	男	48	99.6.25-02.6.25	8146	8146	年薪10万元
朱咏雷	董事	男	36	99.6.25-02.6.25			未在公司领取报酬
卑根源	董事	男	50	99.6.25-02.6.25			未在公司领取报酬
周澍钢	董事	男	42	99.6.25-02.6.25			未在公司领取报酬

李尚智	董事	男	49	99.6.25-02.6.25			未在公司领取报酬
陈圣来	董事	男	48	99.6.25-02.6.25	2832	2832	未在公司领取报酬
李广祥	董事	男	56	99.6.25-02.6.25			未在公司领取报酬
胡怡君	董事	女	55	99.6.25-02.6.25	633	633	未在公司领取报酬
陈　铣	董事	男	45	99.6.25-02.6.25			未在公司领取报酬
李尧胜	董事	男	57	99.6.25-02.6.25			未在公司领取报酬
黄晓蔚	董事	男	44	99.6.25-02.6.25			未在公司领取报酬
陈晓萌	董事	男	46	99.6.25-02.6.25	6637	6637	未在公司领取报酬
叶志康	监事长	男	56	99.6.25-02.6.25	6034	6034	未在公司领取报酬
李保顺	监事	男	55	99.6.25-02.6.25	3620	3620	未在公司领取报酬
乔其干	监事	男	59	99.6.25-02.6.25	6637	6637	未在公司领取报酬
周志明	监事	男	56	99.6.25-02.6.25	1811	1811	未在公司领取报酬
沈新妹	监事	女	54	99.6.25-02.6.25			年薪8万元
钮卫平	副总经理	女	46	99.6.25-02.6.25	11056	11056	年薪10万元
曹志勇	董事会秘书	男	33	99.6.25-02.6.25	2323	2323	年薪8万元

数额区间(单位:万元)	8-10	10-12	12以上
人数:	2人	2人	1人

报告期内进行了董事会、监事会的换届改选,穆瑞正、胡运筹、陈文炳、吴胜祥不再担任公司董事、监事会成员无变动。

8、本次利润分配预案或公积金转增股本预案

公司99年度累计实现利润204163842.85元,缴纳所得税及扣除应付少数股东收益后,本年度实现的净利润为186882802.28元,提取法定盈余公积金25932199.64元, 提取法定盈余公益金22551539.16元,按每10股派送现金红利1.80元(含税),未分配 利润的余额转至下一日的《上海证券报》。

六、监事会报告

1999年6月25日,公司召开了第三届一次监事会,选举叶志康先生为东方明珠股 份有限公司监事长。该次监事会的决议公告刊登在6月26日的《上海证券报》。

七、重要事项

1、重大诉讼、仲裁事项

本公司与美国J.C. ORIENTAL PEARL有限公司就解除杰西高科技有限公司合作项目的事宜正在仲裁之中。

2、报告期内,公司、瓮董事及高级管理人员无受监管部门处罚的情况。

3、报告期内公司的控股股东未发生变更。公司的董事会进行了换届改选。

4、报告期内,公司将上海奉浦大桥49%的股权转让给上海奉浦大桥发展有限公 司,转让价为人民币29400万元,上海奉浦大桥发展有限公司另给予东方明珠一次性 补偿人民币400万元。转让后公司每年收益将减少,但也减少了相应的财务费用。

5、重大关联交易事项

本公司为上海电视台、东方电视台、上海人民广播电台、东方广播电台提供广播电视传输服务,上海电视台99年支付传输费3800万元,东方电视台99年支付传输费3800万元,定价原则为协议价。

经公司1998年6月15日临时股东大会通过,公司出资40800万元,溢价认购上海上海东视广告有限公司90%的股权,该投入的资金将用作东视广告有限公司向上海东方电视台购买部分广告权。99年东方明珠从东方电视台取得的利润回报为6087万元。

截止1999年12月31日,上海广播电影电视发展有限公司为本公司正在履行的银行借款担保金额为人民币677300000.00元。公司为东方电视台正履行的银行借款担保金额为人民币85000000.00元,为上海电视台担保金额为540000000.00元,为上海精文 投资有限公司担保30000000.00元。

6、公司与控股股东在人员、资产、财务上严格执行"三分开"的规定,做到公司 与控股股东人员独立、资产完整、财务独立。

7、公司无托管、承包、租赁其他公司资产或其他公司托管、承包、租赁公司资 产的事项。

8、报告期内公司聘任的会计师事务所未发生改变。

9、报告期内未更改公司名称或股票简称。

10、其他重大事项

经公司二届十三次董事会和九八年度股东大会审议通过,公司改变了经营宗旨并修改了公司章程,将信息媒体产业定为公司发展的主业,继续宣判东方明珠广播电视塔的综合经营开发,推动上海乃至全国的信息媒体产业的发展,不断满足人们群众日益增长的文化、娱乐需求。同时,为配合公司整体经营宗旨和经营战略的调整,公司出资人民币3000万元投资了上海市信息投资股份有限公司,出资人民币11600万元投 资了上海市有线网络有限公司。上述事项披露在1999年4月21日和6月26日的《上海证券报》。

八、财务会计报告

1、审计报告

公司财务报告经上海大华会计师事务所注册会计师徐逸星、朱蕾蕾出具了无保留意见审计报告.

《华业字(20000第327号》

2、会计报表(附后)

3、会计报表附注

一、公司简

1.公司于1992年3月30日经上海市经济体制改革办公室以沪体改办(92)第23号文 批准设立.并经中国人民银行上海市分以(92)沪金股字第20号文批准,本公司向社会 公众公开发行境内上市内资股(A股)股票并上市交易。截至1999年12月31日公司注册 资本为人民币646271580.00元,经大华会计师事务所验证并出具华业字(97)第311号 验资报告。公司于1999年5月31日换发法人营业执照,注册号3100001000715,法定代表人盛重庆。

公司经济性质股份制,所属行业综合类。

经营范围:广播电视传播服务、电视设施租赁,五金交电,日用百货,服装鞋帽,针纺织品,工艺美术品,金属材料,文体办公用品,针棉织品,建筑装璜材料,家具,实业投资。

2.主要产品和提供的劳务:广播电视传播服务、电视设施租赁、娱乐、房地产开发。

3.生产经营的概况:本年度东方明珠电视塔通过积极的促销,使观光收入稳中有升,全年税后利润同比有较大的增长;传输公司在保持良好经济效益的同时,积极为 东方电视台、上海电视台、有线电视台等用户开展优质的服务,确保传输质量的稳定;房产开发近年来不断的开拓,寻找新的利润增长点,通过开发大宁路、龙阳路地块 ,使生产经营有所增长;其他行业的经营与去年相比变动不大。

三、税项

本公司适用的税种与税率。

税种	税率	计税基数
所得税	15%	应纳税所额
增值税	17%	按销项税额扣除当期允许抵扣的进项税额后的差额
营业税	3-5%	营业额
消费税	5%	销售额(或销售数量)
城建税	7%	应纳营业税额、增值税额和消费税额
教育费附加	3%	应纳营业税额、增值税额和消费税额

根据与上海税务局商定,本公司及其部分子公司所得税实行一头缴纳,一头清算的税收政策,最终与本公司汇算清交。

四、控股子公司

公司所控制的境内外所有了公司情况以及公司合并报表的合并范围:

被投资单位全称	主营业务	注册资本	本公司投资额	本公司特股比例	是否合并	是否按权益法核算
上海东方明珠传输公司	广播电视技术传输	7500万	7500万	100%	是	是
上海东方明珠房地产有限公司	房地产开发经营	6000万	5400万	90%	是	是
上海东方明珠国际广告公司	广告设计制作	200万	200万	100%	是	是
上海东方明珠国际旅行社	国际旅游业务	150万	150万	100%	是	是
上海东方明珠欧洲城有限公司	牧业管理,餐饮	1500万	825万	55%	是	是
上海东方明珠广播电视塔有限公司	登塔观光等	10000万	10000万	100%	是	是
上海东方明珠实业有限公司	销售广播设备等	7000万	6300万	90%	是	是
上海东方明珠出租汽车有限公司	汽车出租	1000万	900万	90%	是	是
上海东方明珠国际交流	组织承办文化交流	200万	200万	100%	是	是
上海东方明珠国际贸易有限公司	国际贸易	578.68万	347.208万	60%	是	是
上海东方明珠进出口有限公司	经营代理出口	1000万	800万	80%	是	是
上海东方明珠礼品有发限公司	制作高档旅游纪念品	424.80万	305.856万	90%	是	是
上海东方明珠金银世界	金银珠宝零售	1000万	1000万	100%	是	是
上海东视广告有限公司	广告代理	10000万	40800万	90%	是	是
上海东方明珠工程总承包有限公司	承包工程项目	1000万	800万	80%	是	是
上海东方明珠游乐有限公司	专营游览码头服务	3000万	2250万	75%	是	是
上海七重天实业公司	餐饮住宿,日用百货	1000万	1000万	100%	是	是
上海东方明珠度假村	住宿餐饮等	500万	500万	100%	是	是
上海东方明珠物资贸易中心	建筑材料销售	300万	300万	100%	是	是
上海东方明珠空中旋转餐厅有限公司	餐饮	200万	200万	100%	是	是
上海东方明珠房产物业管理有限公司	物业管理	100万	100万	100%	是	是
上海东方明珠北区置业有限公司	房地产开发经营	500万	480万	96%	是	是
上海明珠水上娱乐发展有展公司	水上观光游览	365万	186.15万	51%	是	是
上海七重天宾馆	餐饮、住宿	245万	245万	100%	是	是

注:(1)合并范围本年增加了新成立的子公司:上海东方明珠空中旋转餐厅有限 公司

(2)上海七重天宾馆为中外合作企业,且其财务状况及经营成果对公司无重大影响,故不纳入合并范围。

五、会计报表主要项目注释:

(一)合并会计报表主要项目注释:

1.货币资金1999年12月31日余额为人民币214657363.02元,其中:

项目	期初数			期末数		
	原币	汇率	折合本位币金额	原币	汇率	折合本位币金额
现金						
港币				284.10	1.0651	302.59
美元				9034.78	8.2783	74801.65
人民币	561488.73		561488.73	563625.23		563622.14
小计			561488.73			638726.38
银行存款						
美元				186971.30	8.2793	1547991.48
人民币	214034313.98		214031313.98			
				209366387.92		209366387.92
小计			214034313.98			210914379.40
其他货币资金						
	6216998.16					
人民币	6216998.16		6216998.16			
				3104257.24		3104257.24
合计			220812800.87			214657363.02

2.短期投资1999年12月31日余额为4888233.59人民币元,其中:

项目	期初数		期末数		
	投资金额	跌价准备	投资金额	跌价准备	市价总额
股票投资	1480371.73		4888233.59	389653.09	4498580.05
其中:A股	1480371.73		4888233.59	389653.09	4498580.05

短期投资跌价准备1999年12月31日余额为人民币389653.09元, 所选用的期末市 价来源为上海证券交易所、深圳证券交易所。

短期投资期末余额比期初增加341万,系公司购入"首钢股份"股票62万股。

3.应收帐款1999年12月31日余额为人民币116705041.19元,按帐龄分析:

帐龄	期初数			期末数		
	金额	比例(%)	坏帐准备	金额	比例(%)	坏帐准备
1年以内	74066092.05	60.25	8203911.49	53456056.95	45.80	3540220.56
1-2年	30459264.13	24.78	609185.28	16634722.44	14.25	1051449.15
2-3年	14539629.73	11.80	2160803.70	25114611.11	21.52	4054717.98
3年以上	3856436.04	3.14	154257.44	21499650.69	18.43	6027153.67
合计	122921421.95	100	11128157.91	116705041.19	100	14673541.36

本帐户期末余额中无持本公司5%(含5%)以上股份的股东单位的欠款。

应收帐款期末余额中欠款金额最大的前五名债务人情况:

债务人名称	期末欠款余额
欠款原因	欠款时间(帐龄)
上海嘉信实业房产公司	31993513.00
对方资金周转困难	2-3年
购买商品房散户	16988447.61
银行按揭款未划转	1年以下
东棉上海公司	11375794.56
正常业务款	1年以下
上视大楼筹建处	8276881.00
工程款(未竣工结算)	1年以下
上海明申企业发展发展公司	5180000.00
按还款计划执行尚余额	1-2年

(1)应收华荣公司参建房款1236896.00元,挂帐5年可收回性较差,已计提100% 坏帐准备。

(2)应收东方明珠超市房租1681662.06元,东方明珠大酒店租3427116.04元,因 两家已被法院查封,可收回性较差,已计提帐准备,计4087022.48元。

4.预付货款1999年12月31日余额人民币82416692.67元,按帐龄分析:

帐龄	期初数		期末数	
	金额	占总额比例	金额	占总额比例
1年以内	49192326.42	78.39%	76318706.26	92.60%

1–2 年	13075581.40	2.08%	1058200.00	1.28%
2–3 年	10536018.80	16.79%	4014455.86	4.87%
3 年以上	1716900.55	2.74%	1025330.55	1.24%
合计	62752827.17	100%	82416692.67	100%

本帐户期末余额中无持本公司 5%(含 5%)以上股份的股东单位的欠款。

预付帐款期末期末余额中,欠款金额最大的前五名债务人情况如下:

债务人名称	期末欠款余额	欠款原因	欠款时间(帐龄)
上海电视台	32024790.00	按合同预付款	1 年以下
东方明珠实友公司	16625039.00	正常工程款	1 年以下
青清区赵巷镇人民政府	5300000.00	支付部分土地款	1 年以下
澳林建筑装饰公司	1627740.00	正常工程款	1 年以下
茶亭建筑装潢公司	1528400.00	正常工程款	1 年以下

5.其他应收款 1999 年 12 月 31 日余额为 200948114.02 人民币元,按帐龄分析:

帐龄	期初数			期末数		
	金额	比例(%)	坏帐准备	金额	比例(%)	坏帐准备
1 年以下	61646580.23	37.34	5693237.38	127884067.55	63.64	10380787.42
1–2 年	71950555.91	43.58	5411685.13	9594668.15	4.77	191893.36
2–3 年	17186358.13	10.41	641647.09	44799884.51	22.29	8192235.38
3 年以上	14321507.58	8.67	1022422.68	18669493.81	9.30	1318559.81
合计	165105001.85	100	12768992.28	200948114.02	100	20083475.97

本帐户期末余额中无持本公司 5%(含 5%)以上股份的股东单位的欠款。

其他应收款期末余额中欠款金额最大的前五位债务人情况:

债务人名称	期末欠款余额
欠款原因	欠款时间(帐龄)
上海奉浦大桥发展有限公司	44425000.00
按还款计划执行	1 年以下
光大明浑	33566727.00
拟用资产抵债	2–3 年
东方电视台	37006358.79
代垫款项	1–3 年
上海国际会议中心有限公司	8000000.00
超额投资款	1 年以下
闸北园林	6750000.00
代垫款项	3 年以上

6.存货 1999 年 12 月 31 日余额为人民币 255483177.57 元,其中:

类别	年初数		期末数	
	金额	跌价准备	金额	跌价准备
库存商品	8015024.83		11204431.38	262217.32
委托代销商品	3088616.83		2825775.98	
房地产开发成本	201865640.55	3602773.62	234755995.09	5748160.43
物料用品	1239317.19		1364442.88	
影视制作在产品	8436582.64		5332532.24	
合计	222645182.04	3602773.62	255483177.57	6010377.75

注:存货可变现净值的确认依据为现行市场价格。

7.待摊费用 1999 年 12 月 31 日余额为人民币 325952.88 元,其中:

类别	期初数	本期增加	本期摊销	期末数
保险费	1313285.12	131493.62	1315320.38	129458.36
报刊杂志费	72756.62	79361.32	72756.62	79361.32
其他	85164.10	219485.20	187516.10	117133.20
合计	1471205.84	430340.14	1575593.10	325952.88

8.长期投资 1999 年 12 月 31 日余额人民币 428471960.75 元

(1)明细项目如下:

项目	期初数	本期增加	本期减少	期末数
长期股权投资	527390446.57	200202518.73	299121004.55	428471960.75
长期投资减值准备	1231262.68	243126.63		1474389.31

(2)长期股权投资:

①股票投资期末余额为人民币 46207959.29 元,其明细内容为:

被投资公司名称	股份性质	股数	占被投资公司股权的比例(%)	投资金额
丰华圆珠	法人股	1036800	<5	3376000.00
氯碱化工	法人股	1100000	<5	5400000.00
上海金陵	法人股	485537	<5	716000.00
申达股份	法人股	211200	<5	471333.31
龙头股份	法人股	120000	<5	380000.00
第一百货	法人股	1537536	<5	5301152.00
华联商厦	法人股	1666170	<5	3957000.00
广电股份	法人股	39600	<5	135200.00
ST 粤海发	法人股	21000	<5	32800.00
新锦江	法人股	38016	<5	104000.00
豫园商城	法人股	1585584	<5	5084473.98
东海股份	法人股	576000	<5	840000.00
商业网点	法人股	981552	<5	1640000.00
界龙实业	法人股	186875	<5	400000.00
开开股份	法人股	3000000	<5	3315000.00
永乐股份	法人股	500000	<5	900000.00
大世界	法人股	605000	<5	1055000.00
浦发银行	法人股	10000000	<5	13100000.00
合计				46207959.29

②其他股权投资 1999 年 12 月 31 日余额为 351206001.46 人民币元,其中:(见附表)

注(1)被投资单位"上海金申无线通讯发展有限公司"因经营不善,现正在清理, 故对其全额计提减值准备。

(2)被投资单位"上海溢高牧业管理有限公司"因经营不善,导致严重亏损,故 对其帐面亏损按投资比例计提减值准备。

③股权投资差额 1999 年 12 月 31 日余额为人民币 31058000.00 元,其明细内容为:

被投资单位名称	股权投资差额			
初始金额	形成原因	摊销期限(年)	本期摊销额	摊余金额
上海东视广告有限公司				
31800000.00	溢价投资	50 年	636000.00	31058000.00

①+②+③长期股权投资合计为人民币 428471960.75 元。

9. 固定资产和累计折旧 1999 年 12 月 31 日余额分别为人民币 1198107192.54 元和人 民币 166686844.21 元,其中明细内容如下:

(1)固定资产原值:

固定资产分类	年初数	本期增加	本期减少	期末数
房屋建筑物	195100812.22	660057588.11	752674.80	854405725.53
通用设备	15835225.62	62195311.17	47739171.25	30291365.54
专用设备	22640107.60	344143361.09	135808679.16	230974789.53
运输设备	40009013.79	6980866.52	7830605.47	39159274.84
其他设备	9385573.40	47263537.05	13373073.35	43276037.10
合计	282970732.63	1120640663.94	205504204.03	1198107192.54

(2)累计折旧:

固定资产分类	年初数	本期增加	本期减少	期末数
房屋建筑物	81961680.33	295834967.99	19265826.36	92279321.96
通用设备	5981919.17	3677201.29	521852.46	9137268.00
专用设备	10801014.62	35596820.06	6883757.03	39514077.65
运输设备	15962025.71	6541789.65	5881330.49	16622484.87
其他设备	4635068.67	8167062.75	3668439.69	9133691.73
合计	119341708.50	83566341.74	36221206.03	166686844.21

(3)净值: 163629024.13 1031420348.33

注:(1)期末余额比期初增加了 91513.65 万元,系主要为本年东方明珠电视塔已完 成全部竣工决算,故从"在建工程"转入,因此导致变动较大。

(2)本期从"在建工程"转入的金额为人民币 872110906.28 元

10.在建工程 1999 年 12 月 31 日余额为人民币 230792624.45 元,其中:

工程名称	期初数		本期增加		本期转入固定资产		其他减少		期末数		预算数	资金来源	项目进度(%)
	金额	其中:利息	金额	其中:利息	金额	其中:利息	金额	其中:利息	金额	其中:利息			
东方明珠电视塔	907633585.50	83921841.95	4000000.00		868109186.14	83921841.95			43524399.36	–	10 亿	募股、贷款	100%
严桥基地	88414558.60	12986703.60	9909043.36	3240533.86			10184500.50		88139101.46	16227237.46	3 亿	贷款、自筹	40%
大学生公寓	26230985.55	1282985.55	101479189.72	4810140.70			116196096.25	6093126.25	11514079.02			贷款、自筹	50%
游乐码头	61794175.58	5520929.87	5889289.05	2253790.00			380364.54		67303100.09	7774719.87	6700 万	募股、贷款	95%

11.无形资产 1999 年 12 月 31 日余额为人民币 517240638.27 元,其中:

类别	原始金额	期初数	本期增加	本期转出	本期摊销	期末数	剩余摊销年限
土地使用权	20029620.00	11393096.00			1139304.00	102538792.00	9 年
体育馆包厢	5000000.00	4875000.00			100000.00	4775000.00	47 年
大学生公寓经营权	109494726.61		109494726.61		5762880.34	103731846.27	18 年
东视广告经营权	408000000.00	406640000.00			8160000.00	398480000.00	48 年
合计	542524346.61	422908096.00	109494726.61		15162184.34	517240638.27	

12.开办费 1999 年 12 月 31 日余额为人民币 2308042.91 元,其中:

项目	期初数	本期增加	本期摊销	期末数
开办费	3330357.73	481259.46	1503574.28	2308042.91

13.长期待摊费用 1999 年 12 月 31 日余额为人民币 40797258.19 元中,其中:

类别	期初数	本期增加	本期摊销	期末数
租入固定资产改良支出	21905333.80	23373017.51	4656941.67	40621409.64
其他待摊费用	266388.99	326280.80	416821.24	175848.55
合计	22171722.79	23699298.31	5073762.91	40797258.19

14.短期借款 1999 年 12 月 31 日余额为人民币 878000000.00 元,其中:

借款类别	币种	期初数	币种	期末数
抵押	人民币元	6000000.00	人民币元	
担保	人民币元	917530000.00	人民币元	878000000.00
合计		923530000.00		878000000.00

15.应付帐款 1999 年 12 月 31 日余额为人民币 102185854.38 元,其中没有应付给持本公司 5%(含 5%)以上股份的股东单位的款项。

应付帐款期末余额比期初增加 4343 万元,主要系公司下属电视塔有限公司增加应 付帐款 500 万元,房产公司增加应付帐款 2100 万元。

16.预收帐款 1999 年 12 月 31 日余额为人民币 161882206.07 元,预收持本公司 5%(含 5%)股份的股东单位的款项 10760000.00,其明细情况在本附注八中披露。

17.应付股利 1999 年 12 月 31 日余额为人民币 125823006.06 元,其中:

主要投资者	金额	未付原因
普通股	3258558.00	历年结余未支付的法人股股利
子公司应付其他投资者股利	6235563.66	持下年支付
预分 99 年股利	116328884.40	预分方案

18.应交税金 1999 年 12 月 31 日余额为人民币–15820468.20 元,其中:

税种	期末欠(溢)交额
增值税	–532042.55
营业税	–1102740.82
消费税	190.38
城市维护建设税	–85070.84
所得税	–13280284.41
其他	–820519.96
合计	–15820468.20

19.其他应付款 1999 年 12 月 31 日余额为人民币 118177501.11 元,其中应付给持本公司 5%(含 5%)以上股份的股东单位的欠款额 8837573.33 元,其明细情况在本附注八中披 露。

20.预提费用 1999 年 12 月 31 日余额为人民币 82677.64 元,其中:

费用类别	期初余额	期末余额	结存原因
借款利息	137798.39	82677.64	已计提而未支付
电梯维修费	836529.27	0.00	
其他	1276390.11	0.00	

合计	2250717.77	82677.64

21.长期借款 1999 年 12 月 31 日余额为人民币 42240000.00 元,其明细情况如下:

该笔借款系公司上缴所得税,上浦东新区财政局组成东方明珠基金专款专用,再贷给公司以补充流动资产之用。原合同用期为两年,上述借款已到期,浦东新区财政局口头同意公司继续借用该笔款项,但未重新签订合同。

22.长期应付款 1999 年 12 月 31 日余额为人民币 1625479.35 元,系收取的商品房维修基金。

23.股本 1999 年 12 月 31 日余额为人民币 646271580.00 元,每股面值 1 元,本报告期内股本无变动。

24.资本公积 1999 年 12 月 31 日余额搂人民币 739296338.94 元,其明细内容如下:

项目名称	年初数	本期增加	本期减少	期末数
股本溢价	739288150.64	–	–	739288150.64
股权投资准备	8188.30	–	–	8188.30
合计	739296338.94	–	–	739296338.94

25.盈余公积 1999 年 12 月 31 日余额为人民币 206791597.19 元。

项目名称	期初余额	本期增加	本期减少	期末余额
法定盈余公积	94614544.62	25932199.64	–	120573744.26
公益金	44809352.09	22551539.16	–	67360891.25
任意盈余公积	18529165.12	327796.56	–	18856961.68
合计	157980061.83	48811535.36	–	206791597.19

26.未分配利润 1999 年 12 月 31 日余额为人民币 2338578.89 元,具体来源如下:

内　容	金额
(1)1999 年年报所披露的年末未分配利润额	2243151.56
(2)1999 年对期初未分配利润的调整数	–21646955.19
(3)调整后 1999 年年初未分配利润额	–19403803.63
(4)加:1999 年度合并净利润	186882802.28
(5)盈余公积转入	
(6)减:提取法定盈余公积金	18808888.81
(7)提取法定公益金	18808888.81
(8)子公司提取盈余公积属于母公司的份额	11193757.74
(9)外商投资子公司提取的奖福基金	
(10)减:预分 1999 年股利	116328884.40
(11)减:转作股本的普通股股利	
(12)1999 年 12 月 31 日未分配利润余额	2338578.89

年初未分配利润变动的说明:

根据财政部财会字(1999)35 号文及部财会字(1999)49 号文的有关规定,对应收帐 款、其他应收款、存货、长期投资计提坏帐准备、存货跌价损失准备、长期投资减值准备并已作追溯,明细如下:

(1)调整 997 年净利润为人民币–10981659.64 元。

(2)相应调整 1997 年计提的盈余公积为人民币 2215390.44 元。

(3)调整 1998 年净利润为人民币为–16253352.20 元。

(4)相应调整 1998 年计提的盈余公积为人民币 3372666.21 元。

以上合计影响年初未分配利润为人民币–21646955.19 元。

报告期利润预分配情况:根据公司法规定,按当年度的税后利润 10%分别提取法定 盈余公积和公益金后,按三届四次董事会有关利润分配预案决议,分配普通股股利 0.18 元/股。

上年利润实际分配情况:根据九八年度股东大会决议,按上年度的税后利润 10%分 别提取法定盈余公积和公益金后,未提取任意公积金,分配普通股股利 0.17 元/股。

27.财务费用 1999 年度发生额为人民币 64274875.97 元,其中:

费用项目	上年发生额	在年发生额
利息支出	62143544.29	66975359.21
减:利息收入	3828934.89	2943653.30
汇兑损失	2525405.02	54376.30
减:汇兑收益	40210.35	149529.98
其他	219993.26	338323.74
合计	61019797.33	64274875.97

28. 其他业务利润 1999 年度发生额为人民币 9930565.73 元, 其中无占报告期利润总额 10%(含 10%)以上的项目。

29.投资收益 1999 年度发生额为人民币 11758507.29 元,其中:

项目名称	上年发生数	本年发生数
股票投资收益	1861459.71	6725516.42
联营公司分配来的利润	92307789.21	82669706.13
年末调整的被投资公司所有者投资净增减	451766.56	3722508.15
股权投资处置损益	–829139.07	18640776.59

注:(1)股权投资处置损益主要系收回奉浦大桥的投资而取得的收益。

(2)上海东视广告有限公司与东方电视台共同合作经营东方电视台的广告业务而 收到的返利计人民币 39381333.98 元。

30.补贴收入 1999 年度发生额为人民币 41411700.00 元,系收到浦东新区财政局、闸北区财政局财政补贴。

31. 营业外收入 1999 年度发生额为人民币 385052.65 元, 其中无收入占报告当期利 润总额 10%(含 10%)以上的项目。

32. 营业外支出 1999 年度发生额为人民币 2039631.32 元, 其中无支出额占报告期利润总额 10%以上的项目。

33.支付的其他与经营活动有关的现金支出 1999 年度发生额为人民币 77237921.17 元,其中价值较大的项目情况如下:

项目名称	本年度(期)发生额
支付给湖南经济台购片款	8404200.00
与市建七公司往来款	2500000.00
代东方明珠大酒店支付赔偿款	2540000.00
管理费及营业费	23586123.01

34.支付的其他与投资活动有关的现金支出 1999 年度发生额为人民币 43004447.56 元,其中价值较大的项目情况如下:

项目名称	本年度(期)发生额
与上海电视台合作经营广告业务而支付的款项	35000000.00
支付上海国际会议中心有限公司暂付款	8000000.00

七、关联方关系及其交易的披露

(一)存在控制关系的关联方情况

1.存在控制关系的关联方

企业名称	注册地址	主营业务	与本企业关系	经济性质或类型	法定代表人
上海广播电影电视发展有限公司	虹桥路 1376 号	广播电影电视舞美设计、制作及相关产品、设备销售,企业投资等	母公司	有限责任	陈锡强
上海东方明珠传输有限公司	上海浦东	广播电视技术传输	子公司	有限责任公司	盛重庆
上海东方明珠房地产有限公司	上海浦东	房地产开发经营	子公司	有限责任公司	盛重庆
上海东方明珠国际广告公司	上海浦东	广告设计制作	子公司	有限责任公司	田锋
上海东方明珠国际旅行社	上海浦东	国际旅游业务	子公司	有限责任公司	田锋
上海东方明珠欧洲城有限公司	洛川东路 285 号	物业管理,餐饮	子公司	有限责任公司	赵保平
上海东方明珠广播电视塔有限公司	上海浦东	登场观光等	子公司	有限责任公司	钮卫平
上海东方明珠实业有限公司	上海浦东	销售广播设备等	子公司	有限责任公司	赵保平
上海东方明珠出租汽车有限公司	上海浦东	汽车出租	子公司	有限责任公司	盛亚飞
上海东方明珠国际交流公司	上海浦东	组织承办文化交流	子公司	有限责任公司	田锋
上海东方明珠国际贸易有限公司	浦东外高桥	国际贸易	子公司	中外合资	盛重庆
上海东方明珠进出口有限公司	上海浦东	经营代理出口	子公司	有限责任公司	盛重庆
上海东方明珠礼品有限公司	上海浦东	制作高档旅游纪念品	子公司	中外合资	盛重庆
上海东方明珠金银珠宝世界	上海浦东	金银珠宝零售	子公司	有限责任公司	钮卫平
上海东视广告有限公司	上海浦东	广告代理	子公司	有限责任公司	卑根源
上海东方明珠工程总承包有限公司	上海浦东	承包工程项目	子公司	有限责任公司	钱文亮
上海东方明珠旅游乐有限公司	上海浦东	专营游览码头服务	子公司	有限责任公司	钮卫平
上海七重天实业公司	上海浦东	餐饮住宿,日用百货	子公司	有限责任公司	田锋
上海东方明珠度假村	上海浦东	住宿餐饮等	子公司	有限责任公司	田锋
上海东方明珠物资贸易中心	上海浦东	建筑材料销售	子公司	有限责任公司	施萍
上海东方明珠空中旋转餐厅有限公司	上海浦东	餐饮	子公司	有限责任公司	钮卫平
上海东方明珠房产的业管理有限公司	上海浦东	物业管理	子公司	有限责任公司	赵保平
上海东方明珠北区置业有限公司	上海浦东	房地产开发经营	子公司	有限责任公司	赵保平
上海明珠水上娱乐发展有限公司	上海浦东	水上观光游览	子公司	有限责任公司	钮卫平

2.存在控制关系的关联方的注册资本及其变化(单位:万元)

企业名称	年初数 万	本年增加数	本年减少数	年末数 万
上海广播电影电视发展有限公司	15000			15000
上海东方明珠传输有限公司	7500			7500
上海东方明珠房地产有限公司	6000			6000
上海东方明珠国际广告公司	200			200
上海东方明珠国际旅行社	150			150
上海东方明珠欧洲城有限公司	1500			1500
上海东方明珠广播电视塔有限公司	10000			10000
上海东方明珠实业有限公司	7000			7000
上海东方明珠出租汽车有限公司	1000			1000
上海东方明珠国际交流公司	200			200
上海东方明珠国际贸易有限公司	578.68			578.68
上海东方明珠进出口有限公司	1000			1000
上海东方明珠礼品有限公司	424.80			424.80
上海东方明珠金银珠宝世界	1000			1000
上海东视广告有限公司	10000			10000
上海东方明珠工程总承包有限公司	1000			1000
上海东方明珠游乐有限公司	800	2200		3000
上海七重天实业公司	1000			1000
上海东方明珠度假村	500			500
上海东方明珠物资贸易中心	300			300
上海东方明珠空中旋转餐厅有限公司	–	200	–	200
上海东方明珠房产物业管理有限公司	100			100
上海东方明珠北区置业有限公司	500			500
上海明珠水上娱乐发展有限公司	150	215		365

3.存在控制关系的关联方所持股份或权益及其变化(单位:万元)

企业名称	年初数 金额 万	%	本年增加数 金额 万	%	本年减少数 金额 万	%	年末数 金额 万	%
上海广播电影电视发展有限公司	35124.80	54.35					35124.80	54.35
上海东方明珠传输有限公司	7500	100					7500	100
上海东方明珠房地产有限公司	5400	90					5400	90
上海东方明珠国际广告公司	200	100					200	100
上海东方明珠国际旅行社	150	100					150	100
上海东方明珠欧洲城有限公司	825	55					825	55
上海东方明珠广播电视塔有限公司	10000	100					10000	100
上海东方明珠实业有限公司	7000	100			700	10	6300	90
上海东方明珠出租汽车有限公司	900	90					900	90
上海东方明珠国际交流公司	200	100					200	100
上海东方明珠国际贸易有限公司	347.208	60					347.208	60

上海东方明珠进出口有限公司	800	80					800	80
上海东方明珠礼品有限公司	305.856	72					305.856	72
上海东方明珠金银珠宝世界	1000	100					1000	100
上海东视广告有限公司	40800	90					40800	90
上海东方明珠工程总承包有限公司	800	80					800	80
上海东方明珠游乐有限公司	600	75	1650	75			2250	75
上海七重天实业公司	1000	100					1000	100
上海东方明珠度假村	500	100					500	100
上海东方明珠物资贸易中心	300	100					300	100
上海东方明珠空中旋转餐厅有限公司	200	100			200	100		
上海东方明珠房产物业管理有限公司	100	100					100	100
上海东方明珠北区置业有限公司	480	96					480	96
上海明珠水上娱乐发展有限公司	100	2/3	86.15	–15.67			186.15	51

(二)不存在控制关系的关联方情况

企业名称	与本企业的关系
上海有线电视台	法人股东
东方电视台	法人股东
上海电视台	法人股东
上海精文投资有限公司	法人股东
东方明珠国际会议中心有限公司	职营公司

八、或有事项

(1)债务担保:除上述担保外,截止于1999年12月31日公司为其他单位的银行借款 正在履行的担保金额为人民币579100000.00元。

(2)未决仲裁:

本公司与美国J.C.ORIENTAL PEARLE 有限公司就解除杰西高科技有限公司合作项目的事宜正在仲裁之中。

九、承诺事项

本公司无承诺事项。

十、资产负债表日后事项中的非调整事项

十一、债务重组事项

本公司无债务重组事项

十一、其他重要事项

本公司与上海奉浦大桥发展有限公司于1999年11月签订了股权转让合同,对该转 让合同生效前,本公司应得投资回报计人民币4045万元,暂挂"其他应收款",根据补充 合同的规定,上海奉浦大桥发展有限公司将分期支付。

九、公司的其他有关资料

1、公司首次注册的时间为1992年5月9日,注册地点为上海市工商行政管理局。

2、企业法人营业执照注册号:3100001000715

3、税务登记号:310044132206158

4、公司未流通股票的托管机构名称:上海证券中央登记结算公司

5、公司聘请的会计师事务所:上海大华会计师事务所

办公地址:上海昆山路146号

十、备查文件目录

1、载有董事长亲笔签名的1999年年度报告正本。

2、载有会计机构负责人签名并盖章的会计报表。

3、载有会计师事务所盖章、注册会计师签名并盖章的审计报告原件。

4、报告期内在《上海证券报》公开披露过的所有公司文件的正本及公告的原稿。

上海东方明珠股份有限公司

2000年3月14日

被投资单位名称 (1)	投资起止期 (2)	占被投资公司股权的比例 (3)	年初投资成本余额 (4)	本年投资成本余额 (5)
青浦东方明珠花园别墅	工程项目期	30%	10125712.80	–
东方数据广播有限公司	15年	45%	450000.00	–
明珠广播科技有限公司	10年	40%	–	10400000.00
上海东方明珠天天渔港有限公司	20年	40%	7306992.00	7306992.00
上海东方明珠实友建筑装饰有限公司	15年	30%	3733668.00	–
上海东方明珠旅游巴士有限公司	50年	33.33%	1550000.00	1550000.00
上海东方明珠绿苑娱乐有限公司	–	80%	14434903.14	14434903.14
上海市有线网络有限公司	50年	29%	–	116000000.00
上海吼狮装璜建筑有限公司	40年	25%	12005855.00	–
上海杰妮调酒俱乐部	3年	10%	–	100000.00
上海七重天宾馆	5年	100%	1520000.00	930000.00
上海溢商物业管理有限公司	16年	30%	2480000.00	–
上海东方明珠科幻城有限公司	20年	25%	1000000.00	–
东方明珠国际会议中心有限公司	20年	14%	50000000.00	34000000.00
上海黄浦江人行隧道联合发展有限公司	永久	10%	10000000.00	–
上海浦东足球俱乐部有限公司	20年	20%	–	4000000.00
海南琼海博鳌宾馆	–	–	–	3000000.00
上海市信息投资股份有限公司	–	10%	–	30000000.00
上海东方明珠启明广告公司	20年	49%	900000.00	–900000.00
上海东方明珠–培罗蒙服装有限公司	20年	25%	4720000.00	–
上海金中无线通讯发展有限公司	20年	20%	602580.00	–
上海东方明珠空中旅馆	20年	50%	8000000.00	–
上海奉浦大桥发展有限公司	20年	49%	294000000.00	294000000.00
交通银行	–	<5%	700000.00	–
上海科技投资公司	–	<5%	10000000.00	–
申银万国股份有限公司	–	<5%	12500000.00	–
上海旗忠高尔夫俱乐部	30年	7.14%	14000000.00	–
小计			460029710.94	–119761895.14

被投资单位名称 (1)	损益调整额本期增加额 (6)	损益调整额本期现金红利额 (7)	累计增加额 (8)
青浦东方明珠花园别墅	–	–	3899054.46
东方数据广播有限公司	4093914.78	1697087.61	3297148.78
明珠广播科技有限公司	–	–	–
上海东方明珠天天渔港有限公司	–	–	–
上海东方明珠实友建筑装饰有限公司	80387.62	–	458879.42
上海东方明珠旅游巴士有限公司	–	71965.42	–
上海东方明珠绿苑娱乐有限公司	1769309.56	–	–
上海市有线网络有限公司	3958666.91	–	3958666.91
上海吼狮装璜建筑有限公司	–	–	–
上海杰妮调酒俱乐部	–	–	–
上海七重天宾馆	–	265951.52	–
上海溢商物业管理有限公司	–	–	–
上海东方明珠科幻城有限公司	–	–	–
东方明珠国际会议中心有限公司	–	–	–
上海黄浦江人行隧道联合发展有限公司	–	–	–
上海浦东足球俱乐部有限公司	–	–	–
海南琼海博鳌宾馆	–	–	–
上海市信息投资股份有限公司	–	–	–
上海东方明珠启明广告公司	–	–	–
上海东方明珠–培罗蒙服装有限公司	–	–	–29666.00
上海金中无线通讯发展有限公司	–	–	–
上海东方明珠空中旅馆	754.12	–	–654086.21
上海奉浦大桥发展有限公司	–	–	–
交通银行	–	–	–
上海科技投资公司	–	–	–
申银万国股份有限公司	–	–	–
上海旗忠高尔夫俱乐部	–	–	–
小计	9903032.90	2035004.55	10929997.36

被投资单位名称 (1)	投资准备本期增加额 (9)	投资准备累计增加额 (10)	期末余额 (1)=(4)+(5)+(8)+(10)	减值准备期末余额 (12)
青浦东方明珠花园别墅	–	8188.30	14032955.56	–
东方数据广播有限公司	–	–	3747148.78	–
明珠广播科技有限公司	–	–	10400000.00	–
上海东方明珠天天渔港有限公司				
上海东方明珠实友建筑装饰有限公司			4192547.42	
上海东方明珠旅游巴士有限公司				
上海东方明珠绿苑娱乐有限公司				
上海市有线网络有限公司	–	–	119958666.91	–
上海吼狮装璜建筑有限公司	–	–	12005855.00	
上海杰妮调酒俱乐部	–	–	100000.00	–
上海七重天宾馆	–	–	2450000.00	
上海溢商物业管理有限公司	–	–	2480000.00	871809.31
上海东方明珠科幻城有限公司		–	10000000.00	–
东方明珠国际会议中心有限公司		–	84000000.00	–
上海黄浦江人行隧道联合发展有限公司			10000000.00	
上海浦东足球俱乐部有限公司		–	4000000.00	–
海南琼海博鳌宾馆	–	–	3000000.00	
上海市信息投资股份有限公司		–	30000000.00	–
上海东方明珠启明广告公司	–	–	–	–
上海东方明珠–培罗蒙服装有限公司		–	4690334.00	–
上海金中无线通讯发展有限公司		–	602580.00	602580.00
上海东方明珠空中旅馆		–	7345913.79	–
上海奉浦大桥发展有限公司				
交通银行		–	700000.00	–
上海科技投资公司		–	10000000.00	–
申银万国股份有限公司		–	12500000.00	–
上海旗忠高尔夫俱乐部		–	14000000.00	–
小计		8188.30	351206001.46	1474389.31

资产负债表

编制单位:上海东方明珠股份有限公司 1999年12月31日 单位:元

资产	年初数 母公司	年初数 合并	年末数 母公司	年末数 合并
流动资产:				
货币资金	109525313.98	220812800.87	8235114.79	214657363.02
短期投资	1480371.73	1480371.73	4880233.59	488233.59
减:短期投资跌价准备	0.00	0.00	389653.09	389653.09
短期投资净额	1480371.73	1480371.73	4490580.50	4498580.50
应收票据	0.00	1480000.00		
应收股利	0.00	1134449.60		
应收利息				
应收帐款	2604183.73	122921421.95	2604183.73	116705041.19
其他应收款	208745556.86	165105001.85	1064422168.19	200948114.02
减:坏帐准备	7292616.27	23897150.19	10870941.80	34757017.33
应收帐款净额	204057124.32	264129273.61	1056155410.12	282896137.88
预付帐款	7880147.24	62752827.17	5032435.69	82416692.67
应收补贴款				
存货	3181392.24	222645182.04	5332532.24	255483177.57
减:存货跌价准备	0.00	3602773.62	0.00	6010337.75
存货净额	3181392.24	219041408.42	5332532.24	249472799.82
待摊费用	399771.09	1471205.84	166699.10	325952.88
待处理流动资产净损失				
一年内到期的长期债权投资				
其他流动资产				
流动资产合计	326524120.60	772303337.24	1153528772.44	834267526.77
长期投资:				
长期股权投资	1201267485.77	527390446.57	1135540396.11	428471960.75
长期债权投资				
长期投资合计	1201267485.77	527390446.57	1135540396.11	428471960.75
减:长期投资减值准备	0.00	1231262.68	0.00	1474389.31
长期投资净额	1201267485.77	526159183.89	1135540396.11	426997571.44
其中:合并价差	0.00	31694000.00	0.00	31058000.00
其中:股权投资差额	0.00	31694000.00	0.00	31058000.00
固定资产:				
固定资产原价	102056572.53	282970732.63	2657615.51	1197107192.54
减:累计折旧	63090199.49	119341708.50	1454960.04	166686844.21
固定资产净值	38966373.04	163629024.13	1202655.47	1031420348.33
工程物资				
在建工程	932258403.65	1119591285.05	150162774.82	230792624.45

固定资产清理	0.00	0.00	0.00	−28418.00
待处理固定资产损失				
固定资产合计	971224776.69	1283220309.18	151365430.29	1262184554.78
无形资产及其他资产：				
无形资产	4875000.00	422908096.00	110351343.82	517240638.27
开办费	0.00	3330357.73	0.00	2308042.91
长期待摊费用	19417504.30	22171722.79	24113196.26	40797258.19
其他长期资产	0.00	600000.00	0.00	600000.00
无形资产及其他资产合计	24292504.30	449010176.52	134464540.08	560945939.37
递延税项：				
递延税款借项				
资产总计	2523308887.36	3030693006.83	2574899138.92	3084395592.36
负债及股东权益				
流动负债：				
短期借款	812930000.00	923530000.00	792300000.00	878000000.00
应付票据				
应付帐款	234260.00	58747919.12	0.00	102185854.38
预收帐款	15000.00	170576515.86	0.00	161882206.07
代销商品款	0.00	0.00	0.00	41826.41
应付工资	0.00	58657.38		
应付福利费	1025555.35	4484037.34	1401817.82	5108465.75
应付股利	112051980.00	124772346.78	119587442.40	125823006.06
应交税金	982871.27	−2846665.92	−14262398.27	−15820468.20
其他应交款	109645.85	−2536.67	0.00	1590785.96
其他应付款	24776915.68	118810603.83	33025281.01	118177501.11
预提费用	0.00	2250717.77	0.00	82677.64
一年内到期的长期负债				
其他流动负债				
流动负债合计	952126228.15	1400381595.49	932052142.96	1377071855.18
长期负债：				
长期借款	42240000.00	42240000.00	42240000.00	42240000.00
应付债券				
长期应付款	0.00	939278.08	0.00	1625479.35
住房周转金	2383796.18	2403627.38	2288129.28	2318582.98
其他长期负债	0.00	204056.22		
长期负债合计	44623796.18	45786961.68	44528129.28	46184062.33
递延税项：				
递延税款贷项				
负债合计	996750024.33	1446168557.17	976580272.24	1423255917.51
少数股东权益	0.00	60380272.52	0.00	66441579.83
股东权益				
股本	646271580.00	646271580.00	646271580.00	646271580.00
资本公积	739296338.94	739296338.94	739296338.94	739296338.94
盈余公积	145075760.27	157980061.83	182693537.89	206791597.19
其中：公益金	40733251.34	44809352.09	59542140.15	67360891.25
未分配利润	−4084816.18	−19403803.63	30057409.85	2338578.89
股东权益合计	1526558863.03	1524144177.14	1598318866.68	1594698095.02
负债及股东权益总计	2523308887.36	3030693006.83	2574899138.92	3084395592.36

利润及利润分配表

编制单位：上海东方明珠股份有限公司　1999年度　单位：元

项目	上年数		本年数	
	母公司	合并	母公司	合并
一、主营业务收入	7899607.88	566894064.62	0.00	537989894.21
减：折扣与折让				
主营业务收入净额	7899607.88	566894064.62	0.00	537989894.21
减：主营业务成本	26460604.02	374773921.86	0.00	296652489.39
主营业务税金及附加	434478.43	20197576.78	0.00	18494236.60
二、主营业务利润(亏损以"−"号填列)	−18995474.57	171922565.98	0.00	222843168.22
加：其他业务利润(亏损以"−"号填列)	23659110.00	33591497.86	7296247.57	9930565.73
减：存货跌价损失	0.00	2145386.81	0.00	2407604.13
营业费用	503700.00	4689838.65	4107709.85	14455888.01
管理费用	17543751.92	62827846.73	18506485.48	61716621.61
财务费用	56656138.87	61019797.33	61126702.96	64274875.97
三、营业利润(亏损以"−"号填列)	−70039955.36	74831194.32	−76444650.72	89918744.23
加：投资收益(损失以"−"号填列)	229310069.62	93791876.41	251700202.00	111758507.29
补贴收入	0.00	629000.00	0.00	4141170.00
营业外收入	0.00	2895302.94	0.00	385052.65
减：营业外支出	69915.97	3960983.84	1149659.80	2039631.32
四、利润总额(亏损总额以"−"号填列)	159200198.29	168186389.83	174105891.48	204163842.85
减：所得税	11540605.29	15565067.27	−13982996.57	10490972.87
减：少数股东损益	0.00	7366589.37	0.00	6790067.70
加：未确认的投资损失				
五、净利润(净亏损以"−"号填列)	147659593.00	145254733.19	188088888.05	186882802.28
加：年初未分配利润	−12346321.98	−14940650.89	−4084816.18	−19403803.63
盈余公积转入				
六、可供分配的利润	135313271.02	130314082.30	184004071.87	167478998.65
减：提取法定盈余公积	14765959.30	21300034.50	18808888.81	25932199.64
提取法定公益金	14765959.30	18010858.29	18808888.81	22551539.16
职工奖福基金	0.00	18666.36		
七、可供股东分配的利润	105781352.42	90984523.15	146386294.25	118995259.85
减：应付优先股股利				
提取任意盈余公积	0.00	522158.18	0.00	327796.56
应付普通股股利	109866168.60	109866168.60	116328884.40	116328884.40
转作股本的普通股股利				
八、未分配利润	−4084816.18	−19403803.63	30057409.85	2338578.89

附注：

非常项目：				
1.出售、处置部门或被投资单位	0.00	0.00	14870776.59	14870776.59
2.自然灾害发生的损失				
3.会计政策变更	−27235011.84	−27235011.84		
4.其他				

现金流量表

编制单位：上海东方明珠股份有限公司　1999年度　单位：元

项目	金额	
	母公司	合并
一、经营活动产生的现金流量：		
销售商品、提供劳务收到的现金	0.00	817520939.90
收取的租金	13161600.00	19560616.50
收到的增值税销项税额和退回的增值税款		
收到的除增值税以外的其他税费返还		7359098.58
收到的其他与经营活动有关的现金	299388253.52	77963536.86
现金流入小计	312549853.52	922404191.84
购买商品、接受劳务支付的现金	37362377.45	567386192.39
经营租赁所支付的现金	0.00	817267.74
支付给职工以及为职工支付的现金	4806997.57	36368752.77
支付的增值税款	0.00	2589393.92
支付的所得税款	0.00	25433237.00
支付的除增值税、所得税以外的其他税费	1371928.82	23088607.04
支付的其他与经营活动有关的现金	146639293.65	77237921.17
现金流出小计	190180597.49	732921572.03
经营活动产生的现金流量净额	122369256.03	189482619.81
二、投资活动产生的现金流量：		
收回投资所收到的现金	392658352.65	296280318.07
分得股利或利润所收到的现金	33205492.38	24277725.69
取得债券利息收入所收到的现金		
处置固定资产、无形资产和其他长期资产而收回的现金净额	0.00	11104464.54
收到的其他与投资活动有关的现金	35000000.00	74381333.98
现金流入小计	370863845.03	406043842.28
购建固定资产、无形资产和其他长期资产所支付的现金	104701017.20	138384041.98
权益性投资所支付的现金	181429868.49	191937868.49
支付的其他与投资活动有关的现金	43000000.00	43004447.56
现金流出小计	329130885.69	373326358.03
投资活动产生的现金流量净额	41732959.34	32717484.25
三、筹资活动产生的现金流量：		
吸收权益性投资所收到的现金	0.00	5500000.00
发行债券所收到的现金	0.00	5500000.00
借款所收到的现金	1114630000.00	1240330000.00
收到的其他与筹资活动有关的现金		
现金流入小计	1114630000.00	1245830000.00
偿还债务所支付的现金	1135260000.00	1285860000.00
发生筹资费用所支付的现金		
分配股利或利润所支付的现金	108837081.80	121360088.08
偿付利息所支支付的现金	0.00	12523006.28
融资租赁所支付的现金	61809351.76	66975359.21
减少注册资本所支付的现金		
支付的其他与筹资活动有关的现金		
现金流出小计	1305906433.56	1474195447.29
筹资活动产生的现金流量净额	−191276433.56	−228365447.29
四、汇率变动对现金的影响	19.00	9905.38
五、现金及现金等价物净增加额	−27174199.19	−6155437.85

附注：

项目		
1.不涉及现金收支的投资和筹资活动		
以固定资产偿还债务		
以投资偿还债务		
以固定资产进行长期投资		
以存货偿还债务		
融资租赁固定资产		
2.将净利润调节为经营活动的现金流量		
净利润	188088888.05	186882802.28
加：少数股东损益	0.00	6790067.70
计提的坏帐准备或转销的坏帐	3578325.53	10859367.14
固定资产折旧	295276.16	54111690.12
无形资产摊销	8741038.32	21739521.53
待摊费用的减少	233071.99	1145252.96
处置固定资产、无形资产和其他长期资产的损失(减收益)	0.00	243576.38
固定资产报废损失	1149659.80	1180306.03
财务费用	61809332.76	69169509.83
投资损失(减收益)	−251700202.00	−111758507.29
递延税款贷项(减借项)		
存货的减少(减增加)	−2151140.00	−21730391.40
经营性应收项目的减少(减增加)	−40582886.44	−47310596.91
经营性应付项目的增加(减减少)	152907891.86	22827561.57
增值税增加净额(减减少)	0.00	−2168040.13
少数股东本期收益		
其他经营活动产生的现金流量净额	122369256.03	189482619.81
3.现金及现金等价物净增加情况：		
货币资金的期末余额	82351114.79	214657363.02
减：货币资金的期初余额	109525313.98	220812800.87
现金等价物的期末余额		
减：现金等价物的期初余额		
谙纸鹌跋纸鸬燃畚锞辉黾佣	−27174199.19	−6155437.85

上海商业网点发展实业股份有限公司

一、公司简介

1、公司的法定中文名称:上海商业网点发展实业股份有限公司

公司的法定英文名称:SHANGHAI COMMERCIAL REAL ESTATE DEVELOPMENT INDUSTRY CO.,LTD. 英文缩写:SCD

2、报告期内公司法定代表人:邱嘉昌先生

报告期内曾任公司法定代表人:朱广军先生

现任公司法定代表人:凌承进女士

3、公司董事会秘书:魏军女士

联系地址:上海市南市区外马路974号5楼

电话:(021)63136510 传真:(021)63135518

4、公司注册地址:上海市浦东新区浦三路1260弄4号

邮编:200125

公司办公地址:上海市南市区外马路974号5楼 邮编:200011

电子信箱:shcred @ online.sh.cn

5、公司选定的信息披露报纸:上海证券报

登载公司年度报告的中国证监会指定国际互联网网址:http://www.sse.com.cn

公司年度报告备置地点:上海市南市区外马路974号5楼

6、公司股票上市交易所:上海证券交易所

股票简称:ST网点 股票代码:600833

二、会计数据和业务数据摘要

1、本年度会计数据和业务数据摘要 (单位:元)

项目	1999年
利润总额	-192970384.07
净利润	-185903032.44
扣除非经常性损益后的净利润	-174151417.15
主营业务利润	-9181138.25
其他业务利润	43116.30
营业利润	-158579529.17
投资收益	-22639239.61
营业外收支净额	-11751615.29
经营活动产生的现金流量净额	-2591162.38
现金及现金等价物净增加额	-3532578.74

2、公司近三年主要会计数据与财务指标(单位:元)

追溯调整后:

项目	1999年	1998年	1997年
主营业务收入	-9220914.74	-51851805.50	136665202.73
净利润	-185903032.44	-274134520.18	-123747249.43
总资产	745712202.38	801535949.85	1069446372.55
股东权益	-278788241.03	-85817856.96	188674218.27
每股收益(摊薄)	-1.167	-1.720	-0.777
每股净资产	-1.750	-0.539	1.184
调整后每股净资产	-1.820	-0.834	0.667
每股经营活动产生的现金流量净额	-0.012	-0.833	
净资产收益率			-65.50%
扣除非经营性损益后的每股收益	-1.093	-1.461	-0.839

注:主要会计数据和财务指标的计算公式:

每股收益=净利润/年度末普通股股份总数

每股净资产=年度末股东权益/年度末普通股股份总数

调整后的每股净资产=[年度末股东权益-三年以上的应收款项净额-待摊费用-待处理(流动、固定)资产净损失-开办费-长期待摊费用-住房周转金负数余额]/年 度末普通股股份总数

每股经营活动产生的现金流量净额=经营活动产生的现金流量净额/年度末普通股股份总额

净资产收益率=净利润/年度末股东权益×100%

3、股东权益变动情况(单位:元)

项目	股本	资本公积	盈余公积	法定公益金	未分配利润	合计
期初数	159347391.00	146628388.93	29062963.26	6255311.69	-420491595.10	-85817856.96
本期增加						
本期减少					-185903032.44	-192970384.07
期末数	159347391.00	14662838893	29062963.26	6255311.69	-606394627.54	-278788241.03

说明:上年末未确认投资损失为-365005.05本期减少-7067351.63,本年末为-7,432,356.68。变动原因: 主要是本期公司亏损-185,903,032.44元, 同时当期未确认的投资损失 增加了7067351.63元所至。

三、股东情况介绍

(1) 报告期末股东总数:据上海证券中央登记结算公司统计,截止至1999年12月31日,本公司股东数量29683户。

(2) 前十名股东持股情况:

股东名称	股数	占总股本
上海商业网点发展有限责任公司	35003265	21.97%;
上海友谊(集团)有限公司	9202050	5.77%;
上海新亚(集团)股份有限公司	9202050	5.77%;
交通银行上海分行	6134700	3.85%;
上海市土产物资总公司	6134700	3.85%;
上海国际信托投资公司	3680820	2.31%;
上海徐汇区商业建设总公司	3062197	1.92%;
上海申银万国证券股份有限公司	2688471	1.69%;
上海市虹口区商业建设公司	2453880	1.54%;
上海氯碱化工股份有限公司	2453880	1.54%;
上海南上海商业投资公司	2453880	1.54%;

(3)持有本公司10%以上股份的情况:法人股东名称:上海商业网点发展有限责任公司法定代表人:朱广军先生(股权转让后,尚未作变更)经营范围:商业网点用房的开发、建筑材料(除专项规定)、业务咨询。

(4)报告期内控股股东的变更情况: 公司的控股股东上海商业网点发展有限责任公司的投资者包头市信托投资公司、包头市绿远物资有限责任公司、包头黄河高新塑材有限责任公司将他们持有该公司的全部股份, 于1999年4月30日转让于上海汇仁实业有限公司和上海广大科技实业公司, 受让者的持有比例前者90%,后者10%。为此,上述二公司共同间接持有本公司21.97 %的股权。

注:持有本公司5%以上的股东,报告期内股份未发生增减变动。持有的全部股份 未发生抵押和冻结。

上海凌桥自来水股份有限公司

一、公司简介

1、公司法定名称:上海凌桥自来水股份有限公司

公司英文名称:ShangHai LingQiao Tap Water Co.,Ltd. 缩写:SHLQTW

2、公司法定代表人:费立夫

3、公司董事会秘书:仲 辉 授权代表:孙 安

联系地址:上海市浦电路389号(由由燕乔大厦5F〕

电话及传真:(021)58308595

4、公司注册地址:上海市浦东大道840号 邮政编码:200120

公司办公地址:上海市浦电路389号(由由燕乔大厦5F

邮政编码:200122

5、公司选定的信息披露报纸名称:上海证券报

登载公司年度报告的中国证监会指定国际互联网网址

:http://www.see.com.cn

公司年度报告备置地点:公司总经理办公室

6、公司股票上市交易所:上海证券交易所

股票简称:凌桥股份 股票代码:600834

二、会计数据和业务数据摘要

1 、本年度会计数据和业务数据摘要 单位:元

项目	
(1)利润总额	52531129.98
(2)净利润	44735904.39
(3)扣除非经常性损益后的净利润	44735904.39
(4)主营业务利润	53680592.19
(5)其他业务利润	0.00
(6)营业利润	51535549.58
(7)投资收益	1334033.93
(8)补贴收入	0.00
(9)营业外收支净额	-338453.53
(10)经营活动产生的现金流量净额	53013278.01
(11)现金及现金等价物净增加额	45130436.29

2、公司近三年主要会计数据和财务指标

追溯调整后

项目	1999年	1998年	1997年
(1)主营业务收入	103494098.81	118831606.96	129735820.80
(2)净利润	44735904.39	47419757.84	46090510.23
(3)总资产	485473448.14	542474656.22	509676578.89
(4)股东权益	435856551.05	428976646.66	419410222.15
(5)每股收益	0.19	0.20	0.19
(6)每股净资产	1.84	1.81	1.77
(7)调整后的每股净资产	1.84	1.81	1.77
(8)每股经营活动产生的现金流量净额	0.22	0.13	
(9)净资产收益率(%〕	10.26	11.05	10.99

追溯调整前

项目	1998年	1997年
(1)主营业务收入	118831606.96	129735820.80
(2)净利润	47619757.84	45400845.46
(3)总资产	542674656.22	506311072.04
(4)股东权益	429176646.66	416397313.72
(5)每股收益	0.20	0.19
(6)每股收益(加权)	0.20	0.23
(7)每股净资产	1.81	1.76
(8)调整后的每股净资产	1.81	1.76
(9)每股经营活动产生的现金流量净额	0.13	
(10)净资产收益率(%〕	11.10	10.90

注:重要会计数据和财务指标的计算公式

(1)每股收益=净利润/年度末普通股股份总数

(2)每股净资产=年度末股东权益/年度末普通股股份总数

3、股东权益变动情况

项目	股本	资本公积	盈余公积	法定公益金	未分配利润	股东权益合计
期初数	236600000.00	150691196.80	24573504.04	8594816.46	8517129.36	428976646.66
本期增加			4777770.48	2236795.22	44735904.39	51750470.09
本期减少				304180.04	44566385.66	44870565.70
期末数	236600000.00	150691196.80	29351274.52	10527431.64	8686648.09	435856551.05

变动原因:本期实现净利润44,735,904.39元,按其10%计提法定盈余公积金4,473,590.44元,按其5%计提法定公益金2,236,795.22元, 以及按每股派发红利0.16元, 分配当年利润37,856,000.00元。

三、股东变动及股东情况

(1)、报告期末股东总数

截止1999年末,公司股东总数为36014名,其中:国家股股东1户,法人股股东55户,社会公众股股东35958户。

(2)、前十名股东情况:

序号	股东名称	期初持股数量	期末持股数量	占股本比例(%)
(1)	国家持股	150600000	150600000	63.65
(2)	上海市自来水公司	21000000	21000000	8.88
(3)	上海城市建设投资开发总公司	5000000	5000000	2.11
(4)	申银万国证券股份有限公司	4220000	4220000	1.78
(5)	崔克敏	1000000	1000000	0.43
(6)	南洋制衣有限公司	600000	600000	0.25
(7)	上海凌东实业有限公司	600000	600000	0.25
(8)	上水神速	480000	480000	0.20
(9)	上海住安建设发展公司	470000	470000	0.20
(10)	大众交通(集团)股份有限公司	390000	390000	0.16

注:(1)持有本公司5%以上股份的股东在本年度内所持股份没有发生变动。

上海上菱电器股份有限公司

一、公司简介

1 、公司法定中文名称:上海上菱电器股份有限公司
公司法定英文名称:SHANGHAI SHANGLING ELECTRIC APPLIANCES CO.,LTD.
公司英文缩写:SLEC
2 、公司法定代表人:夏毓灼
3 、公司董事会秘书:曹俊
联系地址:上海市浦东新区建平路 2 号
电话:(02)58857888(机)2273　传真:(02)58857367
电子信箱:sldsh@shangling.com
4 、公司注册及办公地址:上海市建平路 2 号　公司邮政编码:20035
公司国际互联网网址:http://www.shangling.com
电子信箱:sldsh@shangling.com
5 、公司选定的信息披露报纸名称: 上海证券报(境内)、香港南华早报(境外)
登载公司年度报告的中国证监会指定国际互联网网址:http://www.sse.com.cn
公司年度报告备置地点:公司董事会秘书办公室
6 、公司股票上市地:上海证券交易所
股票简称:上菱电器　　上菱 B 股
A 股股票代码:600835　B 股股票代码:900925

二、会计数据和业务数据摘要

1 、公司本年度实 现 (单位:人民币元)

利润总额	528,473,747.29
净利润	244,333,013.37
扣除非经常性损益后的净利润	163,549,504.16
主营业务利润	1,033,805,586.78
其他业务利润	6,892,766.31
营业利润	450,65,851.44
投资收 益	42,252,799.11
补贴收 入	35,716,077.38
营业外收支净额	339,019.36
经营活动产生的现金流量净额	247,433,107.98
现金及现金等价物净增加 额	707,655,813.18

注:扣除非经常性损益项目和涉及金额:(单位:人民币元)

1 、国债利 息	5,969,482.42
2、法人股转让收益	39,097,949.41
3、补贴收入	35,716,077.38
以上项目涉及金额共计	80,783,508.79

2 、主要会计数据和财务指标(单位:人民币元)

追溯调整后:

项 目	1999 年	1998 年	1997 年
主营业务收入	3503166528.14	444323044.92	918888298.01
净利润	244333013.37	3284791.73	22266595.28
总资产	6886955811.52	4969582156.82	2476182054.06
股东权益(含少数股东权益)	2690562949.43	109319221.42	10898268369.08
每股收益	0.455	0.01	0.07
每股收益(月平均加权法计算)	0.646	0.01	0.07
扣除非经常性损益后的每股收益	0.365	–0.29	0.011
每股净资产	6.001	3.33	3.32
调整后每股净资产	5.99	3.21	3.19
每股经营活动产生的现金流量净额	0.552	0.472	
净资产收益率(%)	9.087	0.3	2.04

追溯调整前:

项 目	1999 年	1998 年	1997 年
主营业务收入	3505166528.14	444323044.82	918888298.01
净利 润	244333013.37	10415260.81	71051208.89
总资 产	6886955811.52	5124004378.76	2622829027.71
股东权益(含少数股东权益)	2690562949.43	1248311269.76	1237814956.34
每股收益	0.545	0.032	0.216
每股收益(月平均加权法计算)	0.646	0.032	0.216
扣除非经常性损益后的每股收益	0.365	–0.268	0.157
每股净资产	6.001	3.8	3.77
调整后每股净资产	5.99	3.65	3.59
每股经营活动产生的现金流量净额	0.552	0.472	
净资产收益率(%)	9.08	0.83	5.73

3 、报告期内股东权益变动情况:(单位:元)

项 目	股 本	资本公积	盈余公积	法定公益金	未分配利润	股东权益合计
期初数	328381080	665566716.62	121939269.57	34633108.08	–22694852.77	1093192213.42
本期增加	120000000	1269205043.86	41273868.90	20636934.45	166891823.25	1597370736.01
期末 数	448381080	1934771760.48	163213138.47	24100244.53	144196970.48	2690562949.43

三、股本变动及主要股东持股情况

1 、告期末公司股东总数为 4912 户。

2 、要股东持股情况:

股东名 称	年末持股数量(股)	占总股本比例(%)
1 、上海电气(团)公司	211981080	47.28
2、钱富荣(B 股)	6380012	1.42
3、TOYO SECURITIES ASIA LTD. A/CCLIENT(B 股)	5942776	1.33
4、汉盛基金	4573124	1.02
5、景宏基金	4450000	0.99
6、APS MANAGEMT PTE LTD. (B 股)	3159457	0.70
7、THE NOMURA SECURITIES CO. LTD. (B 股)	1950640	0.44
8、MILLION CAPITAL LIMITED B 股)	1945010	0.43
9、海通证券	1914892	0.43
10、海通国际	1900214	0.42

注:①上海电气(团)公司持有本公司国家股股权为 21198.108 万股,占总股本的 47.28。上海电气(团)公司法定代表人:夏毓灼先生。

上海界龙实业股份有限公司

一、公司简介

1、公司法定中文名称:上海界龙实业股份有限公司
公司法定英文名称:SHANGHAI JIELONG INDUSTRY CORPORATION LIMITED
公司英文名称缩写:J.I.C
2、公司法定代表人:费钧德先生
3、公司董事会秘书:楼福良先生
联系地址:上海市宁海东路 200 号(申鑫大厦 16 楼)
联系电话:021-63746888 传真:021-63732586
邮政编码:200021
电子信箱:LINGL@JIELONG-PRINTING.COM
4、公司注册地址:上海市浦东新区川周公路 7111 号
公司办公地址:上海市浦东新区川周公路 7111 号
邮政编码:201205
公司国际互联网网址:WWW.JIELONG-PRINTING.COM
公司电子信箱:JLSYGF@ISDNNET.STA.NET.CN
5、公司选定信息披露报纸:上海证券报 中国证券报
登载公司年度报告的国际互联网网址:HTTP://WWW.SSE.COM.CN
公司年度报告备置地点:上海市宁海东路 200 号(申鑫大厦 16 楼)
6、公司股票上市地:上海市证券交易所
股票简称:界龙实业　　股票代码: 600836

二、会计数据及业务数据摘要

1、本年度实现利润及主要现金流量指标(单位:人民币元)

利润总额	6283938.78
净利润	3991553.68
扣除非经常性损益后的净利润	4291806.57
主营业务利润	64588288.68
其它业务利润	7712500.02
营业利润	6838233.12
投资收益	–609397.55
补贴收入	355356.10
营业外收支净额	–300252.89
经营活动产生的现金流量净额	–4694182.78
现金及现金等价物净增加额	32474971.47

注:扣除非经营性损益为营业外收支净额–300252.89 元,其中:出售固定资产、保 险公司赔款收益 82903.94 元,处置旧机器、支付赔偿金等支出 383156.83 元。

2、截止报告期末公司前三年主要会计指标和财务指标

项 目	99 年度	98 年度		97 年度	
		调整后	调整前	调整后	调整前
主营业务收入(元)	304648912	238869451	248853562	245408560	245408560
净利润(元)	3991553	–36528498	–29846751	1475917	1833862
总资产(元)	669906578	565329104	587900630	615193362	623684022
股东权益(不含少数股权)(元)	200871633	196799547	211856897	233478136	241567011
每股收益(元)	0.036	–0.327	–0.267	0.013	0.016
加权每股收益(元)	0.036	–0.327	–0.267	0.015	0.018
扣除非经常性损益后每股收益	0.038	–0.112	–0.052	0.013	0.016
每股净资产(元)	1.80	1.76	1.90	2.09	2.16
净资产收益率	1.99%	–18.56%	–14.09%	0.63%	0.76%
调整后每股净资产(元)	1.42	1.46	1.81	1.93	2.06
每股经营活动产生的现金流量净额(元)	–0.042		0.318		

注: 主要财务指标计算公式:

每股收益=净利润/年度末普通股股份总数

每股净资产=年度末股东权益/年度末普通股股份总数

调整后的每股净资产=(年度末股东权益–三年以上应收款项净额–待摊费用–待处 理(流动、固定)资产净损失–开办费–长期待摊费用–住房周转金负数金额)/年度末普 通股股份总数

每股经营活动产生的现金流量净额=经营活动产生的现金流量净额/年度末普通股股份总数

净资产收益率=净利润/年度末股东权益×100%

3、报告期内股东权益变动情况 (单位:人民币元)

项目	股本	资本公积	盈余公积	法定公益金	未分配利润	股东权益合计
期初数	111693750	112143616	14196703.37	4237126.43	–40681684.38	196799547.07
本期增加			1247474.98	297300.98	2672322.78	
本期减少						
期末数	111693750	112143616	15444178.35	4534427.41	–38009361.60	200871633.54

变动原因; 1、法定盈余公积、法定公益金增加,是盈利子公司按规定提取法定盈余公积金、公益金、税务局退税作为企业发展基金所致。

2、未分配利润增加是 99 年度实现利润和利润分配所致。

三、股东情况介绍

(1)截止 1999 年 12 月 31 日止公司股东户数为 28755 户。

(2)报告期末公司前十名股东持股情况 数量单位:股

序号	股东名称	期末持股数量(股)	持股比例(%)	股份性质
①	上海界龙发展总公司	58695008	52.55	发起人股
②	海通证券有限公司	4765313	4.26	法人股
③	上海浦东联合信托投资有限责任公司	3248956	2.90	法人股
④	金鑫基金	1722967	1.54	流通股
⑤	上海界龙食品有限公司	891250	0.80	法人股
⑥	福建华福	436303	0.39	流通股
⑦	陈江茂	255789	0.23	流通股
⑧	上海市农业投资公司	230000	0.20	法人股
⑨	康威药业	229800	0.20	流通股
⑩	孙由思	216344	0.19	流通股

注:上海界龙食品有限公司是上海界龙发展总公司的控股子公司,界龙发展持有界龙食品 75%股权,界龙食品主要经营范围:生产销售糖果、巧克力食品、膨化食品、饼干、佐餐。

上海市农垦农工商综合商社股份有限公司

一、公司简介

1、公司法定中文名称：上海市农垦农工商综合商社股份有限公司
公司法定英文名称：SAIC MULTIPLE TRADING CO.,LTD.
缩写：SAICMT
2、公司法定代表人：庄国蔚
3、公司董事会秘书：汪培毅
联系地址:上海市天山路 800 号
联系电话:021 -6274929
传真:021 -62748871
电子信箱:SAICTCL@mail2.online.sh.cn
4、公司注册地址：上海市天山路 800 号
公司办公地址：上海市天山路 800 号
邮政编码:200051
电子信箱:SAICTCL@mail2.online.sh.cn
公司选定的信息披露报刊：《上海证券报》
登载公司年度报告的国际互联网网址：http://www.sse.com.cn
公司年度报告备置地点：上海市天山路 800 号
5、公司股票上市交易所:上海证券交易所
股票简称:PT 农商社　股票代码:600837

二、会计数据和业务数据摘要

1、公司本年度会计数据 单位：人民币(元)

利润总额	-400334492.91
净利润	-402437448.59
扣除非经营性损益后的净利润	-402437448.59
主营业务利润	32106610.02
其他业务利润	2263211.59
营业利润	-386032598.98
投资收益	-1731459.90
补贴收入	9516.00
营业外收支净额	-12579950.03
经营活动产生的现金流量净额	49070383.53
现金及现金等价物净增加额	8236252.36

2、公司近三年的主要财务指标 单位:人民币(万元)

财务指标项目	1999 年度	1997 年度	1998 年度
主营业务收入	57697.06	87342.52	74908.54
净利润	-40243.74	-10952.36	-10967.42
总资产	70692.76	131579.33	111696.76
股东权益	-50431.59	779.58	-10187.84
每股收益(元)	-6.17	-1.6786	-1.68
每股净资产(元)	-7.73	0.1195	-1.56
调整后的每股净资产(元)	-9.64	-0.24	-3.12
每股经营活动产生的现金流量净额(元)	0.75		
净资产收益率(%)			

注 1:公司对各项资产计提的减值准备影响数均计入当年损益,不作追溯调整.

注 2: 每股收益=净利润/年度末普通股股份总数

每股净资产=年度末股东权益/年度末普通股股份总数

调整后的每股净资产=(年度末股东权益-三年以上的应收款项净额-待摊费用-待处理 (流动、固定)资产净损失-开办费-长期待摊费用-住房周转金负数余额)/年度末 普通股股份总数

每股经营活动产生的现金流量净额=经营活动产生的现金流量净额/年度末普通股股份总数

净资产收益率=净利润/ 年度末股东权益×100%

3、报告期内股东权益变动情况：单位：人民币(元)

项 目	股本(股)	资本公积	盈余公积	未分配利润	合 计
期初数	65244920	62621534.42	13716830.96	-243461757.84	-101878472.46
本期增加				-402437448.59	-402437448.59
本期减少					
期末数	65244920	62621534.42	13716830.96	-645899206.43	-504315921.05
变动原因	经营亏损				

三、股东情况

(1)、报告期末公司股东总数为 4565 户。

(2)、持有本公司 5%以上(含 5%)股份股东:

持有本公司 74.89%股份的国家股股东为上海市农工商(集团)总公司,法定代表人 为叶维华,主营:国有资产的经营与管理,实业投资,居民服务,科研及咨询服务;兼营: 农、林、牧、渔,水利及其服务业,建筑安装、设计,国内商业批发零售(除专项规定),房地产开发经营,四技服务。其所持有本公司股份没有质押。

(3)、公司前 10 名股东持股情况:

股东名称	持股数量(股)	持股比例(%)
①、上海市农工商(集团)总公司	48864920	74.89
②、北京奥连	351800	0.54
③、庞飞	303691	0.47
④、陈志民	286900	0.44
⑤、仇萍芝	275750	0.42
⑥、林彤	263613	0.40
⑦、江建华	246200	0.38
⑧、赵天荣	240000	0.37
⑨、冒玉英	236390	0.36
⑩、张文	235149	0.36

四、董事会报告

1、公司经营情况

1999 年公司坚持"保持稳定、狠抓调整、深化改革、积极发展"的方针,在市农工 商(集团)总公司的指导帮助下,充分依靠干部职工,克服重重困难,抓好稳定经营,狠抓调整清理,努力化解矛盾,基本保持了公司生产、经营的正常运转,有一个较为稳定的 局面。由于公司巨额负债形成的财务费用无力消化,同时,又因按照财政部(财会字[1999]35 号文件)规定,经对公司会计政策进行调整后,公司各项资产计提的减值准备达 2.7 亿元,至使企业依然出现重大亏损。

上海九百股份有限公司

一、公司简介

1.公司法定中文名称:上海九百股份有限公司
公司英文名称:SHANGHAIJOINBUYCO.,LTD
公司英文名称缩写:SJB
2.公司法定代表人:黄富贵
3.公司董事会秘书:冯幼荪授权代表:鲍培年
联系地址:上海市愚园路 300 号 6 楼公司证券部
联系电话:(021)62536350-2109　传真:(021)62261836
4.公司注册地址:上海市万航渡路 50 号
公司办公地址:上海市愚园路 300 号 6 楼
邮政编码:200040
公司国际互联网网址:WWW.sh9buy.com
公司电子信箱:shjb@sh9buy.com
5.公司选定的信息披露报刊名称:《中国证券报》、《上海证券报》
登载公司年度报告的中国证监会指定的国际互联网网址:
http://www.sse.com.cn
公司年度报告备置地点:上海市愚园路 300 号 6 楼公司证券部
6.公司股票上市交易所:上海证券交易所
股票简称:上海九百　股票代码:600838

二、会计数据和业务数据摘要

㈠本年度主要利润指标情况单位:元

利润总额	33,796,673.44
净利润	27,706,090.63
扣除非经常性损益后的净利润	18,545,648.68
主营业务利润	48,206,843.71
其他业务利润	29,994,385.55
营业利润	9,072,807.22
投资收益	14,314,964.75
补贴收入	--
营业外收支净额	10,408,901.47
经营活动产生的现金流量净额㈠	203,431,653.43
现金及现金等价物净增加额㈠	78,089,988.34

注:扣除非经常性损益的项目是:以本公司威海商厦项目与上海九百(集团)有限公司新时代广场(一、二期)进行置换,威海商厦的评估确认价值与置换时帐面价 值的差额,公司取得税后净利润 9160441.95 元。

㈡主要会计数据和财务指标单位:元

指标项目	1999 年	1998 年		1997 年	
		调整前	调整后	调整前	调整后
主营业务收入	601568049.38	500279942.03	500279942.03	567212263.68	567212263.68
净利润	27706090.63	43226880.14	37513485.93	43214994.39	31495409.17
总资产	979974131.41	799826429.54	775536268.88	612483716.52	600754892.37
股东权益	452316632.59	465839000.52	448303626.76	295132493.94	283443154.37
每股收益	0.1169	0.1824	0.1583	0.3023	0.2203
每股收益(加权)	0.1169	0.1849	0.1605	0.3455	0.2518
扣除非经常性损益后的每股收益	0.0783	0.070	0.0459	0.2554	0.1734
每股净资产	1.91	1.97	1.89	2.06	1.98
调整后的每股净资产	1.700	1.91	1.83	2.00	1.92
每股经营活动产生的现金流量净额	(一)0.858	(一)0.5415	-	-	-
净资产收益率(%)	6.13%	9.28%	8.37%	14.64%	11.11%

注:主要财务指标计算方法:

每股收益=净利润/年度末普通股股份总额

每股净资产=年度末股东权益/年度末普通股股份总数

调整后的每股净资产=[年度末股东权益-3 年以上的应收款项净额-待推费用 -待处理(流动、固定)资产净损失-开办费-长期待摊费用-住房周转金负数余额]/年度末普通股股份总数

每股经营活动产生的现金流量净额=经营活动产生的现金流量净额/年度末普通股股份总数

净资产收益率=净利润/年度末股东权益×100%

㈢股东权益变动情况

项目	股本	资本公积金	盈余公积	法定公益金	未分配利润	股东权益合计
期初数	236930848	152702763.53	36318543.91	10501912.96	22351471.32	448303626.76
本期增加	---	---	5051863.92	1683954.64	22654226.71	27706090.63
本期减少	---	---	---	---	23693084.80	23693084.80
期末数	236930848	152702763.53	41370407.83	12185867.60	21312613.23	452316632.59

变动原因:盈余公积金增加 5,051,863.92 元,是因本年度利润分配

法定公益金增加 1,683,954.64 元,是因本年度利润分配

未分配利润减少 1,038,858.09 元, 是本年净利润计提盈余公积金后的新增额—预 分方案派送红利后的差额

三、股东情况介绍

㈠报告期末股东总数:27800 户,其中国家股股东 1 户。

㈡公司前十名股东持股情况:

股东名称	持股数	占总股本的比例(%)
1.上海九百(集团)有限公司	110255880	46.54
2.申银万国证券公司	4354560	1.84
3.上房集团	4200000	1.77
4.华联集团	3483648	1.47
5.友谊集团	2827239	1.19
6.广发实业公司	2800000	1.18
7.海通证券有限公司	2772000	1.17
8.上海电气集团	1999550	0.84
9.海证物贸公司	1414000	0.6
10.林奇公司	1414000	0.6

注:⑴持有本公司 10%以上股份的股东系代表国家持有股份的单位:上海九百(集团)有限公司。法定代表人:李庆苏,经营范围:国内贸易、(除专项规定)、实 业投资、服装加工、贸易咨询。

⑵前 10 名股东之间不存在关联关系。

四川长虹电器股份有限公司

一 公司简介

1、公司法定中文名称:四川长虹电器股份有限公司
公司法定英文名称:SICHUAN CHANGHONG ELECTRIC CO.,LTD
英文缩写:CHANGHONG
2、公司法定代表人:倪润峰
3、公司董事会秘书:谭明献
联系地址:四川省绵阳市高新区绵兴东路35号
联系电话:(0816)2418486
传真:(0816)2418401
电子邮箱: tanmingxian@163.net
4、公司注册地址:四川省绵阳市高新区绵兴东路35号
公司办公地址:四川省绵阳市高新区绵兴东路35号
邮政编码:621000
公司国际互联网网址:http://www.changhong.com
5、公司选定的信息披露报纸名称:《上海证券报》、《中国证券报》
公司登载年度报告的国际互联网网址: http://www.sse.com.cn
年度报告备置地点:公司证券投资部
6、公司股票上市交易所:上海证券交易所
股票简称:四川长虹 股票代码:600839

二 会计数据和业务数据摘要

(一)、公司本年度主要会计数据:(单位:元)

利润总额	620942366.67
净利润	525318232.31
扣除非经常性损益的净利润	525296484.31
主营业务利润	1571540718.42
其他业务利润	146001547.65
营业利润	635500242.11
投资收益	-16110735.63
补贴收入	9960.27
营业外收支净额	1542899.92
经营活动产生的现金流量净额	3032982737.93
现金及现金等价物净增加额	985543798.06

注:非经常性损益系指处置固定资产收益,涉及金额为21748元

(二)、前三年会计数据和业务数据摘要

项目	1999年	1998年		1997年	
		调整前	调整后	调整前	调整后
主营业务收入	10095155587	11602666517	11602666517	15672963581	15672963581
净利润(元)	525318232	2003950869	1742715752	2612029143	2594956184
总资产(元)	16506878997	18852445871	18574137795	16784895592	16767822633
股东权益(元)	12925279839	10965314443	10687006368	8973617072	8956544113
每股收益(元)	0.243	1.01	0.8762	1.71	1.696
加权每股收益(元)	0.277	1.01	0.8762	2.23	2.20
扣除非经常性损益后的每股收益(元)	0.243	1.01	0.8761	1.71	1.696
每股净资产(元)	5.972	5.51	5.373	5.87	5.854
调整后的每股净资产(元)	5.938	5.50	5.357	5.86	5.851
净资产收益率(%)	4.06	18.28	16.31	29.11	28.97
每股经营活动产生的现金流量净额(元)	1.401	1.099	1.099		

注:主要财务指标的计算方法:
每股收益=净利润/年度末普通股股份总数
每股净资产=年度末股东权益/年度末普通股股份总数
调整后的每股净资产=(年度末股东权益-三年以上的应收款项-待摊费用-待处理(流通、固定)资产净损失-开办费-长期待摊费用-住房周转金负数余额)/年度末普通股股份总数
每股经营活动产生的现金流量净额=经营活动产生的现金流量净额/年度末普通股股份总数
净资产收益率=净利润/年度末股东权益×100%
加权平均每股收益=当期净利润÷[期末普通股股份总数÷(1+配股比例)+期末普 通股股份总数÷(1+配股比例)×配股比例×缴款结束日下一月份至报告期末的月份数÷12]

3、报告期内股东权益变动情况(单位:股,元)

项目	股本	资本公积	盈余公积	法定公益金	未分配利润	股东权益合计
期初数	1988968232	2539336835	4738640680	901465852	1420060619	10687006368
本期增加	175243190	1537712049	105063646	52531823	420254585	2238273471
本期减少						
期末数	2164211422	4077048884	4843704327	953997675	1840315205	12925279839
变动原因	配股增加	配股增加	本年度利润提取	本年度利润提取	本年实现利润	以上各项变化致

三 股东情况介绍

1.截止1999年12月31日,公司共有股东706369名.
2.公司胶10名股东持股情况
(1)截止1999年12月31日,公司共有股东706369名,其中社会公众股东706295名,法人股东74名。
(2)、公司前10名股东持股情况

名次 股东名称	年末持股数	占总股本比例(%)
(1)、国营长虹机器厂	1160343389	53.62
(2)、中经开	29572017	1.37
(3)、涪陵建筑陶瓷股份有限公司	19719120	0.91
(4)、杨香娃	5990400	0.28
(5)、雷鸣	4831270	0.22
(6)、嘉陵投资	4760753	0.22
(7)、文登华发	4149774	0.19
(8)、石在	3993600	0.18
(9)、黑豹股份	3984757	0.18
(10)、财政证券	3952000	0.18

注:上述股东之间不存在关联关系。

浙江笑咪咪创业股份有限公司

(一)公司简介

1、公司的法定中文名称:浙江笑咪咪创业股份有限公司
公司英文名称:ZHEJIANGSHININGCO.,LTD.
2、公司法定代表人:宣敏洁
3、公司董事会秘书:林俊波
联系地址:绍兴市中兴中路108号
联系电话:0575—5143317
传真:0575—5135766
其他联系人:高岳兴
联系电话:0575—5117630
传真:0575—5135766
4、公司注册及办公地址
注册地址:绍兴市中兴中路108号
办公地址:绍兴市中兴中路108号
电子信箱:ZHJSHINING@263.NET 邮编:312000
5、公司选定的信息披露报纸:《中国证券报》、《上海证券报》
登载公司年度报告的中国证监会指定国际互联网网址:
http://www.sse.com.cn
公司年度报告备置地点:公司董事会秘书处
6、公司股票上市交易所:上海证券交易所
股票简称:浙江创业 股票代码:600840

(二)会计数据和业务数据摘要

1、本年度利润总额及构成(单位:人民币元)

项目	1999年度
利润总额	13,024,393.98
净利润	8,899,197.72
扣除非经常性损益后的净利润	6,762,989.71
主营业务利润	20,687,661.10
其他业务利润	4,387,749.27
营业利润	12,316,579.91
投资收益	-1,227,087.43
补贴收入	2,391,698.93
营业外收支净额	-456,797.43
经营活动产生的现金流量净额	63,711,577.89
现金及现金等价物净增加额	5,280,732.25

注:"扣除非经常性损益后的净利润"的非经常性损益扣除项包括:
a)补贴收入:2,391,698.93
b)固定资产处置损益:-16,502.07
c)合并价差摊入:-238,988.85

2、公司最近三年主要会计数据和财务指标(单位:人民币元)

指标项目	1999年	1998年		1997年
		调整后	调整前	
主营业务收入	73,090,951.36	139,530,445.56	139,530,445.56	194,879,093.46
净利润	8,899,197.72	-28,906,716.53	-28,040,189.28	27,690,030.72
总资产	206,998,210.49	266,249,297.94	270,973,463.38	271,466,400.46
股东权益(不含少数股东权益)	145,677,142.69	136,777,944.97	141,789,789.34	169,829,978.62
每股收益	0.064	-0.207	-0.201	0.297
按月平均加权每股收益	0.064	-0.233	-0.226	0.319
扣除非经常性损益后的每股收益	0.048	-	-	-
每股净资产	1.04	0.98	1.01	1.82
调整后的每股净资产	0.95	-	0.99	1.78
净资产收益率(%)	6.11	-21.13	-19.78	16.30
每股经营活动产生的现金流量净额	0.038	-	-0.342	0.037

注:a)主要财务指标计算方法
每股收益=净利润/年度末普通股股份总数
每股净资产=年度末股东权益/年度末普通股股份总数
净资产收益率=净利润/年度末股东权益×100%
每股经营活动产生的现金流量净额=经营活动产生的现金流量净额/年度末普通股股份总数
调整后的每股净资产=(年度末股东权益-三年以上的应收账款-待摊费用-待处理(流动、固定)资产净损失-开办费-长期待摊费用-住房周转金负数余额)/年度末普通股股份总数
加权每股收益=净利润/[期末股份总数/(1+配股比例或增发新股比例)+ 期末股份总数/(1+配股比例或增发新股比例)×配股比例或增发新股比例×缴款 结束日下一月份至期末的月份数/12]
b)由于会计政策变更,根据财政部财会字(1999)35、49号文的有关规定,采用 了追溯调整法,调整了本年度及1998年度会计报表相关的"坏帐准备"、"短期投资 期末计提跌价准备"、"存货期末计提跌价准备"和"长期投资期末计提减值准备"。

3、报告期股东权益变化情况(单位:人民币元)

项目	股本	资本公积	盈余公积	法定公益金	未分配利润	股东权益合计
期初数	139751403	19082045.90	10600218.39	3041788.30	-32655722.32	136777944.97
本期增加					8899197.72	8899197.72
本期减少						
期末数	139751403	19082045.90	10600218.39	3041788.30	-23756524.60	145677142.69

(三)股东情况介绍

(1)报告期末股东总数为17803户。
(2)主要股东持股情况

股东名称	年末持股数量(股)	占总股本(%)	股份性质
宁波嘉源实业发展有限公司	30550854	21.86	法人股
杭州市财务开发公司	15000000	10.73	法人股
厦门荣滨集团股份有限公司	9982500	7.14	法人股
绍兴市国有资产经营公司	7183614	5.14	国家股
浙江中秦房地产开发有限公司	6993939	5.00	法人股
交通银行绍兴分行	3993000	2.86	法人股
浙江天杭股份有限公司	1293600	0.93	法人股
甬大榭新	1220597	0.87	流通股
浙新商发	844700	0.60	流通股
胡建平	697950	0.5	流通股

上海柴油机股份有限公司

一、公司简介

1、公司名称:上海柴油机股份有限公司
英文名称:SHANGHAI DIESEL ENGINE COMPANY LIMITED　　缩写:SDEC
2、公司法定代表人:陈龙兴
3、公司董事会秘书:梁宝泉
联系地址:上海市军工路 2636 号
电　话:(021)65745656-02207
传　真:(021)65749845 65740047
电子信箱:sdecdsh@ sh163c.sta.net.cn
4、公司注册地址:上海市浦东大道 2748 号　邮编 200129
公司办公地址:上海市军工路 2636 号　邮编 200432
公　司　网　址:http://www.sdec.com.cn　　公司电子信箱:sdecdsh@sh163c.sta.net.cn
5、公司信息披露报纸:上海证券报　香港南华早报
公司刊登年度报告网址:http://www.sse.com.cn
公司年度报告备置地点:公司董事会秘书室
6、公司股票上市交易所:上海证券交易所
股票简称:上柴股份　上柴 B 股　　股票代码: 600841　900920

二、会计数据和业务数据摘要

1、本年度主要指标情况(单位:人民币元)

利润总额	85367786
净利润	75932731
扣除非经常性损益后的净利润	75932731
主营业务利润	299949950
其他业务利润	1425941
营业利润	65468256
投资收益	13629943
补贴收入	
营业外收支净额	6269587
经营活动产生的现金流量净额	198782785
现金及现金等价物净增加额	(28,833,312)

2、截止报告期末公司前三年的主要会计数据和财务指标　单位:人民币元

指标名称	1999 年	1998 年	1997 年
主营业务收入	1150108381	1679550047	1565862074
净利润	75932731	73119681	94686814
总资产	2338776635	2343905774	3173192284
股东权益	1664047557	1660018812	1727016502
每股收益	0.158	0.152	0.20
每股收益(加权)	0.158	0.152	0.20
扣除非经常性损益后的每股收益	0.158	0.152	0.20
每股净资产	3.46	3.46	3.60
调整后的每股净资产	3.43	3.40	3.39
每股经营活动产生的现金流量净额	0.41	0.68	
净资产收益率(%)	4.56	4.40	5.49
净资产收益率(%)(加权)	4.57	4.23	5.58

3、报告期内股东权益变动情况(单位:人民币元)

项目	股本	资本公积	盈余公积	法定公益金	末分配利润	股东权益合计
年初数	480309280	805401688	304794701	84994509	69513143	1660018812
本年增加			23754113	7918450	4147692	27901803
本年减少		23873058				23873058
年末数	480309280	781528630	328548814	92912959	73660835	1664047557

三、股本变动及股东情况

(一)股本变动情况表(单位:股)

	年初数	年末数
1、未上市流通股份		
发起人股份	241709280	241709280
其中:国家持有股份	241709280	241709280
未上市流通股份合计	241709280	241709280
2、已上市流通股份		
(1)人民币普通股	21600000	21600000
(2)境内上市外资股	217000000	217000000
已上市流通股份合计	238600000	238600000
3、股份总数	480309280	480309280

(二)股东情况介绍

1、截止 1999 年 12 月 31 日,本公司股东总数为 17358 户。其中国家股股东 1 户,人民 币普通股股东 12646 户,境内上市外资股股东 4711 户。

2、截止 1999 年 12 月 31 日,本公司前十名股东持股情况

股东名称	年末持股数	占总股本比例(%)
(1)上海东风机械(集团)有限公司	241709280	50.32
(2)ABU DHABI,UNITED ARAB EMIRATES	6149260	1.28
(3)SCBHK A/C CCF LUXEMBOURG S/A FONDIVEST PAESI EMERGENTI	3500000	0.73
(4)SCBHK A/C BANK OF NEW YORK S/A CMG CH CHINA INVESTMENTS LIMITED	3481101	0.72
(5)TOYO SECURITIES ASIA LTD.A/C CLIENT	2850500	0.59
(6)智万国际有限公司	2791500	0.58
(7)HKSBCSB S/A HSBC(NOMS) A/C UNION BANK OF SWITZERLAND ZURICH	2599820	0.54
(8)APS MANAGEMT PTE LTD.	2050000	0.43
(9)HKSBCSB A/C BERMUDA TRUST FAR EAST LTD. S/A SCHRODERS ASIA CHINA/H.K. ENTERPRISE	1999400	0.42
(10)SHENYIN WANGUO NOMINEES(H.K.)LTD.	1560000	0.32

上海中西药业股份有限公司

一、公司简介:

1、公司名称:
公司法定中文名称:上海中西药业股份有限公司
公司法定英文名称:SHANGHAI ZHONG XI PHARMACEUTICAL CO.,LTD。
公司英文名称缩写:ZXP
2、公司法定代表人: 王海钧
3、公司董事会秘书: 朱工政
联系地址:上海交通路 1515 号 1006 室
联系部门:公司投资部
联系电话:021-56082188　　传真电话:021-56083743
4、公司注册地址:上海浦东江心沙路 9 号
公司办公地址:上海交通路 1515 号
邮政编码:200065
公司电子信箱:zxjsjb@onlinen.sh.cn
5、公司选定的信息披露报纸名称:上海证券报;
登载公司年度报告的国际互联网网址:http://www.sse.com.cn
公司年度报告备置地点:投资部
6、公司股票上市交易所:上海证券交易所
股票简称:中西药业　　股票代码: 600842

二、会计数据和业务数据摘要

1、本年度主要利润指标情况: 单位:元

利润总额	75163704.07
净利润	46435153.60
扣除非经营性损益后的净利润	46435153.60
主营业务利润	134912634.16
其他业务利润	51434199.41
营业利润	57131257.62
投资收益	10293048.55
补贴收入	6270611.27
营业外收支净额	1468786.63
经营活动产生的现金流量净额	55846009.05
现金及现金等价物净增加额	45231771.74

2、主要会计数据和财务指标:

指标项目	单位	99 年	98 年 调整前	98 年 调整后	97 年
主营业务收入	元	596733597.54	435966755.90	435966755.90	379490679.88
净利润	元	46435153.60	34364267.59	32329333.84	27096640.61
总资产	元	1373747926.39	1249039104.30	1192594407.88	941864517.32
股东权益	元	372551441.48	386588025.21	325945287.88	261990577.47
每股收益	元/股	0.215	0.239	0.225	0.216
每股净资产	元/股	1.73	2.69	2.27	2.086
调整后的每股净资产	元/股	1.56	2.386	2.02	1.891
每股经营活动产生的现金流量净额	元/股	0.259	–0.419		
净资产收益率	%	12.46	8.89	9.92	10.34
每股收益(加权)	元/股	0.298	0.26	0.245	0.216
扣除非经营性损益后的每股收益	元/股	0.215	0.235	0.22	0.209

说明:以上列举近三年主要财务指标中,99 年根据中华人民共和国财政部财会字(1999)35 号文的通知精神,公司对 98 年的有关会计数据已按照会计变更追溯调整法作相 应的调整(详见 99 年财务报表及附注)。

注:主要财务指标计算方法:

每股收益=净利润/年度末普通股股份总数

每股净资产=年度末股东权益/年度末普通股股份总数

净资产收益率=(净利润/年度末普通股股份总数)×100%

调整后的每股净资产=(年度末股东权益-三年以上的应收款项-待摊费用-待处理(流动、固定)资产净损失-开办费-长期待摊费用)/年度末普通股股份总数

加权平均每股收益=当期净利润/[期末普通股股份总数/(1+配股比例或增发新股 比例)+期末普通股股份总数/(1+配股比例或增发新股比例)* 配股比例或增发新股比例 * 缴款结束日下一月份至期末的月份数/12]

3、报告期内股东权益变动情况　　单位:元

项目	股本	资本公积	盈余公积	法定公益金	未分配利润	股东权益合计
期初数	143729752	171280433.92	27008406.83	3907090.55	–16073304.87	325945287.88
本期增加	71864876	171000.00	15147485.02	7573742.51	0.00	87183361.02
本期减少	0	28745950.40	0.00	0.00	11831257.02	40577207.42
期末数	215594628	142705483.52	42155891.85	11480833.06	–27904561.89	372551441.48
变动原因	送股及转增	转增减少和下属子公司评估升值	计提两金		追溯调整及中期分红	

三、股本变动及股东情况

(1)报告期末股东总数 15452 户。

(2)公司前十名股东持股情况:

单位:万股

股东名称	持股数量(股)	占总股本的%
国家持股	110849896	51.41
华夏证券公司浦东营业部	16100001	7.46
上海浦东星火开发区联合发展公司	12561343	5.83
上海斯米克机电陶瓷有限公司	3663000	1.70
上海医药对外经济技术合作公司	3052500	1.42
上海申银万国证券股份有限公司	2894915	1.34
黄万胜	1766215	0.82
王玉芳	1716303	0.80
唐宁	1020265	0.47
刘淑兰	921547	0.43

(3)报告期内持有本公司 5%以上股份的股东,其持有股份未发生冻结或质押的情况。

上工股份有限公司

一、公司简介

1. 公司法定中文名称:上工股份有限公司
公司法定英文名称:SHANGGONG CO.,LTD　缩写:SGC
2、公司法定代表人:倪永刚
3、公司信息披露机构:董事会办公室
公司董事会秘书:张一枫　董秘授权:王海燕
联系电话:(021)68407700-617　(021)-68407515　传真:(021)63302939
4.公司注册地址:上海市浦东新区罗山路1201号
公司办公地址:上海市浦东新区世纪大道1500号东方大厦12楼　邮政编码:200122
电子信息:shggg@public3.sta.net.cn　公司网址:http://www.shanggonggroup.com
5、公司选定的信息披露报纸名称:《上海证券报》及<<香港商报>>
登载公司年度报告的国际互联网网址:http://www.sse.com.cn
公司年度报告备置地点:公司董事会办公室
6、公司股票上市交易所:上海证券交易所
股票简称:上工股份(A股)　上工B股(B股)　股票代码: 600843　900924

二、会计数据和业务数据摘要

1、本年度主要利润指标情况: 单位:人民币元

利润总额	5903147.09
净利润	5725485.66
扣除非经营性损益后的净利润	-29088432.06
主营业务利润	56706144.29
其他业务利润	7539400.35
营业利润	-32822334.80
投资收益	22413364.17
补贴收入	1552588.67
营业外收支净额	14759529.05
经营活动产生的现金流量净额	310633339.83
现金及现金等价物净增加额	294530165.76

注:扣除非经常性损益的项目涉及金额:补贴收入:1552588.67元,营业外收入:16828196.53元,营业外支出:2068667.48元,投资收益:18501800.00元

2、公司按国际会计准则对中国法定帐目所作的调整如下　(单位:人民币千元)

	税后利润	净资产
根据中国法定财务报表列报	5725	632917
国际会计准则及其他调整	--	--
计入未予以合并之附属公司业绩	(105)	(4478)
销售截帐调整	(2160)	(9073)
冲销存货中未实现之利润	(1231)	(1231)
冲回以前年度存货中未实施之利润	13416	--
本年度实现递延转让土地使用权收入	3370	--
长期投资减值准备	(495)	(393)
拨备呆坏帐准备	(10142)	(88782)
拨备存货呆滞准备	(725)	(17797)
计提转让土地使用权应纳之税项	(3784)	(11775)
少计提之固定资产折旧	(594)	(24718)
冲销资产重估溢价	--	(18473)
计提转让土地使用权之成本		(7528)
在建工程减值准备		(9297)
其他	(543)	(1338)
经国际会计准则及其他调整后列报	2732	438034

3.公司近三年的主要会计数据和财务指标(合并报表)　(单位:人民币元)

项目		1998年度		1997年度	
	1999年度	调整后	调整前	调整后	调整前
主营业务收入	378249956	319013120	319013120	454126024	4541296024
净利润	5725485	1061909	2838767	-17059040	4243406
总资产	1302263364	1333370169	1356471541	1274821709	1296132558
股东权益	632917232	627171084	650250390	626109174	647411622
每股收益(摊薄)	0.0227	0.0042	0.01	-0.0676	0.017
每股收益(加权)	0.0227	0.0042	0.01	-0.0676	0.019
扣除非经常性损益后的每股收益	-0.1152	-0.2027		-0.0654	
每股净资产	2.5069	2.4842	2.58	2.48	2.56
调整后的每股净资产	2.2734	2.3465	2.48	2.3334	2.47
每股经营活动产生的现金流量净额	1.2304	-0.3069		-0.2203	
净资产收益率	0.9046	0.1693	0.44	-2.7246	0.66

4、股东权益变动情况　单位:元

项目	股本	资本公积	盈余公积	法定公益金	未分配利润	股东权益合计
期初数	252466370	356802231	17705697	8484536	196785	627171084
本期增加		20662	1388893	694446	5725485	7135041
本期减少					1388893	1388893
期末数	252466370	356822893	19094590	9178982	4533378	632917232

三、股东情况介绍

1.报告期末股东人数

截止1999年12月31日止,本公司在册股东总数9082户,其中:国有法人股股东2户,社会法人股股东148户,A股股东6579户,B股股东2353户。

2.前十名股东持股情况(截止1999年12月31日)

名次	股东名称	股份性质	期末持股数	占总股本比例(%)
1.	上海轻工控股(集团)公司	国家股	117018082	46.35
2.	上海国际信托投资公司	国有法人股	9348288	3.70
3.	上海永久股份有限公司	社会法人股	4771000	1.89
4.	李玉美	B股	2962000	1.17
5.	徐　岚	B股	2370000	0.94
6.	有限会社会二五八	B股	1956000	0.77
7.	上海三毛纺织股份有限公司	社会法人股	1762800	0.70
8.	野村国际(香港)有限公司	B股	1339520	0.53
9.	申银万国证券股份有限公司	社会法人股	1300000	0.51
10.	兰　毅	B股	1279200	0.51

英雄(集团)股份有限公司

(一) 公司简介

1、公司名称:英雄(集团)股份有限公司
公司英文名称:HERO(GROUP)CO.,LTD
公司名称缩写:HERO
2、公司法定代表人:赵松生
3、公司董事会秘书姓名:姚吉文
联系地址:上海市祁连山路127号
电　话:021-62509596
传　真:021-62506181
4、公司注册地址:上海市祁连山路6号
公司办公地址:上海市祁连山路127号
邮政编码:200331
5、公司选定的信息披露报纸名称:《上海证券报》、香港《商报》
登载公司年度报告的中国证监会指定国际互联网网址:http://www.sse.com.cn
公司年度报告备置地点:上海市祁连山路127号投资管理办公室
6、公司股票上市交易所:上海证券交易所
股票简称和股票代码:英雄股份 600844
英雄B股 900921

(二) 会计数据和业务数据摘要

1、公司本年度会计数据和业务数据:

利润总额(元):	23232547.78
其中:主营业务利润(元):	95028543.51
其他业务利润(元):	3535465.69
投资收益(元):	-10690387.03
补贴收入(元):	4215790.06
营业外收支净额(元):	35886658.04
净利润(元):	13113667.98
扣除非经常性损益后的净利润(元):	-16298393.09
经营活动产生的现金流量净额(元):	-13883079.12
现金及现金等价物净增加额(元):	-18960310.07

注:扣除项目	金额
营业外支出	-1717083.91
营业外收入	37063741.95
补贴收入	4215790.06
投资收益	-10690387.03

3、截止报告期末公司前三年的主要会计数据和财务指标　单位:元

项　目	1999年	1998年		1997年	
		调整后	调整前	调整后	调整前
主营业务收入	463193639.30	519859132.85	519859132.85	497126203.36	497126203.36
净利润	13113667.98	43173910.07	46542196.73	45945145.06	55342303.97
总资产	625930852.41	1383176644.79	1391537934.26	1169044.859.90	1177406149.37
股东权益	646921006.84	642721714.11	655487159.68	597746106.04	607143264.95
每股收益(元/股)摊薄	0.043	0.163	0.176	0.173	0.209
加权	0.044	0.163	0.176	0.173	0.209
扣除非经常性损益后的每股收益(元/股)	-0.054	-0.109	0.121	0.009	0.045
每股净资产	2.124	2.427	2.475	2.257	2.293
调整后的每股净资产	1.98	2.224	2.272	2.177	2.213
每股经营活动产生的现金流量净额(元/股)	-0.046	-0.122			
净资产收益率(%)	2.03	6.72	7.10	7.69	9.12

每股收益、每股净资产、调整后的每股净资产、每股经营活动产生的现金流量净额和净资产收益率等财务指标的计算公式如下:

每股收益=净利润/年度末普通股股份总数

每股净资产=年度末股东权益/年度末普通股股份总数

调整后的每股净资产=[年度末股东权益-三年以上的应收款项净额-待摊费用-待 处理(流动、固定)资产净损失-开办费-长期待摊费用-住房周转金负数余额]/年度末 普通股股份总数

每股经营活动产生的现金流量净额=经营活动产生的现金流量净额/年度末普通股股份总数

净资产收益率=净利润/年度末股东权益×100%

4.报告期内股东权益变动情况　(单位:元)

项　目	股　本	资本公积	盈余公积	法定公益金	未分配利润	股东权益合计
期初数	264838680	230440941	80222915	28559614	67219177	642721714
本期增加	39725802	477948	9024273	2794579	13113667	62341692
本期减少		49118126	3435114	3435114	5589159	58142399
期末数	304564482	181800764	85812074	27919080	74743686	646921006

变动原因:1、实施98年10转增1.5股分配方案,资本公积金转增股本39725802.00元。

2、盈余公积和未分配利润增加是当年提取增加所致。

(三) 股东情况介绍

(1) 报告期末股东总数

A股 16562户; B股 3573户

(2) 本公司前10名股东的持股情况(截止至1999年12月30日交易结束)

股东名称	年度内股份增减变动情况(+,-)	年末持股数量(股)	占总股本比例(%)
上海轻工控股(集团)公司(国家股)	+21020589	161157847	52.92
上海财政证券公司(法人股)	+1918157	14705871	4.83
孙文雄(B股)	-795206	3010000	0.99
晶诚工贸(法人股)	+302641	2320245	0.76
NAITO SECURITIESCO.,LTD(B股)	-3762	1350880	0.44
CBNY S/A PNC/SKANDIS SELECT FUND/CHINA EQUITY AC(B股)	-267224	1335834	0.44
华夏证券有限公司(B股)	+162945	1249245	0.41
北京新民生有限责任公司(B股)	+1137000	1137000	0.37
刘锦春(B股)	-554843	1000000	0.33
康剑(B股)	+787108	787108	0.26

上海钢管股份有限公司

一、公司简况

1、公司法定中文名称:上海钢管股份有限公司
公司英文名称:SHANGHAI STEEL TUBE CO.,LTD.
英文缩写:SSTC
2、法定代表人:夏斌
3、公司董事会秘书:胡德康
联系地址:上海市逸仙路 3950 号 邮编:200940
电话:56441257 56440888 传真:(021)56441491
4、公司注册及办公地址: 上海市逸仙路 3950 号 邮编:200940
5、公司信息披露报刊:上海证券报、香港商报
登载公司年度报告的中国证监会指定国际互联网址: http://www.sse.com.cn
公司年报备置地点:公司证券办公室、上海证券交易所
6、股票上市交易所:上海证券交易所
股票简称:上海钢管(A) 600845 钢管 B 股(B)900926

二、会计数据和业务数据摘要

㈠、公司本年度会计数据和业务数据(单位:人民币元)

1、利润总额:	-184902190.83
2、净利润	-182831138.41
3、扣除非经营性损益后的净利润	-182831138.41
4、主营业务利润	6424910.11
5、其他业务利润	4190962.38
6、营业利润	-185835447.95
7、投资收益	646450.27
8、营业外收支净额	216806.85
9、补贴收入	70000.00
10、经营活动产生的现金流量净额	17934686.33
11、现金及现金等价物净增加额	3112066.13

单位:人民币千元

按中国会计准则编制之合并净亏损	(182831)
为符合国际会计准则之调整:	
1、坏帐及呆帐准备	43709
2、闲置固定资产折旧	(12084)
3、合并基准差异	6658
4、其他	1962
按国际会计准则编制之合并净亏损	(142586)

㈡、主要会计数据和财务指标(单位:人民币元)

指标项目	1999 年度	1998 年	1997 年
1. 主营业务收入	213959230.51	295344973.70	455288478.32
2. 净利润	-182831138.41	-76069336.25	4589883.98
3. 总资产	746600281.52	947722841.25	972389347.91
4. 股东权益	329252158.59	512912249.68	588971082.93
5. 每股收益(摊薄)	-0.70	-0.29	0.017
6. 每股净资产(摊薄)	1.26	1.96	2.25
7. 净资产收益率(摊薄)	-55.53%	-14.83%	0.78%
8. 调整后的每股净资产	1.20	1.84	2.17
9. 每股经营活动产生的现金流量净额	0.07	0.05	

主要会计数据及财务指标附注:

1.每股收益=净利润/年度末普通股股份总数;加权每股收益与摊薄数一致.

2.每股净资产=年度末股东权益/年度末普通股股份总数

3.净资产收益率(摊薄)=(净利润/年度末股东权益)×100%

4.净资产收益率(加权)=[净利润/(年初股东权益+年末股东权益)/2]X100%

5.调整后的每股净资产=(年度末股东权益-三年以上的应收款项净额-待摊费用-待处理(流动、固定)资产净损失-开办费-长期待摊费用-住房周转负数余额)/年 度末普通股股份总数

6.每股经营活动产生的现金流量净额=经营活动产生的现金流量净额/年度末普通股股份总数

㈢、1999 年度股东权益变动情况(单位:人民币元)

项 目	股 本	资本公积	盈余公积	法定公益金	未分配利润	未确认的投资损失	合 计
期初数	262244070	333055348.11	6581220.28	938327.07	-88968388.71		512912249
本期增加	——	3495.60	284513.98	142256.99	-832448.28		-544438.7
本期减少	——	——	——	——	183115652.39		183115652
期末数	262244070	333058843.71	6865734.26	1080584.06	-272084041.10	-83244	329252158.59

变动原因

资本公积增加 3495.60 元,系子公司税收奖励.

盈余公积增加 28.45 万元,系子公司本年盈利提取的。

未分配利润减少 18394.81 万元,主要是本年度亏损所致。

未确认的投资损失 832448.28 元,系计提海南宏鑫上海经营部净资产负值的损失.

三、股东情况介绍

1、截止 1999 年 12 月 31 日, 本公司股东总数为 13079 户, 其中 A 股股东 10892 户;B 股股东 2152 户;法人股东 34 户,国家股东 1 户。

2、前 10 名股东情况

股 东 名 称	年末持股数	占股本%
1. 国家持股	150044070	57.22
2. CBNY S/A PNC/SKANDIA SELECT FOND/CHINA EQUITY AC	4462650	1.70
3. 华生	2932000	1.11
4. 万国发行	2794550	1.06
5. 戴玉寒	2172000	0.82
6. WARDLEY JAMES CAPEL FAR EAST LTD	1892260	0.72
7. 晏福有	1613000	0.61
8. 杭建英	1579000	0.60
9. 电气实业	1400000	0.53
10. 廖红静	1175100	0.44

注: ⑴国家股持股单位为上海冶金控股(集团)公司。

上海同济科技实业股份有限公司

一 公司简介

公司法定中文名称:上海同济科技实业股份有限公司
英文名称:SHANHAI TONGJI SCIENCE & TECHNOLOGY INDUSTRIAL CO.,LTD
缩写:STJC
法定代表人:王建云
董事会秘书:林学言
授权代表:柴育筑
联系地址:上海市赤峰路 83 号
邮政编码:200092
电话:021-65985860
传真:021-65984903
注册地址:上海市浦东新区栖山路 33 号
邮政编码:200135
办公地址:上海市赤峰路 83 号
邮政编码:200092
电子信箱:TJKJSY @ ONLINESH.CN
公司选定的信息披露报纸:《上海证券报》
登载公司年度报告的中国证监会指定国际互联网网址:http://www.sse.com.cn
公司年度报告备置地点:董事会秘书室
公司股票上市交易所:上海证券交易所
股票简称:同济科技
股票代码:600846

二 会计数据和业务数据摘要

(一)公司本年度会计数据及业务数据:

利润总额(元)	42423313.42
净利润(元)	34944396.35
扣除非经常性损益后的净利润(元)	34944396.35
主营业务利润(元)	98431769.93
其它业务利润(元)	6310768.47
营业利润(元)	30474578.63
投资收益(元)	11235727.74
补贴收入(元)	1148499.80
营业外收支净额(元)	-435492.75
经营活动产生的现金流量净额(元)	-9007526.26
现金及现金等价物净增加额(元)	71909801.00

本年度无非经营性损益项目

(二)截止报告期末公司前三年的主要会计数据和财务指标:

项目	1999 年	1998 年		1997 年
		调整后	调整前	
主营业务收入收入(元)	563306303.66	302139200.62	303969913.00	275018356.48
净利润(元)	34944396.35	29045461.37	30826037.13	31337579.91
总资产(元)	980152555.24	851550366.86	852423010.86	645525766.33
股东权益(元)	348314377.78	313398202.60	315178778.36	284149585.60
每股收益(元/股)	0.2288	0.2853	0.3028	0.3078
加权每股收益(元/股)	0.2658	0.2853	0.3028	0.3803
每股净资产(元/股)	2.2811	3.0787	3.0962	2.7914
调整后的每股净资产(元/股)	2.1915	2.9720	2.9893	2.6999
净资产收益率(%)	10.03	9.27	9.78	11.03

每股收益,每股净资产,每股经营活动产生的现金流量净额和净资产收益率等财务指标的计算公式如下:

每股收益=净利润/年度末普通股股份总数

每股净资产=年度末股东权益/年度末普通股股份总数

调整后的每股净资产=(年度末股东权益-三年以上的应收款项净额-待摊费用-待 处理(流动、固定)资产净损失-开办费-长期待摊费用-住房周转金负数余额)/年度末 普通股股份总数

加权平均每股收益=当期净利润/[期末普通股股份总数/(1+配股比例或增发新股 比例)+期末普通股股份总数)/(1+配股比例或增发新股比例×缴款结束日下一月份至 期末月份数/12]

每股经营活动产生的现金流量净额=经营活动产生的现金流量净额/年度末普通股股份总数

净资产收益率=净利润/年度末股东权益 *100%

(三)报告期内股东变动情况 单位:万元

项目	股本	资本公积	盈余公积	法定公益金	未分配利润	股东权益合计
期初数	10179.65	14379.01	4542.18	1870.07	2238.98	31339.82
本期增加	5089.96	0.19	1218.63	606.17	3494.44	9803.22
本期减少		3053.92	1.78	1.78	3255.90	6311.60
期末数	15269.61	11325.28	5759.03	2474.46	2477.52	34831.44

三 股本变动及股东情况

(一)报告期末股东总数:29593 户.

(二)公司前 10 名股东持股情况

股东名称	年末持股数量(股)	占总股本比例(%)
同济大学	64440963	42.20
上海市国有资产管理办公室 *	14054214	9.20
福建兴业证券有限公司	3985456	2.61
华夏证券有限公司	1460571	0.96
徐州信托	681820	0.45
施建智	578860	0.38
管秋萍	456585	0.30
丁 雄	446343	0.29
朱四妹	409150	0.28
应培德	326148	0.21

注:

1.* 者代表国家地股.

2.持有本公司 5%以上股份的股东有同济大学和上海国有资产管理办公室,因公司 1999 年实施的每 10 股送红股 2 股,转增 3 股的方案,两股东分别增加股本 21480321 股和 4684738 股.本期末同济大学持股 64440963 股,上海国有资产管理办公室持股 14054214 股, 两股东所持的本公司股份均无质押情况.

重庆万里蓄电池股份有限公司

一、公司简介

1、法定中文名称:重庆万里蓄电池股份有限公司

公司英文名称:CHONG QING WAN LI STORAGE BATTERY CO. LTD

英文名称缩写:CQWLSB

2、公司法定代表人:丁 权

3、公司董事会秘书:周俊华

联 系 地 址:重庆市巴南区苦竹坝 31 号

电 话:(023)62854905

传 真:(023)62851155

4、公司注册地址:重庆市巴南区苦竹坝 31 号

公司办公地址:重庆市巴南区苦竹坝 31 号

邮 政 编 码: 400054

公司电子信箱:E-mail:Wanlibat, @Public.cta.cq.cn.

5、公司选定的信息披露报纸:《上海证券报》

登载公司年度报告的中国证监会指定国际互联网网址:

http://WWW.sse.com.cn

公司年报备置地点:公司董事会秘书处

6、股票上市交易所:上海证券交易所

股票简称: ST 渝万里

股票代码: 600847

二、会计数据和业务数据摘要

1、本年度主要会计数据及其利润总额的构成 (单位:元)

利润总额:	5832817.35
净 利 润:	5832817.35
扣除非经常性损益后的净利润:	−12782418.76
主营业务利润:	14133661.21
其他业务利润:	135074.93
托管经营收益:	5655000.00
营业利润:	−12917493.69
投资收益:	2961647.20
补贴收入:	3999904.54
营业外收支净额:	5998684.37
经营活动产生的现金流量净额:	1454559.92
现金及现金等价物净增加额:	−2822206.23

非经常性损益是指托管收入,股权转让收入及租赁费豁免收入.

2、截止报告期末公司前三年的主要会计数据和财务指标 (单位:元)

财 务 指 标	1999	1998 年		1997 年	
		调整前	调整后	调整前	调整后
主营业务收入	85806255.44	102131156.22	102131156.22	121840299.60	121840299.60
净利润	5832817.35	−32010914.41	−30288327.42	−36939182.17	−42598016.52
总资产	192351802.41	201296665.76	197360418.40	229477229.00	223818394.65
股东权益(不含少数股东股益)	89438849.82	87482279.83	83546032.47	122698791.49	117039957.14
摊薄	0.066	−0.36	−0.34	−0.42	−0.48
每股收益加权	0.066	−0.36	−0.34	−0.42	−0.48
扣除非经常性损益后的每股收益	−0.14				
每股净资产	1.01	0.99	0.94	1.38	1.32
调整后的每股净资产	0.86	0.84	0.80	1.32	1.26
每股经营活动产生的现金流量净额	0.01	0.04	0.04		
净资产收益率%	6.52	−36.59	−36.25	−30.01	−36.40

注:主要财务指标计算方法:

每股收益=净利润/年度末普通股股份总数

每股净资产=年度末股东权益/年度末普通股股份总数

调整后的每股净资产=[年度末股东权益−3 年以上的应收款项净额−待摊费用−待处理(流动、固定)资产净损失−开办费−长期待摊费用−住房周转金负数余额]/年度末普通股股份总数

每股经营活动产生的现金流量净额=经营活动产生的现金流量净额/年度末普通股股份总数

净资产收益率=净利润/年度末股东权益×100%

3、股东权益变动情况

项 目	股本	资本公积(元)	盈余公积(元)	法定公益金(元)	未分配利润(元)	股东权益合计
期初数	88660000	43025854.11	13796305.17	2114535.6	−61936126.81	83546032.47
本期增加		60000			5832817.35	5892817.35
本期减少						
期末数	88660000	43085854.11	13796305.17	2114535.6	−56103309.46	89438849.82
变动原因		污染治理贷款豁免			本年增加利润所致	
盈利和资本公积金增加						

三、股东情况介绍

(1)、报告期末股东总数是:8751 户

(2)、前 10 名股东持股情况

股东名称	持股数(股)	占总股本比例(%)
国 家 股(重庆机械控股(集团)有限公司)	48763000	55.00
慈 龙 英	439100	0.49
王 明 华	392700	0.44
金鑫基金	390000	0.43
朱 花 梅	379710	0.42
慈 国 英	368300	0.41
柏 大 应	348100	0.39
钱 让 林	328600	0.37
吴 爱 国	321800	0.36
李 必 胜	318538	0.35

注:公司前十名股东中,第一名是国家股东,第二至第十名股东本公司未知其是否 存在关联关系。

上海自动化仪表股份有限公司

(一) 公司简介

1、公司的法定中文名称:上海自动化仪表股份有限公司

公司的法定英文名称:Shanghai Automation Instrumentation Co., Ltd.

公司的英文名称缩写:SAIC

2、公司的法定代表人:周永清

3、公司董事会秘书:黄鼎发 授权代表:沈瑞芳

联系地址:上海市延安西路 1599 号怡翔大楼七楼

联系电话:021−62800705 传真: 021−62801680

电子信箱:SAIC BOD @ PUBLIC4.STA.NET.CN

4、公司注册地址及办公地址:上海市延安西路 1599 号怡翔大楼七楼

邮政编码:200050

国际互联网网址:WWW.SAIC.SH.CN

电子信箱: BOD @ SAIC.SH.CN

5、公司信息披露报纸名称:上海证券报、香港南华早报

登载公司年报的国际互联网网址:

HTTP://WWW.SSE.COM.CN

公司年报备置地点:上海市延安西路 1599 号怡翔大楼七楼

6、公司股票上市交易所:上海证券交易所

股票简称: A 股:自仪股份 B 股:自仪 B 股

股票代码: A 股:600848 B 股:900928

(二) 会计数据和业务数据摘要

1.主要数据 (单位:元)

利润总额:	−137790111.82
净利润 :	−140159089.72
扣除非经常性损益后的净利润:	−138742995.32
主营业务利润:	179154723.38
其它业务利润:	5527150.86
营业利润:	−136943984.85
投资收益:	−650355.15
补贴收入:	731664.59
营业外收支净额:	−927436.41
经营活动产生的现金流量净额:	54272953.23
现金及现金等价物净增加额:	31842231.69

注:扣除非经常性损益的项目及金额:

项目	金额(元)
新产品增值税退税	731664.59
固定资产清理收入	1811480.06
固定资产处理净损失	3502707.57
股权投资差额摊销数	456531.48

3.公司前三年的主要会计数据和财务指标: (单位:元)

	1999 年	1998 年		1997 年	
		(调整前)	(调整后)	(调整前)	(调整后)
主营业务收入:	480725330	844419861	844419861	1295410348	1295410348
净利润:	−140159090	1563193	−16093293	74945970	−37278295
总资产:	1476612214	1815344391	1607571387	1993421502	1795377523
股东权益:(不含少数股东权益)	401341168	729581463	541776561	728555763	596215498
每股收益:摊薄:	−0.3510	0.0039	−0.0403	0.2065	−0.1027
加权:	−0.3510	0.0039	−0.0403	0.2163	−0.1076
每股净资产:	1.0051	1.83	1.3569	2.01	1.64
调整后的每股净资产:	0.5403	1.27	0.8889	1.55	1.27
每股经营活动产生的现金流量净额:	0.1359	0.0288	0.0288		
净资产收益率(%)摊薄:	−34.92%	0.214%	−2.97%	10.29%	−6.25%
加权:	−34.92%	0.214%	−2.97%	10.64%	−6.47%

注:(1)每股收益=净利润/年末普通股股份总数;

(2) 每股净资产=年末股东权益/年末普通股股份总数;

(3)调整后的每股净资产=(年末股东权益−三年以上的应收款项净额−待摊费用 −待处理(流动固定)资产净损失−开办费−长期待摊费用−住房周转金负数余额)/年 度末普通股股份总数;

(4)每股经营活动产生的现金流量净额=经营活动产生的现金流量净额/年度末普 通股股份总数;

(5) 净资产收益率=净利润/年度末股东权益×100%;

(6)注(3)中"应收款项"包括应收帐款、其他应收款、预付帐款、应收股利、应收利息、应收补贴款。

4.报告期内股东权益变动情况:

项 目	股 本	资本公积	盈余公积	其中:法定公益金	未分配利润	未确认的投资损失	股东权益合计
期初数:	399286890	210288237	28302747	799622.36	−57740398	−38360914.03	541776561
本期增加:		335852	582531		36978	−140159090	−139240707
本期减少:				1042177	152509		1194687
期末数:	399286890	210624089	28885278	836599.91	−198941665	−38513423	401341168

(三) 股本变动及股东情况

2、股东情况介绍:

(1) 报告期末股东总数为 29788 户。

(2) 本公司前十名股东情况:

股 东 名	年末持股数(股)	占总股本比例(%)
①上海仪电控股(集团)公司(国家股)	243160590	60.91
② TOYO SECURITIES ASIA LTD.A/C CLIENT(外资股)	7334085	1.84
③上海申银万国证券有限公司(法人股)	6130650	1.54
④ CBNY S/A PNC/SKANDIA SELECT FUND/CHI(外资股)	5366133	1.34
⑤上海交大产业投资管理(集团)有限公司(法人股)	4600000	1.15
⑥上海交大南洋股份有限公司 (法人股)	3307248	0.83
⑦ NATEXIS BANQUES POPULAIRES(外资股)	2285770	0.57
⑧ WARDLEY JAMES CAPEL FAR EAST LTD(外资股)	1936000	0.48
⑨ SHANIA CHLOR-ALKALI CHEMICAL (AUSTRA)(外资股)	1773374	0.44
⑩ B G INVESTMENTS LTD(外资股)	1698480	0.43

上海市医药股份有限公司

(一)公司简介

1、公司法定中文名称:上海市医药股份有限公司
公司法定英文名称:SHANGHAI PHARMACEUTICAL CO.,LTD
2、公司法定代表人:沈培达先生
3、公司董事会秘书:曹伟荣先生
授权代表:顾志浩先生
联系地址:上海浦东新区金桥路 1399 号
联系电话:(021)58999999
传真:(021)58995835
4、公司注册地址:上海浦东新区金桥路 1399 号
公司办公地址:上海浦东新区金桥路 1399 号
邮政编码:201206
国际互联网网址:www.china-pharma.com;www.shanghai-pharma.com
5、公司选定的信息披露报刊名称:《上海证券报》《中国证券报》
登载公司年报报告的中国证监会指定国际互联网网址:
http://www.sse.comcn
公司年度报告备置地点:公司董事会办公室
6、公司股票上市交易所:上海证券交易所
股票简称:上海医药
股票代码:600849

(二)会计数据和业务数据摘要

1、本年度主要利润指标情况(单位:人民币元)

利润总额:	137939971.44
净利润:	94425543.75
扣除非经常性损益后的净利润	94425543.75
主营业务利润:	553626567.82
其他业务利润:	9195353.17
营业利润:	133376364.40
投资收益:	4133355.33
补贴收入:	2868752.92
营业外收支净额:	-2438501.21
经营活动产生的现金流量净额:	164674479.02
现金及现金等价物净增加额:	176130481.71

2、载至报告期末公司前三年主要会计数据和财务指标:(单位:人民币元)

项目	1999 年	1998 年		1997 年	
		调整后	调整前	调整后	调整前
主营业务收入	4537194771.14	4420605979.82	4420605979.82	3376611442.71	3376611442.71
净利润	94425543.75	60197460.88	78734414.80	19869608.53	46369608.53
总资产	3055633524.17	2566175330.87	2611212284.79	715590929.81	742090929.81
股东权益	627790204.57	552926315.09	597963269.01	239170760.98	265670760.98
每股收益	0.41	0.40	0.51	0.13	0.30
扣除非经营损益后的每股收益	0.41	0.40	0.51	0.13	0.30
每股净资产	2.73	3.61	3.91	1.56	1.74
调整整后的每股净资产	2.50	3.41	3.70	1.56	1.74
每股经营活动产生的现金净流量	0.72	-1.85	-1.85	-	-
净资产收益率%	15.04%	10.89%	13.17%	8.3%	17.45%

注:(1)主要财务指标计算方法:
每股收益=净利润/年度末普通股股份总数
每股净资产=年度末股东权益/年度末普通股股份总数
调整后的每股净资产=(年度末股东权益-三年以上的应收款项净额-待摊费用-待处理(流动、固定)资产净损失-开办费-长期待摊费用-住房周转金负数余额)/年度末普通股股份总数
每股经营活动产生的现金流量净额=经营活动产生的现金流量净额/年度末普通股股份总数
净资产收益率=净利润/年度末股东权益×100%

3、报告期内股东权益变动情况

项目	股本	资本公积	盈余公积	法定公益金	未分配利润	股东权益合计
期初数	153034870	283948691.76	87093985.21	13856148.40	28848768.12	552926315.09
本期增加	76517435	3393576.23	21931641.40	10874938.17	94425543.75	196268196.38
本期减少	--	30606974	--	--	90797332.90	121404306.90
期末数	229552305	256735293.99	109025626.61	24731086.57	32476978.97	627790204.57

变动原因:
股本变动是由于本公司 1999 年 5 月 6 日实施 98 年度利润分配和公积金转增所致;资本公积的减少是由于资本公积转增股本金额 30606974 元所致;未分配利润期初数变动是会计政策变更追溯调整四项准备所致;本期增加数为本年度利润;本期减少数是因计提盈余公积金 21931641.40 元,以及向全体股东送股(每 10 股送 3 股)45910461 元所 致。

(三)股东情况介绍

(1)截止本报告期末股东总数为 44009 户。
(2)报告期内控股股东为上海医药(集团)总公司,持股数占总股本比例为 45.37%。
(3)前十名股东持股情况

序号	股东名称	持股数量	占总股本比例%
1	上海医药(集团)总公司	104,152,878	45.37
2	申银万国	11,272,504	4.91
3	安顺基金	8,578,503	3.74
4	安信基金	3,350,520	1.46
5	南京证券	1,980,000	0.86
6	海通证券	1,451,300	0.63
7	杰姆公司	1,039,973	0.45
8	金陵华泰	970,000	0.42
9	泰和基金	900,000	0.39
10	上海曹杨	750,000	0.33

注:(1)报告期内上海医药(集团)总公司持有的国家股由期初的 69,435,252 股增加至 104,152,878 股,是因公司实施了每 10 股送 3 股转增 2 股的 1998 年期末利润分配所致。其所持股份无质押和冻结。

上海华东电脑股份有限公司

一 公司简介

1.公司法定中文名称:上海华东电脑股份有限公司
英文名称:Shanghai East-China Computer Co.,Ltd
英文缩写:ECC
2.公司法定代表人:孙德炜
3.公司董事会秘书:吴志明
联系地址:上海市桂林路 418 号
电话:021--64753347
传真:021--64700357
电子信箱:dm@shecc.com
4.公司注册和办公地址:上海市桂林路 418 号
邮政编码:200233
公司国际互联网网址:www.shecc.com
公司电子信箱:ecczb@shecc.com
5.公司选定的信息披露报纸:上海证券报
登载公司年度报告的中国证监会指定国际互联网网址:
http://www.sse.com.cn
6.公司股票上市交易所:上海证券交易所
股票简称:华东电脑
股票代码:600850

二 会计数据和业务数据摘要

(一)本年度利润总额及构成

(单位:人民币元)

利润总额	19745982.58
净 利 润	16302682.21
扣除非经常性损益后的净利润	16302682.21
主营业务利润	77273573.79
其他业务利润	803586.16
营业利润	18661278.62
投资收益	1148519.96
营业外收支净额	-63816.00
经营活动产生的现金流量净额	-20540383.25
现金及现金等价物净增加额	29016488.76

(二)主要会计数据和财务指标:

(单位:人民币元)

项 目	1999 年度	1998 年度		1997 年度	
		调整前	调整后	调整前	调整后
主营业务收入	1199994983	803632329	803632329	766006431	766006431
净利润	16302682	14684642	14540382	12417363	10472353
总资产	503976474	391303158	385023466	393395854	387260423
股东权益	144411765	134388774	128109083	120575672	114440241
每股收益	0.23	0.24	0.24	0.248	0.21
每股收益(加权)	0.23	0.24	0.24	0.248	0.21
每股净资产	2.01	2.24	2.14	2.41	2.29
调整后每股净资产	1.96	2.19	2.10	2.23	2.10
每股经营活动产生的现金流量净额	-0.29	-1.11	-1.11		
净资产收益率(%)	11.29	10.93	11.35	10.30	9.15
净资产收益率(%)(加权)	11.96	11.52	11.99	10.86	9.59

主要财务指标公式如下:
每股收益=净利润/年度末普通股股份总数
每股净资产=年度末股东权益/年度末普通股股份总数
调整后的每股净资产=[年度末股东权益-3 年以上的应收款项净额-待摊费用-待处理(流动、固定)资产净损失-开办费-长期待摊费用-住房周转金负数余额]/年度末普 通股股份总数
每股经营活动产生的现金流量净额=经营活动产生的现金流量净额/年度末普通股股份总数
净资产收益率=净利润/年度末股东权益×100%
加权平均净资产收益率=净利润/[(期初净资产+期末净资产)/2+当期发 行新股新增净资产×(自缴款结束日下一月份至报告期末的月份数-6)/12]

(三)报告期愉股东权益变动情况

项目	股本	资本公积	盈余公积	法定公益	未分配利润	股东权益合计
期初数	60000000	51533369	9807936	4038840	6767777	128109083
本期增加	12000000		3281116	1636953	16302682	16302682
本期减少		12000000			3281116	
期末数	72000000	39533369	13089052	5675794	19789343	144411765
变动原因						
	资本公积转增股本	资本公积转增股本	本年利润分配	本年利润分配	本年利润	本年增加的净利润

三 股东情况介绍

1.报告期末股东总数:14266 户
2.前 10 名股东持股情况

股东名称	年初持股数	公积金转股	年末持股数	占总股本%	股份性质
华东计算技术研究所	34485600	6897120	41382720	57.48	发起人法人股
建行上海第二营业部	2397600	479520	2877120	4.00	募集法人股
国家持股	1514400	302880	1817280	2.52	国有法人股
上海兴华贸易公司	1320000	264000	1584000	2.20	募集法人股
万科财务顾问有限公司	1200000	240000	1440000	2.00	募集法人股
君安上证	1080000	216000	1296000	1.80	募集法人股
中国信达信托投资公司	900000	180000	1080000	1.50	募集法人股
北京仁达公司	600000	120000	720000	1.00	募集法人股
上海腾凌公司			720000	1.00	募集法人股
上海东联电脑公司	240000	480000	288000	0.40	募集法人股

以上列出的股东中代表国家持有股份的单位为信息产业部,持有 57.48%股份的华 东计算技术研究所系本公司发起人,所持股份在报告期内无质押,冻结的情况.

上 海 海 欣 集 团 股 份 有 限 公 司

上海海欣集团股份有限公司 1999 年年度报告摘要

一. 公司简介

1.公司的法定中文名称:上海海欣集团股份有限公司
2.公司法定代表人:严镇博　3.公司董事会秘书:沈 岩
联系地址:上海市松江区洞泾镇
联系电话:57698020
传 真: 57698025
电子信箱:shenyan@haixin.com
4.公司注册及办公地址:上海市松江区洞泾镇
邮政编码:201601
互联网址:http//www.haixin.com
电子信箱:haixin@haixin.com
5.公司指定信息披露报纸名称:境内:<<上海证券报>>
境外:<<香港南华早报>>
登载公司年报的中国证监会指定互联网址: www.sse.com
公司年报备置地点:上海市遵义南路 8 号锦明大厦 19C
上海海欣集团股份有限公司上海办事处
联系电话:6275211
传 真:62757361
邮政编码:200336
6.公司股票上市交易所:上海证券交易所
A 股股票简称:海欣股份
股票代码:600851
B 股股票简称:海欣 B 股
股票代码:900917

二. 会计数据和业务数据摘要

1.本年度主要利润指标情况:

利润总额:	111077521.63
净 利 润:	94539793.03
扣除非经常性损益后的净利润:	94539793.03
主营业务利润:	185173963.25
其他业务利润:	5814908.09
营业利润:	104716978.91
投资收益:	6006055.60
补贴收入:	234136.67
营业外收支净额:	120350.45
经营活动产生的现金流量净额:	121048461.46
现金及现金等价物净增加额:	−19127134.79

2.按香港会计准则计算的净利润及差异说明:

按照国内会计准则, 一九九九年度公司的净利润为人民币 9454 万元, 而按照香港会计实务准则,公司当年度净利润为人民币 8977.1 万元,两者相差人民币 476.9 万元,具体差异如下:

	除税后利润	
	1999 年	1998 年
	人民币千元	人民币千元
按中国会计制度	94540	90286
固定资产重估增值	(1598)	(1598)
合并产生之商誉	743	789
由于采用不同汇率产生之差异	(864)	241
递延支出之注销	(3250)	392
职工奖励及福利基金的调整	(548)	(815)
其它	(192)	423
以上调整对少数股东权益的影响	940	(870)
按香港会计实务准则	89771	88848

3.主要会计数据和财务指标:

指标项目	1999 年度	1998 年度	1997 年度
主营业务收入(元)	758344591.42	788082575.53	887598073.85
净利润(元)	94539793.03	90285649.56	114628443.41
总资产(元)	1751086030.35	1505061668.11	1477933537.73
股东权益(元)	815684558.23	721667891.87	687255645.02
每股收益(元/股)	0.343	0.328	0.416
加权平均每股收益(元/股)	0.343	0.328	0.583
每股净资产(元/股)	2.963	2.621	2.496
调整后每股净资产(元/股)	2.880	2.534	2.442
每股经营活动产生的现金流量净额(元/股)	0.44	0.35	–
净资产收益率(%)	11.59	12.82	19.70

财务指标计算公式:
每股收益=净利润/年度末普通股股份总数
每股净资产=年度末股东权益/年度末普通股股份总数
调整后的每股净资产=(年度末股东权益-三年以上的应收款净额-待摊费用-待处 理 (流动、固定)资产净损失-开办费-长期待摊费用-住房周转金负数余额)/年度末普 通股总数
每股经营活动产生的现金流量净额=经营活动产生的现金流量净额/年度末普通股股份总数
净资产收益率=净利润/年度末股东权益 ★100%

4.股东权益变动情况:

(单位:万股、万元)

项目	股本	资本公积	盈余公积	法定公益金	未分配利润	股东权益合计
期初数	27529.17	32443.14	11170.94	3823.30	1023.55	72166.79
本期增加		2.95	2714.16	754.54	6684.55	9401.67
本期减少						
期末数	27529.17	32446.09	13885.10	4577.84	7708.10	81568.46

变动原因:公司公积金、公益金的增加是因为本年度按比例提取造成,未分配利润增加是由于公司董事会决定的本年度实现的利润暂缓分配而形成。

三. 股本变动及股东情况

(1)报告期末公司股东总数为 30676 名,其中境内上市人民币普通股股东 26843 名, 境内上市外资股股东 3827 名,国有法人股 2 名(其中 1 名系发起人股东),其他发起人 2 名,社会法人股东 2 名。

(2)公司前 10 名股东持股情况

股东名称	99 年末持股数	持股比例
1.上海松江洞泾工业公司	49712221	18.06%
香港申海有限公司	47361261	17.20%
3.上海玩具进出口有限公司(国有法人)	24091587	8.75%
4.上海开隆投资有限公司	16406926	5.96%
5.上海松江经济技术开发建设总公司(国有法人)	12802665	4.65%
6.香港裕礼发展有限公司	7800000	2.83%
7.SCBHK A/C BANK OF NEW YORK S/A CMG CH CHINA INVESTMENT LIMITED	1389990	0.50%
8.陈薇	1203500	0.44%
9.香港智万国际有限公司	1076245	0.39%
10.日本 NATTO SECURITIES CO.,LTD	1042560	0.38%

四. 股东大会简介

1.股东大会通知、召集、召开情况:

1999 年 5 月 12 日,公司 98 年度股东大会在上海虹桥宾馆会议厅举行,所通过决议 ,以年度股东大会决议形式分别刊登在 1999 年 5 月 13 日的<<上海证券报>>和<<香港南 华早报>>上。

五. 董事会报告

1.公司经营情况

(1)公司所处行业及本公司在行业中的地位

本公司主要从事纺织行业中长毛绒产品的生产加工,该类产品主要以外贸出口为 主,其产品包括玩具与服装面料、玩具、服装、毛毯等。公司由于形成了从原料加工 、面料生产、成品制造及直接出口的纵向产业链,核心产品长毛绒面料的年生产能力 为 2000 万米,约占整个国内年产量的 25%,在国内 400 余家同类企业中,是规模最大的企 业,并在国际市场享有一定知名度。

(2)公司主营业务范围及经营情况

公司的主营业务为生产经营各种人造毛绒、毛皮面料、?编毛毯、玩具、服装、包装制品等,因此公司目前仍基本属于单业经营,主营业务收入、主营业务利润均来自长毛绒行业。如按产品划分,则分类如下:

产品	主营业务收入	主营业务利润
毛皮	691363239.77	159725577.95
长毛绒玩具	25667174.91	5977591.26
经编毛毯	114464044.65	16087374.65
纸质包装材料	25041396.87	5453937.64
合计	856535856.20	187244481.50

在公司的主导产品长毛绒面料生产上,原来主要是母公司和控股企业珠江长毛绒 有限公司两家生产,年生产能力为 1400 万米,自去年下半年开始,为了提高公司在面料 生产方面的领先地位,公司新投资的全资海欣长毛绒有限公司开始投入生产。该公司 的投产,不仅使公司面料总体年生产能力增加了 600 万米,更重要的是该公司以国际新 流行的长毛绒服装面料生产为主,设备全部引进国外九十年代后期设备,具有高起点、高技术含量、高附加值的特点,为公司主导产品保持稳定收益创造了条件。

(3)公司全资及控股企业经营情况 a.全年公司所处长毛绒行业原料的国际市场价格持续上涨,而面料的销售价格却 始终难以提高,导致公司全年虽然产品销售数量虽比上年增长 13%,但整体销售收入及利润仅略高于 1998 年的水平。b.受国际、国内市场竞争环境影响,部分主要客户的经营业绩明显滑坡,造成订单数量的减少。c.对于常规产品的市场需求量降低,求新、求变是玩具、服装客户对面料的主要 追求目标。针对以上困难,公司在合理调整控制进料的同时,充分利用新的长毛绒公司投产之机扩大产品生产规模、调整品种结构,大力开发新型产品,努力降低公司内部各项成本开支,初步形成品种全、系列化、大小批量结合、价格优、质量稳定,服务完备的经营新格局。

2.公司财务状况:

项目	1999 年(万元)	1998 年(万元)	增减
总资产	175108.60	150506.17	16.35%
长期负债	821.30	1933.40	−57.52%
股东权益	81568.46	72166.79	13.03%
主营业务利润	18517.40	17181.72	7.77%
净利润	9453.98	9028.56	4.71%

变动的主要原因:(1)总资产增加系长期股权投资和固定资产增加;(2)长期负债减少是由于偿还部分长期负债及转为一年内到期的负债使长期负债减少;(3) 股东权益增加是因提取年度公积金和公益金,年度净利润未分配;(4)主营业务利润和净利润增加是由于产品销售数量增加和成本降低。

3.公司投资情况:

截至 1999 年 12 月 31 日,公司长期投资余额为 16,629.98 万元,较上年增加 11,214.19 万元,增加比例为 207%。

(1) 公司 1997 年度配股总共募集资金 2178 万美元, 除原定用于收购上海海欣毛纺有限公司 72%股权的 324 万美元、投资上海海欣长毛绒有限公司的 715 万美元的资本金已如期使用完毕外,剩余 1139 万美元因上海大津毛织有限公司三期工程改用银行贷款解 决, 而超细复合丝深加工项目停止招商,目前除部分资金用于归还银行贷款外,其余暂 存于公司银行帐户。公司已于 2000 年 3 月 11 日公告召开临时股东大会,审议将剩余资金变更使用投向,分别用于上海海欣长毛绒有限公司增资 785 万美元(二期项目建设)和对上海海欣物流有限公司的注册资本 354 万美元的投入。

(2)其他项目投资情况

a.上海海黄时装有限公司原为本公司所属上海海欣毛纺有限公司与香港三黄公司合资企业,为适应市场竞争需要,经香港三黄公司与本公司协商,并经上海海欣毛纺有 限公司董事会审议批准,公司以协议价 3,003,419 元人民币向上海海欣毛纺有限公司收购其所全部持有的上海海黄时装有限公司 51%股份。自 1999 年 1 月 1 日起,该公司成为 本公司的控股子公司,并实行经营者风险抵押承包管理,该公司 1999 年度业绩显著上升,利润与上年相比增长 70%。

b.上海海燕玩具有限公司是公司参股投资的一家中外合资企业,公司?有投资比例为 15%。考虑

到企业发展的需要,经上海海燕玩具有限公司董事会审议,决定1999年度公司进行增资,因各方增资数量不一致,公司在新投入16.584万美元后,投资比例由原 来的15%调整到20.88%,该公司1999年度利润同比有所增长。

4.新年度的业务发展计划

公司在新的一年里将贯彻"抓大带小、总体平衡、力求稳定、健康发展"的经营方针,对于母体及所属企业在长毛绒行业内形成的生产经营产业链进行必要调整,不断扩大公司玩具、服装成品生产的能力,保持面料的基本规模,加速海欣长毛绒公司二期建设,保证今年4月份投入生产,同时适度压缩纺纱产能,逐步做到集团各道加工环节的生产能力基本平衡,以提高企业抗风险和竞争能力。在具备条件的情况下,开始向新兴产业投资,通过不断探索,积累跨行业投资的管理经验,并建立起可作为公司今后长远 发展的储备行业,最终形成公司多元化经营的新格局。

5.董事会日常工作情况

(1)报告期内董事会的会议情况及决议内容

a.第二届董事会于1999年3月25日召开第八次董事会会议,会议审议并通过了"1998年度总经理工作报告"、"公司1998年年度报告"、"1998年度财务决算和1999年度财务预算报告"、"1998年度利润分配预案",有关会议内容公告分别刊登在1999 年3月27日的<<上海证券报>>和<<香港南华早报>>上。

b.1999年5月11日,公司董事会召开临时会议,会议审议通过了"彭金信先生辞去 公司董事职务的议案"、"推荐陶剑英先生出任公司董事的议案"、"聘任陆文华先生为公司副总经理的议案"、"聘任沈岩先生为公司董事会秘书的议案",以上内容 分别刊登在1999年5月13日的<<上海证券报>>和<<香港南华早报>>上。

c.第二届董事会于1999年8月12日召开第九次董事会会议,会议审议并通过了"公司1999年度中期报告"、"公司1999年上半年工作报告"、"关于变更公司配股资金使用投向的议案", 有关会议内容公告分别刊登在1999年8月14日的<<上海证券报>>和<<香港南华早报>>上。

(2)董事会对股东大会决议的执行情况

a.报告期内董事会根据1998年度股东大会决议,于1999年7月8日实施了年度利润 分配,每股派发现金红利0.20元(含税)。

b.根据股东大会授权批准董事会可对项目进行投资、收购、新增与调整的决议, 董事会于1999年9月决定参股投资湖北证券有限公司。该公司增资扩股后的股本为10 亿元人民币,每股按1.10元出资,公司总共投资1.1亿元人民币,拥有该公司9.72%的股 份,以上资金已于1999年9月投入湖北证券有限公司。

6.公司管理层及员工情况

(1)董事、监事、高级管理人员

姓名	性别	年龄	任期起止日期	年初持股	年末持股
严镇博	男	44	1998.5-2000.5	0	0
袁永林	男	51	1997.5-2000.5	75676	75676
郭道义	男	55	1997.5-2000.5	35736	35736
相启龙	男	55	1997.5-2000.5	26000	26000
顾金海	男	51	1997.5-2000.5	19500	19500
陶剑英	男	49	1999.5-2000.5	0	0
王林根	男	45	1999.5-2000.5	0	0
孙宏图	男	57	1999.5-2000.5	29756	29756
邵宝康	男	56	1998.5-2000.5	0	0
吴霞琴	女	50	1998.5-2000.5	0	0
费根泉	男	62	1999.5-2000.5	0	0
朱永宝	男	55	-	74656	74656
陆文华	男	48	-	45188	45188
沈 岩	男	37	1999.5-2000.5	0	0

说明:a.在以上持股中,股票类型为原始股和1997年度公司配股过程中的非上市流通转配股两种。b.公司高级管理人员中,年度报酬总额在5-10万元的3人,10?20万元的1人,20万元以上3人。c.公司董事、监事中,除在公司兼任高级管理人员职务之外的,均不在公司领取报酬,这些人员包括:严镇博、郭道义、顾金海、陶剑英、王林根、邵宝康、吴霞琴。d.因工作调动原因,公司董事彭金信、公司监事黄克庆分别辞去公司董事、监事职 务,因为年龄原因,公司董事严宇芳、范一鸣分别辞去监事职务。e.因担任公司监事会副主席,公司董事会秘书孙宏图辞去董事会秘书职务,董事会聘任沈岩担任董事会秘书。

7.本次利润分配予案:

董事会初步审议,根据公司经营发展规划所确定的年度投资需要,本年度利润暂缓分配,视2000年度中期公司资本运作的整体情况再确定分配方案。

8.报告期内,公司信息批露的报刊无变动。

六.监事会报告

1.在报告期内,监事会一共召开了四次会议。

(1)1999年5月11日召开了公司第二届第四次监事会会议,会议审议通过了<<1998 年度监事会工作报告>>,<<关于黄克庆、严宇芳、范一鸣辞去公司监事职务的议案>>,<<关于推荐王林根、孙宏图、费根泉出任公司监事的议案>>。

(2)1999年5月12日,召开了公司第二届第五次监事会会议,会议在年度股东大会批准王林根、孙宏图、费根泉担任公司监事会监事基础上,选举王林根担任监事会主席,孙宏图担任监事会副主席。本次会议的决议公告刊登在1999年5月13日的<<上海证券报>>和<<香港南华早报>>上。

(3)1999年8月12日召开了公司第二届第六次监事会会议,会议审议通过了<<对公 司高级管理人员的管理规定>>,<<关于成立审计室,对下属企业实行内部审计的议案>>,<<关于实行主办会计委派制的管理规定>>。

2.公司自成立以来,一直致力于完善法人治理结构。现公司的决策程序合法,并建立了完善的内部控制制度,在报告期内,监事会未发现有任何公司董事、经理执行公司职务时存在违反法律、法规、公司章程或损害公司利益的行为。

3.监事会认为,公司聘任的会计师事务所出具的审计意见及审计事项客观、真实 地反映了公司财务状况和实际经营成果。

4.到目前为止,公司最近一次募集资金实际投入项目和承诺项目一致,对于拟变更的资金投向,公司正按合法程序进行变更,并及时进行了信息披露。

5.公司收购的资产能按照合法程序运作,做到价格合理,无内幕交易、损害部分股东利益或造成公司资产流失的现象发生。

6.公司的关联交易主要涉及与股东间的原料采购及少量成品出售,在关联交易中,公司实行的是与其他原料料供应商及客户一致的交易价格,无损害上市公司利益的行 为。

七.重要事项

1.本年度公司无重大诉讼、仲裁事项。

2.报告期内无公司、公司董事及高级管理人员受监管部门处罚的情况。

3.报告期内公司未发生控股股东变更、董事会换届、改选或半数以上成员变动问题。因原董事会秘书孙宏图先生被聘为公司监事会副主席,公司聘任沈岩先生担任董 事会秘书。

4.报告期内公司收购及参股投资情况。

a.上海海黄时装有限公司原为本公司所属上海海欣毛纺有限公司与香港三黄公司合资企业,为适应市场竞争需要,经香港三黄公司与本公司协商,并经上海海欣毛纺有 限公司董事会审议批准,公司以议价3,003,419元人民币向上海海欣毛纺有限公司收购其所全部持有的上海海黄时装有限公司51%股份。自1999年1月1日起,该公司成为本 公司的控股子公司,并实行经营者风险抵押承包管理,该公司1999年度业绩显著上升, 利润与上年相比增长70%。

b.上海海燕玩具有限公司是公司参股投资的一家中外合资企业,公司原有投资比 例为15%。考虑到企业发展的需要,经上海海燕玩具有限公司董事会审议,决定1999年度公司进行增资,因各方增资数量不一致,公司在新投入16.584万美元后,投资比例由 原来的15%调整到20.88%,为该公司第一大股东,该公司1999年度利润同比有所增长。

c.根据股东大会授权批准董事会可对项目进行投资、收购、新增与调整的决议, 董事会于1999年9月决定参股投资湖北证券有限公司(现已更名为长江证券公司)。 该公司增资扩股后的股本为10亿元人民币,每股按1.10元出资,公司总共投资1.1亿元 人民币,拥有该公司9.72%的股份,以上资金已于1999年9月投入湖北证券有限公司,并 按照实际投入时间,享受该公司1999年度红利。

以上收购及参股事项的法律手续已全部完成,资金均按期到位。

5.重大关联交易事项。 公司的关联交易主要涉及与股东间的?料采购及少量成品出售,在关联交易中,公 司实行的是与其他原料供应商及客户一致的交易价格。

6.公司与所有股东之间,在人员、资产、财务上均严格实行"三分开",即公司的相对于各股东单位均做到了人员独立、资产完整、财务独立。

7.报告期内公司无托管、承包、租赁其他公司资产或其他公司托管、承包、租赁本公司资产的情况。

8.报告期内,公司所聘任的会计师事务所未变更。

9.根据1998年度公司股东大会的授权,公司1999年度总计为所属控股企 业贷款担保人民币26,439万元,美元1748万元。

八.财务会计报告

1.审计报告

本公司1999年度财务报表经毕马威华振会计师事务所审计并出具了无保留意见的审计报告。

2.会计报表附后

3.会计报表附注(见会计报表附注)

九.公司的其他有关资料

1.公司于1994年01月20日在上海市工商局注册登记。

2.公司企业法人营业执照注册号:企股沪总字第019021号

3.税务登记号码:国税沪字310227607221926

4.公司未流通股票托管机构:上海证券中央登记结算公司

5.公司聘请的会计师事务所名称、办公地址:

a.国内会计师事务所:毕马威华振会计师事务所

地址:北京市朝阳区呼家楼京广中心2609房

b.国际会计师事务所:毕马域会计师行 地址:香港中环太子大厦8楼

十.备查文件

1.载有公司董事长、财务部负责人签名并盖章的会计报表;

2.载有会计师事务所盖章、注册会计师签名并盖章的审计报告原件;

3. 报告期内在中国证监会指定报纸<<上海证券报>>及<<香港南华早报>>上披露的所有公司文件正本和公告原稿。

上海海欣集团股份有限公司

二000年三月二十五日

1.公司基本情况

根据上海市原济委员会一九九三年九月二十五日批准的重组计划,公司于一九九 三年十一月十七日由中外合资经营企业上海海欣有限公司("原海欣")重组成为股份有限公司。

根据本公司一九九六年五月十八日第四次股东大会决议,本公司名称由上海海欣 股份有限公司正式更名为上海海欣集团股份有限公司(以下简称"本集团")。本公司已办理有关更名手续并于一九九六年十月四日经上海市人民政府批准,领取了经更名的 外经贸沪股份字[1993]008号中华人民共和国台港澳侨投资企业批准证书,并于一九九六年十月十六日领取了中华人民共和国工商行政管理局颁发的经更名的企股沪总字第019021号中华人民共和国企业法人营业执照。

经上海市证券管理办公室沪证办(1993)159号文和上海证券交易所上证上(93)字 第2102号文审核批准,本公司人民币特种股票分别于一九九三年十一月二十三日及一 九九三年十二月八日在上海证券交易所发行及挂牌交易。

经上海市证券管理办公室沪证办字(1993)112号文及上海证券交易所上证上(94) 字第2048号文审核批准,本公司A股股票分别于一九九三年十一月一日及一九九四年四月四日在上海证券交易所发行及挂牌交易。

本公司主要从事生产及销售人造毛绒、毛皮面料、经编毛毯、腈纶纱、涤纶长丝及长毛绒玩具等。本公司的子公司业务范围载于注释31。

2.主要会计政策

3 控股子公司及合资企业

本集团的子公司于199912月31日的详细情况如下,所有子公司均为 有限责任公司。

公司名称	注册资本	投资金额	成立地点	权益比例	主要经营业务	法定代表人
子公司:						
佳事达纺织有限公司	港币5000000	港币3500000	香港	70	制造化学纤维	袁永林
上海海欣(香港)国际投资有限公司	港币16000000	港币16000000	香港	100	投资控股	袁永林
上海海发玩具有限公司	美元2250000	美元 1642500	中国	73	制造毛绒玩具	相启龙
上海海欣化纤有限公司	美元13000000	美元 7540000	中国	58	制造化学纤维	袁永林
上海海欣进出口有限公司	美元500000	美元500000	中国	100	进出口业务	袁永林
上海海欣包装制品有限公司	美元1000000	美元510000	中国	51	制造包装物	朱永宝
上海海欣大津毛织有限公司	美元15000000	美元8250000	中国	55	制造毛纺制品	袁永林
上海海天毛纺有限公司	美元5500000	美元3575000	中国	65	制造毛纺制品	相启龙
上海海欣毛纺有限公司	美元3500000	美元2520000	中国	72	制造毛纺制品	袁永林
上海海黄时装有限公司	美元730000	美元372300	中国	51	针织羊毛衫服装	朱永宝
上海海欣建设发展有限公司	人民币20000000	人民币12000000	中国	60	城市综合开发 房地产开发	袁永林
上海海欣物流有限公司	美元5000000	美元5000000	中国	100	储运、管理	袁永林
上海海欣长毛绒有限公司	美元15000000	美元15000000	中国	100	制造毛纺制品	袁永林

其中佳事达纺织有限公司全责承包经营珠江长毛绒有限公司之业务。由该承包业务所产生的所有资产,负债及相应的经营成果
业已合并入本公司的合并报表内。

4.资本承担　于1999年12月31日,集团帐项中尚未作出准备的资 本承担额如下:

	1999	1998
	人民币千元	人民币千元
已签订合同的承担	22049	113299
已批准但未定约	-	-
	22049	113299

5.或有事项 截至一九九九年十二月三十一日,公司为集团内其它子公司担保的所有银行短期借款总计分别为人民币264390000元及美金17480000元。

6.比较数字　为能与上年度数字作出比较,我们将一九九八年度审计报告的某些项目作了重新分类 。

资产负债表

1999年12月31日

编制单位:上海海欣集团股份有限公司　　金额单位:元

	年末数(合并)	年末数(母公司)	年初数(合并)	年初数(母公司)
流动资产:				
货币资金	155510733.29	75010021.36	174637868.08	78554878.29
短期投资				
减:短期投资跌价准备				
短期投资净额				
应收票据	11137700.00	8200000.00	21244856.80	9550000.00
应收股利	3798708.71	11634980.71	1179715.15	4460246.00
应收利息				
应收帐款	201505963.01	61889737.41	220366594.82	80261380.01
其他应收款	143381795.33	149459069.04	98039352.24	132352708.01
减:坏帐准备	10025937.69	3104416.94	14486704.78	1411719.38
应收款项净额	334861820.65	208244389.51	303919242.28	211202368.64
预付帐款	7461612.03	830391.00	2031798.46	
应收补贴款				
存货	322769830.79	81159913.00	251079263.51	79130225.42
其中:工程施工	85527976.16		30485248.73	
减:存货跌价准备	4333141.67	454000.00	3944004.12	454000.00
存货净额	318436689.12	80705913.00	247135259.39	78676225.42
待摊费用	213823.24		575371.85	83387.00
待处理流动资产净损失				
一年内到期的长期债券投资				
其他流动资产				
流动资产合计	831421087.04	384625695.58	750724112.01	382527105.35
长期投资:				
长期股权投资	166299788.28	556836285.68	54157905.21	303879407.84
长期债权投资				
长期投资合计	166299788.28	556836285.68	54157905.21	303879407.84
减:长期投资减值准备				
长期投资净额	166299788.28	556836285.68	54157905.21	303879407.84
其中:合并差价(贷差以"-"号表示合并报表填列)				
其中:股权投资差额(贷差以"-"号表示合并报表填列)	5895696.00		7108524.00	
股东资产:				
固定资产原价	833769624.14	176910581.81	666823691.59	154175377.94
减:累计折旧	178222052.56	49770780.22	133519745.09	49175669.08
固定资产净值	655547571.58	127139801.59	533303946.50	104999708.86
工程物资				
在建工程	65130366.37	20058829.61	139832205.50	102992018.49
固定资产清理				
待处理固定资产净损失				
固定资产合计	720677937.95	147198631.20	673136152.00	207991727.35
无形资产及其他资产:				
无形资产	13914590.66	1698762.49	10721288.21	2123453.17
开办费	3650835.43		4484936.60	
长期待摊费用	15121790.99	506268.61	11837274.08	597893.66
其他长期资产				
其中:临时设施净值				
无形资产及其他资产合计	32687217.08	2205031.10	27043498.89	2721346.83
递延税项:				
递延税款借项				
资产总计	1751086030.35	1090865643.56	1505061668.11	897119587.37
流动负债:				
短期借款	579697533.00	158079300.00	345989327.00	29836100.00
应付票据				
应付帐款	84963556.38	42982565.82	103951274.11	46215888.72
预收帐款	6784336.72	3694076.00	3203878.54	1995854.48
代销商品款				
应付工资	21706964.11	4980563.32	11282613.65	
应付福利费	14219940.35	14129900.28	12661467.33	11863751.31
应付股利	227013.41	227013.41	56407821.29	56407821.29
应交税金	7477503.21	6465389.95	6581831.98	6439120.75
其他应交款				
其他应付款	44452068.45	33179004.26	30603301.76	13500964.57
预提费用	2064207.00		2036562.12	
一年内到期的长期负债	11139055.75	100000.00	37165117.41	430000.00
其他流动负债				
流动负债合计	772732178.38	263837813.04	609883195.19	166689501.12
长期负债:				
长期借款			11038494.34	
应付债券				
长期应付款				
住房周转金	7809852.41	2895604.23	7408545.22	932703.23
其他长期负债	403189.17		887011.53	
长期负债合计	8213041.58	2895604.23	19334051.09	932703.23
负债及股东权益				
递延税项:				
递延税款贷项				
负债合计	780945219.96	266733417.27	629217246.28	167622204.35
少数股东权益	154456252.16		154176529.96	
股东权益:				
股本	275291660.00	275291660.00	275291660.00	275291660.00
资本公积	324460947.14	324460947.14	324431354.70	324431354.70
盈余公积	138850965.00	135006870.16	111709423.97	108598288.82
其中:公益金	45778352.58	45778352.58	38233043.62	38233043.62
未确认的投资损失				
未分配利润	77080986.09	89372748.99	10235453.20	21176079.50
外币报表折算差额				
股东权益合计	815684558.23	824132226.29	721667891.87	729497383.02
负债和股东权益总计	1751086030.35	1090865643.56	1505061668.11	897119587.37

利润及利润分配表

1999年度

编制单位:上海海欣集团股份有限公司　　单位:(人民币)元

	本期		上期	
项 目	合并	母公司	合并	母公司
一、主营业务收入	758344591.42	296464417.96	788082575.53	326198716.47
减:折扣与折让				
主营业务收入净额	758344591.42	296464417.96	788082575.53	326198716.47
减:主营业务成本	573057228.52	201162117.29	616265400.74	248921147.96
主营业务税金及附加	113399.65			
二、主营业务利润	185173963.25	95302300.67	171817174.79	77277568.51
加:其他业务利润	5814908.09	1249800.22	5574486.95	519752.22
减:存货跌价损失	389137.55		2690439.12	
营业费用	18612267.36	2684112.57	16664736.08	1664200.70
管理费用	40055768.78	6732749.30	43265900.93	4738360.35
财务费用	27214718.74	1910117.30	23567943.34	-1033330.02
三、营业利润	104716978.91	85225121.72	91202642.27	72428089.70
加:投资收益	6006055.60	19626822.55	9260931.15	24221584.03
补贴收入	234136.67		4503563.79	3112373.63
营业外收入	655061.12	23543.81	287958.25	80077.56
减:营业外支出	534710.67	102159.74	2285715.88	444518.01
四、利润总额	111077521.63	104773328.34	102969379.58	99397606.91
减:所得税	11035878.43	10168077.51	12704176.02	9021122.75
减:少数股东损益	5501850.17		-20446.00	
五、净利润	94539793.03	94605250.83	90285649.56	90376484.16
加:年初未分配利润	10235453.20	21176079.50	1990764.64	11163342.91
盈余公积转入				
六、可供分配的利润	104775246.23	115781330.33	92276414.20	101539827.07
减:提取法定盈余公积金	9796155.37	9431636.19	9468719.78	9037648.42
减:提取法定公益金	7545308.96	7545308.96	7230118.71	7230118.73
减:职工奖励基金	547641.00		815070.71	
七、可供股东分配的利润	86886140.90	98804385.18	74762505.00	85272059.92
减:应付优先股股利				
提取任意盈余公积	9805154.20	9431636.19	9468719.78	9037648.42
应付普通股股利			55058332.00	55058332.00
转作股本的普通股股利				
八、未分配利润	77080986.70	89372748.99	10235453.22	21176079.50

上海海欣集团股份有限公司2000年度增发A股招股意向书

一、绪言

本招股意向书系依据《中华人民共和国证券法》、《中华人民共和国公司法》、《股票发行与交易管理暂行条例》、《公开发行股票公司信息披露实施细则》、《上市公司向社会公开募集股份暂行办法》等有关法律、法规和文件编写。上海海欣集团股份有限公司(以下简称"发行人"、"本公司"或"海欣股份") 于2000年5月19日召开第二届第十一次董事会审议, 并于2000年6月21日召开2000年度第二次临时股东大会表决通过本次增发A股方案。本次发行已经中国证监会证监公司字[2000]149号文核准。

本公司董事会全体成员确信本招股意向书不存在任何重大遗漏或者误导, 并对其内容的真实性、准确性、完整性负个别和连带的责任。

本次公开发行的股票是根据本招股意向书所载明的资料申请发行的。除本公司董事会和主承销商外, 没有委托或授权任何其他机构或人员提供未在本招股意向书中列载的信息和对本招股意向书作任何解释或者说明。

二、本次发行的有关机构

1、股票上市交易所:上海证券交易所
地址:上海市浦东南路528号
法定代表人:屠光绍　　电话:021-68808888
2、发行人:上海海欣集团股份有限公司
地址:上海市松江区洞泾镇　　法定代表人:严镇博
电话:(021)57698020
传真:(021)5769802　　联系人:沈岩
3、主承销商及上市推荐人:光大证券有限责任公司

地址:上海市浦东新区浦东南路 528 号上海证券大厦南塔 15F、16F
法定代表人:王明权　　电话:021-68816000　　传真:021-68815112
联系人:张国雄　杨晓　何忠伟　席平健　刘兆洋　徐荣健
4、副主承销商:宁夏证券有限责任公司
副主承销商:山东证券有限责任公司
分销商:长江证券有限责任公司　　分销商:华泰证券有限责任公司
分销商:国通证券有限责任公司　　分销商:长城证券有限责任公司
分销商:山西证券有限责任公司
5、会计师事务所:毕马威华振会计师事务所
地址:上海市南京西路 1515 号上海嘉里中心 23 楼
电话:021-62793399　　传真:021-62791627　　经办注册会计师:胡琼、谢荣
6、发行人律师事务所:国浩律师集团(上海)事务所
地址:上海市南京西路 580 号南证大厦 31 楼
电话:021-52341668　　传真:021-52341670　　经办律师:吕红兵、刘维
7、主承销商律师事务所:德恒律师事务所
地址:北京市建国门内大街 8 号中粮广场 B 座 305/306 室
电话:010-68517420　　传真:010-68517420　　经办律师:陈静茹、高国富
8、股票登记机构:上海证券中央登记结算公司
地址:上海市浦东新区浦建路 727 号　　法定代表人:王迪彬 电话:021-58708888

三、本次发行的方案

1、公开发行股票的类型:境内上市人民币普通股。

2、每股面值:人民币 1 元。

3、发行数量:不超过 6000 万股,最终发行数量将根据申购情况和发行人的筹资需求确定。

4、发行对象: 符合法律、法规规定在上海证券交易所开立帐户的境内自然人和法人(国家法律、法规禁止者除外)。

5、发行地区:全国所有与上海证券交易所联网的证券交易网点。

6、定价方式: 本次发行将采用累计投标询价方式,由发行人和主承销商根据网上和网下的累计投标询价结果,按照一定的超额认购倍数协商确定发行价格。

7、询价区间:经中国证监会核准,本次增发 A 股询价区间下限按公司 2000 年盈利预测每股收益的 30 倍市盈率计算为 11.70 元, 上限为刊登发行公告前二十个交易日收盘价的平均值 15.31 元。

8、发行方式: (1)向参与网下申购的机构投资者发售比例不低于本次增发 A 股数量的 40%。(2)向参与上网申购的投资者发售比例不高于本次增发 A 股数量的 60%。股权登记日登记在册的流通 A 股股东在发行价格以上的有效申购可按其登记在册所持股份 1:1 的比例优先认购。(3)根据申购结果,主承销商可在网下和上网发售数量之间作适当回拨。(4)本次发行将作除权安排。

9、股权登记日和除权日:

股权登记日:2000 年 10 月 13 日　　除权日:2000 年 10 月 20 日

10、本次发行中的停牌安排: 公司已上市 A 股和 B 股股票在刊登《招股意向书》、《网上发行公告》和《网下发行公告》日停牌半天,在增发 A 股申购日至刊登发行结果公告日期间全天停牌,刊登《股份变动公告及上市公告书》日停牌半天。上述日程安排如遇不可抗力将作顺延。

11、本次发行股份的上市流通: 本次发行的股票的上市时间将另行公告,主承销商已经和上交所就本次增发股票的尽快上市事宜达成共识。证券投资基金网下获售的股票无持有期的限制,和网上发行的新股同时上市,其他法人投资者网下获售的股票按照有关规定设置三个月的持有期。

12、预计募集资金总额 75000 万元。扣除发行费用约 2610 万元,预计实收金额 72390 万元。

四、承销

1、承销方式: 本次发行由以光大证券有限责任公司为主承销商组成的承销团以余额包销的方式承销。

2、承销期: 2000 年 10 月 10 日至 2000 年 10 月 31 日。

3、承销机构: 按增发 A 股数量上限 6000 万股计算,各承销机构承销股数和比例如下:

承销商	承销股数(万股)	承销比例(%)
主承销商:光大证券有限责任公司	1800	30.0
副主承销商:宁夏证券有限责任公司	200	3.3
副主承销商:山东证券有限责任公司	600	10.0
分销商:长江证券有限责任公司	1200	20.0
分销商:华泰证券有限责任公司	700	11.7
分销商:长城证券有限责任公司	700	11.7
分销商:国通证券有限责任公司	600	10.0
分销商:山西证券有限责任公司	200	3.3

4、发行费用:

本次发行费用总额预计为 2,610 万元,包括承销费、审计费、评估费、律师费用、上网发行费用、路演、公关费用及其他费用。　　单位:万元

项目	费用
承销费用	1500
审计费用	90
评估费用	40
律师费用	40
独立财务顾问费	80
上网发行费用	280
路演及公关费	380
其他费用	200
合计	2610

其他费用主要包括:差旅费、办公设备费用、文件制作费、不可预见费用。

五、风险因素

投资人在评价发行人本次发行的股票时,除本招股意向书提供的其他资料外,应特别认真考虑下述各项风险因素:

1、经营风险

(1)原料供应风险:　本公司属于两头在外的出口加工型企业,生产原料以经石油提炼而成的腈纶和涤纶散纤为主,原料的供应主要来自日本和韩国等海外市场,近一年来由于国际原油市场价格的上涨,直接影响腈纶和涤纶散纤的进货成本,从而会影响本公司的收益。　本公司进入医药行业后,其主要原料为化学原料和纯天然植物,若这些原料的价格上涨或供货趋于紧张,将对公司的盈利水平产生不利的影响。

(2)销售风险: 本公司在长毛绒行业经过多年的发展,已在北美、西欧和日本等海外市场建立了良好的销售渠道并拥有稳定的客户资源, 但若这些客户因自身经营状况不善而不能与公司继续合作,将对本公司产品的销售造成不利的影响。新组建的医药公司在成立初期,无法组建起自己的销售网络,其产品销售在很大程度上将依赖于合作方现有的销售渠道和网络,在生产规模扩大和产品种类增加后,已有的销售队伍和销售网络能否适应公司新产品销售的要求存在不确定性。

(3)新产品开发风险:在现有主业方面,为不断提高产品的竞争力,本公司非常重视新的纺织产品的开发,但纺织产品易受人们消费意识的影响而更新速度较快,新产品开发可能会因为未能及时适应消费者偏好的改变而造成销售市场上的被动;

在医药产业方面,新药品的研制与开发投资数额大、周期长,从开始研制到最终转化为产品需经过诸多环节,须经过严格的药证审批程序。其中任何一个环节或程序出问题,都会影响新产品的开发成功。

(4)财务风险: 截至 2000 年 6 月 30 日,本公司为控股子公司担保的所有银行短期借款分别为 267,560,000 元人民币及 17,680,000 美元。尽管上述子公司的经营运作良好,但若无法到期偿还借款,则本公司将面临一定的财务风险。

2、管理风险

公司现有主业属于以生产长毛绒系列产品为主的纺织行业, 本次增发 A 股募集资金部分投向医药行业和出口加工基地。医药行业的生产管理、科研开发、产品销售方式均与公司过去的管理模式大不相同;出口加工基地的管理运作亦具有自身的特点,而公司目前尚缺乏这些新领域的管理经验和人才。因此,新领域管理经验和人才的不足会对公司的经营产生影响。

3、行业风险

(1)长毛绒行业 :长毛绒行业在经过多年发展后,市场已渐趋成熟、饱和,由于竞争的加剧,近两年的长毛绒行业整体不景气,企业利润下降,这种行业状况会对公司的经营产生不利影响。

(2)医药行业: 目前国内的医药行业竞争已较为激烈,而且众多科研机构和企业也在加大对医药行业的投入,国际上的同类产品也在某些方面具有一定优势,如果公司在新技术的研究和开发方面滞后,可能对产品的销售带来不利影响。

4、市场风险

(1)长毛绒行业:本公司长毛绒产品的出口地区主要为北美、欧洲和日本等地区,上述地区经济景气状况将直接影响到本公司产品的市场销售;另外,虽然在加入 WTO 后,会对纺织产品出口较为有利,但根据 WTO 乌拉圭回合达成的纺织品协议,纺织品配额限制的取消有十年的宽限期,即自 1995 年 1 月至 2005 年 1 月要分四个阶段才会完全取消,因而本公司产品在海外市场的销售在近几年内还可能因欧美国家的贸易歧视而遭受市场风险。

(2)医药行业: 由于我国原有体制的原因,医药行业一直较多地受到国家政策的保护,但随着原有体制的改变以及国外医药产品的逐步进入,医药行业的竞争将更加激烈,新公司将会面临国外同类产品的直接冲击,从而会对产品的销售产生负面的影响。

5、政策性风险

我国目前的经济体系正处在向市场经济转化的过程中,在某些情况下,政府仍可能通过国家计划或其他经济措施,对经济活动产生重大影响。国家产业政策的调整、税收政策的变化、医疗制度改革的深化等可能会给公司的经营带来一定的影响。

6、投资项目风险

公司本次募集资金分别投向长毛绒行业和医药行业。投资项目均采取合资经营方式,这些项目能否运作成功与合作者的信誉以及产品的管理、销售和技术开发能力有较大的关系。合作者经营状况的变化以及合作双方的相互配合程度可能会对上述项目的运营带来直接影响。

在本次募集资金投向的两个医药项目中,虽然两家医药公司均拥有成熟的医药产品,但目前拟开发生产的一些具有世界领先水平的生物医药产品在投放市场后能否得到市场的认同, 以及能否在较长时期内保持技术上的领先地位,将对投资项目的长期收益有着直接的影响。

7、股市风险

股票价格不仅受宏观经济周期、利率水平、资金供求关系、企业盈利状况等因素的影响,同时也会因国际、国内政治、经济形势及投资者心理因素的变化而产生波动。因此,股票交易是一种风险较大的投资活动,投资者对此应有充分的心理准备。

8、外汇风险

本公司长毛绒产品 90%以上出口并以美元结算,主要原料的进口则完全以美元结算,因此汇率的变动会对公司的经营产生影响。另外,如果主要竞争对手所在国的汇率相对美元大幅度贬值,也将对本公司的产品出口产生不利影响。

针对以上可能存在的风险,本公司将采取以下对策,以最大限度规避风险,保护投资者的利益。

1、经营风险对策

(1)原料供应风险的对策: 目前本公司的原料主要从日本进口。为确保原料供应稳定和价格平稳,减少原料供应风险,公司采取以下措施:A、在日本市场进行采购时实行"货比三家"的采购策略;B、充分利用海欣集团香港公司的作用,建立东南亚国家和地区的原料采购网络;C、在美国设立"海欣集团美国公司",直接进行原料采购。通过在东南亚和欧美建立基地,不仅可以确保原料供应渠道通畅,而且公司可以优先选择质量高、价格低的原料。同时,公司将按照国际惯例,与供应商订立长期合约,以长毛绒与原料之间的市价之比作为定价基数来有效控制原料供应的价格风险。

(2)销售风险的对策: 在长毛绒行业方面,公司将通过不断提高产品质量、强化服务意识来巩固同已有客户的良好关系,同时,还将通过在海外建立的触角公司,不断增加新的销售渠道,争取新的客户资源,建立更加完善的销售网络。　在医药行业方面,海欣生物将借助苏中制药厂现有的销售网络,西安美辰将借助陕西省医药总公司已有的销售网络,利用资金优势,在制定周密的市场营销计划和建立良好的营销机制的基础上,加大营销网络建设、销售人员培训和广告宣传的投入。

(3)新产品开发风险的对策:公司将聘请大学、科研机构和医药行业的有关专家,成立项目专家决策委员会,对新开发产品的的先进性、可行性及市场前景进行充分论证。加强新产品开发力度,缩短新产品的商品化进程。

(4)财务风险的对策:　依据本公司《章程》及其制定的金融贷款担保管理办法的规定,控股子公司的贷款必须事先获得本公司的批准。尽管本公司为控股子公司担保的银行短期借款金额较大,但主要借款方经营状况正常,运作规范。为控制担保风险,本公司已采取以下措施:A、被担保方必须是本公司的控股子公司,本公司对该企业具有绝对控制权;B、控股子公司贷款须事先经本公司核准,并在本公司与银行签订的银企合作协议授权额度内;C、控股子公司其他少数股东承诺将其投入该企业的资产委托本公司全权处理,一旦企业发生问题,本公司有权对控股子公司的资产进行处置;D、控股子公司的经营班子由本公司推荐出任, 公司的投资管理部门负责对控股子公司的日常经营活动进行监督,同时本公司对控股子公司实行主办会计委派制,要求主办会计按照本公司的统一部署进行财务管理。

2、管理风险的对策

由于本次增发 A 股募集资金不仅投向公司现有的长毛绒行业, 而且投向新领域———医药行业,因此如何控制风险尤为重要。为此,公司将严格按照市场化运作的经营理念,在管理上建立相互配套的运作体系:(1)在合作项目中,一方面公司要求绝对控股,另一方面保持主要合作方的持股比例与我方接近,这样不仅保证公司对项目有较强的控制权,同时合作方也将积极配合项目的运作;(2)本公司将成立专门的投资公司对所有的投资项目进行管理, 对高科技领域的项目将利用专家委员会定期或不定期进行评审;(3)在经营方面,采取"借船出海"的政策,利用合作方的管理经验、生产设施、销售渠道作为项目启动的基础;(4)在管理方面,积极推行公司化管理,采用董事会领导下的法人治理模式。新公司的总经理及核心技术人员将采取向国内外公开招聘的方式由董事会审议决定;(5)在人才培养上,本公司将积极招聘优秀人才,同时将部分骨干送出培训并安排到新公司承担重要工作;(6)建立以资产经营管理部为核心的投资企业运作管理系统。该部门将要求企业按月反映生产经营状况,同时定期就企业管理问题与企业的管理层沟通,并提供支持与帮助;(7)建立以财务总监为核心的财务风险审核制度。公司在对合作项目实行主办会计委派制的同时,作为控股企业,还将要求审计人员定期对企业的财务状况进行审计。

3、行业风险对策

虽然近年来纺织行业整体不景气,并且经受了东南亚金融危机的冲击,但本公司通过加强质量管理和技术创新,积极拓展销售网络,仍保持了稳定、良好的业绩。从公布的上市公司历年年报中可以看出,本公司自 1993 年上市以后,每股收益每年保持在 0.30 元以上,净资产收益率保持在 11%以上,是沪、深两市纺织板块中唯一一家一直保持良好业绩,并且上市后每年都向股东分派红利的上市公司。目前公司的核心产品———长毛绒面料年生产能力已达 2000 万米,约占国内出口量的 25%,

而且产销率达 100%,公司不仅在国内长毛绒行业处于龙头地位,而且在国际市场也居领先位置。以此为基础,本公司将继续加强质量管理,积极拓宽新的销售渠道,并且通过实施新项目巩固公司在长毛绒行业的领先地位:(1)与东华大学(原中国纺织大学)合资设立"海欣-东华纺织科技开发基地",不断开发新品种,提高产品的技术含量,增加产品的附加值;(2)在国内对长毛绒产品需求最大的市场之一——广东省,与广东南海市桂城区经济发展总公司共同组建广东海欣珠江长毛绒有限公司,进一步扩大市场占有率;(3)与松江经济技术开发建设总公司共同组建上海松江出口加工基地,在基地内建立公司未来集科研开发、多道生产、经营和物流仓储

、出口销售于一体的大型工业基地,扩大经营规模,提高经营效率。

针对新进入的医药行业,公司将利用国家政策扶持的优势,加强对医药产业的研究与开发投入,积极开展与国内外有关科研机构和院校的信息交流和合作,密切跟踪国际最新研究动态和技术成果,不断开发新产品。同时,新公司还将利用资金优势,收购一些具有独创性,而且在短期内能够产业化的新品种,从而确保医药公司在行业里处于领先的地位。

4、市场风险对策

我国加入 WTO 后,纺织产品的销售在欧美市场将享有更低的关税,而且配额限制也将逐步减少,这将十分有利于扩大本公司产品的出口。为了降低市场风险,公司将主要采取以下措施:(1)大力提高产品的技术含量和附加值,不断开发新品种,增强产品的市场竞争力;(2)进一步拓展国内外的销售网络,提高产品的市场占有率;(3)以市场为导向,以销定产,按照市场供求关系的规律来运作。

对于拟投资的医药项目,公司将聘请国内外知名的专家学者,加大科研开发力度,以多品种、高质量、低成本的优势来保证产品的市场竞争力;在市场销售方面,除借助合作方已有销售网络外,新公司将积极开拓新的销售渠道,提高产品的市场渗透力。

5、政策性风险对策

本公司将在国家各项经济政策和产业政策的指导下,合理制定公司的发展目标和经营战略,充分运用各项优惠政策(如西安国家级高新技术开发区和上海松江出口加工区的优惠政策)。此外,不断进行技术创新,提高生产管理水平,降低生产成本,进一步巩固现有主业———长毛绒行业的龙头地位,并形成公司在新领域———医药行业的核心竞争力,从而增强本公司抵御政策风险的能力。

6、项目投资风险对策

本次募股资金投资的新项目均以合资方式进行。对于这些合资项目,公司不仅对合资方的实力和信誉进行了详细考察,而且对合作项目进行了长达两年多的调查、筛选和论证。公司在选择新项目时,十分注重长期利益和短期利益相结合,在立足长远利益的基础上,注意将合资方短期内能产生回报的资产纳入到新公司中,确保新公司在短期内能实现收益。为了充分调动合资方的积极性,在保证本公司对新公司绝对控股的基础上,合理确定公司与合资方的投资比例,而且新公司还将通过建立期权奖励制度和员工持股制度等激励方式,充分调动员工的积极性。另外,本公司将成立专门的投资公司对所有的新项目进行统一管理,对投资项目的收益与风险进行把关。

在本公司拟投入的两个医药项目论证过程中,公司还分别聘请了具有甲级综合咨询资质的陕西省工程咨询公司所属陕西秦华工程服务公司、具有规划设计等四技服务资质的上海杰灵建设技术服务有限公司为西安美辰制药有限公司和江苏海欣生物工程有限公司出具独立评估报告,就项目的可行性及风险控制等提出专家意见。这两家企业自开业以来均为各类企业提供过近百项咨询服务,其中包括十家医药行业企业。在独立评估过程中,熟悉医药行业的专业人员进行了认真分析和调研,论证了项目操作的可行性,并对公司控制风险提供了有益建议。

对于本次募集资金投向的两个医药项目,公司将利用已有的在市场上有着良好销售记录的成熟药品来保证公司每年有稳定的利润来源,同时,为了进一步增强公司的发展后劲,还将大力开发和生产生物医药产品,由于此方面的投资具有一定风险,公司将聘请大学、科研机构和医药行业的有关专家对拟引进和开发的生物医药产品进行专门的可行性论证,并坚持一贯的稳健经营风格,结合公司产销结合的经营理念,通过资金的逐步投入对生物医药产品实行有步骤、分阶段的开发生产,以使项目的投资风险降至最低。

7、股市风险对策

公司将通过强化企业管理和技术创新,积极拓展销售网络,提高经营效益,以给股东持续稳定的回报,降低股东的投资风险。同时,公司作为上海证券交易所公布的因为运作规范可以事后检查的 36 家上市公司之一,将严格按照《公司法》、《证券法》等有关法律、法规的要求,及时、公正地披露信息,自觉接受广大投资者的监督,最大限度地降低股东的投资风险。

8、汇率风险对策

本公司目前的原料进货和产品的销售基本以美元进行结算,而公司日常的管理费用和部分财务费用以及工资则以人民币支付,因而本公司每年都有外汇节余。公司将通过扩大高附加值产品和新产品的出口来减少因人民币汇率波动对公司出口所造成的影响;而且,在必要时还将通过在外汇市场采取套期保值等手段来降低汇率风险。

通过以上努力,本公司将尽力做到规避风险,或者在风险无法回避时将风险对公司造成的负面影响降低到最低程度。

六、本次募集资金的使用计划

本公司是国内长毛绒行业的龙头企业,在国内长毛绒产品市场占有率达 25% 。作为一家成立较早的中外合资股份公司,本公司严格按照现代企业制度进行管理,而且培养了一批高素质的人才队伍,并形成了稳健经营的风格。1993 年上市以来,长期从事的长毛绒行业支撑着公司的稳健发展,公司净资产收益率每年均保持在 11%以上,而且每年均向股东分派红利,在增发成功后的未来一定时期内,长毛绒产业仍将构成公司优良业绩的基石。

为塑造公司的核心竞争力,培育新的利润增长点,公司决策层经过慎重研究和可行性论证,决定适当调整经营战略和自身产业结构。在立足现有主业持续稳定发展的基础上,有计划地向二十一世纪朝阳行业———医药行业发展,使公司在未来五年内形成以生产长毛绒系列产品为主的纺织产业和医药产业并重的产业结构。

本次增资发行 A 股所募集的资金预计为 7.5 亿元。根据公司的上述发展规划,本次增发 A 股募集资金拟投资两大产业:

(一)长毛绒产业

在长毛绒行业市场竞争十分激烈的情况下,本公司通过运用先进的技术和管理手段以及向客户提供高质量的产品,继续在行业内保持并扩大了领先优势。考虑到市场上对玩具面料的稳定需求和日益增长的对服装面料的需求,公司的主业发展仍有一定的市场空间,因此本公司将运用部分募股资金投入与现有主业相关的项目,以扩大公司在行业内的领先优势,实现规模经济。为了提高现有主业产品的科技含量和附加值,实现产品的升级换代,提高产品的国际竞争力,本公司将与国家纺织行业的最高学府上海东华大学共同投资设立"海欣-东华纺织科技开发基地";为了进一步扩大市场占有率,在国内对长毛绒产品需求最大的市场之一———广东省,本公司将与广东南海市桂城区经济发展总公司共同组建广东海欣珠江长毛绒有限公司;为了建立公司未来集科研开发、多道生产、经营和物流仓储、出口销售于一体的大型工业基地,从而为公司主业的进一步发展奠定良好基础,本公司将与松江经济技术开发建设总公司共同投资组建上海松江工业区开发有限公司。

1、投资 10200 万元与上海东华大学(原中国纺织大学)共同建设"海欣-东华纺织科技开发基地"

为适应纺织行业中对高档面料需求尤其是高档服装面料需求的迅速增长,提高公司新产品的研究开发能力和产品的技术含量,保持在行业内的领先地位,提升产品的国际竞争力,本公司与国家纺织行业的最高学府东华大学(原中国纺织大学)共同投资设立"海欣—东华纺织科技开发基地"。该基地由双方共同设立的"上海海欣东华科技开发有限公司"进行经营管理。新公司注册资本为 5000 万元,其中本公司以现金出资 2550 万元,占总股本的 51%,东华大学出资 2450 万元,占 49%的股份。该项目总投资为 2 亿元,双方根据各自所占股份的比例进行投资,本公司以现金分期投入 1.02 亿元,东华大学则以技术、仪器设备和现金投资 0.98 亿元。该项目完成后,将成为公司的科研开发基地,为公司保持在长毛绒行业内的领先地位打下坚实的基础。

九十年代以来,随着人们消费需求的变化和现代高科技在纺织业的普遍运用,纺织业结构正在发生深刻的变化。新材料、新技术的开发和利用,大大拓展了传统纺织业的发展空间,使现代纺织业呈现出"基于纺织又超越纺织,基于消费又超越消费"的发展趋势。我国是传统的纺织大国,但由于我国的纺织品技术含量低,主要生产中、低档产品,产品的附加值不高,盈利能力较弱。作为国内生产长毛绒产品的龙头企业,本公司的生产规模、产品质量、经营效益、出口数量均属国内第一,拥有规范的企业运行机制、丰富的纺织生产管理经验和广泛的产品出口、销售网络,产品基本外销。为实现公司的可持续发展,给广大投资者稳定的回报,就必须尽快提高本公司产品的科技含量和附加值,充分借助科研单位的研究开发力量生产市场急需的高技术含量的产品,实现产品的更新换代。

海欣—东华纺织科技开发基地计划用地 60 亩,位于上海市的市级开发区---松江开发区内,毗邻本公司,距东华大学(松江大学城内新校址)1.5 公里,有利于本项目的管理和合作。该基地包括两大部分----"科技开发中心"和"产品中试基地"。科研开发中心主要负责新产品的开发和解决生产过程中遇到的技术难题;产品中试基地主要为科技开发中心开发的新产品走向产业化建立试验基地。

本公司拟投入该项目 10200 万元,其中 1500 万元用于购买土地使用权,2500 万元用于购买中试基地机器设备,1000 万元用于中试基地基建 (含配套设施),900 万元用于生产流动资金,1000 万元用于科技开发中心基建费用,200 万元用于开办及不可预测费用,2500 万元用于购置科技开发中心设备及科研经费,600 万元用于科研开发中心配套设施建设。为保证该项目的及时实施,双方拟先期投入 5000 万元,以启动第一批合作项目:AB 抗菌防臭纤维及织物和微元生化纤维制品。本项目中试基地的资金收益率在投产当年即可达到 5.05%。而通过对科技开发中心的新产品和科研成果的技术转让,可为合作双方带来更大经济利益和社会效益。项目建设期为一年。

本项目的合作方东华大学是国家纺织行业的最高学府,拥有大批优秀的科技人才和雄厚的科研开发力量。本项目将重点借助东华大学的科研技术力量,开发国际流行的长毛绒高档服装面料、超细复合丝面料等各类面料及其他纺织新品种,通过产、学、研的有效结合,利用基地内的中试基地,缩短科研成果转化的周期,提高产品档次、开发符合市场需求的新产品。

该项目已获得上海市松江区人民政府沪松府字(2000)第 137 号文批准。

2、投资 550 万美元(折合人民币 4554 万元)与广东省南海市桂城区经济发展总公司等共同组建广东海欣珠江长毛绒有限公司

为扩大在国内长毛绒产品市场上的占有率,本公司拟投资 550 万美元与广东省南海市桂城区经济发展总公司、上海海欣(香港)国际投资有限公司共同组建广东海欣珠江长毛绒有限公司(以下简称"广东海欣")。公司注册资本 1000 万美元,其中,本公司投资 550 万美元,占 55%的股份;广东南海桂城区经济发展总公司投资 200 万美元,占 20%的股份;上海海欣(香港)国际投资有限公司投资 250 万美元,占 25%的股份。公司地址拟定于广东省南海市桂城区桂城工业园。该公司将引进国外先进技术及设备,生产销售高档提花、染色毛绒、毛皮面料及其制品。

我国是世界上最大的玩具出口国,美欧的进口玩具 60%以上来自我国,而广东是玩具加工和出口的主要基地,其玩具产量占全国玩具产量的 65%左右,单广东一地,每年为制作玩具所需的各类腈纶面料逾 3000 万米。本公司每年长毛绒面料产量的 30%为公司所承包的广东珠江长毛绒有限公司完成。该企业位于广东省南海市,是一家中外合资企业,因成立后经营遇到困难,经该公司董事会审议通过正式委托本公司进行全责承包。自本公司承包以来,该企业很快扭亏为盈,并在南方开拓出稳定的市场。但该企业因成立多年,经营设备相对老化,为进一步巩固和扩大公司在广东市场上的占有率,本公司决定停止承包经营该企业,并与该企业的大股东广东省南海市桂城区经济发展总公司共同出资组建广东海欣珠江长毛绒有限公司。

"广东海欣"将采用本公司的成熟技术,引进国际先进的毛绒毛皮生产工艺,直接从欧洲和美国进口具有 90 年代末期国际先进水平的生产设备,生产高档毛绒毛皮。

合作方广东省南海市桂城区经济发展总公司成立于 1985 年,是桂城区的骨干企业,下属 13 家工业企业及一家房地产公司,涉及纺织印染、电缆、建筑陶瓷等行业。公司年产值 3 亿 2 千万元,利税总额 2300 万元。

广东海欣投产后将年产面料 600 万米,该项目建设期 8 个月,预计 2001 年 9 月投产。投资回收期为 4 年(含建设期)。该项目已获得广东南海市计划局南计字(2000)24 号文批准。

3、投资 20000 万元与松江经济技术开发建设总公司共同组建上海松江出口加工基地

为更好的扩大公司出口,建立集科研开发、多道生产、经营和物流仓储、出口销售于一体的大型工业基地,本公司拟与松江经济技术开发建设总公司共同投资组建上海松江工业区开发有限公司。注册资本为 3 亿元,其中,本公司出资 2 亿元人民币,占 66.7%的股份,松江经济技术开发建设总公司出资 1 亿元人民币,占 33.3%。

合资公司设在上海松江工业区内。松江工业区位于上海西南,毗邻江苏、浙江,与闵行开发区、漕河泾开发区形成"金三角",是松江区域经济发展的重点。区内公用配套设施良好,水、电、燃气及通讯均按照国家级标准建造;附近有沪松公路和沪杭高速公路经过,交通十分便利。

上海松江出口加工区是国家批准设立的 15 个国家级出口加工区之一,是上海市唯一的出口加工区,得到了国家和上海市各级政府的大力支持。这种加工区设立的目的是为那些从事两头在外的加工贸易型生产企业创造一个便捷、高效的生产经营环境,同时有利于国家海关对该类企业的监管。根据国务院最新制定的《出口加工区税收暂行管理办法》第九条规定,"对区内企业在区内加工、生产的货物和应税劳务,免征增值税、消费税。"同时,在货物进出口方面也将简化各种手续,上述"办法"第十条规定,"对出口加工区与境外之间进、出的货物,海关实行进、出境货物备案清单管理办法。"这些政策将为进入松江出口加工区的出口加工型企业提供更宽松的经营环境,更优惠的税收政策,更简化的通关便利。作为产品基本出口的本公司(包括下属控股企业)以往在生产经营过程中,因报关、核销结转等不便,大大降低了企业的经营效率;本公司希望通过参与投资出口加工区的建设,扩大本公司的出口,在出口加工区内逐步建立未来集科研开发、多道生产、经营和物流仓储、出口销售于一体的大型工业基地,从而为主业的进一步拓展奠定良好基础,增强公司在国际市场上的竞争力。新公司的设立还将充分利用保税区的优惠政策,通过合理开发,为从事两头在外的加工贸易型生产企业提供一个便捷、高效的生产经营环境。

本公司建立出口加工基地将采取分阶段实施的办法。合资公司成立后,在出口加工区内先期建设标准厂房,并提供相应的物业管理、仓储运输、咨询服务等,一方面可使公司的投资在短期内有稳定的回报,保证公司的投资收益;另一方面,本公司可根据已建标准厂房的出租、出售情况,有选择、有计划的分批迁入生产企业,从而降低了企业进入出口加工区的成本,最终体现为股份公司整体效益的增加。此外,合资公司还可以利用在松江地区独特的经济地位及其获取经济信息的能力,充分发挥股份公司内部人力资源及物流的优势,在出口加工区内提供经济咨询、货物运输、仓储管理等全方位服务项目。

合作方上海市松江经济技术开发建设总公司是松江工业区的开发主体,是松江区重点骨干企业,注册资本 66929 万元人民币,主要承担工业区基础设施开发建设、招商引资,并为区内企业提供配套服务。公司于 1992 年 5 月成立以来,已完成松江工业区一期(2.5 平方公里),二期(5.5 平方公里)的开发建设,引进各类企业 200 余家,有力促进了松江区域经济的发展。1998 年松江工业区被评为上海郊区改革开放 20 年优秀成果之一。

该项目总投资 3 亿元(其中本公司投资 2 亿元)。其中:4960 万元用于购买土地使用权,15260 万元用于建设标准厂房,7780 万元用于建设厂区设施,流动资金 1000 万元,其余用于购买交通工具、办公设备等其他开支。该项目建设期一年,投资回收期 6.5 年(含建设期)。该项目已获得上海市松江区人民政府沪松府字(2000)第 130 号文批准。

(二)医药产业

医药行业是国民经济中一个重要而特殊的行业,涉及国民健康、社会稳定和经济发展,是具有良好发展前景的高技术、高投入、高效益的产业,行业的利润率非常高。随着人们对生命本质认识的不断加深和科技的发展,人们对健康水平追求的不断提高,对"安全、有效、便利"的新药需求在迅速增长,使得医药行业成为快速发展的"朝阳产业"之一。自 1980 年起,世界医药产业以每年15%的速度增长,我国医药产业的平均增长率为 17.5%,明显高于同期国民经济增长速度。为增强公司的核心竞争力,培育新的利润增长点,经过近两年的调研,公司计划将医药产业作为未来的

重点发展方向,同时加大对生物医药产品研制开发的力度。由于跨入新的经营领域,公司在经营方面采取与行业内经验丰富且具有较强实力的省属医药公司或制药厂合资的方式进行;在技术研究开发方面,公司与国内外知名的医药研究机构进行合作,并且十分重视投资项目的长期效益与短期效益相结合。为了在短期内实现收益,公司在合资经营时将合资方在短期内能产生效益的产品纳入到合资公司中,不仅保证股东的回报,而且为公司长期稳定发展奠定坚实的基础。在此基础上,公司将通过与科研机构的技术合作,逐步开发生产具有良好前景的生物医药产品。根据公司的整体规划,本次增发A股实施后,公司将在东部建立以生产现代化中药为主,同时开发生产生物医药产品的基地;在西部建立以生产西药为主,同时开发生产生物制品的基地。

1、投资25000万元与苏中制药厂共同组建江苏海欣生物医药工程有限公司为了在东部地区建立以生产现代化中成药为主,并开发生产生物医药产品的基地,本公司拟投资25,000万元,与苏中制药厂在江苏省姜堰市合资组建"江苏海欣生物医药工程有限公司"(以下简称"海欣生物")。该公司将以苏中制药厂有效经营性资产为基础,主要生产止喘灵注射液、生脉注射液、黄葵胶囊、清宣止咳冲剂、胃宁冲剂等中成药以及癌必治、重组基因a.2b型干扰素、抗血凝等生物医药产品。

根据双方签署的协议,项目总投资为38,500万元,本公司持股65%,苏中制药厂持股35%。本公司以现金25,000万元分期以资本金形式投入:2000年底,投入10,000万元;2001年底,投入15,000万元。苏中制药厂将以厂房、设备、土地使用权、药品及部分现金作价13,500万元分期按持股比例投入。

江苏苏中制药厂是江苏省194家医药企业中位列前十名的成长型企业,是江苏省高科技企业之一。1999年末,该企业总资产为11,477万元,净资产为3,764万元,利税总额为3,377万元。目前已建有包括生产片剂、胶囊、颗粒剂及针剂的GMP标准厂房,拥有多个在国内药品市场具有一定竞争力的国家二类和三类新药,其中止喘灵注射液在国内同类药品中的市场占有率约为30%,黄葵胶囊在国内同类药品中的市场占有率约为20%,生脉注射液在国内同类药品中的市场占有率约为15%。

由于海欣生物基本是以苏中制药厂现有的有效经营资产为基础,并逐步向生物医药方面扩展,因此在企业正式设立后,该公司在经营管理的初期,可以充分借助苏中制药厂的既有优势,包括:在全国设立的40个省级办事处,近1000个零售网点,550名销售业务员的销售网络优势;与国内外二十多家科研机构已经建立起的密切科研合作关系,产品开发已形成储备一批、申报一批、生产一批的良性循环;注重产品质量,严格按照国家GMP标准组织生产的管理优势。同时,结合本公司募集资金到位后,资金方面给企业带来的扩张优势,地处经济中心城市的信息优势,以及作为股份公司多年来在市场环境下形成的机制优势,双方将通过董事会对企业运营实行规范管理统一控制,实现优势互补,最终使企业走上健康发展轨道。

成立后的海欣生物将主要开发和生产现代化中成药及生物医药产品。现代化中成药由于其独特的疗效多年来一直受到医学界的广泛重视,随着现代科技的不断发展,通过先进的工艺技术加工、提炼而成的中成药,因其效果好且无副作用而倍受业界的重视。生物医药由于疗效显著、毒副作用小、生产成本低,并且能够治疗传统的化学合成和天然药物难以治愈的疑难杂症,与传统药物相比具有明显的优越性,因此生物医药代表着未来医药产业的发展方向。

为了在实现长期效益目标的同时兼顾短期效益,本公司通过合资将苏中制药厂能够在短期内实现收益的成熟中药产品纳入到海欣生物,通过其先进的生产设备、成熟的工艺技术、遍布全国的销售网络,不仅能保证海欣生物较快实现收益,而且为新公司的稳定发展打下坚实的基础。这些中药产品包括止喘灵注射液、生脉注射液、黄葵胶囊、清宣止咳冲剂、胃宁冲剂等。其中,止喘灵注射液为纯中药制剂,属于国家二类新药,具有平喘、止咳、祛痰之功效,主治支气管哮喘与喘息性气管炎。该药是我国实施《药品管理法》和《新药审批办法》以后获准生产的唯一的中药复方注射液,也是迄今为止载入中国药典中唯一的复方注射液。生脉注射液主治冠心病、心肌梗塞、各种休克及气虚、血虚、阳气虚竭引起的病症。该药还能有效地提高肿瘤消失或缩小率,配合各种癌症病人的化学治疗,有明显的增效和减毒作用。该药荣获中国高新博览会银质奖,并被列为国家中药保护品种。国家三类新药黄葵胶囊采用高科技的手段从中成药黄葵花中提取黄酮类化合物,能显著降低尿蛋白、高血脂,提高血浆白蛋白,改善肾机能,被国家科技部等五家单位评为国家级重点新产品。上述产品目前已具备良好的市场销售记录,在未来一、二年内将构成海欣生物盈利的主要支撑。

另一方面,海欣生物将逐步开发生产生物医药产品。目前拟开发生产的生物医药新品中,癌必治是一种能识别癌细胞并将其直接杀死,且无其他毒副作用反应的蛋白质。开发的重组基因a.2b型干扰素是细胞对病毒感染产生的一种因子,可以保护细胞免受病毒的感染,主要用于乙型肝炎的治疗。抗血凝是一种生物活性蛋白,主要用于治疗心脑血管疾病,是用转基因技术生产的高效溶栓药。这些生物医药新品正处在临床阶段,一旦进入产业化阶段,将为公司带来丰厚的收益。

本公司拟以现金投资海欣生物25,000万元,主要用于:(1)土地征用2,105万元;(2)工程费用8,937万元,包括:固体制剂GMP车间2,268万元、水针剂GMP车间1,015万元、化学车间752万元、生产配套设施515万元、综合楼556万元、公用设施2,020万元、设备及安装费用1,800万元、工程保险费11万元;(3)购买技术及专利10,350万元、前期工作费及科研费100万元、勘察设计费250万元;(4)递延资产费用758万元;(5)预备费1,000万元;(6)流动资金1,500万元。该项目建设期为2年,投资回收期为6.03年(含建设期)。

2、投资15300万元收购并增资西安美辰制药有限公司

本公司拟投资15,300万元,收购并增资西安美辰制药有限公司(以下简称"西安美辰"),并通过其与兰州生物制品研究所合作开发生产有良好市场前景的生物制品,在西部地区建立生产西药和生物制品为主的现代化制药生产基地。收购增资西安美辰制药有限公司的具体步骤如下:首先,本公司同陕西省医药总公司、陕西制药厂签定协议,在对西安美辰制药有限公司进行资产评估后,受让西安美辰的51%股份,受让后陕西省医药总公司持股49%,预计受让金额204万元。此后双方进行同比例增资(公司名称不变)。第一期增资9,600万元拟在2000年12月份完成。其中,本公司以现金出资4,896$万元,陕西省医药总公司以现金出资4,704万元。第一期增资完成后,西安美辰制药有限公司注册资本将达到1.0亿元。第二期增资拟在2001年6月份完成,本公司将按持股比例以现金出资1.02亿元,陕西省医药总公司以现金出资9,800万元,第二期增资完成后西安美辰制药有限公司的注册资本达到3.0亿元。

现有的西安美辰制药有限公司原是陕西省医药总公司下属一家注册资本只有400万元人民币的企业,目前主要生产小儿止喘灵、力源口服液等少数几个药品,年销售额数百万元。本公司收购该企业51%股份并增资的目的,并不是在原有基础上简单扩大生产规模,而是以该企业已具备的制药生产企业所必须的"三证"(生产许可证、生产合格证和药证)作为基本资源,在西安高科技园区内重新投资设立一个具有国际水准,符合国家GMP标准,生产一流产品的现代化医药企业。

陕西省医药总公司是一家集科、工、贸为一体的国有综合医药企业,拥有以西安制药厂为代表的全资子公司19家,其中科研机构2家,以西安杨森为代表的合资企业7家,其余控股、参股内资企业6家,具有多年经营现代化药厂的丰富经验。截止1999年末总资产39亿元,净资产17亿元,1999年实现销售收入42亿元,利税总额7亿元。

卫生部兰州生物制品研究所是卫生部所属集科、工、贸于一体的大型企业,是国家微生物学、免疫学、细胞学和实验动物学的重要研究机构,属于国家六大生物制品研究所之一。现有职工1800多名,其中专业技术人员600多名,高级技术人员百余名,主要研究、生产用于预防、治疗、诊断各类传染病及其他疾病的菌(疫)苗、血液制品和临床诊断试剂,部分产品系国内独家生产,多项产品曾荣获国家银质奖和部优产品奖。

由于陕西省医药总公司和兰州生物制品研究所独特的资源优势,未来西安美辰制药有限公司实际形成的是科研开发机构、传统医药企业和具有现代企业运作机制及融资能力的上市公司三方投资组合体。在企业的管理上,各投资方均明确不以自身优势来单独控制新企业,而是以国际化企业的标准和模式来开拓美辰的发展空间。企业将在董事会的领导下,面向海内外招聘一流的经营班子,同时,充分考虑新生产基地的建设周期,由本公司与陕西省医药总公司共同负责项目建设,由兰州生物制品研究所集中力量进行产品开发,并在陕西省医药总公司现有西北地区销售网络基础上,利用本公司在东部地区的影响力,进一步拓展市场,争取西安美辰制药有限公司在项目建设、产品开发、市场拓展三方面同步发展,长期效益与短期回报有机结合,顺利实现预期的投资目标。

收购并增资原西安美辰制药有限公司后,除原西安美辰生产的醋氯酚酸片等产品外,通过陕西医药总公司和其下属企业的无偿转让,以及与兰州生物制品研究所的合作,新公司将很快能够生产玻璃酸钠注射液、肠康平、鱼金静脉注射液、正得康胶囊等产品。其中,玻璃酸钠注射液属于国家二类新药,主要用于治疗白内障,现已成为眼科手术的必备辅助剂,并且被列为国家基本药物。该产品的生产采用温和提取分离技术,次序安排独特,从多个方面保证了原料的高分子量、高纯度特性。临床试验证实,该药具有高粘弹性、高润滑性和优良仿形性,可以使眼前房在手术过程中持续保持正常深度,能极大方便眼科手术,同时能有效减轻手术操作对角膜内组织的损伤,减少术后并发症的发生。作为眼科手术必备辅助剂,玻璃酸钠注射液的市场需求量巨大。目前,国家正逐步加大"复明工程"的力度,现已设2000多个医疗中心,要求每年实施复明手术40万例。该产品价格仅为进口制剂的1/4,因此,有着广阔的市场前景。肠康平是由兰州生物制品研究所独立开发研制的治疗用生物制剂,为国家三类新药,是国内外首先将酪酸梭菌-婴儿性双歧杆菌联合的新型微生态活菌制剂,主治肠道性疾病,包括急慢性腹泻、婴幼儿腹泻、抗生素及放疗引起的肠道菌群失调性腹泻、习惯性便秘等,疗效显著,同时又可避免普通化学合成药的副作用,市场前景十分广阔。正得康胶囊为抗癌辅助新药,属国家三类新药,其临床研究于1996年获上海市科技进步奖。该药可减轻化疗的毒副作用,提高白细胞的免疫功能,保护骨髓和提高血象,有明显的抑癌效果。此外,醋氯酚酸片是原西安美辰制药有限公司生产的产品,可以通过此次合资迅速实现扩大生产,玻璃酸钠原料及注射液在项目建设阶段可委托陕西省医药总公司加工生产,醋氯酚酸原料作为药品原料可直接出口(无须报批)。因此,收购并增资后,西安美辰制药有限公司将通过以上产品较快产生效益。

本公司拟投资15,300万元用于收购并增资西安美辰制药有限公司,其中:204万元用于收购原西安美辰制药有限公司51%的股权,6,130万元将用于在西安医药园区内建设符合GMP标准的厂房,包括化学车间、固体制剂车间、水针制剂车间、生物制剂车间、空压站等辅助车间,以及征地费支出等;3,060万元将用于新产品购置及研制费,2,100万元将用于与兰州生物制品研究所合作开发生产肠康平及其他有良好前景的生物制品;1,686万元用于制药基地的配套公用工程建设;2,120万元用于补充流动资金。

该项目建设期为2年,项目建成后,年均销售收入为60,680万元。根据开发区的有关优惠政策,所得税率为15%,并且二年免征,三年减半征收,盈余公积金按税后利润的10%提取,年均税后利润为10,807万元,本公司按所持股份比例可实现年收益5,512万元,投资回收期约为6年(含建设期)。该项目已经陕西省计划委员会陕计原材[2000]048号文批准。

以上投资项目所需资金为75,054万元,本次增发A股募集资金不足部分将由公司自筹解决,如有剩余将用于补充流动资金。

七、前次募集资金使用情况说明

1、前次募集资金到位时间及募集资金量

本公司于1997年4月28日经第五次股东大会决议通过1997年度增资配股方案并报经中国证券监督管理委员会证监上字[1997]40号文批复,同意本公司向全体股东配售42,352,563股普通股,配股价格为每股人民币4.5元,其中B股须按USD1=RMB8.2912的汇率折合成美元0.543元缴付。截至1997年8月18日,扣除配股费用人民币8,577,400.71元,实际收到的募集资金折合人民币182,039,982.47元,其中境内外发起人股以其股利抵缴配股款人民币52,487,878.70元,发起人配股款转让部分和境内上市人民币普通股以现金认缴配股款计人民币79,892",577.00元,境内上市外资股以现金认缴配股款美元5,989,425.75元,折合人民币49,659,526.77元。实际募集资金总额为18,204万元人民币,折合美元2,197万元。上述配股资金已经上海众华会计师事务所出具沪中社会字(97)第660号验资报告予以确认。

2、募集资金使用情况

按照公司原配股报告所确定的资金使用计划,本公司拟将全部配股资金主要用于以下四个项目:　　单位:万美元

(1)收购海欣毛纺有限公司72%的股份	324
(2)投资新建海欣长毛绒有限公司	715
(3)海欣大津三期工程	412.5
(4)超细复合丝深加工项目	1050
合计	2501.5

但由于客观情况的变化,前次募集资金的使用情况为:

A、前次募集资金的实际使用情况

前次募集资金按配股说明书承诺,实际使用情况分别列示如下(单位:万美元):

项目名称	计划投资	实际投资	实际投资时间
收购海欣毛纺有限公司72%股份	324	324	1997年
投资新建海欣长毛绒有限公司	715	715	1997 -1999年
海欣大津毛织有限公司三期工程	412.5		
投资超细复合丝深加工项目	1,050		
合计	2,501.5	1,039	

上述实际投资金额为1,039万美元,与实际募集资金2,197万美元相比,尚余1,158万美元。

B、前次募集资金的变更情况

本公司原计划对海欣大津毛织有限公司三期工程投资,由于该公司投资外方提出改由该公司用自身贷款解决,以及原计划投资超细复合丝深加工项目,因招商未能落实,且考虑项目风险较大未实施,故原计划用于以上两个项目的配股资金一直未予使用。

1999年8月12日,本公司经第二届第九次董事会决议,并于2000年4月11日通过2000年第一次临时股东大会决议,对前次部分募集资金投向进行变更。决议公告指明:取消以上两个项目,剩余配股资金余额1,139万美元,分别投资以下项目(单位:万美元):

项目名称	计划投资	实际投资	实际投资时间
投资海欣长毛绒有限公司二期工程	785	785	1999年
投资新建海欣物流有限公司	354	394	1999年
合计	1139	1179	

以上两个项目因实际资金使用需要,以自有资金于1999年度投入。后通过2000年度临时股东大会决议并经上海市松江区公证处出具(2000)沪松证经字第1059号股东大会公证书公证,同意上述变更投资项目,其资金使用确认为原剩余的配股资金。

上海众华会计师事务所为本公司出具的沪众会字(2000)第734号《前次募集资金使用情况专项审核报告》中的审核结论为:"根据上述情况,我们认为,贵公司前次实际募集资金已全部使用,用于收购海欣毛纺有限公司72%股份、投资新建海欣长毛绒有限公司、投资海欣长毛绒公司二期工程、投资新建海欣物流有限公司四个项目,贵公司实际收到前次募集资金为2,197万美元,实际投资金额为2,197万美元,两者相符。"

八、股利分配政策

1、股利分配政策

本公司的股利分配政策是普通股同股同利的原则,各类普通股享有同等权益。每一会计年度的税后利润按照以下顺序分配:

A、弥补上一年度的亏损;

B、提取百分之十的法定公积金;

C、提取百分之五到十的法定公益金;

D、提取任意盈余公积金;

E、支付股东股利。

法定公积金累计为注册资本的50%以上的,可不再提取;提取法定公积金、公益金后,是否提取任意盈余公积金由股东大会决定。本公司不在弥补亏损和提取法定公积金、公益金以前向股东分配

利润。股东大会决议将公积金转为股本时,按股东原有股份比例派送新股。但法定公积金转为股本时,所留存的该项公积金不得少于注册资本的25%。分配利润可以采取现金或者股票方式。

未分配利润按中国有关会计制度与国际会计准则确定的累计未分配利润数字中较低者为最大限额来进行分配。

2、公司历年股利分配情况

1999年度方案:每10股派2元(含税);

1998年度方案:每10股派2元(含税);

1997年度方案:每10股派2.80元(含税);每10股转增3股;

1996年度方案:每10股派3.50元(含税);

1995年度方案:每10股送2股派1.00元(含税);

1994年度方案:每10股派1.80元(含税)

1994年中期方案:每10股送1股派2.00元人民币(含税);

3、本次增发的新股东与原有股东一起享有以前年度滚存的未分配利润。

九、发行人基本情况

1、发行人基本情况

发行人名称:上海海欣集团股份有限公司

英文名称:SHANGHAI HAIXIN GROUP CO.,LTD

成立日期:1993年11月17日

住所:上海市松江区洞泾镇

法定代表人:严镇博

历史沿革:本公司的前身"上海海欣有限公司"是1986年成立的,由上海松江洞泾工业公司、上海玩具进出口公司、上海开隆投资开发公司及香港申海有限公司、香港福欣实业有限公司共同投资组建的中外合资企业。公司于1993年11月17日,以合营五方为发起人,以募集方式改制为"上海海欣股份有限公司",发行社会公众股(A股)1000万股,向境外投资者发行人民币特种股票(B股)3500万股,分别于1994年4月4日及1993年12月8日在上海证券交易所挂牌交易。1995年12月,经国家工商总局批准,公司更名为"上海海欣集团股份有限公司",并经1996年5月18日召开的公司第四次股东大会审议通过。

自上市以来,公司连续7年保持优良的业绩记录,净资产收益率每年均保持在11%以上,每股收益在0.30元以上。其经营业绩及每年对股东的分红回报在上海证券交易所A、B股并存的上市公司中屈指可数,在深、沪市100余家化纤、纺织类上市公司中,综合实力排在前十五名之列。本公司自1989年以来连续获得中国外商投资企业协会、上海市外商投资协会授予的"双优企业"称号,历年均位居全国外商投资企业500强之列;在全国同行业100家最佳经济效益企业中,本公司名列第一。

2、发行人的组织结构、内部管理结构、发行人对其他企业的持股及关联公司情况

(1)上海海欣集团股份有限公司组织结构图(见附图1)

(2)主要股东和其他关联企业的基本情况(见附图2)

A、发行人的关联企业

a.存在控制关系的关联企业

企业名称	注册地址	主营业务	与本企业关系	经济性质或类型
上海松江洞泾工业公司	上海	生产、经营	持有发行人18.06%股权	集体企业
香港裕礼发展公司	香港	投资	持有发行人2.83%股权	外资公司
香港申海有限公司	香港	投资、贸易	持有发行人17.20%股权	外资公司
香港启和有限公司	香港	贸易	相同董事会成员	外资公司
上海玩具进出口有限公司	上海	进出口	持有发行人8.75%股权	国有公司
上海开隆投资有限公司	上海	投资	持有发行人5.96%股权	集体企业
松江经济技术开发建设总公司	上海	工程承包、开发	持有发行人4.65%股权	有限公司
上海海欣进出口有限公司	上海	进出口贸易	发行人持有其100%股权	中外合资
上海海欣(香港)国际投资有限公司	香港	贸易及投资控股	发行人持有其100%股权	外资公司
佳士达纺织公司	香港	化学纺织品	发行人持有其70%股权	中外合资
上海海欣大津毛织有限公司	上海	毛纺织品	发行人持有其55%股权	有限公司
上海海天毛纺有限公司	上海	特种晴纶毛纱	发行人持有其55%股权	有限公司
上海海欣化纤有限公司	上海	化学纤维	发行人持有其58%股权	有限公司
上海海发玩具公司	上海	生产销售玩具	发行人持有其73%股权	有限公司
上海海欣包装制品有限公司	上海	纸制包装材料	发行人持有其51%股权	有限公司
上海海欣毛纺有限公司	上海	毛纺制品	发行人持有其72%股权	有限公司
上海海黄时装有限公司	上海	针织羊毛衫服装	发行人持有其51%股权	有限公司
上海海欣建设发展有限公司	上海	城市综合开发、房地产开发	发行人持有其60%股权	有限公司
上海海欣物流有限公司	上海	储运、管理	发行人持有其100%股权	有限公司
上海海欣长毛绒有限公司	上海	毛纺制品	发行人持有其100%股权	有限公司

b.不存在控制关系的关联企业

B、主要股东介绍

上海松江洞泾工业公司:

上海松江洞泾工业公司成立于1982年,注册资本为人民币500万元,法人代表为褚文权,经营范围是企业开拓、管理及产品销售。1999年该公司共完成工业产值18.92亿元,出口创汇3,224万美元,利润总额1.72亿元,截止1999年底,公司总资产17.83亿元。该公司持有本公司18.06%股份,为本公司第一大股东。

香港申海有限公司:

香港申海有限公司是由中国上海新工联实业有限公司和香港招商局集团之下属香港海通有限公司于1983年1月在香港合资成立的公司,法人代表为范大政,经营范围为玩具、轻工、建筑五金、文体、锁、工业品、纺织品、塑料、皮鞋皮件等皮制产品、家用电器、机械设备、家具、药品等进出口及转口贸易;来料加工、来料定制及补偿贸易业务。目前公司主营业务为投资及进出口贸易。至1999年年底止,香港申海有限公司总资产1.4亿港元。该公司持有本公司17.20%的股份,为本公司第二大股东。

3、发行人的经营范围及主要业务

本公司的经营范围是:生产经营各种人造毛绒、毛皮面料、涤纶长丝、纶纱、经编毛毯、玩具绒和包装制品;与公司生产有关的技术服务和技术咨询;从事符合国家产业政策的投资业务。目前本公司主要生产经营各种人造毛绒、毛皮面料、经编毛毯、玩具、服装以及包装制品等。本次募集资金中的部分将投向医药产业,力争在短期内使得医药产业成为公司的支柱产业之一。

4、发行人主要产品介绍

(1)毛皮面料 本公司生产的面料以长毛绒为特色,产品的种类包括各类高档提花及转移印花毛绒、人造毛皮等,年生产能力为2,280万米。产品的主要销售地区为北美、南美、北欧和澳洲等地区。

(2)长毛绒玩具 本公司的长毛绒系列玩具均已达到包括美国ASTM和欧洲EN-71在内的国际玩具检测标准,产品远销欧洲、南北美洲、澳洲及亚洲的日本和东南亚等。海欣玩具的生产企业主要有三家,它们分别是"上海海利玩具有限公司"、"上海海燕玩具有限公司"和"上海海发玩具有限公司",年销售额达4,000多万美元,系中国大陆目前最具规模及影响力的长毛绒玩具供应厂商之一。

(3)经编毛毯 海欣毛毯系列产品以经编毛毯、地毯和毛绒为主。该类产品主要选用日本进口的新型超柔细纤维精心加工而成,具有色彩鲜艳、手感轻柔、防霉防蛀、保暖性好、透气性佳及可水洗等优点。主要生产企业为中日合资上海海欣大津毛织有限公司,产品主要销往日本等国家。

5、主要原材料的供应 本公司产品所用原料主要为腈纶散纤维和涤纶丝等两大类。腈纶散纤维由日本进口,提花面料所用的涤纶长丝由上海海欣化纤有限公司提供,短毛绒和薄绒用涤纶丝主要由日本和韩国进口。

6、无形资产情况 本公司的无形资产目前仅限于所拥有的土地使用权,截止1999年12月31日,本公司的土地使用权价值为13,914,590.66元人民币。

7、新产品、新项目研究的开发情况 由于公司主营利润的八成以上来自长毛绒面料,而面料市场的竞争日益加剧,为适应市场需求,公司加大了开发力量,1999年是公司新产品问世最多的一年。

(1)1999年本公司在长毛绒面料开发上进展如下:

在玩具面料开发方面:A、采用超细纤维生产出数十种新型面料;B、引进德国先进的经编设备,推出了市场急需的短毛绒产品;C、通过旧机改造,创造了新的毛绒组织结构,开发出具有独家技术的夹丝、点状花毛绒投入市场。

在服装面料开发方面:A、通过引进美国最先进的大提花毛皮机,形成国内同行业中最大的提花生产能力,设计出50多种适合时装要求的新花型,开发出超薄型休闲服装面料;B、通过印染深加工,开发出以拔染、毛尖染色、轧花等工艺为特色的20多种新颖面料。

1999年本公司共开发出金银丝毛皮、仿马海毛毛皮、毛尖拔色毛皮、刷圈毛皮等54个新品种,全年共生产新产品216.9万米,占全年总产量的21.9%,实现销售867.6万美元,占全年销售额的25.5%,新增利润43.38万美元。

(2)在毛毯方面:由于本公司近两年不断加强技术开发力度,同时将产品较合理地定位于中高档次,海欣毛毯逐步确立了其市场地位。公司近期完成了产品及原料的升级换代工作,使2D产品逐步成为公司的主导品质,同时完成了中高档腈纶纤维的国产化。

1999年公司在市场上共计推出了十大系列的产品品种:高档剪花工艺毯(2D)、豪华超柔型双花毯(2D)、精品柔丝毯(2D)、豪华翻领柔丝毯(1.5D)、名品剪花工艺毯(双性纤维)、缎纹柔丝毯(2D、3D)、舒棉柔丝毯(1.5D)、精品童毯(2D)、卡通垫、剪花工艺地毯和门垫。较1998年的七大系列,产品档次及品种结构都更趋合理化。

(3)在玩具方面:海欣玩具多采用公司自制的超柔滑爽、手感丰富、色彩亮丽、阻燃抗皱的高档面料精制而成。从1989年公司第一家玩具厂成立至今,累计已开发了8000多种产品,现已拥有专业技术人员20多人,每年开发的新款玩具达数百种。由于这些新款玩具采用新的流行面料且紧跟国际潮流,深得广大客户的喜爱。近期除了传统的静态毛绒玩具,公司还开发了许多装有IC的动态玩具,该类玩具代表着世界玩具市场的新潮流,具有广阔的发展前景。

8、正在进行或计划进行的投资项目、技术改造、产品更新情况

(1)在长毛绒产业方面:

A、树立品牌形象,开发刺绣柔丝毯、单层舒柔毯、高克重长毛型仿羊绒坐毯、电热地毯及坐毯和功能化毛毯;B、进一步开发经编服装面料,主要分为以下两方面:高档仿真型和高档仿貂型;C、与东华大学面料研究所合作,加紧开发欧美最新流行的长毛绒高档服装面料、超细复合丝面料等产品;D、与东华大学合作,建立科技开发中心和产品中试基地;生产东华大学已开发出的科研产品——维元生化保健纺织产品及AB抗菌防臭纺织材料;E、与广东南海市桂城区经济发展总公司、上海海欣(香港)国际投资有限公司合资组建广东海欣珠江长毛绒有限公司,巩固和扩大公司长毛绒产品在南方市场的占有率;F、与上海松江经济技术开发建设总公司共同投资组建上海松江出口加工基地,在国家级出口加工区内建立集科研开发、多道生产、经营和物流仓储、出口销售于一体的大型出口加工基地。

(2)在医药产业方面:

A、公司拟投资组建江苏海欣生物医药工程有限公司,计划主要生产现代化中成药及生物医药产品;

B、公司拟收购并增资西安美辰制药有限公司,主要产品包括玻璃酸钠注射液、肠康平、鱼金静脉注射液、正得康胶囊等产品,并拟与兰州生物制品研究所合作开发生产国家三类新药肠康平等产品。

9、国家法律、法规及制度等对发行人的影响

(1)税收制度方面 本公司的子公司上海海欣进出口有限公司及上海海发玩具有限公司因注册于浦东新区,其所适用的所得税税率为15%;除此之外,依据《中华人民共和国外商投资企业和外国企业所得税法》的规定,本公司属于该法第七条规定的生产性外商投资企业,故本公司及其他子公司的所得税按24%的税率征收。由于本公司及子公司上海海欣毛纺有限公司、上海海黄时装有限公司、上海海欣化纤有限公司1999年度的销售额的70%以上为出口销售,因此,根据中华人民共和国财政部(87)财税字第008号文的规定,本公司及上述子公司可以按照现行税率减半缴纳所得税,所以本公司及上述子公司的实际所得税税率为12%。除上述子公司外,本公司的下属子公司因处于三免两减期限内享有税收优惠政策而免缴所得税,包括上海海欣长毛绒有限公司和上海海欣大津毛织有限公司。本公司适用的增值税税率为17%。由此可见,目前的税收制度有利于降低本公司的经营成本,而一旦国家在目前的税收制度上进行相应的调整,可能会对公司的经营产生一定的影响。

10、发行人前三年的重组情况说明

(1)股权变动情况 根据公司原发起人股东香港福欣实业公司与发起人股东上海松江洞泾工业公司以及上海松江经济技术开发建设总公司所分别签定的股份转让协议,经上海市外资委批准,香港福欣实业公司将其所持有的本公司发起人股总计20,802,665股中的8,000,000股转让给上海松江洞泾工业公司,其余12,802,665股转让给上海松江经济技术开发建设总公司,以上转让已于1999年12月29日在上海证券中央登记结算公司办妥过户手续。

(2)1997年资产重组情况 公司利用1997年配股资金收购上海海欣毛纺有限公司,收购金额为2,684.44万元人民币,自1997年1月1日起拥有其72%权益。受让上海医疗仪器厂持有的上海海发玩具有限公司22%股权,受让后公司持有"海发玩具"73%股权,转让金额为409.8万元人民币。

(3)1998年资产重组情况 本年内无收购、出售资产及吸收合并事项。

(4)1999年资产重组情况 公司以协议价300.34万元人民币向上海海欣毛纺有限公司收购其持有的上海海黄时装有限公司51%股份,自1999年1月1日起,该公司成为本公司的控股子公司。该公司1999年度业绩显著上升,利润与上年相比增长70%。公司对上海海燕玩具有限公司增资16.584万美元后,持股比例由原来的15%增加到20.88%,为该公司第一大股东,该公司1999年度利润同比有一定增长。1999年9月公司投资1.1亿元人民币参股湖北证券有限公司(后改名长江证券有限责任公司),拥有该公司9.72%的股份。1999年实际分得红利317.78万元。

11、关联交易

公司的关联交易主要涉及与股东间的原料采购及少量成品出售,即从香港申海有限公司和香港启和有限公司购买原材料,向上海玩具进出口公司销售商品。在该类关联交易中,公司实行的是与其他原料供应商一致的交易价格。如下: 单位:元

	集团		公司	
购买原材料	1999年	1998年	1999年	1998年
香港申海有限公司	32638721.57	14975305.57	16439627.57	11839741.21
香港启和有限公司	18558934.55	31922692.02	18558934.55	21488964.15
销售				
上海玩具进出口公司	12459126.14	10591479.35	12459126.14	10591479.35

本公司董事会认为上述交易是按照正常业务的商业条款而进行的。

本公司的董事、监事和高管人员与公司不存在任何产、供、销及资金融通方面的关联交易。

十、本次发行前后的股权结构变化

(一)按增发A股数量上限6000万股计算,本次发行前后公司的股权结构变化如下:

	增发前		增发后	
	持股数(股)	比例	持股数(股)	比例

1、未上市流通股票				
(1)发起人股份	158174660	57.4%	158174660	47.2%
其中:国有法人股份	36894252	13.4%	36894252	11.0%
境内法人持有股份	66119147	24.0%	66119147	19.7%
境外法人持有股份	55161261	20.0%	55161261	16.5%
(2)优先股或其他				
其中:				
转配股	20592000	7.5%	20592000	6.1%
未上市流通股合计	178766660	64.9%	178766660	53.3%
2、已上市流通股份				
(1)人民币普通股	21450000	7.8%	81450000	24.3%
(2)境内上市外资股	75075000	27.3%	75075000	22.4%
已上市流通股份合计	96525000	35.1%	156525000	46.7%
3、股份总数	275291660	100.0%	335291660	100.0%

(二)截止1999年12月31日,本公司的前十名股东情况如下:

序号	股东名单	持股数(股)	持股比例
1	上海松江洞泾工业公司	49712221	18.06%
2	香港申海有限公司	47361261	17.20%
3	上海玩具进出口有限公司	24091587	8.75%
4	上海开隆投资有限公司	16406926	5.96%
5	上海松江经济技术开发建设总公司	12802665	4.65%
6	香港裕礼发展有限公司	7800000	2.83%
7	SCBHK A/C BANK OF NEW YORK S/A CMG CH CHINA INVESTMENT LIMITED	1389990	0.50%
8	陈薇	1203500	0.44%
9	香港万智国际有限公司	1076245	0.39%
10	日本 NATTO SECURITIESCO.,LTD	1042560	0.38%

十一、发行人的主要会计资料

1、本公司1999、1998、1997年度经审计的财务报表主要数据如下:

项目	1999.12.31	1998.12.31	1997.12.31
资产总额(万元)	175108.60	150506.17	148314.46
负债总额(万元)	78094.52	62921.72	62758.04
股东权益(万元)	81568.46	72166.79	69222.68
主营业务收入(万元)	75834.46	78808.26	88759.81
主营业务利润(万元)	18517.39	17181.72	13676.42
营业利润(万元)	10471.70	9120.26	13740.99
利润总额(万元)	11107.75	10296.94	14664.71
净利润(万元)	9453.98	9028.56	11607.61

本公司1999、1998、1997年度的主要财务指标:

财务指标	1999年	1998年	1997年
流动比率	1.08	1.23	1.34
速动比率	0.66	0.82	0.96
资产负债率(%)	44.60%	41.81%	42.31%
应收帐款周转率	3.60	3.75	4.73
存货周转率	2.03	2.70	3.97
净资产收益率(%)	11.59	12.82	19.70
每股净利润(元)	0.343	0.328	0.416

2、上市后的最近三年中资产流动性的情况及变化趋势

	1999年	1998年	1997年
营运资金(元)	120787882.54	140840916.82	189312929.40
流动比率	1.08	1.23	1.34
速动比率	0.66	0.82	0.96

本公司1997年营运资金数额较高的原因是,一方面1997年本公司主营业务销售收入较高,为887,598,073.85元;另一方面通过实施10:2.5配股,共计募集资金2178.8万美元,并于1997年8月中旬到位。截止1997年底,已使用711.47万美元,归还贷款400万美元和人民币流动资金贷款1500万元,剩余7337.50万元人民币暂存于银行帐户中。1998年本公司因受东南亚金融风波的冲击,销售受到一定影响,主营收入下降为788,082,573.53元;另外,上年配股资金投资于新项目用去937万美元,导致营运资金进一步减少。1999年本公司主营业务收入为758,344,591.42元,但由于该年用于购买机器设备等固定资产的投入增加,故而运营资金数额降至120,787,882.54元,为三年来最低水平。

最近三年以来流动比率有所下降的原因主要是因为短期借款的增加而引起,速动比率下降的原因主要系存货的增加而造成,存货的增加一方面是因为1999年国际市场原料供应价格较低,另一方面公司出于扩大毛皮面料和高档经编毛毯生产的需要,在国际市场上买入较多的原料以作储备,从而导致存货增加。详见下表: 单位:元

	1999年	1998年	1997年
流动资产	831421087.04	750724112.01	745313246.47
流动负债	772732178.38	609883195.19	556000317.07
应收帐款净额	191480025.32	205879890.04	218329018.71
存货	322769830.79	251079263.51	210514888.00
短期借款	579697533.00	345989327.00	285072152.00

3、最近3年中利润构成、盈利水平变化趋势及原因

表一:公司最近三年盈利情况

单位:元

	1999年	1998年	1997年
主营业务收入	758344591.42	788082573.53	887598073.85
主营业务利润	185173963.25	171817174.79	220878011.43
营业利润	104716978.91	91202642.27	137409957.17
投资收益	6006055.60	9260931.15	9654193.42
利润总额	111077521.63	102969379.58	146647065.37
净利润	94539793.03	90285649.56	116076165.41

表二:近三年来公司主营利润构成

单位:元

	1999年	1998年	1997年
毛皮	159725577.95	154189080.62	193315336.43
长毛绒玩具	5977591.26	6650771.95	10432668.22
高档经编毛毯	16087374.65	7285818.53	11235182.54
纸制包装材料	5453937.64	5860071.69	7865275.01

由表一可以看出,公司近三年来中盈利最高的一年是1997年,净利润为116,076,165.41元,这是因为1997年市场情况较好,本公司主要产品毛皮和长毛绒玩具的销售利润都很高,而由于1997年末东南亚经济危机的影响,该地区的货币对美元的比价大幅度下降,导致本公司产品的出口竞争能力减弱,因而在1998年本公司的销售收入减少,净利润仅为90,285,649.56元;随着亚洲经济的缓慢复苏,特别是通过大力开发高档经编毛毯等在海外市场有着较好需求的产品,本公司在1999年的产销量开始回升,净利润为94,539,793.03元,较上年增长4.7%。

十二、盈利预测

本公司盈利预测的编制遵循了谨慎原则,但是,盈利预测所依据的种种假设具有一定的不确定性,投资者对本公司进行投资判断时不应过分依赖本项资料。

以下摘自毕马威华振会计师事务所审核的本公司2000年盈利预测:上海海欣集团股份有限公司董事会:

我们对上海海欣集团股份有限公司二零零零年度的盈利预测所依据的基本假设、选用的会计政策及其编制基础进行了审核。贵公司董事会对盈利预测的基本假设、选用的会计政策及其编制基础须承担全部责任,我们的责任是对它们发表审核意见。我们的审核是根据《独立审计实务公告第4号-盈利预测审核》进行的,并实施了必要的审核程序。

我们认为:上述盈利预测所依据的基本假设已充分披露,没有证据表明这些假设是不合理的;盈利预测已按照确定的编制基础编制,所选用的会计政策与贵公司实际采用的相关会计政策一致。

毕马威华振会计师事务所　　中国注册会计师:胡琼、谢荣

1、编制基础 上海海欣集团股份有限公司(以下简称本公司)董事会参照本公司1997年度、1998年度和1999年度业经具有证券相关业务资格的中国注册会计师审定的会计报表及本公司2000年度的生产经营能力、投资计划、生产计划、营销计划等,编制了本公司2000年度的盈利预测;编制该盈利预测所依据的会计政策在各重要方面均与本公司实际采用的会计政策一致。

2、基本假设 (1)中国现行的政治、法律、财政或经济状况将无重大变动;(2)现行中国之课税基准或税率将无重大变动;(3) 人民币利率及中国人民银行公布的汇率与二零零零年四月三十日时的利率及有关汇率比较将无重大变动;(4) 集团之经营业务将不会受原材料之供应中断或工潮或其他非集团所能控制的原因所带来的不利影响。

3、2000年度盈利预测表(合并数)　单位:千元

项目	截止1999年12月31日止年度(已审计)	截止2000年12月31日止年度(未审计)
一、主营业务收入	758344	945274
减:主营业务成本	573057	697227
主营业务税金及附加	113	266
二、主营业务利润	185174	247781
加:其他业务利润	5815	670
减:存货跌价损失		

中国四川国际合作股份有限公司

中国四川国际合作股份有限公司 1999 年年度报告摘要

一、公司简介

1、公司法定中文名称: 中国四川国际合作股份有限公司
英文名称:China Sichuan International Cooperation Co., Ltd
缩写:SIETCO
2、公司法定代表人:董事长沈国钧先生
3、公司董事会秘书:陈璞先生
联系地址:四川省成都市永兴巷 15 号
电话:028-6523024
传真:028-6757697 6627541
电子信箱:sietcodb@sina.com
4、公司注册地址: 四川省成都市永兴巷 15 号
公司办公地址:四川省成都市永兴巷 15 号
邮 编:610012
电子信箱:sietco@mail.sc.cninfo.net
公司国际互联网网址:http://www.sietco.com
5、公司选定的信息披露报纸名称:《上海证券报》
刊载公司年度报告的中国证监会指定的国际互联网网址:
http://www.sse.com.cn
公司年度报告备置地点:公司董事会办公室
6、公司股票上市地:上海证券交易所
公司股票简称:ST 中川
股票代码:600852

二、会计数据和业务数据摘要

1. 本年度主要利润指标　　(单位:人民币元)

利润总额:	26512996.68
净利润:	18145393.63
扣除非原料常性损益后的净利润:	12317977.25
主营业务利润:	72485938.84
其他业务利润:	2128951.93
营业利润:	17115994.03
投资收益:	690911.89
补贴收入:	8063059.51
营业外收支净额:	643031.25
经营活动产生的现金流量净额:	65886316.53
现金及现金等价物净增加额:	64097744.94
注:扣除的非原料常性损益项目和涉及金额:	5827416.18
其中:	
a.退税补贴收入:	8063059.51
b.因会计政策变动损失:	2235643.13

2. 截至报告期末公司前三年主要会计数据和财务指标
(金额单位:人民币元)

调整后:

项目目		1999 年	1998 年	1997 年
主营业务收入		215278995.87	262280552.18	409455255.00
净利润 原料		18145393.63	19678692.81	16023573.15
总资产		917491513.08	918660002.40	877094277.59
股东权益		208130863.81	189985470.18	167869197.55
(不含少数股东权益)				
每股收益		0.11	0.18	0.15
扣除非经营性损益后的每股收益原料		0.08	0.06	−0.14
每股净资产		1.27	1.73	1.53
调整后的每股净资产		1.09	0.92	0.92
每股经营活动产生的现金流量净额		0.90	−0.08	
净资产收益率	%	8.72	10.36	9.55

调整前:

项目		1998 年	1997 年
主营业务收入		262280552.18	410630607.25
净利润		25487746.71	36600808.86
总资产		1076045839.60	1051591890.54
股东权益		367421422.07	345102194.47
(不含少数股东权益)			
每股收益		0.23	0.33
扣除非经营性损益后的每股收益原料		0.11	0.05
每股净资产		3.35	3.15
调整后的每股净资产		2.14	2.48
每股经营活动产生的现金流量净额		−0.08	−
净资产收益率	%	6.93	10.61

注:(1)主要财务指标计算方法:
股收益=净利润/年度末普通股股份总数
每股净资产=年度末股东权益/年度末普通股股份总数
调整后的每股净资产=原料年度末股东权益−三年以上的应收款项净额−待摊费用−待处理(流动、固定)资产净损失−开办费−长期待摊费用−住房周转金负数余额)/年度 末普通股股份总数
每股经营活动产生的现金流量净额=经营活动产生的现金流量净额/年度末普通股股份总数
净资产收益率=净利润/年度末股东权益 x100%

(2)需要说明的是:公司在一九九九年前未提取资产减值准备。根据财政部财会字[1999]35、49 号《股份有限公司会计制度有关会计处理问题补充规定》文件的规定, 公司一九九九年采用追溯调整法对应收款项、长短期投资、存货提取了减值准备。调整前后的数据如下:

调整前:

项目	1998 年	1997 年
坏帐准备	−	−
存货跌价准备	−	−
短期投资减值准备	−	−
长期投资减值准备	−	−
未分配利润	28259341.34	7869143.97

调整后:

项目	1999 年	1998 年	1997 年
坏帐准备	11284613.71	10225579.20	9659710.64
存货跌价准备	123717535.40	123383953.88	123345815.48
短期投资减值准备	501090.24	−	−
长期投资减值准备	10884695.96	10542759.10	7842582.49
未分配利润	−130920075.97	−120346152.11	−163757754.02

3、报告期内股东权益变动情况

项目	股本	资本公积	盈余公积	法定公益金	未分配利润	股东权益合计
期初数	109539068	200255883.85	536670.44	0	−120346152.11	189985470.18
本期增加	54769534	0	4541002.59	2270501.30	0	61581037.89
本期减少	0	32861720.40	0	0	10573923.86	43435644.26
期末数	164308602	167394163.45	5077673.03	2270501.30	−130920075.97	208130863.81

变动原料因:股本变动是由于公司于 1999 年 7 月 2 日进行 1998 年度利润分配(每 10 股送 2 股)和资 本公积金转增股本(每 10 股转增 3 股)所致;

三、股东情况介绍

(1) 报告期末公司股东总数为 18550 户。
(2) 报告期末主要股东持股情况

股东姓名	持股数(股)	占总股本比例	备注
①深圳市通富达实业发展有限公司	84,000,000	51.12%	法人股
②四川省国有资产投资管理有限责任公司	24,000,000	14.61%	国家股
③吴燕	810000	0.49%	
④陆苹	647450	0.39%	
⑤吕秀琴	614200	0.37%	
⑥利驰原料贸	613349	0.37%	
⑦顾诞华	516700	0.31%	
⑧李沛生	500000	0.30%	
⑨华夏上证	482,287	0.29%	转配股
⑩吴波	428900	0.26%	

注:①持有本公司 5%股份以上的股东所持股份无质押、冻结情况。

②报告期内深圳市通富达实业发展有限公司受让了四川省国有资产投资管理有限公司所持本公司 5600 万股,于 1999 年 5 月 26 日在上海证券中央登记结算公司完成过户交割手续,在公司实施了每 10 股送 2 股、转增 3 股后,其年末持有股份为 8400 万股。报告期内四川省国有资产投资管理有限责任公司期初持有国有法人股为 7200 万股, 因其出让 了 5600 万股给深圳市通富达实业发展有限公司,其持股为 1600 万股,在公司实施了每 10 股送 2 股、转增 3 股后,其年末持有股份为 2400 万股。

③公司前十名股东中,第一名股东与第二名股东无关联关系;第三名至第十名股东,本公司未知其关联关系。四川省国有资产投资管理有限公司为公司的国有法人股股 东。

四、股东大会简介

1、1999 年 6 月 25 日,公司召开 1998 年年度大会,此次股东大会决议公告刊登于 1999 年 6 月 26 日《上海证券报》。

2、1999 年 9 月 28 日, 公司召开 1999 年第一次临时股东大会, 此次股东大会决议公告刊登于 1999 年 9 月 29 日《上海证券报》

3、1999 年 27 日,公司召开 1999 年第二次临时股东大会,此次股东大会决议公告 刊登于 1999 年 12 月 28 日《上海证券报》。

五、董事会报告

1、公司经营情况

1999 年,公司规范化地完成了资产重组工作。资产重组后,公司致力于健全和完善法人治理结构,依照《公司法》改选了董事会、监事会,新聘任了经理班子,理顺了决 策层、执行层、监督层的相互关系。在新的董事会和经理班子领导下,切实加强管理 力度,加强目标管理、财务资金管理,加强审计监督,促进机制转换、观念更新,调动员工的积极性。公司加强对不良资产的清理,努力化解经营风险,盘活存量资产。积极主动地与乌干达电力局就欧文电站项目争议进行原料商谈判,已取得实质性进展(详见"七、重要事项"第 10 条)。公司原料有对外承包工程业务恢复发展,新签对外承包工程 合同额 1160 万美元,还获得了我国援肯尼亚莫伊国际体育中心的原料援维修工程项目;新增的电力设备生产经营主营业务取得良好效益。1999 年公司实现主营业务收入 21528 万 元, 比 1998 年减少 19.92%;主营业务利润 7249 万元,比 1998 年增长 15%。公司主营业务: 电力设备生产经营、工程承包、劳务合作、房地产、综合服务的经营状况分别为:

	营业收入(万元)	营业利润(万元)
电力设备生产经营	13629	5482
工程承包	5053	736
劳务合作	112	80
房地产	1598	555
综合服务	1135	597

公司主要全资附属企业及控股子公司的经营情况及业绩如下:

(1)四川国际合作房地产公司(全资子公司)在 1999 年重点抓好"玉林苑"7000 平方 米商住楼开发,该商住楼被成都质量监督站评为优良工程,销售率 70%以上。该公司 1999 年营业收入 1598 万元,营业利润 505 万元。

(2)四川国际航空服务公司(全资子公司)在 1999 年重点抓好与国内、国际航空公 司的合作,搞好航空客货代理业务。该公司 1999 年营业收入 199 万元,营业利润 47 万元 。

(3)四川国际工程监理公司(全资子公司)在 1999 年新签 8 个监理合同,完成的 14 项 监理项目均为优良工程。该公司 1999 年营业收入 350 万元,营业利润 52 万元。

(4)河南四通电力设备有限公司(本公司控股 97%的子公司),主要生产高压电瓷、电器等产品,该公司电瓷产品按销售额排序为国内本行业第五名(见中国电工陶瓷分会 1999 年 11 月出版的《电工陶瓷行业基本情况汇编》)。该公司紧紧抓住城乡电网改造 的市场机遇,强化质量管理和成本控制,获得 ISO9001 国际质量体系认证。该公司 1999 年营业收入 13629 万元,营业利润 4596 万元。按财政部有关规定,该公司利润表和资产 负债表在公司 1998 年年报中未并表。

北满特殊钢股份有限公司

北满特殊钢股份有限公司1999年年度报告摘要

一、公司简介

1、公司中文名称:北满特殊钢股份有限公司

英文名称:BEIMAN SPECIAL STEEL COMPANY LIMITED

2、公司法定代表人:于志领

3、公司董事会秘书:刘晓东

联系地址:齐齐哈尔市富拉尔基区红岸大街7号

联系电话:(0452)6802291

传真:(0452)680166

2 电子信箱:liuxiaod@0451.com

4、公司注册地址:齐齐哈尔市富拉尔基区红岸大街7号

公司办公地址:齐齐哈尔市富拉尔基区红岸大街7号

邮政编码:161041

公司电子信箱:E-mail:BMTG88@public.hlqptt.net.cn

公司互联网地址:http://www.cpas.org.cn/top500/gyhy32/beiman/beiman.htm

5、公司选定的信息披露报纸名称:《上海证券报》

公司登载年报指定互联网址:http://www.sse.com.cn

公司年度报告备置地点:董事会秘书办公室

6、公司股票上市地:上海证券交易所

股票简称:北满特钢

股票代码:600853

二、会计数据及业务数据提要

1、公司本年度实现的利润总额及构成:

	(金额单位:元)
利润总额	−141431595.03
净利润	−141435346.79
扣除非经营性损益后的净利润	−141435346.79
主营业务利润	62853661.77
其他业务利润	6716022.33
营业利润	−101796892.76
投资收益	−827937.32
补贴收入	−
营业外收支净额	−38806764.95
经营活动产生的现金流量净额	−66213525.05
现金及现金等价物净增加额	−18880558.34

2、截止本年度末公司前三年主要会计数据和财务指标(合并报表)

指标项目	1999年度	1998年度		1997年度	
		调整后	调整前	调整后	调整前
主要业务收入(万元)	115448	122626	122626	127828	127828
净利润 (万元)	−14143	1720	1013	−5923	196
总资产 (万元)	303030	282583	299945	300117	318186
股东权益 (万元)	97940	112083	129445	110363	128432
每股收益(摊薄) (元)	−0.27	0.03	0.02	−0.12	0.004
每股收益(加权) (元)	−0.27	0.03	0.02		
每股净资产(摊薄)(元)	1.84	2.11	2.43	2.28	2.65
每股经营活动产生的现金流量净额 (元/股)	−0.12	−0.30	−0.30		
调整后的每股净资产(摊薄) (元)	1.59	1.82	1.92	2.00	2.34
净资产收益率(%)	−14.44	1.53	0.78	−5.37	0.15

注:计算公式:

每股收益=净利润/年度末普通股股份总数

每股净资产=年度末股东权益/年度末普通股股份总数

净资产收益率=净利润/年度末股东权益×100%

加权净资产收益率=净利润/[(期初股东权益+期末股东权益)÷2]× 100%

调整后的每股净资产=(年度末股东权益−三年以上的应收款项净额−待摊费用−待 处理财产净损失−递延资产)/年度末普通股股份总数

每股经营活动产生的现金流量净额=经营活动产生的现金流量净额/年度末普通股股份总数

注:以上指标均是合并报表数

3、股东权益变动情况:

(金额单位:万元)

项 目	股本	资本公积	盈余公积	其中:公益金	未分配利润	合计
期初数	53240	52019	14666	3721	9520	129445
本期增加						
本期减少			2541	1270	28964	31505
期末数	53240	52019	12125	2451	−19444	97940

变动原因 按财政部财会字[1999]35号文件,进行变更追溯调整所致

三、股本变动及股东情况

(一)股本变动情况

公司股份变动情况表　　数量单位:万股

	期初数	本次变动增减(+,−)					期末数
		配股	送股	公积金转股	其他	小计	
1、尚未流通股份	34243						34243
(1)发起人股份	34243						34243
(2)募集法人股	2541						2541
尚未流通股份合计							
2、已流通股份							
(1)境内上市的人民币普通股	16456						16456
已流通股份合计	16456						16456
3、股份总额	53240						53240

(二)股东情况介绍

1、截止1999年末,公司股东总数71276户,其中国有法人股1户,法人股东9户,社会公众股股东71266户。

2、前十名股东持股情况

序号	股东名称	年末持股数(万股)	占总股本比例(%)
(1)	北钢集团有限责任公司	34243	64.32
(2)	广东太阳神经济发展公司	968	1.82
(3)	广东佛山南发实业总公司	484	0.91
(4)	黑龙江省电力工业公司	242	0.45
(5)	中国第一汽车集团公司	242	0.45
(6)	黑龙江兴达贸易公司	121	0.23
(7)	哈尔滨铁路局齐齐哈尔分局	121	0.23
(8)	黑龙江省证券公司	121	0.23
(9)	齐齐哈尔证券有限公司	121	0.23
(10)	交通银行齐齐哈尔支行	121	0.23

注:北钢集团有限责任公司持有国家股34243万股,占公司总股本的64.32%。公司 法人代表:于志领。

公司生产经营范围:钢冶炼、钢压延加工、机械设备制造、轴承、耐火材料。

四、股东大会简介

(一)本公司1999年度召开股东大会一次,即1998年度股东大会。公司于1999年5月21日在《上海证券报》上发布《关于召开1998年度股东大会的公告》,1999年6月23日在公司招待所二楼会议室召开了1998年度股东大会,出席会议的股东及股东代理人共19人,代表股份366,822,225股,占公司总股本532,400,000股的68.90%,符合《公司法》及《公司章程》的规定。经股东大会审议,并以记名投票表决方式通过如下决议:

1、审议通过了《公司1998年度董事会工作报告》;

2、审议通过了《公司1998年度监事会工作报告》;

3、批准了《公司1998年度财务决算和1999年财务预算的报告》;

4、批准了《公司1999年度生产经营及技改投资计划报告》。公司1999年技改投 资总额35585万元,其中用于炼钢及轧钢系统改造项目投资31200万元,用于老系统小型技改及安全环保措施投资4385万元;

5、审议通过了1998年度利润分配预案;

6、审议并通过了修改《公司章程》部分条款的议案。

7、换届选举公司董事会、监事会。第三届董事会由19名成员组成,任期三年;第 三届监事会由5名成员组成,任期三年。

通过选举,由下列人员组成新一届董事会:

郭海洲、于志领、吴浩维、齐万全、高崇、张庆才、高潮、刘静阳、水新浩、徐德祥、秦子云、冼有潮、安德武、赵东升、刘国兴、王占柱、刘丽媛。

公司董事会拟设一名独立董事和一名员工代表董事人选待定。以上成员除冼有潮、安德武、刘国兴先生外,其简历详见1999年5月21日《上海证券报》。

新一届监事会由下列人员组成:

姜树林、林中华、包维义

原职工代表监事刘秀杰女士、徐金龙先生经职代会讨论同意继续留任。

本次股东大会决议公告包括董事冼有潮、安德武、刘国兴先生的简历刊登在1999年6月24日的《上海证券报》上。

五、董事会报告

(一) 公司经营情况

1、公司所处的行业为冶金(特殊钢冶炼与压延)行业,按销售额排序,99年在全国23家特钢企业中排名第10位 (资料来源:特钢协会交换资料)。

2、公司主营业务范围及其经营状况

(1)公司主营业务情况

1999年共生产钢35.35万吨,同比增加0.28%;产钢材26.65万吨,同比减少2.88%;实现销售收入115448万元,同比减少4.92%,实现利润−14143万元,同比增亏16013万元,全年实现产销率102.72%,同比提高4.14%。1999年是公司发展历程中生产经营极度艰难 的一年,由于特钢行业严重供求失衡导致了连续的买方市场格局,生产规模萎缩,企业 生产经营举步维艰,在严峻形势面前,公司及时调整经营战略,对内强化管理,对外积极拓展市场,维持了公司的正常生产。

公司内部努力挖潜增效,大力降低成本,坚持学习"邯钢经验"、"亚星经验"不动摇,制订实施经过严格测算的成本费用考核办法,使公司各二级单位责任压力为动力,1999 年产品可比成本降低1010万元,降低率达1.07%。采购部门先后三次召开招标采购物资会议,均收到了预期效果。

与此同时,市场拓展和营销工作进一步加大力度。公司继续贯彻"靠新产品开发占领市场,靠出口材确保现金回款"的经营方针,加大市场开发力度,增加公司的产品覆盖面;努力改善产品品种结构,开发生产高附加值产品,追求更大的边际利润;经过努力拿到了LZ50车轴坯生产许可证,打入了广阔的铁路用钢市场;参加一汽、二汽和一拖等用户钢材招标订货会并投标成功,增加了大量的现款合同数量。生产制造系统坚持"以质取胜"的方针,深入开展产品实物质量攻关活动,收到了明显的效果;继续开展"创星级班组活动",班组建设进一步加强。

在新50万吨钢项目建设方面经过一年多的艰苦努力,开发银行项目贷款已正式启 动,中行贷款也原则同意,还有一些工作正在积极运作,项目建设的其它工作已全部准 备就绪。

(2)占公司主营业务收入10%以上的主要产品有:优质合金钢热轧材、冷拔材和合 金钢锻件。

3、公司主要全资附属企业及控股子公司的经营情况及业绩

公司全资子公司哈尔滨北满科技实业公司,主营业务为房屋出租、经贸等,全年实现销售收入402.9万元,实现利润34.8万元。

4、在经营中出现的问题与困难及解决方案

由于我国国民经济已进入结构调整和产业升级阶段,虽然国家出台了控制钢铁总 量的政策,但钢材市场的结构性供大于求局面仍未得到根本解决,市场竞争十分激烈, 产品竞相降价,使得公司生产经营面临十分严峻的挑战;另外我公司是建国初期投资兴建的老企业,设备陈旧老化、工艺落后、品种单一、地处边远等一系列不利因素,使公司生产经营出现的问题较多,主要困难是:市场萎缩,产品价格下滑,回款率低,为此公 司采取了以下解决方案:

(1)继续推行"靠新产品开发占领市场,靠出口材确保现金回款"的指导方针,以解 决市场萎缩、

现金回款率低下的问题;

(2) 调整品种结构,提高钢材合金比,以解决产品价格下滑问题;

(3)加大清收货款力度,公开招聘经销分公司经理,按区域落实回款责任,活化资金;

(4) 继续抓好新 50 万吨钢项目建设,以解决公司设备老化和后续生产能力问题;

(5)开展招标采购,努力降低原燃材料采购成本,以抹帐形式确保部分原料供应问 题。

(二) 公司财务状况

1、公司的财务状况

1999 年在行业不景气的情况下,公司仍未摆脱困境,执行新的会计制度(变更追溯 调整法)以后,公司的财务状况将更加困难。

(1) 本期总资产比上年增加 20,448 万元,主要是存货和应收帐款增加所致;

(2) 本期长期负债比上年增加 21500 万元,主要是长短期借款结构改变所致;

(3)本期股东权益比上年减少 14,143 万元,主要是报告期内亏损增加、计提四项资产减值准备影响所致;

(4) 本期主营业务利润减少 7178 万元,主要是产品销售价格降低所致;

(5) 净利润较少亦是上述(3)、(4)项原因影响。

2、对会计师事务所出具的保留意见及解释性说明事项的说明

本年度由浙江天健会计师事务所出具了有保留意见和解释性说明的审计报告 (全 文在年报"财务报告"中转登),公司说明如下:

(1) 对保留意见的说明

A、公司目前生产经营确实面临一定的困难,受国家较大幅度压缩钢产量影响,公 司生产能力没有发挥出来。在日益激烈的市场竞争面前,公司将进一步加大改革扭亏 力度,在各级政府及股东的大力支持下,不断改善公司持续经营能力,公司会早日走出 困境的。

B、本公司 1998 年进行了资产重组,原有 10 个分厂出售给母公司北钢集团有限责任公司,经当地税务主管部门同意,这 10 个分厂与本公司发生的购销业务均通过公司往来科目核算。从 2000 年起,公司将按照规范办理有关业务。

C、本公司 1999 年 12 月 31 日应收北钢集团有限责任公司 345,905,040.27 元,未计提坏帐准备。公司认为该应收款主要是 1999 年度当年发生的, 且北钢集团有限责任公司 为本公司的母公司,不存在发生坏帐损失的可能。

(2) 对解释性说明的说明

A、本公司董事会审议通过并报经黑龙江省冶金工业厅、财政厅批准,1999 年延长了折旧年限,主要是以前年度固定资产折旧年限较短,与同行业的平均实际固定资产折旧率相比偏高,特子以调整。调整后我公司固定资产的折旧率仍略高于特钢行业平均 水平。

B、本公司根据与北钢集团有限责任公司签订的协议,1999 年度收取资金占用费 14,838,801.87 元,有关该笔资金占用费纳税问题正在与当地税务局进行协商。

C、本公司 1999 年度应付福利费超支 15,817,044.54 元,主要是支付的冬季职工取 暖住宅面积增加及住宅取暖费价格上升所影响,该问题已引起公司管理层高度重视。

D、本公司 1999 年底报停设备经值 108,660,621.83 元,主要原因是冶金工业进行限产压库,公司优化生产组织合理安排设备生产,对部分闲置设备予以报停。

(三) 公司投资情况

1.对内投资情况

一九九九年度技改工程投资情况表　　　　单位:元

序号 项目名称	实际投资金额 年初余额	本年增加	结转固定资产	年末余额	工程进度(%)	备注
1)轴承钢生产线改造	4562167.53		3962735.00	599432.53	80	属遗留工程
2)炼钢及轧钢系统改造	7631591.34	1465260.88		9096852.22	0.70	
3)运输系统改造	3799008.85	1725000.00		5524008.85	滚动	
4)安环工程	1093173.31		289006.65	804166.66	87	
5)其他零星支出	27250378.84	13475332.79	14678035.56	26047676.07		
6) 合计	44336319.87	16665593.67	18929777.21	42072136.33		

本年度公司以非募集资金投入技改工程的投资额为 16665593.67 元,其中:自营和 出包工程发生额为 16665593.67 元。本年度技改投资与上年度同期相比增加 246995.63 元,增幅为 1.48%。投资增加的原因是根据国家的产业政策要求 2000 年底淘汰平炉、小电炉,对老系统进行了必要的改造;同时公司新投炼钢及轧钢系统技改项目完成"三通 一平"等项目,使投资增加所致。

2.对外投资情况,见下表:

公司对外投资概况表　　　　单位:元

序号投资公司名称	经营范围	投资金额 年初总额	本年发生额	年末总额	占被投资公司权益的比例(%)
A、股权投资-股票投资		27281640.00			
1 北亚实业股份有限公司	交通能源加工	1561640.00		1561640.00	0.44
2 齐齐哈尔市交通银行	金融	5000000.00		5000000.00	0.035
3 省对外投资股份公司	金融、实业	2000000.00		2000000.00	3.86
4 齐齐哈尔市证券有限公司	证券交易	2000000.00		2000000.00	20
5 海通证券有限公司	证券	10200000.00		10200000.00	1.02
6 黑龙江省证券有限公司	证券	4000000.00		4000000.00	8.08
7 吉林碳素股份有限公司	炭素制品	1520000.00		1520000.00	0.35
8 合作银行齐市支行	金融	1000000.00		1000000.00	1
B、其他股权投资		34255069.00	414357.44	34669426.46	
1 齐威贸易中心(大厦)	贸易	14023808.47	350000.00	14373808.47	100
2 海南自强置业发展公司	房产	5845000.00		5845000.00	53.23
3 黄海轴承有限公司	工贸	6749389.34		6749389.34	83.18
4 齐齐哈尔芦苇板公司	芦苇板生产	7116871.21	64357.44	7181228.65	48.38
5 富区公安分局	其他	300000.00		300000.00	
6 中机模具公司		10000.00		10000.00	
7 富裕龙凤制革厂		110000.00		110000.00	20.6
8 哈尔滨久久保健品公司		100000.00		100000.00	50
C、合 计		61536709.02		61951066.46	

注:该表第 7、8 项系子公司哈尔滨北满科技实业公司的对外投资。

截止 99 年 12 月末公司长期投资额为 61951066.46 元,比上年增加了 414357.44 元,主要原因是齐威贸易中心(大厦)和齐齐哈尔芦苇板厂项目以前年度发生的工程款在当期结算入帐所致。本年度公司对外投资收益为 245.40 万元,比上年度增加 51.4 万元,主要是黑龙江省证券有限公司 97、98 年度合并利润分配所致。

3.募集资金使用情况

(1) 公司所募集的资金已部分用于招股时所承诺的投资项目中,具体情况见下表:

公司募集资金使用情况表

序号 募集资金时承诺的投资项目	计划投资(万元)	实际投资及资金来源(元) 合计	自筹	贷款	股金	工程度(%)	预计效益(万元)	实际效益(万元)
1 φ140 无缝管工程	59100	434071000	68071000	210000000	156000000	100	5476	−1032.9
2 250 支成品冷轧辊	874	8730000	2000000	5000000	1730000	100	550	−76.6
3 二总降工程	1600	16969062.13	14599062.13		2370000	100		
4 轴承钢生产线改造	4900	17774235.83	9169235.83	6440000	2165000	100		
5 一煤气改造工程	3226	34070000	27235000		6835000	100		
合 计		511614297.96	121074297.96	221440000	169100000			

(2)募集资金时承诺投资的项目共五项,其中:二总降工程、轴承钢生产线、一煤 气三个项目属于生产的辅助配套设施,已按计划完成了项目建设,并达到了设计功能, 其间接效益体现在公司的综合效益中。φ140 无缝管工程于 1997 年 10 月竣工进入达产 期阶段,1999 年是达产期的第二年,经过近二年达产期的实践,项目的建设质量、工程 设备均运作良好,生产工人基本较熟练地掌握了油管、液压支柱管、流体输送管等生 产工艺,并适应和掌握了设备的性能,所生产的产品市场反映良好。但由于钢材市场缩量调整、资金的短量运行,使之无法按规模生产。在小批量生产的情况下,各项消耗难以控制,主要是管坯的上游成本价及单位固定费用都相对较高,大工装小批量生产,必 然导致亏损。1999 亏损额为 1032.90 万元,若加财务费用则亏损额为 1853.40 万元。

250 支成品冷轧辊系 93 年投产的项目,自投产以来已累计生产 624 支成品冷轧棍,由于受市场要求的影响订货量不足,未达到盈亏平衡产量,目前仍处于亏损状态。

(3)公司招股时共募集资金 40610 万元,其中:定向募集 11640 万元、社会募集 28970 万元。募集资金除用于募集时承诺的投资项目 16910 万元外,结存的股金 23700 万元,已大部分参与生产经营周转使用,剩余部分拟用于公司的炼钢及轧钢系统技术改造项目 。该项目是募集资金时拟计划实施的项目,其立项、可研批复、初设概算、项目建设 内容与效益测算以及对原募集资金变更用途的说明已在 1998 年报中予以详细披露。1999 年 8 月,根据项目已签订国外引进设备的合同价格、国内配套设备的询价情况以及国家对重点技改项目贷款降息和降低部分关税等优惠政策的落实, 公司与设计院共同对 项目初设概算进行了优化调整,由黑龙江省经贸委以黑经贸改[1999]277 号文对深化调整初设概算进行了批复。项目投资概算由 176803 万元(含有自筹启动流动资金 5947 万元),调整为 148764 万元,其中:固定资产静态投资 127012 万元、涨价预备金 6051 万元、建 设期贷款利息 9754 万元、铺底流动资金 5947 万元。调整概算后的建设资金来源为:中 国银行贷款 61000 万元(含外汇贷款 4735 万元)、国家开发银行贷款 32000 万元、省技改周转金 10000 万元、企业资本金 45764 万元。

该项目已于 1999 年 10 月由国家经贸委、国家发展计划委员会以国经贸投资[1999]961 号文列入 1999 年国家重点技术改造项目计划 (第二批国债专项资金项目),1999 年 12 月由国家经贸委、国家计委、财政部、中国工商银行等 5 家银行联合以国经贸投资[1999]1167 号文下达了第二批国债专项资金重点技术改造项目投资和资金计划,由中央和省对项目补助贴息 9684 万元。与此同时,为支持该项目,省经贸委和省财政厅联合下文明确省政府对该项目再贴息 9000 万元。

该项目原计划于 1999--2001 三年建成,1999 年 6 月 1 日已正式奠基动工。由于国家 开发银行的项目贷款在年底前才签订合同,详见本年度报告重要事项(九);中国银行的项目贷款尚未正式签订合同,截止至 1999 年末项目建设仅完成投资 3860 万元(含已发生未入帐的征地费、勘察设计费 2950 万元),2000 年计划完成国外引进设备合同生效、主厂房封闭、部分公辅设施施工、国内配套设备订货等项目,初步计划完成项目投资 59380 万元。

(四)公司的生产经营环境、宏观政策和法规已经发生了重大的变化,对公司的财 务状况和经营成果产生了重要影响,主要方面是:行业不景气、产品供大于求,是受宏 观政策影响;应收帐款较大、实行四项资产减值准备计提后,对公司的财务状况有很大影响。

(五) 新年度的业务发展计划,其中包括新建及在建项目的预期进度

2000 是年国有大中型企业扭亏脱困的最后一年,在国际、国内宏观经济形势趋于 好转的情况下,公司将抓住机遇,继续保持扩大销售市场,研究新措施,开发新途径,开 拓新的生产领域和扩大公司的生存空间;积极搞好资本运作,打好公司重组的攻坚战,在尽可能短的时期内使公司扭亏为盈,重塑北钢形象。2000 年计划产钢 35 万吨,产材 26.4 万吨,创汇 500 万美元。同时积极做好新 50 万吨钢项目的建设实施工作: 计划 4 月底前完成中国银行的贷款落实工作,5 月份落实引进设备的预付款,5 月上旬完成建筑工程队伍招标,5 月底前完成主生产线国内配套设备制造厂的技术谈判和主要设备的合同洽谈,年底前主厂房封闭,部分辅助设施施工建设,全年预计完成投资额 5.9 亿元。全年安排其他技改投资 6008 万元, 其中主要有: 一电炉分厂环保除尘系统建设工程,3 月中旬完成方案设计,5 月中旬完成设计,10 月份安装调试,11 月底建成投入使用;计算机网络信息 控制管理系统改造,5 月份完成设计工作(含合作厂家确定),6 月份完成设备招标,10 月 份安装完并调试使用。

(六) 董事会日常工作情况

1、报告期内董事会的会议情况及决议内容

(1) 1999 年元月 26 日召开了公司本年度第一次董事会,审议并决定了以下事项:

A、审议通过了 1998 年度股份公司财务决算(初稿)及 1999 年度财务预算方案;

B、审议了炼钢及轧钢系统技术改造项目的进展情况,确定了项目建设的管理体制及在 1999 年上半年组织开工的意见;

C、审议了三项债权变股权的事项,确定作为上市公司的股份公司对外长期投资一定要坚持慎重的原则:如果债权单位属非上市公司一般采用与集团公司相互参股办法 处理,集团公司与股份公司之间相互资产置换;如果债权单位是上市公司也要严格控制。

(2) 1999 年 3 月 31 日召开了公司本年度第二次董事会,审议并通过了以下事项:

A、审议通过了根据会计师事务所审计后修改的 98 年

公司资产重组《关于北满特殊钢股份有限公司进行资产优化有关资产转让及负债划分协议书》的补充协议;

B、根据北钢集团有限责任公司对北满特殊钢股份有限

公司管理费用请示的批复,决定免交当年度对集团公司的管理费用 14,695,453.37 元;

C、审议了关于计提 1998 年度长期投资、存货及坏帐减值准备的议案,决定 98 年度分别计提应收帐款减值准备 2397.1 万元、存货跌价准备 1026.5 万元、长期投资减值准备 347.2 万元,合计计提

三项资产减值准备 3770.7 万元;

D、审议批准了根据公司员工代表大会通过的放弃以前年度部分节余工资 6700 万元,调整 1998 年度财务决算,冲减当期管理费用。

(3)1999 年 4 月 19 日召开了公司本年度第三次董事会,审议并决定了以下事项:

A、审议并通过了公司 1998 年度不分配股利,也不进行资本公积金转增股本的利润分配预案,决定提交公司 1998 年度股东大会审议;

B、审议并通过了公司 1998 年度报告及年度报告摘要;

C、审议并通过了公司《1998 年度董事会工作报告》,同意提交股东大会审议。

(4) 1999 年 5 月 20 日召开了公司本年度第四次董事会,审议并决定了以下事项:

A、审议并通过了公司 1999 年度经营方针、生产经营目标及技改投资计划,提交股东大会审议;

B、审议通过了公司董事会换届选举方案,提交股东大会审议;

C、决定于 1999 年 6 月 23 日召开 1998 年度股东大会。

(5)1999 年 6 月 23 日召开公司本年度第五次董事会(第三届董事会第一次会议),审议并决定了以下事项:

A、选举郭海洲先生担任公司第三届董事会董事长,聘任高崇先生为公司总经理,聘任刘晓东先生为公司董事会秘书;

B、根据高崇总经理的提名,聘任张庆才先生、高潮先生、刘静阳先生为公司副总经理;聘任水新浩先生为公司总会计师。

(6)1999 年 8 月 16 日召开了公司本年度第六次董事会(第三届董事会第二次会议),审议并决定了以下事项:

A、审议并通过了公司 1999 年度中期报告;

B、决定公司 1999 年度中期不进行利润分配,也不进行公积金转增股本。

(7)1999 年 11 月 12 日召开了公司本年度第七次董事会(第三届董事会第三次会议),审议并决定了以下事项:

A、审议并通过了公司对外长期投资处理的实施方案和关于公司积压产品处理的意见;

B、审议并通过了《关于变更固定资产综合折旧率的决议》,同意将公司固定资产年综合折旧率由 8.5%调整到 4.2%;

C、审议并通过了《关于用公司国家股为技改专项贷款担保的决议》,同意以公司国家股 13500 万股(按 99 年公司中期报告每股净资产计算)向国家开发银行为公司提供的炼钢及轧钢系统技改项目 32000 万元人民币贷款进行质押担保,并向公司国家股授权管理的北钢集团有限责任公司和省国有资产管理局请示批准。

2、董事会对股东大会决议的执行情况

(1) 董事会对股东大会决议的执行情况

公司董事会贯彻执行了 1998 年度股东大会的各项决议,完成了公司董事会和监事会的换届选举工作,公司的法人治理结构和董事会工作制度更加健全。本年度是公司在 1998 年初提出的三年基本摆脱困难局面并建成新 50 万吨钢项目的关键一年,公司董事会围绕股东大会决议提出的"坚决打好扭亏增盈盘活资金"和"新 50 万吨钢技改项目开工建设"这两个攻坚战,进行了大量艰苦的工作。但由于受特钢行业过度竞争大环境的影响,有关计提四项资产减值准备等会计制度的变化,以及公司自身管理存在的一些问题,致使股东大会决议通过的公司 1999 年主要经营责任:本年度公司不亏损、盘活资金 1.5 亿元的目标未能实现。

2、本年度公司未进行上一年度的利润分配,也没有公积金转增股本、配股和增发新股等方案的实施。

(七) 公司管理层及员工情况

1、董事、高级管理人员情况

姓名	性别	年龄	职务	任期起止时间	年初持股数	年末持股数	年度报酬(元)
郭海洲	男	49	董事长	99.06-2002.06	29040	29040	15510
于志领	男	56	董事	99.06-2002.06	29040	29040	15653
吴浩维	男	55	董事	99.06-2002.06	31460	31460	14316
齐万全	男	53	董事	99.06-2002.06			18074
高崇	男	41	董事兼总经理	99.06-2002.06	1320	1320	13038
张庆才	男	56	董事兼副总经理	99.06-2002.06	27830	27830	15267
高潮	男	45	董事兼副总经理	99.06-2002.06			13163
刘静阳	男	39	董事兼副总经理	99.06-2002.06			11314
水新浩	男	52	董事兼总会计师	99.06-2002.06			16706
徐德祥	男	44	董事兼副总工程师	99.06-2002.06			9295
蒋凤鸣	男	55	职工代表董事	99.06-2002.06			12792
秦子云	男	48	董事	99.06-2002.06	不在本公司领取报酬		
冼有潮	男	43	董事	99.06-2002.06	不在本公司领取报酬		
安德武	男	52	董事	99.06-2002.06	不在本公司领取报酬		
赵东升	男	54	董事	99.06-2002.06	不在本公司领取报酬		
刘国兴	男	56	董事	99.06-2002.06	不在本公司领取报酬		
王占柱	男	42	董事	99.06-2002.06	不在本公司领取报酬		
刘丽媛	女	41	董事	99.06-2002.06	不在本公司领取报酬		
刘晓东	男	53	董事会秘书	99.06-2002.06			13620

2、公司监事情况

姓名	性别	年龄	职务	任期起止时间	年初持股数	年末持股数	年度报酬(元)
姜树林	男	53	监事会主席	99.06-2002.06			13932
林中华	男	37	监事	99.06-2002.06			16146
包维义	男	36	监事	99.06-2002.06			8875
刘秀杰	女	39	职工代表监事	99.06-2002.06			9554
徐金龙	男	34	职工代表监事	99.06-2002.06			11868

上述董事、监事、高级管理人员本年度报酬在 8000-10000 元的有 3 人,在 10000-15000 元的有 8 人,在 15000-20000 元的有 6 人,7 名外埠董事不在本公司领取报酬。1999 年度关键管理人员的年度报酬总额为 22.91 万元。

3、报告期内公司董事、监事、高级管理人员离任情况

1999 年 6 月 23 日经公司股东大会审议通过,常占祥、所跃堂、王永成、倪国政、郑才翔、潘孝忠、程龙宝(广东太阳神集团)、齐文超(齐铁分局)、徐建一(一汽集团)、付惠民(交行齐市分行)、马秋(佛山南发实业)不再担任公司董事;洪川先生不再担任公司监事。

报告期内公司总经理变更及公司解聘或新聘董事会秘书情况见本报告"董事会日常工作情况(5)"。

4、公司员工数量及专业构成

本公司现有员工数量 11560 人,其中生产人员 8702 人、销售人员 192 人、技术人员 762 人、财务人员 140 人、行政管理人员 456 人。公司员工中硕士及以上学历 8 人、大中专学历 1700 人,占员工总数的 14.8%;高中(含中技)文化占公司员工总数 46.6%;公司现有专业技术人员 1849 人,其中具有高级技术职称的 207 人,中级技术职称 641 人。

(八) 1999 年度利润分配预案

原浙江天健会计师事务所依据中国注册会计师独立审计准则进行的审计,1999 年度公司利润总额-141,782,237.24 元,净利润-141,782,237.24 元,年末未分配利润-194,848,450.18 元,经公司第三届董事会第七次会议讨论决定:因公司未分配利润为负数,本年度不分配股利,也不进行资本公积金转增股本。

本预案尚需提交公司 1999 年度股东大会进行审议表决。

(九) 其他报告事项

公司选定的信息披露指定报刊为《上海证券报》,报告期内未发生变更。

六、监事会报告

(一) 重要会议及内容

1999 年度股东大会选举产生了公司第三届监事会,本届监事会于 1999 年 6 月 23 日召开了第一次会议。会议选举了新一届监事会主席,明确各位监事履行职务的侧重点,同时会议总结了前期工作情况。会议认为,在国有控股和监事会监事又在公司内部其它部门任职的情况下,保证监事会的独立性,是监事会履行好职责的关键,这也是本届监事会工作的方向。

(二) 一年来的主要工作

1、积极关注公司经营情况,检查财务收支

1999 年公司经营上遇到了比以往更多的困难。由于国内钢材供给总量过剩,特别是特钢产品供大于求的状况没有得到很好地解决和控制,加之众多中小、乡镇企业采取各种手段挤占市场,致使各大企业之间的竞争愈演愈烈。企业为争夺市场采取"让利不让市"的策略,竞相刹价,使得国内钢材市场价格又有较大下滑。我公司也由此受到影响。面对这种形势,在董事会领导下,公司采取了一系列有效的措施。对生产制造系统,改变过去的业绩评价模式,推行了实际成本考核,最大限度地挖掘内部潜力,降低产品制造成本;在采购部门通过实行比价采购、招标采购等措施,寻求原燃材料成本的降低;在销售部门,通过调整产品结构、采取灵活多变的营销策略,提高产品的综合创利能力。这些措施的落实。极大地消化了外部减利因素,使公司效益下滑的趋势有所遏制。

通过财务检查我们了解到,公司的财务收支与预算有所偏差,特别是实现利润与目标偏差较大。另外,公司资金紧张的状况没有得到改善。现金流入量不足,影响了公司以现款的形式去购进低成本的原材料,给产品制造成本的控制和降低增加了难度。资金紧张的主要原因是外滞贷款居高不下,目前公司应收帐款已达 121655 万元。较高的应收帐款虽说是公司潜在的资源,但也给公司的经营增加了风险。

2、监事会成员列席董事会会议及公司重要会议,依照国家法规和公司章程积极履行监督职能。

按照《中华人民共和国公司法》和本公司的章程,监事会对公司董事、经理及高级管理人员遵守与执行国家法规、公司章程、股东大会决议和董事会决议情况进行了监督检查。监事会认为公司董事会成员、经理及高级管理人员遵守国家法规和公司章程,维护公司利益,没有发现有利用职务之便为自己或他人谋求私利的行为。

(三) 关于 1999 年财务报告和审计报告的意见

经浙江天健会计师事务所审计后的财务状况是,公司总资产 303030.50 万元,其中流动资产 226782.10 万元,股东权益 97939.70 万元;流动资产较上年末上升 21696.50 万元,股东权益较上年末下降 14143.50 万元。流动资产上升的主要原因是应收款项上升所致;股东权益的降低是由于计提资产减值准备和当年经营亏损所致。1999 年财务报告真实地反映了公司的财务状况和经营成果。

对于本年度审计报告中提出的保留意见和解释性说明,监事会表示如下意见:

1、关于保留意见

近两年公司的生产经营遇到较大的困难,它基本反映大型特钢企业的经营形势。我们相信在国家有关政策的扶持下,在广大股东的支持和全体员工的努力下,公司会尽快走出困境。

本公司与集团公司内部企业经济往来没有开具发票的事实,虽经有关部门认可,而且不影响公司利益和纳税,但业务处理尚欠规范。

对于北钢集团有限责任公司的应收款项,由于该公司为本公司的控股公司,且为国有大型企业,因此其欠款潜在的损失极小,没有计提坏帐准备,监事会持认可态度。

2、关于解释性说明

公司现行的折旧率,与国内同类企业相比基本相当。

本公司向北钢集团有限责任公司收取资金占用费用,符合资金有偿使用原则,维护了股东的利益。

公司应付福利费的超支,主要是员工居住条件改善取暖费用增加所致。

公司根据生产需要适时调整设备的开动,及时报停不开动设备,更能真实地向有关行政管理部门反映设备开动情况。另外,由于冶金设备大多不存在无形磨损,因此监事会认为此项不会增加资产风险。

(四) 其他事项的意见

1、公司实现利润与预算偏差较大,除去计提资产减值准备的影响,当期经营亏损是一个主要的因素。对此监事会认为,在市场形势变化较快的情况下,除了加强分析预测外,制定较为实际的计划是有必要的。

2、本公司与集团公司内部企业的经济往来,虽然在报请有关部门同意的情况下没有开具发票,但其它业务处理均按独立企业间的往来对待,交易公平,没有损害本公司利益。

七、重要事项

(一)本报告期内,公司无重大诉讼及仲裁事项。

(二) 报告期内公司、公司董事及高级管理人员未受到监管部门的处罚。

(三)报告期内公司控股股东未发生变更。在 1999 年 6 月 23 日公司 98 年度股东大会上,选举产生了公司第三届董事会。第三届董事会由 19 名成员组成,任期三年。在此次股东大会上选出控股股东推荐董事 4 人,股份公司董事 7 人,外埠其他法人股东董事 7 人,独立董事一名待定。经公司 1999 年 6 月 23 日员工代表大会选举蒋凤鸣先生为公司职工代表董事,参加公司董事会。公司第三届董事会推选的董事长、聘任总经理和聘任董事会秘书的情况已在本报告中的"股东大会简介"和"董事会报告"中予以说明。

(四) 报告期内没有发生收购、出售资产、吸收合并等事项。

(五) 重大关联交易事项

(六)除控股股东人员出任公司部分高级管理人员外,公司与控股股东-北钢集团有限责任公司做到了人员、资产、财务上的"三分开"。

(七)报告期内无新增托管、承包、租赁其他公司资产或其他公司托管、承包、租赁本公司资产的情况。

(八) 报告期内公司续聘浙江天健会计师事务所为公司的审计机构。

(九) 其他重大合同及担保事项

本公司与国家开发银行于 1999 年 11 月 29 日签订了技术改造贷款合同,向开发银行贷款人民币 32000 万元用于公司经批准的炼钢及轧钢系统技术改造项目,期限为 8 年,从 1999 年 12 月 1 日起至 2008 年 12 月 1 日止,贷款利率为年息 6.21%。

该项贷款,于同日经黑龙江省国有资产管理局授权行使国家股股权管理职能的公司控股股东-北钢集团有限责任公司与国家开发银行签订了贷款质押协议,同意以国家股 13500 万股(按 99 年中期报告净值),占国有股的 39.42%,向国家开发银行进行质押。该项质押在 1999 年 12 月经国家财政部财管字 403 号文批准,并于 2000 年 1 月 17 日在上海证券中央登记结算公司办理完毕证券质押登记手续。详见 2000 年 1 月 21 日上海证券报《北满特殊钢股份有限公司董事会关于股权质押贷款的公告》。

(十) 报告期内公司未更改名称和股票简称。

八、财务报告

(一) 审计报告(附后)

审计报告

浙天会审[2000]第 464 号

黑龙江省北满特殊钢股份有限公司全体股东:

我们接受委托,审计了贵公司 1999 年 12 月 31 日的资产负债表和合并资产负债表,1999 年度

的利润及利润分配表和合并利润及利润分配表,以及1999年度的现金流量表和合并现金流量表。这些会计报表由贵公司负责,我们的责任是对这些会计报表发表审计意见。我们的审计是依据中国注册会计师独立审计准则进行的。在审计过程中,我们结合贵公司实际情况,实施了包括抽查会计记录等我们认为必要的审计程序。

经审计,我们发现:

1.贵公司由于受外部经济环境等因素的影响,生产经营面临一定的困难,已对公司的持续经营能力产生一定影响,公司目前采取的措施尚未能消除本注册会计师对公司持续经营能力产生的疑虑;

2.冷轧辊、锻压等10家分厂于1998年经资产重组,出售给贵公司的母公司北钢集团有限责任公司。本年围绕上述10家分厂与北钢集团有限责任公司发生的购销往来,均未按规定开具或取得销售发票;

3.贵公司1999年12月31日其他应收款应收北钢集团有限责任公司345,905,040.27元未按公司选定会计政策提取坏帐准备,少提坏帐准备17,295,252.01元。

我们认为,除存在上述问题以外,上述会计报表符合《企业会计准则》和《股份有限公司会计制度》的有关规定,在所有重大方面公允地反映了贵公司1999年12月31日的财务状况及1999年度的经营成果和现金流量,会计处理方法的选用遵循了一贯性原则。

此外,我们注意到:

1.贵公司董事会审议通过并报经黑龙江省冶金工业厅、财政厅批准,本年延长折旧年限(其中房屋建筑物年折旧率由5.780%调整为2.856%,通用设备年折旧率由9.930%调整为5.326%,专用设备年折旧率由10.780%调整为4.906%),由此本年折旧费提取净减少了12,183,196.10元;

2.贵公司本年向北钢集团有限责任公司收取资金占用费14,838,801.87元,有关涉税事宜正在办理之中;

3. 贵公司截至1999年12月31日应付福利费累计超支15,817,044.54元;

4. 贵公司截至1999年12月31日报停设备原值108,660,621.83元。

浙江天健会计师事务所　　　　中国注册会计师

中国.杭州　　　　中国注册会计师

报告日期 二OOO年四月七日

(二) 会计报表(附后)

(三) 会计报表附注

1、公司简介

黑龙江省北满特殊钢股份有限公司(原名北满特殊钢股份有限公司,以下简称本公司或公司)于1992年10月24日,经黑龙江省人民政府黑政函[1992]146号文批准设立。公司于1993年1月18日在黑龙江省工商行政管理局登记注册,1998年资本公积转增股本前公司注册资本为4.84亿元,资本公积转增股本后股本总额增至5.324亿元,公司在黑龙江省工商行政管理局变更登记注册,取得注册号2300001101000企业法人营业执照,变更后现有注册资本人民币5.324亿元。1994年4月,本公司股票在上海证券交易所上市挂牌交易。

本公司主要从事以轴承钢、汽车钢、结构钢为主的热轧材、冷拔材、合金钢锻件等特种钢材的生产和销售。

2、公司采用的主要会计政策、会计估计和合并会计报表的编制方法

(1) 会计制度

执行《企业会计准则》、《股份有限公司会计制度》及其补充规定。

(2) 会计年度

会计年度自公历1月1日起至12月31日止。

(3) 记账本位币

采用人民币为记账本位币。

(4) 记账基础和计价原则

以权责发生制为记账基础,以历史成本为计价原则。

(5) 外币业务核算方法

对发生的外币经济业务,采用业务发生当月一日中国人民银行公布的市场汇价(中间价)折合人民币记账,对各种外币账户的外币期末余额,按期末市场汇价(中间价)进行调整,发生的差额,与购建固定资产有关且在其尚未交付使用前的,计入有关固定资产的购建成本;与购建固定资产无关的,属于筹建期间的计入开办费,属于生产经营期间的计入当期财务费用。

(6) 现金等价物的确定标准

现金等价物是指企业持有的期限短(一般是指从购买日起三个月内到期)、流动性强、易于转换为已知金额现金、价值变动风险很小的投资。

(7) 坏账核算方法

① 采用备抵法核算坏账。

坏账准备按账龄分析法计提,根据债务单位的财务状况、现金流量等情况,确定提取比例为:账龄1年(含1年,以下类推)以内的,按其余额的5%计提;账龄1-2年的,按其余额的10%计提;账龄2-3年的,按其余额的20%计提;账龄3-5年的,按其余额的50%计提;账龄5年以上的,按其余额的70%计提。

② 坏账的确认标准为:

A. 债务人破产或者死亡,以其破产财产或者遗产清偿后,仍然无法收回;

B. 债务人逾期未履行其清偿义务,且具有明显特征表明无法收回。

对确实无法收回的应收款项,经董事会或股东大会审议批准后作为坏账损失,并冲销提取的坏账准备。

(8) 存货核算方法

①存货包括在生产经营过程中为销售或耗用而储备的原材料、包装物、委托加工物资、低值易耗品、在产品、库存商品等。

②主要原材料采用计划成本核算,发出主要原材料按照上月差异率分摊材料成本差异;备品备件等辅料采用实际成本核算,发出时采用加权平均法计价;入库产成品按实际生产成本核算,发出和销售产成品采用加权平均法计价。领用低值易耗品,除轧钢分厂采用分期摊销法外,其他部门均采用一次摊销法。

③由于存货遭受毁损、全部或部分陈旧过时和销售价格低于成本等原因造成的存货成本不可收回的部分,期末采用成本与市价孰低原则计价,按单个存货项目的成本低于可变现净值的差额提取存货跌价准备。

(9) 短期投资核算方法

①短期投资,按实际支付的价款扣除已宣告发放但尚未领取的现金股利或利息入账。

② 期末短期投资按成本与市价孰低计价,并按各单项投资项目计提跌价准备。

(10) 长期投资核算方法

①长期股权投资,按投资时实际支付的价款或确定的价值入账。投资额占被投资企业有表决权资本总额20%以下,或虽占20%或20%以上,但不具有重大影响的,按成本法核算;投资额占被投资企业有表决权资本总额20%或20%以上,或虽投资不足20%但有重大影响的,采用权益法核算;投资额占被投资企业有表决权资本总额50%(不含50%)以上的,采用权益法核算,并合并会计报表。

②股权投资差额,在合同规定的投资期限内平均摊销。合同没有规定投资期限的,借方差额在10年内平均摊销;贷方差额按不低于10年的期限平均摊销。

③长期债权投资,以实际支付的价款扣除支付的税金、手续费等各项附加费用,以及自发行日至债券购入日的应计利息后的余额入账。溢价或折价在债券存续期间内,按直线法予以摊销。

④期末由于市价持续下跌或被投资单位经营状况恶化等原因,导致长期投资可收回金额低于账面价值,按可收回金额低于长期投资账面价值的差额提取长期投资减值准备。

(11) 固定资产及累计折旧核算方法

①固定资产按实际成本计价。固定资产的标准为:使用年限在一年以上的房屋、建筑物、机器、机械、运输工具和其他与生产经营有关的设备、器具、工具等,以及不属于生产经营主要设备,但单位价值在2,000元以上,并且使用期限超过两年的物品。

②固定资产折旧f140无缝管分厂专用设备、通用设备采用产量法计提,单位产量折旧额=固定资产原值×(1-残值率3%)/预计产量,月折旧额=单位产量折旧额×月实际产量。

其他固定资产折旧采用直线法平均计算,并根据固定资产类别、估计经济使用年限和预计净残值率(原值的3%)确定折旧率,各类固定资产的折旧年限和年折旧率如下:

固定资产类别	折旧年限(年)	年折旧率(%)
房屋建筑物	15-35	2.77-6.47
通用设备	6-19	5.11-16.17
专用设备	19.77	4.91

(12) 在建工程核算方法

在建工程以各项工程实际发生的支出入账,按工程项目分类核算,并在工程交付使用时按工程的实际成本结转固定资产。

与工程有关的利息支出和外币折算差额,在固定资产尚未交付使用前予以资本化;交付使用后计入当期财务费用。

(13) 无形资产核算方法

无形资产按实际发生额入账,在受益期内分期平均摊销。

(14) 开办费核算方法

开办费按实际支出入账,从开始生产经营的次月起,在5年内分期平均摊销。

(15) 长期待摊费用核算方法

长期待摊费用按实际支出入账,在项目的受益期内分期平均摊销。

(16) 收入确认原则

① 商品销售

在商品所有权上的重要风险和报酬转移给买方,公司不再对该商品实施继续管理权和实际控制权,相关的收入已经收到或取得了收款的证据,并且与销售该商品有关的成本能够可靠地计量时,确认营业收入的实现。

② 提供劳务

A.劳务在同一年度内开始并完成的,在劳务已经提供,收到价款或取得收取款项的证据时,确认劳务收入。

B.劳务的开始和完成分属不同会计年度的,在劳务合同的总收入、劳务的完成程度能够可靠地确定,与交易相关的价款能够流入,已经发生的成本和为完成劳务将要发生的成本能够可靠地计量时,按完工百分比法,确认劳务收入。

C.长期合同工程在合同结果已经能够合理预见时,营业收入按结账时已完成工程进度的百分比计算;营业成本以预计完工总成本的同一百分比计算。

③ 他人使用本公司资产而发生的收入

他人使用本公司现金资产发生的利息收入,按使用现金的时间和适用利率计算确定;他人使用本公司非现金资产,发生的使用费收入按有关合同或协议规定的收费时间和方法计算确定。上述收入的确定并应同时满足:①与交易相关的经济利益能够流入公司;② 收入的金额能够可靠地计量。

(17) 所得税的会计处理方法

公司所得税,采用应付税款法核算。

(18) 合并会计报表的编制方法

按照《合并会计报表暂行规定》,以母公司和纳入合并范围的子公司的同期会计报表及其他有关资料为依据,合并各项目数额编制而成。子公司的会计政策按照母公司统一选用的会计政策厘定,母子公司间的重大交易和资金往来均在合并时抵销。

(19) 会计政策、会计估计变更说明

公司原应收帐款按帐龄分析法提取坏帐准备(帐龄1年<含1年,以下类推>以内的,按其余额的0.5%计提;账龄1-2年的,按其余额的3%计提;账龄2-3年的,按其余额的4%计提;账龄3年以上的,按其余额的5%计提),短期投资、长期投资和存货原期末计提短期投资跌价准备、长期投资减值准备和存货跌价准备。现按照《股份有限公司会计制度》的规定、财政部财会字[1999]35号文、财政部财会字[1999]49号文和财政部财会字[2000]4号文的有关要求,从1999年1月1日起改为应收款项按帐龄分析法计提坏账准备,并改变提取比例(账龄1年<含1年,以下类推>以内的,按其余额的5%计提;账龄1-2年的,按其余额的10%计提;账龄2-3年的,按其余额的20%计提;账龄3-5年的,按其余额的50%计提;账龄5年以上的,按其余额的70%计提)、短期投资期末继续计提跌价准备、长期投资期末继续计提减值准备,存货期末继续计提跌价准备的会计政策。对上述会计政策变更已采用追溯调整法,调整了期初留存收益及相关项目的期初数;利润及利润分配表的上年数栏,已按调整后的数字填列。上述会计政策变更的累积影响数(合并,下同)为173,620,076.42元,均系因坏账核算方法变更引起;由于会计政策变更,调增了1998年度的净利润7,070,542.21元;调减了1999年年初留存收益173,620,076.42元,其中,未分配利润调减了148,208,030.64元,盈余公积调减了25,412,045.78元;利润及利润分配表上年数栏的年初未分配利润调减了157,302,977.83元。

3、税(费)项

(1) 增值税

煤、汽按13%的税率计缴,其余按17%的税率计缴。

(2) 营业税

按5%的税率计缴。

(3) 城市维护建设税

按应缴流转税的7%计缴。

(4) 教育费附加

按应缴流转税的3%计缴,哈尔滨北满科技实业有限公司按应缴流转税的4%计缴。

(5) 所得税

根据黑龙江省人民政府黑政函[1993]103号文,公司所得税税率为15%。

4、控股子公司及合营企业

(1) 控制的子公司及合营企业

公司名称	注册地址	注册资本	经营范围	投资额	拥有权益比例
哈尔滨北满科技实业有限公司	哈尔滨市	RMB2,500万元	金属材料销售等	RMB2,500万元	100%

(2) 未纳入合并报表范围子公司

对于实际投资比例在50%以上的齐威贸易中心(大厦)、海南洋浦自强置业有限公司和黄海轴承有限公司,由于目前处于停工、半停工或待售状态之中,暂不合并。

5、利润分配

根据董事会确定的1999年度利润分配方案,由于1999年度实现净利润为负数,本年不进行利润分配。

8、关联方关系及其交易

(1)关联方关系

① 存在控制关系的关联方

1) 存在控制关系的关联方

企业名称	注册地址	主营业务	与本企业关系	经济性质	法定代表人
北钢集团有限责任公司	齐齐哈尔市	钢冶炼、压延加工	母公司	国有独资公司	于志领
哈尔滨北满科技实业有限公司	哈尔滨市	金属材料销售等	子公司	有限责任公司	潘孝忠
齐威贸易中心(大厦)	威海市	商品房销售	子公司	股份有限公司	刘春生

海南洋浦自强置业有限公司	儋州市	房屋经营	子公司	有限责任公司	高 崇
黄海轴承有限公司	威海市	轴承生产销售	子公司	有限责任公司	高 崇

2)存在控制关系的关联方的注册资本及其变化

企业名称	年初数	本年增加	本年减少	年末数
北钢集团有限责任公司	653200000.00			653200000.00
哈尔滨北满科技实业有限公司	25000000.00			25000000.00
齐威贸易中心(大厦)	14000000.00			14000000.00
海南洋浦自强置业有限公司	5000000.00			5000000.00
黄海轴承有限公司	8000000.00			8000000.00

3)存在控制关系的关联方所持股份或权益及其变化

企业名称	年初数		本年增加		本年减少		年末数	
	金额	%	金额	%	金额	%	金额	%
北钢集团有限责任公司	342430000.00	64.32					342430000.00	64.32
哈尔滨北满科技实业有限公司	25000000.00	100.00					25000000.00	100.00
齐威贸易中心(大厦)★	14023808.47	100.00	350000.00	100			14373808.47	100.00
海南洋浦自强置业有限公司★	5845000.00	53.23					5845000.00	53.23
黄海轴承有限公司★	6749389.34	83.18					6749389.34	83.18

★公司帐面实收资本数大于注册资本,正拟办理增资手续。

② 不存在控制关系的关联方情况

北钢集团进出口公司、北钢集团牡丹江轴承厂、北钢集团海林钢铁厂和北钢集团弘大实业总公司与公司的关系为同一母公司。

(2) 关联方交易

①采购商品

企业名称	1998年度 占年度购货%	定价政策	1999年度 占年度购货%	定价政策
北钢集团有限责任公司	22.19	市场价	17.12	市场价
北钢集团海林钢铁厂	0.70	市场价	0.08	市场价
北钢集团进出口公司	0.59	市场价	0	市场价

② 销售商品

企业名称	1998年度 占年度购货%	定价政策	1999年度 占年度购货%	定价政策
北钢集团有限责任公司	22.62	市场价	20.02	市场价
北钢集团牡丹江轴承厂	1.78	市场价	1.36	市场价
北钢集团进出口公司	2.16	市场价	1.79	市场价

(3) 其他

1999年1月1日,公司与北钢集团有限责任公司签订协议书,根据协议书规定,北钢 集团有限责任公司占用公司资金按银行同期利率(5.3625‰)支付利息。公司本年累计实现利息收入14,838,801.87元。

(4) 关联方应收应付款项

①应收帐款	占年末应收帐款余额的%	占年初应收帐款余额的%
北钢集团进出口公司	0.28	1.00
北钢集团牡丹江轴承厂	2.54	1.89

②其他应收款	占年末其他应收款余额的%	占年初其他应收款余额的%
北钢集团有限责任公司	97.17	93.63
北钢集团弘大实业总公司	0.56	–

③预付帐款	占年末其他应付款余额的%	占年初其他应付款余额的%
北钢集团海林钢铁厂	0.59	–

④应付帐款	占年末应付帐款余额的%	占年初应付帐款余额的%
北钢集团进出口公司	0.10	0.08
北钢集团海林钢铁厂	–	0.26

(5)1999年度公司支付给关键管理人员的报酬0.5-0.8万元为2人,0.8-1万元为4人,1-1.6万元为10人;1998年度支付给关键管理人员的报酬为20.45万元。

9、或有事项

截至1999年12月31日止,公司没有对外担保事宜,也无重大诉讼事项。

10、承诺事项

本公司以房屋建筑物和机器设备为抵押举借长期借款33,300万元,借款期限为1994年5月26日起至2002年10月15日止。

11、资产负债表日后事项中的非调整事项

经财政部财管字[1999]403号文《关于北钢集团有限责任公司以部分国家股作抵 押贷款有关问题的批复》批准,北钢集团有限责任公司以其所持公司国家股13,500万 股作抵押向国家开发银行申请技改专项贷款32,000.00万元,用于公司炼钢及轧钢系统技术改造项目,质押股数占公司国家股的39.42%,占公司总股本的25.36%。该质押事项已于2000年1月17日在上海证券中央登记结算公司办妥质押登记手续,质押期限从2000年1月17日起至2008年12月30日止。

九、公司的其他有关资料

1、公司首次注册登记日期:1993年1月1日;地点:齐齐哈尔市富拉尔基区红岸大街7号。

2、1998年4月13日因公司法人代表变更,重新变更注册。

3、法人营业执照注册号:230000110101060

4、税务登记号:230206606102976

5、公司未流通股托管机构名称:上海证券中央登记结算公司。

6、公司聘请的会计师事务所名称:浙江天健会计师事务所,地址:杭州市体育场路423号。

十、备查文件目录

1、载有新任董事长于志领先生亲笔签署的年度报告正本;

2、载有法定代表人、总会计师、会计主管人员亲笔签字并盖章的会计报表;

3、载有浙江天健会计师事务所盖章,由两名注册会计师签名并盖章的审计报告原件;

4、报告期内由中国证监会指定报刊上公开披露过的所有公司文件的正本及公告 的原稿;

5、修改后的本公司章程。

北满特殊钢股份有限公司

二OOO年四月二十八日

资产负债表

1999-12-31

编制单位:北满特殊钢股份有限公司　　单位:人民币元

资产	期末数		年初数	
	合并	母公司	合并	母公司
流动资产:				
货币资金	90882609.54	90632196.54	109763167.88	109593883.81
短期投资	4080.00			
减:短期投资跌价准备				
短期投资净额	4080.00			
应收票据	34209442.00	34209442.00	24932500.00	24932500.00
应收股利				
应收利息				
应收帐款	1216549568.52	1210963803.49	1134045871.28	1129222226.81
其他应收款	355985345.09	355207042.42	103385120.28	102750319.80
减:坏帐准备	241351764.01	240469546.74	197674212.98	196950194.16
应收款项净额	1331183149.60	1325701299.17	1039756778.58	1035022352.45
预付帐款	152234568.69	152234568.69	95217213.40	95217213.40
应收补贴款				
存货	681960768.53	679228223.92	767622595.61	764190370.33
减:存货跌价准备	35531610.69	34774126.78	10264785.99	10264785.99
存货净额	646429157.84	644454097.14	757357809.62	753925584.34
待摊费用	12877775.14	12825980.55	23828265.92	23710285.31
待处理流动资产净损失				
一年内到期的长期债券投资				
其他流动资产				
流动资产合计	2267820782.81	2260057584.09	2050855735.40	2042401819.31
长期投资:				
长期股权投资	61951066.46	84940153.41	61536709.02	86201702.16
长期债权投资				
长期投资合计	61951066.46	84940153.41	61536709.02	86201702.16
其中:合并价差				
减:长期投资减值准备	6754108.33	6594108.33	3471833.81	3366833.81
长期投资净额	55196958.13	78346045.08	58064875.21	82834868.35
固定资产:				
固定资产原价	884644006.39	872320409.10	878070462.44	856400014.53
减:累计折旧	278141708.90	276211502.61	265832581.72	263104959.92
固定资产净值	606502297.49	596108906.49	612237880.72	593295054.61
工程物资	3262242.10	3262242.10	2848127.38	2848127.38
在建工程	42072136.33	42072136.33	44336319.87	44336319.87
固定资产清理	−170144.90		257220.99	
待处理固定资产净损失				
固定资产合计	651666531.02	641443284.92	659679548.96	640479501.86
无形资产及其他资产:				
无形资产	55620523.35	55620523.35	57081808.08	57081808.08
开办费				
长期待摊费用			144000.00	
其他长期资产				
无形资产及其他资产合计	55620523.35	55620523.35	57225808.08	57081808.08
递延税项:				
递延税款借项				
资产总计	3030304795.31	3035467437.44	2825825967.65	2822797997.60
流动负债:				
短期借款	559900000.00	559900000.00	446320000.00	446320000.00
应付票据				
应付帐款	527927408.43	526960850.15	517643883.77	515182102.23
预收帐款	174648125.18	174476954.22	146637226.63	147413145.94
代销商品款				
应付工资	112537006.46	112537006.46	89531921.75	89531921.75
应付福利费	−15777026.99	−15817044.54	−5296996.45	−5348392.95
应付股利				
应交税金	54102084.21	54158857.86	55641071.80	55678866.62
其他应交款	8530119.75	8529715.04	7918906.86	7916154.07
其他应付款	39872704.09	46561994.06	34672078.96	33404669.15
预提费用	59637487.29	59637487.29	47395640.65	47395640.65
一年内到期的长期负债	95440000.00	95440000.00	145440000.00	145440000.00
其他流动负债				
流动负债合计	1616817908.42	1622385820.54	1485903733.97	1482934107.46
长期负债:				
长期借款	369000000.00	369000000.00	154000000.00	154000000.00
应付债券				
长期应付款	65090000.00	65090000.00	65090000.00	65090000.00
住房周转金				
其他长期负债				
长期负债合计	434090000.00	434090000.00	219090000.00	219090000.00
递延税项:				
递延税款贷项				
负债合计	2050907908.42	2056475820.54	1704993733.97	1702024107.46
少数股东权益				
股东权益:				
股本	532400000.00	532400000.00	532400000.00	532400000.00
资本公积	520188489.57	520188489.57	520188489.57	520188489.57
盈余公积	121251667.51	121251667.51	121251667.51	121251667.51
其中:公益金	24508695.95	24508695.95	24508695.95	24508695.95
未分配利润	−194443270.19	−194848540.18	−53007923.40	−53066266.94
外币报表折算差额				
股东权益合计	979396886.89	978991616.90	1120832233.68	1120773890.14
负债和股东权益总计	3030304795.31	3035467437.44	2825825967.65	2822797997.60

利润及利润分配表

1999年度

编制单位:北满特殊钢股份有限公司　　单位:人民币元

资产	本年数		上年数	
	合并	母公司	合并	母公司
一、主营业务收入	1154483888.54	1150454827.55	1226261216.06	1220025575.35

减:折扣与折让				
主营业务收入净额	1154483888.54	1150454827.55	1226261216.06	1220025575.35
减:主营业务成本	1089981624.22	1086958298.75	1113895893.62	1108912770.72
主营业务税金及附加	1648602.55	1627306.52	4106761.71	4103643.00
二、主营业务利润	62853661.77	61869222.28	108258560.73	107009161.63
加:其他业务利润	6716022.33	6130278.10	6379699.64	5592465.15
减:存货跌价损失	25266824.70	24509340.79	10264785.99	10264785.99
营业费用	14410293.47	14106890.05	15294940.08	15032796.15
管理费用	88620937.80	87121606.40	-11750937.22	-13890537.67
财务费用	43068520.89	43072471.60	53579629.67	53581042.13
三、营业利润	-101796892.76	-100810808.46	47249841.85	47613540.18
加:投资收益	-827937.32	-2448843.51	-1721689.81	-2024546.64
补贴收入				
营业外收入	39889.20	39889.20	5277091.54	5223560.16
减:营业外支出	38846654.15	38562510.47	32107110.96	32081090.05
四、利润总额	-141431595.03	-141782273.24	18698132.62	18731463.65
减:所得税	3751.76		1498573.45	1498573.45
减:少数股东损益				
五、净利润	-141435346.79	-141782273.24	17199559.17	17232890.20
加:年初未分配利润	-53007923.40	-53066266.94	-70207482.57	-70299157.14
盈余公积转入				
六、可供分配的利润	-194443270.19	-194848540.18	-53007923.40	-53066266.94
减:提取法定盈余公积金				
减:提取法定公益金				
七、可供股东分配的利润	-194443270.19	-194848540.18	-53007923.40	-53066266.94
减:应付优先股股利				
提取任意盈余公积				
应付普通股股利				
转作股本的普通股股利				
八、未分配利润	-194443270.19	-194848540.18	-53007923.40	-53066266.94

现金流量表

1999 年度

编制单位:北满特殊钢股份有限公司　　单位:人民币元

资产	金额 合并	母公司
一、经营活动产生的现金流量		
销售商品、提供劳务收到的现金	130010282.25	126755162.78
收取的租金	730949.00	
收到的增值税销项税和退回的增值税款		
收到的除增值税以外的其他税费返还		
收到的其他与经营活动有关的现金	6191268.39	12976528.68
经营活动现金流入小计	136932499.64	139731691.46
购买商品、接收劳务所支付的现金	54254174.38	51525943.16
经营租赁所支付的现金		
支付给职工以及为职工支付的现金	93711608.19	93541482.78
支付的增值税款	20776415.06	20535036.18
支付的所得税款	1136.96	
支付的除增值税、所得税以外的其他税费	4132253.43	3967322.34
支付的其他与经营活动有关的现金	30270436.67	29426056.98
经营活动现金流出小计	203146024.69	198995841.44
经营活动产生的现金流量净额	-66213525.05	-59264149.98
二、投资活动产生的现金流量		
收回投资所收到的现金		
分得股利或利润所收到的现金	2208909.44	2208909.44
取得债券利息收入所收到的现金		
处置固定资产、无形资产和其他长期资产而收回的现金净额	7510342.00	209000.00
收到的其他与投资活动有关的现金		
投资活动现金流入小计	9719251.44	2417909.44
购建固定资产、无形资产和其他长期资产所支付的现金	1788841.17	1768003.17
权益性投资所支付的现金		
债权性投资所支付的现金		
支付的其他与投资活动有关的现金	250000.00	
投资活动现金流出小计	2038841.17	1768003.17
投资活动产生的现金流量净额	7680410.27	649906.27
三、筹资活动产生的现金流量		
吸收权益性投资所收到的现金		
其中:子公司吸收少数股东权益性投资收到的现金		
发行债券所收到的现金		
借款所收到的现金	796240000.00	796240000.00
收到的其他与筹资活动有关的现金		
筹资活动现金流入小计	796240000.00	796240000.00
偿还债务所支付的现金	697660000.00	697660000.00
发生筹资费用所支付的现金		
分配股利或利润所支付的现金		
其中:子公司支付少数股东的股利		
偿付利息所支付的现金	58927443.56	58927443.56
融资租赁所支付的现金		
减少注册资本所支付的现金		
其中:子公司依法减资支付给少数股东的现金		
支付的其他与筹资活动有关的现金		
筹资活动现金流出小计	756587443.56	756587443.56
筹资活动产生的现金流量净额	39652556.44	39652556.44
四、汇率变动对现金流量的影响		
汇率变动对现金的影响额		
五、现金及现金等价物净增加额		
现金及现金等价物净增加额	-18880558.34	-18961687.27
六、不涉及现金收支的投资和筹资活动		
以固定资产偿还债务		
以投资偿还债务		
以固定资产进行长期投资		
以存货偿还债务		
融资租赁固定资产		
七、将净利润调节为经营活动的现金流量		
净利润	-141435346.79	-141782273.24
加:少数股东损益		
计提的坏帐准备或转销的坏帐	43811979.02	43519352.58
固定资产折旧	18275974.75	17878326.80
无形资产摊销	1461284.73	1461284.73
待摊费用减少	10950490.48	10884304.76
预提费用增加	10441846.64	10441846.64
处置固定资产、无形资产和其他长期资产的损失(减:收益)	299465.02	15321.34
固定资产报废损失	27008.01	27008.01
财务费用	59729652.95	59729652.95
投资损失(减:收益)	827937.32	2448843.51
递延税款贷项(减:借项)4 存货的减少(减:增加)	110928651.78	109471487.20
经营性应收项目的减少(减:增加)	-154907929.79	-153914985.16
经营性应付项目的增加(减:减少)	-26624539.47	-19444320.10
增值税增加净额(减:减少)		
其他		
经营活动产生的现金流量净额	-66213525.05	-59264149.98
八、现金及现金等价物净增加情况:货币资金的期末余额	90882609.54	90632196.54
减:货币资金的期初余额	109763167.88	109593883.81
现金等价物的期末余额		
减:现金等价物的期初余额		
现金及现金等价物净增加额	-18880558.34	-18961687.27

江苏春兰制冷设备股份有限公司

(一) 公司简介

1、公司的法定中文名称:江苏春兰制冷设备股份有限公司
英文名称:jiangsu chunlan refrigerating equipment co., ltd.　缩写:chunlan
2、公司法定代表人:王志明
3、公司董事会秘书:侯再起
联系地址:江苏省泰州市春兰工业园区春兰路 1 号
联系电话:0523-6661688*3066663800　传 真:0523-6663839
电子邮件信箱:clzl.tz@public.yz.js.cn
4、公司注册地址、办公地址:江苏省泰州市春兰工业园区春兰路 1 号
邮政编码:225300
公司国际互联网网址:http://www.chanlan.com.cn
电子邮件信箱:clzl.tz@public.yz.js.cn
5、公司选定的信息披露报纸名称:《中国证券报》、《上海证券报》
登载公司年度报告的中国证监会指定国际互联网网址:http://www.sse.com.cn
年度报告备置地点:江苏省泰州市春兰工业园区春兰路 1 号本公司证券办公室
6、公司股票上市交易所:上海证券交易所
股票简称:春兰股份　股票代码:600854

(二) 会计数据和业务数据摘要

1、公司本年度实现的利润指标情况 单位:元

利润总额:	314237734.37
净利润:	264936748.85
扣除非经常性损益后的净利润:	262900400.77
主营业务利润:	510857163.45
其他业务利润:	3055002.52
营业利润:	312800371.10
投资收益:	2777094.17
补贴收入:	
营业外收支净额:	-1339730.90
经营活动产生的现金流量净额:	34043392.89
现金及现金等价物净增加额:	-56761768.05

非经常性损益为营业外收入和罚款收入,金额为 2036348.08 元

2、主要财务指标: 单位:元

	1999 年	1998 年		1997 年	
		调整后	调整前	调整后	调整前
主营业务收入:	1947367406	1914308804	1914308804	1672147442	1672147442
净利润:	264936748	272037474	275287334	249661661	251288737
总资产:	2323715250	1941978710	1943361642	1364935662	1366849869
股东权益:(不含少数股东权益)	1536600812	1416898863	1427556777	803102866	804729942
每股收益(摊薄):	0.865	1.15	1.17	1.57	1.59
每股收益(加权):	0.865	1.24	1.26	1.57	1.59
扣除非经常性损益后的每股收益:	0.858	1.24	1.26	1.65	1.67
每股净资产:	5.02	6.01	6.06	5.07	5.08
调整后的每股净资产:	5.02	6.01	6.06	5.06	5.07
每股经营活动产生的现金流量净额:	0.11	0.51	0.51		
净资产收益率(%):	17.24	19.20	19.28	31.09	31.23

3、报告期内母公司股东权益变动情况。

项目	股 本	资本公积	盈余公积	法定公益金	未分配利润	合 计
期初数	235620000	622101464	500983294	120221321	58194105	1416898863
本期增加	70686000	7918200	59270899	29635449	264936748	402811848
本期减少	83109899	283109899				
期末数	306306000	630019664	560254193	149856771	40020954	1536600812

(三) 股本变动及股东情况

1、股本变动情况

(1)股份变动情况表　数量单位:万股

	期初数 *	本次变动增减(+、-)		期末数
一、尚未流通股份		送股	小计	
1、发起人股份	17424	5227.2	5227.2	22651.2
其中:				
境内法人持有股份	12276	3682.8	3682.8	15958.8
外资法人持有股份	5148	1544.4	1544.4	6692.4
尚未流通股份合计	17424	5227.2	5227.2	22651.2
二、已流通股份				
1、人民币普通股	6138	1841.1	1841.4	7979.4
已流通股份合计	6138	1841.4	1841.4	7979.4
三、股份总数	23562	7068.6	7068.6	30630.6

2、股东情况介绍

(1)报告期末股东总数 69644 户。

(2)本公司前十名股东情况

股东名称	年末持股数	年内股份增减	占总股本的比例	质押或冻结情况
1、春兰(集团)公司	156396240	+36091440	51.06%	无
2、钟山有限公司	66924000	+15444000	21.85%	无
3、泰州春兰特种空调器厂	1915056	+441936	0.63%	无
4、春兰销售公司	1276704	+294624	0.42%	无
5、百乐电器	1235043		0.40%	
6、苏州投资	1198914	+74625	0.39%	
7、肖顺利	750000	+140939	0.24%	
8、海通公司	628851		0.21%	
9、裕明天	595882		0.19%	
10、苏州信托	595000	+90635	0.19%	

泰州春兰特种空调器厂和泰州春兰销售公司为春兰(集团)公司的全资子公司。

北京旅行车股份有限公司

一 公司简介

1.中文名称:北京旅行车股份有限公司(简称:北旅)
英文名称:BEIJING LIGHTBUS CORP,LTD.(缩写:BLC)
2.法定代表人:郭新民
3.公司董事会秘书:张丽君　授权代表:马金辉
联系电话:010-67222480　传　真:010-67212045
4.公司注册地址及办公地址:北京市丰台区大红门西路 26 号　邮政编码:100075
5.公司选定的信息披露报纸名称:《上海证券报》
登载公司年度报告的中国证监会指定国际互联网网址:www.sse.com.cn
公司年度报告备置地点:公司董事会办公室
6.公司股票上市交易所:上海证券交易所
股票简称:ST 北旅　股票代码:600855

二 会计数据和业务数据摘要

1.本年度实现利润情况　1999 年度 (单位:元)

利润总额	-58978031.72
其中:净利润	-58978031.72
主营业务利润	-5588305.06
其他业务利润	-701081.98
投资收益	101819.28
补贴收入	0
营业外收支净额	-219.17
经营活动产生的现金流量	-1229539.99
现金及现金等价物净增加额	-2345246.81

2.前三年主要会计数据和财务指标

指标项目	1999 年	1998 年		1997 年
		调整前	调整后	
主营业务收入(万元)	7627.44	7823.69	7823.69	12486.68
净利润(万元)	-5897.80	-11648.49	-12316.71	-6275.01
总资产(万元)	32677.29	38513.29	37845.07	48940.36
股东权益(万元)	2600.55	9166.57	8498.35	20815.06
每股收益(元)摊薄	-0.37	-0.73	-0.76	-0.39
加权	-0.37	-0.73	-0.76	-0.39
每股净资产(元)摊薄	0.16	0.57	0.53	1.30
加权	0.16	0.57	0.53	1.30
调整后的每股净资产摊薄	0.015	0.37	0.33	1.13
加权	0.015	0.37	0.33	1.13
每股经营活动产生的现金流量净额(元/股)	-0.007	0.019		
净资产收益率(%)	-226.79	-127.08	-144.94	-30.15

注:主要财务指标计算方法:

A.全面摊薄的财务指标计算方法(以 1999 年 12 月 31 日 16008 万股总股本为计算依据)

每股收益=净利润/报告期末普通股股份总数

每股净资产=报告期末股东权益/报告期末普通股股份总数

净资产收益率=净利润/报告期末股东权益×100%

调整后的每股净资产=(报告期末股东权益-三年以上的应收帐款-待摊费用-待处 理财产净损失-长期待摊费用-住房周转金负数余额)/报告期末普通股股份总数

本报告期内股东权益变动情况及其原因　单位:万元

项目	股本	资本公积	盈余公积	其中:公益金	未分配利润	合计
期初数	16008	10792.52	248.65	248.65	-18550.82	8498.35
本期增加					-5897.80	-5897.80
本期减少						
期末数	16008	10792.52	248.65	248.65	-24448.52	2600.55

变动原因说明:(1)股本:本年度股本总数未变.(2)资本公积:本年度没有变化.(3)盈余公积:本年度盈余公积数未发生变化.(4)未分配利润:本年度出现经营性亏损 5897.80 万元.

三 股东情况介绍

1.本年度末股东总数 3149 户

2.主要股东持股情况(前十名)

股东名称	拥有股数(万股)	占总股本(%)
北京市司达旅行车公司	3380.60	21.12
日本五十铃自动车株式会社	2401.20	15.00
日本伊藤忠商事株式会社	1600.80	10.00
北京市南郊农场旧宫分场	823.30	5.14
北京市汽车工业集团总公司	685.00	4.28
金泰基金	513.07	3.21
北京市金鹏房地产公司	500.00	3.12
四川省宏	388.03	2.42
中国汽车工业投资开发公司	367.40	2.29
国泰证券	281.40	1.76

四.董事会工作报告

(一)公司经营情况

1.公司为汽车制造行业企业,是外商投资股份有限公司.但行业地位不甚突出.

2.公司主营业务是开发制造现有的 BL6600,6400,6700 系列轻型客车及变型车和相关零部件,自制产品的技术咨询,技术维修服务;销售自制产品.

公司 1999 年遇到了前所未有的经营困难,新一届领导班子克服重重困难,以苦干,苦战的拼博精神,使企业在困境中顽强运转,为争取生存转机创造条件.1999 年比 1998 年同期相比减少亏损 5750.6 万元,产销同比增长 16%,1.7%,但由于近三年连续亏损资金短缺,新产品的开发受阻,公司的产品市场竞争能力持续下降,致使公司 1999 年仍发生 较大亏损.

3.在经营中出现的问题与困难及解决的方案

由于连续三年亏损,公司现金流量净增加额出现负增长,资金严重短缺,生产经营 不能正常进行,因此造成新开发产品 BL6601A 车型,6471 经济型不能投产.而投入产出比例的失调及 BJ6560 系列产品老化市场竞争力的下降,造成公司的主营业务利润亏损.但公司一方面通过盘活冷备物资和加强应收款的回收力度等措施筹措资金强行启动生产,另一方面通过加强管理挖潜降低了成本费用,使公司的产销量比去年同期分别增长 16%和 1.7%的情况下,管理费用和制造费分别比去年同期降低了 15.55%和 25.95%,从而使 公司达到了减亏的目的.

长春百货大楼集团股份有限公司

(一) 公司简介

1、公司的法定中、英文名称及缩写。
公司的法定中文名称:长春百货大楼集团股份有限公司
公司的法定英文名称:CHANGCHUN DEPARTMENT JITUAN STORE COMPANY LIMITED
缩写:CCD
2、公司法定代表:范士良
3、公司董事会秘书:耿文喜
联系地址:长春市人民大街77号
电话:0431-8965414　　传真:0431-8920704
4、公司注册地址:长春市人民大街77号　　邮政编码:130061
E-MAIL 地址:http://cbjt@public.cc.jl.cn
5、公司信息披露报纸名称:上海证券报
上交所网址:http://www.sse.com.cn
公司年度报告备置地点:长春市人民大街77号
6、公司股票上市地:上海证券交易所
股票简称:长百集团　　证券代码:600856

(二) 会计数据和业务数据摘要

1、公司本年实现:

项目	金额(单位:元)
利润总额	64597851.44
净利润	56237388.13
扣除非经常性损益后的净利润	24744241.39
主营业务利润	54993037.55
其它业务利润	37777002.28
营业利润	26429500.68
投资收益	8890914.66
营业外收支净额	29277436.10
经营活动产生的现金流量净额	6764669.01
现金及现金等价物净增加额	7291478.00

注:扣除非经常性损益后的净利润中,扣除的项目和金额:
①无法付出的应付款项收入 6,022,696.20 元
②资产重组收益 19,282,398.91 元
③处置固定资产净收益 7,058,301.87 元
④合并价差摊入 751,064.34 元
⑤罚款支出 95,419.90 元
⑥捐赠支出 23,766.00 元

2、公司近三年的主要会计数据及财务指标。

	1999年	1998年		1997年	
		追溯调整前	追溯调整后	追溯调整前	追溯调整后
主营业务收入	306687324.05	293088943.52	293088943.52	559427302.92	559427302.92
净利润	56237388.13	27370297.70	22899712.92	27231191.65	24155793.70
总资产	689956499.71	456650089.32	436264794.23	416076088.91	400161378.60
股东权益	352227661.54	360232619.38	339847324.29	356155973.99	340241263.68
每股收益	0.31	0.15	0.13	0.21	0.19
月平均加权每股收益	0.31	0.18	0.15	0.21	0.19
扣除非经常性损益后的每股收益	0.14	0.15	0.13	0.21	0.19
每股净资产	1.93	1.97	1.86	2.73	2.61
调整后每股净资产	1.65	1.73	1.62	2.36	2.24
每股经营活动产生的现金流量净额	0.04	0.18	0.18		
净资产收益率	15.97%	7.60%	6.74%	7.65%	7.10%

注:财务指标计算公式如下:
每股收益=净利润/年度末普通股股份总数
月平均加权每股收益=净利润/[年度末普通股股份总数/(1+配股比例或增发新股比例)+年度末普通股股份总数/(1+配股比例或增发新股比例)×配股比例或增发新股比例×自缴款结束日下一月份至年末的月份数/12]
扣除非经常性损益后的每股收益=扣除非经常性损益后的净利润/年度末普通股股份总数
每股净资产=年度末股东权益/年度末普通股股份总数
调整后的每股净资产=(年度末股东权益-三年以上的应收款项净额-待摊费用-待 处理(流动、固定)资产净损失-开办费-长期待摊费用-住房周转金负数余额)/年度末 普通股股份总数

3、报告期内股东权益变动情况

项目	股本	资本公积	盈余公积	法定公益金	未分配利润	股东权益合计
期初数	182737712	125499332.41	24877516.36	4429323.18	6732763.52	339847324.29
本期增加			12034490.01	5877380.32	345847.24	12380337.25
本期减少						
期末数	182737712	125499332.41	36912006.37	10306703.50	7078610.76	352227661.54
变动原因		本年利润分配	本年利润分配	本年利润分配	本年利润分配	

注:报告期内盈余公积、未分配利润、期初数比较上年期末数,扣除提取四项准 备因素外,相差289.84元,原因为公司不再对以前年度已收回投资的子公司补提以前年度的盈余公积所致。

(三) 股东情况介绍

(1)报告期内股东总数为25,707户。
(2)主要股东持股情况

股东名称	持股数量(万股)	占总股本比例(%)
1、长春市国有资产管理局	5687.24	31.12
2、中国平安保险公司证券部	700	3.83
3、吉林省信托投资公司	644	3.52
4、深圳蓝天基金管理公司	420	2.30
5、长春信托投资公司	280	1.53
6、吉林省送变电工程公司	210	1.15
7、深圳万科企业股份有限公司	182	1.00
8、新世纪金融租赁有限公司	140	0.77
9、深圳南山风险投资基金公司	140	0.77
10、深圳宏基企业公司	70	0.38

宁波中百股份有限公司

一、公司简介

1、公司的法定中文名称:宁波中百股份有限公司
英文名称:NINGBO　ZHONGBAI　CO.,LTD.
2、公司法定代表人:王　琪
3、公司董事会秘书:江宇程
董事会秘书授权代表:张红
联系地址:宁波市和义路45号
电话:(0574)-7347621 7363263　　传真:(0574)-7367996
4、公司注册地址和办公地址:宁波市和义路45号　　邮政编码:315000
5、公司选定的信息披露报纸名称:中国证券报
登载公司年报的国际互联网址:http://www.sse.com.cn
公司年度报告备置地点:宁波市和义路45号公司办公室
6、公司股票上市交易所:上海证券交易所
股票简称:宁波中百　股票代码:600857

二、会计数据和业务数据摘要

(一)本年度业务数据摘要(单位:元)

利润总额	57691837.72
净利润	51026310.05
扣除非经常性损益后的净利润	19923976.80
主营业务利润	42711389.15
其他业务利润	20202799.63
营业利润	15248026.28
投资收益	11229098.47
补贴收入	-
营业外收支净额	31214712.97
经营活动产生的现金流量净额	27223763.82
现金及现金等价物净增加额	10428267.72

注:扣除非经常性损益项目和涉及金额

项目	涉及金额
营业外收入-资产置换收入	31102333.25

(二)主要会计数据和财务指标(单位:元)

项　目	1999年度	1998年度		1997年度
		调整前	调整后	
主营业务收入	539573027.99	491948369.20	491948369.20	353755081.07
净利润	51026310.05	14873726.91	15273740.25	14734184.20
总资产	447792620.30	378952859.71	378663892.63	411738108.69
股东权益	322891028.96	275201595.08	274912628.00	273187225.77
每股收益	0.42	0.12	0.13	0.15
扣除非经常性损益后的每股收益	0.17			
每股净资产	2.69	2.29	2.29	2.73
调整后的每股净资产	2.64	2.26	2.25	2.68
每股经营活动产生的现金流量净额	0.23	0.05	0.05	
净资产收益率(%)	15.80	5.40	5.56	5.39

注:(1)主要财务指标的计算公式如下
每股收益=净利润/年度末普通股股份总数
每股净资产=年度末股东权益/年度末普通股股份总数
调整后的每股净资产=(年度末股东权益-三年以上的应收款项净额-待摊费用-待 处理流动和固定资产净损失-开办费-长期待摊费用-住房周转金负数余额)/年度末普 通股股份总数
每股经营活动产生的现金流量净额=经营活动产生的现金流量净额/年度末普通股股份总数
净资产收益率=净利润/年度末股东权益×100%
(2)根据财政部财会字(1999)35号文、49号文的有关规定,本公司变更了会计政策,采用追溯调整法调整了本年度和上年度有关项目,调整前后1998年度主要会计数据如下:

项目	1998年	
	调整前	调整后
坏帐准备	14823.00	397832.12
存货跌价准备	94042.04	-
盈余公积	16279046.69	16235701.63
其中:法定公益金	6590132.55	6575684.20
未分配利润	73886.86	-171735.16

(三)报告期内股东权益变动情况(单位:元)

项目	股本	资本公积	盈余公积	法定公益金	未分配利润	股东权益合计
期初数	120182400.00	138666261.53	9660017.43	6575684.20	-171735.16	274912628.00
本期增加			5328074.14	2664037.07	51026310.05	59018421.26
本期减少					11040020.30	11040020.30
期末数	120182400.00	138666261.53	14988091.57	9239721.27	39814554.59	322891028.96

变动原因:盈余公积和法定公益金增加系99年净利润提取;未分配利润增加系99年未分配的净利润,减少主要系法定公积和法定公益金提取及根据董事会1999年度利润 分配预案提取的应付股利。

三、股东情况介绍

1、股东数量
截止1999年12月31日,公司股东总数为10951户,其中:境内法人股东62户,社会公 众股东10889户。
2、前十名股东持股情况　　(数量单位:股)

股东名称	年末持股数	持股比例(%)	备注
北京经济发展投资公司	32025543	26.65	存在关联关系
镇海炼油化工股份有限公司	5616000	4.67	
宁波联合集团股份有限公司	4622400	3.85	其中流通股43200股
中国国泰证券有限公司	3771884	3.14	
中国百货纺织品公司	3456000	2.88	
宁波金港信托投资有限责任公司	3456000	2.88	
仲韵信资	2481873	2.07	流通股
江西省证券公司	2133216	1.77	
宁波中元股份有限公司	1995667	1.66	
扬鸽技术	1955722	1.63	流通股

据本公司所知,上述北京经济发展投资公司持有本公司的股份未作任何质押,亦未被冻结。

渤海集团股份有限公司

一、公司简介

(一)公司法定中文名称:渤海集团股份有限公司
英文名称:BOHAI GROUP CO.,LTD.
缩 写:B.H.GROUP
(二)公司法定代表人:李甫田
(三)公司董事局秘书:王锡忠
联系地址:山东省济南市泺源大街 22 号 20F
电 话:0531-6960858 传 真:0531-6960688
电子信箱:bohai@ jn-public.sd.cninfo.net
(四)公司注册地址:山东省济南市泺源大街中段
办公地址:山东省济南市泺源大街 22 号 20F 邮政编码:250063
公司总机:0531 -6988888 传 真:0531 -6966666
公司国际互联网网址:http://www.858bohai.com
电子信箱:bohai@ jn-public.sd.cninfo.net
(五)公司选定的信息披露报纸名称:上海证券报
登载公司年度报告的中国证监会指定国际互联网网址:http://www.sse.com .cn
年度报告备置地点:公司董事局办公室
(六)公司股票上市交易所:上海证券交易所
股票简称:渤海集团 股票代码:600858

二、会计数据和业务数据摘要

(一)本年度主要利润指标(单位:元)

利润总额	5143005.11
净利润	4896164.71
扣除非经常性损益后的净利润	-5071629.79
主营业务利润	11249710.55
其他业务利润	3293233.03
营业利润	-4824789.39
投资收益	12087788.76
补贴收入	
营业外收支净额	-2119994.26
经营活动产生的现金流量净额	2269627.07
现金及现金等价物净增加额	2253207.42

注:扣除非经常性损益项目及涉及金额(单位:元)

(1)营业外收支净额项目	-2119994.26
(2)投资收益项目	12087788.76
以上项目涉及金额合计	9967794.50

(二)前三年主要会计数据和财务指标(单位:元)

项目	1999 年	1998 年(调整前)	1998 年(调整后)	19997 年(调整前)	19997 年(调整后)
主营业务收入	26958840.52	22470620.43	22470620.43	14153434.31	14153434.31
净 利 润	4896164.71	-13790471.61	-14536987.98	1281318.78	-1849159.09
总 资 产	252713920.71	238421328.24	226861714.49	256813347.98	245562661.15
股 东 权 益	168039058.55	176780340.78	163142893.84	192269666.47	179636887.40
(不含少数股东权益)每股收益	0.0403	-0.1136	-0.1198	0.0106	-0.0152
扣除非经常性损益后的每股收益	-0.0418	-0.0871	-0.0932	-0.0616	-0.0874
每股净资产	1.3848	1.4568	1.3444	1.5845	1.4804
调整后的每股净资产	1.3506	1.3737	1.2613	1.4377	1.3336
每股经营活动产生的现金流量净额	0.0187	-0.0232	-0.0232		
净资产收益率(%)	2.9137	-7.80	-8.9106	0.6664	-1.0294

注:上述财务指标的计算公式如下:
每股收益=净利润/年度末普通股股份总数
每股净资产=年度末股东权益/年度末普通股股份总数
调整后的每股净资产=(年度末股东权益-三年以上应收款项净额-待摊费用-待处 理(流动、固定)资产净损失-开办费-长期待摊费用-住房周转金负数余额)/年度末普 通股股份总数
净资产收益率=净利润/年度末股东权益×100%
每股经营活动产生的现金流量净额=经营活动产生的现金流量净额/年度末普通股股份总数

(三)报告期内股东权益变动及原因(单位:元)

项目	股本	资本公积	盈余公积
期初数	121346720.00	56279475.45	7855335.65
本期增加			
本期减少			
期末数	121346720.00	56279475.45	7855335.65

续 下

项目	法定公益金	未分配利润	股东权益总计
期初数	2063328.66	-22338637.26	163142893.84
本期增加		4896164.71	4896164.71
本期减少			
期末数	2063328.66	-17442472.55	168039058.55

三、股东情况介绍

(一)报告期末股东总数
报告期末股东总数为 28435 户。
(二)前 10 名股东持股情况(单位:股)

名次	股东名称	年度内股份增减(+、-)	年末持股数	占总股份比例(%)
1	国家股	0	17600000	14.50
2	潍坊纯碱	0	11126720	9.17
3	山东广告	0	9160800	7.55
4	长新石材	-2000000	8560000	7.05
5	保都印刷	+2000000	2000000	1.65
6	周村仁达	0	140800	1.16
7	国泰证券	0	880000	0.73
8	景芝酒业	0	616000	0.51
9	高密化纤	0	616000	0.51
10	山东东华	0	580800	0.48

北京王府井百货(集团)股份有限公司

一、公司简介

1. 公司法定中、英文名称及缩写
公司法定中文名称:北京王府井百货(集团)股份有限公司
中文名称缩写:王府井百货
公司英文名称:BEIJING WANGFUJING DEPARTMENT STORE (GROUP)CO.,LTD.
英文名称缩写:BWDSG
2. 法定代表人:李生生
3. 董事会秘书:刘 冰
联系地址:北京王府井大街 255 号
电 话:(010)65125960 或(010)65126677 传 真:(010)65133133
4. 公司注册地址及办公地址:中国北京王府井大街 255 号
邮 编:100006
5. 公司选定信息披露报纸名称:上海证券报
公司年度报告备置地点:公司董事会办公室
6. 公司股票上市地:上海证券交易所
股票简称:王府井 股票代码:600859

二、会计数据和业务数据摘要

(一)本年度利润总额及其构成(单位:人民币元)

利润总额	3698738.12
净利润	3979841.10
扣除非经常性损益后的净利润	5985322.46
主营业务利润	228420844.25
其他业务利润	6659152.52
营业利润	12498045.05
投资收益	-6793825.57
补贴收入	
营业外收支净额	-2005481.36
经营活动产生的现金流量净额	30267892.82
现金及现金等价物净增加额	257601453.73

注:扣除的非经常性损益项目涉及金额

1. 固定资产处置损益	1651004.68
2. 捐赠支出	250380.00
3. 其他支出	104096.68

(二)主要会计数据及财务指标(单位:人民币元)

指标项目	1999 年度	1998 年度	1997 年度
主营业务收入(元)	1391814914.43	1615409715.33	1672195621.64
净利润(元)	3979841.10	25170246.57	146553086.82
总资产(元)	2797107554.10	2459350303.73	2341592874.42
股东权益(元)	1542485531.33	1535504299.63	1509837780.37
每股收益(元)	0.011	0.070	0.492
按月平均加权计算的每股收益(元/股)	0.011	0.071	0.592
扣除非经常性损益后的每股收益(元/股)	0.017	0.073	0.493
每股净资产(元/股)	4.318	4.30	5.07
调整后每股净资产(元/股)	3.71	3.89	4.85
每股经营活动产生的现金流量净额(元)	0.08	0.114	0.531
净资产收益率(%)	0.26	1.64	9.71

追溯法调整前财务指标	1999 年度	1998 年度	1997 年度
主营业务收入(元)	1391814914.43	1615409715.33	1672195621.64
净利润(元)	3979841.10	42061936.93	152297863.44
总资产(元)	2797107554.10	2481986770.71	2347337651.04
股东权益(元)	1542485531.33	1558140766.61	1515582556.99
每股收益(元)	0.011	0.118	0.51
按月平均加权计算的每股收益(元/股)	0.011	0.13	0.615
扣除非经常性损益后的每股收益(元/股)	0.017	0.12	0.512
每股净资产(元/股)	4.318	4.36	5.09
调整后每股净资产(元/股)	3.71	4.02	4.87
每股经营活动产生的现金流量净额(元)	0.08	0.114	0.531
净资产收益率(%)	0.26	2.7	10.05

三、股本变动及股东情况

(一) 股东情况介绍

1.截止 1999 年 12 月 31 日公司股东总数为 154661 名,其中国家股股东 1 名,为北京市京联发投资管理中心。北京市京联发投资管理中心是北京市政府在香港设立的上市公司,为北京控股有限公司的一家子公司。

2.持有本公司股份 5%以上的股东 1 名,为北京市京联发投资管理中心。截止 1999 年 12 月 31 日,北京市京联发投资管理中心年初持有本公司股份 176,904,000 股,年度内股 份未发生变化,年末持有 176,904,000 股。北京市京联发投资管理中心所持本公司股份无质押或冻结。

截止 1999 年 12 月 31 日本公司前 10 名股东持股情况:

序号	股东名称	持股数(股)	所占比例(%)
1	京联发(代表国家持股)	176904000	49.52
2	牛奶公司	2201064	0.616
3	金泰基金	1508398	0.422
4	苏州投资	564307	0.158
5	普丰基金	489694	0.137
6	建皖基金	478006	0.134
7	杨银华	374131	0.105
8	黄飞翔	327005	0.092
9	邵淳	277992	0.078
10	天目石材	270000	0.076

本公司前 10 名股东之间不存在关联关系。

3.持有本公司股份 10%(含 10%)以上股东情况

持有本公司 10%以上股份的法人股东 1 名,为北京市京联发投资管理中心,其法定代表人为白金荣,经营范围是项目投资管理 和投资咨询。

北人印刷机械股份有限公司

一、公司简况

1、公司法定中文名称: 北人印刷机械股份有限公司
英文名称: Beiren Printing Machinery Holdings Limited
英文缩写: BR
2、法定代表人: 朱武安先生
3、董事会秘书: 戎佩敏女士
邮政编码: 100022
电话: (010)67748470
传真: (010)67714086
公司国际互联网网址: http://www.beirengf.com
电子邮箱: beirengf@beirengf.com
4、公司选定的信息披露报纸为:中国《上海证券报》,香港《文汇报》、《英文 虎报》
5、公司注册办公及联系地址及公司年报置备地点:中国北京市朝阳区广渠道南 侧 44 号
6、登载公司年度报告的中国证监会指定国际互联网网址为:http://www.sse.com.cn
7、在香港的主要营业地点:香港中环怡和大厦 27 楼
8、公司股票上市地:香港 H 股、上海 A 股
H 股简称:北人印刷
H 股代码:187
A 股简称:北人股份
A 股代码:600860

二、主要会计数据与业务数据摘要

(一)年度实现利润总额:(单位:人民币千元)

利润总额	60,414
净利润	48,848
扣除非经常性损益的净利润	48,848
主营业务利润	158,375
其他业务利润	1,640
营业利润	60,697
投资收益	631
补贴收入	0
营业外收支净额	−913
经营活动产生的现金流量净额	67,720
现金及现金等价物净增加额	−13,011

(二)主要会计数据及财务指标: (单位:人民币千元)

指 标 项 目	1999 年	1998 年(注(8))		1997 年(注(8))	
		调整前	调整后	调整前	调整后
1.主营业务收入(人民币千元)	459834	457956	457956	442719	442719
2.净利润(人民币千元)	48848	55096	45839	64840	54758
3.总资产(人民币千元)	1164980	1212635	1182944	1192243	1176225
4.股东权益(人民币千元)	1003886	1016317	987037	993407	977388
5.每股收益(人民币元)(注(1))	0.122	0.138	0.115	0.162	0.137
6.每股净资产(人民币元)(注(2))	2.51	2.54	2.47	2.48	2.44
7.净资产收益率(摊薄)(%)(注(3))	4.87	5.42	4.64	6.53	5.60
8.净资产收益率(加权)(%)(注(4))	4.91	5.48	4.67	6.64	5.65
9.股东权益比率(%)(注(5))	86.17	83.81	83.44	83.32	83.10
10.调整后每股净资产(人民币元) (注(6))	2.36	2.40	2.33	2.34	2.30
11.每股经营活动产生的现金流量净额 (人民币元) (注(7))	0.169	0.103	0.103	−	−

主要会计数据与业务数据附注:
(1).每股收益=净利润或股东应占盈利÷报告期末普通股股份总数;加权每股收益与摊薄数一致。
(2). 每股净资产=报告期末股东权益÷报告期末普通股股份总数;
(3). 净资产收益率(摊薄)=(净利润或股东应占盈利÷报告期末股东权益)×100%
(4).净资产收益率(加权)=(净利润或股东应占盈利÷(期初股东权益+期末股东权益)×2)×100%
(5). 股东权益比率=年末股东权益÷年末总资产×100%
(6).调整后的每股净资产=(报告期末股东权益−三年以上的应收款项净额−待摊费用−待处理财产净损失−开办费−长期待摊费用−住房周转金负数余额)÷报告期末普通 股股份总数
(7).每股经营活动产生的现金流量净额=经营活动产生的现金流量净额÷报告期 末普通股股份总数
(8)."调整前后"指按中国会计准则下会计政策变更引致的调整,详见财务会计报 表附注中 20 项"会计政策和会计估计变更"内容;按香港会计准则未作调整。

(三)1999 年度股东权益变动情况(单位:人民币千元)

项目	股本	资本公积	盈余公积	其中:公益金	未分配利润	外币报表折算差额	合计
期初数	400000	399511	116334	33851	71191	1	987037
增加数	−	−	9802	4901	7047	0	16849
减少数	−	−	−	−	−	−	−
期末数	400000	399511	126136	38752	78238	1	1003886

三、股东情况介绍

1.截止 1999 年 12 月 31 日止,本公司 A 股股东数:33681 户,H 股股东数:227 户,合 计:33908 户。

2.截止 1999 年 12 月 31 日止,本公司前 10 名股东情况如下:

股东名称	类别	持股数量	占总股本比例%
北人集团公司	A	250,000,000	62.5
HKSCC NOMINEES LIMITED	H	90,880,199	22.72
CHEN CHAO YEN	H	1,500,000	0.38
CHEUNG CHU TAK	H	1,000,000	0.25
HUI KAU YU	H	994,000	0.24
HSBC NOMINEES (HONGKONG) LIMITED	H	510,000	0.1275
周子卿	A	506,100	0.126
KWAN KAM ON	H	500,000	0.125
金鑫基金	A	500,000	0.125
KWOK KOON HUI	H	360,000	0.09

北京城乡贸易中心股份有限公司

一、公司简介

1、公司法定中文名称:北京城乡贸易中心股份有限公司
公司英文名称:BEIJING RUBAN-RURAL TRADE CENTRECO.,LTD
公司英文名称缩写:BURTC
2、公司法定代表人:周和平
3、公司董事会秘书:赵 磊
董秘授权代表:严桂霞
联系电话:(010)68296595 传真:(010)68216933
联系地址:北京市海淀区复兴路甲 23 号董事会办公室
4、公司注册地址:北京市海淀区复兴路甲 23 号
公司办公地址:北京市海淀区复兴路甲 23 号 邮政编码:100036
5、公司选定的信息披露报纸名称:《中国证券报》、《上海证券报》
中国证监会指定国际互联网网址:http://www.sse.com.cn
年度报告备置地点:北京城乡贸易中心股份有限公司董事会办公室
6、公司股票上市地:上海证券交易所
股票简称:北京城乡 股票代码:600861

二、会计数据和业务数据摘要

1、本年度主要利润指标情况 (单位:人民币元)

利润总额:	142096019.53
净利润:	117795823.02
主营业务利润:	273220292.94
其他业务利润:	38746667.36
营业利润:	143740352.39
投资收益:	1204379.02
补贴收入:	− −
营业外收支净额:	−2848711.88
经营活动产生的现金流量净额:	−209815994.44
现金及现金等价物净增加额:	−79676364.79

2、截至报告期末公司前三年主要会计数据和财务指标:
主要会计数据和财务指标 单位:人民币元

指标项目	1999 年	1998 年	1997 年
(1)主营业务收入	1203400479.26	1323258683.34	1590232815.34
(2)净利润	117795823.02	110437174.03	102786986.80
(3)总资产	2309980408.89	1953720150.66	2055930502.99
(4)股东权益	1491059142.45	1104235817.93	1027454755.90
(5)每股收益	0.29	0.48	0.45
(6)按月平均加权法计算的每股收益	0.42	0.48	0.45
(7)每股净资产	3.67	4.83	4.49
(9)调整后每股净资产	3.26	4.04	3.96
(10)每股经营活动产生的现金流量净额	−0.52	0.64	
(11)净资产收益率(%)	7.9	10	10

追溯调整前:	1998 年	1997 年
(1)主营业务收入	1323248560.14	1590232815.34
(2)净利润	112463885.00	102786986.80
(3)总资产	1958507173.68	2055930502.99
(4)股东权益	1107637445.18	1027454755.90
(5)每股收益	0.49	0.45
(6)按月平均加权法计算的每股收益	0.49	0.45
(7)每股净资产	4.84	4.49
(8)调整后每股净资产	4.32	3.96
(9)每股经营活动产生的现金流量净额	0.64	
(10)净资产收益率(%)	10.15	10

3、本报告期内股东权益变动情况:

项目	股本	资本公积金	盈余公积金	法定公益金	未分配利润	股东权益合计
期初数	228600000	607643998.19	251301326.99	49602989.48	16690492.75	1104235817.93
本期增加	177138946	227134870.50	90689159.07	14211156.80	117795823.02	612758798.59
本期减少	135246.15			90689159.07	225935474.07	
期末数	405738946	699532553.69	341990486.06	63814146.28	43797156.70	1491059142.45

变动原因: 1、股本增加:因报告期内实施了 1998 年度配股方案和 1999 年中期资本公积金转增股本方案所致.
2、资本公积金增减:因公司报告期内实施了 1998 年度配股和 1999 年中期实施了资本公积金转增股本。
3、盈余公积金增加:因公司当年利润分配所致。
4、法定公益金增加:因公司当年利润分配所致.

三、股东情况介绍

1、报告期末股东总数
截止 1999 年 12 月 31 日,公司在册股东总数 60108 户.
2、公司前 10 名股东持股情况如下:

名 称	年末持股数(万股)	占总股本比例%
①北京市郊区旅游实业开发公司	16920	41.7
②北京北航天华科技有限责任公司	2422	5.97
③万科企业股份有限公司	1500	3.70
④北京海兴实业公司	1500	3.70
⑤北京国际信托投资有限公司	750	1.85
⑥华夏证券天宁寺证券营业部	597	1.47
⑦关桂华	120	0.30
⑧贡馨盛	97.2	0.24
⑨关翠兰	90	0.22
⑩.马梅芳	88.2	0.22

持有本公司 5%以上股份的股东中,除北京北航天华科技有限责任公司以其所持股份 50%向北京商业银行抵押贷款外,无其它质押或冻结情况。

南通机床股份有限公司(集团)

(一) 公司简介

1.公司法定中文名称:南通机床股份有限公司(集团)
公司法定英文名称:Nantong Machine Tool CO.,Ltd.(Group)　　缩写:TONMAC
2.公司法定代表人:张宗平先生
3.公司董事会秘书:刘西川先生
联系地址:江苏省南京市新街口华新大厦17楼
电话:025-4700000 转 302　　传真:025-4700001
电子信箱:Liuxichuan@sutech.com
公司董秘授权代表:丁　凯先生
联系地址:江苏省南通市任港路23号
电话:0513-5516141 转 8054　　传真:0513-5512271
电子信箱:ntmt@public.nt.js.cn
4.公司注册地址:江苏省南通市任港路23号
公司办公地址:江苏省南通市任港路23号　　邮政编码:226006
公司国际互联网网址:http://www.nantong-machine.com
电子信箱:nantmt@public.nt.js.cn
5.公司选定的信息披露报纸名称:《上海证券报》、《中国证券报》、《证券时报》
登载公司年度报告的中国证监会指定国际互联网网址:http://www.sse.com.cn
公司年度报告备置地点:公司证券部
6.公司股票上市交易所:上海证券交易所
股票简称:南通机床　　股票代码:600862

(二) 会计数据和业务数据摘要

1.本年度主要利润指标情况(单位:人民币元)

利润总额:	62,869,517.72
净利润:	62,193,350.90
扣除非经常性损益后的净利润:	58,488,066.77
主营业务利润:	65,876,750.15
其他业务利润:	1,431,066.05
营业利润:	30,668,124.48
投资收益:	25,662,418.71
补贴收入:	5,898,193.14
营业外收支净额:	640,781.39
经营活动产生的现金流量净额:	23,391,125.83
现金及现金等价物净增加额:	6,985,825.24

注:扣除的非经常性损益项目和涉及金额:

1.营业外收支净额项目:	-285,409.01
a.处理固定资产净收益	287,028.63;
b.罚款支出	89,903.80;
c.交通重点建设基金支出	333,340.00
d.粮食风险基金支出	166,670.00
e.其他净收入:	17,476.16
2.补贴收入项目:	3,990,639.14
a.南通市财政局拨科技三项费用	210,000.00
b.教育费附加及城市维护建设费退税	1,150,600.00
c.超税负的增值税退税	2,524,783.14
d.财政局高科技超税负返还	105,310.00
3.以上项目涉及金额:	3,705,284.13

2.截至报告期末公司前三年主要会计数据和财务指标:(单位:人民币元)

项目	1999年	1998年		1997年	
	调整后	调整前	调整后	调整前	调整后
主营业务收入	231058364.24	203545295.24	185471519.64	167638308.50	167638308.50
净利润	62193350.90	20160234.60	16466818.34	569380.91	630498.93
总资产	584702779.38	720840863.22	522867951.28	493596918.77	475264798.02
股东权益	192933265.04	148928919.37	129599914.14	127928684.77	109713915.94
每股收益	0.4182	0.271	0.2215	0.01	0.01
每股收益(月均)	0.4182	0.271	0.2215	0.01	0.01
扣除非经营损益	0.39	0.159	0.11	-0.135	-0.134
后的每股收益每股净资产	1.297	2.003	1.743	1.72	1.48
调整后每股净资产	1.258	1.69	1.563	1.49	1.28
每股经营活动产生	0.157	0.169	0.169	-	-
的现金净流量净资产收益率	32.24	13.54	12.71	0.45	0.57

3.报告期内股东权益变动情况

项目	股本	资本公积	盈余公积	法定公益金	未分配利润	股东权益合计
期初数	74351985	78525124	5336080	5336080	-33949355	129599914
本期增加	74351985	1140000	2824399	2824399	62193350	143334134
本期减少	-	55763988	-	-	24236795	80000783
期末数	148703970	23901135	8160479	8160479	4007199	192933265

变动原因:股本变动是由于本公司1999年9月27日进行了中期利润分配所致;

资本公积的增加是由于中国银行外汇借款以税还贷114万元增加资本公积,减少是由于99年中期转增股本;

盈余公积和法定公益金变动是因为本年度利润提取数额;

(三) 股东情况介绍

(1) 报告期末公司股东总数为6112户。
(2) 报告期末公司主要股东持股情况

股东名称	持股数(股)	占总股本比例(%)
①江苏省技术进出口公司	56,000,000	37.66
②南通市国有资产管理局	40,730,770	27.39
③汉盛基金	10,875,572	7.31
④苏方欣	3,887,448	2.61
⑤久青物业	2,547,753	1.71
⑥久青房产	2,186,247	1.47
⑦久茂中心	1,815,129	1.22
⑧海通北京	1,634,314	1.10
⑨博联科技	1,429,502	0.96
⑩现代经济	1,305,150	0.88

内蒙古蒙电华能热电股份有限公司

一、公司简介

1、公司法定中文名称:内蒙古蒙电华能热电股份有限公司
英文名称:Inner Mongolia MengDian HuaNeng Thermal Power Corporation Limited
英文名称缩写:NMHD
2、公司法定代表人:乌若思
3、公司董事会秘书:张　彤
联系地址:内蒙古呼和浩特市锡林南路218号
邮政编码:010020
电话号码:(0471)6942388
传真电话:(0471)6926658
电子信箱:nmhd@public.hh.nm.cn
4、公司注册地址:内蒙古呼和浩特市锡林南路218号
公司办公地址:内蒙古呼和浩特市锡林南路218号
邮政编码:010020
公司国际互联网网址:www.nmhdwz.com
5、公司选定的信息披露报纸名称:《上海证券报》
登载公司年度报告的中国证监会指定国际互联网网址:www.sse.com.cn
公司年度报告备置地点:公司总经理工作部
6、公司股票上市交易所:上海证券交易所
股票简称:内蒙华电
股票代码:600863

二、会计数据和业务数据摘要

1、公司本年度实现的利润总额:235,188,611.09元

净利润:	201,467,231.05元
扣除非经常性损益后的净利润:	201,467,231.05元
主营业务利润:	228,481,514.99元
其他业务利润:	10,002.64元
营业利润:	224,517,191.75元
投资收益:	10,442,689.85元
补贴收入:	
营业外收支净额:	228,729.49元
经营活动产生的现金流量净额:	-308,523,003.79元 *
现金及现金等价物净增加额:	14,887,860.64元

* 经营活动产生的现金流量净额为负数的原因详见"财务会计报告3会计报表附注31"。

2、公司前三年的主要会计数据和财务指标: 单位:元

项目/年度	1999年度	1998年度		1997年度
		调整前	调整后	
主营业务收入	1226791369.33	419114120.95	419114120.95	423409049.85
净利润	201467231.05	212140134.70	200254547.47	116858910.37
总资产	3684213260.65	1470307358.00	1461413953.95	1231120362.85
股东权益	3227266329.41	1198916854.59	1187031267.36	1100174319.89
每股收益	0.213	0.38	0.36	0.21
每股净资产	3.42	2.16	2.14	1.98
调整后每股净资产	3.38	2.11	2.09	1.98
每股经营活动产生的现金流量净额	-0.326	0.075	0.075	
净资产收益率	6.24%	17.69%	16.87%	10.62%

每股收益、每股净资产、调整后的每股净资产、每股经营活动产生的现金流量净额和净资产收益率等财务指标的计算公式如下:

每股收益=净利润/年度末普通股股份总数

每股净资产=年度末股东权益/年度末普通股股份总数

调整后的每股净资产=(年度末股东权益-三年以上的应收款项净额-待摊费用-待处理(流动、固定)资产净损失-开办费-长期待摊费用-住房周转金负数余额)/年度末普通股股份总数

每股经营活动产生的现金流量净额=经营活动产生的现金流量净额/年度末普通股股份总数

净资产收益率=净利润/年度末股东权益×100%

3、报告期内股东权益变化情况 单位:元

项目	股本	资本公积	盈余公积	法定公益金	未分配利润	合计
期初数	555100000	383930885.52	162642087.51	32831723	85358294	1187031267
本年增加	389880000	1543385831.00	95696934.75	15110042	201467231	2230429996
本年减少	190194934	190194934.75				
期末数	944980000	1927316716.52	258339022.26	47941765	96630590	3227266329

变动原因:

(1)、股本本期增加38,988万股是由于公司1998年末配股所致(配股于1999年1月17日完成)。

(2)、本年资本公积的增加是由于配股溢价所致。

(3)、本年盈余公积和法定公益金的增加是以本年度实现净利润的10%提取法定 公积金、7.5%提取法定公益金和30%提取任意盈余公积金所致。

(4)、本年未分配利润的增加是本年实现的净利润。

本年未分配利润的减少是因为提取公积金、公益金和预分配股利而减少的。

三、股东情况介绍

(1)、报告期末股东总数:98838户。
(2)、前10名股东的持股情况。

股东名称	年初持股	本期增加	期末持股	占有比例	备注
内蒙古电力(集团)有限责任公司	298116000	291320822	589436822	62.37%	未上市
中国华能集团公司	98384000	25879178	124263178	13.15%	未上市
国家股	71500000	3000000	74500000	7.88%	未上市
华能内蒙古发电公司	2600000	2080000	4680000	0.50%	未上市
泰和基金			999581	0.11%	已上市
兴和基金			493904	0.05%	已上市
财政证券			476440	0.05%	已上市
刘建民			416000	0.04%	已上市
胡晓楠			400000	0.04%	已上市
晏福庆			379271	0.04%	已上市

哈尔滨岁宝热电股份有限公司

(一) 公司简介

1.公司法定中文名称:哈尔滨岁宝热电股份有限公司
公司英文名称:HARBIN SHIRBLE ELECTRIC-HEAT ▮ O.LTD　　缩写:HSB
2.公司法定代表人:杨祥波
3.公司董事会秘书:徐建伟
联系地址:哈尔滨市南岗区昆仑商城隆顺街27号
联系电话:0451-2333238　联系传真:0451-2332228
电子信箱:hsbzjb@mail.hrb.hl.cninfo.net
4.公司注册地址及办公地址:哈尔滨市南岗区昆仑商城隆顺7号　邮政编码:150090
电子信箱:hsbzjb@mail.hrb.hl.cninfo.net
5.公司选定的信息披露报纸:上海证券报
登载公司年度报告中国证监会指定的国际互联网网址为　http://WWW.sse.com.cn
公司年度报告备置地点:公司董事会秘书办公室
6.公司股票上市交易所:上海证券交易所
公司股票简称:岁宝热电　公司股票代码:600864

(二) 会计数据和业务数据摘要

1、公司本年度会计数据 单位:人民币万元

公司本年度实现的利润总额	3689
主营业务利润	4303
其他业务利润	17
净利润	2355
扣除非经常性损益后的净利润	2022
投资收益	1478
营业利润	1865
补贴收入	333
营业外收支净额	13
经营活动产生现金流量净额	1132
现金及现金等价物净增加额	9599

2、公司近三年主要会计数据和财务指标　单位:人民币元

指标项目	1999年	1998年		1997年	
		调整前	调整后	调整前	调整后
主营业务收入	192422456.67	189800659.53		206697560.84	
净利润	23548971.73	30624992.45	28489190.86	25304616.57	22576385.77
总资产	824469346.90	759775274.45	744563203.32	733857003	724724397.32
股东权益(不含少数股东权益)	373800636.68	300318729.14	287887755.66	280125146	272706090.53
每股收益	0.172	0.29	0.273	0.24	0.216
每股净资产	2.74	2.88	2.76	2.69	2.61
调整后每股净资产	2.70	2.78	2.71	2.59	2.54
每股经营活动产生的现金流量净额	0.083	-0.13			
净资产收益率(%)	6.30	10.20	9.90	9.03	8.28
加权平均每股收益	0.21	0.29	0.273	0.25	0.225
加权平均净资产收益率(%)	7.0	10.55	10.16	9.63	8.80

注:主要财务指标计算方法
每股收益=净利润/年度末普通股股份总数
每股净资产=年度末股东权益/年度末普通股股份总数
净资产收益率=净利润/年度末股东权益×100%
调整后的每股净资产=(年度末股东权益-三年以上的应收款项净额-待摊费用-待 处理 (流动.固定)资产净损失-开办费-长期待摊费用-住房周转金负数余额)/年度末普通股股份总数。
每股经营活动产生的现金流量净额=经营活动产生的现金流量净额/年度末普通股股份总数。

3、报告期内股东权益变动情况

项目	股本(股)	资本公积(元)	盈余公积(元)	法定公益金(元)	未分配利润(元)	股东权益合计
期初数	104314100	109930067	21448018	10768505.81	52195569.36	287887755.66
本期增加	32280449	65971680	4709794	2354897.17		85912881.02
本期减少	17049043					
期末数	136594549	175901748	26157812	13123402.98	35146526.36	373800636.68

变动原因:(1).股本、资本公积增加,是因为本年度送股及配股(2).盈余公积、法定公益金增加,是从净利润中提取增加 (3).未分配利润:实施1998年度分红和1999年度预分配方案的支出

(三) 股东情况介绍

(1)截止99年12月31日持有本公司股份的股东共27560名。其中国家股1名,法人股2名,社会公众股27557名。

(2)持有本公司5%(含5%)以上股份的股东:

持股5%(含5%)以上的股东分别为哈尔滨石油化学工业(集团)公司、岁宝集团(深 圳)实业有限公司。因实施1998年度利润分配方案和1999年配股,哈尔滨石油化学工业(集团)公司股本增加8,833,989股;岁宝集团(深圳)实业有限公司股本增加7,593,020 股。

由于岁宝集团(深圳)实业有限公司与深圳市城市建设开发(集团)公司发生债务纠纷引起的诉讼,该公司持有的岁宝热电35465100股份被广东省高级人民法院冻结。

由于中国旅游国际信托投资公司诉岁宝集团(深圳)实业有限公司一案,岁宝集团(深圳)实业有限公司持有本公司的50万股股权被北京市高级人民法院查封。

公司前10名股东持股情况

股东姓名	持股数	占总股本	说明
哈尔滨石油化学工业(集团)公司	45351789	33.2%	未上市流通
岁宝集团(深圳)实业有限公司	43058120	31.52%	未上市流通
阿城市热电厂	2809640	2.06%	未上市流通
麦桃清	505668	0.37%	已上市流通
金鑫基金	359656	0.26%	已上市流通
杨百根	250000	0.18%	已上市流通
陈逸民	132000	0.097%	已上市流通
王寒涛	27612	0.093%	已上市流通
赵秀兰	126000	0.092%	已上市流通
潘信方	125375	0.092%	已上市流通

哈尔滨石油化学工业(集团)公司代表哈尔滨市国有资产管理局持有本公司国家股股份。

百大集团股份有限公司

公司简介

公司法定中文名称:百大集团股份有限公司
公司法定英文名称:BAIDA GROUP CO., LTD
公司英文名称缩写:BAIDA GROUP
公司法定代表人:董伟平
公司董事会秘书:何美云
联系地址:公司投资发展部
联系电话:0571-5109129　公司传真:0571-5150586
电子信箱:hemy@mail.hz.zj.cn
公司注册及办公地址:杭州市延安路546号　邮政编码:310006
公司信息披露报纸:《上海证券报》、《中国证券报》
登载公司年度报告的国际互联网网址:http://www.sse.com.cn
公司年报备置地点:公司投资发展部
公司股票上市交易所:上海证券交易所
股票简称:百大集团　股票代码:600865

会计数据和业务数据摘要

1、本年度利润总额及其构成(合并报表) 单位:元

利润总额	65295393.43
净利润	49069653.67
扣除非经营性损益后的净利润[注]	51829357.45
主营业务利润	147228246.15
其他业务利润	13439030.71
营业利润	54746355.00
投资收益	24200007.72
营业外收支净额	-13650969.29
经营活动中产生的现金流量净值	35143853.23
现金及现金等价物净增加额	-39143232.62

注:扣除非经营性损益后的净利润扣除项目	金额
百大集团嘉兴百货有限责任公司清算净损失	12261714.75
百大集团日森有限公司股权转让净收益	9502010.97

2、公司前三年主要会计数据和财务指标

项目名称	99年	98年(调整前)	97年(调整前)
1)主营业务收入(元)	827429964.33	878033124.49	790161946.20
2)净利润(元)	49069653.67	65191934.84	56657200.21
3)总资产(元)	1399791640.66	1127591348.85	865518918.34
4)股东权益(元)	647998240.80	642628119.29	491838042.05
5)每股收益(元/股)摊薄	0.18	0.24	0.25
加权	0.18	0.25	0.28
6)扣除非经营性损益后	0.19		
6)每股净资产(元)	2.40	2.38	2.16
7)调整后的每股净资产(元)	2.28	2.28	2.08
8)净资产收益率(%)摊薄	7.57	10.14	11.52
9)每股经营活动中产生的现金流量净值(元/股)	0.13	0.17	

项目名称	98年(调整后)	97年(调整后)
1)主营业务收入(元)	878033124.49	790161946.20
2)净利润(元)	60493770.39	52841428.47
3)总资产(元)	1130809475.03	764561932.10
4)股东权益(元)	625788164.23	479696251.44
5)每股收益(元/股)摊薄	0.22	0.23
加权	0.22	0.26
6)每股净资产(元)	2.32	2.11
7)调整后的每股净资产(元)	2.24	2.03
8)净资产收益率(%)摊薄	9.67	11.02
9)每股经营活动中产生的现金流量净值(元/股)	0.17	

3.报告期内股东权益变动情况数量　单位:元

项目	股本	资本公积	盈余公积	(其中)法定公益金	未分配利润	股东权益合计
期初数	269706320	318266905.42	50839577.94	15453162.60	-13024639.13	625788164.23
本期增加	-	-	7471502.95	2453482.68	49069653.67	56541156.62
本期减少	-	-	-	-	34331080.05	34331080.05
期末数	269706320	318266905.42	58311080.89	17906645.28	1713934.49	647998240.80

变动原因:1. 根据董事会通过的1999年度利润分配方案, 按照1999年度净利润49,069,653.67元,提取10%法定盈余公积金4,906,965.37元,5%的法定公益金2,453,482.68元,每股派发现金股利0.10元(含税),合计分配普通股股利26,970,632.00。

2. 盈余公积本年其他增加111,054.90元, 系免征的1998年转让土地使用权所得的 企业所得税。

股本变动及股东情况

1.告期末股东总数
截止1999年12月31日,公司共计股东人数59023户。
2.公司前十名股东的持股情况

股东名称	持股数(股)	所占比例(%)
杭州市投资控股公司	80730000	29.93
南方证券	9536592	3.53
杭州市股权交流中心	5057465	1.88
杭州工商信托投资公司	4040000	1.50
浙江省商业(集团)总公司	3900000	1.45
杭州市民生药业集团公司	2535000	0.94
余杭市江南实业有限公司	2340000	0.87
杭州市烟草分公司	1950000	0.72
浙江第三建筑工程公司	1950000	0.72
杭州三和	1900000	0.70

杭州市投资控股公司为公司国有法人股股东,公司法人表郑向炜,经营杭州市 政府授权范围内的国有资产,所持股份没有质押。

广东肇庆星湖股份有限公司

一、公司简介

1. 公司法定中文名称：广东肇庆星湖股份有限公司
公司英文名称:STAR LAKE CO.INC ZHAOQING GUANGDONG
英文名称缩写:STAR LAKE.CO
2. 公司法定代表人:黄增麟
3. 公司董事会秘书:陈 明
联系地址:广东省肇庆市工农北路 67 号
电 话: (0758)2239449 2272272 传 真: (0758)2239449
电子信箱:slmo@pub.zhaoqing.gd.cn
董事会秘书授权代表:杨达明
联系地址:广东省肇庆市工农北路 67 号
电 话: (0758)2239449 2227148 传 真: (0758)2239449
电子信箱:slmo@pub.zhaoqing.gd.cn
4. 公司注册及办公地址: 广东省肇庆市工农北路 67 号
邮 编:526060
公司国际互联网网址:http://www.starlake.com.cn
公司电子信箱: slmo@pub.zhaoqing.gd.cn
5. 公司信息披露报纸名称:《上海证券报》《证券时报》
登载年报的指定网址: http://www.sse.com.cn
公司年报备置地点: 公司总经理办公室
6. 公司股票上市地: 上海证券交易所
股票简称: 星湖股份 股票代码: 600866

二、会计数据和业务数据摘要

1、本年度主要利润指标情况 (单位:元)

利润总额	77,364,165.68
净利润	70,604,165.68
扣除非经常性损益后的净利润	69,795,580.68
主营业务利润	110,959,288.05
其它业务利润	1,094,329.44
营业利润	73,764,034.66
投资收益	3,245,849.34
补贴收入	808,585.00
营业外收支净额	(454,303.32)
经营活动产生的现金流量净额	52,969,846.57
现金及现金等价物净增加额	125,221,554.06

注:本年度公司非经常性损益构成如下(单位:人民币元)

项目	金额
补贴收入	808,585.00

2、截止报告期末公司前三年的主要会计数据和财务指标

(1)主要会计数据和财务指标(单位:人民币元)

项目	1999 年	1998 年		1997 年	
		调整后	调整前	调整后	调整前
主营业务收入	290103,740.77	302,088,927.51	302,088,927.51	282549888.55	282549888.55
净利润	70,604,165.68	61,652,108.67	70,088,186.27	55510,496.46	60109337.96
总资产	847,375,955.80	605,356,321.13	613,792,398.73	506319523.18	510918364.68
股东权益	703,503,153.18	439,816,314.59	448,252,392.19	398491286.22	403090127.72
每股收益(元/股)	0.366	0.371	0.422	0.434	0.47
每股收益	0.393	0.419	0.48	0.50	0.541
(按月平均加权)每股收益(扣除非经常性损益)					
	0.362	0.364	0.414	0.431	0.467
每股净资产 (元/股)	3.65	2.647	2.70	3.12	3.15
调整后的每股净资产(元/股)					
	3.50	2.62	2.90	3.08	3.11
每股经营活动产生的现金流量净额					
	0.275	0.428	0.428		
净资产收益率(%)	10.04	14.02	15.64	13.93	14.91

注:以上数据及指标依照公司合并会计报表数填列

调整前指公司会计政策、会计估计变更追溯调整前的会计数据,调整后指公司会 计政策、会计估计变更追溯调整后的会计数据

(3)会计政策、会计估计变更追溯调整的会计数据

项目	1999 年	1998 年		1997 年	
		调整前	调整后	调整前	调整后
应收帐款	82306638.04	67259594.75	63549149.54	71576780.39	67620274.95
其他应收款	6330535.05	15460579.90	14532945.10	10705,601.05	10063264.99
存货	123599048.18	97438077.64	93640080.05	75870,755.39	75870755.39
合计	212236221.27	180158252.29	171722174.69	158153,136.83	153554295.33

三、股东情况介绍

1、报告期末股东数总数

截止 1999 年 12 月 31 日，公司股东总数为 63900 户， 其中国家股股东 1 户，社会公众股股东 63899 户。

(2)主要股东持股情况(前十名股东)

持有本公司 5%以上股份的股东只有发起人股东肇庆市国有资产管理局，报告期末持股 77697412 股，肇庆市国有资产管理局所持有本公司的股份无质押和冻结。

前 10 名股东情况:

股东名称	持股数(股)	比例(%)
肇庆市国资局	77697412	40.32
光大证券	3210399	1.67
平安证券	777849	0.40
吉林证券	554950	0.29
江苏证券	388549	0.20
刘燎原	371849	0.19
昊川贸易	360682	0.19
冯 铨	351000	0.18
崔树慧	331475	0.17
巩维纲	320000	0.17

通化东宝药业股份有限公司

一、公司简介

(一)公司法定中文名称:通化东宝药业股份有限公司
公司法定英文名称:TONGHUA DONGBAO MEDICINES CO.,LTD.
缩写: THDB
(二)公司法定代表人:李一奎
(三)公司董事会秘书:王君业
联系地址:通化县东宝新村证券部
电话:(0435)5858025
传真:(0435)5858025
电子信箱:thdb@public.th.jl.cn
(四)公司注册地址:通化县东宝新村
公司办公地址:通化县东宝新村
邮政编码:134123
公司国际互联网网址:http://www.thdb.com
公司电子信箱:thdb@public.th.jl.cn
(五)公司选定的信息年报纸:《上海证券报》
公司登载年报指定网址:http://www.sse.com.cn
公司年报备置地点:公司证券部
(六)公司股票上市交易所:上海证券交易所
股票简称:通化东宝
股票代码:600867

二、会计数据与业务数据摘要

1、本年度主要利润指标情况 (单位:元)

利润总额	99979803.17
净利润	67608116.84
主营业务利润	137967235.66
其他业务利润	8382460.41
投资收益	224128.43
补贴收入	15795283.47
营业外收支净额	313209.92
经营活动产生的现金流量净额	-95085814.77
现金及现金等价物净增加额	-78541701.39

2、主要财务数据与财务指标

指标项目	99 年末	98 年末		97 年末	
		调整前	调整后	调整前	调整后
主营业务收入	219718509.06	218904077.24	218904077.24	205389277.76	205389277.76
净利润	67608116.84	92611508.20	87592234.86	90634063.42	86032256.04
总资产	1497388539.17	1178715225.72	1146829314.05	875025951.82	870424144.44
股东权益	1371631929.31	902933080.98	871179939.54	810321572.78	809719765.40
每股收益摊薄	0.2083	0.4457	0.4211	0.4357	0.4136
加权	0.2216	0.4457	0.4211	0.4357	0.4136
每股净资产	4.2270	4.3409	4.1904	3.8956	3.8927
调整后的每股净资产	4.1428	4.0546	3.8706	3.80	3.7804
净资产收益率摊%	4.93	10.26	10.05	11.18	10.62
加权%	6.23	10.81	10.60	11.16	10.62

注:主要财务指标计算方法:

每股收益=净利润/年度末普通股股份总数

加权平均每股收益=当期净利润÷[期末普通股份总数÷(1+配股比例或新增发新 股比例)+期末普通股股份总数÷(1+配股比例或增发新股比例)×配股比例或增发新股比例×缴款结束日下一月份至期末的月份数÷12]

每股净资产=年度末股东权益/年度末普通股股份总数

调整后的每股净资产=年度末股东权益-三年以上的应收款项净额-待摊费用-待处理（流动、固定）资产净损失-开办费-长期待摊费用-住房周转金负数余额)/年度末普 通股股份总数

每股经营活动产生的现金流量净额=经营活动产生的现金流量净额/年度末普通股股份总数

净资产收益率=净利润/年度末股东权益×100%

加权平均净资产收益率=当期净利润/[(期初净资产+期末净资产(扣除当期发新股或配股新增净资产)÷2+当期发新股或配股新增净资产×(自缴款结束日下一月份至报告期末的月份-6) ÷12]

3、报告期内股东权益变动情况

(单位:人民币元)

项目	股本	资本公积	盈余公积	法定公益金	未分配利润	股东权益合计
期初数	208008356	424763640	95046045.24	20707450.83	143361898.30	871179939.54
本期增加	116484679	316359193	14394231.35	4798077.13	53213885.49	500451989.77
本期减少						
期末数	324493035	741122833	109440276.59	25505527.96	196575783.79	1371631929.31

变动原因本期增加配股,按法定提取两金及本期实现利润所至。

三、股东情况介绍

(1)报告期末股东总数 102092 户。

(2)前十名股东持股情况

	持股数	占总股本比例%
东宝实业集团公司	159073756	49.02
通化白雪山制药厂	5019300	1.55
金泰基金	2962835	0.91
通化石油工具厂	2702700	0.83
张秋滨	432181	0.13
颜玉生	394851	0.12
航道物资	352000	0.11
熊翼藩	342383	0.10
天宏烟机	330000	0.10
孙先斌	255600	0.08

(3) 持 10%以上的法人股东

东宝实业集团公司持有本公司 49.02%的股份,系法人股。

法人代表:李一奎

经营范围:化学药制剂、中成药、滋补保健品制造及生产所需原辅材料、机械设 备和零部件。

广东梅雁企业(集团)股份有限公司

广东梅雁企业(集团)股份有限公司1999年年度报告摘要

(一) 公司简介

1、公司法定中文名称:广东梅雁企业(集团)股份有限公司
英文名称:GUANG DONG MEIYAN ENTERPRISE (GROUP)CO.,LTD.
(缩写:MEIYAN)
2、公司法定代表人:杨钦欢
3、公司董事会秘书:李忠平
授权代表:杨锋源
联系地址:广东省梅州市湾水塘
联系电话:(0753)2218286
传　　真:(0753)2232983
电子信箱:MZMYGF@PUB.MEIZHOU.GD.CN.
4、公司注册地址:广东省梅州市梅县
公司办公地址:广东省梅州市湾水塘
邮政编码:514011
公司电子信箱:MZMYGF@PUB.MEIZHOU.GD.CN.
5、公司选定的信息披露报纸名称:《中国证券报》、《上海证券报》
登载公司年度报告的中国证监会指定国际互联网网址:
http://www.sse.com.cn
公司年度报告备置地点:公司董事会秘书室
6、公司股票上市交易所:上海证券交易所
股票简称:梅雁股份
股票代码:600868

(二) 会计和业务数据摘要

1、公司本年度实现:

利润总额	197,929,306.69 元;
净利润	185,572,042.27 元;
扣除非经常性损益后的净利润	185,572,042.27 元;
主营业务利润	227,577,121.63 元;
其他业务利润	332,747.66 元;
营业利润	193,281,452.87 元;
投资收益	4,302,147.71 元;
补贴收入	0 元;
营业外收支净额	345,706.11 元;
经营活动产生的现金流量净额	197,829,878.02 元;
现金及现金等价物净增加额	-81,795,478.76 元;

2、截止报告期末公司前三年主要会计数据与财务指标(合并数)
(单位:人民币元)
追溯调整后:

项　目	1999 年	1998 年	1997 年
(1)主营业务收入	542479643.24	470189609.43	350270782.59
(2)净利润	185572042.27	178608081.17	141513799.49
(3)总资产	1905611590.04	1573667370.82	812132150.35
(4)股东权益(不含少数股东权益)	1494879347.99	1309307305.72	660535437.17
(5)每股收益	0.27	0.41	0.51
每股收益(按月平均加权法计算)	0.31	0.46	0.60
扣除非经常性损益后的每股收益(摊薄)	0.27	0.41	0.51
(6)每股净资产	2.15	3.02	2.38
调整后的每股净资产	2.13	3.00	2.36
(7)每股经营活动产生的现金流量净额	0.2849	0.2750	---
(8)净资产收益率(%)	12.41	13.64	21.42

追溯调整前:

项　目	1998 年	1997 年
(1)主营业务收入	470189609.43	350270782.59
(2)净利润	180229631.48	141666150.80
(3)总资产	1557248536.64	812311387.19
(4)股东权益(不含少数股东权益)	1312888471.54	660714674.01
(5)每股收益	0.415	0.51
每股收益(按月平均加权法计算)	0.464	0.60
扣除非经常性损益后的每股收益(摊薄)	0.415	0.51
(6)每股净资产	3.03	2.38
调整后的每股净资产	3.01	2.36
(7)每股经营活动产生的现金流量净额	0.275	--
(8)净资产收益率(%)	13.73	21.44

注:(1)主要财务指标的计算方法:
每股收益=净利润 /年度末普通股股份总数
每股净资产=年度末股东权益 /年度末普通股股份总数
调整后的每股净资产=(年度末股东权益-三年以上的应收款项净额-待摊费用-待 处理 (流动、固定)资产净损失-开办费-长期待摊费用-住房周转金负数余额)/年度末 普通股股份总数
每股经营活动产生的现金流量净额=经营活动产生的现金流量净额/年度末普通股股份总数
净资产收益率=净利润/年度末股东权益×100%
按月平均加权法的计算的每股收益=净利润/[期末普通股股份总数/(1+配股比例 或增发新股比例)+期末普通股股份总数/(1+配股比例或增发新股比例)×配股比例或 增发新股比例×缴款结束日下一月份至报告期末的月份数 /12]
扣除非经常性损益后的每股收益(摊薄)=扣除非经常性损益后的净利润/年度末普通股股份总数

(2)说明:由于会计政策变更,根据财政部财会字(1999)35 号文 、49 号文的有关规 定,采用了追溯调整法,调整了一九九九年度合并会计报表相关的帐项,调整前各年度 会计数据如下:

项目	1998 年	1997 年
坏帐准备	654033.19	414198.37
存货跌价准备		
盈余公积	96329361.58	60283435.29
未分配利润	143855444.63	121364425.39

调整后各年度会计数据如下:

项目	1999 年	1998 年	1997 年
坏帐准备	2139576.61	4187241.35	2337234.82
存货跌价准备	92882.64	47957.64	36579.06
盈余公积	123532707.83	95696901.49	59992000.20
未分配利润	211850759.03	140906738.90	119712959.90

3、报告期内股东权益变动情况

项目	股本	资本公积	盈余公积	法定公益金	未分配利润	股东权益合计
期初数	433961079	638742586.33	95696901.49	26177558.63	140906738.90	1309307305.72
本期增加	260376648	-	27835806.34	9278602.11	185572042.27	473784496.61
本期减少		173584432.20	114628022.14	288212454.34		
期末数	694337727	465158154.13	123532707.83	35456160.74	211850759.03	1494879347.99

变动原因:
股本变动是由于公司 1999 年 4 月 29 日实施了 1998 年度股东大会通过的利润分配方 案和资本公积金转增股本方案。
资本公积金减少是由于实施 1998 年度股东大会通过的资本公积金转增股本方案。
盈余公积和法定公益金变动是由于本年度利润提取数额。
未分配利润变动是因为本年利润增加和因计提四项资产减值准备调整年初利润及实施 1998 年度利润分配。

(三) 股东情况介绍

(1)至本报告期末,公司股东总户数为 266,966 户。
(2)报告期末公司前 10 名股东持股情况

名次股东名称	年度内股份增减变动(+,-)(万股)	年末持股数(万股)	占总股本比例(%)	质押或冻结情况
1 广东梅县梅雁经济发展总公司	+8777.0592	17465.0112	25.16	无
2 梅县蛋鸡场	+626.2963	1670.1235	2.41	无
3 梅州市银科电子服务公司	+152.7552	407.3472	0.59	无
4 铜盘水电	+102.0000	272.0000	0.40	无
5 三坎水电	+99.0000	264.0000	0.38	无
6 梅坑水电	+96.0000	256.0000	0.37	无
7 添溪水电	+96.0000	256.0000	0.37	无
8 浙江财通		128.0000	0.19	无
9 骆和生		82.2000	0.12	无
10 田碧珍		60.0000	0.09	无

(3)本公司持股 10%以上的法人股东:广东梅县梅雁经济发展总公司。法定代表人:杨钦欢,经营范围:农林牧渔业;采掘业;制造及加工业;电力、煤气及水的生产供应业;建筑业;地质勘查;交通运输业;仓储业;批发和零售贸易、餐饮业;房地产业;金融业;科学研究和综合技术服务业;社会服务业等。
(4)报告期内控股股东未发生变更。

(四) 股东大会简介

公司 1998 年度股东大会,于 1999 年 4 月 18 日上午,在广东梅县客都宾馆二楼召开。 大会审议、表决通过全部五项决议。公司 1998 年度股东大会决议公告刊登于 1999 年 4 月 20 日的《中国证券报》、《上海证券报》。

(五) 董事会报告

1、公司经营情况
(1)本公司是综合性集团公司,实行多元化经营,业务范围涉及一、二、三产业,经近几年的产业结构调整和优化,公司主营业务为建筑及建筑安装业、建筑材料工业、房地产开发、能源水电、旅游宾馆、饮食服务业、商业、汽车客货运输、食品加工业、畜牧养殖业等。1999 年,公司在各级党委、政府和有关上级的关心扶持下,在全体股东的大力支持下,不断克服经营过程中的各种困难,发挥集团公司优势互补的作用,充 分调动公司全体员工的工作积极性,努力完成全年计划的各项经济指标,同时,为今后 公司的进一步发展积累了宝贵的经验。1999 年公司取得的经济效益,名列梅州市各企 业的前茅。根据梅县财政局统计,公司 1999 年上缴国家税收总额,为全县各纳税企业、单位的第一名,为地方经济的发展作出较大的贡献。
(2)公司主营业务的范围及其经营状况
①经广东正中会计师事务所中国注册会计师审核,公司 1999 年全年主营业务收入 54247.96 万元,比 1998 年增长 15.37%。公司按国家和地方政府有关政策交纳税收后,实现净利润 18557.20 万元,比 1998 年增长 3.9%。各行业情况如下:

行　业	营业收入 1998 年度	营业收入 1999 年度	营业毛利 1998 年度	营业毛利 1999 年度
生产行业	82692416.77	89736330.88	46939467.88	44692135.41
商业行业	33148987.48	23451546.86	4991278.36	3791503.24
建筑安装行业	246408397.28	342527301.45	87450779.13	125337116.86
交通运输行业	5073518.19	5413310.00	3571655.00	3762629.05
旅游饮食行业	3050918.10	19973504.31	2736610.25	4891353.41
转让房产土地收入	114960744.90	111698052.92	75273220.15	84623328.04
注:公司内行业				
相互抵减	15145373.29	50320403.18	221200.49	10598977.55

②1999 年占公司主营业务收入 10%以上的行业为建筑及建筑安装行业(占 63.15%),房地产行业(占 20.59%),生产行业(占 16.55%)。
建筑及建筑安装是公司的传统业务,公司下属全资企业梅县梅雁建筑工程公司是 工业与民用建筑工程施工二级企业。由于行业特点和建筑工程公司在对外承接的施工任务不够饱满时可以承接集团公司的建设项目,因此,公司的该项传统业务的经营业绩比较稳定并增长,1999 年营业收入比上年增长 39.01%。
公司的房地产业务,主要是公司在完成市政工程梅江南堤改造项目后取得了 320 亩(约二十一万多平方米)土地的开发使用权。经过几年的精心开发建设,梅江南堤面貌 焕然一

新,南堤开发区客都新村已成为梅州市区环境优美、设施完善、交通方便的商 住区。公司利用销售土地和房地产逐步回收的资金,进行滚动式的房地产开发,形成了投资----回收----再投资的良性循环,并取得了良好的收益。

被联合国粮农组织誉为"人类二十一世纪最理想食品"的螺旋藻,市场前景广阔,也是公司重点发展的利润增长点之一。公司建成10万平方米螺旋藻养殖场,是目前全 国最大的螺旋藻养殖基地之一。公司生产的螺旋藻粉品质优良,符合国家标准;螺旋藻片加工采用新技术一次成型,生产的梅雁牌螺旋藻片是由国家卫生部批准、中国预防 医学科学院监制的具有人体免疫调节、抗辐射作用的保健食品。公司与浙江大学合作,进行螺旋藻基因工程产品的研究开发。公司将不断开发高科技含量、高附加值的螺 旋藻系列产品,提高该项目的创利能力。

(3)在经营中出现的问题与困难及解决方案

1999年公司面临市场竞争激烈及市场需求不足的困难,为确保经营目标的实现,公司采取了一系列措施:

A、加强员工队伍建设,做好员工考核、培训工作,大力提高员工素质;

B、积极筹措资金,不断调整和优化公司产业结构,寻找新的利润增长点;

C、强化公司的产品质量管理,提高产品的市场竞争力。

D、加强营销管理工作,充分调动公司干部、职工的积极性,不断开拓新的市场,确保产品的销售。

E、加强经营管理,缩减费用开支,降低成本,保证公司主营业务产值及利润的稳步增长;

F、加强对外投资的管理,确保投资收益的有效实现。

2、公司财务状况

(1)1999年度公司加强现金流管理、信用管理、成本费用及投资管理,保证有效地使用募股资金,保护投资者利益。根据广东正中会计师事务所审核的会计报表,本年度末公司的流动比率为2.98,速动比率为2.27,资产负债率为21.17%,表明公司具有较强的长短期偿债能力。

(2)根据广东正中会计师事务所审核的公司资产负债表,1999年末公司总资产为190561.16万元,比去年增加33194.42万元,主要原因是固定资产和长期投资增加。

(3)1999年末负债总额40341.50万元,负债比率为21.17%。其中,长期负债8895万元,比去年增加1575万元,主要原因是投资需要增加向银行借款。

(4)1999年末股东权益为149487.93万元,比去年末增加18557.20万元,主要原因是本年度实现利润。

(5)1999年主营业务利润为22757.71万元,比去年增加1719.69万元,主要原因是主营业务收入增加。

(6)1999年净利润为18557.20万元,比去年增加696.40万元,主要原因是主营业务 利润增加。

3、公司投资情况

(1)报告期内募集资金投资项目

A、1999年度募集资金使用情况如下表:

金额单位:人民币万元

募集时承诺投资项目	投资金额	实际投资项目	投资金额	本年度投资金额	累计已投资金额
坝头水电站	14,400	坝头水电站	14400	7915.86	12415.86
蓬辣滩水电站	35,000	蓬辣滩水电站	35000	618.28	2118.42
合　计	49400		49400	8534.14	14534.28

B、公司最近一次配股募集资金的时间为1998年7月。本次募集资金与配股说明书中承诺投资的相一致。

C、坝头水电站项目于1998年10月开工,至本报告期末,已完成一号机组的安装并 一次启动成功,机组运转状况良好。二号、三号机组正进行安装,至2000年6月坝头水 电站项目可提前全面竣工。该项目投资利润率为12.8%。D、1998年底公司在对蓬辣 滩水电站的准备过程中,有关专家发现该项目电站坝址下移13公里可减少受淹面积及 移民范围,降低投资成本,增大装机容量。公司董事会本着对全体股东高度负责的精神,委托原设计单位国家水利部珠江水利委员会勘测设计院对新坝址进行了设计及可研 报告,因此,推迟了开工时间。经比较,公司决定将该项目的电站坝址,由蓬辣滩下移13公里,改在大埔县杨桃坪。改址后,单位千瓦投资降低,总装机容量可由原3.4万千瓦增至4.4万千瓦,每年可增加发电量4000万千瓦时。至报告期末,已完成22公里输电线路 的架设和10公里施工道路建设,招投标工作已完成,施工队伍将于2000年3月进场。至 报告期末已投资蓬辣滩水电站项目2118.42元。该项目投资利润率为14.5%,计划三年建成发电。

E、本报告期内,上述二项目共投资8534.14万元。募集资金未使用部分,全部存于银行。

(2)报告期内非募集资金投资的重大项目、项目进度及收益情况

A、公司投资梅县雁洋水利发展有限公司5893.72万元,占49%的股份。至本年度 末公司已全部完成该项投资。

B、根据中共梅州市委"梅市复[1999]1号"文《关于同意梅县开发境内梅江水力资源的批复》,同意由本公司进行梅江水力资源梯级发电开发项目。为此,公司投资2000万元,用于第二级水电站梅县丙村晒禾滩和第三级水电站梅县松南丹竹的前期准备 工作费用。至本报告期末,已完成丹竹水电站项目的前期准备工作。

C、本公司参股的梅州市东达信息有限公司,因扩展业务发展的需要,决定增加9,720,060元,建设梅长线、梅蕉线、梅平线、梅白线等有线电视光纤传输工程。公司拥 有该公司48%的股份,因此增加投资4,665,628.8元。该项目建成后,预计年回报率可 达投资额的15%。1999年取得投资收益74.17万元。

D、公司第三届董事会第八次会议,讨论通过了关于受让广东梅县梅雁经济发展有限公司所持的广发证券有限责任公司的股份的决议,同意以每股1.25元人民币的价格 受让广东梅县梅雁经济发展有限公司所持有的广发证券有限责任公司的股份,计8623.65万股,转让总价为10779.5629万元。本次受让后,本公司共持有广发证券有限责任公司的股份13435.6467万股。

E、公司第三届董事会第十次会议,通过了投资5000万元,在雁洋镇瓜坪顶兴建梅 县梅雁热电有限公司的决议,热电公司利用压差发电,有偿供蒸汽、供电给广东梅雁轮胎有限公司使用。该项目年发电量为18×106Kw.h,年供热量为4×6000T,年税后利润 可达600多万元。

F、为有利于广东梅雁轮胎有限公司今后的稳定发展,合作公司决定增加投资5000万元人民币,用于购置生产所需的场地和建造自有厂房,双方按原股权比例出资。据此,公司增加投资2450万元人民币。本次增资后,广东梅雁轮胎有限公司的总投资为1.7 亿元人民币,公司占有49%股权。梅雁轮胎公司在1999年第四季度进行了试生产,各种汽车及农用车轮胎一次试产成功,2000年将进入正常的生产。

4、新年度业务发展计划

(1)巩固、充实和发展原有的企业,如建筑材料、螺旋藻等生产企业,力争创造出 比1999年更好的效益。

(2)保质保量,加速新投资项目的建设:

①坝头水电站项目于1998年10月开工,至本报告期末,已完成一号机组的安装并一次启动成功,机组运转状况良好。二号、三号机组正进行安装,至2000年6月坝头水电 站项目可提前全面竣工。该项目投资利润率为12.8%,预计2000年将取得较好的收益 。

②蓬辣滩水电站在2000年春季将完成50%的导流工程,枯水期完成右岸厂房和泄 水闸的50%的工程量。

③梅县梅雁矿业公司,2000年将完成建矿、建厂工作,预计2000年下半年可产出混合银精矿和锑附产品。

④加快梅县梅雁热电有限公司的建设,确保该项目能在2000年初投入正常生产,取得收益。

(3)加强与参股企业(梅县雁洋水利发展有限公司,广发证券有限责任公司,梅州市东达信息有限公司等)的合作,强化投资管理,确保投资收益的实现。

5、董事会日常工作情况

(1)报告期内董事会的会议情况及决议内容:

一九九九年董事会一共召开了六次会议,即第三届董事会第五、六、七、八、九 、十次会议。会议情况及决议内容如下:

①1999年1月23日,在公司会议室召开了第三届董事会第五次会议,会议由杨钦欢 董事长主持。会议根据公司章程规定,讨论并决定公司1998年度利润分配比例。

②1999年2月28日,在公司会议室召开了第三届董事会第六次会议,审议通过了广 东正中会计师事务所有限公司对本公司1998年度的财务审计报告;审议通过了公司1998年度报告;确定了召开公司1998年度股东大会的时间、地点及议程;讨论通过了关于1998年度利润分配预案及转增股本预案的决议以及提交1998年度股东大会审议的其他 提案。此次会议决议公告刊登于1999年3月3日的《上海证券报》、《中国证券报》。

③公司第三届董事会第七次会议,于1999年6月17在公司会议室召开。会议由杨钦欢董事长主持。会议通过如下决议,1、同意总经理关于调整公司高级管理人员班子的方案。2、关于推迟投资蓬辣滩水电站项目决议。3、关于开发梅江水力资源梯级发电项目前期费用的决议。4、关于同意投资梅州市东达信息有限公司增资开发二期工程 的决议。此次会议决议公告刊登于1999年6月18日的《上海证券报》、《中国证券报 》。

④公司第三届董事会第八次会议,于1999年7月20日,在公司会议室召开。会议由 杨钦欢董事长主持。会议讨论并作出了关于受让广东梅县梅雁经济发展有限公司所持的广发证券有限责任公司的股份的事项的决议。此次会议决议公告刊登于1999年7月21日的《上海证券报》、《中国证券报》。

⑤公司第三届董事会第九次会议于1999年8月4日,在公司会议室召开。会议由杨 钦欢董事长主持。会议审议并通过公司1999年度中期报告及不进行利润分配,也不以 公积金转增股份的决议。此次会议决议公告刊登于1999年8月7日的《上海证券报》、《中国证券报》。

⑥公司第三届董事会第十次会议,于1999年12月14日在公司会议室召开。会议由 杨钦欢董事长主持。会议通过投资梅江干流梯级电站之一的丹竹水电站的开发建设的决议(提交一九九九年度股东大会审议、表决通过);通过将蓬辣滩水电站该项目的电 站坝址,由原来的梅县松南蓬辣滩下移13公里,改在大埔县三河坝杨桃坪的决议;通过 投资兴建梅县梅雁热电有限公司的决议;通过增加投资广东梅雁轮胎有限公司的决议 。此次会议决议公告刊登于1999年12月15日的《上海证券报》、《中国证券报》。

(2)董事会对股东大会决议的执行情况。

公司1998年度股东大会通过了1998年度利润分红方案的决议,向全体股东每10股 派送红股2股,并派送0.5元现金红利(送股及派现金均为含税。扣除个人所得税后,社 会公众股股东为每10股送2股),同时以资本公积金转增股本,向全体股东按每10股转增4股。公司已向1999年4月29日(股权登记日)交易结束后登记在册的本公司全体股东实施派送红股及转增股本,共计增加股本260,376,648股。其中,社会公众股计186,595,886股,已于1999年4月30日上市流通。

根据1998年度股东大会通过的投资创办梅县雁洋水利发展有限公司的决议,1999 年度已完成该项目的全部投资,建成了该项目的各项工程,于1999年底进入正常经营,预计2000年可获得投资收益。

6、公司管理层及员工情况

(1)董事、监事、高级管理人员(见下表)

姓名	性别	年龄	现任职务	任期起止日期	年度报酬总额
杨钦欢	男	48	董事长兼总经理	1998/3--2001/3	32817
杨涌辉	男	52	副董事长	(同上)	30647
万文胜	男	48	董事、副总经理	(同上)	22750
李忠平	男	56	董事、董事会秘书	(同上)	23665
叶新英	女	46	董事、财务总监	(同上)	28818
王远源	男	50	董　事	(同上)	未在公司领取报酬
李永鹏	男	39	董　事	(同上)	未在公司领取报酬
邵　伟	男	41	董　事	(同上)	未在公司领取报酬
姚永浩	男	50	董　事	(同上)	未在公司领取报酬
夏文梅	男	50	董　事	(同上)	17250
黄增孝	男	44	董　事	(同上)	10676
叶侨发	男	44	监事会主席	(同上)	18000
丘建文	男	42	监　事	(同上)	未在公司领取报酬
杨国灵	男	38	监　事	(同上)	18000

姓名	年初持股数	年末持股数	年度内股份增减变动数	增减变动的原因
杨钦欢	287,333	459,733	+172,400	98利润分红送股、资本公积金转增股本
杨涌辉	24,147	38,635	+14,488	(同上)
万文胜	24,147	38,635	+14,488	(同上)
李忠平	63,047	100,875	+37,828	(同上)
叶新英	30,183	48,293	+18,100	(同上)
王远源				
李永鹏	27,041	43,265	+16,225	(同上)
邵　伟	24,143	38,629	+14,486	(同上)
姚永浩				
夏文梅	97,789	156,462	+58,673	(同上)
黄增孝	53,410	85,456	+32,046	(同上)
叶侨发	3,918	6,369	+2,351	(同上)
丘建文	5,151	8,242	+3,091	(同上)
杨国灵	5,810	9,296	+3,486	(同上)

① 报酬区间及人数:

1万---2万:4人; 2万---3万:3人; 3万以上:2人。

② 离任的董事、监事、高级管理人员:

公司第三届董事会第六次会议通过总经理关于调整调整公司高级管理人员的方案的决议,同意杨涌辉先生、李忠平先生辞去副总经理职务,夏文梅先生辞去总经理助理职务。

③ 报告期内,公司无聘任或解聘公司经理、董事会秘书的情况。

7、公司1999年度利润分配预案。

经广东正中会计师事务所中国注册会计师何威明、熊永忠审核,截止1999年12月31日会计年度,公司全年度实现净利润185,572,042.27元。董事会根据公司章程规定,作出1999年度利润分配预案的决议:提取法定盈余公积金10%,计18,557,204.23元;提取公益金5%,计9,278,602.11元;余85%计157,736,235.93元,加上年度留存的未分配利润(调整后)54,114,523.10元,累计可供股东分配利润为211,850,759.03元。为使公司能稳定发展,适当控制股本扩张速度,积累资金,加速完成公司产业结构的调整,本年度公司可供股东分配利润拟不进行分配,滚存至下一年度分配;本年度也不进行资本公积金转增股本。本预案提交1999年度股东大会审议表决。

8、其他报告事项:

1999年7月5日,公司原法人股东:广东发展银行梅州分行,持有公司法人股股份10,183,680股,占公司总股份的1.47%;梅县金钟实业发展公司持有公司法人股股份3,055,104股,占公司总股份的0.44%;梅县银工实业发展总公司,持有本公司法人股股份6,110,208股,占公司总股份的0.88%;梅州市通宏经济开发服务公司,持有本公司法人股 股份6,110,208股,占公司总股份的0.88%,均将其所持"梅雁股份"法人股全部转让 给广东梅县梅雁经济发展总公司,共计25,459,200股,占公司总股份

的 3.67%,并于 1999 年 7 月 29 日在上海证券中央登记结算公司办妥有关法定的登记手续。

1999 年 9 月 26 日,公司法人股股东中国工商银行广东省信托投资公司,持有公司法 人股股份 10,183,680 股,占公司总股份的 1.47%,于 1999 年 9 月 26 日,与梅县梅雁经济发展总公司签订了法人股转让协议书,将其所持"梅雁股份"法人股全部转让给广东梅 县梅雁经济发展总公司,并于 1999 年 10 月 26 日在上海证券中央登记结算公司办妥有关 法定的登记手续。

本次协议转让后,广东梅县梅雁经济发展总公司协议受让本公司股份累计达到本 公司总股本的 5.14%,持股总额增加到 174,650,112 股,占"梅雁股份"总股本的 25.16%。公司总股本及股本结构未发生变化。该公告已于 1999 年 10 月 19 日刊登于《中国证券报》、《上海证券报》。

(六) 监事会报告

1999 年度公司监事会召开了二次会议。公司监事会依据《公司法》、公司《章程》以及其他有关法律法规履行了监督职能。

(七) 重要事项

1、本报告年度内公司无重大诉讼、仲裁事项。

2、报告期内,公司、公司董事及高级管理人员无受监管部门处罚情况。

3、报告期内,公司控股股东无变更情况;公司无董事会换届、改选或半数以上成 员变动情况;公司无总经理变更、解聘或新聘董事会秘书情况。

4、报告期内公司收购及出售资产情况。

<1>1999 年广东梅县梅雁经济发展有限公司将其持有的广东广发证券有限责任公 司 8,623.65 万股股份,以每股 1.25 元人民币的价格转让给广东梅雁企业(集团)股份有 限公司,涉及款项人民币 107,795,625.00 元,占本年度利润总额的 58.09%。广东梅雁 企业(集团)股份有限公司已于 1999 年 12 月 14 日取得广东广发证券有限责任公司编号为 005 号的股权证,股份公司共拥有广发证券有限责任公司 134,356,467 股,占其总股本的 8.4%。该公告刊登于 1999 年 7 月 21 日的《中国证券报》、《上海证券报》。

<2>本期关联方广东梅雁轮胎有限公司将其帐面资产特种锅炉设备等转让给广东 梅雁企业(集团)股份有限公司所属子公司—梅县梅雁热电有限公司,涉及款项人民币 27,652,356.93 元,占本年度利润总额的 14.91%。该资产尚未交付使用,故以帐面价值 转让。

<3>关联方广东梅雁轮胎有限公司将其帐面资产变压器等变压工程设备转让给广 东梅雁企业(集团)股份有限公司,涉及款项人民币 6,903,685.69 元,占本年度利润总额的 3.72%。该资产尚未交付使用,故以帐面价值转让。

<4>广东梅雁企业(集团)股份有限公司将其帐面资产房屋、厂房等转让给关联方 广东梅雁轮胎有限公司,涉及资产原价 15,040,605.78 元,以帐面净值人民币 14,303,133.68 元转让。

4、重大关联交易事项:

(1)公司在 1999 年度与其关联企业提供工程施工收入、成本、税金、费用如下:

关联企业名称	收入	成本	税金	费用	税前利润
梅县梅雁经济发展总公司	102595426.41	62078567.76	3338297.52	5880615.83	31297945.80
梅县梅雁生物工程研究所	4309855.70	2776094.98	142225.75	247034.46	1144501.01
广东梅雁轮胎有限公司	2500000.00	1708000.00	81000.00	143296.75	567703.75
梅县东方房地产开发有限公	38066397.32	25684727.68	1256191.11	2181908.75	8943569.78
合 计	147471679.43	92247389.92	4817713.88	8452855.29	41953720.34

(2)关联方销售货物金额:

关联企业名称	1999.12.31
梅县东方房地产开发有限公司	102558140.00
广东梅雁销售有限公司	44245640.00
梅县金盘贸易部	17936458.63

(3)关联方采购货物交易金额:

关联企业名称	1999.12.31
梅县金盘贸易部	46922415.71

(4)关联交易的作价原则以市价为标准。

(5)资产转让:

本期关联方广东梅雁轮胎有限公司将其帐面资产特种锅炉设备等转让给广东梅雁企业(集团)股份有限公司所属子公司—梅县梅雁热电有限公司,涉及款项人民币 27,652,356.93 元,该资产尚未交付使用,故以帐面价值转让。

5、公司与控股股东做到了人员独立、资产完整、财务独立,实行了与控股股东在人员、资产、财务上的"三分开"。

6、公司自上市以来,一直聘请广东正中会计师事务所有限公司(即原广州会计师 事务所)对公司的财务会计报表进行审计。

7、其他重大事项

(1)本公司接中国农业银行广东省分行授信函,该行评定本公司信用等级为黄金客户,并授予本公司 1999 年度总信用额度人民币叁亿元(包括本外币贷款、银行承兑汇票、国内外信用证、贴现等)。在授信额度内,本公司的各项融资需求,只要符合国家法 律、法规和该行信贷管理的有关规定,该行将及时予支持。该公告刊登于 1999 年 6 月 18 日的《中国证券报》、《上海证券报》。

(2)公司与中国有色金属工业总公司广东地质勘查局合作成立的广东梅县梅雁矿 业有限公司,已完成开采广东省梅县白渡镇宝山银矿的上报审批工作,获得了中华人民共和国采矿许可证(证号:4400009910038)。合作公司正准备正式开采,生产规模为 200 吨/日,矿区面积 1.0396 平方公里。该公告刊登于 1999 年 12 月 15 日的《中国证券报》、《上海证券报》。

(3)经广东省经济委员会、广东省科学技术委员会、广东省计划委员会"粤经科[1999]724 号"文件批准,本公司被认定为广东省技术创新优势企业。根据广东省经委 、省财厅、省国税局、省地税局及省国土厅(粤经科[1999]234 号)文件,技术创新优势企业自认定年度起,可享受税收优惠政策,所得税按 15%税率征收,增值税地方分成的 25%部分,全部返还企业,具体有待公司向当地财税部门申请批准后执行。该公告刊登 于 1999 年 12 月 15 日的《中国证券报》、《上海证券报》。

(4)根据财政部财会字(1999)35 号文、49 号文的有关规定,本年度公司对坏帐准备、存货跌价准备会计政策变更已采用追溯调整法,调整了 1999 年度合并会计报表相关 项目的年初数或上年实际数。上述会计政策变更累积影响数为 3,581,165.82 元,其中 因坏帐准备计提方法变更的累积影响数为 3,533,208.18 元,存货计价方法变更的累积 影响数为 47,957.64 元;由于会计政策变更,调减了一九九八年度的净利润计 1,621,550.31 元,调减了一九九九年初未分配利润计 2,948,705.73 元,其中一九九八年初未分配 利润调减了 1,651,465.49 元。

(5)公司第三届董事会第八次会议通过了关于受让广东梅县梅雁经济发展有限公 司所持有的广发证券有限责任公司股份的决议,公司已办完股权转让的有关法定手续,并于 1999 年 12 月 14 日取得广发证券有限责任公司股权证。本次受让后,公司共持有广 发证券有限责任公司股份 13435.6467 万股。该公告刊登于 1999 年 7 月 21 日的《中国证 券报》、《上海证券报》。

(八) 财务会计报告

1、公司 1999 年度财务会计报告经广东正中会计师事务所审计,并由会计师事务所出具了无保留意见的审计报告"粤会所定审字(2000)第 30248 号"。

2、会计报表

(1)比较式资产负债表(附表一)

(2)比较式利润表及利润分配表(附表二)

(3)现金流量表(附表三)

4、控股子公司及合营企业

	企业名称	成立年度	注册地点	注册资金	拥有权益%	主要业务	法定代表人
1	梅县梅雁建筑工程公司	1988	梅县	77,767,000	100%	土木工程建筑	杨钦欢
2	梅县顺风客运公司	1985	梅县	1,080,000	100%	汽车客运	杨仁尊
3	梅县客都宾馆	1989	梅县	500,000	100%	住宿、饮食、小汽车出租	杨钦欢
4	梅县客都商场	1990	梅县	1,100,000	100%	五金交电、日用百货、针棉织品、罐头酒食、旅游用品等	杨清超
5	梅县惠民贸易公司	1984	梅县	400,000	100%	五金交电、油漆、建材、钢材等	黄丰锐
6	梅县梅雁建筑工程公司	1988	梅县	510,000	100%	室内外装饰、装璜灯箱等装饰分公司	叶侨发
7	梅县梅雁石油液化气公司	1988	梅县	300,000	100%	石油液化气	叶福声
8	梅县综合养殖示范场	1989	梅县	1,000,000	100%	猪、禽、蛋、鱼、水果、果苗、鸡苗、鱼苗	杨钦欢
9	梅县顺风小汽车出租公司	1993	梅县	600,000	100%	出租汽车营运	杨仁尊
10	梅县顺风货运公司	1993	梅县	430,000	100%	汽车货运	杨仁尊
11	梅县梅雁设备安装公司	1992	梅县	200,000	100%	安全阀校验、锅炉、压力容器及其他机械设备安装维修及配件销售	叶福声
12	梅县梅雁集团公司珠海南珠分公司	1992	珠海	10,000,000	100%	汽车运输业、建筑业、建筑材料、旅游业、商业	杨钦欢
13	珠海客都宾馆	1993	珠海	1,800,000	100%	旅馆业、娱乐中心、咖啡厅、浴池业、美容业、商务中心、医疗卫生保健	杨钦喜
14	珠海市南珠装潢公司	1993	珠海	500,000	100%	装修、装潢、装饰材料	李豪华
15	梅县第二建筑工程公司珠海分公司	1994	珠海	800,000	100%	土木工程建筑	朱新镜
16	珠海市南珠消防工程公司	1994	珠海	10,000,000	100%	消防系统和火灾自动报警系统	温国良
17	梅县长运蓄电池厂	1993	梅县	1,000,000	100%	蓄电池制造	李江平
18	广东梅县莲花饮料公司	1993	梅县	1,000,000	100%	矿泉水	叶思宗
19	梅县金雁水泥有限公司	1993	梅县	22,000,000	70%	白水泥	杨氵勇辉
20	梅县梅雁蓝藻有限公司	1995	梅县	1,000,000	100%	加工、销售螺旋藻及制品	李江平
21	梅县梅雁螺旋藻养殖场	1999	梅县	100,000	100%	螺旋藻养殖	张依健
22	梅县蓬辣滩水电站	1999	梅县	350000000	100%	电站建设	万文胜
23	梅县坝头水电站	1999	梅县	150000000	80%	电站建设	万文胜
24	梅县丹竹水电站	1999	梅县	300000000	100%	电站建设	万文胜
25	梅县梅雁热电有限公司	1999	梅县	50000000	100%	余热发电	黄增孝

本年度公司撤销了一家全资子公司:梅县雁洋灰砂砖厂,注册资本 30 万元;本年新 增两家全资子公司:梅县丹竹水电站,注册资本 30000 万元;梅县梅雁热电有限公司,注 册资本 5000 万元。

(11)公司于资产负债表日并无对外担保等重大或有负债和重大承诺事项。

广东梅雁企业(集团)股份有限公司

董 事 会

二 000 年二月十六日

广东梅雁企业(集团)股份有限公司

合并利润及利润分配表

编制单位:广东梅雁企业(集团)股份有限公司 1999 年度

单位:人民币元

项目	1999 年度 合并	1999 年度 母公司	1998 年度 合并	1998 年度 母公司
一、主营业务收入	542479643.24	109529420.00	470189609.43	95234460.00
减:折扣与折让				
主营业务收入净额	542479643.24	109529420.00	470189609.43	95234460.00
减:主营业务成本	285980554.78	25935064.08	249447799.15	22845778.56
主营业务税金及附加	28921966.83	16955897.86	10361628.43	-
二、主营业务利润	227577121.63	66638458.06	210380181.85	72388681.44
加:其他业务利润	332747.66	330959.16	5843326.30	5843326.30
减:存货跌价损失	44925.00	35958.00	11378.58	-
营业费用	5046854.44	-	4184148.25	-
管理费用	27692499.85	8053098.76	27265377.40	5646013.92
财务费用	1844137.13	-2258526.99	3661332.27	-1139293.95
三、营业利润	193281452.87	61138887.45	181101271.65	73725287.77
加:投资收益	4302147.71	133855378.31	11143532.27	116936447.04
补贴收入				
营业外收入	674784.11	275742.29	1269846.04	958181.65
减:营业外支出	329078.00	325569.00	2035105.39	2000000.00
四、利润总额	197929306.69	194944439.05	191479544.57	189619916.46
减:所得税	11639974.57	9372396.78	12857893.09	11011835.29
少数股东损益	717289.85	-	13570.31	-
五、净利润	185572042.27	185572042.27	178608081.17	178608081.17
加:年初未分配利润	140906738.90	140906738.90	119712959.90	119712959.90
盈余公积转入				
六、可供分配的利润	326478781.17	326478781.17	298321041.07	298321041.07
减:提取法定盈余公积	18557204.23	18557204.23	17860808.12	17860808.12
提取法定公益金	9278602.11	9278602.11	8930404.05	8930404.05
七、可供股东分配的利润	298642974.83	298642974.83	271529828.90	271529828.90
减:应付优先股股利				

提取任意盈余公积	–	–	8930404.05	8930404.05
应付普通股股利	–	–	21698053.95	21698053.95
转作股本的普通股股利	86792215.80	86792215.80	99994632.00	99994632.00
八、年末未分配利润	211850759.03	211850759.03	140906738.90	140906738.90

广东梅雁企业(集团)股份有限公司

合并资产负债表

编制单位:广东梅雁企业(集团)股份有限公司　　1999 年 12 月 31 日

单位:人民币元

	1999 年 12 月 31 日		1998 年 12 月 31 日	
资产	合并	母公司	合并	母公司
流动资产:货币资金	475490873.99	473732285.30	557286352.75	527071461.85
应收利息	3402011.00	3402011.00	7246478.00	7246478.00
应收帐款	113978373.92	8020520.00	196333041.92	12978896.30
其他应收款	105042054.34	75750925.81	92421692.82	69006006.07
减:坏帐准备	2139576.61	383128.33	4187241.35	28438.57
应收款项净额	216880851.65	83388317.48	284567493.39	81956463.80
预付帐款	17839643.96	12347812.16	55737038.81	47330102.80
待摊费用	407315.66	260386.97	842371.21	567618.19
存货	224303626.87	35958.00	30959243.23	21544310.38
减:存货跌价准备	92882.64	35958.00	47957.64	–
存货净额	224210744.23	–	30911285.59	21544310.38
内部往来	–	312720578.63	–	338152989.44
待处理流动资产净损失	161279.94	–	271655.44	–
流动资产合计	938392720.43	885851391.54	936862675.19	1023869424.46
长期投资:				
长期股权投资	367848764.49	819678430.55	247812361.04	367175140.17
长期债权投资	15363745.00	15363745.00	16599085.00	16589085.00
长期投资合计	383212509.49	835042175.55	264411446.04	383764225.17
减:长期投资减值准备				
长期投资净额	383212509.49	835042175.55	264411446.04	383764225.17
固定资产:				
固定资产原价	376592360.46	85030647.14	340183612.50	124477510.21
减:累计折旧	62648134.37	25126362.55	52612669.29	26178559.48
固定资产净值	313944226.09	59904284.59	287570943.21	98298950.73
在建工程	245963013.71	26109665.32	67104540.20	1814322.44
固定资产合计	559907239.80	86013949.91	354675483.41	100113273.17
无形资产及其他资产:				
无形资产	13798898.45	6507273.51	13690698.45	6663073.51
开办费	6495522.99	–	1274723.83	–
长期待摊费用	3804698.88	1328218.22	2752343.90	436615.21
无形资产及其他资产合计	24099120.32	7835491.73	17717766.18	7099688.72
资产总计	1905611590.04	1814743008.73	1573667370.82	1514846611.52
负债和股东权益				
流动负债:				
短期借款	215800000.00	196400000.00	105344500.00	88200000.00
应付帐款	47062895.13	–	22273264.66	30863.20
预收帐款	1788611.45	–	759455.72	–
应付工资	647672.93	79432.00	381001.47	13622.00
应付福利费	5968938.50	2321829.55	797074.73	174783.19
应付股利	1513720.85	1513720.85	21698053.95	21698053.95
应交税金	23345004.40	18194549.74	5136113.79	2240496.02
其他应交款	415337.98	260123.96	45233.06	45000.00
其他应付款	8563445.31	5724004.64	5646595.65	2286487.44
预提费用	2945807.22	770000.00	2065253.64	350000.00
一年内到期的长期负债	6400000.00	6400000.00	20400000.00	18100000.00
流动负债合计	314451433.77	231663660.74	184546546.67	133139305.80
长期负债:				
长期借款	88950000.00	88200000.00	73200000.00	72400000.00
长期应付款				
长期负债合计	88950000.00	88200000.00	73200000.00	72400000.00
负债合计	403401433.77	319863660.74	257746546.67	205539305.80
少数股东权益	7330808.28	–	6613518.43	–
股东权益:				
股本	694337727.00	694337727.00	433961079.00	433961079.00
资本公积	465158154.13	465158154.13	638742586.33	638742586.33
盈余公积	123532707.83	123532707.83	95696901.49	95696901.49
其中:公益金	35456160.74	35456160.74	26177558.63	26177558.63
未分配利润	211850759.03	211850759.03	140906738.90	140906738.90
股东权益合计	1494879347.99	1494879347.99	1309307305.72	1309307305.72
负债和股东权益总计	1905611590.04	1814743008.73	1573667370.82	1514846611.52

广东梅雁企业(集团)股份有限公司

合并现金流量表

编制单位:广东梅雁企业(集团)股份有限公司　　1999 年 12 月 31 日

单位:人民币元

项目	合并	母公司
一、经营活动产生的现金流量:		
销售商品、提供劳务收到的现金	625863466.97	113959940.00
收取的租金	318743.13	318743.13
收到的其他与经营活动有关的现金	125693317.11	108794083.72
现金流入小计	751875527.21	223072766.85
购买商品、接受劳务支付的现金	478556399.56	12500000.00
支付给职工以及为职工支付的现金	9386782.52	1411416.72
支付的增值税款	9290468.99	
支付的所得税款	11919382.26	10155000.71
支付的除增值税、所得税以外的其他税费	16327318.74	6744812.48
支付的其他与经营活动有关的现金	28565297.12	5888858.46
现金流出小计	554045649.19	36700088.37
经营活动产生的现金流量净额	197829878.02	186372678.48
二、投资活动产生的现金流量		
收回投资所收到的现金	2197000.00	2197000.00
分得股利或利润所收到的现金	2434827.52	2434827.52
取得债券利息收入所收到的现金	345600.00	345600.00
处置固定资产、无形资产和其他长期资产收回的现金净额	237607.00	237607.00
收到的其他与投资活动有关的现金	602175.12	602175.12
现金流入小计	5817209.64	5817209.64
购建固定资产、无形资产和其他长期资产所支付的现金	59783440.58	21010891.68
权益性投资支付的现金	326758723.45	326758723.45
债权性投资支付的现金		
支付的其他与投资活动有关的现金	220000.00	220000.00
现金流出小计	386762164.03	347989615.13
投资活动产生的现金流量净额	−380944954.39	−342172405.49
三、筹资活动产生的现金流量		
吸收权益性投资收到的现金		
发行债券收到的现金		
借款收到的现金	326650000.00	300400000.00
收到的其他与筹资活动有关的现金	23024569.31	22974437.01
现金流入小计	349674569.31	323374437.01
偿还债务所支付的现金	214444500.00	188100000.00
发生筹资费用所支付的现金		
分配股利或利润支付的现金	13379624.98	13379624.98
偿付利息所支付的现金	20530846.72	19434261.57
支付的其他与筹资活动有关的现金		
现金流出小计	248354971.70	220913886.55
筹资活动产生的现金流量净额	101319597.61	102460550.46
四、汇率变动对现金的影响		
五、现金及现金等价物净增加额	−81795478.76	−53339176.55
附注:		
1、不涉及现金收支的投资和筹资活动		
以固定资产偿还债务		
以投资偿还债务		
以固定资产进行长期投资		
以存货偿还债务		
融资租赁固定资产		
2、将净利润调节为经营活动的现金流量:		
净利润	185572042.27	185572042.27
加:计提的坏帐准备或转销的坏帐	−2292303.93	322095.84
计提的固定资产折旧	13743150.78	2509760.59
无形资产摊销	296800.00	140800.00
处置固定资产、无形资产和其他长期资产的损失(减收益)	−273863.29	−273863.29
固定资产报废损失财务费用	1844137.13	−2258526.99
投资损失(减收益)	−4302147.71	−134473453.49
递延税款贷项(减借项)		
存货的减少(减增加)	−193299458.64	21544310.38
经营性应收项目的减少(减增加)	110235636.59	62396582.07
经营性应付项目的增加(减减少)	84300872.87	50892931.10
增值税增加净额(减减少)	2005011.95	
其他经营活动产生的现金流量净额	197829878.02	186372678.48
3、现金及现金等价物净增加情况		
货币资金的期末余额	475490873.99	473732285.30
减:货币资金的期初余额	557286352.75	527071461.85
现金等价物的期末余额	−81795478.76	−53339176.55
减:现金等价物的期初余额		
现金及现金等价物净增加额	−81795478.76	−53339176.55

青海三普药业股份有限公司

一、公司简介

1.公司法定中文名称:青海三普药业股份有限公司
英文名称:Qinghai Sunshine and People Pharmaceutical Industry CO.,Ltd
英文缩写:S&P
2.公司法定代表人:武琪
3.公司董事会秘书:李海军
联系地址:董事会秘书处
联系电话:(0971)8144025 传 真:(0971)8140799
邮政编码:810007
电子信箱:spdm@yeah.net
4.公司注册地址:中国青海省西宁市建国路88号
公司办公地址:青海省西宁市建国路88号 邮政编码:810007
电子信箱:sanpu@public.xn.qh.cn
5.公司信息披露报刊名称:上海证券报
登载公司年度报告的中国证监会指定国际互联网网址: http://www.sse.com.cn
公司年度报告备置地点:公司董事会秘书处
6.公司股票上市交易所:上海证券交易所
公司股票简称:青海三普 公司股票代码:600869

二、会计数据和业务数据

1.本年度实现利润总额及构成(合并报表): 单位:人民币元

利润总额:	5930781.56
净利润:	5951138.71
扣除非经常性损益后的净利润:	6544220.62
主营业务利润:	36552264.47
其他业务利润:	402893.92
营业利润:	5407071.24
投资收益:	1116792.23
补贴收入:	0
营业外收支净额:	-593081.91
经营活动产生的现金流量净额:	1507328.87
现金及现金等价物净增加额:	-7927565.58

注 扣除非经常性损益的项目和涉及金额

1 处置固定资产收入	117885.44
2 处置固定资产损失	197609.15
3 捐赠支出	504529.20
4 罚款收支净额	-8828.96

2.主要会计数据和财务指标:

指标项目	1999年	1998年		1997年	
		调整后	调整前	调整后	调整前
主营业务收入	112682745	107828142	107828142	94038821	94038821
净利润	5951138	-4462794	-2874911	3156348	1673029
总资产	352870618	325366515	340313702	329145159	342541052
股东权益	217851139	211900001	226672765	216567615	229752597
每股收益	0.049	-0.037	-0.024	0.026	0.014
扣除非经常性损益后的每股收益	0.055				
每股净资产	1.82	1.77	1.89	1.80	1.91
净资产收益率%	2.73	-2.11	-1.27	1.46	0.73
调整后的每股净资产	1.48	1.66	1.81	1.72	1.83
每股经营活动产生的现金流量净额:	0.013	-0.04	-0.04	/	/

注:主要财务指标的计算方法:
每股收益=净利润/年度末普通股股份总数
每股净资产=年度末股东权益/年度末普通股股份总数
净资产收益率=净利润/年度末股东权益×100%
调整后的每股净资产=(年度末股东权益 - 三年以上的应收款项 - 待摊费用-待处理(流动、固定)资产净损失 -开办费 - 长期待摊费用)/年度末普通股股份总数

3.本报告期内股东权益变动情况:(单位:元)

项目	股本	资本公积	盈余公积	法定公益金	未分配利润	股东权益合计
期初数	120000000	58568986	30386665	6693289.68	2944349.07	211900001.20
本期增加	/	/	675125	192893.12	5276012.78	5951138.71
本期减少						
期末数	120000000	58568986	31061791	6886182.80	8220361.85	217851139.91

变动原因说明:
本年度股东权益增加5,951,138.71元系实现的净利润。其中:增加盈余公积金675,125.93元,增加法定公益金192,893.12元, 增加未分配利润5,276,012.78元, 年末股东权益增至217,851,139.91元。

三、股东情况介绍

1.截止1999年12月31日,本公司股东总数为 14963 户。
2.公司前十名股东持股情况:

股东名称	期末持股数(股)	占总股本(%)
青海创业集团有限公司	47400000	39.50
青海省投资控股有限责任公司	36000000	30.00
中国宝安集团股份有限公司	5400000	4.50
广州白云山制药股份有限公司	600000	0.50
中科院西北高原生物研究所	600000	0.50
王松楠	300000	0.25
金鑫基金	299276	0.249
严爱群	174200	0.15
恒嘉贸易	167100	0.14
吴丽平	130400	0.11

3.持股5%以上的股份股东有:青海创业集团有限公司、青海省投资控股有限责任公司报告期限内股份不变动,年度内无质押冻结情况。

厦门华侨电子股份有限公司

一、公司简介

(一)公司法定中文名称:厦门华侨电子股份有限公司
英文名称:XIAMEN OVERSEAS CHINESE ELECTRONIC CO.LTD
英文缩写:XOCECO
(二)法定代表人:吴小敏
(三)公司董事会秘书:贾华
联系地址:厦门市湖里大道22号 证券管理投资部
邮政编码: 361006
电话:(0592)6021091转203 传真:(0592)6021331
电子信箱:xocecozq@ public.xm.fj.cn
(四)公司注册及办公地址:厦门市湖里大道22号
邮政编码: 361006
电 传:93030XOCECOCN 电挂:7193
电子信箱:xoceco@ public.xm.fj.cn
国内域名:http://www.xoceco.com.cn
国际域名:http://www.xoceco.com
(五)公司选定的信息披露报刊:《中国证券报》、《上海证券报》
中国证监会指定国际互联网网址:http://www.sse.com.cn
公司年度报告备置地点:公司证券管理投资部
(六)股票上市交易所:上海证券交易所
股票简称:厦华电子 股票代码:600870

二、会计数据和业务数据摘要

(一)公司本年度主要会计数据

利润总额:	99459879.47元
净利润:	88704212.89元
扣除非经常性损益后的净利润ā:	53898343.55元
主营业务利润:	374106759.15元
其他业务利润:	4119912.58元
营业利润:	63690285.03元
投资收益:	1090803.58元
补贴收入:	32893845.61元
营业外收支净额:	1784945.25元
经营活动产生的现金流量净额:	-445443255.29元
现金及现金等价物净增加额	:304919994.41元

ā注:扣除的非经常性损益项目涉及金额总计34805869.34元,具体项目如下:

1、营业外收支金额项目:	1912023.73元
(1)索赔及罚款收入	2128244.27元
(2)呆帐收入	432362.40元
(3)处理固定资产损失	-13685.95元
(4)非常损失	-43516.00元
(5)罚款支出	-591380.99元
2、补贴收入项目:	32893845.61元
(1)名牌产品所得税退税收入	20540178.96元
(2)新产品增值税退税收入	6848666.65元
(3)出口专项奖励机电产品发展基金	5505000.00元

(二)截止报告期末,公司前三年的主要会计数据和财务指标 (单位:人民币元)

会计数据和财务指标	1999年度	1998年度		1997年度	
		调整前	调整后	调整前	调整后
主营业务收入	2843230362.01	1843382462.87	1843382462.87	1340637923.75	1340637923.75
净利润	88704212.89	87752700.59	90935616.75	42525754.44	35666035.45
总资产	3286436862.67	1458909443.41	1490770917.63	1265644963.80	1241506932.62
股东权益(不含少数股东权益)	906512691.96	506782811.41	487038235.04	418163134.21	395235641.68
每股收益	0.28	0.32	0.32	0.23	0.19
每股净资产	2.83	1.82	1.75	2.25	2.13
调整后的每股净资产	2.80	1.82	1.74	2.21	2.08
每股经营活动产生的现金流量净额	-1.39	1.82	1.37		
净资产收益率(%)	9.79	17.32	18.67	10.17	9.02
加权每股收益	0.28	0.42	0.44	0.28	0.23
扣除非经常性损益后的每股收益	0.17	0.27	0.28	0.18	0.15

(三)报告期内,股东权益的变动情况(单位:人民币元):

项目	股本	资本公积	盈余公积	法定公益金	未分配利润	股东权益合计
期初数	278422313	104788419.65	48189273.19	16499579.22	55638229.20	487038235.04
本期增加	41891889	288878355.03	26611263.86	4435210.64	88704212.89	422467153.07
本期减少	0.00				26611263.86	
期末数	320314202	393666774.68	74800537.05	20934789.86	117731178.23	909505388.11

三、股东情况介绍

(一)截止1999年12月31日,本公司股东总数为6584户,其中,发起法人股东3户,社 会公众股东6581户。
(二)截止1999年12月31日,公司前10名股东持股情况:

名次 股东名称	年末持股数量(股)	持股比例(%)
1、厦门华侨电子企业有限公司	216065176	67.45%
2、华夏证券	15689396	4.90%
3、华宇轻化	9212021	2.88%
4、成都卫安	5207169	1.63%
5、厦门经济特区华夏集团	2227500	0.70%
6、顾葆玉	1721300	0.54%
7、厦门市电子器材公司	1012500	0.32%
8、路桥基建	981902	0.31%
9、华能财务	956032	0.30%
10、成都博坤	903000	0.28%

仪征化纤股份有限公司

一、公司简介

1、公司法定名称:仪征化纤股份有限公司
英文名称:YizhengChemicalFibreCompanyLimited　缩写:YCF
2、公司法定代表人:傅兴堂先生
3、公司注册和办公地址:中华人民共和国("中国")江苏省仪征市　邮政编码:211900
电话:86-514-3232235　传真:86-514-3233880　公司互联网网址:http://www.ycfc.com
4、董事会秘书:邵敬扬先生　董事会助理秘书:石敏小姐
联系地址:中国江苏省仪征市仪征化纤股份有限公司董事会秘书室
电话:86-514-3231888　传真:86-514-3235880　电子信箱:cso@ycfc.com
5、公司股票上市地点、股票简称和股票代码
H股上市地点　香港联合交易所有限公司　股票简称:仪征化纤　股票代码:1033
A股上市地点 上海证券交易所　股票简称:仪征化纤　股票代码:600871
6、公司信息披露报纸:《中国证券报》、《上海证券报》、《香港经济日报》、《南华早报》(英文)
公司登载年报指定互联网网址:http://www.sse.com.cn
年报备置地点:仪征化纤股份有限公司董事会秘书室

二、会计数据和业务数据摘要

1、本公司及其附属公司("本集团")本年度实现利润情况(按中国会计准则及制度编制):
以人民币千元为单位

利润总额	906,234
净利润	754,686
未计非经常性损失后的净利润	939,333
非经常性损失	
处置固定资产损失	184,647
主营业务利润	1,788,717
其他业务亏损	14,925
营业利润	1,050,758
投资收益	3,043
营业外收支净额	147,567
经营活动产生的现金流量净额	1,999,523
现金及现金等价物净减少额	585,782

2、本集团近三年主要会计数据和财务指标　单位:人民币千元

	一九九九	一九九八	一九九七
主营业务收入	7,075,579	5,633,522	6,254,742
主营业务利润	1,788,717	659,848	747,119
其它业务(亏损)/利润	(14,925)	510	450
投资收益	3,043	49,327	59,598
营业外净(支出)/收入	(147,567)	6,861	952
利润/(亏损)总额	906,234	(228,397)	32,936
所得税	136,372	(4,216)	24,724
少数股东应占本年利润	15,176	6,717	3,669
净利润/(亏损)	754,686	(230,898)	4,543
总资产	11,502,568	11,979,890	12,889,209
总负债	3,105,946	3,904,586	4,592,024
股东权益(不含少数股东权益)	8,340,851	8,026,165	8,257,063
少数股东权益	55,771	49,139	40,122
每股收益/(亏损)(全面摊薄)	Rmb0.189	Rmb(0.058)	Rmb0.001
每股收益/(亏损)(加权平均)	Rmb0.189	Rmb(0.058)	Rmb0.001
每股收益/(亏损)(未计非经常性损失)	Rmb0.235	Rmb(0.058)	Rmb0.001
股东权益比率	72.51%	67.00%	64.06%
每股净资产(全面摊薄)	Rmb2.085	Rmb2.007	Rmb2.064
调整后的每股净资产(摊薄)	*Rmb2.047	Rmb1.96	Rmb1.989
净资产收益/(亏损)率(全面摊薄)	9.05%	(2.88)%	0.06%
每股经营活动产生的现金流量净额(元/股)	Rmb0.500	Rmb0.305	–

5、报告期内股东权益变动情况　单位:人民币千元

项目	股　本	资本公积	盈余公积★	法定公益金★★	未分配利润★★★	合计
期初数	4000000	3078825	953812	135,624	(6,472)	8,026,165
本期增加	–	–	163220	47,606	754,686	917,906
本期减少	–	–	–	–	(603,220)	(603,220)
期末数	4000000	3078825	1117032	183,230	144,994	8,340,851

三、股东情况介绍

1、报告期末股东情况
截至一九九九年十二月三十一日止,本公司之股东人数为:

类别	股东人数
法人股(A股)	2
社会公众股(A股)	93,348
H股	1,924
合计	95,274

2、主要股东持股情况
截至一九九九年十二月三十一日止,本公司前10名最大股东之持股情况如下:

股东名称	类别	持股数量(千股)	占总股本比例(%)	本报告期内股数增减★(千股)
仪化集团公司("仪化")★★	A股	1,680,000	42.00	0
香港中央结算(代理人)有限公司	H股	1,331,497	33.29	+45,036
中国国际信托投资公司("中信")★★	A股	720,000	18.00	0
泰和基金	A股	6,252	0.16	–
哈里投资	A股	2,952	0.074	–
哈里实业	A股	2,785	0.070	–
道里投资	A股	2,556	0.064	–
HSBCNominees(HONGKONG) LimitedA/CBR-13	H股	2,074	0.052	–
CheungChakSun	H股	2,000	0.050	–
HSBCNominees(HONGKONG) LimitedA/CBR-16	H股	1,516	0.038	–

中山火炬高新技术实业股份有限公司

(一) 公司简介

1、公司法定中、英文名称及缩写
公司法定中文名称:中山火炬高新技术实业股份有限公司
公司法定英文名称:Zhongshan Torch High & New Technology Industrial Commercial Co.,LTD
公司英文名称缩写:ZS.TORCH
2、公司法定代表人:冯梳胜
3、公司董事会秘书:彭海泓
联系地址:广东省中山市中山火炬高技术产业开发区火炬大厦
电话:(0760)5596818-2033　传真:(0760)5596877
电子信箱:penghaihong@netease.com
董事会授权代表:熊炜
联系地址:广东省中山市中山火炬高技术产业开发区火炬大厦
电话:(0760)5599947　传真:(0760)5596877
4、公司注册地址:广东省中山市中山火炬高技术产业开发区
公司办公地址:广东省中山市中山火炬高技术产业开发区火炬大厦
邮政编码:528437
公司电子信箱:zstorch@pub.zhongshan.gd.cn
公司网址:www.zhongshantorch.com
5、公司选定的信息披露报纸名称:《上海证券报》、《中国证券报》
刊登公司年度报告的中国证监会指定国际互联网网址:http://www.sse.com.cn
公司年度报告备置地点:公司证券部
6、公司股票上市交易所:上海证券交易所
股票简称:中山火炬　股票代码:600872

(二) 会计数据和业务数据摘要

1.本年度会计数据摘要　(单位:人民币元)

利润总额:	120378886.66
净利润:	105177393.64
扣除非经常性损益后的净利润:	72731959.40
主营业务利润:	166372314.09
其他业务利润:	5196402.16
营业利润:	49918898.63
投资收益:	38014553.79
补贴收入:	32011664.66
营业外收支净额:	433769.58
经营活动产生的现金流量净	–46568727.88
现金及现金等价物净增加额:	60568087.09

注:扣除的非经常性损益项目和涉及金额

补贴收入:	32011664.66
营业外收支净额:	433769.58

2.近三年主要会计数据和财务指标(合并报表)(单位:人民币元)
追溯调整后:

项　目	1999年	1998年	1997年
(1)主营业务收入(元)	642640803.28	496169507.10	444154109.54
(2)净利润(元)	105177393.64	75890905.00	80305408.87
(3)总资产(元)	2262129950.18	1742055993.96	1577123884.11
(4)股东权益(元)	1232373994.15	850040693.75	774149788.75
(5)每股收益(元/股)	0.23	0.28	0.30
扣除非经常性损益后的每股收益(元/股)	0.16	0.198	0.28
加权每股收益(元/股)	0.39	0.28	0.43
(6)每股净资产(元/股)	2.74	3.15	2.87
调整后的每股净资产(元/股)	2.41	2.84	2.61
(7)每股经营活动产生的现金流量净额(元/股)	–0.10	0.27	–
(8)净资产收益率(%)	8.53	8.93	10.37

3、报告期内股东权益变动情况

项目	股本	资本公积	盈余公积	法定公益金	未分配利润	股东权益合计
期初数	269640540	380507435.54	84493425.16	23300517.46	115399293.05	850040693.75
本期增加	180415410	231560766.76	15776609.04	5258869.68	105177393.64	532930179.44
本期减少	–	80892161.00			69704718.04	150596879.04
期末数	450055950	531176041.30	100270034.20	28559387.14	150871968.65	1232373994.15

变动原因:
★、股本变动是由于公司1999年1月20日完成配股及1999年6月3日实施了1998年度股东大会通过的利润分配方案和资本公积金转增股本方案。
★、资本公积金变动是由于实施配股及1998年度股东大会通过的资本公积金转增 股本方案。
★、盈余公积和法定公益金变动是由于本年度利润提取数额。
★、未分配利润变动是因为本年利润增加和因计提四项资产减值准备调整年初利 润及实施1998年度利润分配。

(三) 股本变动及股东情况

(1) 至本报告期末,公司股东总户数为151721户。其中法人股股东18户;社会公众 股股东151703 户。
(2)报告期末公司前10名股东持股情况

股东名称	持股数(股)	占总股本比例(%)
①中山火炬高新技术产业(集团)公司	63389031	14.08
②中国信达信托投资公司	25698256	5.71
③中山市信托投资公司	22169301	4.93
④中国工商银行广东省信托投资公司	18791849	4.18
⑤中山市信联房地产投资公司	17346323	3.85
⑥中国华融信托投资公司	16703866	3.71
⑦中山市建设实业公司	12849128	2.86
⑧中国工商银行北京信托投资公司	10439916	2.32
⑨中山市设备租赁公司	8351933	1.86
⑩于洪鸣	1368155	0.30

西藏明珠股份有限公司

一 公司简介

(一)公司法定中文名称:西藏明珠股份有限公司
公司法定英文名称:Tibet Pearl Starco.,Ltd.
英文名称缩写:TPS
(二)公司法定代表人:何盛秋
(三)公司董事会秘书:傅勇
电子信箱:fuyong10@163.net
电话(028)6601196 传真(028)6600928
董秘授权代表:王明阶电话(028)6600758
(四)公司注册地址:西藏自治区拉萨市北京西路 224 号
办公地址:四川省成都市长顺中街 88 号
邮政编码:610031
电子信箱:pearstar@mail.sc.cninfo.net
国际互联网网址:www.tibet-hotel.com
(五)公司选定的信息披露报纸:上海证券报、中国证券报
中国证监会指定的登载公司年度报告的国际互联网网址:www.sse.com.cn
公司年报备置地点:四川省成都市长顺中街 88 号 902 室董事会秘书室
(六)公司股票上市交易所:上海证券交易所
公司股票简称:西藏明珠
公司股票代码:600873

二 会计数据和业务数据摘要

(一)本年底利润总额及其构成

(单位:人民币元)

利润总额	-45,835,987.44
净利润	-45,835,987.44
扣除非经营性损益后的净利润	-23,821,521.88
主营业务利润	28,210,801.79
其他业务利润	2,920,060.30
营业利润	-22,509,913.02
投资收益	-3,279,630.49
补贴收入	0.00
营业外收支净额	-20,046,443.93
经营活动产生的现金流量净额	23,290,571.10
现金及现金等价物净增加额	-2,843,388.97

(二)主要财务数据及财务指标

项目	1999	1998 (调整前)	1998 (调整后)	1997 (调整前)	1997 (调整后)
主营业务收入(元)	37284152.67	34646074.36	34646074.36	43686344	43686344
净利润(元)	-45835987.44	1181847.73	-2619253.12	1003322	-1285518
总资产(元)	400681773.04	440271965.50	435163966	382276621	380669723
股东权益(元)	253416396.54	304660383.28	299252383	303478535	301871637
每股收益(元/股)	-0.423	0.011	-0.024	0.009	-0.012
按月平均加权计算的每股收益(元/股)	-0.423	0.011	-0.024	0.01	-0.013
扣除非经营性损益后的每股收益(元/股)	-0.22	0.011	-0.024	0.01	-0.013
每股净资产(元/股)	2.341	2.815	2.765	2.804	2.789
调整后每股净资产	2.242	2.79	2.733	2.78	2.762
每股经营活动产生的现金流量净额(元)	0.215	0.005	0.005		
净资产收益率(%)	-18.09	0.39	-0.88	0.33	-0.43

注:有关财务指标计算公式如下:
每股收益(摊薄)=净利润/年度末普通股股份总数
每股净资产=年末股东权益/年度末普通股股份总数
净资产收益率=净利润/年末股东权益×100%
调整后每股净资产=[年末股东权益-三年以上应收款-待摊费用-待处理(流动、固定)资产净损失-开办费-长期待摊费用-住房周转金负数余额]/年度末普通股股份总数
每股经营活动产生的现金流量净额=经营活动产生的现金流量净额/年度末普通股股份总数

3.股东权益变动情况

(单位:元)

项目	股本	资本公积金	盈余公积金	法定公益金	未分配利润	股东权益合计
期初数	108236603	175144449.18	18343156.19	4448162.97	-2471824	299252383
本期增加	-	-	-	-	-45835987.44	-45835987.44
本期减少	-	-	-			
期末数	108236603	175144449.18	18343156.19	4448162.97	-48307812	253416396

未分配利润和股东权益减少系本年亏损所致。

三 股东情况介绍

1、报告期末股东总数 32432 户。
2、1999 年末公司前十名股东持股数及名称

名称	持股数量(股)	占总股本比例(%)
西藏自治区国有资产管理局(国有股)	48638,000	44.94
西藏自治区信托投资公司(发起人法人股)	3731000	3.45
西藏兴藏实业开发公司(发起人法人股)	3,731,000	3.45
石秀英	520,000	0.48
孟秀清	309,488	0.29
熊浩	248,156	0.23
历伟荣	242,400	0.22
王真	200,000	0.18
李兴汉	194,000	0.18
张艳	166,900	0.15

持有公司 5%以上股份的股东,年度内持股情况无变化。
3、其它事项
西藏自治区国有资产管理局所持有的本公司股份 4863.8 万股,已于 2000 年 3 月 4 日 无偿划转给西藏自治区国有资产经营公司,此公告刊登在 2000 年 3 月 4 日的《上海证券报》。

天津渤海化工(集团)股份有限公司

(一) 公司简介

1.公司法定中文名称:天津渤海化工(集团)股份有限公司
公司法定英文名称:Tianjin Bohai Chemical Industry(Group) Company Limited 缩写:TBCIG
2.公司法定代表人:王宝弟
3.公司董事会秘书:陈元祯、叶沛森
联系地址:天津市和平区大理道 30 号 邮政编码:300050
联系电话:86-22-23135112 86-22-23393621 传真:86-22-23135107 86-22-23314025
电子信箱:tbcig@public.tpt.tj.cn
公司授权代表:王欣、陈元祯
联系电话:86-22-23393621 86-22-23135112 传真:86-22-23314025 86-22-23135107
4.公司注册地址:天津市和平区湖北路 10 号
办公地址:天津市和平区湖北路 10 号 邮政编码:300040
公司电子信箱:tbcig@public.tpt.tj.cn
5.公司选定的信息披露报纸的名称:《上海证券报》、香港《文汇报》和《虎报 》;
登载公司年度报告的中国证监会指定国际互联网网址为:http://www.sse.com.cn
公司年度报告备置地点:天津市和平区大理道 30 号公司股份办
6.公司股票上市资料:
A 股上市地点:上海证券交易所 股票简称:ST 渤化 股票代码 600874
H 股上市地点:香港联合交易所有限公司 股票简称:天津渤海 股票代码 1065

(二) 会计数据与业务数据摘要

1.本年度主要利润指标完成情况
公司本年度亏损总额 373,494,753 元。其中:

主营业务利润	238,524,259 元
营业亏损	339,894,983 元
扣除非经常性损益后的净亏损	375,019,113 元
其中:扣除项目	金额
天化水泥免税	839,614 元
其他业务亏损	7,514,352 元
投 资 损 失	12,935,446 元
补 贴 收 入	839,614 元
营业外收支净额亏损	21,503,938 元
经营活动产生的现金流量净额	299,464,853 元
现金及现金等价物净减少额	15,391,610 元

2.截至报告期末公司前三年的主要会计数据和财务指标:

指标项目	1999 年	1998 年	1997 年
①主营业务收入(人民币千元)	2844099	2541814	2798226
②净(亏损)/利润(人民币千元)	(374,179)	(616,858)	26882
③总资产(人民币千元)	6964042	7144959	6936562
④股东权益(人民币千元)	1226452	1597845	2209267
⑤每股(亏损)/收益(摊薄)(元)	(0.28)	(0.46)	0.02
每股(亏损)/收益(加权)(元)	(0.28)	(0.46)	0.02
⑥每股(亏损)/收益(扣除非经常性损益后的每股(亏损)/收益	(0.28)	(0.46)	0.02
⑦每股净资产(元)	0.92	1.20	1.66
⑧调整后的每股净资产(元)	0.79	1.07	1.52
⑨净资产(亏损)/收益率(%)(摊薄)	(30.51)	(38.61)	1.22
(加权)	(26.50)	(32.41)	1.22

注:因年度内公司股份数额未发生变化,加权平均计算的每股收益与全面摊薄计算的相同。
(3)主要财务指标的计算方法:
每股收益=净利润/年度末普通股股份总数
每股净资产=年度末股东权益/年度末普通股股份总数
调整后的每股净资产=(年度末股东权益-三年以上的应收款项净额-待摊费用-待 处理<流动、固定>资产净损失-开办费-长期待摊费用-住房周转金负数余额)/年度末 普通股股份总数
每股经营活动产生的现金流量净额=经营活动产生的现金流量净额/年度末普通股股份总数
净资产收益率=净利润/年度末股东权益×100%
加权平均后的计算方法:
加权平均净资产收益率=净利润/[(年末净资产+年初净资产)/2]
3.报告期内股东权益变动情况 单位:人民币千元

项 目	股 本	资本公积	盈余公积	法定公益金	未分配利润	股东权益合计
期初数	1,330,000	678,541	51,016	55,452	(517,164)	1,597,845
本期增加		2786				2786
本期减少					(374,179)	(374,179)
期末数	1330,000	681,327	51,016	55,452	(891,343)	1226452

说明:资本公积金增加 278,6 万元系获政府补贴环保性款项捐赠所致。
未分配利润减少数系本年亏损所致。

(三) 股东情况介绍

(1)报告期末股东总数。截至 1999 年 12 月 31 日本公司股东总数为 32,440 户。其中:国有股东 1 户,法人股东 108 户,社会公众股东 31,762 户(其中高级管理人员 13 户)、外资股东 569 户。
(2)本公司前 10 名最大股东持股情况:(截至 1999 年 12 月 31 日)

名次 股 东 名 称	类别	年末持股数(万股)	占总股本(%)
1. 天津渤海化工集团公司(国家持股单位)	A	83902	63.09
2. 香港中央结算代理人公司(外资股东)	H	31783	23.90
3. 沈阳铁路局(法人股)	A	350	0.26
4. 吴金枝(普通股)	A	275.77	0.21
5. 南方证券南京分公司(法人股)	A	272.5	0.20
6. 珠海市三灶凌宇新型建筑材料实验研究所(法人股)	A	225	0.17
7. 深圳万科企业股份有限公司(法人股)	A	160	0.12
8. 中国东方信托投资公司南昌营业部(法人股)	A	150	0.11
9. 王 琨 (普通股)	A	135	0.10
10. 富通公司(普通股)	A	130	0.098

东方电机股份有限公司

一、公司简介

公司法定中文名称：东方电机股份有限公司　简称：东方电机
公司法定英文名称：DONGFANG ELECTRICAL MACHINERY COMPANY LIMITED
英文缩写：DFEM　Dongfang Electrical Machinery Company Limited
公司法定代表人：斯泽夫
董事会秘书：田武　董事会秘书授权代表：黄勇
电话:86-0838-2409358　传真:86-0838-2402125　电子信箱:dsb@dfem.com.cn
公司注册与办公地点：四川省德阳市黄河西路13号
网址：http://www.dfem.com.cn　邮政编码：618000
公司选定境内信息披露报纸：《中国证券报》、《上海证券报》
境外信息披露报纸：香港《文汇报》、《虎报》(英文)
中国证监会指定年报刊登网址：http://www.sse.com.cn
公司年度报告备置地点：四川省德阳市黄河西路13号本公司办公　室
股票上市地：上海证券交易所、香港联合交易所有限公司
股票简称：东方电机　股票代码:600875(A股)、1072(H股)

二、会计数据和业务数据摘要

1、1999年度按照中国及香港公认会计准则审计的业务数据　单位:人民币元

项目	按照中国会计准则	按照香港公认会计准则(千元)
利润总额	7499652.74	(44758)
净利润	6212143.30	(36658)
扣除非正常性损益后的净利润	574222.73	–
主营业务利润	207534171.84	207534
其他业务利润	7190819.20	7.191
营业利润	749590.81	(51703)
投资收益	(195025.04)	0
补贴收入	6721370.87	6721
营业外收支净额	223716.10	224
经营活动产生的现金流量净额	11420713.67	20693
现金及现金等价物净增加额	(102045.146.00)	(143645)

2、主要会计数据及财务指标　单位:人民币元

	一九九九年	一九九八年		一九九七年
		调整前	调整后	
主营业务收入	757129286.51	820382945.23	820382945.23	727181354.92
净利润	6212143.30	41100635.62	71474648.76	55448328.16
总资产	2330106187.63	2603189595.59	2420044691.04	2457705064.12
股东权益	1166159228.87	1213086572.25	1159889845.57	1202600699.63
每股收益	0.0138	0.0913	0.1588	0.1232
每股收益(扣除非经常性损益后)	0.0013			
每股净资产	2.59	2.70	2.58	2.67
每股经营活动产生现金流量净额	0.0253	0.2444	0.2444	–
净资产收益率(%)(摊薄)	0.53	3.39	6.16	4.61
净资产收益率(%)(加权)	0.53	3.40	6.27	4.65
调整后的每股净资产	2.40	2.49	2.38	2.51

注:每股收益之摊薄数与加权数一致。

3、报告期内股东权益变动情况　单位:人民币元

项目	股本	资本公积	盈余公积	其中:公益金	未分配利润	合计
期初数	450000.000	604136915.27	55660306.51	26687295.23	50092623.79	1159889845
本期增加	0	57240.00	931821.50	310607.17	5280321.80	6269383.30
本期减少						
期末数	450000.000	604194155.27	56592128.01	26997902.40	55372945.59	1166159228

三、股本变动及股东情况介绍

1、股本变动情况

(1)、股本结构情况

	期初股数	占已发行股份比例%	本期变动增(减)	期末股数	占已发行股份比例%
㈠尚未流通股份					
发起法人持股(A股)	220000000	48.89	0	220000000	48.89
㈡已流通股份					
1、境内上市的人民币普通股(A股)	60000000	13.33	0	60000000	13.33
2、境外上市的外资股(H股)	170000000	37.78	0	170000000	37.78
已流通股份合计	230000000	51.11	0	230000000	51.11
股份合计	450000000	100.00	0	450000000	100.00

2、股东情况介绍

于一九九九年十二月三十一日,本公司之股东总数为44,335户,其中发起法人持股(A股)1户,境内上市人民币普通股(A股)44,187户,境外上市外资股(H股)147户。本公　司无内部职工股股东。

主要股东持股情况

股东名称	类别	年末持股数(股)	占已发行A股股本比例(%)	占已发行H股股本比例(%)	占总股比例(%)	本报告期内股数增减(股)
东方电机厂(「东电」)	A股	220000000	78.57	–	48.89	0
香港中央结算	H股	165699999	–	97.47	36.82	(1306000)
(代理人)有限公司 CHAN CHIU CHI	H股	100000	–	0.59	0.22	
金鑫基金	A股	596257	0.21	–	0.13	–
CHUK YEE MEN LIZA	H股	478000	–	0.28	0.11	0
刘淑华	A股	285134	0.10	–	0.06	–
李忙	A股	283000	0.10	–	0.06	–
TAM SHEUNG WING	H股	232000	–	0.14	0.05	0
姚松坤	A股	200000	0.07	–	0.04	5402
叶　强	A股	189410	0.07	–	0.04	–

洛阳玻璃股份有限公司

一、公司简介

1、公司法定中文名称:洛阳玻璃股份有限公司　公司简称:洛阳玻璃
公司法定英文名称:Luoyang Glass Company Limited(英文缩写:LYG)
2、公司法定代表人:郭晓寰先生
3、公司注册及办公地址:中华人民共和国("中国")河南省洛阳市西工区唐宫中路9号
邮政编码:471009
公司国际互联网网址:http://www.clfg.com
4、公司董事会秘书:王捷先生
联系地址:中国河南省洛阳市西工区唐宫中路9号洛阳玻璃股份有限公司董事会秘书室
联系人:王凡先生　郭兵先生
电话:86-379-3908588　传真:86-379-3251984
电子信箱:lbdms@public2.lyptt.ha.cn
5、公司信息披露报纸:《中国证券报》、《上海证券报》、《文汇报》、《虎报》(英文)
公司登载年报指定互联网网址:http://www.sse.com.cn
公司年度报告备置地点:洛阳玻璃股份有限公司董事会秘书室
6、A股—上市地点:上海证券交易所
股票代码:600876　股票简称:ST洛玻
H股—上市地点:香港联合交易所有限公司
股票代码:1108　股票简称:洛阳玻璃

二、会计数据和业务数据摘要

1、本年度实现利润情况　人民币千元

	1999年	1998年
利润/(亏损)总额	35,682	(441,463)
净利润/(亏损)	52,147	(363,361)
扣除公司非经常性损益后的净利润	(70,202)	363,361
主营业务利润	151842	17792
营业利润/(亏损)	(77,981)	(385,811)
投资收益/(亏损)	36,059	(12,128)
营业外净收入/(损失)	77,604	(43,524)
经营活动产生的现金流量净额	93472	62712
现金及现金等价物净增加/(减少)额	36,446	(119,958)

2、本集团前三年主要会计数据和财务指标　人民币千元

	1999年	1998年	1997年
主营业务收入	822082	626815	594468
净利润/(亏损)	52,147	(363,361)	(219,431)
总资产	2878541	3073748	3507397
股东权益(不含少数股东权益)	1486725	1434578	1797939
每股收益/(亏损)(元)	0.074	(0.519)	(0.313)
每股收益/(亏损)(元)(加权平均)	0.074	(0.519)	(0.313)
每股收益/(亏损)(元)(扣除非经常性损益后)	(0.10)	(0.519)	(0.313)
每股净资产(元)	2.12	2.05	2.57
调整后的每股净资产(元)	1.42	1.73	2.13
净资产收益/(亏损)率(%)	3.51	(25.33)	(12.20)
每股经营活动产生的现金流量净额(元)	0.13	0.097	(0.24)
净资产收益/(亏损)率(%)(加权平均)	3.57	(22.48)	(11.50)

(2)报告期内股东权益变动情况

项目	股本(千股)	资本公积人民币千元	盈余公积人民币千元	法定公益金人民币千元	累计亏损人民币千元	股东权益合计人民币千元
期初数	700,000	969,988	223,806	55,142	(459,216)	1434578
本期增加					52147	52147
本期减少						
期末数	700,000	969,988	223,806	55,142	(407,069)	1486725

变动原因:1、法定公积金已包括在盈余公积内;

2、报告期内累计亏损变动,是因为报告期内本集团净利润人民币52,147千元。

注:盈利及其他财务指标的计算是按年度内股份数700,000,000计算的。

本年度按照中国会计准则和国际会计准则计算的净利润差异详列于按照国际会计准则编制的综合损益表之帐项附注内。

三、股东情况介绍

1、报告期末股东情况

(1)截至一九九九年十二月三十一日止,本公司之股东人数:

类别	股东人数
法人股(A股)	1
社会公众股(A股)	22612
H股	209
合计	22822

(2)主要股东持股情况

截至一九九九年十二月三十一日止,本公司前10名最大股东之持股情况如下:

股东名称	类别	持股数量(股)	占总股本比例(%)	报告期内持股数增减
中国洛阳浮法玻璃集团有限责任公司	A股	400,000,000	57.14	无增减
香港中央结算有限公司(代理人)	H股	240160498	34.31	+1052000
SO SUEN SING	H股	742000	0.11	
CHOW HON YIN	H股	680000	0.10	
豫郑国泰	A股	541466	0.08	
金鑫基金	A股	505900	0.07	
LEE LAI NA	H股	500000	0.07	
WONG MING SHUN	H股	470000	0.07	
TANG MAN KONG	H股	400000	0.06	
文家成	A股	393400	0.06	

报告期内持有本公司5%以上股份之股东所持股有的股份没有质押、冻结等情况。

中国嘉陵工业股份有限公司(集团)

公司简介

1、公司法定中文名称:中国嘉陵工业股份有限公司(集团)
公司法定英文名称:CHINA JIALING INDUSTRIAL CO.,LTD.(GROUP) 缩写:JIALING
2、公司法定代表人:何世斌
3、公司董事会秘书:覃一知
联系地址:重庆市沙坪坝区双碑中国嘉陵工业股份有限公司(集团)
电话:(023)65194095 传真:(023)65196666
董事会秘书授权代表:艾亿春
联系地址:重庆市沙坪坝区双碑中国嘉陵工业股份有限公司(集团)证券处
电话:(023)65194095 传真:(023)65194096
4、公司注册及办公地址:重庆市沙坪坝区双碑 邮政编码:400032
公司国际互联网网址:http://www.jialing.com.cn 公司电子信箱:tywzhk@public.cta.cq.cn
5、公司选定的信息披露报纸:《中国证券报》、《上海证券报》
登载公司年度报告的中国证监会指定国际互联网网址: http://www.sse.com.cn
公司年度报告备置地点:公司证券处
6、公司股票上市交易所:上海证券交易所
股票简称:中国嘉陵 股票代码:600877

会计数据和业务数据摘要

一、本年利润总额及构成(合并报表) 单位:元

项目	1999 年度
利润总额	82722534.07
净利润	52715506.40
扣除非经营性损益后的净利润	10951606.60
主营业务利润	313817256.65
其他业务利润	-305152.84
营业利润	41588192.60
投资收益	-6510908.43
补贴收入	43898069.23
营业外收支净额	3777180.67
经营活动产生的现金流量净额	231319924.19
现金及现金等价物净增加额	-18521406.60

注:"扣除非经营性损益后的净利润"指标涉及的项目有:
(1)资产处置损益: 2233603.43 元
(2)临时性获得的补贴收入: -43898069.23 元
(3)合并价差摊入: -99434.00 元
(4)三年以上应收款项净额: 17881351.58 元
(5)待摊费用: 861762.70 元
(6)长期待摊费用: 7138559.83 元

二、近三年主要会计数据和财务指标(合并报表) 单位:元

指标项目	1999 年	1998 年		1997 年	
		追溯调整后	追溯调整前	追溯调整后	追溯调整前
1.主营业务收入	3458502804.93	2617969889.06	2617969889.06	3666559630.57	3666559630.57
2.净利润	52715506.40	166763776.47	180867107.01	-53961604.36	208881036.31
3.总资产	3502488205.83	3431725041.69	3719971526.52	3648551655.65	3923589719.25
4.股东权益(不含少数股东权益)	1497367707.52	1502681738.47	1779043917.24	1335917962.00	1598176810.23
5.每股收益	0.11	0.35	0.38	-0.11	0.44
每股收益(加权)	0.11	0.35	0.38	-0.12	0.47
扣除非经营性损益后的每股收益	0.02	0.10	0.13	-0.23	0.32
6.每股净资产	3.16	3.17	3.75	2.82	3.37
7.调整后的每股净资产	3.11	3.10	3.71	2.72	3.35
8、每股经营活动产生的现金流量净额	0.49	0.42	0.42	-	-
9.净资产收益率(%)	3.52	11.10	10.17	-4.04	13.07

三、报告期内股东权益变动情况

项目	股本	资本公积	盈余公积	法定公益金	未分配利润	股东权益合计
期初数	473870840	299171289.81	654564787.94	111608305.09	75074820.72	1502681738.47
本期增加			13264946.35	5467436.62		
本期减少					18578977.30	5314030.95
期末数	473870840	299171289.81	667829734.29	117075741.71	56495843.42	1497367707.52

上列项目变动的原因:1、报告期内公司股本、资本公积未发生变化;
2、盈余公积、法定公益金增加系本年度利润分配计提盈余公积和法定公益金所 致;
3、未分配利润减少系本年度公司分配股利所致;
4、股东权益减少系上述原因综合影响所致。

股东情况介绍

一、股东数量

截止 1999 年 12 月 31 日,本公司股东总数为 97333 户,其中国家股股东 1 户,社会公众 股股东 97332 户。

二、主要股东持股情况

持股单位	99 年末持股数(股)	占总股本比例(%)
中国兵器装备集团公司(国家股)	354270840	74.76
铁力证券	1527540	0.32
哈里实业	872900	0.18
付全山	540760	0.11
兴达纸箱	537045	0.11
王登明	505700	0.11
金志刚	480161	0.10
宋树礼	462447	0.10
哈里投资	455349	0.10
张国治	380305	0.08

注:(1)中国兵器装备集团公司是在原中国兵器工业总公司改制的基础上,于一九 九九年成立的国有独资公司,主要从事国有资产投资、经营管理及有关军品和民品的 开发、设计、制造、销售等,截止 99 年底作为国家股股东持有我公司 74.76%的股份。年度内其所持有的股份未发生变动,也没有质押或冻结情况。

大连北大车行(集团)股份有限公司

一、公司简介

1、中文名称:大连北大车行(集团)股份有限公司
英文名称:DALIAN BEIDA VEHICLE TRADES(GROUP)CO .,LTD 缩写:DBVT
2、法定代表人:洪友声
3、董事会秘书:郭颖利
联系地址:大连市高新园区高新街 1 号
大连北大车行(集团)股份有限公司董事会秘书处
电话:0411-4792626 传真:0411-4790101
电子信箱:gyldl@21cn.com
4、公司注册地址:大连市甘井子区凌南路 58 号
公司办公地址:大连市高新园区高新街 1 号 邮政编码:116023
公司国际互联网网址:http://www.beeda.com
电子信箱:bdvt@pub.dl.lnpta.net.cn
5、指定信息披露报纸:《中国证券报》
登载年报的国际互联网网址:http://www.sse.com.cn
年报备置地点:公司董事会秘书处
6、股票上市地:上海证券交易所
股票简称:北大车行 股票代码:600878

二、会计数据与业务数据摘要

一、本年度利润指标情况

单位:元

1.利润总额	120248898.39
2.净利润	120269996.66
3.扣除非经常性损益后的净利润	74858822.95
4.主营业务利润	114514713.25
5.其他业务利润	
6.营业利润	92271581.68
7.投资收益	24923817.72
8.补贴收入	3100000.00
9.营业外收支净额	-46501.01
10.经营活动产生的现金流量净额	12835830.76
11.现金及现金等价物净增加额	65661506.12

注:扣除的非经常性损益项目及金额:合作经营分利 6,490,000 元,出售子公司收益 19,100,000 元,财政返还营业税 3100,000 元,财政返还所得税 16,767,674.72 元,营业外收支净额-46,501.01 元。

二、公司前三年主要会计数据和财务指标 单位:元

项目	1999 年	1998 年	1997 年
主营业务收入	558199727.36	224925684.77	210268254.20
净利润	120269996.66	43094983.95	33546899.37
总资产	721286885.38	474080502.38	409750700.72
股东权益	493177999.30	374574459.03	331479475.08
每股收益	0.423	0.197	0.15
每股净资产	1.734	1.71	1.52
调整后的每股净资产	1.713	1.63	1.48
每股经营活动产生的现金流量净额(元/股)	0.045	0.68	
净资产收益率(%)	24.39	11.51	10.12
按月平均加权计算:			
每股收益(元/股)	0.486		
扣除非经常性损益后的每股收益(元/股)	0.303		

注:每股收益=净利润/年度末普通股股份总数
每股净资产=年度末股东权益/年度末普通股股份总数
调整后每股净资产=(年度末股东权益-三年以上的应收款项净额-待摊费用-待处理(流动、固定)净资产净损失-开办费-长期待摊费用)/年度末普通股股份总数
每股经营活动产生的现金流量净额=经营活动产生的现金流量净额/年度末普通股股份总数
净资产收益率=净利润/年度末股东权益×100%

三、报告期内股东权益变动情况及变化原因

项目	股本	资本公积	盈余公积	法定公益金	未分配利润	股东权益合计
期初数	218792852	52241615.75	63769599.26	25242961.53	38103935.63	372908002.64
本期增加	65637855		24053999.34	12026999.67	30578142.32	120269996.66
本期减少						
期末数	284430707	52241615.75	87823598.60	37269961.20	68682077.95	493177999.30

变动原因:(1)股本变动是因为公司 99 年中期利润分配所致;
(2)盈余公积变动是因为会计政策变更调整期初数及 99 年度利润分配预案所致;
(3)未分配利润的变动是因为本年度利润增加和会计政策变更追溯调整年初利润 及 99 年中期利润分配所致。

三、股东情况介绍

1、本报告期末公司股东总数为 28433 户,公司无内部职工股或公司职工股。
2、本公司前 10 名股东如下:

名 称	期末持股数	增减变动	比例(%)
(1) 大连北大企业集团公司	80626468	-21393892	28.35
(2) 中粮国际仓储运输公司	52000000	+52000000	18.28
(3)大连新虹贸易发展有限公司	9352516	+9352516	3.29
(4)深圳万科企业股份有限公司	5703750	+1316250	2.01
(5)大连汽车工业贸易集团公司	4614889	+1064974	1.62
(6)深圳康佳电子(集团)股份有限公司	3802500	+877500	1.34
(7)深圳市赛格达声股份有限公司	3802500	+877500	1.34
(8)沈阳市信托投资公司	3802500	+877500	1.34
(9)深圳鑫和森化工有限公司	3802500	+877500	1.34
(10)深圳蓝天基金管理公司	3802500	+877500	1.34

大连北大企业集团公司持有本公司股票 80626468 股,其中 420 万股质押给中国工业机械进出口公司,质押期至 2000 年 12 月 31 日止;51010180 股质押给光大证券有限公司,质押期至 2000 年 4 月 22 日止;530 万股质押给中兴信托投资有限责任公司,质押期至 2000 年 3 月 31 日止;1500 万股已被法院冻结。

中粮国际仓储运输公司持有的本公司股票无质押情况。

长征火箭技术股份有限公司

一、公司简介

1.公司法定中文名称:长征火箭技术股份有限公司
简称:火箭股份
英文名称:LONGMARCH LAUNCH VEHICLE TECHNOLOGY CO.,LTD.
2.公司法定代表人:厉建中
3.公司董事会秘书:樊友强
联系地址:武汉新华路316号良友大厦17楼
电话:027-85496255
传真:027-85496252
4.公司注册地址:武汉桥口区古田一路2号
邮编:430035
公司办公地址:武汉新华路316号良友大厦17楼
邮编:430015
5.公司选定的信息披露报纸名称:上海证券报、中国证券报
登载公司年度报告的中国证监会指定的国际互联网
网址:hppt://www.sse.com.cn
年度报告备置地点:武汉新华路316号良友大厦17楼
6.公司股票上市交易所:上海证券交易所
股票简称:火箭股份
股票代码:600879

二、会计数据和业务数据摘要

1.本年度利润总额及其构成

	(单位:元)
利润总额	38054005.52
净利润	32364853.51
扣除非经营性损益后的净利润	31332231.06
主营业务利润	91286525.66
其他业务利润	45619.46
营业利润	36659554.45
投资收益	1389227.24
补贴收入	120000.00
营业外收支净额	-114776.17
经营活动产生的现金流量净额	96419831.99
现金及现金等价物的净增加额	16374773.02

注:扣除非经营性损益后的净利润的指标:扣除项目是投资收益1,032,622.45元。

2.主要会计数据和财务指标:

项目	1999年	1998年		1997年
		调整前	调整后	
主营业务收入(元)	266573939.57	177996569.90	177996569.90	110756369.45
净利润(元)	32364853.51	24705815.98	21221617.90	14790976.17
总资产(元)	628949205.02	662300507.01	658816308.93	423357106.24
股东权益(元)	272662001.31	243781345.88	240297147.80	139418734.78
每股收益(元)	0.33	0.25	0.22	0.18
扣除非经营性损益后的每股收益(元)	0.32	0.25	0.22	0.18
每股净资产(元)	2.81	2.51	2.47	1.65
调整后的每股净资产(元)	2.72	2.41	2.37	1.54
每股经营活动产生的现金流量净额(元)	0.99	-0.50	-0.50	
净资产收益率(%)	11.87	10.13	8.83	10.61

注:
主要财务指标计算方法:
每股收益=净利润/年度末普通股股份总数
每股净资产=年度末股东权益/年度末普通股股份总数
调整后的每股净资产=(年度末股东权益-三年以上的应收款项净额-待摊费用-待 处理 (流动.固定)资产净损失-开办费-长期待摊费用-住房周转金负数余额)/年度末普通股股份总数
每股经营活动产生的现金流量净额=经营活动产生的现金流量净额/年度末普通股股份总数
净资产收益率=净利润/年度末股东权益×100%

3.股东权益变动情况:

项目	股本	资本公积	盈余公积	其中"公益金"	未分配利润	合计
期初数	97148076	81281394	20599763.79	4589638.26	41267913.17	240297147.80
本期增加			4854728.03	1618242.68	27510125.48	32364853.51
本期减少						
期末数	97148076	81281394	25454491.82	6207880.94	68778038.65	272662001.31

变动原因:本期股东权益的变化是本年度盈利及利润分配所致。公司本年度实现 净利润32,364,853.51元。按10%提取法定盈余公积3,236,485.35元,按5%提取法定 公益金1,618,242.68元,其余27,510,125.48元转入未分配利润。

三、股东情况介绍

1.本报告期末股东总数为8,673户。
2.报告期末公司前十名股东持股情况:

股东名称	持股数量(股)	占总股本比例(%)
(1)中国运载火箭技术研究院	25856400	26.615
(2)武汉国有资产经营公司	11900715	12.343
(3)武汉爆破线厂	3005970	3.094
(4)中国机械工业集团股份有限公司	1650000	1.698
(5)武汉九通实业集团股份有限公司	1650000	1.698
(6)同益基金	1052501	1.083
(7)普惠基金	1020000	1.049
(8)陈琴	595034	0.613
(9)上海泛亚工贸公司	495000	0.510
(10)太阳投资	442598	0.456

注:①武汉国有资产经营公司持有国家股;
②持有公司5%以上(含5%)股份的股东所持股份未发生质押或冻结情况;
③前十名股东之间不存在关联关系。

四川电器股份有限公司

一、公司简介

1、公司法定中文名称:四川电器股份有限公司
公司法定英文名称:Sichuan Eletrical Apparatus Co.,ltd(缩写:SEAC)
2、公司注册及办公地址:四川省成都市郫县唐昌镇南外街2号
邮编:611733
公司国际互联网网址:www.seac.com.cn
电子信箱:www.@seac.com.cn
3、公司法定代表人:孙旭军
4、董事会秘书:张跃铭
电话:(028)6788154
传真:(028)6511800
5、公司选定的信息披露报纸:《上海证券报》、《中国证券报》
登载公司年度报告的中国证监会指定的国际互联网网址:http://www.sse.com.cn
公司年度报告备置地点:公司本部
6、公司股票上市地:上海证券交易所
公司股票简称:四川电器 公司股票代码:600880

二、主要财务指标

1、本年度主要会计数据

利润总额	27,212,028.70元;
净利润	23,587,667.90元;
扣除非经常性损益后的净利润	13,460,256.99元;
主营业务利润	34,332,136.32元;
其他业务利润	8,899,228.37元;
营业利润	19,828,296.68元;
投资收益	1,428,582.28元;
补贴收入	3,563,365.73元;
营业外收支净额	2,391,784.01元;
经营活动产生的现金流量净额	8,300,244.88元;
现金及现金等价物增加额	-227,286.30元。

注:扣除非经常性损益项目和涉及金额:

(1)土地转让收益:	7,654,522.44元
(2)固定资产清理收益	:1,917,693.25元
(3)债务重组收益:	555,195.22元

2、近三年主要财务指标

指标名称	计量单位	1999年	1998年		1997年	
			调整前	调整后	调整前	调整后
主营业务收入	万元	15,617.64	9,875.37	9,875.37	9,882.52	9,882.52
净利润	万元	2,358.77	1,977.83	1,883.47	1,687.96	1,489.93
总资产	万元	35,036.46	29651.14	28861.14	28797.05	27236.40
股东权益	万元	19,452.65	18823.40	17168.40	16845.58	15284.93
每股收益	元	0.18	0.27	0.26	0.23	0.21
每股收益(加权)	元	0.27	0.27	0.26	0.26	0.24
扣除非经常性损益的每股收益	元	0.10	0.19	0.16	0.23	0.21
净资产收益率	(%)	12.12	10.50	10.97	10.02	9.75
每股经营活动产生的现金流量净额	元	0.06	0.17	0.17		
每股净资产	元	1.49	2.60	2.37	2.33	2.11
调整后的每股净资产	元	1.37	2.59	2.36	2.31	2.09

计算方法:
每股收益=净利润/年度末普通股股份总数
每股净资产=年度末股东权益/年度末普通股股份总数
净资产收益率=净利润/年度末股东权益×100%
调整后的每股净资产=(年度末股东权益-三年以上的应收款项净额-待摊费用-待 处理(流动、固定)资产净损失-开办费-长期待摊费用-住房周转金负数余额)/年度末 普通股股份总数
每股经营活动产生的现金流量净额=经营活动产生的现金流量净额/年度末普通股股份总数)

3、报告期内股东权益变动情况(单位:元)

项目	股本	资本公积	盈余公积	法定公益金	未分配利润	股东权益合计
期初数	72322250	73265336.37	23939505.29		2156887.29	171683978.95
本期增加	57857800		9491108.74			22842507.90
本期减少		43393350.00			1113050.84	
期末数	130180050	29871986.37	33400614.03		1043836.45	194526486.85

变动原因:公司总股本增加和资本公积金减少是因为报告期内实施了送红股的利 润分配方案和资本公积金转增股本的方案。

三、股本变动及股东情况介绍

1、股东情况介绍
(1)本报告期末股东总数为9117户。
(2)前十名股东持股情况(截止1999年12月31日)

股东名称	期末持股数(万股)	占总股本比例(%)
1、成都博瑞投资有限责任公司	3600.00	27.65
2、成都市国有资产管理局	1826.04	14.03
3、深圳正东大实业有限责任公司	604.68	4.64
4、贵州万东实业股份有限公司	351.00	2.70
5、四川省闽南实业投资有限公司	234.00	1.80
6、四川天歌集团股份有限公司	234.00	1.80
7、深圳天俊投资有限公司	234.00	1.80
8、深圳农村信用合作联社	234.00	1.80
9、旭能投资	234.00	1.80
10、工行浙江	202.73	1.56

注:1999年7月28日经国家财政部财管字(1999)178号文批准,成都博瑞投资有限 责任公司正式受让成都市国有资产管理局持有本公司股份中的20,000,000股(占公司 总股份的27.65%),成为本公司第一大股东,原第一大股东———成都市国有资产管理局在本次转让后仍持有本公司10,144,670股(占本公司总股份的14.03%),成为本公司第二大股东。此事项已于1999年7月28日刊登在《上海证券报》和《中国证券报》上 。

吉林亚泰(集团)股份有限公司

吉林亚泰(集团)股份有限公司1999年年度报告摘要

一、公司简介

公司法定中文名称:吉林亚泰(集团)股份有限公司
英文名称:JILIN YATAI (GROUP) CO.,LTD
英文名称缩写:YTG
公司法定代表人:董事长 宋尚龙
公司董事会秘书:孙晓峰 授权代表:王化民
联系地址:长春市吉林大路281号
联系电话:(0431)4956688 传真:(0431)4951400
电子信箱:yatai@public.cc.jl.cn
公司注册及办公地址:长春市吉林在大路281号 邮编:130031
公司国际互联网网址:www.yatai.com
公司电子信箱:yatai@public.cc.jl.cn
公司选定的信息披露报纸:《上海证券报》、《中国证券报》、《证券时报》
登载年度报告的国际互联网网址:http://www.sse.com.cn
公司年报备置地点:公司证券投资部
股票股票上市交易所:上海证券交易所
股票简称:亚泰集团 股票代码:600881

二、会计数据和业务数据摘要

一.本年度主要利润指标情况

利润总额	151916298.29元
净利润	123289240.65元
扣除非经常性损益后的净利润	83152612.85元
主营业务利润	302984263.65元
其他业务利润	4851640.37元
营业利润	146517089.00元
投资收益	6545125.11元
补贴收入	0
营业外收支净额	−1145915.82元
经营活动产生的现金流量净额	108436392.28元
现金及现金等价物净增加额	140928932.06元

注:扣除非经常性损益后的净利润是在净利润额中扣除下列非经济性损益后的余 额:1.营业税先征后返,扣除所得税税后净额384581500元;2.沈阳东宇药业返回营业税300000元;3.沈阳东宇药业返回增值税830127.80元;4.转让亚泰饮品股权收益扣除所 得税后净额425000元,共计40136627.80元.

二.近三年的主要会计数据和财务指标

项目	1999年度	1998年度		1997年度	
		调整后	调整前	调整后	调整前
主营业务收入(元)	824356975	746137905	746137905	558045031	558045031
净利润(元)	123289240	116872655	106801463	83068485	73337924
总资产(元)	3428087375	2901316687	2891245495	1665467887	1655737326
股东权益(元)(不含少数股东权益)	1181519577	1089417954	1079346761	328652908	318922347
每股收益(元/股)加权	0.33	0.46	0.42	0.72	0.63
全面摊薄	0.30	0.40	0.36	0.66	0.58
扣除非经常性损益后每股净资产(元/股)	0.20				
全面摊薄	2.88	3.71	3.68	2.61	2.53
每股经营活动产生的现金流量净额(元/股)	0.26	−0.68	−0.68		
净资产收益率(%)加权	10.81	21.41	19.57	33.82	29.86
全面摊薄	10.43	10.73	9.90	25.28	23.00
调整后的每股净资产(元/股)	2.79	3.23	3.20	2.43	2.35

注:主要财务指标计算方法:
①全面摊薄计算公式:
每股收益=净利润/年度末普通股股份总数
每股净资产=年度末股东权益/年度末普通股股份总数
每股经营活动产生的现金流量净额=经营活动产生的现金流量净额/年度末普通股股份总数
净资产收益率=净利润/年度末股东权益×100%
调整后的每股净资产=[年度末股东权益-3年以上的应收款项净额-待摊费用-待处理(流动、固定)资产净损失-开办费-长期待摊费用-住房周转金负数余额]/年度末普 通股股份总数
②加权平均计算公式
加权平均净资产收益率=当期净利润/[(期初净资产+期末净资产)/2+当期发行新 股或配股新增净资产★(自缴款结束日下一月份至报告期末的月份数-6)/12]
加权平均每股收益=当期净利润/[期末普通股股份总数/(1+配股比例或增发新股 比例)+期末普通股股份总数/(1+配股比例或增发新股比例)X配股比例或增发新股比例X缴款结束日下一月份至期末的月份数 /12]

3.报告期内股东权益变动情况 单位:元

项目	股本	资本公积	盈余公积	其中:公益金	未分配利润	合计
期初数	293397507	642604526	68387457	34679025	54704171	1059093663
本期增加	117359002	5000	24657848	12328924	123289340	26531090
本期减少		58679501			84205675	142885176
期末数	410756509	583930025	93045305	47007949	93787737	1181519577

报告期内公司股东权益变动原因:⑴股本本期增加117359002.00元,原因:1999年4月,公司实施了1998年度利润分配方案,对公司全体股东采取送红股及转增股本的形式进行分配,按1998年末总股本每10股送2股,共计58679501.00元,以资本公积金提取58679501.00元,每10股转增2股,增加股本117359002元,详见1999年4月27日《上海证券报》.⑵资本公积金本期增加5000元,原因:为接受长春市双阳区羊圈乡政府捐赠的树苗款.资本公积金本期减少58679501.00元,原因:系公司从资本公积金提取58679501.00元,每10股转增2股.⑶盈余公积本期增加24657848.14元,系本年度提取数.⑷未分配利润本期增加系本年度公司按利润分配顺序分配后结余数,本期减少数 系年内分配普通股股利.

三、股东情况介绍

1.股东数量
1999年12月31日,公司股东总数为118766户,其中国家股股东为2户,社会公众股股东数为118764户.
2.主要股东持股情况
1999年12月31日,公司前10名股东持股情况

名称	股东名称	年末持股数量(万股)	占总股本比例(%)
1	长春市国有资产管理局	18063.3065	43.98
2	辽源市国有资产管理局	1818.8352	4.42
3	江苏联合	389.9017	0.95
4	东方证券	122.3615	0.30
5	华夏海口	60.4800	0.18
6	邱常玉	60.4800	0.15
7	李莜青	60.4800	0.15
8	付爱华	60.4800	0.15
9	彭立军	60.4800	0.15
10	杨敏珍	60.4800	0.15

其中:长春市国有资产管理局和辽源市国有资产管理局持有的是国家股.
注:长春市国有资产管理局所持股份无质押或冻结情况.

四、股东大会简介

公司在1999年3月26日在《上海证券报》上刊登关于召开公司第五届第一次股东 大会的公告,董事会决定于1999年4月25日在亚泰大厦会议室召开第五届第一次股东大会,参加会议对象为截止1999年4月9日下午交易结束后,在上海证券中央登记结算公司登记在册的本公司全体股东.

1999年4月25日,公司第五届第一次股东大会在亚泰大厦会议室召开,出席会议的 股东共25人,代表股份14405.9289万股,占公司股份总额的49.1%,符合<<公司法>>和有关法规的规定,本次大会有效,会议以投票方式通过了以下决议:
⑴审议通过了公司1998年度董事会工作报告;
⑵审议通过了公司1998年度监事会工作报告;
⑶审议通过了公司1998年度财务决算报告和1999年度财务预算报告;
⑷审议通过了公司1998年度利润分配预案;
⑸审议通过了公司1998年度重大投资项目议案:
①继续投资亚泰水泥公司二线建设工程;
②继续投资建设"亚泰花园居住区";
③投资组建吉林亚泰基因工程有限公司;
④开发研制新型系列抗癌生物导弹药物;
⑤继续实施兼并长春市北国之春食品有限责任公司;
⑥投资建设沈阳亚泰国际花园居住区.
⑹审议通过了关于1999年度公司发行8000万元企业债券的议案;
⑺审议通过了<<公司章程>>修改草案;
⑻审议通过了关于调整公司董事,津贴标准的议案;
⑼选举产生了新一届董事会,监事会成员.
有关决议及选举的新一届董事,监事成员简历详见1999年4月27日《上海证券报》.

五.董事会报告

(一)公司经营情况
1.公司所处行业
公司是1995年在沪上市的综合类企业,经营范围涉及房地产,建材,建筑,热力供应,电子,制药,商贸,酒店八个行业,是多元化经营,紧密型管理的大型企业集团.

公司下属的房地产公司是国家房地产综合开发资质一级企业,年开发量在30万平 方米以上,已开发的长春市"二,三小区","吉盛花园小区"均被评为样板小区,1994年,房地产公司被吉林省社会经济综合评价委员会评为全省房地产企业投资,施工规模第 一名,荣获"吉林企业明星"称号,目前正在开发建设面积100万平方米的长春市"亚泰花园居住居",一期桃花苑工程进展顺利,近年来,亚泰房地产公司一直保持着吉林省房地产开发,建设的龙头地位,1999年9月,物业公司通过了ISO9002国际质量体系的评审认 证,成为全省同行业中首家通过该认证的企业.

亚泰水泥公司主要从事水泥生产及其深加工,其水泥一线是国家"八五"重点建设 项目,工艺技术,检测手段等均达到国际八十年代先进水平,处于国内同行业领先地位,被誉为"中国第一线".1996年,公司生产的"鼎鹿"牌水泥被吉林省政府命名为"吉林名 牌产品,"通过了ISO9002质量认证,产销率达100%,1999年8月16日,亚泰水泥公司二线 扩建工程竣工投产后,水泥年产量达到了164万吨,成为东北最大的水泥生产基地.

亚泰热力公司是吉林省最大的供热企业,主营供热生产及服务,目前供热总面积已达353万平方米,约占长春市供热总面积的一半以上.

亚泰建筑公司是吉林省建筑施工资质二级企业,年建筑施工能力在10万平方米以 上.1999年,亚泰建筑公司通过了ISO9000质量体系认证,标志着亚泰建筑公司质量管理达到了国际标准.公司运用股权投资的方式,控股的东宇电气,东宇药业,水环境工程三家公司,产品技术含量高,附加值大,发展前景广阔.

亚泰超市营业面积逾万平方米,为小区居民提供了全面,优质的配套服务.

公司与外商合资兴办了大型综合乐园,涉外宾馆和康乐宫,提高了酒店业及服务业的档次和实力.

2.公司1999年度经营情况
⑴公司主营业务情况 1999年,面对买方市场,内需不旺,竞争加剧,全球经济一体化等严峻挑战,亚泰集 团抓住机遇,锐意进取.同时,眼光向内,积极进行结构调整,强化管理,克服前进中遇到的各种阻力,全年共实现主营业务收入82,436万元.主营业务收入达10%以上的行业共 有4个,其中房地产业实现收入20,813万元,占公司主营业务收入的25.2%,实现主营业 务利润7,036万元,占公司主营业务利润的23.07%;建材业实现收入28,430万元,占公司主营业务收入的34.5%,实现主营业务利润12,733万元,占公司主营业务利润的41.75%;建筑业实现主营业务收入9,987万元,占公司主营业务收入12.11%;热力供应实现收入8,577万元,占公司主营业务收入的10.40%.

1999年,亚泰房地产公司抓住国家启动房地产市场的机遇,及时调整经营思路,广 泛地开展了按揭销售业务,加大了促销力度,使"吉盛小区","亚泰花园居住区"一期工 程桃花苑的商品房销售稳步上升,1999年销售商品房6.8万平方米.

山东农药工业股份有限公司

山东农药工业股份有限公司 1999 年年度报告摘要

一、公司简介

1、公司的法定中文名称:山东农药工业股份有限公司
公司的法定英文名称:SHANDONG PESTICIDE INDUSTRY CO.,LTD. 缩写:SPIC
2、公司法定代表人:耿佃杰
3、公司董事会秘书:高中华
联系地址:山东省淄博市张店区洪沟路 25 号
联系电话:0533-2114042-609 传真:0533-2113511
4、公司注册地址:山东省淄博市张店区洪沟路 25 号
公司办公地址:山东省淄博市张店区洪沟路 25 号 邮政编码:255009
公司国际互联网网址:http://www.shannong.com 电子信箱:sdny1@zb-public.sd.cninfo.net
5、公司选定的信息披露报纸名称:《上海证券报》
登载公司年度报告的中国证监会指定国际互联网网址:http://www.sse.com.cn
公司年度报告备置地点:公司证券投资部
6、公司股票上市交易所:上海证券交易所
股票简称:山东农药 股票代码:600882

二、会计数据和业务数据摘要

1、公司本年度主要会计数据 金额单位:元

利润总额:	37115922.95
净利润:	31277274.36
扣除非经常性损益后的净利润:	31277274.36
主营业务利润:	73185193.73
其他业务利润:	-324491.01
营业利润:	30708601.53
投资收益:	4495018.17
补贴收入:	2830913.19
营业外收支净额:	-918609.94
经营活动产生的现金流量净额:	-38721696.75
现金及现金等价物净增加额:	13185473.43

2、截止报告期末公司前三年的主要会计数据和财务指标:

项目	1999 年度	1998 年度		1997 年	
		调整后	调整前	调整后	调整前
主营业务收入(元)	385757377	342138340	342138340	314300415	314300415
净利润 (元)	31277274	23529681	31737717	12264562	30109808
总资产 (元)	886208380	638625937	664196461	601415002	619260248
股东权益(不含少数股东权益)(元)	517293775	305842560	331895843	305192677	323037923
每股收益(元/股)	0.17	0.15	0.21	0.08	0.20
每股收益(按月加权)(元/股)	0.20	0.15	0.21	0.09	0.23
扣除非经常性损益后每股收益(元/股)	0.17	0.15	0.21	0.05	0.17
每股净资产(元/股)	2.78	2.01	2.18	2.00	2.12
调整后的每股净资产(元/股)	2.73	1.87	2.04	1.89	2.01
每股经营活动产生的现金流量净额(元/股)	-0.21	0.11	0.11	0.10	0.10
净资产收益率(%)	6.05	7.69	9.56	4.02	9.32

注:部分财务指标的计算公式如下:
1)每股收益=净利润/年度末普通股股份总数
2) 加权平均后的每股收益=净利润/[期末普通股股份总数/(1+配股比例)+期末普 通股股份总数/(1+配股比例)×配股比例×缴款结束日下一月至期末的月份数/12]
3)扣除非经常性损益后的每股收益=(净利润-非经营性损益)/年度末普通股股份 总数
4)每股净资产=年度末股东权益/年度末普通股股份总数
5)调整后的每股净资产=(年度末股东权益-三年以上的应收款项净额-待摊费用- 待处理(流动、固定)资产净损失-开办费-长期待摊费用-住房周转金负数余额)/年度 末普通股股份总数
6)每股经营活动产生的现金流量净额=经营活动产生的现金流量净额/年末普通股股份总数
7)净资产收益率=净利润/年度末股东权益×100%

3、报告期内股东权益变动情况

项目	股本	资本公积	盈余公积	法定公益金	未分配利润	股东权益合计
期初数	152531983	112434312	43814286	11569956.40	-2938020.43	305842560.92
本期增加	33317080	146856860	9383182	3127727.44	21894092.04	211451214.36
本期减少						
期末数	185849063	259291172	53197468	14697683.84	18956071.61	517293775.28

变动原因: 1)股本增加数为公司在本报告期内实施配股;
2)资本公积增加数系本报告期内实施配股溢价;
3)盈余公积增加数为本年度净利润提取盈余公积金、公益金、任意盈余公积金各 10%;
4)未分配利润增加数为本年度未分配利润转入。

三. 股东情况介绍

1、本报告期末,公司股东数为 44,878 人。
2、本报告期内,持有本公司 5%以上(含 5%)股份的股东只有淄博市国有资产管理局 1 个,其所持股份在本年度内未发生变动,也无质押与冻结情况。
3、前 10 名股东持股情况

股东名称	持股数量(股)	占总股本比例(%)	股份类型
淄博市国有资产管理局	87,739,146	47.21	国家股
安徽信托	665,000	0.36	社会公众股
澳立公司	650,000	0.35	社会公众股
张店向阳化工厂	586,385	0.32	法人股
灵飞公司	564,248	0.30	社会公众股
沈祺	484,123	0.26	社会公众股
王金波	429,780	0.23	社会公众股
景雅静	390,000	0.21	社会公众股
刘文雪	368,300	0.20	社会公众股
顾兰真	357,575	0.19	社会公众股

公司前十名股东之间不存在关联关系。

四、股东大会简介

1、本公司于 1999 年 4 月 10 日在《上海证券报》刊登了召开 1998 年度股东大会的公告。1999 年 5 月 10 日,公司在会议室召开此次股东年会,出席会议的股东及股东代理人 38 人,代表股份 76,975,184 股,占公司总股本的 50.46%,符合《公司法》及公司章程的有关规定,经大会审议批准,以投票表决的方式通过了如下决议:
(1)审议通过了公司《1998 年度董事会工作报告》;
(2)审议通过了公司《1998 年度监事会工作报告》;
(3)审议通过了公司《1998 年度财务决算和 1999 年度财务预算报告》;
(4)审议通过了公司 1998 年度利润分配方案;
上述决议内容刊登在 1999 年 5 月 11 日的《上海证券报》上。
2、本公司于 1999 年 6 月 12 日在《上海证券报》刊登了召开 1999 年第 1 次临时股东 大会的公告。1999 年 7 月 13 日,公司在会议室召开此次临时股东会,出席会议的股东及 股东代理人 51 人,代表股份 78,058,215 股,占公司总股本的 51.17%,符合《公司法》及 公司章程的有关规定,经大会审议批准,以投票表决的方式通过了如下决议:
审议通过了公司 1998 年配股预案中的募集资金投向之一"购买淄博热电股份有限 公司的部分股权"(国家股股东 76,294,910 股回避表决,本次股东大会实际表决股份为 1,763,305 股。同意该项方案的股份数为 1,763,305 股,占有效表决股份总数的 100%。
上述决议内容刊登在 1999 年 7 月 14 日的《上海证券报》上。
3、本报告期内,公司未选举或更换公司董事、监事。

五、董事会报告

(一)公司经营情况
1、公司所处行业及在本行业中的地位
本公司属于化工行业,主营业务范围为化学农药、基本化学原料的生产与销售。 从生产的各产品所占销售收入及毛利比重来看,以生产化学农药为主。
2、本年度生产经营情况
1999 年,国内农药化工产品销售市场供大于求的矛盾依然较为突出,产品价格持续低迷。面对困境,公司努力转变生产经营观念,大力强化市场营销工作,加快新产品开 发与产品结构调整的步伐,积极深化内部各项制度改革,在经营工作中,根据市场需求 及效益原则精心组织生产,实现了投入产出最大化,获取了较好的经济效益。在日常管理中,通过加强物资采购管理,降低了原材料采购成本;通过加强技术工艺改造管理,促进内经挖潜、节能降耗,降低生产成本;通过加强公司内部审计工作,防止了企业资金 隐形流失;通过加强财务管理,提高了资金的使用效率;通过大力推进三项制度改革,增强了全体员工危机感与责任心。
本年度,公司共实现主营业务收入 38,576 万元,较去年同期增长了 13%,实现利润总额 3,712 万元,较去年同期增长了 31%。主要产品的销售情况如下:

产品名称	销售量(吨)	比去年同期增长(%)	销售收入(万元)
敌敌畏	8911	39	11799
氧乐果	6189	29	8769
30%烧碱	202482	40	7123

3、公司主要全资附属企业及控股子公司的经营情况及业绩

公司名称	注册资本	经营范围	年度内实现的利润(万元)
鲁和防蛀制品有限公司	300,000.00 美元	制造防蛀系列	-5.6
合力胶乳化工有限公司	9,000,000 人民币	制造丁苯砒乳胶	7.2
山东农药厂劳动服务公司	904,174.55 人民币	加工纸制品	161

4、在经营中出现的问题与困难及解决方案
多年来,公司都将新产品的开发作为一个工作重点,但由于其投资大、技术难度高、研制周期长、风险大等多种因素,尚未有突破性的进展。新型农药品种的产销量相 对于公司农药的总产销量而言,尚未达到举足轻重的地位,从一定程度上制约了公司主业的发展速度。为此,公司将在今后的工作中继续加大在新产品科研开发方面人、财 、物的投入,加强与山东农业大学、上海农研所、清华紫光集团等国内科研单位的技 术合作,积极开展对外国际交流,谋求与国际性大公司如阿凡的斯、诺华等的合资与合作,尽快开发出具有国际领先水平的新型农药化工产品,并投放市场,从而实现公司的 可持续快速发展。
(二)公司财务状况
报告期内主要财务情况变动及原因

项目	1999 年度(万元)	1998 年度(万元)	增减变动
资产总额	88621	63863	+39%
长期负债	1607	2548	-37%
股东权益	51729	30584	+69%
主营业务利润	7319	7593	-4%
净利润	3128	2353	+33%

原因:资产总额与股东权益增加的主要原因是公司年内实施配股募集资金所致;长期负债减少的主要原因是公司归还了部分到期的长期借款;主营业务利润降低的主要 原因是产品销售价格下降;净利润增加的主要原因是公司加强财务管理,降低了财务费用。
(三)公司投资情况
1、报告期内,公司实施了 1999 年配股方案,所募资金于 11 月底到账,正按计划逐步实施。
2、报告期内,公司利用自有资金投资的重大项目:
1)投资 322 万元对主要产品敌敌畏的生产线进行了扩建改造,于 1999 年 6 月份完工,该产品的年生产能力达到 12000 吨。
2)投资 425 万元对烧碱设备进行了改造,淘经 25 型石墨阳极电解槽,新增 50 台 16 型 金属阳极电解槽,于 1999 年 5 月份完工,年节约电费约 260 万元。
(四)中国加入世界贸易组织(WTO)对公司未来经营产生的影响
中国加入 WTO 后,公司的生产经营将面临更大的机遇与挑战。一方面,随着出口关 税的降低,公司可以利用自营进出口权进一步扩大产品出口业务;另一方面,国外同类 产品大量涌入国内市场,产品竞争将更加激烈,促进公司加快新产品开发步伐,降低生 产成本,提高产品的科技含量,更好地参与国际国内市场竞争。
(五)新年度的业务发展计划

1、进一步强化市场营销,大力开拓市场。2000 年将抓好四个市场,即巩固山东和 现有市场、大力开拓省外市场、精心培育新产品市场、积极开拓国际市场,提高"三率",即提高产品市场占有率、销售利润率和回款率。

2、加大科技投入,培育企业核心竞争力,增强企业发展后劲。将来的产品开发规 划要以新型高效杀虫剂为主导,迅速开发生产杀菌剂和除草剂,提高新产品对经济增长的贡献率。

3、加强企业管理,深化内部改革。围绕着"三提高、一降低",全面强化企业各项 管理工作,提高企业管理水平和整体素质。

4、搞好资本经营,努力向高新技术型企业方向发展,不断扩大企业规模,壮大经济实力。

(六)董事会日常工作情况

1、报告期内董事会的会议情况及决议内容

报告期内,公司董事会共召开了五次董事会。

1999 年 1 月 27 日,公司董事会召开了第三届第九次会议,应到董事 11 人,实到董事 10 人,会议审议并通过了如下决议:

1)1998 年度总经理工作报告和 1999 年度经营计划报告;

2)1998 年度财务决算报告和 1999 年度财务预算报告;

3)1998 年年度报告和报告摘要;

4)1998 年度利润分配预案。公司本年度实现净利润 31,737,717.17 元,提取 10%法 定盈余公积金 3,173,771.72 元,提取 10%法定公益金 3,173,771.72 元,加上年结转 15,394,229.05 元,本年度实际可供股东分配的利润为 40,784,402.78 元,董事会决议 1998 年 度利润分配预案为:向全体股东每 10 股派发现金红利 1.50 元(含税),计送出 22,879,797.45 元,尚余可分配利润 17,904,605.33 元转入下一年度。

5)决议召开 1998 年度股东大会,有关会议事宜将另行公告。

1999 年 4 月 8 日,公司董事会召开了第三届第十次会议,会议应到董事 11 人,实到董 事 10 人,会议决议召开 1998 年度股东大会,有关事项如下:

1、会议时间:1999 年 5 月 10 日上午 9:00

2、会议地点:本公司二楼会议室

3、会议议程:

1)审议 1998 年度董事会工作报告;

2)审议 1998 年度监事会工作报告;

3)审议 1998 年度财务决算报告和 1999 年度财务预算报告;

4)审议 1998 年度公司利润分配预案。

4、出席会议对象:

1)本公司董事、监事及高级管理人员;

2) 凡是 1999 年 4 月 29 日下午交易结束后在上海证券中央登记结算公司登记在册的 本公司股东均可参加会议。因故不能出席会议的股东可以委托代理人持委托书代理出席会议。

5、会议登记办法:

凡符合出席会议资格的股东,请于 1998 年 5 月 5 日至 7 日持股东帐户卡、本人身份证、授权委托书,法人股东另持单位介绍信到本公司证券投资部办理登记,异地股东可以信函或传真方式登记。

6、注意事项:

会期半天,与会者食宿费用自理。

1999 年 4 月 9 日,公司董事会召开了第三届第十一次会议,会议应到董事 11 人,实到 董事 10 人,会议讨论并通过了《关于公司 1997 年度配股募集资金使用情况及 1998 年度 配股募集资金投资计划的说明报告》。

1999 年 6 月 11 日,公司董事会召开了第三届第十二次会议,会议应到董事 11 人,实到董事 9 人,会议讨论并通过了如下决议:

一、重新审议 1998 年配股资金投向

本公司 1998 年第二次临时股东大会在表决 1998 年配股资金投向之一"购买淄博热 电股份有限公司的部分股权"事项时,国家股股东没有回避,参与了表决。因国家股股 东持有本公司股份 76294910 股,占本公司总股本的 50.02%,同时持有淄博热电股份有 限公司股份 8735 万股,占其总股本的 88.35%,因此上述购买股权事项构成关联交易。 根据有关规定,董事会重新审议了该项议案,决定召开 1999 年第一次临时股东大会,对 该议案进行重新表决。

二、召开 1999 年第一次临时股东大会

1、会议时间:1999 年 7 月 13 日

2、会议地点:公司财务会计部办公楼会议室

3、会议议程:审议配股资金投向之一"购买淄博热电股份有限公司的部分股权"

4、出席会议对象:

(1)本公司董事、监事及高级管理人员;

(2)凡是 1999 年 7 月 1 日下午交易结束后在上海证券中央登记结算公司登记在册的 本公司股东均可参加会议。因故不能出席会议的股东可以委托代理人持委托书代理出席会议。

1999 年 8 月 1 日,公司董事会召开了第三届第十三次会议,会议应到董事 11 人,实到 董事 7 人,会议讨论通过了如下决议:

1)审议通过了《山东农药工业股份有限公司 1999 年中期报告》;

2)审议通过了公司 1999 年中期不进行利润分配,也不实施公积金转增股本。

2、董事会对股东大会决议的执行情况

1)1999 年 7 月 20 日,公司在《上海证券报》刊登了 1998 年度分红派息公告,每 10 股 派发现金红利 1.50 元(含税),股权登记日为 1999 年 7 月 26 日,除息日为 1999 年 7 月 27 日。

2)经过董事会及相关部门员工的共同努力,公司的配股方案于 1999 年 10 月获得了 中国证券监督管理委员会的批准(证监公司字[1999]96 号文),于 11 月底完成了配股工 作。目前,公司董事会正认真抓好募集资金的投入工作,争取早日见效。

(七)公司管理层及员工情况

1、董事、监事及高级管理人员

姓名	职务	性别	年龄	年初持股数(股)	年末持股(股)	股份增减变动量(股)
耿佃杰	董事长、总经理	男	46	0	0	0
丁维山	副董事长 副总经理	男	55	6090	7917	1827
高中华	董事、副总经理 董事会秘书	男	41	8410	10933	2523
许 伟	董事、副总经理	男	42	5945	7729	1784
刘元臣	董事	男	60	15079	19603	4524
许才本	董事	男	48	5800	7540	1740
张东业	董事、总会计师	男	51	0	0	0
张正玉	董事	男	52	0	0	0
耿佃朋	董事	男	51	9279	12063	2784
唐 勇	董事	男	36	0	0	0
刘持良	董事	男	63	0	0	0
叶恒生	监事长	男	49	0	0	0
孙洪琴	副监事长	女	48	3915	5090	1175
邱希胜	监事	男	50	3625	4713	1088
李顺彦	监事	男	50	0	0	0
冯乃水	监事	男	50	0	0	0
高正鉴	副总经理	男	55	0	0	0
王奉章	副总经理	男	50	0	0	0

上述董事、监事持股数量发生变动的原因均为本年度配股增加。

报告期内,公司董事、监事及高级管理人员的年度报酬总额约为 30 万元,其中年度报酬在 1-1.5 万元的有 3 人,在 1.5-2 万元的有 12 人,在 2-2.5 万元的有 2 人,董事刘持良先生不在本公司领取报酬。

报告期内,公司无离任的董事、监事或高级管理人员,公司经理及董事会秘书未发生变动。

(八)本次利润分配预案

公司 1999 年度实现净利润 31,277,274.36 元,分别按 10%提取法定盈余公积金和法 定公益金、任意盈余公积金共 9,383,182.32 元,加上年度结转的未分配利润-2,938,020.43 元,本年度可供股东分配的利润为 28,339,253.93 元。经公司董事会讨论决定,本 年度不进行利润分配,也不进行公积金转增股本。

(九)其他报告事项

报告期内,公司选定的信息披露报纸未发生变更。

六、监事会报告

1999 年,监事会共召开了 1 次会议,会议讨论通过了《监事会议事规则》和《1998 年度监事会工作报告》。

本报告期内,监事会严格按照《公司法》及公司章程的规定,依法行使其职权,履 行应尽义务。监事会成员按规定列席了董事会会议,对董事会及其成员的决策行为、公司的依法经营行为和资产运营情况起到了监督作用。监事长参加总经理办公会议,对公司的生产经营和高层管理人员进行了日常监督。以审计为主要手段,对公司的财 务活动进行了经常性的检查与监督。

监事会认为:

1、公司决策程序合法,内部控制制度完善,公司董事、经理在执行公司职务时无违反法律、法规、公司章程或损害公司利益的行为。

2、上海上会会计事务所出具的公司 1999 年度审计报告公正、准确、完整,能够真实地反映出公司本报告期的财务状况及经营成果。

3、公司在报告期内实施了配股,所募资金于 11 月底到账,董事会及总经理正抓紧 按承诺落实资金的投放。

4、公司关联交易公平,未损害上市公司利益。

七、重要事项

1、本年度公司无重大诉讼、仲裁事项。

2、报告期内,公司、公司董事及高级管理人员均未受到监管部门的处罚。

3、报告期内,公司控股股东未发生变更,公司董事会未换届,董事会成员、总经理、董事会秘书均未发生人事变动。

4、报告期内,公司无吸收合并事项的发生。

5、本年度内公司无重大关联交易事项发生。

6、报告期内,公司做到了与控股股东在人员、资产、财务上的"三分开",即人员 独立、资产完整、财务独立。

7、报告期内,公司未托管、承包、租赁其他公司资产,公司资产也未被其他公司托管、承包或租赁。

8、公司继续聘任上海上会会计师事务所有限公司为公司的审计机构。

9、截至报告期末,公司为关联企业提供借款担保 645 万元。

10、报告期内,公司未变更名称及股票简称。

11、因执行财政部《关于印发<股份有限公司会计制度有关会计处理问题补充规 定>的通知》(财会字[1999]35 号)文件对上市公司财务状况及经营成果产生的影响:见财务报告附注。

八、财务会计报告

(一)审计报告

本公司会计报表经上海会会计师事务所中国注册会计师张国文、张文枝审计,并出具了无保留意见的审计报告(上会师报字(2000)第 0237 号。

(二)会计报表

1、资产负债表(见附表);

2、利润及利润分配表(见附表);

3、现金流量表(见附表)。

二、公司主要会计政策、会计估计和合并会计报表的编制方法

1、执行的会计制度:《企业会计准则》和《股份有限公司会计制度》及其补充规定。

2、会计年度:自公历一月一日起至十二月三十一日止。

3、记帐本位币:人民币。

4、记帐基础和计价原则:以权责发生制为记帐原则,按实际成本为计价基础。

5、外币业务核算方法:对涉及外币的经济业务采用当月 1 日人民币市场中间汇价 折合人民币记帐,期末按期末人民币市场中间汇价进行调整,因市场汇价不同而产生的折合本位币差额,与资本性支出有关的予以资本化,与费用性支出有关的计入当期财务费用。

6、现金等价物的确定标准:期限短、流动性强、易于转换为已知金额,价值变动风险很小的投资。

7、坏帐核算方法:

(1)坏帐损失确认标准:

①因债务人破产或死亡,以其破产财产或遗产清偿后,仍然不能收回的应收款项;

②因债务人逾期未履行偿债义务,超过三年仍然不能收回,且具有明显特征表明不能收回的应收款项。

坏帐根据本公司的管理权限,经董事会批准作为坏帐损失,冲销提取的坏帐准备。

(2)坏帐核算方法:坏帐核算采用备抵法。

(3)坏帐准备确认标准:根据年末应收款项(包括应收帐款和其他应收款)余额计提。

(4)坏帐准备计提方法:根据年末应收款项剔除不计提部分后的余额,按帐龄分析 法计提坏帐准备,并计入当期管理费用。坏帐准备计提的比例列示如下:

帐龄	计提比例
1 年以内	5%
1~2 年	10%
2~3 年	20%
3 年以上	40%

注:应收款项中属合并报表范围内的内部往来部分,母公司和子公司不计提坏帐准备。

8、存货核算方法:存货包括:原材料、产成品、在产品、低值易耗品等。

(1)本公司原材料日常以计划成本计价,月份终了,按照发出各种原材料的计划 成本计算应负担的成本差异,将存货的计划成本调整为实际成本;在产品和产成品按实际成本入库,发出时按全月一次加权平均法核算;低值易耗品等按实际成本计价,在领 用时采用一次摊销法核算。

(2)存货跌价准备确认标准:期末由于存货遭受毁损、全部或部分陈旧过时或 销售价格低于成本等原因,使存货成本高于其可变现净值的部分,应提取存货跌价准备。

(3)存货跌价准备计提方法:存货跌价准备按期末单个存货项目的成本低于其可 变现净值的差额提取,并计入当期存货跌价损失。

9、短期投资核算方法:

(1)短期投资以发生时的实际成本计价,投资收益采取成本法核算。

(2)短期投资跌价准备确认标准:持有的短期投资,期末按成本与市价孰低计价,市价低于成本

的部分,应提取短期投资跌价准备。

(3)短期投资跌价准备计提方法:期末单个投资项目的市价低于成本的,按其差 额分别提取,计入当期损益。

10、长期投资核算方法:

(1)长期债权投资按实际支付的款项记帐,按成本法核算投资收益。

(2)长期股权投资

①股票投资按成本法核算。

②其他股权投资:投资额占被投资企业有表决权资本总额20%以下,或虽占20%或20%以上,但不具有重大影响,采用成本法核算;投资额占被投资企业有表决权资本总 额20%或20%以上,或虽不足20%但有重大影响,采用权益法核算。

③股权投资差额:上述②中投资额与按比例享有的被投资单位净资产的差额,在"长期股权投资-股权投资差额"中核算,并按10年平均摊销。

④长期投资减值准备确认标准:由于市价持续下跌或被投资单位经营状况恶化等 原因导致其可收回金额低于帐面价值,并且这种降低的价值在可预计的未来期间内不 可能恢复,预计不可收回部分应计提长期投资减值准备。

长期投资减值准备计提方法:期末按长期投资个别项目的估计未来可收回金额低 于投资帐面价值的差额分别提取长期投资减值准备,并计入当期损益。

11、固定资产及折旧:

(1)单位价值在2,000元以上,使用年限在二年以上的实物资产作为固定资产,按实际成本计价。

(2)折旧方法:按化工行业的有关规定确定使用年限和残值率,采用分类折旧率,按直线法计算折旧。

(3)固定资产分类及使用年限:

类别	使用年限(年)	残值率	折旧率(%)
房屋建筑物	10~35	3%	2.77~9.70
机器设备	5~12	3%	8.08~19.40
运输设备及其他	4~10	3%	9.70~24.25

12、在建工程核算方法:核算工程在建造过程中实际发生的全部支出,交付使用之前发生的工程借款利息和外币折合差额计入在建固定资产的成本。在建工程于交付使用之时转作固定资产。

13、无形资产计价和摊销方法:按实际成本计价,在预计收益期限内平均摊销。

类别	摊销年限
土地使用权	30年

14、开办费、长期待摊费用摊销方法:在规定期限内平均摊销。

15、收入确认原则:

销售商品:公司已将商品所有权上的重要风险和报酬转移给买方,公司不再对该商品实施继续管理权和实际控制权,相关的收入已经收到或取得了收款的证据,并且与销售该商品有关的成本能够可靠地计量时,确认营业收入的实现。

提供劳务:在同一会计年度内开始并完成的劳务,应在完成劳务时确认收入;如劳 务的开始和完成分属不同的会计年度,在提供劳务交易的结果能够可靠估计的情况下,企业应在资产负债表日按完工百分比法确认相关的劳务收入。

他人使用本企业资产:与交易相关的经济利益能够流入企业,收入的金额能够可靠地计量时,确认收入的实现。

16、所得税的会计处理方法:采用应付税款法。

17、合并会计报表的编制方法:本公司合并会计报表根据财政部财会字(1995)11号文《关于印发〈合并会计报表暂行规定〉的通知》的规定,以合并会计报表的母公司和纳入合并范围的子公司的个别会计报表及其它有关资料为依据,在将其相互之间 的权益性投资与所有者权益中所持份额、债权与债务以及内部交易等进行抵销的基础上,对资产、负债和所有者权益各项目的数额编制合并会计报表。

18、会计政策、会计估计和合并会计报表范围变更:

(1)本公司经于决算日按资产负债表应收帐款余额的5‰计提坏帐准备;本公司原 不计提短期投资跌价准备、存货跌价准备和长期投资减值准备。根据公司董事会决议,自本年度起执行如同本合并会计报表附注二/7、8、9和10所述的会计政策。

本公司根据财政部财会字(1999)35号文《关于印发〈股份有限公司会计制度有关会计处理问题补充规定〉的通知》和财政部财会字(1999)49号文《关于〈股份有限公司会计制度有关会计处理问题补充规定问题解答〉的通知》的有关规定,对上述会计 估计变更在本年度作为会计政策变更,采用追溯调整法,调整了1999年度合并会计报表和会计报表相关项目的年初数和上年实际数。

上述会计政策变更的累计影响数为25,570,524.14元, 其中因坏帐准备计提方法 的变更的累计影响数为19,372,480.76元,计提短期投资跌价准备的累计影响数为0元,计提存货跌价准备的累计影响数为6,198,043.38元,计提长期投资减值准备的累计影 响数为0元。

(2)公司对在本年度发生的补交1998年度所得税560,809.53元,相应调整1999年度会计年初数和上年实际数。

(3)因上述(1)(2)事项,公司影响1999年度合并会计报表年初所有者权益26,053,282.22元,其中调减盈余公积5,210,656.46元,调减未分配利润20,842,625.76元。

(4)合并会计报表范围无变更。

三、主要税项

1、流转税:对销售产品计征增值税,销项税率分别为农药13%,其他产品17%。其 中敌百虫、敌敌畏和氧化乐果三种产品,根据"国家税务总局关于农业产品增值税率和若干项目免征增值税的通知"规定免征增值税。

2、所得税:适用税率33%,其中18%由同级财政部门返还,淄博市财政局以淄财税便字(1997)第1号文作出承诺,公司实际税负为15%。

四、控股子公司及合营企业情况

公司名称	注册资本	经营范围	母公司投资额	所占比例	是否合并
鲁和防蛀制品有限公司	300,000美元	制造防蛀系列	225,000.00美圆	75%	合并
合力胶乳化工有限公司	9000000	制造丁苯砒乳胶	4,590,000.00	51%	未合并
山东农药厂劳动服务公司	904,174.55	加工纸制品	712,341.03	100%	未合并

*未合并原因:根据财政部财会二字(1996)第2号"关于合并会计报表合并范围请示的复函",合力胶乳化工有限公司和山东农药厂劳动服务公司未纳入合并报表范围。

截止1999年12月31日,未纳入合并报表范围子公司的总资产、净资产和1999年度 净利润列示如下:

公司名称	总资产	净资产	净利润
合力胶乳化工有限公司	21687827.17	9225372.22	71766.79
山东农药厂劳动服务公司	7018259.95	2325896.02	1613554.99

六、关联方关系及其交易

(一)存在控制关系的关联方情况

1、存在控制关系的关联方

企业名称	注册地址	主营业务	与本企业关系	经济性质或类型	法定代表人
合力胶乳化工有限公司	淄博张店区	制造丁苯砒乳胶	子公司	股份制	耿佃杰
山东农药厂劳动服务公司	淄博张店区	加工纸制品	子公司	股份制	郑 茜
鲁和防蛀制品有限公司	淄博张店区	制造防蛀系列	子公司	中外合资	高中华

2、存在控制关系的关联方的注册资本及其变化

企业名称	年初数	年末数
合力胶乳化工有限公司	9000000.00	9000000.00
山东农药厂劳动服务公司	904174.55	904174.55
鲁和防蛀制品有限公司	US$300,000.00	US300000.00

3、存在控制关系的关联方所持股份或权益及其变化

企业名称	期初数		本期增加数		期末数	
	金额	%	金额	%	金额	%
合力胶乳化工有限公司	4590000.00	51			4590000.00	51
山东农药厂劳动服务公司	83962.47	9.30	628378.56	90.70	712341.03	100
鲁和防蛀制品有限公司	1601403.00	75			1601403.00	75

4、存在控制关系的关联方交易

A、本企业未合并的子公司与本企业之间的关联交易对企业财务状况和经营成果 影响很小,故未披露。

B、本公司本年度和上年度无向关联方采购货物。

C、本公司本年度和上年度无向关联方销售货物。

D、关联方应收、应付款项余额:

项目	上期末	本期末
其他应收款		
合力胶乳化工有限公司	6219266.03	6166555.19
其他应付款		
山东农药厂劳动服务公司	-	1446394.67

(二)不存在控制关系的关联方情况

1、不存在控制关系的关联方关系的性质

企业名称	与本企业的关系
泰安裕隆宾馆	联营企业
华昌劳动服务公司	联营企业
山东联合农药有限公司	联营企业
清华紫光英力技术有限公司	联营企业
淄博热电股份有限公司	联营企业

2、不存在控制关系的关联方交易

A、采购货物

公司上期和本期向关联方采购货物有关明细资料如下(单位:元)

企业名称	上期	本期
淄博热电股份有限公司	15112802.87	

B、本公司本年度和上年度无向关联方销售货物。

C、关联方应收、应付款项余额(单位:元)

项目	上期末	本期末
预付帐款		
淄博热电股份有限公司	8307746.03	
其他应收款		-
泰安裕隆宾馆	900000.00	
其他应付款		
淄博热电股份有限公司	15676582.00	

(三)其他应披露的事项

(1)截止1999年12月31日,公司为关联企业提供借款担保6,450,000.00元。

(2)1999年内公司向关联公司收取管理费1,775,861.08元。

七、或有事项

公司无需要说明的重大或有事项。

八、承诺事项

公司无需要说明的重大承诺事项。

九、资产负债表日后事项中的非调整事项

公司无需要说明的资产负债表日后事项中的重大非调整事项。

十、债务重组事项

公司无需要说明的重大债务重组事项。

十一、其他重要事项

公司于1999年内经公司股东大会通过,并经财政部和中国证监会批准,按1998年末股本总额152,531,983.00元,以10:3的比例向全体股东配股,配股价每股5.50元。增资配股后,公司股本总额为185,849,063.00元,上海上会会计师事务所有限公司以上会师 报字(99)第0553号文出具验资报告予以确认。

九、公司的其他有关资料

1、公司变更注册登记日期:2000年1月20日

地点:山东省工商行政管理局

2、企业法人营业执照注册号:3700001801569

3、税务登记号码:370303164102345

4、公司未流通股票的托管机构名称:上海证券中央登记结算公司

5、公司报告期内配股主承销机构名称:南方证券有限公司

6、公司聘请的会计师事务所名称:上海上会会计师事务所有限公司

办公地址:上海市四川北路1318号福海商业中心9楼

十、备查文件目录

1、载有公司法定代表人、总会计师、财务会计部负责人签名并盖章的会计报表 。

2、载有会计师事务所盖章、注册会计师签名并盖章的审计报告原件。

3、报告期内在《上海证券报》上公开披露过的所有公司文件的正本及公告的原 稿。

4、载有公司董事长亲笔签名的年度报告正本。

山东农药工业股份有限公司

二000年四月七日

资产负债表

编制单位:山东农药工业股份有限公司　1999年12月31日　单位:(人民币)元

资产	年末数		年初数	
	合并	母公司	合并	母公司
流动资产:				
货币资金	36151368.26	35716521.41	22965894.83	22039616.71
短期投资	40220000.00	40220000.00	220000.00	220000.00
减:短期投资跌价准备				
短期投资净额	40220000.00	40220000.00	220000.00	220000.00
应收票据	3700000.00	3700000.00	400000.00	400000.00
应收股利				
应收利息				
应收帐款	103450475.32	102105919.81	74333221.21	73204411.60
其他应收款	167903746.79	168877793.70	108378655.57	109430688.46
减:坏帐准备	21484884.18	21079977.10	19744146.87	19426297.21
应收款项净额	249869337.93	249903736.41	162967729.91	163208802.85
预付帐款	21380085.36	21364638.79	1735054.38	1717920.31

应收补贴款				
存货	213080854.35	210737089.82	193444113.32	191268990.46
减:存货跌价准备	4702134.38	4702134.38	6198043.33	6198043.33
存货净额	208378719.97	206034955.44	187246069.99	185070947.13
待摊费用	7457748.76	7457748.76	4817025.09	4817025.09
待处理流动资产净损失				
一年内到期的长期债券投资				
其他流动资产				
流动资产合计	567157260.28	564397600.81	380351774.20	377474312.09
长期投资:				
长期股权投资	73023150.54	73887131.40	15063427.29	15969160.98
长期债权投资				
长期投资合计	73023150.54	73887131.40	15063427.29	15969160.98
其中:合并价差				
减:长期投资减值准备				
长期投资净额	73023150.54	73887131.40	15063427.29	15969160.98
固定资产:				
固定资产原价	321363657.98	320962493.03	316989218.01	316630663.06
减:累计折旧	118890487.20	118574714.12	113320841.22	112989665.32
固定资产净值	202473170.78	202387778.91	203668376.79	203640997.74
工程物资				
在建工程	18689724.81	18689724.81	16454704.73	16454704.73
固定资产清理	4130881.06	4130881.06	1497271.87	1497271.87
待处理固定资产净损失				
固定资产合计	225293776.65	225208384.78	221620353.39	221592974.34
无形资产及其他资产:				
无形资产	20734193.08	20734193.08	21590382.35	21590382.35
开办费				
长期待摊费用				
其他长期资产				
无形资产及其他资产合计	20734193.08	20734193.08	21590382.35	21590382.35
递延税项:				
递延税款借项				
资产总计	886208380.55	884227310.07	638625937.23	636626829.76
流动负债:				
短期借款	153500548.00	152200548.00	130138036.00	128838036.00
应付票据	12300000.00	12300000.00	5172500.00	5172500.00
应付帐款	89187518.43	87551152.97	71918187.69	71867057.35
预收帐款	13221350.10	13097163.16	653034.28	514793.80
代销商品款				
应付工资	465268.23	465268.23		
应付福利费	9105616.64	9105616.64	7189682.69	7189682.69
应付股利	19989375.59	19989375.59	32087848.91	32087848.91
应交税金	2044642.73	2034944.72	5613332.18	5605290.53
其他应交款	175744.92	175744.92	102434.96	102434.96
其他应付款	51519877.63	52864035.20	27671041.34	27438241.59
预提费用	1076449.46	1076449.46	3280629.42	3280629.42
一年内到期的长期负债	3280629.42	23210000.00	23210000.00	
其他流动负债				
流动负债合计	352586391.73	350860298.89	307036727.47	305306515.25
长期负债:				
长期借款	15889300.00	15889300.00	24893490.35	24893490.35
应付债券				
长期应付款				
住房周转金	183935.90	183935.90	584263.24	584263.24
其他长期负债				
长期负债合计	16073235.90	16073235.90	25477753.59	25477753.59
递延税项:				
递延税款贷项				
负债合计	368659627.63	366933534.79	332514481.06	330784268.84
少数股东权益	254977.64		268895.25	
股东权益:				
股本	185849063.00	185849063.00	152531983.00	152531983.00
资本公积	259291172.29	259291172.29	112434312.29	112434312.29
盈余公积	53197468.38	53197468.38	43814286.06	43814286.06
其中:公益金	14697683.84	14697683.84	11569956.40	11569956.40
未分配利润	18956071.61	18956071.61	−2938020.43	−2938020.43
外币报表折算差额				
股东权益合计	517293775.28	517293775.28	305842560.92	305842560.92
负债和股东权益总计	886208380.55	884227310.07	638625937.23	636626829.76

利润及利润分配表

编制单位:山东农药工业股份有限公司　　1999 年度　　单位:(人民币)元

项 目	本年数		上年数	
	合并	母公司	合并	母公司
一、主营业务收入	385757377.14	383929865.25	342138340.10	340608308.47
减:折扣与折让				
主营业务收入净额	385757377.14	383929865.25	342138340.10	340608308.47
减:主营业务成本	312031018.98	310905050.98	265786451.00	264872902.82
主营业务税金及附加	541164.43	541164.43	420080.71	420080.71
二、主营业务利润	73185193.73	72483649.84	75931808.39	75315324.94
加:其他业务利润	−324491.01	−324491.01	−21639.33	−113769.20
减:存货跌价损失	−1073590.13	−1073590.13	5452713.45	5452713.45
营业费用	10437136.49	10148103.67	6962578.25	6707089.87
管理费用	25873654.84	25501170.18	24649249.41	24164910.45
财务费用	6914899.99	6819203.14	12533231.14	12411472.95
三、营业利润	30708601.53	30764271.97	26312396.81	26465369.02
加:投资收益	4495018.17	4453265.34	491841.37	377037.21
以前年度损益调整(调减以"−"表示)				
补贴收入	2830913.19	2830913.19	2245023.90	2245023.90
营业外收入	14808.00	14808.00	79907.17	79907.17
减:营业外支出	933417.94	933417.94	778600.23	778500.23
四、利润总额	37115922.95	37129840.56	28350569.02	28388837.07
减:所得税	5852566.20	5852566.20	4859155.80	4859155.80
减:少数股东损益	−13917.61		−38268.05	
五、净利润	31277274.36	31277274.36	23529681.27	23529681.27
加:年初未分配利润	−2938020.43	−2938020.43	1118031.97	1118031.97
盈余公积转入				
六、可供分配的利润	28339253.93	28339253.93	24647713.24	24647713.24
减:提取法定盈余公积金	3127727.44	3127727.44	2352968.11	2352968.11
减:提取法定公益金	3127727.44	3127727.44	2352968.11	2352968.11
七、可供股东分配的利润	22083799.05	22083799.05	19941777.02	19941777.02
减:应付优先股股利				
提取任意盈余公积	3127727.44	3127727.44		
应付普通股股利			22879797.45	22879797.45
转作股本的普通股股利				
八、未分配利润	18956071.61	18956071.61	−2938020.43	−2938020.43

现金流量表

编制单位:山东农药工业股份有限公司　　1999 年度　　单位:元

项目	金额	
	合并	母公司
一、经营活动产生的现金流量		
销售商品、提供劳务收到的现金	423289227.96	421380838.49
收取的租金		
收到的除增值税以外的其他税费返还	3561000.00	3561000.00
收到的其他与经营活动有关的现金	3298.00	3298.00
经营活动现金流入小计	426853525.96	424945136.49
购买商品、接收劳务所支付的现金	373362565.65	371861941.31
经营租赁所支付的现金		
支付给职工以及为职工支付的现金	30652885.13	30438016.11
支付的增值税款	40878389.55	40714878.12
支付的所得税款	8033780.97	8033780.97
支付的除增值税、所得税以外的其他税费	3039624.43	3024003.71
支付的其他与经营活动有关的现金	9607976.98	9234165.06
经营活动现金流出小计	465575222.71	463306785.28
经营活动产生的现金流量净额	−38721696.75	−38361648.79
二、投资活动产生的现金流量		
收回投资所收到的现金		
分得股利或利润所收到的现金	430256.00	430256.00
取得债券利息收入所收到的现金		
处置固定资产、无形资产和其他长期资产而收回的现金净额	5000.00	5000.00
收到的其他与投资活动有关的现金	10314.06	
投资活动现金流入小计	445570.06	435256.00
购建固定资产、无形资产和其他长期资产所支付的现金	11742729.92	11700119.92
权益性投资所支付的现金	40000000.00	40000000.00
债权性投资所支付的现金		
支付的其他与投资活动有关的现金		
投资活动现金流出小计	51742729.92	51700119.92
投资活动产生的现金流量净额	−51297159.86	−51264863.92
三、筹资活动产生的现金流量		
吸收权益性投资所收到的现金	117211667.00	117211667.00
其中:子公司吸收少数股东权益性投资收到的现金		
发行债券所收到的现金		
借款所收到的现金	49555121.65	49555121.65
收到的其他与筹资活动有关的现金		
筹资活动现金流入小计	166766788.65	166766788.65
偿还债务所支付的现金	43476100.00	43476100.00
发生筹资费用所支付的现金	74236.72	74236.72
分配股利或利润所支付的现金	12020633.32	12020633.32
其中:子公司支付少数股东的股利		
偿付利息所支付的现金	7986198.34	7892990.04
融资租赁所支付的现金		
减少注册资本所支付的现金		
其中:子公司依法减资支付给少数股东的现金		
支付的其他与筹资活动有关的现金	8367.62	
筹资活动现金流出小计	63565536.00	63463960.08
筹资活动产生的现金流量净额	103201252.65	103302828.57
四、汇率变动对现金流量的影响额	3077.39	588.84
五、现金及现金等价物净增加额	13185473.43	13676904.70
六、不涉及现金收支的投资和筹资活动		
以固定资产偿还债务		
以投资偿还债务		
以固定资产进行长期投资		
以存货偿还债务		
融资租赁固定资产		
七、将净利润调节为经营活动的现金流量		
净利润	31277274.36	31277274.36
加:少数股东损益	−13917.61	
计提的坏帐准备或转销的坏帐	1740737.31	1653679.89
固定资产折旧	5589176.05	5585048.80
无形资产摊销	856189.27	856189.27
财务费用	7,639,683.29	6,819,203.14
投资损失(减:收益)	−4495018.17	−4453265.34
存货的减少(减:增加)	−21132649.98	−20964008.31
经营性应收项目的减少(减:增加)	−88553981.85	−88348613.45
经营性应付项目的增加(减:减少)	32990613.53	33832645.80
经营活动产生的现金流量净额	−38721696.75	−38361648.79
八、现金及现金等价物净增加情况:		
货币资金的期末余额	36151368.26	35716521.41
减:货币资金的期初余额	22965894.83	22039616.71
现金及现金等价物净增加额	13185473.43	13676904.70

云南省保山水泥股份有限公司

一、公司简介

1、公司名称中文:云南省保山水泥股份有限公司
英文:Yunnan Baoshan Cement Co.,Ltd.
英文缩写:YBCC
2、公司法定代表人:吴远之先生
3、董事会秘书:施阳先生　　授权代表:赵建军先生
联系地址:昆明市国贸中心西区218室(邮编:650200)
电话:0871—7197370(昆明)、0875—2134198(保山)
传真:0871—7197694(昆明)、0875—2134298(保山)
电子信箱:e68@sohu.net
4、公司注册地址:云南省保山市汉庄镇黑石头(邮政编码:678000)
董事会办公室地址:昆明市国贸中心西区218室
电子信箱:ybcc@bs.yn.cninfo.net
5、公司信息披露报纸:上海证券报
登载公司年报的国际互联网网址:http://www.sse.com.cn
公司年报备置地点:公司董事会办公室
6、公司股票上市交易所:上海证券交易所
股票简称:云南保山
股票代码:600883

二、会计数据和业务数据摘要

1、本年度业务数据摘要　　单位:人民币元

(1)利润总额:	22023398.32
(2)净利润:	20444474.81
(3)扣除非经营性损益后的净利润:	20495445.42
(4)主营业务利润	33087965.52
(5)其他业务利润:	-68742.32
(6)投资收益:	-21026.75
(7)营业外收支净额:	-54845.86
(8)经营活动产生的现金流量净额:	26672898.97
(9)现金及现金等价物净增加额:	31772291.48

2、公司近三年主要会计数据和财务指标:

项目	1999年	1998年		1997年	
		调整后	调整前	调整后	调整前
(1)主营业务收入(元)	72821546.12	60664243	60664243.06	49051239	49051239
(2)净利润(元)	20444474.81	14198723	14255163.84	9051463	9105783
(3)总资产(元)	185202988.56	144364701	144479649.21	119219971	119283876
(4)股东权益(元)	133995221.33	113550746	113648452.15	99118706	99159970
(5)每股收益(元)	0.3007	0.209	0.2096	0.133	0.1339
扣除非经常性损益后的每股收益(元)	0.301	0.213	0.2143	0.1325	0.1333
(6)每股净资产(元)	1.97	1.67	1.671	1.458	1.4582
(7)调整后的每股净资产(元)	1.954	1.654	1.655	1.432	1.4312
(8)每股经营活动产生的现金流量净额	0.392	0.173	0.173		
(9)净资产收益率(%)	15.26	12.50	12.54	9.13	9.18
(10)加权平均净资产收益率(%)	16.52	13.34	13.40	9.58	9.64

说明:1999年度所扣除的非经常性损益项目及金额为:合并价差摊销贷差3,875.17元,营业外收入48,998.12元,其中罚没收入48,831.88元,处置固定资产净收益166.24元,营业外支出103,843.98元,其中罚没支出25,877.48元,捐赠支出77,966.50元。

注:主要财务指标计算公式:

每股收益=净利润/年度末普通股股份总数

每股净资产=年度末股东权益/年度末普通股股份总数

净资产收益率=净利润/年度末股东权益×100%

调整后的每股净资产=[年度末股东权益-三年以上的应收款项净额-待摊费用-待 处理(流动、固定)资产净损失-开办费-长期待摊费用-住房周转金负数余额]/年度末 普通股股份总数

每股经营活动产生的现金流量净额=经营活动产生的现金流量净额/年度末普通股股份总数

加权平均净资产收益率=当期净利润÷[(期初净资产+期末净资产)/2+当期发行新股或配股新增净资产×(自缴款结束日下一月份至报告期末的月份数-6)/12]

注1:以上数据和指标均以合并会计报表数填列或计算;

注2:“应收款项”包括应收帐款、其他应收款、预付帐款、应收股利、应收利息、应收补贴款。

3、股东权益变动情况:　　单位:元

项目	股本	资本公积	盈余公积	法定公益金	未分配利润	股东权益合计
期初数	68000000	10728693.36	11702489.98	3642787.16	23119563.18	113550746.52
本期增加			5485920.13	1828640.05	14958554.68	20444474.81
本期减少						
期末数	68000000	10728693.36	17188410.11	5471427.21	38078117.86	133995221.33

以上项目变动原因主要系公司本年度盈利上升所致。

三、股东情况介绍

1、截止1999年末,本公司股东总数为2604户。

2、公司前十名股东持股情况(股份单位:万股)

股东名称	年末持股	比例	年初持股	比例
①富邦投资有限责任公司	2000	29.41%		
②深圳市得融投资发展有限公司	1500	22.06%	500	7.35%
③云南省保山建材实业集团公司	1000	14.71%	1000	14.71%
④云南省腾冲县保腾商号	100	1.47%	100	1.47%
⑤云南省设计院	100	1.47%	100	1.47%
⑥张艳琴	36.6	0.54%		
⑦张金飞	34.46	0.51%		
⑧云南省建材机械厂	30	0.44%	30	0.44%
⑨齐宝平	26.8	0.39%		
⑩申昌工贸	24.23	0.36%		

说明:

(1)云南省保山建材实业集团公司所持股份为国有法人股。

(2)云南省腾冲县保腾商号为云南省保山建材实业集团公司的子公司。

宁波杉杉股份有限公司

一、公司简介

1、公司法定中文名称:宁波杉杉股份有限公司
公司英文名称:NINGBO SHANSHAN CO.,LTD.　　缩写:NBSS
2、公司法定代表人:郑永刚(董事长)
3、公司董事会秘书:陈正良
联系地址:宁波市天童北路1133号　　邮政编码:315192
联系电话:0574-8208358,8203333转3033分机
传真:0574-8208333　　电子信箱:chenzzl@163.net
4、公司注册地址:宁波市
公司办公地址:宁波市天童北路1133号　　邮政编码:315192
电子信箱:stock@shanshan.com.cn
5、公司选定的信息披露报纸:中国证券报、上海证券报
登载公司年度报告的中国证监会指定网址:http://www.sse.com.cn
公司年度报告备置地点:宁波市天童北路1133号
6、公司股票上市交易所:上海证券交易所　　股票简称:杉杉股份　　证券代码:600884

二、会计数据和业务数据摘要

1、本年度利润总额及构成(合并报表数据)　　单位:人民币元

1)、利润总额:	96266269
2)、净利润:	87493767
扣除非经常性损益后的净利润:	70806501
3)、主营业务利润:	320149999
4)、其他业务利润:	215343
5)、营业利润:	80879992
6)、投资收益:	859091
7)、补贴收入:	16416170
8)、营业外收支净额:	-1888984
9)、经营活动产生的现金流量净额:	122417137
10)、现金及现金等价物净增加额:	20304228

注:扣除非经常性损益项目和涉及金额

①合并价差271,096元,②补贴收入16,416,170元。

2、主要会计数据和财务指标　　单位:人民币元

指标项目	1999.12.31	1998.12.31		1997.12.31	
		调整前	调整后	调整前	调整后
1、主营业务收入	782382081	763407301	763407301	1001882913	1001882913
2、净利润	87493767	87153340	70142698	75240879	51696782
3、总资产	1307031444	1295902325	1239218088	1151116026	1111442432
4、股东权益(不含少数股东权益)	743041529	567922606	511238369	459455017	419781423
5、每股收益(元/股)(摊薄)	0.368	0.602	0.484	0.727	0.477
(加权)	0.594	0.79	0.63	60.81	0.557
扣除非经常性损益后每股收益(摊薄)	0.298	0.427	0.31	0.651	0.434
(加权)	0.480	0.561	0.407	0.761	0.507
6、每股净资产(元/股)	3.12	3.92	3.53	4.44	3.87
7、调整后每股净资产(元/股)	3.04	3.78	3.39	4.32	3.75
8、每股经营活动产生的现金流量净额	0.515	0.603	0.603		
9、净资产收益率(%)	11.78	15.35	13.72	16.38	12.33

财务指标计算公式:

每股收益=净利润/年度末普通股股份总数每股净资产=年度末股东权益/年度末普通股股份总数

调整后的每股净资产=(年度末股东权益-三年以上的应收款项净额-待摊费用-待 处理(流动、固定)资产净损失-开办费-长期待摊费用-住房周转金负数余额)/年度末 普通股股份总数

每股经营活动产生的现金流量净额=经营活动产生的现金流量净额/年度末普通股股份总数净资产收益率=净利润/年度末股东权益×100%

3、报告期内股东权益变动情况

项目	股本	资本公积	盈余公积	法定公益金	未分配利润	权益合计
期初数	144799200	218926283	119203734	20716903	28309152	511238369
本期增加	93031710	131096363	73636177	19638885	13315880	311080130
本期减少	-	79276970	-	-	-	79276970
期末数	237830910	270745676	192839911	40355788	41625032	743041529

变动原因说明:(1)股本增加93,031,710元,其中98-99年配股增加13,754,740元,99年中期实施资本公积金转增股本79,276,970元;

(2)资本公积金比年初净增加51,819,393元,变动原因:

①本期向股东配股溢价部分119,372,618元增加资本公积。

②本年度中期资本公积转增股本79,276,970元,相应减少资本公积。

③下属部分子公司税收返回11,993,602元,按甬地税1999[272]号文计入资本公积,根据投资比例,母公司应享有11,723,746元。

(3)盈余公积本期增加73,636,177元,本年度母公司提取法定盈余公积28,353,498元,提取法定公益金19,638,885元,下属部分子公司根据宁波市保税区财政局甬保财政[1998]34号文和甬地税1999[272]号文规定,税收返回计入盈余公积25,643,794元。

(4) 本期净利润提取法定盈余公积、公益金及政策性任意盈余公积金后未分配利 润增加13,315,880元。

三、股东情况介绍

1、截止报告期末,公司股东总数为43,411户。

2、前十名持股股东情况:

股东名称	年度内股份变动	期末持股数	变动原因
1、杉杉集团有限公司	+33164640	99403920	公积金转增
2、上海一百集团有限公司	+2691360	8074080	公积金转增
3、上海永博实业有限公司	+6650280	6650280	法人股转让
4、南京宏艺	+3463616	3463616	流通股增持
5、平山钣金	+3459822	3459822	流通股增持
6、鄞县财政信用开发公司	+309133	2027781	公积金转增
7、证大财务	+560000	1680000	公积金转增
8、扬经贸易	+1646048	1646048	流通股增持
9、宁波甬城房地产总公司	+511560	1534680	公积金转增
10、淮海投资	+152871	1530638	流通股增持

武汉双虎涂料集团股份有限公司

一 公司简介

1、公司法定名称:武汉双虎涂料集团股份有限公司
英文名称:WuHan Twin-Tigers Coatings Group Co.Ltd　　缩写:TTC
2、公司法定代表人:宋胜广先生
3、公司董事会秘书:武亚丽女士
电　　话:027-83833770
传真:027-83833504
电子信箱:yeliya@etang.com
授权代表:刘守明先生
电　　话:027-83830702　　电子信箱:suc2000@yeah.net
4、公司注册及办公地址:武汉市桥口区古田路17号
邮政编码:430035
互联网址:http://www.shtl.com.cn
电子信箱:Whshtl@public.wh.hb.cn
5、公司年度报告备置地点:公司董事会秘书处
公司选定的信息披露报纸:《中国证券报》、《上海证券报》、《证券时报》。
年度报告披露指定网址:http://www.sse.com.cn
6、公司股票上市交易所:上海证券交易所
股票简称:双虎涂料　　股票代码:600885

二 会计数据和业务数据摘要

1.公司1999年主要业务数据:

项目	金额(单位:元)
利润总额	1,690,161.01
净利润	1,495,285.28
扣除非经常性损益后的净利润	-11,235,403.33
主营业务利润	23,369,277.63
其他业务利润	231,285.24
营业利润	-13,727,366.60
投资收益	2,570,596.35
补贴收入	0
营业外收支净额	12,846,931.26
经营活动产生的现金流量净额	-12,639,551.95
现金及现金等价物净增加额	-1,805,125.95

注:扣除非经常性损益的项目、涉及金额:
1999年5月,公司向西安新源房地产有限公司协议转让所属制漆三厂,实现净收益12,730,688.61元。

2.公司前三年主要会计数据和财务指标(合并报告)

项　目	1999.12.31	1998.12.31 调整前	1998.12.31 调整后	1997.12.31 调整前	1997.12.31 调整后
主营业务收入(元)	123069063.03	155012371.07	155012371.07	177852570.97	177852570.97
净利润(元)	1495285.28	-39106500.86	-27211212.47	3457570.17	-16326390.63
总资产(元)	423134492.25	431759401.74	404657612.94	465658260.55	445874299.79
股东权益(不含少数股东权益,元)	148860743.41	174313236.90	147365458.13	213487429.26	193703468.46
每股收益(元)	0.0115	-0.42	-0.29	0.05	-0.23
每股收益(加权,元)	0.0115	-0.42	-0.29	0.05	-0.23
扣除非经常性损益后的每股收益(摊薄,元)	-1.00	-22.43	-18.47	2.10	-11.20
每股净资产(元)	1.15	1.88	1.59	2.99	2.72
调整后的每股净资产(元)	1.01	1.79	1.12	2.33	2.05
每股经营活动产生的现金流量净额(元)	-0.10	-0.06			
净资产收益率(摊薄,%)	1.16	-23.5	-26.3	2.1	-11.2
净资产收益率(加权,%)	1.00	-20.2	-16.00	1.6	-8.1

计算公式如下:
每股收益=净利润/年度末普通股股份总数
每股净资产=年度末股东权益/年度末普通股股份总数
调整后的每股净资产=(年度末股东权益-三年以上的应收款项净额-待摊费用-待处理(流动、固定)资产净损失-开办费-长期待摊费用-住房周转金负数余额)/年度末普通股股份总数
每股经营活动产生的现金流量净额=经营活动产生的现金流量净额/年度末普通股股份总数
净资产收益率=净利润/年度末股东权益×100%

3.报告期内股东权益变动情况

项　目	股本	资本公积	盈余公积	法定公益金	未分配利润	股东权益合计
期初数	92719380	97996143.72	17440133.86	4039769.36	-60790199.45	147365458.13
本期增加	37087752					
本期减少		37087752.00				
期末数	129807132	60908391.72	17440133.86	4039769.36	-59294914.17	148860743.41

三 股东情况介绍

(1)报告期末股东总数24445人。
(2)期末主要股东(前十名)持股情况

股东名称	年初持股数(万股)	增减(万股)	年末持股数(万股)	占总股本比例(%)
1 陕西东隆集团公司	0	+2853.396	2853.396	21.98
2 海南赛格实业公司	3396.9	-2853.396 (协议转让) +1358.76(转增股本)	1902.264	14.65
3 武汉国有资产经营公司(国家股)	303.238	+121.2952	424.5332	3.27
4 武汉市建行信托投资有限公司	260.	+104	364	2.80
5 深圳蓝天基金管理公司	173.628	+69.4512	243.0792	1.87
6 湖北省工商银行信托投资公司	130	+52	182	1.40
7 武汉科技城市信用社	84.5	+33.8	118.3	0.91
8 铁道部第四勘测设计院	78	+31.2	109.2	0.84
9 武汉证券公司	65	+26	91	0.70
10 海南东升城市信用社	65	+26	91	0.70

前十名股东之间不存在关联关系。

湖北兴化股份有限公司

一、公司简介

1、公司中文名称:湖北兴化股份有限公司
中文缩写:湖北兴化公司
英文名称:HUBEI XINGHUA COMPANY LTD.
英文缩写:HBXH CO.,LTD
2、公司法人代表:王瑞光
3、公司董事会秘书:周浩
公司咨询服务机构:证券部
联系地址:湖北省荆门市白庙路63号
联系电话:0724—2210632
传真:0724—2210632
4、公司注册及办公地址:湖北省荆门市白庙路63号
邮政编码:448002
电子信箱:hbxhcltd @ jm-mail.hb.cninfo.net
5、公司年度报告备置地点:证券部公司
选定的信息披露报纸:《中国证券报》、《上海证券报》
中国证监会指定的登载公司年度报告的国际互联网网址:
http://www.sse.com.cn
6、公司股票上市交易所:上海证券交易所
股票简称:湖北兴化
股票代码:600886

二、会计数据和业务数据摘要

(一)本年度利润总额及构成(单位:元)

利润总额:	-51462881.59
其中:净利润:	-51462881.59
扣除非经常性损益后的净利润:	-51462881.59
主营业务利润:	-22990881.82
其他业务利润:	119284.21
营业利润:	-51247255.63
补贴收入:投资收益:	-208395.35
营业外收支净额:	-7230.61
经营活动产生的现金流量净额:	50368022.87
现金及现金等价物增加额:	12759421.66

(二)公司前三年主要会计数据和财务指标(单位:元)
主要会计数据和财务指标

序号 指标项目	1999年度	1998年度 调整前	1998年度 调整后	1997年度 调整前	1997年度 调整后
1.主营业务收入	1314047745.74	1218895759.37	1218895759.37	1365735697.66	1365735697.66
2.净利润	-51462881.59	71620461.50	63793837.90	145320393.98	144596029.85
3.总资产	1234970009.80	1273701860.99	1263641875.52	586647169.78	585794976.78
4.股东权益	958602919.66	1017391588.33	1008840600.68	414727216.83	414002852.78
5.每股收益(摊薄)	-0.183	0.254	0.226	1.186	1.18
6.扣除非常性损益后的每股收益	-0.183	0.254	0.226	1.186	1.18
7.按月加权平均每股收益	-0.183	0.33	0.29	1.186	1.18
8.每股净资产(摊薄)	3.40	3.61	3.58	3.39	3.38
9.调整后每股净资产	3.34	3.59	3.56	3.39	3.38
10.每股经营活动产生的现金流量净额	0.27	-0.25	-0.25		
11.净资产收益率(%)	-5.37	7.04	6.31	35.03	34.91

注:
1、主要财务指标计算方法:
每股收益=净利润/报告期末普通股股份总数;
净资产收益率=净利润/报告期末股东权益×100%;
每股净资产=报告期末股东权益/报告期末普通股股份总数;
调整后的每股净资产=(报告期末股东权益 三年以上应收款项-待摊费用 待处理(流动、固定)财产净损失-开办费-长期待摊费用)/报告期末普通股股份总数
加权平均每股收益=当期净利润÷[期末普通股股份总数÷(1+配股比例)+期末普 通股股份总数÷(1+配股比例)×配股比例×缴款结束日下一月份至期末的月份数÷12]
每股经营活动产生的现金流量净额=经营活动产生的现金流量净额÷年度末普通 股股份总数。

(三)报告期内股东权益变动情况(单位:元)

项目	股本	资本公积	盈余公积	法定公益金	未分配利润	股东权益合计
期初数	281745826	505925721.48	153185287.08	45678328.15	67983766.12	1008840600.68
本期增加	0	0	0	0	0	0
本期减少	0	0	0	0	51462881.59	51462881.59
期末数	281745826	505925721.48	153185287.08	45678328.15	16520884.53	957377719.09
变动原因					经营亏损	经营亏损

三、股东情况介绍

1、股东数量:截止1999年12月31日,公司共有股东92520户,无内部职工股股东。
2、公司前十名股东持股情况

股东名称	年末持股数(万股)	占总股本比例(%)
中国石化集团荆门石油化工总厂(国家持股单位)	16223.44	57.58
湖北省石油总公司	581.04	2.06
上海浦东实华 济发展公司	344.40	1.22
中国石化销售中南公司	210.00	0.75
武汉京昌商贸发展中心	84.00	0.30
华夏深圳	61.63	0.22
郑钢钢	56.49	0.20
杨怀中	43.47	0.15
巫永清	43.24	0.15
刘明清	35.86	0.13

本报告期内公司股本无变化,持有公司5%以上股份的股东为中国石化集团荆门石 油化工总厂,其年内所持股份无变化。该股东所持本公司股份无任何质押。

内蒙古伊利实业集团股份有限公司

一、公司简介

1、公司名称:内蒙古伊利实业集团股份有限公司
INNER MONGOLIA YILIINDUSTRIAL GROUP CO.,LTD. 缩写:NMYILI
2、公司法定代表人:郑俊怀 先生
3、公司董事会秘书:杨桂琴 女士
联系地址:内蒙古呼和浩特市金川开发区金四道 8 号
电 话:(0471)3901621 3901603 传真:(0471)3901615 3901621
电子信箱:yangguiqin@yilinet.com.cn
4、公司注册地址:内蒙古呼和浩特市石西路泉源巷 31 号
办公地址:内蒙古呼和浩特市金川开发区金四道 8 号 邮政编码:010080
公司国际互联网网址:http://www.yili.com
电子信箱:info@yilinet.com.cn
5、公司选定的信息披露报纸:上海证券报
指定的登载公司年度报告互联网网址:http://www.sse.com.cn
公司年度报告备置地点:内蒙古呼和浩特市金川开发区金四道 8 号伊利实业集团股份有限公司董事会办公室
6、公司股票上市交易所:上海证券交易所
股票简称:伊利股份 股票代码:600887

二、会计数据和业务数据摘要

本年度利润总额及构成:(单位:人民币元)

利润总额:	111018523.72
净利润:	89274944.51
扣除非经常性损益后的净利润:	88620985.76
主营业务利润:	321410431.43
营业利润:	110279855.57
投资收益:	−30695.08
补贴收入:	
营业外收支净额:	769363.23
经营活动产生的现金流量净额:	151991194.77
现金及现金等价物净增加额:	−161200037.93

近三年主要会计数据和财务指标

项 目	1999 年	1998 年	1997 年
主营业务收入	1150797369.38	1028371666.74	853643063.77
净利润	89274944.51	77186338.16	65718335.49
总资产	996152228.19	934435512.86	594096396.67
股东权益	723009877.22	674802832.31	399058617.35
每股收益	0.61	0.53	0.50
每股净资产	4.93	4.60	3.06
调整后每股净资产	4.81	4.52	3.00
每股经营活动产生的现金流量净额	1.04	1.20	
净资产收益率(%)	12.35	11.44	16.47

三、股本变动及股东情况

1、报告期末股东总数为 36745 名。
2、公司主要股东及其持股情况

股东名称	持股数	占总股本(%)	股份类别
呼和浩特国有资产管理局	33028743	22.52	国家股
南方证券	9270519	6.32	社会公众股
呼和浩特华联合公司	3930000	2.68	法人股
呼和浩特立鑫实业开发公司	3930000	2.68	法人股
内蒙古财信实业有限公司	3620000	2.47	法人股
内蒙古元和建筑集团公司	2881000	1.96	法人股
包头桂园实业(集团)有限公司	2423000	1.65	法人股
上海赢州实业有限公司	2000000	1.36	法人股
内蒙古贵兔皮革有限公司	1572000	1.07	法人股
北京华冠乳品公司	1354540	0.92	法人股

3、报告期内公司控股股东没有发生变更。

四、董事会报告

)公司经营情况

1、公司属综合类乳制品加工资源转化型的农畜产品深加工企业,是国家经贸委评定的中国 520 家重点企业之一。公司生产的冷冻食品系列、奶粉奶茶粉系列、液态奶 系列产品,以及速冻食品系列、矿泉水系列、奶食品系列、饲料包装等系列的 500 多个产品,行销全国各地,产品凭借过硬的质量和良好的服务,深受广大消费者的青睐和推 崇。九九年,伊利商标被国家商标局认定为中国驰名商标。公司是中国食品工业协会 认定的中国食品工业优秀企业,被中证与上海亚商联合评选为中国最具发展潜力的上 市公司五十强之一。

2、国内乳品行业的竞争日趋激烈,1999 年,公司通过降低成本,严控产品质量,强 化营销网络建设,加强管理、共享资源等措施,使公司的冷冻食品系列、奶粉系列、液态奶系列,保持了良好的发展势头。其中冰淇淋雪糕系列产品产销量连续第五年在国 内市场保持第一名的领先地位;无菌奶系列产品得到消费者的认同,并且在一些地区成 为主导产品;奶粉系列产品产销量有了较大幅度的提升,在国内市场保持前三名位置。1999 年公司实现主营业务收入 11.5 亿元,比 1998 年增长 11.7%;利润总额 1.1 亿元,比 1998 年增长 10%。公司在国内首次对大宗原辅材料采购实行招标制,招标大会于 1999 年 4 月 27 日在北京人民大会堂进行,标的总价值约 1.5 亿元,降低成本约 14%,这使企业在强化成本节约,实现资源优化配置,提高产品市场份额等方面又向前迈出了新的一步。

在新的一年里,公司将继续以股东的利益为出发点,根据市场状况,引进具有世界 先进水平的乳制品生产线和自动化控制设备,进行乳业系统工程的扩建,提高劳动生产率,进一步引进开发信息管理系统,强化管理,重点突破,快速提升核心竞争力;进一步 整合营销网络,加大营销管理力度,扩大公司产品市场占有份额;继续对奶源基地进行 合理投入,加大培育奶牛饲养示范基地的力度,形成公司加农户共同发展的产业一体化模式,带动地方经济的发展,实现在理念、体制、管理和技术四个方面的创新和突破,使公司稳定、持续、快速的向前发展,早日实现创中国乳业第一品牌的目标。

(二)、公司财务状况说明

公司 1999 年末总资产为 99615 万元,比 1998 年的 93444 万元,增长 6.60%;股东权益 为 72301 万元,比 1998 年的 67480 万元,增长 7.14%;主要是经营利润增加所致;长期负债为 946 万元,比 1998 年的 640 万元,增长 47.81%,主要是子公司扎兰屯乳业公司借款所致;实现主营业务利润和净利润 32141 万元和 8927 万元,比 1998 年的 27533 万元和 7719 万元分别增长 16.74%和 15.65%。

新疆众和股份有限公司

一、公司简介

1、公司法定中文名称:新疆众和股份有限公司
公司简称: 新疆众和
公司英文名称: XINJIANG JOINWORLD CO.,LTD
英文缩写: XJJW
2、公司法定代表人: 张英千
3、公司董事会秘书: 周期健 授权代表:杨进新
联系地址: 新疆维吾尔自治区乌鲁木齐喀什东路 18 号
联系电话: (0991)6635306--2933 传 真: (0991)6637493
4、注册地址: 新疆维吾尔自治区乌鲁木齐喀什东路 18 号
办公地址: 新疆维吾尔自治区乌鲁木齐喀什东路 18 号 邮政编码: 830013
5、公司指定信息披露报纸:《上海证券报》、《新疆经济报》
登载公司年度报告的中国证监会指定国际际互联网网址:
http://www.sse.com.cn
公司年度报告备置地点:董事会秘书处
6、股票上市交易所: 上海证券交易所
股票简称: 新疆众和 股票代码: 600888

二、会计数据和业务数据摘要

1、本年度主要会计数据(单位:元):

利润总额	5474009.05
净利润	4637079.29
扣除非经常性损益后的净利润	4637079.29
主营业务利润	60514868.86
其它业务利润	389807.76
投资收益	279900.19
补贴收入	0
营业外收支净额	−871011.59
经营活动产生的现金流量净额	43878334.04
现金及现金等价物净增加额	−15177220.84

2、近三年会计数据和财务指标(合并报表)

项目	1999 年	1998 年		1997 年	
		调整前	调整后	调整前	调整后
主营业务收入(元)	317979333.68	278834293.64	278834293.64	349744914.20	310094914.20
净利润(元)	4637,079.29	10985,493.71	−22866539.31	24,009,343.23	774,504.75
总资产(元)	716766076.44	720427251.01	679843414.70	609338643.72	581555372.96
股东权益(元)	195917175.64	246717761.28	189630889.78	235732267.57	212497429.09
每股收益(元)	0.045	0.106	−0.221	0.232	0.007
每股净资产(元)	1.89	2.38	1.83	2.28	2.06
调整后的每股净资产(元)	1.74	2.28	1.73	2.16	1.94
每股经营活动产生的现金流量净额	0.42	−0.216			
净资产收益率(%)	2.37	4.55	−12.06	10.18	0.36

注(1)财务指标计算公式如下:
每股收益=净利润/年度末普通股股份总数
每股净资产=年度末股东权益/年度末普通股股份总数 ×100%
调整后的每股净资产=(年度末股东权益−三年以上的应收款项净额待摊费−待处理(流动、固定)资产净损失−开办费−长期待摊费用−住房周转金负数余额)/年度末普通股股份总数
每股经营活动产生的现金流量额=经营活动产生的现金流量净额/年度末普通股股份总数
净资产收益率=净利润/年度末股东权益×100%

(2)由于会计政策变更及会计事项更正,调减了一九九八年度的净利润 33,852,033.02 元,调减一九九八年度提取的盈余公积 2,197,098.74 元;调减了一九九九年度年初 留存收益 57,086,871.50 元,其中:未分配利润调减了 50,242,805.07 元、盈余公积调减 6,844,066.43 元。详细情况见本年度财务报表附注第二节 17 项"会计政策变更及会计 事项更正的影响"。

3、报告期内股东权益变动情况

项目	股本	资本公积	盈余公积	法定公益金	未分配利润	股东权益合计
期初数	103389000	98132930.05	6966899.81	3483449.91	−18857940.08	189630889.78
本期增加	−	1649206.57	927415.86	463707.93	4637079.29	7213701.72
本期减少	−	−	−	−	927415.86	927415.86
期末数	103389000	99782136.62	7894315.67	3947157.84	−15148276.65	195917175.64
变动原因		股权投资准备增加	两金提取	本年度提 10%	本年净利润增加	

三、股本变动及股东情况

(2)主要股东持股情况

股东名称	持有数量(万股)	占总股本例(%)
①自治区国有资产投资经营公司	6450.600	62.39
②新疆金新信托投资股份有限公司	574.600	5.56
③新疆新保房地产开发公司	194.350	1.88
④深圳大通实业股份有限公司	194.350	1.88
⑤田治远	56.32	0.54
⑥甘培涛	50.45	0.49
⑦尤漫秀	31.88	0.31
⑧张燕斐	26.79	0.26
⑨金鑫基金	24.12	0.23
⑩王成玉	23.48	0.23

(3)自治区国有资产投资经营公司是国家股持股单位,该公司的法定代表人为谢亚涛先生,该公司经营范围:自治区国有资产的投资、经营。

(4)本年度内自治区国有资产投资经营公司所持股份未发生变动。

四、董事会报告

1、公司经营情况

公司主营铝及其延伸产品的冶炼、加工。主要产品有:普铝锭、精铝锭、电工铝 杆、铝合金、电子铝箔、化成箔等。其中普铝锭为公司主导产品,1999 年产量较上年 增长 0.63%,该产品销售收入占公司主营业务收入的 54%,实现利润占公司主营业务利润的 65%;另一主要产品电工铝杆 1999 年产量较上年增长 44.15%,该产品销售收入占公司 主营业务收入的 23%,实现利润占公司主营业务利润的 27%。

南京化纤股份有限公司

(一) 公司简介

1、公司中文名称:南京化纤股份有限公司
公司英文名称:NANJING CHEMICAL FIBRE CO.LTD 缩 写:NCFC
2、法定代表人:周发亮
3、董事会秘书:陈 桐
联系地址:江苏省南京市中央门外伏家場
电话:(025)5561011 传真:(025)5562809
4、公司注册地址:江苏省南京市中央门外伏家场
公司办公地址:江苏省南京市中央门外伏家場 邮政编码:210038
公司国际互联网网址:http://www.viscosefibre.com
电子信箱:ncfc.ltd@jlonline.com
5、公司选定的信息披露报纸:《上海证券报》
登载公司年度报告的中国证监会指定国际互联网网址
:http://www.sse.com.cn
公司年度报告备置地点:公司证券办公室
6、公司股票上市交易所:上海证券交易所
股票简称:南京化纤 股票代码:600889

(二) 会计数据和业务数据摘要

一、公司本年度利润指标情况 单位:元

利润总额	66282825.94
净利润	36759203.75
扣除非经常性损益后的净利润	37678778.05
主营业务利润	193133543.87
其他业务利润	1606181.84
营业利润	62938705.54
投资收益	2415133.45
补贴收入	-
营业外收支净额	-5169312.84
经营活动产生的现金流量净额	158156784.88
现金及现金等价物净增加额	-29537409.15

注:扣除的非经常性损益项目和涉及金额

1、资产处置损益	-
2、临时性获得的补贴收入	-
3、合并差价摊入	-919574.30

二、近三年主要会计数据和财务指标

项 目	1999 年	1998 年		1997 年	
	调整后	调整后	调整前	调整后	调整前
主营业务收入(元)	1247726534	1903994574	1903994574.12	2118648570	2118648570
净利润(元)	36759203	30226968	30358452.47	32168969	31804986
总资产(元)	520772109	1414361976	1414552178.40	1261536872	1261595589
股东权益(元)	424415502	299463091	299653293.04	269294840	269294840
每股收益(元/股)(摊薄)	0.296	0.28	0.28	0.29	0.29
(加权)	0.32	0.28	0.28	0.32	0.32
扣除非经常性损益后的每股收益(元/股)	0.30	0.25	0.25	0.29	0.29
每股净资产(元/股)	3.42	2.74	2.74	2.46	2.46
调整后的每股净资产(元/股)	3.40	2.17	2.17	2.02	2.02
每股经营活动产生的现金流量净额(元)	1.27	0.57	0.57		
净资产收益率(%)	8.66	10.09	10.13	11.95	11.81

注:主要财务指标计算方法如下:
每股收益=净利润/年度末普通股股份总数
每股净资产=年度末股东权益/年度末普通股股份总数
调整后的每股净资产=(年度末股东权益-三年以上的应收款项净额-待摊费用-待 处理(流动、固定)资产净损失-开办费-长期待摊费用-住房周转金负数余额)/年度末 普通股股份总数
每股经营活动产生的现金流量净额=经营活动产生的现金流量净额/年度末普通股股份总数
净资产收益率=净利润/年度末股东权益 X100% "应收款项"包括应收账款、其他应收款、预付账款、应收股利、应收利息、应收补贴款。

三、本年度股东权益变动情况及变动原因:

项 目	股 本	资本公积	盈余公积	法定公益金	未分配利润	股东权益合计
期初数	109474772	106308260	22288238.16	9442932.45	51948888.34	299463091.35
本期增加	14792453	73400754	5513880.57	1837960.19	36759203.75	132304251.78
本期减少	7351840	7351840				
期末数	124267225	179709014	27802118.73	11280892.64	81356251.33	424415502.27

变动原因说明:
1、实施 10:3 配股方案,增加股本金 14,792,453 元和资本公积金 73,400,754.17 元;
2、未分配利润、盈余公积金和法定公益金的变动原因为实现净利润 36,759,203.75 并按 10%、5%、5%分别提取法定公积金、法定公益金和任意盈余公积金。

(三) 股东情况介绍

1、报告期末股东总数:截止 1999 年 12 月 31 日公司在册股东总数为 26996 户;
2、公司前十名股东持股情况:

股东名称	持股数(股)	持股比例
(1)南京市国有资产经营(控股)有限公司	66114230	53.21%
(2)南京纺织控股(集团)公司	1954115	1.57%
(3)南京信业(集团)股份有限公司	960000	0.77%
(4)皮 天	468.00	0.38%
(5)中信证券	411430	0.33%
(6)岑永良	390243	0.31%
(7)周梅娥	390000	0.30%
(8)马鞍山金星化工(集团)有限公司	360000	0.29%
(9)财政证券	357785	0.28%
(10)南京棉麻总公司	300000	0.24%

注:本公司无外资股东,代表国家持有股份的单位为南京市国有资产经营(控股)有限公司和南京纺织控股(集团)公司。

长春长铃实业股份有限公司

一、公司简介

1、公司法定中文名称:长春长铃实业股份有限公司
公司英文名称:CHANGCHUN CHANLIN INDUSTRY & COMMERE CO.,LTD
2、公司法定代表人:黄振山
3、公司董事会秘书:刘相云
联系地址:长春市经济技术开发区临河街 230 号
电话:0432-4647632 传真:0431-4647622
4、公司注册地址:长春市经济技术开发区临河街 230 号
公司办公地址:长春市经济技术开发区临河街 230 号 邮政编码:130031
公司国际互联网网址: http://www.chanlin.com
电子信箱:Chanlin @ Public.ce.jl.cn
5、公司信息披露报纸名称:上海证券报
登载公司年度报告的中国证监会指定国际互联网网址:http://www.see.com.cn
公司年度报告备置地点:公司证券部
6、公司股票上市交易所:上海证券交易所
股票简称:长春长铃 股票代码: 600890

二、会计数据和业务数据摘要

(一)公司本年度会计数据(单位:元)

公司本年度实现的利润总额:	80284834.13
净利润:	60118726.85
扣除非经常性损益后的净利润:	60118726.85
主营业务利润:	41852546.68
其他业务利润:	9165693.36
营业利润:	27335843.27
投资收益:	19998071.78
补贴收入:	33324337.36
营业外收支净额:	-373418.28
经营活动产生的现金流量净额:	72867763.76
现金及现金等价物净增加额:	-15534889.17

(二)公司近三年的主要会计数据及财务指标 (单位:元)

指标项目	1999 年	1998 年		1997 年	
		调整后	调整前	调整后	调整前
主营业务收入	362797445.70	593693322	593693322	786417049	786417049
净利润	60118726.85	79439819	86297699	87461198	84211472
总资产	1152068769.73	1144559041	1162329378	1493701435	1505892924
股东权益	689404540.56	678057807	695828144	673210449	685401938
(注:不含少数股东权益)					
每股收益(摊薄)	0.21	0.28	0.30	0.30	0.29
每股收益(加权)	0.21	0.28	0.30	0.47	0.46
每股收益(扣除非常经营性损益)	0.21	0.23	0.25	0.30	0.29
每股净资产	2.40	2.36	2.43	2.35	2.39
调整后的每股净资产	2.37	2.34	2.40	2.30	2.34
每股经营活动产生的现金流量净额	0.25	-0.65	-0.65		
净资产收益率%(摊薄)	8.72	11.72	12.4	12.99	12.29
净资产收益率%(加权)	8.79	11.76	12.5	13.36	14.37

(三)报告期内股东权益变动情况及原因 单位:元)

项目	股本	资本公积金	盈余公积金	法定公益金	未分配利润	股东权益合计
期初数	286894080	288208621	64107717	21960661	38847387.86	6789057807.45
本期增加	9081907	3027302	60118726	69200634		
本期减少	57853901	57853901				
期末数	286894080	288208621	73189624	24987964	41112213.56	689404540.56

变动原因:1、报告期内公司股本,资本公积金未发生变化。
2、盈余公积金、法定公益金、未分配利润增加系本年提取数。

三、股东情况介绍

1、公司本年度末股东总数为 74959 户。
2、本公司前十名股东持股情况

股东名称	持股数量(万股)	占总股本比例(%)
长春长铃集团有限公司(国家股)	14855.28	51.78
广州华恺贸易发展有限公司	340	1.19
工行长春市分行直属支行	340	1.19
深圳市恒增工贸有限公司	205	0.71
广州市宇华商业配送有限公司	170	0.59
九台市卡伦长铃丰鑫实业股份有限公司	101	0.35
中国财产保险有限公司长春市南关支公司	68	0.24
珠海市大进贸易发展有限公司	51	0.18
长春纺织厂	51	0.18
吉林省五金交电化工集团公司	51	0.18
苏州机电设备总公司	51	0.18
河南焦作平光摩托车联销总汇	51	0.18
天津正泰实业公司机动车辆分公司	51	0.18

3、国家股股东--长春长铃集团公司持有的本公司年度内未发生转让,也没有发 生任何质押、冻结等情况。

四、董事会报告

(一)公司经营情况
1、公司所处的行业以及在本行业中的地位
本公司主要从事摩托车生产制造与销售,属摩托车行业,1999 年本公司摩托车生产量在全行业排名第五位(资料来源为行业通报)。
2、公司主营业务范围及一九九九年度经营情况:
本公司主要从事摩托车生产制造与销售,兼其它行业投资。
1999 年公司实现主营业务收入 36279.8 万元,利润总额 8028.4 万元。

哈尔滨秋林集团股份有限公司

一、公司简介

1、公司的法定中文名称:哈尔滨秋林集团股份有限公司

英文:HARBIN CHURIN GROUP JOINTSTOCK CO.,LTD.(缩写:HQL)

2、公司法定代表人:赵廷阁

3、公司董事会秘书:衣国强

联系地址:哈尔滨市南岗区东大直街 319 号

联系电话:0451—3644632　　传真电话:0451—3649282

4、公司注册及办公地址:哈尔滨市南岗区东大直街 319 号　　邮政编码:150001

公司网址:http://WWW.churin.com.cn

电子信箱:churin @ ihw.com.cn

5、公司选定的信息披露报纸:《中国证券报》、《上海证券报》

登载公司年度报告的国际互联网网址:http://www.sse.com.cn

公司年度报告备置地点:公司证券部

6、公司股票上市地:上海证券交易所

股票简称:秋林集团　　股票代码:600891

二、会计数据和业务数据摘要

(一)本年度主要经济指标情况 (单位:元)

指标项目	本年数
利润总额	6054123.88
净利润	4488510.62
扣除非经营性损益后的净利润	5110665.25
主营业务利润	104854753.54
其他业务利润	13770817.13
投资收益	–1070094.89
营业利润	7342597.40
营业外收支净额	–218378.63
经营活动产生的现金流量净额	–31885834.73
现金及现金等价物净增加额	–28097934.28

注:扣除的非经营性损益项目和涉及金额

1、营业外收支净额:	–218378.63
2、股权投资差额摊销:	–403776.00
小 计	–622154.63

(二)截止报告期末公司前三年的主要会计数据和财务指标 (单位:元)

项目	1999 年	1998 年		1997 年	
		调整前	调整后	调整前	调整后
主营业务收入	607959716.03	669587100.02	669587100.02	514761588.43	514761588.43
净利润	4488510.62	55264058.25	45409585.31	57420728.98	51399544.81
总资产	1105752098.05	1097962071.13	1082048433.72	834161007.47	828211186.92
股东权益	617110540.85	630919531.77	615043874.66	572524307.78	566574487.23
每股收益	0.020	0.25	0.205	0.44	0.39
每股收益(加权)	0.020	0.25	0.205	0.526	0.47
扣除非经营性损益后每股收益	0.023	0.24	0.19	0.44	0.39
每股净资产	2.787	2.85	2.778	4.40	4.34
调整后每股净资产	2.74	2.77	2.72	4.43	4.31
每股经营活动产生的现金流量净额	–0.144	–0.23	–0.23		
净资产收益率%	0.727	8.76	7.38	10.03	9.07

注:1、主要财务指标计算方法:

每股收益=净利润/年度末普通股股份总数

每股净资产=年度末股东权益/年度末普通股股份总数

调整后每股净资产=(年度末股东权益–三年以上的应收款项净额–待摊费用–待处 理(流动、固定)资产净损失–开办费–长期待摊费用–住房周转金负数金额)/年度末普 通股股份总数每股经营活动产生的现金流量净额=经营活动产生的现金流量净额/年度末普通股股份总数

净资产收益率=净利润/年度末股东收益×100%

2、1997 年和 1998 年调整后的主要会计数据和财务指标系根据财政部财会字 (1999)35 号文件 49 号文的有关规定改变会计政策,进行追溯调整所致。

(三)报告期内股东权益变动情况 (单位:元)

项目	股本	资本公积	盈余公积	法定公益金	未分配利润	股东权益合计
期初数	221421940.00	309154831.49	53508082.86	13671575.78	30959020.31	615043874.66
本期增加			1363242.98	349393.29	4488510.62	5851753.60
本期减少			2736907.56		1048179.85	785087.41
期末数	221421940.00	306417923.93	54871325.84	14020969.07	34399351.08	617110540.85

变动原因:

①资本公积本期减少系根据财会字(1998)16 号文件规定固定资产评估增值部分(未折股)计提折旧所致。

②根据大庆开发区财政局庆开财发[1996]1 号文件规定将减免的车船税、土地使 用税、房产税、所得税,按正常程序提取后,转入"盈余公积 – 免税基金"。

③未分配利润是当年新增利润提取二金所致。

三、股东情况介绍

1、报告期末股东人数为:59,373 人

2、前十名股东持股情况

股东名称	年初数	年末数	占股本比例(%)
①哈尔滨市国有资产管理局(国家股)	54466995	54466995	24.60
②南方联华	11081169	10486340	4.74
③中国工商银行哈尔滨信托投资公司	8500000	8500000	3.84
④康佳集团股份有限公司	8500000	8500000	3.84
⑤黑龙江天成物业有限公司(外资股)	3400000	3400000	1.54
⑥联合证券有限责任公司	3400000	3400000	1.54
⑦秋林公司食品厂	2822000	2822000	1.27
⑧深圳港京裘革厂有限公司	2550000	2550000	1.15
⑨北京超能力科技开发有限公司	1989000	1989000	0.90
⑩哈尔滨医药集团公司	1700000	1700000	0.77

本报告期内无持股 10%(含 10%)以上的法人股东。

石家庄劝业场股份有限公司

一、公司简介

1、公司法定中文名称:石家庄劝业场股份有限公司

公司法定英文名称:SHIJIAZHUANG QUANYECHANG CO.,LTD

2、公司法定代表人:杨松林

3、公司董事会秘书:马欣威 授权代表:牛华豹

联系地址:石家庄市中山东路 51 号

电话:0311–6033034

传真:0311–6031453

电子信箱:shiquanye@263.net

4、公司注册地址:石家庄市中山东路 51 号

公司办公地址:石家庄市中山东路 51 号四层办公室

邮政编码:050000

公司电子信箱:shiquanye@263.net

5、公司选定的信息披露报纸名称:《上海证券报》

登载公司年度报告的国际互联网网址:

http://www.sse.com.cn

公司年度报告备置地点:公司证券部

6、公司股票上市交易所:上海证券交易所

股票简称 ST 石劝业

股票代码:600892

二、会计数据和业务数据摘要

1、公司本年度业务数据摘要

(单位:人民币元)

利润总额:	1802743.38
净利润:	1802743.38
扣除非经常性损益后的净利润:	–19114353.29
主营业务利润:	4867311.18
其他业务利润:	189018.92
营业利润:	–18798643.62
投资收益:	–260425.97
补贴收入:	–
营业外收支净额	20861812.97
经营活动产生的现金流量净额:	3274447.18
现金及现金等价物净增加额:	–1116746.11
扣除非经常性损益项目:	
债务重组收益:	20917096.67

2、公司前三年的主要会计数据和财务指标:

(单位:人民币元)

项目	1999 年	1998 年调整后	1998 年调整前	1997 年调整后	1997 年调整后
主营业务收入	18071630.14	26067191.30	26067191.30	63068659.70	63068659.70
净利润	1802743.38	–41064912.07	–49019286.39	–20892612.61	–19690523.50
总资产	152812910.46	157708277.78	160531048.43	177918633.36	188695778.33
股东权益	3007090.31	1204346.96	4027117.58	42269259.00	53046403.97
每股收益	0.036	–0.81	–0.97	–0.41	–0.39
每股净资产	0.060	0.024	0.08	0.837	1.05
调整后的每股净资产	–0.362	–0.24	–0.19	0.56	0.77
每股经营活动产生的现金流量净额	0.065	–0.24	–0.045		
净资产收益率(%)	59.95	–3409.72	–1217.24	–49.43	–37.12

注:主要财务指标计算方法:

每股收益–净利润/年度末普通股股份总数

每股净资产=年度末股东权益/年度末普通股股份总数

调整后的每股净资产=[年度末股东权益–三年以上的应收款项净额–待摊费用–待 处理(流动、固定)资产净损失–开办费–长期待摊费用–住户周围金负数余额]/年度末 普通股股份总数

每股经营活动产生的现金流量净额=经营活动产生的现金流量净额/年度末普通股股份总数

净资产收益率=净利润/年度末股东权益×100%

3、报告期内股东权益变动情况:

单位:万元

项目	股本	资本公积	盈余公积	法定公益金	未分配利润	股东权益合计
期初数	5050	578.80	1209.61	0	–6717.98	120.43
本期增加	0	0	0	0	180.27	180.27
本期减少						
期末数	5050	578.80	1209.61	0	–6537.71	300.70

变动原因:是由于本年度公司利润增长所致。

三、股东情况介绍

1、报告期末,公司股东 总数为 3781 户。

2、前十名股东持股情况:

(股份单位:万股)

序号 股东名称	持股数量	比例%
①河南思达科技(集团)股份有限公司	1492.7	29.56
②河北省飞友集团公司	488.38	9.67
③石家庄市桥东区城市建设开发公司	398	7.90
④交通银行石家庄分行	300.48	5.95
⑤河北华正国际企业集团	251.42	4.98
⑥河北省农经济技术开发服务中心	234.35	4.64
⑦石家庄市科隆电	102	2.00
⑧石家庄市军兴实业公司	57.50	1.14
⑨石家庄市锅炉安装维修工程处	43.57	0.86
⑩黎明利	43.23	0.80

说明:持有本公司 5%以上股份的股东为:河南思达科技(集团)股份有限公司持股 份 29.56%;河北省飞龙集团公司持股份 9.67%;石家庄市桥东区城市建设开发公司持股 份 7.9%;交通银石家庄分行持股份 5.95%。

报告期内股份增减变动情况:原第二大股东石家庄市桥东区城市建设开发公司持 股 500 万,占总股本的 9.9%,在报告期内,其部分股权(102 万股)被石家庄市中级人民法 院依法强制执行,划归债权单位。由此石家庄市桥东区城市建设开发公司持股数减至 398 万,持股比例变为 7.9%。

吉林省吉发农业开发集团股份有限公司

一、公司简介

1、公司的法定中文名称:吉林省吉发农业开发集团股份有限公司
公司的法定英文名称:
JILIN PROVINCE JIFA AGRICULTURAL DEVELOPMENT GROUP CO.,LTD(缩写 JIFA)
2、公司法定代表人:刘少敏
3、公司董事会秘书:唐 昭
联系地址:吉林省长春市人民大街 113-1 号
电 话:0431-5630470 ,5646655 转 303 传 真:0431-5630485
4、公司注册地址:长春经济技术开发区浦东路 2 号
办公地址:长春市人民大街 113-1 号 邮政编码:130021
5、公司选定的信息披露报纸《上海证券报》
登载公司年度报告的证监会指定国际互联网网址 http://www.see.ccm.cn
6、公司股票上市交易所:上海证券交易所
股票简称:吉发股份 股票代码:600893

二、会计数据和业务数据摘要

1、本年度会计数据 (单位:人民币元)

利润总额	9954597.05
净利润	4987562.27
扣除非经常性损益后的净利润	-8640912.02
主营业务利润	133306143.02
其他业务利润	377132.36
营业利润	-2389905.20
投资收益	9677541.81
补贴收入	1966474.29
营业外收支净额	700486.15
经营活动产生的现金流量净额	104116912.87
现金及现金等价物净增加额	-8213068.72

说明:"扣除非经常性损益后的净利润"指标中,扣除的项目为股权转让和补贴收入,涉及金额分别为 11,662,000.00 元和 1,966,474.29 元。

2、截止报告期末公司前三年的主要会计数据和财务指标 (单位:人民币元)

	1999 年度	1998 年度		1997 年度	
		调整后	调整前	调整后	调整前
主营业务收入	729263031.84	757006233.19	765171066	691297306	691297306.05
净利润	4987562.27	7975184.10	13523475	48762047	58514838.74
总资产	1889847498.00	1720167012.47	1801672156	1706570031	1718209677.51
股东权益	684666353.66	725439497.64	764557176	603007137	612759928.86
(不含少数股东权益)每股收益	0.021	0.037	0.06	0.254	0.31
每股收益(加权)	0.022	0.037	0.06	0.266	0.32
每股收益(扣除非经常性损益后)	-0.037				
每股净资产	2.91	3.40	3.58	3.14	3.20
调整后的每股净资产	2.50	2.81	2.96	2.54	2.59
每股经营活动产生的现金流量净额	0.44	4.65	4.65		
净资产收益率(%)	0.73	1.10	1.77	8.09	9.55

每股收益、每股净资产、调整后的每股净资产、每股经营活动产生的现金流量净额和净资产收益率等财务指标的计算公式如下:
每股收益=净利润/年度末普通股股份总数
每股净资产=年度末股东权益/年度末普通股股份总数

3、报告期内股东权益变动情况(单位:人民币元)

项 目	股 本	资本公积	盈余公积	法定公益金	未分配利润	股东权益合计
期初数	213555332	446829154	46792565.62	15696708	18262445.43	725439497.64
本期增加	21355533	0	1158819.76	382664	4987562.27	27501915.03
本期减少	0	0	6034632.43	994243	62240426.58	68275059.01
期末数	234910865	446829154	41916752.95	15085129	-38990418.88	684666353.66

变动原因:
①吉林省吉发农业开发集团股份有限公司 1999 年 5 月 11 日股东大会作出决议,向全体股东以每 10 股送 1 股,使股本增加 21,355,533 股。
②本年提取法定盈余公积和公益金 1,158,819.76 元,盈余公积本年减少 6,034,632.43 元,由以下原因所致: 深圳海王同爱制药有限公司调整以前年度损益,影响公司权益法调减盈余公积 3,249,796.34 元;吉发百乐饮料有限公司调减年初盈余公积 37,049.04 元;应计入 1998 年度利息调减年初盈余公积 131,799.83 元;控股合资公司调减年初盈余公积 2,615,987.22 元。
③公益金变动原因与盈余公积相同。
④未分配利润本期增加净利润 4,987,562.27 元,本期减少 62,240,426.58 元,主要 原因是:根据 1999 年 5 月 11 日股东大会决议,每 10 股送 1 股派现金 1.00 元进行分配 42,711,066.00 元;本年度提取法定盈余公积金 724,253.81 元;提取法定公益金 382,664.39 元 ;控股中外合资企业黄龙食品工业有限公司提取职工奖福基金 1,118,198.66 元;深圳海王同爱制药有限公司调整以前年度损益,影响公司权益法调减期初未分配利润 18,415,512.59 元; 吉发百乐饮料有限公司调减年初未分配利润 209,944.53 元;应计入 1998 年度利息调减年初未分配利润 746,865.72 元;公司冲减合资企业职工奖励及福利基金 2,068,079.12 元,增加了年初未分配利润。

三、股东情况介绍

1、报告期末股东总数 67,706 户;
2、公司前 10 名股东的持股情况

股 东 名 称	年度内股份送股增加	年末持股数量	质押或冻结
①吉林省开发建设投资公司	7907130	86978430	已质押
②中国人民建设银行吉林省分行直属支行	571340	6284740	
③上海市原材料开发投资公司	364210	4006310	
④深圳市清水河实业公司	357060	3927660	
⑤吉林省证券有限责任公司	285670	3142370	
⑥吉林省松江河林业局	214280	2357080	
⑦大鹏证券		1951100	
⑧吉林省白河林业局	142780	1570580	
⑨惠州市金山实业总公司	116050	1276550	
⑩惠州金吉工贸公司	116050	1276550	

广州钢铁股份有限公司

一、公司简介

1、公司名称:广州钢铁股份有限公司
英文名称:GUANGZHOU IRON&STEELCO.,LTD. 缩写:GIS
2、公司法定代表人:陈明德
3、公司董事会秘书:黄立传
联系地址:广州市芳村区白鹤洞广钢证券部
电话并传真:020-81809182
4、公司注册地址:广州市芳村区白鹤洞
公司办公地址:广州市芳村区白鹤洞 邮政编码:510381
公司电子信箱:chinagis@public.guangzhou.gd.cn
5、公司信息披露选定的报纸:《中国证券报》、《上海证券报》
登载年报的国际互联网网址:http//www.chinagis.com
公司年度报告备置地点:公司证券部
6、公司股票上市交易所:上海证券交易所
公司股票简称:广钢股份 公司股票代码:600894

二、会计数据和业务数据摘要

㈠本年度利润总额及构成(合并报表) :单位:人民币元

利润总额:	43226225.49
净利润:	37957971.70
扣除非经营性损益:	14864203.66
扣除非经营性损益后的净利润:	23093768.04
主营业务利润:	141601158.24
其他业务利润:	0
营业利润:	21527741.63
投资收益:	3060526.74
补贴收入:	506567.75
营业外收支净额:	18131389.37
现金及现金等价物净增加额:	51973080.46
扣除非经常性损益项目及金额:	0

㈡近三年主要会计数据及财务指标(单位:元)

指标项目	1999 年度	1998 年度		1998 年度		1997 年度	
		调整前		调整后			
(1)主营业务收入	2358927420.50	2368435636.94		2368435636.94		2385136056.36	
(2)净利润	37957971.70	84108995.26		79061124.92		149537724.35	
(3)总资产	3145575528.69	3241876475.50		3216549647.89		3049164244.63	
(4)股东权益	1595407587.52	1486655895.53		1460550013.54		1467470642.33	
	摊薄	加权	摊薄	加权	摊薄	加权	摊薄	加权
(5)每股收益	0.055	0.056	0.133	0.133	0.125	0.125	0.236	0.244
(6)每股净资产	2.33		2.35		2.31		2.32	
(7)净资产收益率(%)	2.36	2.39	5.66	5.69	5.41	5.40	10.19	10.96
(8)调整后每股净资产	2.32		2.30		2.26		2.29	
(9)每股经营活动产生的现金流量净额	0.37		-0.07		-0.07			

注:1、全面摊薄的计算方法:
每股收益=净利润/年度末普通股股份总数
每股净资产=年度末股东权益/年度末普通股股份总数
净资产收益率=净利润/年度末股东权益×100%
调整后的每股净资产=(年度末股东权益-三年以上的应收款项净额-待摊费用-待 处理(流动、固定)资产净损失-开办费-长期待摊费用-住房周转金负数余额)/年度末 普通股股份总数
每股经营活动产生的现金流量=经营活动产生的现金流量净额/年度末普通股份总数
2、加权平均的计算方法:
每股收益=净利润/[期末股份总数/(1+配股比例或增发新股比例)+年末股份总数/(1+配股比例或增发新股比例) 配股比例或增发新股比例 缴款结束日下一月份至期末的月份数/12];
3、报告期内股东权益变动情况:

项目	股本	资本公积	盈余公积	法定公益金	未分配利润	股东权益合计
期初数	632460627	618009108	157958214	47621936.06	52122063.24	1460550013.54
本期增加	53719373	127689369	7591594	3795797.17	37957971.70	226958308.84
本期减少		16891140			75209594.34	92100734.86
期末数	686180000	728807337	165549809	51417733.23	14870440.60	1595407587.52

变动原因:1、资本公积本期增加 127,689,369.80 元是由于公司 1999 年实施配股形成股本溢价。
2、资本公积本期减少数是公司按财政部财会字(1998)29 号文有关规定将固定资 产评估增值准备转入营业外收入。
3、由于 1999 年会计政策变更的影响采用追溯调整法,1999 年法定盈余公积、公益金和任意盈余公积的期初数分别调减 2,562,680.94 元。
4、根据公司 1999 年度利润分配预案,分别按税后利润的 10%提取法定盈余公积和公益金。

三、股东情况介绍

1、本报告期末公司股东总数为 75404 户。
2、持有本公司 5%以上股份的股东有广州钢铁集团有限公司和粤海企业(集团)有限公司,其中,广州钢铁集团有限公司代表国家持有股份,是本公司的母公司,年初持有本公司股份 349964910 股,因本年度参与配股 3004825 股,使年末持股数量变为 352969735 股;香港粤海企业(集团)有限公司为外资股东,年初持有本公司股份 158118590 股,因 本年度参与配股 13401410 股,年末持股数量变为 171520000 股。以上两个股东所持股份均没有质押或冻结的情况。
报告期末前十名股东情况(截止 1999 年 12 月 31 日):

序号 股东名称	持股数量(股)	持股比例
①广州钢铁集团有限公司	352969735	51.44%
②香港粤海企业(集团)有限公司	171520000	25.00%
③刘杏荣	1530198	0.22%
④于洪鸣	1300000	0.19%
⑤袁杜香	710173	0.10%
⑥邱定	588040	0.09%
⑦张辅英	553585	0.08%
⑧欧清	509265	0.07%
⑨吴建清	482866	0.07%
⑩阎玉清	359925	0.05%

上海张江高科技园区开发股份有限公司

(一) 公司简介

1、公司法定中、英文名称及缩写
公司法定中文名称:上海张江高科技园区开发股份有限公司
公司法定英文名称: SHANGHAI ZHANGJIANG HI-TECH PARK DEVELOPMENT CO.,LTD
公司英文名称缩写:ZJHTC
2、公司法定代表人:戴海波
3、公司董事会秘书:于体健
联系地址:上海市浦东新区龙东大道 200 号
电话:(021)58913456 传真:(021)50800492 电子信箱:yutj@sohu.com
董事会授权代表: 联系地址:上海市浦东新区龙东大道 200 号
电话:(021)58913456 传真:(021)50800492
4、公司注册地址:上海市浦东新区龙东大道 200 号
公司办公地址:上海市浦东新区龙东大道 200 号 邮编:201204
公司国际互联网网址:http://www.zhangjiang.net.cn
公司电子信箱:zjhtc@public2.sta.net.cn
5、公司选定的信息披露报纸名称:《上海证券报》、《中国证券报》
刊登公司年度报告的中国证监会指定公司国际互联网网址: http://www.sse.com.cn
公司年度报告备置地点:上海市浦东新区龙东大道 200 号
6、公司股票上市交易所:上海证券交易所
股票简称:张江高科 股票代码:600895

(二) 会计数据和业务数据摘要

1、指标项目

指标项目	本年数(元)
利润总额	75,357,466.14
净利润	64,006,782.11
扣除非经常性损益后的净利润	63,593,028.68
主营业务利润	70,590,755.45
其它业务利润	19,429.10
营业利润	60,626,670.18
投资收益	14,244,027.22
补贴收入	0
营业外收支净额	486,768.74
经营活动产生的现金流量净额	-67,356,053.46
现金及现金等价物净增加额	13,287,436.00

注:扣除的非经常性损益项目和涉及金额
1.营业外收支净额项目
a、处理固定资产净收益
b、罚款支出
c、交通重点建设基金支出
d、其他净收入 486,768.74
2.补贴收入项目
3.以上项目涉及金额 486,768.74

2、截至报告期末公司前三年的主要会计数据和财务指标

指标项目	99 年度	98 年度	97年度
主营业务收入(万元)	16866	10833	13251
净利润(万元)	6401	5219	5172
总资产(万元)	92770	76144	50052
股东权益(万元)	74391	67990	36674
每股收益(元)	0.27	0.22	0.27
每股收益(月均加权,元)	0.27	0.25	0.31
扣除非经常性损益后的每股收益(元)	0.27	0.25	0.31
每股净资产(元)	3.19	2.91	1.88
调整后的每股净资产(元)	3.19	2.91	1.88
每股经营活动产生的现金净流量(元)	-0.29	-0.08	
净资产收益率(%)	8.60	7.68	14.11

注:①主要财务指标计算方法:
每股收益=净利润/年度末普通股股份总数
每股净资产=年度末股东权益/年度末普通股股份总数
调整后的每股净资产=(年度末股东权益-三年以上的应收帐款-待摊费用-待 处理(流动、固定)资产净损失-开办费-长期待摊费用-住房周转金负数余额)/年 度末普通股股份总数
每股经营活动产生的现金流量净额=经营活动产生的现金流量净额/年度末普通股股份总数
净资产收益率=净利润/年度末股东权益×100%
②需要说明的情况:由于会计政策变更,根据财政部财会字(1999)35 号文、49 号 文的有关规定,应采用追溯调整法,调整前各年度合并报表相关帐项。本公司 99 年度因会计政策变更,追溯调整 97、98 年度的相关项目金额均为零。

3、报告期内股东权益变动情况(万元)

项目	股本	资本公积	盈余公积	法定公益金	未分配利润	股东权益合计
期初数	23325	37310	3275	1631	4080	67990
本期增加			1297	647	5104	6401
本期减少						
期末数	23325	37310	4572	2278	9184	74391

变动原因:本年度实现利润,提取法定公积金、公益金。

(三) 股东情况介绍

(1)截止 1999 年 12 月 31 日,公司的股东总数为 20183 户。
(2)主要股东持股情况

名次	股东名称	年末持股数(股)	占总股本(%)
1	上海市张江高科技园区开发公司	144000000	61.74
2	上海久事公司	29250000	12.54
3	汉盛基金	2134358	0.915
4	金鑫基金	2131687	0.914
5	普丰基金	1847442	0.792
6	张江高科职工持股会	1802633	0.773
7	普惠基金	965578	0.414
8	同益基金	919276	0.394
9	平安投资	798180	0.342
10	鞠文龙	592200	0.254

中海(海南)海盛船务股份有限公司

一、公司简介

1、公司法定中文名称:中海(海南)海盛船务股份有限公司
公司法定英文名称:CHINA SHIPPING HAISHENG CO.,LTD
2、公司法定代表人:李克麟
3、公司董事会秘书:殷中原 公司董秘授权人:胡小波
联系地址:公司证券部
联系电话:0898-6717686、6717985 传真:0898-6717486
4、公司注册地址及公司办公地址:中国海南省海口市龙昆北路 2 号珠江广场帝豪 大厦 25 层
邮政编码:570125
5、公司电子信箱:hsbgs@email.hq.cninfo.net
6、公司选定的信息披露报纸名称:《中国证券报》、《上海证券报》
7、登载公司年度报告的中国证监会指定国际互联网网址 :http://wwwsse.com.cn
8、公司年度报告备置地点:中国海南省海口市龙昆北路 2 号珠江广场帝豪大厦 25 层公司证券部
9、公司股票上市地:上海证券交易所
股票简称:中海海盛 股票代码:600896

二、会计数据和业务数据摘要

1、本年度利润总额及其构成(合并报表)

序号	栏 目	1999 年度(单位:人民币元)
(1)	利润总额	79170044.99
(2)	净利润	64423197.00
(3)	扣除非经常性损益后的净利润	67226311.28
(4)	主营业务利润	62770394.21
(5)	其它业务利润	13472559.49
(6)	营业利润	57938500.62
(7)	投资收益	18391700.92
(8)	补贴收入	0
(9)	营业外收支净额	2839843.45
(10)	经营活动产生的现金流量净额	83024399.77
(11)	现金及现金等价物净增加额	130307125.41

说明:一、扣除的非经常性损益项目和涉及金额

营业外收入	新股申购冻结资金利息	1287700.14
出售“狮子岭”轮收入		6411512.61
小计		7699212.75
营业外支出	“新安海”毁损损失	4826466.32
小计		4826466.32
投资收益	合并价差摊入	-5675860.71

2、截止报告期末公司前三年主要会计数据和财务指标

指标项目	1999 年度	1998 年度 追溯调整前	1998 年度 追溯调整后
主营业务收入(元)	293607284.94	292914918.56	292914918.56
净利润(元)	64423197.00	114338726.45	96933507.25
总资产(元)	945177933.87	918409074.55	864894999.71
股东权益(元)(不含少数股东权益)	747130294.77	567367698.70	512115174.00
每股收益(摊薄)(元)	0.203	0.408	0.346
每股收益(加权)(元)	0.225	0.408	0.346
每股收益(扣除非经常性损益)	0.212	0.337	0.275
每股净资产(元)	2.354	2.026	1.83
调整后的每股净资产(元)	2.29	1.79	1.71
每股经营活动产生的现金流量净额	0.26	0.44	0.44
净资产收益率(摊簿)(%)	8.62	20.15	18.93
净资产收益率(加权)(%)	11.32	22.41	20.92

<续表>

指标项目	1997 年度 追溯调整前	1997 年度 追溯调整后
主营业务收入(元)	208853366.22	208853366.22
净利润(元)	55373105.93	41599363.57
总资产(元)	709507737.31	670654075.68
股东权益(元)(不含少数股东权益)	453028972.25	414175310.62
每股收益(摊薄)(元)	0.297	0.223
每股收益(加权)(元)	0.323	0.242
每股收益(扣除非经常性损益)	0.289	0.215
每股净资产(元)	2.43	2.22
调整后的每股净资产(元)	2.17	2.13
每股经营活动产生的现金流量净额		
净资产收益率(摊薄)(%)	12.22	10.04
净资产收益率(加权)(%)	14.52	11.91

三、股东情况介绍

1、报告期末公司股东总数为 96522 户。
2、公司前十名股东持股情况如下:

股东名称	年末持股数量(万股)	占总股本比例(%)
1)、中国海运(集团)总公司(国有法人股)	12292.5	38.74
2)、海南电业股份有限公司(国有法人股)	1050	3.31
3)、海口港集团公司(国有法人股)	1050	3.31
4)、秦皇岛港务局(国有法人股)	600	1.89
5)、上海裕海实业公司	105	0.33
6)、海南省农垦第一物资供销公司	75	0.24
7)、中国人民保险公司海口分公司	75	0.24
8)、海南省船舶引航公司	75	0.24
9)、海口兴华贸易公司	61.56	0.19
10)、海口中兴联合投资公司	60.84	0.19

厦门机场发展股份有限公司

(一) 公司简介

1.公司法定中文名称:厦门机场发展股份有限公司
英文名称:Xiamen Airport Development Co.Ltd
公司英文名称缩写:XADC
2.公司法定代表人:王倜傥先生
3.公司董事会秘书:王建港先生
电话:(0592)6022936-6005
传真:(0592)6022936-8888
4.公司董事会授权代表:钱进群先生
联系地址:厦门机场发展股份有限公司
电话:(0592)6022936-8006　传真:(0592)6022936-8988
5.公司注册地址:厦门高崎国际机场
办公地址:厦门高崎国际机场内厦门国际航空港集团办公楼三楼
邮政编码:361006
电子信箱:airengn@public.xm.fj.cn
6.公司披露信息的报纸:《上海证券报》
登载年度报告的网址:www.sse.com.cn
年度报告备置点:公司办公地点,福建省华福证券厦门营业部
7.公司股票上市地:上海证券交易所
股票简称:厦门机场　股票代码:600897

(二) 会计数据和业务数据摘要

1.公司本年度利润及构成(单位:元)

利润总额	61060498.69
净利润	50977067.32
扣除非经常性损益后的净利润	50977067.32
主营业务利润	72165757.03
其它业务利润	3119208.93
投资收益	0
补贴收入	0
营业外收支净额	-65066.95
经营活动产生的现金流量净额	101324337.33
现金及现金等价物净增加额	-55576364.52

2、公司前三年主要会计数据和财务指标(合并数)

项目	1999年	1998年		1997年
		调整后	调整前	
主营业务收入(万元)	17225	16092.50	16092.55	15395.40
净利润(万元)	5097.71	4309.88	4359.72	4481.72
总资产(万元)	126231.86	132538.10	132527.86	119393.28
股东权益(万元)	110983.84	105886.13	106188.68	101840.98
每股收益(元/股)	0.189	0.160	0.161	0.166
扣除非经常性损益后的每股收益(元)	0.189			
每股净资产(元/股)	4.11	3.92	3.93	3.77
净资产收益率(%)	4.59	4.07	4.11	4.40
调整后的每股净资产(元/股)	4.11	3.92	3.93	3.77
每股经营活动产生的现金净流量	0.38	0.43	0.43	

注:
A.上述财务指标计算方法:
每股收益=净利润÷年度末普通股股份总数
每股净资产=年度末股东权益÷年度末普通股股份总数
净资产收益率=净利润÷年度末股东权益×100%
调整后的每股净资产=(年度末股东权益-3年以上的应收帐款-待摊费用-待 处理(流动、固定)财产净损失-开办费-长期待摊费用)÷年末普通股股份总数
每股经营活动产生的现金流量净额=经营活动产生的现金流量净额÷年末普通股股份总数
B.按加权平均法计算,99年,98年,97年净资产收益率分别4.70%,4.19%,6.16%,每 股收益分别为0.189元,0.161元,0.249元.
计算公式如下:
加权平均净资产收益率=[净利润÷(年初股东权益+年末股东权益)÷2×100%
加权平均每股收益=净利润÷加权平均股本总数
公司1999年股本总数无变化.

3、报告期内股东权益变动情况　　单位:万元

项目	股本	资本公积	盈余公积	法定公益金	未分配利润	股东权益合计
期初数	27000	62586.92	3865.22	2789.35	9644.65	105886.14
本期增加	0	0	509.77	509.77	5097.70	6117.24
本期减少	0	0	0	0	1019.54	1019.54
期末数	27000	62586.92	4374.99	3299.12	13722.81	110983.84

注:(1)盈余公积金和公益金各增加509.77万元,是由于本年度提取法定盈余公积 金和公益金(均为本年度净利润的10%)所致.
(2)未分配利润增加,原因在于年初未分配利润加本年度净利润按法定比例提取法定盈余公积金,公益金后的余额所致,其中1999年年初未分配由于会计政策变更采用追溯调整法调减301401.45元.

(三) 股东情况介绍

(1)本报告期末股东数量
至本年度末,公司股东总户数为79992户.
(2)主要股东持股情况(前十名)

名称　股东	年末持股数(股)	占总股本(%)
1. 厦门国际航空港集团有限公司	202500000	75
2.兴华基金	746054	0.276
3.苏州投资	219050	0.081
4.财政证券	214133	0.079
5.沪财嘉定	175102	0.065
6.兴和基金	145816	0.054
7.许绍毅	124536	0.046
8.河南豫能	120000	0.044
9.邹永官	100000	0.037
10 贺海平	85618	0.032

郑州百文股份有限公司

公司简介

1、公司名称:
公司法定中文名称:郑州百文股份有限公司(集团)
公司英文名称:ZHENGZHOU BAIWEN CO.,LTD(GROUP)
缩写:ZZBW
2、公司法定代表人:李福乾
3、公司董事会秘书:齐岸屏
电话:0371-3935993-3165
传真:0371-3935819
4、公司注册地址、办公地址:
郑州市南阳路2号　邮政编码:450053
公司国际互联网网址:http://www.baiwen.com
E-mail:ZBW@public.ZZ.ha.cn
5、公司选定的信息披露报纸:上海证券报
登载公司年度报告的中国证监会指定国际互联网网址:
http://www.sse.com.cn
公司年度报告备置地点:公司证券部
6、公司股票上市交易所:上海证券交易所
股票简称:ST郑百文　股票代码:600898

会计数据和业务数据摘要

1、本年度利润总额及其构成:　(单位:元)

利润总额:	-981267794.60
净 利 润:	-956979894.02
扣除非经常性损益后的净利润:	-956861247.11
主营业务利润:	-2457417.22
其他业务利润:	1499893.50
营业利润:	-964605588.90
投资收益:	-20852216.26
补贴收入:	4244511.07
营业外收支净额:	-54500.51
经营活动中产生的现金流量净额:	82547453.81
现金及现金等价物净增加额:	-183301328.42

注:扣除的非经常性损益项目和涉及的金额:处置固定资产净损失:-118646.91。
2、公司近三年主要会计数据和财务指标:　(单位: 元)

项目	1999年度	1998年度	1997年度
主营业务收入	1307730523.83	3355018161.95	7677843553.61
净 利 润	-956979894.02	-502414550.70	81294925.65
总 资 产	1277715141.78	2366069076.13	3529757999.53
股东权益	-1299419528.24	43746927.80	392650151.31
每股收益(摊薄)	-4.8435	-2.5428	0.4649
每股收益(加权)	-4.8435	-2.7255	0.4649
每股净资产	-6.5766	0.2214	2.2452
调整后的每股净资产	-6.9706	-0.1595	1.9329
每股经营活动产生的现金流量净额	0.4178	-1.5166	
净资产收益率(%)		-1148.4568%	20.7042%

注:①截止1999年12月31日,公司净利润、年度末股东权益均为负数,故净资产收益率指标无意义。
②由于公司本期经营状况与以前年度差别巨大,所以本公司在编1999年度会计报 表时,未对上述四项准备进行追溯调整。
主要指标计算公式:
每股收益=净利润/年度末普通股股份总数
每股净资产=年度末股东权益/年度末普通股股份总数
调整后的每股净资产=(年度末股东权益-三年以上的应收款项净额 -待摊费用-待处理(流动、固定)资产净损失-开办费-长期待摊费用-住房周转金负数 金额)/年度末普通股股份总数
每股经营活动产生的现金流量净额=经营活动产生的现金流量净额/年度末普通股股份总数
净资产收益率=净利润/年度末股东权益×100%
3、报告期内股东权益变动情况(单位:元)

项目	股本	资本公积	盈余公积	法定公益金	未分配利润	股东权益合计
期初数	197582119	250325204.28	27225094.60	9003406.48	-426694477.28	43746927.80
本期增加						
本期减少					1333424265.40	
期末数	197582119	250325204.28	27225094.60	9003406.48	-1760118742.68	-1299419528.24

变动原因:本期净利润转入-956979894.02,上期利润调整-376444371.38。

股东情况介绍

(1) 报告期末股东总数为71787户。
(2) 主要股东持股情况

	期初持股数	期末持股数	占总股本比例(%)
郑州百文集团有限公司	28877869	28877869	14.62
郑州市投资合作基金公司	5776082	5776082	2.92
鹏程广告	3961360	3961360	2
河南省郑州市区信用合作联社营业部	2535000	2535000	1.28
河南金鑫电脑信息有限公司	2197000	2197000	1.11
河南省信托投资公司郑州铁路分公司	1859000	1859000	0.94
中保财险郑州汽车修配中心	1690000	1690000	0.86
南方南京	1690000	1690000	0.86
河南省石油总公司	1257360	1257360	0.64
豫郑人信	1183000	1183000	0.6

说明:①持股5%(含5%)以上的法人股股东所持股份未发生抵押、冻结等情况。
②公司前10名股东之间不存在关联关系。
③持股10%以上法人股股东情况:
郑州百文集团有限公司持有国有股2887.7869万股,占总股本的14.62%。
公司法定代表人:李福乾
公司经营范围:经营政府授权范围内的国有资产。

浙 江 信 联 股 份 有 限 公 司

浙江信联股份有限公司1999年年度报告摘要

一、公司简介

1、公司法定中文名称:浙江信联股份有限公司
公司法定英文名称:Zhejiang Xinlian Co.Ltd
英文名称缩写:ZJXL
2、公司法定代表人:王菲
3、公司董事会秘书:丁渭文
联系地址:杭州市上塘路68号
联系电话:0571-5454614
传真:0571-5454526
4、公司注册地址:杭州市上塘路68号
邮政编码:310014
公司办公地址:杭州市上塘路68号
公司电子信箱:zjxl@mail.hz.zj.cn
5、公司选定的信息披露报纸名称:《中国证券报》、《上海证券报》
刊载公司年报的中国证监会指定的因特网址:http://www.sse.com.cn
公司年度报告置备地点:杭州市上塘路68号公司董事会秘书办公室
6、股票上市交易所:上海证券交易所
股票简称:信联股份
股票代码:600899

二、会计数据和业务数据摘要

1、1999年度公司主要经营指标

(单位:人民币元)

利润总额	42206516.13
净利润	37663622.92
扣除非经常性损益后的净利润	25622005.28
主营业务利润	11057609.43
其他业务利润	9013486.92
营业利润	-5870433.71
投资收益	37925963.85
补贴收入	0
营业外收支净额	10150985.99
经营活动产生的现金流量净额	20040516.78
现金及现金等价物净增加额	-5307610.37

说明:"扣除非经常性损益后的净利润"扣除的项目及金额如下:营业外收入12,041,617.64元,营业外支出1,890,631.65元。

2、截至1999年末,公司前三年主要会计数据和财务指标

(单位:人民币元)

指标项目	1999年	1998年	1997年
主营业务收入	110849634.62	194323372.29	180285417.63
净利润	37663622.92	43940080.00	39049222.36
总资产	668943138.08	546241533.16	516044101.92
股东权益	436834811.68	406264499.76	362252279.10
每股收益	0.21	0.25	0.22
每股净资产	2.46	2.29	2.04
调整后的每股净资产	2.45	2.26	2.03
每股经营活动产生的现金流量净额	0.11		
净资产收益率(%)	8.62	10.81	10.78

注:①按月加权平均计算的每股收益为0.21元,扣除非经常性损益的每股收益为0.14 元。
②主要财务指标计算公式:
每股收益=净利润/年末普通股股份总数
每股净资产=年末股东权益/年末普通股股份总数
调整后的每股净资产=(年末股东权益-三年以上的应收款项净额-待摊费用-待处 理 (流动、固定)资产净损失-开办费-长期待摊费用-住房周转金负数余额)/年度末普 通股股份总数
净资产收益率=净利润/年末股东权益×100%
净资产收益率=净利润/年度末股东权益×100%
每股经营活动产生的现金流量净额=经营活动产生的现金流量净额/年末普通股股份总数

3、报告期内股东权益变动情况 (单位:元)

项目	股本	资本公积	盈余公积	法定公益金	未分配利润	股东权益合计
期初数	177505386	123868159.58	50365477.94	11592711.07	46247341.69	397986365.21
本期增加	0	550127.00	5962069.68	1775791.04	32336249.79	38848446.47
本期减少	0					
期末数	177505386	124418286.58	56327547.62	13368502.11	78583591.48	436834811.68

变动原因说明:本期股本没有变化;资本公积增加系本公司对外投资资产评估增值所致;盈余公积、法定公益金、未分配利润、股东权益增加是本期盈利所致。

三、股本变动及股东情况

1、截止1999年末,公司股东总数为7137户。
2、截止1999年末,前十名股东持股情况

名次	股东名称	年末持股数(股)	占总股本(%)
1	浙江省手工业合作社联合社	54675000	30.80
2	上海声广投资有限责任公司	51480000	29.00
3	武汉上行科技有限公司	15980000	9.00
4	汉盛基金	5031630	2.83
5	安徽证券	1321746	0.74
6	杭州金明	682899	0.38
7	武银火	660481	0.37
8	彭先良	562924	0.32
9	华远家具	498000	0.28
10	徐秀娣	497176	0.28

说明:①1999年4月,上海声广投资有限责任公司一次性受让浙江省手工业合作社联合社持有的公司法人股5140万股,成为公司第二大股东;1999年9月,武汉上行科技有限公司一次性受让浙江省手工业合作社联合社持有的公司法人股1598万股,成为公司第三大 股东。②持股5%以上的3名法人股股东所持股份未发生被质押、冻结的情况。
③在以上10名股东中,汉盛基金属于富国基金管理有限公司管理的证券投资基金 。

四、股东大会简介

1、公司1998年度股东大会于1999年5月8日召开。决议公告刊登于1999年5月11日的《中国证券报》、《上海证券报》上。
2、公司1999年第一次临时股东大会于1999年3月12日召开。决议公告刊登于1999年3月13日的《中国证券报》、《上海证券报》上。
3、公司1999年第二次临时股东大会于1999年10月1日召开。决议公告刊登于1999年10月9日的《中国证券报》、《上海证券报》上。
4、公司1999年第三次临时股东大会于1999年12月12日召开。决议公告刊登于1999年12月14日的《中国证券报》、《上海证券报》上。

五、董事会报告

1、公司经营情况
(1)公司所处的行业及在本行业中的地位
公司原属冶金行业中规模较小的轧钢业,经1998年、1999年的重组调整,现主营业务为网络建设、开发服务;网络传输软件及设备、材料的开发、销售;网络工程安装、服务;实业投资。
该行业目前受国家政策及公司资金实力的制约,其市场份额不大。
(2)公司主营业务情况
本公司经1998年度股东大会通过、并经工商登记变更,主营范围已调整为:网络建设、开发服务;网络传输软件及设备、材料的开发、销售;网络工程安装、服务;钢材 、金属制品的生产、销售;机电设备的修理、制造、销售、租赁服务;实业投资。
钢铁业务受市场疲软及规模偏小的困挠,经营状况较差,目前已剥离;有线网络因 多功能服务尚未展开,依靠收视费等传统业务,收益有限,未来的增长主要依靠多功能 服务的拓展。
(3)公司主要附属企业、控股公司的经营情况及业绩
①浙江信联钢铁有限公司:从事轧钢业务,生产能力为20万吨/年,因钢铁产品市场低迷,竞争激励,经营困难,1999年亏损81万元。其生产规模偏小,将逐渐被冶金行业淘汰,难脱困境,现已剥离。
②浙江信联房地产开发有限公司:该公司注册资金1000万元,本公司控股95%,规 模较小,主要业务为参与自有地皮的开发建设,并将逐步转向物业管理。1999年利润为38万元。
③湖北声广网络有限公司:该公司注册资本1.3亿元,本公司5月份受让其99%股权,该公司拥有湖北有线电视网络公司49%股权,主要业务为有线电视网络的投资、开发、建设及多功能服务的投资开发,目前因多功能服务尚没开展,仅依靠传统的收视费等,收益较少,1999年盈利1294万元。
④另外,本公司1999年投资1.3亿元人民币受让深圳商圣实业有限公司99%股份、受让深圳声雷实业有限公司60%股份,因公司配股资金未到位,本公司已通过银行贷款等方式,至12月底已全部付清,目前资产清理,股权变更的法律手续尚在办理之中,1999年未能合并其财务报表。
(4)在经营中出现的问题与困难及解决方案
本公司原主营业务钢材生产、销售,因市场持续低迷,竞争激烈,本公司轧钢规模 偏小,难以发挥效益。根据国家冶金行业规划,将逐步淘汰,经董事会提议、临时股东 大会审议通过,决定将其剥离,按帐面净资产协议转让给浙江省手工业合作社联合社。
本公司1999年度大举进军有线电视网络行业,该行业政策性强、受国家政策制约,公司不能取得控股地位,形不成主营业务。钢厂剥离后公司尚需在主营业务上确立定 位。另外,本公司将跨入高科技信息领域,需进一步提高内部管理人员素质,并大力吸 收高科技人才。

2、公司财务状况
(1)主要财务指标变动情况:(单位:元)

项目	1999年	1998年	增减变动比例(%)	变动原因
总资产	668,943,138.08	537929,886.98	24.35	短期负债增加及本期盈利
长期负债	784,590.86	2,489,181.71	-68.48	转入一年内到期的负债
股东权益	436,834,811.68	397,986365.21	9.76	本期盈利
主营业务利润	11,057,609.43	3,452,182.87	220.31	调整主营业务所致
净利润	37663622.92	38275390.51	-1.60	

(2)对审计报告中保留和解释性说明所涉及事项的说明:
(一)对保留意见事项的说明
(1)本公司于1999年10月份与浙江联中发展公司共同组建浙江信联钢铁有限公司,注册资本1.6亿元,其中:本公司以钢铁实物资产经评估出资1.9亿元折合资本1.584亿 元,占99%;浙江联中贸易发展公司以现金方式出资160万元,占1%。1999年11月9日经公司董事会二届六次会议决议,临时股东大会决议通过,将其股权以1.9亿元人民币转 让给浙江省手工业合作社联合社,协议规定,1.9亿元人民币于1999年12月31日前全部 付清,超期按5‰月息计息,但最迟不超过2000年6月30日(详见11月11日的《上海证券 报》、《中国证券报》公告)。该款项至2000年2月底本息已全部付清。
(2)本公司1999年底长期股权投资(母公司)占净资产的122.27%(合并)占84.2%,系由如下原因所致:①在1999年10月份将全部钢铁资产剥离组建浙江信联钢铁有限公司(本公司占99 %股份)。②拟用配股资金支付湖北声广网络有限公司、深圳商圣实业有限公司、深圳声雷实业有限公司收购款,协议规定至1999年底全部付清,因配股资金未到位,本公司已通 过银行短期借款形式全部付清。
因浙江信联钢铁有限公司之全部股权已出让,至2000年2月底已全部收回投资款, 长期股权投资已降至(母公司)77%,(合并)41%。若配股资金到位,长期股权投资占净资产的比例将降至(母公司)52%,(合并)28%。
另外,本公司将钢铁资产出让后,正在筹划其出让所得的1.9亿元人民币的投向,已充分考虑到本公司的主营业务。本公司董事会认为本公司主营业务不尽不会日渐萎缩,而将会得到很大改观。
(3)本公司1997年底朝晖路68号老厂区60亩连同附近地块7.42公顷协议出让给绿 洲公司开发,补偿金为8493万元(详见1997年8月15日的《上海证券报》、《中国证券 报》公告),因绿洲公司没有按协议如期支付,应支付本公司违约金320万元。其中1999年12月31日前支付现金200万元,至1999年12月31日对方未支付,但对方已用房产抵押,另外120万元用房子的房款冲抵,至12月20日已交房子,但尚未过户。

上海中国国际旅行社股份有限公司

一、公司简介

1、公司中文名称:上海中国国际旅行社股份有限公司
英文名称:SHANGHAI CHINA INTERNATIONAL TRAVEL SERVICE CO.,LTD.
2、公司法定代表人:宋超麒先生
3、公司董事会秘书:朱谔言先生
公司董事会授权代表:鞠新兴先生
地址:上海市北京西路 1277 号 8 楼
电话:(021)62898899-239　传真:(021)62893487
4、公司注册地址:上海市浦东南路 555 号
办公地址:上海市北京西路 1277 号
邮政编码:200040　网址:www.scits.com　电子信箱:scits@scits.com
5、公司信息披露报纸:上海证券报、香港南华早报
登载公司年度报告的国际互联网网址:http://www.sse.com.cn
公司年度报告备置地点:本公司,上海证交所,申银万国证券公司等
6、公司股票上市地:上海证券交易所
股票简称:国旅 B 股　股票代码:900929

二、会计数据和业务数据摘要

1、公司本年度数据　(人民币:元)

利润总额	18307013
净利润	15218194
扣除非经常性损益后的净利润	4076638
主营业务利润	78725807
其他业务利润	88986
营业利润	4299568
投资收益	14173544
营业外收支净额	−166099
经营活动产生的现金流量净额	47704065
现金及现金等价物净增加额	5063758

注:扣除非经常性损益的项目是:子公司阳光大酒店股权转让所得 12,256,242 元,东申公司股权转让所得 500,000 元,金安大酒楼歇业清算损失 1,614,686 元,三项合计 11,141,556 元。

公司本年度按国际会计准则计算的净利润为 15,169 千元人民币,其与国内会计制度计算的净利润差异为

	1999 年净利润 人民币千元	1999 年 12 月 31 日净资产 人民币千元
中国会计准则财务报表	15218	387985
按国际会计准则调整:		
处置合并价差收益	(49)	−
其他	−	(323)
国际会计准则财务报表	15169	387662

2、公司前三年会计数据和财务指标(单位:除特别指明外,均为人民币元)

	1999 年	1998 年		1997 年
		调整后	调整前	调整前
主营业务收入	463479648	396734831	414302010	491569785
净利润	15218194	14992240	14992240	36404512
总资产	646411363	599002885	604484044	658600328
股东权益(不含少数股东权益)	387985286	389999407	389999407	374904869
每股收益	0.11	0.11	0.11	0.30
加权每股收益	0.11	0.11	0.12	0.30
扣除非经常性损益后每股收益	0.03	0.11	0.12	−
每股净资产	2.93	2.94	2.94	3.11
调整后的每股净资产	2.80	2.84	2.82	3.02
每股经营活动产生的现金流量净额	0.36	−	0.33	−
净资产收益率(%)	3.92	3.84	3.84	9.71
加权净资产收益率(%)	3.91	3.92	3.92	10.16

注:上述主要财务指标的计算公式如下:每股收益=净利润/年度末普通股股份总数
每股净资产=年度末股东权益/年度末普通股股份总数
调整后的每股净资产=(年度末股东权益−−三年以上的应收款项−−待摊费用−−待处理(流动、固定)财产净损失−−开办费−−长期待摊费用−−住房周转金负数余额)/年度末普通股股份总数
每股收益(加权)=当期净利润/[期末普通股股份总额/(1+配股比例或增发新股比　例)+期末普通股股份总额/(1+配股比例或增发新股比例)(配股比例或增发新股比例)(缴款结束日下一月份至期末的月份数)/12]
每股经营活动产生的现金流量净额=经营活动产生的现金流量净额/年度末普通股股份总数

3、报告期内股东权益变动情况(单位:元)

项　目	股　本	资本公积	盈余公积	法定公益金	未分配利润	股东权益合计
期初数	132556270	170609258	46935050	25090305	14808524	389999407
合并报表调整上年数		(196,892)	(196,893)	393785		−
本期增加			1758998	1644264	11814932	15218194
本期减少					17232315	17232315
期末数	132556270	170609258	48497156	26537676	9784926	387985286
变动原因			提取公积金	提取公益金	分红	

三、股东情况介绍

(1)本报告期末公司股东总数为 3689 户,其中国家股股东 1 户、境内上市外资股股　东 3688 户。

(2)公司前 10 名股东持股情况(持股单位:股)

序号	股东名称	持股数	占总股本%
①	国有股股东(上海市国有资产管理办公室)	66556270	50.21
②	TOYO SECURITIES ASIA LTD.A/C CLIENT	5887030	4.44
③	WAH CHUN INTERNATIONAL LIMITED	1846460	1.39
④	展佳国际发展有限公司	1541210	1.16
⑤	NAITO SECURITIES CO., LTD.	1516100	1.14
⑥	上海申银万国证券公司	1119000	0.84
⑦	王文翔	900549	0.68
⑧	宋月娟	853930	0.64
⑨	刘晓东	709400	0.54
⑩	MIKKO SECURITIES TOKYO LTD.	671200	0.51

注:前 10 名股东之间尚未发现存在关联关系。

上海金泰股份有限公司

一、公司简介

1、公司法定中文名称:上海金泰股份有限公司
英文名称:SHANGHAI JINTAI COMPANY LIMITD(缩写 SJT)
2　、公司法定代表人:杨志超　3、公司董事会秘书:沈惠明
地址:上海汶水路 400 号　公司董事会秘书室　电话:66526056　传真:56657534
4、公司注册地址:上海安亭洛浦路 45 号　邮政编码:201805
公司办公地址:上海汶水路 400 号　邮政编码:200072　电子信箱:sjtbk@online.sh.cn
5、公司信息披露报纸:《上海证券报》、香港《南华早报》;
登载公司年度报告的国际互联网网址:http://www.sse.com.cn
年度报告备置地点:公司董事会秘书室
6、公司股票上市地点:上海证券交易所
股票简称:ST 金泰 B　股票代码:900935

二、会计数据和业务数据摘要

1、公司年度实现利润总额及构成(合并报表) 单位:元

利润总额:	1293438
净利润	1096431
扣除非经常性损益后的净利润	1096431
主营业务利润	46794624
其他业务利润	2452687
营业利润	1026883
投资收益	−204964
补贴收入	−
营业外收支净额	471519
经营活动产生的现金流量净额	14713438
现金及现金等价物净增加额	−3279730
注:按照国际会计准则之净利润	1289365

国内、国际会计事务所审计差异主要是:

开办费	−108597
坏帐准备	301531

2、截止本年度末公司前三年的主要会计数据和财务指标(单位:元)

项目	99 年度	98 年度	97 年度	
			调整前	调整后
主营业务收入	160472290	156486591	141631611	141631611
净利润(元)	1096431	1043199	−21291850	−28498709
总资产	419809642	426798002	495269970	444596111
股东权益(元)	293979318	292882887	343113547	291839688
每股收益(元/股)	0.006	0.006	−0.115	−0.154
扣除非经常性损益后的净利润(元/股)	0.006			
每股净资产(元/股)	1.59	1.58	1.85	1.57
调整后的每股净资产(元/股)	1.56	1.50	1.80	1.52
每股经营活动产生的现金流量净额(元/股)	0.079	0.167	−	−
净资产收益率(%)	0.37	0.36	−6.21	−9.77

注:财务指标计算方法:
每股收益=净利润　/　年末普通股股份总数(摊薄与加权一致)
每股净资产=年末股东权益　/　年末普通股股份总数
调整后的每股净资产=(年末股东权益−三年以上的应收款项−待摊费用−待处理资　产净损失−开办费−长期待摊费用)/　报告期末普通股股份总数
每股经营活动产生的现金流量净额=经营活动产生的现金流量净额/年末普通股股份总数。
净资产收益率=净利润　/　年末股东权益×100%

3、本年度股东权益变化情况(单位:万元)

项目	股本	资本公积	盈余公积	法定公益金	未分配利润	合计
期初数	18530	18287.87	268.70	89.57	−7798.29	29288.28
本期增加	−	−	−	−	109.64	109.64
本期减少	−	−	−	−	−	−
期末数	18530	18287.87	268.70	89.57	−7688.64	29397.92

变动原因:未分配利润增加系盈利所至。

三、股本变动及股东情况介绍

1、股本变动情况

(1)股份变动情况:报告期内公司股份没有发生变化,总股本 18530 万股,其中:国家股 10530 万股,占总股本的 56.83%,境内上市外资股(B 股)8000 万股,占总股本的 43.17%。

(2)股票发行与上市情况

公司股票(金泰 B 股)总数量 8,000 万股,于 95 年 6 月 28 日发行。发行价每股 0.277 美　元,折 2.3 元人民币。于 95 年 7 月 29 日在上海证券交易所挂牌上市。

2、股东情况介绍

报告期末股东总数 2281 户,包括 B 股股东 2280 户,A 股(国家股)股东 1 户。

主要股东持股情况(前 10 名)

股东名称	年末持股数量	%
1、上海东风机械(集团)有限公司(国有股)	105300000	56.83
2、SHANGHAI SHENYIN SECURITIES (H.K.) NOMINESS LTD.	16950000	9.14
3、申银	7734150	4.17
4、YI FENG	3939200	2.13
5　、晏福有	2981000	1.61
6　、TOYO SECURITIES ASIA LTD. A/C CLIENT	2446200	1.32
7　、GAO EN RONG	1525600	0.82
8　、GRATEWARD LTD.	1475000	0.80
9　、中国纺织机械股份有限公司	1444500	0.78
10、WARDLEY JAMES CAPEL FAR EAST LTD	831300	0.45

持有本公司 5%以上股份的股东为:

a、上海东风机械(集团)有限公司,持有本公司 10530 万股,占总股本的 56.83%,系国家股,该公司法人代表:王坚,经营范围:柴油机、工程机械、建筑机械、地质机械等产品及服务。报告期内其对本公司持股未有变化、无质押。

内蒙古鄂尔多斯羊绒制品股份有限公司

公司简介

1、公司名称:内蒙古鄂尔多斯羊绒制品股份有限公司
英文名称:INNER MONGOLIA EERDUOSI CASHMERE PRODUCTS CO.,LTD.
2、法定代表人:王林祥　　董事长、总经理
3、董事会秘书:郭恩哲
联系地址:内蒙古东胜市乌审东街 11 号
电　　话:0477 —8346294　8525834-3509　传真:0477-8345373
电子信箱:erdosJTGS@email.nm.cninfo.net
4、注册地址、办公地址:内蒙古东胜市达拉特南路 102 号　邮编:017000
http://www.Chinaerdos.com　电子信箱:erdosJTGS@email.nm.cninfo.net
5、公司信息披露报纸名称:<<海证券报>>〈〈香港商报〉〉、〈〈南华早报〉〉,
登载公司年度报告的中国证监会指定的国际互联网网址:http://www.sse.com.cn
6、公司年度报告备置地点:公司本部
7、股票上市地址:上海证券交易所　股票简称:鄂绒 B 股　股票代码:900936

会计数据和业务数据摘要

1、公司本年度会计数据摘要(按中国会计准则)　　单位:元

利润总额:	180527181
净利润:	111785055
扣除非经常性损益的净利润:	108670483
主营业务利润:	427276437
其他业务利润:	6588761
营业利润:	176393326
投资收益:	608337
营业外收支净额:	3525518
经营活动产生的现金流量净额:	468265962
现金及现金等价物净增加额:	-36222123

净利润差异及说明
按中国会计准则审计净利润为: 111785055
按国际会计准则审计净利润为: 111785055
差异说明:二者无差异。
注:扣除的非经常性损益项目和涉及金额:
(1)营业外收支净额(净收入)　3525518
(2)合并价差摊销(支出)　410946

2、截止报告期末公司前三年的主要会计数据和财务指标
中国会计制度(合并数)

	1999 年度	1998 年度	1997 年度
主营业务收入(元)	1479731279	1152383914	1028292476
净利润(元)	111785055	84997114	103331516
总资产(元)	2451021740	2670164227	2994245606
股东权益(含少数股东权益)(元)	1513005064	1492780009	1486262895
每股收益(元/股)	0.26	0.19	0.24
每股净资产(元/股)	3.47	3.42	3.41
调整后的每股净资产(元/股)	3.44	3.39	3.31
每股经营活动产生的现金流量净额(元/股)	1.07	1.11	
净资产收益率(%)	7.39	5.69	6.95
加权平均计算的每股收益(元)	0.26	0.19	0.26
扣除非经常性损益后的每股收益(元)	0.25	0.19	0.24

计算公式:每股收益=净利润/年度末普通股股份总数
每股净资产=年度末股东权益/年度末普通股股份总数

3、报告期内股东权益变动情况　　单位:人民币元

项目	股本	资本公积	盈余公积	法定公益金	未分配利润	股东权益合计
期初数	436000000	953980506	40823953	40823953	21151597	1492780009
本期增加			11178505	5589253	111785055	128552813
本期减少					108327758	108327758
期末数	436000000	953980506	52002458	46413206	24608894	1513005064

变动原因:(1)盈余公积、法定公益金增加是本年度按照净利润的 10%,5%分别计提所致;(2)未分配利润增加项目为本年度实现的净利润,减少项目为本年度计提盈余公 积、计提法定公益金、预分配股东红利。

股东情况简介

(1)股东情况简介:
报告期末股东总数 4,908 户,其中国有法人股 1 户,无内部职工股。
(2)前十名股东持股情况:

股东名称	持股数(股)	占总股本比例	
(1)内蒙古鄂尔多斯集团公司(代表国家持有)	226000000	51.83%	(未流通)
(2 WAH CHUN INTERNATIONAL LIMITED	12879607	2.95%	(流通)
(3 杨建荣	9536100	2.19%	(流通)
(4 CHASE LDN S/A TEMPLETON GLOBAL SMALLER COMPANIES FUND INC.	6200000	1.42%	(流通)
(5 TOYO SECURITIES ASIA LTD.A/C CLENT	5785300	1.33%	(流通)
(6 广奇投资有限公司	3081700	0.71%	(流通)
(7 HKSBCSB S/A HSBC(NOM)S/A ABN AMRO BANK NV	3039000	0.70%	(流通)
(8 康马有限公司	2985000	0.68%	(流通)
(9 HKSBCSB S/A-BANQUE INT.A LUXEMBOURG S/A HSBC GLOBAL INV.FUND	2884700	0.66%	(流通)
(10) 百庄国际财务股份有限公司	2821000	0.65%	(流通)

以上股东中内蒙古鄂尔多斯集团公司代表国家持有股份,其余全部为外资股股东 。持有公司5%以上股份的股东也只有内蒙古鄂尔多斯集团公司一家,持有国有法人股 22600 万股,占本公司股本总额的 51.83%。

内蒙古鄂尔多斯集团公司法定代表人为总裁王林祥,企业经营范围是:主营:羊绒 、羊毛、驼绒、驼毛、及其制品、呢绒精纺面料、服装、建筑材料、电子元件、矿泉水、供热、供水、加工、销售 、酒店、饮食。兼营:娱乐旅游服务、传呼通讯服务.其所持股份无质押或冻结情况。

上海汇丽建材股份有限公司

一、公司简介

1、公司中文名称:上海汇丽建材股份有限公司　简称:汇丽建材
公司英文名称:SHANGHAI HUILI BUILDING MATERIALS CO., LTD. 简称:HLBM
2、公司法定代表人:张永定先生
3、公司董事会秘书:陶娅龄女士
联系地址:上海浦东周浦川周路 4131 号　电话:(021)58111244　传真:(021)58113449
4、公司注册地址:上海浦东康桥工业区
公司办公地址:上海浦东周浦川周路 4131 号　邮政编码:201318
公司电子信箱:huiligp@public.sta.net.cn
5、公司选定的信息披露报纸为:上海证券报和香港大公报
刊载公司年度报告的中国证监会指定国际互联网网址　:http://www.sse.com.cn
公司年度报告备置地点:董事会秘书处
6、公司股票上市地:上海证券交易所　股票简称:汇丽 B 股　股票代码:900939

二、会计数据和业务数据摘要

1、公司 1999 年度主要业务数据 (单位:元)

利润总额	-4618811.09
净利润	-7180035.45
扣除非经常性损益后的净利润	-9419636.51
主营业务利润	42755084.72
其他业务利润	8132955.28
营业利润	-1890884.80
投资收益	-2129878.76
补贴收入	46000.00
营业外收支净额	-644047.53
经营活动产生的现金流量净额	30005905.69
现金及现金等价物净增加额	9192386.06

(单位:人民币千元)
根据中国法定帐目实现的净利润　-7180
根据国际会计准则实现的净利润　-41214
有关按两种不同会计准则计算净利润的差异形成原因如下:

	净利润(人民币千元)
根据中国法定帐目	-7180
国际会计准则和其他调整:	
-提取坏帐准备	-18390
-(提列)转销存货备抵	-463
-调整固定资产折旧	1373
-按权益法认列联营公司投资损失	-11966
-调整汇丽地板之闲置生产能力	-5387
-其他	799
经国际会计准则及其他调整后所列报	-41214

2、公司前三年主要会计数据和财务指标(合并报表)

项目	1999 年	1998 年	1997 年
主营业务收入(元)	227055809.72	215816338.40	261130250.22
净利润(元)	-7180035.45	35812056.48	15112906.70
总资产(元)	629424486.20	543333422.23	505559685.07
股东权益(元)	289976025.03	291362943.66	255550887.18
每股收益(元)(摊薄)	-0.043	0.217	0.092
(加权)	-0.043	0.217	0.092
扣除非经常性损益后的每股收益(元)(摊薄)	-0.057		
每股净资产(元)	1.76	1.77	1.55
调整后每股净资产(元)	1.68	1.72	1.51
每股经营活动产生的现金流量净额	0.18	-0.024	
净资产收益率(%)(摊薄)	-2.48	12.29	5.91
(加权)	-2.47	13.19	6.01

3、报告期内股东权益变动情况:

项目	股本	资本公积	盈余公积	法定公益金	未分配利润	合计
期初数	165000000.00	66641198.89	10534537.13	3594425.48	49187207.64	294957369.14
本期增加		5821231.39	257204.74	128602.37	-7180035.45	-972996.95
本期减少					285319.31	285319.31
期末数	165000000.00	72462430.28	10791741.87	3723027.85	41721852.88	293699052.88

三、股本变动及股东情况

1、股本结构情况 (单位:万股)
(1)公司本年度股份未发生变动;(2)股票发行与上市情况:到报告期末为止的前三年未有股票发行情况;公司目前未配有内部职工股。
2、股东情况介绍 (1)报告期末股东总数为:3019
(2)前十名股东持股情况如下:

股东名称	年末持股数量(股)	股份增减情况
1 上海汇丽(集团)公司	53863000	不变
2 中信房地产公司	8998000	不变
3 中技开发公司	8998000	不变
4 PACIFIC SOURCE DEVELOPMENT LIMITED COMPANY	7167400	减少
5 国家股	6336000	不变
6 中国建筑科学研究院	6331000	不变
7 KERRY INVESTMENTS LIMITED	3980360	减少
8 雷黎民	1314100	减少
9 海南国投	1107500	不变
10 WEI QUAN LI	1101500	不变

(3)持股 10%以上的法人股东的法定代表人:
上海汇丽(集团)公司持股,占公司总股本 32.64%,所持股份无质押、冻结等情况 。
上海汇丽(集团)公司法定代表人张永定,经营范围为生产和销售化学建筑材料、装饰材料及配套建筑五金;上述产品的研究开发、应用咨询及售后服务。
(4)报告期内控股股东无变更。

上海华源股份有限公司

一、公司简介

1.公司法定中文名称:上海华源股份有限公司

公司法定英文名称:SHANGHAI WORLDBEST CO.,LTD

2.公司法定代表人:吴云生

3.公司董事会秘书:张乐生

联系地址:上海浦东陆家嘴路 66 号招商局大厦 31 楼 电子信箱:swc07@soim.net

电话:021-58793938(总机)021-58823020(直线) 传真:021-58825887

4.公司注册地址:上海市浦东陆家嘴路 66 号招商局大厦 31 楼 邮政编码:200120

公司国际互联网址:http://www.worldbest.sh.cn 电子信箱:shhygf@ online.sh.cn

5.公司选定的信息披露报纸名称:《上海证券报》、《中国证券报》、《香港文 汇报》。

登载公司年度报告的中国证监会指定国际互联网网址: http://www.sse.com.cn

公司年度报告备置地点:公司总经理办公室

6.公司股票上市交易所:上海证券交易所

股票简称和股票代码:华源股份 600094 华源 B 股 900940

二、会计数据和业务数据摘要

1.公司本年度实现利润情况 (单位:元)

利润总额:	146480249.16
净利润:	96302192.19
扣除非经常性损益后的净利润:	78294774.33
主营业务利润:	183145164.29
其他业务利润:	26004355.47
营业利润:	109729643.12
投资收益:	25797737.18
补贴收入:	9712379.06
营业外收支净额:	1240489.80
经营活动产生的现金流量净额:	77809655.33
现金及现金等价物净增加额:	292469401.27

注:扣除的非经常性损益项目和涉及金额为:所属子公司转让资产所得 14,706,000.00 元,一次性补贴 3,301,417.86。

实现净利润按中国会计师准则审计为 9630.22 万元,按国际会计准则审计为 4747.4 万元,具体差异如下:

	净利润(人民币千元)
根据中国会计准则列报:	96302
国际会计准则调整:	
1.开办费摊销差异	(2467)
2.税后利润计提职工福利基金差异	(4599)
3.坏账准备差异	(31925)
4.存货准备差异	659
5.折旧及资产报损	(6152)
6.预提费用及其他	(4344)
按国际会计准则列报:	47474

2.公司前三年主要会计数据和财务指标(单位:元)

项目	1999 年	1998 年		1997 年	
		调整前	调整后	调整前	调整后
主营业务收入	987622833.29	483511231.01	483511231.01	696018354.36	696018354.36
净利润	96302192.19	58766378.90	46139291.34	99308963.45	79931824.45
总资产	2408227268.30	1651016500.83	1618488046.04	1303633099.34	1283636539.11
股东权益	808764021.61	776536567.28	744532340.72	746479334.51	727102195.51
每股收益	0.34	0.21	0.16	0.42	0.34
①加权每股收益	0.34	0.21	0.16	0.45	0.37
②扣除非经常性损益每股收益	0.27		0.40		0.32
每股净资产	2.83	2.71	2.60	3.13	3.05
调整后的每股净资产	2.76	2.69	2.58	3.09	3.01
每股经营活动产生的现金流量净额	0.27		0.26		0.26
净资产收益率(%)	11.91	7.57	6.20	13.30	10.99
① 加权平均净	12.40	7.71	6.27	17.32	14.18

3.按下表列示报告期内股东权益变动情况(单位:万元)

项目	股本	资本公积	盈余公积	法定公益金	未分配利润	股东权益合计
期初数	28623.60	36342.42	3663.69	1990.68	3832.84	74453.23
本期增加			2598.83	1260.41	5426.29	9285.53
本期减少					2862.36	2862.36
期末数	28623.60	36342.42	6262.52	3251.09	6396.77	80876.40

增减原因:盈余公积、法定公益金本期增加是从净利润中提取数,未分配利润本期增加是本期实现净利润扣除已提取两金后的净增加数,未分配利润本期减少数是分配 红利数。

三、股东情况介绍

1.报告期末股东总数为 8606 户,其中境内上市外资股股东 4858 户,境内上市人民币普通股股东 3748 户。

2.前十名股东情况

股东名称	年初持股数(万股)	年末持股数(万股)	占总股本 %	持股类别	质押或冻结
1 常州华源化学纤维有限公司	5324.4	5324.4	18.60	法人股	
2 中国华源集团有限公司	1941.6	1941.6	6.78	法人股	
3 上海中国纺织国际科技产业城发展公司	1462.8	1462.8	5.11	法人股	质押
4 锡山市长苑丝织厂	676.8	676.8	2.36	法人股	质押
5WISEMAX INTERNATIONAL LIMITED	–	621.575	2.17	B 股	
6 江苏秋艳(集团)公司	618	618	2.16	法人股	
7HSBC(NOMS)LTD A/C MR KUP PHEKLONG	589.716	589.716	2.06	B 股	
8NATEXIS BANQUES POPULAIRES		269.952	0.94	B 股	
9SCBHK A/C BANK OF NEW YORKS/A CMG CH CHINA INVESTMENTS LIMTED		262.012	0.92	B 股	
10 中亚化学公司 USA		185	0.65	B 股	

注: ①上海中国纺织国际科技产业城发展公司所持股票 1462.8 万股质押给上海浦东发展银行社会保险基金部,质押期限为 1999 年 11 月 29 日至 2001 年 10 月 20 日。

②锡山市长苑丝织厂所持股票 676.8 万股质押给中国农业银行无锡分行,质押期限为 1999 年 12 月 3 日至 2001 年 12 月 31 日。

上海开开实业股份有限公司

一、公司简介

1、公司法定中文名称:上海开开实业股份有限公司

英文名称:SHANGHAI KAIKAI INDUSTRY COMPANY LIMITED 缩写:SHKK

2、公司法定代表人:江玉森

联系电话:86-21-62128598 传 真:86-21-62125575

3、公司信息披露机构:董事会秘书室 董事会秘书:徐笑白

联系电话:86-21-62127558 传 真:86-21-62125575

联系地址:上海市万航渡路 888 号 24 层(开开广场)

4、公司注册地址:上海市万航渡路 888 号 24 层

公司注册英文地址:888 Wan HangDU Road,Shanghai China

公司办公地址:上海市万航渡路 888 号 24 层 公司邮政编码:200042

公司电子信箱:kai kaidm@public3.sta.net.cn

5、公司信息披露的报刊为《上海证券报》、《香港文汇报》。

登载公司年度报告的中国证监会指定的国际互联网网址:http://www.sse.com.cn

公司年度报告备置地点:上海市万航渡路 888 号 24 层

6、公司股票上市地:上海证券交易所 股票简称:开开 B 股 股票代码:900943

二、会计数据和业务数据摘要

1、本年度利润总额及构成 (单位:元 合并报表)

利润总额	32402031.77
主营业务利润	64820868.00
其他业务利润	10428369.04
投资收益	1392166.86
补贴收入	677077.90
营业外收支净额	3017144.40
净利润	26460663.11
扣除非经常性损益后的净利润	23965360.24
经营活动产生的现金流量净额	30830142.31
现金及现金等价物净增加额	2996254.80

注:扣除非经常性收益的项目是:本公司西康路 379 号大楼底层按评估价转让给上 海开开(集团)有限公司作补偿动迁用房,本公司取得税后净利润 2,495,302.87 元。

按国际会计准则对净利润及净资产进行调整之影响如下:

	1999 年净利润	1999 年 12 月 31 净资产
	千元人民币	千元人民币
根据中国会计准则列示	26461.00	425170.00
国际准则调整:		
评估商誉及其摊销费用	1,039.00	(3,118.00)
根据国际会计准则列示	27500.00	422052.00

2、截止报告年度末公司前三年的主要会计数据及财务指标

指标项目	1999 年	1998 年	1997 年
主营业务收入(元)	390526500	367984242	466182823
净利润(元)	26460663	27001241	49565857
总资产(元)	966024884	1011793573	971920714
股东权益(元)	425170411	418509748	389838363
每股收益(元/股)(摊薄)	0.134	0.136	0.250
每股收益(元/股)(加权)	0.134	0.136	0.250
扣除非经常性损益后的每股收益(元/股)	0.121	0.136	0.208
净资产收益率(%)(摊薄)	6.224	6.452	12.714
每股净资产(元/股)	2.147	2.114	1.969
调整后每股净资产(元/股)	2.058	2.071	1.946
每股经营活动产生的现金流量净额	0.156	(0.050)	

每股收益=净利润/年度末普通股股份总数

每股净资产=年度末股东权益/年度末普通股股份总数

调整后的每股净资产=(年度末股东权益-三年以上的应收款项净额-待摊费用-待处理 (流动、固定)资产净损失-开办费-长期待摊费用)/年度末普通股股份总数

3、报告期内股东权益变动情况

项 目	股本	资本公积	盈余公积	法定公益金	未分配利润	股东权益合计
期初数	198000000	87111085	118190006	23254883	15208657	418509748
本期增加			6615166	2646066	26460663	33075829
本期减少					26415166	26415166
期末数	198000000	87111085	124805172	25900949	15254154	425170411

三、股东情况介绍

(1) 截止 1999 年 12 月 31 日股东总数为 6,464 户。内部职工股股东 3,589 户。

(2) 报告期末公司前 10 名股东持股情况:

股东名称	持股数(万股)	占股本比例(%)
国家股	8009.02	40.45
申银万国 APS 投资管理公司	877.03	4.42
上海石油集团成品油零售有限公司	450.00	2.27
上海华经贸易发展有限公司	450.00	2.27
上海东方明珠股份有限公司	300.00	1.52
上海金兴贸易公司	300.00	1.52
HKSBCSB A/C THE NORTHERN TRUST CO	232.40	1.17
S/A GOVERNMENT OF SINGAPORE INV. CORPORATION CAO, QIUHE	138.33	0.70
NAITO SECURITIES CO., LTD.	135.30	0.68
孙莉敏	119.85	0.60

(3) 上述主要股东中持有本公司 5%以上股份的股东情况

上海开开(集团)有限公司代表国家持有本公司股份 8009.02 万股,占总股本的 40.45%。

股票没有质押过。法定代表人:江玉森,经营范围:衬衫,羊毛衫,针棉织品,服装鞋帽,日用百货,皮革用品,纺织面料,家用电器,视听器材,工艺品(除专项规定),制冷设 备,收费停车场(配建),化工原料(除危险品),化工产品,自营和代理经外经贸部核准的公司进出口商品目录内商品的进出口业务(国家限定公司经营或禁止进出口的商品及 技术除外),经营进料加工和"三来一补"业务,经营对销贸易和转口贸易。

上海振华港口机械股份有限公司

一、公司简介

1、公司名称
中文:上海振华港口机械股份有限公司
英文:SHANGHAI ZHENHUA PORT MACHINERY CO.,LTD 缩写名:ZPMC
2、公司法人代表:刘怀远
3、公司信息披露人员: 董事会秘书:高莉娟
联系地址:上海市浦东南路3470号
联系电话:021-58396666 传真:021-58399555
电子信箱:zpmc@public.sta.net.com
互联网址:http://WWW.ZPMC.COM
4、公司注册地址:中国上海浦东南路3470号 邮政编码:200125
国际互联网网址:www.sse.com.cn
选定的信息披露报纸名称:《上海证券报》《香港南华早报》
登载年报的中国证监会指定互联网网址 www.sse.com.cn
5、公司年度报告备置地点:本公司董事会秘书处
6、公司股票上市交易所:上海证券交易所
股票简称:振华B股 股票代码:900947

二、会计数据和业务数据摘要

1、1999年会计数据(单位:元)

利润总额:	102,070,644	投资收益:	- -
净利润:	90,118,140	补贴收入:	3043079
扣除非经常性损益后的净利润:	90,118,140	营业外收支净额:	(397,198)
主营业务利润:	168,432,156	经营活动产生的现金流量净额:	(95,053,789)
其它业务利润:	4,518,004	现金及现金等价物净增加额	(24,816,744)
营业利润	99,424,763		

2、前三年的主要会计数据和财务指标(单位:元)

项目	1999年	1998年	1997年
主营业务收入	1365071618	1082676140	848094268
净利润	90118140	86890716	117211909
总资产	2276416896	1986354441	1828059371
股东权益(不含少数股东权益)	826605276	791762136	738371420
每股收益(摊薄)	0.244	0.235	0.35
每股净资产	2.24	2.36	2.20
净资产收益率%	10.90	10.97	16
调整后的每股净资产	2.22	2.31	2.20
每股经营活动生产的现金流量净额	(0.07)	0.21	

注:主要财务指标计算方法
每股收益=净利润/年度末普通股股份总数
每股净资产=年度末股东权益/年度末普通股股份总数
调整后的每股净资产=(年度末股东权益-三年以上的应收帐款净额-待摊费用-待 处理(流动、固定)资产损失-开办费-长期待摊费用-住房周转金负数余额)/年度末普 通股股份总额
每股经营活动产生的现金量净额=经营活动产生的现金流量净额/年度末普通股股份总额
净资产收益率=净利润/年度末股本权益*100%

3、报告期内股东权益变动情况(单位:元)

项目	股本	资本公积	盈余公积	法定公益金	未分配利润	股东权益合计
期初数	335000000	366492961	19414764	14051918	56802492	791762136
本年增加	33500000	____	29011814	9011814		71523628
本年减少					36680487	36680487
年末数	368500000	366492961	48426578	23063732	20122005	826605276

注1、1998年实施利润分配10送1股而增加股本。
注2、按本年度净利润的10%提取盈余公积9,011,814元,提取任意盈余公积20,000,000元
注3、按本年度净利润的10%提取公益金9,011,814元
注4、年初未分配利润56,802,492加本年度实现净利润90,118,140元,扣除计提盈余公积9,011,814元,任意盈余公积20,000,000元,公益金9,011,814,转作股本33,500,000,分配红利55,275,000元,年末尚未分配利润20,122,005元。

三、股东情况介绍

(1)截止1999年12月31日,股东总额2366人数,法人股东为5人数,其余为B股股东。
(2) 公司前十名股东名单如下:

名称	年初持股数量	占总股本比例	备注
1、香港振华工程有限公司	96,112,500	26.08%	境外法人股
2、上海港口机械制造厂	96,112,500	26.08%	国有法人股
3、中国港湾建设集团总公司	64,075,000	17.39%	国有法人股
4、TOPLINK ENTERPRISES LTD	18150000	4.93%	
5、SCBHK A/C BROWN BROTHERS HARRIMAN&CO.	4330700	1.17%	
6、申银万国APS投资管理公司	3553150	0.96%	
7、HKSBCSB S/A HSBC(NOM)S/A ABN AMRO BANK NV	3289000	0.89%	
8、HKSBCSB A/C THE NORTHERN TRUST CO.	2813800	0.76%	
9、APS MANAGEMT PTE LTD	2661690	0.72%	
10、CBNY S/A PNC/SKANDIA SELECT FUND/ CHINA EQUITY AC	2037700	0.55%	

(3) 持有本公司10%以上的法人股东情况介绍:
香港振华工程有限公司持有本公司股份96,112,500股,占总股本26.08%。该公司 系在香港注册的有限责任公司(为中国港湾建设集团总公司的全资公司),董事长刘怀 远。经营范围:从事海事工程、修造船、土建工程、地产投资、船舶代理、贸易等多 种业务,并具有C级牌照(即在香港有资格承包任何工程)。该股东无任何股权质押。
上海港口机械制造厂持有本公司股份96,112,500股,占总股本26.08%。该企业系 中国港湾建设集团总公司全资公司,法人代表:潘钟林。经营范围:各类港口起重装卸、散货、集装箱机械、港口工程船(含浮式工程起重机),物料搬运、机械产品及配件 出口和内销。该股东无任何股权质押。
中国港湾建设集团总公司持有本公司股份64,075,000股,占总股本17.39%。法人代表:刘怀远。经营范围:国内外港口工程,航道疏竣工程及相应配套工程承包及其它进出口业务等。该股东无任何股权质押。

内蒙古伊泰煤炭股份有限公司

一、公司简介

1、公司法定中文名称:内蒙古伊泰煤炭股份有限公司
英文名称:INNER MONGOLIA YITAI COAL COMPANY LIMITED 缩写:IMYCC
2、公司法定代表人:张双旺
3、公司董事会秘书:田尚万
联系地址:内蒙古东胜市鄂尔多斯西街伊煤集团办公大楼 电话:0477-8524944
传真:0477-8530722 电子信箱:ytzqb @ email.nm.cninfo.net
董秘授权代表:李文山 电话:0477-8530733
4、公司注册地址:内蒙古东胜市鄂尔多斯西街
公司办公地址:内蒙古东胜市鄂尔多斯西街.伊煤集团办公大楼 邮政编码:017000
网 址:Http://www.ytmt.nm.cninfo.net 电子信箱:ytmt @ email.nm.cninfo.net
5、公司指定的信息披露报纸:《上海证券报》《南华早报》。
登载公司年度报告的中国证监会指定的国际互联网网址: Http://www.sse.com.cn
公司年度报告备置地点:公司本部董事会秘书办公室、证券部
6、公司股票上市交易所:上海证券交易所
股票简称:伊煤B股 股票代码:900948

二、会计数据和业务数据摘要

1、本年度主要利润指标情况(单位:人民币元)

利润总额	8789854.52
净利润	6509124.51
扣除非经常性损益后的净利润	7412548.52
主营业务利润	485024791.29
其它业务利润	-2123712.60
营业利润	12594803.32
投资收益	-2901524.79
营业外收支净额	-903424.01
经营活动产生的现金流量净额	49204471.42
现金及现金等价物净增加额	-12379401.24
非经常性损益是指:营业外收支净额	-903424.01

注:(1)主营业务利润:根据股份制企业会计制度计列,尚未扣除营业费用、管理费用和财务费用。
(2)、净利润及差异说明 (单位:人民币元)

经境外审计净利润为	2855000
经境内审计净利润为	6509124.51
差异额	3654124.51

按国际会计准则及其他调整对本年溢利之影响

	1999年 (人民币元)
本公司法定帐目所载金额(中国会计制度)	6509124.51
国际会计准则及其他调整之净额影响	
—增加应收账款坏账准备	-4129000
—冲减流动资产及无形资产的评估增值及有关摊销	2056000
—冲减酒店开办费	-626000
—其它	-955000
按国际会计准则重新编列金额	2855000

2、主要会计数据和财务指标(中国会计制度)
(1)追溯调整后:

序号	指标项目	单位	1999年度	1998年度	1997年度
1	主营业务收入	元	689350691.05	766282318.72	645413955.00
2	净利润	元	6509124.51	16596564.43	100874143.39
3	总资产	元	1248082719.85	1212398069.79	1110056079.46
4	股东权益	元	774869077.47	768359952.96	766403388.53
5	每股收益	元/股(摊薄)	0.018	0.045	0.28
	每股收益	元/股(加权)	0.018	0.045	0.38
	扣除非经常性损益后的每股利润		0.02		
6	每股净资产	元/股	2.12	2.10	2.09
7	调整后的每股净资产	元/股	1.98	2.06	2.12
8	每股经营活动产生的现金流量净额		0.134	0.011	
	净资产收益率	%(摊薄)	0.84	2.16	13.16
	净资产收益率	%(加权)	0.84	2.16	28.87

三、股东情况介绍

1. 股东情况简介:
(1)截止1999年末,公司股东总数为4,512户,其中,国有法人股东1户,社会公众股 东4,511户。 本公司只发行了境内上市外资股,公司没有内部职工股东。
(2)持有公司5%以上股份的股东只有一家,即内蒙古伊克昭盟煤炭集团公司,受托持有国有法人股20,000万股,占本公司股本总额的54.64%。
伊克昭盟煤炭集团公司的经营范围是:主营原煤产、运、销,兼营水泥生产、销售矿山机械、建筑材料,种植、养殖业、餐饮业。法定代表人:张双旺;注册地址:内蒙古东胜市鄂尔多斯西街。所持股份质押情况:没有质押。
(2)主要股东持股情况(前十名股东) 单位:股

名次 股东名称	年末持股数	占总股本比例
1、伊克昭盟煤炭集团公司(代表国家持股单位)	200000000	54.64%
2、BONY EUROPE S/A ABBEY LIFE ASSURANCE CO	8645000	2.36%
3、ZHANG ZHEN FANG	2394300	0.65%
4、WELLPLANNEND LIMITED	2392000	0.65%
5、LONGBUSY INVESTMENT LTD	2258350	0.62%
6、LETEX INVESTMENT LIMITED	2000000	0.55%
7、WISEMAX INTERNATIONAL LIMITED (智万国际有限公司)	1922900	0.53%
8、林静 徐秀芳	1900000	0.52%
9、王民山	1880000	0.51%
10、HKSBCSB S/A HSBC(NOM)S/A ABN AMRO BANK NV	1696000	0.46%

(3)报告期本公司控股股东未变更。
(4)本公司只发行了境内上市外资股(B股),公司董事、监事和高级管理人员均未 持有本公司股份。

浙江东南发电股份有限公司

浙江东南发电股份有限公司1999年年度报告摘要

一、公司简介

浙江东南发电股份有限公司(以下简称"本公司"或"公司")注册资本20.1亿元人民币,经营范围为电力投资、开发及经营。公司目前全资拥有燃煤发电的台州发电厂和萧山发电厂,总装机容量1660兆瓦。

1、公司的法定中文名称:浙江东南发电股份有限公司
公司法定英文名称:ZHEJIANG SOUTHEAST ELECTRIC POWER CO., LTD
公司英文名称缩写:ZSEPC
2、公司法定代表人:陈积民
3、公司董事会秘书:戴建成
电话:86-571-7072867
传真:86-571-707732
1 电子信箱:djc@zsepc.com
4、公司注册及办公地址:中国浙江省杭州市凤起路451号
邮政编码:310006
互联网网址:http://www.zsepc.com/
5、公司信息披露报纸:上海证券报、香港南华早报、香港文汇报
登载年度报告互联网网址:
http://www.zsepc.com/http://www.sse.com.cn/
公司年度报告备置地点:公司总部、上海证券交易所、伦敦证券交易所
6、B股股票上市地:上海证券交易所
B股股票简称:东电B股　B股股票代码:900949
全球存托凭证(GDR)上市地:伦敦证券交易所
全球存托凭证(GDR)交易代码:0949QLT

二、会计数据和业务数据摘要

1、本年度会计数据摘要(单位:人民币千元)

(1)经中国会计师审计数据

利润总额	985168
净利润	823304
扣除非经常性损益后的净利润	820428
主营业务利润	1228197
其他业务利润	1327
营业利润	991053
投资收益	74
营业外收支净额	-5959
经营活动产生的现金流量净额	1512303
现金及现金等价物净增加额	431746

注:本年度非经常性损益为处理固定资产净损失2875643.08元(2876千元)

(2)经国际会计师审计数据

经营收入	3247238
经营利润	995577
税后利润	763526

(3)净利润差异说明

按中国会计准则计算的净利润	823304
根据国际会计准则的调整:计提的员工工资	(53,769)
计提的住房周转金	(3,332)
计提的坏帐准备	(2,677)
冲回开办费的摊销	-
国际会计准则计算的净利润	763526

2、前三年主要会计数据和财务指标

(1)根据中国会计师审计报告之数据(单位:人民币元)

	1999年	1998年		1997年	
		调整前	调整后	调整前	调整后
主营业务收入	3247237664.70	2949526933.00	2949526933.00	1670778987.51	1670778987.51
净利润	823304326.67	823447592.92	842197471.71	368398931.18	346971896.32
总资产	7638205620.01	7607423653.59	7604746497.52	7154299974.27	7132872939.41
股东权益	4963935038.25	4565407867.65	4562730711.58	4071600274.73	4050173239.87
每股收益(摊薄)	0.41	0.41	0.42	0.18	0.17
每股收益(加权)	0.41	0.41	0.42	0.24	0.22
扣除非经常性损益后的每股收益	0.41	0.41	0.42	0.18	0.17
每股净资产	2.47	2.27	2.27	2.03	2.02
调整后的每股净资产	2.47	2.27	2.27	2.03	2.02
每股经营活动产生的现金流量净额	0.75	0.68	0.68		
资产收益率(%)	16.59	18.04	18.46	9.05	8.57

(2)根据国际会计师审计报告之数据(单位:人民币千元)

	1999年	1998年	1997年
经营收入	3247238	2949527	1731745
税后利润	763526	846171	458982
总资产	7610518	7570169	7114576
股东权益	4960602	4619176	4102645
每股收益(元/股)	0.38	0.42	0.23
每股净资产(元/股)	2.47	2.3	2.04
净资产收益率(%)	15.39	18.32	11.19

注1:财务指标计算方法
每股收益(摊薄)= 净利润/年度末普通股股份总数
每股净资产= 年度末股东权益/年度末普通股股份总数
净资产收益率= 净利润/年度末股东权益×100%
调整后的每股净资产=年度末股东权益-年以上的应收款项净额-摊费用-处理(流 动、固定)资产净损失-办费-期待摊费用-房周转金负数余额)/度末普通股股份总数
每股经营活动产生的现金流量净额=营活动产生的现金流量净额/度末普通股股份总数

3、本年度股东权益变动情况　　单位:民币元

项目	股本	资本公积	盈余公积	法定公益金	未分配利润	合计
期初数	2010000000	1863272079	223457529.52	111728764.76	466001102.55	4562730711.58
本期增加			164660865.34	82330432.67	236543461.33	401204326.67
本期减少						
期末数	2010000000	1863272079	388118394.86	194059197.43	702544563.88	4963935038.25

变动原因:(1)盈余公积增加系按本年度实现净利润提取10%法定公积金和10%法定公益金
(2)法定公益金增加系按本年度实现净利润提取10%法定公益金
(3)未分配利润增加系本年度净利润提取法定公积金、法定公益金并分配股利后 转入

三、股东情况介绍

1、报告期末股东总数

截至本报告期末,本公司股东人数为7298户,其中发起人股东5户,其余为B股股东 。

2、前十名股东持股情况

股东名称	持股数(股)	持股比例
浙江省电力开发公司	799,963,200	39.80%
浙江省电力公司	514,036,800	25.57%
CBNY/BMO INVESTORS GLOBAL FUND	20,720,000	1.03%
TOYO SECURITIES ASIA LTD A/C CLIENT	17,290,300	0.86%
BANK OF NY S/A ZHEJIANG SOUTHEAST ELE —GDR	15,037,500	0.75%
SCBHK A/C BROWN BROTHERS HARRIMAN & CO SUB A/C THE GREATER CHINA FUND INC	13,000,000	0.65%
CBNY/BMO INVESTORS PACIFIC INTERNATIONAL FUND	10,185,000	0.51%
展佳国际发展有限公司	10,000,000	0.50%
NAITO SECURITIES CO.,LTD.	9,970,000	0.50%
SCBHK A/C ROBERT FLEMING & CO.,LTD LUXEMBOURG S/A FLEMING FLAGSHIP FUND	8,724,928	0.43%

注:BANK OF NY 为本公司全球存托凭证之存托人。

3、持股10%以上股东情况

名称	经营范围	股份变动情况	质押冻结情况
浙江省电力开发公司	电力开发	无变化	无
浙江省电力公司	电力生产供应	无变化	无

注:浙江省电力公司与浙江省电力开发公司具有同一法定代表人和其他共同的关 键管理人员。

4、报告期内控股股东变动情况:本报告期内,公司控股股东未发生变化。

四、股东大会简介

本公司于1999年5月7日召开1998年度股东大会,有关决议于1999年5月8日刊登于《上海证券报》、香港《南华早报》、香港《文汇报》。

五、董事会报告

(一)、公司经营状况

1、电力生产情况

本公司为一家发电公司,经营所获收入来源于电力的对外销售。1999年,公司完成发电量99.56亿千瓦时,上网电量9.44亿千瓦时。与去年同期相比,增加发电量12.10亿 千瓦时,增加上网电量11.34亿千瓦时,增幅分别为13.83%和14.15%。1999年公司平均 发电利用小时为5997小时,较1998年增加383小时。

本报告期具体发电完成情况:

	发电量(万千瓦时)	上网电量(万千瓦时)
台州发电厂1-6 号机组(6 ×125MW)	431417	393005
台州发电厂7 号机组(330MW)	221847	204139
台州发电厂8 号机组(330MW)	179764	167372
萧山发电厂(2 ×125MW)	162614	149908
总 计	995642	914424

2、完成收入及利润情况

经国内会计师事务所审计,1999年公司实现主营业务收入32.47亿元,净利润8.23 亿元,由于电价调整,因此与1998年相比,主营业务收入增长2.97亿元,净利润基本持平。

3、加强成本管理和控制

1999年,公司通过进一步加强对两家电厂的成本考核,使得公司的各项经济技术指标有了不同程度的提高。330MW机组供电标准煤耗为334.96克/千瓦时,比98年降低5.13克/千瓦时,125MW机组供电标准煤耗为367.23克/千瓦时,比98年降低2.67克/千瓦时 。实际单位供电成本为220.89元/千千瓦时,比98年下降6.33元/千千瓦时。

(二)、公司财务状况(单位:万元)

项目	1999年实际数	去年同期数	增减(+、-)
总资产	763820.56	760474.65	0.44%
长期负债	150090.80	207024.26	-27.50%
股东权益	496393.50	456273.07	8.79%
主营业务利润	122819.66	113063.06	8.63%
净利 润	82330.43	84219.75	-2.24%

增减变动的主要原因:

(1)长期负债减少主要是本年归还到期长期债务本金,同时将2000年应付本金转入"一年内到期的长期负债"。(2)股东权益增加主要为本年度实现净利润增加。(3)净利润减少主要是因为坏帐准备计提范围变更,追溯调整增加98年净利润。

(三)、投资项目情况

公司以控股股东身份参与投资的长兴电厂四期工程各项筹备工作取得新的进展,因龙源电力

集团公司和湖州市电力开发公司退出投资,公司出资比例由55%上升到65%,浙江省电力开发公司出资比例由20%上升到35%。99年12月23日,该项目可研报告已经国家电力公司国电计[1999]743号文转报国家经贸委。

(四)、公司经营环境面临新的变化

浙江省物价局于2000年1月27日下发了"关于浙江东南发电股份有限公司所属发电厂2000年上网电价的批复",该批复对本公司台州发电厂上网电价作出调整。同时,浙江省作为国家进行厂网分开、竞价上网的试点地区,已从2000年1月15日开始竞价上网试运行并实行结算。公司已于2000年1月29日和2000年3月22日在《上海证券报》、香港《南华早报》、香港《文汇报》上就上述情况进行过披露。

(五)、2000年工作计划和准备采取的措施

1、做好设备的运行和维护工作,提高设备的可靠性,做到在系统负荷需要时,能够及时提供优质、可靠、价格合理的电能。

2、加强电力市场研究,积极参与竞价上网,做好市场需求的预测、市场变化的跟踪分析,提高报价水平,在保证合约电量的完成的基础上,使竞价部分电量效益最大化。

3、以经济效益为中心,加强经营管理,进一步完善内部经营责任制,狠抓目标成本管理体系的有效运作,加大考核和监督力度,努力挖潜,提高公司的市场竞争能力。

4、加强资金和资本运营管理,提高资金运作的效率和效益,积极拓展公司新的投资渠道。

(六)、董事会日常工作情况

1、报告期内董事会的会议情况及决议内容

本报告期内,公司董事会召开两次会议,分别就98年度以及99年度中期公司运作情况进行了总结和讨论。有关会议的决议内容已刊登在99年3月30日和8月19日出版的《上海证券报》、香港《文汇报》和香港《南华早报》上。

2、执行股东大会决议情况

本报告期内,公司围绕股东大会提出的目标任务开展工作,超额完成了股东大会预定的各项目标,并按有关规定及时完成了1998年度红利发放工作。

(七)、公司管理层及员工情况

1、董事、监事、高级管理人员情况

姓名	职务	年龄	持股数	年度报酬情况(元)
陈积民	董事长	56	0	不在公司领取
庄虎卿	副董事长、总经理	49	0	不在公司领取
毛乾元	董事	60	0	不在公司领取
陈青达	董事、副总经理	60	0	不在公司领取
朱长荣	董事	57	0	不在公司领取
陶克勤	董事	60	0	不在公司领取
吴庆林	董事	60	0	不在公司领取
赵元杰	董事	42	0	不在公司领取
寿德生	董事、副总经理	42	0	58342
戴建成	董事、董事会秘书	42	0	46304
胡松如	董事	42	0	99235
傅木庆	董事	41	0	81786
王佳富	董事	46	0	85316
柯毓柱	监事长	61	0	不在公司领取
唐信根	监事	52	0	不在公司领取
谢伯康	监事	61	0	不在公司领取
孔繁祥	监事	57	0	不在公司领取
吴宏飞	监事	33	0	51740
王国强	监事	37	0	40419
陈觉民	副总经理	47	0	52894
胡森健	总会计师	45	0	49111

(八)、本次利润分配预案

1999年度实现税后利润823,304,326.67元(按国际会计准则为763,526,000.00元),分别按10%取法定盈余公积金和法定公益金共计164,660,865.34元,年初未分配利润466,00,02.55元(按国际会计准则为524,042,000.00元).根据孰低原则,实际可供股东分配的利润为1,064,866,237.21元。公司按年末股本20.1亿股为基数,每股派发现金红利人民币0.21元(含税),共计422,100,000.00元。分配后,公司尚余未分配利润702,544,563.88元(按国际会计准则为700,808,000.00元)

六、监事会报告

1999年度监事会全体成员遵照公司法及公司章程的规定,忠实履行公司章程赋予的职责,维护公司利益,积极努力的开展工作。

监事会通过列席董事会会议,参与公司重要工作,对公司的生产经营、技术改造、发展规划等积极提出参考意见,对决策的指导思想及作出的具体决定是否符合国家的法律法规、公司章程和股东大会决议以及股东的利益等进行了有效的监督。监事会对公司1999年在超发电量的电价有所调整的情况下,仍取得的业绩表示满意。

监事会认真审核了公司1999年度财务决算报告,监督检查公司贯彻执行国家财经政策、法规情况以及公司资产、财务收支和关联交易情况。认为公司实现的经营业绩是真实的,费用支出是合理的,各项关联交易是公平的。一年来公司的重大事项已按照有关规定进行了信息披露,未发生损害公司利益的行为。公司1999年度经营业绩已经国内及国际会计师事务所审计,出具了无保留意见的审计报告。

监事会对董事会成员和高级管理人员履行职责情况进行监督。认为公司董事会成员、总经理及其他高级管理人员始终遵守勤免、诚信原则,真诚地以公司最大利益为出发点行事,忠实履行公司章程规定的职责,认真贯彻股东大会和董事会的各项决议,严格按上市公司规范进行运作,未发现违反法律、法规和公司章程的行为,也未发生重大诉讼事项。

七、重要事项

(一)本年度公司无重大诉讼、仲裁事项。

(二)本年度公司董事及高级管理人员未受监管部门的处罚。

(三)本年度公司董事、监事及其他高级管理人员未发生变动。

(四)重大关联交易事项

1、销售上网电量

公司上网电量全部由浙江省电力公司购买,上网电价按照浙江省物价局批复的价格执行。公司1999年5500发电利用小时内的上网电价为:台州发电厂1-7号机组0.37元/千瓦时,台州发电厂8号机组0.415元/千瓦时,萧山发电厂1-2号机组0.32元/千瓦时;5500发电利用小时以上电量的上网电价为:台州发电厂1-8号机组0.190元/千瓦时,萧山发电厂1-2号机组0.187元/千瓦时。1999年,公司售电收入为3,247,237,664.70元,占年度主营业务收入的100%。

2、采购燃煤

公司发电所需燃煤由浙江省电力公司的全资子公司浙江省电力燃料总公司供应,购买8价格不高于其向其他发电厂供应的同类燃煤价格。1999年,公司购买燃煤支出为1,147,896,651.13元,占年度燃煤采购支出的100%。

3、偿还长期负债

根据本公司与浙江省电力公司、浙江省电力开发公司签订的台州发电厂四期工程(7-8号机组)《债务合同》以及《债务合同<补充协议>》,公司归还到期的长期负债,即浙江省电力公司47,554,116.62元,浙江省电力开发公司138,625,314.72元和华东电力集团财务有限公司284,380,000.00元。

(五)、因执行财政部《关于印发<股份有限公司会计制度有关会计处理问题补充规定>的通知》,本公司改变坏帐准备计提范围和计提比例,并对坏帐准备计提范围和变更采用追溯调整法,调减1999年年初留存收益2,677,156.07元。因坏帐准备计提范围和计提比例的变更,减少本年度净利润7,508,207.13元。本年度计提短期投资跌价准备257,000元。

(六)公司原在建工程台州发电厂四期工程(7-8号机组)已全部完工并投入使用。竣工结算结果已经1999年8月12日浙江省计经委和浙江省重点建设领导小组浙重建[1999]53号文批准确认。公司已按竣工结算报告移交资产数进行了相应的帐户调整处理。

(七)、根据中国证监会《关于上市公司总经理及高层管理人员不得在控股股东单位兼职的通知》,经公司董事会审议通过,公司总经理及高层管理人员全部由专职人员担任。

(八)本报告期内,公司继续聘任浙江天健会计师事务所和普华永道中国有限公司为公司提供会计报表审计及其他相关咨询服务的国内及国际会计师事务所。

八、财务会计报告

(一)、审计报告

本公司财务报告经浙江天健会计师事务所审计,并出具无保留的审计报告。

(二)、会计报表(附后)

(三)、会计报表附注

1、公司主要会计政策、会计估计和合并会计报表的编制方法

(1)外币业务核算方法

对发生的外币经济业务,采用当月一日中国人民银行公布的市场汇价(中间价)折合人民币记账。对各种外币账户的外币期末余额,按期末市场汇价(中间价)进行调整,发生的差额,与购建固定资产有关且在其尚未交付使用前的,计入有关固定资产的购建成本;与购建固定资产无关的,属于筹建期间的计入开办费,属于生产经营期间的计入当期财务费用。

(2)坏账核算方法

1)采用备抵法核算坏账。坏账准备按应收款项余额的6%计提。

2)坏账的确认标准为:

①债务人破产或者死亡,以其破产财产或者遗产清偿后,仍然无法收回;

②债务人逾期未履行其清偿义务,且具有明显特征表明无法收回。

对确实无法收回的应收账款,经批准后作为坏账损失,并冲销提取的坏账准备。

(3)存货核算方法

存货包括在生产经营过程中为销售或耗用而储备的燃料、辅助材料、修理用备品备件、低值易耗品等。

存货按实际成本计价。购入并已验收入库燃料按实际成本入帐;发出燃料成本采用加权平均法;库存修理用备品备件、三材等辅助材料采用计划成本核算,月末以综合差异率分摊转销材料成本差异;领用低值易耗品按一次摊销法核算。

由于存货遭受毁损、全部或部分陈旧过时和销售价格低于成本等原因造成的存货成本不可收回的部分,期末采用成本与市价孰低计价原则,按单个存货项目的成本高于可变现净值的差额提取存货跌价准备。

(4)短期投资核算方法

a.短期投资,按实际支付的价款扣除已宣告发放但尚未领取的现金股利或利息入账。

b.期末短期投资按成本与市价孰低计价,并按各投资项目计提跌价准备。

(5)长期投资核算方法

a.长期股权投资,按投资时实际支付的价款或确定的价值入账。投资额占被投资企业有表决权资本总额20%以下,或虽占20%或20%以上,但不具有重大影响的,按成本法核算;投资额占被投资企业有表决权资本总额20%或20%以上,或虽投资不足20%但有重大影响的,采用权益法核算;投资额占被投资企业有表决权资本总额50%(不含50%)以上的,采用权益法核算,并合并会计报表。

b.股权投资差额。在合同规定的投资期限内平均摊销。合同没有规定投资期限的,借方差额在10年内平均摊销;贷方差额按不低于10年平均摊销。

c.长期债权投资,以实际支付的价款扣除支付的税金、手续费等各项附加费用,以及自发行日至债券购入日的应计利息后的余额记账。溢价或折价在债券存续期间内,按直线法予以摊销。

d.期末由于市价持续下跌或被投资单位经营状况恶化等原因,导致长期投资可收回金额低于账面价值,按可收回金额低于长期投资账面价值的差额提取长期投资减值准备。公司本年的长期投资无上述情况,无须计提长期投资减值准备。

(6)、固定资产及累计折旧核算方法

a.固定资产按实际成本计价。固定资产的标准为:使用年限在一年以上的房屋、建筑物、机器、机械、运输工具和其他与生产经营有关的设备、器具、工具等,以及不属于生产经营主要设备,但单位价值在2,000元以上,并且使用期限超过两年的物品。

b.固定资产折旧采用平均年限法。按固定资产类别、预计使用年限和预计净残值率(原值的0-3%)确定折旧率如下:

固定资产类别	折旧年限()	年折旧率(%)
房屋及建筑物	8-35	12.50-2.86
通用设备	4-18	25.00-5.56
专用设备	7-18	14.29-5.56
运输工具	6	16.67
其他设备	5-9	20.00-11.11

(7)、收入确认原则

售电收入:本年度的实际结算电量乘以经批准确认的上网电价计算确定。

1999年度的上网电价,按照浙江省电力公司与本公司签订的《购售电协议》、《<售电协议>补充协议》和浙江省物价局2000年2月18日函复确认,公司1999年5500小时内的不含税上网电价分别为:台州发电厂1-7号机组0.37元/千瓦时,台州发电厂8号机组0.415元/瓦时,山发电厂1-2号机组0.32元/千瓦时;1999年超5500利用小时以上电量的上网电价,根据浙江省物价局浙价工(1999)429号文批复确认,台州发电厂1-8号机组0.190元/瓦时,萧山发电厂1-2号机组0.187元/千瓦时。依上述两协议,公司将所属电厂所发电量于协议生效后20年内售给浙江省电力公司,由其负责购买全部上网电量,并且公司的上网电价,由浙江省电力公司和本公司双方根据浙江省电力公司浙电企(1996)0282号文和浙江省物价局浙价工(1996)88号文规定的原则协商提出方案,上报有关部门批准后共同执行。商品销售:在商品所有权上的重要风险和报酬转移给买方,公司不再对该商品实施继续管理权和实际控制权,相关的收入已经收到或取得了收款的证据,并且与销售该商品有关的成本能够可靠地计量时,确认营业收入的实现。提供劳务:在劳务已经提供,收到价款或取得收取款项的证据时,确认劳务收入。

(8)、所得税的会计处理方法　公司所得税,采用应付税款法核算。

(9)、合并会计报表的编制方法　合并会计报表以母公司、纳入合并范围的子公司的同期会计报表和其他有关资料为依据,按照《合并会计报表暂行规定》编制而成。对合营企业,则按比例合并法予以合并。子公司的主要会计政策按照母公司统一选用的会计政策厘定,母子公司间的重大交易和资金往来等,均已在合并时抵销。

本公司1999年度尚无子公司,无须编制合并会计报表。

(10)、会计政策、会计估计变更说明

a.本公司原按照《股份有限公司会计制度》的规定坏账准备按期末应收账款余额的5‰计提,存货期末计提跌价准备,短期投资和长期投资期末计提短期投资跌价准备和长期投资减值准备。现按照财政部财会字[1999]35号和49号文的有关要求,从1999年1月1日起改为坏账准备按应收款项(包括应收账款和其他应收款)期末余额的6%计提、短期投资期末计提跌价准备、长期投资期末计提减值准备、存货期末计提跌价准备的会计政策。对上述会计政策因坏账准备计提比例的变更采

用未来适用法,其变更影 响数已调整计入本年损益;因坏账准备计提范围的变更已采用追溯调整法,调整了期初留存收益及相关项目的期初数;利润及利润分配表的上年数栏,已按调整后的数字填列。上述会计政策因坏账准备计提范围变更的累积影响数为 2,677,156.07 元,由于坏账 准备计提范围变更,调增了 1998 年度的净利润 18,749,878.79 元;调减了 1999 年年初留 存收益 2,677,156.07 元,其中,未分配利润调减了 4,274,152.37 元,盈余公积调增了 1,596,996.30 元;利润及利润分配表上年数栏的年初未分配利润调减了 19,274,055.40 元 。

b.本年公司根据华东电力公司颁布的《华东电网电力工业企业固定资产目录》对公司所属的台州电厂和萧山电厂的全部固定资产的分类和折旧率进行了调整,此项会 计估计的变更使本年多提折旧 20,991,325.80 元。

2、控股子公司及合营企业 本公司无控股子公司及合营公司。

3、利润分配 根据董事会确定的 1999 年度利润分配预案。1999 年度实现税后利润 823304326.67 元(按国际会计准则为 763,526,000.00 元),分别按 10%取法定盈余公积金和法定公益金共计 164,660,865.34 元,加年初未分配利润 466,001,102.55 元(按国际会计准则为 524,042,000.00 元).根据孰低原则,实际可供股东分配的利润为 1,064,866,237.2 元。公司按年末股本 20.1 亿股为基数,每股派发现金红利人民币 0.21 元(税),计 422,100,000.00 元。分配后,司尚余未分配利润 702,544,563.88 元(按国际会计准则为 700,808,000.00 元)

5、分行业资料 本公司为单一电力工业行业,分行业资料从略。

6、关联方关系及其交易

(1)关联方关系

a.存在控制关系的关联方

企业名称	注册地址	主营业务	与本企业关系	经济性质或类型	法定代表人
浙江省电力开发公司	杭州市金祝南路 2 号	集资办电、开发电力、计划外电量的加工销售	主要股东	国有	陈积民 [注 1]
浙江省电力公司	杭州市金祝南路 2 号	电力生产供应、组织发电、输变电工程的设计施工建设	主要股东	国有	陈积民 [注 1]
浙江长兴发电有限责任公司筹备处[注 2]					

[注 1]:由于浙江省电力开发公司和浙江省电力公司具有同一法定代表人和其他共同的关键管理人员,此,质上目前该两公司对本公司存在着共同的控制关系。

[注 2]:该处为设立浙江长兴发电有限责任公司前期工作筹建单位,据公司与浙江 省电力开发公司于 1999 年 11 月 22 日重新签订的成立浙江长兴发电有限责任公司《股东协议》,明确公司的出资比例为 65% 具体详见本会计报表附注承诺事项。

b.在控制关系的关联方的注册资本及其变化

企业名称	年初数	本年增加数	本年减少数	年末数
浙江省电力开发公司	2545000000.00	–	–	2545000000.00
浙江省电力公司	4275160000.00	–	–	4275160000.00

c.在控制关系的关联方所持股份或权益及其变化

企业名称	年初数		本年增减(+-)		年末数	
	金额	%	金额	%	金额	%
浙江省电力开发公司	799963200.00	39.80	–	–	799963200.00	39.80
浙江省电力公司	514036800.00	25.57	–	–	514036800.00	25.57

(2)公司与关联方的交易

a.存在控制关系的关联方关系的性质

企业名称	与本企业关系
浙江省电力燃料总公司公司	主要股东之全资子公司
台州发电厂实业总公司公司	主要股东参股之子公司

b.采购商品

企业名称	本年			上年		
	金额	占年度购货(%)	定价政策	金额	占年度购货(%)	定价政策
浙江省电力燃料总公司	1,147,896,651.13	100	[注]	1,183,864,494.39	100	[注]

[注]:公司发电所需燃料由浙江省电力公司的全资子公司浙江省电力燃料总公司 供应。1997 年 5 月,公司与该公司签订了《燃料供应协议》,有效期限为 20 年。据此协 议,双方每年制定年度供煤合同,确定当年供煤的质量、规格、数量和价格等事宜.浙 江省电力燃料总公司向本公司供应的燃料价格条件应不高于其向其他发电厂供应的同类燃料的价格条件,也不高于双方在商定价格时,本公司在一般市场上可获得的同类燃料的价格条件,否则本公司有权自行采购燃料。

c.销售商品

企业名称	本年			上年		
	金额	占年度购货(%)	定价政策	金额	占年度购货(%)	定价政策
浙江省电力公司	3,247,237,664.70	100	[注]	2,949,526,933.00	100	[注]

[注]:根据公司与浙江省电力公司签订的《购售电协议》,公司装机容量为 166 万 千瓦(四期工程 66 万千瓦),由浙江省电力公司负责购买本公司自《购售电协议》生效 后二十年内的全部上网电量。公司上网电价,由浙江省电力公司和本公司双方根据浙 江省电力公司浙电企(1996)0282 号文和浙江省物价局浙价工(1996)88 号文规定的原则协商提出方案,上报有关部门批准后共同执行。本年根据浙江省物价局浙价工(1997)80 号文和 2000 年 2 月 18 日函复确认,公司 1999 年 5500 小时内的不含税上网电价分别为:台州发电厂 1-7 号机组 0.37 元/千瓦时,台州发电厂 8 号机组 0.415 元/千瓦时,萧山发电厂 1-2 号机组 0.32 元/千瓦时;1999 年超 5500 利用小时以上电量的上网电价,根据浙江省物 价局浙价工(1999)429 号文批复确认,台州发电厂 1-8 号机组 0.190 元/千瓦时,萧山发电厂 1-2 号机组 0.187 元/千瓦时。公司上年根据浙江省物价局 (1999)67 号文件批复确认 执行的电价为:台州电厂 1-7 号机组 0.37 元/千瓦时,台州电厂 8 号机组 0.415 元/千瓦时,萧山电厂 1-2 号机组 0.32 元/千瓦时。

d.关联方应收应付款项余额

项目及企业名称	年末余额 本年	年末余额 上年	占全部应收(付)款的比重(%) 本年	占全部应收(付)款的比重(%) 上年
应收帐款				
浙江省电力公司	70332163.08	151538375.43	100	100
应付帐款				
浙江省电力燃料公司	27592617.92	22448948.05		98.06
其他应收款				
浙江省电力公司	35414394.32	9640207.26	31.60	21.6
浙江长兴发电有限责任公司筹备处	36721826.16	13370500.00	32.77	29.97
其他应付款				
浙江省电力开发公司	90000.00	14890458.54	0.15	13.0
一年内到期的长期负债				
浙江省电力公司		47554116.62		16.93
浙江省电力开发公司	91660000.00	46958549.81	24.37	16.72
长期应付款				
浙江省电力开发公司	366640000.00	549966764.91	100	100

(3)他关联事项

a.根据公司与浙江省电力公司和浙江省电力开发公司于 1999 年 3 月 22 日签订的《 剥离资产租赁协议》,司将对公司改制时原台州发电厂剥离的非经营性资产进行租赁, 支付相应的资产租赁费,年支付该项资产租赁费计 1,791,808.00 元。公司与台州发电 厂实业公司原签订的《综合服务协议》本年不再履行,不再支付与之相关的服务费,年支付该项费用 2,755,754.52 元。

b.公司 1997 年与两债权人浙江省电力公司和浙江省电力开发公司签订了《债务合同》,借入为期 10 年的四期工程(7-8 号机组)造款,确了在新建机组试生产结束后,公司向上述两公司分期偿还本息。为配合四期工程整体的竣工决算,实资金投入的实际情 况,合浙江省审计厅浙审决投(1998)29 号文《关于浙江台州发电厂四期工程建设项目 竣工决算的审计决定》要求,公司与两债权人决定对原《债务合同》的部分条款进行 修订,1999 年 3 月 22 日正式签订了《债务合同<充协议>,确定截止 1998 年 6 月 23 日(8 号机试生产结束日)的债务总额为 2,390,864,584.29 元,据两债权人实际投入资金情况, 议 确定的债务金额和债务比例分别为浙江省电力公司 1,793,939,269.57 元占 75.03%浙江省电力开发公司 596,925,314.72 元占 24.97%在扣减 1998 年已偿还浙江省电力公司 40,005,152.92 元后,止 1998 年末该长期债务金额为 2,350,859,431.34 元,1999 年度偿还及 变动情况如下表:

债权人(会计科目) 内容	浙江省电力公司(长期应付款)	浙江省电力开发公司(长期应付款)	华东电力集团财务有限公司(期借款)	合计
截止 1998 年末债务总额	47554116.62	596925314.72	1706380000.00	2350859431.34
1999 年度已偿还金额	47554116.62	138625314.72	284380000.00	470559431.34
转入一年内到期长期负债		91660000.00	284400000.00	376060000.00
1999 年底止长期债务额	0.00	366640000.00	1137600000.00	1504240000.00

c.公司关键管理人员报酬:年公司关键管理人员共 21 人,酬总额约为 56.51 万元,其 中年度报酬数额在 5 万元以下的共 3 人,在 5 万元至 6 万元的为 3 人,在 8 万元至 9 万元的为 2 人,9-10 万元的 1 人,另董事长、副董事长等 8 位董事和监事长等 4 位监事计 12 人未在公 司领取报酬。 1998 年度公司关键管理人员平均报酬为 46,278.00 元。

7、或有事项 公司未为其他单位提供信用担保,无牵涉任何重大诉讼或仲裁;据各董事所知,司也无任何尚未了结或面临威胁的重大诉讼或索赔要求。

8、承诺事项 公司董事会原以通讯表决方式决议,意按照国经贸改(1998)347 号批文的内容,本公司与浙江省电力开发公司、龙源电力集团和湖州市电力开发公司合资组建项目公司,资建设浙江长兴发电厂两台 30 万千瓦国产燃煤发电机组项目。该项目总投资为人民 币 322,000 万元,请注册资本 76,797 万元,公司投资比例为 55%,应的出资额为 42,238.35 万元,投资各方已于 1998 年 12 月 24 日签订了成立浙江长兴发电有限责任公司的《股东 协议》。由于体制调整等原因,原拟投资者龙源电力集团和湖州市电力开发公司将退 出该项目的投资,得该项目投资者由原四方改为公司与浙江省电力开发公司双方投资 . 经协商,1999 年 11 月 22 日公司与浙江省电力开发公司重新签定了《设立浙江长兴发电有限公司投资建设 2×300MV 燃煤发电机组股东协议》,明确该项目总投资为人民币 259,261 万元,请注册资本 64,815.25 万元,公司投资比例调整为 65%,应的出资额为 421,299125.00 元。至 1999 年 12 月 31 日止,司已累计支付前期费用 3,672.8 万元。公司已将该事 项的变更在 2000 年 1 月 29 日公告于《上海证券报》、香港《南华早报》和《文汇报》.

9 、资产负债表日后事项中的非调整事项

公司无重大的资产负债表日后事项中的非调整事项。

10、债务重组事项 公司无债务重组事项。

11、其他重要事项 (1)公司原在建的台州发电厂四期工程(7-8 号机组),分别于 1997 年 8 月 1 日和 1998 年 12 月 23 日相继投入商业运行,该工程业已全部完工投入使用,根据 1999 年 6 月编制完 成的该工程整体竣工决算报告, 工程总投资为 339,463.00 万元, 形成固定资产 3,327,606,707.40 元,形资产 44,446,268.89 元,他资产 22,577,023.71 元。该竣工决算结果已经 1999 年 8 月 12 日浙江省计划经济委员会和浙江省重点建设领导小组浙重建[1999]53 号 文件批准确认。据此,公司已按该竣工决算报告移交资产数进行了相应的账户调整处 理。 (2)根据 2000 年 1 月 28 日浙江省物价局浙价工(2000)39 号文批复,公司 2000 年合约 上网电价(不含税)为:台州发电厂 1-8 号机组 357.45 元/千千瓦时;萧山发电厂 1-2 号机 组为 320 元/千千瓦时。又根据 2000 年 1 月 10 日国家经贸委电力(2000)3 号文《关于厂网分开、竞价上网试点省市进行试运行有关问题的通知》,2000 年 2 月 1 日浙江省计划与 经济委员会、浙江省电力工业局浙计经能(2000)30 号和 2000 年 2 月 21 日浙江省电力工 业局浙电办(2000)056 号文有关规定,公司所属台州发电厂和萧山发电厂均需从 2000 年 1 月 15 日零时起参与电力市场竞价上网,按有关规定进行试运行并实行结算。参与电力 市场试运行后,本公司原与浙江省电力公司签署的《购售电协议》须根据有关文件、规则进行修改。对此,公司已分别于 2000 年 1 月 29 日和 3 月 21 日公告于《上海证券报》、香港《南华早报》和《文汇报》。

浙江东南发电股份有限公司

2000 年 4 月 11 日

资产负债表

1999 年 12 月 31 日

编制单位:浙江东南发电股份有限公司　　金额单位:人民币元

资产	年初数	期末数
流动资产:		
货币资金	2246838093.97	2678583792.46
短期投资	–	30000000.00
减:短期投资跌价准备	–	257000.00
短期投资净额	–	29743000.00
应收票据		
应收股利		
应收利息		
应收帐款	151538375.43	70332163.08
其他应收款	44619267.89	112052088.17
减:坏帐准备	3434847.95	10943055.08
应收帐款净额	192722795.37	171441196.17
预付帐款	852934.04	1473914.10
应收补贴款		
存货	89844439.20	88110771.95
减:存货跌价准备	1267154.31	
存货净额	88577284.89	88110771.95
待摊费用	337152.86	
待处理流动资产净损失		
一年内到期的长期债权投资	1839250.00	
其他流动资产		
流动资产合计	2531167511.13	2969352674.68
长期投资:		
长期股权投资	5494000.00	5494000.00
长期债权投资		
长期投资合计	5494000.00	5494000.00
减:长期投资减值准备		
长期投资净额	5494000.00	5494000.00
固定资产:		
固定资产原价	6415818059.18	6525720214.69
减:累计折旧	1700617939.06	2121800190.35
固定资产净值	4715200120.12	4403920024.34
工程物资		

在建工程	108013514.78	17495203.82
固定资产清理		
待处理固定资产损失		
固定资产合计	4823213634.90	4421415228.16
无形资产及其他资产:		
无形资产	240004132.81	238794340.37
开办费		
长期待摊费用	4867218.68	3149376.80
其他长期资产		
无形资产及其他资产合计	244871351.49	241943717.17
递延税项:		
递延税款借项		
资产总计	7604746497.52	7638205620.01
负债及股东权益		
流动负债:		
短期借款		
应付票据		
应付帐款	22893704.23	45731026.07
预收帐款		
代销商品款		
应付工资	53768660.28	93002346.25
应付福利费	6215708.52	12798024.93
应付股利	329640000.00	422100000.00
应交税金	161166524.13	161202315.38
其他应交款	2763606.18	1878752.17
其他应付款	114432319.84	60590082.23
预提费用		
一年内到期的长期负债	280892666.43	376060000.00
其他流动负债		
流动负债合计	971773189.61	1173362547.03
长期负债:		
长期借款	1520000000.00	1137600000.00
应付债券		
长期应付款	549966764.91	366640000.00
住房周转金	275831.42	−3331965.27
其他长期负债		
长期负债合计	2070242596.33	1500908034.73
递延税项:		
递延税款贷项		
负债合计	3042015785.94	2674270581.76
少数股东权益		
股东权益		
股本	2010000000.00	2010000000.00
资本公积	1863272079.51	1863272079.51
盈余公积	223457529.52	388118394.86
其中:公益金	111728764.76	194059197.43
未分配利润	466001102.55	702544563.88
股东权益合计	4562730711.58	4963935038.25
负债及股东权益总计	7604746497.52	7638205620.01

利润及利润分配表

1999 年度

编制单位:浙江东南发电股份有限公司　　金额单位:人民币元

资产	本年数	上年数
一、主营业务收入	3247237664.70	2949526933.00
减:折扣与折让		
主营业务收入净额	3247237664.70	2949526933.00
减:主营业务成本	1976911204.55	1782244822.33
主营业务税金及附加	42129897.26	36651502.77
二、主营业务利润(亏损以"−"号填列)	1228196562.89	1130630607.99
加:其他业务利润(亏损以"−"号填列)	1327122.82	901792.75
减:存货跌价损失	−	1267154.31
营业费用		
管理费用	168209472.12	76943643.75
财务费用	70261036.41	53459906.78
三、营业利润(亏损以"−"号填列)	991053177.18	999861695.81
加:投资收益(损失以"−"号填列)	74066.00	374045.00
补贴收入		
营业外收入	11770.89	102097.43
减:营业外支出	5971162.85	2321397.54
四、利润总额(亏损总额以"−"号填列)	985167851.22	998016440.70
:所得税	161863524.55	155818968.99
减:少数股东权益		
五、净利润(净亏损以"−"号填列)	823304326.67	842197471.71
加:年初未分配利润	466001102.55	121883125.18
盈余公积转入		
六、可供分配的利润	1289305429.22	964080596.89
减:提取法定盈余公积	82330432.67	84219747.17
提取法定公益金	82330432.67	84219747.17
七、可供股东分配的利润	1124644563.88	795641102.55
减:应付优先股股利		
提取任意盈余公积		
应付普通股股利	422100000.00	329640000.00
转作股本的普通股股利		
八、未分配利润	702544563.88	466001102.55

现金流量表

1999 年度

编制单位:浙江东南发电股份有限公司　　金额单位:人民币元

	金额
一、经营活动产生的现金流量:	
销售商品、提供劳务收到的现金	3880474280.12
收取的租金	
收到的除增值税以外的其他税费返还	
收到的其他与经营活动有关的现金	57185973.18
现金流入小计	3937660253.30
购买商品、接受劳务支付的现金	1612632794.82
经营租赁所支付的现金	914230.00
支付给职工以及为职工支付的现金	199263565.66
支付的增值税款	407567223.86
支付的所得税款	134985742.92
支付的除增值税、所得税以外的其他税费	54396168.40
支付的其他与经营活动有关的现金	15597937.03
现金流出小计	2425357662.69
经营活动产生的现金流量净额	1512302590.61
二、投资活动产生的现金流量:	
收回投资所收到的现金	1839250.00
分得股利或利润所收到的现金	308600.00
取得债券利息收入所收到的现金	21750.00
处置固定资产、无形资产和	
其他长期资产而收回的现金净额	546785.42
收到的其他与投资活动有关的现金	14128889.71
现金流入小计	16845275.13
购建固定资产、无形资产和	
其他长期资产所支付的现金	68822284.87
权益性投资所支付的现金	
债权性投资所支付的现金	30000000.00
支付的其他与投资活动有关的现金	
现金流出小计	98822284.87
投资活动产生的现金流量净额	−81977009.74
三、筹资活动产生的现金流量:	
吸收权益性投资所收到的现金	
发行债券所收到的现金	
借款所收到的现金	
收到的其他与筹资活动有关的现金	
现金流入小计	
偿还债务所支付的现金	470559431.34
发生筹资费用所支付的现金	
分配股利或利润所支付的现金	329640000.00
偿付利息所支支付的现金	198343469.92
融资租赁所支付的现金	
减少注册资本所支付的现金	
支付的其他与筹资活动有关的现金	
现金流出小计	998542901.26
筹资活动产生的现金流量净额	−998542901.26
四、汇率变动对现金的影响	−36981.12
五、现金及现金等价物净增加额	431745698.49

附注:

项目	
1.不涉及现金收支的投资和筹资活动	
以固定资产偿还债务	
以投资偿还债务	
以固定资产进行长期投资	
以存货偿还债务	
融资租赁固定资产	
2.将净利润调节为经营活动的现金流量	
净利润	823304326.67
加:少数股东损益	
计提的坏帐准备或转销的坏帐	7508207.13
固定资产折旧	474254982.70
无形资产摊销	9360467.38
待摊费用的减少	
预指费用的增加	
处置固定资产、无形资产和	
其他长期资产的损失(减收益)	−4835.00
固定资产报废损失	2870808.08
财务费用	154979574.12
投资损失(减收益)	−74066.00
递延税款贷项(减借项)	
存货的减少(减增加)	1733667.25
经营性应收项目的减少(减增加)	40792879.96
经营性应付项目的增加(减减少)	−2423421.68
其他	
经营活动产生的现金流量净额	1512302590.61
3.现金及现金等价物净增加情况:	
货币资金的期末余额	2678583792.46
减:货币资金的期初余额	2246838093.97
现金等价物的期末余额	
减:现金等价物的期初余额	
现金及现金等价物净增加额	431745698.49

江 苏 五 菱 柴 油 机 股 份 有 限 公 司

江苏五菱柴油机股份有限公司1999年年度报告摘要

公司简介

1、公司法定中文名称:江苏五菱柴油机股份有限公司
公司英文名称:JIANGSU WULING DIESEL ENGINE CO., LTD.
2、公司法定代表人:吴中达
3、公司董事会秘书:唐云龙
董事会秘书授权代表:栾云玲
联系地址:江苏省武进市武宜路229号
电话:0519-6506246
传真:0519-6507245
电子信箱:Wuling@public.cz.js.cn
4、公司注册地址:江苏省武进市武宜路229号
公司办公地址:江苏省武进市武宜路229号
邮政编码:213161
公司国际互联网网址:http://www.chinawuling.com
公司电子信箱:Wuling@public.cz.js.cn
5、公司选定的信息披露报纸:《中国证券报》、《上海证券报》、《香港商报》
公司年度报告备置地点:本公司企业发展部证券办公室
证监会指定的公司登载年度报告的国际互联网网址: http://www.sse.com.cn
6、公司股票上市交易所:上海证券交易所
股票简称:五菱B股
股票代码:900950

会计数据和业务数据摘要

1、公司本年度主要综合财务数据(单位:人民币元)

利润总额:	10784550
净利润:	5030893
扣除非经常性损益后的净利润:	6136630
主营业务利润:	130840361
其它业务利润:	1294203
营业利润:	11680287
投资收益:	-17603
补贴收入:	-
营业外收支净额:	-878134
经营活动产生的现金流量净额:	-53010101
现金及现金等价物净增加额:	-23320314

注:(1)按照中国会计准则编制的净利润: 5030893
按照国际会计准则编制的净利润: 7230819
按两种会计准则编制的净利润的差异如下:计提坏帐准备 3659852
其他 -1459926

(2)非经常性损益是指公司正常经营损益之外的、一次性或偶发性损益,例如资产处置损益、临时性获得的补贴收入、新股申购冻结资金利息、合并价差摊入等。

(3)本年度内扣除非经常性损益的项目:

项目名称	合并价差摊销	营业外收支净额
金额:	-227603	-878134

2、截至报告期末公司前三年的主要会计数据和财务指标:

指标项目	1999年度	1998年度		1997年度	
		调整前	调整后	调整前	调整后
主营业务收入(元)	822375676	808908556	808908556	931525390	931525389
净利润(元)	5030893	27685162	1089305	108630040	64223291
总资产(元)	1231346973	1186258787	1112629918	1130135116	1083303443
股东权益(元)	607555501	673208975	602206368	645523813	601117064
每股收益(元/股)(摊簿)	0.018	0.100	0.004	0.432	0.255
每股收益(元/股)(加权)	0.018	0.105	0.004		
扣除非经常性损益后的(元/股)	0.022	0.101	0.004		
每股净资产(元/股)	2.20	2.43	2.18	2.57	2.39
调整后的每股净资产(元/股)	2.13	2.36	2.17	2.55	2.38
每股经营活动产生的现金流量净额(元/股)	-0.19	-0.44			
净资产收益率(%)	0.82	4.11	0.18	16.83	10.68

注:主要财务指标的计算方法:
每股收益=净利润/年度末普通股股份总数
每股净资产=年度末股东权益/年度末普通股股份总数
调整后的每股净资产=(年度末股东权益-三年以上的应收款项净额-待摊费用-待 处理 (流动、固定)资产净损失-开办费-长期待摊费用-住房周转金负数余额)/年度末 普通股股份总数
每股经营活动产生的现金流量净额=经营活动产生的现金流量净额/年度末普通股股份总数
净资产收益率=净利润/年度末股东权益×100%

3、报告期内股东权益变动情况

项 目	股 本	资本公积	盈余公积	法定公益金	未分配利润	股东权益合计
期初数	276595000	358164743			-32553375	602206368
本期增加		318240			5030893	5349133
本期减少						
期末数	276595000	358482983			-27522482	607555501

变动原因:资本公积增加是由于子公司享受所得税返还政策汇入资本公积,相应增加母公司资本公积。未分配利润增加是由于本年度盈利所致。

股本及股东情况

一、公司股本情况(单位:股)
A、尚未流通股份
①发起人股份 165000000
其中:国家拥有股份 162800000
境内法人持有股份 2200000
尚未流通股份合计 165000000
B、已流通股份
境内上市的外资股 111595000
已流通股份合计 111595000
C、股份总数 276595000
二、股东情况简介
(1)截止1999年12月31日,公司股东总数为2463户。
其中:国 家 股 股 东1户:武进柴油机厂
境内法人股股东5户:武进市油泵油嘴厂、、武进市湖塘邱墅铸造厂、、武进市戴溪东尖有色金属铸造厂、、武进市万盛机械厂、、武进市夏溪农机具修造厂
社会流通股股东2457户。
(2)报告期末,公司前10名股东的持股情况:

股 东 名 称	持股数(股)	占总股本的比例(%)
1、武进柴油机厂(国有股)	162800000	58.86
2、王志阳	3129700	1.13
3、招银证券公司	2268300	0.82
4、万国证券公司	2192300	0.79
5、瑞之兴有限公司	1870000	0.68
6、TOYO SECURITIES ASIA LTD. A/C CLIENT	1816400	0.66
7、NAITO SECURITIES CO., LTD.	1656600	0.60
8、CREDIT LYONNAIS SECURITIES (ASIA)LTD.	1540000	0.56
9、SCBHK A/C BANK OF NEW YORK S/A CMG CH CHINA INVESTMENTS LIMITED	1540000	0.56
10、安徽省证券公司	1250000	0.45

注:1、武进柴油机厂为本公司母公司,代表国家持有本公司股份16,280万股,占公司股份总数的58.86%,在报告期内,其所持股份未发生增减变动和质押、冻结的情况。
2、公司前10名股东中第2-10位为流通股股东,与本公司无任何关联交易。
3、持股10%以上的法人股东简介
武进柴油机厂法定代表人:谢 锋
经营范围:柴油机零配件的制造与销售,技术服务,信息咨询服务等
4、报告期内控股股东没有发生变化。

股东大会简介

报告期内,公司召开了1998年度股东大会。
本公司于1999年5月31日召开公司1998年度股东大会。出席本次会议的股东和委 托代理人共计7人,代表公司股份16502.6万股,占公司股份总数的59.66%,其中B股股东1人,代表2.6万股。会议依次审议了下列事项:
(1)审议并通过公司1998年度董事会工作报告
(2)审议并通过了公司1998年度业务工作报告及1999年度业务发展计划
(3)审议并通过了公司1998年度监事会工作报告
(4)审议并通过了公司1998年度财务决算报告及利润分配方案公司1998年度可供 股东分配利润为882.24万元,公司决定1998年度不分配股利,资本公积金不转增股本。
(5)审议并通过了公司聘任审计师事宜
公司决定在1999年度继续聘请常州正大会计师事务所为公司国内审计师,聘安达 信(上海)企业咨询有限公司为公司国际审计师。
(6)审议并通过了公司章程修改说明
本公司1998年度股东大会决议公告刊登于1999年6月1日《中国证券报》、《上海证券报》和《香港商报》上。

董事会报告

1 、公司经营情况
(1)公司所处行业为小型柴油机制造行业。在行业中,报告期内公司产品的产量、销售收入位居同行业第三。(资料来源:全国单缸小内燃机行业统计资料)
(2)公司主营业务及其经营状况
公司主要从事单、多缸柴油机的制造与销售。报告期内公司主营业务收入、主营业务利润的构成情况如下:

产品类别	主营业务收入(元)	主营业务利润(元)
柴油机及其零配件	822375676	13084036

(2)在经营中出现的问题与困难及解决方案
1999年度公司经营的主要困难是小柴行业严重供大于求,价格竞争激烈,企业处于微利状况,货款回笼困难。针对这些问题,公司采取了相应措施:
①加强了营销体系建设,通过参股、控股、收购等方式,新建了直销点、联销点和销售服务中心,提高了营销能力。
②强化新产品开发,集中物力和财力,确保技改项目按计划完成,促进产品结构调 整,提高产品市场竞争能力。
③围绕质量上台阶、产品创名牌,保证可靠性质量,提高符合性质量,实施五菱整 机形象工程,以优质产品占领市场。
④加强成本管理,严格物资采购,控制消耗和非生产性开支,降低生产成本。
2、公司财务状况
(1)财务指标(元)

总资产	1231346973	1112629918	+10.67
长期负债	43539244	27418507	+58.80
本权益	607555501	602206368	+0.89
主营业务利润	130840361	118759504	+10.17
净利润	5030893	1089305	+361.84

(2)财务状况变动原因说明:总资产增加系负债增加所致;长期负债增加系长期借 款增加所致;股东权益增加系本年度盈利留存;主营业务利润增加系主营业务收入增长所致;净利润增加系主营业务利润增长所致。

3、公司投资情况

(1)长期投资情况:报告期内,公司长期投资的余额为364.59万元,比上年末减少2.17%,主要是由于本期摊销长期股权投资差额。

(2)募集资金使用情况

募集资金投资项目	计划投资额	实际投资额	实际投资进度
本集团单缸柴油机技术	12000万元	4362万元	36.35%
改造新一代小缸径多缸柴油机技术改造及扩大生产规模	20900万元	3522.29万元	16.85%
技术开发中心一期工程建设项目	3000万元	2072.8万元	69.09%

尚未使用的募集资金部分用于补充公司流动资金,其余存于国有商业银行。

(3)报告期内公司没有发生以非募集资金投资的重大项目

4、新年度业务发展计划

(1)2000年是新旧世纪的交替之年,是充满希望和挑战的一年。在国家宏观经济进一步好转的情况下,小柴行业面临着发展机遇。在新的一年里,本公司将紧紧围绕企业改革和发展全局,坚持以市场为导向,加快推进企业经营机制转换;坚持以技术创新为 推动力,加快技术进步与产品升级;坚持以全面加强和改善企业管理为切入点,切实提 高经济运行质量,保证企业持续、稳定、健康发展。

具体措施:

①加大营销力度,加强产销衔接,确保经营目标的完成。一是实行全员营销经济责任制,全面引入岗位竞争机制,提高营销队伍整体水平;二是强化营销网络体系建设,坚持全面推进和重点突破相结合,实行组织机构和各项配套政策同步到位,采取"一地一厂一策"的营销手段,优化五菱销售网络体系,加强直销、联销点的建设,扩大产品的 市场覆盖面;三是进一步开拓国际市场,加强对国际市场战略布点的研究,加快在外设 立办事处的步伐,积极探索代理制等有效形式,进一步扩大国外市场。

②加快技术进步,推进产品升级,培植新的经济增长点。一是强化技术机制创新, 实行技术项目经济责任制,调动科技人员的积极性。二是提高技术含量,促进产品升级,加快技术改进和延伸开发,加速品种总量的扩张和技术档次的提高。三是加快技术改造的步伐,提高技术装备水平,满足新产品批量生产的要求,形成新的经济增长点。

③全面加强和改善管理,强化目标考核,切实提高经济运行质量。一是严格质量管理,认真贯彻ISO9001质量标准,强化质量第一责任人责任,把好产品质量关。二是强化成本管理,引入市场机制,划小核算单位,实施全过程的成本控制。三是强化管理创新,建立以经济责任制为核心,创造具有自身特色的新的管理模式、管理机制和管理方法,形成有效的激励机制和约束机制,提高企业管理水平。

④深化配套改革,确保机制转换,为企业发展提供保障。一是改革劳动合同管理, 调动和激发职工的积极性。二是调整内部机构管理体制,对具备条件的部门实行企业 内部模拟法人,独立核算。三是加强和完善控股子公司管理,规范控股子公司的运作, 提高管理水平。通过深化配套改革,为制度创新、技术创新、管理创新创造良好的条 件和环境。

(2)在建项目的预期进度

①单缸柴油机技术改造项目,计划投资额为800万元;

②新一代小缸径多缸柴油机技术改造及扩大生产规模,计划投资额2000万元;

③技术开发中心一期工程建设项目, 计划投资额为200万元。

5、董事会日常工作情况

(1)报告期内董事会的会议情况及决议内容

报告期内董事会共召开三次会议:

▲公司董事会第六次会议于1999年4月15日在本公司经贸大楼五楼会议室召开, 会议应到董事9人,实到董事8人,公司监事和高级管理人员列席了会议。会议审议并通过了以下议案:

①公司1998年年度报告,同意公布年度报告摘要;

②公司1998年董事会工作报告;

③公司1998年度总经理业务工作报告;

④公司1998年度财务决算报告;

⑤公司1998年度利润分配预案。

会议决议公告刊登在1999年4月17日的《中国证券报》、《上海证券报》和《香 港商报》上。

▲公司董事会第七次会议于1999年8月11日在本公司经贸大楼五楼会议室召开, 会议应到董事9人,实到董事8人,公司监事和高级管理人员列席了会议,会议审议并通过 了以下议案:

①公司1999年度中期报告;

②公司1999年度中期利润分配方案;

③关于五菱柴油机陕西有限公司、金蛙农用车陕西有限公司资产重组议案;

④关于收购武进五菱柴油机长江有限公司部分股权的议案。

会议决议公告刊登在1999年8月13日的《中国证券报》、《上海证券报》和《香 港商报》上。

▲公司首届董事会第八次会议于1999年9月20日在本公司经贸大楼五楼会议室召 开,会议应到董事9人,实到董事8人,公司监事和部分高级管理人员列席了会议。会议 审议并通过了本公司与江苏常泰化工集团公司、西北大学、化工部科学技术研究总院《关于组建江苏五菱常泰纳米材料有限公司的协议书》的议案。

会议决议公告刊登在1999年9月22日的《中国证券报》、《上海证券报》和《香 港商报》上。

(2)经国内会计师常州正大会计师事务所审计,公司1998年度实现净利润2768.52 万元,提取10%法定公积金276.85万元和5%公益金138.43万元,剩余可供股东分配利润2353.24万元。上年结转可供股东分配利润726.36万元,本年度合计可供股东分配利润3079.60万元。

经国际会计师安达信公司审计,公司1998年度实现净利润583.30万元,提取10%法 定公积金和5%公益金415.28万元,上年结转可分配利润714.22万元,本年度合计可供股东分配利润882.24万元。

当境内、外会计师审计结果不一致时,按照孰低原则,则1998年度可供股东分配利润为882.24万元。公司决定于1998年度不分配股利,资本公积金不转增股本。

6、公司管理层及员工情况

(1)公司董事、监事、高级管理人员

姓名	性别	年龄	职位	任期
吴中达	男	49	董事长	1998年2月-2000年10月
谢锋	男	38	副董事长、总经理	1998年2月-2000年10月
汪平川	男	55	董事、副总经理	1997年10月-2000年10月
蒋炳火	男	55	董事、副总经理	1997年10月-2000年10月
赵田芳	男	47	董事、副总经理	1997年10月-2000年10月
戴耀良	男	50	董事、副总经理	1997年10月-2000年10月
徐国忠	男	49	董事、副总经理	1997年10月-2000年10月
吴柏松	男	47	董事、副总经理	1997年10月-2000年10月
包卫平	男	39	董事	1998年2月-2000年10月
张仲放	男	49	监事会主席	1997年10月-2000年10月
李玉明	男	47	监事	1997年10月-2000年10月
朱明珠	女	50	监事	1997年10月-2000年10月
庄文龙	男	42	监事	1997年10月-2000年10月
苏源	男	35	监事	1997年10月-2000年10月

本公司董事、监事均不持有本公司股份。

以上人员中,年薪为6-8万为8人,2-3万为6人。报告期内公司无董事、监事、高级管理人员离任情况。

7、本次利润分配预案或资本公积金转增股本预案:

经常州正大会计师事务所审计,公司1999年度实现净利润503.09万元,上年结转未分配利润-3255.34万元(系会计政策调整累计影响所致),本年度未分配利润为-2752.25万元。

经国际会计师安达信公司审计,公司1999年度实现净利润723.08万元,上年结转可分配利润1647.57万元,本年度合计可供分配利润2370.65万元。

当境内、外会计师审计结果不一致时,按照利润孰低原则,公司董事会决定本年度不分配股利;以资本公积金向全体股东每10股转增2股。转增后总股本331,914,000股,本次资本公积金转增股本总金额为55,319,000元,转增后资本公积金余额为303,163,983元。

8、其他报告事项

公司指定信息披露报纸为《中国证券报》、《证券时报》和《香港商报》,报告 期内没有变更。

监事会报告

本报告期内,公司监事会共召开了两次会议。

公司首届监事会第三次会议于1999年4月15日召开,五名监事全部出席会议。会议主要审议并通过了公司1998年度监事会工作报告、公司1998年度报告。

公司首届监事会第四次会议于1999年8月11日召开,五名监事全部出席会议。会议主要审议并通过了公司1999年度中期报告。

本公司监事会根据《公司法》、《证券法》等法律、法规的规定和《公司章程》所赋予的各项职权,认真履行监事会的职责,现就公司本年度下列事项发表独立意见:

1、公司在1999年度能按照《公司法》、《证券法》等法律、法规和《公司章程 》规范运作,公司董事、经理无违反国家法律、法规和损害公司利益的行为,公司内部控制制度日益完善,经董事会审议通过的有关计提资产减值准备的决议程序合法、依 据充分。

2、常州正大会计师事务所和安达信公司出具的无保留意见和解释性说明的年度 审计报告真实反映了本公司的财务状况。

3、公司最近一次募集资金实际投入项目和承诺投入项目一致。

4、公司收购、出售资产交易价格合理,没有发现内幕交易,没有损害部分股东的 权益或造成公司资产流失。

5、公司所发生的关联交易公平合理,没有损害本公司利益。

重要事项

1、本公司报告期内无重大诉讼、仲裁事项。

2、报告期内公司、公司董事及高级管理人员没有受监管部门处罚的情况。

3、报告期内公司没有发生控股股东变更、公司董事会换届、改选或半数以上成 员变动、公司总经理变更、公司解聘或新聘董事会秘书的情况。

4、报告期内公司出资310.5万元受让南京大金山实业有限公司所持有的五菱柴油机陕西有限公司30%股权中的20.7%,公司同时出让所持有的金蛙农用车陕西有限公司全部30%股权给南京大金山实业有限公司和陕西省柴油机厂,收回原始投资额350万元。至报告期末,公司持有五菱柴油机陕西有限公司60.7%的股权,不再持有金蛙农用车陕西有 限公司的股权。

5、重大关联交易事项:

(1)本公司报告期内向控股股东武进柴油机厂采购铸件5801.40万元,销售原材料795.94万元,以上交易以市场价结算,交易公平,对公司利润无影响。

(2)本公司报告期内武进柴油机厂的子公司吉林五菱机电有限公司销售柴油机3315.08万元,占本公司主营业务收入的3.84%,以上交易以市场价结算,交易公平,对公司 利润无影响。

6、本公司与控股股东在人员、资产、财务上三分开,做到人员独立、资产完整、财务独立。

7、报告期内聘任的会计师事务所为常州正大会计师事务所和安达信(上海)企业 咨询有限公司。

8、本公司为武进柴油机厂2150万元借款提供担保。

9、报告期内公司没有更改名称或股票简称。

10、根据财政部财会字[1999]35号文件《关于印发股份有限公司会计制度有关会计处理问题补充规定的通知》和中国证监会《关于上市公司做好资产减值准备等有关事项的通知》有关规定,公司变更了会计政策及会计估计。

(1)坏帐准备原按年末应收帐款余额的3‰-5‰计提,现改为按帐龄分析法计提,帐龄一年以内的按2%比例计提,帐龄一至二年的按25%比例计提,帐龄二年以上的按50%比例计提;其他应收款按年末余额的1%比例计提。

(2)期末短期投资原不计提跌价准备,现改为计提短期投资跌价准备。

(3)期末存货原按成本计价,现改为按成本与可变现净值孰低计价,并按存货项目 计提跌价准备。

(4)期末长期投资原不计提减值准备,现改为计提长期投资减值准备。

财务会计报告

1、审计报告

常州正大会计师事务所注册会计师王亚明、刘剑出具了无保留意见的审计报告, 文号:常正会审内(2000)号。

2、会计报表(附后)

3、会计报表附注:

(一)公司简介

江苏五菱柴油机股份有限公司(以下简称"本公司")是经江苏省人民政府苏政复[1997]81号文批准,由武进柴油机厂作为主要发起人,与武进市油泵油嘴厂、武进市湖塘邱墅铸造厂、武进市戴溪东尖有色金属铸造厂、武进市万盛机械厂、武进市夏溪农机具修造厂作为共同发起人,以募集方式于1997年10月10日在中华人民共和国设立的 股份有限公司, 并在江苏省工商行政管理局登记注册。公司原注册资本为25,145万元,1998年5月25日经公司股东大会通过决议,并经江苏省证管委字(1998)101号文批准,以资本公积2,514.5万元转增股本(即每10股转增1股),转增后公司股本总额为27,659.5 万元, 并于1999年2月26日领取增资后的企业法人营业执照, 注册号3200001103782。

本公司的主要经营范围:柴油机制造、销售及技术服务、信息咨询服务。

(二)公司主要会计政策、会计估计和合并会计报表的编制方法

(1)会计制度:本公司执行《股份有限公司会计制度》

(2)会计年度:从公历1月1日至12月31日

(3)记帐本位币:以人民币为记账本位币

(4)记帐基础和计价原则:以权责发生制为记账基础,采用历史成本法为计价原则

(5)外币业务核算方法:对涉及外币的经济业务,按业务发生时当月月初的市场汇 价折合人民币记帐,对外币账户余额按月末市场汇价进行调整,并按经济业务性质列入财务费用—汇兑损失,或固定资产、在建工程等科目。

(6)现金等价物的确定标准:公司在编制现金流量表时确定现金等价物的具体标准为:持有的期限短(3个月以内)、流动性强、易于转换为已知金额现金、价值变动风险很小的投资。

(三)税项(1)增值税:单缸柴油机销售收入按13%计算销项税额,多缸柴油机及配件销售收入按17%计算销项税额,扣除当期允许抵扣的进项税额后的余额计算缴纳。

(2)所得税:根据江苏省人民政府苏政复[1997]83号批复及武进市财政局武财企[1997]5号批复,公司按应纳税所得额缴纳33%的所得税后由武进市财政局返还18%,返还 部分并入公司净利润,实际税负为15%。

五菱柴油机德州有限公司根据德州市财政局有关规定自1996年1月1日至2000年12月31日,按应纳税所得额缴纳33%的所得税后,再由财政返还上缴部分的51.5%,实际税 负为16%。

(五)关联方关系及其交易

(1)存在控制关系:

①关联方:

企业名称	注册地址	主营业务	与本企业关系	经济性质	法定代表人
武进柴油机厂	江苏省武进市武宜路 229 号	柴油机零配件制造与销售	母公司	国有企业	谢锋
五菱柴油机德州有限公司	山东省德州市三八路 45 号	柴油机及零配件的制造与销售	子公司	有限责任公司	汪平川
武进五菱柴油机金宇有限公司	牛塘镇漕溪村	单缸柴油机制造机械零部件制造、加工	子公司	有限责任公司	张仲放
五菱柴油机陕西有限公司	陕西省三江县西关	柴油机及零配件的制造与销售	子公司	有限责任公司	徐国忠

②关联方的注册资本及其变化

企业名称	年初数	本年增加	本年减少	年末数
五菱柴油机德州有限公司	15000000			15000000
武进五菱柴油机金宇有限公司	15000000			15000000
五菱柴油机陕西有限公司	15000000			15000000

③关联方所持股份或权益及其变化

企业名称	年初数		本年增加		本年减少		年末数	
	金额	比例	金额	比例	金额	比例	金额	比例
五菱柴油机德州有限公司	7800000	52%					7800000	52%
武进五菱柴油机金宇有限公司	7650000	51%					7650000	51%
五菱柴油机陕西有限公司			9105000	60.7%			9105000	60.7%

(2)不存在控制关系

关联方关系的性质:

企业名称	与本企业的关系
武进五菱金星机械有限公司	与本企业同一母公司
武进五菱萤星机械有限公司	与本企业同一母公司
武进五菱江南涂装有限公司	与本企业同一母公司
武进柴油机厂经营部	与本企业同一母公司
武进柴油机厂外贸部	与本企业同一母公司
五菱太湖机械有限公司	与本企业同一母公司
吉林五菱机电有限公司	与本企业同一母公司
武进市油泵油嘴厂	本企业的股东方
武进市湖塘邱墅铸造厂	本企业的股东方
武进市戴溪东尖有色金属铸造厂	本企业的股东方
武进市万盛机械厂	本企业的股东方
武进市夏溪农机具修造厂	本企业的股东方

(3)关联方交易

a、采购货物

企业名称	1999 年	1998 年
武进柴油机厂	58013997	56205389
武进五菱金星机械有限公司	4133482	6149115
武进五菱莹星机械有限公司	2578696	8007993
武进五菱江南涂装有限公司	3676554	3272021
五菱太湖机械有限公司	17158537	9978118
武进市油泵油嘴厂	4343099	5343043
武进市湖塘邱墅铸造厂	24009853	21374577
武进市戴溪东尖有色金属铸造厂	24603891	22211685
武进市万盛机械厂	14053008	18540800
武进市夏溪农机具修造厂	18021900	13062904

b、销售货物

企业名称	1999 年	1998 年
武进柴油机厂	7959358	8863047
武进柴油机厂经营部	7142910	18378564
武进柴油机厂外贸部	594125	45718921
武进五菱金星机械有限公司	6992	26513
武进五菱萤星机械有限公司	6693620	7352581
五菱太湖机械有限公司	804376	206415
吉林五菱机电有限公司	31500818	
武进市油泵油嘴厂	832	576
武进市湖塘邱墅铸造厂	373026	1249839
武进市戴溪东尖有色金属铸造厂	1107790	3078885
武进市万盛机械厂	5699	642705
武进市夏溪农机具修造厂	10631	50550

注:以上采购与销售交易价格与非关联方的交易价格一致。

C、关联方应收、应付款项余额

项目	1999.12.31	1998.12.31
应收账款		
武进柴油机厂经营部		3667032
武进五菱萤星机械有限公司	5893712	50232
五菱太湖机械有限公司		396087
吉林五菱机电有限公司		15534
武进市戴溪东尖有色金属铸造厂	7717885	
其他应收款		
武进柴油机厂	55469905	56323709
五菱太湖机械有限公司	16047281	15107173
武进五菱金星机械有限公司		500000
武进柴油机厂经营部	2476141	
应付账款		
武进五菱金星机械有限公司	2265344	
武进市湖塘邱墅铸造厂	2138815	1769425
武进五菱江南涂装有限公司	84685	1413670
武进市万盛机械厂		541037
武进市戴溪东尖有色金属铸造厂		1216679
武进市油泵油嘴厂	1276238	752568
五菱太湖机械有限公司	2403962	
武进市夏溪农机具修造厂	2232109	
其他应付款		
武进柴油机厂		451232
武进柴油机厂外贸部	3234967	

(4)其他事项披露

①本公司与武进柴油机厂签订了《商标许可使用协议》,取得"五菱"牌柴油机商 标的独占许可实施权,并有权对外转让该商标使用权。本年按柴油机销售收入的 1.5‰支付商标使用费,本年共支付商标使用费 1,095,582 元。

②本公司与武进柴油机厂签订了《土地租赁协议》,租用武进柴油机厂的土地使 用面积为 89,969.90 平方米,本年共支付租金 702,035 元。

③《生活服务和生产合作协议》,由武进柴油机厂提供本公司生活后勤、医疗卫 生、劳务供应、公安保卫、消防等服务,并提供产品供应、房屋使用、办公设备和机 器设备的维修等服务,武进柴油机厂按正常标准收费。本年度共支付服务费 50,000 元 。

④本公司与武进柴油机厂签订了《不竞争承诺协议》,武进柴油机厂将不直接或 间接与本公司开展有竞争或可能构成竞争的业务、活动或拥有实体的权益。

⑤本公司本期与武进柴油机厂签订了《股权转让协议》,以 6,000,000 元获取了五菱柴油机陕西有限公司 40%的股权,另本公司又投资 3,105,000 元获取 20.7%的股权,产 生股权投资差额 146,863 元。

(六)或有事项 无

(七)承诺事项 无

(八)资产负债表日后事项

本公司于 2000 年 1 月 19 日投资 5,100,000 元,与江苏常泰化工(集团)公司共同组建 江苏五菱常泰纳米材料有限公司,本公司投资比例为 51%。

编制单位:江苏五菱柴油机股份有限公司

编制日期:2000 年 2 月 28 日

公司的其它有关资料

1、公司首次注册登记日期为 1997 年 10 月 10 日

注册地点:江苏省武进市武宜路 229 号

2、企业法人营业执照注册号:13479659-3

3、税务登记号码:320483134796593

4、公司未流通股票的托管机构名称:上海证券中央登记结算公司

5、公司聘请的会计师事务所名称:

境内:常州正大会计师事务所

地址:江苏省常州市化龙巷 1 号恒利大厦 A 座 5 楼

境外:安达信(上海)企业咨询有限公司

地址:上海市淮海中路 333 号瑞安广场 19 楼

十、备查文件目录

1、载有法定代表人、主管会计工作负责人、会计机构负责人签名并盖章的会计 报表。

2、载有会计师事务所盖章、注册会计师签名并盖章的审计报告原件。

3、报告期内在《中国证券报》、《上海证券报》和《香港商报》上公开披露过 的所有公司文件的正本及公告的原稿。

4、经最近一次股东大会通过的《公司章程》。

江苏五菱柴油机股份有限公司

二 000 年四月十四日

资产负债表

编制单位:江苏五菱柴油机股份有限公司　　单位:人民币元

	1999 年 12 月 31 日		1998 年 12 月 31 日	
	合并	母公司	合并	母公司
流动资产:				
货币资金	235248091.00	232352144.00	258568405.00	256406190.00
短期投资				
减:短期投资跌价准备				
短期投资净额				
应收票据	17900000.00	17500000.00	37270000.00	31470000.00
应收股利				
应收利息				
应收帐款	651077642.00	553481769.00	451893145.00	378416432.00
其他应收款	138110624.00	171461334.00	194606082.00	229977221.00
减:坏帐准备	97783543.00	89247323.00	75153531.00	69483278.00
应收款项净额	691404723.00	635695780.00	571345696.00	538910375.00
预付帐款	635687.00		2157882.00	
应收补贴款				
存货	137487303.00	112614934.00	118142233.00	105241942.00
减:存货跌价准备	409884.00	409884.00		
存货净额	137077419.00	112205050.00	118142233.00	105241942.00
待摊费用	500790.00	392604.00	382798.00	382798.00
待处理流动资产净损失	669083.00	275450.00	139040.00	139040.00
一年内到期的长期债券投资				
其他流动资产				
流动资产合计	1083435793.00	998421028.00	988006054.00	932550345.00
长期投资:				
长期股权投资	3645924.00	27366157.00	3726664.00	18493225.00
长期债权投资				
长期投资合计	3645924.00	27366157.00	3726664.00	18493225.00
其中:合并价差	645924.00		726664.00	
减:长期投资减值准备				
长期投资净额	3645924.00	27366157.00	3726664.00	18493225.00
固定资产:				
固定资产原价	186938962.00	152509801.00	168975892.00	146331018.00
减:累计折旧	71606075.00	62356636.00	59091260.00	54529986.00
固定资产净值	115332887.00	90153165.00	109884632.00	91801032.00
工程物资				
在建工程	20489329.00	20463160.00	3678800.00	3678800.00
固定资产清理	−11425.00	−11425.00	−36465.00	−36465.00
待处理固定资产净损失				
固定资产合计	135810791.00	110604900.00	113526967.00	95443367.00
无形资产及其他资产:				
无形资产	7654805.00		6371130.00	
开办费	437749.00		672225.00	

长期待摊费用	361911.00		326878.00	
其他长期资产				
无形资产及其他资产合计	8454465.00		7370233.00	
递延税项:				
递延税款借项				
资产总计	1231346973.00	1136392085.00	1112629918.00	1046486937.00
流动负债:				
短期借款	179800000.00	171800000.00	148340000.00	136500000.00
应付票据	19800000.00	19000000.00	17050000.00	16550000.00
应付帐款	236177098.00	177101736.00	249192549.00	214332730.00
预收帐款	8717118.00	6253753.00	660478.00	
代销商品款				
应付工资	2468853.00		2101479.00	
应付福利费	8635496.00	8040904.00	8658186.00	8297321.00
应付股利			100000.00	100000.00
应交税金	1417067.00	5989820.00	2508721.00	6068893.00
其他应交款	−19897.00			
其他应付款	59903064.00	53832227.00	25954234.00	20681801.00
预提费用	3438677.00	3278900.00	2515945.00	2331317.00
一年内到期的长期负债	40000000.00	40000000.00	12000000.00	12000000.00
其他流动负债				
流动负债合计	560337476.00	485297340.00	469081592.00	416862062.00
长期负债:				
长期借款	43500000.00	43500000.00	27500000.00	27500000.00
应付债券				
长期应付款				
住房周转金	39244.00	39244.00	−81493.00	−81493.00
其他长期负债				
长期负债合计	43539244.00	43539244.00	27418507.00	27418507.00
递延税项:				
递延税款贷项				
负债合计	603876720.00	528836584.00	496500099.00	444280569.00
少数股东权益	19914752.00		13923451.00	
股东权益:				
股本	276595000.00	276595000.00	276595000.00	276595000.00
资本公积	358482983.00	358482983.00	358164743.00	358164743.00
盈余公积				
其中:公益金				
未分配利润	−27522482.00	−27522482.00	−32553375.00	−32553375.00
外币报表折算差额				
股东权益合计	607555501.00	607555501.00	602206368.00	602206368.00
负债和股东权益总计	1231346973.00	1136392085.00	1112629918.00	1046486937.00

利润及利润分配表

编制单位:江苏五菱柴油机股份有限公司　　单位:人民币元

	1999年		1998年	
项　目	合并	母公司	合并	母公司
一、主营业务收入	863398572.00	745539207.00	814792347.00	706531192.00
减:折扣与折让	41022896.00	41022896.00	5883791.00	5883791.00
主营业务收入净额	822375676.00	704516311.00	808908556.00	700647401.00
减:主营业务成本	691329028.00	590557393.00	690049052.00	596726814.00
主营业务税金及附加	206287.00		100000.00	
二、主营业务利润	130840361.00	113958918.00	118759504.00	103920587.00
加:其他业务利润	1294203.00	1156777.00	1227564.00	1215124.00
减:存货跌价损失	409884.00	409884.00		
营业费用	55290410.00	47978368.00	49500185.00	45146568.00
管理费用	58996631.00	50256194.00	61677411.00	53698145.00
财务费用	5757352.00	5461978.00	590563.00	−1118294.00
三、营业利润	11680287.00	11009271.00	8218909.00	7409292.00
加:投资收益	−17603.00	−340308.00	−142451.00	654847.00
补贴收入				
营业外收入	197366.00	170645.00	81817.00	6974.00
减:营业外支出	1075500.00	975871.00	1476884.00	1295416.00
四、利润总额	10784550.00	9863737.00	6681391.00	6775697.00
减:所得税	5934742.00	4832844.00	6670642.00	5686392.00
减:少数股东损益	−181085.00		−1078556.00	
五、净利润	5030893.00	5030893.00	1089305.00	1089305.00
加:年初未分配利润	−32553375.00	−32553375.00	−33642680.00	−33642680.00
盈余公积转入				
六、可供分配的利润	−27522482.00	−27522482.00	−32553375.00	−32553375.00
减:提取法定盈余公积金				
减:提取法定公益金				
七、可供股东分配的利润	−27522482.00	−27522482.00	−32553375.00	−32553375.00
减:应付优先股股利				
提取任意盈余公积				
应付普通股股利				
转作股本的普通股股利				
八、未分配利润	−27522482.00	−27522482.00	−32553375.00	−32553375.00

现金流量表

编制单位:江苏五菱柴油机股份有限公司　　1999年度　单位:人民币元

项目	合并数	母公司
一、经营活动产生的现金流量		
销售商品、提供劳务收到的现金	920079833.00	801451565.00
收取的租金	8761.00	8761.00
收到的增值税销项税和退回的增值税款	5352602.00	4740602.00
收到的除增值税以外的其他税费返还		
收到的其他与经营活动有关的现金	29822541.00	28267162.00
经营活动现金流入小计	955263737.00	834468090.00
购买商品、接收劳务所支付的现金	832622211.00	725956535.00
经营租赁所支付的现金		
支付给职工以及为职工支付的现金	38273584.00	33649986.00
支付的增值税款	1102954.00	1065606.00
支付的所得税款	6513019.00	6150776.00
支付的除增值税、所得税以外的其他税费	1478368.00	833595.00
支付的其他与经营活动有关的现金	128283702.00	125752265.00
经营活动现金流出小计	1008273838.00	893408763.00
经营活动产生的现金流量净额	−53010101.00	−58940673.00
二、投资活动产生的现金流量		
收回投资所收到的现金		
分得股利或利润所收到的现金	210000.00	210000.00
取得债券利息收入所收到的现金		
处置固定资产、无形资产和其他长期资产而收回的现金净额		
收到的其他与投资活动有关的现金	9429.00	
投资活动现金流入小计	219429.00	210000.00
购建固定资产、无形资产和其他长期资产所支付的现金	21597500.00	21087358.00
权益性投资所支付的现金		
债权性投资所支付的现金		
支付的其他与投资活动有关的现金		
投资活动现金流出小计	21597500.00	21087358.00
投资活动产生的现金流量净额	−21378071.00	−20877358.00
三、筹资活动产生的现金流量		
吸收权益性投资所收到的现金		
其中:子公司吸收少数股东权益性投资收到的现金		
发行债券所收到的现金		
借款所收到的现金	348600000.00	335600000.00
收到的其他与筹资活动有关的现金		
筹资活动现金流入小计	348600000.00	335600000.00
偿还债务所支付的现金	282140000.00	265300000.00
发生筹资费用所支付的现金		
分配股利或利润所支付的现金	100000.00	100000.00
其中:子公司支付少数股东的股利		
偿付利息所支付的现金	15292142.00	14436015.00
融资租赁所支付的现金		
减少注册资本所支付的现金		
其中:子公司依法减资支付给少数股东的现金		
支付的其他与筹资活动有关的现金		
筹资活动现金流出小计	297532142.00	279836015.00
筹资活动产生的现金流量净额	51067858.00	55763985.00
四、汇率变动对现金流量的影响		
汇率变动对现金的影响额		
五、现金及现金等价物净增加额		
现金及现金等价物净增加额	−23320314.00	−24054046.00
六、不涉及现金收支的投资和筹资活动		
以固定资产偿还债务		
以投资偿还债务		
以固定资产进行长期投资		
以存货偿还债务		
融资租赁固定资产		
七、将净利润调节为经营活动的现金流量		
净利润	5030893.00	5030893.00
加:少数股东损益	−181085.00	
计提的坏帐准备或转销的坏帐	22630012.00	19764045.00
固定资产折旧	12982351.00	10840344.00
无形资产摊销	1551203.00	
处置固定资产、无形资产和其他长期资产的损失(减:收益)	384404.00	384404.00
固定资产报废损失		
财务费用	5757352.00	5461978.00
投资损失(减:收益)	17603.00	340308.00
递延税款贷项(减:借项)		
存货的减少(减:增加)	−18935186.00	−7372992.00
经营性应收项目的减少(减:增加)	−120958291.00	−118646433.00
经营性应付项目的增加(减:减少)	37905903.00	24319002.00
其他		
经营活动产生的现金流量净额	−53010101.00	−58940673.00
八、现金及现金等价物净增加情况:		
货币资金的期末余额	235248091.00	232352144.00
减:货币资金的期初余额	258568405.00	256406190.00
现金等价物的期末余额		
减:现金等价物的期初余额		
现金及现金等价物净增加额	23320314.00	−24054046.00

大化集团大连化工股份有限公司

大化集团大连化工股份有限公司1999年年度报告摘要

一、公司简介

(一)、公司的法定中文名称:大化集团大连化工股份有限公司
英文名称:DAHUA GROUP DALIAN CHEMICAL INDUSTRY CO.,LIMITED
英文名称缩写:DLHG
(二)、公司法定代表人:顾孔仁
(三)、公司董事会秘书及其授权代表的姓名:李建涛 徐志明
联系地址:大化集团大连化工股份公司证券部
电话:(0411)6672312-4192 、13804087758
(0411)6672312-4036、(0411) 6672312-2815
传真:(0411)6671948
(四)、公司注册地址及办公地址:辽宁省大连市甘井子区工兴路10号
电子信箱: market@dahua-gf.com 邮编:11603
2 网址:http://www.dahua-gf.com
(五)、公司的信息披露报纸:
境内报刊为:《上海证券报》、《中国证券报》;
境外报刊为:《南华早报》(英文:SouthChinaMorningPost)、《香港商报》(中文)
登载公司年度报告的国际互联网网址
http://www.sse.com.cn
公司年度报告备置地点:大化集团大连化工股份有限公司证券部
(六)、公司股票上市交易所:上海证券交易所
股票简称:大化B股
股票代码:900951

二、会计数据和业务数据摘要

(一)、本年度实现的利润总额: −31,466,729.90 元
净利润: −31,466,729.90 元
扣除非经常性损益后的净利润: −29,331,193.86 元
扣除项目涉及的金额:
处理固定资产净收益: 9,211.69 元
处理固定资产净损失: 2,144,747.73 元
主营业务利润: 35,025,683.55 元
其他业务利润: −7,969,951.85 元
营业利润: −29,549,250.27 元
营业外收支净额: −1,917,479.63 元
经营活动产生的现金流量净额: −33,513,686.28 元
现金及现金的等价物净增加额: −6,658,059.54 元

境内外审计差额说明:

按两种不同会计准则、制度计算的净利润的差异为(单位:千元):

按照境内会计师计算的净利润为: −31467
调整对净利润的影响
−−−−−(提列)回转坏账损失准备 3621
−−−−−提列停用的固定资产折旧 −1030
按国际会计准则重编后的金额 −28876

(二)、截止报告期末公司前三年的主要会计数据和财务指标:(单位:元)

	1999年	1998年		1997年	
		调整前	调整后	调整前	调整后
主营业务收入:	807029666	849164403	849164403	922026383	922026383
净利润:	−31466729	7292377	−3724389	82412067	70987712
总资产:	949919757	920741817	898300695	873594968	862170612
股东权益:	539483840	593391693	570950570	586099315	574674959
(不含少数股东权益)					
每股收益:	−0.114	0.027	−0.014	0.30	0.258
每股净资产:	1.96	2.16	2.08	2.13	2.09
调整后的每股净资产:	1.95	2.14	2.07	2.13	2.09
每股经营活动					
产生的现金流量净额:	−0.122	−0.349	−0.349		
净资产收益率:	−0.06	1.23	−0.007	14.06	0.12

计算公式如下:

每股收益=净利润/年度末普通股股份总数

每股净资产=年度末股东权益/年度末普通股股份总数

调整后的每股净资产=(年度末股东权益−三年以上的应收款项净额−待摊费用−待 处理 (流动、固定)资产净损失−开办费−长期待摊费用−住房周转金负数余额)/年度末 普通股股份总数

每股经营活动产生的现金流量净额=经营活动产生的现金流量净额/年度末普通股股份总数

净资产收益率=净利润/年度末股东权益×100%

(三) 、报告期内股东权益变动情况

项目	股本	资本公积	盈余公积	法定公益金	未分配利润	股东权益合计
期初数	275000000	228687247	14197542	7098771.20	53065780.49	570950570.73
本期增加						
本期减少					31466729.9	31466729.9
期末数	275000000	228687247	14197542	7098771.20	21599050.59	539483840.83

增减原因:(1)公司本年度对坏帐准备的会计政策变更已采用追溯调整法,调整了一九九九年度会计报表相关项目的年初数或上年实际数。此项会计政策变更的累计影响数为22,441,122.30元,相应调减一九九九年年初盈余公积3,743,346.64元,使盈余公 积变为14,197,542.40;调减一九九九年年初未分配利润18,697,775.66元,使未分配利润变为53,065,780.49。(2)本年度未分配利润减少31,466,729.9是由于本年度公司亏损所致。

三、股东情况介绍

1、报告期末股东总数;1722户。

2、本公司无持有5%以上股份的股东。

本公司前十名股东的持股情况:

股东名称	持股数量(万股)	占总股本的比例(%)
(1) 大化集团有限责任公司(国有法人股)	17500	63.64
(2) SEAPOWER SECURITIES LIMITED	643.31	2.34
(3) 招银证券公司	500	1.82
(4) SINO CHANNEL INVESTMENTS LIMITED COMPANY	250	0.91
(5) PACIFIC SOURCE DEVELOPMENT LIMITED COMPANY	230	0.84
(6) 光大证券有限公司	191	0.69
(7) 迪信化工公司	183.9	0.67
(8) PACIFIC EXPRESS INVESTEMENTS LIMITED COMPANY	180	0.65
(9) ASIA ONE DEVELOPMENT LIMITED	140	0.51
(10) 谢仁国	136.7	0.49

前十名股东之间不存在关联关系。

3、本公司持股10%以上的法人股东:大化集团有限责任公司所持股份数为17500万股,占总股本63.64%。

法人代表:张积洋。

经营范围:生产与销售复合肥料、硫酸、硝酸、硝酸铵、硝酸钠、煤焦油、液氨 等。

大化集团有限责任公司所持本公司国有法人股无质押、冻结情况。

4、报告期内控股股东没有变更。

四、股东大会简介

(一)、1999年4月10日,《上海证券报》、《中国证券报》和《南华早报》、《香港商报》刊登了公司第一届董事会第四次会议关于召开1998年度股东大会的公告。1999年6月16日,公司1998年度股东大会如期召开。出席股东大会的股东及授权代表18人,代表有效表决权股份17579万股,占总股本的63.89%。

(二)、经大会审议表决,通过了

1、1998年度董事会工作报告。

2、1998年度监事会工作报告。

3、1998年度财务决算报告。

4、1998年度利润分配预案及资本公积转增股本的预案等决议。此次股东大会决 议公告刊登于1999年6月17日的《上海证券报》、《中国证券报》和《南华早报》、《香港商报》。

(三) 、报告期内公司无更换董事、监事。

五、董事会报告

(一)、公司经营情况

1、公司所处的行业及在行业中地位:

公司属于基础化工产业行业,以纯碱和氯化铵为主导产品,是一个生产纯碱80万吨,氯化铵为50万吨的综合制碱企业。中国纯碱行业协会统计资料显示,报告期内,公司 生产完成纯碱72.1万吨,其中重质纯碱13万吨;氯化铵41万吨,其中工业氯化铵4万吨。按综合生产能力计公司在同行业中列第一位,其纯碱生产能力在同行业中排第四位。

2、公司经营业务的范围及其经营情况

公司经营碱产品及副产品的生产及销售、技术开发、售后服务、境内外企业的合作与投资。

(1) 本年度主营业务收入和主营业务利润构成情况

产 品	主营业务收入(元)	主营业务利润(元)
纯 碱	593949239.58	84585049.29
氯 化 铵	184506389.75	−43045766.18
工业氯化铵	16543176.13	−1208660.38
碳酸氢铵	7791502.58	−221565.26

(2) 主要产品介绍:

本公司的产品属于基础无机盐化工产品行业,主要产品有纯碱、氯化铵、碳酸氢 铵等。其中纯碱是多种工业用作原料的最重要和基本化学品之一,主要用于冶金、玻 璃、医药等方面;氯化铵是基本农业氮肥,碳酸氢铵主要用于食品添加剂。

3、在经营中出现的问题及解决方案

(1)、在经营中出现的问题由于公司的产品的销售价格持续不好,并且帐款回拢率不高,资金周转困难,影响了公司的效益和经营运转。

(2)、解决方案

对于产品价格的下滑影响销售收入,一是通过行业限产保价,二是公司内部挖掘潜力,节能降耗,降低成本,增加效益。

对于应收帐款回收,一是通过销售部门根据具体情况进行抹帐处理;二是加大清欠力度,扩充清欠队伍,尽可能降低应收帐款。

(二)、公司财务状况

1、项目	报告期末数(元)	较上年增减	
		增减额(元)	增减%
总资产	949919757.56	51619062.01	5.75
长期负债	100163077.16	46683369.06	87.29
股东权益	539483840.83	−31466729.90	−5.51
主营业务利润	35025683.55	−24496167.89	−41.15
净利润	−31466729.90	−27742340.74	−745

增减原因说明:由于本公司1999年度会计政策变更而进行的追溯调整,使得98、99年度净利润比未调整前大幅度的减少。再加上99年度产品价格大幅度下滑,致使99年 度本公司亏损。

2、本公司境内审计会计师−大连正元会计师事务所,境外审计会计师−安达信公司出具的会计审计报告无解释性说明及保留意见。

(三)、公司投资情况 截止1999年12月31日,公司没有对外投资。

1、在报告期内没有募集资金。

报告期之前募集资金使用情况:

项 目	计划投入(万元)	实际投入(万元)
收购母公司二十万联碱工程	17500	17500
20万吨重质纯碱达产改造	1000	685

由于重质纯碱达产工程已进入了考核期,因此报告期内该项目未再投入资金,尚有315万元,用于公司的营运资金。

华源凯马机械股份有限公司

华源凯马机械股份有限公司1999年年度报告摘要

一、公司简介

1、公司法定中文名称:华源凯马机械股份有限公司
公司法定英文名称:WORLDBEST KAMA MACHINERY CO.,LTD.(缩写:WKMC)
2、公司法定代表人:周玉成
3、公司董事会秘书:王驰巍
联系地址:上海市中山北路1958号华源世界广场6楼
联系电话:(021)62031188-6604,6612
传真号码:(021)62030851
电子信箱:604
4、公司注册地址:上海市浦东新区张杨路655号
公司办公地址:上海市中山北路1958号华源世界广场6楼
邮政编码:200063
公司国际互联网网址:http://www.kama.com.cn
电子信箱:kama@public7.sta.net.cn
5、公司信息披露报纸:《中国证券报》、《上海证券报》、香港《文汇报》、《南华早报》
登载公司年度报告的中国证监会指定互联网网址:http://www.sse.com.cn
公司年度报告备置地点:公司总经理办公室
6、公司股票上市交易所: 上海证券交易所
股票简称:凯马B股
股票代码:900953

二、会计数据和业务数据摘要

1、公司本年度实现经营业绩(单位:元)

利润总额:	85214228.61
净利润:	80954986.22
扣除非经常损益后的净利润	60335970.79
主营业务利润:	305008095.26
其他业务利润:	41478537.44
营业利润:	64779523.34
投资收益:	22635538.24
补贴收入:	–
营业外收支净额:	−2200832.97
经营活动产生的现金流量净额:	48055778.46
现金及现金等价物净增加额:	14935614.07

非经常性损益为转让无锡华源行星动力有限公司100%股权投资收益2062万元实现净利润按中国会计准则审计为80,954,986.22元,按国际会计准则为61,025,000.00元,具体差异如下:

(单位:千元)

按中国会计制度编制	80955
1.坏帐准备	(19,896)
2.冲回股票发行印花税到股本溢价	594
3.对收到捐赠资产不同的入帐方法	502
4.资本化利息差异调整及其折旧	(309)
5.冲回存货盘盈	1343
6.开办费商誉差异调整及其摊销	(247)
7.其他	(1,917)
按国际会计准则重新编列	61025

2、公司前两年主要会计数据和财务指标(单位:元)

项目	1999年	1998年	
		调整前	调整后
主营业务收入	2832254806.96	2975436728.18	2847194927.15
净利润	80954986.22	157620206.97	141503199.54
总资产	3191134912.43	3274931483.24	2807356575.09
股东权益(不含少数股东权益)	1258877617.23	1200938085.68	1182288537.03
每股收益 摊薄	0.13	0.25	0.22
加权	0.13	0.30	0.26
扣除非经常损益后的每股收益	0.09	0.25	0.22
每股净资产	1.97	1.88	1.85
调整后的每股净资产	1.95	1.84	1.81
每股经营活动产生的现金流量净额	0.08	–	–
净资产收益率(%) 摊薄	6.43	13.12	11.97
加权	6.43	18.09	12.58

附:主要财务指标的计算公式

每股收益 = 净利润/年度末普通股股份总数(97年以模拟股本6.4亿股计)

每股净资产=年度末股东权益/年度末普通股股份总数

调整后的每股净资产=(年度末股东权益-三年以上的应收款项净额-待摊费用-待 处理 (流动、固定)资产净损失-开办费-长期待摊费用-住房周转金负数余额)/年度末 普通股股份总数

每股经营活动产生的现金流量净额=经营活动产生的现金流量净额/年度末普通股股份总数

净资产收益率 = 净利润/年度末股东权益×100%

3、报告期内股东权益变动情况

项目	股本	资本公积	盈余公积	法定公益金	未分配利润	未确认投资损失	股东权益合计
期初数	640000000	497670854.92	24319244.51	8106414.84	22830978.82	−2532541.22	1182288537.03
本期增加	–	502133.33	19797138.90	6599046.30	80954986.22	–	101254258.45
本期减少					19797138.90	4868039.35	24665178.25
期末数	64000000000	498172988.25	44116383.41	14705461.14	83988826.14	−7400580.57	1258877617.23

增减原因:资本公积增加为享受子公司接受捐赠,和投资溢价,盈余公积、法定公 益金增加是从净利润中提取数,未分配利润增加为本年盈利,未确认的投资损失为追溯调整。

三、股东情况介绍

(1)截止1999年12月30日,公司股东总户数为1762户,其中境内发起人11户,B股股 东1751户。

(2) 截止1999年12月30日,公司前十名股东持股情况

名次	股东名称	持股数量(万股)	持股类别	占总股本比例(%)	增减数量(万股)
①	中国华源集团有限公司	23,517.1741	发起人股	36.74	
②	山东莱动内燃机有限公司	3,686.1602	发起人股	5.76	
③	山东拖拉机厂	3,538.7216	发起人股	5.53	
④	Core Pacific − Yamaichi International (H.K)Ltd	2,948.9700	B股	4.60	−274.68
⑤	山东潍坊拖拉机集团总公司	2,349.5783	发起人股	3.67	⑥
	江苏行星机械集团公司	2,218.0214	发起人股	3.47	
⑦	山东寿光聚宝农用车辆总厂	2,170.5332	发起人股	3.39	
⑧	华夏证券有限公司上海业务部	1623.9000	B股	2.54	+1228.90
⑨	山东光明机器厂	1,293.6891	发起人股	2.02	
⑩	中国农业机械(集团)有限公司(香港)	1,200.0000	B股	1.88	

持有本公司5%以上股份的股东年内所持股份未发生质押、冻结的情况。

四、股东大会简介

1、本公司在报告期内召开两次股东大会。

(1)1999年6月16日召开公司98年度股东大会,共有47名股东及股东代理人出席了 会议,其中内资股股东11名,外资股股东36名。大会审议通过:《1998年度董事会工作报告》、《1998年度监事会工作报告》、《1998年度总经理工作报告》、《1998年度财务决算和1999年度财务预算报告》、《1998年度利润分配方案》、《1999年度B股 增发方案》。决议公告同时刊登在6月17日的《上海证券报》、《中国证券报》、香 港《文汇报》、《南华早报》。

(2)1999年11月29日召开1999年度第一次临时股东大会,共有24名股东及股东代理人出席会议,其中内资股股东10名,外资股股东14名。大会审议通过:《关于整体转让 无锡华源行星动力有限公司的议案》、《关于聘任会计师事务所的议案》,决议公告 同时刊登在11月30日的《上海证券报》、《中国证券报》、香港《文汇报》、《南华早报》。

五、董事会报告

1、公司经营情况

(1) 公司所处行业及公司在本行业中的地位

公司所处行业为农机制造行业,拥有从中小功率柴油机到拖拉机、农用车纵向一 体化的产业架构,为中国最大的农机企业之一。

(2) 公司主营业务的范围及其经营状况

① 公司主营业务范围及主营业务收入和主营业务利润构成情况

公司主要从事内燃机、农用运输车、拖拉机整机及其零部件的研究开发、生产、技术咨询、销售并提供售后服务。

②全年共实现销售收入28.32亿元,其中柴油机销售收入5.39亿元,拖拉机销售收 入10.36亿元,农用车销售收入9.96亿元。实现净利润0.81亿元。

(3) 在经营中出现的问题与困难及解决方案:公司经营中出现的困难主要是农机行业整体上供过于求,产品附加值低,价格竞争作为市场竞争的主要手段,低价竞争愈演愈烈。公司采取的主要解决方案为:①加大技术进步和技术创新力度,加快产品结构调整步伐;②学邯钢、学亚星倒逼成本法,积极实施低成本战略。

2、公司财务状况

(1) 财务状况分析

(1) 财务状况分析

项目	1999年(万元)	1998年(万元)	增减(%)
总资产	319113	280736	+13.67
长期负债	25544	22799	+12.04
股东权益	125887	118229	+6.48
主营业务利润	30501	40682	-25.03
净利润	8095	14150	-42.79

上述指标增减变动原因:总资产有较大增幅主要是本报告期内借款增加;股东权益增加主要本年度实现利润的滚存;主营业务利润及净利润下降主要是由于国内市场需 求不足,农机行业竞争激烈,销售价格下降幅度较大所致。

(2) 本年度内会计师事务所无出具有保留意见或解释性说明的审计报告。

3、公司投资情况:

被投资公司名称	经营范围	投资金额(万元)	占被投资公司权益比例
莱阳莱动实业有限公司	制造农业机械、工程机械等	80	40%
上海交大顶峰科技创业经营管理有限公司	股权投资、企业收购兼并、投资策划	300	15%

(1)募集资金使用情况:由于东南亚金融危机影响,公司B股募集资金仅为原计划募集资金总额的二分之一。为此,公司对原使用募集资金项目进行筛选,通过反复论证、多方比较、优中选优, 最后从原25个项目中选出15个项目,并严格按募集资金时的承诺进行投资(详见下表) 。未使用募集资金存放在银行。

公司募集资金投资情况表(单位:万元)

项目	计划投资	投资情况	完工时间	预计年增效益
1. 建立冲压中心	7840	7800	1999 年四季度	2346
2. 生产 6 万台 2P95 柴油机技改项目	2960	2980	1999 年四季度	518
3. 生产 10 万台 376 柴油机机体生产线技改项目	994	400	2000 年二季度	200
4. 重点发展 75/80/85 系列柴油机、添置关键设备	5000	5000	1999 年四季度	900
5. 提高拖拉机加工水平,增加柔性加工设备、改造部分生产车间	2500	2500	1999 年四季度	508
6. 完善拖拉机试验、测试手段技改项目	2471	2400	1999 年四季度	
7. 对铸造分厂、齿轮分厂与工艺装备进行补充完善技改项目	2770	2700	1999 年三季度	639
8. 关于柴油机动三轮车扩建项目	2980	2980	1999 年二季度	1368
9. 营销中心补充流动资金	2000	2000		
10.组建技术开发中心	6220	500	2002 年四季度	
11.建立铸造中心	1500		2000 年三季度	
12.购并山东奥峰农用车厂	2000	2000	1999 年三季度	500
13. 发展 TY 系列拖拉机技改项目	1200	1200	1999 年四季度	300
14. 农业机械涂装线扩建项目	1900	300	2000 年一季度	1650
15. 扩建农业机械部件焊接生产线项目	1220	400	2000 年三季度	1000

(2)非募集资金使用情况:投资 300 万元参股上海交大顶峰科技创业经营管理有限公司。

4、本公司生产经营环境及宏观政策、法规未发生重大变化。

5、公司 2000 年度业务发展计划

(1)业务发展思路:公司所处的农机行业由于整体上供过于求、产品结构趋同,价格竞争作为市场竞 争的主要手段,导致公司经济效益下降。但我们认为中国农业现代化的根本出路在于 农业机械化,农机产业具有广阔的发展前景,关键在于怎么做。2000 年公司重点做好:①加快技术进步和技术创新步伐,加大产品开发力度,加快产品结构调整,通过技 术管理体制创新、核心技术、核心产品的营造来培育公司的核心竞争力,提高产品附 加值,确保经济效益稳步增长。②加大市场营销力度、加快树立凯马品牌,积极探索新的营销机制,巩固和扩大市场占有率。③积极实施低成本战略,进一步提高盈利水平。④发挥纵向一体化产业结构优势,强化内部整合,争创整合效益。⑤继续深化企业内部改革,巩固现代企业制度,完善以财务管理为中心的各项内部管理制度。积极推进企业经营机制转变,完善内部激励机制和约束机制。

(2)新建、在建项目的预期进度。(见七(3)公司募集资金投资情况表)

6、董事会日常工作情况

(1)报告期内董事会的会议情况及决议内容:本报告期内公司共召开四次董事会会议

①1999 年 4 月 21 日上午在华源世界广场 608 室召开一届三次董事会,会议审议并通 过:《1998 年董事会工作报告》、《1998 年度总经理业务报告》、《1998 年度财务决 算和 1999 年度财务预算的报告》、《1998 年度利润分配预案》、《1998 年度报告及年度报告摘要》、《召开 1998 年度股东大会说明》、《1999 年度 B 股增发方案》、《设 立上海华源凯马新技术创业有限公司的议案》。②1999 年 8 月 20 日上午在华源世界广场 608 室召开一届四次董事会,会议审议并通 过:《1999 年上半年总经理工作报告》、《公司 1999 年度中期报告》、《关于修订总 经理工作细则的议案》。③1999 年 10 月 26 日以通讯方式召开一届五次董事会,会议审议并通过:《关于整体转让无锡华源行星动力有限公司的议案》、《聘任会计师事务所的议案》、《召开公司 1999 年度第一次临时股东大会的议案》。④1999 年 12 月 22 日以通讯方式召开一届六次董事会,会议审议并通过:《关于受让黑龙江凯马富拖机械制造有限公司股权的议案》。

(2)董事会对股东大会决议的执行情况

①关于 1998 年度股东大会审议通过的《1998 年度利润分配方案》已于 1999 年 8 月 13 日委托上海证券中央登记结算公司实施完毕,《关于 1999 年度增发 B 股的议案》 由于 B 股市场持续低迷等原因至今未能实施。②关于 1999 年度第一次临时股东大会审议通过《关于整体转让无锡华源行星动力有限公司的议案》已实施完毕,通过上海产权交易所办理完了产权转让。

7、公司管理层及员工情况

(1) 董事、监事、高级管理人员

职务	姓名	性别	年龄	任期起止日期
董事长	周玉成	男	54	1998.6-2001.6
副董事长	周郑生	男	44	1998.6-2001.6
副董事长、总经理	陆鸣人	男	53	1998.6-2001.6
董 事	张子云	男	53	1998.6-2001.6
董 事	牟泽富	男	57	1998.6-2001.6
董 事	王银怀	男	52	1998.6-2001.6
董 事	王济海	男	46	1998.6-2001.6
董 事	张士兴	男	54	1998.6-2001.6
董 事	孙久余	男	53	1998.6-2001.6
董 事	王之麒	男	60	1998.6-2001.6
董 事	申昌明	男	57	1998.6-2001.6
董 事	崔本中	男	53	1998.6-2001.6
董 事	周亚夫	男	63	1998.6-2001.6
董 事	吴敬琏	男	70	1998.6-2001.6
董 事	孙效良	男	67	1998.6-2001.6
董 事	黄红武	男	41	1998.6-2001.6
监事长	顾光宗	男	58	1998.6-2001.6
监 事	张建瑛	女	45	1998.6-2001.6
监 事	赵大川	男	52	1998.6-2001.6
监 事	王长银	男	35	1998.6-2001.6
监 事	张国清	男	55	1998.6-2001.6
监 事	吴兆常	男	49	1998.6-2001.6
常务副总经理	李伟荣	男	47	1998.6-2001.6
副总经理	张乃良	男	47	1998.6-2001.6
副总经理	缪维中	男	53	1998.6-2001.6
副总经理	张明杰	男	37	1998.6-2001.6
副总经理	孙 莹	男	39	1998.6-2001.6
董事会秘书	王驰巍	男	30	1998.6-2001.6

本公司董、监事、高级管理人员未持有公司股票,年度报酬总额为 42.2 万元。其 中 1-2 万元的 5 人,2-3 万元的 3 人,3-4 万元的 6 人,4-5 万元的 1 人。

在报告期内,除王永理监事因病去世外,未有董、监事、高级管理人员离任。

(2) 公司员工数量、专业构成、教育程度及退休职工人数情况

公司员工总人数 13090 名,其中生产人员 8265 名,销售人员 1434 名,技术人员 1215 名,财务人员 378 名,行政人员 862 名。公司拥有研究生 32 名,本科生 790 名,大中专生 3100 名。离退休职工 3066 人。

8、本次利润分配预案

董事会提议 1999 年利润分配预案为:

(1)、提取 10%法定公积金,计 8,392,691.14 元;

(2)、提取 5%法定公益金,计 4,196,345.57 元;

(3)、子公司提取法定公积金、公益金,计 7,208,102.19 万元;

(4)、剩余可分配利润,计 83,988,826.14 万元。

因公司经营效益欠佳,现金不充足,企业发展项目需要资金支持。1998 年度不分配股利,资本公积金不转增股本。本利润分配预案须经股东大会审议通过后实施。

9、其他报告事项

信息披露报纸境内为《上海证券报》、《中国证券报》;境外为《南华早报》、香港《文汇报》,本报告期内无变更。

六、监事会报告

报告期内,监事会共召开两次会议:1999 年 4 月 21 日上午在华源世界广场召开一届三次监事会,会议审议通过《1998 年度监事会工作报告》,审阅公司《1998 年度年度报告》,并列席了一届三次董事会。

1999 年 8 月 20 日上午,在华源世界广场召开一届四次监事会,会议审阅公司《1999 年度中期报告》,并列席了一届四次董事会。

七、重要事项

1、本年度公司无重大诉讼仲裁事项。

2、报告期内公司、公司董事及高级管理人员无受监管部门处罚情况。

3、报告期内公司无控股股东变更,公司董事会没有换届、改选或半数以上成员变动,公司总经理未变更,公司没有解聘、新聘董事会秘书情况。

4、报告期内公司出售资产的简要情况:为进一步压缩公司传统单缸机生产规模,调整公司柴油机产品结构,重点发展技术含量较高的小缸径多缸柴油机,提高公司盈利能力,于 1999 年 12 月 2 日将公司拥有的无 锡华源行星动力有限公司 100%股权以 13,400 万元转让给江苏行星集团公司。交易的基准日为 1999 年 6 月 30 日,在该基准日,经上海立信资产评估事务所信资评报字(1999)第 53 号评估报告评估,并经财政部财评字(1999)437 号文确认,无锡华源行星动力有限公司经评估后净资产为 12,182.63 万元。江苏行星机械集团公司已支付了 6800 万元股权转 让款,余款 6,600 万元将在 2000 年 6 月前支付完毕。无锡华源行星动力有限公司转让前 投资成本共计 112980984.57 元,转让收入为 134,000,000.00 元, 扣除交易费用 400,000.00 元后获利 20,619,015.43 元已计入本公司 1999 年度的投资收益。

5、重大关联交易事项

(1)本公司未有购销商品、提供劳务的重大关联交易。

(2)股权转让的关联交易:本公司整体转让无锡华源行星动力有限公司股权,交易 内容见会计报表附注八(二)①。

(3)公司与关联方在债权、担保事项的关联交易:①本公司和中国华源集团有限公司(以下简称集团公司)于 1998 年 12 月 28 日签订了《成套纺机设备购销合作协议》,合作经营成套纺机设备购销业务,并按出资比例享有合作收益和承担风险。该成套纺机设备采购需用资金 24,000 万元,其中集团公司出资 20,760 万元,比例为 86.5%,股份公司出资 3,240 万元,比例为 13.5%,合作期限从 1999 年 1 月至 1999 年 12 月底止。分享收益时根据相关设备出口销售收入扣减设备采购成本、运保费、佣金及差旅费等,产生的经营利润按出资比例共享。截至 1999 年 12 月 31 日止,集团公司对上述业务共确认收入美元 43,313,312.58 元, 折合人民币 358,586,583.52 元,结转成本 164,442,180.28 元,扣除相关费用后获利 192,084,162.81 元,本公司按出资比例 13.5%分享收益 25,931,361.98 元,已计入本公司 1999 年度的其他业务利润。该款项本公司尚未收到。②鉴于山东光明机器厂的叉车项目本年度市场形势较好而其除厂房设备缺乏流动资金,为充分利润本公司资源利用效率,本公司子公司山东华源光明机器制造有限公司为帮其购买主要原材料、提供劳务共计 4845 万元。本公司计划于 2000 年通过购买山东光明机器制造厂叉车项目资产来收回款项。③本公司为上海华源股份有限公司 4800 万元银行借款提供担保,为上海华源企业 发展股份有限公司 3000 万元银行借款提供担保,为华源集团地毯有限公司 3000 万元银 行借款提供担保, 为上海华源进出口有限公司 700 万元银行借款提供担保。上述担保形成原因主要为互保。因这此关联公司资信程度较好,故不存在较大的担保风险。

6、上市公司与控股股东在人员、资产、财务上已做到了"三分开" 。

7、报告期内,公司租赁资产的说明:山东华源山拖有限公司向山东拖拉机厂租用部分设备,1999 年度共支付租费 3,755,821.56 元,1998 年 7-12 月共支付租费 1,877,910.78 元。山东华源莱动内燃机有限公司向山东莱动内燃机有限公司租用部分厂房和设备,1999 年度支付租费 1538721.58 元,1998 年 7-12 月共支付租费 807,980.22 元。

8、聘任、解聘会计师事务所情况:公司续聘大华会计师事务所有限公司,改聘摩斯伦会计师事务所为 1999 年度境内 外会计师,决议公告刊登在 11 月 30 日《中国证券报》、《上海证券报》、香港《文汇 报》、《南华早报》。

9、公司对外担保情况:截止 1999 年 12 月 31 日,公司共向其他单位提供担保人民币 22104 万元,美元 50 万 元。

被担保企业	金额（万元）	终止日期
上海华源股份有限公司	1800	2000.03.30
上海华源股份有限公司	3000	2000.11.01
上海华源机械动力进出口有限公司	300	2000.01.10
上海华源机械动力进出口有限公司	500	2000.01.20
上海华源机械动力进出口有限公司	1000	2000.05.09
上海华源机械动力进出口有限公司	500	2000.04.01
上海华源机械动力进出口有限公司	500	2000.05.20
上海华源机械动力进出口有限公司	95	2000.01.15
上海华源机械动力进出口有限公司	1700	2000.09.29
上海华源机械动力进出口有限公司	300	2000.08.20
上海华源机械动力进出口有限公司	160	2000.01.15
上海华源机械动力进出口有限公司	49	2000.02.10
中国华源集团有限公司	3000	2000.04.11
中国华源集团有限公司	1500	2000.07.18
中国华源集团有限公司	50	2000.01.08
中纺联合进出口有限责任公司	1000	2000.07.08
上海华源企业发展股份有限公司	3000	2000.05.17
华源集团地毯有限公司	3000	2000.11.10
上海华源进出口有限公司	700	2000.10.09

八、财务会计报告

1、审计报告

华业字(2000)第 773 号

华源凯马机械股份有限公司全体股东:我们接受委托,审计了贵公司 1999 年 12 月 31 日资产负债表和合并资产负债表、1999 年度利润及利润分配表和合并利润及利润分配表以及 1999 年度现金流量表和合并现 金流量表。这些会计报表由贵公司负责,我们的责任是对这些会计报表发表审计意见.我们的审计是依据中国注册会计师独立审计准则进行的。在审计过程中,我们结 合 贵公司的实际情况,实施了包括抽查会计记录等我们认为必要的审计程序。我们认为,上述会计报表符合《企业会计准则》和《股份有限公司会计制度》的 有关规定,在所有重大方面公允地反映了贵公司 1999 年 12 月 31 日的财务状况及 1999 年 度经营成果和现金流量变动情况，会计处理方法的选用遵循了一贯性原则。

大华会计师事务所有限公司　　中国注册会计师

徐逸星

朱鸣里

中国. 上海.昆山路 146 号　　2000 年 4 月 20 日

2、会计报表(附后)

3、会计报表附注

(1)外币业务核算方法:会计年度内涉及外币的经济业务,按发生当月月初中国人民银行公布的市场汇价(中间价)折合人民币入帐。月末将外币帐户的余额按月末市场汇价(中间价)折合人民 币进行调整,发生的差额,与购建固定资产有关的予以资本化,无关的属于筹建期间的 计入开办费,属于生产经营期的计入当期费用。

(2)坏帐核算方法:

坏帐的确认标准:

1)因债务人破产或死亡,以其破产财产或遗产清偿后,确实不能收回的应收款项 。

2)因债务人逾期未履行偿债义务并且具有明显特征表明无法收回的应收款项。

以上确实不能收回的应收款项,报经董事会批准后,作为坏帐。

坏帐损失核算采用备抵法。坏帐准备的计提范围为应收帐款和其他应收款;应收 款项坏帐准备的计提方法为:按逐项认定计提坏帐准备,剩余部分按 3‰计提。

(3)存货核算方法:存货分类为:原材料、在产品、产成品。

各类存货按取得时的实际成本记帐,存货日常核算采用计划成本法,月末按当月成本差异率,将发出存货的计划成本调整为实际成本。产成品发出按加权平均法计价。 低值易耗品于领用时一次摊销。期末存货按成本与可变现净值孰低计价,并按单个存货项目提取存货跌价准备。

(4)短期投资核算方法:根据《企业会计准则-投资》规定,短期投资按实际支付的全部价款扣除已宣告发放但未领取的现金股利或已到期尚未领取的债券利息入帐;在处置时,按所收到的处置收入与短期投资帐面价值的差额确认为当期投资损益。短期投资按成本与市价孰低法计价,市价低于成本的部分确认为跌价准备。具体计提方法为:按投资类别计算并确定所计提的跌价损失准备,当某项投资占短期投资总额 10%及 10%以上时,按单项计提跌价损失准备。

(5)长期投资核算方法:

(1)长期债券投资的计价及收益确认方法:按取得时实际支付的全部价款扣除实际支付的分期付息债券价款中包含的已到期尚未领取的债券利息后的余额作为实际成本记帐，并按权责发生制原则按期计提利息,并计入投资收益。

(2)长期债券投资溢价和折价的摊销方法:在债券购入后至到期日止的期间内按直线法摊销,于确认相关债券利息收入的同时摊销。

(3)长期股权投资计价和收益确认方法:长期股权投资包括股票投资和其他股权投资。长期股权投资,按投资时支付的全部价款或所放弃的非现金资产的公允价值入帐 。

投资企业对被投资单位无控制、无共同控制或者无重大影响的,长期股权投资采 用成本法核算;投资企业对被投资单位具有控制、共同控制或者重大影响的,长期股权投资采用权益法核算。

(4)对外长期股权投资采用权益法核算时,其取得成本与其在被投资单位所有者权益中所占份额之间的差额,计入长期股权投资差额,并按投资期限平均摊销计入损益。

(5)长期投资减值准备的提取方法:采用逐项计提的方法。如由于市价持续下跌或被投资单位经营情况变化等原因,导致其可收回价值低于投资帐面价值,应将可收回金额低于长期投资帐面价值的差额,首先冲抵该项投资的资本公积准备项目,不足冲抵的差额部分,确认为当期投资损失。已确认损失的长期投资的价值又得以恢复的,应在原已确认的投资损失的范围内转回。

公司本年度未发生被投资单位可收回金额低于长期股权投资帐面价值的事项,故 未计提长期投资减值准备。

(6)固定资产计价和折旧核算方法:(1)固定资产标准为:①使用期限在一年以上的房屋、建筑物、机器、机械、运输工具以及其他与生产、经营有关的设备、器具、工具等;②单位价值在 2,000 元以上,并且使用期超过两年 的,不属于生产、经营主要设备的物品。(2)固定资产分类为:房屋建筑物、机器设备、运输设备、其他设备。(3)固定资产计价:按实际成本计价。(4)固定资产折旧采用直线法平均计算,并按各类固定资产的原值和估计的经济使用年限扣除残值(原值的 4%)制定其折旧率。固定资产各类折旧率如下:

资产类别	估计的经济使用年限	年折旧率
房屋建筑物	40 年	2.4%
机器设备	15 年	6.4%
其他设备	8 年	12%
运输设备	10 年	9.6%

(7)收入确认原则:(1)商品销售:公司已将商品所有权上的重要风险和报酬转移给买方,公司不再对该 商品实施管理权和实际控制权,相关的收入已经收到或取得了收款的证据,并且与销售该商品有关的成本能够可靠地计量时,确认营业收入的实现。(2)提供劳务:在同一年度内开始并完成的,在劳务已经提供,收到价款或取得收取价款的证据时确认劳务收入的实现。(3)他人使用本公司资产:利息收入,按使用现金的时间和适用利率计算确定。发 生的使用费收入按有关合同或协议规定的收费时间和方法计算确定。上述收入的确定并应同时满足: ①与交易相关的经济利益能够流入公司;②收入的金额能够可靠地计量。

(8)所得税的会计处理方法:采用应付税款法。

(9)合并会计报表编制方法:合并会计报表的合并范围及所采用的会计方法:根据财政部财会字(1995)11 号《 关于印发〈合并会计报表暂行规定〉的通知》和财会二字(96)2 号《关于合并报表合 并范围请示的复函》等文件的规定,以公司本部和纳入合并范围的子公司 1999 年度的 会计报表以及其他有关资料为依据,合并各项目数额编制而成。合并时,公司的重大内部交易和资金往来均相互抵消。根据财政部财会字(1999)35 号文《补充规定》和财会字(1999)49 号文《问题解答》的有关规定,对 1998 年度包括在合并范围内的子公司无锡华源行星动力有限公司因 出售股份而不再包括在 1999 年度合并会计报表范围内的,在编制 1999 年度合并会计报 表时,已相应调整了 1999 年度合并会计报表的年初数。

(10)会计政策、会计估计或合并范围的变更:(1)根据《股份有限公司会计制度》和财政部财会字(1999)35 号文《补充规定》,公司首届董事会第七次会议审议通过了《关于四项资产减值准备的具体方法》,从 1999 年 1 月 1 日起改变如下会计政策:坏帐损失核算采用备抵法,由原先按应收帐款期末余 额的 3‰计提坏帐准备改为按期末应收帐款和其他应收款总额的 3‰及逐项认定计提坏帐准备。

以上会计政策变更采取追溯调整法,调整以前年度期初留存收益及相关项目的期 初数;母公司和合并的利润及利润分配表的上年数栏已按调整后的数字填列。上述会 计政策变更对期初留存收益的累积影响数为 16,050,748.12 元;调减了 1998 年度的净利润 16,050,748.12 元;调减了 1999 年年初留存收益 16,050,748.12 元，其中未分配利润调减 13,643,135.89 元，盈余公积调减了 2407,612.23 元。

(2)本年度合并报表范围有所变化,详见本附注(11)②。

(11)、控股子公司及合营企业

1、公司所控制的境内外所有子公司和合营企业情况,公司合并报表的合并范围:

被投资单位全称	经营范围	注册资本	实际投资额	母公司持股比例	是否合并
山东华源莱动内燃机有限公司	农用发动机	12,500 万元	12,500 万元	100%	是
山东华源光明机器制造有限公司	农用运输车	6,000 万元	6,000 万元	100%	是
山东华源凯马车辆有限公司	农用运输车	7,800 万元	7,800 万元	100%	是
山东潍坊华源拖拉机有限公司	拖拉机	10,000 万元	10,000 万元	100%	是
山东华源山拖有限公司	拖拉机	10,000 万元	9,900 万元	99%	是
无锡华源凯马机械有限公司	内燃机	3,000 万元	2,000 万元	66.67%	是
上海华源机械动力进出口有限公司	自营进出口	2,000 万元	1,800 万元	90%	是
莱阳莱动机械有限公司	农业机械	120 万元	66 万元	100%*55%	是

2、合并报表范围变更情况:

(1)无锡华源行星动力有限公司因股权出售本年度不纳入合并报表范围,已相应调整合并会计报表的年初数。

(2)公司对无锡华源凯马机械有限公司投资 2,000 万元,本年度纳入合并范围。购并日为 1999 年 10 月 1 日。a、无锡华源行星动力有限公司因股权出售本年度不纳入合并报表范围,已相应调整合并会计报表的年初数。b、公司对无锡华源凯马机械有限公司投资 2000 万元,本年度纳入合并范围。购并日为 1999 年 10 月 1 日。

(12)对外担保事项-见重要事项 5

(13)期后事项:根据公司 2000 年 4 月 19 日召开的首届董事会第七次会议决议,按 1999 年度税后利 润 10%和 5%分别提取法定盈余公积和公益金后,不再进行股利分配,也不进行资本公积金转增股本

(14)其他重要事项:公司所拥有的华源世界广场 6-7 层,价值 4125 万元,产权证尚在办理之中。

九、备查文件目录

1、载有法人代表人,主管会计工作负责人,会计机构负责人签名并盖章的财务报表;

2、载有会计师事务所盖章,注册会计师签名并盖章的审计报告原件;

3、报告期内在中国证监会指定报纸上公开披露过的所有公司文件正本及公告的原稿。

华源凯马机械股份有限公司董事会

二 000 年四月二十一日

股份有限公司一九九九年度会计报表

资产负债表

1999 年 12 月 31 日

会股地年 01 表

编制单位:华源凯马机械股份有限公司　　金额单位:元

	年末数 合并	年末数 母公司	年初数 合并	年初数 母公司
流动资产:				
货币资金	651373129.66	480713691.38	636437515.59	501174891.59
短期投资	17504662.86	10653793.54	30497882.87	30497882.87
减:短期投资跌价准备	1175298.32			
短期投资净额	16329364.54	10653793.54	30497882.87	30497882.87
应收票据	52810929.70		76228550.00	1500000.00
应收股利		913455.90		
应收利息				
应收帐款	477972346.76	4019038.36	571418341.04	20542185.00
其他应收款	530064094.73	501597429.46	286334964.22	288811957.34
减:坏帐准备	25583622.22	1516849.40	21848158.50	928062.43
应收款项净额	982452819.27	504099618.42	835905146.76	308426079.91
预付帐款	46688749.12	7278460.32	41024756.67	2582420.00
应收补贴款	20396087.22		2145480.29	
期货保证金			1197700.00	1197700.00
应收席位费				
存货	657607663.65	4976615.72	450924586.80	34818.40
减:存货跌价准备	6678333.36			
存货净额	650929330.29	4976615.72	450924586.80	34818.40
待摊费用	126101.85	9715.74	7493910.07	257175.00
待处理流动资产净损失				
一年内到期的长期债券投资				
其他流动资产	38000000.00			
流动资产合计	2459106511.65	1008645351.02	2101855529.05	845670967.77
长期投资:				
长期股权投资	4142000.00	599901500.47	113322984.57	657444185.29
长期债权投资	4000.00	4000.00		
长期投资合计	4146000.00	599905500.47	113322984.57	657444185.29
其中:合并价差				
减:长期投资减值准备				
长期投资净额	4146000.00	599905500.47	113322984.57	657444185.29
固定资产:				
固定资产原价	836826878.98	109720484.11	709896900.96	55339391.91
减:累计折旧	313942237.19	5878517.74	282691366.34	1832698.05
固定资产净值	522884641.79	103841966.37	427205534.62	53506693.86
工程物资				
在建工程	118266517.93	63209778.54	80667317.90	17124410.17
固定资产清理				
待处理固定资产净损失				
固定资产合计	641151159.72	167051744.91	507872852.52	70631104.03
无形资产及其他资产:				
无形资产	94333109.85	7446816.00	91638777.87	7978131.00
开办费	11635870.29	10515725.03	13822618.87	13292329.37
长期待摊费用	1158348.14		989292.50	
其他长期资产				
无形资产及其他资产合计	107127328.28	17962541.03	106450689.24	21270460.37
递延税项:				
递延税款借项				
资产总计	3211530999.65	1793565137.43	2829502055.38	1595016717.46
流动负债:				
短期借款	878137000.00	467300000.00	591870000.00	349000000.00

应付票据	75167335.00	3366000.00	34094132.00	1339050.00
应付帐款	621795619.16	3583733.54	595358510.75	20357663.40
预收帐款	84837474.68	9610.81	46856316.98	
代销商品款				
应付工资	3191442.86		1667880.18	17900.00
应付福利费	13956914.66	214371.48	17472677.59	53921.96
应付股利	98890628.96	1107088.30	159101493.02	32000000.00
应交税金	−13972903.79	−229812.84	32098946.35	92689.96
其他应交款	225270.64		1059584.01	278.07
其他应付款	118110445.45	48449150.49	96119865.65	6819263.11
预提费用	320856.65		1512188.20	
一年内到期的长期负债	34570000.00		45570000.00	
其他流动负债				
流动负债合计	1915230084.27	523800141.78	1622781594.73	409680766.50
长期负债:				
长期借款	25300000.00		22500000.00	
应付债券				
长期应付款				
住房周转金	244121.00		298950.06	
其他长期负债				
长期负债合计	25544121.00		22798950.06	
负债及股东权益				
递延税项:				
递延税款贷项				
负债合计	1940774205.27	523800141.78	1645580544.79	409680766.50
少数股东权益	11879177.15		1632973.56	
股东权益:				
股本	640000000.00	640000000.00	640000000.00	640000000.00
资本公积	498172988.25	498172988.25	497670854.92	497670854.92
盈余公积	44116383.41	24538801.11	24319244.51	11949764.40
其中:公益金	14705461.14	8179600.37	8106414.84	3983254.80
未确认的投资损失	−7400580.57		−2532541.22	
未分配利润	83988826.14	107053206.29	22830978.82	35715331.64
外币报表折算差额				
股东权益合计	1258877617.23	1269764995.65	1182288537.03	1185335950.96
负债和股东权益总计	3211530999.65	1793565137.43	2829502055.38	1595016717.46

股份有限公司一九九九年度会计报表

利润及利润分配表

1999 年年度

会股地年 02 表

编制单位:华源凯马机械股份有限公司　　金额单位:元

项　目	1999 年度		1998 年度	
	合并	母公司	合并	母公司
一、主营业务收入	2832254806.96	50398406.40	1383692551.32	30619581.15
减:折扣与折让				
主营业务收入净额	2832254806.96	50398406.40	1383692551.32	30619581.15
减:主营业务成本	2525535095.37	41977191.39	1178952119.55	29936782.02
主营业务税金及附加	1711616.33		2618839.22	
二、主营业务利润	305008095.26	8421215.01	202121592.55	682799.13
加:其他业务利润	41478537.44	29262485.69	3520685.37	
减:存货跌价损失	6678333.36			
营业费用	107439055.52	3909749.78	41108151.17	1200000.00
管理费用	126265755.30	14539870.16	80016526.76	9646696.30
财务费用	41323965.18	4968918.18	14587087.37	−5197405.63
三、营业利润	64779523.34	14265162.58	69930512.62	−4966491.54
加:投资收益	22635538.24	69686462.30	13842699.80	77444185.29
期货收益			7285633.49	7285633.49
补贴收入				
营业外收入	396790.90	8886.48	371442.06	4268.80
减:营业外支出	2597623.87	33600.00	2149926.78	102500.00
四、利润总额	85214228.61	83926911.36	89280361.19	79665096.04
减:所得税	9101759.66		14569705.52	
减:少数股东损益	25522.08		−1907026.44	
加:未确认的投资损失	4868039.35		2532541.22	
五、净利润	80954986.22	83926911.36	79150223.33	79665096.04
加:年初未分配利润	22830978.82	35715331.64		
盈余公积转入				
六、可供分配的利润	103785965.04	119642243.00	79150223.33	79665096.04
减:提取法定盈余公积金	13198092.60	8392691.14	16212829.67	7966509.60
减:提取法定公益金	6599046.30	4196345.57	8106414.84	3983254.80
七、可供股东分配的利润	83988826.14	107053206.29	54830978.82	67715331.64
减:应付优先股股利				
提取任意盈余公积				
应付普通股股利			32000000.00	32000000.00
转作股本的普通股股利				
八、未分配利润	83988826.14	107053206.29	22830978.82	35715331.64
附注:非常项目:				
1.出售、处置部门或被投资单位	20619045.43	20619045.43		
2.自然灾害发生的损失				
3.会计政策变更				
4.其他				

股份有限公司一九九九年度会计报表

现金流量表

1999 年年度

会股地年 03 表

编制单位:华源凯马机械股份有限公司　　金额单位:元

项目	金额	
	合并	母公司
一、经营活动产生的现金流量		
销售商品、提供劳务收到的现金	3009852238.11	72263499.55
收取的租金		
收到的除增值税以外的其他税费返还	66955958.16	1397248.20
收到的其他与经营活动有关的现金	8602557.98	4851536.74
经营活动现金流入小计	3085410754.25	78512284.49
购买商品、接收劳务所支付的现金	2710121290.33	99853951.90
经营租赁所支付的现金	3755821.59	
支付给职工以及为职工支付的现金	155897978.48	3464000.23
支付的增值税款	69529960.10	880923.49
支付的所得税款	21655985.58	1818146.47
支付的除增值税、所得税以外的其他税费	8350907.05	40253.39
支付的其他与经营活动有关的现金	68043032.66	5537851.01
经营活动现金流出小计	3037354975.79	111595126.49
经营活动产生的现金流量净额	48055778.46	−33082842.00
二、投资活动产生的现金流量		
收回投资所收到的现金	84982741.14	91438202.74
分得股利或利润所收到的现金		13421411.14
取得债券利息收入所收到的现金		
处置固定资产、无形资产和其他长期资产而收回的现金净额	1986844.06	
收到的其他与投资活动有关的现金	1160946.47	
投资活动现金流入小计	88130531.67	104859613.88
购建固定资产、无形资产和其他长期资产所支付的现金	116354797.32	41242505.54
权益性投资所支付的现金	3800000.00	23000000.00
债权性投资所支付的现金	4000.00	4000.00
支付的其他与投资活动有关的现金	162333767.36	129896283.12
投资活动现金流出小计	282492564.68	194142788.66
投资活动产生的现金流量净额	−194362033.01	−89283174.78
三、筹资活动产生的现金流量		
吸收权益性投资所收到的现金	5000000.00	
其中:子公司吸收少数股东权益性投资收到的现金	5000000.00	
发行债券所收到的现金		
借款所收到的现金	278067000.00	118300000.00
收到的其他与筹资活动有关的现金	32721885.86	32721885.86
筹资活动现金流入小计	315788885.86	151021885.86
偿还债务所支付的现金		
发生筹资费用所支付的现金		
分配股利或利润所支付的现金	60210864.06	30892911.70
其中:子公司支付少数股东的股利	30385.16	
偿付利息所支付的现金	56325348.00	18213352.41
融资租赁所支付的现金		
减少注册资本所支付的现金		
其中:子公司依法减资支付给少数股东的现金		
支付的其他与筹资活动有关的现金	38000000.00	
筹资活动现金流出小计	154536212.06	49106264.11
筹资活动产生的现金流量净额	161252673.80	101915621.7
四、汇率变动对现金流量的影响		
汇率变动对现金的影响额	−10805.18	−10805.18
五、现金及现金等价物净增加额		
现金及现金等价物净增加额	14935614.07	−20461200.21
六、不涉及现金收支的投资和筹资活动		
以固定资产偿还债务		
以投资偿还债务		
以固定资产进行长期投资		
以存货偿还债务		
融资租赁固定资产		
七、将净利润调节为经营活动的现金流量		
净利润	80954986.22	83926911.36
加:少数股东损益	25522.08	
减:未确认的投资损失	4868039.35	
计提的坏帐准备或转销的坏帐	3735463.72	588786.97
固定资产折旧	37283366.35	4045819.69
无形资产摊销	5881420.54	3467163.64
待摊费用的减少	7367808.22	247459.26
处置固定资产、无形资产和其他长期资产的损失(减:收益)	1700619.38	
固定资产报废损失		
财务费用	55434821.63	18224157.59
投资损失(减:收益)	−22635538.24	−69686462.30
递延税款贷项(减:借项)		
存货的减少(减:增加)	−199320743.49	−4941797.32
经营性应收项目的减少(减:增加)	38170452.72	−62945282.01
经营性应付项目的增加(减:减少)	45516970.23	−6009598.88
预提费用的增加(减:减少)	−1191331.55	
其他	1308437.32	247459.26
经营活动产生的现金流量净额	48055778.46	−33082842.00
八、现金及现金等价物净增加情况:		
货币资金的期末余额	651373129.66	480713691.38
减:货币资金的期初余额	636437515.59	501174891.59
现金等价物的期末余额		
减:现金等价物的期初余额		
现金及现金等价物净增加额	14935614.07	−20461200.21

上海茉织华股份有限公司

上海茉织华股份有限公司1999年年度报告摘要

(一)、公司简介

1、公司法定中、英文名称及缩写:
公司法定中文名称:上海茉织华股份有限公司公司
中文名称缩写:茉织华
公司法定英文名称:SHANGHAI MATSUOKA CO.,LTD.
2、公司法定代表人:李勤夫
3、公司董事会秘书:汪为民
联系地址:上海市延安中路841号东方海外大厦8楼
电话:0086-21-62893080
传真:0086-21-62893088
电子信箱:matsuoka@public2.sta.net.cn
4、公司注册地址:上海市延安中路841号东方海外大厦8楼
公司办公地址:上海市延安中路841号东方海外大厦8楼
邮政编码:200040
电子信箱:matsuoka@public2.sta.net.cn
5、公司选定的信息披露报纸:《中国证券报》及《南华早报》
登载公司年度报告的中国证监会指定国际互联网网址:http://www.sse.com.cn
公司年度报告备置地点:上海市延安中路841号东方海外大厦8楼公司董事会秘书 办公室
6、公司股票上市交易所:上海市证券交易所
公司股票简称:茉织华B
公司股票代码:900955

(二)、会计数据和业务数据摘要

1、公司本年度主要利润指标:(单位:人民币万元)

利润总额:	12300
净利润:	10908
扣除非经常性损益后的净利润:	10146
主营业务利润:	13805
其他业务利润:	2545
营业利润:	11673
投资收益:	-81
补贴收入:	762
营业外收支净额:	-54
经营活动产生的现金流量净额:	19247
现金及现金等价物净增加额:	939

扣除的非经常性损益指:公司获得的补贴收入762万元

公司按国内会计准则审计,净利润为10,908万元人民币,按国际会计准则审计,净 利润为10,845万元人民币,差异的原因:

(1)、冲销开办费 -67万元
(2)、其他 4万元

2、主要会计数据和业务数据 (单位:人民币万元)

指标	1999年	1998年	1997年
1)、主营业务收入	69099	79693	79367
2)、净利润	10908	14881	12032
3)、总资产	138343	81330	47164
4)、股东权益(不含少数股东权益)	60224	57447	27572
5)、每股收益(元/股)(摊薄)	0.31	0.42	0.34
每股收益(元/股)(加权)	0.31	0.42	0.34
扣除非经营性损益后的每股收益(元/股)	0.29	-	-
6)、每股净资产(元/股)	1.70	1.63	1.13
7)、调整后的每股净资产(元/股)	1.69	1.62	1.12
8)、每股经营活动产生的现金流量金额(元/股)	0.54	0.51	
9)、净资产收益率(%)	18	26	44

上述指标计算公式如下:
1)、每股收益=净利润/年度末普通股股份总数
2)、每股净资产=年度末股东权益/年度末普通股股份总数
3)、调整后的每股净资产=(年末股东权益-三年以上的应收帐款净额-待处理财产净损失-待摊费用-待处理资产净损失-开办费-长期待摊费用-住房周转金负数余额)/ 年度末普通股股份总数
4)、每股经营活动产生的现金净额=经营活动产生的现金流量净额/年度末普通股股份总数
5)、净资产收益率=(净利润/年度末股东权益)×100%

3、报告期内股东权益变动情况

项目	股本	资本公积	盈余公积	法定公益金	未分配利润	股东权益合计
期初数	353500000	217657668.77	3308774.45	0	0	574466443.22
本期增加			18907371.78	6302457.26	2563051.22	27772880.26
本期减少	0	0	0	0	0	0
期末数	353500000	217657668.77	22216146.22	6302457.26	2563051.22	602239323.48

变动原因:盈余公积和法定公益金变动是由于本年度利润提取数额所致。
未分配利润变动是由于本年利润增加所致。

(三)、股本变动及股东情况

1、截止1999年12月31日,公司登记在册的公司股东共为424名。
2、主要股东持股情况
(1)、平湖茉织华实业发展有限公司为公司第一大股东,持有本公司13391万股。 所持股份无质押和冻结情况。
(2)、日本松冈株式会社持有本公司9263万股。所持股份无质押和冻结情况。
(3)、THE NOMURA SECURITIES CO.LTD持有本公司9226万股。
(4)、公司前十名股东持股情况

序号	股东名称	股份性质	持股数(万股)	所占比例(%)	是否上市流通股
1	平湖茉织华实业发展有限公司	国有法人股	13391	37.88	未上市流通股
2	日本松冈株式会社	境外法人股	9263	26.20	未上市流通股
3	THE NOMURA SECURITIES CO.LTD	社会公众股	9226	26.10	上市流通股
4	平湖市新仓服装二厂	境内法人股	608	1.72	未上市流通股
5	平湖市黄姑服装总厂	境内法人股	460	1.30	未上市流通股
6	平湖市永华制衣有限公司	境内法人股	456	1.29	未上市流通股
7	申银万国APS投资管理公司	社会公众股	375	1.06	上市流通股
8	HKSBCSB A/C THE NORTHERN TRUST CO S/A GOVERNMENT OF SINGAPORE INV.CORPORATION	社会公众股	253	0.72	上市流通股
9	韩国ROMA株式会社	境外法人股	170	0.48	未上市流通股
10	BTCO A/C GEST INTL FONDO MAGELLANO FONDO FERDINANDO MAGEL-LANO	社会公众股	97	0.27	上市流通股

公司已上市流通股份11000万股,未能上市流通股份为24350万股。

说明:①公司前十名股东之间存在关联关系如下:

THE NOMURA SECURITIES CO.LTD 所拥有股份中包含了日本Terucom Corporation所持有股份。

Terucom Corporation为日本 松冈株式会社之全资附属公司。

②Terucom Corporation作为公司战略投资者而配售8800万股社会公众股成为前 10名股东。按公司招股说明书,其约定持股期间自1999年1月18日至2000年1月18日。

(5)根据平湖市人民政府平政发(1999)118号文件,平湖市新仓服装一厂名称变更 为平湖茉织华实业发展有限公司。变更后的平湖茉织华实业发展有限公司拥有原平湖市新仓服装一厂所拥有本公司的股份。

平湖茉织华股份有限公司简介
法定代表人:李勤夫
经营范围:制造服装、服装辅料

(四)、股东大会简介

本报告期内,本公司召开二次股东大会:

1、一九九九年一月十二日下午,上海茉织华股份有限公司创立大会暨第一届股东大会在上海市延安中路841号东方海外大厦八楼会议室举行。

本次股东大会决议刊登于1999年1月13日之《上海证券报》、《中国证券报》及《南华早报》。

2、上海茉织华股份有限公司1999年度临时股东大会于1999年9月15日在上海市延安中路841号东方海外大厦8楼公司会议室举行。

本次股东大会决议刊登于1999年9月16日之《上海证券报》、《中国证券报》及《南华早报》。

(五)董事会报告

1、公司经营状况

1)、公司所处的行业及地位:

A、公司主营业务为服装加工,产品95%以上出口日本,据日本统计资料显示,本公司产品通过大股东日本松冈株式会社的代理销售,在日本市场占有率已达到15%,由于本公司的最终客户为大公司、大商社,以及国际著名品牌的特许经销商,属于集团性的采购不同于一般零售而拥有相当稳定的客户群和市场。

B、公司全部采用日本服装缝制及后整理设备,在国内首家引进全自动吊挂流水线,率先采用HP高温定型工艺,生产各类全棉免烫裤子和衬衫;

C、截至本报告按公司年生产各类服装2044万件,公司的生产规模、设备先进性、盈利及创汇能力等综合实力居国内服装企业之前茅,亦是国内最大的制服专业生产企 业。

D、公司下属控股的印刷公司业务范围涉及邮政、税务及国内各大银行和金融机 构,并在上述领域中占有相当大的市场份额。这些业务领域的市场的准入点高,审批机制严格,但进入后市场的竞争状态却相对温和,并具有市场稳定和有较高的盈利能力等特点。

E、97年公司自创中高档的精品服装品牌"J.R.MAROTT",该产品以白领阶层为客户对象,截至本报告期,已在全国各大中城市拥有近百家连锁店和专柜。

2)、公司主营业务的范围及其经营状况:

本公司主要生产各类工作服、休闲服、运动服,产品95%以上出口日本市场。99 年我公司经历了严峻的市场形势。本公司最主要的产品市场在日本,由于近年来席卷 亚洲的金融风暴使日本经济受到战后最为严重的打击,前二年日本的出口和国内消费 均受到抑制,在日本企业自身效益普遍不景气的情况下,客户对我公司下达订单的同时纷纷降低了加工费,对公司效益的降低产生直接影响。另一方面,99年以来随着日本经济的复苏,电子商务的日臻完善,商品销售的中间环节减少,日本国内市场需求又呈现 上升趋势,在日本松冈公司的努力下,99年公司新增许多客户,使得今年的订单总量有 大幅度增加,但受生产能力限制,增量部分全都外发加工。99年公司对一些市场前景看好的项目进行了投资,但这些投资项目都将在2OOO年才能产生收益。上述原因造成公 司的今年整体效益较去年有所下降。

公司主要产品介绍:

	裤子	上衣
加工数量(件)	13695088	6740466

3)在经营中出现的问题与困难及解决方案

生产能力不足继续影响公司的利润增加。目前公司的年生产能力为1500万件,因 此,约有30%的订单只能外发。99年末公司利用募集资金在上海市金山区投资兴建服 装分公司,在上海金山地区征地130亩,建造36000平方米的现代化厂房,引进40条日本 最先进的制衣流水线,招募大约2200名员工,并在金山设立茉织华员工培训中心,对新 工人进行技能和其他必要的培训。该项目工程将于二OOO年四月完工,正式投入使用后可年产各类服装400万件,将有效缓解股份公司生产能力不足的矛盾。

2、公司财务状况 1999年末总资产138343万元,比去年增加57013万元,主要由于公司产生利润及向银行借款所致。

1999年末长期借款5500万元,比去年增加5500万元,主要由于公司部分流动借款转为长期借款及浙江茉织华印务有限公司贷款投资项目合并报表而致。

1999年末股东权益60224万元,比去年增加2777万元,主要由于公司本年利润产生 所致。

1999年主营业务利润13805万元,比去年减少5872万元,主要由于日本客户支付的 加工费降

低,公司外发加工成本上升所致。

1999 年净利润 10908 万元,比去年减少 3973 万元,主要由于主营业务利润减少所致 。

3、公司投资情况

(1)募集资金使用情况

承诺投资项目	实际投资项目	工程进展情况
展示中心	4024 万元	已完工,投入使用
新建西装加工厂	2023 万元	已完工,99 年 11 月投入使用
新建服装加工厂	1291 万元	未完工

(2)其他投资情况

①、出资 155,848,900 元人民币与其他投资者共同组建上海金茂印务有限公司。 该公司注册资金为人民币 210,000,000 元,公司占 74%。1999 年 10 月上海金茂印务有限公司与平湖茉织华发展有限公司签订协议收购后者拥有的上海浦东新区印刷厂 100% 股权,浙江茉织华印务有限公司 75%股权,北京银牡丹印务有限公司 45%股权。

②、公司出资人民币 500,000 元与上海齐爱实业有限公司共同投资设立上海茉织 华齐爱服饰有限公司。该公司于 1999 年 8 月 24 日成立,注册资本人民币 1,000,000 元,公司占 50%股份。目前,该公司已成为全国公安部制服定点供应商之一。

③经国家外经贸部批准,公司获得 250 万美元的境外投资额度,公司首期出资 130 万美元与香港 BOSCAN 公司在约旦哈西姆王国的 QIZ 免税工业区共同投资设立茉织华(约旦)有限公司。该公司主要承接服装加工并以美国市场为主,根据规定,在该地区投资的 企业,其产品出口美国,可享受免美国进口关税、免被动配额的优惠政策。投资分三期进行,总投资为 1000 万美元,最终的生产规模为年产各类裤子 500 万条。

④公司与四川省财政印刷厂及其他投资者共同投资设立成都新财印务有限公司。该公司于 1999 年 10 月成立,注册资本人民币 700 万,公司出资人民币 238 万元,占 34%。 该公司主要承接印制四川省财税系统、工商系统收费凭证及西南各省高速公路的收费凭证等商务票据。在中央开发西部政策出台的背景下,该公司市场前景十分看好,更将于 2000 年自筹资金 500 万元添加高速轮印流水线,预计 2000 年 5 月新设备可以投入使用 。

⑤、公司控股子公司上海金茂印务有限公司之下属公司浙江茉织华印务有限公司自筹资金人民币约 8000 万元,向德国、瑞士、日本等国引进国际先进的印刷设备。目 前浙江茉织华印务有限公司已作为国际航空协会(IATA)之定点供应商,并已获准为其 印刷、供应机票、登机牌、行李牌、航空手册等航空用印刷品。目前,该项目已基本 完成,正在安装调试机器设备,预计于 2000 年 6 月可进行生产。

4、二 OOO 年经营计划

1)、时间跨入 2000 年,计算机互联网进入世界经济运转体系中,使得信息逐步代替资本成为经济的核心生产要素。为顺应这场经济的大变革,公司已在年初设立信息技 术部门并聘请 IT 人才进行深层次开发,利用互联网技术实现公司内部沟通和信息流处 理,以及对外的公司形象宣传,进行网络贸易和提供全球化的信息服务。

2)、加大技术改造、设备更新的力度,保证公司的生产设备、技术和工艺始终与 国际先进水平同步,辅以严格的现场管理,最大限度地减少人、财、物的消耗,以降低 成本增加效益。同时在管理手段创新,以追求效率、追求最短的指挥层次为目标,进一步深化管理机制改革,在各方面确保公司参与全球化经济的竞争力。

3)、充分发挥公司投资功能,加快公司的资本运作,继续寻找公司新的发展空间和新的利润增长点。2000 年公司除了继续增大扩充服装加工能力的投入外,投资重心将 由服装倾向印刷,完成关联印刷公司的重组和并购,组建具有规模效应和资源优化配置的印刷集团公司。

4)、由于 WTO 成员国之间取消贸易限制和纺织品有五年左右的过渡期,在这期间茉织华将充分利用约旦公司桥梁作用开拓欧美服装市场,选派管理、技术、国际贸易的 骨干,以约旦公司为基地培养适应新竞争格局和贸易规则的人才。

5)、两头并举,开拓国际、国内市场。新千年,公司将凭籍多年渗透日本市场的经验,参与国际市场的竞争。同时由于中国整个国民经济实力的持续走强,拉动内需的各项举措亦日见成效,正逐步显出的内销市场之巨大潜力,尤其是近年来团体消费增长势头更为强劲,公司将充分发挥特长和已取得中国公安部制服、中国电信局制服定点生 产企业资格的优势,以及多年来为国际著名企业、机构服务的经验,在国内争取更多的与政府机关、金融机构和国内大企业集团,著名跨国公司在华投资机构合作的机会。

5、董事会日常工作情况

本报告期内公司共召开 5 次董事会。

(1)、上海茉织华股份有限公司第一届董事会第一次会议于 1999 年 1 月 12 日在东方海外大厦 8 楼会议室召开。会议决议公告刊登于 1999 年 1 月 13 日之《上海证券报》、《中国证券报》及《南华早报》。

(2)、上海茉织华股份有限公司第一届董事会第二次会议于 1999 年 4 月 20 日在公司本部会议室召开。会议决议公告刊登于 1999 年 4 月 23 日之《上海证券报》、《中国证 券报》及《南华早报》。

(3)、上海茉织华股份有限公司第一届董事会第三次会议于 1999 年 8 月 9 日在公司 本部会议室召开。会议决议公告刊登于 1999 年 8 月 13 日之《上海证券报》、《中国证 券报》及《南华早报》。

(4)、上海茉织华股份有限公司第一届董事会第一次临时会议于 1999 年 6 月 9 日在 公司本部会议室召开。公司九位董事出席会议。经与会董事讨论作出出资 50 万元(占 50%)与上海齐爱实业有限公司共同投资上海茉织华齐爱服饰有限公司的决议;

(5)、上海茉织华股份有限公司第一届董事会第二次临时会议于 1999 年 9 月 25 日在公司本部会议室召开。公司十位董事出席会议。经与会董事讨论一致作出如下决议:

①出资 238 万元(占 34%)与四川省财政厅印刷所等其他投资者共同设立成都新财 印务有限公司;

②出资 250 万美金(占 50%)与香港 BOSCAN 公司共同在约旦投资设立茉织华(约旦) 有限公司。

6、公司管理层及员工情况

报告期内董事、监事及高级管理人员情况简介

①、报告期内董事、监事及高级管理人员的基本情况:

姓名	性别	年龄	职务	持股数(股)
李勤夫	男	38	董事长	0
汪为民	男	46	董事、副总经理 董秘、财务总监	0
张来喜	男	33	董事	0
潘中华	男	35	董事	0
陶宝法	男	56	董事	0
徐保龙	男	53	董事	0
管维立	男	56	董事	0
李勤珠	女	32	董事	0
徐放华	女	31	董事	0
松冈照浩	男	68	副董事长	0
松冈典之	男	42	董事、副总经理	0
松冈寿男	男	38	董事、副总经理	0
金光义孝	男	37	董事	0
李应洵	男	55	董事、副总经理	0
滕振华	男	50	监事长	0
沈 强	男	43	监事	0
胡士明	男	52	监事	0
乡英训	男	46	监事	0

说明:报告期内公司董事、监事及高级管理人员领取的工资总额为 900000 元人民 币。其中:工资总额在 10 万元上一人,工资总额在 5—10 万元的 17 人。管维立一人不在 公司领取工资。

②、报告期内无任何董事、监事及高级管理人员离任。

③、报告期内公司董事会秘书无改变。

7、本次利润分配预案

经安达信.华强会计师事务所审计,公司 1999 年度实现净利润 109,077,880.26 元人民币,提取法定盈余公积金 12,604,914.52 元人民币,提取法定公益金 6,302.457.26 元 人民币,提取任意盈余公积金 6,302.457.26 元人民币,未分配利润为 83,868,051.22 元 人民币。董事会拟定本次分配方案如下:

(1)、1999 年度可分配利润为 83,868,051.22 元人民币,以本公司 1999 年末总股本 350,000,000 股为基数,以现金方式向全体股东每 10 股派发现金股利 2.3 元人民币。剩余未分配利润 2,563,051.22 元人民币,结转下一年度分配。不进行资本公积金转增股本 。

(2)、上述 B 股股利以美元派发。

(3)、现金股利均含税。

(六)、监事会报告

1、本年度公司共召开二次监事会。

(1)、1999 年 1 月 12 日,上海茉织华股份有限公司第一届监事会第一次会议于公司 总部会议室召开。会议决议公告刊登于 1999 年 1 月 13 日之《上海证券报》、《中国证 券报》及《南华早报》。

(2)、1999 年 9 月 15 日,上海茉织华股份有限公司第一届监事会第二次会议于公司 总部会议室召开。会议决议公告刊登于 1999 年 9 月 16 日之《上海证券报》、《中国证 券报》及《南华早报》。

2、对重要事项发表的独立意见:

1999 年度,监事会对董事会及高级管理人员的工作和行为、公司经营及股东大会 召开的情况进行了全过程的监督和检查,我们认为:

(1)、公司决策程序合法,内容控制制度完善,公司董事、经理执行公司职务时未 发现有违反法律、法规、公司章程或损害公司利益的行为。

(2)、会计师事务所出具的审计意见及对所涉及事项作出的评价,真实地反映了公司的财务状况和经营成果。

(3)、公司募集资金实际投入项目和承诺投入项目一致。

(4)、公司收购、出售资产交易价格合理,未发现内幕交易和损害部分股东的权益或造成公司资产流失的事件。

(5)、公司关联交易公平,无损害上市公司利益的现象。

(七)、重要事项

1、计算机 2000 年问题并未对公司产生任何重大影响。

2、公司 1999 年度共生产加工服装 20435554 件。

3、本年度公司继续聘请安达信公司和安达信.华强会计师事务所为公司进行财务审计。

4、股东名称变更情况

①根据平湖市人民政府平政发(1999)118 号文件,平湖市新仓服装一厂名称变更为平湖茉织华实业发展有限公司。变更后的平湖茉织华实业发展有限公司拥有原平湖市新仓服装一厂所拥有本公司的股份。

②根据平湖市新庙镇文件,平湖市新庙服装二厂名称变更为平湖市永华制衣有限 公司。变更后的平湖市永华制衣有限公司拥有原平湖市新庙服装二厂所拥有本公司的股份。

5、本公司相对于其控股股东在人员、资产、财务均实行了"三分开"。

6、报告期内公司董事、监事及高级管理人员没有发生受监管部门处罚的情况。

7、报告期内,公司无重大诉讼、仲裁事项。

8、重大关联交易事项:

(1)、因产品购销发生的关联交易:

本公司产品和原材料的决大部分通过公司之第二大股东日本松冈株式会社进行销售及采购。根据公司与日本松冈株式会社签订的布料采购和产品销售协议 (该协议于 1998 年 12 月刊登于公司上市招股说明书中),1999 年公司向日本松冈株式会社实现销售 产品及收取加工费 51285 万元,向日本松冈公司购买原材料 23226 万元。

(2)、因收购股权而发生的关联交易:

①、1999 年 10 月,公司之控股子公司上海金茂印务有限公司签署协议向平湖茉织 华发展有限公司购买上海浦东新区印刷厂 100%股权。购买价格为人民币 72,159,370 元。上海浦东新区印刷厂主营负责中国工商银行定点存折印制、邮政储蓄存折及其他商务票据印刷。

②、1999 年 10 月,公司之控股子公司上海金茂印务有限公司签署协议向平湖茉织 华发展有限公司购买浙江茉织华印务有限公司 75%股权。购买价格为人民币 108,579,822 元。浙江茉织华印务有限公司主营负责为集团内部提供所需之全部包装印刷品,目前,该公司已成为国际航空协会(IATA)所需印刷品之定点供应商之一。

③、1999 年 10 月,公司之控股子公司上海金茂印务有限公司签署协议向平湖茉织 华发展有限公司购买北京银牡丹印务有限公司 45%股权。购买价格为人民币 19,436,817 元。北京银牡丹印务有限公司主营负责中国工商银行定点存折 、存单印制及其他商务票据印制。

说明:因上述收购行为在本报告完成之前尚未完全实施,公司对此未作有关信息的披露。

(3)、因债权、债务发生的关联事项:

截止 1999 年底,公司之控股股东平湖茉织华实业发展有限公司累计向公司借款 15100 万元,借款主要用于该公司向其子公司上海浦东新区印刷厂、浙江茉织华印务有限 公司提供设备购买款和部分流动资金款,此项借款已于 99 年底全部归还本公司,对本公司的生产经营未造成影响。

(八)、财务会计报告

1、审计报告

本公司财务报表经安达信华强会计师事务所中国注册会计师何影帆、张向际审计并出具无保留意见的审计报告。

2、会计报表(报表附后)

3、会计报表附注

(1)、外币报表核算方法

本公司及其子公司之会计帐目及记录以人民币为记帐本位币,人民币为不可自由 兑换的货币。外币交易均以交易当日中国人民银行公布的汇率中间价折算为人民币。于资产负债表日,以外币计价的货币性资产和负债乃按资产负债表日的适用汇率折算 成人民币。以外币计价的非货币性资产和负债乃按历史汇率折算成人民币。 以外币计价的货币性资产和负债因交易日以后汇率变动而产生的汇兑损益,均作为当年度损益 。

(2)、坏帐核算方法坏帐的确认标准:债务人破产或者死亡,以其破产财产或者遗 产清偿后,确实不能收回的应收款项;债务人逾期未履行偿债义务超过三年确实不能收回的应收款项。

坏帐损失核算采用备抵法,按年末应收款项余额之可收现性计提。管理层根据本 公司及其子公司以往的经验、债务单位的实际财务情况和现金流量情况及其他相关信息评估年末应收款项余额之可收现性

(3)、存货核算方法

存货按成本(以加权平均法计算)与可变现净值孰低法计价。在产品及产成品的成本包括原材料成本、直接人工及应分摊的制造费用。可变现净值为估计净售价减尚需投入的生产成本及销售费用。低值易耗品和包装物在领用时一次摊入成本。存货跌价准备按存货的成本低于可变现净值的差额提列。

(4)、长期期投资核算方法长期股权投资于合并子公司:

长期股权投资于合并子公司是指本公司占被投资公司资本总额比例在50%以上；及拥有决定其财务和经营决策权且准备长期持有的投资。本公司除将此长期股权投资于子公司在会计报表中按权益法核算外,并将被投资公司的报表纳入本集团的合并会 计报表中。

长期股权投资于联营公司:

联营公司是指合并子公司以外,本公司直接或间接持有其不低于20%且不高于50 %的股权,并对其财务及经营决策具有重大影响力的公司。于联营公司的投资按权益 法列记。

长期股权投资差额(合并价差)系指投资成本高于或低于按持股比例计算的应享有被投资单位所有者权益的差额,长期股权投资差额(合并价差)按直线法分五年摊销。

(5)、固定资产计价和折旧方法

固定资产系指使用期限超过一年的房屋建筑物、机器设备、车辆以及其他与生产经营有关的经营设备。不属于生产经营的主要设备的物品,单位价值在2,000元以上,并且使用期限超过两年的,亦列为固定资产。

固定资产按实际成本减累计折旧计价。固定资产折旧以实际成本减10%的估计残值后,在估计可使用年限内以直线法计提。固定资产的估计可使用年限如下:

类别	使用年限	年折旧率
房屋及建筑物	16-28年	3.2%-5.6%
机器设备	6-15年	6.0%-15.0%
车辆	5-9年	10.0%-18.0%
其他设备	4-12年	7.5%-22.5%

(6)、收入确认原则销售收入销售收入系按发票金额(不含增值税)扣除销售折让 后的金额列示,于产品所有权转移给客户时认列。加工费收入加工费收入于劳务完成 时确认。利息收入利息收入按使用本公司及其子公司现金的时间和适用利率计算确认。

(7)、所得税的会计处理方法公司采用应付税款法进行所得税的会计处理。

(8)、合并会计报表的编制方法

在编制合并报表时,本公司投资持有50%以上权益性资本的公司纳入合并会计报 表范围。合并会计报表系按《合并会计报表暂行规定》采用下列方法编制:

母、子公司因采用不同会计制度,而产生的差异予以调整;母、子公司及子公司之间重大内部交易调整冲销;及投资权益、相互往来及其未实现利润全部冲销。

(9)、控股子公司及合营企业

截至一九九九年十二月三十一日,本集团的合并会计报表包括本公司及下列子公 司的会计报表:

子公司名称	公司注册地点及时间	注册资本	本集团投资额	权益比例 直接	权益比例 间接	经营范围
茉织华漂染	中国,一九九四年四月四日	美元 1800000.00	美元 1069200.00	59.40%	-	负责本集团的漂染工序
上海金茂印务有限公司(“金茂印务”)	中国,一九九九年八月六日	人民币 210000000.00	人民币 155848900.00	74.21%	-	各类印刷品和印刷机械生产和销售
浙江茉织华印务有限公司(“浙江印务”)	中国,一九九六年七月一日	美元 15000000.00	美元 11250000.00	-	55.66%	各类印刷品的生产,销售
上海浦东新区印刷厂(“浦东印刷”)	中国,一九九三年十月十二日	人民币 30000000.00	人民币 30000000.00	-	74.21%	各类印刷品的生产,销售
浙江茉织华实业发展有限公司(“浙江发展”)	中国,一九九九年六月二十八日	美元 12265100.00	美元 12048200.00	98.23%	-	各类服装的生产和销售

资产负债表

一九九九年十二月三十日

编制单位:上海茉织华股份有限公司　　单位:(人民币)元

	期末数		期初数	
	合并	母公司	合并	母公司
资产				
流动资产:				
货币资金	523440997.07	462604996.08	356748165.81	354653624.00
短期投资				
减:短期投资跌价准备				
短期投资净额				
应收票据				
应收股利				
应收利息	8396754.81	8396754.81		
应收帐款	59519175.59	46050793.48	68310263.61	68472552.16
其他应收款	93726492.36	139791414.56	62081158.69	61785705.86
减:坏帐准备	2241562.87	2241562.87		
应收款项净额	151004105.08	183600645.17	130391422.30	130258258.02
预付帐款	11496049.98	4961970.52	2250992.17	2250992.17
应收补贴款	5693019.46	5693019.46		
存货	78925800.07	70086922.45	70193721.76	66956296.63
减:存货跌价准备	1610162.62	1210162.62		
存货净额	77315637.45	68876759.83	70193721.76	66956296.63
待摊费用	866176.14	727911.66	1287601.80	1287601.80
待处理流动资产净损失				
一年内到期的长期债券投资				
其他流动资产				
流动资产合计	778212739.99	734862057.53	560871903.84	555406772.62
长期投资:				
长期股权投资	117639826.86	320174185.30	31830632.02	46764094.35
长期债权投资				
长期投资合计	117639826.86	320174185.30	31830632.02	46764094.35
其中:合并价差				
减:长期投资减值准备				
长期投资净额	117639826.86	320174185.30	31830632.02	46764094.35
固定资产:				
固定资产原价	486062348.71	401160260.27	293956483.73	263265399.89
减:累计折旧	122660266.69	103935624.35	88416900.86	79340432.52
固定资产净值	363402082.02	297224635.92	205539582.87	183924967.37
工程物资				
在建工程	92457318.91	13698207.40		
固定资产清理				
待处理固定资产净损失				
固定资产合计	455859400.93	310922843.32	205539582.87	183924967.37
无形资产及其他资产:				
无形资产	24985682.50	23440793.46	13585081.02	12736341.42
开办费	2594022.20	602455.44	1470575.04	1465875.04
长期待摊费用	4141598.85	3789425.03		
其他长期资产				
无形资产及其他资产合计	31721303.55	27832673.93	15055656.06	14202216.46
递延税项:				
递延税款借项				
资产总计	1383433271.33	1393791760.08	813297774.79	800298050.80
流动负债:				
短期借款	436000000.00	416000000.00	125468562.61	121468562.61
应付票据				
应付帐款	32239994.30	36736343.88	30515815.50	34142591.62
预收帐款	3410948.12	3409948.12	8329751.73	8329751.73
代销商品款				
应付工资	21924249.77	20991193.27	10047347.82	10054348.60
应付福利费	852771.39	792596.20		
应付股利	81305000.00	81305000.00	-12148775.95	-12334775.95
应交税金	30428642.18	26743330.89	31599953.51	29953135.60
其他应交款				
其他应付款	82594248.11	177226765.84	29382278.27	28796801.01
预提费用	8347258.40	8347258.40	5429351.43	5421192.36
一年内到期的长期负债				
其他流动负债				
流动负债合计	697103112.27	771552436.60	228624284.92	225831607.58
长期负债:				
长期借款	55000000.00	20000000.00		
应付债券				
长期应付款				
住房周转金				
其他长期负债				
长期负债合计	55000000.00	20000000.00		
递延税项:				
递延税款贷项				
负债合计	752103112.27	791552436.60	228624284.92	225831607.58
少数股东权益	29090835.58		10207046.65	
股东权益:				
股本	353500000.00	353500000.00	353500000.00	353500000.00
资本公积	217657668.77	217657668.77	217657668.77	217657668.77
盈余公积	28518603.49	25124350.49	3308774.45	3308774.45
其中:公益金	6302457.26	5453894.01		
未分配利润	2563051.22	5957304.22		
外币报表折算差额				
股东权益合计	602239323.48	602239323.48	574466443.22	574466443.22
负债和股东权益总计	1383433271.33	1393791760.08	813297774.79	800298050.80

利润及利润分配表

一九九九年一月十四日至十二月三十一日

编制单位:上海茉织华股份有限公司　　单位:(人民币)元

	1999年1月24日至12月31日		1998年度	
	母公司	合并	母公司	合并
一、主营业务收入	690985093.18	672338330.96	796930576.67	770811052.43
减:折扣与折让				
主营业务收入净额	690985093.18	672338330.96	796930576.67	770811052.43
减:主营业务成本	552935537.45	557919603.46	600165110.92	583793287.84
主营业务税金及附加				
二、主营业务利润	138049555.73	114418727.50	196765465.75	187017764.59
加:其他业务利润	25454418.33	25199978.95	2448239.06	2393670.64
减:存货跌价损失	1210162.62	1210162.62		
营业费用	15649404.48	15336737.99	3809348.97	3809348.97
管理费用	39019432.80	34571453.06	29868738.60	27880652.79
财务费用	-9104880.52	-9542305.86	4010245.21	3864868.53
三、营业利润	116729854.68	98042658.64	161525372.03	153856564.94
加:投资收益	-810747.46	11428439.20	7824313.66	11818315.30
补贴收入	7615911.94	7420911.94		
营业外收入	990497.06	988818.54	1534086.42	1534086.42
减:营业外支出	1528236.12	1525036.12	800019.39	772017.39
四、利润总额	122997280.10	116355792.20	170083752.72	166436949.27
减:所得税	8821421.81	7277911.94	18545718.92	17628822.31
减:少数股东损益		5097978.03		2729906.84
五、净利润	109077880.26	109077880.26	148808126.96	148808126.96
加:年初未分配利润				
盈余公积转入				
六、可供分配的利润	109077880.26	109077880.26		
减:提取法定盈余公积金	10907788.02	10907788.02		
减:提取法定公益金	5453894.01	6302457.26		
七、可供股东分配的利润	90170508.48	92716198.23		
减:应付优先股股利				
提取任意盈余公积	5453894.01	6302457.26		
应付普通股股利	81305000.00	81305000.00		
转作股本的普通股股利				
八、未分配利润	5957304.22	2563051.22		

现金流量表

一九九九年一月十四日至十二月三十一日

编制单位:上海茉织华股份有限公司　　单位:(人民币)元

	1999年1月24日至12月31日	
	本集团	本公司
一、经营活动产生的现金流量		
销售商品、提供劳务收到的现金	734884402.97	713449339.63
收取的租金		
收到的除增值税以外的其他税费返还		
收到的其他与经营活动有关的现金	83771292.00	85354979.76
经营活动现金流入小计	818655694.97	798804319.39

购买商品、接收劳务所支付的现金	456716009.23	471036349.68
经营租赁所支付的现金		
支付给职工以及为职工支付的现金	77692489.84	75344599.76
支付的增值税款	7779860.20	6021920.02
支付的所得税款	4433035.52	4177026.25
支付的除增值税、所得税以外的其他税费	2770239.03	2671992.03
支付的其他与经营活动有关的现金	76795659.81	90878616.23
经营活动现金流出小计	626187293.63	650130503.97
经营活动产生的现金流量净额	192468401.34	148673815.42
二、投资活动产生的现金流量		
收回投资所收到的现金		
分得股利或利润所收到的现金		
取得债券利息收入所收到的现金		
处置固定资产、无形资产和其他长期资产而收回的现金净额	294275.00	294275.00
收到的其他与投资活动有关的现金	20416414.25	19968582.67
投资活动现金流入小计	20710689.25	20262857.67
购建固定资产、无形资产和其他长期资产所支付的现金	182620395.84	99743481.01
权益性投资所支付的现金	174225752.76	258728900.00
债权性投资所支付的现金		
支付的其他与投资活动有关的现金	157306700.00	157306700.00
投资活动现金流出小计	514152848.60	515779081.01
投资活动产生的现金流量净额	−493442159.35	−495516223.34
三、筹资活动产生的现金流量		
吸收权益性投资所收到的现金	10091900.00	
其中:子公司吸收少数股东权益性投资收到的现金	10091900.00	
发行债券所收到的现金		
借款所收到的现金	368971437.39	358971437.39
收到的其他与筹资活动有关的现金		
筹资活动现金流入小计	379063337.39	358971437.39
偿还债务所支付的现金	48440000.00	44440000.00
发生筹资费用所支付的现金		
分配股利或利润所支付的现金	2192400.00	
其中:子公司支付少数股东的股利	2192400.00	
偿付利息所支付的现金	18071048.12	17044357.39
融资租赁所支付的现金		
减少注册资本所支付的现金		
其中:子公司依法减资支付给少数股东的现金		
支付的其他与筹资活动有关的现金		
筹资活动现金流出小计	68703448.12	61484357.39
筹资活动产生的现金流量净额	310359889.27	297487080.00
四、汇率变动对现金流量的影响额		
五、现金及现金等价物净增加额	9386131.26	−49355327.92
六、不涉及现金收支的投资和筹资活动		
以固定资产偿还债务		
以投资偿还债务		
以固定资产进行长期投资		
以存货偿还债务		
融资租赁固定资产		
七、将净利润调节为经营活动的现金流量		
净利润	109077880.26	109077880.26
加:少数股东损益		
计提的坏帐准备或转销的坏帐	3451725.49	3451725.49
固定资产折旧	29661091.35	25440027.82
无形资产摊销	4737220.60	4617749.77
处置固定资产、无形资产和其他长期资产的损失(减:收益)	1384481.45	1384481.45
固定资产报废损失		
财务费用	10693159.94	10974085.02
投资损失(减:收益)	810747.46	11428439.20
递延税款贷项(减:借项)		
存货的减少(减:增加)	−5917753.60	−3130625.82
经营性应收项目的减少(减:增加)	1 10795115.97	−45539144.86
经营性应付项目的增加(减:减少)	−50838947.70	75774245.53
其他		
经营活动产生的现金流量净额	192468401.34	148673815.42
八、现金及现金等价物净增加情况:		
货币资金的期末余额	523440997.07	462604996.08
减:货币资金的期初余额	356748165.81	354653624.00
现金等价物的期末余额	−157306700.00	−157306700.00
减:现金等价物的期初余额		
现金及现金等价物净增加额	9386131.26	−49355327.92

黄 石 东 贝 电 器 股 份 有 限 公 司

黄石东贝电器股份有限公司 1999 年年度报告摘要

一. 公司简介

1.公司法定名称:
中文:黄石东贝电器股份有限公司英文:HUANGSHI DONGBEI ELECTRICAL APPLIANCE CO.LTD
2.公司法定代表人:杨百昌
3.公司董事会秘书:朱金明
联系地址:湖北省黄石市铁山区武黄路 5 号
电话:(0714)5415858
传真:(0714)5415588
4.公司注册地址:湖北省黄石市铁山区武黄路 5 号
办公地址:湖北省黄石市铁山区武黄路 5 号
邮政编码:435006
互联网址:http://www.dongbei.com.cn
电子信箱:dongbei@public.hs.hb.cn
5.公司信息披露报刊为:
《中国证券报》、《上海证券报》、《香港商报》
登载公司年度报告的中国证监会指定互联网址:
http://www.sse.com.cn
公司年度报告备置地点:公司证券部
6.公司股票上市交易所:上海证券交易所
股票简称:东贝 B 股
股票代码:900956

二、会计数据和业务数据摘要

1.本年度会计数据　　单位:人民币元

利润总额	36272932
净利润	30966060
扣除非经常性损益后的净利润	30966060
主营业务利润	56592249
其他业务利润	1247918
营业利润	30888060
投资收益	
补贴收入	5306872
营业外收支净额	78000
经营活动产生的现金流量净增加额	3083

按照国际会计准则审计的净利润与国内审计报告无差异。

2. 截止 1999 年末,公司本年主要会计数据和财务指标

指标项目	1999 年
主营业务收入(万元)	18677
净利润(万元)	3097
总资产(万元)	59073
股东权益(万元)	34648
每股收益(摊薄)(元)	0.132
每股收益(加权)(元)	0.166
每股净资产(元)	1.47
调整后的每股净资产	1.44
每股经营活动产生的现金流量净额(元)	0.013
净资产收益率(%)	8.94

注:公司 1999 年 3 月成立,故无前两年相关数据。
计算公式:每股收益(全面摊薄)=净利润/年度末普通股股份总数
每股收益(加权平均)=净利润 *12/(5 月末普通股股份总数 *5+年度末普通股股份总数 *7)
每股净资产=年度末股东权益/年度末普通股股份总数
净资产收益率=(净利润/年度末股东权益)*100%
每股经营活动产生的现金流量总额=经营活动产生的现金流量净额/年末普通股股份总数
3.报告期内股东权益变动情况

单位:元

项目	股本	资本公积	盈余公积	法定公益金	未分配利润	股东权益合计
期初数						
本期增加	235000000	81194751	6057678	3028839	24230711	346483140
本期减少						
期末数	235000000	81194751	6057678	3028839	24230711	346483140

变动原因　说明:公司于九九年发行 B 股

三、股东变动及股东情况

(1)截止 1999 年末,公司股东总数为 1,997 户
(2)截止 1999 年末,前十名股东持股情况

名次	股东名称	年末持股(股)	占总股本(%)
1	黄石东贝冷机集团公司(国家股)	117600000	50.04
2	招银证券公司	10072000	4.29
3	DBSSECURITIESNO MINEES(HK)LTD	5518000	2.35
4	甄强	4307544	1.83
5	NEW JAPAN SECURITIESINT'(HK)	2200000	0.94
6	梁好	2077000	0.88
7	徐岚	1740000	0.74
8	WISE MAX INTERNAL LIMITED	1618780	0.69
9	周坚白	1500000	0.64
10	陈家钢	1347000	0.57

说明:
(1)本年度黄石东贝冷机集团有限公司所持的国家股未发生变化,其所持股 份无质押和冻结。
(2)公司前十名股东中,第 2—10 名为流通股股东,其股份变化系二级市场行为,本 公司未知其之间的关联关系。
(3)本公司无持有 10%以上股份的法人股东。

四、股东大会简介

公司于 1999 年 3 月 5 日召开第一次股东大会,出席本次会议的股东共 6 人,代表股份 12,000 万股,占公司股本总额的 100%。会议审议并通过了以下议案:
1.设立股份公司议案;
2.公司章程(草案)议案;
3.选举股份公司董事议案;
4.选举股份公司监事议案;
5.发起人出资议案;
6.授权董事会对股份公司章程(草案)修订的议案;
7.对股份公司发行费用的审核议案;
8.股份公司 B 股发行后全体股东分享九九年度利润的议案;
9.公司关联交易事项议案;
10.申请发行境内上市外资股的议案;
11.公司 B 股发行后将公司转变为中外合资股份公司的议案;
12.公司聘请安达信公司的议案;
此次股东大会选举杨百昌先生、吴晓英女士、刘传宋先生、方华女士、李植礼先生、朱金明先生、叶俊方先生、王梁先生、阮绍林先生为公司董事,任期三年。
选举王固华先生、杨子明先生为公司监事,任期三年。

五、董事会工作报告

(一)公司的经营情况
1、公司所处的行业为压缩机制冷行业。本公司压缩机年产能力 120 万台,是国内 能够批量生产大规格冰箱、冷柜压缩机的唯一企业。
2、公司主营业务范围及经营情况
本公司是一家专门从事研究、开发、制造和销售冰箱、冷柜用压缩机的专业化公司;一九九九年,公司主营业务完成情况如下:压缩机销量 72 万台主营业务收入 18,667 万元净利润 3097 万元
3、经营中出现的问题与解决办法
1)经营中出现的问题:
随着压缩机行业跨国公司的进入,国内压缩机行业竞争加剧,价格竞争已成为占领市场的主导手段,近几年来压缩机价格呈逐年下降趋势;其次,我国承诺 2005 年完全停 止使用氟利昂制冷剂,但国内冰箱厂无氟替代进程加快,而国内无氟压缩机技术还不十分成熟,进口无氟压缩机趁机抢占国内市场。
2)解决办法:
(1)围绕产品结构调整,加大技术创新和技术改造力度。一是对 R600a 无氟压缩机 进行优化设计,全面提高压缩机性能指标,并尽快推向市场,使其销量占公司全年总销 量的 50%以上;二是加紧研制开发 R134a 无氟压缩机系列产品,加快 100 万台 R134a 无氟 压缩机项目一期工程,力争 2000 年底建成试产。
(2)充分发挥公司独家生产大规格冰箱、冷柜压缩机优势,扩大大规格压缩机销售比重,提高产品附加值。
(3)进一步开展节能降耗工作,全面推行招标和比价采购,进行成本、费用目标控 制和考核。
(4)建立大质量管理体系,全面推行 TQM(全面质量管理)管理,提高产品品质竞争力。
(二)公司的财务状况:
单位:万元

指标名称	
总资产	59073
长期负债	82
股东权益	34648
主营业务利润	5659
净利润	3097

注:公司 1999 年 3 月成立,1997 年、1998 年无数字。安达信.华强会计师事务所对公司 1999 年度财务报告进行了审计,并出具了无保留意见的审计报告。
(三)公司的投资情况
1、募集资金的使用情况
1999 年 6 月,公司发行境内上市外资股 10,000 万股,至 8 月 13 日止,又全额行使超额配售选择权,发行 1,500 万股 B 股,合共募集资金净额折合 16500 万元人民币。截止到年末,已投入公司 100 万台无氟压缩机扩建项目一期工程 1065 万元人民币,余款以存款的形 式储备于银行。
2、报告期内非募集资金投资情况
1999 年,公司利用联合国工发组织无氟改造援助资金,对现有压缩机生产线进行无氟改造,投入资金 305 万元。
(四)2000 年业务发展计划
2000 年是世纪之交的一年,随着中国加入 WTO 的日期临近,全球经济一体化进程加 快,中国经济进一步融入全球经济环境中。公司将面临着新的机遇和挑战。在新的一 年里,公司将以市场为导向,以效益为中心,进一步加强企业管理,提高产品质量,强化 品牌意识,完善激励机制,建立企业文化。通过项目建设,扩大经营规模,培植公司发展后劲。
2000 年公司总的经营目标是:生产各类压缩机 90 万台,主营业务收入 23,923 万元。为了实现上述目标,公司将采取以下举措:
1、恢复和拓展市场。
2000 年公司要完成科龙、海尔等大用户配套品种的无氟压缩机产品替代,并使用 量有较大幅度回升。
大规格压缩机、经济型压缩机产品在冷柜市场和压缩机零售市场实现大批量销售。
2、推行全面质量管理。
公司的质量保证体系按 ISO9000 标准运作四年后,将向全面质量管理推进。2000 年公司聘请中国质量协会资深专家指导公司推行全面质量管理,建立大质量体系,以求提高产品品质竞争力。
3、加大产品开发和技术创新力度。
2000 年,公司一是加强 R600a 无氟压缩机的性能改进,确保其在国内同类产品中处 于领先地位;二是加快 R134a 无氟压缩机的研制开发进度,配合 100 万台无氟压缩机项目一期工程,为 2001 年 R134a 压缩机批量投放市场打下基础。
4、加快项目建设和资本运营

草原兴发绿色食品工业园

内蒙古草原兴发股份有限公司

股票简称：草原兴发　　股票代码：0789

内蒙古草原兴发股份有限公司(以下简称“草原兴发”)成立于1993年，是中国最大的草原肉食品生产企业，内蒙古自治区三十七家重点企业之一。公司拥有总资产12亿元，员工4857人，下辖30余家直属或控股子公司。目前已开发出草原兴发羔羊肉、草原绿色鸟鸡、草原兴发野味肠等10大系列1000余个品种的草原特色食品，产品畅销于内蒙古、京、津、冀、黑、吉、辽、粤、鄂、鲁、沪、苏、浙、豫、陕等二十多个省市自治区，远销日本、俄罗斯、中东、欧共体、香港等国家和地区。世纪之交，“草原兴发”启动以肉鸡联肉羊，进军草原绿色肉食业工程，目前已在内蒙古锡林郭勒、呼伦贝尔、科尔沁三大草原上拥有肉羊屠宰加工厂21家，具有年直接屠宰加工肉羊300万只、肉鸡3000万只的生产能力，并已发展成为内蒙古最大的农牧业产业化大型企业。

公司经营范围为：食品加工、制造、餐饮；饮料制造；农作物植种业、其它农业；林业；牲畜饲养放牧业、家禽饲养业；木材加工及制品；经销兽用药品及器械。公司1999年度主营业务收入997998523.93元，主营业务利润156934610.99元，其他业务利润665504.49元，利润总额141069475.21元，净利润94951999.55元，总资产1226812623.66元，每股收益0.335元，每股净资产3.18元，净资产收益率10.54%。

地址：内蒙古自治区赤峰市平庄镇兴发大厦

邮编：024076　　联系人：孙凯　田书敬

联系电话：(0476)3514285　　传真：(0476)3510053

电子信箱：nmxflx@public.hh.nm.cn

浙江海正药业股份有限公司

ZHEJIANG HISUN PHARMACEUTICAL CO.,LTD.

股票简称:海正药业　股票代码:600267

白骅：董事长、总经理、全国人大代表、全国劳模、执业药师

公司领导成员

通过美国FDA认证的产品：（左起）妥布霉素、阿霉素、丝裂霉素、依维菌素、柔红霉素

发酵自动化控制系统

正在申报中的国家级技术中心生产

公司是经浙江省人民政府批准，以浙江海正集团有限公司为主要发起人，联合国投兴业有限公司(现已更名为国投药业投资有限公司)、三龙投资(中国)有限公司及国家医药管理局四川抗菌素工业研究所、国家医药管理局上海医药工业研究院、中国药科大学、浙江省医药工业公司(现已重组为浙江英特药业有限责任公司)及第二军医大学朝晖制药厂(现已改制重组为上海复星朝晖药业有限公司)等七家单位共同发起设立的股份有限公司，于1998年2月11日在浙江省工商行政管理局登记注册成立。

经中国证监会核准，公司于2000年7月5日至7月15日成功发行4000万股人民币普通股，每股发行价人民币11.83元。公司4000万股社会公众股于2000年7月25日起在上海证券交易所挂牌交易。公司股本总额为15600万元。

公司经营范围:化学原料药、化学中间体、医药制剂、生物制药、中成药、中药制剂、医药辅料(以上五类仅限于片剂、胶囊剂、粉针剂、口服液四种品种)的生产、开发、销售;本企业自产的化学原料药、化学药制剂、合成樟脑的出口;本企业生产、科研所需的原辅材料、机械设备、仪器仪表、零配件的进口。

公司董事长、总经理白骅先生　53岁，毕业于杭州化工学校，执业药师，高级工程师，全国劳动模范，第九届全国人大代表，现任本公司董事长、总经理。白先生1968年加入海门制药厂，1981年起担任厂长，在新产品开发、技术改造、市场营销及生产管理上具有深厚、独到的经验，曾荣获全国医药行业优秀企业家等荣誉称号。白先生现时还兼任浙江省医药工业有限公司董事长和浙江海正集团有限公司党委书记。

中央首长视察海正药业

公司全貌

地址：浙江省台州市椒江区外沙路46号　邮编：318000
电话：0571-5278141　传真：0571-5278141

从意大利引进的、已通过GMP验收的抗肿瘤制剂生产线

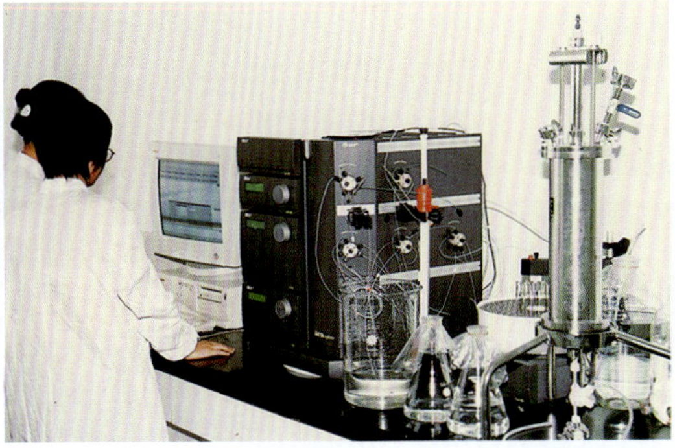
高效液相层析系统

美国引进的空压机群

江苏红豆实业股份有限公司

股票简称：红豆股份　股票代码：600400

公司是经江苏省人民政府苏政复[1998]99号文批复，由锡山市红豆实业有限公司变更设立的股份有限公司。本公司的前身是原无锡红豆实业有限公司。无锡县红豆实业有限公司系1995年6月10日经原无锡县（今锡山市）经济体制改革委员会批准，由红豆集团公司、无锡县第四针织内衣厂、无锡市红仕女装厂、无锡市雏鹰服装厂、无锡县兴达制衣厂（现为锡山市兴达制衣厂）等五家法人单位共同出资，于1995年6月16日在无锡县工商行政管理局注册成立的有限责任公司，注册资本为人民币5000万元。1995年8月8日，因无锡县撤县设锡山市，相应地无锡县红豆实业有限公司变更为锡山市红豆实业有限公司。

1998年9月，经江苏省人民政府批准，锡山市红豆实业有限公司整体变更为本公司，并于1998年9月11日在江苏省工商行政管理局依法登记注册。公司经营范围：服装、针织品、纺织品、机械的制造加工、销售。

经中国证券监督管理委员会核准，公司于2000年12月21日上网定价发行社会公众股5000万股，并于2001年1月8日在上海证券交易所挂牌交易。

公司董事长：周海江

公司总经理：蒋国才

周海江先生：董事长，34岁，研究生，高级经济师。曾任河海大学教师，无锡市太湖针织制衣总厂副厂长，无锡兴利制衣有限公司总经理等职，现任集团公司董事局第一副主席，并当选为中国服装企业家委员会副主任、江苏省青年联合会副主席，荣获中国服装行业十大功勋及全国纺织行业劳动模范称号。

蒋国才先生：总经理，50岁，高中。曾任无锡市太湖针织制衣总厂副厂长、副书记，集团公司副书记、工会主席，荡上村党支部书记，集团公司常务副总经理。

法定代表人：周海江　地址：江苏省锡山市港下镇
电话：(0510)8761888-422、278　传真：(0510)8761888-422

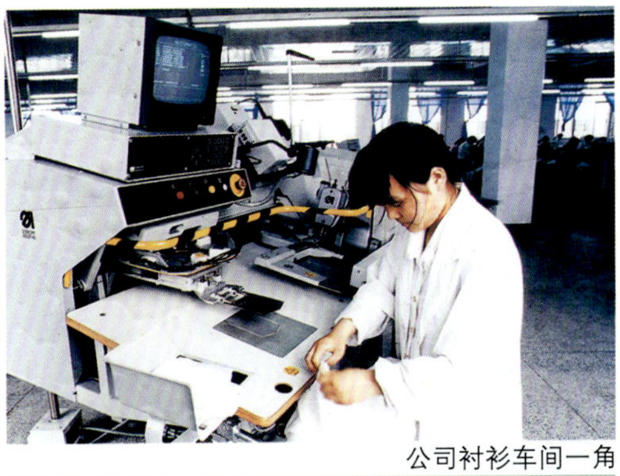
公司衬衫车间一角

公司厂房

公司董事长周海江（左一）陪同经叔平（右一）考察公司生产情况

公司厂房

公司厂房

公司厂房

中垦农业资源

公司董事长：李润福

公司总经理：梁宝忠

公司良种库

公司经农业部和国家经贸委批准，由中国农垦（集团）总公司作为主发起人，联合江苏省农垦集团有限公司、江苏大圣集团有限公司、中国水果与蔬菜有限公司以及天津开发区兴业房地产投资有限公司共同发起设立，并于1999年8月13日在国家工商行政管理局注册登记。公司经北京市科学技术委员会认定为高新技术企业（编号为0121105F），注册于北京市中关村科技园区丰台园。

中国农垦（集团）总公司投入本公司的资产为原北京中垦农牧有限责任公司、原北京中垦农业物资供销公司、原华垦物资公司、原中国农垦进出口江苏公司、原北京华垦农科公司的经营性净资产；江苏省农垦集团有限公司投入本公司的资产为原江苏省农垦大华种子集团公司（含17家全资子公司及江苏省农垦大华淮阴种子有限公司80%的股权和江苏省农垦大华种子徐州有限公司52%的股权）经剥离为农场服务的资产及相关负债后的全部净资产；江苏大圣集团有限公司、中国水果与蔬菜有限公司以及天津开发区兴业房地产投资有限公司分别以50万元现金投入本公司。

经中国证券监督管理委员会批准，公司已于2000年12月22日成功上网发行了人民币普通股股票8000万股，并于2001年1月19日起在上海证券交易所挂牌上市交易，公司总股本25220万股。

公司经营范围：油料作物、花卉、剑麻的种植、加工销售；粮食种植；水产品养殖；农业高新技术及产品的开发、技术转让、技术服务；种子加工设备、检验仪器的销售、安装；饲料及饲料添加剂、针纺织品及服装、皮革制品的生产、销售；货物仓储服务；对农业、食品业的投资、管理；与上述业务相关的信息咨询服务；农作物种子经营；对住宿、餐饮、文化娱乐项目的投资管理。

开发股份有限公司

股票简称：中农资源　股票代码：600313

司亚洲第一种子烘干机群

公司控股的华垦物资有限公司经营的化肥运往垦区

公司现代农业示范农场

公司董事长李润福先生，53岁，大专，高级农业经济师。历任江苏省国营大中农场党委书记兼场长、江苏省农垦总公司副总经理、党委委员，分管农业、劳资工作。现任江苏省农垦集团有限公司总经理、副董事长、党委副书记、本公司董事长。

公司总经理梁宝忠先生，44岁，大学本科，高级经济师。历任中国农垦经济研究所经济室副主任、中国农垦南方公司（深圳）生产发展部副主任、中国农垦工业公司项目开发处处长、中国农垦（集团）总公司计划部主任、总经理助理。现任本公司董事、总经理。

法定代表人：李润福
注册地址：北京市丰台区科学城10D地块2号楼
办公地址：北京市月台北街2号月台大厦C501
电话：010－68083255－59转　传真：010－68083262

公司董事长兼总经理：张坚

公司办公大楼外景

GDMZH

广东明珠球阀集团股份有限公司

股票简称:广东明珠　股票代码：600382

股份公司的前身为创建于1971年的广东省球阀厂。1991 年以广东省球阀厂为主体组建了广东明珠球阀集团公司。 1993年9月，经广东省企业股份制试点联审小组、广东省经济体制改革委员会批准，并于1994年2 月经广东省体改委补充批复，由集团公司的股东原兴宁县国资办、深圳市宝安区友谊球阀厂和友谊投资发展（兴宁）有限公司三家单位共同发起，以定向募集方式设立广东明珠球阀集团股份有限公司。1994年4月21日， 股份公司正式成立。设立时的总股本为10087.33万股。公司经营范围:制造、销售普通机械。

1997年5月，股份公司实施1996年度配股计划，向全体股东配售10000万股，配股价格为每股1.3元。配股完成后，股份公司的股本增加至20087.33万股。1999年9月24日，股份公司向深圳市宝安区友谊球阀有限公司等股东单位实施定向股份回购方案。股份回购并注销后，股份公司的股本减少为11087.33万股。

经中国证券监督管理委员会批准,公司已于2001年1月4日上网定价发行人民币普通股6000万股 ,每股面值1 .00元,每股发行价5.50元。公司6000 万股A股于2001年1月18日在上海证券交易所挂牌交易。公司总股本17087.33万股,可流通股本6000万股。

先进的生产设备

公司董事长兼总经理张坚力：男，1963年4月出生，大专文化，经济师。1978年参加工作，曾任深圳宝安区友谊球阀厂厂长，具有多年企业经营管理经验。现任股份公司董事长兼总经理。

公司系列产品

法定代表人：张坚力
住所：广东省兴宁市兴城镇赤巷口
电话：(0753)3338549　传真：(0753)3335802

青岛碱业股份有限公司

公司董事长：（签名）　　公司总经理：罗方辉

青岛碱业股份有限公司是一个生产经营纯碱、化肥、农药，集科、工、贸一体化的大型综合性化工企业。目前公司总资产13亿元，净资产5.42亿元，职工4800余人。年产纯碱50万吨，化肥30万吨，农药1万吨，是国家512家重点企业之一。

公司始创于1958年，原名青岛化肥厂。1965年纯碱系统竣工投产，时为全国三大纯碱生产企业之一，1984年更名为青岛碱厂。1993年经过国家有关部委审定，为大型(一档)企业。1994年经青岛市体改委批准，由青岛碱厂作为独家发起人，以定向募集方式设立青岛碱业股份有限公司。1999年公司吸收合并青岛天柱化肥股份有限公司、青岛双收农药集团股份有限公司两家公司重组上市，成为综合性大型化工企业。

公司一贯奉行质量第一的方针，各类产品均具优秀品位。主要产品自力牌纯碱于1983年荣获国家质量金质奖，1995年经中国商检质量认证中心审核，在同行业中首家取得了ISO9002质量体系注册。民丰牌尿素、碳酸氢铵为青岛市知名商标，自力牌小苏打、氯化钙先后被评为化工部、山东省优质产品和信得过产品。双收牌七种农药甲基异柳磷、福美砷、退菌特、安灭灵、杂草净、水胺硫磷，分别荣获化工部优质产品、全国用户信得过产品和中国农业博览会金奖。各类产品行销全国各省，其中自力牌纯碱、小苏打，已远销世界十几个国家和地区。

公司历经四十年发展，在纯碱、化肥、农药生产技术方面形成了独具优势，并拥有青岛市市级技术开发中心，荣获国家技术进步全优奖。纯碱生产经过不断引进吸收国外先进工艺技术，采用大型、高效、节能先进设备，拥有科研、开发、设计、制造、安装等较完善专业配套技术。公司自行研究设计国内直径最大的Φ2500mm自身返碱煅烧炉投运成功，荣获世界第37届布鲁塞尔·尤里卡发明铜牌奖；国内纯碱行业独家从荷兰AKZO公司引进的干法加灰蒸馏回收氨新工艺，经过不断消化吸收，已成为公司专有技术；自行开发、研究、设计制造投入使用的蒸汽闪射器，回收蒸馏液低位热能装置，属国内同行业首创；在500kt/a纯碱扩建中从瑞士苏尔寿公司引进重灰生产系统流化床生产装置，使公司重灰产品质量在国内同行业中保持了明显的优势。化肥生产从荷兰引进专利技术生产大颗粒尿素，使生产技术达到国内先进水平，荣获全国化肥生产先进单位。农药生产注重新产品开发，水胺硫磷、甲基异柳磷、安灭灵、杂草净、速毙啉等产品的开发成功填补了国内生产空白，胺氰乳油、氟磺胺草醚分别填补了省内生产空白。在管理方面，1991年通过国家一级企业现场评审，计量取得了完善计量体系合格证书，档案、节能、设备等专业管理均达到国家一级单位水平，企业先后获化工部、山东省优秀企业称号。1993年，公司获进出口自营权，产品逐步打入国际市场，年出口额达1亿元人民币，纯碱自营出口量位居全国同行业首位，1995年被青岛市授予自营进出口明星企业称号。九十年代初即以其优秀业绩跻身于全国最佳经济效益企业五百家行列，在1995年国家经贸委、国家统计局公布的中国工业企业综合评价五百家中，公司名列第124位。1997年，经大公国际资信评估机构评估，确认资信等级为AA。

地址：中国青岛市四流北路78号
电话：(0532)4822574
邮编：266043

北满特殊钢
股份有限公司

公司董事长：于志领　男　56岁
1968年毕业于东北大学(东北工学院)金属物理专业，本科学历，高级工程师和高级政工师。1968年加入齐钢，历任党委宣传部部长、工会主席、党委副书记。1993年起任公司常务董事，现任北钢集团有限责任公司董事长、党委书记，北满特殊钢股份有限公司董事长。

公司总经理：高崇　男　41岁
1983年毕业于鞍山钢院钢铁冶金专业，本科学历，教授级高级工程师。1983年加入齐钢。曾任秘书、副段长、企业管理处副处长、电炉分厂厂长。1997年任公司总经理助理、副总经理，1998年任公司董事，现任公司总经理。

北满特殊钢股份有限公司是由原齐齐哈尔钢厂改制的规范化股份制企业，是我国“一五”期间156项重点工程中唯一的特殊钢厂，曾被周恩来总理誉为“国家的掌上明珠”。

公司于1992年10月24日经黑龙江省人民政府批准成立，并于1994年4月4日在上海证券交易所上市。公司现有总股本53240万股，其中国有股34243万股，法人股2541万股，流通股16456万股。

经过40多年的建设发展，公司现已形成产钢62万吨、钢材46.5万吨的综合生产能力，拥有雄厚的技术力量和很强的生产、科研、新产品开发能力。为我国的冶金、机械、电力、石油、煤炭、汽车、矿山、航海和航空航天工业的发展做出了重大贡献，先后为第一台国产2.5万汽轮机、第一台国产拖拉机、第一艘万吨级远洋货轮、自行研制的第一批坦克、第一颗人造卫星、第一台原子能反应堆、第一枚洲际导弹、第一艘核潜艇等多个国产第一提供了重要的部件用钢。公司的主体装备中，拥有从国外引进的45吨高功率电炉、3000吨快锻机、10吨电渣炉及双流水平连铸机等先进设备和140无缝管生产线，并拥有当代先进的检测设备。公司主要产品为碳结、合结、轴承等八大类700多种轴承钢、汽车用钢、工模具钢、阀门钢、成品冷轧辊、高压锅炉管等已成为国内市场的拳头产品。1997年公司通过了ISO9002质量体系认证。公司经营范围：钢材轧制、冶炼、压延。设备制造，经营进出口业务(按对外贸易经济合作部批准文件执行)。2000年上半年公司总资产277556万元，净利润8422万元，每股收益0.158元，净资产收益率-9.41%，每股净资产1.68元，调整后每股净资产1.05元。

浙江巨化股份有限公司

公司总经理：许生来

浙江巨化股份有限公司是经浙江省人民政府批准，由巨化集团公司独家发起，采用募集方式设立的大型化工股份有限公司。公司现有总股本为34100万元，其中国有法人股25300万元，社会公众股8800万元。1998年6月1日，公司股票(简称：巨化股份；代码：600160)在上海证券交易所上网发行，1998年6月26日在上交所上市交易。

公司主要从事氟化工原料及后续产品，基本化工原料及后续产品和化肥、农药、生物化工、计算机软件等产品的生产经营。下属子公司和生产厂中，浙江衢化氟化学有限公司是全国规模最大的氟化工生产基地、浙江省区外高新技术企业，电化厂是浙江省最大的氯碱企业，合成氨厂是浙江省化肥生产基地和最大的甲醇、甲醛生产厂，硫酸厂是浙江省最大的硫酸生产企业，兰溪农药厂是国家50家重点农药生产骨干企业。

公司现有员工7863人，其中各类专业技术人员1036人。截至1999年底，公司拥有总资产1479003037.25元，净资产962592648.84元。

公司成立以来，保持了良好的发展态势。顺利兼并了兰溪农药厂，收购了浙江衢化氟化学有限公司23%的股权(现拥有98%的股权)，分别在杭州下沙开发区和上海浦东张江高科技园区控股了浙江巨化博联高新技术有限公司、上海“好多”网络信息技术有限公司，在上海浦东参股组建了上海巨化实业发展有限公司。1999年，公司实现利润总额13145.5万元，每股收益0.332元，净资产收益率11.75%。

公司拥有一流的生产技术。共有19套装置采用FCS、DCS集散控制，17种产品采用国际标准和国外先进标准组织生产，其中8种产品等效采标。公司的一氯甲烷、PVDC五型胶乳、VCM(氯乙稀单体)、VDC(偏氯乙稀单体)、改性ADC发泡剂、百福素、卡尼丁、液体SO2、液氯、乙氧氟草醚除草剂等产品技术居国际领先水平，氟化工主要装置具有国际90年代先进水平。

公司积极贯彻“质量是永恒的主题，顾客是永恒的上帝”的质量方针。建有完善的质量保证体系，已通过了ISO9002质量体系认证，下属5个生产企业质检机构通过一级质检机构认证。公司有18种产品获浙江省名牌产品，“巨化牌”尿素、碳铵、发烟硫酸、PVC树脂、工业盐酸、ADC、氟系列产品、异稻瘟净原油等15种产品获国家、省、部优产品称号。“巨化”商标被评为驰名商标。

公司确立了“从严求实、民主科学、开拓创新、勇创一流”的企业精神，对本埠四个厂(公司)采用紧密型的管理模式，以市场为导向，以计划目标为龙头，以经济效益为目标，形成目标管理中心、投资决策中心、内部财务结算中心、利润中心和成本中心等一整套完整的管理体系。

面向二十一世纪，公司确定的发展战略是“以‘创造财富、服务社会’为宗旨，以高新技术产业为主导，抓好产业和资本经营，加快培育核心竞争能力，夯实衢州基地，形成以氟化工为核心，精细化工、生物化工、合成材料和信息技术为支柱的产业格局，建成现代型、国际性、高科技的一流企业”。

公司大型生产装置

董事长：刘奇
总经理：许生来
地址：浙江省衢州市
邮编：324004
联系人：王伯年
电话：(0570)3091670 3091730
传真：(0570)3091777
电子邮件：wbn@juhua.com.cn

公司厂区夜景

徐州维维食品饮料股份有限公司

董事长：崔桂亮

维维系列产品

1999年8月，经中国对外贸易经济合作部批准，由维维集团、正禾食品、金元实业、恒天酒店和外方五丰食品为股东的徐州维维依法变更为中外合资股份有限公司——徐州维维食品饮料股份有限公司(以下简称维维股份)，维维股份的股权结构为：维维集团持有股份公司63.76%的股份，五丰食品持有股份公司36%的股份，正禾食品、金元实业和恒天酒店三家公司分别持有股份公司0.08%的股份。1999年8月6日，维维股份正式领取营业执照，股本为人民币23000万元，股份总数23000万股。经中国证监会批准，本公司已成功发行每股面值1.00元的人民币普通股10000万股，每股发行价格人民币10.28元。其中向战略投资者配售5000万股，向一般投资者上网定价发行5000万股。本次发行后，公司股本增至33000万元，上市时间：2000年6月30日。

公司经营范围：食品、饮料的制造，销售自产产品。1999年公司主营业务收入917507135.89元，主营业务利润107932719.99元，利润总额121888327.06元，净利润109589676.49元，净资产收益率44.47%，每股净利0.48元，公司资产总计707086773.62元。

公司董事长：崔桂亮男，1962年12月出生于江苏徐州，党员，研究生学历，高级经济师。崔先生从1981年9月至1992年9月期间，任铜山碾米厂技术员，副厂长，厂长和徐州豆奶粉厂厂长；1992年10月开始担任江苏维维集团总经理兼党委书记；1994年成立维维集团后，崔先生任维维集团董事长及总经理，同时任徐州维维总经理。崔先生现只任本公司董事长。

法定代表人：崔桂亮

总经理：胡云峰

地址：江苏省徐州市建国东路205号

电话：(0516)3290169

传真：(0516)2704888

江苏恒瑞医药股份有限公司

江苏恒瑞医药股份有限公司是1997年2月经江苏省人民政府批准设立的股份制公司，位于新亚欧大陆桥东桥头堡－连云港市经济技术开发区。成立时间1997年4月28日，注册资本：13285万元人民币，经营范围：原料药、片剂、硬胶囊剂、注射剂、SP铝箔、PTP铝箔、OP保护剂、VC粘和剂制造、销售。

公司是国家重点的抗肿瘤药物研究和生产基地，抗肿瘤药销量在国内名列前茅，同时也是国家定点的麻醉药品生产主要厂家之一，96年被卫生部、国家医药局确定为我国参加国际麻管组织交流的窗口。现拥有国家级二类新药三个（来曲唑、美司那、依立替康）及其它国家级新药证书共28个，异环磷酰胺等7个产品国内独家生产。公司是省重点扶持的六个医药企业之一，是省政府授予的“技术进步先进企业”、省科委认定的“高新技术企业”和省环保局授予的“1998年度江苏省环境保护先进单位”，全国医药行业优秀企业，被科技部确定为1999年度国家重点高新技术企业。

公司控股子公司——中金医药包装有限公司先后从日本引进了具有九十年代国际先进水平的药用PTP铝箔及SP软包装材料生产线，建成了两个符合GMP规范要求的生产工厂，是目前国内医药包装行业规模最大、设施最先进的企业，1993年被国家经贸委等六部委认定为国家大型二类企业。1998年通过ISO9002质量体系认证，2000年被科技部认定为国家重点高新技术企业。主要产品PTP铝箔和SP复合膜被认定为江苏省名牌产品，并荣获国家医药局优质产品称号。目前，药用PTP和SP的生产量全国最大、质量最好，国内市场占有率30%以上，并批量出口。经注册会计师审计，本公司2000年1－6月的经营业绩：主营业务收入23082万元，营业利润3943万元，利润总额3862万元，净利润2556万元。经中国证券监督管理委员会证监发行字［2000］122号文批准，向社会公开发行4000万股股票。经上海证券交易所上证上字［2000］第79号文批准，本次发行的股票于2000年10月18日在上交所上市。

“恒瑞”人信守“不断提高药品品质，致力人类健康幸福”的宗旨，严格按照GMP要求组织生产，靠优秀的品质立足社会，以优良的信誉服务于人类。

法定代表人：孙飘扬

公司注册地：江苏省连云港市经济技术开发区黄河路38号

公司大门

生产厂房

公司生产车间

不断提高药品品质
致力人类健康幸福

苏福马股份有限公司

苏福马股份有限公司是经国家经贸委国经贸企改［1998］825号文批准设立，由苏州林业机械厂作为主发起人，联合吴江电子仪器厂、吴县市黄桥林机配套厂、吴县市冷作二厂、吴县市环境保护设备厂、中国林业机械广州公司五家企业共同发起，于1998年12月31日在国家工商行政管理局注册登记的股份有限公司。公司注册资金8300万元，总股本8300万股、流通股3000万股，其中国有法人股为4992.32万股，占总股本的60.15%，其它法人股为307.68万股，占总股本的3.71%，公司注册地在江苏省苏州市国家高新技术产业开发区内，是江苏省高新技术企业和国家重点高新技术企业，并拥有国家资质的设计研究所。

苏福马股份有限公司是国内主要从事人造板成套设备、木工机械开发制造的国家重点企业和行业骨干企业，在木材及竹藤、农作物秸杆综合利用和深度加工高新技术装备开发、生产上，处于国内领先地位。公司主导产品有高精度宽带砂光机、高效节能型干燥机、浸渍干燥生产线、二次加工贴面生产线、高精度木工机械等一批具有国际九十年代中期先进水平和国内领先水平的产品，并且在新型建材、电子覆铜板、绝缘材料、轻工包装材料等方面推出了代表国内先进水平的专用生产线设备。上述产品已远销美国、日本、南美洲、非洲、东南亚等国家和地区，深受国内外用户的欢迎。先后有20项新品开发项目被列为国家级重点新产品开发计划，3项被列为国家级"火炬计划"，"九五"期间还承担了3项国家"948计划"的开发和试制任务。近十年共开发新品110项，重大改进产品125项，其中高精度宽带定厚砂光机、高精度木工四面刨等产品主要技术参数已达到当代国际先进水平。新产品市场投放率达到98%以上，新产品销售额平均占当年全部销售收入35%以上，促进了企业经营业绩的成长，并为推动国内人造板、木材加工行业的技术进步，缩小与国际水平的差距，填补国内技术装备空白，增强进口替代能力起到了明显作用，并取得了明显的社会效益。

在未来五年中，公司将坚持"立足林业、面向社会、走向世界"的企业发展宗旨，积极顺应市场和产业发展的规律，通过募集资金加快技术进步和技术改造，进一步强化产品开发和引进技术的转化力度，提高企业整体实力，缩短与国际先进水平的差距，增强企业在国内、国际市场上的综合竞争实力；实施产业改造、不断改进和完善生产经营组织，进一步增强人造板设备、新型建材装饰材料成套设备、木工机械三大系列产品开发制造的领先地位，并积极探求向相关产业发展的新路子，追求股东权益的最大化，为促进社会经济的发展和进步、满足国际国内市场的需求而竭尽全力。

公司厂区一角

公司开发的具有先进水平的产品

公司开发的具有先进水平的产品

公司开发的具有先进水平的产品

法定代表人：葛仁优

住所：苏州市新区何山花园8幢103室

电话：(0512) 7534811

联系地址：江苏省苏州市西大营门58号

邮编：215003

http://www.sufoma.com

E-mail:sufoma@pub.sz.jsinfo.net

重庆九龙电力股份有限公司

公司董事长：罗维

证券简称：九龙电力

证券代码：600292

重庆九龙电力股份有限公司是1994年5月经重庆市经济体制改革委员会以渝改企[1994]51号文批准，由四川省电力公司、重庆市建设投资公司、重庆发电厂等八家国有大中型企业共同发起，以定向募集方式设立的股份有限公司，公司于1994年6月30日注册登记。公司成立时总股本10725万股，按每股面值1元的价格发行，发起人法人股共计8629.10万股。定向募集社会法人股2095.90万股。1998年3月至1998年10月重庆拓源电力公司协议授让重庆电业局、四川电力建设一公司（后更名为重庆电力建设总公司）、重庆发电厂各自持有本公司的200万股及社会募集法人股1208.1万股，收购完成后重庆拓源持有本公司的股份共计1808.1万股，成为本公司第三大股东，占总股本的16.86%。经中国证券监督管理委员会证监发行字[2000]135号文核准，本公司于2000年10月13日成功上网定价发行了每股面值1.00元的人民币普通股6000万股，每股发行价人民币9.00元。经上海证券交易所同意，本公司6000万股人民币普通股于2000年11月1日起在上海证券交易所上市挂牌交易。本公司总股本16725万股，流通股本6000万股。公司经营范围：电力生产，电力技术服务；销售电机，输变电设备，电器机械及器材，电子元件，煤炭，化工产品及原料（不含化学危险品）。输变电设备及电机的制造、销售，环境保护技术的研究、开发，高新科技产品的研究、开发（国家有专项管理规定的除外），房地产开发（按资质证书核定项目承接业务），物业管理。公司目前主营项目为电力生产。截止2000年5月31日，本公司的总资产59,896.07万元，总负债为35,907.23万元，净资产为23,988.84万元。2000年1-5月主营业务收入为14,485.43万元，实现净利润4,496.56万元。公司现有员工127人，其中具有中高级职称的人员33人。

公司厂区

主控制室

公司大型设备

公司董事长：罗维

董事、总经理：冯仁礼

地址：　重庆市高新技术产业开发区九龙园区盘龙村113号

电话：(023)68628920　68637303

传真：(023)68635244

广州宏城发展股份有限公司

董事长：欧兆禾

广州宏城发展股份有限公司是广州市城市建设开发集团有限公司控股的公司。成立于1993年8月18日，是广州市首家以定向募集方式设立的综合型股份制企业。公司注册资本为8006万元人民币，经营范围为：房地产开发、物业租赁、建筑业高科技项目投资及进出口贸易等。

公司秉承〝高起点、高质量、高效益〞的经营方针，充分利用自身优势，不断实施名牌产品发展战略，立足于房地产开发建设，积极开展多元化经营，取得了较好的经济效益和社会效益。

作为房地产综合开发二级企业，公司至今已成功开发建设了二沙岛云影花园，并与广州市城市建设开发集团有限公司合作开发建设了天河名雅苑、黄石花园等小区。其中名雅苑小区荣获〝全国城市小区建设试点优秀小区〞等多种荣誉称号，受到国内外专家及客户的一致好评。目前，公司正开发建设天河荟雅苑、二沙岛宏城花园别墅、二沙岛度假别墅、宏城网球俱乐部等几个大型投资项目。公司土地储备丰富，在房地产发展方面潜力巨大，前景看好。

除房地产业外，公司还结合自身发展需要，积极向多元化方向发展。先后成立了广州宏城汽车服务公司、广州宏城广告有限公司、广州宏城材料设备有限公司、广州市玫瑰园西餐酒廊四个子公司及广州天河宏城快餐娱乐有限责任公司。在广州天河黄金地段拥有宏城停车城、宏城商业广场等几个大型物业。多元化经营增强公司抵御风险的能力，并为公司的发展提供了新的契机。

公司以〝团结、求实、开拓、进取〞为企业精神，员工素质优良，全部员工均为大专以上学历，有工程师、经济师、会计师、统计师、律师等各类专业人才。公司管理规范、状况优良，经过几年的规范运作，资产总额已达数亿元，流动资产充足，实力雄厚。

云影花园

宏城花园别墅

云影花园以完善的物业管理，周到的服务赢得住户良好的口碑

城建集团继名雅苑后又一力作

法定代表人：欧兆禾

地址：广州市天河南二路19-21号宏发大厦八楼

电话：(020)87598060 邮编：510620

董事长 招耀江

佛山通宝大厦

佛山通宝股份有限公司是于1993年3月13日经广东省人民政府批准的中外合资股份制企业，国家重点高新技术企业和大型企业。本公司始建于1966年，是省级先进企业和国家二级企业，公司专业技术人员占公司总人数的20%以上。公司主要产品有为电冰箱、冷柜、空调器、电饭锅、电子消毒柜、洗衣机等家用电器产品配套的各系列温度控制器。主要产品国内市场占有率一直保持在40%以上，居国内同行业榜首，被誉为“中国温控器王国”。以“双箭牌”为商标的压力式温控器产品被省名牌产品认定委员会和省人民政府批准认定为广东省名牌产品，被原国家机械工业部认定为中国机械工业名牌产品。公司在行业中首家通过ISO9001质量保证体系认证，同时，公司产品还通过了美国UL、德国VDE、瑞典SEMKO和澳洲SAA认证，产品出口欧美、澳洲、日本、东南亚和台湾等地。公司的经营方针是“一业为主、多种经营、远近结合、全面发展”，在重点发展主导产品　温控器的同时，开发电脑信息、电子元件、进出口贸易、房地产及物业投资等多种经营，使公司逐步成长为一个多功能的、集工商贸于一体的、集团式的经济实体。

FSTB 佛山通寶股份有限公司

FOSHAN TONGBAO CO., LTD.

地址：广东省佛山市上沙东街43号　邮编：528000　电话：(0757)2298522(总机)　传真：(0757)2287037
Email:gzfstong@tub.foshan.gd.cn

广州发展实业控股集团股份有限公司
Guangzhou Development Industry (Holdings) Co.,Ltd.

广州发展实业控股集团股份有限公司(原名"广发电力",下称公司),于1997年7月18日在上海证券交易所挂牌上市。截止1999年底,公司总股本为119880万股,其中国有法人股100880万股,占84.985%,流通股18000万股,占15.015%。

公司上市前,总资产70.8亿元,净资产8.7亿元,资产负债率87.8%,净利润3亿元。截止1999年底,公司总资产73.6亿元,净资产29.3亿元,资产负债率60.1%,净利润5.3亿元。上市三年来,公司大力推进建立以能源、交通、通讯、信息产业为主体的核心产业群,形成整合资源的竞争优势,并取得良好的经营业绩。公司1998年入选上证30指数样板股,并于1999年和2000年连续两年进入《上市公司》杂志评选的"沪市50强"和"深沪50强",是广州市重点扶持的58家和广东省重点扶持的50家大型企业集团之一。

公司向宽带信息领域进军

目前,公司拥有16个子公司和1个分公司,持有广州珠江电力有限公司和广州东方电力有限公司50%和75%股权,总装机容量120万千瓦,全资拥有广州珠江电力燃料有限公司、广州珠江电力检修公司、广州珠江电力物资有限公司、广州发展油品有限公司,持有广州北二环高速公路有限公司20%股权、广州宽带主干网络有限公司28%股权、上海神通电信有限公司25%股权和广州联合信息发展有限公司50%的股权。

展望未来,公司将充分利用上市公司的优势,坚持走产业经营与资本经营相结合的发展道路,以更坚定的步伐迈向新世纪。

公司厂区

珠江摩托車工業股份有限公司

绿 色 摩 托　环 保 动 力

珠江摩托车工业股份有限公司系1998年11月经对外贸易经济合作部批准由中外合资经营珠海经济特区珠江摩托车工业有限公司改制转变而成的外商投资股份有限公司,原成立于1991年,是一家生产和销售自产的摩托车及配套生产零部件和摩托车发动机的大型企业。现已发展成为拥有13000余万元固定资产、厂区占地面积近9万平方米、建筑面积3万多平方米,职工800多人的初步现代化、高科技、生产型企业。

地址:广东省珠海市九洲大道兰埔工业区E区
电话:(0756)8621000　邮编:519070
传真:(0756)8618011　8625523
电子信箱:zhzjmt@pub.zhuhai.gd.cn
网址:www.zjmt.com
董事长、总经理:熊荣长

公司全景

公司主要生产线

控制排放　保护绿色

我国最大的柴油喷射系统生产专业公司

——无锡威孚股份有限公司

公司董事长：许良飞

无锡威孚股份有限公司是我国最大的生产柴油喷射系统的专业公司。经过1995年和1998年两次发行股票，公司共募集资金约7亿元人民币，实施了经国家批准重大投资项目和技改项目，使公司的实力不断增强，企业走上了良性发展的轨道。目前公司总股本为39446.615万元，其中，国有法人股为12016.615万元，社会法人股为1040万元，内部职工股1950万元，A股流通股为15600万元，境内上市外资股8840万元，分别占总股份30.46%、2.64%、4.94%、39.55%和22.41%。主要产品是A型泵、I号泵、单体泵、喷油器和三对偶件，共23个系列400多个品种规格，对全国近百家柴油机生产厂家供货，1000多家农机及汽配公司提供配件，产品深受用户欢迎，并有部分产品出口东南亚和中东地区。

公司已连续二十年稳步增长，1999年共完成销售收入77252.04万元人民币，实现净利润10651.85万元，分别比1978年增长35.97%和38.66%，在行业中继续保住领先的地位。公司经国家人事部批准设立博士后科研工作站，公司的技术中心被国家经贸委、财政部、国家税务总局、海关总署联合批准为国家级技术中心，并被国家科技部认定为〝国家高技术研究发展计划成果产业化基地〞。

控制排放，还地球以绿色是全人类追求的共同目标，随着我国控制排放政策的日趋严格，公司作为国内从事环保领域的高科技企业，以促进中国环保业发展为已任，大力发展符合国家环保政策的新一代绿色燃油喷射系统，开发成功了PW泵和小型高速泵并已批量投放市场，对促进发动机向高效、节能、低排放发展创造了条件。目前公司正在开发符合国家更加严格排放政策需要的柴油电子燃油喷射系统产品，在围绕主业做精做强的指导方针下，公司加大对高科技项目的投入，1999年6月，公司董事会决议与吉林大学共同设立〝无锡吉大新材料应用开发有限公司〞，开发、应用纳米技术，提升公司产品的技术含量，促进纳米技术的广泛应用，目前已取得了阶段性的成果。

董事长：江涤清　　总经理：杨守峰

武汉祥龙电业股份有限公司

股票简称：祥龙电业　　股票代码：600769

公司实行先进的管理

公司主要生产线

公司厂区外景

公司截止2000年6月底，净利润14801537.06元，总资产1135829577.07元，资产负债率18.46%，股东权益926178404.14元，每股收益0.04元，净资产收益率1.60%，每股净资产2.66元，调整后的每股净资产2.65元。公司股份总数348816000股，其中未上市流通股份合计261456000股，已上市流通A股87360000股。主要股东有武汉葛化集团有限公司持199280000股，占57.13%，武汉华原能源物资开发公司持26816000股，占7.69%，武汉建设投资公司持15200000股，占4.36%，武汉市电力开发公司持13760000股，占3.94%。公司经营范围：主营发电、供电、供热及基本化工原料产品的生产和销售。公司截止2000年6月底，实现主营业务收入23001.56万元，营业务利润3880.93万元，利润总额1737.02万元，净利润1480.15万元。

- 法定代表人：江涤清
- 地址：武汉市洪山区葛化街化工路31号
- 邮编：430078
- 电话：(027)87600367
- 传真：(027)87600367

廣東梅雁企業(集團)股份有限公司

GUANG DONG MEIYAN ENTERPRISE GROUP CO.,LTD

广东梅雁企业(集团)公司组建于1990年，主要经营建筑业、汽车客运业、建材工业、旅游饮食服务业、商业、畜牧养殖业等，是一个多元化综合企业集团公司。1992年报经广东省企业股份制试点联审小组、广东省经济体制改革委员会批准，同意广东梅雁企业集团公司改组为广东梅雁企业(集团)股份有限公司，为法人和内部职工混合持股的内部公司，总股本为人民币4830万元。1994年6月9日经中国证监会批准，同意广东梅雁企业(集团)股份有限公司向社会公开发行面值总额为人民币1610万元普通股。公司通过1994年至1998年12月31日止的送、配股后，总股本变更为43396.1079万股。公司于1998年8月6日在梅县工商行政管理局重新注册登记(变更前发照日期1998年4月10日)，持有注册号28123332-8企业法人营业执照，注册资本为人民币43396.1079万元。公司经营范围：汽车客货运输、建筑业、建筑材料工业、房地产开发、旅游、饮食服务、商业、生产制造加工业、养殖业、食品加工业、动物饲养、果类种植业、外引内联、投资业务、藻类养殖。

公司法定代表人：杨钦欢　公司董事会秘书：李忠平　授权代表：杨锋源

地址：广东省梅州市湾水塘　电话：(0753)2218286　传真：(0753)2232983

邮编：514011　电子信箱：mzmygf@pub.meizhou.gd.cn

公司董事长兼总经理杨钦欢陪同中共中央政治局委员、广东省委书记李长春参观考察公司高科技产业螺旋藻等生产基地

公司生产基地

茂名永业(集团)股份有限公司

茂名永业(集团)股份有限公司(下简称：永业集团)，1998年获准向社会公开发行股票，通过股份制改造，注入了新的发展活力。几年来，公司引入先进的科技及经营管理机制，不断扩大企业规模，认真抓好经营管理，技术挖潜和环境保护，取得显著成效。连续几年利润荣获全国炭黑行业第一名。

永业集团下辖炭黑公司、茂名高岭土工业有限公司、余热发电、精细化工厂和油品加工、铁路储运、石油气经营等七个全资控股公司，生产主产品炭黑有三十多年历史，该公司曾先后荣获国家二级企业、中国500家最大化工企业、广东工业200强、全国环保先进企业、茂名市明星企业等称号。主产品炭黑年生产能力4万吨，高岭土系列产品5万吨，其中环星牌N200、N330、N660是省优、部优产品，享受出口免检荣誉条件 高岭土享誉全国，其中M01号高岭土填补国内空白，替代国外进口产品。永业集团是原化工部规划的全国四大炭黑生产基地之一，是南方五省(粤、桂、琼、滇、黔)唯一大型碳黑生产厂，是国家经贸委重点扶持的唯一相继批了两炭黑"双加"项目的企业。公司将依托茂石化公司及三十万吨乙烯公司原料方面的支持，进一步发挥上市公司的优势，立足华南及东南亚广阔的市场，扩大炭黑生产能力，在建3万吨/年新工艺炭黑第二期工程2000年底投产，拟引进2万吨/年软质炭黑生产技术，加速炭黑改扩建建设，早日建成全国大型炭黑生产出口基地；公司今后将着力扩大高岭土生产规模，在建3万吨/年高岭土技改工程将于明年竣工，未来3　5年内，将建成20万吨/年的生产规模，质量达到国际一流水平，迎接入世的挑战。

永业集团地处广东沿海开放地区，资金信用等级是三A级，有进出口经营权。

公司总部：中国广东省茂名市环市西路61号　总机：2327411或2327440

传真：2326412　茂名高岭土工业有限公司　电话：2710181

公司董事长、总经理：柯朝南

厂区大门

炭黑生产线远眺

公司主产品炭黑系列产品

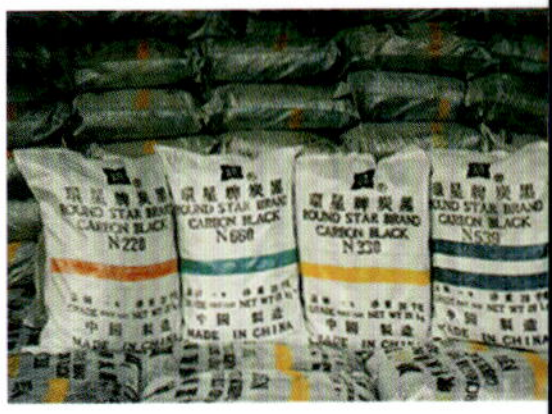

炭黑生产一角

茂名石化实华股份有限公司

大型生产设备

公司以国家特大型企业——茂名石油化工公司为发起人，创立于1988年10月。公司A股股票1996年11月在深圳证券交易所上市(股票简称：茂化实华，股票代码：0637)。公司坚持以实业为主，大力发展石油深加工、气体化工、精细化工和塑料加工产业，投资高新技术产业。下属九个全资企业，两个产品储运中转基地，四座加油站和多家参股企业。主要产品有聚丙烯、溶剂油、成品油、新型液化气、烃推进剂、塑料后加工产品、发泡剂、乙醇胺等八大系列。公司以追求股东权益最大化为宗旨，以良好业绩回报股东。公司产品销售遍布华东、华南、西南等省区。1999年，公司总股本1.6亿股，利润总额8828万元，每股收益0.462元；2000年中期每股收益0.273元。公司按《公司法》和《证券法》规范化管理和运作，形成了"规范自律、高效精干"的企业精神。通过了ISO9002质量体系认证。获得广东省"八五"期间企业科技进步奖，多次获茂名市"十佳"文明企业称号。公司坚持科技领先的发展思路。与深圳清华大学研究院共同合作，投资高新技术产业，拓展经营领域，调整产品结构。公司实业基础雄厚、经营作风稳健、经济技术指标优、财务状况良好、发展前景广阔。

董事长：何德先　常务副董事长：房广信

总经理：凌华明　党委书记：朱良

地址：广东省茂名市官渡路162号　传真：(0668)2281965　邮编：525000

电话：(0668)2883198 2276176 2289601 2231341

公司董事长：张万青

山东黄金矿业股份有限公司

山东黄金矿业股份有限公司于2000年1月经山东省人民政府批准成立。现有员工2153人，其中，具有大专以上学历的210人，具有中、高级职称的180人。拥有资产总额3.39亿元，所有者权益1.55亿元。公司主要经营黄金开采、选冶，黄金矿山专用设备、建筑装饰材料的生产、销售。公司所属的新城金矿拥有国际先进水平的生产设备和工艺技术，设计采选生产能力1250吨/日，实际达到1422吨/日，1998年黄金产量2698.12千克，1999年完成2942.99千克，在全国同类黄金矿山中排名第一。选冶回收率达到世界先进水平，连续3年列入全国500家最佳经济效益企业，是全国黄金行业的排头兵。

公司法定代表人：张万青

地址：山东省济南市解放路16号　邮编：250014

电话：(0531)8562816　传真：(0531)8561938

福建省青山纸业股份有限公司

福建省青山纸业股份有限公司是由福建省青州造纸厂、国家机电轻纺投资公司、福建华兴信托投资公司共同发起，于1993年4月由福建省体改委批准设立的定向募集股份有限公司，1997年6月，经中国证监会批准，公开发行8000万股社会公众股，并于1997年7月3日在上海证券交易所挂牌交易。1999年7月，经中国证监会批复同意，公司实施了1999年度每10股配售3股的配股方案。配股后，公司注册资本由28944万元增至35315万元。2000年10月，道琼斯公司宣布，本公司列为道中88指数成份股。公司1997年4月被国家经贸委、财政部等六部委联合确认为全国特大型工业企业。公司主要生产经营纸袋纸系列产品及副产品、烧碱、发电、精细化工医药等产品的生产和销售。1999年公司又研制开发生产出125克牛皮卡纸、精制牛皮纸和卷筒浆板。

董事长 黄国英 男，46岁，1982年2月毕业于厦门大学哲学系，大学本科学历。曾任中共福建省委组织部干事、主任科员、福建省监察厅主任科员、副处级监察员、政研室副主任、福建省轻工业厅人劳处副处长、处长、福建省造纸工业公司经理、党委书记。现任福建省青山纸业股份有限公司董事、福建南纸股份有限公司董事长、福建省轻纺工业总公司副总经理。

总经理 刘天金 男，48岁，1987年12月毕业于中国纺织政治函授学院党政管理专业，大专学历，政工师。曾任福建省青州造纸厂化学车间班长、值班长、厂组织科干事、党委组织部副部长、党委组织部部长兼人劳处处长、福建省青山纸业股份有限公司监事、福建省青山纸业股份有限公司副总经理。

地址：(1)福建省沙县青州镇／电话：(0598)5655168／传真：(0598)5653336／邮编：365506
(2)福州市六一北路216号晋安花园三喜阁／电话：(0591)7588133／传真：(0591)7588745／邮编：350013

董事长：陈升斌

安徽铜峰电子股份有限公司系国家大型一档企业、国家重点高新技术企业（集团）、原电子工业部认定的中国"电工三膜"—（电工薄膜、金属化薄膜、薄膜电容器）的研究、开发和生产基地，连续十年位列中国电子元件百强企业。

公司坚持"科技兴企"方针，自主开发与引进、消化、吸收、创新并举，走出了一条具有自我特色的成功之路，形成了具有自主知识产权的主导产品—"电工三膜"，其中电工薄膜年生产能力3700吨，位居全国第一，世界第三，市场占有率44%，位居全国第一；金属化膜年生产能力2000吨，市场占有率18%，位居全国第一；交流电力电容器年生产能力500万千乏，市场占有率10%，位居全国第二，综合实力位居同行业首位。

公司四大类主导产品均为高新技术产品，技术含量高，属国内先进水平。经过不断的技术改造与创新，目前有二项为国家重点新产品，三项为省优秀新产品，一项为国家优秀节能新产品。主导产品均为省名牌产品，1993年首批通过ISO9002国际质量体系认证，中国长城认证，1997年通过美国"UL"认证、欧洲"VDE"认证，是安徽省百家质量最佳企业，注册商标"铜峰"是安徽省著名商标。

电容器用聚丙烯薄膜生产线

金属化薄膜生产线

交流电容器生产线

安徽铜峰电子股份有限公司

ANHUI TONGFENG ELECTRONICS CO.,LTD

地址：中国安徽铜陵市石城路168号　电话：(0562)2819915
传真：(0562)2831965　http://www.tfe.com

江西纸业

江西纸业股份有限公

自然的，更好的！

公司董事长：姜

公司大型生产

公司现代化的生产

江西纸业股份有限公司是由江西纸业集团有限公司作为独家发起人，经江西省股份制联审小组(1997)01号文批准设立的股份有限公司。经中国证监会证监发字(1997)109号文批准，向社会公开发行4500万股社会公众股。本公司现有总股本13650万股，其中国有法人股7800万股，社会公众股5850万股。江西纸业股份有限公司是全国九大新闻纸定点生产企业之一。主导产品为“松竹”牌低定量胶印新闻纸，年生产能力10万吨，产品等级达到国家A级标准。公司经营范围：纸及纸制品、纸浆、造纸机械、造纸原料、仪器仪表及零配件设计、生产、批发、零售、化工产品、木材的批发、零售、普通机械及配件的维修、综合技术服务、信息咨询等。

地址 江西省南昌市董家窑112号 邮编 330006
电话：(0791)8632392 传真：(0791)8632392
电子信箱：JXPaPer@bentium.net
网址：http://www.JiangXiPaper.com.cn

公司法定代表人：姜和平
公司总经理：吴三罗
公司董事会秘书：黄倬桢
授权代表：兰日明

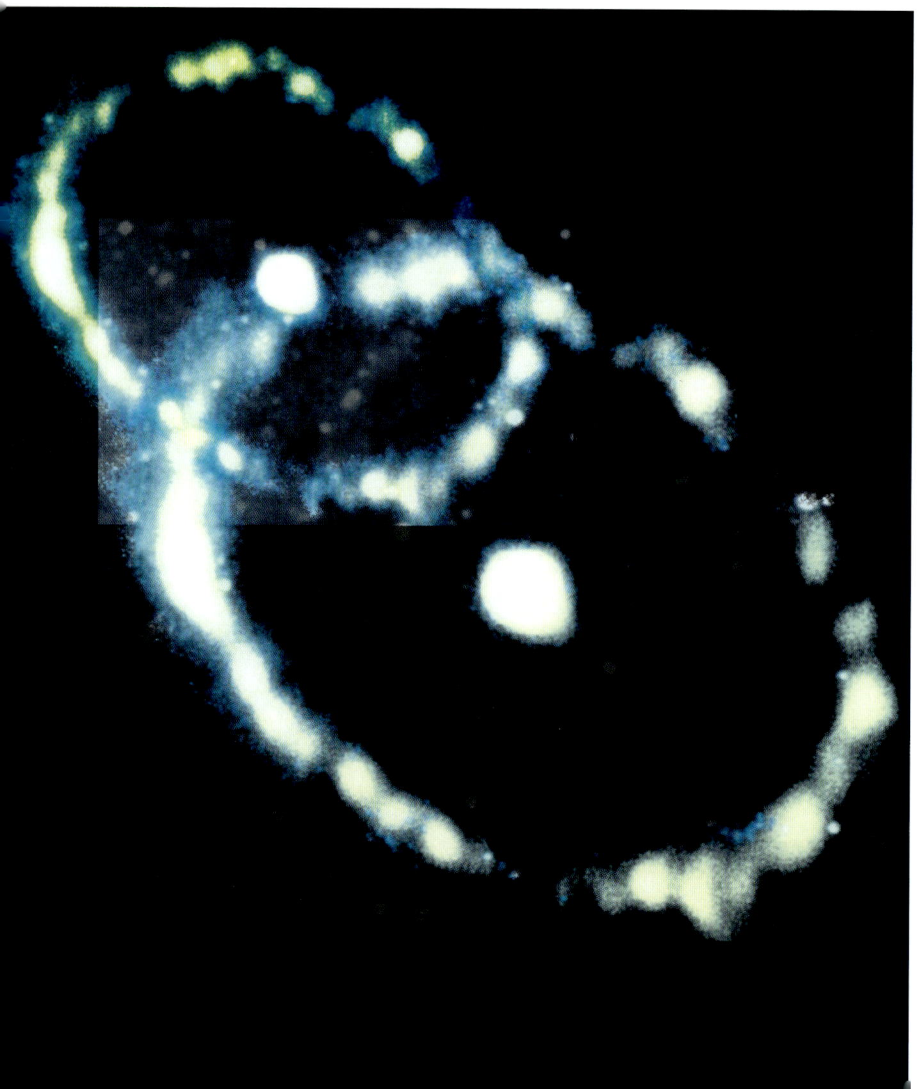

ChangJiu
Chemica Industry
昌九股份

江西昌九化工股份有限公

公司董事长：肖建国

江西昌九化工股份有阝
司(以下简称本公司)是
江西省股份制改革领导
审小组“赣股(1999)02
文”批复同意，由江西
九化工集团有限公司(以下简称集团公司)独家发起，采用募集方式
立的上市公司。1998年12月17日，本公司成功地发行了人民币普
股(A股)6000万股，发行后公司的股份总额为18000万股，其中：
有法人股12000万股。1999年1月19日，“昌九股份”股票在上海
券交易所挂牌。公司主营：尿素、合成氨、聚丙烯、甲醇、白炭黑、
烯酸及其他化工产品的研制、开发、生产和销售。公司今后将向生
化工、精细化工、超细材料、环保材料等高科技产业发展。

法定代表人：肖建国　　董事会秘书：谌晓华
地址：江西省南昌市北京东路98号华赣大厦五楼　邮编：330029
电话：(0791)8300796　传真：(0791)8300796

开拓 高效 服务

守信 及时 方便 如愿

上海財政證券公司

独家赞助

上海财政證劵公司

上海财灵 网上财盛

www.shsec30.com

电子信箱：shzqzjb@sh163c.sta.net.cn

热心解答投资者的咨询

召开总结表彰大会

宣传《证券法》

争创优质服务(嘉定营业部)

有了“点阵屏”看大盘走势更清晰

上海财政证券公司(原名上海振兴证券公司)成立于1988年4月21日，自主经营、独立核算、自负盈亏，是具有独立法人资格的经济实体。公司系上交所、深交所的会员单位，也是首批获准的中华人民共和国国债一级自营商之一。经中国诚信证券评估公司评定，证券商信用等级为AA+。公司注册资本为5亿元人民币，代理发行各种有价证券、代理买卖各种有价证券，经营资产运作中介业务、企业股份制策划与上市运作等业务，从事国债市场动态研究和分析、上市公司投资分析、咨询以及资本市场新兴金融工具的探索与创新等。

公司成立以来，“上财人”始终以市场为依托，把握机遇，以改革求进步，以创新求提高，以规范求发展。截止99年底，资产总额38.8亿元，累计发行证券166.45亿元，累计实现交易总额8914亿元，已连续6年进入上海证券交易所会员单位交易总额排名前十位。现拥有29个营业网点，近600名职工。

在迈向新世纪的征途上，公司将本着“开拓、高效、服务”的公司宗旨，积极推行“守信、及时、方便、如愿”的服务方针，坚持规范经营，强化自律管理，不断创新进取，建立一支精业务、守纪律、善服务、创高效的员工队伍；开拓业务发展的新思路，探求一套适合新时期证券市场发展的稳健型经营管理模式，努力成为一家以证券经营为主业，具有多种投资银行功能的公司。

地址：上海市临平北路19号　邮编：200086　电话：(021)65076608　传真：(021)65071751

上海财政证券公司
SHANGHAI FINANCE SECURITIES COMPANY

公司连续六年
进入上海证券交易所会员单位
交易总额排名前十位

北京首创股份有限公司
BEIJING CAPITAL CO.,LTD

北京首创股份有限公司董事长
刘晓光先生

★ 首都基础设施市场化运作龙头企业

★ 投资交通、通讯、环保行业

★ 未来中国证券市场的大型蓝筹股

北京首创股份有限公司是由北京
都创业集团作为主发起人，联合北京
国有资产经营公司、北京市综合投资
司、北京旅游集团有限责任公司、北
国际电力开发投资公司四家企业，经
京市人民政府批准成立的股份有限公
，注册资本8亿元人民币。

北京首创股份有限公司以公用基
设施为主业，通过投资、建设、经营、
理北京市基础设施经营性项目，运用
本运营手段，市场化运作基础设施项
，不断寻求优质经营性基础设施项
，逐步成为北京市城市基础设施行业
资和融资的主体，为广大股东提供长
稳定的回报。

新大都饭店外景

玉泉营立交桥鸟瞰

股票代码：600008
地址：北京市朝阳区北三环东路8号静安中心7层
邮编：100028
电话：010-64683366
传真：010-64689020
网址：www.beijingcapital.com.cn

科技始终是将梦想变为现实的原动力，这一点在证券之星的成功运作中得以有力的实证：作为国内首屈一指的金融证券网站，证券之星在短短的4年中(截至2000年10月底)注册用户数已突破160万，日页面访问量达千万以上，在财经网站排名

中名

在。

关系。

术优

"在证券业，康柏 *ProLiant* 服务器已经成为行业标准了"

证券之星总裁

销售热线:800-810-9900
www.compaq.com.cn

康柏(中国)投资有限公司
业务垂询，欢迎致电：
北京：电话：(010) 65887888
上海：电话：(021) 64273698
成都：电话：(028) 6710066
沈阳：电话：(024) 23961888
广州：电话：(020) 87320710

Intel 英特尔, the Intel Inside 标志及 Pentium 奔腾是 Intel 公司注册商标

intel inside
pentium® III

术上的前瞻性，是其成功的优势所
星始终与康柏保持战略伙伴的合作
业的深刻认识和在网络设备上的技
服务器集群在证券之星机房改造中

获得一致认同。不难断言，随着基于英特尔®奔腾®III
处理器800MHz的 ***ProLiant*** DL360服务器集群的大规模
应用，证券之星将找到新的发展增长点，而康柏亦
再次将科技应用于一个新灵感的实现…

证券之星采用康柏 ***ProLiant*** DL360服务器集群

www.stockstar.com

康柏 *ProLiant* 服务器

COMPAQ
Inspiration Technology

器总经销商：
3748599

北大方正电子有限公司
信息产品分公司　010－82672266

英迈国际贸易（中国）有限公司　021－64678010
联想神州数码科技发展公司　010－88097965

康柏服务网
全面照顾您
技术支持热线 800-810-6888

www.taifook.com
www.taifook.com
Sell
Buy
TAI FOOK
研究部
200
50
50
ONWARD
www.taifook.com

TAI FOOK

大福证券集团

TAI FOOK SECURITIES GROUP

大福证券集团有限公司（下称「大福」）为香港联合交易所上市公司，由多家专营不同业务之附属公司组成，服务范围多元化，包括证券、期货及期权买卖、企业融资及证券融资、电子网上服务、资产及基金管理，并提供代理人服务、保险经纪及代理。大福于1973年成立，凭著实力雄厚的新世界集团控股公司周大福企业作后盾，加上拥有专业的管理层以及一群忠诚可靠的员工，大福现已成为本港最主要的金融机构之一。客户种类包括私人客户、企业客户及金融机构等。目前，大福除了在香港拥有稳固根基，亦已于北京、纽约及伦敦设立据点，进一步加强公司实力及扩大整体市场占有率，为未来业务发展奠定基础。

大福融资有限公司（下称「大福融资」）是大福的企业融资部门，我们虽建基于香港，却拥有进军全球的抱负。

大福融资是全面企业融资服务业的巨擘，我们的客户包括大中华地区的上市公司及私人机构。作为业内的专才，我们为客户提供范围广泛的企业融资及谘询服务，包括主板及创业板首次公开招股、收购及合并、股票配售及包销、债务及股票事项，以及其他财务顾问服务。

有关查询及详情，欢迎致电：(852) 2848 4333

地址：香港中环皇后大道中 16-18 号新世界大厦25楼

www.taifook.com

GWCOM

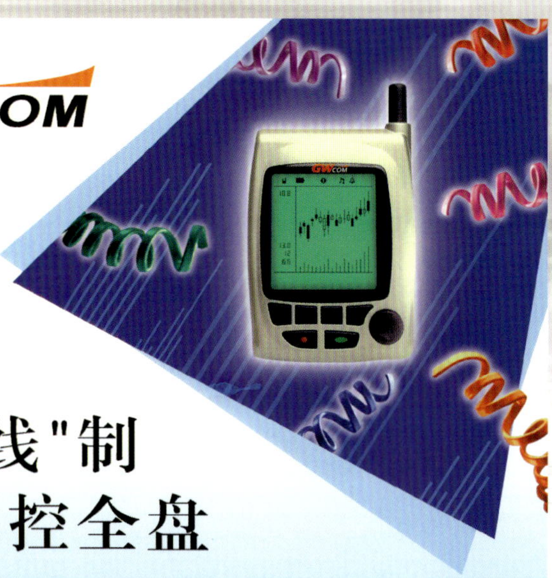

脱离"线"制
掌控全盘

股易通™168

——无线股票交易机　美通公司网机系列

让互联网联到每个人掌上。

无线互联是美通公司的技术宗旨。
它将 Internet 延展到每个人的手中，
及至每一个领域。
股易通 168 将无线互联的美丽，
尽现于证券交易业。
随时随地，无线下单，
瞬间可全面查询即时行情及其它信息！
股市动态尽在掌握之中！

美国通用无线公司1994年创办于闻名遐尔的美国硅谷，是美国首家由中国留学生创办的、赢得巨额风险投资支持的高科技公司，迄今为止已获得9000多万美元的风险基金。公司拥有硅谷顶尖的有线和无线互联网精英，高层管理人员分别有麻省理工、斯坦福、伯克利、依利诺依等著名大学的博士。

从1994年美通在世界上首次提出无线互联网和个人移动信息服务产业概念以来，一直投入巨额发展完善这一产业，使互联网发展和无线通讯完美地融为一体。这一产业，今天已成为公认的互联网发展和新一轮浪潮，而我公司仍然是领导这一潮流的佼佼者。

世界顶尖

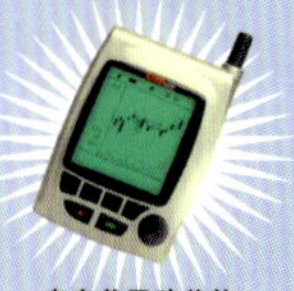

来自美国硅谷的
个人移动信息网络技术

GWCOM 美通公司
www.gwcom.com.cn

美通公司深圳分公司
地址：深圳深南东路5047号
深圳发展银行大厦13G
邮编：518001
电话：0755-2081162,2081163
0755-2080984,2080985
传真：0755-2080977

美通公司北京办事处
地址：北京建国门北大街8号
华润大厦306室
邮编：100006
电话：010-85192088
传真：010-85192099

美通公司上海分公司
地址：上海市浦东南路528号证券
大厦北塔1205-1206室
邮编：200120
电话：021-6881-9000,
021-6881-8842/5050/5151
传真：021-68819111

美通公司广州办事处
地址：广州市东风中路410-412号
健力宝大厦1601室
邮编：510040
电话：020-83486199
传真：020-83486299

闽发证券有限公司

地址：福州市五四路158号环球广场28-29楼
电话：(0591)7804256 邮编：350003

MINFA SECURITIES

MINFA SECURITIES

公司从1997年开始的网上交易始终保持在全国的领先地位；1999年，公司推行了会计电算化，提高了财务核算的效率；制定了计算机系统安全管理规定；开发运用了决策监控支持系统软件。1999年公司在南昌、成都、南宁、合肥收购了5家营业部，90%以上的营业部扩大了经营场地，更新了设备，极大改善了营业网点的硬软环境。这些工作使公司“立足福建、辐射全国”的构架基本形成，公司目前有22家营业部，17个服务部，同时在北京、上海、深圳、成都、南昌等地设有分支机构。利用网点多的优势，巩固和提高“柜台、技术、信息”三个方面的服务质量。“客户至上”的服务观念已牢固地树立在职工的意识中，在具体行动上，各营业机构立足于公司的柜台服务规范，细分市场，为客户提供“亲情、高效”的服务，开展了诸如代客理财申购新股、下乡咨询现场开户、股市沙龙、夜市、跟踪提醒、投资培训以及增设老年人专柜等各式各样的服务。公司引进大批优秀的高素质人才，有力地增强了研发力量，依靠总部的信息研究中心、北京的经济研究所以及上海管理总部的研发中心，从不同的角度，对政策、经济和市场信息等进行研究。以上各方面工作，优化了公司服务品牌，巩固和发展了客户队伍，使公司二级市场交易量一直名列福建省第一。1999年，公司的投资银行业务部门采取了重视人才、重视实效的激励方法，在1999年5月份成立了投资银行总部，充实了投行队伍，同时也争取到了较多的投行业务项目。全年共参与了15家股票的新股和配股承销工作，其中，承担了龙发股份99年度配股主承销和福日电子(新股)、锡业股份(新股)等10家企业的新股发行副主承销工作，实现了自1993年以来主承销业务零的突破。同时，公司还承担了吉林省开发建设投资公司1997年企业债券的主承销、闽江调水工程建设债券副主承销和98福建南纸技改债券的分销工作。另外还有十几个项目正在顺利进行中。1999年，与上年度相比，公司共完成证券交易额1052.66亿元，在深、沪交易所会员综合排名第17位。其中，股票基金业务量达710.25亿元，增长31.7%；完成营业收入39477万元，增长21.9%，累计实现税前利润总额11133万元，增长22.52%。

MINFA SECURITIES

廣西梧州中恒集團股

公司法定代表人、董事长：尹梅克

广西梧州中恒集团股份有限公司是于1993年4月1日经广西壮族自治区体改委批准，采用定向募集方式设立的股份有限公司。公司目前主要从事城市基础设施和住宅建设、胶原蛋白肠衣、酒店业等经营业务，是梧州市从事城市基础设施建设及住宅建设的骨干企业，公司的附属企业广西梧州蛋白肠衣厂是国内目前唯一的胶原蛋白肠衣生产厂家，胶原蛋白肠衣列入国家高新技术火炬计划。公司现有控股公司4家，参股公司2家，员工867人。公司已于2000年10月27日在上海证券交易所发行4500万社会公众股，总股本为12761.76万股，其中国家股4988万股，社会公众股4500万股，社会法人股1985.31万股，内部职工股1198.45万股。

法定代表人、董事长：**尹梅克**

地址：广西梧州市蝶山一路3号怡景酒店15-17楼

电话：(0774)5830828　邮编：543002

传真：(0774)5830878　电挂：9119

份有限公司

蛋白肠衣厂

广西梧州市市长黄方方与公司董事长尹梅克参加公司股票上市仪式

花园式小区

公司办公大楼全景

鸳鸯江大桥一景

》华泰证券千禧龙年网上交易额突破210亿元，居全国券商第一

》在由证券时报主办的最受股(网)民喜爱的“中国优秀证券网站”评选活动中，华泰证券网荣获“全国十佳网站”之首

》华泰证券在全国率先实现A、B股通炒通交割

华泰证券有限责任公司

HUATAI SECURITIES CO.,LTD.

运筹网络之上　决胜弹指之间

华泰证券网

WWW.HTSC.COM.CN

垂询热线：（025）4579852

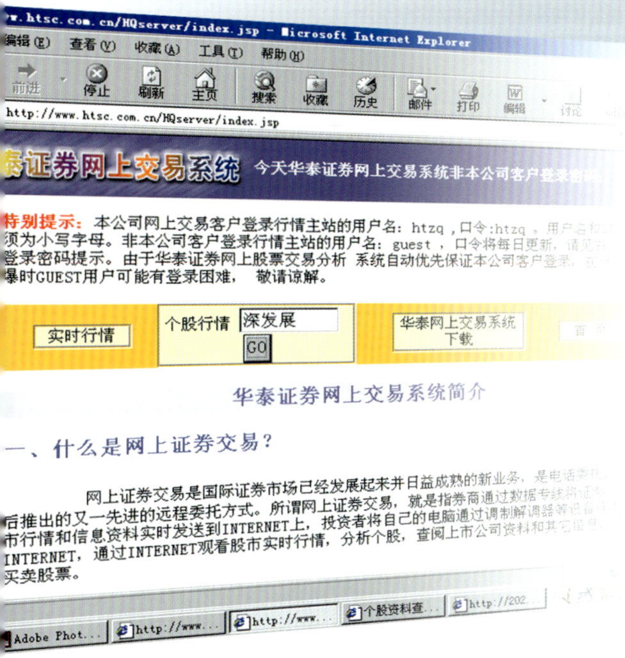

- 完备的资讯体系让您把握先机
- 先进的技术支持助您决胜千里
- 庞大的专家阵容为您指点迷津
- 迅捷的预约开户让您先拔头筹

登陆华泰证券网　打开财富之门

华泰证券有限责任公司
HUATAI SECURITIES CO.,LTD.

华泰证券有限责任公司（前身为成立于1991年5月的江苏省证券公司）成立九年来，在江苏省委、省政府的领导和关心下，公司规模和业务有了长足的发展，资本金从成立时的1000万元逐步增加到目前的8.5亿元，截止2000年底，公司总资产已达140亿元，其中净资产为14亿元。1999年末华泰证券被中国证监会核准为江苏唯一一家（全国第四家）综合类证券公司。

九年来，华泰证券有限责任公司秉承“高效、诚信、稳健、创新”的经营宗旨，各项业务获得稳步增长，沪市证券交易量、利润总额、净资产收益率等多项业务指标连续多年居全国证券业前列。1998年，公司净资产收益率、利润总额和净资产额分别排名全国第四、第七和第十二位。1999年，公司利润总额达3.7亿元，再次排名全国券商第七位。在投资银行业务拓展方面，自1993年以来，公司先后担任小天鹅、宏图高科、福日电子、江苏舜天、无锡威孚、江苏南钢、宁沪高速、奥德臣等21家上市公司的主承销商和春兰股份等18家上市公司副主承销商，以及北京城建、福建三木、宁沪高速等19家上市公司的上市推荐人；先后担任南京新港、江淮动力等数家上市公司的财务顾问；公司作为国债一级自营商，具有丰富的国债承销经验，分别担任国债承销团主干事与副主干事，累计承销国债60多亿元，国债交易额也在全国券商中名列前茅。在证券经纪业务方面，华泰证券有限责任公司现有30家证券营业部，分布于江苏省内13个大中城市以及北京、上海、广州、武汉、成都、沈阳、天津、深圳等全国大都市，拥有上交所、深交所等交易席位65个，开通了沪、深A股、B股、基金、国债等有价证券的经纪业务。公司在经纪业务方面具有较强的竞争实力和盈利能力，形成了较为完整的业务网络，经纪业务的实现利润额一直在公司利润总额中占据较大比例。公司不仅具有较强的综合研究分析能力，而且技术力量雄厚，开发了全面多样的证券交易品种和交易手段，在全国率先开通了卫星双向、电话委托、无形席位、网上交易、银证联网等业务，在业内素有“技术先锋”之称。目前的委托手段有柜台、电话、磁卡、可视、热键自助、网上交易、通炒通交割等，其中公司网上交易业务居全国券商之首，网上交易量2000年突破210亿元，占全国整个市场网上交易量的20%以上。1994年至1999年公司沪市证券交易量连续6年位列全国券商前10名。在资产管理业务方面，华泰证券亦积累了丰富的经验，建立了完善的决策体系，开发和引进了先进的资产管理和风险控制系统，在坚持科学决策和理性投资的原则下，取得良好效益。

（左起）公司副总裁马昭明、总裁兼党委副书记吴万善、党委书记兼副总裁潘剑秋、副总裁王一军

历经我国证券市场的动荡与发展，华泰证券在开拓创新和规范自面均积累了丰富的经验，造就了一支管理和业务骨干队伍，形成了善的内部控制和风险防范体制，有一整套较完备的人事、行政、业财务管理制度，有力地保证了公司业务和各项工作的平稳运行和健展。公司证券从业人员近千人，大学本科以上的员工占总人数的40%前，公司已有三分之二的员工通过了证券资格考试，居全国券商领先水

为了适应资本市场国际化的挑战，进一步构筑华泰证券的竞争优公司将力图通过并购重组、增资扩股等有效途径，迅速实现公司低扩张。合并及增资扩股后的华泰证券注册资本将达到人民币17亿—元，总资产将达到人民币140亿元以上，净资产将超过人民币20亿元属证券营业部达到40—50家。成为国内一流的大型综合类证券公司国内外证券市场中发挥更大的作用。

地址：江苏省南京市中山东路90号华泰证券大厦　电话：（025）4457777

传真：（025）4579778　邮编：210002　互联网主页：WWW.HTSC.COM.CN

世纪之交，中国证监会主席周小川题赠中国证券报寄语证券市场：“迎接新挑战 开创新局面”。

中国证券市场的发展与展望

中国证券监督管理委员会主席　周小川

1990年12月，上海，深圳两个证券交易所相继成立，标志着新中国证券市场的诞生。从那时起，中国证券市场已经走过了十年的历程，取得了令世界瞩目的成就。今天，我们在这里畅谈十年建设成果，纵论十年经验与启示，对中国证券市场的未来发展具有积极意义。过去十年，是中国改革开放和经济建设取得巨大成就的十年。社会主义市场经济体制的基本框架初步建立，市场在资源配置中的基础性作用日益显著。我国国民经济保持了持续，稳定，健康发展的良好势头，综合国力显著增强。

过去十年，伴随着改革开放推进，证券市场取得了巨大发展：

十年间，一大批国有企业发行上市，在国有企业建立现代企业制度的改革实践中起到了先导和示范作用，也为推进传统产业升级换代开辟了直接融资渠道。截至今年11月底，境内上市公司已达1063家，累计筹集资金4846.1亿元，境外上市公司筹资1439.1亿元(173.8亿美元)，红筹股筹资3158.0亿元(381.4亿美元)，我国证券市场境内外累计筹资总额达9443.2亿元。国有企业发行上市，降低了资产负债水平，加快了技术改革步伐和高新技术的推广应用，推动了产业结构和产品结构调整，并使上市公司按照现代企业制度的要求，初步建立了法人治理结构，加速了决策科学化，经营市场化，监督社会化和经营责任法律化的进程，为国民经济整体素质的提高打下了基础。

十年间，证券市场从无到有，从小到大，建设成效显著，市场规模和水平实现了历史性跨跃。截至今年11月底，我国股票市场市价总值已达46000多亿元，投资者开户数达5600多万户。股票、基金、债券已全部实现无纸化发行与交易，沪深证券交易和结算网络覆盖全国各地，主要技术手段已达世界先进水平。证券市场中介机构不断成长，目前已有98家证券公司，2600多家证券营业部。机构投资者发展壮大，目前已有34只证券投资基金，基金总规模550多亿元。

十年树木，百年树人。初具规模的中国证券市场对于提高社会资源配置效率，促进国民经济结构调整，现代金融体制改革及社会主义市场经济体制的建立，发挥了重要作用。证券市场十年发展取得的巨大成绩，关键在于有邓小平理论的指引和党中央、国务院的正确领导，使我们能够不断克服各种困难，坚定不移地培育和发展市场，尊重市场规律，力求让市场机制发挥主导作用。

邓小平同志1992年的南方讲话，在一些重大理论和实践问题上解除了思想上的禁锢，带来了思想解放，为中国证券市场的发展创造了历史机遇，证券市场也由地区性试点进入了在全国范围内进行推广和发展的阶段。同时，在这十年中，党中央、国务院对证券市场的发展给予了充分正确指导。江泽民总书记、朱镕基总理针对证券市场发展过程中遇到的各种问题和困难多次做过重要指示，指明了证券市场发展的正确方向，使我们得以轻装上阵，把证券市场的发展坚持下去。十年的实践充分证明，只要以邓小平理论为指导，认真贯彻党中央、国务院的方针政策，按照市场经济的规律和要求规范发展证券市场，证券市场完全可以在国民经济中发挥重要作用。正如江泽民总书记指出的："实行社会主义市场，必然会有证券市场。建立发展健康、秩序良好、运行安全的证券市场，对我国优化资源配置，调整经济结构，筹集更多的社会资金，促进国民经济的发展具有重要的作用。"

《中共中央关于制定国民经济和社会发展第十个五年计划的建议》强调，要"规范和发展证券市场"，并提出证券市场要"支持高新技术产业化"，要"鼓励国有大中型企业通过规范上市，实行股份制"，要"培育和发展机构投资者"，要"加强市场监督和上市公司信息披露"以及"适应跨国投资发展趋势，积极探索采用收购、兼并、投资基金和证券投资多种方式利用中长期国外投资"。《建议》的精神为证券市场的发展进一步指明了方向。

为了更好地发展证券市场，我们需要认真总结十年来的成就和经验，分析存在的问题，研究在新形势下规范和发展的措施。与成熟市场相比，我国证券市场在立法、监管、规范等方面还有待进一步加强，要针对市场规范化程度不够，操纵市场和欺诈投资者行为时有发生，监管人才和手段不足，市场国际化程度有限，市场层次，品种单一及结构不完善等问题研究解决办法。

在这个过程中，要把握好三个关键：

第一，加强证券市场法制建设，在依法治市的基础上，加大对证券市场的规范力度。要根据市场需要，补充和完善现有的法律法规体系，同时，面对不断出现的新事物、新情况，积极研究监管办法，为市场的发展和规范提供良好的法律保障。

第二，面临即将加入WTO，要在加快证券市场发展、鼓励竞争和创新的基础上，不断推进市场化进程，坚持让市场机制发挥作用。积极培育机构投资者和有竞争力的证券公司，提高上市公司质量，逐步实现我国证券市场向成熟市场的过渡。

第三，要切实转变监管理念，把保护投资者利益作为首要任务和目标，其重点是保护中小投资者的合法权益，这是国际资本市场的共识。要从制度保障、加强投资者教育、加大监管力度和社会监督等方面入手，增强投资者信心，将保护投资者利益落实到实处。世纪之交，中国证券市场面临难得的机遇和挑战。展望今后十年，我国将进入经济结构战略性调整的重要时期，证券市场的健康、稳定发展及在优化资源配置中发挥的作用是促进我国经济继续保持较快增长的重要保障。总结过去，展望未来，我相信中国证券市场将有一个更加美好的明天。

（文为作者在中国证券市场十年论坛上讲话）

下

中文版 · 总第八期

中国证券业年鉴

上海证券交易所
深圳证券交易所 协办

2000

CHINA

SECURITIES

YEAR BOOK

北京中证网数据科技有限公司
中国证券业年鉴编辑委员会
中国经济出版社

声　明

《中国证券业年鉴》(2000·中文版·总第八期)版权属中国证券业年鉴编辑委员会所有。

图书在版编目(CIP)数据

中国证券业年鉴　2000/中国证券业年鉴编辑委员会编.
北京:中国经济出版社，　2000.12
ISBN　7—5017—5116—1

Ⅰ.中…　Ⅱ.中…　Ⅲ.证券交易—中国—2000—年鉴　Ⅳ.F832.51—54

中国版本图书馆 CIP 数据核字(2000)第 58959 号

责任编辑:张玲玲

中國證券業年鑒
2000
(中文版·总第八期)
中国证券业年鉴编辑委员会编
※
中国经济出版社出版发行
新华书店经销
北京中证网数据科技有限公司数据处理植字
海南中证广告有限公司设计制作
天时印刷(深圳)有限公司承印
※
开本:850×1168mm　1/16　印张:108　插页:280　字数:4800 千字
2000 年 12 月第一版　　2000 年 12 月第一次印刷
ISBN　7—5017—5116—1/F·4061
广告代理:海南中证广告有限公司注册号 1—855
总定价:人民币 450 元　港币 500 元　美元 100 元

编辑说明

中国证券市场创办十年来，一大批国有企业发行上市，在国有企业建立现代企业制度的改革实践中起到示范作用，也为经济结构战略调整开辟了直接融资渠道。截止2000年11月底，境内上市公司已达1063家，累计筹集资金4846.1亿元。与中国证券市场同步成长，反映证券市场发展历史的《中国证券业年鉴》是一部综合的史料性年刊，创刊于1993年，每年出版一次，从1995年起，同时出版中文版和英文版，国内外公开发行。并从2000年版起推出《中国上市公司专辑》，重点反映上市公司的企业制度建设、经营业绩、成就展示等情况。《年鉴》主要反映上一年中国证券、期货、基金、产权市场及企业制度建设和发展方面的情况和最新动态，供海内外有关机关、社团、学校、研究部门、企事业单位及社会各界人士进一步了解和研究参考使用，为推动中国证券业的规范化和国际化、建设有中国特色的社会主义市场经济服务。

《中国证券业年鉴》(2000·中文版·总第八期)共分22编，内容设置图片新闻、专论、金融市场、证券市场、期货市场、基金市场、产权市场、证券管理与交易机构、中介机构、上市股份公司、香港上市股份公司、非上市股份公司、证券经营机构、证券业理论研究、新闻出版、科技教育、社会团体、证券业人物、大事记、市场统计资料、政策与法规、企事业单位选介等部分。另有彩色和黑白插页图片920幅。

《中国证券业年鉴》按部类分编，采用编、章、节、目、段五个层次的结构形式，不同层次的标题在字体、字号和版式设计方面都有明显的区别。其中全书出现最多的“目”一级标题统一用黑体字加【 】表示，内容较多的“目”的文内则用楷体表示“段”一级的标题。在编辑过程中尽可能将内容条目化。

《中国证券业年鉴》(2000·中文版)基本上保持了上一期的内容和体例的连续性，充实了金融市场部分内容，并充实了各省、自治区、直辖市、计划单列市的证券期货市场的内容和香港创业板上市公司。在香港上市股份公司整编内容、香港联合交易所整节内容中除标明货币单位外均以港币为单位。香港上市公司的中文名称并非注册名称。由于会计制度及统计方法差异，可能使在香港上市的大陆企业的数据有所不同。《年鉴》的资料直接来源于公司的公告或报告、国务院有关部门及各省、市提供的材料，保证了《年鉴》的权威性和准确性，但由于中国证券业仍处于发展阶段，加上各地区的发展不平衡以及我们的水平有限，难免出现一些疏漏，敬请读者谅解和指正。

《中国证券业年鉴》由中国证券业年鉴编辑部组织编辑，由中国经济出版社出版，在编辑出版过程中得到了国务院有关部门、省、自治区、直辖市证券管理机构、上海证券交易所、深圳证券交易所、香港联合交易所、证券界有关领导、专家的指导和支持，在此我们表示最诚挚的感谢。

中国证券业年鉴编辑部

中国证券业年鉴编辑委员会

高级顾问： 厉以宁　刘鸿儒　董辅礽　赵叶龙

特别顾问： 朱　利　金建栋　沈　沛　吴万善　代祖让　黄绍开　关国锵　姜开文
陆益平　尤石梁　邹韶禄　孙　敏　字国瑞　金　运　聂庆平　陈青光
张晓伟　盛重庆　赵经彻　骆家刚　朱福涛　刘晓光　马蔚华　明云成

主　　任： 于光远　（著名经济学家）
厉以宁　（全国人大常委会财经委员会　副主任）

副 主 任： 陈乃进　朱从玖　张育军　肖灼基　邹良贤

总 编 辑： 陈乃进　（中国证券报社　社长、总编辑）
朱从玖　（上海证券交易所　总经理）
张育军　（深圳证券交易所　总经理）

副总编辑： 刘慧敏　（上海证券交易所　副总经理）
胡继之　（深圳证券交易所　副总经理）
吴雅伦　（上海证券交易所　副总经理）
黄铁军　（深圳证券交易所　副总经理）
李明山　（上海证券交易所　副总经理）
戴文华　（深圳证券交易所　副总经理）
刘啸东　（上海证券交易所　副总经理）
张　颖　（深圳证券交易所　副总经理）

执行主编： 金建栋　赵叶龙　胡继之

顾　　问： （按姓氏笔画为序）
卞玉祥　王建春　王希超　王宝连　王积富　乐秀涛　冯春勤　龙小波
朱玉辰　朱政军　刘　成　刘孔青　刘继忠　江先周　孙子荣　汤云为
吴为民　吴何清　吴宏智　张广慧　张长杰　张学仁　张海龙　李　康
李守堂　李明璋　李建国　李春平　李维雄　邹　川　何加武　何德先
陆华彪　林东模　范勇宏　祝世寅　赵　跃　姜　毅　胡少先　钟伟华
郝光辉　徐　华　郭　辉　高良玉　黄兆鹏　曾宝泉　韩方河　谢月娴
谢红兵　谢铁牛　焦文庆　董　祥　虞志皓　潘荣卿

编　　委： （按姓氏笔画为序）
于世光　王玉琴　王永禄　王世全　王进军　付文明　叶效良　龙大伟
刘红宇　刘伟鹏　刘爱国　吕润波　吴光权　吴彦华　张　杰　张　栋
张小炜　张必珍　张学军　张晓军　张道传　李安民　李德国　宋钰勤
宋健生　陈明键　巫炳金　岳　成　杨振有　杨渤海　杨黎明　罗立新
周荣炽　郑志刚　赵江民　胡柏和　洪　英　侯　立　姚迪明　夏　峰
夏增与　夏藩高　袁光顺　袁家楠　唐　波　莫　逆　郭星亚　徐　兵
黄　俊　黄锦辉　梁　棠　梁树相　梁振堂　章小栋　章为纲　程　杰
谢泽敏　覃本东　温昌伟　葛志斌　蔡耀忠　霍文彬

中国证券业年鉴编辑委员会

特约编委：（按姓氏笔画为序）

丁若鹏　中国证券监督管理委员会哈尔滨证券监管特派员办事处　主任
马才斌　中国证券监督管理委员会兰州证券监管特派员办事处　主任
于连生　中国证券监督管理委员会大连证券监管特派员办事处　副主任
王成周　郑州商品交易所综合部　部长
方俊文　中国证券监督管理委员会合肥证券监管特派员办事处　主任
尹怀安　中国证券监督管理委员会海口证券监管特派员办事务　主任
申志杰　中国证券监督管理委员会太原证券监管特派员办事处　主任
李　勇　中国注册会计师协会　秘书长
李　俊　中国证券期货杂志社　社长
李相启　中国证券监督管理委员会济南证券监督管理办公室　主任
曲立峰　大连商品交易所　副总经理
朱福林　中国国债协会　秘书长
杨元伟　国家税务总局政策法规司　副司长
杨代刚　中国证券监督管理委员会拉萨证券监管特派员办事处　副主任
吴明德　中华全国律师协会　秘书长
陆士新　中国证券报社　秘书长
沈重英　中国证券监督管理委员会上海证券监管办公室　主任
何渭滨　中国证券监督管理委员会南昌证券监管特派员办事处　副主任
宋淑艾　中国证券监督管理委员会石家庄证券监管特派员办事处　主任
金立扬　深圳证券交易所办公室　主任
张云东　中国证券监督管理委员会深圳证券监管办公室　副主任
张东升　国家发展计划委员会经济政策协调司　司长
张守义　中国证券监督管理委员会长春证券监管特派员办事处　主任
胡伏云　中国证券监督管理委员会昆明证券监管特派员办事处　副主任
胡建新　中国资产评估协会　副秘书长
侯劳庆　中国证券监督管理委员会郑州证券监管特派员办事处　主任
娄必元　中国证券监督管理委员会南宁证券监管特派员办事处　主任
徐　明　上海证券交易所办公室　主任
徐　铁　中国证券监督管理委员会贵阳证券监管特派员办事处　主任
徐放鸣　国家财政部国债金融司　副司长
柴　强　中国房地产估价师学会　副会长
秦海荣　中国土地估价师协会　秘书长
顾汉德　江苏省企业上市工作办公室　主任
郭文英　中国证券监督管理委员会呼和浩特证券监管特派员办事处　副主任
高进坤　中国证券监督管理委员会乌鲁木齐证券监管特派员办事处　主任
唐昌放　中国证券监督管理委员会重庆监督管理办事处　主任
夏业成　中国证券监督管理委员会银川证券监管特派员办事处　主任
宿　庸　中国证券监督管理委员会沈阳证券监管办公室　主任
盛钧源　上海期货交易所　办公室副主任
黄湘平　中国证券监督管理委员会武汉证券监管办公室　主任
蔡浩仪　中国人民银行研究局　副局长
潘履孚　中国保险学会　常务副会长
薛文石　中国证券监督管理委员会西安证券监督管理办公室　主任

魏书松　　中国证券监督管理委员会福州证券监管特派员办事处　主任

特约编辑：（按姓氏笔画为序）

马季华　　国家发展计划委员会经济政策协调司证券处　处长
万里虹　　中国保险学会　保险经济师
于海联　　中国证券监督管理委员会沈阳证券监管办公室　主任科员
孔雨泉　　中国证券监督管理委员会深圳证券监管办公室　处长
王　倩　　国家审计署信息处　副处长
王宏斌　　中国证券监督管理委员会西安证券监督管理办公室　办公室主任
王欣欣　　中国人民银行上海分行统计研究处　副处长
方向瑜　　中国证券监督管理委员会兰州证券监管特派员办事处　办公室主任
尹献生　　中国证券监督管理委员会南宁证券监管特派员办事处　处长
孙利平　　中国人民银行成都分行统计研究处　科长
孙利伟　　中国证券监督管理委员会大连证券监管特派员办事处　处长
孙春生　　中国证券监督管理委员会太原证券监管特派员办事处　处长
李　杰　　中国注册会计师协会综合部　主任
李　德　　中国人民银行研究局　处长
李　飒　　郑州商品交易所综合部秘书处　处长
李士松　　北京注册会计师协会　秘书长
李大春　　中国国债协会　副秘书长
李木祥　　中国人民银行重庆营业管理部统计研究处　处长
刘晓东　　中国证券监督管理委员会合肥证券监管特派员办事处　副主任科员
买文广　　中国证券监督管理委员会银川证券监管特派员办事处　副主任
里　红　　中华全国律师协会业务教研部　主任
何　洁　　中国证券监督管理委员会乌鲁木齐证券监管特派员办事处　主任科员
陈景耀　　国家财政部国债金融司　副处长
金　伟　　中信实业银行办公室　副主任
周　军　　中国证券监督管理委员会武汉证券监管办公室综合处　处长
张建东　　中国证券监督管理委员会郑州证券监管特派员办事处综合处　处长
胡　静　　中国证券监督管理委员会昆明证券监管特派员办事处　主任科员
姜诗明　　中央电视台《中国财经报道》　制片人
郭行哲　　中国证券监督管理委员会石家庄证券监管特派员办事处　处长
赵东方　　中国证券监督管理委员会哈尔滨证券监管特派员办事处　高级经济师
赵洪军　　中国证券监督管理委员会济南证券监督管理办公室综合处　处长
顾一新　　上海商品交易所
徐彦武　　江苏省企业上市工作办公室　硕士
常　青　　中国农业银行宣传处　处长
黄　祥　　中国证券监督管理委员会拉萨证券监管特派员办事处证券处　处长
崔书文　　经济日报社财经证券部　主任
黄宗福　　中国证券监督管理委员会福州证券监管特派员办事处　副主任
梁盛红　　中国证券监督管理委员会重庆监督管理办事处　办公室负责人
储　胜　　中国证券监督管理委员会海口证券监管特派员办事处　处长
程宪平　　国家外汇管理局综合司政策研究处　处长
褚永珊　　中国证券监督管理委员会呼和浩特证券监管特派员办事处综合处　处长
董素民　　中国证券监督管理委员会长沙证券监管特派员办事处　副处长
喻达志　　中国证券监督管理委员会南昌证券监管特派员办事处　处长
靳东升　　国家税务总局政策法规司　处长
燕青山　　国家开发银行办公厅　经济师

中国证券业年鉴编辑部

主　　任：邹良贤
副 主 任：胡贵华　陈月明　张　涛　曹文乔
编　　辑：邹艳囡　柳　华　邢　达　王才贵　胡泽锋　胡国礼　李二祥　胡荒生
黄爱斌　秦　朝　罗争鸣　范靖文　威泽锋

设计制作：高　鸣

中国证券业年鉴编辑部联系地址

北京：北京市东城区胜古中路 1 号院 3 号楼安贞苑 1102 室
联系人：柳华　邮编：100029　传真：(010)64447537
电话：(010)64447535　64447536　64447537
上海：上海市平凉路 1359 弄万汇公寓 7 号楼 701 室
联系人：曹文乔　邮编：200090
电话：(021)65393616　传真：(021)65194336
深圳：深圳市罗湖区翠竹路 1050 号高标大厦 716 室
联系人：张　涛　邮编：518020
电话：(0755)5532871　5538394　传真：(0755)5538394
广东：广州市黄埔大道西 191 号牡丹阁 501 室
联系人：王才贵　邮编：510620
电话：(020)87561159　传真：(020)87561159
山东：济南市经十路 157 号 3 楼 318 室
联系人：胡泽峰　邮编：250021　电话：(0531)2188657

中國證券業年鑒

特别祝贺

广西梧州中恒集团股份有限公司

中国石化集团茂名石油化工公司

北京中证网数据科技有限公司

目　录

第三编　中国证券市场

第四编　中国期货市场

第五编　中国基金市场

第六编　中国产权市场

第七编 上交所上市股份公司

第八编　深交所上市股份公司

第九编　香港上市股份公司

第十编 非上市股份公司

第十一编　证券管理与交易机构

第十二编　中介机构

第十三编　证券经营机构

第十四编　证券业科技教育

第十五编　证券业新闻传媒

第十六编　证券业社会团体

第十七编　证券业人物

第十八编　证券业理论研究

第十九编　证券业大事记

第二十编　市场统计资料

第二十一编　政策与法规

第二十二编　中国企事业单位选介

插页目录

工商股份制企业

股份制企业

工商企业

金融证券机构

金融机构

证券公司

财务信托投资公司

投资基金单位

中介机构

■ 会计师事务所

■ 律师事务所

■ 咨询机构

期货经营机构

■ 期货经营机构

综合机构

■ 综合机构

[新闻图片]

NEWS PICTURE

中共中央总书记、国家主席、中央军委主席江泽民视察广东佛山华新包装股份有限公司

中共中央政治局常委、全国人大常委会委员长李鹏视察山东烟台东方电子信息产业股份有限公司

中共中央政治局常委、国家副主席胡锦涛视察江铃汽车股份有限公司

中共中央政治局委员、全国人大常委会副委员长田纪云考察美克国际家具股份有限公司

[新闻图片]
NEWS PICTURE

中国证券监督管
委员会主席周小
参加世界证券市
峰会，在深圳就
券市场发展问题
表重要讲话

中国证券监督管
理委员会副主席
高西庆考察深圳
证券交易所

中国注册会计师协
会秘书长、财政部
部长助理李勇在广
东就发展会计事业
开展调研，并参观
广东恒信德律会计
师事务所有限公司

香港创业板市场
立以来，越来越
公司寻求创业发
机会。图为裕兴
脑科技控股有限
司上市代表团参
股票上市仪式时
创业板上市委员
领导合影

上海期货交易所
SHANGHAI FUTURES EXCHANGE

[新闻图片]
NEWS PICTURE

上海是我国期货市场试验起步最早的地区之一，1995年期货市场整顿，上海6家期货交易所合并为金属、商品、粮油三家交易所；1998年8月根据国务院进一步整顿期货市场的决定，上海三家交易所再行合并，组建成立上海期货交易所，隶属中国证监会。

近十年来，上海期货交易所营运不断规范，功能逐步显露，在促进改革开放和经济发展方面发挥了积极作用，取得了较为突出的成绩。一是为宏观决策和企业经营提供了较真实的预期价格；二是为企业锁定成本价格、规避风险提供了机制；三是为商品流通开辟了规范渠道；四是促进了标的商品质量的提高；五是形成了较为完善的市场法制。铜期货交易尤为突出，其价格灵敏反映国际行情和国内供需变化，成为有色行业公认的权威报价；履约率为100%，没有三角债问题；在促进企业提高产品质量、转变经营机制，引导企业套期保值，提高经济效益等方面发挥的积极作用得到了行业和有关方面的充分肯定，成为我国期货试验的成功范例。

上海期货交易所成立后，在中国证监会领导下，一抓规章细则的健全完善，二抓市场开发和交易拓展，三抓内部管理和队伍建设，四抓新品开发和技术创新，五抓风险监控和功能深化，市场发展出现了良好势头。1999年成交合约683.46万手（其中铜511.94万手、铝51.30万手、橡胶120.22万手），成交金额4909.79亿元（其中铜4249.15亿元、铝379.23亿元、橡胶281.41亿元）；2000年1-6月成交合约357.23万手，成交金额2960.48亿元，同比分别增长37.46%和60.21%，分别占全国期货市场交易总量的16.10%和43.41%

在法制建设方面，上海期货交易所根据《期货交易管理暂行条例》及《期货交易管理办法》等法规，制订有交易所章程、交易规则及九个实施细则；在自律管理方面，上海期货交易所设会员大会及其常设机构理事会，理事会下设监查、交易、交割、会员资格审查、调解、财务等6个专门委员会。总经理为交易所法定代表人，由中国证监会任命，主持交易所日常工作。

上海期货交易所经批准的上市品种有铜、铝、天然橡胶、胶合板、籼米等5个品种，目前上市交易的为铜、铝、天然橡胶等3个品种；现有会员205家，其中经纪公司会员150家，占73.2%，非经纪公司会员55家占26.8%，同时开设远程同步交易终端60个，会员群体和经营服务网点覆盖全国27个省、区、市。为保证交易结算和交割的正常进行，上海期货交易所与工商银行和交通银行订立协议，指定两行为结算银行，在标的商品生产、主销和集散地指定了15家交割仓库。

上海期货交易所日常工作由法人代表、代总经理吴何清主持，职能部门设有办公室、发展研究中心、交易部、交割部、结算部、监查部、市场部、技术部、信息部、财务部、人事部、行政部。

上海期货交易所高级管理人员名单如下：
代总经理：吴何清；副总经理：王立华、彭俊衡、劳光熊；总经理助理：汤庆荣、胡政；理事长：胡岳征；副理事长：钟福棠。

办公大楼外景

上海期货交易所交易大厅

地址：上海市浦东新区浦电路500号（世纪大道口）上海期货大厦
电话（总机）：68400000　邮编：200122
传真：68401198　电子信箱：lead@shfe.com.cn

CZCE 郑州商品交易所

[新闻图片] NEWS PICTURE

郑商所位于郑州市未来大道69号未来大厦

郑商所可容纳460个交易席位的期货交易厅

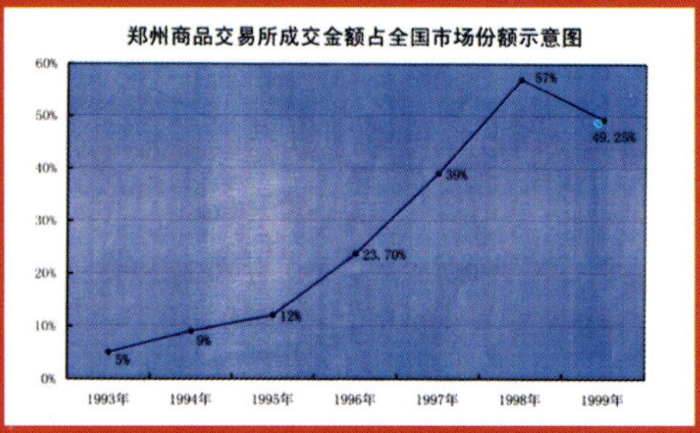

郑商所期货成交金额占全国市场份额示意图

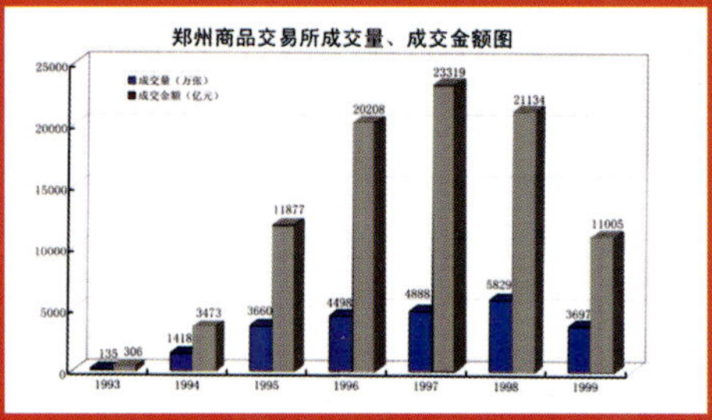

郑商所历年成交量、成交金额柱状图

郑州商品交易所(以下简称郑商所)是经国务院批准的我国第一家期货市场试点，成立于1990年10月12日。

郑商所现有会员200多家，分布于全国26个省、市、自治区，目前上市品种有小麦、绿豆、花生仁、红小豆等，有指定交割仓库30多家。

郑商所按照《期货交易管理暂行条例》、《期货交易所管理办法》及交易所章程、规则规定，组织、监理、服务交易活动，保障交易者的合法权益，维护公开、公平、公正的交易秩序。

郑商所坚持规范化运作和自律性管理，保持了市场的稳步健康发展，使期货市场发现价格、套期保值的功能得到发挥。郑州期货市场交易价格已成为国家宏观经济决策、企业生产、经营的重要参考依据。越来越多的生产、加工、贸易企业开始利用郑商所开展套期保值业务，回避现货市场风险，提高经济效益。

郑商所以规范的管理、良好的信誉，为广大投资者从事期货交易提供优质的服务。

地址：河南省郑州市未来大道69号
电话：(0371)5610368
邮编：450003

大连商品交易所

[新闻图片]
NEWS PICTURE

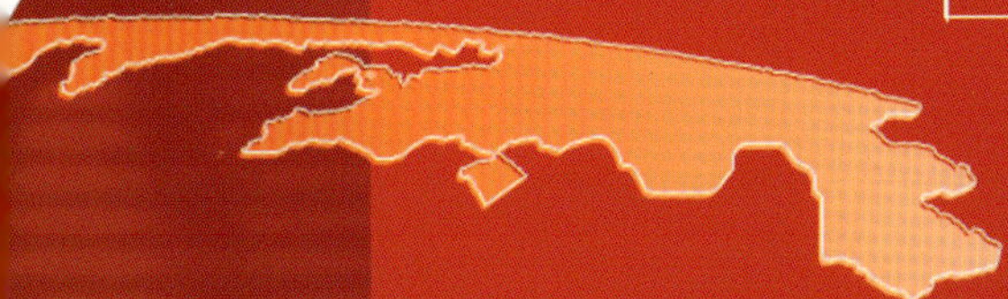

大连商品交易所党委书记、总经理：朱玉辰

大连商品交易所（大商所）是由国务院批准成立，接受中国证券监督管理委员会直接领导的期货交易所。大商所成立于1993年2月28日，同年11月18日正式开始标准化期货合约交易。1994年，大商所被确定为15家试点期货交易所之一。1998年8月，国务院对国内期货市场进行重大调整，大商所被继续保留进行期货试点，是国内3家期货交易所之一。大商所的权力机构是会员大会，理事会是会员大会常设机构。截至1999年底，大商所拥有正式会员148家，会员遍布包括新疆、云南等边远省区在内的全国25个省、市、自治区，客户逾1.5万名，法人客户涉及粮食、商业、加工、外贸等诸多行业。大商所下设市场、交易、交割、结算、技术、稽查、研究、综合8个部门，共有员工62人。

1994—1995年，大商所玉米期货交易非常活跃，具备了相当的规模，很多粮食企业常年参与大商所的套期保值业务。进入1996年，大豆期货交易总体上保持平稳运行，基本揭示了现货市场供求关系的变化。从交易规模上看，1998年、1999年大豆年成交量达到世界著名的芝加哥期货交易所大豆期货同期交易量的15—20%。大商所现正式运行品种为大豆、豆粕。开业至1999年底，大商所累计成交期货合约16243万张，累计成交金额39177亿元，其中，1999年成交期货合约3034万张，比1998年上升14.4%；成交金额6422亿元，比1998年下降4%。1999年大商所成交量占全国市场份额的40.9%，比上年提高13个百分点，成交量及成交额在全国居于第二位，是全国唯一一家实现成交量增长的期货交易所。截至1999年底，大商所共交割粮食170多万吨，大豆作为主要交易品种，1999年累计交割10.67万吨，交割额2.09亿元。由于大连大豆期货价格具有较强的代表性，为政府有效实现对粮食的宏观调控及稳定农业生产提供了准确的价格参考。大批粮油企业广泛参与这个市场，从事套期保值活动，有效回避了价格波动给企业带来的风险。

经过不断的探索，在法制、监管、自律、规范的方针指导下，大商所各项交易和管理制度日趋完善，形成了一套涵盖会员入会、交易、结算、交割、稽查、信息发布等各环节比较科学严密的制度体系，为期货交易的安全顺利进行提供了可靠制度保障。大商所恪守"公开、公平、公正"的原则，打击投机大户操纵市场的行为。建所以来，大商所没有发生过任何不良债务和纠纷，没有出现过重大违规事件和风险事故。大商所始终以为现货市场及国民经济服务为宗旨，坚持规范管理，经过努力，大商所的玉米、大豆等大品种粮食期货交易形成了稳健而活跃的独特风格，其价格发现、套期保值功能得到了初步的发挥。

地址：辽宁省大连市会展路18号
电话：(0411)4808888
邮编：116023

中国证券市场走势图

上证A股

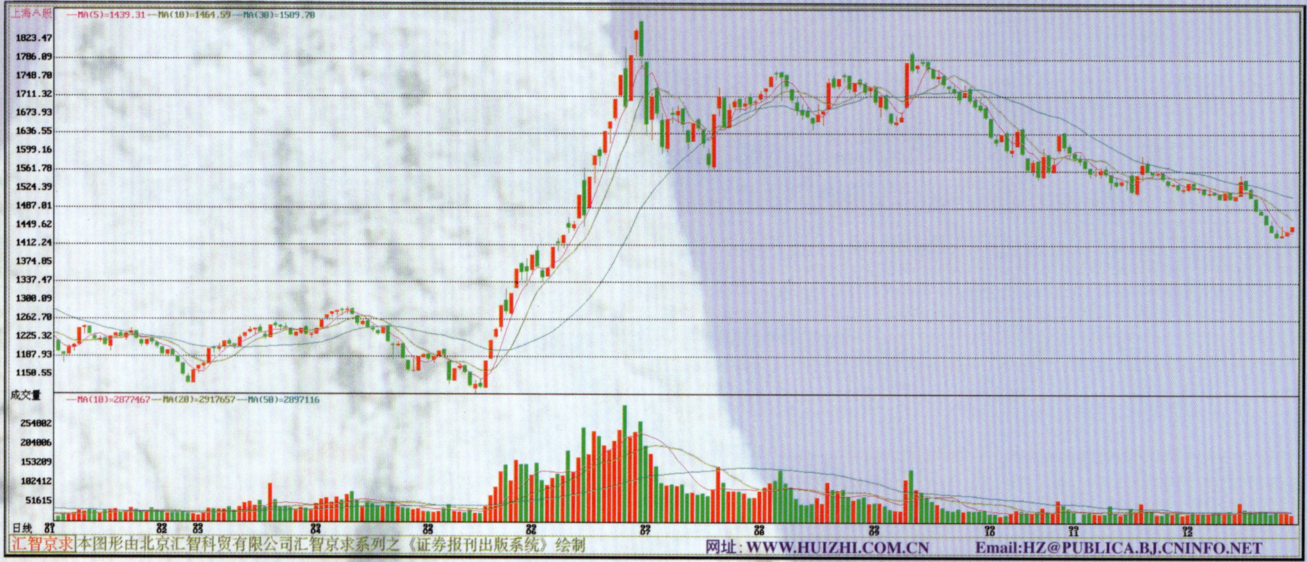

深证A股

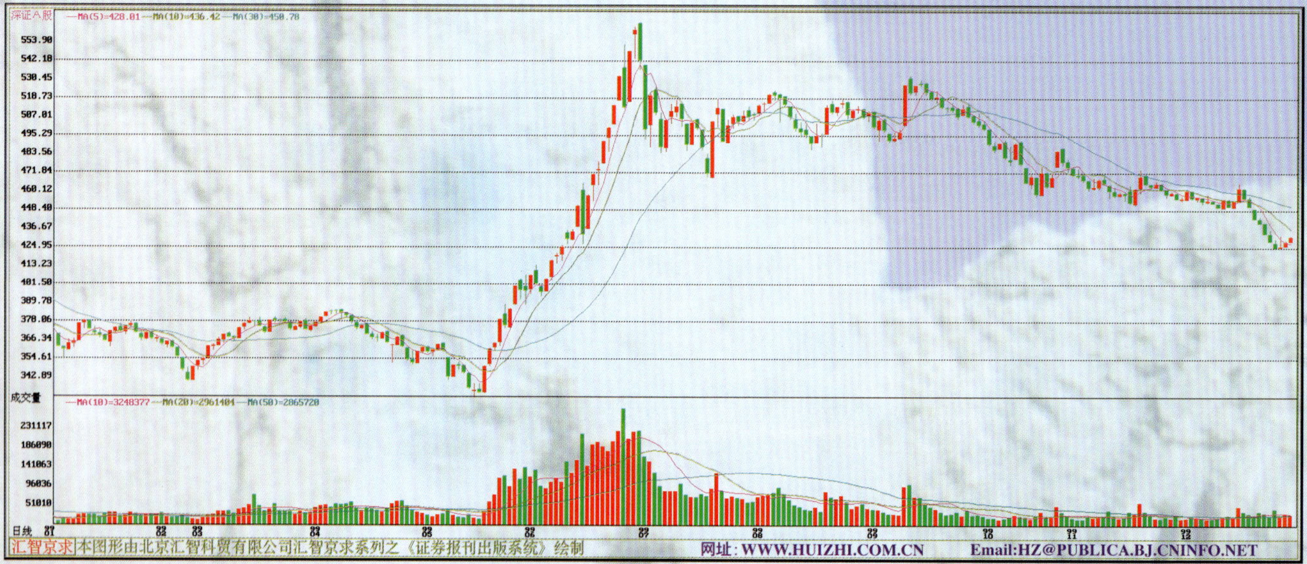

China Securities Year Book 1999

汇金®

www.hjin.com.cn

汇天下英才 聚四海真金

汇金科技公司简介

深圳市汇金科技有限公司成立于1993年，是国内最早从事证券分析系统开发的高科技公司。多年来，汇金同仁以振兴民族产业为己任，精益求精，开拓进取，开创了中国证券软件史上多个第一，"汇金"品牌在业界已是家喻户晓。公司研发的主力进出、主力买卖系列指标在股民中有极大的影响力。

随着二十一世纪的到来，汇金公司也站在一个更高的起点。"雄关漫道真如铁，而今迈步从头越"，面对蓬勃发展的证券市场，汇金同仁将一如既往，锐意进取，加强技术创新，提高管理水平，为中国证券业的发展做出应有的贡献！

主要证券分析产品

★ 汇金网络版证券分析系统主要有DOS 3.5版和 DOS 4.0版。4.0版又称HJ99，是汇金公司最新推出的网络版产品。她基本兼容常用热键，界面美观，功能强大，采用下拉式菜单，操作方便，是目前国内DOS平台上的集大成者。

★ 汇金家庭版证券分析系统包括HJ98 V2.5普及版、HJ98 V3.0增强版、汇金静态选股王（时代先锋）和汇金静态选股王四种成熟产品，汇金2000即将推出。该系统全部基于WINDOWS平台开发，能满足各个层面股民的分析需求，堪称精华之作。

深圳市汇金科技有限公司

地　址：深圳市深南中路2070号电子科技大厦C座45楼、27楼F座

电　话：(86-755)3683707　3683714　36837813

传　真：(86-755)3683701　3683813　3683819

邮　编：518031　网　址：www.hjin.com.cn

E-mail：hjin@public.szptt.net.cn

董事长：张干群

中国银河

CHINA GAL

公司总裁：朱利

www.chinast

公司所属上海江宁路营业部

证券有限责任公司

Y SECURITIES CO.,LTD.

中国银河证券有限责任公司是经国务院同意，由中国工商银行、中国农业银行、中国银行、中国建设银行、中国人寿保险公司全资的中国华融信托投资公司、中国长城信托投资公司、中国东方信托投资公司、中国信达信托投资公司、中国人保信托投资公司等5家公司所属的证券业务部门及证券营业部合并基础上组建的全国性综合类证券公司。中国银河证券有限责任公司(下称公司)经中国证监会批准，国家工商行政管理局注册登记，注册资本金45亿元人民币，性质为国有独资。公司业务范围包括：证券代理买卖；代理还本付息、分红派息；证券代保管、鉴证、代理登记开户；证券的自营买卖；证券的承销和上市推荐；企业重组、收购与兼并；投资咨询、财务顾问；资产管理；发起设立证券投资基金和基金管理公司。公司总部设在北京，在全国28个省、自治区、直辖市的56个城市拥有174家证券营业部。1999年原5家信托公司完成代理证券交易量5887.3亿元，全国排名第一。1997-1999年，共承担了近百只股票的发行和上市的主承销、副主承销、分销和上市推荐工作。公司现有员工5143人，其中总部员工有200多人。总部员工中80%具有3年以上的从业经历、本科学历占39.6%，硕士博士占35.3%。公司将继续发展经纪、自营、承销业务，同时面向未来大力发展资产管理、基金管理、购并重组、财务顾问、风险投资及其他金融创新产品业务。

地址：北京市西城区复兴门内大街158号远洋大厦

电话：(010)66086688

传真：(010)66421532

E-mail:galasec@ sina.com

http://www.chinastock.com.cn

k.com.cn

公司领导班子成员：(左起)副总裁李杰伟、谢军、李俊庆、总裁朱利、副总裁李锡奎、刘彭湃、汤世生、总裁助理姜培兴

券

TD.

开拓中
THE SPECIALIST OF
南方证券
SOUTHERN SECURITIES

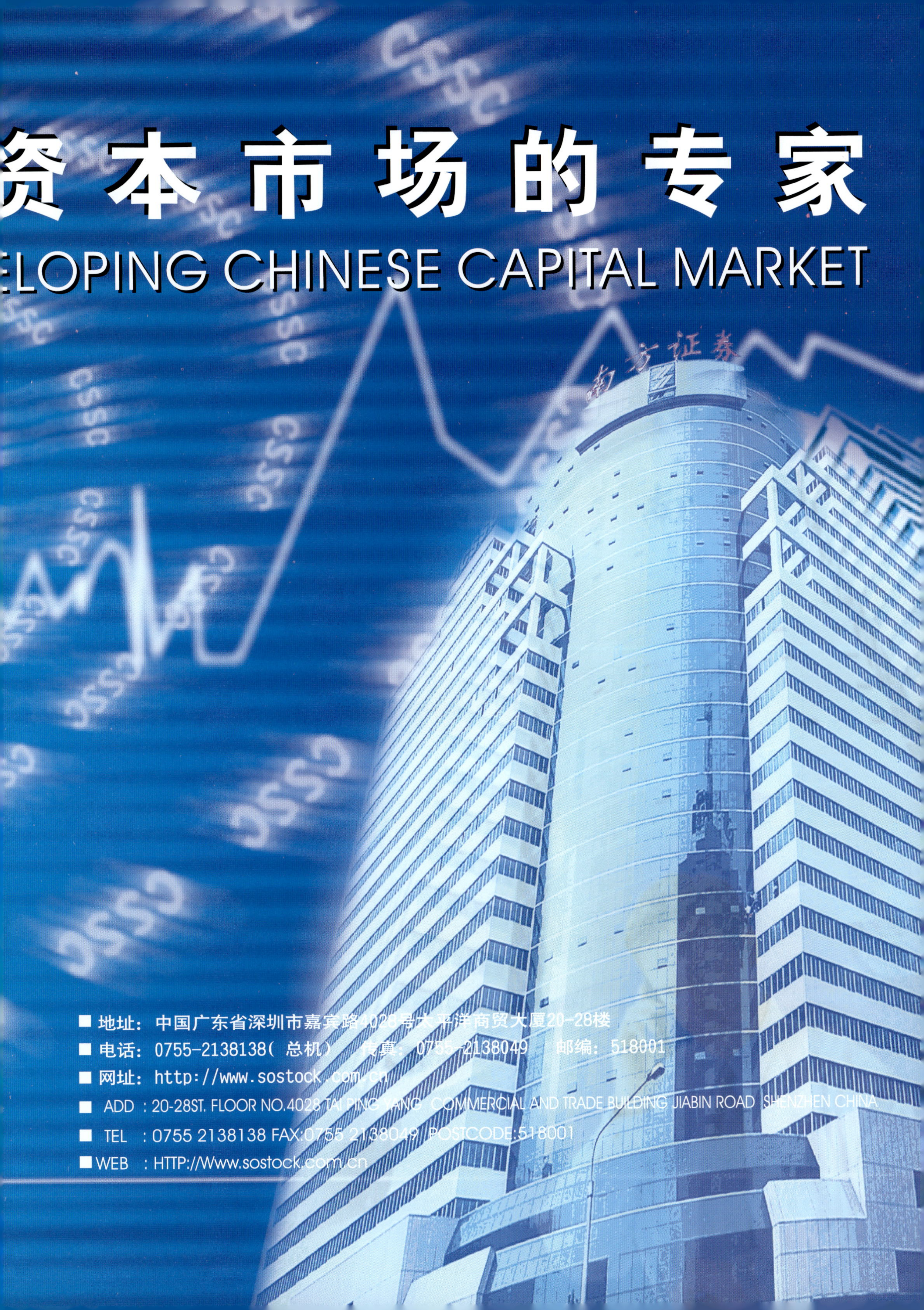
资本市场的专家
ELOPING CHINESE CAPITAL MARKET
南方证券
■ 地址：中国广东省深圳市嘉宾路4028号太平洋商贸大厦20-28楼
■ 电话：0755-2138138(总机)　传真：0755-2138049　邮编：518001
■ 网址：http://www.sostock.com.cn
■ ADD：20-28ST. FLOOR NO.4028 TAI PING YANG COMMERCIAL AND TRADE BUILDING JIABIN ROAD SHENZHEN CHINA
■ TEL：0755 2138138 FAX:0755 2138049 POSTCODE:518001
■ WEB：HTTP://Www.sostock.com.cn

中国外汇交易

中心领导与员工们在一起

单位概况　中国外汇交易中心暨全国银行间同业拆借中心广州分中心（下称“中心”）是中国人民银行广州分行和国家外汇管理局广州分局领导下的非盈利性事业单位，下设市场部、资金部、港币支票清算部、财务部、电脑部和综合部。

基本职能包括　货币市场组织和服务，包括组织银行间外汇交易、人民币同业拆借和债券交易，办理外汇交易的资金清算交割，提供货币市场信息服务等．外资金融机构外汇存款准备金和外汇营运保证金的收缴与营运．粤港两地港币支票联合结算。

经营业绩　中心前身是国家外汇管理局广东省外汇调剂中心，于1994年4月与全国外汇交易系统联网运作，并以该系统的物理网络为依托，分别于1996年1月和1997年6月连通全国银行间人民币同业拆借和债券交易系统，至今已发展外汇市场会员22家、人民币市场交易成员21家，成为我国货币市场的一个重要组成部分．1999年，中心银行间外汇市场共成交16.9亿美元（折合），人民币拆借、现券和回购交易分别成交199.8亿元、9.24亿元和396.41亿元，在全国货币市场上名列前茅。

中心广州分中心

经营范围 组织本地外汇市场会员银行以现场或远程方式进入全国联网的外汇交易系统，进行自营或代理的人民币对美元、港元、日元三种货币的即期交易，并为其提供资金清算交割服务；为广东省内（深圳除外）所有经中国人民银行批准、具有独立法人资格的金融机构和授权分支机构从事人民币同业拆借、现券买卖及回购交易提供业务和技术支持；为所有货币市场有关成员提供信息服务维护本地外汇及人民币交易系统的稳定运行；运作对外资金融机构缴存的外汇存款准备金和外汇营运保证金；粤港两地港币支票联合结算业务。

地址：广州市环市中路天秀大厦B 座25 楼

电话：(020)83543878　　邮编：510050

中心铭牌

先进的办公设施

www.reuters.com.cn

900個全球最熱門網站，如何能同時提供
可靠的資訊？

REUTERS 決策背後 總有路透

北京Beijing 电话(Tel):8610 65865566 上海Shanghai 电话(Tel):8621 63559333 广州Guangzhou 电话(Tel):8620 87552638 深圳Shenzhen 电话(Tel):86755 2173992

广东省
揭阳市财政局

局办公楼外景

揭阳市位于广东省东部，1992年撤县建市，现管辖揭东、惠来、揭西县和榕城区，代管普宁市。建市以来，全市经济和社会各项事业快速发展，1999年全市国内生产总值383亿元，地方一般预算收入8.8亿元，比上年增长13.89%；全市一般预算支出16.9亿元，比上年增长9.27%。

1999年全市财政工作情况：

一、加强支出管理，严格压缩支出。采取的主要措施是对市直行政事业单位全面实行零基预算的支出管理，严格预算约束；成立"揭阳市财政局投资审核中心"，对动用预算内外资金的基建项目，其工程标底实行财政部门审查，工程预决算审核的制度；成立"揭阳市政府采购服务中心"，实行政府采购制度。

二、调整结构，有计划逐步向公共财政转变。加大生产，农业、科技、教育的投入。积极调剂资金，支持桥、校、卫、市政等重点项目建设，保障全市工资、离退休金及调资。提高"三条社会保障线"支出，维护团结，稳定社会。

三、切实加强预算外资金管理。彻底对罚没、行政事业性收入全面实行"收支两条线"管理，实行委托银行代收制度。推进派驻行政事业单位财务总监试点工作。

四、支持和推进各项改革。认真做好党政机关脱钩企业的清产核资工作，做好国有企业下岗职工基本生产保障，落实好财政负担的资金，积极支持粮食流通体制改革，建立健全社会保障制度，做好城镇职工基本医疗保险制度的改革。

五、强化财政监督，建立健全制度机制，加强内部监督工作。制订《揭阳市财政内部监督检查暂行规定》，形成定期检查制度。在对外部监督方面，认真做好财政专项资金的监督检查，保证专款专用。

局信息网络中心

优美的工作环境

局长：陈澄民

地址：广东省揭阳市东山区十号街东侧

电话：(0663)8239272

邮编：522010

广州市财政局、

广州市财政局局长：关国锵

广州市财政局副局长、国有资产管理局局长：谢月娴

国有资产管理局

1999年，广州市各级财政部门在市委、市政府的正确领导下，认真贯彻党的十五大精神，继续实行积极稳健的财政政策，按照全年的工作部署，坚持依法理财，大力组织财政收入，切实加强预算管理，使财政收入得到较大幅度的增长，财政支出基本保证了经济建设和社会各项事业发展的需要，财政预算执行情况良好。1999年，全市财政一般预算收入预计为168.8亿元，比上年增长27.69%，增收36.6亿元（剔除不可比因素后，比上年增长18.18%）。其中：市本级收入预计为90.3亿元，比上年增长36.48%，增收24.06亿元；区、县级市收入预计为78.5亿元，比上年增长18.37%，增收12.2亿元。财政一般预算支出预计为213.6亿元（含省专项补助城市建设资金10亿元），比上年增长22.06%，增支38.6亿元。其中：市本级支出预计为121亿元，比上年增长37.5%，增支33亿元；区、县级市支出预计为92.6亿元，比上年增长6.44%，增支5.6亿元。

1999年，我们认真贯彻"调整结构，有保有压、厉行节约、严格管理"的原则，按照市委、市政府的部署，优化财政支出结构，确保重点支出的需要，继续支持我市国有企业改革、经济结构调整和城市管理体制改革。全年安排10亿元用于广州市中心区交通项目及内外环联络道路项目建设；积极配合"一年一小变"的城市建设工作，全年共安排11.1亿元，用于城市维护方面的投入；安排珠江钢厂项目1.7亿元；安排市级机关干部和教师住房建设资金3.32亿元；安排社会保障补助支出1.9亿元；全市落实国家调整收入分配政策所需资金0.8亿元；安排防范和化解金融风险准备金5.28亿元；乙烯偿债资金2.7亿元（未含防范和化解金融风险准备金安排的5000万元）；科技投资风险资金1亿元。1999年市本级企业计划亏损退库预计为5.8亿元。这些投入保证了各项建设和事业发展的资金需要。

1999年，市本级财政预计安排支农支出3.4亿元，比上年增长25.9%；安排科学事业费1.2亿元，比上年增长33.3%；安排科技三项费用2.2亿元，比上年增长69.23%；安排教育事业费7.8亿元，比上年增长20%；安排卫生事业费3亿元，比上年增长36.36%；拨付公检法司支出7.7亿元。

2000年，广州市财政、国资部门主要做好以下工作：（一）大力组织财政收入，增强政府宏观调控能力。（二）努力提高财政支出管理水平，确保全年预算收支平衡。（三）积极推进市对区新一轮财政管理体制改革。（四）认真贯彻落实党的十五届四中全会通过的《中共中央关于国有企业改革和发展若干重大问题的决定》，进一步加强国有资产管理。

地址：广州市中山六路将军西26号三楼
电话：83365509
邮编：510180

委会议

局长办公会议

佛山市财政局

佛山，位处珠江三角洲腹地，素有中国古代四大名镇及天下“四大聚”之一的美誉。1999年全市地方财政一般预算收入45.72亿元，比1998年增长23.3%。全市地方一般预算支出完成58.2亿元，比1998年实绩增长17.58%。全市完成中央、省和地方三级财政收入合计150.65亿。全市财政实现收支平衡，略有结余。

佛山市财政局焦文庆局长在市十一届三次会议上作预算报告

一、贯彻执行积极稳健的财政政策。全市各级财政部门认真贯彻党中央、国务院推行积极稳健的财政政策，结合本地区实际，采取各项有效措施，促进经济增长：积极落实中央和省的规定，筹集资金，及时足额地把提高行政事业单位职工工资兑付到个人手上；积极利用国债转贷资金，1999年全市获得国债转贷资金1.27亿元，各级财政部门在切实加强对国债资金管理同时，落实好地方配套资金0.4亿元，确保了全市一大批水利基础设施项目和城市基础建设项目的顺利实施。认真落实各项支农配套资金，增加对农业和农村经济的投入，推进我市农业产业化，全市用于农业方面的支出达2.36亿元；认真落实促进出口和扩大内需的有关税收政策，及时把提高出口退税率政策兑现到企业，比1998年增长59.62%。

二、狠抓增收节支，确保预算任务完成。全市财税部门按照“加强征管、堵塞漏洞、惩治腐败、清缴欠税”的工作要求，认真抓好财政收入的征管和入库工作。规范税收管理，大力清理欠款；认真贯彻执行新《契税条例》，试行银行代收制度，切实加强了农业“四税”的征收管理，促进税款及时入库，全市契税收入比1998年大幅增加0.57亿元；贯彻落实“收支两条线”规定，加强对罚没收入、行政事业性收费的管理，实行“票款分离、银行代收”的制度，确保款项足额入库。全市罚没收入、行政事业性收费收入已100%纳入财政预算管理或财政专户管理；严格把好支出关，重点把好工程、人、车、会议、医疗等较大金额支出关。

财政大厦外景

三、深化预算管理制度改革。一是对预算编制方法进行改革，市级从1999年起实行零基预算，取消过去按基数增长的预算分配办法，人员经费和公用经费统一标准核定，专项经费逐项审核核拨，同时实行预算内外资金统管。二是随着事业单位进行机构改革，及时调整财政供给范围，市级从下半年起对事业单位进行了机构改革，节省支出0.12亿元。三是向公共财政转移，财政资金逐步退出竞争性和经营性领域，加大了社会公共支出的力度，重点保证科技、农业、教育、社会保障、城市建设等社会公共事业的资金需要，积极落实提高三条保障线(国企下岗职工基本生活保障线、失业救济保障线、城镇居民最低生活保障线)标准的政策，并草拟和实施了我市国有集体企业下岗职工生活保障和再就业基金管理办法。四是推行政府采购制度，做到公开、公平、公正，既促进了廉政建设，又节约了财政资金。1999年市本级通过政府采购制度，资金节约率达到11.3%。

四、加强财政监督，规范财政管理。全市财政部门严格按中央的六条标准(即收费项目的审批、银行帐户的开设、资金的上缴、票据的统一使用及经费支出的管理)，全面贯彻落实“收支两条线”规定，对预算外资金帐户进行清理和检查，取消、撤并了过多过滥的银行帐户，对预算外资金实行严格管理和监督；大力推行财务总监试点工作，在省确定佛山市为向行政事业单位派驻财务总监的试点城市后，我市各地先后成立了财务总监办公室，通过委派务总监对单位的财政资金实行全面的监控，确保了财政资金的安全，提高了资金的使用效率；规范行政事业、企业单位财务管理，实行企业年度会计报表注册会计师审计制度；各级财政部门还坚持不懈地开展财政稽查工作，初步形成了较完善的财政监督网络，实行对内监督与对外监督相结合、平时监督与专项监督相结合、专职科监督与业务科监督相结合的财政监督制度。积极推动经济鉴证类社会中介机构转制，全市各级财政部门将原挂靠在财政部门的7间会计师事务所进行了脱钩改制，使会计师事务所由国有性质变为由注册会计师出资成立的有限责任公司，财政部门由行政管理转为行业指导和行业监督。

五、防范和化解财政金融风险。通过压减预算内财政支出，筹措防范化解金融风险准备金和财政风险金，在防范和化解财政、金融风险方面发挥了积极重要的作用。

2000年是跨世纪的一年，佛山市财政系统抓住机遇，深化改革，积极构筑公共财政，优化支出结构，实行政府采购与集中支付，积极支持国有企业企业改革，重点将抓好以下工作

一、优化支出结构，实施综合财政预算。1、调整支出结构，向公共需要倾斜。按照中央关于逐步建立公共财政基本框架的目标要求，财政资金要逐步转移到满足公共支出需要上来，逐步退出竞争性和经营性领域，提高对基础设施、社会保障、教育科技和文化卫生事业发展、环境保护等公共需要的保障程度。在科技、教育、卫生、社会保障、公检法司等方面，

2000年预算安排有较大的增长。2、改革预算编制方法，细化预算。2000年将在“零基预算法”的基础上进一步细化预算编制，各单位制订年经费开支计划报财政局进行审核，人员经费、公用经费、实行标准化、规范化、货币化和专项经费，按需要与可能的原则进行编排预算支出。3、严格“收支两条线”管理，实行综合预算。所有行政事业性收费、基金和罚没收入，以及其他预算外收入实行彻底的“收支两条线”管理，并实行委托银行代收款和票款分离制度。各行政事业单位的收入纳入财政管理，所需的支出统一由财政部门核拨。

二、改变财政支付管理模式，实施政府采购和国库集中支付制度。一方面，实行财政资金国库集中支付的方式。对财政供养人员的个人收入和经费逐步实行财政部门统一支付的办法。从2000年下半年起，市直、南海市财政供养人员工资实行委托银行统一支付，实行“编委核定编制、人事局核工资、财政核拨经费、银行统一发放”的办法，将工资由财政委托银行直接划入个人在银行开设的帐户。另一方面，大力推行政府采购制度，规范政府公物采购程序。2000年，我市进一步扩大采购范围，规定凡使用财政资金进行的采购，都要通过政府采购中心进行；零碎的物资和服务采购纳入定点采购范畴。进一步加强采购专款的管理，提高财政资金的使用效率。

三、积极支持，促进国有企业改革。财政和资产管理部门积极支持国有企业的改革和企业转制，按照抓大放小、突出重点的原则，推动企业的产权制度改革和资产重组。

四、强化管理监督，确保财政资金安全高效。1、大力推行财务总监试点工作，发挥财政监督职能。2、积极清理预算外资金帐户。3、推行政府性基金管理改革。4、加强财政稽查工作，完善财政监督稽查制度。

地址：广东佛山市季华五路财政大厦　电话：(0757) 3381408　邮编：528000

中共茂名市委副书记、中国石化集团茂名石油化工公司经理、茂名石化炼油化工股份有限公司董事长、茂名石化实华股份有限公司董事长、全国“五一”劳动奖章获得者、第九届全国人大代表：何德先

中国石化集团
茂名石油化工公司

茂名石油化工公司创建于1955年，现已发展成为我国含硫原油加工基地和南方最大的石油化工基地，拥有以1350万吨/年原油加工和38万吨/年乙烯为主体，包括设计科研、港口运输、建筑安装、机械制造等门类的生产经营系统。工艺技术先进，配套设施齐全，年销售额超过200亿元，出口创汇1亿多美元，在全国500家最大工业企业排序上居于前列。

茂名石化1350万吨/年炼油

南海牌高级润滑油装配生产线

成品油外运专列

茂名石化38万吨/年乙烯厂区

改革开放以来，茂名石化公司大力推进科技进步，加强企业管理，采用国际标准组织生产，300多种牌号的"南海牌"石油化工产品在国内外市场享有盛誉。茂名石化公司先后获得广东省先进企业、文明单位、中国石化集团公司经营管理先进单位、全国企业管理优秀奖、全国思想政治工作优秀企业及全国精神文明建设工作先进单位等荣誉，公司党委两次被评为全国先进基层党组织。

茂名石化公司地处广东沿海，面向东南亚，背靠大西南，拥有全国第一套25万吨级单点系泊原油接卸系统和吞吐能力达1700万吨/年的现代化港口码头，原油输入、产品输出方便快捷。按照规划，茂名石化公司在"十五"计划内，将有新的更大的发展，力争建设成具有国际经济规模和竞争力的石化工业基地。茂名石化公司期待着与各界人士和广大客户真诚合作，共创美好明天。

地址：广东省茂名市红旗北路2号　邮编：525011
电话：(0668)2264248　传真：(0668)2269317

SHANGHAI ASSETS AND
EQUITY EXCHANGE

资产重组与资本进退的枢纽。
存量资产与增量资本嫁接的平台。
高新技术与传统产业结合的桥梁。
跨国并购与吸收外资的通道。

上海产权交易所

上海産權交易所是經上海市人民政府批准依法設立，不以營利爲目的，爲産權交易提供場所、設施、信息服務，履行相關職能，實行自律管理的事業法人。

中共中央政治局委员、中共上海市委书记黄菊和其他市领导视察上海产权交易所展位。

上海产权交易所签署参与中西部开发的合作项目

上海産權交易所依據國家和上海市有關産權交易的法律、法規、遵循〝公開、公平、公正〞的原則，爲各類出資人從事企業并購與資産重組提供配套服務。上海産權交易所交易實行會員制。

作爲上海資本市場一部分的上海産權交易所已成爲本市企業并購與資産重組的重要場所和主渠道之一，在産業結構調整中日益發揮重要樞紐作用，并將建成與上海經濟地位相適應，與證券、商品交易市場相匹配的要素市場。

地址：上海市浦东新区商城路 660 号乐凯大厦 12F
电话：(86-21)58310608　传真：(86-21)58315335
网址：www.saeeis.org　邮编：200120
电子信箱：saeemail@online.sh.cn

上海國有資產經營有限公司

ssaocorp@online.sh.cn

WWW.SSAOCORP.COM

www.ssaocorp.com

公司总裁、法定代表人：祝世寅

公司成立大会

上海国有资产经营有限公司是经上海市人民政府批准成立的国有独资有限责任公司，是具有独立法人资格的市级综合性资产经营公司。主要受政府委托，进行资本运作，同时自主开展资产经营和产权交易经纪、财务顾问、投资咨询等相关中介服务。公司接受上海国有资产经营有限公司指导委员会指导，挂靠上海市国有资产管理办公室。公司的宗旨是贯彻市政府的经济发展战略要求，通过无行业色彩的，以资本运作为主的经营活动，进一步完善本市的投融资体制，更好地发挥政府在资产经营活动中的导向和调控作用，促进资产跨地区、跨行业、跨部门、跨所有制的流动和重组，提升本市资产经营的层次、能级和效益。同时，通过资产的托管、托盘和债务重组等经济活动，有效地疏解当前资产流动和重组中存在的一些矛盾和问题，为形成全市良性的国有资本金循环机制，为贯彻落实本市经济结构战略性调整和整体搞活国有经济，促进经济发展服务。公司经营范围：实业投资、资本运作、资产收购、包装和出让、企业和资产托管、债务重组、产权经纪、房地产中介、财务顾问、投资咨询及经营范围相关的咨询服务。

注册资金：人民币 19.95 亿元

公司企业精神：竭诚至信　合力创新

公司指导委员会成员

主任：黄奇帆　市政府副秘书长

成员：陈步林　市国有资产管理办公室主任

刘红薇　市财政局局长

程静萍　市计划委员会副主任

江上舟　市经济委员会常务副主任

姜耀中　市计划委员会副主任

市上市公司重组领导小组常务副组长

祝世寅　上海国有资产经营有限公司总裁

公司领导成员

祝世寅　总　裁

庄国平　副总裁

陈绍昌　副总裁

公司总裁、法定代表人：祝世寅

地址：上海市中山东一路 27 号

电话：(021)63215300

传真：(021)63212289

邮编：200002

电子邮件：ssaoco@online.sh.cn

网址：http://www.ssaocorp.com

廣州珠江實業集團有限公司

公司董事长、党委书记、法人代表：周孟尝

广州珠江实业集团有限公司(简称"珠江实业")是广州市政府领导下的国有大型企业，为适应市场经济体制和现代企业制度的要求，于1997年11月20日改制为集团公司。

集团公司前身为广州珠江实业总公司，成立于1979年6月，20多年来，伴随着改革开放的大潮，从总承包建设广州白天鹅宾馆起家，接着相继总承包或直接投资建造了广州中国大酒店、花园酒店、天河体育中心、国际金融大厦、世界贸易中心大厦、好世界广场和洛阳牡丹大酒店、海南珠江广场、海南三亚珠江花园酒店、深圳皇洲花园、惠州珠江国际大厦、大连珠江国际大厦、上海珠江玫瑰花园、珠海珠江中星广场等三十多项大型现代化建筑，还投资建造了广州淘金北小区、华侨乐园、站前路小区、松柏岗小区、昌岗小区、百事佳花园、百事佳新村、华乐组团和海口龙珠新城等十多个住宅小区，建筑面积达二百多万平方米。这些工程项目中有一项荣获国家金质奖，四项获中国建筑业"鲁班奖"，三项获国家建设部优秀设计二等奖，五项获省优秀设计一等奖，四项获省优秀设计二等奖，六项获市优秀设计一等奖。世界贸易中心大厦、大连珠江国际大厦、海南珠江广场、广州华侨乐园、海南龙珠新城还分别被评为全国城市物业管理优秀大厦和优秀示范住宅小区。目前在建的大型工程有广州新体育馆及附属的运动员村、广州广怡中心、麓湖阁和江门福泉新村等。"珠江实业"还先后荣获中国房地产综合效益百强企业、全国建设系统精神文明建设先进企业、广东省先进企业、广州市房地产开发综合经济实力十强企业、广州市先进企业和精神文明单位等荣誉称号，被国家建设部评定为一级房地产开发公司和一级工程总承包公司。

公司办公楼外景

"珠江实业"还向多个领域开拓发展，开展建筑设计、建筑装修、工程监理、物业酒店经营管理、金融投资、证券交易、基金管理投资、房地产中介咨询、高等职业教育、信息广告等业务。现已拥有三十六家全资子公司和控股公司，其中有一家综合甲级建筑设计院、一家甲级工程监理公司、一家甲级建筑装修公司、两家上市的一级房地产开发公司、一家国家级酒店管理和一级物业管理资质的物业酒店管理公司及其属下的珠江管理专修学院、一家财务公司、一家投资基金管理公司，投资拥有广州花园酒店(五星级)、洛阳牡丹大酒店(三星级)、三亚珠江花园酒店(四星级)等三家星级酒店，控股的海南珠江实业股份有限公司和广州珠江实业开发股份有限公司的股票已于九二、九三年分别在深圳、上海上市；还向海外市场发展业务，建立了香港中星集团，有十家企业分布在六个国家和地区开展业务。现有总资产54.41亿元，净资产19亿元。85%以上的员工具有专业技术职称。目前，"珠江实业"已成为多元化经营的跨行业、跨地区、跨所有制、跨国经营的大型集团企业，具有优质的企业品牌和良好的声誉。

广州好世界广场

法人代表：周孟尝
地址：广州市环市东路371-375号世贸中心大厦南塔28楼
电话：(020)87759555
邮编：510095

宏智科技股份有限公司

公司办公楼

职工认真开展业务工作

先进的会议演示厅

宏智科技股份有限公司，组建于1996年10月，是国家级重点高新技术企业和国家火炬计划闽东南电子与信息产业基地骨干企业，在全国计算机应用开发、系统集成实体中位居前列。

公司立足通信行业、以应用开发集成为主导，致力于业务管理、网络管理和客户服务平台的工程化开发和完善，并以这三大平台为基础实现一系列大、中型应用系统的产业化。组建三年来，完成了业务管理、网络管理和客户服务三大平台的积累，并在此基础上形成了二十多个拥有自主知识产权的产品，为大、中型企业的运营、管理、服务三大领域提供完整的信息化解决方案。

1999年8月，公司完成了股份制改造，实现了股东多元化、董事会专业化和经营班子职业化的治理结构变革，注册资本达7000万元。公司现有员工600余人，其中有3名博士生导师，20多名博士，80多名硕士，拥有本科以上学历的员工占员工总数90%，并在华东、华北、华南、华中、西南分设12个销售服务中心，8家控股、参股公司，产品覆盖全国沿海和中西部20个省、市、自治区，并与浙江大学合作成立了浙江大学宏智研究中心，与北京邮电大学合作成立了北京宏智北邮通信技术有限公司。

1999年12月，公司通过北京九千质量标准体系认证中心的质量体系国内、国际双重认证。2000年1月，公司通过科技部及中国科学院高科技企业的资格认定，获得了作为高新技术企业申请公开发行股票并上市的资格。

宏智将以“为客户创造价值、以服务求生存”的运营原则为指导，建设拥有大服务、大科技、大市场的大宏智，全面推进中国的信息化进程。

地址：福建省福州市五一中路57号　电话：(0591)3321996　传真：(0591)3322000

浙江金迪期货经纪有限公司

浙江金迪期货经纪有限公司经浙江省人民政府批准，国家工商行政管理局核准登记注册（注册号1000001002263）、中国证券监督管理委员会核发“期货经纪业务许可证”（许可证号：A025011016），注册资本人民币3000万元，是浙江省内规范化、信誉高、实力雄厚的大型期货经纪公司之一。公司股东是：浙江广厦建筑集团股份有限公司和浙江金华信华经济发展集团有限公司。

浙江金迪期货经纪有限公司拥有中国郑州商品交易所、大连商品交易所、上海期货交易所等全权会员资格和七个交易席位。公司为客户负责提供交易、结算、交割、信息、咨询、资金管理、培训等全方位服务。曾被上海商品交易所评为浙江省内唯一的一家交易行为规范A级会员。1999年度全国期货交易额排名第七位。

金迪期货公司认真严肃地执行国务院颁发的《期货交易管理暂行条例》和中国证券监督管理委员会发布的“四个管理配套办法”。把规范管理放在经营管理工作的首要位置。公司竭诚为客户提供优良服务，尊重客户权利，严守交易秘密。公司每日为客户提供当日交易品种的行情分析，模拟操作实例，同时在世华信息网络、期货日报定期或不定期地进行主要品种行情分析，以备客户交易参考。公司以《条例》为准则及时修定完备了各项规章制度，建立了科学严谨的业务流程和完善的业务代理机制，在资讯服务、资金管理、风险监控等方面形成了金迪公司的特有优势。

公司现有营业面积2200多平方米，公司通讯、行情显示系统先进，接报单快速、准确，并有风险监控，逐日结算等软件系统。公司又配备了北京世华、新华财经、路透等行情显示和动态分析系统，拥有网络自助交易委托系统，在国内同行业中处于领先水平，公司现有员工58人，大专以上学历者占85%。

董事长：骆家刚

公司总部

公司领导班子在研究工作

公司董事长骆家刚与金迪期货上海公司员工在一起

公司董事长骆家刚与金迪期货上海公司领导班子一起

公司设有两个营业部和一个业务部

- ▲ 杭州营业部：营业面积850平方米，交通便利，环境优雅舒适，设施先进齐全。为公司总部所在地。
  地址：杭州市体育场路71号（南楼）
  电话：(0571)5282460　传真：(0571)5282463　邮编：310004
- ▲ 上海营业部：营业面积648平方米，五年多来交易量、交易额直线上升，信誉良好，营业部为不同客户保值、投资设立几种方案，供客户交 易参考，深受客户的欢迎。在国际大都市上海设立营业部是公司“立足浙江，走向全国”成功的关键一步。
  地址：上海市徐汇区长乐路1219号长鑫大厦十二楼
  电话：(021)64715010　传真：(021)64747746　邮编：200031
- ▲ 金华业务部：金华自古有商贾云集，交通便利，人杰地灵之美称。业务部座落在市人民广场旁，营业面积500平方米，设施先进、完善。业务覆盖金华、温州等周边市场，业务稳中有升，信誉良好，是金华地区期货业独树一帜。
  地址：金华市八一北路19号超三超大厦二楼　电话：(0579)2329804
  传真：(0579)2329747　邮编：321000

安徽安泰期货经纪有限公司

安徽安泰期货经纪有限公司是经中国证监会批准，国家工商行政管理局注册登记的专业期货经纪公司。由安徽省安通发展有限公司(省财政厅国债服务中心)和省粮油食品进出口(集团)公司等实力雄厚的企业共同组成，注册资金为3000万元人民币，主要从事国内商品期货代理、咨询和期货从业人员培训业务。公司实行董事会领导下的总经理负责制，设有交易部、市场部、财务部、结算部、信息研究部、投资部、电脑工程部和办公室。目前公司经营面积接近500平方米，设有八个大户室，六个中户室。拥有先进、高效的硬件设备和一批素质优良、经验丰富的期货精英，是大连商品交易所、郑州商品交易所、上海期货交易所的全权会员，可代理全部商品期货交易。热忱欢迎广大投资者来公司参观考察、开户交易。安泰期货公司愿与客户携手共进，丰收硕果。

安 泰 期 货 公 司 具 有 三 大 优 势

- 资金安全、进出方便：国有大型期货经纪公司，隶属财政系统，信誉卓著，实力雄厚，保证您的资金可以随时进出，并可在股市期市双向交易、自由划转。

- 精英云集、专家指导：公司聚集和培养了一批精通业务、操盘经验丰富、熟悉期货、证券交易的专业人才和职业操盘手，可随时为您提供专业投资服务，助您在期市、股市双向获利。

- 跑道通畅、交易快捷：本公司拥有全省唯一的‘三合一’异地同步交易系统，并开通了网上交易，率先实现了期货交易电子化，客户可通过自助委托下单，速度快捷，操作简便，费用经济。

地址：合肥市花园宾馆14层

电话：(0551)2870118

电子信箱：antaifut@mail.hf.ah.cn

华通有色金属现货中心批发市场

华通有色金属现货中心批发市场(下称华通市场)是在国家经贸委、国家计委、国家工商局、国内贸易局、国家有色工业局等部门以及上海市政府的关心和支持下，由中国诚通集团的成员单位在我国经济、金融、贸易的中心城市—上海投资主办的经国务院有关部门批准的国家级有色金属现货市场，是国内首家电子化经营的有色金属现货市场。

自1998年9月开业以来，华通市场以雄厚的资金实力、灵活多样的服务方式、规范有序的管理机制和优惠的税收政策，交易量不断攀升，合同履约率保持100%，成为我国重要生产资料流通领域改革的示范窗口和业界发展的新亮点。2000年1月4日，白银放开，华通市场(国家指定白银交易场)举行了新千年第一场竞拍，场面热烈。2000年6月28日，经上级批准，华通白银市场正式运营。同时，"华通金属"电子商务网站也正式开通，标志着华通网络交易系统已完成从局域网向广域网的转变。"华通金属"的开通为其在纳斯达克上市奠定了基础。2000年8月4日，中国华诚集团、中国诚通集团代表中央五家企业集团公司与上海市经委达成协议，同意在华通市场的基础上组建"上海黄金交易所"，该协议的达成标志华通市场在经营白银上市上取得了重要经验，为黄金开放上市提供了有益的借鉴。

华通市场以服务为宗旨，遵循公开、公平、公正竞争和诚实信用的原则，采用计算机系统集中竞价和竞拍的交易形式，实行会员股份制、保证金制、标准化合同制、定点交割制、统一结算制等交易制度，推行多元化代理、传输、配送一体化等新型交易模式。自开业以来，华通市场实物交割量近26万吨，交易金额达40亿元，合同履约率保持在100%。市场实行会员制，至2000年1月，已吸纳了我国各大中型白银及有色金属生产、流通、消费企业近60家。99年被国家指定为全国唯一白银交易市场。华通白银交易场自1999年12月28日试运行，2000年6月28日正式运营开业。由于经营稳健，市场功能逐步实现和完善，逐步确立了在白银交易中的指导地位，半年以来，交易量近500吨，交易额近7亿元，市场白银交易价格已成为国内白银交易价的指向。市场位于上海中山北路物贸一条街上，占地2000多平方米，分场内和场外两个主交易区，设管理部、交易部、结算部、仓储部、信息部、代理部等多个职能部门。交易区分场内计算机交易厅和场外电子竞拍厅，共设136个交易席位，交易区外配备51间客户及业务代理、财务代理、法律咨询、商务中心等辅助设施。全场共配150台电脑，开通300门场内、外电话。目前已顺利开展了白银、电解铜、粗铜、铜杆、铝锭、铅锭、锌锭、镍、锡、氧化铝、铜精矿、阴极铜等多个品种的交易。

市场的职能：1.提供交易场所及相关设施和服务；2.提供网上交易和信息交流的平台；3.制定交易规则，组织并管理交易活动；4.办理交易、结算和交割；5.发布行情信息，提供信息服务；6.设立调解机构，调解交易纠纷，依法维护会员及客户的权益；7.开展行业调查，研讨行业政策；8.国家有关部委许可或委托的其他职能。

中金黄金股份有限公司

ZHONGJIN GOLD CORPORATION, LIMITED

中金黄金股份有限公司是于2000年6月22日由主发起人中国黄金总公司联合中信国安黄金有限责任公司、河南豫光金铅集团有限责任公司、西藏自治区矿业开发总公司、山东莱州黄金（集团）有限责任公司、天津天保控股有限公司和天津市宝银号贵金属有限公司等六家企业共同出资发起设立，并注册在天津港保税区的以黄金生产为主业的大型股份制企业。公司总股本18000万股。

董事长：宋鑫先生

公司的经营范围是：黄金等有色金属地质勘查、采选、冶炼；黄金生产的副产品加工、销售；黄金生产所需材料、燃料、设备的仓储、销售；黄金生产技术的研究开发、咨询服务；国际贸易，保税仓储，商品展销。

总经理：慕守宝先生

公司的经营宗旨是以市场和国家产业政策为导向，以人才为根本，以效益为中心，依靠科学的管理和先进的技术，积极参与国内外市场竞争，努力成为在国内外黄金企业中具有较强竞争力的综合型股份有限公司。

地址：天津经济技术开发区洞庭路27号九州大厦13层

电话：022-66201941　传真：022-66201498　邮编：300457

第八编

深交所上市股份公司

1142/1529

深圳发展银行股份有限公司

一、公司简介

(一)法定中文名称:深圳发展银行股份有限公司
(简称:深圳发展银行,下称"本行")
法定英文名称:ShenZhen Development Bank Co., Ltd.
(二)报告期内法定代表人:陈兆民先生
(三)董事会秘书:雷鸣先生
董事会秘书授权代表:王勇先生
联系地址:中国广东省深圳市罗湖区深南中路178号深圳发展银行大厦
深圳发展银行董事会秘书处
联系电话:(0755)2080387　传真:(0755)2080386
电子邮箱:fzyhdsh@public.szonline.net
(四)注册地址及办公地址:
中国广东省深圳市罗湖区深南中路178号深圳发展银行大厦　邮政编码:518001
本行国际互联网网址:http://www.sdb.com.cn
(五)本行选定信息披露报刊:《中国证券报》《证券时报》
登载本年度报告的中国证监会指定国际互联网网址: http://www.cninfo.com.cn
本年度报告文本备置地点:本行董事会秘书处
(六)股票上市地:深圳证券交易所
股票简称:深发展A　股票代码:0001

二、会计数据和业务数据摘要

(一)1999年度会计数据　(单位:人民币元)

利润总额	605184420
净利润	555191092
扣除非经常性损益后的净利润	555191092
主营业务利润	391651621
其它业务利润	160780
营业利润	373239089
投资收益	233134900
补贴收入	(无);
营业外收支净额	-1189569
经营活动产生的现金流量净额	4671594474
现金及现金等价物净增加额	2596768945

(二)截止报告期末本行前三年的主要会计数据和财务指标:　(单位:人民币元)

项目	1999年	1998年		1997年	
		调整后	调整前	调整后	调整前
主营业务收入	2349273246	2803533793	2803533793	2795255525	2795255525
利润总额	605184420	814644218	857036718	637025056	637025056
净利润	555191092	713889573	764339190	379257578	513636432
总资产	45868972050	39008042523	39399858617	31298753972	31298753972
股东权益(不含少数股东权益)	2900830706	3276647908	3676648292	2912441186	2912441186
每股收益	0.357	0.46	0.493	0.244	0.331
每股净资产	1.869	2.11	2.369	1.876	1.876
调整后的每股净资产	1.622	—	2.085	1.768	1.768
每股经营活动产生的现金流量净额	3.01	1.575	1.476		
净资产收益率	19.13%	21.78%	20.79%	13.02%	17.64%

注:1、每股收益、每股净资产、调整后的每股净资产、每股经营活动产生的现金流量净额和净资产收益率的计算公式如下:

每股收益=净利润/年度末普通股股份总数

每股净资产=年度末股东权益/ 年度末普通股股份总数

调整后的每股净资产=(年度末股东权益-三年以上的应收款项净额-待摊费用-待处理(流动、固定)资产净损失-开办费-长期待摊费用-住房周转金负数余额)/年度末普通股股份总数

每股经营活动产生的现金流量净额=经营活动产生的现金流量净额/年度末普通股股份总数

净资产收益率=净利润/年度末股东权益×100%

2、1999年度本行普通股股份总数无变动,按月平均加权计算的每股收益、扣除非经常性损益后的每股收益与摊薄法计算相同。

(三)报告期内股东权益变动情况

项目	股本	资本公积	盈余公积	法定公益金	未分配利润	股东权益合计
期初数	1551847092	291335764	783237680	181166418	650227372	3276647908
本期增加	0	0	111081185	55519109	0	111081185
本期减少	0	0	0	0	-486898387	-486898387
期末数	1551847092	291335764	894318865	236685527	163328985	2900830706

变动原因:1、盈余公积(包含法定公益金)增加,是由于按照当年净利润的10%提取盈余公积金55519109元和法定公益金55519109元,及外汇差价增加42967元,合计111081185元。

2、未分配利润减少486898387元,是按当年净利润555191092元,加上调整后的年 初未分配利润650227372元,加当年外币未分配利润折算差价56994元,并扣除当年分红派息931108255元,及提取盈余公积和法定公益金合计111038218元,余163328985元。

3、按年初调整后的股东权益3276647908元,加当年增加的盈余公积111081185元,减当年减少的未分配利润486898387元,年末余额为2900830706元。

三、股东情况介绍

(一)截止报告期末本行股东总户数为705443户;

(二)报告期内前十名股东持股情况:

股东名称	年末数	年初数	增减	占总股份比例
深圳市投资管理公司	162254631	162254631	0	10.45%
深圳国际信托投资公司	106608441	106608441	0	6.86%
深圳市社会保险管理局	72873132	72873132	0	4.69%
深圳中电投资股份有限公司	62246616	62246616	0	4.01%
深圳市城建开发集团公司	25757220	25757220	0	1.65%
农业银行深圳分行工会	15567528	15567528	0	1.00%
深圳国债服务中心	7340670	7340670	0	0.47%
建设银行深圳分行工会	7145052	7145052	0	0.46%
深圳市保险公司	6425736	6325736	+100000	0.41%
张绍红	5050731	5852387	-801656	0.32%

万科企业股份有限公司

一、公司简介

1、公司法定中文名称:万科企业股份有限公司
英文名称:CHINA VANKE CO.,LTD. (缩写为VANKE)
2、法定代表人:王石
3、董事会秘书:肖莉　电子信箱:xiaol@vanke.com.cn
股证事务授权代表:朱艳华
电子信箱:zhuyh@vanke.com.cn
联系地址:公司办公地址
联系电话:0755-5606666　传真:0755-5601764
4、注册地址及办公地址:中国深圳市罗湖区水贝2路27号
邮政编码:518020
国际互联网网址:www.vanke.com.cn
电子信箱:zb@vanke.com.cn
5、信息披露刊名称:《证券时报》及香港一家英文报刊
登载年报的国际互联网网址:www.cninfo.com.cn
年报备置地点:公司董事会秘书处
6、股票上市地:深圳证券交易所
股票简称及代码:深万科A 0002　深万科B 2002

二、会计数据和业务数据摘要

1、本年度主要会计数据(金额单位:人民币元)

利润总额	286,600,807.31
净利润	229,142,287.45
扣除非经常性损益后的净利润	213,437,021.35
主营业务利润	626,739,601.01
其它业务利润	12,235,740.49
营业利润	266,254,119.04
投资收益	4,522,715.75
补贴收入	2,107,393.79
营业外收支净额	13,716,578.73
经营活动产生的现金流量净额	42,785,873.01
现金及现金等价物净增加额	184,407,044.38

注:非经常性收益总额15,705,266.10元,明细如下:营业外收支净额13,716,578.73元,补贴收入2,107,393.79元,股权投资差额摊销-2,083,056.40元,出售、处理部门 或投资单位8,050.35元,会计政策变更1,956,299.63元。

2、近三年主要会计数据及财务指标

项　目	1999年	1998年		1997年	
		调整后	调整前	调整后	调整前
主营业务收入	2912385561	2268690805	2268690805	1955851064	1955851064
利润总额	286600807	246518444	250775500	228122270	250429381
净利润	229142287	197835865	202092921	164816884	187123995
总资产	4494664465	4008869718	4037977498	3934775729	3959626453
股东权益(不含少数股东权益)	2093030259	1958453395	1987561175	1809799388	1834650111
每股收益	0.420	0.399	0.407	0.366	0.415
按月平均加权法计算的每股收益	0.420	0.399	0.407	0.419	0.476
扣除非经常性损益后的每股收益	0.391	0.394	0.403	0.241	0.286
每股净资产	3.84	3.95	4.01	4.01	4.07
调整后每股净资产	3.49	3.73	3.79	3.81	3.87
每股经营活动产生的现金流量净额	0.08	-0.28	-0.28		
净资产收益率	10.95%	10.10%	10.17%	9.11%	10.20%

三、股本变动及股东情况

1、股本变动情况

(1)股份变化情况表　(数量单位:股)

	本次变动前	本次变动增减(+,-)			本次变动后
		送股	其他	小计	
一、尚未流通股份					
1、国家拥有股份	47806307	4780631		4780631	52586938
2、募集法人股	52650069	5265007		5265007	57915076
尚未流通股份合计	100456376	10045638		10045638	110502014
二、已流通股份					
1、境内上市的人民币普通股	284800301	28480030		28480030	313280331
其中:高管股份	491894	49189	-28400	49189	512683
2、境内上市的外资股	110686488	11068648		11068648	121755136
已上市流通股份合计	395486789	39548678		39548678	435035467
三、股份总数	495943165	49594316		49594316	545537481

2、股东情况介绍

(1)报告期末股东总数:221,503名,其中A股217,717名(含公司高管股东10名),B股3,786名。

(2)于1999年12月31日,本公司前十名股东如下:

股　东	股数		类别	持股比例(%)
深圳经济特区发展(集团)公司	50,992,219	A股	国有股	9.35
添发庆丰(常州)发展有限公司	26,920,150	A股	法人股	4.93
CREDIT LYONNAIS SECURITIES(ASIA) LTD	17,113,957	B股	流通股	3.14
刘元生 (其中11,438,127股尚未流通)	13,541,280	A股	外　籍	2.48
REXMORE COMPANY LIMITED	10,512,739	B股	外　籍	1.93
CHARM YIELD INVESTMENT LIMITED	7,147,369	B股	外　籍	1.31
君安代理有限公司	6,179,485	B股	外　籍	1.13
万科企业股份有限公司工会委员会	5,895,078	A股	法人股	1.08
陕西证券有限公司	3,679,833	A股	法人股	0.67
泰和证券投资基金	3,373,284	A股	流通股	0.62

金田实业(集团)股份有限公司

一、公司简介

1、法定中文名称:金田实业(集团)股份有限公司
英文名称:GINTIAN INDUSTRY(GROUP) CO.,LTD.
2、法定代表人:黄汉清
3、董事局秘书:彭卫 股证事务授权代表:丘学强
4、注册地址及办公地址:广东省深圳市和平路 1199 号金田大厦 23~26 楼
邮政编码:518010 联系电话:86-755-5573548 传真:86-755-5592045 5591994
电子信箱:pw168@163.com
5、信息披露报纸:《证券时报》、《大公报》
中国证监会指定登载公司年度报告的国际互联网网址: http://www.cninfo.com.cn
6、年度报告备置地点:公司董事局办公室
7、公司股票上市地点:深圳证券交易所
股票简称:深金田 A、深金田 B 股票代码:0003、2003

二、会计数据与业务数据摘要

1、公司本年度会计数据与业务数据 单位:元

利润总额	-173313430.20
净利润	-181996297.42
扣除非经常性损益后的净利润	-208827018.30
主营业务利润	137342562.07
其他业务利润	4870325.71
营业利润	-118619653.14
投资收益	-31921341.02
补贴收入	2605953.02
营业外收支净额	-25579768.30
经营活动产生的现金流量净额	-20031100.82
现金及现金等价物净增加额	-62791720.38

2、截止报告期末的公司主要会计数据和财务指标

项目	1999	1998		1997	
		调整后	调整前	调整后	调整前
主营业务收入	480417664	524199215	524199215	526099494	526099494
净利润	-181996297	-447644675	-273271228	29487103	33731081
总资产	2985977677	3201168861	3258032581	3568544488	3845297243
股东权益	102284962	287416424	461789871	735044120	1126206812
每股收益	-0.546	-1.343	-0.82	0.088	0.10
每股净资产	0.307	0.862	1.38	2.20	3.38
调整后的每股净资产	0.001	0.627	1.33	2.05	2.45
每股经营活动产生的现金流量净额	-0.06		0.189		
净资产收益率	-177.9%	-155.5%	-59.2%	4%	3%

每股收益、每股净资产、调整后的每股净资产、每股经营活动产生的现金流量净额、净资产收益率等财务指标的计算公式:

每股收益=净利润/年度末普通股股份总数

每股净资产=年度末股东权益/年度末普通股股份总数

调整后的每股净资产=(年度末股东权益-三年以上的应收款项净额-待摊费用-待处理 (流动、固定)资产净损失-开办费-长期待摊费用-住房周转金负数余额)/年度末普通股股份总数

每股经营活动产生的现金流量净额=经营活动产生的现金流量净额/年度末普通股股份总数

净资产收益率=净利润/年度末股东权益 X100%

4、报告期内股东权益的变动情况

项目	股本	资本公积	盈余公积	法定公益金	未分配利润	股东权益
期数初	333433584	612735050	59932382	22848686.49	-741406183	287543521.45
本期增加	-	-	-	-	59932382	59932382.27
本期减少	-	3202758	59932382	-	181996297	245131438.21
期末数	333433584	609532291	0.00	22848686.49	-863470098	102344465.51

三、股本变动及股东情况

1、股本结构及变动情况(单位:股)

项目	期初股数	期末股数
(一)尚未流通股份		
(1)、发起人股份		
其中:境内法人股	25020309	25020309
(2)、募集法人股	42165669	42165669
(3)、法人股转配股	166305	166305
(4)、内部职工股	201894	201894
尚未流通股份合计	67554177	67554177
(二)已流通股份		
境内上市的人民币普通股	191642605	191642605
境内上市的外资股	74236802	74236802
已流通股合计	265738637	265738637
(三)股份总数	333433584	333433584

注:本报告期内无配股、送股、转增股本及二次发行等,股份无变化。

2、股东情况介绍

1.截止 1999 年 12 月 31 日,本公司共有股东 148,680 名,其中 A 股 141,981 名,B 股 6,699 名。

2.截止 1999 年 12 月 31 日,本公司前十名股东如下:

股东	股数	类别	占总股本比例(%)
1、中国农业银行深圳分行	24948000		7.48
2、金田实业(集团)股份有限公司工会	14358614		4.31
3、深圳市纺织(集团) 股份有限公司	12274495		3.68
4、深圳发展银行	3805312		1.14
5、南华证券	2965957		0.88
6、深圳市城建开发(集团)公司	2634508		0.79
7、HORSE INTL.INV.CO.LTD	1953600	外资股	0.58
8、中国经济开发信托投资公司	1814400		0.54
9、GENERAL WAY (HONG KONG) LTD.	1,775,998	外资股	0.53
SILUX INVESTMENTS LTD.	1,775,998	外资股	0.53
10、SILVER PACIFIC LTD.	1,678,709	外资股	0.50

深圳市蛇口安达实业股份有限公司

一、公司简介

1、公司法定名称:深圳市蛇口安达实业股份有限公司
公司英文名称:SHENZHEN SHEKOU ANDA INDUSTRY CO .,LTD
公司名称缩写:ANDA
2、公司法定代表人:周祺芳
3、公司董事会秘书:朱元明
联系地址:深圳市南山区蛇口公园路 4 号青少年活动中心 B 座三楼
电　　话:(0755)6683888-67 6859927
传　　真:(0755)6858636
电子信箱:szanda@ public.szptt.net.cn
4、公司注册地址:深圳市南山区蛇口公园路 4 号青少年活动中心 B 座三楼
公司办公地址:深圳市南山区蛇口公园路 4 号青少年活动中心 B 座三楼
公司邮政编码: 518067
公司电子信箱:szanda@ public.szptt.net.cn
公司国际互联网址:http:// www.szanda .com
5、公司选定的信息披露报纸:《证券时报》
刊登公司年度报告的国际互联网址:http:// www.cninfo .com .cn
公司年度报告备置地点:
深圳市南山区蛇口公园路 4 号青少年活动中心 B 座三楼公司管理部
6、公司股票上市交易所:深圳证券交易所
股票简称:ST 深安达
股票代码:0004

二、会计数据和业务数据摘要

(一) 本年度利润总额及构成

利润总额	8,302,787.36 元
净利润	6,540,917.80 元
扣除非经常性损益后的净利润	6,540,917.80 元
主营业务利润	35,633,564.73 元
其他业务利润	3,483,142.70 元
营业利润	3,259,982.82 元
投资收益	5,446,926.88 元
补贴收入	0
营业外收支净额	-404,122.34 元
经营活动产生的现金流量净额	52,990,539.29 元
现金及现金等价物净增加额	-8,413,624.37 元
扣除非经常性损益项目及涉及金额:	0

(二) 前三年主要会计数据和财务指标

项目	1999 年	1998 年		1997 年	
		调整前	调整后	调整前	调整后
主营业务收入(千元)	125647.60	120731.22	120698.78	338578.11	338578.11
净利润(千元)	6540.92	-79521.73	-70148.49	15733.74	11070.98
总资产(千元)	333497.68	396901.49	386937.30	605124.07	582226.35
股东权益(千元)(不含少数股东权益)	66818.76	69917.63	60281.77	153788.28	129985.51
每股收益(元)	0.078	-0.947	-0.835	0.187	0.132
按月平均加权法计算的每股收益(元)	0.078	-0.947	-0.835	0.187	0.132
扣除非经常性损益后的每股收益(元)	0.078	-0.947	-0.835	0.187	0.132
每股净资产(元)	0.796	0.833	0.718	1.831	1.548
调整后的每股净资产(元)	0.511	0.568	0.453	1.425	1.142
每股经营活动产生的现金流量净额(元)	0.631	0.110	0.110	—	—
净资产收益率(%)	9.79	-113.75	-116.37	10.23	8.52

注: 上述财务指标的计算公式如下:

每股收益 = 净利润/年度末普通股股份总数

每股净资产 = 年度末股东权益 / 年度末普通股股份总数

调整后的每股净资产=[年度末股东权益三年以上的应收款项净额待摊费用待处理(流动、固定)资产净损失开办费长期待摊费用住房周转金负数余额]/年度末普通股股份总数

每股经营活动产生的现金流量净额=经营活动产生的现金流量净额/年度末普通股股份总数

净资产收益率 = 净利润 / 年度末股东权益×100%

(三) 股东权益变动情况

项目	股本	资本公积金	盈余公积(公益)金	外币折算差额	未分配利润	股东权益合计
期初数	83976684	132349548.09	6723337.25	-49041.23	-162718762.48	60281765.63
本期增加	—	—	—	—	6540917.80	6540917.80
本期减少	—	—	—	3928.38	—	3928.38
期末数	83976684	132349548.09	6723337.25	-52969.61	-156177844.68	66818755.05
变化原因	—	—	—	—	本年度盈利	本年度盈利

三、股东情况介绍

(一) 报告期末股东总数

截止 1999 年 12 月 31 日,公司股东总数为 16,665 户,其中:未上市流通股股东 7 户,已 上市流通股股东 16,658 户。

(二) 主要股东持股情况

股东名称	1999 年末持股数	占总股份比例
1、招商局蛇口工业区有限公司	31,863,151	37.94%
2、蛇口招商港务股份有限公司	6,219,105	7.40%
3、兴华证券投资基金	2,550,000	3.04%
4、天骥投资基金	1,650,000	1.96%
5、李治中	1,466,860	1.75%
6、深圳招商石化有限公司	887,700	1.06%
7、中国平安保险股份有限公司	825,000	0.98%
8、深圳华强实业股份有限公司	825,000	0.98%
9、李庆	432,279	0.51%
10、刘杨文	431,590	0.51%

深圳世纪星源股份有限公司

一、公司简介

1、公司法定中文名称:深圳世纪星源股份有限公司
英文名称:SHENZHEN FOUNTAIN CORPORATION
2、公司法定代表人:董事长 丁 凡 女士
3、公司股证事务授权代表:吕卫东小姐、罗晓春先生
公司董事会秘书:罗晓春先生
办公地址:深圳市人民南路发展中心大厦13楼
电话:0755—2208888 传真:0755—2207055
电子信箱:fountain@sfc.com.cn
4、公司注册地址:深圳市人民南路发展中心大厦13楼
邮政编码:518001
电子信箱:fountain@sfc.com.cn
5、公司选定《证券时报》为信息披露报纸
登载公司年度报告的国际互联网网址:http://www.cninfo.com.cn
公司年度报告备置于公司总部董事会秘书处
6、公司股票在深圳证券交易所上市
股票简称:世纪星源 股票代码:0005

二、会计数据和业务数据摘要

1、本年度主要业务数据摘要(单位:万元)

利润总额:	13417.66
净利润:	11992.47
扣除非经常性损益后的净利润:	-1095.33
主营业务利润:	6718.94
其他业务利润:	17.18
营业利润:	329.86
投资收益:	-94.82
补贴收入:	0.00
营业外收支净额:	13182.62
经营活动产生的现金流量净额:	-550.36
现金及现金等价物净增加额:	434.08

注:非经常性损益主要包括:营业外收入、营业外支出、投资收益
涉及金额为:131,927,547.54元、101,329.12元、—948,237.55元

2、公司近三年主要会计数据和财务指标:

	1999年	1998年		1997年
		调整前	调整后	
主营业务收入(万元)	13557.27	4157.13	4157.13	4076.81
净利润(万元)	11992.47	15119.06	15065.13	15538.18
总资产(万元)	219843.93	205005.92	204123.11	209973.71
股东权益(万元)	101272.80	91412.38	90575.37	76488.57
每股收益(摊薄、加权;元)	0.23	0.29	0.29	0.45
扣除非经常损益后的每股收益(元)	-0.02			
每股净资产(元)	1.96	1.76	1.75	2.21
调整后的每股净资产(元)	1.87	1.74	1.73	1.70
每股经营活动产生的现金流量净额(元)	-0.01	0.01	0.01	
净资产收益率(%)	11.8	16.54	16.6	20.31

注:1 公司因会计政策、会计估计变更、会计差错等,采用追溯法更正调整了1998 年度会计数据
2 主要财务指标的计算公式:
每股收益=净利润/年度末普通股股份总数
每股净资产=年度末股东权益/ 年度末普通股股份总数
调整后的每股净资产=[年度末股东权益—三年以上的应收款项净额—待摊费用—待处理(流动、固定)资产净损失—开办费—长期待摊费用—住房周转金负数余额] /年度末普通股股份总数
每股经营活动产生的现金流量净额=经营活动产生的现金流量净额/年度末普通股股份总数
净资产收益率=净利润/年度末股东权益×100%

3、报告期内股东权益变动情况:

项目	股本	资本公积	盈余公积	法定公益金	未分配利润	股东权益合计
期初数	518017500	41051743.08	95763772.60	24148649.72	226772076.32	905753741.72
本期增加		23984941.20	5996235.30	89943529.51	119924706.01	
本期减少				12950437.50	12950437.50	
期末数	518017500	41051743.08	119748713.80	30144885.02	303765168.33	1012728010.23
变动原因			从本年度利润中计提盈余公积金	从本年度利润中计提法定公益金	本年度实现的利润(已扣除两金)以及派送现金红利	

三、股东情况介绍

1、截止1999年12月31日,本司股东总数为148163户。
2、截止1999年12月31日,本司前10名股东持股情况:

股东名称	年末持股数	所占比例%	股份增减%
(香港)中国投资有限公司	198063990	38.235%	—
深圳市城建开发(集团)有限公司	37001250	7.143%	—
深圳市国叶实业有限公司	31853142	6.149%	—
满丰布厂	4637490	0.895%	—
尹德香	530000	0.102%	—
深圳市美芝工业公司	493350	0.095%	—
海南南华金融公司	338763	0.065%	—
叶微君	312420	0.06%	—
广东省南方金融服务总公司基金部	309920	0.06%	—
彰建车	304639	0.059%	—

注:1 持股5%以上的股东中只有(香港)中国投资有限公司为本司融资需要提供了6334 万股本司股份作为质押。
2 前十名股东之间没有关联关系。
3、持股10%以上的法人股东情况:
(香港)中国投资有限公司是一家香港注册企业,是本司唯一持股超过10%的法人 股东,共持有本司法人股198,063,990股,占本司总股份的38.235%,其法定代表人为陈荣全先生,主要经营范围为投资、控股等。
4、报告期内控股股东未发生变化。

深圳市振业(集团)股份有限公司

一、公司简介

1、公司法定名称
中文名称:深圳市振业(集团)股份有限公司
英文名称:SHENZHEN ZHENYE(GROUP) CO.,LTD.
2、公司法定代表人:范明月
3、公司董事会秘书:李富川
股证事务代表:李红光 杜汛
联系地址:深圳市宝安南路振业大厦30层董事会办公室
电 话:(0755)5863061
传 真:(0755)5863012
4、注册及办公地址:深圳市宝安南路振业大厦29-32层
邮政编码:518008
公司电子信箱:szzygp@sz.gd.cninfo.net
5、公司选定的信息披露报纸名称:《证券时报》、《中国证券报》
登载公司年度报告的中国证监会指定国际互联网网址:http://www.cninfo.com.cn
公司年度报告备置地点:公司董事会办公室
6、公司股票上市交易所:深圳证券交易所
股票简称:深振业A 股票代码:0006

二、会计数据和业务数据摘要

1、本年度实现利润情况(单位:元)

利润总额	141,180,849.20
其中:净利润	93,675,910.00
扣除非经常性损益后的净利润	83,274,617.12
主营业务利润	273,567,573.96
其他业务利润	10,272,180.55
营业利润	108,817,246.49
投资收益	5,545,162.19
补贴收入	8,334,800.00
营业外收支净额	18,483,640.52
经营活动产生的现金流量净额	146,737,594.91
现金及现金等价物净增加额	28,765,308.63

注:以上数据以合并会计报表数计算填列。

2、截止报告期末公司前三年的主要会计数据及财务指标:

项目	1999年	1998年		1997年	
		追溯调整后	追溯调整前	追溯调整后	追溯调整前
主营业务收入(元)	1942494245.51	1630072030.83	1641848945.36	1304272889.19	1304272889.19
净利润(元)	93675910.00	121091829.44	117895694.72	44232521.65	117450607.21
总资产(元)	3495369520.24	3219728682.21	3385797768.44	2788642260.84	2899549948.02
股东权益(元)	1059305251.65	990998504.75	1098700057.21	958304603.13	1031522688.69
每股收益(元)	0.369	0.478	0.465	0.192	0.509
扣除非经常性损益后的每股收益(元)	0.328	0.443	0.43	0.192	0.509
每股净资产(元)	4.18	3.91	4.33	4.16	4.47
调整后的每股净资产(元)	3.81	3.32	3.74	3.50	3.81
每股经营活动中产生的现金流量净额(元)	0.579	0.47	0.47		
净资产收益率(%)	8.84	12.22	10.73	4.62	11.39

注:以上数据以合并会计报表数计算填列。
各财务指标计算公式为:
每股收益=净利润/年度末普通股股份总数
每股净资产=年度末股东权益/年度末普通股股份总数
调整后的每股净资产=(年度末股东权益-三年以上的应收款项净额-待摊费用-待处理(流动、固定)资产净损失-开办费-长期待摊费用-住房周转金负数余额)/年度末普通股股份总数
每股经营活动产生的现金流量净额=经营活动产生的现金流量净额/年度末普通股股份总数
净资产收益率=净利润/年度末股东权益×100%

3、报告期内股东权益变动情况如下(单位:元):

项目	股本	资本公积	盈余公积	法定公益金	未分配利润	股东权益合计
期初数	253591631	595184014	164285037	29442715	-22072177.81	990988504.75
本期增加			21481119	7160373	93675910.00	115157029.66
本期减少					46840282.76	46840282.76
期末数	253591631	595184014	185766156	36603088	24763449.43	1059305251.65
变动原因			本年度利润计提	本年度利润计提	本年度利润留存	本年度利润留存

三、股东情况介绍

1、截止1999年12月31日,股东数量情况如下:
股东总数:134,445户
其中:法人股东5户,社会公众股东134,440户。
2、公司前十名股东持股情况(截止1999年12月31日)

股东名称	年末持股数(股)	持股比例
深圳市建设投资控股公司	71,068,475	28.02%
深圳市长城地产(集团)股份有限公司	12,533,078	4.94%
深圳市建筑机械动力公司	7,597,525	3.00%
深圳市第五建筑工程公司	3,646,242	1.44%
泰和证券投资基金	1,749,890	0.69%
深圳市深安企业股份有限公司	939,271	0.37%
国泰证券有限公司郑州营业部	573,448	0.23%
刘俊芳	542,723	0.21%
陆文华	368,500	0.15%
同益证券投资基金	365,000	0.14%
合 计	99,384,152	39.19%

注1:我公司前十名股东所持股份报告期内无质押或冻结情况。

深圳市赛格达声股份有限公司

一 公司简介

1、公司中文名称:深圳市赛格达声股份有限公司
　英文名称:ShenZhen SEG. DASHENG Co., Ltd.
2、法定代表人:张万章
3、董事会秘书:孙红霞
　股证事务授权代表:夏林
　联系地址:深圳市华强北路赛格工业大厦五楼董事会秘书处
　电话:0755-3323300-122,3239242
　传真:0755-3324890
　电子信箱:szsegds@public.szptt.net.cn
4、公司注册地址:深圳市华强北路赛格工业大厦五楼
　公司办公地址:深圳市华强北路赛格工业大厦五楼
　邮政编码:518031
　公司国际互联网网址:http://www.segdasheng.com
　公司电子信箱:sds0007@public.szptt.net.cn
5、公司选定的信息披露报纸名称:《证券时报》
登载公司年度报告的中国证监会指定国际互联网网址:http://www.cninfo.com.cn
　公司年度报告备置地点:本公司董事会秘书处
6、股票上市交易所:深圳证券交易所
　股票简称:深达声　股票代码:0007

二 会计数据和业务数据摘要

1、公司本年度利润的实现情况:

利润总额	1,486,183.06
净利润	1,576,618.30
扣除非经常性损益后的净利润	(28,420,381.70)
主营业务利润	49,576,398.75
其他业务利润	10,388,772.91
营业利润	(29,399,871.53)
投资收益	29,183,221.94
补贴收入	2,000,000.00
营业外收支净额	(297,167.35)
经营活动产生的现金流量净额	28,118,752.27
现金及现金等价物净增加额	(47,841,124.04)

注:扣除非经常性损益的项目、涉及金额:
(1)借款贴息收入 2,000,000.00 元;
(2)转让东莞市清溪山水天地渡假村有限公司 46.67%的股权产生的利润 27,997,000.00 元。
以上项目涉及金额为 29,997,000.00 元。

2、前三年的主要会计数据和财务指标:

指标项目	1999 年	1998 年		1997 年	
		调整前	调整后	调整前	调整后
主营业务收入(万元)	15,635.72	31,037.00	27,286.95	17,375.99	17,375.99
净利润(万元)	157.66	3,571.39	786.88	3,234.55	1,704.42
总资产(万元)	110,573.26	109,996.44	98,319.89	79,176.14	75,191.34
股东权益(不含少数股东权益)(万元)	28,958.25	35,507.20	28,789.96	31,935.82	28,003.08
每股收益(元/股)	0.01	0.25	0.05	0.23	0.12
每股净资产(元/股)	2.02	2.47	2.00	2.22	1.95
调整后的每股净资产(元/股)	1.33	1.47	1.36	1.51	1.42
每股经营活动产生的现金流量净额(元)	0.20	0.03	0.03		
净资产收益率(%)	0.54	10.06	2.73	10.13	6.09
扣除非经常性损益后的每股收益(元/股)	(0.20)	(0.03)	(0.08)	0.17	0.06

主要财务指标的计算公式如下:
每股收益=净利润/年度末普通股股份总数
每股净资产=年度末股东权益/年度末普通股股份总数
调整后的每股净资产=(年度末股东权益-三年以上的应收款项净额-待摊费用-待处理 (流动、固定)资产净损失-开办费-长期待摊费用-住房周转金负数余额)/ 年度末普通股股份总数
每股经营活动产生的现金流量净额=经营活动产生的现金流量净额/年度末普通股股份总数
净资产收益率=净利润/年度末股东权益×100%
注:97、98 年度调整后数据和财务指标是因公司执行国家财政部财会字[1999]35 号文件,会计政策、会计估计变更、以及会计差错更正追溯调整所得。

3、报告期内股东权益变动情况

项目	股本	资本公积	盈余公积	法定公益金	未分配利润	股东权益合计
期初数	143593,664	85699530.89	57308103.98	8998897.98	1298316.44	287899615.31
本期增加		3296.22	315323.66	157661.83	1364313.26	1682933.14
本期减少						
期末数	143593664	85702827.11	57623427.64	9156559.81	2662629.70	289582548.45
变动原因	新增并表单位	本期提取	本期提取	本期新增收益	本期新增收益	

三 股东情况介绍

(1)报告期末股东总数:本公司期末股东总数为 48,591 户。
(2)前 10 名股东持股情况:

序号	持股单位	年度内股份增减变动的情况	年末持股数量(股)	持股比例(%)
1	深圳赛格股份有限公司		47,338,194	32.967
2	深圳赛格集团财务公司		7,684,550	5.352
3	天骥投资基金		4,095,000	2.852
4	深圳三环电阻有限公司		3,546,816	2.470
5	南方证券有限公司		1,365,000	0.951
6	宁夏证券股份有限公司		340,000	0.237
7	方雪萍		280,300	0.195
8	梁波		266,300	0.185
9	郑纯琴		260,000	0.181
10	王华康		249,835	0.174

广东亿安科技股份有限公司

一、公司简介

1.公司法定中英文名称:
中文名全称:广东亿安科技股份有限公司
英文名全称:YORKPOINT S & T CO.,LTD. GUANGDONG
2.公司法定代表人:罗　成
3.公司董事会秘书:邱大庆
联系地址:深圳市罗湖区人民南路深房广场 A 座 10 楼
联系电话:0755-5163860　　传　　真:0755-5186271
电子邮箱:szjxsj@sz.gd.cninfo.net
4.公司注册及办公地址:深圳市罗湖区人民南路深房广场 A 座 10 楼
邮政编码:518001
5.公司股票上市地:深圳证券交易所
股票简称:亿安科技　　股票代码:0008
6.选定信息披露报刊:《中国证券报》、《证券时报》
7.年度报告指定国际互联网网址:http://www.cninfo.com.cn
8.公司年报备置地点:公司办公地点

二、会计数据和业务数据摘要

根据深圳同人会计师事务所按中国会计准则审计的本公司主要会计数据和业务数据摘要如下:

(一) 本年度主要利润指标情况	单位:人民币元
利润总额:	31,891,800
净利润:	18,807,878
扣除非经常性损益后的净利润:	7,793,463
主营业务利润:	44,492,594
其他业务利润:	11,091,785
营业利润:	31,306,181
投资收益:	662,989
营业外收支净额:	-73,370
经营活动产生的现金流量净额:	-9,199,368
现金及现金等价物增加额:	7,425,982

注:本年度本公司获得非经常性损益共计 11, 014,415 元。　主要构成为本公司转让深圳兴贸大厦工程等原有的在建项目中所占的权益,取得转让 收益人民币 9,047,695 元;租赁及管理费收入人民币 1,570,090 元以及营业外收支净额 等合计 396,630 元。

(二)截至报告期末本公司前三年主要会计数据和财务指标　　单位:人民币元

年度	1999 年度	1998 年度		1997 年度	
项目		调整后	调整前	调整后	调整前
主营业务收入	91,511,773	99,187,310	99,187,310	76,394,733	76,394,733
净利润	18,807,878	-55,190,700	-62,623,660	-4,729,351	7,931,160
总资产	236,162,688	302,181,943	326,598,053	331,483,321	363,332,390
股东权益	86,191,849	67,383,970	89,888,013	122,574,671	152,511,672
每股收益	0.255	-0.749	-0.85	-0.06	0.11
扣除非经常性损益后的每股收益	0.106	-0.762	-0.747	-0.186	0.11
每股净资产	1.17	0.915	1.22	1.66	2.07
调整后的每股净资产	1.00	0.574	0.60	0.896	1.06
净资产收益率%	21.82	-81.9	-69.7	-3.85	5.22
每股经营活动产生的现金流量净额	-0.124	-0.10	-0.10		

注:1.主要财务指标的计算方法:
(1).每股收益=净利润÷年度末普通股股份总数
(2).每股净资产=年度末股东权益÷年度末普通股股份总数
(3).净资产收益率=净利润÷年度末股东权益×100%
(4).调整后的每股净资产=(年末股东权益-三年以上的应收款项-待摊费用-待处理(流动、固定)资产净损失-开办费-长期待摊费用)÷年度末普通股股份总数
(5). 每股经营活动产生的现金流量净额=经营活动产生的现金流量净值÷年度末股东权益×100%
2.报告期内本公司未发行新股和配股,按月平均加权法的计算的每股收益,每股净资产、调整后的每股净资产与摊薄指标相同。

(三)报告期内股东权益变动情况　　单位:人民币元

项目	股本	资本公积	盈余公积	法定公益金	未分配利润	股东权益合计
期初数	73653208	66711917	4478991	4478991	-77460145	67383971
本期增加	0	0	0	0	18807878	18807878
本期减少	0	0	0	0		
期末数	73653208	66711917	4478991	4478991	-58652267	86191849

变动原因:未分配利润增加及股东权益合计数增加系因为报告期内本公司净利润增加 所致。

三、股东情况介绍

1.报告期末本公司股东总数 2878 户,其中未流通股份股东 6 户,已流通股份股东 2872 户。
2.主要股东持股情况

股东名称	期初持股数	期内增减	期末持股数(股)	所占比例(%)
(1)广东亿安科技发展控股有限公司	0	+20,892,952	20,892,952	28.37
(2)深圳天俊实业股份有限公司		6,1152,00	6,115,200	8.30
(3)深圳天俊实业股份有限公司工会		5,066,353	5,066,353	6.88
(4)深圳市商贸投资控股公司	19,228,462	-16,775,332	2,453,130	3.33
(5)深圳新未来实业发展公司		2,000,000	2,000,000	2.72
(6)深圳粤海实业投资发展有限公司		1,835,000	1,835,000	2.49
(7)张哲奎			604,700	0.82
(8)王玉明			361,309	0.49
(9)何雁辉			357,574	0.49
(10)徐淑琴			353,000	0.48

3.主要股东持股情况说明
前十名股东中,第一至第六名股东为未上市流通股股东,持有股份总数 38,362,635 股(占总股本 52.08%);第七至第十名股东为上市流通股股东,持有股份总数 1,676,583 股(占总股本 2.28%)。

中国宝安集团股份有限公司

(一) 公司简介

1、公司法定中、英文名称及缩写
中文名称:中国宝安集团股份有限公司
简称:宝安集团
英文名称:CHINA BAOAN GROUP CO.,LTD
2、公司法定代表人:陈政立
3、公司董事局秘书:娄兵
电话:0755-5170296 电子信箱:loubing@163.net
公司股证事务代表:陶琴
电话:0755-5170382 电子信箱:q-tao@163.net
联系地址:深圳市笋岗东路宝安广场28-29层
传真:0755-5170300,5170367
4、公司注册及办公地址:深圳市笋岗东路宝安广场28-29层
邮政编码:518025
公司国际互联网网址:http://www.baoanfourm.com
公司电子信箱:szzgbajt@sz.gd.cninfo.net.
5、公司选定的信息披露报纸名称:《中国证券报》、《证券时报》
登载公司年度报告的中国证监会指定国际互联网网址:
http://www.cninfo.com.cn
公司年度报告备置地点:公司董事局秘书处
6、公司股票上市交易所:深圳证券交易所
公司简称:深宝安A 公司代码:0009

(二) 会计数据和业务数据摘要

1、本年度会计数据摘要: 单位:人民币元

利润总额:	55,762,432
净利润:	30,873,378
扣除非经常性损益后的净利润:	30,873,378
主营业务利润:	268,479,728
其他业务利润:	27,407,372
营业利润:	-82,025,570
投资收益:	138,007,290
补贴收入:	—
营业外收支净额:	-219,287
经营活动产生的现金流量净额:	-33,397,398
现金及现金等价物净增加额:	-30,276,783

2、公司近三年主要会计数据和财务指标 单位:人民币元

指标项目	1999年	1998年	1997年
主营业务收入	858,626,346	566,737,582	713,678,581
净利润	30,873,378	-487,433,248	-606,224,969
总资产	4,893,258,229	4,820,582,441	5,153,095,443
股东权益(不含少数股东权益)	1,238,122,768	1,207,128,850	1,695,720,371
每股收益	0.032	-0.508	-0.632
每股收益(加权)	0.032	-0.508	-0.632
扣除非经常性损益后的每股收益	0.032	-0.482	
每股净资产	1.29	1.26	1.77
调整后的每股净资产	1.20	1.18	1.56
每股经营活动产生的现金流量净额	-0.035	-0.15	
净资产收益率	2.49%	-40.38%	-35.75%

注:主要财务指标的计算方法:
每股收益=净利润/年度末普通股股份总数
加权计算的每股收益=净利润/加权平均股本
每股净资产=年度末股东权益/年度末普通股股份总数
净资产收益率=净利润/年度末股东权益×100%
调整后的每股净资产=(年度末股东权益-三年以上的应收款项-待摊费用-待处理(流动、固定)资产净损失-开办费-长期待摊费用)/年度末普通股股份总数

3、报告期股东权益变动情况 单位:人民币 元

项目	股本	资本公积	盈余公积	其中:法定公益金	未分配利润	外币报表折算差额	舍计
期初数	958810042	704493496	637640634	121753481	-1093658217	-157105	1207128850
本期增加	—	—	—	—	30873378	120540	30993918
本期减少							
期末数	958810042	704493496	637640634	121758481	-1062784839	-36565	1238122768

(三) 股本变动及股东情况

1、股本变动情况
(1)报告期末股东总数
截至1999年12月31日止,股东总数为338,435户。其中国家股股东2户,法人股股东105户,其余为社会公众股股东。
(2)前十名股东持股情况
截止1999年12月31日,本集团前十名大股东持股情况 单位:股

序号	股东名称	股份性质	年末持股数	持股比例%	本年度变动
1	龙岗区投资管理有限公司	国家股	111,622,689	11.64	—
2	宝安区投资管理公司	国家股	106,950,189	11.15	—
3	龙岗区大鹏镇大坑上村	法人股	15,339,865	1.60	—
4	龙岗区大鹏镇大坑下村	法人股	13,077,494	1.36	—
5	深圳市房地产建设开发公司	法人股	12,762,750	1.33	—
6	深圳新安实业股份有限公司	法人股	11,901,263	1.24	—
7	龙岗区横岗镇股份投资有限公司	法人股	10,465,455	1.09	—
8	哈尔滨哈里实业股份有限公司	流通股	9,065,374	0.95	—
9	哈尔滨哈里投资股份有限公司	流通股	8,447,755	0.88	—
10	宝安区沙井镇经济发展总公司	法人股	7,640,246	0.80	—

深圳市华新股份有限公司

一、公司简介

1、公司名称:深圳市华新股份有限公司
英文名称:SHENZHEN HUAXIN CO,LTD.
2、公司法定代表人:李振华
3、公司董事会秘书:刘明
联系地址:深圳市福田区深南中路华联大厦1016室
电话:(0755)3668745 传真:(0755)3668696
4、公司注册和办公地址:深圳市福田区深南中路华联大厦10楼 邮政编码:518031
电子信箱:szhxgs@sz.gd.cninfo.net
5、公司选定的信息披露报纸:《证券时报》
登载公司年度报告的国际互联网网址:http://www.cninfo.com.cn
公司年度报告备置地点:深圳市福田区深南中路华联大厦1016室董事会秘书处
6、公司股票上市交易所:深圳证券交易所
股票简称:深华新A 股票代码:0010

二、会计数据和业务数据摘要

1、公司本年度实现利润情况: (单位:元)

利润总额	-62,601,994.75
净利润	-66,196,384.88
扣除非经常性损益后的净利润	-59,727,720.71
主营业务利润	39,680,264.22
其他业务利润	1,474,709.18
营业利润	-7,012,313.18
投资收益	-14,756,092.80
补贴收入	731,134.95
营业外收支净额	-41,564,723.72
经营活动产生的现金流量净额	-17,711,056.34
现金及现金等价物净增加额	-23,908,600.03

注:扣除非经常性损益项目及涉及金额:

临时性补贴收入	731,134.95
资产处置损益	-4,486,311.46
合并投资价差	-2,713,487.66

2、截止报告期末公司前三年的主要会计数据和财务指标: (单位:元)

项目	1999年	1998年 调整后	1998年 调整前
主营业务收入	416,644,105.05	423,142,920.92	423,142,920.92
净利润	-66,196,384.88	2,513,451.21	23,392,717.05
总资产	358,177,155.91	331,836,558.17	332,277,216.34
股东权益	121,673,094.30	187,869,479.18	221,863,045.28
每股收益(摊薄)	-0.45	0.03	0.32
(加权)	-0.45	0.03	0.32
扣除非经常性损益后的每股收益	-0.41		
每股净资产	0.83	2.56	3.02
调整后的每股净资产	0.80	2.47	2.84
每股经营活动产生的现金流量净额	-0.12	0.27	0.27
净资产收益率	-54.41	1.34	10.54

接上表:

项目	1997年 调整后	1997年 调整前
主营业务收入	158,045,686.83	158,045,686.83
净利润	3,978.237.43	13,065,766.75
总资产	328,297,755.49	339,372,135.87
股东权益	114,525,762.06	127,775,810.67
每股收益(摊薄)	0.07	0.22
(加权)	0.07	0.22
扣除非经常性损益后的每股收益		
每股净资产	1.95	2.18
调整后的每股净资产	1.89	1.97
每股经营活动产生的现金流量净额		
净资产收益率	3.47	10.23

注:主要财务指标计算公式如下:
每股收益=净利润/年度末普通股股份总数
每股净资产=年度末股东权益/年度末普通股股份总数
调整后的每股净资产=(年度末股东权益-三年以上的应收款项净额-待摊费用-待处理(流动、固定)资产净损失-开办费-长期待摊费用-住房周转金负数余额)/年度末普通股股份总数
每股经营活动产生的现金流量净额=经营活动产生的现金流量净额/年度末普通股股份总数
净资产收益率=净利润/年度末股东权益×100%

三、股东情况介绍

1、截至1999年12月31日止,公司股东总数为25,939户。
2、报告期末前10名股东持股情况:

名次	股东名称	年末持股数	占总股本比例(%)
1	顺德市容奇镇经济发展总公司	43393074	29.52
2	中国信达信托投资公司	27987456	19.04
3	顺德市容奇镇容山实业发展总公司	10000000	6.80
4	深圳中农信投资实业公司	5824000	3.96
5	北京永安商业公司	2912000	1.98
6	中国纺织机械和技术进出口公司	2329600	1.58
7	深圳市深财证券业务部	1954406	1.33
8	江苏省南通印染厂	1032192	0.70
9	青岛纺织物业有限公司	1032192	0.70
10	江苏省南通八一印染厂	645120	0.44

上述10名股东之间不存在关联关系

深圳市物业(发展)集团股份有限公司

一、公司简介

1、公司中文名:深圳市物业(发展)集团股份有限公司 (简称"物业集团)
公司英文名:ShenZhen Properties & Resources Development(Group) Ltd (PRD)
2、法定代表人:田承刚
3、董事会秘书:陈廷伟
电话:0755-2253020 传真:0755-2252043
4、注册、办公地址: 深圳市人民南路国贸大厦42层、39层。
电子信箱:szwygf@sz.gd.cninfo.net 邮政编码:518014
5、公司信息披露媒体:A股:《证券时报》B股:《大公报》
公司年报备置地点:深圳市国贸大厦42层董事会办公室
登载年报指定网址:http://www.cninfo.com.cn
6、股票上市交易所:深圳证券交易所
简称:深物业A(0011) 深物业B(2011)

二、会计数据和业务数据摘要

㈠公司本年度会计数据 (单位:人民币元)

利润总额	49671022.13
净利润	42954267.75
扣除非经常性损益的净利润	42954267.75
主营业务利润	194302749.33
其他业务利润	5940729.74
营业利润	37855990.43
投资收益	5873788.39
补贴收入	-
营业外收支净额	5941243.31
经营活动产生的现金流量净额	43300884.65
现金及现金等价物净增加额	38489905.81

㈢公司前三年的主要会计数据和财务指标(单位:人民币元)

项　目	1999年度	1998年度		1997年度	
		调整后	调整前	调整后	调整前
主营业务收入	549238262.97	649382629	642541185	705921461	705921461
净利润	42954267.75	10991675	12840735	-497160799	-415150779
总资产	2373639836.36	2307083079	2731125719	2268708734	2693171614
股东权益(不含少数股东权益)	167306661.92	124320241	546605718	109302103	533764983
每股收益	0.079	0.020	0.024	-0.918	-0.766
每股收益(按月加权平均法)	0.079	0.020	0.024	-0.918	-0.766
扣除非经常性损益后的每股收益	0.079	0.020	0.024	-0.918	-0.766
每股净资产	0.309	0.229	1.01	0.202	0.985
调整后的每股净资产 *	0.048	0.105	0.87	0.096	0.879
每股经营活动产生的现金流量净额	0.080	0.264	0.264		
净资产收益率	25.67%	8.84%	2.35%		

注:主要财务指标的计算公式:

每股收益=净利润/年度末普通股股份总数

按月平均加权法计算的每股收益=当期净利润/[期末普通股股份总数/(1+配股比例或增发新股比例)+期末普通股股份总数/(1+配股比例或增发新股比例)×缴款结束日下一月份至报告期末的月份数/12]

每股净资产=年度末股东权益/ 年度末普通股股份总数

调整后的每股净资产=(年度末股东权益-三年以上的应收款项净额-待摊费用-待处理(流动、固定)资产净损失-开办费-长期待摊费用-住房周转金负数余额)/年度末普通股股份总数

每股经营活动产生的现金流量净额=经营活动产生的现金流量净额/年度末普通股股份总额

净资产收益率=净利润/年度末股东权益×100%

* 由于本年度对部分三年以上应收款项计提了坏帐准备并因此而减少了净资产，因此在计算本年度调整后的每股净资产时，已提取坏帐准备的三年以上应收款项未作减项处理。

㈣股东权益变动情况 单位:人民币元

项目	股本	资本公积	盈余公积	法定公益金	未分配利润	外币报表折算差额	股东权益合计
期初数	541799175.00	284741326.49	62919127.11	62919127.11	-769165850.16	4026462.86	124320241.30
本期增加					42954267.75	32152.87	42986420.62
本期减少							
期末数	541799175.00	284741326.49	62919127.11	62919127.11	-726311582.41	4058615.73	167306661.92

三、股东情况介绍

㈠截至1999年12月31日,本公司股东总户数75350户,其中A股71436户,B股3914户.

㈡前十名股东为:

股东名称	持股数	比例(%)
深圳市建设投资控股公司	323747713	59.75
中国平安保险股份有限公司	56628000	10.45
深圳市国利实业公司	2516800	0.46
深圳经济特区免税商品公司	1573000	0.29
深圳万科财务顾问有限公司	1573000	0.29
上海香港万国证券	1430800	0.26
EARNGUARD LTD	1160540	0.21
正华实业有限公司	900000	0.17
中国深圳国际合作股份有限公司	887172	0.16
NORMURA INTERNATIONAL (HK) LTD	878596	0.16

以上深圳市建设投资控股公司为国家股股东,以英文标明的及上海香港万国证券 、正华实业有限公司为外资股东。

本公司第二大股东为中国平安保险股份有限公司,法人代表马明哲先生,公司为经营保险业之金融企业,迄今为止,平安保险公司未将该部分股份质押。

中国南玻集团股份有限公司

一、公司简介

1、公司法定中文名称:中国南玻集团股份有限公司(南玻集团)
公司法定英文名称:China Southern Glass Holding Co.,Ltd.(CSG)
2、公司法定代表人:陈小雄
3、公司董事会秘书:吴国斌
联系地址:中国深圳蛇口工业六路一号南玻大厦
联系电话: 86-0755-6695970 联系传真: 86-0755-6692755
邮 编: 518067 电子信箱:szcsgcsg@sz.gd.cninfo.net
4、公司注册及办公地址:中国深圳蛇口工业六路一号南玻大厦 邮 编:518067
公司国际互联网网址:http://www.csgholding.com 电子信箱:nbdnb@public.szptt.net.cn
5、公司选定的信息披露报纸名称:《证券时报》、《大公报》
登载公司年度报告的国际互联网网址:http://www.cninfo.com.cn
公司年度报告备置地点:中国深圳蛇口工业六路一号南玻大厦五楼证券部
6、公司股票上市地:深圳证券交易所
股票简称:深南玻A、深南玻B 股票代码:0012(A股)、2012(B股)

二、会计数据和业务数据摘要

1、本年度主要会计数据 (单位:人民币元)

1)利润总额:	-161924949.85
2)净利润:	-169700553.76
3)扣除非经营性损益后的净利润:	17125040.28
4)主营业务利润:	272040802.94
5)其他业务利润:	2276838.82
6)投资收益:	-5399317.79
7)补贴收入:	
8)营业外收支净值:	17254533.87
9)经营活动产生的现金流量净值:	311900051.92
10)现金及现金等价物净增加额:	-63062029.71

2、近三年主要会计数据和财务指标 (单位:人民币元)

追溯调整后

项　目	1999年	1998年	1997年
主营业务收入:	977655785.78	754107910.54	729628534.69
净利润:	-169700553.76	15743844.62	103166487.79
总资产:	2865585033.30	3287068513.19	3196455654.45
股东权益(扣少数股权):	1748225372.51	1918360114.03	1912898414.26
每股收益(摊薄):	-0.25	0.02	0.15
每股收益(加权):	-0.25	0.02	0.18
扣除非经营性损益后的每股收益:	0.025	0.02	0.18
每股净资产:	2.58	2.83	2.83
调整后的每股净资产:	2.43	2.64	2.61
每股经营活动产生的现金流量净值:	0.46	0.31	
调整后每股经营活动产生的现金流量净值	0.46	0.31	
净资产收益率%(摊薄):	-9.71	0.82	5.39
净资产收益率%(加权):	-9.26	0.82	6.36

追溯调整前

项　目	1999年	1998年	1997年
主营业务收入:	977655785.78	754107910.54	729628534.69
净利润:	-169700553.76	15743844.62	103166487.79
总资产:	2865585033.30	3297791623.19	3196455654.45
股东权益(扣少数股权):	1748225372.51	1929083224.03	1912898414.26
每股收益(摊薄):	-0.25	0.02	0.15
每股收益(加权):	-0.25	0.02	0.18
扣除非经营性损益后的每股收益:	0.025	0.02	0.18
每股净资产:	2.58	2.85	2.83
调整后的每股净资产:	2.57	2.66	2.61
每股经营活动产生的现金流量净值:	0.46	0.31	
调整后每股经营活动产生的现金流量净值	0.46	0.31	
净资产收益率%(摊薄):	-9.71	0.82	5.39
净资产收益率%(加权):	-9.26	0.82	6.36

3、股东权益变动情况(单位:人民币元)

项目	股本	资本公积	盈余公积	法定公益金	未分配利润	股东权益合计
期初数	676975416	918460476.31	247921716.96	63350586.98	74253904.99	1918360114.03
本期增加						
本期减少			95446648.77		74253904.99	170134741.52
期末数	676975416	918460476.31	152475068.19	63350586.98	0	1748225372.51

三、股本变动及股东情况

1、股本变动情况

(1)报告期内股东总数:72,767户,其中:A股64,150户、B股8,617户。

(2)前十名股东持股情况

股东名称	持股数(股)	占总股本比例%	性质
中国北方工业深圳公司	87,175,364	12.88	境内发起法人股
怡万实业发展(深圳)有限公司	87,175,364	12.88	境内法人股
深圳市怡达贸易公司	76,204,633	11.26	境内法人股
招商局(玻璃工业)控股有限公司	76,044,590	11.23	境外发起法人股
SWISS BANK CORPORATION	26,859,616	3.97	境外股东
CHINA EVERBRIGHT FINANCIAL HOLDINGS LIMITED	10,895,232	1.61	境外股东
轩伟有限公司	6,704,237	0.99	境外股东
深圳君安证券有限公司	5,878,371	0.88	境内股东
南方证券有限公司	4,914,689	0.73	境内股东
国通证券有限责任公司	3,808,883	0.56	境内股东

怡万实业发展(深圳)有限公司、深圳市怡达贸易公司及轩伟有限公司均为深建国际有限公司控股的公司。

深圳石化工业集团股份有限公司

一、公司简介

公司法定中文名称:深圳石化工业集团股份有限公司
公司法定英文名称:Shenzhen Petrochemical Industry (Group) Co., LTD (缩写为:SPEC)
公司法定代表人:陈涌庆先生
公司董事会秘书:蔡建平先生
联系地址:深圳市福田区红荔西路石化大厦
电话:(86)755-3344355
传真:(86)755-3324057
电子信箱:caijp@shihua.spec.com.cn
公司注册地址及办公地址:深圳市福田区红荔西路石化大厦
邮政编码:518028
电子信箱:caijp@shihua.spec.com.cn
公司选定的信息披露报纸名称:《证券时报》、《大公报》
登载公司年度报告的中国证监会指定国际互联网网址:http://www.cninfo.com.cn
公司年度报告备置地点:深圳市福田区红荔西路石化大厦四楼公司董事会秘书处
公司股票上市交易所:深圳证券交易所
股票简称和股票代码:深石化 A　0013　深石化 B　2013

二、会计数据和业务数据摘要

1、公司本年度利润总额及构成　(单位:人民币元)

利润总额	30,286,988.91
净利润	10,098,265.71
扣除非经常性损益后净利润	10,098,265.71
主营业务利润	107,573,458.67
其他业务利润	9,213,176.77
营业利润	10,004,780.93
投资收益	10,720,293.74
补贴收入	89,595.00
营业外收支净额	9,472,319.24
经营活动产生的现金流量净额	9,067,538.59
现金及现金等价物净增加额	-17,204,230.49

2、主要会计数据和财务指标　(单位:人民币元)

项　目	1999	1998		1997	
		调整前	调整后	调整前	调整后
主营业务收	621441096.63	577959084.10	577959084.10	528763676.80	528763676.80
净利润	10098265.71	6229475.18	-27846090.58	20028972.48	-37488198.54
总资产	2435308287.92	2663893275.27	2462525047.11	2642785014.54	2476738247.18
股东权益	530618368.70	725657165.85	524288937.66	714679791.97	573541379.07
每股收益	0.033	0.021	-0.092	0.066	-0.124
扣除非经常性损益后的每股收益	0.033	0.021	-0.092	0.066	-0.124
每股净资产	1.75	2.39	1.73	2.36	1.89
调整后的每股净资产	1.62	1.59	1.65	1.66	1.75
每股经营活动产生的每股收益	0.03	0.044	0.044		
净资产收益率	1.90%	0.86%	-5.31%	2.80%	-6.54%

注:报告期内,因本公司实施战略性重组,本公司已按企业重组后合并范围的基础重编 1998 年度合并会计报表。

主要财务指标的计算公式如下:
每股收益=净利润/年度末普通股股份总数
每股净资产=年度末股东权益/年度末普通股股份总数
调整后的每股净资产=(年度末股东权益-三年以上的应收款项净额-待摊费用-待处理 (流动、固定)资产净损失-开办费-长期待摊费用-住房周转金负数余额)/年度末普通股股份总数
每股经营活动产生的现金流量净额=经营活动产生的现金流量净额/年度末普通股股份总数
净资产收益率=净利润/年度末股东权益×100%

4、报告期内股东权益变动情况及原因

项目	股本	资本公积	盈余公积	法定公益金	未分配利润	股东权益合计
期初数	303354979	237155437.40	89830430.90	10177421.74	-106051909.64	524288937.66
本期增加			1009826.57	1009826.57	8078612.57	6329431.04
本期减少		3768834.67				
期末数	303354979	233386602.73	91850084.04	11187248.31	-97973297.07	530618368.70

变动原因:
A:资本公积减少系由于本公司转回原对外投资的固定资产,因此原列作投资准备 的投资作价与账面净值差异予以转销。
B:盈余公积和法定公益金和未分配利润增加系由于本期实现利润分配所致。

三、股本变动及股东情况

1、报告期末股东总数
截止 1999 年 12 月 31 日,本公司在册股东(包括法人和自然人)共 35,139 人,其中 A 股 股东 32,889 人,B 股股东 2,250 人。
2、报告期末本公司前 10 名股东及其持股情况

股东名称	持股数	占总股本比例
深圳石化集团有限公司(国有股)	164,546,553	54.24%
中国平安保险股份有限公司	23,400,000	7.71%
国通证券有限公司	19,380,532	6.39%
深圳晶业塑胶有限公司	2,208,772	0.73%
中国宝安集团股份有限公司	1,560,000	0.51%
深圳银地投资股份有限公司	1,560,000	0.51%
中国光大银行深圳证券业务部	1,484,936	0.49%
谢坚柱(B 股)	1,230,000	0.41%
陈劲松(B 股)	1,212,160	0.40%
深圳中大投资管理有限公司	936,000	0.31%
合　计	217,518,953	71.70%

注:A、持有本公司 5 %以上股份的股东深圳石化集团有限公司与中国平安保险股份有限公司所持股份年度内无增减,国通证券有限公司所持股份本年度内减少了 21,000 股,上述三家股东所持股份均未发生质押、冻结等情况。

华源实业(集团)股份有限公司

一、公司简介

1、公司法定中文名称:华源实业(集团)股份有限公司
公司法定英文名称:HUAYUAN　INDUSTRIAL (GROUP) CO.,LTD
公司英文名称缩写:SZHY
2、公司法定代表人:陈平
3、公司董事会秘书:王凡
联系地址:中国深圳市罗湖区布心路华源大厦二楼
电话:0755-5512888-200
传真:0755-5514704
电子信箱:wf555@163.net
4、公司注册地址:中国深圳市罗湖区布心路华源大厦
公司办公地址:中国深圳市罗湖区布心路华源大厦二楼
邮政编码:518019
公司电子信箱:szhyzb@sz.gd.cninfo.net
5、公司选定的信息披露报纸名称:《证券时报》
登载公司年度报告的中国证监会指定国际互联网网址:
http://www.cninfo.com.cn
公司年度报告备置地点:公司董事会秘书处
6、公司股票上市交易所:深圳证券交易所
股票简称:ST 深华源
股票代码:0014

二、会计数据和业务数据摘要

1、本年度主要会计数据

	(单位:人民币元)
利润总额	(74,781,259.91)
净利润	(75,275,511.02)
主营业务利润	12,226,508.77
其它业务利润	1,652,918.64
营业利润	(57,711,584.52)
投资收益	(9,326,959.06)
补贴收入	-
营业外收支净额	(7,742,716.33)
经营活动产生的现金流量净额	(3,861,178.63)
现金及现金等价物净增加额	(12,202,695.50)

2、前三年的主要会计资料和财务指标

指标项目	1999 年度	1998 年度		1997 年度	
		调整前	调整后	调整前	调整后
主营业务收入(万元)	16,778.64	15,134.93	15,134.93	24,119.83	24,119.83
净利润(万元)	(7,527.55)	(7,056.23)	(9,084.86)	146.82	426.06
总资产(万元)	33,662.74	46,416.32	40,720.58	53,589.22	49,900.55
股东权益(不含少数股东权益)(万元)	(1,177.03)	11,917.67	6,294.86	18,976.85	15,382.67
每股收益(元)	(0.84)	(0.79)	(1.01)	0.016	0.0475
每股收益(按月平均加权法计算)(元)	(0.84)	(0.79)	(1.01)	0.016	0.0475
每股净资产(元)	(0.13)	1.33	0.70	2.12	1.72
调整后的每股净资产(元)	(0.58)	1.00	0.19	1.79	1.29
每股经营活动产生的现金流量净额(元)	(0.04)	0.04	0.04	-	-
净资产收益率(%)	(639.53)	(59.19)	(144.32)	0.77	2.76

注:主要财务指标的计算公式如下:
每股收益=净利润/年度末普通股股份总数
每股净资产=年度末股东权益/年度末普通股股份总数
净资产收益率=净利润/年度末股东权益×100%
调整后的每股净资产=(年度末股东权益-三年以上的应收款项净额-待摊费用-待处理 (流动、固定)资产净损失-开办费-长期待摊费用-住房周转金负数余额)/年度末普通股股份总数
每股经营活动产生的现金流量净额=经营活动产生的现金流量净额/年度末普通股股份总数
3、报告期内股东权益变动情况及变化原因。

项目	股本	资本公积	盈余公积	法定公益金	未分配利润	股东权益合计
期初数	89646750.00	115652865.96	34289242.96	7223219.24	(176610780.24)	62948592.51
本期增加		395,019.77				
本期减少					75275511.02	74718871.39
期末数	89646750.00	116047885.73	34289242.96	7223219.24	(251886291.26)	(11770278.88)
变动原因		子公司利润本期提取			经营亏损	亏损增加

三、股东情况介绍

(1)截止 1999 年 12 月 31 日,持有本公司股东总户数 23764 户。
(2)公司前 10 名股东持股情况

序号	股东名称	持股数量(股)	持股比例(%)	股份性质
1	香港资源电子科技有限公司	27,321,975	30.48	发起人法人股
2	深圳经济特区发展(集团)公司	10,119,187	11.29	发起人法人股
3	机电工业部第三十三研究所	5,297,737	5.90	发起人法人股
4	深圳工艺品进出口公司	1,687,500	1.88	发起人法人股
5	深圳市证券业培训中心	492,000	0.55	流通股
6	金鑫证券投资基金	449,912	0.50	流通股
7	陈治艇	439,800	0.49	流通股
8	福建兴业证券公司上海金陵东路证券交易营业部	381,196	0.43	流通股
9	宁建华	280,700	0.31	流通股
10	朱红根	210,000	0.23	流通股

注:1.香港资源电子科技有限公司为外资股东,深圳经济特区发展(集团)公司、机电工业部第三十三研究所、深圳工艺品进出口公司为企业法人股东。
2.报告期末持有本公司 5%(含 5%)以上股份的股东年度内股份没有发生变化。
3. 香港资源电子科技有限公司持有本公司法人股中的 22,166,950 股已质押给贷款银行和担保单位。

深圳中浩(集团)股份有限公司

一、公司简介

1.公司的法定中文名称:深圳中浩(集团)股份有限公司
公司的法定英文名称:SHENZHEN ZHONGHAO (GROUP) LTD.
2.公司法定代表人:陈立祥
3.公司董事会秘书:蒋永林
联系地址:广东省深圳市八卦四路中浩大厦十楼
联系电话:(0755)2260864 2262552-308
传 真:(0755)2262272 2262552-222
电子信箱:jyl0503_cn@sina.com
4.公司注册地址:深圳市福田区八卦岭工业区八卦四路中浩大厦
公司办公地址:深圳市福田区八卦岭工业区八卦四路中浩大厦九、十层
邮政编码:518029
电子信箱:zhonghaodb@21cn.com
5.公司选定的信息披露报纸名称:《证券时报》、《香港商报》
登载公司年度报告的国际互联网网址:http://www.cninfo.cn.com
公司年度报告备置地点:公司董事会办公室
6.公司股票上市交易所:深圳证券交易所
股票简称:ST 中浩 A、ST 中浩 B
股票代码:0015、2015

二、会计数据和业务数据摘要

(一) 公司本年度会计数据	单位:人民币元
利润总额	(117,733,573.88)
净利润	(129,543,621.52)
主营业务利润	39,879,099.19
其他业务利润	737,417.75
营业利润	(112,566,265.15)
投资收益	(4,817,756.91)
补贴收入	-
营业外收支净额	(349,551.82)
经营活动产生的现金流量净额	10,173,720.55
现金及现金等价物净增加额	12,721,962.47

(二)主要会计数据和财务指标　　单位:人民币元

指标项目	1999 年	1998 年		1997 年	
		调整后	调整前	调整后	调整前
主营业务收入	102987655	36839670	36839670	37048375	37048375
净利润	(129543621)	(360880560)	(360880560)	(254844319)	(198453199)
总资产	833753856	822212417	903056068	1149465467	1273532222
股东权益	(526893367)	(397349745)	(316506094)	44374466	161990513
每股收益	(0.82)	(2.295)	(2.295)	(1.62)	(1.26)
每股净资产	(3.35)	(2.53)	(2.013)	0.28	1.03
调整后每股净资产	(3.47)	(2.66)	(2.218)	(1.29)	(1.26)
每股经营活动产生的现金流量净额	0.06	(0.06)			
净资产收益率(%)				(162.10)	(122.51)

注:
(1)主要财务指标计算公式:
每股收益=净利润/年度末普通股股份总数
每股净资产=年度末股东权益/年度末普通股股份总数
净资产收益率=净利润/年度末股东权益×100%
调整后每股净资产=(年度末股东权益-三年以上的应收款项-待摊费用-待处理(流动、固定)资产净损失-开办费-长期待摊费用-住房周转金负数余额)/年度末普通股股份总数
每股经营活动产生的现金流量净额=经营活动产生的现金流量净额/年度末普通股股份总数
(2)因公司本年度股本未发生变动,故加权计算的每股收益、每股净资产等财务指标与摊薄计算的指标相同。

(三)报告期内股东权益变动情况

项目	股本	资本公积	盈余公积	法定公益金	未分配利润	股东权益合计
期初数	157213420	154966011	3510356	3510356	(713039534)	(397349745)
本期增加						
本期减少	-	-	-	-	129543621	129543621
期末数	157213420	154966011	3510356	3510356	(842583155)	(526893367)
变动原因					本年度亏损	

三、股东情况介绍

(一)报告期末股东总数
截止 1999 年 12 月 31 日,经深圳证券结算有限公司核准,持有公司股份的股东共有 17,583 名,其中:A 股股东 15,403 名,B 股股东 2,180 名,内部职工股股东 1 名(公司董事)。
2.公司前 10 名股东的持股情况(截止 1999 年 12 月 31 日)

序号	股东名称	年初持股数(股)	年度内股份增减变化(+、-)	年末持股数(股)	持股比例(%)
1	中国食品工业(集团)公司	18,799,188	18,799,188		11.96
2	深圳市投资管理公司	18,704,712	18,704,712		11.90
3	深圳赛格集团公司	12,783,860	12,783,860		8.13
4	山东证券有限责任公司	0	+11,500,000	11,500,000	7.31
5	三联集团有限公司	10,158,339	10,158,339		6.46
6	中国银行广东省分行	6,370,000	6,370,000		4.05
7	申银万国证券股份有限公司	0	+4,312,037	4,312,037	2.74
8	江苏证券有限责任公司	0	+3,730,000	3,730,000	2.37
9	深圳光大投资实业有限公司	3,506,178	3,506,178		2.23
10	天津经济建设投资集团总公司	0	+3,460,000	3,460,000	2.20

注:(1) 股东变动是因为公司原股东深圳市尊荣集团有限公司转让其所持有的本公司全部股份所致;
(2)股东间的关联关系:深圳市投资管理公司持有深圳赛格集团 100%的股份;
(3)深圳市投资管理公司代表国家持有股份;
(4)持股 5%以上的法人股东所持股份的质押、冻结情况(截止 1999 年 12 月 31 日):
深圳赛格集团公司所持 5,660,000 股、三联集团有限公司所持 10,158,339 股被冻 结。

康佳集团股份有限公司

一、公司简介

1、公司的法定中文名称:康佳集团股份有限公司
英文名称:KONKA GROUP COMPANY , LIMITED
英文缩写:KONKA GROUP CO.,LTD.
2、公司法定代表人:董事局主席 任克雷先生
3、公司董事局秘书:陈旭日先生
联系地址:中国广东深圳华侨城康佳集团
联系电话:6608866 传真:6600082 电子信箱:chenxuri@konka.com
股证事务代表:陈旭日先生、杨国彬先生
4、公司注册(办公)地址:深圳市华侨城东部工业区 邮政编码:518053
公司国际互联网网址:http://www.konka.com 电子信箱:szkonkas@sz.gd.cninfo.net
5、公司选定的信息披露报纸名称:《中国证券报》、《证券时报》等
登载公司年度报告的中国证监会指定国际互联网网址:http://www.cninfo.com.cn
公司年度报告备置地点:董事局秘书处
6、公司股票上市交易所:深圳证券交易所
股票简称:深康佳 A、深康佳 B 股票代码:0016、2016

二、会计数据和业务数据摘要

1、本年度主要财务指标	(单位:人民币元)
利润总额:	624658889.08
净利润:	497527792.65
扣除非经常性损益后的净利润:	502050963.47
主营业务利润:	1874905423.48
其他业务利润:	1412728.46
营业利润:	602453509.51
投资收益:	-2680358.98
补贴收入:	152429.60
营业外收支净额:	24733308.95
经营活动产生的现金流量净额:	383913844.87
现金及现金等价物净增加额:	660196953.51

说明:(1)本公司是 A、B 股上市公司,1999 年度按中国会计准则审计的净利润为人 民币 497,528 千元,按国际会计准则审计的净利润为 484,640 千元,两者之间存在差异 12,888 千元,主要原因是:本公司按照财政部财会字(1999)35 号文件和《股份有限公司会计制度》的规定,因会计政策变更和其他以前年度损益而追溯调整,按中国会计准则审计的财务报表中,汇算清缴补交 1998 年度增值税而增加净利润 8,481 千元,存货跌价准 备调增净利润 8,043 千元,坏帐准备调减净利润 3,636 千元,合计比按国际会计准则审计的净利润增加 12,888 千元。

(2)扣除的非经常性损益项目和涉及金额

项目	金额(人民币元)
资产处置收益	155169.29
资产处置损失	-2851501.78
补贴收入	152429.60
新股申购冻结资金利息	1083071.60
合并价差摊入	-3062339.53
合计	-4523170.82

2、截止报告期末公司前三年的主要会计数据和财务指标　(单位:人民币元,标明除外)

项目 年度	1999 年	1998 年		1997 年	
		调整前	调整后	调整前	调整后
主营业务收入	10127098593	8573886611	8573886611	?343372250	6343372250
净利润	497527792	429165782	431915706	346935255	331297390
总资产	9769410621	7183323011	7174729288	5385980767	5366958527
股东权益	3475067642	2147982956	2135095015	1594261424	1578623560
每股收益	0.9091	1.1022	1.1092	0.9490	0.9062
加权每股收益	1.0832	1.1490	1.1564	0.9490	0.9062
扣除非经常性损益后的每股收益	0.9174	1.1035	1.1105	0.9107	0.8679
每股净资产	6.35	5.52	5.48	4.36	4.32
调整后的每股净资产	6.15	5.34	5.31	4.09	4.05
每股经营活动产生的现金流量净额	0.70	3.12	3.12	-	-
净资产收益率	14.32%	19.98%	20.23%	21.76%	20.99%

(3)股东权益变动情况

项目	股本	资本公积	盈余公积	法定公益金	未分配利润	股东权益合计
期初数	389383603	777289321	832525405	171796543	135873847	2135095015
本期增加	157876719	1121393237	199011117	49752779	497527792	1975942688
本期减少	-	77876719	--	-	558093342	635970061
期末数	547260322	1820805840	1031536522	221549322	75308297	3475067642

说明:以上各项变动原因是:股本增加 157,876,719.00 元,是由于资本公积金转增股本 77,876,719 股和增发 A 股 80,000,000 股;资本公积金增加主要是由于增发 8,000 万 A 股导致股票溢价增加,减少是由于转增股本;盈余公积金和法定公益金的增加是由于本公司本年度利润分配提取公积金和法定公益金所致;未分配利润的增加是本年度利润 转入,减少是本年度利润分配所致。

三、股东情况介绍

1、于 1999 年 12 月 31 日,本公司股东总数为 128,448 户,其中 A 股股东数为 126,049 户,B 股股东数为 2,399 户。
2、前 10 名大股东持股情况

序号	股东名称	年度内股份增减	年末持股数	持股类别
01	华侨城集团公司	+26,507,537	159,045,224	境内法人股
02	香港华侨城有限公司	+63,966,136	120,396,818	境外法人股
03	浩达实业有限公司	+4,548,280	6,360,000	B 股
04	港华电子集团有限公司	-762,220	6,000,000	境外法人股
05	安顺证券投资基金	+5,220,163	5,220,163	A 股
06	兴和证券投资基金	+3,529,337	3,529,337	A 股
07	兴华证券投资基金	+3,415,795	3,415,795	A 股
08	泰纪投资有限公司	+567,240	3,403,440	B 股
09	FI-CLIBLUXS/A THE BATTERYMARCH GEM FUND	+3,116,079	3,116,079	B 股
10	泉广投资有限公司	+503,573	3,021,439	B 股

深圳中华自行车(集团)股份有限公司

(一) 公司简介

1、公司的法定中文名称:深圳中华自行车(集团)股份有限公司
英文名称:SHENZHEN CHINA BICYCLE COMPANY(HOLDINGS)LIMITED
英文缩写:CBC
2、公司法定代表人:李承友先生
3、公司董事会秘书:李海先生
联系地址:中国广东省深圳市布心路三零零八号
联系电话:0755-5516998 传真:0755-5516620
电子信箱:szcbclee@pubilc.szonline.net;leocbc@163.net
4、公司注册及办公地址:中国广东省深圳市布心路三零零八号 邮政编码:518019
国际互联网网址:www.china-cbc.com 电子信箱:cbc@china-cbc.com
5、公司选定的信息披露报纸名称:《证券时报》《大公报》
指定年度报告国际互联网网址:www.cninfo.com.cn
年度报告备置地点:深圳市布心路三零零八号本公司董事会秘书处
6、公司股票上市交易所、股票简称和股票代码:
股票上市交易所:深圳证券交易所
股票简称:ST 中华 A ST 中华 B 股票代码:A 股为 0017 B 股为 2017

(二) 会计数据与业务数据摘要

1、公司本年度实现的利润总额 199,356,520.07 元,净利润 200,102,834.72 元,主 营业务利润 20,093,151.35 元,其他业务利润 549,299.84 元,营业利润-175,270,083.21 元,投资收益 8,240,547.85 元,扣除非经营性损益后的净利益-178,877,907.94 元.营业外收支净额 366,386,055.37 元,经营活动产生的现金流量净额 5,735,673.76 元,现金及现金等价物净增加额 176,367,873. 90 元。

境内、外审计差异说明:根据中国会计准则和国际会计准则分别确定的净利润的 差异调节表(单位:人民币千元)。

	一九九九年	一九九八年
按中国注册会计师所审核的财务报告	200,103	-653,558
为符合国际会计准则所作出的调整		
递延资产冲回/(摊销)	614	-10,882
待处理流动资产损失撇销	-2,947	-2,663
处理物业、厂房及设备亏损	-60	--
按国际会计准则重新列示	197,710	-667,103

2、截至报告期末公司前三年主要会计数据与财务指标:(单位:人民币元)

序号 项目	1999 年	1998 年(调整后)	1997 年
1 主营业务收入:	67,573,101.94	142,892,208.48	318,194,813.06
2 净利润:	200,102,834.72	-427,293,587.05	-280,655,827.67
3 总资产:	2,721,443,364.56	2,430,875,345.51	3,160,259,107.90
4 股东权益:	207,089,793.10	37,900,661.49	980,057,058.46
5 每股收益:	0.417	-0.891	-0.58
6 每股净资产:	0.432	0.079	2.04
7 调整后的每股净资产:	-1.473	-1.494	1.75
8 每股经营活动产生的现金流量净额:	0.012	-0.314	
9 净资产收益率:	96.626%	-1127.404%	-28.64%

主要财务指标的计算公式如下:
(1) 每股收益 = 净利润 / 年度末普通股股份总数
(2) 每股净资产 = 年度末股东权益 / 年度末普通股股份总数
(3) 调整后的每股净资产 =(年度末股东权益-三年以上的应收款项净额-待摊费用 - 待处理(流动、固定) 资产净损失 - 开办费 -长期待摊费用-住房周转金负数余额) / 年度末普通股股份总数
(4)每股经营活动产生的现金流量净额=经营活动产生的现金流量净额/年度末普通股股份总数
(5) 净资产收益率 = 净利润/年度末股东权益 × 100%

3、报告期内股东权益变动的情况:

项目	期初数	本期增加	本期减少	期末数
股本	479,433,003.00	0	0	479,433,003.00
资本公积	588,204,750.35	0	0	588,204,750.35
盈余公积	241,968,036.60	0	0	241,968,036.60
法定公益金	32,673,227.01	0	0	32,673,227.01
未分配利润	-1,268,978,553.28		-169,189,131.41	-1,099,789,421.87
股东权益合计	37,900,661.49	169,189,131.61		207,089,793.10

说明:未分配利润增加是因为本年度扭亏。

(三) 股东情况介绍

(1)报告期末股东总数:

截止至 1999 年 12 月 31 日,持有本公司股票的股东总人数为,其中 A 股股东 42571 户,B 股股东 10380 户。

(2)本公司前十名大股东持股情况:

序号 股东名称	年末持股数	类别	年度内股份增减	占总股比例
1、深圳莱英达集团公司	111,607,002	A 股	-	23.28%
2、香港大环自行车有限公司	93,005,834	B 股	-	19.40%
3、STEPHEN & PARTNERS LIMITED	19,447,518	B 股	-	4.06%
4、INTERNATIONAL FINANCE CORPORATION.	8,190,000	B 股	-	1.71%
5、金鑫证券投资基金	2,610,688	A 股	+2,610,688	0.54%
6、谢映君	1,800,000	B 股	+1,800,000	0.38%
7、LAU,NGAU LAM 楼藕林	1,650,000	B 股	+50,000	0.34%
8、黄顺明	1,206,300	B 股	+1,206,300	0.25%
9、江婉清	1,138,101	B 股	+1,138,101	0.24%
10、范清	1,114,900	B 股	+1,114,900	0.23%

(3) 持股 10%(含 10%)以上的法人股情况:

深圳市莱英达集团股份有限公司:法定代表人:李承友先生。经营范围:兴办以轻工业为主的工业实业、经营房地产、国内贸易、自营和代理 进出口贸易、保税贸易、旅游、饮食、服务、技术贸易、电信、仓储运输、金融、证券、期货、租赁、信息咨询。

报告年度内该公司所持中华股份有 51,508,590 股被质押,有 60,098,412 股被冻结 。

香港大环自行车有限公司,法定代表人:施展熊先生。经营范围:进出口各类自行车。

报告年度内该公司所持中华股份有 93,005,834 股被冻结。

深圳中冠纺织印染股份有限公司

(一) 公司简介

公司名称:深圳中冠纺织印染股份有限公司
Shenzhen Victor Onward Textile Industrial Co., Ltd.
公司注册地址:深圳市人民南路房地产大厦 10 楼 C 座
公司办公地址:香港九龙长沙湾道 889 号华创中心 18 楼 公司邮政编码:580018
公司法定代表人:董炳根先生
公司董事会秘书:任元卫
授权代表:顾争鸣
公司电话:(755)232 0942, (852)2428 1823
公司图文传真:(755)233 9100, (852)2480 5666
公司电子信箱:cthkvo02@hkabc.net
公司年报备置地点:深圳市人民南路房地产大厦 10 楼 C 座
公司股票上市地点:深圳证券交易所
公司股票简称:深中冠 A 股 股票代码:0018 B 股 2018

(二) 会计数据和业务数据摘要

1. 本年度利润总额及构成(合并) 单位:人民币元

	1999 年度
利润(亏损)总额	10,917,300
净利润(亏损)	10,917,300
扣除非经常性损益后的净利润(亏损)	(2,482,289)
其中:	
1)主营业务利润	14,372,174
2)其他业务利润	1,012,490
3)投资收益	(638,539)
4)补贴收入	
5)营业外收支净额	14,038,128
6)经营活动中产生的现金流量净额	(10,914,360)
7)现金及现金等价物净增加额	(30,354,496)
8)注:扣除的非经常性损益项目和涉及资金	
营业外收入项目:	
处置固定资产所得收益	816,338
退税收入	1,254,596
坏帐损失准备收回	8,778,520
处置投资所得收回	627,598
其他收益	3,154,556
营业外支出项目:	
捐赠支出	(49,335)
计提长期服务金	(469,348)
其他支出	(74,786)

2.会计数据与财务指标 (单位:万元人民币)

	1999 年度	1998 年度	1997 年度
1) 主营业务收入	27602	27357	37130
2) 净利润(亏损)	1092	276	(1294)
3) 总资产	37191	38129	38549
4) 股东权益	30213	29193	28905
5) 每股收益(亏损)	0.06 元	0.02 元	(0.07)元
6) 每股净资产	1.786 元	1.726 元	1.709 元
7) 净资产收益率	3.61%	0.95%	-7.65%
8) 每股经营活动产生的现金流量净额	(0.11)元	0.07 元	
9) 调整后的每股净资产	1.784 元	1.717 元	1.703 元

[说明]

1)本公司根据〈股份制企业会计制度〉出具的审计报告反映的净利润为人民币 1092 万元,根据〈国际会计准则〉出具的审计报告反映的净利润折合人民币 1092 万元,两者无差异。(详见会计报表附注第 26 款)

2)上述财务指标数据根据公司 97、98、99 年底公司实际发行的普通股 169,142,356 股计得。具体计算公式如下:

每股收益=净利润/年末普通股股份总数
每股净资产=年末股东权益/年末普通股股份总数
净资产收益率=净利润/年末股东权益 X 100%
调整后的每股净资产=(年末股东权益-三年以上的应收帐款-待摊费用-待处理(流动、)固定财产净损失-递延资产)/年末普通股股份总数

项目	股本	资本公积	盈余公积	法定公益金	未分配利润	货币换算差异	股东权益合计
期初数	169142356	29809438	52435470	3398276	-12291846	52833692	291929110
本期增加					10917300		
本期减少		-75375	-80047	38023		-554977	-710399
期末数	169142356	29734063	52355423	3436299	-1374546	52278715	302136011

变动原因:

1)未分配利润变动是因为本年利润 1091 万元弥补期初未分配利润所致。

2)资本公积、盈余公积、法定公益金和货币换算差异变动是期初、期末计帐本位币港币与人民币汇率差异所致。另外,法定公益金增加,是本年度帐务调整。

(三) 股东情况介绍

1. 本公司 1999 年底在册的全部股东人数为 14400 人(法人),其中 A 股股东为 11600 人(法人),A 股中的国家股法人股东 2 人;B 股为股东为 2800 人(法人)。

2. 主要股东持股情况

股 东 名 称	股数	占比例
1)华联发展集团有限公司	55,031,022	32.54%
2)深圳市纺织集团股份有限公司	24,458,231	14.46%
3)香港邹星炳先生	9,783,292	5.79%
4)香港兴茂有限公司	7,948,925	4.70%
5)香港富冠投资有限公司	6,327,565	3.74%
6)香港侨民有限公司	6,114,556	3.61%
7)香港忻英杰先生	6,114,556	3.61%
8)香港忻礼轼先生	4,280,190	2.53%
9)香港王国泰先生	2,445,822	1.45%
10)TSUI KOON TIN	604,762	0.36%

深圳市深宝实业股份有限公司

一、公司简介

公司中文名称深圳市深宝实业股份有限公司
公司英文名称 SHENZHEN SHENBAO INDUSTRIAL CO.,LTD (英文缩写:SB)
公司注册(办公)地址深圳市罗湖区文锦北路 1058 号
公司互联网网址 www.shenbao.com 邮政编码 518020
公司法定代表人林家宏(董事长)
公司董事会秘书徐于乔 兼股证事务代表
电话 0755-5164584、5507480 传真 0755-5603456
电子邮箱 szsbsy@sz.gd.cninfo.net
上市地深圳证券交易所
股票简称代码深深宝 A0019 深深宝 B 2019
公司信息披露报纸《证券时报》(境内)、《大公报》(境外)
公司披露年报告之互联网网址 www.cninfocom.cn
公司年度报告配置地公司董事会办公室

二、会计数据与业务数据摘要

(一)本年度主要会计数据: (单位:人民币元)

项目	金额
利润总额	32694338.13
净利润	30143180.30
扣除非经营性损益后的净利润	-3187479.70
主营业务利润	13602401.99
其他业务利润	39028540.08
营业利润	11323105.95
投资收益	19175597.45
补贴收入	0
营业外收支净额	2195634.73
经营活动产生的现金流量净额	17965453.74
现金及现金等价物净增加额	-6070461.24

注:非经营性收益总额 33,330,660 元,明细如下:土地补偿收入 33,232,500 元,技术转让 98,16 元。

(二)截至报告期末公司前三年的主要会计数据和财务指标 (单位:人民币元)

指标项目	1999 年度	1998 年度		1997 年度	
		调整前	调整后	调整前	调整后
主营业务收入	65691006.76	90666971.70	90421886.10	104417854.81	104417854.81
净利润	30143180.30	32903237.76	33998251.47	30183986.11	28210883.19
总资产	470146337.74	455455219.17	418869084.98	433627838.65	395347306.12
股东权益	288854087.75	296268281.15	258710907.45	280035811.39	241383423.98
每股收益	0.181	0.197	0.204	0.181	0.169
加权平均每股收益	0.181	0.197	0.204	0.181	0.169
扣除非经营性损益后的每股收益	-0.019	-0.032	-0.025	0.096	0.084
每股净资产	1.733	1.777	1.552	1.680	1.670
调整后的每股净资产	1.691	1.611	1.494	1.589	1.407
每股经营活动产生现金流量净额	0.108	0.103	0.103		
净资产收益率	10.44%	11.11%	13.14%	10.78%	10.13%

注 1:主要财务指标计算方法如下:
每股收益=净利润/年度末普通股股份总额
每股净资产=年度末股东权益/年度末普通股股份总数
调整后每股净资产=(年度末股东权益-三年以上的应收款项净额-待摊费用-待处 理(流动、固定)资产净损失-开办费-长期待摊费
用-住房周转金负数余额)/年度末普通股股份总额
每股经营活动产生的现金流量净额=经营活动产生的现金流量净额/年度末普通股股份总数
净资产收益率=净利润/年度末股东权益×100%
2:以上数以公司合并会计报表数据填列
3:据财政部财会字[1999]35 号文的有关规定,公司对前三年会计数据和财务指标 进行了追溯调整,并分别以调整前和调整后进行列示。

(三)报告期内股东权益变动情况及其原因 (单位:人民币元)

项目	股本	资本公积	盈余公积	法定公益金	未分配利润	股东权益合计
期初数	166707684.00	52404958.10	15928048.81	12012092.89	11658123.65	258710907.45
本期增加			7535795.08	2411454.42	30143180.30	40090429.80
本期减少					9947249.50	9947249.50
期末数	166707684.00	52404958.10	23463843.89	14423547.31	36375531.50	288854087.75

变动原因:(1)盈余公积增加,系从本期净利润中提取 10%的法定公积金和 15%的 任意公积金。
(2)公益金增加,是从本期净利润中提取 8%的法定公益金所致。
(3)未分配利润变化是因本年度净利润增加,未分配利润减少是计提公积金和公益金所致。

三、股份变动及股东情况介绍

1、期末股东总数:14295 户。其中国家股股东 1 户,法人股股东 1 户,高级管理人员 股东(内部员工股股东)2 户。

2、前 10 名股东的持股情况(截止至 1999 年 12 月 31 日单位:股)

序号	股东名称	股份种类	持股数	持股比例
1	深圳市投资管理公司	(国有股)	99942086	59.95%
2	中国平安保险股份有限公司	(法人股)	9900000	5.94%
3	国信证券有限公司	A	1690459	1%
4	深圳国际信托投资公司证券三部	A	1094181	0.66%
5	黄海琨(WONG HOI KNAN)	B	871200	0.52%
6	深圳国际信托投资公司第二证券交易部	A	804512	0.48%
7	深圳证券业培训中心	A	714000	0.43%
8	卢凤婵(LO,FUN GSIM)	B	565562	0.34%
9	立基贸易公司	B	497268	0.3%
10	KOTO TRANSPORT LTD	B	435600	0.26%
	(LONGBENEFIT DEVELOPMENT LTD)	B	435600	

3、报告期内,前十名股东之间不存在关联交易。持有公司 5%以上(含 5%)股份的股东分别为深圳市投资管理公司和中国平安保险股份有限公司,它们所持公司股份在 本年度没有变动,亦没有发生被质押或冻结的情况。

深圳华发电子股份有限公司

一、公司简介

(一) 公司中文名称:深圳华发电子股份有限公司
英文名称:SHENZHEN HUAFA ELECTRONICS CO.,LTD.
(二) 法定代表人:李曰聚
(三) 公司董事会秘书:胡建平
授权代表:范吉祯
联系地址:深圳市福田区华发北路 411 栋六层
电话:(0755)3352207 传真:(0755)3352200
E-mail:jphu@huafa.com
(四) 公司注册地址:深圳市福田区华发北路 411 栋
公司办公地址:深圳市福田区华发北路 411 栋六层 邮政编码:518031
公司国际互联网网址:http://www.huafa.com E-mail:webmaster@huafa.com
(五) 公司信息披露报纸: <<证券时报>>、<<大公报>>
登载公司年度报告的国际互联网网址:http://www.cninfo.com.cn
公司年度报告备置地点:深圳市福田区华发北路 411 栋六层
(六) 公司股票上市交易所:深圳证券交易所
股票简称:ST 华发 股票代码:A 股 0020 B 股 2020

二、会计数据和业务数据摘要

(一)本年度主要会计数据 单位:人民币元

指标项目	1999 年
利润总额	9,674,475
净利润	10,013,131
扣除非经常性损益后的净利润	10,013,131
主营业务利润	8,354,227
其他业务利润	27,088,973
营业利润	8,341,860
投资收益	—
补贴收入	—
营业外收支净额	1,332,615
经营活动产生的现金流量净额	31,018,676
现金及现金等价物净增加额	-9,335,073

说明:华发电子股份有限公司(以下简称"本公司")为 A、B 股股票上市公司,按中国会计准则和国际会计准则以及相关的制度计算的净利润无差异。

(二)近三年主要会计数据和财务指标 单位:人民币元

项目	1999 年度	1998 年度		1997 年度	
		调整前	调整后	调整前	调整后
主营业务收入	164,663,658	125,173,904	125,173,904	173,948,400	173,948,400
净利润	10,013,131	-52,189,598	-62,398,991	-75,270,607	-75,270,607
总资产	485,131,947	446,069,467	435,860,074	486,611,792	486,611,792
股东权益	309,892,111	312,788,373	302,578,980	367,527,803	367,527,803
每股收益	0.035	-0.18	-0.22	-0.31	-0.31
每股净资产	1.09	1.10	1.07	1.53	1.53
调整后的每股净资产	1.06	1.09	1.06	1.51	1.51
每股经营活动产生的现金流量净额	0.11	0.016	0.016	—	—
净资产收益率	3.23%	-16.68%	-20.62%	-20.48%	-20.48%
加权平均每股收益	0.035	-0.18	-0.22	-0.35	-0.35
扣除非经常性损益后的每股收益	0.035	-0.18	-0.22	-0.31	-0.31

【注】财务指标计算公式
每股收益=净利润/年度末普通股股份总数;
每股净资产=年度末股东权益/ 年度末普通股股份总数;
调整后的每股净资产=(年度末股东权益-三年以上的应收款项净额-待摊费用-待 处理(流动、固定)资产净损失-开办费-长期待摊费用-住房周转金负数余额)/年度末 普通股股份总数;
每股经营活动产生的现金流量净额=经营活动产生的现金流量净额/年度末普通股股份总数;
净资产收益率=净利润/年度末股东权益×100%;

(三)报告期内股东权益变动情况 单位:人民币元

项目	股本	资本公积	盈余公积	法定公益金	未分配利润	股东权益合计
期初数	283,161,227	98,460,750	80,381,593	3,363,108	-159,424,590	302,578,980
本期增加	—	—	—	—	10,013,131	10,013,131
本期减少	—	—	2,700,000	2,700,000	—	2,700,000
期末数	283,161,227	98,460,750	77,681,593	663,108	-149,411,459	309,892,111

说明:盈余公积和法定公益金减少系根据深圳市人民政府[1997]182 号文为本公司职工缴纳的补充养老保险费中部分从公益金中列支所致。未分配利润增加部分为本年度净利润。

三、股本变动及股东情况

(一)报告期末股东总数

报告期末股东总数 25,368 人,其中 A 股股东 23,439 人(含高层管理人员 5 人),B 股股 东 1,929 人。

(二)截止 1999 年 12 月 31 日前 10 名股东持股情况

序号	股东名称	增减变动	年末持股数(股)	占总股本(%)	股份类别
1	深圳市赛格集团有限公司	—	62,462,914	22.06	A 股
2	中国振华电子集团公司	—	62,462,914	22.06	A 股
3	香港陆氏实业有限公司	—	31,405,954	11.09	B 股
4	赛格(香港)有限公司	—	31,056,960	10.97	B 股
5	中国光大融资有限公司		9,122,982	3.22	B 股
6	中国光大银行深圳证券业务部		5,097,798	1.80	A 股
7	启发电子有限公司		1,235,690	0.44	B 股
8	李 萍		980,000	0.35	B 股
9	深圳市证券业培训中心		792,000	0.28	A 股
10	国信证券有限公司		762,108	0.27	A 股

【注 1】前四名股东为公司法人股东,所持股分未上市流通。
【注 2】深圳市赛格集团有限公司将其持有的本公司 A 股法人股 46,542,304 股用于贷款质押;香港陆氏实业有限公司将其持有的本公司 B 股法人股 31,405,954 股用于贷款质押。
【注 3】赛格(香港)有限公司系深圳市赛格集团有限公司境外子公司;中国光大融资有限公司系中国光大集团公司境外子公司,中国光大银行深圳证券业务部系中国光 大集团公司控股。

深 圳 开 发 科 技 股 份 有 限 公 司

深圳开发科技股份有限公司 1999 年年度报告摘要

一、公司简介

1.公司法定中文名称:深圳开发科技股份有限公司
公司法定英文名称:SHENZHEN KAIFA TECHNOLOGY CO., LTD.
2.公司法定代表人:王　之
3.公司董事会秘书:陈燕明
联系地址: 深圳市福田区彩田路 7006 号
联系电话:0755-3216063-3187　传真:0755-3252997
电子信箱:Jessi Chen@kaifa.com.hk
4.公司注册及办公地址:深圳市福田区彩田路 7006 号
邮政编码:518035
国际互联网网址:http://www.kaifa.com.cn
电子信箱:Jessi Chen@kaifa.com.hk
5.公司选定的信息披露报纸:《中国证券报》、《证券时报》、《上海证券报》
登载公司年度报告的国际互联网网址
:http://www.cninfo.com.cn
公司年度报告备置地点:本公司董事会办公室
6.公司股票上市交易所:深圳证券交易所
股票简称:深科技 A　股票代码:0021

二、会计数据和业务数据摘要

1. 公司本年度会计数据　单位:人民币元

项目	金额
利润总额	338930467.37
净利润	313115473.98
扣除非经常性损益后的净利润	313115473.98
主营业务利润	598049865.65
其他业务利润	22461661.26
营业利润	346455808.26
投资收益	−6867076.85
补贴收入	−
营业外收支净额	−658264.04
经营活动产生的现金流量净额	496289732.32
现金及现金等价物净增加额	−14274211.28

2.公司前三年主要会计数据和财务指标　单位:人民币元

指标项目	1999 年	1998 年		1997 年	
		调整前	调整后	调整前	调整后
主营业务收入	3254546870.79	2821627220.78	2821627220.78	1769813121.72	1769813121.72
净利润	313115473.98	452333554.89	449167293.62	318913510.57	318421034.21
总资产	3822434472.45	3574516741.87	3570229818.69	1767711771.94	1793249496.16
股东权益	2212998772.23	1925334208.78	1920621261.28	1046339938.88	1063119872.90
(不含少数股东权益)每股收益	0.427	0.802	0.797	0.601	0.600
每股收益(加权平均)	0.427	0.856	0.846	0.601	0.600
每股收益(扣除非经常性损益)	0.427	0.802	0.797	0.601	0.600
每股净资产	3.019	3.415	3.407	1.970	2.002
调整后的每股净资产	2.978	3.391	3.390	1.959	1.991
每股经营活动产生的现金流量净额	0.677	0.588	−	−	−
净资产收益率(%)	14.15	23.49	23.39	30.48	29.95

注:主要财务指标计算公式
每股收益=净利润/年度末普通股股份总数
每股净资产=年度末股东权益/年度末普通股股份总数
调整后的每股净资产=(年度末股东权益−三年以上的应收款项净额−待摊费用−待 处理(流动、固定)资产净损失−开办费−长期待摊费用−住房周转金负数余额)/年度末 普通股股份总数
每股经营活动产生的现金流量净额=经营活动产生的现金流量净额/年度末普通股股份总数
净资产收益率=净利润/年度末股东权益×100%
加权平均每股收益=当期净利润/[期末股份总数/(1+配股比例或增发新股比例)+期末股份总数/(1+配股比例或增发新股比例)×配股比例或增发新股比例×缴款结束 日下一月份至期末的月份数/12]

3.报告期内股东权益变动情况　单位:人民币元

项目	股本	资本公积	盈余公积	法定公益金	未分配利润	合计
期初数	563793925	641150970.83	516969829.50	106645932.47	198706535.95	1920621261
本期增加	169138176	1400000.00	156557736.99	31311547.40	313115473.98	640211386
本期减少		112908783.00			234925093.02	347833876
期末数	732932101	529642187.83	673527566.49	137957479.87	276896916.91	2212998772

变动原因　期内送股　期内盈利计提
转增股本　转增股本　本期利润预提　本期利润预提　盈利及利润分配

三、股东情况介绍

1.截止 1999 年 12 月 31 日,公司股东总数为 135,354 名。
2.公司前 10 名股东持股情况

股东名称	持股数(股)	持股比例(%)
长城科技股份有限公司	410163000	55.96
博旭(香港)有限公司	68952000	9.41
香港秉宏公司	53235000	7.26
大鹏证券有限责任公司电子科技大厦交易部	1872508	0.26
北京国海物业管理有限责任公司	1781977	0.24
天骥投资基金	1674966	0.23
沙头角保锐爱森投资公司	1392560	0.19
金泰基金	1132556	0.15
武汉国兴投资咨询有限公司	1018101	0.14
北京大澎北方物业管理集团	941924	0.13

注:前 3 名为本公司法人股股东,博旭(香港)有限公司、香港秉宏公司为本公司外 资股东,其他为本公司社会公众股股东。

四、股东大会简介

深圳开发科技股份有限公司于 1999 年 4 月 23 日上午 9 时在公司二楼五号会议室召开了第七次(1998 年度)股东大会。出席会议的股东及股东代表共 14 人,代表股份 418,415,482 股,占公司总股本的 74.21%,符合《中华人民共和国公司法》和本公司章程的规 定。 大会审议并以投票表决的方式通过如下议案:
1998 年度董事会工作报告;
1998 年度监事会工作报告;
1998 年度财务决算审计报告;
1998 年度利润分配、分红及资本公积金转增股本预案;
修改公司章程的议案;
关于授权董事会修改公司章程并办理有关工商变更登记手续的议案;
关于续聘深圳中天会计师事务所为公司 1999 年度财务审计单位的预案;
本次股东大会决议刊登在 1999 年 4 月 24 日的《证券时报》、《中国证券报》及《 上海证券报》上。

五、董事会报告

(一)公司业务回顾与展望
1.公司主要业务及财务状况情况
(1)主要业务情况
本公司是中国最大的 IT 产业之一,几年来利税一直处于国内同行业领先的地位。
本公司主要产品是计算机硬盘驱动器磁头读写数据所用的重要部件磁头及磁头组件(HGA、HSA 及浮动块),1999 年又发展了网络传输产品和网络终端产品,并开拓了一定的国际市场,取得了相应的效益。
本公司的主要客户是国际著名的硬盘驱动器制造商 (MAXTOR、IBM、WESTERNDIGITAL 和 SEAGATE)。
公司 1999 年销售额为 32.55 亿人民币, 其中 90%以上为外销, 出口额为 3.9 亿美元, 利税为 3.39 亿元人民币。
公司以先进的技术、有效的生产、符合国际规范的企业管理和良好的商誉,取得 了良好的经济效益。公司正进一步调整产品结构,寻求更大的发展空间。
(2)主要财务状况

项目	99 年(元)	98 年(元)	增减比例(%)	变动原因
总资产	3,822,434,472.45	3,570,229,818.69	7.06	主要由于新增股权投资所致
长期负债	2,000,000.00	41,500,000.00	−95.18	主要由于偿还贷款所致
股东权益	2,212,998,772.23	1,920,621,261.28	15.22	主要是公司盈利所致
主营业务利润	598,049,865.65	638,467,753.00	−6.33	主要是由于行业价格调整,产品大降价所致
净利润	313,115,473.98	449,167,293.62	−30.29	主要是由于行业价格调整,产品大幅降价所致

2.主要经营情况回顾:
(1)硬盘驱动器磁头类产品
由于信息业的飞速发展,使得全球性的 IT 硬件产品价格急剧下降,硬盘驱动器难逃厄运。1999 年下半年驱动器供求关系失衡,使硬盘价格下降更甚一步。因而同业厂家 中只有极少数公司获得盈利。本公司凭借自身的各项实力,抗衡了全球性行业降价的 冲击。当然, 公司的利润也受到了一定的影响。
公司于 1999 年全面完成了磁头技术从磁阻磁头(MR)到巨磁阻磁头(GMR)的有效升 级;其产量增长了 30%,销售额增长了 10%以上;利润总额下降了 20%左右。公司以先 进的技术和优质的产品多次获得主要客户给予的"杰出供应商"称号。
为提高生产率和产品质量,公司自行研制了系列的精密自动化生产设备,并达到了预期的目的。
(2)网络传输产品
1999 年公司继续扩大了光隔离器的生产和销售,同时,完成了掺饵光纤放大器、光接收器、光传输器等产品的科研和生产转换,取得了显著成绩,部分产品通过了国家 863 项目的鉴定。
该类产品销量同比增长了 384%,90%外销。在此基础上,公司拟将该类产品不断 地扩展门类及增大产量和销售;
(3)网络终端产品
1999 年公司基本完成了智能化社区和住宅的网络终端产品,并开发了与此相关的 网络系统和技术, 达到了进入市场的条件,并正在积极开拓这一市场。
根据国家标准局的安排,由本公司研制和确定为国家标准的计税收款机,在完成研制后已转向小批量生产,同时开展了作为网络终端的开发和研究,预期将于今年扩大产销。
(4)管理与培训
公司不断按照国际高科技公司的管理规范来提高公司的现代企业管理水平,该项 工作也是公司管理工作的永恒课题。为此公司强化了对各级员工的培训力度,投入了 300 多万元实施了全员培训,既请国际知名大学的专家教授为员工培训,也送各级人员去国外接受培训。员工整体素质的提高,为进一步改善公司的经营奠定了更为坚实的基 础。
3.二零零零年展望
本公司以高科技 IT 产品为支柱,除进一步拓展已有产品的技术和产量外,更将进一步加大对网络传输和终端设备的科研、生产的资金和人力的投入,并迅速扩充国内外 市场的销售能力,使之成为公司新的、良好的利润增长点;在此基础上,还将认真研究 信息服务和电子商务的发展特点和问题,以使在公司进入该领域时能获取良好的回报 。公司力争在 3−5 年的时间内成为一家高速增长的综合 IT 企业。
(1)公司将进一步拓展主产品硬盘磁头市场,增大其产量。既坚定地维系与老客户的关系, 也进一步拓展新客户,使今年的产量能有较好的增长;
改善自动化生产手段。在 1999 年使用自行研制的高精度自动生产设备的基础上, 进一步加强该类设备的研制,以提高质量降低成本。
同时,寻求磁头前工序的科研与合作, 以提高利润率。
(2)本公司研制和生产的网络传输必须使用的光产品、系统技术等,在 99 年发展的基础上,今年拟进一步增加投入,加大科研、生产力量,加强市场拓展力度,寻求国内外的技术和利润支持,完善有线和无线光网络的器件、部件和系统技术。这些产品和系 统技术,为当前国际市场所急需,并有一部分属于国际同行业领域中的前沿技术,预计 将成为公司新的利润增长点。

(3)努力开拓 1999 年已经完成的网络接入的社区及住宅智能化终端和税控收款终 端的国内外市场;同时还要扩大力量加速科研,尽早完成国外已提出的几项特殊的网络终端产品,并作好生产准备及小批量生产。

(4)进一步论证信息服务业的技术方案及有关问题,以期准确地进入该领域。

(5)完成和实施公司的 ERP 管理系统及进一步加大人员培训力度,以降低生产和管 理成本, 提高企业竞争能力,为公司的长远发展奠定更加坚实的基础。

综上所述,公司将更加努力地拓展新老产品的研发、生产和销售,进一步加强企业管理, 力争取得更好的经济效益。

(二)董事会日常工作情况

(1) 董事会的主要会议情况及决议内容

1)1999 年 3 月 18 日,本公司董事会在六楼会议室召开第一次董事会会议,公司七名 董事全部按时出席,会议通过并形成如下决议:

1998 年度董事会工作报告;

1998 年度监事会工作报告;

1998 年度财务决算审计报告;

1998 年度利润分配、分红及资本公积金转增股本预案;

修改公司章程的议案;

关于授权董事会修改公司章程并办理有关工商变更登记手续的议案;

关于续聘深圳中天会计师事务所为公司 1999 年度财务审计单位的预案;

2)1999 年 4 月 19 日,本公司董事会在六楼会议室召开第二次董事会会议,公司七名 董事全部按时出席,会议通过并形成如下决议:

同意张仁任先生提交给董事会的因年龄原因辞去公司副总裁职务的申请,聘请潘 利明先生为公司副总裁;

同意财务总监张向先生提交给董事会辞去财务总监的申请, 聘请管志湛先生为公 司财务总监。

同意由开发科技(香港)有限公司投资 3000 万港币,购买新明公司 51%的股权用于 生产制造立体图片。

(3)本年度内董事会认真执行并实施了股东大会的一切决议。

(三)公司管理层及员工情况

(1)董事、监事、高级管理人员情况

职 务	姓 名	性别	年龄	任 期	年初持股数(股)	年末持股数(股)
董事长	王 之	男	57	1998.5 –2001.5	164775	214207
副董事长兼总裁	谭文钅志	男	51	1998.5 –2001.5	549250	714025
副董事长兼常务副总裁	王志荣	男	59	1998.5 –2001.5	27461	35699
董事	卢 明	男	50	1998.5 –2001.5	0	0
董事兼副总裁	郑国荣	男	41	1998.5 –2001.5	54925	71402
董事兼副总裁	伍荣生	男	58	1998.5 –2001.5	10985	14280
董事	宋淑烈	男	58	1998.5 –2001.5	0	0
董事会秘书	陈燕明	女	38	1998.5 –2001.5	0	0
副总裁	潘利明	男	39	1999.5 –2001.5	0	0
监事会主席	邹志钰	男	67	1997.5 –2000.5	27461	35699
监事	李德芳	女	53	1997.5 –2000.5	24494	31842
监事	姚元胜	男	63	1997.5 –2000.5	0	0
监事	朱德华	男	37	1997.5 –2000.5	0	0
财务总监	管志湛	男	56	1999.5 –2001.5	0	0

说明:1)年度内股份增加原因:1998 年度利润分配及资本公积金转增股本所致,详 情请参阅“三(3)、报告期内股本变动情况说明”。

2)本年度公司董事、监事、高级管理人员年度报酬总额为 233 万元,除王之、卢明、宋淑烈外,均在本公司领取报酬,其中年薪在 10–15 万元的有 6 人,在 20–40 万元的有 5 人。

3)高级管理人员离任情况请见“董事会报告”之“董事会日常工作情况”。

4)本报告期内公司总裁、董事会秘书无变动。

(2) 员工情况

截止 1999 年 12 月 31 日,本公司共有员工 5093 人,其中生产人员 4236 人,管理人员 379 人,研究开发人员 161 人,本科以上学历 553 人。

(四)本次利润分配预案

经董事会研究讨论, 一九九九年度的净利润分配预案是: 从 1999 年实现的净利润 313,115,473.98 中,提取法定盈余公积为 10%,公益金 10%;可供股东分配的利润为 净利润的 80%,其中,提取任意盈余公积 30%,派发普通股现金股利 7%(即按年末股本 总数,每 10 股派人民币现金 0.3 元),未分配利润滚存下年。

六、 监事会报告

公司于 2000 年 4 月 15 日在公司六楼会议室召开了监事会会议,对 99 年的监事工作进行了总结。财务部总监管志湛对上年度财务决算、审计情况及有关投资和经营情况作了说明。会议邀请公司副董事长、常务副总裁王志荣和董事局秘书陈燕明列席了会议。

公司监事一致认为 1999 年度内监事会以《公司法》、《公司章程》和国家及地方其它法律、法规为准则对公司在本年度内发生的各项经济行为履行了监事职责。

1.本监事会全体成员一致认为 1999 年公司的经营方针是正确有效的,经营班子团 结一致,带领公司全体员工共同奋斗,在计算机市场大幅度降价的情况下,积极扩大产 品的市场占有率,实现主营业务收入 32.5 亿元。

2.本监事会通过对财务状况和会计记录的审查,未发现任何违反《公司法》、《 公司章程》和国家及地方其他法律、法规的行为。

3.本监事会全体成员一致认为 1999 年度公司董事、高级管理人员等无任何违反法律、法规和公司章程的行为,并富有成效地贯彻了上次股东大会赋予的任务。

4.本监事会对深圳中天会计师事务所出据的 1999 年度审计报告无任何保留意见。

5.99 年度,公司对亏损部门和对外投资加强了管理,并收到了一定的实效。

6.监事会认为,99 年虽然取得了经营状况和财务状况较好的效益,但必须深刻认识世界磁头产品市场的降价因素。希望进一步加强对公司内部的管理,降低成本,增加效益, 对股东有一个满意的回报。

七、重要事项

1.本年度公司无重大诉讼、仲裁事项。

2.本年度公司无重大关联交易事项。

3.与控股股东长城科技股份有限公司在人员、资产、财务上的“三分开情况”

本公司与控股股东长城科技股份有限公司,在资产上是完整的,财务上是独立的。 由于长城科技股份有限公司尚属成立初期,目前公司存在部分高级管理人员双重任职 的现象,公司董事会已在研究和调整人员结构。

4.报告期内会计师事务所无变动, 仍为深圳中天会计师事务所。

5.本公司为中国长城计算机深圳股份有限公司的银行借款提供担保,计人民币 4.16 亿元。

6.报告期内公司未更改名称和股票简称。

7.本公司执行财政部财会字[1999]35 号文件情况

本公司按照《股份有限公司会计制度》及《股份有限公司会计制度有关会计处理问题补充规定》(财政部财会字[1999]35 号文)的规定,从 1999 年 1 月 1 日起改变如下会计政策 ,并采用追溯调整法对以前年度进行了调整.会计政策变更如下:

(1)坏账准备原按应收账款余额的 1%计提,现改按账龄分析法计提,对于期末的应收款项(包括应收账款和其他应收款),根据债务单位的财务状况及现金流量情况分析 计提,规定的计提比例为:一年以内的,按其余额的 1%计提;一至两年按其余额的 5%计提; 两至三年按其余额的 15%计提;三年以上按其余额的 50%计提。

(2)期末长期投资原不计提减值准备, 现改为计提减值准备.

上述会计政策变更已采用追溯调整法,调整了期初留存收益及相关项目的期初数;利润及利润分配表的上年数栏,已按调整后的数字填列。上述会计政策变更(1)的累积影响数为 4,286,923.18 元,由于会计政策变更调减了一九九八年度的净利润 2,746,372.24 元;调减了一九九九年初留存收益 4,286,923.18 元,其中:未分配利润调减了 2,297,516.70 元,盈余公积调减了 1,989,406.48 元;利润及利润分配表中上年数的年初未分配利润调减了 924,336.56 元。

八、财务会计报告

(一) 审计报告　　　　财审报字(2000)第 C264 号

审　计　报　告

深圳开发科技股份有限公司全体股东:

我们接受委托,审计了贵公司一九九九年十二月三十一日公司及合并的资产负债 表及截至上述日期为止一九九九年度公司及合并的利润及利润分配表和一九九九年度的公司及合并现金流量表.这些会计报表由贵公司负责,我们的责任是对这些会计报表发表审计意见.我们的审计是依据中国注册会计师独立审计准则进行的.在审计过程中,我们结合 贵公司实际情况, 实施了包括抽查会计记录等我们认为必要的审计程序.

我们认为,上述会计报表符合《企业会计准则》和《股份有限公司会计制度》的 有关规定,在所有重大方面公允地反映了贵公司一九九九年十二月三十一日的财务状 况及一九九九年度的经营成果和现金流量情况,会计处理方法的选用遵循了一贯性原 则.

深圳中天会计师事务所　　　　中国注册会计师　蒋贤山

中国注册会计师　祝小兰

中国　深圳　　　　二〇〇〇年三月十九日

(二)会计报表(附后)

1.比较式资产负债表

2.比较式利润及利润分配表

3.现金流量表

(三)会计报表附注

<一>公司简介

本公司根据国家股份有限公司条例的规定,经深圳市人民政府以深府办复(1993)887 号文批准,由原“开发科技(蛇口)有限公司”改组,于一九九三年十月八日注册成为股份有限公司,领取工商外企合粤字 101040 号企业法人营业执照, 并经深圳市证券管理办公室以深证办复 (1993)142 号文批准,向社会公开发行普通股股票(A 股),在深圳证券交易所上市.

批准的经营范围包括:

主营:开发生产经营计算机软件、硬件系统及其外部设备,通讯设备,电子设备、仪表类电子产品及其零部件,元器件,接插件和原材料.

兼营:生产经营家用电器及电子玩具。

<二>公司主要会计政策,会计估计和合并会计报表的编制方法

1.会计制度

本公司及子公司执行中华人民共和国《企业会计准则》和《股份有限公司会计制度》及其补充规定.

2.会计年度

本公司以一月一日至十二月三十一日为一个会计年度.

3.记账本位币

本公司以人民币为记账本位币。

4.记账基础和计价原则

本公司会计核算以权责发生制为记账原则,资产以历史成本为计价基础。短期投资、存货年末余额以成本与市价孰低原则计算确定。

5.外币业务核算方法

本公司会计年度涉及外币的经济业务,按年初市场汇率作为固定汇率,年末对货币性项目按年末的市场汇率进行调整,所产生的汇兑损益已列入本年损益。

6.外币报表的折算方法

以外币为本位币的子公司,本年编制折合人民币会计报表时,所有资产,负债类项 目按照合并会计报表日的市场汇率折算为母公司记账本位币,所有者权益类项目除"未分配利润"项目外,均按照发生时的市场汇率折算为母公司记账本位币。损益类项目和利润分配表中的有关发生额项目按照合并会计报表会计期间的平均汇率折算为母公司记账本位币。对现金流量表中的有关收入,费用项目,按照合并会计报表会计期间平均汇率折算为母公司记账本位币。有关长期负债,长期投资,固定资产,递延资产,无形资产的增减项目,按合并会计报表决算日的市场汇率折算为母公司记账本位币,有关资本的净增减项目按照发生时的汇率折算为母公司记账本位币。

7.现金等价物的确定标准

本公司对本公司及子公司所持有的期限在 3 个月内、流动性强、易于转换为已知金额现金、价值变动风险很小的投资等视为现金等价物。

8.坏账核算方法

坏账确认标准:a.债务人破产或死亡,以其破产财产或者遗产清偿后,仍然不能收回的;b.债务人逾期未履行偿债义务超过三年仍然不能收回的应收账款。

本公司坏账准备采用账龄分析法,计提基础为应收账款和其他应收款(以下统称应收款项)年末余额之和,对账龄在一年以内的应收款项余额,提取 1%的坏账准备;对账 龄在一年以上两年以内的应收款项余额,提取 5%的坏账准备;对账龄在两年以上三年 以内的应收款项余额,提取 15%的坏账准备;对账龄在三年以上的应收款项余额,提取 50%的坏账准备。

9. 存货

本公司存货分为原材料、在产品、产成品、低值易耗品等四大类。

本公司的存货盘存制度采用永续盘存法,各类存货的购入与入库按实际成本计价。原材料日常发出时按计划成本核算,月末对材料成本差异进行分配,将当月发出的原材料成本调整为实际成本。产成品发出按加权平均法计价。包装物领用时计入生产成本。低值易耗品领用时一次性摊销。

年末,在对存货进行全面盘点的基础上,对存货遭受毁损,全部或部分陈旧过时或销售价格低于成本等原因,预计其成本不可收回的部分,提取存货跌价准备,提取时按单个存货项目的成本高于其可变现净值的差额确定。

10.短期投资核算方法

短期投资是指本公司购入的随时变现并且持有时间不准备超过一年的投资, 包括股票投资,债券投资等。

短期投资在取得时以实际成本计价, 即实际支付的价款扣除已宣告发放的现金股利或利息,在期末以成本与市价孰低计价,并将市价低于成本的金额确认为当期投资损失。

11.长期投资核算方法

1)长期股权投资

a.股票投资

本公司以货币资金购买股票的,按实际支付的金额计入成本。实际支付的款项中若含有已宣告

发放的股利,则按实际支付的金额扣除已宣告发放的股利后的净额作为 投资成本。公司以实物和无形资产折价入股的,按协议、合同约定的价值或资产评估 后确定的价值作为成本。

b.股权投资差额

本公司对采用权益法核算的,若长期投资取得时的成本与在被投资公司所有 者权益中所占的份额有差额以及对长期股权投资由成本法改为权益法时,投资成本与 享有被投资公司所有者权益份额的差额,则设置"股权投资差额"明细科目核算。年 末时,对差额按 10 年的期限平均摊销。

c.其它股权投资

本公司以货币资金投资的,按实际支付金额计入成本;以放弃非现金资产取得的长期股权,其投资成本以所放弃非现金资产的公允价值确定。如果所取得的股权投资的 公允价值比放弃非现金资产的公允价值更为清楚,则以取得的股权投资的公允价值确 定。

放弃非现金资产公允价值,或取得股权的公允价值超过所放弃非现金资产的账面 价值的差额,扣除应交的所得税后的部分作为资本公积准备项目。

d.收益确认方法

采用成本法核算的,在被投资单位宣告发放现金股利时确认投资收益;采用权益法核算的,在每会计期末按分享或分担的被投资单位实现的净利润或发生的净亏损的份 额,确认投资收益,并调整长期股权投资的账面价值。

对于股票投资和其他股权投资,若母公司持有被投资公司的有表决权资本总额 20 %以下,或持有被投资公司有表决权资本总额 20%或以上,但不具有重大影响,按成本 法核算;若母公司持有被投资公司有表决权资本总额 20%或以上,或虽投资不足 20%但有重大影响,按权益法核算;母公司持有被投资公司有表决权资本总额 50%以上,或虽 不超过 50%但具有实际控制权的子公司按权益法核算并合并会计报表;对共同控制的 合营公司以持股比例计算应合并的资产、负债、收入、费用和利润等份额计入合并会计报表。

2)长期投资减值准备

本公司对长期投资提取长期投资减值准备。

年末,本公司对长期投资逐项进行检查,如果长期投资的市价持续下跌或被投资单位经营状况恶化等原因导致其可收回金额低于投资的账面价值,则对可收回金额低于 长期投资账面价值的差额作为长期投资减值准备,首先冲抵该项投资的资本公积准备 项目,不足冲抵的差额部分确认为当期损益。对已确认损失的长期投资的价值又得以 恢复的,则在原已确认的投资损失的数额内转回。

12.固定资产计价及其折旧方法

固定资产标准为使用期限在一年以上的房屋、建筑物、机器设备等,以及不属于 主要生产经营设备的使用年限在两年以上并且单位价值在 2000 元以上的资产。

a. 固定资产按实际成本计价。

b.固定资产折旧采用直线法平均计算,并按各类固定资产的原值和估计的使用年 限扣除残值(原值的 10%)制定其折旧率,分类折旧率如下:

资产类别	使用年限	年折旧率
房屋建筑物	35 年	2.57%
机器设备	10 年	9%
电子设备、仪器仪表	5 年	18%
运输工具	5 年	18%
其他设备	5 年	18%

13.在建工程核算方法

在建工程指兴建中的厂房与设备及其他固定资产,并按成本值入账。此项目包括 直接建筑及安装成本,以及于兴建,安装及测试期间的有关借款利息支出及外汇汇兑损益,在建工程在完工并交付使用时,按实际发生的全部支出转入固定资产核算。利息资本化的计算方法是:在利息资本化期间将在建工程所发生的平均累计债务支出乘以资 本化率。

14.无形资产计价和摊销方法

本公司对购入或按法律程序申请取得的无形资产,按实际支付金额入账;对接受投资转入的无形资产,按合同约定或评估确认的价值入账。各种无形资产在其有效期限 内按直线法摊销。

15.开办费、长期待摊费用摊销方法

其他资产以实际发生额核算,并按下列方法摊销:

a.开办费以实际发生额核算,按 5 年平均摊销。

b.长期待摊费用以实际发生额核算,其中:电子工模部、电脑部及办公楼外墙的装修费按 2 年平均摊销。

16.收入确认原则

商品销售:本公司已将商品所有权上的重要风险和报酬转移给买方,不再对该商品实施继续管理权和实际控制权,相关的收入已经收到或取得了收款的证据,并且与销售该商品有关的成本能够可靠地计量时,确认营业收入的实现。

劳务销售:以劳务已经提供,收到价款或收取款项的证据已经取得时,作为营业收 入实现。

17.所得税的会计处理方法

本公司所得税的会计处理方法采用纳税影响会计法下的递延法。

18.合并会计报表编制方法

合并会计报表合并范围的确定原则是: 对母公司持有被投资公司有表决权资本总 额 50%以上,或虽不超过 50%但具有实际控制权的子公司合并其会计报表。

合并会计报表的编制方法是:公司依据《合并会计报表暂行规定》对母公司及所 有纳入合并范围的子公司会计报表经充分抵消内部投资、内部交易及内部债权、债务等内部会计事项后合并编制而成。

19.会计政策和会计估计的变更及影响见"重要事项"之"本公司执行财政部财 会字[1999]35 号文件情况"

<三>税项

本公司适用的主要税种和税率如下:

本公司一般产品销售及工业性加工,适用增值税,税率为 17%,出口产品销售,免征增值税,房屋租赁收入适用营业税,税率为 5%,附加的城建税为 1%。

本公司于深圳注册,所得税适用税率为 15%。经深圳市地方税务局福田征收分局 以深地税福函[1999]140 号文批准,在享受原有的企业所得税优惠期满后(一九九八 年度优惠期满),再延长两年减半征收企业所得税。但在上述减免期限内,只有当生产 性经营收入超过全部业务收入 50%的年度,才可享受该年度相应的减免待遇。因本年 度本公司的全部业务收入均为生产性经营收入,故可以享受减半征收企业所得税的优 惠待遇。 本年度本公司的企业所得税实际税负为 7.5%。

本公司之全资子公司开发科技(香港)有限公司,其所得税税率为 16%。

<四>控股子公司及合营企业　　单位:元

1.控股子公司情况

公司名称	注册资本	投资额	直接持股	间接持股	经营范围
北京天科信息网络系统集成有限公司	8300000	6640000	80%	__	信息网络系统集成,卫星通信信息系统的技术开发,技术服务,销售电子计算机软硬件及外部设备,机械电器设备。
开发科技(香港)有限公司	HKD3900000	HKD1	100%	__	商业贸易
新明科技(香港)有限公司 *	HKD58800000	HKD30000000	__	100%	三维立体技术产品及三维立体产品用设备.
北京新明光电技术有限公司 *	USD600000	USD600000	__	100%	三维立体技术产品及三维立体产品用设备
深新明光电技术(深圳)有限公司 *	HKD30000000	HKD30000000	__	100%	三维立体技术产品及三维立体产品用设备.

* 该等公司,系本年度设立尚未正式营业, 故未纳入合并范围仍按成本法核算。

2.合营公司情况:

公司名称	注册地	注册资本	本公司实际投资额	持股比例	主营业务
深圳粤银实业有限公司	深圳	3000 万元	4500000	15%	生产,开发,贸易等
深圳开发磁记录有限公司	深圳	USD2700 万元	USD13230000	49%	生产经营盘基片,硬盘驱动器
深圳海量存储设备有限公司	深圳	USD4000 万元	USD3000000	10%	开发生产磁阻磁头,硬盘驱动器及相关部件
华旭金卡有限公司	北京	5000 万元	13400000	25.6%	生产各类磁卡光卡
中信证券有限责任公司	北京	30000 万元	24000000	0.72%	证券业务

<五>会计报表主要项目注释.　　单位:元

1.货币资金

种类	币种	原币余额	折合率	1999.12.31	1998.12.31
现金	人民币	46043.19		46043.19	106251.03
	港币	16261.70	1.07	17399.97	277904.97
	美元	28258.12	8.30	234542.39	305674.72
	新加坡元	2,360.83	4.89	11,544.46	___
	日元	1100896.00	0.068	74860.92	130625.82
	小计			384390.93	820456.54
银行存款	人民币	437405707.73		437405707.73	778327599.75
	港币	185866800.01	1.07	198877476.00	210824858.49
	美元	93285135.81	8.30	774266627.26	435041530.86
	小计			1410549810.99	1424193989.10
其他货币资金					193967.56
合计				1410934201.92	1425208413.20

2.短期投资及短期投资跌价准备

类别	1999.12.31		1998.12.31	
	投资金额	跌价准备	投资金额	跌价准备
股票投资	____	____	1090405.52	631660.52
其中:上市股票	____	____	1090405.52	631660.52
合计	____	____	1090405.52	631660.52

3.应收账款

账龄	1999.12.31			1998.12 .31		
	金额	占总额比例	坏账准备	金额	占总额比例	坏账准备
一年以内	671796066.11	88.27%	6717960.66	693315780.71	96.95%	6933157.81
一年以上二年以内	77059942.22	10.13%	3852997.11	21156125.65	2.96%	1057806.28
二年以上三年以内	11508183.21	1.51%	1726227.48	___	___	___
三年以上者	679383.48	0.09%	339691.74	679383.48	0.09%	339691.74
合计	761043575.02	100%	12636876.99	715151289.84	100%	8330655.83

欠款金额前五名单位情况如下:

欠款单位名称	所欠金额	欠款时间	欠款原因
Maxt-Per(S)PIE	314,489,914.30	一年以内	货款
ITP ShenZhen	58,556,565.40	一年以内	货款
Conner Technology	48,263,593.47	一年以内	货款
IBM Singapore	36,181,796.17	一年以内	货款
HAYES	70,586,442.24	一至两年	货款

4.其他应收款

账龄	1999.12.31			1998.12 .31		
	金额	占总额比例	坏账准备	金额	占总额比例	坏账准备
一年以内	59286482.57	92.52%	592864.83	113819998.03	95.57%	1138199.98
一年以上二年以内	765672.88	1.19%	38283.64	1033254.24	0.87%	51662.71
二年以上三年以内	337006.20	0.53%	50550.93	586536.00	0.49%	87980.40
三年以上者	3691978.40	5.76%	1845989.20	3659874.32	3.07%	1829937.16
合计	64081140.05	100%	2527688.60	119099662.59	100%	3107780.25

欠款金额前五名单位情况如下:

欠款单位名称	所欠金额	欠款时间	欠款原因
深圳市开发磁记录有限公司	7,685,531.43	一年以内	房租水电费等
北京新明光电技术有限公司	4,050,000.00	一年以内	借款
深圳希捷科技有限公司	2,351,003.14	一年以内	电费
深圳中长外部设备有限公司 *	2,025,859.85	三年以上	借款
深新明光电技术(深圳)有限公司	1,376,243.29	一年以内	借款

*.该借款已于二〇〇〇年三月十四日收回。

5.预付账款

账龄	1999.12 .31		1998.12 .31	
	金额	占总金额比例%	金额	占总金额比例%
一年以内	129032954.52	99.65%	7329873.16	95.39%
一年以上二年以内	418567.07	0.33%	313279.00	4.08%
二年以上三年以内	19200.00	0.01%	9231.96	0.12%
三年以上者	12231.96	0.01%	32047.02	0.41%
合计	129482953.55	100%	7684431.14	100%

6.存货及存货跌价准备

类别	1999.12 .31		1998.12 .31	
	金额	跌价准备	金额	跌价准备
原材料	146,400,768.86	3,757,442.63	123,740,274.49	___
包装物	347,845.29	___	1,476,033.81	___
在制品	36,666,870.12	___	76,156,621.51	___
产成品	112,281,347.54	1,547,689.72	75,425,393.26	___
外购商品	1,331,007.51	___	138,594.07	___
委托加工产	294182.64	___	213,126.36	___
低值易耗品	4189,608.08	___	5,414,589.67	___
合计	301,511,630.04	5,305,132.35	282,564,633.17	___

7.待摊费用

待摊费用项目	1999.1.1	本期增加	本期摊销	1999.12 .31
工装,工作台	1,540,058.33	____	1,540,058.33	____
办公室装饰,装修	1,294,982.40	____	1,294,982.40	____
其他	13,925.20	____	13,925.20	____
合计	2,848,965.93	____	2,848,965.93	____

8.长期股权投资

项目名称	1999.12 .31	1998.12 .31
股票投资(注 1)	2391700.00	2391700.00

其他股权投资(注 2)	154594346.92	108406825.52
股权投资差额(注 3)	(1722060.62)	(1937318.32)
项目合作投资(注 4)	10000000.00	10000000.00
合 计	165263986.30	118861207.20

注(1).股票投资

被投资公司名称	股份性质	股票数量	占被投资公司股权的比例	原始投资金额	权益调整增减额	期末余额
湖南银洲股份有限公司	法人股	2091700	1.41%	2391700.00	___	2391700.00

注(2).其他股权投资

被投资公司名称	投资期限	投资金额	持股比例	本年权益调整额	累计权益调整额	期末余额
深圳粤银实业有限公司	___	4500000	10%		___	4500000.00
深圳开发磁记录有限公司	15 年	109782270	49%	(17437653.26)	(53803157.96)	55979112.84
深圳海量存储设备有限公司	10 年	24900000	10%	___	___	24900000.00
华旭金卡有限公司	20 年	13400000	25.6%	(774,825.34)	(284,765.92)	13115234.08
中信证券有限责任公司	___	24000000	0.72%	___	___	24000000.00
新明科技(香港)有限公司	___	32100000	100%	___	___	32100000.0
合 计		208682270		(18212478.60)	(54087923.88)	154594346.92

注(3).股权投资差额

被投资公司名称	初始金额	形成原因	摊销年限	摊销金额	累计摊销金额	期末余额
开发科技(香港)有限公司	(1832851.15)	收购价低于净资产	10 年	183285.22	366570.34	1466280.81)
华旭金卡有限公司	(319724.77)	成本法改权益法核算	10 年	31972.48	63944.96	(255779.81)
合 计	(2152575.92)			215257.70	430515.30	(1722060.62)

注(4)项目合作投资

项目名称	内 容	期初余额	期末余额
北京昌平县蓬莱新村	房地产开发	10000000.00	10000000.00

9.固定资产及累计折旧

固定资产类别及原价	1999.1.1	本期增加	本期减少	1999.12 .31
原值				
房屋建筑物	491793982.27	11190328.75	6698689.98	496285621.04
机器设备	167340092.05	46100597.20	42765287.94	170675401.31
电子设备及仪器仪表	269425698.46	82114726.37	42517583.08	309022841.75
运输工具	14154930.68	1788044.20	4520138.22	11422836.66
其他设备	12527252.93	51303305.22	1454376.15	62376182.00
合 计	955241956.39	192497011.74	97956075.37	1049782882.76
累计折旧				
房屋建筑物	37448353.09	12437757.09	1039892.04	48846218.14
机器设备	43098014.16	14692731.84	16715326.16	41075419.84
电子设备及仪器仪表	72784891.96	62412024.60	27382728.16	107814188.40
运输工具	7656200.84	1993346.92	2294754.78	7354792.98
其他设备	2767335.75	26610729.29	983721.02	28394344.02
合 计	163754795.80	118146589.74	48416422.16	233484963.38
净 值	791487160.59			816297919.38

(1)本期增加固定资产中,含有本期由在建工程转入的固定资产价值为人民币 16,200,690.51 元。

(2)经本公司研究决定:自 1999 年度起,将其他资产类折旧年限由原来的 10 年为 5 年;原部份固定资产分类不恰当,于 1999 年 6 月份进行重分类,详细情况如下:

调整前类别	调整后类别	原 值	累计折旧
机器设备	仪器仪表	42548703.72	16553791.62
交通工具	其他	64521.00	19236.21
交通工具	机器设备	3011710.00	831611.35
仪器仪表	其他	32910603.58	19033342.70
其他	仪器仪表	500864.70	38716.69

(3)由于上述第(2)项的变更,本年度多提折旧 2,906,617.48 元。其中:其他类资产折旧年限的变更,多提折旧 1,127,452.76 元;固定资产重新分类多提折旧 1,779,164.72 元。

10.在建工程

工程项目名称	期初数	本期增加	本期转入固定资产	其他减少数	期末数	资金来源	工程进度
(一) 厂房装修工程	37460303.03	25183757.55	6978992.93	54810779.65	854288.00		
其中:配电工程电源增容费	6600000.00	___	6600000.00	___	___		
净化间装修	30860303.03	25183757.55	378992.93	54810779.65	854288.00	自筹	已竣工未决算
(二)预付购商品房款	48197261.25	2415529.53	6085040.00	4586896.55	39940854.23	自筹	已竣工未办房产证
(三)建筑安装工程-宿舍	16311717.98	99611966.60	824476.25	903373.00	114195835.33	自筹	已竣工未验收
(四)其他(设备安装工程)	7222314.00	13239250.19	2312181.33	9674020.36	8385362.50	自筹	未安装完
合 计	109191596.26	140450503.87	16200690.51	70065069.56	163376340.06		

11.无形资产

种 类	来 源	原始发生额	累计摊销	1999.12.31	摊余年限
网络技术	接受投资	3,088,700.00	___	3,088,700.00	尚未摊销
合 计		3,088,700.00	___	3088700.00	

注:该无形资产系本公司之子公司北京天科信息网络系统集成有限公司所有,因尚未投入使用而未予摊销。

12. 开办费、长期待摊费用

种 类	期初数	本期增加	本期摊销	期末数
开办费	113,294.29	____	30924.28	82370.01
长期待摊费用	5910155.56	41354374.37	19523175.87	27741354.06
合 计	6023449.85	41354374.37	19554100.15	27823724.07

注:长期待摊费用

种 类	期初数	本期增加	本期摊销	期末数
净化间装修		34700875.43	15904567.91	18796307.52
办公楼外墙装修	3237916.65		2045000.04	1192916.61
电子工模部装修	2143120.83		1118150.04	1024970.79
电脑部装修	529,118.08		276061.56	253056.52
综合网络工程	___	6458271.02	179396.32	6278874.70
其他	___	195,227.92	___	195227.92
合 计	5910155.56	41354374.37	19523175.87	27741354.06

13.短期借款

借款类别	借款期限借入日	到期日	年利率	1999.12 .31	1998.12 .31
抵押借款	___	___	___	___	70550000
担保借款	1999.5–11	2000.5–11	4.05%–7.1825%	923900000	736350000
合 计				923900000	806900000

注:本公司全部短期借款均为中国长城计算机深圳股份有限公司提供担保。

14.一年内到期的长期负债

贷款种类	年利率	1999.12 .31	1998.12 .31
担保借款	10.017%	____	50000000.00

15.应付票据

应付票据期末余额中,无欠付持本公司 5%(含 5%)以上股份的股东单位款项。

变动原因:本年度购入原材料,改变货款的结算方式,采用信用证结算。

16.应付账款

应付账款期末余额中,无欠付持本公司 5%(含 5%)以上股份的股东单位款项。

变动原因:本年度比上年减少 32%,主要是改变了货款的结算方式,采用信用证结 算。

17.其他应付款

其他应付款期末余额中欠付持本公司 5%(含 5%)以上股份的股东单位款项。详见注释七。

18.预收账款

预收账款期末余额中,无欠付持本公司 5%(含 5%)以上股份的股东单位款项。

19.应付股利

项 目	1999.12.31	1998.12.31
中国长城计算机集团公司	___	2585700.00
博旭(香港)有限公司	2068560.00	14121900.00
香港秉宏有限公司	1597050.00	12285000.00
长城科技股份有限公司	12304890.00	94653000.00
其他	6017463.03	46288177.50

期末应付股利余额系根据董事会关于利润分配决议,每 10 股派现金人民币 0.3 元(含税)。

20.应交税金

税 种	1999.12 .31	1998.12 .31
增值税	84,320.59	(17,225.26)
营业税	697850.53	588424.90
城市维护税	7084.54	5883.93
企业所得税	21480309.79	470.00
代扣代缴个人所得税	836758.84	496486.95
房产税	636288.04	166236.33
印花税	537380.26	838335.39
合 计	24279992.59	2078612.24

21.主要预提费用

项 目	1999.12.31	1998.12.31	年末结存余额的原因
利息	1,650,010.90	2,283,654.46	应付未付的借款利息
双薪及特别奖	7,367,050.00	8,663,000.00	计提一九九九年度的双薪及特别奖
外加工费	____	176022.95	
研究开发费	____	60744.13	
合 计	9017060.90	11183421.54	

22.长期借款

贷款银行	1999.12 .31 原币	借款期限	年利率	借款条件	1998.12 .31 原币	汇率	折本位币	借款条件
中国民生银行北京万寿路支行	2000000	1999.11.29–2002.11.10	6.534%	担保	5000000	8.30	41500000	担保

23.股本见"股份变动情况表"

24.资本公积

项 目	期初数	本期增加	本期减少	期末余额
未分类的资本公积	94871241.34	___	94871241.34	___
股票溢价	546279729.49	1400000.00	18037541.66	529642187.83
合计	641150970.83	1400000.00	112908783.00	529642187.83

25.盈余公积

项 目	期初余额	本期增加	本期减少	期末余额
法定盈余公积	132,492,277.67	31,311,547.40	___	163803825.07
法定公益金	106,645,932.47	31,311,547.40	___	137957479.87
任意盈余公积	277,831,619.36	93,934,642.19	___	371766261.55
合 计	516,969,829.50	156,557,736.99	___	673527566.49

变动原因:系本年度利润预分配,见董事会报告之(七)。

26.未分配利润

项 目	期初余额	本期增加	本期减少	期末余额
未分配利润	198706535.95	313115473.98	234925093.02	276896916.91

27.主营业务收入成本

主营业务项目分类	营业收入 1999	营业收入 1998	营业成本 1999	营业成本 1998	营业毛利 1999	营业毛利 1998
工业企业	3254546870	2821627220	2656496761	2183159467	598050109	638467753

28.财务费用

项 目	1999	1998
利息支出	54632418.48	59715109.97
减:利息收入	31623918.65	17443570.21
汇兑损失	8176549.58	3931484.74
减:汇兑收益		209185.19
其他	2058055.25	840393.74
合 计	33243104.66	46834233.05

29.其他业务利润

其他业务

项目分类	本期收入	本期成本	本期税金	本期利润	上年同期利润
租金收入	32407989.61	8451845.04	1640238.19	22315906.38	9430011.61
其他收入	337025.98	178010.00	13261.10	145754.88	1358409.63
其他金融机构存款利息收入	____	____	____	____	4581061.60
合 计	32745015.59	8629855.04	1653499.29	22461661.26	15369482.84

30.投资收益

项 目	1999 RMB	1998 RMB
年末调整的被投资公司所有者权益净增减的金额	(18,212,478.60)	(31,375,896.72)
股票投资收益	1,530,144.05	(631,660.52)
非控股公司分配来的利润	9600000.00	1370950.00
股权投资差额摊销	215257.70	215257.60

	1999	1998
合 计	(6,867,076.85)	(30,421,349.64)

31.营业外收入

项 目	1999 RMB	1998 RMB
罚款收入	22239.70	1128.00
上交回扣款	336900.00	786700.00
处理固定资产净收益	233,307.55	___
其他	___	101000.00
合 计	592447.25	888828.00

32.营业外支出

项 目	1999	1998
捐赠支出	___	2401261.91
罚款支出	118,850.00	___
处理固定资产净损失	1130861.29	6731088.98
其他	1,000.00	___
合 计	1250711.29	9132350.89

33.年初未分配利润调整

项目类别	内 容	金额	批准文件
税金	补营业税、房产税及印花税等	(419,889.03)	深圳地税外检处字[1999]第 99200905 号.
坏账准备	会计政策变更追溯调整	(4,286,923.18)	详细内容见注释二(19)
合 计		(4,706,812.21)	

注:以上调整事项,已调整本年度会计报表相关项目的年初数及上年实际数.

34.其他与经营活动有关的现金

(1)收到的其他与经营活动有关的现金流量	金 额
其中:收到利息款	31623918.65
收上交回扣款及罚款收入等	359139.70
收往来款	31697856.86
合 计	63680915.21

(2)支付的其他与经营活动有关的现金流量	金 额
其中:支付管理费用	127608605.39
银行手续费	2058055.25
支付营业费用	47104300.47
合 计	176770961.11

<七>关联方关系及其交易 单位:元

1.关联方概况

(一).与本公司存在控制关系的关联方详细情况如下:

关联方名称	经济性质	法人代表	注册地	与本公司关系	主营业务
长城科技股份有限公司	股份公司	王之	深圳	控股股东	投资兴办实业;国内商业,物资供销业
深圳新明光电技术有限公司	有限责任公司	王之	深圳	全资子公司	三维立体技术产品及三维立体产品用设备.
北京新明光电技术有限公司	有限责任公司	王之	北京	全资子公司	三维立体技术产品及三维立体产品用设备.

存在控制关系的关联方的注册资本及其变化如下:

关联方名称	年初数	本年增加数	本年减少数	年末数
长城科技股份有限公司	743870000	453872000	___	1197742000
深新明光电技术有限公司	___	HKD30000000	___	HKD 30000000
北京新明光电技术有限公司	___	USD600000	___	USD 600000

注:长城科技股份有限公司登记的注册资本为人民币 74,387 万元,一九九九年八月经中国证监会批准,在境外发行 H 股 453,872,000 股,有关工商变更登记手续正在办理中。

存在控制关系的关联方所持股份及其变化

关联方名称	年初数		本年增加数		本年减少	年末数	
	金 额	百分比	金 额	百分比		金 额	百分比
长城科技股份有限公司	315510000	55.96%	94653000	55.96%	___	410163000	55.96%
深新明光电技术有限公司	____	__	HKD30000000	100%	___	HKD 30000000	100%
北京新明光电技术有限公司	____	__	USD 600000	100%	___	USD 600000	100%

注:本年增加数系根据本公司第七次股东大会的决议,在本年度实施一九九九年度的利润分配方案,即按年末总股本每 10 股送 1 股红股及派现金 3 元;资本公积金转增股本,每 10 股转增 2 股.

(二)不存在控制关系的关联方关系的性质

关联方名称	与本公司的关系
深圳开发磁记录有限公司	联营公司
博旭(香港)有限公司	股东
香港秉宏有限公司	股东

2.关联交易

(1)房产租赁

本公司向关联方出租厂房、宿舍收取的租金收入明细如下:

关联方名称	1999	1998
深圳开发磁记录有限公司	4895717.08	6453736.17
长城科技股份有限公司	3,342,617.00	___

定价政策:参考市场价格.

(2)关联方应收应付款项余额

项 目	1999.12.31	1998.12.31
其他应收款		
深圳开发磁记录有限公司	7685531.43	10563977.52
博旭(香港)有限公司	___	884557.00
长城科技股份有限公司	814516.36	396206.20
北京新明光电技术有限公司	4,050,000.00	
深新明光电技术有限公司	1,376,243.29	
其他应付款		
深圳开发磁记录有限公司	1189519.57	1138518.44

<八>承诺事项

(1).本公司之联营公司深圳海量存储设备有限公司,合营三方于一九九九年六月 二十九日在北京签订了增加投资项目的协议,公司的注册资本从 2,000 万美元增加到 4,000 万美元,在增加的注册资本中,本公司认缴 10%,计 200 万美元,至报表日尚有 100 万 美元未缴付。

(2).本公司在建工程中已签定并在执行中的合同总价中至报表日尚有人民币 19,344,415.30 元未支付。

<九>或有事项

本公司为中国长城计算机深圳股份有限公司的银行借款提供担保,计人民币 416,000,000.00 元。

<十>期后事项

(1)注释八之(2)所列的约定资本支出,已于二零零零年三月十七日支付工程款计人民币 13,700,000.00 元。

(2)本公司于二零零零年二月一日归还短期借款 2,800 万美元。

(3)二零零零年三月六日,本公司董事会会议通过以下决议:本公司一九九九年度 实现的净利润,提取 10%法定盈余公积金,提取 10%公益金,提取 30%任意盈余公积金,按一九九九年末总股本,每 10 股派现金人民币 0.3 元(含税)。该分配议案需待股东大会通过后方能执行。

<十一>其他说明事项

(1). 本期营业费用比上年同期增加 55,689,203.25 元,主要原因系本期销售较上年同期增长 15.34%,导致营业费用相应上升以及本公司之子公司开发科技(香港)有限公司改变费用的分类方法。

(2).本期管理费用比上年增加 60,630,034.07 元,增长幅度为 50.87%。主要原因 系本公司之子公司开发科技(香港)有限公司规模扩大、业务量上升所致。

九、公司的其他有关资料

1. 公司首次注册日期:1985 年 7 月 4 日
   公司注册地点:深圳市福田区彩田路(北)开发大厦
2. 企业法人营业执照注册号:企股粤深总字第 101040A 号
3. 税务登记号码:粤税外字 440305930120232
4. 公司未流通股票的托管机构名称:深圳证券登记有限公司
5. 公司聘请的会计师事务所名称、办公地址:
   名 称:深圳中天会计师事务所
   办公地址:深圳市深南路爱华大厦十六楼

十、备查文件

1. 载有法定代表人、财务负责人、会计经办人员签名并盖章的会计报表;
2. 载有会计师事务所盖章、注册会计师签名并盖章的审计报告正本;
3. 报告期内在《证券时报》、《中国证券报》和《上海证券报》公开披露过的公司所有文件正本及公告原稿。

以上备查文件均完整置于公司董事会办公室。

深圳开发科技股份有限公司董事会

二零零零四月二十七日

深圳开发科技股份有限公司表格

合并资产负债表

编制单位:深圳开发科技股份有限公司 单位:人民币元

资 产	1999.12.31	1998.12 .31
流动资产:		
货币资金	1,410,934,201.92	1425208413.20
短期投资		1090405.52
减:短期投资跌价准备	____	631660.52
短期投资净额	____	458745.00
应收账款	761,043,575.02	715151289.84
其他应收款	64,081,140.05	119099662.59
减:坏账准备	15,164,565.59	11438436.08
应收款项净额	809,960,149.48	822812516.35
预付账款	129,482,953.55	7684431.14
待摊费用		2848965.93
存货	301,511,630.04	282564633.17
减:存货跌价准备	5,305,132.35	____
存货净值	296,206,497.69	282564633.17
流动资产合计	2,646,583,802.64	2541577704.79
长期投资:		
长期股权投资	165,263,986.30	118861207.20
长期投资合计	165,263,986.30	118861207.20
固定资产:		
固定资产原值	1,049,782,882.76	955241956.39
减:累计折旧	233,484,963.38	163754795.80
固定资产净值	816,297,919.38	791487160.59
在建工程	163,376,340.06	109191596.26
固定资产合计	979,674,259.44	900678756.85
无形资产及其他资产		
无形资产	3,088,700.00	3088700.00
开办费	82,370.01	113294.29
长期待摊费用	27,741,354.06	5910155.56
无形资产及其他资产合计	30912424.07	9112149.85
资 产 总 计	3,822,434,472.45	3570229818.69
流动负债:		
短期借款	923,900,000.00	806900000.00
应付票据	234,952,074.04	____
应付账款	335,287,529.64	493631535.00
预收账款	13,142,473.40	822797.61
应付福利费	7,078,211.94	33682077.85
应付股利	21,987,963.03	185851912.79
应交税金	24,279,992.59	2078612.24
其他应交款	1,444.30	____
其他应付款	36,492,140.65	21987487.50
预提费用	9,017,060.90	11183421.54
一年内到期的长期负债	____	50000000.00
流动负债合计	1,606,138,890.49	1606137844.53
长期负债:		
长期借款	2,000,000.00	41500000.00
长期负债合计	2,000,000.00	41500000.00
递延税项:		
递延税款贷项	(558,401.10)	42380.56
负债合计	1,607,580,489.39	1647680225.09
少数股东权益	1,855,210.83	1928332.32
股东权益:		
股本	732,932,101.00	563793925.00
资本公积	529,642,187.83	641150970.83
盈余公积	673,527,566.49	516969829.50
其中:公益金	137,957,479.87	106645932.47
未分配利润	276,896,916.91	198706535.95
股东权益合计	2,212,998,772.23	1920621261.28
负债及股东权益总计	3822434,472.45	3570229818.69

深圳赤湾港航股份有限公司

一、公司简介

1.公司法定中文名称:深圳赤湾港航股份有限公司
公司法定英文名称及缩写:Shenzhen Chiwan Wharf Holdings Limited (CWH)
2.公司法定代表人:傅育宁 董事长
3.公司董事会秘书:袁宇辉 授权代表:邱文
联系地址:中国深圳市赤湾港赤湾石油大厦12楼
电话:+(86)755 6694228,6694620,6817332 传真:+(86)755 6694297
电子信箱:szchiwan@public.szptt.net.cn
4.公司注册地址:中国深圳市赤湾港
公司办公地址:中国深圳市赤湾港赤湾石油大厦11-12楼 邮政编码:518068
公司电子信箱:szchiwan@public.szptt.net.cn
5. 公司选定的信息披露报纸:《证券时报》、《南华早报》
登载公司年度报告的国际互联网网址:http://www.cninfo.com.cn
公司年度报告备置地点:公司董事会秘书处
6. 公司股票上市交易所:深圳证券交易所
股票简称:深赤湾 A / 深赤湾 B 股票代码:0022/2022

二、会计数据和业务数据摘要

1. 公司本年度利润总额及构成 (单位:人民币元)

	1999 年度
利润总额	106,994,291.44
净利润	72,446,699.78
扣除非经常性损益后的净利润	74,688,696.75
主营业务利润	167,225,137.11
营业利润	111,321,423.62
投资收益	−3,504,096.33
补贴收入	——
营业外收支净额	−823,035.85
经营活动产生的现金流量净额	162,935,139.32
现金及现金等价物净增加额	−37,950,662.59

* 按中国会计准则和国际会计准则审计的净利润均为7244.67万元,二者之间并无 差异。
* 扣除的非经常性损益项目及金额:

名 称	金 额
营业外收支净额	−823,035.85
合并价差摊销	−1,418,961.12

2. 截止1999年末前三年主要会计数据和财务指标(单位:人民币元)

	1999 年	1998 年	1997 年
主营业务收入	378,929,134.40	318,800,269.16	378,242,590.77
净利润	72,446,699.78	55,411,194.93	93,340,126.21
总资产	1747,586,132.03	1,683,972,239.31	1,561,310,252.54
股东权益(不含少数股东权益)	1048,313,448.53	1,020,125,508.22	998,916,207.20
每股收益(元)	0.190	0.145	0.245
按月加权平均每股收益(元)	0.190	0.145	0.245
扣除非经常性损益后的每股收益(元)	0.196	0.158	0.271
每股净资产(元)	2.748	2.674	2.618
调整后的每股净资产	2.713	2.645	2.589
每股经营活动产生的现金流量净额	0.427	0.322	
净资产收益率(%)	6.91%	5.43%	9.34%

注:以上数据的计算方法:
每股收益=净利润/年度末普通股股份总数
每股净资产=年度末股东权益/年度末普通股股份总数
3. 本报告期内股东权益变动情况
(1) 股东权益变动情况表

项目	股 本	资本公积	盈余公积	法定公益金	未分配利润	股东权益合计
期 初 数	381517000	406032813	234478291	34753090	812177	1020125508
本期增加	0	0	28978680	3622335	72446700	101425380
本期减少	0	0	0	0	73234652	73237439
期 末 数	381517000	406032813	263456971	38375425	24225	1048313449

(2) 股东权益变动说明:本年增加系本年提取数

三、股东情况介绍

1.本报告期末公司股东总数55,574人,其中境内法人股股东1名,境内上市普通股 股东48,729人,境内上市外资股股东6,844人。
2.前十名股东持股情况

序号	股东代码	股东名称	持股数量	持股比例
1	00038657	中国南山开发(集团)股份有限公司	224,470,000	58.84%
2	00218620	THE SCM CHINA GROW THFUND LDC	5,872,400	1.54%
3	00204641	BERMUDA TRUST(FAR EAST) LTD-VALUE PARTNERS	4,795,499	1.26%
4	00003399	BIAL/HSBC GLOBAL INVESTMENT FUNDS CHINESE EQUITY	2,999,930	0.79%
5	00222756	IBT BOSTON A/C WILLIAM BLAIR INT'L SHARE FUND	2,184,914	0.57%
6	00301608	BTFE-BOBL/MANULIFE GLOBAL FUND - CHINA VALUE	2,062,334	0.54%
7	00205354	BTFE/SCHRODERS ASIA CHINA/HK ENTERPRISE FUND	1,899,960	0.50%
8	00202837	HILLWICK DEVELOPMENT LTD	1,729,200	0.45%
9	00210548	SHELL PENSIONS TST/SHELL CONTRIBUTORY PENSION FUND	1,466,900	0.38%
10	00203668	APPASSIONATO INVESTMENTS N.V.	1,273,702	0.33%
合计			248,754,839	65.20%

深圳市天地(集团)股份有限公司

一、公司简介

1、公司的法定中文名称:深圳市天地(集团)股份有限公司
英文名称:SHENZHEN UNIVERSE (GROUP) CO., LTD.
2、公司法定代表人: 陈德伦 (董事长)
3、公司董事会秘书及其授权代表:
李惟诚 (董事会办公室主任、董事会秘书) 侯 剑 (董事会秘书授权代表)
联系地址:深圳市宝安南路天地大厦三楼
电话: (0755)5566321 传真: (0755)5590169 电子信箱:szunives@sz.gd.cninfo.net.
4、公司注册地址及办公地址:深圳市宝安南路天地大厦二楼、三楼 邮政编码: 518008
公司国际互联网网址:http://www.universe-sz.com.cn(国内域名)
http://www.universe-china.com(国际域名) 公司电子信箱:szunives@public.topway.net,cn
5、公司选定的信息披露报纸名称:《证券时报》
登载公司年度报告的中国证监会指定国际互联网网址:http://www.cninfo.com.cn
公司年度报告备置地点: 公司董事会办公室
6、公司股票上市交易所: 深圳证券交易所 股票简称: 深天地 A 股票代码: 0023

二、会计数据和业务数据摘要

1、公司本年度实现利润情况 单位:人民币元

项 目	金 额
利润总额	33,810,220.59
净利润	25,549,906.12
扣除非经常性损益后的净利润	17,331,216.24
主营业务利润	56,723,567.53
其他业务利润	3,035,404.73
营业利润	−5,383,098.91
投资收益	−2,153,485.28
补贴收入	—
营业外收支净额	41,346,804.78
经营活动产生的现金流量净额	17,239,404.91
现金及现金等价物净增加额	70,829,843.47

注:"扣除非经常性损益后的净利润"指标中,扣除的非经常性损益为8,218,689.88元,其中股权转让收益−191,169.02 拆迁补偿收益8,530,000.00元,处理固定资产净 损益−826,550.00元, 无法支付而转入的应付款706,408.90元。

2、截止报告期末公司前三年的主要会计数据和财务指标 单位:人民币元

项 目	1999 年度	1998 年度		1997 年度	
		追溯调整前	追溯调整后	追溯调整前	追溯调整后
主营业务收入	301215865.26	265458760.20	265458760.20	146727201.26	146727201.26
净利润	25549906.12	25482853.75	19713553.84	33779444.23	25290939.36
总资产	737676159.73	690334891.43	611463828.58	580612864.24	508908142.95
股东权益(不含少数股东权益)	257637805.37	315103964.37	239858248.69	274204639.71	204728223.94
每股收益	0.1841	0.1928	0.1492	0.2940	0.2201
加权平均每股收益	0.1902	0.2087	0.1615	0.2940	0.2201
扣除非经常性损益后的每股收益	0.1249	0.0521	0.0085	−0.1707	−0.2446
每股净资产 1.86	2.38	1.82	2.39	1.78	
调整后的每股净资产	1.41	2.04	1.49	1.94	1.35
每股经营活动产生的现金流量净额	0.1242	0.1275	0.1275	—	—
净资产收益率(%)	9.92	8.09	8.22	12.32	12.35

三、股本变动及股东情况

1、股本变动情况

股份变动情况表 数量单位:股

	本次变动前	本次变动增减(+,−) 配股	送股	公积金转股	增发	其他	小计	本次变动后
一、尚未流通股份								
1、发起人股份	88,157,160		4,407,858				4,407,858	92,565,018
其中:国家拥有股份	88,157,160		4,407,858				4,407,858	92,565,018
未上市流通股份合计	88,157,160		4,407,858				4,407,858	92,565,018
二、已上市流通股份								
1、人民币普通股	43,991,640		2,199,582				2,199,582	46,191,222
已上市流通股份合计	43,991,640		2,199,582				2,199,582	46,191,222
三、股份总数	132,148,800		6,607,440				17,236,800	138,756,240

注:已上市流通股份中包括已被冻结的公司董事、监事和高级管理人员持股163,784股。
2、股东情况介绍
(1)报告期末股东总数:报告期末股东总数为32,339户,其中持有国家股的股东1户,持有被冻结股份的公 司董事、监事和高级管理人员6户。
(2)前十名大股东持股情况
持有本公司5%以上(含5%)股份的股东是深圳市建设投资控股公司,该公司代表 国家持有本公司股份年初持有88,157,160股,年末持有92,565,018股,占总股本的66.71%。本年度内因实施1998年度分红派息、送红股增加4,407,858股。该公司所持本公司股份无质押、冻结情况。前十名股东之间不存在关联关系。 数量单位:股

序号	股东名称	年末持股数量(股) 未上市流通股份 已上市流通股份	持股比例(%)
1	深圳市建设投资控股公司	92,565,018	66.711%
2	王新莲	194,079	0.140%
3	普丰证券投资基金	168,735	0.122%
4	夏清	159,873	0.115%
5	张志刚	141,750	0.102%
6	钟凌云	130,154	0.094%
7	上海海基物业发展有限公司	121,200	0.087%
8	章先奎	108,675	0.078%
9	朱楚政	108,087	0.078%
10	杜中华	105,000	0.076%

蛇口招商港务股份有限公司

(一) 公司简介

1. 公司法定中文名全称:蛇口招商港务股份有限公司
中文名简称:招商港务
英文名全称:CHINA MERCHANTS SHEKOU PORT SERVICE CO., LTD.
英文名简称:CMSP
2.公司法定代表人:周祺芳
3.公司董事会秘书:王岩
4.股证事务授权代表:王钻
联系地址:深圳蛇口招港大厦
联系电话:(0755)6688828 传 真:(0755)6698113
5.公司注册地址:深圳蛇口港湾一路
公司办公地址:深圳蛇口招港大厦 邮政编码:518067
电子信箱:szcmskpc@sz.gd.cninfo.net
6.公司选定的信息披露报刊:《证券时报》和《香港商报》(99 年度内)
中国证监会指定国际互联网网址:http://www.cninfo.com.cn
公司年度报告备置地点:深圳蛇口招港大厦八楼 801 室
7.公司股票上市交易所:深圳证券交易所
公司股票第二上市交易所:新加坡交易所
股票简称:深招港 A 股票代码:0024 深招港 B 股票代码:2024

(二) 公司会计数据及业务数据摘要

1.公司本年度实现主要利润指标: (单位:人民币元)

利润总额:	256,014,206.37
净利润:	159,811,387.43
扣除非经常性损益后的净利润:	158,011,387.43
主营业务利润:	305,718,517.07
其他业务利润:	4,517,413.27
营业利润:	198,775,883.63
投资收益:	28,679,694.69
补贴收入:	20,805,845.94
营业外收支净额:	7,752,782.11
经营活动产生的现金流量净额:	151,203,197.36
现金及现金等价物净增加额:	222,705,551.85

说明:本公司本年度非经常性损益项目系"抗旱调水补偿费"人民币 180 万元。

3.前三年主要会计数据和指标(元)

指标项目/年度	1999 年		1998 年		1997 年
	(调整前)	(调整后)	(调整前)	(调整后)	
主营业务收入	930466426.99		598573583.43	597740479.43	1597938804.63
利润总额	256014206.37		117846852.22	103015432.00	117298524.38
其中:主营业务利润	305718517.07		118569610.06	117597370.10	179003135.80
其他业务利润	4517413.27		3314210.72	3314210.72	(1197318.18)
投资收益	28679694.69		52560235.85	47937856.53	21261599.05
补贴收入	20805845.94				
营业外收支净额	7752782.11		7141775.14	7141775.14	3446063.78
净利润	159811387.43		113760081.96	99301802.76	104549511.25
总资产	3886228397.21		2743415328.48	2739961213.32	2608540478.26
股东权益	1337352896.43		1220582298.47	1206858880.88	1141940334.34
每股收益(摊薄)	0.403	0.403	0.316	0.276	0.290
(加权)	0.422	0.422	0.316	0.276	0.313
每股净资产(摊薄)	3.374	3.374	3.387	3.349	3.169
(加权)	3.226	3.209	3.278	3.259	3.470
净资产收益率(%)(摊薄)	11.950	11.950	9.320	8.228	9.160
(加权)	12.563	12.495	9.630	8.406	10.280
调整后的每股净资产	3.299	3.299	3.290	3.251	3.033
每股经营活动产生的现金流量净额	0.381	0.381	0.830	0.830	

主要财务指标计算方法:
每股收益 = 净利润/年度末普通股股份总数
每股净资产 = 年度末股东权益/ 年度末普通股股份总数
净资产收益率(摊薄值) = 净利润/ 年度末股东权益 * 100%
净资产收益率(加权值)= 净利润/加权股东权益 * 100%
加权股东权益 = (年初股东权益 + 年末股东权益)/2
调整后的每股净资产=(年度末股东权益-三年以上的应收款项净值-待摊费用-待 处理(流动、固定)资产净损失-开办费-长期待摊费用-住房周转金负数余额)/年度末 普通股股份总数

注:本公司在 2000 年 3 月 23 日已增发完毕 8000 万股境内社会公众股,目前公司普通 股股份总数为 476,396,000 股,以此变化计算,每股收益为 0.335 元人民币。

4、报告期内股东权益变动情况:

项目	股本	资本公积	盈余公积	法定公益金	未分配利润	合计
期初数	360360000	522768879.55	219940050.09	32628082.79	118751250.72	1221820180.36
本期增加	36036000	9913073.56	23971708.11	7990569.37	159811387.43	229732169.10
本期减少					99647308.11	99647308.11
期末	396396000	532681953.11	243911758.20	40618652.16	178915330.04	1351905041.35

(三) 股东情况介绍

(1) 截至 1999 年 12 月 31 日止,本公司共有 A 股股东 34,014 人,B 股股东 10,047 人。

(2) 前十大股东持股情况 单位:股

股东名称	期初数	本期增减	期末数	占比例
1、招商局蛇口工业区有限公司	142642500	+14264250	156906750	39.58%
2、香港全天域投资有限公司	0	+52302250	52400000	13.19%
3、Foxtrol International Ltd.	14000000	+1400000	15400000	3.89%
4、Orienture Investment Ltd.	13435932	+1343593	14779525	3.73%
5、The Central Depository(PTE) LTD	3911960	-69664	3842296	0.97%
6、Fair Oaks Development Limited	60000	+3389733	3449733	0.87%
7、洋邦国际有限公司	86300	+3033775	3120075	0.79%
8、Vickers Ballas Hong Kong LTD	481000	+2292720	2773720	0.70%
9、DBS Securities Nominees(HK) LTD	5000	+1815774	1820774	0.46%
10、Wardley China Brokers Limited	460390	+932169	1392559	0.35%

深圳市特力(集团)股份有限公司

一、公司简介

1、公司名称:深圳市特力(集团)股份有限公司
英文名称:Shenzhen Tellus Holding Co., Ltd. 英文缩写:Tellus
2、法定代表人:吕智慧
3、董事会秘书:李盛昌
联系地址:深圳市特力(集团)股份有限公司 董事会秘书处
电话:(0755)5536888-315 传真:(0755)5536658 电子信箱:sztljtgf@sz.gd.cninfo.net
董事会秘书授权代表:张磊
联系地址: 深圳市特力(集团)股份有限公司 计划财务部
电话: (0755)5536888-329 传真: (0755)5536658 电子信箱:sztellus@public.szptt.net.cn
4、注册及办公地址:深圳市罗湖区水贝二路 56 号特力大厦 3 楼 邮政编码:518020
国际互联网网址:http://www.sdgtellus.com.cn 电子信箱:sztljtgf@sz.gd.cninfo.net
5、信息披露的报刊:境内:深圳《证券时报》、境外:香港《大公报》。
登载公司年度报告的中国证监会指定国际互联网网址: http://www.cninfo.com.cn
公司年报备置地点:深圳市罗湖区水贝二路 56 号特力大厦 3 楼
6、公司股票上市地:深圳证券交易所
公司股票简称及其代码:深特力 A(0025) 深特力 B(2025)

二、会计数据和业务数据摘要

(一) 公司本年度的财务数据

序号	项 目	单位:万元
1	实现的利润总额	-10417.3
2	净利润	-10458.9
3	扣除非经常性损益后的净利润	-10458.9
4	主营业务利润	3316.06
5	其他业务利润	435.04
6	营业利润	-10010
7	投资收益	323
8	补贴收入	40.3
9	营业外收支净额	-770.5
10	经营活动产生的现金流量净额	-14151.2
11	现金及现金等价物净增加额	-15824.3

注:按境内、境外会计师审计结果差异说明:
按境内会计师审计结果,本年度净利润-10, 458.9 万元;按境外会计师审计结果, 本年度净利润-10,126.3 万元。后者比前者增加了 332.6 万元。原因如下:
1、B 股审计为应收款项提取与国内规定不同的坏帐准备减利 507.9 万元。
2、冲回存货减值增利 355.1 万元。
3、冲回长期投资减值准备增利 325.9 万元。
4、冲回上年度房屋及建筑物损失准备增利 11.3 万元。
5、冲回联营公司投资评估盈余增利 13.2 万元。
6、冲回补提费用增利 58 万元。
7、冲回其他增利 77 万元。

(二) 近三年主要会计数据和财务指标(万元):

序号	项 目	1999 年	1998 年	1997 年		1999 年比 1998 年
				调整前	调整后	增减(%)
1	主营业务收入	30864.60	30506.60	37773.00	37773.00	1.17
2	净利润	-10458.90	2213.70	3376.40	2774.80	-
3	资产总额	87615.02	95207.08	97110.00	94360.00	-7.97
4	股东权益(不含少数股东权益)	22277.30	32739.20	33274.80	30524.60	-31.96
5	每股收益(元)	-0.47	0.10	0.153	0.125	
6	每股收益(加权)(元)	-0.47	0.10	0.153	0.125	-
7	扣除非经常性收益后的每股收益(元)	-0.47	-0.33	-0.368	-0.395	-
8	每股净资产(元)	1.01	1.49	1.51	1.390	-32.20
9	调整后每股净资产(元)	0.72	1.25	1.33	1.06	-42.40
10	每股经营活动产生的现金流量净额(元)	-0.64	0.20			
11	净资产收益率(%)	-47.00	6.76	10.15	9.09	-

(三) 报告期内股东权益变动情况: 单位: 万元人民币

项 目	股本	资本公积	盈余公积	公益金	未分配利润	外币报表折算差额	合计
期初数	22028.16	16664.7	5429.57	321.06	-11355.5	-27.75	32739.17
本期增加	0	0	0	0	0	2.97	2.97
本期减少	0	0	0	0	10458.9	0	10458.9
期末数	22028.16	16664.7	5429.57	321.06	-21814.4	-30.72	22277.32

变动原因 本年度亏损所致 汇率变动 本年度亏损所致

变动项目的说明: 未分配利润: 因本年度亏损 10,458.9 万元, 因此期末未分配利润减少了 10,458.9 万元。

外币折算差额:因期初与期末外币折算汇率变化而出现期末比期初增加损失 2.97 万元的差额。

三、股本情况介绍

1、报告期末的股东共 24,037 户
其中: A 股股东 21,301 户(含内部职工股股东 1 户)
B 股股东 2,736 户
2、报告期末前十名股东持股情况

序 号	股 东 名 称	持股数(股)	占总股数的比例(%)
1	深圳经济特区发展(集团)公司(国有股东)	159588000	72.45
2	CHINA PINGAN INSURANCE(HK) CO.,LTD 中国平保(香港)(外资股东)	805460	0.37
3	KARKO DEVELOPMENT LIMITED(外资股东)	744300	0.34
4	EARNGUARD LTD(外资股东)	660000	0.30
5	EUROWAY DEVELOPMENTS LTD(外资股东)	573900	0.26
6	LEE,TUET YEE LEMON 李月儿(外资股东)	362601	0.16
7	金鑫证券投资基金	339050	0.15
8	张勇慧(外资股东)	325400	0.15
9	普丰证券投资基金	235681	0.11
10	CBNY S/A PNC/SNANDIA SELECT FUND/CHINA EQUITY AC(外资股东)	228040	0.10

深圳市飞亚达(集团)股份有限公司

一、公司简介

1、公司的法定中文名称:深圳市飞亚达(集团)股份有限公司

公司英文名称:SHENZNEN FIYTA HOLDINGS LTD. 缩写:FIYTA

2、公司法定代表人:李志正

3、公司负责信息披露事务人员:卢炳强 陈 强

联系地址:深圳市福田区深南中路中航苑6号大厦

电话:(0755)3217888转 传真:(0755)3348369

电子信箱:szfydjts@sz.gd.cninfo.net

4、公司注册、办公地址:深圳市福田区深南中路中航苑6号大厦

邮政编码:518041

公司国际互联网网址:http://www.fiyta.com

公司电子信箱:szfiyta@public.szptt.net.cn

5、公司选定的信息披露报纸:《证券时报》、《香港商报》

登载公司年度报告的中国证监会指定国际互联网网址:

http://www.cninfo.com.cn

公司年度报告备置地点:公司证券部

6、公司股票上市交易所:深圳证券交易所

股票简称、代码:飞亚达A 0026 飞亚达B 2026

二、会计数据和业务数据摘要

1、本年度本公司利润总额及构成 (单位:人民币元)

项 目	
利润总额	38,568,168.77
净利润	33,139,195.78
扣除非经常性损益后的净利润	33,139,195.78
主营业务利润	128,148,892.26
其他业务利润	21,845,272.95
营业利润	29,217,112.43
投资收益	5,534,511.90
补贴收入	0
营业外收支净额	3,816,544.44
经营活动产生的现金流量净额	37,568,547.75
现金及现金等物价净增加额	-27,477,223.02

注:差异产生的主要原因是根据财政部最新规定,对以前年度计提的四项资产减值准备,中国会计师采用的是追溯调整法,调整以前年度的损益,而境外会计师将计提的 以前年度四项准备进入当期损益。

2、截止报告期末公司前三年的主要会计数据和财务指标 单位:人民币元

项 目	1999年	1998年		1997年	
		调整前	调整后	调整前	调整后
主营业务收入	280224091.78	343995781.85	343995781.85	367921374.14	367921374.14
净利润	33,139,195.78	51089302.07	39748930.11	71430,105.96	65,846,980.21
总资产	821,940,796.79	837169638.40	800548060.01	794784021.66	772,227,985.26
股东权益	580,867,908.60	606573704.77	572660512.72	600361642.52	578527704.83
每股收益(摊薄)	0.133	0.205	0.159	0.430	0.396
每股收益(加权)	0.133	0.211	0.164	0.507	0.467
扣除非经常性损益后的每股收益	0.133	0.205	0.159	0.430	0.396
每股净资产	2.33	2.43	2.30	3.61	3.48
调整后每股净资产	2.19	2.29	2.16	3.39	3.27
每股经营活动产生的现金流量净额	0.151	0.220	0.220	—	—
净资产收益率	5.71%	8.42%	6.94%	11.90%	11.38%

注:主要财务指标计算公式:

每股收益=净利润/年度末普通股股份总数

每股净资产=年度末股东权益/年度末普通股股份总数

调整后的每股净资产=(年度末股东权益-三年以上的应收款项净额-待摊费用-待 处理(流动、固定)资产净损失-开办费-长期待摊费用-住房周转金负数余额)/年度末 普通股股份总数

每股经营活动产生的现金流量净额=经营活动产生的现金流量净额/年度末普通股股份总数

净资产收益率=净利润/年度末股东权益×100%

4、报告期内股东权益变动情况

项 目	股本	资本公积	盈余公积	法定公益金	未分配利润	股东权益合计
期初数	249317999	191108477.14	122241116.48	22294769.43	9992920.10	572660512.72
本期增加	0	0	4970,879.37	1656,959.79	3236516.51	8,207,395.88
本期减少						
期末数	249317999	191108477.14	127211995.85	23951729.22	13229436.61	580867908.60

注:(1)未分配利润期初数与1998年报数不同,是因为1999年度根据财政部有关文 件变更会计政策计提四项准备并采用追溯调整法所致。

(2)股东权益本期增加是因为实施1999年度利润分配预案而计提公积金、公益金 等项目所致。

三、股东情况介绍

1、截止1999年12月31日,本公司股东总数为42,407人,A股股东38,864人,其中内 部职工5人,B股股东3,543人。

2、截止1999年12月31日,本公司前十名股东持股情况:

股东名称	持股数量	股票种类	持股比例
深圳中航实业股份有限公司	130,248,000	A	52.24%
南证国际有限公司	9,528,200	B	3.82%
卫科实业有限公司	3,343,680	B	1.34%
大鹏国际控股有限公司	1,522,050	B	0.61%
中国平保(香港)	1,007,920	B	0.40%
森生实业有限公司	822,000	B	0.33%
上海东方自动化立体货库制造公司	780,000	A	0.31%
杨 涛	758,811	A	0.30%
DANNY TRADING COMPANY	754,500	B	0.30%
FASTLIGHT ELECTRONIC LIMITED	743,820	B	0.30%

本公司前十名股东之间无关联关系,报告期内法人股股东所持股份无增减变动,亦无质押或冻结情况。

深圳能源投资股份有限公司

一、公司简介

1、公司的法定中文名称:深圳能源投资股份有限公司

法定英文名称:SHENZHEN ENERGY INVESTMENT CO.,LTD. 缩写:SEIC

2、公司法定代表人:劳德容

3、公司董事会秘书:胡坚 授权代表:周朝晖

联系地址:深圳市福田区华发北路桑达大厦十七楼1701室

联系电话:0755-3323769 传真:0755-3324023 电子信箱:seic@szonline.net

4、公司注册地址:深圳市福田区华发北路桑达大厦十七楼1701室

公司办公地址:同公司注册地址 邮政编码:518031 电子信箱:seic@szonline.net

5、公司选定的信息披露报纸:中国证券报、证券时报

登载公司年度报告的网址:www.cninfo.com.cn

公司年度报告备置地点:公司证券事务部

6、公司股票上市交易所:深圳证券交易所 股票简称:深能源A 股票代码:0027

二、会计数据和业务数据摘要

1、公司本年度主要利润指标 (单位:人民币元)

利润总额	475791315.95
净利润	291471651.29
扣除非经常性损益后的净利润	291471651.29
主营业务利润	498350615.45
其他业务利润	7799492.65
营业利润	278874686.31
投资收益	91569134.81
补贴收入	112385219.88
营业外收支净额	-7037725.05
经营活动产生的现金流量净额	786752194.03
现金及现金等价物净增加额	-112611745.92

2、截至报告期末公司前三年主要会计数据和财务指标(单位:人民币元)

项 目	1999年度	1998年度		1997年度	
		调整后	调整前	调整后	调整前
主营业务收入	1583749777	1397667961	1396308661	1399486196	1399486196
净利润	291471651	257684709	265147448	123477243	216550116
总资产	5051382472	5255115246	5296252358	5525545486	5516897083
股东权益(不含少数股东权益)	1648409053	1531909906	1571327448	1435921404	1442780297
每股收益	0.32	0.284	0.292	0.136	0.238
每股净资产	1.82	1.69	1.73	1.58	1.59
调整后的每股净资产	1.73	1.57	1.62	1.57	1.57
每股经营活动产生的现金流量净额	0.87	0.96	0.96		
净资产收益	17.7	16.8	16.9	8.6	15.01

计算公式:每股收益=净利润/年度末普通股股份总数

每股净资产=年度末股东权益/ 年度末普通股股份总数

调整后的每股净资产=(年度末股东权益-三年以上的应收款项净额-待摊费用-待 处理资产净损失-开办费-长期待摊费用-住房周转金负数余额)/年度末普通股股份总 数

每股经营活动产生的现金流量净额=经营活动产生的现金流量净额/年度末普通股股份总数

净资产收益率=净利润/年度末股东权益×100%

3、报告期内股东权益变动情况(单位:人民币元)

项 目	股本	资本公积	盈余公积	法定公益金	未分配利润	股东权益合计
期初数	906616206	51977759	467352755	92537639	105963184	1531909906
本期增加		40894584	148753769	29147165		116499147
本期减少					73149206	
期末数	906616206	92872344	616106525	121684804	32813977	1648409053
变动原因				本年度利润分配所致		

三、股东情况介绍

1、截至1999年12月31日,公司股东总数226777户。

2、公司前10名股东情况

A、深圳市能源集团有限公司(国家股) 540470700股 占公司总股本的59.61%。

B、天元证券投资基金, 10603024股 占公司总股本的1.17%。

C、广东电力发展股份有限公司 6078326股 占公司总股本的0.67%。

D、西北电力建设总公司 4319700股 占公司总股本的0.476%。

E、深圳沙角火力发电厂B厂有限公司 3176250股 占公司总股本的0.35%。

F、广东核电投资有限公司 3049200股 占公司总股本的0.336%。

G、深圳市投资管理公司 2541000股 占公司总股本的0.28%。

H、深圳市鸿基股份有限公司 2541000股 占公司总股本的0.28%。

I、中国光大银行深圳分行 2541000股 占公司总股本的0.28%。

J、秦皇岛港货运总公司 2541000股 占公司总股本的0.28%。

深圳市能源集团有限公司是深圳市投资管理公司的国有独资有限责任公司。

3、报告期内,深圳市能源集团有限公司所持有的"深能源"股票没有质押、冻结和增减变动。

四、董事会报告

1、公司经营情况

(1)公司主营业务的范围及经营情况

公司主营电力生产,主要从事各种常规能源和新能源的投资、开发、生产和购销 等业务。

(2)公司主要控股、参股企业经营情况

1999年妈湾发电总厂按照能源集团经济工作会议的部署,坚持以电量为中心,以安全为前提,以设备为基础,以经济运行为手段,努力提高设备的检修和维护质量,全面开展节能降耗,严格控制成本费用,各项生产经营指标有了进一步提高,全年完成供电量54亿千瓦时,超额完成年度计划,取得了连续安全生产1328天的好成绩,实现了国家电力公司关于创"一流火力发电厂"的宏伟目标。

妈湾公司加大工程竣工决算力度,基本完成妈湾电厂工程和输变电工程的竣工决算报告,为输变电资产的移交打下了良好基础。1999年11月经深圳市政府批准,深圳市物价局以深价[1999]175号文《关于调整我市电价的方案》,合理调整了深圳市电价结构和电价水平,在文件中对于妈湾电厂上网电价维持不变,在销售电价收入中含0.0112元/千瓦时的输配电工程还本付息款,专门用于偿还妈湾公司输变电工程款,妥善解决了输变电工程投资长期拖欠的历史问题。

深圳市益力矿泉水股份有限公司

一、公司简介

1、公司注册名称:深圳市益力矿泉水股份有限公司

英文名称:Shenzhen Health Mineral Water Co., Ltd.

2、公司法定代表人:赵必元

3、公司董事会股份事宜之授权代表:胡木意青

联系地址:深圳市红岭北路先科激光中心大厦八楼

联系电话:(0755)2413446、2413223　传　真:(0755)2413962

电子信箱:szhealth@szonline.net

4、公司注册地址:深圳市福田区红岭北路先科激光中心大厦八楼

邮政编码:518029　电子信箱:yili28@szonline.net

5、公司信息披露报纸:《证券时报》、《香港商报》,(2000 年境外信息披露报刊为《大公报》)

中国证监会指定登载公司年度报告的国际互联网网址:

http://www.cninfo.com.cn

公司年度报告备置地点:公司秘书部

6、公司股票上市地:深圳证券交易所

股票简称:"深益力 A"代码:0028　"深益力 B"代码:2028

二、会计数据和业务数据摘要

1、公司 1999 年度主要经营指标:

项　目	金　额(元)
(1)利润总额	27557015.33
(2)净利润	20585150.61
(3)扣除非经常性损益后的净利润	-18362198.91
(4)主营业务利润	34840245.53
(5)其他业务利润	50238512.72
(6)营业利润	35756567.01
(7)投资收益	-2311484.98
(8)补贴收入	——
(9)营业外收支净额	-5888066.70
(10)经营活动产生的现金流量净额	22838927.79
(11)现金及现金等价物净增加额	-28703932.98

注:扣除非经常性损益项目和涉及金额:

商标净收入 48,348,000 元;

下属非独立法人企业清算损失 3,128,384.44 元, 处理固定资产净损失 5,062,657.55 元,罚款支出 75,069.18 元,捐赠支出 103,698 元,车祸损失 1,020,090.42 元,其他支出 10,750.89 元。

2、公司根据中国会计准则与国际会计准则计算的净利润分别为 2,058.5 万元人民币与 204.1 万元人民币, 出现差异原因为根据国际会计准则的规定:(1)提取呆帐准备使利润减少 20 万元;(2)提取存货跌价准备使利润减少 99.9 万元;(3)长期投资减值准备使利润减少 306.4 万元;(4)关联交易未实现利润使利润减少 1, 348.3 万元;(5)附属公司清算转出储备使利润减少 90.6 万元;(6)其他使利润增加 10.8 万元。

3、截至报告年度末公司前三年的主要会计数据和财务指标:

指　标	1999	1998		1997	
		调整后	调整前	调整后	调整前
(1)主营业务收入(元)	90186614.12	88002072.45	88438160.82	85797575.04	85797575.04
(2)净利润(元)	20585150.61	5455090.59	14118872.18	-28602247.38	-28206010.79
(3)总资产(元)	538950594.14	546167816.26	562359580.42	535542482.37	544580863.63
(4)股东权益(元)	341680551.55	322928400.94	340630563.79	317473310.35	326511691.61
(5)每股收益(元)	0.129	0.034	0.088	-0.179	-0.176
(6)扣除非经常性损益后的每股收益(元)	-0.115				
(7)每股净资产(元)	2.13	2.02	2.13	1.98	2.04
(8)调整后的每股净资产(元)	2.06	1.94	2.02	-	1.94
(9)每股经营活动产生的现金流量净额(元)	0.14	-	0.033	-	—
(10)净资产收益率	6.02%	1.69%	4.14%	-9.01%	-8.64%

(2)公司在本报告年度内未发新股,也未配股,因此加权计算的每股收益与摊薄计算的相同。

(3) 公司 1997、1998 年度的财务数据进行调整系根据财政部财会字 [1999]35 号文及财会字 [1999]49 号文规定,变更会计政策,进行追溯调整所致。

4、股东权益变化情况　　单位:万元人民币

项　目	股　本	资本公积	盈余公积	法定公益金	未分配利润	股东权益合计
期初数	16,008.30	11,311.59	7,287.67	—	-2314.72	32292.84
本期增加	--	—	—	—	2058.52	1875.22
本期减少	--	183.30	—	—	—	-
期末数	16,008.3	11,128.29	7,287.67	—	-256.20	34168.06

变动原因: (1)资本公积减少是因为本公司原以"益力"商标作价投入益力矿泉水(湖北)有限公司和深圳市益力三洲饮品有限公司,年内按有关协议以现金方式替代原出资额。

(2)未分配利润增加是因为本报告期实现净利润 2,058.52 万元。

三、股东情况介绍

1、截止 1999 年 12 月 31 日,公司股东总数为 15,911 人。

2、前十名股东持股情况(截止 1999 年 12 月 31 日)

股东名称	年末持股数(万股)	占总股数比例(%)	年初持股数(万股)	占总股数比例(%)
深圳市投资管理公司*	6936.93	43.33	6936.93	43.33
深圳市宝安上屋经济发展有限公司	1524.60	9.52	1524.60	9.52
深圳市宝安区石岩镇经济发展总公司	1448.37	9.05	1448.37	9.05
NTL NEDERLANDEN **BANK(ING BANK)GLOBAL CUSTODY N.V.	148.18	0.93	148.18	0.93
NBP/FRUCTILUX **SICAV	137.86	0.86	0	0
NATEXIS BANQUES **POPULAIRES	94.15	0.59	0	0
DB INVESTMENT **MANAGEMENT S.A.	88.62	0.55	88.62	0.55
裕隆证券投资基金	50.00	0.31	0	0
CHAN MUK YING **	45.74	0.29	45.74	0.29
刘东建	42.42	0.26	0	0
合计:	10,516.87	65.70		

注:* 为国有股股东;** 为境内上市外资股股东

深圳经济特区房地产(集团)股份有限公司

一、公司简介

(一)公司法定中文名称:深圳经济特区房地产(集团)股份有限公司

公司法定英文名称:SHENZHEN Special Economic Zone Real(vi)state&Properties (Group).co.,Ltd.　英文缩写: SPG

(二)公司法定代表人: 叶环保

(三)公司董事会秘书: 梁煦

联系地址: 深圳市人民南路深房广场 47 楼

电话: (0755)2293000-4720、4718　传真: (0755)2294024

电子信箱 SZspgcs@public.SZptt.net.cn

(四)公司注册地址: 深圳市人民南路深房广场 47 楼

公司办公地址: 深圳市人民南路深房广场 45-48 楼

邮政编码: 518001　电子信箱 SZspgcs@public.SZptt.net.cn

(五)公司选定的信息披露报纸

境内:《中国证券报》、《证券时报》　境外:《香港商报》

登载公司年度报告的中国证监会指定的国际互联网址:

http://www.cninfo.com.cn

公司年度报告备置地点:深圳市人民南路深房广场 47 楼

(六)股票上市交易所:深圳证券交易所

股票简称及股票代码:深深房 A(代码 0029)　深深房 B(代码 2029)

二、会计数据和业务数据摘要

(一) 公司本年度实现的利润总额:	100,316,120 元
净利润:	102,085,302 元
扣除非经常性损益后的净利润:	-3,453,764 元
主营业务利润:	249,034,051 元
其他业务利润:	30,821,631 元
营业利润:	-7,871,548 元
投资收益:	113,083,157 元
营业外收支净额:	-4,895,488 元
经营活动增加的现金流量净额:	136,723,502 元
现金及现金等价物净增加额:	-55,973,532 元

注: 扣除的非经常性损益为股权转让收益,涉及金额 105,539,066 元。

(二)本公司最近三年的主要会计数据和财务指标

	1999 年	1998 年		1997 年	
		调整后	调整前	调整后	调整前
主营业务收入(万元)	84,915.8	73,345.3	73,345.3	118,597.6	118,597.6
净利润(万元)	10,208.5	-104,561.7	-104,402.5	7,234.6	10,502.1
总资产(万元)	426,214.9	487,431.9	487,747.8	605,884.9	609,680.4
股东权益(不含少数股东权益、单位万元)	152,034.8	140,709.2	141,459.0	244,598.7	249,092.7
每股收益(元)	0.10	-1.03	-1.03	0.07	0.10
每股净资产(元)	1.50	1.40	1.40	2.42	2.46
调整后的每股净资产(元)	1.38	1.25	1.28	2.11	2.14
每股经营活动产生的现金流量净额(元)	0.14	-0.02	-0.02	-0.03	
净资产收益率(%)	6.71	-74.29	-73.80	2.96	4.23

注 1:以上财务指标的计算方法计算如下:

每股收益=净利润/年末普通股股份总数

每股净资产=年度末股东权益/年末普通股股份总数

调整后的每股净资产=(年末股东权益-三年以上的应收款项-待摊费用-待处理(流动、固定)资产净损失-开办费-长期待摊费用)/年末普通股股份总数

每股经营活动产生的现金流量净额=经营活动产生的现金流量净额/年末普通股股份总数

净资产收益率=净利润/年末股东权益 X100%

注 2:由于本公司本年度内未增发过新股,也未配过股,所以每股收益,每股净资产 等指标的摊薄值与加权值一致。

注 3:"应收款项"包括应收账款、其他应收款、预付账款、应收股利、应收利息、应收补贴款。

(三)报告期内股东权益变动情况及变化原因

项目	股本(万股)	资本公积(万元)	盈余公积(万元)	其中:公益金(万元)	未分配利润(万元)	合计(万元)
期初数	101,166	84,067.28	58,761.82	11,393.63	-103,265.85	140,729.24
本期增加	0	1,097.06	0	0	57,576.72	58,673.78
本期减少	0	0	47,368.19	0	0	47,368.19
期末数	101,166	85,164.34	11,393.63	11,393.63	-45,689.13	152,034.84
变动原因		投资准备增加	弥补亏损		年度盈利及盈余积金补亏	

三、股东情况介绍

(一)截止 1999 年 12 月 31 日,本公司 A 股股东数为 103393 户;B 股股东数为 9439 户,股 东数合计为 112832 户。

(二)截止 1999 年 12 月 31 日,持有本公司 5%以上的股东,只有深圳市建设投资控股 公司一家。该公司所持股份报告期内无增减变动,亦无被冻结或质押之情况。

本公司前十名大股东名单(截止于 1999 年 12 月 31 日)

序号	股东名称	所持股数(万股)	占总股本比例(%)
1	深圳市投资管理公司	74382.00	73.5247
2	国信证券有限公司	353.66	0.3496
3	SHUM YIP KWAN WING DEVELOPMENT LTD	169.87	0.1713
4	HK SAR GOVT EXCHANGE FUND A/C L	133.18	0.1316
5	NATEXIS BANQUES POPULAIRES	119.59	0.1182
6	AMERICAN EASTERN INVESTMENT ADVISORY(HK)LIMITED	108.80	0.1075
7	NORMURA INTERNATIONAL (HK) LTD	108.15	0.1069
8	泰和证券投资基金	100.00	0.0988
9	NBP/FRUCTILUX SICAV	81.49	0.0805
10	王小曼	80.00	0.0791

注:序号 1 为代表国家持股单位,序号 3-7、9-10 为外资股东。

深圳市莱英达集团股份有限公司

一、公司简介

1、公司法定名称:深圳市莱英达团股份有限公司
2、英文名称:ShenZhen Lionda Holding Co.,Ltd.(缩写 LIONDA)
3、公司法定代表人:李承友先生
4、公司董事会秘书:魏丹先生
联系电话:(0755)3361666—209　传真:(0755)3361777　邮编:518031
电子信箱:mailto:szlionda@public.szptt.net.cn
5、公司注册地址:中国.广东省.深圳市华强北路
公司办公地址:深圳市华强北路嘉华大厦　邮编:518031
公司电子信箱:mailto:szlionda@public.szptt.net.cn
6、公司选定的信息披露报纸名称:《证券时报》、香港《文汇报》
刊登公司年度报告的中国证监会指定国际互联网网址:http://www.cninfo.com.cn/
年度报告备置地点:公司三楼产权及发展部
7、股票上市交易所:深圳证券交易所
8、股票简称:ST 英达 A、ST 英达 B　股票代码:0030、2030

二、会计数据和业务数据摘要

1、本年度主要利润指标情况　(单位:人民币元)

公司本年度实现的利润总额为	:90917704.41 元
净利润:	50221677.83 元
扣除非经常性经营损益后的净利润:	−10183173.90 元
主营业务利润:	156691388.43 元
其他业务利润:	1603496.24 元
营业利润:	14414146.91 元
投资收益:	62682645.69 元
营业外收支净额:	13820911.81 元
经营活动产生的现金流量净额:	113992714.57 元
现金及现金等价物净增加额:	38335536.28 元

扣除的非经常性损益主要项目包括:
(1)分享中华自行车集团股份有限公司债务重组收益 46583939.92 元。
(2)地产地销净收入 4191458.10 元。
(3)无须偿还应付款 9613043.30 元。
2、截至报告期末,公司前三年的主要会计数据和财务指标(单位:元)

项目	1999 年	1998 年		1997 年	
		调整前	调整后	调整前	调整后
主营业务收入	1016658905.44	963280030.81	961757742.74	881872564.90	872650835.37
净利润	50221677.83	−408208558.55	−501715849.44	43343744.20	−177162210.37
总资产	1620683362.71	1538471145.19	1444963854.30	2107907866.88	1854338583.12
股东权益	57686042.84	101038278.58	7530987.69	779438920.36	502294647.15
每股收益	0.17	−1.41	−1.74	0.15	−0.61
每股净资产	0.20	0.35	0.03	2.70	1.74
调整后的每股净资产	−0.24	−0.49	−0.87	1.92	0.78
每股经营活动产生现金流量净额	0.40	0.08			
净资产收益率(%)	87%	−404%	−6620%	5.56%	−35%
按月平均加权法计算的每股收益	0.17	−1.41	−1.74	0.15	−0.61
扣除非经常性损益后的每股收益	−0.035	−1.42	−1.75	0.13	−0.64

3、报告期内股东权益变动情况

项目	股本	资本公积	盈余公积	法定公益金	未分配利润	股东权益合计
期初数	288420000	298216867.29	111514319.37	10011557.16	−700631756.13	7530987.69
本期增加		55935.75	3048564.21	4267989.90	502216977.83	
本期减少			117229.80	5328.63	7316554.11	
期末数	288420000	298272803.04	114445653.78	14274218.43	−657726632.41	57686042.84

变动原因:1)资本公积增加为二级企业评估增值。
(2)盈余公积金增加:二级企业盈利提取盈余公积。
(3)盈余公积金减少,为合并单位减少转出数。
(4)未分配利润增加数为 99 年度净利,减少数为调整年初未分配利润

三、股本变动及股东情况

1、股份变动情况　数量单位:万股

	期初数	配股	送股	公积金转股	其他	期末数
一、尚未流通股份						
1、发起人股份	19140.00					19140.00
其中:国家拥有股份	19140.00					19140.00
2、募集法人股	1716.00					1716.00
尚未流通股份合计	20856.00					20856.00
二、已流通股份						
1、境内上市的人民币普通股	4026.00					4026.00
2、境内上市的外资股	3960.00					3960.00
已流通股份合计	7986.00					7986.00
三、股份总数	28842.00					28842.00

2、前 10 名股东持股情况

序号	股东名称	持股数(万股)	占总股本比例
(1)	深圳市投资管理公司	19140.00	66.36%
(2)	深圳市有色金属财务有限公司	708.45	2.46%
(3)	CHINA EVERBRIGE HOLDINGS CO.LTD	589.50	2.04%
(4)	深圳国际信托投资公司	528.00	1.83%
(5)	深圳市南证实业有限公司	396.00	1.37%
(6)	深圳国银投资发展有限公司	264.00	0.90%
(7)	UNION BANK OF SWITZERLAND	255.00	0.88%
(8)	NEW SULZER DIESEI HONG KONG LTD	113.20	0.4%
(9)	中国平保(香港)	96.46	0.33%
(10)	SHUM YIP NONFEMET HONG KONG LTD	62.39	0.22%

深圳市宝恒(集团)股份有限公司

一、公司简介

1、公司名称:深圳市宝恒(集团)股份有限公司
英文名称:SHENZHEN BAOHENG (GROUP) CO.,LTD.
2、公司法定代表人:古焕坤
3、公司董事会秘书:朱海彬
股证事务代表:汤晓音
联系地址:深圳市宝安区湖滨路 5 号宝恒大厦
联系电话:7754517、7780713　传真:7789701、7780713
电子信箱:szbhjtgf@sz.gd.cninfo.net
4、公司注册地址:深圳市宝安区湖滨路 5 号
公司办公地址:深圳市宝安区湖滨路 5 号宝恒大厦　邮政编码:518101
公司国际互联网网址:http://www.baoheng.com.cn　电子信箱:szbhjtgf@sz.gd.cninfo.net
5、公司选定的信息披露报纸名称:证券时报、中国证券报
登载公司年度报告的中国证监会指定国际互联网网址: http://www.cninfo.com.cn
公司年度报告备置地点:深圳市宝安区湖滨路 5 号宝恒大厦
6、公司股票上市交易所:深圳证券交易所
股票简称:深宝恒 A　股票代码:0031

二、会计数据和业务数据摘要

1、公司本年度实现的利润总额为	−118,375,132.34 元
净利润	−116,491,818.59 元
扣除非经常性损益后的净利润	−103,497,520.03 元
主营业务利润	117,228,532.81 元
其他业务利润	4,690,106.20 元
营业利润	−84,968,214.37 元
投资收益	−20,076,084.13 元
营业外收支净额	−13,330,833.84 元
经营活动产生的现金流量净额	61,404,359.79 元
现金及现金等价物净增加额	−6,537,192.09 元

注:公司扣除非经常性损益项目为资产处置损益−1,299 万元、合并价差摊入 9 万元。 本年度没有补贴收入。

2、公司近三年会计数据和财务指标(按人民币计)

项目	1999 年	1998 年		1997 年	
		调整后	调整前	调整后	调整前
主营业务收入万元)	31,182.21	38,228.40	37,896.12	43,233.97	43,232.97
净利润(万元)	−11,649.18	807.95	2,644.19	−3,012.18	1,857.96
总资产(万元)	166,118.12	177,839.19	188,597.46	184,385.34	189,038.04
股东权益(万元)	96,958.05	108,607.23	118,478.25	115,113.91	119,766.61
每股收益(元)	−0.25	0.0200	0.057	−0.065	0.039
平均加权每股收益(元)	−0.25	0.0200	0.057	−0.065	0.037
扣除非经常性损益的每股收益(元)	−0.2219	0.018			
每股净资产(元)	2.08	2.33	2.45	2.47	2.57
调整后的每股净资产(元)	2.00	2.27	2.44	2.42	2.51
每股经营活动产生的现金流量净额(元)	0.132				
净资产收益率(%)	−12.01	0.74	2.23	−2.62	1.55
(加权)	−11.19	0.17	2.22	−2.65	1.66

注:1、以上数据和指标均按合并会计报表数填列、计算。
2、报告期末至摘要披露日,公司股本没有发生变化。
3、主要财务指标的计算方法如下:
计算公式
每股收益=净利润/年度末普通股股份总数
每股净资产=年度末股东权益/ 年度末普通股股份总数
调整后的每股净资产=(年度末股东权益−三年以上的应收款项净额−待摊费用−待处理 (流动、固定)资产净损失−开办费−长期待摊费用−住房周转金负数余额)/年度末普通股股份总数
每股经营活动产生的现金流量净额=经营活动产生的现金流量净额/年度末普通股股份总数
净资产收益率=净利润/年度末股东权益×100%
3、报告期内股东权益变动情况　单位:人民币元

项目	股本	资本公积	盈余公积	法定公益金	未分配利润	股东权益合计
期初数	466,302,377	552,796,226.11	164,968,835.59	39,337,725.49	−97,995,121.51	1,086,072,319.19
本期增加						
本期减少					116,491,818.59	116,491,818.59
期末数	466,302,377	552,796,226.11	164,968,835.59	39,337,725.49	−214,486,940.10	969,580,498.60

变化原因:
(1) 资本公积:公司 99 年度没有变动。
(2) 盈余公积:公司 99 年度没有变动。
(3)未分配利润:本期减少系处理不良资产亏损和计提四项资产减值准备所至 。
(4) 股东权益:本期减少系处理不良资产亏损和计提四项资产减值准备所至。

三、股东情况介绍

(1) 报告期末本公司股东总户数:111477。
(2) 公司前 10 名股东持股情况(截止 1999 年 12 月 31 日)

		(万股)	(%)
深圳市宝安区投资管理公司	国有股	27,806	59.63
深圳市福永桥头经济发展总公司	法人股	1,650	3.54
光大银行深圳证券业务部	转配股	763	2.74
深圳鸿基实业股份有限公司	法人股	639	1.37
发展银行	法人股	103	0.21
深圳市汇运贸易有限公司	法人股	83	0.18
深圳市蛇口大铲实业股份有限公司		30	0.07
邹美平		26	0.06
杨昌桥		23	0.05
高　羔		21	0.05

(3)持有公司 10%以上股份的法人股东为一家:深圳市宝安区投资管理公司，其法定代表人为黄英来先生,经营范围:1､对区属地方、国营企业的经营活动、财务和产权代表的管理、监督;2､代表区国有资产部门参与股份制企业改造。其持有 股份无质押或冻结情况。

深圳市桑达实业股份有限公司

一、公司简介

1.公司中文名称:深圳市桑达实业股份有限公司
公司英文名称:SHENZHEN SED INDUSTRY CO.,LTD.
2.公司法定代表人:佟保安
3.公司董事会秘书:金涛
联系地址:深圳市福田区振华路78号西二层
联系电话:0755 - -3200636
传　　真:0755 - -3200639
4.公司注册地址、办公地址:深圳市福田区振华路78号西二层
邮政编码:518031
电子信箱:sed@sedind.com
5.公司选定的信息披露报刊:《证券时报》
登载公司年度报告的中国证监会指定国际互联网网址:www.cninfo.com.cn
公司年度报告备置地点:公司证券部
6.公司股票上市地:深圳证券交易所
股票简称:深桑达A
股票代码:0032

二、会计数据和业务数据摘要

1、公司本年度主要会计和业务数据:　单位:元

(1)利润总额	40479308.39
(2)净利润	31003685.92
(3)扣除非经常性损益后的净利润	29403685.92
(4)主营业务利润	94121664.70
(5)其他业务利润	7263420.33
(6)营业利润	35179015.32
(7)投资收益	416381.28
(8)补贴收入	1600000.00
(9)营业外收支净额	2754956.92
(10)经营活动产生的现金流量净额	1943375.40
(11)现金及现金等价物净增加额	13893473.43

注:"扣除非经常性损益后的净利润"中扣除项目:补贴收入1,600,000.00元。

2、截至报告期公司前三年的主要会计数据和财务指标:　单位:元

项目	1999年	1998年		1997年	
		调整后	调整前	调整后	调整前
主营业务收入	851657402.03	497731586.74	497731586.74	313732674.98	313732674.98
净利润	31003685.92	17670070.95	18168313.49	(5886291.61)	5225648.36
总资产	731148198.57	666305308.38	746124183.68	601708182.10	681038065.36
股东权益(不含少数股东权益)	226558482.55	206019756.63	285847882.92	188349685.68	267679569.43
每股收益(元/股)	0.237	0.135	0.139	(0.045)	0.04
每股净资产(元/股)	1.73	1.57	2.18	1.44	2.05
调整后的每股净资产(元/股)	1.53	1.36	1.92	1.31	1.82
每股经营活动产生的现金流量净额	0.01	0.71	0.71		
净资产收益率(%)	13.68	8.58	6.36	(3.13)	1.95

注:主要财务指标计算方法:
每股收益=净利润/年度末普通股股份总数
每股净资产=年度末股本权益/年度末普通股股份总数
调整后的每股净资产=(年度末股本权益-三年以上应收款项净额-待摊费用-待处 理(流动、固定)资产净损失-开办费-住房周转金负数余额)/年度末普通股股份总数
每股经营活动产生的现金流量净额=经营活动产生的现金流量净额/年度末普通股股份总数
净资产收益率=净利润/年度末股东权益×100%

3、由于会计政策变更,根据财政部财会字[1999]35号和49号文的有关规定采用了追溯法进行了调整。调整前后各年度会计数据如下:(单位:元)

项目	1999年	1998年		1997年	
		调整后	调整前	调整后	调整前
坏帐准备	63964280.63	63406186.83	3889658.86	63490764.25	1196275.16
存货跌价准备	8863067.53	8783854.73	0	5591201.91	0
长期投资减值准备	11582653.04	11582653.04	0	11582653.04	0

4、报告期内股东权益变动情况:(单位:元)

项目	股本	资本公积	盈余公积	法定公益金	未分配利润	股东权益合计
期初数	130812000.00	77413487.35	58610156.02	7206093.87	(60815886.74)	206019756.63
本期增加			10795930.66	1079593.07	82407748.07	93203678.73
本期减少	-		51404062.15		21257890.66	72661952.81
期末数	130812000.00	77413487.35	18002024.53	8285686.94	330970.67	226558482.55

变动原因:
盈余公积金、未分配利润变动原因是本年利润和因计提四项资产减值准备调整年初未分配利润及实施1999年度利润分配。

三、股东情况介绍

(1)报告期末的股东总数为 21512 名,其中高管股股东为8名。
(2)公司前十名股东持股情况

股东名称	持股数量(股)	持股比例(%)
深圳桑达电子总公司	84384679	64.51
深圳市鑫德莱实业有限公司	7409036	5.66
无锡市无线电变压器厂	2718282	2.08
金鑫证券投资基金	1229330	0.94
景阳证券投资基金	937331	0.72
金泰基金	793717	0.61
徐福珍	200000	0.15
郑贵询	176200	0.13
普丰证券投资基金	159100	0.12
北京盈生房地产开发有限公司	130000	0.10

持有本公司5%以上股份的股东所持股份均无质押或冻结的情况。其中金鑫证券 投资基金和金泰基金的基金管理人均是国泰基金管理有限公司。其他股东之间不存在关联关系。

深圳新都酒店股份有限公司

(一) 公司简介

1、公司法定中文名称:深圳新都酒店股份有限公司
英文名称:SHENZHEN CENTURY PLAZA HOTEL CO.,LTD
2、公司法定代表人:张润钢
3、公司董事会秘书:董晓栗
电话:0755-2320888 转 382
传真:0755—2344699
联系地址:深圳春风路一号新都酒店311室
电子信箱:szxdjd@sz.gd.cninfo.net
4、公司注册地址:深圳市春风路一号
办公地址:深圳新都酒店311室
邮政编码:518001
电子信箱:szxdjd@sz.gd.cninfo.net
5、公司信息披露报纸:《证券时报》
登载公司年报的国际互联网网址:http://www.cninfo.com.cn
公司年度报告备置地点:深圳新都酒店311室
6、公司股票上市交易所:深圳证券交易所
公司股票简称:新都酒店A　公司股票编号:0033

(二) 会计数据和业务数据摘要

1、公司1999年度主要业务数据:　(单位:元)

利润总额	-2,898,500.43
净利润	-2,898,500.43
扣除非经常性损益后的净利润	-2,466,964.31
主营业务利润	71,072,988.93
其它业务利润	0.00
营业利润	-2,466,964.31
投资收益	-163,906.53
补贴收入	0.00
营业外收支净额	-267,629.59
经营活动产生的现金流量净额	16,508,372.65
现金及现金等价物净增加额	-25,117,703.25

注:扣除的非经常性损益项目和涉及金额(1).投资收益-163,906.53元;(2).营业 外收入10.54元;(3).营业外支出267,640.13元.

2、公司截至报告年度末公司前三年的主要会计数据和财务指标:

指标项目	1999年	1998年		1997年	
		调整后	调整前	调整后	调整前
主营业务收入(万元)	10223	11641	11641	13206	13206
净利润(万元)	-290	-1596	79	-2488	-1953
总资产(万元)	71104	75106	79427	74384	77028
股东权益(万元)	45721	46010	50989	47564	50865
每股收益(元)	-0.01	-0.055	0.003	-0.09	-0.07
每股净资产(元)	1.589	1.599	1.772	1.653	1.767
调整后每股净资产(元)	1.52	1.41	1.64	1.60	1.69
每股经营活动产生的现金流量净额	0.06	0.10	0.10		
净资产收益率(%)	-0.63	-3.47	0.15	-5.23	-3.84
扣除非经常性损益后的每股收益	-0.01	-0.05	-0.007	-0.08	-0.07

注1:本公司1999年度股本无变化,故加权计算的每股收益、净资产收益率与摊薄 计算相同。
注2:本公司1999年调整后每股净资产高于1998年度调整后每股净资产,主要原因 是98年度3年以上应收款项在99年度部分转入固定资产。
,变动前后的主要会计数据和财务指标如下(单位:元):

指标项目	1998年		1997年	
	调整前	调整后	调整前	调整后
短期投资	4015067.45	499600.00	14374567.45	10859100.00
长期投资	95326877.15	59809901.43	146508872.98	146208872.98
坏帐准备	16545.67	18991471.83	33570.34	2268812.43
其它应收	79154361.21	113590266.89	32363178.52	11971506.62
法定盈余公积金	32820977.76	32182125.41	32820977.76	32182125.41
法定公益金	10135976.06	9816549.88	10135976.06	9816549.88
未分配利润	-13310977.87	-62113966.29	-1498882.70	-46155431.26

3:股东权益变动情况。

项目	股本	资本公积	盈余公积	法定公益金	未分配利润	外币报表折算	股东权益合计
期初数	287723488	226199304	41998675	9816549	-62113966	33702814	460104686
本期增加							
本期减少	0	0	0	0	2898500		2898500
期末数	287723488	226199304	41998675	9816549	-65012466	33702814	457206186

变动原因:由于本年度亏损造成股东权益减少

(三) 股东情况介绍

(1)股东数量
截至1999年12月31日股东总人数　36844人
(2)主要股东持股情况
截至1999年12月31日本公司前十名股东名单

	持股数(单位:股)	占股份总数
1.中国东方信托投资公司	68,250,000	23.72%
2.(香港)建辉投资有限公司	58,275,000	20.25%
3.南油(集团)有限公司	34,125,000	11.86%
4.(香港)桂江企业有限公司	34,125,000	11.86%
5.深圳贵州经济贸易公司	34,125,000	11.86%
6.郑明星	517,300	0.18%
7.普丰证券投资基金	350,000	0.12%
8.杜虹	200,000	0.07%
9.北京保荣工贸有限公司	160,000	0.06%
10.冯艳华	157,391	0.05%

说明:以上股东中,其2、4为外资股东。

深圳市华宝(集团)股份有限公司

一、公司简介

1、公司法定中文名称:深圳市华宝(集团)股份有限公司
英文名称:SHENZHEN WABO GROUP CO., LTD 缩写:WABO GROUP
2、公司法定代表人:叶连捷(龙耀庭 截止 1999 年 11 月 3 日)
3、公司董事会秘书:刘向阳 股证事务代表: 李莉琨
联系地址:深圳市宝安区宝城宝民一路 102 号
联系电话:(0755)7823898 传真:(0755)7823626
电子信箱:zhongban@shenzhenwabo.com
4、公司注册地址及办公地址:深圳市宝安区宝城宝民一路 102 号 邮政编码:518133
国际互连网网址: http://www.shenzhenwabo.com
5、公司选定的信息披露报纸名称:《证券时报》、《中国证券报》
登载公司年度报告的中国证监会指定国际互连网网址: http://www.cninfo.com.cn
公司年度报告备置地点:公司总部董事会秘书处
6、股票上市交易所:深圳证券交易所
股票简称:ST 深华宝 股票代码:0034

二、会计数据和业务数据摘要

1、公司本年度实现 (单位:人民币元)

利润总额	36977908.35
净利润	38008344.72
扣除非经常性损益后的净利润	-13580099.67
主营业务利润	84675141.01
其他业务利润	5712714.01
营业利润	-23119159.45
投资收益	8508623.41
补贴收入	
营业外收支净额	-51588444.39
经营活动产生的现金流量净额	93295106.52
现金及现金等价物净增加额	59347966.23

注:"扣除非经常性损益后的净利润" 是指从净利润中扣除公司报告期内正常经 营损益之外的、一次性或偶发性损益,构成为宝安大厦转让收益 27,706,182.35 元,债务重组收益 6,665,361.45 元,无须支付的应付款项 19,582,066.65 元,营业外收支中 其他支出净额 2,365, 166.06 元。

2、主要会计数据与财务指标 (单位:人民币万元)

项 目	1999 年	1998 年 调整前	1998 年 调整后	1997 年 调整前	1997 年 调整后
主营业务收入	60870	59110	58534	65736	64660
净利润	3801	-55182	-54273	-8766	-7884
总资产	95001	109740	106640	167115	159791
股东权益	6373	4064	2572	59246	56675
每股收益(元)	0.122	-1.77	-1.74	-0.28	-0.25
每股净资产(元)	0.205	0.13	0.08	1.90	1.82
调整后的每股净资产(元)	0.009	0.05	-0.065	1.20	1.11
每股经营活动产生的现金流量净额(元)	0.30	0.201	0.202		
净资产收益率(%)	60	-1357.82	-2110.15	-14.80	-13.91
按月平均加权法计算的每股收益(元)					
扣除非经常性损益后的每股收益(元)	-0.043	-1.65	-1.65	-0.28	-0.28

注:(1)、主要财务指标的计算公式:
每股收益=净利润/年度末普通股股份总数
每股净资产=年度末股东权益/年度末普通股股份总数
调整后的每股净资产=(年度末股东权益-三年以上的应收款项净额-待摊费用-待 处理(流动、固定)资产净损失-开办费-长期待摊费用-住房周转金负数余额)/年度末 普通股股份总数
每股经营活动产生的现金流量净额=经营活动产生的现金流量净额/年度末普通股股份总数
净资产收益率=净利润/年度末股东权益×100%
(2)、因本年度股本没有发生增减变化,因此每股收益、每股净资产加权指标与摊薄指标相同。

3、股东权益变动情况及变化原因 单位:人民币元

项 目	期初数	本期增加	本期减少	期末数
股 本	311139400			311139400
资本公积	294711969.42			294711969.42
盈余公积	65738593.50			65738593.50
其中法定公益金	21607239.61			21607239.61
未分配利润	-645866366.18	38008344.72		-607858021.46
股东权益合计	25723596.74	38008344.72		63731941.46

变动原因:本年度实现利润增加了未分配利润

三、股东情况介绍

1、报告期末股东总数
截止 1999 年 12 月 31 日,公司股东总数为 14636 人,其中内部职工股股东数为 1 人(高 层管理人员)。
2、前十名股东持股情况(截止 1999 年 12 月 31 日)

股东名称	年末持股数(股)	持股比例(%)
深圳市宝安区投资管理公司	133555572	42.93
深圳国际信托投资公司	77886656	25.04
深圳经济特区汇华集团公司	12538306	4.03
普丰证券投资基金	5378906	1.73
深圳市众易实业有限公司	2923100	0.94
深圳市物资集团公司	2500000	0.81
深圳大威实业有限公司	2110757	0.68
广信基金部	1174576	0.38
张世泰	928000	0.35
陈亦龙	780000	0.25

注:1、深圳国际信托投资公司与普丰证券投资基金之间存在关联关系。

中国科健股份有限公司

一、公司简介

1、公司名称:中国科健股份有限公司
英文名称:CHINA KEJIAN CO.,LTD.
2、公司法人代表:侯自强
3、董事会秘书:高文舍
授权代表:王 菁
联系地址:深圳蛇口工业六路科健大厦 3 楼
电 话:0755-6692523 转 133
传 真:0755-6695940
4、注册地址:深圳蛇口工业六路
办公地址:深圳蛇口工业六路科健大厦 3 楼
邮政编码:518067
电子信箱:kejian@szonline.net
互联网网址:http://www.chinakejian.net
5、公司年度报告配置地点:公司董事会秘书室
6、公司股票上市地:深圳证券交易所
股票简称:中科健 A
股票代码:0035

二、会计数据和业务数据摘要

1、本年度利润总额及构成

项 目	1999 年(单位:人民币元)
利润总额	49,659,310.16
净利润	47,036,815.30
扣除非经常性损益后的净利润	46,536,815.30
主营业务利润	97,711,559.43
其他业务利润	803,103.96
营业利润	41,720,338.77
投资收益	82,652.78
补贴收入	500,000.00
营业外收支净额	7,356,318.61
经营活动产生的现金流量净额	-96,077,242.80
现金及现金等价物净增加额	5,719,340.78

注:扣除非经常性损益后的净利润为净利润扣除补贴收入 500,000.00 元计算所得 。

2、主要会计数据与财务指标

项 目	1999	1998 调整前	1998 调整后	1997 调整前	1997 调整后
主营业务收入(万元)	61428.9	34373.7	25510.5	24526.8	24526.8
净利润(万元)	4703.7	2416.2	2016	1946.1	1727.8
总资产(万元)	48890.6	54172.2	34982	48652.3	48434
股东权益(万元)	24504.7	21393.0	19801	19106.8	18888.5
每股收益(元/股)	0.406	0.2085	0.18	0.168	0.149
每股净资产(元/股)	2.115	1.846	1.71	1.65	1.63
调整后每股净资产(元/股)	1.67	1.11	0.974	0.99	0.97
每股经营活动产生的现金流量净额	-0.829	0.329	/	/	/
净资产收益率(%)	19.20	11.29	10.18	10.19	9.15

说明:由于 1999 年本公司的财务报表未将下属子公司深圳安科公司纳入合并范围(详见本公司 1999 年财务审计报告),因此,本报告中出现的 1998 年的比较财务数据亦未 将深圳安科公司纳入合并范围(与 1998 年度报告中披露的当年财务数据不同)。
注:
主要财务指标的计算方法
1.每股收益=净利润/年度末普通股股份总数
2.每股净资产=年度末股东权益/年度末普通股股份总数
3. 调整后的每股净资产=(年度末股东权益-三年以上的应收款项净额-待摊费用- 待处理 (流动+固定)资产净损失-开办费-长期待摊费用-住房周转金负数余额)/年度末普通股股份总数
4.每股经营活动产生的现金流量净额
=经营活动产生的现金流量净额/年度末普通股股份总数
5.净资产收益率=净利润/年末股东权益(100%

3、股东权益变动情况表

项目	股本	资本公积	盈余公积	法定公益金	未分配利润	股东权益合计
期初数	115887200	103633506	11724830	1809754	-33235244	198010292
本期增加	/	/	1380157	1380157	44276501	47036815
本期减少	/	/	/	/	/	/
期末数	115887200	103633506	13104987	3189911	11041256	245047108
变动原因			本期计提	本期计提	本期增加	完成利润

三、股本变动及股东情况

1、股东情况介绍
(1)截止报告期末,本公司股东数量 7497 户。
(2)公司前十名股东持股情况:

单位名称	持股数量(股)	比 例	股份变动增减(+、-)股
深圳科健集团有限公司	33614000	29.03%	
深圳市智雄电子有限公司	31000000	26.75%	
广东广发证券公司	5798908	5.00%	
中国农村发展信托投资公司	3300000	2.85%	
深圳市投资管理公司	2574000	2.22%	
上海科技投资股份有限公司	1650000	1.42%	
唐继凡	1346950	1.16%	
粮食储运	1100000	0.95%	
黄攒权	418600	0.36%	+1000
秦长生	275000	0.24%	+275000

注:深圳科健集团有限公司为代表国家持有股份的股东。截止报告期末,深圳科健集团有限公司为申请流动资金贷款将其持有的中科健法人股 1574 万股质押。其他持有本公司 5%(含 5 %)股份股东所持股份未有质押冻结情况。
(3)前 10 名股东之间不存在关联关系。
(4)报告期内,控股股东未发生变更。

深圳市惠中股份有限公司

一、公司简介:

1、公司的法定名称:
中文名称:深圳市惠中股份有限公司
英文名称:SHENZHEN WELLZONE INDUSTRY CO.,LTD
2、公司法定代表人:董炳根
3、公司董事会秘书及授权代表:陈建文、孔庆富
公司注册(办公)地址:深圳市深南中路华联大厦17层
电话:(0755)3667257
传真:(0755)3667583
4、公司联系地址:深圳市深南中路华联大厦17层1716室
邮政编码:518031
电子信箱:Szhzhqgs@sz.gd.cninfo.net
5、公司选定信息披露报纸名称:《证券时报》和《中国证券报》
登载年报的中国证监会指定国际互联网网址:
http//www.cninfo.com.cn
年度报告备置地点:本公司证券部
6、公司股票上市交易所:深圳证券交易所
股票简称:深惠中A　　股票代码:0036

二、会计数据和业务数据摘要

(一)本年度利润总额及其构成 (单位:人民元)

利润总额	135,734,865.91
净利润	80,994,306.16
扣除非经常性损益后的净利润	78,170,027.97
主营业务利润	314,678,624.93
其他业务利润	290,100.80
营业利润	130,730,171.59
投资收益	340,531.04
补贴收入	4,051,552.99
营业外收支净额	612,610.29
经营活动产生的现金流量净额	-9,727,076.48
现金及现金等价物净增加额	102,490,781.83

(二)主要会计数据和财务指标:　　(单位:人民元)

指标项目	1999年	1998年		1997年
		调整前	调整后	
主营业务收入	1186310343.08	463367436.75	428574752.73	166273063.43
净利润	80994306.16	72265361.90	72265361.90	-39346705.13
总资产	2227263104.32	1459904677.86	1440494428.95	253879064.09
股东权益	801104833.61	720110527.45	720110527.45	183563321.05
每股收益	0.3379	0.3015	0.3015	-0.2854
扣除非经常性损益后每股收益	0.3261			
每股净资产	3.34	3.00	3.00	1.33
调整后的每股净资产	3.15	2.86	2.86	1.32
每股经营活动产生的现金流量净额	-0.04			
净资产收益率(%)	10.11	10.04	10.04	-21.43

注:股东权益中不含少数股东权益
主要财务指标的计算公式如下:
每股收益=净利润/年度末普通股股份总数
每股净资产=年度末股东权益/年度末普通股股份总数
每股经营活动产生的现金流量净额=经营活动产生的现金流量净额/年度末普通股股份总数
调整后的每股净资产=[年度末股东权益-三年以上的应收款项净额-待摊费用-待 处理(流动、固定)资产净损失-开办费-长期待摊费用-住房周转金负数余额]/年度末 普通股股份总数。
净资产收益率=净利润/年度末股东权益×100%
注:1、上述会计数据和指标是按本公司合并会计报表数填列或计算。
2、"应收款项"包括应收帐款、其他应收款、预付帐款、应收股利、应收利息 、应收补贴款。
3、合并会计报表总资产期初数的调整(见审计报告附注10)。
(三)报告期内股东权益变动情况及变化原因(单位:人民币元)

项目	股本	资本公积	盈余公积	法定公益金	未分配利润	股东权益合计
期初数	239703390	467593891.72	6288058.88	2925947.53	6525186.85	720110527.45
本期增加	0	0	16198861.24	8099430.62	64795444.92	80994306.16
本期减少						
期末数	239703390	467593891.72	22486920.12	11025378.15	71320631.77	801104833.61

增加原因:盈余公积、法定公益金、未分配利润的增加为本年度盈利所致。

三、股东情况介绍

1、报告期末公司股东总数为46364户。
2、公司前十名股东持股情况(截止日期:1999年12月31日)。

股东姓名	持股数量(股)	所占比例(%)	股份性质
华联发展集团有限公司	120317890	50.19	发起法人股
广发证券有限责任公司	3054290	1.27	社会公众股
广州合成纤维厂	1270500	0.53	募集法人股
吴烈丛	661043	0.28	社会公众股
杨淑梅	580646	0.24	社会公众股
王映环	482900	0.20	社会公众股
宋慧莉	430700	0.18	社会公众股
郭妙容	426700	0.17	社会公众股
曾汉雄	360000	0.15	社会公众股
廖红兵	354880	0.14	社会公众股

说明:
1.持有本公司5%以上股份的股东没有出现冻结和质押情况。
2.持股10%以上的法人股东简介:
华联发展集团有限公司:法定代表人董炳根先生。该公司的经营范围:纺织品、服装、化工、纺织机械等商品的进出口和销售;纺织技术咨询服务物业管理和租赁服务;承包境外纺织行业工程和境内国际招标工程;上述境外工程所需设备、材料进出口;对外派遣实施上述境外工程的劳务人员。
3.报告期内控股股东没有发生变化。

深圳南山热电股份有限公司

一、公司简介

1、公司法定中文名称:深圳南山热电股份有限公司
公司法定英文名称:SHENZHEN NANSHAN POWER STATION CO.,LTD
2、公司法定代表人:劳德容女士
3、公司董事会秘书及授权代表:傅博先生
联系地址:广东省深圳市南山区月亮湾大道18号
电　　话:(0755) 6650052—208、(0755) 6404572　传　　真:(0755)6650642
电子信箱:fb1027@sz.online.net
4、公司注册及办公地址:深圳市南山区月亮湾大道18号　邮政编码:518052
电子信箱:sznsrdgf@sz.gd.cninfo.net
5、公司选定的信息披露报纸:《中国证券报》、《证券时报》及香港《大公报 》
中国证监会指定登载公司年度报告的国际互联网网址:http://www.cninfo.com.cn
公司年度报告备置地点:公司办公室
6、股票上市交易所:深圳证券交易所
股票简称:深南电　股票代码:0037(A股)、2037(B股)

二、会计数据和业务数据摘要

(一)本年度会计数据和业务数据摘要

利润总额(元)	125,255,692.14
净利润(元)	116,169,677.57
扣除非经常性损益后的净利润(元)	141,110,464.31
主营业务利润(元)	161,663,170.07
其他业务利润(元)	—
营业利润(元)	78,918,949.63
投资收益(元)	9,162,128.32
补贴收入(元)	37,200,260.31
营业外收支净额(元)	-25,646.12
经营活动产生的现金流量净额(元)	211,574,088.53
现金及现金等价物净增加额(元)	64,516,112.83

注:报告期内非经常性损益为　-23,450,721.95元,
其中:
1、增值税超税负返还收入　9,959,411.36元;
2、营业外收支净额　-25,646.12元;
3、一次性提取应收款项坏账准备　-33,384,487.19元
(二)近三年主要会计数据和财务指标

项　目	1999年	1998年		1997年	
		调整后	调整前	调整后	调整前
1、主营业务收入(元)	600710,427.02	392,830,833.35	392,830,833.35	429,229,946.69	429229946.69
2、净利润(元)	116169,677.57	78,947,527.96	80,021,591.58	98,208,022.44	97697230.83
3、总资产(元)	1004968,086.60	989,070,981.96	992,783,165.94	1014904413.39	1016387254.78
4、股东权益(不含少数股东权益)(元)	594048,321.66	580,382,822.03	582,939,727.04	565,655,808.76	567138650.15
5、每股收益(元)	0.33	0.22	0.22	0.28	0.27
6、每股净资产(元)	1.67	1.63	1.64	1.59	1.59
7、调整后的每股净资产(元)	1.63	1.59	1.61	1.54	1.51
8、扣除非经常性损益后的每股收益(元)	0.40	0.20	0.20	0.22	0.22
9、每股经营活动产生的现金流量净额(元)	0.59	0.06	0.06		
10、净资产收益率(%)	19.56	13.60	13.73	17.36	17.23

注:(1)财务指标计算方法:
每股收益=净利润/年度末普通股股份总数
每股净资产=年度末股东权益/年度末普通股股份总数
调整后的每股净资产=(年度末股东权益-三年以上的应收款项净额-待摊费用 -待处理(流动、固定)资产净损失-开办费-长期待摊费用-住房周转金负数余额)/年度末普通股股份总数
每股经营活动产生的现金流量净额=经营活动产生的现金流量净额/年度末普通股股份总数
净资产收益率=净利润/年度末股东权益×100%
(2)应收款项包括应收帐款、其他应收款、预付帐款、应收股利、应收利息和 应收补贴款。
(四)本报告期内股东权益变动情况　　单位:元(股)

项　目	股　本	资本公积	盈余公积	法定公益金	未分配利润	股东权益合计
期初数	356,400,000.00	145,022,083.03	74,591,427.69	23,549,416.77	4,369,311.31	580,382,822.03
本期增加			19,748,845.19	8,131,877.43	116169677.57	135,918,522.76
本期减少			1,999,377.94	1,999,377.94	120253645.19	122,253,023.13
期末数	356,400,000.00	145,022,083.03	92,340,894.94	29,681916.26	285343.69	594,048321.66

注:盈余公积本年增加19,748,845.19元,系本年度按净利润提取10%法定公积金 和7%法定公益金所致;本年减少1,999,377.94元,系本年度根据深圳市人民政府"深府[1997]182号文"按工资总额提取10%企业补充养老保险金所致。未分配利润本年 增加116,169,677.57元,系本年度实现的净利润;本年减少120,253,645.19元,系本年度分配现金红利100,504,800元和按净利润提取"两金"所致。

三、股本情况介绍

1、截止本报告期末,公司股东总数为33,447户,其中A股股东28,721户,包括5 名持有内部职工股的高级管理人员;B股股东4,726户。
2、前十名股东持股情况

股东名称	期初数	增减变动(±)	期末数	备注
1、深圳市南山电子工业发展有限公司	83,660,346		83,660,346	
2、香港南海洋行(国际)有限公司	55,677,204		55,677,204	外资股
3、深圳市能源集团有限公司	41,681,970		41,681,970	代表国家持有20,495,970股
4、华能南方开发公司	36,371,610		36,371,610	
5、香港腾达投资有限公司	32,088,870		32,088,870	外资股
6、宏昌国际有限公司	0	+1319802	1319802	B股
7、深圳投资基金管理公司	990,000		990,000	B股
8、天骥基金	990,000		990,000	B股
9、沈远钦	0	+667723	667,723	B股
10、林宏敏	0	+653838	653,838	B股

深圳大通实业股份有限公司

一、公司简介

1、公司法定中文名称:深圳大通实业股份有限公司
英文名称:SHENZHEN CAPSTONE INDUSTRIAL CO. LTD 缩写:CAPSTONE
2、公司法定代表人:陈瑜琳先生
3、公司董事会秘书:伍斌先生
联系地址:深圳市华侨城东部工业区
电话:(0755)6607966 传真:(0755)6600398 电子信箱:szmingaa@sz.gd.cninfo.net
4、公司注册地址:深圳市华侨城东部工业区
公司办公地址:深圳市华侨城东部工业区 邮政编码:518053
公司电子信箱:szmingaa@sz.gd.cninfo.net
5、公司信息披露报纸:《证券时报》
登载公司年度报告国际互联网网址:www.cninfo.com.cn
公司年度报告备置地点:公司董事会秘书处
6、公司股票上市交易所:深圳证券交易所
股票简称:深大通 A 股票代码:0038

二、会计数据和业务数据摘要

(一)、本年度主要会计数据和业务数据(单位:元)

利润总额	-37190297.13
净利润	-39060464.68
扣除非经常性损益后的净利润	-37617612.90
主营业务利润	13053000.30
其他业务利润	536323.08
营业利润	-27238520.50
投资收益	-9343576.06
补贴收入	/
营业外收支净额	-608200.57
经营活动产生的现金流量净额	7474900.59
现金及现金等价物净增加额	-2310220.69

注:扣除非经常性损益项目及涉及金额(单位:元)

非经常性损益项目	涉及金额
固定资产转让(设备处理损失)	-1073700.60
经济补偿金	-369151.18

(二)、截至报告期末公司前三年的主要会计数据和财务指标

会计差错更正追溯调整后 (单位:元)

	1999 年	1998 年	1997 年
主营业务收入	105477641.64	149478062.90	173262273.20
净利润	-39060464.68	-28755807.09	10466839.69
总资产	183842392.31	243400245.22	280695545.46
股东权益(不含少数股东权益)	99740210.14	138800674.82	167556481.91
每股收益	-0.432	-0.318	0.127
加权每股收益	-0.432	-0.233	/
扣除非经常性损益后的每股收益	-0.416	/	/
每股净资产	1.102	1.534	2.037
调整后的每股净资产	1.047	1.472	1.785
每股经营活动产生的现金流量净额	0.083	0.058	/
净资产收益率	-0.392	-0.207	0.062

追溯调整前 (单位:元)

	1998 年	1997 年
主营业务收入	169397630.55	189419256.47
净利润	-20690978.35	10659186.58
总资产	264048515.73	301875801.72
股东权益(不含少数股东权益)	156132176.42	176823154.77
每股收益	-0.2287	0.12958
每股净资产	1.7254	2.1496
调整后的每股净资产	1.6200	2.0600
每股经营活动产生的现金流量净额	0.07855	/
净资产收益率	-0.1325	0.0603

主要财务指标的计算公式如下:
每股收益=净利润/年度末普通股股份总数
每股净资产=年度末股东权益/年度末普通股股份总数
调整后的每股净资产=(年度末股东权益-三年以上的应收款项净额-待摊费用-待 处理(流动、固定)资产净损失-开办费-长期待摊费用-住房周转金负数余额)/年度末 普通股股份总数
每股经营活动产生的现金流量净额=经营活动产生的现金流量净额/年度末普通股股份总数
净资产收益率=净利润/年度末股东权益× 100%

(三)、报告期内股东权益变动情况及变化原因(单位:元)

项目	股本	资本公积	盈余公积	法定公益金	未分配利润	股东权益合计
期初数	90486000	47741571	28264845	4604148	-27691742	138800675
本期增减				-39060465	-39060465	
期末数	90486000	47741571	28264845	4604148	-66752207	99740210
变动原因					当年亏损	当年亏损

三、股东情况介绍

1、截止至 1999 年 12 月 31 日,本公司股东总数为 16,014 户。
2、截止 1999 年 12 月 31 日,公司前十名股东名单及持股情况如下:

序号	股东名称	持股数量(股)	占总股本比例(%)
01	香港益通投资有限公司	32105700	35.48
02	广东华侨信托投资公司	19263420	21.29
03	运通电子(深圳)实业有限公司	12606990	13.93
04	深圳市投资管理公司	7134600	7.88
05	深圳新通阳电子元件工业有限公司	235290	0.26
06	金鑫证券投资基金	189271	0.21
07	深圳市百川投资发展有限公司	146700	0.16
08	深圳海基业高科技实业有限公司	125220	0.14
09	高琼	121300	0.13
10	普丰证券投资基金	110000	0.12

中国国际海运集装箱(集团)股份有限公司

一、公司简介

1.公司法定中文名称:中国国际海运集装箱(集团)股份有限公司
公司法定英文名称:CHINA INTERNATIONAL MARINE CONTAINERS(GROUP)CO., LTD.
公司英文缩写:CIMC
2.公司法定代表人:李建红
3.公司董事会秘书:吴发沛
联系地址:广东省深圳市蛇口工业区金融中心五楼
电话:0755-6691130 传真:0755-6690557 电子信箱:shareholder@cchq.cimc.com
4.公司注册及办公地址:广东省深圳市蛇口工业区金融中心五楼 邮政编码:518067
公司网址:http://www.cimc.com 公司电子信箱:shareholder@cchq.cimc.com
5.公司选定信息披露报纸:
《证券时报》、香港《信报》或《South China Morning Post》
中国证监会指定年度报告登载网址:http://www.cninfo.com.cn
公司年度报告备置地点:深圳市蛇口工业区金融中心二楼 本公司金融事务部
6.公司股票上市地:深圳证券交易所
股票简称及代码:中集集团 0039 中集 B 2039

二、会计数据和业务数据摘要

1. 公司本年度主要会计数据(单位:人民币元)

利润总额	295,720,910.75
净利润	257,633,812.94
非经常性损益合计	1,964,655.96
其中:	
资产处置损益	-762,806.10
合并价差摊入	2,727,462.06
扣除非经常性损益后的净利润	255,669,156.98
主营业务利润	819,409,228.42
其它业务利润	13,199,039.03
营业利润	299,098,892.25
投资收益	48,659,758.85
补贴收入	2,621,087.07
营业外收支净额	-54,658,827.42
经营活动产生的现金流量净额	287,454,849.80
现金及现金等价物净增加额	335,436,958.61
按国内会计准则计算的 1999 年度净利润	257,634,000.00
按国际会计准则的调整事项	
证券投资收益调整	76,339,000.00
会计报表合并调整	1,314,000.00
外币交易差异调整	601,000.00
少数股东权益调整	-6,334,000.00
折旧调整	11,000.00
商誉和递延收入调整	-13,121,000.00
其他	-328,000.00
按国际会计准则计算的 1999 年度净利润	316,116,000.00

2. 公司近三年的主要会计数据及财务指标(单位:人民币元)

项目	1999 年度	1998 年度(调整前)	1998 年度(调整后)	1997 年度
主营业务收入	5,196,869,397.40	4,913,500,203.76	4,913,500,203.76	4,292,682,219.92
净利润	257,633,812.94	245,763,521.76	223,160,537.31	194,005,748.11
总资产	6,622,510,638.31	4,307,371,678.78	4,397,167,662.06	4,012,329,061.59
股东权益(不含少数股东权益)	1,696,118,950.11	1,429,549,134.16	1,506,738,263.24	1,252,031,374.48
每股收益(加权)	0.757	0.722	0.656	0.74
每股收益(摊薄)	0.757	0.722	0.656	0.63
扣除非经常性损益后的每股收益	0.752	0.731	0.664	0.628
每股净资产	4.99	4.20	4.43	4.07
调整后的每股净资产	4.84	4.01	4.24	3.90
净资产收益率	15.19	17.19	14.81	15.38
每股经营活动产生的现金流量净额	0.845	1.097	1.097	—

注:主要财务指标计算方法
(1)每股收益(摊薄)=净利润/年度末普通股股份总数
(2)每股净资产=年度末股东权益/年度末普通股股份总数
(3)调整后的每股净资产=(年度末股东权益-三年以上的应收款项净额-待摊费用-待处理(流动、固定)资产净损失-开办费-长期待摊费用-住房周转金负数余额)/年度 末普通股股份总数
(4)净资产收益率=净利润/年度末股东权益× 100%
(5)每股经营活动产生的现金流量净额=经营活动产生的现金流量净额/年度末普 通股股份总数

三、股东情况介绍

1. 截止 1999 年 12 月 31 日,本公司共有股东 54,101 户,其中 A 股东 48,474 户,包括 4 名持有内部职工股的高层管理人员;B 股股东 5,627 户。

2.前十名股东持股情况

股东名称	年末持股(股)	类别	年度内增减	持股比例
中国远洋运输(集团)总公司	68,208,940	A	0	20.05%
招商局货柜工业有限公司	68,208,940	B	0	20.05%
Long Honour Investments Limited	26,200,000	B	-200,000	7.70%
Fair Oaks Development Limited	24,710,000	B	-1,690,000	7.26%
宝隆洋行(香港)有限公司	15,157,542	B	0	4.46%
BANK LEU LTD.	4,615,082	B	+2,082,525	1.36%
BBH-THE GREATER CHINA FUND INC.	3,674,618	B	0	1.08%
TOP DYNAMIC INVESTMENTS LTD.	2,536,300	B	0	0.75%
HK SAR GOVT EXCHANGE FUND A/C L	1,888,562	B	-146,200	0.56%
钟玉萍	1,845,968	B	+1,845,968	0.54%

注:前十名股东之中,第一位与第三位之间存在关联关系:LongHonourInvestments Limited 是中国远洋运输(集团)总公司的全资附属公司;第二位与第四位之间存在关联关系:招商局货柜工业有限公司和 FairOaksDevelopmentLimited 都是招商局国际有限 公司的全资附属公司。

深圳市鸿基(集团)股份有限公司

一、公司简介

1. 本公司法定中文名称:深圳市鸿基(集团)股份有限公司
   公司法定英文名称:SHENZHEN HONGKAI(GROUP) CO.,LTD.
2. 本公司法定代表人:邱瑞亨
3. 本公司董事会秘书:邓有高
   授权代表:沈蜀江
   联系地址:深圳市罗湖区晒布路26号四楼
   联系电话:0755-2292007　　传真:0755-2253235
4. 本公司注册地址:深圳市晒布路26号三、四楼
   本公司办公地址:深圳市晒布路26号三、四楼　　本公司邮政编码:518025
   本公司电子信箱:szhkxxzx@public.szptt.net.cn
5. 本公司指定信息披露报刊:《中国证券报》、《证券时报》
   本公司年度报告披露中国证监会指定国际互联网网址: http://www.cninfo.com.cn
   本公司年度报告备置地点:本公司董事会秘书处
6. 本公司股票上市交易所:深圳证券交易所
   本公司股票简称:深鸿基A　　股票代码:0040

二、会计数据和业务数据摘要

㈠本年度主要利润指标情况(单位:人民币元)

1. 利润总额:	177,683,566
2. 净利润:	120,673,625
3. 扣除非经常性损益后的净利润:	96,779,946
4. 主营业务利润:	274,107,157
5. 其他业务利润:	1,817,895
6. 营业利润:	177,391,973
7. 投资收益:	1,023,292
8. 补贴收入:	0
9. 营业外收支净额:	-731,699
10.经营活动产生的现金流量净额:	147,829,020
11.现金及现金等价物净增加额:	60,502,147

备注:扣除的非经常性损益项目为本公司以长期投资股权及物业资产置换福建东 南广播电视网络有限公司(以下称东南网络公司)的股权,涉及金额为162,608,000元, 产生收益金额为23,893,679元。

㈡截止报告期末本公司前三年的主要会计数据和财务指标(单位:元)

指标项目	1999年	1998年(调整前)	1998年(调整后)	1997年(调整前)	1997年(调整后)
1. 主营业务收入(元)	590004773	316028901.18	316028901	347334951.80	347334951
2. 净利润(元)	120673625	61671200.03	61508150	88008842.49	87153503
3. 总资产(元)	2191060128	1477302508.38	1442692187	1304922213.18	1270463451
4. 股东权益(元)	1196864562	916464876.59	884971557	874964108.66	842247141
5. 每股收益(元 /股)	0.257	0.306	0.305	0.436	0.432
每股收益(按月加权)	0.278	0.306	0.305	0.481	0.477
6. 扣除非经常性损益后的每股收益	0.206	0.306	0.305	0.481	0.477
7. 每股净资产(元/股)	2.549	4.544	4.387	4.338	4.175
8. 调整后每股净资产(元)	2.404	4.301	4.096	4.117	2.975
9. 每股经营活动产生的现金流量净额	0.315	-0.164	-0.164		
10. 净资产收益率(%)	10.08	6.73	6.95	10.06	9.66

注:上述主要财务指标的计算方法:

每股收益=净利润/年度末普通股股份总数

每股净资产=年度末股东权益/年度末普通股股份总数

调整后的每股净资产=(年度末股东权益-三年以上的应收款项净额-待摊费用-待 处理(流动、固定)资产净损失-开办费-长期待摊费用-住房周转负数余额)/年度末普 通股股份总数

每股经营活动产生的现金流量净额=经营活动产生的现金流量净额/年度末普通股股份总数

净资产收益率=净利润/年度末股东权益×100%

加权平均每股收益=当期净利润/[期末股份总数/(1+配股比例)+期末股份总数/(1+配股比例)×配股比例×缴款结束日下一月份至期末的月份数/12]

(三)股东权益变动情况(单位:元)

项目	股本(股)	资本公积	盈余公积	法定公益金	未分配利润	合　计
期初数	201704321	480293859	153993794	24920244	48979583	884971557
本期增加	267889043	158127019	48269449	12067362	72404176	546689687
本期减少		164357678			70439004	234796682
期末数	469593364	474063200	202263243	36987606	50944755	1196864562

股东权益变动原因:

1.股本、资本公积金增加为本年度实施1998年增资配股方案(向社会公众股股东 每10股配3股)和实施1998年度分红派息、资本公积金转增股本方案(每10股送3股红股、资本公积金转增7股)所致。

2.盈余公积金及法定公益金增加为本年度按利润分配预案提取盈余公积金、法定公益金所致。

3.未分配利润增加为本年度按利润分配预案,提取盈余公积金、法定公益金后,1999年度不分红派息,可供股东分配利润结转2000年度分配所致。

三、股东情况介绍

(一)本报告期末股东总数

截止1999年12月31日,本公司股东总数为75,122人。

(二)本公司前十名股东持股情况:

股东名称	年末持股数(股)	年内股份增减(股)	持股比例(%)
1.深圳市东鸿信投资发展有限公司	137,890,896	68,945,448	29.36
2.中国太平洋保险公司深圳分公司	15,730,000	7,865,000	3.35
3.潮州市意溪工艺实业公司	10,010,000	5,005,000	2.13
4.湖北正奇投资有限公司	8,543,374	8,543,374	1.82
5.三峡证券有限责任公司	7,335,345	7,335,345	1.56
6.湖北安丰资产管理有限责任公司	7,151,440	7,151,440	1.52
7.湖北镇伟建筑房地产开发有限公司	6,766,789	6,766,789	1.44
8.深圳中农信投资实业公司	5,434,000	2,717,000	1.15
9.宜昌市商贸总公司	5,275,735	5,275,735	1.15
10.武汉博大实业股份有限公司	4,886,670	4,886,670	1.04

深圳市长城地产(集团)股份有限公司

一　公司简介

1.法定中文名称:深圳市长城地产(集团)股份有限公司
  法定英文名称:SHENZHEN CHANGCHENG ESTATE GROUP HOLDING CO.,LTD
2.法定代表人:蒋洪库
3.董事会秘书:刘莉　授权代表:唐曙
  联系地址:深圳市福田区红荔路2010号长兴大厦(盛庭苑酒店)东区裙楼
  电话:(0755)3789776　　传真:(0755)3789633
  电子信箱:szccdcdm@sz.gd.cninfo.net
4.注册及办公地址:深圳市福田区红荔路2010号长兴大厦(盛庭苑酒店)东区裙楼
  邮政编码:518028
  公司国际互联网网址:http://www.ccdcjt.com
  电子信箱:ccdcjtsz@public.szonline.net
5.信息披露报纸:《证券时报》《中国证券报》
  登载公司年度报告的中国证监会指定国际互联网网址: http://www.cninfo.com.cn
  公司年度报告备置地点:本公司董事会办公室
6.公司股票上市交易所:深圳证券交易所
  股票简称:深长城A　　股票代码:0042

二　会计数据和业务数据摘要

1.本年度主要会计数据(单位:人民币元)

利润总额	14532746256
净利润	105362189.37
扣除非经常性损益后的净利润	99975792.74
主营业务利润	309451950.54
其他业务利润	1650465.14
营业利润	119138506.20
投资收益	26543350.39
补贴收入	231000.00
营业外收支净额	-585394.03
经营活动产生的现金流量净额	-66705150.09
现金及现金等价物净增加额	-63789795.37

注:非经常性损益总额5,386,396.63元,其明细如下:补贴收入231,000元,股权转 让收益5,155,396.63元。

2.截止报告期末公司前三年的主要会计数据和财务指标(单位:人民币元)

项目	1999年	1998年 调整前	1998年 调整后	1997年 调整前	1997年 调整后
主营业务收入	1211424356.36	971381738.48	961792988.19	1001788330.28	999754585.33
净利润	105362189.37	107420527.84	86459144.94	144956663.02	71029659.12
总资产	3031004493.58	3159010441.11	2766696859.57	2928812101.02	2773095534.56
股东权益	1122909304.17	1129182081.21	1053466570.80	1060075639.77	986148635.87
每股收益	0.440	0.449	0.361	0.605	0.297
扣除非经常性损益后的每股收益	0.417	0.449	0.361	0.605	0.297
每股净资产	4.689	4.715	4.399	4.427	4.118
调整后的每股净资产	3.790	4.117	3.444	3.837	3.578
每股经营活动产生的现金流量净额	-0.279	-0.679	-0.679		
净资产收益率	9.38%	9.51%	8.21%	13.67%	7.20%

注:1.主要财务指标计算公式如下:每股收益=净利润/年度末普通股股份总数

每股净资产=年度末股东权益/ 年度末普通股股份总数

调整后的每股净资产=(年度末股东权益-三年以上的应收款项净额-待摊费用-待 处理(流动、固定)资产净损失-开办费-长期待摊费用-住房周转金负数余额)/年度末 普通股股份总数

每股经营活动产生的现金流量净额=经营活动产生的现金流量净额/年度末普通股股份总数净资产收益率=净利润/年度末股东权益×100%

2.本公司报告期内股本没有发生变动,故按月平均加权法计算的每股收益同每股 收益数相同。

3.因1997年度会计报表无现金流量表,故公司1997年度每股经营活动产生的现金 流量净额欠缺。

3.报告期内股东权益变动情况(单位:人民币元)

项目	股本	资本公积	盈余公积	法定公益金	未分配利润	股东权益合计
期初数	239463040	616708799.94	239624689.48	64149745.55	-42329958.62	1053466570.80
本期增加			22061280.75	6303223.07	47381452.62	69442733.37
本期减少						
期末数	239463040	616708799.94	261685970.23	70452968.62	5051494.00	1122909304.17

注:1.期初数与1998年年度报告公布数不同,是因为1999年度公司根据财政部35号文的规定变更有关会计政策而计提四项资产减值准备,并追溯调整到1998 年度所致。

2.期末数与期初数不同,是因为公司实施1999年度利润分配预案而计提公积金、公益金等项目所致。

三　股本变动及股东情况

1.报告期末公司股东总数为68279户,其中公司高管股东5户。

2.公司前十名股东及其持股情况(单位:股)

股东名称	报告期末 持股数	持股比例
深圳市建设投资控股公司	150383147	62.80%
深圳市振业(集团)股份有限公司	19750451	8.25%
建设投资	1074528	0.45%
同益证券投资基金	334418	0.14%
同盛证券投资基金	310610	0.13%
陈建蛟	200000	0.08%
田得仁	170000	0.07%
李素贞	160000	0.07%
龚玉妹	153000	0.06%
独山子炼油化工建设(集团)股份有限公司	126000	0.05%

注:1.深圳市建设投资控股公司持有的股份为国有法人股份。

2.深圳市建设投资控股公司同时持有深圳市振业(集团)股份有限公司28.02%的 股份,为振业公司第一大国有法人股东。

3.本公司国有股东、境内法人股东所持股份均不存在质押、冻结情况。

深圳市南光(集团)股份有限公司

一、公司简介

(一) 公司的法定中、英文名称及缩写
中文名称:深圳市南光(集团)股份有限公司
英文名称:SHENZHEN NAN-GUANG(GROUP)PLC
缩写:SNG
(二)公司法定代表人:李志正
(三)公司董事会秘书:霍无非;
联系地址:深圳市深南中路 68 号航空大厦 32 层
联系电话:(0755)3363698 转 13253　传　真:(0755)3365303
电子信箱:szngjtgs@public.szptt.net.cn
(四)公司注册及办公地址:深圳市深南中路 68 号航空大厦 32 层
邮政编码:518041
公司网址:http://www.nan-guang.com.cn
(五)公司选定的信息披露报纸:《证券时报》
登载公司年度报告的中国证监会指定国际互联网网址:http://www.cninfo.com.cn
公司年度报告备置地点:董事会秘书办公室
(六)公司股票上市交易所:深圳证券交易所
股票简称:深南光 A　股票代码:0043

二、会计数据和业务数据摘要

(一)本年度会计数据　(单位:人民币元)

项　目	金　额
利润总额:	26,704,577.43
净利润:	16,745,292.32
扣除非经常性损益后的净利润:	16,745,292.32
主营业务利润:	115,883,423.51
其他业务利润:	609,772.80
营业利润:	23,564,326.28
投资收益:	3,232,323.27
补贴收入:	
营业外收支净额:	-92,072.12
经营活动产生的现金流量净额:	50,324,385.93
现金及现金等价物净增加额:	-721,641.81

(二)截至本年度末本公司前三年的主要会计数据和财务指标:　(单位:人民币元)

项　目	1999 年	1998 年		1997 年	
		调整前	调整后	调整前	调整后
主营业务收入	719080995.53	680467467.29	658972933.78	580466583.30	553346905.32
净利润	16745292.32	28605682.88	17824028.61	28686965.10	30406995.81
总资产	1158171502.01	1194628958.29	1148334795.61	1059871278.49	956556159.75
股东权益(不含少数股东权益)	438827826.68	465003121.24	437347538.92	442786035.63	421122179.99
每股收益	0.12	0.205	0.13	0.206	0.22
扣除非经常性损益后的每股收益	0.12	0.205	0.13	0.206	0.22
每股净资产	3.15	3.34	3.14	3.18	3.02
调整后的每股净资产	2.60	2.48	2.66	2.73	2.60
每股经营活动产生的现金流量净额	0.36	-1.01	-1.02		
净资产收益率(%)	3.82	6.15	4.08	6.48	7.22

注:根据财政部财会字[1999]35 号文件的有关规定,对前三年会计数据和财务指标作了追溯调整，分别以调整前和调整后进行列示。

主要财务指标的计算公式:
每股收益=净利润/年度末普通股股份总数
每股净资产=年度末股东权益/ 年度末普通股股份总数
调整后的每股净资产=(年度末股东权益-三年以上的应收款项净额-待摊费用-待处理(流动、固定) 资产净损失-开办费-长期待摊费用-住房周转金负数余额)/年度末普通股股份总数
每股经营活动产生的现金流量净额=经?营活动产生的现金流量净额/年度末普通股股份总数
净资产收益率=净利润/年度末股东权益×100%

(三)本年度股东权益变动情况

(单位:人民币元)

项　目	股　本	资本公积	盈余公积	法定公益金	未分配利润	股东权益合计
期初数	139325472	241424377	53551643	20849283	3046045	437347538
本期增加	—	183509	6172824	1104030	16745292	23101625
本期减少	—	1092735	737263	13954	19791338	21621337
期末数	139325472	240515150	58987203	21939359	0	438827826

变动原因:资本公积金增加是依据权益法处理子公司的调整增加数,资本公积金减少是根据财政部财会字[1998]16 号文将股份制改组评估增值部分的折旧转入营业外收入所致,盈余公积金的变动是根据董事会利润分配预案进行利润分配及下属子公司权 益变动所致， 未分配利润变动是本年利润转入及利润分配所致。

三、股东情况介绍

(一)本年度末,本公司股东总数为 27278 户。
(二)本公司前 10 名股东情况:

股　东　名　称	持股数量(股)	所占比例(%)
中国航空技术进出口深圳公司	35,748,900	25.66
上海新亚(集团)有限公司	14,829,100	10.64
中国新时代科技发展公司	14,300,000	10.26
深圳市国利泰投资有限公司	10,010,000	7.18
中国石油天然气管道局	4,290,000	3.08
深圳乌鲁木齐红山工贸公司	2,860,000	2.05
西安飞机工业集团有限责任公司	2,860,000	2.05
浙江省建工集团有限责任公司	2,860,000	2.05
浙江省新时代科技实业发展公司	1,430,000	1.03
北京城市开发集团有限责任公司	1,430,000	1.03

本公司前 10 名股东在本年度内所持股份无增减,均为法人股,无质押冻结情况。前 10 名股东之间不存在关联关系,也无代表国家持有股份的单位和外资股东。

深圳市纺织(集团)股份有限公司

一、公司简介

1、公司法定中文名称:深圳市纺织(集团)股份有限公司
英文名称:SHENZHEN TEXTILE (HOLDINGS) CO., LTD.
英文缩写:STHC
2、公司法定代表人:管同科
公司总经理:刘钧厚
3、公司董事会秘书:晁晋
联系地址:深圳市福田区华强北路 3 号深纺大厦六楼　邮政编码:518031
电话:0755-3776043　传真:0755-3776139
电子信箱:cjane@china.com
4、公司注册地址:深圳市福田区华强北路 3 号深纺大厦六楼
办公地址:深圳市福田区华强北路 3 号深纺大厦六楼　邮政编码:518031
公司电子信箱:textilew@public.szonline.net
5、公司选定的信息披露报纸:《证券时报》、《香港商报》
登载公司年度报告的中国证监会指定国际互联网网址:http://www.cninfo.com. cn
公司年度报告备置地点:本公司办公室
6、公司股票上市交易所:深圳证券交易所
股票简称:深纺织 A、深纺织 B　股票代码:0045、2045

二、会计数据和业务数据摘要

1、本年度主要利润指标　(单位:人民币元)

利润总额:	24,142,306.66
净利润:	20,822,263.94
扣除非经常性损益后的净利润:	15,824,096.94
主营业务利润:	58,451,975.35
其它业务利润:	3,549,076.46
营业利润:	1,042,904.20
投资收益:	13,220,872.47
补贴收入:	0.00
营业外收支净额:	9,878,529.99
经营活动产生的现金流量净额:	41,053,509.92
现金及现金等价物净增加额:	44,968,545.64

注:1)非经常性损益项目和涉及金额:报告期内,公司通过法律手段收回雅星纺织有限公司欠款及利息共 7,191,500.00 元,其中 4,998,167.00 元欠款已于 1998 年度计提了坏 帐准备。

2)公司聘请深圳大华会计师事务所和胡国志会计师行分别按中国会计准则和国际会计准则对公司财务报告进行了审计，审计结果公司实现净利润分别为 2082.2 万元和 2316.8 万元，其差额为 234.6 万元,该差异产生的原因是:B 股会计师按国际会计准则冲回了多提的折旧 234.6 万元。

2、前三年主要会计数据和财务指标:

	1999 年度	1998 年度	1997 年度
主营业务收入(元)	208,259,695.56	159,361,973.31	210,482,777.42
净利润(元)	20,822,263.94	(119,409,022.68)	765,723.46
总资产(元)	626,262,913.32	592,432,936.09	683,247,436.37
股东权益(不含少数股东权益:元)	256,129,680.34	235,314,762.82	351,721,914.47
每股收益(元/股)	0.127	(0.729)	0.005
扣除非经常性损益后的每股收益(元/股)	0.097	0.075	0.109
每股净资产(元/股)	1.57	1.42	2.15
调整后每股净资产(元/股)	1.47	0.96	1.76
每股经营活动产生的现金流量净额(元/股)	0.251	(0.026)	0.22
净资产收益率(%)	8.13	(51.26)	0.22

注:主要财务指标的计算方法
每股收益=净利润/年度末普通股股份总数
每股净资产=年度末股东权益/年度末普通股股份总数
调整后的每股净资产=(年度末股东权益-三年以上应收款项净额-待摊费用-待处 理(流动、固定)资产净损失-开办费—长期待摊费用—住房周转金负数余额)/年度末 普通股股份总数
每股经营活动产生的现金流量净额=经营活动产生的现金流量净额/年度末普通股股份总数
净资产收益率=净利润/年度末股东权益×100%

3、报告期内股东权益变动情况

项目	股本	资本公积	盈余公积	法定公益金	未分配利润	外币折算差额	股东权益合计
期初数	163416000	167833926	18587197	13635994	-114520232	-2127.47	235314762.82
本期增加	-	-	-	-	20822263	-	20822263.94
本期减少	-	-	-	-	-	7346.42	7346.42
期末数	163416000	167833926	18587197	13635994	-114520232	-9473.89	256129680.34

变动原因:(1)未分配利润增加为本年度实现净利润。
(2)股东权益增加为当年实现净利润与外币折算差额所致。

三、股东情况介绍

(1)截止 1999 年 12 月 31 日,公司共有股东 15,909 名,其中国家股东 1 名,A 股股东 12,682 名,B 股股东 3,227 名。

(2)截止 1999 年 12 月 31 日,公司前 10 名股东持股情况:

股东名称	持有股份	持股数量(股)	占总股本比例(%)
1、深圳市投资管理公司	国家股	108,240,000	66.24
2、Victor Onward Printing & Dyeing (HK) Co., Ltd.	B	1,741,500	1.07
3、Top Form China Holdings Ltd. N/A	B	1,056,000	0.65
4、Shinning Year Investments Group Ltd.	B	973,898	0.60
5、赵来发	A	615,549	0.38
6、高淑英	A	581,311	0.36
7、王庆忠	A	515,559	0.32
8、JING,NING	B	300,000	0.18
9、Best Reliance Investments Ltd.	B	244,200	0.15
10、赵文良	A	223,314	0.14

以上股东中代表国家持有股份的单位是深圳市投资管理公司,第 2、3、4、8、9 名是外资股东。
深圳市投资管理公司持有本公司股份 66.24%,法人代表:李黑虎,主营国有资产的经营管理。

光彩建设股份有限公司

一、公司简介

1、公司中文名称:光彩建设股份有限公司
公司英文名称: GuangCai Construction Co., Ltd.
2、公司法定代表人:卢志强
3、公司董事会秘书:王守仁
联系地址:深圳市南山区学府路8号荟芳园大厦A栋三楼
联系电话:(0755)6649732　　传真:(0755)6404132
公司授权代表:张宇
联系地址:深圳市南山区学府路8号荟芳园大厦A栋三楼
联系电话:(0755)6648037-238　　传真:(0755)6648033
电子信箱:zsaner@163.net
4、公司注册地址:深圳市南山区学府路8号荟芳园大厦A栋三楼
公司办公地址:深圳市南山区学府路8号荟芳园大厦A栋三楼　　邮政编码:518052
公司电子信箱:sznywyzy@sz.gd.cninfo.net
5、公司选定的信息披露报纸:《中国证券报》、《证券时报》
登载公司年度报告的中国证监会指定国际互联网网址:
http://www.cninfo.com.cn
公司年度报告备置地点:公司董事会秘书处
6、公司股票上市交易所:深圳证券交易所
股票简称:光彩建设　　股票代码:0046

二、会计数据和业务数据摘要

1、主要利润指标情况　　(单位:人民币元)

利润总额:	111,701,322.63
净利润:	96,570,461.52
扣除非经常性损益后的净利润:	3,826,595.45
主营业务利润:	34,416,516.48
其他业务利润:	625,546.05
营业利润:	3,701,002.48
投资收益:	108,590,395.49
补贴收入:	0
营业外收支净额:	417,720.45
经营活动产生的现金流量净额:	-49,271,197.90
现金及现金等价物净增加额:	-4,204,390.41

备注: 扣除的非经常性损益项目为转让本公司持有的北京工体泛海物业开发企业30%的股权所致。

涉及金额:　　92,743,866.07

2、主要会计数据和财务指标

项目	1999年	1998年	1997年
主营业务收入(元)	103,185,769.62	280,882,133.61	285,278,761.33
净利润(元)	96,570,461.52	90,831,268.99	40,656,738.24
总资产(元)	869,563,688.02	929,189,237.29	755,240,169.05
股东权益(元)	537,868,905.26	464,499,828.26	373,668,559.27
(不含少数股东权益)每股收益(元/股)	0.471	0.443	0.198
扣除非经常性损益后的每股收益	0.019	0.138	0.198
每股净资产(元/股)	2.625	2.267	1.82
调整后的每股净资产(元)	2.475	2.227	1.77
每股经营活动产生的现金流量净额	-0.241	0.181	_
净资产收益率(%)	17.95	19.55	10.89
净资产收益率(%)(加权)	19.73	22.00	11.5

(3)公司因会计政策、会计估计变更以及会计差错更正追溯调整以前年度会计数 据列示如下:

项目	1998年(调整后)	1997年(调整后)
主营业务收入(元)	276,830,834.92	285,278,761.33
净利润(元)	91,845,361.02	37,056,520.61
总资产(元)	833,728,278.93	738,547,705.89
股东权益(元)	441,298,443.74	356,976,096.11
每股收益(元/股)	0.448	0.181
每股收益(加权)	0.448	0.181
每股收益(摊薄)	0.448	0.181
扣除非经常性损益后的每股收益	0.143	0.181
每股净资产(元/股)	2.154	1.74
调整后的每股净资产(元)	2.114	1.69
每股经营活动产生的现金流量净额	0.181	_
净资产收益率(%)	20.81	10.38
净资产收益率(%)(加权)	23.34	11.09

3、本报告期内股东权益变动情况　　单位:万元

项目	股本	资本公积	盈余公积	法定公益金	未分配利润	合计
期初数	20,488.7825	10,199.837645	4,398.504224	1,389.596189	9,042.720005	44,129.844374
本期增加	-	-	1,462.92471	488.27981	8,194.121442	9,657.046152
本期减少						
期末数	20,488.7825	10,199.837645	5,861.428934	1,877.875999	17,236.841447	53,786.890526

三、股本变动及股东情况

1、截止1999年12月31日,公司股东总数为60282人,其中内部职工股股东1人。
2、公司前10名股东持股情况:

股东名称	持股数(单位:股)	比例
光彩事业投资集团有限公司	107,566,103(未流通)	52.50%
张兴国	605,800(已流通)	0.30%
泰和证券投资基金	499,930(已流通)	0.24%
邓秀英	399,047(已流通)	0.19%
赵沛亮	280,300(已流通)	0.14%
张小珍	280,000(已流通)	0.14%
普丰证券投资基金	249,100(已流通)	0.12%
北京中电电器公司	246,200(已流通)	0.12%
张娟	225,000(已流通)	0.11%
北海市辛迪贸易有限公司	222,880(已流通)	0.11%

前10名股东不存在关联关系。

深圳市中侨发展股份有限公司

一、公司简介

1、法定的中文名称:深圳市中侨发展股份有限公司
法定的英文名称:SHENZHEN OVERGLOBE DEVELOPMENT CO.,LTD.
2、公司法定代表人:黄安民
3、公司董事会秘书:杨玉梅
授权代表:慕凌霞
联系地址:深圳市罗湖区宝安南路西湖花园三层
联系电话:0755-5894572、5894316、5566868
传　真:0755-5566222
4、公司注册、办公地址:深圳市罗湖区宝安南路西湖花园三层
邮政编码:518008
公司电子信箱:szQDTao@public.szptt.net.cn
5、公司选定信息披露报纸:《证券时报》
登载公司年度报告的网址:
http://www.cninfo.com.cn.
公司年度报告备置点:公司董事会秘书处
6、公司股票上市交易所:深圳证券交易所
股票简称:深中侨A
股票代码:0047

二、会计数据和业务数据摘要

1、公司本年度利润指标

(单位:元)

项目	金额
利润总额	-161,634,382.31
净利润	-144,324,331.32
扣除非经常性损益后的净利润	-122,433,592.78
主营业务利润	-11,855,933.19
其他业务利润	-456,253.29
营业利润	-125,905,755.34
投资收益	-13,837,888.43
补贴收入	0
营业外收支净额	-21,890,738.54
经营活动产生的现金流量净额	8,031,717.51
现金及现金等价物净增加额	-14,1 杜 81,754.64

注:扣除非经常性损益后的净利润,扣除项目为:营业外收支,涉及金额为:21,890,738.54元。

2、截至报告期末公司前三年的主要会计数据和财务指标

(单位:人民币元)

项目	1999年度	1998年度		1997年度	
		调整后	调整前	调整后	调整前
主营业务收入	132411197.07	218289383	218289383	206798586	206798586
净利润	-144324331.32	3608877	7240976	34303506	34249693
总资产	1513533527.05	1585145492	1661416585	1094320192	1167149548
股东权益(不含少数股东权益)	139193310.38	283517641	307516083	279854951	300275107
每股收益	-1.20	0.03	0.06	0.28	0.28
加权平均每股收益	-1.20	0.03	0.06	0.28	0.28
扣除非经营性投资后的每股收益	-1.02	0.03	0.06	0.31	0.31
每股净资产	1.16	2.35	2.55	2.32	2.49
调整后的每股净资产	0.86	2.14	2.24	2.01	2.26
每股经营活动产生的现金流量净额	0.07	0.26	0.26	---	---
净资产收益率	-103.69%	1.27%	2.35%	12.26%	11.41%

计算公式:
每股收益=净利润/年度末普通股股份总数
每股净资产=年度末股东权益/年度末普通股股份总数
调整后的每股净资产=(年度末股东权益-三年以上的应收款项净额-待摊费用-待 处理(流动、固定)资产净损失-开办费-长期待摊费用-住房周转金负数余额)/年度末 普通股股份总数。
每股经营活动产生的现金流量净额=经营活动产生的现金流量净额/年度末普通股股份总数
净资产收益率=净利润/年度末股东权益×100%

3、报告期内股东权益变动情况

项目	股本(万股)	资本公积	盈余公积	其中:公益金	未分配利润	股东权益合计
期初数	12040	110524967.92	39581978.73	13143697.57	13006113	283517641.70
本期增加						
本期减少					144324331	144324331.32
期末数	12040	110524967.92	39581978.73	13143697.57	-131318218	139193310.38
变动原因					本年度亏损	本年度亏损

三、股东情况介绍

1、报告期末股东总数
截止1999年12月30日,公司股东共25660名。
2、前10名股东持股情况

股东名称	持股数量(股)	持股比例(%)
1、深圳市中侨实业有限公司	87480000	72.66
2、余志明	509893	0.42
3、付正文	472774	0.39
4、李伍秀	416961	0.35
5、曲六基	317620	0.26
6、金鑫证券投资基金	225100	0.19
7、张冲	185600	0.15
8、沈碧花	167764	0.14
9、普丰证券投资基金	146400	0.12
10、孙大为	145300	0.12

前10名股东之间不存在关联关系。持有本公司5%以上股份的股东为深圳市中侨 实业有限公司,本年度持股量没发生变化,其持有本公司法人股中8724万股抵押给贷款银行。

深圳市中科创业(集团)股份有限公司

一、公司简介

1、公司法定中文名称:深圳市中科创业(集团)股份有限公司
英文名称:CHINA VENTURE CAPITAL(GROUP)CO., LTD.
2、公司法定代表人:陈枫
3、公司董事会秘书:朱文学　董事会秘书授权代表:孔力
咨询机构:董事会秘书处　咨询电话:0755-5425020-288、377　传真:0755-5420155
电子信箱:szkdlzwx@sz.gd.cninfo.net
4、公司注册地址:深圳市罗湖区深南东路1086号集浩大厦二、三楼
办公地址:深圳市罗湖区深南东路1086号集浩大厦二、三楼
邮政编码:518003　公司主页:http://www.kondarl.com.cn
电子信箱:szkdlzwx@sz.gd.cninfo.net
5、公司选定《中国证券报》、《证券时报》为信息披露报纸
登载公司年度报告的国际互联网网址:http://www.cninfo.com.cn
年度报告备置地点:董事会秘书处
6、公司股票上市地:深圳证券交易所
股票简称:中科创业　股票代码:0048

二、会计数据和业务数据摘要

(一)公司本年度主要会计数据

项　目	金　额(元)
1、利润总额	77563215
2、净利润	59414295
3、扣除非经常性损益后的净利润	59014295
4、主营业务利润	150444749
5、其他业务利润	2191650
6、营业利润	471021
7、投资收益	77837102
8、补贴收入	400000
9、营业外收支净额	(1,144,908)
10、经营活动产生的现金流量净额	38193910
11、现金及现金等价物净增加额	(23,007,073)

(二)截至报告期末前三年主要会计数据和财务指标

指标项目	单位	1999年度	1998年度	1997年度
1、主营业务收入	元	835056515	879759496	831134887
2、净利润	元	59414295	40344384	7090021
3、总资产	元	1515703960	1414035843	1299875881
4、股东权益	元	547534262	496614938	456270554
5、每股收益	元/股	0.21	0.14	0.045
6、扣除非经常性损益后的每股收益	元/股	0.21	0.14	0.045
7、每股净资产	元/股	1.93	1.75	2.90
8、调整后的每股净资产	元/股	1.80	1.68	2.82
9、每股经营活动产生的现金流量净额	元/股	0.13	0.16	
10、净资产收益率%		10.85	8.12	1.55

(三)股东权益变动情况

本年度股东权益变动情况表(单位:股、元)

项目	股本	资本公积	盈余公积	法定公益金	未分配利润	合计
期初数	283165704	165987227	49,538,914	0	(2076907)	496614938
本期增加			1467478	2866869	59414295	59414295
本期减少					22829318	8494971
期末数	283165704	165987227	61006392	2866869	34508070	547534262

三、股本变动及股东情况

(一)股本变动情况

1、股份变动情况表(单位:股)

股份种类	本次变动前	本次变动增减(+,-)					本次变动后
	期初数	配股	送股	公积金转股	其他*	小计	期末数
一、未上市流通股份							
1、发起人股份	200385000						
其中:国家持有股份	200385000				-98000000	-98000000	102385000
法人持有股份	0				+98000000	+98000000	98000000
2、国有股转配	8224704						8224704
尚未流通股份合计	208609704						208609704
二、已上市流通股份							
1、境内上市的人民币普通股	74556000						74556000
其中:高级管理人员持股	342000						342000
已流通股份合计	74556000						74556000
三、股份总数	283165704				0	0	283165704

(2)报告期内股份总数的变动情况

本公司报告年度内股份总数未发生变动。

(二)股东情况介绍

1、本报告期末的股东总数为6,175户(人),其中公司高级管理人员持股3人;与期 初相比,高级管理人员持股减少1人,系因魏代明先生已辞去公司监事(长)职务,未统计在内。

2、公司前十名股东持股情况(截止1999年12月31日):

股东名称	持股数(股)	占总股本比例(%)	备注
深圳市龙岗区投资管理有限公司	102,385,000	36.16	未流通
海南燕园投资有限公司	63,700,000	22.50	未流通
海南沃和生物技术有限公司	29,400,000	10.38	未流通
北京英特泰投资顾问有限公司	7,320,465	2.59	未流通
民乐燕园投资有限公司	4,900,000	1.73	未流通
北京克沃科技有限公司	1,646,500	0.58	已流通
深圳市兴中图投资有限公司	828,400	0.29	已流通
张　杰	703,671	0.25	已流通
何晓英	644,800	0.23	已流通
胡雪英	619,635	0.22	已流通

深圳市万山实业股份有限公司

一、公司简介

1.公司名称:深圳市万山实业股份有限公司
2.英文名称:SHENZHEN WORLDDSUN ENTERPRISE CO.,LTD
3.法定代表人:徐崇友
4.董事会秘书:何冰洁
联系电话:0755-2131400
传　　真:0755-2131400
5.公司注册和办公地址:深圳市桂园路桂花大厦A座M层
邮政编码:518001
电子信箱:szhzbing@sz.gd.cninfo.net
6.公司股票上市地:深圳证券交易所
股票简称:深万山
股票代码:0049
7.公司选定的信息披露报纸:《证券时报》
刊载公司年度报告的中国证监会指定国际互联网网址:
http://www.sse.com.cn
8.公司年度报告备置地点:本公司办公室

二、会计数据和业务数据摘要

1.公司利润总额及构成:

99年1月至12月利润总额	22,875,306.25
净利润	19,649,174.08
扣除非经营性损益后的净利润	19,649,174.08
主营业务利润	39,434,171.45
其他业务利润	——
营业利润	16,722,428.64
投资收益	909,889.30
补贴收入	—
营业外收支净额	5,242,988.31
经营活动产生的现金流量净额	1,893,092.59
现金及现金等价物净增加额	4,522,415.48

2.前三年的主要会计数据和财务指标

项　目	1999年	1998年	1997年
主营业务收入(万元)	16,126.22	3,744.75	2,913.32
净利润(万元)	1,964.91	3,011.67	-2,040.64
总资产(万元)	44,449.32	43,528.09	49,881.26
股东权益(万元)	22,718.43	20,753.52	17,710.07
每股收益(元/股)	0.1436	0.33	-0.2237
每股净资产(元/股)	1.66	2.275	1.94
调整后的每股净资产(元/股)	1.50	1.93	1.32
每股经营活动产生的现金(元/股)	0.0138	0.0174	0.044
净资产收益率(%)	8.65	14.51	-11.52

注:
主要财务指标计算方法:
每股收益=净利润/年度末普通股股份数
每股净资产=年度末股东权益/ 年度末普通股股份总数
调整后的每股净资产=(年度末股东权益-三年以上的应收款项净额-待摊费用- 待处理(流动、固定)资产净损失-开办费-长期待摊费用-住房周转金负数余额)
/年度末普通股股份总数]
净资产收益率=净利润/年度末股东权益X100%
每股经营活动产生的现金流量净额=经营活动产生的现金流量净额/年度末普通股股份总数

3.报告期内股东权益变动及原因

(单位:元)

项目	股本	资本公积	盈余公积	法定公益金	未分配利润	股东权益合计
期初数	91,219,440	104,307,508.17	4,936,920.32	2,544,322.33	7,071,335.50	207,535,203.99
本期增加	45,609,720		2,859,562.61	953,187.54	16,789,611.47	19,649,174.08
本期减少		45,609,720				
期末数	136,829,160	58,697,788.17	7,796,482.93	3,497,509.87	23,860,946.97	227,184,378.07

变动原因说明:

1、1999年6月公司实施了资本公积金转增股本的方案,每10股转增5股,公司股 本由9121.944万股变成13682.916万股。

2、本期提取法定公积金1,906,375.07元,提取法定公益金953,187.54元。

三、股东情况介绍

1.截止到1999年末,公司股东总数为15139户,其中国家股股东1户,法人股股 东 1 户, 社会公众股股东15137户。

2.前10名股东持股情况

股东名称	持股数(股)	占总股本比例(%)
深圳市城市建设开发(集团)公司	91025047	66.52
深圳市丰汇股份有限公司	1080540	0.79
高存班	602151	0.44
朱江	435000	0.32
袁道辉	410850	0.30
谢永章	398829	0.29
王梅	362610	0.27
吴东魁	354700	0.26
浙江知人净化设备公司	345000	0.25
陆海龙	343578	0.25

说明:(1)深圳市城市建设开发(集团)公司持有股份已被法院依法冻结。
(2)报告期内控股股东未变动。
(3)前10名股东之间不存在关联关系。
(4)　深圳市城市建设开发(集团)公司代表国家持有股份。

3.持股在10%以上的法人股股东情况

深圳市城市建设开发(集团)公司持有国家股9102.5万股,占公司总股本的66.52%。该公司法定代表人为李育国。经营范围为:市政建设、房地产开发及商品租赁 、销售、维修管理。

深圳天马微电子股份有限公司

一、公司简介

1.公司名称:深圳天马微电子股份有限公司
英文名称:SHENZHEN TIANMA MICROELECTRONICS CO ., LTD
2.法定代表人:李志正
3.董事会秘书:邓柏松　　授权代表:赵扬
联系地址:深圳市深南中路中航苑航都大厦22层南
联系电话:3793846 3790649　　传真:3790431
电子信箱:sztmzq@sz.gd.cninfo.net
4.注册地址:深圳市深南中路中航苑航都大厦22层南
办公地址:深圳市深南中路中航苑航都大厦22层南　　邮政编码:518041
公司国际互联网网址:http://www.tianma.com.cn
公司电子信箱:　admin@tianma.com.cn
5.信息披露报纸:《证券时报》
登载年度报告指定国际互联网网址:http://www.cninfo.com.cn
年度报告备置地址:深圳市深南中路中航苑航都大厦22层南公司办公室
6.股票上市交易所:深圳证券交易所　　股票简称:深天马A　　股票代码:0050

二、会计数据和业务数据摘要

1.公司本年度实现利润总额24,451,327.67元,净利润22,006,194.90元,扣除非经常性损益后的净利润22,006,194.90元,主营业务利润53,805,319.92元,其它业务利润934,374.37元,营业利润15,020,628.27元,投资收益2,658,165.78元,营业外收支净额6,772,533.62,经营活动产生的现金流量净额-22,939,163.29元,现金及现金等价物净增加额-16,996,031.24　元。

2.报告期末公司前三年的主要会计数据和财务指标

指标项目	1999年末数	1998年末数	1997年末数
主营业务收入(元)	269058645.97	172359929.79	219024479.14
净利润(元)	22006194.90	30331274.54	37407713.21
总资产(元)	521682494.42	464702660.50	407732140.54
股东权益(不含少数股东权益)	336158439.75	325911244.85	185635079.38
每股收益(元/股)	0.189	0.261	0.409
每股净资产(元/股)	2.89	2.80	2.03
调整后的每股净资产(元/股)	2.82	2.73	1.97
每股经营活动产生的现金流量净额(元/股)	-0.197	0.083	
净资产收益率(%)	6.55	9.31	20.15
加权平均每股收益(元/股)	0.189	0.281	0.409

注:(1)主要财务指标的计算方法:
每股收益=净利润/年度末普通股股份总数
每股净资产=年度末股东权益/年度末普通股股份总数
净资产收益率=净利润/年度末股东权益×100%
调整后每股净资产=(年度末股东权益-三年以上的应收款项净额-待摊费用-待处理(流动、固定)资产净损失-开办费-长期待摊费用-住房周转金负数余额)/年度末普通股股份总数每股经营活动产生的现金流量净额=经营活动产生的现金流量净额/年度末普通股股份总数

调整前各年度会计数据如下:(单位:元)

项目	1999年	1998年	1997年
坏帐准备	6042291.44	145474.94	94610.72
存货跌价准备	1,306,538.50		
短期投资跌价准备	281,400.00		
长期投资减值准备	67,500.00		
未分配利润	22435653.91	20915025.11	18712814.14

调整后各年度会计数据如下:(单位:元)

项目	1999年	1998年	1997年
坏帐准备	6042291.44	4658462.90	7649212.94
存货跌价准备	1,306,538.50		726,782.94
短期投资跌价准备	281400.00	1749192.28	1185034.35
长期投资减值准备	67500.00	67500.00	67500.00
未分配利润	22435653.91	15357388.24	11667104.89

3、报告期内股东权益变动情况　　单位:元

项目	股本	资本公积	盈余公积	法定公益金	未分配利润	股东权益合计
期初数	116270000	159590137.28	34693719.33	13889296.23	15357388.24	325911244.85
本期增加			3300929.23	1100309.74	7078265.67	10379194.90
本期减少		132000.00				132000.00
期末数	116270000	159458137.28	37994648.56	14989605.97	22435653.91	336158439.75

变动原因说明:1.资本公积金较年初减少132,000元,系公司按1997年度配售新股所筹资的总额的1‰,缴纳的证券发行监督管理费所致;

2.盈余公积金较年初增加3,300.929.23元,系公司本年度提取法定公积金2,200,619.49元和法定公益金1,100,309.74元所致;

3.法定公益金较年初增加1,100,309.74元,系公司本年度提取法定公益金所致;

4.未分配利润较年初增加7,078,265.67元,系公司99年度净利润减去提取的"两 金"后,净增未分配利润18,705,265.67元。根据董事会99年分配预案,未分配利润转 入未付股利11,627,000.00元所致。

三、股东情况介绍

(1) 报告期末股东总数
本公司截止1999年12月31日股东总数为20,031户。
(2) 前10名股东持股情况(截止1999年12月31日)

股东名称	持股数(股)	持股比例(%)
深圳中航实业股份有限公司	79464000	68.344
深圳市投资管理公司	16909000	14.543
华夏证券有限公司深圳公司	2136405	1.837
刘小莲	339558	0.292
林建新	290000	0.249
王　强	179439	0.154
普丰证券投资基金	141400	0.122
单正婷	123100	0.106
莫建业	100100	0.086
辽宁外贸招商股份有限公司	100000	0.086

方大集团股份有限公司

一、公司简介

1、公司的法定中、英文名称及缩写:
中文:方大集团股份有限公司　(简称:方大集团)
英文:CHINA FANGDA GROUP CO.,LTD.(英文缩写:CFDC)
2、本公司法定代表人:熊建明先生
3、本公司董事会秘书:卢卫卫先生
联系地址:中华人民共和国深圳市南山区西丽龙井方大城
邮政编码:518055
联系电话:86(755)6608571转6622　　传真:86(755)6608353
电子信箱:weiweilu@ 163.net.
4、本公司注册地址:中华人民共和国深圳市南山区西丽龙井方大城
邮政编码:518055
电子信箱:fangda@ public.szonline.net
互联网址:http://www.fangda.com
本公司办公地址:中华人民共和国深圳市南山区西丽龙井方大城科技大厦
邮政编码:518055
电子信箱:fangda@public.szonline.net
互联网址:http://www.fangda.com
5、本公司选定的信息披露报纸名称:
《中国证券报》、《证券时报》、《上海证券报》、香港《大公报》
本公司年度报告备置地点:本公司董事会秘书处
登载本公司年度报告的中国证监会指定国际互联网网址:
http://www.cninfo.com.cn
6、本公司股票简称、股票代码和股票上市交易所:
A股:深圳方大　0055　深圳证券交易所　B股:深方大B　2055　深圳证券交易所

二、会计和业务数据摘要

1、1999年度本公司利润总额及构成　(单位:人民币元)

利润总额:	74,177,076
主营业务利润:	110,148,766
其他业务利润:	129,060
营业利润:	58,902,956
营业外收支净额:	15,274,120
净利润:	66,486,812
扣除非经常性损益后的净利润为:	66,486,812
2、经营活动产生的现金流量净额:	41,175,666
3、现金及现金等价物净增加额:	66,177,863

4、境内、外会计师审计的净利润差异说明
5、主要会计数据:　　单位:人民币元

项目	1999年	1998年	1997年
主营业务收入	453,909,674	500,682,171	404,948,508
净利润	66,486,812	148,588,662	125,226,548
总资产	1,120,541,505	955,773,713	851,751,272
股东权益	988,784,012	809,418,837	712,670,175

6、主要财务指标:

	1999年	1998年	1997年
每股收益(元)(全面摊薄)	0.224	0.516	0.522
每股收益(元)(扣除非经常性损益后)	0.224	0.516	0.522
每股收益(元)(加权平均)	0.230	0.516	0.557
每股净资产(元)(全面摊薄)	3.34	2.81	2.97
调整后的每股净资产(元)	3.28	2.75	2.93
每股经营活动产生的现金流量净额 (元)	0.139	0.103	
股东权益比率(%)	88.24	84.69	83.67
净资产收益率(%)(全面摊薄)	6.72	18.36	17.57
净资产收益率(%)(加权平均)	7.39	19.52	22.71

注:主要财务指标的计算方法:
每股收益=净利润/年度末普通股股份总额
每股净资产=年度末股东权益/年度末普通股股份总数
调整后的每股净资产=(年度末股东权益-三年以上的应收款项-待摊费用-待处理(流量、固定)资产净损失-开办费-长期待摊费用-住房周转金负数余额)/年度末普通股股份总额
每股经营活动产生的现金流量净额=经营活动产生的现金流量净额/年度末普通股股份总数
净资产收益率=净利润/年度末股东权益×100%

7、1999年度本公司股东权益变动情况(单位:股、人民币元)

项目	股本	资本公积	盈余公积	法定公益金	未分配利润	股东权益合计
期初数	288,000,000	307,726,516	66,059,373	23,410,946	147,632,948	809,418,837
本期增加	8,400,000	104,478,363	9,973,022	3,324,341	56,513,790	179,365,175
本期减少	0	0	0	0	0	0
期末数	296,400,000	412,204,879	76,032,395	26,735,287	204,146,738	988,784,012

三、股东情况介绍

1、报告期末本公司股东总数为26327个。
2、前10名股东的持股情况　(截止1999年12月31日 单位:股)

序号	股东名称	期初数	期末数	占总股本比例(%)	股份性质
1	深圳方大经济发展股份有限公司	102,681,600	107,112,000	36.14%	法人股
2	集康国际有限公司	25,368,000	25,368,000	8.56%	法人股
3	北京证券有限公司	3,936,580	4,920,725	1.66%	流通A股
4	中信实业银行深圳分行证券营业部	0	4,046,539	1.37%	流通A股
5	SSBT/THE CHINA FUND-UHI UHOI	1,080,000	3,102,481	1.05%	流通B股
6	北京证券有限公司天坛营业部	2,061,060	2,576,325	0.87%	流通A股
7	ABN AMRO BANK AMSTERDAM	2,073,140	2,073,140	0.70%	流通B股
8	上海香港万国证券	1,694,680	2,011,261	0.68%	流通B股
9	GLOBAL POWER INVESTMENTLTD.	2,360,330	2,000,505	0.67%	流通B股
10	深圳市蛇口渔二实业股股份有限公司	0	1,920,000	0.65%	法人股

前10名股东之间不存在关联关系。

深圳市国际企业股份有限公司

一、公司简介

1、公司法定中文名称:深圳市国际企业股份有限公司
公司法定英文名称:SHEN ZHEN INTERNATIONAL ENTERPRISE CO.,LTD
2、公司法定代表人:李锦全
3、公司董事会秘书:周皓琳　　公司股证事务授权代表:谢伟
联系地址:深圳市人民南路发展中心大厦23层
电话:(0755)2285564、2285565　　传真:(0755)2285573
电子邮件(E-mail): guoqi@szonline.net
4、公司注册地址:深圳市人民南路发展中心大厦23层
公司办公地址:深圳市人民南路发展中心大厦23层　　邮政编码:518001
公司国际互联网网址:http://www.china-ia.com/
电子信箱:szia@szonline.net
5、公司选定的信息披露报纸名称:《证券时报》、《香港商报》
登载公司年度报告的中国证监会指定国际互联网网址:
http://www.cninfo.com.cn
公司年度报告备置地点:深圳市人民南路发展中心大厦23层投资管理部
6、公司股票上市交易所:深圳证券交易所
股票简称:深国商A　深国商B　股票代码: 0056　2056

二、会计数据和业务数据摘要

1、本年度主要利润指标情况(单位:元)

项　　目	1999年度合并报表
利润总额:	45,942,865.52
净利润:	30,221,445.83
扣除非经常性损益后的净利润:	30,221,445.83
主营业务利润:	98,132,969.85
其它业务利润:	25,042,428.70
营业利润:	43,147,477.19
投资收益:	—
补贴收入:	—
营业外收支净额:	2,795,388.33
经营活动产生的现金流量净额:	39,401,981.33
现金及现金等价物净增加额:	34,446,298.58

2、截止报告年度末公司前三年的主要会计数据和财务指标: (单位:万元)

	1999年	1998年		1997年	
		调整前	调整后	调整前	调整后
主营业务收入	31470.38	33239.05	33239.05	21412.48	21412.48
净利润	3022.14	236.98	605.58	4097.18	4751.39
总资产	123333.28	106409.89	105013	89843.79	88099.22
股东权益(不含少数股东权益)	41603.41	41061.75	39685.78	40824.78	39080.20
每股收益(元)	0.1368	0.01073	0.0274	0.223	0.258
每股收益(加权)	0.1368	0.01153	0.0295		
每股净资产(元)	1.88	1.859	1.797	2.22	2.12
调整后的每股净资产(元)	1.606	1.66	1.48	2.0	1.95
每股经营活动产生的现金流量净额	0.178	0.12	0.12		
净资产收益率(%)	7.26	0.577	1.526	10.04	12.15

注1:主要会计数据和财务指标计算公式:
每股收益=净利润/年度末普通股股份总数
每股净资产=年度末股东权益/年度末普通股股份总数
调整后的每股净资产=(年度末股东权益-三年以上的应收款项-待摊费用-待处理(流动、固定)资产净损失-开办费-长期待摊费用-住房周转金负数余额)/年度末普通股股份总数
每股经营活动产生的现金流量净额=经营活动产生的现金流量净额/期末普通股股份总数
净资产收益率=净利润/年度末股东权益×100%
注2:上述数据和指标是以合并会计报表数填列或计算。
注3:报告期末至报告摘要披露日,本公司股本未发生变化。
注4:1997年和1998年调整后的主要会计数和财务指标系根据财政部财会字[1999]35号文、49号文的有关规定,改变会计政策,进行追溯调整所致。
注5:“应收款项”包括应收帐款、其他应收款、预付帐款、应收股利、应收利息和应收补贴款。
3、股东权益变动情况表:

项目	股本	资本公积	盈余公积	法定公益金	未分配利润	股东权益合计
期初数	220901184	51109680	85801995	12808133.72	39044911.83	396857722.13
本期增加			4533216	1511072.29	14643169.76	19176436.63
本期减少						
期末数	220901184	51109680	90335212	14319206.01	53688081.59	416034158.76
变动原因			提取	提取	年度盈利	年度盈利

三、股东情况介绍

1、股东情况介绍
(1)报告期末股东总数:29859户。
(2)公司前十名股东持股情况(截止1999年12月31日)　单位:万股

股东名称	年末持股数	占总股本比率(%)
1、深圳经济特区发展(集团)公司	4203.533	19.03
2、马来西亚和昌父子有限公司	3026.431	13.70
3、深圳市泰天实业发展公司	1907.539	8.64
4、F.C.(ASIA) HODINGS SDN.BHD.	997.770	4.51
5、LETSCON HOLDINGS SDN.BHD.	864.000	3.91
6、永胜袜业有限公司	403.411	1.83
7、香港盟兴实业有限公司	374.400	1.69
8、李木桂	373.076	1.69
9、马来西亚友企联合有限公司	288.000	1.30
10、深圳市宝安银鹏投资有限公司	288.000	1.30
11、香港和盛国际贸易公司	288.000	1.30

上述股东之间无关联关系。
以上股东中国有股股东为深圳经济特区发展(集团)公司,外资股东有马来西亚和 昌父子有限公司、F. C.(ASIA) HODINGS SDN.BHD.、LETSCON HOLDINGS SDN.BHD.、香港盟兴实业有限公司、李木桂、马来西亚友企联合有限公司、香港和盛国际贸易公司。

深圳赛格股份有限公司

一、公司简介

1、公司中文名称:深圳赛格股份有限公司
英文名称:SHENZHEN SEG CO.,LTD.
2、法定代表人:王殿甫
3、董事会秘书:郑　丹
联系地址:深圳市福田区华强北路宝华大厦16楼
电　　话:0755-3675060　传　　真:0755-3779770
电子信箱:segcl1@baohua.com.cn
4、公司注册及办公地址:深圳市福田区华强北路宝华大厦16楼　　邮政编码:518031
公司国际互联网网址:http://www.segcl.com.cn
电子信箱:segcl@baohua.com.cn
5、公司选定的信息披露报纸:《证券时报》和香港《大公报》
登载公司年度报告的中国证监会指定国际互联网网址: http:/www.cninfo.com.cn
公司年度报告备置地点:深圳市福田区华强北路宝华大厦16楼公司办公室
6、公司股票上市交易所:深圳证券交易所
股票简称及代码:A股　　深赛格 0058
B股　　深赛格B　2058

二、会计数据和业务数据摘要

1、1999年度本公司利润总额及构成　　(单位:人民币元)

利润总额:	219006056.33
其中:	
净利润:	146453022.76
扣除非经常性损益后的净利润:	146453022.76
主营业务利润:	379453877.31
其他业务利润:	33699984.93
营业利润:	197683492.37
投资收益:	887203.67
补贴收入:	
营业外收支净额:	20435360.29
经营活动中产生的现金流量净额:	53397126.01
现金及现金等价物净增加额:	(142843897.40)

2、主要会计数据和财务指标:　　单位:人民币千元)

项　目	1999年	1998年		1997年	
		调整前	调整后	调整前	调整后
主营业务收入	1882451	1732188	1732188	1697920	1697920
净利润	146453	140911	133341	226323	190129
总资产	3922574	2977926	2940921	2401721	2356666
股东权益(不含少数股东权益)	1413234	1351340	1309556	1030960	994766
每股收益(元/股)	0.239	0.230	0.217	0.562	0.472
加权平均每股收益(元/股)	0.239	0.281	0.22	0.58	0.487
扣除非经常性损益后的每股收益(元/股)	0.239	0.281	0.217	0.272	0.182
每股净资产(元/股)	2.304	2.20	2.135	2.562	2.472
调整后的每股净资产(元/股)	2.14	2.14	2.07	2.49	2.37
每股经营活动产生的现金流量净额(元/股)	0.087	0.368	0.368		
净资产收益率(%)	10.36	10.43	10.18	21.97	19.11

注:主要财务指标的计算方法:
(1)每股收益 = 净利润/年度末普通股股份总数
(2)每股净资产 = 年度末股东权益/年度末普通股股份总数
(3)调整后的每股净资产=(年度末股东权益-三年以上的应收款项净额-待摊费用-待处理(流动、固定)资产净损失-开办费-长期待摊费用-住房周转金负数余额)/年度 末普通股股份总数
(4)每股经营活动产生的现金流量净额=经营活动产生的现金流量净额/年度末普 通股股份总数
(5)净资产收益率 = 净利润/年度末股东权益×100%
3、1999年度本公司股东权益变动情况　　(单位:人民币千元)

项目	股本	资本公积	法定盈余公积	法定公益金	任意盈余公积	未分配利润	股东权益合计
期初数	613427	322746	46731	37634	7179	281709	1309426
本期增加		296	14645	14645	150000	146453	326039
本期减少						222231	222231
期末数	613427	323042	61376	52279	157179	205931	1413234

变动原因:(1)资本公积金本期增加29.6万元,主要原因是本公司的联营控股公司 外方股东投入的外币资本在折算成人民币时形成的资本折算差额增加了资本公积;
(2)盈余公积金增加主要是由于年末计提了10%法定盈余公积金、10%法定公益 金和15000万元任意盈余公积金;
(3)未分配利润减少是由于本年实现的利润及年初未分配利润计提了法定盈余公 积金、法定公益金和任意盈余公积金以及每10股派现金0.7元。

三、股本变动及股东情况

(1)报告期末股东总数
截止1999年12月31日公司股东总数为11400户。
(2)截止1999年12月31日本公司前十大股东名单

序号	名称	年初持股(万股)	增减(万股)	年末持股(万股)	股份比例	股份性质
1	深圳市赛格集团有限公司	36058.91	0	36058.91	58.78%	国有法人股
2	CREATE INVESTMENTS LTD	2459.90	-12.55	2447.35	4.01%	B股
3	MAXFORM ENTERPR ISES LTD	1016.78	0	1016.78	1.66%	B股
4	SMART HILL INVESTMENT LTD	935.65	0	935.65	1.53%	B股
5	PACIFIC RIM ASSETS LTD	1110.85	-251.20	859.65	1.40%	B股
6	展佳国际发展有限公司	707.83	-100.20	607.63	0.99%	B股
7	KINGFORD ELECTRONICS CO LTD	586.86	0	586.86	0.96%	B股
8	民乐投资有限公司	537.80	0	537.80	0.88%	B股
9	SEQUEL COMPANY LTD	668.27	-206.71	461.56	0.75%	B股
10	宝勇企业有限公司	311.83	0	311.83	0.51%	B股

注:公司前10名股东之间不存在关联关系

深圳辽河通达化工股份有限公司

深圳辽河通达化工股份有限公司 1999 年年度报告摘要

一. 公司简介

1.公司中文名称:深圳辽河通达化工股份有限公司
公司英文名称:SHENZHEN LIAOHE TONGDA CHEMICALS COMPANY LIMITED
2.公司法定代表人:谭中兴先生
3.公司董事会秘书:陆峰先生
联系地址:深圳市深南中路 13 号新城大厦西 座 11 楼
联系电话:0755-2275565 联系传真:0755-2275575
董事会秘书授权代表:徐力军先生
联系地址:辽宁省盘锦市深圳辽河通达化工股份有限公司
联系电话:0427-5855742 联系传真:0427-5859014
4.公司注册地址:深圳市深南中路 13 号新城大厦西座 11 楼
公司办公地址: 深圳市深南中路 13 号新城大厦西座 11 楼
邮政编码:518031
辽宁省盘锦市深圳辽河通达化工股份有限公司
邮政编码:124021
国际互联网地址:www.lthg.com
E-mail: LTDM@PUBLIC2.PJPTT.LN.CN
5.公司选定的信息披露报纸:中国证券报。证券时报
公司年报登载的国际互联网地址:www.cninfo.com.cn
年度报告备置地点: 深圳市深南中路 13 号新城大厦西座 11 楼
6.公司股票上市地:深圳证券交易所
公司股票简称:辽通化工 公司股票代码:0059

二. 会计数据和业务数据摘要

(一)公司本年度实现利润总额为 13145.0 万元,净利润为 10597.3 万元,扣除非经营性损益后的净利润 4311.3 万元,本公司非经营性损益为汇兑损益,金额 8025.0 万元,主 营业务利润为 22791.6 万元,其他业务利润-528.3 万元,营业利润 10910.8 万元,投资收益 0 万元,补贴收入 2687.6 万元,营业外收支净额为-453.1 万元,经营活动产生的现金流量净额 23539.2 万元,现金及现金等价物流量净额增加 11850.2 万元。

(二) 主要会计数据和财务指标

项 目	1999 年	1998 年		1997 年(调整后)	
		调整后	调整前	调整后	调整前
主营业务收入(万元)	139690.2	125349.6	125349.6	133691.6	135538.6
净利润 (万元)	10597.3	2290.4	2541.0	22517.0	21539.5
总资产 (万元)	283515.4	289490.3	292659.9	282507.9	279015.2
股东权益 (万元)	155075.9	171007.7	171620.6	135645.9	130033.6
每股收益(元)	0.16	0.035	0.038	0.34	0.35
按月计算每股收益(元)	0.013	0.003	0.003	0.028	0.03
扣除非经营性损益后的每股净利润(元)	0.065	0.084	0.088	0.223	0.233
每股净资产(元)	2.34	2.58	2.59	2.05	2.11
调整后每股净资产(元)	2.06	2.29	2.29	1.92	1.92
每股经营活动产生的现金流量净额(元)	0.355	_	_	_	_
净资产收益率(%)	6.84	1.36	1.66	16.58	16.59

注:1.主要财务指标计算方法
①每股收益=净利润/年度末普通股股份总额
②每股净资产=年度末股东权益/年度末普通股股份总额
③调整后每股净资产=(年度末股东权益-三年以上应收帐款-待摊费用-待处理财 产净损失-开办费-长期待摊费用-住房周转金负数余额)/年度末普通股股份总额
④每股经营活动产生的现金流量净额=经营活动产生的现金流量净额/年度末普通股股份总额
⑤净资产收益率=净利润/年度末股东权益×100%
2.调整以前年度财务数据
由于会计政策变更,根据财政部财会字[1999]35 号文的有关规定,采用了追朔调整法,调整了一九九九年度合并会计报表相关的"坏帐准备"、"存货跌价准备"帐项 。

	坏帐准备	存货跌价准备	未分配利润
调整前	308802.84	0	187819371.17
调整后	10955074.54	0	182609387.17

(三)报告期内股东权益变动情况及说明(单位:万元)

项目	股本	资本公积	盈余公积	法定公益金	未分配利润	股东权益合计
期初数	66322.52	82007.9	4416.3	1472.1	18260.9	171007.7
本期增加	0	0	1589.6	529.9	9007.7	10597.2
本期减少	0	0	0	0	26529.0	26529.0
期末数	66322.52	82007.9	6005.9	2002.0	739.6	155075.9
变动原因			依法提取 10% 法定公积金	依法提取 5% 法定公益金	本年度每 10 股分配 4.00 元	利润分配

三. 股东情况介绍

1. 截止 1999 年 12 月 31 日,本公司股东数量为 82833 户。
2. 持有本公司 5%以上股权的股东为:

	期初数	比例	期末数	比例
盘锦辽河化工(集团)有限责任公司	45933 万股	69.25%	45933 万股	69.25%
深圳通达化工总公司	3489 万股	5.26%	3489 万股	5.26%

本公司前十名股东持股情况	期末股数 (万股)	比例 (%)
盘锦辽河化工(集团)有限责任公司	45933	69.25
深圳通达化工总公司	3489	5.26
李春义	168.5796	2.54
赵 彬	140.7735	2.11
关祺平	137.6600	2.07
泰和证券投资基金	100.0170	1.51
杨志琳	98.1822	1.48
王金成	97.5100	1.46
刘东明	68.7800	1.00
梁振成	65.6400	0.99

本公司前两名股东为盘锦辽河化工(集团)有限责任公司和深圳通达化工总公司, 所持的本公司股票为国有法人股和社会法人股,都未上市流通。盘锦辽河化工(集团) 有限责任公司代表国家持有本公司国有法人股。

报告期本公司持有公司 5%以上股份的股东所持公司股票无质押或冻结情况。

四. 股东大会简介

1.本公司报告期内召开 2 次股东大会
①1999 年 5 月 23 日,公司召开 1998 年度股东大会
a.公司董事会负责召集召开本次股东大会,并以公告形式向公司股东发出会议通 知(公告刊登于 1999 年 4 月 21 日《中国证券报》及《证券时报》上)
b.会议审议并通过了《1998 年度董事会工作报告》;会议审议并通过了《1998 年 度总经理工作报告》;会议审议并通过了《1998 年度财务决算》;会议审议并通过了《1998 年度利润分配方案》
c.1999 年 5 月 25 日,公司在《中国证券报》及《证券时报》上刊登了本次股东大会决议公告。
2 1999 年 11 月 13 日,公司召开 1999 年度临时股东大会
a.公司董事会负责召集召开本次股东大会,并以公告形式向公司股东发出会议通 知(公告刊登于 1999 年 8 月 12 日《中国证券报》及《证券时报》上,临时股东大会推迟 公告刊登于 1999 年 8 月 26 日《中国证券报》及《证券时报》上,临时股东大会召开公告刊登于 1999 年 10 月 9 日《中国证券报》及《证券时报》上)
b.会议同意刘景森先生、张宝吉先生因工作需要辞去公司董事职务。会议补选谭中兴先生、李万忠先生为公司本届董事会董事。
c.1999 年 11 月 16 日,公司在《中国证券报》及《证券时报》上刊登了本次股东大 会决议公告。
2、报告期内刘景森先生、张宝吉先生因工作需要辞去公司董事职务,1999 年度临时股东大会上补选谭中兴先生、李万忠先生为公司本届董事会董事。

五. 董事会报告

(一) 公司经营情况
1、本公司主要从事化学肥料的生产与销售,目前为国内第二大尿素生产商。
2、本公司主导产品尿素主要销售地区是辽宁省,1999 年度本公司实现主营业务收入 139690.2 万元,主营业务利润 227916357.39 万元。
3、经营过程中出现的问题及解决方案
1999 年本公司主导产品尿素销售价格仍然徘徊于低谷,原燃料略有上涨,生产经营面临巨大压力。面对困难和问题,我们积极组织员工,着重作好以下各个方面,有效保 证装置的高效低耗,长周期运转,降低产品的单位生产成本。
(1)狠抓原燃料供应关,尽可能降低原燃料的生产成本;
(2)狠抓设备管理,消除生产隐患,严防事故发生;
(3)强化劳动纪律,严格工艺操作规程。
(二) 公司财务状况
1.财务状况分析

项 目	1999 年末 (单位:万元)	1998 年末 (单位:万元)	增加值 (单位:万元)	变动原因
总资产	283515.4	289490.4	-5975	利润分配
长期负债	53030.3	59140.6	-6110.3	本年度还贷
股东权益	155075.9	171007.7	-15931.8	利润分配
主营业务利润	22791.6	19413.0	3378.6	装置高效运转,产品产量增加,单位生产成本降低。
净利润	10597.3	2290.5	8306.8	汇兑损益增利,主营业务利润增加,财政补贴减少。

2.本公司财务报告经深圳同人会计师事务所审计,出具无保留意见审计报告。
(三)公司投资情况
1、本公司在报告期内未募集资金,但 1998 年度配股募集的资金已延续到本年度使用。
2. 配股资金承诺投资项目与实际投资项目比较:

承诺投资项目	实际投资项目	说明
1.投资 1.3 亿元解决锦天化债务问题	与承诺相同	
2.投资 1 亿元联合设立盘锦复合肥公司	暂停	市场变化
3.投资 5000 万元对辽河燃原料厂改造	暂停	市场变化

3、资金使用情况
A.公司利用配股资金 1.3 亿元解决锦天化债务问题,已于 1998 年 10 月份实施。减少财务费用 247.75 万元。
B.其他配股募集资金预付投入辽河复合肥厂,因市场变化原因该项目暂停,预付投入资金暂未收回。
(四) 国家宏观政策对公司生产经营的影响
我国加入 WTO 后,国家宏观政策可能会对本公司产生以下影响:
本次入关谈判国家对化肥市场没有开放,在一段时间内化肥行业将受国家政策保 护。
由于农产品市场开放,可能会使国内农产品种植减少,降低对化肥的需求量,对化 肥行业造成一定的不利影响。
(五)2000 年度业务发展计划
2000 年是新世纪的第一年,也是实现三年改革与发展目标的最后一年,面对新世纪,我们辽通公司要实现效益稳定增长,树立良好的上市公司形象,进一步建立和完善" 市场导向、效益第一"的运行机制和增长方式,搞好生产经营和资本运作,立足化肥生产,抓住机遇,开拓进取,管理创新,进一步理顺以资产为纽带的规范化的母子公司体制,使公司生产经营更符合市场竞争的需要。
(六)董事会日常工作情况
1、深圳辽河通达化工股份有限公司一届十次董事会于 1999 年 4 月 15 日在辽宁省盘锦市辽化宾馆二楼会议室召开。出席会议的董事共 7 名,占全部董事会成员的 100%,达到本公司章程和《中华人民共和国公司法》规定的法定人数。会议审议并通过了如下决议:
①深圳辽河通达化工股份有限公司 1998 年年度报告和深圳辽河通达化工股份有限公司 1998 年年度报告摘要。
②1998 年度董事会工作报告。
③1998 度年总经理业务报告。

⑤1998年度财务决算和1999年度财务预算报告。

⑥1998年度利润分配预案:

1998年本公司实现净利润25410003.59元,提取10%法定盈余公积金2541000.36元,提取5%法定盈余公益金1270500.18元,未分配利润21598503.05元,截止本年度末,公司未分配利润合计187819371.67元。董事会拟定本年度不分配利润,资本公积金不转 增股本。

⑦决定于1999年5月23日召开公司1998年度股东大会。

2、深圳辽河通达化工股份有限公司一届十一次董事会于1999年8月6日在辽宁省 盘锦市辽化宾馆二楼会议室召开。出席会议的董事及董事代表共6名,达到本公司章程和《中华人民共和国公司法》规定的法定人数。

会议审议并通过了<<深圳辽河通达化工股份有限公司1999年中期报告>>。

会议决定于1999年9月12日上午9:00在辽宁省盘锦市辽化宾馆召开临时股东大会 审议董事人事变更事宜。

3、深圳辽河通达化工股份有限公司一届十二次董事会于1999年11月13日在辽宁 省盘锦市辽化宾馆二楼会堂召开。出席会议的董事共6名,达至本公司章程和《公司法》规定的法定人数。

会议选举谭中兴先生为公司董事会董事长。

同意汪福德先生辞去公司副总经理职务,韩世琳先生辞去公司总会计师职务。

聘任赵显良先生为公司总会计师。

(七)公司管理层及员工情况

1、董事、监事、高级管理人员

职务	姓 名	性别	年龄	任 期	年初持股	年末持股
董事	谭中兴	男	54	从1999年11月13日起	0	0
	高 抗	男	60	从1997年1月18日起	0	0
	于国宏	男	39	从1998年4月21日起	0	0
	王成虎	男	47	从1998年4月21日起	0	0
	李万忠	男	43	从1999年11月13日起	0	0
	陈世杰	男	46	从1998年7月21日起	0	0
	乔树挺	男	47	从1997年1月18日起	0	0
监事	蒋书忱	男	55	从1998年4月21日起	0	0
	王宝山	男	50	从1998年7月21日起	0	0
	安建青	男	41	从1997年1月18日起	0	0
高级管理人员						
	路兴东	男	48	从1998年4月21日起	0	0
	赵显良	男	38	从1999年11月13日起	0	0
	陆 峰	男	41	从1997年1月18日起	1300	1300

本公司董事及高级管理人员年度报酬在50000-25000元之间。

董事中谭中兴先生、高抗先生、陈世杰先生、乔树挺先生不在公司领取报酬;监 事皆不在公司领取报酬;高级管理人员中赵显良先生不在公司领取报酬。

2、报告期内刘景森先生、张宝吉先生因工作需要辞去公司董事职务,1999年度临时股东大会上补选谭中兴先生、李万忠先生为公司本届董事会董事。

3、报告期内汪福德先生辞去公司副总经理职务,韩世琳先生辞去公司总会计师职务。聘任赵显良先生为公司总会计师。

(八)本年度公司利润分配预案

根据公司计财处财务报表,公司1999年度实现净利润105972613.08元,现提出以下分配预案:

1. 截止1999年底公司可供分配利润为288582000.25元;

2. 本年度提取10%法定公积金10597261.31元;

3. 本年度提取5%法定公益金5298630.65元;

4. 截止本年度公司可供股东分配分配利润为272686108.29元。

董事会拟定依照公司现有总股本66322.52万股,本年度按每10股分配4元(含税)进行分红,剩余未分配利润7396022.69元滚存下年度。本年度公司公积金不转增股本。

六. 监事会报告

1999年度,公司监事会遵照《中华人民共和国公司法》及《公司章程》,积极履行监事会职权、职责,完成监事会的职能。

本年度监事会决议刊登于1999年4月21日《国中国证券报》和《证券时报》上。

现将有关情况汇报如下:

(一)监事会成员坚持列席董事会会议,并对公司董事、经理、公司经营运作有无 违反法律、法规、《公司章程》及股东大会决议进行监督。1999年监事会对辽通化工生产经营、产品销售及人员变动情况进行监察,并根据实际情况提出整改意见。监事 会认为:公司运作符合国家的法律、法规和公司章程》地规定,公司董事及经理等高级管理人员执行公司职务时,没有违反法律、法规、《公司章程》或损害公司利益的行 为。工作是勤勉和称职的。

(二)监事会认为深圳同人会计师事务所对本公司的审计是客观公正的,公司的财 务报告真实地反映出本公司的经营成果。

(三) 投资情况

1.本公司在报告期内未募集资金,但1998年度配股募集的资金已延续到本年度使 用。

2. 配股资金承诺投资项目与实际投资项目比较:

承诺投资项目	实际投资项目	说明
1.投资1.3亿元解决锦天化债务问题	与承诺相同	
2.投资1亿元联合设立盘锦复合肥公司	暂停	市场变化
3.投资5000万元对辽河燃原料厂改造	暂停	市场变化

4.资金使用情况

A.公司利用配股资金1.3亿元解决锦天化债务问题,已于1998年10月份实施。减少财务费用247.75万元。

B.其他配股募集资金预付投入辽河复合肥厂,因市场变化原因该项目暂停,预付投入资金暂未收回。

(四)检查了公司与关联公司的关联交易行为,对物价合理性进行监察。监事会认 为:公司与关联公司的关联交易,符合市场交易原则,是公平的,没有损害公司利益。

(五) 公司本年度无收购、出售资产等情况。

七. 重要事项

(一) 本年度公司无重大诉讼、仲裁事项。

(二) 本报告期内公司、公司董事及高级管理人员无受处罚情况。

(三)报告期内公司控股股东未发生变化;公司董事未变更,也无改选成员情况;公 司总经理未变更;无解聘、新聘董事事会秘书情况。

(四) 报告期内公司无收购及出售资产、吸收合并事项。

(五) 重大关联交易事项

(1) 存在控制关系的关联方:

企业名称	注册地址	主营业务	与本公司关系	经济性质	法定代表人
盘锦辽河化工(集团)有限责任公司	盘锦市	石油化工产品、塑料制品,建材、机械设备等	本公司股东	国有企业	刘景森

(2)存在控制关系的关联方的注册资本及其变化

企业名称	年初数	本年增加数	本年减少数	年末数
盘锦辽河化工(集团)有限责任公司	380,000,000.00	--	--	380,000,000.00

(3)存在控制关系的关联方所持股份或权益及其变化

股东名称	年初数		本年增加		本年减少		年末数	
	金额	%	金额	%	金额	%	金额	%
盘锦辽河化工(集团)有限责任公司	459335214.00	69.26	–	–	–	–	459335214.00	69.26

(4)不存在控制关系的关联方关系

企业名称	与本公司的关系
深圳通达化工总公司	本公司之股东
辽河复合肥厂	辽河集团公司直属厂
辽河进出口公司	辽河集团公司全资附属公司
盘锦辽河塑料制品有限公司	辽河集团公司全资附属公司
辽河集团供销公司	辽河集团公司全资附属公司
盘锦辽河热电有限公司	辽河集团公司全资附属公司
锦西化工总厂	本公司控股的锦天化公司之股东

(5)关联公司交易事项

A.购货

企业名称	1998年		1999年		定价政策
	金 额	占该类购货总额%	金 额	占该类购货总额%	
盘锦辽河塑料制品有限公司(购编织袋)					
	22,919,679.57	100	22,040,906.60	100	市价
盘锦辽河热电力公司(购蒸汽)					
	91,615,100.00	100	89,582,100.00	100	协议定价
(购电)					
	21,982,421.26	100			协议定价
	114,534,779.57		133,605,427.86		

B.销货

	1998年		1999年		定价政策
	金 额	占销货总额%	金 额	占销货总额%	
辽河集团公司	1,024,787,869.13	81.75	1,145,190,448.46	81.98	市价
辽河复合肥厂	14,736,668.18	1.18	–	–	协议定价
辽河进出口公司	2,857,522.13	0.23	–	–	协议定价
	1,042,382,059.44	83.16	1,145,190,448.46	81.98	

本公司尿素销售主要销售给辽河集团公司之全资附属公司辽河集团供销公司,由 该公司买断并对外销售,产品交易价格依照随行就市原则定价。

(6)关联方应收、应付款项余额

企业名称	1998.12.31 金 额	1999.12.31 金 额	占全部应收(付)款项余额的比重(%) 1998.12.31	1999.12.31
应收帐款				
其中:辽河集团供销公司	43,724,532.43	11,093,688.26	42.48	27.61
其他应收款				
其中:辽河集团公司	32,355,640.64	65,045,566.62	16.18	25.64
辽河复合肥厂	125,976,204.32	125,706,704.32	62.98	49.54
辽河集团供销公司		35,000,000.00		13.79
短期借款				
其中: 辽河集团公司	73,000,000.00	102,398,000.00	26.56	30.90
其他应付款				
其中: 辽河集团公司	18,042,084.97	--	69.81	--

(7)其他应披露事项

1.本年度本公司大量收付业务仍通过辽河集团公司结算中心结算。至年末,为规 范管理,除附注五.1所述其他货币资金外,其余款项均已转存本公司开户银行。

2.本年度辽河集团公司向本公司提供借款202,398,000.00元,共计收利息16,430,743.98元。

(六) 本公司相对于控股股东在人员、资产和财务是独立的。

(七) 公司仍聘任深圳同人会计师事务所。

(八) 公司报告期内无重大合同。

(九) 公司名称及股票简称未改变。

(十) 公司于本年度11月13日召开临时股东大会及第十二届董事会上补选谭中兴先生为公司董事长。

八. 财务报告

一、审计报告

二、已审会计报表

合并资产负债表(附后)

合并利润及利润分配表(附后)

合并现金流量表(附后)

母公司资产负债表(附后)

母公司利润及利润分配表(附后)

母公司现金流量表(附后)

三、会计报表附注

深同证审字[2000]第008号

审 计 报 告

深圳辽河通达化工股份有限公司全体股东:

我们接受委托,审计了贵公司1999年12月31日的合并资产负债表和母公司的资产 负债表,1999年度合并利润及利润分配表和母公司的利润及利润分配表,1999年度的合并现金流量表和母公司现金流量表。这些会计报表由

贵公司负责。我们的责任是对这些会计报表发表审计意见。我们的审计是依据《中国注册会计师独立审计准则》进行的。在审计过程中,我们结合贵公司实际情况,实施了包括抽查会计记录、审核有关证据等我们认为必要的审计程序。

我们认为,上述会计报表符合《企业会计准则》和《股份有限公司会计制度》的 有关规定,在所有重大方面公允地反映了贵公司1999年12月31日的财务状况及1999年 度经营成果和现金流动情况,会计处理方法的选用遵循了一贯性原则。

深圳同人会计师事务所　　中国注册会计师 朱文岳

中国注册会计师 易永健

2000年2月26日

深圳辽河通达化工股份有限公司

会计报表附注　　单位:人民币元

一、公司简介

本公司系经辽宁省经贸委员会于1996年3月29日以辽经贸发(1996)367号文批准,由辽宁省盘锦辽河化工(集团)有限责任公司(以下简称辽河集团公司)和深圳通达化工总公司(以下简称深圳通达公司)共同发起,通过资产重组以社会募集方式设立的股份 有限公司。1997年1月3日,根据中国证券监督管理委员会证监发字(1996)424号文批准,公开发行人民币普通股13,000万股,发行后总股本为61,500万股。本公司于1997年1月23日在深圳市工商行政管理局正式注册成立,领取深司法N24701号企业法人营业执 照。经中国证券监督管理委员会以证监上字(1998)86号文批准同

意,1998 年 9 月 11 日,本公司向全体股东配售 48,225,214 股普通股,总股本变更为 663,225,214 股。

公司法定代表人:谭中兴先生。

本公司的经营范围:化学肥料、化工产品的加工制造、销售(不含易燃易爆危险品);国内商业、物资供销业(不含专营、专控、专卖商品)。

二、主要会计政策、会计估计和合并会计报表的编制方法

1.会计制度

本公司执行中华人民共和国《企业会计准则》和《股份有限公司会计制度》及其补充规定。

2.会计年度

会计年度采用日历年度制,即自公历每年一月一日起至十二月三十一日止。

3.记帐本位币

本公司记帐本位币为人民币。

4.记帐基础和计价原则

本公司的记帐原则为权责发生制,计价基础为历史成本法。

5.外币业务核算方法

本公司年度内发生的非本位币经济业务,按业务发生当月一日中国人民银行公布 的市场汇价的中间价("市场汇价")折合为人民币记帐。年度终了,货币性项目中的 外币余额概按当日市场汇价进行调整,由此产生的折合人民币差额,业已计入当年度损益。

6.合并会计报表的编制基准和编制方法

本合并会计报表系按照财政部财会字 (1995)11 号文《合并会计报表暂行规定》 和财会二字(1996)2 号《关于合并会计报表合并范围请示的复函》等有关文件的要求编 制的。

本公司列入合并会计报表范围的子公司(详情列示于附注四控股子公司概况)所执行的行业会计制度,已在会计报表合并时做必要的调整。

本公司及其子公司间的所有重大交易,均在会计报表合并时予以抵销。

少数股东权益是指子公司资产净值中由母公司以外的其他投资者所拥有的权益。少数股东损益是指除母公司以外的其他投资者在各子公司应分享的利润(或应承担的 亏损)。

三、税项

(1) 本公司主要适用的税种和税率

税种	计税依据	税率
增值税	尿素、液化气销售收入	13%
	其他产品、商品销售收入	17%
消费税	柴油销售量	117.6 元/吨
	汽油销售量	277.6 元/吨
营业税	营业收入	3%/5%
城市维护建设税	增值税、营业税额	7%
教育费附加	增值税、营业税额	3%
企业所得税	应纳税所得额	15%/33%

(2)优惠税率及批文

本公司在深圳市注册,享受深圳经济特区税收优惠政策,所得税税率为 15%。

本公司之分公司辽河化肥厂,按属地纳税原则,在辽宁省盘锦市计缴所得税。根据辽宁省人民政府辽政(1996)105 号文批复,辽河化肥厂按 33%税率征收企业所得税,并 由同级财政返还 18%,实际上缴税负率 15%。

本公司之控股子公司锦西天然气化工有限责任公司经辽宁省人民政府辽政 (1996)104 号文批准按 33%税率计征企业所得税,由财政返还 9%,实际上缴税负率为 24%;其 附属公司企业所得税按 33%税率计征。

税项的细节在五.19 中表述

四、控股子公司概况

A.本公司的子公司概况列示如下:

公司名称	注册地点	注册资本	投资金额	拥有权益	经营范围	会计报表是否合并
锦西天然气化工有限责任公司	葫芦岛市	59532.60 万元	59532.60 万元	95.75%	化学肥料 化工产品 加工制造销售	是

B.锦西天然气化工有限责任公司的子公司概况列示如下:

公司名称	注册地点	注册资本	投资金额	拥有权益	经营范围	会计报表是否合并
葫芦岛金秋宾馆	葫芦岛市	11720000.00	11720000.00	100%	住宿服务、接待招待	是
葫芦岛天新复合肥有限责任公司	葫芦岛市	500000.00	255000.00	51%	复合肥产品	否 *

* 该公司规模小且处于停业状态,故该项投资按成本法核算。

五、合并会计报表主要项目注释:

1.货币资金

	1999.12.31		
	原币	汇率 *	折合本位币
现金	USD440.00	8.1586	3,589.78
	RMB10,855.15		10,855.15
			14,444.93
银行存款	USD3,770.66	8.5995	32,425.98
	FFR5,318,844.14	1.2832	6,824,945.27
	RMB170,656,323.22		170,656,323.22
			177,513,694.47
其他货币资金			
	RMB15,730,940.47		15,730,940.47
			193,259,079.87

* 该汇率是外币业务发生时的历史汇率,因外币余额小,故未按年末汇率调整。

** 其他货币资金指本公司存放在辽河集团公司结算中心的暂存款。

1999 年末余额比 1998 年末余额增加 158.52%,主要因销售货款年末回笼所致。

2.应收帐款

帐 龄	1998-12-31 金 额	占该帐项金额%	坏帐准备	1999-12-31 金 额	占该帐项金额%	坏帐准备
1 年以内	53893337.60	63.80	508440.26	14882750.29	37.05	189453.30
1-2 年	26857743.89	31.80	2685774.99	101575.51	0.25	10157.55
2-3 年	3713518.45	4.40	557027.77	24433676.45	60.82	3665051.47
3-4 年	--	--	--	757268.45	1.88	151453.69
	84464599.94	100.00	3751243.02	40175270.70	100.00	4016116.01

其中欠款金额前五名的单位:

单位名称	欠款余额	欠款时间	欠款原因
辽宁省农业生产资料总公司	24031483.08	1997.12	购尿素款
盘锦辽河化工集团公司供销公司	11093688.26	1999.12	购尿素款
北京市时雨农用生产资料供应站	2151488.81	1999.1	购尿素款
沈阳化肥总厂	1554653.85	1999.12	购尿素款
辽阳石油化纤厂	777245.81	1999.12	购尿素款
	39608559.81		

本帐户余额中持本公司 5%以上股份的股东欠款余额,在附注七中披露。

3.其他应收款

其他应收款的帐龄分析列示如下:

帐 龄	1998-12-31 金 额	占该帐项金额%	坏帐准备	1999-12-31 金 额	占该帐项金额%	坏帐准备
1 年以内	147289628.10	73.64	190306.96	240870683.02	94.93	448012.35
1-2 年	25529665.88	12.76	556945.71	5345600.00	2.11	534560.00
2-3 年	5649229.10	2.82	847394.86	--	--	--
3-4 年	1718299.46	0.86	343659.88	350000.00	0.14	70000.00
4-5 年	13742096.40	6.87	3435524.10	--	--	--
5 年以上	6100000.00	3.05	1830000.00	7163040.27	2.82	2148912.08
	200028918.94	100.00	7203831.52	253729323.29	100.00	3201484.43

其中欠款金额前五名的单位:

单位名称	欠款余额	欠款时间	借款期限	借款利率(月)
盘锦辽河化工(集团)公司	65045566.62	1999.10	未定	无息
盘锦辽河化工集团公司复合肥厂 *	125706704.32	1998.10	未定	无息
盘锦辽河化工集团公司供销公司	35000000.00	1999.10	1999.9.29-1999.12.29	6.6‰
绥中磷肥厂	6100000.00	1992.12	未定	无息
葫芦岛市财政局	5000000.00	1997.12	未定	无息
	236852270.94			

* 本公司原定投资控股辽河集团公司直属分厂辽河复合肥厂方案暂停实施,已预付投资款 100,000,000.00 元及借款 25,706,704.32 元暂作为往来款列示。

本帐户余额中持本公司 5%以上股份的股东欠款余额,在附注七中披露。

4.预付帐款

项目	1998.12.31	1999.12.31
1 年以内	11,735,626.00	16,706,664.09
1 年至 2 年	1,594,421.80	80,000.00
2 年至 3 年	141,900.00	--
3 年以上	320,315.38	--
	13,792,263.18	16,786,664.09

持本公司 5%以上股份的股东没有本项欠款。

5.应收补贴款

项 目	1998.12.31	1999.12.31
应收所得税返还款	16,788,853.24	9,231,082.21
应收财政补贴款	59,000,000.00	--
	75,788,853.24	9,231,082.21

6.存货

项 目	1998-12-31 金 额	跌价准备	1999-12-31 金 额	跌价准备
原材料	121,824,532.63	--	122,926,475.19	2,354,166.92
在制品	26,850,432.84	--	17,938,609.90	--
产成品	3,045,114.47	--	7,524,263.48	--
低值易耗品	391,869.09	--	592,047.13	--
合 计	152,111,949.03		148,981,395.70	2,354,166.92

7.待摊费用

项目	1999.1.1	本年增加	本年摊销	1999.12.31
保险费	2692511.75	5302393.45	4752034.43	3242870.77
94 年初存存货待抵扣税金 *	3462874.20	--	2810459.54	652414.66
其他	418,883.00	284,433.33	418,883.00	284,433.33
	6,574,268.95	5586826.78	7981,376.97	4179,718.76

* 本公司控股子公司锦天化待扣税金自 96 年开始分 5 年抵扣,故至年末有余额。

8.长期股权投资

被投资单位名称	注册资本	1999.12.31 投资金额	占被投资单位注册资本比例	备 注
葫芦岛天新复合肥有限责任公司	500000.00	255000.00	51%	
葫芦岛港口建设开发有限公司(筹)	3000000.00	-	筹建中,比例待定	
	3,255,000.00			

9.固定资产及折旧

	1999.1.1	本年增加	本年减少	1999.12.31
固定资产原价:				
一般房屋、建筑物	254695848.19	4260111.83	1463013.40	257492946.62
专用房屋、建筑物	494297280.16	22258677.52	--	516555957.68
动力设备	1029447763.15	18432675.83	--	1047880438.98
传导设备	961027881.52	8518492.19	--	969546373.71
工作机器设备	219271184.69	1045722.88	205076.10	220111831.47
仪器仪表	204429879.56	8989253.93	--	213419133.49
起重运输设备	32471997.17	1236872.09	211495.00	33497374.26
管理用具及其他	23352324.02	2159352.30	518671.45	24993004.87
	3218994158.46	66901158.57	2398255.95	3283497061.08
累计折旧:				
一般房屋、建筑物	65470500.85	6600136.88	--	72070637.73
专用房屋、建筑物	172533291.45	18802431.01	--	191335722.46
动力设备	398156131.63	54443200.90	--	452599332.53
传导设备	297725482.44	32709679.96	--	330435162.40
工作机器设备	90728252.45	14834535.37	98852.97	105463934.85
仪器仪表	105517543.63	19392719.37	--	124910263.00
起重运输设备	16712833.91	4808872.22	198978.00	21322728.13
管理用具及其他	13158163.01	3496263.64	294778.63	16359648.02
	1160002199.37	155087839.35	592609.60	1314497429.12
固定资产净值	2058991959.09			1968999631.96

11.无形资产

项目	原始金额	年初余额	本年增加	本年摊销	年末余额
用电使用权	5,200,000.00	4,159,999.99	--	520,000.08	3,639,999.91
专有技术	30,870,136.27	17,537,107.37	--	3,087,013.68	14,450,093.69

36,070,136.27	21,697,107.36	--	3,607,013.76	18,090,093.60

(1)用电使用权,指辽河集团公司向本公司附属辽河化肥厂提供的输变电网使用权,系 1996 年 4 月 30 日评估界定的无形资产,从 1997 年 1 月起分 10 年摊销。

(2)专有技术,指本公司之控股子公司锦天化公司向法国法西尼布公司购买的合成氨装置及尿素装置的许可证和专有技术,系按合同支付的外币金额及工程决算时的外 汇市价折合为人民币并考虑外汇贷款金额应分摊的利息确定其原值,从 1994 年 5 月起分 10 年摊销。

14.短期借款

借款类别	1998.12.31	1999.12.31	备注
银行借款	151,750,000.00	229,000,000.00	
其中:担保	151,750,000.00	229,000,000.00	周转借款
其他单位借款 *	123,000,000.00	102,398,000.00	
合计	274,750,000.00	331,398,000.00	

* 其他单位借款 102,398,000.00 元系欠股东辽河集团公司款,系流动资金借款,其 中:辽河燃原料厂欠款 12,500,000.00 元,月利率 6.6‰;锦天化欠款 89,898,000.00 元, 月利率 6.6‰。

本公司截至 1999 年 12 月 31 日止无逾期贷款。

15.应付帐款

应付帐款 1999 年 12 月 31 日的余额为人民币 17,134,482.20 元, 其中无应付持本公司 5%以上股份股东的款项。

16.预收帐款

预收帐款 1999 年 12 月 31 日的余额为人民币 2,709,151.92 元, 其中无应付持本公司 5%以上股份股东的款项。

17.其他应付款

其他应付款 1999 年 12 月 31 日的余额为人民币 6,281,165.48 元, 其中无应付持本公 司 5%以上股份股东的款项。

18.应付股利

股东名称	1999.12.31
盘锦辽河化工(集团)有限责任公司	183,734,085.60
深圳通达化工总公司	13,956,000.00
社会公众	67,600,000.00
锦西化工总厂 *	7,437,500.00
	272,727,585.60

* 系根据本公司控股子公司锦天化 1999 年利润分配方案, 应支付给少数股东锦西化工总厂的股利。

19.应交税金

	1998.12.31	1999.12.31
增值税	2367471.70	1950210.68
企业所得税	42121829.45	11254377.42
营业税	18711.20	14967.91
城市维护建设税	402617.05	587295.84
个人所得税	-	28428.00
印花税		33751.57
	44910629.40	13869031.42

23.长期借款

1999.12.31

借款单位	币种	原币金额	折合人民币金额	借款期限	年利率	借款条件
辽宁省建设投资公司	人民币	45,000,000.00	45,000,000.00	90.3-2002	无息	
中国银行	人民币	30,000,000.00	30,000,000.00	99.9-2002	6.534%	担保
中行法国政府	法国法郎	263152998928.92	334,572,722.83	1989-2022	2%	抵押
中行买方信贷	法郎法郎	90,281,236.07	114,783,563.54	1989-2002	8.3%	抵押
		524356286.37				

* 本附注及附注 23 中的外币借款, 是锦天化公司从法国购置的成套化肥生产设备并以该设备抵押而形成的法国政府混合贷款及买方信贷。

24.股 本

	1999.1.1	本年变动增减 配股	* 送股	公积金转股	其它	小计	1999.12.31
一、尚未流通股份		-	-	-	-	-	
1.发起人股份	494,225,214.00	-	-	-	-	-	494225214.00
其中:境内法人持有股份	494,225,214.00	-	-	-	-	-	494225214.00
2.内部职工股	27,300.00	-	-	-	-	-	27300.00
尚未流通股份合计	494,252,514.00	-	-	-	-	-	494252514.00
二、已流通股份							
1.境内上市的人民币普通股	168,972,700.00	-	-	-	-	-	168972700.00
已流通股份合计	168,972,700.00	-	-	-	-	-	168972700.00
三、股份总额	663,225,214.00	-	-	-	-	-	663225214.00

28.主营业务收入

项 目	1998 年	1999 年
尿素收入	1152043483.01	1175441965.92
液氨销售收入	48074914.13	43908003.52
原油加工产品收入	53378013.85	177551732.54
	1253496410.99	1396901701.98

29.其他业务利润

	1998 年	1999 年
驰放气、蒸气等副产品销售收入	(1,826,350.21)	(5,754,170.74)
服务业收入	(604,443.07)	471146.42
	(2,430,793.28)	(5,283,024.32)

32.营业外收入

	1998 年	1999 年
罚款收入		6470.00
无须偿还的应付帐款		3136.36
清理固定资产收入		8983.00
		18589.36

33.营业外支出

	1998 年	1999 年
处理固定资产损失	230395.14	
罚款支出	113292.89	2343482.78
捐赠支出	547500.00	603612.96
子女教育经费	1031200.00	1497200.00
其他	261126.22	108305.95
	2183514.25	4552601.65

八、或有事项

截至 1999 年 12 月 31 日止,本公司控股子公司锦天化为锦化化工(集团)有限责任公司贷款提供担保,担保金额 111,360,000.00 元,期限一年。

十、其他重要事项

本年度,因进行会计政策变更及发现以前年度重大会计差错,有如下调整以前年度损益事项:

(1)根据财政部财会字[1999]35 号文《股份有限公司会计制度有关会计处理问题 补充规定》变更会计政策需追溯调整以前年度会计报告

(2)本公司控股子公司锦天化,1997 年度向辽宁省农业生产资料总公司销售计划内尿素,因误按协议定价(市价)开票结算形成价差 18,191,522.14 元。后经发现并由辽宁省农业生产资料公司开具销售折让证明由锦天化承担该价差损失。本年度已按业务发生归属时间追溯调整以前年度相关帐项。

(3)1999 年葫芦岛市地方税务局直属分局对本公司控股子公司锦天化 1996-1998 三年所得税进行检查,税务认定各年应计所得税与原会计报告各年计提所得税准备不同 。本年度依据税务核定数追溯调整以前年度相关帐项。

九. 公司其他资料

公司首次注册登记时间:一九九七年一月二十三日

公司于 2000 年 1 月 26 日变更注册登记。

工商登记号码:深司字 N24701

税务登记号码:

地税: 地税登字 440304279309506

国税: 国税深字 440301279309506

公司未流通股票的托管机构:深圳证券登记有限公司

公司报告期证券主承销机构:君安证券有限公司

公司所请会计师事务所:深圳同人会计师事务所

办公地点:深圳市福田区深南中路南光大厦

十. 备查文件

1. 载有董事长亲笔签名的本公司 1997 年度报告正本
2. 载有法定代表人、总会计师、会计主管人员亲笔签名并盖章的财务报表
3. 载有会计师事务所盖章、注册会计师亲笔签名并盖章的审计报告正本
4. 本公司《招股说明书》、《上市公告书》、《配股说明书》
5. 公司章程

深圳辽河通达化工股份有限公司

2000 年 2 月 29 日

深圳辽河通达化工股份有限公司

合并资产负债表

单位:人民币元

	1999-12-31	1998-12-31
资产:		
流动资产:		
货币资金	193,259,079.87	74,756,798.11
应收票据	7,786,800.00	4,450,000.00
应收帐款	40,175,270.70	84,464,599.94
其他应收款	253,729,323.29	200,028,918.94
减:坏帐准备	7,217,600.44	10,955,074.54
应收款项净额	286,686,993.55	273,538,444.34
预付帐款	16,786,664.09	13,792,263.18
应收补贴款	9,231,082.21	75,788,853.24
存货	148,981,395.70	152,111,949.03
减:存货跌价准备	2,354,166.92	
存货净额	146,627,228.78	152,111,949.03
待摊费用	4,179,718.76	6,574,268.95
流动资产合计	664,557,567.26	601,012,576.85
长期投资:		
长期股权投资	3,255,000.00	2,555,000.00
长期投资合计	3,255,000.00	2,555,000.00
固定资产:		
固定资产原价	3,283,497,061.08	3,218,994,158.46
减:累计折旧	1,314,497,429.12	1,160,002,199.37
固定资产净值	1,968,999,631.96	2,058,991,959.09
在建工程	9,439,175.53	40,924,925.33
固定资产合计	1,978,438,807.49	2,099,916,884.42
无形资产及其他资产:		
无形资产	18,090,093.60	21,697,107.36
开办费	16,375,426.29	20,203,448.02
长期待摊费用	154,436,644.92	149,518,589.73
无形资产及其他资产合计	188,902,164.81	191,419,145.11
资产总计	2,835,153,539.56	2,894,903,606.38
负债和股东权益流动负债:		
短期借款	331,398,000.00	274,750,000.00
应付票据		18,700,000.00
应付帐款	17,134,482.20	32,767,231.81
预收帐款	2,709,151.92	3,566,890.65
应付工资	1,646,412.90	339,000.00
应付福利费	3,039,493.15	2,962,042.89
应付股利	272,727,585.60	
应交税金	13,869,031.42	44,910,629.40
其他应交款	158,087.67	172,550.17
其他应付款	6,281,165.48	9,905,400.54
预提费用	26,020,705.74	48,849,312.68
一年内到期的长期负债	46,081,080.50	120,750,183.30
流动负债合计	721,065,196.58	557,673,241.44
长期负债:		
长期借款	524,356,286.37	591,406,113.36
住房周转金	5,946,948.92	
长期负债合计	530,303,235.29	591,406,113.36
负债合计	1,251,368,431.87	1,149,079,354.80
少数股东权益	33,025,636.27	35,747,307.64
股东权益:股本	663,225,214.00	663,225,214.00
资本公积	820,078,921.50	820,078,921.50
盈余公积	60,059,313.23	44,163,421.27
其中:公益金	20,019,771.08	14,721,140.42
未分配利润	7,396,022.69	182,609,387.17
股东权益合计	1,550,759,471.42	1,710,076,943.94
负债和股东权益总计	2,835,153,539.56	2,894,903,606.38

中金岭南有色金属股份有限公司

一、公司简介

1、公司法定中文名称:: 深圳市中金岭南有色金属股份有限公司
英文名称: SHENZHEN ZHONGJIN LINGNAN NONFEMET COMPANY LIMITED
2、公司法定代表人:郭声琨
3、公司董事会秘书:彭玲　　授权代表:黄建民
联系地址:深圳市嘉宾路 4028 号太平洋商贸大厦 12 楼
电　话:(0755)2138819　　传　真:(0755)2138889
电子信箱:szszzigq@sz.gd.cninfo.net
4、公司注册地址:深圳市嘉宾路 4028 号太平洋商贸大厦 12 楼
公司办公地址:深圳市嘉宾路 4028 号太平洋商贸大厦 12 楼　　公司邮政编码:518001
公司国际互联网网址:www.nonfemet.com
电子信箱:zjln@nonfemet.com
5、公司选定的信息披露报纸:《证券时报》
登载公司年度报告的中国证监会指定国际互联网网址:　www.cninfo.com.cn
公司年度报告备置地点:公司董事会秘书处
6、公司股票上市交易所:深圳证券交易所
股票简称:有色中金　　股票代码:0060

二、 会计数据和业务数据摘要

1、本年度实现的利润构成及现金流量:　(单位:人民币万元)

项目	金额
利润总额:	14428.5
净利润:	12576.3
扣除非经常性损益后的净利润:	11330.6
主营业务利润:	54103.3
其他业务利润:	387.9
营业利润:	12213.0
投资收益:	2338.4
补贴收入:	0
营业外收支净额:	-122.9
经营活动产生的现金流量净额:	16005.5
现金及现金等价物净增加额:	17621.9

注:扣除非经常性损益项目:(单位:人民币万元)

(1)地产地销销项税转入	2362.4
(2)地产地销销项税转出	-1862.7
(3)清理固定资产损益	-774.7
(4)固定资产评估增值折旧转出资本公积	43.4
(5)发行股票申购资金利息收入	100.0
(6)合并价差	1368.6
(7)其他收入	8.7

以上总计 1,245.7 万元

2、主要会计数据和财务指标

项　目	1999.12.31	1998.12.31		1997.12.31	
		调整前	调整后	调整前	调整后
主营业务收入(万元)	287046.70	82715.46	82715.40	85125.17	85125.17
净利润(万元)	12576.30	4346.20	3922.50	4252.62	3409.50
总资产(万元)	426319.30	120431.99	110286.90	97436.44	96364.70
股东权益(万元)	105029.70	42622.48	33273.20	38822.72	37979.60
(不含少数股东权益)每股收益(元/股)	0.437	0.54	0.49	0.53	0.426
加权每股收益(元/股)	0.472	0.54	0.49	0.54	0.426
每股净资产(元)	3.647	5.33	4.159	4.85	4.747
调整后的每股净资产(元)	3.348	4.74	3.492	4.42	4.29
每股经营活动产生的	0.556	0.182	0.05	0	
现金流量净额(元)净资产收益率(%)	12.0	10.2	11.8	10.9	9.0
扣除非经营性损益后的每股收益(元)	0.393	0.309	0.256		

3、报告期内股东权益变动情况　　单位:万元(股)

项　目	股本	资本公积金	盈余公积	法定公益金	未分配利润	股东权益合计
期初数	80000000	15225.7	8620.0	1280.5	1312.4	33273.2
本期增加	208000000	56310.0	2515.2	1257.6	7181.1	71756.5
本期减少	_	14859.2				
期末数	288000000	56496.5	11135.2	2538.1	8493.5	105029.7

变动原因:

(1)股本增加系报告期公司实施每 10 股配 8 的配股方案,以及在公司配股后总股本 144,000,000 股的基础上再实施每 10 股转增 10 股方案所致

(2)资本公积金增加系公司配股股本溢价增加,资本公积金减少是由于实施转增股本和资产评估增值减少所致

(3)盈余公积和法定公益金增加系报告期净利润的 10%计提盈余公积金和净利润 的 10 %计提法定公益金所致

(4) 未分配利润和股东权益增加系报告期净利润增加所致

三、 股东情况介绍

(一)截止 1999 年 12 月 31 日,公司股东总数为 36075 户。
(二)前十名股东持股情况:(单位:股)

名　称	期末持股数	持股比例(%)
1、国家有色金属工业局	134400000	46.67
2、华夏证券有限公司	19,372,584	6.73
3、中国有色金属工业广州公司	8400000	2.92
4、深圳市深港工贸进出口公司	8400000	2.92
5、泰和证券投资基金	1999979	0.69
6、郭淑玲	1182000	0.41
7、刘淑香	631720	0.22
8、江建华	600000	0.21
9、姜建平	403104	0.14
10、江家源	320,000	0.11

注:(1)、前十名股东中国家有色金属工业局的持股为国家持有的股份。

深圳市农产品股份有限公司

一、公司简介

公司法定中文名称:深圳市农产品股份有限公司
公司法定英文名称:SHENZHEN AGRICULTURAL PRODUCTS CO.,LTD.
公司法定代表人:林家宏
董事会秘书兼股证事务代表:陈小华
公司法定地址及信息披露员联系地址:深圳市布吉路 1021 号天乐大厦 22 楼
电话号码:(0755)5850936　　5850688 转 2203
传真号码:(0755)5850936　　邮编:518019
公司信息披露报纸:《中国证券报》及《证券时报》
披露年报的国际互联网网址:WWW.cninfo.com.cn
年度报告备置地址:公司董事会办公室
电子信箱:szsncbgf@sz.gd.cninfo.net
公司股票上市地址:深圳证券交易所
股票简称:农产品　　股票代码:0061

二、会计数据和业务数据摘要

(一) 1999 年度业务数据

利润总额	93952980.14
净利润	69692437.75
扣除非经营收入后的净利润	68728788.36
主营业务利润	233827332.25
其他业务利润	11589669.41
营业利润	92074104.61
投资收益	915226.14
补贴收入	100000.00
营业外收支净额	863649.39
经营活动产生的现金流量净额	108258675.68
现金及现金等价物净增加额	61606496.64
扣除的非经常性损益项目及涉及金额	963649.39

(二)会计数据和财务指标
(1) 前三年主要会计数据和财务指标
按四项计提追溯调整前后的数据列示　　单位:万元、元、 %

	1999	1998 年		1997 年	
		调整前	调整后	调整前	调整后
主营业务收入	60611.17	35850.39	35850.39	15582.25	15582.25
利润总额	9395.30	8116.56	7971.48	6475.84	5786.20
净利润	6969.24	6531.53	6331.04	5506.40	4816.76
总资产	140073.4	123384.6	122549.9	86734.59	86044.95
股东权益	52011.43	49804.28	48914.15	33594.37	32904.73
每股收益	0.542	0.508	0.493	0.805	0.704
每股净资产	4.05	3.88	3.81	4.91	4.81
调整后每股净资产	3.62	3.58	3.51	4.41	4.31
每股经营活动产生的现金流量净额	0.84	0.14	0.14		
净资产收益率	13.40	13.11	12.94	16.39	14.64

(2)重要指标计算公式
每股收益=净利润/年度末普通股股份总数
每股净资产=年度末股东权益/ 年度末普通股股份总数
净资产收益率=净利润/年度末股东权益×100%
调整后的每股净资产=(年度末股东权益-三年以上的应收款项-待摊费用-待处理 财产净损失-开办费-长期待摊费用)/年度末普通股股份总数
每股经营活动产生的现金流量净额=经营活动产生的现金流量净额/年度末普通股股份总数
(三)股东权益变动情况　　单位:万元

项目	股本	资本公积	盈余公积	其中:公益金	未分配利润	合计
期初数	12844.3576	2651.3513	6972.4442	1584.2208	2583.8337	48914.1500
本期增加			2439.2354	348.4622	676.7012	3097.2826
本期减少						
期末数	12844.3576	26494.8604	9411.6796	1932.6830	3260.5349	52011.4326
变动原因			利润分配	利润分配	利润	

(1) 盈余公积增加,系从本期净利润中提取 30 %的公积金及 5%的公益金所致;
(2) 公益金增加,系从本期净利润中提取 5%的公益金所致;
(3) 未分配利润增加, 系因本年度净利润增加及利润分配所致;
(4) 股东权益增加, 系因净利润增加及进行了利润分配所致。

三、股东情况介绍

1、截止 1999 年 12 月 31 日,公司股东总数为 42096 人。
2、公司前 10 名股东持股情况　　数量单位:股、 %

	持 股 单 位	年末持股股	股份增减	持股比例%
1	深圳市投资管理公司(国家股)	15373177		11.969
2	深圳市果菜贸易公司	6905598		5.376
3	深圳市食品总公司	6905598		5.376
4	深圳市水产公司	6905598		5.376
5	深圳社会保险管理局	6107270		4.755
6	深圳市寰通农产品有限公司	4107270		4.755
7	深圳广深铁路对外服务公司	6107270		4.755
8	江苏宜兴物资贸易(集团)公司	2754000		2.144
9	深圳市宝安区投资管理公司	2000000		1.557
10	深业集团深圳有限公司	727600		0.566

3、本公司股东中,持股比例超过 10%的只有国家股东深圳市投资管理公司,她的 持股比例为 11.969%。深圳市投资管理公司注册资本为 200,000 万元,法定代表人为李黑虎,经营范围为深圳市属国有资产、财务和产权代表的管理、监督;向深圳市属各类企业参股和周转投资,提供贷款担保;征收国营企业税后利润和资产占用费。其所持本公司股份未有质押。

1999 年 12 月 28 日深圳市商贸投资控股公司、深圳市投资管理公司在《中国证券报》及《证券时报》上发布公告,深圳市投资管理公司将所持有的本公司股份 11848302 股无偿划转给深圳市商贸投资控股公司,使其持有本公司股份达到 12136532 股,占本公司总股本的 9.449%。股份实际划转时间为 2000 年 1 月 4 日。

深圳华强实业股份有限公司

一、公司简介

1、公司中文名称：深圳华强实业股份有限公司
公司英文名称：SHENZHEN HUAQIANG INDUSTRY CO.,LTD
2、法定代表人：张锦墙
3、董事会秘书：方德厚　　授权代表：黄志敏
联系地址：　深圳市深南中路华强路口公司总部七楼
联系电话：(0755)3216296　　传真：(0755)3368414
4、注册及办公地址：深圳市深南中路华强路口　　邮政编码：518043
公司电子信箱：szhqsygf@sz.gd.cninfo.net
5、公司选定的信息披露报纸名称：《证券时报》
登载公司年度报告的中国证监会指定国际互联网网址：http://www.cninfo.c om.cn
公司年度报告备置地点：深圳市深南中路华强路口公司总部七楼股份公司办 公室
6、股票上市交易所：深圳证券交易所
股票简称：深圳华强　股票代码：0062

二、会计数据和业务数据摘要

1、公司本年度实现利润情况

指标项目	1999年
利润总额(元)	133,638,063.42
净利润(元)	113,512,558.95
扣除非经营性损失后的净利润(元)	111,807,922.29
主营业务利润(元)	155,829,451.63
其他业务利润(元)	2,124,112.68
营业利润(元)	108,749,269.02
投资收益(元)	15,516,905.64
补贴收入(元)	--
营业外收支净额(元)	9,371,888.76
经营活动产生的现金流量净额(元)	95,041,895.58
现金及现金等价物净增加额(元)	91,501,476.54

2、公司近三年的主要会计数据和财务指标

项　目	1999年	1998年	
		调整后	调整前
主营业务收入(元)	833,929,929.34	785,138,473.43	785,138,473.43
净利润(元)	113,512,558.95	120,583,124.45	127,877,201.84
总资产(元)	1,378,133,511.52	1,263,740,929.39	1,326,196,284.24
股东权益(元)	1,076,049,360.54	990,182,880.00	1,049,006,031.45
每股收益(元/股)(摊薄)	0.42	0.58	0.61
月平均加权每股收益(元/股)	0.42	0.75	0.80
每股净资产(元/股)	3.98	4.76	5.04
调整后的每股净资产(元)	3.88	4.67	4.95
每股经营活动产生的现金流量净额(元)	0.35	0.53	0.69
净资产收益率(%)(摊薄)	10.55	12.18	12.19
(加权)	10.99	17.15	24.50
扣除非经常性损益后每股收益(元/股)	0.41	0.49	0.53

(续):

项　目	1997年	
	调整后	调整前
主营业务收入(元)	990,001,472.33	990,001,472.33
净利润(元)	12,133,201.73	63,662,275.80
总资产(元)	909,269,784.82	960,798,858.89
股东权益(元)	415,628,864.13	467,157,938.20
每股收益(元/股)(摊薄)	0.076	0.398
月平均加权每股收益(元/股)	0.076	0.405
每股净资产(元/股)	2.60	2.92
调整后的每股净资产(元)	2.52	2.85
每股经营活动产生的现金流量净额(元)	—	—
净资产收益率(%)(摊薄)	2.92	13.63
(加权)	3.88	18.82
扣除非经常性损益后每股收益(元/股)	0.075	0.397

注1：主要财务指标的计算方法：
(1) 每股收益 = 净利润/年度末普通股股份总数
(2) 每股净资产 = 年度末股东权益/年度末普通股股份总数
(3) 净资产收益率 = 净利润/年度末股东权益× 100%
(4)调整后的每股净资产=(年末股东权益-三年以上的应收款项净额-待摊费用 -待处理（流动、固定)资产净损失-开办费-长期待摊费用-住房周转金负数余额)/年度末普通股股份总数
(5)每股经营活动产生的现金流量净额=经营活动产生的现金流量净额/年度末 普通股股份总额

注2：四项计提影响：由于会计变更，根据财政部财会字[1999]25号文，49号文 的有关规定，采用追溯调整法，影响近三年利润数：99年利润减少3,468,636.62元，98年利润减少7,294,077.39元，97年减少51,529,074.07元。

三、股东情况介绍

1、截止至1999年12月31日公司股东总数29321户，其中内部职工股股东3598户。
2、前十名股东持股情况(截止1998年12月31日)

股东名称	持股数	持股比例(%)
深圳华强集团有限公司	141,960,000	52.50
联合证券有限责任公司	4,680,295	1.73
普丰证券投资基金	2,172,655	0.81
景宏证券投资基金	1,764,291	0.66
廖纯姣	650,000	0.24
李冀	530,222	0.20
普惠证券投资基金	510,005	0.19
王晓	491,400	0.189
王艳琼	488,800	0.18
钱连根	463,060	0.179

3、深圳华强集团有限公司持有股份期初数为109,200,000股，报告期内因公积金转增股本增持32,760,000股，期末持股数为141,960,000股，占公司总股本52.5%，

深圳市中兴通讯股份有限公司

一、公司简介

1、公司法定中文名称：深圳市中兴通讯股份有限公司
公司法定英文名称：SHENZHEN ZHONGXING TELECOM CO.LTD.
2、公司法定代表人：张太峰
3、公司董事会秘书：冷启明
电话：(0755)6790285　　传真：(0755)6790286
4、公司注册地址：广东省深圳市罗湖区莲塘鹏基工业区710栋6层
公司办公地址：广东省深圳市高新技术产业园区科技南路中兴通讯A座
邮政编码：518057
互联网站：http://www.zhongxing.com
E-MAIL：info@mail.zhongxing.com
5、公司选定的信息披露报纸名称：《中国证券报》、《证券时报》
年度报告备置地点：深圳市高新技术产业园区科技南路中兴通讯A座
年度报告指定登载的互联网站：http://www.cninfo.com.cn
6、公司股票上市地：深圳证券交易所
股票简称：中兴通讯　　股票代码：0063

二、会计数据和业务数据摘要

(一)本年度主要会计数据　　单位：(元)

利润总额：	247,161,662.57
净利润：	211,471,962.97
扣除非经常性损益后的每股收益：	173,343,203.91 *1
主营业务利润	:1,250,251,130.03
其他业务利润：	1,656,306.76
营业利润：	180,700,382.77
投资收益：	-118,982.96
补贴收入：	33,757,164.11
营业外收支净额：	32,823,098.65
经营活动产生的现金流量净额：	-524,131,595.28
现金及现金等价物净增加额：	46,658,216.56

(二)近三年主要会计数据　　单位：元

项　目	1999年	1998年		1997年	
		调整前	调整后	调整前	调整后
主营业务收入	2538907065.15	1968441470.60	1968441470.60	631234326.49	631234326.49
净利润	211471962.97	313793339.70	309181414.03	119912828.41	113767090.98
总资产	3384815709.26	2205555166.17	2194473687.48	1357432249.82	1351655256.44
股东权益(不含少数股东权益)	1.529829541.24	948124173.95	937366510.85	695501230.17	689724236.99
每股收益	0.61	0.97	0.95	0.46	0.46
每股净资产	4.44	2.92	2.88	2.78	2.76
净资产收益率(%)	13.82	33.09	32.98	16.83	16.49
调整后的每股净资产	4.38	2.88	2.84	2.76	2.73
加权平均每股收益	0.64*2 0.52*3	0.97	0.95	0.59	0.57
每股经营活动产生的现金流量净额	-1.52	0.48	0.48	--	--
扣除非经营性损益后的每股收益	0.50	--	--	--	--

*1-非经常性损益项目：补贴收入、营业外收入申购新股无效资金被冻结期间的存 款利息收入本年转销部分、营业外支出处理固定资产损失
*2-加权平均每股收益：
*3-加权平均扣除非经营性损益后的每股收益：
主要财务指标计算方法：
A、全面摊薄计算方法(以1999年12月31日公司34450万股总股本为计算依据)
每股收益=净利润/年度末普通股股份总数
每股净资产=年度末股东权益/ 年度末普通股股份总数
净资产收益率=净利润/年度末股东权益×100%
调整后的每股净资产=(年度末股东权益-三年以上应收款项-待摊费用-待处理(流动、固定)资产净损失-开办费-长期待摊费用-住房周转金负数总额)/年度末普通股股份总数
每股经营活动产生的现金流量净额=经营活动产生的现金流量净额/年度末普通股股份总数
净资产收益率=净利润/年度末股东权益
B、加权平均计算方法：
每股收益=当期净利润/[期末普通股股份总数/(1+配股比例或增发新股比例)+期 末普通股股份总数/(1+配股比例或增发新股比例)×配股比例或增发新股比例×缴款 结束日下一月份至 期末的月份数/12]

(三)股东权益变动情况

项目	股本	资本公积	盈余公积	法定公益金	未分配利润	股东权益合计
期初数	325000000	353673194.61	69085480.89	29156768.09	189607835.35	937366510.85
本期增加	19500000	361215101.50	49582651.08	16484394.02	162165277.81	592463035.39
本期减少						
期末数	344500000	714888296.11	118668131.97	45641162.11	351773113.16	1529829541.24
变动原因	配股	配股	利润增加	利润增加	利润增加	配股及利润增加

三、股本变动及股东情况

(一)股东数量：截止1999年12月31日，公司共有股东62544户。
(二)主要股东持股情况：

股东名称	年末持股数量(万股)	年内增减变动数量(万股)	占总股本比例(%)
(1)深圳市中兴新通讯设备有限公司	20410(国有法人股)	0	59.24
(2)深圳市兆科投资发展有限公司	1040(法人股)	0	3.02
(3)湖南南天集团有限公司	650(法人股)	0	1.88
(4)中国精密机械进出口深圳公司	325(国有法人股)	0	0.9
(5)骊山微电子公司	325(国有法人股)	0	0.94
(6)陕西顺达通信公司	325(国有法人股)	0	0.94
(7)邮电部第七研究所	325(国有法人股)	0	0.94
(8)河北省邮电器材公司	325(国有法人股)	0	0.94
(9)吉林省邮电器材总公司	325(国有法人股)	0	0.94
(10)兴和证券投资基金	312(社会公众股)	312	0.91

深圳西林实业股份有限公司

一、公司简介

1、公司法定中文名称:深圳西林实业股份有限公司
公司法定英文名称:SHENZHEN XILIN INDUSTRIALCO.,LTD.
2、公司法定代表人:焦志仁
3、公司董事会秘书:黄茜华　董事会授权代表:贺　黎
联系地址:深圳市宝安区宝城 34 区
电话:7800006-68 7809810　传真:7808357　E-mail:szszxldm@sz.gd.cninfo.net
4、公司注册地址:深圳市宝安区宝城 34 区
公司办公地址:深圳市宝安区宝城 34 区　邮政编码:518133
公司国际互联网网址:www.szxilin.com　公司 E-mail:szxilin@public.szptt.net.cn
5、公司选定的信息披露报刊:《中国证券报》、《证券时报》登载公司年度报告的中国证监会指定国际互联网网址:www.cninfo.com.cn 公司年度报告备置地点:公司 证券部
6、公司股票上市交易所:深圳证券交易所
股票简称:深圳西林　股票代码:0065

二、会计数据和业务数据摘要

1、本年度实现主要利润指标情况:　(单位:元)

利润总额:	20089073.87
净利润:	16472082.13
扣除非经常性损益后净利润:	15960360.72
主营业务利润:	31073328.98
其它业务利润:	1446480.70
营业利润:	19564657.70
投资收益:	285737.56
补贴收入:	0.00
营业外收支净额:	238678.61
经营活动产生的现金流量净额:	-666275.20
现金及现金等价物净增加额:	-2200025.17

注:扣除非经常性损益新股申购冻结资金利息 511,721.41 元。

2、截止报告期公司前三年的主要会计数据和财务指标: (单位:元)

项目　年度	1999	1998		1997
		调整后	调整前	
主营业务收入	238393408.42	166809546.41	166809546.41	101249276.66
净利润	16472082.13	9466354.94	13027142.41	11720935.67
总资产	238449837.56	166396912.28	169957699.75	117534194.73
股东权益	132251150.48	116083710.40	119644557.87	64080404.90
每股收益	0.206	0.19	0.261	0.31
每股净资产	1.65	2.32	2.39	1.71
调整后的每股净资产	1.640	2.32	2.39	
每股经营活动产生的现金流量净额	-0.008			
净资产收益率	12.46%	8.15%	10.89%	18.29%

财务指标的计算公式如下:
每股收益=净利润/年度末普通股股份总数
每股净资产=年度末股东权益/年度末普通股股份总数
调整后的每股净资产=(年度末股东权益-三年以上的应收款项净额-待摊费用-待 处理资产损失-开办费-长期待摊费用-住房周转金负数余额)/年度末普通股股份总数
每股经营活动产生的现金流量净额=经营活动产生的现金流量净额/年度末普通股股份总数净资产收益率=净利润 /年度末股东权益×100%

3、报告期内股东权益变动情况　(单位:元)

项目	股本(万股)	资本公积	盈余公积	法定公益金	未分配利润	股东权益合计
期初数	5000	50235374	3178093.59	1059364.53	12670302.66	116083770.40
本期增加	3000		2470812.32	823604.11		16167380.08
本期减少		15000000			1303432.24	
期末数	8000	35235374	5648905.91	1882968.64	11366870.42	132251150.48

变动原因:
(1)年度内股本增加 3000 万股是上年以每 10 股送 3 股,资本公积金转增 3 股所致;
(2)年度内资本公积金减少 15,000,000.00 元是转增股本所致;
(3)年度内盈余公积金、法定公益金增加是公司按净利润 10%提取盈余公积金和 按 5%提取公益金所致;
(4)年度内未分配利润减少是公司 4 月份以 5000 万股为基数,每 10 股送 3 股、派 0.6 元(含税)和会计政策变更调减了 1999 年年初留存收益计 3,560,787.47 元所致;
(5)股东权益增加是净利润增加所致。

三、股东情况介绍

1、股东情况介绍:
(1) 报告期末公司股东总数为 10747 户,其中未流通法人 股 2 户,公众股为 10745 户(其中:公司高级管理人员持股为 11 户);
(2)持有公司 5%以上股份的股东为两家发起人:

名称	持股数量(万股)	占股本比例	法定代表人	经营范围
中国北方工业深圳公司	5174.4	64.68%	潘福明	国内商业、进出口业务
西安惠安化工厂	825.6	10.32%	胡高社	化工原料

两家发起人法人股没有质押或冻结情况。
(3)公司前 10 名股东的持股情况如下:

名称	持股数(万股)	占股东比例
中国北方工业深圳公司	5174.4	64.68%
西安惠安化工厂	825.6	10.32%
海南新世纪房地产开发公司	37.96	0.47%
湖南证券股份有限公司第一营业部	37.56	0.47%
海南物华实业贸易公司	28.47	0.36%
湖南雨花实业有限公司	27.03	0.34%
徐定秀	26.00	0.33%
福建兴业证券公司上海金陵东路证券交易营业部	23.06	0.29%
金鑫证券投资基金	19.91	0.25%
张凤林	18.98	0.24%

前 10 名股东之间不存在关联关系。

中国长城计算机深圳股份有限公司

一　公司简介

1. 公司法定中文名称:中国长城计算机深圳股份有限公司
公司法定英文名称:CHINA GREATWALL COMPUTER SHENZHEN CO.,LTD
2. 公司法定代表人:王　之先生
3. 董 事 会 秘 书:周大庆先生
电话:0755-6633904　传真:0755-6631106
4. 公司注册地址:中国深圳南山区科技工业园长城计算机大厦
公司办公地址:中国深圳南山区科技工业园长城计算机大厦
邮政编码:518057
公司电子信箱:stock@ggw.com.cn
公司国际互连网网址:http://www.greatwall.com.cn
5. 公司选定的信息披露报纸名称:《证券时报》、《中国证券报》、《上海证券报》
登载公司年度报告的中国证监会指定国际互连网址: http://www.cninfo.com.cn
公司年度报告备置地点:公司董事会办公室
6. 公司股票上市交易所:深圳证券交易所
股票简称:长城电脑　股票代码:0066

二　会计数据和业务数据摘要

1. 公司本年度会计数据　单位:人民币元

利润总额	232,851,110.04
净利润	228,746,732.81
扣除非经常性损益后的净利润	225,948,871.67
主营业务利润	158,573,255.65
其他业务利润	22,404,974.16
营业利润	30,351,469.17
投资收益	198,387,527.05
补贴收入	2,797,861.14
营业外收支净额	1,314,252.68
经营活动产生的现金流量净额	46,876,370.42
现金及现金等价物净增加额	99,171,008.73

注:扣除的非经常性损益项目及涉及金额

项目	涉及金额
补贴收入	2,797,861.14
合计	2,797,861.14

2. 公司前三年主要会计数据和财务指标　单位:人民币元
(1).追溯调整后

指标项目	1999 年	1998 年	1997 年
主营业务收入	1,675,633,929.66	950,319,789.05	736,649,085.77
净利润	228,746,732.81	155,287,042.13	78,971,333.13
总资产	1,705,921,165.68	1,389,731,568.85	966,666,738.73
股东权益(不含少数股东权益)	884,698,086.19	717,083,553.38	581,517,649.78
每股收益(元/股)	0.793	0.753	0.498
每股收益(月均加权)(元/股)	0.793	0.753	0.607
扣除非经常性损益后的每股收益(元/股)	0.783	0.753	0.498
每股净资产(元/股)	3.066	3.479	3.668
调整后的每股净资产(元/股)	3.03	3.439	3.653
每股经营活动产生的现金流量净额(元/股)	0.162	-0.697	—
净资产收益率(%)	25.86%	21.66%	13.58%

(2).追溯调整前

指标项目	1998 年	1997 年
主营业务收入	950,319,789.05	736,649,085.77
净利润	166,424,411.49	99,324,901.93
总资产	1,421,222,507.01	987,020,307.53
股东权益(不含少数股东权益)	748,574,491.54	601,871,218.58
每股收益(元/股)	0.807	0.626
每股收益(月均加权)(元/股)	0.807	0.764
扣除非经常性损益后的每股收益(元/股)	0.807	0.626
每股净资产(元/股)	3.632	3.796
净资产收益率(%)	22.23%	16.50%
每股经营活动产生的现金流量净额(元/股)	-0.697	—
调整后的每股净资产(元/股)	3.591	3.766

3. 报告期内股东权益变动情况　单位:人民币元

项目	股本	资本公积	盈余公积	法定公益金	未分配利润	股东权益合计
期初数	206115000	312022277	48006075.77	23425837.53	150940200	717083553.38
本期增加	82446000	—	45749346.56	22874673.28	228746732	356942079.37
本期减少	—	82446000	—	—	106881546	189327546.56
期末数	288561000	229576277	93755422.33	46300510.81	272805386	884698086.19

三　股东情况介绍

1.报告期末股东总数
截止 1999 年 12 月 31 日,公司股东总数为 36243 户,公司董事、监事及高级管理人员 数为 13 人。
2.截止 1999 年 12 月 31 日公司前 10 名股东持股情况　单位:股

序号	股东名称及类别	持股比例	年末持股数量
1	长城科技股份有限公司	64.05%	184,821,000
2	同盛证券投资基金	3.01%	8,706,621
3	景宏证券投资基金	1.36%	3,952,500
4	中信天津证券业务部解放北路营业部	0.51%	1,480,835
5	同盛证券投资基金	0.45%	1,300,319
6	兴华证券投资基金	0.44%	1,292,064
7	中信证券有限责任公司	0.35%	1,021,520
8	中信茅台	0.30%	867,728
9	中信证券北太平庄证券营业部	0.29%	844,198
10	北京仙桥广告艺术公司	0.28%	826,024

深圳市赛格三星股份有限公司

一、公司简介

公司名称:深圳市赛格三星股份有限公司
英文名称:SHENZHEN SEG SAMSUNG GLASS CO.,LTD(SSG)
法定代表人:王殿甫
董事会秘书:王科夫
联系地址:深圳市福田区上梅林26-811信箱
联系电话:3311988-1810
传　　真:3112656
公司注册及办公地址:深圳市福田区梅林工业区101厂房
邮政编码:518049
股票上市交易所:深圳证券交易所
股票简称:赛格三星
股票代码:0068
选定报刊名称:《证券时报》
登载报告网址:www.cninfo.com.cn
年报备置地点:深圳市赛格三星股份有限公司证券部

二、会计数据和业务数据摘要

一、99年度公司盈利情况　　单位:人民币元

利润总额	5,726,328.45
净利润	5,726,328.45
扣除非经常性损益后的净利润	5,726,328.45
主营业务利润	162,788,423.03
营业外收支净额	52,689,422.58
经营活动产生的现金流量净额	317,761,403.06
现金及现金等价物净增加额	70,413,980.61

二、主要会计数据公司近三年主要会计数据　　单位:人民币元

项　目	1999	1998		1997	
		调整后	调整前	调整后	调整前
主营业务收入	853421325.42	229835449.35	229835449.35	721536806.36	721536806.36
净利润	5726328.45	-103329051.46	-97746,597.46	142255004.90	167503641.36
总资产	2868890173.38	2620452,437.88	2651283,528.34	2648117720.94	2673366357.4
股东权益	1419622,358.63	1413896,030.18	1444727120.64	1517225081.64	1542473718.1
每股收益	0.007	-0.13	-0.12	0.271	0.32
每股收益(按月加权)	0.007	-0.13	-0.12	0.271	0.32
扣除非经常性损益后的每股收益	0.007	-0.13	-0.12	0.271	0.32
每股净资产	1.81	1.80	1.84	2.90	2.94
调整后每股净资产	1.70	1.70	1.72	2.78	2.82
每股经营活动产生的现金流量净额	0.40				
净资产收益率	0.40%	-7.31%	-6.77%	9.38%	10.86%

注:每股收益=净利润/年度末普通股股份总数

调整后的每股净资产=(年度末股东权益-三年以上的应收款项-待摊费用-待处理(流动、固定)资产净损失-开办费-长期待摊费用)/年度末普通股股份总数

每股经营活动产生的现金流量净额=经营活动产生的现金流量净额/年度末普通股股份总数

净资产收益率=净利润/年度末股东权益×100%

三、报告期内股东权益变化情况

股东权益变动情况表　　单位:人民币元

项目	股本	资本公积	盈余公积	法定公益金	未分配利润	股东权益合计
期初数	785970517	588999559.74	21338250.74	7112750.25	17587702.70	1413896030.18
本期增加	—	—	—	—	5726,328.45	5,726,328.45
本期减少						
期末数	785970517	588999559.74	21338250.74	7112750.25	23314031.15	1419622358.63
变动原因					公司99年实现净利润5726328.45元,未分配	公司99年未分配利润增加5726328.45元

三、股东情况介绍

一、报告期末股东总数

截止1999年12月31日,本公司股东总数107212户。其中:国有法人股股东1户,境内法人股股东3户,境外法人股股东1户,高级管理人员股东8户,社会公众股股东107199户。

二、公司前十名股东持股情况

序号	股东名称	持股数量	持股比例	股份性质
1	深圳市赛格集团有限公司	223,943,608	28.49%	国有法人股
2	深圳赛格股份有限公司	167,957,704	21.37%	境内法人股
3	三星康宁投资有限公司	167,957,704	21.37%	境外法人股
4	普丰证券投资基金	956,000	0.12%	社会公众股
5	林海城	760,093	0.10%	社会公众股
6	邓国清	750,000	0.10%	社会公众股
7	淄博投资基金管理公司	646,150	0.08%	社会公众股
8	深圳市赛格进出口公司	555,750	0.07%	境内法人股
9	深圳市赛格储运企业公司	555,750	0.07%	境内法人股
10	梁添华	473,000	0.06%	社会公众股

本公司前十名股东中深圳市赛格集团有限公司、深圳赛格股份有限公司、深圳市赛格储运企业公司、深圳市赛格进出口公司之间存在关联关系,其中:

赛格股份是赛格集团将所属八家全资、控股及联营公司中的权益进行重组作价为发起人出资,并公开发行A、B股的上市公司赛格股份持有赛格储运100%的股份。

赛格集团持有赛格股份58.78%的股份,持有赛格进出口100%的股份。

三、持股10%以上的法人股东情况介绍

深圳市赛格集团有限公司是深圳市属国有大型企业集团,注册资本31981万元,法 舜表王殿甫,该集团是一家以电子信息产业为主体,集制造业、国内外贸易、仓储运 输、金融、房地产为一体的综合性外向型企业集团。

深圳赛格股份有限公司是一家公开发行A、B股的上市公司,注册资本61343万元,法人代表王殿甫,主营电子信息产业投资项目经营及管理,涉外运输及仓储、电子配套服务业等。

三星康宁投资有限公司是韩国三星康宁株式会社的全资子公司,法人代表李锡九,主要参与地产、金融、运输、工业项目的投资经营及管理。

深圳华侨城控股股份有限公司

一、公司简介

1、公司法定中文名称:深圳华侨城控股股份有限公司
　公司法定英文名称:Overseas Chinese Town Holdings Company
2、法定代表人:任克雷
3、公司董事会秘书:肖德中
　授权代表:李珂晖
　电话:6909069
　传真:6600517
　联系地址:深圳华侨城控股股份有限公司
　E-MAIL: szhqc@public.szptt.net.cn
4、公司注册地址:中华人民共和国广东省深圳市南山区华侨城
　办公地址:深圳市南山区华侨城建设指挥部大楼
　邮编 :518053
　网址: www.oct-tour.com.cn
　E-MAIL: oct069@public.topway.net.cn
5、公司年度报告指定披露报纸:《中国证券报》、《证券时报》
　公司年度报告指定披露网址:http://www.cninfo.com.cn
　公司年度报告备置地点:公司证券部
6、公司股票上市交易所:深圳证券交易所
　股票简称:华侨城A　　股票代码:0069

二、会计数据和业务数据摘要

1、公司本年度主要业务数据如下表:　单位:元

利润总额:	61,682,560.83
净利润:	53,332,336.52
扣除非经常性损益后净利润:	53,332,336.52
主营业务利润:	82,039,798.87
其他业务利润:	3,509,874.61
营业利润:	29,669,763.77
投资收益:	32,685,641.45
补贴收入:	0.00
营业外收支净额:	-702,844.39
经营活动产生的现金流量净额:	67,025,882.31
现金及现金等价物净增加额:	-22,022,681.25

2.公司近三年主要会计数据和财务指标:　　(金额单位:元)

指标项目		1999年	1998年		1997年	
			调整前	调整后	调整前	调整后
主营业务收入		280623689	167909234	167909234	159713982	159713982
净利润		53332336	73780912	72963100	61734724	58338987
总资产		1122580103	1024003743	1013620213	803050530	798774765
股东权益		606067906	643349118	639135569	579168205	575772468
每股收益	摊薄	0.154	0.213	0.211	0.322	0.304
	加权	0.154	0.213	0.211	0.392	0.37
扣除非经常性损益		0.154	0.14	0.138	0.252	0.222
每股净资产		1.75	1.86	1.85	3.02	3.00
调整后每股净资产		1.61	1.74	1.72	2.93	2.91
每股经营活动产生的现金流量净额		0.194	0.086	0.086		
净资产收益率(%)	摊薄	8.80	11.47	11.42	10.66	10.13
	加权	8.57	12.07	12.01	12.89	12.22

注:主要财务指标计算公式:

每股收益=净利润/年度末普通股股份总数

每股净资产=年度末股东权益/年度末普通股股份总数

调整后的每股净资产=(年度末股东权益-三年以上的应收款项净额-待摊费用-待 处理(流动、固定)资产净损失-开办费-长期待摊费用-住房周转金负数余额)/年度末 普通股股份总数

净资产收益率=净利润/年度末股东权益 X100%

3.本年度股东权益变动情况:

项目	期初数	本期增加	本期减少	期末数
股本	345600000.00			345600000.00
资本公积	210729627.34			210729627.34
盈余公积	34081601.79	7999850.48		42081452.27
法定公益金	9432439.21	2666616.83		12099056.04
未分配利润	48724340.83	45332486.04	86400000.00	7656826.87
股东权益合计	639135569.69	53332336.52	86400000.00	606067906.48

本年度股东权益变动原因:

(1)盈余公积增加7,999,850.48元和法定公益金增加2,666,616.83元都是本年进 行利润分配提取数;

(2)未分配利润减少是由于本年度进行利润预分配所致。

三、股东情况介绍

(一)报告期末股东总户数为36829户。

(二)报告期末前十名股东情况:

报告期末前十名股东情况表:　　单位:股

股东名称及类别	持股比例	年末持股数量
发起人股东(华侨城集团公司)	71.81%	248,166,000
其中:国有股股东		
(华侨城集团公司受托持有)	2.15%	7,434,000
欧彩霞	0.47%	922,960
张军子	0.44%	898,640
王定荣	0.40%	523,760
普丰证券投资基金	0.37%	420,317
马兴勇	0.36%	352,200
李祖荫	0.33%	285,000
李桂英	0.33%	260,000
曹俭宽	0.33%	255,000
泰和证券投资基金	0.33%	250,000

深圳市海王生物工程股份有限公司

一、公司简介

1、公司的法定中文名称:深圳市海王生物工程股份有限公司(简称:海王生物)
公司的法定英文名称:Shenzhen Neptunus Bioengineering Co.,Ltd
2、公司的法定代表人:张思民
3、公司董事会秘书:冯家信
联系地址:深圳市南山区南油大道海王大厦26层
电话:(0755)6646804,6649838-2671 传真:(0755)6405411,6646804
4、公司注册及办公地址:深圳市南山区南油大道海王大厦26层 邮政编码:518054
电子信箱:Sznepsw@public.szptt.net.cn 海王网址:http://www.neptunus.com
5、本公司选定的信息披露报纸名称:《中国证券报》、《证券时报》
公司年报备置地点:公司证券部
登载本公司年度报告的中国证监会指定国际互联网网址:http://www.cninfo.com.cn
6、公司股票上市交易所:深圳证券交易所
股票简称:海王生物 股票代码:0078

二、会计和业务数据摘要

1、公司本年度主要会计数据 (单位:人民币元)

利润总额:	35,807,370.21
净利润:	31,066,997.61
扣除非经营性损益后的净利润	26,040,722.41
主营业务利润:	67,678,472.30
其他业务利润:	570.93
投资收益:	644,768.81
补贴收入:	4,282,799.83
营业外收支净额:	5,232,307.42
经营活动产生的现金流量净额:	-20,126,083.05
现金及现金等价物净增加额:	-17,142,105.92

注:扣除非经营性损益后的净利润=净利润-股权转让收益861,218.81+股权投资差额分摊216,450+收购产生商誉分摊2,090,311.31-科技拨款1,500,000-新产品奖金178,000-新股申购冻结利息2,923,037.51-材料盘盈1,870,780.19 经营活动产生的现金流量净额为-20,126,083.05元,主要是公司本年度为所属子公司垫付的流动资金支出较大。

2、截止1999年末公司前三年的主要会计数据和财务指标

本公司本年度坏帐准备的计提方法由按应收帐款年末余额比例法变更为按应收帐款帐龄分析法,其对公司前三年的主要会计数据和财务指标有造成变动的同时列示。

(1)主要会计数据(单位:人民币万元)

项目	1999年	1998年		1997年	
		原数据	调整后数据	原数据	调整后数据
主营业务收入	8,839	6,448		6,267	
净利润	3,107	2,615	2,447	1,816	1,720
总资产	64,228	22,997	22,728	14,563	14,467
股东权益	20,474	17,632	17,367	5,730	5,634

(2)主要财务指标

项目	1999年	1998年		1997年	
		原数据	调整后数据	原数据	调整后数据
每股收益(元/股)	0.20	0.34	0.32	0.36	0.34
按月平均加权每股收益	0.27	0.41	0.39		
扣除非经营性损益后的每股收益	0.17	0.30	0.28		
每股净资产	1.34	2.31	2.27	1.15	1.13
调整后的每股净资产	1.26	2.29	2.25	1.12	1.10
每股经营活动产生的现金流量净额	-0.13	-0.50			
净资产收益率(%)	15.17	14.83	14.09	31.69	30.53

注:(1)公司总股本1999年末为15280万股,1998年末为7640万股,1997年末为5000万股。

(2)公司获得的新股申购冻结资金利息分两年摊入收益,计入1999年度利润的新股申购冻结资金利息为2,923,037.51元。

(3)主要财务指标的计算公式如下:
全面摊薄后的计算方法
每股收益=净利润/年度末普通股股份总数
每股净资产=年度末股东权益/年度末普通股股份总数
净资产收益率=净利润/年度末股东权益×100%
调整后的每股净资产=(年度末股东权益-三年以上的应收款项-待摊费用-待处理(流动、固定)资产净损失-开办费-长期待摊费用)/年度末普通

3、1999年度本公司股东权益变动情况

项目	股本	资本公积金	盈余公积	法定公益金	未分配利润	股东权益合计
期初数	76400000	77588997.20	3922477.59	1307492.53	15759191.65	173670666.44
本期增加	76400000		4660049.64	1553349.88	31066997.61	
本期减少		61120000			19940049.64	
期末数	152800000	16468997.20	8582527.23	2860842.41	26886139.62	204737664.05
变动原因	红股与转增	转增股本	利润分配	利润分配	实现利润及利润分配	

三、股东情况介绍

(1)截止1999年12月31日,本公司的在册股东数量为31437户。

(2)本公司前10名股东持股情况

股东名称	年初持股数	年内增加数	年内减少数	年末持股数	占总股份比例
深圳海王集团股份有限公司	54435000	54435000		108870000	71.25%
深圳市新鹏投资发展有限公司	1146000	1146000		2292000	1.5%
深圳市海王广告有限公司	573000	573000		1146000	0.75%
深圳海王食品有限公司	573000	573000		1146000	0.75%
北京科梦嘉生物技术开发有限公司	573000	573000		1146000	0.75%
叶宝山		236508		236508	0.15%
段绍平		202830		202830	0.13%
普丰证券投资基金		185800		185800	0.12%
王莺		173064		173064	0.11%
张秀贞		170522		170522	0.11%

深圳海王集团股份有限公司,报告期内所持股份数经实施利润分配和资本公积金 转增方案后由5443.5万股增加到10887万股,占本公司股份总额的71.25%,该公司拥有的股份已作质押。

深圳市盐田港股份有限公司

一、公司简介

1、公司法定中文名称:深圳市盐田港股份有限公司
公司法定英文名称:Shenzhen Yan Tian Port Holdings Co.,Ltd
2、公司法定代表人:李选民
3、公司董事会秘书:华 翔 授权代表:李翠云
联系电话:(0755)5290180 传真:(0755)5290932
4、公司办公地址:深圳市盐田区盐田港海港大厦十八——二十层 公司邮政编码:518081
公司电子信箱:szytphcl@sz.gd.cninfo.net 公司国际互联网网址:http://www.yantian-port.com
5、公司选定的信息披露报纸:《证券时报》
登载年度报告的国际互联网网址:http://www.cninfo.com.cn
公司年度报告备置地点:深圳市盐田港股份有限公司董事会秘书处
6、公司股票上市地:深圳证券交易所
公司股票简称:盐田港A 公司股票代码:0088

二、会计数据及业务数据摘要

(一)公司本年度会计数据和财务指标 (单位:人民币元)

利润总额	114,674,518.19
净利润	87,131,536.98
扣除非经常性损益后的净利润	87,315,396.49
主营业务利润	127,511,939.67
其他业务利润	2,275,674.48
营业利润	114,674,518.19
投资收益	-802,119.78
补贴收入	—
营业外收支净额	629,760.37
经营活动产生的现金流量净额	92,016,714.27
现金及现金等价物净增加额	-157,456,944.43

注:扣除的非经常性项目和涉及金额:1地产地销增值税核减额2,389,453.63元;2 处置固定资产净额-764,728.54元;3罚款收支净额88,708.63元;4股权投资差额摊销-802,119.78;5处理待处理资产损失-1,129,573.33;6其他34,399.88元;7以上项目涉及 金额为-183,859.51元。

(二)公司前三年主要会计数据和财务指标

1、追溯调整后 (单位:人民币元)

项 目	1999年度	1998年度	1997年度
主营业务收入	229,047,173.48	275,296,655.60	263,215,307.25
净利润	87,131,536.98	125,987,379.98	144,150,957.38
总资产	1,964,393,078.76	1,841,136,529.92	1,895,022,256.73
股东权益(不含少数股东权益)	1,402,339,535.30	1,389,705,375.98	1,374,847,182.67
每股收益	0.149	0.215	0.246
每股收益(加权)	0.149	0.215	0.276
扣除非经营性损益后的每股收益	0.149	0.194	0.237
每股净资产	2.397	2.376	2.350
调整后的每股净资产	2.379	2.352	2.333
每股经营活动产生的现金流量净额	0.157	0.259	
净资产收益率(%)	6.213	9.066	10.485

2、追溯调整前 (单位:人民币元)

项 目	1999年度	1998年度	1997年度
主营业务收入	229,047,173.48	275,296,655.60	263,215,307.25
净利润	87,131,536.98	127,082,578.46	144,196,543.56
总资产	1,964,393,078.76	1,842,323,340.18	1,895,080,974.56
股东权益(不含少数股东权益)	1,402,339,535.30	1,390,859,292.29	1,374,905,900.50
每股收益	0.149	0.217	0.246
每股收益(加权)	0.149	0.217	0.280
扣除非经营性损益后的每股收益	0.149	0.196	0.237
每股净资产	2.397	2.378	2.350
调整后的每股净资产	2.379	2.354	2.333
每股经营活动产生的现金流量净额	0.157	0.259	—
净资产收益率(%)	6.213	9.137	10.488

(三)股东权益变动情况 (单位:人民币元)

项 目	股本(股)	资本公积	盈余公积	(其中:公益金)	未分配利润	合 计
期初数	585000000	763578158	40564670	13521556	562547.50	1389705375.98
本期增加			13069730	4356576	87131536.98	100201267.53
本期减少		787377			86779730.55	87567108.21
期末数	585000000	762790780	53634400	17878133	914353.93	1402339535.30

变动原因说明:1.资本公积减少数系本公司本年度以股份制改组中业经评估增值的部分资产投资成立深圳市混凝土有限公司时,资产投资作价损失数。

2.盈余公积金和公益金增加数系本公司按税后利润提10%法定公积金和5%法定公益金所致。

3.未分配利润增加数系本公司本年度实现的净利润数;未分配利润减少数系本公司准备提取盈余公积和向股东派发现金红利从未分配利润转出数。

三、股东情况介绍

1、截止1999年12月30日,公司股东总数为62265户。
2、公司前10名股东持股情况:

序号	股东名称	持股数量(股)	占总股本比例(%)
1	深圳盐田港集团有限公司	460,000,000	78.632
2	普惠证券投资基金	3,024,830	0.517
3	吴秀燕	802,477	0.137
4	普丰证券投资基金	711,751	0.122
5	海通深圳	651,781	0.111
6	徐盛红	633,400	0.108
7	张 军	400,000	0.068
8	罗计花	317,000	0.054
9	叶 青	280,000	0.048
10	李 燕	280,000	0.048

注:深圳盐田港集团有限公司持有的股份为国有法人股。其所持股份无质押、冻 结的情况。

深圳市机场股份有限公司

一、公司简介

1、公司的法定中文名称:深圳市机场股份有限公司

公司的法定英文名称:SHENZHEN AIRPORT CO.,LTD. 英文缩写:SACL

2、公司法定代表人:卢胜海

3、公司董事会秘书:谢爱龙 授权代表:曹迪秋

联系地址:深圳市宝安区黄田国际机场第一办公楼

联系电话:(0755)7776331 传真:(0755)7776327

4、公司注册地址:深圳市宝安区黄田机场第一办公楼三、四层

公司办公地址:深圳市宝安区黄田国际机场第一办公楼 邮政编码:518128

公司国际互联网网址:http://www.szairport.com

公司电子信箱:szsacldd@sz.gd.cninfo.net

5、公司选定信息披露报纸:《证券时报》、《中国证券报》、《上海证券报》

刊登公司年度报告的国际互联网网址:http://www.cninfo.net

公司年报备置地点:公司董事会秘书处

6、公司股票上市地:深圳证券交易所

股票简称:深圳机场 股票代码:0089

二、会计数据和业务数据摘要

1、公司本年度会计数据: (单位:人民币元)

利润总额	276,388,685.17
净利润	255,317,265.64
扣除非正常损益后的净利润	244,888,147.36
主营业务利润	209,834,831.83
其他业务利润	5,377,591.54
营业利润	188,465,500.72
投资收益	76,648,461.99
补贴收入	0.00
营业外收支净额	11,274,722.46
经营活动产生的现金流量净额	217,446,466.51
现金及现金等价物净增加额	(19,206,734.50)

2、公司前三年主要会计数据和财务指标 (单位:人民币元)

会计指标	99 年度	98 年度		97 年度
		调整后	调整前	
主营业务收入	366568680	253494696	247189429	233957860
净利润	255317265	124083075	124945333	97720668
总资产	1676679534	1161405701	1157282976	649429559
股东权益(不含少数股东权益)	1286127067	1030809801	1031672059	285707978
摊薄每股收益	0.567	0.414	0.416	0.49
按月加权每股收益	0.567	0.414	0.454	0.49
扣除非经常性损益后的每股收益	0.544	0.411	0.409	0.49
每股净资产	2.858	3.436	3.439	1.43
调整后每股净资产	2.833	3.413	3.418	1.40
每股经营活动产生的现金流量净额	0.483	0.637	0.637	
摊薄净资产收益率(%)	19.86	12.04	12.11	34.20

注 1:1999 年末总股本 45,000 万股;1998 年末总股本为 30,000 万股;1997 年末总股本按 20,000 万股计。

注 2:1997 年度未编制现金流量表,故每股经营活动产生的现金流量净额未反映。

注 3:以上 1998 年度主营业务收入和总资产与 1998 年度已公布的年度报告相比,分别多出 6,305,267.00 元和 4,122,725.68 元。是 1999 年初将机场运输有限公司 1998 年度的会计报表调整纳入合并范围,1998 年度审计只对其投资按权益法核算所致。

注 4:以上 1998 年度净利润和股东权益与 1998 年度已公布的年报数相比,均相差 862,257.79 元,是本公司之子公司货运公司补缴 1998 年度企业所得税 134,619.81 元以及本公司坏帐准备计提范围变更,采用追溯法调减利润 727,637.98 元所致。由于净利润和股东权益的调整,导致与之相关的指标均有变化。

注 5:上述财务指标计算公式如下:

摊薄每股收益=净利润/年度末普通股股份总数

加权每股收益=当期净利润/[期末股份总数/(1+配股比例或增发新股比例)+期 末股份总数/(1+配股比例或增发新股比例)*配股比例或增发新股比例×缴款结束日下一月份至期末的月份数/12]

每股净资产=年度末股东权益/ 年度末普通股股份总数

调整后的每股净资产=(年度末股东权益-三年以上的应收款项净额-待摊费用 -待处理(流动、固定)资产净损失-开办费-长期待摊费用-住房周转金负数余额)/年度末普通股股份总数

3、报告期内股东权益变动情况

项目	股本	资本公积	法定盈余公积	法定公益金	未分配利润	股东权益合计
期初数	300000000	614896102	21354448	10677224	83882027	1030809801
本期增加	150000000		30274121	15137060	209906082	405317265
本期减少		150000000				150000000
期末数	450000000	464896102	51628570	25814285	293788110	1286127067

三、股东情况介绍

1、报告期末公司股东共 29,438 户。

2、本公司前 10 名股东的持股情况

序号	股东名称	持股数量(股)	占总股本比例
01	深圳机场(集团)公司	300,000,000	66.67%
02	开元基金	20,030,256	4.45%
03	天元证券投资基金	16,240,417	3.61%
04	广发证券上海吴兴路营业部	2,276,219	0.51%
05	广发证券开平营业部	2,157,895	0.48%
06	深圳市创新科技投资公司	2,066,500	0.46%
07	福建兴业证券公司	1,709,500	0.38%
08	广发证券上海业务部	1,592,345	0.35%
09	韩天华	1,112,200	0.25%
10	上海中技投资顾问公司	1,000,000	0.22%

深圳市天健(集团)股份有限公司

一、公司简介

1、公司法定中文名称:深圳市天健(集团)股份有限公司

公司英文名称:SHENZHEN TONGE (GROUP) CO.,LTD.

2、公司法定代表人:邹志远

3、公司董事会秘书:徐肇松 股证事务授权代表:陆炜弘

联系地址:深圳市福田区红荔西路 7058 号市政大厦六楼 董事会秘书处

联系电话:(0755)3928130 传真:(0755)3915736

电子信箱:xuzhaosong @ 163.net

4、公司注册地址及办公地址:深圳市福田区红荔西路 7058 号市政大厦

邮政编码:518034

公司国际互联网网址:http:// www.tianjian.com 电子信箱:sztonge @ sz.gd.cninfo.net

5、公司选定的信息披露报纸名称:《证券时报》、《上海证券报》

登载公司年度报告的中国证监会指定国际互联网网址:http:// www.cninfo.cn

公司年度报告备置地点:公司董事会秘书处

6、公司股票上市交易所:深圳证券交易所

股票简称:深天健 股票代码:0090

二、会计数据和业务数据摘要

1、本年度主要会计数据 (单位:人民币元)

利润总额:	124,055,917.32
净利润:	104,137,552.85
扣除非经营性损益后的净利润:	101,432,389.53
主营业务利润:	265,544,984.76
其他业务利润:	4,434,872.37
营业利润:	119,788,422.69
投资收益:	-6,796,834.61
补贴收入:	—
营业外收支净额:	11,064,329.24
经营活动产生的现金流量净额:	-242,489,370.57
现金及现金等价物净增加额:	69,973,334.38

注:公司非经营性损益 3,182,545.08 元,为新股申购冻结资金利息。

2、截止报告期末公司前三年的主要会计数据和财务指标(单位:元)

指标项目	1999 年度	1998 年度		1997 年	
	调整后	调整前	调整后	调整前	调整后
主营业务收入	1354090149	902259219	950419405	636340317	636340317
净利润	104137552	80680909	74674003	75684276	57124046
总资产	2514221261	1464155900	1417164450	1347694904	1329134674
股东权益(不含少数股东权益)	912214726	431998677	407431540	402548863	383988633
每股收益(摊薄)	0.466	0.488	0.452	0.458	0.345
每股收益(加权)	0.536	0.488	0.452	0.458	0.345
扣除非经常性损益后每股收益	0.454	0.488	0.452	0.458	0.345
每股净资产	4.086	2.614	2.465	2.436	2.324
调整后的每股净资产	3.829	2.489	2.353	2.307	2.210
每股经营活动产生的现金流量净额	-1.086	1.072	1.072		
净资产收益率(%)	11.42	18.68	18.33	18.80	14.88
净资产收益率(%)(加权)	16.72	18.68	18.33	18.80	14.88

注:(1)主要财务指标的计算公式如下:

每股收益=净利润/年度末普通股股份总数

每股净资产=年度末股东权益/年度末普通股股份总数

调整后的每股净资产=(年度末股东权益-三年以上的应收款项净额-待摊费用-待 处理(流动、固定)资产净损失-开办费-长期待摊费用-住房周转金负数余额)/年度末 普通股股份总数

调整前各年度会计数据如下 (单位:元)

项目	1999 年	1998 年	1997 年
坏帐准备	29,468,880.07	416,174.43	376,157.34
存货跌价准备	29,541,642.28	—	—
长期投资减值准备	20,209,895.00	—	—
未分配利润	23,037,089.36	—	69,462,060.41

调整后各年度会计数据如下 (单位:元)

项目	1999 年	1998 年	1997 年
坏帐准备	29,468,880.07	12,458,727.53	9,641,387.52
存货跌价准备	29,541,642.28	20,000,000.00	—
长期投资减值准备	20,209,895.00	14,948,897.00	9,295,000.00
未分配利润	23,037,089.36	0.00	54,613,876.27

3、报告期内股东权益变动情况 (单位:元)

项目	股本	资本公积	盈余公积	法定公益金	未分配利润
期初数	165261600	63392197.30	178777743.18	36075763.54	—
本期增加	58000000	387297953.36	36448143.49	10413755.28	23037089.36
本期减少	—	—	—	—	—
期末数	223261600	450690150.66	215225886.67	46489518.82	23037089.36
变动原因:	发行新股	股本溢价	利润分配	利润分配	实现利润及利润分配

三、股东情况介绍

1、截止 1999 年 12 月 31 日,公司股东总数为 36409 户。

2、公司前 10 名股东的持股情况

序号 股东名称	年末持股数量(股)	持股比例(%)
1、深圳市建设投资控股公司	113,181,600 (未流通)	50.69%
2、上海闵行联合发展有限公司	10,080,000 (未流通)	4.51%
3、深圳市金众(集团)股份有限公司	8,400,000 (未流通)	3.76%
4、深圳市建业股份有限公司	8,400,000 (未流通)	3.76%
5、兴华证券投资基金	2,000,000 (已流通)	0.90%
6、同益证券投资基金	1,645,221 (已流通)	0.74%
7、普丰证券投资基金	1,102,150 (已流通)	0.49%
8、裕阳证券投资基金	971,517 (已流通)	0.44%
9、同盛证券投资基金	824,335 (已流通)	0.37%
10、兴和证券投资基金	740,060 (已流通)	0.33%

新疆国际实业股份有限公司

新疆国际实业股份有限公司股票上市公告书

一、要 览

股票简称:国际实业　　股票代码:0159
总股本:17179.23 万股　可流通股本:7000 万股
本次上市流通股本:7000 万股
上市地点:深圳证券交易所　上市日期:2000 年 9 月 26 日
股份登记机构:深圳证券登记有限公司
上市推荐人:南方证券有限公司 山东证券有限责任公司

二、绪 言

新疆国际实业股份有限公司(以下简称"本公司"或"公司")股票上市公告书是根据《中华人民共和国公司法》、《中华人民共和国证券法》、《股票发行与交易管理暂行条例》、《公开发行股票公司信息披露实施细则》和《深圳证券交易所股票上市规则》等国家有关的现行法律、法规的规定,按照中国证券监督管理委员会制定的公开发行股票公司信息披露的内容和格式准则第七号《上市公告书的内容与格式(试行)》编制,旨在向投资者提供有关本公司的基本情况和股票上市的有关资料。

经中国证券监督管理委员会证监发行字[2000]118 号文核准,本公司已成功上网 定价发行了每股面值 1.00 元的人民币普通股 7000 万股,每股发行价人民币 5.88 元。经深圳证券交易所深证上[2000]第 131 号文同意,本公司 7000 万股人民币普通股将于 2000 年 9 月 26 日(星期二)起在深圳证券交易所上市挂牌交易。股票简称"国际实业",股票代码"0159"。本公司总股本 17179.23 万股,流通股本 7000 万股。

本公司已于 2000 年 8 月 30 日在《中国证券报》、《证券时报》和《上海证券报》上刊登了《招股说明书概要》,距今不足六个月,故与其重复的内容在此不再重述,敬请投资者查阅本公司《招股说明书概要》。

本公司董事会及全体董事已批准本上市公告书,并确信所载资料不存在任何重大遗漏和误导,并对真实性、准确性和完整性负个别和连带责任。

三、公司概况

(一)公司概况

1、公司名称:新疆国际实业股份有限公司　　2、公司成立日期:1999 年 3 月 28 日

3、注册地址:新疆乌鲁木齐市北京路 22 号龙岭大厦 8 层

4、法定代表人:朱立田　　5、注册资金:17179.23 万元

6、经营范围:公司经营范围:机电设备、化工产品(汽车及国家有专项规定的 产品除外),轻工产品、建筑材料、金属材料、现代办公用品,畜产品、农副产品(粮食收储、批发),针、棉纺织品的销售;番茄种植、加工及番茄制品的销售;经营进出口业务(具体事项以外经贸部的批复为准);麻黄素及麻黄素类产品的出口;房地产开发、销售、租赁;棉花销售。

7、所属行业:综合　　8、联系电话:0991-2886434

(二)历史沿革

新疆国际实业股份有限公司是依照《中华人民共和国公司法》、《股票发行与交易管理暂行条例》等有关法律、法规,并经新疆维吾尔自治区人民政府新政函[1999]27 号文批准,由新疆对外经济贸易(集团)有限责任公司、新疆特变电工股份有限公司、新疆新啤(集团)有限责任公司、新疆和硕县佳丰果菜种植有限责任公司、新疆金邦钢铁有限公司,于 1999 年 3 月 28 日发起设立的股份有限公司。

主发起人新疆对外经济贸易(集团)有限责任公司将从事进出口业务的华宇、华泰、华锦、华瑞、华源、华洋等 6 个分公司的经营性资产及相关负债,以及从事麻黄 素和番茄加工的两个控股子公司-新疆和硕麻黄素制品有限责任公司 87.8%的权益和新疆利通番茄制品有限责任公司 60%的权益,投入股份公司。经深圳维明资产评估事务所评估,新疆国有资产管理局新国评字[1999]42 号文确认,新疆对外经济贸易(集团)有限责任公司以净资产 12483.65 万元,按 1:0.7353 的比例折为 9179.23 万股国有 法人股,新疆新啤(集团)有限责任公司以现金 408 万元,按 1:0.7353 的比例折为 300 万股国有法人股,其他三家发起人以现金 952 万元按 1:0.7353 的比例折为 700 万股法人股,公司设立时总股本为 10179.23 万股。本公司拥有控股子公司 4 家,分别为新疆凯 泽番茄制品有限责任公司、新疆利通番茄制品有限责任公司、新疆和硕麻黄素制品有限责任公司、新疆温泉麻黄素制品有限责任公司。

经中国证券监督管理委员会证监发行字[2000]118 号文核准,本公司通过深圳证 券交易所于 2000 年 9 月 1 日成功上网定价发行了每股面值 1.00 元的人民币普通股 7000 万股,每股发行价人民币 5.88 元。2000 年 9 月 13 日,本公司办理了工商变更登记手续,注册资本变更为 17179.23 万元,注册号为 6500001000557。

四、股票发行与承销

(一) 股票发行

1、发行方式:上网定价发行

2、发行时间:2000 年 8 月 30 日　刊登《招股说明书概要》、《发行公告》
2000 年 9 月 1 日　上网定价发行

3、发行价格:5.88 元/股

4、发行市盈率:以全面摊薄法计算 38.87 倍

5、公开发行量:7000 万股

6、募集资金总量:41160 万元

7、每股发行费用:0.1889 元

8、经深圳证券交易所系统主机统计和深圳南方会计师事务所验资,本次股票发 行有效申购户数为 1,376,975 户,有效申购股数为 37,085,977,000 股,超额认购倍数为 529.7997 倍,配号总数为 37,085,977 个,中签率为 0.188751%。

9、上网发行新股股东持有 1000 股以上的户数有 64392 户。

(二) 股票承销

本次上网定价发行之 7000 万股已全部被社会公众认购,承销团无余额包销。

(三) 验资报告(华会所验字[2000]088 号)

验　资　报　告

新疆国际实业股份有限公司全体股东:

我们接受委托对新疆国际实业股份有限公司截至 2000 年 9 月 11 日止的注册资本、投入资本变更情况的真实性和合法性进行了审验。在审验过程中,我们按照《独立审计实务公告第 1 号---验资》的要求,实施了必要的审验程序。新疆国际实业股份有限公司的责任是提供真实、合法、完整的验资资料,保护资产的安全、完整,我们的责任是按照《独立审计实务公告第 1 号---验资》的要求,出具真实、合法的验资报告。

新疆国际实业股份有限公司变更前的股本为人民币 101,792,300.00 元 (壹亿零壹 佰柒拾玖万贰仟叁佰元整),资本公积为人民币 36,644,250.35 元(叁仟陆佰陆拾肆万 肆仟贰佰伍拾元零叁角伍分)。根据我们的审验,截至 2000 年 9 月 11 日止,新疆国际实 业股份有限公司实际收到扣除各项发行费用后的股款净额为人民币 398,379,510.53 元(叁亿玖仟捌佰叁拾柒万玖仟伍佰壹拾元零伍角叁分),其中:人民币 70,000,000.00 元(柒仟万元整)记入股本,人民币 328,379,510.53 元(叁亿贰仟捌佰叁拾柒万玖仟 伍佰壹拾元零伍角叁分)作为股本溢价记入资本公积。变更后股本为人民币 171,792,300.00 元(壹亿柒仟壹佰柒拾玖万贰仟叁佰元整),资本公积为人民币 365,023,760.88 元(叁亿陆仟伍佰零贰万叁仟柒佰陆拾元捌角捌分)。

附件:(一)变更前后股本情况对照表

(二)验资事项说明

附送:(一)新疆国际实业股份有限公司 1999 年度临时股东大会决议

(二)新疆国际实业股份有限公司董事会《关于向社会公开发行股票并上市的议案》

(三)新疆维吾尔自治区人民政府《关于新疆国际实业股份有限公司公开发行股票申报材料复审的函》(新政函[1999]167 号)

(四)中国证券监督管理委员会《关于新疆国际实业公开股份有限公司发行股票的通知》(证监发行字[2000]118 号)

(五)新疆国际实业股份有限公司股票发行公告

(六)进帐单复印件

(七)新疆华西会计师事务所(有限公司)营业执照副本复印件

(八)新疆华西会计师事务所(有限公司)证券资格复印件

新疆华西会计师事务所(有限公司)
中 国 注 册 会 计 师　　　　陈　军
中 国 注 册 会 计 师　　　　于　雳
地址:中国.新疆.乌鲁木齐　　报告日期:2000 年 9 月 11 日

五、董事、监事和高级管理人员简介及持股情况

(一) 董事、监事和高级管理人员简介

朱立田先生,汉族,现年 60 岁,籍贯江苏,大专文化程度,中共党员,高级经济师,曾任自治区化工局青年农场场长,自治区盐业公司总经理,新疆对外经济贸易公司总经理,外贸集团董事长,现任本公司董事长。

阿不都.热合曼先生,维吾尔族,现年 51 岁,籍贯新疆,初中文化程度,中共党 员,高级经济师,曾任乌鲁木齐市建新服装厂副厂长, 新疆对外经济贸易公司业务分公司经理, 新疆对外经济贸易(集团)有限责任公司副总经理兼分公司经理,现任本公司副董事长。

扎克汗先生,哈萨克族,现年 46 岁,籍贯新疆,大学文化程度,中共党员,高级经济师,曾任自治区地边贸管理局经济技术合作处处长,新疆对外经济贸易(集团)有限责任公司党委书记兼副总经理,现任新疆对外经济贸易(集团)有限责任公司董事长、本公司董事。

唐朝金先生,汉族,现年 44 岁,籍贯四川,研究生文化程度,中共党员,高级会 计师,曾任新疆盐湖化工厂副厂长,新疆对外经济贸易(集团)有限责任公司总会计师、副总经理,现任本公司董事、总经理。

潘胜利先生,汉族,现年 50 岁,籍贯陕西,大专文化程度,中共党员,高级政工 师,曾任新疆对外经济贸易公司人事部主任、工会主席,新疆对外经济贸易(集团)有限责任公司副总经理,现任本公司董事、常务副总经理。

葛小英女士,汉族,现年 41 岁,籍贯浙江,大专文化程度,中共党员,会计师职称,曾任新疆第三建筑公司分公司财务科长,新疆对外经济贸易(集团)有限责任公司财务科科长、副总会计师,现任本公司董事、副总经理。

郭新荣先生,汉族,现年 38 岁,籍贯新疆,大专文化程度,中共党员,会计师职称,曾任新疆对外经济贸易(集团)有限责任公司总会计师、副总经理,现任本公司董事、副总经理兼总会计师。

张新先生,汉族,现年 38 岁,籍贯新疆,大专文化程度,中共党员,高级工程师,曾任新疆昌吉市特种变压器厂厂长,现任新疆特变电工股份有限公司董事长兼总经理,本公司董事。

单奇先生,汉族,现年 44 岁,籍贯天津,大专文化程度,中共党员,曾任新疆啤酒厂厂长、党委副书记,现任新疆新啤(集团)有限责任公司董事长兼总经理,本公司董事。

姚学存先生,汉族,现年 52 岁,籍贯山东,中专文化程度,中共党员,高级农艺师,曾任山东莘县供销社棉花加工厂股长、副厂长、棉麻公司副经理;现任和硕县康农果菜(集团)有限公司副董事长、总经理,本公司董事。

鲁新民先生,汉族,现年 37 岁,籍贯新疆,研究生文化程度,曾任支油公司总经理,现任新疆金邦钢铁有限公司董事长,本公司董事。

孙景波先生,汉族,现年 41 岁,籍贯山东,大专文化程度,助理经济师,中共党员,曾任新疆对外经济贸易公司业务分公司经理,新疆对外经济贸易(集团)有限责任公司副总经理,现任本公司监事会主席。

杨建业先生,汉族,现年 36 岁,籍贯河南,大专文化程度,会计师,曾任新疆纺织机械厂财务科会计,现任新疆新啤(集团)有限责任公司总会计师、财务审计部部长,本公司监事。

赵金元先生,汉族,现年 50 岁,籍贯甘肃,大专文化程度,中共党员,高级政工师,曾任新疆盐湖化工厂车间党支部书记,新疆对外经济贸易(集团)有限责任公司人事部主任,现任本公司党办主任,本公司监事。

梁军先生,汉族,现年 40 岁,籍贯陕西,中专文化程度,中共党员,助理经济师,曾任新疆对外经济贸易公司分公司副经理,现任本公司办公室副主任、本公司监事。

尤智才先生,汉族,现年 45 岁,籍贯新疆,大专文化程度,中共党员,高级会计师,曾任新疆电线电缆厂财务科长、副厂长,现任新疆特变电工股份有限公司总会计师,本公司监事。

张柏林先生,汉族,现年 45 岁,籍贯陕西,大专文化程度,中共党员,高级经济师,曾任新疆对外经济贸易(集团)有限责任公司副总经理兼分公司经理,现任本公司副总经理。

王伟江先生,汉族,现年 44 岁,籍贯山东,大专文化程度,中共党员,助理经济师,曾任新疆对外经济贸易(集团)有限责任公司副总经理,现任本公司副总经理。

李光锋先生,汉族,现年 41 岁,籍贯陕西,大学文化程度,中共党员,高级经济师,曾任新疆对外经济贸易(集团)有限责任公司副总经理,现任本公司总经济师。

王芹忠先生,汉族,现年 37 岁,籍贯山东,大专文化程度,中共党员,政工师,中国注册房地产估价师,曾任新疆盐湖化工厂办公室主任,现任本公司董事会秘书、办公室主任。

(二) 董事、监事和高级管理人员持股情况

本公司董事、监事和高级管理人员均未持有本公司股票。

六、公司设立

新疆国际实业股份有限公司是依照《中华人民共和国公司法》、《股票发行与交易管理暂行条例》等有关法律、法规,并经新疆维吾尔自治区人民政府新政函[1999]27 号文批准,由新疆对外经济

贸易(集团)有限责任公司、新疆特变电工股份有限公司、新疆新啤(集团)有限责任公司、新疆和硕县佳丰果菜种植有限责任公司、新疆金邦钢铁有限公司,于1999年3月28日发起设立的股份有限公司。

经中国证券监督管理委员会证监发行字[2000]118号文核准,公司通过深圳证券 交易所于2000年9月1日成功上网定价发行了每股面值1.00元的人民币普通股7000万股,每股发行价人民币5.88元。2000年9月13日,公司办理了工商变更登记手续,详细 资料如下:

1、注册资本:17179.23万元　　2、变更注册时间:2000年9月13日

3、注册地址:新疆乌鲁木齐市北京路22号龙岭大厦8层

4、法定代表人:朱立田　　5、营业执照注册号码:6500001000557。

七、关联企业与关联交易

(一)关联企业

1、存在控制关系的关联企业

企业名称	注册地址	注册资本(万元)	主营业务	与本公司关系	经济性质或类型	法定代表人	备注
新疆对外经济贸易(集团)有限责任公司	乌鲁木齐市团结路45号	11905	粮油,土畜产,机械设备,化工等商品的进出口和代理进出口业务对世界各国的现汇贸易、易货贸易及开展国际经济技术合作业务。	母公司持有本公司53.43%股权	国有经济	扎克汉	
新疆和硕麻黄素制品有限责任公司	和硕县东风路	1139	麻黄素原料,麻黄素制品的研制开发、销售。	本公司持有该公司87.8%股权	有限责任	唐朝金	
新疆利通蕃茄制品有限责任公司	哈密市青年北路59号	1650	蕃茄制品、干鲜果品、蔬菜饮料的生产销售,种植业,蕃茄酱包装物品的生产销售等	本公司持有该公司66.15%股权	有限责任	潘胜利	本公司于1999年7月协议受让6.157%股权,使原60%增至66.157%
新疆凯泽蕃茄制品有限责任公司	博湖镇中华北路4号	7600	罐头食品加工,水产品加工,销售,种植业,脱水蔬菜,干鲜瓜果	本公司持有该公司65.76%股权	有限责任	唐朝金	本公司于1999年10月18日以增资扩股方式进入该公司
新疆温泉麻黄素制品有限责任公司	哈日布乎镇	204.5	麻黄素制造和销售	本公司持有该公司97.8%的股权	有限责任	唐朝金	本公司97.8%的股权

2、不存在控制关系的关联企业

企业名称	主营业务	法人代表	注册资本(万元)	与本公司的关系
新疆霍尔果斯对外经济贸易公司	边境小额贸易	马明德	150	属同一集团公司
中国对外贸易运输总公司霍尔果斯公司	外贸运输	石君杰	1065	属同一集团公司
乌鲁木齐万达贸易公司	代购代销、批发零售	戴咏胜	100	属同一集团公司
新疆阿图什对外经济贸易公司	边境小额贸易	周志敏	50	属同一集团公司
新疆特变电工股份有限公司	变压器及其辅助设备,电线电缆机电产品等	张　新	14931	本公司股东、董事所在单位
新疆新啤(集团)有限责任公司	啤酒的生产和销售,啤酒花,麦牙啤酒设备	单　奇	10059	本公司股东、董事所在单位
新疆和硕县佳丰果菜种植有限责任公司	蔬菜,瓜果,生产加工,批发零售	张虎玉	738.2	本公司股东、董事所在单位
新疆金邦钢铁有限公司	钢材的粗,精加工	鲁新民	910	本公司股东、董事所在单位

集团公司下属4家子公司,分别为新疆霍尔果斯对外经济贸易公司、新疆阿图什 对外经济贸易公司、中国对外贸易运输总公司霍尔果斯公司和乌鲁木齐万达贸易公司。其中新疆霍尔果斯对外经济贸易公司和新疆阿图什对外经济贸易公司主要从事边境小额贸易;中国对外贸易运输总公司霍尔果斯公司从事外贸运输业务;乌鲁木齐万达贸易公司主要为集团公司提供后勤保障等服务性业务。因此,同股份公司不存在同业竞争。

(二)关联交易

1、截止2000年6月30日,新疆对外经济贸易(集团)有限责任公司为本公司借款担 保共计10,000,000.00元,其中:

借款单位	金　额	借款期限	月利率(‰)
建行新疆分行	10,000,000.00	2000.6.28-2001.6.27	4.875

2、根据"债权转股权协议书",公司于1999年5月受让新疆对外经济贸易(集团)有限责任公司持有的新疆利通番茄制品有限责任公司的股权1,015,918.40元,转让价格根据帐面价值确定,款项已通过现金结算。

3、依据"房屋租赁协议书",公司租赁新疆对外经济贸易(集团)有限责任公司房屋37间,总面积2010平方米,双方协商租金每天每平方米0.68元,租赁价格依据市场价格确定,价款通过现金结算,按年支付。1999年5-12月公司支付租赁费328,032.00元;2000年1-6月公司支付租赁费218,000.00元。

4、根据国务院国发[1996]2号文的规定,边境小额贸易权仅授予边境口岸城市的外贸公司,股份公司不具有边境小额贸易经营权,而集团公司下属子公司新疆霍尔果斯对外经济贸易公司为国家批准的具有此类业务经营权的公司之一,同时本公司的边境小额贸易金额较小(1999年发生额为6962.99万元)。因此,公司委托新疆霍尔 果斯对外经济贸易公司代理对周边国家的边境小额贸易业务。依据"边境贸易代理协议书",公司按进出口贸易额的合同价支付0.1%的代理费,价款通过现金结算,按 年支付。1999年5-12月公司支付代理费69,628.95元;2000年1-6月公司支付代理费97,860.49元。

八、股本结构及大股东持股情况

(一)本公司上市前的股本结构

项目	股数(万股)	所占比例(%)
总股本	17179.23	100.00%
法人股	10179.23	59.25%
其中:国有法人股	9479.23	55.18%
其他法人股	700	4.07%
社会公众股	7000	40.75%

(二)公司前十名股东持股情况

股东名称	股　数(万股)	占总股本比例(%)
新疆对外经济贸易(集团)有限责任公司	9179.23	53.43
新疆特变电工股份有限公司	350.00	2.04
新疆新啤(集团)有限责任公司	300.00	1.75
新疆和硕县佳丰果菜种植有限责任公司	200.00	1.16
新疆金邦钢铁有限公司	150.00	0.87
汉兴基金	30.7	0.179
兴和基金	30.2	0.176
安顺基金	29.1	0.169
安信基金	23.1	0.134
汉盛基金	22.1	0.129

九、公司财务会计资料

本公司截至2000年6月30日的财务会计资料已于2000年8月30日分别在《中国证券报》、《证券时报》和《上海证券报》上刊登的《招股说明书概要》中进行了详细披露。因公告距今时间较短,相同的内容在此不再重复。本公告只公布本公司经审计的的财务报表及主要的财务指标,欲了解详细内容,敬请投资者参阅上述报纸或至公告的《招股说明书》查阅地查阅。

(一) 主要财务指标

项目	2000年6月	1999年	1998年	1997年
流动比率	1.09	0.96	1.29	1.43
速动比率	0.85	0.67	1.08	1.24
存货周转率(次)	1.73	3.76	12.33	21.92
应收帐款周转率(次)	1.68	2.11	3.62	7.52
资产负债率(母公司)	0.51	0.63	0.67	0.67
资产负债率(合并)	0.68	0.73	0.69	–
每股收益(元)	0.1268	0.2519	0.1500	0.2251
净资产收益率(%)	8.36	18.14%	12.80%	24.87%

(二) 会计报表(附表)

(三) 会计报表主要项目注释(单位:元)

注释1　　应收账款、其他应收款

1.应收账款

2000年6月30日余额117,854,660.62元

(1)按账龄分:

账龄	1999年12月31日 金额	比例(%)	坏账准备	2000年6月30日 金额	比例(%)	坏账准备
一年以内	137483649.92	87.92	6874182.50	111119974.26	94.29	5555998.71
一年至二年	15016818.07	9.60	1501681.81	3649479.56	3.10	364947.96
二年至三年	226768.17	0.15	45353.63	2447377.45	2.08	489475.49
三年至四年	3646863.95	2.33	1094059.19	637829.35	0.53	191348.81
合计	156374100.11	100	9515277.13	117854660.62	100	6601770.97

(2)主要客户:

单位名称	金　额	欠款时间	欠款原因
新疆维吾尔自治区农资公司	15,794,873.34	1年以内	化肥货款
河南新野纺织集团	10,357,175.38	1年以内	棉花货款
MESSRS DEVELOPMENT INTERNATIONAL INC.	9,442,692.19	1年以内	麻黄素货款
天津天山国际贸易有限公司	8,739,563.28	1年以内	番茄酱货款
宁波象山物资总公司	5,215,754.48	1年以内	废钢货款

注1.应收帐款比年初减少38,519,439.49元,下降比例为24.63%,主要是因为公司采用了严格的赊销及收款控制制度,赊销比例比上年大幅减少,货款回拢加快所致;

2.期末数中含三年以上帐龄的应收帐款637,829.35元,均为1999年度新增控股子公司凯泽公司带入,未结算的原因系欠款客户延期付款。

3.无持有本公司5%(含5%)以上股份的股东欠款。

2.其他应收款

2000年6月30日余额44,781,064.84元

按账龄分:

账　龄	1999年12月31日 金　额	比例(%)	坏账准备	2000年6月30日 金　额	比例(%)	坏账准备
一年以内	36482843.78	85.08	1824142.19	42830231.84	95.64	2141511.59
一年至二年	6241310.67	14.55	624131.07	1516813.59	3.39	151681.36
二年至三年	3600.00	0.01	720.00	16587.50	0.04	3317.50
三年至四年	155160.26	0.36	46548.08	417431.91	0.93	125229.56
合　计	42882914.71	100	2495541.34	44781064.84	100	2421740.01

主要客户:

单位名称	金　额	欠款时间	欠款原因
博湖县本布图乡等	7,623,202.95	1年以内	垫付番茄种植周转金
阿拉山口办事处	5,658,052.04	1年以内	海关保证金及过货周转金
新疆灵和药业有限责任公司	2,743,095.66	1年以内	往来款
韩国新棉物业株式会社	2,447,302.61	1年以内	代理垫付款*
芜湖中坤贸易有限公司	1,996,693.74	1年以内	代理垫付款*

注1. *系代理韩国新棉物业株式会社等公司进出口商品而垫付的货款。

2. 持本公司5%(含5%)以上股份的股东欠款单位为新疆对外经济贸易(集团)有限责任公司,欠款金额675,014.29元。

注释2 应收补贴款

2000年6月30日余额16,800,324.91元,其主要内容为:

项目	1999年12月31日	2000年6月30日
出口退税	6,765,448.68	11,745,167.31
出口补贴	19,126,223.70	5,055,157.60
合计	25,891,682.68	16,800,324.91

注:应收补贴款比年初减少9,091,357.77元,降低比例为35.11%,主要系应收出口补贴款收回所致。

注释3 存货

2000年6月30日余额为76,845,792.54元,明细项目如下:

项　目	1999年12月31日 金　额	1999年12月31日 跌价准备	2000年6月30日 金　额	2000年6月30日 跌价准备
在途材料	19,671.00	0.00	55,540.12	0.00
原 材 料	9,510,761.78	0.00	11,013,729.83	119,409.34
库存商品	14,112,565.38	81,349.60	15,322,439.63	4,670.11
低值易耗品	634,479.94	0.00	723,759.65	0.00
产 成 品	93,134,570.79	539,175.16	31,872,821.95	419,765.82
包 装 物	4,899,071.55	0.00	6,708,638.85	0.00
在 产 品	778,568.43	0.00	4,989,457.21	0.00
委托加工材料	1,735,129.63	0.00	2,147,179.31	0.00
分期收款发出商品	170,409.12	0.00	170,409.12	0.00
发出商品	64,502.73	0.00	3,841,816.87	0.00
合　计	125,059,730.35	620,524.76	76,845,792.54	543,845.27

注:存货比年初减少48,213,937.81元,下降比例38.55%,主要系年初库存产成品番茄酱售出所致。

注释4 固定资产原价

项　目	年初数	本年增加	本年减少	期末余额
房屋建筑物	43,942,518.45	5,834,658.50	0.00	49,777,176.95
机器设备	142,727,507.17	32,010,427.46	0.00	174,737,934.63
运输设备	7,327,079.37	331,926.33	0.00	7,659,005.70
其他设备	1,268,745.14	461,239.53	0.00	1,729,984.67
合　计	195,265,850.13	38,638,251.82	0.00	233,904,101.95

注1. 固定资产本年增加中:23,543,525.09 元为新疆凯泽番茄制品有限责任公司第五条番茄酱生产线完工转入所致;6,245,222.90 元为 2000 年 2 月新增控股子公司温泉县制药有限责任公司带入所致。

2. 固定资产的抵押情况如下:

项目	占有单位	原值	累计折旧	抵押原因
机器设备	新疆凯泽番茄制品有限责任公司	36866678.36	4,997,967.30	银行借款

注释5　累计折旧

项　目	年初数	本年增加	本年减少	期末余额
房屋建筑物	5,934,472.05	1,495,229.47	0.00	7,429,701.52
机器设备	31,716,405.25	5,875,587.19	0.00	37,591,992.44
运输设备	2,443,132.06	468,162.39	0.00	2,911,294.45
其他设备	225,789.02	216,676.98	0.00	442,466.00
合　计	40,319,798.38	8,055,656.03	0.00	48,375,454.41

注释6　短期借款

借款类别	年初数	期末数	借款期限	利　率(月)
抵押借款	63,300,000.00	500,000.00	2000.4.6-2000.9.30	5.3625‰
担保借款	231,400,000.00	221,390,000.00	1999.8.22-2001.6.27	4.875‰-5.3625‰
合　计	294,700,000.00	221,890,000.00		

注1.短期借款比年初减少72,810,000.00元,降低比例为24.71%,主要系用番茄 制品、麻黄素制品、棉花等销售回款偿还到期借款所致。2.无逾期未偿还的短期借款

注释7　应付账款

2000年6月30日余额为43,759,185.05元。

(1)按账龄分:

账　龄	1999年12月31日 金　额	比例(%)	2000年6月30日 金　额	比例(%)
一年以内	86,154,726.93	100	33,371,941.37	76.26
一年至二年	0.00	0.00	10,387,243.68	20.22
合　计	86,154,726.93	100	43,759,185.05	100

(2)主要明细项目如下:

单位名称	金　额	发生时间	款项性质
乌兹别克玛尔卡斯进出口贸易公司	6,133,144.40	1年以内	棉短绒款
深圳真善美食品机械有限公司	5,232,867.88	1-2年	设备款
中国农村土特产开发公司	2,000,000.00	1年以内	设备款
中国机械进出口公司新疆分公司	1,582,929.43	1年以内	设备款
德国尤若甫.赛尔公司	1,358,752.97	1年以内	木浆款

注1.应付帐款比年初减少42,395,541.88元,下降比例为49.21%,主要系年初番茄款和麻黄草款已基本结清所致。

2.应付帐款期末余额中无持有公司5%(含5%)以上股份的股东单位的欠款。

注释8　应付股利

2000年6月30日余额为1,877,962.95元

项　目	1999年12月31日	2000年6月30日
应付普通股股利	8,303,423.95	1,877,962.95

注:应付股利余额1,877,962.95元系根据公司董事会决议,以1999年度公司成立后(4-12月)实现的税后利润,先扣除由于会计政策变更而调减的期初留存收益后的余额为基数,分别按10%提取法定盈余公积金和法定公益金后, 剩余利润归公司各发起人股东享有, 并于本年支付6,425,461.00元后所形成的。

注释9　应交税金

税　种	1999年12月31日	2000年6月30日	计税依据	备　注
增 值 税	2738947.69	6055871.92	应税主营业务收入	4916760.08元已办理缓交
所 得 税	9710864.18	4100002.60	应纳税所得额	3369420.14元已办理缓交
营 业 税	6188.56	0.00	营业收入	未超过纳税期
城 建 税	106374.80	221039.63	增值税,营业税额	未超过纳税期
房 产 税	66668.25	108835.69	计税价值,租赁收入	未超过纳税期
个人所得税	6178.73	13211.45	工薪收入	未超过纳税期
土地使用税	30340.83	32998.17	实际占用的土地面积	未超过纳税期
车船使用税	180.00	0.00	计税车船的计量标准	未超过纳税期
合　计	12665743.04	10531959.46		

注1.2000年6月30日应交增值税比年初增加3,316,924.23元,增加比例为121.10 %,主要是当地税务局要求出口退税企业的增值税征税办法在本年由"免、抵、退"改为"先征后退"而导致的新疆凯泽番茄制品有限责任公司应交增值税增加。

2.公司大额欠税的缓交原因及依据如下:

公 司 名 称	税　种	缓交金额	缓 交 原 因	缓 交 依 据
新疆凯泽番茄制品有限责任公司	增值税	4,916,760.08	征税办法变更、资金紧张	博湖县国家税务局缓交证明
新疆和硕麻黄素制品有限责任公司	企业所得税	2,869,420.14	技术改造导致资金紧张	和硕县地方税务局延期纳税申请审批表
温泉县制药有限责任公司	企业所得税	500,000.00	资金紧张	温泉县地方税务局延期纳税申请审批表
合　计		8,286,180.22		

注释10　其他应付款

2000年6月30日余额为13,032,409.64元

(1)按账龄分:

账　龄	1999年12月31日 金　额	比例(%)	2000年6月30日 金　额	比例(%)
一年以内	17,399,953.05	100	5,429,385.91	41.66
一年至二年	0.00	0.00	7,603,023.73	58.34
合　计	17,399,953.05	100	13,032,409.64	100

(2)主要明细项目如下:

单位名称	金　额	发生时间	款项性质
新疆通商进出口公司	3,638,255.80	1-2年	设备款
民生公司	1,574,000.00	1-2年	暂借款
万达公司	280,165.00	1年以内	往来款

注1.其他应付款比年初减少4,367,543.41元,下降比例为25.10%,主要系本年暂 借款减少所致。

2. 无欠持有本公司5%(含5%)以上股份股东单位的款项。

注释11　长期借款

2000年6月30日余额为77,484,125.62元

借款单位	金　额	借款期限	年利率(%)	借款条件
博湖县经贸委	1,900,000.00	2000.6.5-2003.6.5	6.534	担保
博湖县财政局	900,000.00	2000.6.8-2003.6.8	6.534	担保
工行博湖县支行	10,000,000.00	99.12.17-2002.10.25	7.13	抵押
工行博湖县支行	15,000,000.00	99.12.17-2002.9.28	7.13	抵押
农行新疆分行营业部	3,984,125.62	99.9.5-2001.9.5	6.534	抵押
工行温泉县支行	2,500,000.00	2000.5.16-2003.5.1	7.13	担保
工行新疆分行营业部	23,200,000.00	2000.5.12-2002.5.12	6.543	担保
工行新疆分行营业部	20,000,000.00	2000.5.12-2002.5.12	6.543	担保
合　计	77,484,125.62			

注:长期借款比年初增加52,484,125.62元,增长比例为209.94%,主要系公司为 减低财务风险,调整筹资结构,而导致的长期借款增加。

注释12　主营业务收入及主营业务成本

项　目	2000年1-6月	1999年度	1998年度	1997年度
一、主营业务收入				
1、进出口贸易行业				
易货进口销售	0.00	0.00	0.00	3978097.50
易货出口销售	0.00	0.00	0.00	18219647.89
自营进口销售	28994632.69	227964112.65	462410911.99	544182899.52
自营出口销售	47944439.20	74150765.96	318091617.82	631452142.80
小　计	76939071.89	302114878.61	780502529.81	1197832787.71
2、加工业				
番茄酱销售	71807239.52	50806668.34	1500351.30	0.00
麻黄素制品销售	44312966.71	36652884.62	2285469.85	0.00
小　计	116120206.23	87459552.96	3785821.15	0.00
3、其他商品销售	37740483.72	12641755.71	28256975.70	11863644.86
合　计	230799761.84	402216187.28	812545326.66	1209696432.57
二、主营业务成本	174818622.20	341988969.95	700278990.18	1084883576.16
三、主营业务毛利	55981139.64	60227217.33	112266336.48	124812856.41

注1.1998年主营业务收入比1997年减少397,151,105.91元,下降比例为32.83%,毛利减少12,546,519.93元,下降比例为10.05%,主要是由于公司1998年调整经营结构,减少毛利率较低商品的销售量,增加毛利率较高商品的销售量所致;

2.1999年主营业务收入比1998年减少410,329,139.38元,下降比例为50.50%,毛 利减少52,039,119.15元,下降比例为46.35%,主要是由于公司1999年通过重组改制,将经营结构由贸易型转向实业型,扩大麻黄素及番茄制品的生产经营规模,降低毛利率较低商品的进出口贸易量所致。

3.2000年1-6月主营业务毛利率为24.26%,比1999年度的14.97%增加9.29%,主要是由于公司在2000年进一步扩大毛利率较高的麻黄素及番茄制品和棉花等商品的销售所致。

注释13　所得税

报告期内所得税情况如下:

项目	2000年1-6月	1999年度	1998年度	1997年度
利润总额	21,333,675.56	36,635,186.84	25,458,139.66	34,897,799.38
应纳税所得额	23,607,206.42	27,688,695.12	31,403,701.06	36,323,706.79
适用税率	33%	33%	33%	33%
所得税	7,790,378.12	9,137,269.39	10,363,221.35	11,986,823.24

注:1998年度与1999年度的利润总额和应纳税所得额的差异主要是1999年变更计 提四项减值准备会计政策,并采用追溯调整法进行调整所形成的。

十、董事会上市承诺

本公司董事会将严格遵守《中华人民共和国公司法》、《中华人民共和国证券法》、《股票发行与交易管理暂行条例》、《公开发行股票公司信息披露实施细则》和《深圳证券交易所股票上市规则》等国家有关的现行法律、法规的规定,并自本公司股票上市之日起作出如下承诺:

(一)按照法律、法规的规定程序和要求披露重大信息,自觉接受证券主管机关、深圳证券交易所的监督管理。

(二)及时、真实、准确地公布中期报告和年度报告,并置于规定场所供投资者查阅。

(三)本公司董事、监事及高级管理人员如发生人事变动,或持有本公司股票发生变化时,在及时报告证券主管机关、深圳证券交易所的同时向投资者公布。

(四)在任何公共传播媒介中出现的消息可能对本公司股票的价格产生误导性影响时,本公司知悉后将及时对该消息予以公开澄清。

(五)本公司董事、监事及高级管理人员将认真听取社会公众的意见和批评,不利用已获知的内幕消息和其他不正当手段直接或间接从事股票买卖活动。

(六)本公司没有无记录负债。

十一、重要事项提示

(一)下列合同应属对本公司经营业务有重大影响的经济合同:

1、截止2000年6月30日,新疆对外经济贸易(集团)有限责任公司为本公司借款担 保共计10,000,000.00元。

2、根据"债权转股权协议书",公司于1999年5月受让新疆对外经济贸易(集团)有限责任公司对新疆利通番茄制品有限责任公司持有的股权1,015,918.40元,转让价格根据帐面价值确定,款项已通过现金结算。

3、依据"房屋租赁协议书",公司租赁新疆对外经济贸易(集团)有限责任公司房屋37间,总面积2010平方米,双方协商租金每天每平方米0.68元,租赁价格依据市场价格确定,价款通过现金结算, 按年支付。1999年5-12月公司支付租赁费328,032.00元;2000年1-6月公司支付租赁费

218,000.00 元。

4、依据"边境贸易代理协议书"，公司委托新疆霍尔果斯对外经济贸易公司代 理对独联体国家的小额边境贸易业务，公司按进出口贸易额的合同价支付 0.1%的代 理费，代理费依据新疆霍尔果斯对外经济贸易公司的代理收费标准确定，价款通过现金结算，按年支付。1999 年 5-12 月公司支付代理费 69,628.95 元；2000 年 1-6 月公司 支付代理费 97,860.49 元。

5、1999 年 1 月 8 日，发行人(甲方)与美国 PNC 公司(乙方)签订销售合同，由甲方向乙方出口麻黄浸膏粉 150 吨，单价 USD7800/吨，总价款 USD117000FOB 纽约。

6、1999 年 1 月 16 日，发行人(甲方)与美国 DI 国际公司(乙方)签订销售合同，由甲方向乙方出口和硕产盐酸伪麻黄素 60 吨，单价 USD54/公斤，总价款 USD3240000FOB 纽约。

7、1999 年 10 月 25 日，发行人控股子公司新疆凯泽番茄制品有限责任公司(甲方)与意大利 A.C.P 国际贸易公司(乙方)签订出口协议，由甲方向乙方出售 99 年产中 国冷破番茄酱(代码 Y46)，规格为浓度 36-38%、色泽 A/B；最低 2.2、固形物小于 50 %、袋厚度 6-10CM，数量 25000 吨，单价：中国新疆 FOB 价 USD580/MT。总价款 USD14500000。

8、2000 年 2 月 26 日，发行人控股子公司新疆凯泽番茄制品有限责任公司(甲方)与意大利 A.C.P 国际贸易公司(乙方)、天津保税区天山国际贸易有限公司(丙方) 签订协议书，由乙方和丙方负责每年销售甲方三万吨番茄酱，以国际市场价格为基础定价，采用信用证方式结算。甲方结汇后按销售额向乙方和丙方支付 2%的销售佣金 。合同有效期 3 年。

(二)根据新政办函[2000]92 号文《关于同意减征新疆国际实业股份有限公司企业所得税的批复》，本公司自上市之日起所得税按应征税额减征 55%(实际按应征税额的 45%征收)。减征时间暂定 5 年。

(三)截至本上市公告书刊登之日，本公司无重大诉讼、仲裁或行政处罚。本公司董事、监事及高级管理人员均未受到刑事起诉。

除《招股说明书》已披露事项外，公司无其他应披露而未披露的重要事项。

十二、备查文件目录

1、招股说明书
2、深圳证券交易所上市通知
3、中国证监会证监发行字[2000]118 号文
4、审计报告、财务报表及附注
5、验资报告
6、盈利预测报告及注册会计师审核报告
7、法律意见书
8、资产评估报告
9、公司股东大会决议、董事会决议
10、公司营业执照
11、公司章程
12、其他备查文件

十三、咨询机构

1、发　行　人：新疆国际实业股份有限公司
法定代表人：　　朱立田
注册地址：新疆乌鲁木齐市北京路 22 号龙岭大厦 8 层
联系电话：0991-2886434,2862727
传　　真：0991-2862528,2861579
联 系 人：王芹忠、潘胜利
2、上市推荐人：南方证券有限公司
法定代表人：　　沈沛
注册地址：深圳市嘉宾路 4028 号太平洋商贸大厦 20-28 层
联系电话：0755-2138078,010-66212447
传　　真：010-66210025
联 系 人：李文、蔡明、杨光煜
3、上市推荐人：山东证券有限责任公司
法定代表人：　　段虎
注册地址：济南市泉城路 180 号齐鲁国际大厦五层
联系电话：010-68364869
联 系 人：黄方亮、亓华锋

新疆国际实业股份有限公司
2000 年 9 月 21 日

资产负债表

编制单位:新疆国际实业股份有限公司　　　　单位:人民币元

资　产	2000 年 06 月 30 日	1999 年 12 月 31 日	1998 年 12 月 31 日
流动资产:			
货币资金	51245253.79	33613221.79	21382646.88
短期投资			
减:短期投资跌价准备			
短期投资净额			
应收票据	4213776.65	6010000.00	26617833.60
应收股利			
应收利息			
应收帐款	117854660.62	156374100.11	224301662.04
其他应收款	44781064.84	42882914.71	33415290.44
减:坏帐准备	9023510.98	12010818.47	14539494.74
应收帐款净额	153612214.48	187246196.35	243177457.74
预付帐款	42323834.89	39772961.56	5392376.37
应收补贴款	16800324.91	25891682.68	1110479.15
存货	76845792.54	125059730.35	56783372.04
减:存货跌价准备	543845.27	620524.76	143705.82
存货净额	76301947.27	124439205.59	56639666.22
待摊费用	1577132.57	3493934.52	54753.58
待处理流动资产净损失		240458.06	155999.91
一年内到期的长期债券投资			
其他流动资产			
流动资产合计	346074484.56	420707660.46	354531213.45
长期投资:			
长期股权投资	5900051.15	6428585.68	
其中:合并价差	5900051.15	6428585.68	
长期债券投资		10000.00	10000.00
长期投资合计	5900051.15	6438585.68	10000.00
减:长期投资减值准备			
长期投资净额	5900051.15	6438585.68	10000.00
固定资产:			
固定资产原价	233904101.95	195265850.13	72287721.06
减:累计折旧	48375454.41	40319798.38	17888875.53
固定资产净值	185528647.54	154946051.75	54398845.53
工程物资			
在建工程	43713049.09	65073155.16	
固定资产清理			
待处理固定资产净损失			
固定资产合计	229241696.63	220019206.91	54398845.53
无形资产及其他资产:			
无形资产	1818452.00	1291190.00	50000.00
开办费	1487268.72	1684888.01	192469.70
长期待摊费用	185257.25	166591.92	190813.06
其他长期资产			
无形资产及其他资产合计	3490977.97	3142669.93	433282.76
递延税项:			
递延税项借项			
资产总计	584707210.31	650308122.98	409373341.74
负债及股东权益			
流动负债:			
短期借款	221890000.00	294700000.00	123587000.00
应付票据	6000000.00		4000000.00
应付帐款	43759185.05	86154726.93	97774471.92
预收帐款	4474067.54	3610875.67	4297268.20
应付工资	2194007.90	4897495.87	262570.49
应付福利费	981023.43	1223147.88	279956.57
应付股利	1877962.95	8303423.95	
应交税金	10531959.46	12665743.04	12293529.20
其他应交款	137209.79	69846.59	26815.09
其他应付款	13032409.64	17399953.05	31114635.17
预提费用	4857788.15	3781140.92	930056.15
一年内到期的长期负债	7877970.00	6758523.62	
其他流动负债			
流动负债合计	317613583.91	439564877.52	274566302.79
长期负债:			
长期借款	77484125.62	25000000.00	
应付债券			
长期应付款		9677970.00	7691695.65
住房周转金			
其他长期负债			
长期负债合计	77484125.62	34677970.00	7691695.65
递延税款:			
递延税款贷项			
负债合计	395097709.53	474242847.52	282257998.44
少数股东权益	35305433.14	34667262.39	7818158.99
股东权益:			
股本	101792300.00	101792300.00	
资本公积	36644250.35	36644250.35	
盈余公积	6406000.20	2961462.72	
其中:公益金	3326210.93	1480731.36	
未分配利润	9461517.09		
股东权益合计	154304067.64	141398013.07	119297184.31
负债及股东权益总计	584707210.31	650308122.98	409373341.74

合并利润表

编制单位:新疆国际实业股份有限公司　　　　单位:人民币元

项目	2000 年 1-6 月	1999 年度	1998 年度
一、主营业务收入	230799761.84	402216187.28	812545326.66
减:折扣与折让			
主营业务收入净额	230799761.84	402216187.28	812545326.66
减:主营业务成本	174818622.20	341988969.95	700278990.18
主营业务税金及附加	353742.51	443068.95	386371.76
二、主营业务利润	55627397.13	59784148.38	111879964.72
加:其他业务利润	413568.37	1132944.54	3127693.82
减:存货跌价损失	-76679.49	57053.12	-140598.90
营业费用	14341595.12	24722861.27	48030668.89
管理费用	7509626.06	8658044.81	29260804.15
财务费用	12696573.28	10282161.89	12431075.31
三、营业利润	21569850.53	17196971.83	25425709.09
加:投资收益	-299996.97	-360459.59	
补贴收入		18909161.38	
营业外收入	105253.44	952832.89	68162.24
减:营业外支出	41431.44	63319.67	35731.67
四、利润总额	21333675.56	36635186.84	25458139.66
减:所得税	7790378.12	9137269.39	10363221.35
减:少数股东本期收益	637242.87	1854608.38	-174191.81
五、净利润	12906054.57	25643309.07	15269110.12

利润分配表

编制单位:新疆国际实业股份有限公司　　　　单位:人民币元

项目	2000 年 1-6 月		1999 年度	
	合并	母公司	合并	母公司
一.净利润	12906054.57	14639757.27	25643309.07	23421575.28
加:年初未分配利润			13457455.92	-13457455.92
盈余公积转入				
减:1999 年 1-3 月利润总额			920966.48	920966.48
二.可供分配的利润	12906054.57	14639757.27	11264886.67	9043152.88
减:提取法定盈余公积	1722268.74	1463975.73	1480731.36	904315.29
提取法定公益金	1722268.74	1463975.73	1480731.36	904315.29
三.可供股东分配利润	9461517.09	11711805.81	8303423.95	7234522.30
减:应付优先股股利				
提取任意盈余公积				
应付普通股股利			8303423.95	7234522.30
转作股本的普通股股利				
四.未分配利润	9461517.09	11711805.81		

许继电气股份有限公司

一、公司简介

1、公司法定中文名称:许继电气股份有限公司
公司法定英文名称:XJ ELECTRIC CO.,LTD.
2、公司法定代表人:王纪年
3、公司董事会秘书:涂东明
联系电话:(0374)3212456　　传真:(0374)3315509
4、公司咨询服务机构:策划(证券)处
联系人:朱庆华、王贤钊
电　话:(0374)3212348　　传　真:(0374)3315509
5、公司注册(办公)地址:河南省许昌市建设路 178 号　邮政编码:461000
网址:http://www.xjec.com　　E-mail:chc @ xjec.com
6、公司年度报告备置地点:公司策划(证券)处、河南证券许昌营业部
公司信息披露报纸名称:《中国证券报》、《证券时报》
登载公司年度报告的中国证监会指定的国际互联网网址:
http://www.cninfo.com.cn
7、公司股票上市地:深圳证券交易所
股票简称:许继电气　　股票代码:0400

二、会计数据和业务数据摘要

(一)1999 年度利润情况

项目	1999 年度(单位:元)
利润总额	229,302,268.86
净利润	193,037,296.51
主营业务利润	345,102,513.88
其他业务利润	7,507,202.86
营业利润	228,329,826.96
投资收益	502,500.00
补贴收入	1,381,043.99
营业外收支净额	-911,102.09
经营活动产生的现金流量净额	109,474,237.60
现金及现金等价物净增加额	211,658,105.51

(二)公司前三年主要会计数据和财务指标

项　目	1999 年	1998 年		1997 年	
		调整前	调整后	调整前	调整后
主营业务收入	740022768	451900370	451900370	354062910	354062910
净利润	193037297	110501119	105135375	89704232	74853068
总资产	1821797524	1013083681	992966774	843244387	828493223
股东权益	1279660017	789619628	769502721	706718508	691967344
每股收益	0.82	0.80	0.76	0.65	0.54
每股净资产	5.41	5.72	5.58	5.12	5.01
每股经营活动产生的现金流量净额	0.46	0.09	0.09	/	/
调整后的每股净资产	5.40	5.68	5.54	5.10	4.92
净资产收益率%	15.08	13.99	13.66	12.69	10.82
加权计算的每股收益	0.91	0.80	0.76	0.71	0.59

注:1.1997 年—1999 年公司所得税执行河南省政府文件,实行"照章纳税、财政返还 、实际税负 15%"的政策。

2.1998 年末总股本为 13800 万股,1999 年 3 月份实施了以 1998 年末总股本 13800 万股为基数每 10 股送 5 股的分配方案、10 月份又实施了以 1997 年末总股本 13800 万股为基数每 10 股配 3 股的配股方案(按送股后总股本 20700 万股为基础,每 10 股配 2 股),总股本 增至 23642 万股。

3.主要财务指标的计算公式

每股收益=净利润/年度末普通股股份总数

每股净资产=年度末股东权益/年度末普通股股份总数

调整后的每股净资产=[年度末股东权益-三年以上应收款项净额-待摊费用- 待处理(流动、固定)资产净损失-开办费-长期待摊费用-住房周转金负数余额]/年度末普通股股份总数

每股经营活动产生的现金流量净额=经营活动产生的现金流量净额/年度末普通股股份总数

净资产收益率=净利润/年度末股东权益×100%

加权平均的每股收益=当期净利润/[期末股份总数/(1+配股比例)+期末股份总数/(1+配股比例)×配股比例×缴款结束日下一月份至期末的月份数/12]

扣除非经常性损益后的每股收益=当期净利润-非经常性损益(资产处置损益、合并价差摊入)/年度末普通股股份总数

(三)股东权益变动情况

项　目	股本(股)	资本公积(元)	盈余公积(元)	法定公益金(元)	未分配利润(元)	合　计
期初数	138000000	397077055	40600267	25595844	168229555	769502721
本期增加	98420000	287700000	16220344	12635643	95181309	510157296
本期减少						
期末数	236420000	684777055	56820611	38231487	263410864	1279660017

注:1.股本增加因年度内分别实施了送股和配股方案。

2.资本公积增加因年度内实施配股方案,配股溢价部分计入资本公积。

3.盈余公积、法定公益金增加系从净利润中按规定提取所致。

4.未分配利润增加系净利润增加所致。

三、股本变动及股东情况

(一)截止 1999 年 12 月 31 日,公司股东总数共 16046 户。

(二)前 10 名股东持股情况:

股东名称	年末持股数量(股)	持股比例(%)
(1)许继集团有限公司	107,900,000	45.64
(2)国通证券有限责任公司	11,770,632	4.98
(3)深圳市佳恒富投资发展有限公司	10,717,919	4.53
(4)安顺证券投资基金	5,486,580	2.32
(5)许继电控设备公司	3,600,000	1.52
(6)许继电器设备公司	3,420,000	1.45
(7)半岛基金	2,914,107	1.23
(8)金泰基金	2,792,228	1.18
(9)上海上工文化体育发展总公司	2,585,700	1.09
(10)裕隆证券投资基金	2,315,346	0.98

唐山冀东水泥股份有限公司

(一) 公司简介

1、公司法定中文名称:唐山冀东水泥股份有限公司
公司英文名称:TANGSHAN JIDONG CEMENT COMPANY LIMITED
2、公司法定代表人:杜金弘
3、公司董事会秘书:张士江　授权代表:吴志国
联系地址:河北省唐山市新区林荫路
电话:0315—3244005　传真:0315—3244005
电子信箱:Jdzj@ts-user.he.cninfo.net
4、公司注册地址:河北省唐山市新区林荫路
公司办公地址:河北省唐山市新区林荫路　　公司邮政编码:063031
公司国际互联网网址:http://www.jidongdunshi.com
公司电子信箱:Public@jidongdunshi.com
5、公司信息披露报纸名称:中国证券报、证券时报
登载公司年度报告的中国证监会指定国际互联网网址:http://www.cninfo.com.cn
公司年度报告备置地点:公司证券部
6、公司股票上市交易所:深圳证券交易所
股票简称:冀东水泥　股票代码:0401

(二) 会计和业务数据摘要

1、公司本年度实现的利润指标情况

项目	金额
利润总额(元)	125162323.26
净利润(元)	105493788.64
扣除非经常性损益后的净利润(元)	82792163.59
主营业务利润(元)	218479979.69
其他业务利润(元)	6589677.78
营业利润(元)	103564890.65
投资收益(元)	4752618.16
补贴收入(元)	7000000.00
营业外收支净额(元)	9844814.45
经营活动产生的现金流量净额(元)	182568543.48
现金及现金等价物净增加额(元)	3561966.44

说明:扣除的非经常性损益的项目、涉及金额:

(1)营业外收入:	10,007,159.73 元
①资产置换:	9,809,797.17 元
②保险赔款:	119,462.56 元
③处理报废固定资产:	77,900.00 元

2、主要会计数据和财务指标

项目	1999 年	1998 年	1997 年
1、主营业务收入(元)	550,582,360.43	412,146,070.63	495,895,170.90
2、净利润(元)	105,493,788.64	133,609,906.59	140,843,504.21
3、总资产(元)	2,041,973,225.09	2059248,364.52	2232797,750.92
4、股东权益(元)	1309433894.63	1285407482.69	1273957817.90
5、每股收益(元/股)	0.1295	0.1641	0.3113
加权每股收益(元/股)	0.1295	0.1641	0.3374
扣除非经常性损益后的每股收益	0.1017	0.1530	0.2664
6、每股净资产(元/股)	1.6078	1.5783	2.8157
7、调整后的每股净资产(元/股)	1.5433	1.5311	2.7569
8、每股经营活动产生的现金流量净额	0.2242	0.4051	
9、净资产收益率(%)	8.06	10.39	11.06

追溯调整前的主要财务指标

项目	1998 年	1997 年
1、主营业务收入(元)	426,192,095.05	505,181,491.22
2、净利润(元)	138,879,345.97	157,201,312.98
3、总资产(元)	2,129,918,084.56	2281666,117.39
4、股东权益(元)	1,323,749,610.84	1307030,506.67
5、每股收益(元/股)	0.171	0.347
加权每股收益(元/股)	0.171	0.377
6、每股净资产(元/股)	1.625	2.889
7、调整后的每股净资产(元/股)	1.578	2.834
8、每股经营活动产生的现金流量净额(元/股)	0.401	
9、净资产收益率(%)	10.49	12.03

3、本年度股东权益变动情况及原因　　单位:元

项目	股本	资本公积	盈余公积	法定公益金	未分配利润	股东权益合计
期初数	814401612	281328807.97	151036232	36804859	38640830	1285407482
本期增加			15824068	5274689	89669720	105493788
本期减少		27215.50			81440161	81467376
期末数	814401612	281301592.47	166860300	42079549	46870389	1309433894

变动原因:1、资本公积减少为实施资产置换使其他资本公积转出数额;
2、盈余公积、法定公益金增加为本年度从净利润中提取数额;
3、未分配利润变动是因本年度可分配利润的增加及本年度利润分配方案所至。

(三) 股东情况介绍

1、报告期末股东总数:截至 1999 年 12 月 30 日,公司股东总数为 93916 户。

2、截至 1999 年 12 月 30 日,公司前十名股东持股情况

股东名称	持股数量(股)	占总股本比例(%)
(1)、河北省冀东水泥集团有限责任公司	600916500	73.79
(2)、江苏淮海投资有限公司	10614817	1.30
(3)、中信证券有限责任公司	7549510	0.93
(4)、大鹏证券有限责任公司	5089738	0.62
(5)、唐山市新区第一运输公司	2175480	0.27
(6)、南方证券金陵公司金桥证券营业部	1800000	0.22
(7)、宋伟铭	1465542	0.18
(8)、赵晓华	1134655	0.14
(9)、普丰证券投资基金	990792	0.12
(10)、李光辉	397000	0.05

重庆华亚现代纸业股份有限公司

一、公司简介

1.公司中文名称:重庆华亚现代纸业股份有限公司
英文:CHONGQING HUAYA MODERN PAPERS CO.,LTD
2.公司法定代表人:周全福
3.公司董事会秘书:陶红梅
联系地址:重庆市沙坪坝区满山村7号重庆华亚现代纸业股份有限公司
联系电话:023-68614990　　联系传真:023-68617494
4.公司注册地址:重庆市沙坪坝区满山村7号
公司办公地址:重庆市沙坪坝区满山红村7号　　邮政编码:400039
公司电子信箱:hypaper @ public.cta.cp.cn
5.公司年度报告备置地点:重庆华亚现代纸业股份有限公司经理办公室
6.公司股票上市交易所:深圳证券交易所
股票简称:重庆华亚　　股票代码:0402

二、公司会计数据和业务数据摘要

1.1998年度公司实现利润总额5816392.29元. 主营业务利润31251485.95元; 其他 业务利润286837.34元; 投资收益1021477.17元, 补贴收入0元, 营业外收支净额910972.65元, 净利润4971831.76元. 经营活动产生的现金流量净额3789644.37元, 现金及现金 等价物净增加额-25317078.31元.

2.主要会计数据和财务指标

项目	1998年度	1997年度	1996年度
(1)主营业务收入	158991473.65元	128715080.74元	102559699.13元
(2)净利润	4971831.76元	9240352.63元	6591528.43元
(3)总资产	330614604.24元	343687647.56元	303500589.70元
(4)股东权益	163132782.06元	169964675.30元	160832084.80元
(5)每股收益	0.06元/股	0.12元/股	0.08元/股
每股收益(加权)	0.06元/股	0.12元/股	0.08元/股
(6)每股净资产	2.07元/股	2.16元/股	2.04元/股
调整后的每股净资产	2.05元/股	2.14元/股	2.03元/股
(7)净资产收益率	3.05%	5.44%	4.12%
净资产收益率(加权)	2.99%	5.59%	6.24%

注:＊全面摊薄的计算方法
每股收益=净利润/年度末普通股股份总数
每股净资产=年度末股东权益/年度末普通股股份总数
净资产收益率=净利润/年度末股东权益×100%
调整后的每股净资产=(年度末股东权益-三年以上的应收款项-待摊费用-待处理(流动,固定)资产净损失-开办费-长期待摊费用)/年度末普通股股份总数。
＊加权的计算方法
加权每股收益=当期净利润÷[期末股份总数÷(1+配股比例或增发新股比例)+期末股份总数÷(1+配股比例或增发新股比例)×配股比例或增发新股比例× 缴款结束日下一月份至期末的月份数÷12]
加权平均净资产收益率=当期净利润÷[(期初净资产+期末净资产)÷2+当 期发行新股或配股新增净资产×(缴款结束日下一月份至报告期末的月份数-6)÷12]

3.公司1998年度股东权益变动情况及变动原因　　单位:元

项目	股本	资本公积	盈余公积	其中:公益金	未分配利润	合计
期初数	78691500	73800000	2636552.33	798699.56	14836622.97	169964675.30
本期增加			1635160.47	247472.82	3336671.29	4971831.76
本期减少					11803725.00	11803725.00
期末数	78691500	73800000	4271712.80	1046172.38	6369569.26	163132782.06

变动原因:(1)本报告期内公司股本未发生变化.
(2)本报告期内公司资本公积金未发生变化.
(3)本期提取盈余公积金1387687.65元,其中母公司按净利润10%,提取494945.65 元,子公司按董事会分配方案提取发展基金和储备基金,共计892742.00元(发展基金和储备基金在合并报表的盈余公积金项目中列示).
(4)本期母公司按净利润5%提取公益金247472.82元
(5)未分配利润期初数变动是年度净利润提取两金后转入形成.未分配利润减少是由于按照<<1998年度利润分配和资本公积金转增股本预案>>进行计算引起

三、股本变动与股东情况介绍

1.股本变动情况表　　数量单位:股

股份类型	期初数(股)	本次变动增减(+、-) 配股 送股 公积金转增 其他 小计	期末数
一.尚未流通股份:			
1.发起人股	48691500	0	48691500
其中:境内法人持有股份	48691500	0	48691500
未流通股份合计	48691500	0	48691500
已流通股份:			
1.境内上市的人民币普通股	30000000	0	30000000
已流通股份合计	30000000	0	30000000
三.股本总数	78691500	0	78691500

注: 公司原有董事段建华先生, 唐良美女士离任半年以上, 根据有关规定, 所持公司股票共计7000股于1998年度获准上市流通,其余高级管理人员股共计26000股继续冻结.

2.股东情况介绍
(1)截止1998年12月31日,公司股东总数为20171人,其中本公司高级管理人员股股东10人.
(2)前十名股东持股情况

股东名称	年末持股数量(股)	持股比例
华西包装集团	48691500	61.88%
深圳市银孚投资发展有限公司	297000	0.38%
金泰基金	263577	0.33%
李正涛	243340	0.31%
孙丹文	230000	0.29%
黄平宁	200000	0.25%
江淑南	159602	0.20%
高举平	143853	0.18%
余景	128700	0.164%
武景隆	124500	0.158%

宜春工程机械股份有限公司

一、公司简介

1、公司法定中文名称:宜春工程机械股份有限公司
公司法定英文名称:Yichun Engineering Machinery. Inc
英文缩写:YEM
2、公司法定代表人:赵新先
3、公司董事会秘书:黄鸿伟
联系电话:0755-2711999-3910
传真:0755-2711998
4、授权代表:黄少林
联系电话:0795-3222601转434
传真:0795-3228407
5、公司注册地址:江西省宜春市环城西路1号
6、公司办公地址:深圳福田区联合广场A座35层
邮政编码:518026
7、公司国际互联网网址:http://WWW.999yichun.com.cn
电子信箱:board@999yichun.com.cn
8、公司选定的信息披露报纸:《证券时报》
9、登载公司年度报告的国际互联网网址:
http://WWW.cninfo.com.cn
10、公司年度报告备置地点:公司证券部
11、公司股票上市地:深圳证券交易所
12、股票简称:宜春工程
股票代码:0403

二、公司会计数据和业务数据摘要

1、公司利润总额及构成　　(单位:元)

利润总额:	98,355,324.03
净利润:	80,174,200.32
扣除非经常性损益后的净利润:	67,818,953.38
主营业务利润:	136,691,590.14
其他业务利润:	15,088,821.66
营业利润:	88,935,877.29
投资收益:	-1,324,655.28
补贴收入:	475,000.00
营业外收支净额:	10,269,102.02
经营活动产生的现金流量净额:	-23,075,192
现金及现金等价物净增加额:	102,036,753.21

2、公司近三年主要会计数据和财务指标

项　　目	1999年	1998年		1997年	
		调整前	调整后	调整前	调整后
主营业务收入(万元)	34997.40	19157.11	19157.11	15744.61	15744.61
净利润(万元)	8017.42	2379.54	2161.04	2067.64	1484.73
总资产(万元)	96074.67	52390.80	52133.74	39732.77	39048.48
股东权益(万元)	45206.16	22829.61	22611.11	20513.69	19930.78
每股收益(元)(摊薄)	0.61	0.21	0.19	0.18	0.13
(加权)	0.64	0.21	0.19	0.20	0.14
每股净资产(元)	3.45	2.04	2.02	1.83	1.78
调整后每股净资产(元)	3.41	2.00	1.98		
每股经营活动产生的现金流量净额(元)	-0.18	-0.02			
净资产收益率(%)	17.74	10.42	9.56	10.08	7.45

注:
财务指标计算公式如下
每股收益=净利润/年度末普通股股份总数
每股净资产=年度末股东权益/ 年度末普通股股份总数
净资产收益率=净利润/年度末股东权益＊100%
调整后的每股净资产=(年度末股东权益-三年以上的应收款项净额-待摊费用-待处理 (流动、固定)资产净损失-开办费-长期待摊费用-住房周转金负数余额)/年度末普通股股份总数
每股经营活动产生的现金流量净额=经营活动产生的现金流量净额/年度末普通股股份总数

3、股东权益变动情况

项目	股本	资本公积金	盈余公积金	其中:公益金	未分配利润	合 计
期初数	112153839	60957331.48	14529295.73	3991236.97	27403086.83	219034790.01
本期增加	18968489	133884071.22	8017420.03	4008710.02	80174200.32	245052890.58
本期减少					12026130.05	12026130.05
期末数	131122328	194841402.70	22546715.76	7999946.99	95551157.10	452061550.55

变动原因:
股本本年度增加18,968,489股, 系本年度实施了公司1998年度配股所致。
资本公积本年度增加133,884,071. 22 元,系公司1998年度配股溢价发行所致。
盈余公积期末增加8,017,420.03元,系从本年净利润提取增加所致。
公益金期末增加4,008,710.02元,系从本年净利润提取增加所致。
未分配利润期末增加68,148,070.27元, 系本年净利润转入所致。

三、股东情况介绍

报告期内,公司股东总数、公司前十名股东情况

股 东 名 称	持股数(股)	占股本比例(%)
1、三九企业集团	53,788,000	41.021
2、宜春工程机械厂劳动服务公司	6,388,861	4.872
3、金泰基金	3,200,934	2.441
4、湘证证券投资基金(裕元基金)	2,560,224	1.953
5、广发证券公司海口海甸岛	1,048,990	0.800
6、宜春工程机械油箱厂	936,000	0.713
7、宜春工程机械配件厂	933,760	0.712
8、江西省分宜驱动桥厂	913,000	0.696
9、普惠证券投资基金	812,120	0.619
10、福州铁路工程总公司第二工程段	728,000	0.555

注:持股5%以上股东股份本会计年度内没有质押、冻结情况。
三九企业集团所持有的股份为国家股。

华意压缩机股份有限公司

华意压缩机股份有限公司 1999 年年度报告摘要

一、 公司简介

1、公司法定中文名称:华意压缩机股份有限公司
公司法定英文名称:HUAYI COMPRESSOR CO.,LTD.
公司法定英文名称缩写:HUAYI
2、公司法定代表人:符念平
3、公司董事会秘书:简家凤　　授权代表:简家凤
联系地址:江西省景德镇市新厂东路 28 号
电话:0798-8441770-2215　　传真:0798-8441779
电子信箱:hyyszqb@public1.jdptt.jx.cn
4、公司注册地址:江西省景德镇市新厂东路 28 号
公司办公地址:江西省景德镇市新厂东路 28 号　　邮政编码:333001
公司国际互联网址:www.huayico.com　　电子信箱:huayi@public1.jdptt.cn
5、公司选定的信息披露报纸:《证券时报》和《中国证券报》
公司登载年度报告的国际互联网址为:http://www.cninfo.com.cn
公司年度报告备置地点:公司证券办公室
6、公司股票上市交易所:深圳证券交易所
股票简称:华意压缩　　股票代码:0404

二、 会计数据和业务数据摘要

1、公司本年度实现的利润总额为:	38,559,962.38 元
净利润:	33,988,730.01 元
扣除非经常性经营损益后的净利润:	17,660,850.99 元
主营业务利润:	16,440,502.63 元
其他业务利润:	15,182,245.13 元
营业利润:	30,550,777.15 元
投资收益:	8,085,079.94 元
补贴收入:	0.00 元
营业外收支净额:	-75,894.71 元
经营活动产生的现金流量净额:	-38,058,109.37 元
现金及现金等价物净增加额:	-30,926,555.94 元

扣除的非经常性损益项目包括:
资金占用费: 9,943,014.11 元×95%×67%=6,328,728.48 元
托管收入: 15,000,000 元×67%=10,050,000 元
营业外收支净额:-75,894.71 元×67%=-50,849.46 元
2、主要会计数据和财务指标

	1999 年	1998 年		1997 年	
		调整前	调整后	调整前	调整后
1 主营业务收入(万元)	17,453	12,928	12,928	30,249	30,249
2 净利润(万元)	3,399	4,589	5,275	4,153	2,612
3 总资产(万元)	57,769	66,760	63,572	66,060	63,170
4 股东权益(万元)	46,201	45,441	42,802	41,461	38,154
5 摊薄每股收益(元)	0.143	0.19	0.22	0.27	0.172
加权每股收益(元)	0.143	0.19	0.22	0.29	0.184
6 扣除非经常性损益后的每股收益(元)	0.074	0.066	0.095	0.20	0.173
7 每股净资产(元)	1.947	1.92	1.80	2.73	2.51
8 调整后的每股净资产(元)	1.947	1.93	1.82	2.70	2.51
9 净资产收益率(%)	7.36	10.10	12.32	10.02	6.85
10 每股经营活动产生的现金流量净额(元)	-0.16	-0.086	-0.086		

注 1、主要财务指标计算方法:
(1)　主要财务指标计算方法:
摊薄每股收益=净利润/年度末普通股股份总数
加权每股收益=当期净利润((期末股份总数((1+配股比例或增发新股比例)+期末 股份总数((1+配股比例或增发新股比例)(配股比例或增发新股比例(缴款结束日下一 月份至期末的月份数(12(
每股净资产=年度末股东权益/ 年度末普通股股份总数
净资产收益率=净利润/年度末股东权益×100%
调整后的每股净资产=(年度末股东权益-三年以上的应收款项净额-待摊费用-待 处理(固定、流动)资产净损失-开办费(长期待摊费用-住房周转金负数余额)/年度末 普通股份总数
每股经营活动产生的现金流量净额=经营活动产生的现金流量净额/年度末普通股股份总数
(2)1997、1998 年度调整后的主要数据和财务指标是指因会计政策变更、追溯调 整以前年度计算所得。
3、报告期内公司股东权益变动情况

项　目	股 本	资本公积	盈余公积	法定公益金	未分配利润	股东权益合计
期初数	237250798	142294907.34	36544758.46	8664673.20	11934243.47	428024707.51
本期增加	0	0	10196619.00	3398873.00	33988730.01	33988730.01
本期减少	0	0			10196,619.00	
期末数	237250798	142294907.34	46741377.46	12063546.20	35726354.48	462013437.52

变动原因:盈余公积金增加数为根据董事会利润分配预案,从本年度实现净利润中提取 10%的法定公积金 3,398,873.00 元,提取 10%的法定公益金 3,398,873.00 元,提取 10%的任意公积金 3,398,873.00 元;法定公益金增加数为提取了从本年度实现净利润 中提取 10%的法定公益金所致;未分配利润的增加数为本年度实现的净利润,减少数为提取 10%的法定公积金,提取 10%的法定公益金和提取 10%的任意公积金。 股东权益的增加数为本年度实现净利润。

三、 股东情况介绍

(1)截止 1999 年 12 月 31 日本公司共有股东 31,255 户。国家股有 2 户-景德镇华意电 器总公司和广东科龙电器股份有限公司
(2) 1999 年 12 月 31 日公司前 10 名股东持股情况:

序号	股东名称	持股数(股)	持股比例
1	景德镇华意电器总公司	104,520,000	44.055%
2	广东科龙电器股份有限公司	59,280,000	24.986%
3	杨炳桂	451,062	0.190%
4	陈碧华	421,700	0.178%
5	阮兵文	377,300	0.159%
6	童可久	333,080	0.140%
7	普丰证券投资基金	288,496	0.122%
8	黄学诚	238,000	0.100%
9	陈跃聪	223,896	0.094%
10	陈开棋	208,000	0.088%

注:1 景德镇华意电器总公司 1999 年 1—5 月持有广东科龙电器股份有限公司下属模具公司和塑胶公司各 30%股权,该部分股权已于 6 月转让给本公司;华意电器总公司与 广东科龙股份有限公司所持股份为未上市流通股份,其他股东所持股份为上市流通股 份,未知其是否有关联关系;
2 持有本公司股份 5%以上的国有发起人股东-景德镇华意电器总公司将所持有 5,928 万股国有法人股依法转让给广东科龙电器股份有限公司, 有关公告详见 1999 年 6 月 3 日及 1999 年 8 月 12 日《证券时报》。 具体变动情况如下:

股东名称	期	初	期	末
	持股数(股)	持股比例	持股数(股)	持股比例
景德镇华意电器总公司	163,800,000	69.04%	104,520,000	44.055%
广东科龙电器股份有限公司	0	0	59,280,000	24.986%

3 持有本公司股份 5 %以上的股东所持股份无任何质押或冻结;

四、股东大会简介

报告期内公司召开了两次股东大会,情况如下:
1、1998 年年度股东大会: 公司于 1999 年 6 月 28 日在公司一楼会议室召开 1998 年度 股东大会, 决议公告刊登于 1999 年 6 月 29 日《证券时报》;
2、1999 年度第一次临时股东大会:公司于 12 月 4 日在公司一楼会议室召开 1999 年 度第一次临时股东大会,决议公告刊登于 1999 年 12 月 7 日《证券时报》。

五、董事会报告

1、公司经营情况
(1)行业地位
本公司是国内无氟压缩机最大生产基地之一,且无氟压缩机投产最早,产品规格型号多, 在国内同行业仍处领先。
(2)主营业务及其经营状况
公司主营无氟压缩机及其配件的设计、生产与销售。99 年,在极其激烈和残酷的 竞争下,公司管理层深化改革,坚决向质量要效益,积极拓展新品,强化成本管理,优化 售后服务,使公司在激烈的市场竞争中不断发展:
①在国内压缩机厂家大打价格战,互相倾压价格的情况下,公司决策层殚精竭虑, 员工同心同德,对内严格管理、千方百计提高产品质量,降低单位产品变动成本,对外 实行全方位、灵活的销售策略,全年实现主营业务收入同比去年增长近四成,销售无氟压缩机 68 万台;
②鉴于国家把"进口替代"作为"十五"产业结构调整和升级的切入点,为确保 本公司在亚洲无氟压缩机行业的领先地位,公司决策层充分利用国家产业政策,拟在现址投资建设"年产 100 万台无氟制冷压缩机产品结构调整(替代进口)技改项目",该项目已列入国家经济贸易委员会下达的 1999 年国家重点技术改造项目计划;
③强化品质管理,加强生产工艺过程和新产品开发过程的质量控制,严格推行生产过程的精益生产方式。改进服务质量,将服务范围由售后扩大到售前及售中,在稳定美菱电器等老客户的基础上,又赢得了伊莱克斯、华凌、冰熊等一批新的重要客户,而且发展了中东、南非、英国、印尼等国际客户。为下一年度业务拓展奠定了坚实的基础。
④进一步改革人才激励机制,报告期内,公司先后聘入了总工程师、总质量师和总经理财务顾问等一批高级人才。而且下气力深化分配制度改革,将员工工资的 70%与 产品质量直接挂钩,强化了员工的危机感与紧迫感。
(3)本公司无全资附属企业及控股子公司。
(4)在经营中出现的困难及解决方案
困难表现在:
压缩机行业属于激烈竞争的行业,报告期内, 国内制冷家电市场爆发了降价竞争, 给公司的经营带来较大压力,致使本公司毛利率下降。
解决方案:
①制定产品质量 2000 计划,增加科技创新力量,同时与西安交大,国家软件试验室,洛阳化工研究院,合肥通用机械研究所等有关科研单位进行了广泛的技术交流与合作,并先后开发了一系列高效节能无氟压缩机,COP 值均在 1.35 以上;
②制定了降低产品成本计划,成立了"降低产品成本小组",从拓展业务、提高市场份额节能降耗,减少可控费用等方面挖潜增效,开展全方位的降低成本工作。充分发挥科学技术在降低成本方面的作用,奖励采用新工艺、新材料和采纳员工合理化建议;
③与控股股东—景德镇华意电器总公司进行了债权置换, 一方面本公司的资产负 债率由 32.2%下降至 19.7%,进一步改善了本公司的资本结构,为间接融资创造了条件,另一方面较好地解决了控股股东占用资金的问题。
2、公司财务状况
与去年同期相比, 公司报告期内的财务状况如下:(单位:元)

项目	1999 年	1998 年	增减幅度(%)
总资产	577,692,813.07	635,724,662.04	-9.13
长期负债	0	134,374,649.00	-100
股东权益	462,013,437.52	428,024,707.51	7.94
主营业务利润	16,440,502.63	19,418,392.00	-15.34
净利润	33,988,730.01	52,753,689.29	-35.57

变动原因说明:
①总资产较去年同期减少 9.13%,主要是流动资产下降所致;
②长期负债较去年同其减少 100%,主要是与本公司第一大股东景德镇华意电器总公司进行债权置换所致;
③股东权益较去年同期增加 7.94%,主要是本年度盈利所致;
④主营业务利润较去年同期减少 15.43%,主要是报告期内压缩机降价所致;
⑤净利润较去年同期减少 35.57%,主要是追溯调增了上年利润和其他业务利润减少所致。
3、公司投资情况
(1)截止 1999 年 12 月 31 日,公司长期投资余额为 12,321 万元,较上年增加 12,321 万 元,增加幅度为 100 %,被投资公司情况:

被投资公司名称	主要经营活动	权益比例
广东科龙模具有限公司	生产经营模具	30%
顺德容声塑胶制品厂有限公司	生产电冰箱塑料件、空调塑料件、产品内外销售	30%

(2)募集资金使用情况

1 公司96年首次发行股票募集资金14,280万元,及97年配股募资6,783万元,扣除发行费用后,可用资金共20,004万元,于97年按计划投资冰箱扩改及无氟压缩机扩改后,剩余资金14,212万元转入99年,99年使用情况如下:

承诺投资项目	计划投资额	实际投资项目
200万台无氟压缩机技改项目	13,800万元	收购景德镇华意电器总公司持有的广东科龙模具有限公司和顺德容声塑胶制品厂有限公司各30%的股权

2 本公司96年发行新股募集资金14,280万元,扣除发行费用883万元后,可用于投资的募集资金13,397万元;97年配股募集资金6,783万元,扣除承销费用176万元,可用于 投资的募集资金6,607万元。两次发行股票扣除发行或承销费用后,可用于投资的募集 资金合计为20,004万元,减去本公司投资于承诺并完工的20万台无氟冰箱示范生产线 技改项目5590万元及直接购买无氟压缩机项目相关资产202万元,所余募集资金14,212万元,原承诺全部投入200万台无氟压缩机技改项目,但鉴于该项目因立项、可行性报 告和初步设计的项目建设人均为本公司第一大股东华意电器总公司,本公司在申请配 套外汇贷款和使用资金上,无法得到有关银行的理解和变通处理,致使该项目未能按承诺如期进行。为提高募集资金使用效率,给股东以回报,经本公司1998年度股东大会审议,决定改变募集资金投向,按评估价12,321万元收购景德镇华意电器总公司合法持有的广东科龙模具有限公司和顺德容声塑胶制品厂有限公司各30%的股权,所余约1,890 万元募集资金用于补充本公司流动资金,截止99年12月31日,该项长期股权投资为本公司带来了8,085,079.94元的投资收益。此次变更公告刊登在1999年6月29日的《证券 时报》上。

(3)报告期内,本公司无非募集资金投资的重大项目。

4、中国加入世界贸易组织对公司未来经营产生的影响

总的看,中国加入WTO对华意压缩来说,机遇大于挑战,主要是:

(1) 作为冰箱上游的配套产品的压缩机销售,国内、国际市场竞争一直非常激烈,直接结果是国内市场国际化并已同国际市场接轨;

(2)99年12月7日,由科学技术部、对外贸易经济合作部、财政部、国家税务总局 和海关总署联合下发了《中国高新技术产品出口目录》,本公司生产的无氟压缩机列 入该目录。另外,本公司还被国家科学技术部火炬中心认定为江西省唯一一家2000 年首批国家重点高新技术企业。因此,加入WTO对扩大本公司产品出口,进一步提高国 际市场占有率具有巨大的推动作用;

5、新年度的业务发展计划

(1)加快技术改造,投资建设年产100万台无氟制冷压缩机产品结构调整(替代进口)技改项目。

(2)加大新产品开发力度,继续完善YH、DH、MH三大系列压缩机制造技术,进一步 提高压缩机的节能水平,同时加快AES—Y小制冷量及变频压缩机开发速度。继续搞好 市场营销策略,并把市场机制引入企业各项管理活动中,指导生产和技术开发。

(3)以财务管理为核心,实现成本管理科学化。99年,压缩机行业价格竞争激烈,全行业平均利润率降低,2000年本公司将千方百计降低产品成本,提高市场占有份额,提 高经济效益。

(4)做好2000年的增资扩股工作,加快重点项目建设;

(5)开展资本运作,在努力扩大主营业务规模的同时。不放弃拓展新的投资领域和开辟新的利润增长点的机会。

6、董事会日常工作

(1) 报告期内董事会的会议情况及决议内容:

①第一届董事会第十六次会议于2月8日召开,会议审议通过了《1998年年度报告 》、《1998年年度报告摘要》、《1998年董事会工作报告》、《总经理业务报告》、《关于修改公司章程的议案》和《1998年度利润分配方案》,会议决议和1998年年度 报告在1999年2月10日的《证券时报》上公告。

②第一届董事会第十七次会议于5月26日召开,会议审议通过了《选举公司第二届董事会成员的议案》、《同意吴样才先生辞去公司董事长职务的议案》、《关于继续托管经营景德镇华意电器总公司之电冰箱厂并按1500万元/年收取托管费的议案》、《关于决定公司董事、监事年薪的议案》和《关于召开1998年年度股东大会的决定》。会议决议在1999年5月29日的《证券时报》上公告。

③第一届董事会第十八次会议于6月19日召开,会议审议通过了《审议变更前次募集资金用途的议案》、《审议出售200万台无氟压缩机技改项目相关资产的议案》、《审议向华意电器总公司购买股权的议案》、《关于增选杜泽仕先生为本公司第二届董事会成员候选人的议案》和《关于在1998年年度股东大会上不予审议董事、监事的报酬事项议案》。会议决议在1999年6月23日的《证券时报》上公告。

④第二届董事会第一次会议于6月28日召开,会议审议通过了《选举董事符念平先生为公司董事长》《继续聘任符念平先生为公司总经理》、《继续聘任简家凤先生为公司董事会秘书》、《聘任温昌发先生、杜泽仕先生为公司副总经理、张继德先生为公司总工程师、万汉昌先生、潘发祥先生、余笑兵先生为公司总经理助理》。会议决议在1999年6月29日的《证券时报》上公告。

⑤第二届董事会第二次会议于8月6日召开,会议审议通过了《1999年中期报告》 和《1999年中期利润分配方案》。会议决议及1999年中报在1999年8月10日《证券时 报》上公告。

⑥第二届董事会第三次会议于8月31日召开,会议审议通过了《同意董事长符念平先生辞去公司总经理》、《聘任滕征朴先生为公司总经理》和《选举董事温昌发先生为公司副董事长》。会议决议在1999年9月1 日《证券时报》上公告。

⑦第二届董事会第四次会议于10月30日召开,会议审议通过了《关于改组本公司 董事会的议案》、《关于本公司与景德镇华意电器总公司债权置换的议案》、《审议总经理提交的关于公司部分机构设置和调整的议案》、《关于承建年产100万台无氟 制冷压缩机产品结构调整(替代进口)技改项目的议案》、《关于修改公司章程的议案》和《决定召开1999年度第一次临时股东大会》。会议决议在1999年11月2日的《证 券时报》上公告。

(2)报告期内,本公司未对利润进行分配,未进行公积金转增股本,也未配股或增发新股。

7、董事、监事及高级管理人员

(1) 董事、监事及高级人员情况

姓名	职务	性别	年龄	任期(起止日期)	年初持股数(股)	年末持股数(股)
符念平	董事长	男	43	1999、6—2002、6	9734	9734
温昌发	副董事长副总经理	男	35	1999、6—2002、6	0	0
滕征朴	董事、总经理	男	50	1999、9—2002、6	0	0
徐兆庆	董事	男	36	1999、6—2002、6	0	0
杜泽仕	董事、副总经理	男	51	1999、6—2002、6	0	0
余笑兵	董事、总经理助理	男	33	1999、6—2002、6	0	0
段刚	董事	男	37	1999、12—2002、6	0	0
蔡拾贰	董事	男	53	1999、12—2002、6	0	0
万玲珍	监事会主席	女	48	1999、6—2002、6	9734	9734
张志雄	监事	男	50	1999、6—2002、6	9734	9734
胡金水	监事	男	56	1999、6—2002、6	9734	9734
程桂英	监事	女	47	1999、12—2002、6	0	0
张继德	总工程师	男	55	1999、6—2002、6	0	0
万汉昌	总经理助理	男	53	1999、6—2002、6	0	0
潘发祥	总经理助理	男	46	1999、6—2002、6	0	0
简家凤	董事会秘书	男	50	1999、6—2002、6	0	0

本公司董事、监事及高管人员1999年度报酬1万元——1.5万元为7人,1.5万元— —3万元为3人。

董事徐兆庆、段刚、蔡拾贰,监事万玲珍、张志雄、胡金水6人未在本公司领取报酬。

本公司99年6月28日召开的98年度股东大会同意吴样才先生、何志友先生分别请 求辞去公司董事职务,其二人持有的本公司高管股经深交所存管部批准,于99年12月28日上市流通。

(2)本公司1998年度股东大会同意吴样才先生、何志友先生分别请求辞去公司董 事职务;公司1999年第一次临时股东大会同意欧阳振邦先生因工作变动原因辞去公司 董事职务,孙家骏先生辞去公司监事职务。

(3)公司第二届董事会第一次会议继续聘任符念平先生为公司总经理,简家凤先生为公司董事会秘书;根据总经理提名,聘任温昌发先生、杜泽仕先生为公司副总经理、张继德先生为公司总工程师,万汉昌先生、潘发祥先生、余笑兵先生为公司总经理助 理。公司第二届董事会第三次会议同意董事长符念平先生辞去公司总经理职务,根据 董事长符念平提名,聘任滕征朴先生为公司总经理。

(4)公司现有员工781人,其中生产人员577人,销售人员13人,技术人员218人,财务人员8人,管理人员82人,大中专以上学历者 186人,无退休职工。

8、本次利润分配预案:

经北京中洲会计师事务所审计,本公司1999 年度实现净利润33,988,730.01元,提取10%的法定公积金3,398,873.00元,提取10%的法定公益金3,398,873.00元,提取10%的任意公积金3,398,873.00元,本年度可供股东分配的利润为23,792,111.01元,加上年未分配利润结余11,934,243.47元,合计为35,726,354.48元。

随着我国加入"WTO"步伐的加快,公司面临着新的机遇与挑战,加速公司产业结 构调整、扩大公司生产规模、加强公司抗风险能力迫在眉睫。鉴于2000年公司的市场需求扩大和项目建设的启动,将会在一定的时期内存在资金短缺,为满足公司持续生产经营的需要,今后更好地回报股东,董事会经审慎研究,拟1999年度利润不分配,也不实施资本公积金转增股本。

该预案尚须报1999年度股东大会审议通过。

六、监事会报告

1、监事会日常工作情况

报告期内公司监事会共召开了三次会议,具体情况如下:

(1)第一届八次监事会于1999年6月19日召开,会议同意公司董事会关于变更前次 募集资金用途的预案、公司董事会关于出售200万台无氟压缩机技改项目相关资产的 预案、向华意电器总公司购买股权的预案,同时推举公司原任监事万玲珍女士、张志 雄先生、胡金水先生、孙家骏先生为本公司第二届监事会成员候选人。有关决议公司刊登于1999年6月23日证券时报。

(2)第二届一次监事会于1999年6月28日召开,会议选举万玲珍女士为监事会主席 。决议公告刊登于 1999年6月29日证券时报。

(3)第二届二次监事会于1999年10月30日召开,会议同意孙家骏先生因工作变动原因辞去监事职务的请求,同意由职工民主选举产生的职工代表程桂英女士为公司监事 会成员。决议公告刊登于1999年11月2日证券时报。

2、监事会作为公司常设的监察机构,本着对股东负责的原则,认真执行监督职能,按照《公司法》和《公司章程》的有关规定,列席董事会,并针对公司的重大决策和经营管理,抓好各项监察工作。 根据报告期内公司的实际情况,监事会认为:

(1)公司的决策程序符合法定程序,并按规定进行了信息披露;公司内部建立了完 善的内部控制制度;公司董事、经理在执行公司职务时无违反法律、法规、公司章程 或损害公司利益的行为。

(2)监事会认真检查了公司财务情况,公司财务报告客观真实地反映了公司财务状况和经营成果,北京中洲会计师事务所出具了无保留意见的审计报告。

(3)本公司向母公司收取冰箱厂的托管费用是执行两公司签订的有关协议。本公 司对冰箱厂的20万台无氟电冰箱技改项目的建设提供了人力和财力的支持,并于本年 度较好地受托经营了冰箱厂。因此本监事会认为该协议是建立在合法合理、互惠互利的基础上,并未损害本公司的利益,监事会对此予以认可。

(4)报告期内公司根据董事会提出的议案,经公司股东大会审议通过后,变更了募 集资金的投资项目。实际投资项目为按评估价购买华意电器总公司持有的广东科龙模具有限公司和顺德容声塑胶制品厂有限公司各30%的股权,公司1999年已从上述两公 司获得收益。因此我们认为变更募集资金投资项目的程序合理、合法,是为了尽快给 股东以回报,符合公司股东的利益。

鉴于200万台无氟压缩机技改项目所形成的资产大部分是设备预付款及预付工程 款,我们认为以帐面值出售这部分资产与按评估价购买广东科龙模具有限公司和顺德 容声塑胶制品厂有限公司各30%的股权的行为,其交易价格均较合理,没有发现内幕交易,无损害公司部分股东权益或造成公司资产流失。符合公司广大股东利益和公平合 理的。

(5)关于本公司与华意电器总公司之间的债权置换,是为了公司规范运作,妥善解 决大股东占用上市公司资金的问题,加速资金周转,改善资本结构,且本公司与华意电 器总公司之间的债权置换是等额置换,因此我们认为此次债权置换是合理、公正的,并无损害公司和广大股东利益的行为。

(5)公司关联交易遵守公开、公平、公正原则,与华意电器总公司之间的货物购销均参照前期市场平均价格协议定价,我们认为并不存在内幕交易,其定价是公允的,没 有损害公司和非关联股东利益的行为。

七、重要事项

1、本年度公司无重大诉讼、仲裁事项。

2、报告期内公司、公司董事及高级管理人员无受监管部门处罚情况。

3、报告期内公司控股股东未发生变更,仍为景德镇华意电器总公司;

公司董事会换届选举及部分董事会成员的变动情况见股东大会简介;

经公司第一届董事会第十五次会议审议,决定同意免去何志友先生总经理职务,任命董事符念平先生担任本公司总经理;经公司第二届董事会第三次会议审议,同意符念平先生辞去总经理职务,并决定聘任滕征朴先生为公司总经理。

本年度公司聘任的董事会秘书仍为简家凤先生,并无解聘或新聘情况。

4、报告期内公司收购及出售资产、吸收合并事项简介

(1)经公司第一届十八次董事会审议后(见1999年6月23日证券时报)并经公司1998年度股东大会(见1999年6月29日证券时报)审议通过,决定将原投资于200万台无氟压 缩机技改项目所形成的资产(在建工程及设备预付款)按帐面值106,864,225.24元全部出售(转让)至华意电器总公司,出售资产所得收入用途如下所述。

(2)经公司第一届十八次董事会审议后(见1999年6月23日证券时报)并经公司1998年度股东大会(见1999年6月29日证券时报)审议通过,决定将投资于200万台无氟压缩 机技改项目的募集资金变更用途后,用于按评估价12,321万元收购华意电器总公司所 持的广东科龙模具有限公司和顺德容声塑胶制品厂有限公司各30%的股权。该股权转让已于1999年7月29日经江西省国有资产管理局赣国资企字[1999]14号文批准,根据景德镇华意电器总公司与本公司签署的股权转让协议,本公司自股东大会批准之月即1999年6月起,享有该部分股权所产生的收益,报告期内共获得该股权投资收益8,085,079.94元,占公司本年度利润总额的20.97%。

5、重大关联交易事项

(1)经公司1999年度第一次临时股东大会审议,根据公司与华意电器总公司签订的《债权置换协议》,鉴于截止1999年9月30日,本公司对本公司第一大股东—华意电器 总公司的应收款项为人民币10,797,000元,而本公司的长期负债中又有从华意电器总 公司转贷而来的国外政府贷款134,374,649元(按照有关协议,该笔贷款由华意电器总 公司向中国进出口银行统借统还)。为妥善解

决大股东占用资金的问题,加速资金周转,改善资本结构,经本公司与华意电器总公司协商,签订了债权置换协议,将上述债权进行了等额置换,致使本公司应收帐款和长期借款同时减少。此次债权置换后的余额,已记入其他应付款,双方商定直至华意电器总公司的债权余额被本公司日后发生的债权余额冲抵完毕为止(详见 1999 年 12 月 7 日证券时报)。

(2)经第一届十五次董事会决议,本公司与母公司—景德镇华意电器总公司签订了收取资金占用费的协议及补充协议,按照协议,本公司 1999 年按国家银行同期贷款利率上浮 10%的同比例即 7.095%按月末余额向景德镇华意电器总公司共收取资金占用费 9,943,014.11 元, 占本公司利润总额 24.5%。

(3)华意电器总公司是本公司的独家发起人,由于历史原因,本公司的部分设备及 零配件的进口和压缩机的出口业务均是华意电器总公司之进出口处统一办理, 且华意 电器总公司之电冰箱厂所用压缩机基于品牌、价格及服务等多方面的考虑,一直以来 都是使用本公司生产的华意压缩机,1999 年本公司向华意电器总公司采购货物累计 43,459,792.17 元,销售货物共 102,610,495.62 元,本公司向华意电器总公司采购货物均以实际采购成本定价, 而向华意电器总公司销售货物是按上期市场平均价格协议定价。 详见会计报表附注

6、公司相对于控股股东—华意电器总公司人员独立、资产完整、财务独立。

7、托管事项

根据本公司与华意电器总公司于 1999 年 6 月 28 日签订的托管经营协议,并经公司 1998 年度股东大会审议通过,1999 年本公司继续托管经营华意电器总公司之电冰箱厂,并按 1500 万元/年收取托管经营费。占公司利润总额的 38.9%。

8、报告期内本公司续聘北京中洲会计师事务所负责本公司审计工作。

9、公司报告期内没有发生更改名称或股票简称的情况。

10、其他重大事项

(1)经财政部财管字[1999]241 号文批准,根据广东科龙电器股份有限公司与景德 镇华意电器总公司签订的股权转让协议之补充协议,景德镇华意电器总公司将所持有 的本公司部分国有法人股 5928 万股依法转让给广东科龙电器股份有限公司,且于 9 月份在深圳证券登记公司办理了股权过户手续,自此,华意电器总公司持有本公司国有法人股 10452 万股,占公司总股本的 44.05%,仍为本公司第一大股东;广东科龙电器股份有 限公司持有 5928 万股,占公司总股本的 24.986%,为公司第二大股东。有关公告见 1999 年 8 月 12 日证券时报。

八、财务会计报告

1、审计报告

审 计 报 告

中洲(2000)发字第 053 号

华意压缩机股份有限公司全体股东:

我们接受委托,审计了华意压缩机股份有限公司(以下简称贵公司)1999 年 12 月 31 日的资产负债表、1999 年度利润及利润分配表和 1999 年度的现金流量表。这些会计报表由贵公司负责,我们的责任是对这些会计报表发表审计意见。我们的审计是依据中 国注册会计师独立审计准则进行的。在审计过程中,我们结合贵公司的实际情况,实施了包括抽查会计记录等我们认为必要的审计程序。

我们认为,上述会计报表符合《企业会计准则》和《股份有限公司会计制度》的 有关规定,在所有重大方面公允地反映了贵公司 1999 年 12 月 31 日的财务状况及 1999 年 度的经营成果和现金流量情况, 会计处理方法的选用遵循了一贯性原则。

中国注册会计师 易书仪

北京中洲会计师务所有限公司

中国.北京 中国注册会计师 承开来

西城区金融大街 35 号国际企业大厦

2、会计报表附后

3、会计报表附注

一、公司简介

华意压缩机股份有限公司(以下简称公司),是由景德镇华意电器总公司作为独家 发起人,通过社会募集方式设立,1996 年 6 月在深圳证券交易所挂牌交易的上市公司。 注册资本:23725 万元,法定代表人:符念平。

公司经营范围:无氟压缩机、电冰箱及其配件的生产和销售,制冷设备的来料加工、来料加工、来件装配、补偿贸易、五金配件的加工及销售。

二、主要会计政策

1. 公司执行的会计制度

执行《股份有限公司会计制度》。

2. 会计期间

自每年公历 1 月 1 日起至 12 月 31 日止为一个会计年度。本报告所载财务信息为 1999 年 1 月 1 日至 1999 年 12 月 31 日的财务信息。

3. 记帐原则和计价基础

采用借贷记帐法,按权责发生制核算, 以历史成本作为计价基础。

4. 计帐本位币

以人民币作为记帐本位币。

5.现金等价物

现金等价物是指本公司持有的期限短、流动性强、易于转换为已知金额现金、价值变动风险很小的投资。具体指本公司拥有的期限等于或短于三个月的短期投资。

6. 坏帐准备

(1) 坏帐的确认标准:

1 因债务人破产或死亡, 以破产财产或遗产清偿后仍无法收回的款项;

2 因债务人逾期未能履行偿债义务超过三年仍不能收回的款项。

坏帐核算采用备抵法,按期末应收款项余额的 25 %提坏账准备。

7. 存货

存货的购进按照实际成本计价。原材料领用、在产品完工时按实际成本计价;产 成品发出时按加权平均法计算结转成本。 消耗性物料和低值易耗品领用发出时,采用 一次摊销法核算。

本公司期末存货按成本与可变现净值计价,计提存货跌价损失准备。计提方法:根据年末产成品按单个存货的可变现净值与存货实际成本差额进行计提。原材料同种类产品分组,根据实际损失水平按分组余额的 5%–10%计提。

8. 长期投资的核算方法

(1)长期股权投资计价和收益确认方法:长期投资全部为其他股权投资。长期股权投资,按投资时实际支付的价款或评估、协议确定的价值记帐。公司对其他单位的投 资占该单位有表决权资本总额 20%或 20%以上,或虽投资不足 20%但有重大影响,采用 权益法核算;公司对其他单位的投资占该单位有表决权资本总额 20%以下,或虽占 20%或 20%以上,但不具有重大影响, 采用成本法核算。

(2)股权投资差额的摊销期限:合同规定了投资期限的,按投资期限摊销;没有规定投资期薛 ▮ 借方差额一般按不超过 10 年的期限摊销,贷方差额一般按不低于 10 年的期 限摊销。

(3)长期债权投资的计价及收益确认方法:按实际支付的价款扣除支付的税金、手续费等各项附加费用,以及实际支付价款中包含的已到期尚未领取的债务利息后的余 额作为实际成本记帐, 并按权责发生制原则计算应计利息。

(4) 长期债权投资溢价和折价的摊销方法:在每期计提利息进行分期摊销。

(5)长期投资减值准备的确认标准是:由于被投资单位经营状况恶化等原因导致其可收回金额低于帐面价值, 并且这种降低的价值在可预计的未来期间内不可能恢复。

(6)长期投资减值准备的计提方法是:按可收回金额低于长期投资帐面价值的差额提取。

9. 固定资产计价和折旧方法

(1)固定资产标准为:使用期限在一年以上,单位价值在 2,000.00 元以上的房屋建 筑物、机器设备、运输设备以及其他与生产经营有关的设备、器具、工具等;单位价 值在 2,000.00 元以上,并且使用年限超过两年的,不属于生产经营主要设备的物品;

(2)固定资产分类为:房屋建筑物、机械设备、动力设备、通用设备、运输设备、其他;

(3) 固定资产计价:按实际成本计价;

(4)固定资产折旧采用直线法平均计算,并按各类固定资产的原值和估计的使用年限扣除残值(预计净残值率为 3%)制定其折旧率如下:

类别	经济使用年限	年折旧率%
房屋及建筑物	40	2.34
机械设备	10	9.70
动力设备	11	8.82
通用设备	14	6.93
运输设备	8	12.13
其他	10	9.70

固定资产盘盈、盘亏、报废和非常损失,结转入"固定资产清理",经批准后净损益转营业外收入或营业外支出。

10. 在建工程

在建工程是指正在施工中尚未完工和虽已完工但尚未交付使用的工程。在建工程按实际发生额计价,于交付使用之日估价转入固定资产,并计提折旧,待办理完毕竣工 决算之后,按决算数调整原估价和已计提折旧。当期利息资本化系根据当期在建工程 未交付使用前实际发生额及实际借款利息费用计算。

11. 收入确认原则

公司已将商品所有权的主要风险和报酬转移给买方,公司不再对该商品实施继续 管理权和实际控制权,相关的收入已收到或取得了收款的证据,并且与销售该商品有关的成本能够可靠地计量时,确认营业收入的实现;

12. 所得税的会计处理方法

公司采用应付税款法核算。

13. 会计政策、会计估计或合并报表范围的变更

公司按照财政部财会字(1999)35 号文件《关于印发〈股份有限公司会计制度有关会计处理问题补充规定〉的通知》要求,从 1999 年 1 月 1 日起改变如下会计政策:

(1)坏帐准备原按应收帐款余额的 3‰计提, 现改按应收帐款余额的 25%计提;

(2)期末存货原按成本计价,现改为按成本与可变现净值孰低计价。

(3)期末长期投资原不计提减值准备,现改为计提减值准备。

上述会计政策变更已采用追溯调整法,调整了期初留存收益及相关项目的期初数; 利润及利润分配表的上年数栏,已按调整后的数字填列。上述会计政策变更的累积影 响数为 33,063,642.69 元,其中,因坏帐准备计提方法变更的累积影响数为 32,938,329.02 元,存货计价方法变更的累积影响数为 125,313.67 元。由于会计政策变更,调增了 1998 年度的净利润 8,533,871.39 元;调增了 1999 年度留存收益 3,786,972.44 元。

三、税项

(一)增值税:按产品销售收入的 17%税率计算销项税,扣除经税务机关确认可以抵扣的进项税后缴纳增值税;

(二) 营业税:按资金占用费收入的 5%计算缴纳;

(三) 城建税和教育费附加: 分别按照应交流转税额的 7 %和 3 %计算缴纳。

(四) 其他税项: 按税法对有关税项的规定计算、缴纳。

(五)所得税:根据江西省赣府厅(1996)51 号文和景德镇市景府字(1996)88 号文的 批复精神, 本公司 1999 年仍按 15%的税率缴纳所得税。

四、会计报表主要项目注释(1999 年 12 月 31 日/1999 年度,金额单位:人民币元)

注释 1.货币资金

项目	期初数	期末数
现金	118,080.89	25,580.66
银行存款	57,493,215.79	26,659,160.08
其他货币资金	——	——
合计	57,611,296.68	26,684,740.74

注释 2.应收票据 3,800,000.00

其中贴现情况如下:

出票单位	出票日期	到期日	贴现息	贴现金额	备注
合肥美菱股份有限公司	1999–12–29	2000–6–25	53,940.00	1,946,060.00	
合肥美菱股份有限公司	1999–12–29	2000–6–25	48,546.00	1,751,454.00	

注释 3.应收帐款及其他应收款 98,264,853.91

帐 龄	期初数			期末数		
	金额	比例(%)	坏帐准备	金额	比例(%)	坏帐准备
1 年以内	116153407.45	99.87		98197278.84	99.93	
1–2 年	26,449.66	0.02				
2–3 年	119,230.25	0.11		4,200.00	0.01	
3 年以上	63,375.07	0.06				
合计	116299087.36	100.00	29074771	98264853.91	100.00	2456621348

①根据景德镇华意电器总公司(简称总公司)与公司于 1999 年 10 月 30 日签署的《债权置换协议书》,股份公司以对总公司的应收款项 107,970,000.00 与总公司向中国进 出口银行借澳大利亚贷款,转借给股份公司的长期借款 134,374,649.元相置换,导致应收款项和长期借款同时减少,两数的差额记入其他应付款。

②根据财政部颁发的《股份有限公司会计制度有关会计处理问题补充规定》公司从 1996 年度开始,考虑公司的实际情况,本着谨慎性原则,以应收帐款和其他应收帐款 的年末余额的 25%计提坏帐准备, 并进行了追溯调整。

③持本公司 5%以上股份的股东单位的欠款。

景德镇华意电器总公司: 47,266,698.23

③ 欠款金额前五名的单位:

单位名称	所欠金额	欠款发生时间	欠款原因
应收帐款:			
景德镇华意电器总公司	47,266,698.23	1999 年	未结算购货款
合肥美菱股份有限公司	29,734,490.84	1999 年	未结算购货款
南京伯乐电器集团公司	5,436,400.00	1999 年	未结算购货款
长沙中意冰柜厂	3,601040.00	1999 年	未结算购货款
浙江德清莫干山荣盛电器实业公司	2583414.00	1999 年	未结算购货款
其他应收款:			
景德镇华意电器总公司	7,412,151.73	1999 年	未结算往来款
华意包装材料厂	28,608.61	1996 年	未结算材料款
华意压缩机厂医务室	17,095.20	1996 年	备用金借款
三六无线电厂	10,000.00	1996 年	未结算材料款

欠款金额前五名的单位:

单位名称	所欠金额	欠款时间	欠款原因
上海宝钢钢材贸易有限公司	768,844.01	1999.10	购货
景德镇市电力局	293,201.99	1999.12	购电
彼乐感应炉上海有限公司	100,000.00	1999.11	购货
北京西门子自动化工程有限公司	90,980.00	1999.09	购货
北京安川北科自动化工程有限公司	43470.00	1999.09	购货

注释 6.长期投资

(1)类别

类别	期初数		本期增加	本期减少	期末数	
	金额	减值准备			金额	减值准备
长期股权投资	0	0	131,296,276.94	0	131,296,276.94	0
合　计	0	0	131,296,276.94	0	131,296,276.94	0

(2)长期股权投资项目

被投资单位名称	投资起止期	投资金额	占被投资单位注册资本比例	减值准备	本期权益增减额	累计增减额准备
顺德容声塑胶制品有限公司						
	1999.6-2001.1	78280145.65	30%	0	6119132	6119132
其中:投资成本		76,181,425.30				
股权投资差额		-2,010,206.15				
损益调整		4,108,926.50				
广东科龙模具有限公司						
	1999.6-2009.4	53,016,131.29	30%	0	1965947	1965947
其中:投资成本		47,390,611.13				
股权投资差额		3,293,615.58				
损益调整		2,331,904.58				
合计		131,296,276.94			8085079	8085079

注释 9.短期借款 51,150,000.00

借款类别	期初数	期末数
银行借款	35,488,335.00	50,150,000.00
其他单位借款	1,000,000.00	1,000,000.00
合计	36,488,335.00	51,150,000.00
担保借款	36,488,335.00	51,150,000.00

注释 10.应付票据　18,563,000.00

持本公司 5%(含)以上股份的股东单位的款项:

景德镇华意电器总公司　3,700,000.00

注释 11.应付帐款　33,327,702.31

无欠持本公司 5%(含)以上股份的股东单位的款项。

注释 12.应交税金 8,709,713.70

税种	欠交税额
增值税	654,538.95
营业税	522,900.71
所得税	5,778,408.75
城建税	1,753,865.29
合计	8,709,713.70

注释 18.其他业务利润

业务种类	本年发生数		上年发生数	
	收入数	成本数	收入数	成本数
销售材料	873,716.53	691,471.40	37,883,941.45	36,118,149.09
托管收入	15000,000.00	0	30,000,000.00	0
合计	15,873,716.53	691,471.40	67,883,941.45	36,118,149.09

托管收入本公司托管华意冰箱厂所取得的收入。1998 年华意冰箱厂从股份公司置换给总公司,由股份公司托管经营,根据股份公司与总公司 1999 年 5 月 26 日签定的《托 管经营协议》,自 99 年 1 月 1 日起全年按 1500 万元收取,于 6 月 28 日召开的 1998 年度的股 东大会上通过(该协议已在 99 年 8 月 10 日的证券时报上公告),本公司已于 1999 年 6 月 30 日收到货币资金 1500 万元。

注释 19.财务费用

类　别	本年发生数	上年发生数
利息支出	7,495,635.67	6,704,962.98
减:利息收入	10,353,043.97	16,294,334.52
其他	365,534.42	301,469.84
合计	-2,491,873.88	-9,287,901.70

股份公司与总公司协议按 7.095%的年利率(以总公司与股份公司的往来款相互占用各月净余额为基数) 计提的应收 (或应付) 资金占用费, 利息收入中含本期股份公司应收资金占用费 9,943,014.11 元,致使本期财务费用减少。

释 20.投资收益

项目	金额
股权投资收益	
顺德容声塑胶制品有限公司	6,119,132.65
广东科龙模具有限公司	1,965,947.29
合计	8,085,079.94

注释 21.营业外收支

主要项目类别	本年发生数		上年发生数	
	内容	金额	内容	金额
营业外收入	违约金	3,165.70	罚款	2,000,00
	无法支付的款项	43.04		
	处理固定资产净收益	3,906.88		
	合　计	7,115.62		2,000
营业外支出	税收罚款	59,965.29	市场调节基金	129,584.00
	其他	18,761.29		4,284.13
	处理固定资产净损失	4,283.75		
合　计		83,010.33		133,868.13

六、关联方关系及其交易

(一)存在控制关系的关联方

企业名称	注册地址	主营业务	与本企业关系	经济性质	法定代表人
景德镇华意电器总公司	景德镇新厂东路 28 号	电冰箱、空调器、活动冷库等制造销售	本公司之母公司	国有	吴样才

(二)存在控制关系的关联方的注册资本及其变化

企业名称	年初数	本年增加数	本年减少数	年末数
景德镇华意电器总公司	100,175,000	0	0	100,175,000

(三)存在控制关系的关联方所持股份及其变化(万元)

企业名称	年初数		本年增加		本年减少		年末数	
	金额	%	金额	%	金额	%	金额	%
景德镇华意电器总公司	16,380	69.04	0	0	5,928	24.986	10452	44.05

(四)关联方交易

1.采购货物

公司名称	1999 年度	占本年度购进比例(%)	1998 年度	占本年度购进比例(%)
景德镇华意电器总公司	43459792.17	39.07	63,633,607.58	66.58

订价原则:按实际市场价代理进口材料。

2.公司向关联企业销售货物

单位名称	1999 年度	占本年度销售比例(%)	1998 年度	占本年度销售比例(%)
景德镇华意电器总公司	102610495.62	58,50	154,880,586.17	92.65

订价原则:按关联方协议定价。

3. 公司本年度收取关联企业资金占用费

单位名称	金额
景德镇华意电器总公司	9,943,014.11

4.公司与大股东签订的托管经营协议

交易数量	交易金额
景德镇华意电器总公司	15,000,000.00

(五) 关联方应收应付款项余额

项　目	1999 年 12 月 31 日	1998 年 12 月 31 日
应收帐款:		
景德镇华意电器总公司	47,266,698.23	98,895,324.04
应收票据		
景德镇华意电器总公司	—	2,000,000.00
其他应收款		
景德镇华意电器总公司	7,412,151.73	8,481,247.17
应付票据		
景德镇华意电器总公司	3,700,000.00	——

九、其他重要事项

除前述重要事项外无其他重要事项。

华意压缩机股份有限公司

董　事　会

二 000 年三月二十五日

资产负债表(资产类)

编制单位:华意压缩机股份有限公司　　单位:人民币元

资产	1999 年 12 月 31 日	1998 年 12 月 31 日
流动资产:		
货币资金	26684740.74	57611296.68
应收票据	3800000.00	2500000.00
应收帐款	90654500.94	107161516.40
其它应收款	7610352.97	9137570.96
减:坏帐准备	24566213.48	29074771.84
应收款项净额	73698640.43	87224315.52
预付帐款	2176254.37	2297972.96
存货	34105398.20	52584648.19
减:存货跌价准备	208370.57	106171.89
存货净额	33897027.63	52478476.30
其他流动资产		
流动资产合计	140256663.17	202112061.46
长期投资:		
长期股权投资	131296276.94	
长期投资合计	131296276.94	
减:长期投资减值准备		
长期投资净额	131296276.94	
固定资产:		
固定资产原价	450370400.58	450304952.45
减:累计折旧	144233065.62	116741602.03
固定资产净值	306137334.96	333563350.42
在建工程	2538.00	100049250.16
固定资产合计	306139872.96	433612600.58
无形资产及其他资产:		
无形资产		
无形资产及递延资产合计		
递延税项:		
递延税款借项		
资产总计	577692813.07	635724662.04
负债与股东权益		
流动负债:		
短期借款	51150000.00	36488335.00
应付票据	18563000.00	6198900.00
应付帐款	33327702.31	8440024.32
预收帐款	175919.90	
应付福利费	-204757.86	-631246.88
应交税金	8709713.70	16827944.46
其他应交款	1302647.95	1274289.96
其他应付款	603690.79	212560.87
预提费用	2051458.76	4514497.80
其他流动负债		
流动负债合计	115679375.55	73325305.53
长期负债:		
长期借款		134374649.00
长期负债合计		134374649.00
递延税项:		
递延税款贷项		
负债合计	115679375.55	207699954.53
股东权益:		
股本	237250798.00	237250798.00
资本公积	142294907.58	142294907.58
盈余公积	46741377.46	36544758.46
其中:公益金	12063546.20	8664673.20
未分配利润	35726354.48	11934243.47
股东权益合计	462013437.52	428024707.51

珠海鑫光集团股份有限公司

一、公司简介

1、公司法定中文名称:珠海鑫光集团股份有限公司
公司法定英文名称:ZHUHAI SHINING METALS GROUP INC.
(英文缩写:SMG)
2、公司法定代表人:张健
3、公司董事会秘书:陈飞
授权代表:郑俊生
联系地址:广东省珠海市吉大海洲路金苑大厦
电　　话:(0756)3338333 转 8962、8967、8043
传　　真:(0756)3338123
4、公司注册地址:珠海市吉大海洲路金苑大厦
公司办公地址:珠海市吉大海洲路金苑大厦
邮 政 编　码:519015
公司电子信箱:zhxgzq@pub.zhuhai.gd.cn
5、公司选定的信息披露报纸名称:《证券时报》、《中国证券报》
登载年报的中国证监会指定国际互联网网址:
http://www.cninfo.com.cn
公司年度报告备置地点:本公司证券部和深圳证券交易所
6、公司股票上市交易所:深圳证券交易所
股票简称:有色鑫光
股票代码:0405

二、会计数据和业务数据摘要

1、本年度主要利润指标　　单位:元

利润总额	105,632,958.38
净利润	89,046,542.85
扣除非经常性损益的净利润	64,373,130.59
主营业务利润	118,358,899.25
其他业务利润	37,648,915.40
营业利润	101,885,456.98
投资收益	2,188,343.27
补贴收入	1,266,962.26
营业外收支净额	292,195.87
经营活动产生现金流量净额	42,853,802.43
现金及现金等价物净增加额	13,688,707.69

注:本年度公司取得非经常性税前利润 29,027,543.83 元,净利润 24,673,412.26 元。
1 转让海天花园部分产权获税前利润 27,909,680.00 元,净利润 23,723,228.00 元。
2 无法支付的应付款 3,986,976.83 元,税后 3,388,930.31 元。
3 预提诉讼赔偿损失 −2,869,113.00 元,税后 −2,438,746.05 元。

2、近三年主要会计数据和财务指标

项目	单位	1999 年	1998 年 调整前	1998 年 调整后	1997 年
主营业务收入	万元	53168.50	36104.05	36104.05	78592.56
净利润	万元	8904.65	4545.68	4560.63	6272.71
总资产	万元	113656.70	109922.36	103187.04	149477.43
股东权益	万元	74282.34	72022.02	65377.69	69091.75
每股收益	元	0.2338	0.1193	0.1197	0.1646
扣除非经常性损益后的每股收益	元	0.1690			
每股净资产	元	1.95	1.89	1.72	1.81
调整后每股净资产	元	1.76	1.79	1.61	1.75
每股经营活动产生的现金流量净额		0.1125	0.0272	0.0272	
净资产收益率%		11.99	6.31	6.97	9.08

注:(1)主要财务指标计算公式:
每股收益=净利润/年度末普通股股份总数
每股净资产=年度末股东权益/ 年度末普通股股份总数
调整后的每股净资产=[年度末股东权益−三年以上的应收款项净额−待摊费用−待 处理(流动、固定)资产净损失−开办费−长期待摊费用−住房周转金负数余额]/年度末普通股股份总数
每股经营活动产生的现金流量净额=经营活动产生的现金流量净额/年度末普通股股份总数
净资产收益率=净利润/年度末股东权益×100%
(2)根据财政部财会字(1999)35 号、49 号文件的有关规定,对会计数据和财务指标进行了追溯调整, 分别以调整前和调整后的数据列示。

3、报告期内股东权益变动情况　　(单位:元)

项　目	股　本	资本公积	盈余公积	法定公益金	未分配利润	股东权益合计
期初数	380925448	184985449	49668754	17145111	38197211	653776863
本期增加	—	—	26713962	8904654	89046542	89046542
本期减少	—				26713962	
期末	380925448	184985449	76382717	26049766	100529791	742823406
变动原因			利润分配	利润分配	利润分配	利润分配

三、股东情况介绍

1、截止报告期末股东总数为 50381 户。
2、公司前十名股东持股情况:

序号	股东名称	期末持股数	占总股本	年度内增减变动
1	中国有色金属建设股份有限公司	148933274	39.09	0
2	青海铝厂	16767283	4.40	0
3	珠海经济特区珠光公司	15530763	4.07	0
4	中国有色金属进出口广东公司	12424610	3.26	0
5	中国远东国际贸易公司	11044097	2.89	0
6	山西铝厂	5313504	1.39	0
7	铜陵有色金属公司	4997025	1.31	0
8	兰州连城铝厂	4935334	1.29	0
9	珠海人寿保险股份有限公司	3561666	0.94	0
10	珠海达盛股份有限公司	3454734	0.91	0

胜利油田大明集团股份有限公司

(一) 公司简介

1、公司法定中文名称:胜利油田大明集团股份有限公司
公司英文名称:SHENGLI OIL FIELD DYNAMIC GROUP CO.,LTP
2、公司法定代表人:张殿国
3、公司董事会秘书:西景杰　　授权代表:张胜利、王进洲
联系地址:山东省东营市济南路 172 号大明大厦 511 室
联系电话:0546—8556533　　传　　真:0546—8556533、8558415
4、公司注册和办公地址:山东省东营市济南路 172 号大明大厦　　邮政编码:257000
公司电子信箱:DMZQB@PUBLIC.DYPTT.SD.CN
5、公司选定的信息披露报纸:《证券时报》、《中国证券报》
年度报告备置地:公司证券部
中国证监会指定披露年度报告的国际互联网网址为: HTTP://WWW.CNINFO.COM.CN
6、公司股票上市地:深圳证券交易所
公司股票简称:石油大明　　公司股票代码:0406

(二) 会计数据和业务数据摘要

1、公司本年度利润总额及构成(单位:人民币元)

利润总额	75832814.10
净利润	52601206.05
扣除非经常性损益后的净利润	44601206.05
主营业务利润	123746126.37
其他业务利润	1449157.30
营业利润	58955631.73
投资收益	7774430.07
补贴收入	8351574.79
营业外收支净额	751177.51
经营活动产生的现金流量净额	83974292.32
现金及现金等价物净增加额	29426681.27

2、公司前三年的主要会计数据和财务指标(单位:元)

项　目	1999 年	1998 年 (调整后)	1998 年 (调整前)	1997 年 (调整后)	1997 年 (调整前)
主营业务收入	461490542	394624022	394624022.41	222186505.84	222186505.84
净利润	52601206	43034145	51131944.88	30355592.43	38065424.83
总资产	1078998102	1009331738	1026545205.96	721493626.12	729203458.52
股东权益	398500033	345898827	361706458.42	332968822.71	340678655.11
(不含少数股东权益)每股收益	0.31	0.26	0.303	0.32	0.41
每股净资产	2.36	2.05	2.15	3.56	3.64
调整后的每股净资产	1.91	1.74	1.84	3.05	3.13
每股经营活动产生的现金流量净额	0.50	0.15	0.15		
净资产收益率(%)	13.20	12.44	14.14	9.12	11.17

注:计算公式为:
每股收益=净利润/年度末普通股股份总数
每股净资产=年度末股东权益/年度末普通股股份总数
由于公司变更了会计政策,并进行了追溯调整,上表同时披露了 1997 年、1998 年调整前、后的相关数据。
经中国证监会批准,公司于 2000 年 3 月份按 10:8 的比例实施了 1999 年度配股方案, 公司总股本由 16853.13 万股变为 30335.634 万股,按新股本计算后的每股收益为 0.17 元。

3、报告期内股东权益变动情况　　(单位:元)

项　目	股本(万股)	资本公积	盈余公积	法定公益金	未分配利润	股东权益合计
期 初 数	16853.13	132289288	44984194.32	16367136.08	94043.84	345898827.03
本期增加	0	0	10802816.65	5354312.42	41798389	52601206.05
本期减少						
期 末 数	16853.13	132289288	55787010.97	21721448.50	41892433	398500033.08
变动原因			本期计提	本期计提	本期新增	本期实现净利润

(三) 股东情况介绍

1、公司股份变动情况　　单位:股

股份类别	期初数	本次变动增减(+、—) 配股	送股	公积金转股	职工股获准上市流通	小计	期末数
一、尚未流通股份							
1、发起人股份	45462600						45462600
其中:国家拥有股份	44382600						44382600
境内法人持有股份	1080000						1080000
2、内部职工股	42068700				—42068700	—42068700	0
未上市流通股份合计	87531300						45462600
二、已流通股份							
1、人民币普通股	81000000				+42068700	+42068700	123068700
已上市流通股份合计	81000000						123068700
三、股份总数	168531300						168531300

注:1999 年 6 月 21 日,公司 4206.87 万股内部职工股获准在深圳证券交易所上市流通,未上市流通股份由 8753.13 万股减至 4546.26 万股,上市流通股份由 8100 万股增至 12306.87 万股,总股本不变。

2、股东情况介绍
(1)截止 1999 年 12 月 31 日,公司股东总数为 73871 户。
(2)前 10 名股东持股情况(截止 1999 年 12 月 31 日)

股　东　姓　名	持有股数(股)	占总股本(%)
1、胜利石油管理局	44382600	26.34
2、兴华证券投资基金	3792000	2.25
3、中行东营分行中苑劳动服务公司	1080000	0.64
4、南方证券	848292	0.50
5、普惠证券投资基金	392198	0.23
6、章　训	372870	0.22
7、林怀仁	370000	0.22
8、张云光	244400	0.15
9、何振成	240000	0.14
10、李婉秋	223000	0.13

山东胜利股份有限公司

山东胜利股份有限公司1999年年度报告摘要

一、公司简介

1、公司的法定中文名称:山东胜利股份有限公司
英文名称:SHANDONG SHENGLI CO.,LTD.　　英文缩写:SDSL
2、公司法定代表人:徐建国
3、公司董事会秘书:徐永泉　刘志强
联系地址:山东省济南市黑虎泉西路139号胜利大厦
电　　话:(0531) 6920495　6078888-8003、8005　　传　　真:(0531) 6018518
电子信箱:slco@public.jn.sd.cn
4、公司注册地址及办公地址:山东省济南市黑虎泉西路139号胜利大厦　　邮政编码:250011
国际互联网网址:http://www.vicome.com　　电子信箱:slco@public.jn.sd.cn
5、公司选定的信息披露报纸名称:《证券时报》、《中国证券报》
登载公司年度报告的中国证监会指定国际互联网网址:http://www.cninfo.com.cn
公司年度报告备置地点:公司董事会秘书处
6、公司股票上市交易所:深圳证券交易所
股票简称:胜利股份　　股票代码:0407

二、会计和业务数据摘要

(一)本年度公司实现的利润总额及其构成　单位:人民币元

利润总额:	69,441,565.25
净利润:	55,208,196.65
扣除非经常性损益后的净利润:	53,450,963.36
主营业务利润:	148,435,192.80
其他业务利润:	8,271,576.35
营业利润:	65,088,774.99
投资收益:	2,180,397.86
补贴收入:	0.00
营业外收支净额:	2,172,392.40
经营活动产生的现金流量净额:	-44,144,457.22
现金及现金等价物净增加额:	-63,348,251.89

说明:扣除的非经常性损益项目及金额包括,冻结无效申购资金利息收入1,337,790.72元、固定资产清理收入137,097.50元、罚款收入1548.55元、固定资产清理净损失39,593.26元、罚款支出264,919.60元、捐款支出233,000.00元、其他偶发性收支 净额1,233,468.49元。

(二)截止报告期末公司前三年的主要会计数据和财务指标　　单位:人民币元

指标项目	1999年	1998年		1997年	
		调整前	调整后	调整前	调整后
1.主营业务收入	1081405368.05	900497201.67	900492201.67	455959161.16	455959161.16
2.净利润	55208196.65	43233989.99	38816100.64	38759646.12	38444462.20
3.总资产	831467178.61	766309711.87	755149750.27	557734727.11	551656894.59
4.股东权益(不含少数股东权益)	368474644.92	330447972.22	320702881.10	287644343.36	287329159.44
5.每股收益(摊薄)	0.25	0.30	0.27	0.40	0.40
每股收益(加权)	0.25	0.30	0.27	0.48	0.48
6.扣除非经常性损益后的每股收益	0.25	0.29	0.25	0.39	0.38
7.每股净资产	1.69	2.28	2.21	2.97	2.97
8.调整后的每股净资产	1.62	2.23	2.16	2.92	2.91
9.每股经营活动产生的现金流量净额	-0.20	0.01	0.01	—	—
10.净资产收益率(%)	14.98	13.08	12.10	13.47	13.38

说明:(1)主要财务指标计算公式:
每股收益=净利润/年度末普通股股份总数
加权每股收益=当期净利润/[期末股份总数/(1+配股比例或增发新股比例)+期 末股份总数/(1+配股比例或增发新股比例)(配股比例或增发新股比例(缴款结束日下 一月份至期末的月份数/12]
每股净资产=年度末股东权益/年度末普通股股份总数
调整后的每股净资产=(年度末股东权益-三年以上的应收款项净额-待摊费用 -待处理(流动、固定)资产净损失-开办费-长期待摊费用-住房周转金负数余额)/年度末普通股股份总数
每股经营活动产生的现金流量净额=经营活动产生的现金流量净额/年度末普通股股份总数
净资产收益率=净利润/年度末股东权益×100%
(2)98、97年度调整后的主要数据和财务指标指因会计政策变更,追溯调整以前 年度计算所得。

(三)股东权益变动情况　　单位:人民币元

项目	股本	资本公积	盈余公积	法定公益金	未分配利润	股东权益合计
期初数	145200000	100789375.84	12911348.25	6269925.27	55532231.74	320702881
本期增加	72600000		5503176.38	2751588.19	55208196.65	136062961
本期减少		43560000.00			44731197.40	88291197
期末数	217800000	57229375.84	18414524.63	9021513.46	66009230.99	368474644
变动原因	送转股增加	转增股本减少	利润提取(10%)	利润提取(5%)	本年度实现利润增加,99年度中期分配减少	

三、 股东情况介绍

1、报告期末股东总数
截止1999年末,公司股东总数为37760户。
2、公司前10名股东持股情况

序号	股东名称	年末持股数(股)	占总股本(%)
1	山东省胜利集团公司	52,657,650	24.17
2	国泰证券	18,286,773	8.40
3	山东胜邦企业有限公司	15,210,000	6.98
4	山东省资产管理有限公司	7,605,000	3.50
5	润华集团股份有限公司	7,312,500	3.36
6	泰和证券投资基金	2,999,917	1.37
7	山东省交通投资公司	2,925,000	1.34
8	深圳市中广银投资有限公司	2,071,154	0.95
9	山东储备物资管理局三三四处	1,930,500	0.89
10	山东省农资公司	1,462,500	0.67

说明:(1)山东省胜利集团公司代表山东省国有资产管理局持有国家股5265.765万股,报告期内持股增加1755.255万股,系送、转股所致;
国家股冻结情况:

序号	冻结日期	冻结股数	司法机关	案由
1	1998.10.9	330万股	广东省惠州市中院	惠州市(英达)石化申请执行胜利集团返还定金
2	1999.1.26	2000万股	山东省高院	香港海东发展公司申请执行胜利集团支付汽车购销合同款
3	1999.9.21	100万股	山东省烟台市中院	烟台光大银行申请执行胜利集团贷款担保
4	1999.10.20	50万股	山东省烟台市中院	同3
5	1999.11.17	1000万股	山东省高院	同2
6	1999.11.23	800万股	山东省东营市中院	东营农业银行申请执行胜利集团偿还贷款
7	1999.11.23	200万股	山东省东营市中院	青岛友谊生产资料公司申请执行与胜利集团经济纠纷案
8	1999.11.29	120万股	山东省广饶县法院	广饶石油机械公司申请执行与胜利集团经济纠纷案

以上各法院共计冻结国家股4600万股,占国家股总数5265.765万股的87%。对国 家股被冻结一事,国家股持有人山东省国有资产管理局已分别向有关法院提出执行异议,并分别报告了山东省政府、国家财政部。1999年4月,中国证监会将该问题转报 最高人民法院请示司法解释。

国家股拍卖情况:1999年12月10日广州市通百惠服务有限公司通过广东省拍卖业事务公司以拍卖方式取得国家股3000万股,该股份占本公司总股本的13.77%,该公 司于2000年1月28日在《证券时报》上刊登了公告,本公司于1月29日在《证券时报》和《中国证券报》上刊登了董事会公告。

鉴于公司国家股冻结、拍卖是在最高人民法院尚未作出司法解释的情况下进行的,本公司已向国家股股东山东省国有资产管理局及中国证监会济南证管办呈报了报告。

(2)国泰证券报告期内持股增加576.6814万股,系送、转股所致。所持股份1828.677万股中未上市流通股份1807.6335万股,可上市流通股份21.0438万股。

(3)山东胜邦企业有限公司报告期内持股增加507万股,系送转股所致。质押情况:1998年7月向中国银行济南分行办理一年期贷款质押330万股现已解除质押。

(4)公司前10名股东之间不存在关联关系。

四、 股东大会简介

报告期内公司共召开二次股东大会。

1、1999年5月12日公司召开了第八次股东大会(年会),股东大会决议公告刊登于1999年5月14日《证券时报》上。

2、1999年10月8日公司召开了第九次股东大会(临时),股东大会决议公告刊登于1999年10月9日《证券时报》、《中国证券报》上。

五、董事会报告

(一)公司经营情况

1、公司所处的行业以及在本行业中的地位

本公司的主营业务归属于石油化工行业。其中塑胶管道属新型化学建材,是国家基础高新技术产业,在国内同行业中居领先地位;农药属精细化工产品,其主要经营指标在山东省同行业中名列前茅;国内外贸易以化工产品和成品油的批发零售为主,在山东省及油田物资供应领域,具有一定的地位和影响。

2、公司主营业务的范围及其经营状况

(1)报告期内公司主营业务收入、主营业务利润的构成

1999年公司共实现主营业务收入108,141万元,主营业务利润14,844万元。其中工业收入(塑胶、农药)22,447万元,营业利润为5,259万元,分别占21%和35%;商 业收入(物资流通、国际贸易)82,058万元,营业利润为8,450万元,分别占76%和57%;其他收入3,636万元,营业利润为1,135万元,分别占3%和8%。

(2)公司主营业务收入或主营业务利润10%以上的行业及产品介绍

1塑胶产业:坚持以销售为龙头,以2万吨技改为重点,带动生产能力和产品质量的提高。99年通过密切跟踪国家、省、市重点项目,与设计单位合作,加快切入市场的进度,争取了国家重点项目四川奉节三峡移民工程、山东省环保项目沾化供水工程,目前客户遍布24个省、市、区,国内市场占有率约为40%;通过精心组织,通力配合,上半年全面完成了2万吨技改,第四季度顺利通过了山东省经贸委组织的竣工验收;销售的带动和技改的成功,使生产规模大幅度增加,产品质量也有明显的提高,合格率达到99.6%;成功开发了卷盘喷灌管和大口径法兰,增强了产品配套能力。卷盘喷灌管被国家经贸委评定为一九九九年度国家级新产品,"胜邦牌"聚乙烯管材被建设部列为工程建设推荐产品,"胜邦牌"聚乙烯工程管道被评为一九九九年度山东名牌产品。公司参与起草的聚乙烯给水管国家标准,已初步通过了专家论证。从总体上看,塑胶项目发展势头强劲,基本确定了行业龙头地位。

2农药产业:针对国内农药市场持续低迷、竞争异常激烈的情况,注重在市场营 销、调整产品结构及技术改造上下功夫。通过开展农药销售工作的售前、售中和售后服务,保持并拓展市场,与30多个地、市、县、乡镇植保服务站建立了密切的业务联系,实现农药商品产量10483吨。在准确把握市场信息的基础上,及时调整产品的结 构与产量,增加适销产品的产量。重视科技开发,与南开大学元素所合作成立了胜利南开农化技术开发中心,为农化产业发展提供了有力的技术支持。自行研制的新型除草剂苯噻草胺项目,通过山东省化工厅科技成果鉴定,该项目已完成可湿性粉剂加工设备的试车工作,原药生产装置的安装工作也进入收尾阶段。

3物资流通:油品经营方面,成品油批发业务有了新的发展,连锁加油站经营规 模不断扩大,现已拥有加油站11座,取得了较好的综合效益。物资经营方面,注意抓重点经营项目, 油田大宗物资的经营取得比较好的成效,销售覆盖面不断扩大。

4国际贸易:99年完成进出口贸易总额1993万美元,其中出口创汇262万美元。为降低在国际贸易领域的经营风险,在保证油田业务稳中有增的情况下,开辟新的业务渠道,实现了经营战略的转移。重点发展了进出口化工和建材业务,并逐步成为新的经济增长点;出口项目向着集中化、专业化和规模化的方向发展。

(3)在经营中出现的问题与困难及解决方案

一是由于没有很好地处理眼前效益和长远发展的关系等原因,导致我们在产业结构调整的过程中步伐不快,对主导产业的倾斜和保证措施落实不好,产业结构调整尚未取得突破性进展;二是在财务管理方面,成本管理工作还存在薄弱环节;三是对管理中遇到的新问题,及时深入研究、提出应对措施方面尚存不足,管理中某些深层次的问题尚未得到较好的解决;四是人力资源开发力度不够,员工队伍培训工作有待进一步加强。为此,公司已制定了进一步培植主导产业、加强内部管理、推行新人行动计划等具体的解决方案,正在并将继续采取有力措施,逐步加以解决。

2、公司财务状况

公司年末总资产为831,467,178.61元,比上年增长10.11%,主要是经营规模扩大和增加合并报表范围所致;长期负债101,048,349.84元,比上年增长153.73%,主要是长期借款增加所致;股东权益368,474,644.92元,比上年增长14.90%,主要是新增利润所致;主营业务利润148,435,192.80元,比上年增长46.11%,主要是经营规模扩大和增加合并报表范围所致;净利润55,208,196.65元,比上年增长42.23%,主要是经营规模扩大所致;经营活动现金流量净额-44,144,457.22元,主要是预付商品、材料款进行生产经营准备所致。

3、公司投资情况

(1)报告期内募集资金的使用情况

1 公司募集资金时承诺投资项目与实际投资项目

本公司1996年公开发行股票、1997年配股募集资金共计14553.18万元,全部用于募集资金时承诺的年产2万吨塑胶管道技改项目。

项　目	计划投入(万元)	1996.7-1999.12 实际投入(万元)
1、国内购置设备及工装配套	2,405.42	1,922.22
2、国外引进设备	6,407.85	1,181.49
3、厂房配套设施及土建	1,610.00	3,212.16
4、投资组建陕西华山胜利塑胶有限公司	0	2,958.00
5、铺底流动资金	5,000.00	5,000.00
合　计	15,423.27	14,273.87

说明:为充分运用国内已有资源,节约外汇,加快项目进度,经公司二届九次董事会研究决定,在不改变募集资金用途的前提下,调整部分配股资金的投资方式,对该项目中原计划由国外引进设备,调整为与兵器工业总公司西安华山机械制造有限公司联合,合资组建陕西华山胜利塑胶有限公司。其中我公司以货币出资2958万元,占注册资本的51%;西安华山机械制造有限公司以国外引进塑胶生产设备经资产评估出资2842万元,占注册资本的49%。该事项经请示深圳证券交易所同意后,决议公告于1998年11月25日在《证券时报》上披露。合资公司已于1998年12月在西安市成立,年生产能力为5000吨。

2 对项目资金的投入、项目的进度、预计收益及情况的说明

a、该项目原计划总投资15423.27万元,两次募集资金14553.18万元,尚有870万元的资金缺口。由于调整了投资方式,项目全部完成后可节余募集资金279.3万元,用于补充经营性流动资金。

b、计划该项目建设周期为一年,形成设计生产能力为两年。由于两次募集资金到位均比原计划推迟半年左右,故项目竣工投产相应推迟,该技改项目已于99年上半年全面完工,三季度通过了山东省经贸委组织的竣工验收。已形成年产1.6万吨的生产能力,加上合资公司年产5千吨的生产能力,总产能可达到2万吨以上,位居全国同行业首位。

C、项目全部完成达到设计生产能力后,预计新增产值25200万元,可获利润5827万元,税后利润4953万元。该技改项目从99下半年开始投产,当年增加销售收入1289万元,利润451万元。

(2)报告期内其他投资情况

1 本公司以下属的加油站经资产评估后出资1508万元,与胜利油田合资组建青岛胜利石油加油站连锁有限公司,该公司主营加油站连锁经营管理等,注册资本2893万元,公司拥有其52.13%的权益。

2 本公司以转让价格362.295万元购买山东胜邦绿野化学有限公司11.64%股权,购买日为1999年1月1日。该公司主营除草剂、菌毒清等农药产品。股权变更后,公司拥有的权益由52%增至63.64%。

3 本公司分别以转让价格17.8万美元、30万美元购买山东海上石油服务有限公司8.9%和15%的股权,股权购买日为1999年10月28日。该公司主营石油平台、船舶仪器、设备维修等。股权变更后,公司拥有的权益由45%增至68.9%。

4 本公司以300万元人民币转让持有的山东胜利石油化工有限公司12%股权,转让日为1999年1月1日。该公司主营石油成品油、化工产品。股权转让后,公司拥有的权益由52%减至40%。

4、加入WTO对公司主营业务的影响

1 由于生产高密度聚乙烯管道的原料主要靠进口,加入WTO后,进口关税将从18%降到6%,产品的成本将降低;塑胶管道产品不适于长途运输,国内用户一般不会进口同类产品;随着外资的进入,我国基础设施的建设步伐将大大加快,公司塑胶管道的两大主要产品城市供水管、燃气管将面临着新的发展机遇。2 公司主要产品杀虫剂、除草剂、杀菌剂的比例分别为67.63%、31.13%、1.25%,从产品结构上讲,加入WTO后对高毒农药为主要品种的企业将受到较大冲击,对本公司的农药品种影响较小;而我国农药进口关税高低于发达国家水平,所以关税减让原则在入世后对农药行业不会造成影响。3 本公司的进出口贸易与十几家国际性大公司有着长期稳定的商业合作关系,随着进出口关税的降低,进出口总额将会有较大增长,公司将受益。4 加入WTO后,一是成品油进口将以每年15%递增,4年后全部放开;二是关税递减,将在8年内降到9%以下;三是3年后给外国公司零售权,5年后给批发权。公司的燃料油、成品油批发及零售业务,将会受到一定冲击。总之,加入WTO对公司主要产业的影响,有利因素大于不利因素,只要我们趋利避害,将成为公司产业进一步发展壮大的契机。

5、新年度的业务发展计划

2000年的工作指导思想:紧紧围绕调整产业结构,提高科技含量,增强发展后劲这条主线,突出管理创新、技术开发、人才培养和市场营销四项重点,理清思路,抓住关键,创造性地推进各项工作,确保公司健康快速发展。

经营工作重点:

——生物工程项目,采取高起点、高标准、高速度、大投入的发展方针,在人力、资金、政策等方面给予重点保证,切实用好配股募集的资金。今年主要的工作,一是年内建成国内一流的中试基地;二是生物技改项目全面启动,争取年内完成60%的工作量。

——塑胶项目,一是要围绕40%市场占有率做工作,根据市场扩容的需要,超前地扩大生产能力,使之适应市场扩容的要求;二是继续完善产品配套,主要是电熔管件的配套;三是加大市场的研究及开拓力度;四是加快品牌的培育,树立中国PE管道第一品牌的意识,建成国内最大的PE管生产基地。以上工作上半年完成整体策划,下半年全面启动。

——农药项目,要集中精力研究新产品开发和市场营销,运用新技术、新工艺改造企业。在保持正常生产经营的情况下,有重点地做工作,一旦认准的项目,按高起点、高标准、高速度的要求组织实施。

——国内外贸易,要组织进行结构优化,实施调整、控制、适度发展战略。对现有的经营项目进行分析,对部分公司和项目采取关停并转的方式进行调整,以便于公司能集中精力抓几项大事。

主要措施:为了实现上述目标,2000年公司将采取以下措施:一是加大市场开发力度,制定并实施市场营销网络计划;二是适应公司产业结构调整的需要,实施管理创新;三是进一步加强员工队伍建设,形成有利于人才脱颖而出的机制;四是加强企业文化建设,增强公司的向心力、凝聚力;五是制定好公司"十五"发展规划方案。

6、董事会日常工作情况

(1)报告期内董事会会议的召开时间、重要决议及信息披露情况

1.1999年1月20日召开二届十次董事会会议。会议听取并审议了总经理1998年度业务报告、董事长1998年度述职报告。

2.1999年3月18日召开二届十一次董事会会议。会议听取审议公司1998年财务决算和1999年财务预算的报告、1998年度利润分配及公积金转增股本的预案、1998年年度报告、续聘会计师事务所的提案;会议决定聘任李学士先生为公司总经济师;决定了召开第八次股东大会有关事宜。董事会决议公告刊登于1999年3月23日《证券时报》上。

3.1999年8月1日召开二届十二次董事会会议。会议审议通过了总经理1999年度中期业务报告、公司1999年度中期报告、公司1999年度中期利润分配及资本公积转增股本的预案。董事会决议公告刊登于1999年8月4日《证券时报》、《中国证券报》上。

4.1999年9月6日召开二届十三次董事会会议。会议审议通过1999年度增资配股的预案及募集资金使用情况的说明;决定了召开第九次股东大会(临时)有关事宜。董事会决议公告刊登于1999年10月9日《证券时报》、《中国证券报》上。

(2)报告期内公司利润分配、公积金转增股本、配股方案执行情况

1999年度中期利润分配及资本公积金转增股本方案,以1998年末总股本14520万股为基数,每10股送2股派发现金0.50元(含税),用资本公积金转增3股,股权登记日1999年10月18日,除权除息日10月19日,可流通红股及转增股上市日10月21日。并按时办理了工商注册变更登记手续;99年度配股的申报工作,在有关部门、人员的积极配合下,配股方案已经中国证监会证监公司字[1999]150号文核准,现已进入后期实施阶段。

7、董事、监事、高级管理人员

(1)董事、监事、高级管理人员情况

姓 名	职　务	性别	年龄	任　期(起止日期)	年初持股数(股)	年末持股数(股)	股份增减变动原因
徐建国	董事长	男	48	1997.4-2000.4	19,198	28,797	送、转股
李力康	副董事长	男	60	1997.4-2000.4			
马新国	董事	男	50	1997.4-2000.4	9,598	14,397	送、转股
马　莹	董事、副总经理	女	39	1997.4-2000.4	14,398	21,597	送、转股
王爱霞	董事	女	46	1997.4-2000.4			
赵全亭	董事	男	53	1997.4-2000.4			
罗慧筠	董事	女	44	1997.4-2000.4			
王晓军	董事	男	51	1997.4-2000.4			
王　鹏	董事、副总经理	男	43	1997.4-2000.4	9,598	14,397	送、转股
隋立祖	董事、副总经理	男	35	1997.4-2000.4	9,598	14,397	送、转股
王　坚	董事、总会计师	男	45	1997.4-2000.4			
胡顺柏	监事长	男	49	1997.4-2000.4	9,598	14,397	送、转股
张　忠	副监事长	男	46	1997.4-2000.4			
唐雪清	监事	女	48	1997.4-2000.4			
王应桐	监事	男	60	1997.4-2000.4			
潘学理	监事	男	36	1997.4-2000.4	4,798	7,197	送、转股
孙建国	总经理	男	46	1997.11-2000.4			
李学士	总经济师	男	43	1999.3-2000.4			
徐永泉	董事会秘书	男	46	1997.4-2000.4	7,198	10,797	送、转股
刘志强	董事会秘书	男	39	1997.4-2000.4			

本公司董事、监事、高级管理人员1999年度报酬总额为267万元,其中4-6万元3人,10-20万元4人,20-50万元4人。李力康副董事长、马新国董事、王爱霞董事、赵全亭董事、罗慧筠董事、王晓军董事、胡顺柏监事长、唐雪清监事、王应桐监事均未在本公司领取报酬。

2 报告期内董事、监事、高级管理人员没有发生离任情况。

3 报告期内公司总经理、董事会秘书没有变动。

8、本次利润分配预案或资本公积金转增股本预案

1999年公司实现净利润55,208,196.65元,纳入合并报表的合资企业按公司章程提取职工福利及奖励基金176,432.83元,提取10%法定公积金、5%法定公益金,加上年初未分配利润55,532,231.74元,冲减已转作股本的普通股股利后,可供股东分配的利润66,009,230.99元。鉴于本公司99年10月已实施了99年度中期利润分配和公积金转增方案,以及目前生产经营的实际情况,经公司二届十六次董事会会议研究决定,1999年度利润不分配,也不实施公积金转增股本。此预案尚需提交1999年度股东大会进行审议。

9、其他报告事项

1999年公司选定的信息披露报纸为《证券时报》,从下半年开始增加了《中国证券报》。

六、监事会报告

1999年度,监事会根据《公司法》和本公司章程的规定,共召开了四次会议,并列席了四次董事会会议。

1999年1月20日召开二届七次监事会会议,审议了监事会1998年度工作报告,听取了总经理1998年度业务报告和董事长1998年度述职报告;3月18日召开了二届八次监事会会议,审议公司1998年年度报告、1998年度利润分配及公积金转增股本的预案;1999年8月1日召开二届九次监事会会议,审议了公司1999年度中期报告、1999年度中期利润分配及资本公积金转增股本的预案;1999年9月6日召开二届十次监事会会议,听取审议了公司1999年度增资配股预案及募集资金使用情况的说明。

七、重要事项

1、重大诉讼、仲裁事项

本年度公司无重大诉讼、仲裁事项。

2、报告期内公司、公司董事及高级管理人员未有受监管部门处罚的情况。

3、本公司没有控股股东。报告期内未发生公司董事会换届、改选或半数以上成员变动,公司总经理变更,公司解聘、新聘董事会秘书的情况。

4、报告期内公司无收购及出售资产、吸收合并等事项。

5、重大关联交易事项

公司与纳入合并报表范围的存在控制关系的关联方之间的重大关联交易均在合并报表时予以抵销。公司没有不存在控制关系的关联方及关联交易。

6、山东省胜利集团公司是本公司的发起人,代表第一大股东山东省国有资产管理局持有国家股。本公司自创立后已在人员、资产、财务上与山东省胜利集团公司彻底分开,做到了人员独立、资产完整和财务独立。

7、报告期内未发生托管、承包、租赁其他公司资产或其他公司托管、承包、租赁本公司资产的事项。

8、聘任、解聘会计师事务所情况

报告期内继续聘任湖北大信有限责任会计师事务所为本公司财务审计机构。

9、报告期内无重大合同。

10、报告期内公司名称及股票简称未更改。

八、财务会计报告

（一）审计报告

本公司财务报告经湖北大信有限责任会计师事务所欧阳桔、韩志娟审计并出具无保留意见的审计报告[鄂信业字(2000)第 035 号

（二）会计报表(附后)

（三）会计报表附注

1、外币会计报表的折算方法

外币会计报表的折算采用现行汇率法。

2、坏帐核算方法

(1) 坏帐确认标准

a、因债务人破产或死亡，以其破产财产或遗产清偿后仍无法收回的应收款项；

b、因债务人逾期未履行其偿债义务超过三年仍然不能收回，经董事会批准的应 收款项。

(2) 坏帐损失核算方法：采用备抵法核算坏帐损失。

(3)坏帐准备的确认标准：公司根据以往坏帐损失发生额及其比例；债务单位的 实际财务状况和现金流量情况等相关信息合理的估计。

(4)坏帐准备的计提方法及计提比例：坏帐准备的计提方法采用应收款项余额百 分比法。 按应收款项年末余额的 5%计提坏帐准备。

3、存货核算方法

(1)存货分为：原材料、在产品、半成品、库存商品、委托代销商品、开发成本 、低值易耗品等。

(2)原材料、库存商品按取得时的实际成本计价，发出或领用时采用加权平均法 核算。

(3)低值易耗品按取得时的实际成本计价，发出领用时，采用"一次摊销法"核 算。

(4) 存货跌价准备的确认标准及计提方法：

a、存货跌价准备的确认标准：公司年末对由于存货遭受毁损、全部或部分陈旧 过时或销售价格低于成本等原因，使存货成本不可收回的部分提取存货跌价准备。

b、存货跌价准备的计提方法：按单个存货项目的成本与可变现净值孰低法计价 。存货期末可变现净值低于帐面成本的，按差额计提存货跌价准备。

4、短期投资核算方法

(1)短期投资计价方法：按取得短期投资时支付的全部价款，包括税金、手续费等 相关费用入帐，但不包括在取得短期投资时，实际支付价款中包含的已宣告而尚未领取的现金股利和已到期尚未领取债券利息。

(2)短期投资收益确认方法：待投资转让或到期兑付时确认投资收益并计入当期 损益。

(3) 短期投资跌价准备的确认标准及计提方法：

a、短期投资跌价准备的确认标准：公司年末根据短期投资的市价低于成本的差 额确认短期投资跌价准备。

b、短期投资跌价准备的计提方法：按个别投资项目的成本与市价孰低法计价。

5、长期投资核算方法

(1) 长期股权投资

a、长期股权投资计价：按取得投资时实际支付的全部价款，或放弃非现金资产 的公允价值，包括税金、手续费等相关费用入帐。但不包括为取得长期股权投资所发生的评估、审计、咨询等费用。

公司持有被投资单位 20%(含 20%)以上股权，或虽投资不足 20%但具有重大影响，采用权益法核算。公司持有被投资单位 20%以下股权，或虽投资占 20%(含 2%) 以上，但不具有重大影响，采用成本法核算。

b、采用成本法核算的单位，在被投资单位宣告分派利润或现金股利时，确认投 资收益；采用权益法核算的单位，中期期末或年度终了，按分享或分担的被投资单位实现的净利润或发生的净亏损的份额，确认投资损益。

c、长期股权投资采用权益法时，取得投资时的投资成本与享有被投资单位所有 者权益份额的差额，或因追加投资等原因对长期股权投资的核算由成本法改为权益法时，投资成本与享有被投资单位所有者权益份额的差额计入"股权投资差额"，并按 10 年期限平均摊销。

(2) 长期债权投资

a、长期债权投资计价：按实际支付的全部价款，包括税金，手续费等相关内容 ，但不包括待分期付息到期偿还本金的债券支付价款中含有自发行日起至取得日止的利息。

b、长期债权投资按期计算应收利息，扣除债券投资溢价或折价摊销后的金额确 认为当期投资收益。

c、长期债权投资的溢价或折价的摊销采用直线法，在债券存续期间内于确认相 关债券利息收入时摊销。

(3) 长期投资减值准备的确认标准及计提方法

a、长期投资减值准备的确认标准：公司年末对由于市价持续下跌或被投资单位 经营状况恶化等原因导致其可收回金额低于帐面价值，并且这种降低的价值在可预计的未来期间内不可能恢复，应将可收回金额低于长期投资帐面价值的差额确认为长期投资减值准备。

b、长期投资减值准备的计提方法：按个别投资项目成本与可收回金额孰低计价 。

6、固定资产及折旧核算方法

(1)固定资产标准：使用期限在一年以上，单位价值 2000 元以上的房屋及建筑物、机器设备、运输设备和其他设备等。

(2) 固定资产计价：按购建时实际成本计价。

(3)固定资产折旧：采用直线法计提折旧。按固定资产的原值和估计经济使用年 限扣除预计净残值(预计净残值率 3%)计提折旧。固定资产分类及折旧率如下：

类　别	估计经济使用年限(年)	年折旧率(%)
房屋及建筑物	35—50	2.77—1.94
通用设备	8—12	12.13—8.08
专用设备	10—20	9.70—4.85
运输工具	6—10	16.17—9.70
其　他	3—5	32.33—19.40

7、收入确认原则

(1)商品销售收入：公司已将商品所有权上的主要风险和报酬转移给买方；公司 不再对该商品实施继续管理权和实际控制权；与交易相关的收入已经收到或取得收款凭据；相关的收入和成本能够可靠地计量时确认商品销售收入实现。

(2) 提供劳务收入：按完工百分比法确认相关的劳务收入。

(3)提供他人使用本企业的资产收入：按有关合同、协议规定的收费时间和方法 计算确认收入的实现。

8、所得税会计处理方法

公司采用应付税款法。

9、合并会计报表编制方法

根据《企业会计准则》及财政部财会字(1995)11 号文之规定，本次会计报表合并范围为拥有 50%以上(不含 50%)股权的控股公司或虽不足 50%但实质拥有经营管理控制权的公司。子公司在纳入合并会计报表时已按《股份有限公司会计制度》作相应调整，但子公司与母公司会计政策差异引起的调整事项，根据重要性原则金额不大时 不作相应调整。

10、会计政策变更

(1)公司根据财政部财会字[1999]35 号《关于印发<股份有限公司会计制度有关 会计处理问题补充规定>的通知》及财政部财会字[1999]49 号《关于印发<股份有限 公司会计制度有关会计处理问题补充规定问题解答>的通知》的有关规定，从 1999 年 1 月 1 日起改变如下会计政策：

a、期末短期投资原按成本计价，现改按成本与市价孰低计价。

b、坏帐准备原按应收帐款余额的 5‰计提，现改为按应收款项(包括应收帐款和其他应收款)余额的 5%计提。

c、期末存货原按成本计价，现改按成本与可变现净值孰低计价。

d、期末长期投资原不计提减值准备，现改为计提减值准备。

(2)会计政策变更已采用追溯调整法调整，合并会计报表有关会计数据调整如下：

项　目	1998 年		1997 年	
	调整前(元)	调整后(元)	调整前(元)	调整后(元)
坏帐准备	795,331.63	10,290,251.43		6,077,832.52
存货跌价准备		1,665,041.80		
少数股东权益	62,227,159.15	60,812,288.67	29,659,727.18	29,206,096.43
盈余公积	20,643,037.16	19,181,273.52	14,222,492.84	13,423,412.58
未分配利润	63,815,559.22	55,532,231.74	46,792,474.68	42,264,353.17

会计政策变更的累计影响数为 9,745,091.12 元；1998 年度的净利润调减了 4,417,889.35 元；调减 1998 年期初留存收益 5,327,201.77 元；其中，调减未分配利润 4,528,121.51 元。

11、控股子公司及合营企业

企业名称	注册资本(万元)	经营范围	股权比例(%)	原始投资(万元)
陕西华山胜利塑胶有限公司	5800	塑胶管材管件、塑料制品及相关产品研制、生产销售	51	2958
山东胜邦鲁南农药有限公司	3000	生产、销售：农药、农药中间体及精细化工产品	100	3000
山东胜邦绿野化学有限公司	2500	生产农药及其它精细化工产品，销售本公司自产品	63.64	1591
山东海上石油服务有限公司	美元 200	海上石油平台，船舶及其仪器仪表等维修服务	68.9	1139.6
山东胜利物资公司	500	销售石油及制品、汽车及配件、机电设备等	100	500
山东胜利上海有限公司	280	销售沥青，重油，润滑油，机油，金属材料等	100	280
山东胜利石油化工有限公司	2500	销售石油制品，化工产品，石油液化气等	40	1000
山东胜利液化气有限公司	200	销售化工原料及产品，燃气器具等	100	200
山东石油设备服务有限公司	美元 40	各类石油设备、特种车辆的维修等	35	116.2
山东胜利生物技术开发有限公司	500	植物生长调节剂、天然植物保护液研制、生产、销售等	80	400
青岛胜利石油加油站连锁有限公司	2893	加油站连锁经营管理；汽油、润滑油零售；销售汽车配件；汽车服务	52.13	1508
北京胜邦商贸有限公司	108	销售金属材料、建筑材料、机械电器设备等	100	108
深圳市胜义实业有限公司	200	兴办实业、国内商业、物资供销业	100	200
山东胜利石油有限公司	100	机动车辆加油服务，润滑油零售	100	100

注：1、上述公司均纳入合并会计报表范围。

2、本期合并会计报表范围与年初相比新增：

(1)青岛胜利石油加油站连锁有限公司，是山东胜利股份有限公司以 1508 万元投资的控股公司，占被投资单位 52.13%的股权。该公司于 1998 年 10 月重新注册为青岛胜 利石油加油站连锁有限公司，注册资本人民币 2893 万元。

(2)北京胜邦商贸有限公司于 1997 年 9 月 15 日注册成立。山东胜利股份有限公司以人民币 68 万元投资，占被投资单位 63%的股权；另山东胜利物资公司以人民币 40 万元投资，占被投资单位 37%的股权。山东胜利股份有限公司直接和间接占被投资单位 100%的股权。公司成立初期，资产及经营规模小，因此将于本年纳入合并会计报表范 围。

(3)深圳市胜义实业有限公司于 1997 年 10 月 15 日注册成立。山东胜利股份有限公 司以人民币 140 万元投资，占被投资单位 70%的股权；另山东胜利物资公司以人民币 60 万元投资，占被投资单位 30%的股权。山东胜利股份有限公司直接和间接占被投资 单位 100%的股权。公司成立初期，资产及经营规模小，因此将于本年纳入合并会计 报表范围。

(4)山东胜利石油有限公司于 1998 年 9 月 7 日注册成立.山东胜利股份有限公司投资 80 万元，占被投资单位 80%的股权；另山东胜利物资公司投资 20 万元，占被投资单位 20%的股权。公司 1999 年正式营业，因此于本年纳入合并会计报表范围。

3、本期购买股权及股权变更情况如下：

(1)山东胜邦绿野化学有限公司第三届二次董事会通过《关于批准山东胜利股份 有限公司受让山东绿野集团公司部分股权》的决议，山东胜利股份有限公司以转让价格 362.295 万元人民币购买 11.64%的股权，股权变更后持山东胜邦绿野化学有限公司 63.64%股权。根据股权转让协议等文件，确定股权购买日为 1999 年 1 月 1 日。

(2)山东海上石油服务有限公司第二届三次董事会《关于同意山东胜利股份有限 公司受让香港迪威实业有限公司、三联集团公司股权》的决议，山东胜利股份有限公司以转让价格 17.8 万美元购买 8.9%的股权，另以转让价格 30 万美元购买 15%的股权 ，股权变更后持山东海上石油服务有限公司 68.9%股权。根据股权转让协议等文件，确定股权购买日为 1999 年 10 月 28 日。

(3)山东胜利石油化工有限公司于 1999 年 2 月 24 日通过 1999 年股东会议，审议通过《关于接纳山东省石油总集团公司为公司股东的建议》，山东胜利股份有限公司以 300 万元人民币转让持有的 12%股权，股权变更后持山东胜利石油化工有限公司 40%股 权。

(4)公司放弃山东省资产管理有限公司增资权利，持股比例由 18.75%变更为 11.25%。

12、或有事项及承诺事项

本公司报告期内无或有事项及承诺事项。

山东胜利股份有限公司董事会

2000 年 2 月 24 日

资产负债表　　会股 01 表

编制单位：山东胜利股份有限公司　　1999 年 12 月 31 日　　单位：人民币元

资　产	期末数		年初数	
流动资产：	合　并	母公司	合　并	母公司
货币资金	77185357.29	61485652.74	140533609.18	75555298.28
短期投资				
减：短期投资跌价准备				
短期投资净额				
应收票据	15289289.00	10862000.00	1631600.00	770000.00
应收股利				
应收利息				
应收帐款	160606869.79	110141211.87	160518240.99	118987961.82
其他应收款	35668995.05	2146904.94	45286787.68	33809483.37
减：坏帐准备	9813793.24	5614405.84	10290251.43	7639872.26

应收帐款净额	186462071.60	106673710.97	195514777.24	145157572.93
预付帐款	126077002.01	110934334.38	50229763.59	42001889.85
应收补贴款	5989438.71	4431410.88	6972676.96	4808202.87
存货	123852065.77	53995832.08	131083156.59	69556914.04
减:存货跌价准备	1665041.80	154407.58	1665041.80	154407.58
存货净额	122187023.97	53841424.50	129418114.79	69402506.46
待摊费用	1550514.41	880678.21	728796.74	466296.74
待处理流动资产净损失	52263.49	582.27	-98401.54	
一年内到期的长期债权投资				
其它流动资产				
流动资产合计	534792960.48	349109793.95	524930936.96	338161767.13
长期投资:				
长期股权投资	36464875.45	166249230.25	33138873.55	145100560.68
长期债权投资			3000.00	
长期投资合计	36464875.45	166249230.25	33141873.55	145100560.68
减:长期投资减值准备				
长期投资净额	36464875.45	166249230.25	33141873.55	145100560.68
其中:合并价差(以"-"表示)				
其中:股权投资差额	62945.14	62945.14		
固定资产:				
固定资产原价	266537448.22	165027531.52	180968221.93	96672345.29
减:累计折旧	39314650.38	14064556.05	29439427.48	8866178.57
固定资产净值	227222797.84	150962975.47	151528794.45	87806166.72
工程物资				
在建工程	2821032.66	230000.00	22191877.25	21547670.30
固定资产清理	118988.60		210493.18	
待处理固定资产净损失	-125570.62	2773.88	8084.75	8084.75
固定资产合计	230037248.48	151195749.35	173939249.63	109361921.77
无形资产及其他资产:				
无形资产	17363704.58	9436737.87	18167458.92	9671782.01
开办费	4672384.88	2251594.61	2847518.36	2544330.78
长期待摊费用	8136004.74	1723937.05	2122712.85	889794.59
其他长期资产				
无形资产及其他资产合计	30172094.20	13412269.53	23137690.13	13105907.38
递延税项:				
递延税项借项				
资产总计	831467178.61	679967043.08	755149750.27	605730156.96
负债及所有者权益				
流动负债:				
短期借款	94546906.31	81556906.31	90390000.00	76000000.00
应付票据	23620437.60	14950437.00	34831067.93	27078475.00
应付帐款	93519186.83	68129248.68	93218622.48	91436982.44
预收帐款	29453776.18	20329321.05	58636192.46	19779005.80
代销商品款				0.00
应付工资	8392852.40	8020769.18	7448738.79	7030184.14
应付福利费	4440553.94	3142394.93	2524493.34	1939668.15
应付股利	1947775.00	1947775.00	2265050.00	2265050.00
应交税金	1443911.91	1265892.75	7616705.83	4490418.26
其他应交款	439104.83	144381.63	393739.37	205141.23
其他应付款	26140611.84	23866890.71	36461269.23	32254787.58
预提费用	319751.00	33473.53	23556.00	23556.00
一年内到期的长期负债				
其他流动负债				
流动负债合计	284264867.84	223387491.37	333809435.43	262503268.60
长期负债:				
长期借款	89683484.79	86614596.79	27848425.56	19848425.56
应付债券				
长期应付款	9865659.41	1337790.98	11143261.05	2675581.70
住房周转金	1499205.64	152519.02	833458.46	
其他长期负债				
长期负债合计	101048349.84	88104906.79	39825145.07	22524007.26
递延税款:				
递延税款贷项				
负债合计	385313217.68	311492398.16	373634580.50	285027275.86
少数股东权益:	77679316.01		60812288.67	
股东权益:				
股本	217800000.00	217800000.00	145200000.00	145200000.00
资本公积	57229375.84	57229375.84	100789375.84	100789375.84
盈余公积	27436038.09	27436038.09	19181273.52	19181273.52
其中:公益金	9021513.46	9021513.46	6269925.27	6269925.27
未分配利润	66009230.99	66009230.99	55532231.74	55532231.74
股东权益合计	368474644.92	368474644.92	320702881.10	320702881.10
负债及股东权益总计	831467178.61	679967043.08	755149750.27	605730156.96

利润表　　会股02表

编制单位:山东胜利股份有限公司　1999年度　单位:元

项　目	本期累计数		上年同期数	
	合并	母公司	合并	母公司
一、主营业务收入	1081405368.05	772891459.65	900497201.67	603865989.64
减:折扣与折让			234224.36	
主营业务收入净额	1081405368.05	772891459.65	900262977.31	603865989.64
减:主营业务成本	927966202.58	667464016.27	796671349.69	547269073.01
主营业务税金及附加	5003972.67	4708643.91	1999743.47	1858330.20
二、主营业务利润	148435192.80	100718799.47	101591884.15	54738586.43
(亏损以"-"号填列)				
加:其他业务利润	8271576.35	5368081.75	4764693.71	4426603.32
(亏损以"-"号填列)				
减:存货跌价损失			1665041.80	154407.58
营业费用	43951282.41	27258116.98	24210213.49	12371531.12
管理费用	45763241.66	26556939.43	38118039.56	22779605.65
财务费用	1903470.09	-1143505.60	2570093.72	1051849.56
三、营业利润	65088774.99	53415330.41	39793189.29	22807795.84
(亏损以"-"号填列)				
加:投资收益	2180397.86	7175647.99	6408138.29	17612961.01
(损失以"-"号填列)				
补贴收入			1599421.42	
营业外收入	2919674.47	2698496.13	3139919.25	2362535.49
减:营业外支出	747282.07	186914.43	681669.25	153642.52
四、利润总额	69441565.25	63102560.10	50258999.00	42629649.82
(亏损以"-"号填列)				
减:所得税	10943550.84	8070796.28	6727309.86	4243910.31
少数股东损益	3289817.76		4715588.50	
五、净利润	55208196.65	55031763.82	38816100.64	38385739.51

利润分配表　　会股02表附表1

编制单位:山东胜利股份有限公司　1999年度　单位:元

项　目	本期累计数		上年实际数	
	合并	母公司	合并	母公司
一、净利润	55208196.65	55031763.82	38816100.64	38385739.51
加:年初未分配利润	55532231.74	55532231.74	42264353.16	42264353.16
盈余公积转入				
二、可供分配的利润	110740428.39	110563995.56	81080453.80	80650092.67
减:提取法定盈余公积	5503176.38	5503176.38	3838573.95	3838573.95
提取法定公益金	2751588.19	2751588.19	1919286.98	1919286.98
提取职工福利及奖励基金	176432.83		430361.13	
三、可供股东分配的利润	102309230.99	102309230.99	74892231.74	74892231.74
减:应付优先股股利				
提取任意盈余公积				
应付普通股股利	7260000.00	7260000.00		
转作股本的普通股股利	29040000.00	29040000.00	19360000.00	19360000.00
四、未分配利润	66009230.99	66009230.99	55532231.74	55532231.74

现金流量表　　会股03表

编制单位:山东胜利股份有限公司　1999年度　单位:人民币元

项　目	合并	母公司
一.经营活动产生的现金流量:		
销售商品,提供劳务收到的现金	1252842085.98	923459320.26
收取的租金	1380824.24	1380824.24
收到的税费返还	8303889.14	5844556.67
收到的其他与经营活动有关的现金	5200534.74	4451269.78
现金流入小计	1267727334.10	935135970.95
购买商品,接受劳务支付的现金	1177794481.17	887793863.36
经营租赁所支付的现金	4848210.08	2426389.85
支付给职工以及为职工支付的现金	26361247.47	14712033.32
实际交纳的增值税款	22017582.77	15871660.48
支付的所得税款	18652549.59	13206809.39
支付的除增值税,所得税以外的其他税费	3832174.11	4807625.23
支付的其他与经营活动有关的现金	58365546.13	12207275.61
现金流出小计	1311871791.32	951025657.24
经营活动产生的现金流量净额	-44144457.22	-15889686.29
二.投资活动产生的现金流量:		
收回投资所收到的现金	3000.00	
分得股利或利润所收到的现金		
取得债券利息收入所收到的现金	2100.00	2100.00
现金流入小计	5100.00	2100.00
购建固定资产,无形资产和其他长期资产所支付的现金	66698849.48	47908094.68
权益性投资所支付的现金	4700715.00	13007715.00
现金流出小计	71399564.48	60915809.68
投资活动产生的现金流量净额	-71394464.48	-60913709.68
三.筹资活动产生的现金流量:		
借款所收到的现金	106923345.60	296401906.31
收到的其他与筹资活动有关的现金		
现金流入小计	106923345.60	296401906.31
偿还债务所支付的现金	38927148.92	221368803.32
分配股利或利润所支付的现金	7577275.00	7577275.00
偿付利息所支付的现金	7826380.00	4404881.63
支付的其他与筹资活动有关的现金	456857.62	317195.93
现金流出小计	54787661.54	233668155.88
筹资活动产生的现金流量净额	52135684.06	62733750.43
四.汇率变动对现金的影响	54985.75	
五.现金及现金等价物净增加额	-63348251.89	-14069645.54

现金流量表(附注)

编制单位:山东胜利股份有限公司　1999年度　单位:人民币元

项　目	合并	母公司
1.不涉及现金收支的投资和筹资活动:		
2.将净利润调节为经营活动的现金流量:		
净利润	55208196.65	55031763.82
加:计提的坏帐准备或转销的坏帐	-476458.19	-2025466.42
固定资产折旧	12026044.17	5650571.50
无形资产摊销	803754.34	235044.14
处置固定资产,无形资产和其他长期资产的损失(减收益)	3 34130.91	242626.33
固定资产报废损失	133655.37	8084.75
财务费用和已资本化的借款费用	8352125.62	4722077.56
投资损失(减收益)	-2180397.86	-7175647.99
递延税款贷项(减借项)		
存货的减少(减增加)	7231090.82	14927927.33
经营性应收项目的减少(减增加)	-78992525.34	-38138324.16
经营性应付项目的增加(减减少)	-46584073.71	-49368343.15
其他(提取职工福利及奖励基金)		
经营活动产生的现金流量净额	-44144457.22	-15889686.29
3.现金及现金等价物净增加情况:		
库存现金及银行存款的期初余额	77185357.29	75555298.28
减:库存现金及银行存款的期初余额	140533609.18	75555298.28
其他货币资金的期末余额		
现金等价物的期末余额		
减:现金等价物的期初余额		
现金及现金等价物净增加额	-63348251.89	-14069645.54

河北华玉股份有限公司

(一)公司简介

1、公司法定中文名称:河北华玉股份有限公司
英文名称:HEBEI HUAYU COMPANY LIMITED
2、公司法定代表人:张士成
3、公司董事会秘书:郭宝贵
联系地址:河北省邯郸市峰峰矿区彭新路 21 号
联系电话:(0310)5023927 5022361-811 联系传真:(0310)5023067
电子信箱:hydsh@mx.hd.hebei.net.cn
4、公司注册及办公地址:河北省邯郸市峰峰矿区彭新路 21 号
邮政编码:056200
电子信箱: hbhy@mx.hd.hebei.net.cn
5、公司选定的信息披露报纸:《中国证券报》、《证券时报》
刊载年报国际互联网网址:http://www.cninfo.com.cn
公司年报备置地点:公司董事会办公室
6、公司股票上市交易所:深圳证券交易所
股票简称:河北华玉 股票代码:0408

(二)会计数据和业务数据摘要

1、本年度主要会计数据和业务数据 (单位:元)

利润总额	57,363,715.75
净利润	34,402,139.93
扣除非经常性损益后的净利润	29,918,454.65
主营业务利润	80,878,301.58
其他业务利润	7,718,029.59
营业利润	49,063,040.52
补贴收入	9,596,060.49
营业外收支净额	(-)1,295,385.26
经营活动产生的现金流量净额	31,332,862.57
现金及现金等价物净增加额	471,946.04

注:扣除非经常性损益及金额包括:置换及处置固定资产损益 2,673,793.03 元;

固定资产清理 621,892.25 元,贴息贷款利息收入 1,188,000.00 元。

2、近三年主要会计数据和财务指标

项目	1999 年	1998 年		1997 年	
		调整前	调整后	调整前	调整后
主营业务收入(元)	308693323	256206203	256206203	168277142	168277142
净利润(元)	34402139	31266877	25234610	17428822	15448920
总资产(元)	740949165	723554820	704719696	386652854	374914516
股东权益(元)	291833820	304260814	288250958	168418504	158440916
每股收益(摊薄 元)	0.33	0.30	0.24	0.196	0.17
(加权 元)	0.33	0.30	0.25	0.25	0.25
每股净资产(元)	2.81	2.93	2.78	1.90	1.79
调整后每股净资产(元)	2.79	2.85	2.73	1.83	1.76
每股经营活动产生的现金流量净额(元)	0.30	-0.06	-0.06	—	—
净资产收益率(%)	11.79	10.28	8.75	10.35	9.75
扣除非经常性损益后的每股收益(元)	0.29	0.30	0.24	0.196	0.17

注(1)主要财务指标的计算公式如下:
每股收益=净利润/年度末普通股股份总数
每股净资产=年度末股东权益/年度末普通股股份总数
调整后的每股净资产=(年度末股东权益-三年以上的应收款项净额-待摊费用 -待处理(流动、固定)资产净损失-开办费-长期待摊费用-住房周转金负数余额)/年度末普通股股份总数
加权平均的净资产收益率=净利润/(年初股东权益+年末股东权益)/2×100%
每股经营活动产生的现金流量净额=经营活动产生的现金流量净额/年度末普通股股份总数
净资产收益率=净利润/年度末股东权益×100%

3、报告期内股东权益变动情况

项目	股本	资本公积	法定盈余公积	公益金	未分配利润	股东权益合计
期初数	103824000	142178718	4728824	2364412.06	35155004.79	288250958.99
本期增加		327921	3440213	1720107.00	29241818.94	34730061.64
本期减少					31147200.00	31147200.00
期末数	103824000	142506639	8169038	4084519.06	33249623.73	291833820.63

变动原因:根据财政部(1999)35 号文件的有关规定,改变应收帐款坏帐准备、存货跌价准备、短期投资跌价准备和长期投资减值准备的计提方法,采用追溯调整法调减年初留存收益 16,009,855.20 元,其中,未分配利润调减 13,608,376.92 元,盈余 公积调减 2,401, 478.28 元(含公益金)。

本年末股东权益余额 29,183.00 万元,比年初增长 1.24%,增加的原因是公司本 年实现的净利润转入,减少的原因是按 1999 年度利润分配预案进行调减。各项权益变动情况如下:

本年末盈余公积金为 1,225.36 万元,比年初增长 72.78%,原因是按规定提取 10 %的法定盈余公积金增加 344.02 万元,提取 5%的法定公益金增加 172.01 万元;

本年末未分配利润余额为 3,324.96 万元,实现净利润转入 2,924.18 万元。按公司 1999 年度利润分配预案减少未分配利润 3,114.72 万元。

(三)股东情况介绍

1、报告期末股东总数为 12715 户。
2、持有本公司股票前 10 名股东情况:

名称	年末持股数量	占总股本比例(%)	股份情况
邯郸陶瓷集团有限责任公司	71800000	69.16	未流通
金鑫证券投资基金	1474676	1.42	流通股
同益证券投资基金	595800	0.57	流通股
深圳南山风险投资基金公司	400184	0.39	未流通
杨毅峰	225503	0.22	流通股
赵玉敏	192983	0.18	流通股
张丙芬	176600	0.17	流通股
邯郸滏阳化工集团有限公司	176000	0.17	未流通
邯郸市橡胶厂	176000	0.17	未流通
邯郸棉花机械厂	176000	0.17	未流通

四通集团高科技股份有限公司

一、公司简介

1、公司法定中文名称:四通集团高科技股份有限公司
公司法定英文名称:STONE GROUP HI-TECH CO., LTD.
2、公司法定代表人:段永基
3、公司董事会秘书:柯健华
联系地址:广东省深圳市福田中心区深南大道 4009 号投资大厦
联系电话:0755—2712233
联系传真:0755—2712266
电子信箱:stonegrp@public.szptt.net.cn
4、公司注册地址:广东省深圳市福田中心区深南大道 4009 号投资大厦
公司办公地址:广东省深圳市福田中心区深南大道 4009 号投资大厦
邮政编码 :518026
5、公司选定的信息披露报纸名称:《中国证券报》、《证券时报》
公司年度报告备置地点:公司董事会办公室
6、股票上市地:深圳证券交易所
股票简称:四通高科
股票代码:0409

二、会计数据和业务数据摘要

1、公司本年度主要会计数据和业务数据

利润总额(元):	-18,651,001.24
净利润(元):	-18,651,001.24
扣除非经常性损益后的净利润(元):	-15,792,304.19
主营业务利润(元):	-1,018,218.23
营业利润(元)	-16,872,426.65
投资收益(元):	1,080,122.46
补贴收入(元):	
营业外收支净额(元):	-2,858,697.05
现金及现金等价物净增加额(元):	-10,079,831.59

扣除非经常性损益项目: 营业外收入 营业外支出
涉及金额为: 944,095.20 3,802,792.25

2、截止报告期内末公司前三年的主要会计数据和财务指标

项 目	1999 年	1998 年		1997 年	
		调整前	调整后	调整前	调整后
主营业务收入(元)	5841436	49369126	49369126	16317466	16317466
净利润(元)	-18651001	3405003	2315738	-21352565	-34747023
总资产(元)	263189611	315621164	290434182	346349036	322097704
股东权益(元)(不含少数股东权益)	243916067	288138858	262567068	284733854	260251329
每股收益(元)(摊薄)	-0.109	0.02	0.014	-0.14	-0.233
每股收益(元)(加权)	-0.109	0.02	0.014	-0.12	-0.233
扣除非经常性损益后的					
每股收益(元)(摊簿)	-0.087				
每股收益(元)(加权)	-0.109				
每股净资产(元)	1.42	1.68	1.53	1.91	1.75
调整后的每股净资产(元)	1.04	1.62	1.47	1.85	1.69
每股经营活动产生的现金流量净额(元)	-0.05				
净资产收益率(%)(摊薄):	-7.64	1.18	0.9	-7.50	-13.35

每股收益、每股净资产、调整后的每股净资产、每股经营活动产生的现金流量净额和净资产收益率等财务指标的计算公式如下:
每股收益=净利润÷年度末普通股股份总数
每股净资产=年末股东权益÷年末普通股股份总数
调整后的每股净资产=(年末股东权益-三年以上的应收款项净额-待摊费用-待处 理(流动、固定)资产净损失-开办费-长期待摊费用-住房周转金负数余额)÷年末普通股股份总数
每股经营活动产生的现金流量净额=经营活动产生的现金流量净额÷年度末普通 股股份总数
净资产收益率=净利润÷年度末股东权益×100%

3、报告期内股东权益变动情况:

单位:万元

项目	股本	资本公积金	盈余公积金	法定公积金	未分配利润	股东权益
期初数	17137.42	17875.39	869.23		-9625.34	26256.71
本期增加						
本期减少					1865.10	1865.10
期末数	17137.42	17875.39	869.23		-11490.44	24391.61

变动原因:未分配利润减少为本年度亏损所致。

三、股东情况介绍

1、报告期末股东总数:52269 户。
2、前十名股东的持股情况:

股东名称	持有股数(股)	占总股本比例(%)
四通集团公司	23,000,000	13.42
广东华立实业集团公司	15,035,831	8.77
中国石化北京石油化工工程公司	5,823,048	3.40
广东粤财信托投资公司	5,608,545	3.27
海南日冷空调安装工程有限公司	5,088,405	2.97
上海市通融实业发展有限公司	3,864,000	2.25
北京银威特投资顾问有限公司	2,953,846	1.72
工商银行湛江分行	2,898,000	1.69
中国农村信托投资公司	2,898,000	1.69
工行省信托投资公司湛江办事处	1,932,000	1.13

注(1)前 10 名股东之间不存在关联关系。
注(2)持股 5%以上的法人股股东所持股份情况:
四通集团公司持股 13.42%无任何质押和冻结;广东华立实业集团公司持股 8.77%全部质押和冻结。

沈阳机床股份有限公司

一、公司简介

1、公司法定中文名称:沈阳机床股份有限公司
公司法定英文名称:SHENYANG MACHINE TOOL CO.,LTD
公司英文名称简写:SMTCL
2、公司法定代表人:姚俊喜
3、公司董事会秘书:牟继勋
公司董事会联系人:任芳贤
公司联系地址:沈阳市沈河区西顺城街 247 号
电　　话:024-24855773
传　　真:024-24849585
4、公司注册地址:沈阳市沈河区西顺城街 247 号
公司办公地址:沈阳市沈河区西顺城街 247 号
邮政编码:　110011
公司电子信箱:smtclzq@mail.sy.ln.cn
5、公司年度报告备置地点
沈阳市沈河区西顺城街 247 号办公楼证券部
公司选定的信息披露报纸《证券时报》、《中国证券报》
登载年度报告的中国证监会指定国际互联网网址:
http://www.cninfo.com.cn
6、公司股票上市交易所:深圳证券交易所
股票简称:沈阳机床
证券代码:0410

二、会计数据和业务数据摘要

1、公司本年度会计数据

项目	金额(单位:元)
利润总额	26,839,731.95
净利润	23,370,904.13
扣除非经营损益后的净利润	22,776,512.20
主营业务利润	85,516,328.41
其他业务利润	4,238,821.37
营业利润	-60,588,271.18
投资收益	600,391.92
补贴收入	90,887,946.22
营业外收支净额	-4,060,335.01
经营活动产生的现金流量净额	10,709,375.24
现金及现金等价物净增加额	-47,794,983.95

2、截止报告年度末公司前三年主要会计数据和业务数椐和财务指标

指标项目	1999 年	1998 年	1997 年
(1)主营业务收入(万元)	42,853	51,532	47,023
(2)净利润(万元)	2,337	4,233	4,356
(3)总资产(万元)	334,994	286,163	190,057
(4)股东权益(万元)	94,831	99,266	70,912
(5)每股收益(元)	0.068	0.12	0.15
每股收益(元)(加权)	0.094	0.13	0.15
(6)每股净资产(元)	2.78	2.91	2.53
(7)调整后的每股净资产	2.78	2.87	2.24
(8)净资产收益率(%)(摊薄)		4.26	6.1
净资产收益率(%)(加权)	2.46	4.83	6.1
(9)按月平均加权			
每股收益(元/股)	0.0078	0.0108	0.0125
扣除非经营性损益			
后的每股收益(元/股)	0.067	0.11	0.13

注:1.1999 年总股本按 34,091 万股,1998 年总股本 34,091 万股,97 年按 28,057 万元 股计算。
2.主要财务指标的计算方法
每股收益=净利润/年度末普通股股份总数
每股净资产=年度末股东权益/ 年度末普通股股份总数
净资产收益率=净利润/年度末股东权益×100%
调整后每股净资产=(年末股东权益-三年以上应收帐款-待摊费用-待处理(流动) 资产净损失 - 开办费 - 长期待摊费用)÷年末普通股股份总数
加权平均净资产收益率=当期净利润÷[(期初净资产+期末净资产)÷2+当期发行 新股或配股新增净资产×(自缴款结束日下一月份至报告期末的月份数-6)÷12]

2、报告期内股东权益变动情况

项目	股本	资本公积	盈余公积	法定公益金	未分配利润	股东权益合计
期初数	340919303	503263416.76	53948876.16	12237807.74	43898036.81	942029632.73
本期增加	0		8244313.36		15126590.77	6282746.39
本期减少	0	17088157.74		11439409.44		
期末数	340919303	486175259.02	62193189.52	795398.30	59024627.58	948312379.12

三、股东情况介绍

1.截止九九年 12 月 31 日止公司股东总户数 78,641 户
2、主要股东持股情况(前十名股东)
至报告期末,本公司前十名股东持股情况如下:

1 沈阳资产经营有限公司	185,544,503 股	54.42%
2 深圳蔚深投资财务管理有限公司	5,180,650 股	1.52%
3 沈阳铜网厂	3,900,000 股	1.14%
4 沈阳市风险投资公司	1,300,000 股	0.38%
5 沈阳建设投资公司	1,300,000 股	0.38%
6 辽宁华盛信托投资有限公司	1,040,000 股	0.30%
7 左志江	869,631 股	0.25%
8 沈阳融资中心	650,000 股	0.19%
9 中国有色金属工业总公司辽宁分公司	650,000 股	0.19%
10 沈阳北方设备工程公司	650.000 股	0.19%

上述股东在本报告期末持股无变化,各股东间无关联关系。
注:持股 5%以上的股东情况简介
沈阳资产经营有限公司所持股份系本公司国家股所代表股份没有质押和冻结。

杭州凯地丝绸股份有限公司

一、公司简介

1、公司法定名称:杭州凯地丝绸股份有限公司
缩写:凯地丝绸
公司英文名称:HANG ZHOU KAIDI SILK CO.LTD
缩写:KD
2、公司法定代表人:谭中东
3、公司董事会秘书:包志虎
联系地址:公司证券投资部
电　　话:0571-5194316　　传　　真:0571-5194950
4、公司注册地址:杭州市环城北路 15 号
办公地址:杭州市环城北路 15 号
邮政编码:310004
公司网址:www.kaidigroup.com
电子信箱:kaidi@zgb.com.cn
5、公司选定的信息披露报纸:证券时报
登载公司年度报告的中国证监会指定国际互联网网址:www.cninfo.com.cn
年度报告备置地:公司证券投资部
6、公司股票上市地:深圳证券交易所
股票简称:凯地丝绸　　股票代码:0411

二、会计数据和业务数据摘要

1、本年度主要会计数据	(单位:元)
利润总额	-70,200,873
净利润	-69,042,084
扣除非经常性损益后的净利润	-69,005,299
主营业务利润	-5,587,724
其他业务利润	1,359,667
营业利润	-70,077,235
投资收益	59,083
补贴收入	63,591
营业外收支净额	-246,313
经营活动产生的现金流量净额	-12,261,495
现金及现金等价物净增加额	-1,011,045

2、截止本报告期末公司前三年主要会计数据和财务指标　　单位:元

	1999 年	1998 年		1997 年	
项　　目		调整前	调整后	调整前	调整后
主营业务收入	81,268,194	100,878,357	100,878,357	172,174,692	172,174,692
净利润	-69,042,084	-39,440,117	-50,336,235	32,287,221	11,282,396
总资产	430,359,008	525,070,915	465,752,667	547,136,238	498,880,534
股东权益	118,252,412	246,178,795	187,234,681	285,618,912	238,422,127
每股收益	-0.599	-0.342	-0.437	0.28	0.098
每股净资产	1.026	2.136	1.625	2.478	2.069
调整后每股净资产	0.940	1.842	1.503	2.191	1.907
净资产收益率	-58.39%	-16.02%	-26.88%	11.30%	4.73%
每股经营活动产生的现金流量净额	-0.106	0.253			

备注:1 上述财务指标计算方法如下:
每股收益=净利润/年度末普通股股份总数
每股净资产=年度末股东权益/年度末普通股股份总数
净资产收益率=净利润/年度末股东权益 x100%
调整后的每股净资产=[年度末股东权益-三年以上的应收款项净额-待摊费用-待处理 (固定、流动)资产净损失-开办费-长期待摊费用-住房周转金负数余额]/年度末普通股股份总数
每股经营活动产生的现金流量净额=经营活动产生的现金流量净额/年度末普通股股份总数
2 本年度末股本总额未发生变化,故加权计算的每股收益不变,为-0.599 元;本年度扣除非经常性损益后的每股收益为-0.599 元。
3、报告期内股东权益变动情况

项　目	股本	资本公积	盈余公积	法定公益金	未分配利润	股东权益合计
期初数	115249970	101681338	21223142	8449289	-50919769	187234681
本期增加		59816				
本期减少					-69042085	-68982269
期末数	115249970	101741154	21223142	8449289	-119961854	118252412

变动原因:资本公积增加 59,816 元,系国家扶持基金增加 59,816 元所致;未分配利润减少 69,042,085 元,系 99 年亏损所致。

三、股东情况介绍

1、报告期末股东总数
报告期末共有股东总数 16993 户。
2、公司前十名股东持股情况　　单位:股

股东名称	年初数	本期增减	年末数	比　例	质押冻结
杭州市国有资产管理局	34,145,540		34,145,540	29.63%	
广华投资基金(杭州)有限公司	12,100,000		12,100,000	10.50%	
中国工商(香港)财务有限公司	12,100,000		12,100,000	10.50%	有
浙江东普实业有限公司	0	6,300,000	6,300,000	5.47%	
浙江华龙房地产开发公司	0	5,200,000	5,200,000	4.51%	
浙江省丝绸进出口公司	16,929,000	-14,000,000	2,929,000	2.54%	
浙江普发实业有限公司	0	2,500,000	2,500,000	2.17%	
香港富春丝绸公司	2,321,000		2,321,00	2.01%	
浙江省建行信托投资公司	2,062,500		2,062,50	1.79%	
杭州市工商信托投资公司	2,062,500		2,062,50	1.79%	

备注:1 国家股持股单位为杭州市国有资产管理局;广华投资基金(杭州)有限公司、中 国工商(香港)财务有限公司、香港富春丝绸公司为境外法人。
2 浙江省丝绸进出口公司为香港富春丝绸公司的母公司;浙江东普实业有限公司 、浙江华龙房地产开发公司和浙江普发实业有限公司为受同一母公司浙江华龙实业发展总公司控制的关联法人。

长春北方五环实业股份有限公司

一、公司简介

1、公司中文名称:长春北方五环实业股份有限公司
公司英文名称:CHANGCHUN NORTH CHINA WUHUAN CO.,LTD
2、公司法定代表人:范日旭
3、公司董事会秘书:白 雪　　公司授权代表:李万洪
联系地址:长春市宽城区白菊路 8 号
联系电话:0431—2777666—6811　传真:0431—2777111
网　　址:http://www.north-wuhuan.com
电子信箱:dsh@north-wuhuan.com
4、公司注册地址:长春市宽城区白菊路 8 号
公司办公地址:长春市宽城区白菊路 8 号　　邮政编码:130051
5、公司指定信息披露报刊名称为《证券时报》、《中国证券报》和《上海证券　报》。
登载公司年度报告指定网址为:http//www.cninfo.com.cn
公司年度报告备置地点:公司董事会秘书处
6、公司股票上市交易所:深圳证券交易所
股票简称:北方五环　　股票代码:0412

二、会计数据和业务数据摘要

1、本年度主要会计数据(单位:人民币元)

利润总额	45,036,099.45
净利润	35,007,684.88
扣除非经营性损益后净利润	-9,725,253.49
主营业务利润	48,369,043.02
其他业务利润	2,075,986.42
营业利润	303,161.08
投资收益	42,018,288.48
补贴收入	3,000,000.00
营业外收支净额	-285,350.11
经营活动产生的现金流量净额	-29,201,679.26
现金及现金等价物净增加额	-26,393,999.78

2、主要会计数据和财务指标(单位:人民币元)

	1999 年	1998 年		1997 年
		调整后	调整前	
主要业务收入	79008258.86	128042809.05	128042809.05	148091144.23
净利润	35007684.88	64087656.84	59609447.35	58003611.92
总资产	959208792.66	751627327.48	763160433.43	692445073.85
股东权益	517016.928.34	482009243.46	494952385.74	435745722.43
每股收益	0.1211	0.2218	0.2063	0.20
扣除非经营性损益后的每股收益	-0.0337	0.1727	0.1572	0.1691
每股净资产(元/股)	1.7892	1.6681	1.7129	1.51
调整后的每股净资产	1.6386	1.5548	1.5996	1.47
每股经营活动产生的现金流量净额	-0.1011			
净资产收益率(%)	6.771	13.2959	12.0435	13.31

3、报告期内股东权益变动情况(单位:人民币元)

项　目	股本	资本公积	盈余公积	法定公益金	未分配利润	股东权益合计
期初数	288961676.00	66389727.91	50034309.33	16084396.01	76623530.22	482009243
本期增加			7380994.58	2460331.53	35007684.88	42388679
本期减少	7380994.58	7380994.58				
期末数	288961676.00	66389727.91	57415303.91	18544727.54	104250220.52	517016928

变动原因:1、盈余公积系当年提取增加所致;
2、法定公益金系当年提取增加所致;
3、未分配利润增加系本年增加利润所致。

三、股东情况介绍

(一)截止 1999 年末公司股东总数为 56379 户。

(二)持有本公司 5%(含 5%)以上股份的股东名称、年度内增减变动情况、年末持股数量及所持股份的质押或冻结的情况:

	期初数	本次变动增减(+、-)		期末数
		转让	受让	
长春长顺实业集团有限公司	93847365			93847365
通化玉仁药业总公司	35429984			35429984
长春市国有资产投资经营公司	31935091			31935091
珠海华裕达实业有限公司	0		21427516	21427516
通化县白山包装装潢厂	17027648	17027648	0	0

注:(1)长春长顺实业集团有限公司持有的股份已经办理了质押。

(2)报告期内,通化县白山包装装璜厂将持有的本公司 17027648 股(占总股本的 5.89%)法人股股权、吉林通化东宝药业股份有限公司将持有的本公司 4399868 股(占总股本的 1.52%)法人股股权,全部转让给珠海华裕达实业有限公司。

(3)通化玉仁药业总公司将持有的公司 35429984 股法人股于 1999 年 11 月 7 日以协议形式全部转让给珠海华裕达实业有限公司。有关事宜已于 1999 年 12 月 23 日在《证券时报》上公告,相关股权过户手续在报告期后已办理完毕。此次股权转让完成后,珠海华裕达实业有限公司共持有公司 56857500 股股权,占公司总股本的 19.67%.

截止 1999 年末公司前 10 名股东情况

序号	股东名称	持有股数	已流通股份	未流通股份	持股比例
1	长春长顺实业集团有限公司	93847365	0	93847365	32.48%
2	通化玉仁药业总公司	35429984	0	35429984	12.26%
3	长春市国有资产投资经营公司	31935091	0	31935091	11.05%
4	珠海华裕达实业有限公司	21427516	0	21427516	7.41%
5	王永顺	818492	818492	0	1.52%
6	赵世奇	362236	362236	0	0.13%
7	普丰证券投资基金	351637	351637	0	0.12%
8	杨玉金	344580	344580	0	0.11%
9	深圳市东方国际旅行社有限公司	287700	287700	0	0.09%
10	郑秀英	251190	251190	0	0.08%

石家庄宝石电子玻璃股份有限公司

(一) 公司简介

1.公司法定名称
中文:石家庄宝石电子玻璃股份有限公司
英文:SHIJIAZHUANG +,-BAOSHI ELECTRONIC GLASS COMPANY LIMITED
--英文名称缩写:SJZBS
2.公司法定代表人:董庆祥
3.公司董事会秘书:宋洪波
授权代表:苏佛诗、罗丽娜
联系地址:河北省石家庄市中山东路华清街 2 号(公司证券部)
--电话:0311-6044705 传真: 0311-6041503
4.公司注册地址:河北省石家庄市高新技术产业开发区黄河大道 9 号
公司办公地址:河北省石家庄市高新技术产业开发区黄河大道 9 号
邮政编码:050035
--电子信箱:bsdz@sj-user.he.cninfo.net
5.公司选定的信息披露报纸:《中国证券报》、《香港商报》
登载公司年度报告的国际互联网址:http://www.cninfo.com.cn
--公司年度报告备置地点:公司证券部
6.公司股票上市地:深圳证券交易所
股票简称:ST 宝石 A、ST 宝石 B
--股票代码:0413、2413

(二) 会计数据和业务数据摘要

1、本年度主要利润指标情况(合并报表)
单位:人民币元

利润总额	56886176
净利润	37129889
扣除非经常性损益后的净利润	-76458495
主营业务利润	-3001911
其他业务利润	11265386
营业利润	-90154509
投资收益	32884216
补贴收入	-
营业外收支净额	114156469
经营活动产生的现金流量净额	-13216449
现金及现金等价物净增加额	2591479

说明: 扣除非经常性损益后的净利润=净利润+资产评估减值-资产处置收益-贴息　及免息-债权人豁免以前年度应付款项+固定资产报废损失=37,129,889+25,925,000-27,281,157-135,790,167-13,413,831+36,971,771=-76458495

2、本报告期末公司前三年的主要会计数据和财务指标

指标项目/年度	1999 年 (合并)	1998 年 (合并)	1997 年 (合并)
主营业务收入(万元)	572	3892	56223
净利润(万元)	3713	-23681	-33393
总资产(万元)	204554	220450	345807
股东权益(万元)	43398	39685	63366
每股收益(元)	0.0969	-0.618	-0.872
按月加权的每股收益(元)	0.0969	-0.618	-0.872
扣除非经常性损益后的每股收益(元)	-0.1996	-0.644	-0.872
每股净资产(元)	1.13	1.036	1.65
调整后的每股净资产(元)	1.08	1.01	1.62
每股经营活动产生的现金流量净额(元)	-0.0345	-0.075	
净资产收益率(%)	8.56	-59.67	-52.70

注:财务指标计算公式如下:
每股收益=净利润/年度末普通股股份总数
每股净资产=年度末股东权益/年度末普通股股份总数
调整后的每股净资产=(年度末股东权益-三年以上应收款项净额-待摊费用-待处　理(流动、固定)资产净损失-开办费-长期待摊费用-住房周转金负数余额)/年度末普　通股股份总数。
每股经营活动产生的现金流量净额=经营活动产生的现金流量净额/年度末普通股股份总数
净资产收益率=净利润/年度末股东权益×100%

4、报告期内股东权益变动情况　　单位:万元

项目	股本 (万股)	资本公积	盈余公积	法定公益金	未分配利润	股东权益合计
期初数	38300	38750	6186	2062	-43551	39685
本期增加					3713	3713
本期减少						
期末数	38300	38750	6186	2062	-39838	43398

(三) 股东情况介绍

(1)报告期末股东总数
截止 1999 年 12 月 31 日,公司共有 A 股股东 9707 人,B 股股东 7108　人。
(2)公司前十名股东持股情况(截止 1999 年 12 月 31 日)

股东名称	持股数(股)	占总股本%
①石家庄宝石电子集团有限责任公司	230410500	60.16
②DAIWA SECURITIESSB.CSPITAL MARKETS.HK LTD	14538600	3.8
③SEG(HONG KONG)COMPANY	3918545	1.02
④深圳天骥投资基金	3000000	0.78
⑤中国电子进出口总公司	2000000	0.52
⑥黄真	1954401	0.51
⑦谢映君	1598500	0.42
⑧WISEMAX INTERNATIONAL LIMITED	1594990	0.42
⑨冼昭蓉	1200000	0.31
⑩巫素梅	1006300	0.26

其中①为国家股股东。②、③、⑥、⑦、⑧、⑨、⑩为境内上市外资股股东。
说明:前十名股东之间不存在关联关系。

新疆汇通(集团)股份有限公司

一、公司简介

(一)公司法定中文名称:新疆汇通(集团)股份有限公司
英文名称:Xin Jiang Hui Tong (group) Co., LTD.
(二)公司法定代表人:柳志伟
(三)公司董事会秘书:张 路
授 权 代 表:郭秀林
联系地址:新疆乌鲁木齐市黄河路22号汇通大厦619室
电 话:(0991)5852082
传 真:(0991)5852082
(四)公司注册地址:新疆维吾尔自治区乌鲁木齐市黄河路22号汇通大厦
公司办公地址:新疆维吾尔自治区乌鲁木齐市黄河路22号汇通大厦
公司国际互联网网址:http://www.huitonggroup.com.cn
公司电子信箱:0415@163.net
邮政编码:830000
(五)公司选定的信息披露报纸:《证券时报》
公司年度报告备置地点:公司董事会秘书室
证监会指定的公司登载年度报告的国际互联网网址:
http://www.cninfo.com.cn
(六)公司股票上市交易所:深圳证券交易所
股票简称:汇通水利
股票代码:0415

二、会计数据和业务数据摘要

(一)一九九九年年度主要利润指标情况

项 目	金额(单位:元)
1、利润总额:	75,123,801.12
2、净 利 润:	70,111,419.51
3、扣除非经常性损益后的净利润:	70,435,964.06
4、主营业务利润:	88,549,731.58
5、其他业务利润:	4,412,837.81
6、营业利润:	65,668,217.77
7、投资收益:	9,780,130.90
8、补贴收入:	——
9、营业外收支净额:	-324,544.55
10、经营活动产生的现金流量净额:	13,153,328.13
11、现金及现金等价物净增加额:	39,259,569.62

(二)前三年主要会计数据和财务指标:

指标项目	1999年	1998年 调整前	1998年 调整后	1997年 调整前	1997年 调整后
1、主营业务收入(元)	189,735,508.38	115,708,035.63	115,708,035.63	81,705,509.82	81,705,509.82
2、净利润(元)	70,111,419.51	36,568,352.25	30,765,222.07	25,002,016.50	24,478,156.10
3、总资产(元)	501,376,116.30	315,332,989.53	313,105998.95	265,559,031.34	265,035,170.94
4、股东权益(元)	387,356,766.26	221,4930,536.49	215,166,545.91	184,925,184.24	184,401,323.84
5、每股收益(元/股)	0.301	0.406	0.342	0.278	0.272
6、加权平均每股收益(元/股)	0.368	0.406	0.343	0.278	0.272
7、扣除非经常性损益后的每投收益(元/股)	0.302		0.343		0.272
8、每股净资产(元/股)	1.661	2.46	2.391	2.05	2.047
9、调整后的每股净资产(元/股)	1.614	2.42	2.274	2.02	2.017
10、每股经营活动产生的现金流量净额	0.056		-0.298		—
11、净资产收益率(%)	18.10	16.51	14.30	13.52	13.51

注:(1)1997年和1998年度调整后的主要会计数据和财务指标系根据财政部财会计(1999)35号文,49号文的有关规定,改变会计政策,进行追溯调整所致.

(2)主要财务指标的计算方法:
每股收益=净利润/年度末普通股份总数
每股净资产=年度末股东权益/年度末普通股股份总数
净资产收益率=净利润/年度末股东权益×100%
调整后的每股净资产=(年度末股东权益-三年以上的应收款项净额-待摊费用-待处理(流动、固定)资产净损失-开办费-长期待摊费用-住房周转金负数余额)/年度末普通股股份总数
每股经营活动产生的现金流量净额=经营活动产生的现金流量净额/年度末普通 股股份总数
净资产收益率=净利润/年度末股东权益×100%

(三)报告期内股东权益变动情况:单位:人民币万元

项 目	股 本	资本公积	盈余公积	法定公益金	未分配利润	合 计
期 初 数	9000.0000	6062.4123	1171.4632	575.8624	4706.9167	21516.6546
本期增加	14317.9996	9119.8801	4211.1142	350.5571	7011.1420	35010.6930
本期减少	——	5580.0000	3510.0003	—	8701.6706	17791.6709
期 末 数	23317.9996	9602.2924	1872.5771	926.4195	3016.3881	38735.6767

三、股东情况介绍

1、截止1999年12月31日,本公司股东总数42955名。
2、截止1998年12月31日,持有本公司股份的前十名股东有:

序号 股东名称	期初持股数	期末持股数	占总股本比例(%)
1)新疆水利电力建设总公司	27000000	65479306	28.08
2)海南维达实业有限公司	16609500	39372099	16.88
3)深圳市富士豪实业有限公司	10583010	32371046	13.88
4)深圳市泰安盈投资顾问责任公司		3305820	1.41
5)上海东航高科技有限公司		382879	0.16
6)阎美容		348938	0.15
7)梁丽		321559	0.14
8)深圳国投证券有限公司		304711	0.13
9)普丰证券投资基金		283674	0.12
10)饶金楼		275149	0.12

说明:1新疆水利电力建设总公司持有本公司国有法人股6547.9306万股,占公司 股份总数的28.08%。

青岛国货(集团)股份有限公司

一、公司简介

1、公司法定中文名称:青岛国货(集团)股份有限公司
公司法定英文名称:QINGDAO GUOHUO (GROUP)CO.LTD.
2、公司法定代表人:纪家伟
3、公司董事会秘书:陈 波
联系地址:青岛市市南区中山路149号
联系电话:(0532)2857899 传真:(0532)2857808
授权代表:杜心强
联系地址:青岛市市南区中山路149号
联系电话:(0532)2857899 传真:(0532)2857808
4、公司注册及办公地址:青岛市市南区中山路149号 邮政编码:266001
5、公司选定的信息披露报纸:《证券时报》
登载公司年度报告的国际互联网网址:www.cninfo.com.cn
公司年度报告备置地点:董事会办公室
6、公司股票上市交易所:深圳证券交易所
股 票 简 称:青岛国货 股票码:0416

二、会计数据和业务数据摘要

(一)公司本年度实现的利润总额及构成 (金额:元)

利润总额	-41,146,542.17
净 利 润	-41,141,778.24
扣除非经常性损益后的净利润	-31,629,751.63
主营业务利润	17,186,306.44
其他业务利润	3,907,327.83
营业利润	-31,286,766.75
投资收益	-98,957.80
补贴收入	0
营业外收支净额	-9,760,817.62
经营活动产生的现金流量净额	-40,145,610.85
现金及现金等价物净增加额	-13,880,854.62

注:扣除非经常性损益项目

固定资产清理净损失	5,658,051.42 元
存货损失	3,853,975.19 元

(二)截至报告期末公司前三年主要会计数据和财务指标

项 目	99年度	98年度 调整前	98年度 调整后	97年度
主营业务收入(元)	196182159.79	399779275.79	399779275.79	436,988,706.68
净利润(元)	-41,141,778.24	5,056,809.56	3,003,679.39	21,313,398.04
总资产(元)	435,407,801.31	474546,622.78	468811957.39	409,964,345.92
股东权益(元)	248,516,989.14	295393,432.77	289658767.38	211,159,540.49
每股收益(元)	-0.362	0.044	0.026	0.22
加权每股收益(元)	-0.362	0.045	0.027	0.25
扣除非经常性损益后的每股收益(元)	-0.278			
每股净资产(元)	2.19	2.60	2.55	2.18
调整后的每股净资产(元)	2.15	2.56	2.51	2.15
每股经营活动产生的现金流量净额(元)	-0.35			
净资产收益率(%)	-16.55	1.71	1.03	10.09

注:
1、主要会计数据和财务指标的计算方法:
每股收益=净利润/年度末普通股股份总数
每股净资产=年度末股东权益/年度末普通股股份总数
调整后的每股净资产=[年度末股东权益-三年以上的应收帐款-待摊费用-待处理(流动、固定)资产净损失-开办费-长期待摊费用-住房公积金负数余额]/年度末普通股股份总数
每股经营活动产生的现金流量净额=经营活动产生的现金流量净额/年度末普通股股份总数
净资产收益率=净利润/年度末股东权益×100%
2、以上数据以公司合并报表数据填列。
3、本年度公司根据财政部(1999)35号文规定,会计政策作了相应变更,采用追溯 调整法,调减1998年度的净利润2,053,130.17元;调减了1999年年初留存收益5,734,665.39元,其中未分配利润调减4,874,465.58元,盈余公积金调减860,199.81元。利润及利润分配表上年数栏的年初未分配利润调减3,129,304.93元。

(三)报告期内股东权益变动情况(金额:元)

项 目	股本	资本公积	盈余公积	其中:公益金	未分配利润	合计
期初数	113679049	143309123.26	10963732.10	1308626.92	21706863.02	289658767
本期增加						
本期减少					41141778.24	41141778.24
期末数	113679049	143309123.26	10963732.10	1308626.92	-19434915.22	248516989

变动原因:期末未分配利润减少41141778.24元,系公司99年度实现净利润-41141778.24元。

三、股东情况介绍

(一)、报告期末股东总数
截止1999年12月31日,公司股东总数为35138户。
(二)、主要股东持股情况
截止1999年12月31日,公司前10名股东持股情况:

股东名称	持股数量(股)	持股比例(%)
1、青岛市商业总公司	33796800	29.73
2、青岛市弘诚信托投资有限责任公司	1041150	0.92
3、青岛益青房地产公司	825000	0.73
4、青岛太阳房地产经济发展总公司	577500	0.51
5、中国银行青岛市分行证券业务部	561000	0.49
6、蔡 旭	335950	0.30
7、青岛市城乡建设委员会材料店	330000	0.29
8、国营青岛印刷厂	330000	0.29
9、青岛艺华旅游实业总公司	330000	0.29
10、山东国际海运公司	321750	0.28

合肥百货大楼股份有限公司

一、公司简介

(一)公司法定中文名称:合肥百货大楼股份有限公司
公司法定英文名称:HEFEI DEPARTMENT STORE CO.LTD
(二)公司法定代表人: 董事长金杰先生
(三)公司董事会秘书: 赵文武先生
联系地址:合肥市长江中路150号公司证券发展部
电话:0551-2647133转3034、2640803 传真:0551-2652936
电子信箱:zhao_wenwu@sohu.com
(四)公司注册地址:安徽省合肥市长江中路150号
公司办公地址:合肥市长江中路150号综合楼2-4层 邮政编码:230001
公司国际互联网网址:http://www.hfbh.com.cn
公司电子信箱:hfbhdl@mail.hf.ah.cn
(五)公司选定的信息披露报纸:《中国证券报》、《证券时报》
登载公司年度报告的中国政监会指定国际互联网网址:
http://www.cninfo.com.cn
公司年度报告备置地点:公司证券发展部
(六)公司股票上市交易所:深圳证券交易所
股票简称:合肥百货 股票代码:0417

二、会计数据和业务数据摘要

(一)本年度利润总额及构成 (单位:元)

项 目	1999年度合并报表
利润总额	50637978.85
净利润	42552511.05
扣除非经常性损益后的净利润	42552511.05
主营业务利润	92687241.30
其他业务利润	13061713.32
营业利润	45735370.29
投资收益	5044725.68
补贴收入	–
营业外收支净额	–142117.12
经营活动产生的现金流量净额	90042361.55
现金及现金等价物净增加额	51479274.83

注:本报告期无非经常性损益项目。

(二)公司前三年主要会计数据及财务指标:

序号	栏目	1999年度	1998年度		1997年度	
		调整后	调整前	调整后	调整前	调整后
1	主营业务收入(元)	723082691.43	618883565.43	618883565.43	599761606.84	599761606.84
2	净利润(元)	42552511.05	39759612.89	38557808.46	23930905.22	24237235.20
3	总资产(元	751736317.66	656912186.63	654512256.12	414096604.95	412923789.82
4	股东权益(元)	420617093.14	391755287.10	389375156.59	236190680.21	235017865.08
5	每股收益(元)	0.564	0.53	0.51	0.39	0.40
	每股收益(摊薄)	0.564	0.56	0.54	0.39	0.40
6	扣除非经常性损益后的每股收益(元)	0.564	0.51	0.50	0.38	0.38
7	每股净资产(元)	5.58	5.20	5.16	3.89	3.87
8	调整后每股净资产(元)	5.37	5.09	4.96	3.72	3.70
9	每股经营活动产生的现金流量净额(元)	1.19	0.93	0.93	–	–
10	净资产收益率(%)	10.12	10.15	9.90	10.13	10.31

注:1、主要会计数据和财务指标计算公式如下:
每股收益=净利润/年度末普通股股份总数
每股净资产=年度末股东权益/ 年度末普通股股份总数
调整后每股净资产=(年度末股东权益–三年以上应收款项净额–待摊费用–待处理(流动、固定)资产净损失–开办费–长期待摊费用–住房周转金负数余额)/年度末普通股股份总数
每股经营活动产生的现金流量净额=经营活动产生的现金流量净额/期末普通股股份总数
净资产收益率=净利润/年度末股东权益×100%
2、股东权益已扣除少数股东权益。
(三)报告期内股东权益变动情况及变化原因

项目	股本	资本公积	盈余公积	其中:法定公益金	未分配利润	股东权益合计
期初数	75403830.00	235181609.92	49555803.94	12606306.87	29233912.73	389375156.59
本期增加			17627599.37	4558548.58	42552511.05	42552511.05
本期减少					28938173.87	11310574.50
期末数	75403830.00	235181609.92	67183403.31	17164855.45	42848249.91	420617093.14

变动原因:(1)、本年度公司股本未发生变动。
(2)、资本公积金未发生变动。
(3)、盈余公益金增加系母公司及子公司均按各自净利润提取10%法定公积金,10%法定公益金及母公司按净利润20%提取任意盈余公积金所致。
(4)、未分配利润增加系本年净利润转入.减少系提取法定公积金、公益金和任意盈余公积金及董事会分配预案每10股派现金1.5元所致,此预案需提交股东大会审议 通过。

三、股东情况介绍

(一)1999年末股东总数
截止1999年12月31日,公司股东总户数共13286户
(二)本公司前十名股东持股情况

序号	股东名称	持股数量(万股)	占总股本比率(%)
1	合肥百货大楼集团控股有限公司	40389440	53.56
2	合肥美菱股份有限公司	3416600	4.53
3	合肥百货大楼裕安开发部	1379240	1.83
4	合肥洗衣机总厂(荣事达)	1138800	1.51
5	中国工商银行安徽省分行营业部	1138800	1.51
6	安徽省国际信托投资公司	569400	0.76
7	袁作奎	298308	0.40
8	合肥金达利娱乐有限公司	260160	0.35
9	金鑫证券投资基金	229740	0.31
10	深圳市津华策投资发展有限公司	229700	0.30

无锡小天鹅股份有限公司

(一) 公司简介

1、公司法定中文名称:无锡小天鹅股份有限公司
公司法定英文名称:Wuxi Little Swan Company Limited
2、公司法定代表人:朱德坤先生
3、公司董事会秘书:郭怡青先生
联系地址:江苏省无锡市惠钱路67号无锡小天鹅股份有限公司证券部 邮政编码:214035
联系电话:0510-3704003-2022 传真:0510-3704031
电子信箱:securities@littleswan.com.cn
公司董事会秘书授权代表:王韧先生
联系地址:江苏省无锡市惠钱路67号无锡小天鹅股份有限公司证券部 邮政编码:214035
电 话:0510-3704003-2022 传真:0510-3704031 电子信箱:wangren@littleswan.com.cn
4、公司注册地址:江苏省无锡市惠钱路67号
公司办公地址:江苏省无锡市惠钱路67号 邮政编码:214035
公司国际互联网网址:http://www.littleswan.com 电子信箱:info@littleswan.com.cn
5、公司选定的信息披露报纸名称:《证券时报》、《中国证券报》、香港《文汇报》
登载公司年度报告的中国证监会指定国际互联网网址: http://www.cninfo.com.cn
公司年度报告备置地点:公司证券部
6、公司股票上市交易所:深圳证券交易所
股票简称:小天鹅A 小天鹅B 股票代码:0418 2418

(二) 会计数据和业务数据摘要

1、本年度利润指标情况 (单位:人民币元)

项目	1999年度
利润总额	264,521,548.15
净利润	209,390,268.69
扣除非经常性损益后的净利润	209,168,722.51
主营业务利润	752,124,757.52
其他业务利润	9,744,676.24
营业利润	295,528,199.13
投资收益	–24,371,562.48
补贴收入	
营业外收支净额	–6,635,088.5
经营活动产生的现金流量净额	215,586,300.55
现金及现金等价物净增加额	98,267,398.27

净利润调整(单位:千元)

	1999年度
根据中国会计准则计算	209,390
按照国际会计准则所作的调整	
减:坏帐准备	4,806
调整后的余额	204,584

说明:本年度公司非经常性损益构成如下:减去营业外收入2362374.60元;加上部分营业外支出2140828.42元。
2、截至报告期末公司前三年的主要会计数据和财务指标

项目	1999年度	1998年度		1997年度	
		调整前	调整后	调整前	调整后
主营业务收入(万元)	265,963.48	216,716.58	216,716.58	183,935.63	183,935.63
净利润(万元)	20,939.03	22,472.36	22,450.67	26,286.05	25,890.15
总资产(万元)	318,400.25	280,995.49	281,678.81	252,921.87	249,821.06
股东权益(不含少数股东权益) (万元)	191,631.80	184,761.03	181,638.52	174,838.26	171,737.45
每股收益(摊薄) (元)	0.5735	0.6155	0.6149	0.8640	0.8509
每股收益(加权) (元)	0.5735	0.6818	0.6811	0.9088	0.8951
扣除非经常性损益后的每股收益(元)	0.5729	0.6123	0.6117	0.8619	0.8489
每股净资产(元)	5.25	5.06	4.97	5.75	5.64
调整后的每股净资产(元)	5.14	4.99	4.87	5.71	5.63
每股经营活动产生的现金流量净额(元)	0.5905	–0.1393	–0.1393	——	——
净资产收益率(%)(摊薄)	10.93	12.16	12.36	15.03	15.08
净资产收益率(%)(加权)	11.22	12.50	12.71	17.66	17.39

3、报告期内股东权益变动情况(单位:人民币元)

项 目	股本	资本公积金	盈余公积金	法定公益金	未分配利润	股东权益合计
期初数	365103840	1104497033.44	371196576.26	75123166.69	–24412212.21	1816385237.49
本期增加		73601.71	70638186.61	21707276.96	209390268.69	99932718.40
本期减少			750881.50	750881.50	179418457.11	
期末数	365103840	1104570635.15	441083881.37	96079562.15	5559559.37	1916317955.89

变动原因:1、资本公积金增加为纳入合并报表范围的子公司获得的所得税减免母公司根据股权比例享受的部分。2、盈余公积金及法定公益金的增加系本年度公司提 取"两金"所致,公益金减少是公司本期发生住房补贴所致。3、未分配利润的增加系1999年度可分配利润扣除"两金"及分配红利后的余额。

(三) 股东情况介绍

1、截止1999年12月31日,公司股东总数为53,029户,其中A股股东50,451户,B股股东股东2,578户,公司无内部职工股或公司职工股。
2、前十名股东持股情况

	股东名称	年末数(股)	比例(%)
1	江苏小天鹅集团有限公司	101,628,864	27.84
2	大中华发展有限公司	43,357,248	11.88
3	ARRAN INVESTMENT PTE LTD	16,762,132	4.59
4	无锡市工业发展基金	16,496,640	4.52
5	景宏证券投资基金	13,008,732	3.56
6	无锡城镇集体工业联社	7,993,728	2.19
7	南方证券有限公司	7,771,200	2.13
8	深圳大鹏证券有限公司证券业务部第三交易部	5,258,312	1.44
9	西安万国房地产开发有限责任公司	4,800,000	1.31
10	MSBL/HYPOBANK INTL S.A.	3,366,750	0.92

长沙通程控股股份有限公司

一、公司简介

公司法定中文名称:长沙通程控股股份有限公司
英文名称:CHANGSHA TONGCHENG HOLDINGS CO.,LTD
公司法定代表人:周兆达先生
公司董事会秘书:马涵女士
联系地址:长沙市劳动路2号长沙通程控股股份有限公司证券事务部
电话:0731-5534994　传真:0731-5535588
公司注册及办公地址:中国湖南长沙市劳动路2号　邮　编:410007
E-MAIL 地址:TCSY@PUBLC.CS.HN.CN
公司指定信息披露报刊:《证券时报》
登载公司年度报告国际互联网址:www.cninfo.com
公司年度报告备置地点:长沙市劳动路2号长沙通程控股股份有限公司证券事务部
股票上市交易所:深圳证券交易所
股票简称:通程控股　股票代码:0419

二、会计数据和业务数据摘要

1、1999年度利润总额及构成　(单位:元)

利润总额	46734436.03
净利润	38010112.21
扣除非经常性损益后的净利润	34372090.68
主营业务利润	158800420.01
其他业务利润	359162.80
营业利润	33561783.58
投资收益	9534630.92
补贴收入	200000.00
营业外收支净额	3438021.53
经营活动产生的现金流量净额	23840605.51
现金及现金等价物净增加额	26469371.88

注：扣除的非经常性损益项目和涉及金额

(1)、营业外收支净额项目:	3438021.53
(2)、补贴收入	200000.00
(3)、以上项目涉及金额	3638021.53

2、截止报告期末公司前三年主要会计数据和财务指标

指标项目	1999年度	1998年度		1997年度	
	调整后	调整前	调整后	调整前	调整后
主营业务收入(元)	646874635.05	600390689.18	60039689.18	500807342.78	500807342.78
净利润(元)	38010112.21	46687073.40	36993245.75	42010070.59	41687073.40
总资产(元)	896084788.07	890980862.09	869063301.21	336665380.35	324532155.88
股东权益(元)	338958761.47	322775701.38	300948649.26	216130260.00	203997035.53
每股收益(元)	0.2381	0.2924	0.2317	0.2743	0.2722
每股收益(月均)(元)	0.2381	0.2944	0.2333	0.3950	0.3920
扣除非经营性损益后每股收益	0.2152	0.2771	0.2164	0.2584	0.2563
每股净资产	2.1252	2.0218	1.8851	1.4112	1.3320
调整后的每股净资产(元)	1.9933	1.8727	1.7360	1.3627	1.2835
每股经营活动产生的现金流量净额(元)	0.2637	0.4467	0.4467	——	——
净资产收益率(%)	11.21	14.46	12.29	19.44	20.44

3、报告期内股东权益变动情况及其原因

(1)股东权益变动情况(单位:人民币元)

项目	期初数	本期增加	本期减少	期末数
股本	159650000.00	0	0	159650000.00
资本公积	91761556.09	0	0	91761556.09
盈余公积	14420626.24	7383545.51	0	21804171.75
法定公益金	4806875.41	2461181.84	0	7268057.25
未分配利润	35116466.93	30626566.70	0	65743033.63
股东权益合计	300948649.26	38010112.21	0	338958761.47

三、股本变动及股东情况

1、股本变动情况　数量单位:股

股份类别	本次变动前	本期变动增减数(+,-)						本次变动后
		配股	送股	公积金转股	增发	其他	小计	
(一)未上市流通股份								
国家持有股份	97150000							97150000
境内法人持有股份	12000000							12000000
内部职工股其中:高管股	246600					-33000	-33000	213600
其中:转配股	1000000							1000000
尚未流通股份合计	110396600							110363600
(二)已上市流通股份								
人民币普通股	49253400					33000	33000	49286400
已流通股份合计	49253400							49286400
(三)股份合计	159650000					0	0	159650000

2、股东情况介绍

(1) 截止1999年12日31日,公司股东总数为12838户。其中:法人股股东5户,公司董事、监事及高级管理人员持股9户,转配股法人股东1户,社会公众股股东12823户。

(2)截止1998年12月31日公司前十名股东持股情况:

股东名称	持股数量(股)	持股比例(%)
1.长沙通程实业集团有限公司	97,150,000	60.85
2.长沙市自来水公司	3000,000	1.88
3.长沙电业局	3000,000	1.88
4.长沙通信发展总公司	3000,000	1.88
5.湖南省金帆经济发展公司	3000,000	1.88
6.大鹏证券有限责任公司	940626	0.58
7.张旗	439527	0.28
8.北京中安利投资顾问有限公司	347000	0.22
9.汤怡	333600	0.21
10.张翠枝	260900	0.16

吉林化纤股份有限公司

(一) 公司简介

1、公司中文名称:吉林化纤股份有限公司
公司英文名称:JILINCHEMICALFIBRECO.,LTD
2、公司法定代表人:傅万才
3、公司董事会秘书:唐家维
电话:0432-3058446
传真:0432-3058453
联系地址:吉林市昌邑区九站街516-1号
电子信箱:manage@jlhxjt.com
4、公司注册地址:吉林省吉林市昌邑区九站街516-1号
公司邮编:132101
公司国际互联网网址:http://www.jlhxjt.com
公司电子信箱:office@jlhxjt.com
5、公司信息披露报纸:《证券时报》
国际互联网网址:http://www.cninfo.com.cn
年度报告备置地点:证券办公室
6、公司股票上市交易所:深圳证券交易所
公司股票简称:吉林化纤　公司股票代码:0420

(二) 会计数据和业务数据摘要

1、项目	数据(元)
利润总额	109,860,496.46
净利润	93,377,727.73
扣除非经常性损益后的净利润	89,203,598.14
主营业务利润	165,170,152.47
其它业务利润	-1,382,461.14
营业利润	106,954,551.83
投资收益	-86,474.67
补贴收入	0.00
营业外收支净额	2,992,419.48
经营活动产生的现金流量净额	335,319,079.73
现金及现金等价物净增加额	110,964,160.04

注:"扣除非经常性损益后的净利润"中扣除的非经常性损益为新股申购冻结资金利息收入4,910,740.69元。

2、主要会计数据　单位:万元

项　目	1999年	1998年		1997年	
		调整前	调整后	调整前	调整后
主营业务收入(万元)	80127.9	71323.3	71323.3	79829.1	79829.1
净利润(万元)	9337.8	8483.2	8554.9	6218.6	6268.5
总资产(万元)	143118.4	117471.1	117482.7	103658.1	103561.0
股东权益(万元)	90461.9	84461.9	84436.5	61394.8	61297.7
每股收益(元)	0.28	0.26	0.26	0.21	0.21
扣除非经营性损益后的每股收益(元)	0.27	0.18	0.18	0.20	0.20
每股净资产(元)	2.73	2.55	2.55	2.06	2.06
调整后每股资产(元)	2.71	2.52	2.52	2.04	2.04
每股经营活动产生的现金流量净额(元)	1.01	0.02	0.02	—	—
净资产收益率(%)	10.32	10.04	10.13	10.13	10.23

注:99年的扣除项目是新股申购冻结资金利息收入4,910,470.69元,98年的扣除项目是新股申购冻结资金利息收入4,910,470.69元、出售资产收益26,048,077.99元,97年扣除项目为新股申购冻结资金利息收入4,910,470.69元。

每股收益=净利润/年度末普通股份总数

每股净资产=年度末股东权益/年度末普通股股份总数

调整后的每股净资产=(年度末股东权益-三年以上的应收款项净额-待摊费用-待处理(流动、固定)资产净损失-开办费-长期待摊费用-住房周转金负数余额)/年度末普通股股份总数

每股经营活动产生的现金流量净额=经营活动产生的现金流量净额/年度普通股股份总数

净资产收益率=净利润/年度末股东权益×100%

3、报告期内股东权益变动情况:　单位:万元

项目	股本	资本公积	盈余公积	其中:公益金	未分配利润	合计
期初数	33125.48	26430.53	14680.33	4119.85	10200.15	84436.49
本期增加		0.20	1867.55	933.78	9337.78	11205.53
本期减少					5180.10	5180.10
期末数	33125.48	26430.73	16547.88	5053.63	14357.83	90461.92

(1)资本公积增加原因是接受捐赠0.2万元;

(2) 盈余公积增加原因是本年按10%提取法定公积金933.78万元及按10%提取法 定公益金933.78万元;

(3)法定公益金增加原因同上;

(4)未分配利润增加为本年实现净利润9337.78万元;减少原因为提取20%盈余公积金1867.55万元,按每股0.1元预分配股红利3312.55万元,总计减少5180.10万元。

(三)股东情况介绍

1、股东情况介绍

(1)报告期末股东总数:79373户。

(2)前十名股东名单:

序号	单位名称	持有本公司股数(股)	占总股本的比例(%)
1、	吉林化纤集团有限责任公司	145115000(国有法人股)	43.81
2、	吉林省吉发农业发展股份有限公司	6120000	1.85
3、	吉林省吉林建设开发集团公司	5100000	1.54
4、	海宁市化工轻工有限公司	3060000	0.92
5、	中国纺织机械进出口公司	3060000	0.92
6、	永新-沈阳化工股份有限公司	3060000	0.92
7、	萧山市地方物资公司	3060000	0.92
8、	中国纺织物资总公司	2040000	0.62
9、	中国价格学会纺织价格分会	2040000	0.62
10、	浙江省余杭市华轻轻纺原料有限公司	1840000	0.56

南京中北(集团)股份有限公司

一、公司简介

(一)公司中文名称:南京中北(集团)股份有限公司
公司英文名称:NANJING ZHONGBEI (GROUP) CO., LTD.
公司名称缩写:南京中北
(二)公司法定代表人:朱自强
(三)公司董事会秘书:赵 星 授权代表:王 滔
联系地址:南京市汉中门大街81号
联系电话:(025)6650169 传真:(025)6522634
(四)公司注册地址及办公地址:南京市汉中门大街81号 邮编:210029
公司国际互联网网址 HTTP://www.zhong-bei.com
电子信箱 E-MAIL: securities @ zhong-bei .com
(五)公司指定的信息披露报纸:《证券时报》、《中国证券报》
登载公司年度报告的中国证监会指定国际互联网网址 HTTP://www.cninfo.com.cn
公司年度报告备置地点:公司证券部
(六)公司股票上市交易所:深圳证券交易所
股票简称:南京中北 股票代码:0421

二、会计数据和业务数据摘要

(一)本年底主要会计数据: 单位:人民币元

利润总额:	32952905.24
净 利 润:	27230034.20
扣除非经常性损益后的净利润:	26049784.16
主营业务利润:	62126356.86
其他业务利润:	2944126.18
营业利润:	21198511.43
投资收益:	8315212.74
补贴收入:	3314432.00
营业外收支净额:	124749.07
经营活动产生的现金流量净额:	15667587.67
现金及现金等价物净增加额:	25978058.49

(二)截止报告期末公司前三年的主要会计数据和财务指标

项 目	1999	1998		1997	
		调整后	调整前	调整后	调整前
主营业务收入(万元)	29112.03	19037.8	19037.8	13266.68	13266.68
净 利 润(万元)	2723.00	3494.12	3743.99	3606.40	3989.68
总 资 产(万元)	69597.43	57515.09	58198.18	40967.92	41401.14
股东权益(万元)	40319.53	29097.28	29780.37	25586.65	26019.87
每股收益(元/股)	0.138	0.192	0.206	0.318	0.35
加权平均(元/股)	0.146	0.220	0.236	0.478	0.528
扣除非经常性损益后每股收益(元/股)	0.132	0.135	0.149	0.283	0.315
每股净资产(元/股)	2.04	1.60	1.64	2.25	2.29
调整后的每股净资产(元/股)	1.85	1.34	1.38	1.94	1.99
每股经营活动产生的现金流量净额(元)	0.08	0.35	0.35		
净资产收益率(%)	6.75	12.01	12.57	14.09	15.33
加权平均(%)	8.26	12.78	13.42	21.40	23.34

(三)报告期内股东权益变动情况 单位:元

项 目	期 初 数	本期增加	本期减少	期 末 数
股 本	181732800.00	15450205		197183005.00
资 本 公 积	53969338.83	89260642.32		143229981.15
盈 余 公 积	22650110.99	5446006.84		28096117.83
法定公益金	10656143.32	2723003.42		13379146.74
未分配利润	32620517.53	2065726.86		34686244.39
股东权益合计	290972767.35	112222581.02		403195348.37

三、股东情况介绍

(一)股本变动情况 单位:股

	本次变动前	本次变动增减(+,-)						本次变动后
		配股	送股	公积金转股	增发	其他	小计	
一未上市流通股份								
1.发起人股份	71446672						—	71446672
其中:国家持有股	56320000						—	56320000
境内法人持有股	15126672						—	15126672
2.募集法人股份	44137200	354240					354240	44491440
3.内部职工股	6115200					-6115200	-6115200	—
3.优先股或其他	13867328	5293165	—	—	—	—	5293165	19160493
其中:转配股	13867328	13165					13165	13880493
国家持有股	5280000						5280000	5280000
未上市流通股份合计	135566400	5647405	—	—	—	6115200	467795	135098605
二已上市流通股份								
1.人民币普通股	46166400	9802800				6115200	15918000	62084400
已上市流通股份合计	46166400	9802800	—	—	—	6115200	15918000	62084400
三股份总数	181732800	15450205	—	—	—	—	15450205	197183005

(二)公司股东情况
1、报告期末股东总数:截止1999年12月31日,公司股东总数为29264户。
2、公司前十名股东持股情况 单位:万股

股东名称	年初持股数	报告期内股份变动	年末持股数	占股本比例(%)
南京市国有资产经营(控股)有限公司	5632		5632	28.56
南京公用控股(集团)有限公司	617.6	528	1145.6	5.81
南京万众企业管理有限公司	401.9904	534.784	936.7744	4.75
中信汽车公司	379.6128		379.6128	1.93
上海大众出租汽车股份有限公司	336		336	1.70
深圳英特泰投资有限公司	/	305.6	305.6	1.55
温州国际信托投资公司	299.6457		299.6457	1.52
中信证券公司南京营业部	252.8856	45.688	298.5736	1.51
上海强生经济发展(集团)公司	288		288	1.46
上海申银万国证券股份有限公司	288		288	1.46

湖北宜化化工股份有限公司

(一) 公司简介

1、公司法定中文名称:湖北宜化化工股份有限公司
公司法定英文名称:Hubei Yihua Chemical Industry Co.,LTD
2、公司法定代表人:张永政先生
3、公司董事会秘书:余晨扬先生 授权代表:张拥军先生
联系地址:湖北省宜昌市犭虎亭大道399号 邮编:443007
电 话:0717-6517249、6516477
传真:0717-6516477
4、公司注册地址:湖北省宜昌市犭虎亭大道399号
公司办公地址:湖北省宜昌市犭虎亭大道399号
公司电子信箱:ycylsyex@yc.hb.cninfo.net
5、公司选定的信息披露报纸:《中国证券报》、《证券时报》
登载年报的互联网网址:http://www.cninfo.com.cn
公司年度报告备置地点:公司证券部
6、公司股票上市交易所:深圳证券交易所
股票简称: 湖北宜化 股票代码:0422

(二) 会计数据和业务数据摘要

1、本年度会计数据摘要

项 目	金 额(元)
① 利润总额	104605005.17
② 净利润	74130903.92
③ 主营业务利润	107869590.01
④ 其他业务利润	1598930.95
⑤ 投资收益	0.00
⑥ 补贴收入	16622237.04
⑦ 营业外收支净额	32009.50
⑧ 经营活动产生的现金流量净额	31207098.19
⑨ 现金及现金等价物净增加额	-49522873.18
⑩ 扣除非经常性损益后的净利润	74061174.91

注:扣除的非经常性损益项目及金额为:

固定资产处置净收益	719998.48
申购冻结资金利息	1581121.90
固定资产报废损失	2231391.37
合 计	69729.01

2、公司前三年主要会计数据及财务指标

项 目	1999.12.31	1998.12.31		1997.12.31	
	调整后	调整前	调整后	调整前	调整后
主营业务收入(万元)	42073.07	34237.59	34237.59	28344.38	28344.38
净利润(万元)	7413.09	10148.38	10207.54	5432.20	5433.62
总资产(万元)	84725.58	64779.59	64516.32	37891.87	37569.45
股东权益(万元)	59216.18	52066.36	51803.09	29092.52	28770.10
每股收益(元/股)	0.397	0.543	0.546	0.426	0.426
按月加权平均的每股收益(元/股)	0.397	0.672	0.676	0.535	0.538
扣除非经常性损益后的每股收益(元/股)	0.396	0.529	0.532	0.426	0.407
每股净资产(元/股)	3.167	2.785	2.771	2.282	2.260
调整后的每股净资产(元/股)	3.106	2.716	2.702	2.275	2.249
净资产收益率(%)	12.52	19.49	19.70	18.67	18.89
每股经营活动产生的现金流量净额(元/股)	0.167	0.840	0.840		

调整前各年度会计数据如下:

项 目	1999年	1998年	1997年
坏帐准备			
存货跌价损失准备			
盈余公积	48330437.67	36556353.12	21333789.53
未分配利润	164860638.98	98140826.36	55024947.69

调整后各年度相关会计数据如下:

项 目	1999年	1998年	1997年
坏帐准备	5676036.21	1428634.09	2020265.83
存货跌价损失准备	1319643.50	1204052.37	1204052.37
盈余公积	47281085.71	36161450.11	20850143.15
未分配利润	158914311.23	95903042.91	52284277.26

3、报告期内股东权益变动情况及原因

项目	股本	资本公积	盈余公积	法定公益金	未分配利润	股东权益合计
期初数	186963035	199003413.41	24107633.44	12053816.67	95903042.91	518030941.43
本期增加	-	-	7413090.40	3706545.20	74130903.92	74130903.92
本期减少	-	-	-	-	11119635.60	-
期末数	186963035	199003413.41	31520723.84	15760361.87	158914311.23	592161845.32

变动原因:盈余公积、法定公益金增加是由于从本年度利润中提取一定数额;未分配利润及 股东权益增加均是因为本年度实现经营利润所致; 未分配利润减少是由于从本年度利 润中提取公积金、公益金所致。

(三) 股东情况介绍

1、报告期末股东总数
截止1999年12月31日,公司股东总数为50240户。
2、前十名股东持股情况

序号	股 东	年末持股数	持股比例(%)
1	湖北宜化集团有限责任公司	59934009	32.06
2	建行宜昌市信托投资公司	12314250	6.58
3	宜昌市供电局	6768450	3.62
4	农行宜昌市信托投资公司	5070000	2.71
5	工行宜昌市信托投资公司	5070000	2.71
6	宜昌市财务开发公司	2028000	1.08
7	宜昌市长裕工贸公司	1959750	1.04
8	宜昌三峡银豪实业总公司	1900353	1.02
9	宜昌市电力实业开发公司	1698450	0.90
10	三峡证券有限责任公司	1635966	0.88

山东东阿阿胶股份有限公司

一、公司简介

公司名称:中文　山东东阿阿胶股份有限公司
　　　　英文　SHAN DONG DONG-E E-JIAO CO.,LTD
公司注册地址:山东省东阿县阿胶街78号
公司办公地址:山东省东阿县阿胶街78号
公司法定代表人:刘维志
公司董事会秘书:题兰玉
公司授权代表:赵立明
公司国际互联网网址:WWW.Dongeejiao.com
公司电子信箱:Deej@public.lcptt.sd.cn
公司信息披露报纸:《中国证券报》、《证券时报》
中国证监会指定互联网网址:Http://www.cninfo.com.cn
公司年度报告备置地点　:山东东阿阿胶股份有限公司
邮　　编:252201
电　　话:(0635)3260001　　传　　真:(0635)3260786
股票上市地:深圳证券交易所
股票简称:　东阿阿胶　　股票代码:　0423

二、会计和业务数据摘要

1、本年度利润总额及其构成　　　　　(单位:人民币元)

(1)利润总额	62,435,454.93
(2)净利润	45,065,031.82
(3)扣除非经营性损益后的净利润	34,775,719.45
(4)主营业务利润	166,406,239.36
(5)其他业务利润	139,634.78
(6)营业利润	51,780,150.49
(7)投资收益	1,444,524.03
(8)补贴收入	9,546,237.56
(9)营业外收支净额	335,457.15
(10)经营活动产生的现金流量净额	-19,211,122.74
(11)现金及现金等价物净增加额	23,910,064.41

2、近三年会计数据和财务指标:

指标项目	99年	98年调整前	98年调整后
主营业务收入(元)	280,262,552.13	223,902,178.65	223,902,178.65
净利润(元)	45,065,031.82	37,844,381.77	36,580,189.22
总资产(元)	535,212,776.80	462,739,567.79	455,956,364.79
股东权益(元)	377,195,946.22	366,859,935.46	360,077,025.60
每股收益(元)(摊薄)	0.32	0.27	0.26
加权平均每股收益(元)	0.32	0.28	0.27
每股净资产(元)	2.70	2.63	2.58
调整后的每股净资产(元)	2.69	2.62	2.57
每股经营活动产生的现金流量净额 (元)	-0.14	0.35	0.35
净资产收益率(%)	11.95	10.32	10.16
扣除非经营性损益后的每股收益(元)	0.25	0.24	0.23

<续上表>

指标项目	97年调整前	97年调整后
主营业务收入(元)	189,568,922.88	189,568,922.88
净利润(元)	32,441,937.53	32,680,290.31
总资产(元)	342,938,890.45	337,457,559.88
股东权益(元)	221,660,024.14	216,178,693.57
每股收益(元)(摊薄)	0.27	0.27
加权平均每股收益(元)	0.37	0.37
每股净资产(元)	1.83	1.80
调整后的每股净资产(元)	1.82	1.80
每股经营活动产生的现金流量净额 (元)		
净资产收益率(%)	14.64	15.13
扣除非经营性损益后的每股收益(元)	0.25	0.25

主要财务指标的计算公式如下:
每股收益=净利润/年度末普通股股份总数
每股净资产=年度末股东权益/ 年度末普通股股份总数
调整后的每股净资产=(年度末股东权益-三年以上应收款项净额-待摊费用- 待处理(流动、固定)资产净损失-开办费-长期待摊费用-住房周转金负数余额)/ 年度末普通股股份总数。
每股经营活动产生的现金流量净额=经营活动产生的现金流量净额/年度末普通股股份总数。
净资产收益率=净利润/年度末股东权益×100%

3、报告期内股东权益变动情况:(单位:人民币元)

项　目	股　本	资本公积	盈余公积	法定公益金	未分配利润	股东权益合计
期初数	139,730,556	127,403,149.32	25,670,485.98	8,131,858.21	67,272,834.30	360,077,025.60
本期增加			6,748,089.45	2,249,363.15	38,316,942.37	45,065,031.82
本期减少					27,946,111.20	27,946,111.20
期末数	139,730,556	127,403,149.32	32,418,575.43	10,381,221.36	77,643,665.47	377,195,946.22

三、股东情况介绍

1、报告期末公司股东总数为50090户。
2、报告期末公司前10名股东持股情况

股东名称	年末持股数(股)	持股比例(%)
1、聊城地区国有资产管理局	41395015	29.62
2、刘　琰	514382	0.37
3、王莲凤	456000	0.33
4、江　新	410000	0.29
5、列海权	300000	0.21
6、邹　峻	256971	0.18
7、廖　勇	220000	0.16
8、叶建波	218281	0.16
9、严　浩	204300	0.15
10、薛建新	184971	0.13

以上前10名股东之间不存在关联关系。

徐州工程机械股份有限公司

一、公司简介

1、公司名称(中文):徐州工程机械股份有限公司
　公司英文名称:Xuzhou Construction Machinery Co., Ltd.
2、公司法定代表人:王民
3、公司董事会秘书:费广胜　　授权代表:薛国强
　联系地址:江苏省徐州市苏堤北路5号
　电话:(0516)5756044-2528
　传真:(0516)5753151
　电子信箱:zqb@xcmg.com
4、公司注册地址及办公地址:江苏省徐州市苏堤北路5号
　邮政编码:221006
　公司网址:http://www.xcmg.com
　电子信箱:zqb@xcmg.com
5、公司指定信息披露报刊:《中国证券报》、《证券时报》
　年报登载网站:http://www.cninfo.com.cn
　年度报告备置地点:公司证券部
6、公司股票上市交易所:深圳证券交易所
　股票简称:徐工股份
　股票代码:0425

二、会计数据和业务数据摘要

1、本年度公司利润情况　　单位:万元

利润总额	9301.52
净利润	7996.89
扣除非经常性损益后的净利润	7816.81
主营业务利润	25832.70
其他业务利润	800.11
营业利润	9352.41
投资收益	-21.04
补贴收入	-
营业外收支净额	-29.85
经营活动产生的现金流量净额	8311.65
现金及现金等价物净增加额	6381.16

注:扣除的非经常性损益项目及涉及金额
(1)冻结资金利息　　180.08

2、截止报告期末公司前三年的主要会计数据和财务指标

项　目	99年	98年		97年
		调整后	调整前	
主营业务收入(万元)	114853.82	94566.57	94566.57	73339.66
净利润(万元)	7996.89	4039.27	5233.82	4679.45
总资产(万元)	153000.30	119213.81	125896.45	121117.68
股东权益(万元)	59012.42	36560.91	43243.56	32521.65
每股收益(元)	0.453	0.259	0.336	0.300
加权每股收益(元)	0.497	0.259	0.336	0.339
扣除非经常性损益后的每股收益(元)	0.443	0.247	0.324	0.289
每股净资产(元)	3.35	2.345	2.77	2.086
调整后的每股净资产(元)	2.82	1.82	1.94	1.882
每股经营活动产生的现金流量净额(元)	0.47	0.343	0.343	
净资产收益率(%)	13.5	11.05	12.1	14.4

注:主要财务指标计算方法:
每股收益=净利润/年度末普通股股份总额
每股净资产=年度末股东权益/ 年度末普通股股份总额
调整后每股净资产=(年度末股东权益-三年以上的应收款项-待摊费用-待处 理(流动、固定)资产净损失　-开办费-长期待摊费用-住房周转金负数余额)/
年度末普通股股份总额
每股经营活动产生的现金流量净额=经营活动产生的现金流量净额/年度末普通股股份总数
净资产收益率=净利润/年度末股东权益*100%

3、报告期内股东权益变动情况
单位:元

项　目	股　本	资本公积	盈余公积	法定公益金	未分配利润	股东权益合计
期初数	155930580	200072059	21069756	7023252	-11463252	365609143
本期增加	20439916	124106255	11995337	3998446	67973574	224515082
本期减少	-	-	-	-	-	-
期末数	176370496	324178314	33065093	11021698	56510322	590124225

变动原因:股本、资本公积增加为本年度实施配股所致;盈余公积、法定公益金增加为本年度从净利润中提取数;未分配利润变动是因本年度净利润增加所致。

三、股东情况介绍

(1)截止1999年12月31日,公司共有股东11503人。
(2)公司前10名股东持股情况:　　单位:股

股东名称	年初持股数	年末持股数	占股比例
徐州工程机械集团有限公司	61,285,120	67,720,058	38.40%
徐州回转支承公司	16,796,000	16,796,000	9.52%
徐州工程机械桥箱公司	10,063,039	10,063,039	5.71%
国投机轻有限公司	7,800,000	7,800,000	4.42%
北内集团总公司	2,600,000	2,600,000	1.47%
朱伟	0	1,050,500	0.60%
张生法	0	742,510	0.42%
茅益	0	721,560	0.41%
沈亚芳	0	705,376	0.40%
宋其康	0	686,816	0.39%

1 持有本公司5%以上(含5%)股份的股东所持股份无质押或冻结情况。
2 徐州工程机械集团有限公司代表国家持有公司股份,为本公司的母公司,徐州　回转支承公司、徐州工程机械桥箱公司为徐州工程机械集团有限公司下属全资子公司。

赤峰富龙热力股份有限公司

一、公司简介

1、公司的中文法定名称:赤峰富龙热力股份有限公司
公司的英文法定名称:CHIFENG FULONG HEATING-POWER CO.,LTD
缩写:FUL
2、公司法定代表人:景树森先生
3、公司董事会秘书:张春水先生;
授权代表:张旭东先生
联系地址:内蒙古自治区赤峰市红山区昭乌达路 8 号
电话:(0476)8240042 (0476)8239823
传真:(0476)8231734
电子信箱:cf-zcs@sohu.com cf-zxd@sohu.com
4、公司注册地址:中国内蒙古赤峰市红山区北环路南 4 号
公司办公地址:中国内蒙古赤峰市红山区昭乌达路 8 号
邮政编码:024000
公司网址:http://www.fulongheating.com
电子信箱:flr@public.hh.hm.cn
5、公司信息披露报纸:中国证券报、证券时报
登载年度报告的网址:http://www.cninfo.com.cn
公司年度报告备置地点:公司董事会秘书处
6、公司股票上市交易所:深圳证券交易所
股票简称:富龙热力 股票代码:0426

二、会计数据和业务数据摘要

1、本年度主要利润指标情况: (单位:人民币元)

利润总额	79067475.78
净利润	68509877.90
扣除非经常损益后的净利润	41436918.39
主营业务利润	68737418.80
其他业务利润	1652745.16
营业利润	44091923.06
投资收益	7038088.67
补贴收入	26702500.00
营业外收支净额	1234964.05
经营活动产生的现金流量净额	6645005.78
现金及现金等价物净增加额	39644507.66

2、截止报告期末公司前三年的主要会计数据和财务指标: (单位:元)

项目	1999 年	1998 年		1997 年	
		调整后	调整前	调整后	调整前
主营业务收入	147706861.86	132881105.49	166392140.17	87989939.91	118464409.17
净利润	68509877.90	60776687.39	62280726.03	24638871.44	24960088.89
总资产	984186985.51	795675679.56	790611835.23	300039766.76	300902528.93
股东权益	675178423.99	604590635.99	606828022.47	192855784.74	193589132.58
每股收益	0.371	0.395	0.41	0.405	0.41
扣除非经常性损益后的每股收益	0.225	0.246	0.256	0.388	0.393
每股净资产	3.66	3.93	3.95	3.17	3.18
调整后的每股净资产	3.55	3.85	3.86	3.11	3.12
每股经营活动产生的现金流量净额	0.036	-0.329	-0.329		
净资产收益	10.15%	10.05%	10.26%	12.78%	12.89%

注:每股收益=净利润/年度末普通股股份总数

每股净资产=年度末股东权益/年度末普通股股份总数

调整后的每股净资产=(年度末股东权益-三年以上的应收款项净额-待摊费用-待 处理(流动、固定)资产净损失-开办费-长期待摊费用-住房周转金负数余额)/年度末 普通股股份总数

每股经营活动产生的现金流量净额=经营活动产生的现金流量净额/年度末普通股股份总数

净资产收益率=净利润/年度末股东权益 X 100%

3、报告期内股东权益变动情况:

项目	股本(万股)	资本公积	盈余公积	其中:公益金	未分配利润	股东权益合计
期初数	15373.4	342965233.67	26427400.25	13213700.13	81464002.07	604590635.99
本期增加	3074.68	2004943.00	13774942.68	6887471.34	68509877.90	115036563.58
本期减少					44448775.58	44448775.58
期末数	18448.08	344970176.67	40202342.93	20101171.47	105525104.39	675178423.99
变动原因	送股	自来水增容费	本年利润提取两金		本年利润增加、送股减少	

三、股东情况介绍

(1)报告期末股东总数为 37330 户,其中国家股股东 1 户,定向法人股股东 1 户。

(2)前十名股东持股情况:

股东名称	年末持股数(股)	占总股份的比例(%)
赤峰富龙公用(集团)有限责任公司	125280000	67.91
赤峰鑫泰资产托管经营有限责任公司	8160000	4.42
张永红	799638	0.43
郭德银	509360	0.28
赵丛彩	398000	0.22
彭 晶	239800	0.13
普丰证券投资基金	224382	0.12
耿汝明	208055	0.11
魏德亮	151711	0.08
舒雪紫	139504	0.075

注:1.持有 5%以上股份的股东为赤峰富龙公用(集团)有限责任公司,年度内股份 由 10440 万股增加至 12528 万股,增加的原因是按 10:2 送红股。

2.赤峰富龙公用(集团)有限责任公司为本公司国家股股东,质押股份 10440 万股。是根据内蒙古自治区人民政府内政字(1999)28 号文件批准,赤峰富龙公用(集团)有限 责任公司用其持有的国家股 10440 万股为国泰证券有限公司替本公司发行 9000 万元企 业融资债券提供担保进行反担保。

3.第 1 名为公司国家股股东,第 2 名为公司法人股股东,之间不存在关联关系。其余为公司社会流通股股东,其之间的关联关系本公司不详。

湖南华天大酒店股份有限公司

一、公司简介

公司法定名称:湖南华天大酒店股份有限公司
英文名称:HUNAN HUATIAN GREAT HOTEL CO.; LTD.
(缩写:HHGH)
公司法定代表人:陈纪明
公司董事会秘书:邹长贵
授权代表:李岚
联系地址:长沙市解放东路 380 号本公司董事会秘书室
电　　话:0731-4442888-80928,80842
传　　真:0731-4442270
电子信箱:htstock@public.cs.hn.cn
公司注册地址:长沙市解放东路 380 号
办公地址:长沙市解放东路 380 号本公司综合楼八楼
邮政编码:410001
国际互联网网址:resv@huatian-hotel.com
电子信箱:htstock@public.cs.hn.cn
公司信息披露报纸:《证券时报》
登载公司年报网址:http://www.cninfo.com.cn
公司年度报告备置地点:公司综合楼八楼董事会秘书室
公司股票上市交易所:深圳证券交易所
公司股票简称:华天酒店 公司股票代码:0428

二、会计数据和业务数据摘要

1、公司 1999 年度主要业务数据 (单位:元)

利润总额:	41,931,915.99
净利润:	34,524,875.73
扣除非经常性损益后的净利润:	31,096,701.54
主营业务利润:	70,253,877.87
其他业务利润:	9,057,626.65
营业利润:	37,249,816.77
投资收益:	-1,080,912.33
补贴收入:	480,808.36
营业外收支净额	5,282,203.19
经营活动产生的现金流量净额:	8,660,292.94
现金及现金等价物净增加额:	-75,446,536.53

注:非经常性损益项目包括:申购资金利息本年度摊入 480.54 万元,补贴收入 48.08 万元, 合并价差摊销-125.31 万元

2、公司前三年主要会计数据和财务指标

项 目	1999 年	1998 年		1997 年	
		调整后	调整前	调整后	调整前
主营业务收入(万元)	14273.70	15958.34	15961.04	20435.54	20435.54
净利润(万元)	3452.49	4952.13	5229.21	6523.19	7440.72
总资产(万元)	62714.89	63633.07	64130.86	49110.49	50028.01
股东权益(万元)(不含少数股东权益)	47043.67	43590.68	44065.19	31837.98	32755.50
每股收益(元)(摊薄)	0.217	0.312	0.329	0.453	0.517
(加权)	0.217	0.34	0.36	0.453	0.517
每股净资产(元)	2.96	2.75	2.78	2.21	2.27
调整后的每股净资产(元)	2.93	2.72	2.75	2.18	2.24
每股经营活动产生的现金流量净额(元)	0.055	0.037	0.037	—	—
净资产收益率(摊薄)%	7.33	11.36	11.87	20.49	22.7
(加权)%	7.33	15.20	16.10	20.49	22.7
扣除非经常性损益后的每股收益(元)	0.196	0.292	0.309	0.423	0.487

注 1:主要财务指标计算公式:

每股收益=净利润/年度末普通股股份总数

每股净资产=年度末股东权益/年度末普通股股份总数

调整后的每股净资产=(年度末股东权益-三年以上的应收款项净额-待摊费用 -待处理(流动、固定)资产净损失-开办费-长期待摊费用-住房周转金负数余额)/年度末普通股股份总数

每股经营活动产生的现金流量净额=经营活动产生的现金流量净额/年度末普通股股份总数

净资产收益率=净利润/年度末股东权益×100%

注 2:以上数据和指标以本公司的合并报表数填列或计算;

3、股东权益变动情况表(单位:万元)

项目	股本	资本公积	盈余公积	法定公益金	未分配利润	股东权益合计
期初数	15880	20166.28	3722.08	1288.25	3822.31	43590.68
本期增加	0	0	587.20	175.14	2866.29	3452.99
本期减少	0	0	0.50	0	0	0
期末数	15880	20166.28	4308.78	1463.39	6688.6	47043.67
变动原因		本年度利润提取	本年度利润提取	本年度利润提取	前几项共同影响所致	

三、股本变动及股东情况

1、报告期末公司股东总数为 34239 户。

2、前 10 名股东持股情况

股 东 名 称	年末持股数(股)	持股比例(%)	股份质押或冻结情况
(1)湖南华天实业集团公司	112,000,000	70.529	无质押或冻结
(2)贾亚雄	211,120	0.133	
(3)田军	210,000	0.132	
(4)普丰证券投资基金	193,200	0.122	
(5)吴炳财	167,558	0.106	
(6)黄来朝	162,200	0.102	
(7)杨秀梅	142,300	0.089	
(8)曾庆然	124,340	0.078	
(9)洪陆铭	120,565	0.076	
(10)焦宪伟	114,100	0.072	

广东省高速公路发展股份有限公司

一、公司简介

1、公司法定名称:
中文名称:广东省高速公路发展股份有限公司
英文名称:GUANGDONG PROVINCIAL EXPRESSWAY DEVELOPMENT CO.,LTD.
英文缩写:GPED
2、公司法定代表人:林兴旺
3、公司董事会秘书:霍燕滨
电话:(020)83731365 83731388-230
电子信箱:ybhuou@163.net
授权代表:彭晓芳
电话:(020)83731394 传真:(020)83731384
联系地址:广州市白云路85号
4、公司注册地址:广东省广州市白云路85号
公司办公地址:广东省广州市白云路85号 邮政编码:510100
国际互联网网址:www.gpedcl.com.cn
电子信箱:GPEDCL@mx2.gd.cei.gov.cn
5、公司选定的信息披露报纸:证券时报、中国证券报、上海证券报、大公报、香港商报
登载公司年度报告的中国证监会指定国际互联网网址:www.cninfo.com.cn
公司年度报告备置地点:广东省广州市白云路85号本公司证券部
6、公司股票上市地:深圳证券交易所
公司股票简称及代码:粤高速A 0429 粤高速B 2429

二、会计和业务数据摘要

1、公司本年度实现的利润总额及其构成: 单位:人民币元

指标项目	1999年度
利润总额	363,611,928.16
净利润	293,027,003.56
扣除非经常性损益后的净利润	181,382,253.84
主营业务利润	174,738,221.98
其他业务利润	64,389,927.61
营业利润	228,230,166.37
投资收益	66,042,152.86
补贴收入	1,959,102.54
营业外收支净额	67,380,506.39
经营活动产生的现金流量净额	189,543,919.79
现金及现金等价物净增加额	-197,743,574.10

注1:扣除的非经常性损益项目和涉及金额:(元)

股权投资差额	-7,331,921.62
花都房产收益	4,592,080.94
A股申购无效冻结资金利息	1,911,204.30
九江大桥转让	127,690,750.15
处理固定资产	6,920.00
以上各项对所得税影响	-15,224,284.05
以上项目涉及金额	111,644,749.72

注2:公司除按中国会计准则出具财务报告外,还按国际会计准则出具了财务报告,以供境外投资者参考。境内会计师按中国会计准则计算的净利润(合并)293,027,003.56元,境外会计师按国际会计准则计算的净利润(合并)257,421,000.00元,境外会计师比境内会计师审定净利润少35,606,003.56元,主要是出售全部之九江大桥经营权及有关资产予佛开公司而产生之收益中,因本集团占佛开公司百分之三十五权益而作出相应之抵消调整、递延税项、收购联营公司所产生之商誉、商誉摊销、折旧、营业税、最终控股公司豁免之利息、

以前年度发行A股之利息收入以及其他符合稳健性原则之调整。

2、由于本年度发生的调整以前年度损益的事项,截止报告期末公司前三年的主要会计数据和财务指标:

指标项目	1999年度	1998年度		1997年度	
		调整前	调整后	调整前	调整后
主营业务收入	258,208,665.50	230,510,656.00	230,510,656.00	216,088,086.00	216,088,086.00
净利润	293,027,003.56	147,313,377.40	154,011,541.28	144,342,858.94	150,484,038.44
总资产	3056506,789.09	2585806,036.06	2586078243.68	1907228865.44	1907243993.28
股东权益	2452184,508.92	2260956,599.33	2273795942.71	1661991102.34	1668132281.84
每股收益(元/股)	0.38	0.19	0.20	0.22	0.23
加权每股收益(元/股)	0.38	0.19	0.20	0.22	0.2
扣除非经常性损益后的每股收益(元/股)	0.24	0.20	0.21	0.22	0.23
每股净资产(元/股)	3.21	2.96	2.98	2.50	2.51
调整后的每股净资产(元/股)	3.17	2.91	2.93	2.42	2.43
每股经营活动产生的现金流量净额	0.25	0.22	0.22	--	--
净资产收益率	11.95%	6.52%	6.77%	8.68%	9.02%
加权净资产收益率	12.44%	6.75%	7.04%	8.74%	9.10%

三、股本变动及股东情况

1、截止1999年12月31日,公司股东共计39,660户,其中内部职工股股东共计9,180户。
2、主要股东持股情况

股东名称	持股数(股)	年度内股份增减变动的情况	占股本比例(%)
广东省高速公路公司	298,134,375	0	39.01%
IJM OVERSEAS VENTURES SDN.BHD	116,411,750	-3,947,800	15.23%
DBS NOMINEES(PRIVATE) LIMITED.	26,580,000	0	3.48%
KEPPEL SECURITIES NOMINEES PTE.LTD	17,479,550	-4,114,750	2.29%
KEPPEL BANK NOMINEES PTE.LTD	15,948,000	0	2.09%
广东粤财信托投资公司	9,375,000	0	1.23%
新会市司前镇经济联合总社	3,445,780	0	0.45%
顺德市龙江镇陈涌农工商联合公司	2,812,500	0	0.37%
南海华英集团	2,494,219	0	0.33%
顺德市交通发展总公司	2,343,750	0	0.31%

持有本公司5%以上(含5%)的股东所持股份报告期内无发生质押、冻结等情况。

张家界旅游开发股份有限公司

一、公司简介

1、公司法定中文名称:张家界旅游开发股份有限公司
公司法定英文名称:ZHANG JIA JIE TOURISM DEVELOPMENT CO.,LTD
2、公司法定代表人:杨 君
3、公司董事会秘书:任 勉
联系地址:湖南省张家界市南庄坪1号花园
电话:0744-8224448 传真:0744-8229280
电子信箱:harlemren@sina.com
公司董事会授权代表:陈培志
联系地址:湖南省张家界市南庄坪1号花园
电话:0744-8225836转8307 传真:0744-8229280
4、公司注册地址:湖南省张家界市南庄坪1号花园
公司办公地址:湖南省张家界市南庄坪1号花园
公司电子信箱:sz0430@mail.zj.hn.cn 公司邮政编码:427000
5、公司选定的信息披露报纸:《证券时报》
登载公司年度报告的中国证监会指定国际互联网网址:http://www.cninfo.com.cn
年度报告备置地点:公司办公大楼四楼董事会秘书室
6、公司股票上市交易所:深圳证券交易所
股票简称:张家界 股票代码:0430

二、会计数据和业务数据摘要

1、本年度公司主要利润指标 (单位:人民币元)

利润总额	1987599.28
净利润	1550319.27
扣除非经常性损益后的钧润	
主营业务利润	13185318.75
其他业务利润	-13851.41
营业利润	-2702254.19
投资收益	4912245.00
补贴收入	0.00
营业外收支净额	-222391.53
经营活动产生的现金流量净额	-27346238.48
现金和现金等价物净增加额	-13185293.65

2、截止报告期末公司前三年主要会计数据和财务指标

	1999年度	1998年度		1997年度	
	调整后	调整前	调整后	调整前	调整后
主营业务收入(元)	51881314.46	81745068.64	81679614.40	74637404.09	74637404.09
净利润(元)	1550319.27	26371431.28	25548682.91	21094656.67	16803355.77
总资产(元)	325228678.28	300506351.00	295108051.22	260056902.53	255765602.19
股东权益(元)	215228678.28	218792407.72	213678359.01	192066227.08	187774926.74
每股收益(元/股)	0.0084	0.244	0.237	0.195	0.156
按月平均加权法计算的每股收益(元/股)	0.0084	0.244	0.236	0.195	0.155
扣除非经常性损益后的每股收益(元/股)	0.0091				
每股净资产(元/股)	1.172	2.03	1.979	1.78	1.739
调整后的每股净资产(元/股)	1.132	1.99	1.946	1.72	1.698
每股经营活动产生的现金流量净额(元)	-0.1489		-0.002		
净资产收益率(%)	0.72	12.05	11.957	10.98	8.949

注:(1)1997年度和1998年度调整后的主要会计数据和财务指标系根据财政部财会字(1999)35号、49号文件的有关规定,变更会计政策,进行追溯调整所致。
(2)主要财务指标的计算方法:
每股收益=净利润/年度末普通股股份总数
每股净资产=年度末股东权益/年度末普通股股份总数
调整后的每股净资产=(年度末股东权益-三年以上的应收款项净额-待摊费用-待 处理(流动、固定)资产净损失-开办费-长期待摊费用-住房周转金负数余额)/年度末 普通股股份总数
每股经营活动产生的现金流量净额=经营活动产生的现金流量净额/年度末普通股股份总数
净资产收益率=净利润/年度末股东权益×100%
3、报告期内股东权益变动情况 (单位:人民币元)

项目	股本	资本公积	盈余公积	法定公益金	未分配利润	股东权益合计
期初数	108000000	21312036.32	23283358.91	11212183.69	61082963.78	213678359.01
本期增加	75600000		1227943.62	511839.14	1550319.27	78378262.89
本期减少	0	10800000			66027943.62	76827943.62
期末数	183600000	10512036.32	24511302.53	11724022.83	-3394660.57	215228678.28

变化原因说明:
(1) 股本本期增加是由于实施1998 年度利润分配和公积金转增股本所致;
(2) 资本公积本期减少是由于实施1998 年度公积金转赠股本所致;
(3) 盈余公积、法定公益金本期增加是由于按规定计提所致;

三、股东情况介绍

(1)截止1999年12月31日,本公司共有股东48653名。
(2)截止1999年12月31日,公司前十名股东持股情况如下:

股东名称	持股数量(股)	持股比例(%)
张家界旅游经济开发有限责任公司	56610000	30.83
深圳兆成投资有限公司	15300000	8.33
张家界市金龙房地产开发公司	11189600	6.10
张家界市土地房产开发公司	7772400	4.23
张家界市中兴房地产开发公司	6120000	3.33
工行张家界旅游经济开发区房地产公司	6120000	3.33
张家界华发房地产综合开发公司	6120000	3.33
吴愈群	597021	0.32
瞿玉琼	597021	0.32
李雪汉	597021	0.32

持有本公司5%以上(含5%)股份的股东之间不存在关联交易,也无股份质押或冻 结情况。

丹东化学纤维股份有限公司

一、公司简介

1、公司名称
中文:丹东化学纤维股份有限公司
英文:DANDONG CHEMICAL FIBRE CO.,LTD.
2、公司法定代表人:赵向东
3、公司董事会秘书:张捷
授权代表:潘跃东
联系地址:辽宁省丹东市振兴区纤维街 58 号
电　　话:0415-6193194、6193718
传　　真:0415-6191684
4、公司注册地址及办公地址:辽宁省丹东市振兴区纤维街 58 号
邮政编码:118002
电子信箱:gfgs@ddcfco.com
5、公司选定的信息披露报纸:《中国证券报》、《证券时报》
登载公司年度报告的指定国际互联网网址:
heep://www.cninfo.com.cn
公司年度报告备置地点:公司证券部
6、公司股票上市交易所:深圳证券交易所
股票简称:丹东化纤
股票代码:0498

二、会计数据和业务数据摘要

1、公司年度实现利润等指标情况
单位:元

(1)利润总额	46,350,804.21
(2)净利润	35,850,183.49
(3)扣除非经营性损益后的净利润	15,600,406.25
(4)主营业务利润	65,732,232.36
(5)其他业务利润	1,648,257.10
(6)营业利润	25,377,438.27
(7)补贴收入	20,249,777.24
(8)营业外收支净额	723,588.70
(9)经营活动产生的现金流量净额	7,895,101.16
(10)现金及现金等价物净增加额	26,594,251.47

2、公司截止报告期末前三年的主要会计数据和财务指标　　单位:元

项　目	1999 年度	1998 年度		1997 年度	
		调整前	调整后	调整前	调整后
主营业务收入	726144670.79	755054084.92	755054084.92	643931239.08	643931239.08
净利润	35850183.49	54597712.21	55325036.99	63871671.60	57988781.55
总资产	1208337267.40	1076618098.01	1071462532.74	901966678.37	896083788.32
股东权益	716380519.48	685685901.26	680530335.99	631088189.05	625205299.00
每股收益	0.092	0.14	0.14	0.33	0.30
按月平均加权法计算的每股收益	0.092	0.14	0.14	0.38	0.38
扣除非经营性损益后的每股收益	0.040	-	-	-	-
每股净资产	1.84	1.76	1.74	3.24	3.21
调整后的每股净资产	1.81	1.73	1.73	3.17	3.17
每股经营活动产生的现金流量净额	0.02	0.23	0.23	-	-
净资产收益率(%)	5.00	7.96	8.13	10.10	9.28

注:有关财务指标的计算方法:
每股收益=净利润/年度末普通股股份总数
每股净资产=年度末股东权益/ 年度末普通股股份总数
调整后的每股净资产=(年度末股东权益-三年以上的应收款项净额-待摊费用-待 处理(流动、固定)资产净损失-开办费-长期待摊费用-住房周转金负数余额)/年末普 通股股份总数
每股经营活动产生的现金流量净额=经营活动产生的现金流量净额/年末普通股股份总数
净资产收益率=净利润/年末股东权益×100%

3、报告期内股东权益变动情况

项目	股本	资本公积	盈余公积	法定公益金	未分配利润	合　计
期初数	390000000	144300000	28438033.61	14219016.81	103573285.57	680530335
本期增加	0	0	3585018.34	1792509.18	35850183.49	41227711
本期减少	0	0	5377527.52	5377527.52		
期末数	390000000	144300000	32023051.95	16011525.99	134045941.54	716380519
变动原因	无	无	本期利润提取	本期利润提取	利润增加及提取数	

三、股东情况介绍

(1)公司股东总数截止 1999 年 12 月 30 日为 64,507 户。
(2)公司前 10 名股东情况

序号	股东名称	期末持股数(股)	占总股本比例(%)
1	丹东化学纤维(集团)有限责任公司	202,500,000	51.92
2	丹东国际信托投资公司	7,300,000	1.87
3	中国银行辽宁省分行(大连)	2,000,000	0.51
4	辽阳石油化纤公司	2,000,000	0.51
5	开山屯化纤浆厂	1,000,000	0.26
6	锦州化工(集团)有限责任公司	1,000,000	0.26
7	包成利	831,002	0.21
8	李一东	358,920	0.09
9	北京市晨城贸有限公司	338,433	0.08
10	周万信	237,700	0.06

注:丹东化学纤维(集团)有限责任公司持有公司股份 20,250 万股(年内持股无变动),占总股本的 51.92%,为本公司的控股股东。该公司将其持有的部分股份(即 12,919 万股,占公司总股份的 33.1%)于 1998 年 12 月 30 日已向中国工商银行丹东分行作贷款质押。

武汉武商集团股份有限公司

一、公司简介

1. 公司法定名称:
中文:武汉武商集团股份有限公司
英文:WUHAN DEPARTMENT STORE GROUP CO.LTD.
2. 公司法定代表人:毛冬声
3. 公司董事会秘书:李轩
联系地址:武汉市汉口解放大道 688 号
联系电话:(027)85714295
传　　真:(027)85714295
电子信箱:wsdongmi@public.wh.hb.cn
4. 公司注册地址:武汉市汉口解放大道 358 号
公司办公地址:武汉市汉口解放大道 688 号
邮政编码:430022
公司国际互联网网址:http://www.wushanggroup.com.cn
公司电子信箱:wushanggroup@public.wh.hb.cn
5. 公司信息披露报纸:《中国证券报》《证券时报》
登载公司年度报告的中国证监会指定国际互联网网址:
http://www.cninfo.com.cn
公司年度报告备置地点:公司董事会秘书处
6. 公司股票上市交易所:深圳证券交易所
股票简称:鄂武商
股票代码:0501

二、会计数据和业务数据摘要

1. 公司本年利润总额及构成　　(单位:元)

利润总额	80526040.89
净利润	31183738.65
扣除非经常性损益后的净利润	33637298.37
主营业务利润	274060606.28
其他业务利润	35536247.29
营业利润	64967131.31
投资收益	-228701.39
补贴收入	11995991.00
营业外收支净额	3791619.97
经营活动产生的现金流量净额	168386116.98
现金及现金等价物净增加额	-35089911.99

注:扣除非经常性损益项目、涉及金额

项　目	金　额
老武商关门处理低值易耗品损失	2682206.39
顺泰合并价差摊销	270000.00
处理固定资产收益	498646.67

2. 截止报告期末公司前三年主要会计数据及财务指标　(单位:元)

	1999 年度	1998 年度		1997 年度	
		调整后	调整前	调整后	调整前
(1)主营业务收入	1661571638	1748884036	1748884036	1687141638	1687141638
(2)净利润	31183738	31349834	41989390	91255476	129901047
(3)总资产	2980031212	2652508379	2880869933	2247181620	2461255430
(4)股东权益(不含少数股东权益)	1144530070	1113346331	1324968249	1136886511	1337868872
(5)每股收益(摊薄)	0.06	0.06	0.08	0.28	0.405
(加权)	0.06	0.07	0.10	0.31	0.442
(扣除非经营性损益后)	0.07				
(6)每股净资产	2.26	2.19	2.61	3.54	4.17
(7)调整后的每股净资产	1.78	1.67	2.19		
(8)净资产收益率%	2.72	2.82	3.16	8.03	9.71
(9)每股经营活动产生的现金流量净额	0.33	0.27	0.27		

每股收益=净利润/年度末普通股股份总数
每股净资产=年度末股东权益/年度末普通股股份总数
净资产收益率=净利润/年度末股东权益 *100%
调整后每股净资产=[年度末股东权益-三年以上的应收款项净额-待摊费用-待处 理 (流动、固定)资产净损失-开办费-长期待摊费用]/ 年度末普通股股份总数
每股经营活动产生的现金流量净额=经营活动产生的现金流量净额/年度末普通股股份总数

3.报告期内股东权益变动情况　　单位:人民币元

项目	股本	资本公积	盈余公积	法定公益金	未分配利润	股东权益合计
期初数	507248590	530263841	74165091	14400102	1668808	1113346331
本期增加	0	0	18710243	3118373	12473495	31183738
本期减少	0	0	0	0	0	0
期末数	507248590	530263841	92875335	17518476	14142304	1144530070
变动原因			法定提取	法定提取	本年利润	

三、股东情况

1、报告期末,公司股东总数为 95321 户。
2、前十名股东持股情况

股东名称	持股数	持股比例
1.武汉国有资产经营公司(国家股)	150927732	29.75%
2.中国宝安集团股份有限公司	21813165	4.3%
3.武汉证券有限责任公司	19996957	3.94%
4.武汉国兴投资咨询有限责任公司	12321995	2.43%
5.武汉华中电力实业公司	11663936	2.3%
6.中国工商银行武汉市分行天安支行	10522670	2.07%
7.中国农业银行武汉信托投资公司	9213880	1.82%
8.武汉市建行投资公司	7355398	1.45%
9.长江经济联合发展股份武汉公司	6543949	1.29%
10.武汉保险公司信托投资公司	3952544	0.78%

注:武汉证券有限责任公司持有武汉国兴投资咨询有限责任公司 50%的股权;

海南新能源股份有限公司

一、公司简介

(一)公司名称
公司法定中文名称:海南新能源股份有限公司
公司法定英文名称:HAINAN NEW ENERGY CO., LTD.
公司英文名称缩写:HNE
(二)公司法定代表人:吴克龄
(三) 公司董事会秘书:李铮
联系地址:海口市龙昆北路38号华银大厦24层
电　　话:(0898)6722610　6713151
传　　真:(0898)6713216
电子信箱:xdfzsy@public.hk.hi.cn
(四)公司注册地址:海口市机场候机厅北侧海南万国贸易博览中心
公司办公地址:海口市龙昆北路38号华银大厦24层
邮政编码:570105
(五)公司信息披露报纸:《中国证券报》
登载公司年度报告的中国证监会指定的国际互联网网址:
http://www.cninfo.com.cn
公司年度报告备置地点:海南新能源股份有限公司董事会秘书处
(六)公司股票上市交易所:深圳证券交易所
公司股票简称:ST 琼能源
公司股票代码:0502

二、会计数据和业务数据摘要

(一) 利润总额及其构成

项目	金额(人民币元)
利润总额	36,848,546.55
净利润	36,848,546.55
扣除非经常性损益后的净利润	36,794,806.87
主营业务利润	-624,930.93
其他业务利润	-
营业利润	14,168,401.42
投资收益	16,466,408.16
补贴收入	-
营业外收支净额	6,213,736.97
经营活动产生的现金流量净额	-2,693,118.24
现金及现金等价物净增加额	952.29

注:

①非经常性损益是指公司正常经营损益之外,一次性或偶发性损益,例如资产 处置损益,临时性获得的补贴收入,新股申购冻结资金利息、合并价差摊入等。

②"扣除非经常性损益后的净利润"指标中所扣除的项目、涉及金额:处理固定 资产收益53,739.68元。

(二)前三年的主要会计数据和财务指标　　(单位:人民币元)

项目	1999年	1998年		1997年	
		调整前	调整后	调整前	调整后
主营业务收入	2196937.81	44587337.46	44587337.46	8832508.05	8832508.05
净利润	36848546.55	-128450956.93	-103386701.45	-50426514.97	-20442771.75
总资产	420118911.50	330114913.83	422567672.45	583693823.50	665323810.23
股东权益	232796267.32	48235184.03	195947720.77	176686140.96	288299870.91
每股收益	0.2367	-0.8252	-0.6641	-0.3239	-0.1313
每股净资产	1.4955	0.3099	1.2587	1.1350	1.8520
调整后的每股净资产	1.2580	0.3071	1.2007	0.6501	1.3911
每股经营活动产生的现金流量净额	-0.0173	-0.0056	-0.0056		
净资产收益率(%)	15.83	-266.30	-52.76	-28.54	-7.09

注:
财务指标计算方法
每股收益=净利润/年度末普通股股份总数
每股净资产=年度末股东权益/年度末普通股股份总数
调整后的每股净资产=(年度末股东权益-三年以上的应收款项净项-待摊费用-待 处理(流动、固定)资产净损失-开办费-长期待摊费用-住房周转金负数金额)/年度末 普通股股份总数
每股经营活动产生的现金流量净额=经营活动产生的现金流量净额/年度末普通股股份总数
净资产收益率=净利润/年度末股东权益×100%

(三)报告期内股东权益变化情况:(单元:人民币元)

项目	股本(万股)	资本公积	盈余公积	法定公益金	未分配利润	股东权益合计
期初数	15566.85	23779.28	2696.85	1195.05	-23643.26	19594.77
本期增加					3684.85	3684.85
本期减少						
期末数	15566.85	23779.28	2696.85	1195.05	-19958.41	23279.62

变动原因:本年度盈利所致。

三、股东情况介绍

1、截止1999年12月31日,公司股东总数12187户
2、前10名股东持股情况表(截止1999年12月31日)　　单位: 股

股东名称	期初数	期末数	年内股份增减情况	占总股本比例(%)
(1)海南润达实业有限公司	39864466	41864466	2000000	26.89
(2)中国农业银行海口市金贸区支行	25449550	25449550		16.39
(3)海南省证券公司	9522777	9522777		6.12
(4)海南赛格国际信托投资公司	6750240	6750240		4.34
(5)成都川宝新燃实业开发公司	5910928	5910928		3.80
(6)兰州化学工业公司原料动力厂	3383713	3383713		2.17
(7)中国残疾人福利基金会	2058003	2058003		1.32
(8)顺德市永恒实业总公司	1837740	1837740		1.18
(9)深圳市嘉旭升商贸有限公司	1470000	1470000		0.94
(10)海南文化旅业发展有限公司	1470000	1470000		0.94

海南海虹企业(控股)股份有限公司

一、公司简介

1、公司法定中文名称:海南海虹企业(控股)股份有限公司
公司法定英文名称:SEARAINBOW HOLDING CORP.
2、公司法定代表人:曾塞外
3、公司董事会秘书:杨斌　　授权代表:苗亚良
联系地址:海口市滨海大道文华酒店七层
联系电话:0898-8510496　　传　　真:0898-8510669
4、公司注册地址:海口市滨海大道文华酒店七层　　邮政编码:570105
电子信箱:haihong @ public.hk.hi.cn　　互联网址:http://www.hhh-china.com
5、公司选定信息披露报纸名称:《证券时报》和《中国证券报》
登载公司年报的国际互联网网址: http://www.cninfo.com.cn
公司年度报告备置地点:公司董事会秘书处
6、公司股票上市交易所:深圳证券交易所
股票简称:ST 海虹　　股票代码:0503

二、会计数据和业务数据摘要

1、主要财务指标表

公司本年度利润总额	82,280,995.90
其中:净利润:	82,395,653.17
扣除非经常性损益后的净利润	48,247,094.65
主营业务利润	71,844,819.59
其他业务利润	2,153,069.08
营业利润	21,379,,500.81
投资收益	47,261,845.86
补贴收入	5,991,585.22
营业外收支净额	7,648,064.01
现金流量净额	-29,072,190.49
现金及现金等价物净增加额	-8,520,525.09

说明:净利润中扣除的非经常性损益项目为:
(1)、转让"吉轻工"法人股330万股, 转让收益为12,181,460.00元人民币。
(2)、转让绍兴兴虹化纤工业有限公司投资收益为:14,034,197.33元人民币;
(3)、注销海南源兴实业有限公司处理往来做"营业外收入"为:7,932,901.19元人民币。
合计:34,148,558.52元人民币

2、近三年主要会计数据和财务指标

年　度	1999年	1998年		1997年
指标项目		调整后	调整前	
主营业务收入(元)	295375142.76	221166210.57	221166210.57	176378599.30
净利润(元)	82395653.17	20331534.52	22259743.70	-160502228.89
总资产(元)	764296525.23	720872922.58	730777917.99	615020750.65
股东权益(元)	377140484.37	294744831.20	303723691.05	253685442.26
每股收益(元/股)	0.4092	0.1010	0.1106	-0.7971
扣除经常性损益后的每股收益(元/股)	0.2396			
每股净资产(元/股)	1.8700	1.4600	1.51	1.2600
调整后的每股净资产(元/股)	1.777	1.40	1.46	1.2100
现金流量净额(元/股)	-0.1444	-0.0908	-0.0908	/
净资产收益率(%)	21.85	6.9	7.33	-63.27

注:上述财务指标计算方法
每股收益=净利润/期末普通股份总数
调整后的每股净资产=(年度末股东权益-三年以上的应收款项-待摊费用-待处理(流动、固定)资产净损失-开办费-长期待摊费用-住房周转金负数余额)/年度末普通股股份总数
每股经营活动产生的现金流量净额=经营活动产生的现金流量净额/年度末普通股股份总数
净资产收益率=净利润/年度末股东权益×100%

3、股东权益变动情况

项　目	股本	资本公积	盈余公积	公益金	未分配利润	合　计
期初数	201345410	186052040.67	14071146.72	3198954.43	-106723766.19	294744831.20
本期增加	/	/	/	/	82395653.17	/
本期减少	/	/	/	/	/	/
期末数	201345410	186052040.67	14071146.72	3198954.43	-24328113.02	294744831.20

三、股本变动及股东情况

1、公司股份变动情况　　单位:股

	本次变动前	本次变动增减(+,-)						本次变动后
		配股	送股	公积金转股	增发	其他	小计	
一、未上市流通股份								
1、发起人股份	103,251,931							103,251,936
其中:国家持有股份	10,400,000							10,400,000
境内法人持有股份	92,851,936							92,851,936
2、募集法人股份	28,293,959							28,293,959
未上市流通股份合计	131,545,895							131,545,895
二、已上市流通股份								
人民币普通股	69,769,514							69,799,514
已上市流通股份合计	69,769,514							69,769,514
三、股份总数	201,345,409							201,345,409

2、股东情况介绍
(1) 报告期末股东总数为5735名
(2) 前十名股东持股情况

股东名称	期末持股数(股)	比例(%)
中海恒实业发展有限公司	56,773,559	28.20
海南省开发建设总公司	18,659,993	9.27
湖南省益阳市经济委员会	10,400,000	5.17
南方证券有限公司	9,113,200	4.53
海南南证实业公司	6,090,600	4.35
江西银信信息咨询公司	5,064,900	2.52
海南富南国际信托投资公司	4,950,543	2.46
建行海南分行信托投资公司	4,950,400	2.46
海南椰明贸易有限公司	4,700,000	2.33
海南省开发建设总公司工业公司	4,067,200	2.02

北京港澳实业股份有限公司

一、公司简介

1、公司法定中文名称:北京港澳实业股份有限公司
公司法定英文名称:BEIJING HONGKONG & MACAO INDUSTRY CO., LTD.
公司简称:港澳实业
英文缩写:HMI
2、公司法定代表人:丰 博
3、公司董事会秘书:刘旭黎
授权代表:王禹樵
电 话:010-68710712,68710716
传 真:010-68710711
E-mail:gangao@public2.east.net.cn
联系地址:北京市海淀区友谊宾馆苏园写字楼278室
4、公司注册、办公地址:北京市海淀区白石桥路友谊宾馆苏园写字楼278室
邮政编码:100873
5、公司选定的信息披露报纸名称:《中国证券报》、《证券时报》为公司指定的信息披露报刊。
中国证监会指定的登载公司年度报告的国际互联网网址:
http://www.cninfo.com.cn
公司年度报告备置地点:公司年度报告备置于北京市海淀区友谊宾馆苏园写字楼278室
6、公司股票上市交易所:深圳证券交易所
公司股票简称:港澳实业 公司股票代码:0504

二、会计数据和业务数据摘要

1、本年度主要会计指标

利润总额(元):	-57,464,613.09
净利润(元):	-56,618,393.46
扣除非经常性损益后的净利润(元):	-56,249,016.37
主营业务利润(元):	-49,277,857.39
其它业务利润(元):	569,440.51
营业利润(元):	-58,779,553.32
投资收益(元):	1,773,221.54
补贴收入(元):	0.00
营业外收支净额(元):	-458,281.31
经营活动产生的现金流量净额(元):	-1,933,017.95
现金及现金等价物净增加额(元):	-1,867,588.05

注:非经常性损益为固定资产处置损失369,377.09元

2、报告期末公司前三年的主要会计数据和财务指标

	99年度	98年度		97年度	
		调整前	调整后	调整前	调整后
主营业务收入(元)	-30064409.61	-52417840.19	-52417840.19	169941246.42	169941246.42
净利润(元)	-56618393.46	-189636635.76	-155821361.47	2519,11.36	-35347013.20
总资产(元)	479487219.54	631047539.07	527817472.21	741742481.55	576398155.67
股东权益(元)	161794425.07	340096390.29	218412818.53	529733026.05	374234180.00
每股收益(元)	-0.18	-0.61	-0.50	0.01	-0.113
每股净资产(元)	0.52	1.09	0.70	1.70	1.201
调整后的每股净资产(元)	0.20	1.03	0.447	1.63	0.857
每股经营活动产生的现金流量净额(元)	-0.006	0.01	0.01		
净资产收益率(%)	-34.99	-56.00	-71.3	0.50	-9.45

注:计算公式

◆ 每股收益=净利润/年度末普通股股份总数

◆ 每股净资产=年度末股东权益/年度末普通股股份总数

◆调整后每股净资产=(年度末股东权益-三年以上应收款项-待摊费用-待处理(流动、固定)资产净损失-开办费-长期待摊费用-住房周转金负数余额)/年度末普通股股份总数。

◆每股经营活动产生的现金流量净额=经营活动产生的现金流量净额/年度末普通股股份总数

◆ 净资产收益率=净利润/年度末股东权益×100%

3、报告期内股东权益变动情况

项目	股本(万股)	资本公积(万元)	盈余公积(万元)	法定公益金(万元)	未分配利润(万元)	股东权益合计(万元)
期初数	31,157	22,494	2,331	2,331	-34,142	21,841
本期增加						
本期减少					5,662	5,662
期末数	31,157	22,494	2,331	2,331	-39,804	16,179

三、股东情况介绍

1、报告期末股东总数

1999年12月31日,公司股东总数33512户,其中法人股东21户,社会公众股东33491户。

2、前十名股东情况如下:

序号	股东名称	期末持股数	期内增减	持股比例%
1	国邦集团有限公司	90346274	—	29.00
2	海南港澳国际信托投资有限公司	83462437	—	26.79
3	太原兆和发展有限公司	14962632	—	4.80
4	深圳平安保险公司	10088694	—	3.24
5	广州世都百货有限公司	8827588	—	2.83
6	中国光大银行证券营业部	3923458	—	1.26
7	海南神鼎发展公司	3643178	+3643178	1.17
8	中国南玻集团股份公司	3222789	—	1.03
9	中国残疾人福利基金会	1401246	—	0.54
10	武汉国际租赁公司	1261106	—	0.40

注:1.前十名股东共持有股份221,139,402股,均为尚未流通的股份。

2.前十名股东中海南神鼎发展公司系海南港澳国际信托投资有限公司子公司。

3.海南神鼎发展公司报告期内增持3643178股,系原股东海南兴海房地产开发公司转让所致。

(3) 持股5%以上法人股东所持股份质押、冻结情况:

1 国邦集团有限公司持股比例29%,计9034万股,全部质押。

2 海南港澳国际信托投资有限公司持股比例26.79%,计8346万股,全部质押。

海南珠江控股股份有限公司

一、公司简介

1、公司的法定中文名称:海南珠江控股股份有限公司
英文名称:HaiNan Pearl River Holdings Co.Ltd.
2、公司法定代表人:郑清
3、公司董事会秘书:冯湃
联系地址:海口市滨海大道珠江广场帝豪大厦29楼
联系电话:0898-6763723 0898 6717888转 传 真:0898-6776026
4、公司注册地址:海口市滨海大道珠江广场帝豪大厦29楼
公司办公地址:海口市滨海大道珠江广场帝豪大厦29楼 邮政编码:570125
电子信箱:hnpearl @ public.hk.hi.cn
5、公司指定信息披露的报纸:《证券时报》,香港《大公报》
中国证监会指定登载公司年报网址:http://www.cninfo.com.cn
公司年度报告备置地点:公司董事会秘书处
6、公司股票上市交易所:深圳证券交易所
股票简称:珠江控股、珠江B 股票代码:0505、2505

二、会计数据和业务数据摘要

1、本年度主要会计数据	(单位:人民币元)
利润总额	21519941.94
净利润	26343376.19
扣除非常性损益后的净利润	- 43469466.75
主营业务利润	- 10296925.01
其他业务利润	2259631.08
营业利润	- 34653938.85
投资收益	51597799.78
补贴收入	3781000.00
营业外收支净额	798381.01
经营活动产生的现金流量净额	39124792.16
现金及现金等价物净增加额	7302367.94

注:扣除非经常性损益之项目及金额:	(单位:人民币元)
扣除项目	金额
转让海口培杰服装有限公司股权收益	343277.60
转让广州琼珠房地产开发有限公司股权收益	33300000.00
转让海南珠江国际商业有限公司股权收益	11586041.39
转让海南珠江国际贸易公司股权收益	4427229.79
转让三亚珠江娱乐有限公司股权收益	2350000.00
资金占用费	14025294.16
补贴收入	3781000.00
合计	69812842.94

2.前三年主要会计数据和财务指标如下:

项目	单位	1999年	1998年		1997年	
			调整前	调整后	调整前	调整后
主营业务收入	万元	5451.99	22338.48	22338.48	18863.07	18863.07
净利润	万元	2634.34	-19794.11	-20255.17	411.82	132.61
总资产	万元	89924.30	85975.12	87062.56	113793.25	113922.82
股东权益(不含少数股东权益)	万元	39615.96	38175.69	37469.45	57930.21	58059.78
每股收益元/股		0.070	-0.524	-0.536	0.011	0.004
扣除非经常性损益后的每股收益元/股		-0.115				
每股净资产元/股		1.05	1.01	0.99	1.53	1.54
调整后每股净资产元/股		1.02	0.89	0.87	1.24	1.25
每股经营活动产生的现金流量净额%		0.104	0.565	0.565		
净资产收益率%		6.65	-51.85	-54.06	0.71	0.22

注1.主要财务指标计算方法:
每股收益=净利润/年度末普通股份总数
每股净资产=年度末股东权益/年度末普通股份总数
净资产收益率=净利润/年度末股东权益×100%
每股经营活动产生的现金流量净额=经营活动产生的现金流量净额/年度末普通股份总数

注2、根据财政部财会字[1999]35号、49号文的有关规定和公司董事会决议,本公司变更会计政策,对前三年会计数据和财务指标进行了追溯调整。调整前后的有关会计数据如下:

项目	1998年		1997年	
	调整前	调整后	调整前	调整后
坏账准备	9051579.50	20044876.03	384770.30	6772987.34
未分配利润	-379435637.76	-386498075.90	-181494528.39	-183954486.31

注3、报告期内股东权益变化及变化原因(单位:人民币万元)

项目	股本	资本公积	盈余公积	法定公积金	未分配利润	未确认的投资损失	股东权益合计
期初数	37765.08	27405.47	10948.71	4928.33	-38649.81	-	37469.45
本期增加					2634.34	-	2634.34
本期减少					-	487.83	487.83
期末数	37765.08	27405.47	10948.71	4928.33	-36015.47	487.83	39615.96

变动原因:(1).未分配利润本期增加为本年度利润转入;(2).未确认的投资收益本期减少为被投资单位未确认的投资损失。

三、股东情况介绍

1、截至1999年年末,公司股东总数为36597户。

2、公司前10名股东持股情况

股东名称	年末持股数(股)	占总股本(%)
1 北京市万发房地产开发股份有限公司	112628976	29.82
2 洋浦银信咨询有限公司	23460000	6.21
3 广州珠江外资建筑设计院海南分院	21896000	5.80
4 中国宝安集团股份有限公司	13570000	3.59
5 中国残疾人福利基金会	8280000	2.19
6 海南发展银行海口分行	7820000	2.07
7 天骥投资基金	5750000	1.52
8 中国平安保险公司	3450000	0.91
9 深圳金田实业股份有限公司	2300000	0.61
10 深圳市平安期货有限公司	2300000	0.61

四川东泰产业(控股)股份有限公司

一、公司简介

1、公司的法定中、英文名称及缩写
公司的法定中文名称:四川东泰产业(控股)股份有限公司
英文名称:Sichuan Dong Tai Industry (Holdings)Co.,Ltd.　缩写:DTH
2、公司法定代表人:杨海亚
3、公司董事会秘书的姓名、联系地址、电话、传真。
董事会秘书:阎　蜀
联系地址:四川省乐山市五通桥区文化街 220 号
电话、(0833)3352550———214　传真:(0833)3354483
4、公司注册地址,办公地址及其邮政编码。
公司注册地址:四川省乐山市
公司办公地址:四川省乐山市五通桥区文化街 220 号
邮政编码:614800
5、公司选定的信息披露报纸名称:
《中国证券报》、《证券时报》为公司选定的信息披露报刊。
中国证监会指定的登载公司年度报告的国际互联网网址:
http://www.cnjnfo.com.cn
公司年度报告备置地点:
公司年度报告备置于四川省乐山市五通桥区文化街 220 号公司本部。
6、公司股票上市交易所、股票简称和股票代码。
公司股票上市交易所:深圳证券交易所
股票简称:ST 东控　股票代码: 0506

二、会计数据和业务数据摘要

1、主要会计指标:

利润总额	2413.78 万元
净利润	2,413.78 万元
扣除非经常性损益后的净利润	-1,539.14 万元
主营业务利润	573.10 万元
其它业务利润	3,842.15 万元
营业利润	-2,121.69 万元
投资收益	17.49 万元
补贴收入	无
营业外收支净额	93.28 万元
经营活动产生的现金流量净额	891.14 万元
现金及现金等价物净增加额	112.82 万元

2、报告期末公司前三年的主要会计数据和财务指标

	99 年度	98 年度	97 年度
主营业务收入(万元)	2413.78	2777.18	3032.53
总资产(万元)	58413.81	84973.26	89471.51
股东权益(不含少数股东权益,单位:万元)	25004.71	26482.58	24298.69
每股收益(元)	0.097	0.11	0.122
每股净资产(元)	1.004	1.09	0.99
调整后的每股净资产(元)	0.92	0.99	0.73
每股经营活动产生的现金流量净额(元)	0.036	0.078	
净资产收益率%	9.65	10.26	13.45

注:计算公式如下:
每股收益=净利润/年度末普通股股份总数
每股净资产=年度末股东权益/年度末普通股股份总数
调整后的每股净资产=(年度末股东股益-三年以上的应收款净额-待摊费用-待处 理(流动、固定)资产净损失-开办费-长期待摊费用-住房周转金负数余额)/年度末普 通股股份总数
每股经营活动产生的现金流量净额=经营活动产生的现金流量净额/年度末普通股股份总数
净资产收益率=净利润/年度末股东权益×100%
3、报告期内股东权益变动情况

项目	股本(股)	资本公积(万元)	盈余公积(万元)	法定公益金	未分配利润(万元)	股东权益合计(万元)
期初数	249101743	10193.64	753.32		-9374.55	26482.58
本期增加					2413.78	
本期减少		3891.65				1477.87
期末数	249101743	6301.99	753.32		-696077	25004.71
变动原因		调减 1993 年土地评估误增部份			本年度利润增加所致	调减 1993 年度资本公积及本年度利润减少所致

三、股东情况介绍

1、报告期末股东总数为 54,873 户;
2、持有本公司 5%以上(含 5%)股份的股东是乐山资产经营有限公司,1999 年 10 月 27 日,乐山资产经营有限公司将其所持股份 74,181,252 股中 6,000 万股,协议转让给芜 湖东泰实业有限公司。转让完成后,芜湖东泰实业有限公司持有本公司 6,000 万股国有法人股,占公司总股份的 24.09%;乐山资产经营有限公司本年度末持有本公司国有股 14,181,252 股,占本公司总股本的 5.69%。年度内所持股份无质押或冻结。
公司前 10 名股东持股情况(截止 1999 年 12 月 30 日)如下:

名次	股东名称	年末持股数	占总股本(%)
(1)	芜湖东泰实业有限公司	60000000	24.09
(2)	乐山资产经营有限公司	14181252	5.69
(3)	宝安集团股份有限公司	11247600	4.52
(4)	天骥投资基金	8098171	3.25
(5)	中国盐业总公司	2998858	1.20
(6)	四川盐业公司	2998857	1.20
(7)	南方证券有限公司	1607302	0.65
(8)	陕西合记联合实业总公司	1570000	0.63
(9)	云南生产资料服务公司	1499427	0.60
(10)	中国轻工物资供销总公司	1386014	0.56

珠海经济特区富华集团股份有限公司

一、公司简介

1、公司法定中文名称:珠海经济特区富华集团股份有限公司
公司法定英文名称:FUHUA GROUP CO., LTD. ZHUHAI S. E. Z.
2、公司法定代表人:阎前
3、公司董事局秘书:李际滨
联系地址:广东省珠海市拱北北岭工业区富华集团股份有限公司董事局秘书处
联系电话:0756-8886218　传真:0756-8888148　电子信箱:zhfuhua@email.zh.gnet.gd.cn
4、公司注册地址:广东省珠海市拱北北岭工业区
公司办公地址:广东省珠海市拱北北岭工业区富华集团股份有限公司　邮政编码:519070
电子信箱:zhfuhua@email.zh.gnet.gd.cn
5、公司选定的信息披露报纸名称:《证券时报》
刊载年报的互联网网址:http://www.cninfo.com.cn
公司年报备置地点:富华集团股份有限公司秘书处
6、公司股票上市交易所:深圳证券交易所
股票简称:粤富华　股票代码:0507

二、会计数据和业务数据摘要

1、本年度利润总额及构成　(单位:元)

利润总额:	42,662,752.94
净利润:	40,834,253.85
扣除非经常性损益后的净利润:	29,953,342.16
主营业务利润:	29,329,759.35
其他业务利润:	894,513.79
营业利润:	17,191,604.22
投资收益:	24,594,518.57
补贴收入:	948,151.69
营业外收支净额:	-71,521.54
经营活动产生的现金流量净额:	-1,508,201.91
现金及现金等价物净增加额:	73,643,030.91

2、公司前三年主要会计数据和财务指标:
追溯调整后:

项　目	1999 年	1998 年	1997 年
主营业务收入(元)	104728383.07	51,157,029.22	81,847,053.32
净利润(元)	40,834,253.85	-106,505,653.65	-119,656,640.40
总资产(元)	1058,965,575.44	973,598,074.46	1,124,376,273.41
股东权益(元)	861,359,952.98	813,217,700.96	944,723,354.61
每股收益(元/股)	0.118	-0.309	-0.347
扣除非经常损益后的每股收益(元/股)	0.087	--	--
每股净资产(元)	2.497	2.357	2.738
调整后的每股净资产(元)	2.49	2.34	2.65
每股经营活动产生的现金流量净额(元/股)	-0.004	-0.001	--
净资产收益率(%)	4.74%	-13.1%	-12.67%

追溯调整前:

项　目	1999 年	1998 年	1997 年
主营业务收入(元)	104,728,383.07	98,169,779.98	175,912,893.17
净利润(元)	40,834,253.85	-122,988,394.70	-182,386,198.93
总资产(元)	1,058,965,575.44	1,013,071,612.45	1,164,223,266.46
股东权益(元)	861,359,952.98	839,596,703.83	987,585,098.53
每股收益(元/股)	0.118	-0.356	-0.529
扣除非经常损益后的每股收益(元/股)	0.087		
每股净资产(元)	2.497	2.43	2.863
调整后的每股净资产(元)	2.49	2.41	2.77
每股经营活动产生的现金流量净额(元/股)	-0.004	-0.005	--
净资产收益率(%)	4.74%	-14.65%	-18.47%

3、股东权益变动情况:

项　目	股本	资本公积	盈余公积金	法定公益金	未分配利润	股东权益合计
期初数	344997420	660516304.78	15767116.37	15767116.37	-208063140.19	813217700.96
本期增加	-	7307998.17	-	-	40834253.85	48142252.02
本期减少	-		-	-	-	-
期末数	344997420	667824302.95	15767116.37	15767116.37	-167228886.34	861359952.98

三、股本变动和主要股东持股情况

1、股本变动情况　数量单位:股

股本结构	期初数	本次变动增减(+ -)	期末数
(一) 未上市流通股份			
(1)发起人股份	112,723,600	-71,754,000	40,969,600
其中:境内法人持有股份	112,723,600	-71,754,000	40,969,600
(2)募集法人股份	36,715,800	+71,754,000	108,469,800
未上市流通股份合计	149,439,400	,	149,439,400
(二)已上市流通股份			
(1)人民币普通股	195,558,020		195,558,020
已上市流通股份合计	195,558,020		195,558,020
(三)股份总数	344,997,420		344,997,420

2、主要股东情况
(1)报告期末股东总数为 39797 户。
(2)公司前十名股东持股情况

股东名称	持股数(股)	比例 (%)
珠海市港口企业集团有限公司	71,754,000	20.80
珠海市纺织工业集团公司	38,769,600	11.24
珠海市科技奖励基金会	7,920,000	2.30
珠海市冠华纺织公司	6,468,000	1.88
中国化纤总公司	4,356,000	1.26
广东省纺织工业总公司	3,300,000	0.96
珠海珠光公司	3,300,000	0.96
珠海经济特区发展公司	3,300,000	0.96
中国华诚财务公司	3,300,000	0.96
广东发展银行珠海分行	2,200,000	0.64

四川天歌科技集团股份有限公司

一、公司简介

1、公司法定中文名称:四川天歌科技集团股份有限公司
公司法定英文名称:SICHUAN TIANGE TECHNOLOGY GROUP CO.,LTD
2、公司法定代表人:邹昌浩
3、公司董事会秘书:史笃应
联 系 地 址:四川省成都市一环路南二段天歌科技大厦
电 话:028-5435719 传真:028-5445907
4、公 司 注册地址:四川省南充市涪江路117号
公 司 办公地址:四川省成都市一环路南二段天歌科技大厦
邮 编:610041
电 子 信 箱:(E-mail Address):TGIMC01@ Mail.sc.cninfo.net
5、公司股票上市交易所:深圳证券交易所
股 票 代 码:0509 股票简称:天歌科技
6、公司年度报告备置地点:公司董事会秘书办公室
公司选定的信息披露报纸:《中国证券报》、《证券时报》
中国证监会指定的公司信息披露网址:http://www.cninfo.com.cn

二、会计数据和业务数据摘要

(一) 本年度主要利润指标情况

项 目	金额(元)
利润总额	36,401,899.99
净利润	27,943,349.04
扣除非经营性损益后的净利润	21,219,127.31
主营业务利润	71,066,094.78
其它业务利润	2,884,581.58
营业利润	28,442 092.62
投资收益	5,774,916.28
补贴收入	3,200,000.00
营业外收支净额	-1,015,176.09
经营活动产生的现金流量净额	12,832,176.09
现金及现金等价物净增加额	21,487,767.22

(二) 公司近三年主要财务指标

指标项目	1999年	1998年		1997年	
		调整后	调整前	调整后	调整前
主营业务收入	23,751.57	19134.11	19134.11	14,214.40	14,214.40
净利润(万元)	2,794.33	7,090.52	7,210.53	-4,845.27	-4,485.27
总资产(万元)	61,645.62	51,533.80	54,695.21	44,758.64	47,756.03
股东权益(万元)	34,856.63	32,062.29	34,902.70	24,971.77	27,692.17
每股收益(元)	0.13	0.49	0.5026	-0.31	-0.3378
每股净资产(元)	1.62	2.23	2.43	1.74	1.93
调整后的每股净资产(元)	1.26	1.67	2.09	1.74	1.58
净资产收益率(%)	8.02	22.11	20.66	-17.88	-17.50
净资产收益率(加权)(%)	8.02	/	20.66	-17.88	-17.50
每股经营活动产生的现金流量净额(元)	0.06	0.17	0.17	/	/

注:主要财务指标计算方法:
每股收益=净利润/年度末普通股股份总数
每股净资产=年度末股东权益/ 年度末普通股股份总数
调整后的每股净资产=(年度末股东权益-三年以上的应收款项净额-待摊费用-待 处理(流动、固定)资产净损失-开办费-长期待摊费用-住房周转金负数余额)/年度末 普通股股份总数
每股经营活动产生的现金流量净额=经营活动产生的现金流量净额/年度末普通股股份总数
净资产收益率=净利润/年度末股东权益×100%
加权平均资产收益率=当期净利润÷[(期初净资产+期末净资产)÷2+当期发行新 股或配股新增净资产×(自缴数结束日下一月份至报告期末的月份数-6)÷12]
加权平均每股收益=当期净利润÷[期末股份总数÷(1+配股比例或增发新股比例)+期末股份总数÷(1+配股比例或增发新股比例)×配股比例或增发新股比例×缴款结 束日下一月份至期末的月份数÷12]

(三) 报告期内股东权益变动情况(单位:元)

项 目	股 本	资本公积金	盈余公积金	法定公益金	未分配利润	股东权益合计
期初数	143456808	153557026.85	28312342.17	6722494.57	-4703273.73	320622903.29
本期增加	71728404	/	5656705.66	2828352.83	27943349.04	105328458.70
本期减少	/	57382723.20	/	/	20002386.46	77385109.66
期末数	215185212	96174303.65	33969047.83	9550847.40	323788.85	348566252.33

变动原因
(1).股本变动是因为:利润分配及资本公积转增10送1转增4
(2).资本公积金变动是因为:资本公积转增股本10转增4
(3).盈余公积金变动是因为:本年度提取盈余公积金
(4).法定公益金变动是因为:本年度提取公益金
(5).未分配利润变动是因为:提取盈余公积金、公益金及10送1

三、股东情况介绍

1.截止1999年12月31日止本公司股东总数为 11992户。
2.股东情况介绍
本公司主要股东持股情况如下: (单位:股)

名次	股 东 名 称	期次持股数	期末持股数	占总股本比例(%)
1	湖北正昌集团公司	30000000	450000000	20.91
2	南充羽绒制品厂	13311840	19967780	9.28
3	工行南充地区分行	5555000	8332500	3.87
4	农行南充地区分行	4400000	6600000	3.07
5	中国银行南充分行	3630000	5445000	2.53
6	华厦证券有限公司	/	4954699	2.30
7	重庆市嘉浪商贸有限公司	/	4930300	2.29
8	李 文 英	/	4517647	2.10
9	天津路桥基建投资有限公司	/	4453784	2.07
10	华证资产管理有限公司	/	3461574	1.61

四川金路集团股份有限公司

一、公司简介

1、公司法定中文名称:四川金路集团股份有限公司
2、公司法定英文名称:SICHUAN JINLU GROUP CO., LTD.
3、公司法定代表人:艾欣
5、公司董事局秘书:杨雪金
6、公司授权代表:彭朗
联系电话:(0838)2207936
传 真:(0838)2204384
邮政编码:618000
电子信箱:jlwjglzx@dy-public.sc.cninfo.net
联系地址:四川金路集团股份有限公司董事局办公室
6、公司注册及办公地址:四川省德阳市岷江西路二段57 号金路大厦
邮政编码:618000
公司国际互联网网址:Http//jinlu.net
公司电子信箱:jlwjglzx@dy-public.sc.cninfo.net
7、公司信息披露报纸名称:《中国证券报》、《证券时报》
8、登载公司年度报告的国际互联网网址:ntlp://www.cninfo.com.cm
9、公司年度报告备置地点:本公司董事局办公室
10、公司股票上市地:深圳证券交易所
股票简称:金路集团 股票代码:0510

二、会计数据和业务数据摘要

1、本年度主要利润指标情况,(单位:元)
利润总额:2,102,486.95
净利润:2,071,308.63
扣除非经常性损益后的净利润:-1,775,457.43
主营业务利润:42,552,274.66
其他业务利润:827,182.79
投资收益:4,455,924.75
补贴收入:0
营业外收支净额:-159,249.38
经营活动产生的现金流量净额:3,368,907.21
现金及现金等价物净增加额:49,098,968.58
注:扣除非经常性损益后的净利润中的扣除项目:
1、营业外收支净额 -159,249.38
2、投资收益 4,006,015.44
2、截止报告期末公司前三年主要会计数据和财务指标: (单位:人民币元)

项 目	1999年	1998年		1997年	
		调整后	调整前	调整后	调整前
主营业务收入	344301100.21	283593182.97	283593182.97	485593902.84	485593902.84
净利润	2071308.63	-164181863.51	-119929645.91	25131107.78	53736446.08
总资产	951833121.16	963783914.96	1067716438.34	1141766590.00	1170371928.30
股东权益	510450965.30	504180657.24	601596259.39	692920567.00	721525905.30
每股收益	0.007	-0.56	-0.41	0.086	0.184
每股收益(按月平均加权法)	0.007	-0.56	-0.41	0.094	0.202
扣除非经常性损益后的每股收益 -	0.006	-0.517	-0.383	0.019	0.116
每股净资产	1.74	1.721	2.05	2.366	2.464
调整后的每股净资产	1.68	1.637	1.923	2.206	2.24
每股经营活动产生的现金净流量	0.01	0.045	0.045		
净资产收益率%	0.41	-32.564	-19.93	3.626	7.45

注:(1)主要财务指标计算方法
每股收益=净利润/年度末普通股股份总数
每股净资产=年度末股东权益/ 年度末普通股股份总数
调整后的每股净资产=(年度末股东权益-三年以上的应收款项净额-待摊费用-待处理(流动、固定) 资产净损失-开办费-长期待摊费用-住房周转金负数余额)/年度末普通股股份总数
每股经营活动产生的现金流量净额=经营活动产生的现金流量净额/年度末普通股股份总数
净资产收益率=净利润/年度末股东权益 *100%
3、报告期股东权益变动情况(单位:元)

项 目	股本(股)	资本公积	盈余公积	法定公益金	未分配利润	股东权益合计
期初数	292,876,084.00	265681033.53	41,981,443.25	11,785,633.76	-96,357,903.54	504,180,657.24
本期增加		4198999.43	53,479.07	17,826.36	2,017,829.56	6,270,308.06
本期减少						
期末数	292,876,084.00	269880032.96	42,034,922.32	11,803,460.12	-94,340,073.98	510,450,965.30

变动原因:1、本年度资本公积增加数系本公司原全资企业——德阳东方装饰材料厂、德阳精细化工厂和德阳市农药厂,以1998年11月30日为基准日进行资产评估,改制设立三家有限责任公司的评估增值额。
2、盈余公积金和法定公益金增加数为所属子公司本年提取数。
3、未分配利润期末数变更系增加本年净利润所致。

三、股东情况介绍

(一)、截止1999年12月31日,公司股东总数为 100,552户。
(二)、前10名股东持股情况 单位:股

股东名称	年末持股数	占总股本比例(%)
四川省三通企业(集团)有限责任公司	42,887,160	14.64
德阳市国有资产经营公司	39,057,760	13.34
中国宝安集团股份有限公司	11,970,000	4.09
深圳经济特区发展(集团)公司	6,384,649	2.18
海口亚晨企业有限公司	3,276,000	1.12
林永武	1,178,990	0.40
胡艳林	1,033,000	0.35
中国凯利实业有限公司	982,800	0.34
杨思文	851,679	0.29
成都博坤投资有限公司	850,000	0.29

沈阳银基发展股份有限公司

一、公司简介

1、公司名称
法定中文名称:沈阳银基发展股份有限公司
公司英文名称:Shenyang Ingenious Development Co.,Ltd
2、公司法定代表人:刘成文
3、公司董事会秘书:王利群
联系地址:沈阳市和平区十一纬路82号
联系电话:024—22857819　传真:024—22846927
电子信箱:wlqiig@163.net
4、公司注册地址:沈阳市和平区十一纬路82号
办公地址:沈阳市和平区十一纬路82号皇城酒店　邮编:110003
公司互联网网址:http://www.ingin.com
电子信箱:yinjijt@pub.sy.ln.cn
5、公司选定信息披露报纸名称:《中国证券报》、《证券时报》
登载公司年度报告的国际互联网网址:
http://www.cninfo.com.cn
公司年度报告备置地点:沈阳市和平区十一纬路82号
6、公司股票上市地:深圳证券交易所
股票简称:银基发展　股票代码:0511

二、会计资料和业务资料摘要

1、本年度主要会计资料和业务资料　单位:元

利润总额	31242324.87
净利润	23132849.52
扣除非经常性损益后的净利润	17986991.74
主营业务利润	39556083.03
营业利润	21720453.30
投资收益	1500000.00
补贴收入	8022691.95
营业外收支净额	−820.38
经营活动产生的现金流量净额	−5053056.27
现金及现金等价物净增加额	−5177472.75

注:扣除非经常性损益涉及的项目及金额　(单位:元)

投资收益	1500000.00
补贴收入	3646678.16
营业外收支净额	−820.38

2、公司截止报告期末前三年主要会计资料和财务指针

追溯调整后:

指标项目	1999年度	1998年度	1997年度
主营业务收入(元)	66749610.96	68494929.07	135508023.93
净利润(元)	23132849.52	12521964.18	−150772739.81
总资产(元)	274828847.45	337813386.11	405051026.69
股东权益(元)	176484807.03	153351957.51	140762246.14
每股收益(元/股)	0.178	0.096	−1.16
每股收益(按月平均加权法)	0.178	0.096	−1.16
每股收益(扣除非经营性损益后)	0.138		
每股净资产(元/股)	1.359	1.18	1.08
调整后的每股净资产(元/股)	1.33	1.15	0.60
每股经营活动产生的现金流量净额	−0.039	0.01	
净资产收益率(%)	13.11	8.17	−107.11

追溯调整前:

指标项目	1999年度	1998年度	1997年度
主营业务收入(元)	66749610.96	68758683.26	135508023.93
净利润(元)	25178321.21	10666455.56	−150772739.81
总资产(元)	276874319.14	344197206.05	405051026.69
股东权益(元)	178530278.72	151496448.89	140762246.14
每股收益(元/股)	0.194	0.082	−1.16
每股收益(按月平均加权法)	0.194	0.082	−1.16
每股收益(扣除非经营性损益后)	0.154		
每股净资产(元/股)	1.375	1.17	1.08
调整后的每股净资产(元/股)	1.35	1.13	0.60
每股经营活动产生的现金流量净额	−0.039	0.013	
净资产收益率(%)	14.10	7.04	−107.11

3、报告期内股东权益变动情况及原因　单位:股,元

项目	股本	资本公积	盈余公积	法定公益金	未分配利润	股东权益合计
期初数	129880950.40	10949042.93	1252196.42	1252196.42	10017571.34	153351957.51
本期增加			4499453.27	4499453.27	23132849.52	23132849.69
本期减少					8998906.54	
期末数	129880950.40	10949042.93	5751649.69	5751649.69	24151514.32	176484807.03

变动原因:1、盈余公积金和法定公益金增加主要是因为本年度税后利润提取额增加。
2、未分配利润和股东权益的增加主要是因为本年度净利润增加。

三、股东情况介绍

1、报告期末公司股东总数30579户。
2、前十名股东持股情况

股东名称	持股数(股)	占总股本比(%)
①沈阳银基集团股份有限公司	46632432	35.9%
②沈阳电缆厂综合产品销售处	4059120	3.13%
③沈阳市国资金属材料有限公司	2401346	1.85%
④沈阳建行信托投资股份公司	1560000	1.20%
⑤沈阳市精细石油化工厂	1248000	0.96%
⑥辽宁国发股份有限公司	1092000	0.84%
⑦沈阳三和盛物资贸易有限公司	1040520	0.80%
⑧沈阳中大实业有限公司	889200	0.68%
⑨孔祥能	380000	0.29%
⑩周建军	360000	0.28%

注:沈阳银基集团股份有限公司因经济诉讼,其持有的本公司法人股份270万股被冻结。

丽珠医药集团股份有限公司

一、公司简介

1、集团中文名称:丽珠医药集团股份有限公司
集团英文名称:LIVZON PHARMACEUTICAL GROUP INC.
2、法定代表人:易振球
行政总裁:徐孝先
总经理:董绍志
3、董事会秘书:王武平
授权代表:陈滢
电　话:(0756)8135888　传　真:(0756)8886002
4、注册地址:广东省珠海市拱北桂花北路　邮政编码:519020
电子信箱:zhlivzon@pub.zhuhai.gd.cn.
5、选定的信息披露报纸:
《证券时报》、《上海证券报》、《文汇报》(香港,中文)、《南华早报》(香港,英文)
本年度报告披露于中国证监会指定网站:　http://www.cninfo.com.cn
以及本集团网站:http://www.livzon.com
6、年度报告备置于:丽珠集团董事会秘书处、股证部
7、股票上市交易所名称:深圳证券交易所
股票代码及简称: 0513　丽珠集团　2513　粤丽珠B

二、会计数据和业务数据摘要

1、本年度主要利润指标情况:　(单位:人民币元)

主营业务利润	510,366,229.03
其他业务利润	1,353,977.44
营业利润	(10,066,794.12)
投资收益	7,682,730.54
补贴收入	14,897,053.36
营业外收支净额	4,441,757.93
利润总额	16,954,747.71
净利润	1,647,444.89
扣除非经常损益后的净利润	1,647,444.89
经营活动产生的现金流量净额	246,225,824.92
现金及现金等价物净增加额	109,211,492.88

2、净利润审计差异

经珠海经济特区嘉信达会计师事务所有限公司按照中国会计准则审核,1999年集 团实现净利润164.74万元;经香港摩斯伦会计师行按照国际会计准则审核,实现净利润300.40万元,两项之差额135.66万元,主要原因是:按照国际会计准则,对坏帐准备、开办费及待处理财产损益分别调增利润709.6万元、309.4万元,对长期投资、出售联营 公司及其他投资差异分别调减利润668.1万元、121.2万元及其他综合调整所致。

3、集团近三年主要会计数据和财务指标　(单位:人民币元)

主要会计数据	1999年	1998年		1997年	
		调整后	调整前	调整后	调整前
主营业务收入	1133819577.64	888889325.37	899045117.99	822212978.02	822212978.02
净利润	1647444.89	3019813.11	40832721.74	11633108.43	44471443.23
股东权益	90199,825.43	925311218.11	1018649312.20	962630844.24	993118364.56
总资产	1557847725.23	1439676868.22	1560922291.37	1478560272.56	1510123563.11
每股净资产	2.95	3.02	3.33	3.15	3.25
调整后的每股净资产	2.59	2.60	2.97	2.86	2.89
净资产收益率	0.18%	0.33%	4.01%	1.21%	4.34%
每股经营活动产生的现金流量净额	0.80	−0.06	−0.06		

每股收益	加权	摊薄	加权	摊薄	加权	摊薄	加权	摊薄	加权	摊薄
	0.005	0.005	0.010	0.010	0.130	0.130	0.041	0.038	0.15	0.14

注: (1)上述数据及指标均为合并报表数。
(2)主要财务指标计算方法:
1.每股收益=净利润 / 年度末普通股股份总数
2.每股净资产=年度末股东权益 / 年度末普通股股份总数
3. 调整后的每股净资产=(年度末股东权益−三年以上的应收款项净额−待摊费用− 待处理 (流动、固定)资产净损失−开办费−长期待摊费用−住房周转金负数余额)/年度 末普通股股份总数
4.每股经营活动产生的现金流量净额=经营活动产生的现金流量净额/年度末普通股股份总数
5.净资产收益率=净利润 / 年度末股东权益×100%

5、本年度股东权益变动情况

项目	股本	资本公积	盈余公积金	其中:公益金	未分配利润	股东权益合计
期初数	306035482	420461,44.45	160973532.79	44046561.62	37840858.87	925311218.11
本期增加	0	0	329488.98	164744.49	1647444.89	1976933.87
本期减少	0	0	24960837.57	24960837.57	329488.98	25290326.55
期末数	306035482	420461344.45	136342184.20	19250468.54	39158814.78	901997825.43

三、股东情况介绍

1、1999年末本公司股东总数64535户。
2、前十名股东持股情况(截止1998年12月31日)

股东名称	年内增减(股)	年末股数 (股)	持股比例(%)	股份类别
1.中国光大(集团)总公司	0	38,917,518	12.72	境内法人股
2.中国光大医药有限公司	0	18,893,448	6.17	外资法人股
3.君安代理有限公司	+298	13,860,909	4.53	流通B股
4.珠海市医药总公司	0	11,615,691	3.80	境内法人股
5.广州医药保健品进出口公司	0	11,059,428	3.61	境内法人股
6.Top Dynamic Investments Ltd.	+225,149	9,526,290	3.11	流通B股
7. China Everbright Financial Holdings Ltd.	0	9,244,713	3.02	流通B股
8. 广东韶关药业集团公司	0	6,463,548	2.11	境内法人股
9.Rexmore Company Limited	+6,270,066	6,270,066	2.05	流通B股
10.黄伟光	−274,331	2,296,198	0.75	流通B股

注:(1)中国光大医药有限公司系中国光大集团有限公司的全资子公司,China Everbright Financial Holdings Ltd.系中国光大集团有限公司控股的香港上市公司 ——中国光大控股有限公司的全资子公司;中国光大集团有限公司在香港注册成立,中国光大(集团)总公司在北京注册成立;中国光大集团有限公司与中国光大(集团)总公 司是互相独立的企业法人,两家公司董事长由同一人担任,董事会成员不完全相同。其他前10名股东之间不存在关联关系。
(2)中国光大(集团)总公司、中国光大医药有限公司所持本公司股份无质押、冻 结情况。

重庆渝开发股份有限公司

一、公司简介

㈠公司法定中文名称:重庆渝开发股份有限公司
公司法定英文名称:CHONGQING YUKAIFA CO.,LTD.
㈡公司法定代表人:官忠富
㈢公司董事会秘书:刘祥明;授权代表:叶 菁
联系地址:重庆市渝中区曾家岩1号附1号
电 话:(023)63850068 传真:(023)63852638
㈣公司注册地址及办公地址:重庆市渝中区曾家岩1号附1号 邮政编码:400015
㈤公司选定的信息披露报纸名称:《中国证券报》、《证券时报》
登载公司年度报告的中国证监会指定国际互联网网址:
http://www.cninfo.com.cn
公司年度报告备置地点:重庆渝中区曾家岩1号附1号公司总部
㈥股票上市交易所:深圳证券交易所
股票简称:渝开发 股票代码:0514

二、会计数据和业务数据摘要

㈠公司本年度利润总额及其构成 (单位:人民币元)

利润总额	14,604,763.94
净利润	12,230,460.56
扣除非经常性损益后的净利润	5,215,005.86
主营业务利润	17,228,595.07
其他业务利润	1,918,000.41
营业利润	-2,031,817.56
投资收益	9,621,126.80
补贴收入	7,075,000.00
营业外收支净额	-59,545.30
经营活动产生的现金流量净额	9,393,410.54
现金及现金等价物净增加额	-4,869,401.50

注:扣除的非经常性损益项目和涉及金额
1、营业外收支净额项目: -59,545.30
2、补贴收入项目: 7,075,000.00

㈡主要会计数据和财务指标
追溯调整后: 单位:人民币元

项目	1999年	1998年	1997年
主营业务收入	52,161,690.90	128,469,464.93	86,527,717.30
净利润	12,230,460.56	38,936,502.60	10,168,181.42
总资产	502,159,437.59	445,013,429.91	294,169,173.31
股东权益	181,075,682.16	168,845,221.60	129,908,719.02
每股收益	0.104	0.43	0.11
每股收益(按月平均加权法计算)	0.11	0.43	0.11
扣除非经常性损益后的每股收益	0.04	0.05	0.11
每股净资产	1.54	1.87	1.44
调整后的每股净资产	1.52	1.86	1.43
每股经营活动产生的现金流量净额	0.08	0.9	-
净资产收益率(%)	6.75	23.06	7.83

追溯调整前:

项目	1998年12月31日	1997年12月31日
主营业务收入	128,469,464.93	86,527,717.30
净利润	53,484,453.64	17,206,078.26
总资产	500,593,457.50	335,201,249.84
股东权益	225,425,249.19	171,940,795.55
每股收益	0.59	0.19
每股收益 (按月平均加权法计算)	0.59	0.19
扣除非经常性损益后的每股收益	0.21	0.19
每股净资产	2.49	1.90
调整后的每股净资产	2.48	1.89
每股经营活动产生的现金流量净额	0.90	--
净资产收益率(%)	23.73	10.01

㈢股东权益变动情况 单位:元

项目	股本	资本公积金	盈余公积	法定公益金	未分配利润	股东权益合计
期初数	90417600	32365810	21375024.19	7714280.24	24686786.88	168845221
本期增加	27125280		2578078.16	1289039.08	12230460.56	12230460
本期减少					29703358.16	
期末数	117542880	32365810	23953102.35	9003319.32	7213889.28	181075682

变动原因:1、股本变动是由于公司1999年4月实施了1998年度分红方案每10股送3股所致。

2、报告期内资本公积金未发生变化。

3、盈余公积和法定公益金变动是因为本年度利润提取数额所致。

4、未分配利润的变动是因为本年度利润增加和一九九九年四月公司实施送红股及提取本年度的盈余公积金所致。

三、股东情况介绍

(一)报告期末股东总数

截止1999年12月31日公司股东总数为13124户,其中:国家股股东1户,法人股股东4户,社会公众股股东13119户。

(二)主要股东持股情况(前10名股东)

名次 股东名称	年末持股数(股)	占总股本(%)
(1)重庆市城市建设投资公司	61467120	52.29
(2)普惠证券投资基金	10445192	8.89
(3)中国宝安集团股份有限公司	7146048	6.08
(4)中国信达信托投资公司包头证券部	3120000	2.65
(5)深圳市信诚投资有限公司	1366512	1.16
(6)西安怡和经济发展投资集团公司	1200000	1.02
(7)大连普惠投资管理有限公司	1079300	0.92
(8)长城证券有限责任公司	776000	0.66
(9)湘证证券投资基金	700600	0.60
(10)哈尔滨市裕晨酒店	485700	0.41

西安解放集团股份有限公司

一、公司简介

1、公司法定中文名称:西安解放集团股份有限公司
公司英文名称:XI'AN JIEFANG GROUP CO.,LTD 缩写:JFG
2、公司法定代表人:王 科
3、公司董事会秘书:刘建锁
联系地址:西安市解放市场6号
电 话:(029)7217854 传真:(029)7217705
4、公司注册地址及办公地址:西安市解放市场6号 公司邮政编码:710001
公司电子信箱:JFG@pub.xaonline.com
5、公司年度报告备置地点:公司证券部
公司选定的信息披露报纸名称:《证券时报》
登载公司年度报告的中国证监会指定国际互联网网址: http://www.cninfo.com.cn
6、公司股票上市地:深圳证券交易所
股票简称:陕解放A 股票代码:0516

二、会计数据和业务数据摘要

1、本年度实现利润情况 (单位:人民币元)

利润总额:	31,565,813.10
净利润:	26,809,744.48
扣除非经常性损益后的净利润:	28,763,605.48
主营业务利润:	66,078,099.67
其他业务利润:	83,062.30
营业利润:	32,833,123.15
投资收益:	-1,978,452.82
补贴收入:	0.00
营业外收支净额:	711,142.77
经营活动产生的现金流量净额:	22,004, 079.79
现金及现金等价物净增加额:	10,042,752.04

注:扣除的非经常性损益项目和涉及金额

根据陕西省高级人民法院(1998)陕经一初字第61号《民事调解书》,对原挂帐的五环(集团)股份有限公司欠款利息2,2 98,660.00元在本年度核销。

2、最近三年主要会计数据和财务指标 单位:人民币元

指标项目	1999年度	1998年度 追溯调整后	1998年度 追溯调整前	1997年度 追溯调整后	1997年度 追溯调整前
主营业务收入	678572931	624527092	624527092	650078283	650078283
净利润	26809744	24341682	24464158	22908809	24263884
总资产	507228651	433263109	434557125	409111244	410466119
股东权益	222030115	195220371	196514387	172106496	173461572
每股收益	0.22	0.20	0.20	0.34	0.36
加权平均每股收益	0.22	0.20	0.20	0.34	0.36
扣除非经常性损益后每股收益	0.24	0.21	0.21	0.32	0.34
每股净资产	1.84	1.62	1.63	2.57	2.59
调整后每股净资产	1.82	1.60	1.61	1.75	1.80
每股经营活动产生的现金流量净额	0.18	0.36	0.36	—	—
净资产收益率%	12.07	12.47	12.45	13.31	13.99

注:1.以上数据和指标系合并报表数据;

2.追溯调整前指公司会计政策、会计估计变更追溯调整前的会计数据,追溯调整 后指公司会计政策、会计估计变更追溯调整后的会计数据;

3.主要财务指标的计算方法:

每股收益=净利润/年度末普通股股份总数

每股净资产=年度末股东权益/年度末普通股股份总数

净资产收益率=净利润/年度末股东权益×100%

调整后每股净资产=(年度末股东权益-三年以上的应收款项净额-待摊费用-待处理(流动、固定)资产净损失-开办费-长期待摊费用-住房周转金负数余额)/ 年度末普通股股份总数

每股经营活动产生的现金流量净额=经营活动产生的现金流量净额/年度末普通股股份总数

加权平均每股收益=当期净利润/[期末普通股股份总数/(1+配股比例或增发新股比例)+期末普通股股份总数/(1+配股比例或增发新股比例)×配股比例或增发新股 比例×缴款结束日下一月份至报告期末的月份数/12] 。

3、报告期内股东权益变动情况 单位:人民币元

项目	股本	资本公积	盈余公积	法定公益金	未分配利润	股东权益合计
期初数	120350340	37925607	9041190	2929491	24973740.65	195220370
本期增加			2680974	1340487	26809744.48	30831206
本期减少					4021461.67	4021461
期末数	120350340	37925607	11722165	4269979	47762023.46	222030115

变动原因:1.盈余公积和法定公益金增加为按1999年度利润分配预案提取10%的法定公积金和5%的法定公益金。

2. 未分配利润增加数为1999年度实现的净利润, 减少数为按1999年度利润分配预案提取15%的法定公积金、公益金。

三、股东情况介绍

1、报告期末股东数量:
本报告期末的股东总数为15224户,其中内部职工股东3户。
2、主要股东持股情况:

股东名称	年初数(万股)	年末数(万股)	持股比例(%)
西安市国有资产管理局(持国家股)	2804.6293	2804.6293	23.30
深圳市君得投资发展有限公司	2069.10	2069.10	17.19
西安商业科技开发公司	583.9266	583.9266	4.85
海南长江实业集团公司	435.60	435.60	3.62
西安国明房地产开发有限责任公司	370.26	370.26	3.07
陕西林苑房地产开发有限责任公司	326.70	326.70	2.71
中国航空油料西北公司	217.80	217.80	1.81
深圳广顺实业股份有限公司	217.80	217.80	1.81
深圳天久实业有限公司	217.80	217.80	1.81
深圳乐其士有限公司	217.80	217.80	1.81

宁波成功信息产业股份有限公司

一、公司简介

- 公司的法定中文名称:宁波成功信息产业股份有限公司
- 公司的法定英文名称:NINGBO SUCCESS INFORMATION INDUSTRY CO.,LTD.
- 英文缩写:SIT
- 公司法定代表人:陈 新
- 公司董事会秘书及授权代表:傅备镖 胡约翰

  联系地址:宁波市中山东路505号

  电 话:0574-7331696-2010

  传 真:0574-7374078

  电子信箱:johnhu@mail.nbptt.zj.cn
- 公司注册地址(办公地址):宁波市中山东路505号

  邮政编码:315040

  电子信箱:yzya@mail.nbptt.zj.cn
- 公司选定的信息披露报纸名称:《证券时报》和《中国证券报》

登载公司年度报告的中国证监会指定国际互联网网址:http://www.cninfo.com.cn
- 公司年度报告备置地点:董事会秘书处
- 公司股票上市交易所:深圳证券交易所

  股票简称:甬成功

  股票代码:0517

二、会计数据和业务数据摘要

(一)本年度利润总额、净利润及其构成单位:人民币元

项目	1999年度
利润总额	30,909,932.11
净利润	28,997,444.35
扣除非经常性损益后的净利润	16,708,682.26
主营业务利润	19,205,138.75
其他业务利润	6,691,653.34
营业利润	16,947,240.34
投资收益	6,303,556.20
补贴收入	159,487.01
营业外收支净额	7,499,648.56
经营活动产生的现金流量净额	11,963,887.16
现金及现金等价物净增加额	23,269,808.60

注:经常性损益包括:1出售公司名下的中山东路505号不动产收益7132728.36元;2出售子公司产生收益5555308.5元;3宁波无线电厂合并价差摊销收益48447.50元 ;4深圳市成功通信技术有限公司摊销收益-447722.27元。共合计收益12288762.09 元。

(二)截至报告期末公司前三年的主要会计数据和财务指标 单位:人民币元

项目	99年度	98年度		97年度
		调整前	调整后	
主营业务收入	47876013.37	98241574.55	8521392.13	74165786.92
净利润	28997444.35	-12344693.15	-13966884.28	5719441.24
总资产	284208197.69	309924230.67	204622626.29	266056903.69
股东权益(不含少数股东权益)	201007571.97	184113863.43	172010127.62	196404367.91
每股收益	0.323	-0.137	-0.155	0.064
扣除非经常性损益后的每股收益	0.186	-0.138	-0.156	0.058
每股净资产	2.24	2.05	1.91	2.18
调整后的每股净资产	2.21	1.98	1.84	2.14
每股经营活动产生的现金流量净额	0.133	0.115		
净资产收益率(%)	14.43	-6.70	-8.12	2.91

注:1、每股收益=净利润/年度末普通股股份总数

2、扣除非经常性损益后的每股收益=扣除非经常性损益后的净利润/年度末普通 股股份总数

3、每股净资产=年度末股东权益/年度末普通股股份总数

4、调整后的每股净资产=(年度末股东权益-三年以上的应收款项净额-待摊费 用-待处理(流动、固定)资产净损失-开办费-长期待摊费用-住房周转金负数余额)/年度末普通股股份总数

5、每股经营活动产生的现金流量净额=经营活动产生的现金流量净额/年度末普 通股股份总数

6、净资产收益率=净利润/年度末股东权益×100%

(三)股东权益变化情况 单位:人民币元

项 目	股 本	资本公积	盈余公积	法定公益金	未分配利润	股东权益合计
期初数	89897841	76143420.92	11381662.03	5373353.39	-5412796.33	172010127
本期增加	---	---	4716929.60	2358464.80	28997444.35	28997444
本期减少						
期末数	89897841	76143420.92	16098591.63	7731818.19	23584648.02	201007571
变动原因			提取两金	提取公益金	年度盈利	年度盈利

注:本表期初数据均为追溯调整后的数据。

三、股东情况介绍

1、截止1999年末,本公司股东总数为7616户。

2、截止1999年末,前10名股东情况: 数量单位:股

序号	股东名称	年内股份增减变动情况(股)	年末持股数量(股)	占总股本的比例(%)	是否质押或冻结
1	深圳市新海工贸发展有限公司	+32432677	32432677	36.08	是
2	宁波东方电脑设备有限公司	0	14540193	16.17	是
3	北京华远集团公司	+3120000	3120000	3.47	否
4	北京麒祥文化发展有限责任公司	+2060000	2060000	2.29	否
5	中国通信建设总公司	+2060000	2060000	2.29	否
6	北京市港能科技发展有限责任公司	+1859272	1859272	2.07	否
7	宁波港务局	0	1732500	1.93	否
8	海军4819工厂	0	1578320	1.76	否
9	天津港保税区南方国际贸易投资有限公司	+1376900	1376900	1.53	否
10	宁波联合实业有限公司	0	787500	0.88	否

注:公司第一大股东深圳市新海工贸发展有限公司系公司第三大股东北京市华远集团公司控股子公司。

江苏振新实业股份有限公司

公司简介

公司法定中文名称:江苏振新实业股份有限公司

中文缩写:振新股份

公司英文名称:JIANGSU ZHENXIN INDUSTRY AND COMMERCE SHARE CO.,LTD

英文缩写:JSZX

公司法定代表人:华国强

董事会秘书:张 华

联系地址:江苏省江阴市新桥镇

联系电话:0510-6121071

传 真:0510-6121071

电子信箱:jszxdm@163.net

公司注册地址和办公地址:江苏省江阴市新桥镇

公司电子信箱:zx0518@163.net

邮政编码:214426

公司指定信息披露报纸:证券时报

登载公司年度报告国际互联网网址:http://www.cninfo.com.cn

公司年度报告备置地点:本公司证券部

公司股票上市交易所:深圳证券交易所

公司股票简称:PT振新

公司股票代码:0518

会计数据和业务数据摘要

1、公司本年度会计数据 单位:人民币元

利润总额	38,720,388.49
净利润	38,720,388.49
扣除非经常性损益后的净利润	15,030,511.98
主营业务利润	30,974,836.56
其他业务利润	11,128,265.90
营业利润	26,120,301.73
投资收益	——
补贴收入	——
营业外收支净额	12,600,043.16
经营活动产生的现金流量净额	3,439,733.13
现金及现金等价物增加值	7,204,166.34

2、公司近三年财务指标 单位:人民币元

投标项目	1999年度	1998年度		1997年度	
		调整前	调整后	调整前	调整后
主营业务收入	105247190.20	507793.26	507793.26	206708535.38	56335944.21
净利润	38720344.89	-31243785.71	-31243785.71	5793167.65	-21387849.76
总资产	216714913.75	180325080.68	186230473.94	299236197.42	272543494.48
股东权益	156832727.17	104292654.37	104292654.37	185793123.65	139286440.08
每股收益	0.2895	-0.23	-0.23	0.04	-0.15
扣除非经常性损益后每股收益	0.1124	-0.23	-0.23		
每股净资产	1.1726	0.78	0.78	1.39	1.04
净资产收益率(%)	24.69	-29.95	-29.95	3.12	-15.28
调整后的每股净资产	0.9871	0.78	0.78	1.04	1.04
每股经营活动产生的现金流量净额	0.0257	-0.03	-0.03		

(1)主要财务指标计算方法

每股收益=净利润/年度末普通股股份总数

每股净资产=年度末股东权益/年度末普通股股份总数

净资产收益率=净利润/年度末股东权益×100%

调整后的每股净资产=(年度末股东权益-三年以上的应收款项-待摊费用-待 处理(流动、固定)资产损失-开办费-长期待摊费用)/年度末普通股股份总数

(2)以上数据以公司合并会计报表数据填列

(3)根据财政部财会字[1999] 35号文、49号文的有关规定,公司对前三年会计数据和财务指标进行了追溯调整,并分别以调整前和调整后的数据进行列示。

3、报告期内年度内股东权益变动情况及其原因 单位:人民币元

项 目	股 本	资本公积	盈余公积金	公益金	未分配利润	合计
期初数	133,742,400	56,594,536.36	10,815,998.03	2,091,333,95	-98,586,266.81	104,295,654.37
本期增加					62,990,723.67	5,253,707.28
本期减少			87,246,664.08			
期末数	133,742,400	56,594,536.36	2,091,333.95	2,091,333.95	-35,595,543.14	156,832,727.17

股本变动及股东情况介绍

1、截止1999年12月31日,公司股东总数为52586户。

2、截止1999年12月31日公司前10名股东持股情况:

股东名称	年末持股数(万股)	占总股本比例(%)
江阴市振新毛纺织厂	2675.3168	20.00
昆山三山纺织集团公司	662.6400	4.95
深圳市宝安区投资管理公司	396.0000	2.96
深圳市蓝天基金投资管理公司	264.0000	2.20
深圳市市政工程总公司海南公司	210.0000	1.57
海南兴达实业发展公司	210.0000	1.57
交通部第二公路工程局	200.0000	1.50
铁道部第三工程局	178.7500	1.34
黑龙江省公路桥梁建设总公司	162.0000	1.21
中国航空技术进出口深圳公司	132.0000	0.99

注:A、前10名股东不存在任何关联关系。

B、公司前10名股东均为法人股股东。

3、持股5%以上法人股东情况

截止报告期末,持有本公司5%以上股份的股东为江阴市振新毛纺织厂,持有本公 司法人股20%,计2675.3168万股,报告期内,该厂所持股份没有发生增减变动情况,亦 未有任何质押情况和其他任何法律争议。

成都银河动力股份有限公司

一、公司简介

1、公司法定中文名称:成都银河动力股份有限公司
公司法定英文名称:CHENGDU YINHE POWER CO.,LTD.
2、公司法定代表人:张青
3、公司董事会秘书:李红卫
联系地址:四川省成都市二环路东三段40号
联系电话:028-4333641　　4310296
传　　真:028-4331092　　4310296
电子信箱:cdyhdlgs@mail.sc.cninfo.net 或 LiHongwei163@163.net
4、公司注册(办公)地址:四川省成都市二环路东三段40号
邮政编码:610051
公司国际互联网网址:Http://www.cyj.com.cn
公司电子信箱:cdyhdlgs@mail.sc.cninfo.net
5、公司选定的信息披露报纸:《证券时报》、《中国证券报》
公司年度报告登载网址:http://www.cninfo.com.cn
公司年度报告文本备置于公司办公地点
6、公司股票上市交易所:深圳证券交易所
公司股票简称:银河动力
公司股票代码:0519

二、会计数据和业务数据摘要

1、本年度利润情况　　(单位:元)

利润总额	17,363,199.24
净利润	16,603,486.28
扣除非经常性损益后的净利润	16,603,486.28
主营业务利润	51,186,411.55
其他业务利润	503,830.73
营业利润	16,635,107.44
投资收益	730,546.10
补贴收入	0
营业外收支净额	-2,454.30
经营活动产生的现金流量净额	5,125,804.24
现金及现金等价物净增加额	3,590,138.26

2、截至本报告期末,公司前三年的主要会计数据和财务指标:

项　目	1999年	1998年		1997年	
		调整前	调整后	调整前	调整后
主营业务收入(万元)	16,019.81	11,510.43	11,510.43	11,304.97	11,304.97
净利润(万元)	1,660.35	2,413.28	2,142.60	1,578.59	1,400.89
总资产(万元)	36,673.57	30,756.46	30,162.40	24,575.14	24,251.76
股东权益(不含少数股东权益)(万元)	18,871.11	17,804.83	17,210.76	15,270.48	
每股收益(元)	0.23	0.34	0.30	0.22	0.20
每股净资产(元)	2.66	2.51	2.43	2.15	2.11
调整后的每股净资产(元)	2.60	2.45	2.38	2.10	2.05
每股经营活动产生的现金流量净额(元)	0.07				
净资产收益率(%)	8.80	13.55	12.45	10.34	9.37

注:主要财务指标计算公式:
每股收益=净利润/年度末普通股股份总数
每股净资产=年度末股东权益/年度末普通股股份总数
调整后的每股净资产=(年度末股东权益-三年以上的应收款项净额-待摊费用-待处理 (流动、固定)资产净损失-开办费-长期待摊费用-住房周转金负数余额)/ 年度末普通股股份总数。
每股经营活动产生的现金流量净额=经营活动产生的现金流量净额/年度末普通 股股份总数
净资产收益率=净利润/年度末股东权益×100%

3、报告期内股东权益变动情况　　单位:万元

项　目	股　本	资本公积	盈余公积	法定公益金	未分配利润	股东权益合计
期初数	7,097.1108	4,306.53	2,622.19	646.40	3,184.93	17,210.76
本期增加			332.06	166.03	1,328.28	1,660.35
本期减少						
期末数	7,097.1108	4,306.53	2,954.26	812.43	4,513.21	18,871.11
变动原因			本年度利润中提取	本年度利润中提取	本年度实现利润	净利润增加

三、股东情况介绍

1、本报告期末,公司股东总数为4018户。
2、前十名股东及持股情况(本报告年度内持股无变动,持股5%以上的股东所持股份无质押或冻结的情况):

股　东　名　称	持股数量(万股)	占总股本比例(%)
1、银河(长沙)高科技实业有限公司	2058	29
2、湖南新兴公司	1315.68	18.54
3、深圳能源投资股份有限公司	120	1.69
4、四川天歌(集团)股份有限公司	120	1.69
5、乐山电力股份有限公司	120	1.69
6、天骥投资基金	120	1.69
7、吉林九州开发公司	108	1.52
8、四川成都全兴集团有限公司	60	0.85
9、中国农资公司成都公司	60	0.85
10、西方米奇电子(深圳)公司	48	0.68

注:上述股东所持股份均为未上市流通股份

四、董事会报告

公司经营情况
(1)公司主营业务处于国内机械配附件行业前列,按照销售额排列,本公司位列缸套行业第6名,活塞行业第6名(资料来源:机械工业统计学会全国缸套、活塞行业统计资料)。
(2) 公司主营业务的范围
本公司主营业务产品为各型内燃机的关键基础件----气缸套、铝活塞,其 营业收入分别占公司主营椅裕杖瓬▮ 7.76 %、40.62%

武汉凤凰股份有限公司

(一) 公司简介

1、公司名称:武汉凤凰股份有限公司
英文名称:WUHAN PHOENIX CO,LTD.
2、法定代表:邹昆华
3、公司董事会秘书　熊克金　宫薇薇
咨询电话:027-86516722　传真:027-86515968
4、公司地址:武汉市青山区长青路　　邮政编码:430082
英文地址:Changqing Rd. Qingshan Zone Wuhan 430082 China
5、信息披露报纸名称:《中国证券报》、《证券时报》
刊登公司年度报告的国际互联网网址:http://www.cninfo.com.cn
公司年报备置地点:公司办公室
6、公司股票上市交易所:深圳证券交易所
证券简称:武凤凰A　　证券代码:0520

(二) 会计数据和业务数据摘要

1、公司本年度实现的:　　(单位:万元)

利润总额	12,542.75
净利润	10,453.11
扣除非经常性损益后的净利润	10,453.11
主营业务利润	10,874.22
其他业务利润	3,212.26
营业利润	12,557.38
投资收益	69.24
补贴收入	
营业外收支净额	-83.87
经营活动产生的现金流量净额	22,346.21
现金及现金等价物净增加额	7,976.61

2、截至报告期末公司前三年的主要会计数据和财务指标:

	1999	1998		1997	
		调整后	调整前	调整后	调整前
主营业务收入(万元)	41,449.16	21,800.37	21,800.37	25,884.85	25,884.85
利润总额(万元)	12,542.75	9,653.96	9,530.72	16,297.11	16,817.88
净利润(万元)	10,453.11	8,072.23	7,948.98	13,904.18	14,424.95
总资产(万元)	135,948.34	135,092.13	135,833.02	96,664.38	97,528.51
股东权益(万元)	119,930.25	118,303.01	119,043.89	82,090.56	82,954.68
每股收益(摊薄、元)	0.20	0.16	0.15	0.38	0.40
每股收益(加权、元)	0.20	0.18	0.18	0.38	0.46
每股净资产(摊薄、元)	2.31	2.28	2.29	2.28	2.31
调整后的每股净资产(元)	2.31	2.27	2.28	2.27	2.29
每股经营活动产生的现金流量净额	0.43	0.08	0.08		
净资产收益率(摊薄、%)	8.72	6.82	6.67	16.93	17.39
净资产收益率(加权、%)	8.72	7.54	7.14	16.93	17.39

每股收益、每股净资产、调整后的每股净资产、
每股经营活动产生的现金流量净额和净资产收益率等财务指标的计算公式如下:
每股收益=净利润/年度末普通股股份总数
每股净资产=年度末股东权益/年度末普通股股份总数
调整后的每股净资产=(年度末股东权益-三年以上的应收款项净额-待摊费用-待 处理(流动、固定)资产净损失-开办费-长期待摊费用-住房周转金负数余额)/年度末 普通股股份总数
每股经营活动产生的现金流量净额=经营活动产生的现金流量净额/年度末普通股股份总数
净资产收益率=净利润/年度末股东权益×100%

3、股东权益变动情况

项　目	股本	资本公积	盈余公积	法定公积	未分配利润	股东权益合计
期初数	519168762	455176501.76	206858654.82	97284749.03	1826198.20	1183030116.78
本期增加			15679664.28	10453109.52	104531095.24	120210759.52
本期减少					103938353.82	103938353.82
期末数	519168762	455176501.76	222538319.10	107737858.55	2418939.62	1199302522.48
变动原因			本年度盈利	本年度盈利		本年度盈利

(三) 股本变动及股东情况

1、股东情况介绍
(1)截止报告期末股东总数为158214户。
(2)前10名股东的持股情况:

股　东　名　称	持股数量(股)	比例(%)
1 中国石化武汉石油化工厂	211,423,651	40.72
2 中国人民保险公司武汉市分公司青山支公司	5,577,658	1.07
3 武汉石化实业公司	5,577,658	1.07
4 武汉证券公司	1,421,784	0.27
5 武汉证券公司深圳营业部	1,010,482	0.19
6 北京保荣工贸公司	795,961	0.15
7 陈升祥	700,000	0.13
8 普丰证券投资基金	630,000	0.12
9 泰和证券投资基金	600,000	0.12
10 林见明	571,669	0.11

第一大股东中国石化集团武汉石油化工厂(以下简称:武石化),企业法人代表:邹 昆华, 经营范围:石油加工。 股权无质押。

(四) 董事会报告

公司经营情况
公司主营业务的范围:石油及石油化工;产品主要有聚丙烯,还有回收气、汽油等。1999年度,聚丙烯市场竞争依然异常激烈,国内生产能力有所增长,进口数量有 一定的减少。
由于公司利用配股资金建设的7万吨/年聚丙烯装置的建成投产,1999年度,公司聚丙烯产量再创历史新高, 年产量达79917.06吨 (其中: 粒料70,081.28吨, 粉料9,835.78 吨), 较上年度提高68.10%。这是公司聚丙烯产量连续四年创新高。生产汽油2,796吨,比上年的3,692吨减少了896吨,降低24.27%;生产液化气4,903吨,比上年的3,214吨增加1, 689吨,增长了52.55%;生产新产品丁烯3,524吨;烷油料268吨;丁二烯12,406吨;催化原料油1,580吨。

合 肥 美 菱 股 份 有 限 公 司

合肥美菱股份有限公司1999年年度报告摘要

一、公司简介

1、公司法定中文名称:合肥美菱股份有限公司
公司法定英文名称:HEFEI MEILING CO.,LTD. 英文名称缩写:HFML
2、公司法定代表人:张巨声
3、公司董事会秘书:刘燕鸣　　授权代表:齐敦卫
电话:(0551)2884961-394　　传真:(0551)2885502
4、公司注册及办公地址:合肥市芜湖路48号　　邮政编码:230001
公司网址:http://www.meiling.com　　电子信箱:hfmlse@mail.hf.ah.cn
5、公司选定的信息披露报纸名称:《证券时报》《大公报》
登载公司年度报告的国际互联网址:http://www.cninfo .com.cn
年度报告备置地点:公司办公楼4楼董事会秘书室
6、股票上市地:深圳证券交易所
股票简称:美菱电器　　股票代码:0521　　股票简称:皖美菱B　　股票代码:2521

二、会计数据和业务数据摘要

1、公司本年度利润总额及构成　(单位:人民币元)

利润总额	80,254,936.11元
净利润	68,446,649.03元
非经常性损益合计	-572,569.96元
其中:处理固定资产损益	-426,678.71元
扣除非经常性损益后的净利润	67,874,079.07元
主营业务利润	235,986,460.46元
其他业务利润	6,619,776.68元
营业利润	76,488,995.18元
投资收益	-5,002,409.17元
补贴收入	10,275,759.27元
营业外收支净额	-1,507,409.17元
经营活动产生的现金流量净额	-19,567,402.61元
现金及现金等价物净增加额	-61,209,268.72元

2、实现的净利润按照中国会计准则审计为68,447千元,经香港罗兵咸永道会计师事务所按照国际会计准则审计为52,013千元,具体差异为:

	1999年度净利润(千元)
按照中国会计准则列报:	68,447
按照国际会计准则调整事项:	
1.坏帐及呆帐准备	(10,092)
2. 少计固定资产折旧	
3. 存货减值准备	(4,802)
4. 保养费用准备	
5. 多计费用支出	3,533
6. 少提投资减值准备	(1,516)
7. (抵减)/提拨递延所得税资产	(2,500)
8. 其他	(1,057)
按照国际会计准则列报:	52,013

3、主要会计数据及财务指标(单位:人民币元):

项　目	99年度	98年度		97年度	
		调整前	调整后	调整前	调整后
主营业务收入	1326822251.40	1368833610.27	1368833610.27	1413660338.06	1413660338.06
净利润	68446649.03	83489528.25	76647114.05	117926134.94	98970883.63
总资产	2545961019.55	2433647588.93	2379814632.68	2327384217.61	2280393675.56
股东权益	1404435992.36	1389822299.58	1335989343.33	1347197066.23	1300206524.18
每股收益(加权)	0.165	0.20	0.185	0.29	0.24
每股收益(摊薄)	0.165	0.20	0.185	0.29	0.24
扣除非经常性损益后的每股收益	0.164	0.186	0.169	0.277	0.231
每股净资产	3.40	3.36	3.23	3.26	3.14
调整后的每股净资产	3.33	3.30	3.17	3.21	3.10
净资产收益率%	4.9	6.01	5.74	8.75	7.61
每股经营活动产生的现金流量净额	-0.047	0.095	0.095		

注:主要财务指标的计算公式如下:
每股收益=净利润/年度末普通股股份总数
每股净资产=年度末股东权益/年度末普通股股份总数
净资产收益率=净利润/年度末股东权益×100%
调整后每股净资产=(年度末股东权益-三年以上的应收款项-待摊费用-待处理(流动、固定)财产净损失-开办费-长期待摊费用-住房周转金负数余额)/年度末普通股股份总数
每股经营活动生产的现金流量净额=经营活动生产的现金流量净额/年度末普通股股份总数

4、报告期内股东权益变动情况及原因　　单位:万元(万股)

项目	股本	资本公积	盈余公积	法定公益金	未分配利润	合计
期初数	41364.29	57142.95	27421.50	6030.59	7670.19	133598.93
本期增加			1368.94	684.47	5475.73	6844.67
本期减少						
期末数	41364.29	57142.95	28790.44	6715.06	13145.92	140443.60

变动原因:(1)年度内公司股本、资本公积金均未发生变化;(2)年度内将本年净利润按10%的比例提取法定公积金684.47万元,以致本期盈余 公积增加;(3)年度内将本年净利润按10%的比例提取盈余公积684.47万元,以致本期公益金 增加;(4)年度未分配利润剩余13145.92万元.

三、股东情况介绍

(1)截至1999年12月31日,公司股东总数为88273户。其中B股6325户,内部职工股3户。
(2) 公司前十名股东持股情况

序号	股东名称	股份类别	年末持有股	占总股本比例
1	合肥美菱集团公司	A股	136,830,219	33.08%
2	广奇投资有限公司	B股	8,576,631	2.07%
3	泉广投资友好公司	B股	8,019,475	1.94%
4	安徽省证券公司	A股	6,635,951	1.60%
5	泰纪投资有限公司	B股	4,119,780	0.99%
6	常州市财证证券公司	A股	3,215,000	0.78%
7	华夏证券江西业务部	A股	2,993,524	0.72%
8	HONWEX LIMITED	B股	2,800,000	0.68%
9	美星投资有限公司	B股	2,747,321	0.66%
10	PEEDY CROWN LIMITED	B股	2,202,000	0.53%

说明:(1)合肥美菱集团公司持有的股份为发起人股(其中13433844股为合肥国有 资产控股有限公司所持的转配股无偿划拨给集团公司),第四名股东所持股数为法人股的转配股,其他为B股股东或流通A股,前十名股东之间不存在关联关系。(2)持股5%(含5%)以上的法人股东未发生抵押,冻结等情况。(3)公司发起人股东未发生转让所持本 公司股份情况。(4)报告期内控股股东合肥美菱集团控股有限公司所持股份由123,396,375股增至136,830,219股,系合肥市国有资产经营公司将其所持的13,433,844股国有股无偿划转给合肥美菱集团控股有限公司所致。

四、股东大会简介

报告期内公司分别于1999年5月26日、10月31日召开了1998年度股东大会和1999 年度临时股东大会,会议决议公告分别刊登于1999年5月27日、11月2的《证券时报》、《香港商报》。

五、董事会报告

1、公司经营情况

1999年是家电行业又一个竞争异常激烈的年份。国内经济出现明显的通货紧缩现象,价格持续下降,预期收入下降,预期支出增加,市场需求持续不振,但公司仍然取得 了比较好的经营业绩,为下一步发展打下了基础。

1)本公司主营业务为电冰箱的生产、销售和服务。根据中国轻工业信息中心统计,电冰箱总产量、销售量继续保持在前"四强"的地位。

2)在市场激烈竞争的情况下,通过公司全体员工的共同努力,在市场竞争中确保了公司的稳步发展。1999年公司电冰箱产销量分别为84.2万台和83.3万台,同比比上年 有所增长;出口交货值达到8429万元,创汇1017万美元,首次突破千万美元大关,比上年增长21%;实现利润0.802亿元。在99年的有关评选中,美菱品牌以41.16亿元无形资产 价值被评为"中国最有价值品牌",名列全国第13位;在国家经贸委领导下的中国企业联合会举办的"第六届全国企业管理现代化创新成果"评比中,美菱的"科技驱动型 成本管理"荣获一等奖;公司被国家科委火炬技术产业开发中心评为"国家火炬计划 重点高新技术企业"、被国家质量管理协会评为"全国质量效益型先进企业";美菱牌系列电冰箱荣获"1999年中国消费者协会推荐商品"称号,并在1999年中国消费者 协会主办的全国质量跟踪评比活动中荣获"产品质量、服务质量、用户满意产品"称号;公司还被中央精神文明建设委员会授予全国精神文明建设先进单位称号。

3)公司为了增强在家电市场的竞争能力,积极实行依托技术创新和管理创新,提高企业适应市场的能力。

——全面完成了三条生产线的无氟技术改造。至此,公司全部电冰箱生产线都可 生产全无氟电冰箱。

——继续加大产品开发投入,拓宽了产品系列,增强了对市场的拉动力,优化了产 品结构,产品技术水平明显提高。

——在1998年市场整合的基础上,重点加强零售市场建设,增强各地办事处的营销功能,加大销售物流、资金流和信息流的管理力度,区域营销平台功能逐步完善。加大了国际市场拓展的力度,取得较好效果。

——深化成本管理,推行"科技驱动型成本管理",促进企业各项管理工作更加适应市场竞争要求。 建立了内部计算机网络。

4)公司在经营中出现的问题及解决方案

启动内需的相关政策在家电市场未见明显效果。城市居民预期收入下降,非商品 性支出增加,城市市场基本饱和,更新市场出现滞后倾向;农民收入没有明显提高,农村基础设施建设改善迟缓,农村市场启动困难。因此,市场总有效需求仍然不足,行业竞 争进一步加剧,产品边际利润率总体上呈下降趋势。为此,公司通过不断深化成本管理,拓展利润空间;进一步加大技术创新力度,提高产品技术含量,拉动市场,刺激需求,规避恶性竞争风险;加强营销体系建设,在合肥美菱集团公司支持下,通过OEM等形式扩大经营范围,提高经营业绩,丰富品牌形象,提高品牌吸引力。

2、公司财务状况

指标名称	1999年	1998年	1997年
总资产(万元)	254,596.10	237,981.46	228,039.37
长期负债(万元)	10,974.65	6,974.07	10,691.00
股东权益(万元)	140,443.59	133,598.93	130,020.65
主营业务利润(万元)	23,598.64	24,060.27	25,558.87
净利润(万元)	6,844.66	7,664.71	9,897.09

说明:本报告期内,公司的总资产增长6.98%,主要系应收帐款、其他应收款增加;长期负债增加3991万元,系公司增加了"双加"技改贷款;股东权益较期初增加了5.1%,主要是1999年度利润结存所致。本年度公司净利润比上年度下降10.7%,主要系家电市场竞争 激烈,销售促销费用等营业费用增加所致。

3、公司投资情况

1.1999年11月,经股东大会批准,本公司将原持有的合肥美菱洗衣机有限责任公司35%的股权转让给合肥美菱集团控股有限公司,至期末,本公司不再持有合肥美菱洗衣 机有限责任公司股权;

2.1999年11月,经股东大会批准,本公司向中外合资企业安徽安鸿塑胶有限公司的中方股东合肥美菱集团控股有限公司收购其持有的75%股权,使本公司成为该合资公司的中方股东;

3.1999年11月,经股东大会批准,本公司收购了美菱集团控股有限公司之全资子公司合肥美菱电器配件有限责任公司100%的股权,使其成为本公司之全资子公司。

4.公司没有在报告期内募集资金,也没有报告期之前募集资金的使用延续到报告 期内。

4、加入WTO 对公司的影响

家电行业的国际化工作实际上较其它行业早,是具有竞争力的行业之一。国际知 名家电制造商均已在国内设厂,国内家电企业的海外市场拓展也取得了积极进展。由 于成本构成和产业结构上的原因,加入WTO后,进口家电整机产品对国内家电行业冲击 不大,国内生产的国外品牌将促进行业技术升级,促进营销方式的变革。加入WTO后,将推动全球采购,关键原材料、配套件和先进装备的进口成本会有所降低,同时有利于拓展国际市场。本公司已经具有较强的竞争实力,加入WTO对本公司利大于弊。公司将在技术研究与开发、营销方式特别是服务方式的创新上,发挥本土化的优势,把加入WTO 作为一个新的发展机遇,在竞争中取得更大的发展。

广州白云山制药股份有限公司

广州白云山制药股份有限公司1999年年度报告摘要

一、公司简介

1.公司中文名称:广州白云山制药股份有限公司
公司英文名称:GuangZhou BaiYunShan Pharmaceutical Stock Co.Ltd.
公司中文缩写:白云山A
公司英文缩写:BYS
2.公司法定代表人:黄平
3.公司董事会秘书:陈瑛　　授权代表:罗善安
联系地址:广东省广州市白云区同和镇
联系电话:020-87706688-3513　　传真:020-87705599
4.公司注册地址:广东省广州市白云区同和镇
公司办公地址:广东省广州市白云区同和镇　　邮政编码:510515
国际互联网网址:www.gzbys.com　　电子信箱:bysqy@mxz.gd.cei.gov.cn.
5.公司选定的信息披露报纸名称:中国证券报、证券时报
6.登载公司年报的中国证监会指定的国际互联网网址:http://www.cninfo.com.cn
7.公司年度报告备置地点:广东省广州市白云区同和镇公司总部
8.公司股票上市交易所:深圳证券交易所
股票简称:ST白云山　　股票代码:0522

二、会计数据和业务数据摘要

1、本年度主要利润指标情况:(单位:人民币元)

利润总额	56,324,706.83
主营业务利润	277,052,044.21
其他业务利润	13,581,390.12
营业利润	48,577,846.67
投资收益	3,414,074.93
补贴收入	3,123,040.52
营业外收支净额	1,209,744.71
净利润	56,324,706.83
扣除非经常性损益后的净利润	50,201,666.31
经营活动产生的现金流量净额	67,645,876.15
现金及现金等价物净增加额	11,079,013.29

说明:本年公司非经常性损益构成如下:　(单位:人民币元)

项目	金额
转让广州华南联合通讯有限公司收益	3,000,000.00
新产品退税及减免税收入	3,123,040.52
合计	6,123,040.52

2、截止报告期末公司前三年的主要会计数据和财务指标

	1999年度	1998年度		1997年度	
		调整前	调整后	调整前	调整后
主营业务收入(万元)	78,969.79	42,704.86		46,622.36	
净利润(万元)	5,632.47	-81,854.76	-81,631.08	-3,611.32	-3,937.14
总资产(万元)	186,573.74	175,698.86	175,596.72	228,703.66	228,449.57
股东权益(万元)	-1,770.33	-7,300.66	-7,402.80	75,363.75	74,554.10
每股收益(摊薄)	0.15	-2.19	-2.18	-0.10	-0.11
每股收益(加权平均)	0.15	-2.19	-2.18	-0.10	-0.11
每股收益(扣除非经常性损益后)	0.13	-2.10	-2.09	-0.10	-0.11
每股净资产(元)	-0.05	-0.20	-0.20	2.01	1.99
调整后的每股净资产(元)	-2.07	-2.01	-1.58	1.17	1.15
每股经营活动产生的现金流量净额	0.18	-0.01	-0.01		
净资产收益率(%)				-4.71	-5.28

*每股收益=净利润/年度末普通股股份总数

每股净资产=年度末股东权益/年度末普通股股份总数

调整后的每股净资产=(年度末股东权益-三年以上的应收款项净额-待摊费用 -待处理(流动、固定)资产净损失-开办费-长期待摊费用-住房周转金负数余额)/年度末普通股股份总数每股经营活动产生的现金流量净额=经营活动产生的现金流量净额/年度末普通股股份总数

净资产收益率=净利润/年度末股东权益 X100%

3.报告期内股东权益变动情况:(单位:元)

项目	股本	资本公积	盈余公积	法定公益金	未分配利润	股东权益合计
期初数	374,344,355	252,943,642.19	126,349,460.08	24892,203.84	-827665425.44	-74,027,968.17
本期增加					157781963.07	157,781,963.07
本期减少			101,457,256.24			101457256.24
期末数	374,344,355	252,943,642.19	24,892,203.84	24,892,203.84	-66,88,462.37	-17,703,261.34

三、股东情况介绍

1.报告期末股东总数为78672户

2.公司前十名股东持股情况

股东名称	持股数(股)	持股比例(%)
广州市国有资产管理局	108,900,000	29.09
广州白云山企业集团有限公司	108,900,000	29.09
赵旭光	6,050,000	1.62
柳文豪	988,819	0.26
胡　明	489,832	0.13
普丰证券投资基金	455,300	0.12
汪　钢	402,500	0.11
王世庆	380,400	0.10
林文英	358,066	0.10
江永忠	350,000	0.09

注1:广州白云山企业集团有限公司将其持有的国有法人股9900万股抵押给农行 广州市分行以取得借款。

注2:广州白云山企业集团有限公司是广州市国有资产管理局的国有独资公司。

四、股东大会简

1.公司于1999年4月24日在《中国证券报》、《证券时报》上刊登召开和1998年　度股东大会的公告,并于1999年5月26日上午9:00在广州白云山企业集团有限公司职　工之家三楼召开了1998年度股东大会,出席会议的股东及股东代表共19人,代表股份22409.7344万股,占公司总股本的59.86%。

会议审议并通过了如下决议:
(1)《1998年度董事会工作报告》;
(2)《1998年度监事会工作报告》;
(3)《1998年度财务决算报告》;
(4)《1998年度利润分配方案》;
(5)董事会、监事会对羊城会计师事务所审计意见的说明;
(6)对下属单位和部门超利润分配的方案
(7)选举产生第三届董事会成员;
(8)选举产生第三届监事会成员。

2.公司1998年度股东大会决议刊登在1999年5月27日的《中国证券报》、《证券 时报》上。

五、董事会报告

1、公司经营情况

(1)公司所处行业及公司在本行业中的地位

公司所处行业是医药业。本公司1999年被中国企业形象认定委员会评为中国企业最佳形象AAA级;在国家药品监督管理局信息中心、经济日报《中国经济信息》和中 国统计师事务所社会调查部联合举办的"一九九九年(首届)中国市场名牌医药商品竞争力调查活动"中,白云山制药股份有限公司被评为"医药行业十佳企业";白云山牌系列药品被评为"品牌知名度"和"99 购物首选"两个单项的第一名。

(2)公司主营业务范围及其经营情况

本公司是以医药业为主,兼营房地产、商业业务。1999年在公司董事会的正确决策下,公司领导班子带领全体员工,按《企业发展指导纲要》和上级主管部门的要求,大力整改,努力创新,取得了近年来最好的业绩,一举扭亏为盈,实现根本性好转,步入良性循环,白云山品牌再次赢得市场,企业形象不断提升,整个公司呈现出前所未有的发展势头。

1999年全公司共实现主营业务收入78969.79万元,同比增长84.92%,实现利润　总额5632.47万元,实现扭亏为盈。

A.医药方面:

制药业得以恢复和发展,成为股份公司的支柱行业。新班子上任后,确立了制药业在股份公司的主导地位,通过对二级班子的调整,实行统一生产,统一经营,统一价格,调整品种结构,树立拳头产品和重点发展品种,调整经营结构,加强销售队伍建设,加大企业形象宣传,树立品牌优势,内抓管理,外抓市场等一系列措施,使公司在短期内取得了明显的效果。本年度公司制药业实现销售收入55098.82万元,同比增长51.28%。

A)恢复总厂建制

今年3月4日董事会决定恢复总厂建制,使总厂成为一个自主经营、责权分明的经济实体。制药总厂在短期内迅速实现了平稳过渡,产品销售规模有所扩大,销售回款迈上新台阶,经济效益得以提高。据统计,总厂在3-12月份完成工业总产值(现行　价)53924.6万元,销售收入(含税)31746万元,销售回款32105万元,销售回款率101%,利润总额521万元,1999年度共上交给股份公司8646.73万元。

B)紧抓市场,强化名牌效应

要获得市场,首先产品质量要过硬,才能获得消费者认可,产生名牌效应,譬如中药厂,在板蓝根、大神口炎清冲剂获得美国FDA认证之后,销售额急剧上升,同时 也带动了其他品种的销售。其次,根据市场需求的变化,及时调整产销结构,培育拳头产品,实施梯队战略。制药总厂的阿莫西林,通过加大推广销售力度后,如今已成为该厂增盈的主要品种之一。第三,注重市场信息的反馈,及时调整经营格局,提高市场覆盖面和占有率。第四,应用"二八律",改变以往"客户分散,广种薄收"的销售策略,对企业客户群进行认真筛选,确定了一批具有相当经济实力、市场扩散能力、有影响、资信好、年销售率达到一定要求的大客户作为全国和区域性的代理商,在销售策略、供货结构等方面给予一定的优惠,从而将在途货款的风险降低到最低,并加速了资金回笼。第五,注重销售队伍建设和营销技巧的培养,努力造就精英人才,为公司的发展和腾飞打下坚实基础。

C)加强基础管理,完善各种规章制度,落实各项目标责任制;加强生产管理,加强成本管理,有效降低成本,开源节流;加强质量管理,加快制药业GMP改造进程,总厂三分厂、化学药厂无菌车间通过了省医药管理局组织的GMP认证验收,现正呈 报国家医药局批准。

D)加大应收帐款清理、确认、追收力度。公司应收帐款办公室在珠江会计师事 务所的协助下,克服重重困难,在资料不齐、凭据混乱的情况下,以耐心、细致、认真的态度和对企业及股东高度负责的精神,完成了近千个客户的对帐确权工作,截至2000年1月6日,累计完成帐面对帐金额53,696.25万元,实际确权金额21,097.37万元,基本解决了股份公司成立以来,占公司资产总额1/4的债权资产家底不清的状况,为公司今后发展的决策提供了比较真实可靠的数据。

B.房地产方面:

银山公司的交楼销售与结算,大步前进,全年共实现主营业务收入22419.77万元,比去年同期增长274.35%,实现利润5644万元,彻底扭转了以往亏损的局面。

A)银山大厦主楼竣工验收与附楼建设取得了一定成绩

目前主楼收尾工作已完成,并已通过大部分专业验收,再通过永久用电等七项专业验收,即可申报综合验收。附楼建设已完成主体结构封顶,批荡基本完成,外墙装修约完成一半,铝窗框安装约完成90%。

B)资产确权与盘活工作有了新的进展

大金钟路38号"麓湖庄园"项目,原与广州市新键公司等三家企业合作,由于合作方的原因,改由鸿泽公司取代新键等三家公司,负责投资。目前,双方已按合同规定运作,第一批投资款已到位,为下一步完全盘活打下基础。

C)加快倚绿山庄小区建设及销售工作

99年下半年,银山公司抓紧了倚绿山庄小区A组团主体工程施工,在较短的时间 内,克服了前期开发手续、报建手续不齐全与资金不足等种种困难,目前已完成主体结构封顶,预计2000年初可完成内粉刷,进入外墙装修。同时,银山公司在促销上不断创新,推出新卖点,截止1999年12月底,已签订预售房契约的住宅有58套,面积5699平方米,契约总价1511万元,此外,预订购待签约住宅50套,面积4650平方米,价值687万元。

(3)在经营中出现的问题及解决方案

问题：

a、资金紧缺状况依然十分严重，公司发展缺乏必要的资金支持。

b、管理人员素质有待提高，观念未能及时更新。

c、应收帐款确权工作依然艰巨。

解决方案：

a、理顺银企关系，将逾期贷款转为正常贷款，确保企业生产、经营的顺利进行 。

b、引进高层次管理专才和技术专才，不断完善企业人才培养机制，建立企业内 部干部聘任的竞争机制和末位淘汰制。

c、成立常设机构加大应收帐款清理、确权及追收工作的力度。

2.公司财务状况

(1)报告期内主要财务指标变动情况及原因：

(单位：人民币万元)

项目	1999年	1998年	增减(%)
总资产	186,573.74	175,596.72	6.25
长期负债	3,406	2,576	32.22
股东权益	-1,770.33	-7,402.80	
主营业务利润	27,705.20	13,110.77	111.32
净利润	5,632.48	-81,631.08	

变动原因：

总资产变动原因主要为流动资产增加，特别是货币资金增加以及在建工程投入增加所至；长期负债增加的原因为续借长期借款；股东权益增加的原因为本年度利润增加所至；主营业务利润增加原因为本年度主营业务收入比上年增长85%，以及本年度综合毛利率比上年增长4.86个百分点而使主营业务利润大幅度提高；净利润增加原因为主营业务利润大幅度增长，而管理费用和财务费用不断下降，使公司本年度不但实现了扭亏为盈，而且利润增长显著。

(2)对会计师事务所出具的有解释性说明的审计报告所涉及事项的说明

关于对其他应收款采用余额百分比法提取坏帐准备问题。

1998年度，本公司根据财政部财会字(1998)7号《关于印发<股份有限公司会计制度——会计科目和会计报表>的通知》，本着稳健理财的原则出发，对应收帐款、存货、短期投资提取坏帐准备、存货跌价准备、短期投资跌价准备，1999年度，财政部颁布《关于印发<股份有限公司会计制度有关会计处理问题补充规定>的通知》，增加了对其他应收款计提坏帐准备的条款，本着稳健理财的原则，董事会决定从1999年1月1日起对其他应收款采用余额百分比法提取坏帐准备，具体计提是以年末其他应收款余额扣减关联公司欠款后的余额按6%计提坏帐准备。1999年12月31日其他应收款 提取的坏帐准备为1,317,028.61元，追溯调整1998年12月31日其他应收款提取的坏帐准备为1,021,405.32元。

至于其他应收款项中关联公司欠款，全部是广州白云山企业集团有限公司及其下属公司欠款，1999年度，本着对股东负责的精神，本公司与广州白云山企业集团有限公司一直在努力协商妥善解决关联欠款问题，截止1999年12月31日，广州白云山企业集团有限公司通过资产抵还和债务转移方式已偿还本公司121,791,228.03元，目前，广州白云山企业集团有限公司及其下属公司尚欠本公司649,815,518.46元，广州白云山企业集团有限公司及属下公司已承诺在3—5年内以物业和其他资产抵偿所有的欠款及利息，如果关联公司的欠款在上述期间内无法还清，则广州白云山企业集团有限公司承担连带偿还责任。此外，广州白云山企业集团有限公司目前正在广州市政府的协调下进行有关资产重组调研活动，故本公司对关联公司的所欠款项不进行计提坏帐准备。

3.公司投资情况

(1)报告期内公司无募集资金事项，也没有报告期之前募集资金的使用延续到 报告期内事项。

(2)报告期内公司没有发生重大对外投资项目。

(3)报告期内公司投资额增减变动情况(见财务会计报告会计报表附注9长期投资 项)

4.中国加入WTO对公司的影响

中国加入WTO，对我公司既是挑战，又是机遇。我公司是综合性制药企业，其中 中成药占有一定比例，而且目前生产的大部分产品为通用名药品，入世后对我公司冲击不大。此外，我公司拥有一些独家品种，如头孢硫脒、蜂蜡素，目前国外还没有生产，估计入世后将给公司带来机遇。

5.新年度业务发展计划

(1)落实"大医药"的战略构思，形成规模效应，加紧新产品开发，促进生产 设备、生产技术的更新换代。把握中国"入世"机遇，进一步调整产品结构，加大对中药厂GMP改造的投入，通过剂型改造和产品技术含量的提升，扩大市场占有率。

(2)加强对销售工作的管理，制订行之有效的销售计划，确保货款安全。

(3)进一步完善公司法人治理结构功能，将层次管理提升到更科学更合理的层 次，将"小公司，大工厂"的管理模式逐步推向整个公司一盘棋的高度。

6.董事会日常工作情况

(1)报告期内董事会的会议情况及决议内容

1999年1月8日，公司在办公楼105召开第二届董事会1998年度第六次董事会，会 议通报有关1998 年度公司可能出现巨额亏损的情况，有关预亏公告刊登于1999年1月9日的《中国证券报》、《证券时报》上。

1999年3月4日公司在办公楼105召开第二届董事会1998年度第七次董事会，会议 通过如下决议：

1、同意白云山民航客货服务公司尽快进行改制工作；

2、同意将股份公司对揭西白云山药业有限公司的借款和调拨改为投资；

3、同意对外招选第三届董事会及监事会成员；

4、同意股份公司资产损失的处理意见；

5、同意总厂恢复建制。

有关决议内容刊登于1999年3月17日的《中国证券报》、《证券时报》上。

1999年4月20日公司在办公楼105召开第二届董事会1998年度第八次董事会，会议通过了如下决议：

1、通过本公司1998年度报告及摘要；

2、通过1998年度董事会工作报告；

3、通过1998年度利润分配方案；

4、通过推荐的第三届董事会成员候选人名单；

5、通过从1999年起3至5年内对下属独立核算单位和部门实行经济指标超额奖励 方法；

6、通过对公司股票交易实行特别处理的申请，有关事项待深交所批准后，向社 会公告；

7、撤消股份公司下属进出口部建制，其债权债务委托广州白云山企业集团有限 公司外经部设立专帐代管；

8、通过关于召开1998年度股东大会的有关事项。

有关决议内容刊登于1999年4月24日的《中国证券报》、《证券时报》上。

1999年5月26日，公司在广州白云山企业集团有限公司职工之家三楼召开第三届 董事会1999年度第一次会议，会议通过如下决议：

1、选举黄平先生为公司董事长；

2、聘任黄平先生为公司总经理；

3、聘任李小健先生为公司财务总监；

4、聘任陈瑛小姐为公司董事会秘书。

有关决议内容刊登于1999年5月27日的《证券时报》、《中国证券报》上。

1999年6月1日，公司在办公楼105召开第三届董事会1999年度第一次临时会议，会议同意黄平先生辞去公司总经理职务，改聘谢彬先生为公司总经理。

有关决议内容刊登于1999年6月4日的《证券时报》、《中国证券报》上。

1999年8月10日，公司在办公楼105召开第三届董事会1999年度第三次董事会，会议通过如下决议：

1、审议并通过公司1999年度中期报告；

2、审议并通过公司1999年度中期利润分配方案；

3、同意揭西分厂以债权转股权的形式归属股份公司。

有关决议内容刊登于1999年8月12日的《中国证券报》、《证券时报》上。

(2)公司1998年度股东大会通过了1998年度利润分配方案：1998年度无利润进 行分配，也不进行资本公积金转增股本；对1998年度形成的亏损，在用以前年度累计结余的盈余公积金101,457,256.24元弥补后，尚有725,186,763.88元留待用以后年度实现的利润弥补。

7、公司管理层及员工情况

(1)董事、监事和高级管理人员

姓名	性别	年龄	现任职务	任期起止日期	年度报酬总额	年初持股数	年末持股数
黄平	男	51	董事长	1999.5-2002.5	49113.98	0	0
陈志农	男	39	董事	1999.5-2002.5	未在股份公司受薪	10560	10560
陈坚卓	男	59	董事	1999.5-2002.5	未在股份公司受薪	27588	27588
谢彬	男	42	董事、总经理	1999.5-2002.5	37610.16	0	0
罗善安	男	61	董事	1999.5-2002.5	33894.02	0	0
李小健	男	47	董事、财务总监	1999.5-2002.5	31973.51	0	0
杨军	男	31	董事	1999.5-2002.5	31485.12	0	0
刘建军	男	40	董事	1999.5-2002.5	26838.23	0	0
王豫生	男	51	董事	1999.5-2002.5	18658.25	0	0
钱津	男	49	董事	1999.5-2002.5	13326	0	0
李健	男	31	董事	1999.5-2002.5	13326	0	0
黄益明	男	47	董事	1999.5-2002.5	28627.34	0	0
刘学斌	男	43	董事	1999.5-2002.5	27854.58	0	0
李仕平	男	43	监事会召集人	1999.5-2002.5	26965.8	0	0
叶荣科	男	45	监事	1999.5-2002.5	33809.76	25080	25080
马元成	男	37	监事	1999.5-2002.5	12600	0	0
陈贻汉	男	53	监事	1999.5-2002.5	28746.96	5808	5808
刘赞标	男	52	监事	1999.5-2002.5	29411.62	10626	10626
叶放	女	45	监事	1999.5-2002.5	33980.62	0	0
程宁	女	35	监事	1999.5-2002.5	未在股份公司受薪	0	0
李楚源	男	35	总经理助理	1999.5-2002.5	35138.96	0	0
黄伟东	男	32	总经理助理	1999.5-2002.5	32862.34	0	0
廖文春	男	46	总经理助理	1999.5-2002.5	28825.68	0	0
陈瑛	女	34	董事会秘书	1999.5-2002.5	19383.42	0	0

报告期内离任的董事、监事和高级管理人员情况：

1999年5月26日，公司召开的1998年度股东大会选举产生了公司第三届董事会、监事会成员，苏建生、周春英、赖才贵、伍翠霞、陆云、黄竞新不再担任公司董事，冯宝关、曾秉新、张元天不再担任公司监事。

1999年5月26日，公司召开董事会，同意罗善安先生辞去公司董事会秘书职务，改聘陈瑛小姐为公司董事会秘书。

1999年6月1日，公司召开临时董事会，同意黄平先生辞去公司总经理职务，改聘谢彬先生为公司总经理。

8、本次利润分配预案或资本公积金转增股本预案：

经羊城会计师事务所（2000）羊查字第6414号审计报告确认，本公司1999年度实现利润5632.47万元，鉴于以前年度尚有巨额亏损未能弥补，经公司董事会研究决定 ：

(1)1999年度不进行利润分配，也不进行资本公积金转增股本；

(2)上述利润用以弥补以前年度亏损；

六、监事会报告

1、报告期内本公司监事会共召开了两次会议：

1999年5月26日，在本公司职工之家三楼召开了第三届监事会第一次会议，选举 李仕平先生为监事会召集人。

1999年7月9日，在本公司办公大楼103召开了第三届监事会第二次会议，审议通 过监事会工作规则。

2、本公司监事会对下列事项发表独立意见：

(1)公司决策程序是合法的。公司建立、健全了相关的内部控制制度，未发现 公司董事、经理执行公司职务时有违反法律法规、公司章程或损害公司利益的行为；

(2)羊城会计师事务所出具的审计意见及所涉及事项是真实的。公司的财务报 告真实、合法、完整地反映了公司的财务状况和经营成果；

(3)报告期内公司无募集资金行为；

(4)报告期内公司无收购资产行为。报告期内公司出售资产交易价格合理，无 发现内幕交易，无损害部分股东的权益或造成公司资产流失。

(5)关联交易遵循了合法、公平的原则，无损害上市公司利益；

(6)同意董事会对羊城会计师事务所出具的有解释性说明的审计报告所涉及事 项的说明。

七、重要事项

1、重大诉讼、仲裁事项

公司属下单位鹤山公司因房地产开发而欠付鹤山第二建筑工程公司工程款2,085,071.96元，已于1998年经广东省江门市中级人民法院(1998)江中法经初字第19号判决偿还欠付工程款，因未按期偿还，广东省江门市中级人民法院于1999年6月17日 颁布(1998)江中法执字第41-1号民事裁定书，裁定鹤山公司将其所开发的银山花 苑B2、B3两栋楼房中92套商住楼房面积7454.15平方米抵给鹤山市第二建筑工程公司，目前已执行完毕。

有关内容已在1999年中期报告中披露。

2、报告期内公司、公司董事及高级管理人员无受监管部门处罚情况。

3、报告期内公司无控股股东变更情况；

1999年5月26日，公司召开1998年度股东大会，对任职期满的第二届董事会、监 事会进行换届选举，产生了第三届董事会、监事会。

第三届董事会成员：黄平、陈志农、陈坚卓、谢彬、罗善安、李小健、杨军、刘建军、王豫生、钱津、李健、黄益明、刘学斌

第三届监事会成员：李仕平、叶荣科、马元成、陈贻汉、刘赞标、叶放、程宁

1999年5月26日，公司第三届董事会召开1999年度第一次会议，会议同意罗善安 先生辞去公司董事会秘书职务，改聘陈瑛小姐为公司董事会秘书。

1999年6月1日，公司第三届董事会召开1999年度第一次临时会议，会议同意黄平先生辞去

公司总经理职务，改聘谢彬先生为公司总经理。

4、报告期内公司出售资产情况

公司于1998年5月7日将投资湖南怀化正清药业股份有限公司的股权转让给广州正清制药发展有限公司，转让价为1700万元，发生股权转让损失为39.8万元，帐面处理已在1998年度完成，并于1999年7月办理完毕股权更名手续。

公司于1998年8月18日与广州华南通信投资有限公司的股东广东省中振投资有限 公司签定了关于转让本公司持有的广州华南通信投资有限公司1000万元股权的协议，转让价格为1300万元。由于广东省中振投资有限公司的原因，本公司没有办理股权更名手续，其后，北亚实业（集团）股份有限公司介入，并于1999年3月26日，我公司 与广东省中振投资有限公司、北亚实业（集团）股份有限公司三方共同签署了《广州华南通信投资有限公司股权转让协议》，目前，本公司出让股权应收的资金已全面到位，本公司亦已向广州华南通信投资有限公司发出《股权变更通知书》，本公司在广州华南通信投资有限公司的股东权利和义务已由北亚实业（集团）股份有限公司继受，股权变更手续业已办理完毕。

有关内容已于1999年5月12日刊登于《中国证券报》、《证券时报》上

5、重大关联交易事项（见财务报告（六）关联方关系及其交易）

6、公司与控股股东在人员、资产、财务上的“三分开”情况：

根据国家有关规定，上市公司要严格处理好与控股股东公司之间的人员、资产、财务上的“三分开”事宜，目前公司与母公司广州白云山企业集团有限公司在资产、

财务上已完全实现分离，人员方面也已妥善处理。公司于1999年6月1日召开的第三届董事会第一次临时会议，同意董事长黄平先生辞去公司总经理职务，改聘谢彬先生为公司总经理。

7.报告期内公司无托管、承包、租赁其他公司资产或其他公司托管、承包、租 赁本公司资产的事项。

8、聘任、解聘会计师事务所情况：

报告期内公司仍聘任广州羊城会计师事务所为本公司进行审计工作。

9、其它重大合同（含担保等）及其履行情况

(1)公司为广州白云山建筑装修公司向银行借款 200万元提供担保。

(2)公司为广州白云山企业集团有限公司向银行借款29,200万元提供担保。

(3)公司为广州白云山产品营销公司向银行借款 300万元提供担保。

(4)公司为广州百润置业公司向银行借款500 万元提供担保。

(5)广州白云山企业集团有限公司为本公司向银行借款人民币60,488万元、350万美元、350万港元提供担保。

(6)广州华宇建设开发公司为本公司向银行借款人民币1000万元、100万美元提供担保。

(7) 广州百润置业公司为本公司向银行借款人民币3300万元提供担保。

(8)广州华宇建设开发公司、广州百润置业公司、广州白云山企业集团财务公司 为本公司向银行借款人民币2600万元提供担保。

10、报告期内更改股票简称情况

1999年4月24日，公司在《中国证券报》、《证券时报》上刊登公告，鉴于公司 已连续两个会计年度的审计结果显示的净利润为负值，且净资产低于注册资本，故本公司股票于1999年4月27日开始实行特别处理，公司股票简称变为“ST白云山”。

11、其他重大事件

广州白云山企业集团有限公司为本公司股东，持有本公司10890万股国有法人股 ，占总股本的29.09%，其属下全资子公司财务公司，于1998年9月向北方工业集团

财务公司拆入资金1500万元，于今年5月份已到期，由于财务公司未能按期还款，北 方工业集团财务公司于1999年11月4日向北京市第二中级人民法院提出财产保全申请 ，该院于1999年11月11日下达(1999)二中经初字第1838号民事裁定书，冻结广州白云山企业集团有限公司持有的本公司部分国有法人股4200万股。目前，财务公司已妥善处理好与北方工业集团财务公司之间的债务问题，广州白云山企业集团有限公司持有的本公司部分被冻结的国有法人股4200万股已被解封。

有关决议内容刊登于1999年12月18 日的《中国证券报》、《证券时报》上。

八、财务会计报告

(一)审计报告

审 计 报 告　　(2000)羊查字第6414号

广州白云山制药股份有限公司：

我们接受贵公司的委托，对贵公司提供的一九九九年十二月三十一日的资产负债 表和一九九九年度的利润表、利润分配表、现金流量表进行了审计。这些会计报表由贵公司负责，我们的责任则是根据审计的结果，对这些会计报表表示意见。我们的审计是依据《中国注册会计师独立审计准则》进行的。在审计过程中，我们结合贵公司的实际情况， 实施了包括抽查会计记录等我们认为必要的审计程序。

我们认为，上述会计报表符合《企业会计准则》和《股份有限公司会计制度》的有关规定，在所有重大方面公允地反映了贵公司一九九九年十二月三十一日的财务状 况及一九九九年度的经营成果和现金流动情况，会计处理方法的选用遵循了一贯性原 则。

另外，我们注意到：

1、贵公司按财政部文件《关于印发〈股份有限公司会计制度有关会计处理问题 补充规定〉的通知》的规定，经董事会决议从1999年1月1日起对其他应收款采用余额

百分比法提取坏帐准备，具体计提是以年末其他应收款余额扣减关联公司欠款后的余额按6%计提坏帐准备。

关联公司欠款中：主要有广州白云山企业集团公司229,435,574.87元，及广州白 云山企业集团公司的下属公司广州白云山电子公司6,588,167.64元、广州白云山投资发展公司174,181,941.87元、广州百润置业公司61,315,797.61元、广州华宇建设开 发公司76,944,000.00元、香港白云宏兴药业有限公司62,748,983.61元，已多年未能归还。广州白云山企业集团公司、广州百润置业公司、广州华宇建设开发公司已承诺在3–5年内以物业和其他资产抵偿所有的欠款及利息；如果关联公司的欠款在上述期间无法还清，则广州白云山企业集团公司承担连带偿还责任。

羊城会计师事务所　　中国注册会计师　陈雄溢

中国注册会计师　蚁旭升

中 国·广 州　　2000年3月1日

(二)会计报表(附后)

(三)会计报表附注

一、公司简介：

广州白云山制药股份有限公司一九九二年经广州市经济体制改革委员会穗改股字[1992]11号文号批准在原广州白云山企业集团属下制药总厂等五间制药厂的基础上改组成立股份有限公司，并按国家体改委改生[1992]31号文件确立为规范化的股份制企业；1993年1月起按股份制企业运作，经广州市工商行政管理局登记注册、企业法人 营业执照注册号19048127–0。公司股本总额为人民币374,344,355.00元。

公司经营范围：主营各种中西成药，包括针剂、片剂、冲剂、口服液等的各类药品的生产制造、批零、销售；房地产开发、汽车修理服务等行业。

三、税项：

1、增值税

公司销售货物和提供加工、修理修配劳务的收入，按17%计交增值税（抵扣进项 税额）；

2、营业税

商品房销售、土地转让、提供劳务等取得收入，按5%计交营业税。

3、城建税

按应交增值税、营业税的7%计交城建税。

4、企业所得税，公司本期无应纳税所得额，无计算缴纳所得税。

5、税收优惠

(1)依据广州市科学技术委员会穗科计字(1998)11号文及广州市经济委员会 穗经(1998)65号文的规定，公司的两个产品蛇胆川贝软胶囊、氧氟沙星注射液享受

新产品税收优惠。

(2)依据广州市地方税务局白云区征收分局穗地税云征批字(1999)第040号文《减免地方税批复书》的规定，公司1999年度享受免征房产税、土地使用税优惠政策。

四、会计报表主要项目注释：

1.货币资金

项 目	期初数	期末数
现 金	1,094,134.76	1,084,019.41
银行存款—人民币	26,548,406.76	37,637,535.40
—美元		
折合人民币		
—港币		
折合人民币		
合 计	27,642,541.52	38,721,554.81

期末银行存款中有2,000万元存于中信银行广州分行定期一年续存款项。

2.短期投资

项 目	期初数		期末数	
	投资金额	跌价准备	投资金额	跌价准备
股票投资	2,631,400.00	1,275,264.81		
债券投资				
其他投资				
合 计	2,631,400.00	1,275,264.81	0.00	0.00

股票投资已于本期全部卖出，收回资金1,637,218.69元。

3.应收票据

应收票据一九九九年十二月三十一日余额为3,499,748.00元，本帐户余额中无持 有本公司5%（含5 %）以上股份的股

东单位的应收票据；本帐户余额中无贴现、抵押。

4.应收帐款

帐 龄	期初数 金 额	占比例	坏帐准备	期末数 金 额	占比例	坏帐准备
一年以内	103,772,080.10	24.81%	5,188,604.00	161,987,844.42	41.24%	8,099,392.22
一至二年	67,184,306.29	16.06%	13,436,861.26	26,651,182.13	6.78%	5,330,236.43
二至三年	44,109,090.96	10.54%	22,054,545.48	32,423,286.35	8.25%	16,211,643.18
三年以上	203,285,663.43	48.59%	162,624,061.44	171,737,689.35	43.73%	137,369,926.23
合 计	418,351,140.78	100.00%	203,304,072.18	92,800,002.25	100.00%	167,011,198.06

(1)本帐户余额中无持有本公司5%（含5%）以上股份的股东单位的应收帐款 。

(2)应收帐款中前五名的欠款单位列示如下：

欠款单位	金 额	欠款时间	欠款原因
香港新民制药公司	13,706,586.57	历年累计欠款	资金周转困难
广州市医药保健品进出口公司白云贸易部	8,146,626.00	历年累计欠款	资金周转困难
湖北省康乐医药保健品公司	5,101,015.57	历年累计欠款	未及时归还
武汉长青医药经营部	4,772,796.64	历年累计欠款	未及时归还
哈尔滨市医药公司新特药商店	4,723,665.68	历年累计欠款	未及时归还

(3)本期应收帐款坏帐准备减少36,292,874.12元，其中：公司本年度投入大量的人力物力对应收帐款进行了全面核对清理，根据核对清理取得资料，对有确切依据表明无法收回的应收帐款45,398,672.73元，经董事会批准予以核销，冲减坏帐准备；按公司所定的政策补提坏帐准备9,105,798.61元。

5.其他应收款

帐 龄	期初数 金 额	占比例	坏帐准备	期末数 金 额	占比例	坏帐准备
一年以内	104,151,533.83	14.38%		46,974,295.89	6.40%	
一至二年	88,610,032.51	12.23%		22,278,653.50	3.04%	
二至三年	176,715,462.23	24.40%		45,180,221.12	6.16%	
三年以上	354,887,674.39	48.99%		619,105,335.77	84.40%	
合 计	724,364,702.96	100.00%	1,021,405.32	733,538,506.28	100.00%	1,317,028.60

(1)持有本公司5%以上的股东单位欠款说明：

单位名称	金额	备注
广州白云山企业集团公司	229,435,574.87	借款及往来款

(2)其他应收款中前五名的欠款单位列示如下：

欠款单位	金 额	欠款时间	欠款原因	内容和性质
广州白云山企业集团公司	229,435,574.87	历年累计欠款	资金周转困难	借款及往来款
广州白云山投资发展公司	174,181,941.87	历年累计欠款	资金周转困难	借款及资金占用费
广卅华宇建设开发公司	76,944,000.00	历年累计欠款	资金周转困难	借款及资金占用费
广州百润置业有限公司	61,315,797.61	历年累计欠款	资金周转困难	借款及资金占用费
香港白云宏兴药业公司	62,748,983.61	历年累计欠款	资金周转困难	借款及资金占用费

(3)公司按财政部《股份有限公司会计制度有关会计处理问题补充规定的通知》的规定，从1999年1月1日起对其他应收款采用余额百分比法提取坏帐准备，具体计提是以年末其他应收款余额扣减关联公司欠款后的余额按6%计提坏帐准备。1999年12 月31日其他应收款提取的坏帐准备为1,317,028.60元。

6.预付帐款

帐 龄	期初数 金 额	占比例	期末数 金 额	占比例
一年以内	6,785,176.06	5.80%	17,530,352.59	13.06%
一至二年	83,494.90	0.07%	1,418,033.10	1.06%
二至三年	152,854.00	0.13%	4,807,653.06	3.58%
三年以上	109,948,741.24	94.00%	110,510,648.80	82.30%
合 计	116,970,266.20	100.00%	134,266,687.55	100.00%

(1)本帐户余额中无持有本公司5%（含5%）以上股份的股东单位的预付帐款 。

(2)预付帐款中前五名的欠款单位列示如下：

欠款单位	金额	欠款时间	欠款原因
香港白云宏兴药业公司	77,938,893.22	历年累计预付	未能及时清还
白云山国际有限公司	28,360,061.63	历年累计预付	原因同上
广州华英建筑工程有限公司	8,466,960.40	本年预付	工程未完工结算
香港新民制药公司	2,845,199.21	历年累计预付	未能及时清还
广州白云山企业集团外经部	2,229,814.61	历年累计预付	未收到货物，未冲帐。

7.存货

项 目	期初数 金 额	期初数 跌价准备	期末数 金 额	期末数 跌价准备
原材料	19,129,629.37		23,434,174.45	
自制半成品	1,428,863.73		2,888,283.91	
包装物	7,248,476.29		10,533,905.73	
低值易耗品	1,163,948.58		366,058.55	
在产品	20,044,921.41		22,959,111.34	
产成品(含外购商品)	48,181,021.59	2,140,167.72	67,250,697.91	6,590,032.94
发出商品				
委托加工材料	18,051.41			
房地产开发成本	526,288,611.40	218,901,634.52	507,057,739.48	149,627,002.84
合 计	623,503,523.78	221,041,802.24	634,489,971.37	156,217,035.78

(1)本期存货跌价准备减少64,824,766.46元,其中:银山公司本期处理珠江新 城地块冲减34,254,467.42元,化学药厂处理存货冲减345,262.50元,鹤山公司以其 开发的银山花苑抵偿所欠的工程款所产生损失差额冲减存货跌价准备31,551,786.49 元,白云山制药总厂本期提取库存商品跌价准备4,795,127.72元,银山公司期末房地
产开发项目经评估后减少跌价准备3,468,377.77元。

(2)本期银山公司正在开发的房地产项目利息资本化数额为9,097,720.79元。

(3)本期经公司董事会批准,对原材料、包装物、产成品等因积压、毁损等原 因予以报废的有8,627, 101.72元。

(4)银山公司以所拥有的敦和墟房地产项目帐面成本32,748,143.82元作为建设银行第三支行借款1300万元抵押物。

9.长期投资

(1)项目	期初数 金额	期初数 减值准备	本期增加	本期减少	期末数 金 额	期末数 减值准备
长期股权投资	24,178,989.43		1,405.12	10,157,485.06	14,022,909.49	
长期债权投资	6,667,920.00			140,000.00	6,527,920.00	
合 计	30,846,909.43		1,405.12	10,297,485.06	20,550,829.49	

(2)长期股权投资

股票投资列示如下:

被投资公司名称	股票类别	股票数量	占被投资公司股权的比例	投资金额	减值准备	备注
武汉医药股份有限公司	法人股	2,000,000.00	2.80%	2,000,000.00		
东北制药总厂	法人股	600,000.00		600,000.00		
重庆医药股份有限公司	法人股	2,000,000.00		2,000,000.00		
石家庄医药股份有限公司	法人股	3,500,000.00	10.20%	3,500,000.00		
合 计		8,100,000.00		8,100,000.00		

石家庄医药股份有限公司350万元股权作为交通银行越秀支行借款质押物。

10.固定资产及累计折旧

项目	期初数	本期增加	本期减少	期末数	备注
原值					
房屋及建筑物	181089919.18	14825.48		181104744.66	
机器设备	109393331.06	2398782.15	297498.09	111494615.12	
电子设备	764233.98	310604.30		1074838.28	
运输工具	9547915.56	2038238.00	331600.00	11254553.56	
其他设备	10278685.41	1529956.00	211660.00	11596981.41	
合计	311074085.19	6292405.93	840758.09	316525733.03	
累计折旧					
房屋及建筑物	52500374.78	5470779.38		57971154.16	
机器设备	67031690.87	8097958.46	15923.77	75113725.56	
电子设备	543505.62	159344.82		702850.44	
运输工具	4715462.06	819680.15	225556.62	5309585.59	
其他设备	2588836.92	316571.53	136378.63	2769029.82	
合计	127379870.25	14864334.34	377859.02	141866345.57	

26.股本

一九九九年一至十二月期间公司股份变动情况 单位:元

	期初数	配股	送股	公积金转股	其他	小计	本次变动后
一.尚未流通股份							
1.发起人股份	217800000						217800000
其中:国家持有股份	108900000						108900000
境内法人持有股份	108900000						108900000
2.募集法人股							
3.内部职工股							
4.优先股或其他	6262355						6262355
其中:转配股	6262355						6262355
尚未流通股份合计	224062355						224062355
二.已上市流通股份							
1.人民币普通股	150282000						150282000
已上市流通股份合计	150282000						150282000
三.股份总数	374344355						374344355
净值	183694214.94						174659387.46

30.主营业务收入

项 目	本年发生数	上年发生数
制药	550988156.53	364225540.08
房地产	224197705.65	59890413.77
其他	14512004.71	2932632.87
合计	789697866.89	427048586.72

本期主营业务收入比上年增加84.92%,主要本年制药销售增加,银山大厦本年完 工交付使用结转销售收入增加。

九、公司的其他有关资料

1、公司首次注册登记日期:1992年12月22日

注册地点:广州市工商行政管理局

公司变更注册登记日期:1998年

注册地点:广州市工商行政管理局

2、企业法人营业执照注册号:19048127-0

3、税务登记号码:440111520164S3

4、公司未流通股票的托管机构名称:深圳证券结算公司

5、公司聘请的会计师事务所名称:广州羊城会计师事务所

办公地址:广州市大德路187号9楼

十、备查文件

1、载有法定代表人、财务负责人、会计经办人签名并盖章的会计报表。

2、载有会计师事务所盖章、注册会计师签名并盖章的审计报告正本。

3、报告期内在中国证监会指定报纸上公开披露过的所有公司文件的正本及公告 的原稿。

4、1999年度报告正文。

广州白云山制药股份有限公司

董 事 会

二000年三月一日

表一

资产负债表

1999年12月31日

编制单位:广州白云山制药股份有限公司 单位:人民币元

资产	期初数	期末数
流动资产		
货币资金	27642541.52	38721554.81
短期投资	2631400.00	
减:短期投资跌价准备	1275264.81	
短期投资净额	1356135.19	
应收票据	5457855.70	3499748.00
应收股利		
应收利息		
应收帐款	418351140.78	392800002.25
其他应收款	724364702.96	733538506.28
减:坏帐准备	204325477.50	168328226.66
应收款项净额	938390366.24	958010281.87
预付帐款	116970266.20	134266687.55
应收补贴款		
存货	623503523.78	634489971.37
其他流动负债		
减:存货跌价准备	221041802.24	156217035.78
存货净额	402461721.54	478272935.59
待摊费用	4313881.87	4652787.55
待处理流动资产净损失		
流动资产合计	1496592768.26	1617423995.37
长期投资:		
长期股权投资	24178989.43	14022909.49
长期债权投资	6667920.00	6527920.00
长期投资合计	30846909.43	20550829.49
减:长期投资减值准备		
长期投资净额	30846909.43	20550829.49
固定资产:		
固定资产原价	311074085.19	316525733.03
减:累计折旧	127379870.25	141866345.57
固定资产净值	183694214.94	174659387.46
工程物资		
固定资产清理		
在建工程	1375369.41	14829315.24
待处理固定资产净损失		
固定资产合计	185069584.35	189488702.70
无形资产及其他资产:		
无形资产	32599127.22	31597278.06
开办费	1764171.18	1532457.45
长期待摊费用	4791502.32	4186372.35
其他长期资产		
无形资产及其他资产合计	39154800.72	37316107.86
递延税项:		
递延税项借项	4303175.05	957788.83
资产总计	1755967237.81	1865737424.25
负债及股东权益		
流动负债:		
短期借款	1092266926.46	1077149673.33
应付票据	17862947.69	1420000.00
应付帐款	199629741.70	210251137.62
预收帐款	83017246.93	59157405.23
代销商品款		
应付工资		1616502.00
应付福利费	5487039.40	3973025.81
应交税金	25955009.54	51408870.74
其他应交款	1773345.47	2410954.94
其他应付款	158740525.13	129834455.23
预提费用	200262970.73	300958500.43
一年内到期的长期负债	10000000.00	
其他流动负债		
流动负债合计	1794995753.05	1838180525.33
长期负债:		
长期借款	25760000.00	34060000.00
应付债券		0.00
长期应付款	7195182.42	7195182.42
住房周转金	2044270.51	4004977.84
其他长期负债		0.00
长期负债合计	34999452.93	45260160.26
递延税项:		
递延税项贷项		
负债合计	1829995205.98	1883440685.59
股东权益:		
股本	374344355.00	374344355.00
资本公积	252943642.19	252943642.19
盈余公积	126349460.08	24892203.84
其中:公益金	24892203.84	24892203.84
未分配利润	-827665425.44	-669883462.37
股东权益合计	-74027968.17	-17703261.34
负债及股东权益总计	1755967237.81	1865737424.25

广州市浪奇实业股份有限公司

一 公司简介

1.公司法定中文名称:广州市浪奇实业股份有限公司
公司英文名称:LONKEY INDUSTRIAL CO.LTD., GUANGZHOU
2.公司法定代表人:梁建彬
3.公司董事会秘书:唐启忠
联系地址:广州市天河区黄埔大道东 128 号
广州市浪奇实业股份有限公司 董事会秘书处
电话:(020)82305933 或(020)82305694 转 228 传真:(020)82305104
电子邮箱:lonkeydm @public.guangzhou.gd.cn
4.公司注册地址及办公地址:广州市天河区黄埔大道东 128 号
邮政编码:510660
公司国际互联网网址:http://www.lonkey.com.cn
公司电子邮箱:lonkeyok@public.guangzhou.gd.cn
5.公司选定的信息披露报纸:中国证券报
登载公司年度报告的中国证监会指定国际互联网网址:
http://www.cninfo.com.cn
年度报告备置地点:公司董事会秘书处
6.公司股票上市交易所:深圳证券交易所
股票简称:广州浪奇 股票代码:0523

二 会计数据和业务数据摘要

1.公司 1999 年度的会计数据: (单位:人民币元)

项 目	金 额
利润总额	25854323.06
净利润	20372141.82
扣除非经常性损益后的净利润	12944598.22
主营业务利润	99596052.67
其他业务利润	2020881.49
营业利润	16082781.87
投资收益	9640195.10
补贴收入	35151.00
营业外收支净额	96195.09
经营活动产生的现金流量净额	(18765438.51)
现金及现金等价物净增加额	54987991.00

注:"扣除非经常性损益后的净利润"中包含以下扣除项目和金额:股权转让收益 16,897,808.69 元,补贴收入 35,151.00 元,营业外收入 434,380.08 元,营业外支出 338,184.99 元,报废材料损失 1,771,854.27 元,提取投资减值准备 6,519,013.92 元,合计税后扣除金额为 7,427,543.60 元。

2.截至 1999 年末公司前三年的主要会计数据和财务指标:

财务指标	1999 年	1998 年		1997 年
		调整后	调整前	
主营业务收入(元)	384792392.40	328787240.65	328787240.65	498038541.15
净利润(元)	20372141.82	22892698.41	22892698.41	31148190.42
总资产(元)	702147302.56	686300998.46	654708998.14	672040829.40
股东权益(元)	570600884.35	544908742.53	518108173.51	492165475.10
每股收益(元/股)	0.09	0.10	0.10	0.14
扣除非经营性损益后的每股收益(元/股)	0.06			
每股净资产(元/股)	2.49	2.38	2.26	2.15
调整后的每股净资产(元)	2.38	2.37	2.24	2.16
每股经营活动产生的现金流量净额	(0.08)	0.10	0.10	
净资产收益率(%)	3.57	4.20	4.42	6.33
净资产收益率(加权)(%)	3.65	4.41	4.53	6.54

注:1).本年度与上两年度公司均未发行新股及配股,因此,加权每股收益、每股净资 产、扣除非经常性损益后的每股收益和摊薄的每股收益、每股净资产、扣除非经常性损益后的每股收益相同。

2).由于会计政策和会计估计的变更,根据财政部财会字(1999)35 号文的有关规定,采用了追溯调整法,调整了公司 1999 年度会计报表相关的"坏帐准备"帐项。调整前后各年度会计数据如下:(单位:人民币元)

项目	1999 年		1998 年	
	调整前	调整后	调整前	调整后
坏帐准备	6035188.77	6 5753344.77	2183814.86	2534689.86
未分配利润		16017013.46	0.00	(350875.00)

3).报告期末至摘要披露日公司股本没有发生变化。

4).调整后的每股净资产中的"应收款项"包括应收帐款、其他应收款、预付帐 款、应收股利、应收利息和应收补贴款。

三 股东情况介绍

1.本报告期末股东总数为 53501 名。

2.持有本公司 5%以上(含 5%)股份的股东的情况:

本报告期末,持有本公司 5%以上(含 5%)股份的股东有一名,为广州市国有资产管理局,年末持有本公司股票 135163877 股,本年度内没有发生增减变动,其所持股份并无发生质押或冻结的情况。

截至本报告期末止,本公司前 10 名股东的持股情况:

股东名称	持股数(股)	持股比例(%)
① 广州市国有资产管理局	135163877	58.933
② 江苏登记	614930	0.268
③ 邓平平	605298	0.264
④ 中山市华农实业集团有限责任公司	578000	0.252
⑤ 韩晓华	300000	0.131
⑥ 普丰证券投资基金	279000	0.122
⑦ 广发证券有限责任公司深圳证券部	257495	0.112
⑧ 广发证券有限责任公司福州古田证券营业部	257400	0.112
⑨ 王海玲	230000	0.100
⑩ 王琴声	200000	0.087

注:第"①"名股东是代表国家持有股份的单位。
第"②"~"⑩"名股东为流通股股东,本公司未知其之间的关联关系。

广州市东方宾馆股份有限公司

一、公司简介

公司法定中文名称:广州市东方宾馆股份有限公司
英文名称:GUANGZHOU DONGFANG HOTEL CO.,LTD
公司法定代表人:龙丕泉
公司授权代表:陈 聪
联系地址:广州市流花路 120 号 3103 房 公司证券部
联系电话:(020)86669900~3103、86662791 传真:(020)86669900~3102
电子信箱:dfhotel@public.guangzhou.gd.cn
公司注册地址:广州市流花路 120 号
公司办公地址:广州市流花路 120 号 邮政编码:510016
公司国际互联网网址:dongfanghotel-gz.com 公司电子信箱:dfhtlbc@public.guangzhou.gd.cn
本公司选定的信息披露报刊:《中国证券报》、《证券时报》、《信息时报》
刊登本公司年度报告的中国证监会指定国际互联网网址 :http://www.cninfo.com.cn
公司年度报告备置地点:公司证券部
公司股票上市交易所:深圳证券交易所
公司股票简称:东方宾馆 股票代码:0524

二、会计数据和业务数据摘要

(一) 本年度利润总额及构成 单位:人民币元

利润总额:	28268073
净 利 润:	23667802
扣除非经常性损益后的净利润:	23430093
主营业务利润:	170180816
其他业务利润:	/
营业利润:	25311993
投 资 收 益:	3249288
补 贴 收 入:	/
营业外收支净额:	-293208
经营活动产生的现金流量净额:	43543483
现金及现金等价物净增加额:	31191622

注:扣除的非经常性损益项目和涉及金额:(1)股权转让收益 20 万元;(2)市财政局 退防洪费 3.8 万元。

(二) 主要会计数据和财务指标 单位:人民币元

指 标 项 目	1999 年	1998 年		1997 年	
		调 整 后	调整前	调整后	调整前
(1)主营业务收入	206262491	245184713	245184713	260275582	260275582
(2)净 利 润	23667802	37440737	44038238	62747859	70436779
(3)总 资 产	770847349	788893137	803179559	853060010	860748929
(4)股东权益	754579607	730911805	745198226	694531898	702220817
(5)每股收益	0.09	0.14	0.16	0.23	0.26
(6)扣除非经常性损益后的每股收益	0.09	0.14	0.16	0.23	0.26
(6)每股净资产	2.80	2.71	2.76	2.58	2.60
(7)调整后每股净资产	2.42	2.45	2.47	2.39	2.41
(8)每股经营活动产生的现金流量净额	0.16	-0.006	-0.006		
(9)净资产收益率 (%)	3.14	5.12	5.91	9.03	10.03

注 1:报告期内公司总股本无任何变动,故加权平均每股收益与每股收益相同;

注 2::由于会计政策的变更,根据财政部财会字(1999)35 号文和 49 号文的有关规定,公司采用了追溯调整法对以前年度的部分会计数据进行了调整,变动前后的主要会计 数据和财务指标列示如下: 单位:人民币元

指 标 项 目	1998 年		1997 年	
	调整后	调整前	调整后	调整前
(1) 坏账准备	12140338	2267268	4990354	123323
(2) 短期投资跌价准备	3582554	/	2221889	
(3) 长期投资跌价准备	2504776	2504776	/	
(4) 盈余公积	105832529	109458705	97810015	100116691
(5) 未分配利润	53051668	63711913	23099078	28481322

(三)报告期内股东权益变动情况 单位:人民币元

项 目	股 本	资本公积	盈余公积	法定公益金	未分配利润	股东权益合计
期初数	269673744	302353865	105832529	33049786	53051668	730911805
本期增加	/	/	4733560	2366780	18934242	23667802
本期减少						
期 末 数	269673744	302353865	110566089	35416566	71985910	754579607
变动原因			净利润提取	净利润提取	本年实现利润	

三、股东情况介绍

1、报告期末股东总数

截至 1999 年 12 月 31 日,公司股东总人数 64,429 人,其中:

国家股东(广州越秀集团有限公司)	1 人
发起人法人股东(广州市东方酒店集团有限公司)	1 人
社会公众股东	64,419 人
董事、监事、高级管理人员股东	8 人

2、本公司前 10 名最大股东持股情况:(截至 1999 年 12 月 31 日)

序号	股 东 姓 名	持 股 数	持股比例
(1)	广州市东方酒店集团有限公司	123155992	45.67%
(2)	广州越秀集团有限公司	47533038	17.63%
(3)	荣 实	500000	0.19%
(4)	王 枫	358267	0.14%
(5)	董 军	358065	0.14%
(6)	李 暖	330437	0.13%
(7)	广发证券有限责任公司清远营业部	329265	0.13%
(8)	普丰证券投资基金	328000	0.13%
(9)	广发证券有限责任公司上海业务部	323600	0.12%
(10)	江文亮	173000	0.07%

注:前 10 名股东中,前两名股东所持的 170,689,030 股分别为国家股和国有法人股,暂未上市流通;其余 8 位股东持有的 2,700,634 股属已上市流通股份。

南京红太阳股份有限公司

一 公司简介

1.公司的法定中文名称:南京红太阳股份有限公司
公司的法定英文名称:NANJING REDSUN CO.,LTD,
2.公司法定代表人:杨寿海先生
3.公司董事会秘书:包建军先生
联系地址:南京市下关区姜家园 205 号
联系电话:(025)8801538 联系传真:(025)3317828 或 8811425
4.公司注册地址:江苏省南京市高淳县淳溪镇宝塔路 269 号 邮政编码:211300
公司办公地址:南京市下关区姜家园 205 号 邮政编码:210011
5.公司网址:http://www.njtl.com.cn
6.E-mail:njtl@jlonline.com
7.公司选定的信息披露报纸:《证券时报》、《中国证券报》
登载年报的中国证监会指定的互联网网址:http://www.cninfo.com.cn
公司年度报告备置地点:南京红太阳股份有限公司证券部
8.公司股票上市交易所:深圳证券交易所
股票简称:红太阳 股票代码:0525

二 会计数据和业务数据摘要

1. 公司本年度主要利润构成及现金流量情况 (单位:人民币元)

指 标	金 额
(1) 利润总额	55,434,820.29
(2) 净利润	45,939,898.71
(3) 扣除非经常性损益后的净利润	45,348,823.65
(4) 主营业务利润	83,949,311.58
(5) 其它业务利润	-231,828.52
(6) 营业利润	66,523,320.47
(7) 投资收益	-4,946,646.31
(8) 补贴收入	0
(9) 营业外收支净额	-141,853.87
(10)经营活动产生的现金流量净额	87,030,555.09
(11)现金及现金等价物净增加额	77,784,617.14

2.公司近三年的主要会计数据和财务指标 单位:人民币元

项目	1999 年度	1998 年度		1997 年度	
		调整前	调整后	调整前	调整后
(1)主营业务收入(万元)	21957.48	17339.57	16536.97	15690.49	15690.49
(2)净利润 (万元)	4593.99	1691.68	1390.79	1560.89	1453.09
(3)总资产(万元)	32451.96	32649.71	29299.41	28090.15	27982.35
(4)股东权益(不含少数股东权益)(万元)	19949.53	16105.35	15355.54	14415.08	14307.28
(5)每股收益(元/股)	0.3730	0.172	0.1412	0.19	0.1770
(6)扣除非经常性损益后的每股收益	0.3682	0.172	0.1412	0.0167	0.0035
(7)加权每股收益	0.4145	0.172	0.1540	0.19	0.1854
(8) 每股净资产	1.62	1.635	1.5587	1.756	1.7427
(9)调整后的每股净资产	1.5485	1.52	1.4815	1.64	1.6298
(10)每股经营活动产生的现金流量净额	0.7067	-0.0736	-0.0736		
(11)净资产收益率 (%)	23.03%	10.504%	9.0573%	10.83	10.1563

3、报告期内股东权益变动情况 (单位:人民币元)

项目	股本	资本公积金	盈余公积金	法定公益金	未分配利润	股东权益合计
期初数	98517890.84	38644492.98	4724884.87	3750995.88	7917181.08	153555445.65
本期增加	24629472.71		4593989.87	3675191.90	45939898.79	78838553.19
本期减少		10836967.99			22061686.49	32898654.48
期末数	123147363.55	27807524.99	9318874.74	7426187.78	31795393.30	

三 股本变动及股东情况

(一)股本变动情况表

1.股份变动情况 (单位:股)

项 目	期初数	送股	公积金转股	期末数
1.尚未流通股份				
(1) 发起人股份	49,207,989	6,889,118	5,412,879	61,509,986
其中:国家拥有股份	49,207,989	6,889,118	5,412,879	61,509,986
(2) 募集法人股	8,712,000	1,219,680	958,320	10,890,000
(3) 内部职工股	22,752	3,185	2,503	28,440
尚未流通股份	57,942,741	8,111,983	6,373,702	72,428,426
2.已流通股份合计				
境内人民币普通股	40,575,167	5,680,523	4,463,268	50,718,958
已流通股份合计	40,575,167	5,680,523	4,463,268	50,718,958
3.股份总数	98,517,908	13,792,506	10,836,970	123,147,384

2.1999 年 1 月 18 日,公司实施了一九九八年度股东大会通过的 1998 年度利润及利润分配方案:以 1998 年 12 月 31 日总股本 8,517,908 股为基数,向全体股东每 10 股送 1.4 股,同时资本公积金转增 1.1 股。本次送股资本公积金转增股本后,公司总股本为 123,147,384 股。

3.本公司现存内部职工股 28,440 股,是董事、监事、高级管理人员冻结的"红太阳"股票。 现托管机构为:深圳证券登记有限公司。

(二)股东情况介绍

1. 报告期末公司股东总数为 11609 户,其中高级管理人员持股 9 户。

2.前十名股东持股情况 (单位:股)

股东名称	年末持股数量	占总股本比例(%)
1. 红太阳集团有限公司	36,882,641	29.95
2. 南京市国有资产控股公司	24,627,345	20.00
3. 金鑫证券投资基金	3,834,768	3.11
4. 北京联行金融咨询公司	2,470,931	2.01
5. 中国平安保险股份限公司	2,395,800	1.95
6. 中通投资有限公司	1,933,760	1.50
7. 南京信贷咨询公司	1,851,300	1.41
8. 南京市财政信用公司	1,742,400	1.30
9. 北京明远达电子贸易有限公司	1,147,280	0.93
10.联合证券有限责任公司	901,215	0.73

持有本公司股份 5%(含 5%)以上的股东,所持股份无质押和冻结,前 10 名股东之间不存在关联关系。

厦门海发投资实业股份有限公司

一、公司简介

1、公司法定中文名称:厦门海发投资实业股份有限公司
法定英文名称:XIAMEN HAIFA INVESTMENT INDUSTRIAL CO.,LTD.
2、公司法定代表人:黄少良
3、公司董事会秘书:李厚洋
联系地址:深圳市八卦二路旭飞城市广场十五楼
电 话:0755—2496116 传真:0755—2496116 或 2496019
电子信箱:LIHOUYANG@163.NET 邮政编码:518029
4、公司注册地址:厦门市东渡路 85 号 邮政编码:361012
公司办公地址:厦门市湖里区寨上长岸北路海发大厦 邮政编码:361006
联 系 电 话:0592-5654888 转各部门 传真:0592-5652638
公司互联网网址:http://www.xiahaifa.com.cn 公司电子邮箱:XIAHAIFA@public.xm.fj.cn
5、公司选定的信息披露报纸名称:《证券时报》
登载公司年度报告的中国证监会指定国际互联网网址:http://www.cninfo.com.cn
公司年度报告备置地点:公司办公室
6、公司股票上市交易所:深圳证券交易所
股票简称:ST 厦海发 股票代码:0526

二、会计数据和业务数据摘要

(一) 公司本年度经营业绩的主要会计数据(单位:人民币元)

项目	金额
1、利润总额	8,597,580.17
2、净利润	8,843,949.03
3、扣除非经营性损益后的净利润	-8,295,050.97
4、主营业务利润	1,233,368.17
5、其他业务利润	921,876.74
6、营业利润	-10,579,506.01
7、投资收益	20,345,000.00
8、补贴收入	
9、营业外收支净额	-1,167,913.32
10、经营活动产生的现金流量净额	-16,137,541.55
11、现金及现金等价物净增加额	503,323.39

注:扣除的非经营性损益项目和涉及金额:

项目	金额
股权转让收益	17,139,000.00

(二) 截止报告期末公司前三年的主要会计数据和财务指标(单位:人民币元)

指标项目	1999 年	1998 年		1997 年	
		调整后	调整前	调整后	调整前
1、主营业务收入	5441829.97	7513643.98	7513643.98	11212946	11212946
2、净利润	8843949.03	-31791378.62	-30697879.39	-8192665	-5466983
3、总资产	206850580.17	184588354.89	188543588.52	189536729	192262412
4、股东权益 (不含少数股东权益)	128427227.64	119583278.61	123402460.31	153522169	156247852
5、每股收益(1)全面摊薄	0.112	-0.401	-0.387	-0.103	-0.069
(2)加权平均	0.112	-0.401	-0.387	-0.103	-0.069
(3)扣除非经营性损益后	- 0.105				
6、每股净资产	1.621	1.509	1.557	1.94	1.97
7、调整后的每股净资产	1.618	1.485	1.533		1.88
8、每股经营活动产生的现金流量净额	-0.204	-0.097	-0.097		
9、净资产收益率(%)	6.89	-26.59	-24.88	-5.34	-3.5

(三)报告期内股东权益变动情况

项目	股本	资本公积	盈余公积	法定公益金	未分配利润	股东权益合计
期初数	79250285	74674690.82	4542286.04	2262094.02	-38883983	119583278
本期增加					8843949	8843949
本期减少						
期末数	79250285	74674690.82	4542286.04	2262094.02	-30040034	128427227

三、股东情况介绍

(一) 截止 1999 年 12 月 31 日,公司共有股东 12034 户。

(二) 公司前十名股东持股情况(单位:股)

股东名称	期末持股数	占总股本比例(%)
1、厦门鑫旺经济开发有限公司	22,959,255	28.97
2、太原兆和投资发展有限公司	6,050,000	7.63
3、哈尔滨竞有经济贸易发展公司	5,808,000	7.33
4、吉林省九州开发公司	4,840,000	6.11
5、深圳康佳电子(集团)股份有限公司	1,210,000	1.53
6、深圳成协房地产开发公司	1,210,000	1.53
7、深圳上步实业股份有限公司	1,210,000	1.53
8、厦门市思明区海盛贸易公司	930,490	1.17
9、晋江市闽南水产开发有限公司	605,000	0.76
10、厦门市证券登记有限公司	605,000	0.76
合计	45,427,745	57.32

1.本报告期内,公司第一大股东"厦门鑫旺经济开发公司"经改制更名为"厦门鑫旺经济开发有限公司"。

2.公司原前十名股东中的"四川金路(集团)股份有限公司"将所持有的 121 万 股法人股协议转让给深圳成协房地产开发公司。

3.本报告期内,公司第二、三、四大股东太原兆和投资发展有限公司(持股数 605 万股)、哈尔滨竞有经济贸易发展公司(持股数 508.5 万股)、吉林省九州开发公司(持股数 484 万股)分别与深圳市椰林湾饮食有限公司签订了股权转让协议,并于二 OOO 年一月十一日办理了股权过户手续。经本次股权转让后,深圳市椰林湾饮食有限公司持有公司法人股 1669.8 万股,成为本公司第二大股东。太原兆和投资发展有限公司、哈尔滨竞有经济贸易发展公司、吉林省九州开发公司不再持有本公司股份。

4 前十名股东关联关系说明

公司第二、三、四股东太原兆和投资发展有限公司、哈尔滨竞有经济贸易发展公司、吉林省九州开发公司存在着关联关系,除此之外,其余股东不存在关联关系。

5 持股 5%以上(含 5 %)的股东所持股份的质押或冻结情况

本报告期内,公司持股 5%以上(含 5%)的股东所持股份未发生质押或冻结情况。

广东美的集团股份有限公司

一、公司简介

(一)公司法定中文名称:广东美的集团股份有限公司
公司法定英文名称:GD MIDEA HOLDING CO.,LTD.
(二)法定代表人:何享健
(三)董事局秘书:栗建伟　　授权代表:黄晓明
联系地址:广东省顺德市北镇蓬莱路
电　话:(0765)6338779、6338804　　传真:(0765)6651991　　E-mail:dms@midea.com.cn
(四)公司注册及办公地址:广东省顺德市北镇蓬莱路　　邮政编码:528311
E-mail:midea@midea.com.cn　　网址:Http //www.midea.com.cn
(五)公司选定信息披露报刊:《中国证券报》、《证券时报》、《上海证券报》
登载年度报告国际互联网网址:Http //www.cninfo.com.cn
年报备置地点:董事局秘书室
(六)股票上市地点:深圳证券交易所
股票简称:粤美的 A　　股票代码:0527

二、会计数据和业务数据摘要

(一)本年度利润实现情况　　单位:万元

指标名称	业务数据
利润总额	32336.47
净利润	29400.94
扣除非经常性损益后的净利润	28784.53
主营业务利润	110338.43
其他业务利润	1915.71
营业利润	27888.36
投资收益	4051.73
补贴收入	616.42
营业外收支净额	-220.04
经营活动产生的现金流量净额	6061.42
现金及现金等价物净增加额	3740.57

(二)前三年主要会计数据和财务指标

指标名称	1999 年	1998 年		1997 年	
		调整前	调整后	调整前	调整后
主营业务收入(万元)	578998.74	364216.08	364216.08	217593.49	217593.49
净利润(万元)	29400.94	19573.84	17853.30	12862.23	12214.59
总资产(万元)	446935.31	349811.92	342671.31	326148.49	321469.54
股东权益(万元)	184501.11	135791.94	128774.26	126473.70	121966.40
每股收益(元)	0.61	0.455	0.415	0.38	0.37
加权每股收益(元)	0.69	0.455	0.415	0.43	0.42
扣除非经常性损益后的每股收益(元)	0.59	0.40	0.36	0.28	0.26
每股净资产(元)	3.81	3.16	2.99	3.82	3.68
调整后的每股净资产(元)	3.56	2.91	2.74	3.28	3.15
每股经营活动产生的现金净流量(元)	0.13	-0.012	-0.012		
净资产收益率(%)	15.94	14.41	13.86	10.17	10.01

注:主要财务指标的计算方法
每股收益=净利润 /年度末普通股股份总数
每股净资产=年度末股东权益 /年度末普通股股份总数
调整后的每股净资产=[年度末股东权益-三年以上应收款项净额-待摊费用-待处 理(流动、固定)资产净损失-开办费-长期待摊费用-住房周转金负数余额]/年度末普 通股股份总数
每股经营活动产生的现金流量净额=经营活动产生的现金流量净额/年度末普通股股份数
净资产收益率=净利润 /年度末股东权益×100%

(三)股东权益变动情况　　单位:人民币元

项　目	期初数	本期增加	本期减少	期末数	变动原因
股本	430223617.00	54666109.00	0	484889726.00	增资配股
资本公积	612610207.50	344362089.70	0	956972297.20	增资配股
盈余公积	179817091.44	44101417.46	0	223918508.90	利润分配
法定公益金	45487409.18	14700472.49	0	60187881.67	利润分配
未分配利润	65091671.34	114138908.97	0	179230580.31	利润分配
股东权益合计	1287742587.28	557268525.13	0	1845011112.41	

三、股东情况介绍

(一)股东数量

截止 1999 年 12 月 31 日公司拥有股东总数为 86077 户, 其中法人股东 10 户, 社会公众 股东 86067 户。

(二)前 10 名股东持股情况(截止 1999 年 12 月 31 日)

股东名称	持股数(万股)	报告期内增减(万股)	持股比例(%)
顺德市美的控股有限公司	12761.43	31	26.32
顺德市开联实业发展有限公司	3775.2	+3775.2	7.79
景宏证券投资基金	1560.4352	+1560.4352	3.22
普惠证券投资基金	1537.211	+1537.211	3.17
顺德市有利投资服务有限公司	1201.2		2.48
普丰证券投资基金	718.3914	+718.3914	1.48
裕隆证券投资基金	600.5277	+600.5277	1.24
广东国际信托投资公司基金部	343.2		0.71
南方证券有限责任公司	343.2		0.71
北京苏信达投资顾问咨询有限责任公司	288.6122	+288.6122	0.60

注:(1)以上前 10 名股东中除普惠和普丰证券投资基金均由鹏华基金管理公司管理外,其余股东之间不存在关联关系。

(2)1999 年 5 月,顺德市开联实业发展有限公司与顺德市北经济发展总公司签订协 议,受让其所持全部公司法人股 3432 万股,占当时公司发行在外股本总额的 7.98%。

(3)1999 年 12 月,顺德市开联实业发展有限公司与万科企业股份有限公司签订协议,受让其所持公司法人股 343.2 万股,占公司发行在外股本总额的 0.71%。

(4)截止 1999 年 12 月底,顺德市开联实业发展有限公司所持公司 3775.2 万股法人股中 1080 万股已办理质押登记手续。

(三)持股 10%以上法人股东简介

顺德市美的控股有限公司成立于 1998 年 4 月 15 日,现有注册资本 35000 万元,主要从事投资、控股、资产管理、为企业提供投资顾问及咨询等业务,其法定代表人为何享 健。报告期内其所持公司法人股份无质押情况。

广西柳工机械股份有限公司

一、公司简介

1、公司的法定中文名称:广西柳工机械股份有限公司
公司英文名称:Guangxi Liugong Machinery Co.,Ltd.
2、公司法定代表人:王晓华
3、公司董事会秘书:王祖光
联系地址:公司董事会秘书处
联系电话:(0772)3886509,3886510　　传真:(0772)3886509
电子信箱:stock@ liugong.com.cn
4、公司注册及办公地址:广西壮族自治区柳州市柳太路 1 号
公司总机:(0772)3691630　3887888　　传真:(0772)3691147　　邮政编码:545007
公司国际互联网网址:http://www.liugong.com.cn
电子信箱:master@ liugong.com.cn
5、公司选定的信息披露报纸名称:中国证券报、证券时报
登载公司年度报告的中国证监会指定国际互联网网址:http://www.cninfo.com.cn
公司年度报告备置地点:公司董事会秘书处
6、公司股票上市交易所:深圳证券交易所
股票简称:桂柳工 A　股票代码:　0528

二、会计数据和业务数据摘要

1、公司本年度利润总额及其构成(单位:人民币元)

利润总额	10319215.65
净利润	2503903.33
扣除非经常性损益后的净利润	5711210.04
主营业务利润	132048922.04
其他业务利润	2130715.83
营业利润	33485574.80
投资收益	-18435484.62
补贴收入	3230000.00
营业外收支净额	-7960874.53
经营活动的现金流量净额	4539957.99
现金及现金等价物净增加额	-16002893.16

注:扣除非经常性损益的项目和涉及金额:补贴收入 3,230,000.00 元,处理固定资 产收益 244,676.85 元,固定资产盘亏 353,960.54 元,处理固定资产损失 3,975,266.47 元,非常损失 28,124.90 元,公益救济性捐赠 39,264.85 元,赔偿金 2,285,366.80 元。

2、前三年的主要会计数据和财务指标　　单位:人民币元

项　目	1999 年	1998 年		1997 年	
		调整前	调整后	调整前	调整后
主营业务收入	726737329	788312792	788312792	714286360	714286360
净利润	2503903	6565646	20709522	24737386	-6068220
总资产	1145327137	1226979365	1183307518	1217033276	1163959983
股东权益	696693862	737736163	694189959	731170516	678097223
每股收益	0.008	0.020	0.063	755.255	-0.019
按加权计算	0.008	0.020	0.063	0.071	-0.017
扣除非经常性损益后每股收益	0.017	0.000	0.043	0.08	-0.014
每股净资产	2.13	2.25	2.12	2.23	2.07
净资产收益率(%)	0.36	0.89	2.98	3.38	-0.89
按加权计算	0.36	0.89	2.98	3.46	-0.85
调整后的每股净资产	2.03	2.21	2.08	2.19	2.02
每股经营活动产生的现金流量净额	0.01	0.29	0.29		

注:每股收益、每股净资产、调整后的每股净资产、每股经营活动产生的现金流 量净额和净资产收益率等财务指标的计算公式如下:
每股收益=净利润/年度末普通股股份总数
每股净资产 =年度末股东权益/年度末普通股股份总数
调整后的每股净资产=(年度末股东权益-三年以上的应收款项-待摊费用-待处理(流动、固定)资产净损失-开办费-长期待摊费用-住房周转金负数余额)/年度末普通股股份总数
每股经营活动产生的现金流量净额=经营活动产生的现金流量净额/年度末普通股股份总数
净资产收益率=净利润/年度末股东权益×100%

3、报告期内股东权益变动情况及变化原因

项目	股本	资本公积	盈余公积	其中:公益金	未分配利润	股东权益合计
期初数	327536793	245513568	121742478	49843303.42	-602880.30	694189959.26
本期增加			205482	68494.07	2298421.10	2503903.33
本期减少						0.00
期末数	327536793	245513568	121947960	49911797.49	1695540.80	696693862.59
变动原因			提取盈余公积	提取公益金	本期实现净利润及提取盈余公积	

三、股东情况介绍

1、报告期末公司股东总数为 71,650 名,其中国有法人股股东 1 名,社会公众股东 71,649 名。

2、前 10 名股东的持股情况(截止 1999 年 12 月 31 日)

序号	股东名称	拥有股数	占股份总额%	备注
1	广西柳工集团有限公司	207,900,000	63.474	国有法人股
2	蔡寿鹏	1,560,375	0.476	以下均为社会公众股
3	蔡肖珍	900,575	0.281	
4	王秋生	353000	0.108	
5	惠州大亚湾滨海实业发展总公司	330000	0.101	
6	王原海	233355	0.071	
7	徐会明	208875	0.064	
8	严锦雄	201799	0.062	
9	王　捷	195445	0.060	
10	郭汉金	190500	0.058	

说明:国有法人股年内未发生变动,无质押或冻结情况。前 10 名股东之间无关联关系。

3、持股 10%以上国有法人股东名称:广西柳工集团有限公司。法人代表:王晓华 。经营范围:工程机械产品、零配件销售及维修服务。

广东美雅集团股份有限公司

一、公司简介

1. 公司中文名称:广东美雅集团股份有限公司
   公司英文名称:GUANGDONG MEIYA GROUP STOCK CO.,LTD.
2. 公司法定代表人:李澄海
3. 公司董事会秘书:冯伟
   联系地址:广东省鹤山市人民西路 40 号
   联系电话:(0750)8888888-2081　传真:(0750)8889240
4. 公司注册及办公地址:广东省鹤山市人民西路 40 号　邮政编码:529700
   公司国际互联网网址:http://www.meiya.com.cn　公司电子信箱:myinfo@meiya.com.cn
5. 公司选定的信息披露报纸名称:《证券时报》、《中国证券报》
   登载公司年度报告的中国证监会指定国际互联网网址:http://www.cninfo.com.cn
   公司年度报告备置地点:公司董事会秘书处
6. 公司股票上市地:深圳证券交易所
   公司股票简称:粤美雅　公司股票代码:0529

二、会计数据和业务数据摘要

(一) 本年度主要会计数据和业务数据:　(单位:元)

项目	1999 年度(合并)
利润总额	-296,830,050.28
净利润	-298,484,942.42
扣除非经营性损益后的净利润	-308,280,760.36
主营业务利润	-42,115,164.72
其他业务利润	-100,123.86
营业利润	-306,195,506.86
投资收益	257,019.32
补贴收入	0
营业外收支净额	9,108,437.26
经营活动产生的现金流量净额	-90,745,448.36
现金及现金等价物净增加额	4,788,848.12

(二) 近三年主要会计数据和财务指标　(单位:元)

项　目	1999 年度	1998 年度 调整前	1998 年度 调整后	1997 年度 调整前	1997 年度 调整后
主营业务收入(元)	892403863	880410994	880410994	876063868	876063868
净利润(元)	-298484942	84769513	43285341	163071344	124571680
总资产(元)	2822499969	3032345929	2952362097	2752052749	2713553085
股东权益	1653925190	2041350920	1961367087	1614166742	1575667078
每股收益(摊薄)	-0.75	0.21	0.11	0.48	0.36
每股收益(月平均加权)	-0.75	0.244	0.254	0.48	0.36
扣除非经营性损益后的每股收益(元)	-0.78	0.06	-0.04	0.44	0.33
每股净资产	4.17	5.15	4.95	4.71	4.59
调整后每股净资产	4.15	5.13	4.92	4.50	4.39
净资产收益率(%)	-18.05	4.15	2.21	10.10	7.91
每股经营活动产生的现金流量净额(元)	-0.23	-0.12			

注:主要财务指标的计算方法

每股收益=净利润/年度末普通股股份总数

每股净资产=年度末股东权益/年度末普通股股份总数

净资产收益率=净利润/年度末股东权益×100%

调整后的每股净资产=(年度末股东权益-三年以上的应收款项-待摊费用-待处理(流动、固定)资产净损失-开办费-长期待摊费用)/年度末普通股股份总数

每股经营活动产生的现金流量净额=经营活动产生的现金流量净额/年度末普通股股份总数

加权每股收益=当期净利润/[期末普通股股份总数/(1+配股比例或增发新股比例)+期末普通股股份总数/(1+配股比例或增发新股比例)×配股比例或增发新股比例×缴款结束日下一月份至期末的月份数/12]

净资产收益率=当期净利润/[(期初净资产+期末净资产/2+当期发行新股或配股新增净资产×(自缴款结束日下一月份至报告期末的月份数-6)/12]

(三)报告期内股东权益变动情况　(单位:元)

项目	股本	资本公积	盈余公积	其中:公益金	未分配利润	合计
期初数	396515872	1259685410	232709290	37848720	72456515	1961367087
本期增加						
本期减少		8956955	194860569		103624372	307441897
期末数	396515872	1250728454	37848720	37848720	-31167857	1653925190

变动原因:1.资本公积金本期减少数 8,956,955.43 元,原因是根据财政部(1998)16 号文的精 神,公司在改组为股份有限公司时,按评估确认后的固定资产原值计提的,折旧大于原 帐面原值计提折旧的差额,增加当期收益。

2.盈余公积本期减少数 194,860,569.44 元,是根据本公司董事会研究通过"关于 1999 年度弥补利润亏损的预案",将以前年度计提的法定盈余公积金 75,697,441.82 元 及任意盈余公积金 119,163,127.62 元弥补本年度亏损。

三、股东情况介绍

(一) 截至 1999 年 12 月 31 日,公司股东总数为 142,021 户。

(二) 前十名股东持股情况。

股东名称	年末持股数量(股)	持股比例(%)
(1)鹤山市国有资产管理办公室	127,610,141	32.18
(2)鹤山毛纺织总厂床上用品厂	8,845,000	2.23
(3)华侨信托投资公司鹤山办事处	5,500,000	1.39
(4)广东省纺织品公司工会	3,663,000	0.92
(5)广东省民族贸易公司工会	3,663,000	0.92
(6)鹤山市供销粤荣贸易公司	2,596,000	0.65
(7)鹤山市粤丰贸易公司	2,475,000	0.62
(8)鹤山市鹤昌实业投资公司工会	2,200,000	0.55
(9)鹤山市昌盛制衣有限公司	2,200,000	0.55
(10)广东省纺织工业总公司	2,200,000	0.55

注:1.国家股持股单位为鹤山市国有资产管理办公室,其所持股份中有 1,300 万股 质押。

2.本公司前 10 名股东之间,股东与公司之间均不存在关联交易关系。

3.报告期内,公司无持股 10%(含 10 %)以上的法人股东。

大连冷冻机股份有限公司

(一) 公司简介

1、公司法定中文名称:大连冷冻机股份有限公司
公司法定英文名称:Dalian Refrigeration CO., LTD.
缩写:DRC
2、公司法定代表人:张和先生
3、公司董事会秘书:吕连珍女士
授权代表:葛彦女士联系地址:大连市沙河口区西南路 888 号
电话:0086-411-6653081-8130　传真:0086-411-6641470
4、公司注册及办公地址:大连市沙河口区西南路 888 号　邮政编码:116033
互联网网址:http://www.bingshan.com　电子信箱:dlzj@mail.dlptt.ln.cn
5、公司选定的信息披露报纸名称:《中国证券报》、《大公报》
登载公司年度报告的中国证监会指定国际互联网网址:http://www.cninfo.com.cn
公司年度报告备置地点:公司证券部
6、公司股票上市交易所:深圳证券交易所
股票简称:大冷股份;大冷 B　股票代码:0530;　2530

(二) 会计数据和业务数据摘要

1、报告期主要业务数据摘要

利润总额	77703066.87
净利润	71063628.79
扣除非经常性损益后的净利润	71055328.90
主营业务利润	133163266.15
其他业务利润	1316860.65
营业利润	37963615.68
投资收益	39600186.96
补贴收入	46222.00
营业外收支净额	93042.23
经营活动产生的现金流量净额	25338240.97
现金及现金等价物净增加额	11512234.18

经大连信义会计师事务所有限公司按照中国会计准则审计,公司 1999 年度实现净 利润 7,106 万元;经安达信公司按照国际会计准则审计,公司 1999 年实现净利润 6,420 万元。境内外审计差异为 686 万元。

2、截止报告期末公司前三年的主要会计数据和财务指标

项目	1999	1998 调整后	1998 调整前	1997
主营业务收入	720585250.60	651435731.38	651435731.38	605946178.76
净利润	71063628.79	65359014.10	70533270.34	112856894.55
总资产	1615977240.16	1531014855.25	1547026481.76	1102419785.45
股东权益(不含少数股东权益)	1059513792.85	1023425961.56	1039437588.07	641045634.63
每股收益	0.203	0.187	0.202	0.485
每股净资产	3.03	2.92	2.97	2.73
调整后的每股净资产	3.01	2.91	2.95	2.65
每股经营活动产生的现金流量净额	0.072	0.116	0.116	-
净资产收益率	6.71%	6.40%	6.79%	17.78%

注:　(1)主要财务指标的计算公式如下:

每股收益=净利润/年度末普通股股份总数每股净资产=年度末股东权益/年度末普通股股份总数

调整后的每股净资产=(年度末股东权益—三年以上的应收款项净额—待摊费用—待处理 (流动、固定)资产净损失—开办费—长期待摊费用—住房周转金负数余额)/年度末普通股股份总数

每股经营活动产生的现金流量净额=经营活动产生的现金流量净额/年度末普通股股份总数

净资产收益率=净利润/年度末股东权益×100%

(2)以上数据和指标系按合并会计报表数填列或计算。以上数据业经大连信义会 计师事务所有限公司按照中国会计准则审计,安达信公司按照国际会计准则审计的数 据参阅英文版。

(3)按月平均加权法计算的每股收益为 0.203 元。

(4)扣除非经常性损益后的每股收益为 0.203 元。

(5)报告期末至摘要披露日,公司股本未发生变化。

3、报告期内股东权益变动情况

项目	股本	资本公积	盈余公积	法定公益金	未分配利润	股东权益合计
期初数	350014975	555461064	117622270	32903701	16339278	1039437588
本期增加		25700	21902480	7300826	71063628	20076204
本期减少			4803487	1601162	68112116	
期末数	350014975	555486764	134721263	38603366	19290790	1059513792

变动原因:资本公积本期增加是因接受捐赠及其他资本公积转入;盈余公积、法定公益金本期增加是因公司 1999 年利润分配提取,本期减少是因追溯调整;未分配 利润本期增加是因公司 1999 年实现利润,本期减少是因公司 1999 年利润分配派发现金 股利及追溯调整;股东权益本期增加是因公司 1999 年实现利润。

(三) 股东情况介绍

1、报告期末股东总数为 95,103 户,其中 A 股股东总数为 93,194 户,B 股股东总数为 1,909 户。

2、主要股东持股情况(前 10 名股东)

股东名称	年初 (万股)	年末 (万股)	占总股本 (%)	类别
大连冰山集团有限公司(国家股)	10442.25	10442.25	29.83	A
SANYO ELECTRIC CO., LTD.	3500.15	3500.15	10.00	B
招商银行证券业务部	599.91	531.98	1.52	B
吉林九州开发公司	315.00	315.00	0.90	A
太原兆和投资发展公司	315.00	315.00	0.90	A
大连信托投资公司	283.70	283.70	0.81	A
BONY A/C CMG CH CHINA INVESTMENTS LIMITED	254.46	211.67	0.60	B
WISEMAX INTERNATIONAL LIMITED	218.84	195.01	0.56	B
CHEUNG,KIN WA	195.00	189.93	0.54	B
大连华信信托投资股份有限公司	179.50	179.50	0.51	A

公司前 10 名股东之间不存在关联关系。持股 5%以上的法人股东所持公司股份无 质押情况。

根据公司与日本三洋电机株式会社于 1997 年 12 月 4 日签订的股份认购协议,三洋电机以战略投资者的身份所认购的 3,500.15 万股 B 股,自大冷 B 上市之日 (1998 年 3 月 20 日)起两年内不得转让或出售。

广州恒运企业集团股份有限公司

一、公司简介

1、公司的法定中文名称:广州恒运企业集团股份有限公司
公司的法定英文名称:Guangzhou Hengyun Enterprises HoldingsLtd.
2、公司法定代表人:陈传实
3、公司董事会秘书:林国定
联系地址:广东省广州经济技术开发区西基路
电 话:(020)82216220 82211505 传真:(020)82215658
4、公司注册地及办公地址:广州经济技术开发区西基路 邮政编码:510730
公司国际互联网网址:http://www.hengyun .com.cn
电子信箱:hengyun @public.guangzhou.gd.cn
5、公司选定的信息披露报纸名称:《证券时报》、《中国证券报》
登载公司年度报告的中国证监会指定国际互联网网址:http://www.cninfo.com.cn
公司年度报告备置地点:公司董事会秘书室
6、公司股票上市交易所:深圳证券交易所
股票简称:穗恒运 股票代码:0531

二、会计数据和业务数据摘要

1、公司本年度利润构成及现金流量情况 (单位:人民币元)

项 目	金 额
利润总额:	124779940.22
净利润:	68820993.80
扣除非经常性损益后的净利润:	58156068.18
主营业务利润:	193963020.78
其他业务利润:	469255.76
营业利润:	108669843.42
投资收益:	-4678738.18
补贴收入:	10000000.00
营业外收支净额:	10788834.98
经营活动产生的现金流量净额:	241140952.17
现金及现金等价物净增加额:	137343690.65

注:本年度共发生非经常性损益10,664,925.62元,具体项目构成和金额如下:
1 股权转让收益664,925.62元;2 补贴收入10, 000,000.00元。

2、 截至本报告期末公司前三年的主要会计数据和财务指标 (单位:人民币元)

项目	1999年	1998年		1997年	
		调整前	调整后	调整前	调整后
1 主营业务收入	601493275	642663130	506229162	618029589	423866160
2 净利润	68820993	64032967	59438220	49183775	41591322
3 总资产	1492291916	1594260389	1521700286	1328512673	1254195947
4 股东权益	556133933	536546640	501840324	539879530	509770661
5 每股收益	0.258	0.24	0.223	0.203	0.172
6 按月加权平均的每股收益	0.258	0.24	0.236	0.2296	0.194
7 扣除非经常性损益后的每股收益	0.218				
8 每股净资产	2.087	2.013	1.883	2.2282	2.104
调整后的每股净资产	1.943	1.819	1.686	2.127	1.998
9 每股经营活动产生的现金流量净额	0.90	0.65	0.62		
10 净资产收益率(%)	12.37	11.93	11.84	9.11	8.16

3、报告期内股东权益变动情况及变化原因(单位:人民币元)

项 目	股本	资本公积	盈余公积	其中:法定公益金	未分配利润	股东权益合计
期初数	266521260	232561530	32053927.61	8861560.53	-29296392	501840324.83
本期增加		1463890	10323149.07	3441049.69	58497844	70284884.02
本期减少					15991275	15991275.60
期末数	266521260	234025420	42377076.68	12302610.22	13210176	556133933.25

三、股本变动及股东情况

1、股本变动情况
(1)股份变动情况表 (数量单位:股)

	本次变动前	本次变动增减	本次变动后
一、未上市流通股份			
1、发起人股份	133934457	0	133934457
其中:国家持有股份	0	53304252	53304252
境内法人持有股份	133934457	-53304252	80630205
2、优先股或其他	24799402	0	24799402
其中:转配股	24799402	0	24799402
未流通股份合计	158733859	0	158733859
二、已上市流通股份			
1、人民币普通股	107787401	0	107787401
已上市流通股份合计	107787401	0	107787401
三、股份总数	266521260	0	266521260

注:期末已上市流通股份中,公司董事、监事、高管人员持股共61,392股,按规定暂时冻结。
2、股东情况介绍
(1) 截止到1999年末,公司股东总数为27951户。
(2) 前10名股东持股情况(数量单位:股)

股东名称	年初数	本期增减(+、-)	年末数	占总股本比例(%)
1 广州凯得控股有限公司		95978173	95978173	36.01
2 广州经济技术开发区工业发展总公司	103160305	-53304252	49856053	18.71
3 广州经济技术开发区黄电实业总公司	12865446	0	12865446	4.83
4 开元基金			7105552	2.67
5 吴 蓉			1351762	0.51
6 周德红			1332990	0.5
7 陈秀英			927956	0.35
8 卢旭军			918665	0.345
9 卢少杰			908790	0.341
10 罗永俊			900000	0.338

注:持有本公司股份36.01%的法人股东广州凯得控股有限公司所持股份中的42,673,921股,已被法院冻结;其余持股5%(含5%)以上的股东所持有的股份未发生质押、冻结等情况;前10名股东之间不存在关联关系。

珠海华电股份有限公司

一、公司简介

1、公司法定中文名称:珠海华电股份有限公司
公司法定英文名称:ZHUHAI HUADIAN CO.,LTD.
公司英文名称缩写:ZHHD
2、公司法定代表人:梁学敏
3、公司董事会秘书:曹海霞
联系地址:珠海市九洲大道官村综合楼三楼
电 话:0756-3321321 传真:0756-3353529
授权代表:关明芬
联系地址:珠海市九洲大道官村综合楼三楼
电 话:0756-3321028 传真:0756-3353529
4、公司注册、办公地址:珠海市九洲大道官村综合楼三楼
邮政编码:519015
公司国际互联网网址:www.huadian.com
电子信箱:Zhhuadia@public.zhuhai.gd.cn
5、公司选定信息披露报纸:《证券时报》
登载公司年度报告的中国证监会指定国际互联网网址:www.cninfo.com.cn
公司年度报告备置地点:公司董事会秘书处
6、公司股票上市交易所:深圳证券交易所
公司股票简称:粤华电 公司股票代码:0532

二、会计数据和业务数据摘要

1、本年度主要利润指标情况:(单位:元)

指标项目	1999年度
利润总额	1,914,276.28
净利润	2,142,193.85
扣除非经常性损益后的净利润	2,142,193.85
主营业务利润	5,000,743.05
其他业务利润	338,747.91
营业利润	(5,721,511.03)
投资收益	4,448,491.54
补贴收入	2,612,706.82
营业外收支净额	574,588.95
经营活动产生的现金流量净额	25,394,964.50
现金及现金等价物净增加额	(34,775,669.97)

注:本期应扣除的非经常性损益项目和涉及金额:无

2、报告期末公司前三年的主要会计数据和财务指标: (单位:元)

项 目	1999年	1998年		1997年
		调整前	调整后	
主营业务收入	94,970,779	117,574,781	117,574,781	119,389,627
净利润	2,142,193	(148,394,688)	(210,963,597)	8,719,886
总资产	600,196,609	643,918,640	577,039,167	822,714,797
股东权益	537,979,495	594,047,216	535,837,301	742,441,904
每股收益	0.009	(0.68)	(0.97)	0.04
扣除非经常性损益后的每股收益	0.009	0.024	0.019	0.008
按月加权平均法计算的每股收益	0.009	(0.68)	(0.97)	0.04
每股净资产	2.46	2.72	2.45	3.40
调整后的每股净资产	2.02	2.05	1.99	2.57
每股经营活动产生的现金流量净额	0.12	0.15	0.15	
净资产收益率	0.39%	-25%	-39.4%	1.17%

注1、根据财政部[1999]35号、49号文件规定,本公司变更了会计政策并采用追溯调整法调整了1998 年相关帐项。
注2、主要会计指标的计算公式:
每股收益=净利润/年度末普通股股份总数
每股净资产=年度末股东权益/年度末普通股股份总数
调整后的每股净资产=(年度末股东权益-三年以上的应收款项净额-待摊费用-待 处理(流动、固定)资产净损失-开办费-长期待摊费用-住房周转金负数余额)/年度末 普通股股份总数
每股经营活动产生的现金流量净额=经营活动产生的现金流量净额/年度末普通股股份总数
净资产收益率=净利润/年度末股东权益×100%

3、报告期内股东权益变动情况 (单位:人民币元)

项目	股本	资本公积	盈余公积	法定公益金	未分配利润	股东权益合计
期初数	218392200	505653863	22323899	9937613	(210532661)	535837301
本期增加					14528480	2142194
本期减少			12386286			
期末数	218392200	505653863	9937613	9937613	(196004181)	537979495

变动原因说明:盈余公积减少是因弥补九八年度亏损引起;
未分配利润增加是因以盈余公积及九九年度实现的净利润弥补亏损。

三、股东情况介绍

1)报告期末股东总数为42309户
2)前10名股东持股情况

序号	股东名称	年末持股数	占总股本比例
1	珠海经济特区电力开发(集团)公司	72,496,500	33.20%
2	珠光公司	10,200,000	4.67%
3	国际银行家珠海俱乐部	5,525,000	2.53%
4	南方证券有限公司	3,551,316	1.63%
5	深圳市蔚深投资有限公司	3,535,355	1.62%
6	珠海经济特区富华投资公司	2,845,800	1.30%
7	珠海裕发实业投资公司	2,550,000	1.17%
8	珠海经济特区银星科技开发公司	2,550,000	1.17%
9	建行珠海市信托投资公司	2,193,000	1.00%
10	珠海市景辉有限公司	1,912,500	0.87%

其中:南方证券有限公司及深圳市蔚深投资有限公司持有的股份为转配股,已于2000年4月14日上市流通。

广东万家乐股份有限公司

一 公司简介

1、公司法定中文名称：广东万家乐股份有限公司
英文名称：Guangdong Macro Co., Ltd.
中文缩写：万家乐
英文缩写：MACRO
2、公司法定代表人：马国伦
3、董事会秘书：张庄平
公司联系地址：广东顺德市大良镇宜新路3号银海大厦11楼
公司联系电话：0765-2228888 传真：0765-2212111
电子信箱：zzpp21@21cn.com
4、公司注册地址：广东顺德市大良镇环市北路38号
公司办公地址：广东顺德市大良镇宜新路3号银海大厦11楼
邮编：528300
电子信箱：sd1macro@pub.sdnet.gd.cn
公司网址：http://www.macro.com.cn
5、信息披露报刊名称：中国证券报、证券时报
年报指定登载网址：http://www.cninfo.com.cn
年度报告备置地点：广东顺德市大良镇宜新路3号银海大厦11楼
6、公司股票上市交易所：深圳证券交易所
股票简称：万家乐 股票代码：0533

二 会计数据与业务数据摘要

1、本年度主要经济指标完成情况： 单位：元

利润总额	182,321,771.60
净利润	155,246,507.88
扣除非经常性损益后的净利润	130,325,748.78
主营业务利润	445,872,702.69
其他业务利润	139,277.46
营业利润	78,849,931.22
投资收益	78,551,081.28
补贴收入	24,240,166.84
营业外收支净额	680,592.26
经营活动产生的现金流量净额	134,160,342.53
现金及现金等价物净增加额	76,066,903.43

说明："扣除非经常性损益后的净利润"指标，所扣除的项目和金额分别是：补贴收入24,240,166.84元，营业外收入1,784,421.13元，营业外支出1,103,828.87元。

2、最近三年主要会计数据和财务指标

项目	1999年	1998年		1997年	
		调整前	调整后	调整前	调整后
主营业务收入(万元)	111,296.15	114,063.43	112146.95	102,617.04	90,105.30
净利润(万元)	15,524.65	13,790.22	11800.21	12,192.22	10,325.16
总资产(万元)	325,846.06	328,395.70	314738.57	280,301.24	290,644.30
股东权益(万元)(不含少数股东权益)	132,792.39	134,973.78	123023.92	119,734.76	109,526.94
每股收益(元/股)	0.27	0.24	0.21	0.21	0.18
每股收益(元/股)(加权)	0.27	0.24	0.21	0.21	0.18
扣除非经常性损益后的每股收益(元/股)	0.23	0.20	0.17	0.21	0.18
每股净资产(元/股)	2.31	2.34	2.14	2.08	1.90
调整后的每股净资产(元/股)	2.20	2.25	2.04	2.00	1.83
每股经营活动产生的现金流量净额(元/股)	0.23	0.15	0.15	--	--
净资产收益率(%)	11.69	10.22	9.59	10.18	9.43
净资产收益率(%)(加权)	12.14	10.84	10.15	10.73	9.99

注：(1)主要财务指标的计算方法：
每股收益=净利润/年度末普通股股份总数
每股净资产=年度末股东权益/ 年度末普通股股份总数
调整后的每股净资产=(年度末股东权益-三年以上的应收款项净额-待摊费用 -待处理(流动、固定)资产净损失-开办费-长期待摊费用-住房周转金负数余额)/年度末普通股股份总数
每股经营活动产生的现金流量净额=经营活动产生的现金流量净额/年度末普通股股份总数
净资产收益率=净利润/年度末股东权益×100%
(2)因本公司本年度没有配股和新增发行股份，加权前后计算的每股收益一致。

3、报告期内股东权益变动的情况 单位：万元

项目	股本	资本公积	盈余公积	法定公益金	未分配利润	股东权益合计
期初数	57,568.00	34,595.21	18,447.69	2,966.42	12,413.02	123,023.92
本期增加	0.00	0.62	4,657.40	776.23	15,524.65	20,182.67
本期减少	0.00	0.00	0.00	0.00	10,414.20	10,414.20
期末数	57,568.00	34,595.83	23,105.09	3,742.65	17,523.47	132,792.39

注1：是本公司属下控股公司重庆万家乐燃气具有限公司本期收到财政返还款按 股权比例享有部分。

注2：根据公司第十次董事会会议决议，99年度利润分配预案为：按税后净利润 提取法定盈余公积10%、提取公益金5%、提取任意盈余公积15%后，每10股派现金股利1.00元。

注3：本期增加是本期合并净利润；本期减少是按注2进行利润分配。

三 股东情况介绍

(1)截止1999年12月30日，公司股东总户数为38597户。
(2)前截止1999年12月30日，公司前十名股东持股情况：

单位：股

股东名称	持股数		占总股本比例
	未上市流通	已上市流通	
1.广东新力集团公司	171,552,640		29.80%
2.广东万家乐集团公司	158,742,268		27.57%
3.天元证券投资基金		21,952,579	3.81%
4.广东省工行信托投资公司	7,466,666		1.30%
5.南方证券有限公司	7,466,666		1.30%
6.广东发展银行顺德分行	6,496,000		1.13%
7.深圳市深润和贸易有限公司		5,574,419	0.97%
8.深圳市康柏通贸易有限公司		5,301,718	0.92%
9.广东国际信托投资公司	5,242,160		0.91%
10.广东证券有限公司	5,152,000		0.90%

汕头电力发展股份有限公司

一、公司简介

1.公司中文名称：汕头电力发展股份有限公司
英文：SHANTOU ELECTRIC POWER DEVELOPMENT CO.,LTD
2.公司法定代表人：沈宗敏
3.公司董事会秘书、股证事务代表及有关联系地址、电话
董事会秘书：黄曼华 联系电话：0754-8628249
股证事务代表：袁克新 联系电话：0754-8611172
联系地址：广东省汕头市金砂东路金凤城龙座六楼
传 真：0754-8628249 E-mail:sdla@pub.shantou.gd.cn
4.公司注册地、办公地、邮编
公司注册地址：广东省汕头市金砂东路金凤城龙座六楼
公司办公地址：广东省汕头市金砂东路金凤城龙座六楼 邮政编码：515041
5.公司选定的信息披露报纸名称，登载公司年报的中国证监会指定国际互联网 网址：
公司选定的信息披露报纸：《中国证券报》、《证券时报》
登载公司年报的中国证监会指定的国际互联网网址：http://www.cninfo.com.cn
公司年度报告备置地点：公司证券投资部
6.公司股票上市交易所、股票简称和股票代码
公司股票上市交易所：深圳证券交易所
股票简称：汕电力 股票代码：0534

二、会计数据和业务数据摘要

1.本年度主要会计数据和业务数据 (单位：元)

利润总额	6,103,880.15
净利润	3,716,403.86
扣除非经营性损益后的净利润	3,716,403.86
主营业务利润	13,084,928.31
其他业务利润	
营业利润	173,428.99
投资收益	10,352,916.32
补贴收入	
营业外收支净额	-4,422,465.16
经营活动产生的现金流量净额	-3,215,587.05
现金及现金等价物净增加额	85,659,686.64

2.前三年主要会计数据和财务指标 单位：元

项 目	1999年	1998年		1997年	
		调整前	调整后	调整前	调整后
主营业务收入	77598042.48	75476410.81	75476410.81	89325875.59	89325875
净利润	3,716,403.86	34534056.14	4596,997.41	41048491.94	33593600
总资产	558880817.57	616255740.06	564448534.20	595773429.55	573903282
股东权益	548580046.14	596670848.14	544863642.28	562136792.00	540266644
每股收益	0.0178	0.1658	0.0221	0.2168	0.1774
每股净资产	2.6341	2.8650	2.6162	2.9691	2.8536
调整后的每股净资产	2.5793	2.6253	2.5389	2.6839	2.6835
每股经营活动产生的现金流量净额	-0.0154	0.0459	0.0459		
净资产收益率	0.6775%	5.7878%	0.8437%	7.3022%	6.2180%
按月平均加权法计算的每股收益	0.0178	0.1658	0.0221	0.2168	0.1774
扣除非经常性损益后的每股收益	0.0178	0.1658	0.0221	0.2168	0.1774

注：1)主要会计数据和财务指标计算公式如下：
每股收益=净利润/年度末普通股股份总数
每股净资产=年度末股东权益/ 年度末普通股股份总数
调整后的每股净资产=(年度末股东权益-三年以上的应收款项净额-待摊费用 -待处理(流动、固定)资产净损失-开办费-长期待摊费用-住房周转金负数余额)/年度末普通股股份总数
每股经营活动产生的现金流量净额=经营活动产生的现金流量净额/年度末普通股股份总数
净资产收益率=净利润/年度末股东权益×100%
2)报告期内公司没有配股、送股或转增股本等引起公司股本发生变化的情况，故摊薄与加权计算的每股收益，每股净资产等指标的结果相同。

3.报告期内股东权益变动情况

项目	股本	资本公积	盈余公积	法定公益金	未分配利润	股东权益合计
期初数	208261325	284885088	44100143	7371454	7617085	544863642
本期增加			4745339	3104160	3716403	
本期减少			4187878	1269539	557,460	
期末数	208261325	284885088	44657604	9206075	10776028	548580046

变动原因：(1) 盈余公积金增加：出售职工住房由任意盈余转入法定公益金2,918,339.86元、购入职工住房由法定公益金转任意盈余公积金1,269,539.00元，99年度利润分配转增法定盈余公积金371,640.39元，转增法定公益金185,820.19元。
(2)盈余公积金减少，为职工住房购买、出售转入、转出数。
(3)未分配利润增加数为99年度净利，减少数为利润分配减少额。

三、股东情况介绍

1.报告期末的股东总数为57196户。
2.前十名股东情况 (单位：股)

股东名称	持股数量	所占比例(%)
1 汕头市电力开发公司	79860000	38.34
2 建行汕头金砂支行	14520000	6.97
3 工行汕头韩江支行	12100000	5.81
4 汕头城市建设开发总公司	7260000	3.48
5 交通银行汕头分行	4840000	2.32
6 孙长勇	500000	0.24
7 汕头电力经济发展公司	484000	0.23
8 周小青	380000	0.18
9 刘世庆	330000	0.15
10 普丰证券投资基金	253300	0.12

注：(1)前十名股东中第1名的汕头市电力开发公司是代表国家持有股份，其中未有上市流通股份；所持股份作为贷款抵押物抵押于广东省发展银行。
(2)第2、3、4、5、7是法人股，其中均未有上市流通股份。

猴王股份有限公司

一、公司简介

㈠公司的法定中文名称:猴王股份有限公司
英文名称:KMK CO.,LTD
㈡公司法定代表人:朱黎阳
㈢公司董事会秘书:李本林
授权代表:艾桃英
联系电话:0717-6352517/6351449　传真:0717-6351835
㈣公司注册地址:湖北省宜昌市夷陵路 304 号
办公地址:湖北省宜昌市夷陵路 304 号　邮编:443003
㈤公司指定信息披露报纸:《中国证券报》、《证券时报》
年度报告披露网址:http://www.cninfo.com.cn
年度报告备置地点:公司董事会秘书处
㈥公司股票上市交易所:深圳证券交易所
股票简称:猴王　股票代码:0535

二、会计数据和业务数据摘要

㈠公司本年度主要利润指标情况　(单位:人民币万元)

利润总额	-6770.20
净利润	-6770.20
扣除非经常性损益后的净利润	-6971.83
主营业务利润	620.81
其他业务利润	478.75
营业利润	-7016.65
投资收益	503.17
补贴收入	201.63
营业外收支净额	-458.35
经营活动产生的现金流量净额	121.85
现金及现金等价物净增加额	63.35

㈡公司前三年的主要会计数据及财务指标

指标项目	1999 年	1998 年		1997 年	
		调整后	调整前	调整后	调整前
主营业务收入(万元)	7734.52	11117.26	11117.26	19246.07	19246.07
净利润(万元)	-6770.20	2339.08	3807.67	-2897.09	5531.42
总资产(万元)	93408.36	78842.97	95601.42	96955.81	112424.93
股东权益(万元)	33313.16	40083.35	62962.07	37744.27	59154.40
每股收益(元)	-0.22	0.08	0.13	-0.10	0.18
扣除非经常性损益后的每股收益(元)	-0.23	0.06	0.11	-0.10	0.18
每股净资产(元)	1.10	1.32	2.08	1.25	1.95
调整后的每股净资产(元)	0.96	1.18	1.86	1.14	1.75
每股经营活动产生的现金流量净额(元)	0.004	-0.01	-0.01		
净资产收益率(%)	-20.32	5.84	6.05	-7.68	9.35

注:主要财务指标计算办法:
每股收益=净利润/年度末普通股股份总数
每股净资产=年度末股东权益/年度末普通股股份总数
净资产收益率=净利润/年度末股东权益×100%
调整后的每股净资产=(年度末股东权益-三年以上应收款项净额-待摊费用-待处 理(流动、固定)资产净损失-开办费-长期待摊费用)/年度末普通股股份总数
每股经营活动产生的现金流量净额=经营活动产生的现金流量净额/年度末普通股 总数

㈢报告期内股东权益变动情况　单位:元

项目	股本(股)	资本公积	盈余公积	法定公益	未分配利润	合计
期初数	302723222	141768461.4	17576004.59	3587031.83	-61234158	400833529
本期增加	-67701968.96	-67701968				
本期减少						
期末数	302723222	141768461.4	17576004.59	3587031.83	-128936126	333131561

变动原因说明:系一九九九年度亏损所致。

三、股本变动及股东情况

㈠、股本变动情况
1、股本结构情况　单位:万股

(1)、尚未流通股份	期初数	本期变动增减(+、-)	期末数
1.发起人股份	10418.688	转让 3183.6956	7234.9924
其中:国家拥有股份	10418.688		10418.688
2.募集法人股	2835.6		2835.6
3.内部职工股	2.2908		2.2908
4.其他	2234.9215		5418.6171
尚未流通股份合计	15491.5003		15491.5003
(2)、已流通股份			
境内上市的人民币普通股	14780.8219		14780.8219
已流通股份合计	14780.8219		14780.8219
(3)、股份总数	30272.3222		30272.3222

注:1"内部职工股"为公司董事、监事及高管人员持股。
2"其他"包括国家股、法人股转配股部分 2234.9215 万股,发起人猴王集团公司 转让其拥有国家股 3183.6956 万股。

(二)、股东情况介绍
1.截止 1999 年 12 月 31 日,本公司股东共 112810 户。
2.本公司十大股东持股情况如下:

股东名称	持股数量(万股)	持股比例(%)	备注
猴王集团公司	7234.9924	23.9	国家股
宁波国际信托投资公司	1233.6956	4.08	国家股
湖北省宜昌市猴王咨询公司	1122.0000	3.71	转配股
湖北省宜昌市猴王产权公司	1000.0000	3.30	转配股
中国经济技术投资担保公司	820.0000	2.71	国家股
中国工商银行三峡分行	671.1600	2.22	法人股
中国建设银行三峡分行	671.1600	2.22	法人股
中信宁波公司	440.0000	1.45	国家股
深圳建设集团财务有限公司	370.0000	1.22	国家股
华能原材料公司	340.6800	1.13	法人股

闽东电机(集团)股份有限公司

一、公司简介

1、公司法定中文名称:　闽东电机(集团)股份有限公司
公司法定英文名称:　MINDONG ELECTRIC GROUP CO., LTD.
2、公司法定代表人:阮希玮
3、公司董事会秘书:吴智俊
联系地址:福建省福州市斗东路 12 号
联系电话:(0591) 3364648　传真:(0591) 3326201
4、公司注册及办公地址:福建省福州市斗东路 12 号
邮政编码: 350005
国际互联网网址:http://www.cmde.com.cn
5、公司选定的信息披露报纸:《证券时报》、《中国证券报》
登载公司年度报告的中国证监会指定国际互联网网址:
http://www.cninfo.com.cn
公司年度报告备置地点:公司办公室
6、公司股票上市地:深圳证券交易所
公司股票名称:ST 闽闽东　公司股票代码:0536

二、会计数据和业务数据摘要

1、公司本年度主要会计数据　(单位:元)

利润总额	-50,997,125.84
净利润	-50,997,125.84
扣除非经常性损益后的净利润	-51,172,501.84
主营业务利润	15,408,470.29
其他业务利润	2,460,435.62
营业利润	-56,892,180.42
投资收益	4,731,278.10
补贴收入	175,376.00
营业外收支净额	988,400.48
经营活动产生的现金流量净额	-6,543,019.69
现金及现金等价物净增加额	-530,430.85

注: 扣除非经常性损益项目为补贴收入 175,376.00 元。
2、截止报告期末,公司前三年的主要会计数据和财务指标

项　目	1999 年	1998 年		1997 年	
		调整后	调整前	调整后	调整前
主营业务收入(万元)	16712.27	24813.38	24813.38	32034.27	32034.27
净利润(万元)	-5099.71	-12734.22	-12661.16	30.89	20.48
总资产(万元)	41502.21	45403.32	45895.10	59096.75	59086.34
股东权益(万元)	906.83	6006.55	6498.33	18755.49	19159.48
每股收益(元)	-0.42	-1.04	-1.04	0.0025	0.0017
扣除非经常性损益后的每股收益(元)	-0.42	-1.08	-1.04	-0.0545	-0.0554
每股净资产(元)	0.07	0.49	0.53	1.54	1.57
调整后每股净资产(元)	-0.08	0.26	0.28	1.05	1.10
每股经营活动产生的现金流量净额(元)	-0.05	0.21	0.21		
净资产收益率(%)	-562.37	-212.00	-194.84	0.16	0.11

注:主要财务指标计算公式如下:
每股收益=净利润/年度末普通股股份总数
每股净资产=年度末股东权益/年度末普通股股份总数
调整后的每股净资产=[年度末股东权益-三年以上的应收款项净额-待摊费用-待 处理 (流动、固定)资产净损失-开办费-长期待摊费用-住房周转金负数余额]/年末普 通股股份总数
每股经营活动产生的现金流量净额=经营活动产生的现金流量净额/年度末普通股股份总数
净资产收益率=净利润/年度末股东权益×100%
3、股东权益变动情况

项目	股本	资本公积	盈余公积	法定公益金	未分配利润	股东权益合计
期初数	12192.7193	65134914.38	28261682.24	8971872.94	-155258335.35	60065454.27
本期增加						
本期减少					50997125.84	50997125.84
期末数	12192.7193	65134914.38	28261682.24	8971872.94	-206255461.19	9068328.43

变动原因　本年度亏损引致。

三、股东情况简介

1、1999 年末,公司股东总户数为 25474 户,其中:高级管理人员股东 2 户。
2、前十名股东

股东名称	持股数(股)	持股比例
福建省国有资产管理局	44290000	36.32%
闽东电机家属厂	3400000	2.79%
工行福建省信托投资公司	2000000	1.64%
福州市古楼区华大五金厂	1810000	1.48%
泉州市二轻集体工业联社	1730000	1.42%
厦门华伦电力发展公司	1190000	0.98%
深圳市中粮实业发展有限公司	1000000	0.82%
福建省国防科技工业供销公司	840000	0.69%
福州变压器厂	693100	0.57%
福州闽东电机工贸公司	649300	0.53%
合　计	57602400	47.24%

注:A.公司前十名股东所持股份均为未上市流通股份;
B.据本公司所知,前十名股东间无关联交易。
C.1999 年 4 月 16 日,福建省国有资产管理局与福建德亚集团公司签订了《股权协议转让书》,转让股份总额为 3048 万股,该事项已于 1999 年 4 月 20 日在《证券时报》、《 中国证券报》上披露。但截止本报告期末, 股权变更手续尚未办理完毕。

四、董事会报告

公司经营状况
(1)公司属于机械工业的中小型电机行业。1999 年度电机行业统计资料显示,公司 1999 年工业总产值 1.24 亿元,占行业总产值的 2.11%,居第二十位;营业收入 1.7 亿元, 占行业总额的 2.94%,居第八位。
(2)主营业务范围
公司主营业务主要包括:电机制造,机电产品的贸易,金属材料的经营等。

天 津 南 开 戈 德 股 份 限 公 司

天津南开戈德股份有限公司 1999 年年度报告摘要

一、公司简介

1、公司中文名称:天津南开戈德股份有限公司
公司英文名称:TIANJIN NANKAI GUARD CO.,LTD.　缩写:NKGD
2、公司法定代表人:李明智
3、公司董事会秘书:刘艳　电话:(022)23041779　传真:(022)27816657
电子信箱:guard@shell.tjvan.net.cn
4、公司注册及办公地址:天津市和平区南京路 211 号　邮政编码:300052
5、公司信息披露报纸:《证券时报》、《上海证券报》
登载公司年度报告的中国证监会指定的国际互联网网址: http://www.cninfo.com.cn
公司年度报告备置地点:公司董事会办公室
6、公司股票上市地:深圳证券交易所　股票简称:南开戈德　股票代码:0537

二、会计和业务数据摘要

1、本年度利润总额及其构成　单位:元

利润总额	96198992.57
净利润	96198992.57
扣除非经常性损益后的净利润	96198992.57
主营业务利润	122465174.58
其它业务利润	13043378.98
营业利润	86515460.18
投资收益	8590316.50
补贴收入	0.00
营业外收支净额	1093215.89
经营活动产生的现金流量净额	106026200.25
现金及现金等价物净增加额	33903928.74

2、前三年主要会计数据和财务指标　单位:元

项目	1999 年度实绩	1998 年度实绩		1997 年度实绩	
		调整前	调整后	调整前	调整后
主营业务收入	356394552.04	89232037.00	89232037.00	137493803.13	137493803.13
净利润	96198992.57	34505802.56	27201041.47	30060568.87	27880683.93
总资产	617599265.87	575338349.87	551177834.80	501796608.92	484186563.11
股东权益	390612694.33	319328508.66	394413701.76	295860384.50	278250338.69
每股收益	0.58	0.25	0.20	0.22	0.20
每股净资产	2.36	2.31	2.13	2.14	2.02
调整后的每股净资产	2.27	2.18	2.02	1.95	1.77
每股经营活动产生的现金流量净额	0.64	0.10	0.10		
净资产收益率(%)	24.63	10.81	9.24	10.16	10.02
加权每股收益	0.63	0.25	0.20		

扣除非经常性损益后的每股收益 0.58

计算公式如下:每股收益=净利润/年度末普通股股份总数

每股净资产=年度末股东权益/年度末普通股股份总数

调整后的每股净资产=[年度末股东权益-三年以上的应收款项净额-待摊费用-待 处理(流动、固定)资产净损失-开办费-长期待摊费用-住房周转金负数余额]/年度末 普通股份总数

3、股东权益变化情况(单位:元)

项目	股本	资本公积	盈余公积	法定公益金	未分配利润	股东权益合计
期初数	137970980	99555664.42	36218654.80	11580288.08	20668402.54	294413701.76
本期增加	27594196		19239798.50	9619899.25	96198992.57	143032987.07
本期减少		27594196.00			19239798.50	46833994.50
期末数	165565176	71961468.42	55458453.30	21200187.33	97627596.61	390612694.33

变动原因:(1)股本增加 27594196 元、资本公积减少 27594196 元是资本公积转增股本所致。(2)盈余公积增加 19239798.50 元,法定公益金增加 9619899.25 元是依据董事会决 议,当年提取所致。(3)未分配利润增加 96198992.57 元,是本年净利润,减少 19239798.50 元,是提取盈余公积金所致。

三、股东情况介绍

(1)截止至 1999 年 12 月 31 日,股东总数为 5861 人。

(2)持有本公司 5%以上(含 5%)股份的股东及前 10 名股东持股情况

天津立达集团有限公司原持有本公司股份 (国有法人股)70337200 股, 占本公司总 股本的 50.89%。1999 年 6 月公司实施公积金转增股本即每 10 股增 2 股后,持股增至 84404640 股。1999 年 8 月该公司将其所持有股份全部转让给天津戈德防伪识别有限公司。

1999 年 12 月,天津戈德防伪识别有限公司为取得贷款,将所持股份中的 30000000 股质押给中国工商银行天津市分行新技术产业园区支行。质押期由 1999 年 12 月 24 日至 2000 年 7 月 20 日。

公司前 10 名股东持股情况(截止 1999 年 12 月 31 日)

股东名称	持股数(股)	占总股本比例(%)
1、天津戈德防伪识别有限公司	84404640	50.98
2、天津环球磁卡股份有限公司	3600000	2.17
3、沈阳联亚实业发展公司	1800000	1.09
4、山东奥搏有限公司	1702192	1.03
5、济南鑫谷科贸有限公司	1384847	0.84
6、济南特利达经贸有限公司	1378310	0.83
7、中信天津工业发展公司	1200000	0.72
8、天津津益联合公司	1200000	0.72
9、山东嘉诚有限责任公司	1172410	0.71
10、山东省赛瑞广告有限公司	1115863	0.67

四、股东大会简介

报告期内公司共召开三次股东大会。

(1)1999 年 4 月 26 日公司召开了 1998 年度股东大会。股东大会决议公告于 1999 年 4 月 27 日在《证券时报》上刊登。

(2)1999 年 10 月 8 日公司召开了 1999 年第一次临时股东大会。股东大会决议公告于 1999 年 10 月 9 日在《证券时报》和《上海证券报》上刊登。

(3)1999 年 12 月 16 日公司召开了 1999 年第二次临时股东大会。股东大会决议公告 于 1999 年 11 月 16 日在《证券时报》和《上海证券报》上刊登。

五、董事会报告

1、公司经营情况

(1)公司经过资产重组,由单一的商业性公司发展为开发、研制、生产智能识别产品为主的高科技企业,其技术水平在国内市场处于领先水平。

(2)公司主营业务的范围及其经营状况

公司主营业务为国内贸易和 GD 系列自动售货机的生产和销售、GD 系列防伪检测仪生产和销售、二维码识读设备的生产和销售、软件技术开发和销售、计算机相关产品的生产和销售。1999 年,公司实现主营业务收入 356394552.04 元, 实现利润总额 96198992.57 元, 实现净利润 96198992.57 元。

A、按行业说明报告期内公司主营业务收入、主营业务利润构成情况

项目	商业		科技	
	金额	比重	金额	比重
主营业务收入	180610056.49	50.68%	175784495.55	49.32%
主营业务利润	33553423.51	27.40%	88911751.07	72.60%

B、占公司主营业务收入 10%以上的业务主要来自商业零售和自动售货机的生产和销售。主导产品以 GD 系列自动售货机为主,包括听装饮料机、香烟及小食品机、香烟 机 3 个系列、7 个品种。

(3)南开戈德电子公司系本公司的全资子公司,以开发、研制、生产智能防伪识别产品为主。1999 年实现主营业务收入 175784495.55 元(占公司主营业务收入的 49.32%),实现净利润 94935752.01 元(占公司净利润的 98.69%)。

(4)经营中的问题及解决方案

A、大批量生产的经验不足,与大批量生产相适应的市场网络和服务体系有待健全。2000 年将充实管理、技术人才,加强新产品开发、技术保障,提高大批量生产的能力,并建立与大批量生产相适应的市场网络和服务体系。

B、新厦刚开业一年,虽然主营业务收入较上一年度有较大幅度提高,但由于商业 竞争激烈,平均毛利率普遍降低,故商业效益不太理想。2000 年公司将进一步调整经营策略,加强基础管理,逐步提高经济效益,重塑国际商场形象。

2、公司财务状况

项目	1999 年	1998 年	增减
总资产	617599265.87	551177834.80	12.05%
长期负债			
股东权益	390612694.33	294413701.76	32.67%
主营业务利润	122465174.58	15579748.14	686.05%
净利润	96198992.57	27201041.47	253.66%

增减变动的说明:

公司总资产增加 12.05%, 主要原因是公司货币资金 99 年比 98 年增加 33903928.74 元及固定资产合计增加 45877761.18 元所致。

公司股东权益增加 32.67%,主要原因是公司 99 年实现净利润 96198992.57 元,分别 增加盈余公积和未分配利润所致。

公司主营业务利润 99 年比 98 年增加 686.05%,净利润增加 253.66%,其主要原因系公司投资的戈德电子有限公司 99 年实现利润所致,98 年未有此因素。

3、公司投资情况

报告期末公司长期投资净额为 91603710.49 元,比上年减少 37.43%,主要原因系由 于公司将投资的天津南开戈德电子有限公司合并侍报表时,抵消投资所致。

被投资公司情况:

①股票投资

被投资公司名称	股份类别	股票数量	占被投资公司股权的比例	投资金额	减值准备	备注
天津清源置业股份有限公司	法人股	1000 股	0.08%	128000.00		未上市
天津劝业场股份有限公司	法人股	340200 股	0.21%	450000.00		法人股无市价
天津百货大楼股份有限公司	法人股	150000 股	0.13%	540000.00		法人股无市价
天津环球磁卡股份有限公司	法人股	1800000 股	1.26%	3720000.00		法人股无市价
小计				4838000.00		

②其他股权投资

被投资单位名称	投资起止期	投资金额	占被投资单位注册资本比例	减值准备	本年权益增减额	累计权益增减额
天津证券公司	自 93 年始	26400000.00	18.41%		2134592.49	2134592.49
天津滨海立达国际商场	自 95 年始	800000.00	100.00%		-32986.53	46973.58
天津伊势丹有限公司	自 92 年始	1181880.00	10.00%	1181880.00		
天津立达商业发展有限责任公司	自 97 年始	3875920.00	19.00%			
天津大天国际商业有限公司	97 年--2064 年	26040000.00	40.00%			
天津大天房地产发展有限公司	97 年-2064 年	25670000.00	26.67%			
南开大学电子仪器厂	自 99 年始	434957.56	100.00%		253266.86	253266.86
天津证券培训研究中心	自 99 年始	10000.00	0.54%			
上海南开戈德防伪识别器材有限公司	自 99 年始	1100000.00	55.00%			

(1)报告期内没有募集资金,前次募集资金已使用完毕。

(2)报告期内没有使用非募集资金投资的重大项目。

云 南 白 药 集 团 股 份 有 限 公 司

云南白药集团股份有限公司 1999 年年度报告摘要

一、公司简介

1、公司法定名称:云南白药集团股份有限公司

公司英文名称:YUNNAN BAIYAO GROUP CO.,LTD.

2、公司法定代表人:龙江

3、公司董事会秘书:黄艾农　联系电话:(0871)4179814

电子信箱:huangainong@yunnanbaiyao.com.cn

公司董事会秘书授权代表:马青　联系电话:(0871)4141591

电子信箱:maqing@yunnanbaiyao.com.cn

联系地址:云南省昆明市西坝路 51 号　传真:(0871)4144960

4、公司注册和办公地址:云南省昆明市西坝路 51 号　邮政编码:650032

公司国际互联网网址:www.yunnanbaiyao.com.cn　公司电子信箱:ynby@yunnanbaiyao.com.cn

5、公司选定的信息披露报纸名称:《证券时报》、《中国证券报》

登载公司年度报告的国际互联网网址:http://WWW.cninfo.com.cn

公司年度报告备置地点:本公司档案室　公司股票简称:云南白药　公司股票代码:0538

二、会计数据和业务数据摘要

1、本年度实现利润总额及其构成

项目	单位	金额	备注
利润总额	万元	4521	
净利润	万元	3350	
扣除非经常性损益后的净利润	万元	3097	注 1
主营业务利润	万元	12550	
其他业务利润	万元	49	
营业利润	万元	4317	
投资收益	万元	217	
补贴收入	万元	0	
营业外收支净额	万元	-13	
经营活动产生的现金流量净额	万元	4217	
现金及现金等价物净增加额	万元	11483	

注 1:扣除非经常性损益项目及涉及金额

(1)其他业务利润	49 万元
(2)投资收益	217 万元
(3)营业外收支净额	-13 万元
(4)一次性利息及罚息收入	0 万元
小计	253 万元

2、本年度末前三年的主要会计数据和财务指标

项目	单位	1999 年	1998 年		1997 年	
			调整后	调整前	调整后	调整前
主营业务收入	万元	23200	16453	16453	13181	13181
净利润	万元	3350	2878	2931	2547	2570
总资产	万元	76162	35247	35199	31521	31544
股东权益(不含少数股东权益)	万元	37674	25110	25185	22115	22138
每股收益	元	0.180	0.257	0.261	0.227	0.229
每股净资产	元	2.03	2.24	2.25	1.97	1.97
调整后的每股净资产	元	1.95	2.18	2.19	1.93	1.93
每股经营活动产生的现金流量净额	元	0.23	0.36	0.36	/	/
净资产收益率	%	8.89	11.46	11.64	11.52	11.61
按月平均加权计算的每股收益	元	0.234	0.257	0.261	0.227	0.229
扣除非经常性损益后的每股收益	元	0.167	0.148	0.153	0.205	0.207

注:每股收益=净利润÷年度末普通股股份总数(按配股后的总股本计算,下同)

每股净资产=年度末股东权益÷年度末普通股股份总额

净资产收益率=净利润÷年度末股东权益×100%

调整后的每股净资产=(年度末股东权益-三年以上的应收款项-待摊费用-待处理财产净损失-开办费-长期待摊费用-住房公积金负数净额)÷年度末普通股股份 总数

每股经营活动产生的现金流量净额=经营活动产生的现金流量÷年度末普通股股 份总数

按月平均加权计算的每股收益=年度净利润÷[∑1-12 月普通股股份平均数÷12]

扣除非经常性损益后的每股收益=扣除非经常性损益后的净利润÷年度末普通股 股份总额

补交 1998 年所得税 109 万元,调整了 1998 年的财务报告中的净利润数 109 万元。

3、股东权益变动情况:(单位:万股、万元)

项目	股本	资本公积	盈余公积	其中公益金	未分配利润	合计
期初数	11212	7461	4281	23	2156	25110
本期增加	7370	10321	1047	326	3350	22088
本期减少	0	4485	316	282	4723	9524
期末数	18582	13297	5012	67	783	37674

变动原因:(1)本年度股本增加 7370 万股,为分红送转 5606 万股,配股增加 1764 万股。

(2)本年度资本公积增加 10321 万元,配股增加 10321 万元,转增股本减少 4485 万元。

(3)本年度盈余公积金增加 1047 万元,由利润分配计提法定公积金 371 万元,计提公益金 360 万元,公益金本年度减少 316 万元,为使用公益金建盖职工宿舍,转回盈余公积;年末数为 4982 万元。

(4)本年度净利润已按董事会的预分配方案分配,期末余额 783 万元,结转到下年度分配。

三、股东情况说明

1、期末股东总数:13273 户。

2、前 10 名股东持股情况表(根据 1999 年 12 月 30 日深交所存管部提供资料): 单位:股

持股单位	持股数	占总股本%	备注
(1)云南医药集团有限公司	79200000	47.09	国有法人股,授权管理国有股
(2)云南省国际信托投资公司	15840000	9.42	国有法人股
(3)深圳市好利意实业发展公司	10590000	6.30	法人股
(4)云南红塔实业有限公司	8220000	4.89	法人股
(5)开元基金	1500000	0.89	流通股
(6)上海小西生物技术有限公司	1386000	0.82	法人股
(7)深圳市大鹏证券公司证券业务部	1042965	0.62	法人股
(8)昆明市水泥股份有限公司	727650	0.43	法人股
(9)云南证券咨询公司	510000	0.30	流通股
(10)深圳市福田区园岭实业公司永城商场	396000	0.24	法人股
合计	119412615	71.00	

前三名持股 5%以上股东持股数比年初增加 50%,是因 1999 年中期分红按每 10 股送 1 股红利,用资本公积金转增 4 股而增加。三家所持股份未曾质押或被冻结。

以上股东之间不存在关联关系。

云南医药集团有限公司拟转让其持有本公司的股票 2850 万股(99 年 9 月送股前的 1900 万股)给云南红塔实业有限公司,待财政部批准。

四、股东大会简介

本年度内召开年度股东大会一次,临时股东大会三次。

1、股东大会的通知、召集、召开情况

本公司于 1999 年 3 月 25 日在《中国证券报》、《证券时报》上公告通知 4 月 27 日召开 1998 年度股东大会,后因控股股东拟用于认购部分的实物资产正在进行资产评估工作,还需报经国家财政部确认,会议延至 1999 年 5 月 25 日召开。延期公告刊登于 1999 年 4 月 15 日的《中国证券报》、《证券时报》上。1998 年年度股东大会于 1999 年 5 月 25 日上午 9:00 在本公司会议室召开,到会股东及其代表共 89 人,代表股份 74597221 股,占总股本的 66.53%。

本公司于 1999 年 7 月 22 日在《中国证券报》、《证券时报》上公告通知在 1999 年 8 月 24 日召开 1999 年第一次临时股东大会,该会于 8 月 24 日上午 9:00 在公司会议室召开 ,到会股东及其代表共 26 人,代表股份 76622571 股,占总股本的 68.34%。

本公司于 1999 年 8 月 13 日在《中国证券报》、《证券时报》上公告通知 9 月 15 日召开 1999 年第二次临时股东大会,该会于 9 月 15 日上午 9:00 在公司会议室召开,出席会 议的股东及其代表 23 人,代表股份 73120798 股,占总股本的 65.21%。

本公司于 1999 年 10 月 27 日在《中国证券报》、《证券时报》上公告通知 11 月 26 日召开 1999 年第三次临时股东大会,该会于 11 月 26 日上午 9:00 在公司会议室召开,出席会议的股东及其代表 24 人,代表股份 117175187 股,占总股本的 69.67%。

2、股东大会通过或否决的决议及其信息披露情况

在 1999 年 5 月 25 日的 1998 年年度股东大会上,审议通过了 1998 年年度董事会、监 事会工作报告、财务结算报告、利润分配方案、暂不分红方案、增资配股方案、修改公司章程、续聘云南亚太会计师事务所为审计机构和选举改换各两名董事和监事。未通过云南医药集团有限公司用实物资产认购配股方案。详细情况刊登在 1999 年 5 月 26 日的《中国证券报》、《证券时报》上。

在 1999 年 8 月 24 日召开的 1999 年第一次临时股东大会上,审议通过了云南医药集 团有限公司用实物资产认配 1999 年配股股份的议案。详细情况刊登在 1999 年 8 月 25 日 的《中国证券报》、《证券时报》上。

在 1999 年 9 月 15 日召开的 1999 年第二次临时股东大会上,审议通过了中期分红方 案,该方案刊登在 1999 年 9 月 16 日的《中国证券报》、《证券时报》上。

在 1999 年 11 月 26 日召开的 1999 年第三次临时股东大会上,审议通过修改公司章程,选举了第三届董事会和监事会成员,详细情况刊登在 1999 年 11 月 27 日的《中国证券报》、《证券时报》上。

五、董事会报告

1、公司经营情况

(1)本公司所处的行业及其在本行业中的地位

本公司是医药企业,原主要生产中成药,1999 年 12 月配股持有了云南省医药公司和昆明天紫红药厂,成为大型医药工贸结合的综合性企业。

根据国家经贸委 1999 年 6 月出版的《一九九八年医药统计年报》,原生产中成药 的本公司在中成药工业的排序分别是:按销售收入为第 44 位,按利税总额为第 25 位,按利税总额为第 26 位,按生产用固定资产为第 34 位。云南省医药公司在重点商业企业排序分别是: 按销售收入净额为 22 位,按资产利润率为 56 位,按销售费用率为 37 位,按 毛利率为 113 位,按资产总额为 29 位,按销售利润率为 46 位,按利润总额为 26 位,按 利税总额为 23 位。昆明天紫红药厂是生产经营中药饮片和中成药的企业,在中药饮片工业企业 30 家中的排序分别是:按销售收入为第 6 位,按利润总额为第 4 位,按利税总 额为第 3 位,按固定资产为第 8 位。

1999 年,本公司被云南省科委认定为高新技术企业,被云南省经贸委、统计局、计委、财政厅、省委组织部和人事厅认定为大型一级企业管理评价单位,并被国家人事部批准建立博士后科研工作站。

一年来,本公司董事会和经理班子放眼新世纪,以塑造中国中成药驰名品牌为目标,对公司进行了全方位的设计和重组,为本公司在新世纪的健康发展构造体制、机制和管理基础,主要做了以下几项工作:

1 资本结构的整合和产权结构的改造,使本公司跨上更高的发展台阶,同时也获 得了更强的发展后劲。

2 以市场为中心,以销售为突破口,创新营销模式和内部运行机制,全面实施市 场发展战略。

3 着手建立真正能适应市场要求、为市场服务的科研、生产和后勤保障体系,为 本公司市场竞争力的提升和市场拓展提供强有力的支持。

4 进一步强化管理和内部机制建设,为本公司市场发展战略的全面实施奠定坚实 的基础。

(2)本公司主营业务的范围及其经营状况

1 主营收入及主营利润构成情况

在公司董事会的领导下,经过公司全体职工的努力,本年主营业务完成 23200 万 元,比上年的 16453 万元增 41%,其中中成药生产销售收入 18204 万元,占主营业务收 入的 78%,药品批发零售额 4996 万元,占主营业务收入的 22%,主营业务利润完成 12550 万元,比上年的 10686 万元增长 17%,其中:中成药生产销售利润 11957 万元,占主营 业务利润的 95%,药品批发零售利润 593 万元,占主营业务利润的 5%。

2 占主营业务收入或主营业务利润 10%以上的主要产品和业务有:(单位:万元)

产品名称	规格	销售额	销售利润	占主营业务收入%	占主营业务利润%
云南白药胶囊	16×1	6609	3187	28.49	25.39

宫血宁胶囊	12×1	3512	1513	15.14	12.06
云南白药	散剂 4g	3315	798	14.29	6.36
药品批发零售		4996	593	21.53	4.73
合　计		18432	6091	79.45	48.53

本年度提供出口供货值 236 万元,比上年下降 71%;自营出口创汇 40.20 万美元，比上年增长 53%。

(3)在经营中出现的问题与困难及解决方案

本公司在 1999 年的经营中碰到的问题和困难主要是:A.本公司的销售网络不健全 ,销售机制不灵活,销售人员不足;B.假药的泛滥,对销售产生冲击;C.医疗制度改革的深化。针对这些问题和困难,本公司大胆改革,成立了具有法人资格的医药电子商务公司,在该公司内部实行内部创业机制,人员实行聘任制,分配实行基薪加提成的制度。该公司注册在昆明国家高新技术开发区,内部设四个部,在全国成立十五个分公司,1999 年 12 月已开始全面运行。同时,具有省内销售网络的云南省医药公司也进入本公司。在打假方面,公司积极呼吁并配合政府打假,在公安部门的大力支持下,打掉了两个制假窝点,为扩大产品销售创造了良好的条件。面对医疗制度的改革,药品管理按处方药和非处方药(即 OTC)的分类,公司发展部、总工办、医药电子商务 公司的医学市场部专门协调有关关系。

(4)公司报告期净利润实现数为 3350 万元,为年度计划的 117%。

2、公司财务状况

(1)公司财务状况变动的原因

期末公司总资产达到 76162 万元,比上年末增加 40915 万元,其中负债增加 27662 万元,主要是配股配入的省医药公司负债 24823 万元;股东权益增加 12564 万元,主要是本年度配股增加股东权益 12077 万元;少数股东权益增加 689 万元。

期末长期负债为 1925 万元,比上年末减少 1028 万元。主要是房改后住房公积金减少 1687 万元，长期应付款增加 607 万元所致。

期末股东权益为 37674 万元,比上年末增加 12564 万元,其中股本增加 7370 万元,资本公积增加 5837 万元，盈余公积增加 731 万元，未分配利润减少 1372 万元，主要是 1999 年度配股增加 12077 万元。

本期主营业务利润为 12550 万元,比上年增加 1864 万元,是主营业务增长 41%的结果。

本年净利润为 3350 万元,比上年增加 472 万元,是利润增长的结果。

3、公司投资情况

本年内公司长期投资额为 2084 万元,比上年 2156 万元,减少 3.34%,主要是云南 广得利胶囊公司分红后减少 23 万及增投大理公司的股权所得投资差额-49 万元。

(1)募集资金使用情况

本公司 1993 年 11 月发行股票募集资金截至 1998 年末余 954 万元,1995 年 12 月配股 募集资金 1948 万元,1999 年配股募集现金 7088 万元,共计 9990 万元。

1 承诺投资项目与实际投资项目对照表

承诺投资项目	实际投资项目	备　注
a.新建综合车间	a.新建综合车间	
b.投资引进胶囊包装生产线技改项目	b.投资引进胶囊包装生产线技改项目	
c.云南白药创可贴生产线	c.云南白药创可贴生产线	
d.污水处理站	d.污水处理站	
e.投资组建销售网络	e.投资组建销售网络	已于 1999 年 11 月投资成立医药电子商务公司
f.投资成立企业技术中心	f.投资成立企业技术中心	
g.投资引进气雾剂等生产流水线技改	g.投资引进气雾剂等生产流水线技改	

2 投资项目进度、效益情况(单位:万元)

投资项目	计划投资	实际投资	完成进度	预计收益	已获收益
a.新建综合车间	2002	1974	100%	400	400
b.投资引进胶囊包装生	1400	1384	100%	210	0
c.云南白药创可贴生产线产线技改项目	300	70	30%	30	
d.污水处理站	300	342	95%	0	0
e.投资组建销售网络	2160	3000	50%	595	0
f.投资成立企业技术中心	522	0	0	未预计	0
g.投资引进气雾剂等生产流水线技改	2993	0	0	473	0
合　计	9677	6770	/	1708	401

新建综合车间,计划投资 2000 万元,已投资 1974 万元,已在 1999 年陆续交付生产使用,因工程决算延迟,年末已全部交付生产,已获得预期的收益。

投资引进胶囊包装线技改项目,计划投资 1400 万元,已投资 1384 万元,引进设备已于 1999 年底安装完毕,已于 2000 年初交付生产使用。本年度尚未有收益。

云南白药创可贴,计划投资 300 万元,已投资购入一套日本产的设备,1999 年 9 月与上海某一医药企业合作实现产销联合,后因合作伙伴方原因推迟,本年度生产出产品 45.185 万张,实现销售收入 7 万元,销售利润 1 万元。

污水处理站,计划投资 300 万元,已投入 342 万元,已于 1999 年 4 月 30 日前投入试 运行,待验收合格后接收。

投资组建销售网络: 这是 1999 年配股投资项目计划投资 2160 万元，已于 1999 年 11 月投资 3000 万元。注册成立云南白药集团医药电子商务有限公司,正在全国建立 15 个分公司,从 1999 年 12 月开始运作,1999 年尚未正式营业,尚无收益。

投资成立企业技术中心,这是 1999 年配股投资项目,计划投资 522 万元,本年度 尚未开始投资,预计 2001 年 6 月前完成。

投资引进气雾剂等生产流水线技改,这是 1999 年配股投资项目,计划投资 2993 万元,本年度尚未开始投资,预计 2000 年底完成。

共计投资 6770 万元,尚结余 3220 万元，结余款存在银行里。

(2)非募集资金投资的情况

本年度投资 507 万元收购原已控股的云南白药集团大理药业公司 37.84%的国有股 权，从而使我公司持有该公司的 88.82%的股权。本年度收益 80 万元。

4、2000 年我国将加入 WTO,对本公司是机遇大于挑战,对中成药走向世界是个极好的机会。国家将实行的医疗保险制度的改革,正在进行医疗和药品分立的试点,对药品实行处方药和非处方药(OTC)的管理;国家税务局把原执行的所得税按 33%先缴后返 18%的政策权限上收,以上的变化将可能对公司的财务状况和经营成果产生重要影 响。

5、新年度的业务发展计划

(1)生产经营目标

2000 年计划完成主营业务收入(包含 1999 年 12 月配股进入本公司的云南省医药公 司和昆明天紫红药厂的主营业务收入),将比 1999 年有较大增长。

(2)实现目标的主要措施

2000 年的工作主题是调整、整合和加强管理，具体包括以下几个方面:

1 认真做好现有资本整合和集团战略资源规划工作,资本运作再上新台阶。

2 精心运作电子商务公司,提升营销能力,进一步夯实白药产品的市场基础。

3 进一步加强各项管理工作和内部机制建设,提升企业管理水平,营造积极、进 取、充满生机和活力的企业文化。

(3)积极完成筹资项目或按计划进度进行在建项目

1 结束综合车间、引进胶囊包装生产线项目,争取今年取得较好的经济效益。

2 努力完成云南白药创可贴、污水处理站项目,完善健全销售网络。

3 积极做好引进气雾剂生产线,建立企业技术中心项目的投资工作,争取年底前 完成引进气雾剂生产线项目。

6、董事会日常工作情况

(1)董事会会议情况及决议内容

本年度共召开十次董事会,其中第二届董事会召开九次,第三届董事会召开一次。

第二届董事会审议通过了 1998 年度董事会工作报告、总经理业务报告、年度报告和年度报告摘要、财务决算、利润分配方案、不分红预案、1999 年度配股预案、收购大理制药厂持有的云南白药集团大理药业有限责任公司股权、修改公司章程增加物业管理项目、选举更换董事预案、续聘云南亚太会计师事务所为审计机构、召开 1998 年年度股东大会、组建本公司北京分公司、延期召开 1998 年年度股东大会、对前次募集资金使用及效益情况的说明、1999 年配股募集资金运用可行性分析、对控股股东以资产方式配股的说明、选举更换董事长和总经理、增聘副总经理、将销售分公司改注为子公司(后定名为云南白药集团医药电子商务有限公司)、审议 1999 年度中期报告、中期利润分配和分红派息预案、修改公司章程、董事会换届选举、购买昆明国家高新技术产业开发区办公房及土地等决议。

第三届第一次董事会聘任了总经理、副总经理、总工程师、总会计师、董秘及其授权代表。

(2)董事会对股东大会决议的执行情况

利润分配决议:1998 年的净利润已各按 10%计提法定公积金和法定公益金,其余暂不分配,已在 1998 年年报中反映。1999 年中期的净利润也已各按 10%计提法定公积金 和法定公益金,并每 10 股送 1 股派 0.30 元。

分红决议:1998 年度的不分配;1999 年中期的为每 10 股送红股 1 股、用资本公积金转增 4 股,并派 0.30 元,已在 1999 年 6 月财务报表上反映,送转股票和派息已于 1999 年 9 月完成。

配股决议:经过努力,配股方案在获得中国证监会批准以后,完成配股实物资产 接收,在 1999 年 12 月 30 日顺利完成缴款工作,12 月 30 日完成资金到昆明本公司帐户、验资和变更工商登记工作,配股所增股份已于 2000 年 1 月 21 日上市流通,本次配股收 入实物资产 4998 万元和现金(扣除配股费用)7088 万元。

7、公司管理层及员工情况

(1)现任董事、监事、高级管理人员(任期从 1999 年 11 月 29 日至 2002 年 11 月 28 日)

姓名	职务	性别	年龄	年初持股数	年末持股数	年度报酬	备　注
龙　江	董事长	男	44	0	0	0	未在本公司领取报酬
刘会疆	副董事长	男	43	0	0	0	未在本公司领取报酬
戚太云	董事	男	47	0	0	39809.67	
王明辉	董事、总经理	男	37	0	0	49828.80	
王　雷	董事	男	36	0	0	0	未在本公司领取报酬
杨发甲	董事	男	44	0	0	0	未在本公司领取报酬
吴云生	董事	男	50	0	0	0	未在本公司领取报酬
周小渊	董事	男	35	0	0	0	未在本公司领取报酬
丁世南	董事,常务副总	男	52	4263	6394	39571.97	
潘以文	监事会召集人	女	53	0	0	0	未在本公司领取报酬
刘广明	监事	男	53	0	0	0	未在本公司领取报酬
杨益清	监事	男	45	0	0	0	未在本公司领取报酬
蔡　琨	监事	男	45	0	0	30610.73	
李　劲	监事	男	34	0	0	24486.00	
李祯康	总工程师	男	58	4160	6240	39786.06	
李之光	副总经理	男	54	0	0	38967.83	
蒋　珍	副总经理	男	44	3748	5622	37788.35	
钟祖华	副总经理	男	50	4365	6547	37483.02	
黄艾农	总会计师,董秘	男	52	3800	5700	38060.64	

以上持有股票的五人持股数是因 1999 年 9 月公司实施每 10 股送 1 股并转 4 股的中期 分红方案而增加(以上五人均参加年末的配股,共配 6099 股),年末持股数为深交所存管部提供数据。

本年度离任的董事有李祯康、姬建昆两人,系因工作需要,辞去董事职务。离任的监事有钟祖华、祁继彤两人,也是因工作需要,辞去职务的。1999 年 5 月 25 日丁世 南辞去董事长、总经理职务，董事会选举龙江为董事长,聘任王明辉任总经理。

1999 年 11 月 26 日公司第三届董事会聘任王明辉任总经理,聘任丁世南、蒋为副总经理,聘任李祯康为总工程师、黄艾农为总会计师,聘任黄艾农为董事会秘书,马青为董事会秘书授权代表。

(2)公司员工情况

母公司现有员工 701 人,其中生产人员 362 人,销售人员 84 人,技术人员 137 人，财务人员 21 人,行政人员 52 人。员工教育程度为:研究生 6 人,大学本科 130 人,大学 专科 104 人,中专 48 人,高中 110 人,职高 14 人,初中及以下 289 人。年末退休人员 361 人,其中代管改制前退休人员 321 人,公司承担退休费用的 40 人。

8、本年度利润分配预案和分红预案

经 2000 年 3 月 20 日公司第三届董事会 2000 年第二次会议通过 1999 年度利润分配预 案为:计提 10%的法定资本公积金，计提 10%的法定公益金，其余 80%作为分红基金。分红预案为:按 1999 年末总股本 185817976 股为基数,每 10 股派 1.40 元。

9、其他报告事项

本公司无其他报告事项。

六、监事会报告

公司监事会 1999 年度共召开会议 5 次。第一次会议于 3 月 22 日在本公司召开,会议讨论通过了监事会 1998 年度工作报告;会议一致同意钟祖华、祁继彤两同志因工作需要辞去监事职务的请求,会议一致推荐潘以文、李劲为监事候选人并报股东大会选举。第二次会议于 5 月 25 日在本公司召开,会议一致推选潘以文同志为监事会召集人。 第三次会议于 10 月 26 日在本公司召开,会议讨论了监事会到期换届准备工作。第四次会议于 11 月 18 日在本公司召开,会议一致推荐潘以文、刘广明、杨益清三同志为下届监事会股东监事候选人并提交 99 年第三次临时股东大会选举产生。公司第三届监事会 1999 年第一次会议于 11 月 26 日在本公司召开，由股东代表出任的监事潘以文、刘广明、杨益清,由公司职工代表出任的监事蔡琨、李劲共 5 人均出席了会议,会议一致推 选潘以文为监事会召集人。

一年来,我公司在各项工作中,能严格遵照《公司法》、《证券法》、《股份有限公司规范意见》、《公开发行公司股票信息披露实施细则(试行)》、《深圳证券交易所上市公司信息披露管理暂行规定(试行)》等法律法规及我公司章程的规定开展工作。一年中,公司董事会认真贯彻执行了股东大会的决议和决定,依法决定公司的重大问题。公司总经理及其经营班子依据董事会授权,尽心尽责、开拓进取、勤奋工作,带领全体职工较好地完成了各项生产和经营任务。为使我公司销售工作再上一个新台阶，公司于 99 年 11 月 26 日在昆明国家高新技术产业开发区组建了公司全资具有法人资格的“云南白药集团医药电子商务有限公司”，从而达到进一步拓广市场的目的。我公司控股的丽江公司、大理公司、文山公司及与台湾合资的胶囊公司都完成了生产经营任务。

公司于 99 年 12 月 31 日收到本年度配股募集现金 73462509.76 元,按原承诺项目已 投资“云南白药集团医药电子商务有限公司”3000 万元,其它承诺项目将在今后逐步投入实施。

公司于 99 年 5 月用自筹资金 507 万元收购了已控股的大理药业公司 37.84%的国有股，从而使我公司对该公司控股已达到88.82%。

经审查，我公司在有关关联交易中未发生有内幕交易行为，也未损害本公司及股东的利益。公司无出售资产交易情况。

本公司1999年度的财务报告真实地反映了公司的财务和经营成果，云南亚太会计师事务所出具的无保留意见的审计报告结论，准确地反映了本公司的实际情况。本公司1999年利润实现数与预测数有17 %的增长是真实可信的。

七、重要事项

1、本年度公司无重大诉讼、仲裁事项。

2、本年度内公司、公司董事及高级管理人员未受到监管部门的处罚。

3、报告期内本公司的控股股东未变更，仍为云南医药集团有限公司，年末根据 深交所提供的股份结构表其仍持有47.09%的股权。

在1999年11月26日召开的本公司1999年度第三次临时股东大会上进行了董事会和监事会的换届，临时股东大会选举龙江、刘会疆、戚太云、王明辉、王雷、杨发甲、吴云生、周小渊和丁世南为董事，选举潘以文、刘广明和杨益清为股东监事，职工监事为蔡琨和李劲。当日召开的第三届第一次董事会选举龙江为董事长，刘会疆为副董事长，聘任王明辉为总经理，丁世南、蒋、李之光、钟祖华为副总经理，聘任李祯康为总工程师、黄艾农为总会计师，并聘任黄艾农为董事会秘书，马青为董事会秘书授权代表。 监事会选举潘以文为监事会召集人。

4、1999年12月，本公司完成了1999年度配股工作，云南医药集团有限公司将其 优质资产云南省医药公司和昆明天紫红药厂注入本公司，从1999年12月1日起，本公 司合并报表中增加这两企业的资产和损益，年末两企业的总资产为31647万元，占本 公司年末总资产的42%，净资产为5285万元，占净资产额的14%，12月的利润185万元 ，占利润总额的4%，净利润122万元，占净利润的4%。

5、重大关联交易事项

本公司与控股的大理、文山和丽江生产的云南白药的控股公司实行统一生产、统一销售等五统一(2000年起以上三公司不再生产云南白药)，本公司负责提供包装物按购进价结算，云南白药的价格扣除广告宣传和销售费后确定，以上交易金额为1531万元；为适应市场需求，云南白药生产配额在散剂和胶囊剂之间作适当调整，多占用云南白药生产配额的企业作价支付给被占用生产配额的单位，配额款共支付441万元， 以上关联交易金额均在合并报表时抵销。

因结算和支付有一定时间差，截至1999年12月31日止，本公司应付给3家控股子 公司的款项为415万元，应收为18万元，应收应付款项均在合并报表时抵销。本公司 未为其提供担保。2000年2月23日经公司董事会讨论决定，为本公司全资子企业云南 省医药公司经营周转贷款3900万元提供担保(担保期至2000年11月2日止)。

6、本公司与控股股东在人员、资产、财务上一直做到三分开，保持人员独立、资产完整、财务独立。本公司仅受控股股东委托代管原云南白药厂离退休的人员，代垫其费用，至本年度末本公司代垫费用427万元。

7、本公司未承包、租赁其他公司资产，也未委托其他公司管理本公司的资产， 仅受托代管原云南白药厂非经营性资产(主要为宿舍)。

8、本年度继续聘任云南亚太会计师事务所为审计机构。

9、本公司于1999年12月下旬与昆明国家高新技术产业开发区管理委员会签署转 让其办公楼及其土地协议，金额1950万元。将于2000年初支付一半金额， 其余金额
待对方提交房产证、土地使用权证后支付。无其他重大合同事项。本公司未曾为其他企业作过担保。

10、本公司名称和股票简称在本报告期内均未更改。

11、关于计提四项资产减值准备的情况

经公司2000年第一次董事会议通过"四项资产减值准备及其处理的内部控制制度"，四项资产减值准备计提为：

(1)坏帐准备：期末按照应收帐款和其他应收款的余额的5‰提取，采用备抵法。 本年度采用追溯调整法，共提取坏帐准备52万元，其中1997年度补提22万元，1998年冲回13万元，以上调整年初未分配利润和盈余公积。

(2)短期投资跌价准备：期末按照短期投资按成本与市价孰低计价，采用备抵法。本年度采用追溯调整法，共提跌价准备69万元，其中1998年度补提54万元，调整年初未分配利润和盈余公积。

(3)存货跌价准备：期末存货按成本与可变现净值孰低计价，采用备抵法。本年度提取25万元，因金额不大，未采用追溯法，在本年度管理费用中列支。

(4)长期投资减值准备：期末长期投资按成本法核算的成本与预计可收回金额孰低计价，采用备抵法。经核算预计可收回金额大于投资成本，仅提取减值准备1万元。

12、我国加入WTO的影响

本公司以生产中成药和医药批发零售为主，加入WTO后，有利于中成药走出国门 扩大外销，本公司的主要产品云南白药是中华民族的瑰宝，云南白药的系列产品如云南白药气雾剂、云南白药创可贴符合外国人的使用习惯，疗效显著，有利于扩大外销；本公司生产的药品具有自主知识产权，不会受到冲击；医药批发零售影响估计不大；加入WTO，进口药会大量进入国内市场，同类药品之间必然加剧竞争，对本公司有 压力，也会产生动力。分析利弊，本公司认为机遇大于挑战，有利于公司未来的发展。

13、本公司微机系统平稳进入2000年。

八、财务会计报告

1、审计报告

云南亚太会计师事务所　　亚太审A字(2000)第 158 号

审　计　报　告

云南白药集团股份有限公司全体股东：

我们接受委托，审计了贵公司1999年12月31日的资产负债表及1999年度的利润及利润分配表和现金流量表。这些会计报表由贵公司负责，我们的责任是对这些会计报表发表审计意见。我们的审计是依据《中国注册会计师独立审计准则》进行的。在审计过程中，我们结合贵公司实际情况，实施了包括抽查会计记录等我们认为必要的审 计程序。

我们认为，上述会计报表符合《企业会计准则》和《股份有限公司会计制度》的有关规定，在所有重大方面公允地反映了贵公司1999年12月31日的财务状况及1999年度的经营成果和现金流量情况，会计处理方法的选用遵循了一贯性原则。

云南亚太会计师事务所　　中国注册会计师:李文群
昆明市拓东路23号　　中国注册会计师:方自维
2000年3月12日

2、会计报表

(1)资产负债表(附后)

(2)利润及利润分配表(附后)

(3)现金流量表(附后)

3、会计报表附注

3.1 公司简介

公司原名云南白药实业股份有限公司，是1993年以云南白药厂为主体进行整体改制而成立的。1996年10月经临时股东大会会议讨论决定更名为云南白药集团股份有限公司。

本公司是云南最大的中药生产企业，是中国中成药五十强之一，1997年被确定为云南省首批重点培育的四十家大企业大集团之一。1997年经外经贸部批准，获得企业经营进出口权。

本公司产品以"云丰牌"云南白药系列和"云丰牌"田七系列为主，共八种剂型六十余个产品。产品销往国内、港澳、东南亚等地区，并逐步进入日本、欧美等国家、地区的市场。

3.2 公司主要会计政策、会计估计和合并会计报表的编制方法

3.3 税项

3.3.1 企业所得税

本公司及其控股子公司云南白药集团大理药业有限责任公司根据云南省人民政府"云政复[1997]24号"文的批复，所得税超过15%的部分，可享受"先征后返"的政 策照顾，即所得税实际上缴负担率为15%；其他子企业云南白药集团文山七花有限责 任公司、云南白药集团丽江药业责任公司、云南省医药公司、昆明天紫红药厂按33% 的税率计缴所得税。

3.3.2 流转税

主要税(费)种	税率	计税依据
增值税	17%	应税销售额
营业税	5%	应税营业收入
消费税	5%	应税消费品的销售额
城市维护建设税	7%	增值税、营业税、消费税的应纳税额
教育费附加	3%	增值税、营业税、消费税的应纳税额

3.4 控股子公司及合营企业

子公司名称	注册地	法定代表人	注册资本	本公司所占比例%	经营范围
云南白药集团大理药业有限责任公司	大理市	郭晋洲	13,415,000.00	88.82	医药制品
云南白药集团文山七花有限责任公司	文山县	周朝训	17,300,000.00	50.98	医药制品
云南白药集团丽江药业有限责任公司	丽江县	张友东	21,936,700.30	51.00	医药制品
云南白药集团医药电子商务有限公司	昆明市	王明辉	30,000,000.00	90.00	医药信息产业
云南省医药公司	昆明市	张思建		100	批发零售
昆明天紫红药厂	昆明市	蔡湘媛		100	医药制品

3.5 关联方关系及其交易

3.5.1 关联方关系

(1)存在控制关系的关联方

企业名称	注册地址	主营业务	本公司关系	经济性质或类型	法定代表人
云南医药集团有限公司	昆明市	药　业	母公司	国有独资	陈邦栋
云南白药集团大理药业有限责任公司	大理市	药　业	子公司	有限责任公司	郭晋洲
云南白药集团文山七花有限责任公司	文山县	药　业	子公司	有限责任公司	周朝训
云南白药集团丽江药业有限责任公司	丽江县	药　业	子公司	有限责任公司	张友东
云南白药集团医药电子商务有限公司	昆明市	医药信息产业	子公司	有限责任公司	王明辉
云南省医药公司	昆明市	药　业	子公司		张思建
昆明天紫红药厂	昆明市	药　业	子公司		蔡湘媛

(2)存在控制关系的关联方的注册资本及其变化

企业名称	年初数(元)	本年增加数	本年减少数	期末数(元)
云南医药集团有限公司	286,660,000.00			286,660,000.00
云南白药集团大理药业有限责任公司	13,415,000.00			13,415,000.00
云南白药集团文山七花有限责任公司	17,300,000.00			17,300,000.00
云南白药集团丽江药业有限责任公司	21,936,700.30			21,936,700.30
云南白药集团医药电子商务有限公司	30,000,000.00			30,000,000.00

(3)存在控制关系的关联方所持股份或权益及其变化

企业名称	年初数(元) 金额	%	本年增加数 金额	本年减少数金额	期末数(元) 金额	%
云南医药集团有限公司	52800000.00	47.09	34320000.00		87120000.00	47.09
云南白药集团大理药业有限责任公司	6839000.00	50.98	5076000.00		11915000.00	88.82
云南白药集团文山七花有限责任公司	8820000.00	50.98			8820000.00	50.98
云南白药集团丽江药业有限责任公司	11187717.15	51.00	817373.99		12005091.14	51.00
云南白药集团医药电子商务有限公司			27000000.00		27000000.00	90.00

3.5.2 关联交易

(1)本公司所销售的产品价格政策:

本公司与关联方的交易遵循独立核算和以市价为基础的公允定价原则。

(2)不存在控制关系的关联方关系的性质

企业名称	与本公司的关系
云南省医疗器械公司	受同一母公司控制
云南省药材公司	受同一母公司控制
昆明市药材公司	受同一母公司控制
昆明市医药公司	受同一母公司控制
云南广德利胶囊有限公司	联营企业

(3)采购货物

本公司1999年度及1998 年度向关联方采购货物有关明细资料如下:

企业名称	本 期 数	上 期 数
云南广德利胶囊有限公司	5,657,144.30	5,560,170.94

(4)销售货物

本公司1999年度及1998 年度向关联方销售货物有关明细资料如下:

企业名称	本 期 数	上 期 数
云南省医疗器械公司	573,093.76	1,448,392.40
云南省药材公司	2,162,134.76	2,045,937.00
昆明市药材公司	402,542.00	918,370.00
昆明市医药公司	1,147,345.44	839,972.00
合　计	5,894,330.06	8,176,862.21

(5)关联方应收应付款项余额

项　目	年末余额 1999年	1998年
应收帐款单位名称:		
云南省医疗器械公司	89,065.30	135,685.00
云南省药材公司	143,270.38	84,982.20

昆明市药材公司	255,641.00	295,771.00
昆明市医药公司	32,663.80	62,433.00
其他应收款单位名称:		
云南省医药集团有限公司	4,269,782.30	2,583,661.07

(6)其他应披露事项

a.本公司 1999 年度向云南广德利胶囊有限公司提供水、电、蒸汽 532,449.32 元,冷煤水 489,475.23 元, 离子水 51,920.00 元,压缩空汽 34,400.00 元。

b.本公司国家股股权由云南省医药集团有限公司受托代管,本公司在改制为股份有限公司前在本公司离退休的人员,其工资、医药费由国家股股利支付。截止 1998 年 12 月 31 日,本公司代为支付的款项余额为 2,583,661.07 元,在 1999 年度,本公司代付离退休人员工资、医药费及代云南省医药集团有限公司管理的资产支付的费用共计 3,270,121.23 元, 收到国家股股利用于弥补代为支付的款项 1,584,000.00 元,尚余 4,269,782.30 元未收回。

3.6 或有事项

应收帐款中有本公司下属子公司云南白药集团大理药业有限责任公司应收广东普宁业发药行 1,097,285.00 元货款,引起法律诉讼,经大理市中级人民法院(1996)大中经初字第 104 号民事调解书裁定云南白药集团大理药业有限公司胜诉,但至今仍未收 回货款。

3.7 承诺事项

本公司于 1999 年 3 月 25 日为 1999 年 11 月 30 日正式接收的配股企业云南省医药公司 提供 3900 万元的银行贷款担保。

3.8 资产负债表日后事项中的非调整事项

2000 年 3 月 20 日本公司董事会拟定了 1999 年度利润分配预案, 本年度税后利润拟 进行如下分配:本公司 1999 年度实现净利润 31,679,819.45 元,扣除按 10%提取法定公 积金 3,167,981.95 元和法定公益金 3,167,981.95 元后余 25,343,855.55 元,全部作为 分红基金结转应付股利。

本公司按照《企业会计准则-资产负债表日后事项》的要求,对该预案中的分配事项进行了相应的会计调整,本公司所披露的会计报表为调整后的会计报表。

自审计报告日 2000 年 3 月 12 日后,本公司概无编制任何未经审计的帐项。

3.9 债务重组事项

截止本报告日止,本公司无债务重组事项

3.10 其他重要事项

3.10.1 本公司于 1999 年 11 月 30 日正式吸收母公司(云南省医药集团有限公司)以其全资子企业云南省医药公司和昆明天紫红药厂的净资产认购配股,截止 1999 年 12 月 31 日上述两企业尚未办理工商变更登记,其经济性质也未确定。本年度暂作为全资子公司进行核算。

3.10.2 本公司与北京市隆安律师事务所于 1999 年 3 月 29 日签订《委托代理补充协 议》,将应收北京四达技术开发公司贷款余额 941,440.70 元转给北京市隆安律师事务所, 作为支付给该律师事务所的诉讼费。

资产负债表

1999 年 12 月 31 日

编制单位:云南白药集团股份有限公司　　单位:元

项目	期末数		期初数	
资产	合并报表	母公司	合并报表	母公司
流动资产:				
货币资金	189660853.05	98620486.95	74828099.32	48383754.40
短期投资	1940098.51	1940098.51	9094110.00	3094110.00
减:短期投资				
跌价准备	686379.11	686379.11	539240.00	539240.00
短期投资净额	1253719.40	1253719.40	2554870.00	2554870.00
应收票据	100000.00	100000.00	64711.34	64711.34
应收股利				
应收利息				
应收帐款	67442066.15	11271101.40	26827434.16	22452460.32
其他应收款	37068881.03	24779207.70	23640883.17	20235585.45
减:坏帐准备	522555.34	180251.55	252341.59	213440.23
应收帐款净额	103988391.84	35870057.55	50215975.74	42474605.54
预付帐款	17775149.35	1134376.31	2858622.73	1197087.00
应收补贴款				
存货	215086806.59	24436040.34	39221892.47	24353133.77
减:存货跌价准备	406147.67	100046.57	160948.93	
存货净额	214680658.92	24335993.77	39060943.54	24353133.77
待摊费用	516163.99	71783.24	894001.78	790978.85
待处理流动资产净损失	120.63		-1489.20	
一年内到期的长期债权投资				
其他流动资产				
流动资产合计	527975057.18	161386417.22	170475735.25	119819140.90
长期投资:				
长期股权投资	20837857.88	145193424.67	21563179.87	52769364.96
长期债权投资	4965.00		18425.00	
长期投资合计	20842822.88	145193424.67	21581604.87	82769364.96
减:长期投资减值准备	8040.00		5360.00	
长期投资净额	20834782.88	145193424.67	21576244.87	52769364.96
其中:合并价差(贷差填"-")				
股权投资差额(贷差填"-")	-493910.92	-493910.92		
固定资产:				
固定资产原价	202766974.93	95320239.88	136255377.66	98760871.11
减:累计折旧	65164404.03	31928434.63	41345406.31	29906757.86
固定资产净值	137602570.90	63391805.25	94909971.35	68854113.25
工程物资	93618.98	93618.98	78304.98	78304.98
在建工程	27600279.92	22693525.31	25471427.98	15633063.29
固定资产清理			126041.32	
待处理固定资产损失				
固定资产合计	165296469.80	86178949.54	120585745.63	84565481.52
无形资产及其他资产:				
无形资产	46955158.89	34594412.39	39260468.65	36254756.15
开办费	145610.13		125564.27	
长期待摊费用	415605.84	162000.00	442856.78	189000.00
其他长期资产				
无形资产及其他资产合计	47516374.86	34756412.39	39828889.70	36443756.15
递延税项:				
递延税款借项				
资产总计	761622684.72	427515203.82	352466615.45	293597743.53
负债及股东权益				
流动负债:				
短期借款	95358000.00	8000000.00	2300000.00	
应付票据				
应付帐款	142278766.01	5695082.50	4854335.85	3251813.57
预收货款	9778067.24	756716.53	3117882.05	2991778.61
代销商品款				
应付工资	11928532.44	5528234.26	6579553.19	5434463.04
应付福利费	4463143.40	1483547.37	2729994.52	2008814.09
应付股利	30451020.44	25381693.32	3350420.21	37837.76
应交税金	5316743.46	2218028.71	4708373.72	2152914.82
其他应交款	101060.65	31865.53	100142.67	39339.96
其他应付款	29427439.40	9067995.34	16537675.67	14934215.29
预提费用	961851.12	12400.00	767080.74	394818.06
一年内到期的长期负债	1900000.00	400000.00	25000.00	
其他流动负债				
流动负债合计	331964624.16	58575563.56	45070458.62	31245995.20
长期负债:				
长期借款	22258804.71		21940333.25	400000.00
应付债券				
长期应付款	6164896.41		88523.38	
住房周转金	-9367953.05	-8847651.62	7497509.83	7986901.54
其他长期负债	196238.53			
长期负债合计	19251986.60	-8847651.62	29526366.46	8386901.54
递延税项:				
递延税款贷项				
负债合计	351216610.76	49727911.94	74596825.08	39632896.74
少数股东权益	33664356.23		26771301.33	
股东权益				
股本	185817976.00	185817976.00	112123280.00	112123280.00
资本公积	132976256.23	132976256.23	74608444.63	74608444.63
盈余公积	50116852.12	48263816.04	42811899.56	41927852.14
其中:公益金	667077.08		236651.43	
未分配利润	7830633.38	10729243.61	21554864.85	25305270.02
外币报表折算差额				
股东权益合计	376741717.73	377787291.88	251098489.04	253964846.79
负债及股东权益总计	761622684.72	427515203.82	352466615.45	293597743.53

利润及利润分配表

1999 年度

编制单位:云南白药集团股份有限公司　　金额单位:人民币元

项目	期末数		上期数	
	合并报表	母公司	合并报表	母公司
一、主营业务收入	241232253.83	170358246.34	170443039.04	159202917.78
减:折扣与折让	9227594.30	9111889.51	5913816.83	5913816.83
主营业务收入净额	232004659.53	161246356.83	164529222.21	153289100.95
减:主营业务成本	103746187.90	61396595.38	54571632.86	55871364.13
主营业务税金及附加	2759785.45	2176415.41	3102537.81	2774421.99
二、主营业务利润	125498686.18	97673346.04	106855051.54	94643314.83
加:其他业务利润	493281.73	210875.44	472180.03	412771.15
减:存货跌价损失	245198.74	100046.57	160948.93	
营业费用	42744486.87	36308017.66	38557670.95	36783107.25
管理费用	38837317.38	28666716.78	37886005.17	29506515.70
财务费用	990675.28	-35869.09	-12231137.49	-11393146.56
三、营业利润	43174289.64	32845309.56	42953744.01	40159609.59
加:投资收益	2166483.97	8523730.45	309647.02	4297894.80
补贴收入				
营业外收入	682846.05	473157.80	67724.37	92.42
减:营业外支出	816493.99	4581244.30	1260730.46	5116101.46
四、利润总额	45207125.67	37260953.51	42070384.94	39341495.35
减:所得税	8059790.20	5581134.06	9463791.23	7694508.33
减:少数股东权益	3646732.42		3828655.19	
五、净利润	33500603.05	31679819.45	28777938.52	31646987.02
加:年初未分配利润	21554864.85	25305270.02	-178631.32	-12319.60
盈余公积转入				
六、可供分配的利润	55055467.90	56985089.47	28599307.20	31634667.42
减:提取法定盈余公积	3706540.96	3167981.95	3563374.46	3164698.70
提取法定公益金	3598411.60	3167981.95	3481067.89	3164698.70
七,可供股东分配利润	47750515.34	50649125.57	21554864.85	25305270.02
减:应付优先股股利				
提取任意盈余公积				
应付普通股股利	28707553.96	28707553.96		
转作股本的普通股股利	11212328.00	11212328.00		
八、未分配利润	7830633.38	10729246.61	21554864.85	25305270.02

广 东 电 力 发 展 股 份 有 限 公 司

广东电力发展股份有限公司1999年年度报告摘要

一、公司简介

(一)公司法定中文名称:广东电力发展股份有限公司
公司法定英文名称:GUANGDONG ELECTRIC POWER DEVELOPMENT CO., LTD. [英文名称缩写GED]
(二)公司法定代表人:吴希荣先生
(三)公司董事会秘书及授权代表:张德伟先生、陈楚阳先生
联系电话:(020)87609276、87609681
传　　真:(020)87609909
联系地址:广东省广州市环市东路498号广发花园柏丽商业中心10楼
邮政编码:510075
(四)公司注册地址、办公地址:
公司注册地址:广东省广州市梅花路75号21楼
邮政编码:510600
公司办公地址:广东省广州市环市东路498号广发花园柏丽商业中心10楼
邮政编码:510075
公司电子信箱:gpedco@ public. guangzhou. gd. cn
公司互联网网址:http://www.ged.com.cn
(五)公司选定的信息披露报纸名称:
《中国证券报》、《证券时报》、《上海证券报》、《香港商报》(境外)、《The Asian Wall Street Journal(亚洲华尔街日报)》(境外英文)。
登载公司年度报告的中国证监会指定国际互联网网址为:
http://www.cninfo.com.cn
公司年度报告备置地点:总经理办公室。
公司年度报告备置于公司办公地址,以供股东及投资者查询。
(六)公司股票上市交易所、股票简称和股票代码
公司股票上市交易所:深圳证券交易所
公司股票简称:粤电力A和粤电力B
公司股票代码:0539和2539

二、会计数据和业务数据摘要

根据广东正中会计师事务所按中国会计准则审计的本集团主要会计数据和业务数据摘要如下:

(一)本年度主要利润指标情况　　单位:人民币元

利润总额	1,550,603,414.87
净利润	834,603,648.54
扣除非经常性损益后的净利润	834,603,648.54
主营业务利润	1,786,905,453.68
其他业务利润	320.34
营业利润	1,581,178,327.39
投资收益	-28,843,540.55
补贴收入	0.00
营业外收支净额	-1,731,371.97
经营活动产生的现金流量净额	1,591,714,634.60
现金及现金等价物净增加额	700,421,930.49

(二)本集团最近三年的主要会计数据和财务指标

单位:人民币元

指标项目	1999年	1998年		1997年	
		调整后	调整前	调整后	调整前
1.主营业务收入	3436918008.02	2752134477.33	2752134477.33	2376196657.17	2376196657.17
2.净利润	834603648.54	706473066.31	692747602.19	599843646.06	599661743.01
3.总资产	8587589344.58	7776696306.53	7820548144.33	6818903095.73	6863160758.70
4.股东权益	4203100969.17	3754807920.63	3756314065.33	3563415654.32	3578647263.14
5.每股收益					
每股收益(摊薄)	0.648	0.549	0.538	0.606	0.606
每股收益(加权)	0.648	0.549	0.538	0.606	0.606
扣除非经常性损益后的每股收益	0.648	0.549	—	—	—
6.每股净资产	3.26	2.91	2.92	3.60	3.61
7.调整后的每股净资产	3.22	2.61	2.58	3.43	3.44
8.净资产收益率(%)	19.86	18.82	18.44	16.83	16.77

注:主要财务指标的计算方法:
(1)每股收益=净利润/年度末普通股股份总数
(2)每股净资产=年度末股东权益/年度末普通股股份总数
(3)净资产收益率=净利润/年度末股东权益×100%
(4)调整后的每股净资产=(年度末股东权益-三年以上的应收款项净额-待摊费用-待处理(流动、固定)资产净损失-开办费-长期待摊费用-住房周转金负数余额)/年度末普通股股份总数

(三)境内外会计师对本年度净利润审计差异说明
根据安达信公司按国际会计准则对本集团净利润所作的调整如下:　　单位:人民币千元

	1999年1~12月
按中国会计准则所报数额	834,604
按国际会计准则作出调整项目——土地使用权	5,937
按国际会计准则重报数额	840,541

(四)报告期内股东权益变动情况,并逐项说明变化原因:　　单位:人民币元

项　目	股本	资本公积	盈余公积	法定公益金	未分配利润	股东权益合计
期初数	1287702000	1503482141	858408356	114354651.64	105215421.94	3754807920.63
本期增加			333841459	41730182.43	114451589.12	448293048.54
本期减少						
期末数	1287702000	1503482141	1192249816	156084834.09	219667011.06	4203100969.17
变动原因			本年度利润分配所致	本年度利润分配所致	本年度利润分配所致	本年度利润分配所致

三、股东情况介绍

(一)报告期末股东总数
截至1999年12月31日止,公司股东总数为115,655户。
(二)公司前十名股东介绍(截至1999年12月31日)

持　股　单　位	持有数量(股)	持股比例(%)
广东省电力集团公司	666,900,000	51.79
中国建设银行广东省信托投资公司	43,875,000	3.41
广东省电力开发公司	21,937,500	1.70
广东国际信托投资公司	21,937,500	1.70
广东发展银行	21,937,500	1.70
TEMPLETON GLOBAL SMALLER COMPANIES FUND,INC.	14,689,967	1.14
BERMUDA TRUST(FAR EAST) LTD-VALUE PARTNERS'A'FD	6,155,085	0.48
招商银行证券业务部	4,717,481	0.37
BEST RELIANCE INVESTMENTS LTD	4,356,734	0.34
INTL NEDERLANDEN BANK (ING BANK)GLOBAL CUSTODY NV	4,212,000	0.33

注:广东省电力集团公司代表国家持有本公司股票,其持有的股票没有质押情况。

四、股东大会简介

公司年度股东大会于1999年5月26日召开,其决议刊登在1999年5月27日的《中国 证券报》、《证券时报》、《香港商报》(境外中文)、《 South China Morning Post(南华早报)》(境外英文)上。

五、董事会报告

(一)1999年公司生产经营情况
1999年,公司董事会在广大股东的大力支持下,继续坚持"办电为主"的经营方针,努力抓好电力生产和基建工作。99年6月湛江电厂(二期)#3机组顺利投入生产,使本集团已投产装机容量达到175万千瓦,全年完成发电量87.71亿千瓦时,分别占广东省总装机容量3031万千瓦和发电量1125亿千瓦时的5.8%和7.8%,是广东省电网主要的电 力生产企业,也是省内最大的电力上市公司。
1、主营业务业绩
1999年公司电力生产保持了较快速度的增长。本集团共完成发电量87.71亿千瓦 时,完成全年计划发电量68.5亿千瓦时的128.04%,较1998年的67.84亿千瓦时增发19.87亿千瓦时,增长29.29%。按权益折算,本公司完成发电量63.78亿千瓦时,较去年同 期增长25.82%。
99年本集团能超额完成全年发电计划,并较上年有较大幅度的增长,主要有三个方面的原因:一是新投产的湛江电厂#3机组在99年完成发电量7亿千瓦时;二是得益于广东省去年良好的发电形势:99年广东省经济回升(GDP增长9.4%),用电负荷增长较快(全省全社会用电量增长8.48%),电力供求缓和的关系发生转变,加上去年气候干旱少 雨,使得水电发电锐减,省电力集团公司按国家的有关规定,在99年关停了部分小火电 机组,同时燃油小机组又因去年燃油价格大幅上升被迫停发,这些都为大火电机组腾出了不少的发电市场;三是有利的发电形势给公司99年电力生产带来了机遇,但更主要的还是公司在董事会的正确决策下,脚踏实地,努力工作,加强电厂生产管理,做好机组维护、检修工作,保证机组的安全稳定运行,抓住了这样一个火力发电的有利时机。
2、全资企业及控股公司经营业绩
99年公司全资拥有的沙角A电厂和控股51%的湛江电厂、梅县B电厂的生产情况及主要经济技术指标如下表:
表(一)99年发电量完成情况及与98年比较
发电量:亿千瓦时

指标 电厂	99实际	99计划	完成率(%)	98实际	增长(%)
沙角A厂	38.87	29	134.03	32.85	18.33
湛江电厂	34.31	30	114.37	26.60	28.98
梅县B厂	14.53	9.5	152.95	8.39	73.18
合　计	87.71	68.5	128.04	67.84	29.29

表(二)99年主要经济技术指标及与98年同期比较

电厂 指标	单位	母公司		
		99年	98年	增减
上网电量	亿千瓦时	35.86	30.17	18.85%
厂用电率	%	7.74	8.16	-0.42百分点
发电标煤耗	克/千瓦时	347	350	-3克

[续上表]

指标	单位	湛江公司			粤嘉公司		
		99年	98年	增减	99年	98年	增减
上网电量	亿千瓦时	32.35	24.92	29.82%	13.21	7.58	72.91%
厂用电率	%	5.71	6.32	-0.61百分点	9.08	9.65	-0.57百分点
发电标煤耗	克/千瓦时	339	345	-6克	393	410	-17克

从以上指标可以看出:三家公司所属电厂在99年发电量和各项经济技术指标都较 上年有较大的提高,接近或达到了历史最高水平,具备了较强的盈利能力。
3、存在问题及解决办法
由于受东南亚金融危机的影响,致使公司以前年度投放的资金仍有部分没有按时 收回。公司除积极追收该部分未收回资金外,本年度已按财政部有关"四项计提"的 规定,对有关项目作相应的财务处理。
(二)1999年主要财务状况
根据公司按中国会计准则对本集团1999年财务状况的核算,截止1999年12月31日,本集团合并报表总资产达到85.88亿元,较98年末的77.77亿元增长10.43%,净资产达 到42.03亿元,较98年末的37.55亿元增长11.93%,实现了资产的保值增值目标。

1999年本集团实现主营业务收入34.37亿元,公司实现利润15.51亿元,扣除少数股东权益与所得税以后,本公司实现净利润8.35亿元,较上年同期的7.06亿元增长18.27 %,按总股本128770.2万股计算,每股收益为0.648元/股,较上年同期的0.549元/股增 加0.099元/股。公司的盈利能力得以进一步提高,这主要来源于:(1)发电量的大幅增 长;(2)发电成本进一步下降,这一方面来自发电量的增长,机组的功效提高,单位发电 成本降低;另一方面来自公司和电厂对发电成本的严格控制和对各种费用开支的严格 管理。

(三)电力基建投资情况

1、湛江电厂(二期)。全年计划投入注册资本12,616万元,公司已于上半年完成该投资计划。资金的及时到位,有力保证了工程的顺利进行。#3机已按计划移交生产,#4机工程也进展顺利,99年下半年开始进行分部试运行。

2、阳山中心坑水电站项目。公司99年实际投入股东贷款470.8万元,已完成了对 该项目的全部投资共1, 212万元,该电站已在99年10月全部投产。

3、沙角A电厂#1机的大修工作,共完成技改费用、大修理费用4,843万元。大修 后,机组的热效率和出力水平明显增加,出力较改造前提高5%,供电标煤耗较改造前降低8-9克/千瓦时,经济效益显著。

4、99年内,公司没有募集资金,也没在前次募集资金在本年度使用。

(四)2000年工作安排

1、电力生产计划

2000年公司所属电厂发电量为76.8亿千瓦时,较上年计划提高12.12%,其中沙角A电厂(一期)30亿千瓦时,湛江电厂38亿千瓦时、梅县B电厂8.8亿千瓦时。

2、电力基建计划

2000年的基建重点是湛江电厂#4机组,力争在今年上半年投入试生产;继续安排 好沙角A电厂的技改工作,计划安排7,228万元,主要用于沙角A厂#2机通流部分等项目的改造。

3、电力投资

拟投资粤江公司(全资拥有韶关电厂#10机组、30万千瓦),预计需要资金4.5亿元(注册资本金)。按照韶关#10机目前的基建进度,预计在2000年5月开始整组启动,8月完成168小时试运行。

4、按照电力体制改革及"厂网分开"的改革方向,广东省电力集团公司将会出售其属下的部分电厂,本公司将积极参与对该部分电厂的收购。

5、对其他非电力项目的投资:在加快主业发展的同时,积极、稳妥、有选择、有 重点地发展一些高科技项目,拓展公司的经营空间。目前计划参与投资深圳市创新科 技投资有限公司,拟投资5,400万元。

(五)董事会日常工作情况

1、1999年度内董事会召开了三次董事会会议,认真审议并通过了公司提交的多项议案。

第一次会议于4月6日召开,主要审议并通过了1998年度《董事会工作报告》、《 总经理工作报告》、《总经理业务报告》、《财务决算报告》、《利润分配及分红派息预案》、《章程修改草案》及《年度报告摘要(境内、境外)》等,确定了1998年度 股东大会召开时间、地点及董事会提交给股东大会审议的有关议案。

第二次会议于5月26日召开,会议选举产生了董事长、副董事长;任命了总经理、副总经理和董事会秘书、财务负责人。

第三次会议于8月16日召开,会议审议通过了公司1999年中期《总经理工作报告》、《财务报告》、《中期报告(境内、境外)》等议案。

2、召集召开了1998年度股东大会。

大会审议通过了董事会第一次会议提交的《董事会工作报告》、《总经理业务报告、《财务决算报告》、《利润分配及分红派息方案》及公司《章程(草案)》等议案,改选了公司部份董事。 报告期内公司已圆满完成1998年利润分配方案。

(六)公司管理层及员工情况

1、公司现任董事、监事及高级管理人员情况

公司现任董事、监事均不以其董事、监事身份在公司领取报酬,仅以其在公司的 其他行政职务受薪。

姓 名	性别	年龄	职务	任期起止日期	年初持股数(股)	年末持股数(股)	年度报酬(元)
吴希荣	男	58	董事长	1999.5-2000.5	9,750	9,750	不在本公司领取报酬
潘 力	男	45	副董事长	1999.5-2000.5	0	0	不在本公司领取报酬
刘 谦	男	45	董事、总经理	1999.5-2000.5	0	0	53,766
郑林福	男	55	董事、厂长	1999.5-2000.5	780	780	115,819
吴庭安	男	55	董事	1999.5-2000.5	0	0	不在本公司领取报酬
袁素杰	男	38	董事、副总经理	1999.5-2000.5	0	0	49,805
劳琼娟	女	44	董事	1999.5-2000.5	0	0	不在本公司领取报酬
黄国强	男	56	董事	1999.5-2000.5	0	0	不在本公司领取报酬
邹小平	男	34	董事	1999.5-2000.5	0	0	不在本公司领取报酬
陈 锐	男	39	监事会主席	1999.5-2000.5	0	0	不在本公司领取报酬
梁锦善	男	44	监事	1999.5-2000.5	0	0	不在本公司领取报酬
杨选兴	男	33	监事	1999.5-2000.5	0	0	不在本公司领取报酬
刘关石	男	59	监事	1999.5-2000.5	117	117	不在本公司领取报酬
李长春	男	37	监事、科长	1999.5-2000.5	143	143	39,088
何伟德	男	32	监事、专责	1999.5-2000.5	0	0	39,446
张德伟	男	38	董秘、总办主任	1999.5-2000.5	6,240	6,240	45,610
合 计					17,030	17,030	

本公司第三届董事会第一次会议聘请刘谦先生为总经理、袁素杰先生为副总经理、张德伟先生为公司董事会秘书、刘学毛女士为公司财务负责人。

2、公司员工数量和构成情况

截止1999年末,本公司共聘有员工1,363名,较98年减少219人,其中在职员工1,23 6人,退休及下岗人员127人。在职员工包括生产人员1,141人,占在职员工的92.31%(含技术人员375人,占在职员工的30.34%),财务人员18人,占1.46%,行政管理人员77 人,占6.23%。在职员工中,大专以上学历人数为245人,占19.82%。本公司除少数员 工(占不到2%)在公司本部工作外,绝大部分员工均在沙角A电厂工作。

(七)1999年度利润分配预案

公司99年度按广东正中会计师事务所审计的可供分配的利润为93,981.91万元(其中99年度净利润为83,460.36万元),安达信公司审计的可供分配的利润为98,170.5 万 元。根据有关法规规定,股份有限公司进行利润分配时适用孰低原则,本年度公司可供分配利润采用广东正中会计师事务所审计的93,981.91万元。利润分配预案为:从年度净利润83,460.36万元中,提取法定盈余公积金10%,金额为8,346.04万元;提取任意盈余公积金25%,金额为20,865.09万元;提取法定公益金5%,金额为4,173.02万元;本年度可分配股利为50,076.22万元,加上上年结转10,521.54万元的未分配利润,可供股东分配利润总额为60,597.76万元。分红派息预案为:A股每10股派现金3元人民币(含税);B股每10股派3元人民币。

(八)公司信息披露报纸除继续指定《证券时报》、《中国证券报》、《香港商报(境外)》外,增加《上海证券报》、境外英文报纸改为《 The Asian WallStreet Journal(亚洲华尔街日报)》。

六、监事会报告

报告期内公司监事会召开了一次会议,列席了两次董事会和一次股东大会。

公司第三届监事会第一次会议于1999年5月26日召开,其会议决议于1999年5月27 日刊登在《证券时报》、《中国证券报》、《香港商报(境外)》、《South China Morning Post(南华早报)》(境外英文)上。

七、重要事项

(一)重大诉讼、仲裁事项

1999年9月,本公司在佛山市中级人民法院对广东华侨信托投资公司佛山汾江办(以下称:"被告")及第三人提出民事诉讼,要求被告及第三人按存款协议归还本公司 存于该办的1,000万元的存款本息。1999年12月22日,经佛山市中级人民法院判决([1999]佛山中法经初字第687号、第688号)被告及第三人应归还本公司存于该办的1,000 万元的存款本息。

(二) 报告期内公司董事及高级管理人员没有受监管部门处罚的情况。

(三)报告期内公司控股股东没有发生变更,但公司董事会进行了换届选举。公司 年度股东大会选举了吴希荣、潘力、刘谦、郑林福、吴庭安、袁素杰、劳琼娟、黄国强、邹小平先生九位董事组成第三届董事会。吴希荣先生为董事长,潘力先生为副董 事长、刘谦先生和袁素杰先生为公司总经理和副总经理,张德伟先生为公司董事会秘 书,刘学毛女士为公司财务负责人,苏德钜先生因退休原因不再担任公司副董事长、董事、总经理职务,姬凌川因工作调动原因不再担任公司监事会主席、监事职务。

(四)收购兼并资产重组事项

报告期内公司无收购兼并和资产重组活动。

(五)重大关联交易事项

1、购销商品,提供劳务发生的关联交易

(1)电量销售

企业名称	1999年度	占本项总额	计价标准
广东省电力集团公司	3,436,918,008.02	100%	电价经广东省物价局批准

(2)电厂经营管理

项 目	企业名称	金额(万元)	计价标准
承包劳务管理费	广东省电力集团公司	1,628.32	按上网电量每千瓦时 0.2分人民币计
电网管理费	广东省电力集团公司	1,434.29	按沙角A电厂(一期)上网 电量每千瓦时0.4分人民币计

(3)原材料采购

根据公司于1994年11月28日与广东省电力集团公司签订的《关于沙角A电厂(一期)的经营管理协议》,沙角A电厂(一期)支付广东省电力集团公司1.2亿元作为购买、储存燃料及备件等流动资金。

以上关联方之间销售及劳务交易均依据关联方之间签订的交易合同及有关物价部门批准的价格进行计算,充分体现公平原则,十分符合公司精简机构、节约成本的战略需要。因此今后此等关联交易将会继续持续下去。

2、报告期内,公司无资产、股权转让发生的关联交易。

3、关联方债权债务事项列示如下:

项目	企业名称	1998.12.31	1999.12.31	经营内容
应收帐款	广东省电力集团公司	344,882,490.60	271,399,823.56	电力销售收入、增值税等
其他应付款	广东省电力集团公司	373,813.60	6,844,374.40	承包管理费
预付帐款	沙角电厂二期	120,000,000.00	134,000,000.00	预付煤等原 材料款,及部分代付工程款
预收帐款	广东省电力集团公司	—	67,448,972.53	预收售电款

注:沙角A电厂(二期)是广东省电力集团公司的全资附属企业。

以上关联方之间的债权债务事项,无任何迹象存在坏帐情况,均为正常业务往来所致。

(六)公司与控股股东在人员、资产、财务上的"三分开"情况。

本公司自1993年创立以来,资产和财务管理是独立于控股股东运作的;控股股东管理人员并无出任公司总经理及以下管理层职务。

(七)托管、承包、租赁事项

报告期内公司无托管、承包、租赁其他公司资产或其他公司托管、承包、租赁本公司资产事项。

(八)聘任、解聘会计师事务所情况

报告期内,本公司继续聘请广东正中会计师事务所和安达信公司担任公司的审计 事务。

(九)其它重大合同(含担保等)及其履行情况

报告期内,本公司无其它重大合同、担保等情况。

(十)公司报告期内更改名称或股东简称的情况

报告期内、本公司没有发生更改名称或股票简称的情况。

(十一)根据财政部财会字[1999]35号文《股份公司会计制度有关会计处理问题补充规定》和财政部财会字[1994]49号文《关于股份有限公司会计制度有关会计处理问题补充规定问题解答》的有关规定,本公司制定了《资产减值准备提取和损失处理制 度》,并经公司董事会审议通过。因会计政策变更(坏帐准备计提方法变更)的影响数 为334,802.39元,计提坏帐准备14,309,856.65元,核销坏帐2,246,600元,短期投资跌 价准备为47,000,000元,存货跌价准备为887,855.37元。

八、财务报告

(一)广东正中会计师事务所审计报告

本公司财务报告经广东正中会计师事务所徐红兵、蒋洪峰注册会计师审计并出具无保留意见的审计报告(粤会所定审字(2000)第31078号)。

(二)会计报表(见附表)

(三)主要会计政策

1、会计制度

公司执行《企业会计准则》、《股份有限公司会计制度》。

2、会计年度

自公历每年1月1日起至12月31日止。

3、记帐本位币:人民币。

4、记帐原则和计价基础

公司按照权责发生制的原则记帐。各项财产物资,除业经国家国有资产管理局确 认的重估价值外,按取得或购建时发生的实际成本(历史成本)计价。

5、货币折算方法

对发生的非本位币的经济业务采用经济业务发生当月1日的国家外汇市场价中间 价折合为本位币入帐;月份终了,对非本位币的货币资金、债权债务等货币性项目余额按当日国家外汇市场价的中间价进行调整,其差额作为"财务费用—汇兑损益"计入 当期损益。

6、现金等价物的确定标准

公司持有的期限短、流动性强、易于转换为已知金额现金、价值变动风险很小的投资。

7、坏帐核算方法

公司坏帐损失采用备抵法核算;坏帐准备采用余额百分比法计提,一般按应收款项期末余额的3‰计提,对2年以上的数额较大(100万以上)的应收款项,根据债务单位的 实际财务状况和现金流量的情况,分别估计确定应收款项坏帐准备的提取比例(10%—50%)。

坏帐的确认标准:

(1) 因债务人破产依照法律程序清偿后,确定无法收回的债权;

(2) 因债务人死亡、不能得到偿还的债权;

(3) 因债务人逾期三年未履行偿还义务，经公司董事会批准,列作坏帐损失;

8、存货核算方法

存货分为燃料、材料,采用永续盘存制。

存货购入时按实际成本入帐,发出存货的成本采用加权平均法核算;低值易耗品采用一次性摊销法核算。中期期末及年度终了,存货按成本与可变现净值孰低计价,由于存货遭受毁损、全部或部分陈旧过时或销售价格低于成本等原因使存货成本不可回收的部份，提取存货跌价准备。

9、短期投资核算方法

短期投资是指公司购入的能随时变现并且持续时间不超过一年(含一年)的投资，包括各种股票、债券等,公司的短期投资期末按成本与市价孰低计价,并按照实际情况及相关信息计提短期投资跌价准备。

10、长期投资

(1) 长期债权投资

债权投资按实际支付金额计入成本,实际支付款项中含有应计利息的,按照扣除应计利息后的差额计价;溢价或折价购入的长期债权,其实际支付的款项(扣除应计利息)与债权面值的差额,在债权到期以前,分期计入投资收益。收益按成本法计入当期损益。

(2) 长期股权投资

长期股权投资按实际支付的价款或确定的价值记帐,对投资额占被投资单位权益 性资本总额50%以上的(不含 50%),以权益法核算并合并会计报表;投资额占被投资单位权益性资本总额 20%(含 20%)以上,50%以下的以权益法核算;投资额占被投资单位权益性资本总额不足 20%的以成本法核算。

(3)在中期期末或年度终了,应对长期投资逐项进行检查,如果市价持续下跌或被 投资单位经营状况恶化等原因导致可收回金额低于帐面价值,并且这种降低的价值在 可预计的未来期间内不可能恢复,应按预计可收回的金额低于长期投资帐面价值的差 额计提长期投资减值准备。

11、固定资产及其折旧

A、固定资产标准为使用年限在一年以上的房屋、建筑物、机器设备等,以及不属于主要生产经营设备的,使用年限在两年以上并且单位价值在 2000 元以上的资产。

B、固定资产除公司改组设立和上市改组时按重估价值计价外按实际成本计价。

C、固定资产折旧采用直线法平均计算,并按固定资产类别的原价、估计使用年限及估计残值(原价的 3%)确定其折旧率如下:

类　别	估计使用年限	年折旧(%)
房　屋	15–50	1.94—6.67
建筑物	30–60	1.62—4.55
机器设备	8–25	3.88—12.13
运输工具	8–15	6.47—12.13
其　他	8–22	4.41—16.67

12、在建工程

在建工程除公司改组设立和上市改组时按重估价值计价外按实际成本计价,包括 利息资本化金额,在建工程完工并交付使用时,按实际发生的全部支出转入固定资产。

13、无形资产及摊销

(1)土地使用权:

母公司:土地使用权是股东投入的无形资产,按重估价值计价。自 1993 年 1 月起按 25 年摊销。

子公司:广东粤嘉电力有限公司,土地使用权自 1997 年 3 月起按 20 年摊销;湛江电力有限公司#3 机组的土地使用权自 1999 年 6 月起分 10 年摊销,#4 机组的土地使用权尚未摊销。

(2)商誉:商誉是股东投入的无形资产,按重估价值计价。自 1993 年 1 月起按 15 年摊销。

(3)输变电配套工程:公司按照财政部财基字[1998]4 号文的有关规定,将输变电配套工程列作无形资产核算。粤嘉电力的输变电配套工程自 1999 年 1 月起分 18 年摊销。 湛江电力的输变电配套工程自 1999 年 1 月起分 10 年摊销。

14、开办费:开办费按不少于 5 年的期限摊销。

15、长期待摊费用:按受益期分摊。

16、主营业务收入及其实现的确认

主营业务收入是电力销售收入,于电力输出时确认。

17、所得税的会计处理办法

公司的所得税的会计处理采用应付税款法。

18、合并会计报表的编制方法

公司执行财政部[1995]11 号文《合并会计报表暂行规定》和财政部财会字[1996]2 号文补充规定。对公司拥有超过半数以上权益性资本以及拥有权益性资本虽未达到 超过半数但拥有实际控制权的被投资企业,本公司纳入合并会计报表的合并范围。合并时将公司内部投资交易、债权、债务等内部会计事项予以抵消。公司和子公司采用的会计政策和会计处理方法一致,若不一致时，按公司会计政策对子公司会计政策进行调整。

19、会计政策的变更

本年度公司根据财政部财会字[1999]35 号文,对部分会计政策进行了变更,坏帐准备原按应收帐款余额的 3‰计提,短期投资原按成本计价并按实际情况计提短期投资跌价准备,存货原按成本计价，长期投资原未计提减值准备,变更为上述会计政策。

对坏帐准备计提方法变更进行了追溯调整,调整了期初留存收益及相关项目的期 初数;利润及利润分配表的上年数栏已按调整后的数字填列。上述会计政策变更累计 影响数为 334,802.39 元,主要是因为坏帐准备计提方法变更的累计影响数为 334,802.39 元,由于会计政策变更,调减了 1998 年的净利润 18,179.37 元,调减了 1999 年年初留存 收益 224,610.92 元,其中未分配利润调减了 157,227.65 元,盈余公积调减了 67,383.27 元;利润及利润分配表上年数栏年初未分配利润调减了 144,502.08 元。

对特别项目坏帐准备、短期投资跌价准备、存货跌价准备及长期投资减值准备之计提计入本年度损益，未进行追溯调整。

20、税项

主　要　税　种	税　率
增值税	17%
营业税	5%
所得税:	
母公司 *1	12%
广州粤电房地产开发有限公司	33%
湛江电力有限公司	33%
广东粤嘉电力有限公司　*2	—

*1、根据 1999 年 6 月 10 日广州市国家税务局对外税务中心分局第 010457 号《广州 市国家税务局外商投资企业和外国企业所得税优惠批复书》，本公司的企业所得税从 1996 年 2 月起按 24%的税率征收。从 1996 年 2 月起至 1997 年 12 月止免征企业所得税,从 1998 年 1 月起至 2000 年 12 月止减半征收企业所得税(即按 12%的税率征收)。

*2、经广州市国家税务局对外税务分局 1998 年 5 月 7 日穗国税外发[1998]045 号文 批准,广东粤嘉电力有限公司自 1998 年度起开始计算免征、减征企业所得税的期限,本年度免征所得税。

21、控股子公司及合营企业

(1)公司所控制的子公司情况和合并会计报表的合并范围:

控股子公司名称	注册资本	经营范围	公司投资额	公司所占权益比例	是否合并
湛江电力有限公司	2,875,440,000.00	电力	1,466,474.400.00	51%	是
广东粤嘉电力有限公司	1,000,000,000.00	电力	510,000,000.00	51%	是
广州粤电房地产有限公司	15,000,000.00	房地产	13,500,000.00	90%	是

(2)公司没有合营企业。

(3)公司合并报表范围本年度未发生变更。

九、公司的其他有关资料

(一)本公司首次注册登记日期:1992 年 11 月 3 日

注册地址:广州市梅花路 75 号 21 楼

通讯地址:广州市环市东路 498 号广发花园柏丽商业中心 10 楼

(二)工商登记号码:企合粤总字第 002753 号:

(三)税务登记号码:国税穗外字 440101617419493

地税穗外字 440100617419493

(四)本公司未上市股票的托管机构:深圳证券登记公司

(五)本公司会计师事务所名称:

1、广东正中会计师事务所

办公地:广州市环市东路 322 号东楼三楼

2、安达信公司(在香港注册的会计师事务所)

办公地:香港中环干诺道中 111 号永安中心 25 楼

(六)本公司法律顾问名称

广东广信律师事务所

办公地:广州市东风中路 268 号广州交易广场 13 楼

十、备查文件目录

(一)载有法定代表人、财务负责人、会计经办人员签名并盖章的会计报表。

(二)载有会计师事务所盖章，注册会计师亲笔签字的审计报告正文及财务报表。

(三)报告期内在《证券时报》、《中国证券报》、香港《商报》(境外)、《South China Morning Post(南华早报)》(境外英文)公开披露过的所有公司文件的正本及 公告原稿，从本年度中期报告开始境外英文信息披露改由《The Asian Wall Street Journal(亚洲华尔街日报)》。

(四)英文本的年度报告正文。

上述备查文件存放在公司的办公地点,随时(公共假期、星期六、星期日除外)供 股东查阅。

广东电力发展股份有限公司董事会

二 OOO 年四月十日

广东电力发展股份有限公司

资产负债表

1999 年 12 月 31 日　单位:人民币元

资产	母公司 1998.12.31	母公司 1999.12.31	合并 1998.12.31	合并 1999.12.31
流动资产:				
货币资金	726895719.39	1055482210.66	1564516365.30	2274332133.13
短期投资	76107460.00	69718800.00	76357460.00	69718800.00
减:短期投资跌价准备	800000.00	47000000.00	800000.00	47000000.00
短期投资净额	75307460.00	22718800.00	75557460.00	22718800.00
应收利息	6004300.00	1080000.00	5356685.00	1080000.00
应收帐款	69534412.82	0.00	344882490.60	271399823.56
其他应收款	36640614.74	38686640.76	368785163.58	60765501.06
减:坏帐准备	318525.08	13429420.61	1369449.87	14309856.65
应收帐款净额	105856502.48	25257220.15	712298204.31	317855467.97
预付帐款	120000000.00	134172960.94	132321928.90	158471726.46
存货	0.00	0.00	134901460.08	85119486.75
减:存货跌价准备	0.00	0.00	0.00	887855.37
存货净额	0.00	0.00	134901460.08	84231631.38
待摊费用	0.00	0.00	1597521.14	522397.72
待处理流动资产净损失	0.00	0.00	56365.67	
一年内到期的长期债权投资				
流动资产合计	1034063981.87	1238711191.75	2626605990.40	2859212156.66
长期投资:				
长期股权投资	2178091714.65	2387872444.34	48451735.34	48561992.32
长期债权投资	318968307.70	233958100.00	12080207.70	18060000.00
长期投资合计	2497060022.35	2621830544.34	60531943.04	66621992.32
减:长期投资减值准备				
长期投资净额	2497060022.35	2621830544.34	60531943.04	66621992.32
固定资产:				
固定资产原价	1531265093.14	1543062939.22	4543727793.45	5943400833.75
减:累计折旧	818640892.89	886643012.35	1388552213.89	1690658967.42
固定资产净值	712624200.25	656419926.87	3155175579.56	4252741866.33
工程物资	0.00	0.00	642481155.08	469286124.38
在建工程	28627871.35	66044233.78	830426165.71	248750064.86
固定资产清理	–254625.32	441416.18	–17367950.93	7852488.39
待处理固定资产损失	259172.50	2586793.65	276163.95	2666712.71
固定资产合计	741256618.78	725492370.48	4610991113.37	4981297256.67
无形资产及其他资产:				
无形资产	206979906.70	194289657.46	431133906.92	628454880.29
开办费	0.00	0.00	21145557.14	37913897.75
长期待摊费用	267017.91	0.00	26287795.66	14089160.89
无形资产及其他资产合计	207246924.61	194289657.46	478567259.72	680457938.93
资产总计	4479627547.61	47803236764.03	7776696306.53	8587589344.58
负债及股东权益				
流动负债:				
短期借款	0.00	0.00	265500000.00	
应付票据				
应付帐款	28181327.50	0.00	34300610.94	18072111.51
预收帐款	0.00	67448972.53	0.00	67448972.53
应付工资	29216815.15	35678895.80	28283913.76	36439442.40
应付股利	515080800.00	386310600.00	515080800.00	386310600.00
应交税金	1109577.57	337063.97	1631431.71	2926841.26
其他应交款	55410998.80	16111733.91	114063373.79	148050475.80
其他应付款	52363.52	–446951.83	22307.75	2079068.54
预提费用	88001278.17	73594585.58	124885139.59	128680415.91
一年内到期的长期负债				
流动负债合计	726003842.17	579944477.30	1104051349.00	800961643.64

长期负债:				
长期借款	0.00	0.00	894907500.00	1407491900.00
住房周转金	-1184215.19	-2721682.44	-10900145.23	-29084903.11
长期负债合计	-1184215.19	-2721682.44	884007354.77	1378406996.89
负债合计	724819626.98	8577222794.86	1988058703.77	2179368640.53
少数股东权益	0.00	0.00	2033829682.13	2205119734.88
股东权益				
股本	1287702000.00	1287702000.00	1287702000.00	1287702000.00
资本公积	1503482141.76	1503482141.76	1503482141.76	1503482141.76
盈余公积	858408356.93	1192249816.35	858408356.93	1192249816.35
其中:公益金	114354651.66	156084834.09	114354651.66	156084834.09
未分配利润	105215421.94	219667011.06	105215421.94	219667011.06
股东权益合计	3754807920.63	4203100969.17	3754807920.63	4203100969.17
负债及股东权益总计	4479627547.61	4780323764.03	7776696306.53	8587589344.58

广东电力发展股份有限公司

利润及利润分配表

1999 年度

单位:人民币元

项目	母公司		合并	
	1998.12.31	1999 年度	1998.12.31	1999 年度
一、主营业务收入	1137596608.05	1238577285.00	2752134477.33	3436918008.02
减:折扣与折让				
主营业务收入净额	1137596608.05	1238577285.00	2752134477.33	3436918008.02
减:主营业务成本	662687608.68	660789620.99	1393763656.20	1615887268.34
主营业务税金及附加	11512777.03	12274769.07	26878685.08	34125286.00
二、主营业务利润(亏损以"-"号填列)	4633396222.34	565512894.94	1331492136.05	1786905453.68
加:其他业务利润(亏损以"-"号填列)	0.00	0.00	-2608.43	320.34
减:存货跌价损失	0.00	0.00	0.00	887855.37
营业费用				
管理费用	6087120.68	80715328.26	119878407.06	199154028.40
财务费用	-22976064.77	-15327629.07	-21790730.85	5685562.86
三、营业利润(亏损以"-"号填列)	426285166.43	500125195.75	1233401851.40	1581178327.39
加:投资收益(损失以"-"号填列)	336051232.00	400253205.70	32324246.48	-28843540.55
补贴收入				
营业外收入	239368.75	385434.50	253530.75	385434.50
减:营业外支出	1749752.02	1428856.25	2294917.12	2116806.47
四、利润总额(亏损总额以"-"号填列)	760826015.16	899334979.70	1263684711.52	1550603414.87
减:所得税	54352948.85	64731331.16	265521125.99	311446071.39
少数股东损益	0.00	0.00	291690519.22	404553694.94
五、净利润(净亏损以"-"号填列)	706473066.31	834603648.54	706473066.31	834603648.54
加:年初未分配利润	116749969.17	105215421.94	116749969.17	105215421.94
盈余公积转入				
六、可供分配的利润	823223035.48	939819070.34	8823223035.48	939819070.48
减:提取法定盈余公	67642271.17	83460364.85	67642271.17	83460364.85
提取法定公益金	33821135.59	41730182.43	33821135.59	41730182.43
七、可供股东分配的利润	721759628.72	814628523.20	721759628.72	814628523.20
减:提取任意盈余公积	101463406.78	208650912.14	101463406.78	208650912.14
应付普通股股利	515080800.00	386310600.05	15080800.03	86310600.00
八、未分配利润	105215421.94	219667011.06	105215421.94	219667011.06

现金流量表

1999 年度

编制单位:广东电力发展股份有限公司　　单位:人民币元

项目	母公司	合并
一、经营活动产生的现金流量:		
销售商品、提供劳务收到的现金	795500000.00	3021443515.72
收取的租金	0.00	197000.00
收到的其他与经营活动有关的现金	18764217.39	20422952.27
现金流入小计	814264217.39	3042063467.99
购买商品、接受劳务支付的现金	135621899.49	39421249.12
经营租赁所支付的现金		
支付给职工以及为职工支付的现金	51394950.84	131740918.46
支付的增值税款	150980802.64	438969493.99
支付的所得税款	89837754.39	284494179.44
支付的除增值税、所得税以外的其他税费	16884706.56	41165445.00
支付的其他与经营活动有关的现金	48444499.82	159766304.38
现金流出小计	493164613.74	1450348833.39
经营活动产生的现金流量净额	321099603.65	1591714634.60
二、投资活动产生的现金流量:		
收回投资所收到的现金	96578660.00	5838660.00
分得股利或利润所收到的现金	364417234.59	4689738.13
取得债券利息收入所收到的现金	79300.00	79300.00
处置固定资产、无形资产和其他长期资产而收回的现金净额	7050267.02	27532720.39
收到的其他与投资活动有关的现金	171408.58	3102286.16
现金流入小计	468296870.19	41242704.68
购建固定资产、无形资产和其他长期资产所支付的现金	70267254.98	568437592.92
权益性投资所支付的现金	126162500.00	
债权性投资所支付的现金	6060000.00	6060000.00
支付的其他与投资活动有关的现金	0.00	21395309.03
现金流出小计	202489754.98	595892901.95
投资活动产生的现金流量净额	265807115.21	-554650197.27
三、筹资活动产生的现金流量:		
吸收权益性投资所收到的现金	0.00	121207500.00
发行债券所收到的现金		
借款所收到的现金	0.00	600000000.00
收到的其他与筹资活动有关的现金	0.00	6444581.66
现金流入小计	0.00	727652081.66
偿还债务所支付的现金	0.00	376965600.00
发生筹资费用所支付的现金		
分配股利或利润所支付的现金	248320800.00	572902133.66
偿付利息所支支付的现金	0.00	84427128.93
融资租赁所支付的现金		
减少注册资本所支付的现金	0.00	30000000.00
支付的其他与筹资活动有关的现金		
现金流出小计	248320800.00	1064294862.59
筹资活动产生的现金流量净额	-248320800.00	-336642780.93
四、汇率变动对现金的影响	572.41	274.09
五、现金及现金等价物净增加额	338586491.27	700421930.49

附注:

项目		
1.不涉及现金收支的投资和筹资活动		
以固定资产偿还债务		
以投资偿还债务		
以固定资产进行长期投资		
以存货偿还债务		
融资租赁固定资产		
2.将净利润调节为经营活动的现金流量		
净利润	834603648.54	834603648.54
加:少数股东权益	0.00	404553694.94
加:计提的坏帐准备或转销的坏帐	14748175.63	15690422.80
固定资产折旧	75982618.35	379117668.11
无形资产摊销	12690249.24	49028513.63
开办费及长期待摊费用摊销	0.00	12091318.20
固定资产报废损失	752153.61	993615.61
财务费用	0.00	30485446.52
投资损失(减收益)	-400253205.70	28843540.55
递延税款贷项(减借项)		
存货的减少(减增加)	0.00	49781973.33
经营性应收项目的减少(减增加)	67488386.80	110168165.00
经营性应付项目的增加(减减少)	-284912422.82	-323643372.63
其他		
经营活动产生的现金流量净额	3210996063.65	1591714634.60
3.现金及现金等价物净增加情况:		
货币资金的期末余额	1055482210.66	2231929292.05
减:货币资金的期初余额	716895719.39	1531507361.56
现金等价物的期末余额		
减:现金等价物的期初余额		
现金及现金等价物净增加额	338586491.27	700421930.49

中天企业股份有限公司

中天企业股份有限公司 1999 年年度报告摘要

(一)公司简介

公司名称:中天企业股份有限公司
公司英文名称:ZHONG TIAN ENTERPRISE JOINT STOCK CO.,LTD()
公司法定代表人:鲁 石
公司董事会秘书及其授权代表的姓名:杨勇潜 联系电话:0851—6809072
传 真:0851—6809115 电子信箱:Email:ztqyd@public1.gy.gz.cn
公司注册地址:贵州省贵阳市
公司办公地址: 贵阳市云岩区吉祥路 12 号宅吉大厦五楼 邮政编码:550004
公司国际互联网址:www.ztqy.com.cn 公司电子信箱: Email:ztqy@public.gzzt.net.cn
信息披露刊物:《证券时报》
登载公司年报的中国证监会指定国际互联网网址:http://www.cninfo.com.cn
公司年度报告备置地点: 贵阳市云岩区吉祥路 12 号宅吉大厦五楼
中天企业股份有限公司董事会秘书处
股票上市交易所:深圳证券交易所 公司股票代码:0540

(二)会计数据和业务数据摘要

1、本年度利润总额及构成
(1)利润总额 41,137,654.59 元;
(2)净利润 28,920,239.03 元;
(3)主营业务利润 46,342,829.23 元;
(4)其他业务利润 3,710,256.99 元;
(5)投资收益 5,039,677.24 元;
(6)补贴收入 9,870,672.09 元;
(7)营业外收支净额 244,625.64 元;
(8)经营活动产生的现金流量净额 117,807,529.58 元;
(9)现金及现金等价物净增加额 104,901,282.2 元。

2、主要会计数据和财务指标 单位:人民币元

指标项目	1999 年	1998 年	1997 年
主营业务收入	147670723.34	103088074.13	82135390.08
净利润	28920239.03	22838316.59	1160151.47
总资产	564200911.03	475741002.17	403767450.56
股东权益	240420249.07	210860494.23	188022177.61
每股收益	0.29	0.233	0.01
按加权平均法	0.29	0.233	0.01
计算的每股收益每股净资产	2.45	2.150	2.109
调整后的每股净资产	2.30	2.03	2.06
每股经营活动产生的现金流量净额	1.20	0.53	
净资产收益率(%)	12.02	10.83	0.62
加权平均每股收益	0.29	0.233	0.01
加权平均净资产收益率(%)	12.82	10.59	0.62
股东权益比率(%)	42.64	44.32	46.57

注 1:主要财务指标计算方法:
每股收益=净利润/年度末普通股股份总额
每股净资产=年度末股东权益/ 年度末普通股股份总额
调整后的每股净资产=(年度末股东权益–三年以上的应收款项–待摊费用–待处理(流动、固定)资产净损失–开办费–长期待摊费用–住房周转金负数余额)/年度末普通股股份总额
每股经营活动产生的现金流量净额=经营活动产生的现金流量净额/年度末普通股股份总数
净资产收益率=净利润/年度末股东权益×100%

3、主要业务数据

	1999 年	1998 年	1997 年
产品销售量(m2)	64800	72221.95	39080.52
施工面积(m2)	190638	228391	199950
竣工面积(m2)	81547	51005	58961

4、股东权益变动情况

项目	股 本	资本公积	盈余公积	法定公益金	未分配利润	股东权益合计
期初数	98082675	74021827.52	19815874.04		18940117.67	
本期增加		639515.81	5707222.36		28920611.18	
本期减少					5707222.36	
期末数	98082675	74661343.33	25523096.40		42153134.34	

变动原因:1、资本公积金的增加是由于按规定提取所至;2、盈余公积金的增加是由于按规定提取所至;3、未分配利润的增加是由于公司经营活动过程中正常的利润增加;4、 股东权益的增加是由于经营活动中正常增加的未分配利润和按规定提取资本公积金和盈余公积金。

(三)股本变动及股东情况

1、股东情况介绍
(1)报告期末股东总数为 8653 户,其中内部职工股股东(本公司董事、监事和高级管理人员)数量为 15 户。
(2)本公司前 10 名股东持股情况:

股东名称	年初持股数(股)	年末持股数量(股)	持有比例(%)
贵阳市国有资产管理局	43876611	43876611	44.73
中国宝安集团股份有限公司	13068000	11880000	12.11
中国光大银行	2032800	2032800	2.07
北海元亨物业股份有限公司	1887600	1887600	1.92
蛇口安达实业股份有限公司	1887600	1887600	1.92
宁波成功信息产业股份公司		1188000	1.21
中房集团贵阳总公司建筑安装公司	455928	455928	0.46
白玉芝	0	402740	0.41
陈 长	0	395769	0.40
朱文忠	0	394400	0.40

注:本年度公司未增加股份。贵阳市国有资产管理局代表国家持股。前 10 名股东之间不存在关联关系。中国宝安集团股份有限公司年初与年末持股减少原因是在报告期内经有关部门批准后将其持有的股份中的 118,800 股协议转让给宁波成功信息产业股份公司。

(四)股东大会简介

1、1999 年 5 月 20 日本公司在"证券时报"上刊登公告,发布召开第六届股东大会的相关信息,1999 年 6 月 25 日上午 9:00 时在公司 10 楼会议室召开了第六届股东大会, 会议由董事长鲁 石主持,出席会议的股东 20 名,代表股份 46,186,318 股,占总股本 98,082,675 股的 65.44%,贵州省公证处现场作公证。

会议审议并通过如下议案:、

(1) 1998 年股东年会

1998 年度董事会工作报告;(2)1998 年度监事会工作报告;(3)关于 1998 年度财务决算的议案;(4)关于 1999 年度财务预算的议案;(5)关于 1998 年度利润分配方案的议案,大会确定 1998 年度利润不分配;(6)关于聘请 1999 年财务审计机构的议案, 确定改聘贵州黔元会计师事务所为本公司 1999 年度财务审计机构;(7)关于公司董事变更的议案;汪永久先生因退休不再担任董事。 增补杨勇潜先生为公司董事;(8)关于确定公司董事、监事等高级管理人员年薪的议案,会议确定将公司高级管理人员年薪调整为 4–5 万元;(9)1998 年年度报告。本次股东大会决议于 1999 年 6 月 26 日在"证券时报"上刊登。

2 、1999 年临时股东大会

本公司于 1999 年 12 月 17 日在"证券时报"上发布公告定于 2000 年 1 月 18 日召开临时股东大会, 后因故并于 2000 年 1 月 10 日公告将临时股东大会召开日期延至 2000 年 3 月 2 日上午 9:00–11:00 召开。会议如期在本公司董事会秘书处举行。 本次会议议案为选举产生第三届董事会董事。出席本次会议的股东 17 名,代表股份 62,601 ,247 股,占总股本 98,082,675 股的 63.8%, 会议选举出鲁 石、田 茂 、高 宁、李 梅、 刘志远、戴家宏 、刘 炼 、王时中、张新强、龙 隆、扈克贞等十一名董事及李筑惠、侯后伦、胡元华三名监事组成本公司第三届董事会和监事会。会议公告刊登于 2000 年 3 月 3 日"证券时报"。

(五)董事会报告

1、公司经营情况

(1) 公司在本地区、本行业中的地位

本公司系贵阳市唯一的一级房地产开发企业, 在贵阳市房地产企业中处于领先地位。贵阳市 1999 年商品房销售面积 45 万平方米(贵阳市统计年鉴尚未出来, 该数据为本公司预测数)。1999 年本公司商品房销售为 6. 48 万平方米,市场占有率为 14.4%。

(2) 公司主营业务范围及经营状况

公司主营业务范围为房地产开发。

1999 年公司决策层继续贯彻以品牌为核心、一手抓市场、一手抓管理的经营指导思想, 取得了较好的经营效益。公司充分把握住国家政策与市场, 在年初制定了正确的经营策略与计划,并通过计划实施, 确保了公司在贵阳住宅市场的领先地位,公司在稳步地发展。 报告期内,公司实现主营业务收入 147,670,723.34 万元,比上年增加 3063.6 万元,增长 22.9%, 净利润 28,920,03 万元,比上年增加 692.4 万元,增加 23.9%。 本报告期末,公司总资产已达到 564,200,911.03 万元, 净资产收益率达到 12.02% ,每股收益达到 0.29 元,营业收入、营业利润及其它财务指标均达到或超过股东大会审议通过的 1999 年度财务预算。,其中:

1、中天花园:报告期内主营业务收入 5,750 万元,销售成本 3,814.7 万元,实现利润 1,729.1 万元。I、II、IV 组团全部建成;II 组团全面开工,形象进度完成预期进度; 用于拆迁安置的农民新村的八通一平工作进展良好。预计 2000 年开工建设的 V 、VI 组团的市场定位、营销策划、 规划报批等前期工作准备就绪。在完成一、二期征地工作的基础上三期征地政府方面的手续全部办完。 配套设施中幼儿园、小学因与贵阳小花幼儿园、北京小学合办, 效果良好,推动了中天花园的销售工作。

2、中天广场:报告期内完成主营业务收 2,042 万元,发生销售费用 35.6 万元, 1999 年中天广场预售良好,II 组团总建面 18,000 平方米已预售三分之二, 从 9 月份房交会上推出至年底预售住宅 100 套,预售面积约 13,000 平方米,为 2, 000 年中天广场经营公司和集团公司完成年度计划奠定了良好的基础; 形象进度上 II 组团封顶断水进入全面装修,I 组团在完成市场定位的基础上调整了规划, 完成了基础加固并施工至正负零。

3、中天星园:中天星园项目经营公司在 1999 年 9 月贵阳市房交会上推出预售房,以预售金额 6,000 万元摘取本届展会桂冠。报告期内开工面积 38,804 平方米,工程进度良好。

4、中天宅吉大厦:1999 年中天宅吉大厦项目经营公司主营业务收入 5,332 万元,实现利润 2,448 万元。宅吉大厦于 1999 年 7 月竣工交付使用。

(3) 在经营中出现的问题与困难及解决方案

在我国把住宅建设作为新的经济增长点并从政策上给以大力扶持的大好形势下, 房地产业得到了较大的发展,但房地产业的竞争也日益加剧。1999 年本地区贵阳市出局的几个新楼盘尽管规模不大, 但其经营的特征已向我公司提出了警示, 公司过去在贵阳市房地产业的垄断地位受到了严重的挑战, 如不采取有效措施与对策,公司将面临市场份额失去的危险。 为此公司在下半年进行了专业的调整与分析后提出了以下解决办法:

1、分析竞争对手的优劣势。对公司现有项目的竞争策略进行调整,以面对竞争对手的挑战, 保住公司已有的市场份额;

2、面对中天花园三期、红圃/响水住宅小区等新项目,借助沿海乃至国外先进的规划、环境的设计和营销策略,确保这两个大型项目在整个销售期规划设计、环境、 配套、绿化以及户型都不落后;

3、以房地产专业化开发为基点,形成规模开发的特点,靠专业化与规模化牢牢地掌握本公司在贵阳市房地产市场的主动权,不断地提高公司的市场占有率, 以取得更好的经济效益。

2、公司财务状况

(1) 长期负债较上年减少 26,817,374.90 元,减幅–39.51%,主要为中天花园一期 2,000 万元(本金)债券将于 2000 年 2 月 18 日到期, 将其转入一年内到期的长期负债科目。

(2)股东权益较上年增 29,559,754.84 元, 增幅 14.01%;主营业务利润增 6,270,195.19 元,增幅 15.65%;净利润增 6,081,922.44 元,增幅 26.63% 。 这些业绩主要得益于 99 年贵阳市房地产市场继续回升, 公司服务品牌为更多客户所接受。

(3)总资产中增加项目有货币资金(+322.37%)、预付货款(+2.26%)、应收补贴款(新增)、 无形资产和其他资产(31.73%)。货币资金增加主要由于对中天大酒店投资回收, 同时由于选择按揭贷款形式购房客户增多,应收购房尾款相对减少; 长期待摊费用增加主要由中天花园以后年度开发产品应分摊债券利息构成; 应收补贴款增加为 1999 年开始按 33%预征, 再由财政返还 18%所得税款。

(4)总资产中减少项目有应收款项(–16.75%)、存货净额(–5.82%)、待摊费用(–33.05%)、长期投资净额(–4.42%)和固定资产净额(–0.27 %)。除去正常经营摊销以外,应收帐款回收、 按新规定计提"四项准备"是这些项目减少的主要原因。

本年度会计师事务所出具无保留意见审计报告。

佛山电器照明股份有限公司

一、公司简介

1、公司中文名称:佛山电器照明股份有限公司
缩写:佛山照明
公司英文名称:FOSHAN ELECTRICAL AND LIGHTING CO.,LTD. 缩写:FSL
2、公司法定代表人:钟信才
3、公司董事会秘书:陈本贤
联系地址:佛山市汾江北路15号
联系电话:(0757)2813838-298、2810239 联系传真:(0757)2816276
电子信箱:gzfsligh@pub.foshan.gd.cn
4、公司注册、办公地址:广东省佛山市汾江北路15号 邮政编码:528000
国际互联网网址:www.chinafsl.com 电子信箱:gzfsligh@pub.foshan.gd.cn
5、公司的信息披露报纸:中国证券报、证券时报、佛山日报及香港大公报
登载年报的中国证监会指定国际互联网网址:http://www.cninfo.com.cn
年度报告备置地点:佛山市汾江北路15号本公司办公室董事会秘书处
6、股票上市交易所:深圳证券交易所
股票简称:佛山照明(A股) 粤照明(B股)
股票代码:0541 (A股) 2541 (B股)

二、会计数据和业务数据摘要

1、本年度主要利润指标情况 单位:人民币元

利润总额	187268585.44
净利润	158371893.31
扣除非经常性损益后的净利润	133144980.31
主营业务利润	195442233.40
其他业务利润	27183481.45
营业利润	188702872.75
投资收益	-313276.68
营业外收支净额	-1121014.63
经营活动产生的现金流量净额	165883846.73
现金及现金等价物净增加额	-45091732.91

注:扣除非经常性损益后的净利润:系从净利润中扣除土地使用权转让收益25,226,913.00元。

2、两种不同会计准则计算的净利润及其差异

(1)两种不同会计准则计算的净利润及其差异:国内会计师审计的公司本年度净利润为158,371,894.00元;而境外会计师审计的净利润为135,267,769.00元,比国内会计师审计的净利润少23,104,125.00元。

(2)净利润差异的原因:主要是公司转让给合资公司欧司朗佛山照明有限公司土地使用权的收益,国内会计师在99年度计入,而境外会计师已在当年转让时将其收益早就反映在当年的利润中。

(3)净利润差异明细项目 单位:人民币元

	1999年税后利润
经中国会计法规编制的法定会计报表	158371894.00
遵照国际会计准则作出调整:	
呆帐准备拨回/(准备)	183974.00
投资准备	-492676.00
存货准备	1729934.00
已计出售土地使用权溢利	-25226913.00
合并调整	-346815.00
其他	1048371.00
根据国际会计准则列报	135267769.00

3、截止报告期末公司前三年的主要会计数据和财务指标(合并数) 单位:人民币元

项目	1999年	1998年 调整前	1998年 调整后	1997年
主营业务收入	602540212.54	504168250.93	504168250.93	446566072.29
净利润	158371893.31	147809937.65	150537456.54	134063185.30
总资产	1462921963.07	1415953476.79	1412006590.02	1384736364.19
股东权益(不含少数股东权益)	1184923899.83	1127050612.19	1123103725.42	1090137220.25
每股收益	0.574	0.536	0.546	0.486
扣除非经常性损益后的每股收益	0.483	0.531	0.541	
每股净资产	4.30	4.09	4.07	3.95
调整后的每股净资产	4.25	4.05	4.03	3.93
每股经营活动产生的现金流量净额	0.60	0.547	0.547	
净资产收益率	13.37	13.11	13.40	12.30

4、报告期内股东权益变动情况 单位:人民币元

项目	股本	资金公积	盈余公积	法定公益金	未分配利润	股东权益合计
期初数	275862054	619503518	128768927	56680572	42288653.14	1123103725.42
本期增加	-	-	31674378	7918594	118778919.98	158371893.31
本期减少	-	-	-	-	96551718.90	96551718.90
期末数	275862054	619503518	160443305	64599167	64515854.22	1184923899.83

三、股东情况介绍

1、报告期末股东总数

截止1999年12月31日,本公司共有股东64147户。其中,A股(佛山照明0541)股东59298户,包括高管股股东5户;B股(粤照明2541)股东4849户。

2、前十名主要股东持股情况(1999年12月31日) 股数单位:股

序号	股东名称	持有上市流通股数	持未上市流通股数	占总股本(%)
1	佛山市国有资产办公室 (国家法人股A股)		78111000	28.32
2	ARRAN INVESTMENT PTE LTD. (B股)	18531900		6.72
3	禅昌灯光器材有限公司 (法人A股)		5046750	1.83
4	景宏证券投资基金 (A股)	4255848		1.54
5	C.G.CAPITAL中国实业控股公司 (B股)	3700000		1.34
6	JIANG NAN HOLDINGS LIMITED江南控股有限公司(B股)	2173108		0.79
7	大鹏国际控股有限公司 (B股)	1830000		0.66
8	庄坚毅 (B股)	1613653		0.58
9	丰信国际投资公司 (B股)	1568700		0.57
10	景阳证券投资基金 (A股)	1322017		0.48
	合计	34995226	83157750	42.83

TCL通讯设备股份有限公司

一、公司简介

1. 公司法定中文名称:TCL通讯设备股份有限公司
公司法定英文名称:TCL Communication Equipment Co.,Ltd.
2. 公司法定代表人:李东生
3. 公司董事会秘书:王 岗
电话:0752-2288839 电子信箱:Wangg@tcl.com.cn
董事会秘书授权代表:林盛忠
电话:0752-2288898、2288896 传真:0752-2261868
电子信箱:tcl0542@pub.huizhou.gd.cn
联系地址:广东省惠州市上排大岭路10号TCL大厦
4. 公司注册地址及办公地址:广东省惠州市上排大岭路10号TCL大厦
邮政编码:516001
公司国际互联网网址:http://www.tclcomm.com 电子信箱:tcl0542@pub.huizhou.gd.cn
5.公司选定的信息披露报纸名称:《中国证券报》、《证券时报》
登载公司年度报告的中国证监会指定国际互联网网址: http://www.cninfo.com.cn
公司年度报告备置地点:投资及法律事务部
6. 公司股票上市交易所:深圳证券交易所
股票简称:TCL通讯 股票代码:0542

二、会计数据和业务数据摘要

1.本年度利润总额及其构成 单位:元

利润总额:	-181,832,186.55
净利润:	-179,836,171.66
扣除非经常性损益后的净利润:	-179,836,171.66
主营业务利润:	35,841,151.22
其他业务利润:	621,849.30
营业利润:	-186,545,072.04
投资收益:	-3,214,233.63
补贴收入:	9,545,933.92
营业外收支净额:	-1,618,814.80
经营活动产生的现金流量净额:	-74,755,742.63
现金及现金等价物净增加额:	-133,735,966.18

2.前三年的主要会计数据和财务指标

项目	1999年度	1998年度 调整后	1998年度 调整前	1997年度 调整后	1997年度 调整前
主营业务收入(元)	334397294	402823726	402823726	541876291.10	541876291.10
净利润(元)	-179836171	3925976	3040766	28775872	41723811
总资产(元)	680793477	840735980	869446266	649919675.56	679515171.15
股东权益(元)	428002379	607725607	636435893	417346,05.20	446942300.79
每股收益(元/股)	-0.956	0.021	0.016	0.184	0.309
加权平均每股收益(元/股)	-0.956	0.025	0.019	0.184	0.309
扣除非经常性损失后的每股收益(元/股)	-0.956	0.021	0.016	0.184	0.309
每股净资产(元/股)	2.28	3.23	3.38	2.66	2.86
调整后的每股净资产(元/股)	2.18	3.09	3.22	2.57	2.75
每股经营活动产生的现金流量净额(元/股)	-0.397	-0.131	-0.131	—	—
净资产收益率(%)	-42.02%	0.65%	0.48%	6.89%	10.82%

注:主要财务指标计算公式

每股收益=净利润/年度末普通股股份总数

每股净资产=年度末股东权益/年度末普通股股份总数

净资产收益率=净利润/年度末股东权益 X100%

调整后的每股净资产=[年度末股东权益-三年以上的应收款项净额-待摊费用-待 处理(流动、固定)资产净损失-开办费-长期待摊费用-住房周转金负数余额]/年度末 普通股股份总数

每股经营活动产生的现金流量净额=经营活动产生的现金流量净额/年度末普通股份总数

3.根据财政财会字(1999)35号文和49号文的有关规定,公司采用追溯调整法,调整了"坏帐准备"、"存货跌价准备"、"长期投资减值准备"、"未分配利润"帐项,调整前后各年度的会计数据如下:

项目	1998年 调整后	1998年 调整前	1997年 调整后	1997年 调整前	1996年 调整后	1996年 调整前
坏帐准备	22158875.50	1858954.28	23067825	1687208.64	15526294	1885791
存货跌价准备	6670364.60	0	647487850	0	1267052.80	0
长期投资减值准备	1740000.00	0	1740000.00	0	1740000.00	0
未分配利润	24250657.76	42224619	21109876	39792006.23	-570184.06	7753594.20

4.报告期内股东权益变动情况 单位:元

项目	股本	资本公积	盈余公积	法定公益金	未分配利润	股东权益合计
期初数	188108800	241999347	153366801	33263175.88	24250657	607725607
本期增加	0	112,944.00	0	0	0	112,944.00
本期减少	0	0	0	0	179836171	179836171.66
期末数	188108800	242112291	153366801	33263175.88	-155585513	428002379.77

变动原因:资本公积增加系被投资单位接受捐赠准备和外币资本折算差额形成,未分配利润 减少系本年度利润出现亏损及追溯调整了以前年度利润所致,股东权益减少系本年度 利润出现亏损及追溯调整了以前年度利润所致。

三、股东情况介绍

1. 截止1999年12月31日,股东总数59,560户。

2. 本公司前十名股东持股情况

名称	年末持股数(股)	比率(%)	增减变动量(股)	备注
(1)TCL通讯设备(香港)有限公司	47,027,200	25.00%		外资股东
(2)TCL集团有限公司	30,905,683	16.43%	18,231,675	国有股东
(3)惠州市南方通信开发有限公司	26020417	13.83%		国有股东
(4)惠州市通信发展总公司	2,079,000	1.11%		募集法人股
(5)广东省邮电工程贸易开发公司	623,700	0.33%		募集法人股
(6)平成夫	523,910	0.28%		
(7)张宇红	357,660	0.19%		
(8)李晓强	281,200	0.15%		
(9)陈波	250,000	0.13%		
(10)无锡市青山良荣电器厂	235,400	0.13%		

皖能股份有限公司

一、公司简介

1、公司法定中文名称:皖能股份有限公司
公司法定英文名称:WENERGY COMPANY,LIMITED
公司英文名称缩写:WENERGY CO.,LTD
2、公司法定代表人:张绍仓
3、公司董事会秘书:周庆霞
联系地址:安徽省合肥市马鞍山路 99 号皖能大厦
联系电话:0551-4672679 传真:0551-4669573
电子信箱:zhouqx@wenergy.com.cn
4、公司注册(办公)地址:安徽省合肥市马鞍山路 99 号皖能大厦 邮编:230011
公司国际互联网网址: http://www.wenergy.com.cn 电子信箱: group@wenergy.com.cn
5、公司选定的信息披露报纸:《证券时报》、《中国证券报 》;
登载公司年度报告的国际互联网网址 http://www.cninfo.com.cn;
公司年度报告备置地点:公司证券部
6、公司股票上市交易所:深圳证券交易所
股票简称:皖能电力 股票代码:0543

二、会计数据及业务数据摘要

(一)本年度会计数据及业务数据摘要 单位: 万元

利润总额	21466.56
净利润	18237.49
扣除非经常损益的净利润	16605.49
主营业务利润	14603.85
其它业务利润	8.43
营业利润	12322.56
投资收益	9249.88
补贴收入	0
营业外收支净额	−105.88
经营活动产生的现金流量净额	17091.61
现金及现金等价物净增加额	−4517.32

注:扣除的非常性损益项目、涉及金额

项 目	涉及金额(万元)
补贴收入	0
股权转让收益	1920.00
合 计	1920.00

(二)近三年主要会计数据和财务指标: 单位:万元

项 目	1999 年	1998 年		1997 年	
		调整后	调整前	调整后	调整前
主营业务收入	64307.08	67441.85	67441.85	77880.07	77880.07
净利润	18237.49	20954.81	21529.13	24738.91	25256.21
总资产	267991.01	238314.16	239705.45	207337.16	207962.52
股东权益	227176.35	224388.84	225480.47	193542.40	194059.71
每股收益(元)(摊薄)	0.2359	0.2711	0.2785	0.3367	0.3438
每股收益(元)(月均加权)	0.2359	0.2844	0.2923	0.3367	0.3438
扣除非经常性损益后的每股收益(元)	0.2148	0.2711	0.2785	0.3353	0.3426
每股净资产(元)	2.94	2.90	2.92	2.63	2.64
调整后的每股净资产	2.86	2.89	2.91	2.63	2.64
净资产收益率(%)	8.03	9.34	9.55	12.78	13.01
加权平均净资产收益率(%)	8.08	10.03	9.96	13.69	13.93
每股经营活动产生的现金流量净额(元)	0.22	0.097	0.097	–	–

计算公式如下:
1、每股收益=净利润/年度末公司总股本
2、每股净资产=年度末股东权益/年度末公司总股本
3、净资产收益率=净利润/年度末股东权益×100%
4、调整后的每股净资产=【年度末股东权益−三年以上应收款项净额−待摊费用− 待处理(流动、固定)资产净损失−开办费−长期待摊费用−住房周转金负数余额】/年度末总股本
5、每股经营活动产生的现金流量净额=经营活动产生的现金流量净额/年度末普通股股份总数

(三)股东权益变动情况 单位:元

项 目	股本	资本公积	盈余公积	其中:公益金	未分配利润	合 计
期初数	773008816	955987602	364545824	74399371	150346138	2243888381
本期增加	/	102002	65912184	9074657	182374904	248389090
本期减少	/	/	/	/	220513947	220513947
期末数	773008816	956089604	430458008	83474028	112207095	2271763524

注:变动原因:
(1)资本公积本期增加系铜陵电厂豁免借款所致;
(2)盈余公积本期增加系按净利润提取 15%及返还所得税 18%部分转入任意盈余公积金所致;
(3)公益金增加系按净利润提取 5%所致;
(4)未分配利润本期增加系本年净利润转入,减少系本年提取盈余公积、应付股利所致。

三、股东情况介绍

1、股东数量
报告期末,公司股东总数 87405 人,其中高级管理人员股东 7 人。
2、主要股东持股情况
截至 1999 年 12 月 31 日,公司前十名主要股东的名称、持股数量及增减变动如下:

名 称	年末持股数(股)	增减变动(+/−)	占总股本比例(%)
安徽省能源集团有限公司	468,000,000	0	60.543
安徽省农业投资公司	27,700,000	0	3.583
安徽省能源物资供销公司	27,700,000	0	3.583
中国宝安集团股份有限公司	22,000,000	0	2.846
安徽省建设投资公司	19,890,000	0	2.573
安徽省电力公司	11,000,000	0	1.423
中行安徽信托投资咨询公司	6,710,000	0	0.868
深圳鸿基(集团)股份有限公司	5,000,000	0	0.647
安徽省证券公司	4845375	−790000	0.627
安徽国祯能源股份有限公司	3,360,000	0	0.435

白鸽(集团)股份有限公司

一、公司简介

1、公司法定中文名称:白鸽(集团)股份有限公司
公司法定英文名称:White Dove (Group) Co.Ltd
2、公司法定代表人:周文德
3、公司董事会秘书:曹长岭
联系地址:河南省郑州市华山路 78 号 电话:0371—7635588—2762
传真:0371—7628013 电子信箱:board@whitedove.com.cn
4、公司办公地址:河南省郑州市华山路 78 号 邮编:450007
公司国际互联网网址:http://WWW.Whitedove.com.cn
公司董事会秘书处电子信箱: board@whitedove.com.cn
5、公司信息披露报纸名称:《证券时报》、《中国证券报》
公司年度报告登载在中国证监会指定的国际互联网网址: http://WWW.cninfo.com.cn.
公司年度报告备置地点: 白鸽(集团)股份有限公司董事会秘书处
6、公司股票上市交易所:深圳证券交易所
股票名称:豫白鸽 A 股票代码:0544

二、会计数据和业务数据摘要

(一)、本年度主要利润指标

利润总额	−7878.83 万元
净利润	−7982.50 万元
扣除非经常性损益后的净利润	−9322.85 万元
主营业务利润	10229.67 万元
其它业务利润	224.90 万元
营业利润	−7734.57 万元
投资收益	−865.99 万元
补贴收入	906.21 万元
营业外收支净额	−184.48 万元
经营活动产生的现金流量净额	4541.22 万元
现金及现金等价物净增加额	−2811.66 万元

注:扣除非经常性损益后的净利润=净利润(−7982.50 万元)−补贴收入(906.21 万元)−营业外收支净额(−184.48 万元)

(二)、公司近三年主要会计数据和财务指标 (单位:人民币万元)

指标项目	1999 年	1998 年		1997 年	
		调整后	调整前	调整后	调整前
1、主营业务收入	44290.19	49830.76	51570.26	59548.66	60465.40
2、净利润	−7982.50	−4137.85	96.59	517.13	976.42
3、总资产	131724.12	145728.25	154265.92	132238.80	142724.94
4、股东权益(不含少数股东权益)	28167.85	34467.34	50278.71	44865.51	46163.77
5、每股收益	−0.30	−0.15	0.0035	−0.02	0.036
6、扣除非经常性损益后的每股收益	−0.32	−0.15	0.00	−0.03	0.04
7、每股净资产	1.05	1.28	1.87	1.67	1.71
8、调整后的每股净资产	1.0118	1.06	1.45	1.28	1.40
9.每股经营活动产生的现金流量净额	0.17	0.285	0.29		
10.净资产收益(%)	−28.34	−12.01	0.19	−0.01	2.12

注 1:主要财务指标的计算公式如下:
每股收益=净利润/年度末普通股股份总数
每股净资产=年度末股东权益/ 年度末普通股股份总数
调整后的每股净资产=[年度末股东权益−三年以上应收款项净额−待摊费用−待处 理(流动、固定)资产净损失−开办费−长期待摊费用−住房周转金负数余额]/年度末普 通股股份总数
每股经营活动产生的现金流量净额=经营活动产生的现金流量净额/年度末普通股股份总数
净资产收益率=净利润/年度末股东权益×100%
注 2:需要说明的是:由于会计政策变更,根据财政部财会字(1999)35 号文、49 号文的有关规定,采用了追溯调整法,调整了 1999 年度合并会计报表相关的“坏帐准备”帐项、“存货跌价准备”帐项、“长期投资减值准备”帐项、“短期投资跌价准备”帐项。

调整前各年度会计数据如下:(单位:人民币元)

项 目	1998 年度	1997 年度
短期投资跌价准备		
坏帐准备	724,968.41	874,660.46
存货跌价准备		
长期投资减值准备		
未分配利润	8,496,955.81	7,738,984.44

调整后各年度会计数据如下:(单位:元)

项 目	1999 年度	1998 年度	1997 年度
短期投资跌价准备	------	-----	
坏帐准备	94834132.64	81425378.11	56399914.65
存货跌价准备	66783802.81	61610674.96	51805351.34
长期投资减值准备	17359637.13	12170000.00	5820000.00
未分配利润	−221473714.74	−141648735.54	−105203649.83

三、股本变动及股东情况介绍

1、报告期末股东总数
截止到 1999 年 12 月 31 日白鸽公司股东总数为:24637 户,其中国家股东 1 户,个人股 东 24636 户, 其中高管股股东 6 户。
2、主要股东持股情况
截止 1999 年 12 月 31 日, 持有本公司股票的前十名股东名单:

序号	股东姓名	持股数	占有总股份比例(%)
1	郑州市国有资产管理局	160,718,250	59.64
2	广东福地彩色显像管股份有限公司	12,988,840	4.82
3	刘来友	1,162,469	0.43
4	东莞市卓越贸易公司	1,038,553	0.39
5	郭灿球	795,538	0.30
6	麦莲芳	781,412	0.29
7	王凤明	764,398	0.28
8	孙永红	762,524	0.28
9	姚惠玲	727,116	0.27
10	刘次娣	707,600	0.26

吉林恒和制药股份有限公司

一、公司简介

(一)公司中文名称:吉林恒和制药股份有限公司
英文名称:JILIN HENGHE PHARMACEUTICAL CO., LTD
(二)公司法定代表人:孙宏伟
(三)公司董事会秘书:郭　莹
授权代表:罗国建
联系电话:(0432)4809021　4809591
联系传真:(0432)4841728
联系地址:吉林市长春路 99 号
电子信箱:JZYD@public.jl.jl.cn
(四)公司注册地址:吉林市长春路 99 号
办公地址:吉林市长春路 99 号
邮政编码:132012
电子信箱:JLHHZY@public.jl.jl.cn
(五)公司选定信息披露报纸:《证券时报》、《中国证券报》
登载年度报告网址:http://www.cninfo.com.cn
年度报告备置地点:公司董事会秘书处
(六)公司上市地点:深圳证券交易所
股票简称:恒和制药　股票代码:0545

二、会计数据和业务数据摘要

(一)公司本年度实现利润情况:　单位:元

利润总额:	-98562184.86
净 利 润:	-98565858.61
扣除非经常性损益后的净利润:	-21490221.47
主营业务利润:	34860719.38
其他业务利润:	-1253587.19
营业利润:	-887696.61
投资收益:	215670.40
补贴收入:	0.00
营业外收支净额:	-10007998.65
经营活动产生的现金流量净额:	-1135926.94
现金及现金等价物净增加额:	-35335337.23

(二)公司前三年的主要会计数据和财务指标:　单位:元

1、追溯调整后

项目	1999 年度	1998 年度	1997 年度
主营业务收入	163725210.01	178595846.21	147967304.97
净利润	-98565858.61	-12309101.72	-21691591.46
总资产	335106255.07	432162640.37	397854895.36
股东权益	159536063.87	257782242.12	288288503.38
每股收益	-0.73	-0.09	-0.16
扣除非经常性损益后的每股收益	-0.16	0.0006	0.005
每股净资产	1.18	1.90	2.13
调整后的每股净资产	1.03	1.48	1.78
每股经营活动产生的现金流量净额	-0.008	0.026	
净资产收益率(%)	-61.78	-4.78	-7.52

2、追溯调整前

项目	1998 年度	1997 年度
主营业务收入	178595846.21	147967304.97
净利润	2520461.01	685458.64
总资产	487178758.52	420231945.46
股东权益	313499643.62	310665553.48
每股收益	0.019	0.005
扣除非经常性损益后的每股收益	0.019	0.005
每股净资产	2.31	2.29
调整后的每股净资产	2.24	2.25
每股经营活动产生的现金流量净额	0.026	
净资产收益率(%)	0.80	0.22

注:主要财务指标计算公式如下:

(三)报告期内股东权益变动情况　单位:元

项目	期初数	本期增加	本期减少	期末数
股本	135635820			135635820
资本公积	152982419.13			152982419.13
盈余公积	8754808.95		23992.55	8730816.40
法定公益金	2112674.34			2112674.34
未分配利润	10119469.49	-98565858.61	49366602.54	-137812991.66
股东权益合计	307492517.57	-98565858.61	49390595.09	159536063.87

变动原因:未分配利润本期增加-98565858.61 元为本年度净利润转入,本期减少原因为:
1 、坏账准备追溯调整调减未分配利润 4040 万元;
2、存货跌价损失追溯调整调减未分配利润 1149 万元;
3、冲减盈余公积调增未分配利润 635 万元所致。

三、股东情况介绍

(一)截止 1999 年 12 月 31 日, 公司股东总数为 31018 户。
(二)前十名股东持股情况:

股东名称	年末持股数	增减变动情况	持股比例(%)	股份性质	质押冻结情况
吉林省恒和企业集团有限责任公司	28655000	+28655000	21.12	法人股	质押
吉林省明日实业有限公司	18507500	+18507500	13.64	法人股	无
深圳经济特区房地产(集团)股份有限公司	18507500	0	13.64	法人股	无
吉林市银丰物资经销公司	1320000	0	0.97	法人股	
周泰勇	1072037		0.79	流通股	
廊坊市光阳摩托车销售服务中心	920641		0.68	流通股	
马书科	731700		0.54	流通股	
华夏证券有限公司北京东四营业部	550000	0	0.41	法人股	
许静华	343250		0.25	流通股	
张连华	326600		0.24	流通股	

吉林轻工集团股份有限公司

一、公司简介

1、公司法定中文名称:吉林轻工集团股份有限公司
公司法定英文名称:JILIN LIGHT INDUSTRIAL GROUP CO.,LTD　缩写:LIG
2、公司法定代表人:王铁男
3、公司董事会秘书:李丽　联系地址:长春市建设街 81 号
电话:0431-8523476　传真:0431-8523478　8522149　E-mail:jlligco@public.cc.jl.cn
4、公司注册地址和办公地址:长春市建设街 81 号　邮政编码:130061
5、公司选定的信息披露报纸名称:《证券时报》
登载公司年度报告的中国证监会指定国际互联网网址: http://www.cninfo.com.cn
公司年度报告备置地点:吉林轻工集团股份有限公司董事会秘书处
6、公司股票上市交易所:深圳证券交易所　股票简称:吉轻工 A　股票代码:0546

二、会计数据和业务数据摘要

1、本年度会计数据摘要　(单位:元)

利润总额	-167,231,508.64
净利润	-168,928,566.72
扣除非经常性损益的净利润	-36,278,867.97
主营业务利润	8,562,282.03
其它业务利润	2,659,152.21
营业利润	-78,451,124.97
投资收益	-56,077,083.86
营业外收支净额	-32,703,299.81
经营活动产生的现金流量净额	-761,594.06
现金及现金等价物净增加额	-3,523,151.74

注:非经常性损益项目及金额:依据 1999 年月 12 月 27 日公司临时股东大会决议,处 理债务重组、投资、兼并、参股等损失 132,649,698.75 元。

2、截至报告期末公司前三年的主要会计数据和财务指标

指标名称	1999 年	1998 年		1997 年	
		调整后	调整前	调整后	调整前
主营业务收入	93,127,153	136,767,540	136,767,540	176,942,867	176,942,876
净利润	-168,928,566	-48,448,892	-46,197,550	1,284,388	41,150,455
总资产	577,958,266	776,306,616	909,800,190	736,009,759	867,052,342
股东权益	61,123,162	228,948,602	347,665,369	277,274,500	393,540,276
每股收益	-0.997	-0.287	-0.273	0.008	0.239
每股净资产	0.36	1.35	2.05	1.64	2.32
调整后的每股净资产	-0.04	0.86	1.56	1.09	1.78
净资产收益率	-276.37%	-21.14%	-13.29%	0.46%	10.30%

每股经营活动产生的现金流量净额-0.0044

注:(1)财务指标的计算方法
每股收益=净利润/年度末普通股股份总数
每股净产=年度末股东权益/年度末普通股股份总数
调整后的每股净资产=[年度末股东权益-三年以上的应收款项净额-待摊费用-待 处理(流动、固定)资产净损失-开办费-长期待摊费用-住房周转金负数余额]/年度末普通股股份总数
净资产收益率=净利润/年度末股东权益×100%
(2)报告期内公司普通股股份无变化,按加权平均法计算的每股收益指标与按摊簿法计算的结果完全一致。
(3)扣除非常性损益后的每股收益:-0.214

3、报告期内股东权益变化情况

项目	股本	资本公积	盈余公积	法定公益金	未分配利润	股东权益合计
期初数	169506479	105385201	25342995	3239179.01	-71086426.29	229148250.88
本期增加						
本期减少	—	15253	—	—	168009834.27	168025087.96
期末数	169506479	105369948	25342995	3239179.01	-239096260.56	61123162.92

变动原因:(1)资本公积金较年初减少 15,253.69,系按权益法调整被投资单位外币差额所致 。
(2)未分配利润较年初减少 168,009,834.27 元,其中本年度亏损 168,928,566.72 元;控股中外合作企业外商分利 331,200.00 元;合并范围变化影响减亏 1,249,932.45 元。

三、股东情况介绍

1、报告期末股东总数为 41,401 户。
2、前 10 名股东持股情况

股 东 名 称	年初持股数(股)	增加变化情况	年末持股数(股)	持股比例(%)	持押冻结情况
吉林省国际信托投资有限责任公司	20,196,000		20,196,000	11.92	质押
海南顺兴房地产开发公司	13,200,000		13,200,000	7.29	质押
天骥投资基金	13,200,000	-2,200,000	11,000,000	6.49	无
海南顺丰股份有限公司	10560,000		10,560,000	6.23	无
洋浦裕隆实业有限公司	10000,000		10,000,000	5.90	无
交通银行长春分行	6,600,000		6,600,000	3.90	无
中国保安集团股份有限公司	3300000	-3,300,000			
海南海虹企业股份有限公司	3,300,000	-3,300,000			
深圳蓝天基金管理公司	2,811,600	-2,811,600			
江苏联合信托投资公司	+6,111,600	6,111,600	3.60	无	
洋浦达龙实业有限公司	2,639,325	+2,464,000	5,103,325	3.01	无
吉林轻工股份有限公司工会委员会	+5,068,800	5,068,800	2.99	无	
中海恒实业发展有限公司	+3,300,000	3,300,000	1.95	无	

注:前十名股东中,海南顺兴房地产开发公司是海南顺丰股份有限公司的全资子公司。

四、董事会报告

(一)公司经营情况
1、公司所处的行业及在本行业的地位
公司是从事工业、贸易、房地产等行业的综合类企业。
2、公司主营业务范围及经营状况
公司主营业务为:生产和销售自产的不锈钢制品、进出口贸易;对外派遣轻工行业工程、生产及从事维修等服务的劳务人员;房地产开发、物业管理等。
公司 1999 年度实现主营业务收入 9,312.7 万元,比上年同期下降了 31.9%,主营业 务利润 856.2 万元,比上年同期下降 16.7%,净利润为-16,892.9 万元。

福建省福发股份有限公司

一、公司简介

1、公司法定中文名称:福建省福发股份有限公司
公司法定英文名称:FUJIAN FUFA CO,. LTD.
2、公司法定代表人:陈国相
3、公司董事会秘书:陈秀华
授权代表:林 杰
联系地址:福州市工业路 223 号
联系电话:0591-3828230 3810865 转 891 传真:0591-3813706
4、公司注册地址:福州市工业路 223 号
公司办公地址:福州市工业路 223 号
邮政编码:350004
5、公司选定的信息披露报纸:《证券时报》、《中国证券报》
登载公司年度报告的中国证监会指定国际互联网网址:
http://www.cninfo.com.cn
公司年度报告备置地点:公司董事会办公室
6、股票上市交易所:深圳证券交易所
股票简称:闽福发 A 股票代码:0547

二、会计数据与业务数据摘要

1、本年度实现的利润指标情况 (单位:元)

项 目	1999 年
利润总额	65,004,052.33
净利润	63,518,011.10
扣除非经常性损益后的净利润	63,583,381.58
主营业务利润	91,058,627.63
其他业务利润	1,163,958.35
营业利润	65,069,422,81
投资收益	11,185.05
补贴收入	-
营业外收支净额	-76,555.53
经营活动产生的现金流量净额	24,710,933.17
现金及现金等价物净增加额	27,771,111.61

2、主要会计数据和财务指标 单位:元

指标项目	1999 年	1998 年		1997 年
		调整前	调整后	
(1)主营业务收入	154969650.61	77540790.25	77540790.25	75488640.22
(2)净利润	63518011.10	2587279.82	322109.46	22703174.56
(3)总资产	758850314.68	524856742.47	507518837.73	363721847.62
(4)股东权益	389643680.15	343463573.79	326125669.05	222914678.97
(5)每股收益	0.519	0.021	0.003	0.232
(6)加权平均每股收	0.519	0.021	0.003	0.24
(7)扣除非经营性损益后的每股收益	0.519	0.014	-0.004	0.23
(8)每股净资产	3.18	2.81	2.66	2.27
(9)净资产收益率	16.30%	0.75%	0.1%	10.45%
(10)加权平均净资产收益	16.30%	0.78%	0.1%	10.45%
(11)调整后每股净资产	3.11	2.74	2.59	2.24
(12)每股经营活动产生的现金流量净额	0.20	-0.22		

注:主要财务指标计算方法
每股收益=净利润/年度末普通股股份总数;
每股净资产=年度末股东权益/年度末普通股股份总数;
净资产收益率=净利润/年度末股东权益×100%;
调整后的每股净资产=(年度末股东权益-三年以上的应收帐款净额-待摊费用-待 处理(流动、固定)资产净损失-长期待摊费用-住房周转金负数余额)/年度末普通股股份总数。
每股经营活动产生的现金流量净额=经营活动产生的现金流量净额/年度末普通股股份总数
3、报告期内公司股东权益变动情况 (单位:元)

项目	股 本	资本公积	盈余公积	其中:公益金	未分配利润	合 计
期 初 数	122423174	194925141	8777353.45	4200445.76	0	326125669.05
本期增加			9527701.67	3175900.56	63518011	73045712.77
本期减少					9527701	9527701.67
期 末 数	122423174	194925141	18305055.12	7376346.32	53990309	389643680.15
变动原因			当年提取盈余公积金	当年提取法定公益金	当年利润增加及提取盈余公积金	

三、股东情况介绍

1、报告期末的股东总数
至本年度末,公司股东总数为 15285 户,其中国家股东 1 户,内部职工股股东 7 户,社 会公众股股东 15277 户。
2、公司前十名股东持股情况(截止 1999 年 12 月 31 日)

股 东	期末持股数	持股比例
(1)、福州市财政局	48849641	39.90%
(2)、福建兴业证券公司	7094210	5.79%
(3)、上海涌金实业有限公司	6000000	4.90%
(4)、杭州五环实业有限公司	3000000	2.45%
(5)、陈文莉	1600374	1.31%
(6)、陈艳	1013360	0.83%
(7)、孙瑞青	947100	0.77%
(8)、艾淑英	942111	0.77%
(9)、赵志英	933119	0.76%
(10)、仲顺年	916120	0.75%

四、董事会报告

、公司主营业务的范围及其经营情况:
(1)、公司主营业务范围:电子计算机及配件;电子、通信技术、网络技术服务;咨询、信息服务;环保工程的设计、施工、总承包;环保设施的运营;环保产品的生产、销售。电器机械及器材,电器机械技术咨询、开发、转让、培训;发酵罐,建筑材料,日用百货的生产、批发、零售;经营本企业自产机电产品,成套设备及相关技术的出口业务等。

湖南投资集团股份有限公司

一、公司简介

1、公司法定中文名称:湖南投资集团股份有限公司
英 文:HUNAN INVESTMENT GROUP CO.,LTD
缩 写:HIG
2、公司注册及办公地址:长沙市劳动西路 177 号有色大厦八楼
邮政编码:410015
电子信箱:hntz@hn-investment.com
3、法定代表人:刘忠明
4、董事会秘书:成亚非 董事会秘书授权代表:黄满池
联系地址及年报备置地点:长沙市劳动西路 177 号有色大厦八楼
联系电话:0731-5518565
传真:0731-5500354
5、公司选定的信息披露报纸:《证券时报》
登载公司年度报告的中国证监会指定国际互联网网址:
http://www.cninfo.com.cn
6、公司股票上市交易所:深圳证券交易所
股票简称:湖南投资 股票代码:0548

二、会计数据和业务数据摘要

1、本年度主要利润指标情况 单位:人民币元

利润总额	64556484.85
净利润	62829699.43
扣除非经常性损益后的净利润	0
主营业务利润	68227482.54
其他业务利润	0
营业利润	49363963.70
投资收益	15065119.06
补贴收入	0
营业外收支净额	127402.09
经营活动产生的现金流量净额	16457505.26
现金及现金等价物净增加额	-11192799.54
注:扣除的非经常性损益项目和涉及的金额	0

2、截止报告期末公司近三年的主要会计数据和财务指标 单位:人民币元

项目	1999 年	1998 年(调整前)	1998 年(调整后)	1997 年
主营业务收入(元)	100654239.76	239283382.73	239283382.73	14824.83
净利润(元)	62829699.43	100550032.00	97620394.70	-12387.55
总资产(元)	620112621.12	489703998.45	486774361.15	107789.44
股东权益(元)	466267009.14	406366947.01	403437309.71	30555.43
每股收益(摊薄)	0.216	0.346	0.336	-0.426
每股收益(月均加权)	0.216	0.346	0.336	-0.426
扣除非经常性损益后的每股收益	0.216	0.2125	0.202	-0.426
每股净资产(元)	1.605	1.398	1.388	1.05
调整后的每股净资产(元)	1.600	1.394	1.384	0.7854
每股经营活动产生的现金流量净额(元)	0.057	0.0036	0.0036	
净资产收益率(%)	13.48%	24.74%	24.20%	-40.54%

注:(1)主要财务指标计算方法
a、全面摊薄的财务指标计算公式
每股收益=净利润/年度末普通股股份总数
每股净资产=年度末股东权益/年度末普通股股份总数
调整后的每股净资产=[年度末股东权益 - 三年以上的应收款项净额 -待摊费用 - 待处理(流动、固定)资产净损失 - 开办费-长期待摊费用-住房周转金负数余额]/ 年度末普通股股份总数
每股经营活动产生的现金流量净额=经营活动产生的现金流量净额/年度末普通股股份总数
净资产收益率=净利润/年度末股东权益×100%
b、加权平均的财务指标计算方法
每股收益=净利润÷[期末普通股股份总数÷(1+配股比例或增发新股比例)+期末 普通股股份总额÷(1+配股比例或增发新股比例)×配股比例或增发新股比例×缴款结束日下一月份至期末的月份数÷12]
3 、报告期内股东权益变动情况: (单位:元)

项目	股本	资本公积金	盈余公积	法定公益金	未分配利润	股东权益合计
期初	290608048	176450016.63	5878950.80	5878950.80	-69499705.72	403437309.71
本期增加	0	0	1177021.34	392340.45	62829699.43	64006720.77
本期减少	0	0	0	0	1177021.34	1177021.34
期末数	290608048	176450016.63	7055972.14	6271291.25	-7847027.63	466267009.14

(1)盈余公积、法定公益金增加为本年度子公司盈利提取的。
(2)未分配利润增加,原因是本年度净利润增加。
(3)股东权益增加,原因是盈余公积增加和未分配利润增加。

三、股本变动及主要股东情况

1、报告期末股东总数为: 63264 户。
2、公司前十名股东持股情况

序号 股东名称	年末持股数(万股)	占总股本%
1、长沙市环路建设开发有限公司	13187.72	45.38%
2、长沙市国有资产经营公司	2470.00	8.50%
3、兴华证券投资基金	1101.95	3.79%
4、中国宝安集团股份有限公司	650.00	2.24%
5、深圳康佳电子股份有限公司	130	0.45%
6、李 懋 兰	59.65	0.21%
7、李 月 英	54.00	0.19%
8、李 卫 红	46.80	0.16%
9、北京东恒建筑装饰工程有限公司	39.00	0.13%
10、长春百货大楼集团股份有限公司广告分公司	37.06	0.13%

持有本公司 5%以上的法人股东所持有股份无质押、冻结情况;
3、持有本公司股份 10%以上的股东只有长沙市环路建设开发有限公司,该公司持有的股份为法人股。
4、本公司前十名股东无关联方关系。

湘火炬汽车零部件股份有限公司

湘火炬汽车零部件股份有限公司1999年年度报告摘要

一、 公司简介

1、公司法定中文名称:湘火炬汽车零部件股份有限公司
公司法定英文名称:TORCH AUTOMOTIVE PARTS & ACCESSORIES CO., LTD
2、公司法定代表人:黄 平
3、公司董事会秘书:郑 悦 公司董事会秘书授权代表:张英姿
联系地址:湖南省株洲市红旗北路3号
联系电话:0733-8450021 传真:0733-8450019 电子信箱:E—mail: torch @ mail .zz. hn. cn
4、公司注册地址:湖南省株洲市河西黄河南路1号
公司办公地址:湖南省株洲市红旗北路3号 邮政编码:412001
国际互联网网址:http://www.cntorch.com 电子信箱:E—mail: torch @ mail .zz. hn. cn
5、公司选定的信息披露报纸名称:《证券时报》和《中国证券报》
登载公司年度报告的中国证监会指定国际互联网网址:http://www.cninfo.com.cn
公司年度报告备置地点:公司办公楼七楼公司办公室
6、公司股票上市交易所:深圳证券交易所 股票简称:湘火炬A 股票代码:0549

二、会计数据和业务数据摘要

(一)本年度主要利润指标	(单位:人民币元)
利润总额	77021031.25
净利润	57113052.10
扣除非经营性损益后的净利润	57084861.86
主营业务利润	122395820.69
其他业务利润	5401623.58
营业利润	73213622.50
投资收益	3779218.51
补贴收入	289513.95
营业外收支净额	-261323.71
经营活动产生的现金流量净额	77041902.61
现金及现金等价物净增加额	96294136.23

注:扣除的非经营性损益为补贴收入289513.95元与营业外收支净额-261323.71元。

(二) 截至报告期末公司前三年的主要会计数据和财务指标 (单位:人民币元)

项 目	1999年	1998年		1997年	
		追溯调整前	追溯调整后	追溯调整前	追溯调整后
主营业务收入	555626255.73	265951089.19	265951089.19	124925689.75	124925689.75
净利润	57113052.10	67360072.91	66659721.61	23259770.10	22953449.60
总资产	1163146116.82	527483675.63	515967964.51	365689021.95	354986598.36
股东权益(不含少数股东权益)	354411576.55	308445821.95	297043047.07	210816896.77	200114473.18
每股收益	0.258	0.5773	0.5713	0.239	0.236
每股净资产	1.599	2.64	2.55	2.168	2.058
调整后的每股净资产	1.433	2.52	2.42	2.05	1.936
每股经营活动产生的现金流量净额	0.347				
净资产收益率	16.11%	21.84%	22.44%	11.03%	11.47%
扣除非经常性损益后的每股收益	0.257	0.5421	0.5361	0.233	0.23
按月平均加权法计算的每股收益	0.321	0.639	0.633	0.239	0.236

注1:各种财务指标的计算公式如下:
每股收益=净利润/年度末普通股股份总数
调整后的每股净资产=(年度末股东权益-三年以上的应收款项净额-待摊费用-待 处理(流动、固定)资产净损失-开办费-长期待摊费用-住房周转金负数余额)/年度末 普通股股份总数

三、股东情况介绍

1、股东情况介绍
(1) 报告期末共有股东3543人。
(2) 主要股东持股情况(截止至1999年12月31日) (单位:股)

序号 股东名称	股权性质	年度内股份变动	年末持股数	占总股本比例%
1. 新疆德隆(集团)有限责任公司	法人股	+27000000	57000000	25.71
2.株洲国有资产管理局	国家股	+11298000	30666000	13.83
3.株洲天祥商贸有限公司	法人股	+6133200	6133200	2.77
4.上海国脉广告装潢公司	社会公众股		1216490	0.55
5.北京绿松石投资顾问有限公司	社会公众股		1064600	0.48
6.郑桂兰	社会公众股		955231	0.43
7.周广	社会公众股		910384	0.41
8.全景成	社会公众股		807490	0.36
9.新疆乌市祥和实业有限公司	社会公众股		704527	0.32
10. 杭州中山酒店	社会公众股		681100	0.31

前十名股东之间不存在关联关系,持股5%(含5%)以上的法人股东所持股份没有 发生质押、冻结等情况。

四、股东大会简介

1、1999年4月26日上午在公司办公大楼六楼会议室召开1998年年度股东大会。本次股东决议公告刊登于1999年4月27日的《证券时报》和《中国证券报》。

2、1999年7月12日上午在公司办公大楼六楼会议室召开1999年第一次临时股东大会。 本次股东决议公告刊登于1999年7月13日的《证券时报》和《中国证券报》。

3、1999年10月15日上午在公司办公大楼六楼会议室召开1999年第二次临时股东 大会。本次股东决议公告刊登于1999年10月16日的《证券时报》和《中国证券报》。

五、董事会报告

(一)公司经营情况

1、公司主导产品火花塞、刹车系统、汽车灯镜所处的行业为汽车配件行业。

汽车工业是国家的支柱产业之一,汽车配件工业有着广阔的发展前景。公司在国 内火花塞、水封件、活塞销行业中占据重要地位。火花塞产品质量水平和生产规模均居国内同行业前列,与上海别克、桑塔纳等绝大多数主机厂配套。刹车盘、刹车毂90 %以上出口北美,拥有较高份额的长期稳定的国际市场,是国内最大的刹车系统出口基地。99年公司火花塞、汽车灯镜质量体系在国内同行业中率先通过国际汽车行业质量标准QS9000认证,水封件、活塞销也一次性通过了ISO9002认证审核,标志着公司产品 质量水平更上一个新的台阶。

2、公司主营业务范围及经营情况

公司主营业务范围为汽车零部件、特种陶瓷等产品的制造、销售及进出口贸易。

1999年,公司继续围绕"创立民族汽配第一品牌"的战略部署,以国际一流汽配企业为目标,全面贯彻QS9000质量标准,推行精细化管理,迈向了一条以汽配行业为重点,跨产品、跨地域、工贸一体的规模化经营之路。经过一年来的不懈努力,公司迅速低 成本扩张,各项经济指标呈增长态势。全年共完成主营业务收入55562.63万元,实现净利润5711.31万元。

年内,公司主导产品火花塞产品质量体系在通过ISO9002的基础上,贯彻执行QS9000质量标准,并于7月25日率先在全国同行业中通过了QS9000质量认证。瞄准国际先进 水平和世界名牌,不断改进产品质量,调整产品结构,新开发并批量生产的高附加值产 品铂金火花塞与上海通用别克车配套成为别克车国产化配套的首批OEM供货商。同时 通过精细化管理,精益化生产,进一步降低了产品制造成本,提高了竞争力,市场占有率稳中有升。车灯、车镜产品在主攻国际市场的同时,积极开发新品种,拓展国内主机市场和配套市场,全年开发新品36个,其中11项产品顺利通过美国交通部7项性能检测,取得DOT认证,高质量的产品得到国内广大用户的认可,并实现了多家有影响的主机厂OEM配套。公司特种陶瓷的研发和质量水平均位居全国前列。年内新开发的高附加值水封件先后通过了神龙富康、美国康明斯、奥地利斯太尔发动机等主机厂的质量认证,并 顺利实现主机国产化配套。全年共完成主营业务收入12290.54万元,净利润1885万元 。

年内,公司收购控股美国MAT公司,包括国内九家制造企业和两家境外销售公司,分布在杭州、天津、大连、山东和美国等地,主要从事刹车盘、刹车毂的制造和出口。 收购美国MAT公司是公司为应对中国加入WTO采取的积极措施,加入WTO以后,中国的汽 配市场将直接面对国外厂家的竞争。首先打入北美汽配市场,参与国外主机厂家的全 球采购计划,这是公司可持续发展战略的重要组成部分。MAT公司在美国拥有一亿多美元长期稳定的汽配市场份额,刹车盘、刹车毂的美国售后服务市场占有率达20%,近年来,连续保持中国出口第一,为公司实现工贸一体,利用国内生产能力,整合国外销售市场奠定了一定基础。99年实现纳入合并报表的主营业务收入22809.95万元,净利润1190万元。年内,公司外贸业务迅速发展,MAT公司的收购使公司的出口渠道更加广阔和畅通,而且形成了一支拥有丰富实践经验、较高专业素质的国际贸易队伍。在出口产品选择上,不仅稳定和扩大汽车零部件产品的原有业务,还根据市场需求,开拓了其他机械产 品、丝网等的国际市场。合并外贸业务完成主营业务收入24124万元,净利润3667万元。

3、公司主要全资附属企业及控股子公司的经营情况及业绩

①火炬汽配进出口有限责任公司全年经营收入12951.80万元,实现净利润1279.93万元。

②MAT公司在收购完成以后实现经营收入22809.95万元,实现净利润1190万元。

4、在经营中出现的问题与困难及解决方案

1 管理和组织结构整合 99年,公司先后并购MAT公司,新疆机械设备进出口公司,投资了江苏兴达钢帘线股份有限公司,经营规模迅速扩张。由于地域差异和企业文化差异,公司原有管理结构已不适应公司的发展,各分、子公司还在原轨迹上运作,必须迅速进行管理整合。

2 国际市场与国内市场的结合问题近两年来,公司在开拓国内市场与国际市场方面均取得了显著成效,外贸出口快速增长。然而,公司在国际国内市场的结合上力度不够,国际国内市场营销网络未得到充分利用。某些产品占领了30~40%的国内市场份额,出口量却较少;某些产品全部出口而国内市场却几近空白。

3 科研攻关能力与公司发展方向不相适应。公司98年确定了大汽配战略目标,跳出火花塞单一产品结构,迈向汽车零部件综合产品规模经营之路,有效地调整了产品结构,然而公司的科研开发力量多年以来均是围绕火花塞为中心,在其它汽配产品上缺乏有专业水准的技术人才,这与公司迅速切入汽车零部件其它产品领域的发展战略不相适应。

解决方案:a. 公司将按战略控股企业进行管理整合,以产品为线组建事业部,产供销一条龙, 各事业部拥有相对独立的生产经营权,产品开发和人、财、物的使用权。而湘火炬总 公司逐渐向投资决策中心转化,从日常经营事务中脱开,集中精力研究公司的发展战略、产业整合和重大投资决策。公司形成投资中心、利润中心、成本中心三层次的运转体系。b.全面推行精细化管理,学习和借鉴国际先进的管理方法和管理手段,发扬并购企业的优势,融合形成新的企业文化,并制定企业法典,将各项管理工作细化、量化、程 序化。c.在连接国内生产能力和国际市场的同时,将国内市场和国际市场更加精密地结 合起来,优势互补,有效利用营销网络资源,克服需求单一性,减少不稳定因素。d.迅速建立企业研发结构,开发新产品,提高产品质量,做好技术储备,满足市场竞争需要。e. 加强核心团队建设,招聘和引进一批高级专业技术人才。f.开发和合理利用公司现有人力资源,加强培训和再教育;建立高级人才库,与各 分、子公司进行人才交流和人力资源共享。

(二) 公司财务状况

1、财务状况分析

公司主要生产和销售火花塞、车灯车镜、刹车盘等汽车零部件、水封件、特种陶瓷,组织各子公司生产的产品和其他商品进出口。

以下指标经湖南开元会计师事务所(2000)股审字第021号审计报告确认:(单位:人民币元)

项 目	1999年	1998年
总资产	1,163,146,116.82	515,967,964.51
长期负债	40,172,467.90	10,610,716.06
股东权益	354,411,576.55	297,043,047.07
主营业务利润	122,395,820.69	100,706,335.84
净利润	57,113,052.10	66,659,721.61

公司财务状况的主要指标与上年度相比较有不同程度变化。年度内公司根据董事会制定的战略目标,巩固主导产品的国内市场占有率,积极开发新产品打入国际市场, 采取收购国外企业的方式,直接占领国外汽配市场,以国外市场的需求为导向,充分利 用和组织国内丰富的生产能力,在工贸一体化的方向又迈出一大步。

总资产较上年增加647,178,152.31元,增幅 125.43%,主要系收购企业资产合并、本年度利润增加以及贷款增加所致。长期负债 较上年增加29,561,751.84元,增幅278.60%,主要是收购企业负债合并,以及本年度长期贷款增加所致。股东权益较上年增加57,368,529.48元,增幅19.31%,主要是本年度的利润增加所致。主营业务利润较上年增加21,689,484.85元,增幅21.54%,主要是公司采取收购兼并方式扩大产品范围,利用定牌生产方式增加公司生产能力,同时进一步加大出口力度,使主营业务利润较上年增加。净利润较上年减少9,546,669.51元,减幅14.32%,公司本年度收购和投资项目多采取有限责任公司方式进行,使公司少数股东 权益较上年增加;同时,国外企业销售费用较高也使净利润减少。本年度为满足国内外市场需求,产品的品种和系列不断变化,使生产成本提高,增加了业务成本。

江铃汽车股份有限公司

江铃汽车股份有限公司1999年年度报告摘要

一、公司简介

公司的中文名称:江铃汽车股份有限公司
英文名称:Jiangling Motors Corporation, Ltd
缩写:JMC
公司法定代表人:孙敏先生
董事会秘书:熊中平先生
授权代表:全实先生
联系地址:江西省南昌市迎宾北大道509号江铃汽车股份有限公司证券部
电话:0791-5232888-6178
传真:0791-5232839
电子信箱:jmcgh@public.nc.jx.cn
财务信息披露人员:吴凯先生(电话0791-5232888-6572)
李险峰女士(电话0791-5232888-6251)
公司注册地址及办公地址:江西省南昌市迎宾北大道509号
邮政编码:330001
国际互联网网址:
http://www.jmc.com.cn
公司信息披露报纸名称:
中国证券报、证券时报、香港商报
登载公司年度报告的中国证监会指定国际互联网网址:
http://www.cninfo.com.cn
公司年度报告备置地点:江铃汽车股份有限公司证券部
公司股票上市交易所:深圳证券交易所
股票简称:江铃汽车
股票代码:A股-0550
B股-2550

二、会计数据和业务数据摘要

1、本年度部分财务指标　　单位:人民币元

利润总额	-176,424,926.72
净利润	-182,588,691.82
扣除非经常性损益后的净利润	-173,323,923.52
主营业务利润	505,370,596.58
其他业务利润	12,953,561.24
营业利润	-155,690,722.39
投资收益	-701,807.46
补贴收入	10,768,945.65
营业外收支净额	-30,801,342.52
经营活动产生的现金流量净额	963,426,131.82
现金及现金等价物净增加额	203,376,022.01

注:扣除的非经常性损益项目和涉及金额:　　单位:人民币元

项目	金额
补贴收入	10,768,945.65
未完工程报损失	-20,033,713.95
合计	-9,264,768.30

本公司1999年度净利润按中国会计准则审计为亏损182,588,691.82元,按国际会计准则审计为亏损198,977千元。产生的差异主要是由于:对早期采用的国际会计准 则38#条款无形资产的方式调整;递延资产摊销;营业收入确认调整至所有权转移予客户时;及根据稳健概念作出之其他调整。

国际会计准则之调整对未计少数股东权益之亏损及资产净值之影响:　单位:人民币千元

	未计少数股东权益前之亏损		净资产	
	1999	1998	1999	1998
按照中国会计准则及条例呈报	-176425	-190624	1579547	1762135
累计国际会计准则之调整,净额	-5800	4636	-162108	-145719
调整后(未计少数股东权益前)	-182225	-185988	1417439	1616416

2、近三年主要会计数据和财务指标　　单位:人民币元

项目	1999年度	1998年度		1997年度
		调整后	调整前	
主营业务收入	2439819011.72	2006028071.82	2006028071.82	1591347179.84
净利润	-182588691.82	-201068137.34	-50332053.92	49978104.99
总资产	4501188265.57	4779865463.82	4826601547.24	4535306217.76
股东权益(不含少数股东权益)	1579546681.15	1762135372.97	1912871456.39	1384117985.42
每股收益(摊薄/	-0.212	-0.233	-0.058	0.072
加权)	-0.212	-0.279	-0.070	0.072
扣除非经常性损益后的每股收益	-0.201	-0.249	-0.075	0.033
每股净资产	1.83	2.041	2.22	2.00
调整后的每股净资产	1.077	1.412	1.59	1.42
每股经营活动产生的现金流量净额	1.12	0.10	0.10	不适用
净资产收益率	-11.56%	-11.41%	-2.63%	3.61%

注:(1)有关财务指标的计算公式

每股收益=净利润/年度末普通股股份总数

每股净资产=年度末股东权益/年度末普通股股份总数

调整后的每股净资产=(年度末股东权益-三年以上的应收款项净额-待摊费用 -待处理(流动、固定)资产净损失-开办费-长期待摊费用-住房周转金负数余额)/年度末普通股股份总数

每股经营活动产生的现金流量净额=经营活动产生的现金流量净额/年度末普通股股份总数

净资产收益率=净利润/年度末股东权益*100%

(2)调整了1999年度和1998年度合并会计报表的相关帐项。调整前后各年度有 关会计数据如下:

调整前　　单位:人民币元

项目	1998	1997
坏帐准备	6,426,271.79	1,724,116.90
存货跌价准备	443,284.55	2,749,903.15
净利润	-50,332,053.92	49,978,104.99
未分配利润	71,328,018.29	121,660,072.21

调整后　　单位:人民币元

项目	1998	1997
坏帐准备	6,426,271.79	1,724,116.90
存货跌价准备	11,179,367.97	2,749,903.15
净利润	-201,068,137.34	49,978,104.99
未分配利润	-79,408,065.13	121,660,072.21
其中:一九九八年会计差错更正	140,000,000.00	——

3、本年度股东权益变动情况　　单位:人民币元

项目	股本	资本公积	盈余公积	法定公益金	未分配利润	股东权益合计
期初数	863214000	832026505	146302932	41798726	-79408065	1762135372
本期增加	0	0	0	0		
本期减少	0	0	0	0	-182588691	-182588691
期末数	863214000	832026505	146302932	41798726	-261996756	1579546681
变动原因					本年亏损	本年亏损

三、股本变动及股东情况

1、截止1999年12月31日,公司股东总数为72661人。

2、截止1999年12月31日,本公司前十大股东持股情况如下:

股东名称	年度内股份增减变动	年末持股数量	占总股本比例(%)
江铃汽车集团公司(以下简称"集团")	336,000	354,056,000	41.02
福特汽车公司(以下简称"福特")	0	258,642,800	29.96
DBS SECURITIES NOMINEES (HK) LTD	0	46,200,000	5.35
上海汽车有限公司	0	25,970,000	3.01
中国宝安集团股份有限公司	0	12,000,000	1.39
通发实业有限公司	0	4,313,899	0.50
哈尔滨市哈里实业股份有限公司	1,645,130	4,067,576	0.47
哈尔滨哈里投资股份有限公司	2,798,393	3,930,147	0.46
广东证券公司	-500	2,802,200	0.32
邱金波	102,095	1,832,355	0.21

注:(1).集团、福特、DBS SECURITIES NOMINEES (HK)LTD持有本公司5%以上 股份,其所持股份未质押或冻结。

(2).持有本公司5%以上股份的股东之间不存在关联关系。

(3).集团代表国家持有股份;福特、DBS SECURITIES NOMINEES (HK) LTD、通 发实业有限公司和广东证券公司是外资股股东。

四、股东大会简介

本公司1998年度股东大会于1999年6月4日在本公司办公楼四楼会议室召开。此次股东大会决议于1999年6月5日刊登于《中国证券报》、《证券时报》和《香港商报》。

五、董事会报告

1、公司经营情况

(1)公司主营业务主要是生产和销售全顺系列商用车、五十铃N系列卡车和T系 列轿卡车,以及相关的配件和服务。本年共生产汽车25485辆,销售汽车24070辆,实现销售收入24.4亿元,比上年分别增长37.6%、16.9%、21.62%,在轻型车市场占 有率为7%。其中五十铃N系列车销售16058辆;五十铃T系列车销售3576辆;全顺系列车销售4436辆。本年度公司按销量排序在汽车行业排第13位,在轻型车行业排第5位 。(资料数据来源:1999年12月机械工业局行业管理司汽车处《汽车工业企业产销快讯》)

(2)子公司经营情况及业绩

子公司名称	主营业务收入	营业利润	净利润
江铃五十铃汽车有限公司	1,528,665,292.09	629,486.89	3,195,190.97

(3)一九九九年主要管理举措:

面对供过于求的买方市场,本公司采取了以下主要措施:

1继续深入推进销售体制改革,树立"销售是一线"的经营理念,加快实施顾客 服务工程。

2为改革开发体制,建立产品项目开发工作平台,实施项目经理制,跨系统、跨 部门调配资源,并行式开发。1999年项目开发效率迅速提高,新增主要产品包括超豪
华全顺7座、9座、17座改进型等近百个品种,较好地满足了客户对各种变型、改装专用车的需求。

3注重环境管理,实施环保工程。本公司江铃全顺厂于99年11月份一次性通过ISO14000第三方认证,全顺系列产品通过了"中国环境标志产品"审核。

4组建效益管理小组,实行事前控制,把降低成本、控制费用任务指标逐层分解 落实,且进行跟踪考核。

5改革分配体制,合理拉开不同岗位的工资水平,最大限度地激励和造就一支高 水平的各类专业技术人员和管理队伍。

2、公司财务状况

(1) 公司财务状况

99年总资产为45亿119万元,比98年减少2亿7868万元。其中流动资产减少3亿3269万元,固定资产减少1亿6705万元;无形资产及递延资产(全顺进口车身模具)增加2亿2196万元。

99年长期负债为15亿6746万元,比98年增加7291万元。其中长期借款增加5769万元,长期应付款增加 1274万元。

99年股东权益为15亿7955万元,比98年减少1亿8259万元。主要是由于本年亏损 。

99年主营业务利润为5亿537万元,比98年增加1亿8684万元。主要是由于销量增 长,主营业务收入增加。

99年亏损1亿8259万元,比98年少亏损1848万元。主要是由于销量增长。

本年度亏损的主要原因是由于会计政策的变更,计提坏帐准备使本年利润减少7574万元,计提存货跌价准备使本年利润减少1464万元,未完工程报废损失2003万元,上述三项合计11041万元;另应付福特技术开发费较上年增加1620万元,长期待摊费 用摊销较上年增加1935万元,工资及附加费较上年增加954万元,送车、三包及促销 等营业费用较上年增加 2936 万元,上述四项合计7445万元。

(2) 对会计师事务所审计报告所涉及事项的说明

天勤会计师事务所(原蛇口中华会计师事务所)出具的审计报告就本公司对以前年度发出商品形成的应收货款全额计提坏帐准备有保留意见,对本公司1998年度成本 低估约14,000万元及委

托加工材料成本等事项有解释性说明。安永会计师事务所出具的审计报告对本公司1998年度成本低估约14,000万元有解释性说明。现就上述事项说明如下：

1本公司以前年度发出商品形成的应收货款57,151,716.27元，公司虽已成立专门催债小组进行追索，但因原经销本公司产品的部分单位已经解体，部分未解体经销单位的承包人也已经多次变更，现任承包人否认该经销单位对本公司的所欠货款等原因，尽管本公司通过法律程序解决，但收效甚微。综上所述原因，本公司无法获得对方单位的偿还能力的证明。为此本公司判断该等应收货款无论其帐龄长短均有很大收回难度。故按谨慎原则全额计提坏帐准备。公司认为此项坏帐准备计提是稳健的。

2本公司1998年度成本低估约14,000万元，产生此项会计差错的原因在于1998年本公司新产品-全顺汽车投产初期，本公司采购部门根据全顺汽车成本预算目标与全顺汽车零部件供应商进行价格谈判，并预计该谈判将得到满意的结果。在尚未达成协议之前，本公司采用目标价格计入全顺车制造成本，在价格确定后，公司未按实际价格对全顺车制造成本进行调整，而是错误地进行如下财务处理：(1)将5080万元的高估存货转售于本公司子公司-江铃五十铃有限公司，同时子公司应付帐款低估；(2)本公司应付帐款低估5463万元；(3)本公司高估存货3600万元。现公司已对1998年会计处理进行了更正，并规范了成本核算管理。

3本公司发给供应商委托加工材料，由于财务与物流协调不及时，致使数量无误而价值量未完整记载，通过2000年5月的盘点已验证此次推算实际成本准确。此问题现已改正。

3、公司投资情况

(1)本年度公司未进行资金的募集和使用。

(2)非募集资金使用情况

全顺冲压件国产化项目与日本荻原公司合作进展顺利，整个项目按网络计划全面推进，其中全顺客车冲压件国产化于2000年8月31日正式投产。到1999年底，项目国内外模具、检具、夹具全部进厂，经过紧张试模，已完成两轮全国产化车身试装，目前正在进一步改进全国产化整车的车身协调问题。项目本年度实际投资6556万元。

全顺卡车项目正在协调推进，考虑到成本，项目进行了必要调整，目前样车试制已完成。长轴距单排卡车将是第一个投产车型，其他车型将陆续面市。本年实际投资1212万元。

发动机实验室项目1998年10月立项，该项目总投资1085万元，主体施工工程基本结束，目前已开始进行国内、外设备订货采购，年内投资270万元，预计2000年6月将全面投入使用。

4、生产经营环境、宏观政策及法规变化对公司经营的影响

年内我国可望加入WTO。"入世"对中国汽车工业既是挑战，也是机遇。本公司将面对现实，抓住产品竞争的各大要素，即品种、价格、质量及服务，充分利用熟悉中国市场与了解消费者心理的相对优势，迅速做大市场空间。在2006年整车关税降至25%下，本公司参与这种竞争，仍有如下优势：

在价格、成本和质量方面，五十铃系列车已有较强的竞争力；全顺系列车目前价格虽高于国内同类车型，通过实施2000年国产化工程，及在通过ISO9002和QS9000质量体系认证基础上，又顺利通过ISO14000环境管理体系第三方认证，2000年又确定为公司"服务提高年"，公司的顾客服务质量和效率正在逐步提高，不断朝着"让顾客满意"的目标迈进，使成本、质量、价格上较进口车有竞争力。

5、2000年公司业务发展计划

(1)生产经营总体目标及措施

经营目标：销售汽车3万辆(其中全顺车8000辆，五十铃车22000辆)，销售收入31亿元，确保实现扭亏为盈。

主要措施：

1加强与福特公司的战略合作，促进新产品开发和新品投放市场。一方面继续深化开发体制改革，进一步完善项目经理制，以不断增强产品与技术开发后劲。另一方面，我们投入巨资和人力物力，强化开发力度，加大产品系列化、多品种及多种动力选配工作。2000年下半年将有一批更适应市场需求的新款车型面市，相信这些新开发车型的迅速投产与面市将支持全年销量的增长。

2继续加快营销网络建设，在QAD商务系统已建成的局域网和广域网基础上，组建全国网络销售系统，实现网上销售和网上零部件采购，逐步建成高效低成本的通用电子商务平台。与此同时，努力加快全国各地区的整车中转库建设，最大限度满足用户对江铃车不同款式、品种的随时需求。公司把2000年作为"服务提高年"，加大服务工作在销售体系中的比重。

3继续深挖内潜，深入研究产品成本构成，大力推进全顺车车身和底盘国产化工作。

4全面强化成本控制，一是成立高效的成本管理小组，从开发、采购、制造、销售各环节着手。二是坚持资金集中管理，统一调度与物资统一采购，进一步规范物流管理，压缩库存。三是不断加强内部审计，强化内部约束机制，按照"成本倒推"的原则来抓好公司成本下降的系统工作。

4不断拓展质量体系管理内容，精益求精，把追求"零缺陷"作为企业质量管理的最高目标，力争早日通过"中国驰名商标"认定，以形成江铃品牌广泛的顾客认同感。

5实施人力资源战略，建立人才培养与考核机制，不断优化人力资源结构。

6在条件成熟的时候进行必要的资产重组，向上市公司注入优质资产。

(2)新建、在建项目的预期进度

全顺涂装增容项目是在原年产2万辆基础上，利用现有存量进行扩建，以形成年产4万台全顺车的新涂装生产线。总投资8600万元，预期2000年9月投产。

车架涂装线项目总投资2310万元，已于2000年5月投入生产。

冲压生产能力扩容项目于99年11月立项，总投资3470万元。目前正进行设备订购工作，预计项目于2001年9月之前完工。

6、董事会日常工作情况

(1)本公司二届九次董事会会议于1999年5月27日在公司办公楼二楼会议中心召开。会议通过的决议包括：

a、决定将董事会换届选举议案提交公司1998年度股东大会审议并请批准。

b、批准全顺汽车涂装新面漆线技改项目。

c、通过公司1999年度五年滚动计划。

d、决定授权公司执行副总裁兼财务总监戈登·斯波汀先生处理公司与各金融机构之间的贷款融资事务，授权期限自1999年7月1日至2000年6月30日。

此次会议决议之公告于1999年5月29日刊登于《中国证券报》、《证券时报》和《香港商报》。

本公司三届一次董事会会议于1999年6月4日在公司办公楼四楼会议室召开。会议通过的决议如下：

a、全体董事一致同意选举孙敏先生为董事长，程美玮先生为副董事长。经孙敏董事长提名，董事会决定续聘熊中平先生为董事会秘书。

b、董事会一致决定：根据孙敏董事长提名，聘任邹幸先生为公司总裁。

根据邹幸总裁提名，董事会决定：

续聘蒋尚礼先生为公司常务执行副总裁；

聘任卢水芳先生为公司执行副总裁，并续聘廖赞平先生、戈登·斯波汀先生为公司执行副总裁；

续聘戈登·斯波汀先生为公司财务总监；

续聘涂洪峰先生、鲍勃·巴克斯先生、熊春英女士、钟万里先生为公司副总裁。

c、成立新的执行委员会。此委员会由邹幸先生、蒋尚礼先生、卢水芳先生、廖赞平先生、戈登·斯波汀先生五人组成。

此次会议决议之公告于1999年6月5日刊登于《中国证券报》、《证券时报》和《香港商报》。

本公司三届二次董事会会议于1999年12月3日在公司办公楼二楼会议中心召开。会议通过以下决议：

a、批准扩大冲压生产能力项目。

b、批准电喷汽油机项目。

此次会议决议之公告刊登于1999年12月7日的《中国证券报》、《证券时报》和《香港商报》。

(2)根据公司1998年度股东大会决议，公司1999年未进行利润分配，也未进行资本公积金转增股本。

7、董事、监事、高级管理人员

职务	姓名	性别	年龄	年末持股量	年度内股份变动	股份变动原因
董事长	孙　敏	男	64	55080	0	
副董事长	程美玮	男	50	0	0	
董事	齐鸿浩	男	52	0	0	
董事	白　迪	男	52	0	0	
董事兼总裁	邹　幸	男	37	0	0	
董事	刘善波	男	55	4800	0	
董事	诺伯特·库恩	男	55	0	0	
董事	理查德·贝尔	男	56	0	0	
董事兼常务执行副总裁	蒋尚礼	男	56	0	0	
董事兼执行副总裁	廖赞平	男	37	0	0	
董事	罗　军	男	49	4800	0	
董事会秘书	熊中平	男	37	0	0	
首席监事	吴　涌	男	50	4860	0	
监事	陈晓木	男	49	0	0	
监事	阙忠民	男	54	0	0	
监事	朱　毅	男	30	0	0	
监事	徐顺根	男	37	0	0	
执行副总裁	卢水芳	男	46	0	0	
执行副总裁兼财务总监	戈登·斯波汀	男	50	0	0	
副总裁	涂洪峰	男	51	0	0	
副总裁	鲍勃·巴克斯	男	53	0	0	
副总裁	熊春英	女	36	0	0	
副总裁	钟万里	男	37	0	0	

关于报酬的说明：公司董事、监事和高级管理人员中，程美玮先生、齐鸿浩先生、白迪先生、理查德·贝尔先生、诺伯特·库恩先生、罗军先生、陈晓木先生、阙忠民先生、朱毅先生和徐顺根先生，公司未支付其报酬；报酬在6万-6.5万元之间1人，4万-4.5万元之间6人，3.5万-4万元之间2人，2.5万-3万元之间1人；公司按与福特签订的《人员协议》支付福特派驻公司的高级管理人员报酬。

所有董事、董事会秘书以及所有监事的任期均为1999年6月至2002年6月。

本年度，原董事沃恩·柯世康先生、杰拉德·肯尼亚先生、吴志远先生、江亚东先生因工作变动不再担任公司董事；原监事王会川先生因正常退休不再担任公司监事。

根据中国证监会关于上市公司与控股股东"三分开"的原则及工作变动，原公司总裁孙敏先生、原公司执行副总裁刘善波先生不再担任公司行政职务。原公司总会计师欧阳凤女士因正常退休不再担任公司职务。

本年度公司董事会换届，新一届董事会聘任邹幸先生为公司总裁，续聘熊中平先生为公司董事会秘书。

8、本次利润分配预案或资本公积金转增股本预案

公司1999年度经营业绩按中国会计准则审计为亏损182,588,691.82元，按国际会计准则审计为亏损198,977千元。本年度不进行利润分配，也不进行资本公积金转增股本。此预案须经股东大会批准。

9、其他报告事项

继续选定《中国证券报》、《证券时报》和《香港商报》为信息披露报纸。

六、监事会报告

九九年，公司监事会按照《公司法》和《公司章程》履行监事会的职能，共召开会议二次，选举产生了新一届监事会和首席监事，讨论并通过了1998年《监事会报告》。此外，首席监事列席了各次董事会会议，全体监事参加年度股东大会。本监事会就报告期内以下事项发表意见如下：

1、公司依法运作情况：公司决策程序规范、合法，能按有关法律、法规和公司章程的规定进行。公司董事、总裁及其他高级管理人员在执行公司职务时都能恪尽职守，未发现有违反法律、法规、公司章程和损害公司利益的行为。

2、公司本着审慎经营，有效防范化解资产损失风险的原则，根据财政部(财会字[1999]35号)文件精神，建立了计提各项资产减值准备和损失处理的内部控制制度，并经董事会逐项审核通过后正式实施。1999年有关核销和计提减值准备的决策程序合法，除发出商品形成的应收货款坏帐准备计提无法提供对方单位偿债能力证明外，其余依据充分，符合公司实际情况。

3、公司关联交易按照有关协议进行，价格较为公平、合理。2000年全顺车国产化率将提高，进口件采购的关联交易额有望大幅度降低。

4、天勤会计师事务所出具了保留意见及解释性说明的审计报告，安永会计师事务所出具了解释性说明无保留意见审计报告，公司董事会就此已作了详细说明，本监事会就有关事项发表意见如下：

(1)关于1999年度对以前年度发出商品形成的应收货款全额计提坏帐准备，未提供欠款单位无偿债能力的证明。本监事会同意公司董事会所作的说明。认为从审慎经营、有效防范化解资产损失风险原则考虑，此项计提是必要的，符合公司实际情况，并有利于公司今后的发展和规范运作，也是对股东负责。公司各相关部门应继续加大催收力度，尽可能地挽回损失。

(2)关于对1998年度少计成本约1.4亿元。本监事会认为，出现这一会计错误确属全顺车投产初期，在供应商原材料供应价格尚未确定的情况下，本公司采用目标价格计入全顺车制造成本，加上财务管理不规范，造成公司1998年度少计成本约1.4亿元，给投资者利益造成了一定的损害。公司应引以为戒，加强管理，杜绝类似现象的再次发生。

(3)关于委托加工材料记录不完整。是由于管理方面的原因，使财务与物流协调不一致。公司应加强和规范对委托加工材料的管理，健全内部控制制度。

(4)关于1999年度亏损原因，本监事会认为主要是会计政策变更以及公司为今后的发展而增加的投入和由于公司总体规划的调整而报废的在建工程等因素形成，不会影响公司今后的盈利能力。公司管理层今后应进一步加强内部管理，在降低产品成本，压缩管理费用及营业费用，提高经济效益上下功夫，给投资者一个满意的回报。

5、本监事会今后将加大监督力度，严格按照有关章程行使监事会职权，以维护股东利益。

七、重要事项

1、重大诉讼、仲裁事项

(1)本公司之全资子公司江铃汽车销售总公司诉南京市机电设备公司等十七家汽车经销商拖欠其销售货款1453万元，均已胜诉。自有关判决生效后，已收到上述欠款434.35万元，获得资产保证220万元，对尚未收到之款项正在追索中。

(2)本公司诉南昌柴油机有限责任公司归还借款225万元一案，截止一九九九年十二月八日该公司所欠的借款、利息及诉讼费合计233.2万元已全部清偿完毕。本案现已执行完结。

(3)本公司诉清华泰豪科技股份有限公司(原江西三波电机总厂)欠款116万元一案，因该公司未按已生效的《民事调解书》履行清偿债务的义务，南昌市青云谱区人民法院根据本公司的申请，采

取了强制执行措施。截止二OOO年三月十日本公司已收回40万元。本案仍在强制执行中。

(4)根据具有强制执行效力的公证债权文书强制执行江西凯利染织有限公司、南昌市凯利(集团)有限公司财产一案,上述公司至今尚欠本公司679万元。南昌市 青云谱区人民法院依法查封了其部分资产。 本案仍在强制执行中。

2、报告期内,公司、公司董事及高级管理人员无受监管部门处罚的情况。

3、本年度公司董事会换届,新一届董事会组成如下:孙敏先生、程美玮先生、齐鸿浩先生、白迪先生、邹幸先生、刘善波先生、诺伯特·库恩先生、理查德·贝尔
先生、蒋尚礼先生、廖赞平先生、罗军先生。新一届董事会聘任邹幸先生为公司总裁,续聘熊中平先生为公司董事会秘书。原总裁孙敏先生不再担任公司行政职务。

4、报告期内公司无收购及出售资产、吸收合并事项。

5、重大关联交易事项

(1) 本年度公司购销商品、提供劳务发生的关联交易。

A、本公司向关联方采购原、辅材料及零配件,金额在3000万元以上的列示如下 :

关联方名称	交易金额	占对外采购金额的比例
福特或其指定供应商	219,249,131.29	19.71%
江西江铃底盘股份有限公司	71,829,787.30	6.46%
江铃汽车集团车厢内饰件厂	47,100,459.54	4.23%
江铃汽车集团改装车总厂	39,151,713.94	3.52%
江西江凯齿轮有限公司	36,020,698.26	3.24%
江铃李尔内饰件厂	35,045,048.72	3.15%

结算方式:福特或其指定供应商为信用证结算方式;其他关联方为预付或现款支付。

定价原则:向福特或其指定的供应商采购进口件按协议的公平价格;本公司向其他关联方采购国产配套件的价格,是通过对方报价、成本核算、双方谈判来确定的,并定期调整。惟这些零配件国产化初期,由于产量低,摊销的费用较大,价格会偏高, 以后随着产量的扩大,价格会逐步调低。

必要性和持续性:进口零配件的采购将随国产化的实现立即停止,用国产件替代;本公司向其他关联方购的零配件一部分系本公司全顺系列、五十铃系列产品所需的专用配件, 其他通用配件本公司通过竞价的方式采购。

B、本公司向关联方销售产品金额在3000万元以上的列示如下:

关联方名称	交易金额	占产品交易总额的比例
江西江铃汽车销售有限公司	165,486,150.00	6.78%
深圳江铃汽贸公司	134,216,984.61	5.50%
北京江铃经贸公司	78,399,111.11	3.21%
江铃汽车集团广州公司	79,822,864.95	3.27%
上海江铃汽车销售有限公司	50,825,709.40	2.08%
江铃汽车集团山东公司	73,804,203.17	3.02%
南京钟山江铃汽车销售有限公司	47,447,951.05	1.94%

结算方式:现销或在信用额度内赊销。

定价原则:与其他经销商同一价格。

必要性和持续性:上述关联方均为公司专营经销商,本公司将继续使用其经销网络销售本公司产品。

C、管理人员报酬

根据本公司与福特汽车公司签订的《人员协议》,本年度公司向其指派的外籍借调人员支付总额210万美元的包括工资及保险等费用。

D、综合服务

江铃汽车集团公司承担本公司及子公司中小学教育费,退休员工经费和保安、消防、道路维护保养及有线电视等服务,本年度按约定的人员比例分配给本公司及子公司上述费用2964万元。

E、代理采购

本公司通过江铃进出口有限责任公司购买进口原材料,按固定比例1%支付佣金 。本年度公司佣金支出为4,459,783.00元。

(2) 本年度公司无资产、股权转让发生的关联交易。

(3) 公司与关联方债权、债务往来和担保等事项

A、主要关联方应收应付款项余额在3000 万元以上的列示如下:

项目	关联方名称	金额	占各项目款项余额比例
应收帐款	江西江铃等十家销售子公司	69,064,361.83	30.59%
其他应收款	江铃汽车集团公司	204,044,756.15	79.91%
其他应付款	福特汽车公司	45,611,602.09	33.63%
预付帐款	江铃进出口有限责任公司	121,412,874.98	53.02%
	南昌齿轮厂	47,219,577.47	20.62%

B、担保

江铃汽车集团公司为本公司银行借款2120万美元、240.35万德国马克及13亿7754万人民币元提供担保。

本公司为江铃汽车集团公司银行借款444,851.00 美元提供担保。

(4) 本年度公司其他重大关联交易事项

A、江铃汽车集团公司占用本公司资金按同期银行借款利率计收利息,本年度利息收入为14,777,387.79元。

B、本公司向江铃汽车集团公司出租房屋计收租金,本年度租金收入为2,264,550.48元。

C、根据本公司与福特汽车公司签订的《工程服务协议》,本年度本公司承付福特公司工程技术服务费2,575,120.00美元。

D、根据本公司与福特汽车公司签订的《合作开发协议》,本公司将在七年内付给福特总额为4000万美元的技术开发费。本公司已按协议将1998年度、1999年度应承担的技术开发费3,182,247.00 美元进行相应的帐务处理。

6、本公司"三分开"情况说明:

(1)公司董事长孙敏先生为公司控股股东江铃汽车集团公司法人代表。公司总裁邹幸先生,执行副总裁卢水芳先生、廖赞平先生,副总裁涂洪峰先生、熊春英女士、钟万里先生等高级管理人员担任本公司股东江铃汽车集团公司董事,其他高级管理人员未在股东单位任职。公司财务人员未在关联公司任职。公司的劳动、人事及工资管理完全独立。

(2)本公司资产完整。主要由本公司使用的生产系统、辅助生产系统和配套设施、工业产权、非专利技术等资产全部进入本公司;公司拥有独立的产、供、销系统; 无公司控股股东与公司从事相同产品生产经营的同业竞争情况。

(3)本公司财务独立。公司设立了独立的财务部门,建立了独立的财务核算体系,具有规范、独立的财务会计制度和对分公司、子公司的财务管理制度;独立在银行开户,无与控股股东共有一个银行帐户的情况;独立依法纳税。

7、除前述有关关联交易,本公司未发生托管、承包、租赁其他公司资产或其他公司托管、承包、租赁公司资产的事项。

8、本年度公司续聘天勤会计师事务所(原蛇口中华会计师事务所),香港安永会计师事务所负责公司审计工作。

9、本年度公司无更改公司名称或股票简称情况。

10、根据财政部财会字[1999]35号文《关于印发<股份有限公司会计制度有关会计处理问题补充规定>的通知》和财会字[1999]49号文《关于〈股份有限公司会计制 度有关会计处理问题补充规定问题解答>的通知》的有关规定,公司本年度对各项资产减值准备会计政策变更已采用追溯调整法,调整了1999年度合并会计报表相关项目
的年初数或上年实际数。因上述会计政策变更累计影响利润总额减少82,975,430.68元,其中坏帐准备57,151,716.27元,存货跌价准备25,823,714.41元。涉及1999年以前年度的存货跌价准备10,736,083.42元,业以追溯调整1999年度之期初未分配利润 和1998 年度比较式合并损益表。

八、财务会计报告

1、审计报告

天勤财审报字(2000)第227号

审计报告

江铃汽车股份有限公司全体股东:

我所接受委托, 对贵公司一九九九年十二月三十一日的公司及合并资产负债表及一九九九年度公司及合并利润表、利润分配表、现金流量表进行了审计。这些会计报表由贵公司负责,我们的责任是对这些会计报表发表审计意见。我们的审计是依据中国注册会计师独立审计准则进行的,在审计过程中,我们结合贵公司实际情况,实施了包括抽查会计记录等我们认为必要的审计程序。

审计中我们发现:

贵公司一九九九年度对以前年度发出商品形成的应收货款57,151,716.27人民币 元全额计提坏帐准备,其中:二至三年的22,020,154.97人民币元,一至二年的2,523
,993.44人民币元,该等款项包括贵公司起诉债务方虽已胜诉但仍未收回的款项10,181,919.00人民币元,贵公司无法提供有关上述单位的财务状况或无偿债能力的证明,因此, 我们无法确定上述坏帐准备的数额是否允当。

我们认为,除存在上述问题外,上述会计报表符合《企业会计准则》、《股份有限公司会计制度》及有关补充规定, 在所有重大方面公允地反映了贵公司一九九九年十二月三十一日的财务状况及一九九九年度经营成果和现金流量。

此外,我们注意到:

1、如附注30所述,贵公司对一九九八年度会计记录进行不恰当处理,少计应付 材料估价款约10,400万人民币元,多列存货约3,600万人民币元,引致少计成本约14,
000万人民币元,一九九九年度已对一九九八年度会计报表按实际情况进行调整。

2、由于贵公司内部控制原因,委托加工材料记录不完整,一九九九年度生产耗 用已完工的委托加工材料是按年末存货余额倒轧计算的。

天勤会计师事务所 中国注册会计师
(原蛇口中华会计师事务所) 许丽周
中国 深圳 蛇口 中国注册会计师
曾凡跃
二零零零年五月三十日

(注:文中所指附注30请见合并会计报表附注(11)。)

2、会计报表(附后)

3、合并会计报表附注

九、公司的其他有关资料

1、公司于1993年11月28日在南昌市工商行政管理局注册登记。公司于1997年1月8日在国家工商行政管理局变更注册。

2、工商登记证号:002473。

3、税务登记证号:360100612446943。

4、公司未流通股票的托管机构名称:深圳证券登记公司

5、境内会计师事务所 名称: 天勤会计师事务所
办公地:深圳蛇口招商大厦103号
境外会计师事务所 名称: 安永会计师事务所
办公地:香港夏慤道十号和记大厦十五楼
境内法律顾问 名称: 海问律师事务所
办公地:北京市亚运村北辰东路住总3号院
境外法律顾问 名称: 麦坚时律师行
办公地:香港夏慤道十号和记大厦十四楼

十、备查文件目录

1、载有法定代表人孙敏先生和财务负责人吴凯先生亲笔签署的1999年度会计报表原件。

2、载有会计师事务所盖章、注册会计师签名并盖章的审计报告原件。

3、报告期内在中国证监会指定报纸上公开披露过的
公司所有文件的正本及公告的原稿。

江铃汽车股份有限公司 董事会
二000年五月三十一日

资产负债表

编制单位:江铃汽车股份有限公司 1999年12月31日 单位:人民币元

资　产	1999.12.3		1998.12.31	
流动资产:	合并	公司	合并	公司
货币资金	417527896.98	260035320.18	214151874.97	125003956.95
短期投资				
减:短期投资跌价准备				
短期投资净额				
应收票据	26222950.00	10181550.00	56129900.00	26233400.00
应收股利				
应收利息				
应收帐款	225773754.21	128129043.50	419291183.70	85490582.82
其他应收款	225339354.83	228630280.38	613868916.21	1331166965.96
减:坏帐准备	82168251.27	80917764.95	6426271.79	4674054.71
应收帐款净额	398944857.77	275841558.93	1026733828.12	1411983494.07
预付帐款	228975496.47	107078863.76	230202175.96	127184825.40
应收补贴款				
存货	700320485.01	451842764.44	561522334.17	345500181.81
减:存货跌价准备	25823714.41	16799585.57	11179367.97	11179367.97
存货净额	674496770.60	435043178.87	550342966.20	334320813.84
待摊费用	815463.18	98827.26	2113385.40	1053149.83
待处理流动资产净损失				
一年内到期的长期债券投资				
其他流动资产				
流动资产合计	1746983435.00	1088279299.00	2079674130.65	2205779640.09
长期投资:				
长期股权投资	12856505.18	210743134.16	13558312.64	202043368.05
长期债券投资	1030130.00	1030130.00	1230128.00	1230128.00
长期投资合计	13886635.18	211773264.16	14788440.64	203273496.05
其中:合并价差				
减:长期投资减值准备				
长期投资净额	13886635.18	211776264.16	14788440.64	203273496.05
固定资产:				
固定资产原价	2220953771.88	2132979035.02	2021598467.84	1937242608.83
减:累计折旧	553905512.13	487575810.12	382958162.83	344647716.75
固定资产净值	1687048259.75	1645403224.90	1638640305.01	1592594892.08

工程物资	334300044.03	310046909.95	519753288.84	533969369.36
在建工程				
固定资产清理				
待处理固定资产净损失				
固定资产合计	2021348303.78	1955450134.85	2188393593.85	2126564261.44
无形资产及其他资产:				
无形资产	176550674.21	176550674.21	118720527.22	118720527.22
开办费	33356646.29	33356646.29	45377587.53	45337823.18
长期待摊费用	509062571.11	413458329.38	332911183.93	211437157.43
其他长期资产				
无形资产及其他资产合计				
递延税项:				
递延税项借项				
资产总计	4501188265.57	3878868347.89	4779865463.82	4731112905.41
负债及股东权益				
流动负债:				
短期借款	351040000.00	283540000.00	968070000.00	968070000.00
应付票据	159153060.07	159153060.07	4900000.00	4900000.00
应付帐款	305261612.25	179161842.66	260229680.71	197291785.38
预收帐款	9086386.24	1702614.66	3560750.69	2202250.36
应付工资	52802614.94	20822012.83	52769688.61	24606221.83
应付福利费	27092556.70	19208682.17	24032306.32	16458210.93
应付股利				
应交税金	31872424.46	45315324.28	(80712321.53)	21668244.71
其他未交款			21668244.71	21668244.71
其他应付款	135644528.09	110678224.41	55708849.00	46837626.40
预提费用	17322046.04	8998687.72	31503804.67	27077214.67
一年内到期的长期负债	208210620.17	125417620.17	121948398.56	121948398.56
其他流动负债				
流动负债合计	1297485848.96	953997768.97	1463679401.74	1470953975.06
长期负债:				
长期借款	1651727607.61	1419141607.61	1594040931.32	1594040931.32
应付债券				
长期应付款	12737804.38	12737804.38		
住房周转金	(97001969.75)	(95510306.68)	(99485260.68)	(97480266.91)
其他长期负债				
长期负债合计	1567463442.24	1336369105.31	1494555670.64	1496560664.41
递延税款:				
递延税款贷项				
负债合计	2864949291.20	2290366874.28	2958235072.38	2967514639.47
少数股东权益	56692293.22		59495018.47	
股东权益:				
股本	863214000.00	863214000.00	863214000.00	863214000.00
资本公积	832026505.15	832026505.15	832026505.15	832026505.15
盈余公积	146302932.95	146302932.95	146302932.95	146302932.95
其中:公益金	41798726.85	41798726.85	41798726.85	41798726.85
未分配利润	(261996756.95)	(253041964.49)	(79408065.13)	(77945172.16)
股东权益合计	1579546681.15	1588501473.61	1762135372.97	1763597265.94
负债及股东权益总计	4501188265.57	3878868347.89	4779865463.82	4731112905.41

利润及利润分配表

编制单位:江铃汽车有限公司　　1999 年度　　单位:人民币元

项　目	1999 年度		1998 年度	
	合并	公司	合并	公司
一、主营业务收入	2439819011.72	1236311706.76	2006208071.82	730973726.48
减:折扣与折让				
主营业务收入净额	2439819011.72	1236311706.76	2006208071.82	730973726.48
减:主营业务成本	1897593752.35	1026993001.21	1666192868.16	736648646.64
主营业务税金及附加	36854662.79	36854662.79	21306604.52	21306604.52
二、主营业务利润	505370596.58	172464042.76	318528599.14	(26981524.68)
加:其他业务利润	12953561.24	94182054.95	17095366.36	93768654.09
减:存货跌价损失	15087630.99	6063502.15	10736083.42	10736083.42
营业费用	135267287.01	23271464.66	105912158.78	7363502.16
管理费用	373743615.97	281719920.77	249022390.61	177048646.73
财务费用	149916346.24	103759760.37	164526915.85	115896799.18
三、营业利润	(155690722.39)	(148168550.24)	(194573583.16)	(244257902.08)
加:投资收益	(701807.46)	8699766.11	(2263102.44)	21419501.76
补贴收入	10768945.65		14000000.00	
营业外收入	2394468.41	1520677.50	891320.89	777858.17
减:营业外支出	33195810.93	37148685.70	8678195.96	7302731.49
四、利润总额	(176424926.72)	(175096792.33)	(190623560.67)	(229363273.64)
减:所得税	3029907.25		3809572.04	
少数股东权益	3133857.85		6635004.63	
五、净利润	(182588691.82)	(175096792.33)	(201068137.34)	(229363273.64)
加:年初未分配利润	(79408065.13)	(77945172.16)	121660072.21	151418101.48
盈余公积转入				
六、可供分配的利润	(261996756.95)	(253041964.49)	(79408065.13)	(77945172.16)
减:提取法定盈余公积				
提取法定公益金				
七、可供股东分配的利润	(261996756.95)	(253041964.49)	(79408065.13)	(77945172.16)
减:应付优先股股利				
提取任意盈余公积金				
应付普通股股利				
转作股利的普通股股利				
八、未分配利润	(261996756.95)	(253041964.49)	(79408065.13)	(77945172.16)

现金流量表

编制单位:江铃汽车股份有限公司　　1999 年度　　单位:人民币元

项目	1999 年度	
一.经营活动产生的现金流量:	合并	公司
销售商品,提供劳务收到的现金	3137697014.93	1801887493.71
收取的租金		
收到的税费返还	110522850.35	
收到的其他与经营活动有关的现金	370086791.94	292943554.44
现金流入小计	3618306657.22	2094831048.15
购买商品,接受劳务支付的现金	1870580105.37	914005303.39
经营租赁所支付的现金		
支付给职工以及为职工支付的现金	115434332.60	87352678.65
实际交纳的增值税款	211190359.43	174990915.81
支付的所得税款	9470147.97	
支付的除增值税,所得税以外的其他税费	157736657.69	116721921.34
支付的其他与经营活动有关的现金	290468922.34	194618592.59
现金流出小计	2654880525.40	1487689111.78
经营活动产生的现金流量净额	963426131.82	607141936.37
二.投资活动产生的现金流量:		
收回投资所收到的现金	200000.00	200000.00
分得股利或利润所收到的现金		
取得债券利息收入所收到的现金		
处置固定资产,无形资产和其他长期资产而收回的现金净额	674691.10	674691.10
收到的其他与投资活动有关的现金		
现金流入小计	874691.10	874691.10
购建固定资产,无形资产和其他长期资产所支付的现金	97628361.00	84813598.54
权益性投资所支付的现金		
债权性投资所支付的现金		
支付的其他与投资活动有关的现金		
现金流出小计	97628361.00	84813598.54
投资活动产生的现金流量净额	(96753669.90)	(83938907.44)
三.筹资活动产生的现金流量:		
吸收权益性投资所收到的现金		
其中:子公司吸收少数股东权益性投资收到的现金		
发行债券所收到的现金		
借款所收到的现金	2014890613.30	1632011613.30
收到的其他与筹资活动有关的现金	4450655.82	651155271.49
现金流入小计	2019341269.12	2283466884.79
偿还债务所支付的现金	2487128921.18	2487128921.18
发生筹资费用所支付的现金	1172607.30	1172607.30
分配股利或利润所支付的现金	4869675.44	
其中:子公司支付少数股东的股利		
偿还利息所支付的现金	188789192.41	182690870.79
融资租赁所支付的现金		
减少注册资本所支付的现金		
其中:子公司依法减资支付给少数股东的现金		
支付的其他与筹资活动有关的现金	509390.37	478228.89
现金流出小计	2682469786.70	2671470628.16
筹资活动产生的现金流量净额	(663128517.58)	(338003743.37)
四.汇率变动对现金的影响	(167922.33)	(167922.33)
五.现金及现金等价物净增加额	203376022.01	135031363.23
补充资料		
1.不涉及现金收支的投资和筹资活动:		
以固定资产偿还债务		
以投资偿还债务		
以固定资产进行投资		
以存货偿还债务		
融资租赁固定资产		
2.将净利润调节为经营活动的现金流量:		
净利润	182588691.82	175096792.33
加:计提的坏帐准备或转销的坏帐	75741979.48	76243710.24
计提固定资产折旧	164170214.76	155835035.30
固定资产折旧		
待摊费用的减少(减:增加)	1297922.22	954322.57
预提费用的增加(减:减少)	202446.52	(2894888.09)
无形资产摊销	115528940.73	85895610.23
处置固定资产,无形资产和其他长期资产的损失(减:收益)	21440504.65	21392361.40
固定资产报废损失		
财务费用	149916346.24	103759760.37
投资损失(减:收益)	701807.46	(8699766.11)
递延税款贷项(减:借项)		
存货的减少(减:增加)	(202584092.22)	(179152652.85)
经营性应收项目的减少(减:增加)	601341168.32	510006696.91
经营性应付项目的增加(减:减少)	208730153.92	12157568.93
增值税增加净额(减:减少)		
其他	9527431.56	6740969.80
经营活动产生的现金流量净额	963426131.82	607141936.37
3.现金及现金等价物净增加情况:		
货币资金的期末余额	417527896.98	260035320.18
减:货币资金的期初余额	214151874.97	125003956.95
现金等价物的期末余额		
减:现金等价物的期初余额		
现金及现金等价物净增加额	203376022.01	135031363.23

创 元 科 技 股 份 有 限 公 司

创元科技股份有限公司1999年年度报告摘要

一、公司简介

1、公司法定中文名称:创元科技股份有限公司
公司法定英文名称:CREATE TECHNOLOGY & SCIENCE CO.,LTD 缩写:CTS
2、公司法定代表人:葛维玲
3、董事会秘书:陈小麟
联系地址:苏州三香路120号万盛大厦十八楼
电话:0512-8621951 传真:0512 -8621951
4、公司注册地址:江苏苏州市新区淮海街6幢E3号
公司办公地址:苏州市三香路120号万盛大厦18F 邮政编码:215004
电子信箱:swmsd@public1.sz.js.cn
5、公司选定的信息披露报纸名称:《中国证券报》和《证券时报》
登载公司年度报告的中国证监会指定国际互联网网址:http://www.cninfo.com.cn
公司年度报告备置地点:公司董事会秘书处
6、公司股票上市交易所:深圳证券交易所
股票简称:创元科技 股票代码:0551

二、会计数据和业务数据摘要

1、本年度利润总额及构成(单位:元)

项目	金额
利润总额:	53,643,580.43
净利润:	48,807,781.24
扣除非经常性损益后的净利润:	5,169,807.12
主营业务利润:	6,191,928.37
其他业务利润:	3,755,618.41
营业利润:	5,334,150.23
投资收益:	48,580,917.90
补贴收入:	0.00
营业外收支净额:	-311,461.93
经营活动产生的现金流量净额:	-32,224,598.59
现金及现金等价物净增加额:	500,227.34

(说明:扣除的非经常性损益项目为股权投资处置收益,涉及金额为43,637,974.12元。)

2、前三年的主要会计数据和财务指标(单位:元)

项 目	1999年度	1998年度	1998年度(调整前)	1997年度	1997年度(调整前)
主营业务收入	63893454.15	167275291.61	321865225.04	412037976.16	412037976.16
净利润	48807781.24	-18433508.71	2538456.60	30689713.21	12607750.51
总资产	813419140	609092393.52	1042481984.06	1110794204.87	1160825727.30
股东权益(不含少数股东权益)	469485898.01	420678116.77	462805660.64	410235681.31	460267204.04
每股收益	0.20	-0.08	0.01	0.13	0.05
扣除非经常性损益后的每股收益	0.02				
每股净资产	1.94	1.74	1.91	1.70	1.90
调整后的每股净资产	1.92		1.71		1.84
每股经营活动产生的现金流量净额	-0.13				
净资产收益率(%)	10.40	-4.38	0.55	7.48	2.74

(说明:1998年度会计报表数据已按资产置出后的口径调整)
注:每股收益=净利润/年度末普通股股份总数
每股净资产=年度末股东权益/年度末普通股股份总数
调整后的每股净资产=(年度末股东权益-三年以上的应收款项净额-待摊费用 -待处理(流动、固定)资产净损失-开办费-长期待摊费用-住房周转金负数余额)/年度末普通股股份总数
每股经营活动产生的现金流量净额=经营活动产生的现金流量净额/年度末普通股股份总数
净资产收益率=净利润/年度末股东权益*100%
以上数据以合并会计报表数填列或计算。
"应收款项"包括应收帐款、其他应收款、预付帐款、应收股利、应收利息、应收补贴款。

3、报告期内股东权益变动情况(单位:元)

项 目	期初数	本期增加	本期减少	期末数
股 本	241726394.00	-	-	241726394.00
资本公积	87601247.18	-	-	87601247.18
盈余公积	55169135.34	9924654.46	-	65093789.80
其中:				
法定公益金	20231898.81	4962327.23		25194226.04
未分配利润	36181340.25	48807781.24	9924654.46	75064467.03
股东权益合计	420678116.77	58732435.70	9924654.46	469485898.01

本期股东权益增加488072810.24 是本年度利润分配增加所致。

4、.股本变化

	本次变动前	比例	本次变动后	比例
一、尚未上市流通股份				
1.发起人股份其中:				
(境内法人持有股份	130932110	54.17%	130932110	54.17%
2.优先股或其他	401006	0.16%	401006.00	0.16%
其中:转配股	401,006	0.16%	401006.00	0.16%
未上市流通股份合计	131333116	54.33%	131333116.00	54.33%
二、已上市流通股份				
1.人民币普通股	110393278	45.67%	110393278.00	45.67%
已上市流通股份合计	110393278	45.67%	110,393,278.00	45.67%
三、股份总数	241726,394	100%	241,726,394.00	100%

三、股东情况介绍

1、报告期末股东总数39342户。
2、前十名股东的持股情况

序号 股东名称	年末持股数(股)	占总股本比例(%)	性质
(1)苏州机械控股(集团)有限公司	70099469	29	未上市流通股份
(2)苏州新城花园(酒店)集团	29006677	12	未上市流通股份
(3)中国物资开发投资总公司	20621280	8.53	未上市流通股份
(4)中国诚通控股公司	4736800	1.96	未上市流通股份
(5)中国轻工物资供销华东公司	2400000	0.99	未上市流通股份
(6)北京巨鑫泰经贸发展有限公司	2400000	0.99	未上市流通股份
(7)江苏苏州物贸中心(集团)有限公司	1667884	0.69	未上市流通股份
(8)苏州新区高新风险投资有限公司	1206797	0.5	上市流通股份
(9)黄文仙	860976	0.36	上市流通股份
(10)史金娣	663899	0.27	上市流通股份

3、中国诚通控股公司是中国物资开发投资总公司和北京巨鑫泰经贸发展有限公 司的控股股东,因此中国诚通控股公司直接间接持有本公司股份27758080股,占总股本的11.48%。
4、持有本公司5%以上(含5 %)股份的股东所持股份无质押或冻结。

四、股东大会简介

报告期内召开了1次1998年年度股东大会和2 次临时股东大会。
1、"关于召开1998年年度股东大会的公告"刊载于1999年4月15日的《中国证券报》和《证券时报》上,股东大会于1999年5月28日召开。决议公告刊载于1999年5月31日的《中国证券报》和《证券时报》。
2、召开1999年度临时股东大会的通告刊载于1999年11月16日的《中国证券报》和《证券时报》。股东大会于1999年12月16日召开。决议公告刊载于1999年12月17日的《中国证券报》和《证券时报》。
3、1999年度第二次临时股东大会的通知刊载于1999年12月21日的《中国证券报 》和《证券时报》,股东大会于2000年1月21日召开。决议公告刊载于2000年1月22日的《中国证券报》和《证券时报》。

五、董事会报告

1、公司经营情况
(1)公司所处的行业以及公司在本行业中的地位
公司通过重大资产重组,业务结构发生了较大变化,除了从事传统国内外贸易业务以外,购入3家企业主要从事仪器仪表、自控设备和各类轴承、滚针的制造、销售 业务。其中2家为江苏省科委认定的高新技术企业,由全资子企业苏州电梯厂参股的 迅达电梯有限公司是国内电梯行业四大合资企业之一,也是江苏省科委认定的技术密集、知识密集型企业。
(2)公司主营业务的范围及其经营状况
1 公司主营业务收入及主营业务利润的构成情况

行 业	销售收入(单位:万元)	占总收入的比例(%)	主营业务利润(单位:万元)	占主营业务利润比例(%)
国内外贸易	6031.02	94.39	507.57	81.97
制造业	358.75	5.61	111.63	18.02

2 占主营业务收入和主营业务利润10 %以上的经营活动及其所属行业
制造业是公司通过资产重组新形成的主营业务,属机械行业,由于购入资产的时间是本年12月份后半个月,故并入报表的业务收入及利润较少。
通过资产重组,公司原经营性资产质量得到提高,主要经营活动集中在国内外贸 易范围内,经营规模有所下降。
(3)公司主要全资附属企业及控股子公司的经营情况及业绩
全资附属企业汽车经营分公司,以专营北汽产品为主,全年主营业务收入1375万元,在激烈的市场竞争环境中稳健经营,主营业务利润为44.6万元,实现了盈亏持平。
全资附属4家外贸分公司,主要经营纺织品、小家电产品、医疗器械和医用辅料 ,正在经历着经营格局的调整,主要市场已从香港、东南亚向欧美、南非转移,分布日趋合理,在充满压力的竞争环境中,全年业务收入4263.64万元,主营业务利润467.98万元。
苏州仪表总厂全资子企业注册资本931万元,股东权益为1344.61万元。主要经营电工仪表及自动化控制设备,全年实现销售收入6245万元,外销比例达50%。形成了国内外市场两旺的格局。按合并报表半个月所计主营业务收入为179.95万元,主营业务利润为45.13万元。
苏州轴承厂全资子企业注册资本2475.4万元。股东权益为7472.36万元。主要经 营系列轴承,全年实现销售收入5611.4万元,外销比例达20%。按合并报表半个月所 计主营业务收入为178.80万元,主营业务利润为66. 50万元。
苏州电梯厂全资子企业注册资本5886.8万元(以长期投资形式参股37%苏州迅达 电梯有限公司),股东权益为10025.57万元。
(4)在经营中出现的问题与困难及解决方案
公司在国内外贸易市场份额下降,房地产业调整未能到位、金融服务业累积困难逐步显现的情况下,通过实施重大资产重组,使公司在经营环境、业务结构、资产质量等方面发生了巨大变化。
通过向江苏苏州物贸中心(集团)有限公司出售15家全资、控股及参股公司的全部或部分股权,购入苏州仪表总厂等3家全资子企业股权,调整了经营结构,消除了 潜亏因素;并接受了江苏苏州物贸中心(集团)有限公司以胥城大厦房地产等有效资产15084.1049万元抵还债务,降低了公司的其他应收款项,进一步提高了公司资产质量。
2、公司财务状况(单位:元)

序号	项目	1999年	1998年(调整后)	增减(减为"-")
1	总资产	813419140.39	609092393.52	204326746.87
2	长期负债	14796884.93	-273030.61	15069915.54
3	股东权益	469485898.01	420678116.77	48807781.24
4	主营业务利润	6191928.37	6287178.40	-95250.03
5	净利润	48807781.24	-18433508.71	67241289.95

财务状况变动的主要原因(详见财务报告附注)
3、公司投资情况
(1)截止1999年12月31日,公司长期投资余额为11122.55万元,本年度增加9600.15万元,减少19711.62万元,净减少10111.47万元。
被投资公司情况:
1.苏州迅达电梯有限公司中外合资企业,注册资本15537.26万元,生产销售各类 电梯、自动扶梯、自动人行道及相关产品。1999年销售收入为53902.69万元,净利润3702.16万元,由全资子企业苏州电梯厂持有37%的出资份额,报告期末长期投资余额为10353.66万元,计入本年度的公司长期投资收益为57.07万元。

2.其他长期投资事项,所持比例均在5%以下,详见会计报表附注说明第5条第8 点。

4、新年度的业务发展计划

公司在新的一年中,必须走生产经营和资本经营同步发展之路,以进一步提升公司竞争实力,重塑公司形象。

(1)依托制造业的技术支撑,结合制造业务的市场拓展,努力把国内外贸易的经营规模做大,把具有专业化特色的商贸服务体系完善好,争取更好的经营业绩;

(2)进一步发挥并整合制造企业的高科技优势,以科技创新为先导,努力拓展国 内外市场,建立和完善科技开发、营销网络两大系统,增强市场竞争能力和盈利能力。

(3)通过深化资产重组,全面优化公司资产质量,调整公司业务结构,形成公司 稳定业绩的支撑点。

(4)加大科技开发力度,完善科技开发激励机制,推进GPS和现场总线技术的开发和商业化进程,通过传统制造业与现代科学技术的揉合与创新,加强公司发展动力。

(5)加强制度创新,变革企业文化。通过制度创新,建立完善公司法人治理制衡 机制,实行科学决策,依法规范公司的各项活动;变革企业文化,逐步展现并形成上下一致、相互信任、同舟共济的企业文化,创造强有力的团体精神。组织开展好企业形象设计和发展战略研讨工作。

(6)本年度将投资的高科技产品和项目

1电动车及新型电池项目。

苏州小羚羊电动车有限公司所研制的腾羚牌电动车集各项高新技术之大成,目前位居国内电动车行业前列。本公司将投资小羚羊公司成为其第一大股东并在年内完成新型电池的试制工作。

2图像传感器项目

本公司将随着信息技术和网络技术的发展,跟踪图像传感器及其相应的终端产品技术发展,并依托已经拥有的仪器仪表开发实力和高科技人才,积极进入这一新领域,投资图像传感器的研制和开发,年内将完成2-3项产品试制,批量进入市场。

5、董事会日常工作情况

1 报告期内的会议情况及决议内容

二届八次董事会会议于1999年4月12日在公司会议室召开,会议决议刊载于1999 年4月15日的《中国证券报》和《证券时报》。

二届九次董事会会议于1999年8月9日在公司会议室召开。会议审议并通过了1999年中期报告,会议决议刊载于1999年8月11日的《中国证券报》和《证券时报》。

二届十次董事会会议于1999年11月12 日在公司会议室召开。会议内容是向公司董事、监事通报苏州市人民政府关于对公司实施资产重组事项的文件。

1999年11月14日召开了董事会临时会议。通报了公司第一大股东与苏州机械控股(集团)有限公司、苏州新城花园酒店(集团)签定"股权转让意向协议书"的情况。并就有关资产重组事宜形成相应决议,决议公告刊载于1999年11月16日《中国证券报》和《证券时报》。

1999年度第三次董事会临时会议于1999年12月19日召开。会议选举产生了新的董事长和副董事长。决议公告刊载于1999年12月21日《中国证券报》和《证券时报》。

6、董事、监事、高级管理人员

姓 名	职 务	性别	年龄	任期起止日期	年初持股数量	年末持股数量	变动量
葛维玲	董事长	女	49	1999.12至本届董事会届满	0	0	–
顾向东	副董事长	男	58	1997.4至本届董事会届满	0	0	–
赵银祥	副董事长	男	49	1997.4至本届董事会届满	0	0	–
王自德	副董事长兼总经理	男	51	1999.12至本届董事会届满;总经理任期自1999.11至本届董事会届满	0	0	–
孙洪兴	董事	男	52	1997.4至本届董事会届满	19920	19920	–
周鸿章	董事	男	56	1997.4至本届董事会届满	0	0	–
赵永安	董事	男	37	1999.5至本届董事会届满至本届董事会届满	0	0	–
曹 进	董事兼副总经理	男	51	1999.12至本届董事会届满; 副总经理任期自1999.11至本届董事会届满	0	0	–
蔡以真	董事	男	45	1999.12至本届董事会届满	0	0	–
任荣桂	董事	男	49	1999.12至本届董事会届满	0	0	–
张建平	董事	男	36	1999.12至本届董事会届满	0	0	–
陈小麟	董事兼董事会秘书	男	48	1997.4至本届董事会届满;董事会秘书任期自1998.7至本届董事会届满	0	0	–
黄丽娟	董事	女	37	1997.4至本届董事会届满	0	0	–
童心和	董事	女	44	1999.12至本届董事会届满	0	0	–
许鸿新	董事兼财务总监	男	44	2000.1至本届董事会届满;财务总监任期自1999.11至本届董事会届满	0	0	–
徐明辉	监事会主席	男	46	1999.12至本届监事会届满	0	0	–
吴志华	监事	女	54	1999.12至本届监事会届满	0	0	–
王晓敏	监事	女	44	1999.12至本届监事会届满	0	0	–

根据1998年年度股东大会决议,公司董事长以外的董事、监事均不在公司领取报 酬,新任董事、监事也均未在公司领取报酬。除董事会秘书年度报酬在2.5-3.5万元 区间,其他高级管理人员于1999年11月刚任职,均未在公司领取报酬;报告期内因实施 资产重组而辞去职务的原高级管理人员,均与原控股母公司实行两块牌子一套班子,故其报酬由原控股母公司列支。

报告期内离任的董事有:何汉强、邵伟忠、侯干云、徐为什、侯若波、胡滋玮、陆建平、朱国钧、苏素。报告期内离任的监事有陈亚美、汪洁仁、严多林,其中,苏素因工作调动辞去监事职务,朱国钧因身体健康原因辞去董事职务,其他董事、监事是因公司实施重大资产重组,公司第一大股东变更,改选董事、监事而离任。

报告期内高级管理人员的变动情况:由于健康原因,朱国钧不再担任公司副总经理。公司因实施重大资产重组,于1999年11月14日董事会决议,同意邵伟忠辞去总经理职务,同意侯干云、徐为什、胡滋玮、侯若波辞去副总经理职务;聘王自德为公司总经理,聘曹进为公司副总经理,聘许鸿新为公司财务总监。

7、本次利润分配预案

公司本年度实现净利润为48807781.24元,提取10%法定公积金4880778.12元, 提取10%法定公益金4880778.12元, 加上年度结转未分配利润36181340.25元, 实际 可供股东分配利润为75227565.25元。由于公司1999年度实施资产重组时间较短,尚 未形成稳定的利润支撑点,经营性现金流量状况还不理想,因此本年度不进行利润分配,也不进行公积金转增股本。

8、其他报告事项

《中国证券报》、《证券时报》为公司信息披露指定报纸。

六、监事会报告

1、 报告期内监事会会议的重要决议刊登的信息披露报纸及披露日期:

1999年4月12日,召开了二届五次监事会会议,会议议题是"讨论提交股东大会 审议通过的公司1998年度报告等文件,审议通过监事会工作报告";1999年8月9日,召开了二届六次监事会会议,会议议题是"讨论1999年度中期报告";1999年11月14日,召开了二届七次监事会会议,会议议题是"讨论第二届董事会第十次会议和临时董事会会议文件";审议陈亚美、汪洁仁分别辞去监事会主席和监事会副主席职务;关于职工代表监事汪洁仁向职工代表大会提出辞职的报告;监事陈亚美、汪洁仁、严多林提出辞去苏州物资集团股份有限公司监事的报告,提请临时股东大会批准,此次会议决议刊摘于1999年11月16日的《证券时报》和《中国证券报》;1999年11月18日,在《证券时报》和《中国证券报》刊登了更换监事的公告,内容为吴志华女士当选为职工代表监事,1999年12月17日召开了1999年度临时股东大会,徐明辉先生、王晓敏女士成为新当选监事。

2、本年度公司收购或出售资产,未有内幕交易、损害部分股东利益和造成公司 资产流失的现象发生。

3、公司在进行关联交易时,严格遵循有关规定,履行关联交易操作程序,交易 过程中充分体现公平的原则,未发现有损害公司利益的情况。

七、重要事项

1、本报告期内公司无重大诉讼、仲裁事项。

1999年中期报告披露的以前年度尚未结案的诉讼事项中,通宝期货经纪公司涉及金额2600万元的期货诉讼案,由于报告期内公司已将所持通宝期货经纪有限公司1800万元出资额的1610万元(占出资总额的42.37%)转让给江苏苏州物贸中心(集团) 有限公司,该项长期投资余额为190万元(占出资总额的5%),该诉讼事项的结果对公司的影响很小。其他诉讼事项涉及的汽车实业公司,华能联合开发贸易公司,本报告期内公司已将所持上述公司的股权全部转让给江苏苏州物贸中心(集团)有限公司,诉讼结果对公司无影响。

2、报告期内,公司、公司董事和高级管理人员无受监管部门处罚的情况。

3、报告期内,公司控股股东变更情况:报告期内,经国家财政部、江苏省人民 政府和中国证监会南京特派办批准,(公司原控股股东江苏苏州物贸中心(集团)有限公司将其持有的公司10077.403万股股份,占总股本的41.69%,分别转让给苏州机械控股(集团)有限公司7009.9469万股,占总股本的29%;转让给苏州新城花园酒店 (集团)2900.6677万股,占总股本的12%。苏州机械控股(集团) 有限公司自1999 年12月13日起成为公司控股股东。剩余的166.7884万股,占总股本的0.69%,已经江苏省人民政府批准转让给苏州晶体元件厂(该项0.69%的股权过户手续在办理过程之中)。

报告期内,公司董事和总经理、副总经理、董事会秘书等高级管理人员变更情况详见董事会报告第6节。

4、 报告期内公司收购及出售资产的简要情况及进程, 及其对公司财务状况和经 营成果的影响:

1999年3月12日,经苏州市对外经济贸易委员会批准,公司将持有的苏州通达房 地产发展有限公司65%的股权(计3002.228091万元,公司实际投资额为2552.55万元),其中45%股权(计2078.465601万元)出售给开泰(澳洲)贸易发展有限公司,20%股权(计923.7624895万元)出售给苏州太湖国家旅游度假村发展集团公司,转让款项已全部到帐。该房地产项目公司的股权转让是公司按照有所为有所不为的精神,退 出中高档房地产开发项目的举措。

(2)1999年7月30日,经苏州市国有资产管理局批准,公司将持有的上海煤气实业总公司苏州联营公司45%的股权(计450万元,公司实际投资额为450万元),其中40%股权(计400万元)出售给上海煤气实业总公司,5%股权(计50万元)出售给上海美鑫工贸有限公司,转让款项已全部到帐。该项目股权转让是公司收缩投资战线,盘活存量的 举措。

(3)1999年12月16日经股东大会审议通过,向江苏苏州物贸中心(集团)有限 公司出售公司持有的苏州华能联合开发公司40%股权,苏州物贸汽车实业总公司100%股权,苏州物贸房地产建设开发总公司100%股权,苏州通利房地产开发有限公司75%股权,苏州万盛房地产有限公司50%股权,中轻苏州联合工贸公司50%股权,苏州物贸中心汽车销售公司100%股权,出售通宝期货经纪有限公司42.37%股权,江苏大 宗商品市场管理有限公司75%股权,苏州市银信经济发展总公司40%股权,苏州郭木材工业公司35%股权,苏州物资集团五金矿产有限公司10%股权,苏州证券有限公司8.17%股权,苏州工业园区经济发展公司5%股权,共14家全资、控股、参股公司股权,出 售上述股权后,除持有通宝期货经纪有限公司5%股权计190万元以外,不再持有上述公司股权,合计出售价为13527.90万元。以上出售股权事项中,通宝期货经纪有限公司的股权转让,现已获中国证监会南京特派办批复,转呈中国证监会的报批手续正在办理中;其他事项均已办妥相应手续。以上资产出售事项是公司实施资产重组,剥离不良或不宜资产的举措,有利于公司提高资产质量,实现第二次创业。上述股权出售事项,因转让价格与帐面价格差价,使公司获得较大的收益(详见重大关联事项)。

(4)1999年12月22日,公司董事会按照1999年11月14日董事会临时会议决议, 关于将公司持有的苏州物资集团财务有限公司84%股权出售给江苏苏州物贸中心(集团)有限公司的精神,同意将其中82%股权出售给江苏苏州物贸中心(集团)有限公司并签署了股权转让协议书,出售价格为8200万元,以上股权出售后,公司还保留2%股权,计200万元。该项股权转让事项,中国人民银行苏州支行已同意上报中国人民银行南京分行,报批手续正在办理之中。该项资产出售事项, 使公司应收帐款额有较大的下降。

(5)1999年12月16日,公司临时股东大会审议批准了公司以资产置换形式,收 购由江苏苏州物贸中心持有的苏州仪表总厂、苏州轴承厂、苏州电梯厂等3家全资企 业股权, 收购价格为18000万元。以上资产收购事项是公司实施资产重组的组成部分 ,是购入优质资产,提高公司质量,调整业务结构的举措。

5、重大关联交易事项

公司于1999年11月实施了重大资产重组,有关出售和收购资产事项,以及接受抵债资产事项均是与公司原控股股东之间发生的交易,现将有关情况介绍如下:

关联交易方:江苏苏州物贸中心(集团)有限公司(以下简称"物贸中心")是公司的发起人股东之一。1999年12月13日之前持有公司41.69%法人股股东,是公司 的控股股东。1999年12月13日,其持有公司41.69%法人股股份中的41%股份,已分 别转让过户到苏州机械控股(集团)有限公司名下7009.9469万股,占29%;转让过户到苏州新城花园酒店(集团)名下2900.6677万股,占12%。物贸中心名下还有的166.7884万股法人股,占0.69%,已于1999年11月30日转让给苏州晶体元件厂,目前尚未办 理过户手续。在1999年12月13日前, 物贸中心还是关联交易方。

公司召开临时股东大会的股权登记日为1999年11月22日,故向物贸中心出售收购资产及接受其以有效资产抵还公司欠款的事项均为关联交易。

关联交易内容之一:公司向物贸中心出售的苏州华能联合开发贸易公司等14家(见本节第4条)全资、控股、参股公司全部或部分股权,按照剥离不良或不宜资产的 要求,以公司原始投资金额作为确定转让价格的依据,上述出售资产(股权)1999年1月1日止帐面价值为87611.87万元,公司原始投资价值为 10964.73 万元，转让价格为 13527.90 万元，以置换资产的方式结算。本次关联交易公司获得转让收益为 4766.03 万元。转让价格与帐面价值差异较大是因为上述出售的公司中有数家已是零资产。这与公司与原控股母公司实行两块牌子，一套班子的组织管理体制有关。在本次交易过程中，原控股母公司对此事项采取了负责的态度，确认了上述作价原则。转让价格与原始投资价值的差异主要是汇率变化的原因。

关联交易内容之二：公司向物贸中心收购苏州仪表总厂、苏州轴承厂、苏州电梯厂 3 家全资企业股权，以评估价为确定转让价格的依据；上述企业 1999 年 9 月 30 日帐面净资产价值合计为 16150.11 万元；以 1999 年 9 月 30 日为基准的净资产评估价值合计为 18760.99 万元，转让价格为 18000 万元。

关联交易内容之三：上述出售与购买资产的交易，价格差额为公司应付物贸中心 4472.1 万元。此差额作为抵冲物贸中心对公司的欠款。

关联交易内容之四：接受物贸中心位于苏州市区的胥城大厦全部房地产，占地 20839.78 平方米，建筑物面积 29866.73 平方米，7533.8 平方米场地以及相关附属设备；位于苏州新区的狮山花苑商品住宅 5631.81 平方米、商业用房 2139.69 平方米、车库 1736.34 平方米；位于苏州吴县的天平山庄商品住宅 3091.84 平方米；位于苏州市区的万盛大厦商品房 1685 平方米；位于苏州新区的 66667 平方米住宅用地使用权等 5 宗资产，按评估价值 15084.1049 万元，作为抵偿对公司的欠款。

公司与关联方存在债权、债务往来、担保等事项及原因：

关联交易方：苏州机械控股(集团)有限公司(以下简称"机械控股")于 1999 年 12 月 13 日持有公司 29 %法人股，成为公司控股股东。

1999 年末，公司对机械控股其他应收款余额为 3718.43 万元，是公司所属苏州仪表总厂、苏州轴承厂在重组前向机械控股出售非经营性资产等事项而形成；

1999 年末公司对机械控股其他应付款余额为 1237.54 万元，是电梯厂在重组前长期投资权益部分应向机械控股缴付的利润累积形成。

6、上市公司和控股股东在人员、资产、财产上的"三分开"情况：

经江苏省人民政府，中国证监会南京特派办批准，公司控股股东于 1999 年末易主，公司相对于现控股股东苏州机械控股(集团)有限公司，管理机构已经健全，资产完整、财务独立方面已落实到位，其余未了事宜将在进一步深化、完善资产重组时全部完成。

7、聘任，解聘会计师事务所的情况：报告期内公司继续聘用大华会计师事务所 有限公司负责公司审计工作。

8、重大合同(担保)及其履行情况：详见会计报表附注之九，或有事项。

9、公司报告期内更改公司名称或股票简称的情况：公司报告期无更改公司名称 或股票简称的情况。

10、期后事项

(1)公司于 2000 年 3 月 7 日召开公司第一次临时股东大会，审议通过了变更公司 名称、扩大公司经营范围、变更公司住所及修改公司章程相应条款的议案，并报国家工商行政管理局核准，于 3 月 15 日在江苏省工商行政管理局办理了工商变更手续。公 司名称由"苏州物资集团股份有限公司"变更为"创元科技股份有限公司"；经营范围在原有经营范围基础上增加了"仪表仪器、电子、环保、电工器材、机械、自动化控制设备的开发、制造、销售；资产经营，物业管理，信息网络服务"；公司注册地址由"苏州市河西新区河用路(狮山小区内)"变更为"江苏苏州市新区淮海街 6 幢 E3 号"，并报经深圳证券交易所批准，于 2000 年 3 月 24 日更改了公司股票简称，由"苏物贸 A"改为"创元科技"。

(2)2000 年 2 月 28 日，公司控股股东苏州机械控股(集团)有限公司收到苏州市人民政府苏府抄[2000]4 号抄告单，由苏州市人民政府授权苏州机械控股(集团)有 限公司托管江苏苏州物贸中心(集团)有限公司。

(3)公司于 1999 年 11 月 9 日签署的转让华润超级市场(苏州)有限公司股权的协议书，已经有关部门批准，股权转让价款已于 3 月 20 日全部到帐。

八、财务会计报告

1、审计意见：公司财务报告经大华会计师事务所有限公司中国注册会计师曹培 青、吕秋萍审计，并出具无保留意见审计报告，审计报告文号为华业字(2000)第 447 号。

2、会计报表及会计报表附注(见后)。

九、公司的其他有关资料

1、公司首次注册登记日期：1993 年 12 月 22 日

登记地点：苏州市工商行政管理局

变更登记日期：2000 年 3 月 15 日

2、企业法人营业执照注册号：3200001103361

3、税务登记号码：320508137742590

4、公司未流通股票的托管机构名称：深圳证券登记有限公司

5、公司聘任的会计师事务所名称：大华会计师事务所有限公司

办公地址：上海昆山路 146 号

十、备查文件目录

1、载有法定代表人、财务总监、财务部门负责人签名并盖章的会计报表。

2、载有会计师事务所盖章、注册会计师签名并盖章的审计报告原件。

3、报告期内在中国证监会指定报纸上公开披露过的所有公司文件的正本及公告 的原稿。

创元科技股份有限公司

2000 年 4 月 4 日

审 计 报 告

华业字(2000)第 447 号

创元科技股份有限公司全体股东：

我们接受委托，审计了贵公司 1999 年 12 月 31 日资产负债表和合并资产负债表、1999 年度利润及利润分配表和合并利润及利润分配表、1999 年度现金流量表和合并现金流量表。这些会计报表由贵公司负责，我们的责任是对这些会计报表发表审计意见。我们的审计是依据中国注册会计师独立审计准则进行的。在审计过程中，我们结合贵公司的实际情况，实施了包括抽查会计记录等我们认为必要的审计程序。

我们认为，上述会计报表符合《企业会计准则》和《股份有限公司会计制度》的有关规定，在所有重大方面公允地反映了贵公司 1999 年 12 月 31 日的财务状况以及 1999 年度经营成果和现金流量变动情况，会计处理方法的选用遵循了一贯性原则。

大华会计师事务所有限公司　　中国注册会计师　曹培青　吕秋萍

中国·上海·昆山路 146 号　　2000 年 4 月 3 日

创元科技股份有限公司

会计报表附注　一九九九年度

一、公司简介

1.公司为于 1993 年 9 月 28 日经江苏省体改委以体改生(1993)256 号文及 1993 年 11 月 9 日经中国证监会以证监发审字(1993)96 号文批准设立的股份有限公司，1993 年 12 月 22 日由苏州市工商行政管理局颁发注册号为 13774259-0 的企业法人营业执照。公司注册资本为人民币 75,000,000.00 元。1994 年 4 月 18 日 经公司股东大会通过"1993 年度分红派息方案"，并经江苏省体改委(1994)129 号 文批准，向社会公众股每 10 股送 2 股，社会公众股增至 36,000,000 股，总股数增至 81,000,000 股，计人民币 81,000,000.00 元。1994 年 12 月 23 日临时股东大会通过决议，并报经中国证监会以证监发审字(1995)28 号《申请配股复审意见书》批准配股 19,719,331 股，其中社会公众股认购配股 9,997,199 股，法人股认购配股 9,555,046 股，社会公众认购的法人转配股 167,086 股，总股数增至 100,719,331 股，计人民币 100,719,331.00 元。1996 年 6 月 6 日股东大会通过了 1995 年度利润分配方案：每 10 股送 2 股，共计 送股 20,143,866 股，总股数增至 120,863,197 股，计人民币 120,863,197.00 元。1997 年 4 月 3 日股东大会通过了 1996 年度利润分配方案：10 股送 5 股、转增 5 股，送转股份共计 120,863,197 股，总股数增至 241,726,394 股，计人民币 241,726,394.00 元，业经大华会计师事务所验证并出具华业字(97)第 958 号验资报告。

公司于 1999 年 11 月进行了重大资产重组，原控股股东江苏苏州物贸中心(集团)有限公司(以下简称"物贸中心")将其持有的公司 100,774,030 股股份，占总股本 的 41.69%，分别转让给苏州机械控股(集团)有限公司(以下简称"机械控股") 和苏州新城花园酒店(集团)(以下简称"新城花园")。股权转让后，机械控股持有公司 70,099,469 股股份，占总股本的 29%；新城花园持有公司 29,006,677 股股份，占总股本的 12%；物贸中心持有公司 1,667,884 股股份，占总股本的 0.69%。1999 年 12 月 21 日公司董事会选举产生了新任董事长葛维玲。上述资产重组在 2000 年 1 月 31 日经国家财政部以财管字[2000]21 号文批准。

公司原名为苏州物资集团股份有限公司，现已更名为创元科技股份有限公司(详见附注十一第 2 点)。经国家工商行政管理局核准，由江苏省工商行政管理局于 2000 年 3 月 15 日换发了注册号为 3200001103361 的企业法人营业执照，注册资本仍为 241,726,394.00 元。

公司经济性质：股份制(上市)，所属行业：商品流通及制造业。

经营范围：国内贸易(国家有专项规定办理许可证后经营)；经营本系统商品的进出口业务；接受本系统单位委托代理进出口业务；经营本系统的技术进出口业务；承办中外合资经营、合作生产、来料加工、来样加工、来件装配、补偿贸易、易货贸易及转口贸易业务。仪器仪表、电子、环保、电工器材、机械、自动化控制设备的开发、制造、销售；资产经营、物业管理、信息网络服务。

2.主要产品和提供的劳务：滚针、轴承、电梯、停车设备和仪器仪表等。

3.生产经营的概况：公司 1999 年转让了 3 家全资子公司、5 家控股子公司的全部股权和 2 家控股子公司的部分股权并同时受让了 3 家公司的全部股权，从而公司资产质量得到较大改善，当年经营业绩明显改善，生产经营状况与上年发生了较大变化。

二、公司主要会计政策、会计估计和合并会计报表的编制方法

三、税项

公司适用的税种与税率：

税种	税率	计税基数
所得税	15%	应纳税所得额
增值税	17%	按销项税额扣除当期允许抵扣的进项税额后的差额
营业税	5%	营业额
城建税	7%	应纳营业税额和增值税额
教育费附加	4%	应纳营业税额和增值税额

四、控股子公司及合营企业

1.公司所控制的境内外所有子公司和合营企业情况以及公司合并报表的合并范围：

被投资单位全称	经营范围	注册资本	公司投资额	持股比例	是否合并
1 苏州轴承厂	滚针、轴承等	24754000.00	74550685.03	100%	是
2 苏州电梯厂	电梯停车设备	58868000.00	99684905.91	100%	是
3 苏州仪表总厂	电工仪表等	9,310,000.00	13374261.51	100%	是

上述 3 家子公司均系本年 12 月购入，均采用权益法核算。

2.公司本年因资产重组，致使合并范围发生变化，具体情况如下：

被投资单位名称	是否合并 1998 年报	是否合并 1999 年报
苏州物资集团财务有限责任公司	是	否
通宝期货经纪有限公司	是	否
中轻苏州工贸联合公司	是	否
苏州物贸汽车实业总公司	是	否
苏州物贸中心汽车销售公司	是	否
苏州物贸房地产建设开发有限公司	是	否
苏州万盛房产有限公司	是	否
苏州通利房地产发展有限公司	是	否
苏州通达房地产发展有限公司	是	否
江苏大宗商品市场管理有限公司	是	否
苏州轴承厂	否	是
苏州电梯厂	否	是
苏州仪表总厂	否	是

五、会计报表主要项目注释：

六、分行业资料

收入占主营业务收入 10%(含 10%)以上的行业的营业收入、营业成本和营业毛利情况同附注五(二)第 4 点。

七、占报告期资产总额 5%以上(含 5%)或利润总额 10%以上(含 10%)的项目变动幅度达 30%(含 30%)以上的说明

1.应收帐款年末余额比上年增长 1,334%，系增加了合并范围所致；

2.存货年末余额比上年增长 2,597%，主要系物贸中心以商品房抵债和增加了合 并范围所致；

3.长期投资年末余额比上年下降 48%，主要系资产重组所致；

4.固定资产净值年末余额比上年增长 322%，主要系物贸中心以固定资产抵债和 增加了合并范围所致；

5.无形资产年末余额比上年增长 2,207%，主要系物贸中心以土地使用权抵债所 致；

6.短期借款年末余额比上年增长 36%，主要系增加了合并范围所致；

7.应付帐款年末余额比上年增长 592%，主要系增加了合并范围所致；

8.主营业务收入和成本本期发生额比上年下降 62%和 64%，主要系：(1)东南 亚金融危机导致外贸业务下降，(2)业务结构调整导致商品销售下降；

9.投资收益本期发生额比上年增长 6,591 万元，主要系资产重组中股权转让所致 。

八、关联方关系

1.存在控制关系的关联方

企业名称	注册地址	主营业务	与公司关系	经济类型	法定代表人
苏州机械控股(集团)有限公司	苏州市南门东二路 4 号	授权范围内的资产经营管理；国内商业；承接进行成套项目；房地产开发等	母公司	国有独资	葛维玲
苏州轴承厂	苏州新区淮海街 6 幢 F 座二楼	滚针、轴承等	子公司	股份制	宋天宝
苏州电梯厂	苏州新区淮海街 6 幢 F 座一楼	电梯、停车设备	子公司	股份制	濮云初
苏州仪表总厂	苏州新区淮海街 6 幢 F 座三楼	电工仪表等	子公司	股份制	姚建华

2.存在控制关系的关联方的注册资本及其变化

企业名称	年初数	本年增加数	本年减少数	年末数
苏州机械控股(集团)有限公司	320000000.00	-	-	320000000.00
苏州轴承厂	74,550,685.03	-	-	74,550,685.03
苏州电梯厂	99,684,905.91	-	-	99,684,905.91

苏州仪表总厂	13,374,261.51	–	–	13,374,261.51

九、或有事项

1.债务担保

被担保人	贷款金额	贷款起始日	贷款截止日
*1 苏州国际商城房产有限公司	1,000,000.00	1998.11	1999.06
*2 苏州华银物业发展有限公司	2,700,000.00	1999.01	2000.02
*2 苏州华银物业发展有限公司	2,000,000.00	1998.08	1999.09
*2 苏州华银物业发展有限公司	3,800,000.00	1998.06	2000.04
*2 苏州华银物业发展有限公司	3,500,000.00	1998.06	2000.04
*2 苏州华银物业发展有限公司	5,000,000.00	1999.01	1999.11
*3 江苏苏州物贸中心(集团)有限公司	2500000.00	1999.03	1999.11
*3 江苏苏州物贸中心(集团)有限公司	11,300,000.00	1998.12	1999.12
*3 江苏苏州物贸中心(集团)有限公司	1,800,000.00	1998.12	1999.10
合 计	33,600,000.00		

*1 该担保贷款至 2000 年 3 月 25 日均未归还，担保责任亦未解除。*2 根据苏州市人民政府办公室 1999 年 11 月 10 号苏府抄[1999]39 号文,公司对该 项担保在苏州华银物业发展有限公司的资产重组中一并解决。*3 同*1。

2.未决诉讼

1998 年度报告中披露的以前年度尚未结案的诉讼事项中,苏州通宝期货经纪有限公司(以下简称"通宝期货")涉及金额 2,600 万元的期货诉讼案。本年度内公司已 将所持通宝期货的 42.37%股权转让给物贸中心,仅保留通宝期货 5%的股权,上述诉讼事项的结果对公司的影响很小。

十、承诺事项:无。

十一、资产负债表日后事项中的非调整事项:

1.根据 2000 年 2 月 28 日苏州市人民政府抄告单苏府抄[2000]4 号文的通知,市政府即日起授权机械控股托管物贸中心。

2.公司于 2000 年 3 月 7 日召开公司第一次临时股东大会,审议并通过了变更公司名称、扩大公司经营范围、变更公司住所及修改公司章程相应条款的议案,并报经国家工商行政管理局核准,于 2000 年 3 月 15 日在江苏省工商行政管理局办理了工商变更手 续。具体情况如下:

变更事项	变更前	变更后
公司名称	苏州物资集团股份有限公司	创元科技股份有限公司
公司住所	苏州市河西新区河 路(狮山小区内)	苏州市苏州新区淮海街 6 幢 E3 号
经营范围	国内贸易(国家有专项规定办理许可证后经营);经营本系统商品的进出口业务;接受本系统的技术进出口业务;承办中外合资经营、合作生产、来料加工、来样加工、来件装配、补偿贸易、易货贸易及转口贸易业务;	国内贸易(国家有专项规定办理许可证后经营);经营本系统商品的进出口业务;接受本系统单位委托代理进出口业务;经营本系统商品的进出口业务;承办中外合资经营,合作,生产来料加工,来样加工,来件装配,补偿贸易,易货贸易及转口口贸易业务.仪器仪表,电子环保,电工器材,机械,自动化控制设备的开发,制造,销售;资产经营,物业管理,信息网络服务.

经深圳证券交易所批准,于 2000 年 3 月 24 日更改了公司股票简称,由"苏物贸 A"改为"创元科技"。

3.公司与华润采购投资有限公司、华润超级市场有限公司于 1999 年 11 月 9 日签署 了三方转让合同。公司将持有的华润超级市场(苏州)有限公司 5%的股权以人民币 332.4 万元的价格转让给华润超级市场有限公司。股权转让价款已于 2000 年 3 月 20 日全 部到帐。至此,公司不再持有华润超级市场(苏州)有限公司的股权。

十二、债务重组事项

公司接受物贸中心位于苏州市区的胥城大厦全部房地产,占地 20,839.78 平方米 ,建筑物面积 29,866.73 平方米及 7,533.80 平方米场地其附属设备;位于苏州新区的 狮山花苑商品住宅 5,631.81 平方米，商业用房 2,139.69 平方米、车库 1,736.34 平方米；位于苏州吴县的天平山庄商品住宅 3,091.84 平方米;位于苏州市区的万盛大厦商品房 1,685.00 平方米;位于苏州新区的 100 亩(折合 66,667 平方米)住宅用地使用权等 5 宗资产,按评估价值 150,841,049.00 元,作为抵偿对公司的欠款。

十三、其他重要事项

1. 报告期内公司转让长期股权的情况及其对公司财务状况和经营成果的影响:

转让单位名称	转让价格	1999 年 1 月 1 日 初始投资额	累计损益调整额	1999 年 12 月 31 日 投资余额	股权转让收益	备注
苏州通达房地产发展有限公司	30022280	25525500	−3,686,952.86	–	1,379,598.31	*1
上海煤气实业总公司苏州联营公司	4,500,000	4500,000	−59,740.84	–	59,740.84	*2
中轻苏州工贸联合公司	500,000	500,000	−500,000.00	–	500,000.00	*3
苏州物贸汽车实业总公司	12,000,000	12,000000	−2,156,054.83	–	2,156,054.83	*3
苏州物贸中心汽车销售公司	5,000,000	5,000,000	617,913.07	–	−617,913.07	*3
苏州物贸房地产建设开发有限公司	10,180,000	10,180,000	609,011.69	–	−609,011.69	*3
苏州万盛房产有限公司	12,865,000	5,859,000	−5,859,000.00	–	12,865,000.00	*3
苏州通利房地产发展有限公司	24,900,000	10395,180	−10,395,180.00	–	24,900,000.00	*3
苏州华能联合开发贸易公司	2,400,000	2,400,000	1,220,594.28	–	−1,220,594.28	*3
江苏大宗商品市场管理有限公司	7,500,000	7,500,000	–	–	–	*3
苏州市银信经济发展总公司	5,000,000	5,000,000	–	–	–	*3
苏州郭木材工业有限公司	2,905,000	2,907,419	−73,986.44	–	71,567.24	*3
苏州物资集团五金矿产有限公司	100,000	100,000	–	–	–	*3
苏州市证券公司	15,000,000	8,640489	–	–	6,359,510.14	*3
苏州新加坡工业园区经济发展公司	20,829,000	21165,225	–	–	−336,225.00	*3
通宝期货经纪有限公司	16,100,000	18,000,000	−3,591,920.31	1900000.00	3,591,920.31	*3
苏州物资集团财务有限责任公司	82,000,000	84,000,000	1,218,749.72	2000000.00	−657,403.48	*4
合计	251801280	223672814	−22,656,566.52	3900000.00	48442244.15	

*11999 年 3 月 12 日,经苏州市对外经济贸易委员会批准,公司将持有苏州通达房地产发展有限公司(以下简称"通达")65%的股权分别转让给开泰(澳洲)贸易发展有限公司和苏州太湖国家旅游度假村发展集团公司。该股权转让后,公司对通达的债权一并解除,计 6,804,135.46 元,冲减相应的股权转让收益。

*21999 年 7 月 30 日,经苏州市国有资产管理局批准,公司将持有的上海煤气实业总公司苏州联营公司 45%的股权分别转让给上海煤气实业总公司和上海美鑫工贸有限公司。

*31999 年 12 月 16 日经股东大会审议通过,公司向物贸中心转让持有的中轻苏州 工贸联合公司 50%的股权,苏州物贸汽车实业总公司 100%的股权,苏州物贸中心汽 车销售公司 100%的股权,苏州物贸房地产建设开发有限公司 100%的股权,苏州万盛房地产有限公司 50%的股权,苏州通利房地产发展有限公司 75%的股权,苏州华能联合开发贸易公司 40%的股权,江苏大宗商品市场管理有限公司 75%的股权,苏州市银信经济发展总公司 40%的股权,苏州郭木材工业有限公司 35%的股权,苏州物资集团五金矿产有限公司 10%的股权,苏州市证券公司 8.17%的股权,苏州新加坡工业园区经济发展公司 5%的股权,通宝期货经纪有限公司 42.37%的股权。

上述股权转让的价格基本以公司原始投资额为基础,如有外币出资的,则以原始外币投资额按现行汇率折算。

转让上述股权后,除持有通宝期货 5%的股权外,不再持有上述公司的股权。通 宝期货的股权转让现已获证监会南京特派办批复,转呈证监会的报批手续正在办理之中。

*41999 年 12 月 22 日,公司董事会按照 1999 年 11 月 14 日董事会临时会议决议,将 持有的苏州物资集团财务有限责任公司 82%的股权转让给物贸中心。转让后,公司还持有财务公司 2%的股权。该项股权转让已获中国人民银行苏州支行同意,转呈中国 人民银行南京分行的报批手续正在办理之中。

2.报告期内公司收购长期股权投资的情况及其对公司财务状况和经营成果的影响:

收购单位名称	*收购价格	评估净资产	1999 年 12 月 31 日 初始投资额	累计损益调整额	*股权投资差额
苏州轴承厂		74,550,685.03	74,550,685.03	172,930.64	
苏州电梯厂		99,684,905.91	99,684,905.91	570,749.60	
苏州仪表总厂		13,374,261.51	13,374,261.51	71,810.93	
合计	180,000,000.00	187609852.45	187609852.45	815491.17	7609852.45

*由于 3 家公司系一次交易收购,收购价格为 3 家合计,故股权投资差额亦为 3 家 合计。

1999 年 12 月 16 日，公司临时股东大会审议并批准了公司收购物贸中心持有的苏州轴承厂、苏州电梯厂和苏州仪表总厂 100%的股权。

3.资产重组说明:

物贸中心是公司的发起人股东之一。1999 年 12 月 13 日之前持有公司 41.69%的股 份,是公司的控股股东。1999 年 12 月 13 日，其持有的股份中，已分别转让过户到机械控股名下 70,099,469 股,占 29%;新城花园名下 29,006,677 股,占 12%。

公司的控股股东易主后,以资产置换的方式向物贸中心转让公司名下 15 家控股公司和参股公司的股权以及收购物贸中心名下 3 家全资子公司。(股权转让的具体情况 详见附注十三第 1 点*3、*4;股权收购的具体情况详见附注十三第 2 点。)股权转让的总价为 13,527.9 万元,股权收购的总价为 18,000 万元,其差额 4,472.1 万元作为抵 冲物贸中心对公司的欠款。

股份有限公司一九九九年度报表

资产负债表　　1999 年 12 月 31 日

编制单位:创元科技股份有限公司　　会股 01 表　　金额单位:元

资产	年初数 母公司	年末数 母公司	合并
流动资产:			
货币资金	23453013.03	5734923.13	23953240.37
短期投资	23130.00		
减:短期投资跌价准备			
短期投资净额	23130.00		
应收票据	–	–	3232690.00
应收股利			
应收利息			
应收帐款	4546338.82	4255810.82	65179995.09
其他应收款	362992033.97	303338779.29	359101496.36
减:坏帐准备	36753837.28	30759459.01	42428149.13
应收帐款净额	330784535.51	276835131.10	381853342.32
预付帐款	2251030.61	581567.96	5153380.00
应收补贴款			
期货保证金			
应收席位费			
存货	3073490.06	44395422.52	83364289.47
其中:工程施工			
减:存货跌价准备	–	485219.23	485219.23
存货净额	3073490.06	43910203.29	82879070.24
待摊费用	80000.00	60000.00	60000.00
待处理流动资产净损失			
一年内到期的长期债权投资			
其他流动资产			
流动资产合计	359665199.21	327121825.48	497131722.93
长期投资:			
长期股权投资	214340247.54	198039491.17	113204722.12
长期债权投资	–	–	20800.00
长期投资合计	214340247.54	198039491.17	113225522.12
减:长期投资减值准备	–	2000000.00	2000000.00
长期投资净额	214340247.54	196039491.17	111225522.12
其中:合并价差	–	−7609852.45	−7609852.45
其中:股权投资差额	–	−7609852.45	−7609852.45
固定资产:			
固定资产原价	37790897.70	88569274.83	214419623.59
减:累计折旧	6525458.89	22318111.21	82344719.17
固定资产净值	31265438.81	66251163.62	132074904.42
工程物资			
在建工程			
固定资产清理			
待处理固定资产损失			
固定资产合计	31265438.81	66251163.62	132074904.42
无形资产及其他资产:			

无形资产	2984803.13	68850000.00	68850000.00
开办费	836704.83	669363.86	669363.86
长期待摊费用	-	1337856.00	3467627.06
其他长期资产			
其中:临时设施净值			
无形资产及其他资产合计	3821507.96	70857219.86	72986990.92
递延税项:			
递延税款借项			
资产总计	609092393.52	660269700.13	813419140.39
负债及股东权益			
流动负债:			
短期借款	151800000.00	163610000.00	205730000.00
应付票据	-	-	2760000.00
应付帐款	9288903.84	6677846.33	64312689.93
预收帐款	4015268.94	904622.91	6789354.04
代销商品款			
应付工资	-	-	6318745.00
应付福利费	164803.53	130880.33	155357.86
应付股利			
应交税金	901372.72	4333480.79	8339483.69
其他应交款	-41226.13	-22309.22	1238405.65
其他应付款	22558184.46	15445711.59	29992321.28
预提费用			
一年内到期的长期负债	-	-	3500000.00
其他流动负债			
流动负债合	188687307.36	191080232.73	329136357.45
长期负债:			
长期借款			11800000.00
应付债券			
长期应付款			
住房周转金	-273030.61	-296430.61	1709620.14
其他长期负债	-	-	1287264.79
长期负债合计	-273030.61	-296430.61	14796884.93
递延税项:			
递延税款贷项			
负债合计	188414276.75	190783802.12	343933242.38
少数股东权益			
股东权益			
股本	241726394.00	241726394.00	241726394.00
资本公积	87601247.18	87601247.18	87601247.18
盈余公积	55169135.34	64930691.58	65093789.80
其中:公益金	20231898.81	25112676.93	25194226.04
未确认的投资损失			
未分配利润	36181340.25	75227565.25	75064467.03
外币报表折算差额			
股东权益合计	420678116.77	469485898.01	469485898.01
负债及股东权益总计	609092393.52	660269700.13	813419140.39

利润及利润分配表　1999 年度

编制单位:创元科技股份有限公司　会股 02 表　金额单位:元

项目	上年实际数	本年实际数	
	母公司	母公司	合并
一、主营业务收入	167275291.61	60305883.80	63893454.15
减:销售折让			
主营业务收入净额	167275291.61	60305883.80	63893454.15
减:主营业务成本	160971514.39	55106093.42	57579810.72
主营业务税金及附加	16598.82	124101.07	121715.06
二、主营业务利润	6287178.40	5075689.31	6191928.37
加:其他业务利润	10482693.67	3787896.09	3755618.41
减:存货跌价损失	-	485219.23	485219.23
营业费用	2533923.97	2664237.21	2945040.34
管理费用	14692894.92	-914083.65	-292737.79
财务费用	1089256.75	1666148.31	1475874.77
三、营业利润	-1546203.57	4962064.30	5334150.23
加:投资收益	-16515262.50	48825659.47	48580917.90
期货收益	1332468.00	39974.23	39974.23
补贴收入			
营业外收入	207710.10	174402.83	174402.83
减:营业外支出	295397.58	479064.76	485864.76
四、利润总额	-16816685.55	53523036.07	53643580.43
减:所得税	1616823.16	4715254.83	4835799.19
减:少数股东权益			
未确认的投资损失			
五、净利润(净亏损以"-"号填列)	-18433508.71	48807781.24	48807781.24
加:年初未分配利润	54614848.96	36181340.25	36181340.25
减:减少注册资本减少的未分配利润			
盈余公积转入			
六、可供分配的利润	36181340.25	84989121.49	84989121.49
减:提取法定盈余公积	-	4880778.12	4962327.23
提取法定公益金	-	4880778.12	4962327.23
职工奖福基金			
七、可供股东分配的利润	36181340.25	75227565.25	75064467.03
减:应付优先股股利			
提取任意盈余公积			
应付普通股股利			
转作股本的普通股股利			
八、未分配利润	36181340.25	75227565.25	75064467.03

附注:非常项目:

1.出售,处理部门或被投资单位

2.自然灾害发生的损失

3.会计政策变更

4.其他

现金流量表　1999 年度

编制单位:创元科技股份有限公司　会股 03 表　金额单位:元

项目	金额 母公司	合并
一、经营活动产生的现金流量:		
销售商品、提供劳务收到的现金	61372244.22	65569701.53
收取的租金		
收到的除增值税以外的其他税费返还		
收到的其他与经营活动有关的现金	143602.83	143602.83
现金流入小计	61515847.05	65713304.36
购买商品、接受劳务支付的现金	58602796.98	58846601.86
经营租赁所支付的现金		
支付给职工以及为职工支付的现金	57323.20	57323.20
支付的增值税款		
支付的所得税款	395517.49	395517.49
支付的除增值税、所得税以外的其他税费	111153.77	111153.77
支付的其他与经营活动有关的现金	39551555.58	38527306.63
现金流出小计	98718347.02	97937902.95
经营活动产生的现金流量净额	-37202499.97	-32224598.59
二、投资活动产生的现金流量:		
收回投资所收到的现金	9336054.15	9336054.15
分得股利或利润所收到的现金		
取得债券利息收入所收到的现金		
处置固定资产、无形资产和其他长期资产而收回的现金净额	48600.00	48600.00
收到的其他与投资活动有关的现金	39974.23	13280390.09
现金流入小计	9424628.38	22665044.24
购建固定资产、无形资产和其他长期资产所支付的现金	84070.00	84070.00
权益性投资所支付的现金		
债权性投资所支付的现金		
支付的其他与投资活动有关的现金		
现金流出小计	84070.00	84070.00
投资活动产生的现金流量净额	9340558.38	22580974.24
三、筹资活动产生的现金流量:		
吸收权益性投资所收到的现金		
其中:子公司吸收少数股东权益性投资收到的现金		
发行债券所收到的现金		
借款所收到的现金	11810000.00	11810000.00
收到的其他与筹资活动有关的现金		
现金流入小计	11810000.00	11810000.00
偿还债务所支付的现金		
发生筹资费用所支付的现金		
分配股利或利润所支付的现金		
其中;子公司支付少数股东股利		
偿付利息所支支付的现金	1666148.31	1666148.31
融资租赁所支付的现金		
减少注册资本所支付的现金		
其中:子公司依法减资产支付给少数股东的现金		
支付的其他与筹资活动有关的现金		
现金流出小计	1666148.31	1666148.31
筹资活动产生的现金流量净额	10143851.69	10143851.69
四、汇率变动对现金的影响		
五、现金及现金等价物净增加额	-17718089.90	500227.34
附注:		
项目		
1.不涉及现金收支的投资和筹资活动		
以固定资产偿还债务		
以投资偿还债务		
以固定资产进行长期投资		
以存货偿还债务		
融资租赁固定资产		
2.将净利润调节为经营活动的现金流量		
净利润	48807781.24	48807781.24
加:少数股东损益		
计提的坏帐准备或转销的坏帐	-5994378.27	-5994378.27
固定资产折旧	18527783.75	18527783.75
无形资产摊销	234415.19	234415.19
待摊费用的减少(减:增加)	20000.00	20000.00
处置固定资产、无形资产和其他长期资产的损失(减收益)	3383458.52	3383458.52
固定资产报废损失		
财务费用	1666148.31	1666148.31
投资损失(减收益)	-9424628.38	-9424628.38
递延税款贷项(减借项)		
存货的减少(减增加)	-40836713.23	-40836713.23
经营性应收项目的减少(减增加)	-48926001.15	-43948099.77
经营性应付项目的增加(减减少)	-4660365.95	-4660365.95
预提费用的增加(减:减少)		
其他		
经营活动产生的现金流量净额	-37202499.97	-32224598.59
3.现金及现金等价物净增加情况:		
货币资金的期末余额	5734923.13	23953240.37
减:货币资金的期初余额	23453013.03	23453013.03
现金等价物的期末余额		
减:现金等价物的期初余额		
现金及现金等价物净增加额	-17718089.90	500227.34

甘肃长风宝安实业股份有限公司

甘肃长风宝安实业股份有限公司1999年年度报告摘要

一、公司简介

1、公司法定中文名称:甘肃长风宝安实业股份有限公司
公司法定英文名称:GANSU CHANGFENG BAOAN INDUSTRY CO.,LTD
2、公司法定代表人:邵乐冲
3、公司董事会秘书:胡惠斌
联系地址:甘肃省兰州市安宁区安宁西路270号
电话:0931-7666251 7616756 传真:0931-7667172 电子信箱:cfjgc @ public. Lz.gs.cn
4、公司注册地址:甘肃省兰州市安宁区安宁西路270号
公司办公地址:甘肃省兰州市安宁区安宁西路270号 邮政编码:730070
5、公司选定的信息披露报刊为《证券时报》
公司指定披露的网址:http://www.cninfo.com.cn
公司年度报告备置地点:甘肃省兰州市安宁区安宁西路270号公司总部
6、公司股票上市交易所:深圳证券交易所
股票简称:甘长风A 股票代码:0552

二、会计数据和业务数据摘要

(一)本年度公司实现利润总额15133984.01元,净利润15133984.01元;扣除非经常性损益后的净利润9151841.88元;主营业务利润20982854.01元;其他业务利润6231440.01元;营业利润7947011.66元;补贴收入7249833.53元,营业外收支净额-62861.18元,经营活动产生的现金流量净额48054738.31元;现金及现金等价物净增加额6243332.81元。

说明:扣除非经常性损益后的净利润所扣除项目系财政补贴收入5893000元,处置固定资产净收益89142.13元,合计5982142.13元。

(二)截止报告期末公司前三年的主要会计数据和财务指标(单位:元)

项　目　单位	1999年	1998年		1997年	
		调整前	调整后	调整前	调整后
主营业务收入(元)	210311553.53	260639263.74	260639263.74	258862578.60	258862578.60
净利润(元)	15133984.01	-37568414.30	-58999982.67	15955176.38	5496802.94
总资产(元)	393895108.03	664607751.6	614318617.12	712330327.23	677454646.26
股东权益(元)	179338446.17	214420036.64	164204462.16	292314331.80	263456765.69
每股收益(元)	0.09	-0.21	-0.33	0.11	0.04
每股净资产(元)	1.01	1.21	0.92	1.97	1.78
调整后每股净资产(元)	1.00	1.04	0.75	1.49	1.30
每股经营活动产生的现金流量净额(元)	0.27	0.05	0.05	—	—
净资产收益率(%)	8.44	-17.52	-35.93	5.46	2.00

注:主要财务指标计算公式:
每股收益=净利润/年度末普通股股份总数
每股净资产=年度末股东权益/年度末普通股股份总数
调整后的每股净资产=(年度末股东权益-三年以上的应收款项净额-待摊费用-待 处理(流动、固定)资产净损失-开办费-长期待摊费用-住房周转金负数余额)/年度末普通股股份总数
每股经营活动产生的现金流量净额=经营活动产生的现金流量净额/年度末普通 股股份总数
净资产收益率=净利润/年度末股东权益×100%

(三)股东权益变动情况

项目	股本	资本公积	盈余公积	法定公益金	未分配利润	股东权益合计
期初数	177870000	102358235.38	5982139.49	2848462.12	-122005912.71	64204462.16
本期增加	/	/	/	/	15133984.01	15133984.01
本期减少	/	/	/	/	/	/
期末数	177870000	102358235.38	5982139.49	2848462.12	-106871928.70	179338446.17
变动原因						99年盈利

三、股东情况介绍

1、报告期末股东总数26451户。
2、主要股东持股情况(截止1999年12月31日)

序号	股　东　名　称	年末持股数量(股)	占总股本比例(%)
1	甘肃电子集团公司	74052000	41.63
2	中国宝安集团股份有限公司	27007200	15.18
3	甘肃电子集团物业公司	4356000	2.45
4	泛亚广告展览公司	1961200	1.10
5	海南长江实业集团公司	1452000	0.82
6	甘肃省工业交通投资公司	871200	0.49
7	李佩华	814431	0.46
8	吴文月	768100	0.43
9	天泰新产业投资租赁公司	726000	0.41
10	深圳银康实业股份有限公司	726000	0.41

注:1 甘肃电子集团公司代表国家持有本公司股份,持股额占总股本的41.63%。
2 中国宝安(集团)股份有限公司为公司发起人之一,持股额占公司总股本的15.18%。
以上两公司持有公司股份截止报告期末未有质押或冻结的情况。
3、报告期内,本公司控股股东无变化。

四、股东大会简介

1、1999年5月18日,公司召开了1998年度股东大会。会议通过了1998年度董事会报告;1998年度监事会报告;1998年度总经理业务报告;1998年度财务决算报告和分红派息方案:因经营亏损,公司1998年度不分红;郭双喜先生辞去董事职务,增补贺 德华先生任公司第二届董事会董事的议案;修改《公司章程》的提案;增选马中学、贺雪琴为公司第二届董事会董事的提案。

大会决议于1999年5月19日刊登在《证券时报》上。

2、1999年12月18日,公司召开了1999年度临时股东大会。会议通过了如下决议:
(1)关于公司托管四家电子企业的议案。
(2)关于公司进行部分资产、债务剥离重组的议案。
(3)关于公司股东大会授权董事会投资及处置资产权限,并修改《公司章程》的议案。
(4)关于公司与国营长风机器厂合资组建长风电子电器设备有限责任公司的议案。
大会决议于1999年12月22日在《证券时报》上刊登。

五、董事会报告

(一)公司经营情况

1、公司所处行业属大型综合性电子行业,主营产品家用电器(洗衣机、电视机和电冰箱等系列产品)的产销在同行业中居于重要地位。1999年通过了ISO9001质量体系认证,列入全国电子百强企业第93位(根据信息产业部"电子行业百强企业动态排位 表")。

2、公司主营业务的范围及经营情况

家用电器是公司目前的主导产品,公司各品种系列的家用电器的销售区域遍布西北、东北、中原、西南、华东等地,远销欧、美、中东、东南亚等三十多个国家和地区。

3、在经营中出现的问题与困难及解决方案

1999年在董事会的领导下,公司经营班子与全体员工团结一致、努力拼搏、真抓实干、求真务实,顺利完成公司的经营目标。但公司发展中还存在着许多困难和不容忽视的问题。主要是:一是公司主营产品进入市场成熟期,而且品种单一,影响了公 司的主营业务利润;二是公司内部机制改革有待加强,现有的人事用工制度、分配制度、激励机制,不能充分调动广大员工的积极性。三是内部管理工作有待于进一步加强。

解决以上困难与问题的方案是:公司将把改造传统产业,提高产品科技含量,促 进产品换代升级,加快产品、产业结构调整作为重中之重,缩短新品上市周期。在新品开发上,创新机制,大胆改革,拟实施"项目经理责任制",把产品开发与市场结合起来,引进激励约束机制,培养技术项目带头人,充分调动技术人员的积极性,加快新产品开发速度,快出新品、出精品。深化人事制度的改革和管理,重点抓好定岗、定编、定员工作,逐步解决人浮于事的问题,形成内部上岗竞争机制。强化干部管理,突出抓干部的政策水平、市场意识、效益观念和责任感,实行干部动态化管理。加强财务管理、质量管理、资金管理,做到有章可循,管理有序,把强化管理与降低成本紧密结合起来,以管理促效益,确保公司效益稳步提高。

(二)公司财务状况

1、截至1999年12月31日,公司总资产39390万元,比期初的61432万元减少22042万元。主要是因为:本年度实行资产重组,部分资产转入国营长风机器厂所致。

2、负债总额期末21456万元,比期初的45011万元减少23555万元。主要原因也是本年度实行资产重组,将部分负债划入国营长风机器厂所致。

3、股东权益期末为17934万元,比期初的16420万元增加1514万元,主要原因为 本年度利润增长所致。

4、公司主营业务利润1999年为2098万元,比1998年的1124万元增加974万元。主要原因是本年度盈利产品洗衣机销量和收入增加,老产品冰箱、电视机的销量和收入减少所致。

5、净利润1513万元,比去年的-3757万元增加5270万元。主要原因:(1)在董事会领导下,公司以市场为导向,千方百计打开产品销路,加大畅销、盈利产品洗衣机的销售力度,提高了本年度洗衣机销量和销售收入,从而增加本年度净利润974万元。(2)本年度通过内部资产重组,剥离了部分银行债务,从而较大幅度的降低了公司的财务费用。(3)为进一步规范公司运作,维护股东的利益,按照谁受益谁承担费用的原则,对1999年公司为国营长风机器厂提供综合服务而代垫的各项费用,通过转帐方式转入国营长风机器厂,从而减少了本年度相关费用。(4)本年度公司得到了甘肃地方财政支持,获得589万元财政补贴款,从而增加净 利润589万元。

(三)公司投资情况

1、募集资金的投资情况:本报告期内没有募集资金。

2、非募集资金投资情况

为适应公司发展的需要,提高公司资产的使用效率及收益水平,公司拟与国营长风机器厂合资组建甘肃长风电器设备有限责任公司。该公司注册资本暂定为10000万 元,其中股份公司以实物资产作为出资,该项资产帐面净值为9500万元,持股比例为95%,;国营长风机器厂以实物资产出资,共计500万元,持股比例为5%。

股份公司将聘请具有证券业从业资格的评估事务所对公司作为出资的实物资产进行评估,双方的出资额将以评估确认值为准。

以上情况刊登在1999年11月18日和12月22 日的《证券时报》上。

(四)公司经营环境及宏观政策发生变化对公司的影响

随着西部大开发战略逐步进入实质性阶段,本公司将不失时机地由家电行业为主转向信息高科技行业,通过投资和技术改造重点的转移,尽快实现甘长风的产业结构的调整。另外,我国加入WTO,对本公司既是挑战,又是机遇。因为,家电行业很早就已进入市场经济体系,随着改革开放的发展,家电行业实际上早已是国内市场国际化的一种市场环境,而在信息科技领域,我国与世界市场的进一步接轨有利于加快缩短差距。

(五)新年度业务发展规划

1、资产重组,资本运营。进一步剥离不良不实资产及非经营性资产,加速完成公司产业结构调整。

2、转换机制,开拓市场,扩大销售。成立长风电器销售有限责任公司,提高公司在市场上的应变能力和竞争实力,力争完成销售收入44000万元。

3、技术进步,产业升级,项目负责。实施"项目经理责任制",引进激励约束机制,培养技术项目带头人,加快新产品开发速度。加大技术改造的投入,提高公司产品的技术含量和附加值。

4、明确目标,巩固成果,确保质量。巩固ISO9001质量体系认证成果,严格工艺纪律,加强现场管理和考核,提高产品质量。

5、深化改革,强化管理,降低成本。深化人事制度的改革和管理,解决人浮于事的问题,强化干部管理,加强财务管理、质量管理、资金管理。

6、抓住机遇,开拓市场,扩大出口。采取切实有效的措施,努力开拓国际市场,千方百计扩大公司产品出口,力争出口创汇250万美元。

7、联合发展,巩固成果,拓展业务。发挥技术优势,充分利用设备生产能力,在巩固与TCL、小鸭等公司合作的基础上,积极拓展新的业务伙伴,探索新的合作方 式,形成公司新的经济增长点。

(六)董事会日常工作情况

1、报告期内董事会会议的召开情况

本报告期内,本公司共召开六次董事会会议:

(1)1999年4月12日公司召开了第二届董事会第九次会议。会议审议并通过了公司1998年度董事会报告、1998年度总经理业务报告、1998年度财务决算报告和1998年度 利润分配预案;通过了郭双喜先生辞去董事职务,增补贺德华先生为公司董事的提案;聘任赵中英董事担任公司财务总监的议案;关于召开1998年度股东大会的有关事项。

此次会议决议公告刊登在1999年4月17日的《证券时报》。

(2)1999年5月18日公司召开了临时董事会会议。会议审议并通过了如下决议:1 修改《公司章程》第八章、第七十四条有关董事、副董事长设置的相关条款;2 公司董事 会增选一名副董事长;3 公司董事会增选二名董事,增选马中学先生、贺雪琴先生任 第二届董事会董事。

此次会议决议公告刊登于1999年5月19日的《证券时报》。

湖北沙隆达股份有限公司

一、公司简介

公司法定名称:湖北沙隆达股份有限公司
公司英文名称:HUBEI SANONDA CO., LTD
公司注册地址:湖北省荆州市北京东路 93 号　　邮政编码:434001
公司法定代表人:陈立洲
董事会秘书:李忠禧先生
股权事务代表:吴蒙先生
联系地址:湖北沙隆达股份有限公司
电话:(86)0716—8114595　传真:(86)0716—8110066
公司电子信箱: sanondas@public.jz.hb.cn
公司信息披露名称名称:《中国证券报》、《证券时报》、《大公报》
登载公司年度报告的国际互联网网址:http://www.cninfo.com.cn
公司年度报告备置地点:公司证券部
公司股票上市地:深圳证券交易所
股票简称:沙隆达 A (A 股)　股票代码:0553 (A 股)　　沙隆达 B (B 股)　2553 (B 股)

二、会计数据和业务数据摘要

1、本年度会计数据摘要　　单位:人民币元

项　目	金额
利润总额	74,952,724.82
净利润	63,055,471.02
主营业务利润	172,244,161.40
其他业务利润	4,823,639.70
投资收益	1,443,965.47
补贴收入	0.00
营业利润	77,316,245.93
营业外收支净额	-3,807,486.58
经营活动产生的现金流量净额	11,926,246.53
现金及现金等价物净增加额	-69,999,682.02
扣除非经常性损益后的净利润	58,476,538.89

注:扣除的非经常性损益项目及金额为:

固定资产处置净收益	-4,398,932.13
固定资产报废损失	180,000.00
申请冻结资金利息	0.00
合　　计	-4,578,932.13

2、.公司前三年主要会计数据及财务指标

A. 追溯调整后:　　单位:人民币元

项　目	1999 年(调整后)	1998 年(调整后)	1997 年(调整后)
主营业务收入	972,243,239.34	859,098,727.96	742,506,282.62
净利润	63,055,471.02	50,030,416.28	94,187,553.46
总资产	1,787,995,430.62	1,562,109,438.25	1,485,069,503.84
股东权益(不含少数股东权益)	990,130,577.99	956,771,267.97	935,385,454.18
每股收益	0.21	0.17	0.33
每股收益(按月平均加权法计算)	0.21	0.17	0.33
扣除非常性损益后的每股收益	0.20	0.24	__
每股净资产	3.33	3.22	3.15
调整后的每股净资产	3.27	3.17	3.11
每股经营活动产生的现金流量净额	0.04	0.12	__
净资产收益率	6.37%	5.23%	10.56%

注:(1)主要财务指标计算公式如下:
每股收益=净利润/年度末普通股股份总数
净资产收益率=净利润/年度末股东权益×100%
每股净资产=年度末股东权益/年度末普通股股份总数
调整后的每股净资产=(年度末股东权益—三年以上的应收款项—待摊费用—待处理(流动、固定)资产净损失—开办费—长期待摊费用—住房周转金负数余额)/年度末普通股股份总数

3、报告期内股东权益变动情况:

单位:人民币元

项目	期初数	本期增加	本期减少	期末数
股本	296,961,610.00	__	__	296,961,610.00
资本公积	561,551,194.04	__	__	561,551,194.04
盈余公积	50,291483.36	9,458,320.65	__	59,749,804.01
其中:公益金	15,492,132.24	3,152,773.55	__	18,644,905.79
未分配利润	47,966,980.57	23,900,989.37	__	71,867,969.94
合计	956,771,267.97	33,359,310.02	__	990,130,577.99

三、股本变动及股东情况

(1).截止 1999 年 12 月 31 日,本公司股东总数 34919 户。
(2).公司前十名股东持股情况如下:

股东名称	持股数(万股)	占总股本比例
1. 沙隆达集团公司(国家持股单位)	8172.6625	27.52%
2.泰纪投资有限公司	533.8700	1.79%
3.蕲春县国有资产管理局	300.2709	1.01%
4.VICKERS BALLAS HONG KONG LTD	273.0000	0.92%
5.香港金历投资有限公司	263.7546	0.89%
6.QIN　HUA　GU	239.0000	0.80%
7.京德实业有限公司	236.0200	0.79%
8.诚业香港有限公司	220.2500	0.74%
9.湖北富隆达化工有限责任公司	200.0000	0.67%
10.泉广投资有好公司	187.8500	0.63%

1.以上股东间无关联关系。

山东泰山石化股份有限公司

一、公司简介

1、公司法定中文名称:山东泰山石化股份有限公司
公司法定英文名称:SHANDONG TAISHAN PETROCHEMICAL CO.,LTD.
英文缩写:TSPC
2、公司法定代表人:谷焕章
3、公司董事会秘书:李建文
授权代表:李志清
联系地址:山东省泰安市东岳大街 104 号
电话:(0538)8265456-2418
传真:(0538)8265450
4、公司注册及办公地址:山东省泰安市东岳大街 104 号
邮政编码:271000
电子信箱:tssh@public.taptt.sd.cn
5、本公司选定的信息披露报纸名称:《证券时报》
登载公司年度报告的中国证监会指定国际互联网网址:http://www.cninfo.com.cn
公司年度报告备置地点:公司本部
6、公司股票上市交易所:深圳证券交易所
股票简称:鲁石化 A
股票代码:0554

二、会计数据和业务数据摘要

1、公司本年度主要会计数据(单位:元)

利润总额	43,094,113.61
净利润	29,524,059.72
扣除非经营性损益后的净利润	30,092,827.97
主营业务利润	118,368,945.83
其他业务利润	4,873,829.03
营业利润	37,566,927.27
投资收益	-931,634.23
补贴收入	7,027,588.82
营业外收支净额	-568,768.25
经营活动产生的现金流量净额	-23,219,226.06
现金及现金等价物净增加额	17,815,242.60

注:公司非经营性损益主要项目为:处理固定资产收益 119,716.00 元,固定资产盘盈 66,610.00 元,罚款收入 70,057.00 元,清产核资转销货款 101,287.00 元,其他收入 137,233.38 元,捐赠支出 287,226.00 元,处理固定资产净损失 134,326.00 元,罚款支出 158,404.00 元,非经常性支出 328,138.63 元,其他支出 155,577.00 元。

2、公司前三年主要会计数据和财务指标(单位:元)

项　目	1999 年	1998 年		1997 年	
		调整后	调整前	调整后	调整前
主营业务收入	953806876	855921346	855921346	799602392	799602392
净利润	29524059	632328	25573395	-83832016	47055554
总资产	1040183628	1038277229	1195150761	965012506	1093383616
股东权益	657351425	627827365	764817071	627195036	739243675
每股收益	0.092	0.002	0.0798	-0.262	0.176
每股净资产	2.051	1.959	2.386	1.957	2.768
调整后的每股净资产	1.814	1.843	2.337	1.829	2.715
每股经营活动产生的现金流量净额	-0.072	0.021	0.021	—	—
净资产收益率(%)	4.49	0.1	3.34	-13.37	6.365

注:1 主要财务指标的计算方法:
每股收益=净利润/年度末普通股股份总数
每股净资产=年度末股东权益/年度末普通股股份总数
调整后的每股净资产=(年度末股东权益-三年以上的应收款项净额-待摊费用 -待处理(流动、固定)资产净损失-开办费-长期待摊费用-住房周转金负数余额)/年度末普通股股份总数
每股经营活动产生的现金流量净额=经营活动产生的现金流量净额/年度末普通 股股份总数
净资产收益率=净利润/年度末股东权益×100%
2.以上财务指标计算依据,已按财政部财会字[1999]35 号文有关会计政策变更的 要求,做追溯调整。

3、股东权益变动情况 (单位:元)

项　目	股本	资本公积	盈余公积	法定公益金	未分配利润	股东权益合计
期初数	320528880	345374198	19175618	9339876	-57251331	627827365.32
本期增加	—	—	—	—	29524059	29524059.72
本期减少	—	—	—	—	—	—
期末数	320528880	345374198	19175618	9339876	-27727271	657351425.04

变动原因:由于本年度实现净利润 29,524,059.72 元,致使未分配利润及股东权益 相应增加 29,524,059.72 元。

三、股东情况介绍

1、截止 1999 年 12 月 31 日,本公司的在册股东为 92497 户。
2、公司前 10 名股东持股情况

股东名称	持有股数(股)	所占比例(%)
山东省国有资产管理局	123968880	38.68
肖方爽	1450000	0.45
胡魁清	1340000	0.42
罗兴典	1330000	0.41
何愚春	1310000	0.41
黄明镜	1200000	0.37
唐良义	1120768	0.35
蒋心一	1094674	0.34
刘诗太	1076308	0.34
骆爱云	720000	0.22

由公司已知资料查知,前 10 名股东之间无关联关系,其所持股份无质押或冻结情况。
山东省国有资产管理局授权山东省石油集团总公司管理本公司国家股股份。
3、公司无持股 10%(含 10%)以上的法人股东。

贵州凯涤股份有限公司

一、公司简介

1、法定名称:贵州凯涤股份有限公司　英文名称:GUIZHOU　KAIDI　STOCK CO.,LTD.
2、法定代表人:秦昌常
3、董事会秘书:岑　彪
4、注册及办公地址:贵州省凯里市环城西路 92 号
联系电话:(0855)8228128　传真:(0855)8233195　邮政编码:556000
5、公司选定信息披露报刊:《证券时报》;
刊载本公司年度报告的国际互联网网址　http: www.cninfo.com.cn;
年报备置于公司本部董事会秘书处
6、股票上市交易所:深圳证券交易所　股票简称:黔凯涤　股票代码:0555

二、会计数据和业务数据摘要

1、报告期内主要会计数据(单位:元)

利润总额	−11,961,330.46
净利润	−11,583,966.71
扣除非经常性损益后的净利润	−11,434,000.54
主营业务利润	−1,503,724.66
其它业务利润	14,958.00
营业利润	−6,481,879.93
投资收益	−713,380.10
营业外收支净额	−4,766,070.43
经营活动产生的现金流量净额	11,691,020.05
现金及现金等价物净增加额	3,276,516.84

注:扣除非经常性损益的项目和金额:处理固定资产净损失 149,966.17 元。

2、截止报告期末公司前三年的主要会计数据和财务指标(单位:人民币元)

指标项目	1999 年	1998 年 调整前	1998 年 调整后	1997 年 调整前	1997 年 调整后
主营业务收入	3,742,940.06	38,832,375.41	38,750,212.64	43,116,030.93	43,116,030.93
净利润	−11,583,966.71	−10,592,987.39	−23,062,430.25	177,416.97	−6,473,959.23
总资产	122,566,852.17	154,208,153.79	142,063,608.99	164,658,204.17	161,763,376.38
股东权益	100,131,184.12	124,185,467.82	111,716,024.96	137,671,733.87	134,776,906.08
加权平均每股收益	−0.14	−0.129	−0.28	0.002	−0.079
每股收益	−0.14	−0.129	−0.28	0.002	−0.079
扣除非经常性损益后的每股收益	−0.14	−0.129	−0.28	0.002	−0.079
每股净资产	1.22	1.52	1.37	1.68	1.65
调整后的每股净资产	0.99	1.24	1.12	1.6256	1.59
每股经营活动产生的现金流量净额	0.14	−0.03	−0.03		
净资产收益率	−11.57%	−8.53%	−20.64%	0.13%	−4.8%

注:主要财务指标计算公式:
每股收益=净利润/年度末普通股股份总数
每股净资产=年度末股东权益/年度末普通股股份总数
调整后的每股净资产=[年度末股东权益−三年以上的应收款项净额−待摊费用−待 处理(流动、固定)资产净损失−开办费−长期待摊费用−住房周转金负数金额]/年度末 普通股股份总数
每股经营活动产生的现金流量净额=经营活动产生的现金流量净额/年度末普通股股份总数
净资产收益率=净利润/年度末股东权益×100%
98 年调整数据是因计提四项准备采用追溯法进行的调整。
97 年 * 调整数据是指因 98 年度折旧政策变更进行的调整。

3、报告期内股东权益变动情况

项目	股本	资本公积	盈余公积	法定公益金	未分配利润	股东权益合计
期初数	81827678	60428508.35	2237046.65	632574.00	−32777208.04	111716024.96
本期增加		2596293.76				2596293.76
本期减少		2597167.89			10982570.18	13579738.07
期末数	81827678	60427634.22	2237046.65	632574.00	−43759778.22	100732580.65

变动原因说明:

(1)资本公积变动原因:本公司原持有控股公司贵州凯南化纤有限公司资本公积部分(资本公积−股权投资准备)2,375,706.76 元,因本公司 1997 年已将其外方股权收购, 现成为本公司一内部车间,因此将其转入(资本公积−其它资本公积转入);原(资本公积−股权投资准备)220,587.00 元,系持有控股公司贵州新兴印染有限公司及参股公司上 海首佳塑料有限公司外币资本折算差额产生的资本公积,现转入(资本公积−被投资单 位外币资本折算差额);原(资本公积−股权投资准备)874.13 元,系上海首佳塑料有限公司计算(资本公积−外币资本折算差额)错误,致使本公司按权益法计算时产生误差,现 调出,并冲减长期投资。

(2)未分配利润变动是因为本年度亏损及调整以前年度损益所致。

(3)股东权益变动是因为本年度亏损及调整以前年度损益所致。

三、股东情况介绍

本年度末,公司股东总数 2184 户,持有本公司股份 5%以上股东仅有两户,即贵州省凯里涤纶厂、广东金龙基企业有限公司。

贵州省凯里涤纶厂年末持有本公司股份 35653670 股,占总股份的 43.57%。该厂主营涤纶长丝的生产与经销,法定代表人为秦昌常先生。

广东金龙基企业有限公司持有本公司股份 4852940 股,占总股份的 5.93%。

以上股东报告期内持股均无变动,也无质押和被冻结的情况。

报告期内前 10 名股东持股情况如下:

股东名称	年末持股数	持股比例(%)
贵州省凯里涤纶厂	35653670	43.57
广东金龙基企业有限公司	4852940	5.93
深圳火炬科技实业有限公司	4044117	4.94
深圳桑达实业股份有限公司	2200000	2.69
中国航空技术进出口深圳公司	2200000	2.69
深圳飞亚达(团)股份有限公司	2200000	2.69
深圳蛇口社会保险公司	2200000	2.69
深圳空港工贸发展公司	1100000	1.34
深圳蛇口大洋海运有限公司	1100000	1.34
深圳南光(集团)股份有限公司	1100000	1.34

南洋航运集团股份有限公司

一、公司简介

(一)公司的法定名称:
中文:南洋航运集团股份有限公司
英文:NANYANG SHIPPING GROUP STOCK HOLDING CO., LTD.
(二)公司法定代表人:历建中
(三)公司董事局秘书:叶方林
联系地址:本公司董事局秘书处
联系电话:(0898)8666999 转 6639
传　　真:(0898)8668444
电子信箱:NYSHIP@PUBLIC.HK.HI.CN
(四)公司注册地址及办公地址:
海口市滨海大道 288 号东方洋大厦 7、8 楼.
邮政编码:570311
电子信箱:NYSHIP@ PUBLIC.HK.HI.CN
(五)公司选定的信息披露报纸名称:《证券时报》、《中国证券报》
刊登公司年度报告的国际互联网网址:
http://www.cninfo.com.cn
公司年度报告备置地点:深圳证券交易所、本公司证券部
(六)公司股票上市地:深圳证券交易所
股票简称:"ST 南洋"　股票代码:"0556"

二、会计数据和业务数据摘要

(一)本年度会计数据摘要　单位:元

利润总额:	(−)288,262,715.82
净利润:	(−)286,861,168.17
扣除非经常性损益后的净利润:	(−)128,607,453.71
主营业务利润:	(−)18,173,426.73
其他业务利润:	1,571,819.62
营业利润:	(−)158,600,378.88
投资收益:	(−)9,515,618.62
营业外收支净额:	(−)120,146,718.32
经营活动产生的现金流量净额:	(−)23,315,586.55
现金及现金等价物净增加额:	(−)25,891.31
扣除非经常性损益的项目及金额:	
处理固定资产净损失:	158,253,714.46

(二)截止报告期末公司前三年的主要会计数据和财务指标

	1999 年	1998 年调整前	1998 年调整后	1997 年调整前	1997 年调整后
主营业务收入	54266540.61	120380257.36	120380257.36	267980,253.98	267,980,253.98
净利润	−286861168.17	−156108092.81	−181,001,557.64	36,941,174.12	27,701,322.59
总资产	336148,122.96	702132312.45	679960,762.02	727307,186.98	718,067,335.45
股东权益	−135206,725.82	172819787.65	148226,322.82	331795,148.42	322,555,296.89
每股收益	−1.15	−0.63	−0.73	0.15	0.11
每股净资产	−0.54	0.69	0.60	1.33	1.30
调整后的每股净资产	−0.56	0.65	0.55	1.29	1.25
净资产收益率	−212%	−91%	−122%	11%	9%
每股经营活动产生的现金流量净额	−0.09	0.28			

注:1、财务指标的计算方法
每股收益=净利润/年度末普通股股份总数
每股净资产=年度末股东权益/年度末普通股股份总数
调整后的每股净资产=[年度末股东权益−3 年以上的应收款项净额−待摊费用−待处理(流动、固定)资产净损失−开办费−长期待摊费用−住房周转金负数余额]/年度末普 通股股份总数
净资产收益率=净利润/年度末股东权益×100%
每股经营活动产生的现金流量净额=经营活动产生的现金流量净额/年度末普通股股份总数

2、报告期内公司没有配股、送股或转增股本等引起公司股本发生变化的情况, 故摊薄与加权计算的每股收益、每股净资产等指标的结果相同。

3、扣除非经常性损益后的每股收益:(−)0.52 元。

(三) 报告期内股东权益变动情况及原因

项　目	股　本	资本公积	盈余公积	法定公益金	未分配利润	股东权益合计
期初数	248718128	72919709	7492317	4959508	−180903831.88	148226322.82
本期增加		71,808	48875.39		71,808.89	
本期减少		27,042	286932977	283504857.53		
期末数	248718128	72919709	7537083	5008383	−467836808.94	−135206725.82
变动原因		调整以前年度利润所致	子公司利润提取所致	经营亏损所致	亏损增加所致	

注:"股东权益合计"本期减少数包含资产负债表中"未确认的投资损失"3,455,161.94 元。

三、股本变动及股东情况

(一)报告期末股东总数

截止 1999 年 12 月 31 日,公司股东总数为 54,781 户。

(二)前 10 名股东持股情况

截止 1999 年 12 月 31 日　数量单位:股

序号	股东名称	期初数	本期变动增减(+−)	期末数	占总股本比例(%)
1	海南成功投资有限公司	66,414,778		66,414,778	26.70
2	海南省财政税务厅	7,381,113		7,381,113	2.97
3	三亚日冷空调技术专业公司	4853475		4,853,475	1.95
4	海南金运通实业投资有限公司	3,593,700		3,593,700	1.44
5	中国银行海口信托咨询公司	3,267,000		3,267,000	1.31
6	海南光大国信物业管理公司	1,960,200		1,960,200	0.79
7	海口海上世界有限公司	1,633,500		1,633,500	0.66
8	中国人民保险公司海南分公司	1,633,500		1,633,500	0.66
9	海南华侨置业股份有限公司	1,633,500		1,633,500	0.66
10	海南财利装饰工程有限公司	1,633,500		1,633,500	0.66

前 10 名股东之间不存在关联关系。前 10 名股东皆为法人股东。
"海南省财政税务厅"代表国家持有公司股份。

广夏(银川)实业股份有限公司

一、公司简介

(一) 公司法定中、英文名称
中文名称:广夏(银川)实业股份有限公司
英文名称:GUANGXIA(YINCHUAN) INDUSTRY CO., Ltd.
(二) 公司法定代表人:陈川
(三) 公司董事局秘书及授权代表:姜忠莲
联系地址:北京市丰台区方庄芳星园三区 18 号楼
电话:010--67604797 传真:010--67622676
联系地址:宁夏银川市文化东街 58 号
电话:0951-6021445 传真:0951-6027518
(四) 公司注册地址及办公地址:宁夏银川市文化东街 58 号 邮政编码:750004
公司电子信箱:guangxia@public.yc.nx.cn
深圳证券交易所上市公司指定披露的网址为: http://www.coinfo.com.cn
(五) 公司选定的信息披露报纸名称:《中国证券报》和《证券时报》。
年度报告备置地点:宁夏回族自治区银川市文化东街 58 号公司总部
(六) 公司股票上市交易所:深圳证券交易所
股票简称:银广夏 A 股票代码:0557

二、会计数据和业务数据摘要

(一)1999 年度业务数据(单位:人民币元):

利润总额:	125,670,552.26
净利润:	127,786,600.85
扣除非经常性损益的净利润:	119,192,066.97
主营业务利润:	208,580,056.44
其他业务利润:	771,107.54
营业利润:	116,797,648.85
投资收益:	–430,920.70
补贴收入:	2,600,000.00
营业外收支净额:	9,303,824.11
经营活动产生的现金流量净额:	–5,575,052.26
现金及现金等价物净增加额:	278,069,519.43

注:扣除的非经常性损益项目及涉及金额

(1) 补贴收入:	2,600,000.00 元
(2) 固定资产处理净损益:	–308,666.87 元
(3) 债务重组收入:	6,303,200.75 元
以上项目涉及金额为:	8,594,533.88 元

(二)近三年主要会计数据及财务指标(单位:人民币元):

项目	1999 年度	1998 年度		1997 年度	
		调整后	调整前	调整后	调整前
主营业务收入	526,038,068.55	606,284,594.58	609,380,866.98	324,317,160.12	324,317,160.12
净利润	127,786,600.85	58,471,777.15	89,154,459.23	39,372,185.30	49,636,026.10
总资产	2429896,429.86	1521986,251.79	1603984,616.13	1004350,411.54	1039190138.72
股东权益(不含少数股东权益)	942,460,049.34	512,774,881.87	580,681,484.62	456,687,298.21	491,527,025.39
每股收益(摊薄)	0.51	0.27	0.41	0.18	0.23
每股收益(加权)	0.56	0.27	0.41	0.19	0.24
扣除非经常性损益后的每股收益	0.47	---	---	---	---
每股净资产(摊薄)	3.73	2.33	2.64	2.07	2.23
调整后的每股净资产	3.42	2.06	2.36	1.82	1.98
每股经营活动产生的现金流量净额	–0.02	–0.09	0.04	---	---
净资产收益率(%,摊薄)	13.56	11.40	15.35	8.62	10.10

注:(1)主要财务指标计算方法
每股收益=净利润/年度末普通股股份总数
每股净资产=年度末股东权益/ 年度末普通股股份总数
每股经营活动产生的现金流量净额=经营活动产生的现金流量净额/年度末普通股股份总数
净资产收益率=净利润/年度末股东权益
调整后的每股净资产=(年度末股东权益-三年以上的应收款项-待摊费用-待处理资产净损失-开办费-长期待摊费用)/年度末普通股股份总数

(三)报告期内公司股东权益变动情况:(单位:人民币元)

项目	股本	资本公积	盈余公积	法定公益金	未分配利润	合计
期初数	220203297	197858109.01	50397577.16	23020866.60	44315898.70	512774,881.87
本期增加	32427393	269471173.62	25557320.18	12778660.09	127786600.85	455242487.65
本期减少	0	0	0	0	25557320.18	25557320.18
期末数	252630690	467329282.63	75954897.34	35799526.69	146545179.37	942460049.34
变动原因	1999 年配股	1999 年配股	1999 年度提取	1999 年度提取	1999 年度新增利润和四项准备调整	

三、股东情况介绍

(一)股东情况介绍
1.报告期末股东总数:51,800 人,其中,内部职工股股东数为 13 人。
2.公司前十大股东的持股情况:(截止 1999 年 12 月 31 日,数量单位:股)

股东名称	持股数量	持股比例(%)
(1)深圳市广夏文化实业有限公司	35440524	14.03
(2)宁夏伊斯兰国际信托投资公司	22949294	9.08
(3)广东京中投资管理有限公司	22042835	8.73
(4)深圳兴庆电子公司	19892931	7.87
(5)宁夏计算机技术研究所	7144471	2.83
(6)香港登宝山发展有限公司	2263898	0.90
(7)宁夏回族自治区信托投资公司	1000000	0.40
(8)江观录	975000	0.40
(9)中机现代贸易有限公司	960000	0.38
(10)深圳思特电子工程有限公司	868431	0.34

说明: ①前 10 名股东中,深圳兴庆电子公司为宁夏计算机技术研究所的全资子公司;

沈阳房天股份有限公司

一、公司简介

(一)公司名称:
中文:沈阳房天股份有限公司
英文:SHENYANG FANGTIAN CO.,LTD.
(二)法定代表人:徐日韦日告
(三)董事会秘书:王喜林
授权代表:黄 波
联系地址:辽宁省沈阳市和平区哈尔滨路 60 号
联系电话:(024)22501918
传 真:(024)22501418
(四)注册地址:辽宁省沈阳市和平区哈尔滨路 60 号
办公地址:辽宁省沈阳市和平区哈尔滨路 60 号
邮政编码:110002
公司电子信箱:syfttzb@mail.sy.in.cn
(五)信息披露报纸:中国证券报
登载年度报告的指定国际互联网网址:http://www.cninfo.com.cn
年度报告的备置地点:本公司管理部
(六)股票上市交易所:深圳证券交易所
股票简称:辽房天
股票代码:0558

二、会计数据和业务数据摘要

(一)1999 年主要会计数据(单位:人民币元)

利润总额	10546517.10
净利润	10546517.10
扣除非经常性损益后的净利润	7920780.92
主营业务利润	24860252.04
其他业务利润	3794866.00
营业利润	11715646.92
投资收益	17534.40
营业外收支净额	–1186664.22
经营活动产生的现金流量净额	3093443.28
现金及现金等价物净增加额	1066684.79

本公司扣除非经常性损益的项目及金额为:其他业务利润 3,794,866.00 元、投资 收益 17,534.40 元、营业外收支净额–1,186,664.22 元。

(二)报告期末前三年主要会计数据和财务指标

(会计政策变更追溯调整后) 单位:(万元)

指标项目/年度	1999 年	1998 年	1997 年
主营业务收入	8519.7	8294	14306.5
净利润	1054.7	1484.2	–11065.8
总资产	54630.5	37678.7	62042.5
股东权益	15929.1	14874.5	13390.3
每股收益(元/股)	0.09	0.13	–0.94
扣除非经常性损益的每股收益(元/股)	0.068	–0.11	–0.53
每股收益(元/股)(加权计算值)	0.09	0.13	–0.94
每股净资产(元/股)	1.36	1.27	1.14
调整后的每股净资产(元/股)	1.24	1.20	0.51
净资产收益率(%)	6.62	9.98	–82.64
每股经营活动产生的现金流量净额	0.026	0.096	

(会计政策变更追溯调整前) 单位:(万元)

指标项目/年度	1999 年	1998 年	1997 年
主营业务收入	8519.7	8294	14306.5
净利润	1157.1	985.2	–10151.3
总资产	55787.5	38094.3	62957.1
股东权益	16031.5	15290.1	14304.9
每股收益(元/股)	0.099	0.084	–0.87
扣除非经常性损益的每股收益(元/股)	0.076	–0.11	–0.53
每股收益(元/股)(加权计算值)	0.099	0.084	–0.87
每股净资产(元/股)	1.37	1.31	1.22
调整后的每股净资产(元/股)	1.24	1.31	0.66
净资产收益率(%)	7.22	6.44	–70.96
每股经营活动产生的现金流量净额	0.026	0.096	

主要财务指标计算公式:
每股收益==净利润 /年度末普通股股份总数
每股净资产==年度末股东权益 /年度末普通股股份总数
调整后每股净资产==(年度末股东权益-三年以上的应收款项-待摊费用-待处理(流动、固定)资产净损失-开办费-长期待摊费用
-住房周转金负数余额)/年度末普通股股份总数
每股经营活动产生的现金流量净额==经营活动产生的现金流量净额/年度末普通 股股份总数
净资产收益率==净利润 /年度末股东权益×100%

三、股本变动及股东情况

(一)报告期末股东总数:17,229 户
(二)前十名股东的持股情况

股 东 名 称	期末股份数(股)	比例(%)
沈阳万华建设投资有限公司	34486750	29.43
沈阳绿都房产开发有限公司	10000000	8.54
深圳市金源实业股份有限公司	3025000	2.58
深圳市万科企业股份有限公司	2420000	2.07
沈阳樱花建设有限公司	2178000	1.86
北京仁达国际信息工程有限公司	1815000	1.55
北京房地产开发经营总公司	1210000	1.03
中国人寿保险股份有限公司沈阳分公司	1210000	1.03
沈阳复合纸厂	783475	0.67
中国光大银行深圳证券业务部	722975	0.62

万向钱潮股份有限公司

(一) 公司简介

1、公司的法定中文名称:万向钱潮股份有限公司
公司的法定英文名称:WANXIANG QIANCHAO CO.,LTD.
2、公司法定代表人:鲁冠球
3、公司董事会秘书:管大源
董秘授权代表:高张泉　联系电话:0571-2832999
联系地址:浙江省萧山市宁围镇　传真:0571-2602132
4、公司注册及办公地址:浙江省萧山市宁围镇　邮政编码:311215
公司国际互联网网址:www.wanxiang.com.cn　电子信箱:WXQC@xsptt.zjpta.net.cn
5、公司选定的信息披露报纸:《证券时报》、《上海证券报》
刊登公司年度报告的国际互联网网址: http://www.cninfo.com.cn
公司年报备置地:公司办公室
6、公司股票上市交易所:深圳证券交易所
股票简称:万向钱潮　股票代码:0559

(二) 会计数据和业务数据摘要

1、公司本年度主要利润指标:　单位:人民币元

利润总额	128,304,195.39
净利润	116,468,869.68
扣除非经营性损益后的净利润	114,208,565.19
主营业务利润	209,675,228.03
其他业务利润	7,723,762.71
营业利润	98,524,699.49
投资收益	18,602,926.33
补贴收入	3,988,573.52
营业外收支净额	7,187,996.05
经营活动产生的现金流量净额	53,948,437.78
现金及现金等价物净增加额	866,622.63

注:扣除的非经营性损益项目及金额。

(1)补贴收入(系增值税返还收入)	3,988,573.52
(2)合并价差摊销	-1,728,269.03
合　计	2,260,304.49

2、截止报告期末,公司前三年的主要会计数据和财务指标:
(1)主要会计数据和财务指标　单位:人民币元

序号	项目	1999 年度	1998 年度(调整前)	1998 年度(调整后)	1997 年度(调整前)	1997 年度(调整后)
1	主营业务收入	1202368865.96	763207774.24	733115733.74	662998073.35	662998073.35
2	净利润	116468869.68	90129313.07	89551066.61	83897117.56	84449149.25
3	总资产	1378464935.97	1233234000.74	1227298847.40	912581170.58	911024850.49
4	股东权益(不含少数股东权益)	838042994.13	723263922.66	721574124.45	427259934.38	471148382.63
5	每股收益	0.412	0.414	0.412	0.446	0.449
6	加权每股收益	0.412	0.424	0.421		
7	扣除非经营性损益后的每股收益	0.404	0.421	0.418		
8	每股净资产	2.96	3.32	3.32	2.51	2.50
9	调整后的每股净资产	2.93	3.27	3.26	2.45	2.44
10	每股经营活动产生的现金流量净额	0.19	0.41	0.41		
11	净资产收益率(%)	13.90	12.46	12.41	17.77	17.92

(2)主要财务指标计算方法:
A、每股收益=净利润/年度末普通股股份总数
B、每股净资产=年度末股东权益/年度末普通股股份总数
C、调整后的每股净资产=(年度末股东权益—三年以上的应收帐款净额—待摊费 用—待处理(流动、固定)资产净损失—开办费—长期待摊费用—住房周转金负数余额)/年末普通股股份总数
D、每股经营活动产生的现金流量净额=经营活动产生的现金流量净额/年末普通 股股份总数
E、净资产收益率=净利润/年度末股东权益×100%
3、报告期股东权益变动情况　单位:人民币元

项目	股本	资本公积	盈余公积	法定公益金	未分配利润	合　计
期初数	217584491	367060740.92	70675342.79	24886514.39	66253549.74	721574124.45
本期增加	65275345	0	25900973.71	12530990.39	116468869.68	207645188.39
本期减少	0	0	0	0	91176318.71	91176318.71
期末数	282859836	367060740.92	96576316.50	37417504.78	91546100.71	838042944.13

变动原因:1)盈余公积增加 2590.10 万元,法定公益金增加 1253.10 万元,系根据公 司二届十一次董事会决议按母公司税后利润计提 10%法定盈余公积金、10%法定公益金及控股子公司分配 98 年度利润计提法定盈余公积金及法定公益金所致;2 未分配利润增加 2529.26 万元,系本年度净利润增加并按母公司税后利润计提 10%法定盈余公积金、10%法定公益金及 99 年初实施 97 年度利润每 10 股送 3 股红股所致。

(三) 股东情况介绍

1、截止报告期末,公司股东总数 39912 户。
2、截止报告期末,前 10 名股东持股情况

序号	股东名称	年末持股数	持股比例%
1	万向集团公司	181,247,138	64.08
2	中国汽车工业投资开发公司	8,742,522	3.09
3	中国工程与农机开发公司	2,649,975	0.94
4	建行浙江省信托投资公司	2,108,830	0.75
5	慈溪市华融实业有限责任公司	1,993,719	0.70
6	北京凯源同华经贸有限公司	1,887,600	0.67
7	浙江恒基建筑装饰工程有限公司	1,802,278	0.64
8	杭州金义纸塑包装有限公司	1,725,403	0.61
9	温州市鹿城木子副食品有限公司	653,711	0.231
10	温州市木子食品有限公司	562,605	0.20

注:1)持有本公司 10%以上的股东为万向集团公司,年初持有股份 13942.0876 万股,年末持有股份 18124.7138 万股,其所持股份无质押或冻结情况;2)以上列出的股东情 况中无代表国家持有股份的单位,前 10 名股东之间不存在关联关系。

昆明百货大楼(集团)股份有限公司

一、公司简介

1、法定中文名称:昆明百货大楼(集团)股份有限公司
英文名称:Kunming Department Store Group Co., Ltd.
2、法定代表人:吴新元先生
3、董事会秘书:汪稚晔先生
联系地址:云南省昆明市东风西路 99 号昆明百货大楼(集团)股份有限公司董事会秘书处
联系电话:(0871)3610972　3625804
传真:(0871)3610972
电子信箱:gzbdk@public.km.yn.cn
4、公司注册地址:云南省昆明市
办公地址:云南省昆明市东风西路 99 号
邮政编码:650021
5、公司信息披露报纸名称:深圳《证券时报》
登载公司年度报告的中国证监会指定国际互联网网址:
http://www.cninfo.com.cn
公司年度报告备置地址:董事会秘书处
6、公司股票上市交易所:深圳证券交易所
股票简称:昆百大
股票代码:0560

二、会计数据和业务数据摘要

1、本年度利润总额及构成(单位:万元)

指　标	1999 年度
利润总额	997.81
净利润	133.71
扣除非经营性损益后的净利润	123.71
主营业务利润	15,150.66
其他业务利润	503.10
营业利润	-1,128.69
投资收益	1,423.89
补贴收入	10.00
营业外收支净额	692.61
经营活动产生的现金流量净额	6,409.64
现金及现金等价物净增加额	150.57

2、截止报告期末公司前三年财务指标(单位:万元)

指　标	1999 年	1998 年 调整后	1998 年 调整前	1997 年
主营业务收入	93,681.12	75,834.31	75,834.31	66,413.12
主营业务收入(含税)	109,606.91	88,726.14	88,726.14	77,703.35
净利润	133.71	-4,697.44	90.18	1,100.42
总资产	127,067.38	126,432.24	131,127.29	111,376.49
股东权益(不含少数股东权益)	23,808.76	23,949.13	28,736.75	29,021.86
每股收益(元)	0.0099	-0.3495	0.0067	0.082
每股净资产(元)	1.77	1.78	2.14	2.16
调整后的每股净资产(元)	1.50	1.54	1.87	1.94
每股经营活动产生的现金流量净额	0.48	0.05	0.05	--
净资产收益率	0.56%	-19.61%	0.31%	3.79%

主要财务指标计算公式如下:
每股收益=净利润/年度末普通股股份总数
每股净资产=年度末股东权益/ 年度末普通股股份总数
调整后的每股净资产=(年度末股东权益-三年以上的应收款项净额-待摊费用-待 处理(流动、固定)资产净损失-开办费-长期待摊费用-住房周转金负数余额)/年度末 普通股股份总数
每股经营活动产生的现金流量净额=经营活动产生的现金流量净额/年度末普通股股份总数
净资产收益率=净利润/年度末股东权益×100%
3、报告期内股东权益变动情况

项　目	股　本	资本公积	盈余公积	法定公益金	未分配利润	股东权益合计
期初数	134400000	115886344	25245839.03	11024588.01	-36040898	239491284
本期增加		815245	1879188.11	391191.01	1337138	4031571
本期减少					5435209	5435209
期末数	134400000	116701589	27125027.14	11415779.02	-40138969	238087647
变动原因		资产评估增值准备	新增法定盈余"三金"	本期控股公司新增	按补充规定调整及正常利润增加	

三、股东情况介绍

1、报告期末股东总数
报告期末公司股东总数为 30803 户,其中 9 户为公司董事、监事和高级管理人员。
2、公司前十名股东的持股情况

股　东　名　称	持有股数(股)	占总股本比例(%)
昆明百货大楼	32,261,900	24.00
昆明县乡企业开发公司	11,111,800	8.27
昆明西南商业大厦股份有限公司	7,000,000	5.21
昆明三联百货经营部	5,226,300	3.89
昆明继达工贸公司	4,000,000	2.98
昆明卷烟厂	3,000,000	2.23
深圳鸿基运输实业股份有限公司	2,500,000	1.86
昆明一商边贸有限责任公司	2,000,000	1.49
云南英君科技发展公司	2,000,000	1.49
云南民航经营公司	800,000	0.60

其中,昆明百货大楼作为发起人持有的股份为国有法人股。
持有本公司 5%以上股份的股东报告期内所持股份无增减变动情况,也无质押或冻结情况。
前十名股东之间不存在关联关系。

长 岭 (集 团) 股 份 有 限 公 司

长岭(集团)股份有限公司1999年年度报告摘要

一、 公司简介

1、公司法定中文名称:长岭(集团)股份有限公司
英文名称:CHANG LING(GROUP)CO.,LTD. 缩 写:CLGCL
2、公司法定代表人:王大中
3、公司董事会秘书:王 宣
联系地址:陕西省宝鸡市长岭公司董秘办
电 话:0917--3624433 转 5041 传真:0917--3622331
电子信箱:dsh@clang ling.com.cn
4、公司注册地址:陕西省宝鸡市清姜路75号
公司办公地址:陕西省宝鸡市清姜路75号 邮编:721006
网 址:http://www.chang ling.com.cn 电子信箱:cl@chang ling.com.cn
5、公司信息披露报刊:深圳《证券时报》
刊载年报的互联网网址:http://www.cninfo.com.cn
公司年度报告备置地点:董秘办
6、公司股票上市地:深圳证券交易所 股票简称:陕长岭A 股票代码:0561

二、 会计数据和业务数据摘要

1、本年度主要利润指标情况 单位:元

利润总额:	−182304194.31
净利润:	−181825393.33
扣除非经常性损益后的净利润:	−183049444.18
主营业务利润:	9822740.93
其他业务利润:	-4472190.85
营业利润:	−184921959.88
投资收益:	1393714.72
补贴收入:	2018198.60
营业外收支净额:	−794147.75
经营活动产生的现金流量净额:	−3747909.86
现金及现金等价物净增加额:	−34868018.50

注:非经常性损益包括补贴收入201.8万元、营业外收支净额−79.4万元。

2、近三年主要会计数据和财务指标 单位:元

项 目	1999年	1998年 调整后	1998年 调整前	1997年
主营业务收入	494613478.32	936126447.50	937996481	1063099691
净利润	−181825393.33	−9048706.26	8039452	17058066
总资产	1927404207.36	2381145691.47	2276370451	2149541011
股东权益	848214261.91	1032909686.99	1053885294	760007226
每股收益	−0.458	−0.023	0.021	0.05
扣除非经常性损益后的每股收益	−0.461	−0.013	0.021	0.05
每股净资产	2.137	2.602	2.65	2.32
调整后的每股净资产	2.069	2.492	2.59	2.25
每股经营活动产生的现金流量净额	−0.0094	−0.324	−0.32	
净资产收益率	−21.43%	−0.876%	0.76%	2.24%

注:以上数据和指标均以合并报表计算,其计算公式如下:
每股收益 = 净利润/年度末普通股股份总数
每股净资产 = 年度末股东权益/年度末普通股股份总数
调整后的每股净资产=[年度末股东权益−三年以上的应收款项净额−待摊费用−待 处理(流动、固定)资产净损失−开办费−长期待摊费用−住房周转金负数余额]/年度末 普通股股份总数
每股经营活动产生的现金流量净额=经营活动产生的现金流量净额/年度末普通股股份总数
净资产收益率 = 净利润/年度末股东权益×100%

3、股东权益变动情况 单位:元

项目	股本	资本公积金	盈余公积金	法定公益金	未分配利润	股东权益合计
期初数	397012585	514731260.78	108943709.51	32664772.35	12222131.70	1032909686.99
本期增加		599575.45			−181825393.33	−181225817.88
本期减少		3469607.20				3469607.20
期末数	397012585	511861229.03	108943709.51	32664772.35	−169603261.63	848214261.91

变动原因如下:
(1)本期资本公积增加是依据下属长岭美神实业有限公司资产评估增值而增加;减少是依据与世界银行签定的臭氧项目信托基金分赠款协议,进行无氟冰箱生产线改 造将以前有氟冰箱生产设备强制报废而产生的损失冲减资本公积的捐赠资产准备金。
(2)未分配利润减少是由于本年度出现重大亏损。

三、 股东情况介绍

1、截止1999年12月31日公司股东总数为165359户。
2、前10名大股东情况介绍 单位:股

股 东 名 称	年末持股数	持股比例(%)
陕西省国有资产管理局	119026400	29.98
中国工行陕西信托投资有限公司	18720000	4.72
西安飞机工业集团财务公司	2880000	0.73
宝鸡市财政证券公司	2880000	0.73
中国银行宝鸡支行劳动服务公司	2160000	0.54
陈朝秀	1941000	0.49
宝鸡证券公司	1440000	0.36
中国农行宝鸡支行职工技术服务部	1440000	0.36
新疆生产建设兵团	1440000	0.36
华能科技公司	1338480	0.34

报告期内持股5%以上股东为陕西省国有资产管理局,该局委托长岭黄河集团有限公司管理其持有的本公司股份,所持股份本年度没有变动,也未发生质押、冻结的情况。
前10名大股东之间不存在关联关系,除陈朝秀所持股份为流通股外,其余为非流通股。

四、股东大会简介

本公司在报告期内共召开了二次股东大会。
1、1998年年度股东大会于1999年6月8日在公司本部召开,会议决议通过了董事会工作报告、总经理业务报告、监事会工作报告、财务报告及1998年度利润分配方案。大会决议刊登在1999年6月9日的《证券时报》上。
2、1999年第一次临时股东大会于1999年12月27日在公司本部召开,会议决议通过了修改公司章程方案和补选董事的方案。大会决议刊登在1999年12月28日的《证券时报》上。

五、董事会报告

1、公司经营情况及亏损原因
(1)所处行业及经营情况:本公司所处机械电子行业,主要从事家用电冰箱、纺织 电子产品的制造和销售。电冰箱产品全年共完成销售量31.8万台,与上年相比大幅下 滑。纺织电子产品销售982套,较上年增长31%。在本年度"长岭牌"商标获得"中国驰名商标"荣誉。
(2)经营中的问题、亏损原因及解决办法:本年度初,公司为了稳定电冰箱的市场价格,采取了将销售重点向零售倾斜的政策,影响了批发环节的销售积极性,致使冰箱产品销售出现了较大滑坡,致使冰箱单台成 本大幅上升,这是造成公司亏损的主要原因。在此情况下,公司一方面继续狠抓大中城市零售网络的建设,使大商场零售量比上年有较大幅度增长。另一方面有选择的逐步 恢复批发渠道,保证了公司对市场价格的监控力度。为了改变公司新产品开发速度慢的问题,公司调整了新品开发技术管理体制。同 时,通过控股子公司与日本东芝公司在冰箱生产技术上的全面合作,加快了公司技术进步的步伐。总之,本年度公司的生产经营遇到了前所未有的困难,市场竞争更加激烈、资金严重匮乏,公司主营业务利润首次出现了亏损。面对不利局面,公司董事会和经营班子团结一致、努力拼搏,做了大量的工作,为2000年再求发展打下了良好的基础。
2、公司财务状况
(1)公司财务状况如下表:

项目	本年数	上年数	增减数(+ −)	增减幅度(%)
总资产	1927404270.36	2381145691.47	−453741421.11	−19.06%
长期负债	−16040011.21	144370797.52	−160410808.73	−111.11%
股东权益	848214261.91	1032909686.99	−184695425.08	−17.88%
主营业务利润	9822740.93	220546859.66	−210724118.73	−95.55%
净利润	−181825393.33	−9048706.26	−172776687.07	−1909.41%

财务状况变化原因如下:总资产减少主要系销售下降及资产转让使流动资产、固定资产减少所致。长期负债减少主要系长期借款转让及本年度处理员工住房净损失转入所致。股东权益减少主要系计提四项资产准备及本年度亏损未分配利润下降所致。主营业务利润减少主要系冰箱售价与销售量下降所致。 净利润减少主要系冰箱售价、销售量下降导致主营业务利润下降所致。
(2)对会计师事务所出具的审计报告中说明段解释如下:
A、关于资产转让事宜:本公司在征得贷款银行同意的情况下,经2000年第一次临 时股东大会同意,以1999年10月31日作为评估基准日,将本公司部分资产29634.9万元 等额转让给长岭机器厂,所转出的资产包括应收帐款、其他应收款、存货和固定资产 。受让方以承担本公司银行贷款29555.9万元及出资现金79万元支付转让价款。双方 同意资产转让的基准日为1999年11月1日。
B、关于长河集团公司拖欠本公司款项事宜:经本公司1998年第二次临时股东大会同意,本公司向长河集团公司转让了下属空调分公司的全部资产,该部分资产评估值为24603万元。长河集团公司在接受转让的全部资产后,截止本年度末仍欠本公司资产转让款3977万元和以承担本公司债务方式形成的欠款6592万元,加上本公司给长河集团 公司借款、代垫广告费等总计欠款31578万元。
C、关于营业费用分摊事宜:陕西长岭空调器公司及长河贸易公司使用同一长岭品牌,并在产品销售中使用了本公司的销售渠道,经本公司与上述公司协商,按照销售收 入的一定比例,分别承担了本公司营业费用 1330万元及1270万元,共计2600万元。
3、公司投资情况
(1)募集资金投资情况 公司1997年度配股资金尚有4438万元延续至本年度使用,其中2200万元用于冰箱 生产线改造项目,2238万元用于补充流动资金。至此,配股资金全部使用完毕。
(2)非募集资金投资情况 本年度没有非募集资金投资的重大项目。
4、新年度业务发展计划
为了做好2000年的工作,公司将采取以下措施:
(1)销售管理要创新思路,要充分调动销售人员的工作积极性,在加强零售建设的 同时,继续完善和恢复批发渠道,针对不同地域、不同市场建立灵活有效的销售体制。
(2)产品开发中,电冰箱重点在智能化、节能保健和提高外观精美度上做工作;纺电产品要进一步提高市场占有率,并积极参与国际市场竞争。
(3)在稳定主业的同时,抓住国家实施"西部开发"的机遇,公司将在高科技产品 上寻求新的经济增长点。
5、董事会日常工作情况
(1)董事会会议情况及决议内容
1999年2月27日,董事会二届八次会议听取了控股子公司经营情况的汇报。
1999年4月1日,董事会二届九次会议同意上年度提取2300万元坏帐准备金。
1999年4月27日,董事会二届十次会议决议通过董事会工作报告、总经理业务报告、1998年度财务决算报告、1998年利润分配方案、1998年年度报告和年报摘要,以及 召开年度股东大会等事项。会议决议刊登于1999年4月29日的《证券时报》上。
1999年8月15日,董事会二届十一次会议决议通过1999年中期报告和中期利润分配方案,会议批准高金宽先生辞去公司董事职务,推荐张慕冉先生担任公司董事,以及同 意部分公司高管人员的工作调整。会议决议刊登于1999年8月18日的《证券时报》上 。
1999年11月8日,董事会二届十二次会议决议同意转让公司持有的北京金蜂通信有限责任公司股份2000万股。
1999年11月26日,董事会二届十三次会议决议同意《修改公司章程方案》和决定 召开1999年第一次临时股东大会。会议决议刊登于1999年11月27日的《证券时报》上。
1999年12月29日,董事会二届十四次会议决议同意《公司资产转让方案》和决定 召开2000年第一次临时股东大会。会议决议刊登于1999年12月31日的《证券时报》上。
(2)年度内利润分配情况:本年度公司未进行利润分配和公积金转增股本,也未进行配股和增发新股的工作 。

新疆宏源信托投资股份有限公司

新疆宏源信托投资股份有限公司1999年年度报告摘要

一、公司简介

1.公司名称:中文:新疆宏源信托投资股份有限公司　　缩写:宏源信托
英文:XinJiang Hong Yuan Trust & Investment　Co.,Ltd.
2.公司法定代表人:汤世生
3.公司董事会秘书:栗宏刚　　授权代表:李永强
联系地址:新疆乌鲁木齐市建设路2号宏源大厦
联系电话:0991-2301870　　联系传真:0991-2301779
4.公司注册地址:新疆乌鲁木齐市建设路2号宏源大厦
办公地址:新疆乌鲁木齐市建设路2号宏源大厦　　邮政编码:830002
公司网址:http://hongyuan.xj.cninfo.net　　公司电子信箱:hyxtdshj@mail.xj.cninfo.net
5.公司选定的信息披露报刊:《证券时报》、《中国证券报》、《上海证券报》
登载公司年报的国际互联网网址:http://www.cninfo.com.cn
公司年度报告备置地点:公司董事会秘书处
6.公司股票上市交易所:深圳证券交易所　　股票简称:宏源信托　　股票代码:0562

二、会计数据和业务数据摘要

(一)本年度主要利润指标　　单位:元

1.利润总额	51825298.82
2.净利润	48500945.80
3.扣除非经常性损益后的净利润	—
4.主营业务利润	101271804.66
5.其他业务利润	-27480301.55
6.营业利润	50205532.43
7.投资收益	58441062.07
8.补贴收入	—
9.营业外收支净额	1619766.39
10.经营活动产生的现金流量净额	464663905.23
11.现金及现金等价物净增加额	490939431.40

(二)前三年主要会计数据和财务指标

	1999年	1998年		1997年	
		调整前	调整后	调整前	调整后
1.主营业务收入(万元)	22204.51	23508.61	23508.61	21697.7	21697.7
2.净利润(万元)	4850.09	10665.45	10502.04	4667.2	4400.06
3.总资产(万元)	378190.12	242481.42	241808.47	168924.3	168657.20
4.股东权益(万元)	59251.11	55073.96	54401.01	44408.5	44141.36
5.每股收益(摊薄)(元)	0.1028	0.317	0.311	0.208	0.20
(加权)			0.382		0.21
6.每股净资产(元)	1.256	1.635	1.615	1.98	1.97
7.调整后每股净资产(元)	1.14	1.55	1.54	1.85	1.84
8.每股经营活动产生的现金流量净额(元)	0.99	-0.07			
9.净资产收益率(%)(摊薄)	8.18	19.37	19.26	10.51	10.15
10.净资产收益率(%)(加权)	8.18	21.83		11.30	

注:(1)以上数据和指标均按合并报表计算,其中1997年度总股本按22456.5万股计算,1998年度总股本按33684.75万股计算,1999年度总股本按47158.65万股计算。

(2)主要财务指标计算方法

每股收益=净利润/年度末普通股股份总数

每股净资产=年度末股东权益/年度末普通股股份总数

调整后的每股净资产=(年度末股东权益-三年以上的应收款项净额-待摊费用-待处理(流动、固定)资产净损失-开办费-长期待摊费用-住房周转金负数余额)/年度末普通股股份总数

每股经营活动产生的现金流量净额=经营活动产生的现金流量净额/年度末普通股股份总数

净资产收益率=净利润/年度末股东权益×100%

加权平均每股收益=当期净利润/[期末普通股股份总数/(1+配股比例或增发新股比例)+期末普通股股份总数/(1+配股比例或增发新股比例)×配股比例或增发新股比例×缴款结束日下一月份至期末的月份数/12]

加权平均净资产收益率=当期净利润/[(期初净资产+期末净资产)/2+当期发行新股或配股新增净资产×(自缴款日结束日下一月份至报告期末的月份数-6)/12]

主要财务指标计算公式仅限于1999年指标。

(三)报告期内股东权益变动情况

项目	股本	资本公积	盈余公积	法定公益金	未分配利润	股东权益合计
期初数	336847500	64568558	52571826	15140187.94	91031644.37	545019529.14
本期增加	134739000		7275141	2425047.29	48500945.80	190515087.67
本期减少		50527125	1009420	336473.52	91487016.87	143023562.42
期末数	471586500	14041433	58837547	17308395.16	48045573.30	592511054.39

变动原因　实施1998年利润分配及资本公积金转增股本方案本公司年末股本总额较年初增加134,739,000.00元,系实施1998年送股及公积金转增股本所致。

(四).股　本

	年初数	比例	本年变动增减			年末数	比例
			送股	公积金转股	小计		
一、尚未流通股份							
1.发起人股份	167062500	49.59%	41765625	25059375	66825000	233887500	49.59%
2.法人股份	70785000	21.01%	17696250	10617750	28314000	99099000	21.01%
合计	237847500	70.60%	59461875	35677125	95139000	332986500	70.60%
二、已流通股份							
1.境内上市的人民币普通股	99000000	29.4%	24750000	14850000	39600000	138600000	29.40%
三、股份总额	336847500	100%	84211875	50527125	134739000	471586500	100%

三、股东情况介绍

1.本报告期末,共有股东39,312户。

2.公司前10名股东持股情况

单位:万股

序号	股东名称	年初持股	年内增加	年末持股	持股比例
1	中国信达资产管理公司	14734.5	5893.8	20628.3	43.74%
2	新疆生产建设兵团	1980	792	2772	5.88%
3	新疆维吾尔自治区电力公司	1815	726	2541	5.39%
4	中国宝安集团股份有限公司	1815	726	2541	5.39%
5	广东中创科技设备租赁公司	907.5	363	1270.5	2.69%
6	深圳市宏成电脑有限公司	907.5	363	1270.5	2.69%
7	新疆资金融通中心	594	237.6	831.6	1.76%
8	同益证券投资基金	0	388.58	51	0.82%
9	新疆金威有限公司	272.25	108.9	381.15	0.81%
10	新疆维吾尔自治区投资公司	198	79.2	277.2	0.59%

注:1 以上股东股份增加系报告期内实施利润分配和资本公积金转增股本方案所产生,报告期内其所持股份无质押或冻结情况发生。2 同益证券投资基金持股数额系该基金在二级市场购买所致。3 前十名股东之间不存在关联关系。

四、股东大会简介

1999年6月8日在新疆乌鲁木齐市召开公司1998年度股东大会。出席会议股东及股东代理人11人,代表股份211,996,300股,占总股份的62.94%,符合《公司法》和公司《章程》有关规定。大会以记名投票表决方式通过了以下事项的决议:1《董事会1998年年度工作报告》;2《监事会1998年年度工作报告》;3《总经理1998年年度工作报告》;4《公司1998年年度财务决算报告》;5《公司1998年年度利润分配和资本公积金转增股本的方案》。决议内容刊登于1999年6月9日《中国证券报》、《证券时报》和《上海证券报》。

1999年10月12日在新疆乌鲁木齐召开公司1999年临时股东大会。出席会议股东及其代表共10人,代表股份303,096,401股,占总股份的64.27%,符合《公司法》和公司《章程》有关规定。大会以记名投票表决方式通过了以下事项的决议:1《公司1999年配股方案》;2《关于变更公司注册资本金的议案》;3《关于更换董事人选的议案》;4《关于续聘会计师事务所的议案》。决议内容刊登于1999年10月13日《中国证券报》、《证券时报》和《上海证券报》。

五、董事会报告

(一)公司经营情况

1.公司所处的行业及地位

公司是以金融信托业为基础,以证券、投资银行业务为重点,兼营其他相关业务的非银行金融机构。截止1999年末,公司总资产37.8亿元,比上年末增长55.8%,股东权益5.93亿元,比上哪┳酕?.8%,实现利润总额5,182万元,净利润4,850万元。

公司共有11家证券交易营业部(其中托管6家),1999年证券业务交易量1,853亿元,增长154%,市场占有率从1998年的1.58%上升到3.54%,在沪、深市场排名分别为26名、97名。

2.公司主营业务范围及其经营状况

公司主营信托存贷款、投资业务;委托存贷款、投资业务;房地产投资业务;有价证券业务(限国家政策允许部分);金融租赁业务;代理财产保管与处理业务;房地产开发;自有资金的贷款和投资;经济担保与信用见证;经济咨询。

公司在报告期内实现主营业务收入22,204.51万元,利润总额5,182.53万元。其中投资收益5,844.10万元,证券买卖差价利润8,005万元,其他业务利润148.87万元,营业外收支净额159.98万元。

3.在经营中出现的问题与困难及解决方案

1999年公司经营中的主要问题,一是受信托投资公司清理整顿的影响,投资银行业务开展受到阻碍,二是公司分业及改组方案尚待确定等,使公司业务受到一定的负面影响。公司按照董事会确定的"规范管理、稳健经营、强化监控、防范风险、深化改革、提高效益"的方针和批准的工作计划,实行了"开拓市场、创新业务、责任到人"的经营战略,各项业务稳定发展,取得了较好的业绩。

(二)公司财务状况

1.财务状况

指标名称	1999年	1998年	增减%
总资产(万元)	378190.12	242481.42	56%
长期负债(万元)	15.39	17.99	-14%
股东权益(万元)	59251.11	55073.96	8%
主营业务利润(万元)	10127.18	5039.99	100.9%
净利润(万元)	4850.09	10665.45	-55%

变动的主要原因:

1 总资产增加系股东权益及短期负债增加所致。

2 股东权益增加系本年度新增净利润所致。

3 净利润减少系本年度公司计提四项准备及营业费用支出增加所致。

2.对会计师事务所出具的无保留意见有解释性说明的审计报告所涉及事项的说明

本公司董事会认为该所出具的说明符合公司实际情况,目前公司正按照中国证监会证监机构字[2000]42号文件的规定,组织实施公司改组为证券公司的工作。公司非证券类资产剥离事项正在按计划进行;同时,因公司实施改组,已从2000年1月1日起执行财政部颁布的《证券公司财务制度》。背景资料详见"十.特别事项"部分。

(三)公司投资情况

1.报告期内公司对内、外的投资情况,详见《审计报告》会计报表主要项目附注。

2.报告期之前募集资金投入使用的情况没有变化,本公司已在1996年、1997年和1998年度报告中连续进行了披露。

3.报告期内公司没有非募集资金投资项目。

(四)国家宏观政策、法规的变化,正在或将要对公司的财务状况和经营成果产生重要影响的说明:根据中国证监会和财政部有关规定,公司制定了《坏帐(减值)准备金提取及坏帐核销制度》,1999年度通过各项坏帐准备金的提取,减少当年利润12,059,309.19元,减少以前年度未分配利润及留存收益6,729,470.33元,合计减少当年度可分配利润18,788,779.52元。

(五)新年度业务发展计划

1.要尽快完成公司改组工作,进一步深化内部机制改革,重建企业形象,形成全新的业务结构、激励机制和新的公司形象。

2.要按照综合类证券公司的业务范围适应市场需要,全面创新业务,促进公司效益的提高。

3. 要强化综合管理和监控保障系统的工作,确保公司各项规章的稳步推进和业务安全高效运行。

(六)董事会日常工作情况

1.报告期内董事会的会议及决议情况

董事会在1999年度共召开了三次会议，其中临时会议二次。

1.1999年4月11日,在北京召开第二届董事会第四次会议,会议审议通过《董事会1998年度工作报告》、《总经理1998年度工作报告》、《关于授权总经理组织实施兼 并重组事项的决议》、《关于公司1998年度财务报告的决议》、《关于公司1998年度利润分配和资本公积金转增股本预案的决议》、《关于公司1998年度报告及年报摘要的决议》、《关于前次募集资金使用情况报告的决议》、《关于公司1999年配股预案的决议》、《关于与本次配股有关的关联交易问题的决议》、《关于本次配股募集资金投向和可行性的决议》、《关于设立"宏源证券公司"的决议》、《关于召开公司1998 年度股东大会时间、地点及主要议题的决议》;

2.1999年8月13日,以通讯方式召开第二届董事会1999年临时会议第一次会议,审 议通过了《公司1999年度中期报告》、《关于公司1999年中期不进行利润分配的决议》;

3.1999年9月2日，以通讯方式召开第二届董事会1999年临时会议第二次会议，审议通过了《关于调整公司1999年配股方案的决议》、《关于变更公司注册资本金的决议》、《关于同意更换董事人选的决议》、《关于续聘会计师事务所的决议》、《关于召开1999 年临时股东大会时间、地点及议题的决议》;

2.公司于1999年6月8日召开1998年年度股东大会,审议通过了1998年度利润分配 和资本公积金转增股本方案:以1998年底总股本33,684.75万股为基数,每10股送红股2.5股、转增1.5股,送转股后,公司股本增至47,158.65万股。此方案于1999年7月13日 实施完毕。

(七)董事、监事、高级管理人员情况

姓名	职务	性别	年龄	任职期限	持股数(股) 年初	年末	年度报酬
汤世生	董事长	男	44	1997,6,26-2000,6,25	0	0	未从本公司取酬
何加武	董事、总经理	男	46	1997,6,26-2000,6,25	0	0	58,890元
张小勇	董事、副总经理	男	37	1997,6,26-2000,6,25	0	0	54,270元
陈玉华	董事	男	47	1997,6,26-2000,6,25	0	0	未从本公司取酬
张秉刚	董事	男	62	1997,6,25-2000,6,25	26400	36960	未从本公司取酬
朱　琪	董事	女	62	1997,6,26-2000,6,25	24750	34650	未从本公司取酬
夏乾元	董事	男	53	1998,6,26-2000,6,25	0	0	未从本公司取酬
贺德华	董事	男	38	1999,10,12-2000,6,25	0	0	未从本公司取酬
季　方	董事	男	37	1997,6,26-2000,6,25	0	0	未从本公司取酬
高天仓	董事	男	68	1997,6,26-2000,6,25	0	0	未从本公司取酬
夏小军	董事	男	42	1997,6,26-2000,6,25	0	0	未从本公司取酬
顾建国	监事长	男	38	1997,6,26-2000,6,25	0	0	未从本公司取酬
王文学	监事	男	41	1997,6,26-2000,6,25	0	0	未从本公司取酬
敬　忠	监事	男	39	1998,6,26-2000,6,25	0	0	未从本公司取酬
刘　品	监事	女	37	1997,6,26-2000,6,25	0	0	未从本公司取酬
迪力拜尔.艾买提	监事	女	47	1997,6,26-2000,6,25	0	0	32,595元
刘　东	副总经理	男	33	1998,4,29-2000,6,25	0	0	54,180元
张全志	副总经理	男	42	1998,4,29-2000,6,25	7095	9933	54,570元
栗宏刚	董事会秘书	男	38	1998,4,29-2000,6,25	0	0	54,270元
许建平	财务总监	男	43	1998,4,29-2000,6,25	0	0	54,600元

经公司1999年临时股东大会审议，同意郭双喜先生辞去"宏源信托"董事职务，由贺德华先生接任"宏源信托"董事职务。

(八)本年度利润分配预案

经深圳同人会计师事务所审计,公司1999年度实现税后利润4,850.09万元,提取10%法定公积金485万元,提取5%法定公益金242.5万元,加上以前年度未分配利润681.97万元(已扣除追溯调整以前年度数额)，本年度可供股东分配的利润4,804.56万元。 公司第二届董事会第六次会议审议通过公司1999年度利润分配预案:以公司1999年末 总股本47,158.65万股为基数,向全体股东每10股送红股1股,资本公积金不进行转增股本。

(九)其他报告事项

报告期内,公司选定《中国证券报》、《证券时报》和《上海证券报》为公司信 息披露报刊。

六、监事会报告

(一)报告期内监事会工作情况

1999年4月11日,在北京召开第二届监事会第四次会议,审议通过了《监事会1998 年度工作报告》,刊登于1999年4月17日《中国证券报》、《证券时报》和《上海证券报》。

(二)公司依法运作情况

公司1999年的经营活动是规范合法的，凡重大事项都列入会议议程和总经理向董 事会所做的工作报告中经审议批准后执行。在1999年度中,公司按照国家关于清理整 顿信托投资公司的规定,在推进公司改组方面取得重大进展,公司综合管理水平进一步提高,经营效益良好。本年度公司董事会和经营班子团结进取、廉洁自律、恪尽职守 、经营管理规范、作风稳健、业绩良好。 报告期内,董事会切实履行了股东大会的各项决议,严格按照《公司法》和《公司章程》规范运作,决策程序合法。公司董事会成员、总经理及其他高级管理人员在1999年 中忠实履行职责,维护了公司和股东的权益,未发现违法、违规、违纪或损害公司利益的行为。

(三)检查公司财务状况

(1)根据对会计师事务所审计的财务报告的分析和审查,监事会认为,公司财务制度严明、操作规范,所采用的会计政策符合国家的相关规定,在本年度内未发生任何违反财务制度和侵犯股东权益的现象,1999 年公司业绩是真实的。

(2)董事会制定的《公司坏帐(减值)准备金提取及坏帐核销制度》,各项资产减值 准备的计提,方法合理、依据充分,会议审议、决策程序合法。公司1999年度资产减值准备计提报告已经董事会和监事会审议批准。

(四)对会计师事务所出具的无保留意见有解释性说明的审计报告所涉及事项的说明

本公司监事会认为该所出具的说明符合公司实际情况,目前公司正按照中国证监 会证监机构字[2000]42号文件的规定,组织实施公司改组为证券公司的工作。公司非证券类资产剥离事项正在按计划进行;同时,因公司实施改组,已从2000年1月1日起执 行财政部颁布的《证券公司财务制度》。背景资料详见"十.特别事项"部分。

七、重要事项

(一)重大诉讼、仲裁事项

1.本报告期内,公司重大诉讼、仲裁事项如下:

本公司与河南省平顶山市信托投资公司于94年及95年双方签订《证券回购合同》,本公司按合同给予付平顶山信托公司1300万元,后平顶山信托公司一直未按合同购回债券,本公司对其进行诉讼,湖北省武汉市中级人民法院已进行处理,判决平顶山公司 应归还本金10,614,298.00元,期内利息1,298,902.00元,逾期利息3,890,659.00,上述款项平顶山公司应于1999年8月23 日前归还,但至今尚未归还。

2.已在上年度报告中披露过,但尚未结案的重大诉讼、仲裁事项如下:

(1)原中国人民建设银行新疆信托投资公司接受中国人民保险公司新疆维吾尔自 治区分公司委托,将其委托贷款550.5万元贷出,逾期尚未收回,委托方于1992年7月2日向法院起诉,要求本公司承担经济责任,根据《金融信托投资机构资金管理暂行办法》和委托存款协议,贷款经济责任应由委托人承担,但该案经新疆维吾尔自治区高级人民法院于1997年5月9日"(1992)新经初字第1号"民事判决书裁定本公司败诉,本公司对该判决表示不服,并于规定日期内向新疆维吾尔自治区高级人民法院递交上诉状,上诉于中华人民共和国最高人民法院,该案件经最高院1999年10月22日(1998)经终字第75 号文终审判决本公司败诉,本判决尚在执行中;

(2)新疆五家渠绒毛厂拖欠公司逾期贷款人民币100万元,系由新疆维吾尔自治区 保险公司担保;对此,公司提起诉讼并已胜诉,但债务人在法院判决生效后申请破产,执行判决程序被终止,此案法院仍在处理;

(3)其他应收款—上海办事处挂帐19,889,098.59元,系指本公司在1995年通过内 部审计,发现本公司上海股票自营业务上年尚有20,786,976.19元资金未能收回,1997 年度公司通过进一步清理将其他一些与当事人有关款项均转入其他应收款,其主要内 容含清回陕西西北五棉股权投资不实投资额6,858,296.00元和其他已查明损失777,148.30元,共计28,412,997.99元,1999年提取坏帐准备8,523,899.40元。因事件涉及经 济案件,已提请司法部门依照法律程序处理,此案本年仍在审理中,预计对以后年度的 盈利将有一定影响;

(4)本公司购入海南赛格国际信托投资公司返售国债17,800,000.00元,对方到期 无力回购。经双方协商改为资金拆借合同后对方仍未履行合同还款。本公司已向新疆高院提起诉讼,经法院调解由对方分期偿还本金18,500,000.00元和利息4,579,722.80元,本判决尚在执行中;

(5)本公司因乌市集装箱公司未履行租赁合同向新疆区高院提起诉讼。1998年5月12日经新疆高院以[1997]新经字第38号判决书判本公司胜诉。除已于1999年度7月收回该公司拍卖资产300万元外,尚有21,872,349.36 元未收回,本判决尚在执行中;

(6)本公司因乌鲁木齐集装箱公司未履行融资租赁合同,逾期已三年以上,经向新 疆维吾尔自治区人民法院提出起诉,涉讼标的金额29,631,176.19元,1998的5月12日经新疆高院以[1997]新经字第38号民事判决书裁定本公司胜诉,乌鲁木齐集装箱公司服从判决,但负有担保连带责任的被告新疆天山毛纺织股份有限公司不服判决,本公司按程序向中华人民共和国最高法院交答辨状及证据，经中华人民共和国最高人民法院于1999年5月10日以(1998)经终字第251号终审判决，本公司胜诉,本判决尚在执行中。

(二)本报告期内,公司、公司董事及高级管理人员无受监管部门处罚情况。

(三)根据中国人民银行办公厅银办函[1999]386号《关于同意中国信达信托投资公司划转所持新疆宏源信托投资股份有限公司股份的批复》，原由中国信达信托投资 公司持有的新疆宏源信托投资股份有限公司股份20628.3万股,占公司总股本47158.65万股的43.74%,划转中国信达资产管理公司持有。公司于1999年8月24日在《中国证 券报》、《证券时报》和《上海证券报》上刊登了三家公告。

(四)报告期内,公司无收购及出售资产、吸收合并事项。

(五)重大关联交易事项

1.存在控制关系的关联方

中国信达资产管理公司,注册地点:北京市东城区东中街29号东环广场B座。注册 资本金100亿元,法定代表人朱登山。主营收购、管理、处置银行剥离的不良资产等业务。持有本公司20,628.3万股,占总股本的43.74%。

2.不存在控制关系的关联方

1 新疆维吾尔自治区电力公司,本公司股东;

2 广东中创科技设备租赁公司,本公司股东;

3 新疆生产建设兵团,本公司股东;

4 深圳宏成电脑有限公司,本公司股东;

5 中国宝安集团股份有限公司,本公司股东。

3.关联方应收应付款余额　　　　单位:人民币元

企业名称	1998年	1999年
其他应收款		
其中:北海宏富典当拍卖行	600000	600000
深圳市宏成电脑有限公司	7760000	7760000
北海新宏源物业发展有限公司	—	6500000
短期投资		
其中:广东中创科技设备租赁公司	30000000	30000000
北海宏富典当拍卖行	17450000	17450000
应付股利		
其中:中国信达信托投资公司	3285175	3285175
广东中创科技设备租赁公司	—	440000

(六)本公司与控股股东在人员、资产、财务方面"三分开"情况

1.人员方面

本公司人员完全独立,公司董事长与控股股东单位中国信达资产管理公司法人代 表不是同一人担任,总经理、副总经理等高级管理人员在本公司与股东单位中无双重 任职的情况,无财务人员在关联公司兼职情况,本公司的劳动人事及工资依法独立管理。

2.资产完整方面

本公司资产完整,不存在控股股东占用本公司资产的情况,本公司依法独立经营管理公司资产,确保全体股东权益充实。

3.财务分开方面

本公司财务完全独立,依法设立独立的财务部门,有建全的财务核算体系和规范独立的财务会计制度和对分公司、子公司的财务管理制度;独立在银行开户,没有与控股股东共用一个银行帐户的情况;独立依法纳税。

(七)其他重大事项

本公司于1998年6月,与原海南建行信托公司和沈阳建行信托公司签订了委托经营管理其所属的6个证券交易营业部的协议书。托管期限自1998年7月1日起,在有关法律手续尚未办理完毕之前,自托管日起,上述6个证券交易营业部的全部收益作为托管费 归本公司所有,1999年度上述6个证券营业部的托管收益占到本公司利润总额的27%。

(八)本年度继续聘任深圳同人会计师事务所为本公司审计单位。

(九)报告期内公司注册资本金由33,684.75万元变更为47,158.65万元。上述事项已于1999年10月13日在《中国证券报》、《证券时报》和《上海证券报》予以披露。

八、财务会计报告

(一)审计报告(附后)

公司本年度经深圳同人会计师事务所审计,出具了无保留意见的审计报告(深同证审字[2000]第035号)。

(二)会计报表(附后)

(三)会计报表附注(附后)

九、公司的其他有关资料

1.公司首次注册登记日期:1993年5月25日

地址:乌鲁木齐市新华北路2号

2.变更注册登记日期:1996年4月15日

地址:乌鲁木齐市文艺路2号

日期:1998年2月12日

地址:乌鲁木齐市建设路2号

3.中华人民共和国《金融机构法人许可证》号码:K14418820194

4.中华人民共和国《企业法人营业执照》注册号码: 22859306 -8
5.税务登记号码:国税字 650102228593068
地税字 650102228593 -6
6.公司未流通股票的托管机构名称:深圳证券登记有限公司
7.公司聘请的会计师事务所名称:深圳同人会计师事务所
办公地:深圳市华富路5号南光大厦三楼

十、特别事项

根据国办发[1999]12号文关于信托业整顿改组的精神,和中国证监会《关于进一步加强证券公司监管的意见》的规定,结合宏源信托证券业务为主业的情况,1999年9月30日,新疆维吾尔自治区人民政府以新政函[1999]149号文向中国人民银行申请将宏源信托改组为综合类证券公司,作为区内信托业整顿和证券市场发展的一项重要举措。经中国证监会同意,中国人民银行于1999年12月13日以银办函[1999]641号文同意将宏源信托改组为证券公司,按规定将具体方案报中国证监会审批。新疆维吾尔自治区人民政府于2000年1月17日以新政函[2000]3号文向中国证监会报送了《关于新疆宏源信托投资股份有限公司改组为证券公司的函》,提出了宏源信托改组为证券公司的基本方案:宏源信托彻底剥离和处置信托资产和债务,不再经营信托业务,整体改组为宏源证券股份有限公司;公司注册资本5亿元人民币,为综合类证券公司,注册地仍为新疆乌鲁木齐市;改组正式完成后逐步增资,扩大经营规模。2000年3月6日,中国证监会以证监机构字[2000]42号文发出《关于同意新疆宏源信托投资股份有限公司改组为证券公司方案的批复》,原则同意这一改组方案,批准宏源信托改组为证券公司。

十一、其他重大事项

1998年度本公司分别与中国建设银行海南信托投资公司、中国建设银行沈阳信托投资公司达成对中国建设银行海南信托海口、深圳、上海证券营业部和中国建设银行沈阳信托沈阳、上海、深圳证券营业部的购并协议,1998年度根据双方签署的托管协议计取本公司对该六家证券营业部的托管费收入计人民币15,000,000.00元。本年本公司对上述六家证券营业部购并完成,并已实施了对上述之营业部的实质控制,但由于有关核准工作仍在进行中,本公司本年未将上述六家证券营业部纳入会计报表合并范围,仅以成本法核算。

十二、备查文件

1.载有公司董事长、总经理亲笔签名的年度报告正本;
2.载有总经理、财务总监、会计主管人员签名并盖章的会计报表;
3.载有会计师事务所盖章、注册会计师签名并盖章的审计报告正本;
4.报告期内,在中国证监会指定报刊上公开披露过的所有公司文件正本及原稿。

新疆宏源信托投资股份有限公司董事会
二OOO年四月十八日

深同证审字[2000]第035号

审 计 报 告

新疆宏源信托投资股份有限公司全体股东:

我们接受委托,审计了贵公司1999年12月31日的合并资产负债表和母公司的资产负债表,1999年度合并利润及利润分配表和母公司的利润及利润分配表,1999年度的合并现金流量表和母公司的现金流量表。这些会计报表由贵公司负责。我们的责任是对这些会计报表发表审计意见。我们的审计是依据《中国注册会计师独立审计准则》进行的。在审计过程中,我们结合贵公司实际情况,实施了包括抽查会计记录、审核有关证据等我们认为必要的审计程序。

我们认为,上述会计报表符合《企业会计准则》、《股份有限公司会计制度》和《金融企业会计制度》的有关规定,在所有重大方面公允地反映了贵公司1999年12月31日的财务状况及1999年度经营成果和现金及现金等价物的流入、流出信息,会计处理方法的选用遵循了一贯性原则。

同时我们注意到:

1、如附注十一所述,贵公司经中国证券监督管理委员会证监机构字[2000]42号文批准将改组为证券公司,目前正积极筹划非证券类资产剥离、与中国信达资产管理公司实施资产重组与置换事宜,故本年度未对拟剥离资产计提各类减值准备。

2、如附注五.8所述,截至1999年12月31日止,贵公司扣除信托证券后的帐面自营库存证券按成本计价为1,256,989,743.00元(其中股票投资为462,803,013.71元,基金投资为195,288,502.10元,国债投资为598,898,227.19元),贵公司已根据中国证监会发布的《证券经营机构证券自营业务管理办法》的规定累计提取了自营证券跌价准备计8,076,006.23元。该自营证券期末市价为1,108,514,722.44元,形成浮动亏损148,475,020.56元;但至审计外勤结束日按原自营证券组合测算,市值已回复到1,291,576,282.27元,形成浮动盈利34,586,539. 27元。

此外贵公司因实施改制,将从2000年1月1日起执行财政部颁布的《证券公司会计制度》,有关自营证券的会计政策将改为按期末成本与市价孰低原则计价,并计提相应的自营证券跌价准备。

深圳同人会计师事务所

中国注册会计师 易永健
中国注册会计师 朱文岳
二〇〇〇年三月二十三日

宏源信托投资股份有限公司
合并会计报表附注
一九九九年十二月三十一日
单位:人民币元

一、公司简介

本公司1993年经新疆维吾尔自治区经济体制改革委员会以新体改(1993)001号文批准改组为新疆宏源信托投资股份有限公司,1993年5月25日领取国家工商行政管理部门注册号为22857306-8号《企业法人营业执照》,公司注册资本为人民币175,000,000.00元。经过历年的派送红股、配售新股及转增股本,本公司股本总额增至471,586,600.00元。本公司经营范围:信托存贷款、投资业务;委托存贷款、投资业务;房地产投资业务;有价证券业务(限国家政策允许部分);金融租赁业务;代理财产保管与处理业务;机电产品、金属材料(限国家专项审批规定的产品除外)、五金交电化工产品、建筑材料、装饰材料、百货针纺织品、农副产品(棉花除外)的销售、房地产开发、经济担保与信用见证、经济咨询等。

二、主要会计政策、会计估计和合并会计报表的编制方法

三、税项

本公司主要适用的税种和税率

税种	计税依据	税率
营业税(地税)	各项应税营业收入(含房地产)	5%
营业税(国税)	各项应税营业收入(不含房地产)	3%
房产税	自有房产及租金收入	12%
城市维护建设税	营业税额(地税)	7%
教育费附加	营业税额(地税)	3%
企业所得税 *	应纳税所得额	15%

* 根据新疆维吾尔自治区人民政府新政函(1993)40号文批准,从1993年1月1日起,本公司按15%的税率计征所得税。税项的细节在五、28中表述

四、控股子公司及合营企业

A.本公司的子公司概况列示如下:

公司名称	注册地点	注册资本(RMB)	法定代表人	拥有权益%	经营范围	会计报表是否合并
新疆宏源建信发展公司	乌鲁木齐市	5000万元	孙波	100%	房地产开发	是
北海新宏源物业发展公司	广西北海市	200万元	刘东	100%	房地产开发	否

B.本公司的联营公司概况列示如下:

公司名称	注册地点	注册资本(RMB)	法定代表人	拥有权益%	经营范围	会计报表是否合并
新疆宏源大厦物业管理有限公司 *	乌鲁木齐市	50万元	原涛	50%	物业管理及服务	否

C.北海新宏源物业发展公司的子公司及联营公司概况列示如下:

公司名称	注册地点	注册资本(RMB)	法定代表人	拥有权益%	经营范围	会计报表是否合并
北海宏富典当拍卖行公司 *	广西北海市	250万元	罗小平	60%	典当、小额融资	否

* 北海宏富典当拍卖行本会计期间未正常营业,新疆宏源大厦物业管理公司虽有营业,但根据财政部财会字[1996]2号文规定,因该两公司资产、收入、利润低于本公司合并资产、收入、利润的10%,故未合并其会计报表。

五、合并会计报表主要项目注释:

1.货币资金

	1998-12-31	1999-12-31
现金	795639.12	392678.53
银行存款	384287909.15	875771182.40
其他货币资金	—	186095.00
	385083548.27	876349955.93

货币资金年末余额较年初余额增加127.57%,主要系卖出回购证券款、股民保证金存款大幅增加所致。

2.存放同业

1998-12-31	1999-12-31
35300000.00	35300000.00

存放同业明细列示如下:

	金额	约定还款日期	逾期年限
广州国际信托投资江信营业部	17,500,000.00	1998.02.08	1-2年
海南赛格国际信托投资公司	17,800,000.00	1997.04.05	1-2年

上述拆出资金均已逾期,公司正加紧清欠。

3.短期贷款

	1998 -12 -31	1999 -12 -31
年末余额	40000000.00	91912000.00

短期贷款大额明细列示如下:

客户名称	金额	贷款条件	约定贷款期限	月利率(‰)
新疆巴音郭楞蒙古自治州金宏实业开发公司	6,392,000.00	质押	1999.12 .23 -2000.12 .22	5.115
塔里木房地产开发公司	5,520,000.00	质押	1999.12 .23 -2000.12 .22	5.3625
和硕麻黄素制品厂	3,000,000.00	信用	1999.01 .05 -1999.09 .04	5.8575
大连北大车行股份有限公司	30000,000.00	信用	1999.06 .02 -2000.06 .01	5.8575
武汉新一代科技有限公司	45,000,000.00	质押	1999.07 .02 -2000.07 .01	4.875
湖北美力实业有限公司	2,000,000.00	信用	1999.08 .18 -2000.08 .17	5.3625

上述均为本年新发贷款,年初贷款部分已归还,部分因已逾期而已转入"逾期贷款"帐项。

4.应收帐款

A.应收帐款的帐龄分析列示如下:

帐龄	1998 -12 -31			1999 -12 -31		
	金额	占该帐项金额%	坏帐准备	金额	占该帐项金额%	坏帐准备
1年以内	27406017.75	37.35%	45000	16081738.55	27.07%	73993.85
1-2年	6396934.98	8.72%	-	2709673.02	4.56%	270967.30
2-3年	29708157.48	40.48%	87642.52	2230541.96	3.76%	173.89
3-4年	4443495.94	6.06%	-	28502199.54	47.99%	748291.11
4-5年	5430167.33	7.39%	-	4443495.94	7.48%	-
5年以上	-	-	-	5430167.33	9.14%	-
	73384773.48	100%	132642.52	59397816.34	100%	1093426.15

28.应交税金

	1998-12-31	1999 -12 -31
营业税(国)	300485.47	1061762.79
营业税(地)	1123200.16	1965319.83
城建税	24994.49	136291.30
所得税	4629995.56	3069353.02
房产税	-	757330.30
其他	21912.53	21519.43
	6100588.21	7011576.67

34.主营业务收入

项目	1998年度	1999年度
利息收入	2002910.47	6092093.29
金融企业往来收入	19115126.30	10417329.67
手续费收入	40232996.11	50204794.36
证券销售差价收入	46741258.38	80050942.47
证券发行差价收入	5290000.00	1230000.00
融资租赁收入	635,831.75	—
	114018123.01	147995159.79

十三、结算日后事项

1.中国证券监督管理委员会2000年2月29日以证监机构字[2000]42号文《关于同意新疆宏源信托投资股份有限公司改组为证券公司方案的批复》批准本公司改制为证券公司。本公司2000年3月30日召开公司2000年临时股东大会第一次会议,通过了拟实施非证券类资产的重置事宜。

同时参照财政部财债字[1999]第217号文件《关于加强金融企业财务监管若干问题的通知》及其他相关文件的精神,本年度本公司在执行财政部[1999]35号文过程中,对重组方案中拟剥离的非证券类资产未计提和追溯调整减值准备。

2.2000年4月18日,第二届董事会第六次会议通过公司1999年度利润分配议案:拟以分配前总股本为基数,每10股送红股1股,资本公积不进行转赠股本。

新疆宏源信托股份有限公司
合并资产负债表 单位:人民币元

	附注	1999-12-31	1998 -12 -31
流动资产			
货币资金	五.1	876,349,955.93	385083548.27
存入中央银行款项		3,020,000.00	3346976.26

存放同业	五.2	35,300,000.00	35300000.00
短期贷款	五.3	91,912,000.00	40000000.00
应收帐款	五.4	59,397,816.34	73384773.48
其他应收款	五.5、七	99,710,072.42	60046915.63
减:坏帐准备	二.7	11,712,086.49	6949624.65
应收款项净额		147,395,802.27	126482064.46
预付帐款	五.6	136,749,127.40	156394680.79
短期投资	二.10、五 7、七	225,000,000.00	201870000.00
委托投资及委托贷款		76,227,699.22	85310900.00
自营库存证券	二.五.8	1,555,420,843.32	829314401.17
减:自营证券跌价准备	二.9	8,076,006.23	2325957.56
自营库存证券净额		1,547,344,837.09	826988443.61
代兑付债券		--	1060882.00
存货	二.8、五.9	42,179,989.94	43162639.82
买入返售证券	五.10	58,662,148.00	59036676.00
待摊费用	五.11	1,527,724.32	409376.52
待处理流动资产净损失		4,386.93	4386.93
流动资产合计		3,241,673,671.10	1964450574.66
长期资产			
逾期贷款	五.12	31,676,338.76	6450337.98
减:贷款呆帐准备	二.11	765,883.39	264503.38
租赁资产	五.13	26,652,549.36	28085597.76
长期股权投资	二.12、五.14	108,636,811.55	33922656.12
长期债券投资	二.12、五.15	33,639,000.00	48639000.00
其他长期投资	二.12、五.16	180,375,020.00	180375020.00
减:投资风险准备	二.12	3,664,974.36	2653733.08
调整后长期投资余额		318,985,857.19	260282943.04
固定资产原值	二.13、五.17	157,928,969.52	139789986.79
减: 累计折旧	二.13、五.17	25,014,195.98	15569908.03
固定资产净值		132,914,773.54	124220078.76
待处理固定资产净损失		282,300.95	312673.78
长期资产合计		509,745,936.41	419087127.94
无形及其他资产			
无形资产	二.15、五.18	12,178,108.46	12686499.62
开办费	二.15、五.19	600,903.87	960339.07
长期待摊费用	二.15、五.20	17,702,533.15	20900171.94
无形及其它资产合计		30,481,545.48	34547010.63
资 产 总 计		3,781,901,152.99	2418084713.23
附注			
流动负债			
短期借款	五.21	65,000,000.00	33000000.00
短期存款	五.22	48,540,723.92	41849369.92
保证金存款	五.23	1,187,424,725.46	637427431.94
拆入资金	五.24	450,000,000.00	450000000.00
委托存款		77,923,685.22	85573220.34
卖出回购证券款	五.25	1,309,200,000.00	482000000.00
应付款项	五.26	28,034,190.92	82834046.20
预收帐款		16,000.00	1247687.69
其他应付款		1,216,763.31	748310.53
应付福利费		1,787,237.77	1088255.98
应付股利	五.27、七	3,725,175.00	3285175.00
应交税金	二.18、三、五 .28	7,011,576.67	6100588.21
预提费用	五.29	4,391,645.72	3198271.48
应付代理证券款		98,516.00	1160698.00
一年内到期的长期负债		4,865,951.92	44381610.59
流动负债合计		3,189,236,191.91	1873894665.88
长期负债			
其他长期负债		153,906.69	179938.76
其中:住房周转金		153,906.69	179938.76
长期负债合计		153,906.69	179938.76
负债合计		3,189,390,098.60	1874074604.64
所有者权益			
股本	五.30	471,586,500.00	336847500.00
资本公积	五.31	14,041,433.68	64568558.68
盈余公积	二.19、五.32	58,837,547.41	51562405.54
其中:公益金		17,228,761.71	14803714.42
未分配利润	二.19、五.33	48,045,573.30	91031644.37
股东权益合计		592,511,054.39	544010108.59
负债及股东权益总计		3,781,901,152.99	2418084713.23

新疆宏源信托股份有限公司

合并利润及利润分配表　单位:人民币元

	附注	1999-12-31	1998 -12 -31
一.营业收入	二.16、五.34.36.37	222,045,061.84	260179772.40
其中:利息收入	五.34	6,092,093.29	2002910.47
金融企业往来收入	五.34	10,417,329.67	19115126.30
手续费收入	五.34	50,204,794.36	40232996.11
证券销售差价收入	五.34	80,050,942.47	46741258.38
证券发行差价收入	五.34	1,230,000.00	5290000.00
投资收益	二.16、五.36	58,441,062.07	114607474.86
融资租赁收入		--	635831.75
其他营业收入	二.16、五.37	15,608,839.98	31554174.53
二.营业支出	五.35.38.40.43	159,617,984.93	147198062.46
其中:利息支出	五.35	7,172,496.88	37113287.90
金融企业往来支出	五.35	33,022,875.00	24178880.00
手续费支出	五.35	663,167.76	113994.11
自营证券跌价损失	五.35	5,864,815.49	2325957.56
卖出回购证券支出	五.35	38,616,237.61	25802255.35
其他营业支出	五.38	4,472,903.92	5252690.91
营业费用	五.43	68,033,216.43	50085983.69
财务费用	五.40	1,772,271.84	2325012.94
三.营业税金及附加		12,221,544.48	7488646.31
四.营业利润		50,205,532.43	105493063.63
加:营业外收入	五.41	2,642,410.21	4277832.02
减:营业外支出	五.42	1,022,643.82	84501.52
五.利润总额		51,825,298.82	109686394.13
减:所得税	二.18、三	3,324,353.02	4666036.50
六.净利润		48,500,945.80	105020357.63
加:年初未分配利润	二.19	91,031,644.37	35449090.39
七.可供分配利润		139,532,590.17	140469448.02
减:提取法定公积金	二.17	4,850,094.58	10502035.77
提取法定公益金	二.17	2,425,047.29	5251017.88
八.可供股东分配的利润		132,257,448.30	124716394.37
减:提取任意公积金			
已分配普通股股利	二.17	84,211,875.00	33684750.00
九.未分配利润		48,045,573.30	91031644.37

新疆宏源信托投资股份有限公司

合并现金流量表　单位:人民币元

1999 -12 -31

一、经营活动产生的现金流量	
短期贷款收回与发放净额	(51,912,000.00)
信托存款吸收与支付净额	6691354.00
同业拆入和同业拆出净额	(139,156.53)
委托存款与委托贷款净额	1433665.66
贷款利息、国债利息、金融企业往来收入	41776456.43
证券买卖现金净额	(774,097,586.20)
客户保证金现金净额	549997293.52
卖出回购证券现金净额	788084636.94
证券发行现金净收入	1230000.00
手续费收支净额	49541626.60
销售商品、提供劳务收到的现金	4675354.03
收到的其他与经营活动有关的现金	934674.22
现金流入小计	618216318.67
利息支出	36609123.44
买入返售证券现金净额	(374,528.00)
购买商品、接受劳务支付的现金	49566480.69
经营租赁所支付的现金	121308.64
支付给职工及为职工支付的现金	13128784.60
支付的所得税	12962540.11
支付的除增值税、所得税以外的其他税款	8072939.35
支付的其他与经营活动有关的现金	33465764.61
现金流出小计	153552413.44
经营活动产生的现金流量净额	464663905.23
二、投资活动产生的现金流量	
收回投资所收到的现金	3020000.00
融资租赁收回的本金	1433048.40
处置固定资产、无形资产和其他长期资产时收到的现金	10141.29
分得股利或利润收到的现金	17863600.00
现金流入小计	22326789.69
购建固定资产、无形资产和其他长期资产所支付的现金	22171172.92
权益法投资所支付的现金	13088000.00
现金流出小计	35259172.92
投资活动产生的现金流量净额	(12,932,383.23)
三、筹资活动产生的现金流量	
借款所收到的现金	65000000.00
现金流入小计	65000000.00
偿还债务所支付的现金	24000000.00
偿付利息所支付的现金	1792090.60
现金流出小计	25792090.60
筹资活动产生的现金流量净额	39207909.40
四、汇率变动对现金的影响额	- -
五、现金及现金等价物净增加额	490939431.40
补充资料	
1、不涉及现金收支的投资和筹资活动:	
2、将利润调节为经营活动的现金流量:	
净利润	48500945.80
加: 计提的坏帐准备或转销的坏帐	4762461.84
计提的自营证券损失准备和长期投资损失准备	7262670.21
固定资产计提折旧	9779798.29
待摊费用的摊销	324086.20
开办费、无形资产、长期待摊费用摊销	4993722.11
处置固定资产、无形资产和其他长期资产的损失(减:收益)	(914,400.00)
财务费用	1772271.84
投资损失(减:收益)	(58,441,062.07)
存货的减少(减:增加)	982649.88
自营证券的减少(减:增加)	(726,106,442.15)
短期贷款、短期投资的减少(减:增加)	(75,042,000.00)
委托投资及委托贷款的减少(减:增加)	9083200.78
买入返售证券款的减少(减:增加)	374528.00
经营性应收项目的减少(减:增加)	(83,892,335.96)
短期存款、保证金存款、委托存款的增加(减:减少)	549039112.40
应付代理证券款的增加(减:减少)	(1,062,182.00)
卖出回购证券款的增加(减:减少)	827200000.00
经营性应付项目的增加(减:减少)	(53,953,119.94)
经营活动产生的现金流量净额	464663905.23
3、现金及现金等价物净增加额	
现金的期末余额	879369955.93
减: 现金的期初余额	388430524.53
现金及现金等价物净增加额	490939431.40

陕西省国际信托投资股份有限公司

一、公司简介

1、公司法定中文名称:
陕西省国际信托投资股份有限公司 (简称:陕国投)
公司法定英文名称: Shaanxi International Trust & Investment Corp.,Ltd.
2、公司法定代表人: 孙武学
3、公司信息咨询服务机构:董事会办公室
公司董事会秘书: 胡梦琪　授权代表: 黎惠民 王 勇
联系地址:陕西省西安市环城东路南段 8 号
联系电话:(029)3239354 3224277　传真:(029)3239456
4、公司注册及办公地址:陕西省西安市环城东路南段 8 号 邮政编码:710048
5、公司选定的信息披露报纸:《中国证券报》、《证券时报》
登载公司年度报告的中国证监会指定国际互联网网址: http://www.cninfo.com.cn
公司年度报告备置地点:公司董事会办公室
6、股票上市交易所:深圳证券交易所　股票简称:陕国投 A　股票代码:0563

二、会计数据和业务数据摘要

(一)、本年度实现利润数及其构成

项 目	金 额(元)
利润总额	53743215.52
净利润	42675951.33
扣除非经营性损益后的净利润	42675951.33
主营业务利润	115953515.55
其他业务利润	0
营业利润	31695163.42
投资收益	20845036.66
补贴收入	1837800.00
营业外收支净额	-634784.56
经营活动产生的现金流量净额	242708707.95
现金及现金等价物净增加额	203010669.39

(二)、主要会计数据和财务指标(单位:元)

指 标 名 称	1999 年	1998 年		1997 年	
		调整前	调整后	调整前	调整后
1、主营业务收入	361155837.72	386125283.24		374347376.94	
2、净利润	42675951.33	52526310.77	52328953.76	28692550.15	26195105
3、总资产	2715994227.66	2352058118.01	2327735053.10	2273557531	2249431823
4、股东权益	496118483.39	477764369.55	453441304.64	241874301.05	217748593
5、每股收益(摊薄)	0.136	0.30	0.30	0.21	0.19
(加权)	0.136	0.31	0.31	0.21	0.19
6、每股净资产	1.58	2.74	2.60	1.76	1.58
7、净资产收益率(摊薄)	8.60	10.99	11.54	11.86	12.03
(加权)	8.60	12.04	14.96	11.86	12.03
8、调整后的每股净资产	1.48	2.62	2.48	1.57	1.37
9、每股经营活动产生的经营流量净额	0.77	0.83			

注:(1)、1996 及 1997 年度的主营业务收入项目中包括了投资收益;
(2)、表中所列有关指标按下列公式计算:
每股收益=净利润÷年度末普通股股份总数
每股净资产=年度末股东权益÷年度末普通股股份总数
调整后每股净资产=(年度末股东权益-三年以上的应收款项净额-待摊费用-待处 理 (流动、固定)资产净损失-开办费-长期待摊费用-住房周转金负数余额)÷年度末普通股股份总数
每股经营活动产生的现金流量净额=经营活动产生的现金流量净额÷年度末普通 股股份总数
净资产收益率=净利润÷年度末股东权益×100%
(3)、根据财政部财会字(1999)35 号文、49 号文的有关规定,采用追溯调整法,调 整了会计报表相关的"坏账准备"、"短期投资跌价准备"、"存货跌价准备"和"长期投资减值准备"项目。
调整前各年会计数据如下:

项 目	1999 年	1998 年	1997 年
坏账准备	484754.91	525846.05	523426.57
短期投资跌价准备			
存货跌价准备			
长期投资减值准备	671723.26	737670.62	895417.46
未分配利润	44195251.92	42136087.70	115039.09

调整后各年度会计数据如下:

坏账准备	17544277.13	13905142.64	11824359.37
短期投资跌价准备	232685.28		
存货跌价准备	11513035.71	10745992.94	12784746.55
长期投资减值准备	1916359.16	935446.00	935446.00
未分配利润	21667470.16	22436378.69	-19426784.30

三、股东情况介绍

1、截止 1999 年 12 月 31 日,本公司共有股东 23,095 户,高级管理人员股东共 3 人。
2、前十名股东持股情况

股东名称	所持股数(股)	占总股份比例%
陕西省财政厅	153340466	48.81
深圳市深华集团公司	10800000	3.44
陕西省交通厅	7020000	2.23
陕西省保险公司	5400000	1.72
胡 瑞	1530180	0.49
任 捷	1502028	0.48
黄太本	1216643	0.39
陈文轩	1194336	0.38
杨天勋	1186841	0.38
张道明	1182600	0.38

说明:
(1)、陕西省财政厅持有本公司 5%以上股份,所持股份在报告期内未冻结和质押 。
(2)、陕西省财政厅、陕西省交通厅代表国家持有股份。
(3)、前十名股东之间不存在关联交易。

西安民生集团股份有限公司

一、公司简介

1、公司法定中文名称:西安民生集团股份有限公司
公司法定英文名称:XI'AN MINSHENG GROUP CO.,LTD.
2、公司法定代表人:詹军道
3、公司董事局秘书:马明庆
联系地址:西安市解放路 103 号
电　话:029-7481961　传真:029-7481871　电子信箱:m-mq@163.net
4、公司注册地址:西安市解放路 103 号
公司办公地址:西安市解放路 103 号　邮政编码:710005
公司国际互联网网址:www.cnminsheng.com　电子信箱:d.sj@163.net
5、公司选定的信息披露报纸名称:《证券时报》或《中国证券报》
登载公司年度报告的中国证监会指定国际互联网网址:http://www.cninfo.com.cn
公司年度报告备置地点:公司本部八楼 828 室
6、公司股票上市交易所:深圳证券交易所
股票简称:西安民生　股票代码:0564

二、会计数据和业务数据摘要

1、公司本年度　(单位:人民币元)

利润总额	15,281,434.99
净利润	12,805,700.17
扣除非经常性损益后的净利润	12,805,700.17
主营业务利润	131,673,164.88
其他业务利润	392,808.29
营业利润	17,026,416.95
投资收益	-1,681,995.76
营业外收支净额	-62,986.20
经营活动产生的现金流量净额	114,597,795.37
现金及现金等价物净增加额	-15,925,454.14

2、截止报告期末公司前三年的主要会计数据及财务指标

指标	1999 年	1998 年	1997 年
主营业务收入	760,564,766.27	755,714,924.68	791,007,357.23
净利润	12,805,700.17	2,855,735.96	4,461,331.72
总资产	1,067,887,833.51	1,137,144,752.59	1,131,948,639.68
股东权益	509,317,982.74	496,512,282.57	508,734,479.40
每股收益	0.063	0.014	0.022
每股收益(按月平均加权计算	0.063	0.014	0.025
每股收益(扣除非经常性损益后)	0.063		
每股净资产	2.52	2.46	2.52
调整后的每股净资产	2.42	2.36	
每股经营活动产生的现金流量净额	0.57		
净资产收益率(%)	2.51	0.58	0.88

注:1.股东权益指标中不包含少数股东权益
2.上表中财务指标的计算公式如下:
每股收益=净利润/年度末普通股股份总数
每股净资产=年度末股东权益/年度末普通股股份总数
调整后的每股净资产=(年度末股东权益-三年以上的应收款项净额-待摊费用-待处理 (流动、固定)资产净损失-开办费-长期待摊费用-住房周转金负数余额)/年度末普通股股份总数
每股经营活动产生的现金流量净额=经营活动产生的现金流量净额/年度末普通股股份总数
净资产收益率=净利润/年度末股东权益×100%
3、报告期内股东权益变动情况

项目	股本	资本公积	盈余公积	法定公益金	未分配利润	股东权益合计
期初数	202007024	275544393	24510828	11646701	-5549963	496512282
本期增加			3578536	1789132	12805700	16384236
本期减少					3578536	3578536
期末数	202007024	275544393	28089365	13435833	3677200	509317982

变动原因:公司股东权益变动主要是按当期净利润提取公积金及采用追溯法调整所致。

三、股东情况介绍

1、报告期末股东总数截止 1999 年 12 月 31 日,公司股东总数为 72786 户。
2、前十名股东持股情况:(截止 1999 年 12 月 31 日)

序号	股东名称	持股数(万股)	占总股本	年度内增加
1	西安市国有资产管理局(国家股)	5180.5158	25.65%	0
2	深圳市君道实业有限公司	890.1800	4.41%	0
3	西安民生劳动服务公司	475.6969	2.35%	0
4	新疆宏源信托投资股份有限公司	274.9377	1.36%	274.9377
5	普惠证券投资基金	126.4977	0.63%	126.4977
6	石志平	70.8500	0.35%	70.8500
7	市工行解办劳司	64.3500	0.32%	0
8	靳士雨	56.4000	0.28%	56.4000
9	天津信托投资公司	54.7965	0.27%	54.7965
10	陕西省电视台广告经理部	51.4800	0.25%	0

以上前十名股东中第 1 位为国家股股东,2、3、7、10 位股东所持股份为法人股, 报告期内未发生变动;其余股东为个人股股东, 所持股份变动原因是二级市场买卖所致。
持有本公司 5%以上股份的股东,其所持股份不存在质押、冻结的情况。

四、董事局报告

公司经营情况
(1)公司所属行业及 1999 年在本行业中的地位:我公司是在原全国十大百货商 店贸易联合会成员之一"西安市民生百货大楼"的基础上改制设立的股份制商业企业。经过近几年的发展,特别是公司二期工程六楼以下商场全面开业以来,营业面积扩大到 4.5 万平方米,并以宽敞、优美的购物环境,规范热情的服务,成为西北地区最 佳的购物中心。一九九九年我公司不失时机地继续深化企业内部的改革,全面推行新机制,重新确立了"购销分离、一级核算、集中管理、目标考核"的新型商业管理模式。在竞争加剧、购买力分流的不利形势下,经过公司全体员工的共同努力,取得了较好的业绩。
(2) 公司主营业务的范围
目前,公司主营业务范围为国内商业。

重庆三峡油漆股份有限公司

一、公司简介

公司法定中文名称:重庆三峡油漆股份有限公司
公司法定英文名称:CHONGQING SANXIA PAINTS CO.,LTD
公司法定代表人:陈光辉
公司董事会秘书:戎路明
联系电话:023-68823076(传真)　　023-68820710
授权代表:徐厚梁
联系电话:(传真)　023-68824806
公司注册地址:(办公地址)重庆市九龙坡区石坪桥正街121号
邮政编码:400051
公司选定的信息披露报纸是《中国证券报》、《证券时报》
登载公司年度报告为中国证监会指定的国际互联网网址:
http://www.cninfo.com.cn
公司年度报告备置地点:公司证券部(公司办公大楼五楼)
公司股票上市交易所:深圳证券交易所
股票简称:渝三峡A　股票代码:0565

二、会计数据和业务数据摘要

(一) 本年度主要会计数据与业务数据(单位:人民币元)

利润总额	18177685.25
净利润	16270449.10
扣除非经常性损益后的净利润	16270449.10
主营业务利润	68304359.58
其他业务利润	1350083.96
投资收益	347590.36
营业外收支净额	151000.61
经营活动产生的现金流量净额	24638365.30
现金及现金等价物净增加额	-1139224.26

(二)公司近三年主要财务指标 (单位:人民币元)

项　目	1999	1998 调整前	1998 调整后	1997
主营业务收入	311398083.68	359508089.09	359508089.09	411800138.77
净利润	16270449.10	29118028.24	27468226.37	23345258.67
总资产	386048906.80	409495208.01	398304933.36	393064464.99
股东权益	249342337.68	251202361.10	240012086.45	221324387.52
每股收益(元/股)	0.10	0.28	0.26	0.22
加权每股收益(元/股)	0.10	0.28	0.26	0.22
每股净资产(元/股)	1.59	2.39	2.29	2.11
调整后的每股净资产(元/股)	1.55	2.36	2.26	2.08
每股经营活动产生的现金流量净额(元/股)	0.16	0.26	0.26	/
净资产收益率(%)	6.53	11.63	11.44	10.55
加权净资产收益率(%)	6.65	12.35	11.14	

注:主要财务指标计算方法:
每股收益=净利润/年度末普通股股份总数
每股净资产=年度末股东权益/年度末普通股股份总数
净资产收益率=净利润/年度末股东权益×100%
每股经营活动产生的现金流量净额=经营活动产生的现金流量净额/年度末普通股股份总数
调整后的每股净资产=(年度末股东权益-三年以上的应收帐款-待摊费用-待处理(流动、固定)资产净损失-开办费-长期待摊费用-住房周转金负数余额)/年度末普通股股份总数
加权每股收益=净利润/[期末股份总数/(1+配股比例或增发新股比例)+期末股份　总数/(1+配股比例或增发新股比例)×配股比例或增发新股比例×缴款结束日下一月　份至期末的月份数/12]

(三)报告期内股东权益变化情况:(单位:人民币元)

1.项　目

	股本	资本公积	盈余公积	法定公益金	未分配利润	股东权益合计
期初数	104787480	73597758	18254533.96	9768576.40	33603637.95	240012086.45
本期增加	52393740	1120000	2204694.47	1601283.86	12263333.90	69583052.23
本期减少	/	20957496	/	/	39295305.00	60252801.00
期末数	157181220	53760262	20459328.43	11369860.26	6571666.85	249342337.68

变动原因说明:1 股本增加、资本公积减少、未分配利润减少系99年实施98年分红方案所致;
2.资本公积增加系豁免的环保贷款转入;
3.盈余公积、法定公益金增加系本年提取数;
4.未分配利润增加系本年净利润提取"两金"后转入。

三、股东情况介绍

(一) 报告期末股东总数
截止1999年12月31日公司股东共计35138户,其中国有股股东1户
(二) 公司前十名股东持股情况

股东名称	年末持股数(股)	占总股本比例(%)
重庆三峡涂料工业(集团)有限公司	84336378	53.66
曾桂大	400000	0.25
张琴英	386500	0.25
罗香桃	373000	0.24
张明芳	370000	0.24
龙仲滔	359533	0.23
陈秀琼	281244	0.18
罗烈召	271200	0.17
王　玲	261000	0.17
杨惠华	252000	0.16

注:1.重庆三峡涂料工业(集团)有限公司为国有股股东,所持股份84336378股为尚未流通股份,年内股份数量变化系公司实施10送3股转增2股派0.75元的分红方案所致　。所持股份无质押和冻结情况。
2.其余九名股东所持股份2954477股为已上市流通股,年内股份变化1因10送3股转增2股派0.75元的分红方案2二级市场交易所致。

海南轻骑海药股份有限公司

一、公司简介

1、公司法定中文名称:海南轻骑海药股份有限公司
公司法定英文名称:HAINAN QINGQIHAIYAO CO.,LTD.
2、公司法定代表人:孟祥礼
3、公司董事会秘书:李颖
联系地址:海南省海口市龙昆北路30号宏源证券大厦16楼北侧
联系电话:0898-6785861　传真:0898-6705316　电子信箱:qqhyzqb@han.cei.gov.cn
4、公司注册地址:海南省海口市海秀大道51号
公司办公地址:海南省海口市龙昆北路30号宏源证券大厦16楼北侧　邮政编码:570105
公司选定的信息披露报纸名称:《证券时报》、《中国证券报》
登载公司年度报告的中国证监会指定国际互联网网址:　http://www.cninfo.com.cn
5、公司年度报告备置地点:公司证券部
6、公司股票上市交易所:深圳证券交易所　股票简称:ST海药　股票代码:0566

二、会计数据和业务数据摘要

1、公司本年度主要会计数据　单位:人民币(元)

利润总额	5,365,668.24
净利润	5,365,668.24
扣除非经常性损益后的净利润	-23,089,190.40
主营业务利润	54,427,860.06
其他业务利润	51,089.72
营业利润	-27,233,835.98
补贴收入	10,277,647.13
营业外收支净额	22,321,857.09
经营活动产生的现金流量净额	15,377,267.97
现金及现金等价物净增加额	5,716,957.80

注:1.非经常性损益是指公司正常经营损益之外的,一次性或偶发性损益。2."扣除非经常性损益后的净利润"中所扣除的项目为公司减除以前年度应付法人股股利11,020,758.52元,法院判决免除海南省信托投资公司等的高息17,434,100.12元。

2、公司近三年主要财务指标
单位:人民币(元)

指标项目	1999年	1998年 调整前	1998年 调整后
主营业务收入	135880830.43	121049351.35	121049351.35
净利润	5365668.24	-55347219.93	-94294021.59
总资产	914732521.83	973847427.69	889644836.97
股东权益	215120857.95	294635365.55	209755189.71
每股收益 (摊薄)	0.027	-0.27	-0.466
每股净资产	1.06	1.46	1.04
调整后的每股净资产	1.01	1.39	0.966
每股经营活动产生的现金净流量	0.08	-0.17	-0.17
净资产收益率(%)	2.49	-18.80	-44.95
扣除非经常性损益后的每股收益	-0.11	-0.29	-0.48

接上表:

指标项目	1997年 调整前	1997年 调整后
主营业务收入	64095646.16	64095646.16
净利润	-86174080.88	-132107455.06
总资产	908255913.47	862322539.29
股东权益	349982585.48	304049211.30
每股收益 (摊薄)	-0.43	-0.653
每股净资产	1.73	1.50
调整后的每股净资产	1.58	1.43
每股经营活动产生的现金净流量	-0.02	-0.02
净资产收益率(%)	-24.62	-43.45
扣除非经常性损益后的每股收益	-0.25	-0.48

3、报告期内股东权益变动情况
单位:人民币(元)

项　目	股　本	资本公积	盈余公积	法定公益金	未分配利润	合　计
期初数	202348992	231684390	16778661		-241056854	209755189
本期增加					5365668	
本期减少						
期末数	202348992	231684390	16778661		-235691186	215120857
变动原因					本年利润增加	

注:未分配利润期初数与上年期末数的差异5,365,668.24元为本年利润增加所致.

三、股东情况介绍

(1)本报告期末股东总数为:38565户,其中法人股东14户,高级管理人员2户,社会　公众股东38549户。
,　(2)前10名股东持股情况
截止1999年12月31日　单位:股

序号	股东名称	年初数	占总股本比例(%)	年末数	占总股本比例(%)
1	中国轻骑集团有限公司	77777717	38.44	78940769	39.01
2	海口市国有资产管理局	16198033	8	16198033	8
3	中国工行海南信托投资公司	13958208	6.89	13958208	6.89
4	海南省信托投资公司	0	0	2878722	1.42
5	长城证券有限责任公司	2326302	1.14	2326302	1.14
6	北京四环科技开发公司	1628550	0.80	1628550	0.80
7	刘洪源	0	0	1079351	0.53
8	海南成立集团有限公司	852984	0.42	852984	0.42
9	中国南玻集团股份公司	620334	0.31	620334	0.31
10	海南保险职工经济技术开发公司	542916	0.27	542916	0.27

海南海德纺织实业股份有限公司

一、公司简介

1、公司法定中文名称:海南海德纺织实业股份有限公司
公司英文名称:HAINAN HAIDE TEXTILE INDUSTRIAL CO.,LTD 公司英文名称缩写:HDI
2、公司法定代表人:马勇
3、公司董事会秘书:崔阳清 授权代表:罗勇炼
联系地址:海南省海口市金贸区国贸大道银通大厦 18 楼公司证券部
电话:0898—8540608 传真:0898—8540608
4、公司注册地址:海南省海口市海德路 5 号
办公地址:海南省海口市金贸区国贸大道银通大厦 18 楼
邮政编码:570125 电子信箱:hdicoltd@public.hk.hi.cn
5、信息披露报纸名称:证券时报、中国证券报
公司年度报告国际互联网网址:http://www.cninfo.com.cn
公司年度报告备置地点:海南省海口市金贸区国贸大道银通大厦 18 楼 公司证券部
6、公司股票上市交易所:深圳证券交易所 股票简称:琼海德 股票代码:0567

二、会计数据和业务数据摘要

1、公司本年度主要会计数据 (单位:人民币万元)

利润总额:	6259.55
净利润:	2236.28
扣除非经常性损益后的净利润:	2289.21
扣除的非经常性损益为合并价差摊销	52.93
主营业务利润:	10563.30
其他业务利润:	-177.38
营业利润:	5699.96
投资收益:	363.00
补贴收入:	207.25
营业外收支净额:	-10.66
经营活动产生现金流量净额:	-704.48
现金及现金等价物净增加额:	-287.00

2、公司近三年主要会计数据和财务指标 单位:人民币万元

指标项目	1999 年	1998 年		1997 年	
		调整前	调整后	调整前	调整后
主营业务收入:	40501.18	10835.82	10835.82	16668.74	16668.74
净利润:	2236.28	2787.56	1136.25	2432.76	928.23
总资产:	164475.12	68554.06	61681.09	60677.35	54191.44
股东权益:	20120.81	25993.94	18338.16	23206.83	16666.84
每股收益:	0.15	0.28	0.11	0.24	0.09
按月加权每股收益:	0.15	0.28	0.11	0.24	0.09
扣除非经常性损益后的每股收益:	0.15				
每股净资产:	1.33	2.58	1.82	2.30	1.65
调整后的每股净资产:	0.72	2.23		2.27	
每股经营活动产生的现金流量净额:	-0.05	-0.35			
净资产收益率(%):	11.11	10.72	6.20	10.48	5.57

注:主要财务指标计算方法:
每股收益=净利润/年度末普通股股份总数
每股净资产=年度末股东权益/年度末普通股股份总数
净资产收益率=净利润/年度末股东权益×100%
调整后的每股净资产=[年度末股东权益-三年以上的应收款项净额-待摊费用-待 处理(流动、固定)资产净损失-开办费-长期待摊费用-住房周转金负数余额]/年度末 普通股股份总数

3、报告期内股东权益变动情况(单位:万股、人民币万元)

项目	股本	资本公积	盈余公积	法定公益金	未确投资损失	未分配利润	股东权益合计
期初数	10080	15881.04	59.73	19.91	-1798.51	-5884.10	18338.16
本期增加	5040		1755.01	585.00	-453.63	481.26	1782.65
本期减少		5040					
期末数	15120	10841.04	1814.74	604.91	-2252.14	-5402.84	20120.81

变动原因:
股本:实施 98 年中期分配方案,以资本公积金转增股本 5040 万股
资本公积:资本公积金转股本,减少资本公积金 5040 万元
盈余公积: 期初数较上年末减少系会计政策变更追溯调整所致, 本年增加系合并范围增加 606.65 万元, 控股子公司计提盈余公积 1148.36 元
法定公益金:本年增加 585.00 万元,系合并范围增加 235.99 万元,控股子公司计提 349.01 万元所致未确认的投资损失:-2252.14 万元,系全资子公司海南海德房地产开发 公司因亏损所致权益为负数
未分配利润:本公司本年度实现净利润 2236.28 元,加年初未分配利润-5884.11 元,可供分配利润-3647.83 元,控股子公司计提法定盈余公积金 698.02 元,计提法定公益金 349.01 元,对控股子公司购买前已计提的法定盈余公积调整补记 471.98 元,法定公益金调整补记 235.99 元后,年末未分配利润-5402.84 元。年初未分配利润-5884.11 元,比上年末未分配利润-715.82 元减少 5168.29 元,系追溯调整调减所致。
股东权益: 增加主要是当期实际盈利所致

三、股东情况介绍

(1)、本年度末股东总数为 26661 户。
(2)、前 10 名股东持股情况(单位:万股)

股东名称	年初持股	股份增减	年末持股	冻结股数	占总股本(%)
海南国泰投资集团有限公司	2306.4	1153.2	3459.6	3459.6	22.88
海口经济技术开发总公司	947.256	473.628	1420.884		9.40
海口对外经济发展公司	848.408	128.4646	976.8726	676.8726	6.46
广东华宝集团公司	613.20	306.60	919.80		6.08
中行海南省分行	512.40	256.20	768.6		5.08
海南国泰实业发展总公司	408.24	204.12	612.36	612.36	4.05
海南天积实业有限公司	139.94	69.972	209.916		1.39
海口市中大置业总公司	0.00	200.0	200.00	200.0	1.32
上海财政证券公司	0.00	162.96	162.96		1.08
海南富南国际信托投资公司	55.944	27.972	83.916		0.56

泸州老窖股份有限公司

一、公司简介

(一)公司法定中、英文名称
中文名称:泸州老窖股份有限公司
英文名称:Luzhoulaojiao CO.,LTD
(二)公司法定代表人:郭来虎
(三)公司董事会秘书:喻大河
董事会秘书授权代表:黄庆
联系地址:四川省泸州市桂花街 46 号
联系电话:(0830)2292023 传真: (0830)2391774
电子信箱:Lzljdsb@lz-public.sc.cninfo.net
(四)公司注册地址:四川省泸州市桂花街 46 号
公司办公地址:四川省泸州市桂花街 46 号 邮政编码:646000
公司电子信箱:Lzlj@lz-public.sc.cninfo.net
公司国际互联网网址:http://www.Luzhoulaojiao .com.cn
(五)公司选定的信息披露报刊:《中国证券报》、《证券时报》
刊登公司年度报告的国际互联网网址:http://www.cninfo.com.cn
公司年度报告备置地点:董事会办公室
(六)公司股票上市交易所:深圳证券交易所
公司股票简称:泸州老窖 公司股票代码:0568

二、会计数据和业务数据摘要

(一)公司本年度实现利润情况

序号	项目	金额(元)
1	利润总额	239000687.63
2	净利润	125736043.73
3	扣除非经常性损益后的净利润	114244012.52
4	主营业务利润	514156085.16
5	其他业务利润	-5639526.30
6	营业利润	168190390.26
7	投资收益	4711748.46
8	补贴收入	73127048.58
9	营业外收支净额	-7028499.67
10	经营活动产生的现金流量净额	100957589.95
11	现金及现金等价物净增加额	54106380.93

注:非经常性损益扣除项目为:
扣除产品税 11492031.21 元

(二)公司近三年的主要会计数据和财务指标

序号	项目	1999	1998 年		1997
			调整后	调整前	
1	主营业务收入(万元)	101407.21	82673.44	82673.44	106955.07
2	净利润(万元)	12573.60	12321.79	16782.10	31873.50
3	总资产(万元)	182351.49	170599.70	178111.77	135286.58
4	股东权益不含少数股东权益(万元)	115821.68	126610.13	134067.17	81825.22
5	每股收益(元)	0.257	0.252	0.34	0.98
6	按月平均加权计算的每股收益(元)	0.257	0.257	0.35	0.98
7	扣除非经营性损益后的每股收益(元)	0.234	0.252	0.98	
8	每股净资产(元)	2.37	2.59	2.74	2.51
9	调整后每股净资产(元)	2.28	2.56	2.72	2.55
10	每股经营活动产生的现金流量净额(元)	0.206	0.175		
11	净资产收益率(%)	10.86	9.73	12.52	38.95

注:主要财务指标的计算公式如下
每股收益=净利润/年度末普通股股份总数
每股净资产=年度末股东权益/年度末普通股股份总数
调整后的每股净资产=(年度末股东权益—三年以上应收款项净额—待摊费用—待处理 (流动、固定)资产净损失—开办费—长期待摊费用—住房周转金负数余额)/年度末普通股股份总数
每股经营活动产生的现金流量净额=经营活动产生的现金流量净额/年度末普通股股份总数
净资产收益率=净利润/年度末股东权益 X100%

(三)报告期内股东权益变动情况 单位:元

项目	股本	资本公积	盈余公积	其中:法定公益金	未分配利润	合计
期初数	488934574	439730283	212027367	94694145	125409059	1266101284
本期增加			24719331	8239777	125736043	150455375
本期减少			9201668	9201668	249138163	258339832
期末数	488934574	439730283	227545030	93732753	2006940	1158216827
变动原因		本期计提及负担职工福利设施		本期计提及负担职工福利设施	增加数为本年实现利润,减少数为提取两金及分红	

三、股东情况介绍

(一)截止 1999 年 12 月 31 日,本公司共有股东 134574 户。
(二)前十名股东持股情况如下:

序号	股东名称	持股数(股)	持股比例(%)
1	泸州市国有资产管理局	365800500	74.82
2	南京市证券公司	680000	0.14
3	普丰证券投资基金	576040	0.12
4	于建昌	310183	0.07
5	吴键均	287840	0.06
6	宋立	247000	0.05
7	王建国	159634	0.04
8	任山强	146000	0.03
9	高要市庆隆工业有限公司	142740	0.03
10	谭晖	113000	0.03

(三)本公司前十名股东之间不存在关联关系。

四川川投长城特殊钢股份有限公司

一、公司简介

1. 公司名称:
   法定中文名称:四川川投长城特殊钢股份有限公司
   英文名称:SICHUAN CHUAN TOU CHANGCHENG SPECIAL STEEL CO.,LTD
   英文名称缩写:CSSC
2. 公司法定代表人:任德祚
3. 公司董事会秘书:沈青峰
   联系地址:四川省江油市四川川投长城特殊钢股份有限公司证券投资部
   联系电话:0816-3650392　传真:0816-3651872
   电子信箱:zcbpub@mail.cssc.com.cn
4. 公司注册及办公地址:四川省江油市江东路 195 号
   邮政编码:621701
   公司国际互联网网址:http://www.cssc.com.cn
   公司电子信箱:ctgspub@mail.cssc.com.cn
5. 公司信息披露报纸:《证券时报》、《中国证券报》、《上海证券报》
   登载公司年度报告的中国证监会指定国际互联网网址:http://www.cninfo. com.cn
   公司年度报告备置地点:公司证券投资部
6. 公司股票上市交易所:深圳证券交易所
   股票简称:川投长钢　股票代码:0569

二、会计数据和业务数据摘要

㈠公司本年度实现的财务数据如下:(单位:人民币元)

利润总额	74,201,356.07
净利润	74,201,356.07
扣除非经常性损益后的净利润	7,388,602.85
主营业务利润	70,478,313.25
其他业务利润	7,614,679.68
营业利润	2,471,625.77
投资收益	980,052.06
补贴收入	—
营业外收支净额	70,749,678.24
经营活动产生的现金流量净额	-39,010,895.85
现金及现金等价物净增加额	55,517,072.04

注:扣除的非经常性损益项目及涉及金额

债务重组收益	57,304,889.99
代收债权收入	13,337,406.59
资产评估减值	-3,829,543.36
合　计	66,812,753.22

㈡截至报告期末, 公司前三年的主要会计数据和财务指标(单位:人民币元)

项　目	1999 年	1998 年		1997 年	
		调整后	调整前	调整后	调整前
主营业务收入	1,383,044,013.67	1,481,139,614.79	1,486,158,819.57	1,348,187,913.73	1,348,187,913.73
净利润	74,201,356.07	88,043,415.35	76,299,889.04	-301,530,431.68	-294,926,066.92
总资产	2,404,568,739.36	2,640,901,135.44	2,664,879,580.17	3,725,615,650.22	3,762,612,595.98
股东权益	790,483,212.65	716,281,856.58	740,260,301.31	658,360,610.04	695,357,555.80
每股收益	0.107	0.127	0.11	-0.434	-0.42
每股收益(加权)	0.107	0.127	0.11	-0.434	-0.42
扣除非经常性损益后的每股收益	0.011	0.09	0.069		
每股净资产	1.137	1.03	1.065	0.947	1.0003
调整后的每股净资产	1.034	0.886	0.903	0.28	
每股经营活动产生的现金流量净额	-0.056	0.011	0.011		
净资产收益率	9.39	12.29	10.63	-45.80	-34.99

注:主要财务指标计算方法

每股收益=净利润/年度末普通股股份总数

每股净资产=年度末股东权益/年度末普通股股份总数

调整后的每股净资产=[年度末股东权益-三年以上的应收款项净额-待摊费用-待 处理(固定、流动)资产净损失-开办费-长期待摊费用-住房周转金负数余额]/年度末普通股股份总数

每股经营活动产生的现金流量净额=经营活动产生的现金流量净额/年度末普通股股份总数

净资产收益率=净利润/年度末股东权益×100%

加权平均每股收益=当期净利润/[期末股份总数/(1+配股比例或增发新股比例)+ 期末股份总数/(1+配股比例或增发新股比例)×配股比例或增发新股比例×缴款结束 日下一月份至期末的月份数/12]

㈢报告期内股东权益变动情况(单位:人民币元)

项　目	股　本	资本公积	盈余公积	法定公益金	未分配利润	股东权益合计
期初数	695,142,187.00	193,303,604.33	67,356,614.63	20,176,847.90	-239,520,549.38	716,281,856.58
本期增加					74,201,356.07	74,201,356.07
本期减少						
期末数	695,142,187.00	193,303,604.33	67,356,614.63	20,176,847.90	-165,319,193.31	790,483,212.65

变化原因:未分配利润增加系本公司在 1999 年度内实现盈利所致。

三、股东情况介绍

㈠报告期末公司股东总数为 74687 户,其中国有法人股股东 1 户,法人股股东 37 户, 社会公众股东 74649 户。

㈡公司前 10 名股东持股情况(截止 1999 年 12 月 31 日)

股东名称	年末持股数量(股)	股比例(%)
四川川投长城特殊钢(集团)有限责任公司	431,816,725	62.12
天骥投资基金	23,100,000	3.32
深圳国际信托投资公司	19,554,150	2.81
中国经济开发信托投资公司深圳证券业务部	17,850,000	2.57
深圳蓝天基金	11,550,000	1.66
攀枝花钢铁(集团)公司	11,550,000	1.66
深圳笋岗仓库企业股份公司	6,930,000	1.00
深圳物业发展(集团)股份有限公司	5,775,000	0.83
深圳中财投资发展公司	5,775,000	0.83
深圳祥源印刷包装有限公司	3,465,000	0.49

常柴股份有限公司

一、公司简介

(一)公司法定中文名称:常柴股份有限公司
公司法定英文名称:CHANGCHAI COMPANY,LIMITED
公司英文名称缩写:CHANGCHAI CO.,LTD
(二)公司法定代表人:董事长李汉华先生
(三)公司董事会秘书:吕小平先生
联系地址:中国江苏常州市怀德中路 123 号
联系电话:(86519)6600341 ,6600448　电话传真:(86519)6670765
电子信箱:ccstp@public.cz.js.cn
(四)公司注册及办公地址:中国江苏常州市怀德中路 123 号　邮政编码:213002
公司网址:http://www.changchai.com.cn　电子信箱:cctqm@public.cz.js.cn
(五)公司选定的信息披露报纸:《中国证券报》、《证券时报》、《大公报》
公司年度报告备置地点:公司办公室
证监会指定的公司登载年度报告的国际互联网网址:　http://www.cninfo.com.cn
(六)公司股票上市地:深圳证券交易所
股票简称:苏常柴 A 股票代码:0570　苏常柴 B 股票代码:2570

二、会计数据和业务数据摘要

(一) 本年度利润总额及其构成情况(单位:人民币千元)

利润总额	129,727
净利润	98,972
扣除非经常性损益后的净利润	95,409
主营业务利润	501,264
其他业务利润	10,144
营业利润	118,952
投资收益	16,100
补贴收入	6,661
营业外收支净额	-11,986
经营活动产生的现金流量净额	-192,342
现金及现金等价物净增加额	-245,776

注:扣除非经常性损益后的净利润=净利润 98,972-资产置换净收益 3,563=95,409 千元

(二) 公司前三年主要会计数据和财务指标(单位:人民币千元)

指标项目	1999 年度	1998 年度		1997 年度	
		调整后	调整前	调整后	调整前
主营业务收入	3092750	2651760	2762191	2730302	2730302
净利润	98972	116999	154534	175975	223549
总资产	3414050	3356205	3502865	2915498	2963072
股东权益	1460480	1368258	1444333	1417901	1465475
每股收益(摊薄)	0.28	0.33	0.44	0.50	0.64
每股收益(加权)	0.28	0.33	0.44	0.50	0.64
扣除非经常性损益后的每股收益	0.27	0.29	0.40	0.49	0.62
每股净资产	4.15	3.89	4.10	4.03	4.16
调整后的每股净资产	4.03	3.79	3.99	4.01	4.14
每股经营活动产生的现金流量净额	-0.55	0.25	0.25		
净资产收益率(%)	6.78	8.55	10.70	12.41	15.25

注:主要财务指标计算公式:

每股收益=净利润/年度末普遍股股份总数

每股净资产=年度末股东权益/年度末普通股股份总数

调整后的每股净资产=[年度末股东权益-三年以上的应收款项净额-待摊费用-待 处理(流动、固定)资产净损失-开办费-长期待摊费用-住房周转金负数余额]/年度末普通股股份总数

每股经营活动产生的现金流量净额=经营活动产生的现金流量净额/年度末普通股股份总额

净资产收益率=净利润/年度末股东权益×100%

1997 年和 1998 年度调整后的主要会计数和财务指标系根据财政部财会字 [1999]35 号文、49 号文的有关规定,改变会计政策,进行追溯调整所致。

按国际会计准则调整后的每股收益为 0.05 元, 每股净资产为 4.15 元。

2000 年 3 月 31 日本公司刊登了实施 1999 年度配股后的股份变动及配股上市公告, 公司总股本由 352,000,000 股增至 374,249,551 股,根据公司最新股本,摊薄后的每股收益为 0.264 元。

(三)报告期内股东权益变动情况(单位:人民币千元)

项目	股本	资本公积	盈余公积	法定公益金	未分配利润	股东权益合计
期初数	352,000	691,704	220,351	81,820	104,203	1,368,258
本期增加			23,102	10,824	75,870	98,972
本期减少		6,750				6,750
期末数	352,000	684,954	243,453	92,644	180,073	1,460,480

变动原因:期末股东权益增加是由于本期实现利润所致。资本公积减少是因资产 置换后, 对子公司的无形资产投资转出而导致。

三、股东情况介绍

(一)、截止 1999 年 12 月 30 日,公司股东总数为 64095 户。其中内资股股东 58300 户,持股总数 252,000,000 股;外资股股东 5795 户,持股总数 100,000,000 股。

(二)、报告期末,前十名股东持股情况

序号	股东名称	持股数(股)	占总股本比例(%)
(1)	常州市国有资产管理局	150,900,000	42.87
(2)	上海证大财务顾问有限公司	15,000,000	4.26
(3)	常州飞天集团公司	11,310,000	3.21
(4)	KUBOTA CORPORATION	5,000,000	1.42
(5)	武进柴油机机体厂	4,950,000	1.41
(6)	东海国际有限公司	2,889,100	0.82
(7)	BANK LEU LTD	2,080,400	0.59
(8)	奔牛农机厂	1,680,000	0.48
(9)	张智成	1,331,900	0.38
(10)	BRITISH AIRWAYS PENSIONS TRUSTEES LIMITED	1,311,794	0.37

注:(1)常州市国有资产管理局为本公司第一大股东,代表国家持有本公司股份 150900000 股。在报告期内,其所持股份未发生增减变动和质押、冻结的情况。序号 2、3 、5、8 为境内法人股东,序号 4、6、7、9、10 为外资股东。

海南新大洲摩托车股份有限公司

一、公司简介

公司法定中文名称:海南新大洲摩托车股份有限公司
公司法定英文名称:HAINAN SUNDIRO MOTORCYCLE CO.,LTD.
公司法定代表人:韩立彬
公司董事会秘书:林帆
董事会秘书授权代表:任春雨、谢新生
联系地址:海南省海口市珠江广场帝豪大厦二十六层
电话:(0898)6719966-222、285　传真:(0898)6715518
公司注册地址:海南省琼山市桂林洋经济开发区
公司办公地址:海南省海口市珠江广场帝豪大厦二十六层　邮政编码:570125
公司互联网址:http//www.sundiro.com　电子信箱:http//xiexin@sundiro.com
公司指定信息披露报刊:《中国证券报》
登载公司年度报告的中国证监会指定国际互联网址:http//www.cninfo .com.cn
公司年度报告备置地点:公司董事会秘书处
公司股票上市交易所:深圳证券交易所
股票简称:新大洲 A　股票代码:0571

二、会计数据和业务数据摘要

1、本年度主要利润指标情况(币种:人民币　单位:元)

利润总额:	39,205,843.56
净利润:	15,390,868.59
扣除非经常性损益后的净利润:	-5,685,323.24
主营业务利润:	338,528,981.31
其他业务利润:	47,732,800.20
营业利润:	16,653,555.11
投资收益:	1,476,096.62
补贴收入:	21,892,987.96
营业外收支净额:	-816,796.13
经营活动产生的现金流量净额:	106,828,848.17
现金及现金等价物净增加额:	-182,757,206.21

注:扣除的非经常性损益项目和涉及金额:　21,076,191.83

2、截止报告期末公司前三年主要会计数据和财务指标:

	1999 年	1998 年				1997 年	
	调整后	调整前		调整后		调整前	调整后
[1] 主营业务收入(万元)	254253.55	279781.46		280213.21		188295.12	188295.12
[2] 净利润(万元)	1539.09	20071.63		19635.73		13511.51	11666.93
[3] 总资产(万元)	275996.83	284555.84		282860.25		285656.82	283812.24
[4] 股东权益(万元)	114726.99	115428.58		113145.78		108489.18	107251.55
[5] 每股净资产(元)	1.56	1.57		1.54		2.06	1.91
[6] 调整后的每股净资产(元)	1.45	1.47		1.43		1.93	1.90
		摊薄	加权	摊薄	加权		
[7] 每股收益(元)	0.021	0.27	0.34	0.27	0.33	0.26	0.22
[8] 净资产收益率(%)	1.34	17.38	17.92	17.35	17.23	12.45	10.88
[9] 扣除非经常性损益后每股收益(元)	-0.008	0.0869		0.0810			0.0484
[10] 每股经营活动产生的现金流量净额(元)	0.145			0.349			-0.045

注: 1、财务指标的计算方法:

每股收益=净利润/年度末普通股股份总数

扣除非经常性损益后的每股收益=净利润-(扣除非经常性损益后收益)/年末普通 股股份总数

每股净资产=年度末股东权益/ 年度末普通股股份总数

净资产收益率(摊薄)=净利润/年度末股东权益×100%

净资产收益率(加权)=净利润/(年初股东权益+年末股东权益)/2×100%

调整后的每股净资产=(年度末股东权益-三年以上的应收款项-待摊费用-待处理(流动、固定)资产净损失-开办费-长期待摊费用-住房周转金负数余额)/年度末普通股股份总数

每股经营活动产生的现金流量净额=经营活动产生的现金流量净额/年度末普通股股份总数

2、以上数据根据公司合并会计报表数据填列。

4、报告期内股东权益变动情况及其原因

[1] 股东权益变动情况(单位:人民币元)

项　目	期初数	本期增加	本期减少	期末数
股　本	736,064,000	/	/	736,064,000
资本公积	192,354,926.16	165,891.70	4,529.23	192,516,288.63
盈余公积	216,521,019.56	3,038,597.18	/	219,559,616.94
法定公益金	66,098,233.62	1,012,865.80	/	69,387,006.04
未分配利润	-13,468,884.69	15,390,868.59	3,038,597.18	-1,116,613.48
外币报表折算差额	-13,226.85	257,864.28	/	244,637.43
股东权益合计	1131457,834.18	18,853,221.75	3,043,126.41	1,147,267,929.52

[2] 变动原因:

盈余公积、法定公益金本期增加是根据本年度净利润的10%计提法定盈余公积,5%计提法定公益金所至。未分配利润增加是本期利润转入所至,未分配利润减少是本 年度提取法定盈余公积、法定公益金所至。

三、股东情况介绍

(一)股东情况介绍

1、截至 1999 年 12 月 31 日,公司股东总人数为 232,752 户。

2、1999 年末,公司主要股东持股情况:

名　　称	年末持股数量(股)	占总股本比例(%
中国轻骑集团有限公司	199,449,600	27.097%
海南新元投资有限公司	155,443,257	21.118%
海南中纬农业资源股份有限公司	39,200,000	5.325%
海南省国营桂林洋农场	24,587,200	3.340%
济南天惠信息服务中心	13,300,000	1.807%
袁风女	883,965	0.120%
梁灶暖	666,987	0.091%
阎亚萍	640,000	0.869%
海南广昊贸易有限公司	448,220	0.061%
陈碎妹	390,423	0.053%

海南金盘实业股份有限公司

一、公司简介

1、公司中文名称:海南金盘实业股份有限公司
公司简称: 金盘实业
公司英文名称:HAINAN JINPAN ENTERPRISE CO.,LTD
公司英文缩写: JINPAN ENTERPRISE
2、公司法定代表人:曲大利
3、公司董事局秘书:章黔
联系地址:海口市金盘工业区金盘路 21 号
邮政编码:570216
联系电话:(0898)6822672
传真:(0898)6816370
电子信箱:zanqian@263.net
4、公司注册地址及办公地址:海口市金盘开发区金盘路 21 号
邮政编码:570216
公司电子信箱: jinpan@han.cei.gov.cn
5、信息披露报纸名称:《证券时报》、《中国证券报》
登载年报的国际互联网:http://www.cninfo.com.cn
年度报告备置地点: 公司证券部
6、公司股票上市地:深圳证券交易所
公司股票简称:琼金盘
公司股票代码: 0572

二、会计数据与业务数据摘要

1、本年度主要会计数据(单位:人民币元)

利润总额	1357424.41
净利润	1302985.79
扣除非经常性损益后的净利润	-6184671.43
主营业务利润	22232431.60
其他业务利润	127826.65
营业利润	-6130232.81
补贴收入	6344772.15
营业外收支净额	1142885.07
经营活动产生的现金流量净额	16014220.59
现金及现金等价物净增加额	438909.22

注:扣除非经常性损益项目及涉及金额

扣除项目	金额
补帖收入	6344772.15
营业外收支净额	1142885.07

2、近三年主要会计数据追溯调整后(单位:人民币元)

项目	1999 年	1998 年	1997 年
主营业务收入	103199893.36	116137173.01	98145094.89
净利润	1302985.79	-127516926.37	-6121670.05
总资产	1054834457.11	1003246833.57	1050004777.22
股东权益(不含少数股东权益)	243791949.98	242865237.03	375341692.58
每股收益(摊薄)	0.006	-0.59	-0.028
每股收益(加权)	0.006	-0.59	-0.031
扣除非经营性损益后的每股收益	-0.028	-0.616	
每股净资产	1.13	1.125	1.74
调整后的每股净资产	1.017	1.071	1.026
每股经营活动产生的现金流量净额	0.074	0.186	
净资产收益率(%)	0.53	-52.51	-1.61

注:①以上数据和指标系合并报表数据。

②上述财务指标的计算公式:

每股收益=净利润/年度末普通股股份总数

每股净资产=年度末股东权益/年度末普通股股份总数

调整后的每股净资产=(年度末股东权益-三年以上的应收款项-待摊费用-待处理 (流动 固定)资产净损失-开办费-长期待摊费用-住房周转金负数余额)/年度末普通股 股份总数

每股经营活动产生的现金流量净额=经营活动产生的现金流量净额/年度末普通股股份总数

净资产收益率=净利润/年度末股东权益×100%

3、股东权益变动情况　　单位:万元

项目	股本	资本公积	盈余公积	法定公益金	未分配利润	股东权益合计
期初数	21589.45	15510.36	661.52	510.59	-13474.81	24286.52
本期增加			26.40	8.80	101.25	127.65
本期减少						
期末数	21589.45	15510.36	687.92	519.39	-13373.56	24379.19

变动原因:(1)年度内公司股本、资本公积未发生变化。

(2)年度内盈余公积增加主要是盈利下属子公司按法定提取 10%盈余公积和 5%公益金。

(3)未分配利润增加,主要是公司本年度利润转入。

三、股东情况介绍

1、股东数量

本报告期末股东总数为 39,516 户。其中,国家股东 1 名;高管股股东 2 名。

2、主要股东持股情况

数量单位:股

股东名称	年末数	占总股本比例%	股份性质
海口市财政局	83,239,605	38.56	国家股
中国工行海南信托投资公司	19,324,032	8.95	国有法人股
中国银行海口信托咨询公司	9,662,016	4.48	国有法人股
海口金盘物业有限公司	4,579,554	2.12	未流通股
海口房地产投资开发公司	1,834,560	0.85	未流通股
温秀英	710,600	0.329	流通 A 股
海南瑞群实业有限公司	428,064	0.198	未流通股
黄清霖	420,300	0.195	流通 A 股
陈文江	415,826	0.193	流通 A 股
张朝阳	282,560	0.13	流通 A 股

东莞宏远工业区股份有限公司

一、公司简介

1.公司法定中文名称:东莞宏远工业区股份有限公司
公司法定英文名称:DongGuan Winnerway Industrial Zone LTD.
2.公司法定代表人:陈林
3.公司董事会秘书及其授权代表的姓名、联系电话、传真、电子信箱
董事会秘书:李正雪　授权代表:李军印
联系地址:广东省东莞市宏远工业区宏远花园牡丹阁宏远证券部
电　　话:(0769)2412655　传　　真:(0769)2813341
电子信箱:lijunyin@163.net
4.公司注册地址、办公地址及邮政编码、国际互联网网址、电子信箱
注册地址:广东省东莞市宏远工业区
办公地址:广东省东莞市宏远工业区宏远大厦16层　邮政编码:523087
国际互联网网址:www.winnerway.com.cn　电子信箱:0573@21cn.com
5.公司选定的信息披露报纸名称:《证券时报》
刊载年报的中国证监会指定的国际互联网网址:www.cninfo.com.cn
年报备置点:本公司证券部
6.公司股票上市交易所、股票简称和股票代码
股票上市地:深圳证券交易所
股票简称:粤宏远A　股票代码:0573

二、会计数据和业务数据摘要

1.主要会计数据　单位:元

利润总额	20,038,858.99
净利润	9,249,565.20
扣除非经常性损益后的净利润	8,297,495.98
主营业务利润	68,908,262.64
其他业务利润	26,767.00
营业利润	16,862,635.54
投资收益	-45,462.87
补贴收入	—
营业外收支净额	3,221,686.41
经营活动产生的现金流量净额	22,542,537.97
现金及现金等价物净增加额	-54,014,327.25

2.公司近三年主要会计数据及财务指标

指标项目	1999年	1998年 (调整后)	1998年 (调整前)	1997年 (调整后)	1997年 (调整前)
主营业务收入(万元)	15,477.74	16,752.86	16,752.86	45,955.81	45,955.81
净利润(万元)	924.96	3,415.67	4,805.91	8,897.76	12,659.64
总资产(万元)	201,420.41	177,088.31	186,970.02	150,831.54	159,300.85
股东权益(万元)	140,320.34	139,395.39	149,254.93	130,926.08	121,821.28
每股收益(元)(摊薄)	0.0205	0.0757	0.1065	0.2226	0.317
(加权)	0.0205	0.0828	0.1165	0.2598	0.37
扣除非经常性损益后的每股收益(元)	0.0184	0.08	0.111	0.2226	0.317
每股净资产(元)	3.109	3.089	3.307	3.2756	3.05
调整后每股净资产(元)	2.954	2.967	3.119	3.1941	2.95
每股经营活动产生的现金流量净额(元)	0.04995	0.0659	0.0659		
净资产收益率(%)	0.66	2.45	3.22	6.8	10.39

注:主要财务指标的计算方法:
(1)全面摊薄的计算方法:
每股收益=净利润/年度末普通股股份总数
每股净资产=年度末股东权益/年度末普通股股份总数
净资产收益率=净利润/年度末股东权益×100%
调整后的每股净资产=(年度末股东权益-三年以上的应收款项净额-待摊费用-待 处理(流动、固定)资产净损失-开办费-长期待摊费用-住房周转金负数余额)/年度末 普通股股份总数
(2)加权平均的计算方法:
加权平均每股收益=当期净利润÷[期末股份总数÷(1+配股比例或增发新股比例)+期末股份总数÷(1+配股比例或增发新股比例)×配股比例或增发新股比例×缴款结 束日下一月份至期末的月份÷12]

3.报告期内股东权益变动情况及变化原因(单位:元)

项目	股本	资本公积	盈余公积	法定公益金	未分配利润	股东权益合计
期初数	451283864	703500105	208748057	57811838	30421842	1393953869
本期增加	0	0	2774869	924956	9249565	12024434
本期减少	0	0	0	0	2774869	2774869
期末数	451283864	703500105	211522927	58736795	36896538	1403203435

变动原因:法定盈余公积金、法定公益金增加是因按规定提取1999年度利润所致,未分配利润本期增加是因本期实现净利润及误差调整,股东权益增加是因1999年度实 现净利润和按规定提取的法定盈余公积金、法定公益金所致。

三、股东情况介绍

(1)公司截止至1999年12月31日,共有股东163142户。
(2)主要股东及持股情况(单位:万股)

股东名称	期末持股数	年度内增减数	占总股本比例(%)
1.广东宏远集团公司	8708.6507	0	19.30
2.东莞市城宝综合贸易公司	2925.755	0	6.48
3.东莞市篁村区经济联合总社	1187.5432	0	2.63
4.东莞市振兴工贸发展公司	1026.207	0	2.27
5.虎门兴业电器部	262.2529	0	0.58
6.篁村经济联合社	125.4253	0	0.27
7.先锋集团有限公司东莞分公司	114.023	0	0.25
8.东莞虎门宝泰鞋业有限公司	79.8161	0	0.176
9.陈旺	73.26	+73.26	0.16
10.东莞篁村振兴综合工艺	57.0115	+57.0115	0.126

注:1.前10名股东之间不存在关联关系,陈旺所持股份为已上市流通股,其余九名股东持有的是尚未流通的法人股。

江门甘蔗化工厂(集团)股份有限公司

一、公司简介

1、公司法定中文名称:江门甘蔗化工厂(集团)股份有限公司
公司法定英文名称:THE JIANG MEN SUGAR CANECHEMICAL FACTORY (GROUP) CO.,LTD(英文缩写为JSCC)
2、公司法定代表人:周　润
3、公司董事局秘书:沙　伟
联系地址:广东省江门市甘化路1号江门甘蔗化工厂(集团)股份有限公司证券部
电　　话:(0750)3365000　传真:(0750)3361973
4、公司注册地址:广东省江门市甘化路1号
公司办公地址:广东省江门市甘化路1号　邮 政 编 码:529075
公司国际互联网网址:www.jghg.com.cn　公司电子信箱:jmganhua@pub.jiangmen.gd.cn
5、公司信息披露报纸名称:《中国证券报》、《证券时报》。
登载公司年报的中国证监会指定国际互联网网址: http://www.cninfo.com.cn
公司年度报告备置地点:公司证券部
6、公司股票上市交易所:深圳证券交易所　股票简称:广东甘化　股票代码:0576

二、会计数据和业务数据摘要

1、本年度公司利润情况
(单位:元)

利润总	21,032,037.64
净利润	17,778,633.50
扣除非经常性损益后的净利润	15,803,131.91
主营业务利润	63,375,910.99
其他业务利润	-42,385.22
营业利润	12,365,898.90
投资收益	7,116,517.83
补贴收入	1,975,501.59
营业外收支净额	-425,880.68
经营活动产生的现金流量净额	13,851,726.21
现金及现金等价物净增加额	-64,088,092.66

注:扣除的非经常性损益项目和涉及金额　(单位:元)

项　目	涉及金额
补贴收入	1,975,501.59

2、截至报告期末公司前三年的主要会计数据和财务指标

项　目	1999年	1998年 调整前	1998年 调整后	1997年 调整前	1997年 调整后
1、主营业务收入(元)	450,141,256.54	450,373,781.25	450,373,781.25	419,719,616.90	419,719,616.90
2、净利润(元)	17,778,633.50	28,993,027.74	9,842,795.96	77,203,005.68	46,011,274.02
3、总资产(元)	1,475,052,729.98	1,510,508,382.35	1,441,982,868.83	1,208,763,052.89	1,165,551,763.80
4、股东权益(元)	965,794,623.85	1,010,377,511.22	948,015,990.35	759,546,514.79	716,335,225.70
5、每股收益(元/股)	0.07	0.12	0.04	0.39	0.23
加权每股收益 (元/股)	0.07	0.13	0.04	0.39	0.23
扣除非经常性损益后的每股收益 (元/股)	0.06	0.13	0.04	0.39	0.23
6、每股净资产 (元/股)	3.90	4.08	3.83	3.83	3.61
7、调整后的每股净资产(元/股)	3.80	3.99	3.78	3.74	3.55
8、每股经营活动产生的现金流量净额 (元/股)	0.06	-0.17	-0.17	0.17	0.17
9、净资产收益率 (%)	1.84	2.87	1.04	10.16	6.42

注:主要财务指标计算公式:
每股收益=净利润/年度末普通股股份总数
每股净资产=年度末股东权益/ 年度末普通股股份总数
调整后的每股净资产=(年度末股东权益-三年以上的应收款项净额-待摊费用 -待处理(流动、固定)资产净损失-开办费-长期待摊费用-住房周转金负数余额)/年度末普通股股份总数
每股经营活动产生的现金流量净额=经营活动产生的现金流量净额/年度末普通股股份总数
净资产收益率=净利润/年度末股东权益×100%
加权平均每股收益=当期净利润÷[期末股份总数÷(1+配股比例或增发新股比例)+期末股份总数÷(1+配股比例或增发新股比例)×配股比例或增发新股比例×缴款结束日下一月份至期末的月份数÷12]

3、报告期内股东权益变动情况

项　目	股　本(股)	资本公积(元)	盈余公积(元)
期初数	247,598,624.00	592,731,003.72	65,778,026.88
本期增加	-	-	5,333,590.05
本期减少	-	-	-
期末数	247,598,624.00	592,731,003.72	71,111,616.93
变动原因			利润提取

(续):项　目	法定公益金(元)	未分配利润(元)	股东权益合计(元)
期初数	16,425,784.28	25,482,546.47	948,015,990.35
本期增加	1,777,863.35	17,778,633.50	24,890,086.90
本期减少	-	7,111,453.40	7,111,453.40
期末数	18,203,647.63	36,149,726.57	965,794,623.85
变动原因	利润提取	增加本年利润	增加本年利润

三、股东情况介绍

1、截止1999年末公司股东总数为71169户。
2、公司前十名股东持股情况

序号	股 东 名 称	年末持股数量 (股)	年度内股份增减 (+,-)	持股比例 (%)
1	江门市国有资产管理办公室	88,747,468	0	35.84
2	江门市光达实业有限公司	10,373,550	0	4.19
3	江门群益造纸厂	10,120,902	0	4.09
4	江门甘化综合厂	4,386,888	0	1.77
5	中国工商银行广东省信托投资公司	3,960,000	0	1.60
6	江门光华印刷厂	3,361,578	0	1.36
7	广东省制糖造纸工业总公司	1,980,000	0	0.80
8	番禺紫坭糖厂	1,380,456	0	0.56
9	中国银行江门分行	1,275,120	0	0.51
10	江门国际信托投资公司	871,200	0	0.35

青 海 百 货 股 份 有 限 公 司

青海百货股份有限公司1999年年度报告摘要

(一) 公司简介

1、公司中文名称:青海百货股份有限公司

公司英文名称:Qing Hai Department store Co.,Ltd

2、法定代表人:张德雷

3、董事会秘书:孙荣芳　授权代表:杜鹏环

联系地址:青海百货股份有限公司证券部

联系电话:(0971)6138725　传真:(0971)6144887

4、公司注册及办公地址:青海省西宁市五四大街39号

邮政编码:810001　电子信箱:rfsun@public.xn.qh.cn

5、公司选定的信息披露报纸名称:《证券时报》

登载公司年度报告的中国证监会指定国际互联网网址:http://www.cninfo.com.cn

年度报告备置地点:公司证券部

6、公司股票上市交易所:深圳证券交易所

股票简称:青百A　股票代码:0578

(二) 会计数据和业务数据摘要

1、公司一九九九年度利润总额及其构成　单位:元

利润总额	24,303,870.08
净利润	20,173,403.47
扣除非经常性损益后的净利润	19,673,403.47
主营业务利润	23,937,377.67
其他业务利润	6,133,483.92
营业利润	4,113,577.02
投资收益	18,609,240.19
补贴收入	1,844,750.71
营业外收支净额	-263,697.84
经营活动产生的现金流量净额	8,810,829.40
现金及现金等价物净增加额	16,805,253.78

注:扣除非经常性损益项目及涉及金额

补贴收入中的蔬菜科研项目省财政补贴款　500,000.00

2、截止报告期末本公司前三年主要会计数据和财务指标

指标项目	1999年度
主营业务收入(元)	175,562,864.70
净利润(元)	20,173,403.47
总资产(元)	401,640,859.68
股东权益(元)	232,730,274.91
每股收益(元)	0.18
每股收益(月均)(元)	0.21
扣除非经常性损益后	
每股收益(元)	0.18
每股净资产	2.11
调整后的每股净资产(元)	2.04
每股经营活动产生的现金流量净额(元)	0.08
净资产收益率(%)	8.67

续上表:

指标项目	1998年度		1997年度	
	调整前	调整后	调整前	调整后
主营业务收入(元)	150747743.21	150747743.21	140164175.51	140164175.51
净利润(元)	18682604.75	11058211.40	18115233.46	13428533.59
总资产(元)	322721777.54	306233827.80	321730136.77	313990407.85
股东权益(元)	179565463.95	165245785.05	161573230.37	156886530.50
每股收益(元)	0.18	0.11	0.18	0.13
每股收益(月均)(元)	0.18	0.11	0.18	0.13
扣除非经常性损益后				
每股收益(元)	0.18	0.11	0.18	0.13
每股净资产	1.77	1.63	1.60	1.55
调整后的每股净资产(元)	1.70	1.56	1.55	1.50
每股经营活动产生的现金流量净额(元)	0.14	0.14	--	--
净资产收益率(%)	10.40	6.69	11.21	8.56

注:(1)、主要财务指标计算方法

每股收益=净利润/年末普通股股份总数

每股净资产=年度末股东权益/ 年度末普通股股份总数

调整后的每股净资产=(年度末股东权益—三年以上的应收款项净额—待摊费用—待处理(流动、固定)资产净损失—开办费—长期待摊费用—住房周转金负数余额)/年度末普通股股份总数

每股经营活动产生的现金流量净额=经营活动产生的现金流量净额/年度末普通股股份总数

净资产收益率=净利润/年度末股东权益 *100%

(2)、以上数据为以公司合并会计报表数据填列。

(3)、根据财政部财会字[1999]35号文、49号文的有关规定,公司对前三年会计数据和财务指标进行了追溯调整,并分别以调整前后的数据列示。

3、报告期内股东权益变动情况情况及原因

项目	期初数	本期增加	本期减少	期末数
股本	101265,424.00	8,819,811.00		110085235.00
资本公积	33253,194.42	66,012,584.14		99265778.56
盈余公积	15689,539.88	4,034,680.70		19724220.58
其中:法定公益金	3,622,141.89	2,017,340.35		5639482.24
未分配利润	15037626.75	20,173,403.47	31,555,989.45	3655040.77
股东权益合计	165245785.05	99,040,479.31	31,555,989.45	232730274.91

注:(1)股本本期增加为本公司年度内实施配股所致。

(2)资本公积本期增加为本公司年度内实施配股股本溢价转入所致。

(3)盈余公积及公益金增加为本公司本年度实现净利润计提及计提四项准备调整　年初数所致。

(4)未分配利润增加为本年度利润增加,减少为提取两金及根据本年度董事会分配预按以每10股分配现金红利2.50元所致。以及本年度计提四项准备调整了期初未分配利润年初数。

(三) 股东情况介绍

一.截止1999年12月30日,公司股东总数为20389户。

二.截止1999年12月30 日止公司前十名股东持股情况:

股东名称	持股数	持股比例(%)
青海省国有资产管理局	36,588,134	33.24
深圳四通投资发展有限公司	15,822,246	14.37
中海恒实业发展有限公司	4,620,000	4.20
珠海经济特区神驰实业股份有限公司	4,200,000	3.82
深圳市信诚投资有限公司	3,080,000	2.80
福建华福	1,677,151	1.49
北京天龙股份有限公司	1,540,000	1.40
北京亿隆实业股份有限公司	1,540,000	1.40
青海中兴计算机服务部	1,540,000	1.40
中国建设银行青海省信托投资公司	1,540,000	1.40

注:1、前10名股东中,除第6大股东属流通股股东,其余9名股东均为未流通股股东;

2、青海省国有资产管理局为国有法人股持股单位,其所持股份无质押、冻结等情况。

3、深圳四通投资发展有限公司所持本公司股份无质押、冻结等情况。

4、本公司前10名股东之间不存在关联关系。

3.深圳四通投资发展有限公司的情况介绍:　法定代表人:钟小剑

经营范围:投资兴办各类经济实体,企业发展策划,财务咨询;国内商业、物资供销业(不含专营、专控、专卖商品);电子信息类材料的开发及销售。

(四) 股东大会简介

公司于1999年3月14日在青海省西宁市五四大街39号青百商城八楼召开了1998年　度股东大会。股东大会通知刊登于1999年2月9日《证券时报》第13版上,股东大会决　议公告刊登于1999年3月16日《证券时报》第8版上。

(五) 董事会报告

一、董事会工作报告

一九九九年,公司全面贯彻二届二次董事会会议精神,牢牢遵循"以调整为中心,切实优化经营结构、不断强化企业管理、规范企业运行,加快机制转换步伐"的工作　指导思想,带领全体员工奋力拼搏,正视困难,积极工作,取得了一定成效。全年完成 ▮
售收入17,556万元,较上年增长16.46%;实现净利润2,017万元,较上年增长82.36%。

一、公司报告期内的经营情况

主营业务综述

1999年公司仍以商贸业(含仓储运输业)、铝业、金融业组成公司主营业务格局,并成为主要利润来源。

(1)商贸业

本年度完成商品销售10,265万元,较上年减少1%。实现利润-54万元。

公司储运业务连续四年持续发展。本年度继续扩大仓储业务范围,依靠严谨完善　的企业管理制度,利用公司铁路专线和配套仓储设施的优势,办理大宗仓储中转业务。储运分公司经过几年努力,已基本实现了从对内服务型向对外经营型的转轨变型。99年,公司储运业务创利587万元,较上年增长64万元,弥补了公司经营环节在竞争和调整过程中的创利不足。

(2)铝业生产

本年度生产铝锭6,336吨,较上年增长15.20%。实现销售收入7,985万元,较上年　增长32.84%。实现利润455万元,较上年增加1,051万元。99年国际铝市场价格大幅回升,公司凭借创立以来的良好经营状态,一举扭亏为盈,取得了较好的收益,成为公司99年利润来源的重要组成部分。

(3)金融业务

99年青海证券有限责任公司在严格企业管理,加快经营机制转换的基础上,通过积极清理改制前形成的债权债务,努力提高服务水平,不断探索经营领域,拓展经营规模　等卓有成效的工作,取得了良好的经营业绩,保持了企业稳步发展,良性运行的良好态　势。　全年实现利润1,100万元,成为支撑公司的重要产业。

二、在经营中出现的问题与困难及解决方案

1、商贸:1999年公司零售业面对购买力进一步分流,零售市场过度竞争,毛利水平普遍下滑的实际,一方面认真进行商品结构调整,努力改善经营状态;一方面积极培育经营特色,提高服务质量。在内部管理方面,不断完善规章制度,规范业务流程,推出了"现场管　理"等有效的管理方法,在实践中收到了较好的效果。

对批发业的调整列为九九年公司的首要工作。(1)撤销了原来的五个批发分公司　建制,组建了十一个品牌经营部为主体的批发经营公司,并对其组织结构、商品结构、库存结构进行了全方位调整;(2)进一步强化对经营环节的制度管理,确立业务部的内　部风险控制、监督管理和市场调查职能;(3)实行财务委派制度,对收、付货款等重点　环节进行有效的监控,建立起了一整套相互制衡的运行机制;(4)对现有商品进行分类,按商品状况和市场需求,分别制定了不同的营销策略,突出品牌战略,压缩和停止无优　势商品的进货。

2、金融:鉴于青海证券有限责任公司资产结构不尽合理的现状,公司全面落实规范化管理,成立资产保全部,进一步加大债权清收力度,大大提高了公司的资产质量。

二、财务状况:

财务状况表　单位:元

项目	1999年度	1998年度	变动金额	变动幅度%
总资产	401,640,859.68	306,233,827.80	95,407,031.88	31.15
长期负债	56,888,213.03	21,257,937.10	35,630,275.93	167.61
股东权益	232,730,274.91	165,245,785.05	67,484,489.86	40.48
主营业务利润	23937,377.67	19,656,869.06	4,280,508.61	21.78
净利润	20,173,403.47	11,058,211.40	9,115,192.07	82.43

注:财务状况变动原因

总资产和股东权益的增加主要是年度内配股募集资金及本年净利润增加;长期负　债增加主要是年度内母公司新增工总行借款;主营业务利润和净利润增加主要是本年　度公司铝业经营利润的增加及计提四项准备调减上年度净利润所致。

无 锡 威 孚 股 份 有 限 公 司

无锡威孚股份有限公司 1999 年年度报告摘要

(一) 公司简介

1、公司名称:无锡威孚股份有限公司
英文名称:WEIFU FUEL INJECTION CO.,LTD.
2、公司法定代表人:许良飞先生
3、公司董事会秘书:刘永林先生
授权代表:周卫星先生
联系电话:0510-2719579
传　　真:0510-2751025
电子信箱:wfjt@publicl.wx.js.cn
通讯地址:无锡市人民西路 107 号
4、公司注册地址:无锡国家高新技术产业开发区 46 号地块
公司办公地址:无锡市人民西路 107 号(邮编 214031)
公司国际互联网址:http://www.china-weifu.com
公司电子信箱:webmaster@ china-weifu.com
5、公司选定的信息披露报纸名称:《证券时报》、《中国证券报》、《大公报》
登载公司年度报告的中国证监会指定的国际互联网址:
http://www.cninfo.com.cn
公司年度报告备置地点:公司证券处
6、公司股票上市交易所:深圳证券交易所
股票简称:苏威孚 A、苏威孚 B
股票代码:0581　　2581

(二) 会计数据和业务数据摘要

1、1999 年度本公司利润总额及构成(单位:人民币元)

(1)利润总额	123,216,896.73
净利润	106,518,530.73
扣除非经常性损益后的净利润	108,102,694.20
(2)主营业务利润	146,346,472.60
(3)其他业务利润	526,237.43
(4)营业利润	90,688,812.17
投资收益	32,374,335.84
补贴收入	-
营业外收支净额	153,748.72
2、经营活动产生的现金流量净额	270,208,501.05
3、现金及现金等价物净增加额	237,052,475.33

注:扣除非经常性损益项目及涉及金额
(1) 投资收益:　　- 2,374,348.48
(2) 营业外收支净额　　790,185.03

4、境内、境外会计师审计的净利润差异说明

国内无锡公证会计师审计的净利润为 10651.9 万元,国际安达信会计师事务所审计的净利润为 9588.7 万元。

按国际会计准则须作下列调整:

(1) 提列坏帐准备	-1137
(2) 冲销呆滞存货	184
(3) 调整无未来经济效益的无形及递延资产	23.6
(4) 依权益法认列投资损失	74.4
(5) 提列封存固定资产折旧	-318.5
(6) 少数股东权益	92.5
(7) 其他	17.8

5、截止 1999 年 12 月 31 日,公司前三年主要会计数据和财务指标(单位:人民币元)

项　目	1999 年	1998 年		1997 年	
	调整后	调整后	调整前	调整后	调整前
主营业务收入	772520416.86	568161694.89	568161694.89	511615323	511615323
净利润	106518530.73	76818041.71	82182813.26	71447933	75037285
总资产	1699616407.23	1530743977.44	1553650555.96	702817327	717032142
股东权益(不含少数股东权益)	1187795472.94	1081276942.21	1100856529.28	465282450	479497266
每股收益(摊薄)	0.27	0.25	0.27	0.39	0.41
(加权)	0.33	0.33	0.35	0.39	0.41
扣除非经常性损益后的每股收益	0.27				
每股净资产(摊薄)	3.01	3.56	3.62	2.54	2.61
调整后的每股净资产	2.98	3.55	3.59	2.51	2.59
每股经营活动产生的现金流量净额	0.68				
净资产收益率(摊薄)%	8.97	7.10	7.47	15.36	15.65
(加权)%	9.39	10.58	11.07	16.00	16.54

注:财务指标的计算方式
(1) 全面摊薄的计算方式:
1 每股收益=净利润/年度末普通股股份总数
2 每股净资产=年度末股东权益/年度末普通股股份总数
3 调整后的每股净资产=(年度末股东权益-三年以上的应收款项-待摊费用-待 处理(流动、固定)资产净损失-开办费-长期待摊费用-住房周转金负数余额)/年度末普通股股份总数。
4 每股经营活动产生的现金流量净额=经营活动产生的现金流量净额/年度末普通股股份总数
5 净资产收益率=净利润/年度末股东权益×100%
(2) 加权平均的计算办法
1 每股收益=净利润/加权平均股本总数
2 净资产收益率=净利润/[(年初股东权益+年末股东权益)/2]×100%
3 加权平均股本=(年初股本数×12+送股数×3) /12

6、1999 年本公司股东权益变动情况(单位:股、人民币元)

项　目	股　本	资本公积	盈余公积	法定公益金	未分配利润	股东权益合计
期初数	303435500	545765175	55735421	18034216.69	176340845.27	1081276942
本期增加	91030650		15977779	5325926.53	90540751.12	197549180
本期减少					91030650.00	91030650
期末数	394466150	545765175	71713201	23360143.22	175850946.39	1187795472

变动原因
(1)股本增加系本年度实施每 10 股送 3 股红股所致;
(2) 盈余公积金增加系净利润中提取 10%法定公积金 10,651,853.07 元,5%法定公益金 5,325,926.54 元所致;
(3)未分配利润减少系本年度实现净利润 106,518,530.73 元,提取 10%法定公积金 10,651,853.07 元,5%法定公益金 5,325,926.54 元后,99 年度新增未分配利润 90,540,751.12 元,减去 99 年中期送股转股本 91,030,650.00 元所致.

7、股本

	期初数	本期增加	期末数
一、尚未流通股本			
1、发起人股本	92,435,500.00	27,730,650.00	120,166,150.00
其中:国家拥有股	92,435,500.00	27,730,650.00	120,166,150.00
2、募集法人股	8,000,000.00	2,400,000.00	10,400,000.00
3、内部职工股	15,000,000.00	4,500,000.00	19,500,000.00
尚未流通股本合计	115,435,500.00	34,630,650.00	150,066,150.00
二、已流通股本			
境内上市外资股	68,000,000.00	20,400,000.00	88,400,000.00
境内上市普通股	120,000,000.00	36,000,000.00	156,000,000.00
已流通股本合计	188,000,000.00	56,400,000.00	244,400,000.00
三、股本合计	303,435,500.00	91,030,650.00	394,466,150.00

(三) 股东情况

1、报告期末公司股东总数为 66998 名
2、前 10 名股东的持股情况

股　东　名　称	持股数(股)	占总股份的(%)	股东类别
1 无锡威孚集团有限公司	120166150	30.46	国有法人股
2 ROBERT BOSCH GMBH	14144000	3.59	境内上市外资股
3 TEMPLETON GLDBAL SMAL-LER COMPANIES FUND,INC	6169605	1.56	境内上市外资股
4 BRITISH AIRWAYS PENSIONS TRUSTEES LIMITED	3061211	0.78	境内上市外资股
5 ROBERT FLEMING LUXEMBOURG -FLEMING FLAGSHIP FD	2649658	0.67	境内上市外资股
6 无锡市国有资产投资开发总公司	2600000	0.66	社会法人股
7 CHAN,KWAN HOI (陈坤海)	2042060	0.52	境内上市外资股
8 DAGO CORPORATTON	1968070	0.50	境内上市外资股
9 国投机轻有限公司	1950000	0.49	社会法人股
10 中国汽车工业总公司	1950000	0.49	社会法人股

前 10 名股东之间不存在关联交易。国有法人股东及社会法人股东的股份变动主要原因是公司中期实施了 10 股送 3 股的分配方案所致,其他是流通股东,其股份变动,主要由于 99 年中期送股及二级市场买卖所致;不存在股份质押情况。

(四) 股东大会简介

1、本公司 1999 年 4 月 8 日在《中国证券报》、《证时券报》及《香港商报》上刊 登关于召开 1998 年度股东大会的通知及会议议题,该次股东大会于 1999 年 5 月 24 日上午在公司第一会议室召开,出席大会的股东及代理人共 104 人,代表股份 14399.0928 万股;占公司股份总数的 47.45%(其中 B 股股份数为 2621.3219 万股,占本公司股份总数的 8.64%),符合《公司法》及本公司《章程》的有关规定。会议审议并通过了如下决议:

(1)董事会工作报告;(2)监事会工作报告;(3)1998 年度财务决算和利润分配方案的报告;(4) 第三届董事会董事人选;(5) 第三届监事会监事人选;

此次股东大会决议刊登于 1999 年 5 月 25 日的《证券时报》、《中国证券报》及《 香港商报》上。

2、本公司于 1999 年 7 月 20 日在《证券时报》、《中国证券报》及《香港商报》上刊登关于召开 1999 年临时股东大会的通知及议题。该次临时股东大会于 1999 年 8 月 20 日上午在公司第一会议室召开,出席该次临时股东大会的股东及股东代理人共 39 人,代表股份数 13987.1725 万股,占公司总股份的 46.10%。(其中 B 股参会股份数为 2225.2025 万股,占总股份的 7.33%),符合《公司法》及本公司《章程》的有关规定。 会议审议并通过了如下决议:

(1) 公司中期分配方案,即每 10 股送红股 3 股;
(2) 修改公司《章程》的议案;

此次临时股东大会的决议公告刊登于 1999 年 8 月 31 日的《证券时报》、《中国证 券报》及《香港商报》上。

(五) 董事会报告

1、公司的经营情况
(1) 公司经营业绩及主要工作成果
1 公司经营业绩

1999 年,公司在行业竞争激烈,市场空间有限的情况下,各项工作又取得了重大进展,全年完成主营业务收入 772,520,416.86 元;实现税后利润 106,518,530.73 元,分别比 98 年增长 36%和 39%。

2 公司的主要工作成果

公司经国家人事部批准,设立博士后科研工作站。

公司经国家经贸委、财政部、国家税务总局、海关总署联合批准公司技术中心为国家级企业技术中心。

公司被国家科委再次认定为国家级高新技术企业。

(2) 公司所处的行业地位

无锡威孚股份有限公司是全国最大的生产和销售为汽车、农机、工程机械和发电设备配套的柴油机燃油喷射系统产品的专业公司，产品主要有A型泵、I号泵、单体泵、喷油器及三对偶件。1999年公司主导产品的市场地位得到了进一步的巩固和扩大，五大类产品的市场占有率在行业中名列第一。1999年公司主营业务构成如下：

产品名称	主营业务收入(元)
A型泵	254,143,405.78
I号泵	69,768,817.90
单体泵	39,056,246.73
喷油器	80,332,407.96
三对偶件	142,553,195.55

(3) 经营中出现的困难及解决方案

油泵油嘴行业是我国长期以来重复建设所带来的结构性矛盾较为突出的行业，1999年，由于国内汽车工业和农机工业仍处在低速的运行中，由此带来的供需矛盾更为突出，油泵油嘴行业处于过度竞争状态，互相压价让利销售，给我公司进一步开拓市场、提高经济效益带来了很大的困难。针对上述情况，公司采取了以下措施：

1.加快新品开发，适应柴油机向直喷、高压、低耗、低排放的趋势发展，努力抢占市场的制高点。1999年公司成功地开发出PW泵和IW泵，为适应国家即将实施的新的排放政策和迎接"入世"创造了条件。

2.健全营销机制，加强考核力度，努力实现生产和销售、销售和资金回笼的同步增长，全年实现销售资金回笼率104%。

3.完善质量保证体系，促进产品质量的进一步提高，增强品牌效应。

4.对外实行比价采购政策，积极降低采购成本，对内节约开支，保证经济效益的稳步提高。

2、公司财务状况

报告期内，公司坚持稳健经营的原则，积极提高资金使用效率和资产的营运质量，财务状况良好。具体情况如下：

单位：元

指标名称	1999	1998	99年比98年增长±%
总资产	1,699,616,407.23	1,530,743,977.44	11.03
长期负债	60,679,719.27	80,500,000.00	–24.62
股东权益	1.187,795,472.94	1,081,276,942.21	9.85
主营业务利润	146,346,472.60	117,543,927.19	24.50
净利润	106,518,530.73	76,818,041.71	38.66

3、公司投资情况

截止本报告期末，公司长期投资净额为23892.76万元，比上年末增加2062.45万元，增长9.45%。

(1) 募集资金使用情况

1998年6月29日公司发行12000万股A股，实际募集资金56952万元，1998年已使用募集资金14257.95万元，报告期内进行了如下投入：

项目名称	投资总额(万元)	1998年投资额(万元)	1999年投资额(万元)
中联汽车电子有限公司	3580	2379.60	560.00
提高"A型泵产品质量二期"双加技改项目	2995	1959.56	1170.47
长型油嘴偶件提高质量扩大能力技改项目	4148	804.66	3060.57
收购南京威孚金宁有限公司	9114.13	9114.13	
合资生产VE分配泵项目	27888		
EMS国产化配套件技改项目	5500		
"P"系列喷油器总成零件软加工技改项目	2993		3128.00
锡南厂区公用配套设施技改项目	2500		2004.03

截止报告期末，本公司已利用募集资金累计24181.02万元，尚有32770.98万元的余额将用于短期投资。本公司将根据项目的实际进度，适时将剩余募股资金投入到承诺实施的项目中。

(2) 募集资金投资项目实施情况

1.收购南京威孚金宁有限公司项目，该项目总投资9114.13万元，于1998年完成，该公司1998年亏损702.69万元，1999年已实现扭亏为盈，2000年将会产生较好的投资回报。

2.中联汽车电子有限公司项目，按进度要求报告期内投入560万元。1999年该公司生产经营取得快速的发展，为本公司带来2280.61万元的投资回报。

3.提高"A型泵产品质量二期双加工程"项目，1999年已进行竣工验收，实际完成投资额为3130.03万元，该项目的实施对提高A型泵质量，扩大A型泵产量和销量，起到了重要的作用，有明显的经济效益。

4.长型油嘴偶件提高质量扩大能力技改项目，至报告期末共投入资金3865.23万元，已形成300万付的生产能力，报告期内产生经济效益492.46万元。

5.合资生产VE分配泵项目，因合作方原因未按计划实施。

(3) 非募集资金投资情况

为加快技改步伐，增强企业发展后劲，公司委托威孚集团有限公司建设小型高速泵及PW泵项目，上述两项目总投资12300万元，本公司1999年已向威孚集团有限公司预付9875万元的委建工程款。

4、加入世界贸易组织后对公司的影响

中国加入世界贸易组织后，对本公司来说，既是机遇又是挑战，挑战是国外同类产品的进入，对公司的市场开拓带来一定的影响；机遇是公司近几年围绕中国加入世贸组织这一形势，进行了大量的新产品开发，并已取得了突破性的进展。入世后二、三年内正是我国油泵油嘴行业结构性调整和产品升级的重要时期，这对具备相当经济规模和领先市场地位的我公司来说，极为有利。

5、新年度的业务发展规划

2000年是公司完成"九五"发展规划、推进现代企业制度的创新突破年。公司工作的指导思想是抓住机遇迎接挑战，构筑具有长期竞争优势的核心竞争能力，为国家燃油喷射行业的结构调整和技术创新作出努力。

具体措施：

(1)积极探索灵活有效的营销机制，在确保国内市场领先的情况下，争夺国际市场的一席之地。在开拓市场的前提下，注重营销质量，确保销售和回笼的同步增长。

(2)加强技术创新，构筑竞争优势。着力加快PW泵、IW泵的市场化进程，走自主开发、产业升级的可持续发展之路。

(3)强化企业管理，重点抓好管理机制的创新和基础管理制度的落实及考核。切实提高经济运行质量和效益。

(4)继续开展降本节支工作，不断提高资金的使用效果，通过改进工艺，提高材料利用率，实现物流合理化来进一步压缩开支。

6、董事会日常工作情况

(1) 报告期内董事会的会议情况及决议内容

1.第二届第十一次会议于1999年4月5日下午在无锡锦江大酒店召开，会议审议并通过了如下决议：公司1998年度工作报告；公司1998年度财务决算和利润分配方案；公司1998年年度报告和年度报告摘要；公司第三届董事候选人名单；决定于1999年5月24日召开公司1998年度股东大会。

上述决议公告于1999年4月8日刊登在《证券时报》、《中国证券报》及《香港商报》上。

2.第三届第一次会议于1999年5月24日下午在公司第二会议室召开，会议选举许良飞先生任公司第三届董事会董事长，韩江明先生任副董事长；根据董事长提名，聘任韩江明先生为总经理；根据董事长提名，聘任刘永林先生为董事会秘书；根据总经理提名，聘任唐镇寰先生、钟锡畅先生为副总经理，聘任孙庆宪女士为财务负责人、副总会计师，高国元先生为总经理助理。

上述决议公告于1999年5月25日刊登在《证券时报》、《中国证券报》及《香港商报》上。

3.董事会临时会议于1999年6月21日，采用通讯表决的方式作出如下决议：一致同意本公司与"吉林大学"共同创建"无锡威孚吉大开发应用有限公司"，进行新材料的研究、开发和应用，决定本公司首期投资不超过500万元。

上述决议公告于1999年6月22日刊登在《证券时报》、《中国证券报》及《香港商报》上。

4.第三届第二次会议于1999年7月17日上午在公司第二会议室召开，会议审议并通过了如下决议：1999年中期报告；1999年中期分红预案报告；修改《公司章程》的提案报告；召开临时股东大会的议案报告。

上述决议公告于1999年7月20日刊登在《证券时报》、《中国证券报》及《香港商报》上。

(2) 报告期公司利润分配方案及执行情况

1.实施1998年度利润分配方案，即每10股派发现金红利1元人民币(含税)，已于七月中旬派发完毕。

2.实施1999年中期利润分配方案，即每10股送红股3股，已于9月初派送完毕。

7、董事、监事、高级管理人员

(1) 现任董事、监事、高级管理人员

姓名	职务	性别	年龄	任期	年初持股	年末持股	股份增减	报酬
许良飞	董事长	男	56	1999.5~2002.5	8000	10400	送股	不在公司领取
韩江明	副董事长 总经理	男	49	同上	8000	10400	送股	72800
祖吉林	董事	男	57	″	8000	10400	送股	不在公司领取
吴建亮	董事	男	36	″	2000	2600	送股	不在公司领取
李同华	董事	男	57	″	8000	10400	送股	不在公司领取
洪建华	董事	男	59	″	8000	10400	送股	不在公司领取
陈浩军	董事	男	51	″	3000	3900	送股	不在公司领取
钟锡畅	董事 副总经理	男	51	″	5000	6500	送股	40500
唐镇寰	董事 副总经理	男	56	″	3000	3900	送股	45800
徐霖	董事	男	57	″	11000	14300	送股	不在公司领取
倪大可	董事	男	58	″				不在公司领取
鲁伯涛	董事	男	56	″				不在公司领取
李国栋	董事	男	51	″				不在公司领取
张继明	董事	男	31	″				不在公司领取
王川	董事	男	51					不在公司领取
赵献时	监事会主席	男	47	″	5000	6500	送股	不在公司领取
葛颂平	监事	男	46	″	10000	13000	送股	不在公司领取
李渭庆	监事	男	54		7000	9100	送股	不在公司领取
王正平	监事	男	54	″	7000	9100	送股	不在公司领取
潘宏英	监事	男	56	″	4000	5200	送股	不在公司领取
刘永林	董事会秘书	男	57	″	5000	6500	送股	27700
孙庆宪	财务负责人 副总会计师	女	46	″				28200

年度报酬在70000~80000元之间1人，在40000~50000元之间2人，在20000~30000元之间2人。

(2)报告期内，薛祖兴先生、杜福忠先生因年龄原因辞去董事职务，增补唐镇寰先生、王川先生为公司董事；聘任孙庆宪女士为公司财务负责人、副总会计师，聘任高国元先生为总经理助理。

8、本次利润分配预案

1999年度公司净利润10651.85万元，加上1998年度未分配利润17634.08万元，可供分配的利润为28285.94万元。根据公司章程规定，99年提取10%公积金1065.18万元和5%公益金532.59万元后，按中国会计制度编制的法定帐目可供股东分配利润为26688.16万元。减去1999年中期实施每10股送3股方案转作股本的普通股股利9103.07万元后，公司法定帐目未分配利润为17585.09万元。为了巩固和提高公司在未来行业中的竞争地位，加快实施经国家批准的重大技术改造项目，扩大公司抗御风险的能力，确保公司持续稳步发展，决定1999年年终不进行利润分配，也不进行资本公积金转增股本，公司法定帐目未分配利润全部结转下一年度。

(六) 监事会报告

1、监事会会议召集情况

1999年5月24日下午在公司第三会议室召开监事会第三届第一次会议，选举赵献时先生为第三届监事会主席。上述决议刊登于1999年5月25日的《证券时报》、《中国证券报》及《香港商报》上。

2、报告期内公司监事会分别列席了董事会的各次会议，并对董事会、经理层的工作发表如下意见：

(1)报告期内公司董事会、经理班子能按照国家有关法规及公司章程运作，公司的各项内控制度比较完善，董事会关于各项资产的减值准备的计提方法等决策程序合法。

公司董事、经理班子在执行职务时没发现有违反法律、法规、公司章程或损害公司利益的行为。

(2)境内外会计师事务所作出的审计意见，公正地反映了公司的生产经营情况，是真实可靠的。

(3) 公司的募集资金能按照募股方向投入，项目实施符合国家产业政策。

(4) 关联交易能体现公平、公开的原则，维护公司及股东的利益。

(七) 重要事项

1、报告期内公司无重大诉讼及仲裁事项。

2、报告期内公司董事会进行换届选举，由许良飞、韩江明、祖吉林、吴建亮、李同华、洪建华、陈浩军、钟锡畅、唐镇寰、徐霖、倪大可、鲁伯涛、李国栋、张继明、王川组成第三届董事会，聘任韩江明为公司总经理，继续聘任刘永林为公司董事会秘书。

3、报告期内公司监事会进行换届选举，由赵献时、葛颂平、李渭庆、王正平、潘宏英组成第三届监事会。

4、公司中期进行利润分配，每10股送3股，公司总股本增至39446.615万股。

5、根据财政部发布的《股份有限公司会计制度有关会计处理问题的补充规定》(财会字[1999]35号)和财政部财会字[1999]49号文《关于(股份有限公司会计制度有关会计处理问题补充规定问题解答)的通知》的精神，本公司本年度对坏帐准备采用了追溯调整法，调整了1999年合并会计报表相关项目的年初数或上年实际数，上述会计政策变更的累积影响数为2382.06万元，由于会计政策的变更，调整了1998年度的净利润536.48万元，调整1997年度净资产1421.48万元。

6、重大关联交易事项(详见财务报告)

7、报告期内，公司做到人员独立，资产完整和财务独立，实行了与控制股东在人员、资产、财务上的"三分开"。

8、本公司继续聘任无锡公证会计师事务所、安达信公司为公司2000年度的审计 机构。

9、报告期内,以公司名义为无锡威孚集团有限公司贷款2800万元。

(八) 财务会计报告

1、审计报告

无锡威孚股份有限公司全体股东:

我们接受委托,审计了贵公司1999年12月31日的资产负债表及合并资产负债表、1999年度利润表及利润分配表、合并利润表及利润分配表、1999年度现金流量表、合并现金流量表。这些会计报表由贵公司负责,我们的责任是对这些会计报表发表审计意见。我们的审计是依据《中国注册会计师独立审计准则》进行的。在审计过程中,我们结合贵公司的实际情况,实施了包括抽查会计记录等我们认为必要的审计程序。

我们认为,上述会计报表符合《企业会计准则》、《股份有限公司会计制度》及国家有关财务会计法规的规定,在所有重大方面公允地反映了贵公司1999年12月31日的母公司及合并财务状况及1999年度母公司及合并的经营成果和现金流量情况,会计处理方法的选用遵循了一贯性原则。

无锡公证会计师事务所　　中国注册会计师:马蕙兰

孙新卫

二000年四月五日

2、会计报表(附后)

3、会计报表附注

附注2、公司主要税项

(1) 流转税

商品销售交纳增值税,其销项税税率为17%。

租赁收入、无形资产转让收入等按收入额的5%计征营业税;

(2) 流转税附加

按应纳增值税、营业税总额的7%计征城市维护建设税,1%计征教育费附加。

(3) 所得税

本公司系高新技术企业,注册于无锡市高新技术开发区.根据国家有关所得税税收政策的规定,本公司享受15%的所得税优惠政策。子公司所得税税率均为33%。

附注3:控股子公司

(1) 控股子公司基本情况:

本公司对被投资单位投资占该单位资本总额50 %以上的有4家,详情如下:

被投资单位	注册地	注册资本(万元)	拥有股份(%)	主营业务
南京威孚金宁有限公司	南京市区	13179.00	80.00	内燃机配附件
无锡威孚马山油泵油嘴厂	无锡马山	1223.70	72.78	内燃机配附件
无锡威孚长安油泵油嘴公司	锡山长安	2149.00	51.00	内燃机配附件
锡山市威孚油泵有限公司	锡山陆区	80.00	52.00	内燃机配附件

由于除南京威孚金宁有限公司外的其他3家单位的总资产、销售收入和净利润较 小,故未予合并。

(2) 会计报表合并范围的变化

本公司与上年度相比合并报表范围没有变化。

附注5:关联方关系及其交易(单位:万元)

(1) 存在控制关系的关联方

企业名称	注册地址	主营业务	与本企业关系	经济性质或类型	法定代表人
无锡威孚集团有限公司	无锡市	普通机械加工制造	母公司	国有独资	许良飞
无锡威孚马山油泵油嘴公司	无锡马山	内燃机配附件	子公司	有限责任公司	许良飞
无锡威孚长安油泵油嘴公司	锡山长安	内燃机配附件	子公司	有限责任公司	许良飞
锡山市威孚油泵有限公司	锡山陆区	内燃机配附件	子公司	有限责任公司	许良飞

(2) 存在控制关系的关联方的注册资本及其变化

企业名称	期初数	本期增加数	本期减少数	期末数
无锡威孚集团有限公司	13,483.00	–	–	13,483.00
无锡威孚马山油泵油嘴厂	1223.70	–	–	1223.70
无锡威孚长安油泵油嘴公司	2149.00	–	–	2149.00
锡山市威孚油泵有限公司	80.00	–	–	80.00

(3) 存在控制关系关联方所持股本及其变化

企业名称	期初数		本期增加		本期减少		期末数	
	金额	%	金额	%	金额	%	金额	%
无锡威孚集团有限公司	9243.55	30.46	2,773.07	–	–	–	12016.62	30.46
无锡威孚马山油泵油嘴厂	1223.70	72.78	–	–	–		1223.70	72.78
无锡威孚长安油泵油嘴公司	2149.00	51.00	–	–	–	–	2149.00	51.00
锡山市威孚油泵有限公司	80.00	52.00	–	–	–	–	80.00	52.00

(4) 不存在控制关系的关联方(以下统称"其他关联企业")关系的性质

企业名称	与本企业的关系
中联汽车电子有限公司	联营企业
无锡欧亚柴油喷射有限公司	联营企业

(5) 本公司与关联方的交易事项

1) 采购货物

企业名称	1999年	1998年
无锡威孚集团有限公司	14,878.50	14,592.27
无锡威孚马山油泵油嘴厂	3,851.40	2,875.20
无锡威孚长安油泵油嘴公司	3,719.50	1755.50
锡山威孚油泵有限公司	675.99	623.81
无锡欧亚柴油喷射有限公司	1,475.14	21.63

2) 销售货物

企业名称	1999年	1998年
无锡威孚集团有限公司	17,447.60	13,696.12
无锡威孚马山油泵油嘴厂	220.60	369.73
无锡威孚长安油泵油嘴公司	277.60	18.86
锡山威孚油泵有限公司	4.15	3.90
无锡欧亚柴油喷射有限公司	0.21	–

3)、本公司与威孚集团的其他交易事项

与威孚集团有下列协议:

A、六项服务协议

威孚集团为支持本公司营运而提供的各种服务均按正常商业价格计价,该六项协议从一九九五年一月一日起生效,为期十年;

B、两项水电气供应协议

威孚集团为支持本公司营运而提供的电、气、压缩气体及蒸气均按正常商业价格计价,该二项协议从一九九五年一月一日起生效,为期十年;

C、商标使用协议

本公司使用威孚集团商标销售产品,按销售额的0.3%支付给威孚集团商标使用 费,其金额每年不得少于120万元。该协议自一九九五年一月一日起生效,为期十年;

D、土地使用权租赁协议

本公司租用威孚集团土地支付土地使用权租赁费,第一年租金为327,285元,以后每年递增10%。该协议自一九九五年一月一日起生效,为期十年。

本公司与威孚集团于一九九九年及一九九八年度的重大交易如下(单位:万元):

	1999年	1998年
购买固定资产	4164.90	259.10
出售固定资产	92.60	54.40
加工及利息收入	874.34	452.14
销售佣金支出	–	514.21
购货佣金支出	681.43	736.09
土地及商标使用费	225.63	182.99

同威孚集团往来余额,均系上述交易产生,并按年内平均余额5.85%计息(98年8%)。

本公司为加快技改,增强企业发展后劲,委托集团公司建设的小型高速泵及PW泵项目。该委建工程总投资12300万元,公司先预付9875万元委建工程款。

附注6:根据国际会计准则所作调整对净利润净资产的影响(单位:万元)

	净利润		净资产	
	1999年	1998年	1999.12.31	1998.12.31
按中国会计制度计算金额	10,652	7,682	118,780	108,127
按国际会计准则调整事项:				
1)提列坏帐准备	–1,137	200	–	1,137
2)冲转呆滞存货准备	184	– 4	–	–184
3)冲转效益工资	–	–831	–	–
4)冲转未来无收益的无形资产及递延资产	24	222	–70	–94
5)按权益法认列的投资收益	74	–296	–866	–940
6) 提列封存固定资产折旧	–319	–258	–577	–258
7)少数股东权益	93	7	85	–7
8) 其他	18	–	18	–
按国际会计准则计算金额	9,589	6,722	117,370	107,781

附注7:或有负债

截至1999年12月31日止,除以本公司名义为威孚集团贷款2800万元(98年为2700万元)外,无其他重大或有负债和损失。

附注8:承诺事项

截至1999年12月31日止,本公司2000年度拟为建造车间及购买设备投资11090万元。

附注9:期后事项

(1)2000年4月5日,经公司董事会讨论通过1999年度预分配方案,决定年终不分配。 上述预分配方案有待股东大会讨论通过。

(2) 按投资协议,于2000年2月24日投资中联汽车电子有限公司644.4万元。

(九) 公司其他有关资料

1、公司首次注册日期: 1992年10月22日

地址: 无锡市人民西路107号

变更注册日期: 1995年9月28日

地址: 无锡国家高新技术产业开发区46号地块

变更注册日期: 1998年7月16日

地址: 无锡国家高新技术产业开发区46号地块

变更注册日期: 1999年11月2日

地址: 无锡国家高新技术产业开发区46号地块

2、企业法人营业执照注册号: 3200001103404(2/2)

3、税务登记号: 320208250456967

4、公司未流通股票托管机构:无锡市证券登记有限公司

5、境内会计师事务所:无锡公证会计师事务所

地址:无锡市梁溪路28号

境外会计师事务所: 安达信公司

地址:香港中环干诺道中111号永安中心25楼

(十) 备查文件

1、载有法定代表人、财务负责人及会计主管人员盖章的会计报表;

2、载有会计师事务所盖章、注册会计师签名并盖章的审计报告原件;

3、报告期内在中国证监会指定报纸上公开披露过的所有公司文件的正本及公告 原件;

以上备查文件置于本公司的证券处(无锡市人民西路107号),供投资者查阅。

无锡威孚股份有限公司董事会

二000年四月七日

附:会计报表

资产负债表

编制单位:无锡威孚股份有限公司　1999.12.31　单位金额:人民币元

资　产	合并报表		母公司	
	期末数	期初数	期末数	期初数
流动资产:				
货币资金	584792821.61	347740346.28	570392092.67	340909439.55
短期投资		150000000.00		150000000.00
减:短期投资跌价准备				
短期投资净额		150000000.00		150000000.00
应收票据	12094580.00	3264750.00	5659580.00	3264750.00
应收股利				
应收利息	6270000.00	5515000.00	6270000.00	5515000.00
应收帐款	262637734.93	259709760.25	216322957.94	216225341.55
其他应收款	7576980.51	112158780.46	45091773.34	154561580.93
减:坏帐准备	31914979.88	29970077.69	20103460.61	18524855.70
应收帐款净额	238299735.56	341898463.02	241311270.67	352262066.78
预付帐款	83100.00	931920.61		
应收补贴款				
存货	138526168.08	137348097.09	87781351.94	86004177.37
减:存货跌价准备	3578260.79	1373533.47	3060094.27	860094.27
存货净额	134947907.29	135974563.62	84721257.67	85144083.10

待摊费用	552120.00	672162.86		167397.86
待处理流动资产净损失				
一年内到期的长期债券投资				
其他流动资产				
流动资产合计	977040264.46	985997206.39	908354201.01	937262737.29
长期投资:				
长期股权投资	238847589.93	218223135.87	309392591.60	288310224.20
长期债券投资	80000.00	80000.00	80000.00	80000.00
长期投资合计	238927589.93	218303135.87	309472591.60	288390224.20
其中:合并价差				
减:长期投资减值准备				
长期投资净额	238927589.93	218303135.87	309472591.60	288390224.20
固定资产:				
固定资产原价	389034258.37	338924481.84	236977940.13	170548892.98
减:累计折旧	136050761.86	123148539.27	66043983.25	54852431.22
固定资产净值	252983496.51	215775942.57	170933956.88	115696461.76
工程物资				
在建工程	173560332.97	51397491.53	170926134.76	48898036.57
固定资产清理				
待处理固定资产净损失				
固定资产合计	426543829.48	267173434.10	341860091.64	164594498.33
无形资产及其他资产:				
无形资产	57104723.36	59270201.08	4623400.32	4954491.08
开办费				
长期待摊费用				
其他长期资产				
无形及其他资产合计	57104723.36	59270201.08	4623400.32	4954491.08
递延税项:				
递延税项借项				
资产总计	1699616407.23	1530743977.44	1564310284.57	1395201950.90
负债及股东权益				
流动负债:				
短期借款	256500000.00	149260000.00	240000000.00	136500000.00
应付票据	15000000.00		15000000.00	
应付帐款	78035047.10	82316333.42	50723802.54	60171854.83
预收帐款	1648067.60			
应付工资				
应付福利费	290120.73			
应付股利		30343550.00		30343550.00
应交税金	2251412.61	5629543.63	1032422.65	5146811.80
其他应交款	627676.34	278602.52	574781.41	263067.30
其他应付款	51123026.20	44527972.93	24764241.51	14605355.87
预提费用	7919563.52	1594368.89	7919563.52	1594368.89
一年内到期的长期负债	19000000.00	36300000.00	19000000.00	36300000.00
其他流动负债				
流动负债合计	432394914.10	350250371.39	359014811.63	284925008.69
长期负债:				
长期借款	17500000.00	29000000.00	17500000.00	29000000.00
应付债券				
长期应付款	43179719.27	51500000.00		
住房周转金				
其他长期负债				
长期负债合计	60679719.27	80500000.00	17500000.00	29000000.00
递延税款:				
递延税款贷项				
负债合计	493074633.37	430750371.39	376514811.63	313925008.69
少数股东权益	18746300.92	18716663.84		
股东权益:				
股本	394466150.00	303435500.00	394466150.00	303435500.00
资本公积	545765175.52	545765175.52	545765175.52	545765175.52
盈余公积	71713201.03	55735421.42	71713201.03	55735421.42
其中:公益金	23360143.23	18034216.69	23360143.23	18034216.69
未分配利润	175850946.39	176340845.27	175850946.39	176340845.27
股东权益合计	1187795472.94	1081276942.21	1187795472.94	1081276942.21
负债及股东权益总计	1699616407.23	1530743977.44	1564310284.57	1395201950.90

利润及利润分配表

编制单位:无锡威孚股份有限公司　　1999 年度　　单位金额:人民币元

项　目	合并报表		母公司	
	1999 年度	1998 年度	1999 年度	1998 年度
一、主营业务收入	772520416.86	568161694.89	699761053.35	540546342.34
减:折扣与折让				
主营业务收入净额	772520416.86	568161694.89	699761053.35	540546342.34
减:主营业务成本	622845397.61	448881430.91	574376403.67	432618394.01
主营业务税金及附加	3328546.65	1736336.79	2473150.38	1540892.16
二、主营业务利润	146346472.60	117543927.19	122911499.30	106387056.17
加:其他业务利润	526237.43	3653331.57	–492388.17	3434787.95
减:存货跌价损失	2204727.32	1373533.47	2200000.00	860094.27
营业费用	13781842.95	11160698.41	10199961.12	9095556.47
管理费用	34093289.88	22786506.70	16666762.69	11220736.03
财务费用	6104037.71	–1930210.48	2326423.66	–4713728.94
三、营业利润	90688812.17	87806730.66	91025963.66	93359186.29
加:投资收益	32374335.84	–2740435.00	32320998.93	–7154509.68
补贴收入	–	–	–	–
营业外收入	1614262.11	7322791.37	1185603.77	7198925.75
减:营业外支出	1460513.39	964904.71	1345306.71	878685.50
四、利润总额	123216896.73	91424182.32	123187259.65	92524916.86
减: 所得税	16668728.92	15706875.15	16668728.92	15706875.15
减:少数股东损益	29637.08	–1100734.54	–	–
五、净利润	106518530.73	76818041.71	106518530.73	76818041.71
加:年初未分配利润	176340845.27	141389059.81	176340845.27	141389059.81
盈余公积转入				
六、可供分配的利润	282859376.00	218207101.52	282859376.00	218207101.52
减:提取法定盈余公积	10651853.07	7681804.17	10651853.07	7681804.17
提取法定公益金	5325926.54	3840902.08	5325926.54	3840902.08
七、可供股东分配利润	266881596.39	206684395.27	266881596.39	206684395.27
减:提取任意盈余公积	–	–	–	–
已分配普通股股利	–	30343550.00	–	30343550.00
转作股本的普通股股利	91030650.00		91030650.00	
八、未分配利润	175850946.39	176340845.27	175850946.39	176340845.27

现金流量表

1999 年

编报单位:无锡威孚股份有限公司　　单位金额:人民币元

项　目	合并报表	母公司
一、经营活动产生的现金流量:		
销售商品、提供劳务收到的现金	879991825.38	846737561.44
收取的租金		
收到的税费返还		
收到的其它与经营活动有关的现金	28209277.63	22739112.63
现金流入小计	908201103.01	869476674.07
购买商品、接受劳务支付的现金	469918933.39	484398286.48
经营租赁所支付的现金	103500.00	
支付给职工以及为职工支付的现金	76788645.17	48060288.55
实际交纳的增值税款	36066752.84	28589466.56
支付的所得税款	22519937.26	22519937.26
支付的除增值税、所得税以外的其它税费	5188283.69	3793267.68
支付的其它与经营活动有关的现金	27406549.61	13710206.07
现金流出小计	637992601.96	601071452.60
经营活动产生的现金流量净额	270208501.05	268405221.47
二、投资活动产生的现金流量:		
收回投资所产生的现金	167445900.25	167300000.00
分得股利或利润所收到的现金	347967.80	243117.80
取得债券利息收入所收到的现金–		
处置固定资产、无形资产和其它长期资产而收回的现金净额	7092198.72	2650533.52
收到的其它与投资活动有关的现金	560.00	
现金流入小计	174886626.77	170193651.32
购建固定资产、无形资产和其它长期资产所支付的现金	222793131.91	221268767.91
权益性投资所支付的现金	5600000.00	5600000.00
债权性投资所支付的现金		
支付其它与投资活动有关的现金		
现金流出小计	228393131.91	226868767.91
投资活动产生的现金流量净额	–53506505.14	–56675116.59
三、筹资活动产生的现金流量:		
吸收权益性投资所收到的现金		
发行债券所收到的现金		
借款所收到的现金	608700000.00	604700000.00
收到的其它与筹资活动有关的现金		
现金流入小计	608700000.00	604700000.00
偿还债务所支付的现金	530260000.00	530000000.00
发生筹资费用所支付的现金		
分配股利或利润所支付的现金	30343550.00	30343550.00
偿还利息所支付的现金	27745970.58	26603901.76
融资租赁所支付的现金		
减少注册资本所支付的现金		
支付的其它与筹资活动有关的现金		
现金流出小计	588349520.58	586947451.76
筹资活动产生的现金流量净额	20350479.42	17752548.24
四、汇率变动对现金的影响		
五、现金及现金等价物净增加额	237052475.33	229482653.12

现金流量表附注

项　目	合并报表	母公司
1、不涉及现金收支的投资和筹资活动:		
以固定资产偿还债务		
以投资偿还债务		
以固定资产进行长期投资		
以存货偿还债务		
融资租赁固定资产		
2、将净利润调节为经营活动的现金流量:		
净利润	106518530.73	106518530.73
加:计提的坏帐准备或转销的坏帐	1946260.54	1578409.95
固定资产折旧	17649482.54	11247485.07
无形资产、递延资产摊销	2165477.72	331090.76
处置固定资产、无形资产和其它长期资产的损失(减收益)	–929849.45	–722068.11
固定资产报废损失	37434.80	–
财务费用	25335907.08	23894734.76
投资损失(减收益)	–32545335.84	–32491998.93
递延税款贷项(减借项)		
存货的减少(减增加)	–1173343.67	–1777174.57
经营性应收项目的减少(减增加)	94795090.61	105596421.96
经营性应付项目的增加(减减少)	54934208.91	52784789.85
其它	1445000.00	1445000.00
少数股东损益	29637.08	–
经营活动产生的现金流量净额	270208501.05	268405221.47
3、现金及现金等到价物净增加情况:	–	–
货币资金的期末余额	584792821.61	570392092.67
减:货币资金的期初余额	347740346.28	340909439.55
现金等价物的期初余额	–	–
减:现金等价物的期初余额	–	–
现金及现金等价物净增加额	237052475.33	229482653.12

北 海 新 力 实 业 股 份 有 限 公 司

北海新力实业股份有限公司1999年年度报告摘要

(一) 公司简介

1、公司法定名称(中文):北海新力实业股份有限公司
(英文):BEIHAI XINLI INDUSTRIAL CO.LTD
2、公司法定代表人:刘凤堂
3、公司董事会秘书:陈世锋　授权代表:张小玲
联系地址:广西北海市海角路145号
电话:0779-3906393 3904011转2254　传真:0779-3906393
4、公司注册地址:广西北海市海角路145号
公司办公地址:广西北海市海角路145号　邮政编码:536000
公司国际互联网网址:http://www.bhxl.com　电子信箱:bhxl@ppp.nn.gx.cn
5、公司选定的信息披露报纸:《中国证券报》
登载公司年度报告的中国证监会指定国际互联网网址: http://www.cninfo.com.cn
公司年度报告备置地:本公司九楼证券部
6、公司股票上市交易所:深圳证券交易所　股票简称:北海新力　股票代码:0582

(二) 会计数据和业务数据摘要

1、主要业绩指标

	1999年
利润总额(元)	36812415.36
净利润(元)	33828756.63
扣除非经常性损益后的净利润(元)	33828756.63
主营业务利润(元)	30619147.47
其他业务利润(元)	2111619.50
营业利润(元)	27402895.19
投资收益(元)	8019432.26
补贴收入(元)	-
营业外收支净额(元)	1390087.91
经营活动产生的现金流量净额(元)	28621096.84
现金及现金等价物净增加额(元)	125630511.24

注:本年度没有非经常性损益。

2、会计数据及业务指标

(1)截至报告期末公司前三年主要会计数据和财务指标

	1999年	1998年		1997年	
		调整后	调整前	调整后	调整前
主营业务收入(万元)	6345.50	6966.62	6966.62	6708.30	6708.30
净利润(万元)	3382.88	3060.71	3122.58	2346.86	2622.38
总资产(万元)	91883.53	63539.00	63251.84	56526.89	56802.41
股东权益(万元)	52821.57	27369.48	27810.55	24603.86	24879.38
每股收益(元)	0.179	0.21	0.21	0.16	0.18
加权平均每股收益(元)	0.21	0.21	0.21	0.22	0.24
扣除非经常性损益后的每股收益(元)	0.179	0.21	0.21	0.16	0.18
每股净资产(元)	2.80	1.88	1.91	1.69	1.71
调整后的每股净资产(元)	2.77	1.84	1.906	1.68	1.63
每股经营活动产生的现金流量净额(元)	0.15				
净资产收益率(%)	6.40	11.18	11.23	9.54	10.54
加权净资产收益率(%)	8.44	11.72	11.86	9.96	11.13

注:重要指标计算公式

每股收益=净利润/年度末普通股股份总额

每股净资产=年度末股东权益/年度末普通股股份总数

调整后的每股净资产=(年度末股东权益-三年以上的应收款项-待摊费用-待处理(流动、固定)资产损失-开办费-长期待摊费用-住房周转金负数余额)/年度末普通股股份总数

每股经营活动产生的现金流量净额=经营活动产生的现金流量净额/年度末普通股股份总数

净资产收益率=净利润/年度末股东权益×100%

加权计算的净资产收益率=净利润/[(年初股东权益+年末股东权益)/2]×100%

(2)需要说明的是:由于会计政策变更,根据财政部财会字(1999)35号文、49号文 的有关规定,采用了追溯调整法,调整了一九九九年度合并会计报表相关的"坏帐准备"帐项、"短期投资跌价准备"帐项、"存货跌价准备"帐项、"长期投资减值准备"帐项,调整前后各年度会计数据如下:

项目	1999年		1998年		1997年	
	调整前	调整后	调整前	调整后	调整前	调整后
坏帐准备	116899.70	4546740.98	137763.25	4141616.65	129948.18	3861945.46
短期投资跌价准备	0	219770.65	0	0	0	0
存货跌价准备	0	65068.27	0	0	0	0
长期投资减值准备	0	115000.00	0	87500.00	0	60000.00

(3)截至报告期末公司前三年主要业务数据和指标

	1999年	1998年	1997年
总收入(万元)	6734.99	7802.58	7737.76
主营业务收入占总收入(%)	94.23	89.29	86.70
其中:装卸收入	49.10	60.23	59.60
堆存收入	30.34	20.09	20.12
代理收入	5.82	5.34	3.95
J港务管理收入	-	-	-
J理货收入	1.19	0.94	1.64
J运输收入	7.79	1.87	1.39
吞吐量(万吨)	235.53	231.92	220
其中:外贸	104.99	129.37	130
内贸	130.54	102.55	90
客流量(万人次)	29.34	25.21	22.16

3、报告期内股东权益变动情况(单位:元)

项目	股本	资本公积	盈余公积	法定公益金	未分配利润	股东权益合计
期初数	145486000	57170696.52	20297908.37	6026506.62	50740158.68	273694763.57
本期增加	42985800	209429000.00	5074313.49	1691437.83	33828756.63	291317870.12
本期减少		1914489.16		710921.47	29097200.00	31722610.63
期末数	188471800	264685207.36	24661300.39	7007022.98	50397401.82	528215709.57

变动原因:股本增加是由于以期初股本按10:3比例实施配股;资本公积增加是由于1999年按10:3比例实施配股溢价部分转入,减少数是根据财政部财会字(1998)16号文 精神,对按评估增值确认后的固定资产原价计提折旧大于原帐面价值计提折旧的差额 进行转销冲减数;盈余公积增加为本年计提数;法定公益金减少为根据董事会决议,以 公益金弥补职工福利设施(职工宿舍)亏损;未分配利润增加数为本年度所获利润数,减少数为实施1998年度分红派息数。

(三) 股东情况介绍

(1)报告期末股东总数

截至12月30日止,公司股东总数为31,449户。

(2)本公司位列前10名股东的持股情况:

序号	股东名称	年末持股数量(股)	持股比例(%)
1	中国华能集团公司	75652720	40.14
2	北海市国有资产管理局	53419080	28.34
3	景博证券投资基金	1337931	0.71
4	景阳证券投资基金	1194265	0.63
5	财政南京	600000	0.32
6	北海市风机厂	440000	0.23
7	北海市印刷厂	440000	0.23
8	北海市技术交流站	440000	0.23
9	北海市烟花炮竹总厂	440000	0.23
10	北海市造纸厂	440000	0.23

北海市国有资产管理局于年初转让其持有的部份北海新力股份给中国华能集团公司,其持有的国有股份由9928.6万股减至4109.16万股,并于99年8月按10:3比例参加配股,因而其持有的国有股份增至5341.908万股;中国华能集团公司年初受让北海市国资局40%的北海新力股份共5819.44万股,并于8月按10:3比例参加配股,所持股份增至7565.272万股。公司前10位股东中3至5位股东所持股份为已上市流通股份。中国华能集 团公司、北海市国有资产管理局所持有本公司股份未有质押或冻结。前10名股东之间不存在关联关系。

(四) 股东大会简介

1、公司于1999年2月9日在《证券时报》上刊登了董事会决议及召开1998年度股 东大会的公告。本公司已于1999年3月12日上午9:00-12:00在公司三楼多功能厅召开 了98年度股东大会,出席本次大会的董事9人,监事3人,股东及股东代表40人,代表股权10176.53万股,占公司总股本14548.6万股的69.95%,符合《中华人民共和国公司法》和本公司章程的有关召开股东大会的规定,大会以记名方式逐项投票表决并作出如下 决议:

(1)审议通过了《公司1998年度董事会工作报告》;

(2)审议通过了《公司1998年度总经理业务报告》;

(3)审议通过了《公司1998年度监事会工作报告》;

(4)审议通过了《公司1998年度财务报告》;

(5)以247.84万股同意,占出席大会股数的2.44%,以9928.69万股反对,占出席大会股数的97.56%,否决了《公司1998年度利润分配方案》:

根据四川华信(集团)会计师事务所出具的九八年度的审计报告,本公司九八年度 共实现净利润3122.58万元,加上年未分配利润2794.73万元,98年度可供分配的利润为5917.31万元。根据《公司法》及公司章程的规定,董事会决定提取法定公积金为340.77万元,提取法定公益金170.38万元,本次可供股东分配的利润为5406.16万元,即0.37元/股。

本次分配拟向全体股东每10股送红股3股。

因该议案已被否决,第一、二大股东———中国华能集团公司和北海市国有资产 管理局向大会提出新的议案:

鉴于北海新力实业股份有限公司(以下简称北海新力)1999年计划以10比3配股和 股票市场情况,北海新力董事会1999年2月9日会议提出的每10股送3股红股的1998年度利润分配方案,将大幅度稀释北海新力股票的权益,导致股票价格除权和下降,不利于1999年的配股筹资,从而影响北海新力从股票市场募集资金用于港口建设和公司发展。为此,中国华能集团公司和北海市国有资产管理局作为北海新力的大股东,不能同意北海新力董事会提出的1998年度利润分配方案有关送红股的内容。

根据北海新力计划1999年以10比3进行配股,可筹集2-3亿元资本金,以及目前港口二期工程尚未全部竣工,主营业务利润压力增大等实际情况,中国华能集团公司、北海市国有资产管理局就1998年度利润分配方案提出新的议案为:

1)同意董事会提出的1998年度利润分配方案中有关依法提取法定公积金340.77万元,提取法定公益金170.38万元内容;

2)反对董事会提出的1998年度利润分配方案中有关每10股送红股3股内容;

3)提议以北海新力公司1998年末未分配利润5406.16万元中的2909.72万元,以每10股2元(含税)的比例向全体股东派发现金红利。

该方案以9945.03万股同意,占参加表决股数的99.55%,反对股数44.28万股,占参 加表决股数的0.45%,审议通过了《1998年度公司利润分配修改方案的提案》。

(6)审议通过了免去岳之巍、何大虎、许炳忠、倪凤鸣、李经文、舒心、陈嘉睿 公司董事会董事的职务,同时通过了补选刘凤堂、王焕良、纪道林、刘国荣、邓刚、牟宗明、赵朝蒙为本届董事会成员。

改选后的董事会由刘凤堂、王焕良、甘宏亮、纪道林、刘国荣、邓刚、刘兴家、牟宗明、赵朝蒙九人组成。

(7)审议通过了免去王耀广、刘熹炎公司监事会监事的职务,同时通过了补选潘建民、贾文心为本届监事会成员。改选后的监事会由彭定荣、潘建民、贾文心、黄祥芬、莫健甫五人组成,其中黄 祥芬、莫健甫由职代会推荐。

(8)逐项审议通过了《公司1999年增资配股预案》:

1)公司大股东配股意向。

A、公司第一大股东(占总股本40%)中国华能集团公司承诺以其所持有的现金全额认购其应配售的股份;(但由于拟参加配股的资产评估后未得到国家国有资产管理部门确认,根据国家有关规定不能提交股东大会审议。为保证公司配股工作的顺利进行,中国华能集团公司承诺将以资产认购改为以现金方式全额认购应配售的股份。)B、公司第二大股东(占总股本的28.24%)北海市国有资产管理局承诺以现金全额 认购其应配售的股份。

2)配股比例:本次配股以公司1998年12月31日的总股本14548.6万股为基数,每10 股配售3

股。

3)配股价格:暂定为5-8元/股。

4)募集资金主要用于:新港二期工程贷款部分本息的偿还;新港二期配套收尾工程;新港三期工程前期筹备。

5)本次配股决议有效期自1998年度股东大会通过之日起一年内有效。

6)提请股东大会授权董事会办理本次配股的有关事宜。

该项议案需由广西壮族自治区证管办出具意见,并报中国证监会审核批准后实施 。

(9)审议通过了《公司章程》修改议案:

(10)审议通过了股东大会授权董事会决定公司人民币5000万元以下投资计划;

(11)审议通过了聘请四川华信(集团)会计师事务所(原为四川泸州会计师事务所)为公司审计机构(聘期一年);

本次股东大会经北海市公证处公证,会议合法有效。

以上股东大会决议已于1999年3月15日分别刊登于《中国证券报》和《证券时报 》。

(五) 董事会报告

1、公司经营情况

(1)公司是一家以经营港口码头作业业务为主的专业化公司,属交通运输行业。公司位列华南港口之一,具有一定的知名度。

(2)公司主营业务范围及其经营状况

公司主营业务范围包括港口码头的建设,装卸管理,服务,交通运输,外轮代理,外 轮理货等业务。

公司上半年进行了资产重组,中国华能集团公司成为公司的第一大股东。由于中 国华能集团公司的入主,公司的管理在内涵和外延上得到了进一步强化。但由于国际 、国内两个市场需求仍较疲软,进出口货源不足,继续给港口的货源组织、生产经营造成较大困难。再加上自98年开始,国家禁止尿素进口,使得占公司主要稳定货源之一的进口散化极度减少,以及周边港口日趋激烈的竞争,而公司所经营的北海港亦由于铁路运价、口岸联检费用较周边港口高、港口硬件设施较薄弱等因素的影响,使得北海港 的竞争条件愈加处于劣势。但公司全体员工并未被困难吓倒,而是紧紧团结在公司经 营班子周围,认清形势,正视困难,采取一系列有力措施改善条件、拓宽货源渠道,以扭转不利于北海港生产经营的局面。

公司根据"外抓市场、内抓管理"的思路,坚持"大宗、零星货物不放过,高、中、低档货源一起抓"的原则进行管理和运作,使得公司在内外形势不利的情况下,公司的经营业绩没有出现较大滑坡。

公司99年共完成吞吐量235.53万吨,比上年同期微增1.56%,总收入6219.51万元,主营业务收入5831.03万元(其中:装卸收入3220.25万元、堆存收入2043.23万元、代 理收入391.68万元、理货收入79.99万元、运输收入95.88万元),比上年同期减少16.30%,实现利润总额3681.24万元,比上年同期增长2.19%,主营业务利润3061.91万元,比 上年同期减少6.66%,净利润3382.88万元,比上年同期增长10.53%。

本报告期内,对公司利润产生重大影响的其他业务经营活动

1999年11月3日公司投资3000万元与宁波保税区联合开发有限责任公司合作设立 宁波北华投资有限责任公司。该公司与中国华能浙江公司于1999年11月22日签署《转让协议》,以2049.08万元全资受让浙江华能海运有限公司,至99年末为公司获得投资 净收益89.85万元;1999年12月宁波北华投资有限公司出资500万元,参股组建上海北华企业发展有限公司,注册资本1000万元。至99年末为公司增加投资净收益为214.06万 元;公司投资3000万元参股深圳华能汇智实业有限公司,占深圳华能汇智实业有限公司16.7%股份,成为该公司的第三大股东。该公司主要经营开发建设出口产品加工基地;开展"三来一补"业务;国内商业、物资供销业(不含专营、专控、专卖商品)。该公 司99年为公司增加的的投资净收益为300万元。

(3)公司主要全资附属企业及控股子公司的经营情况及业绩

1)中国北海外轮代理公司为我公司全资子公司。其经营范围为:各类中外籍国际 客货运输,科技考察,水上工程及其它船舶在中国港口、口岸和水域的一切代理和船务;国际货物运输代理,该公司99年完成营业收入232.07万元,比去年294.16万元减少62.10万元,下降21%;实现利润总额120.51万元,比去年完成利润总额333.48万元减少212.97万元,下降64%。主要原因是由于国际航运市场仍处于低迷善,国内进出口贸易形势 严峻,国家控制进口散化,边贸货物的断绝等不利因素的影响,使得主营代理业务减少 。加上99年到港船舶多为国轮及小型船舶,因此代理费的收入大幅减少,同时99年货运量也比去年下降32%,削弱了主营业务收入;利润总额减少是由于一方面99年收入减少;另一方面由于去年年底按规定处理超过三年以上的应付帐款列为营业外收入1,644,262.79元。

2)宁波北华投资有限责任公司为我公司控股子公司,公司占60%股份。其经营范围为实业投资、房地产开发投资、仓储经营。该公司99年完成营业收入428.93万元,实 现利润547.66万元。该公司1999年11月22日与浙江华能海运有限公司签署《转让协议》,以现金人民币2049.08万元受让浙江华能海运有限公司100%的股权;1999年12月宁 波北华投资有限公司出资500万元,参股组建上海北华企业发展有限公司,注册资本1000万元。该公司99年度实现净利润4,739,064.00元,根据99年度股东大会决议,将提取 两金后的可供分配利润4,028,204.40元全部分配给我公司;

(4)在经营中出现的问题与困难及解决方案

1999年公司面临的困难依然是以货源问题为首。虽然亚洲金融危机造成的进出口贸易萎缩状况有所改善,国内刺激内需、繁荣经济使内贸有所增加,北海港今年的货物到港量较上年略有上升,但所面临的货源形势依然不容乐观;加上西南大通道几港压价竞争,而北海港由于规模较小、基础较薄弱、硬件设施仍不够完善,虽然近几年来公司已加大基础设施投入,但与周围大港相比仍有一定的差距;再加上地铁运价、口岸联检费较周边港口高,使得公司在外部竞争条件上已处于劣势,在此种情况下,迫使我们认 清形势、正视困难,及时调整思路、转变市场策略,以更灵活、有效的措施来稳定和拓展货源,主要有:

(1)密切与北海市政府的联系,及时向市政府反映实际情况,寻求市政府的帮助与 支持;

(2)公司领导带队到南宁、柳州、昆明、成都、重庆等地开座谈会,征求货主意见,改进服务;

(3)公司领导登门拜访海关、边检、口岸联检部门,争取他们对港口的支持,以创 造港口和谐的内外环境;

(4)加强对贵阳、昆明、北京办事处的业务运作,确定专人负责片区业务,充分发 挥三地办事处的天线与地线的作用;

(5)公开招聘素质较高的业务人员充实商务组货队伍,商务内部实行专人专货跟踪制度,改善并加强公司的软设施,以赢得和增加货源;

(6)加强公司内部管理,在各下属单位实施全放开经营考核办法,层层下放成本控 制指标,使得员工们树立了市场竞争意识和成本效益意识,充分调动了各方面的积极性。

(7)紧抓配股工作,顺利完成二级市场资金募集,并加紧投入至集装箱配套码头建 设、三期工程立项、航道疏浚及库场扩建等工程项目的建设,以改善公司的硬件设施,提高公司的竞争能力;

(8)积极开展多种经营,拓宽公司的经济来源渠道,提高公司经济增长能力。

2、公司财务状况

1)总资产比上年增加283,439,073.01元,增长44.61%,为本年度内公司以1998年末总股本为基数按10:3比例实施了配股的募集资金增加;

2)长期负债比上年增加63,834,284.11元,增长27.90%,主要是交通部、区交通厅 拨改贷款,由一年内到期的长期负债转入长期应付款;

3)股东权益比上年增加254,520,946.00元,增长92.99%,为本年度配股溢价,增加 了资本公积金;

4)主营业务利润比上年减少2,185,799.35元,下降6.66%,主要是本年度到港装卸 的货种以低值货源为主,如铁矿、磷矿等,致使主营业务收入偏低;

5)净利润比上年增加3,221,658.87元,增长10.53%,主要是对外投资收益比上年有所增加,另外,中国华能集团公司入主后,企业所得税享受联营企业所得税优惠税率。

3、公司投资情况

(1)募集资金使用情况

1)承诺投资项目	承诺投入金额	实际投资项目(截止1999年)	实际投入金额
A、新港二期工程贷款	8,000万元	新港二期工程贷款部分本息的偿还部分本息的偿还	7,622.36万元
B、石步岭区3#泊位集	5,200万元	石步岭区3#泊位集装装箱装卸工艺技改;箱装卸工艺技改;外航道疏浚工程;	1,109.49万元
	4,980万元	外航道疏浚工程;	8.17万元
石步岭区4#、5#仓库工程;	1,200万元	石步岭区4#,5#仓库工程;	3.2万元
石步岭区吹填围堰建设堆场工程;	2160万元	石步岭区吹填围堰建设堆场工程;	0
支付工程、设备欠款;	3017万元	支付工程、设备欠款;	3009.63万元
C、新港三期工程前期准备	300万元	新港三期工程前期准备;	143.15万元

截止1999年末,募集资金实际使用11,896.00万元,尚余募集资金13,345.48万元,根据公司1999年配股说明书,对公司配股募集资金后,暂未投入的资金补充到流动资金中,同时根据实际情况,将一部分资金投资到国债等收益稳定的投资项目上,确保股东 权益。

2)项目资金投入、项目进度及收益情况

A、已于1999年度归还银行新港二期工程贷款部分本息,共7,622.36万元。

B、石步岭区3#泊位集装箱装卸工艺技改:于年底与大连大起集团有限公司和上 海港机厂签订协议购买集装箱岸边起重机轮胎式集装箱龙门起重机等主设备合同,并 于1999年12月20日首次投入11,094,906.20元,尚余4090.51万元,于2000年分期投入建设。该项目完成投产后,港区年集装箱货物吞吐能力可扩大到28万吨(5万标箱)。

C、外航道疏浚工程:该项目须投入资金4980万元,1999年底首次投入资金8.17万 元,至2000年4月10日止共投入资金382万元。该项目建成后,可使用5-7万吨级船舶不 用减载乘潮进出港,节省大吨位船舶在外锚地减载过驳的费用达每艘20万元以上,节约装卸时间500万吨、天,年增加利税500万元。

D、石步岭区4#、5#仓库工程:已于1999年度首批投入3.2万元,截止2000年4月12日共投入资金86万元,尚余部分将于2000年内分期投入。4#、5#仓库建设规模为12000平方米,堆存能力为1.5万吨,该项目建成后,每年可增加利税210万元,投资回收期 为7年。

E、石步岭区吹填围堰建设堆场工程:将于2000年陆逐投入2160万元建设,至2000年3月31日已付81万元工程费用。该项目建成投产后,预计每年可增加利税500万元。

F、支付工程、设备欠款:支付于配股募集资金前扩建进港铁路码头专用线(M3线)、航道疏浚工程款、一台M16-33门座式起重式起重机、四台轮胎起重机、七台平衡重式叉车,共3009.63万元。

G、新港三期工程前期准备:新港三期工程可行性研究、初设等前期工程筹备款约300万元,已于1999年投入143.15万元,尚余部分于2000年投入。

(2)非募集资金投资情况

1)公司与北海市业华商务有限公司(北海东港储运公司转入)合作于新港区三、四号泊位之间后方修建40000平方米的木片堆场已于上半年建成投产,该项目年出口量将在5万绝干吨以上,合作期限十年,投资750万元;

2)公司与区内外三家公司分别合作投资兴建的散装植物油库已于上半年全部投产;

3)公司与北海江川储运有限公司合作投资兴建的散装液体磷酸储罐—江川化工液体仓库,已于下半年完工,预计每年可增加港口固定收益8万元;

4)1999年11月3日公司投资3000万元与宁波保税区联合开发有限责任公司合作设 立宁波北华投资有限责任公司。该公司与中国华能浙江公司于1999年11月22日签署《转让协议》,以2049.08万元全资受让浙江华能海运有限公司;1999年12月宁波北华投 资有限公司出资500万元,参股组建上海北华企业发展有限公司,注册资本1000万元。 该公司99年度实现净利润4,739,064.00元,根据99年度股东大会决议,将提取两金后的可供分配利润4,028,204.40元全部分配给我公司;

5)公司投资3000万元参股深圳华能汇智实业有限公司,占深圳华能汇智实业有限 公司16.7%股份,成为该公司的第三大股东。该公司主要经营开发建设出口产品加工基地;开展"三来一补"业务;国内商业、物资供销业(不含专营、专控、专卖商品)。该公司99年为本公司增加的投资净收益为300万元。

4、生产经营环境及宏观政策对公司产生的影响

我公司经营的北海港位于北部湾东部,为大西南最便捷的出海口。国家于2000年 开始加大对中西地区的大开发将给公司带来较好的发展机会,以及中国加入WTO后,必 将促进进出口贸易的发展,公司将会利用这有利的机会,加大开拓货源市场,增加港口 吞吐量,充分发挥西南出海通道的优势作用。

5、新年度的业务发展计划

中西部大开发政策的制定与实施为中西部地区经济发展提供了保证。在新千年里,公司将把握机遇,充分发挥大西南出海通道的优势,完善公司经营条件,加强公司的主营业务发展,同时加大公司的多元化发展步伐,主要做好以下各方面工作:

1)增强市场意识,转变组货策略,同时做好各相关单位的协调工作及加强与新老客户、货主的联系,以稳定和提高港口货源;

2)加强招商引资、内引外联力度,在发近原有合作项目的作用的同时,积极向多元化方向发展;

3)利用募股资金加强港口基础建设,着重做好三期工程立项,抓紧集装箱配套设施码头、航道疏浚工程、库场扩建工程的建设,以改善港口硬件设施条件,提高港口竞争能力;

4)狠抓装卸质量和服务质量,做好ISO9002质量认证的前期工作,规范港口管理和 服务质量标准,使公司走向科学化、规范化、现代化的管理之路;

5)实施"三项制度"改革,按照现代企业制度要求,调整机构、公开招聘、竞聘上岗,转岗分流,完善分配制度,以进一步提高港口竞争力。

6、董事会日常工作情况

(1)报告期内董事会的会议情况及决议内容

1)1999年2月5日下午三点在公司八楼会议室召开董事会。全部董事到会参加会议,会议审议通过了《1998年度董事会工作报告》;《1998年度总经理业务报告》;《1998年度财务报告》;《1998年年度报告及年度报告摘要》;《1998年度利润分配方案》;《1998年增资配股预案》;改选董事会、推荐董事候选人;修改公司章程中部分条款;聘请四川华信(集团)会计师事务所为公司的审计机构;公司1998年度股东大会召开日 期及向深交所申请年报刊登日停牌半天。

2)1999年3月12日在公司八楼会议室召开二届十三次会议,实到董事8人,1人缺席 已授权委托其他人行使权力。会议经过讨论,通过了选举刘凤堂先生为董事长、王焕 良先生为常务副董事长、甘宏亮先生为副董事长;根据董事长提名,聘任王焕良先生任总经理、陈世锋先生任董事会秘书、王爱明先生任财务总监;根据总经理提名,聘任纪道林先生任常务副总经理,免去甘宏亮先生常务副总经理职务,甘宏亮、许炳忠、刘兴家先生继续担任副总经理;确定公司1999年度工作目标和工作计划;授权公司经营班子根据工作需要决定公司内部管理机构设置;同意岳之巍先生辞去董事长和总经理职务、何大虎先生辞去副董事长职务、舒心先生辞去董事会秘书职务。

3)1999年4月19日在公司八楼会议室召开董事会,实到董事8人,1人缺席已授权委 托其他人行使权力。会议由常务副董事长主持,根据公司章程和1998年度股东大会决 议以及中国证监会

发布的《关于上市公司配股工作有关问题的通知》的要求,就 1999 年配股工作进行了认真的讨论,通过了:公司是否符合现行配股规定事宜;1999 年度公 司增资配股所募集资金投向及可行性;前次募集资金的使用和效益情况说明;财务总监、董事会秘书按照副总经理待遇标准执行。

4)1999 年 8 月 2 日上午在公司八楼会议室召开董事会会议,实到董事 7 人,缺席 2 人已授权其他董事行使权力。会议由常务副董事长主持,经过审议,通过了公司 1998 年中期报告;1998 年中期利润分配方案;组建宁波北华有限责任公司的议案;参股深圳市华能 汇智实业有限公司的议案(此议案为关联交易,关联方未参加表决);改组中国北海外轮代理公司的议案;以 200 万元收购一家进出口贸易公司的议案。

5)1999 年 12 月 10 日上午在公司八楼会议室召开董事会会议,应出席会议董事 9 人, 实到 6 人,缺席 3 人,其中 3 人已授权其他董事参加董事会,并授权行使权力。会议由董事长刘凤堂先生主持。会议审议通过了:增补戴新民先生为公司董事和免去董事纪道林 先生职务的议案,并提请临时股东大会审议;根据总经理提名,聘任甘宏亮先生为公司 常务副总经理,免去纪道林先生常务副总经理职务;对纪道林先生在任职期内为公司作出的贡献予以充分肯定;会议决定于 1 月 12 日召开公司 2000 年第一次临时股东大会(通 讯方式),对董事任免议案进行审议。

(2)董事会对股东大会决议的执行情况

公司董事会认真执行股东大会的决议,具体执行情况如下:

1)根据股东大会决议,公司董事会于 1999 年 4 月 27 日实施了 1998 年度利润分配,每 10 股派现金 2 元人民币(含税,扣税后个人股东实际每 10 股派现金 1.60 元);

4)根据股东大会决议,公司董事会已按有关要求于 5 月初完成配股申报材料并按规定程序上报中国证监会南宁证券监管特派员办事处及中国证监会,并获中国证监会南 宁证券监管特派员办事处桂证办字[1999]25 号文初审通过及中国证券监督管理委员会证监公司字[1999]38 号文核准;董事会于 1999 年 7 月 16 日–8 月 2 日按 10:3 比例实施配,并于 8 月 19 日办理完成本次配股的有关事宜;此次配股共募集资金 25791.48 万元。

3)公司董事会根据股东大会授权,进行了人民币 5000 万元以下的投资项目:投资 3000 万元与宁波保税区联合开发有限责任公司合作组建宁波北华投资有限责任公司; 出 资 3000 万元参股深圳市华能汇智实业有限公司。

4)执行股东大会决议,聘请四川华信(集团)会计师事务所为公司审计机构。

7、公司管理层及员工情况

(1)董事、监事及高级管理人员

1)现任董事、监事及高级管理人员姓名、性别、年龄、任期、年初及年末持股数、股份增减变动量及原因、年度报酬情况

姓名	性别	年龄	职务	任期起止日期	年初持股(股)	年末持股(股)	年度内股份增减变动量(股)	变动原因	年度报酬(元)
刘凤堂	男	58 岁	董事长	1999/3/12–2000/5/28	0	0			不在公司领取
王焕良	男	41 岁	常务副董事长总经理	1999/3/12–2000/5/28	0	0			18959(6–12 月)
甘宏亮	男	42 岁	副董事长常务副总经理	1997/5/12–2000/4/28	0	0			24400
纪道林	男	44 岁	董事	1999/3/12–2000/1/12	0	0			不在公司领取
刘国荣	男	51 岁	董事	1999/3/12–2000/5/28	0	0			不在公司领取
邓　刚	男	36 岁	董事	1999/3/12–2000/5/28	0	0			不在公司领取
刘兴家	男	56 岁	董事副总经理	1999/3/12–2000/5/28	41800	54340	12540	按 10:3 比例配股	24000
牟宗明	男	41 岁	董事	1999/3/12–2000/5/28	0	0			14792
赵朝蒙	男	48 岁	董事	1999/3/12–2000/5/28	0	0			14792
彭定荣	男	49 岁	监事会主席	1997/5/12–2000/5/28	31900	31900	0	–	24600
潘建民	男	44 岁	监事	1999/3/12–2000/5/28	0	0			不在公司领取
贾文心	女	40 岁	监事	1999/3/12–2000/5/28	0	0			不在公司领取
黄祥芬	女	48 岁	监事	1997/5/12–2000/5/28	0	0			15426
莫健甫	男	45 岁	监事	1999/3/12–2000/5/28	0	0			14264
陈世锋	男	30 岁	董事会秘书	1999/3/12–2000/5/28	0	0			13984(6–12 月)
王爱明	男	31 岁	财务总监	1999/3/12–2000/5/28	0	0			13984(6–12 月)
许炳忠	男	57 岁	副总经理	1999/3/12–2000/5/28	33000	42900	9900	按 10:3 比例配股	21600

2)公司董事、监事、高级管理人员年报酬划分情况

年报酬在 24,600 元–21,600 元区间内共 4 人;年报酬在 21,600 元–14,000 元区间内共 7 人。

3)报告期内离任的董事、监事及高级管理人员情况

由于公司 1999 年初进行股权转让,公司控股股东发生变更,经 1999 年 3 月 12 日公司 召开的 98 年度股东大会审议,同意岳之巍、何大虎、许炳忠、倪凤鸣、李经文、舒心 、陈嘉睿辞去公司董事会董事职务;王耀广、刘熹炎辞去公司监事会监事职务;二届十三次董事会同意岳之巍、舒心分别辞去公司总经理、董事会秘书等高级管理人员职务。

4)聘任或解聘公司经理、董事会秘书的情况

1999 年 3 月 12 日在召开二届十三次董事会会议,根据董事长提名,聘任王焕良先生 任总经理、陈世锋先生任董事会秘书;同意岳之巍先生辞去董事长和总经理职务、舒 心先生辞去董事会秘书职务。

8、本次利润分配预案

经四川华信(集团)会计师事务所审计,本公司 1999 年度实现净利润 33,828,756.63 元,按 10%提了法定盈余公积金 3,382,875.66 元,按 5%提取法定公益金 1,691,437.83 元,加上年度结转未分配利润 50,740,158.68 元,实际可供股东分配利润为 79,494,601.82 元。考虑到公司发展及进行港口建设需要较大资金,经董事会研究决定,公司本年度内不进行利润分配,也不用资本公积金转增股本。

该预案尚需提交股东大会审议。

9、其他报告事项

1)报告期内配股方案的实施情况

98 年度股东大会通过了公司 1999 年配股方案,该方案已经中国证监会南宁证券监 管特派员办事处桂证办字[1999]25 号文同意,并获中国证券监督管理委员会证监公司 字[1999]38 号文批准,公司分别于 1999 年 6 月 30 日、7 月 1 日在《中国证券报》上刊登《配股获准公告》、《配股说明书》,公司已于 7 月 15 日进行股权登记、16 日除权,于 7 月 20 日起至 8 月 2 日止进行配股缴款,公司已于 8 月 17 日圆满完成配股工作并于 8 月 19 日在《中国证券报》上刊登了《股份变动及上市流通公告》,公司配股新增社会公众股部 分已于 8 月 23 日上市流通。

2)北海新力实业股份有限公司于 2000 年 1 月 12 日以通讯方式在公司召开了 2000 年 第一次临时股东大会。会议共收到表决票 9 张,其中:有效票 9 张,无效票 0 张,有效票代 表股份 130,125,860 股,占公司总股份 188,471,800 股的 69.04%,符合《公司法》和《公司章程》的规定,会议合法有效。大会审议通过了决议如下:

同意 130,125,860 股,占有效代表股份的 100%,反对 0 股,弃权 0 股。通过了增补戴新民先生为公司董事,免去纪道林先生董事职务的方案。

以上决议已于 2000 年 1 月 13 日刊登于《中国证券报》。

3)《中国证券报》为公司选定的信息披露报刊。

(六) 监事会报告

1、报告期内公司监事会会议情况

报告期内公司监事列席了报告期内召开的股东大会及历次董事会会议,并召开了 两次监事会会议。

公司二届五次监事会会议于 1999 年 2 月 5 日在公司七楼会议室召开,出席会议监事 应到 5 人,实到 4 人,会议审议通过了公司 1998 年度监事会工作报告及改选监事会、推荐监事候选人议案;公司二届六次监事会会议于 1999 年三月十二日在公司七楼会议室召 开,会议应到监事 5 人,实到监事 5 人,会议一致同意彭定荣先生继续担任监事会主席。

以上会议决议内容分别刊登于 1999 年 2 月 9 日《证券时报》;1999 年 3 月 15 日《中国证券报》、《证券时报》上。

2、公司依法运作情况 监事会认为,一九九九年公司坚持以提高经济效益为中心,规范运作、规范管理,经核查未发现有违反法案、法规、公司章程和损害公司利益的行为。

3、对公司财务的检查 监事会认为,四川华信(集团)会计师事务所对公司一九九九年财务状况出具的无 保留意见的审计报告是真实、观客地反映公司财务状况和经营业绩的。

4、对募集资金使用情况的检查 经检查,监事会认为公司募集资金实际投入项目与承诺投入项目一致。

5、对关联交易的检查 经检查,监事会认为公司在进行关联交易时,严格按照公平、合理、有益的原则进行,未发现损害公司的利益。

(七) 重要事项

1、公司报告期内重大诉讼、仲裁事项:

1)公司与中国旅游国际信托投资有限公司(以下简称"中旅信公司")98 年借款合同罚息纠纷案已于 1999 年 8 月 30 日开庭审理。经北海市中级人民法院调解,公司与中旅信公司双方达成和解协议:公司将于 1999 年 9 月 15 日前返还公司于 1998 年 3 月 12 日向中 旅信公司所借款项本息合计 2203.95 万元人民币。已刊登于 1999 年 9 月 3 日《中国证券 报》。因北海市中级人民法院未解封付款,北京市第二中级人民法院强行划走欠款,但公司在交通银行海角办事处帐户中的存款 2270 万元仍被北海市人中法院[1999]北经初字第 88–2 号协助冻结存款通知书冻结,冻结时间为 2000 年 2 月 1 日至 2000 年 8 月 1 日,公司正在与北海市中级人民法院交涉之中。

2)由于港澳国际(集团)有限公司在新加坡扣压原被告一的所属船舶并要求被告一提供 480 万美元的担保,并在新加坡提起诉。因此,港澳国际(集团)有限公司原对我公 司控股的中国北海外轮代理公司以无单放货为由提起的诉讼,已于 1999 年 8 月 27 日于广州海事法院撤诉,但原被告一(T 油轮公司)、被告二(M.T.M.船务管理公司)、被告三(株式会社韩进海运)联合起来在北海事法院起诉我公司控股的中国北海外轮代理公司 无正本提单放货。北海外轮代理公司作为第一被告,同时还有其他三个被告。已刊登 于 1999 年 9 月 3 日《中国证券报》。该案件至年报公告日止未有新进展。

2、报告期内公司、公司董事及高级管理人员无受监管部门处罚情况。

3、报告期内公司控股股东变更,公司董事会换届、改选或半数以上成员变动,公 司总经理变更,公司解聘、新聘董事会秘书的情况

根据中国证券监督管理委员会证监函[1999]4 号文件批准,北海市国有资产管理局将其持有的北海新力实业股份有限公司股份 5819.44 万股,占总股本的 40%,转让给中国华能集团公司,且中国华能集团公司已于 1999 年 2 月 4 日在深圳证券登记公司办理了股 权变动手续。

股东大会决议通过了免去岳之巍、何大虎、许炳忠、倪凤鸣、李经文、舒心、陈嘉睿公司董事会董事的职务,同时通过了补选刘凤堂、王焕良、纪道林、刘国荣、邓 刚、牟宗明、赵朝蒙为本届董事会成员;改选后的董事会由刘凤堂、王焕良、甘宏亮 、纪道林、刘国荣、邓刚、刘兴家、牟宗明、赵朝蒙九人组成。股东大会决议通过了免去王耀广、刘熹炎公司监事会监事的职务,同时通过了补选潘建民、贾文心为本届 监事会成员;改选后的监事会由彭定荣、潘建民、贾文心、黄祥芬、莫健甫五人组成,其中黄祥芬、莫健甫由职代会推荐。

1999 年 3 月 12 日在召开二届十三次董事会会议,根据董事长提名,聘任王焕良先生 任总经理、陈世锋先生任董事会秘书;同意岳之巍先生辞去董事长和总经理职务、舒 心先生辞去董事会秘书职务。

4、报告期内公司资产重组事项简介

北海市国有资产管理局与中国华能集团公司于 1998 年 11 月 17 日签定协议,将其持 有的本公司国家股部分 5819.44 万股,占总股本的 40%,转让给中国华能集团公司;根据 转让协议,并经广西壮族自治区国有资产管理局桂国资企字[1998]37 号、财政部财管 字[1998]69 号、广西壮族自治区证券管理办公室桂证办字[1998]25 号、中国证券监督管理委员会证监函[1999]4 号文件批准,同意北海市国有资产管理局将其持有的国家股中的 5819.44 万股,占总股本 40%的股份,每股转让价格为人民币 2.0375 元,转让总金额 为人民币 11857.109 万元转让给中国华能集团公司;北海市国有资产管理局仍持有北海新力实业股份有限公司国家股 4109.16 万股,占总股本的 28.24%;此次转让后公司总股 本不变,公司董事、监事及高级管理人员持股数量无变动;此次转让、受让事宜已于 1999 年 1 月 19 日分别于《中国证券报》、《证券时报》上公告;且中国华能集团公司已于 1999 年 2 月 4 日在深圳证券登记结算公司办理了股权变更手续;1999 年 3 月 12 日召开的 1998 年度股东大会审议通过了改选董事会、监事会的议案,改选后的董事会由刘凤堂、王焕良、甘宏亮、纪道林、刘国荣、邓刚、刘兴家、牟宗明、赵朝蒙组成,改选后的 监事会由彭定荣、潘建民、贾文心、黄祥芬、莫健甫组成。

5、报告期内公司重大关联交易事项

本公司控股子公司宁波北华投资有限责任公司于 1999 年 11 月 22 日协议受让原属中国华能浙江公司的浙江华能海运有限公司,协议受让价按财政部核准的浙江华能海运 有限公司 1998 年 12 月 31 日资产评估报告书所载明的净资产计价,为人民币 20,490,800.00 元。本次收购费用已按协议全额付清。按有关的董事会和股东会决议,本公司获得 浙江华能海运有限公司 1999 年度投资净收益 1,497,472.28 元。

公司所属合营孙公司上海北华企业发展有限公司 1999 年 12 月 17 日从上海华能企业发展公司转帐购进上海华能大厦 14–16 层及地下车位 69 个,计 85,092,490.00 元。同月 转帐收取上海华能企业发展公司 1999 年 1 月 8 日至 1999 年 12 月 31 日的房屋租金 11,230,000.00 元, 获得净收益 7,135,453.92 元,按所占股权比例,本公司获得投资净收益 3,567,726.96 元。

宁波北华投资有限责任公司第一届第三次董事会决议及 1999 年度股东会决议,1999 年度净利润按 10%提取法定公积金,

按 5%提取法定公益金,所余净利润全额分配予北海新力实业股份有限公司。1999 年度宁波北华投资有限责任公司实现净利润 4,739,064.00 元, 提取两金后的可供分配 利润 4,028,204.40 元全部分配给北海新力实业股份有限公司。

深圳市华能汇智实业有限公司关于向北海新力公司分配 99 年度优先股股利的决定决定,北海新力实业股份有限公司持有的公司股份为公司优先股, 在公司股东利润分红 不到出资资本的 10%时,公司优先保证其出资资本的 10%的利润分红。公司决定分配给 北海新力实业股份有限公司 1999 年股利 300 万元。

6、根据证监会办公厅 1999 年 3 月 17 日印发的《关于上市公司配股工作有关问题的通知》要求,我公司已与控股股东在人员、资产、财务上"三分开",保证了公司的人员独立、资产完整和财务独立。

7、聘任、改聘、解聘会计师事务所情况:

经98年度股东大会审议通过:聘任四川华信(集团)会计师事务所对公司财务进行 审计。已刊登于1999年3月15日《中国证券报》、《证券时报》。

8、本报告期内公司签订的其他重大合同

(1)1999年底,公司分别与大连大起集团有限公司和上海港机厂签订协议购买集装箱岸边起重机轮胎式集装箱龙门起重机等主设备合同;(2)2000年1月12日公司与长江南京航道工程局签订协议,对北海港石步岭港区航 道、港池进行疏浚,并于1月20日上午正式动工。

9、公司报告期内未更改名称或股票简称。

10、其他重大事项

(1)1999年1月19日,北海新力实业股份有限公司、北海市国有资产管理局、中国 华能集团公司分别于《中国证券报》、《证券时报》上刊登董事会公告及股权转让、受让公告。

(2)本公司根据财政部财会字(1999)35号文《关于印发<股份有限公司会计制度有关会计处理问题补充规定>的通知》和财政部财会字(1999)49号文《关于<股份有限公司会计制度有关会计处理问题补充规定问题解答>的通知》的有关规定,本年度对坏帐准备、存货跌价准备和长期投资减值准备会计政策变更已进行了调整,调整后累计影 响为:

累计影响数合计为4,091,353.40元,其中因坏帐准备计提方法变更的累计影响数 为4,003,853.40元;长期投资减值准备计提方法累计影响数为87,500.00元。

由于会计政策变更,追溯调减了公司一九九八年度净利润299,356.12元,调减了一九九九年年初留存收益4,091,353.40元,其中未分配利润调减了3,477,650.39元,盈余公积调减了613,703.01元;利润及利润分配表上年数的年初未分配利润调减了3,223,197.69元。

本公司根据财政部财会字(1999)35号文《关于印发<股份有限公司会计制度有关 会计处理问题补充规定>的通知》和财政部财会字(1999)49号文《关于<股份有限公司会计制度有关会计处理问题补充规定问题解答>的通知》的有关规定,本年度对坏帐准备、存货跌价准备和长期投资减值准备会计政策变更已进行了调整,调整后累计影响 为:

累计影响数合计为4,091,353.40元,其中因坏帐准备计提方法变更的累计影响数 为4,003,853.40元;长期投资减值准备计提方法累计影响数为87,500.00元。

由于会计政策变更,追溯调减了公司一九九八年度净利润299,356.12元,调减了一九九九年年初留存收益4,091,353.40元,其中未分配利润调减了3,477,650.39元,盈余公积调减了613,703.01元;利润及利润分配表上年数的年初未分配利润调减了3,223,197.69元。

(八) 财务会计报告

1、审计报告　　　　　　川华信审(2000)上字011号

北海新力实业股份有限公司全体股东:

我们接受委托,审计了北海新力实业股份有限公司一九九九年十二月三十一日的 资产负债表和合并资产负债表、一九九九年度利润及利润分配表和合并利润及利润分配表及一九九九年度现金流量表和合并现金流量表。这些会计报表由北海新力实业股份有限公司负责,我们的责任是对这些会计报表发表审计意见。我们的审计是依据中 国注册会计师独立审计准则进行的。在审计过程中,我们结合北海新力实业股份有限 公司实际情况,实施了包括抽查会计记录等我们认为必要的审计程序。

贵公司的控股公司--宁波北华投资有限责任公司和浙江华能海运有限公司;合营 企业—上海北华企业发展有限公司和深圳华能汇智实业有限公司的年度会计报表分别由其他会计师事务所审计,出具审计报告。我们审计中有关上述公司的所有数据和信 息均依赖于其他会计师事务所的审计报告。

我们认为,根据我们和其他会计师事务所的审计,上述会计报表符合《企业会计准则》和《股份有限公司会计制度》的规定,在所有重大方面公允地反映了北海新力实 业股份有限公司一九九九年十二月三十一日的财务状况及一九九九年度的经营成果以及现金流量情况,会计处理方法的选用遵循了一贯性原则。

四川华信(集团)会计师事务所　　　　中国注册会计师:冯渊

中国. 成都　　　　　　　　　　　　中国注册会计师:刘小平

二零零零年四月十日

2、会计报表附注

(1)公司基本情况

本公司系1989年12月20日经北海市人民政府 (1989)159号文件批准重组设立的交 通运输企业。公司公众股于1995年11月2日在深圳证券交易所挂牌上市。

本公司最近一次企业法人营业执照于1999年4月6日由广西壮族自治区工商行政管理局颁发。注册地:北海市海角路145号;注册号:(企)4500001000201;法定代表人:刘 凤堂;注册资本:壹亿肆仟伍佰肆拾捌万陆仟元(14,548.6万元);企业类型:股份有限公司(上市);经营范围:投资兴建港口、码头,装卸管理及服务,交通运输及船舶修理,机 械加工及修理,外轮供应及外轮理货,房地产开发(二级),住宿,饮食,国内商业贸易(国家有专项规定除外),机电配件、汽油、柴油等的购销。

北海市国有资产管理局与中国华能集团公司于1998年11月17日签定协议,将其持 有的本公司部分国有股5,819.44万股,占总股本的40.00%,转让给中国华能集团公司。根据转让协议,并经广西壮族自治区国有资产管理局桂国资企字(1998)37号、财政部 财管字(1998)69号、广西壮族自治区证券管理办公室桂证办字(1998)25号、中国证券监督管理委员会证监函(1999)4号文件批准,同意北海市国有资产管理局将其持有的国有股中的5,819.44万股,转让给中国华能集团公司,每股转让价格2.0375元,转让总金 额人民币11,857.109万元。本次股权转让生效日为1999年1月9日,已于1999年2月4日 在深圳证券登记结算公司办理了股权变更手续。

公司二届董事会第十二次会议关于1999年增资配股的预案,经1999年3月12日召开的1998年度股东大会审议通过,经中国证监会南宁监管特派员办事处桂证办字[1999]25号文初审通过,并经中国证券监督管理委员会证监公司字[1999]38号文核准,以1998 年12月31日总股本14,548.6万股为基数,按10:3的比例向全体股东配股,每股配股价格人民币6.00元。本次配股工作已于1999年8月9日结束。增资配股后公司总股本为18,847.18万股,其中,中国华能集团公司7,565.272万股,占40.14%;北海市国资局5,341.908万股,占28.34%;境内上市流通股5,720.00万股,占30.35%;其余法人股220.00万股,占1.17%。除北海市国资局和中国华能集团公司外,其余法人股股东放弃配股权共计66万股。

1999年11月3日本公司与宁波保税区华能联合开发有限公司共同出资设立宁波北 华投资有限责任公司,本公司出资3000万元,取得60%的股权。1999年11月22日宁波北 华投资有限责任公司以现金人民币2,049.08万元,受让浙江华能海运公司100.00%的股权。宁波北华投资有限责任公司成为本公司的控股子公司,浙江华能海运公司成为本 公司的全资孙公司。

(2)公司重要会计政策、会计估计和合并会计报表的编制方法

(3)税项

主要税项	计税基础	税率(%)
增值税	纳税收入额	6
营业税	货运收入、装卸收入、港务管理收入	3
营业税	代理收入、堆存收入、酒店及其他	5
城市维护建设税	应纳增值税、营业税额	7
教育费附加	应纳增值税、营业税额	3
企业所得税	应纳税所得额	★

★北海新力实业股份有限公司企业所得税适用政策:

按照《广西壮族自治区人民政府关于重新印发推动横向经济技术协作若干政策规定的通知》(桂政发〈1997〉71号)规定,区外企业单位到我区独办或联办企业,投资开发能源、交通以及到我区49个贫困县开展的经济联合项目,对外来方所获利润,5年内 给予头3年免征,后2年减半征收企业所得税的照顾。

《财政部关于股份制企业联营企业所得税有关预算管理问题的补充通知》(财预 字〈1997〉324号)规定,由中央所属企事业单位和地方所属企事业单位联合与其他企 业和个人(包括社会公众股、内部职工股等)组成的股份制企业缴纳的企业所得税,按 中央与地方所占的股份由中央和地方政府共同分享,分别作为中央预算收入和地方预 算收入,其他企业和个人投资部分不计入中央或地方分享税收的计算比例。

中国华能集团公司属于广西壮族自治区区外企业,同时又是中央所属企业单位,按上述文件规定,1999年-2001年中国华能集团公司在北海新力实业股份有限公司所获利润免交企业所得税,2002年-2003年减半交纳企业所得税,按预算分享比例,中央预算收入比例为57.63%。

公司属地方财政预算部分,根据北海市人民政府北政函 (1998)47号文《关于撤销 北政办函(1995)32号文的函》批复,按33%税率缴纳所得税后,由市财政返还18%。 综上所述 宁波北华投资有限责任公司属宁波保税区注册的非生产性企业,按保税区有关部 门优惠政策第一个经营年度可免交企业所得税。 浙江华能海运有限公司企业所得税适用政策: 浙江华能海运有限公司企业所得税税率为33.00%。

(4)控股子公司及合营企业

企业名称	注册资本	经营范围	本公司投资额	本公司所占权益比例	是否合并
宁波北华投资有限责任公司 *1	50,000,000.00	实业投资、房地产开发投资、保税仓库	30,000,000.00	60%	是
浙江华能海运有限公司 *2	15,000,000.00	中国沿海货物运输,船舶经营中介,船用工具销售	15,000,000.00	100%	是
舟山华能建材有限责任公司 *2	900,000.00	石料采选,建筑材料购销	750,000.00	83.33%	否
舟山华能房地产有限公司 *2	5,000,000.00	房地产综合开发,建筑材料,预制构件的销售,房地产业的咨询服务	5,000,000.00	100%	否
上海北华企业发展有限公司 *4	10,000,000.00	房地产综合开发,物业管理	5,000,000.00	50%	否
深圳华能汇智实业有限公司 *3	180,000,000.00	房地产开发、实业投资	30,000,000.00	16.70%	否
中国北海外轮代理公司 *1	5,500,000.00	外轮代理及服务	5,500,000.00	100%	是
北海中港散化包装有限责任公司 *3	5,100,000.00	散化肥包装材料	4000,000.00	23.53%	否
海南中海船务有限公司 *3	10,000,000.00	海上运输	1,973,615.70	2.53%	否
上海泰利船务公司 *3	10,500,000.00	海上运输	50,000.00	0.8%	否
北海民族股份有限公司	50,000,000.00		500,000.00	1%	否

*1 本公司的子公司。*2 宁波北华投资有限责任公司的子公司,本公司的孙公司。

*3 本公司的合营企业。 *4 宁波北华投资有限责任公司的合营企业。

宁波北华投资有限责任公司系本公司于1999年11月3日与宁波保税区华能联合开 发有限公司共同出资组建的有限责任公司。注册资本5000万元,本公司出资3000万元,取得60.00%的股权,对此投资本公司采用权益法核算并合并会计报表。按财政部有关 文件规定,仅合并了期末数,未合并期初数。

浙江华能海运有限公司系宁波北华投资有限责任公司1999年11月22日与中国华能浙江公司签署《转让协议》,以现金人民币2049.08万元受让浙江华能海运有限公司100.00%的股权,该公司成为本公司的全资孙公司。转让生效日为1999年11月22日,1999 年11月23日至1999年12月31日的收益已合并入本公司1999年度会计报表,上述期间本 公司获得投资净收益149.75万元。

上海北华企业发展有限公司系宁波北华投资有限责任公司1999年12月深圳市华能汇智实业有限公司共同出资组建的有限责任公司。注册资本1000万元,本公司出资500万元,取得50.00%的股权,对此投资本公司采用成本法核算。1999年度本公司获得投资净收益356.77万元。

深圳市华能汇智实业有限公司系本公司的参股企业,注册资本18000万元,1999年10月14日本公司出资3000万元,取得16.67%的股权,对此投资本公司采用成本法核算。1999年度本公司获得投资净收益300万元。

(5)利润分配方法

根据《公司法》和公司章程,公司净利润分配顺序及比例如下:(1)弥补公司上年亏损;(2)提取法定盈余公积:按净利润10%提取;(3)提取法定公益金:按净利润5%提取;(4)提取任意公积金:经股东大会决议提取;(5)支付普通股利:按股东大会决议分配。

(6)合并会计报表主要项目注释

1)货币资金

项目	期初数	期末数
现金	14455.48	39570.85
其中:人民币	14455.48	39570.85
银行存款	35220585.22	158522726.74
其中:人民币	32023392.26	155842287.03
其他货币资金(外埠存款)		2303254.35
合计	35235040.70	160865551.94

1999年12月31日美元存款282,172.12,汇率8.2795折人民币2,336,252.27元;1999年12月31日港币存款323,211.04元,汇率1.0649折人民币344,187.44元。

2)短期投资

项目	期初数		期末数	
	投资金额	跌价准备	投资金额	跌价准备
股票投资			2876024.65	219770.65
债券投资			74859560.12*1	
其他投资			1200000.00	
合计			78935584.77	219770.65

3)应收票据

应收单位	票据金额	票据起止日	备注
广西壮族自治区八一铁合金总厂	350,000.00	99.8.5-2000.2.5	已兑现
柳州钢铁公司	699,600.00	99.7.21-2000.1.21	已兑现
合计	1049600.00		

15)应交税金

税种	期初数	期末数
增值税	3277.39	13681.52
营业税	136062.18	933801.06
所得税	14081.67	1986328.14
城市维护建设税	11950.37	68730.77
个人所得税	57824.17	1886873.26
房产税	126925.83	94753.89
车船使用税	78.00	78.00

土地增值税	20818.82	20818.82
印花税	960.00	
合计	371978.43	5005065.46

(18)股本　　　　　　　　　　单位:股

项目	本次变动前	本次变动增减(+、-) 配股	送股	股权转让	其他	小计	本次变动后
一、尚未流通部分	101486000	29785800				29785800.00	131271800.00
1.发起人股份	101486000	29785800				29785800.00	131271800.00
其中:							
国家拥有股份	99286000	12327480		-58194400		-45866920.00	53419080.00
境内法人拥有股份	2200000	17458320		58194400*1		76652720.00	77852720.00
二、已流通股份							
1.境内上市的人民币普通股	44000000	13200000				13200000.00	57200000.00
已流通股份合计	44000000	13200000				13200000.00	57200000.00
三、股份总数	145486000	42985800*2				42985800.00	188471800.00

1:国有股经批准已于1999年1月9日转让给中国华能集团公司5,819.44万股,并于1999年2月4日办理了股权转让手续。

*2:公司1999年1月9日召开的1998年度股东大会通过,经中国证监会南宁证券监管特派员办事处桂证办字(1999)25号文批准,中国证券监督管理委员会证监公司字(1999)38号文复审通过,按10:3配股(境内法人股股东放弃220万股配股权),每股配股价6元 。

23)投资收益

项目	本年发生数	上年发生数	备注
债券投资收益		1852.20	
股权投资收益	6719432.26*	422500.00	
国库券投资收益	1300000.00		
其他			
合计	8019432.26	424352.20	

其中: 主要是深圳市华能汇智实业有限公司分回3,000,000.00元,

对上海北华企业发展有限公司投资采用权益法核算,年末按占该公司股权比例调 整所有者权益净增加额3,567,726.96元。

24)其他业务利润

一九九九年度:

项目	收入	成本	利润
场地租赁	2248545.24	299654.18	1948891.06
招待所(含海港酒店)	605063.00	769676.15	-164613.15
加油站	476835.58	438099.44	38736.14
其他	554428.53	265823.08	288605.45
合计	3884872.35	1773252.85	2111619.50

25)营业外收入

主要项目类别	本年发生数	上年发生数
处理固定资产净收益	25716.00	18344.00
罚款收入	10550.00	601611.47
无法支付应付帐款		1644262.79
按评估确认后固定资产原值计提折旧转销额	1785075.16*	1785075.16
停薪留职金		131893.50
其他	247840.00	154780.00
合计	2201074.66	4204073.42

:根据财政部财会字(1998)16号文精神,对按评估增值确认后的固定资产原价计提折旧大于原帐面价值计提折旧的差额进行转销。

(7)分行业资料

项目	营业收入		营业成本		营业毛利	
行业	上年数	本年数	上年数	本年数	上年数	本年数
装卸业务	46994565.51	33067937.89	26285121.85	21817608.28	20709443.66	11250329.61
堆存业务	16324304.78	20432309.30	4611474.61	3861297.68	11712830.17	16571011.62
代理业务	4165344.68	3916800.01	1454045.22	1450799.81	2711299.46	2466000.20
理货业务	726778.75	799892.32	695035.49	635253.33	31743.26	164638.99
运输业务	1455161.69	5248103.60	1066685.95	2449601.81	388475.74	2798501.79
合计	69666155.41	63465043.12	34112363.12	30214560.94	35553792.29	33250482.18

(8)关联方关系和关联交易

1)存在控制关系的关联方

A、存在控制关系的关联方

企业名称	注册地	主营业务	与本企业关系	经济性质或类型	法定代表人
中国华能集团公司	北京市海淀区复兴路23号	能源交通开发	母公司	国有企业	刘金龙
舟山华能建材有限责任公司	浙江省舟山市	石料采选,建筑材料购销	子公司	有限责任公司	
舟山华能房地产有限公司	浙江省舟山市	房地产综合开发,建筑材料,预制构件的销售,房地产业的咨询服务	子公司	有限责任公司	

B、存在控制关系的关联方的注册资本及其变化(单位:人民币万元)

企业名称	年初数	本年增加数	本年减少数	期末数
中国华能集团公司	190000.00			190000.00
舟山华能建材有限责任公司	90.00			90.00
舟山华能房地产有限公司	500.00			500.00

C、存在控制关系的关联方所持股份或权益及其变化(单位:股)

企业名称	年初数 金额	比例%	本年增加 金额	比例%	本年减少 金额	比例%	期末数 金额	比例%
中国华能集团公司			75652720.00	40.14			75652720.00	40.14
舟山华能建材有限责任公司			125093.30	83.33			125093.30	83.33
舟山华能房地产有限公司			4892237.13	100.00			4892237.13	100.00

2)不存在控制关系的关联方

企业名称	与本公司的关系
北海中港散化包装有限责任公司	本公司的对外参股企业
深圳市华能汇智实业有限公司	本公司的对外参股企业
海南中海航务有限公司	本公司的对外参股企业
上海泰利船务公司	本公司的对外参股企业
北海民族股份有限公司	本公司的对外参股企业
上海北华企业发展有限公司	本公司的对外参股企业
上海华能企业发展公司	同属华能集团控制的子公司
中国华能浙江公司	同属华能集团控制的子公司
宁波保税区华能联合开发有限公司	同属华能集团控制的子公司
珠海华能技术开发公司	同属华能集团控制的子公司

3)关联方应收应付款项

项目	关联方名称	期初数	期末数
短期投资	宁波保税区华能联合开发有限公司		1200000.00
应收帐款	北海中港散化包装有限责任公司		141697.72
	宁波保税区华能联合开发有限公司		1600000.00
其他应收款	北海中港包装有限责任公司		143578.70
	宁波保税区华能联合开发有限公司		6700000.00
	北海市港务局		17206656.10
	珠海华能技术开发公司		2400000.00
预收帐款	深圳华能汇智实业有限公司		1430000.00
其他应付款	上海北华企业发展有限公司		4000000.00
应付帐款	舟山华能房地产有限公司		4280200.00
长期借款	中国华能浙江公司		3497.000.00

4)关联交易

本公司控股子公司宁波北华投资有限责任公司于1999年11月22日协议受让原属中国华能浙江公司的浙江华能海运有限公司,协议受让价按财政部核准的浙江华能海运 有限公司1998年12月31日资产评估报告书所载明的净资产计价,为人民币20,490,800.00元。本次收购费用已按协议全额付清。按有关的董事会和股东会决议,本公司获得 浙江华能海运有限公司1999年度投资净收益1,497,472.28元。

公司所属孙公司上海北华企业发展有限公司1999年12月17日从上海华能企业发展公司转帐购进上海华能大厦14-16层及地下车位69个,计85,092,490.00元。同月转帐 收取上海华能企业发展公司1999年1月8日至1999年12月31日的房屋租金11,230,000.00元, 获得净收益7,135,453.92元,按所占股权比例,本公司获得投资净收益3,567,726.96元。

宁波北华投资有限责任公司第一届第三次董事会决议及1999年度股东会决议,1999年度净利润按10%提取法定公积金,按5%提取法定公益金,所余净利润全额分配予北海新力实业股份有限公司。1999年度宁波北华投资有限责任公司实现净利润4,739,064.00元,提取两金后的可供分配利润4,028,204.40元全部分配给北海新力实业股份有限 公司。

深圳市华能汇智实业有限公司关于向北海新力公司分配99年度优先股股利的决定决定,北海新力实业股份有限公司持有的公司股份为公司优先股,在公司股东利润分红不到出资资本的10%时,公司优先保证其出资资本的10%的利润分红。公司决定分配给 北海新力实业股份有限公司1999年股利300万元。

(9)或有事项

1、公司所属客运站在北海市仁合城市信用社存款2,037,867.13元。1998年10月26日中国建设银行广西壮族自治区分行公告,依法对该信用社和其他11家城市信用社、城市信用合作社联合社的债权、债务进行托管,截止1998年12月26日,公司已进行债权登记,债权确认书号为原北海市仁合信用合作社NO.0049921号。2000年1月14日北海市仁合信用合作社清算组已经关闭,该笔债权可能存在损失。 2、本公司子公司—中国北海外轮代理公司被T油轮公司、M.T.M船务公司、株式 会社韩进海运公司等三公司于1999年8月27日以无正本提单放货为由,在北海事法院起诉,中国北海外轮代理公司作为第一被告,涉诉金额480万美元。

(10)期后事项

1、公司在交通银行海角办事处504201500232帐户中的存款2270万元,因中国旅游国际信托投资有限公司与北海新力实业股份有限公司借款合同纠纷,被北海市中级人 民法院[1999]北经初字第88-2号协助冻结存款通知书冻结,冻结时间为2000年2月1日 至2000年8月1日。

2、宁波保税区华能联合开发有限公司投入宁波北华投资有限责任公司的实物资 产12,866,900.00元,其中有关房地产过户手续尚在办理过程中。

(九) 公司的其他有关资料

1、公司首次注册登记日期:1988年1月25日

地址:广西壮族自治区工商行政管理局

2、企业法人营业执照注册号:19822958-X

3、税务登记号码:45050219822958X

4、公司未流通股票的托管机构名称:广西北海股权证托管中心

5、公司报告期内证券主承销机构名称:大鹏证券有限公司

6、公司聘请的会计师事务所名称:四川华信(集团)会计师事务所

地址:成都市洗面桥下街5号

(十)备查文件目录

1、载有法定代表人、财务负责人、会计经办人员亲笔签字盖章的财务报表;

2、载有会计师事务所盖章、注册会计师亲笔签字并盖章的审计报告正本;

3、报告期内在中国证监会指定报纸上公开披露过的所有公司文件的正本及公告 的原稿。

北海新力实业股份有限公司董事会　　二000年四月十八日

资产负债表　　1999年12月31日　　单位:元(会股01表)

编制单位:北海新力实业股份有限公司

资产	母公司 期初数	母公司 期末数	合并数 期初数	合并数 期末数
流动资产:				
货币资金	30376971.16	136953559.36	35235040.70	160865551.94
短期投资		56200000.00		78935584.77
减:短期投资跌价准备				21770.65
短期投资净额		56200000.00		78715814.12
应收票据		1049600.00		1049600.00
应收股利		4028204.40		
应收利息				
应收帐款	26770962.31	19603938.93	27552650.74	27964456.63
其他应收款	73305857.30	47637993.43	73543099.45	34508463.43
减:坏帐准备	4084924.87	3772284.58	4141616.65	4546740.98
应收帐款净额	95991894.74	63469647.78	96954133.54	57926179.08
预付帐款	66000.00	123500000.00	66000.00	125740.00
应收补贴款				
存货	1245328.07	1717612.15	1245328.07	2064886.85
减:存货跌价准备		65068.27		65068.27
存货净额	1245328.07	1652543.88	1245328.07	19998181.58
待摊费用	123608.29	94166.66	123608.29	1047899.08

待处理流动资产净损失				
一年内到期的长期债权投资				
其他流动资产				
流动资产合计	127803802.26	263571222.08	133624110.60	301730602.80
长期投资:				
长期股权投资	8248806.19	68616652.95	6521980.70	50108673.09
长期债权投资	8000.00	4000.00	8000.00	4000.00
长期投资合计	8256806.19	68620652.95	6529980.70	50112673.09
减:长期投资减值准备	87500.00	115000.00	87500.00	115000.00
股权投资差额				183125.15
长期投资净额	8169306.19	68505652.95	6442480.70	49814547.94
其中:合并价差				
固定资产:				
固定资产原价	321041910.58	428244618.34	321124610.58	512445314.32
减:累计折旧	91691485.14	105104602.52	91702969.00	137836555.76
固定资产净值	229350425.44	323140015.82	229421641.58	374608758.56
工程物资				
在建工程	223395178.66	150627865.53	223395178.66	150726015.49
固定资产清理				
待处理固定资产损失				
固定资产合计	452245604.10	473767881.35	452816820.24	525334774.05
无形资产及其他资产:				
无形资产	42512835.59	41855694.83	42512835.59	41855694.83
开办费				25548.52
长期待摊费用				74152.00
其他长期资产				
无形资产及其他资产合计	42512835.59	41855694.83	42512835.59	41955395.35
递延税项:				
递延税款借项				
资产总计	631231548.14	847700451.21	635396247.13	918835320.14
负债及股东权益				
流动负债:				
短期借款	5000000.00	15000000.00	5000000.00	28600000.00
应付票据				
应付帐款	2751811.94	1581987.39	2751811.94	7193120.54
预收帐款	808297.17	3181596.36	4435187.13	6713864.70
代销商品款				
应付工资		62816.36		161201.71
应付福利费	44964.77	294714.35	44964.77	459073.25
应付股利	460000.00	5900000.00	460000.00	6527886.50
应交税金	84344.56	4095570.01	371978.43	5005065.46
其他应交款	3266134.53	4676045.32	3266531.52	4676045.32
其他应付款	60055176.86	13918920.76	60304955.03	18148315.16
预提费用	10092.50	10092.50	10092.50	311921.59
一年内到期的长期负债	56265197.85	–56265197.85		
其他流动负债				
流动负债合计	128746020.18	48721743.05	132910719.17	77796494.23
长期负债:				
长期借款	220570966.05	214743114.33	220570966.05	233739763.83
应付债券				
长期应付款		53761204.26		56761204.26
住房周转金	8219798.35	2258680.00	8219798.34	2258680.00
其他长期负债				–134599.59
长期负债合计	228790764.39	270762998.59	228790764.39	292625048.50
递延税项:				
递延税款贷项				
负债合计	357536784.57	319484741.64	361701483.56	370421542.73
少数股东权益				20198067.84
股东权益				
股本	145486000.00	188471800.00	145486000.00	188471800.00
资本公积	57170696.52	264685207.36	57170696.52	264685207.36
盈余公积	20297908.37	24661300.39	20297908.37	24661300.39
其中:公益金	6026506.62	7007022.98	6026506.62	7007022.98
未分配利润	50740158.68	50397401.82	50740158.68	50397401.82
股东权益合计	273694763.57	528215709.57	273694763.57	528215709.57
负债及股东权益总计	631231548.14	847700451.21	635396247.13	918835320.14

利润及利润分配表　1999 年度　单位:元(会股 02 表)

编制单位:北海新力实业股份有限公司

项目	母公司		合并数	
	上年同期数	本年累计数	上年同期数	本年累计数
一、主营业务收入	66724508.83	56855000.54	69666155.41	63465043.12
减:折扣与折让				
主营业务收入净额	66724508.83	56855000.54	69666155.41	63465043.12
减:主营业务成本	33205321.80	27931952.65	34112363.12	30214560.94
主营业务税金及附加	2587054.90	2360861.25	2748845.47	2631334.71
二、主营业务利润	30932132.13	26562186.64	32804946.82	30619147.47
加:其他业务利润	5776468.90	2111619.50	5806468.90	2111619.50
减:存货跌价损失	65068.27		65068.27	
营业费用				
管理费用	5199984.81	3838839.12	5463222.30	4649033.58
财务费用	–544725.31	484882.99	–607650.56	613769.93
三、营业利润	32053341.53	24285015.76	33755843.98	27402895.19
加:投资收益	3254758.47	10150143.49	424352.20	8019432.26
补贴收入				
营业外收入	2559810.63	1965384.66	4204073.42	2201074.66
减:营业外支出	2361004.53	803767.29	2361004.53	810986.75
四、利润总额	35506906.10	35596776.62	36023265.07	36812415.36
减:所得税	4899808.34	1768019.99	5416167.31	2699314.89
少数股东损益				284343.84
五、净利润	30607097.76	33828756.63	30607097.76	33828756.63
加:年初未分配利润	24724125.58	50740158.68	24724125.58	50740158.68
盈余公积转入				
六、可供分配的利润	55331223.34	84568915.31	55331223.34	84568915.31
减:提取法定盈余公积	3060709.77	3382875.66	3060709.77	3382875.66
提取法定公益金	1530354.89	1691437.83	1530354.89	1691437.83
七、可供股东分配的利润	50740158.68	79494601.82	50740158.68	79494601.82
减:应付优先股股利				
提取任意盈余公积				
应付普通股股利	29097200.00		29097200.00	
转作股本的普通股股利				
八、未分配利润	50740158.68	50397401.82	50740158.68	50397401.82

现金流量表　1999 年度　单位:元(会股 03 表)

编制单位:北海新力实业股份有限公司

项目	母公司	合并数
一、经营活动产生的现金流量:		
销售商品、提供劳务收到的现金	68031650.73	70445351.46
收取的租金	2248545.24	2248545.24
收到的除增值税以外的其他税费返还		
收到的其他与经营活动有关的现金	6113320.95	12066802.01
现金流入小计	76393516.92	84760698.71
购买商品、接受劳务支付的现金	11618415.50	12857313.71
经营租赁所支付的现金		
支付给职工以及为职工支付的现金	17739989.76	18252067.84
支付的增值税款	31856.03	31856.03
支付的所得税款	783834.00	1251042.64
支付的除增值税、所得税以外的其他税费	5006176.68	5200471.07
支付的其他与经营活动有关的现金	11211560.14	18546850.58
现金流出小计	46391832.11	56139601.87
经营活动产生的现金流量净额	300001684.81	28621096.84
二、投资活动产生的现金流量:		
收回投资所收到的现金	51804000.00	50730329.64
分得股利或利润所收到的现金	4492411.25	
取得债券利息收入所收到的现金	1300000.00	1300000.00
处置固定资产、无形资产和其他长期资产而收回的现金净额	25716.00	25716.00
收到的其他与投资活动有关的现金	1430000.00	5054967.36
现金流入小计	59052127.25	57111013.00
购建固定资产、无形资产和其他长期资产所支付的现金	29800392.42	32535744.07
权益性投资所支付的现金	61500000.00	59916824.65
债权性投资所支付的现金	108000000.00	127859560.12
支付的其他与投资活动有关的现金	27630000.00	7400000.00
现金流出小计	226980392.42	227712128.84
投资活动产生的现金流量净额	–167928265.17	–170601115.84
三、筹资活动产生的现金流量:		
吸收权益性投资所收到的现金	252414800.00	259527900.00
发行债券所收到的现金		
借款所收到的现金	105500000.00	114800000.00
收到的其他与筹资活动有关的现金	4400000.00	4400000.00
现金流入小计	362314800.00	378727900.00
偿还债务所支付的现金	21000000.00	21000000.00
发生筹资费用所支付的现金		
分配股利或利润所支付的现金	10598242.78	10571314.78
偿付利息所支支付的现金	45223588.66	38562672.21
融资租赁所支付的现金		
减少注册资本所支付的现金		
支付的其他与筹资活动有关的现金	40989800.00	40989800.00
现金流出小计	117811631.44	111123786.99
筹资活动产生的现金流量净额	244503168.56	267604113.01
四、汇率变动对现金的影响		6417.23
五、现金及现金等价物净增加额	106576588.20	125630511.24
附注:		
1.不涉及现金收支的投资和筹资活动		
以固定资产偿还债务		
以投资偿还债务		
以固定资产进行长期投资		
以存货偿还债务		
2.将净利润调节为经营活动的现金流量		
净利润	33828756.63	33828756.63
加:少数股东损益	–	284343.84
加:计提的坏帐准备或转销的坏帐	–291379.42	–144411.43
固定资产折旧	8114325.44	8318823.27
无形资产摊销	657140.76	658425.79
待摊费用的减少	29441.63	–27324.97
处置固定资产、无形资产和其他长期资产的损失(减收益)	–7995.02	–7995.02
固定资产报废损失		999.90
财务费用	484882.99	679774.25
投资损失(减收益)	–10150143.49	–8019432.26
递延税款贷项(减借项)8 存货的减少(减增加)	–472284.08	–411850.33
经营性应收项目的减少(减增加)	–6411227.14	–13260062.89
经营性应付项目的增加(减减少)	4220166.51	6572770.88
其他	148279.18	
经营活动产生的现金流量净额	30001684.81	28621096.84
3.现金及现金等价物净增加情况:		
货币资金的期末余额	136953559.36	160865551.94
减:货币资金的期初余额	30376971.16	35235040.70
现金等价物的期末余额		
减:现金等价物的期初余额		
现金及现金等价物净增加额	106576588.20	125630511.24

四 川 托 普 长 征 软 件 股 份 有 限 公 司

四川托普长征软件股份有限公司 1999 年年度报告摘要

(一) 公司简介

1、公司中文名称：四川托普长征软件股份有限公司
英文名称：sichuan top changzheng software co.,ltd.
2、公司法定代表人：宋如华
3、公司董事会秘书姓名、联系地址、电话、传真、电子信箱
董事会秘书：周涛
联系地址：成都市金牛区土桥工业开发区托普科学城
联系电话：(028)7514634 联系传真：(028)751384
电子信箱：zhoutao @ topgroup.com.cn
4、公司注册地址、办公地址及邮政编码、公司国际互联网址
注册地址：四川省自贡市贡井区建设路 284 号
办公地址：四川省自贡市贡井区建设路 284 号
邮政编码：643020
公司国际互联网址：http://www.topgroup.com.cn
5、公司选定的信息披露报纸名称、登载公司年度报告的中国证监会指定国际互联网网址、年度报告备置地点
信息披露报纸名称：《证券时报》、《中国证券报》
登载年报的国际互联网址：http://www.cninfo.com.cn
年度报告备置地点：公司董事会办公室
6、公司股票上市交易所、股票简称和股票代码
股票上市交易所：深圳证券交易所
股票简称：托普软件 股票代码：0583

(二) 会计数据和业务数据摘要

1、本年度主要会计数据和业务数据(单位：元)

利润总额：	94,490,995.70
净利润	57,505,362.51
扣除非经营性损益后的净利润：	45,550,652.12
主营业务利润：	123,222,441.93
其他业务利润：	1,201,159.04
营业利润：	86,715,601.36
投资收益：	–4,179,316.05
补贴收入：	12,597,611.09
营业外收支净额：	–642,900.70
经营活动产生的现金流量净额：	161,317,208.65
现金及现金等价物净增加额：	79,599,807.71

注：扣除非经常性损益项目及涉及金额(单位：元)

(1)营业外收支净额项目：	–642,900.70
a.处理固定资产净收益：	527,529.90
b.主副食品调控基金：	865,345.83
c.评估减值：	295,710.04
d.其他净支出：	9,374.73
(2)补贴收入项目：	12,597,611.09
a.企业所得税退税	6,852,126.32
b.营业税退税	5,614,124.77
c.超税负的增值税退税	23,116.00
d.教育费附加及城市维护建设费退税	108,244.00
(3)以上项目涉及金额：	11,954,710.39

2、前三年主要会计数据和财务指标
追溯调整后：(单位：元)

项 目	1999 年	1998 年	1997 年
主营业务收入	274,221,434.21	220,763,605.88	66,434,365.74
净利润	57,505,362.51	29,358,758.46	–20,108,547.02
总资产	739,114,530.63	659,438,716.20	390,517,977.96
股东权益(不含少数股东权益)	235,221,262.28	177,977,423.02	148,618,664.56
每股收益	0.6525	0.3332	–0.2282
每股收益(按月平均加权法计算)	0.6525	0.3332	–0.2282
扣除非经营性损益后的每股收益	0.5169	0.1545	–0.2291
每股净资产	2.6692	2.0196	1.6865
调整后的每股净资产	2.5780	1.9052	1.5670
每股经营活动产生的现金流量净额	1.8306	–0.0952	
净资产收益率%	24.4473	16.4958	–13.5303

追溯调整前(单位：元)

项 目	1998 年	1997 年
主营业务收入	220,763,605.88	66,434,365.74
净利润	44,428,270.85	1,008,091.39
总资产	693,429,957.76	411,634,616.37
股东权益(不含少数股东权益)	214,163,573.82	169,735,302.97
每股收益	0.5042	0.0114
每股收益(按月平均加权法计算)	0.5042	0.0114
扣除非经营性损益后的每股收益	0.3255	0.0105
每股净资产	2.4302	1.9261
调整后的每股净资产	2.3158	1.8066
每股经营活动产生的现金流量净额	–0.0952	
净资产收益率%	20.7450	0.5939

注：(1)上述财务指标的计算公式如下：
每股收益=净利润/年度末普通股股份总数
每股净资产=年度末股东权益/年度末普通股股份总数
调整后的每股净资产=(年度末股东权益–三年以上的应收款项–待摊费用–待处理(流动、固定)资产净损失–开办费–长期待摊费用)/年度末普通股股份总数
加权平均的净资产收益率=净利润/(年初股东权益+年末股东权益)/2×100%
每股经营活动产生的现金流量净额=经营活动产生的现金流量净额/年度末普通股股份总数
净资产收益率=净利润/年度末股东权益×100%
(2)需要说明的是：由于会计政策变更，根据财政部财会字(1999)35 号文、49 号文的有关规定，采用了追溯调整法，调整了一九九九年度合并会计报表相关的"坏帐准备"帐项、"存货跌价准备"帐项、"长期投资减值准备"帐项。
调整前各年度会计数据如下：(单位：元)

项 目	1999 年	1998 年	1997 年
坏帐准备	722,259.23	639,495.57	290,158.42
存货跌价准备			
长期投资减值准备			
未分配利润	86,150,412.18	41,529,404.34	6,893,050.66

调整后各项会计数据如下：(单位：元)

项 目	1999 年	1998 年	1997 年
坏帐准备	24,369,591.65	22,399,962.67	11,733,728.93
存货跌价准备	16,812,727.34	12,230,774.46	9,673,067.90
长期投资减值准备	1,316,254.67		
未分配利润	46,154,116.23	9,865,750.21	–14,072,374.04

3、报告期内股东权益变动情况及变化原因

项目	股 本	资本公积	盈余公积
期初数(元)	88124313.20	47490245.94	23721359.31
本期增加(元)	——	908476.75	11174850.95
本期减少(元)			
期末数(元)	88124313.20	48398722.69	34896210.26

项目	法定公益金	未分配利润	股东权益合计
期初数(元)	8775754.36	9865750.21	177977423.02
本期增加(元)	8872145.54	36288366.11	57243839.26
本期减少(元)			
期末数(元)	17647899.90	46154116.23	235221262.28

变动原因：资本公积增加是因为股权投资准备增加。
盈余公积和法定公益金变动是因为本年度利润提取数额。
未分配利润的变动是因为本年度利润增加和因为计提四项准备调整年初利润。

(三) 股东情况介绍

(1)报告期末公司股东总数 27836 户。
(2)前十名股东持股情况

股东名称	持股量(股)	持股比例(%)
1、四川托普科技发展公司	42,624,313	48.37
2、四川省信托投资公司	3,780,000	4.29
3、长征置业总公司	2,884,000	3.27
4、自贡市银建房地产综合开发公司	840,000	0.95
5、自贡市自通房地产综合开发公司	700,000	0.79
6、工行四川省信托投资公司自贡办事处	560,000	0.64
7、自贡市财源开发公司	560,000	0.64
8、四川省投资集团有限责任公司	420,000	0.48
9、中国农业银行自贡市分行城区支行	420,000	0.48
10、何灿荣	310,000	0.35

注：a 报告期内，公司股本结构无变动。
b 四川托普科技发展公司共持有公司法人股 42,624,313 股，其中 30,000,000 股曾分别于 1999 年 7 月及 1999 年 10 月为公司的"综合业务数字网终端设备和应用系统的产业化"项目、流动资金周转借款及"TP 家用多媒体电脑"扩大生产规模向中国工商银行成都市滨江支行提供了股权质押。现已解除质押。
(3)四川托普科技发展公司为本公司第一大股东，所持股份占总股本的 48.37%。
法定代表人：宋如华
经营范围：电子、计算机及通信技术、电器机械及汽配的开发、电子显示屏制造、电子及计算机网络工程安装；零售、批发、代购、代销化工产品、五金、普通机械、塑料制品。

(四) 股东大会简介

1、报告期内召开 3 次股东大会。
——1999 年 2 月 12 日，公司召开临时股东大会。大会审议通过了聘任四川君和会计师事务所为本公司审计单位，聘期一年的议案，3 月 1 日，公司在《证券时报》、《中国证券报》刊登临时股东大会决议公告。
——1999 年 4 月 23 日，公司召开了 1998 年度股东大会。4 月 24 日，公司在《证券时报》、《中国证券报》刊登了公司 1998 年度股东大会决议公告。
——1999 年 9 月 28 日，公司召开临时股东大会。审议通过了《关于收购"电子技术"股权的议案》、《关于出售资产的议案》，由于原拟转让的公司机床业务债权的审计工作尚未完结，故大会对原定的《关于转让债权的议案》未纳入本次股东大会讨论作了相关说明。9 月 29 日，公司在《证券时报》、《中国证券报》刊登临时股东大会决议公告。

(五) 董事会报告

1、公司经营情况
(1)公司所处的行业
公司主要从事计算机软件、硬件、网络产品、通讯产品、应用电子技术产品、金属加工机械等的开发、研制，工程安装服务、销售和进出口业务，产品主要分为二大系列，即 1、计算机软、硬件产品及其系统集成；2、长铣品牌数控机床类产品。公司建立有遍布全国的市场营销网络，形成遍布东北、华北、西北、华中、华东、华南、西南等地的地区销售网，建立了经销商、代理商的分级销售体系。
(2)公司主营业务的范围及经营情况
公司的主营业务为计算机软、硬件产品的研究、开发、生产、销售及其系统集成，数控机床系统的研究、开发、生产与销售。

成都蜀都大厦股份有限公司

一、公司简介

1、公司名称:成都蜀都大厦股份有限公司
英文名称:CHENGDU SHUDU MANSION CO,LTD.
2、公司法定代表人:程高潮
3、公司董事会秘书:罗亦弟　董事会秘书授权代表:郇善生
联系地址:成都市蜀都大道暑袜北三街20号
电话:(028)6752215　6757539　传真:(028)6741677
4、公司注册地址:四川省成都市蜀都大道暑袜北三街20号　邮政编码:610016
公司办公室地址:四川省成都市蜀都大道暑袜北三街20号　邮政编码:610016
公司电子信箱:Sdxl1234@mail.sc.cninfo.net
5、公司选定的信息披露报纸名称:《证券时报》、《中国证券报》;
登载公司年度报告的国际互联网网址:深交所"巨潮证券资讯网":www.cninfo .com.cn
6、公司股票上市交易所:深圳证券交易所
股票简称:蜀都A　股票代码:0584

二、会计数据和业务数据摘要

1、报告期主要业务数据摘要

利润总额(元)	-140,939,947.43
净利润(元)	-140,939,947.43
扣除非经营性损益后的净利润	-140,939,947.43
主营业务利润(元)	18,816,566.13
其它业务利润(元)	1,291,033.55
营业利润	-123,237,024.07
投资收益(元)	-15,701,804.47
补贴收入(元)	
营业外收支净额(元)	-2,001,118.89
经营活动产生的现金流量净额(元)	34,952,024.59
现金及现金等价物净增加额(元)	7,505,447.13

2、主要财务指标

项目	1999年(元)	1998年(调整前)	1998年(调整后)	1997年(调整前)	1997年(调整后)
主营业务收入	129812597.27	162460251.40	160060251.40	201252706.94	201252706.94
净利润	-140939947.43	4063255.77	-61785495.78	60880790.77	-63784108.11
总资产	779018583.26	1067334308.03	884741216.67	1136153932.98	1018624376.32
股东权益	303176696.96	654392241.28	451194894.09	658546881.24	541017324.58
每股收益	-0.697	0.02	-0.31	0.33	-0.32
每股收益加权	-0.697	0.021	-0.31		
每股净资产	1.50	3.24	2.23	3.26	2.68
调整后每股净资产	1.23	2.90	1.87		
净资产收益率	-46.49%	0.62%	-13.69%	9.24%	-11.79%
净资产收益率加权	-37.34%	0.619%	-11.14%		
每股经营活动产生的现金流量净额	0.173	-0.18	-0.118		
扣除非经营性损益后的每股收益	-0.697	-0.02	-0.31		

3、报告期内股东权益变更情况(单位:人民币)

项　目	股本	资本公积	盈余公积	其中:法定公益金	未分配利润	股东权益计
期初数	202235080.19	339095288.90	35434128.89	12959330.27	-125569603.89	451194894
末期增加					-140939947.43	-140939947
末期减少		7078249.70			7078249.70	
期末数	202235080.19	332017039.20	35434128.89	12959330.27	-266509551.32	303176696

变动原因:资本公积金减少7,078,249.70元,是根据财政部财会字(1998)16号文调整资产评估增值准备。未分配利润增加-140,939,947.43元主要是因计提四项准备和 核销坏帐处理不良资产及本年经营性亏损所致。

三、股东情况

(1)报告期末公司股东总数35,797名。

(2)持有公司股份前10名股东的持股情况。

股东名称	年初持股数(股)	年末持股数(股)	占总股本比例%
1 成都市国有资产投资经营公司	34,272,051	37,699,255	18.64
2 中国东方电气集团公司	10,151,287	11,166,415	5.52
3 四川省长江企业(集团)公司	7,727,455	8,500,200	4.20
4 西藏自治区国资局	6,500,000	7,150,000	3.54
5 成都市煤气总公司	4,930,576	5,423,633	2.68
6 成都市信托投资公司	4,275,487	4,703,035	2.33
7 成都市食品公司	3,980,553	4,378,608	2.16
8 成都市汇通城市合作银行	3,873,250	4,260,575	2.11
9 四川天成金银制品金店	2,128,768	2,341,644	1.16
10 阿坝州经济技术协作开发总公司	2,100,077	2,310,084	1.14

注:A、持有本公司5%以上股权的股东是成都市国有资产投资经营公司(本公司国有股)和中国东方电气集团公司(法人股),其所持有的股份报告期内无质押行为。

B、本公司前10名股东之间不存在关联关系。

四、董事会报告

1、公司经营情况

(1)本公司是以物业经营为基础的,集宾馆旅游、餐饮娱乐服务、写字间出租、商 场、房地产开发销售、制冷工程和科技企业为一体的综合性企业。

(2)公司主营业务的范围及经营状况:

1.本公司主营业务有:宾馆旅游、餐饮娱乐服务;家电及百货贸易;制冷工程设计 、安装及维修;针纺织品的出口贸易;电子粉体材料等科技产品的生产、销售;汽车租 赁及出租车运营等。

2.经营状况:1999年,本公司实现营业收入12,981.26万元,净利润为-140,939,947.43元。其中:按有关规定处理公司历史遗留问题和计提四项准备金影响利润94,963,548.29元,财务费用计算方法的改变影响利润26,396,399.14元,经营利润为-19,580,000.00元。

其中占公司主营业务收入10 %以上的业务经营活动及行业属性:

A、宾馆旅游实现营业收入2,305.07万元,利润-452.48万元,经营业务有:住宿、餐饮旅游、写字间出租等。其行业属性为:服务业。

B、国内商品批发、零售贸易实现营业收入1732.8万元,利润-386.16万元。经营 业务有:家电、服装百货、家私等。其行业属性为:批发零售贸易业。

东北输变电机械制造股份有限公司

一、公司简介

1.中文名称:东北输变电机械制造股份有限公司　简称:东北电
英文名称:Northeast Electrical Transmission &Transformation Machinery Manufacturing Company Limited　缩写:NEMM
2.法定代表人:项永春先生
3.董事会秘书:厉斌先生
4.注册及办公地址:中国辽宁省沈阳市铁西区北二中路18号　邮政编码:110025
电话:(86)24-25854553　传真:(86)24-25618447
网站:www.china-dbd.com　电子邮件:nemm@pub.ln.cninfo.net
5.年度报告备置地点:　董事会办公室
6.信息披露报纸名称:《中国证券报》、《证券时报》、《文汇报》、英文《虎 报》
7.登载年度报告的中国证监会指定国际互联网网址:www.cninfo.com.cn
8.股票上市地及代码:
H股上市地点:—香港联合交易所有限公司　A股上市地点:—深圳证券交易所
—股票简称:东北输变电　—股票代码:0042　—股票简称:东北电　—股票代码:0585

二、财务数据摘要

1、按中国会计制度及准则编制的财务数据摘要:

	1999年(人民币千元)
利润总额	(164,885)
净利润	(166,837)
扣除非经常性损益后的净利润	(170,786)
其中:主营业务利润	303,068
其他业务利润	19,561
营业亏损	(170,803)
投资收益	1,969
营业外收支净额	3,949
现金及现金等价物净减少额	22,214
其中:经营活动产生的负现金流量净额	75,364

注:扣除非经常性损益项目及涉及金额(单位:人民币千元):

出口退税	3,570
增值税返还	350
固定资产处置损失	(657)
其他	687
合计:	3,949

指标项目	1999年	1998年	1997年
(1) 主营业务收入	1,406,926	1,557,592	1,563,395
(2) 净(亏损)/利润	(166,837)	7,917	84,022
(3) 总资产	4,223,589	4,127,166	3,649,389
(4) 股东权益(不含少数股东权益)	1,550,659	1,717,496	1,709,578
(5) 每股(亏损)/收益	(0.191)	0.009	0.096
(6) 扣除非经常性损益后的每股(亏损)/收益	(0.196)	(0.012)	0.076
(7) 每股净资产	1.775	1.967	1.957
(8) 调整后的每股净资产	1.767	1.912	1.881
(9) 每股经营活动产生的现金流入/(流出)净额	(0.086)	(0.001)	(0.052)
(10) 净资产收益率(%)	(10.76)	0.46	4.91
(11) 加权平均净资产收益率(%)	(10.21)	0.46	5.04

报告期内股东权益变动情况

项目	股本	资本公积	法定盈余公积金	其中:法定公益金	未分配利润/(累计亏损)	合计
期初数	?73,370	603,394	150,797	31,441	89,935	1,717,496
本期增加	0	0	1,248	368	0	1,248
本期减少	0	0	0	0	(168,085)	(168,085)
期末数	873,370	603,394	152,045	31,809	(78,150)	1,550,659

说明:(1) 法定盈余公积金增加是由于按有盈利的子公司税后净利润的10%提取所致。

(2) 法定公益金增加是由于按有盈利的子公司税后净利润的5%提取所致。

(3) 未分配利润减少是由于变化是由于本年度亏损及计提盈余公积金所致。

三、股本结构及股东情况

1、股本

(1)股本结构情况及本期股份变动情况表(数量单位:股)

	期初数	增减变动(+/—)	期末数
1、尚未流通股份			
国家拥有股份	450,520,000		450,520,000
社会法人股	21,300,000		21,300,000
内部职工股	113,600,000	-113,600,000	0
2、已流通股份			
境内上市的A股	30,000,000	+113,600,000	143,600,000
境外上市的H股	257,950,000		257,950,000
3、股份总数	873,370,000		873,370,000

(2) 内部职工股上市:本公司内部职工股共11,360万股(含冻结的高管人员持股31,311股)已于1999年1 月26日在深圳证券交易所全部上市流通。

2、股东

(1)报告期末的股东数量:于1999年12月31日,本公司股东人数87,934人。其中国有法人股股东1人,社会法 人股股东10人,上市H股股东273人,上市A股股东 87,650人.

(2)本公司前十名股东名单

序号	股东名称	类别	期初持股数	期末持股数	比例%
1	东北输变电设备集团公司	国有法人股	450520000股	450520000股	51.58
2	香港中央结算(代理人)有限公司	香港上市H股	250272998股	250816998股	28.72
3	工行沈阳市信托投资公司	社会法人股	7100000股	7100000股	0.81
4	深圳蛇口工业区	社会法人股	4970000股	4970000股	0.57
5	深圳中达软件开发公司	社会法人股	4970000股	3550000股	0.40
6	华南冷藏(深圳) 有限公司	社会法人股	1420000股	1420000股	0.16
7	陕西秦建科技投资公司	社会法人股	1420000股	1420000股	0.16
8	中建蛇口发展有限公司	社会法人股	1065000股	1065000股	0.12
9	深圳宝安坑经发展公司	社会法人股	710000股	710000股	0.08
10	中国水利电力物资沈阳公司	社会法人股	710000股	710000股	0.08

四川省长江企业(集团)股份有限公司

(一) 公司简介

1、公司名称:四川省长江企业(集团)股份有限公司
英文名称:SICHUAN CHANGJIANG BUSINESS ENTERPRISE (GROUP) COMPANY LIMITED 英文缩写:SCEC
2、公司法定代表人:郭新荣
3、公司董事会秘书:彭子都 授权代表:郭丽红
联系地址:四川省成都市府青路一段34号
电话号码:(028)3324561 3339888 传真号码:(028)3333896
4、注册地址:中国四川省成都市府青路一段34号 邮政编码:610082
电子信箱:scec@mail.sc.cninfo.net
5、公司选定的信息披露报纸:《中国证券报》、《证券时报》
中国证监会指定登载公司年度报告的国际互联网网址:http//www.cninfo.com.cn
公司年度报告备置地点:公司证券部
6、公司股票上市交易地点:深圳证券交易所 股票简称:川长江A 股票代码:0586

(二) 会计数据和业务数据摘要

1、本年度会计数据摘要 (元)

利润总额	4,710,726.07
净利润	3,911,556.67
扣除非经营性损益后的净利润	3,516,567.93
主营业务利润	13,950,410.90
其他业务利润	0.00
营业利润	–1,066,305.70
投资收益	5,406,751.59
补贴收入	470,000.00
营业外收支净额	–99,719.82
经营活动产生的现金流量净额	43,374,302.00
现金和现金等价物净增加额	30,314,112.74

注:非经常性损益扣除项目及金额如下:

(1)补贴收入	470,000.00
(2)处理固定资产净支出	–75,011.26

2、公司前三年主要会计数据及财务指标 单位:人民币元

项目	1999年	1998年 调整前	1998年 调整后	1997年 调整前	1997年 调整后
主营业务收入	396,700,668.54	484,425,839.55	484,425,839.55	326,664,923.73	326,664,923.73
净利润	3,911,556.67	12,913,228.20	–6,064,389.99	27,874,287.13	86,251,680.75
总资产	542,514,516.94	660,650,340.78	575,035,838.17	661,224,803.67	594,587,919.25
股东权益	366,541,217.40	448,244,163.34	362,629,660.73	382,437,966.79	315,801,082.37
每股收益	0.020	0.067	–0.031	0.202	0.625
每股收益(加权)	0.020	0.07	–0.032	0.202	0.625
扣除非经常性损益后每股收益	0.018				
每股净资产	1.89	2.317	1.87	2.77	2.288
调整后的每股净资产	1.38	1.93	1.51	2.33	1.85
每股经营活动产生的现金流量净额	0.22	0.117	0.117		
净资产收益率	1.07%	2.88%	–1.67%	7.28%	27.31%

注:主要财务指标计算公式如下:

每股收益=净利润/年度末普通股股份总数

月平均加权每股收益=净利润/[年度末普通股股份总数/(1+配股比例或增发新股 比例)+年度末普通股股份总额/(1+配股比例或增发新股比例)×配股比例或增发新股 比例×自缴款结束日下一月份至年末的月份数/12]

扣除非经营性损益后的每股收益=扣除非经营性损益后的净利润/年度末普通股股份总数

每股净资产=年度末股东权益/年度末普通股股份总数

调整后的每股净资产=(年度末股东权益–三年以上应收款项净额–待摊费用–待处 理(流动、固定)资产净损失–开办费–长期待摊费用)/年度末普通股份总数

每股经营活动产生的现金流量净额=经营活动产生的现金流量净额/年末普通股股份总数

3、报告期内股东权益变动情况

项目	股本	资本公积	盈余公积	法定公益金	未分配利润	股东权益合计
期初数	193,440,000.00	184,624,261.86	27,566,560.42	13783280.21	–43001161.55	362,629660.73
本期增加					3911556.61	
本期减少						
期末数	193,440,000.00	184,624,261.86	27,566,560.42	13783280.21	–39089604.88	366541217.40

(三) 股东情况介绍

1、截止报告期末,公司股东总户数为27151户。
2、主要股东持股情况
持有本公司5%以上股份的股东仅四川省长江集团有限公司一家,前10名股东持股情况如下:

股东名称	期初数(万股)	期内增减(+、-)	期末数(万股)	占总股本比率(%)
四川省长江集团有限公司	6838		6838	35.35
四川富泰房地产开发公司	650		650	3.36
四川省工商银行信托投资公司	650		650	3.36
四川省农村信托投资公司	650		650	3.36
四川省中行信托投资公司	650		650	3.36
海南蜀兴信托投资公司	390		390	2.02
四川省农村信托投资公司阿坝办事处	390		390	2.02
四川省金融市场	390		390	2.02
四川省信托投资公司	338		338	1.75
四川省保险公司	260		260	1.34

以上10名股东之间不存在关联关系。
上述股东中,四川省长江集团有限公司为代表国家持有股份的股东。
持股5%以上股东,即四川省长江集团有限公司所持股份没有发生质押、冻结等情况。
持股10%以上的法人股东情况介绍
四川省长江集团有限公司系国有独资公司,该公司主要经营范围为:进出口贸易,房地产开发,出租汽车营运,国内外旅游等。公司法定代表人:郭新荣。

光明集团家具股份有限公司

一、公司简介

1、公司法定名称:
中 文:光明集团家具股份有限公司
英 文:GUANGMING GROUP FURNITURE CO.,LTD.
缩 写:GMF
2、公司法定代表人:冯永明先生
3、公司董事会秘书:高金波女士
授权代表:郑舒怀先生
联系地址:黑龙江省伊春市伊春区青山西路118号
联系电话:0458–3645088 传真:0458–3649676
电子信箱:mzw@chinagmf.com
4、公司注册地址及办公地址:
黑龙江省伊春市伊春区青山西路118号 邮政编码:153000
公司国际互联网网址:http://www.guangming.com
公司电子信箱:Info@GuangMing.Com
5、公司信息披露报纸为《证券时报》
登载公司年度报告的中国证监会指定的国际互联网站:http://www.Cninfo.com.cn
6、公司年度报告备置地点:公司证券部
7、公司股票上市地:深圳证券交易所
股票简称:光明家具 股票代码:0587

二、会计数据和业务数据摘要

1、本年度公司利润情况(单位:人民币元)

项 目	1999年度
利润总额	51,721,840.32
净利润	38,721,480.91
扣除非常性损益后的净利润	32,186,161.70
主营业务利润	77,314,896.44
其他业务利润	1,888,129.27
营业利润	45,186,521.11
补贴收入	6,300,000.00
营业外收支净额	235,319.21
经营活动产生的现金流量净额	28,631,714.12
现金及现金等价物净增加额	–8,708,359.82

注:非经常性损益扣除项目有补贴收入6,300,000.00元,营业外收支差额235,319.21 元。

2、截止1999年末公司前三年主要会计数据和财务指标

指标项目	单位	1999年	1998年(调整前)	1998年(调整后)	1997年(调整前)	1997年(调整后)
主营业务收入	万元	22,276	24,055	23,606	22,857	22,857
净利润	万元	3,872	3,425	3,544	2,993	2,387
总资产	万元	64,785	55,947	51,046	55,282	51,773
股东权益	万元	44,066	33,408	29,826	29,811	27,134
每股收益(摊薄)	元	0.209	0.206	0.213	0.180	0.143
(加权)	元	0.214	0.206	0.213	0.197	0.173
扣除非经常性损益后的每股收益	元	0.173	0.184	0.190	0.152	0.115
每股净资产	元	2.37	2.01	1.79	1.79	1.63
净资产收益率(摊薄)	%	8.79	10.25	11.88	10.04	8.80
(加权)	%	9.78	10.84	12.44	12.16	10.73
调整后的每股净资产	元	2.33	1.98	1.77	1.75	1.58
每股经营活动产生的现金流量净额	元	0.15	0.11	0.11	--	--

注1:以上主要会计数据和财务指标以公司合并报表进行列示和计算。
注2:主要财务指标的计算公式:
每股收益=净利润/年度末普通股股份总数
每股净资产=年度末股东权益/年度末普通股股份总数
调整后的每股净资产=(年度末股东权益–三年以上的应收款项净额–待摊费用 –待处理(流动、固定)资产净损失–开办费–长期待摊费用–住房周转金负数余额)/年度末普通股股份总数

3、1999年度股东权益变动情况: 单位:元

项 目	股 本	资本公积	盈余公积	法定公益金	未分配利润	股东权益合计
期初数	166443739	67560388	26064341	13032170	25158685	298259324
本期增加	19267839	85700257	2597340	1298670	39075412	147939519
本期减少					5542399	5542399
期末数	185711578	15326046	28661681	14330840	58691697	440656444

注:(1) 本年度内公司股本增加为实施配股所致。
(2)本年度内公司资本公积金增加为配股溢价收入计入资本公积所致。
(3)本年度盈余公积金和法定公益金增加系从税后利润中提取所致。
(4)未分配利润增加是由1999年度实现净利润,提取法定公积金和公益金后数额 。

三、股东情况介绍

(1) 截止1999年12月31日,本公司股东总数为59,943名。
(2) 本公司前10名股东的持股情况如下:

单位:股

股东名称或姓名	年末持股数	持股比例
1 光明集团股份有限公司	76,118,224	40.98%
2 黑龙江省经济贸易开发集团总公司	16,016,000	8.62%
3 深圳市圣泉禾实业发展有限公司	5,299,840	2.85%
4 黑龙江省国际信托投资公司	2,693,600	1.45%
5 伊春市天河经贸有限责任公司	1,059,968	0.57%
6 中国银行黑龙江省分行劳动服务公司	847,974	0.46%
7 邹向阳	380,000	0.20%
8 吴遵美	328,720	0.18%
9 段正良	327,400	0.18%
10 陈玉辉	293,400	0.16%

持有公司5%以上股份的股东所持股份无质押情况,公司前10名股东之间不存在 关联关系。以上股东中没有代表国家持有股份的单位,也没有外资股东。

广东金曼集团股份有限公司

一、公司简介

1、公司全称:广东金曼集团股份有限公司

英文名称:GUANGDONG KINGMAN GROUP CO.,LTD.

2、公司法定代表人:张旭强

3、公司董事会秘书:佘树新

联系地址:广东省潮州市潮枫路中段烤鳗厂内主楼四楼

电话:(0768)6883983 传真:(0768)6874588

董事会秘书授权代表:刘团得

电话:(0768)6888326

4、公司注册和办公地址:广东省潮州市潮枫路金曼大酒店 邮政编码:521031

公司电子信箱:Gdkm@pub.shantou.gd.cn

5、公司选定的信息披露报纸《证券时报》年报报告指定登载网址:http://www.cninfo.com.cn

6、公司股票上市交易所:深圳证券交易所

股票简称:ST 粤金曼 股票代码:0588

二、会计数据和业务数据摘要

(一)、公司本年度实现的利润总额-21,671.43 万元,净利润-22,032.75 万元,扣除非经常性损益后的净利润-20,285.81 万元,主营业务利润-159.29 万元,营业利润-17,202.82 万元,投资收益-2,765.31 万元,补贴收入 13.36 万元,营业外收支净额-1716.66 万元。经营活动产生的现金流量净额-92.96 万元,现金及现金等价物净增加-43.36 万元 。

注:非经常性损益项目和涉及金额

1.投资收益 -43.64 万元

2.补贴收入 13.36 万元

3.营业外收支净额 -1716.66 万元

(二)、主要会计数据和财务指标 单位:人民币万元

财务指标	1999 年	1998 年		1997 年	
		调整后	调整前	调整后	调整前
1.主营业务收入	8640.94	34736.66	34736.66	56977.70	56977.70
2.净利润	-22032.75	-71379.96	-21514.34	-35995.04	397.89
3.总资产	90818.28	96572.99	185560.57	114145.65	151127.07
4.股东权益(不含少数股东权益)	-62978.55	-40945.80	45312.77	30109.41	66502.35
5.每股收益(元/股)	-1.64	-5.314	-1.602	-2.68	0.030
每股收益(加权)(元/股)	-1.64	-5.314	-1.602	-2.68	0.030
每股收益(元/股)(扣除非经常性收益后)	-1.77	-5.117	-1.654	-2.678	0.031
6.每股净资产(元/股)	-4.69	-3.048	3.37	2.24	4.95
7.调整后的每股净资产(元/股)	-4.71	-3.077	3.30	2.20	4.91
8.每股经营活动产生的现金流量净额	-0.007	-0.62	-0.62		
9.净资产收益率(%)			-47.48	-119.55	0.60

注:表中所列有关指标按下列公式计算:

每股收益=净利润/年度末普通股股份总数

每股净资产=年度末股东权益/年度末普通股股份总数

调整后的每股净资产=(年度末股东权益-三年以上的应收款项净额-待摊费用-待 处理 (流动,固定)资产净损失-开办费-长期待摊费用-住房公积金负数余额)/年度末普通股股份总数

每股经营活动产生的现金流量净额=经营活动产生的现金流量净额/年度末普通股股份总数

净资产收益率=净利润/年度末股东权益×100%

三、股本变动及股东情况

(一)股本变动情况

1、股本变动情况表 数量单位:股

	期初数	配股	送股	公积金转股	其他	小计	期末数
		本次变动增减(+,-)					
(1)尚未流通股份:							
〈1〉发起人股 其中:国家股拥有股份	39354300						39354300
〈2〉募集法人股	32850000						32850000
〈3〉内部职工股	19545000				-19545000		
〈尚未流通股份合计:	72204300						72204300
(2)已流通股份:							
〈1〉境内上市的人民币普通股	62115700				+19545000		62115700
已流通股份合计	42570700				+19545000		62115700
(3)股份合计:	134320000						134320000

2、股票发行与上市情况

公司报告期内公司内部职工股数量为 19545000 股,是 1992 年 10 月股份公司成立时 向内部职工发行的。发行价格为每股 4 元,于 1993 年 7 月托管在潮州证券登记公司,1996 年 9 月托管在深圳证券登记公司。以上职工股于 1999 年 1 月 21 日获准上市。其中本公司董事. 监事管理人员所持股份 59860 股暂时冻。

(二)、股东情况介绍

1、报告期末股东总数为 28344 户。

2、主要股东持股情况

序号	股东名称	年末持股数	持股比例(%)
1.	潮州市国有资产管理办公室	39354300	29.30
2.	中国新技术创业投资公司	3650000	2.72
3.	中国工商银行潮州分行	3650000	2.72
4.	中国银行广州信托咨询公司	1825000	1.36
5.	中国农业银行广东省信托投资公司	1825000	1.36
6.	广东发展银行潮州分行	1825000	1.36
7.	潮州市信托投资公司	1825000	1.36
8.	北京朝阳区经济信息咨询部	1460000	1.09
9.	建设银行广东信托投资公司	1095000	0.82
10.	潮安县古巷华光鳗场	912500	0.68

<1>持股 5%(含 5%)以上的法人股股东所持股份未发生抵押、冻结等情况。

<2>前 10 名股东之间不存在关联关系。

贵州轮胎股份有限公司

(一) 公司简介

1、公司法定中文名称:贵州轮胎股份有限公司

公司法定英文名称:GUI ZHOU TYRE CO., LTD.

2、法定代表人:马世春

3、董事会秘书:李尚武

联系地址:贵州省贵阳市百花大道 41 号

电话:(0851)4843651

传真:(0851)4844248

4、公司注册地址:贵州省贵阳市百花大道 41 号

公司办公地址:贵州省贵阳市百花大道 41 号 邮政编码:550008

国际互联网网址:http://www.gtctire.com

电子信箱:qtyre@public1.gy.gz.cn

5、公司选定的信息披露报纸:《证券时报》

刊载年报的国际互联网网址:http://www.cninfo.com.cn

6、股票上市地:深圳证券交易所

股票简称:黔轮胎 A 股票代码:0589

(二) 会计数据和业务数据摘要

1、本年度主要会计数据和业务指标

利润总额	17093129
净利润	11879756
扣除非经常性损益后的净利润	11879756
主营业务利润	161023943
其他业务利润	421664
营业利润	15490125
投资收益	-2338257
补贴收入	4000000
营业外收支净额	-58739
经营活动产生的现金流量净额	-76063046
现金及现金等价物净增加额	104547553

注:非经营性损益是指公司正常经营损益之外的、一次性或偶发性损益,例如资产处置损益、临时性获得的补贴收入、新股申购冻结资金利息、合并价差摊入等。

2、前三年主要会计数据和财务指标

(1) 追溯调整后(单位:元)

项目	1999 年	1998 年	1997 年
主营业务收入	1030149019	1020654714	1034179880
净利润	11879756	53039039	63613184
总资产	2153877391	1583158884	1397541581
股东权益(不含少数股东权益)	797447330	629387117	576333428
每股收益	0.047	0.243	0.292
每股收益(按月平均加权法计算)	0.053	0.243	0.398
扣除非经营性收益后的每股收益	0.047	0.243	0.292
每股净资产	3.136	2.887	2.644
调整后的每股净资产	2.879	2.673	
每股经营活动产生的现金流量净额	-0.299	0.384	
净资产收益率 %	1.489	8.427	11.04

注:1)上述财务指标的计算公式如下:

每股收益=净利润/年度末普通股股份总数

每股净资产=年度末股东权益/ 年度末普通股股份总数

调整后的每股净资产=(年度末股东权益-三年以上的应收款项净额-待摊费用-待 处理(流动、固定)资产净损失-开办费-长期待摊费用-住房周转金负数余额)/年度末 普通股股份总数

每股经营流动产生的现金流量净额=经营流动产生的现金流量净额/年度末普通股股份总数

净资产收益率=净利润/年度末股东权益×100%

3、报告期内股东权益变动情况

项目	股本	资本公积	盈余公积	法定公益金	未分配利润	股东权益合计
期初数	218009634	304413104	57081796	28222740	73267291	652771825
本期增加	36317431	158012086	2375952	1187976	11879756	208585225
本期减少					63909720	63909720
期末数	254327065	462425190	59457748	29410716	21237327	797447330

变动原因:

股本增加是因实施配股新增股份。

资本公积金增加系实施配股新增股份产生的股本溢价。

盈余公积金(包括法定公益金)增加系按照本年度利润分配的董事会预案计提产生。

未分配利润增加 11,879,756 系本年度产生的净利润。

未分配利润减少 63,909,720 元系因:1 本年度变更计提资产减值准备的会计政策采用追溯调整法处理,使 1999 年年初未分配利润调减 23,384,708 元。2 根据本年利润分配方案的董事会预案,提取法定盈余公积金和法定公益金 2,375,952 元;拟向全体股东每 10 股派发现金 1.5 元,应支付股利 38,149,060 元。

(三) 股东情况介绍

1、告期末公司股东总数为 95849 户。

2、前十名股东持股情况

序号	股东名称	持股量(股)	持股比例(%)
1	贵阳市国有资产管理局	146812100	57.726
2	泰和证券投资基金	660000	0.259
3	蒋丽华	355000	0.139
4	朱财庭	250000	0.098
5	陈斌	230000	0.090
6	张小珍	220000	0.087
7	孙斌	215634	0.085
8	张丹莉	180000	0.070
9	蔡茂芬	175572	0.069
10	梁雪光	162053	0.064

贵阳市国有资产管理局代表国家持有公司股份 146,812,100 股,持股比例为 57.726%。 报告期内持股数量无变化,也未将该股份进行质押和抵押。

2000 年 1 月,公司国家股配售结束后,国家股股东持股数量由 146,812,100 股,减少 17,105,275 股, 至 129,706,825 股,持股比例由 57.72%减少至 51%。

湖南古汉集团股份有限公司

一、公司简介

1.公司中文名称:湖南古汉集团股份有限公司
公司英文名称:HUNAN GUHAN GROUP CO., LTD
2.公司法定代表人:申甲球)董事长)
3.公司董事会秘书:廖德林　　公司授权代表:曹定兴
联系电话:0734--8239335　8239332
传　真:0734--8239335　8239332
网　址:www.guhan.com
电子信箱　Office @ www. Guhan. Com
4.公司注册地址:湖南省衡阳市先锋路 54 号　邮政编码:421001
公司办公地址:湖南省衡阳市先锋路 54 号　邮政编码:421001
5.公司选定的信息披露报纸名称:《中国证券报》、《证券时报》
登载公司年度报告的中国证监会指定国际互联网网址:www.cninfo.com.cn
年度报告备置地址:湖南古汉集团股份有限公司董秘办
6.公司股票上市交易所:深圳证券交易所
股票简称:古汉集团　股票代码:0590

二、会计数据和业务数据摘要

1.本年度利润总额及其构成

利润总额:	14915377.25
净利润:	12463674.12
扣除非经常性损益后的净利润	12461310.53
主营业务利润:	110334915.54
其他业务利润:	234146.24
营业利润:	15139272.08
投资收益:	–185485.21
补贴收入:	0
营业外收支净额:	–38409.62
经营活动产生的现金流量净额:	–10345766.34
现金及现金等价物净增加额:	35168010.51

2.主要会计数据和财务指标

指标项目		1999 年	1998 年		1997 年	
			调整前	调整后	调整前	调整后
主营业务收入(万元)		21962.70	19832.60	19832.06	13390.10	13390.10
净利润(万元)		1246.40	2786.50	2250.00	2413.30	2272.50
总资产(万元)		59685.60	40434.70	39233.90	37315.10	36601.00
股东权益(万元)		34721.50	26878.40	25627.90	24091.90	23377.90
每股收益(元/股)	摊薄	0.11	0.27	0.22	0.235	0.22
	加权	0.12	0.27	0.22	0.259	0.24
每股净资产(元/股)		3.08	2.62	2.50	2.35	2.28
调整后的每股净资产(元/股)		2.920	2.58	2.45	2.33	2.28
净资产收益率(%)	摊薄	3.59	10.36	8.78	10.02	9.72
每股经营活动产生的现金流量净额		–0.092 元				
扣除非经常性损益后每股收益(元/股)		0.11	0.27	0.22	0.24	0.22

1999 年非经常性损益–223894.83 元,系营业外收支净额和投资损益
1998 年非经常性损益 800 万元,为市财政补贴收入
1997 年非经常性损益 1106603.27 元, 系投资收益与营业外收支净额
注: 主要财务指标计算方法:

三、股本变动及股东情况介绍

1.股本变动情况
数量单位:股

	本次变动前	本次变动增减)+,–)						本次变动后
		配股	送股	公积金转股	增发	其他	小计	
一、未上市流通股份								
1.发起人股份	58433833	2000000						60433833
其中:国家持有股份	45396000	2000000						47396000
境内法人持有股份	13037833	0						13037833
2.募集法人股份	17052000	0						17052000
3.优先股或其他	159798	47939						207737
其中:转配股	159798	47939						207737
未上市流通股份合计	75645631	2047939						77693570
二、已上市流通股份								
1.人民币普通股	27000000	8100000						35100000
已上市流通股份合计	27000000	8100000						35100000
三、股份总数	102645631	10147939						112793570

2.股东情况介绍

(1)截止 1999 年 12 月 31 日,本公司股东总数为 4537 户,其中高级管理人员股东 7 户,无内部职工股股东。

(2)持有本公司 5%以上)含 5%)股份的股东及前 10 名股东名册)以公司 1999 年增资配股后的总股本计算)

股东名称	年末持股数量	持股比例
1) 衡阳市国有资产管理局	47396000	42.02%
2) 中国药材公司	4869833	4.32%
3) 湖南医药包装广告衡阳公司	4300425	3.81%
4) 工行衡阳市信托投资公司	3050000	2.70%
5) 衡阳市药材公司	3000000	2.66%
6) 衡阳市经济发展股份有限公司	2118000	1.88%
7) 湖南省耒阳未能实业公司	1500000	1.33%
8) 深圳市恒星园房地产开发有限公司	1500000	1.33%
9) 衡阳市湘南机动车零件供应站	880200	0.78%
10) 李雄伟	359849	0.32%

(3)本公司无持股 10%以上的法人股东,衡阳市国资局代表国家持有本公司股份。 公司前 10 名股东之间无关联关系,持有本公司 5%以上股份的股东衡阳市国有资产管理局股权无质押、冻结情况。

重庆桐君阁股份有限公司

一、公司简况

(一)公司全称:重庆桐君阁股份有限公司
英文名称:CHONGQING TONG JUN GE CO.,LTD.　英文缩写:T J G
(二)公司法定代表人:廖志扬
(三)公司董事会秘书:邹　莎
联系地址:重庆市渝中区解放西路 120 号　电话及传真:(023)63843398
(四)公司注册及办公地址:重庆市渝中区解放西路 120 号　邮政编码:400012
电子信箱:cqzyco　@ public.cta.cq.cn
(五)公司选定的信息披露报刊名称:《中国证券报》、《证券时报》
中国证监会指定的国际互联网网址:http://www . cninfo .com .cn
公司年报备置地点:公司办公室
(六)公司股票上市地:深圳证券交易所
股票简称:桐君阁　股票代码:0591

二、会计数据与业务数据摘要

(一)主要经济指标完成情况

公司本年度实现利润总额 2309.74 万元、净利润 1960.90 万元、扣除非经常性损益后的净利润 842.50 万元、主营业务利润 7392.31 万元、其他业务利润 335.13 万元、营 业利润 991.17 万元、投资收益 121.27 万元、补贴收入 80.00 万元、营业外收支净额 1117.30 万元,经营活动产生的现金流量净额 1530.67 万元,现金及现金等价物净增加额–137.84 万元。

(注:1999 年非经常性损益 1318.56 万元,其中投资收益 121.27 万元,补贴收入 80.00 万元,余下为营业外收支净额 1117.30 万元。1998 年非经常性损益 1324.71 万元,其中投资收益 74.81 万元,补贴收入 10.00 万元,余下为营业外收支净额 1239.90 万元。)

(二)主要会计数据和财务指标

项　目	1999 年	1998 年		1997 年	
		调整前	调整后	调整前	调整后
主营业务收入(万元)	44045.31	35845.74	35845.74	34029.87	34029.87
净利润(万元)	1960.90	2592.10	1698.25	1530.27	738.66
总资产(万元)	46688.44	48081.23	44996.46	43910.15	41663.92
股东权益(万元)	15022.84	16202.02	13061.94	13614.39	11368.16
每股收益(元)	0.215	0.341	0.223	0.241	0.125
加权每股收益(元)	0.215	0.341	0.223	0.241	0.125
扣除非经常性损益后的每股收益(元)	0.092	0.192	0.092	0.15	0.051
每股净资产(元)	1.65	2.13	1.72	2.15	1.79
调整后的每股净资产(元)	1.08	1.90	1.12	1.73	1.11
净资产收益率 (%)	13.05	16.00	13.00	11.24	6.96
每股经营活动产生的现金流量净额(元)	0.168	–0.133	–0.133		

注: 主要财务指标计算公式如下:
每股收益=净利润/年度末普通股股份总数
净资产收益率=年度末股东权益/ 年度末普通股股份总数
调整后每股净资产=(年度股东权益–三年以上的应收款项净额–待摊费用–待处理(流动、固定)资产净损失–开办费–长期待摊费用–住房周转金负数余额)/年度末普通股股份总数
每股经营活动产生的现金流量净额=经营活动产生的现金流量净额/年度末普通股股份总数
净资产收益率=净利润/年度末股东权益×100%
加权平均的每股收益=当期净利润÷[期末股份总数÷(1+配股比例或增发新股比例)+期末股份总数÷(1+配股比例或增发新股比例)×配股比例或增发新股比例×缴款 结束日下一月份至期末的月份数÷12]

(三)股本收益变动情况　　单位:元

项目	股本	资本公积	盈余公积	其中:公益金	未分配利润	合计
期初数	76055160	21772610	33236361	4602571	–444711	130619420.59
本期增加	15211032		3832852	1916426	19608975	38652860.08
本期减少	19043884	19043884				
期末数	91266192	21772610	37069214	6518997	120379	150228395.91

注:1、股本增加是因为公司实施 99 年度中期利润分配方案每 10 股送 2 股所致。

2、盈余公积本期增加 3,832,852.76 元系按公司章程规定弥补上年未分配利润–444,711.53 元后按 20%提取增加所致。盈余公积期初减少 6,280,148.96 元,系四项准备 金计提后调减 6,169,541.26 元,其中法定盈余公积金调减 3,084,770.63 元,公益金调减 3,084,770.63 元。因所得税清汇算,调减盈余公积 110,607.70 元,其中盈余公积金调减 55,303.85 元,公益金调减 55,303.85 元。

3、未分配利润期末增加 19,608,975.32 元,系本年净利润转入,未分配利润期末减少 19,043,884.76 元,系中期送股 15,211,032.00 元,余下为本年度分配提取法定盈余公积、公益金所致。未分配利润期初减少 25,120,595.70 元,系根据财政部(1999)35 号文规定提"四项减值准备"调整未分配利润 24,678,165.06 元,所得税清汇算调减未分配利润期初 442,430.64 元所致。

三、股东情况介绍

1、报告期内股东总数

截止 1999 年 12 月 31 日,公司股东共计 8229 户,其中法人股股东 1 户,公司高级管理人员持股 16 户,社会流通股股东 8212 户,没有别的内部职工股股东。

2、前 10 名股东持股情况(截止 1999 年 12 月 30 日)

股东名称	年末持股数(股)	持股比例(%)
(一)重庆太极实业股份有限公司	62466192	68.44
(二)裕阳证券投资基金	3979720	4.36
(三)裕隆证券投资基金	2178843	2.39
(四)同盛证券投资基金	964931	1.06
(五)安信证券投资基金	822587	0.90
(六)湘证证券投资基金	706006	0.77
(七)南京半岛企业发展有限公司	606054	0.66
(八)普惠证券投资基金	600728	0.66
(九)福建华福	580008	0.64
(十)吴晓亚	511635	0.56

注:持股 5%以上的股东重庆太极实业股份有限公司所持股份性质为国有法人股,报告期内无质押、冻结情况,其余股东所持股份为已上市流通股。

3、本公司持股 10%以上的法人股东为重庆太极实业股份有限公司,持有股份 62466192 股,法定代表人白礼西先生。该公司经营范围:主营中成药、西药、保健用品、医疗包装制品、医疗器械产销及原料药、中药材、药用包装进出口业务;兼营榨菜、泡 菜及保健品食品的生产、销售,中草药种植、印制及包装制品生产、餐饮、旅馆、运 输业。

福建省中福实业股份有限公司

一、公司简介:

1.法定中文名称:福建省中福实业股份有限公司

法定英文名称:FUJIAN CFC INDUSTRIES Co.,LTD.

2.公司法定代表人:赵裕昌

3.公司董事会秘书:林楠

联系地址:福建省福州市华林路 312 号

电话:0591-7581567 转 8133 7586269 转 8133 传真:0591-7582088

4.公司注册及办公地址:福建省福州市华林路 312 号 邮政编码:350013

电子信箱:cfc@public.fz.fj.cn

5.公司选定的信息披露报纸名称:《证券时报》、《中国证券报》

登载公司年度报告的中国证监会指定国际互联网网址: http://www.cninfo.com.cn

公司年度报告备置地点:福州市华林路 312 号中福实业大厦六楼办公室

6.公司股票上市交易所:深圳证券交易所

股票简称:中福实业 股票代码:0592

二、会计数据和业务数据摘要

1.本年度利润总额及构成 单位:人民币、元

利润总额	-164,172,893.06
净利润	-160,613,675.98
扣除非经常性损益后的净利润	-153,843,909.89
主营业务利润	20,729,951.65
其他业务利润	579,204.86
营业利润	-153,753,887.36
投资收益	-3,121,057.49
补贴收入	364,353.45
营业外收支净额	-7,662,301.66
经营活动产生的现金流量净额	108,940,866.52
现金及现金等价物净增加额	-6,546,760.28

注:扣除的非经常性损益项目和涉及金额

(1)固定资产处理净损失	-7,134,119.54
(2)补贴收入	364,353.45
合 计	-6,769,766.09

2.主要会计数据和财务指标 单位:人民币、元

指标项目	1999 年	1998 年		1997 年	
		调整后	调整前	调整前	调整后
主营业务收入	179477689.08	199908423.60	199908423.60	314736583.68	314736583.68
净利润	-160613675.98	-225164569.63	-240496409.48	57850507.18	33139378.71
总资产	843830699.10	1087589100.12	1101102402.42	1161951840.08	1137240711.61
股东权益	146382950.08	313022221.34	326762297.33	567565320.31	542854191.84
每股收益	-0.55	-0.76	-0.82	0.27	0.15
扣除非经常性损益后的每股收益	-0.52				
每股净资产	0.497	1.06	1.1	2.506	2.40
调整后每股净资产	0.39	0.86	0.91	2.505	2.39
每股经营活动产生的现金流量净额	0.37	0.16	0.16		
净资产收益率(%)	-109.72	-72	-74	10.19	6.10

注:1.报告期内公司总股本无任何变动,故加权每股平均收益与每股收益相同.

2.主要财务指标的计算方法

每股收益=净利润/年度末普通股份总数

每股净资产=年度末股东权益/ 年度末普通股股份总数

调整后的每股净资产=(年度末股东权益-三年以上应收帐款净额-待摊费用-待处 理(流动、固定)资产净损失-开办费-长期待摊费用-住房周转金余额)/年度末普通股 份总数

每股经营活动产生的现金流量净额=经营活动产生的现金流量净额/年度末普通股股份的总数

净资产收益率=净利润/年度末股东权益×100%

三、股本变动及股东情况

1、股本变动情况

(1)股份变动情况表

填报日期:1999 年 12 月 30 日 数量单位:股 每股面值 1 元

	期初数	本次变动增加(+)送股	期末数
尚未流通股份			
1、发起人股份	130873600		130873600
2、募集法人股	76222900		76222900
3、法人股转配	496771		496771
尚未流通股份合计	207593271		207593271
已流通股份			
境内上市的人民币普通股	86811384		86811384
股份总数	294404655		294404655

2、股东情况介绍

(1)报告期末股东总数:44633 名

(2)公司前十名股东持股情况:(截止 1999 年 12 月 31 日)

名序	股东名称	持股数量(股)	持股比例
1	中国福建国际经济技术合作公司(国有股股东)	130873600	44.45%
2	福建省三星建材联合贸易公司	1872013	0.64%
3	中国人民建设银行福建省分行	1859000	0.63%
4	福建省九盛经济开发公司	1347775	0.46%
5	福建省中行劳动服务公司	948090	0.32%
6	福州华兴信托投资公司	929500	0.32%
7	福建兴业证券公司	929500	0.32%
8	苏州工业园区农工商总公司	923923	0.31%
9	侨益福建房地产开发有限公司	873730	0.30%
10	福建省办公自动化技术服务公司	762190	0.26%

注:中国福建国际经济技术合作公司共持有我司股份 13087.36 万股,占总股本 44.454%。

成都华联商厦股份有限公司

(一) 公司简介

公司法定中文名称:成都华联商厦股份有限公司

公司英文名称:CHENGDU HUALIAN BUSINESS BUILDING CO.,LTD.

公司法定代表人:付志明

公司董事会秘书:蔡 明

联系地址:四川省成都市建设路 55 号

电 话:(028)4312393 4310018—20172 传真:(028)4299233

电子信箱:hldb@mail.sc.cninfo.net

公司注册及办公地址:四川省成都市建设路 55 号 邮政编码:610051

公司电子信箱:hldb@mail.sc.cninfo.net

公司信息披露报纸:《证券时报》、《中国证券报》

公司刊登年度报告网址:http://www.cninfo.com.cn

公司年度报告备置地点:本公司董事会办公室

公司股票上市交易所:深圳证券交易所

股票简称:成都华联 股票代码:0593

(二) 会计数据和业务数据摘要

1、公司 1999 年度会计数据摘要

项 目	金 额(元)
利润总额	31,108,141.68
净利润	29,065,633.74
扣除非经营性损益后的净利润 *	22,318,513.90
主营业务利润	36,128,018.61
其他业务利润	3,723,387.72
营业利润	-4,031,910.91
投资收益	30,548,394.78
补贴收入	0
营业外收支净额	4,591,657.81
经营活动产生的现金流量净额	-7,611,679.22
现金及现金等价物净增加额	-24,158,362.56

* 扣除非经营性损益的项目、涉及的金额:转让超市分公司部分资产获利 2,265,199.84 元,转让持有的银山化工法人股获得收益 4,481,920.00 元,共计 6,747,119.84 元。

2、公司前三年的主要会计数据和财务指标

项 目		1999 年	1998 年		1997 年
			调整后	调整前	
1、主营业务收入(元)		306475678.76	268911343.46	268911343.46	270364812.89
2、净利润(元)		29065633.74	27025488.89	29078636.80	17819620.24
3、总资产(元)		460101629.88	401791157.30	415309360.20	306205488.70
4、股东权益(元)		284052602.89	271397813.29	284972592.66	176336826.26
5、每股收益(元/股)	摊薄	0.336	0.31	0.34	0.25
	加权	0.336	0.35	0.35	0.25
6、扣除非经常性损益后的每股收益		0.258			
7、每股净资产(元/股)		3.28	3.14	3.29	2.52
8、调整后的每股净资产(元/股)		3.16	3.06	3.21	2.39
9、净资产收益率(%)(摊薄)		10.23	10.20		10.11
10、每股经营活动产生的现金流量净额		-0.09		0.17	

(2)计算方法:

每股收益 = 净利润/年度末普通股股份总数

每股净资产 = 年度末股东权益/ 年度末普通股股份总数

调整后的每股净资产 = (年度末股东权益 - 三年以上的应收款项 - 待摊费用 - 待处理(流动、固定)资产净损失-开办费-长期待摊费用-住房周转金负数余额)/年度 末普通股股份总数

每股经营活动产生的现金流量净额=经营活动产生的现金流量净额/年度末普通股股份总数

净资产收益率 = 净利润/年度末股东权益×100%

(三) 股东情况介绍

(1)报告期末股东总数

截止 1999 年 12 月 31 日,本公司共有股东 6984 户, 其中:高级管理人员股东 6 户。

序号	股东名称	期初数		本次变动	期末数	
		持有股数	持股比例%	增减(+、-)	持有股数	持股比例%
	四川郎酒集团有限责任公司	0	0	+22,840,000	22,840,000	26.40
2	成都市国有资产管理局	22,389,494	25.88	-15,000,000	7,389,494	8.54
3	重庆市证券公司	4,496,723	5.20	0	4,496,723	5.20
4	四川成都全兴集团有限公司	3,640,000	4.21	0	3,640,000	4.21
5	成都华盛实业公司	2,800,000	3.24	+460,000	3,260,000	3.77
6	深圳阳光基金管理有限公司	2,240,000	2.59	0	2,240,000	2.59
7	深圳南光联合发展公司	1,680,000	1.94	0	1,680,000	1.94
8	天歌集团深圳四海羽绒制造公司	1,400,000	1.62	0	1,400,000	1.62
9	天歌集团深圳鑫海 轻纺有限公司	1,400,000	1.62	0	1,400,000	1.62
10	中国航空技术进出口深圳公司	1,400,000	1.62	0	1,400,000	1.62

注:1)持有本公司 5%以上(含 5%)股份的股东,其所持股份均未发生质押、冻结情况。

2)国家股持股单位为成都市国有资产管理局。

3)前十名股东中天歌集团深圳四海羽绒制造公司和天歌集团深圳鑫海轻纺有限公司均为歌集团 控股企业,存在关联关系,所持股份均为法人股股份。 其余前十位股东之间不存在关联关系。

(2)持股 10%以上的法人股东介绍

四川郎酒集团有限责任公司,持有本公司股份 22,840,000 股,占总股本的 26.40%,为公司第一大股东。法定代表人:付志明先生;公司经营范围:白酒酿造、中西成药、电力生产、供应等。

(四) 董事会报告

公司经营情况

(1)公司所处行业及在本行业中的地位

本公司所处行业为商业贸易零售业。在报告期内被四川省经济评价中心、四川省统计局、四川省财政办公室评选为"1999 四川省贸易企业最佳效益 10 强"、"1999 四川省零售贸易企业最大规模 10 强";1999 年 10 月荣获中质协全国用户委员会销售服务"全国用户满意服务"等荣誉称号。

(2)公司主营业务的范围

公司主营业务范围是批发零售、代购代销、百货、针纺织品、五金家电、工艺美术品、土特产及其它食品、餐饮娱乐住宿、仓储服务等。

内蒙古宏峰实业股份有限公司

一、公司简介

1、公司的法定中、英文名称:
中文名称:内蒙古宏峰实业股份有限公司
英文名称:NEIMENGGU HONGFENG INDUSTRY COMPANY LIMITED
2、公司法定代表人:高建华
3、公司董事会秘书:路春祥
授权代表:郭洪刚
联系地址:赤峰黄金大厦九楼证券部
电话:0476-8341477 传真:0476-8350648
4、公司注册及办公地址:内蒙古赤峰市三东街东段61号
邮政编码:024000
5、公司选定的信息披露报纸名称为《证券时报》,登载公司年度报告的中国证监会指定国际互联网网址为:http://www.Cninfo.Com.Cn; 公司年度报告备置地点:公司证券部。
6、公司票股上市交易所:深圳证券交易所
股票简称:内蒙宏峰 股票代码:0594

二、会计数据和业务数据摘要

(一)、公司本年度会计数据 单位:人民币元
1、利润总额: 76,182,186.89
2、净利润: 63,067,009.24
3、扣除非经常性损益后的净利润: 47,621,946.38
扣除项目及金额:
①利息收入: 13,070,662.19
②应付款中无法付出款项: 5,100,000.00
非经常性损益合计: 18,170,662.19(含所得税)
4、主营业务利润: 100,165,571.36
5、其他业务利润: 3,773,378.89
6、营业利润: 69,738,219.95
7、营业外收支净额: 6,443,966.94
8、经营活动产生的现金流量净额: −296,740,935.09
9、现金及现金等价物净增加额: −7,163,062.53

(二)公司前三年的主要会计数据和财务指标 单位:人民币元

指标项目	1999年	1998年 调整前	1998年 调整后	1997年
主营业务收入	238717477.88	209557998.20	209557998.20	109732637.48
净利润	63067009.24	39748316.51	39810917.21	18424035.74
总资产	817180837.57	545878634.57	540782460.99	230070166.95
股东权益(不含少数股东股益)	629519125.71	211111131.22	206014957.64	172665431.73
每股收益	0.169	0.301	0.301	0.20
加权每股收益	0.235	0.301	0.301	0.20
扣除非经常性损益后的每股收益	0.127	0.237	0.237	0.156
每股净资产	1.68	1.60	1.56	1.83
调整后的每股净资产	1.63	1.46	1.42	1.78
每股经营活动产生的现金流量净额	−0.79	0.26	0.26	
净资产收益率	10.02	18.83	19.32	10.67

计算公式:
每股收益=净利润/年度末普通股股份总数
每股净资产=年度末股东权益/年度末普通股股份总数
调整后的每股净资产=(年度末股东权益−三年以上的应收款项净额−待摊费用−待处理(流动、固定)资产净损失−开办费−长期待摊费用−住房周转金负数余额)/年度末 普通股股份总数
每股经营活动产生的现金流量净额=经营活动产生的现金流量净额/年度末普通 股股份总数
净资产收益率=净利润/年度末股东权益×100%

(三)报告期内股东权益变动情况 单位:万股、万元

项目	股本	资本公积	盈余公积	其中:法定公益金	未分配利润	股东权益合计
期初数	13224.96	1545.11	2571.83	442.76	3259.60	20601.50
本期增加	24182.784	29525.70	946.00	315.33	6306.70	60961.184
本期减少	0	12469.25	0	0	6141.52	18610.77
期末数	37407.744	18601.56	3517.83	758.09	3424.78	62951.914

变动原因:①股本增加为本期配股、送股、转股所致。
②资本公积增加为本期配股股本溢价 减少为本期转增股本。
③盈余公积、公益金本期增加为年度内按净利润的10%、5%提取法定盈余公积 、公益金。
④未分配利润本期增加为本年度实现的净利润减少为提取法定公积金和公益金及支付普通股股利。

三、股东情况

1、本年度末公司股东总数为17930户 其中高级管理人员4户。
2、本公司前10名大股东持股情况(截止1999年12月末)

序号	股东名称	年末数(股)	占总股本比例(%)
1	赤峰市松山区黄金工业集团公司	128018880	34.22
2	林西县经委	66044160	17.66
3	内蒙古宏峰集团有限责任公司	36028800	9.63
4	赤峰市松山区华龙开发公司	14256000	3.81
5	深圳市灵讯通讯实业有限公司	4256147	1.14
6	深圳市万象投资有限公司	2070800	0.55
7	钟大益	1384633	0.37
8	张俊	1109361	0.30
9	朱金霞	1057610	0.28
10	徐定君	1011974	0.27

公司前三名股东持股数量超过了公司总股份的5%,他们的股份在报告期内增加皆因公司配股、送股和资本公积金转增股本所致。第一名为国有法人股股东;第二、第 三名为国家股股东;第四名为社会募集法人股股东,其余为社会公众股股东。持有5% 以上的股东所持股份无质押和冻解情况,上述前10名股东间无关联关系。

西北轴承股份有限公司

(一) 公司简介

1、公司的法定中文名称:西北轴承股份有限公司
公司的法定英文名称:XIBEI BEARING CO.,LTD.
2、公司的法定代表人:高续纯
3、公司董事会秘书:聂立卯
联系地址:银川市北京西路4号
电 话:(0951)2020394
传 真:(0951)2013747
电子信箱:nxzdmn@pubtu.yc.nx.cn
4、公司注册及办公地址:银川市北京西路4号 邮政编码:750021
5、公司国际互联网网址:www.nxz.com.cn 电子信箱:nxzdmn@pubtu.yc.nx.cn
公司选定的信息披露报纸名称:证券时报
登载公司年度报告的中国证监会指定国际互联网网址:http://www.cninfo.com.cn
公司年度报告备置地点:公司董事会秘书室
6、公司股票上市交易所:深圳证券交易所
股票简称:西北轴承 股票代码:0595

(二) 会计数据和业务数据摘要

1、本年度主要利润指标情况(合并报表)(单位:人民币元)
利润总额: 5861694.12
净利润: 6955158.06
扣除非经常性损益后的净利润: 225251.25
主营业务利润: 86534939.95
其他业务利润: 6132054.30
营业利润: 3701787.31
投资收益: 0
补贴收入: 1102171.09
营业外收支净额: 1057735.72
经营活动产生的现金流量净额: 39131788.38
现金及现金等价物净增加额: 19410848.22
注:扣除的非经常性损益项目及涉及金额
补贴收入(增值税返还) 1,102,171.09元
退所得税 4,570,000元
营业外收支净额 1057735.72
2、截止报告期末公司前三年的主要会计数据和财务指标:
(单位:人民币元)

项目	1999年 调整前	1999年 调整后	1998年 调整前	1998年 调整后	1997年 调整前	1997年 调整后
主营业务收入	92057732.78	492057732.78	381288361.94	381288361.94	497995228.33	497995228
净利润	8415634.39	6955158.06	7588781.88	10323924.32	45612201.87	20215116
总资产	1169156957.05	1128337817.85	1042715559.49	1003356896.62	883138263.01	840944457.70
股东权益	461626839.77	420807700.57	453308010.34	413852542.51	445688989.23	403495183
每股收益	0.05	0.04	0.04	0.06	0.31	0.139
每股收益(加权)	0.05	0.04	0.04	0.06	0.36	0.159
扣除非经常性损益后的每股收益	0.01	0.001	−0.15	−0.14	0.16	0.012
每股净资产	2.64	2.41	2.59	2.37	3.06	2.767
调整后的每股净资产	2.60	2.37	2.46	2.28	2.71	2.421
每股经营活动产生的现金流量净额	0.22	0.22	−0.09	−0.09		
净资产收益率(%)	1.82	1.65	1.67	2.5	10.23	5.01

注:(1)主要财务指标计算方法
每股收益=净利润/年度末普通股股份总数
每股净资产=年度末股东权益/年度末普通股股份总数
调整后每股净资产=[年度末股东权益−三年以上的应收款项净额−待摊费用−待处 理(流动、固定)资产净损失−开办费−长期待摊费用−住房周转金负数余额]/年度末普 通股股份总数
每股经营活动产生的现金流量净额=经营活动产生的现金流量净额/年度末普通股股份总数
净资产收益率=净利润/年度末股东权益×100%
(2)根据财政部财会字(1999)35号文、49号文有关规定,公司对前三年会计数据和财务指标进行了追溯调整,并分别以调整前和调整后的数据列示。
3、报告期内股东权益变动情况

项目	股本	资本公积	盈余公积	法定公益金	未分配利润	股东权益合计
期初数	174959878.00	229842067.69	5229380.07	2614690.03	1206526.72	413852542
本期增加	0	0	614271.34	307135.67	6033751.05	6955158
本期减少	0	0				
期末数	174959878.00	229842067.69	5843651.41	2921825.70	7240277.77	420807700
变动原因:			本年利润提取	本年利润提取	本年净利润增加	

(三) 股东情况介绍

(1) 报告期末公司股东总数为12001户。
(2) 报告期末前10名股东持股情况

股东名称	期初持股数	期末持股数	占总股东比例(%)	备注
西北轴承集团有限责任公司	83,567,400	83,567,400	47.76	未流通股份
宁夏天力协会	18,000,000	18,000,000	10.29	未流通股份
中国经济开发信托投资公司深圳证券业务部	11,087,652	11,087,652	6.34	未流通股份
冶钢集团有限公司	2,880,000	2,880,000	1.64	未流通股份
西宁特殊钢集团有限责任公司	1,800,000	1,800,000	1.03	未流通股份
李本强		1,477,916	0.84	已流通股份
北钢集团公司	1,440,000	1,440,000	0.82	未流通股份
常州常柴股份有限公司	1,440,000	1,440,000	0.82	未流通股份
肖凤莲		1,186,978	0.68	已流通股份
张桂云		1,130,339	0.65	已流通股份

注1 前10名股东之间不存在关联关系。
2 西北轴承集团有限责任公司代表国家持有47.76%的股票。

安徽古井贡酒股份有限公司

一、公司简介

(一)公司法定中文名称:安徽古井贡酒股份有限公司
　公司英文名称:ANHUI GUJING DISTILLERY COMPANY LIMITED
(二)公司法定代表人:　王效金
(三)公司董事会秘书:何飞　公司授权代表:唐贻峰
　联系地址:安徽省亳州市古井镇
　电话:(0558)5710057　5710149　传真:(0558)5710006
(四)公司注册地址:安徽省亳州市古井镇　邮编:236820
　网址:www.gujing.com　email:gujing@mail.ahbbptt.net.cn
(五)公司年度报告披露报刊:《证券时报》、《上海证券报》、《香港大公报》
　公司年度报告披露的网址:www.cninfo.com.cn
　公司年度报告备置地点:公司董事会秘书室
(六)公司股票上市交易所:深圳证券交易所
　股票简称:古井贡 A　证券代码:0596
　股票简称:古井贡 B　证券代码:2596

二、会计数据与业务数据摘要

(一)本年度主要利润指标情况

利润总额:	23,025.89 万元
净　利　润:	14,908.20 万元
扣除非经常性损益后的净利润:	13,236.30 万元
主营业务利润:	34,645.24 万元
其他业务利润:	11.86 万元
营业利润:	20,578.11 万元
投资收益:	897.99 万元
补贴收入:	1,671.90 万元
营业外收支净额:	-122.11 万元
经营活动产生的现金流量净额:	7,272.40 万元
现金及现金等价物净增加额:	7,699.80 万元

按照两种不同会计准则、制度计算的净利润差异及其说明

	除税及少数股东权益后利润		净资产	
	一九九九	一九九八	一九九九	一九九八
	人民币千元	人民币千元	人民币千元	人民币千元
本集团法定帐目金额	149,082	141,007	1,040,566	959,634
转销（提取)坏帐准备	3,156	718	-	(3,156)
将不具有未来经济效益的开办费列入当年损益	-	191	-	-
调整固定资产折旧	1,747	1,746	(5,238)	(6,985)
其他	144	(144)	2,350	2,206
根据国际会计准则本集团调整后金额	154,129	143,518	1,037,678	951,699

(二)、主要会计数据和财务指标

指标项目	1999 年	1998 年	1997 年
1、主营业务收入(万元)	89,125	86,851	96,043
2、净　利　润(万元)	14,908	14,101	19,014
3、总　资　产(万元)	154,345	155,406	149,038
4、股东权益(万元)(不含少数股东权益)	104,057	95,963	88,443
5、每股收益(元)	0.63	0.60	0.809
6、每股净资产(元)	4.43	4.08	3.76
7、调整后的每股净资产(元)	4.42	4.07	3.74
8、每股经营活动产生的现金流量净额(元)	0.31	0.54	-
9、净资产收益率(%)	14.33	14.69	21.50

注:主要财务指标计算方法:
全面摊薄后的计算方法:
每股收益=净利润/年度末普通股股份总数
每股净资产=年度末股东权益/ 年度末普通股股份总数
调整后的每股净资产=[年度末股东权益-三年以上的应收款项净额-待摊费用-待 处理(流动、固定)资产净损失-开办费-长期待摊费用-住房周转金负数余额]/年度末 普通股股份总数
每股经营活动产生的现金流量净额=经营活动产生的现金流量净额/年度末普通股股份总数
净资产收益率=净利润/年度末股东权益×100%

三、股东情况介绍

1、报告期末本公司股东总数为 26,982 户。
已流通人民币普通股中含冻结的公司董事、监事及高级管理人员持有的 3.45 万股。
2、报告期末本公司前 10 名股东持股情况

名　称	持股数(股)	比例(%)
安徽古井集团有限责任公司	155,000,000	65.96
宝勇企业有限公司	1,685,000	0.71
紫东投资管理有限公司	1,655,000	0.70
CHARM YIELD INVESTMENTLIMITED	1,500,000	0.64
康马有限公司	1,100,600	0.47
深圳国投证券有限公司(SZ INTL SECURITIES CORP.LTD)	1,000,000	0.43
CREATE INVESTMENTS LIMITED(康创投资有限公司)	852,001	0.36
TOP DYNAMIC INVESTMENTS LIMITED(景高投资有限公司)	771,000	0.33
WONG,SHIT FUI　黄雪辉	707,900	0.30
民乐投资有限公司	683,500	0.29

安徽古井集团有限责任公司为唯一持有本公司 5%以上股份的股东,其所持股份在本报告期内无变化,也无质押或冻结的情况。 公司前十名股东之间不存在关联关系,且除安徽古井集团有限责任公司持有的股份为国有股外,其他均为境内上市外资股 东。 报告期内控股股东没有变更。

200 万股公司职工股 1996 年 9 月 27 日托管于深圳国信证券公司一部,除公司董事、监事及高级管理人员持有的 3.45 万股外,其他公司职工股于 1997 年 3 月 28 日上市流通。

东北制药集团股份有限公司

(一) 公司简介

1、公司法定中文名称:东北制药集团股份有限公司
公司法定英文名称:NORTHEAST PHARMACEUTICAL GROUP CO. LTD.
公司英文名称缩写:NEPG
2、公司法定代表人:陈　钢
3、公司董事会秘书长:刘亚英
联系地址:沈阳市铁西区重工北街 37 号
联系电话:024-25806664　传真:024-25806664
4、公司注册地址:沈阳经济技术开发区昆明湖街
公司办公地址:沈阳市铁西区重工北街 37 号　邮政编码: 110026
电　子　信　箱:E-mail-Dyzc@ mx.sy.cei.gov.cn
5、公司选定的信息披露报纸名称:《中国证券报》、《证券时报》
登载年报指定国际互联网网址:http://www.cninfo.com.cn/
公司年度报告备置地点:东北制药集团股份有限公司办公室
6、股票上市地:深圳证券交易所
　股票简称:　东北药　　股票代码:　0597

(二) 会计数据和业务数据摘要

1、本年度主要会计数据和业务数据(单位:人民币元)

利润总额	50,393,369.22
净利润	43,378,618.10
扣除非经常损益后的净利润	34,257,863.84
主营业务利润	272,146,303.21
其他业务利润	21,610,117.48
营业利润	44,344,963.30
投资收益	4,559,183.62
补贴收入	9,050,000.00
营业外收支净额	-7,560,777.70
经营活动产生的现金流量净额	54,622,934.51
现金及现金等价物净增加额	74,374,619.27

注:扣除非经常损益涉及的项目和金额包括
1) 名牌产品增值税返回 905 万元
2) 申购利息按五年摊销进入收益 104 万元
1、前三年的主要会计数据和财务指标　　(追溯调整后指标)

项　目	1999 年度	1998 年度	1997 年度
主营业务收入(万元)	101,155	76,062	75,745
净利润(万元)	4,338	3,552	-9,235
总资产(万元)	260,135	241,535	201,068
股东权益(万元)	86,954	82,417	78,016
每股收益(元)	0.14	0.1402	-0.47
每股净资产(元)	2.86	3.26	4.01
调整后的每股净资产(元)	2.39	-	-
每股经营活动产生的现金流量净额(元)	0.18	-	-
净资产收益率(%)	4.99	4.31	-11.83

(三) 股本变动及股东情况

1. 股本变动情况:
1)股份变动情况表:　　单位:万元

	本次变动前	本次变动增减(+,-)					本次变动后
		配股	送股	公积金转股	增发	其他	小计
一、未上市流通股份	15210		3024				18252
1、发起人股份							
其中:国家持有股份	15210		3024				18252
境外法人持有股份	1040		208				1248
2、募集法人股份	16250		3250				19500
3、优先股或其他	9067.5		1813.5				10881
未上市流通股份合计	9067.5		1813.5				10881
二、已上市流通股份							
1.人民币普通股							
2.境内上市的外资股							
1.境外上市的外资股							
2.其他							
已上市流通股份合计							12129
三、股份总数	25317.5		5063.5				30381

2、股东情况介绍:
1)截止一九九九年十二月三十一日,公司拥有股东总数 63332 户,股本总额 30381 万股。
2) 公司前十名股东情况:

序号	股东名称	年初数(万股)	年末数(万股)	增减(万股)	占总股本比例(%)
1	东北制药集团公司	15210	18252	3042	60.08
2	东北电力集团公司	260	312	52	1.03
3	中行沈阳信托投资公司	65	78	13	0.26
4	荣生娟	0	40	40	0.13
5	辽宁省证券公司	32.5	39	6.5	0.13
6	辽宁国际信托投资公司	32.5	39	6.5	0.13
7	辽阳市灯塔里仁信用社	32.5	39	6.5	0.13
8	辽宁省证券盘锦分公司	32.5	39	6.5	0.13
9	大连市汽车贸易中心	32.5	39	6.5	0.13
10	海南盛达实业投资公司	32.5	39	6.5	0.13

3)东北制药集团公司系本公司第一大股东,持有本公司 60.08%的股份。
公司法定代表人:陈钢
公司主营:制造销售化学生物制剂、原料药品、制剂药品、保健品、食品添加剂 、化妆品、兽药;饲料添加剂、卫生材料、医药包装材料;兼营医药工程的设计施工和咨询服务,技术软件贸易和信息、咨询服务等。
东北制药集团公司所持的股份没有质押或冻结的情况。

蓝星清洗剂股份有限公司

一、公司简介

1、公司法定中文名称: 蓝星清洗剂股份有限公司
公司法定英文名称:Blue Star Cleaner Co., Ltd.
2、公司法定代表人:任建新
3、公司董事会秘书:王竹林　授权代表:赵月珑
联系地址:北京市朝阳区北土城本路 9 号
蓝星清洗剂股份有限公司　证券部
电话:010-62376645　传真:010-62376625
4、公司注册地址:甘肃省兰州市东岗西路 196 号
公司办公地址:北京市朝阳区北土城西路 9 号　邮政编码:100029
E-mail: lxqx@public.bta.net.cn
5、公司指定的信息披露报纸:《中国证券报》、《证券时报》
登载公司年度报告的中国证监会指定国际互联网网址:http://www.cninfo.com.cn
年度报告置备地点:公司证券部
6、公司股票上市地:深圳证券交易所
股票简称:蓝星清洗　股票代码:0598

二、会计数据和业务数据摘要

1、本年度会计数据摘要　单位:人民币(元)

利润总额	62652051.54
净利润	51589917.22
扣除非经常性损益后的净利润	51546860.85
主营业务利润	69875241.31
其他业务利润	——
营业利润	59808995.17
投资收益	2800000.00
补贴收入	——
营业外收支净额	43056.37
经营活动产生的现金流量净额	37529985.94
现金及现金等价物净增加额	19404356.08

注:扣除非经常性损益后的净利润 51,546,860.85 元,其中:营业外收入 82174.20 元,营业外支出 39,117.83 元。

2、公司近三年主要会计数据和财务指标:(合并报表)

项　目 年度	1999 年	1998 年		1997 年	
		调整后	调整前	调整后	调整前
1、主营业务收入(万元)	18152.87	10093.44	10093.44	8678.32	8678.32
2、净利润(万元)	5158.99	3758.12	3789.67	4083.56	4085.11
3、总资产(万元)	64417.73	42160.81	42196.64	40575.18	40579.47
4、股东权益(万元)	52170.16	37355.17	37391.00	33597.04	33601.33
[illegible]、每股收益(元/股)	0.34	0.50	0.50	0.54	0.54
每股收益(按月加权平均法计算)	0.39	0.50	0.50	0.60	0.60
扣除非经常性损益后的每股收益	0.34	0.50	0.50	0.54	0.54
6、每股净资产(元/股)	3.40	4.95	4.95	4.45	4.45
7、调整后的每股净资产(元/股)	3.39	4.94	4.94	4.43	4.43
8、每股经营活动产生的现金流量净额(元)	0.24	0.71	0.71		
9、净资产收益率(%)	9.89	10.06	10.14	12.15	12.16

注 1.以上数据经广东正中会计师事务所中国注册会计师审计
2.主要财务指标的计算方法:
每股收益=净利润/年度末普通股股份总数
每股净资产=年度末股东权益/年度末普通股股份总数
调整后的每股净资产=(年度末股东权益-三年以上应收款项净额-待摊费用-待处 理(流动、固定)净损失-开办费-长期待摊费用-住房周转金负数余额)/年度末普通股 股份总数
每股经营活动产生的现金流量净额=经营活动产生的现金流量净额/年度末普通股股份总数
净资产收益率=净利润/年度末股东权益 *100%
3 根据财政部(1999)35 号、49 号文件规定,本公司变更了会计政策,采用追溯调整 法调整了本年度及 1997 、1998 年度会计报表相关帐项。

3、1999 年度股东权益变动情况:　金额单位:人民币元

项　目	股本	资本公积金	盈余公积	法定公益金	未分配利润	合计
期初数	75500000	222314035	33126878	6370885	42610746	373551660
本期增加	77950000	86810000	7738487	2579495	51589917	224088404
本期减少		51150000			24788487	75938487
期末数	153450000	257974035	40865366	8950380	69412176	521701578

变化原因及说明:
* 股本增加是因为 1998 年度配股和 1998 年度转增股本所致。
* 资本公积金增加是因为 1998 年度配股所致。
* 资本公积金减少是因为 1998 年度转增股本的。
* 盈余公积和未分配利润增加是因为公司 1999 年度形成利润及利润分配所致。

三、股东情况介绍

1、截止 1999 年 12 月 31 日,公司股东总数为 36667 户。
2、主要股东持股情况(前十名股东)

名次	股东名称	持股数(股)	所占比例
1	中国蓝星化学清洗总公司	77400000	50.44%
2	深圳国投证券有限公司	2836648	1.85%
3	普惠证券投资基金	1927260	1.26%
4	中信证券天津解放北路营业部	1239178	0.81%
5	石小强	738920	0.48%
6	黑龙江省大正投资集团有限责任公司	721833	0.47%
7	向文静	707819	0.46%
8	陈　斌	671586	0.44%
9	刘振齐	651600	0.42%
10	毕紫砚	572973	0.37%

注:上述前十名股东之间不存在关联关系。
中国蓝星化学清洗总公司系本公司的控股公司
法人代表:任建新
注册地点:北京市朝阳区北土城西路 9 号

青岛双星鞋业股份有限公司

(一) 公司简介

1.公司的法定名称:青岛双星鞋业股份有限公司
英文名称:QINGDAO DOUBLESTAR SHOE MANUFACTURING CO.,LTD
2.公司法定代表人:汪海
3.公司董事会秘书:郭维顺
联系地址:青岛市贵州路 5 号海富楼三楼
电话:0532-2657986　传真:0532-2657986
4.公司注册地址:青岛市经济技术开发区新街口工业区　邮政编码:266510
公司办公地址:青岛市双星工业园　邮政编码:266229
5.公司选定的信息披露报刊名称:《证券时报》。
登载公司年度报告的互联网网址:http:llwww.cninfo.com.cn
公司年度报告备置地点:青岛市贵州路 5 号海富楼三楼董事会秘书办公室
6.公司股票上市交易所:深圳证券交易所
股票简称:青岛双星　股票代码:0599

(二)会计数据和业务数据摘要

1.本年度利润总额及构成(单位:元)

利润总额	62386969.33
净利润	48381374.17
扣除非经常性损益后的净利润	38357075.76
主营业务利润	62414204.69
其他业务利润	2456068.31
营业利润	51695571.62
投资收益	0
补贴收入	10024298.41
营业外收支净额	667099.30
经营活动产生的现金流量净额	44227181.21
现金及现金等价物净增加额	42399282.95

注:非经常性损益是指公司正常经营损益之外的、一次性或偶发性损益,本公司扣除的非经营性损益有;补贴收入 10024298.41 元,其中返还增值税:289200.00 元,返还企业所得税 9735098.41 元。

2.公司近三年主要会计数据及财务指标

项目	1999 年	1998 年	1998 年	1998 年	1997 年
		调整前	调整后	调整前	调整后
主营业务收入(万元)	30353.55	25139.14	25139.14	26921.2	26921.2
净利润(万元)	4838.14	4163.22	4008.40	4019.2	3455.76
总资产(万元)	53964.52	48486.67	47265.33	45782.6	44595.10
股东权益(万元)	43596.58	40161.58	38849.88	36116.4	34935.50
每股收益(元)	0.366	0.315	0.304	0.304	0.262
每股净资产(元)	3.30	3.04	2.94	2.735	2.646
调整后的每股净资产(元)	3.285	2.998	2.899	2.692	2.603
每股经营活动产生的现金流量净额(元)	0.335	–0.013	–0.013		
净资产收益率(%)	11.10	10.37	10.32	11.13	9.892
按月平均加权计算的每股收益(元)	0.366	0.315	0.304	0.304	0.262
扣除非经常性损益后的每股收益(元)	0.29	0.218	0.206		

每股收益,每股净资产、调整后的每股净资产、每股经营活动产生的现金流量净 额和净额和净资产收益率等财务指标的计算公式如下:
每股收益=净利润/年度末普通股股份总数
每股净资产=年度末股东权益/年度末普通股股份总数
调整后的每股净资产=(年度末股东权益-三年以上的应收款项-待摊费用-待处理(流动、固定)资产净损失-开办费-长期待摊费用-住房周转金负数余额)/年度末普通股股份总数
每股经营活动产生的现金流量净额=经营活动产生的现金流量净额/年度末普通股股份总数
净资产收益率=净利润/年度末股东权益×100%
注 1.公司因会计政策变更,根据财政部财会字(1999)35 号文、49 号文的有关规定,采用了追溯调整法,调整了一九九年度合并会计报表相关的财务指标。
注 2.报告期末至摘要披露日,公司股本未发生变化,每股收益无变动。
注 3.报告期内股东权益变动情况及变化原因(单位:元)

项目	股本	资本公积	盈余公积	法定公益金	未分配利润	股东权益合计
期初数	132053571.00	191767452.40	13111527.68	4055056.67	47511172.72	388498780.47
本期增加	0	0	4885973.61	2391146.85	48381374.17	55658494.63
本期减少	0	665472.36	0	0	7525996.04	8191468.40
期末数	132053571.00	191101980.04	17997501.29	6446203.52	88366550.85	435965806.70

变动原因:资本公积减少是根据财政部会计字(1998)16 号文件《关于股份有限公司有关会计问题解答》规定,1999 年因评估增值多提的折旧冲减"资本公积-------资产评估增值"所致;盈余公积金法定公益金增加是母公司及子公司分别按规定计提所致;未 分配利润增加是当年新增利润不分配所致,减少是因为新会计制度追溯调整所致。

(三) 股东情况介绍:

(1)截止 1999 年 12 月 31 日,本公司股东总数为 32979 户,无内部职工股和公司职工股股东。
(2)主要股东持股情况

序号	股东名称	年末持有股数	占总股份比例(%)
1	青岛双星集团公司	81600000	61.793
2	宁波永正物业经营管理有限公司	440154	0.333
3	张国恩	370000	0.28
4	龙电期货经纪有限责任公司	299963	0.227
5	王永波	261192	0.198
6	王玉	253661	0.192
7	白秋娟	250000	0.189
8	李社流	239277	0.181
9	贾鸿燕	178661	0.135
10	普丰证券投资基金	160600	0.122

说明:双星集团持有的股份为国家股。
青岛双星集团公司为本公司的发起人母公司,法人代表是双星集团公司总裁汪海,注册地点青岛市贵州路 5 号,经营范围:鞋类生产、销售,兼营国内外贸易、饮食服务、房地产开发等。

石家庄国际大厦(集团)股份有限公司

一、公司简介

1、公司法定名称:
中文:石家庄国际大厦(集团)股份有限公司
英文:SHIJIAZHUANG INTERNATIONAL BUILDING GROUP CO.,LTD.
2、公司法定代表人:吕毅华
3、公司董事会秘书姓名:韩金平; 授权代表姓名:李俊信
联系地址:石家庄广安大街1号
石家庄国际大厦(集团)股份有限公司董事会办公室
电话:0311—6672224 传真:0311—6672254
电子信箱:jphan@public.sj.he.cn
4、公司注册地址:中国河北省石家庄市中山东路301号
公司办公地址:中国河北省石家庄市广安大街1号 邮政编码:050011
公司国际互联网网址:http://www.guoda-group.com 公司电子信箱:jphan@public.sj.he.cn
5、公司选定的信息披露报纸:《中国证券报》、《证券时报》;
登载公司年度报告的中国证监会指定国际互联网网址为: http://www.cninfo.com.cn
公司年度报告备置地点: 石家庄市广安大街1号公司董事会办公室
6、公司股票上市交易所:深圳证券交易所 股票简称:国际大厦 股票代码:0600

二、会计数据和业务数据摘要

1、本年度利润总额构成及现金流量一览表(单位:人民币元)

项目	数额
利润总额	22,388,578.01
净利润	19,133,854.41
扣除非经常性损益后的净利润*	–5,434,241.36
主营业务利润	25,919,906.76
其他业务利润	4,488,250.68
营业利润	2,639,695.04
投资收益	20,063,909.66
补贴收入	96,894.40
营业外收支净额	–411,921.09
经营活动产生的现金流量净额	–102,100,936.29
现金及现金等价物净增加额	–39,830,085.97

* 注:扣除项目及金额如下所示(单位:人民币元):

扣除的项目	涉及金额
转让石家庄商业银行股份收益	10,106,100.00
转让汇鑫大厦有限公司股权	7,584,470.52
转让开元汽车贸易公司股份	778,849.06
补贴收入	96,894.40
委托贷款利息	5,580,900.00
资金占用费	3,045,228.43
贷款手续费	1,705,500.00

2、截止报告期公司前三年的主要会计数据和财务指标:

项目	1999.12.31	1998.12.31		1997.12.31	
		调整前	调整后	调整前	调整后
主营业务收入(万元)	6693	20509	14506	11946	11946
净利润(万元)	1913	3272	2837	3251	2170
总资产(万元)	59782	82246	61980	52575	50350
股东权益(万元)	30471	31217	28557	31788	29563
每股收益(元/股)	0.12	0.2128	0.1864	0.21	0.14
每股净资产(元/股)	1.98	2.03	1.86	2.07	1.92
调整后的每股净资产(元/股)	1.96	1.96	1.84	2.06	1.91
每股经营活动产生的现金流量净额	–0.6641	0.2794	0.2794		
净资产收益率(%)	6.28	10.48	9.94	10.23	7.34

本报告期按月平均加权法计算的每股收益:0.1245元/股
本报告期扣除非经常性损益后的每股收益:–0.035元/股
注:财务指标的计算公式如下:
每股收益=净利润/年度末普通股股份总数
每股净资产=年度末股东权益/年度末普通股股份总数
调整后的每股净资产=(年度末股东权益-三年以上的应收款项净额-待摊费用-待 处理资产净损失-开办费-长期待摊费用-住房周转金负数余额)/年度末普通股股份总 数
每股经营活动产生的现金流量净额=经营活动产生的现金流量净额/年末普通股股份总数
净资产收益率=净利润/年度末股东权益×100%

三、股本变动及股东情况

1、截止报告期末,公司共有股东总数27349户。
2、股东情况介绍
(1) 持有本公司股票的前十名股东情况: 单位:股

序号	股东名称	持股数量	是否流通	比例(%)
1	石家庄国大集团有限责任公司	41924090	未上市流通	27.27
2	河北开元房地产开发股份有限公司	28852992	未上市流通	18.77
3	河北圣仑进出口集团公司	6588799	未上市流通	4.29
4	石家庄信托投资股份公司	3645573	未上市流通	2.37
5	石家庄国瑞信息服务中心	3354624	未上市流通	2.18
6	石家庄国丰商贸中心	3330345	未上市流通	2.17
7	石家庄国翔服务中心	3299788	未上市流通	2.15
8	上海财政证券公司襄阳北路证券交易营业部	2200000	未上市流通	1.43
9	河北省纺织品进出口公司	1612800	未上市流通	1.05
10	北京恒昌经济开发公司	1612800	未上市流通	1.05

(2)持有本公司5%以上股份的股东:

名称	年内股份变动情况	年末持股数量
石家庄国大集团有限责任公司	41924090	
河北开元房地产开发股份有限公司	+26290112	28852992

(3)持有本公司5%以上股份的股东股份质押或冻结情况:
经深圳证券登记有限公司存管部查,本公司股东"河北开元房地产开发股份有限 公司"于1999年7月26日,将其持有的本公司股份28788480股质押给华夏银行石家庄支行。

广东韶能集团股份有限公司

一、公司简介

1、公司法定名称:广东韶能集团股份有限公司
英文名称:Guang Dong ShaoNeng Group CO.,Ltd
2、公司法定代表人:徐兵
3、公司董事会秘书:苏韶霞
联系地址:广东省韶关市工业中路8号
电话:(0751)8758384
传真:(0751)8760135 E—mail:sgsngf@ pub.shaoguan.gd.cn
4、公司注册地址:广东省韶关市工业中路8号 邮政编码:512026
E—mail:sgsngf@ pub.shaoguan.gd.cn
5、公司选定的信息披露报纸名称:《证券时报》
登载公司年度报告的中国证监会指定国际互联网网址:http://www.cninfo.com.cn
公司年度报告备置地点:广东省韶关市工业中路8号公司档案室
6、公司股票上市地点:深圳证券交易所
公司股票简称:韶能股份 股票代码:0601

二、会计数据和业务数据摘要

(一)主要会计数据(单位:万元)

利润总额	20,906
净利润	12,634
扣除非经营性损益后的净利润	11,712
主营业务利润	26,205
其他业务利润	—14
营业利润	19,458
投资收益	416
补贴收入	8
营业外收支净额	1,024
经营活动产生的现金流量净额	25,705
现金及现金等价物净增加额	3,143

注:扣除的非经营性损益项目和涉及金额:

项目	金额(万元)
1、上市发行新股申购冻结资金利息	912(所得税前为1,073)
2、补贴收入—增值税退税	6(所得税前为8)
3、固定资产处理	4(所得税前为6)
合计	922(所得税前为1,087)

(二)截至报告期末公司前三年主要会计数据和财务指标

指标项目	1999年	1998年		1997年	
		调整前	调整后	调整前	调整后
主营业务收入(万元)	62,623	54,160	54,160	44,191	44,191
净利润(万元)	12,634	12,427	11,050	10,383	10,244
总资产(万元)	199,744	200,030	203,599	188,347	188,208
股东权益(不含少数股东权益)(万元)	113,644	106,981	107,237	74,670	74,531
每股收益 (摊薄)(元/股)	0.41	0.40	0.35	0.36	0.36
(加权)(元/股)	0.41	0.41	0.36	0.36	0.36
每股净资产(摊薄)(元/股)	3.65	3.44	3.44	2.59	2.59
调整后的每股净资产(摊薄)(元/股)	3.55	3.37	3.39	2.57	2.57
每股经营活动产生的现金流量净额	0.83	0.29	0.29	—	—
净资产收益率(%)摊薄	11.12	11.62	10.30	13.91	13.74
加权	11.12	12.88	11.43	14.62	14.44
扣除非经营性损益后的每股收益	0.38	0.35	0.31	0.33	0.33

(1)财务指标的计算公式:
每股收益=净利润/年度末普通股股份总数
每股净资产=年度末股东权益/年度末普通股股份总数
调整后的每股净资产=(年度末股东权益—三年以上的应收款项净额—待摊费用—待处理(流动、固定)资产净损失—开办费—长期待摊费用—住房周转金负数余额)/年度末普通股股份总数
每股经营活动产生的现金流量净额=经营活动产生的现金流量净额/年度末普通股股份总数
净资产收益率=净利润/年度末股东权益×100%

三、股东情况介绍

1、报告期末股东总数:截止1999年12月31日,公司在册股东数量为65367户。
2、公司前十名股东持股情况

股东名称	年初持股(股)	年度内增加数(股)	年度内减少数(股)	年末持股数(股)	占总股份比例(%)
韶关市国有资产管理办公室	68210016			68210016	21.91
韶关市峡江水电安装工程有限公司	20000000			20000000	6.42
韶关市韶信托投资公司	5443200			5443200	1.75
韶关市节能技术服务中心	5627804			5027804	1.61
韶关市供电局劳动服务公司	3654000			3654000	1.17
广东亿能电力设备股份有限公司	3024000			3024000	0.97
广东省水电安装公司		3000000		3000000	0.96
深圳市龙岗区葵冲桥联商店	1728000			1728000	0.6
韶关粤北医院工会	1728000			1728000	0.6
广东省国土厅工会	1728000			1728000	0.6

报告期内,广东省水电安装公司增加的持股,系因其协议受让广东国际人才资源开发服务公司等23 家单位持有的公司募集法人股所致。
以上前10名股东之间不存在关联交易。
持有公司5%(含5 %)以上股份的股东所持股份抵押或冻结的情况;

股东名称	韶关市国资办	韶关市峡江水电安装工程有限公司
持股比例(%)	21.91	6.42
质押或冻结情况	1,000万股作为公司短期抵押贷款人民币2,000万元的抵押品。截止1999年12月31日,公司相关抵押借款已归还,但质押股权尚未解押。	无

3、公司内部职工股上市情况:经深圳证券交易所核准,公司内部职工股已于1999年8月23日上市流通。本次上市的内部职工股应为11,356,800股,其中,董事、监事、高级管理人员持有的55,296股继续锁定,本次实际上市的内部职工股为11,301,504股。内部职工股上市后,公司尚未流通股份从227,366,688股减至216,009,888股,已流通股份从84,000,000股增至95,356,800股。

广东金马旅游集团股份有限公司

一、公司简介

公司名称:广东金马旅游集团股份有限公司
英文名称: GUANGDONG GOLDEN HORSE TOURISM GROUP STOCK CD.LTD
公司法人代表:俞军
公司董事会秘书:朱建文
联系地址:广东省潮州市潮枫路旅游大厦
联系电话:0768-2297613　传真:0768-2287323
公司注册地址:广东省潮州市永护路口　邮政编码: 521000
公司年度报告备置地点:本公司董事会秘书办公室
公司股票上市地:深圳证券交易所　股票简称:金马集团　股票代码:0602

二、会计数据和业务数据摘要

(1)公司本年度实现利润情况

项　　目	指　标　数
利润总额	-57,281,020.90
净利润	-57,281,020.90
主营业务利润	4,814,729.04
其他业务利润	5,821,294.99
投资收益	-5,305,024.80
营业外收支净额	-3,074,069.73
现金及现金等价物净增加额	70,615.90

(2)主要会计数据和财务指标

项　　目	1999 年	1998 年		1997 年	
		调整后	调整前	调整后	调整前
1.主营业务收入(万元)	4,961	7,336	7,336	9,034	9,034
2.净利润(万元)	-5,728	-3,810	114	-5,240	2,193
3.总资产(万元)	31,584	36,837	48,226	31,801	39,240
4.股东权益(万元)	14,468	20,258	31,664	18,062	25,501
5.每股收益(元)	-0.57	-0.379	0.011	-0.565	0.236
6.每股净资产(元)	1.44	2.016	3.151	1.95	2.747
7.净资产收益率(%)	-39.59	-18.81	0.361	-29.01	8.601
8.调整后的每股净资产(元)	1.03	1.62	2.673	1.98	2.647
9.扣除非经常性收益后的每股收益	-0.53	-0.382	0.011	-0.56	0.236
10.加权计算的每股收益(元)	-0.57	-0.362	0.013	-0.48	0.241
11.加权计算的净资产收益率(%)	-39.59	-19.32	0.386	-29	8.731
12.每股经营活动产生的现金净流量	0.016	-0.63	-0.63		

非经常性收益收益项目:
营业外收入的新股申购冻结资金利息收入　949,636.96 元;
计算公式如下:
每股收益=净利润/报告期末普通股股份总数
每股净资产=报告期末股东权益/报告期末普通股股份总数
净资产收益率=净利润/报告期末股东权益×100%

调整后每股净资产=(报告期末股东权益-三年以上的应收款项-待摊费用-待处理(流动固定)资产净损-开办费-长期待摊费)/报告期末普通股股份总数

加权平均每股收益=当前净利润/[期末普通股股份总数/(1+配股比例或增发新股 比例)+期末普通股股份总数/(1+配股比例或增发新股比例)×配股比例或增发新股比 例×自缴款结束日下一月份至期末的月份数/12]

加权平均净利润收益率=当前净利润/[(期初净资产+期末净资产)/2+当前发行新 股或配股新增净资产×(自缴款结束日下一月份至报告期末的月份数-6)/12]

每股经营活动产生的现金净流量=经营活动产生的现金净流量/年度末普通股股份总数

三、股本变动和主要股东持股情况

1. 股本变动情况表

	期初数	本次变动增减(+,-)			期末数
		配股	送股	内部职工股上市	
一、尚未流通股份					
1.发起人股份	28,800,000				28,800,000
其中:国家拥有股份	10,600,000				10,600,000
境内法人持有股份	18,200,000				18,200,000
2.募集法人股	28,028,000				28,028,000
3.内部职工股	16,112,000				-16,112,000
尚未流通股份合计	72,940,000			-16,112,000	56,828,000
二、已流通股份					
境内上市的					
人民币普通股	27,560,000			16,112,000	43,672,000
已流通股份合计	27,560,000			16,112,000	43,672,000
三、股份总数	100,500,000				100,500,000

2、股东情况介绍
(1)截至一九九九十二月三十一日,本公司共有股东 9,714 户。
(2)前 10 名股东持股情况
单位:股

股东单位名称	持股数	占股本比例%
1.潮州市旅游总公司	10,600,000	10.55
2.深圳东欧工贸公司	7,700,000	7.66
3.广东海外旅游总公司	4,550,000	4.53
4.发展银行潮州分行	4,550,000	4.53
5.银行广州信托咨询公司	4,550,000	4.53
6.华南环境科技开发公司	3,640,000	3.62
7.潮州市兴安实业总公司	3,357,900	3.34
8.中国华能财务公司	2,730,000	3.62
9.深圳市金属材料公司	2,730,000	3.62
10.深圳市东欧文化娱乐有限公司	2,500,000	2.48

(3)持股 5%(含 5%)以上的法人股东所持股份发生质押冻结情况:
潮州市旅游总公司持有本公司 10,600,000 股的股份,全部因诉讼被保全,暂时冻结。
深圳东欧工贸公司因拥有深圳市金瑞丰实业发展有限公司、深圳市新风顺贸易公司控股权。而深圳市金瑞丰实业发展有限公司持有本公司法人股 455 万股,深圳市新风顺贸易有限公司持有本公司法人股 140 万股。深圳东欧工贸公司及其控股子公司合并 持有本公司法人股 1365 万股。

广东威达集团股份有限公司

一、公司简介

(一)、公司法定名称:广东威达集团股份有限公司
英文名称:GUANGDONG WEIDA GROUP CO., LTD.　英文缩写:WEIDA
(二)、公司法定代表人:陈族远
(三)、董事会秘书:陈洪东
办公及联系地址:广东省揭西县城霖都大道 221 号
联系电话:(0663)5582288 转 545　传　真:(0663)5582865
电子信箱:chenhong@pub.shantou.gd.cn
(四)、公司注册地:深圳市罗湖区罗芳南路 38 号
公司办公地址:广东省揭西县城霖都大道 221 号
国际互联网网址:http//www.weida.com
邮政编码:515400
(五)、公司选定的信息披露报纸:中国证券报
年度报告指定登载网址:http//www.cninfo.com.cn
公司年度报告备置地:董事会秘书办公室
(六)、公司股票上市地:深圳证券交易所
股票简称:威达医械　股票代码:0603

二、主要会计数据和业务数据摘要

1、主要会计数据	单位:人民币 元
利润总额	-4662973.02
净利润	1199804.45
扣除非经营性损益后的净利润	1199804.45
主营业务利润	15902565.13
其他业务利润	4036.10
营业利润	-4512505.87
投资收益	0
补贴收入	0
营业外收支净额	-150467.15
经营活动产生的现金流量净额	665898.55
现金及现金等价物净增加额	-1662283.08

2、公司近三年主要财务指标

	1999 年	1998 年		1997 年
		调整后	调整前	
主营业务收入(元)	33441029.02	20996817.14	20996817.14	101245839
净利润(元)	1199804.45	-96819704.03	-96005630.59	25948644
总资产(元)	266154310.40	275485768.81	276162589.31	340631658
股东权益(元)	129111234.20	132584746.62	133398820.06	230536263
每股收益(元/股)	0.011	-0.866	-0.858	0.23
加权平均每股收益(元/股)	0.011	-0.866	-0.858	0.23
扣除非经营性损益后的每股收益	0.011			
每股净资产(元/股)	1.15	1.185	1.193	2.06
调整后的每股净资产(元/股)	1.02	1.173	1.178	1.83
每股经营活动产生的现金流量净额(元/股)	0.006			
净资产收益率(%)	0.93	-73.02	-71.97	11.26
加权平均净资产收益率(%)	0.93	-53.33	-52.76	11.91

3、报告期股东权益变动情况　单位:元、股

项目	股本	资本公积	盈余公积	法定公益金	未分配利润	股东权益合计
期初数	111862500	52958405	22363968	6613572.34	-53468315.55	132584746.62
本期增加					1199804.45	- -
本期减少						3098977.81
期末数	111862500	52958405	22363968	6613572.34	-52268511.10	129111234.20

变动原因:1、本期盈余公积、公益金无增减变化系因为董事会决定本年度不提取二金。
2、股东权益减少系因为被投资公司发生亏损,本公司承担亏损额超过长期股权投资部分的未确认亏损分担额所致。

三、股东情况介绍

1、股东情况介绍
(1)、截止到 1999 年 12 月 31 日,本公司股东总数为 15143 户。
(2)、前十名股东情况:

名　称	年末持股数(万股)	占总股本(%)
广东威达医疗器械集团公司	5700	50.96
揭西财通发展公司	1223.6	10.94
汕头变压器厂	1032.65	9.23
中国新技术创业投资公司	380	3.40
今鑫证券投资基金	28	0.25
李灿荣	26.81	0.24
梁坚荣	23.08	0.21
李泽川	20.63	0.19
谢运霞	19.9	0.18
王庆洋	19.84	0.18

注:前一、二、三、四名为法人股东,持股数量在本年度无增减变化,广东威达医 疗器械集团公司代表国家持有本公司 50.96%的股份,其所持股份质押冻结情况如下:

质押冻结方	股数(万)	性　质
汕头中级人民法院	1,180	判决冻结
农业银行广州东山支行	1,000	借款质押
广东证券公司	2,070	借款质押
安信投资有限公司	1,250	预付款质押
广东粤财信托投资有限公司	200	借款质押

汕头变压器厂系广东威达医疗器械集团公司之全资子公司,其他股东之间无关联 关系其余为社会公众股东。
(3)、持股 10%以上的股东简介
广东威达医疗器械集团公司系本公司之母公司。 法定代表人:刘之券。经营范围:医疗器械、保健品、新型材料、变压器等。
揭西财通发展公司,法定代表人:刘子清, 经营范围:投资。
(4)、报告期内本公司控股股东无变更情况。

中联建设装备股份有限公司

一、公司简介

1、公司名称:中联建设装备股份有限公司
英文名称:CHINA UNITED CONSTRUCTION EQUIPMENT CO.,LtD 英文缩写:CUCEC
2、公司法定代表人:赵文寿
3、公司董事会秘书:冯际中
联系电话:(010)66213896 传真:(010)66210741
电子信箱:Jinglee@ihw.com.cn
4、公司注册地址:北京市西城区西直门内桦皮厂 3 号
办公地址:北京市西城区金融大街 23 号平安大厦 712-716 室 邮政编码:100032
电子信箱:cucec@ihw.com.cn
5、信息披露报刊:《中国证券报》
登载年报的指定国际互联网网址:http://www.cninfo.com.cn
公司年度报告备置地点:公司办公室
6、公司股票上市地:深圳证券交易所
股票简称:中联建设 股票代码:0605

二、会计数据与业务数据摘要

1、本年度主要会计数据(单位:人民币元)

利润总额	-17647222.06
净利润	-17954085.58
扣除非经常性损益后的净利润	-18008789.04
主营业务利润	13998117.54
其他业务利润	111062.19
营业利润	-16826415.96
投资收益	-875509.56
补贴收入	170000.00
营业外收支净额	-115296.54
经营活动产生的现金流量净额	-609103.01
现金及现金等价物净增加额	-1373516.45

注:扣除的非经常性损益包括补贴收入 17 万元,营业外收入 6958.48 元,营业外支出 122255.02 元。

2、本公司近三年的主要会计数据和财务指标如下:

指标 年份	1999 年	1998 年		1997 年
		调整后	调整前	
主营业务收入(千元)	54352	60007	68702	114336
净利润(千元)	-17954	1751	4153	13959
总资产(千元)	282662	264508	334360	245247
股东权益(千元)	101863	119817	132197	128045
每股收益(元)	-0.217	0.021	0.05	0.17
每股净资产(元)	1.235	1.452	1.60	1.55
调整后每股净资产	1.078	1.33	1.46	1.47
每股经营活动产生的现金流量净额	-0.007	-0.323		
净资产收益率	-17.63%	1.41%	3.14%	10.90%

注:(1)、1998 年财务指标按公司内部控制制度进行了追溯调整。
(2)、财务指标的计算方法:
每股收益=净利润/年度末普通股股份总数
每股净资产=年度末股东权益/年度末普通股股份总数净资产收益率=净利润/年度末股东权益×100%
调整后的每股净资产=(年度末股东权益-三年以上的应收款项-待摊费用-待处理(流动、固定)资产净损失-开办费-长期待摊费用-住房周转金负数余额)/年度末普通股股份总数
(3、)业务数据摘要

序号	主要产品	1999 年产量(台/吨)	1998 年产量(台/吨)
1	电动双梁桥式起重机	112/3339	150/4075
2	电动单梁桥式起重机	181/596	181/632
3	手动梁式起重机	8/16	6/10
4	龙门式起重机	20/1103	23/1517
5	其它起重设备	6/247	13/68
6	工矿车辆及配件	14/260	

4、报告期内股东权益变动情况

项目	股本	资本公积	盈余公积	法定公益金	未分配利润	股东权益合计
期初数	82500000	37132503.99	3473065.74	983469.97	-3288033.73	119817536.00
本期增加					-17954085.58	
本期减少						17954085.58
期末数	82500000	37132503.99	3473065.74	983469.97	-21242119.31	101863450.42
变动原因					计提坏帐和财务费用增加使公司营业亏损	本年亏损未分配利润减少

三、股本变动及股东情况

1、本报告期末公司共有股东 69542459 个
2、公司前 10 名股东情况(截止 1999 年 12 月 30 日)

名称	持股数量(股)	持股种类	持股比例
1.中联实业股份有限公司	60,225,000	发起人法人股	73%
2.何水香	950,000	流通股	1.15%
3.何煜	900,000	流通股	1.09%
4.翁佩玉	892,385	流通股	1.08%
5.何烨	842,873	流通股	1.02%
6.北京中恒企业发展公司	825,000	发起人法人股	1%
7.中国对外建设总公司	330,000	发起人法人股	0.4%
8.中国建筑材料建设总公司	330,000	发起人法人股	0.4%
9.金鑫证券投资基金	196,556	流通股	0.29%
10.梁德军	190,000	流通股	0.23%

(3)、持本公司 10%以上股份股东情况介绍
股东名称:中联实业股份有限公司
法定代表人:周敏敏
经营范围:投资兴办实业;国内商业、物资供销业。该股东所持有本公司股份数额报告期内未发生变动。

青海明胶股份有限公司

一、公司简介

1、公司名称:青海明胶股份有限公司
Qinghai Gelatin Company Limited
公司简称:青海明胶
2、法定代表人:星晓明
3、董事会秘书:陈涛
联系地址:青海省西宁市付东路 13 号
电话:0971-8011891 8013495 传真:0971-8012106
电子信箱:chentaomj@sohu.com
4、注册地址:青海省西宁市付东路 13 号
办公地址:青海省西宁市付东路 13 号 邮政编码:810015
国际互联网网址:http://www.qhmj0606.com 电子信箱:qhmj@public.xn.qh.cn
5、选定的信息披露报纸名称:《中国证券报》、《证券时报》
登载公司年度报告的国际互联网网址:http://www.cninfo.com.cn
年度报告备置地点:公司董事会秘书处
6、上市交易所:深圳证券交易所
股票简称:青海明胶 股票代码:0606

二、会计数据和业务数据摘要

1、本年度主要利润指标(单位:人民币元):

利润总额:	23610317.58
净利润:	20434300.45
扣除非经常性损益后的净利润:	20434300.45
主营业务利润:	29178696.84
其他业务利润:	324527.23
营业利润:	20932781.65
投资收益:	2677535.93
补贴收入:	0.00
营业外收支净额:	0.00
经营活动产生的现金流量净额:	31573936.64
现金及现金等价物净增加额:	6295613.73

2、截止报告期末公司前三年主要会计数据和财务指标:(单位:人民币元)

项目	1999 年	1998 年		1997 年	
		调整前	调整后	调整前	调整后
主营业务收入	8326716.58	65521284.17	66800608.41	37661252.51	37661252.51
净利润	20434300.45	18117332.21	17965624.04	11717431.00	11393403.08
总资产	277568175.76	251235156.69	250759420.60	160529110.02	160205082.10
股东权益	171916048.62	173381484.26	172905748.17	115687455.09	115363427.17
每股收益	0.31	0.27	0.268	0.23	0.22
每股收益(加权)	0.31	0.287	0.285	0.23	0.00
扣除非经营损益后的每股收益	0.00	0.235	0.233	0.00	0.00
每股净资产	2.57	2.59	2.58	2.25	2.24
调整后每股净资产	2.51	2.56	2.55	2.24	2.23
每股经营活动产生的现金流量净额	0.47	-0.14	-0.14	0.00	0.00
净资产收益率	11.89%	10.45%	10.39%	10.13%	9.88%

1999 年本公司未发生非经常性损益,98 年非经常性损益系财政返还的所得税 2,355,253.19 元。
注:(1)主要财务指标计算方法:
每股收益=净利润/年度末普通股股份总数
每股净资产=年度末股东权益/年度末普通股股份总数
调整后的每股净资产=(年度末股东权益 3 年以上的应收款项净额--摊费用--待处 理 (流动、固定)资产净损失--开办费--长期待摊费--住房周转金负数余额)/年度末普通股股份总数
每股经营活动产生的现金流量净额=经营活动产生的现金流量净额/年度末普通股股份总数
净资产收益率=净利润/年度末股东权益×100%
注:应收款项包括应收帐款、其他应收款、
(2)需要说明的是:由于会计政策变更,根据财政部财会字[1999]35 号文、49 号文 的有关规定,采用了追溯调整法,调整了 1999 年度会计报表相关的"坏帐准备"帐项、"存货跌价准备"帐项,调整前各年度会计数据如下:

项目	1999 年	1998 年	1997 年
坏帐准备	0.00	282258.69	142408.17
存货跌价准备			
未分配利润	0.00	7684519.69	14362693.86

调整后各年度会计数据如下

项目	1999 年	1998 年	1997 年
坏帐准备	1052906.46	757994.78	466436.09
存货跌价准备	136276.09	0.00	0.00
未分配利润	2664601.34	7332474.97	14122913.19

三、股本变动情况及股东情况

1、截止 1999 年 12 月 31 日,公司共有股东 5654 户。
2、前十名股东持股情况

股东	期末持有量(股)	期内增减(股)	持有比例(%)
①青海金牛胶业集团有限公司	25350000	+5850000	37.86
②陕西麦达矿产化工有限公司	12200000	+12200000	18.22
③西宁市自来水公司	4000000	0.00	5.97
④上海星恒实业有限公司	3857494	+3857494	5.76
⑤山东诚信实业有限公司	1000000	+1000000	1.49
⑥青海省化工进出口公司	300000	0.00	0.45
⑦江门市蓬江区恒业化工商行	300000	0.00	0.45
⑧蒋丽君	259518	0.00	0.38
⑨李小峰	252500	0.00	0.38
⑩陈建中	238316	0.00	0.36

持有 5%以上股份的股东所持股份无质押或冻结情况。
上述前十名股东中,青海金牛胶业集团有限公司是本公司控股股东,江门市蓬江区恒业化工商行为本公司产品用户。

重庆华立控股股份有限公司

(一) 公司简介

1、公司法定中文名称:重庆华立控股股份有限公司
公司法定英文名称:CHONGQING HOLLEY SHARE CO.,LTD.
缩写:HOLLEY SHAREHOLDING
2、公司法定代表人:汪力成先生
3、公司董事会秘书:袁子力先生
联系地址:重庆市江北区建新北路 76 号光宇大厦 12 楼 联系电话:023-67758090
传 真:023-67755788 电子信箱:yanzili@public.cta.cq.cn
董事会秘书授权代表:熊波先生
联系地址:重庆市江北区建新北路 76 号光宇大厦 12 楼 联系电话:023-67752652
传 真:023-67755788 电子信箱:bobx@126.com
4、公司注册地址:重庆市北碚区龙凤桥 258 号 邮政编码:400700
公司办公地址:重庆市江北区建新北路 76 号 邮政编码:400020
公司国际互联网网址:www.china-holley.com 公司电子信箱:cqhlkg@public.cta.cq.cn
5、公司选定的信息披露报纸名称:《中国证券报》、《证券时报》
登载公司年度报告的中国证监会指定国际互联网网址: www.cninfo.com.cn
公司年度报告备置地点:公司证券管理部
6、公司股票上市交易所:深圳证券交易所 股票简称:ST 重仪 股票代码:0607

(二) 会计数据和业务数据摘要

1、本年度主要利润指标情况(单位:人民币元)

利润总额	49813234.62
净利润	15258318.14
扣除非经常性损益后的净利润	15631822.08
主营业务利润	161408177.53
其他业务利润	4206275.10
营业利润	48008644.25
投资收益	2178094.31
补贴收入	2217039.47
营业外收支净额	-2590543.41
经营活动产生的现金流量净额	-19738823.66
现金及现金等价物净增加额	8253485.82

注:扣除的非经常性损益项目和涉及金额

(1)收入类	
①补贴收入	2217039.47
②其他收入	272736.14
(2)支出类	
①处理固定资产净损失	2522357.27
②各种罚款支出	219813.79
③其他支出	121108.49
(3)非经常性损益合计	-373503.94

2、截至报告期末,公司前三年的主要会计数据和财务指标(单位:元)

项目	1999 年	1998 年调整后	1998 年调整前	1997 年
主营业务收入	595321194.61	263849183.96	263849183.96	331294250.18
净利润	15258318.14	-51567138.25	-4910714.98	-17341688.03
总资产	831044870.39	814887562.41	857507856.65	893690636.38
股东权益	198990671.34	300264420.70	346920843.97	349845410.22
每股收益	0.0999	-0.3375	-0.032	-0.11
扣除非经常性损益后的每股收益	0.1023			
每股净资产	1.30	1.97	2.27	2.29
调整后的每股净资产	1.23	1.79	2.07	2.14
每股经营活动产生的现金流量净额	-0.1292	0.045	0.045	
净资产收益率(%)	7.668	-17.17	-1.42	-4.96

注:(1)主要财务指标的计算公式:
每股收益=净利润/年度末普通股股份总数
每股净资产=年度末股东权益/年度末普通股股份总数
调整后的每股净资产=(年度末股东权益-三年以上的应收款项净额-待摊费用-待 处理(流动、固定)资产净损失-开办费-长期待摊费用-住房周转金负数余额)/年度末 普通股股份总数
每股经营活动产生的现金流量净额=经营活动产生的现金流量净额/年度末普通股股份总数
净资产收益率=净利润/年度末股东权益×100%
注:(2)公司 1998 年度会计报表由重庆华源会计师事务所审计。本年度内,因进行 资产置换,根据资产评估程序的要求,经公司原董事会批准,公司和置换资产的评估机 构—重庆审计事务所以 1998 年 12 月 31 日为基准日对公司资产、负债进行清产核查,清 产核查结果业经重庆市国有资产管理局渝国资评[1999]99 号文确认。1999 年 8 月 27 日 公司二届二十六次董事会决议批准该清查损失调整 1999 年初账面净资产,并经 1999 年 9 月 30 日公司临时股东大会追认。

(三) 股东情况介绍

1、报告期末股东总数 17833 户。
2、报告期末公司主要股东持股情况

股东	持股数量(股)	占总股本比例(%)
华立集团有限公司	44320000	29.01
中国四联仪器仪表集团有限公司	26460000	17.32
重庆市银桥贸易服务公司	500000	0.33
梁小华	500000	0.33
东方证券自忠路营业部	478500	0.31
重庆市市中区威明现代办公用品部	435250	0.28
重庆市中区西来寺汽车客运队	405000	0.27
张 峪	403700	0.26
重庆市市中区知识书店	400000	0.26
连香莲	370000	0.24

注:①报告期内原公司第一大股东中国四联仪器仪表集团有限公司将其所持有公 司国有法人股 7078 万股中的 4432 万股协议转让给华立集团有限公司,华立集团有限公 司成为公司新的第一大股东,中国四联仪器仪表集团有限公司成为公司第二大股东。
②华立集团有限公司所持有的公司股份无质押和冻结。
③中国四联仪器仪表集团有限公司是公司国有法人股股东,其所持有股份 无质押和冻结。

广西阳光股份有限公司

公司简介

1、公司法定中文名称:广西阳光股份有限公司
英文名称:GUANGXI YANGGUANG CO.,LTD.
2、公司法定代表人:唐 军
3、公司董事会秘书:肖 虎
联系地址:北京市西城区车公庄大街乙 1 号富通大厦 2018 室(100044)
联系电话:(010)68342951
传 真:(010)68343211 电子信箱:YGDSH@263.net
4、公司注册地址:广西壮族自治区南宁市园湖南路 32 号 邮政编码:530022
公司北京办公地址:北京市西城区车公庄大街乙 1 号富通大厦 2018 室 邮政编码:100044
公司电子信箱:YGDSH@263.net
5、公司信息披露报纸名称:《证券时报》、《中国证券报》
登载年度报告的互联网网址:WWW.CNINFO.COM.CN
公司年度报告备置地点:公司董事会办公室
6、公司股票上市交易所:深圳证券交易所 股票简称:阳光股份 股票代码:0608

会计数据和业务数据摘要

(一)公司本年度会计数据(单位:人民币元)

公司本年度实现利润总额	72,887,176.68
净利润	49,998,680.55
扣除非经常性损益后的净利润	49,070,387.07
主营业务利润	64,411,286.87
其他业务利润	1,368,948.79
营业利润	59,766,785.28
投资收益	1,606,107.49
补贴收入	11,515,468.88
营业外收支净额	-1,184.97
经营活动产生的现金流量净额	13,895,677.48
现金及现金等价物净增加额	212,044,488.08

(二)主要会计数据和财务指标

项 目	1999 年度	1998 年度		1997 年度	
		调整前	调整后	调整前	调整后
主营业务收入(元)	186748043.00	172337429.63	172337429.63	71616561.42	71616561.42
净利润(元)	49998680.55	33625834.65	33419712.66	43635539.60	43600440.04
总资产(元)	843266771.86	265452813.09	265199388.29	199269415.79	199235807.96
股东权益(元)	389243756.76	208117729.76	207876508.21	174491895.11	174456795.55
每股收益(元/股)	0.407	0.309	0.307	0.721	0.720
以按月平均加权法计算的每股收益(元/股)	0.454	0.309	0.307	0.721	0.720
扣除非经常性损益后的每股收益(元/股)	0.400	0.251	0.249	0.6940	0.6935
每股净资产(元/股)	3.17	1.910	1.907	2.8817	2.8812
调整后的每股净资产(元/股)	3.17	1.909	1.906	2.8369	2.8363
每股经营活动产生的现金流量净额	0.11	-0.15	-0.15		
净资产收益率(%)	12.85	16.16	16.08	25.00	24.99

注:(1)主要财务指标计算方法
*每股收益=净利润/年度末普通股股份总数
*加权平均每股收益=当期净利润/[期末股份总数/(1+配股比例或增发新股比 例)+期末股份总数/(1+配股比例或增发新股比例)×配股比例或增发新股比例×缴款结束日下一月份至报告期末的月份数/12]
*每股净资产=年度末股东权益/ 年度末普通股股份总数
*调整后的每股净资产=(年度末股东权益-三年以上的应收款项净额-待摊费用-待处理 (流动、固定)资产净损失-开办费-长期待摊费用-住房周转金负数余额)/年度末普通股股份总数
*每股经营活动产生的现金流量净额=经营活动产生的现金流量净额/年度末普通股股份总数
*净资产收益率=净利润/年度末股东权益×100%
(2)非经常性损益扣除项目为:1 股权投资差额的摊销 1606107.49 元;
2 处理资产损失 677814.01 元。

(三)股东权益变动情况(单位:元)

项 目	股本(万股)	资本公积	盈余公积	法定公益金	未分配利润	股东权益合计
期初数	10899	44150846.00	22637199.74	7283746.91	32098462.47	207876508.21
本期增加	1371.6	117652568.00	11830436.20	3943478.73	38168244.35	181367248.55
本期减少						
期末数	12270.6	161803414.00	34467635.94	11227225.64	70266706.82	389243756.76
变动原因	配股	配股	年度净利润增加按比例计提增加	年度净利润增加按比例计提增加	年度净利润增加	配股年度净利润增加

股东情况介绍

(一)截至 1999 年 12 月 31 日,本公司共有股东 12694 名,其中高管股股东 2 名。
(二)本公司前十名股东持股情况

名 称	报告期初持股情况(股)	报告期内股份增加(股)	报告期末持股情况(股)	占总股份比 例(%)
北京阳光房地产综合开发公司	32040000	480600	32520600	26.5028%
北流市国有资产管理局	13730000	0	1373000	11.1893%
北京三海房地产开发有限责任公司	3960000	0	3960000	3.2272%
北京福深技术咨询有限责任公司	2000	3602600	3602600	2.9359%
北京日新经贸发展有限责任公司	3600000	0	3600000	2.9338%
广西信托投资公司	2470000	0	2470000	2.0129%
中国信息信托投资公司	1800000	0	1800000	1.4669%
北流市供电公司	981000	0	981000	0.7994%
深圳国投证券有限公司成都营业部	0	900000	900000	0.7335%
同益证券投资基金	0	838513	838513	0.6833%

一、本公司前十名股东中,北京福深技术咨询有限责任公司持有 3602600 股,其 中 2000 股为流通股,9- 10 位为流通股股东,其余为未流通股股东; 前十名股东共
持有股份 6440.2113 万股,其中流通股份为 174.0513 万股,尚未流通股份 6266.16 万股。

北京燕化高新技术股份有限公司

(一) 公司简介

1、公司中文名称:
北京燕化高新技术股份有限公司
公司英文名称:
Beijing Yanhua Up-Dated Hi-Tech. Co.,Ltd.
公司简称:燕化高新
2、公司法定代表人:曹湘洪
3、信息披露负责人:沈文辉
联系地址:北京房山区燕山迎风二里八号
邮编:102500
电话:(010)69347433
传真:(010)69345895
4、公司注册地址:北京市丰台区科学城海鹰路5号
邮编:100073
公司办公地址:北京市房山区燕山迎风二里八号
邮编:102500
电子信箱:yhgxbgs@yspc.com
5、公司选定的信息披露报纸名称:《中国证券报》、《证券时报》、《上海证券报》
登载公司年度报告的国际互联网网址:http://www.cninfo.com.cn
公司年度报告备置地点:公司办公室
公司股票上市交易所:深圳证券交易所
公司股票简称:燕化高新 股票代码:0609

(二) 会计数据和业务数据摘要

1、本年度会计数据摘要

利润总额:	41046802.32
净利润:	37088041.39
扣除非经常性损益后的净利润:	37281687.22
主营业务利润:	53537405.01
其他业务利润:	722067.76
营业利润:	38933392.91
投资收益:	2307055.24
补贴收入:	
营业外收支净额:	-193645.83
经营活动产生的现金流量净额:	74776446.02
现金及现金等价物净增加额:	79489924.18

2、截止报告年度末公司前三年的主要会计数据和财务指标(单位:元)

	1999年	1998年调整前	1998年调整后	1997年调整前	1997年调整后
主营业务收入	178691693.06	155359095.56	155359095.56	111809725.05	111809725.05
净利润	37088041.39	41738554.76	38963352.38	49553746.46	46552066.48
总资产	438248105.93	444510945.38	438734063.02	282311313.75	279309633.77
股东权益	395915139.07	364603980.04	358827097.68	216405711.29	213404031.31
每股收益	0.286	0.322	0.30	0.446	0.42
每股净资产	3.05	2.81	2.77	1.95	1.92
调整后的每股净资产	3.05	2.81	2.76	1.93	1.91
每股经营活动产生的现金净流量	0.58	-0.13	-0.13		
净资产收益率%	9.37	11.45	10.86	22.90	21.81

注:1、每股收益、每股净资产、调整后的每股净资产、每股经营活动产生的现金流量净额和净资产收益率等财务指标的计算公式如下:

每股收益=净利润/年度末普通股股份总数

每股净资产=年度末股东权益/年度末普通股股份总数

调整后的每股净资产=(年度末股东权益—3年以上的应收款项净额—待摊费用—待处理(流动、固定)资产净损失—开办费—长期待摊费用—住房周转金负数余额)/年度末普通股股份总数

每股经营活动产生的现金流量净额=经营活动产生的现金流量净额/年度末普通股股份总数

净资产收益率=净利润/年度末股东权益×100%

2、报告期内公司没有配股、送股或转增股本等引起公司股本发生变化的情况,股摊薄与加权计算的每股收益、每股净资产等指标的结果相同。

3、报告期内股东权益变化情况

项目	股本	资本公积	盈余公积	法定公益金	未分配利润	股东权益合计
期初数	129606749.00	161993151.00	33533829.97	11833238.15	21860129.56	358827097.68
本期增加			7417608.28	3708804.14	25961628.97	37088041.39
本期减少						
期末数	129606749.00	161993151.00	40951438.25	15542042.29	47821758.53	395915139.07

变动原因: (1)本期盈余公积、法定公益金增加是由于按规定计提所致。
(2)本期未分配利润增加是由于净利润在按规定的比例提取盈余公积、法定公益 金后转入所致。

(三) 股本变动及股东情况

(1)报告期末股东总数37385户。

(2)前十名股东持股情况

股东名称	期末持股数(股)	期内增减(股)	持股比例(%)
1、中国石化集团北京燕山石油化工有限公司	51850500	+1950000	40.01
2、北京燕化联营开发总公司	10530000	+10530000	8.12
3、中国石化集团北京化工研究院	5850000		4.51
4、中石化科技开发公司	3900000		3.01
5、燕化公司大修厂	2145000		1.66
6、北京燕化石油化工设计院	1950000		1.50
7、北京燕化兴业技术开发公司	1950000		1.50
8、北京市北化研化工新技术公司	1316250		1.02
9、北京燕山爆破工程公司	975000		0.75
10、中信茅台	300000		0.23

注:1、持有5%以上股份的股东所持股份无质押和冻结情况。

2、第一至第九名股东为法人股股东。

3、上述第二、五、六、七、九名股东是第一大股东的全资子公司。

4、持股10%以上法人股股东情况:

北京燕山石油化工有限公司持有燕化高新法人股51850500股,占公司总股本的40.01%。公司法定代表人是曹湘洪先生,其经营范围是主营石油化工产品及炼油,兼营建筑安装、设备仪表制造。

西安旅游(集团)股份有限公司

一、公司简介

1、中文名称:西安旅游(集团)股份有限公司
英文名称:XI'AN TOURISM (GROUP)CO., LTD
2、法定代表人:马中秋
3、董事会秘书:吕双月
联系地址:西安市环城南路16号
联系电话:(029)7858883 联系传真:(029)7854296
4、公司注册地址:西安市东大街315号 邮政编码:710001
公司办公地址:西安市环城南路16号 邮政编码:710054
国际互联网网址:http://www.xiantourism.com(正在建设中)
公司电子信箱:tourism@pub.xaonline.com
5、指定信息披露报刊:《中国证券报》、《证券时报》
登载公司年度报告国际互联网网址:http://www.cninfo.com.cn
公司年度报告备置地点:公司资本运营部、深圳证券交易所
6、公司股票上市交易所:深圳证券交易所
股票简称:西安旅游
股票代码:0610

二、会计数据和业务数据摘要

1、报告期主要会计数据和业务数据

利润总额	18,312,567,81元
净利润	15,565,682.64元
扣除非经营性损益后的净利润	15,565,682.64元
主营业务利润	58,226,446.42元
其它业务利润	0.00元
营业利润	18,108,004.34元
投资收益	0.00元
补贴收入	0.00元
营业外收支净额	204,563.47元
经营活动产生的现金流量净额	36,878,121.68元
现金及现金等价物净增加额	54,245,902.08元

2、主要会计数据和财务指标

指标项目	1999年度	1998年度		1997年	
		调整后	调整前	调整后	调整前
主营业务收入(元)	80649174.88	84361011.81	84361011.81	97375746	97375746
净利润(元)	15565,682.64	22212299.20	23828470.90	22283279	23007286
总资产(元)	345784951.53	307785718.47	312254504.19	296045295	298897909
股东权益(元)	237033632.99	221467950.35	225936736.07	199255651	202108265
每股收益(元/股)	0.10	0.15	0.16	0.15	0.15
每股净资产(元/股)	1.58	1.48	1.51	1.33	1.35
调整后每股净资产(元/股)	1.52	1.42	1.45	1.27	1.27
每股经营活动产生的现金流量净额	0.25	0.06	0.06		
净资产收益率(%)	6.57	10.03	10.55	11.18	11.58

注:1.主要财务指标计算公式如下:

每股收益=净利润/年度末普通股股份总数

每股净资产=年度末股东权益/年度末普通股股份总数

净资产收益率=净利润/年度末股东权益×100%

调整后的每股净资产=(年度末股东权益-三年以上应收款项净额-待摊费用-待处 理(流动、固定)资产净损失-开办费-长期待摊费用-住房周转金负数余额)/年度末普 通股股份总数

每股经营活动产生的现金流量净额=经营活动产生的现金流量净额/年度末普通股股份总数

2. 一九九九年度按月平均加权法计算的每股收益0.10元, 扣除非经营性损益后的 每股收益0.10元。

3.报告期内股东权益变化情况: (单位:万元)

项目	股本	资本公积	盈余公积	法定公益金	未分配利润	股东权益合计
期初数	15011.00	2409.13	1,924.99	461.54	2801.68	22146.80
本期增加			233.48	77.83	1323.08	1556.56
本期减少						
期末数	15011.00	2409.13	2,158.47	539.37	4124.76	23703.36

变动原因:(1)本期提取法定盈余公积金155.65万元。
(2)本期提取法定公益金77.83万元。

三、股东情况介绍

1、报告期末公司股东总数23183 名。

2、持有公司股份前 10 名股东的持股情况(截止 1999 年 12 月 31 日) 单位:股

股东名称	年初持股数	年末持股数	占股本总数%
1、西安旅游集团有限责任公司	58310000	58310000	38.84
2、西安江洋商贸公司	14059000	14059000	9.37
3、西安珍珠泉健身娱乐有限公司	7140000	7140000	4.76
4、泾阳县三星建材厂	5555940	5555940	3.70
5、西安和熙实业有限公司	4948179	4948179	3.30
6、西安秦歌工贸有限责任公司	4637212	4637212	3.09
7、西安秦天商贸有限责任公司	4250000	4250000	2.83
8、西安解青商店	1627410	1627410	1.09
9、陕西开源证券公司	1190000	1190000	0.79
10、钟青商店	779790	779790	0.52

注:A.西安旅游集团有限责任公司代表国家持有公司股份。(无质押)

B.本公司前10名股东间不存在关联关系。

3、司无持股份占总股本的10%(含10%)以上的法人股股东。

4、报告期内控股股东发生变更情况:经西安市人民政府市政函(1999) 25、26 号文件、市体改发(1999)26 号文件批复同意, 西安旅游集团有限责任公司于1999 年 6 月 29 日,在西安市工商行政管理局注册成立,并实行国有资产授权经营。其后于1999年7月14日,该公司同西安市国有资产管理局(以下简称市国资局)签定了《"西安旅 游"国家股股权委托持有协议书》,市国资局将其持有的我司5831万股国家股移交西 旅集团持有。该事项上报财政部、中国证监会、西安市人民政府等有关主管部门后,获财政部财管字[99]273号、西安市人民政府办公厅市政办发[99]119、120号文件批准,并获中国证监会同意,豁免要约收购义务。1999年10月28日获深圳证券交易所同意,在《中国证券报》刊登了有关公告,1999年11月2日在深圳证券交易所办理了过户 手续。

内蒙古民族实业集团股份有限公司

(一) 公司简介

1. 公司法定中文名称: 内蒙古民族实业集团股份有限公司
(简称:民族集团)
公司法定英文名称及缩写:The Inner Mongolia Nationality Industry and Commerce Group Stockes CO.,LTD.
2.公司法定代表人:云文广
3.公司董事会秘书:纳森巴雅尔
联系地址:呼和浩特市中山西路 69 号
联系电话:(0471)6968822 转 2313
传　真:(0471)6962236
电子信箱:mzgroup@public.hh.nm.cn
4.公司注册地址:内蒙古呼和浩特市中山西路 69 号
公司办公地址:云中大酒店四楼　邮政编码:010020
公司电子信箱:mzgroup@public.hh.nm.cn
5.公司选定的信息披露报纸:《中国证券报》、《证券时报》
中国证监会指定国际互联网网址:http:　www.cninfo.com.cn
公司年度报告备置地点:公司董事会秘书办公室
6.公司股票上市交易所:深圳证券交易所
股票简称:民族集团　股票代码: 0611

(二) 会计数据和业务数据摘要

1.本年度会计数据摘要:

本年度利润总额:	-1,390,597.19 元
本年度净利润:	501,299.23 元
本年度扣除非经常性损益后的净利润:	683,395.56 元
本年度主营业务利润:	55,963,731.45 元
本年度其他业务利润:	2,490,621.41 元
本年度营业利润:	-881,313.59 元
本年度投资收益:	-2,340,000.00 元
本年度营业外收支净额:	1,830,716.40 元
本年度经营活动产生的现金流量净额:	-36,267,122.04 元
本年度现金及现金等价物净增加额:	-8,083,906.93 元

2.报告期末公司前三年的主要会计数据和财务指标

项目	1999 年	1998 年调整后	1998 年	1997 年
主营业务收入(元)	222293529.88	239815328.00	239815328.00	297846183.60
净利润(元)	501299.23	9165996.11	15905230.17	26308620.96
总资产(元)	605023762.28	538431061.18	562017761.57	506429315.44
股东权益(元)	311152980.27	224600411.49	247076853.69	231171623.52
每股收益(元)	0.0029	0.06	0.103	0.2048
每股净资产(元)	1.78	1.46	1.603	1.80
调整后的每股净资产(元)	1.67	1.41	1.52	1.67
每股经营活动产生的现金流量净额(元)	-0.21	0.13	0.13	
净资产收益率(%)	0.17	4.09	6.44	11.38
加权净资产收益率(%)	0.19	4.13	6.65	11.90

注:主要财务指标的计算公式:
每股收益=净利润÷年度末普通股股份总数
每股净资产=年度末股东权益÷年度末普通股股份总数
净资产收益率=净利润÷年度末股东权益×100%
调整后的每股净资产=(年度末股东权益-三年以上的应收款项净额-待摊费用-待 处理(流动、固定)资产净损失-开办费-长期待摊费用-住房周转金负数余额)÷年度末普通股股份总数
每股经营活动产生的现金流量净额=经营活动产生的现金流量净额÷年度末普通 股股份总数
3.本年度股东权益变动情况

项目	股　本	资本公积	盈余公积	法定公益金	未分配利润	股东权益合计
期初数	154163976	47972451	15866898.28	4683124.92	1913960.36	224600411.49
本期增加	20876589	65174680	50129.92	25064.96	501299.23	86627763.66
本期减少					75194.88	75194.88
期末数	175040565	113147132	15917028.20	4708189.88	2340064.71	311152980.27

变动原因:a. 除股本以外其余项目年初数变动是由于计提四项准备会计政策变更 调整以前年度利润按比例调整上述项目;
b.股本增加是实施 98 年度配股方案,增加股本所致;
c.资本公积增加是配股溢价收入所致;
d. 盈余公积和法定盈余公积增加是本年实现净利润按比例提取所致。

(三) 股本情况介绍

(1)报告期末股东总数:36,224 户。
(2)前 10 名股东持股情况(截至到 1999 年 12 月 31 日)

股东名称	持股数量(股)	持股比例(%)
内蒙古鑫源控股有限责任公司	82,755,131	47.28
内蒙古阿拉善吉兰泰盐场	4,320,000	2.47
北京东安集团公司	2,160,000	1.23
呼市卷烟厂	2,160,000	1.23
深圳市进烨贸易发展有限公司	2,160,000	1.23
呼市租赁公司	1,944,000	1.11
中国光大信托投资公司重庆证券部	1,150,000	0.66
蔡寿鹏	780,000	0.45
金鑫证券投资基金	496,205	0.28
北京市西单商场股份有限公司	432,000	0.25

注:本报告期内,国有股权通过法定程序已由呼和浩特市国有资产管理局划转为内蒙古鑫源控股有限责任公司持有,过户手续正在申报办理中。 上述股东之间不存在关联关系。
(3)内蒙古鑫源控股有限责任公司代表国家持有本公司 47.28%的股份。该股东单位的法定代表人:云文广,经营范围:股权投资、产权经营管理、资产受托管理、资本运营管理等。
(4)本报告期内控股股东的变动情况:根据内蒙古自治区人民政府内政字(1999)203 号文件精神,经深圳证券交易所审核、批准本公司国家股权已通过法定程序由呼和浩特市国有资产管理局划转为内蒙古鑫源控股有限责任公司(国有独资)持有。有关事宜于 1999 年 11 月 17 在国家指定报刊《中国证券报》和《证券时报》上披露。

焦作万方铝业股份有限公司

(一) 公司简介

1、公司法定中文名称:焦作万方铝业股份有限公司
公司法定英文名称:JiaoZuo WanFang Aluminum Manufacturing　Co. Ltd.
2、公司法定代表人:金保庆
3、公司董事会秘书:聂平
联系地址:河南省焦作市塔南路 160 号
焦作万方铝业股份有限公司
联系电话:0391-3261100
传真:3261100
4、公司注册地址:河南省焦作市塔南路 160 号
邮　　编:454003
公司办公地址:焦作市马村区待王镇
邮　　编:454172
5、选定信息披露报纸:《证券时报》、《中国证券报》
年度报告登载的国际互联网网址:http://www.cninfo.com.cn
年度报告备置地点:公司证券科
6、股票上市交易所:深圳证券交易所
股票简称:焦作万方
股票代码:0612

(二) 会计数据和业务数据摘要

1、本年度主要会计数据(单位:人民币元)

利润总额:	121,709,368.88
净利润:	98,322,134.63
扣除非经常性损益后的净利润:	85,565,461.40
主营业务利润:	122,531,425.80
其他业务利润:	1,315,394.43
营业利润:	70,760,467.80
投资收益:	38,907,824.41
补贴收入:	12,756,673.23
营业外收支净额:	-715,596.56
经营活动产生的现金流量净额:	208,216,582.97
现金及现金等价物净增加额:	35,244,905.65

注:非经常性损益是指公司正常经营损益之外的、一次性或偶发性损益。
本期扣除的非经常性损益项目是补贴收入, 涉及金额:12,756,673.23 元。
2、截止报告期末公司前三年主要会计数据和财务指标　追溯调整后:

项　　目	1999 年度	1998 年度	1997 年度
主营业务收入(元)	673,853,384.06	581,776,542.28	532,653,445.64
净利润(元)	98,322,134.63	5,661,876.10	36,538,528.30
总资产(元)	974,027,275.92	999,731,337.63	623,971,024.78
股东权益(元)	553,406,954.77	477,555,451.16	471,703,358.17
每股收益(元)	0.438	0.025	0.163
每股净资产(元)	2.463	2.125	2.099
调整后的每股净资产(元)	2.435	2.105	2.05
每股经营活动产生的现金流量净额(元)	0.927	0.461	
净资产收益率(%)	17.77	1.19	7.75
按月加权平均每股收益(元)	0.438	0.025	0.191
扣除非经营性损益后的每股收益(元)	0.381	0.00016	

计算公式如下:
每股收益=净利润/年度末普通股股份总数;
每股净资产=年度末股东权益/年度末普通股股份总数;
调整后的每股净资产=(年度末股东权益-三年以上的应收款项净额-待摊费用-待处理 (流动、固定)资产净损失-开办费-长期待摊费用-住房周转金负数余额)/ 年度末普通股股份总数;
每股经营活动产生的现金流量净额=经营活动产生的现金流量净额/年度末普通 股股份总数;
净资产收益率=净利润/年度末股东权益×100%;
扣除非经营性损益后的每股收益=扣除非经营性损益后的净利润/年度末普通股 股份总数。
注:
11999 年度及报告期末至摘要披露日,公司股本未发生变化。
2 应收款项包括应收帐款、其他应收款、预付帐款、应收股利、应收利息、应收 补贴款。
3、报告期内股东权益变动情况及变化原因

项　目	股本	资本公积	盈余公积	法定公益金	未分配利润	股东权益合计
期初数	224706310	182500908.57	34899536.94	17449768.47	35448695.45	477555451.16
本期增加			19664426.92	9832213.46	98322134.63	98322134.63
本期减少					42135057.94	22470613.02
期末数	224706310	182500908.57	54563963.86	27281981.93	91635772.14	553406954.77

变化原因:盈余公积金和法定公益金增加的原因是由于公司本年度实现净利润计提所致;未分配利润增加是由于本年度利润增加所致; 股东权益增加是由于增加的未分配利润及提取的盈余公积和法定公益金。

(三) 股东情况介绍

1、报告期末,持有本公司股份的股东总数为 28728 人。
2、前十名股东持股情况

股　东　名　称	持股数量	持股比例	持股类别
1 焦作市万方集团有限责任公司	129108310	57.46%	国有法人股
2 河南省外商投资企业物资供销公司	3600000	1.60%	法人股
3 佛山市物资贸易中心	3600000	1.60%	发起人法人股
4 东方证券有限责任公司	1369541	0.61%	流通股
5 河南铝业公司	1260000	0.56%	法人股
6 东方证券有限责任公司长阳路证券交易营业部	1165055	0.52%	流通股
7 郭兰英	777100	0.35%	流通股
8 海南豫州冶金建材进出口公司	720000	0.32%	发起人法人股
9 河南冶金建材实业股份公司	720000	0.32%	发起人法人股
10 张淑珍	653100	0.29%	流通股

注:
1、前十名股东中所持法人股股份在报告年度内未发生变化,也未发生股份质押 和冻结情况。
2、焦作市万方集团有限责任公司、佛山市物资贸易中心、海南豫州冶金建材进 出口公司和河南冶金建材实业股份公司是本公司的发起人,存在关联关系。

海南大东海旅游中心股份有限公司

一、公司简介

1、公司法定中文名称:海南大东海旅游中心股份有限公司
公司法定英文名称:Hainan Dadonghai Tourism Centre (Holdings) Co., Ltd.
2、公司法定代表人:颜小姬
3、公司董事会秘书:黎才杰
联　系　地　址:三亚市大东海
电　　　　话:0899-8213888 转 264
传　　　　真:0899-8212298
电　子　信　箱:hnddht @ 21cn.com
4、公司注册地址:三亚市大东海　邮 政 编 码:572021
公司电子信箱:hnddht @ 21cn.com
5、公司选定的信息披露报纸:《证券时报》、香港《大公报》
登载公司年度报告的中国证监会指定国际互联网网址:
http://www.cninfo.com.cn
公司年度报告备置地点:公司证券部
6、公司股票上市交易所:深圳证券交易所
股票简称:ST 东海 A、ST 东海 B　股票代码:0613、2613

二、会计数据和业务数据摘要

1、本年度主要利润指标(金额单位:人民币元)

利润总额	-51,536,404.08
净利润	-51,536,404.08
扣除非经常性损益后的净利润	-21,307,832.07
主营业务利润	19,729,705.60
其他业务利润	75,451.42
营业利润	-47,694,120.48
投资收益	-699,635.99
补贴收入	0
营业外收支净额	-3,142,647.61
经营活动产生的现金流量净额	-12,998,352.20
现金及现金等价物净增加额	696,735.72

注:扣除的非经常性损益总额为-30,228,572.01 元,项目如下:计提的坏帐准备和 转销的坏帐-26,280,701.03 元,存货跌价损失-685,848.68 元,营业外收支净额-3,142,647.61 元。

按国际会计准则调整对净利润的影响(金额单位:人民币千元)

项　目	净利润
按中国会计准则列报	-51,536
按国际会计准则作出调整:	
一 撇销预付费用	360
按国际会计准则计算	-51,176

2、公司前三年的主要会计数据和财务指标(单位:人民币元)

项目	1999 年	1998 年	1997 年
主营业务收入	24,071,680.62	29,283,803.60	83,841,780.03
净利润	-51,536,404.08	-54,453,717.52	26,135,844.64
总资产	566,838,098.50	594,760,092.17	638,655,915.97
股东权益	400,087,252.85	451,623,656.93	506,077,374.45
每股收益	-0.14	-0.15	0.079
扣除非经常性损益后的每股收益	-0.059		
每股净资产	1.10	1.24	1.53
调整后的每股净资产	0.84	1.23	1.52
每股经营活动产生的现金流量净额	-0.036	-0.011	0.16
净资产收益率(%)	-12.88	-12.05	5.16

注:主要财务指标计算公式如下:
每股收益=净利润/年度末普通股股份总数
每股净资产=年度末股东权益/年度末普通股股份总数
调整后的每股净资产=(年度末股东权益-三年以上的应收款项净额-待摊费用-待 处理(流动、固定)资产净损失-开办费-长期待摊费用-住房周转金负数余额)/年度末 普通股股份总数
每股经营活动产生的现金流量净额=经营活动产生的现金流量净额/年度末普通股股份总数
净资产收益率=净利润/年度末股东权益×100%

3、报告期内股东权益变动情况(单位:人民币元)

项目	股本	资本公积	盈余公积	法定公益金	未分配利润	股东权益合计
期初数	364100000	44936514	78928111.39	21820922.32	-36340969	451623656
本期增加						
本期减少	51536404	51536404				
期末数	364100000	44936514	78928111.39	21820922.32	-87877373	400087252

变动原因:未分配利润和股东权益减少 51,536,404.08 元,系本年度经营亏损所致 。

三、股东情况介绍

(1)报告期末股东总数
截止 1999 年末,公司股东总数为 23141 户,其中 A 股股东 17685 户,B 股股东 5456 户,内部职工股股东 6697 户。

(2)报告期末公司前 10 名股东持股情况

名次	股 东 名 称	持股数(股)	持股比例(%)
1	海南三亚银农实业开发总公司	106,227,000	29.18
2	海南国际企业发展有限公司	6,600,000	1.81
3	华夏证券有限公司	6,600,000	1.81
4	三亚市中兴发展公司	4,950,000	1.36
5	中国对外经济贸易信托投资公司	3,960,000	1.09
6	海南港澳国际租赁公司	3,894,000	1.07
7	海南三亚国华发展公司	3,366,000	0.92
8	三亚市信用合作联社	3,300,000	0.91
9	三亚市金得来房地产公司	3,300,000	0.91
10	中国农业银行海南省信托投资公司	3,300,000	0.91

注:1、前 10 名股东中第一大股东以第 10 名股东存在关联关系,其他的不存在关联关系;
2、第一大股东海南三亚银农实业开发总公司所持公司股份为国有法人股,所持股份没有质押或冻结情况。

湖北金环股份有限公司

一、公司简介

(一)公司中文名称:湖北金环股份有限公司　英文名称:HUBEI GOLDEN RING　CO.,LTD
(二)公司法定代表人:赵双桂
(三)公司董事会秘书:谭光敏　授权代表:杨刚毅
电话:0710-3225390-2234　传真:0710-3242016
联系地址:湖北省襄阳县湖北金环股份有限公司
电子信箱:hbjhzjb@xf.hb.cninfo.net
(四)公司注册地址:湖北省襄阳县　邮政编码:441133
公司国际互联网网址:http://www.golden-ring.com　电子信箱:hbjhzjb@xf.hb.cninfo.net
(五)公司选定的信息披露报纸:《证券时报》
刊登公司年度报告的国际互联网网址:http://www.cninfo.com.cn
公司年度报告备置地点:证券部
(六)公司股票上市交易所:深圳证券交易所　股票简称:湖北金环　股票代码:0615

二、会计数据和业务数据摘要

(一)公司本年度实现利润情况:

利润总额	59890658.25
净利润	50916059.51
扣除非经常性损益后的净利润	50916059.51
主营业务利润	85172295.04
投资收益	60000.00
营业外收支净额	-328024.70
经营活动产生的现金流量净额	46658442.96
现金及现金等价物净增加额	-14008521.65

(二)公司近三年的主要会计数据及财务指标

项目	1999 年	1998 年		1997 年	
		调整后	调整前	调整后	调整前
主营业务收入(万元)	33459.54	25687.31	25687.31	20924.18	20924.18
净利润(万元)	5091.61	3558.11	3566.97	2623.65	2629.26
总资产(万元)	46151.66	38053.63	38068.11	23234.96	23240.57
股东权益(万元)	36515.76	31424.15	31438.62	20245.27	20250.88
每股收益(元)	0.368	0.360	0.361	0.421	0.421
每股收益(按月平均加权法)	0.368	0.373	0.373	0.421	0.421
每股净资产(元)	2.64	3.18	3.18	3.24	3.24
调整后每股净资产(元)	2.64	3.18	3.18	3.24	3.24
每股经营活动产生的现金流量净额(元)	0.337	0.374	0.374	—	—
净资产收益率(%)	13.94	11.32	11.35	12.98	12.98
扣除非经常性损益后的每股收益(元)	0.368	0.360	0.361	0.421	0.421

注:1、主要财务指标的计算公式如下:
每股收益=净利润/年度末普通股股份总数
每股净资产=年度末股东权益/年度末普通股股份总数
调整后的每股净资产=[年度末股东权益-三年以上的应收款项净额-待摊费用-待 处理(流动、固定)资产净损失-开办费-长期待摊费用-住房周转金负数余额]/年度末 普通股股份总数。
每股经营活动产生的现金流量净额=经营活动产生的现金流量净额/年度末普通股股份总数
净资产收益率=净利润/年度末股东权益×100%
2、需要说明的事项:
由于会计政策变更,根据财政部财会字(1999)35 号文的有关规定,采用追溯调整法, 调整了一九九九年度会计报表相关的"坏帐准备"帐项及相应帐项。

(三)报告期内股东权益变动

项　目	股本	资本公积	盈余公积	其中:法定公益金	未分配利润	股东权益合计
追溯调整			-43424.76	-14474.92	-101324.47	-144749.23
期初数	98952022	113783278.69	43895407.95	14893859.65	57610789.04	314241497
本期增加	39580807		15274817.85	5091605.95	50916059.51	105771684
本期减少		29685606.00			25170018.85	54855624
期末数	138532829	84097672.69	59170225.80	19985465.60	83356829.70	365157557
变动原因	1	2	3		4	

股东权益变动说明:
1、股本增加的原因是 1999 年 5 月实施 1998 年度每 10 股送 1 股转增 3 股的分配方案, 增加股本 3958.0807 万股;
2、资本公积减少的原因:99 年 5 月实施 98 年度分配方案以资本公积每 10 股转增 3 股,减少资本公积 2968.6 万元。
3、盈余公积增加的原因:本年分别以 10%的比例计提法定盈余公积金,法定公益 金, 任意盈余公积金共计 1527.5 万元。
4、未分配利润变动原因:增加原因为转入本年实现净利润 5091.6 万元;减少原因 为实施 98 年度分配方案每 10 股送 1 股减少 989.5 万元;本年计提三金减少未分配利润 1527.5 万元。

三、股东情况

(一)报告期末股东总数:28671 户。
(二)前十名股东持股情况:

股 东 名 称	持股数(万股)	比例(%)
(1)湖北化纤集团有限公司	6702.0954	48.38
(2)湖北化纤集团综合经营公司	393.1200	2.84
(3)湖北化纤集团有限公司工会	305.7600	2.21
(4)襄樊供电局电力实业总公司	218.4000	1.58
(5)浙江省余杭市江南化纤有限公司	196.5600	1.42
(6)襄樊市第一棉纺织厂	109.2000	0.79
(7)襄樊市鼓楼商场股份有限公司	109.2000	0.79
(8)武汉金融高等专科学校	109.2000	0.79
(9)湖北化纤集团凯创科技发展公司	101.0836	0.73
(10)广发证券有限责任公司	79.6516	0.57

持有本公司 5%以上(含 5%)股份的股东为湖北化纤集团有限公司,该公司为国有 资产投资主体,代表国家持股。期初持有本公司国有法人股 4787.211 万股,1999 年 5 月 4 日,实施每 10 股送 1 股及用资本公积金每 10 股转增 3 股方案后,增持股份 1914.8844 万股, 期末共持有本公司国有法人股 6702.0954 万股,所持股份无质押冻结情况。湖北化纤集团综合经营公司、湖北化纤集团凯创科技发展公司为湖北化纤集团有限公司控股子公司。

大连渤海饭店(集团)股份有限公司

一、公司简介

1、公司法定中文名称:大连渤海饭店(集团)股份有限公司
公司法定英文名称:DALIAN BOHAI HOTEL(GROUP)STOCK CO.,LTD
2、公司法定代表人:汤闯先生
3、公司董事会秘书:丁俐娜女士
联系地址:辽宁省大连市中山区荣盛街27号
电　话:(0411)3633671-381
传　真:(0411)3642706
4、公司注册地址及
办公地址:辽宁省大连市中山区荣盛街27号
邮政编码:116001
公司电子信箱: bhhg-bd@dalian.cngb.com
5、公司选定的信息披露报纸:中国证券报
登载公司年度报告的国际互联网网址:http://www.cninfo.com.cn
年度报告备置地点:公司证券部
6、公司股票上市交易所:深圳证券交易所
公司股票简称: 大连渤海
公司股票代码: 0616

二、会计数据和业务数据摘要

(一)利润情况

公司本年度实现的利润总额为2,786万元, 净利润2,359万元, 扣除非经常性损益后的净利润906万元,主营业务利润6,485万元,其他业务利润351万元,投资收益为-16万 元,营业外收支净额1,708万元,经营活动产生的现金流量净额-3,563万元,现金及现金等价物净增加额2,349万元。

注:扣除非经常性损益涉及项目为资产转让收益1,710万元。

(二)主要会计数据和财务指标

指标项目	1999年	1998年		1997年	
		调整前	调整后	调整前	调整后
主营业务收入(万元)	9389	9821	9821	10740	10740
净利润(万元)	2359	2562	2523	1803	1765
总资产(万元)	44954	43152	42979	24563	24429
股东权益(万元)	27274	25088	24915	14266	14132
每股收益(元)	0.279	0.394	0.388	0.361	0.353
加权平均每股收益(元)	0.323	0.455	0.449	0.361	0.353
每股净资产(元)	3.23	3.86	3.83	2.85	2.83
调整后每股净资产(元)	3.04	3.39	3.68	2.62	2.59
每股经营活动产生的现金流量净额	-0.42	0.20	0.20		
净资产收益率(%)	8.65	10.21	10.13	12.64	12.49
扣除非经常性损益后的每股收益	0.107	0.394	0.388	0.361	0.353
加权平均净资产收益率	9.04	13.61	13.51	13	12.79

注:①本年度公司股本变动情况为:以公司原股本6,500万为基数,每10股以资本公积金转增3股,增加股本1,950万。现公司总股本为8,450万。

②主要财务指标的计算公式:

每股收益=净利润/年度末普通股股份总数

每股净资产=年度末股东权益/年度末普通股股份总数

净资产收益率=净利润/年度末股东权益×100%

调整后的每股净资产=(年度末股东权益-三年以上的应收款项净额-待摊费用-待 处理(流动、固定)资产净损失-开办费-长期待摊费用-住房周转金负数余额)/年度末 普通股股份总数

③每股经营活动产生的现金流量净额=经营活动产生的现金流量净额/年度末普通股股份总数

④加权平均净资产收益率=当期净利润/[(期初净资产+期末净资产)÷2+当期发行新股或配股新增净资产×(自缴款结束日下一月份至报告期末的月份数-6)÷12]

加权平均每股收益=当期净利润/[期末股份总数÷(1+配股比例或增发新股比例)+期末股份总数÷(1+配股比例或增发新股比例)×配股比例或增发新股比例×缴款结束日下一月份至期末的月份数÷12]

(三)报告期内股东权益变动情况　　单位:万元

项目	股本	资本公积	盈余公积	法定公益金	未分配利润	合计
期初数	6500	15166	1676	490	1573	24915
本期增加	1950		353	118	2359	4662
本期减少		1950			353	2303
期末数	8450	13216	2029	608	3579	27274

注:①本年度公司以资本公积金10:3比例转增股本,增加股本1,950万,减少资本公积金1,950万元。

②本年度净利润2,359万元,提取10%法定公积金、5%法定公益金,共计353万元.

③本年度净利润在提取法定公积金、公益金加上上年未分配利润后,可供股东分 配利润为3,579万元。本年度利润分配预案为利润不分配,也不进行资本公积转增股本。

三、股东情况介绍

(一)截止1999年12月31日,本公司共有股东21,924户。其中国家股股东1户,国有 法人股股东1户,社会法人股股东2户,社会流通股股东21,920户。

(二)前10名股东持股情况如下:

股东名称	持股数(股)	占总股本比例(%)
大连渤海集团有限公司(国有法人股股东)	37492000	44.37
大连华信信托投资股份有限公司	5850000	6.92
大连市国有资产管理局(国家股股东)	5408000	6.4
大连日兴实业公司	1950000	2.31
汤于平	298100	0.35
孙锁琴	261774	0.31
林志春	225519	0.27
金鑫证券投资基金	209377	0.25
宁英麒	195269	0.23
潘连才	188000	0.22

注:大连渤海集团有限公司为我公司的母公司。

(三)对持股10%以上法人股东的情况介绍: 股东名称:大连渤海集团有限公司

经营范围:主营 饮食服务业

济南柴油机股份有限公司

一、公司简介

1、公司的法定中文名称:济南柴油机股份有限公司
公司的法定英文名称:Jinan Diesel Engine Co. ,Ltd
2、公司法定代表人:王 涛
3、公司董事会秘书:任传义
授权代表:余良刚
联系地址:山东省济南市文化西路14号
联系电话:(0531)2965971—3353
传真:(0531)2961241
电子信箱:Jichai@Jn—Public.sd.Cninfo.net
4、公司注册地址:山东省济南市文化西路14号
公司办公地址:山东省济南市文化西路14号　邮政编码:250063
公司国际互联网网址:WWW.JICHAI.COM
电子信箱:Jichai@Jn—Public.sd.Cninfo.net
5、公司信息披露报纸名称:《中国证券报》、《证券时报》。
登载年报的指定网址:http://www.cninfo.com.cn
公司年报备置地点:公司证券办公室
6、公司股票上市交易所:深圳证券交易所
股票简称:石油济柴　股票代码:0617

二、会计数据和业务数据摘要

1、本年度主要利润指标情况:(单位:元)

利润总额:	711,907.24
净利润:	711,907.24
扣除非经常性损益后的净利润:	711,907.24
主营业务利润:	41,234,604.15
其它业务利润:	865,112.19
营业利润:	-3,874.04
营业外收支净额:	715,781.28
经营活动产生的现金流量净额:	11,253,200.33
现金及现金等价物净增加额:	7,590,146.66

2、主要会计数据和财务指标:(单位:元)

指标项目	1999年	1998年		1997年	
		调整前	调整后	调整前	调整后
主营业务收入(元)	232378323.92	159413578.67	159413578.67	139784392.04	139784392.04
净利润:	711,907.24	-14328340.83	-16199220.33	892,767.88	-5317374.51
总资产:	473853457.14	368444887.73	358007681.34	387286981.98	378720655.09
股东权益(不含少数股东权益):	172765087.25	189327086.40	172053180.01	203665427.23	188252400.34
每股收益:	0.0068	-0.138	-0.156	0.0085	-0.051
每股收益(加权):	0.0068	-0.138	-0.156	0.0085	-0.051
每股净资产:	1.661	1.82	1.654	1.95	1.810
调整后的每股净资产:	1.604	1.68	1.579	1.82	1.810
每股经营活动产生的现流量净额:	0.108	-0.277	-0.277		
净资产收益率(%):	0.412	-7.57	-9.42	0.438	-2.825
净资产收益率(%)(加权):	0.413	-7.29	-8.99	0.438	-2.782

注:上述财务指标的计算公式如下:

每股收益=净利润 / 年度末普通股股份总数

每股净资产=年度末股东权益 / 年度末普通股股份总数

调整后每股净资产=(年度末股东权益—三年以上的应收款项净额—待摊费用— 待处理(流动、固定)资产净损失—开办费—长期待摊费用—住房周转金负数余额)/ 年度末普通股股份总数。

每股经营活动产生的现金流量净额=经营活动产生的现金流量净额/年度末普通股股份总数

净资产收益率=净利润 / 年度末股东权益×100%

每股收益(加权)=净利润/[期末普通股股份总数/(1+配股比例)+期末普通 股股份总数/12]

净资产收益率 (加权)=净利润/[[年初股东权益+年末股东权益/2]+当期配股 新增净资产×(自缴款结束日下一月份至报告期末的月份数—6] / 12]×100%

3、 公司因会计政策以及会计差错更正追溯调整以前年度会计数据列示如下:

项　目	1998年(调整后)	1997年(调整后)
主营业务收入(元)	159,413,578.67	139,784,392.04
净利润(元)	-16,199,220.33	-5,317,374.51
总资产(元)	358,007,681.34	378,720,655.09
股东权益(元)	172,053,180.01	188,252,400.34
每股收益(元/股)	-0.156	-0.051
每股收益(加权)	-0.156	-0.051
每股净资产(元/股)	1.654	1.810
调整后每股净资产(元/股)	1.579	1.810
每股经营活动产生的现金流量净额(元	-0.277	
净资产收益率(%)	-9.42	-2.825
净资产收益率(%)(加权)	-8.99	-2.782

三、股东情况介绍

1、报告期末股东总数14189户

2、前10名股东持股情况

名次	股东名称	期初持股数(股)	期末持股数(股)	占总股本比例(%)
1	济南柴油机厂	71,500,000	71,500,000	68.75
2	黄淑乘		555,856	0.53
3	胡必瑜		417,052	0.40
4	柯新华	501,412	366,617	0.35
5	金鑫证券投资基金		319,970	0.31
6	向绪英		276,000	0.27
7	汪泽元		269,650	0.26
8	程　柳		269,650	0.26
9	王　菊		268,252	0.26
10	陈祖炎		250,000	0.24

注:持有本公司股份超过50%以上的股东为济南柴油机厂,是本公司唯一发起人单位,并代表国家持有68.75%的股份,前10名股东之间不存在关联关系。

吉林化学工业股份有限公司

一、公司简介

中文名称:吉林化学工业股份有限公司
英文名称:Jilin Chemical Industrial Company Limited
中文简称:吉林化工
英文名称缩写:JCIC
公司法定代表人:焦海坤
公司授权代表:焦海坤、陆启荣
公司董事会秘书:张丽燕
联系地址:中国吉林省吉林市龙潭区遵义东路 31 号
联系电话:(86 432)-399 7447
传真:(86 432)-302 8126
公司注册及办公地址:中国吉林省吉林市龙潭区遵义东路 31 号
邮政编码:132021
网址:http://www.jcic.com
公司电子信箱:webmaster (jcic.com
公司选定信息披露报纸:《证券时报》、《中国证券报》;《香港文汇报》、《虎报》
登载公司年度报告的中国证监会指定国际互联网网址 :http://www.cninfo.com.cn
公司年度报告备置地点:
中国:吉林化学工业股份有限公司董事会秘书室吉林省吉林市龙潭区遵义东路 31 号
香港:运中公关顾问有限公司 香港湾仔霎西街五号新华社新闻大厦 2 楼
公司股票上市资料: A 股
上市交易所:深圳证券交易所; 股票简称:吉林化工; 股票代码:0618
H 股上市交易所:香港联交所; 股票简称:吉林化工; 股票代码:0368
ADS 上市交易所:纽约证券交易所; 股票代码:JCC; 比例:1ADS=100H 股

二、会计数据和业务数据摘要

下表列出本集团一九九九年度按照中国会计准则及国际会计准则审计的有关财务数据:

项目	按照中国会计准则 金额(人民币百万元)	按照国际会计准则 金额(人民币百万元)
利润总额	227.3	227.4
净利润(注)	148.6	148.8
扣除非经常性损益的净利润	148.6	148.8
主营业务利润	1564.9	1561.7
营业利润	237.4	232.5
投资亏损	(5.0)	(5.0)
补贴收入	4.6	4.6
营业外收支净额	(9.7)	(9.7)
经营活动产生的现金流量净额	589	589
现金及现金等价物净增加额	17.2	17.2

下表列出截至报告期末本集团前三年的主要会计数据和财务指标
按照中国会计准则

人民币百万元 截至 12 月 31 日止年度	一九九九年	一九九八年	一九九七年
主营业务收入	10,980	9,222	8,966
净利润	149	62	93
总资产	15,876	15,649	15,351
股东权益(不含少数股东权益)	6,089	5,977	5,945
每股收益(全面摊薄)	人民币 0.04 元	人民币 0.02 元	人民币 0.03 元
每股收益(加权平均)	人民币 0.04 元	人民币 0.02 元	人民币 0.03 元
每股净资产	人民币 1.79 元	人民币 1.75 元	人民币 1.74 元
调整后的每股净资产	人民币 1.73 元	人民币 1.67 元	人民币 1.68 元
每股经营活动产生的现金流量净额	人民币 0.17 元	人民币 0.38 元	人民币 0.29 元
净资产收益率(全面摊薄)	2.45%	1.04%	1.56%
净资产收益率(加权平均)	2.47%	1.04%	1.56%

注:1.一九九九年、一九九八年、一九九七年度末普通股股份总数分别为 3,411,078,000 股、3,411,078,000 股、3,411,078,000 股。

2.一九九九年、一九九八年和一九九七年度的加权平均股数是按照一九九六年末 3,11,078,000 股为基准计算的。

三、股东情况介绍

1、报告期末本公司股东总数为 46,945 户,其中 H 股股东为 951 户,社会公众股(A 股)股东为 45,993 户, 国有法人股股东 1 户。

2、本公司前十名股东

于一九九九年十二月三十一日, 持有本公司股份的前十名最大股东名单如下:

股东名称	类别	持股数 (股)	年度内股数 增减(股)	持股比例 (%)
1.中国石油天然气股份有限公司	A 股	2,396,300,000	-	70.2500
2.香港中央结算代理人有限公司	H 股	785,939,699	+5,124,000	23.0408
3.香港上海汇丰银行(代理人)有限公司	H 股	135,087,300	+238,000	3.9603
4.CHONG YUEN HUNG	H 股	1,276,000	-	0.0374
5. KU YUK MUI	H 股	820,000	-	0.0240
6.LEUNG KWOK YUNG	H 股	814,000	-	0.0239
7.KWAN YUET PUI	H 股	800,000	-	0.0235
8.HSU SHUET KWAN	H 股	700,000	-	0.0205
9. 席近妮	A 股	684,873	-	0.0201
10.TSENG IRENE	H 股	550,000	-	0.0161

* 吉化集团公司持有本公司的 239630 万股国有法人股无偿划转给中国石油天然气 股份有限公司, 但在报告期末未办理完过户手续。

中国石油天然气股份有限公司的法定代表人为马富才先生,该公司的注册资本为 人民币 1600 亿元,主要业务为油气勘探开发、炼油化工、管道运输、油气产品销售,其所持本公司股份无质押。

为遵照证券(公开权益)条例(证券权益条例)第十六条一款,上述于一九九九年十 二月三十一日的权益已记录在登记名册上。

香港中央结算代理人有限公司及香港上海汇丰银行(代理人)有限公司均为代理人, 该系统个别参与者持有本公司 H 股并未超过本公司已发行 H 股股份总数的 10%。

安徽红星宣纸股份有限公司

一、公司简介

1.公司名称
中文名称:安徽红星宣纸股份有限公司
英文名称:ANHUI HONGXING XUANZHI PAPER CL.,LTD
2.公司法定代表人:曹皖生
3.公司董事会秘书:王锦文
联系地址:中国安徽泾县大桥南路 27 号
联系电话:0563-5096009 0563-5096344
传 真:0563-5096353
4.公司注册、办公地址:中国安徽泾县大桥南路 27 号
邮政编码:242500
电子信箱:wjwhx@126.com
5.公司信息披露报纸名称:《证券时报》
公司登载年报的国际互联网网址:
http://www.cninfo.com.cn
公司年度报告备置地点:董事会秘书室
6.公司股票上市交易所:深圳证券交易所
7.股票简称:红星宣纸
8.股票代码:0619

二、会计数据和业务数据摘要

1.公司本年度实现的利润总额及其构成:

项 目	1999 年度
⑴ 利润总额(万元)	1243.90
⑵ 净利润(万元)	1057.31
⑶ 扣除非经常性损益后的净利润(万元)	1057.31
⑷ 主营业务利润(万元)	2134.61
⑸ 营业利润(万元)	1204.46
⑺ 营业外收支净额(万元)	39.44
⑽ 经营活动产生的现金流量净额(万元)	581.88
⑾ 现金及现金等价物净增加额(万元)	-404.99

2.公司近三年的主要会计数据和财务指标

指 标 项 目	1999 年度	1998 年度		1997 年度	
	调整后	调整前	调整后	调整前	调整后
主营业务收入(万元)	3,982	4,194	4,194	4,102	4,102
净利润(万元)	1,057	1,048	1,036	1,233	1,205
总资产(万元)	18,450	19,195	18,769	18,613	18,199
股东权益(万元)	16,561	16,680	16,254	17,132	16,717
每股收益(元)	0.14	0.14	0.14	0.16	0.16
每股收益(月均)(元)	0.14	0.14	0.14	0.16	0.16
每股净资产(元)	2.21	2.22	2.17	2.28	2.23
调整后每股净资产(元)	2.19	2.20	2.14	2.26	2.20
每股经营活动产生的现金流量净额(元)	0.08	0.07	0.07	/	/
净资产收益率(%)	6.38	6.28	6.37	7.19	7.21

注:

①其计算公司如下:

每股收益=净利润/年度末普通股股份总数

每股净资产=年度末股东权益/年度末普通股股份总数

调整后的每股净资产=(年度末股东权益-三年以上的应收款项净额-待摊费用 -待处理 (流动、固定)资产净损失-开办费-长期待摊费用-住房周转金负数余额)/年度末普通股股份总数

每股经营活动产生的现金流量净额=经营活动产生的现金流量净额/年度末普通股股份总数

净资产收益率=净利润/年度末股东权益×100%

②调整前指公司会计政策、会计估计变更追溯调整前的会计数据;调整后指公司 会计政策、会计估计变更追溯调整后的会计数据。

3.公司报告期内股东权益变动情况表 单位:元

项 目	股 本	资本公积	盈余公积	其中:法定公益金	未分配利润	股东权益合计
期初数	75000000	78882507.52	5730749.38	2865374.69	2922997.50	162536254.40
本期增加	/	/	2,114,627.94	1057313.97	10573139.71	12687,767.65
本期减少	/	/	/	/	9,614,627.94	9614,627.94
期末数	75000000	78882507.52	7845377.32	3922688.66	3881509.27	165609394.11

变动原因:

1.报告期内,公司股本和资本公积未发生变化;

2.公司本年度年初盈余公积调减了 852,045.80 元,系公司对坏帐准备、存货跌 价准备会计政策变更采用追溯调整法调整所致。公司报告期盈余公积增加 2,114,627.94 元,主要原因是公司本年按净利润 10%分别计提法定公积金和公益金所致。

3.公司本年度年初未分配利润调减了 3,408,183.17 元,系公司对坏帐准备、存 货跌价准备会计政策变更采用追溯调整法调整所致。本年度分配股利 750 万元,是根 据公司 2000 年 2 月 16 日第一届第十二次董事会决议,以 1999 年末总股本为基数,对 1999 年末未分配利润按每 10 股派发现金红利 1 元(含税),派发现金红利 750 万元(含税)。该分配预案尚须提请股东大会审议。

三、股东情况介绍

1. 报告期末股东总数为 2104 户,其中:内部职工股股东为 7 人。
2. 主要股东持股情况

截止 1999 年 12 月 31 日,本公司前 10 名股东的持股情况

名次	股 东 姓 名	持股数量(股)	持股比例(%)
①	中国宣纸集团公司 (国家持股单位)	49, 500,000	66
②	金保星	336,510	0.45
③	刘大自	331,600	0.44
④	叶江华	295,700	0.39
⑤	程 波	217,200	0.29
⑥	郑 挺	209,550	0.28
⑦	孟言忠	202,917	0.27
⑧	孙献才	178,010	0.24
⑨	吴绪辉	173,400	0.23
⑩	黄金梅	164,519	0.22

黑龙江圣方科技股份有限公司

一、公司简介

1、公司名称:黑龙江圣方科技股份有限公司
英文名称:Heilongjiang SunField Science & Technology Co., Ltd.
缩写:SFT
2、公司法定代表人:刘晓卫
3、董事会秘书:陈德仁
联系地址:北京市海淀区知春路20号国际企业合作商务大厦1016室
电话/传真:010-62032036　电子信箱:sftbj@sunfieldgroup.com
董事会秘书授权代表:司学成
联系地址:牡丹江市东三条路98号黑龙江圣方科技股份有限公司
电话/传真:0453-6254097　电子信箱:mpcc@public.md.hl.cn
4、公司注册和办公地址:黑龙江省牡丹江市东三条路98号
公司电子信箱:mpcc@public.md.hl.cn　邮政编码:157000
5、公司选定的信息披露报纸:《证券时报》
刊登公司年报的中国证监会指定国际互联网网址:http://www.cninfo.com.cn
公司年度报告备置地点:公司证券部
6、公司股票上市交易所:深圳证券交易所　股票简称:圣方科技　股票代码:0620

二、会计数据和业务数据摘要

1、公司本年度会计数据摘要　单位:元

利润总额:	108,533,962.46
净利润:	95,536,566.31
扣除非经常性损益后的净利润:	-1,826,856.77
主营业务利润:	7,188,610.24
其他业务利润:	58,282,596.56
营业利润:	9,869,843.39
投资收益:	0
补贴收入:	47,863,385.86
营业外收支净额:	50,800,733.21
经营活动产生的现金流量净额:	-6,849,352.36
现金及现金等价物净增加额:	-39,229,594.45

注:非经常性损益项目及金额
补贴收入47,863,385.86元,置换资产收入51,238,658.23元,营业外支出净额-1,738,621.01元。

2、前三年主要会计数据和财务指标

	1999年	1998年	1997年
主营业务收入(万元)	52,796.81	61,502.83	78,540.92
净利润(万元)	9,553.66	5,699.23	5,371.54
总资产(万元)	93,774.84	122,518.34	99,235.89
股东权益(不含少数股东权益)万元	79,881.22	70,469.12	51,886.28
每股收益(元/股)	0.37	0.22	0.23
每股净资产(元/股)	3.08	2.71	2.20
调整后的每股净资产(元)	3.06	2.54	2.05
每股经营活动产生的现金流量净额(元)	-0.026	-0.023	
净资产收益率(%)	11.96	8.05	10.35
扣除非经常性损益的每股收益	-0.01	0.14	0.17

部分财务指标的计算公式如下:
每股收益=净利润/年度末普通股份总数
每股净资产=年度末股东权益/年度末普通股股份总数
调整后的每股净资产=(年度末股东权益-三年以上的应收款净额-待摊费用-待处理(流动、固定)资产净损失-开办费-长期待摊费用-住房周转金负数余额)/年度末普通股股份总数。
每股经营活动产生的现金流量净额=经营活动产生的现金流量净额/年度末普通股股份总数。
净资产收益率=净利润/年度末股东权益×100%

3、报告期内股东权益变动情况　单位:元

项目	股本	资本公积	盈余公积	法定公益金	未分配利润	股东权益合计
期初数	259689200	263030116	73753814.96	11368685.60	107501960.49	703957091.70
本期增加			14330484.95	4776828.32	81206081.36	94855157.08
本期减少		681409.23				
期末数	259689200	262348707	88066299.91	16145513.92	188708041.85	798812248.78

变动原因:(1)、本年度资本公积减少系本公司转让四项资产的资产评估减值所致;
(2)、本年度盈余公积、法定公益金、未分配利润、股东权益增加主要由于本年度利润增加及利润提取所致。

三、股东情况介绍

1、报告期末本公司股东总数为42,827户。
2、公司前10名股东情况

股东名称	持股数量	占总股本比例(%)
西安圣方科技股份有限公司	72,713,000	28
牡丹江石油化学工业集团公司	44,267,400	17.05
牡丹江树脂厂	10,908,800	4.20
中国环球租赁公司	3,200,000	1.23
牡丹江造纸厂	3,200,000	1.23
哈尔滨市珠江服务公司	912,472	0.35
鹿从志	586,950	0.23
陈殿凤	553,202	0.21
顾诞华	500,004	0.19
王小利	500,000	0.19

(1)本公司控股股东牡丹江石油化学工业集团公司年初持有本公司股份为116,980,400股,1999年下半年将其中的72,713,000股转让给了西安圣方科技股份有限公司,西安圣方科技股份有限公司成为本公司第一大股东。
(2)持有本公司5%以上的股东西安圣方科技股份有限公司和牡丹江石油化学工业集团公司,报告期内所持股份没有发生质押和冻结情况。
(3)前10名股东中,牡丹江树脂厂系牡丹江石油化学工业集团公司的附属企业,其它股东不存在关联关系。
(4)持有本公司10%以上股份的股东为西安圣方科技股份有限公司和牡丹江石油化学工业集团公司。西安圣方科技股份有限公司法定代表人为曹克坡,经营范围包括:信息系统工程、超能电器。

比特科技控股股份有限公司

一、公司简介

1、公司法定中文名称:比特科技控股股份有限公司
公司法定英文名称:BIT TECHNOLOGY HOLDING CO.,LTD.
2、公司法定代表人:刘振熙
3、公司董事会秘书:马洪伟
董事会秘书授权代表:张建
联系地址:北京市东城区东中街9号东环广场A座8层
联系电话:(010)64181481/2/3
联系传真:(010)64181185
4、公司注册地址:北京市海淀区万寿路甲28号
邮政编码:100036
公司办公地址:北京市东城区东中街9号东环广场A座8层
邮政编码:100027
公司电子信箱:bit@mail.263.net.cn
5、公司选定的信息披露报纸:《中国证券报》
指定登载公司年度报告的国际互联网网址
:http://www.cninfo.com.cn
公司年度报告备置地点:公司证券办公室
6、公司股票上市交易所:深圳证券交易所
股票简称:比特科技
股票代码:0621

二、会计数据和业务数据摘要

(一)本年度主要财务指标:
单位:人民币元

项目	1999年
利润总额:	43625265.95
净利润:	35467502.22
扣除非经常性损益后的净利润:	21985785.81
主营业务利润:	83014720.66
其他业务利润:	4752783.45
投资收益:	1964247.77
补贴收入:	26010.78
营业外收支净额:	-488301.44
经营活动现金流量净额:	133370661.37
现金及现金等价物净增加额:	-72227700.17

注:扣除非经常性损益项目和涉及金额非经常性损益项目包括补贴收入26,010.78元,营业外收支净额-488,301.44元,因计提四项坏帐准备而多冲减当年的管理费用10,344,007.07元,财政返还所得税3,600,000.00元。

(二)报告期末公司前三年主要会计数据与财务指标:　单位:人民币元

项目	1999年
主营业务收入	224597700.53
净利润	35467502.22
总资产	503927469.42
股东权益	298346038.21
每股收益	0.237
每股收益(按月平均)	0.237
扣除非经常性损益后的每股收益	0.147
每股净资产	1.993
调整后每股净资产	1.970
每股经营活动产生的现金流量净额	0.891
净资产收益率(%)	11.89%

注:(1)主要财务指标方法:每股收益=净利润/年度末普通股股份总数
每股净资产=年度末股东权益/年度末普通股股份总数
调整后的每股净资产=(年末股东权益-三年以上的应收帐款-待摊费用-待处理财产净损失-递延资产-长期待摊费用)/年末总股数
每股经营活动产生的现金流量净额=净利润/年度末普通股股份总数
净资产收益率=净利润/年度末股东权益×100%

(三)股东权益变动情况　单位:万元

项目	股本	资本公积	盈余公积	法定公益金	未分配利润	合计
期初数	14968.32	7177.47	2943.57	556.34	1198.49	26287.85
本期增加		-	532.02	177.34	3014.74	3546.75
本期减少						
期末数	14968.32	7177.47	3475.59	733.68	4213.23	29834.60

变动原因:(1)盈余公积:按规定本年度提取10%法定公积金3,546,750.22元和法定公益金1,773,375.11元,合计5,320,125.33元。
(2)法定公益金:按规定本年度提取5%法定公益金1,773,375.11元。
(3)未分配利润增加:本年度净利润提两金后余30,147,376.89元。

三、股东情况介绍

1、截止到1999年12月31日,公司股东总数为20236户。
2、报告期内公司前十名股东持股情况:(截止到1999年12月31日)

序号	股东名称	持股数量(万股)	占总股本比例(%)
1	宁波华能租赁公司	3396.90	22.69
2	成都卫安投资股份有限公司	2100.00	14.03
3	深圳特区证券公司	1060.30	7.08
4	航天总公司第二研究院	507.00	3.39
5	北京长空租赁有限公司	473.20	3.16
6	中国经济开发信托投资公司	415.74	2.78
7	北京首汽实业股份有限公司	338.00	2.26
8	深圳市通汇国际贸易有限公司	300.58	2.01
9	北京建昊实业公司	235.80	1.58
10	交通银行北京分行	202.80	1.35

注:①第一位股东宁波华能租赁公司与第三位股东深圳特区证券公司为关联公司。
②以上法人股东所持有的本公司的股份,均未以任何形式、提供给任何单位进行质押。
③第9位股东北京建昊实业公司为流通股股东,其余为法人股东。

岳阳恒立冷气设备股份有限公司

一 公司简介

1、公司的法定名称：岳阳恒立冷气设备股份有限公司
公司英文名称：YUEYANG HENGLI AIR-COOLING EQUIPMENT.INC.
2、公司法定代表人：郑慧卿
3、公司董事会秘书：余凤亭　联系地址：岳阳市青年中路　联系电话：0730-8245246
联系传真：0730-8221311　电子信箱：yyhl@public.yy.hn.cn
4、公司注册及办公地址：岳阳市青年中路　邮政编码：414000
公司国际互联网网址：http://www.yyhengli.com　电子信箱：yyhl@public.yy.hn.cn
5、公司选定的信息披露报纸名称：《证券时报》
登载公司年度报告的中国证监会指定国际互联网网址：Http://www.cninfo.com.cn
公司年度报告备置地点：岳阳恒立冷气设备股份有限公司证券投资部
6、公司股票上市交易所：深圳证券交易所
股票简称：岳阳恒立　　股票代码：0622

二 会计数据和业务数据摘要

1、报告期内主要业务数据摘要

(1)、利润总额	27970941.90 元
(2)、净利润	18648881.69 元
(3)、扣除非经常性损益后的净利润	17640115.76 元
(4)、主营业务利润	57712232.54 元
(5)、其他业务利润	2373697.91 元
(6)、营业利润	26355912.77 元
(7)、补贴收入	1507226 元
(8)、营业外收支净额	107803.13 元
(9)、经营活动产生的现金流量净额	-4578037.39 元
(10)、现金及现金等价物净增加额	-4936793.58 元

注：99 年非经常性损益系本公司资产处置收益 104430.33 元，本公司子公司上海 恒安空调设备有限公司补贴收入 904335.60 元。

2、公司前三年主要会计数据和财务指标　　(单位：人民币元)

项目	1999.12.31	1998.12.31	1997.12.31
主营业务收入	153,070,952.66	164725338.72	174951328.65
净利润	18,648,881.69	-4224277.85	10129782.06
总资产	442,540,127.09	385776283.58	301303960.90
股东权益	206,482,927.25	189154045.55	111879804.66
每股收益	0.1316	-0.0596	0.1623
每股净资产	1.46	2.67	1.79
调整后每股净资产	1.40	2.60	1.75
每股经营活动产生的现金流量净额	-0.03	0.0864	
净资产收益率(%)	9.03	-2.23	9.054
扣除非经常性损益后每股收益	0.1245	-0.0595	0.1603

追溯调整前的主要财务指标：

项目	1998.12.31	1997.12.31
主营业务收入	164725338.72	174951328.65
净利润	24173680.20	14667275.50
总资产	435292430.82	323490703.55
股东权益	238196929.61	134066547.31
每股收益	0.34	0.235
每股净资产	3.36	2.15
调整后每股净资产	3.3	2.09
每股经营活动产生的现金流量净额	0.0864	
净资产收益率(%)	10.15	10.94
扣除非经常性损益后每股收益	0.3412	0.2357

99 年非经常性损益系本公司资产处置收益 104430.33 元，本公司子公司上海恒安 空调设备有限公司补贴收入 904335.60 元，。

98 年非经常性损益系补贴收入 16000.00 元，资产处置损失 21981.66 元。

97 年非经常性损益系资产处置损失 42288.40 元。

注：(1)主要财务指标计算方法

每股收益=净利润/年度末普通股股份总数

每股净资产=年度末股东权益/年度末普通股股份总数

调整后的每股净资产=(年度末股东权益-三年以上的应收款项净额-待摊费用 -待处理(流动、固定)资产净损失-开办费-长期待摊费用-住房周转金负数余额)/年度末普通股股份总数

每股经营活动产生的现金流量净额=经营活动产生的现金流量净额/年度末普通 股股份总数

净资产收益率=净利润/年度末股东权益×100%

说明：根据财政部财会字[1999]35 号文件《关于印发(股份有限公司会计制度有关会计处理问题补充规定)的通知》的有关规定，公司本年度坏帐准备、存货跌价准备等会计政策发生变更，并采用追溯调整法，公司对前三年会计数据和财务指标进行了追溯调整，数据列示如上。

三 股东情况介绍

1、截止 1999 年 12 月 31 日止，本公司共有股东 32331 户。

2、持有本公司股票的前十名股东的名称和持股情况：　　单位：万股

股东名称	初持股	送红股	资本公积金转增	报告期末	持股比例 (%)
1.华诚投资管理有限公司	1935	387	1548	3870	27.30
2.岳阳国资	677.3	135.46	541.84	1354.6	9.55
3.镇江能越技术发展有限公司	240	48	192	480	3.38
4.岳阳市博源经贸有限公司	240	48	192	480	3.38
5.湖南证券	120	24	96	240	1.69
6.湖南申湘实业股份公司投资部	120	24	96	240	1.69
7.珠海市西部金鹏实业开发公司	120	24	96	240	1.69
8.中国汽车工业总公司	60	12	48	120	0.84
9. 湖南信达	60	12	48	120	0.84
10.湘城陵矶恒发汽车空调联营改装厂	60	12	48	120	0.84

注：(1)、公司前十名股东之间无关联交易；
(2)、岳阳国资代表国家持有股份；
(3)、华诚投资管理有限公司所持有的股票性质为国有法人股。

吉林敖东药业集团股份有限公司

一、公司简介

1、公司法定中文名称：吉林敖东药业集团股份有限公司
公司法定英文名称：JiLin AoDong Medicine Industry Croups Co. ,Ltd
2、公司法定代表人：李秀林先生
3、公司董事会秘书：郭荣先生
授权人姓名：李利平先生
联系地址：吉林省敦化市胜利南大街 88 号
电　　话：0433-6224462　　0433-6238973
传　　真：0433-6224462
电子信箱：dhadmsb4@public.yj.jl.cn
4、公司注册地址：吉林省敦化市胜利南大街 88 号
公司办公地址：吉林省敦化市胜利南大街 88 号
公司邮政编码：133700
公司国际互联网网址：http://www.jilinaodong.com
5、公司选定的信息披露报纸：证券时报
刊登公司年度报告的中国证监会指定国际互联网网址：http://www.cninfo.com. cn
公司年度报告备置地点：董事会秘书处
电　　话：0433-6238973
6、公司股票上市交易所：深圳证券交易所
股　票　简　称：吉林敖东
股　票　代　码：0623

二、会计数据和业务数据摘要

1、利 润 总 额：	133,184,586.68
净　利　润：	100,323,372.80
扣除非经常性损益后的净利润：	92,936,853.52
主营业务利润：	278,155,775.23
其他业务利润：	745,320.23
营 业 利 润：	85,585,697.79
投 资 收 益：	30,896,489.41
补 贴 收 入：	15,880,284.76
营业外收支净额：	822,114.72
经营活动产生的现金流量净额：	110,178,664.61
现金及现金等价物净增加额：	-109,636,357.37

2、前三年主要会计数据和指标

	九九年度	九八年度 调整前	九八年度 调整后	九七年度 调整前	九七年度 调整后
主营业务收入：	423008775.50	368057704.69	368057704.69	330445704.73	330445704.73
净利润：	100323372.80	89819178.33	81908582.86	89413492.83	84007928.37
总资产：	1189107633.45	848275036.40	828301025.52	558000589.36	543068022.37
股东权益：	667787403.49	587935938.84	567961927.96	332481150.53	317548583.34
每股收益：	0.513	0.46	0.42	0.69	0.65
每股净资产：	3.42	3.01	2.91	2.58	2.46
调整后每股净资产	3.30	2.90	2.86	2.49	2.32
每股经营活动产生的现金流量净额：	0.56	-0.158	-0.158	—	—
净资产收益率%：	15.02	15.3	14.42	26.9	26.5
扣除非常性损益后每股收益：	0.475	0.46	0.42	0.69	0.65

3、股东权益变动情况

单位：万元

项　目	股本	资本公积	盈余公积	其中：公益金	未分配利润	合计
期 初 数	19547	19952	6041	1187	11205	56745
本期增加		1	3797	571	6236	10034
本期减少						
期 末 数	19547	19953	9838	1758	17441	66779

说明：

会计数据、指标计算公式如下：

每股收益=净利润/年度末普通股股份总数

每股净资产=年度末股东权益/年度末普通股股份总数

调整后每股净资产=(年度末股东权益-三年以上应收款项净额-待摊费用-待处理(流动、固定)资产净损失-开办费-长期待摊费用-住房周转金负数余额)/年度末普通股股份总数

每股经营活动产生的现金流量净额=经营活动产生的现金流量净额/年度末普通股股份总数

净资产收益率=净利润/年末股东权益×100%

非经常性损益为临时性补贴收入：7,386,519.28 元

三、股东情况

(一)股东情况介绍

(1)报告期末股东总数为：30,136 户。

(2)前 10 名股东

序号	股东	持股数	持股比例(%)
1	延边朝鲜族自治州国有资产管理局	61880000	31.66
2	吉林敖东药业集团股份有限公司工会委员会	20982000	10.73
3	吉林省信托投资公司	10998000	5.63
4	广发证券证券有限责任公司	10717090	5.48
5	金泰基金	2818510	1.44
6	延边新华印刷厂	2106000	1.08
7	中国华油集团公司	2022044	1.03
8	延边第三产业开发公司	1950000	1
9	中山市嘉图贸易有限公司	1311644	0.67
10	吉林省证券公司上海营业部	1222560	0.62

(3)延边朝鲜族自治州国有资产管理局为公司国家股股东。公司前 10 名股东的第 5、7、9、10 为流通股股东，本公司未知其之间的关联关系。公司第 2 名股东所持股份为公司职工持股会所有。

(4)控股股东没有变更。

重庆长安汽车股份有限公司

一、公司简介

1、公司法定中文名称:重庆长安汽车股份有限公司
公司法定英文名称:Chongqing Changan Automobile Company Limited
2、公司法定代表人:赵国华
3、公司董事会秘书:严长云　联系地址:公司董事会办公室
联系电话:(023)67591349 、62901907　传真:(023)67866055 、62820649
4、公司注册地址:重庆市南岸区南城大道 309 号　邮政编码:400060
公司办公地址:重庆市江北区建新东路 260 号　邮政编码:400023
公司国际互联网网址:http://www.changan.com.cn
5、公司信息披露报刊:中国证券报、证券时报、香港商报
公司信息披露网址:http://www.cninfo.com.cn
公司年度报告备置地点:公司董事会办公室
6、股票上市地点:深圳证券交易所
股票简称:长安汽车　股票代码:0625　股票简称:长安 B　股票代码:2625

二、会计数据和业务数据摘要

1、公司本年度会计数据(单位:千元)。

项目	金额
利润总额	179,749
净利润	53,715
非经常性损益合计	9,970
其中:补贴收入	30,386
合并价差摊入	(858)
资产处置损益	(19,558)
扣除非经常性损益后的净利润	43,745
主营业务利润	832,818
其他业务利润	21,184
营业利润	171,619
投资收益	-858
补贴收入	30,386
营业外收支净额	-21,398
经营活动产生的现金流量净额	874,436
现金及现金等价物净增加额	638,632

注:以上数据为合并帐项,包括了本公司以重庆长安铃木汽车有限公司为首的各子公司的相关报表。

2、按两种会计准则、制度计算的净利润差异说明

按照中国会计准则计算的净利润为 53,715 千元,按照国际会计准则计算的净利润 为 32,742 千元,主要差异为:合并长安铃木计提职工奖励及福利基金 21,000 千元,摊销 合并产生的商誉、调整长安铃木开办费摊销以及其他调整等因素所致。

项目	1999 年	1998 年	1997 年
主营业务收入(千元)	5,446,762	2,470,406	2,925,339
净利润(千元)	53,715	16,572	200,109
总资产(千元)	7,093,918	5,300,261	5,022,297
股东权益(千元)	2,373,590	2,340,875	2,324,303
每股收益(元)	0.044	0.014	0.23
每股净资产(元)	1.93	1.91	2.65
调整后的每股净资产(元)	1.89	1.90	2.64
每股经营活动产生的现金流量净额 (元)	0.71	-0.09	-
净资产收益率(%)	2.3	0.70	8.61

注 1、以上数据和指标均按合并会计报表数计算,其中 99、98、97 年度期末总股本分别为 1,226,666 千股、1,226,666 千股和 876,190 千股。

注 2、97 年度未编制现金流量表,故每股经营活动产生的现金流量净额未反映。

注 3、财务指标计算公式如下:

每股收益=净利润/年度末普通股股份总数

每股净资产=年度末股东权益/ 年度末普通股股份总数

调整后的每股净资产=(年度末股东权益-三年以上的应收款项净额-待摊费用-待 处理流动、固定资产净损失-开办费-长期待摊费用-住房周转金负数余额)/年度末普 通股总数

每股经营活动产生的现金流量净额=经营活动产生的现金流量净额/年度末普通股股份总数

净资产收益率=净利润/年度末股东权益×100%

三、股东情况介绍

1、股东情况介绍

报告期末,本公司股东 98,560 人,其中 A 股股东 91,778 人(其中公司职工股东 14 人),B 股股东 6,782 人。

2、前十名股东持股情况

股东名称	年初持股数(股)	年度增减数(股)	年末持股数(股)	占总股本比例(%)
1、长安汽车(集团)有限责任公司	708,666,000	0	708,666,000	57.77
2、SUZUKI MOTOR CORPORATION	122,500,000	0	122,500,000	9.99
3、AMERICAN SUZUKI MOTORCORPORATION	35,000,000	0	35,000,000	2.85
4、NISSHO IWAI CORPORATION	17,500,000	0	17,500,000	1.43
5、宝勇企业有限公司	2,786,000	0	2,786,000	0.23
6、TOYO SECURITIES ASIALIMITED-A/C CLIENT	2,594,740	102,000	2,696,740	0.22
7、BONY A/C CMG CH CHINA INVESTMENT LIMITED	2,600,100	0	2,600,100	0.21
8、SHINNING YEAR INVESTMENTSGROUP LTD	0	2,065,900	2,065,900	0.17
9、PRIME GLORY INTERNATIONALPTE LTD	1,820,000	30,000	1,850,000	0.15
10、利鑫达有限公司	1,647,320	-19,360	1,627,960	0.13

注:上述股东中长安汽车(集团)有限责任公司代表国家持有股份,为国有法人股。 其余均为外资股东,持有公司 B 股。

上述股东中, 战略投资者 SUZUKI MOTOR CORPORATION、AMERICAN SUZUKI MOTOR CORPORATION 之间存在关联关系,后者是前者 100%全资子公司。根据战略投资者原签 订的长安 B 股认购协议,其所持公司股票于 1999 年 11 月 5 日到期解冻。

3、持股 10%以上的法人股东情况

1.长安汽车(集团)有限责任公司持股数为 708,666,000 股,占总股本的 57.77%。 所持股份未作质押。法定代表人:赵国华。

连云港如意集团股份有限公司

一　公司简介

1、公司法定名称:
中文名称:连云港如意集团股份有限公司　中文名称缩写:如意集团
英文名称:LIANYUNGANG IDEAL GROUP CO.,LTD　英文名称缩写:IDEAL GROUP
2、公司法定代表人:范建国
3、公司董事会秘书:刘滨　董秘授权代表:谭卫
联系地址:连云港市新浦北郊路 6 号　电话:0518-5150668-3060　传真:0518-5150105
电子信箱:RYDSHMSC@public.lyg.js.cn
4、公司注册地址:连云港市新浦丁字路东首　公司办公地址:连云港市新浦北郊路 6 号
邮政编码:222006　电子信箱:IDEALCO@public.lyg.js.cn
5、公司选定的信息披露报纸名称:《中国证券报》《证券时报》
登载本公司年报的中国证监会指定网址:http://www.cninfo.com.cn
公司年度报告备置地:如意集团董事会秘书处
6、公司股票上市交易所:深圳证券交易所　公司股票简称:如意集团　公司股票代码:0626

二　会计数据和业务数据摘要

1、公司本年度实现的主要经济指标　单位:人民币元

项　目	金　额
利润总额	33,226,444.79
净利润	24,399,936.99
扣除非经常性损益后的净利润	7,034,160.43
主营业务利润	23,657,584.50
其他业务利润	5,017,384.15
营业利润	8,510,749.57
投资收益	1,700,206.94
补贴收入	3,276,109.49
营业外收支净额	19,739,378.79
经营活动产生的现金流量净额	50,476,346.99
现金及现金等价物净增加额	19,548,125.43

注:扣除非经常性损益后的净利润系从净利润中扣除了营业外收支净额 19739378. 79 元、股权转让收益 690946.57 元。

2、 截止本报告期末公司前三年的主要会计数据和财务指标　单位:人民币元

项　目	1999 年 12 月 31 日	1998 年 12 月 31 日		1997 年 12 月 31 日	
		调整前	调整后	调整前	调整后
主营业务收入	607220631	33437749	33437749	68725730	68725730
净利润	24399936	3350382	3720885	11670903	6771112
总资产	331658944	208268525	202604791	215089456	10189664
股东权益(不含少数股东权益)	148493232	127214058	124093295	120860142	123685767
每股收益	0.27	0.056	0.062	0.19	0.11
每股净资产	1.65	2.16	2.07	2.10	2.06
调整后的每股净资产	1.50	1.66	2.01	2.05	2.03
每股经营活动产生的现金流量净额	0.56	-0.20	-0.20	-	-
净资产收益率(%)	16.43	2.59	2.99	9.27	5.47
加权平均扣除非经常性损益后的每股收益	0.09	0.01	0.02	0.04	-0.08

注:计算公式如下:

每股收益=净利润/年度末普通股股份总数

每股净资产=年度末股东权益/年度末普通股股份总数

调整后的每股净资产=(年度末股东权益-三年以上的应收款项净额-待摊费用 -待处理(流动、固定)资产净损失-开办费-长期待摊费用-住房周转金负数余额)/年度末普通股股份总数

每股经营活动产生的现金流量净额=经营活动产生的现金流量净额/年度末普通股股份总数

净资产收益率=净利润/年度末股东权益×100%

三　股本变动及股东情况

1、股本变动情况

(1)股份变动情况表　数量单位:股

	本次变动前	本次变动增减(+、-)						本次变动后
		配股	送股	公积金转股	增发	其他	小计	
一、未上市流通股份								
1,发起人股份	33636000		+6727200	+10090800			+16818000	50454000
其中:国家持有股份	18360000		+3672000	+5508000			+9180000	27540000
境内法人持有股份	15276000		+3055200	+4582800			+7638000	22914000
2、募集法人股	11364000		+2272800	+3409200			+5682000	17046000
未上市流通股份合计	45000000		+9000000	+13500000			+22500000	67500000
二、已上市流通股份								
1、人民币普通股	15000000		+3000000	+4500000			+7500000	22500000
2 已上市流通股份合计	15000000		+3000000	+4500000			+7500000	22500000
三、股份总数	60000000		+12000000	+18000000			+30000000	90000000

2、股东情况介绍

(1) 至本报告期末,本公司股东总数为 1775 户,其中冻结高管股股东为 4 户。

(2) 前 10 名股东持股情况

序号	股东名称	期末持股数量(股)	本期增减+、-(股)	持股比例(%)
1	连云港市蔬菜冷藏加工厂	27540000	+9180000	30.60
2	远大(连云港)海洋集团有限公司	16506000	+5502000	18.34
3	连云港兴农农业有限公司	15858000	+5286000	17.62
4	珠海生兴贸易发展有限公司	4770000	+159000	5.30
5	江苏海陆装饰集团公司	1242000		1.38
6	李贵祥	660011		0.73
7	罗玉凤	644767		0.72
8	王忠	577840		0.64
9	南京众和贸易有限公司	504000		0.56
10	范黎迅	498951		0.55

注:1、本报告期内连云港市蔬菜冷藏加工厂、远大(连云港)海洋集团有限公司、连云港兴农农业有限公司、珠海生兴贸易发展有限公司持有的股份增加系公司实施了"10 送 2 转增 3"所致。

湖北中天股份有限公司

一、公司简介

1、公司的法定中文名称:湖北中天股份有限公司

公司的法定英文名称:HUBEI ZENLTH CO. ,LTD

2、公司的法定代表人:向汉林

3、公司董事会秘书:丁振荣

地址:湖北省荆门市杨湾路 132 号 电话:(0724)2211003 转 6218 传真:(0724)2214180

电子信箱:hbztgfzq @ jm.hb.cninfo.net

4、公司注册及办公地址:湖北省荆门市杨湾路 132 号 邮政编码:448000

电子信箱:hbztgfzq @ jm.hb.cninfo.net

5、公司选定的信息披露报刊:《中国证券报》、《证券时报》,登载公司年度报告的中国证监会指定国际互联网网址:www.cninfo.com.cnl

公司年度报告备置地点:公司证券部

6、公司股票上市交易所:深圳证券交易所 股票简称:湖北中天 股票代码:0627

二、会计数据和业务数据摘要

1、公司本年度实现主要利润指标情况(单位:元)

利润总额:	47,575,899.49
净利润:	31,342,522.39
扣除非经常性损益后的净利润:	25,425,927.15
主营业务利润:	61,507,316.29
其他业务利润:	14,795,927.71
营业利润:	41,850,241.94
投资收益:	-85,420.69
补贴收入:	5,784,324.99
营业外收支净额:	26,753.25
经营活动产生的现金流量净额:	46,862,409.92
现金及现金等价物净增加额:	-21,384,229.47

注: 扣除非经常性损益项目和涉及金额:(1) 补贴收入 5,784,324.99 元,(2) 营业外 收支净额 26,753.25 元,(3) 合并价差摊销 125,517.00 元,合计 5,916,595.24 元。

2、截止报告期公司前三年的主要会计数据和财务指标:(单位:元)

	1999	1998 调整前	1998 调整后
主营业务收入	255,862,869.65	192,314,233.09	192,314,233.09
净利润	31,342,522.39	30,230,399.39	29,592,616.13
总资产	770,676,221.78	682,470,580.72	680,824,128.05
股东权益(不含少数股东权益)	507,425,402.53	477,686,857.39	476,082,880.14
每股收益	0.135	0.234	0.229
加权平均的每股收益	0.20	0.27	0.27
每股净资产	2.18	3.70	3.687
调整后的每股净资产	2.12	3.62	3.61
每股经营活动产生的现金流量净额	0.20	-0.04	-0.04
净资产收益率(%)	6.18	6.33	6.216

(注:财务指标计算公式如下:

每股收益=净利润/年度末普通股股份总数

每股净资产=年度末股东权益/ 年度末普通股股份总数

调整后的每股净资产=(年度末股东权益-三年以上的应收款项净额-待摊费用 -待处理(流动、固定)资产净损失-开办费-长期待摊费用-住房周转金负数余额)/年度末普通股股份总数

每股经营活动产生的现金流量净额=经营活动产生的现金流量净额/年度末普通股股份总数

净资产收益率=净利润/年度末股东权益×100%

3、报告期内股东权益变动情况(单位:元)

项目	股本(股)	资本公积	盈余公积
期初数	129,116,000.00	276,695,888.97	35,404,748.45
本期增加	103,292,800.00	-	6,268,504.48
本期减少	-	103,292,800.00	-
期末数	232,408,800.00	173,403,088.97	41,673,252.93

项目	法定公益金	未分配利润	股东权益合计
期初数	15,807,657.48	34,866,242.72	476,082,880.14
本期增加	3,134,252.24	25,074,017.91	134,635,322.39
本期减少	-	-	103,292,800.00
期末数	18,941,909.72	59,940,260.63	507,425,402.53

变动原因:(1)10 转增 8;(2)本年度利润分配。

三、股东情况介绍

1、报告期末股东总数为:6,835 户。

2、前十名股东及其持股情况如下: 单位:万股

股东名称	年度内增加	年度内减少	年度末持股数量	是否上市流通股份	持股比例(%)
1.湖北中天集团公司	8,244.96		16,076.16	否	69.17
2.湖北宝源天发人造板有限公司	240.32		540.72	否	2.33
3.湖北中天实业有限公司	160.00		360.00	否	1.55
4.中国航空工业总公司宏图飞机制造厂	80.00		180.00	否	0.77
5.江苏兴源置业有限责任公司			64.10	是	0.28
6.蒋萍			60.6114	是	0.26
7.汪京凤			57.50	是	0.25
8.董希正			55.8030	是	0.24
9.徐万顺			53.19	是	0.23
10.浦文忠			52.164	是	0.22

注:(1)上述前 4 名为本公司法人股东,其他为本公司社会股东。年度内增加数 系公司于 1999 年 7 月按 10:8 比例以资本公积转增股本所致。 期末湖北中天集团公司持股数增加,包括 1999 年 8 月 25 日协议受让湖北中天开元有限公司 1980 万股。

(2)持有本公司 5%以上(含 5%)的股东所持股份抵押或冻结的情况:

湖北中天集团公司以其所持本公司股份中的 750 万股股权作为质押,为本公司向深圳招商银行贷款 2000 万元作担保。在报告期内,该项贷款到期,由担保人大鹏证券代为偿还 1800 万元,本公司偿还 200 万元,该部分股权暂未解冻。

成都倍特发展集团股份有限公司

一 公司简介

(一)公司法定中文名称:成都倍特发展集团股份有限公司

公司法定英文名称:CHENGDU BRILLIANT DEVELOPMENT GROUP,INC.

(二)公司法定代表人:曾绍清

(三)公司董事会秘书:解治 电话:(028)5559900 传真:(028)5532288

联系地址:中国四川省成都市成都高新技术产业开发区

(四)公司注册地址:中国四川省成都市成都高新技术产业开发区 邮政编码:610041

公司电子信箱:best@mail.sc.cninfo.net

(五)公司信息披露报纸:《证券时报》

公司年度报告登载的国际互联网网址:http:// www.cninfo.com.cn

公司年度报告备置地点:公司董事会办公室

(六)公司股票上市地:深圳证券交易所 股票简称:倍特高新 股票代码:0628

二 会计数据和业务数据摘要

(一)本年度实现利润数据情况 单位:元

利润总额	15,687,025.09
净利润	14,620,376.59
扣除非经常性损益后的净利润	935,338.59
主营业务利润	120,132,266.04
其他业务利润	18,137,346.67
营业利润	-4,280,130.03
投资收益	6,515,264.36
补贴收入	13,685,038.00
营业外收支净额	-233,147.24
经营活动产生的现金流量净额	-162,613,936.27
现金及现金等价物净增加额	28,119,609.48

注:本年度公司非经常性损益项目为:补贴收入 13,685,038 元。

(二)截止报告期末前三年的主要会计数据和财务指标

项 目	1999 年	1998 年 调整后	1998 年 调整前	1997 年 调整后	1997 年 调整前
主营业务收入(元)	432989351.07	368346708.07	368240886.53	331405486.33	331405486.33
净利润(元)	14,620,376.59	9,664,918.14	65348356.38	32032380.74	56880319.58
总资产	1452997182.86	1260700449.56	1281315643.14	1044939,124.35	1069787063.19
股东权益(元)	527179744.26	510993242.67	591524619.75	501,328,324.53	526,176,263.37
每股收益(元/股)	0.076	0.06	0.41	0.199	0.35
加权每股收益(元/股)	0.076	0.06	0.41	0.199	0.35
扣除非经常性损益后每股收益(元/股)	0.005	0.06	0.41	0.199	0.35
每股净资产(元/股)	2.72	3.17	3.67	3.11	3.26
调整后的每股净资产(元/股)	2.43	2.84	3.43	2.63	2.78
每股经营活动产生的现金流量金额(元/股)	-0.84	0.0049	0.0049	—	—
净资产收益率(%)	2.77	1.89	11.05	6.39	10.81
加权净资产收益率(%)	2.82	1.91	11.69	6.39	10.81

注:主要财务指标计算公式如下:

每股收益=净利润/年度末普通股股份总数

每股净资产=年度末股东权益/ 年度末普通股股份总数

调整后的每股净资产=(年度末股东权益一三年以上的应收款项净额-待摊费用-待处理(流动、固定)资产净损失-开办费-长期待摊费用-住房周转金负数余额)/年度末 普通股股份总数

每股经营活动产生的现金流量净额=经营活动产生的现金流量净额/年度末普通股股份总数

净资产收益率=净利润/年度末股东权益×100%

加权平均净资产收益率=当期净利润/[(期初净资产+期末净资产)/2+当期发行新 股或配股新增资产×(自缴款结束日下一月份至报告期末的月份数-6)/12]

加权平均每股收益=当期净利润/[期末普通股股份总数/(1+配股比例或增发新股 比例)+期末普通股股份总数/(1+配股比例或增发新股比例)×配股比例或增发新股比 例×缴款结束日下一月份期末的月份数/12]

(三)报告期内股东权益变动情况

项 目	股本	资本公积	盈余公积	法定公益金	未分配利润	股东权益合计
期初数	161300000	198657865.42	111462809.38	23794547.62	39572567.87	510993242
本期增加	32260000	1566125.00	4131600.40	2065800.20	10488776.19	16186501
本期减少	0	0.00	0.00	0.00	32260000.00	0.00
期末数	193560000	200223990.42	115594409.78	25860347.82	17801344.06	527179744
变动原因	实施 10 送 2 分配方案	接受捐赠资产	本期净利润提取	本期净利润提取	本期净利润增加,实施 10 送 2 分配方案	

三 股东情况介绍

(一)报告期末,公司股东总数为 70218 户。

(二)前 10 名股东持股情况如下:

序号	股东名称	年初持股数(股)	年末持股数(股)	占总股本比例(%)
1	成都市国有资产管理局(国家股)	25300000	30360000	15.69
2	北京工艺品进出口集团公司	4000000	4800000	2.48
3	重庆钢铁集团有限责任公司	2000000	3000000	1.55
4	成都电缆股份有限公司	80000	2976000	1.54
5	成都钢铁厂	1500000	1800000	1.44
6	成都市西南计算机软件公司	1100000	1320000	0.68
7	成都市自来水总公司	1000000	1200000	0.62
8	成都市武侯区新兴经济实业公司	1000000	1200000	0.62
9	成都卷烟厂	1000000	1200000	0.62
10	成都无线电机械高科技应用公司	1000000	1200000	0.62

注:1、成都市国有资产管理局代表国家持有本公司股份 3036 万股,占公司总股本的 15.69%。其持股数量在本年度增加 506 万股系公司 1999 年 8 月实施 1998 年度利润分配方案(每 10 股派送红股 2 股)所致。

2、持有本公司 5%以上股份的股东仅有成都市国有资产管理局,其持有本公司的股份无质押和冻结情况。

3、重庆钢铁集团有限责任公司持股数增加 100 万股系公司实施 1998 年度 10 送 2 分配方案增加 40 万股,及受让重钢集团公司成都供销总公司持有本公司的 60 万股法人股所致。

攀枝花新钢钒股份有限公司

一、公司简介

1、公司中文名称:攀枝花新钢钒股份有限公司
公司英文名称:PANZHIHUA NEW STEEL & VANADIUM COMPANY LIMITED 缩写:PSV
2、公司法定代表人:洪及鄙
3、公司董事会秘书:赵忠义 联系地址:四川省攀枝花市大渡口街55号
联系电话:0812-2226008 传真:0812-2226014 电子信箱:psv-1@public.phpub.sc.cn
授权代表:武坚 联系地址:四川省攀枝花市大渡口街55号
电话:0812-2236282 传真:0812-2226014 电子信箱:psv-1@public.phpub.sc.cn
4、公司注册地址:四川省攀枝花市弄弄坪 邮编:617062
公司办公地址:四川省攀枝花市大渡口街55号 邮编:617067
5、公司选定的信息披露报纸:《中国证券报》、《证券时报》、《上海证券报》
刊登公司年度报告的国际互联网网址:HTTP://WWW.CNINFO.COM.CN
公司年度报告备置地点:公司董事会秘书处
6、公司股票上市地:深圳证券交易所 股票简称:新钢钒 股票代码:0629

二、会计数据和业务数据摘要

(一)、本年度实现利润及主要现金流量指标(单位:人民币元)

利润总额	508,384,342
净利润	317,746,870
扣除非经常损益后的净利润	317,746,870
主营业务利润	1,087,112,376
其他业务利润	30,691,904
营业利润	515,490,899
投资收益	24,000
营业外收支净额	−7,130,557
经营活动产生的现金流量净额	−155,288,501
现金及现金等价物净增加额	511,465

注:"扣除非经常损益后的净利润"一栏中扣除的项目:无

(二)截止报告期末公司前三年的主要会计数据和财务指标(注:1997年度调整前后的数据均为原板材公司) 单位:元

指标项目	1999年度	1998年度		1997年度	
		调整前	调整后	调整前	调整后
主营业务收入	6547385471	6772378414	6772378414	2211172626	2211172626
净利润	317746870	493509742	415147937	101264715	87864715
总资产	8122475495	8275004600	8067624085	1669819101	1656419101
股东权益	3928442479	3969711593	3815355638	833903798	820503798
每股收益(摊薄)	0.311	0.48	0.41	0.25	0.22
每股收益(加权)	0.311	0.98	0.81	0.25	0.22
每股净资产	3.84	3.88	3.73	2.07	2.04
调整后的每股净资产	3.41	3.71	3.55	2.03	2.0
每股经营活动产生的现金流量净额	−0.15	−0.19	−0.19		
净资产收益率(%)	8.09	12.43	10.88	12.14	10.71
加权平均净资产收益率(%)	8.09	34.89	31.35	12.30	10.76

注:(1)主要财务指标计算公式如下:
每股收益=净利润/年度末普通股股份总数
每股净资产=年度末股东权益/年度末普通股股份总数
净资产收益率=净利润/年度末股东权益×100%
调整后的每股净资产=(年度末股东权益-三年以上的应收款项净额-待摊费用-待 处理(流动、固定)资产净损失-开办费-长期待摊费用-住房周转金负数余额)/年度末 普通股股份总数
每股经营活动产生的现金流量净额=经营活动产生的现金流量净额/年度末普通股股份总数
加权平均每股收益=当期净利润/[期末股份总数/(1+配股比例或增发新股比例)+ 期末股份总数/(1+配股比例或增发新股比例)×配股比例或增发新股比例×缴款结束 日下一月份至期末的月份/12]
加权平均净资产收益率=当期净利润/[(期初净资产+期末净资产)/2+当期发新股 或配股新增净资产×(自缴款结束日下月份至报告期末的月份数-6)/12]

(三)报告期内股东权益变动情况 单位:元

项目	股本	资本公积	盈余公积	法定公益金	未分配利润	股东权益合计
期初数	1023300145	2723375340	70460924	35230460	−37011231	3815355638
本期增加			28073564	14036782	275636524	317746870
本期减少					204660029	204660029
期末数	1023300145	2723375340	98534488	49267242	339652643	928442479

变动原因:1、盈余公积金本期增加28,073,564元,系按本年度实现净利润的10%提取所致;
2、法定公益金本期增加14,036,782元,系按本年度实现净利润的5%提取所致;
3、未分配利润本期增加275,636,524元,系本年度实现并计提盈余公积及法定公 益金后的净利润;未分配利润本期减少204,660,029元,系因1999年度利润分配所致。

三、股东情况介绍

1、截止报告期末,本公司股东总户数:192503户,其中国有法人股股东2户,社会公众股股东192501户。

2、公司前十名股东名单

序号	股东名称	报告期初持有数	报告期末持有数	占总股本比例
1	攀枝花钢铁(集团)公司	683000145	683000145	66.75%
2	中国第十九冶金建设公司	40500000	40500000	3.96%
3	深圳市国债服务中心		1790000	0.17%
4	吴锡填		1298484	0.12%
5	普丰证券投资基金		1244843	0.12%
6	毛克习		1002630	0.10%
7	深圳市深财证券业务部		842000	0.08%
8	天骥投资基金		754420	0.07%
9	匡奕胜		727425	0.07%
10	许桂芬		630000	0.06%

说明:(1)持股5%以上法人股东所持股份报告期内没有发生变化,年末其所持股份也没有发生质押和冻结的情况。前十大股东之间无关联关系。

(2)攀枝花钢铁(集团)公司是本公司的控股股东,拥有本公司国有法人股683000145股,法人代表:洪及鄙,经营范围:钢、铁、钒、钛、焦冶炼;金属制品、机电设备、船舶制造修理;建筑材料。

安徽铜都铜业股份有限公司

一 公司简称

1.公司法定中文名称:安徽铜都铜业股份有限公司
公司英文名称:ANHUI TONGDU COPPER STOCK CO .LTD. 公司缩写:TDTY
2.公司法定代表 人:杨振超
3.公司董事会秘 书:吴国忠
地址:安徽省铜陵市长江西路有色大院西侧楼 电话:0562-2825029 传真:0562-2825082
电子信箱:TONGDU@MAIL.AHWHPTT.NET.CN
4.公司注册地址:安徽省铜陵市长江西路有色大院西侧楼 邮政编码:244001
公司网址:HTTP://TONGDU.YEAH.NET 电子信箱:TONGDU@MAIL.AHWHPTT.NET.CN
5.公司选定的信息披露报纸名称:《中国证券报》、《证券时报》
登载公司年度报告的中国证监会指定国际互联网网址: HTTP:// WWW.CNINFO.COM .CN
年度报告备置地点:公司证券部
6.股票上市交易所:深圳证券交易所 股票简称:铜都铜业 股票代码:0630

二 会计数据和业务数据摘要

1. 本年度会计数据摘要

项目	金额(元)
(1) 利润总额	148,328,097.97
(2) 净利润	131,411,309.73
(3) 扣除非经常性损益后的净利润	122,538,922.54
(4) 主营业务利润	230,103,998.50
(5) 其他业务利润	4,248,517.30
(6) 营业利润	141,887,288.06
(7) 投资收益	−2,431,577.28
(8) 补贴收入	8,870,557.68
(9) 营业外收支净额	1,829.51
(10) 经营活动产生的现金流量净额	−195,305,566.32
(11) 现金及现金等价物净增加额	−4,545,364.32

注:扣除的非经常性项目和涉及金额
1)财政补贴收入: 8,870,557.68
2)营业外收支净额: 1,829.51
其中:营业外收入中申购冻结资金利息 940989.24元
营业外支出中处理固定资产净损失 611269.87元
3)以上项目涉及金额 8872387.19元

2、截止报告期末公司前三年的主要会计数据和财务指标:

项目	1999年	1998年		1997年	
	调整后	调整前	调整后	调整前	调整后
主营业务收入(万元)	165528	110670	110670	123189	123189
净利润(万元)	13141	10983	10926	6963	6433
总资产(万元)	167137	122656	121163	48687	47252
股东权益(万元)(不含少数股东权益)	106278	101709	100217	38071	36635
每股收益(元)	0.36	0.30	0.30	0.25	0.23
每股收益(加权)	0.36	0.32	0.32	0.40	0.37
扣除非经常性损益后的每股收益(元)	0.34	0.30	0.30	0.25	0.23
每股净资产(元)	2.92	2.79	2.75	1.36	1.31
调整后的每股净资产(元)	2.84	2.74	2.70	1.34	1.27
每股经营活动产生的现金流量净额	−0.54	0.22	0.22	/	/
净资产收益率(%)	12.36	10.80	10.90	18.29	17.56

注:主要财务指标计算方法
每股收益=净利润/年度末普通股股份总额
每股净资产=年度末股东权益/ 年度末普通股股份总数
调整后的每股净资产=(年度末股东权益—三年以上的应收款项净额—待摊费用 —待处理(流动、固定)资产净损失—开办费—长期待摊费用—住房周转金负数余额)/年度末普通股股份总数

三 股本变动和股东情况

1、股本变动情况
(1)股份变动情况表 数量单位:万股

	本次变动前	本次变动增减(+,−)						本次变动后
		配股	送股	公积金转股	增发	其他	小计	
一、未上市流通股份								
1、发起人股份	26260							26260
其中:国家拥有股份	25974							25974
境内法人持有股份	286							286
2、内部职工股	1040					−1040	−1040	
未上市流通股份合计	27300					−1040	−1040	26260
二、已上市流通股份								
1.人民币普通股	9100					1040	1040	10140
已上市流通股份合计	9100					1040	1040	10140
三、股份总额	36400							36400

说明:由于公司上市已达3年,未上市内部职工股经批准于1999年11月上市流通 。

2、股东情况介绍
(1)报告期末股东总数57409户。
(2)截止99年12月31日前十名大股东持股情况

序号	股东名称	持股数(股)	持股比例(%)
1	铜陵有色金属公司	255,450,000	70.18
2	铜陵有色金秋实业公司	4,290,000	1.18
3	铜陵金润工贸有限责任公司	2,860,000	0.78
4	山西省信托投资公司	1,398,040	0.38
5	天津信托投资公司	1,146,238	0.31
6	金泰基金	672,775	0.18
7	李玫	531,200	0.15
8	朱景磊	522,040	0.14
9	杨学全	500,000	0.14
10	天津信盈管理咨询有限公司	400,000	0.11

长春兰宝实业股份有限公司

一、公司简介

1、公司法定中文名称:长春兰宝实业股份有限公司
公司法定英文名称:CHANG CHUN LAN BAO INDUSTRY CO.,LTD
2、公司法定代表人:刘铁杲
3、公司董事会秘书及其授权人:曹志伟、吴颖
联系地址:长春市二道区岭东路158号
电话:(0431)4641596
传真:(0431)4639948
4、公司注册地址:长春市朝阳区同志街60号
公司办公地址:长春市二道区岭东路158号
邮政编码:130031
5、公司信息披露报刊名称:证券时报
登载公司年报的中国证监会指定国际互联网址:
http://www.cninfo.com.cn
公司年度报告备置地点:公司证券部
6、公司股票上市交易所:深圳证券交易所
股票简称:长春兰宝
股票代码:0631

二、会计和业务数据摘要

1、公司本年度利润总额及其构成　单位:人民币元

利润总额	63918124.85
主营业务利润	75021031.21
其他业务利润	5711389.61
营业利润	63215450.95
投资收益	24080734.22
净利润	48122429.96
扣除非经常性损益的净利润	48122429.96
营业外收支净额	702673.90
经营活动产生现金流量净额	20588011.68
现金及现金等价物净增加额	-54281241.04

2、公司近三年主要会计数据和财务指标　单位:人民币元

指标项目	1999年(调整后)	1998年		1997年	
		调整后	调整前	调整后	调整前
主营业务收入	170989333.69	237307307.81	237307307.81	154281577.04	154281577.04
净利润	48122429.96	55059568.13	62557492.64	23724409.02	26682322.38
总资产	628862230.95	638159927.73	651928365.47	456947726.11	462879965.12
股东权益(不含少数股东权益)	435662822.31	389222152.13	402990589.87	248110628.91	254042867.92
每股收益(元/股)	0.3319	0.380	0.4314	0.3802	0.4276
扣除非经营损益后的每股收益	0.3319	0.259	0.31	0.3802	
每股净资产(元/股)	3.00	2.684	2.779	3.976	4.071
净资产收益(%)	11.05	14.14	15.52	9.56	10.50
调整后的每股净资产(元/股)	2.9554	2.622	2.717	3.79	3.89
加权平均每股收益(元/股)	0.3319	0.3958	0.4497	0.3802	0.4276
加权平均净资产收益率(%)	11.67	17.32	19.09	9.56	11.09
每股经营活动产生的现金流量净额	0.142	0.1972	0.1972		

每股收益=净利润/年度末普通股股份总数
每股净资产=年度末股东权益/年度末普通股股份总数
净资产收益率=净利润/年度末股东权益×100%
调整后的每股净资产=(年度末股东权益-三年以上的应收款项-待摊费用-待处理(流动、固定)资产净损失-开办费-长期待摊费用-住房周转金负数余额)/年度末普通股股数
加权平均净资产收益率=年度净利润/[期初净资产+期末净资产)/2+本年度配股新增净资产(5-6)/12]
加权平均每股收益=年度净利润/加权平均股本
每股经营活动产生的现金流量净额=经营活动产生的现金流量净额/年度末普通股股份总数

3、报告期股东权益变动情况

项目	股东	资本公积	盈余公积	其中:法定公益金	未分配利润	股东权益合计
期初数	145010000	163683320.28	19268252.88	6422750.96	61260578.97	389222142.13
本期增加	0	0	7218364.49	2406121.50	39222305.69	46440670.68
本期减少						
期末数	145010000	163683320.28	26486617.37	8828872.46	100482884.66	435662822.31

盈余公积金和法定公益金变动是本年度利润提取数额，未分配利润变动是因为本年度利润增加及因计提因项准备调整年初未分配利润。

三、股东情况介绍

1、截止1999年12月31日公司股东总数为45947户。
2、公司前10名大股东持股情况

序号	股东名称	期初数	本年度增加	年末持股数	占总股本%
1	长春君子兰集团有限公司(国有法人股)	55610000		55610000	38.34
2	长春通信发展股份有限公司(社会法人股)	24000000		24000000	16.55
3	中经贸易中心(国有法人股)	2400000		2400000	1.66
4	唐　博			470000	0.32
5	赵洪根			351900	0.32
6	袁碎先			346000	0.24
7	袁二曼			280000	0.19
8	范国海			240000	0.17
9	李　冬			220000	0.15
10	马银德			220000	0.15

注:(1)长春君子兰集团有限公司于1998年7月8日以其持有本公司4800万股份向中国信达信托投资公司作出质押,质押期限由1998年7月8日至1999年11月20日延至2000年7月20日。现深圳证券登记有限公司对上述股份已予以冻结。
(2)公司前10名股东中第1-3名为未流通股东,第4-10名为流通股股东。

福建三木集团股份有限公司

一、公司简介

㈠公司中文名称:福建三木集团股份有限公司(缩写:三木集团)
公司英文名称:FUJIAN SANMU GROUP CO.,LTD.(缩写:SANMU GROUP)
㈡公司法定代表人:陈隆基
㈢公司董事会秘书:陈勇　电话:0591-3341509 传真:0591-3341504
地址:福建省福州市台江区广达路141号恒宇大厦九层　电子信箱:chenyg@pub2.fz.fj.cn
董事会秘书授权代表:彭东明 电话:0591-3355146　电子信箱:sanmugroup@yahoo.com
㈣公司注册地址:福建省福州市开发区君竹路162号　邮政编码:350015
公司办公地址:福建省福州市台江区广达路141号　邮政编码:350004
国际互联网网址:http://www.san-mu.com　电子信箱:chenyg@pub2.fz.fj.cn
㈤公司选定的信息披露报纸:《证券时报》
登载公司年度报告的指定互联网网址:http://www.cninfo.com.cn
公司年度报告置备地点:福建省福州市广达路141号恒宇大厦九层
㈥公司股票上市地:深圳证券交易所　股票简称:三木集团　股票代码:0632

二、会计数据和业务数据摘要

㈠公司本年度利润总额及其构成　单位:人民币元

利润总额:	54,053,186.25
净利润:	47,727,036.22
扣除非经常性损益后的净利润:	29,474,092.41
主营业务利润:	66,982,722.79
其它业务利润:	3,119,899.74
营业利润:	31,216,735.92
投资收益:	4,738,669.02
补贴收入:	17,670,051.77
营业外收支净额:	427,729.54
经营活动产生的现金流量净额:	39,321,268.74
现金及现金等价物净增加额:	55,827,037.41

注:扣除的非经常性损益项目有:固定资产清理收入22,113.92元,冻结资金利息转入820,607.99元,补贴收入17,670,051.77元,股权转让收益-259,829.87元。

㈡截止1999年末公司前三年的主要会计数据和财务指标　单位:人民币元

指标项目	1999年12月31日	1998年12月31日		1997年12月31日	
	调整后	调整前	调整后	调整前	调整后
主营业务收入	597808010.31	303459177.11	303251233.57	357471636.01	357471636.01
净利润	47727036.22	43042837.83	40480,358.90	32504072.89	31616339.05
总资产	1273634141.67	1054734989.34	1026728859.14	571601254.00	570713520.16
股东权益	511,280,463.70	468989131.77	464374035.47	224547016.29	223659282.45
每股收益	0.292	0.264	0.248	0.253	0.246
加权每股收益	0.292	0.314	0.290	0.273	0.265
扣除非经常性损益后的每股收益	0.181	0.037	0.022	0.250	0.243
每股净资产	3.132	2.873	2.845	1.75	1.743
调整后每股净资产	3.100	2.840	2.826	1.713	1.706
每股经营活动产生的现金流量净额	0.241	-0.665	-0.665	/	/
净资产收益率	9.33%	9.18%	8.72%	14.48%	14.14%

注:(1)以上财务指标计算公式如下:
每股收益=净利润/报告期末普通股股份总数
每股净资产=报告期末股东权益/报告期末普通股股份总数
净资产收益率=净利润/报告期末股东权益×100%
调整后每股净资产=(报告期末股东权益-三年以上的应收款项-待摊费用-待处理[流动、固定]资产净损失-开办费-长期待摊费用-住房周转金负数余额)/报告期末普通股股份总数
每股经营活动产生的现金流量净额=经营活动产生的现金流量净额/年度末普通股股份总数
(2)本年度,公司的股本结构和股份总数均未发生变动,加权的每股收益指标与 摊薄的相同。1998年末普通股股数163,244,466股,加权股数137,024,266股。1997年末普通股股数128,284,199股,加权股数119,105, 616股。

㈢报告期内股东权益变动情况　单位:人民币元

项目	期初数	本期增加	本期减少	期末数
股本	163,244,466.00			163244466.00
资本公积	243,392,221.91		820,607.99	242571613.92
盈余公积	30,631,951.93	7,159,055.43		37791007.36
法定公益金	9,127,181.54	2,386,351.81		11513533.35
未分配利润	27,105,395.63	47,727,036.22	7,159,055.43	67673376.42
股东权益合计	464,374,035.47	54,886,091.65	7,979,663.42	511280463.70

变动原因:因发行股票冻结资金利息转入营业外收入,造成资本公积减少;因本期按董事会拟定的利润分配预案提取1999年度法定公积金和法定公益金，造成盈余公积和法定公益金增加;未分配利润增加部分为本期实现净利润扣除提取的盈余公积金后的差额;因1999年利润留存,造成股东权益增加。

三、股东情况介绍

1、截止1999年12月31日,公司股东总数为32537 名,其中国家股股东1名。
2、公司前10名股东及其持股情况

股东名称	报告期末持股数量(股)	占总股本比例(%)	报告期内股份增减情况
1.福州开发区三联国有资产运营有限公司	45,359,740	27.79	增持9,719,740股
2.福建大野投资有限公司	10,000,000	6.13	持股数与持股比例不变
3.福建太德投资有限公司	9,700,000	5.94	持股数与持股比例不变
4.福州大展实业有限公司	8,766,180	5.37	持股数与持股比例不变
5.福建卓诚贸易有限公司	8,100,000	4.96	持股数与持股比例不变
6.上海金三元房地产发展有限公司	8,041,778	4.93	持股数与持股比例不变
7.福建博古投资有限公司	8,000,000	4.90	持股数与持股比例不变
8.福建高德贸易有限公司	7,800,000	4.78	持股数与持股比例不变
9.福建华天投资有限公司	6,232,578	3.82	持股数与持股比例不变
10.福建兆祥集团有限公司	4,613,400	2.83	持股数与持股比例不变

注:
(1)代表国家持有股份的单位为福州开发区三联国有资产运营有限公司，其余前十名股东所持有的股份全部是法人股。
(2)公司前10名股东之间不存在关联关系。

沈阳合金投资股份有限公司

一、公司简介

1.公司名称:沈阳合金投资股份有限公司　英文名称:SHENYANG HEJIN HOLDING Co., Ltd.
2.公司法定代表人:孔清华
公司董事会秘书:孙刚
授权代表:王端　联系电话:024-23180418　联系传真:024-23180061
3.公司注册地址:沈阳市浑南产业区 22 号
4.公地址:沈阳市和平区青年大街 386 号华阳国际大厦 A 座 24 层
电话:024-23180415　传真:024-23180061　邮政编码:　110003
公司电子信箱:syhjzb@mail.sy.ln.cn
5.公司信息披露报纸:《中国证券报》、《上海证券报》、《证券时报》
登载公司年报网址:http://www.cninfo.com.cn
公司年度报告备置地点:公司证券部
6.公司股票上市地:深圳证券交易所　股票简称:合金投资　股票代码:0633

二、会计数据和业务数据摘要

1. 公司本年度主要会计数据:(单位:人民币万元)

利润总额	168,785,474.99
净利润	118,466,160.26
扣除非经常性损益后的净利润	65,634,439.85
主营业务利润	124,586,371.40
其他业务利润	76,604,359.25
营业利润	127,990,185.81
投资收益	33,085,385.11
补贴收入	8,055,678.25
营业外收支净额	144,812.29
经营活动产生的现金流量净额	–19,089,572.29
现金及现金等价物净增加额	189,131,563.79

2.公司近三年主要会计数据及财务指标:　　单位:元

指标项目	1999 年	1998 年	1997 年
1. 主营业务收入(万元)	517092391.40	289008878.50	80440313.88
2. 净利润(万元)	118466160.26	102074620.86	18647313.99
3. 总资产(万元)	1354558225.80	746378612.24	197777687.45
4. 股东权益(万元)(不含少数股东权益)	386201828.00	272213003.74	98138700.33
5. 每股收益(元)	0.5537	0.86	0.36
6. 每股净资产(元/股)	1.805	2.29	1.90
7. 净资产收益率(%)	30.67	37.50	19
加权	35.99	55.12	21
8. 调整后的每股净资产(元/股)	1.71	2.12	1.72
9. 每股经营活动产生的现金流量净额(元)	–0.0892	0.9139	
10.按月平均加权法计算的每股收益(元)	0.6229	1.20	0.36
11.扣除非经常性损益后的每股收益(元)	0.3068		

注 1: 其中 1999 年度总股本按 213947986 股计算,1998 年度总股本按 118859993 股计 算 ,1997 年度总股本按 51685000 股计算。

注 2:计算方法:
每股收益=净利润/年度末普通股股份总数
每股净资产=年度末股东权益/年度末普通股股份总数
净资产收益率=净利润/年度末股东权益 X100%
调整后的每股净资产=(年度末股东权益-三年以上的应收帐款项-待摊费用-待处理(流动,固定)财产净损失-开办费-长期待摊费用-住房周转金负数余额)/年度末普通股 股份总数
加权净资产收益率=净利润/[(年初净资产+年末净资产)/2]
每股经营活动产生的现金流量净额=经营活动产生的现金流量净额/年度末普通股总数
注 3: 以上数据和指标以本公司的合并报表数填列或计算
注 4:应收帐款包括应收帐款,其他应收款,预付帐款,应收股利,应收利息,应收补 贴款

三、股本变动及股东情况介绍

(一)股本变动情况
1、股本变动情况表:(单位:股)

一、尚未流通股份	期初数	股权转让(+-)	配股	送股及公积金转增	其他转配股	小计	期末数
1、发起法人股份							
其中:国家拥有股份	9641050			7712840		7712840	17353890
境内法人持有股份	57819765			46255812		46255812	104075577
其他:转配股	19203379			15362703		15362703	34566082
2、内部职工股高管	9197			7359		7359	16556
尚未流通股份合计	86673391			69338714		69338714	156012105
二、已流通股份							
1、境内上市人民币普通股	32186602			25756638		25756638	57935881
已流通股份合计	32186602			25756638		25756638	57935881
三、股份总数	118859993			95087993		95087993	213947986

二、股东情况介绍　1.截至 1999 年末,公司股东总数为 2213 户,其中国家股股东 1 户,法人股股东 8 户,社会公众股股东 2204 户。

2.主要股东持股情况

股东名称	年末持股数量(万股)	占总股本比(%)
新疆德隆国际实业总公司	4776.30	22.32
海通长宁	2389.58	11.17
北京总府置业有限公司	1810.22	8.46
沈阳资产经营有限公司	1735.39	8.11
北京万新达电器有限责任公司	1592.10	7.44
中企资产托管经营有限公司	1273.68	5.95
沈阳天龙金属炉料公司	719.63	3.36
嘉隆实业投资有限公司	636.84	2.97
沈阳利满通实业发展有限公司	318.42	1.49
辽宁国投国信证券营业部.	288.83	1.35

宁夏宁河民族化工股份有限公司

一　公司简介

1、公司名称:宁夏宁河民族化工股份有限公司
英文名称:NINGXAI NINGHE NATIONAL CHEMICALS CO.,LTD
2、公司法定代表人:石进儒
3、公司董事会秘书:董海涛
联系地址:宁夏石嘴山市石嘴山区康乐路
电话:(0952)3312333　3310319　传真:(0952)3312333　3310522
电子信箱:mzhg @ public.yc.nx.cn
4、公司注册地址:宁夏石嘴山市石嘴山区康乐路
公司办公地址:宁夏石嘴山市石嘴山区康乐路　邮政编码:753200
电子信箱:mzhg@public.yc.nx.cn
5、信息披露报纸名称:中国证券报、证券时报
中国证监会指定国际互联网网址:http://www.cninfo.com.cn
年度报告备置地点:本公司证券部
6、公司股票上市地:深圳证券交易所
股票简称:民族化工　证券代码:0635

二　会计数据和业务数据摘要

1、年度主要利润指标情况(单位:元)

利润总额	28856728.07
净利润	28856728.07
扣除非经营性损益后的净利润	28856728.07
主营业务利润	31736145.47
其他业务利润	2869703.25
营业利润	23483993.88
投资收益	3274069.19
补贴收入	2737152.40
营业外收支净额	-638487.40
经营活动产生的现金流量净额	5991125.71
现金及现金等价物净增加额	9259133.49

2、公司前三年的主要会计数据和财务指标(单位:元)

项目	1999 年	1998 年		1997 年	
		调整前	调整后	调整前	调整后
主营业务收入	178294726.97	169565853.43	169565853.43	117489137.14	117489137.14
净利润	28856728.07	31431492.78	30831505.76	25941768.80	26080048.31
总资产	486955131.45	414842161.82	481192665.00	270636600.71	270774880.22
股东权益	329140440.21	302307768.65	301491435.56	173507333.11	173258535.13
每股收益	0.287	0.312	0.306	0.501	0.503
加权平均每股收益	0.287	0.39	0.38	0.503	0.512
扣除非经营性损益后的每股收益	0.287	0.312	0.306	0.501	0.503
每股净资产	3.27	3.01	3.00	3.35	3.34
调整后的每股净资产	3.27	3.00	2.99	3.34	3.34
每股经营活动产生的现金流量净额	0.06	--	--	--	---
净资产收益率	8.77	10.40	10.23	14.95	15.05

注:主要财务指标计算方法:
每股收益 = 净利润 / 年度末普通股股份总数
每股净资产 = 年度末股东权益 / 年度末普通股股份总数
调整后的每股净资产 = (年度末股东权益 - 三年以上的应收款项净额 - 待摊费用待处理(流动、固定)资产净损失 - 开办费 - 长期待摊费用 - 住房周转金负数余额)/ 年度末普通股股份总数
每股经营活动产生的现金流量净额 = 经营活动产生的现金流量净额 / 年度末普通股股份总数
净资产收益率 = 净利润 / 年度末股东权益 × 100%

3、股东权益变动情况

项目	股本	资本公积	盈余公积	法定公益金	未分配利润	股东权益合计
期初数	100600000	139602874.32	10747284.19	3582428.07	50541277.05	301491435.56
本期增加			4328509.21	1442836.40	24528218.86	27649004.65
本期减少		1207723.42				
期末数	100600000	138395150.90	15075793.40	5025264.47	75069495.91	329140440.21
变动原因		为98年配股发行费用增加所致	为本年度实现净利润提取15%法定盈余公积和公益金所致	为年度实现净利润提取公益金所致	为年度实现净利润提取两金后转入所致	

三　股东情况介绍

一、报告期末股东总数为 25350 户。
二、前十名股东持股情况

名次	股东名称	股份增减变动情况	年末持股数量(股)	持股比例(%)
1	宁夏民族化工集团有限责任公司	无	43600000	43.34
2	宁夏五金矿产进出口公司	无	6800000	6.76
3	石嘴山矿务局	无	4250000	4.22
4	宁夏机械化工进出口公司	无	3400000	3.38
5	宁夏机械设备进出口公司	无	2550000	2.53
6	青山		369671	0.37
7	赵天一		322860	0.32
8	夏贤北		222941	0.22
9	李传忠		220000	0.22
10	周瑛		180491	0.18

注:持股 5%以上(含 5%)股份的股东所持股份质押或冻结情况:报告年度内,公司持股 5%以上的股东为:宁夏民族化工集团有限责任公司和宁夏五金矿产进出口 公司,报告年度内所持股份无质押或冻结情况。

本公司前 10 名股东之间不存在关联关系。

代表国家持有股份的单位为宁夏民族化工集团有限责任公司。

广东风华高新科技股份有限公司

广东风华高新科技股份有限公司1999年年度报告摘要

一、公司简介

1、公司法定中文名称:广东风华高新科技股份有限公司
公司法定英文名称:FENGHUA ADVANCED TECHNOLOGY (HOLDINGS)CO. LTD.
2、法定代表人:梁力平
3、公司董事会秘书:廖永忠
联系地址:广东省肇庆市风华路18号风华电子工业城2号楼
电话:0758-2844724 0758-2833288转303 传真:0758-2849045
4、公司注册地址:广东省肇庆市西江北路风华电子工业城
公司办公地址:广东省肇庆市风华路风华电子工业城 邮政编码:526020
公司网址:http://www.china-fenghua.com 电子信箱:FENGH@pub.zhaoqing.gd.cn
5、公司选定的信息披露报纸名称:《证券时报》、《中国证券报》、《上海证 券报》
公司年度报告备置地点:公司发展中心办公室
登载公司年度报告的中国证监会指定国际互联网网址: http://www.cninfo.com.cn
6、公司股票上市地:深圳证券交易所 股票简称:风华高科 股票代码:0636

二、会计数据和业务数据摘要

(一)本年度主要会计数据和业务数据:

序号	项目	单位:人民币元
1	利润总额	239,150,972.37
2	净利润	224,045,611.79
3	扣除非经常性损益后的净利润	217,619,661.61
4	主营业务利润	278,885,889.05
5	其他业务利润	9,496.98
6	营业利润	234,776,648.38
7	投资收益	0
8	补贴收入	4,425,950.00
9	营业外收支净额	(51,626.19)
10	经营活动产生的现金流量净额	432,047,715.93
11	现金及现金等价物净增加额	117,926,583.05

说明:扣除的非经营性投资项目及金额包括:新产品增值税退税收入2,761,445.19元,出口收入贴息1,069,148.18元,地方财政返还595,356.81元。

(二)近三年主要会计数据和财务指标(合并报表)

追溯调整后:

项目	1999年度	1998年度		1997年度	
		调整前	调整后	调整前	调整后
主营业务收入	884,660,212.23	734,034,771.79	734,034,771.79	580,757,644.93	580,757,644.93
净利润(元)	224,045,611.79	119,155,547.95	109,764,904.10	68,680,064.39	70,058,940.28
总资产(元)	961,627,550.04	853,289,285.41	833,222,773.12	556,750,180.22	546,216,240.59
股东权益(不含少数股东权益)(元)	679,284,672.69	537,677,102.75	517,948,454.90	303,138,496.62	292,800,492.62
每股收益(元/股)	0.71	0.57	0.52	0.64	0.65
加权每股收益 (元/股)	0.71	0.59	0.54	0.64	0.65
扣除非经常性损益后的每股收益(万/股)	0.70	0.56	0.52	0.62	0.63
每股净资产(元/股)	2.17	2.57	2.48	2.83	2.74
调整后每股净资产(元/股)	2.14	2.53	2.44	2.79	2.70
净资产收益率(%)	32.98	22.16	21.20	22.66	23.93
每股经营活动产生的现金流量净额(元/股)	1.38	(0.70)	(0.70)		

注:(1)上述财务指标的计算方法

每股收益=净利润/年度末普通股股份总数

每股净资产=年度末股东权益/年度末普通股股份总数

调整后的每股净资产=(年度末股东权益-三年以上的应收款项净额-待摊费用 -待处理(流动、固定)资产净损失-开办费-长期待摊费用-住房周转金负数余额)/年度末普通股股份总数

每股经营活动产生的现金流量净额=经营活动产生的现金流量净额/年度末普通股股份总数

净资产收益率=净利润/年度末股东权益×100%

加权平均每股收益=当期净利润÷[期末股份总数÷(1+配股比例或增发新股比 例)+期末股份总数÷(1+配股比例或增发新股比例)×配股或增发新股比例×缴 款结束日下一月至期末月份数÷12]

(三)报告期内股东权益变动情况表(单位:元)

项目	股本(股)	资本公积金	盈余公积金	其中:法定公益金	未分配利润	合计
期初数	209035980.00	192242194.70	61977432.27	12520538.01	54692847.93	517948454.90
本期增加	104517990.00	1400.00	33606841.75	11202280.58	190438770.04	32856501.79
本期减少					167228784.00	167228784.00
期末数	31355370.00	192243594.70	95584274.02	23722818.59	77902833.97	679284672.69

变动原因:1、股本变动是由于本公司1999年9 月进行了中期利润分配所致;

2、资本公积金变动是因为下属子公司接受指赠所致。

3、盈余公积和法定公益金变动是因为实现利润计提所致;

4、未分配利润变动原因是因为本年年利润增加和因计提四项准备调整年初利润 ,及99年中期利润分配、年度股利分配所致。

三、股东情况介绍

1、截止1999年12月31日,本公司共有股东总数为21436名,其中公司职工股股东10名。

2、报告期末公司前十名股东持股情况

名次	股东名称	期末持股数(股)	占总股本(%)
1	广东风华高新科技集团有限公司	94,989,447	30.29
2	广东粤财投资有限公司	28,890,000	9.21
3	肇庆市威劲电子有限公司	24,624,000	7.85
4	肇庆市银华工贸发展公司	21,600,000	6.89
5	广东风华高新科技股份有限公司工会	13,948,200	4.45
6	广东投资开发公司	10,189,800	3.25
7	裕阳证券投资基金	10,054,777	3.21
8	裕隆证券投资基金	9,845,237	3.14
9	广东发展银行证券部	9,082,153	2.90
10	广东太平洋技术创业有限公司	8,100,000	2.58

说明:1、广东风华高新科技集团有限公司为国有法人股股东。裕阳证券投资基金、裕 隆证券投资基金为社会公众股股东。

2、股份质押情况:

1998年8月3日和1998年12月3日,广东风华高新科技集团有限公司分别以其所持 有的本公司国有法人股1300万股和3600万股为质押向中国银行肇庆分行贷款。股份质押后派生的红股予以总结,股份质押期限至2001年8月3日和2001年12月3日。

3、前10名股东之间不存在关联关系。

4、持股10%以上法人股东情况简介:

广东风华高新科技集团有限公司 法定代表人:梁力平

经营范围:生产、研究、开发各种类型的高新科技微电子基础元器件及相关配套件、各种电子材料和电子整机仪器;各种高新技术的转让和咨询服务、投资、参股。

5、报告期内无控股股东变更情况。

四、股东大会简介

报告期内召开了一次年度股东大会和两次临时股东大会

1、1999年4月21日公司召开1998年年度股东大会,此次股东大会决议公告刊登于1999年4月22日的《中国证券报》、《证券时报》、《上海证券报》上。

2、1999年9月2日公司召开1999年第一次临时股东大会, 此次股东大会决议公告 刊登于1999年9月3 日的《中国证券报》、《证券时报》、《上海证券报》。

3.1999年11月19日公司召开1999年第二次临时股东大会, 此次股东大会决议公告刊登于1999年11月20 日《中国证券报》、《证券时报》、《上海证券报》上。

五、董事会报告

(一)公司经营情况

1、公司所处行业及地位:

本公司所处行业为电子信息基础产品行业——新型片式元器件行业, 属国家电子信息产业优化升级中重点扶持发展的行业,被国家计委、国家科技部列入国家当前优先发展的高技术产业化重点发展领域。目前公司主导产品——片式多层陶瓷电容器产量、销量均居于国内同行首位,在全球居前十位,铝电解电容产量居全国第五位。(资料来源:中国电子元件协会1999年统计资料)

2、公司主营业务的范围及其经营情况:

(1)本公司主营业务为片式多层陶瓷电容器系列产品与铝电解电容器系列产品 的研制、生产和销售。1999年由于全世界范围电子信息产业的复苏和国内电子信息产业的加快发展,以及国家推动电子整机配套元器件国产化的政策进一步落实, 使国内外新型元器件的需求进入新一轮的高速增长期。本公司及时把握市场机遇,充分发挥二期"双加"项目建设形成的产能,同时迅速提前投入建设新增100亿片式多层陶瓷 电容器项目,全年片式多层陶瓷电容器产能增长100%,产销量增长71.4%。在国内 外市场均取得了良好的销售业绩,与此同时,公司以国家高技术电子元件工程技术联合研究开发中心为核心,大力推进技术创新,加快科研开发及成果的产业化进程。在生产中大量应用超薄介质、低钯含量浆料和贱金属电极等新材料、新工艺技术,降低了产品成本,优化了产品结构,增加了主营产品的竞争力和盈利空间。在产品出口方面,特别是产品转销欧美市场方面,取得较大进展。由于公司产品质量、档次的提高,以及以技术支持为主的良好售后服务,在海外市场的品牌效应已逐渐形成。全年公司实现销售收入88466.02万元、净利润22404.56万元,同比增长21%、104%,公司 继续保持了稳健、高速的发展势头。

项 目		主营业务收入(万元)	比重(%)	主营业务利润(万元)	比重(%)
按照行业构成	元器件	88466	100	27176	100
	片式多层陶瓷电容器	78058	88.24	25835	95.07
按产品构成	铝电解电容器	5954	6.73	1208	4.45
	其它配套产品	4454	5.03	133	0.49

(2)公司主营产品简介:本公司的主导产品片式多层陶瓷电容器是广泛应用于 配套3C整机(计算机、通讯及消费类整机)的新型片式无源元件,在片式元器件中占总需求量的40%,2001年全球需求量预计达4790亿只(据美国paumanok、publications公司1998年市场调查报告),随着电子整机短、小、轻、薄发展趋势,及数字化技术的全面推广融合,片式多层陶瓷电容器以其良好的高频特性及极小的规格尺寸等特点, 面临广阔的市场前景。

(3)在经营中出现的问题和解决方案

1在经营中出现的问题与困难:

随着全球范围电子信息产业的加快发展,片式元器件行业进入到新一轮高速增长期,本公司目前产品产能远远不能满足市场需求。世界主要生产厂商均在加大投入扩大生产规模,新技术、新产品不断推出。在国内,由于中国已成为全球最大的电子整机加工区,元件市场持续扩大,一些主要的跨国公司竞争对手在国内设立的三资企业规模迅速形成。国家有关部委均将片式元器件的产业化作为我国高新技术产业的重点领域大力扶持发展。因此,本公司既面临前所未有的市场及政策扶持机遇,也面临国际跨国公司的激烈的市场竞争。

2解决方案:

为在与跨国公司的全面市场竞争中赢得主动,提高公司核心竞争能力和市场占有率,公司迫切需要进一步扩大生产规模,加快技术开发,提高产品档次,增加产品品种,巩固和发展技术领先和规模优势。本公司计划2000年通过增发5000万股A股,募 集资金建设国家级新型元器件基地项目,推动产品结构的优化升级和规模扩大,使公 司迅速成为具有三大片式无源元件生产能力的综合型全系列的片式元器件供应商,同时在相关领域形成包括软磁铁氧体、锂离子电池、PDP、光机电一体化电子专业设备 的产业体系,全面提升公司的核心竞争能力, 确保公司的可持续稳健增长。

(二)公司财务状况及经营情况简要说明

项目	1999年(万元)	1998年(万元)	增减变动(%)
总资产	96,162.76	83,322.28	15.41
长期负债	27.87	3,027.87	-99.08
股东权益	67,928.47	51,794.85	31.15
主营业务利润	27,176.41	15,619.02	74
净利润	22,404.56	10,976.49	104.11

说明:公司总资产增加主要是因为扩大生产规模,业务增加所致;长期负债减少主要是到期偿还银行贷款所致;股东权益增加主要是1999年度实现利润所致;公司主营业务利润增长主要是因为主营业务规模扩大,出口退税率提高,成本下降,产品结构优化所致;净利润增长主要是国家级新产品所得税减免所致。以上情况表明,本公司经营财务状况良好。

茂名石化实华股份有限公司

茂名石化实华股份有限公司1999年年度报告摘要

一、公司简介

1、公司法定中文名称:茂名石化实华股份有限公司

英文名称:Maoming Petro-Chemical Shihua Co.,Ltd

2、公司法定代表人:何德先

3、公司董事会秘书及授权代表:梁 杰

联系地址:广东省茂名市官渡路162号,

联系电话:(0668)2276176, 传真:(0668)2281965

4、公司注册和办公地址:广东省茂名市官渡路162号 邮政编码:525000,

电话:(0668)2883198、2276176, 电子信箱:mhsh@21cn.com

5、公司选定的信息披露报纸:《中国证券报》、《证券时报》、《上海证券报 》

刊登公司年度报告的中国证监会指定国际互联网网址:http://www.cninfo.com.cn

公司年度报告备置地点:公司投资理财部

6、公司股票上市交易所:深圳证券交易所

股票简称:茂化实华, 股票代码:0637

二、会计数据和业务数据摘要

(一)本年度利润总额及构成(单位:元)

项目	1999年
1、利润总额	88291974.85
2、净利润	74344456.52
3、扣除非经营性损益后的净利润	74220821.50
4、主营业务利润	105462907.04
5、其他业务利润	3434397.77
6、营业利润	86578023.70
7、投资收益	1555629.54
8、补贴收入	
9、营业外收支净额	158321.61
10、经营活动产生的现金流量净额	113151803.87
11、现金及现金等价物净增加额	37182078.41

(二)主要会计数据和财务指标

指标项目	1999年	1998年		1997年	
		调整前	调整后	调整前	调整后
1、主营业务收入(万元)	90489.91	47746.75	47746.75	39757.55	39757.55
2、净利润(万元)	7434.45	4641.67	4463.67	5626.97	5458.94
3、总资产(万元)	55484.01	52407.31	51734.45	34850.51	34682.49
4、股东权益(万元)	45782.48	42240.73	41567.87	22349.03	21854.18
5、每股收益(元)(摊薄)	0.462	0.288	0.277	0.430	0.417
(加权)	0.462	0.330	0.317	0.430	0.417
6、扣除非经常性损益后每股收益(元)	0.461				
7、每股净资产(元)	2.84	2.62	2.58	1.71	1.67
8、调整后每股净资产(元)	2.71	2.48	2.44	1.68	1.64
9、每股经营活动产生的现金流量净额(元)		0.70	0.29	0.29	
10、净资产收益率(%)(摊薄)	16.24	10.99	10.74	25.18	24.98
(加权)	17.02	15.83	15.53	25.40	24.70

附:主要财务指标计算公式:

每股收益=净利润/年度末普通股股份总数

每股净资产=年度末股东权益/年度末普通股股份总数

调整后的每股净资产=(年度末股东权益-三年以上应收款项净额-待摊费用-待处理(流动、固定)资产净损失-开办费—长期待摊费用-住房周转金负数余额)/ 年度末普通股股份总数

每股经营活动产生的现金流量净额=经营活动产生的现金流量净额/年度末普通股股份总数

净资产收益率=净利润/年度末股东权益×100%

(三)报告期内股东权益变动情况(单位:元)

项目	股本	资本公积	盈余公积	法定公益金	未分配利润	股东权益合计
期初	160991998	155090235	44280501	25163259	30152750	415678745
本期增加			7434445	7434445	59475565	
本期减少					32189399	
期末	160991998	155090235	51714947	32597704	57429916	457824802

三、股本变动及股东情况

(一)股本变动情况

1、股份变动情况表 数量单位:股

	本次变动前	本次变动增减(+,-)						本次变动后
		配股	送股	公积金转股	增发	其他	小计	
一、未上市流通股份								
1、发起人股份	26035200							26035200
其中:境内法人持有股份	26035200							26035200
2、募集法人股	79912370							79912370
未上市流通股份合计	105947570							105947570
二、已上市流通股份								
1、人民币普通股								
其中:高级管理人员股	55044428							55044428
2、境外上市的外资股	61043					-25392		35651
已上市流通股份合计	55044428							55044428
三、股份总数	160991998							160991998

注:高级管理人员持股减少是因部分高级管理人员离任后其股票已解冻上市流通。

2、股票发行与上市情况

(1) 到报告期末为止的前三年,本公司没有发行股票。

(2)报告期内,本公司股份总数及结构没有变化。

(二)股东情况介绍

1、报告期末股东总数36427户,其中发起人股东1户,定向法人股东2户,高级管理人员16户,社会公众 36408户。

2、公司前10名股东持股情况(1999年12月31日在册)

股东名称	年末持股数量(股)	占总股本(%)
(1)茂名石化公司职工互助会	78234240	48.595
(2)茂名石油化工公司	26035200	16.172
(3)开元基金	3046408	1.892
(4)茂名金华财务发展公司	1678130	1.042
(5)同益证券投资基金	1594659	0.991
(6)同盛证券投资基金	270277	0.168
(7)普丰证券投资基金	195800	0.122
(8)张小波	121600	0.076
(9)广东证券股份有限公司	96544	0.060
(10)广东证券股份有限公司	95765	0.059

注:茂名石化公司职工互助会是茂名石化公司职工共同设立的社团法人,年末持 股7823.42万股,占公司总股本48.60%,所持有股份没有质押;茂名石化公司为本公司国有法人股东,年末持股2603.52万股,占公司总股本16.17%,所持有股份没有质押。以上两股东报告期内持股数均没有变化。

3、前十名股东之间的关联关系

(1)茂名石化公司职工互助会是茂名石化公司职工共同设立的社团法人。

(2)其他股东之间不存在关联关系。

四、股东大会简介

(一) 1998年年度股东大会

1999年5月9日在茂名石化公司迎宾大厦召开股东大会,决议刊登在1999年5月11 日的《中国证券报》、《证券时报》和《上海证券报》上。

(二) 1999年临时股东大会

1999年12月31日在茂名石化公司迎宾大厦召开临时股东大会,决议刊登在2000年1月4日的《中国证券报》、《证券时报》和《上海证券报》上。

五、董事会报告

(一)公司经营情况

1、公司所属行业及在行业中的地位

公司属石油化工行业,主导产品为小本体聚合粉状聚丙烯,聚丙烯生产能力在全国同行业同类装置中名列第二,居广东第一。

2、公司主营业务经营情况

公司以生产经营聚丙烯、液化气、溶剂油、烃推进剂、石油制成品、塑料产品等为主营业务。

本年度内,公司上半年面临装置检修多、原料供应不足和石化产品价格低迷等不利因素的影响,在公司董事会的领导下,经营班子带领全体员工努力拼搏,开拓创新,紧紧抓住下半年石化产品价格上涨的有利时机,千方百计增加产品产量,公司全年取得了历史以来最好的经济效益。各种产品产量均比上年有较大幅度的增长,主要产品销率平均达100%。实现主营业务收入90489.91万元,主营业务利润10546.29万 元,利润总额8829.20万元,净利润7434.45万元,分别比上年增长89.73%、42.12%、55.45%、66.55%。主要工作如下:

A、抓好配股项目建设和新产品开发,增强公司发展后劲。三预分离和聚丙烯二 套装置技术改造工程,已顺利竣工投产。三预分离装置的处理能力由10万吨/年扩大 到18万吨/年。二预分离装置改造和6000吨/年乙醇胺生产装置已开始施工,预计2000年上半年可建成投产。公司开发出150#、190#、280#、300#等系列溶剂油产品、化工涂料油产品和NIP发泡剂产品,新产品销售前景良好。

B、大力开拓市场,千方百计扩大产品销量。全年销售收入达9.05亿元,创历史 最好水平。

C、开展挖潜增效活动,努力降低生产成本。全年共挖潜增效1874万元。

(二)公司财务状况及经营情况(单位:元)

项目	1999年	1998年	增减(%)	主要原因
总 资 产	554717409.83	517344530.30	7.22	增加本年度末分配利润
长期负债	437698.29	212201.04	106.27	增加住房周转金
股东权益	457824802.00	415678745.08	10.14	增加未分配利润
主营业务利润	105462907.04	73068573.80	44.33	配股项目产生效益
净利润	74344456.52	44636717.87	66.55	配股项目产生效益

(三)公司募集资金使用情况

(1)承诺投资项目(单位:万元)

承诺投资项目名称	计划投资	实际投资项目	现已投入
A、10万吨/年轻烃回收装置	3860	与计划投资项目一致	3000
B、润滑油小包装自动罐装技术改造项目	3044	退出投资	
C、聚丙烯装置扩建改造项目	1628	与计划投资项目一致	1587.73
D、气体分离装置技术改造项目	4864	与计划投资项目一致	595
E、购置100辆轻油罐车投入铁路营运项目	1500	用乙醇胺项目代替	190

(2)实际投资项目与计划投资项目一致的情况

A、10万吨/年轻烃回收装置:该项目于1998年底完工投产,已支付工程款3000万元,尚未结算。1999年装置生产正常,全年实现效益770万元。

B、聚丙烯装置扩建改造项目:计划投资1628万元,已支付1587.73万元,工程结算尚未完成。全年增创效益763万元。

C、气体分离装置:该装置技术改造所使用的资金是配股资金,以分期投入的形 式,总费用尚未结算。一期改造已见效果,全年增创效益786万元。

(3)实际项目与计划项目不一致的情况

A、购置100辆轻油罐车投入铁路营运项目:经公司1999年临时股东大会同意,用6000吨/年乙醇胺生产装置项目取代。目前该项目进入工程施工阶段,工程款项已支 付190万元。

B、润滑油小包装自动罐装技术改造项目:由于中石化集团公司对茂名石化公司 内部资产重组等原因,根据上级管理部门关于避免同业竞争、关联交易规范化等要求,本公司经1999年临时股东大会同意,变更该项目投资。

(四)新年度的业务发展计划

1、主要产品产量完成41万吨;

2、完成工业总产值(现行价)9.2亿元;

3、销售收入完成 9.6 亿元；

4、实现三项技措工程：一、二套气体分离装置改造、乙醇胺生产装置、特种塑 料生产线的竣工投产；

5、继续完成 IS09002 质量体系认证工作，2000 年上半年通过认证；

6、抓好第十个五年规划，聘请一些专家和与著名的大专院校、科研院所合作，开发高新技术项目。

(五)董事会日常工作情况

1、董事会会议情况及决议内容

(1)1999 年 2 月 26 日召开 1999 年第一次董事会，会议主要通过了如下决议:1998 年度董事会工作报告；1998 年度总经理业务报告；1998 年度财务决算报告；公司 1998 年度利润分配方案：以 1998 年末总股本 160991998 股为基数，每 10 股派现金 2 元(含税)，未分配利润余额 30152750.92 元结转下年度；公司 1998 年度报告正文及年度报告摘 要；关于修订公司章程的预案；公司董事会换届的预案；关于公司经营班子个别人员 调整的决定。

会议决议刊登在 1999 年 3 月 5 日的《中国证券报》、《证券时报》和《上海证券报》上。

(2)1999 年 5 月 9 日召开第二次董事会，审议通过了如下决议：选举何德先先生 为公司第四届董事会董事长，吴良泉、蔡贤武先生为副董事长；聘任凌华明先生为公司总经理；聘任曾水华、白建光、潘俊琪、冯作刚先生为公司副总经理。

会议决议刊登在 1999 年 5 月 11 日的《中国证券报》、《证券时报》和《上海证券 报》上。

(3)1999 年 8 月 8 日召开第三次董事会，审议通过了如下决议：受让茂名石化房 地产开发公司持有的广州南沙华茂燃料发展有限公司的 64.73%的股权；受让茂名石 化房地产开发公司拥有的茂名市光华北路 28 号永盛大厦办公楼中的六、七、八三层楼，合计 1702.07 平方米的房产所有权；受让茂名石化房地产开发公司拥有的广州番禺 市桥接近二路 42 号商住楼共 676.35 平方米的房产所有权。

会议决议刊登在 1999 年 8 月 13 日的《中国证券报》、《证券时报》和《上海证券 报》上。

(4)1999 年 8 月 11 日召开第四次董事会，审议通过了如下决议：公司 1999 年中期报告；公司 1999 年中期利润不分配、不转增股本。

会议决议刊登在 1999 年 8 月 13 日的《中国证券报》、《证券时报》和《上海证券 报》上。

(5)1999 年 11 月 28 日召开第五次董事会，审议通过了如下决议：关于改变配股 募集资金投向，变更润滑油小包装生产线的预案；变更配股项目投向，投资建设 6000 吨/年乙醇胺生产装置预案；决定对公司水泥厂作不良资产处理；关于苯抽提装置资 产置换的预案；收购茂林供气站；与深圳特标塑胶有限公司合资建设电缆护套料、绝缘料项目；1999 年 12 月 31 日召开临时股东大会。

会议决议刊登在 1999 年 11 月 30 日的《中国证券报》、《证券时报》和《上海证券报》上。

2、董事会对股东大会决议的执行情况

1999 年 6 月 23 日，公司组织实施了 1998 年度利润分配方案：以公司 1998 年末总股 本 160991998 股为基数，向全体股东每 10 股派现金 2 元(含税)，扣税后，个人股东实际每 10 股派现金 1.6756 元。

(六)公司董事、监事、高级管理人员

职务	姓名	性别	年龄	年末持股数	年度报酬
董事长	何德先	男	52 岁	2168	不在公司领报酬
常务副董事长	吴良泉	男	54 岁	2758	不在公司领报酬
副董事长兼党委书记	蔡贤武	男	56 岁	2940	
董事兼总经理	凌华明	男	50 岁	2168	
董事	徐元辉	男	56 岁	2168	不在公司领报酬
董事	林丽华	女	52 岁	2168	不在公司领报酬
董事	付燕生	男	43 岁	2168	不在公司领报酬
董事	林日雄	男	52 岁	2168	不在公司领报酬
董事	罗　建	女	46 岁	0	不在公司领报酬
董事	钟金庆	男	50 岁	0	不在公司领报酬
董事	李亮耀	男	40 岁	0	不在公司领报酬
监事	高宏波	女	45 岁	0	不在公司领报酬
监事	杨素华	女	43 岁	0	不在公司领报酬
监事	黄佩琳	女	46 岁	0	不在公司领报酬
监事	王芸生	男	57 岁	2168	不在公司领报酬
监事	陈　宁	女	41 岁	978	
副总经理	曾水华	男	52 岁	2168	
副总经理	白建光	男	40 岁	2168	
副总经理	潘俊琪	男	45 岁	0	
副总经理	冯作刚	男	46 岁	2940	

公司现任董事、监事、高级管理人员，任期从 1999 年 5 月 9 日起至 2002 年 5 月 8 日止；年初和年末的持股数相同，没有变化；年度报酬情况：24000 元的 2 人，23000–24000 元的 5 人。

报告期内，公司董事会和监事会进行换届选举，董事会成员由 17 人减少至 11 人。换届后，离任的董事有：房广信、郭彪、王建国、陈业佳、周满龙、姚志方、刘雄华、韩全光先生、郑琪美女士；离任的监事有：黎林清、陈维良、秦荣烈先生。

报告期内公司总经理、董事会秘书任职没有变化。

(七)本年度分配预案

1999 年公司实现净利润 74344456.52 元，按公司章程规定提取 10%法定公积金计 7434445.66 元，提取 10%公益金计 7434445.66 元。当年可供股东分配的利润为 59475565.20 元，加上 1998 年末未分配利润 30152750.92 元，累计可供股东分配的利润为 89628316.12 元。

公司以 1999 年末股本总额 160991998 股为基数，向全体股东以每 10 股派现金 2 元(含税)的比例分红，合计分现金 32198399.60 元。未分配利润余额 57429916.52 元结转下年。

六、监事会报告

1、监事会会议情况

(1)1999 年 2 月 27 日在公司七楼会议室召开监事会，会议通过了如下决议：1998 年度监事会工作报告；第三届监事会工作报告；推荐监事候选人，改选监事会。

会议决议刊登在 1999 年 3 月 5 日的《中国证券报》、《证券时报》和《上海证券报》上。

(2)1999 年 5 月 4 日在公司五楼会议室召开监事会，会议通过了如下决议：同意 黎林清先生因工作调动原因，辞去第四届监事会监事候选人的请求，推荐杨素华女士为公司监事会监事候选人。

会议决议刊登在 1999 年 5 月 6 日的《中国证券报》、《证券时报》和《上海证券报》上。

(3)1999 年 5 月 9 日在茂名石化公司迎宾大厦召开监事会，会议通过了如下决议 ：选举高宏波女士为公司第四届监事会召集人。

会议决议刊登在 1999 年 5 月 11 日的《中国证券报》、《证券时报》和《上海证券 报》上。

2、监事会认为，报告期内，公司严格按国家的法律、法规和公司章程规范运作，决策程序合法，已建立完善的内部控制制度，公司董事、经理执行公司公务时无违反法律、法规、公司章程或损害公司利益的行为。

3、监事会认为，会计师事务所出具的审计报告及所涉及事项，能真实反映公司 的财务状况和经营成果。

4、公司对部分配股项目进行变更。一是原投资 1500 万元购买 100 辆轻油罐车投入铁路营运，因国家规定铁道部对轻油罐车进行统一营运而不宜实施，改为投资 1770 万元建设 6000 吨/年乙醇胺生产装置。二是原投资 3044 万元的润滑油小包装生产线，因 茂名石化公司内部资产重组，为了理顺关联交易关系，公司决定退出投资。该项目由茂名石化公司承接建设，本公司另改投其他项目。以上配股项目的变更已经公司董事会审议和股东大会表决通过，是合法的。

5、公司收购、出售资产交易价格合理，无内幕交易，无损害部分股东权益或造 成公司资产流失。

6、关联交易按市场公平价格进行，未损害公司利益。

七、重要事项

1、报告期内本公司没有重大诉讼、仲裁事项。

2、公司、公司董事及高级管理人员没有受到监管部门的处罚。

3、1999 年 5 月 9 日公司召开 1998 年度股东大会，大会通过了董事会换届议案，选 举产生第四届公司董事会，成员由原来的 17 人调整为 11 人，成员为：何德先、吴良泉、徐元辉、林丽华、付燕生、蔡贤武、凌华明、林日雄、罗建、钟金庆、李亮耀。

4、报告期内公司收购、资产重组事项

(1)1999 年 8 月 8 日，公司第二次董事会通过了茂名石化房地产开发公司将其持 有的广州南沙华茂燃料发展有限公司 64.73%的股权、茂名市光华北路 28 号永盛大厦 办公楼中的六、七、八三层楼产权、广州番禺市桥接近二路 42 号商住楼产权移交给本公司冲抵其欠款。经广州资产评估公司评估，三项资产及股权合计人民币 11032340.35 元，移交时间为 1999 年 6 月 30 日。

(2)1999 年 11 月 28 日，公司第五次董事会讨论通过，将本公司苯抽提装置与茂 名石化公司持有的茂化永业的股权和南沙房地产产权进行置换。经北京六合正旭资产评估有限责任公司评估，以 1999 年 9 月 30 日为基准日，苯抽提装置资产帐面净值为 12666682.63 元，评估净值 19790317.65 元。资产转移时间为 1999 年 12 月 31 日。重组收益 为 7123635.02 元。 茂化永业股权的转让及南沙房地产的评估现正在办理中。

(3)江门三角洲的股权转让。三角洲特种石化联合公司第一个十年合作期满，1999 年 11 月 25 日该公司董事会决议，第二个合作期十年，本公司将部分股权采用评估价 转让给茂名石化公司，评估值为 1170270 元，帐面值为 1043451.79 元，收益为 126818.21 元。股权转让后，本公司持股由 70%变为 40%。

5、重大关联事项。

(1)存在控制关系和共同控制的关联方情况

A、存在控制的关联方

企业名称	注册地址	主营业务	与本企业关系	经济性质	法定代表人
中国石化茂名石化公司(简称:茂名石化公司)	茂名市	生产和销售石油化工产品	法人股东,发起人	国有	何德先
江门三角洲特种石油化工联合公司	江门市	生产销售润滑油	子公司	全民	凌华明
第三加油站	电白县	加油站	子公司	集体	张先斌
茂东加油站	茂名市	加油站	子公司	集体	贾旭
广州南沙华茂燃料公司	番禺市	销售液化石油气	子公司	集体	

B、存在控制关系的关联方的注册资本及其变化

企业名称	年初数	本年增加数	本年减少数	年末数
中国石化茂名石化公司(简称:茂名石化公司)	23 亿元			23 亿元
江门三角洲特种石油化工联合公司	90 万元			90 万元
广州南沙华茂燃料发展公司				300 万元
第三加油站				未有
茂东加油站				110 万元

C、存在控制关系的关联方所持股份的变化

企业名称	年初数	本年增加数	本年减少数	年末数
中国石化茂名石化公司(简称:茂名石化公司)	16.17%			16.17%
江门三角洲特种石油化工联合公司	70%		30%	40%
广州南沙华茂燃料发展公司				64.73%
第三加油站				100%
茂东加油站				100%

D、存在控制关系的关联方交易

——采购货物

企业名称	上年数		本年数	
	金额	占年度购货百分比	金额	占年度购货百分比
茂名石化公司	224,677,493.00	56.19%	272,463,338.91	39.59%

——销售货物

企业名称	上年数		本年数	
	金额	占年度销货百分比	金额	占年度销货百分比
茂东加油站			11,441,291.09	1.26%
三角洲石化联			2,665,487.00	0.29%
广州南沙华茂燃料发展公司	7,775,353.00	1.59%	9,059,643.40	1%

——本公司与关联方应收应付款项

项目	年初数		年末数	
	金额	占比重	金额	占比重
应收账款：				
江门三角洲特种油石化联营公司	143,665.93	0.23%	639,057.93	1.18%
广州南沙华茂燃料公司			937,683.00	1.73%
第三加油站			382,364.83	0.71%
茂东加油站			6,107,682.57	11.27%
应付账款：				
中国石化集团茂名石油化工公司			19,292,570.00	62.63%
预付账款：				
中国石化集团茂名石油化工公司			14,610,600.57	26.99%

(2) 不存在控制关系的关联方情况

A、不存在控制关系的关联方

企业名称	与本企业关系
茂名金华财务发展公司	法人股东
茂名石化公司职工互助会	法人股东
电白县华电石油化工联营公司	联营公司
茂名市华茂石油化工联营公司	联营公司
茂名市华高石油化工联营公司	联营公司

炼油股份公司	同属一间母公司
茂名美辉塑胶有限公司	联营公司
华新石化燃气具有限公司	联营公司

B、不存在控制关系的关联方交易

——采购货物

企业名称	上年数 金额	上年数 占年度购货百分比	本年数 金额	本年数 占年度购货百分比
炼油股份公司			286,518,150.23	41.63%

——销售货物

企业名称	上年数 金额	上年数 占年度销货百分比	本年数 金额	本年数 占年度销货百分比
美辉公司	18,924,979.00	3.87%	43,699,960.01	4.83%
华榕公司	25,520,898.00	5.21%	27,081,172.51	2.99%
华电公司	14,723,633.00	3.00%	16,208,607.42	1.79%

C、本企业与关联方应收应付账款余额

——应收账款

项目	年初数 金额	年初数 占比重	年末数 金额	年末数 占比重
华新燃气具公司	536,294.00	0.86%	428,294.17	0.29%
华榕石化联营公司	2,667,593.00	4.29%		
华茂石化联营公司	3,427,946.00	5.51%	3,427,945.97	6.33%
电白县华电公司	3,397,867.00	5.46%	6,490,047.40	11.99%
美辉公司	13,907,327.00	22.34%	9,532,918.90	17.61%
华高公司	3,619,532.00	5.81%	3,619,531.97	6.69%

——预付账款

项目	年初数 金额	年初数 占比重	年末数 金额	年末数 占比重
炼油股份公司			10,190,046.61	18.82%

6、公司与控股股东茂名石化公司在人员、资产、财务上均做到"三分开"，即 人员独立、资产完整、财务独立。

7、报告期内公司无改聘、解聘会计师事务所。

八、财务会计报告

(一)审计报告

审 计 报 告

(2000)羊查字第 6352 号

茂名石化实华股份有限公司全体股东：

我们接受贵公司的委托,对贵公司提供的一九九九年十二月三十一日的资产负债 表、一九九九年度利润表及利润分配表、现金流量表(详见后附报表一至四)进行了审计。这些会计报表由贵公司负责,我们的责任则是根据审计的结果,对这些会计报表表示意见。我们的审计是依据《中国注册会计师独立审计准则》进行的。在审计过程中,我们结合贵公司的实际情况,实施了包括抽查会计记录等我们认为必要的审计程序 。

我们认为,上述会计报表,符合《企业会计准则》和《股份有限公司会计制度》的有关规定,在所有重大方面公允地反映了贵公司一九九九年十二月三十一日的财务状 况及一九九九年度的经营成果和现金流量情况,会计处理方法的选用遵循了一贯性原 则。

广州羊城会计师事务所有限公司　　中国注册会计师：黄伟成

中国．广州　　中国注册会计师：潘玲

二 000 年二月十六日

(二)会计报表(附后)

(三)会计报表附注

1、公司主要会计政策、会计估计的编制方法

(1)会计制度：

本公司执行中华人民共和国《企业会计准则》和《股份有限公司会计制度》及其补充规定。

(2) 会计年度：

本公司采用公历年制，即从每年的一月一日起至十二月三十一日止。

(3) 记账本位币：

本公司以人民币为记账本位币。

(4) 记账基础和计价原则：

本公司会计核算采用权责发生制为基础，计价原则按实际成本入账。

(5) 现金等价物的确定标准：

本公司所编制现金流量表中,现金等价物为本公司持有的期限短、流动性强、易于转换为已知金额现金、价值变动风险很小的投资。

(6)坏账核算方法：

A、坏账的确认标准：凡因债务人破产，依照法律清偿程序后确实无法收回的应 收账款；债务人死亡，既无遗产可供清偿，又无义务承担人，确实无法收回的应收账款；债务人逾期三年未能履行义务，经本公司董事会决议和主管财政机关审核认可，作坏账处理。

B、坏账准备：本公司采用备抵法核算坏账损失，原按应收账款年末余额 3‰计提坏账准备。根据财政部财会字(1999)35 号规定，并根据本公司董事会决议，公司应收款项(包括应收账款和其他应收款)自 1999 年 1 月 1 日起，依据债务单位财务状况、偿还能力等情况，确定坏账准备按账龄分析法计提，并计入当年损益。坏账准备计提的比例列示如下：

1 年以下	5%
1–2 年以内	10%
2–3 年以内	30%
3–4 年以内	50%
4–5 年以内	80%
5 年以上	100%

(7)存货核算方法：

A、公司存货主要包括：原材料、产成品、在产品、低值易耗品

B、存货计价方法为：存货按实际成本进行核算，发出和领用存货时采用移动加 权平均法计价。

C、 低值易耗品的摊销方法：低值易耗品领用和发出时采用一次摊销法摊销。

D、存货按永续盘存制核算。

E、公司本年度没有计提存货跌价准备。

(8)短期投资的核算方法：

按实际支付的价款扣除已宣告发放但未领取的现金股利或利息入账，在处置时按所收到的收入与账面价值差额作为投资收益入账。根据财政部财会字(1999)35 号规定，并根据本公司董事会决议，自 1999 年 1 月 1 日起期末或年度终了按账面成本高于市价或高于可收回已知现金金额的差额计提短期投资跌价准备，计入当年损益。

(9)长期投资核算方法：

债券投资：

按实际支付的价款记账，并按权责发生制计算应计利息。

股权投资：

A、对于投资额占被投资单位资本总额 50%以上(不含 50%)，或虽占被投资单 位资本总额不足 50%，但具有实质控制权的，按权益法核算，并编制合并报表。

B、对于投资额占联营公司资本总额 20%以上至 50%的，采用权益法核算。

C、对于投资额占联营公司资本总额 20%以下的，采用成本法核算。

(10)固定资产及其折旧

A、本公司固定资产是指使用年限在一年以上，单位价值在人民币 2,000 元以上的 房屋建筑物、构筑物、机器设备、运输工具和电子设备等。经评估的固定资产以评估确认的重置完全价值计价。

B、本公司固定资产按实际成本计价，固定资产折旧采用直线法计算，并按照固定资产原价和预计使用年限和估计的残值(5--10%)确定其折旧率：

固定资产类别	折旧年限	年折旧率	残值率
房屋建筑物	20	4.5%	10%
构筑物	7–10	9.5%–13%	5%–9%
机器设备	7–10	9.5%–13%	5%–9%
运输及其他设备	5	18.0%	10%

(11)在建工程

在建工程按实际成本计价，与购建或建造厂房建筑物及机器有关的利息支出在固 定资产交付使用之前予以资本化，计入购置成本。经评估的在建工程按评估确认的重 置价值列示。 在建工程在完工交付使用后确认为固定资产。

(12) 无形资产

土地使用权，按受益期限平均摊销。

(13)递延资产

开办费按照五年计算平均摊销；

租入固定资产改良支出及其他递延支出按受益期大约在三年内平均摊销。

(14)收入确认原则：

在已将商品所有权上的主要风险和报酬转移给买方，本公司不再对该商品实施继续管理权和实际控制权，相关的收入已经收到或取得了收取款项的证据，并且与销售该商品有关的成本能够可靠地计量时，确认营业收入的实现。

(15)所得税的会计处理方法：

所得税的会计核算采用应付税款法。

(16)本年度会计变更及其影响：按财政部财会字(1999)35 号《关于股份有限公司会计制度有关会计处理问题补充规定的通知》的有关规定，本公司本年度计提了坏账准备、短期投资跌价准备、长期投资减值准备. 对坏账准备的会计政策已采用追 溯调整法调整了 1999 年度会计报表有关项目年初数或上年实际数，上述会计政策变更累计影响数为 6,728,561.39 元，因坏账准备计提方法的变更累计影响数为 6,728,561.39 元，由于会计政策的变更，调减了 1998 年的净利润 1,779,972.01 元，调减了 1999 年年 初未分配利润 5,382,849.11 元，盈余公积 1,345,712.28 元.

3、税　　项

本公司应纳税项如下：

(1) 流转税主要是：

增值税：

石油液化汽产品	13%
聚丙烯及其他石油产品	17%

(2) 所得税：

根据广东省人民政府粤办函[1996]576 号文批复，从一九九六年开始，实行按 33% 征收所得税，属地方分得部分由茂名市财政局返还 15%。

4、控股子公司及合营企业

被投资公司名称	注册资本(万元)	投资比例%	主要业务
(1)本公司控股的子公司			
A、江门三角洲特种石油化工公司	人民币 90	40%	生产销售润滑油
B、广州南沙华茂燃料发展公司	人民币	64.73%	销售液化石油气

说明：

——江门三角洲特种石油化工公司本年股权转让后由 70%变为持股 40%，仍为相对控股。

——公司按 1999 年 3 月 31 日经评估后的净资产为基础，于 1999 年 6 月 30 日以 6,877,496.35 元购入广州南沙华茂燃料发展公司 64.73%的股权.

(2)本公司的全资子公司

茂东加油站	人民币 110	100%	加油站
第三加油站	人民币	100%	加油站

说明：上述四家公司全部资产总额，销售收入的合计额及当期净利润中母公司所拥有的数额与母公司及其所有子公司资产总额合计，母公司及其子公司销售收入合计，母公司当期净利润额的比率均在 10%以下，符合财政部财会二字(1996)2 号文规定 可以不进行合并，按重要性原则本期不对上述四家公司作报表合并。

(3)联营企业

A、华电石化联营公司	人民币 110	50%	加油站
B、华茂石化联营公司	人民币 60	50%	加油站
C、华高石化联营公司	人民币 60	50%	贸　易
D、华榕石化联营公司	人民币 50	50%	贸　易
E、茂名金鹰印铁制罐有限公司	美　元 118	45%	生产销售铁罐
F、美辉塑胶有限公司	港　币 350	40%	塑料加工
G、华欣石化联营公司	人民币 60	40%	生产炼油填料
H、华新石化燃气具有限公司	人民币 100	30%	生产碳 5 炉具

说明：—— 华电，华榕两家联营公司本年已收回投资。

——华欣，华新两家联营公司本年股权已转让。

5、或有事项

截止一九九九年十二月三十一日本公司无对外担保抵押、重大财务承诺及或有负债。

6、资产负债表日后事项

公司董事会于 2000 年 2 月 15 日召开，审议通过了 1999 年度财务决算报告；对 1999 年度利润分配预案作出决议：年度利润分配方案(1999 年公司实现净利润 74,344,456.52 元)，按公司章程规定提取 10%法定公积金计 7,434,445.66 元，提取 10%公益金计,434,445.66 元。当年可供股东分配的利润为 59,475,565.20 元，加上 1998 年末未分配利润 30,152,750.92 元，累计可供股东分配的利润为 89,628,316.12 元。公司拟以 1999 年末股本总额 160,991,998 股为基数，向全体股东以每 10 股分现金 2 元(含税)的比例分红。

7、其他重要事项

(1) 配股资金的使用情况

A、投资 10 万吨/年轻径回收装置技术改造项目，已全部完工投产。

B、投资由 2.4 万吨/年聚丙烯装置扩改至 4.4 万吨/年技术改造项目，已全部投入 使用。

C、变更润滑油小包装自动灌装技术改造项目，由于茂名石化公司内部重组，属下的高级润滑油公司被列入中石化集团公司改组上市等原因，生产经营条件发生变化.为了避免同业竞争和关联交易复杂化及保护股东的利益，变更该项目的投资.经协商，本 公司前期投入的资金由茂名石化承接并返还.公司另寻新的配股项目投资。

D、投资气体分离装置技术改造项目，已全部投入使用。

E、投资购置100辆轻油罐车投入铁路营运技术改造项目,已由新项目取代。公司已上马乙醇胺6000 吨生产项目。

(2)江门三角洲的股权转让,江门三角州特种石油化工联合公司第一个十年合作期届满,1999年11月25日公司董事会决议,第二个合作期为十年(即1999-2000年)。本公司将部分股权采用评估价转让给茂名石化公司的高级润滑油公司,股权转让后由70%变为持股40%。

(3)公司将苯抽提装置经评估后资产置换转让给茂名石油化工公司。

(4)广州南沙华茂燃料发展有限公司成立

公司受让茂名石化房地产开发公司持有的广州南沙华茂燃料发展有限公司64.73 %的股权。经评估截止1999年3月31日该公司资产净值为14,220,897.8元。由于该公 司有359.6万元土地款未支付,因此转让价以10,624,897.80元为基数,按64.73%折 合人民币6,877,496.35元。

(5)受让茂名石化房地产开发公司持有的在茂名市光华北路28号永盛大厦办公 楼中的6、7、8共三层楼合计1702.07平方米的房产所有权。

(6)受让茂名石化房地产开发公司持有的广州番禺市桥接近二路42号商住楼共676.35平方米的房产所有权。

以上3、4和5三项的股权和房产折合人民币11,032,340.35元,转让给本公司,用作相应抵减本公司预付给茂名石化房地产开发公司的部分购房款。

九、公司其他有关资料

1、公司于1998年9月24日变更注册登记,注册登记地址:茂名市官渡路162号。

2、公司法人营业执照注册号:19492214-1。

3、税务登记号:国税粤字440900194922141(10)。

4、公司未流通股票的托管机构名称: 深圳证券登记有限公司。

5、会计师事务所:广州羊城会计师事务所有限公司,地址:广州东风中路410号健力宝大厦二十五楼。

十、备查文件

1、载有法定代表人、财务负责人、会计经办人员签名并盖章的会计报表。

2、载有会计师事务所盖章、注册会计师签名并盖章的审计报告原件。

3、报告期内在《中国证券报》、《证券时报》、《上海证券报》上公开披露的 所有公司文件的正文及公告的原件。

茂名石化实华股份有限公司

二000年二月十八日

资产负债表

编制单位:茂名石化实华股份有限公司 1999年12月31日 单位:人民币元

资 产	年初数	期末数
流动资产:		
货币资金	68659715.23	105841793.64
短期投资	50000000.00	90000000.00
减:短期投资跌价准备		2596748.06
短期投资净额	50000000.00	87403251.94
应收票据	900000.00	6160000.00
应收股利		
应收利息		
应收帐款	61617529.85	54120213.44
其他应收款	38626558.61	31212835.41
减:坏帐准备	6913502.05	9800089.92
应收帐款净额	93330586.41	75532958.93
预付帐款	22611154.70	36595913.83
应收补贴款		
存货	32729040.05	23582915.40
减:存货跌价准备		
存货净额	32729040.05	23582915.40
待摊费用	2123873.34	2545057.22
待处理流动资产净损失		
一年内到期的长期债券投资		
其他流动资产		
流动资产合计	270354369.73	337661890.96
长期投资:		
长期股权投资	26423852.21	23007463.63
长期债券投资	3457650.00	3762750.00
长期投资合计	29881502.21	26770213.63
其中:合并价差		
减:长期投资减值准备	0.00	3600000.00
长期投资净额	29881502.21	23170213.63
固定资产:		
固定资产原价	323465663.39	297433675.83
减:累计折旧	123574610.36	136596156.99
固定资产净值	199891053.03	160837518.84
工程物资	3398990.62	4675411.83
在建工程	12283253.65	10536030.71
固定资产清理	0.00	1772837.57
待处理固定资产净损失		
固定资产合计	215573297.30	177821798.95
无形资产及其他资产:		
无形资产	1072500.00	14420484.58
开办费	462861.06	
长期待摊费用		1765716.60
其他长期资产		
无形资产及其他资产合计	1535361.06	16186201.18
递延税项:		
递延税项借项		
资产总计	517344530.30	554840104.72
负债及股东权益	年初数	期末数
流动负债:		
短期借款		
应付票据		
应付帐款	15755908.45	3793480.61
预收帐款	9142794.47	16490290.07
应付工资	10354619.61	10354619.61
应付福利费	2451973.56	2771329.34
应付股利	32198399.60	32198402.78
应交税金	13385784.87	17335773.25
其他应交款	-5045.47	212555.39
其他应付款	17064473.76	7259601.83
预提费用	1104675.33	6161551.55
一年内到期的长期负债		
其他流动负债		
流动负债合计	101453584.18	96577604.43
长期负债:		
长期借款		
应付债券		
长期应付款		
住房周转金民	212201.04	437698.29
其他长期负债		
长期负债合计	212201.04	437698.29
递延税款:		
递延税款贷项		
负债合计	101665785.22	97015302.72
少数股东权益		
股东权益:		
股本	160991998.00	160991998.00
资本公积	155090235.23	155090235.23
盈余公积	69443760.93	84312652.25
其中:公益金	25163259.19	32597704.85
未分配利润	30152750.92	57429916.52
股东权益合计	415678745.08	457824802.00
负债及股东权益总计	517344530.30	554840104.72

利润表

编制单位:茂名石化实华股份有限公司 1999年度 单位:人民币元

项 目	本年累计数	上年同期累计数
一、主营业务收入	904899057.91	477467462.05
主营业务收入净额	904899057.91	477467462.05
减:主营业务成本	795393874.99	402285344.16
主营业务税金及附加	4042275.88	2113544.09
二、主营业务利润	105462907.04	73068573.80
加:其他业务利润	3434397.77	789206.69
营业费用	7391365.39	7760947.47
管理费用	17042223.77	19233795.01
财务费用	-2114308.05	-1204724.85
三、营业利润	86578023.70	48067762.86
加:投资收益	1555629.54	6543777.04
营业外收入	7235561.11	2253615.55
减:营业外支出	7077239.50	67710.52
四、利润总额	88291974.85	56797444.93
减:所得税	13947518.33	12160727.06
五、净利润	74344456.52	44636717.87

利润表分配

编制单位:茂名石化实华股份有限公司 1999年度 单位:人民币元

项 目	本年累计数	上年同期累计数
一、净利润	74344456.52	44636717.87
加:年初未分配利润	30152750.92	26641776.21
二、可供分配的利润	104497207.44	71278494.08
减:提取法定盈余公积	7434445.66	4463671.78
提取法定公益金	7434445.66	4463671.78
三、可供股东分配的利润	89628316.12	62351150.52
减:已分配优先股股利		
应付普通股股利	32198399.60	32198399.60
四、未分配利润	57429916.52	30152750.92

现金流量表

编制单位:茂名石化实华股份有限公司 1999年度 单位:人民币元

项目	金额
一.经营活动产生的现金流量:	
销售商品,提供劳务收到的现金	1003001399.89
收取的租金	4496.00
收到的其他与经营活动有关的现金	10392708.63
经营活动现金流入小计	1013398604.52
购买商品,接受劳务支付的现金	814109340.65
经营租赁所支付的现金	810981.00
支付给职工以及为职工支付的现金	18378303.44
实际交纳的增值税款	28444691.78
支付的所得税款	17441327.62
支付的除增值税,所得税以外的其他税费	7818481.57
支付的其他与经营活动有关的现金	13243674.59
经营活动现金流出小计	900246800.65
经营活动产生的现金流量净额	113151803.87
二.投资活动产生的现金流量:	
收回投资所收到的现金	1834757.06
分得股利或利润所收到的现金	4956534.83
取得债券利息收入所收到的现金	1145997.73
收到的其他与投资活动有关的现金	99430.00
投资活动现金流入小计	8036719.62
他长期资产所支付的现金	13897905.45
债权性投资所支付的现金	40000000.00
投资活动现金流出小计	53897905.45
投资活动产生的现金流量净额	-45861185.83
三.筹资活动产生的现金流量:	
分配股利或利润所支付的现金	30108539.63
其中:子公司支付少数股东的股利	
筹资活动现金流出小计	30108539.63
筹资活动产生的现金流量净额	-30108539.63
四.汇率变动对现金的影响	
五.现金及现金等价物净增加额	37182078.41

中国辽宁国际合作(集团)股份有限公司

一、公司简介

1、公司法定中文名称:中国辽宁国际合作(集团)股份有限公司
公司简称:中辽国际
公司英文名称:China Liaoning International Cooperation(Group) Holdings Ltd.
英文缩写:CLIC
2、公司法定代表人:李瑞
3、公司董事会秘书:陈维舟
　授权代表:孙家庆
联系地址:沈阳市和平区中华路 126 号
电话:024-23271740、23268690
传真:024-23862853
4、公司注册地址:沈阳市和平区中华路 126 号
办公地址:沈阳市和平区中华路 126 号
邮政编码:110001
电子信箱:clicnet@pub.sy.lnpta.net.cn
公司网址:http://www.cn-clic.com
5、公司选定的信息披露报纸:《中国证券报》、《证券时报》
中国证监会指定年度报告登载网址:
http://www.cninfo.com.cn
公司年度报告备置地点:公司证券部
6、公司股票上市地:深圳证券交易所
股票简称: 中辽国际
股票代码: 0638

二、会计数据和业务数据摘要

1、公司本年度会计数据　(单位:人民币元)

利润总额	(-)100,692,534.56
净利润	(-)103,017,903.09
扣除非经常性损益后净利润	(-)103,017,903.09
主营业务利润	40,716,499.43
其它业务利润	1,513,779.87
营业利润	(-)83,848,804.02
投资收益	(-)17,532,463.98
营业外收支净额	688,733.44
经营活动产生的现金流量净额	16,549,160.24
现金及现金等价物净增加额	-7,749,149.19

2、截止报告期末公司前三年的主要会计数据和财务指标(单位:元)

项目	1999 年 12 月 31 日	1998 年 12 月 31 日		1997 年 12 月 31 日	
	期末数	调整前	调整后	调整前	调整后
主营业务收入	216506823.95	249524942.06	249524942.06	322931060.25	322931060.25
净利润	-103017903.09	24325692.36	-44406835.08	44321413.17	32108955.93
总资产	647660410.82	721761980.20	704162245.02	1644415782.76	1632203325.52
股东权益(不含少数股东权益)	188730510.28	372693398.05	291748413.37	348367705.69	336155248.45
每股收益(元/每股)	-0.67	0.16	-0.29	0.29	0.21
扣除非经常性损益后的每股收益	-0.67				
每股净资产元/每股)	1.22	2.41	1.89	2.27	2.19
(调整后的每股净资产(元/每股)	1.10	1.06	1.21	2.15	1.40
每股经营活动产生的现金流量净额	0.11	0.21	0.19		
净资产收益率(%)	-54.58	6.53	-15.22	12.63	9.48

主要财务指标计算公式如下:
每股收益=净利润/年度末普通股股份总数
每股净资产=年度末股东权益/年度末普通股股份总数
调整后的每股净资产=(年度末股东权益-三年以上的应收款项净额-待摊费用-待 处理(流动、固定)资产净损失-开办费-长期待摊费用-住房周转金负数余额)/年度末 普通股股份总数
每股经营活动产生的现金流量净额=经营活动产生的现金流量净额/年度末普通股股份总数
净资产收益率=净利润/年度末股东权益 x100%

3、报告期内股东权益变动情况及原因

单位:元

项目	股本	资本公积	盈余公积	法定公益金	未分配利润	股东权益合计
期初数	15470	126182318.22	12106357.91	6496735.78	-7736998.54	291748413.37
本期增加			231369.50	42846.20		274215.70
本期减少					-103017903.09	-103017903.09
期末数	15470	126182318.22	12337727.41	6539581.98	-111029117.33	188730510.28

变动原因:盈余公积和法定公益增加系年度提取;未分配利润增加系本年度利润转入。

三、股东情况介绍

1、报告期末公司股东户数 38714 名。其中未流通国有股 1 户,公司高管人员 8 户,社会公众股 38705 户。

2、本公司前十名股东持股情况如下:

	股东名称或姓名	持股数量(股)	持股比例(%)
1	辽宁省国资局	66300000	42.86
2	金鑫基金	451681	0.29
3	谭文兵	353600	0.23
4	沈阳财政皇姑证券	323678	0.21
5	宝鼎基金	301920	0.20
6	符显民	293528	0.19
7	于万源	265200	0.17
8	王明金	265200	0.17
9	张静吟	216669	0.14
10	李宏光	198000	0.13

注:持有公司 5%(含 5%)以上股份的股东仅有辽宁省国资局一家,其期初持股数为 6630 万股。辽宁省国资局所持股份没有质押。

3、报告期内控股股东无变更情况。

株洲庆云发展股份有限公司

一、公司简介

公司法定名称:株洲庆云发展股份有限公司
公司英文名称:ZHUZHOU QINGYUN DEVELOPMENT CO.,LTD.
公司英文名称缩写:ZZQY
公司法定代表人:谢廉芳
公司董事会秘书:段运生
联系地址:湖南省株洲市河西高新技术开发区长江北路尧信花园
联系电话:0733-2860946-20　2861851
传真:0733-2860947-68　2861851
电子邮箱名:zzqygfgs@mail.zz.hn.coinfo.net
公司注册地址:湖南省株洲市车站路 1 号　邮编:412008
公司办公地址:湖南省株洲市河西高新技术开发区长江北路尧信花园
邮编:412007
证监会指定登载公司年度报告的国际互联网网址:http://www.cninfo.com.cn
公司选定的信息披露报纸名称:《证券时报》
公司年度报告备置地点:董事会秘书处
公司股票上市交易所:深圳证券交易所
股票简称:ST 株庆云　股票代码:0639

二、会计数据和主要业务数据摘要

(一)本年度利润总额及构成(单位:元)

项目	
1、利润总额	9,624,373.54
2、净利润	8,659,497.05
3、扣除非经营性损益后的净利润	8,659,497.05
4、主营业务利润	29,809,163.28
5、其他业务利润	-1,858,823.46
6、营业利润	5,578,732.42
7、投资收益	427,782.80
8、补贴收入:	0
9、营业外收支净额:	3,617,858.32
10、经营活动产生的现金流量净额:	30,830,324.71
11、现金及现金等价物净增加额:	3,475,850.47

(二)公司前三年主要会计数据及财务指标　单位:元

指标项目	1999 年度	1998 年度		1997 年度	
		调整前	调整后	调整前	调整后
主营业务收 入	73,223,082.29	66,124,106.38	66,124,126.38	7,797,859.97	7,797,859.38
净利润	8,659,497.05	-40,790,766.49	-40,790,766.49	12,035,325.70	10,987,534.01
总资产	141,868,345.47	191,076,540.31	191,469,444.01	171,560,175.12	170,004,834.58
股东权益	74,667,908.98	65,615,508.23	66,008,411.93	110,756,208.34	106,406,274.72
每股收益	0.119	-0.56	-0.56	0.20	0.196
扣除非经营性损益后的每股收益	0.119	-0.63	-0.63	0.13	0.11
每股净资产	1.025	0.90	0.91	1.90	1.90
调整后的每股净资产	0.97	0.82	0.83	1.81	1.72
每股经营活动产生的现金流量净额	0.423	-0.52	-0.52		
净资产收益率(%)	11.60	-61.8	-61.8	10.33	10.32

注:主要会计数据和财务指标计算公式如下:
每股收益=净利润/年度末普通股股份总数
每股净资产=年度末股东权益/年度末普通股股份总数
净资产收益率=净利润/年度末股东权益＊100%
调整后的每股净资产=(年度末股东权益-三年以上的应收帐款净额-待摊费用 -待处理(流动、固定)资产净损失-开办费-长期待摊费用-住房周转金负数余额)/年度末普通股股份总数
每股经营活动产生的现金流量净额=经营活动产生的现金流量净额/年末普通股股份总数

三、股本变动及股东情况

(一) 股本变动情况　数量单位:股

	期初数	本次变动增减(+、-)						期末数
		配股	送股	公积金转股	增发	其他	小计	
一、尚未流通股份								
国家拥有股份	1147835							1147835
境内法人持有股份	38904840							38904840
其他(高级人员持股)	17030						-7800	9230
尚未流通股份合计	40069705					7800	-7800	40061905
二、已流通股份								
1、境内上市的人民币普通股	32795230					7800		32803030
2、其他						7800		
已流通股份合计	32795230					7800	7800	32803030
三、股份总数	72864935					7800		72864935

(三)股东情况介绍

(1)截止 1999 年 12 月 31 日止,本公司共有股东 11236 户;其中国家股股东 1 户,法人股股东 14 户,高管股东 4 人,社会公众股东 11217 人。

(2)持有本公司 5%以上(含 5 %)股份的股东名称及前十名股东持股情况

股 东 名 称	年初持股数(股)	年末持股数(股)	占总股本(%)
福建晋江万时红成飞摩托车有限公司	14328080	14328080	19.66
上海致达科技(集团)股份有限公司		13889580	19.06
长沙创科实业有限责任公司		3123900	4.29
中国铁道建筑总公司株洲战备材料总厂	5126940	2126940	2.92
长沙楚海实业有限责任公司		1462606	2.01
北京中科企投资有限公司		1190930	1.63
株洲市国有资产管理局	1147835	1147835	1.58
长沙铁路总公司	999830	999830	1.37
南方建材股份有限公司		923772	1.27
株洲铁路地区劳服公司	584870	584870	0.80

注: 晋江万时红成飞摩托车有限公司所持 14328080 股发生质押,已予冻结。

九江化纤股份有限公司

九江化纤股份有限公司1999年年度报告摘要

(一) 公司简介

1、公司法定中文名称:九江化纤股份有限公司
公司法定英文名称:Jiujiang Chemical Fibre Co.,Ltd
2、公司法定代表人:张棠华
3、公司董事会秘书:喻铨衡　授权代表:徐惊宇　联系地址:公司证券部
联系电话:0792-8234601-5675　传真:0792-8234629
电子信箱:jjhx@pub.jj.jx.cninfo.net
4、公司注册地址:江西省九江市庐山区哈蟆石
办公地址:九江化学纤维厂厂区　邮政编码:332017
5、信息披露报纸名称:证券时报
公司年度报告国际互联网网址:http://www.cninfo.com.cn
年度报告备置地点:公司证券部
6、股票上市交易所:深圳证券交易所　股票简称:九江化纤　股票代码:0650

(二) 会计和业务数据摘要

1、本年度主要财务指标情况
利润总额:32619757.03元;
净利润:27726367.00元;
扣除非经常性损益后的净利润:27726367.00元;
主营业务利润:44055182.20元;
其他业务利润:4321886.73元;
营业利润:32915128.68元
投资收益:
补贴收益:
营业外收支净额:　-295371.65
经营活动产生的现金流量净额:67372352.68元;
现金及现金等价物净增加额:88766342.71元
2、主要会计数据和财务指标:

项目	1999年末	1998年末	1997年末
主营业务收入(元)	236033886.80	192647237.39	136257354.09
净利润(元)(调整前)		28304469.53	16375472.41
(调整后)	27726367.00	28306964.46	16344932.10
总资产(元)(调整前)		360063240.91	278202118.80
(调整后)	476214275.84	360063441.24	278171578.49
股东权益(元)(调整前)		233763256.63	159443562.75
(调整后)	261489823.96	233763456.96	159413022.44
每股收益(元)(摊薄)	0.27	0.33	0.21
每股收益(元)(加权)	0.27	0.37	0.21
扣除非常性损益后的每股收益(元)	0.27	0.33	0.21
每股净资产(元)	2.55	2.73	2.04
调整后的每股净资产(元)	2.54	2.71	2.02
每股经营活动产生的现金流量净额(元)	0.66	0.17	
净资产收益率(%)	10.60	12.11	10.27

说明:(1)根据财政部财会字(1999)35号文、49号文的有关规定,公司采用追溯调整法,调整了1999年度会计报表的相关科目。
(2)主要财务指标计算公式如下:
每股收益=净利润/年度末普通股股份总数
每股净资产=年度末股东权益/年度普通股股份总数
调整后的每股净资产=(年度末股东权益-三年以上的应收款项净额-待摊费用-待 处理(流动、固定)资产净损失-开办费-长期待摊费用-住房周转金负数余额)/年度末 普通股股份总数
每股经营活动产生的现金流量净额=经营活动产生的现金流量净额/年度末普通股股份总数
净资产收益率=净利润/年度末股东权益×100%
3、股东权益变动情况:(单位元)

项　目	股本	资本公积	盈余公积	法定公益金	未分配利润	股东权益合计
期初数	85620000	96704208.97	7715887.20	2571962.41	43723360.79	233763456.96
本期增加	17124000		4158955.05	1386318.35	253567411.95	27726367.00
本期减少		17124000.00				
期末数	102744000	79580208.97	11874842.25	3958280.76	67290772.74	261489823.96
变动原因	10转增2	10转增2	净利润提10%	提5%	利润转入	利润转入

(三) 股东情况介绍

1、报告期末股东总数
报告期末公司股东总数为22135户。
2、前十名股东持股情况

名次	股东姓名	持股数(股)	占总股本比例(%)
1	九江化学纤维厂	74664000	72.67
2	李德生	300000	0.292
3	金鑫证券投资基金	279338	0.272
4	王凯文	246000	0.239
5	普丰证券投资基金	124910	0.122
6	邓凌云	81700	0.080
7	罗勇	81100	0.079
8	贾欣佳	80000	0.078
9	陈一新	77700	0.076
10	陈卫东	71592	0.070

说明:①持股5%(含5%)以上的法人股东所持股份没有抵押、冻结情况;
②前10名股东之间不存在关联关系。

(四) 股东大会简介

本报告期内公司召开了二次股东大会:
1、1999年4月8日,公司召开了1998年度股东大会;4月9日,公司在《证券时报 》刊登了1998年度股东大会决议公告。
2、1999年12月11日,公司召开1999年临时股东大会,会议审议通过了《收购九 江化学纤维厂动力分厂及相关资产的议案》;12月31日,公司在《证券时报》刊登了1999年临时股东大会决议公告。

(五) 董事会报告

1、公司经营情况
(1)公司所处行业及在本行业中的地位
本公司属于粘胶纤维制造行业,其主导产品粘胶长丝(又名人造丝)是纺织工业的重要资料。公司目前粘胶长丝的生产能力为6400吨/年,99年销售粘胶长丝6515吨, 在全国同行业中居第六位。
(2)公司主营业务的范围及其经营状况
本公司主营粘胶长丝、化纤浆粕的生产和销售。1999年公司在确保生产满负荷进行的基础上,利用自身的技术优势,对现有的生产线进行扩容和加区改造,使粘胶长丝生产能力由6000吨增至6400吨,全年生产粘胶长丝6379吨,比去年同期增产8.69%。公司还根据市场需求,及时调整产品结构,经常保持几种不同规格的品种同时生产,并开发同具有国内先进水平的"无光丝"系列产品。99年销售粘胶长丝6515吨;产销率100%以上。
1999年公司生产棉浆粕17311吨,其中自用7299吨,外销10012吨;生产卫生纸713吨。
(3)经营中出现的问题与困难及解决方案
1999年虽然我国加入WTO谈判进行顺利,整体亏损的纺织行业看到了一线曙光, 但国内外市场竞争仍然十分激烈,生产经营环境不宽松,销售价格无法上扬。面对这种问题及困难,公司创造性地开展工作,取得了比较可喜的成绩。采取的措施主要有:
A、利用自身技术优势,对现有生产线进行技术改造,提高了产品产量,同时开 发出具有国内先进水平的"无光丝"系列产品,创造了良好的经济效益。
B、学习先进企业的经验,实行购销比价管理,既节约采购资金,又为企业多创 收,取得了明显的效益。
C、在销售过程中,及时把握市场信息,形成多层次、广地域和机动灵活的销售 网络,加强售后服务,稳定老客户,开拓新用户。
D、严格按ISO9002质量体系标准,狠抓质量管理,认真做好各项原材料和不同产品的检验,把好原料和产品的进出关,确保了"为用户提供满足需要的产品和服务"。
2、公司财务状况(单位:元)

指标名称	1999年末	1998年末	增长比率%
总资产	476214275.84	360063441.24	32.26
长期负债	169350525.00	86760000.00	95.19
股东权益	261489823.96	233763456.96	11.86
主营业务利润	44055182.20	44190727.38	-0.31
净利润	27726367.00	28306694.46	-2.05

增减变动的主要原因:
①总资产:A、2800吨粘胶长丝一期工程银行贷款到位, 增加货币资金5750万元;B、99年实现净利润2773万元。
②长期负债:A、2500万元短期贷款转为长期贷款;B、5750万元粘胶长丝一期工 程银行贷款到帐。
③股东权益:报告期内实现的净利润转入。
④主营业务利润:成本上升稍高于收入增加。
⑤净利润:主营业务利润下降所致。
3、公司投资情况
截止1999年12月31日, 公司在建工程完成投资55027862.76元, 较去年同期增加18787298.28元。主要用于年产2800吨粘胶长丝一期工程建设。
(1)募集资金使用情况
公司1996年11月发行股票和1998年6月增资配股计募集资金9888万元,募集资金 除部分作为公司流动资金小,其余资金轺于年产2800吨粘胶长丝一期工程建设。
①承诺投资项目与实际投资项目对照表(单位:万元)

承诺投资项目	计划投资	实际投资项目	实际投资
扩建年产2800吨粘胶长丝一期工程	14489.24	扩建年产2800吨粘胶长丝一期工程	4831.95

说明:实际投资中不包括已开出的引进设备定金和不可撤销信用证共计487.5万美元。
②募集资金投资项目是展情况
年产2800吨粘胶长丝扩建项目建设"采取总体规划,分二期实施的办法"。一期工程土建部分已于1997年12月破土动工,由于1998年长江流域发生的特大的洪水的影响,延误了工程进展。本着对投资者高度负责的态度,公司对引进设备的选型比较谨慎,经过反复比较,最后才确定设备型号,这样也部分影响了工程进度。目前工程进展顺利,至1999年底土建工程已基本完工,11月25日有关质检部门对工程主体结构进行了验收大检查,结果令人满意;项目银行贷款5750万元也已于12月底到帐,确保了一期工程建设资金;在设备进口方面,已与国外有关公司签订了引进合同,并开出了定金和不可撤销信用证。引进设备将分三批交运,第一批已于12月初启运,2000年元月陆续到货。设备安装和生产准备人员已经到岗,正在全面开展人员技术培训,制定各项规章制度,为设备安装和投料试车打好基础。
(2)非募集资金投资项目
1999年公司自筹资金对现有粘胶长丝生产线进行技术改造, 在不增加厂房面积的情况下,对纺丝机、烘干机、筒子机进行扩容和加区改造,新增4台纺丝机,使粘胶 长的生产能力由6000吨增至6400吨,降低了生产成本,为公司创造了比较好的效益。
4、新年度业务发展计划
2000年是新世纪交替的一年,随着我国加入世贸组织谈判的成功,加入WTO的日 子日益临近,这对化纤行业来说,既是机遇、又是挑战。因此公司将在新一届董事会的领导下,抓住机遇、迎接挑战,做好今年的各项工作。
(1)继续加强市场营销,完善现有销售网络,确保生产满负荷进行,努力实现产 销两旺。
(2)严格按照ISO9002质量体系文件运行,继续加强设备管理、质量管理和现场管理等基础管理工作。
(3)强化以财务管理为中心的企业管理,学习先进企业的经验,深化倒推成本工 作,细化成本指标分解,提高企业经济效益。
(4)加快年产2800吨粘胶长丝工程建设进度,保障设备安装的进度和质量,力争 今年八月建

成，投入试生产。

(5)充分利用上市公司市场融资的优势，认真做好2000年增资配股工作。

5、董事会日常工作情况

(1)报告期内董事会的会议情况及决议内容

本报告期内公司召开了三次董事会，具体内容及决议摘要如下:

----1999年3月2日，召开第一届董事会第九次会议，全体董事到会。会议决议公告于3月5日刊登在《证券时报》。会议内容如下:

①审议公司1998年年度报告正本及其摘要。

②审议1998年利润分配方案;

③审议更换公司监事;

④审议关于召开1998年度股东大会的方案。

----1999年7月21日，召开第一届董事会第十次会议，全体董事参会。会议决议 公告于7月23日刊登在《证券时报》。会议内容如下:

①审议1999年中期报告;

②审议1999年中期税后利润分配预案。

----1999年11月8日，召开第一届董事会第十一次会议，全体董事到会。会议决 议公告于11月10日刊登在《证券时报》。会议内容为:

①审议收购九江化学纤维厂动力分厂及相关资产的议案;

②召开临时股东大会决议的执行情况

公司1998年度股东大会审议通过98年度分配方案为:98年利润不分配，用资本公 积金每10股转增2股。此方案于99年5月11日实施。

根据公司1999年临时股东大会审议通过的决议精神，公司与九江化学纤维厂签订正式"资产收购协议"，并于12月底完成资产收购工作。

6、董事、监事、高级管理人员

姓名	职务	性别	年龄	任期起止日期	年初持股	年末持股	年度报酬
张棠华	董事长	男	54	96.12-2000.1	2160	2592	未在公司领取报酬
王宝栋	副董事长	男	59	96.12-2000.1	1800	2160	未在公司领取报酬
石经强	副董事长	男	56	96.12-2000.1	1800	2160	未在公司领取报酬
孙永宁	董事	男	50	96.12-2000.1	1440	1728	未在公司领取报酬
曾楼根	董事	男	51	96.12-2000.1	1440	1728	未在公司领取报酬
聂鉴新	董事兼总经理	男	38	96.12-2000.1	1440	1728	13417元
冉国庆	董事兼副总经理	男	37	97.05-2000.1	0	0	14503元
鲍明达	监事会主席	男	53	96.12-2000.1	1800	2160	未在公司领取报酬
林传洲	监事	男	55	96.12-2000.1	1440	1728	未在公司领取报酬
张育林	监事	男	53	96.12-2000.1	1440	1728	未在公司领取报酬
熊树林	监事	男	37	98.08-2000.1	0	0	未在公司领取报酬
侯克俭	监事	男	52	99.03-2000.1	0	0	未在公司领取报酬
喻铨衡	董事会秘书	男	33	96.12-2000.1	0	0	10520元

持股变动原因:99年5月，实施了资本公积金每10股转增2股。

报告期内，公司原职工代表监事杨又余先生因病去世，增补侯克俭先生为公司职工代表监事。公司其他的董事、监事、高级管理人员都无变动。

7、本次利润分配预案或资本公积金转增股本预案

1999年公司实现净利润2772.64万元，按10%提取法定盈余公积金277.26万元、提取5%法定公益金138.63万元后，99年末分配利润为2356.74万元，加上年末未分配利润4372.34万元，1999年度可供股东分配利润为6729.08万元。

2000年公司年产2800吨粘胶长丝一期工程将进入设备安装调试、投料生产的关键时期，所需资金量大，同时为了尽快使粘胶长丝工程达到2800吨的经济规模，二期工程也将尽快开工。

有鉴于此，公司董事会拟定99年利润不分配，也不用资本公积金转增股本。

本预案须提交1999年度股东大会审议通过后实施。

8、其他报告事项

本公司信息披露报刊为《证券时报》。

(六) 监事会报告

1999年公司监事会按照本身的工作职能，密切配合公司董事会开展各项工作，坚持有利于公司发展和维护广大股东权益为检查、监督的标准，为公司健康有序地发展作出了不懈地努力。

监事会工作情况:

1999年公司监事会召开了二次会议，会议情况如下:

1、1999年3月2日，监事会召开会议，会议议题有:

(1)听取公司董事会关于1998年年度报告的汇报;

(2)更换公司监事。

2、1999年11月8日，公司监事会召开会议，会议议题是:讨论《收购九江化学纤 维厂动力分厂及相关资产的议案》。

监事会对应披露的下列事项发表如下独立意见:

1、1999年度公司董事会按照股东大会的决议要求，切实履行了职责，其决策程 序符合《公司法》和公司章程的有关规定，公司运作规范;董事、经理执行公司职务时无违反法律、法规、公司章程或损害公司利润的行为。

2、江西恒信会计师事务所对公司1999年财务报告进行了审计，并出具了无保留 意见的审计报告，公司财务报告真实地反映了公司财务状况和经营成果。

3、公司1996年11月发行股票和1998年度配股募集资金9888万元，除部分用于补 充公司流动资金外，全部用于年产2800吨粘胶长丝项目一期工程建设，实际投资项目与承诺投资项目一致。

4、1999年12月，经公司临时股东大会审议通过，公司以经会计师事务所评估并 经省国资局确认的评估值为依据，收购了九江化学纤维厂动力分厂及相关资产，交易价格合理，无损害部分股东权益或造成公司资产流失的行为。

5、公司与控股股东虽然存在一些关联交易，但双方遵循的是公平、公正的市场 原则，无损害上市公司利益的行为。

(七) 重要事项

1、重大诉讼、仲裁事项

本年度公司无重大诉讼、仲裁事项。

2、报告期内公司受监管部门的处罚情况

报告期内公司、公司董事及高级管理人员都未曾受到监管部门的任何处罚。

3、报告期内公司控股股东及管理层变动情况

本报告期内公司控股股东仍只有九江化学纤维厂，没有发生变动;公司董事会及其成员未变动，总经理及董事会秘书的聘用也未变。

4、报告期内公司收购资产情况

为了有利于公司生产经营管理，减少公司与九江化学纤维厂的关联交易，确保公司资产完整、独立，降低生产成本，促进经济增长，公司于1999年12月11日召开临时股东大会，就收购九江化学纤维厂动力分厂及相关资产的议案进行审议，得到一致通过。公司与九江化学纤维厂于12月27日正式签订资产收购协议。此次收购是以经会计师事务所评估并经省国资局确认的评估值7984.56万元为准，公司以现金方式进行的，资金来源为公司自有资金和银行贷款。

5、重大关联交易事项

(1)购销商品、提供劳务发生的关联交易

九江化学纤维厂作为公司的独家发起人，拥有公司72.67%的股份，是公司的唯 一控股股东，虽然公司有完整独立的生产、销售、管理系统，但在原产、能源、生活服务等方面与九江化学纤维厂仍发生联系，双方按照公平、公正的市场原则签订《服务合同》，存在一定的关联交易。

公司向九江工化学纤维厂销售的商品，均按照市场价格进行结算，无高于或代于公司正常销售情况。本期公司向九江化学纤维厂销售浆粕10012.0354吨，含税价65598855.94元。

(2)资产、股权转让发生的关联交易

公司收购九江化学纤维厂动力分厂及相关资产的行为，属关联交易。这部分资产经具有资证的会计师事务所评估并经省国资局确认，截止1999年8月31日帐面净值9345.35万元，评估值为7984.56万元。双方签订协议，同意以评估值为基准，以现金方 式进行收购。由于此次收购是年底才完成的，因此动力分厂99年的收益未进入公司。

6、"三分开"情况

公司与控股股东九江化学纤维厂在人员、资产、财务上已分开并相互独立，公司有完全独立的劳动、人事、工资管理和产供销系统，并设有独立的财务部门，独立开设银行帐号，独立纳税。公司总经理、财务负责人、董事会秘书未在股东单位兼职。

7、聘任会计师事务所情况

本年度公司继续聘用江西恒信会计师事务所为公司的审计机构。

8、其它重大事项

(1)本报告期内公司无担保、抵押等重大合同。

(2)根据《股份有限公司会计制度有关会计处理问题补充规定》(财会字(1999)35号)文的精神，公司本年度对坏帐准备、存货跌价准备会计政策变更已采用追溯调整 法，调整了1999年度会计报表相关科目的年初数或上年实际数，上述会计政策变更累计影响数为200.33元，对公司影响极小。

9、报告期内公司更改名称或股票简称的情况

本报告期内公司名称及股票简称未更改。

(八) 财务会计报表

1、审计报告

公司1999年度财务报告经江西恒信会计师事务所有限公司注册会计师李文智、廖卫平审计，并出具无保留意见的审计报告(赣恒会审字[2000]第005号)。

2、会计报表(附后)

3、会计报表附注

一、公司简介

九江化纤股份有限公司是1996年江西省人民政府批准，由九江化学纤维厂独家发起，以其从事粘胶长丝生产的部分资产和相关债务重组，以募集方式设立的上市公司。1998年6月，公司实施增资配股，公司的控股股东用其所属浆纸分厂的资产折股认 购部分国有法人股配股权，从而又将浆纸分厂的资产注入公司。1999年12月，公司为了确保资产的完整、独立，减少与控股股东的关联交易，用自有资金收购了九江化学纤维厂动力分厂及相关资产。通过几年的资本运作，公司目前拥有长丝、浆纸、动力三大分厂，生产经营体系完整，具备年产粘胶长丝6400吨、棉浆粕18000吨、卫生纸800吨的生产能力，并拥有900KWH余热发电机组。

公司主营粘胶长丝、化纤浆粕的生产和销售。粘胶长丝又名人造丝，是纺织工业的重要原料，由于其有着与天然纤维相似的良好吸湿性、透气性、染色性、抗静电性和服用性，其丝织织深受消费者的青睐，在市场上有较强的竞争力。随着我国加入世贸组织谈判的顺利进行，将给粘胶纤维企业的发展带来良机，特别是粘胶长丝类企业将大受其益。

公司现有总股本为10274.4万股，其中:国有法人股7466.4万股，社会公众股2808万股。

二、主要会计政策

1、会计制度:执行《企业会计准则》和《股份有限公司会计制度----会计科目和会计报表》。

2、会计年度:公历一月一日至十二月三十一日。

3、记帐本位币:人民币。

4、记帐基础和计价原则:依据权责发生制为记帐基础，按照历史成本计价;采用借贷复式记帐方法。

5、坏帐核算方法:

①坏帐的确认标准

a.因债务人已经破产或死亡，以其破产财产或遗产依法清偿后，仍无法收回的应收款项;

b.因债务人逾期五年未能履行义务，确实不能收回的应收款项，报经董事会批准确认为坏帐损失。

②坏帐损失的核算方法:采用备抵法核算坏帐损失。公司原按应收帐款年末余额 的千分之三计提坏帐准备，根据《股份有限公司会计制度》和财政部财会字(99)35号文的规定及公司董事会的决议，从1999年1月1日起，本公司的应收款项(包括应收帐 款与其他应收款)根据债务单位的财务状况、现金流量等情况按帐令分析法计提坏帐 准备并计入当期损益。提取比例为:一年以内的(含一年)按0%计提;一至两年(含两 年)以内，按2%至5%计提;二至三年的(含三年)，按5%至10%计提;三至四年(含 四年)，按10%至30%计提;四至五年(含五年)，按50%至80%计提;五年以上，按100%计提。

6、存货的核算方法:

①存货主要包括:库存材料、库存商品、低值易耗品、在产品、自制半成品。

②存货计价方法:各类原材料的购入与库和领用与发出的核算均按实际成本计价 ;在产品的核算采用实际成本计价;产成品出、入库均按实际成本计价;各类存货的领用与发出均采用先进先出法计价;低值易耗品领用时采用一次摊销法进行摊销。

③期末存货原按成本计价，根据董事会决议，从1999年1月1日起，改为按成本与市价孰低计价，计提存货跌价准备。按单个存货项目的成本高于其可变现净值的差额提取，预计的存货跌价损失计入当年损益。

7、固定资产及其折旧:固定资产按实际成本计价，计价标准为单位价值在2000元以上、使用年限一年以上;折旧按原值预留3%的净残值后，采用直线法计算;固定 资产的分类、折旧年限、折旧率如下:

类别	折旧年限	年折旧率	预计净残值率
房屋及建筑物	20-35	2.8-5.0%	3%
专用设备	17-18	5.3-5.7%	3%
通用设备	8-18	5.3-12%	3%
运输设备	10	9.70%	3%

8、收入确认原则:销售商品的收入在下列条件均能满足时予以确认:

①公司已将商品所有权上的重要风险和报酬已转移给买方;

②公司既没有保留与所有权相联系的继续管理权，也没有对已出售的商品实施控制;

③与交易相关的经济利益能够流入企业;

④相关的收入和成本能够可靠计量。

他人使用本公司的利得收入，在下列条件均能满足时予以确认:

①与交易相关的经济利益能够流入企业;

②收入的金额能够可靠的计量。

9、税项

A.增值税:公司为一般纳税人，销项税率按17%计算;计算出销项税额后，扣减 当期允许抵扣的进项税额后的差额计缴增值税;

B.城市维护建设税和教育费附加:分别按应纳增税额和营业税额的7%和3%计征 ;

C.所得税:根据江西省人民政府赣府字(1996)99号文《关于给九江化纤股份有限 公司所得税优

惠批复》的政策,公司所得税选按33%税率征收,然后由财政返还18%,实际税负为15%。公司所得税的会计处理方法采用应付税款法。

D.房产税:按税务局核定的标准缴纳。

E.印花税:按税务局核定的标准缴纳。

10、按财政部财会字(1999)35号文《关于股份有限公司会计制度有关会计处理问题补充规定的通知》及其他相关规定,本公司本年度对坏帐损失核算方法及存货核算方法会计政策变更已采用追溯调整法调整了1999年度会计报表有关项目年初数或上年实际数。

上述会计政策变更的累积影响数为200.33元,春中;因坏帐准备计提方法变更的累积影响数为200.33元,存货计价方法变更的累积影响数为0元;由于会计政策变更 ,调增了1996年至1998年度的净利润200.33元,调增了1999年年度初留存收益200.33元,其中:未分配利润调增170.28元,盈余公积调增了30.05元,利润及利润分配表上年数栏的年初未分配利润调增了170.28元。

三、报表主要项目注释:

1、货币资金:其末净增88766342.71元,增长165.37%,主要原因是:a.1999年12月27日,年产2800吨粘胶长丝一期工程贷款57500000元到帐;b.九江化学纤维厂清偿欠款所致。

项目	期初数	期末数
现金	1061.34	2664.27
银行存款	536779083.90	124638245.71
其他货币资金	0.00	17803577.97
合计	53678145.24	142444487.95

2、应收帐款及其他应收款:5626698.62元,本帐户无持本公司5%以上股份之股 东欠款。其中:

帐龄	期初数			期末数		
	金额	比例%	坏帐准备	金额	比例%	坏帐准备
一年内	4559158.19	0	0	4884237.66	0	0
一年至二年	192080.33	5	9604.02	396641.29	5	19832.07
二年至三年	1000.00	10	100.00	345819.67	10	34581.96
合计	4752238.52		9704.02	5626698.62		54414.03

3、预付帐款:31678891.39元,比上年同期下降了64.80%。下降的主要因素是:公司预付给九江化学纤维厂的购货及劳务等结算资金大为减少。

预付帐款欠款金额前五名:

单位	所欠金额	欠款时间	欠款原因
九江化学纤维厂	25583988.62	一年以内	预付款
新疆棉麻公司乌鲁木齐棉麻站商贸公司	1479418.43	一年以内	预付款
余杭工商企业有限公司	1000000.00	一年以内	预付款
山东省东营市棉麻公司	904283.64	一年以内	预付款
湖北省枝江市棉麻公司	700000.00	一年以内	预付款

4、应收补贴款期末余额312342.79元,为1999年度按权责发生制应退税额5892342.79元减实际退税5580000.00元后的应退数额。

(6)存货

项目	期初数		期末数	
	金额	跌价准备	金额	跌价准备
库存材料	30972006.60	0	26856808.14	270167.24
库存商品	5605394.64	0	5400268.87	
自制半成品	2601669.73	0	3068952.87	
在产品	1973475.30	0	2435591.32	149928.06
合计	41152546.27	0	37761621.20	420095.30

根据财政部财会字(1999)35号文件规定本年度提取存货跌价准备420095.30元。 变现价格按网上市场平均价格确定。

5、待摊费用:0元,比上年同期减少了1252971.00元,其中:

类别	期初数	本期增加	本期摊销	期末数
期初进项税	1252971.80		1252971.00	0

6、固定资产及累计折旧:固定资产原值本期增加121524347.92元,增加46.12% ,原因主要是收购了九江工化学纤维厂动力分厂及相关资产和在建工程转入。

①固定资产原值

类别	期初价值	本期增加	本期减少	期末价值
房屋及建筑物	70627606.00	54219618.52	0	124847224.52
通用设备	21676409.19	59045068.08	9138.00	80712339.27
专用设备	170771438.88	5084561.32	120580.54	175735419.66
运输设备	416000.00	3175100.00	0	3591100.00
合计	263491454.07	121524347.92	129718.54	384886083.45

②累计折旧:

类别	期初价值	本期增加	本期减少	期末价值
房屋及建筑物	20950547.05	12920542.75	0	33871089.80
通用设备	12179679.47	26430352.47	5618.30	38604413.64
专用设备	97784277.68	11325613.50	73108.79	109036782.39
运输设备	230945.04	1136805.04	0	1367750.08
合计	131145449.24	51813313.76	78727.09	182880035.91
③净值	132346004.83	66525333.27	50991.45	202006047.54

7、工程物资:18226373.78元,比上年同期增加4789547.22元,增加35.64%,原因是工程物资储备增加。

项目	期初数	本期增加	本期减少	期末数
2800吨粘胶长丝工程	13436826.56	4789547.22	0	18226373.78

8、在建工程:36801488.98元。较期初增加13997751.06元,增长61.38%其中:

工程项目	年初数	本期增加	本期转入固定资产	期末数	资金来源	工程进度
a.2800吨/年粘胶长丝	19290313.04	10802780.68		30093093.72	募集资金	未完工
b."五扩六"	3450852.34		3450852.34	0.00	自有	已完工
c.长丝技改	6301378.38		6301378.38		自有	已完工
d.浆纸技造	62572.54	344444.34		407016.88	自有	已完工
合计	22803737.92	17448603.40	3450852.34	36801488.98		

9、短期借款:14000000.00元。

借款类别	期末数	期初数	备注
抵押借款			
担保借款	14000000.00	31000000.00	
信用借款			
合计	14000000.00	31000000.00	

说明:期初2500万元短期借款转为长期借款,本期增加短期借款800万元。

10、长期借款:169350525.00元,其中:利息90525.00元。本金构成如下:

借款单位	金额	借款期限	年利率(%)	借款条件
中国建设银行	54000000.00	1982.12.10-2002.12.10	6.831	担保
	6760000.00	1991.09.20-2001.09.20	6.831	担保
九江分行营业部	2000000.00	1991.10.03-2001.10.03	7.56	担保
	20000000.00	1991.05.31-2004.05.31	6.831	担保
	4000000.00	1992.12.30-2002.12.30	6.831	担保
	25000000.00	1998.02.24-2001.02.23	6.534	担保
	57500000.00	1999.12.27-2005.08.10	6.831	担保
合计	169260000.00			

说明:长期借款比上年同期增加82590525元,增幅为95%。原因是:①2500万元短期借款转为长期借款;②2800吨粘胶长丝一期工程贷款5750万元到帐。

11、主营业务收入:236033886.80元,比去年同期增加43386649.41元,增长了22.52%,主要因素是浆纸分厂进入公司后,与去年相比增加了1-6月份收入,另一方面是粘胶长丝的产量扩大。

12、主营业务成本:190382818.73元,比去年同期上升42893852.43元,主要是因素是浆红分厂进入公司后与去年同期相比增加了1-6月份营业成本,另一方面是因 产销量而使销售成本增加。

13、其他业务利润:4321886.73元,比上年增加4320913.65元,主要原因是今年 收取的资金占用费列入,而去年则列入财务费用。

四、关联方关系及其交易

1、存在控制关系的关联方

企业名称	注册地点	主营业务	与本企业关系	经济性质	法定代表人
九江化学纤维厂	江西省九江市庐山哈蟆石	粘胶短纤维生产和销售	控股公司	国有	张棠华

2、存在控制关系关联的注册资本及其变化

企业名称	年初数	本上增加数	本年减少数	年末数
九江化学纤维厂	149720000.00			149720000.00

3、存在控制关系的关联方所持股份及其变化(单位:万股)

企业名称	年初数		本上增加数		本年减少数		年末数	
	金额	比例%	金额	比例%	金额	比例%	金额	比例%
九江化学纤维厂	6222	72.67	1244.4				7466.4	72.67

4、关联方交易

①公司向九江化学纤维厂租赁土地使用权,年租赁费为943160元;

②本期公司向九江化学纤维厂收取资金占用费4202746.53元;

③公司向九江化学纤维厂销售的商品,价格均按照市场价格结算,无高于或低于公司正常销售情况,本期共销售浆粕10012.0354吨,含税价65598855.94元。

④九江化学纤维厂向公司职工生活福利方面的供应和服务均按双方签订的《服务合同》进行结算。

⑤公司向九江化学纤维厂采购原材料、水、电、汽等,均根据双方签订的关联交易协议进行结算。明细资料如下(按无税价格计算):

交易内容	价格(元/吨或度)	金额(元)	占同类交易金额的比率(%)	备注
隔膜碱	100	3211214.00	100	
离子膜碱	1550	7257845.55	100	
二硫化碳	2280	4566634.80	100	
硫酸	300	2502028.80	100	
硫酸锌	1250	550388.75	100	
蒸汽	46.21	19519940.00	100	
电	0.393	20538641.32	100	
浑水	0.10	1067058.90	100	
软水	0.20	449030.60	100	
辅助材料		15000662.56	100	
原煤	252	3094642.91	100	
建修劳务		16607558.36	95	

五、或有事项

本报告期内公司无应披露的或有事项。

六、承诺事项

本报告期内公司无应披露的其他承诺事项。

七、其他重要事项

本报告期内公司无应披露的其他重要事项。

(九) 公司的其他有关资料

1、公司首次注册登记日期:1996年12月4日 地点:江西省工商行政管理局

2、企业法人营业执照注册号:3600001130833

3、税务登记号码:36040015830833-9

4、未流通股票的托管机构名称:深圳证券交易所

5、聘请的会计师事务所名称:江西恒信会计师事务 办公地址:南昌市叠山路119号

(十) 备查文件目录

1、载有法定代表人、主管会计工作负责人、主管会计人员签名并盖章的会计报 表。

2、载有会计师事务所盖章、注册会计师签名并盖章的审计报告原件。

3、报告期内在中国证监会指定报纸上公开披露过的所有公司文件的正本及公告 的原稿。

4、在其它证券市场公布的年度报告。

上述备查文件均完整置于公司证券部。

九江化纤股份有限公司　　2000年2月15日

资产负债表　　1999年12月31日

编制单位:九江化纤股份有限公司　　金额单位:人民币元

资产	1998年12月31日	1999年12月31日
流动资产:		
货币资金	53678145.24	142444487.95
短期投资		
减:短期投资跌价准备		
短期投资净额		
应收票据		1430000.00
应收股利		
应收利息		
应收款项	4752238.52	5626698.62
应收帐款	3301506.40	4499652.38
其他应收款	1450732.12	1127046.24
减:坏帐准备	9704.02	54414.03
应收帐款净额	4742534.50	5572284.59
预付帐款	90034705.21	31678891.39
应收补贴款		292068.04
存货	41152546.27	37761621.20

减:存货跌价准备		420095.30
存货净额	41152546.27	37341525.90
待摊费用	1252971.80	
待处理流动资产净损失		
一年内到期的长期债权投资		
其他流动资产		
流动资产合计	190860903.02	218759257.87
长期投资:		
长期股权投资		
长期债权投资		
长期投资合计		
减:长期投资减值准备		
长期投资净额		
固定资产:		
固定资产原价	263491454.07	384886083.45
减:累计折旧	131145449.24	182880035.91
固定资产净值	132346004.83	202006047.54
工程物资	13436826.56	18226373.78
在建工程	22803737.92	36801488.98
固定资产清理	9422.00	
待处理固定资产损失		
固定资产合计	168595991.31	257033910.30
无形资产及其他资产:		
无形资产		16743.00
开办费	606546.91	404364.67
长期待摊费用		
其他长期资产		
无形资产及其他资产合计	606546.91	421107.67
递延税项:		
递延税款借项		
资产总计	360063441.24	476214275.84
负债及股东权益		
流动负债:		
短期借款	31000000.00	14000000.00
应付票据		
应付帐款	302658.29	13634839.65
预收帐款	252967.31	2738581.72
代销商品款		
应付工资		
应付福利费	2829317.67	4989201.16
应付股利		
应交税金	1746276.50	4948444.19
其他应交款	1004046.76	1782900.68
其他应付款	1591688.68	1556348.90
预提费用	813029.07	1723610.58
一年内到期的长期负债		
其他流动负债		
流动负债合计	39539984.28	45373926.88
长期负债:		
长期借款	86760000.00	169350525.00
应付债券		
长期应付款		
住房周转金		
其他长期负债		
长期负债合计	86760000.00	169350525.00
递延税项:		
递延税款贷项		
负债合计	126299984.28	214724451.88
股东权益		
股本	85620000.00	102744000.00
资本公积	96704208.97	79580208.97
盈余公积	7715887.20	11874842.25
其中:公益金	2571962.41	3958280.76
未分配利润	43723360.79	67290772.74
股东权益合计	233763456.96	261489823.96
负债及股东权益总计	360063441.24	476214275.84

利润及利润分配表　　1999 年度

编制单位:九江化纤股份有限公司　　金额单位:人民币元

资产	1998 年度	1999 年度
一、主营业务收入	192647237.39	236033886.80
减:折扣与折让		
主营业务收入净额	192647237.39	236033886.80
减:主营业务成本	147488966.30	190382818.73
主营业务税金及附加	967543.71	1595885.87
二、主营业务利润	44190727.38	44055182.20
加:其他业务利润	973.08	4321886.73
减:存货跌价损失		420095.30
营业费用	218032.57	436347.69
管理费用	5389402.31	6483998.52
财务费用	4281834.31	8121498.74
三、营业利润	34302431.27	32915128.68
加:投资收益		
补贴收入		
营业外收入	113000.00	56314.87
减:营业外支出	192832.57	351686.52
四、利润总额	34222598.70	32619757.03
减:所得税	5915634.24	4893390.03
五、净利润	28306964.46	27726367.00
加:年初未分配利润	19662441.00	43723360.79
盈余公积转入		
六、可供分配的利润	47969405.46	71449727.79
减:提取法定盈余公积	2830696.45	2772636.70
提取法定公益金	1415348.22	1386318.35
七、可供股东分配的利润	43723360.79	67290772.74
减:应付优先股股利		
提取任意盈余公积		
应付普通股股利		
转作普通股股利		
八、未分配利润	43723360.79	67290772.74

现金流量表　　1999 年度

编制单位:九江化纤股份有限公司　　金额单位:人民币元

项目	金额
一、经营活动产生的现金流量:	
销售商品、提供劳务收到的现金	279553755.61
收取的租金	
收到的税费返还	5580000.00
收到的其他与经营活动有关的现金	4267763.53
现金流入小计	289401519.14
购买商品、接受劳务支付的现金	171595538.11
经营租赁所支付的现金	943160.00
支付给职工以及为职工支付的现金	20068461.91
支付的增值税款	15471881.08
支付的所得税款	10229234.65
支付的除增值税、所得税以外的其他税费	1649926.20
支付的其他与经营活动有关的现金	2070964.51
现金流出小计	222029166.46
经营活动产生的现金流量净额	67372352.68
二、投资活动产生的现金流量:	
收回投资所收到的现金	
分得股利或利润所收到的现金	
取得债券利息收入所收到的现金	
处置固定资产、无形资产和其他长期资产而收回的现金净额	
收到的其他与投资活动有关的现金	1572183.80
现金流入小计	1572183.80
购建固定资产、无形资产和其他长期资产所支付的现金	36076435.45
权益性投资所支付的现金	
债权性投资所支付的现金	
支付的其他与投资活动有关的现金	
现金流出小计	36076435.45
投资活动产生的现金流量净额	-34504251.65
三、筹资活动产生的现金流量:	
吸收权益性投资所收到的现金	
发行债券所收到的现金	
借款所收到的现金	71500000.00
收到的其他与筹资活动有关的现金	
现金流入小计	71500000.00
偿还债务所支付的现金	6000000.00
发生筹资费用所支付的现金	
分配股利或利润所支付的现金	
偿付利息所支付的现金	9601758.32
融资租赁所支付的现金	
减少注册资本所支付的现金	
支付的其他与筹资活动有关的现金	
现金流出小计	15601758.32
筹资活动产生的现金流量净额	55898241.68
四、汇率变动对现金的影响	
五、现金及现金等价物净增加额	88766342.71
附注:	
1.不涉及现金收支的投资和筹资活动	
以固定资产偿还债务	
以投资偿还债务	
以固定资产进行长期投资	
以存货偿还债务	
融资租赁固定资产	
2.将净利润调节为经营活动的现金流量	
净利润	27726367.00
加:计提的坏帐准备或转销的坏帐	44710.01
固定资产折旧	12588212.28
无形资产摊销	202182.24
处置固定资产、无形资产和其他长期资产的损失(减收益)	
固定资产报废损失	56813.45
财务费用	8120099.52
投资损失(减收益)	
存货的减少(减增加)	3390925.07
经营性应收项目的减少(减增加)	-8686328.78
经营性应付项目的增加(减减少)	21588317.31
增值税净增加净额	2341054.58
其他	
经营活动产生的现金流量净额	67372352.68
3.现金及现金等价物净增加情况:	
货币资金的期末余额	142444487.95
减:货币资金的期初余额	53678145.24
现金等价物的期末余额	
减:现金等价物的期初余额	
现金及现金等价物净增加额	88766342.71

珠海格力电器股份有限公司

珠海格力电器股份有限公司1999年年度报告摘要

(一) 公司简介

公司法定中文名称:珠海格力电器股份有限公司
公司法定英文名称:GREE ELECTRIC APPLIANCES,INC.OF ZHUHAI
公司法定代表人:苏结宏
公司董事会秘书:刘兴浩
联系地址:珠海市前山金鸡西路6号　　联系电话:0756-8614883-2416
联系传真:0756-8614998　0756-8622581　　电子信箱:gree0651@gree.com.cn
公司注册地址:珠海市前山金鸡西路6号
公司办公地址:珠海市前山金鸡西路6号
公司办公联系电话:0756-8614883　　邮政编码:519070
公司网址:http://www.gree.com.cn　　公司电子信箱:gree@gree.com.cn
选定的信息披露报刊:中国证券报、证券时报、上海证券报
登载年度报告的中国证监会指定的国际互联网网址:http://www.cninfo.com.cn
公司年度报告备置地点:珠海市前山金鸡西路6号
股票上市地:深圳证券交易所　股票简称:格力电器　　股票代码:0651

(二) 会计数据和业务数据摘要

1、公司本年度实现利润总额:270,048,873.92元
净利润:229,161,235.93元
扣除非经常性损益后的净利润:229,161,235.93元
主营业务利润:917,401,073.85元
其他业务利润:6,256,200.14元
营业利润:266,449,112.32元
投资收益:1,747,277.25元
补贴收入:2,048,800.00元
营业外收支净额:-196,315.65元
经营活动产生的现金流量净额:349,632,758.65元
现金及现金等价物净增加额:152,333,375.10元。

2、公司前三年主要会计数据和财务指标(合并报表)

项　目	1999.12.31	1998.12.31		1997.12.31	
		调整前	调整后	调整前	调整后
主营业务收入	5165641243	4298140976	4298140976	3451661951	3451661951
净利润	229161235	211780756	215077377	202300722	210251081
总资产	3423855391	2925729402	2925910268	1985569598	1981579032
股东权益	1057238919	958832200	958139483	606236754	602247416
每股收益	0.705	0.65	0.66	1.35	1.40
每股净资产	3.25	2.95	2.94	4.04	4.01
调整后的每股净资产	3.23	2.90	2.89	3.83	3.80
每股经营活动产生的现金流量净额	1.08	1.75	1.75		
净资产收益率(%)	21.68	22.09	22.45	33.37	34.91

注1:按月平均加权法计算的每股收益为0.705元,扣除非经常性损益后的每股收益为0.705元。
注2:主要财务指标计算方法:
每股收益=净利润/年度末普通股股份总数
每股净资产=年度末股东权益/ 年度末普通股股份总数
调整后的每股净资产=(年度末股东权益-三年以上应收款项净额-待摊费用- 待处理(流动、固定)资产净损失-开办费-长期待摊费用-住房周转金负数余额)/年度末普通股股份总数
每股经营活动产生的现金流量净额=经营活动产生的现金流量净额/年度末普通股股份总数
净资产收益率=净利润/年度末股东权益*100%

3、股东权益变动情况

项　目	股　本(万股)	资本公积(万元)	盈余公积(万元)	法定公益金(万元)	未分配利润(万元)	股东权益合计(万元)
期初数	32,520	17,114.16	46,179.79	5,843.11	0	95,813.95
本期增加	0	1.82	9,908.12	1,505.8	22,916.12	9,909.94
本期减少	0				22,916.12	
期末数	32520	17,115.98	56,087.91	6,988.91	0	105,723.89
变动原因		捐赠	利润分配	利润分配	利润分配	利润分配

(三) 股东情况介绍

(1)截止1999年12月31日,公司股东共99,812户。
(2)前10名股东持股情况

股东名称	年末持股数量	持股比例
1.珠海格力集团公司	180,000,000	55.35%
2.珠海格力房产有限公司	30,000,000	9.23%
3.珠海华声实业(集团)股份有限公司	6,000,000	1.85%
4.马新中	368,980	0.113%
5.国贸汽车服务公司汽配总汇	330,000	0.101%
6.吉林省富民实业有限公司	210,000	0.065%
7.李瑞良	208,360	0.064%
8.夏建全	189,840	0.058%
9.梁美英	176,635	0.054%
10.普丰证券投资基金	175,000	0.054%

前三名股东为法人股东,所持股份为未上市流通股份,本年度持股数量没有增减变动。 其余股东所持股份为已上市流通股份。

珠海格力集团公司持有珠海格力房产有限公司26.73%的股份。

(四) 股东大会简介

(1)1999年4月24日在《中国证券报》、《证券时报》和《上海证券报》公告了关于1999年5月26日召开第十届股东大会的通知,大会于1999年5月26日在公司如期召开。公司董事、监事、高级管理人员及股东共14人出席了大会,代表股份216,078,000股,占总股份的66.44%。大会通过了《1998年度财务报告》、《1998年年度报告》、《1998年度董事会报告》、《1998年度监事会报告》及《1998年度利润分配方案》。具体内容公告于1999年5月27日之《中国证券报》、《证券时报》和《上海证券报 》之上。

(2)1999年7月16日在《中国证券报》、《证券时报》和《上海证券报》公告了关于1999年8月16日召开临时股东大会的通知,大会如期在公司召开。公司董事、监 事、高级管理人员及股东12人出席了大会,代表股份216,101,400股,占总股份的66.45%。大会通过了投资设立格力电器(巴西)有限公司的决议及修改《公司章程》中关于营业范围(增加自营进出口贸易业务)的决议。具体内容公告于1999年8月17日 之《中国证券报》、《证券时报》和《上海证券报》之上。

(五) 董事会报告

1、公司经营情况。
(1)行业简介及公司在行业中的地位

我公司目前是生产销售空调器的专业化企业。我国空调器的普及率还较低,需求总量每年以较快速度增长,行业将保持较快发展。公司在激烈的竞争中稳步发展,1999年生产空调153万台,销售146万台,产销量居全国第一位,继续保持行业领先优势。(资料来源于中国轻工业信息中心)

(2)公司主营业务的范围及其经营状况。

主营业务范围:生产销售空调器、自营空调器出口业务及其相关零配件的进出口业务。

1999年,公司实现销售收入51.66亿元,比上年增长20%,实现净利润2.29亿元 ,比上年增长8.2%,净资产收益率达21.68%,取得了良好的经济效益。

公司主营业务收入由内销和出口两部分组成,组成结构如下:

分　类	销售收入(亿元)	占销售总额比例	比上年增长
国　内	47.51	91.97	17.2%
国　外	4.15	8.03	70.7%

(3)在经营活动中出现的问题与困难及解决办法。

a.市场需求向个性化方向发展,产品的生命周期缩短,大批量生产销售单一规格品种已不能满足市场的需求。对此,公司将加大科技投入,改进新产品开发手段,加大新产品开发力度,缩短新产品开发周期,狠抓零部件的标准化和通用化,大量推出新产品以满足消费者的需求。

b.企业经过几年的高速发展,员工队伍中出现了一些满足情绪。对此,公司进一步完善考核制度和激励机制。

c.空调价格年年下降,市场竞争越来越激烈。对此,一方面公司将进行全方位的创新,从技术、设计、工艺、管理入手,降低成本,提高技术含量和产品质量争创行业内的新优势;另一方面加大非空调类产品的开发力度。

2、公司财务状况。本年度末总资产为34.24亿元,比上年增加4.98亿元,增幅为17%,总资产增加因公司生产经营规模扩大,资金回笼良好,为提高产品质量,防止旺季保量降质,所以公司增加了淡季的产量,增加库存所致。长期负债年末数为0元,公司经营没有银行 负债,原因是公司信誉良好,向供应商和经销商负债,供应商先交货后付款,经销商先付款后提货。股东权益年末数为10.57亿元,较上年增加9900万元,增幅为10.33%,因本年度利润分配而增加。主营业务利润为9.17亿元,较上年减少8.64%,主要因产品价格降低所致。净利润为2.29亿元,比上年增长8.2%,主要因开拓市场,增加 销售,加强管理所致。

3、公司投资情况。
(1) 募股资金使用情况

1998年5月实施了配股方案,配股募集资金27089万元。截止本报告期末,配股资金按配股说明书承诺的用途、进度全部用于技术改造项目。除CIMS项目尚末完工以外,其余项目已全部完工。CIMS项目所需资金余额将用自有资金投入。各个项目的投资情况及进度如下:

项目名称	计划投入(万元)	实际投入(万元)	建设周期(年)	项目进度
钣金开料生产线	2581	2581	1	100%
钣金冲压生产线	2800	2800	1	100%
柜机喷塑生产线	2820	2820	1	100%
窗机、分体机喷塑生产线	2765	2765	1	100%
中央空调生产线	2900	2900	1	100%
控制器生产线	2721	2721	1	100%
实验测试中心	2930	2930	1	100%
注塑生产线	2884	2884	1	100%
热交换器生产线	2770	2770	1	100%
CIMS项目	2950	2230	3	76%

以上项目主要是用于研究开发空调器及生产空调器零配件,没有单独核算经济效益。

(2) 其他投资情况:公司在本报告期内无其他投资。

4、新年度业务发展计划。
(1)尽快完成配股计划。
(2)完善产品开发手段,加大新产品开发力度,重点开发中央空调新产品,使 之成为公司新的业务增长点。提高产品的质量、完善产品性能。
(3)加大非空调类产品的研究力度,为公司持续发展打下坚实基础。
(4)完成格力(电器)巴西有限公司的筹建工作,力争年底投产。
(5)加强企业管理。深入开展在科技、管理、考核、营销、观念等全方面的创 新活动。
(6)加强企业文化建设,提高管理队伍的素质,增强干部的责任心,团结奋斗 ,力争2000 年保持主营业务和利润稳步增长。

5、董事会日常工作情况
(1) 报告期内董事会的会议情况及决议内容。

a.1999年4月22日在董事长会议室召开了四届八次董事会,5位董事全部到会,监事会主席和董事会秘书列席了会议。会议审议通过了《1998年度财务报告》、《1998年年度报告》、《1998年年度报告摘要》及每10 股派4元现金的分红预案。

b.1999年5月26日在董事长会议室召开了四届九次董事会,4位董事到会, 监事会 主席和董事会秘书列席了会议,会议决定将《1998年度董事会报告》和《1998年度监 事会报告》提交第十届股东大会审议表决。

c.1999年7月14日在董事长会议室召开了四届十次董事会,5位董事全部到会, 监 事会主席和董事会秘书列席了会议。会议审议通过了在巴西设立格力电器(巴西)有限公司的决议;修改公司章程中营业范围条款的决议,增加公司经营相关产品的进出口 业务;同意况涌先生辞去董事会秘书职务,聘刘兴浩先生任董事会秘书;同意于1999 年 8月16日召开临时股东大会审议设立格力电器(巴西)有限公司及修改《公司章程》的议案。

d.1999年7月21日在董事长会议室召开了四届十一次董事会。5位董事全部到会,监事会主席和董事会秘书列席了会议。会议审议通过了《1999年中期报告》;1999年中期利润不分配,也不进行资本公积金转增股本。

天津泰达股份有限公司

(一) 公司简介

1、法定名称:天津泰达股份有限公司
英文名称:TIANJIN TEDA CO., LTD.
(TIANJIN ECONOMIC-TECHNOLOGICAL DEVELOPMENT AREA CO., LTD.)
2、法定代表人:刘惠文先生
3、董事会秘书:王平芬女士
联系电话:(022)26828217 26397997—3177 传真:(022)26828217
联系地址:天津市北辰区引河南道
4、注册地址:天津泰达中心(天津开发区第三大街16号) 办公地址:天津市北辰区引河南道
邮政编码:300400 电子信箱:teda@shell. tjvan. net. cn.
公司国际互联网网址:http://www.teda-stock.com.cn.
5、公司指定的信息披露报刊:《证券时报》和《中国证券报》。
公司指定的信息披露网站:http://www.cninfo.com.cn. 年报备置地点:董事会秘书处
6、股票上市交易所:深圳证券交易所 股票简称:泰达股份 股票代码:0652

(二) 会计数据和业务数据摘要

(单位:元)

1、利润总额:	186902061.18
净利润:	167205283.71
扣除非经营性损益后的净利润:	163328439.67
主营业务利润:	131137815.41
其他业务利润:	17416969.07
营业利润:	130178353.75
投资收益:	25449387.14
补贴收入:	29386626.27
营业外收支净额:	1887694.02
经营活动产生的现金流量净额:	122587671.96
现金及现金等价物净增加额:	−21988027.69

注:扣除非经营性损益涉及的项目和金额包括:

(1)、资产处置收益:	1130893.22 元
(2)、一次性补贴收入:	2945950.82 元
(3)、合并价差:	−200000.00 元
合计:	3876844.04 元

2、前三年的主要会计数据和财务指标:

指标项目	99 年度	98 年度(调整后)	98 年度(调整前)	97 年度
主营业务收入	217527232.25	214059104.94	214059104.94	150035208.24
净利润	167205283.71	130503899.12	133367499.80	71399445.31
总资产	742250762.80	639902961.72	642787815.57	847086653.73
股东权益(不含少数股东权益)	554591379.36	379553445.65	382417046.33	248983212.56
每股收益	0.6306	0.6891	0.7042	0.527
加权每股收益	0.6306	0.6891	0.7042	0.527
每股净资产	2.09	2.00	2.02	1.84
调整后每股净资产	2.08	1.97	1.99	1.83
每股经营活动产生的现金流量净额	0.4623	0.7349	0.7349	—
净资产收益率(%)	30.15	34.38	34.87	28.68

注1:扣除非经常性损益后的每股收益:0.6160元
注2:主要财务指标的计算公式:
每股收益=净利润/年度末普通股股份总数
加权每股收益=当期净利润/[期末股份总数/(1+配股比例或增发新股比例)+期末 股份总数/(1+配股比例或增发新股比例)* 配股比例或增发新股比例 * 缴款结束日下一 月份至期末的月份数/12]
每股净资产=年度末股东权益/ 年度末普通股股份总数
净资产收益率=净利润/年度末股东权益 *100%
调整后的每股净资产=(年度末股东权益-三年以上的应收款项净额-待摊费用-待 处理(流动、固定)资产净损失-开办费-长期待摊费用-住房周转金负数余额)/年度末 普通股股份总数
每股经营活动产生的现金流量净额=经营活动产生的现金流量净额/年度末普通股股份总数
注3:需要说明的事项:由于会计政策的变更,根据财政部财会字(1999)35号文、49号文的有关规定,采用了追溯调整法,调整了期初留存收益及相关项目期初数,利润及 利润分配表的上年数栏,已按调整后的数字填列。会计政策变更的累计影响数为2884853.85元,其中因坏帐准备计提方法变更的累计影响数为2884853.85元;由于会计政策 的变更,调减了1998年度净利润2863600.68元,调减了1999年初留存收益2884853.85元,其中未分配利润调减了2434060.58元,赢余公积调减了429540.10元,少数股东权益调减了21253.17元。

(三) 股本变动及股东情况

1、股东情况介绍:截止1999年12月31日,公司股东总数为37708户。
2、持有公司5%(含5%)以上股份的股东为天津泰达集团有限公司。其年内股份 变动增减情况如下:在本公司实施98年度税后利润分红方案(每10股送4股红股)后,天 津泰达集团有限公司持有本公司国家股104228156股, 持有本公司法人股 8395525股, 持股总数为112623681股,占本公司总股本的42.47%。
3、公司前十名股东持股情况:

股东名称	持股数(股)(期初)	持股数(股)(期末)	变动原因	占总股数比例(%)
天津泰达集团有限公司	80145198	112623681	送股及受让法人股所致	42.47
联合证券有限责任公司	0	5074422	二级市场购买	1.91
中粮辽宁粮油进出口公司	3002907	4204069	送股所致	1.59
上海启茂实业公司	3002907	4204069	送股所致	1.59
农行贵州信托投资公司	2402325	3363255	送股所致	1.27
农行信托上海证券业务部	1501453	2102034	送股所致	0.79
农行深圳信托投资公司	1501453	2102034	送股所致	0.79
吉林农行信托投资公司	1501453	2102034	送股所致	0.79
中国化工进出口总公司	1501453	2102034	送股所致	0.79
中国民族国际信托投资公司	1501453	2102034	送股所致	0.79

说明:1、持有公司5%以上股份的股东仅有天津泰达集团有限公司一家,其法定代表人为刘惠文先生;经营范围为工业、商业、房地产业的投资、经营与管理咨询业务 、化纤;不存在股份的质押情况。
2、前十名股东间不存在关联关系。

福建九州集团股份有限公司

一、公司简介

1、公司全称:福建九州集团股份有限公司
英文简称:FUJIAN JIUZHOU GROUP CO.,LTD.
2、公司法定代表人:赵裕昌
3、公司董事会秘书:邵军
联系地址:厦门市莲花香秀里62号九楼
联系电话:0592-5516666-7889
联系传真:0592-5517799
电子信箱:jz0653@jzgroup.com.cn
4、公司注册地址:福建省厦门市莲花香秀里62号八楼
办公地址:福建省厦门市莲花香秀里62号九楼
邮 编:361009
公司网址: http://www.jzgroup.com.cn
5、公司信息披露报纸名称:《证券时报》
公司年报国际互联网网址:http//www.cninfo.com.cn
公司年度报告备置地址:公司证券部
6、公司股票上市地:深圳证券交易所
股票简称:九州股份
股票代码:0653

二、会计数据与业务数据摘要

1.本年度主要会计数据: (单位:元)

项 目	1999 年
利润总额	−449,877,869.54
净利润	−415,689,622.40
扣除非经常性损益后的净利润	−416,008,121.47
主营业务利润	43,127,882.34
其他业务利润	−2,813,122.13
投资收益	2,889,210.25
补贴收入	1,942,900.00
营业外收支净额	−318,499.07
经营活动产生的现金流量净额	34,433,736.31
现金及现金等价物净增加额	−8,474,591.28

2.公司近三年主要财务指标:

项 目	1999 年	1998 年	1997 年
主营业务收入(万元)	34,918	45,580	136,532
净利润(万元)	−41,569	1,041	4,813
总资产(万元)	136,781	119,379	117,521
股东权益(万元)	16,926	61,351	44,907
每股收益(元)(摊薄)	−1.40	0.035	0.185
每股净资产(元)(摊薄)	0.57	2.07	1.73
调整后每股净资产	0.44	2.02	1.66
每股经营活动产生的现金流量净额	0.11	−0.19	
净资产收益率(%)	−245.60	1.70	10.71

说明:由于公司部分子公司,因客观原因未按照规定提供调整前后的相关会计数据,故只能披露按以前年度报表期末数据的相关指标。
上述主要财务指标的计算公式如下:
A、每股收益=净利润/年度末普通股股份总数
B、每股净资产=年度末股东权益总额/年度末普通股股份总数
C、调整后的每股净资产=(年度末股东权益- 三年以上的应收款项-待摊费用- 待处理(流动、固定)资产净损失-开办费-长期待摊费用-住房周转金负数余额)/年度末普通股股份总数
D、每股经营活动产生的现金流量净额=经营活动产生的现金流量净额/年度末普 通股股份总数
E、净资产收益率=净利润/年度末股东权益×100%

三、股本变动及股东情况介绍

(一)股本结构情况 单位: 万股

项 目	期初数	期末数
(1)尚未流通股份		
1.发起人股份		
其中:国家拥有股份	6,566.50	6,566.50
2.募集法人股	1,400.00	1,400.00
4.优先股或其他尚未流通股份合计	22,200.74	7,966.50
(2)已流通股份		
1. 境内上市的人民币普通股	7,470.40	21,704.64
2.已流通股份合计	7470.40	21,704.64
(3)股份总数	25,983.60	29,671.14

(二)股东情况介绍
1、截止1999年12月31日,公司股东总数为89,079户。
2、前10名股东持股情况(截止1999年12月31日): 单位:股

股东名称	年末持股量	持股比例(%)	备注
福建省国有资产管理局(国家持股单位)	65,665,000	22.13	国家股
福建九州映雪啤酒有限公司	8,000,000	2.70	法人股
申银万国证券股份有限公司	4,704,726	1.59	社会公众股
厦门市龙泉钛金属制品公司	4,000,000	1.35	法人股
中国残疾人基金联合会	2,000,000	0.67	法人股
蔡备备	915,216	0.31	社会公众股
成菊兰	695,680	0.31	社会公众股
海南北方实业总公司	630,300	0.21	社会公众股
李晓虹	612,720	0.21	社会公众股
杜瑾芬	550,000	0.19	社会公众股

持股5%以上股东是福建省国有资产管理局,该股东在报告期内没有质押其所持 股份。
3、持股10%以上的股东情况介绍
福建省国有资产管理局是国家股持有单位,局长林永经。
4、报告期内控股股东无变更情况。

山东淄博华光陶瓷股份有限公司

一、公司简介

公司名称:山东淄博华光陶瓷股份有限公司
英文名称:Shandong Zibo Huaguang Ceramics Co.Ltd.
公司法定代表人:苏同强
董事会秘书:刘玉光　联系电话:0533-2064346　传真:0533-2061404
联系地址:中国山东省淄博市张店区湖田镇　邮政编码:255076
公司电子信箱:hgjtzjb@zb-public.sd.cninfo.net　公司网址:http://www.huaguanggroup.com.cn
公司选定信息披露报纸:中国证券报 、证券时报
登载公司年度报告的中国证监会指定国际互联网网址:　http://www.cninfo.com.cn
公司年度报告备置地点:公司证券部
公司股票上市交易所:深圳证券交易所　股票简称:华光陶瓷　股票代码:0655

二、会计数据和业务数据摘要

1、本年度会计数据(单位:人民币元)

利润总额	23685293.98
净利润	19378522.18
扣除非经常损益后的净利润	11770222.18
主营业务利润	82480832.24
其他业务利润	3445688.46
营业利润	15405279.57
投资收益	65664.00
补贴收入	7608300.00
营业外收支净额	-233779.99
经营活动产生的现金净流量	44372199.56
现金及现金等价物净增加额	-270952.13

注:“扣除非经常损益后的净利润” 是指从净利润中扣除公司报告期内获得的政 府财政补贴 7501300 元和新产品增值税返还 107000 元。

2、主要会计数据和财务指标(单位:人民币元)

指标项目	1999 年	1998 年(调整后)	1998 年(调整前)	1997 年	比 98 年增减%
(1)主营业务收入	259649617.08	234641105.14	234641105.14	206427643.31	10.66
(2)净利润	19378522.18	45562548.59	47127293.20	37520335.26	57.47
(3)总资产	890932872.95	571675144.03	584056470.74	476356591.12	55.85
(4)股东权益	267303829.77	196088950.51	207010866.55	159883573.35	36.32
(5)每股收益	0.17	0.49	0.51	0.40	-65.31
(6)每股净资产	2.30	2.11	2.22	1.72	9.00
(7)调整后的每股净资产	2.02	2.02	2.15	1.68	—
(8)净资产收益率(%)	7.25	23.24	22.77	23.47	—
(9)加权平均每股收益	0.17	0.49	0.51	0.40	-65.31
(10)扣除非经常损益后的每股收益	0.10	0.49	0.51	0.40	-79.59
(11)每股经营活动产生的现金流量净额	0.38	-0.0003	-0.0003	—	—

注:(1)主要财务指标的计算公式如下:
每股收益=净利润/年度末普通股股份总数
每股净资产=年度末股东权益/ 年度末普通股股份总数
调整后的每股净资产=(年度末股东权益-三年以上的应收款项净额-待摊费用-待 处理(流动、固定)资产净损失-开办费-长期待摊费用-住房周转金负数余额)/年度末 普通股股份总数
每股经营活动产生的现金流量净额=经营活动产生的现金流量净额/年度末普通股股份总数
净资产收益率=净利润/年度末股东权益×100%

(2)1999 年度内,本公司经批准吸收合并了山东汇宝集团股份有限公司。本公司已按会计准则中规定的权益联营法对公司期末资产、负债、股东权益及 99 年度损益进行了调整;公司期初资产、负债、股东权益及以前年度损益按财政部财会字 (1999)35 号 文、49 号文的有关规定进行了追溯调整。

3、报告期内股东权益变动情况　单位:元

项目	股本	资本公积	盈余公积	法定公益金	未分配利润	股东权益合计
期初数	93132000.00	13696255.58	25393658.98	12696829.49	63867035.95	196088950.51
本期增加	23255813.00	6888751.05	10508285.69	6304124.43	30561029.52	71214879.26
本期减少	0.00	0.00	0.00	0.00	0.00	0.00
期末数	116387813.00	20585006.63	35901944.67	19000953.92	94429065.47	267303829.77

注:(1) 股本增加系报告期内公司向山东汇宝集团股份有限公司全体股东定向发行人民币普通股 23255813 股,山东汇宝集团股份有限公司的股东按照 1.29:1 的折股比例 换取华光陶瓷定向发行的股票。

(2)资本公积增加系报告期内公司吸收合并山东汇宝集团股份有限公司增加的汇 宝公司的资本公积。

(3)盈余公积和法定公益金期初数原为 27578042.18 元和 13789021.09 元,因追溯调整以前年度坏账准备计提数和以前年度利润,分别追溯调减盈余公积和法定公益金 2184383.20 元和 1092191.60 元;两项的本期增加数为吸收合并山东汇宝集团股份有限公司增加的汇宝公司的盈余公积和法定公益金和分别按本期净利润的 10%提取的盈余公积和法定公益金。

(4)未分配利润期初数原为 72604568.79 元,因追溯调整以前年度坏账准备计提数,追溯调减未分配利润 8737532.84 元;本期增加数为吸收合并山东汇宝集团股份有限公 司增加的汇宝公司的未分配利润和本期提取盈余公积和法定公益金后的净利润。

三、股东情况介绍

1、至 1999 年 12 月 31 日,公司股东总户数 20614 户。
2、前十名股东:

名次	股东名称	持股数(万股)	占总股本数(%)
(1)	山东淄博国有资产管理局	4717.80	40.53
(2)	淄博市第一轻工业局	488.37	4.20
(3)	山东淄博振华工贸公司	393.80	3.38
(4)	淄博湖岭企业集团有限公司	363.60	3.12
(5)	山东证券有限责任公司	348.84	3.00
(6)	淄博市周村建筑陶瓷厂	330.00	2.84
(7)	淄博市张店华丰实业总公司	205.00	1.76
(8)	中国经济开发信托投资公司	120.00	1.03
(9)	淄博市周村区公有资产经营中心	110.00	0.95
(10)	淄博周村鹏远实业发展有限公司	99.92	0.86

以上前十名股东不存在关联交易。

重庆东源钢业股份有限公司

一、公司简介

1、公司法定中文名称:重庆东源钢业股份有限公司
公司法定英文名称:CHONGQING DONGYUAN STEEL Co.Ltd
2、公司法定代表人:杨天举
3、公司负责信息披露事务人员姓名:罗东秋、段俊炜
联系地址:重庆东源钢业股份有限公司金融证券部
电话:(023)67868632　传真:(023)67868632
电子信箱:cgzqb@163.net
4、公司注册地址:重庆市渝中区民族路 15 号
公司办公地址:重庆市江北区建新北路 84 号　邮政编码:400020
电子信箱:cqdy@163.net
5、公司指定信息披露报刊:《中国证券报》《证券时报》
登载公司年度报告的中国证监会指定国际互联网
网址:http: www.cninfo.com.cn
公司年度报告备置地点:本公司金融证券部
6、公司股票上市地:深圳证券交易所
股票简称:重庆东源　股票代码:0656

二、会计数据和业务数据摘要

1、本年度利润总额及其构成(单位:元)

利润总额	-20,710,374.76
净利润	-20,718,107.97
扣除非经营性损失的净利润	-9,927,690.71
主营业务利润	29,490,404.39
其它业务利润	1,714,344.90
营业利润	-11,737,620.52
投资收益	-310,067.96
补贴收入	0.00
营业外收支净额	-8,662,686.28
经营活动产生的现金流量净额	11,788,976.31
现金及等价物增加净额	5,591,258.56

注:扣除非经营性损益涉及的项目及金额包括:固定资产及存货报废净损失 10,790,417.26 元。

2、截至本报告期,公司前三年主要会计数据及财务指标:(单位:万元)

项目	1999 年度	1998 年度		1997 年度	
		调整后	调整前	调整后	调整前
主营业务收入	37,142	36,393	39,013	43,289	43,289
总资产	48,014	49,426	51,053	51,283	52,686
股东权益	29,444	31,516	30,165	28,794	30,197
每股收益(元/)	-0.10	0.13	0.15	0.10	0.17
扣除非经营性损益后的每股收益(元/股)	-0.05	0.13	0.15	0.10	0.17
每股净资产(元/股)	1.43	1.53	1.47	1.40	1.48
净资产收益率(%)	-7.04	8.64	10.13	7.13	11.38
调整后的每股净资产(元/股)	1.07	1.47	1.28	1.35	1.38
每股经营活动产生的现金流量净额(元/股)	0.06	0.02	0.02		

每股收益=净利润/年度末普通股股份总数
每股净资产=年度末股东权益/ 年度末普通股股份总数
净资产收益率=净利润/年度末股东权益×100%
调整后的每股净资产=(年度末股东权益-三年以上的应收款项-待摊费用-待处理(流动、固定)资产净损失-开办费-长期待摊费用)/年度末普通股股份总数
每股经营活动产生的现金流量净额=经营活动产生的现金流量净额/普通股股份总数

3、本年度固定权益变动情况:(单位:万元)

项目	股本	资本公积	盈余公积	法定公益金	未分配利润	股东权益合计
期初数	20582	3238	2685	799	5011	31516
本期增加						
本期减少					2072	2072
期末数	20582	3238	2685	799	2939	29444
变动原因					亏损	亏损

三、股本变动及股东情况

1、股本变动情况　(单位:万股)

	期初数	本次股本变动情况	期末数
(1)尚未流通股			
国有法人股	13212		13212
未流通股合计	13212		13212
(2)已流通股份			
境内上市流通股	7370		7370
已流通股股份合计	7370		7370
股份总数	20582		20582

2、股东情况介绍
(1) 本报告期末股东总数为:32930 户。(截止 1999 年 12 月 31 日)
(2)持有本公司股份前十名股东持股情况:

股东名称	年末持股数	持股比例
1、泛华工程有限公司	72040000	35%
2、重庆钢铁(集团)有限责任公司	60081847	29.19%
3、程佩秋	651850	0.32%
4、张秀容	640000	0.31%
5、王祥均	499880	0.24%
6、钟丽	495740	0.24%
7、舒竞	470403	0.23%
8、海通长春	437368	0.21%
9、徐志安	335950	0.16%
10、丛莹莹	315000	0.15%

说明:重庆钢铁(集团)有限责任公司为本公司原第一大股东,于 1999 年 1 月将其持 有的本公司 35%股份转让给泛华工程有限公司,转让后仍持有 29.19%。

海南金海股份有限公司

一、公司简介

1、公司中文名称:海南金海股份有限公司
公司英文名称:HAINAN JINHAI CORP., LTD.
缩写:HAINAN JINHAI
2、公司法定代表人:邓志雄
3、公司董事会秘书:冯晓元
授权代表:何立芝
联系地址:海南省海口市龙昆北路2号珠江广场帝都大厦18层 电话:(0898)6777324
传真:(0898)6779318 电子信箱:jinhai zq@ public. hk. hi. cn.
4、公司注册、办公地址:海南省海口市龙昆北路2号珠江广场帝都大厦18层
邮政编码:570125 公司电子信箱:jinhai @ public. hk. hi. cn.
5、公司选定的信息披露报纸:《证券时报》《中国证券报》
登载年度报告的中国证监会指定国际互联网网址:http://www.cninfo.com.cn
公司年度报告备置地点:海口市龙昆北路2号珠江广场帝都大厦18层公司办公楼证券部
6、公司股票上市交易所:深圳证券交易所 股票简称:金海股份 股票代码:0657

二、会计数据和业务数据摘要

1、本年度利润总额及其构成

利润总额	56,292,351.83
净利润	51,555,929.75
扣除非经营性损益后的净利润	49,472,738.22
主营业务利润	117,571,113.71
其他业务利润	1,900,182.03
营业利润	54,099,160.30
投资收益	110,000.00
补贴收入	41,184.01
营业外收支净额	2,042,007.52
经营活动产生的现金流量净额	-69,067,742.50
现金及现金等价物净增加额	168,435,131.23

注:补贴收入金额为41,184.01元,是出口创汇海南商贸厅鼓励企业出口补贴收入 。

2、近三年会计数据和财务指标

指标项目	1999年	1998年		1997年	
		调整前	调整后	调整前	调整后
主营业务收入	805875913.49	196818809.29	196818809.29	107874023.89	107874023.89
净利润	51555929.75	53279662.31	38525482.87	25362394.94	18650729.32
总资产	881617876.92	514204112.46	445941614.49	418195330.42	369536665.68
股东权益	480163488.04	299118806.75	224008405.14	245839144.44	191978581.92
每股收益	0.30	0.46	0.33	0.22	0.16
加权平均每股收益	0.35	0.46	0.33	0.23	0.17
扣除非经营性损益后每股收益	0.29	0.46	0.33	0.22	0.16
每股净资产	2.81	2.56	1.92	2.11	1.64
调整后每股净资产	2.80	2.51	1.87	2.08	1.62
每股经营活动产生的现金流量净额	-0.4	0.04	0.04		
净资产收益率(%)	10.74	17.81	17.20	10.32	9.72

1 其计算工式如下:
每股收益=净利润/年度末普通股股份总数
每股净资产=年度末股东权益/ 年度末普通股股份总数
调整后的每股净资产=[年度末股东权益-三年以上的应收款项净额-待摊费用-待处理(流动、固定)资产净损失-开办费-长期待摊费用-住房周转金负数余额]/年度末普通股股份总数
每股经营活动产生的现金流量净额=经营活动产生的现金流量净额/年度末普通股股份总数
净资产收益率=净利润/年度末股东权益×100%
2.调整前指公司会计政策、会计估计变更调整前的会计数据,调整后指公司会计政策、会计估计变更调整后的会计数据
3.说明:由于会计政策变更根据财政部财会字(1999)35号文、49号文的有关规定,调整了1999年度会计报表相关的"坏帐准备"帐项,并采用了追溯调整法调整了以前年度帐项。

3、报告期内股东权益变动情况

项目	股本	资本公积	盈余公积	法定公益金	未分配利润	股东权益合计
期初数	116775000	77568489.13	7244512.80	7244512.80	25452625.85	224008405
本期增加	54306300	188051771.09	10311185.94	5155592.97	41244743.81	293914000
本期减少		11677500.00			24868022.00	37758917
期末数	171081300	253942760.22	17555698.80	12400105.83	41829347.66	480163488

变动原因:1股本本期增加54,306,300元,原因为本期未分配利润、资本公积转增股本35,032,500元;本期配股股本增加19,273,800元。
2资产公积本期增加188,051,771.09元,为本期配股溢价所致,本期减少11,677,500元为转增股本。3盈余公积增加10,311,185.94元,法定公益金增加5,155,592.97元是根据董事会决议当年提取所致。
4未分配利润增加41,244,743.81元是本期净利润转入所致;减少24,868,022元为送红股所致。

三、股本变动及股东情况

1、股东情况介绍
1 报告期末股东总数21623个。
2 本公司前十名股东情况

名次	单位名称	期初持股数(股)	期末持股数(股)	占总股本比例(%)	变化原因
1	中钨硬质合金集团公司	37280250	53464325	31.25	送股、配股
2	中国有色金属工业财务公司	7087500	9213750	5.39	送股
3	国泰君安证券公司	0	7913490	4.63	配股承销(流通股)
4	海南恒润投资有限公司	5062500	6581250	3.84	送股
5	包头铝厂	4050000	5492400	3.21	送股、配股
6	海南金昌旅游实业有限公司	4151250	5396625	3.15	送股
7	汕头广澳金属型材厂	4050000	5265000	3.08	送股
8	金鑫基金	0	2677825	1.57	二级市场购入(流通股)
9	中国有色金属工业海南公司	2025000	2632500	1.54	送股
10	中国有色金属进出口广东公司	1316250	1785025	1.04	送股、配股

厦门海洋实业(集团)股份有限公司

一、公司简介

1.公司名称(中文):厦门海洋实业(集团)股份有限公司
(英文):Xiamen Marine Industry (Group) Co., Ltd.
2.法定代表人:阮国安
3.董事会秘书:王 华
联系地址:厦门市蜂巢山路3号 电话:0592-2088142 传真:0592-2086982
4.公司注册地址:厦门市蜂巢山路3号 邮政编码:361005 电子信箱:mic0658@public.xm.fj.cn
5.公司选定的信息披露报纸:《证券时报》
中国证监会指定年度报告登载网址:http://www.cninfo.com.cn
公司年度报告备置地点为厦门市蜂巢山路3号公司证券部
6.上市交易所:深圳证券交易所 股票简称:海洋集团 股票代码:0658

二、会计数据和业务数据摘要

1、公司本年度会计数据

利润总额:	-50,411,888.53 元
净利润:	-46,621,725.64 元
扣除非经常性损益后的净利润:	-39,848,020.04 元
主营业务利润:	23,812,531.78 元
其他业务利润:	1,506,361.37 元
营业利润:	-43,955,264.93 元
投资收益:	-834,510.87 元
补贴收入:	360,000.00 元
营业外收支净额:	-5,982,112.73 元
经营活动产生的现金流量净额:	-22,817,460.47 元
现金及现金等价物净增加额:	-1,236,168.02 元

注:以上扣除的非经常性损益包括补贴收入360,000.00元、合并价差摊入-214,324.64元、营业外收入(处理固定资产收益)3,065.25元、营业外支出(处理固定资产损 失)7,004,786.82元及其它业务利润(材料让售) 82,340.61元。

2、截至报告期末公司前三年的主要会计数据和财务指标
(1)、追溯调整后: 单位:元

项目	1999年度	1998年度	1997年度
主营业务收入	385090352.73	409195507.63	530814544.41
净利润	-46621725.64	-33552205.44	-14654896.58
总资产	732813090.91	726040894.29	492266716.05
股东权益(不含少数股东权益)	173175153.55	219796879.19	171714968.92
每股收益(摊薄)	-0.297	-0.214	-0.120
每股收益(加权)	-0.297	-0.214	-0.120
每股收益(扣除非经常性损益后)	-0.254	-0.215	-0.123
每股净资产	1.103	1.400	1.406
调整后的每股净资产	0.871	1.095	1.286
每股经营活动产生的现金流量净额	-0.145	-0.437	
净资产收益率(%)	-26.9	-15.3	-8.5

(2)、追溯调整前: 单位:元

项目	1998年度	1997年度
主营业务收入	411932394.93	530814544.41
净利润	19636120.30	29913832.77
总资产	857104973.93	565306506.55
股东权益(不含少数股东权益)	346024995.43	244754759.42
每股收益(摊薄)	0.125	0.245
每股收益(加权)	0.141	0.245
每股收益(扣除非常损益后)	0.124	0.242
每股净资产	2.20	2.01
调整后的每股净资产	1.895	1.89
每股经营活动产生的现金流量净额	-0.437	
净资产收益率(%)	5.67	12.22

注:主要财务指标的计算公式如下:
每股收益=净利润/年末普通股股份总数
每股净资产=年度末股东权益/年末普通股股份总数
调整后的每股净资产=(年度末股东权益-三年以上的应收款项净额-待摊费用-待 处理(流动、固定)资产净损失-开办费-长期待摊费用-住房周转金负数余额)/年末普 通股股份总数
每股经营活动产生的现金流量净额=经营活动产生的现金流量净额/年末普通股股份总数
净资产收益率=净利润/年度末股东权益×100%

3、报告期内股东权益变动情况(单位:元)

项目	期初数	本期增加	本期减少	期末数
股本	157021602.00			157021602.00
资本公积	117963144.10			117963144.10
盈余公积	14452626.75			14452626.75
法定公益金	3828784.37			3828784.37
未分配利润	-69640493.66		-46621725.64	-116262219.30
股东权益合计	219796879.19		-46621725.64	173175153.55

变动原因:报告期内,未分配利润增加-46621725.64元是因为1999年度公司亏损46621725.64元。

三、股东情况介绍

1、报告期末公司股东总数为51520名。
2、报告期末公司前10名股东的持股情况(单位:股)

序号	股东名称	持股数	备注
1	厦门海洋实业总公司	53,000,355	法人股
2	厦门市国有资产管理局	4,306,249	国有股
3	刘建华	517,000	流通股
4	蔡建祥	445,000	流通股
5	隋方旭	398,000	流通股
6	金鑫证券投资基金	317,100	流通股
7	周 琳	284,289	流通股
8	张 震	284,200	流通股
9	黄志奇	276,190	流通股
10	刘建华	242,918	流通股

珠海中富实业股份有限公司

一、公司简介

1、公司名称:珠海中富实业股份有限公司

英文名称:ZHUHAI ZHONGFU ENTERPRISE CO.,LTD. 缩写:ZHUHAI ZHONGFU

2、公司法定代表:黄乐夫

3、公司董事会秘书及其授权代表:李翔、周毛仔

联系地址: 广东省珠海市湾仔镇第一工业区 电话:(0756)8821350 8821449

传真:(0756)8821103 E--Mail: zhongful@pub.zhuhai.gd.cn

4、公司注册、办公地址: 广东省珠海市湾仔镇第一工业区 邮政编码:519030

公司国际互联网址:http://www.zhongfu.com.cn E-MAIL 地址:zhongful @ pub.zhuhai .gd.cn

5、①公司选定的信息披露报纸为《证券时报》、

②公司年度报告登载的国际互联网网址: http://www.cninfo.com.cn

③公司报告置放地点:公司证券部

6、公司上市交易所:深圳证券交易所 股票简称:珠海中富 股票代码:0659

二、会计和业务数据摘要

(一)、主要会计数据:

利润总额:	183,714,435.96 元
净利润:	153,257,202.91 元
扣除非经营性损益后的净利润:	124,348,260.91 元
主营业务利润:	222,913,721.88 元
其他业务利润:	309,977.40 元
营业利润	155,877,974.24 元
投资收益:	− 771,503.30 元
补贴收入:	28,908,942.00 元
营业外收支净额:	− 300,976.98 元
经营活动产生的现金流量净额:	58,730,127.96 元
现金及现金等价物净增加额:	2,734,915.10 元

注:1、扣除的非经营性损益主要是指按照粤科成字(1998)6 号文和粤科字(1996)5 号文规定,本公司国家级重点新产品新型无底托 PET 直立饮料瓶、胚享受 3 年(1997 --1999 年)"先征后返新增部分所得税和不低于 50%的新增增值税地方分成部分"的 优惠。本年度,本公司该项新产品共收到返还所得税 20,958,271.00 元,返还增值税 7,950,671.00 元,合计总额为 28,908,942.00 元。该部分退税收入。

(二)主要会计数据和财务指标(单位:元)

指标项目	1999 年	1998 年 调整前	1998 年 调整后	1997 年 调整前	1997 年 调整后
主营业务收入	836299189.95	566849869.03	566849869.03	639599129.18	639599129.18
净利润	153257202.91	111061568.49	113507084.94	102502068.46	100448574.45
总资产	1512066789.77	1327716612.40	1311733196.38	785968806.33	767539873.86
股东权益(不含少数股东权益)	855272395.75	819776608.86	803793192.84	467108299.55	448679367.08
每股收益	0.452	0.327	0.33	0.603	0.591
①加权每股收益	0.452	0.344	0.352	0.603	0.591
②扣除非经常性损益后的每股收益	0.367	0.289	0.296	---	---
每股净资产	2.52	2.42	2.37	2.75	2.64
①调整后的每股净资产	2.49	2.36	2.34	2.67	2.62
每股经营活动产生的现金流量净额	0.17	0.32	0.32	---	---
净资产收益率(%)	17.92	13.55	14.12	21.94	22.39
加权平均净资产收益率(%)	18.48	17.26	18.12	24.59	25.15

附:1、99 年、98 年指标按总股本 33926 万股计算,97 年指标按 17000 万股计算。

2、主要财务指标计算公式

a、每股收益=净利润/年度末普通股股份总数

b、加权平均每股收益=当期净利润÷[期末普通股股份总数÷(1+配股比例或增 发新股比例)+期末股份总数÷(1+配股比例或增发新股比例)×配股比例或增发新 股比例×缴款结束日下一月份至期末的月份数÷12]

c、每股净资产=年度末股东权益/年度末普通股股份总数

d、调整后的每股净资产=(年度末股东权益-三年以上的应收款项净额-待摊费用-待处理(流动、固定)资产净损失-开办费-长期待摊费用-住房周转金负数余额)/年度末普通股股份总数

e、每股经营活动产生的现金流量净额=经营活动产生的现金流量净额/年度末普通股股份总数

f、净资产收益率=净利润/年度末股东权益×100%

g、加权平均净资产收益率 = 当期净利润÷[(期初净资产 + 期末净资产)÷2 +当期发行新股或配股新增净资产×(自缴款结束日下一月份至期末的月份数-6)÷12]

加权平均净资产收益率=当期净利润÷[(期初净资产+期末净资产)÷2+当期发行新股或配股新增净资产×(自缴款结束日下一月份至期末的月份数-6)÷12]

三、股东情况介绍

1、股东总数:

截止 1999 年 12 月 30 日下午 3 时深圳证券交易所收市时,本公司股东总数为 81113 户。

2、前 10 名大股东及其年内股份增减变动情况(截止 1999 年 12 月 31 日) 数量单位:股

股东名称	年初数	年内增减	年末数	比例 %	质押或冻结情况
珠海市中富工业集团公司	193085000	6300000	199385000	58.77	其中 15000 万股于 1998 年 10 月质押
珠海市中富工业集团公司工业委员会	0	6715000	6715000	1.98	
珠海市香洲区湾仔联合企业总公司	8100000	−6715000	1385000	0.41	
珠海经济特区富华投资公司	0	547656	547656	0.16	
哈尔滨国发投资有限责任公司	595973	−120000	475973	0.14	
王尧	440000	0	440000	0.13	
普丰证券投资基金	0	412700	412700	0.12	
李欣	336000	0	336000	0.10	
李凤英	0	302523	302523	0.09	
吴玉洲	258730	26500	285230	0.08	

说明: 1、1999 年 6 月 14 日珠海市中富工业集团公司与珠海中亚(集团)有限公司签订股权转让协议,后者将其拥有公司的 630 万股法人股转让给前者。

1997 年 7 月 16 日珠海市中富工业集团公司工会委员会与珠海市香洲区湾仔联合企 业总公司签订股权转让协议,后者将其拥有公司的 671.5 万股法人股转让给前者。

广州南华西实业股份有限公司

一、公司简介

1、公司法定中文名称:广州南华西实业股份有限公司

公司英文名称:GUANGZHOU NANHUAXI INDUSTRIAL CO.,LTD

2、公司法定代表人:何竟棠

3、公司董事会秘书:张 获

授权代表:黄丽葵

电 话:(020)84319458

传 真:(020)84319459

4、公司注册地址及办公地址:广州市工业大道北 1 号三楼

邮政编码:510250

E-mail:nanhuaxi @ public guangzhou.gd.cn

5、公司选定信息披露报纸为《证券时报》、《中国证券报》

登载公司年度报告中国证监会指定国际互联网网址为:

http://www.cninfo,com,cn

公司年度报告备置地点:本公司董事会秘书室

6、公司股票上市交易所:深圳证券交易所

股票简称:南华西

股票代码:0660

二、会计数据和业务数据摘要

1、本年度会计数据摘要: 单位:万元

项 目	金 额
利润总额	3249.39
净利润	2752.87
扣除非经常性损益后的净利润	2530.70
主营业务利润	7772.72
其他业务利润	
营业利润	3032.65
投资收益	−5.43
补贴收入	236.56
营业外收支净额	−14.39
经营活动产生的现金流量净额	3951.05
现金及现金等价物净增加额	18510.21

说明:扣除的非经常性损益项目及金额包括:营业外收入 3,747.43 元,营业外支出 147,647.36 元,补贴收入 2,365,634.86 元(其中:新产品增值税退税 784,035.04 元,所得税退税 989,158.70 元,税负增加返还增值税 537,162.12 元,出口商品贴息 55,279 元)。

2、前三年的主要会计数据的财务指标(单位:万元)

指标项目	1999 年	1998 年 调整前	1998 年 调整后	1997 年 调整前	1997 年 调整后
主营业务收入	23290.33	28880.97	28880.97	27427.18	27427.18
净利润	2752.87	5281.56	4619.45	3510.23	2673.78
总资产	79497.26	61217.11	59712.74	50370.13	49533.68
股东权益	35350.01	34095.69	32597.13	24135.39	23298.95
每股收益(摊薄)	0.21	0.40	0.35	0.50	0.38
每股收益(加权)	0.21	0.43	0.38	0.55	0.43
扣除非经常性损益后的每股收益	0.19	0.40	0.35	0.50	0.37
每股净资产	2.66	2.57	2.45	3.42	3.32
调整后的每股净资产	2.56	2.48	2.36	3.34	3.24
每股经营活动产生的现金流量净额	0.30	0.41	0.41		
净资产收益率(%)	7.78	15.49	14.17	14.65	11.48

注:(1)公司因会计政策变更,采用了追溯调整法,1998 年、1997 年"坏帐准备"及"存货跌价准备"帐项,有关项目也因此进行了相应调整。

(2)每股收益 = 净利润/年度末普通股股份总数

(3)每股净资产 = 年度末股东权益/年度末普通股股份总数

(4)调整后的每股净资产=(年度末股东权益-三年以上的应收款项净额-待摊费用-待处理(流动、固定)资产净损失-开办费-长期待摊费用-住房周转金负数余额)/年度 末普通股股份总数

(5)每股经营活动产生的现金流量净额=经营活动产生的现金流量净额/年度末普 通股股份总额

(6)净资产收益率 = 净利润/年度末股东权益×100%

3、股东权益变动情况 单位:元

项目	股 本	资本公积	盈余公积	法定公益金	未分配利润	股东权益合计
期初数	132913293	137257076	14337306.75	3866356.92	41463658.37	325971335
本期增加			5636526.67	1287777.64	21892219.93	27528746
本期减少						
期末数	132913293	137257076	19973833.42	5154134.56	63355878.30	353500081
变动原因			本年利润提取	本年利润提取	本年实现的利润(已扣除两金)	本年实现的利润

三、股东情况介绍

1、本报告期末公司股东总数 23,383 户。

2、公司前 10 名股东持股情况。

股 东 名 称	持股数	持股比例(%)
(1) 广州市南华西企业集团有限公司	85131532	64.04
(2) 广东华侨信托投资公司投资基金部	3628994	2.73
(3) 北京贝特实业公司	2419329	1.82
(4) 登润实业有限公司	1209664	0.91
(5) 粤华有限公司	1209664	0.91
(6) 张兴隆	272737	0.2051
(7) 高津津	261776	0.1969
(8) 邰巧芝	197798	0.149
(9) 姜云生	196543	0.1478
(10) 马 申	195671	0.1472

持股 5%以上的股东所持股份无质押和冻结情况。

长春高新技术产业(集团)股份有限公司

一、公司简介

1、公司法定中文名称:长春高新技术产业(集团)股份有限公司

公司英文名称:Changchun High & New Technology Industries (Group) Inc.

公司名称缩写:CCHN

2、公司法定代表人:刘成福

3、公司董事会秘书:周伟群

授权代表:焦敏

联系地址:长春市同志街 64 号火炬大厦　电话:0431-5666367

传真:0431-5675390 电子信箱:cchn@public.cc.jl.cn

4、公司注册地址:长春市同志街 64 号火炬大厦 邮政编码:130021

5、公司指定的信息披露报纸名称:《证券时报》

登载本公司年度报告的国际互联网网址:http://www.incninfo.com.cn

公司年报置放地点:公司证券部

6、公司股票上市交易所:深圳证券交易所　股票简称:长春高新　股票代码:0661

二、会计数据与业务数据摘要

(一)公司本年度主要会计数据如下:　单位:元

利润总额	30,291,950.71
净利润	13,902,277.92
扣除非经常性损益后的净利润	13,418,459.94
主营业务利润	207,862,288.94
其它业务利润	27,491,257.04
营业利润	25,772,708.02
投资收益	5,373,410.76
补贴收入	915,487.38
营业外收支净额	-1769655.45
经营活动产生的现金流量净额	-85,883,366.26
现金及现金等价物净增加额	-141,099,312.00

(二)截止报告期末公司前三年主要会计数据和财务指标: 单位:元

指标项目	1999 年度	1998 年度		1997 年度	
		调整前	调整后	调整前	调整后
主营业务收入	304831836.20	259665070.99	259495199.31	130257434.31	130257400.00
净利润	13902277.92	55523919.30	71382058.54	47413369.32	40742362.34
总资产	1345928296.29	1375893199.75	1301546145.91	876955098.36	870284091.46
股东权益(不含少数股东权益)	684726382.43	708083210.86	670093134.55	451021600.47	444350593.57
每股收益(元/股)	0.069	0.276	0.3546	0.274	0.236
按月平均加权法计算的每股收益	0.067	-	-		
扣除非经常性损益后的每股收益	0.067	-	-		
每股净资产	3.40	3.52	3.33	2.61	2.57
调整后的每股净资产	3.31	3.36	3.22	2.24	2.20
每股经营活动产生的现金流量净额	-0.427				
净资产收益率(%)	2.03	7.84	10.65	10.51	9.16

注:主要财务指标计算公式如下:

每股收益=净利润/年度末普通股股份总数

每股净资产=年度末股东权益/年度末普通股股份总数

净资产收益率=净利润/年度末股东权益×100%

调整后的每股净资产=[年度末股东权益-三年以上的应收款项净额-待摊费用-待 处理(流动、固定)资产净损失-开办费-长期待摊费用-住房周转金负数总额]/年度末普通股股份总数

(三)报告期股东权益变动情况　单位:元

项目	股本	资本公积金	盈余公积金	其中:法定公益金	未分配利润	股东权益合计
期初数	201326570	382147565.98	69976325.83	13962274.45	16642672.74	670093134.55
本期增加	0	730969.96	6628794.10	1142199.80	13902277.92	21262041.98
本期减少	0	0	50000.00	50000.00	6578794.10	6628794.10
期末数	201326570	382878535.94	76555119.93	15054474.25	23966156.56	684726382.43

变动原因:1、资本公积金增加系子公司免缴以前年度所欠基金和收到补助基金拨款所致。

2、盈余公积金增加系本年利润提取所致,减少系构建职工宿舍由公益金转入。

3、法定公益金增加系本年度利润提取所致,减少系构建职工宿舍转入盈余公积金。

4、未分配利润增加系本年净利润转入所致,减少系提取盈余公积金和法定公益金所致。

三、股东情况介绍

(一)报告期末股东总数

截止 1999 年 12 月 31 日,本公司股东总数为 66,197 户,其中:发起人股股东 1 户,法人 股股东 6 户, 社会公众股股东 66,190 户。

(二)本公司前十名股东持股情况

截止 1999 年 12 月 31 日

序号	股东姓名	持股数量(股)	持股比例(%)
1	长春高新技术产业发展总公司	115,475,210	57.36
2	长春市南湖实业总公司	2,520,000	1.25
3	长春市第二建筑工程公司	1,008,000	0.5
4	长春市信托投资股份有限公司	1,008,000	0.5
5	长春天燃气化学工业公司	1,008,000	0.5
6	海南省国际信托投资公司	510,000	0.17
7	吉林省地产总公司	302,400	0.15
8	杜英	300,000	0.149
9	普丰证券投资基金	244,900	0.12
10	长春市工程食品研究所	201,600	0.10

前十名股东之间不存在关联关系。

注:由于截止到 1999 年 12 月 31 日公司第一大股东变更尚未得到国家有关部门的批 准,因此过户手续还未办理完毕,故截止到本报告期末,公司第一大股东仍为长春高新 技术产业发展总公司。

(三)公司国家股股东:长春高新技术产业发展总公司,法定代表人:苗若愚,公司经营范围:组织长春高新技术产业开发区内土地成片开发,市政基础设施建设,区内企业 对外经贸活动及技术合作。

广西康达(集团)股份有限公司

一、公司简介

1、公司中文名称:广西康达(集团)股份有限公司

公司英文名称:GUANGXI　KONDA(GROUP)CO.,LTD.　公司英文缩写:KD

2、公司法定代表人:陈鸿兴

3、公司董事会秘书:李博　授权代表:李博

联系地址:广西梧州市北环路 12 号　电话:(0774)2826686

传真:(0774)2831582　电子信箱:kondacos@public.glptt.gx.cn

4、公司注册地址:　广西梧州市北环路 12 号　邮政编码:543000

公司国际互联网网址:http://www.kondagroup.com　电子信箱:kondasec@public.glptt.gx.cn

5、公司选定的信息披露报纸名称:《证券时报》

登载公司年度报告的中国证监会指定的国际互联网网址:http://www.cninfo.com.cn

公司年度报告备置地点:本公司证券部

6、股票上市地:深圳证券交易所　股票简称:广西康达　股票代码:0662

二、会计数据和业务数据摘要

1、本年度主要利润指标情况(单位:人民币元)

利润总额:	-32,347,464.55
净利润:	-28,927,151.40
扣除非经营性损益后的净利润:	-28,609,975.38
主营业务利润:	3,969,088.24
其他业务利润:	4,386,583.38
营业利润:	-29,901,766.65
投资收益:	-975,967.35
补贴收入:	347,275.01
营业外收支净额:	-1,817,005.56
经营活动产生的现金流量净额:	38,343,585.02
现金及现金等价物净增加额:	-1,975,582.82

2、主要会计数据和财务指标

项目	1999 年	1998 年		1997 年	
		调整后	调整前	调整后	调整前
主营业务收入(元)	146588046.72	148469250.30	148469250.30	200021765.97	200021765.97
净利润(元)	-28927151.40	-10507750.23	2150178.19	6678742.66	18880449.17
总资产(元)	340108102.04	406211297.56	439577889.69	346001862.90	361873269.71
股东权益(元、不含少数股东权益)	112828656.63	143905808.03	169083310.61	154413558.26	166183132.42
每股收益(元/股)	-0.2700	-0.0981	0.0201	0.0623	0.1762
扣除非经营性损益后的每股收益	-0.2670	-0.0951	0.0230	0.0623	0.1762
每股净资产(元/股)	1.0531	1.3432	1.5782	1.4413	1.5511
调整后的每股净资产(元)	1.0144	1.3210	1.5267	1.3929	1.5028
每股经营活动产生的现金流量净额(元)	0.3579	-0.6612	-0.6612		
净资产收益率(%)	-25.64%	-7.30%	1.27%	4.33%	11.36%

说明:1 公司因执行财政部(财会字[1999]35 号文)相应会计政策变更、追溯调整了 97、98 年度主要数据和财务指标。

2、本报告期内公司股本未发生变化,故加权每股收益与摊薄计算的每股收益相同。

3、主要财务指标计算方法:

1)每股收益=净利润/年度末普通股股份总数

2)每股净资产=年度末股东权益/年度末普通股股份总数

3)调整后的每股净资产=(年度末股东权益-三年以上应收款项净额-待摊费用-待 处理(流动、固定)资产净损失-开办费-长期待摊费用-住房周转金负数余额)/年度末普通股股份总数

4)每股经营活动产生的现金流量净额=经营活动产生的现金流量净额/年度末普通股股份总数

5)净资产收益率=净利润/年度末股东权益(100%

6)1998、1999 年度各摊销合并价差 317,176.02 元,扣除该项非经营性损益后,1998、1999 年度的净亏损均减少 317,176.02 元。

3、报告期内股东权益变动情况:

单位:元

项目	股本	资本公积金	盈余公积金	其中:法定公益金	未分配利润	股东权益合计
期初数	107137500	28427100.64	9816593.77	2565403.75	-1475386.38	143905808.03
本期增加						
本期减少					31077151.40	31077151.40
期末数	107137500	28427100.64	9816593.77	2565403.75	-32552537.78	112828656.63

变动原因: 本年度亏损 28,927,151.40 及因终止兼并梧州市第二化工厂而调减以前年度财政补贴收入等 2,150,000.00 元,使本年度未分配利润合计减少 31,077,151.40 元。

三、股东情况介绍

1、报告期末本公司股东总数 18007 户。

2、前 10 名股东持股情况

股东名称	年末持股数(股)	本年度增减数(股)	占总股本比例(%)
梧州市对外经济贸易公司	21,250,000	-1,250,000	19.83
杭州天安置业有限公司	21,000,000		19.60
宁波天翔实业有限公司	10,110,000		9.44
中国银行南宁信托咨询公司	7,500,000		7.00
海口八达进出口公司	4,484,550		4.20
广州市荔湾区帕瓦罗保健食品有限公司	1,250,000	+1,250,000	1.17
中国人寿保险公司梧州公司	990,000		0.92
梧州电池厂	568,950		0.53
梧州市土地技术咨询服务部	450,000		0.42
广西斯壮股份有限公司	375,000		0.35

说明:1 持股 5%(含 5%)以上的法人股股东所持股份发生质押、冻结情况

截止 1999 年 12 月 31 日, 杭州天安置业有限公司已质押广西康达法人股共计 20791950 股,其中:10035550 股质押给工商银行杭州市分行,5756400 股质押给工商银行浙江省 分行,5000000 股质押给中国银行杭州开发区支行; 宁波天翔实业有限公司已质押广西 康达法人股共计 10110000 股,其中:9000000 股质押给工商银行浙江省分行,1110000 股 质押给建设银行钱江支行。

2、本年度公司发起人股东梧州市对外经济贸易公司因欠款而被法院强制拍卖了 其所持广西康达国有法人股 125 万股。其现持有的 2125 万股系国有法人股。

福建省永安林业(集团)股份有限公司

(一) 公司简介

1、公司中文名称:福建省永安林业(集团)股份有限公司
公司英文名称:FUJIAN YONGAN FORESTRY(GROUP)JOINT —STOCK CO.,LTD.
2、公司法定代表人:黄瑞红　公司总经理:蔡为茂
3、公司董事会秘书:黄忠明
公司董事会授权代表:黄　荣　联系地址:福建省永安市燕江东路 12 号
电　话:(0598)3614875　传　真:(0598)3633415　电子信箱:stock@yonglin.com
4、公司办公(注册)地址:福建省永安市燕江东路 12 号　邮　编:366000
公司网址:http://www.yonglin.com　公司电子信箱:info@yonglin.com
5、公司指定信息披露报刊:《证券时报》、《中国证券报》
登载公司年报网址:http://www.cninfo.com.cn　公司年度报告置备地点:公司董事会秘书处
6、公司股票上市地:深圳证券交易所　股票简称:永安林业　股票代码:0663

(二) 会计数据和业务数据摘要

1、公司本年度实现利润情况　　单位:元

利润总额:	56904877.19
净利润:	48973583.27
扣除非经常性损益后的净利润:	30103583.27
主营业务利润:	85244265.63
其他业务利润:	1479813.60
营业利润:	36264729.74
投资收益:	—5576901.28
补贴收入:	26677290.51
营业外收支净额:	—460241.78
经营活动产生的现金流量净额:	46767281.79
现金及现金等价物净增加额:	24629055.73

(注:非经常性损益包括补贴收入中的管理公益林补偿收入 22200000 元)

2、公司近三年的主要会计数据和财务指标:　　单位:元

项　　目	1999 年度	1998 年度	1997 年度
主营业务收入	325440415.04	307043035.57	203399824.31
净利润	48973583.27	67103967.99	40304822.63
总资产	881094996.66	524737630.77	475701344.81
股东权益	462580942.36	248589995.08	225733087.09
每股收益	0.293	0.455	0.355
加权平均每股收益	0.31	0.455	0.355
扣除非经常性损益后的每股收益	0.18	0.32	0.23
每股净资产	2.766	1.685	1.99
调整后的每股净资产	2.62	1.61	1.93
每股经营活动产生的现金流量净额	0.28	0.145	
净资产收益率(%)	10.587	26.99	17.86
加权净资产收益率(%)	12.78	28.29	19.85

主要财务指标计算公式:
1.每股收益=净利润/年度末普通股股份总数;
2.每股净资产=年度末股东权益/年度末普通股股份总数;
3.净资产收益率=净利润/年度末股东权益＊100%;
4. 加权平均每股收益=当期净利润/[期末股份总数/(1+配股比例或增发新股比例)+期末股份总数/(1+配股比例或增发新股比例) ＊配股比例或增发新股比例＊缴款 结束日下一月份至期末的月份数/12]

5.调整后的每股净资产=(年度末股东权益-三年以上应收款项-待摊费用-待处理(流动、固定)资产净损失-开办费-长期待摊费用-住房周转金负数余额)/年度末普通股股份总数;

6. 每股经营活动产生的现金流量净额=经营活动产生的现金流量净额/年度末普通股股份总数; 7.加权平均净资产收益率=当年净利润/[(期初净资产+期末净资产)/2+当期发 行新股或配股新增净资产＊(自缴款结束日下一月份至报告期末的月份数-6)/12]。

3、报告期内股东权益变化情况　　单位:万元

项　目	股　本	资本公积	盈余公积	法定公益金	未分配利润	合计
期初数	14749.02	4966.66	3209.30	1634.86	1934.02	24859.00
本期增加	1974.24	15201.65	979.47	489.74	3917.89	22073.25
本期减少		674.15				674.15
期末数	16723.26	19494.16	4188.77	2124.60	5851.91	46258.10

变动原因:报告期内股本增加的原因系为实施了公司九八年度配股所致;盈余公积、公益金增加的原因系为按净利润各提取 10%所致;未分配利润增加的原因系为本期净利润转入所致。

(三) 股本变动及股东情况

1、截止 1999 年 12 月 31 日,公司股东总户数为 19727 户。
2、持有公司股份 5%以上的股东情况

㈠福建省永安林业(集团)总公司:本期初该公司持有公司股份 58172400 股,期末持有 64884600 股,占公司总股本的 38.80%,本期增加 6712200 股。报告期内无股份质押或冻结情况。

㈡永安市财政局:本期初该局持有公司股份 16707600 股,期末持有 18635400 股,占 公司总股本的 11.14%,本期增加 1927800 股。 报告期内无股份质押或冻结情况。

㈢普惠证券投资基金:本期初该基金持有公司股份 0 股,期末持有 11923973 股,占公司总股本的 7.13%,本期增加 11923973 股。报告期内无股份质押或冻结情况。

㈣福建省青山纸业股份有限公司:本期初该公司持有公司股份 11700000 股,期末持有 11700000 股,占公司总股本的 7%,没有增减变动情况。报告期内无股份质押或冻结 情况。

3、前 10 名股东持股情况(1999.12.31)　　单位:股

名次	股 东 名 称	年初持股数	年末持股数	持股比例(%)	股份性质
1	福建省永安林业(集团)总公司	58172400	64884600	38.80	国有法人股
2	永安市财政局	16707600	18635400	11.14	国家股
3	普惠证券投资基金	0	11923973	7.13	流通股
4	福建省青山纸业股份有限公司	11700000	11700000	7.00	法人股
5	永安市林业建设投资公司	4680000	4680000	2.80	法人股
6	三明市林业总公司	4680000	4680000	2.80	法人股
7	普丰证券投资基金	0	4451504	2.66	流通股
8	中国粮食贸易公司	0	1787062	1.07	流通股
9	永安市燕林开发公司	1239030	1262430	0.84	法人股
10	福建省永安森工有限公司	1170000	1170000	0.70	法人股

注:福建省永安林业(集团)总公司和永安市财政局股份增加的原因系为参与公司 九八年度配股所致;永安市燕林开发公司股份增加原因系为受让 4 家法人单位持有的 23400 股法人股所致。

武汉塑料工业集团股份有限公司

一、公司简介

1.公司法定中文名称:武汉塑料工业集团股份有限公司
中文简称:武汉塑料
公司英文名称:Wuhan Plastics Industrial Group Co.,Ltd.
英文简称:Wuhan　Plastics
2.公司法定代表人:刘文彦
3.公司董事会秘书:詹大虎
授权代表:王琳
联系地址:武汉市解放大道单洞路特 1 号武汉国际大厦 A 座
电话:027-85425727
传真:027-85891746
电子信箱:James.tiger@163.net
4.公司注册地址:武汉市江汉区新华路 217 号
公司办公地址:武汉市解放大道单洞路特 1 号武汉国际大厦 A 座 11~12 楼
邮政编码:430022
公司网址:http://www.wuhanplas.com
公司电子信箱:wushuoxx@public.wh.hb.cn
5.公司信息披露报纸:《中国证券报》、《证券时报》
登载公司年报网址:http://www.cninfo.com.cn
公司年报备置地点:公司证券部
6.公司股票上市交易所:深圳证券交易所
股票简称:武汉塑料
股票代码:0665

二、会计数据和业务数据摘要

1.本年度主要会计数据:(单位:人民币万元)

利润总额	3690
净利润	2782
扣除非经常性损益后的净利润	2782
主营业务利润	5534
其他业务利润	766
营业利润	3043
投资收益	-69
补贴收入	—
营业外收支净额	717
经营活动产生的现金流量净额	6353
现金及现金等价物净增加额	-412

2.近三年主要会计数据和财务指标

项　　目	1999 年	1998 年	1997 年
主营业务收入(万元)	31320	27188	28812
净利润(万元)	2782	2546	2246
总资产(万元)	61625	55729	39909
股东权益(万元)(不含少数股东权益)	27643	25379	14760
每股收益(元)	0.21	0.20	0.39
每股净资产(元)	2.14	1.96	2.46
调整后的每股净资产(元)	2.02	1.83	2.26
每股经营活动产生的现金流量净额(元)	0.49	0.09	—
净资产收益率(%)	10.06	10.03	15.89
按月平均加权法计算的每股收 益(元)	0.21	0.28	0.43
扣除非经常性损益后的每股收益	0.21	0.28	0.43

注 1: 其中 1999 年度总股本按 12942.7845 万股计算,1998 年度总股本按 12942.7845 万股计算,1997 年度总股本 6011.196 万股计算。

注 2:主要财务指标计算公式
每股收益=净利润/年度末普通股股份总数
每股净资产=年度末股东权益/年度末普通股股份总数
调整后的每股净资产=[年度末股东权益-三年以上的应收款项净额-待摊费用-待处理(流动、固定)资产净损失-开办费-长期待摊费用-住房周转金负数余额]/年度末普通股股份总数
每股经营活动产生的现金流量净额=经营活动产生的现金流量净额/年度末普通股股份总数
净资产收益率=净利润/年度末股东权益×100%
注 2:以上数据和指标以本公司的合并报表数填列或计算。
注 3:应收款项包括应收帐款、其他应收款、预付帐款、应收股利、应收利息、应收补贴款。
3.股东权益变动情况表单位:万元

项　目	股本	资本公积	盈余公积	法定公益金	未分配利润	股东权益合计
期初数	12942.7845	7582.0518	3043.7082	1021.2004	1810.2287	25378.7732
本期增加	0	0.6817	556.3191	278.1595	2781.5953	3338.5961
本期减少	0	0	0	0	1074.0304	1074.0304
期末数	12942.7845	7582.7334	3600.0272	1299.3599	3517.7936	27643.3389
变动原因	—	接受捐赠	法定提取	法定提取	本年净利润及分配	—

三、股东情况介绍

1、截止 1999 年 12 月 31 日,公司股东总数 26195 户。
2、前 10 名股东持股情况

股东名称	年末持股数(股)	持股比例(%)
1、武汉国际信托投资公司(国有法人股)	42975313	33.20
2、武汉国兴投资咨询有限责任公司	12310190	9.51
3、武汉市工业合作联社	12277700	9.49
4、中国平安保险公司	11203303	8.66
5、武汉益信工程经济有限公司	3360991	2.60
6、长江经济联合发展公司武汉分公司	2800825	2.16
7、深圳江海重型机械工程有限公司	2240660	1.73
8、湖北省投资公司	1400112	1.08
9、湖北建设机械股份有限公司	672198	0.52
10、人保武汉分公司资金运用部	672198	0.52

注:公司第一大股东武汉国际信托投资公司与武汉证券公司因国债投资业务,武 汉国际信托投资公司欠武汉证券公司委托购券 6000 万元及利息。武汉证券公司向武汉市中级人民法院起诉并申请财产保全,武汉市中级人民法院于 1999 年底冻结了武汉国 际信托投资公司所持有的武汉塑料工业集团股份有限公司全部股权。

经 纬 纺 织 机 械 股 份 有 限 公 司

经纬纺织机械股份有限公司 1999 年年度报告摘要

(一) 公司简介

1.公司法定名称: 经纬纺织机械股份有限公司
　公司英文名称: Jingwei Textile Machinery Company Limited
2.公司法定代表人: 尹守恩
3.公司董事会秘书: 叶雪华
　联系地址:北京市北京经济技术开发区宏达北路 10 号万源商务中心 407 室
　电话: (86 10)67880153　传真: (86 10)67880153
　电子信箱:mss@mail.jwme.com
4.公司注册地址: 中华人民共和国山西省太原市坞城路 15 号
　公司办公地址: 北京市北京经济技术开发区宏达北路 10 号万源商务中心 407 室
　邮政编码: 030601
　国际互联网网址: http://www.jwme.com
　电子信箱: jwfj@mail.jwme.com
5.公司信息披露报刊名称:国内:证券时报　香港:文汇报(中文),英文虎报(英文)
　公司年度报告登载的国际互联网网址: http://www.cninfo.com.cn
　年度报告备置地点: 董事会秘书室
6.股票上市交易场所及股票代码:
　A 股　上市地点:深圳证券交易所
　股票简称:经纬纺机　股票代码:0666
　H 股　上市地点:香港联合交易所
　股票简称:经纬纺机　股票代码:0350

(二) 会计数据和业务数据摘要

1. 按中国会计准则及制度编制的本年度会计数据:　人民币千元

利润总额	97,485
净利润	88,598
扣除非经常性损益后的净利润	82,203
主营业务利润	175,651
其他业务利润	23,474
营业利润	86,110
投资收益	4,733
补贴收入	4,500
营业外收支净额	2,142
经营活动产生的现金流量净额	(10,481)
现金及现金等价物净增加额	124,242
其中,非经常性损益包括:	
债务重组收入	1,691
处理固定资产收益	204
出售上市投资净收益	—
补贴收入	4,500

2.按中国会计准则及制度编制的公司前三年主要会计数据和财务指标　人民币千元

	1999 年	1998 年	1997 年
主营业务收入	803,585	409,632	587,428
利润总额	97,485	9,527	42,632
净利润	88,598	8,590	35,899
总资产	1,926,711	1,226,550	1,142,314
股东权益(不含少数股东权益)	826,000	737,403	728,813
每股收益(人民币元)			
按:——年末股份总数	0.21	0.02	0.08
——年内加权平均股份数量	0.21	0.02	0.08
——扣除非经常性损益后	0.19	0.01	0.06
每股净资产(人民币元)	1.95	1.74	1.72
调整后的每股净资产(人民币元)	1.90	1.66	1.64
每股经营活动产生的现金流量净额(人民币)	(0.03)	(0.06)	(0.07)
净资产收益率(%)	10.73	1.16	4.93

附注:主要财务指标计算方法
每股收益=净利润/年度末普通股股份总数.
每股净资产=年度末股东权益/年度末普通股股份总数.
净资产收益率=净利润/年度末股东权益＊100%
调整后的每股净资产=(年度末股东权益＊三年以上应收款项—待摊费用—待处理(流动、固定)资产净损失—开办费—长期待摊费用)/年度末普通股股份总数.
"应收款项"包括应收帐款、其他应收款、预付帐款、应收股利、应收利息、应收补贴款。

3. 按香港普遍采纳之会计准则编制的财务资料　截至 12 月 31 日止年度

	1999 年	1998 年
营业额	803,585	409,632
经营盈利	115,903	17,191
净利息收入	(17,948)	(7,647)
应占联营公司亏损	(1,445)	(913)
除税前盈利	96,510	8,631
税项	(8,355)	(937)
除税后盈利	88,155	7,694
少数股东权益	532	—
股东应占盈利	87,623	7,694
股东权益	827,690	733,852
每股盈利(人民币元)	0.21	0.02
每股净资产(人民币元)	1.95	1.73
净资产收益率(%)	10.65	1.05

4. 按中国会计准则及制度及香港普遍采纳之会计准则编制股东应占溢利的差异
按中国会计准则及制度与香港普遍采纳的会计准则编订 1999 年 12 月 31 日帐目的差异如下:

	股东应占溢利		净资产	
	合并 1999	公司 1999	合并 1999	公司 1999
按中国会计准则及制度编制	88,598	88,520	826,000	825,922
调整按中国会计准则及制度编订在本公司财务报表中以权益法将附属公司及联营公司业绩及储备入帐	—	(26,682)	—	(22,758)
按香港普遍采纳的会计准则冲回负商誉的摊销	(1,259)	(1,259)	(3,731)	(3,731)
按香港普遍采纳的会计准则在本公司财务报表中联营公司投资减值拨备	—	(2,211)	—	(6,436)
按中国会计准则及制度冲回土地使用权评估增值	—	—	(4,200)	(4,200)
调整按中国会计准则及制度将土地使用权评估增值部分摊销数额	102	—	204	—
调整按中国会计准则及制度将联营公司筹建期间的汇兑收益按五年摊销	(269)	—	469	—
调整按中国会计准则及制度将联营公司开办费按五年摊销	528	—	(925)	—
按香港普遍采纳的会计准则综合帐目所产生的资本储备	—	—	9,946	—
调整按中国会计准则及制度将长期股权投资差额按十年摊销	(78)	—	(78)	—
其他	1	—	3	1
按香港普遍采纳之会计准则编制	87,623	58,368	827,690	788,798

5.股东权益变动情况:　单位:人民币千元

项目	股本	资本公积	盈余公积	法定公益金	未分配利润	股东权益合计
年初数	423,800	197,354	43,854	16,090	56,304	737,402
本年增加	—	—	8,852	8,852	88,598	106,302
本年减少	—	—	—	—	17,704	17,704
年末数	423,800	197,354	52,706	24,942	127,198	826,000

(1)盈余公积金增加的原因是由本年可分配利润转入所致。
(2)未分配利润增加的原因是由本年可分配利润减去分配后的余额转入所致。
(3)法定公益金增加的原因是由本年可分配利润转入所致.

(三). 股东情况介绍

1.股东数量
于 1999 年 12 月 31 日,本公司之登记股东数量如下:

股东类别	股东人数
发起法人持股(A 股)	1
境外上市外资股(H 股)	141
境内上市社会公众股(A 股)	10234
股东总人数	10376

2.主要股东持股情况
截至 1999 年 12 月 31 日,本公司十位最大登记股东持股情况如下:

股东名称	附注	类别	持有股数(千股)	占股本总额%
中国纺织机械(集团)有限公司	(1)	A 股	220,000	51.91
香港中央结算(代理人)有限公司	(2)	H 股	174,853	41.26
CHONG YUEN HUNG		H 股	750	0.18
上海联合财务管理有限公司		A 股	443	0.1
王刘氏		A 股	350	0.08
CHOW HON YIN		H 股	326	0.08
普丰证券投资基金		A 股	296	0.07
黎天		A 股	295	0.07
单庆新		A 股	264	0.06
张惠英		A 股	259	0.06

附注:
1)持有本公司 5%以上股份的股东情况:
中国纺织机械(集团)有限公司,法定代表人为周玉成,主要经营范围:生产销售纺织机械。
其所持本公司股份年内无变动,也未作任何质押.
2)香港中央结算(代理人)有限公司确认,其所持有的 H 股股份乃是以代理人身份分别代表多个客户持有,并无任何个别客户持有本公司总股本 5%或以上之权益.

(四) 股东大会简介

报告期内本公司召开了 1998 年度股东周年大会、A 股类别股东会会议、H 股类别股东会会议及临时股东大会。

于 1999 年 6 月 16 日,本公司召开了 1998 年度股东周年大会,审议通过的有关决议刊登于 1999 年 6 月 17 日《证券时报》及香港《文汇报》、《虎报》上。

于 1999 年 11 月 15 日,本公司召开了 A 股类别股东会及 H 股类别股东会,审议通过的有关决议刊登于 1999 年 11 月 16 日《证券时报》及香港《文汇报》、《虎报》。

(五) 董事会报告

1.公司经营情况
(1)本公司是中国大型纺织机械制造商之一,主要业务为生产、销售纺织机械及 其配套件.

截至 1999 年 12 月 31 日止年度,按中国会计准则及制度编制的财务报告,本公司之主营业务收入为人民币 803,585,025 元,较上年度增长 96.17%;净利润为人民币 88,598,002 元,较上年度增长 931.45%.

按香港普遍采纳之会计准则编制的财务报告,本公司之营业额为人民币 803,585,025, 股东应占盈利为人民币 87,623,000 元,分别较上年度增长 96.17%、1038.85%。

1999 年本公司天然纤维纺织机械的营业额为人民币 450,449,000 元,较上年增长 199%;化学纤维纺织机械的营业额为人民币 133,640,000 元, 较上年增加 11%; 纺织机械 配件及专件营业额为 117,025,000 元,较上年增长 90%;其他业务营业额为人民币 90,941,000 元,较上年增长 44%.

本公司的出口营业额为人民币 195,701,000 元,占该年总营业额的 24%,较上年的 出口额增加 83%.

1999 年本公司主营业务利润及净利润大幅增长的主要原因:

国内纺织企业经营形势好转,对纺织机械需求转旺,销售增加,本公司产品出口保持了一定增长,同时内部采取了降低成本等措施,另外通过资产重组吸纳了优良资产,增加了盈利。。

(2)公司在经营中的困难及解决办法

1999 年国内纺机市场变化较大,产品生产严重不均衡。公司的对策措施是:及时调整生产组织结构,大力激励员工提高生产效率;采取积极的营销策略,以良好的市场信誉争取用户、扩大销售。

2.公司财务状况说明

本公司于 1999 年 12 月 31 日按中国会计准则计算之总资产为人民币 1,926,710,748 元, 长期负债为人民币 28,000,000 元,股东权益为人民币 826,000,232 元:较年初总资产人民币 1,226,549,738 元, 长期负债人民币 44,620,000 元及股东权益人民币 737,402,230 元,分别增长 57.08%、减少 37.25%、增加 12.01%。

总资产增加的原因是由于重组合并四家子公司;股东权益增加的原因是本年新增利润;长期负债减少的原因是部分负债于一年内到期转到一年内到期的长期负债.

3.公司投资情况

(1)募集资金使用

本公司于 1996 年 1 月发行 180,800,000 股境外上市外资股(H 股),所得款项扣除发行费用后获得净资金人民币 227,740,000 元。其中 1999 年使用情况如下:

— 人民币 17,680,000 元用于购买生产设施及技术装备;

— 人民币 13,050,000 元用于扩大生产能力及其产品系列;及.

— 人民币 13,020,000 元用于加强本集团研究及开发能力.

于 1999 年 12 月 31 日,H 股募集资金已按招股说明书指定用途使用完毕.

1998 年本公司 A 股募集资金已使用完毕,本期内未有 A 股资金的使用。

4.2000 年展望

2000 年国家将继续实行积极的财政政策,加快经济结构调整,继续扩大内需,保持经济快速增长。1999 年中国纺织工业已实现整体扭亏,纺织企业效益逐步好转,2000 年,国家对纺织工业将实行"压改结合"的政策,加大技术改造的力度,推动技术进步和产业升级。同时。中国即将加入世贸组织,对纺织工业发展也将带来积极的影响。总的来看,纺机工业面临新的发展机遇。

2000 年,本公司将充分发挥重组后具有生产棉纺织机械成套设备的优势,进一步加强产品开发和技术创新,稳定质量,降低成本,不断拓展国内外市场,力争营业额及盈利水平比 1999 年有一个大幅度提高。

5.董事会日常工作情况

报告期内董事会的会议情况及决议内容

(1)1999 年 4 月 16 日在北京召开第二届董事会第二次会议,审议通过的决议公告刊登于 1999 年 4 月 19 日的《证券时报》、香港《文汇报》、《虎报》上。

(2)1999 年 8 月 23 日在北京召开第二届董事会第三次会议,本次董事会决议公告刊登于 1999 年 8 月 24 日的《证券时报》上。

(3)1999 年 9 月 29 日在北京召开第二届董事会第四次会议,会议审议通过的决议公告刊登于 1999 年 9 月 30 日的《证券时报》上。

(4)1999 年 10 月 20 日在北京召开独立董事委员会会议和第二届董事会第五次会 议,批准向 H 股股东发出的股东通函。

6 董事、监事及高级管理人员

姓名	职务	年龄	性别	任期起止日期	年末持股数	年度报酬
尹守恩	董事长	58	男	15/8/1998—15/8/2001	0	不在本公司领取
刘世同	副董事长	58	男	15/8/1998—15/8/2001	3200	27,600
李少平	董事	49	男	15/8/1998—15/8/2001	0	不在本公司领取
范新民	董事	49	男	15/8/1998—15/8/2001	0	25,200
叶茂新	董事	37	男	15/8/1998—15/8/2001	2550	24,262
姚育明	董事	38	男	15/8/1998—15/8/2001	2300	30,680
鲁成业	董事	52	男	15/11/1999—15/8/2001	0	不在本公司领取
宫恩晴	董事	52	男	15/11/1999—15/8/2001	0	不在本公司领取
刘先明	董事	38	男	15/11/1999—15/8/2001	0	不在本公司领取
张建国	董事	48	男	15/11/1999—15/8/2001	0	不在本公司领取
王伟智	董事	43	男	15/11/1999—15/8/2001	0	不在本公司领取
王曾敬	非执行董事	67	男	16/6/1999—15/8/2001	0	不在本公司领取
干晓劲	非执行董事	38	男	16/6/1999—15/8/2001	0	不在本公司领取
顾　佩	监事会主席	59	女	15/8/1998—15/8/2001	0	不在本公司领取
张　杰	监事	38	男	15/8/1998—15/8/2001	0	不在本公司领取
鲍善军	监事	48	男	15/8/1998—15/8/2001	0	17,427
杨恩昌	监事	58	男	15/2/2000—15/8/2001	0	不在本公司领取
从永发	监事	42	男	15/8/1998—15/8/2001	2300	14,995
张庆喜	副总经理	55	男		2370	20,042
杨培洲	董事会秘书	51	男		2180	14,730

本公司现任董事、监事及高级管理人员年初持股数与年末持股数相同。

董事、监事、高级管理人员离任情况

经股东大会批准,丛劲舟先生、刘红先生、吴忠信先生辞去本公司执行董事职务,张彦宁先生、傅廷美先生辞去本公司非执行董事职务。经第二届董事会第三次会议批准,田素科先生因工作调动原因不再担任本公司副总经理。经职工代表大会批准,和礼钊先生辞去本公司职工代表监事职务,选举杨恩昌先生担任职工代表监事。经第二届董事会第六次会议批准,杨培洲先生辞去本公司董事会秘书职务,聘任叶雪华先生担任本公司董事会秘书。

7.利润分配

.董事会决定不派发 1999 年度末期股息。其原因为:

1)2000 年纺织机械市场由于出口新市场的开拓及国内压锭目标基本完成,技改 力度加大,已呈现出强劲增长势头。为抓住机遇,占领市场,本公司急需流动资金投入生产;

2)本公司资产重组于 1999 年 11 月实施完成,重组后的本公司实际运行时间不满 一个完整年度;

3)经重组进入本公司的四家子公司为提高纺织机械产品技术和质量,急需资金 进行设备更新和技术投入;

(六) 监事会报告书

1999 年,本公司监事会按照中国证监会"法制、监督、自律、规范"的要求,认 真遵守《中华人民共和国公司法》、《证券法》和本公司章程赋予的职责,勤勉工作 ,正确行使监督职能.

本年度内,监事会共召开了两次会议,主要审议通过了 1998 年度监事会报告、1998 年年度报告、1999 年度中期报告。

通过积极开展工作,监事会认为:

(1)本公司按照〈〈公司法〉〉的要求,建立了完善的公司内部控制制度,未 发现公司董事及高级管理人员在执行公务时有违反国家法规和公司章程及损害公司利益的行为

(2)本公司财务管理及审计均按照有关的规定进行,监事会未发现不确事项及疑问.

(3)本年度本公司发生的关联交易公平合理;

(4)资产重组及有关交易公平合理,无损害股东利益和公司利益。

(七) 重要事项

1.本年度本公司无重大诉讼、仲裁事项.

2.资产置换

一九九九年九月二十九日,本公司与中国纺织机械(集团)有限公司("中纺机")签订《资产置换协议》("资产置换协议"),根据资产置换协议,本公司同意以全资拥有的四家辅助加工分厂,计为铸造厂、特种铸造厂、冷拉厂及电镀热处理厂的资产和相关债务("置出业务"),置换中纺机分别持有郑州宏大新型纺机有限责任公司("郑州宏大")、沈阳宏大纺织机械有限责任公司("沈阳宏大")、青岛宏大纺织机械有限责任公司("青岛宏大")及天津宏大纺织机械有限公司("天津宏大")(合称"四家宏大公司")的 98%股权("该等股权")("资产置换")。

置出业务为本公司及附属公司("本集团")的一般工艺性加工业务,并非本集 团主要产品的核心生产设施。郑州宏大的主要资产为制造清梳联合机及高产梳棉机之生产线。沈阳宏大的主要资产为制造并条机及喷水织机之生产线,青岛宏大的主要资产为制造自动络筒机、清梳联合机及高产梳棉机之生产线,而天津宏大的主要资产为制造粗纱机及普通络筒机之生产线。

本公司亦与中纺机于同日签订《综合服务合同》("综合服务合同"),为资产置换后本公司及四家宏大公司与中纺机及置出业务在日常及一般业务运作中须持续进行的一系列关连交易("持续关连交易")定下交易数量上限及价格基准。

根据中国估值师就置出资产净值所编制并经财政部批准之资产估值报告,置出资产净值于一九九九年五月三十一日("基准日")之资产净值应为人民币 132,819,816.44 元.根据中国估值师就四家附属公司各自之资产净值所编制,并经中国财务部审批之资产估值报告显示:于基准日期,四家附属公司所持之 98%资产净值为人民币 130,978,917.17 元.

根据资产置换协议,于基准日期,置出资产净值之估值较四家附属公司 98%资产净值之估值高出约人民币 1,840,899.27 元(即余额付款之数额).该等差额已由中纺机在 资产置换完成时以现金方式全数支付予本公司。而从一九九九年六月一日起至资产置换实际完成日(最迟不超过一九九九年十二月三十一日("完成日"),置出业务及该等股权的资产净值因发生变动而需予调整。在完成日,置出业务经审核的资产净值为人民币 130,713,400 元, 该等股权经审核的资产净值为人民币 130,978,917 元,该等股权的资产净值较置出业务的资产净值高出人民币 265,517 元。根据资产置换协议,该等溢额将由本公司在二零零零年六月三十日前以现金方式支付予中纺机。

资产置换已获中华人民共和国财政部财管字[1999]340 号文件的批准。本公司亦于一九九九年十一月十五日上午在北京市建国路甚 9 号中国服装大厦 1508 室分别召开 A 股股东类别股东会、H 股股东类别股东会及临时股东大会,由独立股东(即除中纺机及其联系人士外的本公司股东)在在特别股东大会中审议通过了资产置换协议及综合服务合同。本公司的中国律师亦出具了中国法律意见书,确认资产置换协议及综合服务合同合法、有效及可强制执行。

3.关联交易及持续关联交易

本年度,本集团关联交易见财务报告附注。

4.本公司与控股股东在人员、资产、财务上实行"三分开",即人员独立、资 产完整、财务独立。

5.核数师

本公司报告期帐目仍由中国注册会计师普华大华会计师事务所及香港执业会计师罗兵咸永道会计师事务所审核。

6.新建公司职工住宅对公司业绩的影响

根据经纬集团公司、本公司及中国纺织机械(集团)有限公司于 1995 年签订的服务合同,本公司于 1996 年、1997 年共向经纬集团公司(建房单位)租赁新建职工住宅 27668.22 平方米,1999 年本公司未向经纬集团公司租赁新的职工住宅。1999 年共摊销租赁费人民币 553,364 元进入损益帐。除此以外,无其他财务负债。

7.委托存款

董事会确认本公司 1999 年 12 月 31 日所持有的存款主要存放于四大国有商业银行内, 当中并无进行任何委托存款的安排,而且所有在 1999 年度到期的存款都能取回。

8.执行财政部(财会字[1999]35 号)文件对公司的影响

本公司自 1998 年 1 月 1 日起已按股份制会计制度的要求计提了四项资产减值准备, 并且采用追溯法对以前年度数据进行了调整,故本报告年度因执行财政部财会字(1999)35 号文件对本公司业绩并无影响.

9.国家取消地方政府自行制订的先征后返政策对公司的影响

本公司为高新技术企业,注册于国家高新技术开发区,享受高新技术企业 15%所得税优惠,因此,国家取消地方政府自行制订的先征后返政策对本公司无影响.

10.公元二千年问题

1998 年本公司为解决 2000 年电脑程式问题,已成立领导小组,由专人负责此项工作的实施,并对所用计算机硬件、系统软件、应用软件及工程设备等进行了调查:

1)本公司使用的计算机硬件设备不存在 2000 年电脑问题。

2)操作系统软件的年份都用四位数字表示,也不存在 2000 年电脑问题。

3)本公司使用的应用软件有财务管理系统、生产管理系统、人事及工资管理系统、综合信息获取系统等,经调查发现,存在 2000 年电脑问题的软件都是由本公司自己开发的,不涉及其他公司,且这些软件都保存有源代码,故此在 1999 年 7 月 1 日前已针对相关的源代码将显示年份的两位数改位四位数,所有软件已经符合规格。

4)本公司没有接获客户投诉本公司电脑出现千年虫问题。

5)处理千年虫问题所用费用极少。

(八) 财务会计报告

一、审计报告意见

本公司财务报告经普华大华会计师事务所周忠惠、江智斌注册会计师审计并出具无保留意见的审计报告

二.会计报表(附后)

三.会计报表附注

(一)公司概况及编表基准

经纬纺织机械股份有限公司("本公司")是由中国纺织机械(集团)有限公司(原 名"中国纺机总公司")以下简称"最终控股公司")作为唯一发起人,于 1995 年 8 月 15 日发起成立。 本公司主要从事生产与销售纺织机械业务。

(二)主要会计政策

(a)会计制度

本公司执行中华人民共和国财政部颁发的《企业会计准则》和《股份有限公司会计制度》。

(b)会计年度

本公司的会计年度是从公历 1 月 1 日至 12 月 31 日。

(c)记帐本位币

本公司以人民币为记帐本位币。

(d)记帐原则和计价基础

本公司会计核算以权责发生制为记帐原则,除特别注明外,均以历史成本为计价基础。

(e)外币业务核算方法

外币业务按业务发生当日中国人民银行公布的市场汇价折算为人民币, 于资产负债表结算日以外币为单位的货币性资产和负债按中国人民银行公布的当日市场汇价折算为人民币, 所产生的汇兑损益直接记入利润表。在资本性资产建设期间,因相关外币资金借贷而产生的汇兑损益资本化为在建工程成本的一部分。

(f) 现金等价物

现金等价物是指本公司持有不超过三个月，易于转换为已知金额，价值变动风险很小的投资。

(g) 坏帐核算方法

因债务人破产或者死亡，以其破产财产或者遗产清偿后，仍然不能收回的应收帐款，或者因债务人逾期未履行偿债义务超过三年仍然不能收回的应收帐款确认为坏帐损失，计入当期费用或冲减坏帐准备金。

坏帐准备金在对应收帐款的回收可能性作出具体评估后计提。

(h) 存货核算方法

存货包括原材料、在产品、产成品、低值易耗品和包装物等。存货按实际成本记帐。原材料和产成品发出时的成本按加权平均法核算。低值易耗品在领用时一次摊入成本，包装物按实际成本入帐。

由于存货遭受毁损，全部或部分陈旧过时或销售价格低于成本等原因，对其成本不可收回的部分，提取存货跌价准备。存货跌价准备按单个存货项目的成本低于其可变现净值的差额提取。

(i)短期投资核算方法

短期投资按成本与市价孰低法核算。短期投资收益在收到现金时确认。短期投资按年末投资总额计提跌价准备。

(j)长期投资核算方法

长期投资包括长期股权投资和长期债权投资。

母公司对被投资企业持有20%以上及50%以下的权益资本及对其经营决策有重大影响的长期投资按权益法核算；母公司对被投资企业持有50%以上权益资本(子公司)除按权益法核算外，还于年末编制合并会计报表；凡母公司持有20%以下权益资本的投资及对其经营决策不具有重大影响的长期投资，则按成本法核算。

股权投资差额的摊销期限，合同规定了投资期限的，按投资期限摊销；没有规定投资期限的，采用直线法按10年平均摊销。

长期债券投资按成本入帐，其利息收入按应计额入帐。

(k)固定资产计价和折旧方法

固定资产是指使用期限在一年以上的房屋、建筑物和其他主要生产经营设备，以及单位价值在人民币2,000元以上并且使用期限超过两年的非主要生产经营设备。

固定资产包括房屋及建筑物、机械及设备和运输工具等。

固定资产按购置或新建时的原始成本计价，对本公司在改制时评估增值的固定资产，按其评估确认后的原价入帐。

固定资产折旧采用直线法并按其原值或重估值减去估计的5%的残值在估计经济 使用年限内平均计提。

固定资产的估计经济使用年限列示如下：

	年限
房屋及建筑物	9—35年
机器及设备	7—22年
运输工具	9年

(l) 收入确认原则

销售商品的收入在已将商品所有权上的重要风险和报酬转移给买方，并不再对该商品实施继续管理和控制，有关收入已收到或取得收款证明与该商品销售相应的成本已可靠计量时确认为营业收入。利息和使用费收入在与交易相关的经济利益能够流入企业，收入的金额能够可靠地计量时确认为营业收入。

(m)所得税会计处理方法

本集团采用的所得税处理的方法是应付税款法。

(n)合并会计报表的编制方法

合并会计报表是根据中华人民共和国财政部财会字(1995)11号《关于印发"合并会计报表暂行规定"》文件而编制。

合并会计报表包括本公司及子公司截至12月31日止的会计报表，子公司指本公司拥有其50%以上的表决权资本，具有决定其财务和经营政策权力，并能据此从其经营活动中获取利益的企业。

在合并会计报表中，少数股东权益指子公司的所有者权益中不属于本公司所拥有的部分。

本公司和子公司之间所有重大往来余额及交易已在合并会计报表编制时予以抵销。

(o)关联公司

关联公司包括最终控股公司及其同系子公司和合营公司、经纬机械(集团)有限公司(简称"经纬集团公司")及其子公司和合营公司。

经纬集团公司原名经纬纺织机械厂。

(三)税项

本公司承担的主要税项列示如下：

税种	税率	备注
增值税	17%	纺织机械及零备件销售收入的17%
所得税	15%	应纳税所得额的15%

根据山西省国家税务局于1995年9月28日发出的晋国税所发(1995)48号批文，本 公司享有的优惠税率为15%。

(四)控股子公司及合营公司

(a) 控股子公司

企业名称	注册国家	经营范围	注册资本	所占权益比例
山西经纬计算机技术开发有限公司	中国	销售计算机及提供有关技术服务	人民币160万元	60%
晋中经纬钢领制造有限公司	中国	生产纺织机械配件	人民币50万元	100%
经纬纺织机械榆次物资有限公司	中国	经销冶金炉料、金属材料、纺织机械配件、焦炭	人民币500万元	100%
太原经纬电器有限公司	中国	生产及销售变压器及电子配件	人民币500万元	100%
宁波大榭开发区五方宏大经贸有限公司	中国	纺织机械及零部件的销售，及相关技术服务	人民币240万元	100%
青岛宏大纺织机械有限责任公司	中国	纺织工业专用设备、纺织机械专用配件及器材制造、销售安装、维修、租赁	人民币4,550万元	98%
天津宏大纺织机械有限责任公司	中国	技术开发咨询服务转让(纺织工业)专用设备、开关控制设备复印机、农机加工	人民币3,035万元	98%
郑州宏大新型纺机有限责任公司	中国	开发生产纺织及专用	人民币2469.65万元	98%
沈阳宏大纺织机械有限公司	中国	纺织机械及专用配件器材技术开发研制、机械设备电子电器、制造加工、经济技术咨询	人民币3310万元	98%

(b) 合营公司

企业名称	注册国家	经营范围	注册资本	所占权益比例
上海立达经纬纺织机械有限公司	中国	纺织机械生产	瑞士法郎1,000万元	45%

(五)会计报表项目附注

1.货币资金

	1999年12月31日	1998年12月31日
	人民币元	人民币元
现 金	335,510	60,296
银 行 存 款	235,930,948	98,156,000
其他货币资金		
—中纺机集团财务公司存款	20,000,000	20,000,000
	256,266,458	118,216,296

中纺机集团财务公司在本年度的存款年利率为2.16%(1998：9%)。

年末货币资金中包括以下外币资金：

外币名称	外币金额	汇率	折合人民币元
美 元	78,002	8.2779	645,693
港 元	36,699,900	1.0667	39,147,783
日 元	91	4.4	400
合 计			39,793,876

2 短期投资及短期投资跌价准备

	1999年12月31日		1998年12月31日	
	投资金额	跌价准备	投资金额	跌价准备
	人民币元	人民币元	人民币元	人民币元
其他投资	7,000,000	—	—	—
合 计	7,000,000	—	—	—

3 应收票据

本集团于1999年12月31日的应收票据为人民币24,967,513元，均为银行承兑票据，并无抵押及贴现的应收票据。

4 应收帐款及其他应收款

(1) 应收帐款

合并

	1999年12月31日			1998年12月31日		
帐 龄：	人民币元	比例(%)	坏帐准备	人民币元	比例(%)	坏帐准备
1年以内	354,377,031	76	(2,829,482)	123,444,528	65	—
1—2年	60,339,517	13	(3,124,303)	38,600,684	20	—
2—3年	35,219,840	8	(10,090,171)	20,059,487	11	(8,629,876)
3年以上	15,201,733	3	(14,434,581)	7,119,484	4	(7,097,484)
合 计	465,138,121	100	(30,478,573)	189,224,183	100	(15,727,360)

母 公 司

	1999年12月31日			1998年12月31日		
帐 龄：	人民币元	比例(%)	坏帐准备	人民币元	比例(%)	坏帐准备
1年以内	185,893,980	71	—	112,295,183	64	—
1—2年	42,083,797	16	—	36,192,964	21	—
2—3年	23,491,452	9	(5,041,252)	19,876,552	11	(8,629,876)
3年以上	10,687,548	4	(10,687,548)	7,097,484	4	(7,097,484)
合 计	262,156,777	100	(15,728,800)	175,462,183	100	(15,727,360)

(2)其他应收款

	1999年12月31日			1998年12月31日		
帐 龄：	人民币元	比例(%)	坏帐准备	人民币元	比例(%)	坏帐准备
1年以内	88,426,440	96	—	38,376,519	87	—
1—2年	1,781,028	2	—	4,582,864	11	—
2—3年	1,058,865	1	(317,660)	615,021	1	—
3年以上	767,152	1	(767152)	570,542	1	—
合 计	92,033,485	100	(1,084,812)	44,144, 946	100	—

5 预付帐款

	1999年12月31日		1998年12月31日	
预付帐款帐龄分析：	人民币元	比例(%)	人民币元	比例(%)
1年以内	86,689,810	91	29,732,585	85
1—2年	4,086,321	4	3,218,412	9
2—3年	2,809,546	3	1,272,264	4
3年以上	2,132,619	2	634,060	2
合 计	95,718,296	100	34,857,321	100

6 存货及存货跌价准备

	1999年12月31日		1998年12月31日	
	金额	跌价准备	金 额	跌价准备
	人民币元	人民币元	人民币元	人民币元
在途物资	—	—	1,584,321	—
原 材 料	110,226,766	—	58,388,127	—
在 产 品	164,125,306	—	122,196,565	—
产 成 品	174,758,367	(1,397,153)	131,756,264	(1,100,000)
合 计	449,110,439	(1,397,153)	313,925,277	(1,100,000)

存货跌价准备是按年末存货成本与可变现净值孰低法的差异计提的。

经纬纺织机械股份有限公司董事会

二零零零年三月十三日

资产负债表

1999年12月31日　　会股01表

单位:人民币元

资 产	1999年合并	1998年合并	1999母公司	1998母公司
流动资产:				
货币资金	25266458	118215296	217381192	117513651
短期投资	7000000		7000000	
减:短期投资跌价准备				
短期投资净额	7000000		7000000	
应收票据	24967513	23184560	23267513	23184560
应收股利				
应收利息				
应收帐款	465138121	189224183	262156777	175462183
其他应收款	92033485	44144946	49773499	37475319
减:坏帐准备	(31563349)	(15727360)	(15728800)	(15727360)
应收帐款净额	525608257	217641769	296201476	197210142
预付帐款	95718296	34857321	41038658	34056266
应收补贴款		8000000		8000000
存货	449110439	313925277	298758351	303580252
减:存货跌价准备	(1397153)	(1100000)	(1100000)	(1100000)
存货净额	447713286	312825277	297658351	302480252

待摊费用	736399	650670	94635	90472
待处理流动资产净损失				
一年内到期的长期债券投资		11000		
其他流动资产				
流动资产合计	1358010209	715386893	882641825	682535343
长期投资:				
长期股权投资	18512207	26411000	235564984	40658195
长期债券投资	855000	948000	855000	948000
长期投资合计	19367207	27359000	236419984	41606195
其中:合并价差				
减:长期投资减值准备	(6135316)			
长期投资净额				
固定资产:				
固定资产原价	823612935	555721705	533223668	548250458
减:累计折旧	(357548724)	(213636123)	(206723858)	(210835269)
固定资产净值	466064211	342085582	326499810	337415189
工程物资				
在建工程	24238033	57918498	23081032	55332321
固定资产清理				
待处理固定资产净损失				
固定资产合计	490302244	400004080	349580842	392747510
无形资产及其他资产:				
无形资产	56982206	55641123	52116206	50672218
开办费	1166000	605747		
长期待摊费用	882882	22677895	635284	22677895
其他长期资产				
无形资产及其他资产合计	59031088	78924765	52116206	73350113
递延税项:				
递延税项借项		4875000		4693951
资产总计	1926710748	1226549738	1521394141	1194933112
负债及股东权益	1999(合并)	1998(合并)	1999(母公司)	1998(母公司)
流动负债:				
短期借款	471863780	178230000	3466600000	167280000
应付票据	34785125	9973504	231600000	7800000
应付帐款	283619295	154782321	147619415	146805793
预收帐款	150545582	37421419	90627985	34054821
代销商品款				
应付工资	1347558	82354		
应付福利费	6055064	2694525	2799684	2014863
应付股利				
应交税金	22861236	12197907	9754367	12002066
其他应交款	1079630	265135		
其他应付款	42767630	17686343	11063554	11767525
预提费用	6320774	2163000	3167147	2154814
一年内到期的长期负债	47620000	29031000	38620000	29031000
其他流动负债				
流动负债合计	1068865516	444527508	673472152	412910882
长期负债:				
长期借款	28000000	44620000	22000000	44620000
应付债券				
长期应付款				
住房周转金				
其他长期负债				
长期负债合计	28000000	44620000	22000000	44620000
递延税款:				
递延税款贷项				
负债合计	1096865516	489147508	695472152	457530882
少数股东权益	3845000			
股东权益:				
股本	423800000	423800000	423800000	423800000
资本公积	197354118	197354118	197354118	197354118
盈余公积	77647703	59943751	77647703	59943751
其中:公益金	24942326	16090352	24942326	16090352
未分配利润	127198411	56304361	127120168	56304361
外币报表折算差额				
股东权益合计	826000232	737402230	825921989	737402230
负债及股东权益总计	1926710748	1226549738	1521394141	1194933112

利润及利润分配表

1999 年度

会股 02 表

单位:人民币元

项　目	1999(合并)	1998(合并)	1999(母公司)	1998(母公司)
一、主营业务收入	803585025	409631794	573819291	355483382
减:折扣与折让				
主营业务收入净额	803585025	409631794	573819291	355483382
减:主营业务成本	626833942	328519446	450493890	280079499
主营业务税金及附加	1099827	90760		
二、主营业务利润	175651256	81021588	123325401	75403883
加:其他业务利润	23474413	409088	21852313	149467
减:存货跌价损失		800000		800000
营业费用	19653702	12014899	13572061	10272167
管理费用	74995852	55865210	58203978	50665010
财务费用	18366425	7805099	15557075	6894035
三、营业利润	86109690	4945468	57844600	6922138
加:投资收益	4733192	(1173000)	33041192	(2571000)
补贴收入	4500000	8000000	4500000	8000000
营业外收入	4211676	1557223	1903107	1019000
减:营业外支出	2069563	3800011	1954207	3852033
四、利润总额	97484995	9526680	95334692	9518105
减:所得税	8354993	937007	6814933	928432
少数股东损益	532000			
五、净利润	88598002	8589673	88519759	8589673
加:年初未分配利润	56304361	49432688	56304361	49432688
盈余公积转入				
六、可供分配的利润	144902363	58022361	144824120	58022361
减:提取法定盈余公积	8851976	859000	8851976	859000
提取法定公益金	851973	859000	8851976	859000
七、可供股东分配的利润	127198411	56304361	127120168	56304361
减:已分配优先股股利				
提取任意盈余公积金				
分配普通股股利				
转作股利的普通股股利				
八、未分配利润	127198411	56304361	127120168	56304361

现金流量表

1999 年度

会股 03 表

单位:人民币元

项目	金额(合并)	金额(母公司)
一.经营活动产生的现金流量:		
销售商品,提供劳务收到的现金	649861150	444678223
收取的租金	55556	
收到的税费返还	5000206	1158000
收到的其他与经营活动有关的现金	17793994	12139808
现金流入小计	672710906	457976031
购买商品,接受劳务支付的现金	(509913385)	(316224268)
经营租赁所支付的现金	(88000)	
支付给职工以及为职工支付的现金	(73856811)	(55895314)
实际交纳的增值税款	(33755307)	(21275000)
支付的所得税款	(10948750)	(10536933)
支付的除增值税,所得税以外的其他税费	(644592)	(38000)
支付的其他与经营活动有关的现金	(53984758)	(81927580)
现金流出小计	(683191603)	(485897095)
经营活动产生的现金流量净额	(10480697)	(27921064)
二.投资活动产生的现金流量:		
收回投资所收到的现金	93285	93285
权益性投资所收到的现金		
分得股利或利润所收到的现金		
取得债券利息收入所收到的现金		
处置固定资产,无形资产和其他长期资产而收回的现金净额	766000	427459
收到的其他与投资活动有关的现金	17978594	9118000
现金流入小计	18837879	9638744
购建固定资产,无形资产和其他长期资产所支付的现金	(22036230)	(20808000)
权益性投资所支付的现金	(42844230)	(43888139)
债权性投资所支付的现金	(24006351)	(34249395)
支付的其他与投资活动有关的现金		
投资活动现金流出小计		
投资活动产生的现金流量净额		
三.筹资活动产生的现金流量:		
吸收权益性投资所收到的现金		
其中:子公司吸收少数股东权益性投资收到的现金		
发行债券所收到的现金		
借款所收到的现金	399514000	386120000
收到的其他与筹资活动有关的现金		
现金流入小计	399514000	386120000
偿还债务所支付的现金	(220011220)	(219771000)
发生筹资费用所支付的现金		
分配股利或利润所支付的现金		
其中:子公司支付少数股东的股利		
偿还利息所支付的现金	(20578916)	(17924000)
融资租赁所支付的现金		
减少注册资本所支付的现金		
其中:子公司依法减资支付给少数股东的现金		
支付的其他与筹资活动有关的现金		
现金流出小计	(240590136)	(237695000)
筹资活动产生的现金流量净额	158923864	148425000
四.汇率变动对现金的影响	(194654)	(195000)
五.现金及现金等价物净增加额	124242162	86059541
补充资料		
1.不涉及现金收支的投资和筹资活动:		
以固定资产偿还债务		
以投资偿还债务		
以固定资产进行投资		
以存货偿还债务		
融资租赁固定资产		
接受捐赠非现金资产		
2.将净利润调节为经营活动的现金流量:		
净利润	88598002	88519759
加:少数股东损益		
加:计提的坏帐准备或转销的坏帐	674989	1440
固定资产折旧	29983138	26484000
无形资产摊销	906768	549515
处置固定资产,无形资产和其他长期资产的损失(减:收益)	(204000)	
财务费用	18143057	15361000
投资损失(减:收益)	(4733192)	(33568763)
存货的减少(减增加)	(69805162)	(33568763)
经营性应收项目的减少(减增加)	(172363525)	(160095090)
经营性应付项目的增加(减减少)	98132228	67868267
经营活动产生的现金流量净额	(10667697)	(27921064)
3.现金及现金等价物净增加情况:		
货币资金的期末余额	209357458	170472192
减:货币资金的期初余额	(85115296)	(84412651)
现金及现金等价物净增加额	124242162	86059541

云南华一投资集团股份有限公司

一、公司简介

公司中文名称:云南华一投资集团股份有限公司
英文名称:YUNNAN HUAYI INVESTMENT GROUP CO., LTD 缩写:YHIGC
公司法定代表人:温一雷
公司董事会秘书:谢盛兵
联系地址:云南省昆明市东风西路11号五华大厦五楼
联系电话:(0871)3610134 传 真:(0871)3625615
公司注册及办公地址:云南省昆明市东风西路11号 邮政编码:650031
国际互联网网址:http://huayi.kmcom.com.cn 公司电子信箱:huayi @ public.km.yn.cn
公司年度报告备置地点:董事会办公室、深圳证券交易所
信息披露报纸:证券时报
登载年报网址://www.cninfo.com.cn
股票上市交易所:深圳证券交易所
股票简称:华一投资 股票代码:0667

二、会计数据和业务数据摘要

(一)主要会计数据 (单位:人民币元)

项 目	金 额
利润总额	10,662,165.93
净利润	8,908,794.10
扣除非经营性损益后的净利润	——
主营业务利润	16,722,767.21
其他业务利润	3,336,326.29
营业利润	1,289,846.59
投资收益	2,918,548.87
补贴收入	——
营业外收支净额	6,453,770.47
经营活动产生的现金流量净额	-38,496,918.19
现金及现金等价物净增加额	-54,883,938.69

(二)前三年主要会计数据和财务指标

1、追溯调整后(单位:人民币元)

项 目	1999年	1998年	1997年
主营业务收入	130,501,897.07	144,099,078.49	197,658,621.20
净利润	8,908,794.10	52,450,454.44	78,242,944.58
总资产	578,676,725.38	588,413,537.00	579,683,107.53
股东权益	490,829,813.11	481,921,019.01	464,518,537.53
每股收益(摊簿)	0.04	0.30	0.45
——加权平均	0.04	0.30	0.54
每股净资产	2.00	2.75	2.65
净资产收益率(%)	1.82	10.88	16.84
——加权平均(%)	1.83	11.08	18.43
调整后的每股净资产	1.83	2.68	2.61
每股经营活动产生的现金流量净额	-0.16	-0.10	—

2、追溯调整前 (单位:人民币元)

项 目	1999年	1998年	1997年
主营业务收入	130,501,897.07	144,099,078.49	197,658,621.20
净利润	8,908,794.10	52,935,068.61	80,033,420.49
总资产	578,676,725.38	605,777,640.80	596,378,322.27
股东权益	490,829,813.11	497,040,502.46	479,109,433.85
每股收益(摊簿)	0.04	0.30	0.46
——加权平均	0.04	0.30	0.55
每股净资产	2.00	2.84	2.74
净资产收益率(%)	1.82	10.65	16.70
——加权平均(%)	1.80	10.85	18.26
调整后的每股净资产	1.83	2.76	2.69
每股经营活动产生的现金流量净额	-0.16	-0.10	—

3、主要财务指标计算方法

每股收益=净利润÷年度末普通股股份总数

每股净资产=年度末股东权益÷年度末普通股股份总数

调整后的每股净资产=(年度末股东权益-三年以上的应收款项净额-待摊费用-待处理(流动、固定)资产净损失-开办费-长期待摊费用-住房周转金负数余额)÷ 年度末普通股股份总数

每股经营活动产生的现金流量净额=经营活动产生的现金流量净额÷年度末普通 股股份总数

净资产收益率=净利润÷年度末股东权益×100%

(三)报告期内股东权益变动情况 (单位:元)

项目	股本	资本公积	盈余公积	法定公益金	未分配利润	股东权益合计
期初数	175020000	44167662.76	174503488.09	31395870.89	88229868.16	481921019.01
本期增加	70,008,000		1,336,319.12	445,439.71	8,908,794.10	8,908,794.10
本期减少		35004000.00			36,340,319.12	
期末数	245028000	9,163,662.76	175839807.21	31705310.60	60798343.14	490829813.11

三、股东情况介绍

1、截止1999年12月30日,公司股东总数23370户,其中国家股股东1户,社会公 众股股东23369户(含董事、监事及高级管理人员被锁定的7户)。

2、公司前10名股东持股情况:

序号	姓 名	年末持股数(股)	占总股本(%)
1	昆明市五华区国有资产管理局	181440000	74.05
2	朱康平	845180	0.34
3	单丽羽	828802	0.34
4	邓 凡	814548	0.33
5	魏国贵	774508	0.32
6	洪泽荣	462610	0.19
7	李长生	460493	0.19
8	周静财	459900	0.19
9	章佳华	455280	0.19
10	深圳市鹏尧投资有限公司	450000	0.18

武汉石油集团股份有限公司

一 公司简介

1、公司中文名称:武汉石油集团股份有限公司
公司英文名称:WUHAN PETROLEUM GROUP CO.LTD
2、公司法定代表人:戢治成
3、公司董事会秘书:蒙弘
联系地址:武汉石油集团股份有限公司证券部
联系电话:027-85796197
传真电话:027-85796197
4、公司注册地址:湖北省武汉市万松小区18栋
公司办公地址:湖北省武汉市万松小区18栋
公司邮政编码:430022
公司电子信箱:WUSHIYOU@PUBLIC.WH.HB.CN
5、公司选定的信息披露报纸:《中国证券报》、《证券时报》
年度报告备置地点:武汉石油集团股份有限公司证券部
中国证监会指定信息披露国际互联网网址:HTTP://WWW.CNINFO.COM..CN
6、公司股票上市交易所:深圳证券交易所
公司股票简称:武汉石油
公司股票代码:0668

二 会计数据与业务数据摘要

1、公司本年度利润总额及构成(单位:元)

	1999年度
利润总额	55751411.16
净利润	39912785.33
扣除非经常性损益后的净利润	31619887.27
主营业务利润	106963259.77
其他业务利润	3631087.53
营业利润	47458513.10
投资收益	46727.86
补贴收入	8676690.13
营业外收支净额	-430519.93
经营活动产生的现金流量净额	-29941686.20
现金及现金等价物净增加额	46719455.80

2、前三年主要财务数据和财务指标

指标项目	1999	1998	1997
主营业务收入	931041680.66	925869118.65	875534902.57
净利润	39912785.33	23460191.86	25222815.99
总资产	653789497.42	490410488.93	316192277.08
股东权益(不含少数股东权益)	305065567.21	265141781.88	146647208.91
每股收益(元)	0.35	0.21	0.30
扣除非经营性损益后的每股收益(元)	0.28	0.16	0.30
每股净资产(元)	2.70	2.35	1.72
调整后的每股净资产	2.59	2.30	1.56
净资产收益率(%)	13.08	8.85	17.20
每股经营活动产生的现金流量净额	-0.27	-0.48	--

注:以上有关数据计算方法:

每股收益=净利润/年度末普通股股份总数

每股净资产=年度末股东权益/年度末普通股股份总数

调整后的每股净资产=(年度末股东权益-三年以上的应收款项净额-待摊费用-待 处理(流动、固定)资产净损失-开办费—长期待摊费用—住房周转金负数余额)/年度 末普通股股份总数

每股经营活动产生的现金流量净额=经营活动产生的现金流量净额/年度末普通股股份总数

净资产收益率=净利润/年度末股东权益 X100%

3、本报告期内股东权益变动情况。

(1)股东权益变动情况表

项 目	股 本	资本公积	盈余公积	法定公益金	未分配利润	股东权益合计
期 初 数	112955300	94510590.81	36267361.86	6398926.52	21408529.21	265141781.88
本期增加		11000.00	7982557.07	1995639.27	31930228.26	39923785.33
本期减少						
期 末 数	112955300	94521590.81	44249918.93	8394565.79	53338757.47	305065567.21

(2)股东权益变动说明: 本年增加系本年提取数

三 股东情况介绍

(1)、报告期末股东总数为:5421户。

(2)、持有本公司5%以上股份及前十位股东持股情况:

股 东 名 称	持股数量(万股)	持股比例%
1)、湖北省石油总公司(代表国家持股)	58500000	51.79
2)、武汉国有资产经营公司(代表国家股份)	13574996	12.02
3)、江汉石油管理局	2340000	2.072
4)、胜利油田综合实业开发公司	1594000	1.411
5)、中国石化武汉石油化工厂	1440000	1.275
6)、武汉市信托投资公司	1440000	1.275
7)、中国石油大庆石油化工总厂	1069500	0.947
8)、蔺秀彩	562000	0.498
9)、王桂华	560000	0.496
10)、卢秀东	551945	0.489

公司股东湖北省石油总公司、江汉石油管理局和中国石化武汉石油化工厂同是中国石油化工集团公司的下属企业,存在关联关系。

1999年8月本公司控股股东中国石油化工集团公司将持有的5850万股本公司国家 股份全部无偿划拨给湖北省石油总公司持有,并正式办理了划转过户手续。中国石油 化工集团公司、湖北省石油总公司和本公司于1999年9月22日同时在《证券时报》和《中国证券报》刊登了股份划转公告。

吉林中讯科技发展股份有限公司

一 公司简介

1.公司法定中文名称:吉林中讯科技发展股份有限公司
公司法定英文名称:JILIN SINOSINIC TECHNOLOGY DEVELOPMENT CO.,LTD
2.公司法定代表人: 徐 杰
3.公司负责信息披露事务人员
董事会秘书:高 洪 授权代表:张正国
联系电话:(0432)4651672、4672831 联系传真:(0432)4683820
联系地址:吉林省吉林市高新技术开发区长江街38号
4.公司注册地址:吉林省吉林市高新技术开发区C区26号楼
办公地址:吉林省吉林市高新技术开发区长江街38号 邮政编码:132013
E-mail:wdl@public.jl.jl.cn
5.信息披露报刊名称:证券时报
登载公司年报网址:http://www.cninfo.com.cn
公司年报备置地点:公司证券部
6.公司上市地点:深圳证券交易所
股票简称:ST中讯 股票代码:0669

二 会计数据和业务数据摘要

(一)公司本年度主要利润指标情况(单位:人民币元)

利润总额:	39,553,147.94
净利润:	39,553,147.94
扣除非经营性损益后的净利润:	4,021,174.35
主营业务利润:	4,021,174.35
其它业务利润:	----
营业利润:	4,021,174.35
投资收益:	----
补贴收入:	----
营业外收支净额:	35,531,973.59
经营活动产生的现金流量净额:	722,051.86
现金及现金等价物净增加额:	-3,091,403.60

注:扣除非经常性损益项目和金额:
固定资产清理净收入 35,531,973.59

(二)截止报告期末公司前三年主要会计数据和财务指标(单位:人民币元)

项目	1999年	1998年	1997年
主营业务收入	20,621,622.39	14,384,570.10	12,170,450.01
净利润	39,553,147.94	-65,153,351.55	-94,294,153.08
总资产	127,127,408.70	529,608,685.08	662,963,044.03
股东权益	62,903,690.35	23,350,542.41	88,503,893.96
每股收益	0.6414	-1.056	-1.529
扣除非经常性损益的每股收益	0.0652	--	--
每股净资产	1.02	0.3786	1.44
调整后的每股净资产	1.02	-0.76	1.16
经营活动中产生的现金流量净额	722,051.86	--	--
净资产收益率(%)	62.88	-279.02	-106.54
加权净资产收益率(%)	62.88	-116.496	-69.51

(三)报告期内股东权益变化情况

项目	股本	资本公积	盈余公积	法定公益金	未分配利润	股东权益合计
期初数	61670000	104619604	9202707	2935267	-152141769	23350542
本期增加	---	---	---	---	39553147	39553147
本期减少	---	---	---	---	---	---
期末数	61670000	104619604	9202707	2935267	-112588621	62903690

变动原因:1.未分配利润的变动系因本年度利润弥补往年亏损所致。
2.股东权益的增加系因本公司重组营业外收入及公司主营业务经营产生利润所致。

三 股本变动及股东情况

(一)股本变动情况 (数量单位:股)

	本次变动前	本次变动增减(+,—) 配股	送股	公积金转股	增发	其他	小计	本次变动后
一.未上市流通股份								
1.发起人股份	38,680,000							38,680,000
境内法人持有股份	38,680,000							38,680,000
2.募集法人股份								
未上市流通股份合计	38,680,000							38,680,000
二.已上市流通股份								
1.人民币普通股	22,990,000							22,990,000
已上市流通股份合计	22,990,000							22,990,000
三.股份总数	61,670,000							61,670,000

(二)股东情况介绍

1.截止到1999年12月31日,本公司有股东8738户,其中,发起人股东4户,现任董事、监事及高级管理人员持股数为零股。

2.前10名股东情况如下:

序号	股东名称	年末持股数(股)	持股比例%
1	吉林万德莱通讯设备有限公司	19,110,000	30.99%
2	深圳金圣实业有限公司	10,792,437	17.50%
3	深圳吉粤投资有限公司	7,577,563	12.29%
4	万宝集团冷机有限公司	12,00,000	1.95%
5	深圳市应年包装设计有限公司	289,530	0.47%
6	上海隆化电脑有限公司	279,700	0.45%
7	深圳市关文家具设计有限公司	259,860	0.42%
8	武猛	244,900	0.40%
9	陈连英	224,400	0.36%
10	李强	216,788	0.35%

湖北天发股份有限公司

一、公司简介

1.公司名称:中文 湖北天发股份有限公司
英文 HUBEI TIANFA CO.,LTD
2.法定代表人:刘道兴
3.董事会秘书:何陟华 授权代表:张进斌
联系电话:0716—8560320 传 真:0716—8563640
电子信箱:hbtfzqb@public.js.hb.cn
4.注册地址:荆州市江汉北路12号
办公地址:荆州市江汉北路12号天发大厦 邮政编码:434000
公司网址:http://www.chinatianfa.com. 电子信箱:hbtfzqb@public.js.hb.cn
5.公司信息披露报纸:《中国证券报》、《证券时报》
登载公司年报的中国证监会指定国际互联网网址:http://www.cninfo.com.cn
年度报告备置地点:公司证券部
6.股票上市地:深圳证券交易所
股票简称: 天发股份 股票代码: 0670

二、会计数据和业务数据摘要

1、公司本年度主要会计数据

	单位:元
利润总额	91,965,376.42
净利润	77,606,419.18
扣除非经常性损益后的净利润	73,853,214.77
主营业务利润	146,267,915.01
其它业务利润	-118,747.94
营业利润	85,913,041.27
补贴收入	6,000,000.00
营业外收支净额	52,335.15
经营活动产生的现金流量净额	103,354,452.24
现金及现金等价物净增加额	66,851,955.22

2、前三年主要财务数据和财务指标

	99年度	98年度	97年度
主营业务收入(元)	1,099,950,890.91	985,866,625.04	811,427,518.34
净利润(元)	77,606,419.18	101,365,209.07	87,406,216.13
总资产(元)	1,489,611,209.93	1,164,433,675.21	611,606,471.31
股东权益(元)	753,738,281.63	676,131,862.45	306,385,350.74
每股收益(元)	0.33	0.69	0.67
加权每股收益(元)	0.41	0.75	
扣除非经常性损益后每股收益(元)	0.31		
每股净资产(元)	3.20	4.59	2.36
调整后的每股净资产(元)	3.18	4.58	2.27
每股经营活动产生的现金流量净额(元)	0.44	0.73	
净资产收益率(%)	10.30	14.99	28.53

注:(1)主要财务指标的计算方法
每股收益=净利润/年度末普通股股份总数
每股净资产=年度末股东权益/ 年度末普通股股份总数
净资产收益率=净利润/年度末股东权益×100%
调整后的每股净资产=(年度末股东权益-三年以上的应收帐款-待摊费用-待处理财产净损失-开办费用-长期待摊费用)/年度末普通股股份总数

(2)由于会计政策的变更,根据财政部财会字(1999)35号文,49号文的有关规定,采用了追溯调整法,调整了一九九九年度合并会计报表相关的"坏帐准备"。

调整前各年度会计数据如下 (单位:元)

项目	1998年	1997年
坏帐准备	67,194.98	67,194.98
存货跌价准备		
未分配利润	158,734,568.22	85,549,336.82

调整后各年度会计数据如下:(单位:元)

项目	1999	1998年	1997年
坏帐准备	4,746,677.46	6,724,035.85	5,095,582.25
存货跌价准备			
未分配利润	207,401,528.73	153,076,253.48	80,520,949.55

3、本年度股东权益变动情况: 单位:元/股

项目	股本	资本公积	盈余公积	法定公益金	未分配利润	合计
期初数	147160000	304619330	71276278.65	21232449	153076253	697364311
本期增加	88296000		23281143.93	7760380	54325275	173662799
本期减少		88296000				88296000
期末数	235456000	216323330	94557422.58	28992829	207401528	75373828

注:1.股本增加因年度内实施了资本金转增股本(每10股转增6股)。
2.盈余公积、法定公益金增加系从净利润中按规定提取所致。
3.未分配利润增加系净利润增加所致。
4.资本公积减少因年度内实施了资本金转增股本(每10股转增6股)。

三、股东情况介绍

1、报告期末股东总数为54382户。
2、期末前10名股东持股情况:

股东名称	持股数(股)	持股比例(%)
1.湖北天发集团公司	70688000	30.02
2.荆州市第一木材总公司	25600000	10.87
3.荆州市国有资产管理局	20192000	8.58
4.梁云海	716896	0.30
5.陈在援	666064	0.28
6.上海久事公司浦东公司	617197	0.26
7.林翠锦	470600	0.20
8.谢林财	469955	0.20
9.雷体凤	458446	0.19
10.刘彩庭	428370	0.18

公司股东湖北天发集团公司与荆州市第一木材总公司存在关联关系,荆州市第一木材总公司为湖北天发集团公司全资子公司。

福建省石狮新发股份有限公司

一、公司简介

中文名称:福建省石狮新发股份有限公司
英文名称:FUJIAN SHISHI XINFA Co.,LTD.
法定代表人:吴彦赞
公司注册地址:福建省石狮市民生路 208 号石狮新乐园大酒店四楼
股票上市交易所:深圳证券交易所
股票简称:石狮新发　股票代码:0671
联系电话:(0595)8880671　传真:(0595)8880410
电子信箱:xinfa@pub1.qz.fj.cn　邮政编码:362700
信息披露报纸:证券时报
登载年报网址://WWW.CNINFO.COM.CN
公司年度报告备置地点:公司证券部

二、会计数据和业务数据摘要

(一)本年度利润总额、利润总额的构成及经营活动产生的现金流量净额、现金及现金等价物净增加额:(单位:人民币元)

1.利润总额:	15,801,148.53
2.净利润:	13,309,732.53
3.扣除非经常性损益后的净利润:	12,593,904.30
4.主营业务利润:	19,395,200.04
5.其他业务利润:	1,566,053.78
6.营业利润:	15,085,320.30
7.投资收益:	0
8.补贴收入:	431,411.00
9.营业外收支净额:	284,417.23
10.经营活动产生的现金流量净额:	-6604,465.33
11.现金及现金等价物净增加额:	973,985.03

注:扣除的项目及涉及金额:

补贴收入:	431,411.00
营业外收支净额:	284,417.23
以上涉及金额:	715,828.23

(二)前三年的主要会计数据和财务指标

(1)追溯调整后:(单位:人民币元)

项目	1999 年	1998 年	1997 年
1.主营业务收入:	43,163,478.91	36,799,538.43	28,966,898.90
2.净利润:	13,309,732.53	17,687,235.15	12,557,963.15
3.总资产:	220,560,910.16	181,056,303.49	118,031,829.41
4.股东权益:	159,938,199.41	146,628,466.88	98,766,761.66
5.每股收益:全面摊薄	0.14	0.26	0.197
—加权平均	0.14	0.27	0.197
—扣除非经常性损益后	0.13	0.196	0.197
6.每股净资产(元):	1.68	2.157	1.55
7.净资产收益率(%):	8.32	12.06	12.71
——加权平均(%):	8.32	14.86	12.71
8.调整后的每股净资产:	1.62	2.056	1.39
9.每股经营活动产生的现金流量净额:	—0.069	—0.176	—

(2)追溯调整前(单位:人民币元)

项目	1999 年	1998 年	1997 年
1.主营业务收入:	43,163,478.91	36,799,538.43	28,966,898.90
2.净利润:	13,309,732.53	18,500,895.39	12,557,963.15
3.总资产:	220,560,910.16	181,869,963.73	118,031,829.41
4.股东权益:	159,938,199.41	147,442,127.12	98,766,761.66
5.每股收益:全面摊薄	0.14	0.272	0.197
——加权平均	0.14	0.282	0.197
—扣除非经常性损益后	0.13	—	—
6.每股净资产(元):	1.68	2.169	1.55
7.净资产收益率(%):	8.32	12.55	12.71
——加权平均(%):	8.32	15.35	12.71
8.调整后的每股净资产(元):	1.68	2.00	1.39
9.每股经营活动产生的现金流量净额(元):	—0.069	—0.18	—

(三)股东权益变动情况　　单位:元

项目	股本	资本公积金	盈余公积金	其中:公益金	未分配利润	合计
期初数	67980780	39355540	8209394.99	2736465	31082750	146628466
本期增加	27192312	—	1996459.88	665486	11313272	29188771
本期减少	0	13596156	0	0	13596156	15879039
期末数	95173092	25759384	10205854.87	3401951	28799867	159938199

变动原因:1.年度内股本增加 27,192,312 股,是因为实施 1998 年利润分配及资本公积金转增 股本方案:以 1998 年末总股本 6798.078 万股为基数,每 10 股送 2 股红股,资本公积金每 10 股转增 2 股;2.年度内公益金增加 665,486.63 元,系本年度净利润按 5%的比例提取公益金。

三、股东情况介绍

1、截止 1999 年 12 月 31 日,本公司股东总数为 11087 户。

2、公司前十名股东持股情况　　单位:万股

股东名称	持股情况			
	期初持股数	报告期内变动数(+或—)	期末持股数	持股比例
1.福建省新湖集团公司	1883.52	753.408	2636.928	27.71%
2.福建华恒鞋帽进出口公司	972.6528	389.0611	1361.7139	14.31%
3.泉州市元鸿手袋鞋帽厂	421.5072	168.6028	590.1100	6.20%
4.福建省石狮闽南羽绒服装厂	329.7384	131.8953	461.6337	4.85%
5.威海金峰房地产综合开发公司	0	415.00	415.00	4.36%
6.福建省新湖集团科技信息中心	79.1772	300.4708	379.6480	3.99%
7.福建省石狮市仕林服装工艺厂	269.7384	107.8953	377.6337	3.97%
8.石狮市新湖丰泰工贸有限公司	230.4	92.16	322.56	3.39%
9.松明机械工业(深圳)有限公司	220.816	88.3264	309.1424	3.25%
10.山东富华酒店	0	235.00	235.00	2.47%

白银铜城商厦(集团)股份有限公司

(一) 公司简介

1.公司法定名称:白银铜城商厦(集团)股份有限公司
中文简称:铜城集团
英文名称:BAIYIN COPPER COMERCIAL BUILDING (GROUP)CO.LTD
英文缩写:BCCCB
2.公司法人代表:敬伟
3.公司董事会秘书:任民
联系地址:白银市白银区五一街 8 号铜城商厦十八楼
电　话:(0943)8224981 传真:(0943)8224981　电子信箱:bytchjt@by.gs.cninfo.net
4.公司注册地址:白银市白银区五一街 8 号
办公地址:白银市白银区五一街 8 号铜城商厦四楼　邮政编码:730900
电子信箱:bytchjt@by.gs.cninfo.net
5.公司选定的信息披露报纸名称:《证券时报》、《中国证券报》
登载公司年度报告的国际互联网址:http://www.cninfo.com.cn
6.公司年度报告备置地点:公司证券部
7.公司股票上市地:深圳证券交易所
8.股票简称:铜城集团　.股票代码:0672

(二) 会计数据和业务数据摘要

1.报告期主要业务数据摘要

(1)利润总额(元):	17386101.46
(2)净利润(元):	13978838.93
(3)扣除非经常性损益后的净利润(元):	-16505593.78
(4)主营业务利润(元):	9795601.42
(5)其他业务利润(元):	2330545.27
(6)营业利润(元):	-16505593.78
(7)投资收益(元):	34271149.10
(8)补贴收入(元):	-
(9)营业外收支净额(元):	-379453.86
(10)经营活动产生的现金流量净额(元):	-16736566.23
(11)现金及现金等价物净增加额(元):	15137196.80

注:非经常性损益主要是指公司出让子公司股权而获得的转让收益。报告期内公司非经常性损益为 33,891,695.24 元。其中出让子公司股权而获得的投资收益 34,271,149.10 元,营业外收支净额-379,453.86 元。

2.主要会计数据和财务指标

指标项目	1999 年	1998 年		1997 年	
		调整后	调整前	调整后	调整前
主营业务收入(元)	69167235.43	25823246.57	113145637.89	117858147.01	117858147.01
净利润(元)	13978838.93	7565138.01	10025497.58	9248025.00	10304813.68
总资产(元)	300786325.57	217130543.25	308718835.81	246506622.79	249281168.47
股东权益(不含少数股东权益)(元)	112182937.62	98204098.69	103439003.94	90295433.82	93069979.50
每股收益(元)	0.215	0.116	0.154	0.14	0.159
每股净资产(元)	1.73	1.51	1.59	1.39	1.43
调整后的每股净资产(元)	1.27	1.47	1.50	1.35	1.37
扣除非经常性损益的每股收益(元)	-0.25	0.12	0.15	0.14	0.156
每股经营活动产生的现金流量净额(元)	-0.26	0.27	0.27		
净资产收益率(%)	12.46	7.70	9.69	10.24	11.07
股东权益比率(%)	37.30	45.23	33.51	36.63	37.12

3.本报告期内股东权益变动情况　　单位:元(股)

项　目	股　本	资本公积	盈余公积	法定公益金	未分配利润	股东权益合计
期初数	65000000.00	7942353.34	8151819.12	2141399.16	17109926.23	98204098
本期增加			2142337.22	714112.41	11836501.71	13978838
本期减少						
期末数	65000000.00	7942353.34	10294156.34	2855511.57	28946427.94	112182937

注: 盈余公积期末数比期初数增加 2142337.22 元, 系本年度按净利润提取 10%法定公积金和 5%法定公益金所致。未分配利润期末数比期初数增加 11836501.71 元,系本 年度实现净利润。

(三) 股本变动及股东情况

1.股本变动情况　　数量单位:股

	期初数	本期变动增减(+、-) 配股	送股	公积金转股	增发	其他	小计	期末数
一、未流通股份								
1.国家股	16965000						-16965000	0
2.募集法人股	22035000						+16965000	39000000
3.内部职工股	8406801						-8406801	0
4.未流通股份合计	47406801						-8406801	39000000
二、已上市流通股份								
人民币普通股	17593199						+8406801	26000000
三、股份总数	65000000							65000000

3.股东情况介绍

(1)截止本报告期末,公司股东总数 5655 户。其中法人股股东 8 户,社会公众股股东 5647 户。

(2)截止本报告期末,公司前 10 名股东的持股情况　　单位:股

股东名称	期初数	本年度内股份增减(+、-)	期末数	持股比例(%)	股份类别
甘肃省经济合作总公司	0	16965000	16965000	26.10	国有法人股
深圳市金瑞丰实业发展有限公司	0	15600000	15600000	24.00	法人股
广州市友鹏精细化工有限公司	0	2990000	2990000	4.60	法人股
北京中视台影视艺术广告中心	0	1437580	1437580	2.21	上市流通股
广东国际信托投资公司深圳公司	1300000	0	1300000	2.00	法人股
深圳市华建信投资发展有限公司	0	1300000	1300000	2.00	法人股
王才芳	0	1120707	1120707	1.72	上市流通股
北京市四博连通用机械新技术公司	0	800679	800679	1.23	上市流通股
北京市海淀区四季青换热器厂	0	734831	734831	1.13	上市流通股
罗么娃	0	388324	388324	0.60	上市流通股

大同水泥股份有限公司

一、公司简介

1、公司法定中文名称:大同水泥股份有限公司
公司法定英文名称:DATONG CEMENT CO.,LTD
缩写: DCC
2、公司法定代表人:李成业
3、公司董事会秘书:张国平
授权代表:刘 刚
联系地址:山西省大同市口泉
电 话:0352-4042623
0352-4041541-2600
传 真:0352-4042623
4、公司注册地址:山西省大同市口泉
公司办公地址:山西省大同市矿区五法路一号
邮 政 编 码 :037001
电 子 信 箱 :dtsnzqb@public.dt.sx.cn
5、公司信息披露报纸名称:《中国证券报》、《证券时报》
登载公司年度报告的中国证监会指定国际互联网网址:
http://www.cninfo.com.cn
公司年度报告备置地点:公司证券管理部
6、公司股票上市地:深圳证券交易所
股票简称:大同水泥　　股票代码:0673

二、会计和业务数据摘要

1、本年度主要利润指标　　(单位:人民币元)

利润总额:	48378928.41
净利润:	39914126.76
扣除非经常性损益后的净利润:	28502276.76
主营业务利润:	71542983.39
其他业务利润:	694136.58
营业利润:	37302095.02
投资收益:	7028245.38
补贴收入:	0
营业外收支净额:	4048588.01
经营活动产生的现金流量净额:	1019525.21
现金及现金等价物净增加额:	-4813068.97

注:扣除的非经常性损益项目及金额:赔偿金收入:5,605,747 元,捐赠支出:500.00 元,罚款支出:28,950.00 元,非常损失:75,035.38 元,转让大同证券投资收益:5,910,588.38 元。

2、截至报告期末公司前三年主要会计数据和财务指标　　单位:人民币元

项 目	1999 年	1998 年		1997	
		调整前	调整后	调整前	调整后
主营业务收入	169396540.46	166697564.88	166697564.88	182666675.00	182666676.13
净利润	39914126.76	30620852.76	29626463.60	38885423.00	37352204.09
总资产	465959917.03	305288096.50	301779181.03	316650304.53	314521835.19
股东权益	266625348.70	229238830.54	226711221.94	198617977.78	197084758.34
每股收益	0.2302	0.30	0.2905	0.38	0.3662
扣除非经常性损益后的每股收益	0.1644	0.3000	0.2903	0.3630	0.3479
每股净资产	1.5376	2.25	2.2227	1.95	1.9322
调整后的每股净资产	1.4932	2.12	2.1034	1.92	1.9082
每股经营活动产生的现金流量净额	0.0059	-0.0373	-0.0373	——	——
净资产收益率(%)	14.9701	13.36	13.0679	19.58	18.9524

注:主要财务指标计算方法:
每股收益=净利润/年度末普通股股份总数
每股净资产=年度末股东权益/ 年度末普通股股份总数
调整后的每股净资产=(年度末股东权益-三年以上的应收款项净额-待摊费用-待 处理(流动、固定)资产净损失-开办费-长期待摊费用-住房周转金负数余额)/年度末 普通股股份总数
每股经营活动产生的现金流量净额=经营活动产生的现金流量净额/年度末普通股股份总数
净资产收益率=净利润/年度末股东权益×100%

3、本年度股东权益变动情况　　单位:人民币元

项目	股本(万股)	资本公积	盈余公积	法定公益金	未分配利润	股东权益合计
期初数	10200	57732554.25	6697866.77	3348933.39	56931867.53	226711221.94
本期增加	7140	--	4072952.19	2036476.09	39914126.76	117423555.04
本期减少		20400000.00			57109428.28	77509428.28
期末数	17340	37332554.25	10770818.96	5385409.48	39736566.01	266625348.70

变动原因:股本增加是由于本公司 1999 年 10 月 15 日进行中期利润分配及公积金转 增股本所致;资本公积的减少是由于 1999 年 10 月 15 日进行公积金转增股本;盈余公积和法定公益金的增加是本年度利润提取数额;未分配利润的变动是由于本年度利润增加 和因计提四项准备调整年初利润,及 1999 年中期利润分配所致。

三、股东情况

1、 截止 1999 年 12 月 31 日,本公司股东总数为 9631 户。
2、 公司前 10 名股东持股情况

序号	股东名称	持股数量(股)	占总股本比例(%)
1	山西云冈水泥集团有限公司	122400000	70.59
2	刘启生	1657128	0.96
3	王江英	1433525	0.83
4	刘治家	1331901	0.77
5	秦玉拴	1195122	0.69
6	刘元珍	1010435	0.58
7	杨翠平	893387	0.52
8	李扶存	707777	0.41
9	张道蓉	674529	0.39
10	罗国财	639938	0.37

四川银山化工(集团)股份有限公司

(一) 公司简介

1.公司法定中文名称:四川银山化工(集团)股份有限公司
公司法定英文名称:SICHUAN YINSHAN CHEMICAL INDUSTRY(GROUP) CO.,LTD
2.公司法定代表人:王治仲
3.公司董事会秘书:艾小明
电话:(0832)5452216
授权代表:汤寿坤
电话:(0832)5452204　　传真:(0832)5452216
联系地址:四川省内江市资中县银山镇
4.公司注册地址:四川省内江市资中县银山镇
公司办公地址:四川省内江市资中县银山镇
邮政编码:641201
公司国际互联网网址:http://www.yinshanchemical.com
电子信箱:zzyshg@nj-public.sc.cninfo.net
5.公司选定的信息披露报纸:《中国证券报》、《证券时报》。
登载公司年度报告的国际互联网网址:http://www.cninfo.com.cn
公司年度报告备置地点:公司董事会办公室
6.公司股票上市交易所:深圳证券交易所
股票简称:银山化工　　股票代码:0675

(二) 会计数据和业务数据摘要

1.公司本年度实现利润情况　　单位:万元

利润总额	-4,708.71
净利润	-4,708.71
扣除非经常性损益后的净利润	-4,712.42
主营业务利润	1,973.81
其他业务利润	172.53
营业利润	-5,112.42
投资收益	7.39
补贴收入	400.00
营业外收支净额	-3.69
经营活动产生的现金流量净额	-155.21
现金及现金等价物增加额	16.98

注:非经常性损益主要包括:

	营业外收入	营业外支出	投资收益
涉及金额为:	327,696.08 元	364,592.17 元	73,914.00 元

2.截止本年度末公司前三年的主要会计数据和财务指标:　　单位:人民币元

项 目	1999 年	1998 年		1997 年
		调整前	调整后	
主营业务收入	281,759,919.31	331,736,818.51	331,736,818.51	171,521,119.85
净利润	-47,087,145.16	18,779,860.12	13,429,121.78	20,754,091.64
总资产	679,578,851.82	619,748,487.21	605,177,306.70	371,141,493.34
股东权益	137,817,353.65	179,364,729.72	164,793,549.20	160,584,869.60
每股收益	-0.41	0.16	0.12	0.31
每股净资产	1.21	1.57	1.44	2.44
调整后的每股净资产	1.08	1.51	1.39	2.37
每股经营活动产生的现金流量净额	-0.01		0.18	
净资产收益率(%)	-34.17	10.47	8.15	12.64
加权平均每股收益	0.21		0.32	
加权平均净资产收益率	11.05		14.21	

注:①公司因会计政策、会计估计变更等原因,采用追溯法调整了 1998 年度有关会计数据。
②主要财务指标计算公式如下:
每股收益=净利润/年度末普通股股份总数
净资产收益率=净利润/年度末股东权益×100%
调整后每股净资产=(年度末股东权益-三年以上的应收帐款项-待摊费用-待处理(流动、固定)资产净损失-开办费-长期待摊费用-住房周转金负数余额/年度末普通股股份总数
每股经营活动产生的现金流量净额=经营活动产生的现金流量净额/年度末普通股股份总数
每股净资产=年度末股东权益/年度末普通股股份总数

3.报告期内股东权益变动情况:

项目	股本(万股)	资本公积	盈余公积	法定公益金	未分配利润	股东权益合计
期初数	11,435.0262	15,337,011.90	13,270,101.82	4,185,745.56	21,836,173.48	164,793,549.20
本期增加		20,110,949.61				
本期减少					47,087,145.16	
期末数	11,435.0262	35,447,961.51	13,270,101.82	4,185,745.56	-25,250,971.68	137,817,353.65

变动原因:资本公积增加 20,110,949.61 元系本年零价收购威远氮肥厂,该厂净资 产作为公司资本公积所致;未分配利润减少 47,087,145.16 元系公司亏损所致。

(三) 股东情况介绍

(1)截至 1999 年 12 月 30 日止,公司共有股东 15189 户。
(2)公司前 10 名股东为:

名次	股 东 名 称	持股数(股)	占总股本比率(%)	股份性质
△1	内江市国有资产管理局	66061762	57.77	国有股
2	成都华联商厦股份有限公司	3536000	3.09	法人股
3	四川省信托投资公司	2210000	1.93	法人股
4	内江市沱江信托投资公司	2210000	1.93	法人股
5	工行四川省信托投资公司内江办事处	2210000	1.93	法人股
6	北京大澎北方物业管理集团	1700000	1.49	法人股
7	中国人民保险公司内江市分公司	1105000	0.97	法人股
8	四川省建设信托投资公司内江办事处	1105000	0.97	法人股
9	天津市华大电气公司	780600	0.68	社会公众股
10	东圣投资有限公司	730358	0.64	社会公众股

注:"△"为代表国家持有股份的单位。
(3)持有本公司 5%以上股份的股东内江市国有资产管理局,在报告年度内股份未 变动,所持股份也未质押或冻结。
(4)前 10 名股东之间不存在关联关系。

河南思达电子仪器股份有限公司

一、公司简介

1、公司法定中文名称:河南思达电子仪器股份有限公司

公司法定英文名称:HENAN STAR ELECTRONIC INSTRUMENT CO.,LTD.

2、公司法定代表人:冯井岗

3、董事会秘书:冯宛平;授权代表:向桥

电话:(0371)3812266　传真:(0371)3826929

公司国际互联网网址:http://www.hnstar.com　电子信箱:ZQB@www.hnstar.com

4、公司注册地址:中国河南郑州高新技术产业开发区金梭路 38 号

公司证券部办公地址:河南省郑州市农业路 31 号　邮编:450053

5、公司选定的信息披露报纸:《证券时报》

登载公司年度报告的中国证监会指定的国际互联网网址: http://www.cninfo.com.cn

公司年度报告备置地点:郑州市农业路 31 号公司办公楼 408 室

6、公司股票上市地:深圳证券交易所

股票简称:河南思达　股票代码:0676

二、会计数据和业务数据摘要

1.1999 年公司实现利润总额 2518.68 万元。其中:主营业务利润 4831.26 万元,其他业务利润 69.44 万元,投资收益 48.68 万元,营业外收支净额 50.07 万元,净利润 2148.48 万元,扣除非经常性损益后的净利润 2098.41 万元,经营活动产生的现金流量净额 1593.28 万元,现金及现金等价物净增加额 791.01 万元。

注:扣除的非经常性损益项目和涉及金额:

(1)营业外收支净额项目:

a.申购冻结资金利息	195540.68
b.罚款收入	34592.59
c.处置固定资产收益	2124.21
d.无处支付的应付款项	270457.08
e.处置固定资产损失	1968.02
合计	502714.56

(2)补贴收入项目:无

2.主要会计数据和财务指标如下:

指标项目	1999 年	1998 年		1997 年	
		调整前	调整后	调整前	调整后
1.主营业务收入(万元)	10101.74	7072.19	7072.19	5171.80	5171.80
2.净利润(万元)	2148.48	2378.28	2259.11	2538.36	2257.95
3.总资产(万元)	32449.36	27635.65	27236.07	18379.11	18098.70
4.股东权益(万元)	21311.74	19562.84	19163.26	13575.57	13295.16
5.每股收益 摊薄	0.24	0.27	0.255	0.51	0.452
(元) 加权	0.24	0.30	0.283	0.51	0.452
6.扣除非经常性损益后的每股收益	0.236	–	0.252	–	0.446
7.每股净资产(元)	2.40	2.20	2.16	2.72	2.66
8.净资产收益率(%)	10.08	12.16	11.79	18.70	16.63
9.调整后的每股净资产(元)	2.36	2.13	2.09	2.65	2.59
10.每股经营活动产生的现金流量净额(元)	0.18	–	0.02		

(1)1999 年加权指标:

每股收益=当期净利润/[期末股份总数/(1+配股比例)+期末股份总数/(1+配股比例)×配股比例×缴款结束日下–月份至期末的月份数/12]

(2)股东权益中不含少数股东权益。

(3)以上数据和指标均以合并会计报表数填列或计算。

(4)公司因会计政策变更,采用了追溯调整法,调整了 1999 年合并会计报表相关 的"坏帐准备"及"存货跌价准备"帐项及 98 年和 97 年的"坏帐准备"帐项,因此表中净利润等栏的数字均做了相应调整,有关项目也因此进行了相应调整。

调整前、后各年度会计数据如下:

项目	1999 年		1998 年		1997 年	
	调整前	调整后	调整前	调整后	调整前	调整后
坏帐准备	227483.03	5173218.82	160663.50	4155796.39	103313.90	2907407.92
存货跌价准备		56335.84				
未分配利润	40611945.69	39910567.32	25569592.13	22293044.42	31067725.99	28768368.89

(5)"应收款项"包括应收帐款,其他应收款、预付帐款、应收股利、应收利息、应收补贴款。

3.报告期内股东权益变动情况

项目	股本	资本公积	盈余公积	法定公益金	未分配利润	股东权益合计
期初数	88750000	69895561.04	10693997.08	1642965.73	22293044.42	191632602.54
本期增加	–	–	3867261.12	1718782.72	17617522.90	21484784.02
本期减少						
期末数	88750000	69895561.04	14561258.20	3361748.45	39910567.32	213117386.56

变动原因:盈余公积金和法定公益金的变动是由于本年度提取利润所致;

未分配利润的变动是因为本年度利润增加和四项准备调整年初利润;

股东权益的变动是由上述两项变动引起的。

三、股东情况介绍

1、本公司报告期末的股东数为 8964 户

2、主要股东持股情况

序号	股东名称	年末持股数(股)	占总股本比例(%)
1	河南思达科技(集团)股份有限公司	59213857	66.72
2	国泰证券郑州营业部	3580057	4.03
3	石家庄市民安实业发展有限公司	1917183	2.16
4	郑州元信息工程有限公司	1850425	2.08
5	洛阳春都集团股份有限公司	1816142	2.05
6	白鸽(集团)股份有限公司	1700000	1.92
7	国通证券有限责任翁	1458937	1.64
8	郑州育达防腐保鲜公司	1000000	1.13
9	郑州高技术开发区丰远实业有限公司	850000	0.96
10	陈彬	764074	0.86

3、本公司持股 10%以上的法人股东:河南思达科技(集团)股份有限公司。法定代表:汪远思。经营范围:仪器仪表,工业自动化设备、电子计算机及配件、交电、精密机械、建材、保健产品、包装材料、诊断试剂、医疗机械、技术、咨询服务、生物工程开发研制。其所持股份无质押和冻结情况。

山东潍坊海龙股份有限公司

一 公司简介

1、公司中文名称:山东潍坊海龙股份有限公司

英文名称:WEIFANG SEA DRAGON CO.LTD,SHANDONG

2、公司法定代表人:张荣安

3、公司董事会秘书:牛海平

联系地址:山东省潍坊市寒亭区潍县北路 555 号

电话:0536–7252140　传真:0536–7252140

4、公司注册地址及办公地址:山东省潍坊市寒亭区潍县北路 555 号

邮政编码:261100

5、公司选定的信息披露报纸名称:《证券时报》、《中国证券报》,登载公司年 度报告的国际互联网网址:http://www.cninfo.com.cn,公司年度报告备置地点:山东 潍坊海龙股份有限公司证券部。

6、公司股票上市交易所:深圳证券交易所

股票简称:山东海龙　股票代码:0677

二 会计和业务数据摘要

1、公司本年度实现利润总额 3151 万元、净利润 2678.35 万元,扣除非经常性损益 后的净利润 1466.66 万元、主营业务利润 4034.8 万元、其他业务利润 65.7 万元、营业 利润 2415 万元、补贴收入 567.2 万元、营业外收支净额 735.5 万元、经营活动产生的现金流量净额–2812.19 万元、现金及现金等价物净增加额 145.3 万元。

注:扣除非经营性损益后的净利润扣除的项目包括处理固定资产净收益、债务重 组收益、处理无形资产净收益、补贴收入,金额分别为 236.71 万元、31.26 万元、376.54 万元、567.18 万元。

2、主要会计数据和财务指标

指标项目	1999 年	1998 年		1997 年		1999 年比 1998
		调整前	调整后	调整前	调整后	年增减%
主营业务收入(万元)	26778.15	22446.95	22446.95	18770.86	18770.86	19.30
净利润(万元)	2678.35	3439.59	3063.42	1792.50	1504.39	–12.57
总资产(万元)	46976.3	33898.29	32808.90	18405.95	18117.84	38.58
股东权益(万元)	25574.66	24021.25	24021.25	11751.14	11463.03	6.47
每股收益(元)	0.16	0.37	0.33	0.23	0.196	–55.1
每股净资产(元)	1.54	2.61	2.49	1.53	1.49	–38.1
调整后的每股净资产(元)	1.54	2.58	2.46	1.49	1.46	–37.4
每股经营活动产生的现金流量净额(元)	–0.17	–0.19	–0.19	0.13	0.13	10.53
净资产收益率(%)	10.47	14.32	13.38	15.25	13.12	–21.75

每股收益=净利润/年度末普通股股份总数

每股净资产=年度末股东权益/年度末普通股股份总数

调整后的每股净资产=(年度末股东权益–三年以上的应收款项净额–待摊费用–待 处理(流动、固定)资产净损失–开办费–长期待摊费用–住房周转金负数余额)/年度末 普通股股份总数

每股经营活动产生的现金流量净额=经营活动产生的现金流量净额/年度末普通股股份总数

净资产收益率=净利润/年度末股东权益×100%

注:(1)按月平均加权法计算的每股收益 0.13 元,扣除非经营性损益后的每股收益 0.09 元。

(2)应收款项包括应收帐款、其他应收款、预付帐款、应收股利、应收利息、应 收补贴款。

(3)由于会计政策变更,根据财政部财会字[1999]35 号文、49 号文的有关规定,采 用了追溯调整法,调整了 1999 年度会计报表相关的"坏帐准备"帐项、"存货跌价准 备"帐项。

调整前各年度会计数据如下:

项目	1999 年	1998 年	1997 年
坏帐准备	103059.85	398567.42	392856.56
存货跌价准备	/	/	/
未分配利润	37082745.44	43550021.22	16033316.90

调整后各年度会计数据如下:

项目	1999 年	1998 年	1997 年
坏帐准备	1325125.65	44461148.07	335157.46
存货跌价准备	7051164.09	6846325.96	3456836.53
未分配利润	28367620.14	34550480.44	15215228.70

3、报告期内股东权益变动情况

项目	股本	资本公积	盈余公积	法定公益金	未分配利润	股东权益合计
期初数	92032200	81267259	11487725.27	9625436.73	34550480.44	228963101.44
本期增加	73625760		2678349.96	2678349.96	26783499.62	105765959.54
本期减少		46016100			32966359.92	78982459.92
期末数	165657960	35251159	14166075.23	12303786.69	28367620.14	255746601.06

变动原因:股本增加是因为 99 年实施了送转股,相应资本公积金减少,未分配利润 减少;股东权益增加是因为本期利润增加。

三 股东情况介绍

1、报告期末股东总数:截止 1999 年 12 月 31 日,本公司共有股东 29583 户。

2、持有本公司 5%以上(含 5%)股份的股东名称及前 10 名股东持股情况:

①持有本公司 5%以上(含 5%)股份的股东情况: 单位:万股

股东名称	年初数	本期增加数	年末数
潍坊巨龙化纤集团有限责任公司	3836.82	3069.456	6906.276
潍坊市寒亭区央子盐化总公司	2558.40	2046.72	4605.12

注:A、所持股份质押情况:没有质押、冻结情况。

B、潍坊巨龙化纤集团有限责任公司持有国有法人股 6906.276 万股。

②公司前 10 名股东持股情况:

股 东 名 称	持股数(股)	持股比例(%)
1、潍坊巨龙化纤集团有限责任公司	69062760	41.69
2、潍坊市寒亭区央子盐化总公司	46051200	27.80
3、吴泉英	270000	0.16
4、吕丹	241400	0.15
5、王超	238072	0.14
6、刘宗文	217600	0.13
7、史红	205900	0.12
8、普丰证券投资基金	201500	0.12
9、李润杰	170269	0.10
10、孟庆福	169779	0.10

襄阳汽车轴承股份有限公司

一、公司简介

1、公司法定中文名称:襄阳汽车轴承股份有限公司
公司法定英文名称:XIANGYANG AUTOMOBILE BEARING SHARE COMPANY.,LTD
2、公司法定代表人:张德炳
3、公司董事会秘书:姜岳生　　授权代表:于洁辉
联系地址及年报备置地 :襄阳汽车轴承股份有限公司证券投资部
电子信箱:ZXY@ZXY.net
电　　话:0710-3564101 转 82429　　传真:0710-3560874
4、公司注册地址:湖北省襄樊市襄城区轴承路 1 号
公司办公地址:湖北省襄樊市襄城区轴承路 1 号　　邮政编码:441022
5、公司信息披露报刊:《中国证券报》、《证券时报》
国际互联网网址:http://www.cninfo.com.cn
6、公司股票上市地:深圳证券交易所
股票简称:襄阳轴承　　股票代码:0678

二、会计数据和业务数据摘要

1、本年度主要会计数据

利润总额	31,597,404.11 元
净利润	26,912,492.02 元
扣除非经常性损益后的净利润	29,349,944.38 元
主营业务利润	75,275,079.05 元
其他业务利润	-590,087.42 元
营业利润	31,158,986.27 元
投资收益	2,858,530.19 元
补贴收入	89,434.98 元
营业外收支净额	-2,509,547.33 元
经营活动产生的现金流量净额	-24,528,355.64 元
现金及现金等价物净增加额	-11,627,947.46 元

注:扣除的非经常性损益项目和涉及金额:

(1)债务重组损益	-2,608,434.43 元
(2)固定资产处置损益	124,547.09 元
(3)补贴收入(出口退税)	89,434.98 元
(4)捐赠支出	43,000.00 元
合　计	-2,437,452.36 元

2、公司前三年的主要会计数据和财务指标

项　目	1999 年	1998 年		1997 年	
		调整前	调整后	调整前	调整后
主营业务收入	277518123	389100000	389100000	385199254	385199254
净利润	26912492	47965362	33313964	46775861	32248958
总资产	914335072	902450045	840190662	846213810	798605825
股东权益	443530395	478877286	416617903	430511924	382903938
每股收益	0.223	0.397	0.276	0.387	0.267
扣除非经常性损益后的每股收益	0.243	0.404	0.283	0.390	0.270
每股净资产	3.67	3.96	3.45	3.56	3.17
调整后的每股净资产	3.43	3.87	3.21	3.48	3.09
每股经营活动产生的现金流量净额	-0.203	0.18			
净资产收益率(%)	6.067	10.02	7.99	10.87	8.42

注:(1)按总股本 12086.5568 万股计算。
(2)主要财务指标计算方法如下:
每股收益=净利润/年度末普通股股份总数
每股净资产=报告期末股东权益/年度末普通股股份总数
调整后每股净资产=(年度末股东权益-三年以上的应收款项-待摊费用-待处理(流动、固定)资产净损失-开办费-长期待摊费用-住房周转金负数余额)/年度末普通股股份总数
每股经营活动产生的现金流量净额=经营活动产生的现金流量净额/年度末普通股股份总数
净资产收益率=净利润/年度末股东权益×100%
3、公司本年度股东权益变动情况

项　目	股本	资本公积	盈余公积	法定公益金	未分配利润	股东权益合计
期初数	120865568	171180656	71042399	20827779.98	53529280.07	416617903.38
本期增加			6728123	2691249.20	20184369.01	26912492.02
本期减少						
期末数	120865568	171180656	77770522	23519029.18	73713649.08	443530395.40

变动原因:盈余公积、法定公益金增加为本年度净利润中提取所致。
未分配利润及股东权益增加为本年度实现利润所致。

三、股东情况介绍

1、截止 1999 年 12 月 31 日,公司股东总数为 34869 名。
2、主要股东持股情况(前 10 名)

名　　称	持股数(万股)	占股本比例(%)
襄阳汽车轴承集团公司	4554.69	37.68
襄阳汽车轴承实业总公司	334.32	2.77
中国工商银行湖北省信托投资公司襄樊市办事处	194.4	1.61
申银万国证券股份有限公司	134.43	1.11
中国工商银行襄樊市分行信息咨询公司	97.2	0.80
襄樊兴业设备租赁调剂公司	97.2	0.80
襄樊中建房地产开发公司襄城公司	97.2	0.80
中国工商银行襄樊市分行劳动服务公司	77.76	0.64
南方证券有限公司	60.00	0.49
湖北省襄樊市税务咨询事务所	3.694	0.30

3、持有本公司股票 10%以上的股东介绍
企业名称:襄阳汽车轴承集团公司　　法定代表:张德炳　　持有本公司股权:37.68%
经营范围:制造、销售轴承及轴承零部件,专用工具;组织供应本集团成员单位生产所需钢材、有色金属及其串换业务。
持有本公司股份没有任何质押和冻结。

大连友谊(集团)股份有限公司

一、公司简介

1.公司法定中文名称:大连友谊(集团)股份有限公司
公司英文名称:DALIANFRIENDSHIP(GROUP)CO.,LTD.
2.公司法定代表人:刘春堂
3.公司董事会秘书:张宝森
联系地址:辽宁省大连市中山区人民路 91 号
电话:0411-2802712
传真:0411-2644828
E-mail:dfsc@mail.dlptt.ln.cn
4.公司注册地址:辽宁省大连市中山区人民路 91 号
公司办公地址:辽宁省大连市中山区人民路 91 号
邮政编码:116001
5.信息披露报刊:《中国证券报》
1999 年年度报告正文登载于中国证监会指定的国际互联网址:http://www.cninfo.com.cn
1999 年年度报告备置地址:辽宁省大连市中山区人民路 91 号
6.公司股票上市地:深圳证券交易所
公司股票简称:大连友谊　　公司股票代码:0679

二、会计数据和业务数据摘要

1.本年度主要经济指标:

利润总额(元):	73271497.84
净利润(元):	57834133.10
扣除非经常性损益后的净利润(元):	36792158.06
主营业务利润(元):	214431855.14
其他业务利润(元):	16586549.20
营业利润(元):	66786252.58
投资收益(元):	292593.00
营业外收支净额(元):	6192652.26
经营活动产生的现金流量净额(元):	195639327.72
现金及现金等价物净增加额(元):	213664317.24

注扣除非经常性损益项目包括:

(1)奥林匹克广场工程管理费(元):	7974639.84
(2)动迁补偿收入(元):	6289335.20
(3)出售软件收入(元):	3000000.00
(4)收天富大酒店委托管理费(元):	3778000.00

2.截止报告期末公司前三年的主要会计数据和财务指标:

	1999 年	1998 年		1997 年	
		调整前	调整后	调整前	调整后
主营业务收入(元):	539398870.18	563718939.02	563718939.02	680880371.00	680880371.00
净利润(元):	57834133.10	53663514.28	53627736.77	58609066.33	57469670.19
总资产(元):	1213822268.09	1187916019.38	1181789297.30	1303832566.22	1297722249.50
股东权益(元)(不含少数股东权益):	578509385.47	526726511.51	521460251.58	513141587.86	507892198.40
每股收益(元/股) 摊薄	0.438	0.406	0.406	0.444	0.435
加权	0.438	0.406	0.406	0.444	0.435
每股净资产(元/股):	4.38	3.99	3.95	3.89	3.85
调整后的每股净资产(元/股):	3.99	3.83	3.80	3.74	3.70
每股经营活动产生的现金流量净额(元):	1.48	0.28	0.28		
净资产收益率(%):	9.997	10.19	10.28	11.42	11.32

计算公式如下:
每股收益=净利润/年度末普通股股份总数
每股净资产=年度末股东权益/年度末普通股股份总数
调整后的每股净资产=(年度末股东权益-三年以上的应收款项净额-待摊费用-待 处理(流动、固定)资产净损失-开办费-长期待摊费用-住房周转金负数余额)/年度末 普通股股份总数
每股经营活动产生的现金流量净额=经营活动产生的现金流量净额/年度末普通股股份总数
净资产收益率=净利润/年度末股东权益×100%
3.报告期内股东权益变动情况:

项目	股本	资本公积	盈余公积	法定公益金	未分配利润	股东权益合计
期初数	132000000	272056595.00	71222865.66	17222995.23	28957795.69	521460251.58
本期增加			5704913.39	2852456.69	48491763.81	57049133.89
本期减少						
期末数	132000000	272056595.00	76927779.05	20075451.92	77449559.50	578509385.47
变动原因			利润分配	利润分配	利润分配	利润分配

三、股东情况介绍

1、报告期末股东总数
截止 1999 年 12 月 31 日,本公司股东总数为 25748 户。
2、公司前十名股东持股情况(截止 1999 年 12 月 31 日):

名次	股东名称	期末持股数(股)	占总股本比例(%)
1	大连友谊集团有限公司	72000000	54.55
2	大连华信信托投资股份有限公司	860000	0.65
3	林志春	626429	0.47
4	崔凤岐	519770	0.39
5	代斌	442760	0.34
6	曾兰香	418008	0.32
7	张水荣	372150	0.28
8	郑林	365300	0.277
9	陈明	358000	0.27
10	李清	351400	0.266

以上股东间无关联关系.
3.前十名股东中的大连友谊集团有限公司代表国家持有本公司的股份。

山东山推工程机械股份有限公司

一、公司简介

1、公司法定中文名称:山东山推工程机械股份有限公司
公司英文名称:Shandong Shantui Construction Machinery Co.,LTD.
2、公司法定代表人:董　平　先生
3、公司董事会秘书:郭云昌　先生
联系地址:山东省济宁市吴泰闸东路 71 号
电　话:0537-2361986-8069　　传　　真:0537-2340411
电子信箱:xsmxcs@ji-public.sd.cninfo.net
4、公司注册地址:山东省济宁市太白楼东路 58 号　　邮政编码:272023
公司国际互联网网址:http://www.shantui.com　　电子信箱:shantui@ji-public.sd.cninfo.net
5、公司选定的信息披露报纸名称:《中国证券报》、《证券时报》
登载公司年报的中国证监会指定国际互联网网址:http://www.cninfo.com.cn
公司年度报告备置地点:公司投资证券部(山推大厦二楼)
6、公司股票上市交易所:深圳证券交易所
股票简称:山推股份　　股票代码:0680

二、会计数据与业务数据摘要

1、本年度利润实现情况　　单位:人民币元

利润总额	19,294,412.44
净利润	19,528,632.06
扣除非经常性损益后的净利润	19,121,288.10
主营业务利润	161,816,952.41
其它业务利润	6,348,714.92
营业利润	20,121,964.49
投资收益	-1,234,896.01
补贴收入	900,210.00
营业外收支净额	-492,866.04
经营活动产生的现金流量净额	-722,950.73
现金及现金等价物净增加额	-32,908,408.03

注:扣除的非经营性损益项目和涉及金额:

营业外收支净额项目:	-492,866.04
补贴收入:	900,210.00
合计:	407,343.96

2、截至报告期末公司前三年主要会计数据和财务指标
1)追溯调整后:　　单位:人民币元

项　目	1999 年	1998 年	1997 年
主营业务收入	837633299.46	504323831.51	452017642.39
净利润	19528632.06	36003731.59	34650507.41
总资产	1305769859.72	1057418795.61	959814878.84
股东权益(不含少数股东权益)	667393972.57	648284167.34	668824435.75
每股收益	0.069	0.127	0.123
加权平均每股收益	0.069	0.127	0.131
扣除的非经营性损益后的每股收益	0.068	0.130	0.110
每股净资产	2.361	2.293	2.37
调整后的每股净资产	2.288	2.274	2.36
每股经营活动产生的现金流量净额	-0.003	0.123	
净资产收益率(%)	2.926	5.554	5.18

2)追溯调整前:

项　目	1998 年	1997 年
主营业务收入	504323831.51	452017642.39
净利润	27991452.46	52865742.62
总资产	1099365146.10	1009773508.46
股东权益(不含少数股东权益)	690230517.83	718783065.37
每股收益	0.099	0.187
加权平均每股收益	0.099	0.200
扣除的非经营性损益后的每股收益	0.101	0.174
每股净资产	2.441	2.542
调整后的每股净资产	2.404	2.537
每股经营活动产生的现金流量净额	0.123	
净资产收益率(%)	4.055	7.355

3.报告期内股东权益变动情况及原因　　单位:人民币元

项　目	股　本	资本公积	盈余公积	法定公益金	末分配利润	股东权益合计
期初数	28272 万	303465714.11	73922608.17	9905122.67	-11824154	648284167
本期增加		13196.04	8500340.49	817340.09	19096609	27610145
本期减少					8500340	8500340
期末数	28272 万	03478910.15	82422948.66	10722462.76	-1227886	667393972

变动原因:1)资本公积的增加系因投资准备增加 13196.04 元所致。
2)盈余公积的增加系因提取法定盈余公积金、公益金、企业发展基金及企业储备基金所致。
3)未分配利润为负数系因公司提取"四项计提"追溯调整所致;本期增加系因公 司盈利所致;本期减少系因计提法定盈余公积金、法定公益金、企业发展基金、企业 储备基金、职工福利及奖励基金所致。

三、股本变动及股东情况

1、报告期末公司股东共 73526 户,托管总数为 28272 万股。
2、报告期末公司前十名大股东持股情况

序号	股东代码	股东名称	持股数	比例(%)
(1)	30795224	山东工程机械集团有限公司	99000000	35.02
(2)	30448211	李　彬	2730902	0.97
(3)	50540964	山东汶上刘楼农机修造厂	1500000	0.53
(4)	30446462	李素华	685000	0.24
(5)	50015534	建皖基金	680000	0.24
(6)	50539705	刘鹭威	670000	0.24
(7)	D3200062	汶上泉河分厂	600000	0.21
(8)	28687077	王　涌	513876	0.18
(9)	02378101	深圳市富友联实业有限公司	480100	0.17
(10)	26436288	陆学明	463430	0.16

远东实业股份有限公司

公司名称

中文:远东实业股份有限公司
英文:FAR EAST INDUSTRIAL STOCK CO.,LTD
2、公司法定代表人:李晓卫
3、公司董事会秘书及授权代表:蒋顺生
联系地址:江苏省常州市清潭荆川南路
电话:0519-6966111-3001,0519-6983666　　传真:0519-6962632,6962346
电子信箱:ydgf@pub.cz.jsinfo.net
4、公司注册及办公地址:
江苏省常州市清潭荆川南路　　邮政编码:213015
国际互联网网址:http://www.chinafareast.com
电子信箱:ydgf@pub.cz.jsinfo.net
5、公司选定的信息披露报纸名称:深圳《证券时报》
登载公司年度报告的中国证监会指定国际互联网网址:http://www.cninfo.com.cn
公司年度报告备置地点:公司股证事务部
6、公司股票上市地:深圳证券交易所
股票简称:远东股份　　股票代码:0681

会计数据和业务数据摘要

1、公司本年度主要会计数据(合并数)　(单位:人民币元)

利润总额	25,066,490.16
净利润	21,865,387.45
扣除非经常性损益后的净利润	21,756,940.45
主营业务利润	36,922,591.60
其他业务利润	4,747,500.00
营业利润	25,780,247.74
投资收益	400,000.00
补贴收入	108,447.00
营业外收支净额	-1,222,204.58
经营活动产生的现金流量净额	10,694,080.12
现金及现金等价物净增加额。	11,499.381.30

2、截至报告期末公司前三年的主要会计数据和财务指标(合并数)(单位:人民币 元)

项目	1999 年度	1998 年度		1997 年度	
		调整前	调整后	调整前	调整后
主营业务收入	256,794,791.94	253,600,601.06	253,600,601.06	249,758,834.25	249,758,834.25
净利润	21,865,387.45	20,924,913.34	18,036,063.49	20,759,739.20	20,184,959.76
总资产	237,079,708.93	211,610,826.43	208,147,197.14	231,498,717.05	230,923,937.61
股东权益(不含少数股东权益)	164,918,275.71	135,722,358.39	148,958,729.10	131,497,445.05	130,922,665.61
每股收益	0.2187	0.209	0.1803	0.208	0.2018
每股净资产	1.6492	1.357	1.4895	1.31	1.3092
调整后的每股净资产	1.6262	1.332	1.4643	1.30	1.30
每股经营活动产生的现金流量净额	0.1069	0.0554	0.0554		
净资产收益率(%)	13.258	15.42	12.108	15.79	15.417

上述财务指标的计算方法:
每股收益=净利润/年度末普通股股份总数
每股净资产=年度末股东权益/年度末普通股股份总数
调整后的每股净资产=(年度末股东权益-三年以上的应收款项净额-待摊费用-待 处理(流动、固定)资产净损失-开办费-长期待摊费用-住房周转金负数余额)/年度末 普通股股份总数
每股经营活动产生的现金流量净额=经营活动产生的现金流量净额/年度末普通股股份总数
净资产收益率=净利润/年度末股东权益×100%

3、报告期内股东权益变动情况:　　单位:元

项　目	股　本	资本公积	盈余公积	法定公益金	未分配利润	股东权益合计
期初数	100000000	21017080.82	13962622.57	5405337.33	13979025.71	148958729.10
本期增加		-9840.84	10758065.80	2186538.75	17846309.95	28594534.91
本期减少			6384988.30	6384988.30	6250000.00	12634988.30
期末数	100000000	21007239.98	18335700.07	1206887.78	25575335.66	164918275.71

变动原因(1)资本公积减少原因
公司投资远东科技公司的外币折算差额。
(2)盈余公积增加原因
1999 年度利润分配转入和职工宿舍完工、公益金转入一般盈余公积 6,384,988.30 元。
(3)未分配利润变动原因
本期未分配利润增加是由净利润转入,未分配利润减少是由于派息 6,250,000.00 元。

三、股本变动及股东情况

(一)报告期末股东总数
报告期末股东总数 4162 户,其中董事、监事和高管人员暂时冻结 8 户,数量为 6.2 万股。
(二)股东情况介绍
1、截止 1999 年 12 月 31 日,本公司前 10 名股东持股情况如下

持股单位名称	期初数(万股)	增加数(万股)	期末数(万股)	占总股本比例(%)	质押或冻结情况
香港泛洲国际有限公司(外资股)	2287.7708		2287.7708	22.88	无
常州服装集团有限公司	1704.2082	52.5544	1756.7626	17.57	无
中行江苏信托咨询公司	1460.7498		1460.7498	14.61	无
北京天恩保利投资管理有限公司	785.7474		785.7474	7.86	无
香港侨通发展有限公司(外资股)	608.6456		608.6456	6.09	无
江苏省国际信托投资公司	486.9166		486.9166	4.87	
扬州印染厂	110.6412		110.6412	1.10	
福建兴业证券公司上海金陵东路证券交易营业部		67.1151	67.1151	0.67	
深圳兴佳纸业有限公司		64.8627	64.8627	0.65	
尤娟		37.2000	37.2000	0.37	

注:前 10 名股东之间不存在关联关系。
其中,前 7 名股东所持股份计 7497.234 万股为法人股,未上市流通。第 8、9、10 名 股东所持股份计 169.1778 万股为上市流通股份。

烟台东方电子信息产业股份有限公司

烟台东方电子信息产业股份有限公司1999年年度报告摘要

一 公司简介

1、公司法定中文全称 烟台东方电子信息产业股份有限公司 中文简称 东方电子
英文名称 Yantai Dongfang Electronics Information Industry Co., Ltd.
2、公司法定代表人 隋元柏
3、公司董事会秘书 高 峰
联系地址 烟台市市府街45号 电话 (0535)6214137 传真 (0535)6213233
电子信箱 gaofeng@public.ytptt.sd.cn
4、公司注册地址 烟台市市府街45号
公司办公地址 烟台市市府街45号 邮政编码 264001
公司国际互联网网址 http://www.dongfang-china.com
5、公司选定的信息披露报纸:《中国证券报》、《证券时报》
登载公司年报的指定网址:http://www.cninfo.com.cn
公司年报备置地点 公司证券办公室
6、公司股票上市交易所 深圳证券交易所
股票简称 东方电子 股票代码 0682

(二) 会计数据与业务数据摘要

1、本年度公司主要经营指标 (单位:人民币元)

利润总额	358,007,760.31
净利润	303,614,900.34
扣除非经常性损益后的净利润	303,614,900.34
主营业务利润	424,966,037.34
其他业务利润	391,916.62
营业利润	357,779,707.92
投资收益	-90,217.55
补贴收入	316,000.00
营业外收支净额	2269.94
经营活动产生的现金流量净额	313,764,773.36
现金及现金等价物净增加额	603,961,444.40

2、前三年主要会计数据及财务指标(单位:人民币元)

项 目	1999年	1998年 调整前	1998年 调整后	1997年
主营业务收入	855,763,889.91	450,457,909.24		236675031.28
净利润	303,614,900.34	138,033,004.08	134150817.90	70615556.02
总资产	1,291,517,427.79	557,284,108.27	549653376.59	348652165.96
股东权益	1,107,544,705.22	406,486,191.42	398969102.48	268453187.34
每股收益	0.53	0.56	0.55	0.517
每股净资产	1.93	1.65	1.62	1.97
调整后每股净资产	1.929	1.647		1.965
每股经营活动产生的现金流量净额	0.55	0.32		
净资产收益率(%)	27.41	33.96	33.62	26.31

注:(1)按月加权平均计算的每股收益为0.94元,扣除非经常性损益的每股收 益为0.53元。
(2)主要财务指标计算公式
每股收益=净利润/年度末普通股股份总数
每股净资产=年度末股东权益/年度末普通股股份总数
调整后的每股净资产=(年度末股东权益-三年以上的应收帐款净额-待摊费用 -待处理(流动、固定)资产净损失-开办费-长期待摊费用-住房周转金负数余额)/年度末普通股股份总数
每股经营活动产生的现金流量净额=经营活动产生的现金流量净额/年度末普通 股股份总数
净资产收益率=净利润/年度末股东权益×100%

3、报告期内股东权益变化情况(单位:万元)

项 目	股 本	资本公积	盈余公积	法定公益金	未分配利润	合 计
期初数	24588.00	4654.90	4142.78	1394.78	7262.94	40648.62
本期增加	32784.00	36492.00	4573.46	1526.49	30361.49	104210.95
本期减少		11474.40	198.14	128.67	22432.56	34105.10
期末数	57372.00	29672.50	8518.10	2792.60	15191.87	110754.47

变动原因:(1)股本:1999年3月公司按10:1.666667比例实施配股方案使股本增加40,980万股;1999年10月公司按每10股送6股转增4股方案使股本增加28,686万股。
(2)资本公积金因实施每10股转增4 股的方案减少11474万元。
(3)盈余公积:本年度提取法定盈余公积金4574万元。
(4)法定公益金:本年度提取法定公益金1526万元。
(5)未分配利润:公司于1999年10月按10:6比例送股,使本期未分配利润减少17212万元。本年度净利润30362万元,上年度未分配利润6615万元,在提取法定盈余公积金、公益金后可供股东分配利润为32404万元。

(三) 股东情况介绍

1、股本:截止1999年12月31日股本余额为人民币573,719,998.00元。 数量单位:股

	期初数	本次变动增减(+,-) 配股	送股	公积金转股	其 他	小 计	期末数
一、尚未流通股份							
1、发起人股份							
其中:国家拥有股份	79200000	13200000	55440000	36960000		105600000	184800000
2、募集法人股	5400000	900000	3780000	2520000		7200000	12600000
3、内部职工股	99628862	16604810	69740203.20	46493468.80	-232467344	-99628862	
尚未流通股份合计	184228862	30704810	128960203.20	85973468.80	-232467344	13171138	197400000
二、已流通股份							
1、境内上市的人民币普通股	61651137	10275190	43155796.20	28770530.80	232467344	314668861	376319998
已流通股份合计	61651137	10275190	43155796.20	28770530.80	232467344	314668861	376319998
三、股份总数	245879999	40980000	172115999.40	114743999.60		327839999	573719998

(1)截止1999年末,公司股东总数为37421户。
(2)截止1999年末,前十名股东持股情况

名次	股东名称	年末持股(股)	占总股本(%)
1	烟台东方电子信息产业集团有限公司	184,800,000	32.21
2	安信证券投资基金	17,169,579	2.99
3	中国经济开发信托投资公司	12,853,850	2.24
4	烟台东方电子信息产业集团劳动服务公司	12,600,000	2.20
5	安顺证券投资基金	11,239,381	1.96
6	北京中经开物业管理有限公司	6,392,831	1.11
7	北京领创科技开发有限责任公司	6,200,493	1.08
8	深圳华江实业总公司	4,913,894	0.86
9	杭州中财垂钓休闲有限公司	4,600,137	0.80
10	王建筑	4,547,017	0.79

其中,烟台东方电子信息产业集团劳动服务公司系烟台东方电子信息产业集团有限公司子公司,所持股份为募集法人股。
烟台东方电子信息产业集团有限公司代表国家持有股份,所持股份无质押冻结情况。

(四) 股东大会简介

1、1998年度股东大会
公司1998年度股东大会于1999年5月15日在烟台东方明珠大酒店召开,会议由公 司董事会召集,召开股东大会的公告刊登于1999年4月14日的《中国证券报》、《证 券时报》和《上海证券报》上。 大会审议并通过以下决议:
(1)董事会1998年度工作报告。
(2)监事会1998年度工作报告。
(3)1998年度利润分配预案:1998年利润不分配,也不进行资本公积金转增股 本。
(4)授权公司董事会在最近一次审计报告载明的净资产10%(含10%)限额内 ,决定公司的风险投资、资产抵押及其他担保事项的议案。
(5)关于部分董事会成员变动及增补董事候选人的议案。
(6)关于部分监事会成员变动及增补监事候选人的议案。
(7)根据烟台乾聚会计师事务所出具的公司1998年度配股《验资报告》,对公 司注册资本条款进行修改。
决议公告刊登于1999年5月17日的《中国证券报》、《证券时报》和《上海证券 报》上。
2、1999年度第一次临时股东大会
烟台东方电子信息产业股份有限公司1999年度第一次临时股东大会于1999年9月24日在烟台东方明珠大酒店召开,会议由公司董事会召集,召开股东大会的公告刊登 于1999年8月24日的《中国证券报》、《证券时报》和《上海证券报》上。大会审议 并通过了公司1999年中期利润分配预案和资本公积金转增股本议案:以股本286,859,999股为基数,向全体股东每10股送红股6股,转增4股;公司章程中注册资本、股本 结构条款进行相应修改。
决议公告刊登于1999年9月25日的《中国证券报》、《证券时报》和《上海证券 报》上。
3、选举、更换公司董事、监事情况
公司1998年度股东大会同意公司董事包忠星先生、芦振先生因工作变动,辞去公司董事职务;同意增补丁振华先生、杨春明先生、刘东先生为公司董事;同意聘任陶惠良先生、裴仲棣先生、芦振先生、马鹏祥先生为公司总工程师。
公司1998年度股东大会同意公司监事丛龙春女士因工作变动,辞去公司监事职务;同意增补曹玉松先生为公司监事。

(五) 董事会报告

1、公司经营情况
(1)公司所处行业为电子信息产业。自1994年以来,公司连续5年位居中国电子百强企业前列(资料来源:国家信息产业部公布的按销售额排名的历年电子百强企业)。公司作为全国最大的电网监控自动化软件开发、硬件设备研制生产基地,多年来一直保持着行业内的主导地位,并表现出突出的高成长性。一九九九年公司被中证?亚商评为"中国最具发展潜力上市公司五十强"第一名。(资料来源:《中国证券报》)
(2)公司主营业务范围及经营情况
1999年,公司100%的主营业务收入及100%的主营业务利润来自电子信息行业。
1999年,电力自动化软、硬件产品及系统集成业务占公司主营业务收入的95.79 %及主营业务利润的98.82%;计算机硬件设备占公司主营业务收入的2.95%及主营 业务利润的0.53%;电子通讯设备占公司主营业务收入的0.85%及主营业务利润的0.25%;电量变送器产品占公司主营业务收入的0.42%及主营业务利润的0.41%。
公司产品用户遍及全国31省、自治区、直辖市。1999年,主营业务收入的地区构成为东北区5.58%,华北区13.03%,西北区9.11%,西南区13.93%,华东区38.13 %,华中区17.66%,华南区2.49%,国外0.08%。
(3)控股公司情况

名 称	销售收入	净利润
烟台迪恩电子有限公司	25,217,582.02	702,129.82
烟台雅禾电子有限公司	3,554,107.44	1,103,183.00
烟台东方华龙电子有限公司	7,267,076.33	234,020.46

2、公司财务状况
报告期内,公司资产结构合理,负债规模适中,货币资金充裕,财务状况良好。1999年,公司流动比率6.71,速动比率6.40,资产负债率13.81%。

	1999年度	1998年度	增减
总资产(元)	1,291,517,427.79	549,653,376.59	134%
长期负债(元)	16,852,886.46	24,306,873.53	-69%
股东权益(元)	1,107,544,705.22	398,969,102.48	177%
主营业务利润(元)	424,966,037.33	200,919,289.35	111%
净利润(元)	303,614,900.34	134,150,817.90	126%

1999年度是公司继续保持高速健康发展的一年,公司总资产、股东权益增加的主要原因是公司经营业绩发展及实施配股所致,主营业务利润、净利润增长的主要原因是公司提高产品技术水

平，强化市场开拓力度，销售收入大幅增长。公司长期负债主要系公司考虑到利用优惠的金融贷款利率而增加在建工程中非募股资金的运用所致。

3、公司投资情况

(1)报告期内公司短期投资比上年增加3000万元，用于购买国债。

(2)募集资金的运用情况

公司1998年度配股实际募集资金40,310万元。公司严格按照承诺进行项目投入，截止报告期末已投入12641.35用及项目收益情况如下：

1投资2245.99万元(含流动资金投入)于"配电网自动化系统"项目，使公司在该项目技术开发水平上居国内领先。经省部级技术鉴定，DF9310、DF9320配电终端达到国内领先水平，DF9330配电终端达到国际先进水平，DF9000配电自动化及配电管理系统的整体性能达到国内领先水平，其中配电应用一体化的平台设计和FTU的环境适 应范围达到国际同类产品的先进水平。DF9000配电自动化系统已得到用户和市场广泛认可，市场占有率居全国同行业之首，即将被列为国家高技术产业化示范工程；DF9400系列配电载波通信系统实现当年立项，当年见效益，开辟了农网自动化现场。 截止报告期末已实现销售收入3,322万元。

2投资2270.24万元(含流动资金投入)于"继电保护和变电站综合自动化系统"项目。该项目年内有多项关键技术与产品开发成功并通过省部级鉴定：DF3003变电站自动化系统处于国内领先水平，DF3200系列微机保护装置达到国内先进水平，其中部分保护元件可直接与以太网连接等技术属国内领先；DF3181故障录波测距装置达到国内先进水平，其中故障测距精度等指标处于国内领先水平；下半年立项开发的DF3225横差保护、DF3224G挂柜式馈线保护、DF3210A保护管理单元等16项装置获得了市场的广泛认同，已签定了大量合同；与天津电气化铁路设计院联合开发了铁道部重点技术攻关项目"牵引电气化铁路供电自动化系统"，填补了国内技术空白。报告期内实现销售收入11,444万元。

3投资1211.57万元(含流动资金投入)于"用电管理自动化系统"，开发出的DF6000电能量采集及计费系统、电能量采集器及集中器等产品经鉴定处于国际先进、国内领先技术水平，通过了电科院入网测试并已中标大量工程项目。截止报告期末该项目已实现销售收入2111.69万元。

4投资491.14万元(含流动资金投入)于企业管理信息系统及网络集成。在巩固 已开发数年的调度监控与能量管理自动化系统软件的基础上，开发出为企业、政府、社会公共设施等所需的信息管理网络提供全面解决方案的大型工程化集成应用软件；开发出的电力MIS集成方案覆盖能源、电力企业的全方位管理，为一揽子网络互连可 扩性企业信息管理大系统概念，具有面向独特工程应用，从事长期客户代维护开发以及易灵活调整、本地化程度高、通用模块设计等国外软件无法比拟的优势，涵盖网络集成、高层决策分析系统、调度监控管理系统、远程通信服务系统、Internet/Intranet支撑系统、OA系统、财务管理系统及其他分系统、适应电子商务要求的客户服务/商务服务/数据服务(C/B/D)三层结构，在最高起点上采用先进的软件开发技术，使公司在电力MIS市场的经营业绩处于国内领先水平。报告期内共实现销售收入5,414万元。

5投资1,570.54万元(含流动资金投入)于"多功能全电子式电度表"项目，开 发出的三相电能表等产品处于国内技术领先水平，通过了电科院的电磁兼容试验和型式实验，顺利取得入网资格，并获得"CMC制造计量器具生产许可证"，开始批量推 向市场。 报告期内共实现销售收入1,319.41万元。

6投入3,249.42万元于"技术开发中心中试车间技术改造"项目。该项目通过引进 国际先进的检测设备仪器，实现产品开发、中试检测、批量投产全过程的质量测控，加快了实验室产品转入批量生产的时间，加快了科技成果产业化的速度。

7根据本公司与烟台东方电子信息产业集团有限公司签署的资产收购协议，投入1,602.44万元收购烟台东方电子信息产业集团有限公司已兼并的原烟台电表厂和原烟台卫达电子通讯设备股份有限公司的相关资产。收购后用于用电管理自动化等项目。

4、生产经营环境、宏观政策法规变化的影响

国家对高科技产业的政策支持为公司提供了良好的外部环境和发展机遇；根据国务院提出的城乡电网建设与改造目标，国家计委、国家电力公司等单位计划2000年进一步加强对城网与农网建设与改造的投资，进入全面开工启动时期，为公司提供了巨大商机。

5、新年度业务发展计划

(1)以实现管理现代化为目标，制定企业管理大法，积极稳妥地推进事业部体 制改革，进一步强化服务意识；

(2)在事业部体制下，加大营销力度，提高市场占有率；

(3)完善现有产品的系列化、工程化与配套化建设，注重产品的整体与集成化 效应；

(4)继续加大人才引进力度，最大限度激发人才的积极性和创造性，把人力资 源开发提升到一个新水平。

6、董事会日常工作情况

(1)报告期内会议情况

1二届五次董事会会议

1999年3月10日，公司董事会召开二届五次董事会会议，审议通过了1998年度利 润分配预案和资本公积金转增股本预案：为立足公司的长远发展，1998年利润不分配，也不进行资本公积金转增股本。

本次会议决议公告刊登于1999年3月11日的《中国证券报》、《证券时报》和《上海证券报》上。

2二届六次董事会会议

1999年4月13日，公司二届六次董事会会议在公司会议室召开，审议并通过了如 下决议：关于调整部分董事会成员的预案；关于召开1998年度股东大会有关事宜的通知。

本次会议决议公告刊登于1999年4月14日的《中国证券报》、《证券时报》和《 上海证券报》上。

3二届七次董事会会议

1999年5月10日，公司二届七次董事会会议在公司会议室召开，会议审议并通过 了如下决议：关于董事会成员变动及增补董事候选人的议案。

本次会议决议公告刊登于1999年5月11日的《中国证券报》、《证券时报》和《 上海证券报》上。

4二届八次董事会会议

1999年8月23日，公司二届八次董事会会议在公司会议室召开，会议审议并通过 了如下决议：以股本286,859,999股为基数，向全体股东每10股送红股6股，转增4股 。

本次会议决议公告刊登于1999年8月24日的《中国证券报》、《证券时报》和《 上海证券报》上。

(2)执行股东大会决议情况

1公司1999年度第一次临时股东大会决定：以股本286,859,999股为基数，向全体股东每10股送红股6股，转增4股。本次送股及转增股的股权登记日为1999年10月8日，股价除权日为1999年10月11日，可流通起始交易日为1999年10月13日。本次分配及股份变动公告刊登于1999年9月28日的《中国证券报》、《证券时报》和《上海证券 报》上。

2公司于1999年3月8日至19日实施了1998年度增资配股方案：以1997年末总股本136,600,000股为基数，按10:3的比例向全体股东配售，实际总配售股份4,098万股，配股价每股10元。本次《配股说明书》刊登在1999年2月5日的《中国证券报》、《证券时报》上。公司本次募集资金共计40,980万元，实际募集资金40,310万元已于1999年4月8日全部到位。本次配股新增可流通股份10275190股的获准上市时间为1999年4月30日。

7、董事、监事及高级管理人员

姓名	职务	性别	年龄	任期	年初持股数	年末持股数	年度内股份增减	变动原因	年度报酬(元)
隋元柏	董事长 总经理	男	58	1997.5-2000.5	198000	462000	264000	配股、送股及转增	12万
高鸣燕	董事 副总	男	48	1997.5-2000.5	65772	153468	87696	配股、送股及转增	18万
王勇力	董事 副总	男	44	1997.5-2000.5	108000	252000	144000	配股、送股及转增	7.2万
刘德春	董事 副总	男	41	1997.5-2000.5	108000	252000	144000	配股、送股及转增	7.2万
赵德广	董事 副总	男	52	1997.5-2000.5	108000	252000	144000	配股、送股及转增	7.2万
吕志询	董事 副总	男	46	1997.5-2000.5	108000	252000	144000	配股、送股及转增	7.2万
高峰	董事、董秘、副总	男	33	1997.5-2000.5	63000	147000	84000	配股、送股及转增	7.2万
王林	董事 副总	男	34	1997.5-2000.5	95040	221760	126720	配股、送股及转增	7.2万
丁振华	董事	男	35	1999.5-2002.5		115012		配股、送股及转增	7.2万
刘东	董事	男	32	1999.5-2002.5		0			16.8万
杨春明	董事	男	35	1999.5-2002.5		0			16.8万
王增林	监事会主席	女	49	1997.5-2000.5	108000	252000	144000	配股、送股及转增	7.2万
曲宗琪	监事	男	37	1997.5-2000.5	40500	94500	54000	配股、送股及转增	6万
曹玉松	监事	男	31	1999.5-2002.5		117186		配股、送股及转增	6万
吴云霞	财务负责人	女	39	1997.5-2000.5	63000	147000	84000	配股、送股及转增	6万

年度报酬区间：16万元以上，3人；12万元—16万元，1人；7.2万—12万元，8人；7.2万元以下，3人。

公司1998年度股东大会同意公司董事包忠星先生、芦振先生因工作变动，辞去公司董事职务；同意公司监事丛龙春女士因工作变动，辞去公司监事职务。

年度内公司总经理、董事会秘书无人员变化。

8、1999年度利润分配预案

1999年度，本公司实现净利润303,614,900.34元，依照我国《公司法》和本公司章程的规定，按净利润的10%提取法定盈余公积金30,469,725.62元，5%提取法定公益金15,264,878.62元，实际可供股东分配的未分配利润为151,918,689.92元。公司 董事会决议：向全体股东每10股送红股2.5股，转增3.5股，余额结转下一年度。

(六) 监事会报告

1、报告期内监事会会议的重要决议披露情况：

1999年4月13日，公司监事会召开了二届五次会议，审议通过了关于部分监事会成 员变动的预案。会议决议刊登于1999年4月15日的《中国证券报》、《证券时报》和《上海证券报》上。

1999年5月10日，公司监事会召开了二届六次会议，审议通过了关于增补监事候选人的预案。会议决议刊登于1999年5月13日的《中国证券报》、《证券时报》和《上 海证券报》上。

(七) 重要事项

1、本年度公司无重大诉讼、仲裁事项。

2、报告期内公司、公司董事及高级管理人员未受到监管部门的任何处罚。

3、报告期内公司控股股东、总经理、董事会秘书无变更，董事会未换届。

4、报告期内公司无收购及出售资产、吸收合并事项。

5、重大关联交易事项

(1)公司委托烟台东方玉麟电子有限公司开发DF0210智能直流操作中级系统1,186,500.00元、微机电力运动分站系列配套电源及DC/DC直流变换器704,610.00元。

(2)公司与烟台东方电子信息产业集团有限公司(简称"集团公司")相互提 供服务并承担费用如下：公司使用集团公司住房应付房租158,427.60元，应由集团公 司负担的退休、劳保、待业、退养职工所发生的费用及食堂、医务室工作人员的工资及补贴和退休人员全年药费等共计1,748,981.87元。

6、与控股股东的"三分开"情况

公司相对于控股股东资产完整、财务独立，公司董事长、总经理兼任控股公司烟台东方电子信息产业集团有限公司董事长、总经理。

7、本年度公司续聘烟台乾聚会计师事务所为担任公司审计工作的会计师事务所 。

8、因执行财政部[1999]35号文件对公司财务状况及经营成果产生的影响参见会计报表附注"二、公司主要会计政策、会计估计和合并会计报表的编制方法"之17项"会计政策变更说明"。

(八) 财务会计报告

1、审计报告

审 计 报 告

烟乾会审字[2000]88号

烟台东方电子信息产业股份有限公司全体股东：

我们接受委托，审计了贵公司1999年12月31日的资产负债表和合并资产负债表及1999年度的利润及利润分配表和合并利润及利润分配表、1999年度的现金流量表和合并现金流量表。这些会计报表由贵公司负责，我们的责任是对这些会计报表发表审计意见。我们的审计是依据中国注册会计师独立审计准则进行的。在审计过程中，我们结合贵公司的实际情况，实施了包括抽查会计记录等我们认为必要的审计程序。

我们认为，上述会计报表符合《企业会计准则》和《股份有限公司会计制度》的有关规定，在所有重大方面公允地反映了贵公司1999年12月31日的财务状况、1999年度的经营成果和1999年度的现金流量情况，会计处理方法的选用遵循了一贯性原则。

山东烟台乾聚会计师事务所有限公司 中国注册会计师 涂艳丽

中国·烟台 中国注册会计师 孙祥祚

电话：(0535)6224383 2000年3月20日

2、会计报表(见附表)

3、会计报表附注

烟台东方电子信息产业股份有限公司

会计报表附注

一、公司简介：

烟台东方电子信息产业股份有限公司(以下简称“公司”)是烟台东方电子信息产业集团有限公司作为独家发起人采取定向募集方式于1994年设立的股份有限公司。1996年12月17日经中国证监会批准向社会公开发行“A”股股票并上市。公司是电子 工业部工业控制微机、计算机外部设备的重点生产厂家。主要产品包括电力系统自动化软、硬件产品、计算机键盘系列产品、程控交换机为主的通讯设备系列产品、渔业通讯导航设备、计量仪表系列等产品，是国内最大的电网监控自动化设备生产厂家。

三、税项：

(1)企业所得税

公司执行33%的所得税率。根据山东省人民政府鲁政字[1996]212号文《关于烟台东方电子信息产业股份有限公司的所得税问题的批复》,所得税按法定税率征收,实际税负超过15%的部分由同级财政部门返还,列收列支,全体股东共享。合并报表中子公司系外商投资企业,执行24%企业所得税税率,现享受减半的优惠政策。

(2)流转税及附加

增值税:公司销售产品缴纳增值税,按销项税额(营业收入×17%)抵扣进项税额后计算应交税金。软件开发等技术服务收入按5%营业税率计算应交税金。

城建税:以应缴增值税、营业税的7%计算缴纳。

教育费附加:以应缴增值税、营业税的3%计算缴纳。

四、控股子公司及合营企业

企业名称	注册资本	经营范围	原始投资额	所占权益比例
烟台东方华龙电子有限公司	6920000.00	电子通讯设备	6124492.73	62.50%
烟台雅禾电子有限公司	2524416.00	电量变送器	1694642.47	65%
烟台迪恩电子有限公司	9179805.98	计算机键盘系列	6933647.40	70%
烟台福山印制板有限责任公司	1000000.00	生产印制板	1607088.02	33.80%
外贸烟台包装机械有限责任公司	10000000.00	生产加工包装材料	3272827.12	37.40%

七、母公司主要会计报表项目的注释

1、应收帐款

帐龄	期初数			期末数		
	金额	比例(%)	坏帐准备	金额	比例(%)	坏帐准备
1年以内	99,910,101.91	63.37	999,101.02	151,370,332.21	78.57	1,513,703.32
1—2年	50,791,682.98	32.21	2,539,584.15	35,335,744.12	18.34	1,766,787.21
2—3年	6,019,371.11	3.82	902,905.67	5,172,798.59	2.69	775,919.79
3年以上	951,176.34	0.60	285,352.90	778,122.60	0.40	233,436.78
合计	157,672,332.34	100.00	4,726,943.74	192,656,997.52	100.00	4,289,847.10

前五位欠款单位如下：

单位名称	金额	时间	原因
宁夏电力工业局	4,880,000.00	1999年	货款
萍乡市宏泰公司	3,115,032.00	1999年	货款
湘潭供电局	2,613,159.00	1999年	货款
平顶山供电局	2,379,198.60	1999年	货款
荆州电力局	1,963,110.00	1999年	货款

3、长期投资

(1)项目

项目	期初数	减值准备	本期增加	本期减少	期末数	减值准备
长期股权投资	20293383.25	389548.72	1354822.61		21648205.86	403966.27
长期债权投资	50,700.00				50,700.00	
合计	20,344,083.25	389548.72	1354822.61	—	21698905.86	403966.27

(2)长期股权投资

A 其他股权投资

被投资单位名称	投资期限	投资金额	占被投资单位注册资本比例	减值准备	备注
烟台东方华龙电子有限公司	15	6,124,492.73	62.50%		
烟台雅禾电子有限公司	15	1,694,642.47	65%		
烟台迪恩电子有限公司	15	6,933,647.40	70%		
烟台福山印制板有限责任公司	10	1,607,088.02	33.80%	403,966.27	
外贸烟台包装机械有限责任公司	10	3,272,827.12	37.40%		

由于烟台福山印制板有限公司亏损,其可收回金额低于投资的帐面价值,提长期股权投资减值准备如上。

(3)长期债权投资

A 债券投资

债券种类:	面值(元)	年利率	购入金额	到期日	本期利息	累计已收利息	备注
龙口电厂债券	50,700.00	无	50,700.00	无期限	无	17,189.17	
合计	50,700.00		50,700.00			17,189.17	

3、投资收益

项目	1998年度	1999年度
年末调整被投资公司所有者权益净增减额	789,735.83	1,354,822.61
长、短期投资减值准备	-389,548.72	-90,217.55
合计	400,187.11	1,264,605.06

4、主营业务收入

项目	1998年度	1999年度
电力自动化系统产品销售	417,369,517.18	830,076,979.72

5、主营业务成本

项目	1998年度	1999年度
电力自动化系统产品销售	211,998,319.95	382,438,943.22

八、关联关系及其交易

A、关联方关系

1、存在控制关系的关联方

企业名称	注册地址	主营业务	与本企业关系	经济性质或类型	法人代表
烟台东方电子信息产业集团有限公司	烟台市芝罘区	制造 服务 销售	母公司	国有独资	隋元柏
烟台东方华龙电子有限公司	烟台市芝罘区	电子通讯设备	子公司	合资	隋元柏
烟台雅禾电子有限公司	烟台市芝罘区	电量变送器	子公司	合资	隋元柏
烟台迪恩电子有限公司	烟台市芝罘区	计算机键盘系列	子公司	合资	隋元柏

2、存在控制关系的关联方的注册资本及其变化

企业名称	期初数	本年增加	本年减少	期末数
烟台东方电子信息产业集团有限公司	46,540,000.00			46,540,000.00
烟台东方华龙电子有限公司	6,920,000.00			6,920,000.00
烟台雅禾电子有限公司	2,524,416.00			2,524,416.00
烟台迪恩电子有限公司	9,179,805.98			9,179,805.98

3、存在控制关系的关联方所持股份或权益及其变化

企业名称	期初数		本年增加	本年减少	期末数	
	金额	比例%			金额	比例%
烟台东方电子信息产业集团有限公司	79200000.00	32.21	105600000.00		184800000.00	32.21
烟台东方华龙电子有限公司	5699794.19	62.50	168258.56		5868052.75	62.50
烟台雅禾电子有限公司	2680973.41	65	717068.95		3398042.36	65
烟台迪恩电子有限公司	7032700.51	70	491490.87		7524191.38	70

4、不存在控制关系的关联方关系的性质：

企业名称	与本企业的关系
烟台福山印制板有限责任公司	联营企业
外贸烟台包装机械有限责任公司	联营企业
烟台东方玉麟电子有限公司	同一母公司
烟台东方电子集团电器仪表分公司	同一母公司
烟台东方无线电设备分公司	同一母公司

B、关联方交易

1、关联方往来款项余额(单位：元)：

项目	上年末余额	占总额比例%	本期余额	占总额比例%
其他应收款				
烟台东方电子信息产业集团有限公司	4,671,559.96	6.8	3,766,472.25	6.00
烟台东方玉麟电子有限公司	5,183,938.17	7.54		
烟台东方电子集团电器仪表分公司	2,495,057.18	3.63	2,862,572.98	4.57
烟台东方无线电设备分公司	1,896,046.26	2.76	2,416,450.89	3.86
外贸烟台包装机械有限责任公司	2,486,016.74	3.61	2,536,016.74	4.05
烟台福山印刷板有限责任公司	3,451,556.34	5.02	3,829,193.74	6.12
合计	20,184,174.65	29.36	20,140,997.91	32.15
其他应付款				
烟台东方玉麟电子有限公司			3,064,710.11	13.27
烟台东方电子信息产业集团有限公司			3,367,090.21	14.58

2、关联方交易

1)股份公司委托东方玉麟开发DF0210智能直流操作中级系统1,186,500.00元、微机电力运动分站系列配套电源及DC/DC直流变换器704,610.00元。

2)股份公司与集团公司相互提供服务并承担费用如下:股份公司使用集团公司 住房应付房租158,427.60元,应由集团负担的退休、劳保、待业、退养职工所发生的 费用及食堂、医务室工作人员的工资及补贴和退休人员全年药费等共计1,748,981.87元。

九、或有事项

公司报告期无应披露的或有事项。

十、承诺事项

公司报告期无应披露的承诺事项。

十一、资产负债表日后事项

公司报告期无应披露的资产负债表日后事项。

十二、其他重要事项

公司报告期内无应披露的其他重要事项。

烟台东方电子信息产业股份有限公司

2000年4月5日

资产负债表

编制单位:烟台东方电子信息产业股份有限公司　　金额单位:人民币元

资产	合并数		母公司	
	1999年12月31日	1998年12月31日	1999年12月31日	1998年12月31日
流动资产:				
货币资金	692153718.95	88192274.55	685360316.88	81135988.41
短期投资	30000000.00		30000000.00	
减:短期投资跌价准备	75800.00		75800.00	
短期投资净额	29924200.00		29924200.00	
应收票据	2396602.00	1659500.00	835000.00	1176100.00
应收股利				
应收利息				
应收帐款	213702412.70	179365353.06	192656997.52	157672332.34
其他应收款	62617213.55	68725998.94	91675381.26	89674482.35
减:坏帐准备	6283281.70	7186945.62	5793717.81	7179421.53
应收帐款净额	270036344.55	240904406.38	278538660.97	240167393.16
预付帐款	34271051.51	27205738.92	32528592.03	24600160.74
应收补贴款	5465163.54		5465163.54	
存货	50542494.86	51435552.70	45944270.40	40849574.45
减:存货跌价准备	290513.09	54237.34	290513.09	54237.34
存货净额	50251981.77	51381315.36	45653757.31	40795337.11
待摊费用				
待处理流动资产净损失				

一年内到期的长期债权投资				
其他流动资产				
流动资产合计	1084499062.32	409343235.21	[redacted]078305690.73	387874979.42
长期投资:				
长期股权投资	4879915.14	4879915.14	21648205.86	20293383.25
长期债权投资	50700.00	50700.00	50700.00	50700.00
长期投资合计	4930615.14	4930615.14	21698905.86	20344083.25
减:长期投资减值准备	403966.27	389548.72	403966.27	389548.72
长期投资净额	4526648.87	4541066.42	21294939.59	19954534.53
固定资产:				
固定资产原价	122143242.81	110647359.34	92360912.19	86439380.86
减:累计折旧	25835193.94	19503005.52	18289275.08	13910296.04
固定资产净值	96308048.87	91144353.82	74071637.11	72529084.82
工程物资				
在建工程	90856999.54	39433722.26	90856999.54	39433722.26
固定资产清理		−196800.00		−196800.00
待处理固定资产净损失				
固定资产合计	187165048.41	130381276.08	164928636.65	111766007.08
无形资产及其他资产:				
无形资产	15326668.19	5387798.88	15326668.19	5387798.88
开办费				
长期待摊费用				
其他长期资产				
无形资产及其他资产合计	15326668.19	5387798.88	15326668.19	5387798.88
递延税项:				
递延税款借项				
资产总计	1291517427.79	549653376.59	1279855935.16	524983319.91
负债和股东权益				
流动负债:				
短期借款	3500000.00	36640000.00	3500000.00	36640000.00
应付票据	7521838.91	3858213.61	7521838.91	3858213.61
应付帐款	34688906.63	29090943.17	33826760.60	24897028.72
预收帐款	26352227.31	7911827.72	22365250.67	2899594.20
代销商品款				
应付工资	16932604.16	2774311.65	15973090.00	1794883.78
应付福利费	7186290.35	2456127.37	7186290.35	2456127.37
应付股利				
应交税金	41911042.86	26172583.06	41607018.48	23135825.88
其他应交款	317417.48	392422.89	317417.48	370460.68
其他应付款	23101911.55	12331275.73	[redacted]2687301.45	5663873.92
预提费用				
一年内到期的长期负债				
其他流动负债				
流动负债合计	161512239.25	121627705.20	154984967.94	101716008.16
长期负债:				
长期借款	14480000.00	21690000.00	14480000.00	21690000.00
应付债券				
长期应付款				
住房周转金	2370304.86	2616873.53	2356698.11	2600685.18
其他长期负债				
长期负债合计	16852886.46	24306873.53	16836698.11	24290685.18
递延税项:				
递延税款贷项				
负债合计	178365125.71	145934578.73	171821666.05	126006693.34
少数股东权益	5607596.86	4749695.38		
股东权益:				
股本	573719998.00	245879999.00	573719998.00	245879999.00
资本公积	296725028.86	46549028.46	296725028.86	46549028.46
盈余公积	85180988.44	40385681.80	84959088.10	40283844.68
其中:公益金				
未分配利润	151918689.92	66154393.22	152630154.15	66263754.43
股东权益合计	1107544705.22	398969102.48	1108034269.11	398976626.57
负债和股东权益总计	1291517427.79	549653376.59	1279855935.16	524983319.91

利润及利润分配表

编制单位:烟台东方电子信息产业股份有限公司 金额单位:人民币元

项目	合并数		母公司	
	1999 年度	1998 年度	1999 年度	1998 年度
一、主营业务收入	855763889.91	450457909.24	830076979.72	417369517.18
减:折扣与折让				
主营业务收入净额	855763889.91	450457909.24	830076979.72	417369517.18
减:主营业务成本	403105575.39	237138861.54	382438943.22	211998319.95
主营业务税金附加	27692277.19	12399758.35	27692277.19	12399758.35
二、主营业务利润	424966037.33	200919289.35	419945759.31	192971438.88
加:其他业务利润	391916.62	63723.34	349118.39	11959.41
减:存货跌价损失	236275.75	54237.34	236275.75	54237.34
营业费用	28755821.47	15620677.16	27143371.49	12501939.20
管理费用	36466859.69	20875433.92	34096196.32	17338189.51
财务费用	2119289.12	4780739.73	2142086.81	4811763.67
三、营业利润	357779707.92	159651924.54	356676947.33	158277268.57
加:投资收益	−90217.55	−389548.72	1264605.06	400187.11
补贴收入	316000.00	494000.00	316000.00	494000.00
营业外收入	800004.48	202988.99	123541.69	23720.47
营业处支出	797734.54	276085.83	762786.35	259150.25
加:以前年度损益调整				
四、利润总额	358007760.31	159683278.98	357618307.73	158936025.90
减:所得税	53708349.30	25233197.51	53521367.59	24928688.39
少数股东权益	684510.67	299263.57		
五、净利润	303614900.34	134150817.90	304096940.14	134007337.51
加:年初未分配利润	66154393.22	61406197.01	66263754.43	61637516.55
盈余公积转入				
六、可供分配的利润	369769293.56	195557014.91	370360694.57	195644854.06
减:提取法定盈余公积	45734604.24	20122622.69	45614541.02	20101100.63
其中:法定公益金	15264878.62	6707540.90	15204847.01	6700366.88
七、可供分配的利润	324034689.32	175434392.22	324746153.55	175543753.43
减:应付优先股股利				
提取任意盈余公积				
应分配普通股股利	172115999.40	109279999.00	172115999.40	109279999.00
八、未分配利润	151918689.92	66154393.22	152630154.15	66263754.43

现金流量表

编制单位:烟台东方电子信息产业股份有限公司 1999 年 12 月 31 日 单位:人民币元

项目	合并数	母公司
一、经营活动产生的现金流量:		
销售商品、提供劳务收到的现金	876521849.91	845066984.72
收到的租金		
收到的税费返还	61041368.54	60696000.00
收到的其他与经营活动有关的现金	8093152.20	7548164.36
现金流入小计	945656370.65	913311149.08
购买商品、接受劳务支付的现金	405054023.35	386817504.38
经营租赁所支付的现金		
支付给职工以及为职工支付的现金	36727476.55	32065146.89
支付的增值税款	27006260.31	22726133.74
支付的所得税款	107093300.16	106696843.75
支付的除增值税、所得税以外的其他税费	23641481.49	23305821.74
支付的其他与经营活动有关的现金	32369055.43	30615832.15
现金流出小计	631891597.29	602227282.65
经营活动产生的现金流量净额	313764773.36	311083866.43
二、投资活动产生的现金流量:		
收回投资所收到的现金		
分得股利或利润所收到的现金		
取得债券利息收入所收到的现金		
处置固定资产、无形资产和其他长期资产而收回的现金净额	599370.97	341089.24
收到的其他与投资活动有关的现金	1346528.94	1321872.67
现金流入小计	1945899.91	1662961.91
购建固定资产、无形资产和其他长期资产所支付的现金	40086917.56	36860188.56
权益性投资所支付的现金		
债权性投资所支付的现金	30000000.00	30000000.00
支付的其他与投资活动有关的现金		
现金流出小计	70086917.56	66860188.56
投资活动产生的现金流量净额	−68141017.65	−65197226.65
三、筹资活动产生的现金流量:		
吸收权益性投资所收到的现金	403100000.00	403100000.00
发行债券所收到的现金		
借款所收到的现金	50500000.00	50500000.00
收到的其他与筹资活动有关的现金		
现金流入小计	453600000.00	453600000.00
偿还债务所支付的现金	91000000.00	91000000.00
发生筹资费用所支付的现金	266822.69	266822.69
分配股利或利润所支付的现金		
偿付利息所支付的现金	3995488.62	3995488.62
融资租赁所支付的现金		
减少注册资本所支付的现金		
支付的其他与筹资活动有关的现金		
现金流出小计	95262311.31	95262311.31
筹资活动产生的现金流量净额	358337688.69	358337688.69
四、汇率变动对现金的影响		
五、现金及现金等价物净增加额	603961444.40	604224328.47
补充资料		
1.不涉及现金收支的投资和筹资活动:		
以固定资产偿还债务		
以投资偿还债务		
以固定资产进行长期投资		
以存货偿还债务		
2.将净利润调节为经营活动的现金流量:		
净利润	303614900.34	304096940.14
加:计提的坏帐准备或转销的坏帐	−635680.05	−1117719.85
固定资产折旧	6297026.99	4269049.27
无形资产摊销	403980.69	403980.69
递延资产摊销		
处置固定资产、无形资产和其他长期资产的损失		
固定资产报废损失	−12826.16	−46329.35
财务费用	1845410.65	1873858.60
投资损失	90217.55	−1264605.06
递延税款贷项		
存货的减少	4929959.43	−1057794.36
经营性应收项目的减少	−18328699.80	−17686808.70
经营性应付项目的增加	16981475.48	21613295.05
增值税增加净额	−1420991.76	
其他		
经营活动产生的现金流量净额	313764773.36	311083866.43
3.现金及现金等价物净增加情况:		
货币资金的期末余额	692153718.95	685360316.88
减:货币资金的期初余额	88192274.55	81135988.41
加:现金等价物的期末余额		
减:现金等价物的期初余额		
现金及现金等价物净增加额	603961444.40	604224328.47

内蒙古远兴天然碱股份有限公司

内蒙古远兴天然碱股份有限公司1999年年度报告摘要

(一) 公司简介

1、公司法定中文名称:内蒙古远兴天然碱股份有限公司
公司法定英文名称:"Inner Mongolian Yuan Xing NaturalAlkali Company Limited"
2、公司法定代表人:钟志
3、公司董事会秘书:牛伊平
联系地址:内蒙古东胜市鄂尔多斯西街6号公司证券事务部
联系电话:0477-8524278 0477-8539874 传 真:0477-8521747
电子信箱:yxzqb@email.yh-group.nm.cninfo.net
4、公司注册地址:内蒙古伊克昭盟东胜市
公司办公地址:内蒙古伊克昭盟东胜市鄂尔多斯西街6号 邮政编码:017000
国际互联网网址:http://www.yuanxing.com 电子信箱:info@yuanxing.com
5、公司选定的信息披露报纸名称:《中国证券报》、《证券时报》
登载公司年度报告的中国证监会指定中际互联网网址: http://www.cninfo.com.cn
公司年报置备地点:内蒙古伊克昭盟东胜市鄂尔多斯西街6号公司证券事务部
内蒙证券东胜营业部
6、公司股票上市交易所:深圳证券交易所挂牌
股票简称:"天然碱" 股票代码:"0683"

(二) 会计数据和业务数据摘要

1、公司本年度会计数据和业务数据 单位:人民币元

利润总额	26,040,195.03
净利润	22,131,165.77
扣除非经常性损益后的净利润	14,244,784.08
主营业务利润	114,611,142.24
其他业务利润	1,172,881.98
营业利润	18,431,085.14
补贴收入	5,990,749.49
营业外收支净额	1,895,632.20
经营活动产生的现金流量净额	-27,122,276.94
现金及现金等价物净增加额	5,977,284.56

注:扣除的非经常性损益项目及金额

(1)营业外收支净额	1,895,632.20
a:处理固定资产净收益	3,527,724.37
b:罚款支出	286,788.33
c:捐赠支出	84,999.95
d:非常损失	455,754.10
e:学校经费支出	313,889.21
f:草场补偿费	148,043.51
g:其他	342,617.07
(2)补贴收入	5,990,749.49
a:硝湖改造补贴	1,000,000.00
b:房产税	1,597,301.16
c:土地使用税	1,714,077.98
d:城建税	1,049,606.47
e:教育费附加	629,763.88

2、公司近三年主要会计数据和财务指标 单位:人民币元

项 目	1999年度	1998年度		1997年度	
		调整前	调整后	调整前	调整后
主营业务收入	436242623	460408811	460408811	448704824	448704824
净利润	22131165	104154777	81616354	129376638	86778459
总资产	2045062197	2027456067	1962319464	1839447866	1796849686
股东权益	914595420	955970320	890833717	687402650	644804470
每股收益	0.047	0.222	0.174	0.301	0.202
每股净资产	1.95	2.038	1.899	1.599	1.500
净资产收益率(%)	2.42	10.895	9.162	18.82	13.458
调整后每股净资产	1.924	1.989	1.9861	1.569	1.472

每股经营活动产生的现金流量净额-0.0578

注:主要财务数据的计算方法

每股收益=净利润/年度末普通股股份总数

每股净资产=年度末股东权益/年度末普通股股份总数

净资产收益率=净利润/年度末股东权益×100%

调整后的每股净资产=(年度末股东权益-三年以上的应收款项净额-待摊费用-待 以处理(流动、固定)资产净损失-开办费-长期待摊费用-住房周转金负数余额)/年度 末普通股股份总数

每股经营活动产生的现金流量净额=经营活动产生的现金流量净额/年度末普通股股份总数

3、报告期内股东权益变动情况 单位:元

项 目	期初数	本期增加	本期减少	期末数
股本	469,000,000.00			469,000,000.00
资本公积	401,048,248.29	1,630,537.51		402,678,785.80
盈余公积	20,785,469.18	4,426,233.16		25,211,702.34
法定公益金	10,073,806.26	1,106,558.29		11,180,364.55
未分配利润		17,704,932.61		17,704,932.61
股东权益合计	890,833,717.47	23,761,703.28		914,595,420.75

股东权益变动原因:1、接受车辆捐赠;2、被投资单位接受捐赠准备;3、海拉尔氯碱厂资产评估增值。

(三) 股东情况介绍

1、报告期末公司股东总数为127503户。

2、本公司前十位股东及其持股情况如下(报告期内):

股 东 名 称	持股数量(万股)	持股比 例(%)
伊克昭盟化学工业集团总公司	30000	63.97
周翔	49.3220	0.105
杭州金宇贸易公司	44.9000	0.096
陈焕锐	44.2109	0.089
林子弟	35.3688	0.075
张良奇	30.5053	0.065
赵勇刚	28.0000	0.060
内蒙古信托投资公司	27.0000	0.058
尹荔	23.9261	0.051
李吉甫	23.0140	0.049

注:以上股东持股情况及比例截止日是1999年12月31日。其中伊克昭盟化学工业 集团总公司为本公司的法人股东,其他为本公司的社会公众股东。

持有本公司10%以上股份的法人股东情况简介:

伊克昭盟化学工业集团总公司,持有本公司股份30000万股,占总股本的63.97%。

法定代表人:李武

经营范围:生产经营化工及化工机械类产品、工程设计与施工。

伊化集团总公司持有本公司的股份未作任何质押,亦未有其他法律争议。

(四) 股东大会简介

本年度内公司召开了一次股东大会:1998 年度股东年会。

1999年5月8日,公司在内蒙古东胜市鄂尔多斯西街6号公司技术研究中心二楼会议室召开了1998年度股东年会。出席本次股东年会的股东及股东代表25人,持股总数300178590股,占公司总股本的64%。会议审议通过了公司董事会工作报告、监事会工作 报告、1998年度财务决算报告、1998年年度报告和摘要、1998年度利润分配方案、公司兼职董事、监事津贴的议案、安棚碱矿20万吨/年倍半碳酸钠改扩建工程的投资议 案、李武董事辞去董事的申请并推选杨永清先生为公司董事。以上决议公告于1999年5月11日刊登在《中国证券报》和《证券时报》上。

(五) 董事会报告

1、公司经营情况

(1)公司所处行业及在行业中的地位

公司是以天然碱工业为主业的大型化工企业,是中国天然碱行业的龙头企业,公司拥有国内最大的天然碱科研、试验、加工基地和一批天然碱开采、加工方面的实用技术成果,技术装备居天然碱行业领先地位,是内蒙古自治区首批科技先导型企业。公司各种化工产品的生产能力达80万吨,重质纯碱、小苏打、硫化碱、元明粉在国内市场 上占有较大份额。其中"远兴"牌重质纯碱被中国质量管理协会评为100个用户满意 产品之一,1998年12月,"远兴"商标被评为自治区著名商标。

(2)公司主营业务的范围及其经营状况

公司主营业务为天然碱和无机盐系列化工产品的生产和经营。

截止1999年12月31日,公司生产各类化工产品64.36万吨,总资产达20.5亿元,实现主营业务收入43624.26万元,与上年同比下降了5.25%;实现净利润2213.12万元,较上年同比下降72.9%。

公司主营业务收入全部来源于碱类和其它无机盐类化工产品收入。公司主营业务及其结构较前一报告期没有发生变化。

(3)在经营中出现的问题与困难及解决方案

经营中出现的问题:

1999年,国内、国际化工市场仍然在低谷中徘徊,受化工整体市场疲软和下游产品需求不旺的困扰,行业竞争激烈,公司产品价格继续呈下滑趋势,货款回笼不畅,应收帐款难度加大,造成公司资金短缺,影响到了公司的正常运转,给公司生产经营带来了较大的困难。

面对上述种种困难,我们主要采取了以下一些解决措施:

1全面加强营销管理改革,调整充实销售队伍。将原东胜销售分公司和乌海销售分公司合并组建了远兴销售分公司,并通过公开招聘的方式充实营销队伍,使公司营销体制实现了由"相对集中管理,分散经营"向"集中管理,划片经营"模式的转变,形成 了既符合公司实际运行状况又较为灵活的营销网络机制。

2 成立清欠办公室,加大了清理欠款的力度,提出年内压缩应收帐款的具体指标,经努力取得了阶段性成果。

3根据市场中产品需求状况,及时调整了产品产量、产品结构,积极响应国家经贸 委有关纯碱生产实施总量控制的通知,压缩纯碱产量2万吨,并对积压严重的小苏打产 品也实行了限产压库。

4强化内部管理,节能降耗,降低成本,尽可能减少产品价格下跌给公司带来的不利影响。 各种产品成本均比1998年有较大幅度下降。

5进一步完善各项管理制度,以财务管理为核心。拓宽融资渠道,严把资金出口关,压缩非生产费用支出。认真清理内部往来帐目,基本实现了财务核算电算化。

6强化质量管理,全面加紧推行ISO9000质量体系认证工作。通过加强对产品质量 的控制,各分公司的产品质量都有明显的提高。

2、公司的财务状况

报告期内,公司总资产为204,506.22万元,比去年同期增长了4.22%,总负债为113,046.68万元,比上年同期增长5.5%,股东权益为91,459.54万元,比上年同期增长了2.67%,公司主营业务利润为11,461.11万元,较上年同期下降38.16%,由于市场疲软,虽然销售量增加,但是产品价格再度下降,所以主营业务利润并未增长。本报告期内,内蒙古国正会计师事务所出具无保留意见审计报告。因此公司对 此无解释性说明。

3、公司投资情况

(1) 98年配股募集资金使用情况

公司于1998年向社会公众股东配售股票3900万股,募集资金人民币32857.69万元,配股说明书项目计划投资34304.1万元,实际投入项目资金32619.47万元,按照配股说 明书承诺的投资项目没有变更。 项目进展情况如下:

1)、碱湖科学试验站热电车间综合节能技术改造项目计划投资4980万元,实际总 投资5383.68万元(1998年投资4370.86万元,1999年投资1012.82万元),99年3月项目试运行后,彻底淘汰了效率低、能耗高的小锅炉电汽装置,单位电汽成本降低了2.25元。

2)、吉碱分公司纯碱增产扩容项目计划投资2490万元,1998年主体工程完工,共投入资金1657.70万元,1999年完成配套设施投资573.83万元,项目实际总投资2231.53万元。年生产能力由20万吨提高到25万吨,接近经济规模,市场竞争能力进一步提高。

3)、吉碱分公司氯化钙废液综合利用项目计划投资4537.70万元,实际投资4842.33万元(1998年投资4294.61万元,1999年547.72万元),项目于1999年11月投入使用,废 液输送到14公里以外的指定排污区,实现了达标排放。试生产阶段工艺没有完全理顺,尚未产生效益。

4)、盐海子芒硝矿技改项目实际投资2296.30万元,1998年底完工投入使用。由于硝矿中无水硝含量较低,使该套装置不能满负荷运行。没有达到预计目标。

5)、1998年,公司偿还收购吉兰泰碱厂款项 20000万元。

佛山市兴华集团股份有限公司

佛山市兴华集团股份有限公司 1999 年年度报告摘要

一、公司简介

1、公司法定中文名称:佛山市兴华集团股份有限公司
公司法定英文名称:FOSHAN XINGHUA GROUP CO.LTD　　缩写:FXG
2、公司法定代表人:潘文钜
3、公司董事会秘书:原建林　　授权代表:王羽能
联系地址:广东省佛山市祖庙路 42 号之一
电话:0757-2221554　传真:0757-2222322
4、公司注册地及办公地址:广东省佛山市祖庙路 42 号之一　　邮政编码:528000
5、公司选定的信息披露报刊:《证券时报》
6、公司年报备置地点:佛山市兴华集团股份有限公司企改办
证监会指定国际互联网网址:http: www.cninfo.com.cn
7、公司股票上市地:深圳证券交易所　　股票简称:佛山兴华　　股票代码: 0685

二、会计和业务数据摘要

1、本年度利润总额及构成　(单位:元)

利润总额	9815386.07
其中:主营业务利润	70014167.83
其他业务利润	5743077.03
营业利润	9029363.88
投资收益	485509.33
补贴收入	41148.00
营业外收支净额	259364.86
净利润	7752288.51
经营活动产生的现金流量净额	-4466733.17
现金及现金等价物净增加额	-25628993.12
扣除非经常性损益后的净利润	7711140.51
扣除非经常性损益后的净利润	7711140.51

其中,扣除非经常性损益后的净利润中,扣除的项目是补贴收入,金额是 41,148 元,此项收入由营业税退回产生。

2、截止报告年度末公司前三年的主要会计数据及财务指标

序号	栏目	单位	1999 年度	1998 年度	1997 年度
1	主营业务收入	万元	53040.53	69668.77	87744.36
2	净利润	万元	775.23	179.61	3239.65
3	总资产	万元	70873.79	73381.73	65895.25
4	股东权益	万元	27729.21	27036.96	28808.09
5	每股收益	元/股	0.102	0.024	0.47
7	每股净资产	元/股	3.65	3.56	4.18
8	调整后的每股净资产	元/股	3.43	3.34	3.48
9	每股经营活动产生的现金流量净额	元/股	-0.06	-0.27	
10	净资产收益率%		2.80	0.66	11.25
11	按月平均加权数每股收益	元/股	0.102	0.025	0.51
12	扣除非经常性损益后的每股收益	元/股	0.1016	0.023	

每股收益=净利润/年度末普通股股份总数
每股净资产=年度末股东权益/年度末普通股股份总数
净资产收益率=净利润/年度末股东权益×100%
调整后的每股净资产=(年度末股东权益-三年以上的应收帐款-待摊费用-待处理(流动、固定)资产净损失-开办费-长期待摊费用)/年度末普通股股份总数
每股经营活动产生的现金流量净额=经营活动产生的现金流量净额/年度末普通股股份总数
加权平均每股收益=当期净利润/[期末普通股股份总数/(1+配股比例或增发新股的比例)+期末普通股股份总数/(1+配股比例或增发新股比例)×配股比例或增发新股比例×自缴款结束日下一月份至期末的月份/12]
扣除非经常性损益后的每股收益=(净利润-非常性损益)/年度末普通股份总数

3、报告期内股东权益变动情况(单位:人民币元)

项目	股本	资本公积	盈余公积	其中:公益金	未分配利润	合计
期初数	75900000.00	172552766.27	18151366.10	9075683.05	3765464.47	270369596.84
本期增加			1550457.70	775228.85	6201830.81	7752288.51
本期减少		829827.53				829827.53
期末数	75900000.00	171722938.74	19701823.80	9850911.90	9967295.28	277292057.82

变动原因:1、资本公积本期减少数是公司按财政部(1998)29 号文有关规定将资产评估增值准备转入累计折旧。
2、盈余公积本期增加数是公司按本年净利润 10%分别提取法定勇余公积及公益金。
3、未分配利润,根据财政部财会字(1999)35 号文的要求,本年度公司变更了计提短期投资减值准备、坏帐准备、存货跌价准备、长期投资减值准备的会计政策,并对以前年度会计报表做了追溯调整(参见审计报告附注二、18),各项调整对年未分配利润的影响(参见审计报告五、26)

三、股东情况介绍

1、截止 1999 年 12 月 30 日,本公司股东总数为 3569 户,总股本 75,900,000 股。
2、公司前 10 名股东情况(截止 1999 年 12 月 30 日)

序号	股东名称	持股数量(股)	占总股本比例(%)
1	佛山市兴华集团有限公司	29550400	38.93
2	工行信托	3845600	5.07
3	佛山市商业贸易中心	2024000	2.67
4	财贸工会	1173920	1.55
5	海口富旺家业开发有限公司	815803	1.07
6	海南新龙头投资有限公司	759703	1.00
7	王家伦	700383	0.92
8	陈维光	694759	0.92
9	张帆	652810	0.86
10	蒲亚舒	568623	0.75

注:1)第 1 至 10 名股东之间不存在关联关系。
2)报告期内本公司持股 5%(含 5%)以上的股东所持股份无质押、冻结等情况。
3)佛山市兴华集团有限公司为本公司控股股东,本报告期内没有发生变更情况。

四、股东大会简介

本报告期内本公司召开了一次股东大会,即 1998 年度股东大会。
1、本公司关于召开 1998 年度股东大会的通知刊登于 1999 年 3 月 26 日的《证券时报》上。
2、1998 年度股东大会于 1999 年 4 月 26 日在本公司召开后,本次股东大会的决议公告刊登于 1999 年 4 月 27 日的《证券时报》上。本次股东大会通过了以下决议:
1) 1998 年度董事会工作报告
2) 1998 年度监事会工作报告
3) 1998 年度财务决算报告
4) 增补董事议案选举林湛强先生、何自豪先生为本公司董事
5)1998 年度股利分配预案,按 1998 年度利润的 10%分别提取法定盈余公积金和公益金,剩余的利润不分配,亦不进行公积金转增股本。

五、董事会报告

(一) 公司经营情况
1、公司主营业务是商业贸易,主要经营家用电器、食品、日用品、百货、工艺、文体、服装及鞋帽等 5 万余种商品。
2、公司主营业务范围及其经营状况
1)1999 年度公司主营业务收入为人民币 534,040,531.39 元,利润总额 9,815,386.07 元,净利润 7, 752,288.51 元。
2)本公司属纯商业企业,其中,家用电器本年度主营收入 25675.95 万元,占公司主营业务收入的 48.08%;主营业务利润占总额的 17.95%。五金机电商品主营业务利润占总额的 15.58%
3、公司全资子公司——佛山市兴华商场桂城购物中心,本年度主营业务收入 2265.70 万元,由于竞争激烈,微利经营,造成利润亏损 43.4 万元。
4、进入 99 年,中国市场已全面告别了短缺经济时代,由卖方市场全面转为买方市场。市场的激烈竞争、消费者选择增多,且消费水平不高等不利因素,给公司的购销工作带来不少困难。面对种种不利条件,公司全体员工上下同心,积极开拓市场,敢于探索尝试企业新发展之路,并取得一定成绩。
1)顺应市场环境,根据市场特点和季节特点调整商品结构。一方面稳住名牌拳头产品;另一方面将滞销商品撤离商场,开拓质优价廉的有潜力产品。
2)严把商品质量关,以优质的服务和商品促销宣传活动促进商品销售。为维护企业形象、保护消费者权益,本公司积极配合上级有关部门开展"打假"专项工作,杜绝假冒伪劣商品,凭借优质的服务和电视等传播媒体的宣传,扩大了企业的声誉。
3)结合本公司实际情况,加快改革步伐。为缓解企业经营困难,提高企业盈利水平和竞争力,公司通过资产重组,寻找出盘活国有资产,解决一系列难题的途径。该项工作于 99 年底获财政部批准(财管字[1999]320 号文),中国证监会同意豁免中山公用事业集团有限公司要约收购"佛山兴华"股票的义务(证监函[1999]303 号)。
(二) 公司财务状况
1、公司财务状况:
本报告期内资产总额 70,873.79 万元,比上年减少 3.42%,主要是流动资产比上年减少 5.35%;长期负债 7245.86 万元,经上年增加 82.31%,主要是由于公司为未来长远发展的需要,向银行借入了较多的长期借款;股东权益 27,729.21 万元,比上年增加 2.56%,主要是由于公司本年度未分配利润比上年增加;主营业务利润 7001.42 万元,比上年增加 3.87%,主要是由于公司本年度严格控制进货成本,主营业务毛利增加所致;净利润 775.23 万元,比上年增加 331.61%,主要是由于公司本年度将部分商场出租,使租金收入增加,另外,营业外收入比上年数增加 585.16%。
2、对广东正中会计师事务所出具的有解释性说明的审计报告说明。
关于"兴华商务大厦"的问题:由于开发方资金一直未到位,工程目前仍处于停工状态。为保护投资者的利益,第一大股东对国家股股份实行转让,该项工作于 99 年底获财政部批准(财管字[1999]320 号文),中国证监会同意豁免中山公用事业集团有限公司要约收购"佛山兴华"股票的义务(证监函[1999]303 号)。公司董事会决定为优化公司资产结构,保护股东利益,在年内对资产实行重组,一旦有结果,我们将按信息披露的要求予以披露。
3、公司投资情况
募股资金使用情况
公司在本报告期内未募集资金,97 年 1 月发行 1600 万股 A 股,共募集资金 10304 万元,实际投资项目与招股说明书披露的情况一致。
1)投资 2980 万元在佛山市城西张槎工业开发区建设一座建筑面积为 21800 平方米的现代化商品配送中心。该项目总投资 5103 万元,其中购置土地费用为 2123 万元,本公司已于 1996 年 6 月前用自筹资金解决。该中心已在 98 年 9 月 28 日投入使用,本年度实现利润 67.93 万元。
2)投资 3400 万元购买的佛山兴华商务大厦,由于开发方资金一直未到位,工程目前仍处于停工状态,公司为了保护广大投资者的利益,拟准备将该项目置换,目前协商还在进行中。
3)投资 800 万元更新本公司主体企业兴华商场的经营设施和开发电脑系统。现电脑前台销售系统已经完成。
4)其余资金作为公司流动资金使用。
4、新年度业务发展计划。
1)公司未来 3-5 年的发展战略
随着我国市场经济体制的不断完善,加入 WTO 的步伐也日益加快,未来数年国内商业及流通领域将发生重要变革,物流业与电子商务的结合将成为变革的主流。公司咨询了国内外资深企业战略咨询机构和专家,对公司战略发展方向做了详细研究,经广泛讨论,公司决定以现有专业市场经营及相关收入为基础,有效依托大股东中山公用事业集团有限公司的产业优势、金融能力和科技、人才优势,建立完善的物流配送体系,推进公司业务与电子商务的对接,并慎重投资具有良好回报的高新技术和项目,完成资产结构及投资结构的战略重组,大力推进公用事业产业的升级步伐,培养以科技创新为特点的具有产业制高点和广阔市场前景的新的利润增长点、构筑公司的高成长性基础和持续发展能力。
2)2000 年的业务发展规划
A、狠抓企业管理,内强素质,充分挖掘公司内部潜力,提高经营管理水平。
B、坚持以人为本,开发和聚合人力资源优势和企业文化优势,适应知识经济时代的要求。
C、根据市场变化趋势,结合公司资源情况,利用新型网络技术,发展具有物流配送基础、现实交易的电子商务。

D、加强资产运营力度,采取重组、参股、控股、兼并等方式使公司业务逐步向电子商务、通讯技术等高科技领域和现代物流业渗透。

(三) 董事会日常工作情况

1、报告期内董事会的会议情况及决议内容

本报告期内董事会共召开了四次董事会正式会议

1)1999 年 3 月 24 日,在公司九楼会议室召开了董事会第二届十三次会议,本次会议 应到董事 9 人,实到 8 人,请假 1 人。会议审议通过了如下决议:

A、公司 1998 年度报告和年报摘要

B、公司 1998 年度业务报告

C、公司 1998 年度董事会工作报告

D、公司 1998 年度财务决算报告

E、增补董事议案,同意增补林湛强先生、何自豪先生为本公司董事

F、公司 1998 年度股利分配预案:本年度不分配,亦不进行公积金转增股本。

G、关于召开 1998 年度股东大会的议案

2)1999 年 8 月 18 日,在公司九楼会议室召开了董事会第二届十四次会议。本次会议应到董事 11 人,实到 10 人,请假 1 人。会议审议通过了如下决议:

A、公司 1999 年中期报告及其电子文件

B、1999 年中期不进行利润分配,也不进行公积金转增股本

3) 1999 年 12 月 16 日,在公司九楼会议室召开董事会第二届十五次会议。 全体董事听取了兴华集团有限公司关于中山市公用事业集团有限公司以货币加实物资产支付股份转让金,并用从中山公用获得的实物资产偿还欠本公司债务安排的说明。 经过认真审议,全体董事一致同意本次股权转让,并在获得中国证监会豁免中山公用履行全面收购要约义务后,按法定程序提交股东大会审议。 董事们还决定聘请中华企业咨询有限公司作为独立财务顾问,就本次股权转让向全体 股东提出分析报告。

4)2000 年 1 月 20 日,在公司九楼会议室召开董事会第二届十六次会议。全体董事出席了会议,并通过以下决议:

A、同意坏账准备根据应收款项的期末余额,并按帐龄分析法计提。

B、同意长期投资按可收回金额与账面价值孰低的原则计提。

C、同意存货按成本与可变现净值孰低法计提存货跌价准备。

D、根据 1999 年 3 月 8 日与昆明市盘龙商业大厦签定的《协议书》,对因豁免而不能收回的其他应收款——昆明市盘龙商业大厦欠款 644245.4 元,同意作 坏账处理。

E 、同意将不能收回的应收账款——武汉珠江商城 3909724.24 元作坏账处理。

F、根据 1999 年 11 月 11 日与火车站建设经营公司签定的《协议书》,火车站建设经营公司尚欠本公司债务为 3914351.99 元,超出部分 1428389.81 元(其中:应收水果款 1143741.8 元)同意作坏账处理。

G、由于国家大力整顿金融秩序,致使公司资金成本不断下降,结合公司的实际情 况,同意从 1999 年 1 月 1 日起调低兴华集团有限公司资金占用费率,从原月率 11.24‰调 低为月率 9.8‰。

2、本报告期内,公司董事会凭着勇于创新的精神,本着严谨、负责的态度,较好的完成了 99 年度的各项工作任务。

(四)公司管理层及员工情况

1、公司董事、监事情况

序号	姓名	性别	年龄	职务	任期	持股数(股) 年初	持股数(股) 年末	年度报酬(元)
1	潘文钜	男	58	董事长	3	10120	10120	39823.66
2	何德钊	男	49	副董事长	3	10626	10626	39791.26
3	李道亨	男	53	董事	3	15180	15180	34045.14
4	李淑仪	女	49	董事	3	10120	10120	35587.71
5	杨惠益	男	58	董事	3	5566	5566	35616.66
6	张美玲	女	43	董事	3	10120	10120	26904.33
7	何伟雄	男	45	董事	3	10120	10120	24067.42
8	原建林	男	44	董事	3	10120	10120	35557.91
9	黄楷明	男	44	董事	3	0	0	30920.98
10	何自豪	男	38	董事	3	23782	23782	34582.31
11	林湛强	男	36	董事	3	0	0	38798.26
12	黄昭常	男	58	监事会主席	3	0	0	31566.26
13	曾秀英	女	42	监事	3	0	0	29446.03
14	林建忠	男	40	监事	3	10120	10120	12916.36
15	郭秋玉	女	45	监事	3	10120	10120	19958.98
16	李惠芳	女	36	监事	3	7084	7084	20242.91

2、公司员工情况

本公司员工总人数 1034 人,其中:退休职工 109 人,专业人员:销售人员 825 人,技术 人员 79 人,财务人员 96 人,行政管理人员 102 人。

教育程度:研究生 2 人,大专及本科人员 249 人, 高中及高中以下 1053 人。

(五)利润分配预案

按 1999 年度净利润分别提取 10%法定公积金 775,228.85 元和 10%法定公益金 775,228.85 元,剩余的利润不分配,资本公积每 10 股转增 8 股。

(六)本公司信息披露报刊为《证券时报》。

六、监事会报告

本监事会依照《中华人民共和国公司法》及公司章程的要求,结合本公司运作情 况, 努力认真地开展各项工作。

九九年董事会共召开了三次正式会议。每次会议董事基本到齐。监事会主席也列席了会议。董事会的会议程序及所作的决议、决策,能严格按照国家的法律、法规和 公司的章程以民主集中制的形式进行制定。各位董事、经理、财务总监,他们在各自 的岗职上既分工又合作,以"团结、协调、进取、尽责"的兴华精神,按照公司董事会的决策,努力实施。做到了廉洁自律、勤政从商、守法经营,较好地执行了公司董事会的决议,没有发现损害公司利益的行为。

监事会于九九年度共召开了四次会议。 会议时间分别是:1999 年 3 月 23 日、7 月 17 日、8 月 20 日和 2000 年 1 月 1 日。五名监事成员 每次会议基本到会。主要是听取经营管理,财会部门的负责人对本公司一段时间的经 营运作和财务开支状况;对股份公司下属单位的经营转制改革及公司资产重组的情况 汇报。印发了有关上市公司公布的法规和资料给监事成员学习,使监事们的政策水平 也得到不断提高。

监事会对本年度经广东正中会计师事务所出具的审计意见及所涉及的事项评价, 公司的财务报告是真实地反映了公司的经营成果及财务状况的。为解决控股公司对本公司的欠债问题,在得到市政府支持,董事会共同努力下,控股公司的股权转让得以顺 利进行,于 1999 年底获国家财政部[1999]320 号文批准、中国证监会以证监函[1999]303 号文同意豁免中山公用事业集团有限公司要约收购"佛山兴华"股票的义务。股权 交易全过程的工作能严格按照法规程序办理。未有发现内幕交易,也没有损害公司及 股东的利益和造成公司的资产流失。 此次股权交易是公司、公平、合理、合法的。

董事会于 2000 年 1 月 20 日召开第二届第十六次会议,作出有关核销和计提资产减值准备的七点决议,是依据财政部[1999]35 号文"《关于印发股份有限公司会计制度有 关会计处理问题补充规定》的通知"的规定办理的,处理的程序合法。

公司经理工作班子成员在九九年经营商贸和改革过程中做了大量的工作,克服了 各种困难,使公司下属的"特需"、"桂城"、"兴华酒店"、"服装商场"、"城 南商场"等经营单位有计划、有步骤地进行了经营转制,改革后取得了成效,利润比去年有所增长。

经广东正中会计师事务所审核验证确认的九九年度公司主营的业务收入 534,040,531.39 元;公司九九年的分配预案是实事求是的,经我会审核后无异议。

七、重要事项

(一) 报告期内重大诉讼:

武汉市中级人民法院于 1998 年 4 月 27 日, 判决武汉珠江经济发展有限公司珠江商城于判决生效后 10 日内向本公司偿付其所欠货款 3,998,867.15 元,如到期不能偿付,武汉珠江经济发展有限公司承担连带责任;但根据该法院 1999 年 12 月 10 日出具民事裁定书 武执字(1998)第 140 号,该判决因被告人去向不明,无执行条件,中止执行。

(二) 报告期内公司、公司董事及高级管理人员无受证券监管部门处罚的情况。

(三)报告期内公司控股股东兴华集团有限公司无变化,公司总经理、董事会秘书 无变化。

(四)1999 年 8 月 16 日,本公司控股股东兴华集团有限公司与中山公用事业集团有限公司签订了《股权转让协议》,将其所持有的本公司国家股 2955.04 万股(占总股本 39.93%)转让给中山公用,转让价格为每股人民币 10.83 元,受让金额为人民币 32000 万元 。通过此次转让,可以缓解本公司面临的经营困境,可以避免本公司因不良债务造成的风险。该项转让已于 99 年底获得财政部批准(财管字[1999]320 号文),中国证监会同意豁免中山公用事业集团有限公司要约收购"佛山兴华"股票的义务(证监函[1999]303 号)。

(五) 报告期内无重大关联交易事项

(六)本公司与控股股东在人员、资产、财务上"三分开"情况。本公司做到人员独立、资产完整、财务独立,实行了与控股股东在人员、资产、财务三分开。

(七)报告期内公司无托管、承包、租赁其他公司资产或其他公司托管、承包、租赁本公司资产的行事项。

(八) 报告期内公司继续聘请广东正中会计师事务所为公司做审计工作。

(九) 报告期内公司无其他重大合同及担保事项。

(十) 报告期内公司无变更名称及股票简称。

(十一)执行财政部财会字[1999]35 号文件对本公司财务状况的影响。

根据财政部字(1999)35 号"关于印发《股份有限公司会计制度有关会计处理问题补充规定》的通知"等文的规定,公司的会计政策发生了以下变更:

1)短期投资原不计提短期投资减值准备,现改为根据成本与市价孰低法计价,并按短期投资整体计提;

2)坏帐准备原按应收帐款余额的 5‰计提,现改为根据应收款项的期末余额,并按 帐龄分析法计提;

3)存货原不计提存货跌价准备,现改为按成本与可变现净值孰低法计提;

4)长期投资原不计提长期投资减值准备,现改为按可收回金额与帐面价值孰低的 原则计提;

具体内容请参见审计报告附注(二)、18

八、财务会计报告

1、审计报告(见后附)

2、会计报表(见后附)

3、会计报表附注(见后附)

九、公司的其他有关资料

(一) 公司首次注册登记日期:1992 年 12 月 26 日

登记地址:广东省佛山市

(二) 企业法人营业执照注册号:19353726-8

(三) 税务登记号码:440601193537268

(四) 公司未流通股票托管机构名称:佛山证券登记公司

(五) 公司聘请的会计师事务所名称:广东正中会计师事务所

办公地址:广州市东风东路 555 号粤海集团大厦 27 楼

佛山市兴华集团股份有限公司

2000 年 2 月 19 日

审 计 报 告

粤会所审字(2000)第 30278 号

佛山市兴华集团股份有限公司全体股东 :

我们接受委托, 审计了贵公司 1999 年 12 月 31 日的资产负债表和合并资产负债表、1999 年度的利润及利润分配表和合并利润及利润分配表以及 1999 年度现金流量表和合 并现金流量表。这些会计报表由贵公司负责,我们的责任是对这些会计报表发表审计 意见。我们的审计是依据中国注册会计师独立审计准则进行的。在审计过程中,我们 结合 贵公司实际情况, 实施了包括抽查会计记录等我们认为必要的审计程序。

我们认为,上述会计报表符合《企业会计准则》和《股份有限公司会计制度》的 有关规定,在所有重大方面公允地反映了贵公司 1999 年 12 月 31 日的财务状况及 1999 年 度经营成果和现金流量情况,会计处理方法的选用遵循了一贯性原则。

此外,我们注意到:

如附注五.9 所述,贵公司之在建工程-兴华商务大厦因后续资金不足,本年度仍处 于停工状态,至 1999 年 12 月 31 日止,该工程累计成本为 93,778,583.52 元。

广东正中会计师事务所　　中国注册会计师:黄晓霞

中国　　广州　　中国注册会计师:陈小刚

东风东路 555 号粤海集团大厦 27 楼　　2000 年 2 月 1 日

佛山市兴华集团股份有限公司合并会计报表附注

1999 年度

(一)公司简介

1、公司于 1992 年 11 月 5 日经广东省企业股份制试点联审小组、广东省经济体制改革委员会"粤股审[1992]81 号"文批准设立。公司于 1992 年 12 月 26 日在佛山市工商行政管理局取得《企业法人营业执照》, 注册号为 19353726-8。

1997 年 1 月 14 日,经中国证券监督管理委员会证监发字[1996]416 号、[1996]417 号文件批准,公司采用"上网定价"方式发行社会公众股(A 股)1600 万股,是次发行的股 票已于 1997 年 1 月 23 日在深圳证券交易所挂牌交易。公司于 1999 年 1 月 15 日在佛山市工商行政管理局取得新的《企业法人营业执照》, 注册号为 4406001000011, 注册资本为 人民币柒仟伍佰玖拾万元(RMB75,900,000.00)。

2、公司经济性质是股份有限公司,属大型商业企业。经营范围:国内商业,石油制品,原油,房地产经营,饮食业,娱乐服务,美容,复印,打字,过塑,传真.公司主要从事国内商品的零售、批发等业务.

3、公司法定地址为:佛山市祖庙路 42 号之一。

(二)公司的主要会计政策、会计估计和合并会计报表的编制方法

1、会计制度:《股份有限公司会计制度》及其有关补充规定。

2、会计期间:公历 1 月 1 日起至 12 月 31 日止。

3、记帐本位币:人民币

4、记帐原则:权责发生制;计价基础:历史成本。

5、外币核算方法:

公司对发生的外币经济业务采用经济业务发生当日的汇率折合为人民币记帐;月 份终了,各种外币帐户(包括外币现金及以外币结算的债权和债务)的外币期末余额按 月末汇率折合为人民币.按照月末汇率折合的人民币金额与原帐面人民币金额之间的 差额,作为汇兑损益,按制度根据不同情况分别计入开办费、在建固定资产成本或财务费 用.

6、合并会计报表的编制方法:

根据财政部财会字[1995]11 号"关于印发《合并会计报表暂行规定》的通知"等文的规定,以母公司和纳入合并范围的子公司的会计报表及其他有关资料为依据,合并各项目数额编制而成。合并时,对因公司与子公司、子公司相互之间的内部交易、内 部业务往来而形成的债权债务、内部销售收入、未实现内部销售利润等项目以及公司对子公司权益性投资项目的金额与子公司所有者权益中公司所持有的份额相互抵销,少数股东权益予以扣除。

母公司与子公司采用的会计政策和会计处理方法一致。

7、现金等价物的确定标准:

以购买日起三个月内到期的、在证券市场上流通的短期有价证券投资,确定为现 金等价物。

8、短期投资减值准备的核算方法:

期末短期投资按成本与市价孰低计价,并按投资总体计提减值准备。

9、坏帐核算方法:

坏帐确认标准为:

(1) 因债务人破产或死亡,以其破产财产或遗产清偿后,仍然不能收回的债权。

(2)债务人逾期未能履行偿债义务超过三年,公司董事会经调查后判断确已无法收回的债权。

坏帐核算方法为备抵法,公司按照年末应收款项余额(不含合并报表的各企业之间的内部往来款项)采用帐龄分析法计提坏帐准备;计提标准如下:

帐 龄	计提标准
1 年以内	5%
1--2 年	10%
2--3 年	30%
3--4 年	50%
4--5 年	80%
5 年以上	100%

10、存货核算方法:

存货分类为:库存商品、在途商品、库存材料、低值易耗品。

公司零售门市部的商品,采用售价法进行核算,而兼营大额批发商品的商场(如五 金、交电商场)其库存仓库的商品(物资),则按进价法进行核算,发出时按加权平均法 计算;其余存货按取得时的实际成本进行核算,发出时按加权平均法计算;低值易耗品 在领用时一次摊销。

公司存货按成本与可变现净值孰低法计价,并计提存货跌价准备.

11、长期股权投资核算方法:

长期股权投资按取得时支付的实际价款计价。

拥有被投资企业股权 20%(不含 20%) 以下时,采用成本法核算;拥有被投资企业股权 20%(含 20%)至 50%(含 50%)且不拥有被投资企业实质控制权时,采用权益法核算;拥有被投资企业股权 50%以上或拥有被投资企业实质控制权时,采用权益法并在期终 合并会计报表方式核算。

公司长期股权投资的取得成本与公司在被投资单位所有者权益中所占份额之间的差额,计入股权投资差额,按投资期限摊销,没有投资期限的,分十年摊销。

公司对被投资单位由于市价持续下跌或经营状况恶化等原因导致其可收回金额低于长期股权投资的帐面价值,并且这种降低的价值在可预计的未来期间内不可能恢复 时,按可收回金额低于长期股权投资帐面价值的差额计提长期投资减值准备,预计的长期投资减值损失计入当年度损益类帐项。

12、固定资产核算方法:

(1)固定资产的标准及计价

使用期限超过一年,单位价值在 2000 元以上并且在使用过程中保持原有物质形态 的资产为固定资产;固定资产按实际成本计价。

(2)固定资产折旧采用直线法,固定资产分类、估计经济使用年限、预计净残值率和折旧率分别列示如下:

类 别	估计经济使用年限	预计净残值率	年折旧率(%)
房屋及建筑物	40	5%	2.714
机器设备	10	5%	9.5
运输设备	10	5%	9.5
办公设备	5	5%	19

13、在建工程核算方法:

在建工程采用实际成本核算,在固定资产尚未交付使用之前发生的工程借款利息 计入在建工程。在建工程在交付使用时按暂估价转入固定资产,在办理竣工决算后,按决算价格调整固定资产帐面值。

14、无形资产核算方法:

土地使用权按实际成本计价,按规定的使用年限平均摊销。

15、开办费、长期待摊费用的摊销方法

开办费按不超过五年的期限平均摊销;长期待摊费用在受益期内平均摊销。

16、收入确认原则:

商品销售,公司已将商品所有权上的重要风险和报酬转移给买方,公司不再对该商品实施继续管理权和实际控制权,相关的收入已经收到或取得了收款的证据,并且与销售该商品有关的成本能够可靠地计量时,确认营业收入的实现。

提供劳务,在完成劳务时确认营业收入的实现。

他人使用本公司资产,在与交易相关的经济利益能够流入本公司,且收入的金额能够可靠地计量时,确认收入的实现。

17、所得税的会计处理方法:

公司所得税的会计处理采用应付税款法。

18、会计政策变更及其影响:

根据财政部字(1999)35 号"关于印发《股份有限公司会计制度有关会计处理问题补充规定》的通知"等文的规定,公司的会计政策发生了以下变更:

(1) 短期投资原不计提短期投资减值准备,现改为根据成本与市价孰低法计价,并按短期投资整体计提(详见附注二,8);

(2)坏帐准备原按应收帐款余额的 5‰计提,现改为根据年末应收款项的期末余额,并按帐龄分析法计提(详见附注二,9);

(3)存货原不计提存货跌价准备,现改为按成本与可变现净值孰低法计提(详见附 注二,10);

(4)长期投资原不计提长期投资减值准备,现改为按可收回金额与帐面价值孰低的原则计提(详见附注二,11);

以上会计政策的变更采用追溯调整法,1998 年的比较会计报表已重新表述。1999 年运用新的会计政策追溯计算的会计政策变更累计影响数为 19,587,476.88 元,其中因坏帐准备计提方法变更的累积影响数为 14,775,476.68 元,因存货跌价准备计提方法变更的累积影响数为 1,500,000.00 元,因长期投资减值准备计提方法变更的累积影响数 为 3,312,000.00 元;以上会计政策变更对 1999 年度的损益的影响为减少净利润 4,514,016.97 元,对 1998 年度的损益的影响为减少净利润 1,095,885.83 元,对 1999 年初留存收 益的影响为减少法定盈余公积 1,958,747.67 元,减少公益金 1,958,747.67 元,减少未分配利润 15,669,980.34 元;利润及利润分配表上年数栏的年初未分配利润调减了 14,793,272.70 元。

(三)税项

1、流转税及其他应交款

项 目	税率或附加率
营业税	5%-10%
消费税(金银首饰收入)	5%
增值税—销项税	17%
—进项税	17%
* 城市维护建设税	7%
* 教育费附加	7%-12% *
大堤防护费	4%

2、所得税

公司 96 年起根据"粤办函[1996]660 号"、"粤办函[1997]89 号"以及"佛府办 函[1997]024 号"文件精神及批复,按实现利润的 33%计征所得税后,超过 15%部分由 佛山市财政局返还给公司作可供分配利润。

(四)公司所控制的子公司

公司所控制的所有子公司情况及其合并范围:

被投资企业名称	注册资本(万元)	本公司投资额(万元)	拥有权益(%)	法人代表	主营业务
佛山市兴华商场桂城购物中心	RMB100	100	100	张家赐	国内商业

(八)重大诉讼:

武汉市中级人民法院于 1998 年 4 月 27 日,判决武汉珠江经济发展有限公司珠江商城于判决生效后 10 日内向本公司偿付其所欠货款 3,998,867.15 元,如到期不能偿付,武汉珠江经济发展有限公司承担连带责任;但根据该法院 1999 年 12 月 10 日出具民事裁定书 武执字(1998)第 140 号,该判决因被告人去向不明,无执行条件,中止执行。

(九)重大事项

公司 1998 年度股东大会于 1999 年 4 月 26 日上午 9 时召开,审议通过了 1998 年度董事 会工作报告、监事会工作报告、财务决算报告,通过了 1998 年度股利分配方案,即:按 1998 年度净利润的 10%分别提取法定盈余公积和公益金,剩余的利润不分配,亦不进行 公积金转增股本。

(十)期后事项

1、公司董事会通过的 1999 年度利润分配预案为:按 1999 年度净利润的 10%分别提取法定盈余公积金和公益金,剩余的利润不分配。同时,按每 10 股转增 8 股的比例,以资本公积金转增股本。

2、公司董事会于 2000 年 1 月 27 日就原本公司第一大股东佛山市兴华集团有限公司协议转让股权的有关事宜对外公告如下:

(1)经财政部财管字(1999)320 号文、广东省国有资产管理局粤国资--(1999)76 号文批准,中山公用事业集团有限公司与佛山市兴华集团有限公司签订了《股份转让协 议》,中山公用事业集团有限公司以协议方式受让佛山市兴华集团有限公司持有的本 公司全部股份,共计 2,955.04 万股,占总股本的 38.93%,受让价格为每股人民币 10.83 元,受让金额为人民币 32,000 万元。中山公用事业集团有限公司此次受让本公司国家 股后,成为本公司第一大股东。

(2)经中国证监会证监函(1999)303 号文批准,同意豁免中山公用事业集团有限公 司向本公司全体股东发出全面收购要约义务。

根据中山公用事业集团有限公司的公告,本次股份转让金的支付将采取货币资金 加实物资产的方式,其中货币资金为 3,000 万元,实物资产为 29,000 万元,该实物资产已经评估机构评估,并获得国家财政部确认。为了确保本公司收回兴华集团所欠债务及 保证资产的完整性,经兴华集团同意,中山公用将上述实物资产直接给付予本公司,以 代付兴华集团所欠本公司的债务,计 223,355,306.68 元,从而冲抵中山公用应付兴华集团的股份转让金;该偿债支付尚需本公司股东大会表决。

3、公司 1113.2 万股内部职工股已于 2000 年 1 月 18 日获准上市流通,至此,本公司股本结构如下:

类 别	2000.1.18
一、尚未流通股份	
1、发起人股份	29550400.00
其中:国家拥有股份	29550400.00
2、募集法人股	14977600.00
尚未流通股份合计	44528000.00
二、已流通股份	
1、境内上市的人民币普通股	31372000.00
已流通股份合计	31372000.00
三、股份合计	75900000.00

公司的其他有关资料

(六) 公司首次注册登记日期:1992 年 12 月 26 日

登记地址:广东省佛山市

(七) 企业法人营业执照注册号:19353726-8

(八) 税务登记号码:440601193537268

(九) 公司未流通股票托管机构名称:佛山证券登记公司

(十) 公司聘请的会计师事务所名称:广东正中会计师事务所

办公地址:广州市东风东路 555 号粤海集团大厦 27 楼

十、备查文件目录

公司办公地点备置有齐备、完整的备查文件,以供中国证监会、深交所、市证管 办及有关主管部门及股东查阅,备查文件包括:

(一) 载有法定代表人、总会计师、会计主管人员亲笔签字并盖章的财务报表。

(二) 载有会计师事务所盖章、注册会计师签名并盖章的审计报告原件。

(三)本年度在中国证监会指定报纸上公开披露过的所有公司文件正本及公告原稿。

(四) 载有董事长亲笔签名的年度报告正本。

佛山市兴华集团股份有限公司

2000 年 2 月 19 日

资产负债表 金额单位:元

项目	合并	母公司	合并	母公司
资产				
流动资产:				
货币资金	23581134.67	22519452.46	49215166.28	48545498.87
短期投资				
减:短期投资跌价准备				
短期投资净额				
应收票据				
应收股利			13700.00	13700.00
应收利息				
应收帐款	1043119.50	10199125.29	23434170.48	23427428.61
其他应收款	263368778.53	282921498.95	202274575.19	219563741.95
减:坏帐准备	18760822.98	18725571.99	14845779.19	14845758.97
应收帐款净额	255051075.05	274395052.25	210862966.48	228145411.59
预付帐款	6093146.26	6093146.26	11968869.58	11968869.58
应收补贴款				
存货	114580931.26	112080112.33	149394594.45	143912391.40
减:存货跌价准备	1940000.00	1940000.00	1500000.00	1500000.00

存货净额	112640931.26	110140112.33	147894594.45	142412391.40
待摊费用	126017.70	126017.70		
待处理流动资产净损失				
一年内到期的长期债权投资				
其他流动资产				
流动资产合计	397492304.94	413273781.00	419955296.79	431085871.44
长期投资：				
长期股权投资	15602600.00	16168622.70	16394315.30	17257251.06
长期债权投资				
长期投资合计	15602600.00	16168622.70	16394315.30	17257251.06
其中:合并价差				
减:长期投资减值准备	3312000.00	3312000.00	3312000.00	3312000.00
长期投资净额	12290600.00	12856622.70	13082315.30	13945251.06
固定资产：				
固定资产原价	199457852.48	178575325.01	195917600.45	176361556.62
减:累计折旧	46062089.89	4964431.44	42240161.00	41634772.79
固定资产净值	153395762.59	133610893.57	153677439.45	134726783.83
工程物资				
在建工程	102396976.29	102396976.29	101936976.29	101936976.29
固定资产清理				
待处理固定资产损失				
固定资产合计	255792738.88	236007869.86	255614415.74	236663760.12
无形资产及其他资产：				
无形资产	41439676.74	41439676.74	42609503.42	42609503.42
开办费	840958.96	840958.96	1795066.16	1795066.16
长期待摊费用	881650.68	881650.68	760683.34	760683.34
其他长期资产				
无形资产及其他资产合计	43162286.37	43162286.38	45165252.92	45165252.92
递延税项：				
递延税款借项				
资产总计	708737930.20	705300559.94	733817280.75	726860135.54
负债及股东权益				
流动负债：				
短期借款	152500000.00	152500000.00	195170000.00	195170000.00
应付票据			9480320.00	9480320.00
应付帐款	94804506.36	90470563.48	137419194.59	129666811.87
预收帐款	12602573.23	12602573.23	11415048.89	11415048.89
代销商品款				
应付工资	2309225.30	2650825.26	4234964.80	4576564.76
应付福利费	621782.00	1665664.72	457508.83	763840.11
应付股利				
应交税金	30677657.21	30630513.60	25257422.17	25022942.82
其他应交款	35050509.42	3501714.93	2676396.27	2654064.90
其他应付款	30801514.34	30363542.38	25499447.13	25903564.12
预提费用	664478.95	664478.95	903199.06	903199.06
一年内到期的长期负债	30500000.00	30500000.00	11190000.00	11190000.00
其他流动负债				
流动负债合计	358987246.81	355549876.55	423703501.74	416746356.53
长期负债：				
长期借款	69260000.00	69260000.00	37000000.00	37000000.00
应付债券				
长期应付款				
住房周转金			407232.50	407232.50
其他长期负债	3198625.57	3198625.57	2336949.67	2336949.67
长期负债合计	72458625.57	72458625.57	39744182.17	39744182.17
递延税项：				
递延税款贷项				
负债合计	431445872.38	428008502.12	463447683.91	456490538.70
少数股东权益				
股东权益				
股本	75900000.00	75900000.00	75900000.00	75900000.00
资本公积	171722938.74	171722938.74	172552766.27	172552766.27
盈余公积	19701823.80	19701823.80	18151366.10	18151366.10
其中:公益金	9850911.90	9850911.90	9075683.05	9075683.05
未分配利润	9967295.28	9967295.28	3765464.47	3765454.47
外币报表折算差额				
股东权益合计	277292057.82	277292057.82	270369596.84	270369596.84
负债及股东权益总计	708737930.20	705300559.94	733817280.75	726860135.54

利润及利润分配表　　单位:人民币元

项目	合并	母公司	合并	母公司
一、主营业务收入	534040531.39	511383575.02	696687731.74	675585082.73
减:折扣与折让	86050.60	86050.60	449370.24	449370.24
主营业务收入净额	533954480.79	511297524.42	696238361.50	65135712.49
减:主营业务成本	461147589.20	441822584.44	625365488.38	608006588.44
主营业务税金及附加	2792723.76	2710144.26	3468251.74	3367660.08
二、主营业务利润	70014167.83	66764795.72	67404621.38	63761463.97
加:其他业务利润	5743077.03	5743077.03	3505716.51	3505716.51
减:存货跌价损失	440000.00	440000.00	1500000.00	1500000.00
营业费用	9900200.12	9578485.42	10124814.40	9959878.15
管理费用	59755679.76	56375522.22	52575099.28	48529500.96
财务费用	−3367998.90	−331570.69	2885081.49	2846335.73
三、营业利润	9029363.88	9445435.80	3825342.72	4431465.64
加:投资收益	485509.33	51532.03	−186157.71	−823221.95
补贴收入	41148.00	41148.00	27279.00	27279.00
营业外收入	1752475.47	1745318.15	255776.23	252125.84
减:营业外支出	1493110.61	1468047.91	1464513.61	1429921.90
四、利润总额	9815386.07	9815386.07	2457726.63	2457726.63
减:所得税	2063097.56	2063097.56	661590.21	661590.21
减:少数股东权益				
五、净利润	7752288.51	7752288.51	1796136.42	1796136.42
加:年初未分配利润	3765464.47	3765464.47	9228555.33	9228555.33
盈余公积转入				
六、可供分配的利润	11517752.98	11517752.98	11024691.75	11024691.75
减:提取法定盈余公积	775228.85	775228.85	179613.64	179613.64
提取法定公益金	775228.85	775228.85	179613.64	179613.64
七、可供股东分配的利润	9967295.28	9967295.28	10665464.47	10665464.47
减:应付优先股股利				
提取任意盈余公积				
应付普通股股利				
转作股本的普通股股利			6900000.00	6900000.00
八、未分配利润	9967295.28	9967295.27	3765464.47	3765464.47

现金流量表　　单位:人民币元

项目	合并	母公司
一、经营活动产生的现金流量：		
销售商品、提供劳务收到的现金	594102686.54	571445730.17
收取的租金	5379059.84	5379059.84
收到的增值税销项税额和退回的增值税款	27021175.93	23219864.87
收到的除增值税以外的其他税费返还		
收到的其他与经营活动有关的现金	21092084.46	21238445.28
现金流入小计	647595006.77	621283100.16
购买商品、接受劳务支付的现金	529857759.48	511078144.26
经营租赁所支付的现金	179796.50	179793.50
支付给职工以及为职工支付的现金	29684553.96	28701609.57
支付的增值税款	29895410.42	26391489.47
支付的所得税款	428383.40	428383.40
支付的除增值税、所得税以外的其他税费	4368814.85	4261747.71
支付的其他与经营活动有关的现金	56956516.40	54408157.99
租金支出	690507.93	690507.93
经营现金流出小计	652061739.94	626139833.83
经营活动产生的现金流量净额	−446733.17	−4856733.67
二、投资活动产生的现金流量：		
收回投资所收到的现金	1359105.44	1359105.44
分得股利或利润所收到的现金	448233.00	448233.00
取得债券利息收入所收到的现金	7003.29	7003.29
处置固定资产、无形资产和其他长期资产而收回的现金净额	97887.84	97887.84
收到的其他与投资活动有关的现金		
投资现金流入小计	1912229.57	1912229.57
购建固定资产、无形资产和其他长期资产所支付的现金	5505800.27	5505800.27
权益性投资所支付的现金	890000.00	890000.00
债权性投资所支付的现金		
支付的其他与投资活动有关的现金	10490.00	10490.00
现金流出小计	6406290.27	6406290.27
投资活动产生的现金流量净额	−4494060.70	−4494060.70
三、筹资活动产生的现金流量：		
吸收权益性投资所收到的现金		
发行债券所收到的现金		
借款所收到的现金	226765812.25	226765812.25
收到的其他与筹资活动有关的现金	929575.64	929575.64
现金流入小计	227695387.89	227695387.89
偿还债务所支付的现金	223860000.00	223860000.00
发生筹资费用所支付的现金		
分配股利或利润所支付的现金		
偿付利息所支支付的现金	20503692.47	20510639.93
融资租赁所支付的现金		
减少注册资本所支付的现金		
支付的其他与筹资活动有关的现金		
现金流出小计	244363587.14	244370639.93
筹资活动产生的现金流量净额	−16668199.25	−16675252.04
四、汇率变动对现金的影响		
五、现金及现金等价物净增加额	−25628993.12	−26026046.41
附注：		
1.不涉及现金收支的投资和筹资活动		
以固定资产偿还债务		
以投资偿还债务		
以固定资产进行长期投资		
以存货偿还债务		
融资租赁固定资产		
2.将净利润调节为经营活动的现金流量		
净利润	7752288.51	7752288.51
加:计提的坏帐准备或转销的坏帐	11757442.03	11722211.26
固定资产折旧	7050751.25	6457522.84
无形资产摊销	1169826.68	1169826.68
处置固定资产、无形资产和其他长期资产的损失(减收益)	644877.25	644877.25
固定资产报废损失		
财务费用	−3367998.90	−3331570.69
投资损失(减收益)	−485509.33	−51532.03
递延税款贷项(减借项)		
存货的减少(减增加)	35253663.19	32272279.07
经营性应收项目的减少(减增加)	−22630539.03	−23364876.69
经营性应付项目的增加(减减少)	4153336.97	−38230978.00
增值税增加净额(减减少)		
其他项目	−78166.85	103218.13
少数股东本期收益		
经营活动产生的现金流量净额	−4466733.17	−4856733.67
3.现金及现金等价物净增加情况:		
货币资金的期末余额	23581134.67	22519452.46
减:货币资金的期初余额	49210127.79	48545498.87
现金等价物的期末余额		
减:现金等价物的期初余额		
现金及现金等价物净增加额	−25628993.12	−26026046.41

锦州经济技术开发区六陆实业股份有限公司

一、公司简介

1、公司法定名称:锦州经济技术开发区六陆实业股份有限公司

英文名称:THE LIULU INDUSTRIAL CO.,LTD.OF JINZHOU ECONOMIC&TECHNOLOGY DEVELOPMENT ZONE 缩写:JZLL

2、公司法定代表人:冷述铁

3、公司董事会秘书:肖爱东

董秘授权代表:王新华

联系电话:0416-4561247 联系传真:0416-4561377

电子信箱:huaz@fm365.com

4、公司注册地址:锦州经济技术开发区

办公地址:辽宁省锦州市古塔区红星里9号 邮政编码:121001

公司网址:http://www.liulu.com 电子信箱:liulu@cbinfonet.com

5、公司选定的信息披露报纸:《中国证券报》《证券时报》

登载公司年度报告网址:http://www.cninfo.com.cn

公司年度报告备置地点:公司证券部

6、公司股票上市交易所:深圳证券交易所

股票简称:锦州六陆 股票代码:0686

二、会计数据与业务数据摘要

1、公司本年度实现利润情况。 单位:元

利润总额:	42,034,761.97
净利润:	38,597,927.36
扣除非经常性损益后的净利润:	38,597,927.36
主营业务利润:	72,169,237.17
其他业务利润:	1,946,578.88
营业利润:	40,285,838.77
投资收益:	356,931.51
补贴收入:	1,342,202.58
营业外收支净额:	49,789.11
经营活动产生的现金流量净额:	14,841,650.49
现金及现金等价物净增加额:	-32,672,612.57

2、会计数据与财务指标(合并)。

主要指标	1999年度	1998年度		1997年度	
	追溯调整后	追溯调整前	追溯调整后	追溯调整前	追溯调整后
1、主营业务收入	324,282,641.19	247,385,693.09	247,385,693.09	268,154,174.42	268,154,174.42
2、净利润	38,597,927.36	35,325,675.84	36,798,818.30	30,733,369.25	21,297,184.41
3、总资产	492,889,525.83	538,359,059.38	516,972,763.37	389,126,983.01	369,784,347.55
4、股东权益(不含少数股东权益)	375,507,028.62	352,059,101.57	336,909,101.26	199,916,786.07	183,293,643.20
5、每股收益	0.35	0.32	0.33	0.42	0.29
6、加权每股收益	0.35	0.36	0.40	0.44	0.33
7、扣除非经常性损益后的每股收益	0.35	0.23	0.24	0.42	0.29
8、每股净资产	3.41	3.20	3.06	2.76	2.53
9、净资产收益率	10.28%	10.03%	10.92%	15.37%	11.62%
10、调整后的每股净资产	3.12	3.06	2.81	2.52	2.27
11、每股经营活动产生现金流量净额	0.13	-0.14	-0.14		

注:主要财务指标的计算方法

每股收益=净利润/年度末普通股股份总数

每股净资产=年度末股东权益/年度末普通股股份总数

净资产收益率=净利润/年度末股东权益*100%

调整后的每股净资产=(年度末股东权益-三年以上的应收款项净额-待摊费用-待处理(流动、固定)资产净损失-开办费-长期待摊费用-住房周转金负数余额)/年度末普通股股份总数

每股经营活动产生的现金流量净额=经营活动产生的现金流量净额/年度末普通股股份总数

3、股东权益变动情况。单位:元

项目	股本(股)	资本公积	盈余公积	法定公益金	未分利润	股东权益合计
期初数	110166000	159,422,459.13	12,561,109.46	12,561,109.46	29,637,313.75	336,909,101.26
本期增加			3,859,792.74	3,859,792.74	27,018,549.14	38,597,927.36
本期减少						
期末数	110166000	159,422,459.13	16,420,902.20	16,420,902.20	56,655,862.89	375,507,028.62

变动原因:1、盈余公积金增加是由于按本年度净利润10%提取法定盈余公积和按10%提取 任意盈余公积所致。

2、法定公益金增加是按本年度净利润10%比例计提所致。

3、未分配利润增加是由于本年度实现的净利润分别按10%计提法定公积金、法定公益金及任意公积金后计入所致。

三、股东情况介绍

1、截止1999年12月30日,公司股东总数为31321户。

2、公司前十名股东名单及持股数(截止1999年12月30日)

数量单位:万股

序号	股东名称	年末持股数	所占比例%
1	中国石油锦州石油化工公司	6423.72	58.31
2	锦州银合发展总公司	223.08	2.02
3	辽宁省证券公司朝阳分公司	186.8296	1.70
4	交通银行锦州分行	101.4	0.92
5	锦州市财务发展股份有限公司	101.4	0.92
6	锦州市商业房屋开发公司	67.6	0.61
7	金鑫证券投资基金	26.9912	0.25
8	唐有兴	16.224	0.15
9	普丰证券投资基金	13.4	0.12
10	胡恩忠	13.3	0.12

注:交通银行锦州分行持有的本公司股份101.4万股,已协议转让给锦州市瑞通 服务公司,经深圳证券登记有限公司核准已于2000年2月办理过户。

中国石油锦州石油化工公司是本公司第一大股东,报告期末持有本公司股份6423.72万股,占总股本的58.31%,其所持股份没有质押、冻结情况。

保定天鹅股份有限公司

一、公司简介

1、公司法定中文名称:保定天鹅股份有限公司

公司法定英文名称:BAODING SWAN CO.,LTD

2、法定代表人:王春雨

3、董事会秘书:高志强

联系地址:保定天鹅股份有限公司

联系电话:(0312)3131755 传 真:(0312)3131755

电子信箱:swanzjb@bd-user.he.cninfo.net

授权代表:赵克俭 联系电话:(0312)3137941转2678

4、公司注册地址:河北省保定市高开区金迪路59号

公司办公地址:河北省保定市纸厂路1号 邮政编码:071055

5、信息披露报纸名称:中国证券报、证券时报

公司年度报告国际互联网网址:http://WWW.cninfo.com.cn

公司年度报告备置地点:公司证券部

6、股票上市交易所:深圳证券交易所

股票简称:保定天鹅 股票代码:0687

二、会计数据和业务数据摘要

1、公司本年度实现利润情况 单位:元

本年度实现利润总额:	101869803.19
净利润:	87869402.63
扣除非经常性损益后的净利润:	87869402.63
主营业务利润:	147631543.80
其它业务利润:	1379360.26
营业利润:	101839015.58
投资收益:	0
补贴收入:	0
营业外收支净额:	30787.61
经营活动产生的现金流量净额:	164622104.44
现金及现金等价物净增加额:	83884515.22

2、会计数据及财务指标

公司前三年的主要会计数据和财务指标 单位:元

指标项目	1999年	1998年		1997年	
		调整后	调整前	调整后	调整前
主营业务收入	601321362.84	532631159.65	532631159.65	541680552.93	541680552.93
净利润	87869402.63	101073925.30	99028244.87	116538106.79	125108567.84
总资产	1111280751.33	1010733248.8	1015310468.58	1215966026.49	1224536487.54
股东权益	1009560529.43	921691126.80	926268346.56	932717201.50	939340101.69
每股收益	0.298	0.343	0.336	0.395	0.42
加权平均每股收益	0.298	0.343	0.336	0.404	0.43
每股净资产	3.42	3.12	3.14	3.16	3.18
调整后的每股净资产	3.40	3.11	3.12	3.08	3.10
每股经营活动产生的现金流量净额	0.559	0.454	0.454		
净资产收益率(%)	8.7	10.97	10.69	12.49	13.32
加权平均净资产收益率(%)	9.1	10.90	10.62	18.05	19.28
扣除非经常性损益后的每股收益	0.298	0.343	0.336	0.383	0.41
股本变化后每股收益	0.274	0.343	0.336	0.395	0.42

3、报告期内股东权益变动情况 单位:元

项目	股本(股)	资本公积	盈余公积	其中公益金	未分配利润	合计
期初数	295000000	504904025.25	25918695.98	8639565.32	95868405.57	921691126.80
本期增加			10237915.23	3412638.41	77631487.40	87869402.63
本期减少						
期末数	295000000	504904025.25	36156611.21	12052203.73	173499892.97	1009560529.43

变动原因说明:(1)盈余公积增加,系从本期净利润中提取法定公积金和法定公益金所致;

(2)法定公益金增加,系从本期净利润中提取所致;

(3)未分配利润增加,本报告期实现净利润所致;

(4)期末合计项增加,系因股东权益各科目变动所致。

三、股本变动及股东情况

(一)股本变动情况 单位:股

	期初数	本期变动增减(+、-)					期末数
		配股	公积金转股	送股	其他	小计	
一.、尚未流通股份							
发起人股份	220000000					220000000	220000000
国家拥有股份	220000000					220000000	220000000
尚未流通股份合计	220000000					220000000	220000000
二、已流通股份							
境内上市的	75000000					75000000	75000000
已流通股份合计	75000000					75000000	75000000
三、股份总数	295000000					295000000	295000000

注:报告期末已流通股份总数含按规定暂予冻结的公司高管人员所持股份44500股

(二)股东情况介绍

1、1999年12月31日,本公司股东共51900名(户)

2、本公司前十大股东持股情况如下:

股东名称或姓名	持股数量(万股)	持股比例(%)	备注
保定天鹅化纤集团有限公司	22000	74.58	国家股
骆爱云	41.96	0.14	
普丰证券投资基金	35.9	0.12	
赵丽萍	23	0.08	
孟万利	20.8	0.07	
刘子兰	20.7	0.07	
张东业	20.5	0.07	
赵永菊	20.4	0.07	
马季刚	20	0.07	
孟连发	16.1	0.05	

涪陵建筑陶瓷股份有限公司

一、公司简介

1、公司的法定名称:(中文)涪陵建筑陶瓷股份有限公司
(英文)FULING CONSTRUCTION CERAMICS CO.,LTD
2、公司法定代表人:薛同建先生
3、公司董事会秘书:张光华先生
联系地址:重庆市渝州路108号金鹤宾馆3楼
电话:(023)68638134　　传真:(023)68638134
4、公司注册地址:重庆市涪陵区江东群沱子街31号　　邮政编码:408000
公司办公地址:重庆市渝州路108号金鹤宾馆3楼　　邮政编码:400041
公司电子信箱:jtzhqb@yeah.net
5、公司信息披露报纸:《证券时报》
深交所上市公司指定披露网址:http://www.cninfo.com.cn
公司年度报告备置地点:公司证券部
6、公司股票上市交易所:深圳证券交易所
股票简称:涪陵建陶　　股票代码:0688

二、会计数据和业务数据摘要

1、公司本年度主要会计数据　　(单位:人民币元)

利润总额:	56,093,294.09
净利润:	42,775,788.11
扣除非经常性损益后的净利润:	16,349,797.24
主营业务利润:	54,031,064.75
其他业务利润:	115,351.03
营业利润:	21,872,520.11
投资收益:	7,794,783.11
补贴收入:	13,895,177.15
营业外收支净额:	12,530,813.72
经营活动产生的现金流量净额:	43,529,123.07
现金及现金等价物净增加额:	154,217,184.66

注:扣除的非经常性损益项目及涉及的金额:

名　称	金　额(元)
营业外收支净额	12,530,813.72
补贴收入	13,895,117.15
合　计	26,425,990.87

2、截至报告期末公司前三年的主要会计数据和财务指标

调整后

项目指标	1999年	1998年	1997年
主营业务收入(元)	177,764,330.54	138,890,373.36	121,464,947.09
净利润(元)	42,775,788.11	32,869,348.05	27,154,866.76
总资产(元)	946,533,528.96	729,674,215.30	496,273,777.52
股东权益(元)(不含少数股东权益)	400,546,824.46	357,771,036.35	207,403,598.82
每股收益(元)	0.215	0.26	0.25
扣除非经常性损益后的每股收益	0.08	0.237	0.249
每股净资产(元)	2.015	2.88	1.93
调整后的每股净资产(元/股)	1.99	2.81	1.88
每股经营活动产生的现金流量净额	0.22	-0.21	—
净资产收益率(%)	10.68	9.19	13.09

调整前

项目指标	1998年	1997年
主营业务收入(元)	138,890,373.36	121,464,947.09
净利润(元)	39,361,762.48	31,987,082.55
总资产(元)	746,012,223.05	504,940,332.85
股东权益(元)(不含少数股东权益)	372,115,111.58	215,071,992.87
每股收益(元)	0.32	0.30
每股净资产(元/股)	3.00	2.00
调整后的每股净资产(元/股)	2.96	1.98
每股经营活动产生的现金流量净额	-0.13	—
净资产收益率(%)	10.58	14.87

3、报告期内股东权益变动情况及变化原因:

项目	股本	资本公积	盈余公积	法定公益金	未分配利润	股东权益合计
期初数	124224097	160693809.98	17458305.39	5437028.92	55394823.98	357771036.35
本期增加	74534458	—	6416368.22	2138789.41	—	42775708.11
本期减少	—	24844819.20	—	—	13330218.91	—
期末数	198758555	135848990.78	23874673.61	7575818.33	42064605.07	400546842.46

变动原因:1 股本增加和资本公积减少是:99年5月4日实施98年度利润分配方案所致;
2 盈余公积金,法定公益金增加是:对年初数的调整和99年度实现利润按10%和5%计提所致;
3 未分配利润变动是因为:追溯计提坏帐准备、存货跌价准备调减年初利润,99年实施98年度利润分配方案以及99年实现利润所致。

三、股东情况介绍

(1) 本报告期末股东总数为21440户。
(2) 本报告期末前10名股东持股情况:

股东名称	年末持股数	持股比例(%)	质押或冻结
1 深圳市中科创业(集团)股份有限公司	36,248,507	18.24	无
2 四川立信投资有限责任公司	36,000,000	18.11	无
3 深圳市正东大实业有限公司	14,400,000	7.24	无
4 涪陵金昌经贸公司	11,520,000	5.80	无
5 深圳国投证券有限公司第二证券交易部	3,516,682	1.77	
6 深圳国投证券有限公司北京营业部	2,139,226	1.08	
7 国信证券有限公司	1,730,029	0.87	
8 深圳国投证券有限公司成都营业部	1,367,990	0.69	
9 深圳市盈益投资发展有限公司	1,289,575	0.65	
10 深圳市湖景花园会所有限公司	1,271,492	0.64	

汕头宏业(集团)股份有限公司

一　公司简介

1、公司法定名称:汕头宏业(集团)股份有限公司
公司法定英文名称:SHANTOU HONGYE(GROUP)CO., LTD.
英文缩写:H.Y.
2、公司法定代表人:蔡承通先生
联系地址:汕头市天山路宏业大楼
电话:0754—8885638　　传真:0754—8897377
3、公司董事会秘书:周应齐先生
联系地址:汕头市天山路宏业大楼
电话:0754—8893332　　传真:0754—8895312
电子信箱:hyyqzhou@pub.shantou.gd.cn
4、公司注册地址:汕头市天山路宏业大楼
公司办公地址:汕头市天山路宏业大楼　　邮编:515041
电子信箱:hy group@pub.shantou.gd.cn
5、公司选定的信息披露报纸名称《证券时报》
登载公司年度报告的中国证监会指定的国际互联网网址:
http://www.cninfo.com.cn
公司年度报告备置地点:公司董事会室
6、公司股票上市交易所:深圳证券交易所
股票简称:宏业集团　　股票代码:0689

二　会计数据和业务数据摘要

1、本年度主要利润指标情况　　(单位:人民币元)

利润总额:	—95,231,101.78
净利润:	—90,194,771.83
扣除非经常性损益后的净利润:	—69,858,103.61
主营业务利润:	—2,215,828.06
其它业务利润:	173,647.61
营业利润:	—72,263,818.60
投资收益:	—2,630,614.96
补贴收入:	0.00
营业外收支净额:	—20,336,668.22
经营活动产生的现金流量净额:	—46,072,783.05
现金及现金等价物净增加额:	—25,840,783.05

注:扣除的非经常性损益项目及涉及金额:

营业外收支净额项目:	—20,336,668.22
a. 处理固定资产净损失	:495,653.60
b. 罚款支出:	43615.66
c. 非常损失:	19,892,158.75
d. 其它支出:	22,771.00
e. 其它收入:	117,530.79

2、截止报告期末本公司前三年主要会计数据和财务数据(单位:人民币:元)

项目	1999年	1998年		1997年	
		调整后	调整前	调整后	调整前
主营业务收入	25,301,626.02	91,283,043.75	91,283,043.75	162,321,959.21	162,321,959.21
净利润	-90,194,771.83	-32,302,499.36	2,674,126.27	25,994,092.88	26,495,770.81
总资产	383,678,587.50	498,475,408.88	538,125,903.77	462,033,798.61	462,535,476.54
股东权益	124,525,633.02	214,720,404.85	257,731,218.05	251,702,564.65	252,204,242.58
每股收益	-0.811	-0.290	0.024	0.374	0.381
扣除非经常性损益后的每股收益	-0.628	-0.415	-0.100	0.259	0.266
每股净资产	1.119	1.930	2.316	3.62	3.63
调整后每股净资产	1.109	1.926	2.310	3.60	3.61
每股经营活动产生的现金净流量	-0.414	-0.264	-0.264		
净资产收益率(%)	-72.43	-15.04	1.04	10.32	10.51

注(1)主要财务指标计算方法:
每股收益=净利润/年度末普通股股份总数
每股净资产=年度末股东权益/年度末普通股股份总数
调整后每股净资产=(年度末股东权益—三年以上的应收款项净额—待摊费用— 待处理(流动、固定)资产净损失—开办费—长期待摊费用)/年度末普通股股份总 数。
每股经营活动产生的现金流量净额=经常活动产生的现金流量净额/年度末普通股股价总数
净资产收益率=净利润/年度末股东权益×100%

3、报告期内股东权益变动情况　　单位:元

项目	股本(万股)	资本公积	盈余公积	法定公益金	未分配利润	股东权益合计
期初数	11128	124547362.22	12035243.16	3656605.04	-33142200.53	214720404.85
本期增加						
本期减少					90194771.83	90194771.83
期末数	11128	124547362.22	12035243.16	3656605.04	-123336972.36	124525633.02

注:未分配利润及股东权益合计数期末数比期初数减少的原因是公司主营业务发生亏损,以及坏帐准备、长期投资减值准备等会计政策变更的影响。

三　股东情况介绍

1、报告期末公司股东总数为26332户。
2、报告期末公司主要股东持股情况

名次	股东名称	报告期末持有量(万股)	占总股本比例(%)
1	汕头市建安(集团)公司	2724.8	24.49
2	中国建设银行汕头市信托投资公司	1040	9.35
3	中国银行汕头信托咨询公司	1040	9.35
4	汕头经济特区金达实业总公司	520	4.67
5	深圳市城市建设开发(集团)公司	499.2	4.49
6	汕头市金园区金达有限公司	416	3.74
7	金鑫证券投资基金	25.9609	0.23
8	王民华	21.632	0.19
9	徐秀芳	19.4022	0.17
10	刘瑞君	16.9974	0.15

广东宝丽华实业股份有限公司

广东宝丽华实业股份有限公司1999年年度报告摘要

一. 公司简介

1.公司法定中文名称:广东宝丽华实业股份有限公司
公司法定英文名称:GUANGDONG BAOLIHUA INDUSTRY STOCK CO.,LTD.
2.公司法定代表人:叶华能
3.公司董事会秘书:宁远喜
联系地址:广东省梅州市梅县华侨城香港花园宝丽华综合大楼
电　话:0753-2511298　2511398
传　真:0753-2511398
4.公司注册、办公地址:广东省梅州市梅县华侨城香港花园宝丽华综合大楼
邮政编码:514788
E-mail:gdblh@pub.MeiZhou.gd.cn.
5.公司选定的信息披露报纸名称:《中国证券报》、《证券时报》
登载公司年度报告的中国证监会指定的国际互联网网址:
http://www.cninfo.com.cn
公司年度报告备置地点:广东梅州梅县华侨城本公司办公室
6.公司股票上市交易所:深圳证券交易所
股票简称:宝丽华
股票代码:0690

二、会计数据和业务数据摘要

1. 本年度主要利润指标情况　(单位:人民币元)

利润总额:	45,188,571.29
净利润:	42,361,325.23
扣除非经常性损益后的净利润:	42,361,325.23
主营业务利润:	60,983,123.75
其他业务利润:	7,130,267.69
营业利润:	45,188,571.29
投资收益:	-
补贴收入:	-
营业外收支净额:	-
经营活动产生的现金流量净额:	453,837.96
现金及现金等价物净增加额:	61,343,529.16

2. 截止报告期末公司前三年的主要会计数据和财务指标

指标项目	1999年	1998年		1997年	
		调整前	调整后	调整前	调整后
主营业务收入(万元)	15,620.84	15,635.83	15,635.83	15,946.34	15,946.34
净利润(万元)	4,236.13	3,270.46	3,591.63	3,827.85	2,491.49
总资产(万元)	41,739.98	30,909.94	29,922.87	30,006.50	28,670.14
股东权益(万元)	33,051.43	25,038.21	4,212.50	22,767.70	21,431.34
每股收益(元)	0.394	0.327	0.359	0.382	0.249
每股收益(加权平均)(元)	0.411	0.327	0.359	0.382	0.249
每股收益(扣除非经常性损益)(元)	0.394	0.327	0.359	0.382	0.249
每股净资产(元)	3.074	2.500	2.405	2.276	2.143
调整后的每股净资产(元)	2.965	2.320	2.310	2.276	2.143
每股经营活动产生的现金流量净额(元)	0.0042	0.1566	0.1566	-	-
净资产收益率(%)	12.82	13.06	14.93	16.81	11.62

注1:主要财务指标的计算公式如下:
每股收益=净利润/年度末普通股股份总数
每股净资产=年度末股东权益/年度末普通股股份总数
调整后的每股净资产=(年度末股东权益-三年以上的应收款项净额-待摊费用 -待处理(流动、固定)资产净损失-开办费-长期待摊费用-住房周转金负数余额)/年度末普通股股份总数
每股经营活动产生的现金流量净额=经营活动产生的现金流量净额/年度末普通股股份总数。
净资产收益率=净利润/年度末股东权益×100%
注2:调整前指公司会计政策、会计估计变更追溯调整前的会计数据;调整后指 公司会计政策、会计估计变更追溯调整后的会计数据。

3.报告期内股东权益变动情况　(单位:人民币元)

项目	股本	资本公积	盈余公积	法定公益金	未分配利润	股东权益合计
期初数	100000000	86981126	11404471	3801490.63	42125699.08	240511432
本期增加	7500000	61641580	6354198	2118066.26	36007126.45	111502905
本期减少	-	-	-	-	21500000.00	21500000
期末数	107500000	148622841	17758670	5919556.89	56632825.53	330514337
变动原因	1999年度实施配股	配股形成股本溢价	本年度利润分配		本年度产生利润及四项准备调整	

三. 股东情况介绍

1、报告期末股东总数:
截止1999年12月31日,持有本公司股份的股东总户数为10390户。
2、公司前10名股东的持股情况

序号	股东名称	持股数量(股)	持股比例(%)	股份性质
1	广东宝丽华集团公司	71,800,000	66.79	发起人法人股
2	同益证券投资基金	902,205	0.84	流通股
3	梅县金穗实业发展有限公司	800,000	0.74	发起人法人股
4	广东梅县东风企业集团公司	800,000	0.74	发起人法人股
5	梅州市对外加工装配服务公司	800,000	0.74	发起人法人股
6	广东华银集团工程有限公司	800,000	0.74	发起人法人股
7	何彬	530,000	0.49	流通股
8	宋丽花	461,344	0.43	流通股
9	代琴	353,711	0.33	流通股
10	深圳锡昌实业有限公司	320,000	0.30	流通股

四、股东大会简介

1.1999年3月5日,公司在《中国证券报》、《证券时报》、《梅州日报》上刊登了召开1998年度股东年会的公告,由于中国证券监督管理委员会证监发字[1999]12号文《关于上市公司配股工作有关问题的通知》对配股工作有了新的规定,经公司第一届董事会第九次会议决定,公司1998年度股东年会延期至1999年4月16日召开,并于1999年4月3日在《中国证券报》、《证券时报》、《梅州日报》上刊登了《广东宝丽 华实业股份有限公司关于延期召开1998年度股东年会的公告》。1999年4月16日公司1998年度股东年会在公司会议厅准时召开。

2.公司1998年度股东年会决议公告刊登在1999年4月17日的《中国证券报》、《 证券时报》及《梅州日报》上。

五、董事会报告

1.公司经营情况

(1)公司所处的行业及在本行业中的地位

服装生产销售与公路、桥梁、市政、建筑工程施工等工程建设构成公司的两大支柱产业,奠定了公司稳健持续发展的坚实基础。

在服装工业上,精心经营的著名品牌"绅浪"系列服装,已在国内高档男装市场上树立了良好的品牌形象,市场占有率不断提高,绅浪服装专卖柜、专卖店的经营方式正稳健扎实地在全国十几个省市形成了强大的销售网络,在同行业之中,占据着较明显的竞争优势,并成为众多品牌跟进的目标对象,引导着市场潮流。

在工程建设施工上,拥有雄厚的技术力量和先进的施工设备,具有国家建筑业企业二级施工资质。公司曾承建的梅雁公路改造工程,荣获梅州市"八五"期间优质工程奖;公司上市后,承建的梅州大堤(西堤)改造工程,是广东省十大江河围堤改造工程之一---梅州大堤改造的重点堤段,也是梅州市城市建设总体规划和梅县新县城建设规划的重点建设项目之一。改造工程采取围堤防洪与城建开发相结合,做到堤、路、街"三合一",取得良好的投资收益和社会效益,赢得了良好的声誉,为公司在工程建设领域的发展增强了竞争力。

(2)公司主营业务的范围及其经营状况

1 本公司主营业务为公路、桥梁、市政、建筑工程施工及生产销售服装、皮革制 品等两大部份。本报告期内,公司管理层本着克己奉公的工作作风和"精益求精"的敬业精神,带领员工开拓经营,强化管理,以大力拓展业务为中心,积极开展各方面的工作。公司1999年度实现主营业务收入156,208,450.82元,实现利润总额45,188,571.29 元,净利润42,361,325.23元。各行业业务收入及业务利润如下:

行业	营业收入	营业毛利
服装行业	84,942,429.75	43,481,912.03
建设工程	83,015,710.92	21,705,966.72

21999年占公司主营业务收入10%以上的行业为服装行业和工程建设行业。

服装生产销售是公司主营业务的重要组成部分,公司生产的"绅浪"牌高级服装系列享誉中国,被誉为"崇高身份的象征"。目前,绅浪服装系列化程度高,产品品 种丰富多样,包括衬衫、西装、西裤、T恤、夹克、领带、皮带、皮具等,产品销售 网络已覆盖全国十几个省市,并保持着稳健发展,成为众多大公司、机构、团体订做服装的首选品牌,在全国享有较高知名度,构成公司长期稳定持续增长的利润来源。

在工程施工方面,公司加大了对外拓展业务的力度,强化施工现场管理,严把质量关, 完成的工程项目有梅州市公安局警官学校、戒毒所一期工程、新县城附属工程、梅县国土局宿舍工程等建设工程,总工程收入为83,015,710.92元。

(3)在经营活动中出现的问题与困难及解决方案。

问题与困难:
1 市场竞争激烈及消费需求不足;
2 地处梅州山区,在信息反馈、人才资源等方面与发达地区尚有一定差距;
3 产业结构相对单一,不利于企业高速发展。

解决方案:
1 强化产品质量管理,加大市场销售力度,有效降低成本,扩大服装团体订做业 务, 确保全年销售目标的实现;
2 建立深圳宝丽华绅浪服装研究中心,充分利用深圳的地缘、信息、人才资源等 优势, 使公司的业务经营面向全国、接轨世界, 真正使之成为绅浪服装的研究开发中心、销售中心及信息中心;
3 在紧紧围绕公司主业扩大经营的基础上,强化资本经营观念,努力开拓和培育 新的利润增长点, 并积极向高新技术产业进军,加快公司业务的高速发展。

2. 公司财务状况

(1) 报告期内主要财务指标变动情况及原因

指标项目	1999年末	1998年末	增减数额	增减比例%
总资产(元)	417,399,852.26	299,228,778.49	118,171,073.77	39.49
长期负债(元)	0	0	0	
股东权益(元)	330,514,337.57	240,511,432.18	90,002,905.39	37.42
主营业务利润(元)	60,983,123.75	72,587,776.30	-11,604,652.55	-15.99
净利润(元)	42,361,325.23	35,916,262.24	6,445,062.99	17.94

变动原因:本年度配股增加和产生经营利润及四项准备调整。

3. 公司投资情况

(1) 报告期内募集资金使用情况

11999年度增资配股募集资金使用情况如下表:　单位:人民币万元

募集时承诺投资项目	投资金额	实际投资项目	投资金额	本年度实际投资金额	尚未投入资金金额
梅州大堤(西堤)第四期改造工程	3900	梅州大堤(西堤)第四期改造工程	3900	3000	900
建立和扩大服装销售网络	2400	建立的扩大服装销售网络	2400	1175	1225
补充流动资金	580	补充流动资金	580	580	-
合计	6880		6880	4755	2125

2 公司1999年度增资配股募集资金于1999年8月全部到位, 实际可使用募集资金投向与配股说明书的承诺项目相一致。各项目资金的投入情况及进度如下:

A.梅州大堤(西堤)第四期改造工程项目,于1999年8月动工,至报告期末已投入资金3000万元,完成工程进度的70%。

B.建立和扩大服装销售网络项目,目前已实际投入深圳宝丽华绅浪服装研究中心、长沙专卖店及各专柜1175万元。

C.补充流动资金:1999年度配股募集资金完成投资上述项目后,剩余部份用于补充公司的流动资金。

D.募集资金按项目投入未用完部份全部存于银行。

公司1999年度增资配股募集资金的使用全部按照《配股说明书》的承诺项目投资,各项工作按计划如期进行,力争取得良好的投资收益。

(2) 报告期内非募集资金投资的重大项目情况

梅州大堤乌廖沙段改造工程,该工程总投资3000万元,于1998年底动工,按百年一遇的防洪标准设计施工,将原土围堤改造成浆砌石堤,做到堤、路、街"三结合",围堤建设与城市建设相配套,工程于1999年12月竣工,共取得了新增可供开发用地45亩,将作为公司进一步全方位开发的土地储备,为公司下一年度的利润增长奠定了基础。

4.新年度的业务发展计划

(1)在继续抓好绅浪服装的产品开发、质量管理的基础上,进一步开拓市场销售网络,完善销售服务;

(2)加快施工进度,确保梅州大堤(西堤)第四期改造工程于2000年上半年竣工;

(3)进一步完善工程施工的项目经理负责制,加强施工现场管理,各项建设工程力争达到市样板工程,梅州市有线电视网络传输中心工程,争取创建省样板工程;

(4)对梅州大堤乌廖沙段改造工程所获的45亩土地进行开发,争取在2000年底完工;

(5)加大对建设工程公司的形象宣传和对外业务开拓力度,积极承揽各项建设工程;

(6)进行周密的市场调研,确立向高科技领域进军的发展战略。

(7)积极拓展业务空间,发展高效益的投资项目,培育新的利润增长点。

5.董事会日常工作情况

(1) 报告期内董事会的会议情况及决议内容:

1999年度公司董事会召开了第一届董事会第八、九、十次会议,会议情况及决议内容如下:

1.1999年3月3日,在公司会议厅召开了第一届董事会第八次会议,会议通过如下决议:

a. 审议通过公司1998年年度报告及摘要;

b. 审议通过公司1998年度财务决算和利润分配方案;

c.审议通过公司1999年度工作计划;

d. 审议通过关于续聘北京兴华会计师事务所为公司1999年度审计单位的议案;

e.会议决定1999年4月8日上午9:30在本公司召开1998年度股东年会。

此次会议决议公告刊登在1999年3月5日的《中国证券报》、《证券时报》上。

2.1999年4月2日,在公司会议厅召开了第一届董事会第九次会议,会议通过了如下决议:

a.审议通过1999年度增资配股预案;

b.审议通过关于公司1999年度增资配股募集资金的投向及可行性;

c. 审议通过关于前次募集资金的使用及效益情况的说明;

d.审议通过关于延期召开1998年度股东年会的议案。

此次会议决议公告刊登在1999年4月3日的《中国证券报》、《证券时报》上。

3.1999年8月5日,在公司会议厅召开了第一届董事会第十次会议,会议通过了如下决议:

a. 审议通过了公司1999年度中期报告;

b. 审议通过了公司1999年度中期利润分配方案;

此次会议决议公告刊登在1999年8月7日的《中国证券报》、《证券时报》上。

(2)董事会对股东大会决议的执行情况

1.报告期内公司利润分配方案、公积金转增股本方案执行情况:

1999年4月16日召开的公司1998年度股东年会上通过了公司1998年度利润分配方案。此分配方案公司已于1999年5月11日在《中国证券报》、《证券时报》上刊登了《广东宝丽华实业股份有限公司1998年度派息公告》,股权登记日为1999年5月17日,除息日为1999年5月18日,派息日1999年5月24日。

2.报告期内配股方案实施情况

1999年4月16日召开的公司1998年度股东年会上决议通过了1999年度增资配股方案(详见1999年4月2日召开的第一届董事会第九次会议决议内容),董事会根据股东大会授权,全权处理增资配股事宜,该配股方案已经广州证券监管办公室粤证监函[1999]47号文初审通过,并获中国证券监督管理委员会证监公司字[1999]33号文核准实施。公司先后于1999年6月26日和6月30日在《中国证券报》、《证券时报》和《梅州日报》上刊登了《广东宝丽华实业股份有限公司配股获准公告》及《广东宝丽华实业股份有限公司1999年度配股说明书》。股权登记日为1999年7月14日,除权基准日为1999年7月15日,配股缴款起止日期为1999年7月19日至1999年7月30日。

本次配股以公司1997年末的总数10,000万股为基数,按每10股配3股向股权登记日收市后登记在册的全体股东配售,其中,法人股股东全部放弃配股权,共向社会公众股东配售750万股。配股价格为每股人民币9.50元。本次配股缴款工作于1999年7月30日结束,社会公众股实际配售总额为750万股。

公司本次配股共募集资金人民币71,250,000元,已于1999年8月6日到位,并由北京兴华会计师事务所有限责任公司出具了(99)京会兴字第199号验资报告。公司董事会于1999年8月24日在《中国证券报》、《证券时报》、《梅州日报》上刊登了《股份变动公告及配股获配可流通股份上市公告》,配股获配可流通股份750万股于1999年8月27日上市交易。

6.董事、监事、高级管理人员

姓名	性别	年龄	现任职务	任期起止日期	年初持股数	年末持股数	股份增加量	股份变动原因	年度报酬总额
叶华能	男	48	董事长	97.1.18-2000.1.18	6000	7800	1800	配股	79000
林锦平	男	42	副董事长,总经理	97.1.18-2000.1.18	6000	7800	1800	配股	50000
叶祖根	男	42	副董事长,副总经理	97.1.18-2000.1.18	6000	7800	1800	配股	50000
杨清文	男	49	董事	97.1.18-2000.1.18	6000	7800	1800	配股	50000
叶华元	男	50	董事	97.1.18-2000.1.18	6000	7800	1800	配股	未在股份公司领取报酬
朱慈荣	女	39	董事	97.1.18-2000.1.18	6000	7800	1800	配股	39000
叶碧玲	女	35	董事,财务总监	97.1.18-2000.1.18	6000	7800	1800	配股	39000
王巨传	男	53	董事	97.1.18-2000.1.18	0	0	0		未在股份公司领取报酬
李小平	男	47	董事	97.1.18-2000.1.18	0	0	0		未在股份公司领取报酬
赖利珍	女	46	董事	97.1.18-2000.1.18	0	0	0		未在股份公司领取报酬
丘柳凡	女	46	董事	97.1.18-2000.1.18	0	0	0		未在股份公司领取报酬
丘善中	男	54	监事会主席	97.1.18-2000.1.18	6000	7800	1800	配股	未在股份公司领取报酬
叶富中	男	40	监事	97.1.18-2000.1.18	6000	7800	1800	配股	未在股份公司领取报酬
饶谦和	男	51	监事	97.1.18-2000.1.18	6000	7800	1800	配股	39000
宁远喜	男	30	董事会秘书	98.6.1-2000.1.18	0	0	0		39000

现任董事、监事、高级管理人员中未在股份公司领取报酬的有7人,年度报酬在1-4万元的有4人,5-8万元的有4人。

在报告期内公司董事、监事、经理、董事会秘书等高级管理人员未发生变动。

7.本次利润分配预案或资本公积金转增股本预案。

本公司1999年度实现净利润42,361,325.23元,提取10%法定公积金4,236,132.52元,提取5%法定公益金2,118,066.26元,加年初未分配利润42,125,699.08元,可供股东分配的利润为78,132,825.53元。

1999年度利润分配预案为:以1999年末总股本10,750万股为基数,拟向全体股东每10股派送现金2元(含税),共计2150万元,剩余利润56,632,825.53元结转以后年度分配。本次不进行利润转送红股也不进行资本公积金转增股本。

8.公司选定的信息披露报刊:《中国证券报》、《证券时报》、《梅州日报》。

六、监事会报告

报告期内监事会共召开了三次监事会会议:

1999年3月3日,召开了监事会1999年度第一次会议,会议主要议题:审议公司1998年年度报告和摘要内容;审议公司1998年度财务决算和利润分配预案;审议公司1999年度发展计划;审议关于续聘北京兴华会计师事务所为公司1999年度审计单位的议案。

1999年4月2日,召开了监事会1999年度第二次会议,会议主要议题:审议公司1999年度增资配股预案;审议公司1999年度增资配股募集资金的投向及可行性;审议董事会关于前次募集资金的使用及效益情况的说明。

1999年8月5日,召开了监事会1999年度第三次会议,会议主要议题:审议公司1999年度中期报告;审议公司1999年度中期利润分配预案。

监事会全体成员列席了1999年度公司历次董事会会议和股东大会,并参与公司重大决策的讨论。依据公司营运作的实际情况,本公司监事会对下列事项发表独立意见:

1.公司的决策程序是合法的,公司建立、健全了相关的内部控制制度,未发现公司董事、经理执行公司职务时有违反法律法规、公司章程或损害公司利益的行为;

2. 北京兴华会计师事务所出具的审计意见及所涉及事项是真实的。公司的财务报告真实、合法、完整地反映了公司的财务状况和经营成果;

3.公司最近一次募集资金即公司1999年度增资配股募集资金实际投入项目与承诺项目一致;

4.公司报告期内未发生收购、出售资产事项,也无损害部分股东权益或造成公司资产流失的行为;

5.关联交易事项遵循了合法、公平、公正的原则,无损害上市公司利益。

七、重要事项

1. 重大诉讼、仲裁事项

本年度公司无重大诉讼、仲裁事项。

2.报告期内公司、公司董事及高级管理人员没有发生受监管部门处罚的情况。

3.报告期内公司控股股东、董事、监事、董事会秘书未变更。

4.重大关联交易事项

(1)销售货物:本公司1999年度向公司第一大股东广东宝丽华集团公司下属企业梅县华侨城房地产开发有限公司转让土地25亩,金额2166.45万元,转让价格按市场价格确定。

(2)租赁:本公司1999年度向公司第一大股东广东宝丽华集团公司下属企业梅县华侨城商场出租房屋,取得其他业务收入96万元。

(3)资金拆借:本公司1999年向广东宝丽华集团公司拆借资金取得利息收入1,520,364元。

5.本公司与控股股东在人员、资产、财务上实现了"三分开",保证了本公司人员独立、资产完整、财务独立。

6.1999年4月16日公司1998年度股东年会决议通过续聘北京兴华会计师事务所为本公司1999年度审计单位。

7.本公司的全资子公司广东宝丽华公路工程公司因业务不断扩大,原公司名称已不适应公司业务拓展需要。经有关工商行政管理部门审核批准,变更为广东宝丽华建设工程公司,变更公告刊登于1999年6月1日的《中国证券报》、《证券时报》上。

8.会计政策变更的影响:根据财政部会字[1999]35号文《关于印发〈股份有限公司会计制度有关会计处理问题补充规定〉的通知》的有关规定,本公司本年度对坏帐准备等会计政策变更已采用追溯调整法,调整了1999年度会计报表相关项目的期初数或上年数。上述会计政策变更的累积影响数为2,538,720.69元,均为坏帐准备计提方法变更的累积影响数。

八、财务会计报告

(一)、审计报告

本公司1999年度财务报告经北京兴华会计师事务所注册会计师胡毅、谢小兰审计,出具无保留意见的审计报告(2000)京会兴字第64号。

(二)、会计报表(附后)

(三)、会计报表附注:

1、外币业务核算方法:

公司发生外币业务时,按当日市场汇率折合为人民币记帐,年末将外币帐户的外币余额按照年末市场汇率折合为人民币。按照年末市场汇率折合的人民币金额与原帐面人民币金额之间的差额作为汇兑损益计入当期财务费用。

2、坏帐核算方法:

坏帐的确认标准:(1)因债务人破产或死亡,以其破产财产或者遗产清偿后,仍然不能收回的应收款项。

(2)因债务人逾期未履行偿债义务超过三年仍然不能收回的应收款项。

坏帐损失的核算方法:备抵法。

坏帐准备的确认标准、计提方法和计提比例:根据公司董事会决议,坏帐准备由原来按期末应收帐款余额的3‰计提,现改为对应收款项(包括应收帐款和其他应收款)按帐龄分析法计提。根据以往的经验及债务单位的实际财务状况和现金流量的情况以及其他相关信息,坏帐准备的计提比例为:1年以内的提取5%;1—2年的提取10%;2—3年的提取30%;3—4年的提取50%;4—5年的提取80%;5年以上的提取100%。

由于会计政策的变更,本公司依据财政部财会字(1999)35号文《关于印发〈股份有限公司会计制度有关会计处理问题补充规定〉的通知》(以下简称"财政部35号文")的有关规定,采用了追溯调整法调整了1999年度会计报表相关项目的期初数或上年数。该调整对本公司财务状况和经营成果的影响详见本会计报表附注二、18。

坏帐准备的细节详见本会计报表附注二、18 和附注五、(一)、2。

3、存货核算方法:

存货分为:原材料、生产成本、库存商品、开发成本、开发产品等。存货按实际成本计价。购入并已验收入库的原材料按实际成本入帐,发出原材料采用移动加权平均法核算;生产成本按实际发生的生产费用核算;制造费用按实际发生的间接费用核算,月末转入生产成本;入库商品按实际生产成本核算,发出商品采用移动加权平均法核算;开发成本按实际发生的开发费用核算;开发产品按实际开发成本核算。

4、短期投资的核算方法:本报告期内无短期投资。

5、长期投资的核算方法:

长期股权投资计价和收益确认方法:长期股权投资按投资时支付的全部价款入帐,投资企业对被投资单位具有控制、共同控制或者重大影响的,长期股权投资采用权益法核算。

6、固定资产及折旧:

固定资产按照实际成本计价。固定资产的标准为:使用年限在一年以上的房屋、建筑物、机器、机械、运输工具和其他与生产经营有关的设备、器具、工具等,以及不属于生产经营主要设备,但单位价值在 2,000 元以上,并且使用年限超过两年的物 品。

固定资产折旧采用平均年限法计算。按各类固定资产的原值、估计使用年限和预计残值(原值的 5%)确定的固定资产分类折旧率如下:

固定资产类别	折旧年限(年)	年折旧率(%)
房屋建筑物	30	3.16
专用设备	10	9.50
运输工具	10	9.50
其　　他	5	19.00

7、收入确认原则:

商品销售:在商品所有权上的重要风险和报酬转移给买方,公司不再对该商品实施继续管理权和实际控制权,相关的收入已经收到或取得了收款的证据,并且与销售该商品有关的成本能够可靠地计量时,确认营业收入的实现。

8、所得税的会计处理方法:

所得税的会计处理采用应付税款法。

9、合并会计报表的编制方法:

本公司的合并会计报表以母公司及两个全资子公司的会计报表和其他有关资料为基础依据,按照《合并会计报表暂行规定》编制而成。子公司的主要会计政策按照母公司的会计政策厘定,母子公司及子公司间的重大交易、内部往来、长期投资、投资收益等均已在会计报表合并时予以抵消。

10、会计政策变更的影响:根据"财政部 35 号文"的有关规定,本公司本年度对坏帐准备等会计政策变更已采用追溯调整法,调整了 1999 年度会计报表相关项目的期初数或上年数。上述会计政策变更的累积影响数为 2,538,720.69 元,均为坏帐准备计提方法变更的累积影响数。由于会计政策变更,1997 年度调减利润 13,363,597.06 元,1998 年度调增利润 3,492,942.23 元。1997 年、1998 年度共调减利润 9,870,654.83 元,已调减了 1999 年年初留存收益,其中:未分配利润调减了 8,390,056.61 元,盈余公积调减了 1,480,598.22 元。

11、控股子公司及合营企业

名　称	注册资本	经营范围	投资额	投资比例%
广东宝丽华服装有限公司	1000	生产、销售:服装、皮革制品、鞋	42,934,596.88	100
广东宝丽华建设工程公司	4000	公路、桥梁、工业与民用建筑、市政、土石方基础、装饰、装修工程施工,线路管道安装设备安装、房地产开发经	47,500,826.70	100

12、公司承诺事项、或有事项

本公司无需要说明的重大承诺事项、或有事项。

九、公司的其他有关资料

1、1997 年 1 月 20 日,公司经广东省工商行政管理局注册登记正式成立,并办理了有关变更手续。

2、1997 年 9 月 24 日,公司因送股及转增股本,向广东省工商行政管理局办理注册资本 5000 万元人民币变更为 1 亿元人民币的登记。

3、公司企业法人营业执照注册号:23112830-0

4、公司税务登记证号码:441421617930988

5、公司未流通股票的托管机构:深圳证券登记公司

6、证券主承销机构:广东广发证券公司

7、公司聘请的会计师事务所:北京兴华会计师事务所

其办公地址:北京阜城门外大街 2 号万通新世界广场 708 室

十、备查文件

1、载有法定代表人、主管会计工作负责人、会计主管人员签名并盖章的会计报 表。

2、载有会计师事务所盖章、注册会计师签名并盖章的审计报告原件。

3、报告期内在中国证监会指定报纸上公开披露过的所有公司文件的正本及公告 原稿。

广东宝丽华实业股份有限公司董事会

2000 年 3 月 16 日

资产负债表

编制单位:广东宝丽华实业股份有限公司　　单位:人民币元

项　目	1998 年度		1999 年度	
	合并	母公司	合并	母公司
流动资产:				
货币资金	45550925.50	30781098.41	106894454.66	72313745.06
短期投资				
减:短期投资跌价准备				
短期投资净额				
应收票据				
应收股利				
应收利息				
应收帐款	21303467.00		21825354.04	
其他应收款	7736369.45		19275782.19	9670000.00
减:坏帐准备	9934565.24		2549714.19	483500.00
应收帐款净额	19105271.21		38551422.04	9186500.00
预付帐款	33424672.90		13282785.22	
应收补贴款				
存货	127713716.77		174099511.62	
减:存货跌价准备				
存货净额	127713716.77		174099511.62	
待摊费用				
待处理流动资产净损失				
一年内到期的长期债券投资				
其他流动资产		130279602.10		
流动资产合计	225794586.38	161060700.51	332828173.54	219981820.27
长期股权投资		123713136.69		170625444.79
长期债券投资				
长期投资合计		123713136.69		170625444.79
其中:合并价差				
固定资产:				
固定资产原价	67852484.20		72452774.31	
减:累计折旧	9710411.59		13434800.44	
固定资产净值	58142072.61		59017973.87	
工程物资				
在建工程			42300.00	42300.00
固定资产清理				
待处理固定资产净损失				
固定资产合计	58142072.61		59060273.87	42600.00
无形资产及其他资产:				
无形资产	15253495.00		13761715.00	
开办费	38624.50			
长期待摊费用			11749689.85	
其他长期资产				
无形资产及其他资产合计	15292119.50		25511404.85	
递延税项:				
递延税项借项				
资产总计	299228778.49	284773837.20	417399852.26	390649565.06
流动负债:				
短期借款	40000000.00	34000000.00	43000000.00	38000000.00
应付票据				
应付帐款	1627583.64		10998315.16	
预收帐款	5600000.00		4952000.00	
代销商品款				
应付工资				
应付福利费				
应付股利	10000000.00	10000000.00	202000000.00	20200000.00
应交税金	517461.95	166405.02	2023796.92	547088.95
其他应交款	936.51		36605.89	
其他应付款	971364.21	93000.00	3906566.57	1370654.36
预提费用				
一年内到期的长期负债				
其他流动负债				
流动负债合计	58717346.31	44262405.02	86885514.69	60135227.49
长期负债:				
长期借款				
应付债券				
长期应付款				
住房周转金				
其他长期负债				
长期负债合计				
递延税款:				
递延税款贷项				
负债合计	58717346.31	44262405.02	86885514.69	60135227.49
少数股东权益				
股东权益:				
股本	100000000.00	100000000.00	107500000.00	107500000.00
资本公积	86981261.19	86981261.19	148622841.35	148622841.35
盈余公积	11404471.91	11404471.91	17758670.69	17758670.69
其中:公益金	3801490.63	3801490.63	5919556.89	5919556.89
未分配利润	42125699.08	42125699.08	56632825.53	56632825.53
股东权益合计	240511432.18	240511432.18	330514337.57	330514337.57
负债及股东权益总计	299228778.49	284773837.20	417399852.26	390649565.06

利润及利润分配表

编制单位:广东宝丽华实业股份有限公司　　单位:人民币元

项　目	1998 年度		1999 年度	
	合并	母公司	合并	母公司
一、主营业务收入	156358345.63		156208450.82	
减:折扣与折让				
主营业务收入净额	156358345.63		156208450.82	
减:主营业务成本	83356067.10		91395925.17	
主营业务税金及附加	414502.23		3829401.90	
二、主营业务利润	72587776.30		60983123.75	
加:其他业务利润	56134.00		7130267.69	
减:存货跌价损失				
营业费用	22204362.20	406950.00	22890989.36	35000.00
管理费用	2907634.69	1209486.91	-1117860.17	1692313.68
财务费用	5844246.15	3055897.55	1151690.96	826580.24
三、营业利润	41687667.26	-4672334.46	45188571.29	-2551893.92
加:投资收益		33277713.11		46912308.10
补贴收入				
营业外收入				
减:营业外支出				
四、利润总额	41687667.26	28605378.65	45188571.29	44358414.18
减:所得税	5771405.02	577145.02	2827246.06	1997088.95
少数股东损益				
五、净利润	35916262.24	228333973.63	42361325.23	42361325.23
加:年初未分配利润	19634532.89	32716821.50	42125699.08	42125699.08
盈余公积转入				
减:弥补上年亏损				
六、可供分配的利润	55550795.13	55550795.13	84487024.31	84487024.31
减:提取法定盈余公积	2283397.37	2283397.37	4236132.52	4236132.52
提取法定公益金	1141698.68	1141698.68	2118066.26	2118066.26
七、可供股东分配的利润				

	52125699.08	52125699.08	78132825.53	78132825.53
减:已分配优先股股利				
提取任意盈余公积金				
应付普通股股利	10000000.00	10000000.00	21500000.00	21500000.00
已转增股本普通股股利				
八、未分配利润	42125699.08	42125699.08	56632825.53	56632825.53

现金流量表

1999 年度

编制单位:广东宝丽华实业股份有限公司　　单位:3 人民币元

项目	合并	母公司
一.经营活动产生的现金流量:		
销售商品,提供劳务收到的现金	155038563.78	
收取的租金	960000.00	
收到的税费返还	10578873.90	
收到的其他与经营活动有关的现金	108685459.23	126541766.32
经营活动现金流入小计	275262896.91	126541766.32
购买商品,接受劳务支付的现金	108269100.82	
经营租赁所支付的现金		
支付给职工以及为职工支付的现金	14796932.56	124887.00
实际交纳的增值税款	8719197.85	
支付的所得税款	2297264.40	1616405.02
支付的除增值税,所得税以外的其他税费	4920036.44	34570.79
支付的其他与经营活动有关的现金	135806526.88	145505956.78
现金流出小计	274809058.95	147281819.59
经营活动产生的现金流量净额	453837.96	−20740053.27
二.投资活动产生的现金流量:		
收回投资所收到的现金		
分得股利或利润所收到的现金		
取得债券利息收入所收到的现金		
处置固定资产,无形资产和其		
他长期资产而收回的现金净额		
收到的其他与投资活动有关的现金		
现金流入小计		
购建固定资产,无形资产和其		
他长期资产所支付的现金	100198.00	42300.00
权益性投资所支付的现金		
债权性投资所支付的现金		
支付的其他与投资活动有关的现金		
现金流出小计	100198.00	42300.00
投资活动产生的现金流量净额	−100198.00	−42300.00
三.筹资活动产生的现金流量:		
吸收权益性投资所收到的现金	71250000.00	71250000.00
发行债券所收到的现金		
借款所收到的现金	43000000.00	38000000.00
收到的其他与筹资活动有关的现金		
现金流入小计	114250000.00	109250000.00
偿还债务所支付的现金	40000000.00	34000000.00
发生筹资费用所支付的现金	2108419.84	2108419.84
分配股利或利润所支付的现金	10000000.00	10000000.00
偿还利息所支付的现金	1150840.96	825730.24
融资租赁所支付的现金		
减少注册资本所支付的现金		
支付的其他与筹资活动有关的现金	850.00	850.00
现金流出小计	53260110.80	46935000.08
筹资活动产生的现金流量净额	60989889.20	62314999.92
四.汇率变动对现金的影响		
五.现金及现金等价物净增加额	61343529.16	41532646.65
补充资料		
1.不涉及现金收支的投资和筹资活动:		
以固定资产偿还债务		
以投资偿还债务		
以固定资产进行投资		
以存货偿还债务		
融资租赁固定资产		
接受捐赠非现金资产		
2.将净利润调节为经营活动的现金流量:		
净利润	42361325.23	42361325.23
加:计提的坏帐准备或转销的坏帐	−7384851.05	483500.00
固定资产折旧	3724388.85	
无形资产摊销	1491780.00	
待摊费用的减少(减:增加)		
处置固定资产,无形资产和其		
他长期资产的损失(减:收益)		
固定资产报废损失		
财务费用	1151690.96	826580.24
投资损失(减:收益)		−46912308.10
递延税款贷项(减:借项)		
存货的减少(减增加)	−46385794.85	
经营性应收项目的减少(减增加)	1471590.33	−17871973.11
经营性应付项目的增加(减减少)	2586615.68	372822.47
增值税增加净额(减减少)	1437092.81	
经营活动产生的现金流量净额	453837.96	−20740053.27
3.现金及现金等价物净增加情况:		
现金的期末余额	106894454.66	72313745.06
减:现金的期初余额	45550925.50	30781098.41
加:现金等价物的期末余额		
减:现金等价物的期初余额		
现金及现金等价物净增加额	61343529.16	41532646.65

海南寰岛实业股份有限公司

一、公司简介

(一)公司中文名称:海南寰岛实业股份有限公司
英文名称:HAINAN HUANDAO INDUSTRY CO., LTD.
(二)公司法定代表人:冯宝忠
(三)公司董事会秘书及授权代表:孔　雁、林　涛
联系地址:海南省海口市人民大道 25 号
联系电话:0898-6255909　　传　　真:0898-6254684
(四)公司注册及办公地址:海南省海口市人民大道 25 号　　邮政编码:570208
公司电子信箱:hdsy@hq.cninfo.net
(五)公司选定的信息披露报纸名称:《中国证券报》和《证券时报》
登载公司年度报告的中国证监会指定国际互联网网址　:http://www.cninfo.com.cn
公司年度报告备置地点:公司证券部
(六)公司股票上市地点:深圳证券交易所
股票简称:寰岛实业　　股票代码:0691

二、会计数据和业务数据摘要

1、本年度利润总额及构成

主营业务利润	33545071.02
营业利润	27422735.53
投资收益	16599886.66
补贴收入	105047.97
营业外收支净额	6832394.21
利润总额	50960064.37
净利润	44589339.07
扣除非经常性损益的净利润	26352836.49
经营活动产生的现金流量净额	−58894194.36
现金及现金等价物净增加额	4577939.32

注:本期非经常性损益包括:(1)营业外收支净额 6,832,394.21 元;(2)资金占用费 9,380,934.69 元;(3)股权转让收益 2,439,834.75 元:(4)合并价差摊销−521,709.04 元;(5)补贴收入 105,047.97 元。合计 18,236,502.58 元。

2、截止报告期末公司前三年的主要会计数据和财务指标

项　目	1999 年度	1998 年度 调整后	1998 年度 调整前	1997 年度 调整后	1997 年度 调整前
主营业务收入(元)	57953562.75	68212232.20	68212232.20	202086957.18	202086957.18
净利润(元)	44589339.07	37035125.83	38446768.12	48331971.47	48505928.88
总资产(元)	859493052.16	755649846.38	758030534.93	909313740.54	910282786.80
股东权益(元)	627554458.54	596634291.95	599014980.50	461164676.89	462133723.15
每股收益	0.1727	0.1434	0.1489	0.2004	0.2011
扣除非经营性损益后的每股收益(元/股)	0.1021	0.1113	0.1168	0.1581	0.1588
每股净资产(元/股)	2.4307	2.3109	2.3201	1.9120	1.9160
调整后的每股净资产(元/股)	2.4247	2.3109	2.3201	1.8497	1.8537
每股经营活动产生的现金流量净额	−0.2281	−0.0459	−0.0459		
净资产收益率(%)	7.11	6.21	6.42	10.48	10.50

注:主要财务指标的计算方法
每股收益=净利润/年度末普通股股份总数
每股净资产=年度末股东权益/年度末普通股股份总数
调整后每股净资产=(年度末股东权益—三年以上的应收款项净额—待摊费用—待处理(流动、固定)资产净损失—开办费−长期待摊费用—住房周转金负数余额)/年末 普通股股份总数
每股经营活动产生的现金流量净额=经营活动产生的现金流量净额/年度末普通股股份总数
净资产收益率=净利润/年度末股东权益×100%

3、报告期内股东权益变动情况

项　目	股　本	资本公积	盈余公积	法定公益金	未分配利润	股东权益合计
期初数	258180000	228344816.32	39161063.91	13932235.51	70948411.72	596634291.95
本期增加			6688400.86	2229466.95	44589339.07	51277739.93
本期减少		13669172.48			6688400.86	20357573.34
期末数	258180000	214675643.84	45849464.77	16161702.46	108849349.93	627554458.54

变动原因:(1)资本公积的减少系评估减值;
(2)盈余公积的增加系本年计提数;
(3)未分配利润的增加系本年净利润计入,减少系本年计提盈余公积金数。

三、股东情况介绍

(一)截止 1999 年 12 月 31 日,本公司股东总数为 52096 户。
(二)公司前 10 名股东持股情况　单位:万

股东名称	期初数	期末数	年内股份增减情况	占总股本比例(%)
(1)中国寰岛(集团)公司	7894.72	7894.72	0	30.58
(2)中国银行海口信托咨询公司	1035.20	1035.20	0	4.00
(3)交通银行海南省分行	1035.20	1035.20	0	4.00
(4)海南新鑫发展有限公司	467.00	787.00	+320.00	3.05
(5)大鹏证券有限责任公司	555.08	555.08	0	2.15
(6)海南富南房地产开发公司	530.88	530.88	0	2.06
(7)海威水产养殖(海南)公司	256.00	256.00	0	0.99
(8)南方(海南)物产集团有限公司	256.00	256.00	0	0.99
(9)海南鼎盛旅业有限公司	192.00	192.00	0	0.74
(10)海南荣信实业有限公司	28.00	128.00	0	0.50

说明:1 中国寰岛(集团)公司代表国家持有股份,其持有的本公司股份未发生质押 或冻结。
2 海南新鑫发展有限公司持有股份增加是其协议受让中国(海南)改革发展研究基 金会所持本公司法人股 320 万股所致。

四、董事会报告

(一)公司经营情况
1、公司所处行业及公司在本行业中的地位
本公司主要从事旅游业、房地产业及基础设施产业的开发经营。
2、公司主营业务的范围及其经营情况
公司主营业务范围为:旅游业的开发、经营、房地产开发经营、高科技开发、娱 乐及餐饮业、旅游工艺品等。报告期内,公司实现主营业务收入 5,795.36 万元,净利润 4,458.93 万元。

沈阳惠天热电股份有限公司

一、公司简介

1、公司法定中文名称:沈阳惠天热电股份有限公司
英文名称:SHENYANG HUITIAN HEATING&ELECTRICITY SUPPLY CO.,LTD
2、公司法定代表人:卢树春
3、公司董事会秘书:左小明
电　　话:024-22928062
传　　真:024-22939480
联系地址:沈阳市沈河区热闹路 47 号
4、公司注册及办公地址:沈阳市沈河区热闹路 47 号
邮政编码:110014
E-mail:htrdcor@mail.sy.ln.cn
5、公司选定的信息披露报纸名称:《中国证券报》、《证券时报》
刊登年报的互联网网址:http://www.cninfo.com.cn
年度报告备置地点:公司证券部
6、股票上市交易所:深圳证券交易所
股票简称:惠天热电
股票代码:0692

二、会计数据和业务数据摘要

1、本年度主要会计数据　(单位:元)

利润总额:	107,643,829.16
净利润:	91,489,803.79
扣除非经常性损益后的净利润:	87,394,111.99
主营业务利润:	124,756,788.59
其他业务利润:	−436,678.87
营业利润:	82,136,705.91
投资收益:	−364,629.80
补贴收入:	26,971,787.00
营业外收支净额:	−1100033.95
经营活动产生的现金流量净额:	2,076,767.11
现金及现金等价物净增加额:	−77,879,796.98

注:扣除非经常性损益项目及涉及金额:
(1)　资产处置损益:4,043,440.89 元
(2)其他支出:52,250.91 元

2、前三年主要会计数据和财务指标(单位:元)

项　目	1999 年度	1998 年度 调整前	1998 年度 调整后	1997 年度 调整前	1997 年度 调整后
主营业务收入	463651212.89	372397150.56	372397150.56	230874724.45	230874724.45
净利润	91489803.79	98039371.66	84786082.84	46616562.21	36115977.99
总资产	1371029893.13	1403973992.16	1354984687.38	678034701.35	642298685.39
股东权益	796739451.40	754238952.39	705249647.61	334088368.88	298352352.92
每股收益	0.398	0.43	0.37	0.53	0.41
扣除非经常性损益后每股收益	0.38	0.43	0.37	0.51	0.39
每股净资产	3.46	3.28	3.07	3.80	3.39
调整后的每股净资产	3.22	3.08	2.86	3.59	3.25
每股经营活动产生的现金流量净额	0.009	0.063	0.063	——	——
净资产收益率(%)	11.48	13.00	12.02	13.95	12.10
按月加权平均每股收益	0.398	0.47	0.41	0.54	0.42
加权平均净资产收益率(%)	11.48	18.02	15.86	15.86	14.16

注:
(1)主要财务指标的计算公式
每股收益=净利润 /年度末普通股股份总数
每股净资产=年度末股东权益/ 年度末普通股股份总数
调整后的每股净资产=[年度末股东权益−三年以上的应收款项−待摊费用−待处理(流动、固定)资产净损失−开办费−长期待摊费用]/年度末普通股股份总数
每股经营活动产生的现金流量净额=经营活动产生的现金流量净额/年度末普通股股份总数
净资产收益率=净利润/年度末股东权益×100%
(2)以上根据公司合并会计报表数据填列。
(3)根据财政部财会字[1999]35 号文的有关规定,本公司变更了会计政策,对前三 年会计数据和财务指标进行了追溯调整, 并分别以调整前和调整后的数据列示。

3、报告期内股东权益变动情况及原因

项　目	股　本	资本公积	盈余公积	法定公益金	未分配利润	股东权益合计
期初数	230079883	347202253.45	95157565.03	19736751.12	32809946.13	705249647.61
本期增加			18297960.76	9148980.38	73191843.03	91489803.79
本期减少						
期末数	230079883	347202253.45	113455525.79	28885731.50	106001789.16	796739451.40

变动原因:盈余公积金、法定公益金本期增加系本期利润分配提取所致;未分配利润、股东权益合计本期增加系计入本年利润增加所致。

三、股东情况介绍

1、截止 1999 年 12 月 31 日,公司股东总数为:418,69 户,其中内部职工股股东 6,152 户。
2、主要股东持股情况(截止 1999 年 12 月 31 日)

股东名称	持股数量(股)	占总股本比例(%)
沈阳市房产国有资产经营有限责任公司	143,569,849	62.400
深圳津开工贸企业有限公司	1,256,250	0.546
徐　萍	1,096,332	0.477
袁会芬	1,078,500	0.469
张彩芬	1,037,100	0.450
联合证券有限责任公司	1,013,113	0.440
庄建丰	941,501	0.410
陈国全	866,900	0.377
解坚祥	843,000	0.366
刘建云	590,100	0.256

注:公司前十名股东无关联关系

成都聚友泰康网络股份有限公司

一、公司简介

(一) 公司名称:成都聚友泰康网络股份有限公司
英文名称:Chengdu Unionfriend-Taikang Network Co.,LTD.
英文缩写:UFTK
(二) 公司法定代表人:陈健
(三) 公司董事会秘书:罗宏
股权事务授权代表:王晓旭
联系地址:四川省温江县柳城镇新西路158号
电　　话:(028)2722311
传　　真:(028)2724076
电子信箱:0693@sc.homeway.com.cn
(四) 公司注册地址及办公地址:四川省温江县柳城镇新西路158号
邮政编码:611130
公司国际互联网网址:http://www.unionfriend.com/0693/index.htm
公司电子信箱:0693@sc.homeway.com.cn
(五) 公司选定的信息披露报纸名称:《中国证券报》、《证券时报》
登载公司年度报告的中国证监会指定国际互联网网址:http://www.cninfo.com.cn
公司年度报告备置地点:本公司办公地点和深圳证券交易所
(六) 公司股票上市地:深圳证券交易所
股票简称:聚友网络
股票代码:0693

二、会计和业务数据摘要

(一) 本年度会计数据摘要

利润总额:	36,587,197.36 元
净 利 润:	32,919,642.45 元
扣除非经常性损益后的净利润:	29,399,242.45 元
主营业务利润:	33,531,978.23 元
其他业务利润:	4,971,102.73 元
营业利润:	24,086,511.68 元
投资收益:	12,547,690.85 元
补贴收入:	0 元
营业外收支净额 :	-47005.17 元
经营活动产生的现金流量净额:	67,926,585.79 元
现金及现金等价物净增加额:	52,415,830.59 元
扣除非经营性损益后的项目及金额:	
产品开发服务收入:	3,520,400.00 元

(二)截止报告年度末公司前三年的主要会计数据和财务指标　(单位:元)

	1999 年	1998 年调整前	1998 年调整后	1997 年调整前	1997 年调整后
主营业务收入	110,729,629.03	79,576,248.16	79,576,248.16	94,762,924.57	94,762,924.57
净利润	32,919,642.45	19,357,169.65	18,978,636.42	15,945,774.33	15,662,683.44
总资产	380,061,309.43	319389,144.58	305,712,320.59	261,768,188.59	248536,697.80
股东权益	196,429,309.26	175134,967.20	163,509,666.81	155,777,797.55	144531,030.38
每股收益	0.276	0.162	0.159	0.13	0.131
每股净资产	1.65	1.47	1.37	1.31	1.21
调整后的每股净资产	1.52	1.45	1.24	1.29	1.10
每股经营活动产生现金流量净额	0.57	0.26	0.26		
净资产收益率%	16.76	11.05	11.61	10.23	10.84

注:
1、每股收益、每股净资产、调整后的每股净资产、每股经营活动产生的现 金流量净额和净资产收益率等财务指标的计算公式如下:
每股收益 = 净利润 / 年度末普通股股份总数
每股净资产 = 年度末股东权益 / 年度末普通股股份总数
调整后的每股净资产=(年度末股东权益-3年以上的应收款项净额-待摊费用-待处理(流动、固定)资产净损失-开办费-长期待摊费用-住房周转金负数余额)/ 年度末普通股股份总数
每股经营活动产生的现金流量净额=经营活动产生的现金流量净额/年度末普通股股份总数
净资产收益率 = 净利润 / 年度末股东权益(100%
2、报告期内公司没有配股、送股或转增股本等引起公司股本发生变化的情况,故摊薄与加权计算的每股收益、每股净资产等指标的结果相同。

(三)报告期内股东权益变动情况

项　目	股　本	资本公积	盈余公积	法定公益金	未分配利润	股东权益合计
期 初 数	119164856	11000000.76	12509017.58	3532356.88	20835791.67	163509666.81
本期增加			4937946.37	1645982.12	27981696.08	32919642.45
本期减少						
期 末 数	119164856	11000000.76	17446963.95	5178339.00	48817487.75	196429309.26
变动原因			利润提取	利润提取	利润增加	利润增加

三、股本变动及股东情况

(一)报告期末本公司股东总数为21,890名。
(二)主要股东持股情况(前十名股东):

名次	股东名称	年初持股数	年度内股份增减变动(+、-)	年末持股数	持股比例%
1	深圳市聚友视讯网络发展有限公司	0	+18,150,000.00	18,150,000.00	15.23
2	成都振益科技发展有限公司	3,300,000.00	+14,850,000.00	18,150,000.00	15.23
3	成都市国有资产管理局	39568856.00	-33,000,000.00	6,568,856.00	5.51
4	成都致远贸易有限责任公司	5,500,000.00	0	5,500,000.00	4.62
5	成都温江兴达开发公司	5,500,000.00	0	5,500,000.00	4.62
6	成都中益投资实业发展公司	4,400,000.00	0	4,400,000.00	3.69
7	成都第二纺织厂	3,960,000.00	0	3,960,000.00	3.32
8	航天信托投资有限责任公司	3,300,000.00	0	3,300,000.00	2.77
9	中行四川分行国际信托投资公司	3,300,000.00	0	3,300,000.00	2.77
10	成都人合投资发展 有限公司	2,530,000.00	220,000.00	2,750,000.00	2.31

注:(1)成都市国有资产管理局代表国家持有本公司国有股份。
(2)本公司前十名股东所持股份在报告期内无质押或冻结的情况。
(3)本公司前十名股东之间无关联关系。

天津灯塔涂料股份有限公司

一、公司简介

(一)公司法定中文名称:天津灯塔涂料股份有限公司
英文名称:TIANJIN BEACON PAINT & COATINGS CO.,LTD (TJBP)
(二)公司法定代表人:刘冠林
(三)公司董事会秘书:沈鸿鑫
联系地址:天津市北辰区南仓道
电　　话:022—26345536
传　　真:022—26340776
(四)公司注册及办公地址:天津市北辰区南仓道
邮政编码:300400
公司国际互联网网址:http://www.beacon-paint.com
电子信箱:E-mail:beacon @ mail,zlnet,com.cn
(五)公司选定的信息披露报纸名称:证券时报
登载公司年度报告的中国证监会指定国际互联网网址:
http://www.cninfo.com.cn
公司年度报告备置地点:公司证券管理办公室
(六)公司股票上市交易所:深圳证券交易所
股票简称:灯塔油漆　　股票代码:0695

二、会计数据和业务数据摘要

(一)公司本年度会计数据　单位:元

利 润 总 额	26,275,985.92
净　利　润	24,486,232.25
扣除非经常性损益后的净利润:	17,031,515.08
主营业务利润	73,069,364.21
其他业务利润	657,487.67
营 业 利 润:	9,105,938.87
投 资 收 益	16,776,463.23
补 贴 收 入	167,516.38
营业外收支净额	226,067.44
经营活动产生的现金流量净额	65,435,301.40
现金及现金等价物净增加额	39,588,936.04

(二)公司前三年主要财务指标:

项　目	1999 年	1998 年		1997 年	
		调整前	调整后	调整前	调整后
主营业务收入(元)	290,868,953.21	356,136,378.74	354,834,273.95	375562,529.48	375562,529.48
净利润(元)	24,486,232.25	27,376,756.78	20,822,378.67	24014651.46	18,619,090.87
总资产(元)	653,666,992.20	718,269,269.46	669,093,949.72	625964677.00	62,569,116.41
股东权益(不含少数股东权益)(元)	246,930,026.24	257,315,428.29	222,391,206.59	229328149.93	223,932,589.34
每股收益(元)	0.158	0.177	0.135	0.155	0.120
加权平均每股收益(元)	0.158	0.177	0.135	0.181	0.140
扣除非经常性损益后的每股收益(元)	0.1102	0.177	0.135	0.155	0.120
每股净资产(元)	1.60	1.66	1.44	1.48	1.45
调整后的每股净资产(元)	1.54	1.61	1.36	1.41	1.38
每股经营活动产生的现金流量净额(元/股)	0.42	0.01	0.01		
净资产收益率(%)	9.92	10.64	9.36	10.47	8.31

主要财务指标计算公式:
每股收益=净利润/年度末普通股股份总数
每股净资产=年度末股东权益/年度末普通股股份总数
调整后的每股净资产=(年度末股东权益-三年以上的应收款项净额-待摊费用-待处理(流动、固定)资产净损失-开办费-长期待摊费用-住房周转金负数余额)/年度末普通股股份总数
每股经营活动产生的现金流量净额=经营活动产生的现金流量净额/年度末普通股股份总数
净资产收益率=净利润/年度末股东权益×100%

(三)报告期内股东权益变动情况:　单位:元

项目	股本	资本公积	盈余公积	法定公益金	未分配利润	股东权益合计
期初数	154610411	58740432.18	12780343.50	2710940.93	-6450921.02	222391206.59
本期增加	0	52587.40	2452991.48	1226495.74	20806745.03	24538819.65
本期减少	0	0	0	0	0	0
期末数	154610411	58793019.58	15233334.98	3937436.67	14355824.01	246930026.24

变动原因:资本公积增加为接受捐增资产24,900元及以国家科研拨款形成固定资产27,687.40元;根据财政部财会字(1999)35号文、财政部财会字(1999)49号文及《股份有限公司会计制度》的规定,实行计提四项准备,并做为会计政策变更采用追溯调整法,调减盈余公积(含公益金)期初数5,053,456.58元,按本年度净利润的10%和5%分别提取了法定盈余公积2,452,981.48元和公益金1,226,495.24元;未分配利润,因上述四项准备会计政策变更采用追溯调整法,期初数调减29,870,765.12元,本年 度净利润经提留盈余公积后,当期未分配利润增加20,806,745.03元。

三、股东情况介绍

(一)报告期末公司股东总数24622户。
(二)前10名股东持股情况:

股　　东	持股数(股)	持股比例(%)
天津津联投资有限公司	84,610,411	54.73
沈阳铁路局	1,400,000	0.91
深圳君安证券有限公司	1,260,000	0.81
天津市经济建设投资公司	840,000	0.54
工行黑龙江分行北疆投资基金管理部	840,000	0.54
建行信托投资公司上海证券业务部	840,000	0.54
海南港澳国际信托投资公司	796,940	0.52
工行贵阳信托投资公司	700,000	0.45
华夏证券重庆分公司	700,000	0.45
天津开发区展销中心	700,000	0.45

天津津联投资有限公司为我公司国家股持股单位
说明:1、持股5%(含5%)以上的法人股东所持股份没有质押、冻结情况;
2、前10名股东之间不存在关联关系。

成都联益实业股份有限公司

(一) 公司简介

1、公司法定中文名称:成都联益实业股份有限公司
公司英文名称:Chengdu Lianyi Industry and Stock Co.,Ltd .
上市时间:1997.03.06
2、公司法定代表人:徐怀忠
3、公司董事会秘书:海虹
联系地址:四川省双流县东升镇
电话:028-5804970　　传真:028-5804420
4、公司注册地址:四川省双流县东升镇
公司办公地址:四川省双流县东升镇　　邮政编码:610200
公司国际互联网址:
电子信箱:cdlydm@mail.sc.cninfo.net
5、公司选定的信息披露报纸名称:《中国证券报》、《证券时报》
登载公司年度报告的中国证监会指定国际互联网网址:http://www.cninfo.com. cn
公司年度报告备置地点:公司证券部
6、公司股票上市交易所:深圳证券交易所
股票简称:成都联益　　股票代码:0696

(二) 会计数据和业务数据摘要

1、公司本年度主要利润指标情况　(单位:人民币元)

利润总额:	-113,441,312.57
净利润:	-113,441,312.57
扣除非经常性损益的净利润:	-114,321,587.18
主营业务利润:	-2,086,030.40
其他业务利润:	323,825.11
营业利润:	-110,760,003.31
投资收益:	-1,801,034.65
补贴收入:	--
营业外收支净额:	-880,274.61
经营活动产生的现金流量净额:	3,767,875.69
现金及现金等价物增加额:	-1,744,755.45
注:扣除非经常性项目和涉及金额:	
营业外收支净额项目:	-880,274.61
a.处理固定资产净损失	873,234.91
b.罚款支出	916.09
c.捐赠支出	8,712.00
d.其他净收入	2,588.39

2、 截至报告期末公司前三年的主要会计数据和财务指标(单位:人民币元)

(1)追溯调整后

项目	1999年	1998年	1997年
主营业务收入	28,070,945.48	36,233,669.06	104,649,956.90
净利润	-113,441,312.57	11,775,987.02	27,798,561.73
总资产	153,262,793.42	351,154,586.90	383,801,226.49
股东权益	48,518,892.80	161,960,205.37	174,322,645.07
每股收益	-0.829	0.086	0.203
每股收益(月均)	-0.829	0.086	0.203
扣除非经常性损益后的每股收益	-0.835		
每股净资产	0.3545	1.1834	1.44
调整后的每股净资产	-0.0061	0.9659	1.17
每股经营活动产生的现金流量净额	0.0275	0.092	--
净资产收益率(%)	-233.81	7.271	14.06

(2)追溯调整前

项目	1998年
主营业务收入	101,702,501.64
净利润	23,397,567.52
总资产	438,237,410.39
股东权益	197,720,212.59
每股收益	0.17
每股收益(月均)	0.17
扣除非经常性损益后的每股收益	0.178
每股净资产	1.45
调整后的每股净资产	1.35
每股经营活动产生的现金流量净额	0.092
净资产收益率(%)	11.834

3、报告期内股东权益变动情况

项目	股本	资本公积	盈余公积	法定公益金	未分配利润	股东权益合计
期初数	136864000	18281656.94	16906407.36	3926330.99	-123533171.50	-10091858
本期增加						
本期减少	113441312	113441312.57				
期末数	136864000	18281656.94	16906407.36	3926330.99	-123533171.50	48518892

变动原因: 本年度未分配利润减少系计提四项准备金调整年初利润9361万元及本 年度亏损1983万元。

(三) 股东情况介绍

1、截止1999年12月31日,公司股东总数为20675户。

2、主要股东持股情况(前10名):

股东名称	期初持股数(股)	期末持股数(股)	占总股本比例(%)
广东飞龙集团有限公司	54745600	54745600	40
成都联益集团公司 *	29585926	29585926	21.61
何毓春	0	675236	0.49
双流县东升建筑安装工程公司	474240	474240	0.35
双流异型轧钢厂	474.240	474240	0.35
李春林	0	420400	0.31
张绪千	0	410050	0.30
姜月连	368000	348000	0.25
王　梅	0	310534	0.23
钟流生	0	268452	0.20

咸阳偏转股份有限公司

一、公司简介

1、公司法定中文名称:咸阳偏转股份有限公司
2、公司法定代表人:雷奇
3、董事会秘书:党长水
授权代表:赵兵
联系地址:陕西省咸阳市渭阳西路七十号
联系电话:(0910)3320567　　联系传真:(0910)3320666
电子信箱:csdang@ns1.pianzhuan.com.cn
4、公司注册地址及办公地址:陕西省咸阳市渭阳西路七十号
邮政编码:712021
国际互联网网址:http://www.pianzhuan.com.cn
电子信箱:gzk@ns1.pianzhuan.com.cn
5、公司选定的信息披露报纸:《中国证券报》
登载公司年度报告国际互联网网址:http://www.cninfo.com.cn
公司年度报告备置地点:公司证券部
6、公司股票上市地:深圳证券交易所
股票简称:咸阳偏转　　股票代码:0697

二、会计数据和业务数据摘要

1、公司本年度实现利润情况　　单位:元

利润总额	95723006.72
净利润	80811227.56
扣除非经常性损益后的净利润	69397361.39
主营业务利润	102903930.30
其他业务利润	4408878.89
营业利润	84479173.13
投资收益	0
补贴收入	11393584.64
营业外收支净额	-149751.05
经营活动产生的现金流量净额	140613936.17
现金及现金等价物净增加额	219073548.86

注:"扣除非经常性损益后的净利润"中扣除的非经常性损益为:补贴收入11,393,584.64元,资产处置损益20,281.53元。

2、截止本报告期末公司前三年的主要会计数据和财务指标

	1999年度	1998年度		1997年度
		调整前	调整后	
主营业务收入(元)	608285789.92	579746848.76	579746848.76	255410618.34
净利润(元)	80811227.56	136763678.36	133111251.24	83279759.53
总资产(元)	1033056817.65	890676261.98	875138890.38	525220382.85
股东权益(元)	719633494.40	453122234.86	439770748.82	316820177.14
每股收益(元)	0.37	0.68	0.66	0.62
加权平均:	0.40	0.68	0.66	-
扣除非经常性损益后:	0.32			
每股净资产(元)	3.31	2.26	2.19	2.37
调整后的每股净资产(元)	3.28	2.24	2.18	-
每股经营活动产生的现金流量净额(元/股)	0.65			
净资产收益率(%)	11.23	30.18	30.27	26.28

注:主要财务指标的计算方法

每股收益=净利润/年度末普通股股份总数

每股净资产=年度末股东权益/年度末普通股股份总数

调整后的每股净资产=(年度末股东权益-三年以上的应收款项净额-待摊费用-待 处理(流动、固定)资产净损失-开办费-长期待摊费用-住房周转金负数余额)/年度末 普通股股份总数

每股经营活动产生的现金流量净额=经营活动产生的现金流量净额/年度末普通股股份总数

净资产收益率=净利润/年度末股东权益×100%

加权平均每股收益=当期净利润/[期末普通股股份总数/(1+配股比例或增发新股 比例)+期末普通股股份总数/(1+配股比例或增发新股比例)×配股比例或增发新股比 例×自缴款结束日下一月份至期末的月份数/12]

3、报告期内股东权益变动情况　　单位:元

项目	股本	资本公积	盈余公积	法定公益金	未分配利润	股东权益合计
期初数	200589750	29369013.07	90255690.33	28327108.76	121141147.30	439770748.82
本期增加	16871950	180594716.14	28000007.73	8000002.21	80811227.56	279862745.58
本期减少					28000007.73	
期末数	217461700	209963729.21	118255698.06	36327110.97	173952367.13	719633494.40

变动原因:股本、资本公积增加为本年度实施配股所致;盈余公积、法定公益金增加为本年度从净利润中提取数;未分配利润变动是因本年度净利润增加所致。

三、股东情况介绍

1、截止1999年12月31日,公司共有股东20103人,其中内部职工股东3042人;

2、公司前10名股东持股情况

股东名称	持股数量(股)	持股比例
① 咸阳市国有资产管理局(国家股)	86978800	40.00%
② 咸阳偏转发展有限责任公司	53071200	24.40%
③ 国信证券有限公司	10357463	4.76%
④ 中信证券天津解放北路营业部	3271542	1.50%
⑤ 道邦投资	2152945	0.99%
⑥ 深圳市盈益投资发展有限公司	1357478	0.62%
⑦ 郭晓安	1116291	0.51%
⑧ 曾军	1003651	0.46%
⑨ 深圳市拓物业管理服务有限公司	924720	0.42%
⑩ 杨生再	850032	0.39%

持有本公司5%以上股份的股东为:

(1)咸阳市国有资产管理局,年初持有股份8300.88万股,年末持有股份8697.88万 股,所增加的397万股为认购配股所致,所持股份为国家股,其所持股份无质押和冻结;

(2)咸阳偏转发展有限责任公司,年初持有股份5307.12万股,年末持有股份5307.12万股,所持股分为法人股,其所持股份无质押和冻结情况;

公司前10名股东之间不存在关联关系。

沈阳化工股份有限公司

一、公司简介

1、公司法定中文名称:沈阳化工股份有限公司
英文名称:SHENYANG CHEMICAL INDUSTRY CO.,LTD
2、公司法定代表人:马文忠
3、公司董事会秘书:赵美智
授权代表:杨志国
联系地址:沈阳市铁西区卫工北街46号(110026)
联系电话:024-25827562 联系传真:024-25827733
4、公司注册地址:辽宁省沈阳市经济技术开发区沈大路888号(110141)
公司办公地址:辽宁省沈阳市铁西区卫工北街46号(110026)
公司电子信箱:syhgzqb@pub.sy.ln.cn
5、公司选定的信息披露报纸:《中国证券报》、《证券时报》
登载公司年度报告的国际互联网网址:http: www.cninfo.net.cn
公司年度报告备置地点:公司资产经营部
(沈阳市铁西区卫工南街14甲,110024)
6、公司股票上市交易所:深圳证券交易所
股票简称:沈阳化工 股票代码:0698

二、会计数据和业务数据摘要

1.公司本年利润总额及构成(单位:元)

项目	1999年度
利润总额	147,290,819.13
净利润	115,505,213.63
扣除非经常性损益后的净利润	82,936,318.73
主营业务利润	200,564,089.87
其他业务利润	4,449,149.15
营业利润	104,972,321.14
投资收益	10,053,423.53
补贴收入	31,847,891.08
营业外收支净额	417,183.38
经营活动产生的现金流量净额	90,894,544.78
现金及现金等价物净增加额	3,978,993.35

扣除非经常性损益后的净利润中的扣除项目:
(1)本年度市财政部门退还流转税对净利润的影响额27,070,707元;
(2)收购开原制浆造纸有限责任公司等形成股权投资差异摊销对净利润的影响额5,498,187.90元。

2.公司前三年的主要会计数据和财务指标(单位:元)

项目	1999年度	1998年度		1997年度	
		调整前	调整后	调整前	调整后
主营业务收入(元)	1202645040.16	650556940.91	650556940.91	678508377.73	678508377.73
净利润(元)	115505213.63	110575487.53	104429437.88	83232393.78	84037101.61
总资产(元)	3139214565.02	2790726217.50	2755553664.20	1671294352.55	1643938760.52
股东权益(元)	1304284158.96	1221049912.38	1187548270.70	882065468.85	854709876.82
每股收益(元/股)	0.27	0.42	0.40	0.366	0.366
每股净资产(元/股)	3.09	4.63	4.60	3.852	3.849
调整后每股净资产	2.99	4.55	4.50	3.739	3.726
每股经营活动产生的现金流量净额(元/股)	0.22				
净资产收益率(%)	8.86	9.06	8.79	9.44	9.83
按月平均加权法计算的每股收益(元/股)	0.34	0.46	0.43		
扣除非经常性损益后的每股收益(元/股)	0.20				

主要财务指标计算公式如下:
每股收益=净利润/年度末普通股股份总数
每股净资产=年度末股东权益/年度末普通股股份总数
调整后的每股净资产=(年度末股东权益-三年以上的应收款项净额-待摊费用-待 处理(流动、固定)资产净损失-开办费-长期待摊费用-住房周转金负数余额)/年度末 普通股股份总数
每股经营活动产生的现金流量净额=经营活动产生和现金流量净额/年度末普通股股份总数
净资产收益率=净利润/年度末股东权益×100%

3.股东权益变动情况(单位:元)

项目	股本	资本公积	盈余公积	法定公益金	未分配利润	合计
期初数	264004100	641026987	95107003	37613993	149796187	1187548270
本期增加	158402460	1890000	13462565	5742294	95641029	275138348
本期减少		105601640			52800820	158402460
期末数	422406560	537315347	108569568	43356287	192636396	1304284158
增加原因	送转股份	捐赠收入	本年提取	本年提取	本年利润	
减少原因		转入股本			转入股本	

三、股本变动及股东情况

1.股东情况介绍
截止1999年12月31日,公司股东总数为96,359户,其中持有国家股、法人股共3户 。
2.公司前10名股东持股情况(截止1999年12月30日 单位:股)

	股东名称	期末持股数	占总股本比例
1	沈阳资产经营有限公司(国有股)	147,350,560	34.88%
2	沈阳化工集团有限公司	59,760,000	14.15%
3	沈阳铁西改造经济技术开发总公司	28,096,000	6.65%
4	深圳蔚深投资财务管理有限公司	4,618,776	1.09%
5	徐燕	912,050	0.22%
6	刘杰	720,500	0.17%
7	卢宇波	453,664	0.11%
8	黄小沙	427,778	0.10%
9	权午英	395,000	0.09%
10	杨百根	389,000	0.09%

公司第4至10名股东所持股份均为社会公众股,其中蔚深投资财务管理有限公司因包销本公司1998年配股余额而持有本公司4,618,776股内部职工股,在本报告期内尚未流通。但这部分股份按有关规定已于2000年2月22日上市流通。

佳木斯造纸股份有限公司

一、公司简介

1、公司法定中文名称:佳木斯造纸股份有限公司
英文名称:Jiamusi paper Co.,ltd
2、公司法定代表人:彭泽元
3、公司董事会秘书及其授权代表情况:
董事会秘书:张社佳 授权代表: 陈丽燕
联系地址:黑龙江省佳木斯市光复路306号
联系电话:0454-8377314 传 真:0454-8391437
4、公司注册及办公地址:黑龙江省佳木斯市光复路306号 邮政编码:154005
5、公司信息披露报纸名称:《证券时报》
公司年度报告登载网址:http://www.cninfo.com.cn
年度报告备置地点:董事会秘书处
6、公司股票上市交易所:深圳证券交易所
股票简称:佳纸股份 股票代码:0699

二、会计数据和业务数据摘要

1、公司本年度主要利润指标情况:

利润总额:	16,897,078.39元
净 利 润:	14,362,516.63元
扣出非经常性损益后的净利润:	-17,545,407.20元
主营业务利润:	74,967,113.33元
其他业务利润:	-575,955.01元
营业利润:	-16,388,998.68元
投资收益:	-1,154,095.17
营业外收支净额;	34,440,172.24元
经营活动产生的现金流量净额:	-58,365,839.34元
现金及现金等价物净增加额:	-4,897,692.09元

2、截止报告期末公司前三年的主要会计数据和财务指标如下:

项目	99年	98年		97年	
		调整前	调整后	调整前	调整后
1 主营业务收入	612131772.75	397718071.56	397718071.56	514263671.42	514263671.42
2 净利润	14362516.63	58934686.11	50778919.65	53032699.93	35850840.20
3 总资产	1550944482.10	1139277401.64	1230071002.76	1159491354.27	1139277401.64
4 股东权益	577093556.95	511439119.93	562731040.32	528620979.66	511439119.93
5 每股收益	0.0631	0.2591	0.2233	0.3031	0.2049
6 每股净资产	2.5373	2.2486	2.4171	2.3241	2.9232
7 净资产收益率	2.49	11.52	16.21	10.03	7.01
8 调整后每股净资产	2.2657	1.9878	2.2134	1.9941	1.9185
9 每股经营活动产生的现金流量净额	-0.2566		-0.3923		
10 扣除非经营性损益后的每股收益	-0.077				

每股收益、每股净资产、调整后的每股净资产、每股经营活动产生的现金流量净额和净资产收益率等财务指标的计算公式如下:
每股收益=净利润/年度末普通股股份总数
每股净资产=年度末股东权益/ 年度末普通股股份总数
净资产收益率=净利润/年度末股东权益×100%
调整后的每股净资产=(年度末股东权益-三年以上的应收款项净额-待摊费用-待 处理(流动、固定)资产净损失-开办费-长期待摊费用-住房公积金负数余额)/年度末 普通股股份总数
每股经营活动产生的现金流量净额=经营活动产生的现金流量净额/年度末普通股股份总数
净资产收益率=净利润/年度抹股东权益×100%
注:"应收款项"包括应收帐款、其他应收款、预付帐款、应收股利、应收利息、应收补贴款。
3、报告期内股东权益变动情况: 单位:元

项目	股本	资本公积	盈余公积	法定公益金	未分配利润	股东权益合计
期初数	227448000	224186161.73	39749268.44	19874634.32	71347610.15	562731040.32
本期增加			2872503.32	1436251.56	11490013.31	14362516.63
本期减少						
期末数	227448000	224186161.73	42621771.76	21316885.88	82837623.46	577093556.95

三、股本变动及股东情况

1、报告期末公司股东总数54849户，其中内部职工股股东数量17043户。
2、前10名股东持股情况:

股东名称	年初持股数(股)	年内送股(股)	年末持股数(股)	持股比例(%)
佳木斯纸业集团有限公司(国家股)	116090000		116090000	51.04
中国人民建设银行黑龙江分行直属支行	4420000		4420000	1.94
黑龙江省国际信托投资公司	2600000		2600000	1.14
光明集团公司	1690000		1690000	0.74
黑龙江省造纸总公司	1300000		1300000	0.57
中国轻工业供销东北分公司	1300000		1300000	0.57
中国轻工业物资供销集团总公司	1300000		1300000	0.57
黑龙江省石油公司双鸭山分公司	650000		650000	0.29
黑龙江省轻工业对外贸易公司	520000		520000	0.23
黑龙江省轻工业供销总公司	520000		520000	0.23
合 计	130390000		130390000	57.33

3、报告期内,公司持股5%以上股东为佳木斯纸业集团有限公司,其所持股份无变动、质押或冻结情况。
4、佳木斯纸业集团有限公司系本公司第一大股东,持有本公司51.04%的股份,是唯一代表国家持有本公司股份的单位。法定代表人:刘耀中。
经营范围为主营制造和销售造纸工业用网与纸制品经营。
与本公司之间存在关联交易,主要是佳纸集团公司为佳纸股份公司提供生产所用 电、汽、浆、碱、设备检修及生活服务;佳纸股份公司为佳纸集团公司提供木片和出售在建工程。双方就以上事宜分别签订了《生产生活服务协议》、《资产出售协议》和《资产出售补充协议》。

江阴兴澄冶金股份有限公司

一、公司简介

1、公司中文名称:江阴兴澄冶金股份有限公司　　缩写:兴澄股份
英文名称:JIANG YIN XING CHENG METALLUGY CO.,LTD
2、公司法定代表人:吴晓白
3、公司董事会秘书:许剑
联系地址:江苏省江阴市朝阳路140号
联系电话:0510-6825476　　传真:0510-6825467
4、公司注册地址:江苏省江阴市人民东路166号
公司办公地址:江苏省江阴市朝阳路140号　　邮编:214431
电子信箱:jnms@public1.wx.js.cn
5、信息披露报纸名称:证券时报
登载公司年度报告的互联网网址:http://www.cninfo.com.cn
公司年度报告备置地点:公司董事会秘书办公室
6、公司股票上市交易所:深圳证券交易所
股票简称:兴澄股份　　股票代码:0700

二、会计数据和业务数据摘要

1、本年度主要利润指标情况

利润总额:	53,058,127.55 元
净利润:	32,897,130.39 元
扣除非经常性损益后的净利润:	28,862,232.93 元
主营业务利润:	84,936,080.42 元
其他业务利润:	8,333,884.22 元
营业利润:	56,901,347.72 元
投资收益:	-2,941,311.13 元
营业外收支净额:	-901,908.75 元
经营活动产生的现金流量净额:	-14,405,346.89 元
现金及现金等价物净增加额:	34,557,880.15 元

注:扣除非经常性损益项目和涉及金额:
(1)技术开发费　　4,272,000.00 元

2、公司三年来的主要会计数据和财务指标(单位:人民币元)

项　目	九九年	九八年 调整后	九八年 调整前	九七年
主营业务收入	218,626,546.94	116,324,448.24	116,324,448.24	142,245,477.51
净利润	32,897,130.39	25,126,325.21	27,690,543.84	27,127,103.19
总资产	626,535,647.90	520,784,425.96	523,447,639.77	315,676,034.02
股东权益	390,592,280.78	263,126,391.33	265,690,609.96	260,385,566.12
每股收益	0.264	0.224	0.274	0.242
每股收益(加权)	0.327	0.224	0.274	0.242
扣除非经常性损益后的每股收益	0.232			
每股净资产	3.137	2.351	2.374	2.326
调整后的每股净资产	3.122	2.351	2.347	2.312
每股经营活动产生的现金流量净额	-0.116		-0.135	
净资产收益率%	8.42	9.55	10.42	10.42

注:每股收益=净利润/年度末普通股股份总数
每股净资产=年度末股东权益/年度末普通股股份总数
调整后的每股净资产=(年度末股东权益-三年以上的应收款项-待摊费用-待处理(流动、固定)资产净损失-开办费-长期待摊费用)/年度末普通股股份总数
每股经营活动产生的现金流量净额=经营活动产生的现金流量净额/年度末普通股股份总数
净资产收益率=净利润/年度末股东权益*100%

3、报告期内股东权益变动情况及说明
(1)股东权益变动情况(单位:万元)

项目	股本	资本公积金	盈余公积金	法定公益金	未分配利润	股东权益合计
期初数	11192.75	5541.83	8457.57	1063.30	1120.49	26312.64
本期增加	1259.43	8197.45	644.58	164.49	2645.13	12746.59
本期减少						
期末数	12452.18	13739.28	9102.15	1227.79	3765.62	39059.23

(2)变动原因说明:A、股本变动是由于年度内公司按10:3的比例配股所致;
B、盈余公积和法定公益金变动是因为本年度利润提取数额;
C、未分配利润的变动是因为本年度利润增加和因计提四项准备调整年初利润。

三、股本变动及股东情况

1、股本变动情况表　　数量单位:万股

	本次变动前	本次变动增减(+,-) 配股	送股	公积金转股	其他	小计	本次变动后
一、未上市流通股份	8229.00	370.305				370.305	8599.305
发起人股份	8229.00	370.305				370.305	8599.305
其中:境内法人持有股份	8229.00	370.305				370.305	8599.305
未上市流通股份合计	8229.00	370.305				370.305	8599.305
二、已上市流通股份	2963.75	889.125				889.125	3852.875
人民币普通股	2963.75	889.125				889.125	3852.875
已上市流通股份合计	2963.75	889.125				889.125	3852.875
三、股份总数	11192.75	1259.43				1259.43	12452.18

2、股东情况介绍
(1)1999年年末公司共有股东13298名。
(2)持股前10位的股东情况如下:

名次	股东名	持股数(万股)	占总股本比例(%)
1	江苏兴澄集团公司	8599.305	69.06
2	开元基金	430.1438	3.45
3	景阳证券投资基金	77.4692	0.62
4	南京佳地广告有限公司	48.4513	0.39
5	卢越孙	46.4610	0.37
6	杨富福	32.1	0.26
7	南京恩赛特纯净水有限公司	26.3756	0.21
8	北京大学教育基金会	22	0.18
9	张斌林	21.789	0.17
10	徐正龙	20.64	0.17

厦门信达股份有限公司

(一) 公司简介

1、公司法定中文名称:厦门信达股份有限公司
公司法定英文名称:XIAMEN XINDECO LTD.
2、公司法定代表人:周昆山
3、董事会秘书:朱集清
联系地址:厦门湖里信息大厦二楼东侧
联系电话:0592-6021666-1718
联系传真:0592-6021391
电子信箱:zjq@xindeco.com
4、注册地址:厦门湖里信息大厦
办公地址:厦门湖里信息大厦二楼东侧
邮政编码:361006
电子信箱:board@xindeco.com
互联网址:www.xindeco.com
5、公司选定的信息披露报纸名称:《证券时报》
登载公司年度报告的中国证监会指定国际互联网网址:
www.cninfo.com.cn
年报备置地点:厦门湖里信息大厦二楼东侧(公司办公地)
6、股票上市地:深圳证券交易所
股票简称:厦门信达
股票代码:0701

(二) 会计数据和业务数据摘要

1、本年度利润总额及构成　　(单位:人民币元)

利润总额	14,562,621.76
主营业务利润	45,800,700.08
其他业务利润	1,399,997.56
营业利润	11,700,973.06
投资收益	1,945,272.46
补贴收入	0.00
营业外收支净额	916,376.23
净利润	9,654,888.38
扣除非经常性损益后的净利润	9,525,066.10
经营活动产生的现金流量净额	-36,028,586.13
现金及现金等价物净增加额	-57,885,587.81

*非经常损益为股权投资差额摊销129,822.28元。

2、公司前三年主要会计数据和财务指标　　(单位:元)

项目	1999.12.31	1998.12.31	1997.12.31
主营业务收入	521,496,316.76	481,213,889.71	707,592,763.50
净利润(调整前)	9,654,888.38	20,133,015.86	48,284,251.74
(调整后)		15,324,420.33	
总资产(调整前)	898,107,583.53	785,411,993.05	690,227,929.38
(调整后)		771,200,326.90	
股东权益(调整前)	493184,974.95	496,869,038.08	476,737,447.62
(调整后)		483,535,765.52	
每股收益(调整前)	0.048	0.101	0.24
(调整后)		0.077	
每股净资产(调整前)	2.47	2.48	2.38
(调整后)		2.42	
净资产收益率(调整前)	1.96%	4.05%	10.1%
(调整后)		3.17%	
调整后每股净资产为			
(调整前)	2.44	2.45	2.36
(调整后)		2.39	
每股经营活动产生的现金流量	-0.18	0.15	

注:1)主要财务指标计算方法:
每股收益=净利润/年度末普通股股份总数
每股净资产=年度末股东权益/年度末普通股股份总数
调整后的每股净资产=(年度末股东权益—三年以上应收款项净额—待摊费用—待处理(流动、固定)资产损失—开办费-长期待摊费用-住房周转金负数余额)/年度末普通股股份总数
每股经营活动产生的现金流量净额=经营活动产生的现金流量净额/年度末普通股股份总数
净资产收益率=净利润/年度末股东权益×100%
2)(调整后)系指因计提损失准备的会计政策改变而追溯调整以前年度会计数据产生的变化。

3、本年度公司股东权益变动情况(单位:股、人民币元)

项目	股本	资本公积	盈余公积	法定公益金	未分配利润	股东权益合计
期初数	200000000	239718578.86	26339952.73	8779984.25	14459731.97	483535765.62
本期增加			1448233.26	482744.42	9654888.38	
本期减少					1448233.26	
期末数	200000000	239718578.86	27788185.99	9262728.67	22666387.09	493184974.95
变动原因			年度利润分配	年度利润分配	年度利润分配	

(三) 股东情况

1、报告期末本公司股东总数为55890户,内部职工股股东5014户。
2、前十名股东持股情况

股东名称	年末持股数	持股比例
厦门信息-信达总公司	85000000	42.50%
新疆宏源信托投资股份有限公司	1444054	0.72%
北京财政证券公司	50000	0.38%
罗星宇	505000	0.25%
陈亮	440000	0.22%
刘海英	404000	0.20%
崔伟宏	300000	0.15%
吴秀华	250000	0.13%
普丰证券投资基金	243290	0.12%
郑德娟	227000	0.11%

湖南正虹饲料股份有限公司

一、公司简介

公司法定中文名:湖南正虹饲料股份有限公司
公司英文名称:HUNAN ZHENGHONG FEED CO.,LTD
公司名称缩写:HNZHSL
公司法定代表人:吴明夏
公司董事会秘书:曹国庆　　公司董事会秘书授权人:石进良
联系地址:湖南省 岳阳市 屈原行政区营田镇
联系电话:0730-5728000-861　　联系传真:0730-5728011
公司注册地址:湖南省 岳阳市 屈原行政区营田镇
公司办公地址:湖南省 岳阳市 屈原行政区营田镇　　邮政编码:414418
公司电子信箱:HNZHSL @ mail.yy.hn.cn　　网址:www.hunan-zhenghong.com
公司选定的信息披露报纸:《证券时报》
登载公司年报的中国证监会指定国际互联网网址:http://www.cninfo.com.cn
公司年报备置地点:公司证券部
公司股票上市交易所:深圳证券交易所
股票简称:正虹饲料　　股票代码:0702

二、会计数据和业务数据摘要

1、本年度主要财务指标的完成情况

项　目	金　额(元)
实现利润总额	61,575,473,69
实现净利润	49,957,756.82
扣除非经常性损益后的净利润	48,652,358.86
主营业务利润	145,628,977.93
其他业务利润	108, 593.04
营业利润	61,135,815.35
投资收益	388,634.06
补贴收入	882,184.15
营业外收支净额	-831,159.87
经营活动产生的现金流量净额	108,770,219.26
现金及现金等价物净增加额	-66,412,988.36

备　注
说明:扣除非经常性损益后的净利润扣除的项目、金额:
1 营业外收支净额:-831,159.87
2 补贴收入:882,184.15
3 股权投资差额摊入:1254373.86
合计:1,305,398.14

2、截至报告期末,公司前三年主要会计数据和财务指标

项　目	1999 年	1998 年		1997 年	
		调整前	调整后	调整前	调整后
主营业务收入(万元)	67,976.59	69,334.18	69,334.18	62,419.66	62,419.66
净利润 (万元)	4,995.78	6,105.27	5,915.90	6,211.56	5,586.61
总资产 (万元)	74,046.68	72,082.75	71,034.38	57,619.15	56,994.30
股东权益(万元)(不含少数股东权益)	55,973.29	52,025.45	50,977.08	51,127.38	50,502.43
每股收益(摊薄 元)	0.3838	0.469	0.454	0.477	0.429
每股收益(加权 元)	0.3838	0.469	0.454	0.477	0.429
扣除非经常性损益后的每股收益 (元)	0.3737	0.453	0.438	0.464	0.406
每股净资产 (元)	4.30	3.996	3.92	3.93	3.88
调整后的每股净资产(元)	4.20	3.946	3.87	3.91	3.91
每股经营活动产生的现金流量净额(元)	0.84	0.97	0.97	-	-
净资产收益率(%)	8.93	11.73	11.61	12.15	11.06

注:主要财务指标的计算方法:
每股收益=净利润/报告期末普通股股份总数
每股净资产=年度末股东权益/年度末普通股股份总数
调整后的每股净资产=[年度末股东权益-三年以上的应收款项净额-待摊费用-待处理(流动、固定)资产净损失-开办费-长期待摊费用-住房周转金负数余额]/年度末普通股股份总数
每股经营活动产生的现金流量净额=经营活动产生的现金流量净额/年度末普通 股股份总数
净资产收益率=净利润/年度末股东权益×100%

3、本报期内股东权益变动情况

项　目	股本	资本公积	盈余公积	法定公益金	未分配利润	股东权益合计
期初数	130180000	318978147	18727465	7810646	41885138	509770751
本期增加			9277102	4638551	49957756	49962099
本期减少					9272760	
期 末 数	130180000	318978147	28004567	12449197	82570135	559732850
变动原因			净利润提取	净利润提取	利润增加 提取盈余公积	

三、股东情况介绍

1、报告期末股东总数
本报告期末公司股东总户数为 32,603 户。
2、主要股东持股情况:
持有本公司 5%以上(含 5%)股份及前十名股东持股情况:

股东名称	年末持股数	持股比例(%)
1、屈原农垦集团公司	80180,000	61.59
2、合卩 巧芝	380,561	0.292
3、国信证券有限公司	366,700	0.282
4、马　申	360,282	0.277
5、许凤兰	204,160	0.157
6、章月娟	177,000	0.136
7、沈　浩	168,900	0.130
8、王亚东	161,600	0.124
9、宁　波	158,400	0.122
10、普丰证券投资基金	158,300	0.122

上述前十名股东不存在关联关系。
3、持股 5%以上的法人股东情况
湖南岳阳屈原农垦集团公司为本公司发起人控股股东(系法人股),现持有本公 司股份 8,018 万股,占总股份的 61.59%,所持股份在本报告期内无增减变化。该公司注册地址为:湖南岳阳屈原行政区;主营种、养业,制糖、茶叶、饲料加工、建材制造、建筑工程等,全民性质,报告期内法人代表钟小汨;所持公司股份没有质押、冻结。

北海国际招商股份有限公司

一、公司简介

1、法定中文名称:北海国际招商股份有限公司　　缩写:北海招商
英文名称:BEIHAI INTERNATIONAL BUSINESS SOLICITING CO.,LTD.
英文名称缩写:BIBS
2、法定代表人:刘中山
3、董事会秘书:柴伏井　　授权代表姓名:肖全林
联系地址:成都市顺城街 69 号　　邮政编码:610016
电话:(028)6620552　　传真:(028)6759643
电子信箱:board@mail.sc.cninfo.net
4、注册地址:北海市中山西路二号楼　　邮政编码:536000
办公地址:成都市顺城街 69 号　　邮政编码:610016
5、公司信息披露报纸:《证券时报》
公司年度报告的中国证监会指定国际互联网网址:http://www.sse.com.cn。
年度报告备置地点:成都市顺城街 69 号(办公地址)
6、股票上市地:深圳证券交易所
股票简称:招商股份　　股票代码:0703

二、会计数据和业务数据摘要

1、本年度利润总额及构成　　(单位:元)

利润总额:	36,465,275.96
其中:	
净利润:	22,550,471.03
扣除非经常性损益后的净利润:	16,522,667.88
主营业务利润:	43,112,267.80
其他业务利润:	2,638,530.75
营业利润:	30,257,472.81
投资收益:	1,866,996.03
补贴收入:	105,768.00
营业外收支净额:	4,235,039.12
经营活动产生的现金流量净额:	40,195,703.27
现金及现金等价物净增加额:	38,922,504.00

注:扣除非经常性损益项目及金额
(1) 补贴收入　105,768.00
(2) 营业外收支　4,235,039.12
(3) 合并价差摊销　-270,000.00
(4) 出售子公司收益　1,956,996.03
以上项目涉及金额为 6,027,803.15

2、截至报告年度末公司前三年的主要会计数据及财务指标　　(单位:元)

序号 栏　目	1999 年度	1998 年度		1997 年度	
		调整前	调整后	调整前	调整后
1 主营业务收入	101141377.74	73169627.63	73169627.63	198841379.88	198841379.88
2 净利润	22550471.03	25263714.58	24974646.11	42995745.34	42882217.38
3 总资产	364735247.74	236832964.48	234270368.05	272975952.72	272862424.76
4 股东权益	247217684.29	224738713.06	222176116.63	199474998.48	199361470.52
5 每股收益	0.212	0.237	0.234	0.403	0.402
6 扣除非经常性损益后的每股收益	0.154	-	-	-	-
7 每股收益(加权)	0.212	0.237	0.234	0.403	0.402
8 每股净资产	2.319	2.108	2.084	1.889	1.870
9 调整后的每股净资产	2.300	2.090	2.066	1.805	1.804
10 净资产收益率(%)	9.12	11.24	11.24	21.55	21.50
11 净资产收益率(加权)(%)	9.61	11.91	11.85	24.16	24.10

注:主要财务指标计算方法:
每股收益=净利润/年度末普通股股份总数。
每股净资产=年度末股东权益/年度末普通股股份总数。
净资产收益率=净利润/年度末股东权益×100%
调整后的每股净资产=(年度末股东权益-三年以上的应收款项净额-待摊费用 -待处理(流动、固定)资产净损失-开办费-长期待摊费用-住房周转金负数余额)/年度末普通股股份总数。
每股经营活动产生的现金流量净额=经营活动产生的现金流量额/年度末普通股股份总数。
加权平均净资产收益率=当期净利润/[(期初净资产+期末净资产)/2+当期发 行新股或配股新增净资产×(自缴款结束日下一月份至报告期末的月份-6)/12]。

3、本报告期内股东权益变动情况

项目	股本	资本公积	法定公积	任意盈余公积	法定公益金	未分配利润	股东权益合计
期初数	106600000	0	18773965.17	1471047.98	18773965.17	76557138.31	222176116.63
本期增加	0	0	2255047.10	2491096.63	2255047.10	18040376.83	20889156.90
本期减少	0	0	0	0	0	0	0
期末数	106600000	0	21029012.27	3497570.50	21029012.27	94597515.14	243065273.53

变动原因:法定盈余公积、法定公积金增加是按规定提取所致;任意盈余公积金增加是控股子公司成都锦江电子系统工程有限公司本年度免交的所得税转入;未分配利润增加是由于本年度新增留存收益所致,以上各项增加同时使股东权益增加。

三、股东情况介绍

(1)报告期末股东总数为 25497 户。
(2)1999 年 12 月 31 日前十名股东情况。

名次	股东名称	年末持股数(股)	占总股本%
〈1〉	四川高速公路建设开发总公司	25765707	24.17
〈2〉	四川恒运实业有限公司	7581600	7.10
〈3〉	四川新洲实业有限公司	4975426	4.67
〈4〉	南充市金达房地产开发公司	2843100	2.67
〈5〉	中国烟草总公司四川省公司	2843100	2.67
〈6〉	中国工商银行成都市信托投资公司(成都工商信托投资有限公司)	2369250	2.22
〈7〉	成都市建筑材料总公司	2369250	2.22
〈8〉	德阳嘉娱有限责任公司	1966477	1.84
〈9〉	四川岷江电力股份有限公司	1279395	1.20
〈10〉	蒲江县财政信用投资公司	947700	0.89

公司前 10 名股东之间不存在关联关系。

浙江震元股份有限公司

一、公司简介

(一)公司法定名称:浙江震元股份有限公司
(二)公司法定代表人:宋逸婷
(三)公司董事会秘书:黄继明
联系地址:浙江省绍兴市解放北路 289 号 邮政编码:312000
联系电话:0575-5144161 联系传真:0575-5148805
(四)公司注册及办公地址:浙江省绍兴市解放北路 289 号 邮政编码:312000
公司网址:http://www.zjzy.com 公司电子信箱:0705@zjxy.com
(五)公司选定信息披露报纸:《证券时报》;
登载公司年度报告的中国证监会指定国际互联网网址:
http://www.cninfo.com.cn
公司年报备置地点:浙江省绍兴市解放北路 289 号公司证券部
(六)公司股票上市地:深圳证券交易所
股票简称:浙江震元 股票代码:0705

二、会计和业务数据摘要

(一)本年度主要会计数据和业务数据摘要(单位:人民币元)

项目	1999 年
利润总额	35040250.13
净利润	21605566.22
扣除非经常性损益后的净利润	20617764.52
主营业务利润	89724118.88
其他业务利润	240250.68
营业利润	24707455.82
投资收益	6587682.81
补贴收入	0.00
营业外收支净额	37451111.50
经营活动产生的现金流量净额	47255531.08
现金及现金等价物净增加额	58056646.78

注:"扣除非经常性损益后的净利润"指标中扣除项目及涉及金额为:
无效申购新股资金利息收入本年度摊销 1162119.65 元,影响净利润 987801.66 元 。
(二)公司前三年的主要会计数据和财务指标(单位:人民币元)

项目	1999 年	1998 年		1997 年	
		调整前	调整后	调整前	调整后
主营业务收入	481678639.19	397227097.18	397227097.18	320236932.25	320236932.25
净利润	21605566.22	21617654.25	18680246.58	23747748.21	18405610.88
总资产	557352936.07	552328122.94	552328122.04	559862154.15	559862154.15
股东权益(不含少数股东权益)	200932315.75	187650477.73	179326749.53	180937971.29	175595833.96
每股收益	0.217	0.217	0.188	0.2388	0.185
每股净资产	2.02	1.89	1.80	1.82	1.77
调整后每股净资产	1.87	1.74	1.66	1.81	1.67
每股经营活动产生的现金流量净额	0.475	0.247	0.247		
净资产收益率(%)	10.74	11.52	10.43	13.13	10.48
按月加权平均的每股收益	0.217	0.217	0.188	0.352	0.273
扣除非经常性损益后的每股收益	0.207	0.207	0.178	0.229	0.175

注:上述财指标计算公式如下:
每股收益=净利润/年度末普通股股份总数
每股净资产=年度末股东权益/年度末普通股股份总数
调整后的每股净资产=(年度末股东-三年以上的应收款项-待摊费用-待处理(流动、固定)资产净损失-开办费-长期待摊费用-住房周转金负数余额)/年度末普通股股份总数
每股经营活动产生的现金流量净额=经营活动产生的现金流量净额/年度末普通股股份总数
净资产收益率=净利润/年度末股东权益×100%
(三)本年度内股东权益变动情况(单位;人民币元)

项目	股本	资本公积	盈余公积	法定公益金	未分配利润	股东权益合计
期初数	99449992	52506718.23	12068973.37	4024315.40	15301065.93	179326749.53
本期增加	-	-	6725140.52	1656473.48	14880425.70	21605566.22
本期减少						
期末数	99449992	52506718.23	18794113.89	5676657.88	30181491.63	2000932315.75

变动原因:盈余公积:以本年度母公司实现的净利润的 10%和 5%提取法定盈余公积金和公益 金,并双重计提子公司盈余公积(含 任意盈余公积)共计 6725140.52 元
法定公益金:以本年度母公司实现的净利润的 5%提取,并双重计提子公司法定公益金
未分配利润:增加数为净利润减法定盈余公积金、法定公益金后转入

三、股东情况介绍

1、至 1999 年末公司股东总数 26344 人。
2、公司前 10 名股东持股情况:

股东姓名	年初持股数	本年度增减变动(+,-)	年末持股数	持股比例%	持股性质
①绍兴市国有资产投资经营有限公司	24069412	0	24069412	24.20	代表国家持股
②绍兴味精厂经营部	900000	+1890000	2790000	2.81	法人股
③绍兴市 越城财政信用公司	0	+1890000	1890000	1.90	法人股
④绍兴市财政信用有限公司	1800000	0	18000000	1.81	法人股
⑤绍兴市房地产开发公司	1749438	0	1749438	1.76	法人股
⑥金越证券投资基金	0	+1672507	1672507	1.68	流通股
⑦绍兴第二医院	1142856	0	1142856	1.15	法人股
⑧杭州华东医药(集团)公司	720000	0	720000	0.72	法人股
⑨杭州胡庆余堂制药厂	571428	0	571428	0.57	法人股
⑩瑞安市医药公司	900000	-450000	450000	0.45	法人股

注:本年度公司前 10 名股东之间不存在关联关系,其所持股份无质押或冻结情况。

湖北双环碱业股份有限公司

一、公司简介

1.公司法定中文名称:湖北双环碱业股份有限公司
(以下称"公司"、"本公司")
公司法定英文名称:Hubei Shuanghuan Alkali Industry Limited Liability Company
2.公司法定代表人:何光安
3.公司董事会秘书:陈卓平
联系地址:湖北省应城市东马坊团结大道 26 号公司证券办公室
联系电话:0712-3591099 传真:0712-3591099
公司授权代表:黄健
联系地址:湖北省应城市东马坊团结大道 26 号公司财务部
联系电话:0712-3591041 传真:0712-3591188
4.公司注册地址及办公地址:湖北省应城市东马坊团结大道 26 号
邮 编:432407 公司电子信箱: ychghj@xg. hb.cninfo.net
5.公司选定的信息披露报纸名称为《中国证券报》、《证券时报》
登载公司年度报告的中国证监会指定国际互联网网址为:http://www.cninfo.com.cn
公司年度报告备置地点:公司证券办公室
6.公司股票上市交易所:深圳证券交易所
股票简称:湖北双环 证券代码:0707

二、会计数据和业务数据摘要

1.公司本年度主要财务数据: (人民币:元)

项目	金额
利润总额:	87,065,439.61
净利润:	74,005,623.67
扣除非经常性损益后的净利润:	73,700,583.43
主营业务利润:	125,919,266.99
其他业务利润:	-303,485.61
营业利润:	86,809,505.17
投资收益:	
补贴收入:	
营业外收支净额:	255,934.44
经营活动产生的现金流量净额:	27,689,223.82
现金及现金等价物净增加额:	59,982,547.83

注:扣除非经常性损益的项目及涉及金额为营业外收入:305,040.24 元
2.截止 1999 年末公司前三年主要会计数据和财务指标:

项 目	1999 年	1998 年		1997 年	
		调整前	调整后	调整前	调整后
主营业务收入(万元)	64,626.65	54,747.04	54,747.04	60,763.95	60,763.95
净利润(万元)	7,400.56	10,292.46	10,215.94	10,365.45	10,091.27
总资产(万元)	157,642.05	133,452.12	133,166.17	92,855.45	92,532.89
股东权益(万元)	121,238.24	114,080.73	113,837.68	75,911.80	75,637.62
每股收益(摊薄)(元/股)	0.28	0.39	0.39	0.61	0.60
(加权)(元/股)	0.28	0.41	0.43	0.67	0.68
扣除非经常性损益后的每股收益	0.28	0.39	0.38	0.55	0.48
每股净资产(元/股)	4.58	4.30	4.30	4.50	4.48
调整后的每股净资产(元/股)	4.54	4.27	4.26	4.42	4.41
每股经营活动产生的现金流量净额	0.10	-0.1	-0.1	—	—
净资产收益率(摊薄)(%)	6.104	9.022	8.974	13.65	13.34
(加权)(%)	6.104	11.1062	11.024	21.29	20.73

注 1.其中 1999 年度总股本为 26498.216 万股
1998 年度总股本为 26498.216 万股
1997 年度总股本为 16888 万股
注 2.(1)每股收益=净利润/年度末普通股股份总数
(2)每股净资产=年度末股东权益/年度末普通股股份总数
(3)调整后的每股净资产=(年度末股东权益-三年以上的应收款项净额-待摊费用-待处理[流动、固定]资产净损失-开办费-长期待摊费用-住房周转金总数余额)/年度末普通股股份总数
(4)经营活动现金流量净额=经营活动产生的现金流量净额/年度末普通股股份总数
(5) 净资产收益率=净利润/年度末股东权益×100%
3.股东权益变动情况: (人民币:元)

项 目	股 本	资本公积	盈余公积	法定公益金	未分配利润	股东权益合计
期初数	264982160.00	658285161.33	104655444.18	35084313.95	110454042.15	1138376807.66
本期增加			14801124.74	7400562.37	59204498.93	74005623.67
本期减少						
期末数	264982160.00	658285161.33	119456568.92	42484876.32	169658541.08	1212382431.33

变动原因:报告期内盈余公积增加是由于按规定提取法定盈余公积和法定公益金。公益金增加的原因为由于按规定提取法定公益金。

三、股东情况介绍

1.报告期末股东总数为 67570 人。
2.至本年度末,持本公司股票最多的前十名股东持股情况: 单位:万股

单 位 名 称	持股数	占股本总额%
湖北双环化工集团公司	10395.8160	39.23
湖北双环化工集团公司福达实业公司	910.0000	3.43
深圳国信证券有限公司成都营业部	643.5667	2.43
湖北双环化工集团公司氯碱厂	574.0000	2.17
湖北双环化工集团公司红双环实业公司	154.0000	0.58
武汉钢铁(集团)公司	140.0000	0.53
湖北省化工总公司	105.0000	0.40
广西壮族自治区化轻建材总公司	105.0000	0.40
株洲光明玻璃集团有限公司	85.0000	0.32
湖北省外商投资企业物资总公司	70.0000	0.26

注:深圳国信证券有限公司成都营业部因配股承销持有的本公司 6,435,667 股股票,其中 1,178,417 股为流通股,其余为内部职工股。
3.湖北双环化工集团公司代表国家持有本公司国有股 10395.816 万股,占股本总额的 39.23%,其中 90 万股被冻结。

大冶特殊钢股份有限公司

一 公司简介

1. 公司法定中文名称:大冶特殊钢股份有限公司
公司英文名称:DAYE SPECIAL STEEL CO.,LTD
2. 公司法定代表人:刘建新
3. 公司董事会秘书:王平国
联系地址:湖北省黄石市黄石大道316号
电 话:0714—6292880、6294678、6292558 传真:0714—6457917、6294678
电子信箱:hbygzq@pulic.hs.hb.cn
4. 公司注册及办公地址:湖北省黄石市黄石大道316号 邮政编码:435001
公司国际互联网网址:http://www.daye-steel.com 电子信箱:daye-steel@990.net
5. 公司选定的信息披露报纸名称:《中国证券报》、《证券时报》
登载公司年度报告的中国证监会指定国际互联网网址:http://www.cninfo.com.cn
公司年度报告备置地点:本公司证券部
6. 公司股票上市交易所:深圳证券交易所
股票简称:大冶特钢 股票代码:0708

二 会计数据和业务数据摘要

1、本年度主要利润指标完成情况(单位:人民币元)

利润总额:	32061215.60
净利润:	27564350.25
扣除非经常性损益后的净利润:	27564350.25
主营业务利润:	170328233.14
其他业务利润:	8857518.09
营业利润:	20862973.26
投资收益:	10886279.31
补贴收入:	0
营业外收支净额:	311963.03
经营活动产生的现金流量净额:	822107.09
现金及现金等价物净增加额:	-14016381.60

2、公司前三年主要会计数据和财务指标(单位:人民币元)

指标名称	1999年度	1998年度		1997年度	
		调整前	调整后	调整前	调整后
主营业务收入	1453493462.24	1616580587.79	1616580587.79	1873220054.68	1873220054.68
净利润	27564350.25	70062510.75	49260769.04	148480316.02	124190282.76
总资产	322973824.55	3305398895.90	3134148718.42	3068347731.76	3044057698.50
股东权益	1564764227.17	1708450054.40	1537199876.92	1490450047.06	1466160013.80
每股收益(摊薄)	0.061	0.156	0.11	0.355	0.297
每股收益(加权)	0.061	0.16	0.11	0.39	
每股净资产	3.48	3.80	3.42	3.56	3.50
调整后每股净资产	3.33	3.55	3.18	3.34	3.28
每股经营活动产生的现金流量净额	0.0018	0.055			
净资产收益率(摊薄)(%)	1.76	4.10	3.20	9.96	8.47

主要指标计算公式:
每股收益=净利润/年度末普通股股份总数
每股净资产=年度末股东权益/年度末普通股股份总数
调整后每股净资产=(年度末股东权益-三年以上的应收款项净额-待摊费用-待处 理(流动、固定)资产净损失-开办费-长期待摊费用—住房周转金负数余额)/年度末普通股股份总数

3、报告期内股东权益变动情况(单位:人民币元)

项目	股 本	资金公积	盈余公积	法定公益金	未分配利润	股东权益合计
期初数	449408480	950143637.25	53343662.40	46702828.35	37601268.92	1537199876.92
本期增加			2756435.03	2756435.03	27564350.25	33077220.31
本期减少					5512870.06	5512870.06
期末数	449408480	950143637.25	56100097.43	49459263.38	59652749.11	1564764227.17

变动原因:(1)盈余公积金本期增加2,756,435.03,系按本年度实现净利润的10%提取所致。
(2)法定公益金本期增加2,756,435.03元,系按本年度实现净利润的10%提取所致。
(3)未分配利润本期增加27,564,350.25元,系本年度实现的净利润;未分配利润本期减少5,512,870.06元,系按《公司章程》规定,提取10%的盈余公积金和提取10%的法定公益金所致。

三 股东情况介绍

1、报告期末股东总数
截止1999年12月31日,公司股东共有83,836户,其中法人股股东10户,流通股股东83,826户。

2、公司前十名股东持股情况

股东名称	年末持股数量(股)	持股比例(%)
冶钢集团有限公司	259568480	57.76
东风汽车公司	7980000	1.78
南方证券有限公司	4593539	1.02
襄阳汽车轴承股份有限公司	3420000	0.76
冶钢集团公司实业总公司	2850000	0.63
冶钢集团龙腾实业总公司	2280000	0.51
中国第一拖拉机工程机械公司	2280000	0.51
黄石物质集团总公司	1140000	0.25
北京南口机车车辆机械厂	1140000	0.25
武汉石化石油液化气公司	1140000	0.25

说明:1.持有本公司5%以上的法人股东所持股份,报告期内没有发生变化,年末所持股份也没有质押或冻结的情况。
2.冶钢集团有限公司为持有本公司股份的国家股股东。
3.公司前第五名股东和前第六名股东同属本公司控股股东冶钢集团有限公司的子公司,其它股东之间不存在关联关系。
4.冶钢集团有限公司是大冶特殊钢股份有限公司的控股股东,法定代表人刘建新,公司经营范围:钢铁冶炼;钢材轧制;金属压延加工;金属制品制造;机械及仪表电器制 造和修理;化工产品制造;科学研究和综合技术服务;运输;煤气供应;建筑材料及其它 非金属矿物制品制造;建筑工程施工;房地产经营;公共事业、居民、咨询服务和生产 服务;批发零售国内商业;对外贸易;工艺品、塑料制品及服装加工;农牧渔业;教育、医疗、卫生保健、文化娱乐服务;印刷;广告设计、制作;承包境外冶金行业工程及境 内国际招标工程及上述境外工程所需的设备、材料出口;对外派遣实施上述境外工程 所需的劳务人员。

唐山钢铁股份有限公司

一、公司简介

(一)、公司法定中文名称:唐山钢铁股份有限公司
公司英文名称:TANGSHAN IRON AND STEEL COMPANY LIMITED
(二)、公司法定代表人:王天义
(三)、公司董事会秘书:杨万臣
董事会秘书授权代表:李凤侠、郭永
联系地址:河北省唐山市滨河路9号
联系电话:0315—2701188 传真:0315—2702198
电子信箱:TGYANG@TS-USER.HE.CNINFO.NET
(四)、公司注册地址:河北省唐山市滨河路9号
公司办公地址:河北省唐山市滨河路9号 邮政编码:063016
电子信箱:ZHANGXG@TS-USER.HE.CNINFO.NET
(五)、公司选定的信息披露报纸:《中国证券报》、《证券时报》
刊登公司年度报告的国际互联网网址
http://www.cninfo.com.cn
公司年度报告备置地点:公司董事会秘书室
(六)、股票上市交易所:深圳证券交易所
股票简称:唐钢股份 股票代码:0709

二、会计数据和业务数据摘要

(一)本年度主要利润指标 (单位:人民币元)

项 目 指 标	数
利润总额	629521142.53
净利润	535092971.14
扣除非经常性损益后净利润	535092971.14
主营业务利润	976701547.08
其它业务利润	18611947.60
营业利润	587646657.77
投资收益	1712000.00
补贴收入	0.00
营业外收支净额	40162484.76
经营活动产生的现金流量净额	927795260.62
现金及现金等价物净增加额	150790805.20

(二)、主要会计数据和财务指标(单位:人民币元)

项 目	1999年	1998年		1997年	
		调整后	调整前	调整后	调整前
主营业务收入	5726211024	5048889808	5048889808	4732668366	4732668366
净利润	535092971	413349861	513440776	336218273	503406913
总资产	9310132983	8430051980	8868151432	7260577929	7598586466
股东权益	5181607559	4207109022	4645208474	4267570430	4605578967
每股收益	0.63	0.52	0.65	0.42	0.63
加权平均每股收益	0.67	0.52	0.65	0.44	0.66
扣除非经常性损益后的每股收益	0.63	0.52	0.65	0.42	0.63
每股净资产	6.12	5.30	5.85	5.38	5.80
调整后的每股净资产	5.82	5.14	5.68	5.27	5.69
每股经营活动产生的现金流量净额	1.10	1.32	1.32		
净资产收益率	10.33%	9.83%	11.05%	7.88%	10.93%
加权平均净资产收益率	11.96%	9.75%	11.10%	9.04%	11.87%

注:主要财务指标的计算方法:
每股收益=净利润/年度末普通股股份总数
加权平均每股收益=净利润/[期末股份总数/(1+配股比例)+期末股份总数/(1+配 股比例)* 配股比例 * 缴款结束日下一月份至期末的月份数/12]
配股比例为实际配股比例=0.0658
每股净资产=年度末股东权益/年度末普通股股份总数
调整后的每股净资产=(年度末股东权益-三年以上应收款项净额-待摊费用-待处 理(流动、固定)资产净损失-开办费-长期待摊费用-住房周转金负数余额)/年度末普 通股股份总数
每股经营活动产生的现金流量净额=经营活动产生的现金流量净额/年度末普通股股份总数
净资产收益率=净利润/年度末股东权益 *100%
加权平均净资产收益率=净利润/[(期初净资产+期末净资产)/2+配股新增净资产 * (自缴款结束日下一月份至报告期末的月份数-6)/12]

(三)报告期内股东权益变动情况(单位:人民币万元)

项目	股本	资本公积	盈余公积	法定公益金	未分配利润	股东权益合计
期初数	79388	313167	14185	7092	6879	420711
本期增加	5226	38714	5351	2676	45483	97450
本期减少						
期末数	84614	351881	19536	9768	52362	518161

变动原因:1. 报告期内本公司按1998年末总股本79388万股实施每10股配3股, 配股价8.58元,共向全体股东配售5226万股,增加股本5226万元。
2.本次配股溢价38714万元增加资本公积金。
3.盈余公积金和法定公益金增加系本年度实现净利润计提所致。
4.未分配利润增加系本年度利润增加所致。

三、股东情况介绍

1、本公司期末股东总数为150728名。
2、前10名股东持股情况(单位:股)

股东名称	期末持股数	期内增减(+/-)	占总股本比例(%)
(1).唐山钢铁集团有限责任公司	572357739	10120000	67.64
(2).唐钢工会	43838985	0.00	5.18
(3).国信成都	15108726	15108726	1.79
(4).五矿发展股份有限公司	4748100	0.00	0.56
(5).中国第二十二冶金建设公司	3961500	0.00	0.47
(6).唐钢附属企业总公司	3184061	2122436	0.38
(7).国信证券有限公司	3045569	3045569	0.36
(8).河北冶金厅唐山物资站	2778750	2636250	0.33
(9).石碳井矿务局	1567500	0.00	0.19
(10).深圳国投证券有限公司北京营业部	1510510	1510510	0.18

成都天兴仪表股份有限公司

一、公司简介

公司中文名称:成都天兴仪表股份有限公司
公司英文名称:CHENGDU TIANXING INSTRUMENT AND METER CO,LTD
公司法定代表:黄培荣
公司董事会秘书:武承辉
联系地址:成都天兴仪表股份有限公司办公室
联系电话:(028)4600583(028)4600580-6022　传真:(028)4600581
公司注册地址:成都高新技术产业开发区
办公地点:成都外东十陵镇公司办公楼　邮政编码:610041
公司电子信箱:tianxing@cdgxn.com
公司选定的信息披露报刊名称:<中国证券报>
登载公司年度报告的国际互联网网址:http://www.cninfo.com.cn
公司年度报告备置地点:本公司办公室
公司股票上市地:深圳证券交易所
股票简称:天兴仪表　股票代码:0710

二、会计数据与业务数据摘要

1、公司本年度实现利润数及其构成(单位:元)

项目	金额
利润总额	16,286,767.67
净利润	13,750,939.56
扣除非经常性损益后的净利润	13,745,939.56
主营业务利润	27,113,795.26
其他业务利润	1,962,256.94
投资收益	1,022,343.73
补贴收入	5,000.00
营业外收支净额	128,489.39
经营活动产生的现金流量净额	15,300,482.98
现金及现金等价物净增加额	3,837,176.54

2、近三年主要会计数据和财务指标

项目	1999年	98年(调整前)	98年(调整后)	97年(调整前)	97年(调整后)
主营业务收入(元)	99,772,105.89	118,427,982.31	118,427,982.31	113,053,607.66	113,053,607.66
净利润(元)	13,750,939.56	23,621,514.01	24,414,768.79	25,188,528.45	20,125,427.50
总资产(元)	298,678,966.41	307,775,189.71	283,336,998.03	289,910,431.89	284,847,330.94
股东权益(不含少数股东权益)(元)	217,356,643.42	207,825,593.77	203,605,703.86	181,987,275.45	176,924,174.50
每股收益(元/股)	0.127	0.219	0.226	0.420	0.335
每股收益(元/股)(加权)	0.127	0.237	0.245	0.453	0.362
扣除非经常性损益后的每股收益	0.127	0.219	0.226	0.37	0.29
每股净资产(元/股)	2.013	1.924	1.885	3.033	2.949
调整后每股净资产(元/股)	2.008	1.917	1.880	2.987	2.910
每股经营活动产生的现金流量净额	0.142	0.262	0.262		
净资产收益率%	6.33%	11.37%	11.99%	13.84%	11.4%

注1:以上数据和指标均按合并报表计算。
注2:非经常性损益是指公司正常经营损益之外的临时性获得的补贴收入。
注3:应收款项包括应收帐款、其他应收款、预付帐款、应收股利、应收利息、应收补贴款。

3、报告期内股东权益变动情况　单位:万元

项目	股本	资本公积	盈余公积	公益金	未分配利润	合计
期初数	10800	4603.57	743.55	247.85	4213.45	20360.57
本期增加			206.26	68.75	1168.83	1375.09
期末数	10800	4603.57	949.81	316.60	5382.28	21735.66

变化原因:(1)盈余公积增加206.26万元系按99年净利润的10%提取了盈余公积金。
(2)公益金增加68.75万元系公司按99年净利润的5%提取公益金所致.。
(3)未分配利润增加1168.83万元系公司99年实现净利润按10%提取盈余公积金和按5%提取公益金后的增加数。

三、股本变动情况与股东情况介绍

(一)1999年度公司股份变动情况(截止1999年12月31日)

公司股本结构表股份　单位:万股

股份类别	本次变动前	本期变动增减(+,-) 配股	送股	公积金转增	其他	小计	本次变动后
一、尚未流通股份							
境内法人持有股份	7650						7650
尚未流通股份合计	7650						7650
二、已流通股份							
境内上市的人民币普通股	3150						3150
已流通股份合计	3150						3150
三、股份合计	10800						10800

(二)股东情况介绍

1、报告期末股东总数截止1999年12月31日,公司拥有股东总数24276户。其中:国有法人股股东1户,其余为社会公众股股东。

2、持股前十名的股东情况　单位:股

名次	股东名称	年末持有数	占总股本比例(%)	备注
1	成都天兴仪表(集团)有限公司	76500000	70.83	国有法人股
2	金鑫证券投资基金	296359	0.274	社会公众股
3	雍长政	236000	0.219	社会公众股
4	赖荣浩	203100	0.188	社会公众股
5	杨开广	180000	0.167	社会公众股
6	雍其华	180000	0.167	社会公众股
7	邱阶云	172900	0.160	社会公众股
8	李会英	145000	0.134	社会公众股
9	普丰证券投资基金	131290	0.122	社会公众股
10	陈华基	130500	0.121	社会公众股

持股10%以上的法人股股东成都天兴仪表(集团)有限公司是本公司独家发起人即本公司的母公司、控股股东。主营业务范围:国家指令性计划的特种产品设计与制造,摩托车及汽车配件的生产、加工等。

黑龙江龙发股份有限公司

一、公司简介

1、公司法定中文名称:黑龙江龙发股份有限公司
公司英文名称:HEILONGJIANG LONG-FAR CO.,LTD.
2、公司法定代表人:朱廷财
3、公司董事会秘书:赵润涛
地址:哈尔滨经济技术开发区天顺街副68号
电话:0451-2335442　传真:0451-2334782
4、公司注册地址:哈尔滨经济技术开发区
办公地址:哈尔滨经济技术开发区天顺街副68号　邮政编码:150090
5、公司信息披露报刊:《中国证券报》、《证券时报》
中国证监会指定登载公司年度报告的国际互联网网址:http://www.cninfo.com.cn
公司年度报告备置地点:公司证券部、深圳证券交易所
6、公司股票上市交易所:深圳证券交易所
股票简称:龙发股份　股票代码:0711

二、会计数据和业务数据摘要

(一)、公司本年度会计数据和业务数据:

项目	单位:人民币元
利润总额:	17,465,416.32
净利润:	15,040,147.08
扣除非经营性损益后的净利润:	13,501,747.08
主营业务利润:	19,371,364.96
其他业务利润:	593,775.00
营业利润:	15,928,016.32
补贴收入:	1,538,400.00
营业外收支净额:	-1,000.00
经营活动产生的现金流量净额:	19,143,143.44
现金及现金等价物净增加额:	2,349,894.84
注:扣除非经营性损益项目	
补贴收入——财政退还所得税:	1,538,400.00

(二)、截止报告期末公司前三年主要会计数据和财务指标

序号	项目	1999年度 调整后	1998年度 调整后	1998年度 调整前	1997年度 调整后	1997年度 调整前
1	主营业务收入(元)	26145234.00	25772823.50	25772823.50	14507525.00	14507525.00
2	净利润(元)	15040147.08	19780642.58	20202324.50	15688323.93	15741329.80
3	总资产(元)	240850321.52	169333445.31	169393552.95	148164464.10	148217469.97
4	股东权益(元)	235372245.29	165036334.59	165458016.51	145202686.14	145255692.01
5	每股收益(元)	摊薄 0.1402　加权 0.1736	0.3005	0.307	0.238	0.239
6	扣除非经营损益后每股收益(元)	摊薄 0.1259　加权 0.1558				
7	每股净资产(元)	2.19	2.51	2.51	2.21	2.21
8	调整后每股净资产(元)	2.19	2.50	2.50	2.20	2.20
9	每股经营活动产生的现金流量净额(元)	0.1785	0.3240	0.3240		
10	净资产收益率(%)	6.39	11.99	12.21	10.80	10.84

2)、说明:由于会计政策变更,根据财政部财会字[1999]35号文、49号文,采用追溯调整法,调整了1999年度会计报表相关的"坏帐准备"帐项。

调整前各年度会计数据如下:(单位:人民币元)

项目	1999年	1998年	1997年
坏帐准备		7,309.98	11,177.88
法定盈余公积		6,669,583.64	4,649,351.19
公益金		3,333,791.83	2,323,675.60
未分配利润		41,499,461.04	24,327,485.22

调整后各年度会计数据如下:(单位:人民币元)

项目	1999年	1998年	1997年
坏帐准备	210,687.13	67,417.62	64,183.75
以前年度损益调整		-361,574.28	
法定盈余公积	8,131,430.16	6,627,415.45	4,644,050.60
公益金	4,064,715.09	3,312,707.74	2,321,025.31
未分配利润	31,848,120.04	41,141,031.40	24,282,430.23

(三)、本报告期内股东权益变化情况　单位:人民币元

项目	股本	资本公积	盈余公积	法定公益金	未分配利润	股东权益合计
期初数	65832000.00	48123180.00	9940123.19	3312707.74	41141031.40	165036334.59
本期增加	41433600.00	49105600.00	2256022.06	752007.35	12784125.02	105579347.08
本期减少		13166400.00			22077036.38	35243436.38
期末数	107265600.00	84062380.00	12196145.25	4064715.09	31848120.04	235372245.29

三、股东情况介绍

1、报告期末股东总数:29605户

2、公司前10名股东持股情况　单位:万股

序号	股东名称	年初数	年度内股份增减变动情况 送股	转增	配股	其他	年末数	占总股本比例	质押或冻结
1	黑龙江省建设开发实业总公司	1638	491.4	327.6	0	+313	2770	25.83%	无
2	黑龙江惠扬房地产开发有限公司	1170	351.00	234	0	-313	1442	13.45%	无
3	哈尔滨龙江非标工具公司	748.8	224.64	149.76	0	0	1123.2	10.48%	无
4	黑河市经济合作区房地产开发公司	131.04	39.31	26.21	0	0	196.56	1.84%	无
5	黑龙江省城乡建设开发公司	56.16	16.85	11.23	0	0	84.24	0.79%	无
6	福建省闽发证券有限公司						55.48	0.52%	
7	陈友太						35.26	0.33%	
8	吕高增						31.37	0.30%	
9	金鑫证券投资基金						29.65	0.28%	
10	潘明华						28.69	0.27%	

说明:、股份增减变动原因为年度内实施每10股送3股转增2股配3股所致。

广东金泰发展股份有限公司

一、公司简介

1、公司法定名称：广东金泰发展股份有限公司
公司英文名称：GUANGDONG JINTAI DEVELOPING CO.,LTD
2、公司法定代表人：戚 桓
3、公司董事会秘书：刘光芒
地址：广东省清远市小市南步路 1 号
电话：0763-3373490 传真：0763-3373440
电子信箱：jintai@public.guangzhou.gd.cn
4、公司注册地址：广东省清远市经济开发试验区 2 号区内
公司办公地址：广东省清远市小市南步路 1 号 邮政编码：511515
公司电子信箱：jintai@public.guangzhou.gd.cn
5、公司选定的信息披露报纸：证券时报
登载公司年报的国际互联网网址：http://www.cninfo.com.cn
公司年度报告备置地点：公司证券投资部
6、公司股票上市交易所、股票简称和股票代码
公司股票上市交易所：深圳证券交易所
股票简称：金泰发展 股票代码：0712

二、会计数据和业务数据摘要

1、本年度会计数据摘要 单位：元

项 目	金 额
利润总额	22,099,647.60
净利润	22,451,894.06
扣除非经常性损益后的净利润	18,852,875.44
主营业务利润	35,492,968.52
其他业务利润	-3,787,342.32
营业利润	14,891,879.67
投资收益	6,738,308.99
补贴收入	3,599,018.62
营业外收支净额	469,458.94
经营活动产生的现金流量净额	28,975,382.33
现金及现金等价物净增加额	50,258,177.29

2、公司近三年的主要会计数据和财务指标

项 目	1999 年	1998 年		1997 年	
		调整前	调整后	调整前	调整后
主营业务收入(万元)	16190.58	13996.77	13996.77	15335.00	15335.00
净利润(万元)	2245.19	3676.61	3403.13	3270.08	2706.71
总资产(万元)	53592.35	49989.19	49315.18	45591.80	45028.43
股东权益(万元)	35760.66	34177.56	33515.47	30500.95	29937.58
每股收益(元)	0.147	0.29	0.268	0.257	0.213
加权每股收益(元)	0.147	0.29	0.268	0.275	0.306
扣除非经常性损益后(每股收益)	0.124	0.207	0.186		
每股净资产(元)	2.348	2.69	2.64	2.40	2.359
调整后的每股净资产(元)	2.291	2.66	2.615	2.37	2.352
每股工营性活动产生的现金净流量净额(元)	0.19	-0.088	-0.088		
净资产收益率(%)	6.28	10.76	10.15	10.72	9.04
加权净资产收益率(%)	6.48	11.37	10.73	14.19	11.89

注：财务指标的计算公式：

每股收益=净利润/年度末普通股股份总数

每股净资产=年度末股东权益/年度末普通股股份总数

净资产收益率=净利润/年度末股东权益×100%

调整后的每股净资产=(年度末股东权益-三年以上的应收款项-待摊费用-待 处理(流动、固定)资产净损失-开办费-长期待摊费用)/年度末普通股股份总数

加权平均净资产收益率(ROEWA)=当期净利润÷[(期初净资产+期末净资产）÷2+当期发行新股或配股新增净资产×(自缴款结束日下一月份交报告期末的月份数-6)÷12]

加权平均每股收益 (EPSWA)=当期净利润÷[期末股份总数÷(1+配股比例或增发新股比例)+期末股份总数÷(1+配股比例或增发新股比例)×配股比例或增发新股比例×缴款结束日下一月份到期末的月份数÷12]

注：因报告期内公司未发生变化，故加权平均每股收益及加权平均净资产收益率分别与每股收益及净资产收益率一致。

3、本年度股东权益变化情况 单位：元

项目	股 本	资本公积金	盈余公积	其中：法定公益金	未分配利润	合 计
期初数	126926270	158958143.31	10094155.84	4499093.72	39176135.35	335154704.50
本期增加	25385254		3530378.80	1765189.40	22451894.06	51367526.86
本期减少					28915632.80	28915632.80
期末数	152311524	158958143.31	13624534.64	6264283.12	32712396.61	357606598.56

变动原因：1 股本变动系实施每 10 股送红股 2 股所致。

2 盈余公积和法定公益金增加为按 1999 年度利润分配预案提取 10%法定公积金和 10%法定公益金。

3 未分配利润增加数为 1999 年度实现的净利润，减少数为按 1999 年度利润分配预 案法定公积金及公益金各提取 10%及实施 1998 年度每 10 股送红股 2 股的分配方案所致 。

三、股东情况介绍

1、报告期末公司股东总数为 8064 人。

2、报告期末公司前 10 名股东的持股情况：

股东名称	年末持股数	增减量	占总股本比例(%)
1 金泰集团(国有法人股)	89498208	+17899641.6	58.76
2 金泰化纤(其他法人股)	24037356	+4807471.2	15.79
3 刘一民	515000		0.34
4 清远奥美(其他法人股)	228000		0.15
5 清远远德(其他法人股)	228000		0.15
6 清泰贸易(其他法人股)	228000		0.15
7 陈亮	213300		0.14
8 黄剑波	191580		0.13
9 杨钊	190523		0.13
10 普丰证券投资基金	185200		0.12

合肥丰乐种业股份有限公司

一、公司简介

1、公司的法定中文名称：合肥丰乐种业股份有限公司
公司的法定英文名称 HEFEI FENGLE SEED CO.,LTD.
2、公司的法定代表人：张海银
3、公司董事会秘书：徐继萍 授权代表：顾万昌
联系地址：安徽省合肥市西七里塘樊洼路 8 号
电话：(0551)5577479 5577177
传真：(0551)5577177 5562852
4、公司注册及办公地址：安徽省合肥市西七里塘樊洼路 8 号
邮政编码：230031
国际互联网网址：http://www.fengleseed.com
电子信箱：hflsc @mail.hf.ah.cn
5、公司选定的信息披露报纸名称：证券时报
登载年报的中国证监会指定国际互联网网址：
http://www.cninfo.com.cn
年度报告备置地点：公司董事会秘书处
6、公司股票上市交易所：深圳证券交易所
股票简称：丰乐种业 股票代码：0713

二、会计数据和业务数据摘要

1、本年度主要会计数据 (单位:人民币元)

利润总额	64,869,687.14
净利润	55,050,406.99
扣除非经营性损益后的净利润	55,050,406.99
主营业务利润	112,702,557.08
其他业务利润	0
营业利润	650,30,697.66
投资收益	13,143.81
补贴收入	0
营业外收支净额	-174,154.33
经营活动产生的现金流量净额	65,668,766.94
现金及现金等价物净增加额	47,989,800.17

2、前三年主要会计数据和财务指标 (单位:人民币元)

项 目	1999 年度	1998 年度		1997 年度	
	调整后	调整前	调整后	调整前	调整后
主营业务收入	301,915,521.90	250,703,995.22	248,552,134.22	184,739,712.85	184,739,712.85
净利润	55,050,406.99	51,209,880.16	51,015,504.23	49,079,118.86	47,879,725.97
总资产	742,091,003.66	683,684,595.68	681,440,065.05	497,403,282.10	406,203,889.21
股东权益	594,175,229.48	424,326,135.78	422,932,366.96	437,906,463.62	436,707,070.73
每股收益	0.44	0.47	0.47	0.45	0.44
每股收益(月均)	0.49	0.47	0.47	0.53	0.51
扣除非经营性损益后每股收益	0.44	0.48	0.47	0.39	0.38
每股净资产	4.75	3.93	3.92	4.05	4.04
调整后的每股净资产	4.75	3.92	3.91	4.05	4.03
每股经营活动产生的现金流量净额	0.53	-0.07			
净资产收益率(%)	9.27	12.07	12.06	11.21	10.96

注：1、主要财务指标计算方法：

每股收益=净利润/年度末普通股股份总数

按月平均加权每股收益=当期净利润/[期末股份总数/(1+配股比例或增发新股 比例)+期末股份总数/(1+配股比例或增发新股比例)×配股比例或增发新股比例×缴款结束日下一月份至期末的月份数/12]

每股净资产=年度末股东权益/ 年度末普通股股份总数

调整后的每股净资产=(年度末股东权益-三年以上的应收款项-待摊费用-待处理(流动、固定)资产净损失-开办费-长期待摊费用)/年度末普通股股份总数

每股经营活动产生的现金流量净额=经营活动产生的现金流量净额/年度末普通股股份总数

净资产收益率=净利润/年度末股东权益×100%

3、报告期内股东权益变动情况及变化原因(单位:人民币元)

项 目	股本	资本公积	盈余公积	其中：法定公益金	未分配利润	股东权益合计
期初数	108000000	280837136.76	19791299.63	9895649.82	14303930.57	422932366.96
本期增加	17000000	136692455.53	11042220.92	5521110.46	55050406.99	208742862.52
本期减少					48542220.92	37500000.00
期末数	125000000	417529592.29	30833520.55	15416760.28	20812116.64	594175229.48

变动原因:股本增加系本年度实施增资配股所致；

资本公积增加系配股溢价所致；

盈余公积增加系本年度净利润分别按 10 %计提法定公积金和公益金所致；

未分配利润增加系本年度实施的净利润，减少系计提盈余公积和董事会拟实施每 10 股派息 3 元的分配预案。

三、股东情况介绍

1、截止 1999 年 12 月 31 日，公司股东总数 29046 户。

2、截止 1999 年 12 月 31 日，公司前十名股东持股情况如下：

股东名称	持股数量(股)	占总股本比例(%)
1 合肥市种子公司	66,500,000	53.20
2 中国经济技术投资担保有限公司上海分公司	811,527	0.65
3 裘海平	692,900	0.55
4 宋银花	423,630	0.34
5 程宝到	302,960	0.24
6 陆丽珍	288,597	0.23
7 财政南京	270,000	0.22
8 张素贞	260,600	0.21
9 张敏	237,213	0.19
10 阮加云	218,600	0.17

注:合肥市种子公司所持有的 6650 万股为国家股。公司前第 2-第 10 位为流通股股东，本公司未知其之间的关联关系。

中兴沈阳商业大厦(集团)股份有限公司

中兴沈阳商业大厦(集团)股份有限公司1999年年度报告摘要

一、公司简介

1、公司法定中文名称:中兴_沈阳商业大厦(集团)股份有限公司

公司法定英文名称:CITIC DEVELOPMENT__SHENYANG COMMERCIAL BUILDING (GROUP) COMPANY LIMITED　缩写:CDSCBGCL

2、公司法定代表人:李顺生

3、公司董事会秘书:孙国良

联系地址:辽宁省沈阳市和平区太原北街86号　联系电话:024-23838888转2626

传　真:024-23830190　电子信箱:ZXJTQGC@PUB.SY.LN.CN

4、公司注册地址:辽宁省沈阳市和平区太原北街86号

公司办公地址:辽宁省沈阳市和平区太原北街86号　公司邮政编码:110001

5、公司选定的信息披露报纸名称:《中国证券报》、《证券时报》

登载公司年度报告的中国证监会指定国际互联网网址:http://www.cninfo.com.cn

公司年度报告备置地点:公司证券部

6、公司股票上市交易所:深圳证券交易所　股票简称: 中兴商业　股票代码: 0715

二、会计数据和业务数据摘要

1、本年度利润总额及其构成　单位:人民币元

利润总额:	30,104,282.73
净利润:	25,525,590.19
扣除非经常性损益后的净利润:	22,917,590.19
主营业务利润:	110,742,452.05
其他业务利润:	1,076,747.73
营业利润:	27,325,994.88
投资收益:	962,223.75
补贴收入:	-
营业外收支净额:	1,816,064.10
经营活动产生的现金流量净额:	63,784,476.91
现金及现金等价物净增加额:	152,393,928.61

注:扣除非经常性损益后的净利润项目和涉及金额:

(1)、摊销无效申购利息:　2,400,000.00

(2)、处置固定资产收入:　208,000.00

2、近三年主要会计数据和财务指标(追溯调整后):　单位:元

项目:	1999年	1998年	1997年
主营业务收入	839,784,834.78	1,060,995,307.17	1,123,069,378.73
净利润	25,525,590.19	48,789,440.21	44,179,970.75
总资产	911,769,694.34	681,891,331.63	635,969,162.74
股东权益(不含少数股东权益)	583,580,475.18	424,445,265.59	376,889,825.38
每股收益	0.12	0.25	0.37
按月平均加权计算的每股收益	0.13	0.31	0.42
扣除非经常性损益后的每股收益	0.11	0.24	0.35
每股净资产	2.72	2.21	3.14
调整后的每股净资产	2.66	2.18	3.09
每股经营活动产生的现金流量净额	0.30	0.09	-
净资产收益率(%)	4.37	11.49	11.72

追溯调整前:

项目:	1998年	1997年
主营业务收入	1,060,995,307.17	1,123,069,378.73
净利润	50,726,493.29	53,189,837.09
总资产	710,167,639.21	662,308,417.24
股东权益(不含少数股东权益)	452,721,573.17	403,229,079.88
每股收益	0.264	0.44
按月平均加权计算的每股收益	0.264	0.48
扣除非经常性损益后的每股收益	0.252	0.42
每股净资产	2.358	3.36
调整后的每股净资产	2.31	3.31
每股经营活动产生的现金流量净额	0.09	-
净资产收益率(%)	11.2	13.19

每股收益、每股净资产、调整后的每股净资产、每股经营活动产生的现金流量净额和净资产收益率等财务指标的计算公式如下:

每股收益=净利润/年度末普通股股份总数

每股净资产=年度末股东权益/ 年度末普通股股份总数

3、报告期内股东权益变动情况及说明　单位:人民币元

项目	股本	资本公积	盈余公积	法定公益金	未分配利润
期初数	192000000.00	204131872.93	6539739.26	5709341.64	16064311.76
本期增加	22620000.00	110989619.40	2552559.02	2552559.02	20420472.15
本期减少	-	-	-	-	-
期末数	214620000.00	315121492.33	9092298.28	8261900.66	36484783.91

变动原因:(1)、股本期末为214,620,000.00元,比期初增加22,620,000.00元,系本公司以98年末总股本1.92亿股为基数,法人股以每10股配0.9375股增加13,620,000.00元,社会公众股以每10股配1.875股增加9,000,000.00元;(2)、资本公积金期末为315,121,492.33元, 比期初增加110,989,619.40元,系配股溢价;(3)、盈余公积金期末为9,092,298.28元,本期提取增加2,552,559.02元;(4)、法定公益金期末为8,261,900.66元, 本期提取增加2,552,559.02元;(5)、未分配利润期末为36,484,783.91元, 本期净利润扣除提取法定盈余公积金和公益金增加 20, 420,472.15元。

三、股东情况介绍

1、截止1999年12月31日,公司股东总数为35,685户。

2、截止1999年12月31日,公司前10名股东持股情况

股东名称	持股数量(股)	所占比例
1 沈阳市商业国有资产经营有限责任公司	78,050,000	36.37%
2 中信兴业信托投资公司	78,050,000	36.37%
3 重庆国际信托投资公司牛角沱营业部	892,580	0.42%
4 中兴_大连商业大厦	760,000	0.35%
5 沈阳联营公司	380,000	0.18%
6 沈阳五金商业集团股份有限公司	380,000	0.18%
7 普丰证券投资基金	277,281	0.13%
8 黄楚光	166,250	0.08%
9 章桦	156,600	0.07%
10 林利锦	137,525	0.06%

注1:报告期内沈阳市商业国有资产经营有限责任公司持有的国家股由期初的71,360,000股增至78,050, 000股,是因为公司实施了每10股配0.9735 股的配股方案。中信兴业信托投资公司持有的法人股情况同上。 以上两家所持股份无质押和冻结。注2:沈阳市商业国有资产经营有限责任公司(原沈阳市商业管理局)是沈阳联营公司、沈阳五金商业集团股份有限公司的控股公司。其中拥有沈阳联营公司100%权益,持有沈阳五金商业集团股份有限公司51.50%的股份。注3:沈阳市商业国有资产经营有限责任公司代表国家持有本公司股份。

四、股东大会简介

本年度公司召开了一次股东大会。

1999年4月26日,公司在沈阳中兴大酒店9楼2号会议室召开1998年年度股东大会。 本次股东大会及决议已经辽宁铭星律师事务所见证,决议公告刊登于1999年4月27日的《中国证券报》和《证券时报》上。

五、董事会报告

(一)、公司经营情况

1、公司所处的行业以及公司在本行业中的地位

1999年, 公司在全国百强大型商业零售企业按总销售额排名第 8 位(根据国内贸易局全国重点大型零售商场销售统计监测资料), 在沈阳市及东北地区享有很高的声誉。

2、公司主营业务的范围及其经营状况

(1)公司主营业务是以商品批发、零售等国内一般商业贸易,99年度,公司主营业务收入为839,784, 834.78元,比上年减少了20.85%。

(2)公司主要从事商品零售和批发业务,属商业行业。

3、在经营中出现的问题与困难及解决方案

1999年是中兴外拓市场,内挖潜力,夯实基础, 全面实施二期工程建设, 为实现跨世纪发展奠定坚实基础的至关重要的一年。在这一年里, 面对宏观经济环境进一步趋紧的严峻形势,面对轻工集贸市场、各种品牌专卖店及连锁超市等新兴业态的冲击, 面对二期工程建设给企业正常经营带来的诸多困难, 在公司董事会的正确领导下,全体员工弘扬"诚信为本, 追求卓越"的企业精神,求真务实,创新工作,坚持以奋力开拓市场、提高经济效益为中心,突出抓好调整营销策略、练好企业内功、加速二期工程建设三个工作重点, 进一步提高企业的经济运行质量,促进两个文明建设取得了新的进展。具体表现在:(1)、以活应变,不断调整营销策略,较好地适应了市场的需求。较大幅度地下调了100多种敏感商品的价格,同时,在扩大自营上下功夫, 将自营商品比重扩大到55%,清除了63家中间商, 确保公司的整体价格水平不高于同类商场, 从而不断适应市场竞争和消费需求的变化。适时调整了品种结构,本着"扩大一批、加强一批、保持一批、压缩一批"的原则, 对原有的商品结构进行优化组合,淘汰了一批销售不畅、质量不高的品种,进一步提高了单位面积效益。 适时调整经营方式,以第十届中兴服装节为龙头,较好地策划、操作了"与春同行-中兴春季穿着商品大汇展"、"下岗职工购物周"、"聪明健康与世纪同行-中兴第五届儿童节"、"夏凉商品夜市"、"庆澳门回归,迎千禧龙年-欢乐平安夜"等一系列大型促销活动,吸引和扩大了销售。与此同时, 开拓农村市场和扩大社会集团购买工作取得新进展,共组织送货下乡10次, 厂矿销售比上年同期增长79.2%。(2)、苦练内功,不断完善管理体制,进一步提高科学管理水平。以人为本, 强化了机构精简与全员培训工作;清产核资,强化财务监管工作;开源节流,强化费用管理;严看死守,强化安全保卫工作。 此外,加速实施计算机联网的进程, 成立了"中兴计算机管理系统需求调研小组", 确定了计算机硬件系统和软件系统的开发商,完成了综合布线工作, 并开始试点运行,为公司由传统的经验型管理向科学的现代化管理转变迈出了坚实一步。(3)、实施"顾客满意服务"战略,进一步提高企业的综合服务水准。 公司年初向社会推出了以质量满意、购物满意、送货满意、退货满意、维修满意和投诉满意为内容的"六满意全程服务", 为顾客提供超值优质的售前、售中、售后服务; 加大服务品牌和劳模服务的宣传力度,通过发放服务名片、建立顾客联系卡、定期开展顾客满意度调查等方式突出了服务特色、建立服务品牌;完善制约机制和激励机制, 狠抓服务现场管理, 制定并实施了与商品部服务管理业绩相联系的干部评价制度,即末位淘汰制, 充分调动基层管理者抓好服务管理的积极性;学习、贯彻新编订的《营业员服务手册》,提高广大员工的服务素质。(4)、确保施工质量和工期,二期工程进展顺利。99 年是公司扩建工程全面推进的一年,相关部门与施工单位密切配合, 狠抓工程进度,加强工程质量监督, 抓好建材和设备供应,严格施工现场管理, 确保了扩建工程的主体结构如期完工,并于9月30日举行了隆重的封顶仪式。截止年末,已完成了扩建工程的主体框架结构; 内部砌筑和外装修完成了大部分;供电系统、给排水系统、供热系统等主要设备已安装完毕并投入运行。 商场与办公区域的内部装修设计方案,通过议标方式,已完成了初步设计。(5)、以"凝聚力工程"为载体, 思想政治工作得到进一步加强,精神文明建设取得丰硕成果。99年, 党的建设和思想政治工作,紧紧围绕企业的中心工作, 以"凝聚力工程"为载体,通过加强领导班子建设和党员、干部的感召力、感染力, 进一步增强党组织的战斗力和企业的凝聚力,从而激发全体员工"厦兴我荣, 厦衰我耻"的主人翁精神,奠定了敢于竞争,迎难而上, 奋力进取的思想基础。

(二)、公司财务状况

以下指标经北京京都会计师事务所【北京京都审字(2000)第508号】审计报告确认。

指标项目	1999年末(元)	1998年末(元)	增长数额(元)	增长比例(%)
总资产	911769694.34	681891331.63	229878362.71	33.71
长期负债	30610063.22	12037023.07	18573040.15	154.30
股东权益	583580475.18	424445265.59	159135209.59	37.49
主营业务利润	110742452.05	138350849.01	-27608396.96	-19.96
净利润	25525590.19	48789440.21	-23263850.02	-47.68

主要原因:1、总资产比上年增长33.71%, 主要是流动资产增长14.26%,其中货币资产增加15,239万元,增长323%,主要是长、短期货款资金到位,尚未投入使用。 固定资产增长58.22%,本年度配股两大股东以实物资产配股增加固定资产10,443万元,在建工程增加9,671万元。

2、长期负债比上年增长154.3%, 主要是二期工程需要资金增加长期借款2,100万元。

3、股东权益比上年增长37.49%, 是由于本年度配股增加股本2,262万元,配股溢价增加资本公积11,009万元,盈余公积增加510万元,未分配利润增加2,042万元。

广西斯壮股份有限公司

广西斯壮股份有限公司1999年年度报告摘要

(一) 公司简介

1、公司法定中文名称:广西斯壮股份有限公司
公司英文名称:GuangXi Strong Co., LTD 缩写:GS
2、公司法定代表人:杜宝成
3、公司董事会秘书:管自力 公司董事会秘书授权代表:陈 宁
联系地址:广西南宁市新民路38号明园饭店园中园
电话:(0771)2821736 传真:(0771)2817655
电子信箱:gsdm@public.nn.gx.cn
4、公司注册地址:广西南宁市新民路38号明园饭店园中园
公司办公地址:广西南宁市新民路38号明园饭店园中园 邮编:530012
国际互联网网址://www.gxstrong.com
电子信箱:gxsz@public.nn.gx.cn
5、公司选定的信息披露报纸:《中国证券报》、《证券时报》
登载公司年度报告的中国证监会指定国际互联网网址: http://www.cninfo.com..cn
公司年度报告备置地点:深圳证券交易所本公司证券部
6、公司股票上市交易所:深圳证券交易所
公司股票简称:广西斯壮 公司股票代码:0716

(二)会计数据与业务数据摘要

1、本公司1999年度按财政部财会字(99)35号文规定变更会计政策,计提四项资产减值准备。本年度公司实现利润总额1,655.84万元,净利1,574.96万元。扣除非经常性损益(即营业外收支净额)后的净利润1, 526.01万元。其中主营业务利润4,417.56万元,投资收益2,011.98万元,营业外收支相抵,净收入48.95万元。经营活动产生的现金流量净额-3,187.00万元,现金及现金等价物净增加额14,327.42万元。

2、主要会计数据和财务指标

根据财政部财会字[1999]35号文、49号文的有关规定,并根据公司董事会决定,本公司变更了会计政策,采用追溯调整法调整了本年度及以前年度会计报表相关的"坏帐准备"、"存货跌价准备"和"长期投资减值准备"。

指标项目		99年度	98年		97年
			调整前	调整后	
(1)主营业务收入		11,681.28	12,902.20	12,902.20	9,773.63
(2)净利润(万元)		1,574.96	3,027.27	1,652.84	2,962.67
(3)总资产(万元)		77,600.35	47,554.37	43,888.99	41,119.74
(4)股东权益(万元)		35,957.79	27,142.18	22,276.80	24,114.92
(5)每股收益(元)	摊薄	0.115	0.254	0.138	0.248
	加权	0.124	0.254	0.138	0.269
扣除非经常性损益	摊薄	0.111			
后的每股收益	加权	0.121			
(6)每股净资产(元)		2.62	2.28	1.87	2.37
(7)调整后每股净资产(元)		2.19	2.03	1.33	2.14
(8)每股经营活动产生的现金流量净额		-0.23			
(9)净资产收益率(%)	摊薄	4.38	11.15	7.42	12.29
	加权	5.63	11.81	6.79	17.10

注:上列财务指标计算方法:
每股收益=净利润/年度末普通股股份总数;
每股净资产=年度末股东权益/年度末普通股股份总数;
每股经营活动产生的现金流量净额=经营活动产生的现金流量净额/年度末普通股股份总额
净资产收益率=净利润/年末股东权益×100%;
加权平均每股收益=当期净利润/[(期初股份总数×7+期末股份总数×5)/12]
加权净资产收益率=当期净利润/[(期初净资产×7+期末净资产×5)/12]
调整后的每股净资产=(年度末股东权益-三年以上的应收款项-待摊费用-待处理(流动、固定)资产净损失-开办费-长期待摊费用)/年度末普通股股份总数。

3、报告期股东权益变动情况(单位:元)

项目	股本	资本公积	盈余公积	未分配利润	股东权益合计
期初数	119131814	76511062.50	9122696.95	18002410.96	222767984.41
本期增加	17990908	103069404.02	2362445.52	15749636.82	139172394.36
本期减少				2362445.52	2362445.52
期末数	137122722	179580466.52	11485142.47	31389602.26	359577933.25

变动原因:(1)公司实施配股,实际募集资金1.21亿元,增加股本、资本公积及股东权益;
(2)本期实现净利润、增加盈余公积、公益金、未分配利润;
(3)四项资产减值准备追溯调整,减少盈余公积、公益金、未分配利润;

(三) 股东情况介绍

1、截止1999年12月31日,本公司股东总数为22241人,其中内部职工股股东3747人。

2、主要股东持股情况

截止1999年12月31日	单位:万股 持股数	本期变动数	占股本比例(%)
(1) 广西开发投资有限责任公司	1,555.9612		11.34
(2) 海南三鹏实业投资有限公司	670.4330		4.89
(3) 广西信托投资公司	638.8111		4.66
(4) 柳州机场建设开发总公司	561.7152		4.10
(5) 琼海万泉河先锋管道燃气公司	457.9200		3.34
(6) 桂林高新区建海商贸有限责任公司	401.6000		2.93
(7) 海南华美佳技术有限公司	343.4400		2.51
(8) 湖北宜昌三峡证券有限公司	331.8314		2.42
(9) 海南赛格燃气有限公司	315.0108		2.29
(10) 桂林五洲旅游股份有限公司	300.4931		2.19

1.前10名股东中第(1)、(3)、(4)为国有及国有法人持股。
2.前10名股东之间不存在关联关系,广西信托投资公司、海南赛格燃气有限公司所持我公司股份因故冻结。
3.湖北宜昌三峡证券有限公司因配售新股成为我公司前10名股东。所持股份于2000年3月29日流通。

(四) 股东大会简介

本报告年度内共召开了一次股东大会。

本公司于1999年3月1日在《中国证券报》、《证券时报》上以公告形式通知召集股东,召开1998年度股东大会。会议于1999年4月1日上午8:30时,在广西南宁市明园饭店园中园召开。出席大会的股东及股东委托人共50人,代表股份55,586,5337股,占公司股份总数46.66%。公司的董事、监事和高级管理人员出席了本次会议。本次大会审议通过了《1998年度董事会工作报告》、《1998年度监事会工作报告》、《1998年度财务决算和1999年度财务预算报告》、《1998年度利润分配方案》、《修改〈公司章程〉的议案》、《关于公司1999年度配股的有关事项》,本次股东大会选举产生了第三届董事会和第三届监事会成员。新当选为公司董事的成员:杜宝成、牛同星、伍红兵、潘坚强、黄克、谢国雄、侯家维、李志雄、万明、马立、张诚;新当选为公司监事的成员:刘建文、陈家劲、黄春邕、彭开灿、陈健民。会议决议公告刊登于4月2日的公司指定的《中国证券报》、《证券时报》上。

(五) 董事会报告

1、公司经营情况

(1)公司系以无线寻呼机销售及寻呼服务、城市综合开发、物业管理、商贸、航空服务投资,长期稳定的收益及良好的社会效益,在本地区具有一定规模和实力的综合类股份制企业。

(2) 公司主营业务范围及其经营状况

1999年度公司主营业务收入11,681.28万元,与上年相比减少9.46%,净利润1,574.96万元,与上年调整后相比减少4.71%。

一九九九年度公司主营业务收入及利润构成的行业情况:

单位:万元

行业	营业收入	营业利润
通讯寻呼	3003.96	-14.49
房地产业	3209.13	1081.95
商 贸	4340.50	55.53
合 计	10553.59	1122.99

1.公司的通讯寻呼业务,服务质量和水平有所提高,成本费用进行了有效控制,营销活动有所加强,全年共新增用户26800户。但因寻呼行业整体步入衰退,获利能力已大大降低。
2.公司的房地产及物业管理受新的城市交通管制措施变更的影响,售房面积及利润指标未能达到年初预期目标。
3.公司的商贸业务,进行了经营品种的调整,发挥自身的优势,全年业务经营稳定提高。
4.公司投资40%的广西航空有限公司,在国内旅游年的良好环境下,客、货运量增加,加之国家民航局的优惠政策,公司获得的投资收益较去年大幅提高。

(3) 公司主要全资附属企业及控股子公司的经营情况

公司控股85%的南宁管道燃气有限责任公司,完成安吉气源站的工程建设,并于1999年12月28日按计划点火送气,铺设城市主干管及庭院管网70多公里,发展用户近万户,开始步入收获期。

(4) 在经营中出现的问题与困难及解决方案

1.公司在新项目开发上未能取得大的进展,在建项目按计划施工,尚未能产生效益,致使公司的主营收入和业务利润出现"断档",影响公司的整体效益。
2.公司的通讯寻呼业务,上半年经营稍有起色,但一些同业主要的寻呼企业利用资源优势,不遵守行业行为规范,恶性竞争状况有增无减。
3.公司应收帐款催收力度有所增强,但因种种原因而收效不显著。

解决方案:
1.坚持以新项目的开发为突破口,根据市场需求,逐步进行业务结构的合理调整,努力积蓄公司的发展后劲,为公司的长远发展规模经营奠定基础;
2.大力加强营销活动,提高服务水平和质量,努力化解不利因素的影响;
3.加快公司在建项目的建设工作,新年度内争取出效益。公司的其他现有业务,努力拓展发展空间,增加经营品种,实现稳步增长。

(5)中国加入WTO对我公司的影响

如果中国加入世界贸易组织(WTO),对我公司而言既是机遇也是挑战。它有利于我公司在遵循市场经济运行原则下,顺应市场经济运行规律,加快公司产业结构的调整,优化公司的资源配置,充分发挥公司自身的优势,提升公司的竞争能力。根据加入WTO的条款,中国加入WTO后,对公司以构筑基础设施产业为主业的负面影响不大,但对公司所开展的以广西优势资源为基础的土特产品为主的商贸业务,有一定的正面影响。

我公司将有针对性、策略性地认真研究,采取积极主动防范应对措施,积极投入世界经济的大循环中去。

(6)报告期利润实现数1574.96万元,较利润预测数低51.84%,主要原因:1.公司第一大股东的变更对公司下属分公司的经营产生一定的影响;2.公司房地产开发的新项目未能实施;3.公司的城市设施广告牌位因受国内需求不旺的影响而出租不尽理想;4.执行财政部(财会[99]35号文)的规定,变更会计政策进行四项资产减值准备,影响也较大。

2、公司财务状况

(1)公司财务状况指标

指标	1999年度	1998年度 (调整后)	增长率
	(万元)	(万元)	(%)
总资产	77,600.35	43,888.99	76.81
长期负债	12,335.66	2,612.10	372.25
股东权益	35,957.79	22,276.80	61.41
主营业务利润	4,417.56	5,319.84	-16.96
净利润	1,574.96	1,652.84	-4.71

(2)报告期内总资产、股东权益的增长,系货币资金增加、公司实施配股以及本期实现利润等原因所致;长期负债的增加系银行借款增加所致。

(3)湖北大信有限责任会计师事务所为本公司出具了无保留意见的审计报告。

3、公司投资情况

报告期内公司增加对外投资额5645.38万元,是子公司投资海南民生燃气股份有限公司,持有其法人股2550万股,占有10.04%股份。

4、报告期内公司募集资金的使用情况

(1)1999年7月16日公司实施了配股,共实际募集资金1.21亿元人民币。

承诺投资项目	投入资金	实际投资项目
南宁永和大桥	85.65 万元	无变更

尚未投入的募集资金,暂存银行。

(2)公司拟投资 2.57 亿元人民币,建设南宁市永和大桥。截止 1999 年 12 月 31 日,已 支付工程前期筹建费用 85.65 万元人民币。由于施工环境与其他条件尚未完全具备,目前该项目未能开工。该项目工程建设期二年,预计投资利润率为 15.70%。

5、新年度的业务发展计划

在新的一年里,继续贯彻执行公司的长远发展规划,抓住西部开发的有利时机,进 一步完善公司内部机制,搞好经营管理,巩固和发展公司的各项业务,加快公司新项目 的开发进程,努力增强公司的刻赢利能力。

(1)千方百计挖掘潜力,争取良好业绩。进一步强化内部管理,搞好增收节支,稳定巩固主营业务,合理配置资源,盘活资产存量,力求最大限度地创造利润。

(2)加强新项目的开发建设,保证在建项目的工程进度。年内,要重点抓好在建和 新项目的开发建设,在保证质量的前提下,加快工程建设。同时要抓紧销售工作,使之 尽快产生效益。

(3)坚持科学管理,增强控制功能。进一步完善内部管理体系,强化经常性的管理 工作,建立健全正规的决策、经营、监督、协调和控制体系,努力为公司的长远发展打基础。

(4)重视人力资源的开发和企业文化建设。重视管理人才的选拔、培养、使用和 储备工作,努力提高公司的整体经营管理水平。积极塑造具有公司特色的优秀企业文 化,为公司的发展起到良好的向导作用,努力增强公司的凝聚力和吸引力,进一步推动 公司的全面建设。

6、董事会日常工作情况

(1)1999 年度,公司董事会召开了二届十一次、三届一、二、三、四次会议,新、老二届董事会,认真履行股东大会赋予的职责。

1.1999 年 2 月 26 日,公司二届十一董事会在本公司会议室召开应到 9 人,实到 8 人,一位董事委托其他董事出席了会议。全体监事列席了会议。会议审议并一致通过了如下决议:《1998 年度工作报告和 1999 年度工作计划》、《1998 年度财务决算和 1999 年 度财务预算报告》、《1998 年度利润分配方案》、《关于修改《公司章程》的议案》、《关于公司 1999 年度配股的有关事项》、《提请股东大会授权董事会办理本次增资股及适当修改《公司章程》的有关条款》、《关于董事会换届选举的议案》、《关于增加公司员工报酬的议案》。该会议决议公告刊登在 1999 年 3 月 1 日的《中国证券报》、《证券时报》上。

2.1999 年 4 月 1 日在本公司会议室召开了第三届第一次董事会会议,出席会议有新 当选的全部 11 名董事,杜宝成、牛同星、伍红兵、黄克、侯家维、李志雄、万明、张 诚、马立、谢国雄。会议一致通过了以下议案:选举杜宝成为董事长;选举牛同星和伍红兵为副董事长;聘任管自力为董事会秘书;聘任潘坚强为财务总监;聘任杜宝成为公 司总经理;根据总经理的提名,聘任黄克、赵致权和黎显刚为公司副总经理,聘任潘坚 强为财务部经理。

会议的决议公告刊登在 1999 年 4 月 2 日的《中国证券报》、《证券时报》上。

3.1999 年 4 月 12 日上午 9:00,在广西桂林市桂山大酒店召开公司董事会第三届第二次会议,11 名董事全部出席了会议。全体监事成员列席了会议。会议组织学习了中国 证监会发布的《关于上市公司配股工作问题的通知》(即"证监发[1999]12 号文")。对照检查了公司本年度配股工作的有关问题,经讨论和表决,通过了如下议案:同意 杜宝成董事长辞去所兼任的本公司总经理职务;聘任黄克先生为本公司总经理;《前次募集资金使用情况的说明》;《审查配股的条件是否符合配股的规定》;《本次配股募集资金使用的可行性》。

会议的决议刊登在 1999 年 4 月 13 日的《中国证券报》、《证券时报》上。

4.1999 年 7 月 26 日在本公司会议室召开了第三届第三次董事会会议,应到董事 11 人,实到董事 10 人,1 位董事委托其他董事出席了会议并代为行使表决权。监事和高级管 理人员列席了会议。 会议审议并一致通过了下列议案:《公司 1999 年中期报告》、《关于董事会授权董事长的议案》、《1999 年度中期利润分配方案》。会议的公告刊登在 1999 年 7 月 29 日的《中国证券报》、《证券时报》上。

5.1999 年 9 月 13 日上午 9:00,公司董事会第三届第四次会议在广西南宁公司本部会议室召开,应到董事 11 人,实到董事 9 人,二位董事因故未能出席会议,已委托其他董事 出席。本次会议审议通过了关于出资 2000—3000 万元人民币,收购深圳傲能软件系统 有限公司多媒体频道网络项目的议案,并通过了授权公司经营班子分步骤实施本项收 购事宜。会议决议的公告刊登在 1999 年 9 月 14 日的《中国证券报》、《证券时报》上.

(2)报告期内,公司未进行利润分配,也未进行公积金转增股本;于 1999 年 7 月实施 了每 10 股配售 3 股,每股配售价 7.00 元的配股方案,共配售新股 1799.0908 万股。

7、董事、监事、高级管理人员

(1)董事、监事、高级管理人员

姓　名	姓别	年龄	职　务	任期起止日	年初持股数	年末持股数
杜宝成	男	54	董事长、	1999.4–2002.4	0	0
牛同星	男	64	副董事长	1999.4–2002.4	2544	3307
伍红兵	男	34	副董事长	1999.4–2002.4	0	0
潘坚强	男	46	董事、财务总监	1999.4–2002.4	2400	3120
黄　克	男	43	董事、总经理	1999.4–2002.4	12720	16536
谢国雄	男	50	董事	1999.4–2002.4	1399	1818
侯家维	男	50	董事	1999.4–2002.4	0	0
李志雄	男	43	董事	1999.4–2002.4	0	0
马　立	男	34	董事	1999.4–2002.4	0	0
万　明	男	37	董事	1999.4–2002.4	0	0
张　诚	男	38	董事	1999.4–2002.4	0	0
陈家劲	男	40	监事	1999.4–2002.4	0	0
刘建文	男	44	监事	1999.4–2002.4	3816	3816
黄春邕	男	47	监事	1999.4–2002.4	8904	8904
彭开灿	男	47	监事	1999.4–2002.4	0	0
陈健民	男	53	监事	1999.4–2002.4	2544	3307
赵致权	男	48	副总经理	1999.4–2002.4	12084	12084
黎显刚	男	54	副总经理	1999.4–2002.4	7632	7632
管自力	男	39	董事会秘书	1999.4–2002.4	2544	3307

年度内部分董事、监事、高级管理人员股份增加系购买配售新股所致。

以上在公司领取报酬的董事、监事、高级管理人员共 8 人,其中:年度报酬 5 万元—6 万元 6 人,3 万元—5 万元 2 人。

未在公司领取报酬的董事、监事、高级管理人员的有:牛同星、伍红兵、谢国雄 、侯家维、李志雄、马立、万明、张诚、陈家劲、彭开灿、陈健民。

报告期,原公司董事向元龙、赵致权,监事陆大良,因董事会、监事会换届选举离 任。

原公司总经理杜宝成因工作原因,辞去兼任的总经理职务。

报告期内,聘任黄克为公司总经理,赵致权、黎显刚为副总经理,管自力为董事会 秘书。

8、本次利润分配或资本公积金转增股本预案

本公司 1999 年度实现利润 1,574.96 万元,根据《公司章程》和董事会决议,提取 10%法定公积金 157.50 万元,提取法定公益金 5%,即 78.75 万元,加上 1998 年度结转未分 配利润 1,800.24 万元,可供股东分配利润 3,138.96 万元。公司董事会建议 1999 年度的 利润分配方案为:1999 年的利润不分配,也不进行公积金转增。

9、公司选定的信息披露报纸无变更。

(六) 监事会报告

1、监事会工作情况

1999 年度公司监事会,本着对公司全体股东负责的精神,认真履行股东大会赋予的职责,积极开展有效工作。本年度公司监事会共召开了会议 3 次。列席了公司召开的各次股东大会和董事会会议。

(1)、1999 年 3 月 1 日,在公司本部召开了二届五次监事会会议,全体监事出席了会 议。会议审议通过了《1998 年度工作报告和 1999 年度工作计划》、《1998 年度财务审计报告》、《关于监事会换届选举方案》。

(2)、1999 年 4 月 1 日,公司第三届第一次监事会会议在公司本部会议室召开,参加 会议的有新当选的监事:刘建文、陈健民、陈家劲、彭开灿和黄春邕。会议一致通过 了推举刘建文为本公司第三届监事会召集人。

2、公司依法运作情况

1999 年度,公司监事会根据国家有关法律、法规,对公司的股东大会、董事会的召开程序、决议事项、董事会对股东大会决议的执行情况、公司高级管理人员执行职务情况及公司管理制度等进行了监督,认为:(1)、本报告年度内公司二届董事会、三届 董事会的工作认真负责,按照股东大会的决议要求,确实履行了各项决议,其决策程序 符合《公司法》及《公司章程》的各项规定,行使职权符合公司股东大会的授权;(2) 、公司的经营决策合理,公司的管理制度规范、科学,并建立了良好的内控体系,有效 地防范管理和财务的风险;(3)、公司董事会及公司经营领导班子等高级管理人员在执行公司职务时未发现有违反法律、法规、《公司章程》或损害公司利益的行为。(4) 、公司董事会审议通过了关于计提四项资产减值准备的会计政策,符合国家会计政策 的要求,并以此作为公司审慎经营、有效地防范、化解资产损失风险的内部控制制度 。

3、检查公司财务的情况:

报告期内,湖北大信有限责任会计师事务所出具的无保留意见的审计报告,客观地反映了公司的财务状况和经营成果。

4、公司于 1999 年 7 月配股,实际募集资金 1.21 亿元人民币,承诺投资项目南宁市永和大桥仍在筹建中。

5、报告期内,公司资产交易价格合理,没有发现内幕交易、损害部分股东权益或 造成公司资产流失的情况。

6、报告期内,公司的关联交易是按有关协议进行的公平、公正的,没有损害公司 的利益。

7、公司报告期利润实数 1,574.96 万元,较预测数低 51.8%。本公司监事会认为:公司董事会所做陈述符合公司的实际情况,并提请董事会加强风险控制。

(七) 重要事项

1、重大诉讼、仲裁事项:

(1)公司于 1998 年度报告披露的《关于我公司橡胶权属纠纷中担保事项》,1999 年 2 月 9 日,广西防城港中院裁定我公司将代为保存的 1200 万元橡胶款转到该院帐户。

我公司已于 1999 年 12 月 30 日和 2000 年 1 月 28 日,分两次已划款到防城港中院。

(2)公司于 1997 年 3 月 12 日,与茂名市广南石化集团有限公司签定联营协议,进口一万吨 90 号汽油,本公司垫付清关费、开证保证金 400 万元,并约定同年 5 月 26 日前全部归还、并计收一定的利息,后因汽油涨价未能成交。到期后本公司多次追还没果的情况 下,本公司向茂名市中级人民法院提起诉讼,1999 年 9 月 16 日茂名市中级人民法院下达 民事调解书[1999]茂中法经初字第 116 号,双方达成协议:茂名市广南石化集团有限公司归还 400 万元及利息 787,973.33 元给本公司。9 月 20 日本公司申请执行,10 月 13 日茂 名市中级人民法院下达执行通知书[1999]茂中法执字第 93 号文,但广南石化集团有限公司至今尚未归还该款项。

2、报告期内公司董事长杜宝成,因本报告期以前的行为于 1999 年 9 月起接受纪检 机关的审查;其它公司董事、高级管理人员无受监管部门处罚的情况。

3、报告期内,公司第一大股东广西八桂实业有限责任公司(持 15,559,612 股,占公司总股本 11.34%)以无偿划转方式,转给广西开发投资有限责任公司。为此,广西开发投资有限责任公司成为我公司第一大股东;该事项刊登在 1999 年 9 月 21 日的《中国证券报》上。

公司董事会、监事会于 1999 年 4 月 7 日的公司股东大会上进行了换届选举;公司总 经理杜宝成因工作原因辞去公司总经理职务,由公司董事会聘任黄 克为公司总经理。

4、报告期内公司经董事会审议,决定出资 2000—3000 万元人民币,收购深圳傲能 软件包系统有限公司多媒体频道网络项目。报告期内收购事宜在进行中。该收购事宜的公告刊登在 1999 年 9 月 1 日的《中国证券报》、《证券时报》上。

5、公司无重大关联交易事项。

6、本公司与第一大股东广西开发投资有限责任公司在人员、资产、财务上"三 分开",人员独立、资产完整、财务独立。

(1)、公司的人员独立。报告期内公司的董事长为原本公司第一大股东广西八桂 实业有限责任公司的法定代表人。公司无高级管理人员在股东单位双重任职的情况;公司劳动、人事及工资独立。

(2)、公司的资产完整。不存在与控股股东从事相同产品生产经营的同业竞争情 况。

(3)、公司设立独立的财务的财务部门,建立了独立的财务核算体系,具有规范、独立的财务会计制度和对分公司、子公司的财务管理制度,独立在银行开户,独立依法纳税。

7、报告期内公司未发生托管、承包、租赁其他公司资产或其他公司托管、承包 、租赁上市公司资产的事项。

8、公司聘请湖北大信有限责任会计师事务所为公司审计会计师事务所。

9、报告期内公司无变更名称或股票简称的情况。

10、期后事项:

(1)、2000 年 1 月 20 日,公司投资 225 万美元,占 75%股权的"深圳傲龙宽频科技有 限公司"在深圳市工商局领取营业执照,并已开始运作。

(2)、2000 年 1 月 20 日,公司董事长杜宝成正式向董事会提出辞去董事长职务的请 求。此事项的公告刊登在 2000 年 1 月 21 日的《中国证券报》和《证券时报》上。2000 年 4 月 18 日,在公司董事会第三届第五次会议上,赵明董事被推举为新的董事长(公司第一大股东广西开发投资有限责任公司的副总经理)。

(八) 财务会计报告

审 计 报 告　鄂信业字(2000)第 130 号

广西斯壮股份有限公司全体股东:

我们接受委托,审计了广西斯壮股份有限公司 1999 年 12 月 31 日的资产负债表和合 并资产负债表、1999 年度的利润及利润分配表和合并利润及利润分配表、1999 年度的现金流量表及合并现金流量表。这些报表由贵公司负责,我们的责任是对这些会计报 表发表审计意见。我们的审计是依据《中国注册会计师独立审计准则》进行的。在审计过程中,我们结合贵公司实际情况,实施了包括抽查会计记录等我们认为必要的审计程序。

我们认为,上述会计报表符合《企业会计准则》和《股份有限公司会计制度》的 有关规定,在所有重大方面公允地反映了贵公司 1999 年 12 月 31 日的财务状况和 1999 年 度的经营成果和现金流量情况,会计处理方法的选用遵循了一贯性原则。

湖北大信有限责任会计师事务所　中国注册会计师　邱世萍

中国.武汉　中国注册会计师　刘卫兵

中山大道 1056 号

金源世界中心 A–B 座八楼　2000 年 4 月 15 日

会计报表(见附表)1999 年度会计报表附注

一、公司概况

广西斯壮股份有限公司是经广西壮族自治区体改委桂体改股字[1993]17 号和 53 号文批准,

以定向募集方式设立的股份公司,于1993年5月31日正式成立。1997年3月经中国证监会证监发[1997]66号和67号文批准公开发行3000万社会公众股,并于1997年4月18日在深圳交易所挂牌交易。经中国证监会证监公司字[1999]36号文批准以公司1998年12月31日的总股本为基数,按10:3的比例配售股份,配售后公司总股本变为137 12万元。公司注册号19822551-1-1;注册地址:广西南宁市新民路38号明园饭店园中园;公司经营范围:开发为广西航空提供服务的有关项目,旅游,城市综合开发,物业管理,无线寻呼机销售及寻呼台服务,无线电工程技术咨询服务,计算机软件开发,商业贸易 等。

控股子公司南宁管道燃气有限公司,主营管道燃气,本公司占其股权的85%;参股 公司广西航空有限公司,主营航空运输,本公司占其股权的40%。

二、公司主要会计政策、会计估计、合并报表的编制方法

1、会计制度:公司执行《企业会计准则》、《股份有限公司会计制度》及其补充规定。

2、会计年度:会计年度自公历1月1日起至12月31日止。

3、记帐本位币:采用人民币为记帐本位币。

4、记帐基础和计价原则:以权责发生制基础记帐,以历史成本为计价原则。

5、外币业务核算方法

发生外币业务,按照发生当日中国人民银行公布的市场价折算为人民币记帐,期末对各种外币帐户的外币期末余额,按期末市价汇价(中间价)调整,差额作为汇兑损益,列作当期财务费用。

6、外币报表的折算方法

外币报表的折算方法采用现行汇率法。

7、合并报表的编制方法

合并报表以母公司,纳入合并范围的子公司的会计报表和其他有关资料为依据,按照《合并会计报表暂行规定》编制而成。子公司的主要会计政策按照母公司的会计政策制定,公司间的交易和资金往来在会计报表合并时均相互抵销。

8、现金等价物的确定标准

本公司持有的期限短(一般指从购买日起三个月内到期),流动性强,易于转换为已知金额现金,价值变现风险很小的投资,确定为现金等价物。

9、坏帐核算方法

坏帐的确认标准为:

(1)因债务人破产,依照法律程序清偿后,确定无法收回的应收款项;

(2)因债务人死亡,既无遗产可供清偿,又无义务承担人,确定无法收回的应收款项;

(3)因债务人逾期三年未履行偿债义务,经董事会批准可列作坏帐的应收款项。

坏帐准备核算:采用备抵法,公司董事会决议,自1999年1月1日起,坏帐准备计提范围为:应收帐款和其他应收款。坏帐准备计提的原则为根据应收款项债务单位的财务 状况、现金流量等按帐龄逐项加以分析计提,坏帐准备计提比例如下:

帐 龄	计提比例
1年以内	5%
1—2年	10%
2—3年	30%
3—4年	50%
4—5年	80%
5年以上	100%

此外对有确凿证据表明该项应收款项不能收回或收回可能性不大,公司可以单项 计提应收款项的坏帐准备,提取比例可达100%。

公司与合并会计报表子公司之间及合并会计报表子公司相互之间的应收款项,在 合并会计报表时予以抵销,不计提坏帐准备。

10、存货核算方法

(1) 存货主要分为库存商品、低值易耗品、开发产品、开发成本等;

(2)存货按实际成本计价,购入并验收入库的库存商品,按实际成本入帐,领用和发出库存商品,采用加权平均法核算;开发产品按实际成本记帐,发出时按计划成本核算,期末结转成本差异,调整为实际成本;低值易耗品领用时采取一次摊销法。

(3) 存货跌价准备的确认标准及计提方法

A、存货跌价准备的确认标准:期末对由于存货遭受毁损、全部或部分陈旧过时或销售价格低于成本等原因,使存货成本不可收回的部分提取存货跌价准备。

B、存货跌价准备的计提方法:期末按单个存货项目成本与可变现净值孰低计价。 存货期末可变现净值低于帐面成本的,按差额计提存货跌价准备。

11、短期投资核算方法

(1)短期投资,按实际支付的价款扣除已宣告发放、但尚未领取的现金股利或利息入帐。

(2)短期投资持有期间所获得的现金股利或利息冲减短期投资帐面价值。

(3)处置短期投资时,按收到的处置收入与短期投资帐面价值的差额确认为当期损益。

(4)期末短期投资按成本与市价孰低法计价,并按投资总体计提跌价准备,如果某 项短期投资比较大(占整个短期投资10%及以上),则应按单项投资为基础计算并确定 计提的跌价损失准备。已确认跌价损失的短期投资的价值又得以恢复,在原已确认的 投资损失的金额内转回。

12、长期投资核算方法

(1) 长期股权投资

A、公司对外股权投资按投资时实际支付的全部价款或放弃非现金资产的公允价 值,或取得长期股权投资的公允价值,包括税金、手续费等相关费用入帐。但不包括为取得长期股权投资所发生的评估、审计、咨询等费用。

公司对其他单位的投资占该单位有表决权资本总额50%以上的,以及虽在50%以 下但有实际控制权的,采用权益法核算并编制合并会计报表。公司对其他单位的投资 占被投资单位有表决权资本总额20%以上的(含20%),或虽投资不足20%但具有重大 影响,采用权益法核算。公司对其他单位的投资占被投资单位有表决权资本总额20% 以下,或虽投资占20%(含20%)以上,但不具有重大影响,采用成本法核算。

B、采用成本法核算的投资,在被投资单位宣告发放现金股利或分派利润时,计入 投资收益;采用权益法核算的投资,中期期末或年度终了,按分享或分担的被投资单位 实现的净利润或净亏损的份额,计入投资损益。

C、公司对外长期股权投资时取得的成本与被投资单位所有者权益中所占份额之 间的差额,计入股权投资差额核算,并按10年期限平均摊销。

(2) 长期债权投资

A、按实际支付的价款扣除支付的税金,手续费等各项附加费用,以及支付的自发 行日起至购入债券日止的应计利息后的余额计价。

B、长期债权投资按期计算应收利息,扣除债券投资溢价或折价摊销后的金额确认为当期投资收益。

C、长期债权投资的溢价或折价在债券购入后至到期前的期间内于确认相关债券 利息收入时采用直线法摊销。

(3) 长期投资减值准备

期末对市价持续下跌或被投资单位经营状况恶化等原因,导致其可收回金额低于 长期投资帐面价值,并且这种降低的价值在可预计的未来期间内不可能恢复,将可收回金额低于长期投资帐面价值的差额,首先冲抵该项投资的资本公积准备项目,不足冲抵差额部分,确认为当期投资损失。已确认损失的长期投资价值又得以恢复的,应在原已确认的投资损失数额内转回。

三、税项

(1)增值税:按税法规定的应税品种分13%、17 %税率计缴。

(2)营业税:通讯业务的营业收入按3%税率计缴,房地产业务的营业收入按5%税 率计缴。

(3)城市维护建设税:按应纳增值税、营业税的7%计缴。

(4)教育费附加:按应纳增值税、营业税的3%计缴。

(5)所得税:根据广西区人民政府桂政函[1997]24号文规定:1997年起公司所得税按33%税率征收,按 18%返还,实际税负15%。南宁管道燃气有限责任公司税率33%,根据南宁管道燃气有限责任公司与南宁市政府签定的管道燃气项目投资建设与经营合同以及南宁市政府办公室批复(A-664)规定自公司盈利年度起,前三年返100%企业所 得税,后二年返还50%企业所得税。

四、控股子公司

企业名称	注册资本(万元)	投资金额(万元)	所占权益(%)	经营范围	是否合并
南宁管道燃气有限责任公司	6000	5100	85	管道燃气	是

五、关联方关系及其交易

1、关联企业

(1)广西开发投资有限责任公司拥有本公司11.35%的股份,为本公司第一大股东,法定代表人刘军,注册资本193000万元,注册地为广西南宁市,经济类型为有限责任公 司,主营范围为自治区建设项目筹措资金,开展经营性、开发性投资业务;房地产,建设项目评估、咨询服务;国内商业及物资贸易(国家有专项规定的除外);经济技术合作。

(2)南宁管道燃气有限责任公司是本公司控股子公司,注册资本6000万元,注册地 为广西南宁市。 主营管道燃气,本公司占其股权的85%。

(3)广西航空公司是本公司的联营企业,本公司占其权益的40%,公司主营航空运 输。

2、关联交易

(1)本公司占用广西开发投资有限责任公司资金。依据实际占用金额按同期银行 利率计算资金占用费。本期应支付资金占用费657,819.40元,期末应付广西开发投资 有限责任公司款7,514,766.29元。

(2) 本公司期末应付广西航空有限公司往来款 19,310,472.64元。

六、或有事项和其他重要事项

1、本公司在1997年11月为广西银兴实业发展公司提供300万元人民币借款的信用担保,担保期至1998年6月,现已逾期。

2、本公司对吉祥(天津)国际贸易有限公司的橡胶权属纠纷案担保事项。

1998年年报披露广西防城港市中级人民法院1998年10月28日根据广西进出口股份有限公司南宁发展公司(以下称南宁公司)执行申请裁定我公司执行于1994年10月5日 对吉祥公司提供的诉前保全担保保证责任,标的1200万元,同年12月1日,本公司针对南宁公司的执行申请,向防城港中院提交了执行异议申请书。1999年2月9日,防城港中院裁定本公司将代为保存的1200万元橡胶款转到该院帐户。本公司已于1999年度支付700万元,2000年1月28日支付500万。

3、1997年3月12日,本公司与茂名市广南石化集团有限公司签定联营协议,进口一万吨90号汽油,本公司垫付清关费、开证保证金400万元,并约定同年5月26日前全部归还、并计收一定的利息,后因汽油涨价未能成交。到期后本公司多次追还没果的情况 下,本公司向茂名市中级人民法院提起诉讼,1999年9月16日茂名市中级人民法院下达 民事调解书[1999]茂中法经初字第116号,双方达成协议:茂名市广南石化集团有限公司归还400万元及利息787,973.33元给本公司。9月20日本公司申请执行,10月13日茂 名市中级人民法院下达执行通知书[1999]茂中法执字第93号文,但广南石化集团有限公司至今尚未归还该款项。

七、资产负债表日后事项

1、根据本公司第三届第四次会议的决定,截止2000年1月11日止,本公司投资傲龙科技(深圳)有限公司10,003,907.50元。该公司现已更名为深圳傲龙宽频科技有限公 司。

2、本公司控股子公司南宁管道燃气有限责任公司拟将所持有的2550万股"海南 民生燃气(集团)股份有限公司"法人股全部转让。现南宁管道燃气有限责任公司与中国华闻事业发展总公司于2000年4月8日正式签订《股份转让基础协议》,中国华闻事 业发展总公司拟受让2550万股"海南民生燃气(集团)股份有限公司"法人股。

3、本公司31,160,603股内部职工股,于2000年3 月29日上市流通

4、本公司第一大股东广西开发投资有限责任公司于2000年4月11日与海南赛格燃气有限公司签订协议,受让海南赛格燃气有限公司持有的广西斯壮股份有限公司3,150,108股法人股。

(九) 备查文件目录

1、载有法定代表人、财务负责人、会计经办人员签名盖章的本公司1999年度会 计报表。

2、载有会计师事务所盖章、注册会计师签名并盖章的1999年度审计报告原件。

3、报告期内在《中国证券报》、《证券时报》上公开披露过的所有公司文件的 正本及公告的原稿。

4、经股东大会审议通过的《公司章程》。

广西斯壮股份有限公司

2000年4月20日

资产负债表

编制单位:广西斯壮股份有限公司　　单位:元

资产	年初数		期末数	
	母公司	合并	母公司	合并
流动资产:				
货币资金	43001197.27	49420265.75	166819415.53	192694506.66
短期投资	3270560.00	3270560.00	60000000.00	60000000.00
减:短期投资跌价准备				
短期投资净额	3270560.00	3270560.00	60000000.00	60000000.00
应收票据				
应收股利				
应收利息				
应收帐款	73053520.09	73053520.09	60843421.59	62886981.59
其他应收款	42558898.18	44778687.00	32330620.34	40933724.30
减:坏帐准备	38959515.08	38959515.08	45416906.88	45950240.08
应收帐款净额	76652903.19	78872692.01	47757135.05	57870465.81
预付帐款	34594539.79	42984891.62	23843862.48	33713980.16
应收补贴款	4690390.52	4690390.52	4725837.42	6677709.33
存货	97628413.94	97646221.38	140400392.98	140538289.05
减:存货跌价准备	9999613.14	9999613.14	10432921.69	10432921.69
存货净额	87628800.80	87646608.24	129967471.29	130105367.36
待摊费用	252067.40	252067.40	2321423.20	2321423.20
待处理流动资产净损失				
一年内到期的长期债权投资				
其他流动资产				
流动资产合计	250090458.97	267137475.54	435435144.97	483383452.52
长期投资:				
长期股权投资	142863239.17	91863239.17	159037693.19	159908576.41
长期债权投资				
长期投资合计	142863239.17	91863239.17	159037693.19	159908576.41
减:长期投资减值准备				
长期投资净额	142863239.17	91863239.17	159037693.19	159908576.41

固定资产：				
固定资产原价	23458347.61	28658390.24	42440235.33	77829178.15
减：累计折旧	9032727.54	9300528.40	12369438.19	13055873.09
固定资产净值	14425620.07	19357861.84	30070797.14	64773305.06
工程物资	0.00	12910378.86	0.00	10734293.00
在建工程	1682863.60	27347413.10	0.00	37466155.46
固定资产清理				
待处理固定资产损失				
固定资产合计	16108483.67	59615653.80	30070797.14	112973752.52
无形资产及其他资产：				
无形资产	0.00	186859.60	0.00	127687.33
开办费	3002743.01	6087543.46	2247129.15	7640047.08
长期待摊费用	7045009.63	7045009.63	4609034.22	4609034.22
其他长期资产	6954094.44	6954094.44	7360917.58	7360917.58
无形资产及其他资产合计	17001847.08	20273507.13	14217080.95	19737686.21
递延税项：				
递延税款借项				
资产总计	426064028.89	438889875.64	638760716.25	776003468.66
负债及股东权益				
流动负债：				
短期借款	32000000.00	32000000.00	157890000.00	167890000.00
应付票据	0.00	0.00	3000000.00	3000000.00
应付帐款	24883369.87	25438008.77	14122091.42	19569099.49
预收帐款	5861437.01	6665437.01	1147532.61	1148132.61
代销商品款				
应付工资				
应付福利费	789629.88	883674.83	735561.78	772599.25
应付股利				
应交税金	13790128.82	13790530.68	10490188.03	12929362.32
其他应交款	165220.86	165220.86	200511.56	234568.52
其他应付款	34320722.71	36693483.75	42278587.25	44754715.67
预提费用	257777.78	257777.78	127438.65	127438.65
一年内到期的长期负债	65106800.00	65106800.00	32834300.00	32834300.00
其他流动负债				
流动负债合计	177175086.93	181000933.68	262826211.30	283260216.51
长期负债：				
长期借款	24836100.00	24836100.00	15500000.00	122500000.00
应付债券				
长期应付款	1284857.55	1284857.55	856571.70	856571.70
住房周转金				
其他长期负债				
长期负债合计	26120957.55	26120957.55	16356571.70	123356571.70
递延税项：				
递延税款贷项				
负债合计	203296044.48	207121891.23	279182783.00	406616788.21
少数股东权益	0.00	9000000.00	0.00	9808747.20
股东权益				
股本	119131814.00	119131814.00	137122722.00	137122722.00
资本公积	76511062.50	76511062.50	179580466.52	179580466.52
盈余公积	9122696.95	9122696.95	11485142.47	11485142.47
其中：公益金	3263993.27	3263993.27	4051475.11	4051475.11
未分配利润	18002410.96	18002410.96	31389602.26	31389602.26
股东权益合计	222767984.41	222767984.41	359577933.25	359577933.25
负债及股东权益总计	426064028.89	438889875.64	638760716.25	776003468.66

利润及利润分配表

编制单位：广西斯壮股份有限公司　　单位：元

项目	上年同期数		本年累计数	
	母公司	合并	母公司	合并
一、主营业务收入	129021999.76	129021999.76	105535918.47	116812760.27
减：折扣与折让				
主营业务收入净额	129021999.76	129021999.76	105535918.47	116812760.27
减：主营业务成本	70992443.92	70992443.92	65298128.27	69325571.77
主营业务税金及附加	4831120.17	4831120.17	2939493.99	3311629.78
二、主营业务利润（亏损以"-"号填列）	53198435.67	53198435.67	37298296.21	44175558.72
加：其他业务利润（亏损以"-"号填列）	0.00	0.00	184547.00	184547.00
减：存货跌价损失	968136.70	968136.70	433308.55	433308.55
营业费用	21859507.40	21859507.40	23849256.98	23849256.98
管理费用	17450151.22	17450151.22	16284536.11	16881763.14
财务费用	4697766.86	4697766.86	6358252.77	72466480.27
三、营业利润（亏损以"-"号填列）	8222873.49	8222873.49	-9442511.20	-4050863.22
加：投资收益（损失以"-"号填列）	11812700.98	11812700.98	24702692.64	20119791.86
补贴收入				
营业外收入	429410.85	429410.85	637086.85	637086.85
减：营业外支出	27928.75	27928.75	147631.47	147631.47
四、利润总额（亏损总额以"-"号填列）	20437056.57	20437056.57	15749636.82	16558384.02
减：所得税	8599049.29	8599049.29	0.00	1951871.91
加：财政返回所得税	4690390.52	4690390.52	0.00	1951871.91
减：少数股东损益	0.00	0.00	0.00	808747.20
五、净利润（净亏损以"-"号填列）	16528397.80	16528397.80	15749636.82	15749636.82
加：年初未分配利润	3953272.83	3953272.83	18002410.96	18002410.96
盈余公积转入				
六、可供分配的利润	20481670.63	20481670.63	33752047.78	33752047.78
减：提取法定盈余公积	1652839.78	1652839.78	1574963.68	1574963.68
提取法定公益金	826419.89	826419.89	787481.84	787481.84
七、可供股东分配的利润	18002410.96	18002410.96	31389602.26	31389602.26
减：应付优先股股利				
提取任意盈余公积				
应付普通股股利				
转作股本的普通股股利				
八、未分配利润	18002410.96	18002410.96	31389602.26	31389602.26

现金流量表

编制单位：广西斯壮股份有限公司　1999年度　单位：元

项目	金额	
	母公司	合并
一、经营活动产生的现金流量：		
销售商品、提供劳务收到的现金	101032112.57	106455044.33
收取的租金		
收到的增值税销项税额和退回的增值税款		
收到的除增值税以外的其他税费返还		
收到的其他与经营活动有关的现金	3161905.79	3164335.79
现金流入小计	104194018.36	109619380.12
购买商品、接受劳务支付的现金	93296062.65	94902262.73
经营租赁所支付的现金	3634161.47	3634161.47
支付给职工以及为职工支付的现金	6947522.17	6947522.17
支付的增值税款	1109284.60	1117829.26
支付的所得税款	2500000.00	2500000.00
支付的除增值税、所得税以外的其他税费	2747767.11	2746117.11
支付的其他与经营活动有关的现金	16778309.49	29641581.38
现金流出小计	127013107.49	141489474.12
经营活动产生的现金流量净额	-22819089.13	-31870094.00
二、投资活动产生的现金流量：		
收回投资所收到的现金	4893722.56	4893722.56
分得股利或利润所收到的现金	6905076.06	6905076.06
取得债券利息收入所收到的现金		
处置固定资产、无形资产和其他长期资产而收回的现金净额	687000.00	687000.00
收到的其他与投资活动有关的现金		
现金流入小计	12485798.62	12485798.62
购建固定资产、无形资产和其他长期资产所支付的现金	2907746.25	30873859.73
权益性投资所支付的现金	0.00	56453784.00
债权性投资所支付的现金	60000000.00	60000000.00
支付的其他与投资活动有关的现金		
现金流出小计	62907746.25	147327643.73
投资活动产生的现金流量净额	-50421947.63	-134841845.11
三、筹资活动产生的现金流量：		
吸收权益性投资所收到的现金	121060312.02	121060312.02
发行债券所收到的现金		
借款所收到的现金	187298200.00	324298200.00
收到的其他与筹资活动有关的现金		
现金流入小计	308358512.00	445358512.02
偿还债务所支付的现金	97910000.00	117910000.00
发生筹资费用所支付的现金		
分配股利或利润所支付的现金		
偿付利息所支付的现金	13389257.00	17462332.00
融资租赁所支付的现金		
减少注册资本所支付的现金		
支付的其他与筹资活动有关的现金		
现金流出小计	111299257.00	135372332.00
筹资活动产生的现金流量净额	197059255.02	309986180.02
四、汇率变动对现金的影响		
五、现金及现金等价物净增加额	123818218.26	143274240.91

附注：

项目		
1.不涉及现金收支的投资和筹资活动		
以固定资产偿还债务		
以投资偿还债务		
以固定资产进行长期投资		
以存货偿还债务		
融资租赁固定资产		
2.将净利润调节为经营活动的现金流量		
净利润	15749636.82	15749636.82
加：加少数股东损益	0.00	808747.20
计提的坏帐准备或转销的坏帐	6457391.80	6990725.00
固定资产折旧	3627273.05	3627273.05
开办费、无形资产摊销	4014341.62	4014341.62
处置固定资产、无形资产和其他长期资产的损失（减收益）	-580402.89	-580402.89
固定资产报废损失		
财务费用	8024679.22	8893404.22
投资损失（减收益）	-24702692.64	-20119791.86
递延税款贷项（减借项）		
存货的减少（减增加）	-4277197.04	-40811713.20
经营性应收项目的减少（减增加）	2026959.43	-14751787.62
经营性应付项目的增加（减减少）	5335703.50	4309473.66
增值税增加净额（减减少）		
少数股东本期收益		
其他		
经营活动产生的现金流量净额	-22819089.13	-31870094.00
3.现金及现金等价物净增加情况：		
货币资金的期末余额	166819415.53	192694506.66
减：货币资金的期初余额	43001197.27	49420265.75
现金等价物的期末余额		
减：现金等价物的期初余额		
现金及现金等价物净增加额	123818218.26	143274240.91

广东韶钢松山股份有限公司

广东韶钢松山股份有限公司1999年年度报告摘要

一、公司简介

㈠公司法定中文名称:广东韶钢松山股份有限公司
公司法定英文名称:SGIS Songshan Co.,Ltd.
㈡公司法定代表人:曾德新
㈢公司董事会秘书:庞大春　公司授权代表:刘二
联系地址:广东省韶关市曲江县马坝本公司办公楼
联系电话:0751-8787265　传　真:0751-8787676
电子信箱:sgqjisss@sg.gd.cninfo.net
㈣公司注册地址:广东省韶关市曲江县马坝
公司办公地址:广东省韶关市曲江县马坝本公司办公楼
邮政编码:512123
公司电子信箱:sgqjisss@sg.gd.cninfo.net
㈤公司选定的信息披露报刊名称:《中国证券报》和《证券时报》
登载公司年度报告的国际互联网网址:http://www.cninfo.com.cn
公司年度报告备置地点:本公司证券部
㈥公司股票上市交易所:深圳证券交易所
股票简称:韶钢松山　股票代码:0717

二、会计数据和业务数据摘要

㈠公司本年度的利润总额及其构成(金额单位:人民币元)

项目	金额
利润总额	215569501.10
净利润	183234075.91
扣除非经常性损益后的净利润	183402151.54
主营业务利润	268066402.01
其他业务利润	371107.03
营业利润	215767237.13
投资收益	
补贴收入	
营业外收支净额	-197736.03
经营活动产生的现金流量净额	310979778.57
现金及现金等价物净增加额	-8427422.81

注:"扣除非经常性损益后的净利润"指标中系扣除"营业外收支净额"项目的 零星固定资产处置净损失197,736.03元。

㈡近三年的主要会计数据及财务指标 单位:元

项目	1999年	1998年(调整前)	1998年(调整后)	1997年(调整前)	1997年(调整后)
主营业务收入	3047884506.15	2671392538.87	2671392538.87	2251042152.26	2251042152.26
净利润	183234075.91	181617885.17	175933883.69	176043021.05	170385520.01
总资产	2433072926.80	2501417184.08	2490075681.56	1378435870.75	1372778369.71
股东权益	2006680331.56	1917987758.17	1906646255.65	1141128064.00	1135470562.96
每股收益	0.44	0.44	0.42	0.55	0.53
每股净资产	4.82	4.61	4.58	3.57	3.55
调整后的每股净资产	4.81	4.59	4.56	3.54	3.53
每股经营活动产生的现金流量净额	0.75	0.12	0.12	0.51	0.51
净资产收益率%	9.13%	9.47%	9.23%	15.43%	15.01%
扣除非经常性损益后的每股收益	0.44	0.44	0.42	0.53	0.51

注:(1)"扣除非经常性损益后的每股收益"指标中分别扣除"营业外收支净额"的明细项目列示如下:

	1998年	1997年
零星固定资产处置净损失	102176.42	
新股发行冻结资金的利息收入		7373989.25

(2)主要财务指标的计算公式如下:

每股收益=净利润/年度末普通股股份总数

每股净资产=年度末股东权益/年度末普通股股份总数

调整后的每股净资产=(年度末股东权益-三年以上的应收款项净额-待摊费用-待 处理(流动、固定)资产净损失-开办费-长期待摊费用-住房周转金负数余额)/年度末 普通股股份总数

每股经营活动产生的现金流量净额=经营活动产生的现金流量净额/年度末普通股股份总数

净资产收益率=净利润/年度末股东权益×100%

㈢ 报告期内股东权益的变动情况(金额单位:人民币元)

项目	期初数	本期增加	本期减少	期末数
股本	416000000.00			416000000.00
资本公积	1355526855.95			1355526855.95
盈余公积	51947910.56	27485111.39		79433021.95
法定公益金	17315970.18	9161703.80		26477673.98
未分配利润	83171489.14	183234075.91	110685111.39	155720453.66
合计	1906646255.65	210719187.30	110685111.39	2006680331.56

变动原因:本年期初数公司按照《股份有限公司会计制度》的规定,从1999年1月1日起改变应收帐款坏帐准备、存货跌价准备、短期投资跌价准备和长期投资减值准备的计提政策,采用追溯调整法调减年初股东权益11,341,502.52元,其中:未分配利润年初数调减9,640,277.14元;盈余公积调减1,701,225.38元(含公益金567,075.13元)。

本年末股东权益余额200,668.03万元,比年初增长5.25%。增加的原因是公司本年实现的净利润转入;减少的原因是按公司1999年度利润分配预案进行调减。各项权益的变动情况如下:

本年末盈余公积余额为7,943.30万元,比年初增长52.91%。原因是按规定提取10%的法定盈余公积增加1,832.34万元,提取5%的法定公益金增加916.17万元。

本年末未分配利润余额为15,572.05万元,比年初增长87.23%。增加的原因是本年实现净利润转入18,323.41万元。减少的原因是按公司1999年度利润分配预案调减8,320万元,提取盈余公积减少2,748.51万元。

三、股东情况介绍

㈠报告期末公司股东总数为58237户,其中董事、监事、高级管理人员股东12户, 持有本公司股票29,900股(冻结),无内部职工股股东。

㈡ 持有本公司股票前10名股东名单(单位:股)

名称	年末持股数量	占总股本比例(%)
韶钢集团	312000000	75.000
南方证券有限公司	1650600	0.397
赵润洪	556990	0.134
刘　栋	396407	0.095
高要市庆隆工业有限公司	320260	0.077
徐宏凯	310000	0.075
黄志伟	291540	0.070
左建明	258584	0.062
孙剑波	249704	0.060
吴键钧	249635	0.060

说明:(1)广东省韶关钢铁集团有限公司代表国家持有股份,其所持股份未上市流通。

(2)前10名股东之间不存在关联关系。

(3)持有本公司股份5%(含5%)以上法人股股东只广东省韶关钢铁集团有限公司1 家,本年度内其所持股份无增减变动情况,其所持股份未发生质押、冻结等情况。

四、股东大会简介

㈠本公司1999年度共召开股东大会一次,即1998年年度股东大会。本公司董事会 于1999年4月27日在《中国证券报》和《证券时报》上同时刊登了《广东韶钢松山股 份有限公司第一届董事会第八次会议决议公告及召开1998年年度股东大会的通知》。

1999年6月2日,本公司1998年年度股东大会在韶钢招待所二楼会议室召开,出席会议的股东及授权代表53人,代表股份31,213.36万股,占股本总额的75.032%。符合《 公司法》和本公司章程的有关规定,会议由韶关市公证处公证员陈唐先生、成景华先 生现场公证。

㈡ 股东大会通过的决议及决议的刊登情况

大会以逐项表决的方式审议通过了以下报告和议案:

1、审议通过了《1998年度董事会工作报告》。
2、审议通过了《1998年度监事会工作报告》。
3、审议通过了《1998年度总经理工作报告》。
4、审议通过了《1998年度财务决算报告》。
5、审议通过了《关于续聘广东正中会计师事务所为本公司1999年度会计报表审 计机构的议案》。
6、审议通过了《1998年度利润分配议案》。
7、审议通过了《关于部分监事变更的议案》。
8、审议通过了《关于部分董事变更的议案》。

本次股东大会决议公告刊登在1999年6月3日的《中国证券报》和《证券时报》上。

五、董事会工作报告

(一)公司经营情况

1.公司所处的行业及主营业务范围

本公司属冶金行业,是广东省最大的钢铁类上市公司,公司产品主要有三大系列: 线材、棒材、中板,均按国际或国内先进标准生产,畅销全国十多个省、市、自治区, 并批量出口,公司已通过ISO9002质量体系认证,6-20mmA、B级船板钢先后通过中、美 、德、英、日、法、挪威七国船级社工厂认可。

2.公司经营状况

本公司1999年产钢114.2万吨,产铁116.1万吨,钢材完成154.9万吨,焦炭完成32.4万吨,烧结矿完成141.4万吨。以上主要产品产量均完成或超额完成年度计划。实现主营业务收入30.47亿元,主营业务利润2.68亿元,净利润1.83亿元。

3.存在的问题、困难及解决方案

1999年,全国钢材产品竞争加剧,钢材价格继续下滑,用户对钢材产品的品种质量及服务质量提出了更加严格的要求。虽然广东钢材市场容量较大,但一直是内地钢铁企业和国外钢材的倾销地。

面对严峻的形势,公司强化内部管理,重新调整各项成本指标,狠抓节能降耗工作,依靠技术进步,大幅度降低成本,消化了钢材价格下降的不利因素。同时,努力提高产 品质量和服务质量,增强产品的市场竞争力。1999年产销钢材双双迈上了150万吨的新台阶,取得较好的经济效益。

(1)依靠内部挖潜,实施低成本战略。

1999年,面对钢材价格持续下滑的严峻形势,积极采取对策,坚定不移地实施低成本战略,以系统降成本为重点,以降低物耗和能耗为突破口,全方位、全流程、全工序节能降耗,挖潜增效。并适时调整和核定各生产单位的成本考核指标,取得了明显的成效。由于降成本工作措施得力,工作落实,在钢材价格比1998年同期下降约160元/吨的情况下,1999年仍实现利润总额21,556.95万元,比上年度增长3.64%。

(2)重组营销管理架构,加强营销工作力度。

1999年以来,公司根据营销经济效益的原则,重新调整市场布局,把市场划分为珠 江三角洲市场、周边市场和省外市场,采取中间商经销、重点工程直供、经营部直销 三位一体的销售模式,销售部门重组销售管理架构,理顺了销售流程,形成了有效的管 理机制和激励机制,提高了工作质量和服务质量,开创了营销工作新局面。全年销售钢材153.15万吨,实现销售收入30.47亿元,产销率99%。

(3)深化企业改革,促进管理升级。

1999年以来,公司不断优化职能组织管理架构,健全职能化组织管理体系,理顺职 能管理职责,使管理队伍素质不断提高,从而提高了办事效率。公司的各项措施得到了顺利实施,公司的管理水平有了明显提高,技术质量指标也有了新的提高。

(二)公司的财务状况

1999年末公司总资产243,307.29万元,与年初的249,007.57万元相比,减少2.29%。年末股东权益200,668.03万元,与年初的190,664.63万元相比,增长5.25%。增加的主要原因是本年实现的净利润。

公司年末负债总额为42,639.26万元,与上年末的58,342.94万元相比,减少15,703.68万元,减少26.92%。资产负债率为17.52%,比上年的23.32%,减少5.8个百分点。减少的主要原因是本年归还原欠广东省韶关钢铁集团有限公司的款项余额18,204万元(该欠款是1997年公司改组时,由于在建工程随所属生产厂重组进入本公司而产生应付集团公司的债务余额)。本年向银行借入短期贷款比年初增加1,270万元。

1999年度实现主营业务收入净额303,692.39万元，与上年的267,139.25万元相比，增长13.68%;主营业务利润实现26,806.64万元,与上年的26,058.36万元相比,增长2.87%;利润总额实现了21,556.95万元,与上年的20,798.90万元相比,增长3.64%。主 要原因是本年主营业务收入比上年增长13.68%,钢材销售量比上年增长了34.46%。

1999年度公司的现金流量净减少额为842.74万元。其中:在经营活动中,由于销售收入的增长,现金流量净增加31,097.98万元;在投资活动中,由于各项技改投资项目的投入,现金流量净减少了5,729.58万元;在筹资活动中,由于本年归还各项债务和分配 股利等,现金流量净减少了26,211.14万元。

(三)公司投资情况

1.1998年配股募集资金延续到本报告期内的使用情况

1998年7月份本公司实施1998年度增资配股方案,实际共募集资金80,862.44万元,其中:现金26,161.56万元,实物资产54,700.88万元。本次配股募集的资金全部按照配股说明书中承诺的投资项目进行投资,没有改变募集资金的用途,现将投资项目的进展情况说明如下:

(1)配股说明书中计划募集资金使用情况(金额单位:人民币万元)

项目名称	总投资	预计投资时间	计划竣工时间
五轧厂"一火成材"改造	2575.60	1998年7月	1999年6月
烧结厂烧结机改造	3648.80	1998年8月	1999年6月
炼钢厂1#、2#连铸机改造	4774.56	1998年10月	1999年10月
三轧厂加热炉改造	1545.45	1998年10月	1999年3月
炼铁厂4#、5#、6#风机改造	1896.45	1998年8月	1999年8月
补充流动资金	11720.70		
合　计	26161.56		

(2)募集资金的实际使用情况(金额单位:人民币万元)

投资项目名称	计划总投资	实际投资金额 98年度	99年度	合计	完工程度	竣工时间	产生效益
五轧厂"一火成材"改造	2575.60	1610.23	586.92	2197.15	100%	1999.9	108.40
烧结厂烧结机改造	3648.80	2154.11	1392.06	3546.17	100%	1999.9	149.10
炼钢厂1#、2#连铸机改造	4774.56	2062.02	2761.44	4823.46	100%	1999.10	532.49
三轧厂加热炉改造	1545.45	1201.78	392.11	1593.89	100%	1999.7	433.28
炼铁厂4#、5#、6#风机改造	1896.45	1102.09	890.16	1992.25	100%	1999.7	614.73
补充流动资金	11720.70	11720.70		11720.70	100%		
合　计	26161.56	19850.93	6022.69	25873.62	1838		

对尚未使用的募集资金287.94万元，占1998年配股募集的可用资金总额26,161.56万元的1.10%,已全部用于补充流动资金。

2.公司本期没有发生其他对内、对外的投资项目。

(四)国家经济政策的影响及对策

2000年,冶金行业将进一步加强总量控制和结构调整,国家下决心关闭一批小钢铁厂,并淘汰落后的生产能力及压缩长线产品的产量,加大技术改造的力度。对此,我们 将充分利用政策的有利条件,发挥优势,利用贴息贷款进行技术改造,优化结构,增加品种,提高质量,全面提高本公司钢材产品的市场竞争力。

(五)2000年度业务发展计划

1. 2000年度目标

目标:钢产量:115万吨;铁产量:122万吨;钢材产量:150万吨。

2. 2000年度新建及在建项目的投资计划

(1)烧结机易地改造项目

随着公司的不断发展壮大,目前公司烧结矿生产能力明显不足,需要大量进口球团矿以满足炼铁生产能力的需求,从而影响炼铁经济效益的进一步提高。根据国家钢铁 工业技术进步的政策鼓励企业大力推行技术改造,决定易地改造建设105m2的小球烧结机。该项目是国家推荐的成熟的先进工艺。改造完成后,将进一步优化铁前的炉料结 构,增加炼铁的熟料比,进一步提高炼铁利用系数,降低焦比,减少球团矿的进口,具有 良好的经济效益。该项目总投资4946.09万元。

(2)烧结原料系统改造项目

本公司现有原料系统存在的主要问题有原料系统的矿粉、焦粉、熔剂矿的破碎筛分能力不足;混合料系统混合机及皮带输送机能力不足;无造球和燃料分加系统,不能 使用小球烧结工艺。烧结原料系统此次改造,能使易地改造后的烧结机发挥出更大的 生产能力和生产出高质量的烧结矿,为高炉生产优质、低耗、低成本的铁水作出保障 。该项目总投资4935.36万元。

(3)烧结除尘系统改造项目

为进一步贯彻国家环境保护政策,对技术改造项目实现"三同时"的要求,符合国家2000年环保对工业排放污染物总量控制的目标,本公司对烧结机和原料系统进行除 尘系统改造。

该项目完成后可最大限度地降低了粉尘等污染物的源强,对生产中产生的粉尘进 行治理,除尘收集的粉尘全部回收利用,并采用低硫原料和燃料,减少SO_2排放量,机尾 废气排放含尘浓度小于100毫克/立方米,破碎系统外排废气含尘浓度低于150毫克/立 方米,达到国家规定的标准,减少噪声对周围环境的影响,废水经处理后达到标准排放 。项目具有良好的社会效益及经济效益。该项目总投资4859.02万元。

(4)炼钢厂4#方坯连铸机技术改造项目

根据市场需求,为了更有效的调节方坯和板坯质量,以生产更多的市场销路好、经济效益好的钢材产品,需要对4#方坯连铸机进行高效化改造。

该项目完成后将进一步提高连铸装备水平,为开发新产品,提高产品的市场竞争力和轧制附加值高的产品创造了条件。改造完成后,由于加大连铸坯断面和长度,可以进一步提高成材率和定尺率,降低消耗,降低成本,提高经济效益。该项目总投资4897万 元。

3. 2000年度主要措施

(1)继续发挥铁钢路线的低成本优势,进一步挖潜增效。

把实施低成本战略逐步引向深入。充分利用信息,预测市场变化趋势,超前应变, 引入竞争机制,从源头上降低物资采购成本。根据进口矿价格的变化,及时研究和探索既符合高产、稳产,又能降低成本的新配矿方案,达到生产顺行与成本效益的最佳结合。加大降成本工作的考核力度,改进和完善经济责任制,从严考核,坚决实行成本否决 。

努力提高各项技术经济指标,向全国同行业先进水平冲刺。

以主要技术经济指标为突破口,瞄准全国同行业先进指标,通过寻找差距,探索解 决问题的新技术、新措施,切实解决生产经营中的疑难问题,向全国同行业先进水平冲刺。

以市场为导向,强化营销管理。

继续加强财务管理与营销运作的高效结合,紧紧抓住资金回笼,做到无欠款,保障 资金安全,防范经营风险。进一步完善中间商经销、重点工程直供、经营部直销的三 位一体的销售模式。在稳住国内市场的同时,积极做好拓展出口工作,进一步扩大出口。

(4)加快科技进步步伐,强化质量管理。

进一步贯彻"科学技术是第一生产力"的思想,大力实施"科技兴企"战略;以市场为导向,努力开发新产品;进一步加强全面质量管理,狠抓进厂原燃材料的质量把关,严格工艺过程的质量控制,确保出厂产品百分之百合格。继续实施名牌产品战略,在科技进步技术创新方面,要多下一点笔墨,以符合当前国家的形势要求。

(5)强化管理职能,搞好资产经营规范运作。

加强对外投资的政策研究工作,积极寻找投资、合作、合资项目,为本公司增加新的利润增长点。

(六)董事会日常工作情况

1. 董事会的会议情况及决议内容:董事会本年度共召开三次会议。

(1)公司第一届董事会第七次会议于1999年4月6日在韶钢办公楼1号会议室召开，会议由董事长曾德新先生主持,应到董事8名,实到董事7名,5名监事和高级管理人员列席了会议。会议审议通过了以下报告和议案:

①审议通过了1998年年度报告正本和年度报告摘要。

②审议通过了1998年度董事会工作报告。

③审议通过了1998年度总经理工作报告。

④审议通过了1998年度财务决算报告。

⑤审议通过了关于续聘广东正中会计师事务所为本公司1999年度会计报表审计机构的议案。

⑥审议通过了1998年度利润分配预案。以公司1998年12月31日的总股本41,600万股为基数,每10股派2元(含税)。预计派发现金83,200,000元,结余部分92,811,766.28元滚存至下年度。

⑦ 决定公司1998年年度股东大会的会议日期另行通知。

会议决议公告刊登于1999年4月8日《中国证券报》和《证券时报》。

(2)公司第一届董事会第八次会议于1999年4月26日在韶钢办公楼1号会议室召开,会议由董事长曾德新先生主持,应到董事8名,实到董事7名,5名监事和高级管理人员列席了会议。会议内容如下:

① 审议通过了《关于部分董事变更的议案》。

② 决定于1999年6月2日召开1998年年度股东大会。

会议决议公告刊登于1999年4月28日《中国证券报》和《证券时报》。

(3)公司第一届董事会第九次会议于1999年8月17日在韶钢办公楼1号会议室召开,会议由董事长曾德新先生主持,应到董事9名,实到董事9名,5名监事和高级管理人员列席了会议。会议审议通过了以下事项:

①审议通过了公司1999年中期报告。

②审议通过了公司1999年中期利润分配议案, 决定中期不进行利润分配也不进行 公积金转增股本。

会议决议公告刊登于1999年8月19日《中国证券报》和《证券时报》。

2.董事会对股东大会决议的执行情况

本公司1999年6月2日召开的1998年年度股东大会决议通过《1998年度利润分配预案》,以本公司1998年12月31日的总股本41,600万股为基数,每10股派2元人民币(含税),结余部分滚存至下年度。本公司董事会于1999年7月13日在《中国证券报》和《证 券时报》上刊登了《派息公告》。本次派息股权登记日为1999年7月19日,除息日为1999年7月20日,并于1999年7月26日完成了股利的派发工作。

(七)公司高级管理人员情况介绍

1.董事、监事、高级管理人员

姓名	性别	年龄	职务	任期起止日期	年初持股数	年末持股数
曾德新	男	54	董事长	97.4———2000.42	600	2600
周　力	男	45	董事	97.4———2000.42	600	2600
黄旭明	男	54	董事	97.4———2000.42	600	2600
			总经理	98.10——2000.4		
彭大龙	男	49	董事	97.4———2000.42	600	2600
冯炳文	男	55	董事	97.4———2000.42	600	2600
陈伟明	男	58	董事	97.4———2000.42	600	2600
葛弘模	男	50	董事	99.6———2000.42	600	2600
包长吉	男	60	董事	99.6———2000.42	600	2600
黄　权	男	52	董事	97.4———2000.42	600	2600
卢建华	男	45	监事长	97.4———2000.42	600	2600
徐维忠	男	52	监事	97.4———2000.42	600	2600
许舜梅	女	51	监事	99.6———2000.4	0	0
陈建驹	男	43	监事	99.6———2000.4	0	0
蔡首发	男	55	监事	99.6———2000.41	300	1300
庞大春	男	32	董事会秘书	98.10———2000.4	0	0
刘树生	男	42	财务部经理	97.4———2000.4	0	0

(1)以上董事、监事及高级管理人员年末持股数与年初持股数相比未发生变化

。

(2)以上部分董事、监事及高级管理人员的年度报酬总额约为53110元。其中,在3万元以上领取报酬的董事1人,黄旭明(36008元);在1.5万元以下领取报酬的高级管理 人员2人,分别是庞大春(14301元)、刘树生(14801元);其余董事、监事未在本公司领 取报酬。

(3)本报告期内,因姚本成先生已调往新的单位任职,不再担任本公司董事;吴恒昌先生因退休,不再担任本公司监事;葛弘模先生和包长吉先生因工作变动不再担任本公司监事。

(4)报告期内,无聘任或解聘公司经理、董事会秘书情况。

2.公司员工情况

截止1999年12月31日止,公司共有员工5633人,其中大专以上学历564人;生产人员4829人,销售人员133人;具有专业技术职称资格的技术人员735人,具有专业技术职称 资格的财务人员32人。

(八)1999年度利润分配预案

经广东正中会计师事务所审计,本公司1999年共实现净利润183,234,075.91元,提取10%的公积金和5%的公益金共计

27,485,111.39元,本期可供全体股东分配的利润155,748,964.52元,加上年初未 分配利润83,171,489.14元(已扣除会计政策变更追溯调减年初数9,640,277.14元),本次可供全体股东分配的利润为238,920,453.66元。以公司1999年12月31日的总股本41,600万股为基数,每10股派2元(含税),预计派发现金83,200,000元,结余部分155,720,453.66元滚存至下年度。

本分配预案将提请公司1999年年度股东大会审议通过后实施。

(九)其他事项

1、公司本年度选定的信息披露报纸为《中国证券报》和《证券时报》,没有变更。

2、本年度公司聘请的审计机构为广东正中会计师事务所,没有变更。

六、监事会报告

1999年度,监事会以《公司法》和本公司《章程》为依据,在促进公司规范运作, 维护股东权益等方面认真履行职责,积极开展监督工作。

(一)本年度公司第一届监事会共召开两次会议

1.本公司第一届监事会第四次会议于1999年4月6日在韶钢办公楼1号会议室召开,审议了下列议案:

(1)1998年度监事会工作报告;

(2)公司1998年年度报告正本及1998年年度报告摘要;

(3)1998年度财务决算报告;

(4)1998年利润分配预案。

2.本公司第一届监事会第五次会议于1999年4月25日在韶钢办公楼1号会议室召开, 审议

通过了《关于部分监事变更的议案》。

本次会议决议公告刊登在1999年4月27日的《中国证券报》和《证券时报》上。

(二)监事会全体成员列席了本年度召开的所有董事会会议,并参加了1998年年度 股东大会。1999年度主要工作如下:

1.依法对公司运作情况进行监督。

1999年度,本公司董事会严格按照股东大会的各项决议要求,确实履行了各项决议,其决策程序符合《公司法》及本公司章程的有关规定。公司本着审慎经营的态度,建立和健全了公司内部各项控制制度。公司董事及经理等高级管理人员在执行公司职务时未发现有违反国家法律法规、公司章程或损害公司利益的行为。

2.对公司的财务进行检查。

1999年度,广东正中会计师事务所为本公司出具了年度审计报告,该报告真实反映了公司的财务状况和实际经营成果。

3.对募集资金使用情况进行监督。

公司1998年度配股募集资金,已全部投入配股说明书中的项目,与配股说明书的承诺投入的项目一致,未变更投向。广东正中会计师事务所对本公司募集资金的使用情 况出具了专项审计报告。

4.对关联交易情况进行监督。

本公司与集团公司之间签订有原材料采购、土地租赁、综合服务等方面协议,经 本监事会审议,所有协议均按市场价执行,未发现有损害股东利益或造成公司资产流失的情况发生。

5.本年度公司无收购或出售资产事项。

6.本年度广东正中会计师事务所出具了无保留意见的审计报告。

七、重要事项

㈠本年度公司无重大诉讼、仲裁事项。

㈡本年度公司、公司董事及高级管理人员未受监管部门的任何处罚。

㈢本年度公司控股股东无变更,公司董事未进行换届改选,也无半数以上成员变动情况,公司总经理、董事会秘书无变更。

㈣本年度公司无收购及出售资产、吸收合并事项。

㈤重大关联交易事项

1.存在控制关系的关联方

企业名称:广东省韶关钢铁集团有限公司

住所:广州市西村西增路内协和路10号。

性质:有限责任公司(国有独资)。

法定代表人:曾德新

经营范围:本企业及成员企业自产产品及相关技术的出口,生产、科研所需原材料、机械设备、仪器仪表、零配件及相关技术的进口;本企业的进料加工和“三来一补 ”业务(按<97>外经贸政审函第106号和2198号文经营)。在省政府授权范围内经营国 有资产;制造、加工、销售:黑色金属冶炼及压延加工,金属制品,焦炭及煤,化工产品,耐火材料,炉料,建筑材料,工业生产资料(不含金、银、汽车、化学危险品);气体供应,汽车维修。钢铁产品质检,大砝码计量检定。

2、存在控制关系的关联方的注册资本及其变化

企业名称	年初数	本年增加数	本年减少数	年末数
广东省韶关钢铁集团有限公司	98363万元		9433万元	88930万元

3、存在控制关系的关联方所持股份或权益及其变化

企业名称	年初数		本年增加数		本年减少数		年末数	
	金额	%	金额	%	金额	%	金额	%
广东省韶关钢铁集团有限公司	31200万元	75%					31200	75%

4、与存在控制关系的关联方交易

(1)采购货物

企业名称	1999年		1998年	
	金额	占年度购货%	金额	占年度购货%
广东省韶关钢铁集团有限公司	2221384495.20	89.26%	1973443896	81%

本公司向关联方采购货物的价格按不高于市场价格的协议价结算。

(2)销售货物

企业名称	1999年		1998年	
	金额	占年度购货%	金额	占年度购货%
广东省韶关钢铁集团有限公司	679041410.86	22.28%	1769609949	66%

本公司向关联方销售货物的价格按不低于市场价格的协议价结算。

(3)其他交易

公司根据1998年1月签订的综合服务协议,本报告期支付广东省韶关钢铁集团有限公司的综合服务费1936万元,土地使用权租用费853万元。

(4)关联方应收和应付款项余额

项　　目	期末余额		占全部应收(付)款项余额比重%	
	1999年	1998年	1999年	1998年
应收票据:				
广东省韶关钢铁集团有限公司	19351236.26	61260000	9.27%	43.03%
应收帐款:				
广东省韶关钢铁集团有限公司		57393333		58.88%
其他应付款:				
广东省韶关钢铁集团有限公司		182040000		65.64%

㈥本公司独立运作,与控股股东广东省韶关钢铁集团有限公司人员分立、资产清晰、财务独立。

㈦本年度公司聘任的会计师事务所为广东正中会计师事务所,没有变更。

㈧本年度本公司无重大合同(含担保)事项。

㈨本报告期内本公司未更改公司名称或股票简称。

八、财务会计报告

(一)审计报告

本公司1999年度的财务报告已经广东正中会计师事务所中国注册会计师蒋洪峰、何威明审计,并出具了无保留意见的审计报告(粤会所审[2000]第30198号)。

(二)会计报表

1.资产负债表(见附表)

2.利润表及利润分配表(见附表)

3.现金流量表(见附表)

(三)会计报表附注

1.公司简介

广东韶钢松山股份有限公司是1997年经广东省人民政府粤办函[1997]117号文批 准,由广东省韶关钢铁集团有限公司独家发起,采取募集方式设立的股份有限公司。公司于1997年4月29日办理工商注册登记正式成立,1998年7月30日换发了营业执照,现注册资本为41,600万元,注册号4400001000412。

本公司属钢铁行业,主营制造加工,销售冶金钢铁产品、金属制品、焦碳煤化工产品、技术开发转让、引进与咨询服务,主导产品有中板(船板、汽车大梁板)、线材、棒材(螺纹钢筋、普圆钢筋)等三大系列产品。

2.公司主要会计政策和会计估计

(1)会计制度:公司执行《股份有限公司会计制度》及相关具体会计准则。

(2)会计期间:自公历1月1日至12月31日。

(3)记帐本位币:人民币。

(4)记帐基础和计价原则:采用权责发生制和按历史成本法计价。

(5)现金等价物的确定标准:公司根据《企业会计准则———现金流量表》的规定,将持有的期限在3个月以内、流动性强、易于转换为已知金额现金、价值变动风险很小的投资确定为现金等价物。本报告期公司无现金等价物。

(6)短期投资:期末短期投资原按成本计价,现改按成本与市价孰低计价,并按投资总体计提跌价准备。

短期投资按取得时的实际成本核算,在转让或到期兑付时超过成本价格的部分才作为投资收益的实现。

公司目前无短期投资项目,未提取短期投资跌价准备。

(7)坏帐核算方法:

坏帐的确认标准:债务人破产或者死亡,以其破产财产或者遗产清偿后仍然不能收回的,或因债务人逾期未履行偿债义务超过五年的款项。

坏帐损失核算采用备抵法。坏帐准备原按应收帐款期末余额的3‰计提,现改按应收款项帐龄分析法计提,提取比例为:逾期1年(含1年,以下类推)以内的,按其余额的5 %计提;逾期1-2年的,按其余额的10%计提;逾期2-3年的,按其余额的30%计提;逾期3-4年的,按其余额的50%计提;逾期4-5年的,按其余额的80%计提;逾期5年以上的,按 其余额的100%计提。

坏帐准备会计政策变更对公司的财务状况和经营成果的影响见本会计政策第“(17)”项。

(8)存货核算方法:

原材料、燃料、产成品等按实际成本核算,发出时按加权平均法计价。

低值易耗品按实际成本核算,采用分期摊销法摊销及一次性摊销。

存货跌价准备:期末存货原按成本计价,现改按成本与可变现净值孰低计价,提取 存货跌价准备。

存货跌价准备会计政策变更对公司的财务状况和经营成果的影响见本会计政策第“(17)”项。

(9)长期投资

长期债券投资的入帐价值及收益确认:按实际支付的价款扣除支付的税金、手续 费等各项附加费用,以及支付的自发行日起至购入债券日止的应计利息的余额作为实 际成本记帐,并按权责发生制原则计算应计利息。

长期股权投资:长期股权投资包括股票投资和其他股权投资,公司对外股权投资按投资时实际支付的价款或评估、协议确定的价值记帐。公司对其他单位的投资占该单位有表决权资本总额的20%或20%以上,或虽投资不足20%但有重大影响的,采用权益法核算;公司对其他单位的投资占该单位有表决权资本总额20%以下,或虽占20%或20%以上,但不具有重大影响的,采用成本法核算。

期末长期投资原不计提减值准备,现改为计提减值准备。公司目前无长期投资项 目,未提取长期投资减值准备。

(10)固定资产及其折旧:

固定资产标准:使用年限超过一年,单位价值在2000元以上的房屋、建筑物、机器、机械、运输工具,以及其他与生产经营有关的设备、器具、工具等;单位价值在2000元以上,并且使用期限超过两年的不属于生产经营主要设备的物品。

固定资产的分类为:房屋建筑物、机械设备、运输设备。

固定资产计价:固定资产除符合固定资产管理政策的按重估价值计价外,其余均按实际成本计价。

固定资产折旧:采用直线法平均计算,并按固定资产类别,估计经济使用年限确定 折旧率。

资产类别	估计使用年限	年折旧率(%)
房屋建筑物	16—35年	6.25—2.86
机械设备	5—12年	20—8.33
运输设备	8年	12.50

(11)在建工程核算方法:

在建工程以实际发生之相关支出计入工程成本,为购置该项资产所筹措之借款在 该项资产达到预定使用状态前发生的利息予以资本化。技改投资工程在办理交付使用时结转固定资产。大中修工程项目竣工结算后转入长期待摊费用(见本会计政策第(13)项)、期间费用或成本费用。

(12)开办费的摊销方法:从1997年始五年内平均摊销。

(13)长期待摊费用的摊销方法:固定资产大修理支出在大修间隔期限内平均摊销 。

(14)产品销售收入确认原则:

公司已将产品所有权上的重要风险和报酬转移给买方,不再对该产品实施继续管 理权和实际控制权,相关的收入已经收到或取得了收款的凭据,并且与销售该产品有关的成本能够可靠地计量时,确认销售收入的实现。

(15)所得税的会计处理方法:采用应付税款法。

(16)利润分配方法:根据公司章程,公司的税后净利润按下列顺序分配(具体比例 由公司董事会拟定,报股东大会审议确定):

①、弥补上一年度的亏损;

②、提取法定公积金百分之十;

③、提取法定公益金百分之五至十;

④、提取任意公积金;

⑤、支付股东股利。

(17)会计政策变更事项对公司财务状况和经营成果的影响本公司按照《股份有限公司会计制度》的规定,从1999年1月1日起改变应收款项坏帐准备、存货跌价准备、短期投资跌价准备和长期投资减值准备的计提政策。

公司变更上述会计政策,1999年度计提应收款项坏帐准备和存货跌价准备的影响 数为2,021,594.35元,其中:计提坏帐准备的影响数为1,573,859元,计提存货跌价准备的影响数为447,735.35元。

公司变更上述会计政策已采用追溯调整法,调整了期初留存收益及相关项目的期 初数。上述会计政策变更对以前年度的累积影响数为11,341,502.52元,其中:因坏帐 准备计提方法变更的累积影响数为4,741,109.24元,存货计价方法变更的累积影响数 为6,600,393.28元。由于会计政策变更,在编制比较会计报表时,调减了1997年度的净利润5,657,501.04元;调减了1998年度的净利润5,684,001.48元;调减了1999年年初留存收益11,341,502.52元,其中:未分配利润调减了9,640,277.14元,盈余公积调减了1,701,225.38元。利润及利润分配表中上年数栏的年初未分配利润调减了4,808,875.88元。

(18)税项:

税种	税率	计税基数
增值税:		
销项税:	13%、17%	销售收入
进项税:	6%—17%	进货成本等
城建税:	5%	应缴增值税、营业税额
教育费附加:	3%	应缴增值税、营业税额
所得税	33%	应纳税所得额

注:公司经广东省人民政府办公厅粤办函(1997)114号文件批准,1997年至1999年 按33%计算缴交所得税,超过15%部份由广东省财政厅给予返还。

(19)或有事项

公司在资产负债表日没有任何或有事项。

(20)承诺事项

公司在资产负债表日没有任何重大承诺事项。

九、公司的其他有关资料

㈠公司变更注册登记日期:1998 年 7 月 30 日

注册地点:广东省工商行政管理局

㈡企业法人营业执照注册号: 23112934-6

㈢税务登记号码:440201231129346

㈣公司未流通股的托管机构名称:深圳证券登记结算有限公司

㈤公司聘请的会计师事务所名称:广东正中会计师事务所

办公地点:广东省广州市环市东路 322 号东梯 3 楼

十、备查文件目录

㈠载有法定代表人、财务负责人、会计经办人签名并盖章的会计报表;

㈡载有会计师事务所盖章、注册会计师亲笔签名并盖章的审计报告正本;

㈢1999 年在《中国证券报》、《证券时报》上刊登的《1998 年年度报告摘要》、《1999 年中期报告》等文件;

㈣公司章程。

广东韶钢松山股份有限公司

二〇〇〇年一月二十六日

资产负债表

1999 年 12 月 31 日

编制单位:广东韶钢松山股份有限公司　　金额单位:人民币元

资产	年末数	年初数
流动资产:		
货币资金	154917569.10	163344991.91
短期投资		
减:短期投资跌价准备		
短期投资净额		
应收票据	51539859.93	142360000.00
应收帐款	118837361.47	99915091.85
其他应收款	81199.99	901998.60
减:坏帐准备	6614713.52	5040854.52
应收款项净额	112303847.94	95776235.93
预付帐款	15581362.74	
应收补贴款	22818396.21	18276835.15
存货	442072478.07	327118818.25
减:存货跌价准备	7048128.63	6600393.28
存货净额	435024349.44	320518424.97
待摊费用	3559839.84	6554853.28
流动资产合计	795745225.20	746831341.24
长期投资:		
长期股权投资		
长期债权投资		
长期投资合计		
减:长期投资减值准备		
长期投资净额		
固定资产:		
固定资产原价	2230382509.57	2099854712.21
减:累计折旧	647378698.45	481599007.45
固定资产净值	1583003811.12	1618255704.76
在建工程	52883000.00	122827299.76
固定资产合计	1635886811.12	1741083004.52
无形资产及其他资产:		
开办费	1440890.48	2161335.80
长期待摊费用		
无形资产及其他资产合计	1440890.48	2161335.80
资产合计	2433072926.80	2490075681.56
负债和股东权益	年末数	年初数
流动负债:		
短期借款	186700000.00	174000000.00
应付票据		
应付帐款	10751929.40	1823124.10
预收帐款	32421298.05	81621103.56
应付工资		
应付福利费	14511670.39	4667684.62
应付股利	83200000.00	83200000.00
应交税金	52124022.30	39075356.07
其他应交款		5826365.27
其他应付款	46683675.10	193215792.29
预提费用		
一年内到期的长期负债		
其他流动负债		
流动负债合计	426392595.24	583429425.91
长期负债		
长期借款		
应付债券		
其他长期负债		
长期负债合计		
递延税项:		
负债合计	426392595.24	583429425.91
股东权益:		
股本	416000000.00	416000000.00
资本公积	1355526855.95	1355526855.95
盈余公积	79433021.95	51947910.56
其中:公益金	26477673.98	17315970.18
未分配利润	155720453.66	83171489.14
股东权益合计	2006680331.56	1906646255.65
负债和股东权益合计	2433072926.80	2490075681.56

利润及利润分配表

1999 年度

编制单位:广东韶钢松山股份有限公司　　金额单位:人民币元

项目	本年数	上年数
一、主营业务收入	3047884506.15	2671392538.87
减:折扣与折让	10960645.37	
主营业务收入净额	3036923860.78	2671392538.87
减:主营业务成本	2759833218.42	2404457058.75
主营业务税金及附加	9024240.35	6351869.59
二、主营业务利润(亏损以"-"号填列)	268066402.01	260583610.53
加:其他业务利润(亏损以"-"号填列)	371107.03	302024.05
减:存货跌价损失	447735.35	1436175.05
营业费用	11697563.24	5762429.52
管理费用	33403118.75	37386415.01
财务费用	7121854.57	8209398.68
三、营业利润(亏损以"-"号填列)	215767237.13	208091216.32
加:投资收益(亏损以"-"号填列)		
补贴收入		
营业外收入	46650.40	30258.00
减:营业外支出	244386.43	132434.42
四、利润总额(亏损总额以"-"号填列)	215569501.10	207989039.90
减:所得税(33%)	71137935.38	70521343.65
加:应返还所得税(18%)	38802510.19	38466187.44
五、净利润(净亏损以"-"号填列)	183234075.91	175933883.69
加:年初未分配利润	83171489.14	144827692.00
盈余公积转入		
六、可供分配的利润	266405565.05	320761575.69
减:提取法定盈余公积	18323407.59	17593388.37
提取法定公益金	9161703.80	8796694.18
七、可供股东分配的利润	238920453.66	294371493.14
减:分配普通股股利	83200000.00	211200004.00
转作股本的普通股股利		
八、未分配利润	155720453.66	83171489.14

现金流量表

1999 年 1—12 月

编制单位:广东韶钢松山股份有限公司　　金额单位:人民币元

项目	金额
一、经营活动产生的现金流量:	
销售商品、提供劳务收到的现金	3059993032.75
收到的增值税销项税额和退回的增值税款	536261472.75
收到的除增值税以外的其他税费返还	34380000.00
收到的其他与经营活动有关的现金	38659219.68
现金流入小计	3669293725.18
购买商品、接受劳务支付的现金	2611774242.26
经营租赁所支付的现金	
支付给职工以及为职工支付的现金	97739965.94
支付的增值税款	522593314.24
支付的所得税款	70069537.54
支付的除增值税、所得税以外的其他税费	16538495.74
支付的其他与经营活动有关的现金	39598390.89
现金流出小计	3358313946.61
经营活动产生的现金流量净额	310979778.57
二、投资活动产生的现金流量	
收回投资所收到的现金	
分得股利或利润所收到的现金	
取得债券利息收入所收到的现金	
处置固定资产、无形资产和其他长期资产而收回的现金净额	88650.40
现金流入小计	88650.40
购建固定资产、无形资产和其他长期资产所支付的现金	57384408.08
现金流出小计	57384408.08
投资活动产生的现金流量净额	-57295757.68
三、筹资活动产生的现金流量:	
借款所收到的现金	286700000.00
现金流入小计	286700000.00
偿还债务所支付的现金	456040000.00
发生筹资费用所支付的现金	
分配股利或利润所支付的现金	83200000.00
偿付利息所支付的现金	9571443.70
现金流出小计	548811443.70
筹资活动产生的现金流量净额	-262111443.70
四、汇率变动对现金的影响	
五、现金及现金等价物净增加额	-8427422.81

项目	金额
1.不涉及现金收支的投资和筹资活动:	
以固定资产偿还债务	
以固定资产进行长期投资	
融资租赁固定资产	
2.将净利润调节为经营活动的现金流量:	
净利润	183234075.91
加:计提的坏帐准备或转销的坏帐	2021594.35
固定资产折旧	162294215.05
无形资产摊销	720445.32
其他长期资产的损失(减收益)	197736.03
财务费用	9571443.70
存货的减少(减增加)	-114953659.82
经营性应收项目的减少(减增加)	18977302.49
经营性应付项目的增加(减减少)	48916625.54
经营活动产生的现金流量净额	310979778.57
3.现金及现金等价物净增加情况	
货币资金的期末余额	154917569.10
减:货币资金的期初余额	163344991.91
现金及现金等价物净增加额	-8127422.81

吉林纸业股份有限公司

一、公司简介

1、公司法定中文名称:吉林纸业股份有限公司
公司英文名称:JILIN PAPER MANUFACTURING CO.LTD.　　缩写:JP
2、公司法定代表人:曲丹时
3、公司董事会秘书:关凌汉
股证事务授权代表:于纪校
联系地址:吉林省吉林市林荫路 9 号
联系电话:0432-2703225　　传真:0432-2773695
4、公司注册地址:吉林省吉林市林荫路 9 号
公司办公地址:吉林省吉林市林荫路 9 号
公司邮政编码:132002
公司国际互联网网址:http://jlzy.rime.com.cn
公司电子信箱:jlzhy@public.jl.jl.cn
5、公司选定的信息披露报纸名称:《证券时报》
登载公司年度报告的中国证监会指定国际互联网网址:http://www.cninfo.com.cn
公司年度报告备置地点:吉林省吉林市林荫路 9 号本公司董事会秘书室、深圳证券交易所、有关证券经营机构营业网点。
6、公司股票上市交易所:深圳证券交易所
股票简称:吉林纸业　　股票代码:0718

二、会计数据和业务数据摘要

1、本年度主要会计数据　　单位:人民币元

项　目	金　额
利润总额	129,337,072.15
净利润	115,130,034.89
扣除非经常性损益后的净利润	89,539,288.31
主营业务利润	254,620,074.49
其他业务利润	3,953,687.68
营业利润	111,994,015.51
投资收益	-2,033,271.25
补贴收入	18,992,059.22
营业外收支净额	384,268.67
经营活动产生的现金流量净额	-15,300,849.17
现金及现金等价物净增加额	41,987,142.53

说明:扣除非经常性损益后的净利润指标中扣除的项目及金额说明如下:
1)退 1998 年因林木资产转让产生的流转税 12,392,536.33 元。
2)退 1998 年转让林木资产盈利产生的所得税 13,198,210.25 元。
2、截止报告期末公司前三年的主要会计数据及财务指标:　　单位:元

指　标	单位	1999 年	1998 年		1997 年	
			调整后	调整前	调整后	调整前
主营业务收入	(元)	1091435771	645520751	645520751	459906543	459906543
净利润	(元)	115130034	95156467	100544320	80009396	88413890
总资产	(元)	2319311617	1972864816	2005241238	1397866158	1423918233
股东权益	(元)	1040914033	925783998	957223926	829805746	855857820
每股收益	(元)	0.33	0.27	0.29	0.30	0.33
1)加权每股收益	(元)	0.33				
2)扣除非经常性损益后的每股收益	(元)	0.254				
每股净资产	(元/股)	2.95	2.63	2.72	3.06	3.17
调整后的每股净资产	(元/股)	2.93	2.61	2.71	3.04	3.15
每股经营活动产生现金流量净额		-0.043				
净资产收益率	%	11.06	10.28	10.50	9.64	10.29

每股收益=净利润/年度末普通股股份总数
每股净资产=年度末股东权益/年度末普通股股份总数。
调整后的每股净资产=(年度末股东权益-三年以上的应收款项净额-待摊费用-待 处理(流动、固定)资产净损失-开办费-长期待摊费用-住房周转金负数金额)/年度末 普通股股份总数
每股经营活动产生的现金流量净额=经营活动产生的现金流量净额/年度末普通股股份总数
净资产收益率=净利润/年度末股东权益×100%
3、股东权益变动情况及变化原因:

项　目	股本	资本公积	盈余公积	法定公益金	未分配利润	股东权益合计
期初数	352560000	343183903	75125448	2007102017	13484362554	925783998
本期增加			1736407463	9069263	115130034	141563373
本期减少					26,433,338	26,433,338
期末数	352560000	343183903	92489523	29140283	223540322	1040914033

变动原因:(1)盈余公积金增加系本年度利润提取所致;
(2)法定公益金增加系本年度利润提取所致;
(3)未分配利润增加系本年度净利润转入所致,减少系提取盈余公积金和法定公益金所致。

三、股东情况介绍

1、截止 1999 年 12 月 31 日,我公司股东总数为 64494 户,其中内部职工股股东 15254 户。
2、公司前 10 名股东持股情况

股东名称	持股数	持股比例
1)吉林市国有资产经营有限责任公司	196560000	55.75%
2)沈阳化工集团有限公司	3120000	0.88%
3)中国轻工物资供销总公司	1560000	0.44%
4)中国轻工物资供销公司东北公司	1560000	0.44%
5)大连经济开发区吉兴纸业公司	1357200	0.38%
6)佳木斯黑龙化学工业有限责任公司	468000	0.13%
7)普丰证券投资基金	428900	0.12%
8)马涛	285480	0.08%
9)王杰君	279840	0.079%
10)庄雪芳	254805	0.072%

说明:吉林市国有资产经营有限责任公司是我公司的国有股持股人。根据国家财 政部财国字[1999] 235 号文件,原由吉林铝业公司持有的我公司国家股全部变更为由 吉林市国有资产经营有限责任公司持有,持股数 19656 万股,占总股本的 55.75%。吉林市国有资产经营有限责任公司法人代表王喜林,经营范围是国有资产的投资与经营。

焦作市碱业股份有限公司

一、公司简介

1、公司的法定中文名称:焦作市碱业股份有限公司
公司的法定英文名称:Jiaozuo　Soda　Industrial　Co.,LTD　缩写:JZSC
2、公司法人代表:张希望
3、公司董事会秘书:秦海员　　公司授权代表:部先锋
联系地址:河南省焦作市解放区环城北路 28 号
联系电话:(0391)2923487　　传真:(0391)2919211
4、公司注册地址:河南省焦作市解放区民主北路 15 号
公司办公地址:河南省焦作市解放区环城北路 28 号　　邮政编码:454000
电子信箱:jzjyjt@public2.lyptt.ha.cn
5、公司选定信息披露报纸:《中国证券报》、《证券时报》
年度报告指定登载网址:http://www.cninfo.com.cn
公司年度报告备置地点:董事会秘书处
6、公司股票上市交易所:深圳证券交易所
股票简称:焦作碱业　　股票代码:0719

二、会计数据和业务数据摘要

1、本年度主要利润指标情况:(单位:人民币元)

项　目	金　额
利润总额	25,454,091.52
净利润	18,747,953.22
主营业务利润	32,384,088.60
其他业务利润	2,103,031.70
营业利润	16,547,528.49
投资收益	-317,736.11
补贴收入	7,357,893.62
营业外收支净额	1,866,405.52
经营活动产生的现金流量净额	61,675,261.27
现金及现金等价物净增加额	1,080,070.41

2、会计数据摘要
1)公司前三年主要会计数据和财务指标:(单位:元)

	1999 年	1998 年	1997 年
主营业务收入	218,019,397.02	138,564,614.25	150,560,882.30
净利润	18,747,953.22	13,006,104.71	13,196,278.53
总资产	482,247,366.19	372,708,198.25	323,107,830.29
股东权益(不含少数股东权益)	157,955,419.73	139,207,466.51	100,560,824.11
每股收益	0.2567	0.1781	0.255
加权平均每股收益	0.2567	0.2151	0.255
每股净资产	2.1629	1.9062	1.9426
调整后的每股净资产	2.061	1.789	1.747
每股经营活动产生的现金流量净额	0.84	-0.15	
净资产收益率(%)	11.87	9.34	13.12

2)主要财务指标的计算方法
每股收益=净利润/年度末普通股股份总数
每股净资产=年度末股东权益/ 年度末普通股股份总数
调整后每股净资产=(年度末股东权益-三年以上的应收款项净额-待摊费用- 待处理(流动、固定)资产净损失-开办费-长期待摊费用-住房周转金负数余额)/年度末普通股股份总数
每股经营活动产生的现金流量净额=经营活动产生的现金流量净额/年度末普通股股份总数
净资产收益率=净利润/年度末股东权益×100%
3、报告期内股东权益变动情况(单位:元)

项目	股本	资本公积	盈余公积	公益金	未分配利润	股东权益合计
期初数	73027000	45037624.01	3584389.66	5820678.83	11737774.01	139207466.51
本期增加			1873295.32	1873295.32	15001362.58	18747953.22
本期减少						
期末数	73027000	45037624.01	5457684.98	7693974.15	26739136.59	157940419.73

变动原因:(1)法定盈余公积本期增加 1873295.32 元,系本年度实现净利润按 10%提取的法 定盈余公积;公益金本期增加 1873295.32 元,系本年度实现净利润按 10%提取的法定公益金;
(2)未分配利润本期增加 15001362.58 元,系本年度按规定提取法定公积金、公益金后可供股东分配的利润。

三、股东情况介绍

1、截止到报告期末,公司股东共 9737 户。
2、前十名股东持股情况(单位:股)

股东名称	持股数量	持股比例
焦作碱业	49387000	67.63%
金鑫证券投资基金	265000	0.36%
卓晓英	195980	0.27%
靳树英	176000	0.24%
吴　光	163275	0.22%
钟桂生	118018	0.16%
陈兴杭	115000	0.16%
全贯元	114030	0.16%
米晓芳	113449	0.16%
杨　双	105903	0.15%

四、董事会报告

1、公司经营情况:
公司主营业务属化工行业、医药行业和城市公用事业。
1999 年度,公司完成纯碱产量 11.71 万吨、轻质碳酸钙 5.38 万吨、优质重质纯碱 2.59 万吨、氯化钙 3.53 万吨;扑热息痛粉 2141 吨、针剂 70599 万支、片剂 93788 万支;煤气供应实现收入 122 万元、安装实现收入 953 万元。
其中:纯碱、优质重质纯碱、轻质碳酸钙等产品为省部优产品、省免检和质量信得过产品,以上产品及氯化钙其生产规模分别居国内同行业第 11、2、3、3 位,均居 河南省第一位。1999 年实现主营业务收入 2.18 亿元,净利润 1874.8 万元,分别比上年增长 57.34%、44.15%。
其中:化工行业主营业务收入 12712 万元,主营业务利润 15263 万元;
医药行业主营业务收入 8015 万元,主营业务利润 927 万元;
城市公用事业主营业务收入 1075 万元,主营业务利润 785 万元。

山东鲁能泰山电缆股份有限公司

一、公司简介

1、公司法定中文名称:山东鲁能泰山电缆股份有限公司
英文名称:SHANDONG LUNENG TAISHAN CABLE CO., LTD.
2、公司法定代表人:赵启昌
3、公司董事会秘书:初　军
联系地址:山东省新泰市金斗路99号
联系电话:(0538)7223012-262　　传真电话:(0538)7230352
电子信箱:zqb01@www.shandongcable.com
4、公司注册地址:山东省泰安市文化路62号
公司办公地址:山东省新泰市金斗路99号
邮政编码:271200
公司国际互联网网址:http://www.shandongcable.com
电子信箱:zqb01@www.shandongcable.com
5、公司选定的信息披露报纸名称:证券时报、中国证券报
登载年报的指定网址:http://www.cnnfo.com.cn
公司年度报告备置地点:公司证券部
6、公司股票上市交易所:深圳证券交易所
股票简称:鲁能泰山　　股票代码:0720

二、会计数据和业务数据摘要

(一)本年度主要会计数据和财务指标摘要(单位:人民币元)

利润总额	182,072,770.52
净利润	112,157,836.80
扣除非经常性损益后的净利润	107,593,403.99
主营业务利润	258,411,345.77
其他业务利润	7,904,273.08
营业利润	154,441,056.01
投资收益	1,439,572.99
补贴收入	21,627,708.71
营业外收支净额	4,564,432.81
经营活动产生的现金流量净额	93,512,470.70
现金及现金等价物净增加额	191,523,436.21

(二)近三年主要会计数据和财务指标

指标项目	1999年	1998年	
		调整前	调整后
1.主营业务收入(元)	788,521,209.40	590,569,896.94	527,497,729.20
2.净利润(元)	112,157,836.80	91,317,953.48	59,314,995.69
3.总资产(元)	2,441,105,756.07	1,234,858,701.35	1,074,380,360.48
4.股东权益(元)(不含少数股东权益)	1,095,986,400.22	642,396,144.89	523,069,439.19
5.每股收益(元/股)	0.35	0.50	0.33
6.每股收益(元/股)(加权)	0.45	0.50	0.33
7.扣除非经常性损益后的每股收益(元/股)	0.34	0.49	0.32
8.每股净资产(元/股)	3.43	3.53	2.87
9.调整后的每股净资产(元/股)	3.41	3.44	2.87
10.每股经营活动产生的现金流量净额(元/股)	0.29	0.29	0.29
11.净资产收益率(%)	10.2	14.22	11.34

(续):

指标项目	1997年	
	调整前	调整后
1.主营业务收入(元)	520,850,715.58	520,850,715.58
2.净利润(元)	74,971,629.52	40,666,781.06
3.总资产(元)	922,241,101.00	814,568,324.83
4.股东权益(元)(不含少数股东权益)	545,215,275.17	440,029,920.34
5.每股收益(元/股)	0.41	0.22
6.每股收益(元/股)(加权)	0.46	0.25
7.扣除非经常性损益后的每股收益(元/股)	0.38	0.19
8.每股净资产(元/股)	3.00	2.42
9.调整后的每股净资产(元/股)	2.95	2.42
10.每股经营活动产生的现金流量净额(元/股)		
11.净资产收益率(%)	13.75	9.24

注:1999年总股本按31980万股计算,1997年、1998年总股本按18200万股计算。

三、股东情况介绍

1、报告期末股东总数
至报告期末,公司的股东总户数为42877户。
2、前十名股东持股情况

行号	股东名册	年末持股数量(股)	持股比例%
1	鲁能泰山电缆电器有限责任公司	96,080,400	30.04
2	中国成套设备进出口集团总公司	39,000,000	12.20
3	山东证券公司总部	5,851,382	1.83
4	高英功	1,170,000	0.366
5	周德夫	1,170,000	0.366
6	亓汉丰	1,170,000	0.366
7	王道合	1,170,000	0.366
8	高玉林	1,170,000	0.366
9	郭东莲	1,170,000	0.366
10	王同连	1,170,000	0.366

前两名股东分别为国家股股东和国有法人股股东,其持股数量增加,因报告期内公司向全体股东按10:2的比例送股,用资本公积按10:3的比例转增股本及按10:2比例配　股所致。第三名股东山东证券公司总部所持股份增加是因包销公司配股余额所致,该　部分股份主要为内部职工股配股余额,将随内部职工股上市流通。其余为社会公众股　东,持股数量在本年度的增减变化完全因在二级市场买卖所致。公司前10名股东之间　不存在关联关系。

鲁能泰山电缆电器有限责任公司所持的股份没有质押和冻结。

中国成套设备进出口(集团)总公司所持的股份没有质押和冻结。

西安饮食服务(集团)股份有限公司

一、公司简介

1、公司法定中文名称:　西安饮食服务(集团)股份有限公司
公司英文名称:XI'AN CATERING & SERVICE (GROUP) CO.LTD
公司英文名称缩写:XCSG
2、公司法定代表人:　毕海生
3、公司董事会秘书:　陶光仲
联系地址:陕西省西安市东大街298号
联系电话:029-7232416　　029-7210409-8314
传　　真:029-7232416　　029-7251354
4、公司注册地址:陕西省西安市东大街298号
公司办公地址:陕西省西安市东大街298号　　邮政编码:710001
公司国际互联网网址:http://www.xcsg.com
E-MAIL地址: xcsg@cmmail.com
5、公司选定的信息披露报纸:《证券时报》
登载公司年度报告的国际互联网网址:http://www.cninfo.com.cn
6、公司年度报告备置地点:
西安饮食服务(集团)股份有限公司证券部
7、公司股票上市交易所:深圳证券交易所
股票简称:西安饮食　　股票代码:0721

二、会计数据和业务数据摘要

1、公司本年度主要业务数据摘要　　(单位:元)

利润总额	1,984,948.13
净利润	1,383,684.25
扣除非经营性损益后的净利润	1,383,684.25
主营业务利润	113,165,188.24
其他业务利润	4,428,433.14
营业利润	5,248,838.86
投资收益	-3,129,099.98
补贴收入	
营业外收支净额	-134,790.75
经营活动产生的现金流量净额	-27,747,090.27
现金及现金等价物净增加额	7,373,531.05

2、截止报告期末,公司前三年主要会计数据和财务指标

项目	1999年	1998年		1997年	
		调整前	调整后	调整前	调整后
主营业务收入(元)	206489043.66	192187903.64	192187903.64	173039534.57	173039534.57
净利润(元)	1383684.25	22067094.27	19879961.33	30394584.03	11012649.51
总资产(元)	456909894.47	451500933.63	414697291.18	405851662.18	370685152.87
股东权益(不含少数股东权益)(元)	251720501.30	287690459.50	250336817.05	283929781.23	248763271.92
每股收益(元)	0.0121	0.1929	0.1700	0.2657	0.0963
每股净资产(元/股)	2.2001	2.5144	2.1880	2.4816	2.1742
调整后的每股净资产(元/股)	1.8430	2.2014	1.8749	2.2102	1.9029
每股经营活动产生的现金流量净额(元/股)	-0.2425	-0.1754	-0.1754		
净资产收益率(%)	0.55	7.67	7.77	10.70	4.43

注:主要财务指标计算方法

每股收益=净利润/年度末普通股股份总数

每股净资产=年度末股东权益/年度末普通股股份总数

调整后的每股净资产=(年度末股东权益-三年以上的应收款项净额-待摊费用-待　处理(流动、固定)资产净损失-开办费-长期待摊费用-住房周转金负数余额)/年度末　普通股股份总数

每股经营活动产生的现金流量净额=经营活动产生的现金流量净额/年度末普通股股份总数

净资产收益率=净利润/年度末股东权益 *100%

3、股东权益变动情况(单位:元)

项　目	股本	资本公积	盈余公积	法定公益金	未分配利润	股东权益合计
期初数	114415100.00	123453813.85	8211501.32	2737164.43	4256401.88	250336817.05
本期增加			207552.63	69184.21	1383684.25	1591236.88
本期减少					207552.63	207552.63
期末数	114415100.00	123453813.85	8419053.95	2806348.64	5432533.50	251720501.30
变动原因			本年提取数	本年提取数	增加数为本年利润转入数,减少数为本年计提盈余公积数	

三、股东情况介绍

(一) 股东情况介绍

1、报告期末股东总数:21554 人 。 其中:内部职工股股东数为1826人。

2、公司前十名股东的持股情况:(截止1999年12月31日,数量单位:股)

股东名称	持股数量(股)	持股比例(%)	备注
1、西安市国有资产管理局	35,000,000	30.59	国家股未上市流通
2、西安裕隆贸易公司	8,893,750	7.77	境内法人股未上市流通
3、华秦贸易公司	8,177,000	7.15	境内法人股未上市流通
4、万厦工程服务公司	8,141,700	7.12	境内法人股未上市流通
5、西安卫康商店	4,457,100	3.9	境内法人股未上市流通
6、西安烹饪学会	3,622,000	3.2	境内法人股未上市流通
7、西安开诚实业公司	2,925,800	2.56	境内法人股未上市流通
8、王丁昌	542,486	0.47	上市流通股
9、胡林虎	542,391	0.47	上市流通股
10、王成镇	511,164	0.45	上市流通股

说　明:

1前10名股东中,西安市国有资产管理局为国有股股东,第8至10名为流通股股东,其余为法人股股东。

2公司持股5%以上的法人股股东西安开诚实业公司、西安烹饪学会于1999年12月31日与西安唐城集团股份有限公司签定了股权转让合同,两家法人股东拟将各自所持　有的2,925,800股、3,622,000股,合计占本公司总股本的5.72%的社会法人股,转让给西安唐城集团股份有限公司。西安唐城集团股份有限公司以其所属的铜锣湾酒店等额资产受让该等股权。

衡阳市金果农工商实业股份有限公司

一、公司简介

1、公司法定中文名称:衡阳市金果农工商实业股份有限公司
公司法定英文名称:HengYang GoldFruit Agriculture、Industry And Commerce Co.,LTD.
缩写:HYJG
2、公司法定代表人:李静安
3、公司董事会秘书:邓朝晖
授权代表:陈爱民
联系地址:湖南省衡阳市金果路15号
电话: 0734-8229258
传真: 0734-8250038
电子信箱:hyjg338.@mail.hy.hn.cn
4、公司注册地址:湖南省衡阳市金果路15号
公司办公地址:湖南省衡阳市金果路15号
邮政编码:421001
5、公司信息披露报纸名称:《证券时报》
公司登载年度报告国际网址:
http://www.cninfo.com.cn
公司年度报告备置地点:公司证券部
6、公司上市地:深圳证券交易所
股票简称: 金果实业
股票代码: 0722

二、会计数据和业务数据摘要

1、公司本年度会计数据摘要　　单位:人民币元

公司本年度实现的利润总额:	57854326.71
净利润:	48697017.25
扣除非经常性损益后的净利润:	35947017.25
主营业务利润:	59350862.45
其他业务利润:	2641460.68
营业利润:	33271204.19
投资收益:	9685080.77
补贴收入:	0
营业外收支净额:	14898041.75
经营活动产生现金流量净额:	13413675.26
现金及现金等价物净增加额:	188055498.84

注:"扣除非经常性损益后的净利润"中扣除项目:第一大股东湖南省经济建设投资公司豁免其拥有的湖南芷江蟒塘溪水利水电开发有限公司债权1500万元，而该债务豁免产生的1500万元收入为我司享有，并计入当期营业外收入。

2、截止1999年末,公司前三年会计数据和财务指标　　单位:元

项目	1999年	1998年		1997年	
		调整前	调整后	调整前	调整后
主营业务收入	288317456.25	283718158.83	238231861.97	238231861.97	238231861.97
净利润	48697017.25	28233224.46	18780555.09	23710239.88	802694.46
总资产	1199823525.11	379531275.73	346969044.11	325455086.39	302435599.84
股东权益	750291804.45	244515730.44	21215515.65	216282598.89	193902772.57
每股收益	0.30	0.27	0.18	0.23	0.01
每股收益(加权)	0.428	0.27	0.18	0.25	0.01
每股净资产	4.62	2.35	2.04	2.09	1.86
调整后的每股净资产	4.34	2.28	1.74	2.00	1.78
每股经营活动产生的现金流量净额	0.08	-0.24	-0.24		
净资产收益率	6.50	11.55	8.85	10.64	0.41

单位:元

扣除非经常性损益后的每股收益0.22元。

注:主要财务指标计算公式:
每股收益=净利润/年末普通股股份总数
每股净资产=年度末股东权益/年度末普通股股份总数
净资产收益率=净利润/年度末股东权益×100%
调整后的每股净资产=(年度末股东权益-三年以上应收款项-待摊费用-待处理(流动、固定)资产净损失-开办费-长期待摊费用-住房周转负数余额)/年度末普通股股份总数
每股经营活动产生的现金流量净额=经营活动产生的现金流量净额/年度普通股份总数
净利润收益率=净利润/年度股东权益×100%

3、报告期内股东权益变动情况

项目	股本	资本公积	盈余公积	法定公益金	末分配利润	股东权益合计
期初数	104000000	72396807.40	9500570	3166887	26258137.52	212155515.65
本期增加	58333320	43110595	8468892.36	2822964	40228124.89	538136288.80
本期减少						
期末数	162333320	503502758.95	17969463	5989852	66486262.41	750291804.45
变动原因	配股	配股及利润提取	利润提取	利润提取	99年利润	配股及99年利润

三、股东情况介绍

1、报告期末股东总数:7716户,其中内部职工股股东1790户。
2、公司前10名股东持股情况(截止1999年12月31日):　　单位:股

股东名称	年初数	本期增减	年末数	占总股本比例(%)
湖南省经济建设投资公司	21882200	25195320	47077520	29.00
衡阳市供销合作社	14030000		14030000	8.64
湘财证券			6731474	4.15
*衡阳市国资局	6080000		6080000	3.75
湖南省耒能实业总公司	2000000		2000000	1.23
胡海军			1027411	0.63
海南神龙股份有限公司	1000000		1000000	0.62
湖南金通投资咨询有限公司	1000000		1000000	0.62
彭红			983520	0.61
邓以芳			973995	0.60

上述10名股东之间不存在关联关系,湘财证券、个人股东均为社会公众股股东。
*衡阳市国资局代表国家持股。

福州天宇电气股份有限公司

一、公司简介

1、公司中文名称: 福州天宇电气股份有限公司
公司英文名称: FUZHOU TIANYU ELECTRIC CO.,LTD
2、法定代表人: 柯子亮
3、公司董事会秘书:金亮
联系电话:0591-7916470
传真:0591-7916449
电子信箱:fztydq@pub1.fz.fj.cn
联系地址:福建省福州市新店南平路天宇科技大楼
邮政编码:350012
4、公司注册地址: 福建省福州市新店南平路天宇科技大楼
公司办公地址: 福建省福州市新店南平路天宇科技大楼
邮政编码: 350012
公司电子信箱: fztydq@pub1.fz.fj.cn
5、公司年报披露的报刊:《证券时报》
公司年报刊载的互联网网址:http://www.cninfo.com.cn
公司年度报告备置地点:福建省福州市新店南平路天宇科技大楼
6、公司股票上市交易所:深圳证券交易所
股票简称: 天宇电气
股票代码: 0723

二、会计数据和业务数据摘要

(一) 公司本年度会计数据与业务数据摘要:

1、本年度利润总额(元)	6,873,753.48
2、净利润(元):	4,495,107.76
3、扣除非经常性损益后的净利润(元):	3,989,419.76
4、主营业务利润(元):	72,568,209.03
5、其他业务利润(元):	7,563,822.89
6、营业利润(元):	1,595,463.14
7、投资收益(元):	4,851,185.88
8、补贴收入(元):	505,688.00
9、营业外收支净额(元):	-78,583.54
10经营活动产生的现金流量净额(元):	-88,369,709.19
11、现金及现金等价物净增加额(元):	16,332,601.35
注:扣除非经常性损益项目:	
(1)挖潜改造资金(元):	400,000.00
(2)开发箱式变压器拨款(元):	100,000.00
(3)贴息收入(元):	3,000.00
(4)出口贴息(元):	2,688.00

(二) 公司前三年的主要会计指标:
公司前三年主要会计数据:　　单位:元

序号	项目	1999	1998		1997	
			调整后	调整前	调整后	调整前
1	主营业务收入	396389187	392501540	392501540	488726207	488726207
2	净利润	4495107	30033571	46427253	12281415	40726054
3	总资产	983908595	827741860	865689638	733256276	761066354
4	股东权益	477349874	379742378	423946138	366288807	394098885
5	每股收益	0.032	0.36	0.56	0.15	0.49
6	加权平均每股收益	0.042	0.36	0.56	0.15	0.56
7	扣除非经常性损益后的每股收益	0.028	0.33	0.53	0.078	0.42
8	每股净资产	3.42	4.58	5.11	4.42	4.76
9	调整后每股净资产	3.21	4.31	4.95	4.12	5.31
10	每股经营活动产生的现金流量净额	-0.63	0.14			
11	净资产收益率(%)	0.94	7.91	10.96	3.35	10.32
12	加权平均净资产收益率(%)	1.05	8.05	11.35	4.43	13.99

注:每股收益=净资产/年度末普通股股份总数;
每股净资产=年度末股东权益/年度末普通股股份;
调整后的每股净资产=(年度末股东权益-三年以上的应收款项净额-待摊费用-待 处理(流动、固定)资产净损失-开办费-长期待摊费-住房周转金负数余额)/年度末普 通股股份;
每股经营活动产生的现金流量净额=经营活动产生的现金流量净额/年度末普通股股份总数;
净资产收益率=净利润/年度末股东权益×100%;
加权净资产收益率=净利润/[(年初股东权益+年末股东权益)/2];
加权平均每股收益=净利润/[期末总股本/[(1+配股比例或增发新股比例)+期末总股本/(1+配股比例或增发新股比例)*(配股比例或增发新股比例)*(缴款结束日下一月份至期末的月份数)/12]];

三、股东情况介绍

1、截止1999年12月31日,公司股东总户数为41094户,其中,国家股东1户,法人股 东15户,内部职工股股东4494户,社会公众股东36584户。
2、公司前十名股东持股情况:
截止1999年12月31日,公司前10名股东及持股数量:　　单位:股

序号	股东名称	年末持股数量	说明
1	福州天宇电气股份有限公司	64,236,000	国家股
2	中国工商银行福建省分行直属支行	1,911,075	法人股
3	福州市信托投资公司	1,433,250	法人股
4	福建水泥股份有限公司	1,224,075	法人股
5	郑长华	899,366	社会公众股
6	哈尔滨浩化房地产开发有限公司	805,220	社会公众股
7	南方证券公司	745,089	包销内部职工股250481股,社会公众股494608股
8	沈阳北方证券公司第一营业部	413,938	包销内部职工股139156股,社会公众股274782股
9	温州国际信托投资公司证券营业部	318,151	包销内部职工股111325股,社会公众股206826股
10	福州市开发区兴业电脑有限公司	300,000	法人股

南京华东电子集团股份有限公司

一、公司简介

1、公司的法定中文名称:南京华东电子集团股份有限公司
公司的法定英文名称: Nanjing Huadong Electronics Group Co., Ltd
2、公司法定代表人:赵竞成
3、公司董事会秘书:伍华林
公司授权代表: 董学山
联系地址:南京市汉中路89号金鹰国际商城26楼
电话:025-470090-658/798 025-5311050-2231
传真:025-4702989 025-5319623
电子信箱: whl. @hdeg.com
4、公司注册地址:南京市浦口高新技术产业开发区D03栋
公司办公地址:南京市汉中路89号金鹰国际商城26楼
邮政编码:210029
公司电子信箱:@hdeg.com
5、公司选定的信息披露报纸:《中国证券报》、《证券时报》登载公司年度报告的中国证监会指定国际互联网网址: http://www.cminfo.com.cn
6、公司股票上市交易所:深圳证券交易所
股票简称:华东电子 股票代码:0727

二、会计数据和业务数据摘要

(一)99年度会计数据和业务数据

利润总额:	50,444,942.87 元
净利润:	45,198,268.77 元
扣除非经常性损益后的净利润:	48,421,243.48 元
主营业务利润:	48,857,605.75 元
其他业务利润:	322,774.58 元
营业利润:	31,236,224.49 元
投资收益:	22,855,970.15 元
补贴收入:	0.00 元
营业外收支净额:	3,629,251.77 元
经营活动产生的现金流量净额:	86,181,619.79 元
现金及现金等价物增加额:	136,666,959.86 元

(二)公司前三年的主要会计数据和财务指标

项 目	1999年度	1998年度		1997年度	
		调整前	调整后	调整前	调整后
主营业务收入(元)	304397170	323045665	323045665	339591829	339591829
净利润(元)	45198268	59193210	57975465	53477277	44672587
总资产(元)	1032625008	682226241	671743729	548619151	538496124
股东权益(元)	748327649	507972470	497924782	448737747	441253803
每股收益(元)(摊薄)	0.187	0.280	0.275	0.253	0.212
每股收益(元)(加权)	0.221	0.280	0.275	0.287	0.240
每股收益(元)(扣除非经营性损益)	0.201	0.280	0.275	0.232	0.187
每股净资产(元)	3.10	2.41	2.36	2.12	2.09
调整后的每股净资产(元)	3.10	2.39	2.34	2.11	2.07
每股经营活动产生的现金流量净额(元)	0.36	0.28	0.28		
净资产收益率(%)	6.04	11.65	11.64	11.92	10.12
净资产收益率(%)(加权)	7.14	11.65	11.64	17.60	9.20

注:主要财务指标的计算公式:
每股收益=净利润/年度末普通股股份总数
每股净资产=年度末股东权益/ 年度末普通股股份总数
调整后的每股净资产=(年度末股东权益-三年以上的应收款项净额-待摊费用-待 处理(流动、固定)资产净损失-开办费-长期待摊费用-住房周转金负数余额)/年度末 普通股股份总数
每股经营活动产生的现金流量净额=经营活动产生的现金流量净额/年度末普通股股份总数
净资产收益率=净利润/年度末股东权益×100%

(三)报告期内股东权益变动情况 单位:人民币元

项 目	股本	资本公积	盈余公积	法定公益金	未分配利润	股东权益合计
期初数	211179300	147299118	49797800.45	12189887	89648563.71	497924782.19
本期增加	30158100	202139012	6779740.32	2259913	38418528.45	277495381.61
本期减少		2958774			24133740.00	27092514.30
期末数	241337400	346479356	56577540.77	14449800	103933352.16	748327649.50
变动原因	配股	增加是配股溢价造成的,减少是支付配股发行费用	年度利润分配	年度利润分配	年度利润分配	

三、股本变动及股东情况

(一) 本报告期末,公司股东总数为57171户。
(二) 截止1993年12月31日,公司前十名股东持股情况:

股东名称	持股数(万股)	持股比例(%)
华东电子集团公司	12487.91	51.74
航天信托投资有限责任公司	347.0683	1.44
孟庆福	69.2469	0.29
裕隆证券投资基金	57.154	0.24
杨世源	49.5	0.21
张佛思	41.1579	0.17
北京中天信投资咨询有限责任公司	38.23	0.16
兰军	32.00	0.13
汪丁旺	27.09	0.11

(三) 发起人法人股东情况
发起人法人股东为华东电子集团公司。
持有股数:12487.91万股
法定代表人:赵竟成。
经营范围:电子器件、照明电器、广播电视设备、仪器仪表(制造)、通信设备(制造),经营(进出口)业务,电子技术服务,电视监控系统设计、制造、安装;电子计算机系统及配件,彩色及单色监视器生产、加工技术服务、销售。

北京化二股份有限公司

一、公司简介

1、公司法定中文名称:北京化二股份有限公司
公司法定英文名称:BEIJING HUAER COMPANY LIMITED
缩写:BEIJING HUAER CO.,LTD.
2、公司法定代表人:吴晓光
3、公司董事会秘书:李崇华
联系地址:北京市朝阳区大郊亭
联系电话:010—67711614 传 真:010—67781459
4、公司注册地址:北京市朝阳区大郊亭
公司办公地址:北京市朝阳区大郊亭 邮政编码:100022
公司电子信箱:Huaer@Public3.bta.net.cn
5、公司指定的信息披露报纸为:《中国证券报》、《证券时报》
中国证监会指定登载公司年报的国际互联网网址:http://www.cninfo.com.cn
公司年度报告备置地点:公司证券部
6、公司股票上市地:深圳证券交易所
股票简称:北京化二 股票代码:0728

二、会计数据和业务数据摘要

1、报告期主要会计数据:

利润总额	6,200,259 元
净利润	5,936,570 元
扣除非经常性损益后的净利润	5,936,570 元
主营业务利润	80,557,073 元
其他业务利润	–4,138,262 元
营业利润	509,891 元
投资收益	5,392,328 元
补贴收入	
营业外收净额	298,040 元
经营活动产生的现金流量净额	97,327,806 元
现金及现金等价物净增加额	–20,842,543 元

2、公司近三年主要会计数据和财务指标

项 目	1999年	1998年		1997年	
		调整后	调整前	调整后	调整前
主营业务收入 元	895,168,386	640,107,995	640,107,995	690,513,368	690,513,368
净利润 元	5,936,570	15,649,161	4,725,862	81,280,333	92,920,518
总资产 元	1695134,179	1810785,458	1832260,714	1803724,679	1,823,268,010
股东权益(不含少数股东权益)元	1021819,487	1061115,783	1082591,039	970513,063	990,056,394
每股收益(摊薄)元/股	0.017	0.045	0.014	0.25	0.29
每股收益(月平均加权)元/股	0.017	0.055	0.017	0.25	0.29
每股净资产(摊薄) 元/股	2.96	3.07	3.14	3.03	3.09
调整后的每股净资产元/股	2.91	3.02	3.08	3.00	3.06
每股经营活动产生的现金流量净额元/股	0.28	0.19	0.19		
净资产收益率(摊薄)%	0.581	1.47	0.44	8.37	9.39

注:主要财务指标计算公式如下:
每股收益=净利润/年度末普通股股份总数
扣除非经常性损益后的每股收益=扣除非经常性损益后的净利润/年度末普通股股份总数
每股净资产=年度末股东权益/年度末普通股股分总数
净资产收益率=净利润/年度末股东权益×100%
调整后的每股净资产=(年度末股东权益-三年以上的应收款项净额-待摊费用-待 处理(流动、固定)资产净损失-开办费-长期待摊费用-住房周转金负数余额)/年度末 普通股股份总数
每股经营活动产生的现金流量净额=经营活动产生的现金流量净额/年度末普通股股份总数
3、报告期内股东权益变动情况

项 目	股本	资本公积	盈余公积	法定公益金	未分配利润	股东权益合计
期初余额	34521	65349.72	1938.6	969.29	4302.26	106111.58
本年增加	—	—	118.74	59.37	474.92	593.66
本年减少	—	1071.2	—	—	3452.1	4523.3
期末余额	34521	64278.52	2057.34	1028.66	1325.08	102181.94
增减原因:		见备注1	见备注2	见备注2	见备注2	

备注1:根据财政部财会字(1998)16号文的有关规定,本公司自一九九九年度开始 将按评估增值后的固定资产原价计提的折旧与按原帐面原价计提的折旧之间的差额冲减资本公积,99年冲减资本公积1071.2万元。
备注2:盈余公积增加是本年实现净利润提取10%法定公积金,10%法定公益金;未分配利润增加474.9万元是当年实现的未分配利润转入;减少3452.1万元是因为根据董事会决议,按每股0.1元(含税)分配累计未分配利润。

三、股东情况介绍

1、截止1999年12月31日,本公司共有股东59041户。(含19户公司高级管理人员持股股东)
2、持有公司5%以上股份股东和前10名股东持股情况
单位:万股

股东名称	年初数	本期增加或减少	年末数
北京化工集团有限公司	24,121	–	24,121

(1) 前10名股东持股情况
单位: 股

序号	股东名称	持股数量	占总股本的比例(%)
1	北京化学工业集团有限责任公司	241,210,000	69.87
2	洪金汉	416030	0.12
3	郝建柱	384970	0.11
4	王登三	260000	0.08
5	林青青	220000	0.06
6	陈丽玲	217100	0.06
7	杨茂春	216730	0.06
8	陈 敏	213500	0.06
9	张仁云	200000	0.06
10	李 赞	200000	0.06

北京燕京啤酒股份有限公司

一、公司简介

1、公司法定中文名称:北京燕京啤酒股份有限公司
英文名称:Beijing Yanjing Brewery Co.,Ltd.
2、公司法定代表人:李福成
3、公司董事会秘书:李颖娟
授权代表:刘翔宇
联 系 地 址:北京燕京啤酒股份有限公司
联 系 电 话:010-89495569　　传真:010-89495569
电 子 信 箱:securities@yanjing.com.cn
4、公司注册地址及办公地址:北京市顺义区双河路9号
邮 政 编 码:101300
电 子 信 箱:yanjing@public.bta.net.cn
公司国际互联网址:http://www.yanjing.com.cn
5、公司信息批露报纸名称:《中国证券报》、《上海证券报》、《证券时报》
公司年度报告登载网址:http://www.cninfo.com.cn
公司年度报告备置地点:公司证券部
6、公司股票上市交易所:深圳证券交易所
公司股票简称:燕京啤酒　　公司股票代码:0729

二、会计和业务数据摘要

(一)、本年度利润总额及其构成　(单位:人民币元)

利润总额	343,460,764.72
净利润	291,494,924.69
扣除非经常性损益后的净利润	291,494,924.69
主营业务利润	466,257,804.83
其他业务利润	3,299,810.00
营业利润	330,028,673.84
投资收益	6,011,756.10
补贴收入	0.00
营业外收支净额	7,420,334.78
经营活动产生的现金流量净额	184,481,311.30
现金及现金等价物净增加额	-428,282,438.47

(二)主要会计数据及财务指标

指标项目	1999年度	1998年度(调整前)	1998年度(调整后)	1997年度
主营业务收入(元)	1516296135.34	1328473680.09	1328473680.09	1172011965.13
净利润(元)	291494924.69	282271320.85	286625765.19	186939206.77
总资产(元)	2525285015.36	2400621060.31	2468154883.00	1572347316.05
股东权益(元)	2380480188.43	2201035010.96	2199830163.74	1108071104.08
每股收益(元/股)	0.526	0.509	0.517	0.604
按月平均加权计算的每股收益(元/股)	0.526	0.591	0.600	0.706
扣除非经常性益后的每股收益(元/股)	0.526	0.509	0.517	0.604
每股净资产(元/股)	4.30	3.97	3.97	3.58
调整后每股净资产(元/股)	4.24	3.91	3.91	3.49
每股经营活动产生的现金流量净额(元)	0.33	0.13	0.13	-
净资产收益率(%)	12.25	12.82	13.03	17.00

注:有关财务指标计算公式如下:
每股收益(摊薄)=净利润/年度末普通股股份总数
每股净资产=年末股东权益/年度末普通股股份总数
调整后每股净资产=[年末股东权益-三年以上应收款项净额-待摊费用-待处理(流动、固定)资产净损失-开办费-长期待摊费用-住房周转金负数余额]/年度末普通股股份总数
每股经营活动产生的现金流量净额=经营活动产生的现金流量净额/年度末普通股股份总数
净资产收益率=净利润/年度末股东权益×100%

(三)报告期内股东权益变动情况及变动原因

项目	股本	资本公积	盈余公积	法定公益金	未分配利润	股东权益合计
期初数	554224500	1270458983.34	107654459.78	46800568.05	267492220.62	2199830163.74
本期增加			73421339.82	29332028.69	107228684.87	180650024.69
本期减少						
期末数	554224500	1270458983.34	181075799.60	76132596.74	374720905.49	2380480188.43

变动原因:1、 盈余公积的增加是由于按规定提取法定盈余公积和法定公益金;
2、 法定公益金的增加是由于按规定提取法定公益金;
3、 未分配利润的增加主要是由于公司经营活动过程中正常的利润增加;
4、股东权益的增加主要是由于经营过程中正常增加的未分配利润和按规定于年 末提取的法定盈余公积和法定公益金。

三、股东情况介绍

(一)截止1999年12月31日,本公司共有股东29947户。
(二)持有本公司5%以上(含5%)股份的股东情况:
年末前十名股东及持股情况

股东名称	持股数(股)	占总股本比例(%)	持股数中已上市流通股份数(股)	持股数中未上市流通股份数(股)
北京燕京啤酒有限公司	378,000,000	68.20		378,000,000
北京市牛栏山酒厂	17,577,000	3.17		17,577,000
北京市西单商场股份有限公司	14,647,500	2.64		14,647,500
开元基金	9,276,352	1.67	9,276,352	
江苏证券有限责任公司	6,497,287	1.17	6,497,287	
天元证券投资基金	6,189,835	1.12	6,189,835	
深圳市创新科技投资有限公司	5,012,087	0.90	5,012,087	
成都南正实业开发公司	3,723,849	0.67	3,723,849	
广东南方证券有限公司	3,000,250	0.54	3,000,250	
普惠证券投资基金	2,751,077	0.50	2,751,077	

以上股东间无关联关系。持5%以上股份的股东所持股份无质押或冻结情况。
(三)报告期内公司控股股东无变更。

沈阳特种环保设备制造股份有限公司

(一) 公司简介

1、公司的法定名称:沈阳特种环保设备制造股份有限公司
英文名称:Shenyang Special Environmental Protection Equipment Manufacturing CO.LTD
英文缩写:SSEPEC
2、公司法定代表人:刘桂琴
3、公司董事会秘书及其授权代表的姓名:陈海峰先生及兰云女士
联系地址:沈阳市沈河区热闹路118号
联系电话:024-24811162　传真:024-24811162
电子信箱:TZHBCHF@ihw.com.cn
4、公司注册地址:沈阳市沈河区热闹路118号
公司办公地址:沈阳市沈河区热闹路118号
邮政编码:110011　网址:www.ssepec.com
公司电子信箱:TZHBCHF@ihw.com.cn
5、信息披露报纸名称:《中国证券报》和《证券时报》
登载年度报告网址:www.cninfo.com.cn
公司年度报告备置地点:沈阳市沈河区热闹路118号
6、公司股票上市交易所:深圳证券交易所
股票简称:环保股份　股票代码:0730

(二) 会计数据和业务数据摘要

1、本年度主要利润指标情况

利润总额:	331,397,062.02 元
净利润:	278,447,854.77 元
扣除非经常性损益后的净利润:	278,447,854.77 元
主营业务利润:	334,177,366.77 元
其他业务利润:	54,707.90 元
营业利润:	278,267,020.69 元
投资收益:	-7,469.08 元
补贴收入:	62,458,957.95 元
营业外收支净额:	-9,321,447.54 元
经营活动产生的现金流量净额:	342,151,237.51 元
现金及现金等价物净增加额:	210,702,607.46 元

注:本公司没有非经常性收益。
2、截止报告期末公司前三年主要会计数据和财务指标

项目	1999年	1998年	1997年
主营业务收入(元)	690,611,488.40	255,398,539.69	156,358,299.75
净利润(元)	278,447,854.77	175,750,075.49	49,031,057.16
总资产(元)	1,369,115,234.86	928,970,008.13	611,264,484.51
股东权益(元)	809,302,425.43	535,684,008.00	439,803,046.69
每股收益(元/股)	0.738	0.699	0.253
每股收益(月均加权)	0.856		
每股净资产(元/股)	2.145	2.129	2.27
调整后的每股净资产(元/股)	2.12	2.10	2.24
每股经营活动产生的现金流量净额:	0.91		
净资产收益率%	34.41	32.81	11.15

注:主要财务指标计算方法:
每股收益=净利润/年度末普通股股份总额
每股净资产=年度末股东权益/年度末普通股股份总数
调整后的每股净资产=(年度末股东权益-三年以上的应收款项净额-待摊费用-待 处理(流动、固定)资产净损失-开办费-长期待摊费用-住房周转金负数余额)/年度末 普通股股份总额
每股经营活动产生的现金流量净额=经营活动产生的现金流量净额/年度末普通股股份总额
净资产收益率=净利润/年度末股东权益×100%
3、股东权益变动情况　　单位:元

项目	股本	资本公积	盈余公积	法定公益金	未分配利润	股东权益合计
期初数	251548949	54918133.23	80853120.01	35851955.02	112511850.74	535684008
本期增加	125774474		29273058.21	27836513.43	278447854.77	461331900.41
本期减少			2437045.68	613700.59	184662736.71	187713482.98
期末数	377323423	54918133.23	107689132.54	63074767.86	206296968.80	809302425.43

变动原因 :主要是由于本年度利润提取所至.

(三) 股本变动及股东情况

(1)报告期末股东总数9528名,其中内部职工股股东数1451名。
(2)公司前十名大股东持股情况(截至1998年12月30日)

序号	股东名称	期末数(股)	所占比例(%)
①	沈阳特种环保设备制造总厂股份管理委员会	226087987	59.92
②	沈阳噪声控制设备厂股份管理委员会	21044623	5.58
③	安信证券投资基金	13713901	3.63
④	昆明国际信托投资公司	8203000	2.17
⑤	国泰证券有限公司济南分公司	8008900	2.12
⑥	金泰基金	5669161	1.50
⑦	安顺证券投资基金	4687343	1.24
⑧	成都国信置业有限公司	2300000	0.61
⑨	山东国泰经济开发有限公司	2215520	0.59
⑩	王冬梅	1500000	0.40

(四) 董事会报告

公司经营情况
(1)公司所处行业及在本行业中的地位
沈阳特种环保设备制造股份有限公司系国家大型企业,经国家环保总局认可,确定为全国环保产业基地建设的龙头企业,是沈阳市政府四大支柱产业之一。
(2)公司主营业务的范围及其经营状况
公司主要经营环保系列设备、电线制造,环保设备调试;中西药制剂,原药加工、化学药品制剂及承揽大型城市综合污水处理工程等。
占公司10%以上经营活动的主要业务为城市综合污水处理工程项目的承包与建设。

四川美丰化工股份有限公司

一、公司简介

公司中文名称:四川美丰化工股份有限公司
英文名称:SICHUAN MEIFENG CHEMICAL INDUSTRY CO., LTD. 缩写:SCMF
公司法定代表人:陈 平 公司董事会秘书:陈 润
联系电话:0838-2680243 传真:0838-2680243
授权代表:董国政 联系电话:0838-2680127 传真:0838-2680759
联系地址:四川省德阳市嘉陵江西路 91 号
公司注册地址:四川省射洪县太和镇新阳街 87 号 邮政编码:629200
公司办公地址:四川省德阳市嘉陵江西路 91 号 邮政编码:618000
公司电子信箱:meifenga@dy-public.sc.cninfo.net 公司信息披露报纸:《证券时报》
登载公司年度报告的中国证监会指定国际互联网网址: http://www.cninfo.com.cn
公司年度报告备置地点:四川省德阳市嘉陵江西路 91 号本公司办公地点、深圳证 券交易所、有关证券经营机构营业网点
公司股票上市交易所:深圳证券交易所 公司股票简称:四川美丰 公司股票代码:0731

二、会计数据和业务数据摘要

(一)公司本年度实现利润总额 72,007,137.26 元,净利润 61,206,450.13 元,扣除非经常性损益后的净利润 61,206,450.13 元,主营业务利润 92,647,529.50 元,其他业务利润 106,498.75 元,营业利润 72,489,484.79 元,投资收益 2,556.40 元,营业外收支净额 484,903.93 元,经营活动产生的现金流量净额 89,881,817.26 元,现金及现金等价物净增 加额 95,697,783.14 元。

(二) 主要会计数据和财务指标 单位:元

指标项目	1999 年	1998 年		1997 年	
		调整前	调整后	调整前	调整后
主营业务收入	288423676.32	209848773.17	209848773.17	150650478.47	150650478
净利润	61206450.13	54606077.71	55445887.04	50828744.49	50682655
总资产	683107465.07	462863564.85	461241520.37	466123318.17	463661464
股东权益	591331445.09	416935684.22	415313639.74	362329606.51	359867752
每股收益	0.551	0.558	0.567	0.676	0.674
每股收益(加权平均)	0.605	0.558	0.567	0.798	0.796
扣除非经营性损益后每股收益	0.551	0.558	0.567	0.489	0.487
每股净资产	5.32	4.26	4.25	4.82	4.78
调整后的每股净资产	5.32	4.26	4.25	4.82	4.78
每股经营活动产生的现金流量净额	0.81	0.49	0.49		
净资产收益率(%)	10.35	13.10	13.35	14.03	14.08

注:主要财务指标的计算公式如下:
每股收益=净利润/年度末普通股股份总数
每股净资产=年度末股东权益/ 年度末普通股股份总数
净资产收益率=净利润/年度末股东权益×100%

(三) 股东权益变动情况及原因

项 目	股 本	资本公积	盈余公积	法定公益金	未分配利润	股东权益合计
期初数	97804200	173198713	77995570.07	10141066.34	56174090.14	415313639
本期增加	13361800	104228705	56120645.02	3060322.50	52025482.61	228796955
本期减少					52779150.00	52779150
期末数	111166000	277427418	134116215.09	13201388.84	55420422.75	591331445
变动原因	配股	配股溢价	本期计提	本期计提	本期利润增加	前述项目变动

三、股东情况介绍

(一)报告期末股东总数为 14932 户。

(二)持有本公司 5%以上股份的股东为四川美丰(集团)有限责任公司,是代表国家持有股份的单位,所持股份无质押或冻结情况。年初持股 5204.94 万股,年末持股数量 为 5808.94 万股,股份增加 604 万股是参加本公司 1999 年度增资配股所致。

公司前 10 名股东持股情况 (截止 1999 年 12 月 31 日)

名次	股东名称	年末持股数(股)	占总股本(%)	股份性质
1	四川美丰(集团)有限责任公司	58089400	52.25	国家股
2	四川美丰技术开发中心	5376800	4.84	法人股
3	深圳市新中泰投资有限公司	3737163	3.36	流通股
4	四川省射洪县印刷厂	2080000	1.87	法人股
5	射洪县洪德综合开发公司	1591850	1.43	法人股
6	河南丰华实业发展有限责任公司	1364095	1.23	流通股
7	海南国发旅业公司	1265582	1.14	流通股
8	国泰证券	1243076	1.12	流通股
9	四川省德阳市银马实业公司	724750	0.65	法人股
10	国泰证券有限公司深圳分公司	482732	0.43	流通股

上述 10 名股东之间不存在关联关系。

四、股东大会简介

报告期内共召开的三次股东大会

1.公司第八次(临时)股东大会于 1999 年 1 月 23 日召开,会议通过了《关于改聘会计师事务所的议案》。会议决议公告刊登于 1999 年 1 月 25 日的《证券时报》上。

2.公司 1999 年度股东年会(第九次股东大会)于 1999 年 3 月 13 日召开。会议决议公 告刊登于 1999 年 3 月 16 日的《证券时报》上。

3.公司第十次(临时)股东大会 1999 年 5 月 3 日召开,会议通过了《1998 年度增资配 股方案》。会议决议公告刊登于 1999 年 5 月 5 日的《证券时报》上。

五、董事会报告

(一) 公司经营情况

1. 本公司属氮肥行业,在全国同行业中名列前茅。据最近省化工厅召开的会议,本公司销售额名列四川省化工行业第三名。

2. 公司主营业务范围及其经营状况

1)本公司主要生产和销售合成氨、尿素、碳酸氢铵和系列包装袋。1999 年度共生产合成氨 14.7 万吨,同比增长 34.7%;尿素 21 万吨,同比增长 63.56%;碳酸氢铵 6.4 万吨。1999 年 9 月至 12 月生产系列包装袋 540 万条,全年实现销售收入 28842.37 万元,净增 7857.5 万元,同比增长 37.4%;利润总额 7200.7 万元,占主营业务收入总额的 24.97%,同比增长 10.6%。全年产销平衡,产销率 99%。

2) 占公司主营业务收入和主营业务利润 10%以上的产品是尿素和碳酸氢铵,均属 农用化肥,经销商为全国各地农资公司和供销社。

福建三农集团股份有限公司

(一) 公司简介

1、公司法定中文名称:福建三农集团股份有限公司
公司中文名称缩写:福建三农
公司英文名称:FUJIANG SANNONG GROUP CO.LTD
公司英文名称缩写:FJSN
2、公司法定代表人:庄季希
3、公司董事会秘书:郑于强
公司负责信息披露事务人员:邹昆彬、吴秋萍
联系地址:福建省三明市梅列区徐碧
福州市湖东路 298 号写字楼 5 层福建三农福州办事处
电话:0591-7840852、0591-7801056、0598-8238185
传真:0591-7810369 0598-8242852
E-mail:fjsndm@pub1.fz.fjcn
4、公司注册地及总部地址:三明市梅列区徐碧 邮政编码:365000
公司国际互联网网址 http://www.sannong.com E-mail:fjsnb@sannong.com
5、公司选定的信息披露报纸为:《中国证券报》、《证券时报》
登载公司 1999 年度报告的国际互联网网址: http://www.cninfo.com.cn
公司年度报告备置地点:
福州市湖东路 298 号写字楼 5 层福建三农福州办事处
福建省三明市梅列区徐碧本公司股证办
6、公司股票上市地:深圳证券交易所
股票简称:福建三农 股票代码:0732

(二) 会计数据和业务数据摘要

1.公司本年度会计数据

公司本年度实现的利润总额为 45754828.85 元;净利润 39717027.45 元;扣除非经常性损益后的净利润 37186347.95 元; 主营业务利润 121262616.22 元; 其他业务利润 3843694.88 元; 营业利润 35545186.04 元;投资收益 7673719.17 元;补贴收入 1958395.00 元,营业外收支净额 577528.64 元;经营活动产生的现金流量净额 51414179.97 元;现金及现金等价物净增加额-11985904.39 元。

非经常性损益扣除的项目为:控股公司股权转让收益,涉及金额 2530679.50 元。

2、主要会计报表数据和财务指标,如下表 单位:元

项目	1999 年	1998 年		1997 年	
		调整后	调整前	调整后	调整前
主营业务收入	477860704.42	278582077.08	312457268.15	307686224.13	307686224.13
净利润	39717027.45	39664288.55	39941828.78	37945758.33	40423145.93
总资产	878863868.26	841312798.40	610395265.93	480830958.49	483308346.09
股东权益	353471479.23	353354451.78	356109379.61	313690163.23	316167550.83
每股收益(摊薄)	0.3009	0.3005	0.3026	0.3162	0.3369
每股收益(加权)	0.3009	0.3005	0.3026	0.3795	0.4042
扣除非经常性损益后的每股收益	0.282	0.3005	0.3026	0.3162	0.3369
每股净资产	2.678	2.677	2.698	2.614	2.635
调整后的每股净资产	2.614	2.583	2.651	2.534	2.577
净资产收益率(%)(摊薄)	11.236	11.225	11.216	12.10	12.79
净资产收益率(%)(加权)	11.238	11.892	12.232	16.977	18.382
每股经营活动产生的现金流量净额	0.389	-0.143	-0.143		

上表主要财务指标的计算公式如下:
每股收益=净利润/年度末普通股股份总数
每股净资产=年度末股东权益/年度末普通股股份总数
调整后的每股净资产=(年度末股东权益-三年以上的应收帐款净额-待摊费用-待 处理(流动、固定) 资产净损失-开办费-长期待摊费用-住房周转金负数余额)/年度末 普通股股份总数每股经营活动产生的现金流量净额=经营活动产生的现金流量净额/年度末普通股股份总数
净资产收益率=净利润/年度末股东权益×100%

3、股东权益: 单位:元

项目	股本	资本公积	盈余公积	其中公益金	未分配利润	股东权益合计
期初数	132000000	148402472.54	20649452.90	6883150.96	52302526.34	353354451.78
本期增加			5957554.12	1985851.37	33759473.33	39717027.45
本期减少					39600000.00	39600000.00
期末数	132000000	148402472.54	26607007.02	9006748.72	46461999.67	353471479.23

(1)盈余公积金增加 5957554.12 元系公司本年度按净利润的 10%提取法定公积金 及按 5%提取公益金所致。

(2) 未分配利润增加 33759473.33 元系 1999 年度净利润 39717027.45 扣除提取盈余 公积 5957554.12 元所致,未分配利润减少 39600000 元系报告期内按股东大会决议分配 股利所致。

(三) 股东情况介绍

(1)报告期末股东总数

截止 1999 年 12 月 31 日本公司股东人数 33379 人,其中公司内部职工股股东 7733 人。

(2)前十名股东持股情况

名 称	年末持股数	占总股本比例(%)	
三明市国有资产管理局	29403000	22.28	(国家股)
福建三木集团股份有限公司	12000000	9.09	(未流通股)
三明市国有资产投资经营有限公司	6460000	4.89	(未流通股)
福建博古投资有限公司	6128000	4.64	(未流通股)
福州南电经济发展有限公司	6125000	4.64	(未流通股)
谢瑞富	658900	0.499	
三明市财通公司	550000	0.416	(未流通股)
何仲贤	430300	0.325	
宋秀珍	350300	0.265	
李梅兰	317574	0.241	

前 10 名股东之间不存在关联关系。

(3)持有本公司 5%以上(含 5%)股权的股东所持股份质押或冻结情况:

本公司股东福建三木集团股份有限公司于 1999 年 10 月将其所持有的 720 万股股份 质押于中国银行福州市分行;质押期一年。

本公司股东福建三木集团股份有限公司于 1999 年 12 月将其所持有的 480 万股股份 质押于中国建设银行广达支行,质押期一年。

中国振华(集团)科技股份有限公司

一、公司简介

(一)、公司法定中文名称:中国振华(集团)科技股份有限公司
公司法定英文名称:CHINA ZHENHUA(GROUP) SCIENCE& TECHNOLOGY CO.,LTD。
(二)、公司法定代表人:陈清洁
(三)、公司董事会秘书:杨学政　　授权代表:唐林
联系地址:贵州省贵阳国家高新技术产业开发区新天大道150号
电话:(0851) 6302675 6301079　　传真:(0851) 6302674
电子信箱:zhjt@public1.gy.gz.cn
(四)、公司注册地址:贵州省贵阳国家高新技术产业开发区新天大道150号
公司办公地址:贵州省贵阳国家高新技术产业开发区新天大道150号　　邮政编码:550018
网址:WWW.CZELEC.COM.CN　　电子信箱:zhkj9@mail.guz.cei.gov.cn
(五)、公司选定的信息披露报刊:证券时报、上海证券报
(六)、公司年报备置地点:本公司经理部
(七)、公司股票上市交易所:深圳证券交易所
股票简称:振华科技　　股票代码:0733

二、会计数据和业务数据摘要

(一)、本年实现数(合并报表)　　单位:元

项目	金额
利润总额	76799490.90
主营业务利润	124955919.40
其他业务利润	3360060.39
营业利润	53342421.37
投资收益	10831173.63
补贴收入	7604208.86
营业外收支净额	5021687.04
净利润	71270407.76
扣除非经营性损益后的净利润	60261069.60
经营活动产生的现金流量净额	163074914.59
现金及现金等价物净增加额	52300632.04

非经营性损益的取得为:出售闲置资产收益 1935445.43 元;违约赔偿收入3,008,092.73元;托管收益6,065,800.00元。

(二)、前三年主要会计数据和财务指标(合并报表)　　单位:元

项目	1999年	1998年		1997年	
		调整前	调整后	调整前	调整后
主营业务收入	532762772.10	511968306.05	497677018.21	487220421.89	487220421.89
净利润	71270407.76	92380418.22	77290111.18	87732544.46	71214744.46
总资产	1730709271.43	1324956640.19	1429882942.72	1289202485.92	1249861785.92
股东权益	1146325030.26	852777979.50	901365829.99	762425741.81	723085041.81
每股收益(摊薄)	0.23	0.33	0.27	0.50	0.41
每股收益(加权)	0.24	0.33	0.27	0.62	0.50
扣除非经营性损益后的每股收益(摊薄)	0.19	0.32	0.25	0.47	0.38
扣除非经营性损益后的每股收益(加权)	0.20	0.32	0.25	0.59	0.47
每股净资产	3.66	3.05	3.09	4.36	4.13
调整后的每股净资产	3.58	3.01	2.99	4.33	4.11
净资产收益率(摊薄)	6.22	10.83	8.59	11.51	9.84
净资产收益率(加权)	6.78	11.44	9.62	19.00	16.54
每股经营活动产生的现金流量净额	0.52	0.01	0.01	-0.10	-0.10

说明:97、98年调整前的数据与98年报比作了如下调整:(1)、通过配股新增资产,(2)、本公司下属的振华集团财务有限公司(金融企业)的报表退出合并范围,投资核算方法不变。(3)追溯调整以往年度相关项目。97、98年调整后的数据与98年报比,变化为执行财政部财会字(1999)35号文件计提四项准备所致。

(三)、股东权益变动情况　　单位:元

项目	期初数	本期增加	本期减少	期末数
股本	280000000.00	33120000.00		313120000.00
资本公积	551447005.51	153274758.41		704721763.92
盈余公积	12280594.93	7030591.12		19311186.05
法定公益金	12280594.93	7030591.12		19311186.05
未分配利润	33237634.62	56623259.62		89860894.24
股东权益合计	901365829.99	244959200.27		1146325030.26

增加原因:股本及资本公积增加为配股、配股溢价所致;
盈余公积、法定公益金、未分配利润增加为本年度盈利所致。

三、股东情况介绍

1、报告期末股东总数40752户。其中内部职工股股东数量为16户,均系本公司高 管人员。
2、公司前10名股东持股情况(截止日期:1999年12月30日)

股东	期初持股数额(股)	期末持股数额(股)	占总股本比例(%)
中国振华电子集团公司	168000000	180120000	57.52
中国光大银行深圳证券业务部		7148704	2.28
光大证券		1693957	0.54
光大证券		1213864	0.39
光大证券有限公司武汉证券营业部		1062785	0.34
普惠证券投资基金		859992	0.27
王会兰		758596	0.24
王永和		739271	0.23
光大证券		734387	0.23
杨士英		732000	0.23

注:1.中国振华电子集团公司为法人股东,持有本公司57.52%的国有法人股股份,所持股份未发生质押和冻结的情况。
2.上述前十名股东之间不存在关联关系。
3、持股10%以上法人股东情况:
国有法人股股东:中国振华电子集团公司,持有本公司57.52%的股份,计180,120,000股,为本公司的控股股东。法定代表人:陈清洁
经营范围:主营电子信息产品、新型电子元器件、光机电一体化产品,兼营金融、贸易、房地产开发、技术咨询等。

海口农工贸(罗牛山)股份有限公司

一、公司简介

1、公司中文名称:海口农工贸(罗牛山)股份有限公司
英文名称:HaiKou Agriculture&Industry&Trade(LUONIUSHAN) Co.Ltd.
2、公司法定代表人:吴伟雄
3、公司董事会秘书:胡电铃
联系地址:海口市龙昆北路2号珠江广场帝豪大厦9楼(邮编:570125)
联系电话:0898-6717891　　传真:0898-6717830
4、公司注册地址:海口市人民大道30号二楼(邮编:570208)
办公地址:海口市龙昆北路2号珠江广场帝豪大厦9楼(邮编:570125)
公司国际互联网网址:http://www.luoniushan.com　　公司电子信箱:letter@luoniushan.com
5、公司信息披露报纸:中国证券报、证券时报
登载年报的国际互联网网址:http://www.cninfo.com.cn
公司年度报告备置地点:公司办公室
6、公司股票上市地:深圳证券交易所　　股票简称:罗牛山　　股票代码:0735

二、会计数据和业务数据摘要

1、本年度主要数据　　(单位:元)

项目	金额
(1)、利润总额	50,906,516.93
(2)、净利润	47,009,032.98
(3)、扣除非经常性损益后的净利润	45,198,079.70
(4)、主营业务利润	28,070,595.39
(5)、其他业务利润	9,085,717.88
(6)、营业利润	22,832,986.45
(7)、投资收益	19,375,618.48
(8)、补贴收入	7,296,680.00
(9)、营业外收支净额	1,401,232.00
(10)、经营活动产生的现金流量净额	16,351,155.83
(11)、现金及现金等价物净增加额数	88,173,556.60

2、前三年主要会计数据和财务指标:

	1999年	1998年	1997年
(1)主营业务收入(元)	208,739,421.54	186,792,069.02	144,482,297.31
(2)净利润(元)	47,009,032.98	61,920,426.04	13,266,390.76
(3)总资产(元)	1,012,107,528.06	732,704,274.67	526,383,871.01
(4)股东权益(元)	655,293,173.76	477,380,196.54	379,662,228.62
(5)每股收益(元/股)	0.16	0.43	0.091
(6)每股净资产(元/股)	2.29	3.05	2.62
(7)调整后的每股净资产(元/股)	2.28	3.24	2.57
(8)每股经营活动产生的现金流量净额	0.06	0.168	
(9)净资产收益率(%)	7.17	14.10	3.49

主要财务指标计算公式如下:
(1)每股收益=净利润/年度末普通股股份总数
(2)每股净资产= 年度末股东权益/年度末普通股股份总数
(3)调整后的每股净资产=(年度末股东权益-三年以上的应收款项-待摊费用-待处理(流动、固定)财产净损失-开办费-长期待摊费用-住房周转金负数余额)/年度末普通股股份总数
(4)每股经营活动产生的现金流量净额=经营活动产生的现金流量净额/年度末 普通股股份总数
(5)净资产收益率=净利润/年度末股东权益*100%

3、股东权益变动情况介绍:

项目	股本	资本公积	盈余公积	法定公益金	未分配利润	股东权益合计
期初数	145000000.00	149436905.96	41286437.18	9625726.31	105859311.52	441582654.66
本期增加	141620000.00	160200000.00	11752258.25	10201414.32	47009032.98	213710519.10
本期减少	/	67440000.00	/	/	79430772.13	/
期末数	286620000.00	242196905.96	53038695.43	19827140.63	73437572.37	655293173.76

变动原因　配送及转增股　　变动原因见会计报表附注

三、股东情况介绍

(1)报告期末股东总数为65,379户。
(2)公司前十名股东持股情况(截止1999年12月30日)

股东名称	年末持股数(万股)	占总股本比例(%)
海口市国营罗牛山农场	5,865	20.46
海口永盛畜牧机械工程有限公司	1,626	5.67
湖北锐达商贸有限公司	1,243	4.34
海南京海中隆投资管理公司	867	3.02
海口保税区深能贸易有限公司	850	2.97
海南发海贸易有限公司	850	2.97
海口宏昌贸易有限公司	850	2.97
海南兴地实业投资有限公司	765	2.67
中国光大银行深圳证券业务部	743	2.59
海南兴华农业财务公司	510	1.78

海口市国营罗牛山农场是公司目前国有法人股持有单位,与其它前十名股东间无关联关系。中国光大银行深圳证券业务部持有的股份,为包销公司内部职工股配股、送股及转增的股分。

(3)、海口市国营罗牛山农场持有国家股5,865万股,占公司总股本的20.46%。 为公司第一大股东,该单位法定代表人为吴伟雄。经营范围包括粮食、热带作物种植 、药材种植、动物饲养、淡水养殖、橡胶加工、饲料、建材等。

四、董事会报告

1、公司经营情况:

99年上半年畜牧生产出现了较大的滑坡,公司经营遇到了自上市以来极为不利局面,对此,公司加强了市场调研工作,一方面积极调整经营方针,从降低饲料成本入手,加大科技成果的转化的力度,进一步提高公司主导产品猪和鸡的饲养能力,使生猪出栏能力达到26万头,新增30万只鸡苗的生产能力;另一方面采取灵活多样的销售手段,抓住畜产品价格回升的契机加大促销力度,全年销售生猪11.4万头,淘汰蛋鸡25.4万只,使上述两项营业收入达10,364万元,和去年同期9,596万元相比略有提 高。但由于全年畜产品价格的大幅下跌,公司的赢利水平也受到较大影响。特别是鸡蛋和饲料两项全年仅实现销售收入5,700万元,比去年的8,040 万元下降了29%。

针对上述局面,公司后半年调整产业结构,结合配股项目热带农产品批发市场的兴建,对外承接工程项目,全年实现工程施工收入3,964万元,比去年有较大提高。　　99年公司的肉联加工厂仍面临私宰猖獗,严重冲击着肉联厂的业务发展的局面,虽然在市委、市政府的大力支持下公司不断加大打击力度,但仍然收效甚微,今后对公司未来的发展存在着较大隐患。

重庆国际实业投资股份有限公司

(一) 公司简介

1.公司的法定中文名称:重庆国际实业投资股份有限公司
公司的法定英文名称:CHONGQING INTERNATIONAL ENTERPRISE INVESTMENT CO.LTD.
公司中文缩写:重庆实业
2.公司法定代表人:李强
3.公司董事会秘书:张杲
联系地址:重庆市江北区建新北路 86 号
联系电话:023 -67868187
联系传真:023 -67868390
董秘电子信箱:cqieicsb@public.cta.cq.cn
4.公司注册地址:重庆市江北区建新北路 86 号
公司办公地址:重庆市江北区建新北路 86 号
公司邮政编码:400020
公司电子信箱:tzciei@public.cta.cq.cn
5.公司选定的信息披露报纸:《中国证券报》
登载公司年度报告的中国证监会指定国际互联网网址:http://www.cninfo.com.cn
公司年度报告备置地点:公司证券部
6.公司股票上市交易所:深圳证券交易所
公司股票简称:重庆实业
公司股票代码:0736

(二) 会计数据和业务数据摘要

1.公司本年度实现利润情况　　单位:人民币元

利润总额	28623723.85
净利润	21076849.65
扣除非经常性损益后的净利润	21076849.65
主营业务利润	41895698.18
其他业务利润	236241.36
营业利润	28228196.27
投资收益	700727.35
补贴收入	625109.97
营业外收支净额	-930309.74
经营活动产生的现金流量净额	37353540.69
现金及现金等价物净增加额	54214601.37

2.截止本年度末公司前三年的主要会计数据和财务指标(合并报表)

项　目	1999 年	1998 年	1997 年
主营业务收入(元)	81687162.17	34994897.23	36518153.11
净利润(元)	21076849.65	7190085.45	12959103.26
总资产(元)	415916785.37	264352456.57	175664608.97
股东权益(元)(不含少数股东权益)	128198585.72	107057986.07	123867900.62
每股收益(元)	0.35	0.12	0.22
每股净资产(元)	2.14	1.78	2.06
调整后的每股净资产(元)	2.12	1.71	2.04
每股经营活动产生的现金流量净额	0.62	0.15	
净资产收益率(%)	16.44	6.72	10.46
扣除非经常性损益后的每股收益	0.35	0.12	0.16

注 1:1999 年度总股本按 6000 万股计算,1998 年度总股本按 6000 万股计算,1997 年度总股本按 6000 万股计算。

注 2:主要财务指标的计算公式如下:
每股收益=净利润/年度末普通股股份总数
每股净资产=年度末股东权益/ 年度末普通股股份总数
净资产收益率=净利润/年度末股东权益× 100%
调整后的每股净资产=(年度末股东权益-三年以上的应收款项净额-待摊费用-待 处理(流动、固定)资产净损失-开办费-长期待摊费用-住房周转金负数余额)/年度末 普通股股份总数
每股经营活动产生的现金流量净额=经营活动产生的现金流量净额/年度末普通股股份总数
注 3:以上数据以公司合并会计报表数据填列。

3.公司本年度股东权益变动情况(单位:人民币元)

项目	股本	资本公积	盈余公积	法定公益金	未分配利润	股东权益合计
期初数	60000000	20449054.28	19316753.68	5631276.19	7292178.11	107057986.07
本期增加		63750.00	5600818.81	1900489.89	15476030.84	21140599.65
本期减少						
期末数	60000000	20512804.28	24917572.49	7531766.08	22768208.95	128198585.72

变动原因:
A.盈余公积:从净利润中提取增加。
B.法定公益金::从净利润中提取增加。
C.未分配利润:本年度净利润增加。

(三) 股东情况介绍

1.截止 1999 年 12 月 31 日,本公司共有股东 7,108 户。
2.前十名股东持股情况

序号	股　东　名　称	本年度内股份增减(+、-)	本年度末持股数(股)	占总股本比例
1	北京中经四通信息技术发展有限公司	+12000000	12000000	20.00%
2	重庆皇丰实业有限公司	+9210000	9210000	15.35%
3	上海西域实业有限公司	+6000000	6000000	10.00%
4	上海新启业工贸有限公司	+2864000	2864000	4.77%
5	中国重庆国际经济技术合作公司海企公司		1466000	2.44%
6	重庆新华信托投资股份有限公司	+200000	1200000	2.00%
7	华夏证券有限公司重庆分公司		1000000	1.67%
8	重庆轻渝贸易公司		500000	0.83%
9	四川嘉裕物业发展有限责任公司		500000	0.83%
10	重庆金迪汽车装饰有限责任公司		500000	0.83%

南风化工集团股份有限公司

一、公司简介

1、公司法定中文名称:南风化工集团股份有限公司
公司英文名称:NAFINE CHEMICAL INDUSTRY GROUP CO.,LTD.
2、公司法定代表人:王梦飞
3、公司信息披露负责人:董事会秘书　朱奇立　　授权代表:高翔林
联系地址:山西省运城市解放路 294 号
电　　话:0359-2021544 2017035　　传　　真:0359-2023302
4、公司注册及办公地址:山西省运城市解放路 294 号　　邮政编码:044000
国际互联网址:http://www.nafine.com　　公司电子信箱: nfhgzql@public.yc.sx.cn
5、公司年度报告备置地点:公司总部董事会秘书室
公司信息披露报刊:《证券时报》、《中国证券报》
登载年报互联网址:http://www.cninfo.com.cn
6、公司股票上市地:深圳证券交易所
公司股票简称:南风化工　　股票代码:0737

二、会计数据和业务数据摘要

1、本年度主要会计数据和业务数据　　单位:元

项　　目	1999 年
利润总额	118631150
净利润	93309582
扣除非经常损益后的净利润	91789264
主营业务利润	365620697
其他业务利润	9482695
营业利润	115176952
投资收益	723231
补贴收入	4021357
营业外收支净额	-1290390
经营活动产生的现金流量净额	105584350
现金及现金等价物增加额	14936824

注:本公司 99 年非经常性损益 1520318 元,其中:资产处置净损失 1209676 元,罚款收支净额-310642 元。

2、前三年的主要会计数据和业务数据　　单位:元

项　　目	1999 年	1998 年 调整前	1998 年 调整后	1997 年 调整前	1997 年 调整后
主营业务收入	93309582	84309691	83327093	77886694	77182858
总　资　产	2462245855	2002029127	1995109998	1466762411	1462582401
股东权益	926415957	838848888	833106375	658858034	654678024
每股收益(摊薄)	0.231	0.417	0.412	0.424	0.420
(加权)	0.231	0.440	0.435	0.478	0.474
每股净资产(摊薄)	2.289	4.15	4.117	3.59	3.56
(加权)	2.289	4.38	4.350	4.04	4.01
调整后的每股净资产摊薄)	2.228	4.09	4.06	3.51	3.49
(加权)	2.228	4.32	4.29	3.96	3.93
每股经营活动产生的现金流量净额	0.261	0.36	0.36		
资产收益率(摊薄)	10.072	10.05	10.00	11.82	11.79
(加权)	10.606	11.46	11.40	15.30	15.28

注 1:主要财务指标计算方法:
每股收益=净利润/年度末普通股股份总数
加权平均每股收益=净利润/[期末股份总数÷(1+配股比例或增发新股比例)+ 期末股份总数÷(1+配股比例或增发新股比例)×配股比例或增发新股比例×缴款结束日下一月份至期末的月份数÷12]
每股净资产=净资产/年度末普通股股份总数
调整后的每股净资产=[年度末股东权益—三年以上的应收款净额—待摊费用—待处理(流动、固定)资产净损失—开办费—长期待摊费用-住房周转金负数余额]/年度末普通股股份总数
每股经营活动产生的现金流量净额=经营活动产生的现金流量净额/年度末普通股股份总数
注 2:应收款项包括应收帐款、其他应收款、预付帐款、应收股利、应收利息、应收补贴款。
注 3:根据财政部财会字(1999)35 号文、49 号文的有关规定,公司对前三年会计数据和财务指标进行了追溯调整,并分别以调整前和调整后进行列示。

3、股东权益变动情况

项　　目	期　初　数	本期增加	本期减少	期　末　数
股　　本	202370000	202370000	—	404740000
资本公积	544595397.38	—	1618960000	382699397.38
盈余公积	21755073.28	14155714.26		35910787.54
法定公益金	10747710.57	6647870.62		17395581.19
未分配利润	53638193.65	72505996.99	40474000	85670190.64
股东权益合计	833106374.88	295679581.87	202370000	926415956.75

注 1:根据公司 1998 年度股东大会决议,公司以 98 年末总股本 202370000 股为基数,实施:(1)利润分配方案:按每 10 股送红股 2 股;(2)公积金转增股本:按每 10 股 转增 8 股。99 年度股本增加 202370000 股, 资本公积金减少 16189000 元。

注 2:根据财政部财会字(1999)35 号文、49 号文的有关规定,公司采用追溯调整法对法定盈余公积金、法定公益金和未分配利润进行了调整,致使法定盈余公积金减少 781430.59 元,法定公益金减少 520541.37 元, 未分配利润减少 4440540. 68 元, 共减少所有者权益 57421264 元。

三、股本变动和股东情况

1.报告期末股东总数 76975 人。
2.前十名股东情况

股　东　名　称	年末持股数(股)	占总股本比例(%)	备　注
山西运城盐化局	199980000	49.41	发起人股份
陕西省西安市日用化学工业公司	39600000	9.78	发起人股份
谢忠旭	1576760	0.39	
中国耀华玻璃公司	1320000	0.33	发起人股份
浙江升华集团公司	1320000	0.33	发起人股份
天津宏发集团公司	1320000	0.33	发起人股份
陈文庄	886800	0.22	
吴玉英	760000	0.19	
柴丽娟	686923	0.17	
赵运林	516770	0.13	

南方摩托股份有限公司

一、公司简介

1、公司法定中文名称:南方摩托股份有限公司

公司英文名称:Nan Fang Motor Company Limited

2、公司法定代表人:陶光孟

3、公司董事会秘书:马宁

联系地址:湖南省株洲市高新技术产业开发区天台西路1号

联系电话:0733—8810331

传　　真:0733—8822995

4、公司注册地址:湖南省株洲市高新技术产业开发区天台西路1号

公司办公地址:湖南省株洲市董家土段南摩办公大楼

邮政编码:412007

公司电子信箱:nfmt@mail.zz.hn.cn

公司国际互联网网址:http://www.nanfangmotor.com.cn

5、公司选定的信息披露报刊为"中国证券报、证券时报"。

登载公司年度报告的国际互联网网址为

http://www.cninfo.com.cn

公司年度报告备置地点:公司证券部

6、公司股票上市交易所:深圳证券交易所

股票简称:南方摩托　　股票代码:0738

二、会计数据和业务数据摘要

(一)本年度利润总额及构成:　　(单位:元)

利润总额:	36703130.77
净利润:	29816268.94
扣除非经常性损益后的净利润:	42355297.15
主营业务利润:	166267154.22
其它业务利润:	11302509.23
营业利润:	42968206.24
投资收益:	-7512241.89
补贴收入:	
营业外收支净额:	1247166.42
经营活动产生的现金流量净额:	-152282152.66
现金及现金等价物净增加额:	-122752203.47

注:扣除的非经常性损益项目和涉及金额:

1、合并价差摊销:	-10615702.41
2、固定资产处置损益:	-1923325.80

(二)近三年主要会计数据及财务指标(合并报表):

栏目	1999年度	1998年度		1997年度	
		调整后	调整前	调整后	调整前
1.主营业务收入(元)	988091691.01	1198472480.31	1198472480.31	1412171221.38	1412171221.38
2.净利润(元)	29816268.94	112640787.83	118981929.39	32530668.47	141118086.49
3.总资产(元)	2020892173.34	1903492757.42	2031540989.11	1986847631.12	2108563049.14
4.股东权益(元)	1174516340.93	1021233638.10	1149281869.79	912381147.38	1034096565.40
5.每股收益(元/股)(摊薄)	0.075	0.30	0.32	0.114	0.495
6.每股收益(元/股)(加权)	0.08	0.30	0.32	0.134	0.582
7.扣除非经常性损益后的每股收益(元/股)	0.11	0.338	0.355	0.116	0.497
8.每股净资产(元/股)	2.95	2.76	3.10	3.2	3.63
9.调整后每股净资产(元/股)	2.77	2.65	3.04	3.12	3.54
10.每股经营活动产生的现金流量净额	-0.38	0.48	0.48		
11.净资产收益率(%)	2.54	11.03	10.35	3.57	13.65
12.净资产收益率(%)(加权)	2.88	11.65	10.90	5.38	21.19

注:主要财务指标的计算方法

每股收益=净利润/年度末普通股股份总数

每股净资产=年度末股东权益/年度末普通股股份总数

净资产收益率=净利润/年度末股东权益×100%

调整后的每股净资产=[年度末股东权益—三年以上的应收款项净额—待摊费用—待处理(流动、固定)资产净损失—开办费—长期待摊费用—住房周转金负数余额]/年度末普通股股份总数

每股经营活动产生的现金流量净额=经营活动产生的现金流量净额/年度末普通股股份总数

(三)报告期间股东权益变动情况:

项目	股本	资本公积	盈余公积	其中:公益金	未分配利润	合计
期初数	370500000	522515978.91	116677377.00	33317806.14	11540282.19	1021233638.10
本期增加	27300000	100895662.41	10668286.84	1108188.73	14418753.58	125982702.83
本期减少						
期末数	397800000	623411641.32	127345663.84	34425994.87	25959035.77	1174516340.93

变动原因:(1)股本增加,系本年度实施配股所致。

(2)资本公积变动,系本年度向股东配股溢价部分转入所致。

(3)盈余公积、法定公益金增加,是利润分配提取法定盈余公积金及公益金所致。

(4)未分配利润变动,系本年度提取盈余公积后的净利润转入所致。

三、股东情况介绍

1、截止到1999年12月31日本公司股东共有58489名,其中国有法人股1名——中国南方航空动力机械公司,内部高级管理人员股东15名。

2、主要股东持股情况(前10名股东)

名次	股东名称	年末持股数(股)	持股比例(%)
1	南方动力	260000000	70.17 5
2	潘镜棠	560000	0.15 1
3	付姣芝	436616	0.11 8
4	刘良才	400493	0.10 8
5	梁健强	364436	0.09 8
6	吉林省证券公司上海业务部	350000	0.09 4
7	李定波	338000	0.09 1
8	刘会	330000	0.08 9
9	彭荃生	289194	0.07 8
10	李月英	280000	0.07 6

青岛东方集团股份有限公司

一、公司简介

1、公司中文名称:青岛东方集团股份有限公司

公司英文名称:QINGDAO DONGFANG GROUP COMPANY LIMITED

2、公司法定代表人:谭京信

3、公司董事会秘书:阎国强

联系地址:中国青岛市胶州路140号

联系电话:0532—2829999—1698

传真电话:0532—2833885

电子信箱:qddfygq@mail.qdec.com.cn

4、公司注册地址:中国青岛市胶州路140号

公司办公地址:中国青岛市胶州路140号

邮政编码:266011

国际互联网网址:http://www.0739qddf.com.cn

电子信箱:qddf@mail.qdec.com.cn

5、公司选定的信息披露报纸为:《证券时报》《中国证券报》

登载公司年度报告的国际互联网网址:http://www.cninfo.com.cn

公司年度报告备置地点:公司证券部

6、公司股票上市地:深圳证券交易所

公司股票简称:青岛东方

公司股票代码:0739

二、会计数据和业务数据摘要

1、本年度主要会计数据和财务指标

公司本年度的利润总额:	9,863,987.97
净利润:	7,629,308.50
扣除非经营性损益后的净利润:	5,953,218.32
主营业务利润:	37,336,143.74
其他业务利润:	12,913,717.75
营业利润:	8,885,400.47
投资收益:	
补贴收入:	850,992.12
营业外收支净额:	127,595.38
经营活动产生的现金流量净额:	-20,523,202.90
现金及现金等价物净增加额:	50,301,783.26

2、三年主要会计数据和财务指标

金额单位:元

项目	1999年		1998年	1997年
主营业务收入	228,309,215.29		418,911,491.25	367,697,183.70
净利润	7,629,308.50		25,732,527.91	23,001,726.02
总资产	520,325,482.83		475,188,466.08	392,711,576.62
股东权益(不含少数股东权益)	306,244,562.33		247,184,190.37	221,451,662.46
	全面摊薄	加权平均	全面摊薄	全面摊薄
每股收益	0.05	0.07	0.34	0.3651
每股净资产	2.10	1.82	3.27	3.5151
调整后的每股净资产	2.08	1.81	3.20	3.4438
每股经营活动产生的现金流量净额	-0.14			
净资产收益率	2.49%	3%	10.41%	10.39%

3、计算公式:

(1)每股收益=净利润/年度末普通股股份总数

(2)每股净资产=年度末股东权益/年度末普通股股份总数

(3)调整后的每股净资产=(年度末股东权益—三年以上的应收款项净额—待摊费 用—待处理(流动、固定)资产净损失—开办费—长期待摊费用—住房周转金负数余额)/年度末普通股股份总数

(4)每股经营活动产生的现金流量净额=经营活动产生的现金流量净额/年度末普 通股股份总数

(5)净资产收益率=净利润/年度末股东权益× 100%

(6)加权平均净资产收益率=当期净利润÷[(期初净资产+期末净资产)÷2+当期发行新股或配股新增净资产×(自缴款结束日下一月份至期末的月份数—6)÷12]

4、股东权益变动情况　　金额单位:元

项目	股本	资本公积	盈余公积	未分配利润	股东权益合计
期初数	75,600,000	141,749,936.44	5,834,446.09	2,313,466.40	225,497,848.91
本期增加	70,149,230	63,448,174.92	1,945,828.96	7,629,308.50	143,172,542.38
本期减少	0	41,580,000.00		—20,845,828.96	20,734,171.04
期末数	145,749,230	163,618,111.36	7,780,275.03	—10,903,054.06	306,244,562.33
变动原因	配股及送转股本	配股及转增股本	本年计提		

三、股东情况介绍

1、报告期末股东总数

截止报告期末公司股东总数为43726户。

2、前十名股东持股情况

股东名称	持股数量(股)	占总股本比例(%)
青岛市供销合作社联合社	71085230	48.77
兴华证券投资基金	1469710	1.01
陈庆平	497771	0.34
李树战	447180	0.31
兴和证券投资基金	445875	0.31
上海晨翔机电有限公司	420000	0.29
杨建荣	377980	0.26
陈云庆	351705	0.24
北京中和应泰管理顾问有限公司	341666	0.23
陈庆利	334095	0.23

青岛市供销合作社联合社是国家股股权的持有者,占本公司百分之四十八点七七 的股权。根据国家现行的有关规定,该部分股权暂不上市流通。在本年度增资配股中,国家股股东放弃部分配股权,致使持股比例比同期下降。前十名股东中不存在关联关 系。持股5%(含5%)以上的股东所持股份无质押、冻结情况。

湖南计算机股份有限公司

湖南计算机股份有限公司1999年年度报告摘要

一、公司简介

1、公司法定中文名称:湖南计算机股份有限公司
英文名称:Hunan Computer Co., Ltd　英文缩写:HCC
2、公司法定代表人:杨德泉
3、董事会秘书:杨林　授权代表:蒯静
联系地址:湖南省长沙市雨花路161号　邮编:410007
电话:0731-5559794 5554610-588　传真:0731-5514776
4、公司注册及办公地址:湖南省长沙市雨花路161号　邮编:410007
公司国际互联网网址:http://www.hcc.com.cn　电子信箱:hcfpo @ public.cs.hn.cn
5、公司选定的信息披露报纸:《中国证券报》、《证券时报》
刊登公司年度报告的国际互联网网址:www.cninfo.com.cn
公司年度报告备置地点:本公司证券部
6、公司股票上市交易所:深圳证券交易所　股票简称:湘计算机　股票代码:0748

二、公司会计数据和业务数据摘要

1、本年度主要会计数据(单位:元)

项目	金额
利润总额	49921159.79
净利润	42832467.07
扣除非经常性损益后的净利润	42761241.54
主营业务利润	152414226.44
其他业务利润	1596946.20
营业利润	48451163.97
投资收益	1064358.31
补贴收入	692812.05
营业外收支净额	-287174.54
经营活动产生的现金流量净额	61950765.19
现金及现金等价物净增加额	4050159.53

注:扣除非经常性损益的项目涉及的金额:补贴性收入692,812.05元,合并价差摊 入621,586.52元。

2、近三年主要会计数据及财务指标(合并报表)

	1999年度	1998年度		1997年度	
		调整前	调整后	调整前	调整后
净利润	42832467.07	64014232.93	57882511.12	46259270.00	23671835.12
总资产	927499796.08	820682812.91	791363525.40	733311974.15	710724539.27
股东权益	594333467.39	477516543.57	448797386.89	426350148.00	403762713.12
每股收益(摊薄)	0.189	0.30	0.27	0.37	0.189
(加权)	0.216	0.30	0.27	0.37	0.189
每股净资产	2.625	2.24	2.11	3.41	3.23
调整后每股净资产	2.57	2.17	2.05	3.32	3.19
每股经营活动产生的现金流量净额	0.27				
净资产收益率(摊薄)	7.21%	13.41%	12.9%	10.85%	5.87%
扣除非经常性损益后的每股收益	0.189				

注1: 以上数据和指标均按合并报表数计算,99年按总股本22637.478万股计算,98 年按总股本21,272.1万股计算,97年按总股本12,513万股计算

注2:主要财务指标计算方法如下:

每股收益=净利润/年度末普通股股份总额

每股净资产=年度末股东权益/年度末普通股股份总额

净资产收益率=净利润/年度末股东权益×100%

调整后的每股净资产=(年度末股东权益-三年以上应收款项净额-待摊费用-待处 理(流动、固定)资产净损失-开办费-长期待摊费用-住房周转金负数余额)/年度末普 通股股份总额

3.股东权益变动情况

项目	股本	资本公积	盈余公积	法定公益金	未分配利润	股东权益合计
期初数	212721000	217014398.55	18800736.94	7365914.74	261251.40	448797386.89
本期增加	13653780	131594033.43	11695469.58	4578803.57	42832467.07	199775750.08
本期减少					54239669.58	54239669.58
期末数	226374780	348608431.98	30496206.52	11944718.31	-11145951.11	594333467.39

变动原因: 股本增加是因为报告期内实施了配股;资本公积增加是因为报告期内实施了配股;盈余公积增加是因为计提10%法定公积金、10%法定公益金、5%任意盈余公积;未分配利润增加是因为本年度实现的净利润,减少的原因是中期实施每10股派2元分红方案、计提盈余公积。

三、股东情况介绍

1、股东持股情况

(1)、截止报告期末,公司股东总数为46040户,其中国家法人股东4户,社会公众股东46036户。

(2)、前十名股东持股情况

序号	名称	持股数(万股)	比例(%)
1	中国长城计算机集团公司	8090.30	35.74
2	湖南电子信息产业集团有限公司	4372.478	19.32
3	邵阳电源总厂	895.90	3.96
4	北京建银电脑公司	278.80	1.23
5	白秀芳	82.2381	0.36
6	陈章云	79.7763	0.35
7	谭少艮	63.3259	0.28
8	陈章和	56.0516	0.25
9	伍县新	45.1155	0.20
10	陈远存	42.2305	0.19

注:前四名为发起人股东,属国有法人股,相互之间不存在关联关系。

四、股东大会简介

1、股东大会情况:报告期内共召开了4次股东大会:

(1)1998年度股东大会于1999年4月26日在湖南宾馆一号楼八楼会议室召开。大会审议并通过了:

----1998年度总裁业务报告(98年度工作总结及1999年经营发展计划报告)
----1998年度董事会工作报告和监事会工作报告
----1998年度财务决算报告
----1998年度利润分配预案
----1999年度财务预算报告
----修改公司章程的议案

会议决议刊登在1999年4月27日的《中国证券报》、《证券时报》上。

(2)1999年第一次临时股东大会于1999年6月11日在湖南宾馆一号楼八楼会议室召开,大会审议通过了公司98年度增资扩股方案。会议决议刊登在1999年6月12日的《中国证券报》、《证券时报》上。

(3)1999年第二次临时股东大会于1999年6月29日以通讯方式召开,大会审议通过 了公司以6000万元投资入股湘财证券有限责任公司的议案。会议决议刊登在1999年6 月30日的《中国证券报》、《证券时报》上。

(4)1999年第三次临时股东大会于1999年8月26日以通讯方式召开, 大会审议通过了公司1999年度中期利润分配方案。会议决议刊登在1999年8月27日的《中国证券报》、《证券时报》上。

五、董事会报告

1、公司经营情况

(1)、公司所处行业情况

公司所处行业为新兴的朝阳工业----电子信息行业,发展迅速,竞争激烈。由于本公司一贯坚持市场导向,科技兴业,经过连续几年的快速发展,已成为一个集科、工、贸、服务四位一体的综合型高科技企业,并成为国内最大的各类计算机终端专业开发 、生产、销售企业之一,并且99年在税控系列产品、网络终端、软件与系统集成、金 融机具、PR2存折打印机以及军用产品、工控产品等方面取得了较大的发展,广泛服务于金融、税务、海关、国防、铁路、保险、证券等领域。

(2)公司主营业务的范围及其经营状况

公司主营业务范围为:开发、生产、销售中西文字符图形终端、网络终端、金融 机具、通讯产品、机电一体化产品及成套商用电子设备、税控系列产品、软件及系统集成、打印机、新型化学电池等。

99年,在董事会的正确领导和决策下,湘计算机的经营班子和全体员工紧紧围绕"创新管理、狠抓效能"的年度方针,资本运营和产品经营的各项工作都取得了一定的 成绩,1999年公司完成主营业务收入61673.06万元,实现利润总额4992.12万元,净利润4283.25万元,相比98年的主营业务收入、利润总额、净利润分别增长了22.74%、-13.92%、-26%。99年利润总额、净利润比98年减少的主要原因是: 根据财政部的最新 规定提取了四项资产减值准备金;99年新产品的开发和市场的开拓投入都很大;以及主导硬件产品的价格每年都在下降等。公司主营业务按产品划分为:硬件产品、软件及系统集成。硬件产品的业务收入 为423,564,330.86元,业务利润为84,763,886.63元;软件及系统集成的业务收入为32,299,800.00元,业务利润为13,244,834.04元。

(3)在经营中出现的问题与困难及解决方案

A、一是干部队伍从上到下在学习上下功夫不够,特别是对先进管理经验学习不够,创新意识不强,干部的管理水平有待提高,必须加强学习。B、资本运作经验不足,对外投资较为谨慎,在一定程度上影响了企业扩张的速度 。必须加大力度,看准方向,大胆操作。C、由于企业属国有企业改制上市,仍然受到旧制度和旧观念的束缚,在工资结构 与分配、人事管理、人才引进等方面存在不合理,因而在人才建设方面比较被动,必须在分配体制上寻求突破。

2、公司财务状况

项目	1999年度	1998年度	增减(%)
总资产	927,499,796.08元	791,363,525.40元	+17.20%
长期负债	109,448,740.00元	90,999,921.00元	+20.27%
股东权益	594,333,467.39元	448,797,386.89元	+32.43%
主营业务利润	152,414,226.44元	133,733,383.48元	+13.97%
净利润	42,832,467.07元	57,882,511.12元	-26%

注: 1、总资产增加的原因是由于年内实施了配股; 2、长期负债增加的原因是由于长期借款增加;3、股东权益增加的原因是由于九九年实施了配股;4、主营业务利润增加的原因是由于主营业务收入扩大、增加; 5、净利润减少的主要原因是由于计提四项准备金及九九年中期实施了每10股派2元的分红方案。

3、公司投资情况

(1) 99年度公司对外投资情况如下:

企业名称	注册资金(单位:万元)	本期投资(单位:万元)	本公司持有其股权	主营范围
武汉湘计华成电子网络有限公司	350	178.5	51%	电子计算机、机电一体化、仪器仪表通讯技术及产品的开发、研制、销售
长沙湘计华湘计算机有限公司	200	120	60%	计算机、办公自动化及配套智能仪表的产品开发、推广
北京湘计立德信息技术有限公司	300	240	80%	机电一体化技术及产品、电子计算机网络及软硬件、通讯设备等开发、咨询
长沙湘计新星计算机系统有限公司	500	425	85%	软件开发及维护,计算机网络工程的设计、开发及维护
深圳湘计长岛电脑设备有限公司	350	297.5	85%	计算机外部设备、发及销售;电子元器终端设备的生产、开件的购销
维用—长城电路有限公司	700万美元	2540	35%	印制电路板、电子器件、印刷板设备和其他电子外围设备
湖南邵阳蓝宝电源有限责任公司	627	527	84%	蓄电池产品、蓄电池生产设备
上海湘计浦江科技有限公司	200	180	9%	计算机软硬件、系统工程、机房设备电子及通讯领域的科技咨询、技术开发、转让服务及相关产品的销售
湖南艾邦信息技术有限公司	950	484.5	51%	引进、开发销售电开发计算机网络工子计算机软件、硬件;程、信息网络工程
长沙长远电子信息技术有限公司	660	354	53.6%	计算机系统、计算设备、多媒体技术开发、销售等
武汉华工安鼎信息技术有限公司		98	28%	咨询与培训开发产品的制造及销售等
湘财证券有限责任公司	10200	6000	6%	证券经纪、承销、自营等

桂林集琦药业股份有限公司

桂林集琦药业股份有限公司1999年年度报告摘要

一、公司简介

1、公司简况

桂林集琦药业股份有限公司位于国家高新技术开发区——桂林高新技术开发区内，是一家致力于人类健康事业、以生产化学原料药、中西药制剂为主业，同时生产保健食品、化妆用品、医疗器械、农药、兽药、饲料及添加剂的国家重点高新技术制药企业，是集科研、生产和销售为一体的综合性制药类上市公司。

公司是经广西壮族自治区体改委桂体改股字(1993)55 号及桂体改股字(1993)108 号文件批准，由桂林集琦集团有限公司独家发起以定向募集方式设立的股份有限公司，设立时公司总股本为4500 万股，其中国有法人股 3,602.0294 万股，募集法人股 197.9706 万股，内部职工股 700 万股。

1997 年 6 月 19 日经中国证监会批准首次向社会公开发行 4000 万股 A 股，发行价 6.99 元人民币，并于 1997 年 7 月 9 日在深交所挂牌上市。

2、其它资料

公司法定中文名称:桂林集琦药业股份有限公司

英文名称:Guilin Jiqi Pharmaceutical Co., Ltd.

公司法定代表人:刘及响　公司注册地址及办公地址:广西壮族自治区桂林市育才路 55 号

邮政编码:541004　公司国际互联网网址:http://www.guilinjiqi.com

公司咨询机构:董事会办公室　公司信息披露人:张文龙

联系电话:0773-5812938 转 8166　传　真:0773-5815328

公司信息披露报刊:《证券时报》、《中国证券报》

登载公司年度报告的中国证监会指定国际互联网网址:http://www.cninfo.com.cn

公司股票上市地:深圳证券交易所　公司股票简称:桂林集琦　公司股票代码:0750

公司年报备置地点:公司证券部

二、会计数据和业务数据摘要

1、主要会计数据　单位:人民币元

公司本年度实现利润总额	15,783,138.17
净利润	12,305,960.41
扣除非经常性损益后的净利润	9,421,202.41
主营业务利润	49,113,778.01
其他业务利润	285,590.93
营业利润	12,591,529.40
投资收益	380,000.00
补贴收入	1,884,758.00
营业外收支净额	926,850.77
经营活动产生现金流量净额	22,549,122.22
现金及现金等价物净增加额	42,042,616.32

2、公司近三年主要财务指标　单位:人民币元

指标项目	1999 年	1998 调整数	1998 年	1997 年
主营业务收入	135402141.30	165629682.28	165629682.28	155950729.11
净利润	12305960.41	39383130.72	43645903.07	40612384.13
总资产	684121083.77	532723134.40	552455044.49	451730467.74
股东权益	389354257.00	377048296.59	396780026.68	395634123.61
每股收益	0.1448	0.4633	0.5135	0.4778
每股净资产	4.5806	4.4359	4.668	4.654
调整后的每股净资产	4.5171	4.4346	4.665	4.654
每股经营活动产生的现金流量净额	0.2653	0.439	0.439	
净资产收益率	3.16%	10.45%	11%	10.265%

注 1. 主要财务指标的计算方法

每股收益=净利润/年度末普通股股份总数

每股净资产=年度末股东权益/年度末普通股股份总数

净资产收益率=净利润/年度末股东权益×100%

调整后的每股净资产=(年度末股东权益-三年以上的应收款项净额-待摊费用-待处理财产净损失-开办费-长期待摊费用-住房周转金负数余额)/年末普通股股份总数

每股经营活动产生的现金流量净额=经营活动产生的现金流量净额/年度末普通股股份总额

3、报告期内股东权益变动情况　单位:股、人民币元

项目	股本	资本公积	盈余公积	法定公益金	未分配利润	股东权益合计
期初数	85000000	225943534.38	60682675.45	6186202.48	5422086.76	377048296.59
本期增加	------		1845894.06	615298.02	10460066.35	12305960.41
本期减少	------					
期末数	85000000	225943534.38	62528569.51	6670902.48	15882153.11	389354257.00

变动原因:系计提法定盈余公积和公益金所至;

注:本公司于 1999 年 11 月获得中国证监会批准，以 10:3 的比例、每股 12 元的价格向全体股东配股。每股溢价 11 元，配股完成后，实际共增加资本公积 240,135,700.00 元。

三、股本变动及股东情况

1、股本变动情况

(1)公司股份变动情况表　数量单位:股

	本次变动前	本次股本变动增减 (+ -) 配股	送股	公积金转股	增发	其它	小计	本次变动后
一、未上市流通股份								
1、发起人股份	36,020,294							36,020,294
其中:国家拥有股份								
境内法人持有股份	36,020,294							36,020,294
2、募集法人股	1,979,706							1,979,706
3、内部职工股	7,000,000							7,000,000
尚未上市流通股份合计	45,000,000							45,000,000
二、已上市流通股份								
1、人民币普通股	40,000,000							40,000,000
已流通股份合计	40,000,000							40,000,000
三、股份总数	85,000,000							85,000,000

(2)股票发行与上市情况

公司经广西壮族自治区体改委桂体改股字(1993)55 号及桂体改股字(1993)108 号 文件批准，由桂林集琦集团有限公司独家发起以定向募集方式设立的股份有限公司，设立时公司总股本为 4500 万股，其中国有法人股 3,602.0294 万股，募集法人股 197.9706 万股，内部职工股 700 万股。

1997 年 6 月 19 日经中国证监会批准，公司首次向社会公开发行 4000 万股 A 股，发行价 6.99 元人民币，并于 1997 年 7 月 9 日在深交所挂牌上市。

公司现有内部职工股 700 万股，于 1997 年 7 月 4 日全部托管于深圳证券登记有限公司。

1999 年 11 月 19 日经中国证监会批准，公司实施 1999 年度配股计划，向公司全体股东以 10:3 比例配售 22,528,700 股普通股，配售价格每股 12 元人民币。其中，向国有法人股股东配售 8,428,700 股，向内部职工股股东配售 2,100,000 股，向社会公众股股东配售 12,000,000 股。配股股权登记日 1999 年 12 月 13 日，配股除权日 1999 年 12 月 14 日，配股缴款起止日期为 1999 年 12 月 15 日至 1999 年 12 月 29 日。

2、股东情况介绍

(1)截止 1999 年 12 月 30 日，本公司股东总数为 38382 户。

(2)报告期末公司前十名股东持股情况如下:

	股东名称	持股数	股票性质	持股比例
1	桂林集琦集团有限公司	36,020,294	国有法人股	42.38%
2	南宁市荣高实业有限责任公司	1,979,706	社会法人股	2.329%
3	安徽铜陵海螺有限公司	415,028	上市流通股	0.488%
4	朱宝法	239,987	上市流通股	0.282%
5	杨百根	164,550	上市流通股	0.194%
6	黄瑞华	152,800	上市流通股	0.180%
7	郑新华	126,275	上市流通股	0.149%
8	于波	126,000	上市流通股	0.148%
9	文仲平	123,739	上市流通股	0.146%
10	宁波大榭开发区大和贸易有限公司	123,095	上市流通股	0.145%

注:前一、二位股东为法人股东。 桂林集琦集团有限公司为本公司发起人股东，本年度持股数量无增减变化;南宁市荣高实业有限责任公司系收购本公司原社会法人股 股东广东丰顺鸿宝实业总公司、桂林市信和贸易有限公司所持本公司股份，从而成为 本公司第二大股东，广东丰顺鸿宝实业总公司、桂林市信和贸易有限公司转让本公司 股份后，不再持有本公司股份。其余为社会公众股东，持股数量在本年度的增减变化完全因在二级市场买卖所致。

(3)持股 10%以上法人股东简介

桂林集琦集团有限公司系本公司母公司;法定代表人:刘及响;经营范围:化学原料、保健品、制药机械、饲料及添加剂制造及批发;注册地:桂林市育才路 55 号。公司以所持股份总额计 1340 万股，为本公司分别向中国工商银行桂林分行、交通银行桂林分 行各贷款 2500 万元进行质押担保。

四、股东大会简介

(一)报告期召开股东大会的有关情况

公司在报告年度内召开股东大会二次:

第一次，暨 1998 年股东年会(股东大会公告刊登于 1999 年 3 月 13 日的《证券时报》、《中国证券报》)。

召开日期:1998 年 3 月 12 日

召开地点:桂林观光酒店观光阁

出席会议的股东及股东代表共 38 人，代表股份 37,129,682 股，占公司股本总额的 43.68%。

本次大会审议通过了如下决议:

1.审议并通过"1998 年度董事会工作报告"

2.审议并通过"1998 年度总经理业务报告"

3.审议并通过"1998 年度监事会工作报告"

4.审议并通过"1998 年度财务决算报告"

5.审议并通过"1998 年度利润分配预案"

6.审议并通过"关于续聘湖北大信会计师事务所的议案"

本次股东大会经桂林市第二公证处现场公证，决议真实有效。

第二次，暨桂林集琦药业股份有限公司 1999 年度第一次临时股东大会 (股东大会公告刊登于 1999 年 5 月 29 日的《证券时报》、《中国证券报》)。

召开日期:1999 年 5 月 29 日

召开地点:桂林观光酒店观光阁

出席会议的股东及股东代表共 26 人，代表股份 36,246,832 股，占公司股本总额 85,000,000 股的 42.64%。

本次大会审议通过了如下决议:

一、逐项表决，审议通过公司《1999 年度配股议案》;

1、配售比例及配售股份总额

同意以 1998 年末股本总额 8500 万股为基数，每 10 股配售 3 股的比例向全体股东配售，本次可配股总数为 2550 万股，其中:

国有法人股	10,806,088 股
法人股	593,912 股
内部职工股	2,100,000 股
流通股	12,000,000 股

2、配股价格及配股价格的定价方法

(1)、同意配股价格为每股人民币 8-12 元。

(2)、同意配股价格的定价方法:

A、参考公司股票价格及市盈率状况;

B、根据本次募集资金投资项目的资金需求量;

C、配股价格不低于公司 1998 年度财务报告中公布的每股净资产值;

D、与承销商协商一致的原则。

3、同意配股资金总额为 2.04-3.06 亿元。

4、同意发起人股东桂林集琦集团有限公司承诺以非货币资产认配其可配股份，差额部分放弃;社会法人股东可配 593,912 股，全部承诺放弃配股;流通股股东和内部职工股股东的配售部分以现金方式自愿认购(关联股东桂林集琦集团有限公司回避表决)。

(1)同意桂林集琦集团有限公司以非现金方式认购桂林集琦药业股份有限公司 1999 年度配股的部分应配股份，差额部分放弃(经国家财政部财管字[1999]144 号文批准)。认配资产包括:原桂林集琦香料有限公司的部分实物资产(评估值为 2782.73 万元)、控股企业南宁集琦荣高实业有限责任公司 60%的股权(按净资产 1:1 折价为 4800 万元) 和控股企业桂林集琦包装有限公司 51%的股权

(按净资产 1:1 折价为 2518.50 万元)。以上实物资产和权益经评估共计折价 10101.23 万元。

(2)社会法人股东共计可配 593,912 股,全部承诺全额放弃配股;

(3)流通股股东和内部职工股股东的配售部分以现金方式自愿认购。

5、同意本次配股募集资金投资项目

(1)同意投资 2500 万元,收购沈阳药大集琦药业有限责任公司 51%的股权(关联股 东桂林集琦集团有限公司回避表决);

(2)同意投资 6036 万元,重组北海方舟基因重组制药有限公司,占重组后新公司 51 %的股权;

(3)同意投资 2979 万元改造片剂车间,生产由国家卫生部批准的中药三类新药——十味扶正颗粒剂项目;

(4)同意投资 2978 万元改造针剂车间,生产由国家卫生部批准的中药三类降糖新药——益津降糖口服液项目(关联股东桂林集琦集团有限公司回避表决);

(5)同意余额补充公司流动资金。

本次募集资金进行上述项目投入后,若尚有剩余,用于公司补充流动资金。

6、配股有效期

同意本次配股有效期从《配股议案》经本次临时股东大会召开之日起一年内有效。

7、同意授权董事会全权办理与本次配股有关的其它事宜。

有关本次配股事项的议案须报中国证监会驻南宁特派员办事处初审,并报中国证 监会核准后实施。

二、与会股东听取了董事会《关于桂林集琦集团有限公司以非货币资产认购配股的情况说明》

三、与会股东听取了董事会《关于本次配股募集资金使用的可行性报告》;有关 收购沈阳药大集琦药业有限责任公司 51%股权的《股权转让协议书》和收购、重组北海方舟基因重组制药有限公司并持有其 51%股权的《资产重组协议书》的情况说明。

四、与会股东听取了董事会《与本次配股有关的关联交易情况说明》

五、与会股东听取了董事会《关于前次募集资金的使用及效益情况的说明》

本次股东大会经桂林市公证处现场公证,决议真实有效。

(二)本报告年度内无董事、监事变更情况。

五、董事会报告

(一)公司经营情况简介

一、公司所处行业及地位

"桂林集琦"是一家致力于人类健康、以从事化学原料药、中西药制剂为主业,同时生产保健食品、化妆用品、医疗器械、兽药、农药、饲料及添加剂等综合性、现代化、高科技的股份制制药企业;国家科委认定的国家火炬计划重点高新技术企业。

二、公司年度经营情况

1999 年度,公司财务报表经湖北大信有限责任会计师事务所审计,并出具无保留意见审计报告,截止到 1999 年 12 月 31 日,公司主营业务原料药部分实现销售收入 49,334,221.07 元;农药部分实现销售收入 11,533,661.04 元;兽药部分实现销售收入 2,433,330.34 元;人用药部分实现销售收入 42,435,541.63 元;其他方面收入 29,665,387.22 元。全年累计实现主营业务收入合计 135,402,141.30 元,比 1998 年同期减少 18.25%;实现 税后利润 1,230.60 万元,比 1998 年同期下降 68.76%。

1999 年上半年,公司主导产品阿维菌素由于国内各生产厂家相互削价竞争,价格大幅下降,为避免股东的利益受到更大的损失,公司主动地采取了限制产量、减少库存等各种保护性措施,使公司在原料药的产量与销售收入上均有所下降,而公司的兽药产品主要以阿维菌素为原料,受此影响,其销售收入亦有所下滑。同时,公司上市募集资金 主要用于扩大阿维菌素、伊维菌素的生产能力,现虽然形成了生产能力,因其价格大幅下滑,影响了预期目标的实现,造成了公司年度的主营业务收入相对于去年同期有一定幅度的下滑。

下半年,公司主导产品及相关产品的市场销售形势进一步恶化,公司针对这种情况,作出了结构调整、产品转型的战略布署。公司因此进入艰难的经营转型期,从生产原料药为重点逐步转向以生产成品药为重点,从以生产原料药、兽药、农药为主逐步转 向以生产人用药为主的转移,涉及产品品种、生产设备、生产技术、市场方位、专业 人才等一系列的复杂调整,公司短期内效益无法显现,而大规模的投入又无法避免,在 这种情况下公司下半年业绩未按原计划实现。

三、公司主要全资附属企业及控股子公司的经营情况

1998 年底,公司对外控股企业一家,即拥有桂林集琦广东韶关制药厂 100%权益。1999 年公司收购北海集琦方舟基因药业有限公司 51%的股权,1999 年 7 月 1 日起,公司开 始对该企业实行控股。截止 1999 年末,该公司总资产 6218 万元,净资产 6124 万元,1999 年下半年实现营业收入 418 万元,净利润 24 万元。

(二)公司财务状况

单位:人民币元

项 目	1999 年	1998 年	增 减
总资产	684,121,083.77	532,723,134.40	28.42%
长期负债	15,515,844.00	1,747,891.67	787.69%
股东权益	389,354,257.00	377,048,296.59	3.27%
主营业务利润	49,113,778.01	59,119,814.11	-16.93%
净利润	12,305,960.41	39,383,130.72	-68.76%

注:1998 年度数据为调整数

主要原因:

1、公司主导产品价格大幅下降,同行业竞争加剧,产品市场占有率下降。

2、公司管理费用、财务费用增加幅度加大。

(1)98 年完工的前次募集资金项目转入固定资产、无形资产(土地使用权)金额大,99 年计入管理费用所摊销的无形资产、上缴房产税较上年有较大幅度的增长。

(2)企业扩大生产规模,流动资金贷款增加导致财务费用增大。

(3)子公司数量增加,合并报表范围扩大,相应的费用上升。

(三)公司投资情况

1、公司前次募股的资金计划投资的七个项目中仅剩余新建废水综合利用车间一 个项目在本次报告期内完工。该项目原计划于 1998 年 10 月完工,因 1998 年 6 月 30 日完成收购桂林集琦韶关制药厂项目后,本部废水处理量减少,废水处理综合利用改为单纯处理,且原设计是按行业标准排放到污水厂处理,后因桂林是国际旅游名城,环保要求改 按国家一级排放标准,项目内容因此作出调整,工艺、设计也相应改动,进度因此推迟 。该项目已于 1999 年 5 月完工,计划投资金额 2976 万元,实际固定资产投资金额 1964.74 万元。

2、1999 年公司投资 3111 万元收购北海集琦方舟基因药业有限公司 51%的股权,1999 年 7 月 1 日起,公司开始对该企业实行控股。

3、报告期内无非募集资金投资的重大项目。

4、中国加入世贸组织将对公司未来经营产生的重大影响:

中国加入 WTO 后,对本公司的影响主要有以下几个方面:

(1)中国加入 WTO 后,随着关税的降低,国外药品的大量涌入,由于其在价格、品牌 、营销手段等优势,将逐渐挤占中国医药市场,公司产品的市场份额势必受到影响;

(2)加入 WTO 后,由于受知识产权的保护限制,仿制药品将会受到制约,自有知识产 权的新药研究开发日趋重要,但由于其研究开发费用高、周期长、市场风险大的特点,给制药企业的承受能力带来较大考验。虽如此,我公司着眼于未来,在新药研发基地(校企形式)、博士后工作站等多种有效的新药研发方式上,提前做了实质上的基础准备。

(3)加入 WTO 对制药企业有不利的因素亦有发展的契机。中药是我国特有的医药文化遗产,我公司在中成药方面已具备一定的开发生产条件,并有一定的产品储备,加大 中成药的开发力度,充分发挥公司相对优势,走民族特色工业之路,无疑是我公司的一 大发展机遇。

(四)有关政策变更而对公司财务状况和经营成果产生的影响

(1)坏账准备原按应收账款的 5‰计提,现改按应收帐款和其他应收款合计余额的 8%计提。如果确有证据表明某项应收款收回的可能性不大,则另外再予以单独计提坏 帐准备。

(2)期末短期投资原按成本计价,现改按成本与市价孰低并按投资总额计提跌价准备。

(3) 期末存货原按成本计价,现改为按成本与可变现净值孰低计价。

(4) 期末长期投资原不计提减值准备,现改为计提减值准备。

由于本年度执行财政部发布的财会字[1999]35 号文、49 号文的有关规定,采用了 追溯调整法,调整了期初留存收益及相关项目的期初数;利润及利润分配表的上年数栏,已按调整后的数字填列。上述会计政策变更的累积影响数为 19,731,730.09 元,其中,因坏账准备计提方法变更的累积影响数为 17,166,340.14 元、短期投资计价方法变更 的累积影响数为 0 元、存货计价方法变更的累积影响数为 2,565,389.95 元、长期投资 计价方法变更的累积影响数为 0 元;由于会计政策变更,调减了 1998 年度的净利润 4,250,154.48 元;调减了 1999 年年初留存收益 19,731,730.09 元,其中,未分配利润调减了 16,006, 944.79 元,盈余公积调减了 3,724,785.30 元。

(五)新年度业务发展规划

2000 年,公司的工作重心将是紧紧围绕产品结构调整,全面系统完善相关措施,强 力推进这一工作,使开始于 1999 年的产品结构调整尽早见效,重点抓好以下几个方面的工作:

(1)全面、具体、高效的落实 1999 年度增资配股募集资金的使用;

(2)加快国家三类中药新药"十味扶正颗粒"、"益津降糖口服液"和抗菌消炎 新药——"琦"的上市工作,调整公司产品结构,使之成为公司一新的利润增长点,增 强企业发展后劲;

(3)组织力量改进公司主导产品阿维菌素的生产工艺,提高发酵单位,降低生产成 本,发挥现有生产设备及原投资的效率;

(4)大力组织"集琦肤炎宁"、"海珠神珍珠明目滴眼液"等药品的生产和销售;

(5)积极探索现有资产的有效利用方式,使原有固定资产投资尽可能的发挥效益。

(六)董事会日常工作情况

一、报告期内董事会的会议情况及决议内容

报告期内召开董事会三次:

第一次:暨第二届第十次董事会(董事会决议公告刊登于 1999 年 2 月 9 日的《证券时报》、《中国证券报》)。

召开日期:1999 年 2 月 7 日上午 9 时

召开地点:公司会议室

会议应到董事 5 人,实到董事 5 人,监事会召集人、董事会秘书、总会计师、证券部长列席会议。会议由董事长刘及响先生主持,会议通过以下决议:

1、审议通过公司 1998 年度董事会工作报告;

2、审议通过公司 1998 年度业务报告;

3、审议通过公司 1998 年度财务决算案;

4、审议通过公司 1998 年度利润分配预案:

经湖北大信会计师事务所审计,1998 年度公司实现主营业务收入 165,629,682.28 元,实现净利润 43,645,903.07 元,加上年初未分配利润 34,686,276.50 元,本年度可分 配的利润为 78,332,179.57 元。提取 10%法定盈余公积金 4,364,590.31 元和 5%公益金 2,182,295.16 元后,本年度可供股东分配利润 71,785,294.10 元。

经公司董事会研究决定,拟在提取 98 年净利润的 18%即 7,856,262.55 元的任意盈 余公积金后,以 1998 年末股本总额 8500 万股为基数,每 10 股送 5 元现金红利(含税),共计送出 4250 万元,剩余 21,429,031.55 元结转下一年度。不进行资本公积金转增股本。

1998 年度利润分配预案在提请股东大会审议通过后实施。

5、审议通过了公司 1998 年度报告和摘要的编制内容,并同意公告;

6、决定 1999 年度公司信息披露刊为《证券时报》、《中国证券报》;

7、决定于 1999 年 3 月 12 日召开桂林集琦药业股份有限公司 1998 年度股东大会(年 会)。

第二次:暨第二届第十一次董事会(董事会决议公告刊登于 1999 年 4 月 27 日年《证 券时报》及《中国证券报》上)。

召开日期:1999 年 4 月 25 日上午 9 时

召开地点:公司会议室

会议应到董事 5 人,实到董事 5 人,全体监事会成员、全体高管人员、董事会秘书、证券部长列席会议。

1、董事会对照中国证监会证监发(1999)12 号文《关于上市公司配股工作有关问 题的通知》的要求,经检查,公司符合现行配股政策的规定,具备 1999 年配股的条件。 全体董事对董事会有关配股的所有决议愿意依法承担相应的责任。

2、逐项表决,审议通过公司《1999 年度配股议案》;

1)、配售比例及配售股份总额

以 1998 年末股本总额 8500 万股为基数,每 10 股配售 3 股的比例向全体股东配售,本 次可配股总数为 2550 万股,其中:

国有法人股	1080.60882 万股
法 人 股	59.39118 万股
内部职工股	210.00000 万股
流通股	1200.00000 万股

2)、配股价格及配股价格的定价方法

(1)、配股价格拟定为每股人民币 8-12 元。

(2)、配股价格的定价方法:

A、参考公司股票价格及市盈率状况;

B、根据本次募集资金投资项目的资金需求量;

C、配股价格不低于公司 1998 年度财务报告中公布的每股净资产值;

D、与承销商协商一致的原则。

3)、发起人股东桂林集琦集团有限公司承诺以实物资产认配其可配股份,差额部 分放弃;社会法人股东放弃;流通股股东和内部职工股股东的配售部分以现金方式自愿认购。

4)、本次配股募集资金投资项目

(1)投资 2500 万元,收购沈阳药大集琦药业有限责任公司 51%的股权;

(2)投资 6036 万元,重组北海方舟基因重组制药有限公司,占重组后新公司 51%的 股权;

(3)投资 2979 万元改造片剂车间,生产由国家卫生部批准的中药三类新药——十味扶正颗粒项目;

(4)投资 2978 万元改造针剂车间,生产由国家卫生部批准的中药三类降糖新药——益津降糖口服液项目;

(5)余额 2427 万元补充公司流动资金。

5)、配股有效期

本次拟配售新股有效期从《配股议案》获得临时股东大会审议通过一年内有效。

6)、提请股东大会授权董事会全权办理与本次配股有关的其它事宜。

有关本次配股事项的议案须经股东大会表决后,报公司所在地中国证监会监管机构初审,并报中国证监会核准后实施。

3、审议通过《关于本次配股募集资金使用的可行性报告》

1)、投资 2500 万元,收购沈阳药大集琦药业有限责任公司 51%的股权。

沈阳药大集琦药业有限责任公司是沈阳药科大学(以原沈阳药科大学制药厂 2352 万元固定资产出资)与桂林集琦集团有限公司(以现金投入 2448 万元方式)共同发起设 立的有限责任公司,桂林集琦集团有限公司持有合资公司 51%股权。

沈阳药科大学制药厂创建于 1958 年,是沈阳药科大学集教学、科研、生产于一体 的综合性制

药企业。拥有系列化制剂、注射剂、片剂、软膏、口服液、中药提取、口胶剂、化学合成等车间,公司药品生产、管理、检验和新产品开发机构齐全。公司占 地面积 26400 平方米,建筑面积 13700 平方米,符合 GMP 标准的厂房 4300 平方米,目前已能生产八种剂型、六十多种产品。

本公司拟用配股募集资金 2500 万元收购沈阳药大集琦药业有限责任公司 51%的股权,可将沈药大的人才、技术、项目信息与自身的资金优势、工业化优势、销售 网络能结合起来,迅速将无形资产转化为有形资产,具有投资少、起点高、见效快的优点。 预计每年可实现投资收益 446 万元。

2)、投资 6036 万元,重组北海方舟基因重组制药有限公司,占重组后新公司 51%的股权。

北海方舟基因重组制药有限公司是由北海市海力实业公司与美国生物医学技术有限公司(ABTECH.Inc)于 1994 年合资设立的中外合资企业,其生产的全套设备及检测仪 器均从美国引进,属 90 年代国际先进水平。主导产品促粒素——人粒细胞集落刺激因 子(rhG-CSF),是一种刺激白细胞(中性粒细胞)生长的蛋白质,主要用于治疗肿瘤放疗 、化疗、骨髓移植、外周血干细胞动员、先天性贫血等引起的先天性、突发性中性粒细胞减少症等多种疾病,为国际首选促进人体白细胞增加新药,是治疗癌症的特效辅助良药,必将成为全球首选生物基因药物,市场前景广阔,该产品已于 98 年 6 月获得卫生部准字号批文。该公司属高科技生物制药类公司。

本次公司拟用配股募集资金 6036 万元,对北海方舟基因重组制药有限公司进 行资产重组,重组完成后,北海方舟基因重组制药有限公司更名为北海集琦方舟基因药业有限公司,其总股本为 11836 万元,其中:桂林集琦药业股份有限公司持有该公司 51%的股份,美国生物医学技术有限公司持有该公司 25%的股份,北海市海力实业公司持有该公司 24%的股份。

预计该公司每年可实现收益 2969 万元。

3)、投资改造片剂车间,生产 1998 年由国家卫生部批准的中药三类新药——十味 扶正颗粒项目。该品种是沈阳药科大学研制的、桂林集琦独家生产,纯中药制剂,十味扶正颗粒具有能有效地增强抗癌剂的治疗效果、预防副作用的发生,具有增效减毒作 用,能提高生存质量、延长生命。用于术后、病后、体虚乏力、贫血、食欲不振等气 血两虚、中气下陷诸症,总有效率高达 88.9%。

该项目总投资为 2979 万元,以期形成年产十味扶正颗粒 1800 万袋的生产规模,项目建成后年收益将超过 849 万元。该项目已获广西经贸委桂经贸字(1999)99 号文批准立 项。

4)、投资改造针剂车间,生产由国家卫生部批准的中药三类降糖新药——益津降 糖口服液。为纯中药复方制剂,临床应用于气阴两虚型消渴病及(I)型糖尿病,其疗效 确切、质量稳定、无毒副作用等特点,具有较强的竞争力和广阔的市场前景。

该项目总投资为 2978 万元,独家生产,形成年产益津降糖口服液 3000 万瓶的生产规模,项目建成后年收益将超过 787 万元。该项目已获广西经贸委桂经贸字(1999)100 号 文批准立项。

5)、余额 2427 万元补充公司流动资金。

本次募集资金进行上述项目投入后,若尚有剩余,用于公司补充流动资金。

6)、总体评价

本公司董事会认为,本次募集资金集中用以收购兼并、校企联合、转化科研成果 和发展高科技等项目,投向符合国家优先扶持高、新、尖技术的产业化政策,有利于将科研成果迅速转化为生产力,盘活存量国有资产,进行资源最佳配置,实现低成本扩张, 为企业带来良好的社会效益和经济效益,使公司获得长期稳定的利润来源,因此,项目 是必要、可行的。

4、与本次拟配股有关的关联交易情况

1)、收购沈阳药大集琦药业有限责任公司 51%的股权

该项目系向本公司第一大股东桂林集琦集团有限公司收购,属关联交易。

2)、投资改造针剂车间,生产益津降糖口服液项目

益津降糖口服液系本公司第一大股东桂林集琦集团有限公司下属控股子公司——沈阳药大集琦药业有限公司的产品。

本届董事会保证在该关联交易中对非关联交易股东的利益不构成侵害,对非关联 股东是公平的,该项交易是符合公司利益的。

5、审议通过《关于前次募集资金的使用及效益情况的说明》

经中国证监会 1997 年 6 月 13 日证监发字(1997)348 号《关于桂林集琦药业股份有限公司申请公开发行股票的批复》及证监发字(1997)349 号《关于桂林集琦药业股份有 限公司 A 股发行方案的批复》文批准,本公司于 1997 年 6 月 19 日向社会公开发行变通股 股票 4000 万股,发行价为每股 6.99 元,上市流通 4000 万股,共募集资金 2.796 亿元人民币,经湖北大信会计师事务所验资,本次新股发行实收募股资金 265,203,800.38 元(已扣 除发行费用)。

(1)募集资金承诺项目与实际投资项目的情况

单位:万元

承诺项目	计划投资金额	实际投资项目	实际投资金额(不含流动资金)
新建阿维菌素原料药发酵车间	4980	收购桂林集琦广东韶关	6902.62
新建阿维菌素原料药提炼车间	4992	制药厂代替	
改建伊维菌素车间	2968	改建伊维菌素车间	2282.64
改建兽用注射液车间	2990	改建兽用注射液车间	1821.88
改建兽用制剂车间	2980	改建兽用制剂车间	3195.18
新建虫螨克车间	2897	新建虫螨克车间	2112.33
新建废水利用车间	2976	新建废水利用车间	1350
补充公司流动资金	2241	补充公司流动资金	2241

(2)项目情况说明

(1)新建 400 吨位阿维菌素原料药发酵、提炼车间二项目

该两项目经广西壮族自治区计划委员会桂计农字[1997]50 号、桂计农字[1997]51 号文批准立项,项目计划总投资分别为 4980 万元人民币、4992 万元人民币。两项目实 际总投资 69,026,218.15 元人民币。

1)为了加快项目完成进度,节约投资,以收购代替新建,桂林市计委、广西壮族自 治区计委分别以市计报字(1998)45 号、桂计农字(1998)74 号文批复,同意桂林集琦药 业股份有限公司通过收购桂林集琦广东韶关制药厂取代原新建 400 吨位阿维菌素原料 药发酵、提炼车间两项目。公司同时向区证券办、深圳证券交易所及中国证监会报告,区证券办、深交所及中国证监会均以口头方式表达赞同。1998 年 4 月 6 日,经公司第二届第六次董事会审议通过,公司决定通过收购桂林集琦广东韶关制药厂取代原新建 400 吨位阿维菌素原料药发酵、提炼车间两项目。

2)1998 年 4 月 18 日,桂林集琦药业股份有限公司与桂林集琦集团有限公司签订《产权转让协议》,就收购桂林集琦集团有限公司旗下全资子公司桂林集琦广东韶关制药 厂经营性资产达成协议,收购价格 3050 万元人民币。收购议案经 1998 年 5 月 8 日召开的 桂林集琦药业股份有限公司 1997 年度股东大会审议通过,全部收购工作于 1998 年 6 月 30 完工。该项目 98 年实现效益 561.11 万元。

(2)截止至 1998 年 11 月 25 日,除新建废水综合利用车间外,其它项目已完工。

1.改建伊维菌素车间

项目经广西壮族自治区经济贸易委员会桂经贸字 (1997)22 号文批准立项。项目计划总投资 2968 万元,实际总投资 2282.64 万元,项目于 1998 年 11 月完工;该项目正在设备调试和准备试生产中,98 年无收益。

2.改建兽用阿维菌素制剂车间

项目经广西壮族自治区经济贸易委员会桂经贸字(1997)77 号文批准立项。计划总投资 2980 万元,实际总投资为 3195.182 万元,项目于 1998 年 6 月完工。该项目 98 年实现 效益 166.77 万元。

3.改建兽用阿维菌素注射液车间

项目经广西壮族自治区经济贸易委员会桂经贸字(1997)78 号文批准立项。计划总投资 2990 万元,实际总投资分别为 1821.88 万元,项目于 1998 年 10 月完工。该项目已进 入试生产阶段。

4.新建虫螨克车间

项目经广西壮族自治区计划委员会桂计农字(1997)52 号文批准立项。项目计划总投资 2897,实际总投资 2112.33 万元,项目于 1998 年 6 月完工。该项目 98 年实现效益 462.05 万元。

5.新建废水综合利用车间

项目经广西壮族自治区计划委员会桂计农字(1997)53 号文批准立项。项目计划总投资 2976 万元,截止 1998 年底,项目实际总投资 1350 万元。原计划定于 1998 年 10 月完工,因收购韶关项目后,本部废水处理量减少,废水处理综合利用改为单纯处理,且原设计是按行业标准排放到污水厂处理,现因桂林是国际旅游名城,环保要求改按国家一级排放标准,项目内容因此调整, 工艺、设计待相应改动,进度因此推迟。预计该项目将于 1999 年 5 月完工。

3)、前次募集资金投资项目变更的信息披露情况

本公司分别于 1998 年月 3 月 7 日披露公司二届六次董事会决议、1998 年 4 月 7 日披露公司二届七次董事会决议、1998 年 5 月 9 日披露公司 1997 年度股东年会决议, 并在 1998 年中期报告及 1998 年年度报告摘要中披露了上述募集资金使用及变更的相关内容。 披露报刊为《中国证券报》、《证券时报》。

4)、对前次募集资金投资项目的专项审计报的说明

由于该报告正在进行当中,待操作完毕后另行公告。

6、决定于 1999 年 5 月 28 日召开桂林集琦药业股份有限公司 1999 年度第一次临时股东大会。

第三次:暨第二届第十二次董事会(董事会决议公告刊登于 1999 年 8 月 10 日年《证 券时报》及《中国证券报》上)。

召开日期:1999 年 8 月 8 日上午 9 时

召开地点:公司会议室

会议应到董事 5 人,实到董事 4 人,监事会召集人、董事会秘书及公司高级管理人员列席会议。会议由董事长刘及晌先生主持,会议通过以下决议:

1、审议通过桂林集琦药业股份有限公司《1999 年度中期报告》;

2、决定公司 1999 年中期利润不分配,不进行资本公积金转增股本。

二、董事会对股东大会决议的执行情况

本届董事会严格执行股东大会决议,有效、圆满的完成了股东大会决议事项。

三、公司管理层及员工情况

1、董事、监事、高级管理人员简介

刘及晌:男,48 岁,中专文化,工程师。曾任桂林陆军学院大队长,桂林医药工业公 司党委副书记、副经理,桂林市第三制药厂厂长。现任桂林集琦集团有限公司董事长,总经理,法人代表;桂林集琦药业股份有限公司董事长,法人代表。在本公司领取报酬, 年薪 100000 元。

杨筱梅:女,45 岁,大专文化,经济师。 曾任桂林工艺美术工业公司生产科副科长, 桂林渡边公司副总经理,桂林华侨宾馆总经理,桂林市第三制药厂副厂长。 现任桂林集琦集团有限公司副总经理,桂林集琦药业股份有限公司副董事长。在本公司领取报酬,年薪 80000 元。

胡建平:男,37 岁,大学本科,工程师。曾任桂林中药厂技术科副科长,分厂副厂长, 桂林医药工业物资供销公司副经理,桂林市第三制药厂副厂长。现任桂林集琦药业股 份有限公司董事,总经理。在本公司领取报酬,年薪 55000 元。

曾勇:男,58 岁,大专文化,高级经济师。曾任桂林轮胎厂党委书记,桂林医药工业 公司副经理,桂林电子工业公司副经理,桂林市第三制药厂副厂长。现任桂林集琦药业股份有限公司董事,总经济师。 在本公司领取报酬,年薪 55000 元。

常建和:男,36 岁,大学本科,工程师。曾任桂林林业机械厂设备科副科长,桂丰钢 铁厂副厂长,桂林迪奥特有限公司总经理。现任桂林集琦药业股份有限公司董事,副总经理。在本公司领取报酬,年薪 43000 元。

吴文光:男,58 岁,大专文化,高级工程师。 曾任桂林市第三制药厂动力车间副主任,人教科副科长,生产科科长,厂长助理。现任桂林集琦药业股份有限公司副总经理。 在本公司领取报酬,年薪 35000 元。

张文龙:男,64 岁,大专文化,工程师。曾任桂林市第三药厂质检科长,生产科长,厂办主任。现任桂林集琦药业股份有限公司董事会秘书。在本公司领取报酬,年薪 35000 元。

钟丽华:女,48 岁,大专文化,助理经济师。 曾任桂林市第三制药厂人事劳资科长。 现任桂林集琦药业股份有限公司监事会召集人,人事部部长。在本公司领取报酬,年薪 35000 元。

李静:女,31 岁,大学本科,会计师。 曾任广西燃料桂林公司财务科副科长,桂林高 新技术产业开发区管理办财政局局长助理。现任桂林集琦药业股份有限公司总会计师。在本公司领取报酬,年薪 35000 元。

黄智:女,60 岁,大学本科,高级工程师。曾任桂林制药厂党委副书记,纪委书记,科研所高级工程师。现任桂林集琦药业股份有限公司总工程师。在本公司领取报酬,年 薪 35000 元。

陶华华:女,48 岁,大专文化,助理会计师。桂林集琦集团有限公司财务部长,桂林 集琦药业股份有限公司监事。未在本公司领取报酬。

谢春旦:男,46 岁,大专文化,政工员。曾担任桂林市第三制药厂四环素车间车间主任,党支部副书记。现任桂林集琦药业股份有限公司监事,办公室主任。在本公司领取报酬,年薪 19000 元。

2、董事、监事、高级管理人员持股情况

职务	姓名	持股数(股) 年初数	持股数(股) 年末数	占总股本比例(%)
董事、董事长	刘及晌	12,000	12,000	0.014
董事、副董事长	杨筱梅	9,600	9,600	0.011
董事、总经理	胡建平	13,400	13,400	0.016
董事、副总经理	常建和	4,800	4,800	0.006
董事、总经济师	曾 勇	14,206	14,206	0.017
董事会秘书	张文龙	12,300	12,300	0.014
监事召集人	钟丽华	9,600	9,600	0.011
监事	陶华华	10,000	10,000	0.012
监事	谢春旦	7,800	7,800	0.009
副总经理	吴文光	8,000	8,000	0.009
总会计师	李 静	0	0	0
总工程师	黄 智	5,000	5,000	0.006

3、报告期内,无聘任或解聘公司经理、董事会秘书情况。

4、公司员工的数量、教育程度情况介绍

公司现有员工 1300 余名,各类工程技术人员占 30%,90%以上的员工具有高中以上学历。

(七)1999 年度利润分配预案:

本年度公司财务报告经湖北大信有限责任会计师事务所审计, 并出具无保留意见 的审计报告。

报告显示,公司 1999 年度实现主营业务收入 135,402,141,30 元,实现净利润 12,305,960.41 元,加上年初未分配利润 5,422,086.76 元,本年度可分配的利润为 15,882,153.11 元。提取 10%法定盈余公积金 1,230,596.04 元和 5%公益金 615,298.02 元后,本年度可供股东分配利润 15,882,153.11 元。

经 2000 年 3 月 16 日召开的桂林集琦药业股份有限公司第三届第一次董事会审议, 本年度利润不分配, 不进行资本公积金转增股本。

(八)报告期内,公司选定的信息披露报纸无变更。

六、监事会报告

1999 年, 公司监事会以《公司法》和公司《章程》为依据,为促进公司规范运作, 维护股东利益等方面发挥了监督职能, 列席了公司本年度召开的所有董事会会议, 并参加了公司 1998 年度股东年会、1999 年度第一次临时股东大会。我们认为,公司董事会 在决策公司重大项目建设和公司重要的管理工作上是经过认真的研究讨论的,是符合《公司法》的管理运作程序的。

本年度监事会共召开了二次会议,主要是对公司董事会项目建设决议和公司规范 运作情况进行讨论分析,并根据公司存在的生产经营管理问题及时向董事会提出建议 。

1999 年度公司董事会在党的十五大精神指引下,按照《公司法》和公司《章程》 及有关法律、法规,认真贯彻股东大会的各项决议。

七、重要事项

1、公司年度拟定的利润分配预案、公积金转增股本预案。

公司本年度利润不分配,不进行资本公积金转增股本。

2、1998 年度利润分配方案执行情况

1999 年 3 月 12 日经公司 98 年度股东年会审议通过的公司 1998 年度派息方案为每 10 股派现金 5 元(含税),派息工作已于 1999 年 5 月 21 日完成。

3、1999 年度配股方案执行情况

1999 年 5 月 28 日经公司 1999 年度第一次临时股东大会审议通过的公司 1999 年度配 股方案。1999 年 11 月 19 日经中国证监会批准,公司实施 1999 年度配股计划,向公司全体股东以 10:3 比例配售 22,528,700 股普通股,配售价格每股 12 元人民币。其中,向国有法人股股东配售 8,428,700 股,向内部职工股股东配售 2,100,000 股,向社会公众股股东配售 12,000,000 股。配股股权登记日 1999 年 12 月 13 日,配股除权日 1999 年 12 月 14 日,配股缴款起止日期为 1999 年 12 月 15 日至 1999 年 12 月 29 日。

4、重大诉讼、仲裁事项。

报告期内无重大诉讼、仲裁事项。

5、重大收购、兼并事项。

根据桂林集琦药业股份有限公司 1999 年度第一次临时股东大会决议,公司收购北 海集琦方舟基因药业有限公司 51%的股权,1999 年 7 月 1 日起,公司开始对该企业实行控股。

6、报告期内,公司董事、监事及高级管理人员受处罚情况

报告期内,公司董事、监事及高级管理人员无受监管部门处罚情况。

7、报告期内,公司控股股东无变更情况;公司无董事会换届、改选或半数以上成 员变动情况;公司无总经理变更、解聘或新聘董事会秘书情况。

8、报告期内,公司继续聘用湖北大信有限责任会计师事务所负责公司审计工作。

9、公司信息披露的报纸为《中国证券报》、《证券时报》

10、重大关联交易

桂林集琦集团有限公司是桂林集琦药业股份有限公司的第一大股东(持股比例 42.38%)。鉴于两公司产生的共同渊源,本着有利于两公司顺利运行及保证两公司相互提供不可缺少的最优惠服务的宗旨,经协商,双方就员工的社会福利、生产后勤等诸方面的合作,订立了服务协议书。除此协议之外,本公司与集琦集团公司存在如下关联交易事项:

(1)销售货物:为了充分利用母公司在流通领域建立的营销网络,发挥其优势,公司将部分产品以市场价通过集团进行销售,取得了良好的效果。销售产品的定价原则是:在公司出厂价及集团公司一次性向外销售的数量基础上,按八五折至九五折的价格向 集团收取。 本会计期间公司向集团销售产品共计 6,837,606.84 元。

(2)根据本公司 1999 年度第一次临时股东大会决议,本公司用 1999 年度配股资金向桂林集琦集团有限公司收购其控股子公司沈阳药大集琦有限公司 51%的股权,本年度 已预付收购资金 14,284,108.05 元。

(3) 桂林集琦集团有限公司为本公司提供贷款担保 139,200,000.00 元。

11、计算机 2000 年问题

公司自上市以来,对全公司各部门及车间的计算机硬件与软件进行了全面升级与 更新,经彻底核查与试运行,没有发现 2000 年问题。

12、根据财政部财会字[1999]35 号文《关于印发〈股份有限公司会计制度有关会计处理问题补充规定〉的通知》和财政部财会字[1999]49 号文《关于〈股份有限公司会计制有关会计处理问题补充规定问题解答〉的通知》的有关规定,本公司本年度对坏帐准备、存货跌价准备会计政策变 更已采用追溯调整法,调整了期初留存收益及相关项目的期初数;利润及利润分配表的上年数栏,已按调整后的数字填列。上述会计政策变更的累积影响数为 19,731,730.09 元,其中,因坏账准备计提方法变更的累积影响数为 17,166,340.14 元、短期投资计价 方法变更的累积影响数为 0 元、存货计价方法变更的累积影响数为 2,565,389.95 元、长期投资计价方法变更的累积影响数为 0 元;由于会计政策变更,调减了 1998 年度的净 利润 4,250,154.48 元;调减了 1999 年年初留存收益 19,731,730.09 元,其中,未分配利润调减了 16,006, 944.79 元,盈余公积调减了 3,724,785.30 元。

(1)坏账准备原按应收账款的 5‰计提,现改按应收帐款和其他应收款合计余额的 8%计提。如果确有证据表明某项应收款收回的可能性不大,则另外再予以单独计提坏 帐准备。

(2)期末短期投资原按成本计价,现改按成本与市价孰低并按投资总额计提跌价准备。

(3) 期末存货原按成本计价,现改为按成本与可变现净值孰低计价。

(4) 期末长期投资原不计提减值准备,现改为计提减值准备。

八、财务报告

公司 1999 年度财务报告经湖北大信有限责任会计师事务所注册会计师吴卫星、蔡瑜审计并出具无保留意见的审计报告(鄂信业字[2000]第 089 号)。

审 计 报 告

鄂信业字(2000)第 089 号桂林集琦药业股份有限公司全体股东:

我们接受委托,审计了桂林集琦药业股份有限公司 1999 年 12 月 31 日的资产负债表 及合并资产负债表、1999 年度的利润及利润分配表和合并利润及利润分配表、1999 年度的现金流量表及合并现金流量表。这些报表由贵公司负责,我们的责任是对这些会 计报表发表审计意见。我们的审计是依据《中国注册会计师独立审计准则》进行的。在审计过程中,我们结合贵公司的实际情况,实施了包括抽查会计记录等我们认为必要的审计程序。

我们认为,上述会计报表符合《企业会计准则》和《股份有限公司会计制度》的 有关规定,在所有重大方面公允地反映了贵公司 1999 年 12 月 31 日的财务状况及 1999 年 度的经营成果和 1999 年度现金流量情况,会计处理方法的选用遵循了一贯性原则。

湖北大信有限责任会计师事务所　　中国注册会计师

中国.武汉　　中国注册会计师

2000 年 3 月 10 日

桂林集琦药业股份有限公司

财 务 报 表 注 释

一、公司概况

桂林集琦药业股份有限公司(以下简称公司) 是以原桂林市第三制药厂为主体,经广西壮族自治区体改委桂体改股字(1993)55 号文、桂体改股字(1993)108 号文批准 成立的定向募集公司。公司于 1997 年 6 月 19 日经中国证监会批准在深交所公开上网发 行 4000 万股社会公众股 (A),并于 1997 年 7 月 9 日在深交所挂牌,股票简称"桂林集琦",股票代码"0750"。

1999 年末,公司总股本为 8500 万股,每股面值人民币 1 元,其中:国有法人股 36,020,294 股,占总股本的 42.38%;社会法人股 1,979,706 股,占总股本的 2.33%,内部职工股 7,000,000 股,占总股本的 8.23%; 社会公众股 40,000,000 股,占总股本的 47.06%。

1999 年 11 月 19 日,公司获得中国证监会批准,向全体股东以 10:3 的比例配股。到 2000 年元月配股工作完成后,公司总股本为 107,528,700 股。

公司是一个以生产化学原料药和兽用农用原料药为主的国家级高新技术企业,其 主导产品阿维菌素是国家攻关成果,属国家二类新药。

公司在广西壮族自治区工商行政管理局登记注册;

营业执照注册号:19823068-7-1;

股本:捌仟伍佰万元(配股后的股本正在办理变更手续)

法定代表人:刘及响;

法定地址:桂林市育才路 55 号;

经营范围:化学原料药及制剂、中成药及制剂、农药、兽药、饲料及添加剂、保 健品、饮料、制药机械、化妆品的制造与销售。

1999 年度,公司主营业务收入 13,540 万元,比 1998 年同期减少 18.25%;实现税后利润 1,230.60 万元, 比 1998 年同期下降 68.75%。

1998 年底,公司对外控股企业一家,即拥有桂林集琦广东韶关制药厂 100%权益。1999 年公司收购北海集琦方舟基因药业有限公司 51%的股权,1999 年 7 月 1 日起, 公司开 始对该企业实行控股。截止 1999 年末, 该公司总资产 6218 万元,净资产 6124 万元,1999 年下半年实现营业收入 418 万元,净利润 24 万元。

二、公司采用的重要会计政策、会计估计和合并会计报表的编制方法

三、税项

1、增值税:农用药税率为 13%;人用药税率为 17%。

2、城市维护建设税:按应纳增值税额的 7 %计提并缴纳。

3、教育费附加:按应纳增值税额的 3%计提并缴纳。

4、防洪保安费:根据广西桂财综字[1997]8 号文规定,按增值额的 4.5%计提并缴 纳。

5、所得税

(1)公司从 1993 年 9 月 15 日起,历年被广西壮族自治区高新技术产业发展领导小组 确认为高新技术企业。根据桂林高新技术产业开发区税收政策试行规定[桂新办字(1996)37 号文],公司所得税减按 15%的税率缴纳。

(2) 全资子公司桂林集琦广东韶关制药厂的所得税按 33%计提缴纳;控股子公司北海集琦方舟公司的所得税执行外商投资企业的优惠政策,从开始获利的 年度起,"两免三减半"。

四、控股子公司

子公司全称	注册资本(元)	经营范围(元)	母公司投资额(元)	母公司占权益比例(%)
桂林集琦广东韶关制药厂	30,000,000.00	原料药	75,645,809.93	100
北海集琦方舟基因药业有限公司	36,000,000.00	生物制剂	31,110,000.00	51

注:本公司从 1999 年 7 月 1 日起合并北海集琦方舟公司的会计报表,该公司的利润从 7 月 1 日起并入本公司。

五、会计报表主要项目注释

六、关联方关系及其交易的披露

(一) 关联企业

1、存在控制关系的关联方

企业名称	注册地址	法人代表	主营业务	与本企业关系	经济性质或类型	注册资本(万元)
桂林集琦集团有限公司	桂林市育才路 55 号	刘及响	综合	第一大股东持股 42.38%	有限公司	5730
桂林集琦广东韶关制药厂	韶关市芙蓉路 5 号	刘及响	制药	全资子公司	有限公司	3000
北海集琦方舟基因制药有限公司	北海市黄海路 10 号	刘及响	制药	本公司控股 51%	有限公司	3600

2、存在控制关系的关联方注册资金的变化

以上关联方本期注册资本均没有变化。

(二) 关联交易

1、关联方往来科目余额

项　目	关联单位	期末余额		占全部应收(其他应收)款的比例	
		1998 年 12 月 31 日(元)	1999 年 12 月 31 日(元)	1998 年 12 月 31 日(%)	1999 年 12 月 31 日(%)
应收帐款	桂林集琦集团有限公司	31,053,061.65	12,992,433.77	26.62	9.66
其他应收款	桂林集琦集团有限公司	55,017,337.02		87.96	
其他应收款	桂林集琦保健品有限公司	1,479,218.21		2.27	
预付帐款	桂林集琦集团有限公司		14,284,108.05		25.30

2、桂林集琦集团有限公司是桂林集琦药业股份有限公司的第一大股东(持股比例 42.38%)。鉴于两公司产生的共同渊源,本着有利于两公司顺利运行及保证两公司相 互提供不可缺少的最优惠服务的宗旨,经协商,双方就员工的社会福利、生产后勤等诸方面的合作,订立了服务协议书。除此协议之外,本公司与集琦集团公司存在如下关联交易事项:

(1) 销售货物:为了充分利用母公司在流通领域建立的营销网络,发挥其优势, 公司将部分产品以市场价通过集团进行销售,取得了良好的效果。销售产品的定价原 则是:在公司出厂价及集团公司一次性向外销售的数量基础上,按八五折至九五折的价格向集团收取。 本会计期间公司向集团销售产品共计 6,837,606.84 元。

(2)根据本公司 1999 年度第一次临时股东大会决议,本公司用 1999 年度配股资金向桂林集琦集团有限公司收购其控股子公司沈阳药大集琦有限公司 51%的股权, 本年度 已预付收购资金 14,284,108.05 元。

(3) 桂林集琦集团有限公司为本公司提供贷款担保 139,200,000.00 元。

七、或有负债及或有损失事项说明

1、截至 1999 年 12 月 31 日止,公司无对外担保事项。

2、截至 1999 年 12 月 31 日止,公司无未了经济诉讼事项。

八、期后事项

2000 年元月公司的配股工作完成,公司的总股本变更为 107,528,700 元。营业执照和公司章程正在办理变更手续。

九、公司的其他有关资料

1、公司首次注册登记日期:1993 年 6 月 28 日

公司首次注册登记地址:桂林市中山南路 431 号

2、公司最新注册登记日期:1998 年 8 月 26 日

公司最新注册登记地址:桂林市育才路 55 号

3 、企业法人营业执照注册号:(企)4500001000956-1

4、税务登记号码:450300198230687

5、公司未流通股票的托管机构名称:深圳证券登记有限公司

6、公司聘请的会计师事务所名称:湖北大信有限责任会计师事务所

公司聘请的会计师事务所办公地址:湖北武汉市中山大道 1056 号金源世界中心大 厦 8 楼

十、备查文件目录

1、载有法定代表人、主管会计工作负责人、会计主管人员签名并盖章的会计报 表;

2、载有会计师事务所盖章,中国注册会计师签名并盖章的审计报告原件;

3、报告期内在《证券时报》、《中国证券报》上披露过的所有公司文件的正本 及公告的原稿。

桂林集琦药业股份有限公司　董事会

二〇〇〇年三月十八日

资产负债表　　1999 年 12 月 31 日

编制单位:桂林集琦药业股份有限公司　　单位:人民币元

项目	合并数 年初数	合并数 年末数	母公司数 年初数	母公司数 年末数
流动资产:				
货币资金	26249843.44	68292459.76	25368553.22	65097299.27
短期投资	26000000.00		26000000.00	
减:短期投资跌价准备				
短期投资净额	26000000.00		26000000.00	
收票据		350000.00		350000.00
应收股利				
应收利息				
应收帐款	116634427.44	134453910.29	84309470.11	95537439.07
其他应收款	62546030.80	91161873.85	66155471.57	89665166.26
减:坏帐准备	17742805.91	18134243.70	14450199.49	14913207.06
应收款项净额	161437652.33	207481540.44	136014742.19	170289398.27
预付帐款	22939502.17	56460387.17	22939502.17	47137110.75
应收补贴款	3430000.00		3430000.00	
存货	28045050.23	37153906.52	22815128.35	17400834.03
减:存货跌价准备	2565389.95	3589988.37	2565389.95	2474197.37
存货净额	25479660.28	33563918.15	20249738.40	14926636.66
待摊费用	38731.22	79882.86	29409.41	44993.15
待处理流动资产净损失		-8136.30		-8136.30
一年内到期的长期债权投资				
其他流动资产				
流动资产合计	265575389.44	366220052.08	234031945.39	297837301.80
长期投资:				
长期股权投资	10000000.00	10000000.00	81583073.62	116830648.07
长期债权投资	73470.00	73470.00	73470.00	73470.00
长期投资合计	10073470.00	10073470.00	81656543.62	116904118.07
减:长期投资减值准备				
长期投资净额	10073470.00	10073470.00	81656543.62	116904118.07
固定资产:				
固定资产原价	247400956.60	273872861.87	170406873.11	180038326.95
减:累计折旧	71467600.63	87197004.05	36726995.27	44876078.22
固定资产净值	175933355.97	186675857.82	133679877.84	135162248.73
工程物资	59402.31		59402.31	
在建工程	27820811.59	28993676.21	27820811.59	28970176.21
固定资产清理		1007861.38		1007861.38
待处理固定资产净损失		687870.07		
固定资产合计	203813569.87	217365265.48	161560091.74	165140286.32
无形资产及其他资产:				
无形资产	53192074.83	89730378.92	41005260.49	44354930.20
开办费	30226.00	23749.00	30226.00	23749.00
长期待摊费用	38584.26	708168.29	38584.26	708168.29
其他长期资产				
无形资产及其他资产合计	53260885.09	90462296.21	41074070.75	45086847.49
递延税项:				
递延税款借项				
资产总计	532723314.40	684121083.77	518322651.50	624968553.68
流动负债:				
短期借款	60000000.00	161280000.00	58500000.00	159780000.00
应付票据				
应付帐款	23258409.35	36397872.08	17461985.72	27915878.20
预收帐款	3340733.84	4182797.15	3340733.84	4182797.15
代销商品款				
应付工资				
应付福利费	626380.62	765144.99	581563.28	667096.50
应付股利		42500000.00		42500000.00
应交税金	18894569.43	23727991.74	9212696.95	5899300.30
其他应交款	358858.99	537472.70	165530.86	175618.00
其他应付款	4684465.72	22353252.53	7732292.07	21477762.53
预提费用	263708.19		263708.19	
一年内到期的长期负债				
其他流动负债				
流动负债合计	153927126.14	249244531.19	139758510.91	220098452.68
长期负债:				
长期借款		13000000.00		13000000.00
应付债券				
长期应付款				
住房周转金				
其他长期负债	1747891.67	2515844.00	1515844.00	2515844.00
长期负债合计	1747891.67	15515844.00	1515844.00	15515844.00
递延税项:				
递延税款贷项				
负债合计	155675017.81	264760375.19	141274354.91	235614296.68
少数股东权益:		30006451.58		
所有者权益:				
股本	85000000.00	85000000.00	85000000.00	85000000.00
资本公积	225943534.38	225943534.38	225943534.38	225943534.38
盈余公积	60682675.45	62528569.51	60682675.45	62528569.51
其中:公益金	6186202.48	6801500.50	6186202.48	6801500.50
未分配利润	5422086.76	15882153.11	5422086.76	15882153.11
股东权益合计	377048296.59	389354257.00	377048296.59	389354257.00
负债和股东权益合计	532723314.40	684121083.77	518322651.50	624968553.68

利润表分配表

编制单位:桂林集琦药业股份有限公司　　单位:人民币元

项目	行次	合并数 1998 年	合并数 1999 年	母公司数 1998 年	母公司数 1999 年
一、净利润	1	39383130.72	12305960.41	39383130.72	12305960.41
加:年初未分配利润	2	21535390.08	5422086.76	21535390.08	5422086.76
盈余公积计转入	3				
二、可供分配的利润	4	60918520.80	17728047.17	60918520.80	17728047.17
减:提取法定盈余公积金	5	3938313.67	1230596.04	3938313.67	1230596.04
提取法定公益金	6	1969156.83	615298.02	1969156.83	615298.02
三、可供股东分配的利润	7	55011050.30	15882153.11	55011050.30	15882153.11
减:应付优先股股利	8				
提取任意盈余公积	9	7088963.54		7088963.54	
应付普通股股利	10	42500000.00		42500000.00	
转作股本的普通股股利	11				
四、未分配利润	12	5422086.76	15882153.11	5422086.76	15882153.11

利润表

编制单位:桂林集琦药业股份有限公司　　单位:人民币元

项目	行次	合并数 1998 年	合并数 1999 年	母公司数 1998 年	母公司数 1999 年
一、主营业务收入	1	165629682.28	135402141.30	100141890.09	97139342.13
减:折扣与折让	2				
主营业务收务净额	3	165629682.28	135402141.30	100141890.09	97139342.13
减:营业成本	4	104796034.06	84519184.98	54588066.47	59022623.63
主营业务税金及附加	5	1713834.11	1769178.31	1054453.82	1216815.23
二、主营业务利润(亏损以"-"号填列)	6	59119814.11	49113778.01	44499369.80	36899903.27
加:其他业务利润(亏损以"-"号填列)	7	-8632.76	285590.93	-12432.76	272258.77
减:存货跌价损失	8	2565389.95	1132910.76	2565389.95	17119.76
营业费用	9	7352673.58	6079538.16	5857214.74	5088309.46
管理费用	10	14728499.30	21095059.58	10792642.18	17261215.69
财务费用	11	-6039857.63	8500331.04	-6158168.56	8400650.52
三、营业利润(亏损以"-"号填列)	12	40504476.15	12591529.40	31429858.73	6404866.61
加:投资收益(损失以"-"号填列)	13	2500000.00	380000.00	7383559.97	4517574.45
补贴收入	14	4833700.00	1884758.00	4833700.00	1884758.00
营业外收入	15	1283273.50	1053894.20	1264290.00	1008269.00
减:营业外支出	16	1009737.80	127043.43	221516.20	126993.43
四、利润总额(亏损以"-"号填列)	17	48111711.85	15783138.17	44689892.50	13688474.63
减:所得税	18	8728581.13	3360726.18	5306761.78	1382514.22
少数股东本期收益	19		116451.58		
净利润(净亏损以"-"号填列)	20	39383130.72	12305960.41	39383130.72	12305960.41

现金流量表　　1999 年度

编制单位:桂林集琦药业股份有限公司　　单位:人民币元

项目	行次	合并数	母公司数
一、经营活动产生的现金流量:			
销售商品、提供劳务收到的现金	1	98082090.57	85475695.25
收取的租金	2		
收到的税费返还	3	1884758.00	1884758.00
收到的其他与经营活动有关的现金	4	5184029.58	5173824.67
现金流入小计	5	105150878.15	92534277.92
购买商品、接受劳务支付的现金	6	56602945.71	45521069.80
经营租赁所支付的现金	7		
支付给职工以及为职工支付的现金	8	9001253.70	7551056.40
支付的增值税款	9	10348828.26	9661735.99
支付的所得税款	10	1155519.63	1145541.45
支付的除增值税、所得税以外的其他税费	11	1192644.93	1142007.49
支付的其他与经营活动有关的现金	12	4300563.70	2500340.10
现金流出小计	13	82601755.93	67521751.23
经营活动产生的现金流量净额	14	22549122.22	25012526.69
二、投资活动产生的现金流量:	15		
收回投资所收到的现金	16		
分得股利或利润所收到的现金	17	380000.00	380000.00
取得债券利息收入所收到的现金	18		
处置固定资产、无形资产和其他长期资产而收回的现金净额	19	50588.00	5088.00
收到的其他与投资活动有关的现金	20		
现金流入小计	21	430588.00	385088.00
购建固定资产、无形资产和其他长期资产所支付的现金	22	42685383.53	16419429.53
权益性投资所支付的现金	23		31110000.00
债权性投资所支付的现金	24		
支付的其他与投资活动有关的现金	25		
现金流出小计	26	42685383.53	47529429.53
投资活动产生的现金流量净额	27	-42254795.53	-47144341.53
三、筹资活动产生的现金流量:			
吸收权益性投资所收到的现金	28		
发行债券所收到的现金	29		
借款所收到的现金	30	131780000.00	130280000.00
收到的其他与筹资活动有关的现金	31		
现金流入小计	32	131780000.00	130280000.00
偿还债务所支付的现金	33	17500000.00	16000000.00
发生筹资费用所支付的现金	34	1052189.54	1052189.54
分配股利或利润所支付的现金	35	42500000.00	42500000.00
偿付利息所支付的现金	36	8979520.83	8867249.57
融资租赁支付的现金	37		
减少注册资本支付的现金	38		
支付的其他与筹资活动有关的现金	39		
现金流出小计	40	70031710.37	68419439.11
筹资活动产生的现金流量净额:	41	61748289.63	61860560.89
四、汇率变动对现金的影响	42		
五、现金及现金等价物净增加额	43	42042616.32	39728746.05

葫芦岛锌业股份有限公司

一 公司简介

1.公司法定中文名称:葫芦岛锌业股份有限公司
公司法定英文名称:HULUDAO ZINC INDUSTRY CO.,LTD.
2.公司法定代表人:侯宝泉
3.公司董事会秘书:曲路新
联系地址:辽宁省葫芦岛市龙港区锌厂路 24 号
电话:(0429)2101431--4121 传真:(0429)2104084
电子信箱:quluxin@188.net
4.公司董事会授权人:樊建章
联系地址:辽宁省葫芦岛市龙港区锌厂路 24 号
电话:(0429)2101431--4777 传真:(0429)2094130
5.公司注册地址:辽宁省葫芦岛市
公司办公地址:辽宁省葫芦岛市龙港区锌厂路 24 号 邮政编码:125003
公司国际互联网网址:http//www.chinazinc.com 电子信箱:hldzn@sina.com
6.公司披露信息的报纸:《中国证券报》和《证券时报》
登载年度报告的网址:http:/www.cninfo.com.cn
年度报告备置地点:公司证券部
电话:(0429)2101431-5398
7.公司股票上市地:深圳证券交易所
股票简称:锌业股份 股票代码:0751

二 会计和业务数据摘要

1.本年度主要利润指标

利润总额:	400,567,907.29 元
净利润:	268,302,127.83 元
扣除非经常性损益后的净利润:	268,302,127.83 元
主营业务利润:	498,952,922.08 元
投资收益:	0
补贴收入:	0
营业外收支净额:	894,570.67 元
经营活动产生的现金流量净额:	72,366,067.76 元
现金及现金等价物净增加额:	175,411,926.27 元

注:本公司报告期内未发生非经常性损益。

2.公司近三年主要会计数据和财务指标:

项 目	1999 年	1998 年		1997 年	
	调整后	调整前	调整后	调整前	调整后
主营业务收入(元)	2528076855.39	2535287642.90	2535287642.90	2774831414.63	2774831414.63
净 利 润 (元)	268302127.83	172809006.11	116319121.73	234131342.86	147203029.16
总 资 产 (元)	3221422354.24	3484821307.74	3341403109.66	2866388778.33	2779460464.63
股东权益 (元)	1827743039.10	1702859109.35	1559440911.27	1530050103.24	1443121789.54
每股收益 (元/股)	0.436	0.281	0.189	0.57	0.36
加权每股收益(元/股)	0.436	0.281	0.189	0.641	0.403
每股净资产 (元/股)	2.97	2.77	2.54	3.73	3.52
调整后每股净资产(元/股)	2.90	2.71	2.50	3.70	3.50
每股经营活动产生的现金流量净额(元/股)	0.118	–0.38	–0.38		
净资产收益率(%)	14.68	10.15	7.46	15.30	10.20

注一:主要财务指标计算公式:
每股收益=净利润 /年度末普通股股份总数
每股净资产=年度末股东权益 /年度末普通股股份总数
调整后每股净资产=(年度末股东权益-三年以上的应收帐款-待摊费用-待处理资 产净损失-开办费-长期待摊费用-住房周转金负数余额)/年度末普通股股份总数
每股经营活动产生的现金流量净额=经营活动产生的现金流量净额/年度末普通股股份总数
净资产收益率=净利润 /年度末股东权益×100%
注二:由于会计政策变更根据财政部财会字(1999)35 号文、49 号文的有关规定采 用了追溯调整法,调整了 1999 年度会计报表相关的"坏帐准备"、"存货跌价准备" 、"期初未分配利润"帐项。

调整前各年度会计数据如下:

项目	1999 年	1998 年	1997 年
坏帐准备	4752021.84	5907088.81	3772500.06
存货跌价准备			
未分配利润	427658557.72	222899296.63	199011641.43

调整后各年度会计数据如下:

项目	1999 年	1998 年	1997 年
坏帐准备	85423881.56	128933686.98	61860542.18
存货跌价准备	14153418.82	20391599.91	28840411.58
未分配利润	329050636.92	100993828.26	125122574.79

三 股东情况介绍

截止 1999 年 12 月末,本公司股东总数 81,273 户,其中内部职工股股东 15,205 户。 其中公司前 10 名股东持股情况:

股东名称	持股数(股)	占总股本比例(%)
1.葫芦岛锌厂	390000000	63.41
2.葫芦岛锌厂工贸实业总公司	1800000	0.29
3.基金金泰	1221813	0.199
4.关芳	1004334	0.168
5.黄春香	801100	0.13
6.葫芦岛锌厂工程总公司	750000	0.122
7.何富	625750	0.101
8.王正英	605951	0.099
9.张焕燕	603492	0.098
10.李东生	572200	0.093

以上持有国有法人股份的是葫芦岛锌厂,葫芦岛锌厂工贸实业总公司和葫芦岛锌 厂工程总公司为行政隶属于葫芦岛锌厂的集体所有制企业。所持股份无质押、无冻结。
持有本公司股票 10%以上的股东情况
企业名称:葫芦岛锌厂 持有本公司股权: 63.41% 法定代表人:侯宝泉
经营范围:主营合金锌、锌饼、锌坯、锌丝、铟、铅、硫酸、对外贸易;兼营碳化硅制品、高纯产品、半导体材料、粗铜、电解铜、硫酸铜、硫酸镍。

西藏拉萨啤酒股份有限公司

一、公司简介:

(一)公司法定名称:西藏拉萨啤酒股份有限公司。
英文名称:LHASA BREWERY CO.,LTD.
(二)公司法定代表人:王健。
(三)公司董事会秘书及授权代表:
董事会秘书:牟春华。
授权代表:陈红兵。
联系地址:成都市羊市街西延线三洞桥 15 号现代大厦 4F。
电话(TEL):(0891)6329377 (028)7793136
传真(FAX):(0891)6329377 (028)7793136
(四)公司注册地址:西藏自治区拉萨市色拉路 36 号。
公司办公地址:西藏自治区拉萨市色拉路 36 号。
邮政编码:850001。
电子信箱:lhasabre @ mail.sc.cninfo.net
(五)公司选定的信息披露报纸名称:《中国证券报》、《证券时报》。登载公司 年度报告的中国证监会指定国际互联网网址:http://www.sse.com.cn
公司年度报告备置地点:公司董事会秘书室。
(六)公司股票上市交易所:深圳证券交易所。
股票简称:拉萨啤酒。 股票代码:0752。

二、会计数据和业务数据摘要

(一)公司本年度主要会计数据 (单位:元)

利润总额	56323877.89
净利润	48225408.26
扣除非经常性损益后的净利润	41867139.26
主营业务利润	61966864.01
其他业务利润	5100000.00
营业利润	50102910.07
投资收益	0
补贴收入	5255619.00
营业外收支净额	965348.82
经营活动产生的现金流量净额	57113471.38
现金及现金等价物净增加额	–11822725.91

注:扣减非经常性损益内容及金额

(1)补贴收入	5255619.00
(2)营业外收入	1102650.00

(二)公司前三年主要会计数据和财务指标(单位:元)

项目	1999 年	1998 年 (调整前)	1998 年 (调整后)	1997 年 (调整前)	1997 年 (调整后)
主营业务收入	119094390.94	52923014.07	52923014.07	50423164.45	50423164.45
净利润	48225408.26	26558825.65	24919357.57	18715141.64	17172981.22
总资产	390169275.71	296750662.56	293569034.06	202864589.90	201322429.48
股东权益	232472457.08	187428677.32	184247048.82	160869851.67	159327691.25
每股收益(元/股)	0.43	0.402	0.378	0.28	0.26
扣除非经常性损益后的每股收益(元/股)	0.37	0.402	0.378	0.28	0.26
每股净资产	2.07	2.84	2.79	244	2.41
调整后的每股净资产(元/股)	2.01	2.81	2.76	2.40	2.38
每股经营活动产生的现金流量净额	0.51	0.57	0.57		
净资产收益率(%)	20.74	14.17	13.52	11.63	10.78

注:主要财务指标计算公式如下:
每股收益=净利润/年度末普通股股份总数
每股净资产=年度末股东权益/ 年度末普通股股份总数
调整后的每股净资产=(年度末股东权益-三年以上的应收款项净额-待摊费用-待 处理(流动、固定)资产净损失-开办费-长期待摊费用-住房周转金负数余额)/年度末 普通股股份总数
每股经营活动产生的现金流量净额=经营活动产生的现金流量净额/年度末普通股股份总数
净资产收益率=净利润/年度末股东权益 X 100%

(三)报告期内股东权益变动情况 (单位:股,元)

项目	股本	资本公积	盈余公积	法定公益金	未分配利润	股东权益合计
期初数	66000000.00	76154710.03	8418467.76	4209233.88	33673871.03	184247048.82
本期增加	46200000.00	0	9645081.66	4822540.83	38580326.60	48225408.26
本期减少	0	39600000.00	0	0	6600000.00	0
期末数	112200000.00	36554710.03	18063549.42	9031774.71	65654197.63	232472457.08

变动原因:1、股本增加是由于公司 1998 年度股东大会决议,以 1998 年末股本总额为基数,向 全体股东每 10 股用资本公积转增 6 股,用未分配利润送红股 1 股。
2、资本公积减少是由于按每 10 股转增 6 股转增股本所致。
3、盈余公积的增加是由于按规定提取法定盈余公积和法定公益金。
4、法定公益金的增加是由于按规定提取法定公益金。
5、未分配利润的增加主要由于公司经营活动过程中正常的利润增加。
6、股东权益的增加主要由于经营过程中正常增加的未分配利润和按规定年末提 取的法定盈余公积和法定公益金。

三、股东情况介绍

(一)报告期末股东总数为 3784 户。
(二)报告期末公司前十名股东持股情况(截止 1999 年 12 月 31 日):

股东名称	持股数(股)	所占比例(%)
四川光大金联实业有限公司	41106000	36.64
西藏自治区国有资产管理局	27404000	24.42
重庆万明实业有限公司	2618097	2.33
重庆晨亮商贸有限责任公司	2504411	2.23
汉盛证券投资基金	1312911	1.17
西藏明珠股份有限公司	510000	0.45
黄琼秀	359770	0.32
李世昭	356000	0.32
沈玉华	355140	0.31
谭琼林	355000	0.31

*:西藏国有资产管理局为国家股股东。

福建双菱集团股份有限公司

一 公司简介

1、公司法定中文名称：福建双菱集团股份有限公司
公司法定英文名称：FUJIAN DOUBLE RHOMB CO.,LTD.
2、公司法定代表人：朱煜煊
3、公司董事会秘书：林学斌
联系地址：福建省漳州市东环路
电话：(0596)2951030 转 23507　传真：(0596)2952023
电子信箱：fjdrzet.@public.zzptt.fj.cn
4、公司注册及办公地址：福建省漳州市东环路　邮政编码：363000
公司国际互联网网址：http://www.sljt.com　电子信箱：fjdrzet.@public.zzptt.fj.cn
5、公司选定的信息披露报纸名称：《证券时报》
登载公司年度报告的中国证监会指定国际互联网网址：http://www.cninfo.com.cn
公司年度报告备置地点：公司证券部
6、公司股票上市地：深圳证券交易所
股票简称：福建双菱　股票代码：0753

二 会计数据和业务数据摘要

1、本年度主要会计数据

单位：人民币元

项目	金额
利润总额	69,369,822.22
净利润	58,634,049.08
扣除非经常性损益后的净利润	47,800,514.22
主营业务利润	62,303,190.01
其它业务利润	17,204,142.38
营业利润	51,634,087.01
投资收益	6,902,200.35
补贴收入	11,400,000.00
营业外收支净额	-566,465.14
经营活动产生的现金流量净额	-26,446,860.27
现金及现金等价物净增加额	6,655,579.54

注：扣除的非经常性损益项目和涉及金额

处理固定资产净收益	238,664.39
捐赠支出	-372,015.46
自然灾害损失	-74,466.39
罚款滞纳金	-64,965.94
赔偿支出	-293,681.74
补贴收入	11,400,000.00
合　计	10,833,534.86

2、截止至报告期末公司前三年主要会计数据和财务指标　单位：人民币元

项　目	1999 年	1998 年		1997 年	
	调整后	调整前	调整后	调整前	调整后
主营业务收入	134622308.93	120053387.06	120053387.06	98345115.05	98345115.05
净利润	58634049.08	53000790.57	48451499.76	46152973.06	44252185.39
总资产	97023182.68	575885539.87	563319968.90	551287606.20	542311049.50
股东权益	558039758.53	512931556.96	498925206.15	459930766.39	450954209.69
每股收益	0.29	0.44	0.40	0.46	0.44
每股收益(按月平均)	0.35	0.49	0.45	0.46	0.44
扣除非经常性损益后的每股收益	0.23	0.45	0.41	0.43	0.41
每股净资产	2.73	4.27	4.16	4.60	4.51
调整后每股净资产	2.70	4.22	4.10	4.56	
每股经营活动产生的现金流量净额	-0.13	-0.15	-0.15	—	—
净资产收益率(%)	10.51	10.33	9.70	10.03	9.82

三 股本变动及股东情况

1、公司股份变动情况表

	期初数	本次变动增减	期末数
一、尚未流通股份			
1、发起人股份	60,960,000	42,672,000	103,632,000
其中：国家拥有股份	9,716,160	6,801,312	16,517,472
境内法人持有股份	51,243,840	35,870,688	87,114,528
2、募集法人股	17,070,960	11,949,672	29,020,632
尚未流通股份合计	78,030,960	54,621,672	132,652,632
二、已流通股份			
境内上市的人民币普通股	42,000,000	29,400,000	71,400,000
已流通股份合计	42,000,000	29,400,000	71,400,000
三、股份总数	120,030,960	84,021,672	204,052,632

2、股东情况介绍
(1)股东数量
截止 1999 年 12 月 31 日，公司共有股东 28619 户。
(2)主要股东持股情况　单位：万股

股东名称	年末持股数量	年内增减变动数量	占总股本比例
1、漳州建筑瓷厂	6205.54	2555.22	30.41%
2、漳州公路交通实业总公司	2902.06	1194.96	14.22%
3、漳州建筑瓷厂工会	2192.67	902.86	10.75%
4、漳州财政局	1651.75	680.13	8.09%
5、漳州建业公司	230.32	94.84	1.13%
6、广东省南方金融服务总公司基金部	103.31		0.51%
7、漳州市建筑劳务纸箱厂	76.34	31.44	0.37%
8、范平	40.00		0.20%
9、刘璇君	38.48		0.19%
10、徐世湖	29.48		0.14%

山西三维集团股份有限公司

一 公司简介

1、公司法定中文名称：山西三维集团股份有限公司
英文名称：Shanxi Sanwei Group Co.,Ltd
2、公司法人代表：仝立祥
3、公司董事会秘书：褚杰生　电话(0357)6663123　(0357)6663423
授权人：张亚平　电话(0357)6663121　传真：(0357)6663566
联系地址：山西省洪洞县·山西三维公司　电子信箱：swzqb@sxsanwei.com
4、公司注册地址：太原市高新技术产业开发区 VI-4 区
办公地址：山西省洪洞县赵城·山西三维公司
国际互联网地址：www.sxsanwei.com　电子信箱：swbgs@sxsanwei.com
5、公司选定《证券时报》为信息披露主要报纸。
登载公司年度报告的中国证监会指定国际互联网网址：http://www.cnifo.com.cn
公司年度报告备置地点：山西省洪洞县赵城·山西三维公司
6、公司股票上市交易所：深圳证券交易所
股票简称：山西三维　股票代码：0755

二 会计数据和业务数据摘要

1、本年度会计数据摘要　单位：元

项　目	
利润总额	53,550,543.65
净利润	45,924,973.22
扣除非经常性损益后的净利润	39,903,907.05
主营业务利润	71,473,007.73
其他业务利润	3,681,743.62
营业利润	47,025,546.30
投资收益	7,485,820.17
补贴收入	17,400.00
营业外收支净额	-978,222.82
经营活动产生的现金流量净额	-22,385,058.64
现金及现金等价物增加额	-117,154,295.42

注："扣除非经常性损益后的净利润"指标中，扣除的项目和涉及金额：
(1)处理固定资产净收益　6,003,666.17 元
(2)补贴收入　17,400.00 元

2、公司前三年的主要会计数据和财务指标

项目	1999 年度	1998 年度		1997 年度	
		追溯调整前	追溯调整后	追溯调整前	追溯调整后
主营业务收入	300,782,077.84	274,849,689.64	273,849,689.64	271,276,827.0	271,276,827.00
净利润	45,924,973.22	62,250,352.40	61,090,411.96	54,647,189.0	52,615,558.11
总资产	1,074,330,557.57	878,345,908.61	877,185,968.17	796,530,358.0	794,498,727.11
股东权益	643,542,466.43	598,777,433.66	597,617,493.22	539,194,444.0	537,162,813.11
每股收益	0.182	0.242	0.304		
月平均加权每股收益	0.182	0.242	0.364		
扣除非经常性损益后的每股收益	0.158				
每股净资产	2.554	2.38	3.00		
调整后的每股净资产	2.47	2.33	2.92		
每股经营活动产生的现金流量净额	-0.089	0.028			
净资产收益率	7.14	10.22	10.13		

3、报告期内股东权益变动情况　单位：元

项目	股本	资本公积	盈余公积	法定公益金	未分配利润	股东权益合计
期初数	252,000,000	264,523,280	21,036,951.44	7,012,317.25	60,057,261.78	597,617,493.22
本期增加			6,890,174.36	2,296,724.79	39,034,798.86	45,924,973.21
本期减少						
期末数	252,000,000	264,523,280	27,927,125.79	9,309,041.94	99,092,060.64	643,542,466.43

变动原因：盈余公积、法定公益金、未分配利润变动系本公司本年度实现净利润计提所致，股东权益变动系增加本年度净利润所致。

三 股本变动及股东情况

1、本报告期内公司股本未变动，截止 12 月 31 日公司股本结构如下：　单位：股

	期初数	期末数
一、尚未流通股份		
1、发起人股份	168000000	168000000
国家拥有股份	167620495	167620495
境内法人持有股份	379505	379505
尚未流通股份合计	168000000	168000000
二、已流通股份		
1、境内上市人民币普通股	84000000	84000000
已流通股份合计	84000000	84000000
三、股份总数	252000000	252000000

注：公司董事会、监事会换届选举后，新增高管股 2900 股，解冻 5600 股，实际共冻结 50500 股。
2、股东情况
(1)报告期末股东总数：截止 12 月 31 日，公司在册股东数量为 52764 户。
(2)公司前 10 名股东持股情况　单位：股

股东名称	持股数	占总股本比例(%)
1、山西省纺织总会	146911396	58.30
2、山西省经济建设投资公司	14828924	5.88
3、山西省经贸资产经营有限责任公司	5880173	2.33
4、鞠文龙	315560	0.13
5、普丰证券投资基金	306560	0.12
6、刘来英	268900	0.11
7、浦文龙	265485	0.11
8、邹　昆	259400	0.10
9、谢秀琴	258205	0.10
10、黄少强	219000	0.09

持有公司 5%以上股份的股东两名：山西省纺织总会、山西省经济建设投资公司，其所持公司股份见上表。表中前三名股东均为国家股东。

山东新华制药股份有限公司

一、公司简介

公司中文名称:山东新华制药股份有限公司("公司")
公司英文名称:SHANDONG XINHUA PHARMACEUTICAL COMPANY LIMITED
公司注册及办公地址:中华人民共和国("中国")山东省淄博市张店区东一路 14 号
公司国际互联网址:http://www.xhzy.com　公司电子信箱:sdxhzy@zb_public.sd.cninfo.net
邮 政 编 码 :255005
公司法定代表人:贺 端 氵是
董事会秘书: 曹长求　郭磊
董秘电子信箱:xhmsb@xhzy.com
联　系　电　话:86-533-2184223　　传真号码:86-533-2287508
国内信息披露报纸:《证券时报》
中国证监会指定国际互联网网址:http://www.cninfo.com.cn
上市资料:H 股:香港联合交易所有限公司　简称:山东新华制药　代码:0719
A 股:深圳证券交易所　简称:新华制药　代码:0756
公司资料查询地点:本公司董事会秘书室

二、会计数据和业务数据摘要

1. 按中国会计准则编制一九九九年度主要会计数据(人民币元)

项目	一九九九年
利润总额	74,039,202
净利润	63,609,740
扣除非经常性损益后的净利润	62,334,300
主营业务利润	266,677,018
其他业务利润	1,432,223
营业利润	76,968,402
投资收益	0.00
补贴收入	1,275,440
营业外收支净额	(4,204,640)
经营活动产生的现金流量净额	50,638,753
现金及现金等价物净增加额	27,980,056

2.财务摘要　(千元人民币)

项　目	1999 年	1998 年	1997 年
主营业务收入	950,661,234	973,884,000	915,631,000
净利润	63,609,740	52,783,000	84,465,000
总资产	1,384,267,611	1,300,588,000	1,217,366,000
股东权益(不含少数股东权益)	890,784,569	849,905,000	805,843 ,000
每股收益(人民币元)全面摊薄	0.149	0.124	0.198
加权平均	0.149	0.124	0.200
每股净资产(人民币元)	2.08	1.99	1.89
调整后的每股净资产(人民币元)	2.06	1.99	1.89
净资产收益率(%)	7.14	6.21	10.48
每股经营活动产生的现金净流量	0.12	0.17	

附注:扣除非经常性损益后的每股收益 (人民币元)

1999 年	1998 年	1997 年
0.146	0.124	0.198

1999 年度本公司非经常性收益主要是指按山东省财政厅有关文件,新产品销售增 值税部分返还,该收益涉及金额为人民币 1,275,440 元。

4. 报告期内股东权益变动情况(人民币元)

项目	股本	资本公积	盈余公积	法定公益	未分配利润	股东权益合计
期初数	427,313,000	218,402,000	68,100,000	17,818,000	118,272,000	849,905,000
本期增加			12,722,000	3,180,000	30,615,000	46,517,000
本期减少				5,638,000		5,638,000
期末数	427,313,000	218,402,000	80,822,000	15,360,000	148,887,000	890,784,000

变动原因:盈余公积金、法定公益金、未分配利润增加的原因是本年度利润分配, 法定公益金减少的原因是员工集体福利设施资本性支出。

三、股本变动及股东情况介绍

1.股本结构情况(股)

	期初数	期末数
一、尚未流通股份		
1.发行人股份	217,440,000	217,440,000
国家拥有股份	217,440,000	217,440,000
(由山东新华医药集团有限责任公司持有)(A 股)		
2.募集法人股(A 股)	16,719,500	16,719,500
3.内部职工股(A 股)	30,653,330	30,653,330
尚未流通股份合计	264,812,830	264,812,830
二、已流通股份		
1.境内上市的人民币普通股(A 股)	12,500,000	12,500,000
2.境外上市的外资股(H 股)	150,000,000	150,000,000
已流通股份合计	162,500,000	162,500,000
三、股份总数	427,312,830	427,312,830

注:一九九九年度内本公司股份总数和结构无变动。

2.股东情况介绍

一九九九年度末本公司股东总数为 11379 位,包括 H 股股东 189 位,A 股股东 11190 位 。

持有本公司股份前十名股东情况一览表

股　东　名　称	股份性质	持股数	总股本比重%
1. 山东新华医药集团有限责任公司	未流通 A 股	217,440,000	50.89
2. 香港中央结算(代理人)有限公司	流通 H 股	138,399,499	32.39
3. 山东鲁信国际经济股份有限公司	未流通 A 股	3,000,000	0.70
4. Yeung Ting Kwong David	流通 H 股	1,600,000	0.37
5. 中国医药工业公司	未流通 A 股	1,540,000	0.36
6. 青岛市医药物资公司	未流通 A 股	1,100,000	0.26
7. 中国医药对外贸易总公司	未流通 A 股	1,000,000	0.23
8. 山东农药工业股份有限公司	未流通 A 股	1,000,000	0.23
9. 山东北方制药厂	未流通 A 股	1,000,000	0.23
10.香港上海汇丰银行(代理人)有限公司　A/C　BR-79	流通 H 股	902,000	0.21

四川峨眉柴油机股份有限公司

(一) 公司简介

1、公司中文名称:四川峨眉柴油机股份有限公司
英文名称:SI　CHUAN　EMEI　DIESEL　ENGINE　JOINT-STOCK　CO., LTD.
2、公司法定代表人:林长江
3、公司董事会秘书:徐　琳　　授权代表:刘本忠
联系地址:四川省内江市椑木镇公司本部
电　　话:0832-2414714　　传真:(0832)2411301
公司电子信箱:njja01@nj-public.sc.cninfo.net
4、公司注册地址:四川省内江市
公司办公地址:四川省内江市椑木镇　　邮政编码: 641113
公司国际互联网网址:www.neijiangechai.com www.chinaemei.com
5、公司选定信息披露报纸:《证券时报》
刊登年报的中国证监会指定网址:http://www.cninfo.com.cn
公司年度报告备置地址:公司本部证券部
6、公司股票上市交易所:深圳证券交易所
股票简称:内江峨柴　　股票代码:0757

(二) 会计数据和业务数据摘要

1、会计数据和业务数据摘要

项　　目	1999 年度(元)
利润总额	41,680,786.11
净利润	30,024,295.08
扣除非经常性损益后的净利润	24,658,816.75
主营业务利润	65,215,752.17
其他业务利润	890,460.99
营业利润	32,002,771.44
投资收益	55,000.00
补贴收入	9,548,086.02
营业外收支净额	74,928.65
经营活动产生的现金流量净额	-27,739,443.62
现金及现金等价物净增加额	98,949,544.30

备　　注

非经常性损益扣除项目及金额:

1、营业外收入: 337,298.61×85%=286,703.82;
2、营业外支出: 262,369.96×85%=223,014.47;
3、收取的资金占用费: 3,231,600.00×(1-5.7%)×85%=2,590,288.98;
4、财政专项补贴: (1,080,000+160,000+1,950,000) ×85%=2,711,500

2、截止报告期末公司前三年主要会计数据和财务数据　　单位:元

项　目	1999 年	1998 年		1997 年	
		调整前	调整后	调整前	调整后
主营业务收入	277308613.93	271852491.65	271852491.65	280586808.62	280586808.62
净利润	30024295.08	38495784.01	35677947.97	34718175.50	18155222.39
总资产	684059493.81	514084558.48	495219886.58	444210617.39	427647664.18
股东权益	486815268.18	379340962.35	359960173.10	340845178.34	324282225.13
每股收益	0.20	0.36	0.33	0.35	0.19
按月平均加权法计算的每股收益	0.22	0.37	0.35	0.41	0.22
扣除非经营性损益后每股收益	0.16	0.28	0.25	0.34	0.18
每股净资产	3.19	3.53	3.35	3.49	3.32
调整后的每股净资产	3.15	3.50	3.31	3.46	3.29
每股经营活动产生的现金流量净额	-0.18	0.03	0.03		
净资产收益率(%)	6.17	10.15	9.91	10.18	5.60
净资产收益率(%)(加权)	7.09	10.69	10.43	14.72	8.00

主要财务指标计算公式:

每股收益=净利润/年度末普通股股份总数
每股净资产=年度末股东权益/ 年度末普通股股份总数
净资产收益率=净利润/年度末股东权益×100%
调整后的每股净资产=(年度末股东权益-三年以上应收款项净额-待摊费用-待处 理(流动、固定) 资产净损失-开办费-长期待摊费用)/年度末普通股股份总数
每股经营活动产生的现金流量净额=经营活动产生的现金流量净额/年度末普通股股份总数
加权平均净资产收益=净利润/[(期初净资产+期末净资产)/2]×100%

3、股东权益变动情况

项　目	股　本	资本公积	盈余公积	法定公益金	未分配利润	股东权益合计
期初数	107553490.00	147338686.70	36260329.18	8047702.65	60759964.57	359960173.10
本期增加	44863647.00	84233200.00	9007288.52	1501214.75	19515791.81	159121142.08
本期减少		21510698.00			10755349.00	32266047.00
期末数	152417137.00	210061188.704	5267617.70	9548917.40	69520407.38	486815268.18

(三) 股东情况介绍

1、报告期末股东总户数 21565 户。
2、报告期内持本公司 5%(含 5%) 以上股份的股东情况
报告期内公司前十名股东持股情况(截止 1999 年 12 月 31 日)

序号	股东名称	期初持股数(万股)	送转配股数(万股)	期末持股数(万股)	占总股本比例(%)
1	内江市国有资产管理局(国家股持股单位)	5663.9	2008.11	7672.01	50.34
2	四川峨眉柴油机股份有限公司工会	746.009	223.8027	969.8117	6.36
3	四川省信托投资公司	220	66	286	1.87
4	中国工行四川信托投资公司内江办事处	115.5	34.65	150.15	0.99
5	白马发电厂电力开发总公司	110	33	143	0.94
6	成都远大机械厂	99	29.7	128.7	0.84
7	海南科工贸企业总公司	94.6	28.38	122.98	0.81
8	中国冶金进出口四川公司	88	26.4	114.4	0.75
9	四川省机械进出口公司	66	19.8	85.8	0.56
10	中国出口商品基地建设四川公司	66	19.8	85.8	0.56

报告期内持本公司股份 5%(含 5%) 以上股东所持股份没有质押和冻结。

中国有色金属建设股份有限公司

一、公司简介

中文名称:中国有色金属建设股份有限公司
英文名称:ChinaNonferrousMetalIndustry´sForeign EngineeringandConstructionCo.,Ltd.
英文缩写:NFC 公司
法定代表人:张健董
事会秘书:王宏
联系地址:北京市海淀区复兴路戊 12 恩菲科技大厦 5 楼
电话:010-63955911 传真:010-63965364
电子信箱:Wanghong@nfc.com.cn
董秘授权代表:马海东
联系地址:北京市海淀区复兴路戊 12 号恩菲科技大厦 5 楼
电话:010-63955911 传真:010-63965364
注册地址:北京市海淀区复兴路乙 12 号 邮政编码:100814
办公地址:北京市海淀区复兴路戊 12 号恩菲科技大厦 5 楼
邮政编码:100038 电子信箱:nfc@public3.bta.net.cn
年报披露报刊:中国证券报年报
登载网址:http://www.cninfo.com.cn
本报告备置地点:北京市海淀区复兴路戊 12 号恩菲科技大厦 509 室
上市地:深圳证券交易所
股票简称:中色建设股票代码:0758

二、会计数据和业务数据摘要

(一)本年度实现利润总额:	81,767,610.06 元
净利润:	70,197,269.59 元
扣除非经常性损益后的净利润:	58,447,163.27 元
主营业务利润:	60,253,675.10 元
其他业务利润:	2,479,045.36 元
营业利润:	36,369,946.40 元
投资收益:	47,242,064.57 元
补贴收入:	0 元
营业外收支净额:	-1,844,400.91 元
经营活动产生的现金流量净额:	-73,817,137.53 元
现金及现金等价物净增加额:	-92,799,870.55 元

注:非经常性损益说明

项目	金额
股权投资价差摊入	11750106.32

(二).近三年的主要会计数据和财务指标:

项目单位	1999 年	1998 年		1997 年	
		调整前	调整后	调整前	调整后
主营业务收入万元	17157.06	90437.57	50817.53	31465.70	31465.70
净利润万元	7019.73	18664.92	15779.29	9265.44	8118.78
总资产万元	137424.47	210047.09	131888.58	104649.31	103503.55
股东权益(不含少数股东权益)万元	81988.72	80818.89	76787.50	64163.88	63018.12
每股收益元	0.20	0.83	0.70	0.41	0.36
每股净资产元	2.29	3.61	3.43	2.86	2.81
调整后的每股净资产元	2.02	3.19	3.20	2.61	2.56
每股经营活动产生的现金流量净额元	-0.20				
净资产收益率%	8.56%	23.09%	20.54%	14.44%	12.88%
扣除非经常性损益后的每股收益元	0.16				

注:计算公式如下:
1.每股收益=净利润/年度末普通股股份总数
2.每股净资产=年度末股东权益/年度末普通股股份总数
3.调整后的每股净资产=(年末股东权益-三年以上的应收款项净额-待摊费用-待 处理(流动、固定)资产净损失-开办费-长期待摊费用-住房周转金负数余额)/年度末 普通股股份总数
4.每股经营活动产生的现金流量净额=经营活动产生的现金流量净额/年度末普通股股份总数
5.净资产收益率=净利润/年度末股东权益 100%
6.扣除非经常性损益后的每股收益=扣除非经常性损益后的净利润/年末普通股股份总数

(三).股东权益变动情况: 单位:万元

项目	期初数	本期增加	本期减少	期末数	变动原因
股本	22400	13440.00		35840.00	每 10 股送 2 转增 4
资本公积	36105.42		8960.00	27145.42	每 10 股转增 4
盈余公积	4779.61	1404.63		6184.24	按 10%计提法定盈余公积及法定公益金
法定公益金	2389.81	702.31		3092.12	按 10%计提
未分配利润	14638.46	5615.09	6272.00	13981.55	本期盈利及 10 送 2 派现
货币折算差额	-1135.99	-26.50		-1162.49	汇率变动
股东权益合计	76787.50	20433.22	15232.00	81988.72	

三、股东情况介绍

1.本年度末股东总人数为 90,081 人。
2.公司前 10 名股东名单:

序号	股东名称	持股数	占总股本比例
1	中色建设集团有限公司	204800000	57.14%
2	林建德	448000	0.13%
3	普丰证券投资基金	436000	0.12%
4	余惠爱	391330	0.11%
5	绍兴兴惠纺织有限公司	373558	0.10%
6	刘桂英	353361	0.10%
7	方雪萍	278245	0.08%
8	临沂吉丰毛毯股份有限公司	273000	0.08%
9	龚明雪	246734	0.07%
10	胡梅	234500	0.07%

3.持有本公司 5%以上股份的法人股东情况:
法人股持有人:中色建设集团有限公司。
持股比例:57.14% 法定代表人:张健
经营范围:公路、铁路、桥梁、水电工程项目的承包、房地产开发与经营;供配电设备和自动化设备的研制、开发和销售,与上述业务相关的技术咨询和技术服务。

武汉中百集团股份有限公司

一、公司简介

1、公司的法定中文名称:武汉中百集团股份有限公司
公司的法定英文名称:WUHAN ZHONGBAI GROUP CO.,LTD.
2、公司法定代表人:汪爱群
3、公司董事会秘书:张锦松
联系地址:武汉市汉口江汉路 129 号武汉中百集团
联系电话:027-82777083 传真电话:027-82823568
电子信箱:WHZB@WHZB.COM
4、公司注册地址:湖北省武汉市江汉区江汉路 129 号
公司办公地址:武汉市汉口江汉路 129 号武汉中百商厦 25 楼 邮政编码:430021
公司国际互联网网址:HTTP://WWW.WHZB.COM
电子信箱:WHZB@WHZB.COM 或 WHZBGR@PUBLIC.WH.HB.CN
5、公司选定的信息披露报纸名称:《中国证券报》《证券时报》登载公司年度报告的中国证监会指定国际互联网网址: HTTP://WWW.CNINFO.COM.CN
登载公司年度报告的本公司网址: HTTP://WWW.WHZB.COM
公司年度报告备置地点:公司证券部
6、公司股票上市交易所:深圳证券交易所
股票简称:武汉中百 股票代码:0759

二、会计数据和业务数据摘要

1、本年度主要会计数据 (单位:人民币元)

利润总额	35611189.43
净利润	31251560.21
扣除非经常性损益后的净利润	29685220.55
主营业务利润	76914406.78
其他业务利润	12521020.67
营业利润	34257850.86
投资收益	- 247607.62
补贴收入	
营业外收支净额	1600946.19
经营活动产生的现金流量净额	- 50532017.81
现金及现金等价物净增加额	111504035.86

注:扣除非经常性损益项目和涉及金额:配股申购冻结资金利息形成的净利润为 1566339.66 元。

2、截止报告期末公司前三年的主要会计数据和财务指标 单位:人民币元

项目	1999 年	1998 年		1997 年	
		调整前	调整后	调整前	调整后
主营业务收入	598827802.21	489373436.65	489373436.65	427488286	427488286
净利润	31251560.21	39075804.98	30014937.17	28555047	638607.85
总资产	975020296.08	598513120.94	549194724.69	552877608	512620080
股东权益(不含少数股东权益)	510811528.93	369892064.97	320573668.72	345679459	305421931
每股收益	0.178	0.263	0.202	0.317	0.007
每股收益(按月平均加权法计算)	0.201	0.263	0.202	0.389	0.009
扣除非经常性损益后的每股收益	0.169	0.252	0.191	0.300	-0.010
每股净资产	2.91	2.49	2.16	3.84	3.39
调整后的每股净资产	2.64	2.23	1.90	3.64	3.20
每股经营活动产生的现金流量净额	- 0.288	-0.215	-0.215		
净资产收益率(%)	6.12	10.56	9.36	8.26	0.21

注:1)其中:1997 年度按总股本 90080000 股计算,1998 年度按总股本 148632000 股计算,1999 年度按总股本 175669000 股计算;
2)上述主要财务指标的计算方法如下:
每股收益=净利润/年度末普通股股份总数
每股净资产=年度末股东权益/ 年度末普通股股份总数
调整后的每股净资产=(年度末股东权益-三年以上的应收款净额-待摊费用- 待处理(流动、固定)资产净损失-开办费-长期待摊费用-住房周转金负数余额)/年度 末普通股股份总数
每股经营活动产生的现金流量净额=经营活动产生的现金流量净额/年度末普通股股份总数
净资产收益率=净利润/年度末股东权益×100%
3)以上数据和指标以公司合并会计报表数填列和计算
4)需要说明的是,由于会计政策变更,根据财政部财会字(1999)35 号文 49 号文的有关规定, 采用了追溯调整法,调整前后的以前年度会计数据如前列示。

3、报告期内股东权益变动情况

项目	股本	资本公积	盈余公积	法定公益金	未分配利润	股东权益合计
期初数	148632000	146431361	23162872	8307141.66	2347434.46	320573668.72
本期增加	27037000	149516200	9375468	3125156.02	31251560.21	217180228.27
本期减少	/	/	/	26942368.06	26942368.06	
期末数	175669000	295947561	32538340	11432297.68	6656626.61	510811528.93

1、公司在报告期内实施了配股方案, 使股本增加 27037000 元,资本公积金增加 149516200 元;
2、盈余公积增加 9375468.06 元系本年度依据分配预案按比例计算提取;
3、未分利润增加 31251560.21 元,系本年度净利润转入,减少 26942368.06 元系按分配预案分配。

三、股东情况介绍

1、截止 1999 年 12 月 31 日本公司股东总户数为 47327 户,其中国家股股东 1 户,法人 股股东 50 户,社会公众股股东 47276 户(含被锁定的董事、监事和高管人员 8 户)。

2、前十名股东的持股情况 数量单位:股

股东名称	年初持股数	年末持股数	占总股本比例(%)
武汉国有资产经营公司	29172000	30172000	17.17
武汉国兴投资咨询有限责任公司	9966000	9966000	5.67
武汉市建银房地产开发公司	3300000	3300000	1.88
长江经济联合发展股份武汉公司	2326500	2326500	1.32
湖北省纺织品进出口公司	1980000	1980000	1.13
武汉市商业银行民生路支行	1732500	1732500	0.99
中国三江航天工业集团公司	1650000	1650000	0.94
武汉华汉经济发展有限责任公司	1650000	1650000	0.94
武汉聚安物业管理有限公司	1650000	1650000	0.94
湖北金鹤实业开发公司	1650000	1650000	0.94

注:截止报告期持有本公司 5%以上股份的股东武汉国有资产经营公司和武汉国兴投资咨询有限公司所持的本公司股份未发生质押、冻结情况。

湖北车桥股份有限公司

一、公司简介

1、公司法定中文名称:湖北车桥股份有限公司
英文名称:Hubei Axle Stock Co.,Ltd
2、公司法定代表人:郭桂华先生
3、公司董事会秘书:陈林先生
电话:0716-5225925 或 013707213146 传真:0716-5228925
授权代表:吴建平先生
电话:0716-5234203 传真:0716-5228925
4、联系地址:湖北省公安县斗湖堤镇荆江大道 178 号
注册及办公地址:湖北省公安县斗湖堤镇荆江大道 178 号 邮编:434300
E-mail:hbaxle@188.net
5、公司指定信息披露报刊:《中国证券报》、《证券时报》
公司登载年度报告国际互联网址:http://www.Cninfo.com.cn
公司年报备置地点:公司董事会办公室、公司证券部
6、公司股票上市交易所:深圳证券交易所
股票简称:湖北车桥 股票代码:0760

二、会计数据和业务数据摘要

(一)本年度利润总额及构成 (单位:元)

利润总额:	26,457,270.94
净利润:	22,479,789.09
扣除非经常性损益后的净利润:	12,197,188.22
主营业务利润:	50,795,864.64
其它业务利润:	7,840,055.93
营业利润:	11,178,767.98
投资收益:	10,282,600.87
补贴收入:	0
经营活动产生的现金流量净额:	-5,049,461.42
现金及现金等价物净增加额:	89,437,132.93

(二)截止报告期末公司前三年主要会计数据和财务指标

指标项目	1999 年	1998 年		1997 年	
单位:元	调整后	调整前	调整后	调整前	调整后
主营业务收入	220737161	300755200	300755200	293242315	293242315.69
净利润	22479789	30238729	25924718	50577608	34107767.19
总资产	517258251	491336884	469361078	390114943	370738660.29
股东权益	355099022	207680885	186897033	189710349	173240508.53
每股收益	0.21	0.312	0.267	0.52	0.352
加权平均每股收益	0.218	0.312	0.267	—	—
扣除非经常性损益后的每股收益	0.11	0.312	0.267	0.52	0.352
每股净资产	3.248	2.145	1.93	1.96	1.79
调整后每股净资产	3.158	1.985	1.918	1.82	1.73
每股经营活动产生的现金流量净额	-0.05	0.199	—	—	—
净资产收益率	6.33	14.56	13.87	26.67	19.69

注:(1)主要财务指标计算方法
每股收益=净利润/年度末普通股股份总数
每股净资产=年度末股东权益/ 年度末普通股股份总数
调整后每股净资产=[年度末股东权益-三年以上的应收款项净额-待摊费用-待处理 (流动、固定)资产净损失-开办费-长期待摊费用-住房周转金负数余额]/年度末普通股股份总数
净资产收益率=净利润/年度末股东权益×100%
每股经营活动产生的现金流量净额=经营活动产生的现金流量净额/年度末普通股股份总数
(2)以上数以公司合并会计报表数据填列
(3)据财政部财会字(1999)35 号文的有关规定,公司对前三年会计数据和财务 指标进行了追溯调整,并分别以调整前和调整后进行列示。

(三)报告期内股东权益变动情况及其原因(单位:元)

项目	期初数	本期增减	期末数
股本	96,840,000.00	12,482,300.00	109,322,300.00
资本公积	45,824,071.25	133,239,900.08	179,063,971.33
盈余公积	30,781,824.57	4,495,957.82	35,277,782.39
法定公益金	6,350,725.09	1,123,989.45	7,474,714.54
未分配利润	13,451,137.28	17,983,831.27	31,434,968.55
股东权益合计	186,897,033.10	168,201,989.17	355,094,022.27

注:1、股本增加是由于实施配股所致;
2、资本公积增加是由于配股所致;
3、盈余公积金及公益金增加系公司本年度实现净利润计提所致;
4、未分配利润变动是由于 1999 年 6 月实施派发红利和本年度利润增加及因计提四项准备调整年初利润所致。

三、股本变动及股东情况

(一)股东情况介绍:
1、截止 1999 年 12 月 31 日,公司股东总户数为 6832 户,其中:国家股东 2 户,法人股东 6 户,社会公众股东 6824 户。
2、截止 1999 年 12 月 31 日,公司前十名股东持股情况:

名次	股东名称	本期末持股数(股)	占总股本(%)
1	湖北华通车桥集团有限公司	39,491,300	36.12
2	湖北省公安县经济开发投资公司	10,947,600	10.01
3	威海经济技术开发区中达实业发展	5,038,093	4.6
4	北京国海物业管理有限责任公司	4,596,551	4.2
5	北京大澎北方物业管理集团	3,945,943	3.6
6	深圳润唐投资有限公司	3,505,969	3.2
7	大鹏证券上海蒲汇塘路证券营业部	3,172,342	2.9
8	中国铁路物资武汉公司	2,800,000	2.56
9	公安县振华物贸有限责任公司	2,162,200	1.978
10	大鹏证券有限公司	2,040,612	1.867

说明:公司第一大股东国家股股份原持有者为公安县国有资产管理局。变更为湖北华通车桥集团有限公司,股权性质仍为国家股。

本钢板材股份有限公司

一、公司简介

1、公司法定中文名称:本钢板材股份有限公司
公司英文名称:BENGANG STEEL PLATES CO.,LTD.
2、公司法定代表人:张营富
3、公司授权代表:孙忠政
联系地址:辽宁省本溪市平山区人民路 16 号
电话:0414-7827344 7828734 7827004 传真:0414-7827004 7828009
4、公司注册地址、办公地址:
辽宁省本溪市平山区人民路 16 号 邮政编码:117000
电子信箱:bgbctwg@mail.bxptt.ln.cn
5、公司选定的信息披露报纸:《中国证券报》、《证券时报》、《香港商报》。
登载公司年报的国际互联网网址:http://www.cninfo.com.cn
公司年度报告备置地点:辽宁省本溪市平山区人民路 16 号公司证券部
6、公司股票上市交易地点:深圳证券交易所
B 股股票简称:本钢板 B 股票代码:2761 A 股股票简称:本钢板材 股票代码:0761

二、会计数据和业务数据摘要

1、1999 年度主要会计数据 单位:人民币元

利润总额	391,368,655
净利润	332,663,357
扣除非经常性损益的净利润	332,663,357
主营业务利润	463,343,093
营业利润	392,292,744
营业外收支净额	-924,089
经营活动产生的现金流量净额	516,816,941
现金及现金等价物净增加额	86,488,467

2、截止本年度末公司前三年的主要会计数据和财务指标

指标名称	1999 年	1998 年	1997 年
主营业务收入(元)	5,578,168,459	4,720,721,130	4,452,514,014
净利润(元)	332,663,357	297,564,768	381,312,773
总资产(元)	4,380,644,000	3,862,583,844	3,442,292,536
股东权益(元)	3,293,257,382	2,960,594,025	2,920,306,090
每股收益(元/股)	0.2928	0.2619	0.3357
每股净资产(元/股)	2.8990	2.6062	2.5707
调整后的每股净资产(元/股)	2.8791	2.5896	2.5572
每股经营活动产生的现金流量净额	0.45	0.30	/
净资产收益率(%)	10.10	10.05	13.06

注:主要财务指标的计算方法:
每股收益=净利润/年度末普通股股份总数
每股净资产=年度末股东权益/年度末普通股股份总数
每股经营活动产生的现金流量净额=经营活动产生的现金流量净额/年度末普通股股份总数
净资产收益率=净利润/年度末股东权益 *100%
调整后的每股净资产=(年度末股东权益-三年以上的应收款项净额-待摊费用-待处理 (流动、固定)资产净损失-开办费-长期待摊费用-住房周转金负数余额)/年度末普通股股份总数
截止一九九九年十二月三十一日,根据中国会计准则和国际会计准则所计算的税 后利润没有差异。

3、报告期内股东权益变动情况 单位:人民币元

项目	股本	资本公积	盈余公积	法定公益金	未分配利润	股东权益合计
期初数	1136000000	1403670719	67887754	33,943,877	319,091,675	2960594,025
本期增加			33,266336	16,633,16	282,763,853	332663,357
本期减少						
期末数	1136000000	1403670719	101154090	50,577,045	601,855,528	3293257382
变动原因			按净利润 10% 计提增加	按净利润 5% 计提增加		

三、股东情况介绍

1、股东数量截止 1999 年 12 月 30 日,公司股东总数为 67588 户,其中国有法人股东 1 户,B 股股东 7432 户,A 股股东 60155 户。
2、公司前十名股东名单

股东名称	年末持股数	占总股本%
本溪钢铁(集团)有限责任公司(国有法人股)	616,000,000	54.23
FI-CIBLUXS/A THS BATTERYMARCH GEM FUNP	7,500,000	0.66
SSBT/THE CHINA FUND-UHI UHOI	7,309,600	0.64
CHINA INTL MARINE CONTAINERS (HONG KONG) LTD	6868,701	0.60
LAU YAM HOI 刘歆海	5,033,000	0.44
BIAL/HSBC GLOBAL INVESTMENT FUNDS CHINESE EQUITY	4999996	0.44
NG CHUN WAH 吴俊华	4,750, 000	0.42
张智成	4,750,000	0.42
LI,PING 李萍	4,561,100	0.40
CHINA PINGAN INSURANCE(HK)CO.LTD 中国平保(香港)	3,000,000	0.26

说明:(1)持股 5%以上的股东所持股份报告期内没有发生变化,年末其所持股份也没有 发生质押或冻结的情况,前十大股东之间无关联关系
(2)本溪钢铁(集团)有限责任公司是本公司持股 10%以上的法人股东,其法定代表人为张营富,经营范围是:钢铁冶炼、矿山开采、板材轧制、制氧、制管、发电、煤化工、特钢型材、供暖、水电风气供应、金属加工、机电修造、设备制造、建筑安装、铁路、公路运输、进出口贸易、旅游、建筑材料、耐火材料、计器仪表、物资供销、房地产开发、科研、设计、信息服务等。

四、董事会报告

公司经营情况
1、公司所处的行业及在行业中的地位
本公司主营业务为钢铁冶炼、板材轧制及其相关产品的销售业务,按销售额已成 为国内重要的热轧板材生产基地。国内市场占有率为 15.82%。(资料来源:国家冶金 局冶金经济发展研究中心)
2、公司主营业务的范围及其经营情况
(1)公司主营业务的范围为钢铁冶炼、板材轧制及销售。
(2)按地区销售收入构成情况:东北占 45.18%,华北占 28.19%,华东占 19.37%,华南占 6.53%,其他占 0.73%。

西藏矿业发展股份有限公司

一、公司简介

(一) 公司法定中文名称:西藏矿业发展股份有限公司
公司法定英文名称:Tibet Mineral Development Co.,LTD　　缩写:TMD
(二) 公司法定代表人:肖永恩
(三)公司董事会秘书:刘晓江
联系地址:西藏拉萨市扎基路 14 号
电话:(0891)6324952　　传真:(0891)6336738
(四) 公司注册地址、办公地址、邮政编码,公司电子信箱。
公司注册地址:西藏自治区拉萨市扎基路 14 号
公司办公地址:西藏自治区拉萨市扎基路 14 号　　邮政编码:850000
公司电子信箱:XZKYXX@mail.sc.cninfo.net
(五)公司选定的信息披露报纸名称:《中国证券报》、《证券时报》
登载公司年度报告的中国证监会指定国际互联网网址:http://www.cninfo.com.cn
公司年度报告备置地点:公司董事会秘书处
(六) 公司股票上市交易所、股票简称和股票代码。
公司股票上市交易所:深圳证券交易所
股票简称:西藏矿业　　股票代码:0762

二、会计数据和业务数据摘要

(一)公司本年度主要会计数据　　(单位:元)

利润总额	30,784,982.86
净利润	26,350,125.45
扣除非经常性损益后的净利润	17,650,720.71
主营业务利润	53,838,939.65
其他业务利润	223,765.54
营业利润	22,049,975.65
投资收益	35,602.46
补贴收入	8,564,144.97
营业外收支净额	135,259.77
经营活动产生的现金流量净额	−3,884,958.70
现金及现金等价物净增加额	2,481,245.54

注:扣减非经常性损益内容及金额

(1) 补贴收入	8,564,144.97
(2) 营业外收支净额	135,259.77

(二)主要会计数据和财务指标(单位:元)

项目	1999 年	1998 年(调整前)	1998 年(调整后)	1997 年(调整前)	1997 年(调整后)
主营业务收入	142075243.13	195125953.04	195125953.04	124749761.27	124749761.27
净利润	26350125.45	41360219.64	34838358.93	36625950.17	31033191.92
总资产	654295151.86	547249288.51	534572118.59	428473631.50	422880873.25
股东权益	409992905.85	405040652.45	392926033.49	363680432.81	358087674.56
每股收益(元/股)	0.1400	0.4176	0.3517	0.3698	0.3133
扣除非经常性损益后的每股收益	0.0938	0.4134	0.3475	0.367	0.3109
每股净资产	2.1786	4.0893	3.9669	3.6717	3.6152
调整后的每股净资产	2.1786	3.9935	3.9669	3.5854	3.6152
每股经营活动产生的现金流量净额	−0.0206	−0.1496			
净资产收益率(%)	6.43	10.21	8.87	10.07	8.67

注:主要财务指标计算公式如下:
每股收益 = 净利润/报告期末普通股股份总数
每股净资产 = 年度末股东权益/年度末普通股股份总数
调整后每股净资产 =(年度末股东权益 − 三年以上的应收款项净额 − 待摊费用 −待处理(流动、固定)资产净损失−开办费−长期待摊费用−住房周转金负数余额)/年度末普通股份总数
每股经营活动产生的现金流量净额=经营活动产生的现金流量净额/年度末普通股股份总数
净资产收益率 = 净利润/年度末股东权益×100%

(三)报告期内股东权益变动情况(单位:股/元)

项目	股本	资本公积	盈余公积	法定公益金	未分配利润	股东权益合计
期初数	99050000	228004482	13174310	6587155	52697240	392926033
本期增加	89145000	3061946	5270025	2635012	26350125	123827097
本期减少	--	39620000	--	--	67140225	106760225
期末数	188195000	191446429	18444335	9222167	11907141	409992905

变动原因:
1、股本增加是由于根据公司 1998 年度股东大会决议,以 1998 年末总股本为基数, 按 10:4 的比例向全体股东以资本公积转增股本,按 10:5 的比例派送股票股利。
2、资本公积金增加是提本公司 1999 年度以实物作为出资,实物资产公允价值超出帐面价值的部分; 减少是由于以 1998 年末总股本为基数,按 10:4 的比例转增股本所致。
3、盈余公积的增加是由于按规定提取法定盈余公积金。
4、法定公益金的增加是由于按规定提取法定公益金。
5、未分配利润的增加主要由于公司经营活动过程中的利润增加。
6、股东权益的增加主要由于经营过程中正常增加的未分配利润和按规定提取的 法定盈余公积和法定公益金。

三、股东情况介绍

1、截止 1999 年 12 月 30 日,公司股东总数为 27166 户。
2、报告期末公司前十名股东持股情况(截止 1999 年 12 月 30 日)

序号	股东名称	持股数(股)	所占比例(%)
1	西藏矿业发展总公司	78622000	41.78
2	四川都江堰海棠电冶厂	16473000	8.75
3	西藏藏华工贸有限公司	12673000	6.73
4	西藏山南地区铬铁矿	7600000	4.04
5	西藏山南泽当供电局	6327000	3.36
6	王　君	471933	0.25
7	林昌坤	366100	0.19
8	熊小兰	350450	0.186
9	颜建平	346723	0.184
10	王小明	336530	0.179

锦州石化股份有限公司

一、公司简介

1、公司法定中文名称:锦州石化股份有限公司
公司法定英文名称:JINZHOU PETROCHEMICAL CO.,LTD.
英文缩写:JZPC
2、公司法定代表人:吕文君
3、公司董事会秘书:盖文国
授权代表:陈建军
联系地址:辽宁省锦州市古塔区重庆路 2 号
电话:0416−4159024
传真:0416−4159024
电子信箱:gaiwg@public.jzpc.com.cn
4、公司注册地址:辽宁省锦州市古塔区重庆路 2 号
公司办公地址:辽宁省锦州市古塔区重庆路 2 号
邮政编码:121001
公司国际互联网网址:http://www.jzpc.com.cn
电子信箱:jzpcmaster@public.jzpc.com.cn
5、公司选定的信息披露报纸:《中国证券报》、《证券时报》
中国证监会指定国际互联网网址:http://www.cninfo.com.cn
公司年度报告备置地点:锦州石化股份有限公司证券部
6、公司股票上市交易所:深圳证券交易所
股票简称:锦州石化　　股票代码:0763

二、会计数据和业务数据摘要

1、本年度主要会计数据和业务数据　　(单位:元)

利润总额:	8,079,778.02
净利润:	5,079,607.73
扣除非经营性损益后的净利润:	−5,920,392.27
主营业务利润:	194,972,773.28
其它业务利润:	−3,245,571.50
营业利润:	−572,025.38
补贴收入:	11,000,000.00
营业外收支净额:	2,348,196.6
经营活动产生的现金流量净额:	11,155,221.86
现金及现金等价物增加额:	74,149,421.28

* 备注:非经常性损益项目及金额(单位:元)
补贴收入:出口汽油中国石油天然气集团公司补贴 11,000,000.00 元
2、前三年主要会计数据和财务指标

项目	1999 年	1998 年 调整后	1998 年 调整前	1997 年 调整后	1997 年 调整前
主营业务收入	5312287562.71	4706572210.19	4706572210.19	4422396703.02	4422396703.02
净利润	5079607.73	99321188.82	151223188.76	126640510.96	181067552.36
总资产	2348445158.27	2268836137.64	2375165178.98	2823043784.98	2877470826.38
股东权益(不含少数股东权益)	1522239580.93	1251659973.20	1357989014.54	1298239617.51	1352666658.91
每股收益	0.006	0.138	0.210	0.211	0.302
每股收益(按月平均加权法计算)	0.007	0.148	0.226	0.211	0.302
每股净资产	1.933	1.738	1.886	2.163	2.254
调整后每股净资产	1.847	1.648	1.796	2.141	2.232
每股经营活动产生的现金流量净额	0.014	0.437	0.437		
净资产收益率%	0.3337	7.935	11.136	9.75	13.390

注:(1)上述财务指标的计算公式如下:
每股收益=净利润/年度末普通股股份总数
每股净资产=年度末股东权益/ 年度末普通股股份总数
调整后的每股净资产=(年度末股东权益−三年以上的应收款项−待摊费用−待处理(流动、固定)资产净损失−开办费−长期待摊费)/年度末普通股股份总数
加权平均的净资产收益率=净利润/ (年初股东权益+年末股东权益)/2×100%
每股经营活动产生的现金流量净额=经营活动产生的现金流量净额/年度末普通股股份总数
净资产收益率=净利润/年度末股东权益×100%
3、报告期内股东权益变动情况及变化原因(单位:万元)

项　目	股本	资本公积	盈余公积	法定公益金	未分配利润	股东权益合计
期初数	72000	56029	1772	886	−5522	125166
本期增加	6750	19800	51	25	508	26251
本期减少					76	76
期末数	78750	75829	1823	911	−5090	152224

变动原因:本年股本增加数是经中国证监会批准,于 8 月份实施配股收到的股本。
资本公积增加是经中国证监会批准,于 8 月份实施配股产生的股本溢价。
盈余公积、法定公益金变动是本年利润提取数额。
未分配利润的变动是由于本年度利润增加和计提四项准备调整年初数。

三、股本情况介绍

(1)截止 1999 年 12 月 31 日,公司股东总数为 73666 户,其中:国有法人股东 1 户。
(2)公司前十名股东持股情况:(截止 1999 年 6 月 30 日)

序号	股东名称	持股数量	占总股本比例(%)
1	中国石油天然气股份有限公司	637500000	80.95%
2	张　胜	606696	0.077%
3	王卓歆	499809	0.063%
4	张　森	450000	0.057%
5	杜逸群	380300	0.048%
6	刘　红	340800	0.043%
7	许荣翰	323100	0.041%
8	张麦荣	310000	0.039%
9	陈湘勤	259500	0.033%
10	邝建荣	200050	0.025%

武汉市六渡桥百货集团股份有限公司

(一) 公司简介

1、公司法定中文名称:武汉市六渡桥百货集团股份有限公司
公司法定英文名称:WUHAN LIUDUQIAO STORES GROUP CO. LTD
中文缩写:六百集团
2、公司法定代表人:赵从钊
3、公司董事会秘书:董全元
联系地址:武汉市中山大道779-805号桥西商厦九楼
电话:027-85641122 传真:027-85683507
4、公司注册地址:武汉市中山大道779-805号
公司办公地址:武汉市中山大道779-805号 邮政编码:430021
5、公司选定的信息披露报纸名称:《中国证券报》、《证券时报》
登载公司年度报告的中国证监会指定国际互联网网址:
Http://www. cninfo. com.cn
公司年度报告备置地点:公司证券部
6、公司股票上市交易所:深圳证券交易所
股票简称:六渡桥 股票代码:0765

(二) 会计数据和业务数据摘要

1、主要利润指标情况 (单位:人民币元)

利润总额	54712929.68
净利润	43217406.71
扣除非经常性损益后的净利润	40162503.28
主营业务利润	70256713.09
其他业务利润	21513892.46
营业利润	48327369.98
投资收益	962118.50
补贴收入	
营业外收支净额	5423441.20
经营活动产生的现金流量净额	48780099.12
现金及现金等价物净增加额	-392398.81

注:扣除的非经常损益项目和涉及金额:

罚没支出	24092.66
处理固定资产净损失	342149.14
社会事业发展费	276984.63
捐赠支出	2411677.00
合 计	3054903.43

2、截止报告期末公司前三年主要会计数据和财务指标 单位:人民币

项 目	1999.12.31	1998.12.31		1997.12.31	
		调整前	调整后	调整前	调整后
主营业务收入	272389394.96	328652405.70	405975537.58	436653939.50	436653939.50
净利润	43217406.71	28192903.91	16724805.27	14776892.63	11396410.14
总资产	505740470.50	445050971.05	570291363.36	429779693.70	422259878.22
股东(不含少数股东权益)	181584308.94	157354796.35	138366902.23	129161892.44	121642096.96
每股收益	0.44	0.40	0.24	0.30	0.23
加权每股收益	0.44	0.40	0.24	0.30	0.23
每股净资产	1.85	2.25	1.98	2.58	2.43
调整后的每股净资产	1.42	1.87	1.74	2.18	2.16
每股经营活动产生的现金流量净额	0.50	0.04	0.04		
资产收益率(%)	23.80	17.92	12.08	11.44	9.37
扣除非经常性损益后的每股收益	0.41				

注:(1)主要财务指标计算方法
每股收益=净利润/年度末普通股股份总数
每股净资产=年度末股东权益/年度末普通股股份总数
调整后的每股净资产=年度末股东权益-三年以上的应收款项净额-待摊费用-待处理(流动、固定)资产净损失-开办费-长期待摊费用-住房周转金负数余额)/年度末普 通股股份总数
每股经营活动产生的现金流量净额=经营活动产生的现金流量净额/年度末普通股股份总数
净资产收益率=净利润/年度末股东权益×100%
2)以上数据和指标以公司合并会计报表数填列和计算;
3)需要说明的是,由于会计政策变更,根据财政部财会定(1999)35号文、49号文的有关规定,采用了追溯调整法,调整前后的以前年度会计数据如前列示。

3、报告期内股东权益变动情况

项目	股本	资本公积	盈余公积	法定公益金	未分配利润	股东权益合计
期初数	70028000	21483363.67	18828023.45	8927192.87	28027515.11	138366902.23
本期增加	28011200	8643481.34	4321740.67	43217406.71		56182628.72
本期减少					36654681.34	12965222.01
期末数	98039200	21483363.67	27471504.79	13248933.54	34590240.48	181584308.94

变动原因:1、年度内股本增加28011200股是因为每10股送4股所致;
2、盈余公积金增加系按净利润各提取10%的法定公积金和公益金;
3、法定公益金增加系按净利润提取10%的法定公益金;
4、未分配利润增加系本年净利润转笔试,减少系提取法定公积金、公益金及转作股本的普通股股利所致。

(三) 股本变动及股东情况

1、报告期末公司股东总数为3742户。
2、公司前10名股东持股情况。

股东名称	年初持股数(股)	年末持股数(股)	占总股本比例(%)
武汉华中信息技术集团有限公司	26684000	37357600	38.10
中国工商银行武汉信托投资公司	2100000	2940000	3.00
武汉市江汉区房地产公司	2100000	2940000	3.00
武汉市城市信用合作联合社	2100000	2940000	3.00
武汉市保险公司江汉支公司	1750000	2450000	2.50
深圳丰华电子有限公司	1400000	1960000	2.00
三亚亚龙湾开发股份有限公司	1400000	1960000	2.00
江汉区贺家墩村	1400000	1960000	2.00
杭州一洲电器有限公司	1400000	1960000	2.00
武汉市第二建筑工程公司	1190000	1666000	1.70

通化金马药业股份有限公司

一、公司简介

1、公司法定中文名称:通化金马药业股份有限公司
公司法定英文名称:TONGHUA GOLDHORSE MEDICINE CO.,LTD.JILIN,CHINA
2、公司法定代表人:张守斌
3、公司董事会秘书:邓金昌 公司授权代表:王亚男
联系地址:吉林省通化市东昌区江南路100-1号 传真电话:0435-3246511
4、公司注册及办公地址:吉林省通化市东昌区江南路100-1号 邮政编码:134001
5、公司选定的信息披露报纸:
中国证券报、证券时报
登载公司年度报告的中国证监会指定国际互联网网址: http://www.cninfo,com,cn
公司年度报告备置地点:公司证券部
6、公司股票上市交易所:深圳证券交易所
股票简称:通化金马 股票代码:0766

二、会计数据和业务数据摘要

1、本年度主要会计数据(合并报表)

利润总额:	115,446,662.12
净 利 润:	81,346,295.21
扣除非经常性损益后的净利润:	60,073,805.10
主营业务利润:	178,047,026.23
其他业务利润:	1,128,389.78
营 业 利 润:	93,988,282.97
投 资 收 益:	-71,132.50
补 贴 收 入:	21,375,352.61
营业外收支净额:	154,159.04
经营活动产生的现金流量净额:	-80,618,354.90
现金及现金等价物净增加额:	215,915,286.36

扣除非经常性损益项目
(1) 补贴收入项目

国家级新产品所得税返还收入	2,704,590.33
国家级新产品、增值税返还收入	669,574.65
财政返还所得税18%收入	18,001,187.63

(2)股权投资差额项目

合并价差摊销	102,862.50

2、 截止报告期末公司前三年主要会计数据和财务指标

项 目	1999年	1998年		1997年	
		调 整 前	调 整 后	调整前	调 整 后
主营业务收入(元)	284909562	270986777	270986777	241070629	241070629
净利润(元)	81346295	83310421	65684433	95484015	69612590
总资产(元)	1333152592	923397748	870829347	778316280	744071960
股东权益(元)	1024024763	667514707	616271294	584204285	550586860
每股收益(摊薄)	0.271	0.329	0.260	0.378	0.276
每股收益(加权)	0.317	0.329	0.260	0.411	0.299
扣除非经营性损益后的每股收益(元)	0.20	0.261	0.191	0.373	0.241
每股净资产(元)	3.42	2.64	2.44	2.31	2.18
调整后的每股净资产(元)	3.28	2.50	2.30	2.27	2.14
净资产收益率%	7.94	12.48	10.65	16.34	12.64
净资产收益率(加权)	9.91	13.31	11.26	24.62	18.76
每股经营活动产生的现金流量净额(元)	-0.269	-0.249	-0.249		

注:主要财务指标计算公式
每股收益=净利润/年度末普通股股份总数
每股净资产=年度末股东权益/年度末普通股股份总数
调整后的每股净资产=[年度末股东权益-三年以上的应收款项净额-待摊费用-待 处理(流动、固定)资产净损失-开办费-长期待摊费用-住房周转金负数余额]/年度末 普通股股份总数
每股经营活动产生的现金流量净额=经营活动产生的现金流量净额/年度末普通股股份总额
净资产收益率=净利润/年度末股东权益×100%

3、报告期内股东权益变动情况

项目	股 本	资本公积	盈余公积	法定公益金	未分配利润	股东权益合计
期 初 数	252560000	188728601	31278872	15645483	128058335	616271293
本期增加	46784184	260363846	12676776	6341644	81346295	407512746
本期减少					16129549	16129549
期 末 数	299344184	449092448	43955649	21987128	209645353	1024024763

1 变动原因:股本增加系报告期实施配股;资本公积金增加系配股溢价收入;盈余公积金、公益金增加系本年度提取;未分配利润增加系本年度实现净利润, 减少系利润分配。

2.未分配利润栏项,根据吉林省人民政府吉政发[1996]第26号文精神,对于国家级新产品在三年内的所得税和增值税地方部份全部返还企业,而调整以前年度应返还的 税收优惠部份,调整年初未分配利润16,370,272.44元致使本栏项内勾稽关系不成立。

三、股东情况介绍

1、报告期末股东总数70452户。
2、持有本公司5%以上(含5%)股份的股东

股 东 名 称	年初持股数量	增减变动	年末持股数量	持股比例%
1 通化市二道江区国有资产经营公司(国家持股单位)	37435200	1684584	39119784	13.07
2 通化市特产集团总公司	28080000	1263600	29343600	9.80
3 通化市金鑫纸制品厂	21003600		21003600	7.01
4 通化市三利化工有限公司	16234800		16234800	5.42
5 吉林省证券有限责任公司			6209320	2.07
6 通化市中兴建筑安装主工程公司	2304000		2304000	0.76
7 通化市石油工具厂	1382400		1382400	0.46
8 泰和证券投资基金			1300000	0.43
9 长春百货大楼集团股份有限公司广告分公司			1211749	0.40
10 陈锡武			1086754	0.36

说 明:(1)前10名股东1、2、3、4、6、7、名为国有及法人股东,之间不存在关联关系,5、8、9、10名为流通股股东。

山西漳泽电力股份有限公司

一、公司简介

1、公司中文名称:山西漳泽电力股份有限公司
公司英文名称:SHANXI ZHANGZE ELECTRIC POWER CO.,LTD.
2、公司法定代表人:王光华
3、公司董事会秘书:王正华
授权代表:公司财务证券部经理:王一峰
联系地址:山西省太原市西羊市街15号
电　　话:0351—4012683、4012696　　传真:0351—4069879
4、公司注册地址:山西省太原市西羊市街15号
公司办公地址:山西省太原市西羊市街15号　　邮政编码:030002
公司电子信箱:zzdl@ public.cz.sx.cn
5、公司选定信息披露报纸名称:《证券时报》、《中国证券报》。
登载公司年度报告的国际互联网网址:http://www.cninfo.com.cn.
公司年度报告备置地点:公司财务证券部
6、公司股票上市交易所:深圳证券交易所
股票简称:漳泽电力　　股票代码:0767

二、会计数据和业务数据摘要

1、公司本年度主要会计数据:　　金额单位:元

利润总额:	239,405,033.30
净　利　润:	178,737,087.55
扣除非经常性损益后的净利润:	178,734,937.91
主营业务利润:	286,199,973.24
其它业务利润:	200,647.01
营业利润:	242,919,381.20
投资收益:	
补贴收入:	
营业外收支净额:	3,514,347.90
经营活动产生的现金流量净额:	336,528,338.64
现金及现金等价物净增加额:	99,360,599.98

2、报告期末公司前三年的主要会计数据和财务指标:　　金额单位:元

	1999年	1998年		1997年	
		调整前	调整后	调整前	调整后
主营业务收入:	895372976.17	859688414.75	859688414.75	928471743.98	928471743
净利润:	178737087.55	124257731.97	123650319.58	119165775.12	118297348
总资产:	1197961182.12	1234797372.81	1234189960.42	1242431508.99	1241563082
股东权益:	756613692.80	795112444.01	794505031.62	670854712.04	669986285
每股收益:	0.51	0.36	0.36	0.41	0.41
加权计算的每股收益:	0.51	0.40	0.39	0.53	0.53
扣除非经常性损益后的每股收益:	0.51	0.36	0.36	0.53	0.53
报告期末至摘要披露日股本变化后的每股收益:	0.41				
每股净资产:	2.17	2.29	2.28	2.31	2.31
调整后的每股净资产:	2.16	2.28	2.27	2.31	2.31
每股经营活动产生的现金流量净额:	0.97	0.83	0.83	0.98	0.98
净资产收益率:	23.62	15.63	15.56	17.76	17.66

注:各年调整后的数据是公司因会计政策、会计估计变更追溯调整后的会计数据 。

3、报告期内股东权益变动情况及变化原因:

项目	股　本	资本公积	盈余公积	法定公益金	未分配利润	股东权益合计
期初数	348000000	232098101.66	64161526.62	21387175.55	149376976	793636605.25
本期增加		26810563		8936854.38	151926524.41	178737087.55
本期减少					215760000.00	
期末数	348000000	232098101.66	90972089.76	30324029.93	85543501	756613692.80
变动原因			提取本年度法定盈余公积	提取本年度法定公益金	本年度实现的净利润和分配未分配利润	

三、股东情况介绍

1、截止1999年12月31日,公司股东户数50560户
2、公司前十名股东持股情况:

股东名称	持股数量(股)	占总股本比例(%)
山西省电力公司	143,640,000	41.27
山西省地方电力公司	108,360,000	31.14
杭州五环大厦	3,130,419	0.90
王秋群	1,600,000	0.46
胡建平	1,512,110	0.43
高存班	1,133,130	0.33
叶永友	967,029	0.28
泰和证券投资基金	749,941	0.22
苏士辉	744,700	0.21
龙　彬	710,000	0.20

持有公司5%以上的公司法人股东山西省电力公司、山西省地方电力公司,所持股份尚未上市流通,年度内无质押或冻结情况。

前10名股东不存在关联关系。

四、　董事会报告

公司经营情况:

1、1999年末,公司总装机容量1040MW,属于大型坑口火力发电企业,装机容量是山西省内总装机容量的十分之一,发电量占山西省发电总量的15%。是山西电网和华北 电网发电企业中的主力企业之一。

2、公司主营业务的范围及其经营状况:

(1)、公司主营业务是电力产品生产。1999年完成发电量6054620千千瓦时,向电 网销售电量5537028千千瓦时。全年主营业务收入累计实现895,372,976.17元,主营业务利润实现286,199,973.24元。

西安飞机国际航空制造股份有限公司

一、公司简介

中文名称:西安飞机国际航空制造股份有限公司
英文名称:XI'AN AIRCRAFT INTERNATIONAL CORPORATION　　缩写:XAIC
公司法定代表人:杨　忠
公司董事会秘书及其授权代表:董事会秘书郝占富、授权代表姜忠亮
联系地址:西安市阎良区红安路一号西飞国际
电话:(029)6846638　6846976　6846021　　传真:(029)6846031
电子信箱:xaic@public.xa.sn.cn
公司注册地址:西安市高新技术产业开发区高新路国税大厦六楼　　邮政编码:710075
公司办公地址:西安市阎良区红安路一号　　邮政编码:710089
公司电子信箱:xaic@public.xa.sn.cn
公司选定的信息披露报纸:《中国证券报》、《证券时报》
刊登公司年度报告的中国证监会指定国际互联网网址:http://www.cninfo.com.cn
公司年度报告备置地点:
西安市高新技术产业开发区高新路国税大厦六楼
西安市阎良区红安路一号西飞国际证券办公室
深圳证券交易所
西安证券公司阎良营业部
公司股票上市交易所:深圳证券交易所
股票简称:西飞国际　　股票代码:0768

二、会计数据和业务数据摘要

(一)本公司九九年度主要会计数据　　单位:元

1.利润总额:	57,026,452.52
其中:主营业务利润:	103,692,738.58
其他业务利润:	-712,834.97
营业利润:	53,356,126.97
投资收益:	4,231,703.24
补贴收入:	-.-
营业外收支净额:	-561,377.69
2.净利润:	46,400,780.13
扣除非经常性损益后的净利润:	46,962,157.82
3.经营活动产生的现金流量净额:	52,734,184.29
现金及现金等价物净增加额:	66,440,487.64

注:扣除非经常性损益-561,377.69,其中资产处置损失788,697.69,违约金罚款收入227,320。

(二)本公司截止报告期末前三年的主要会计数据和财务指标

1.追溯调整后　　单位:元

项目 /年度	1999年	1998年	1997年
主营业务收入	581,012,797.56	425,178,099.90	392,652,744.33
净利润	46,400,780.13	79,140,947.10	61,037,853.89
总资产	1,838,038,447.25	936,654,215.11	856,572,955.07
股东权益(不含少数股东权益)	1,167,560,550.84	631,729,770.71	552,588,823.61
每股收益(元/股)	0.14	0.47	0.36
每股收益(按月平均加权法计算)	0.16	0.47	0.36
每股净资产(元/股)	3.52	3.72	3.25
调整后的每股净资产(元)	3.51	3.71	3.24
每股经营活动产生的现金流量净额	0.16	0.56	
净资产收益率%	3.97	12.53	11.05
扣除非经常性损益后的每股收益(元/股)	0.14	0.44	0.31

2. 追溯调整前　　单位:元

项目 /年度	1998年	1997年
主营业务收入	425,178,099.90	392,652,744.33
净利润	78,905,030.27	64,188,425.62
总资产	939,923,702.34	860,485,875.78
股东权益(不含少数股东权益)	634,644,425.61	555,739,395.34
每股收益(元/股)	0.46	0.38
每股净资产(元/股)	3.73	3.27
调整后的每股净资产(元)	3.72	3.26
每股经营活动产生的现金流量净额	0.56	/
净资产收益率%	12.43	11.55
扣除非经常性损益后的每股收益(元/股)	0.43	0.33

3.报告期内股东权益变动情况　　单位:元

项　目	期初数	本期增加	本期减少	期末数
股　本	170,000,000	161,500,000		331,500,000
资本公积	321,550,969.72	504,730,000	110,500,000	715,780,969.72
盈余公积	47,252,271.03	11,600,195.03		58,852,466.06
其中:公益金	7,008,940.04	2,320,039.01		9,328,979.05
未分配利润	92,926,529.96	46,400,780.13	77,900,195.03	61,427,115.06
合　计	631,729,770.71	724,230,975.16	188,400,195.03	1167,560,550.84

变动原因说明:(1) 股本本期增加是由于本期配股和中期资本公积转增股本所致;
(2) 资本公积本期增加是由于本期配股溢价,本期减少是由于中期转增股本;
(3)未分配利润本期增加是由于本年度净利润转入,本期减少是由于中期实施 了利润分配。

三、股东情况介绍

(一)报告期末股东总数:12,570人
(二)前十名股东的持股情况

序号	股东名称	期初股数	期末股数	持股比例(%)
1	西安飞机工业(集团)有限责任公司	110,000,000	214,500,000	64.71
2	开元基金		19,266,357	5.81
3	天元证券投资基金		6,280,748	1.89
4	长城证券有限责任公司		1,649,501	0.50
5	泰和证券投资基金		1,513,009	0.46
6	刘艳彩		1,240,061	0.37
7	长城证券有限责任公司		1,060,000	0.32
8	谢九娣		1,043,902	0.31
9	于锡明		1,022,835	0.31
10	孙金刚		1,015,800	0.31

大连盛道集团股份有限公司

一、公司简介

公司中文名称:大连盛道集团股份有限公司
公司英文名称:DALIAN SHENGDAO GROUP CO., LTD.
公司英文名称缩写:DLSD
公司法定代表人:刘丽春
公司董事会秘书:刘建民　　授权代表:刘常福
联系地址:大连市中山区捷山街奋斗巷 30 号
联系电话:0411-2672121
传真:0411-2672121、2682013
公司注册地址:大连市中山区捷山街奋斗巷 30 号
公司办公地址:大连市中山区捷山街奋斗巷 30 号
邮编:116013
电子邮件:ljm@shengdao.com
公司年度报告信息披露报纸:《中国证券报》、《证券时报》;
指定的登载年报国际互联网网址:http://www.cninfo.com.cn
年报备置地点:大连市中山区捷山街奋斗巷 30 号　公司证券部
公司股票上市交易所:深圳证券交易所
股票简称:盛道包装　　股票代码:0769

二、会计数据和业务数据摘要

1、本年度利润总额及构成(单位:元)

利润总额:	13,595,352.43
净利润:	8,115,047.67
扣除非经常性损益后的净利润:	-5,427,491.23
主营业务利润:	53,178,562.80
其他业务利润:	2,679,427.66
营业利润:	-575,607.82
投资收益:	13,013,136.43
补贴收入:	0
营业外收支净额:	1,157,823.82
经营活动产生的现金流量净额:	19,732,505.37
现金及现金等价物净增加额:	-2,078,307.54

注:扣除非经常性损益后的净利润一项中,扣除的是股权转让收益,涉及金额为 86,255,628.21 元,股权转让产生的收益为 13,542,538.90 元。

2、主要会计数据和财务指标(单位:元)

指标项目	1999 年度	1998 年度		1997 年度	
		调整后	调整前	调整后	调整前
主营业务收入	285969181.29	357685369.46	430713344.56	363133881.20	371539998
净利润:	8,115,047.67	43871456.54	48393836.64	20753,389.78	55053869
总资产:	824,725,297.66	863477117.43	935886854.92	703709338.28	895298657
股东权益:	437,225,352.78	429638416.13	466714375.84	388694533.11	422995012
每股收益(元/股):	0.044	0.237	0.261	0.201	0.535
扣除非经常性损益后每股收益:	-0.026	0.237	0.261	0.129	0.462
每股净资产:	2.36	2.317	2.517	3.774	4.107
调整后每股净资产:	2.24	2.265	2.426	3.60	3.918
每股经营活动产生的现金流量净额:	0.106	0.225	0.225		
净资产收益率(%):	1.864	10.21	10.369	5.34	13.015

注:股东权益中不含少数股东权益

主要财务指标的计算公式:

每股收益=净利润/年度末普通股股份总数

每股净资产=年度末股东权益/年度末普通股股份总数

每股经营活动产生的现金流量净额=经营活动产生的现金流量净额/年度末普通股股份总数

净资产收益率=净利润/年度末股东权益×100%

调整后的每股净资产=(年度末股东权益-三年以上的应收款项净额-待摊费用-待处理(流动、固定)资产净损失-开办费-长期待摊费用-住房周转金负数余额)/年度末普通股股份总数

3、报告期内股东权益变动情况

项目	期初数	本期增加	本期减少	期末数
股本	185,400,000			185,400,000
资本公积	187943315.64			187,943,315.64
盈余公积	8,444,265.05	1,138,040.49		9,582,305.54
法定公益金	2814755.02	379,346.83		3,194,101.85
未分配利润	47850835.44	6,448,896.16		54,299,731.60
股东权益合计	429,638,416.13	7,586,936.65		437,225,352.78

增加原因:盈余公积、法定公益金、未分配利润的增加为本年度盈利所致。

三、股东情况介绍

1　1999 年 12 月 31 日止,本公司股东总数为 53,102 户。

2　主要股东持股情况(截止 1999 年 12 月 31 日)　　单位:股

股东名称	年末数	占总股本比例(%)
1.大连盛道集团有限公司	104400000	56.31
2.吴伟	586700	0.32
3.王尧	279000	0.15
4.普丰证券投资基金	225539	0.12
5.于宙人	224626	0.12
6.王颖	219160	0.12
7.宿少江	218000	0.12
8.杨大路	200000	0.11
9.于宁	187800	0.10
10.唐明球	170960	0.09

注明:

(1)、大连盛道集团有限公司持有国有法人股股份 104,400,000 股,所持公司股份　无质押或冻结的情况。

(2)、截止报告期,公司了解前十名股东不存在关联交易,

(3)、除大连盛道集团有限公司外,报告期末没有超过 10%(含 10%)以上的法人股东。

(4)、报告期内控股股东无变更,仍为大连盛道集团有限公司。

延边公路建设股份有限公司

一　公司简介

1.公司的法定中、英文名称及缩写:
中文名称:延边公路建设股份有限公司
英文名称:YAN BIAN HIGHWAY CONSTRUCTION SHARES CO.,LTD
缩　　写:YBHCSCO.LTD
2.公司法定代表人:朴东洙
3.公司董事会秘书:金美花
联系电话:0433-2853913　　传真:0433-2853913　　电子信箱:ybglgfgs@public.yj.jl.cn
董事会秘书授权代表:吴署良
联系电话:0433-2855985　　传　　真:0433-2829108
4.公司注册地址:吉林省延吉市河南街 1 号　　邮政编码:133001
5.公司选定的信息披露报纸:《证券时报》
登载公司年度报告的中国证监会指定国际互联网网址:　http://www.cninfo.com.cn
公司年度报告备置地点:公司证券部
6.公司股票上市交易所:深圳证券交易所
公司股票简称:延边公路　　　公司股票代码:0776

二　会计数据和业务数据摘要

1.公司本年度实现主营收入 101,659,926 元,净利润 54,427,645 元,扣除非经常　性损益后的净利润 41,415,980 元,营业利润为 44,774,033 元,投资收益为 3,311,313　元,补贴收入为 11,000,000 元,营业外收支净额为(-)26.708 元,经营活动产生的现金流量净额为 85,076,185 元,现金及现金等价物净增加额为-66,393,973 元。

2.前三年的主要会计数据和财务指标:　　单位:人民币元

指标项目	1999 年	1998 年		1997 年
		调整前	调整后	
1.主营业务收入(元)	101,659,926	28,388,710.00	28,388,710.00	19,019,905.00
2.净利润(元)	54,427,645	48,150,377.85	44,111,972.00	21,678,290.59
3.总资产(元)	746,170,288	416,879,783.32	407,063,477.96	263,443,794.19
4.股东权益(元)	399,900,075	222,429,480.28	227,383,182.96	175,399,102.43
5.每股收益(元/股)	0.4434	0.6019	0.5514	0.28
6.每股净资产(元/股)	3.2581	2.78	2.84	2.19
7.调整后的每股净资产(元/股)	3.1197	2.52	2.58	2.09
8.净资产收益率(%)	13.61	21.64	19.40	12.36
9.股东权益比率(%)	53.59	53.34	55.86	66.58
10.加权净资产收益率	17.35	24.20	21.90	17.17
11.每股经营活动产生的现金流量净额	0.7567	1.05	1.05	

每股收益、每股净资产、调整后的每股净资产、每股经营活动产生的现金流量净额和净资产收益率等财务指标的计算公式如下:

每股收益=净利润/年度末普通股股份总数

每股净资产=年度末股东权益/ 年度末普通股股份总数

调整后的每股净资产=(年度末股东权益-三年以上的应收款项净额-待摊费用 -待处理(流动、固定)资产净损失-开办费-长期待摊费用-住房周转金负数余额)/年度末普通股股份总数

每股经营活动产生的现金流量净额=经营活动产生的现金流量净额/年度末普通股股份总数

净资产收益率=净利润/年度末股东权益×100%

三　股本变动及股东情况

1.股本变动情况　　数量单位:股

	本次变动前	本次变动增减(+,-)						本次变动后
		配股	送股	公积金转增股	增发	其他	小计	
一、未上市流通股份								
1.发起人股份	35,400,000	10,440,000		8,923,493			19,363,493	54,763,493
国家持有股份	21,000,000	6,300,000		5,314,384			11,614,384	32,614,384
境内法人持有股份	14,400,000	4,140,000		3,609,109			7,749,109	22,149,109
2.募集法人股份	4,600,000	300,000		953,864			1,253,864	5,853,864
3.内部职工股	10,000,000	3,000,000		2,530,659			5,530,659	15,530,659
未上市流通股份合计								76,148,016
二、已上市流通股份								
1.人民币普通股	30,000,000	9,000,000		7,591,978			16,591,978	46,591,978
已上市流通股份合计	30,000,000	9,000,000		7,591,978			16,591,978	46,591,978
三、股份总数	80,000,000	22,740,000		19,999,994			42,739,994	122,739.994

2.股东情况介绍

(1)报告期末股东总数为 22922 户。

(2)报告期末公司主要股东持股情况　　单位:股

股东名称	年初持股数	年内增加数		
		合计	配股	公积金转增
1.延边国有资产经营总公司	21000000	11614384	6300000	5314384
2.吉林省交通投资开发公司	10000000	11026122	3000000	2530659
3.吉林省公路机械厂	2000000	1106131	600000	506131
4.吉林省公路勘测设计院	1000000	553065	300000	253065
5.金泰基金				
6.延边公路工程处	900000	282719	90000	192719
7.吉林省交通水泥厂	500000	276532	150000	126532
8.于淑琴				
9.长城证券有限责任公司				
10.李刚				

续上表

股东名称	其它	年内减少数	年末持股数	占总股份比例(%)
1.延边国有资产经营总公司			32614384	26.57
2.吉林省交通投资开发公司	5495463		21026122	17.13
3.吉林省公路机械厂			3106131	2.53
4.吉林省公路勘测设计院			1553,065	1.27
5.金泰基金			1280821	1.04
6.延边公路工程处			1182719	0.96
7.吉林省交通水泥厂			776532	0.63
8.于淑琴			417743	0.34
9.长城证券有限责任公司			380885	0.31
10.李刚			374100	0.30

中核苏州阀门股份有限公司

一 公司简介

1.公司的法定中、英文名称及缩写
公司中文名称:中核苏州阀门股份有限公司
公司英文名称:CNNC Suzhou Valve Co.Ltd.
公司英文名称缩写:SUFA
2.公司法定代表人:邵渭敏
3.公司董事会秘书:杨华麟　　董事会授权代表:沈　澄
联系地址:江苏省苏州市人民路679号中核苏州阀门股份有限公司董事会秘书室
联系电话:(0512)7533655-2577　　电话传真:(0512)7533655-2577
4.公司注册地址:苏州市新区珠江路501号
公司办公地址:苏州市人民路679号　　邮政编码:215001
电子信箱:zhsf@public1.sz.js.cn
5.公司选定的信息披露报纸名称:证券时报
登载公司年度报告的中国证监会指定国际互联网网址:http://www.cninfo.com.cn
公司年度报告备置地点:中核苏州阀门股份有限公司董事会秘书室
6.公司股票上市地:深圳证券交易所
公司股票简称:中核苏阀　　公司股票代码:0777

二 会计数据和业务数据摘要

1、公司本年度实现利润总额29,856,019.19元、净利润25,225,975.93元,扣除非经常性损益后的净利润25,225,975.93元。其中主营业务利润61,201,423.88元、其他业务利润8,994,840.69元、营业利润26,265,534.87元、投资收益3,595,834.46元、补贴收入0.00元、营业外收支净额-5,350.14元,经营活动产生的现金流量净额6,956,201.54元、现金及现金等价物净增加额-27,931,666.05元。

本报告期内公司未发行人民币普通股、境内上市外资股或境外上市外资股。

2、一九九九年度主要会计数据和财务指标

(1)主要会计数据和财务指标

项目	1999年度	1998年度		1997年度	
		调整前	调整后	调整前	调整后
1、主营业务收入	254,932,655.70	267,577,799.94	267,577,799.94	300,676,889.39	300,676,889.39
2、净利润	25,225,975.93	31,571,955.14	28,406,867.52	23,452,497.24	16,055,489.25
3、总资产	422,517,709.19	391,065,074.93	378,432,941.73	326,874,448.72	319,477,440.73
4、股东权益	280,325,893.62	258,043,916.44	247,481,820.82	224,419,151.39	217,022,143.40
5、每股收益	0.210	0.263	0.237	0.313	0.214
①按月平均加权计算的每股收益	0.210	0.263	0.237	0.313	0.214
②扣除非经常性损益后的每股收益	0.210	0.263	0.237	0.313	0.214
6、每股净资产	2.34	2.15	2.06	2.99	2.89
7、调整后的每股净资产	2.28	2.11	2.02	2.97	2.87
8、每股经营活动产生的现金流量净额	0.058	0.041	0.041		
9、净资产收益率(%)	9	12.24	11.48	10.45	7.4

注:1、本报告期末至本报告摘要披露日止,公司股本未发生变化。

2、调整前(后)指公司会计政策、会计估计变更追溯调整前(后)的会计数据。

(2)主要财务指标计算方法

每股收益=净利润÷年度末普通股股份总数

每股净资产=年度末股东权益÷年度末普通股股份总数

调整后的每股净资产=(年度末股东权益-三年以上的应收款项净额-待摊费用-待处理(流动、固定)资产净损失-开办费-长期待摊费用-住房周转金负数余额)÷年度末普通股股份总数

每股经营活动产生的现金流量净额=经营活动产生的现金流量净额÷年度末普通股股份总数

净资产收益率=净利润÷年度末股东权益×100%

加权平均每股收益=净利润÷[期末股份总数÷(1+配股比例或增发新股比例)+期末股份总数÷(1+配股比例或增发新股比例)×配股比例或增发新股比例×缴款结束日下一月份至期末的月份数÷12]

3、报告期内股东权益变动情况　　单位:元

项目	股本	资本公积	盈余公积	法定公益金	未分配利润	合计
期初数	120,000,000.00	108,796,141.31	9,154,784.44	3,550,987.27	9,530,895.07	247,481,820.82
本期增加	/		12,567,139.35	2,474,521.24	20,276,933.45	2,844,072.80
本期减少						
期末数	120,000,000.00	108,796,141.31	21,721,923.79	6,025,508.51	29,807,828.52	280,325,893.62

变动原因:①本期盈余公积的增加,为按税后利润提取法定盈余公积(10%)和公益金(10%)后形成,其中公益金提取2,474,521.24元。以及减免所得税增加所致;

②未分配利润增加原因:系税后利润提取法定公积金和公益金后的可供分配利润。

三 股东情况介绍

(1)截至1999年12月30日。公司股东总数为37690户。其中国有法人股股东1户,公司职工股股东17户,社会公众股股东37672户。

(2)截至1999年末主要股东持股情况(前十名股东)

名次	股东名称	年末持股数(股)	占总股本%
1	中国核工业总公司苏州阀门厂	72000000	60%
2	上海汇融投资顾问有限公司	200000	0.167%
3	李金胜	147400	0.122%
4	普丰证券投资基金	145900	0.122%
5	王大毅	135000	0.113%
6	王长文	130840	0.109%
7	深圳市同康投资发展有限公司	129600	0.108%
8	王海燕	118600	0.099%
9	彭开宗	100000	0.083%
10	曹龙全	98400	0.082%

上述前10名股东中,除中国核工业总公司苏州阀门厂为本公司控股股东外,其余股东与本公司无关联关系,亦无战略投资者关系,其所持均为可流通股股份。

(3)持公司10%(含10%)以上股份的法人股东情况:

中国核工业总公司苏州阀门厂系本公司母公司,持公司国有法人股72000000股,占公司总股本60%,法人代表:邵渭敏,注册地点:苏州市人民路679号,经营范围主营:工业管道阀门制造;兼营:压力容器、金属制品研制、其他机电产品制造、加工;经营本企业生产产品的出口业务及生产与科研所需的原辅材料、设备、仪器仪表与相关技术的进口业务;开展本企业对外合资合作生产及"三来一补"业务;汽车货运。所持股份无质押。

新兴铸管股份有限公司

一、公司简介

1、公司法定中文名称:新兴铸管股份有限公司
公司法定英文名称:XINXING DUCTILE IRON PIPES CO.,LTD
2、公司法定代表人:范英俊
3、公司董事会秘书:曾耀赣
联系地址:河北省邯郸市复兴区石化街4号　　邮　　编:056017
联系电话:0310-4040021、4020929转7306　　联系传真:0310-4063049、4022368
电子信箱:xxzgzyg@hd-user.he.cninfo.net
4、公司注册地址及办公地址:河北省武安市上洛阳村北(二六七二厂区)。　邮政编码:056300
公司国际互联网网址:www.xinxing-pipes.com　　公司电子信箱:xinxingh@public.hdptt.he.cn
5、公司信息披露报刊为《中国证券报》和《证券时报》
中国证监会指定登载公司年度报告的国际互联网网址为:www.cninfo.com.cn
公司年度报告备置地点:1)河北省邯郸市复兴区石化街4号
新兴铸管股份有限公司股证办
2)河北省邯郸市联纺路河北证券有限责任公司邯郸营业部
6、公司股票上市地:深圳证券交易所
公司股票简称:新兴铸管　　公司股票代码:0778

二、会计数据和业务数据摘要

1、公司本年度主要会计数据

项目	金额(元)
1)利润总额	309117976.89
2)净利润	230957095.58
3)扣除非经营性损益后的净利润	215583088.46
4)主营业务利润	477268542.40
5)其他业务利润	5388924.64
6)投资收益	-5349483.19
7)补贴收入	140000.00
8)营业外收支净额	15234007.12
9)经营活动产生的现金流量净额	347141805.45
10)现金及现金等价物净增加额	50887017.64
注:扣除的非经常性损益项目及涉及金额	
(1)收购邯郸新兴日积有限公司资产收益	16213857.21
(2)补贴收入	140000.00
(3)其他营业外收入	30547.53
(4)其他营业外支出	1010397.62

2、会计数据摘要

1)前三年主要会计数据和财务指标

项目	1999年	1998年	1997年
主营业务收入(元)	1901899105.28	1681797732.31	1320422898.52
净利润(元)	230957095.58	184960571.43	151758955.60
总资产(元)	2734955367.34	2413197707.74	1958092784.06
股东权益(元)	1390113665.41	1324301366.64	1054278300.78
每股收益(元)	0.5315	0.5321	0.4742
加权每股收益(元)	0.5906	0.5739	0.5294
扣除非经常性损益后			
每股收益(元)	0.4962	0.5349	0.4382
每股净资产(元)	3.1993	3.8098	3.2946
调整后每股净资产(元)	3.0663	3.6272	3.1916
每股现金流量净额(元)	0.7989	0.8287	
净资产收益率(%)	16.61	13.97	14.39

2)主要财务指标计算方法

每股收益=净利润/年度末普通股股份总数

加权每股收益=当期净利润/[期末普通股股份总数/(1+股本增加比例)+期末普通股股份总数/(1+股本增加比例)×股本增加比例×股本增加日下一月份至期末的月份数/12]

每股净资产=年度末股东权益/年度末普通股股份总数

调整后的每股净资产=(年度末股东权益-三年以上的应收款项净额-待摊费用-待处理(流动、固定)资产净损失-开办费-长期待摊费用-住房周转金负数余额)/年度末普通股股份总数每股经营活动产生的现金流量净额=经营活动产生的现金流量净额/年度末普通股份总数

3、报告期内股东权益变动情况(单位:元)

项目	股本	资本公积	盈余公积	法定公益金	未分配利润	股东权益合计
期初数	347600000	942365535	38136430	15967313	-19767912	1324301366
本期增加	86900000	780935	31437921	12353929	184177014	315649799
本期减少	-	-	86900000	-	162937500	249837500
期末数	434500000	856246470	69574351	28321242	1471602	1390113665

注:1)股本本期增加86,900,000股及资本公积金本期减少86,900,000元,系实施1998年度资本公积金转增股本方案(10转2.5)。

2)盈余公积本期增加31,437,921元,系本年度实现净利润按规定提取的法定公积金;法定公益金本期增加12,353,929元,系本年度实现净利润按规定提取的法定公益金。

3)未分配利润本期增加184,177,014元,系本年度按规定提取法定公积金、公益金和职工奖励及福利基金后可供股东分配的利润;本期减少162,937,500元,系分配99年度现金红利。

三、股东情况介绍

1、报告期末股东总数:截止1999年12月31日,本公司共有股东74,272户。

2、前十名股东持股情况

股东名称	持有股数(股)	持股比例(%)
新兴铸管(集团)有限责任公司	304500000	70.081
金泰基金	1187706	0.273
湘证证券投资基金	1000098	0.230
毕照宇	680000	0.157
刘炳添	677275	0.156
沈晓波	667406	0.154
普丰证券投资基金	528484	0.122
泰和证券投资基金	501345	0.115
裕隆证券投资基金	486809	0.112
徐成琴	471997	0.109

兰州三毛实业股份有限公司

兰州三毛实业股份有限公司1999年年度报告摘要

(一) 公司简介

1、公司的法定中文名称:兰州三毛实业股份有限公司
公司的法定英文名称:LANZHOU SANMAO INDUSTRIAL CO.,LTD.
2、公司法定代表人:罗钟杰
3、公司董事会秘书:宋晓梅
联系地址:甘肃省兰州市西固区玉门街82号
电话:(0931)7556841—3227 传真:(0931)7555200
电子信箱:pss@mail.chinapaishen.com
4、公司注册及办公地址:甘肃省兰州市西固区玉门街82号 邮政编码:730060
公司国际互联网网址:http://www.chinapaishen.com 电子信箱:ps@mail.chinapaishen.com
5、公司信息披露报纸名称:《中国证券报》、《证券时报》
公司登载年度报告的中国证监会指定的国际互联网网址:http://www.cninfo.com.cn
公司年度报告备置地点:公司证券部
6、公司股票上市交易所:深圳证券交易所
股票简称:三毛派神 股票代码:0779

(二) 会计数据和业务数据摘要

1、本年度主要利润指标情况 单位:元

利润总额	86177890
净利润	64913844
扣除非经常性损益后的净利润	55300116
主营业务利润	75670854
其他业务利润	2119767
营业利润	58232192
投资收益	6733399
补贴收入	21264046
营业外收支净额	-51747
经营活动产生的现金流量净额	36286857
现金及现金等价物净增加额	41653678

注:非经常性损益主要包括:资产处置损益、临时性获得的15%的补贴收入等。

2、公司近三年的主要会计数据和财务指标 单位:元

名称	1999年	1998年		1997年	
		调整前	调整后	调整前	调整后
主营业务收入	270368744	145419278	145419278	19962426	19962426
净利润	64913844	30704430	27192624	36553805	21252864
总资产	645528087	617141788	598329040	460912781	445611840
股东权益	547254948	504027651	485214904	359895990	344595049
每股收益	0.461	0.261	0.232	0.363	0.211
每股收益(按月加权)	0.487	0.285	0.252	0.445	0.259
每股净资产	3.883	4.291	4.131	3.570	3.418
调整后的每股净资产	3.880	4.287	4.127	3.565	3.413
每股经营活动产生的现金流量净额	0.257	-0.20	0	-0.20	0
净资产收益率(%)	11.86	6.09	5.60	10.16	6.17
扣除非经常性损益后的每股收益	0.392	0.264	0.234	0.340	0.188

注:(1)主要财务指标计算方法
每股收益=净利润/年度末普通股股份总数
每股净资产=年度末股东权益/年度末普通股股份总数
调整后的每股净资产=(年度末股东权益-三年以上的应收款项净额-待摊费用-待处理(流动、固定)资产净损失-开办费-长期待摊费用-住房周转金负数余额)/年度末普通股股份总数
每股经营活动产生的现金流量净额=经营活动产生的现金流量净额/年度末普通股股份总数
净资产收益率=净利润/年度末股东权益 *100%
(2)根据财政部财会字[1999]35号、49号文件的有关规定,对前两年会计数据和财务指标进行了追溯调整,分别以调整前和调整后的数据列示。

3、报告期内股东权益变动情况 单位:元

项目	股本	资本公积	盈余公积	法定公益金	未分配利润	股东权益合计
期初数	117460000	319309416	4844549	2422274	41178665	485214904
本期增加	23492000	650000	6491384	3245693	51652967	85532044
本期减少		23492000				23492000
期末数	140952000	296467416	11335933	5667967	92831632	547254948
变动原因	公积金转增股本	土地使用费转入和公积金转增股本	从本年度利润中计提	从本年度利润中计提	本年度利润增加	

(三) 股东情况介绍

1、报告期末股东总数为43387户。
2、报告期末本公司前十名股东持股情况:

股东名称	股份增减(+、-股)	年末持股数(股)	所占比例(%)
兰州三毛纺织(集团)有限责任公司	+11792000	70752000	50.196
曾培辉		329500	0.2338
高乐力		284800	0.2021
洪金汉		251947	0.1787
吴杰华		230104	0.1632
吴培芬		218900	0.1553
赵明生		195622	0.1388
王立新		195621	0.1387
胡青春		194347	0.1379
普丰证券投资基金		170800	0.1211

3、持有本公司5%以上股份的法人股东情况:

兰州三毛纺织(集团)有限责任公司代表国家持有本公司的法人股,因公积金转增 年度内持股数增加1179.2万股,年末持股数为7075.2万股,占本公司总股本的50.20%,未发生质押和冻结情况。法定代表人:罗钟杰。主要经营范围是国有资产经营、针纺织 品、纺织机械、化工原料的生产、批发零售,科技开发,服装、羊毛衫的生产销售,物业管理等。

4、除第一大股东外,其他前九名股东都是社会公众股,不存在关联关系。

(四) 股东大会简介

报告期内共召开了两次股东大会。1999年4月18日召开了1998年度股东大会。会 议决议公告刊登在1999年4月20日的《证券时报》和《中国证券报》上。1999年7月28日召开了 1999年临时股东大会。 会议决议公告刊登在1999年7月29日的《证券时报》和《中国证券报》上。

(五) 董事会报告

1、公司经营情况

(1)公司所处行业及公司在行业中的地位

本公司属于毛纺行业。由于本行业1999年经济技术指标对比排序尚未公布,故不能提供公司在行业中的位次。

(2)公司主营业务范围及其经营状况

公司主营精纺呢绒系列产品的生产和销售。1999年精纺呢绒产量570.90万米,精纺呢绒系列产品收入为26938.51万元,占主营业务收入的99.64%,占主营业务利润 总额的99.70%。

(3)在经营中出现的问题与困难及解决的方案

至1999年底,全国毛纺行业已连续八年发生全行业亏损,1999年纺织行业扭亏,而 国家跟踪的重点毛纺企业盈亏相抵后仍亏损2.49亿元。据国家纺织工业局统计中心提供的最新数据,1999年共上报130户,亏损企业的亏损额为4.38亿元。

针对上述困难和问题,本公司采取积极措施,内抓管理,外抓市场,大大提高了企业经济效益。一是深化改革。通过加大考核,减员增效,修订了计件工资实施细则,落实 了岗位考核,严格了工效挂勾、效益否决的制度,调动了职工积极性。二是开发产品, 拓宽市场。1999年开发了一批引导市场的重量轻、纱支高、功能多的高档产品。一共设计开发了150多个新产品,400多个新花色。有10个产品荣获"1999-2000年中国流行面料"、"2000年春夏中国流行面料"和"'唯尔佳'新产品一等奖"等称号。并顺利通过了GB/T19001-ISO9001国际质量认证体系的国家正式审核。同时,调整了营销策略,使本公司在全国毛纺产销率下滑的情况下,销售收入比上年同期增长85.92%。三 是严细管理,降低成本。本公司通过实行市场化的运行机制,层层开展"抓管理、练内功、见行动、渡难关"的活动。1999年精纺呢绒每米单位成本比上年下降了5.55元,条染用毛率下降1.28%,万米耗硬水、耗标煤下降6.49吨和7.78吨,万米耗电下降7.08度。

2、公司财务状况 单位:万元

名称	1999年	1998年	比上年增减(%)
总资产	64552.81	59832.90	7.89
长期负债	0	0	0.00
股东权益	54725.49	48521.49	12.79
主营业务利润	7567.09	4905.30	54.26
净利润	6491.38	2719.26	138.72

总资产比上年增加了4719.91万元,主要原因是货币资金、短期投资和固定资产增加所致;股东权益增加了6204.00万元,主要原因是利润增加所致;主营业务利润增加了2661.79万元,主要原因是销售收入增加所致;净利润增加了3772.12万元,主要原因是 利润上升和补贴收入增加所致。

3、公司投资情况

报告期内完成上市募集资金结转本年的技改项目一个,即2000吨澳毛制条生产线 技改项目。该项目计划投资2970万元,实际完成投资2833.28万元,并于本年度六月份 投入生产,下半年已实现利润109万元。

公司前次配股扣除发行费用后,共募集货币资金9147万元,截止1999年底实际投资9147万元,已全部用于公司承诺的四个项目。一是引进更新复精梳设备技改项目 。计划投资2500万元,实际完成投资2116.45万元,并按计划于本年竣工增加了资产。 二是购建科技开发基地项目。计划投资2200万元,实际完成投资2419.83万元。并按计划于本年竣工增加了资产。三是购建销售信息中心项目。计划投资2000万元,实际完 成投资2369.66万元,并按计划于本年竣工增加了资产。其中,有275.62万元应付款,系按国家规定一年后应付施工单位的房屋维修保证暂扣款等。四是补充流动资金项目。 计划投资2447万元,实际投资2241.06万元。上述项目计划新增利润1100万元,实际新 增利润1153.10万元。

4、外部环境和宏观政策的变化对公司的影响

中国加入WTO和中央实施西部大开发战略将给本公司带来一定的机遇和挑战。

加入WTO成员国对我国纺织品的配额限制将在2005年前逐渐取消。这对长期受配 额限制,产品出口以非配额地区为主的本公司而言,具有一定的积极影响。加入WTO后 本公司将发挥产品质优价廉的竞争优势,扩大国际市场份额。

中央西部大开发战略为本公司提供了发展机遇。本公司地处兰州,是国家西部大 开发的重点。本公司要抓住国家的政策和大批资金将向西部倾斜的机会,确立本公司 在西部开发中的地位,并通过西部开发,振兴经济,刺激消费,推动企业的发展。

5、新年度的业务发展计划

2000年,要针对毛纺行业及本公司存在的问题和困难,把工作重点放在搞活资本经营,调整资产结构,实现技术和产品升级,提高产销率,力争经营工作上台阶的目标上来,并抓好以下几项工作。

(1)转变思路,搞活经营机制

一是转变经营思路。逐步向产品经营和资本经营二者并举转变。二是加大劳动人事制度改革力度。建立新型的用人机制。2000年对管理人员要全部重新公开招聘、择优上岗。三是完善分配机制。

(2)调整结构,加快产品升级

一是加快技术改造。根据国家调整毛纺行业的要求,要以服装面料为突破口,以提高纺织面料的国际竞争力为切入点,集中力量攻克染整、织造、纱线、纤维材料及开 发设计关键技术。二是加强科研工作。实施国家经贸委的国家技术创新项目,毛纺用 原料优化及其纺纱加工质量的预测和控制。要认真贯彻GB/T19001——ISO9001质量保证体系,使公司的产品质量与国际市场接轨。在中国加入WTO以后,依靠质量抢占国际 市场。三是狠抓销售,扩大市场空间。在国内,首先要完善营销机制,提高市场占有率 。其次要充分发挥网络销售的作用,不断扩大网上销售。在国外,要抓住加入WTO的有 利时机,建立国外的销售网点,从以内销为主,转向内外销并重,努力扩大东南亚、日本市场,进军欧美市场,打开中东和南美市场,扩大出口创汇。

(3)强化管理,提高整体素质

一是转换管理机制。从单一的生产型管理向经营型管理转变;从物化管理向人本 管理转变;从粗放管理向精细管理转变。使管理工作与国际市场接轨。二是把强化管 理与盘活资金、挖潜降耗相结合。压缩成品库存,加大清欠力度,降低各种费用。

内 蒙 古 草 原 兴 发 股 份 有 限 公 司

内蒙古草原兴发股份有限公司 1999 年年度报告摘要

一、公司简介

1、公司名称：内蒙古草原兴发股份有限公司
(英文)：Inner Mongolia Prairie XingFa CO.,LTD
2、公司法定代表人：张振武
3、公司董事会秘书：齐向前　　电子信箱：qixqian@public.hh.nm.cn
授权代表：孙凯　　办公地址：内蒙古自治区赤峰市平庄镇兴发大厦 6 楼
联系电话：0476 － 3514285　　传　　真：0476 － 3510053
4、公司注册地址：内蒙古·赤峰市·元宝山区·平庄镇
办公地址：内蒙古自治区赤峰市平庄镇兴发大厦　　邮政编码：024076
电子信箱：nmxflx@public.hh.nm.cn
5、公司选定《中国证券报》、《证券时报》、《上海证券报》为信息披露报纸
登载公司年度报告的国际互联网网址：http://www.cninfo.com.cn
年度报告备置地点：公司证券部
6、公司股票上市地：深圳证券交易所
股票简称：草原兴发　　股票代码：0780

二、会计数据和业务数据摘要

1、公司本年度实现利润情况　　单位：元

利润总额	141,069,475.21
净利润	94,951,999.55
扣除非经常性损益后的净利润	94,951,999.55
主营业务利润	156,934,610.99
其它业务利润	665,504.49
营业利润	88,758,352.90
投资收益	694.40
补贴收入	50,955,152.73
营业外收支净额	35,726.22
经营活动产生的现金流量净额	22,751,415.50
现金及现金等价物净增加额	319,312,071.42

2、截至报告期末公司前三年主要会计数据和财务指标

项　　目	99 年度	98 年度	97 年度
主营业务收入(元)	997,998,523.93	804,798,837.05	499,742,193.71
净利润(元)	94,951,999.55	56,464,329.83	59,462,474.90
总资产(元)	1,226,812,623.66	772,052,165.46	623,180,551.10
股东权益(元)	901,133,093.93	552,758,478.42	509,447,437.76
每股收益(元)	0.335	0.22	0.236
加权每股收益(元)	0.41	0.22	0.3982
扣除非经常性损益后的每股收益(元)	0.335		
每股净资产(元)	3.18	2.190	2.02
调整后的每股净资产(元)	3.133	2.157	1.95
每股经营活动产生的现金流量净额(元)	0.08	-0.17	
净资产收益率(%)	10.54	10.22	11.67

注(1)主要财务指标计算方法

每股收益=净利润/ 年度末普通股股份总数

每股净资产=年度末股东权益/ 年度末普通股股份总数

调整后的每股净资产=(年度末股东权益－三年以上的应收款项净额－待摊费用 －待处理(流动、固定)资产净损失－开办费－长期待摊费用－住房周转金负数余额）/ 年度末普通股股份总数

按月平均加权每股收益=当期净利润/[期末股份总数/(1+配股比例或增发新股 比例)+期末股份总数 /(1+配股比例或增发新股比例)×配股比例或增发新股比例×缴款截止日下一月份至期末的月份数/12]

每股经营活动产生的现金流量净额=经营活动产生的现金流量净额/年度末普通股股份总数

净资产收益率=净利润/ 年度末股东权益×100%

(2)98 年度数据为调整后数据。

3、报告期内股东权益变动情况　　单位：万元

项目	股本	资本公积	盈余公积	法定公益金	未分配利润	股东权益合计
期初数	25,200	13,482.58	7,568.75	921.04	9,024.53	55,275.85
本期增加	3,127.20	22,215.06	1,424.28	474.76	8,070.92	34,837.46
本期减少						
期末数	28,327.20	35,697.64	8,993.03	1,395.80	17,095.45	90,113.31
变动原因	10:3 配股	1 股本溢价 2 其他公积金转入	提取盈余公积	提取公益金	本年净利润记入	

三、股本变动及股东情况

1、股本变动情况表

(1)、股份变动情况表

填报日期：1999 年 12 月 31 日　　单位：股

	期初数	本期变动增减(+、-) 配股	公积金转股	送股	其他	小计	期末数
一、尚未流通股份							
1、发起人股份	106,613,820.00						106,613,820.00
其中：国家拥有股份	99,627,480.00						99,627,480.00
境内法人持有股份	6,986,340.00						6,986,340.00
2、募集法人股	61,146,180.00	6,000,000.00					67,146,180.00
3、内部职工股	12,240,000.00	3,672,000.00					15,912,000.00
尚未流通股份合计	180,000,000.00	9,672,000.00					189,672,000.00
二、已上市流通股份							
1、境内上市的人民币普通股	72,000,000.00	21,600,000.00					93,600,000.00
已流通股合计	72,000,000.00	21,600,000.00					93,600,000.00
三、股份总数	252,000,000.00	31,272,000.00					283,272,000.00

(2)、股票发行与上市情况

1、股票发行情况

本公司 1997 年 5 月 19 日在深圳证券交易所发行 A 股股票 4,000 万股，发行价 5.66 元。6 月 6 日，公司 4,000 万 A 股股票获准上市交易。

2、报告期内公司股份变动情况：1999 年 8 月 31 日，经中国证监会证监公司字[1999]39 号文批准，公司以 1998 年 12 月 31 日总股本 25200 万股为基数，按 10:3 的比例向全 体股东配售。

3、内部职工股托管情况

根据国家有关规定，本公司已于 1994 年 6 月，将内部职工股全部在内蒙古自治区 证券登记公司集中登记托管。

本公司于 1997 年 6 月 6 日获准向社会公开发行 4,000 万元人民币普通股股票，内部 职工股 680 万股不占用发行额度，待本次发行满三年后，根据国家有关法律、法规的规定上市流通。

1997 年 11 月 11 日，本公司实施"资本公积金转增股本"方案，内部职工股由原 680 万股增至 1,224 万股。

1999 年 8 月 31 日，本公司以 1998 年 12 月 31 日总股本 25200 万股为基数，按 10:3 的比例向全体股东配售。内部职工股由原 1,224 万股增至 1,591.2 万股，全部在内蒙古自治区证券登记公司集中登记托管。

2、股东情况介绍

(1)、截止 1999 年 12 月 31 日，公司共有股东 29,559 人，内部职工股东 2,002 人；

(2)、前十名股东持股情况

填报时间：1999 年 12 月 31 日　　单位：股

股东名称或姓名	持股数量	持股比例(%)
赤峰大兴公司	99,627,480	35.17
赤峰市食品公司	67,146,180	23.70
内蒙古日信投资公司	9,963,000	3.52
财信实业	5,591,400	1.97
房身村企业公司	5,239,080	1.85
普惠证券投资基金	3,479,611	1.23
北京日智立经济信息咨询有限责任公司	2,191,182	0.77
五家镇企业公司	1,747,260	0.62
深圳华江实业总公司	1,299,863	0.46
深圳国投证券有限公司成都营业部	646,248	0.23

(3)、持有 10%以上股份的法人股东为：

1、赤峰大兴公司 (所持股份为国家股)

法定代表人：张振武

经营范围：木材、煤炭、运输、苗木、花卉

持有股份：9,962.748 万股　　占比：35.17%

报告期内其所持股份无质押或冻结

2、赤峰市食品公司 (所持股份为国有法人股)

法定代表人：杨景荣

经营范围：牛羊肉及副产品、肉类制品收购、加工、销售、存储、畜产品、水产、副食、猪、禽蛋销售

持有股份：6,714.618 万股　　占比：23.70%

报告期内其所持股份无质押或冻结

(4)、报告期内控股股东无变更；

四、股东大会简介

报告期内公司共召开了两次股东大会，分别为 1998 年度股东年会和临时股东大会，情况如下：

1、1998 年度股东年会情况

1999 年 6 月 7 日，公司 1998 年度股东年会在兴发大厦二楼多功能厅召开，出席会议的股东 62 名，代表股份 18,000 万股，占公司股份总数的 71.43%。本次大会审议通过 如下决议：

(1)、《1998 年度董事会工作报告》；

(2)、《1998 年度监事会工作报告》；

(3)、《1998 年度总经理业务报告》；

(4)、《1998 年度财务决算报告》和《1998 年度利润分配预案》；

公司 1998 年全年实现利润 64,871,418.47 元。国家有关规定提取 10%公积金 6,487,141.85 元，提取 5%法定公益金 3,243,570.92 元，年可供股东分配利润 55,140,705.70 元，该部分利润不进行分配。

(5)、《1999 年度发行 10000 万元企业债券的议案》：

1、公司发行 10000 万元企业债券的请示已经中国人民银行天津分行津银复[1999]77 号文件批复通过，期限为三年期，筹集资金全部用于内蒙古东部草原建设与肉羊产业化开发项目、1000 万只肉鸡生产体系配套工程项目及年产一万吨速冻食品工程项目的建设；

2、公司企业债券年利率为 5.796%，发行首日开始计息，采用单利计息，到期一次还本付息，逾期不计息；

3、内蒙古自治区信托投资公司为公司此笔企业债券发行的全额担保人；

4、公司此笔企业债券由内蒙古自治区信托投资公司牵头组成的承销团以余额包 销方式承销；

5、公司此笔企业债券面向内蒙古自治区发行，发行对象为区内的企事业单位或 个人；

本次股东大会决议于 1999 年 6 月 8 日在《中国证券报》、《证券时报》上公告。

2、1999 年度临时股东大会情况

1999 年 3 月 15 日，公司一九九九年度临时股东大会在兴发大厦二楼多功能厅召开 ，出席会议的股东 59 名，代表股份 190,694,700 股，占公司股份总数的 75.67%。本次大会审议通过如下决议：

(1)、配股比例：以公司 1998 年末总股本 25,200 万股为基数，按每 10 股配 3 股比例配股；

(2)、配股价格为 5-8 元；

(3)、配股募集资金用途：主要用于草原名优肉羊精加工项目；

(4)、配股有效期限，自股东大会通过之日起一年内有效；

(5)、授权董事会办理本次配股相关事宜，并根据配股结果相应修改公司章程 ；

本次股东大会决议于 1999 年 3 月 16 日在《中国证券报》、《证券时报》上公告。

五、董事会工作报告

1、公司经营情况：

1 公司主营业务范围包括：肉羊、肉鸡及其系列产品的生产、加工和销售。主要 产品有：草原兴发羔羊肉、草原绿鸟鸡、草原兴发野味肠等三大系列 400 余种产品品种。

2 经营业绩情况

1999 年,是公司的"市场攻坚年",在董事长的领导下,公司进一步加大了肉羊生产基地的建设步伐,建成了基本覆盖全国的营销网络,在全国市场初步打响了"草原兴发"的品牌,继续保持了产品出口的稳步增长,各项事业都取得了长足的发展。1999 年度,公司完成主营业务收入 99,799.85 万元,较去年同期增长 24.01%,创利税 14,106.95 万元,实现净利润 9,495.20 万元,同比增长分别为 107.72 %,68.16%。全面完成了年初制订的各项经营指标,使公司产业经营能力得到显著增强,同时继续保持盈利能力稳健增长的良好势头。

3 经营中的主要对策和举措

A、注重科研开发,把科研开发的重点始终放在新产品研制和提高产品科技含量 上,增加技术投入,扩大开发,通过技术创新和人才优势不断发展壮大。

B、市场营销网络建设取得重大进展。

截止 99 年底,公司先后在北京、天津、上海、广州等二十余个大中城市设立了直销分公司,基本建成覆盖全国的营销网络体系。

国际市场方面,公司在日本、中东等市场的基础上,又先后开辟了香港和马来西亚市场,使产品出口继续保持了稳定增长的势头。

C、积极进行产业升级换代及产品结构调整,不断开辟新的利润增长点,从而谋 求更大的利润回报。

公司充分发挥企业技术中心的作用,并且推行了高层领导的新产品开发督导责任制,先后开发了羔羊微波肉串、羔羊排方、羔羊全汤、草原绿鸟鸡、四野杂粮面、

草原野味肠等 100 余个品种的新产品,及时满足了目标消费者的需求,在同质化的产 品中继续保持了"绿色天然、营养保健"的鲜明个性,赢得了主动。

D、加强精益管理,实行统一采购制度,深入开展降本增效活动。

2、公司财务状况:

以下指标经大连信义会计师事务所大信会审字[2000]第 68 号审计报告确认:单位:人民币元

指标项目	1999 年末	1998 年末	增长率(%)
总资产	1,226,812,623.66	772,052,165.46	58.90
长期负债	163,127,419.69	43,060,000.00	278.84
股东权益	901,133,093.93	552,758,478.42	63.02
主营业务利润	156,934,610.99	112,695,510.89	39.26
净利润	94,951,999.55	56,464,329.83	68.16

1 总资产增加:主要是年度内利润的增长及负债的增加所致;

2 长期负债增加:主要是发行 10000 万元企业债券所致;

3 股东权益增加:主要是配股增资及税后利润增长所致;

4 主营业务利润增加:主要是销售收入增长所致;

5 净利润增加:主要是主营业务利润增长所致。

3、公司投资情况:

(1)截止 1999 年 12 月 31 日,公司对外无重大长、短期投资。

(2)募股资金使用情况

报告期内,本公司完成了配股工作,共计募集资金 244,132,583.96 元人民币(扣除发行费用),所募集资金主要用于内蒙古草原名优肉羊精加工项目。因配股募集资金到位时间较晚,基建工程无法开展,因此仅有部分资金用于补充肉羊精加工项目流动资金,剩余资金暂存商业银行。

(3)报告期内公司计划斥资 1.5 亿元收购肉羊产业化资产,实现公司产业升级。 目前会计师事务所正在进行资产评估工作,预期近期即可付诸实施。有关情况请参阅 7 月 1 日刊登在《中国证券报》、《证券时报》上的董事会决议公告。

4、生产经营环境以及宏观政策、法规变化:

由于无法预见的自然环境因素致使公司下半年生产经营受到了一定程度的负面影响。

5、新年度业务发展计划:

2000 年,公司发展的总体思路是:明确一个工作目标(以规模效益为核心);抓好两个市场建设(国内、国际);推广三大系列产品(羔羊肉、绿鸟鸡、野味肠);采取四项有效措施(更新经营观念、调整运行机制、健全质量保证体系、改变激励机制);落实五项具体任务(技术创新、精耕市场、完善产能、广告促销、品牌提升),充分利用中央西部大开发战略实施的历史机遇,全面开创草原兴发事业新局面:

1 确定事业部作为利润中心,工厂作为成本中心,分公司作为销售中心,进一步 完善市场推广体系和销售管理系统。

2 加强规范化管理,完善激励、考核机制,继续深入推行岗位绩效评估,严格执 行末位淘汰制度;充分发挥各级员工的积极性,降低各项费用,提高总体经济效益。

3 按照国家政策的指引,依托自身的资源优势,及时调整投资策略,加大对相关 产业高科技项目的投入,并将此作为公司今后一段时间的经营方针来贯彻实施。首先加强与国内科研所合作,联合技术开发;其次要充分利用信息技术对传统营销方式进行变革;

42000 年,草原兴发博士后科研工作站正式启动,公司将充分利用这一有利条件 ,进一步加强对高素质人才的引进和培训工作,同时努力提高员工素质,提高经营决策水平。

5 按照本公司 CI 设计要求,有计划、有步骤地作好企业形象策划宣传工作,走品 牌战略之路。

6、董事会日常工作情况:

(1)、报告期内董事会会议情况:

召开会议时间	决议内容	信息披露报纸及日期
1999 年 2 月 8 日	审议 98 年度报告、利润分配预案、99 年配股预案以及 99 年临时股东大会的召开时间及审议的议题等。	2 月 9 日《中国证券报》、《证券时报》
999 年 4 月 16 日	审议配股及募集资金使用可行性的报告;前次募集资金的实际使用情况。	4 月 17 日《中国证券报》、《证券时报》
1999 年 5 月 6 日	审议 98 年度总经理工作报告、董事会工作报告、发行 10000 万元企业债券以及 98 年度股东大会的召开时间及审议的议题等。	5 月 7 日《中国证券报》、《证券时报》
1999 年 6 月 30 日	审议拟进行资产置换和收购议案。	7 月 2 日《中国证券报》、《证券时报》
1999 年 8 月 6 日	99 年度中期报告及 99 年度中期利润分配方案。	8 月 10 日《中国证券报》、《证券时报》、《上海证券报》

(2)、股东大会决议执行情况:

股东大会决议内容	执行情况
1998 年度利润分配方案	已执行
1999 年度增资配股决议	已执行
1999 年发行 10000 万元企业债券	已执行

7、公司管理层及员工情况:

(1)、现任董事、监事及高级管理人员:

姓名	性别	年龄	任期	持股数量(股) 年初数	年末数	年度报酬(元)
董事:						
张振武	男	45	1998 年 5 月—2001 年 5 月	5,400	7,020	11,520
金现龙	男	37	1998 年 5 月—2001 年 5 月	5,400	7,020	10,440
方　武	男	37	1998 年 5 月—2001 年 5 月	3,600	4,680	10,440
郭文忠	男	53	1998 年 5 月—2001 年 5 月	0	0	10,440
张　春	男	39	1998 年 5 月—2001 年 5 月	3,600	4,680	10,440
姚秉忠	男	61	1998 年 5 月—2001 年 5 月	0	0	10,440
张海儒	男	40	1998 年 5 月—2001 年 5 月	3,600	4,680	10,440
王友山	男	50	1998 年 5 月—2001 年 5 月	3,600	4,680	10,440
黄学文	男	35	1998 年 5 月—2001 年 5 月	0	0	10,440
许振德	男	43	1998 年 5 月—2001 年 5 月	3,600	4,680	10,440
刘兆华	男	43	1998 年 5 月—2001 年 5 月	0	0	10,440
监事:						
王树范	男	52	1998 年 5 月—2001 年 5 月	5,400	7,020	10,440
刘志均	女	52	1998 年 5 月—2001 年 5 月	0	0	9,360
牟学慧	男	35	1998 年 5 月—2001 年 5 月	3,600	4,680	9,360
高级管理人员:						
方　武	男	37	1998 年 5 月—2001 年 5 月	3,600	4,680	10,440
张金峰	男	31	1998 年 5 月—2001 年 5 月	3,600	4,680	9,360
齐向前	男	31	1998 年 5 月—2001 年 5 月	3,600	4,680	9,360

注:公司董事、监事及高级管理人员持股发生变化主要是因为报告期内公司以 10:3 向全体股东配股形成的。

(2)、报告期内公司总经理及董事会秘书无变更。

(3)、公司人员及专业素质的说明:

截止 1999 年底,公司共有职工 4,857 人,其中各类人员及其构成如下:

生产人员	3,614 人	占职工总人数 74.41%
销售人员	604 人	占职工总人数 12.44%
技术人员	396 人	占职工总人数 8.15%
财务人员	168 人	占职工总人数 3.46%
行政人员	75 人	占职工总人数 1.54%

公司员工中有大中专毕业生 760 人,占员工总数的 15.65%,其中硕士研究生 8 人 ,畜牧兽医专业人员 265 人,拥有中高级技术职称的 58 人,公司职工平均年龄为 26.47 岁。

8、本次利润分配预案或资本公积金转增股本预案:

经大连信义会计师事务所审计,本公司 1999 年度实现净利润 94,951,999.55 元。 根据《公司章程》的规定,提取法定盈余公积金 9,495,199.96 元,提取法定公益金 4,747,599.98 元,剩余未分配利润 80,709,199.61 元,加年初未分配利润 90,245,250.68 元,本年度可分配利润为 170,954,450.29 元。本年度不分配,董事会决议结转 2000 年度中期分配。 以上分配方案需经股东大会表决通过后实施。

9、其他报告事项:

(1)、公司聘请的会计师事务所没有变动,仍为大连中华会计师事务所(现已 更名为"大连信义会计师事务所")。

(2)、本年度内公司信息披露报刊为《中国证券报》、《证券时报》及《上海 证券报》。

(3)、执行财政部财会字[1999]35 号文件对本公司财务状况的影响:

根据通知的有关要求,公司本年度制定并实施了计提四项资产减值准备和损失的内部控制制度,并已采用追溯调整法,调整了期初留存收益及相关项目的期初数、利润及利润分配表上年数栏。 这些会计政策变更的累计影响数为 21,760,377.81 元。

六、监事会报告

1999 年,监事会严格按照《公司法》、《公司章程》及国家有关规定,本着对股东负责的态度,尽职地履行了监事会的各项职责。对公司经营运作、重要投资、董事及高级管理人员履行职责情况等事项进行了监督和审查。

1、报告期内召开会议情况

召开会议时间	决议内容	信息披露报纸及日期
1999 年 2 月 8 日	审议 98 年度报告、利润分配预案、99 年配股预案以及提交 98 年度股东大会审议的各项议案。	
1999 年 8 月 6 日	99 年度中期报告及 99 年度中期利润分配方案。	

2、监事会就下列事项发表独立意见:

(1)、公司的决策程序合法,已建立完善的内部控制度,公司董事、经理在执 行公司职务时未发现有违反法律、法规、公司章程或损害公司利益的行为;

(2)、经审阅大连信义会计师事务所出具的大信会审字[2000]第 68 号审计报告 ,该报告已真实反映了公司 1999 年度的财务状况和经营成果;

(3)、公司最近一次募集资金实际投入项目与承诺投入项目一致;

(4)、公司关联交易行为公平合理,无损害上市公司利益;

(5)、公司计提资产减值准备的程序合法、依据充分。

七、重大事件

1、本年度公司无重大诉讼、仲裁事项。

2、本年度公司、公司董事及高级管理人员未受监管部门的任何处罚。

3、本年度公司控股股东无变更,公司董事未进行换届改选,也无半数以上成员 变动情况,公司总经理、董事会秘书无变更。

4、本年度公司无收购及出售资产、吸收合并事项。

5、重大关联交易事项:

(1)为减轻公司经济负担,避免非经营性因素干扰,公司委托赤峰大兴公司代 为运作,收购部分肉羊产品生产企业,从而形成了 62,910,339.39 元往来款项。公司 已于年度内聘请会计师事务所对项目企业进行资产评估,待评估结果经确认后,公司将及时提交股东大会审议,购入该部分资产,自行结束此笔业务。

(2)内蒙古康斯食品有限责任公司是赤峰大兴公司的下属子公司,主要从事杂 粮食品生产。公司 1998 年度与其签订托管协议,形成了 48,866,988.54 元往来款项。

年度内康斯公司尚未形成利润,但在新产品开发、市场开拓及管理体制创新等方面均取得了突破性进展,从而为公司可持续发展培植了新的利润增长点。

6、本公司独立运作,与控股股东赤峰大兴公司人员分立、资产清晰、财务独立 。

7、本年度聘任的会计师事务所为大连中华会计师事务所,没有变更。

8、本年度公司无重大合同(含担保)事项。

9、本报告期内本公司未变更公司名称或股票简称。

10、中国加入 WTO 可能对公司未来经营产生的影响:

加入 WTO 后对公司是一种机遇,由于在 98 年亚洲金融危机中受到一定的冲击,虽 然通过调整产业及产品结构,使市场份额保持稳定,但也对欧美等市场的开拓受阻。

如果加入 WTO 后能享受成员国优惠,则产品将更具有比较强的竞争力。

11、其他重大事项

经财政部财管字[1999]400 号文批准,法人股股东赤峰大兴公司、赤峰市食品公 司将其持有的本公司部分股权转让给内蒙古草原兴发食品有限责任公司;经双方协议,法人股股东五家镇企业公司、五家镇房身村企业公司将其持有的本公司全部股权转让给兴发食品。本公司已于 2000 年 1 月 12 日对相关事项进行了公告,目前转让双方正 在积极进行股票转让过户等事宜。

八、财务报告

大连信义会计师事务所对公司 1999 年度财务报表进行了全面审计,并出据大信会 审字[2000]第 68 号无保留意见的审计报告。

大信会审字(2000)第 68 号

审计报告

内蒙古草原兴发股份有限公司全体股东:

我们接受委托,审计了贵公司 1999 年 12 月 31 日的资产负债表和 1999 年 1 月 1 日起至 12 月 31 日止会计期间的利润及利润分配表和现金流量表。这些会计报表由贵公司负责,我们的责任是对这些会计报表发表审计意见。我们的审计是依据《中国注册会计师独立审计准则》进行的。在审计过程中,我们结合贵公司的实际情况,实施了包括抽查会计记录等我们认为必要的审计程序。

我们认为,上述会计报表符合《企业会计准则》、《股份有限公司会计制度》的有关规定,在所有重大方面公允地反映了贵公司 1999 年 12 月 31 日的财务状况及 1999 年度经营成果和现金流量情况,会计处理方法的选用遵循了一贯性原则。

大连信义会计师事务所有限公司　　中国注册会计师　隋国军

地址:中国·大连　　中国注册会计师　邹文哲

2000 年 3 月 8 日

会计报表附注

附注一:公司简介

内蒙古草原兴发股份有限公司是赤峰市经济体制改革委员会 1993 年 3 月 18 日以赤 体改委发(1993)19 号文件批准以赤峰大兴公司为主要发起人联合五家镇企业公司、五家镇房身村企业公司共同发起并定向募集法人股和内部职工股成立的。成立时的注册名称为“内蒙古赤峰兴发集团股份有限公司”。公司于 1996 年 1 月 18 日经股东大会 通过变更名称为“内蒙古兴发股份有限公司”。公司于 1997 年 5 月 12 日经中国证监会 证监发字(1997)212 号文批准上市。1998 年 7 月 20 日更名为“内蒙古草原兴发股份有限公司”。公司的经营范围为:农作物种植业、其它农业;林业;牲畜饲养放牧业、家禽饲养业;食品加工、制造、餐饮;饮料制造;木材加工及制品;经销兽用药品及器械。

附注二:公司采用的主要会计政策

1、会计制度

本公司执行《企业会计准则》和《股份有限公司会计制度》。

2、会计年度

采用公历制,即从公历 1 月 1 日至 12 月 31 日止为一个会计年度。

3、记帐本位币

以人民币为记帐本位币。

4、记帐原则和计价基础

以权责发生制为记帐原则,以历史成本为计价基础。

5、外币业务核算

本公司不存在外币业务。

6、现金等价物

现金等价物为本公司持有的时间在三个月以内、流动性强、易于转换为已知金额现金、价值变动风险很小的投资。本报告期公司无现金等价物。

7、短期投资

期末短期投资按成本与市价孰低法计价,并按投资总体计提跌价准备。

8、坏帐损失的核算方法

(1)坏帐的确认标准

凡因债务人破产,依照法律清偿程序后确实无法收回的应收帐款。

债务人死亡,既无遗产可供清偿,又无义务承担人,确实无法收回的应收帐款。

债务人逾期三年未能履行义务,经本公司董事会决议和主管财政机关审核认可,列作坏帐的应收帐款。

(2)坏帐准备的计提及坏帐损失的核算:本公司根据以往的情况、债务单位的实 际财务状况和现金流量情况及其它相关信息,确认坏帐准备。坏帐准备按年末应收款项余额百分比法计提,公司原来不计提坏帐准备,发生的坏帐采用直接转销法核算。 根据公司董事会内兴董发 1999(15)号决议,自 1999 年 1 月 1 日起变更为按年末应收款项(包括应收帐款和其它应收款)余额的 10%计提坏帐准备。本公司对坏帐损失采用备抵法进行核算,公司对于有确凿证据表明确实无法收回的应收帐款,经董事会批准作为坏帐损失,冲销提取的坏帐准备。

由于会计政策的变更,本公司依据财政部财会字(1999)35 号文《关于印发<股 份有限公司会计制度有关会计处理问题补充规定>的通知》(以下简称财政部 35 号文)的有关规定,采用了追溯调整法,调整了 1999 年度会计报表相关项目的年初数和上年实际数。该调整对本公司财务状况和经营成果的影响详见本会计报表附注二.17,坏帐准备的具体数据详见本会计报表附注四.2.3。

9、存货计算

(1)存货的分类

该公司为农产品加工企业,其存货分为原材料、在产品、产成品、低值易耗品和包装物。

(2)原材料取得按实际成本计价,发出采用加权平均法核算。

(3)产成品以实际成本计价,发出采用加权平均法结转销售成本。

(4)在产品以实际成本计价。

(5)低值易耗品采用五五摊销法。

(6)存货跌价准备的计提:期末存货原按成本计价,根据公司董事会内兴董发 1999(15)号决议,自 1999 年 1 月 1 日起变更为按成本和可变现净值孰低计价,并按单个 存货项目计提存货跌价准备。

由于会计政策的变更,本公司依据财政部 35 号文和财政部财会字(1999)49 号文《关于<股份有限公司会计制度有关会计处理问题补充规定问题解答>的通知》(以下简称“财政部 49 号文”)的有关规定,按 1999 年 12 月 31 日帐面实存的存货作为追溯调整的基础(已经消耗、出售的存货不再追溯调整),调整了 1999 年度会计报表相关项目的年初数和上年实际数。该调整对本公司财务状况和经营成果的影响详见本会计报表附注二.17,存货及存货跌价准备的具体数据详见本会计报表附注四.5。

10、长期股权投资核算方法

(1)本公司对外股权投资按投资时实际支付的价格或确定的价值入帐。

(2)本公司对其它单位的投资占该单位有表决权资本总额 20%(含 20%)以上或 虽投资不足 20%,但有重大影响,采用权益法核算。

对其它单位的投资占该单位有表决权资本总额 20%以下,或对其它单位的投资虽占该单位有表决权资本总额 20%或 20%以上,但不具有重大影响,采用成本法核算。

(3)本公司对其它单位投资占该单位资本总额 50%以上,或虽占该单位资本总额 不足 50%,但具有实质控制权的,编制合并报表。

(4)本公司对外长期股权投资时的取得成本与在被投资单位所有者权益中所占份 额的差额,计入股权投资差额核算,并按投资期限摊销。

(5)公司按期末余额的一定比例计提减值准备。

11、固定资产及其折旧

(1)固定资产的确认标准:1 使用年限超过一年的房屋、建筑物、机器、机械、运输工具以及其它与生产、经营有关的设备、器具、工具等;2 单位价值在 2,000 元以上,并且使用期限超过 2 年的,不属于生产、经营主要设备的物品。

(2)固定资产的计价方法:评估入帐的固定资产按重置成本计价,其它均按实际 成本计价。

(3)固定资产的折旧方法:按直线法计提折旧。各类固定资产的使用年限、净残 值率、年折旧率列示如下:

资产类别	使用年限	年折旧率	残值率
生产用房	30 年	3.2%	5%
非生产用房	35 年	2.7%	5%
建筑物	15 年	6.3%	5%
动力设备	14 年	6.8%	5%
机械设备	12 年	7.9%	5%
运输设备	9 年	10.6%	5%
办公家电设备	6 年	15.8%	5%
其它设备	5 年	19%	5%

12、在建工程

在建工程采用实际成本核算。在固定资产尚未交付使用之前发生的工程借款利息和有关费用计入在建工程。交付使用但尚未办理竣工决算先估价计入固定资产,待完工验收并办理好竣工决算时正式转为固定资产。

13、长期待摊费用及其摊销

长期待摊费用按实际成本计价,采用直线法按受益年限平均摊销。

14、收入的确认

商品所有权上的主要风险和报酬已转移给购买方,不再保留与商品所有权相联系的继续管理权和实际控制权,与交易相关的经济利益能够流入企业,且相关的收入和成本能够可靠地计量时,确认商品销售收入的实现。

15、所得税的会计处理

所得税的会计处理采用应付税款法。

16、利润分配方法

本公司有关期间利润分配,是根据《股份有限公司会计制度》为基准计算的税后净利润,在提取 10 %法定盈余公积金和 5%公益金后,经董事会和股东代表大会决议厘订。

17、会计政策变更的影响

如本会计报表附注二.8 和二.9 所述,本公司本年度对坏帐准备、期末存货计价方法的会计政策变更已采用追溯调整法,调整了本年度资产负债表的留存收益期初数和利润及利润分配表的相关项目上年数。这些会计政策变更的累计影响数为 21,760,377.81 元。其中,因坏帐准备计提比例变更的累计影响数为 19,332,696.92 元,期末存货计价方法变更的累计影响数为 2,427,680.89 元;这些变更,调减了 1998 年度的净利润 8,407,088.64 元;调减了 1999 年年初留存收益 21,760,377.81 元,其中,未分配利 润调减了 18,496,321.13 元,盈余公积调减了 3,264,056.68 元;利润及利润分配表上年数栏的年初未分配利润调减了 11,350,295.79 元。

附注三:税项

1、增值税

(1)种鸡场、猪场、饲料加工厂免税。

(2)冷冻加工厂进项税率 10%,销项税率 13%。

(3)健康食品厂、速冻食品厂进项税率 13%,销项税率 17%。

(4)城市维护建设税按增值税和营业税的 7%缴纳。

(5)教育费附加按增值税和营业税的 3%缴纳。

(6)营业税率为 5%。

(7)房产税、车船使用牌照税、土地使用税、印花税等按税法规定缴纳。

2、所得税税率

根据内蒙古自治区人民政府办公厅内政办字 (1999)164 号文内蒙古草原兴发股 份有限公司 1999 年享受所得税 15%返还的优惠政策。

附注四:会计报表项目注释(下列项目无特殊说明,均以 1999 年 12 月 31 日为基准 日, 金额均以人民币元为单位)

1、货币资金

项　目	期初数	期末数
现　金	1,550,868.48	4,944,625.87
银行存款(人民币)	80,144,828.23	396,063,142.26
其它货币资金		
合　计	81,695,696.71	401,007,768.13

货币资金本期比上期增加了 319,312,071.42 元,主要是 1999 年 6 月发行公司债券 ,收到人民币 97,870, 833.33 元,1999 年 9 月配股,收到人民币 246,377,196.03 元。

2、应收帐款

(1)按帐龄分类

帐　龄	期初数			期末数		
	金额	比例	坏帐准备	金额	比例	坏帐准备
1 年以内	19,684,016.88	83.31%		30,241,124.42	88.56%	
1~2 年	2,214,750.76	9.37%		406,585.63	1.2%	
2~3 年	563,511.70	2.38%		1,729,277.75	5.06%	
3 年以上	1,166,289.63	4.94%		1,771,295.57	5.18%	
合　计	23,628,568.97	100%	2,362,856.90	34,148,283.37	100%	3,414,828.34

(2)欠款金额前五名单位情况明细

单位名称	所欠金额	欠款时间	欠款原因
崔洪文(养鸡户)	1,361,037.41	1 年内	赊销鸡雏、饲料款
广州新南方购物中心	924,780.00	1 年内	货款
哈尔滨龙府火锅城	863,200.00	1 年内	货款
北京市第二肉联厂	667,000.00	1 年内	货款
北京得福瑞超市	654,000.00	1 年内	货款
合　计	4,470,017.41		

(3)应收帐款本期比上期增加了 10,519,714.40 元,增长了 44.52%,主要是由于 销往各地的肉羊产品增加。

(4)无持有 5%以上股份的股东欠款。

(5)坏帐准备按年末应收款项余额的 10%计提。

(2)欠款金额前五名单位情况明细

单位名称	所欠金额	欠款时间	欠款原因
赤峰大兴公司	62,910,339.39	1–2 年	借款
内蒙古康斯食品有限责任公司	48,866,988.54	1–2 年	借款
元宝山区财政局	7,074,414.42	1–3 年	借款
内蒙古草原兴发股份有限公司哈尔滨分公司	6,672,523.69	1 年内	组建销售网络垫支前期费用
内蒙古草原兴发股份有限公司呼和浩特市肉制品加工厂	5,552,900.66	1 年内	新建生产车间支付前期费用
合　计	131,077,166.70		

(3)关联公司借款总金额为 62,910,339.39 元,为本公司母公司赤峰大兴公司代为收购兼并肉羊产业基地公司而发生的借款。

(4)坏帐准备按年末应收款项余额的 10%计提。

附注六:或有事项

截止报告期末公司未向其它单位和个人提供任何形式的经济担保,公司亦未涉及重大诉讼,仲裁事项。

附注七:期后事项

经财政部财管字[1999]400 号文批准,法人股股东赤峰大兴公司、赤峰市食品公 司将其持有的本公司部分股权转让给内蒙古草原兴发食品有限责任公司;经双方协议,法人股股东五家镇企业公司、五家镇房身村企业公司将其持有的本公司全部股权转让给兴发食品。本公司已于 2000 年 1 月

12日对相关事项进行了公告，目前转让双方正 在积极进行股票转让过户等事宜。

内蒙古草原兴发股份有限公司

二000年三月十四日

资产负债表

会股01表

编制单位:内蒙古草原兴发股份有限公司 1999年12月31日

资 产	年初数	期末数
流动资产:		
货币资金	81695696.71	401007768.13
短期投资		38900.57
减:短期投资跌价准备		
短期投资净额		38900.57
应收利息		
应收帐款	23628568.97	34148283.37
其他应收款	169698400.19	200595839.47
减:坏帐准备	19332696.92	23474412.28
应收帐款净额	173994272.24	211269710.56
预付帐款	69850723.76	75671980.91
应收补贴款		
存货	105094411.06	167335957.24
减:存货跌价准备	2427680.89	3865550.71
存货净额	102666760.17	163770424.53
待摊费用	460787.92	682084.36
待处理流动资产净损失		340463.23
其他流动资产		
流动资产合计	428668210.80	852482332.29
长期投资:		
长期股权投资		
长期债券投资	1180.00	140.00
固定资产:		
固定资产原价	207543213.06	263139179.35
减:累计折旧	36402019.82	45382610.66
固定资产净值	171144193.24	217756568.69
在建工程	51718806.58	36169648.84
固定资产清理		
待处理固定资产净损失		
固定资产合计	222862999.82	253926217.53
无形资产及其他资产:		
无形资产	114173817.61	111779411.24
开办费	6345957.23	6730912.99
长期待摊费用		1894609.61
其他长期资产		
无形资产及其他资产合计	120519774.84	120404933.84
资产总计	772052165.46	1226812623.66
负债及股东权益		
流动负债:		
短期借款	41578000.00	48278000.00
应付票据		
应付帐款	18233277.29	10864468.29
预收帐款	6785121.62	11594573.50
代销商品款		
应付工资		4568258.66
应付福利费	3622995.39	5668823.91
应付股利		
应交税金	24442775.31	36592229.08
其他应交款	922600.67	908857.35
其他应付款	26159346.75	27542893.29
预提费用	12789570.01	12134005.96
一年内到期的长期负债	41700000.00	4400000.00
其他流动负债		
流动负债合计	176233687.04	162552110.04
长期负债:		
长期借款	43060000.00	60100000.00
应付债券		102935931.60
长期应付款		91488.09
长期负债合计	43060000.00	163127419.69
负债合计	219293687.04	325679529.73
股东权益:		
股本	252000000.00	283272000.00
资本公积	134825761.92	356976377.88
盈余公积	75387465.82	89930265.76
其中:公益金	9210445.73	13958045.71
未分配利润	90245250.68	170954450.29
股东权益合计	552758478.42	901133093.93
负债及股东权益总计	772052165.46	1226812623.66

利润表

会股02表

编制单位:内蒙古草原兴发股份有限公司 1999年度 单位:人民币元

项 目	上年实际数	本年实际数
一、主营业务收入	804798837.05	997998523.93
减:折扣与折让		6324.00
主营业务收入净额	804798837.05	997992199.93
减:主营业务成本	690646719.70	839359289.14
主营业务税金及附加	1456606.46	1698299.80
二、主营业务利润	112695510.89	156934610.99
加:其他业务利润	2856878.52	665504.49
减:存货跌价损失	2427680.89	1437869.82
营业费用	7112611.33	14906606.55
管理费用	33765280.02	48603974.60
财务费用	3713449.86	3893301.61
三、营业利润	68533367.31	88758352.90
加:投资收益	1207.50	694.40
补贴收入		50955152.73
营业外收入	684616.65	1029194.32
减:营业外支出	1306964.25	993468.10
加:以前年度损益调整		1319548.96
四、利润总额	67912227.21	141069475.21
减:所得税	11447897.38	46117475.66
五、净利润	56464329.83	94951999.55
加:年初未分配利润	42250570.32	90245250.23
盈余公积转入		
六、可供分配的利润	98714900.15	185197250.23
减:提取法定盈余公积	5646432.98	9495199.96
提取法定公益金	2823216.49	4747599.98
七、可供股东分配的利润	90245250.68	170954450.29
减:已分配优先股股利		
提取任意盈余公积金		
分配普通股股利		
转作股利的普通股股利		
八、未分配利润	90245250.68	170954450.29

现金流量表

会股03表

编制单位:内蒙古草原兴发股份有限公司 1999年度 单位:人民币元

项目	金额
一.经营活动产生的现金流量:	
销售商品,提供劳务收到的现金	1065458465.31
收取的租金	56360.00
收到的增值销项税额和退回的增值税款	
收到的除增值税以外的其他税费返还	8100000.00
收到的其他与经营活动有关的现金	17771996.10
现金流入小计	1091386821.41
购买商品,接受劳务支付的现金	930928451.69
经营租赁所支付的现金	556790.96
支付给职工以及为职工支付的现金	16735520.51
实际交纳的增值税款	9555885.24
支付的所得税款	22578464.99
支付的除增值税,所得税以外的其他税费	3138853.48
支付的其他与经营活动有关的现金	85141439.04
现金流出小计	1068635405.91
经营活动产生的现金流量净额	22751415.50
二.投资活动产生的现金流量:	
处置固定资产,无形资产和其他长期资产而收回的现金净额	2588123.89
收到的其他与投资活动有关的现金	4002822.44
现金流入小计	6590946.33
购建固定资产,无形资产和其他长期资产所支付的现金	45166246.72
现金流出小计	45166246.72
投资活动产生的现金流量净额	(38575300.39)
三.筹资活动产生的现金流量:	
吸收权益性投资所收到的现金	250176000.00
发行债券所收到的现金	100000000.00
借款所收到的现金	120319999.15
收到的其他与筹资活动有关的现金	3120141.87
现金流入小计	473616141.02
偿还债务所支付的现金	123658912.46
发生筹资费用所支付的现金	10927970.64
偿还利息所支付的现金	3893301.61
现金流出小计	138480184.71
筹资活动产生的现金流量净额	335135956.31
四.汇率变动对现金的影响	
五.现金及现金等价物净增加额	319312071.42
补充资料	
1.不涉及现金收支的投资和筹资活动:	
以固定资产偿还债务	
以投资偿还债务	
以固定资产进行投资	
以存货偿还债务	
融资租赁固定资产	
2.将净利润调节为经营活动的现金流量:	
净利润	94951999.55
加:计提的坏帐准备或转销的坏帐	4333816.85
固定资产折旧	8980590.84
无形资产摊销	2394406.37
待摊费用减少(减:待摊费用增加)	
待摊费用增加(减:待摊费用减少)	(655564.05)
处置固定资产,无形资产和其他长期资产的损失(减:收益)	660048.56
固定资产报废损失	291599.62
财务费用	3893301.61
投资损失(减:收益)	(694.40)
递延税款贷项(减:借项)	
存货的减少(减增加)	(62241564.18)
经营性应收项目的减少(减增加)	(47238410.83)
经营性应付项目的增加(减减少)	17381885.56
增值税增加净额(减减少)	
其他	
经营活动产生的现金流量净额	22751415.50
3.现金及现金等价物净增加情况:	
货币资金的期末余额	401007768.13
减:货币资金的期初余额	81695696.71
现金等价物的期末余额	
减:现金等价物的期初余额	
现金及现金等价物净增加额	319312071.42

广东新会美达锦纶股份有限公司

一、公司简介

1、公司法定中文名称:广东新会美达锦纶股份有限公司
公司法定英文名称:Guangdong Xinhui Meida Nylon Co., LTD.
2、公司法定代表人:陈柏森
3、公司董事会秘书及授权代表:胡振华
联系地址:新会市会城镇江会路上浅口
电话:0750—6122984　　传真:0750—6120975
4、公司注册地址、办公地址:广东省新会市会城镇江会路上浅口　　邮政编码:529100
电子信箱:meida@ pub.jiangmen.gd.cn
5、公司选定的信息披露报纸:《证券时报》
登载公司年度报告的中国证监会指定国际互联网网址:　http://www.cninfo.com.cn
公司年度报告备置地点:本公司董事会秘书办公室
6、公司股票上市交易所:深圳证券交易所
股票简称:美达股份　　股票代码:0782

二、会计数据和业务数据摘要

1、本年度利润总额及构成(单位:元)

项　目	1999 年度合并报表
利润总额	32,682,069.85
净利润	22,923,235.71
扣除非经常性损益后的净利润	17,699,539.11
主营业务利润	81,366,724.82
其他业务利润	362,194.11
营业利润	27,948,634.22
投资收益	418,529.48
补贴收入	5,223,696.60
营业外收支净额	908,790.45
经营活动产生的现金流量净额	126,784,511.40
现金及现金等价物净增加额	–7,572,337.48

2、前三年主要会计和财务指标

序号	项　　目	1999 年	1998 年 调整前	1998 年 调整后	1997 年
1	主营业务收入(万元)	55,283.64	81,861.71	81,861.71	94,552.76
2	净利润(万元)	2,292.32	5,518.45	4,834.13	8,998.84
3	总资产(万元)	149,971.17	144,951.86	140,989.94	135,827.41
4	股东权益(万元)	89,470.09	91,139.68	87,177.76	85,621.23
5	每股收益(元/股)	0.07	0.16	0.14	0.53
	每股收益(元/股)(加权)	0.07	0.16	0.14	0.62
6	扣除非经营性损益后的每股收益(元/股)	0.05	0.12	0.10	0.44
7	每股净资产(元/股)	2.62	2.66	2.55	5.01
8	调整后的每股净资产(元/股)	2.53	2.56	2.45	4.80
9	每股经营活动产生的现金流量净额(元/股)	0.37	–0.02	–0.02	
10	净资产收益率(%)	2.56	6.05	5.55	10.51
	净资产收益率(%)(加权)	2.60	6.24	5.60	13.30

附注:1、主要会计数据和财务指标计算公式如下:
每股收益=净利润/年度末普通股股份总数
每股净资产=年度末股东权益/ 年度末普通股股份总数
调整后的每股净资产=(年度末股东权益-三年以上的应收帐款净额-待摊费用-待 处理(流动、固定)资产净损失-开办费-长期待摊费用-住房周转金负数余额/年度末普通股股份总额
2、调整后 1998 年度有关会计数据如下:

项　目	1998 年 调整前	1998 年 调整后
坏帐准备	134,873.47	7,256,221.44
存货跌价准备	——	32,497,848.47
长期投资减值准备	——	——
盈余公积金	36,342,039.00	32,380,119.35
未分配利润	142,777,331.52	109,101,014.55

三、股东情况

1、本公司报告期末股东总数 49358 户。
2、公司前 10 名股东持股情况如下:

序号	股东名称	年末持股数(股)	占总股本比例(%)
1	广东新会美达锦纶集团公司	108,000,000	31.58
2	中国工商银行广东省信托投资公司	20,000,000	5.85
3	中国工商银行信托投资公司	15,000,000	4.38
4	新会市新联贸易发展公司	15,000,000	4.38
5	华夏证券有限公司	10,000,000	2.92
6	广东国际租赁公司	8,000,000	2.34
7	深圳市华能兴楠贸易有限公司	6,450,000	1.89
8	广东省纺织工业总公司	6,000,000	1.75
9	广发证券有限责任公司	4,000,000	1.17
10	建行广东分行信托投资公司	3,000,000	0.87

说明:①持有本公司 5%以上股份的股东有广东新会美达锦纶集团公司、中国工商银行广东省信托投资公司。

②广东新会美达锦纶集团公司因涉及担保纠纷,所持本公司股份 10800 万股暂被冻结。中国工商银行广东省信托投资公司所持本公司股份无质押和冻结。广东国际租赁公司因其及其母公司广东国际信托投资公司关闭清算,所持本公司股份 800 万股暂被冻结。广东省纺织工业总公司所持本公司股份 600 万股暂被冻结。

③前 10 名股东之间不存在关联关系。

④广东新会美达锦纶集团公司为本公司国有股股东,其它为法人股股东。本公司 前 10 名股东中没有外资股东。

3、广东新会美达锦纶集团公司持有股份占本公司总股的 31.58%。法定代表人陈柏森。该公司是一家以本公司为主体、工贸结合的外向型集团公司。主营本集团企业产品及相关技术出口;所需原辅材料、机械设备、仪器仪表、零配件进口。

石家庄炼油化工股份有限公司

一、公司简介

1、公司法定中文名称:石家庄炼油化工股份有限公司
英文:SHIJIAZHUANG　REFINING–CHEMICAL　CO.,LTD.
英文缩写:SRCC
2、公司法定代表人:奚奎华
3、公司董事会秘书:滕峰阁　　公司授权代表:李金瑞
联系地址:河北省石家庄炼油化工股份有限公司
电　　话:0311–5161160　　传　　真:0311–5161138
4、公司注册地址: 河北石家庄市高新技术开发区黄河大道 151 号。
公司办公地址:河北省石家庄炼油化工股份有限公司
邮政编码:050032
公司电子信箱:mafeiyue@sina.com
5、公司选定的信息披露报纸:《中国证券报》、《证券时报》
登载公司年度报告的中国证监会指定国际互联网网址:http://www.see.com.cn
公司年度报告备置地点:石家庄炼油化工股份有限公司证券部
6、公司股票上市交易所:深圳证券交易所
股票简称:石炼化　　股票代码:0783

二、会计数据和业务数据摘要

(一)1999 年度会计数据和业务数据摘要

利润总额:	132,136,177.65
净　利　润:	97447291.71
扣除非经常性损益后的净利润:	97447291.71
主营业务利润:	208495347.52
其他业务利润:	–939319.86
营　业　利　润:	141418541.93
投　资　收　益:	–13641092.04
营业外收支净额:	4358727.76
经营活动产生的现金流量净额:	–135257668.80
现金及现金等价物净增加额:	–110249937.74
注:扣除非经常性损益项目和涉及金额:	0

(二)前三年主要会计数据和财务指标

	1999	1998 调整后	1998 调整前	1997
(1)主营业务收入(元)	2865199388.22	2607329677.25	2619830640.15	3110626155
(2)净利润(元)	97447291.71	208870172.84	273485691.80	325611580.44
(3)总资产(元)	2597830476.98	2645423407.25	2843492831.58	2479876465.99
(4)股东权益(元)	1979286912.3	1953796655.31	2145360828.04	1871527236.24
(5)每股收益(元)	0.0844	0.1934	0.253	0.45
(6)扣除非经常性损益后的每股收益(元)	0.0844	0.177	0.253	0.45
(7)每股净资产(元)	1.71	1.81	1.956	2.60
(8)调整后的每股净资产(元)	1.60	1.69	1.898	2.56
(9)净资产收益率(%)	4.92	10.69	12.75	17.31
(9)按月平均加权计算每股收益(元)	0.099	0.193	0.253	0.50
(10)加权净资产收益率(%)	4.96	11.42	13.62	23.87

注:(1)1999 年末总股本 115444.4333 万股;1998 年末总股本 108000 万股;1997 年末总股本 72000 万股。以上每股指标均按当期实现数除以当期总股本所得。

注:(2)1997 年度未编制现金流量表,故当年每股经营活动产生的现金流量净 额未反映。

注:(3) 公司 1998 年 1—6 月份总股本为 72000 万股,7—12 月份为 108000 万股;1999 年 1—11 月份为 108000 万股,12 月份为 115444.4333 万股。以上述月份相关数据作 为加权平均的计算基数。

注:(4)98 年度主要数据和财务指标为根据财政部财会字 (1999)35 号文、49 号文而进行的会计政策、会计估计变更,追溯调整后的数据。

(三) 报告期内股东权益变动情况(单元:万元)

项目	股本	资本公积	盈余公积	其中:法定公益金	未分配利润	合计
期初数	108000	59267	6377	2126	21735	195379
本期增加	7444	15375	1462	487	8284	32565
本期减少	–	–	–	–	30016	30016
期末数	115444	74642	7839	2613	3	197928

变化原因:1)本报告期内公司股本变动增加 7444 万股,系本期实施了公司 1999 年度临时股东大会审议通过,经中国证券监督管理委员会证监上字[1999]号文批准的以 1998 年末公司总股本 108000 万股为基数,向全体股东每 10 股配 3 股的配股方案。2)资本公积增加主要配股溢价部分形成。3)盈余公积增加系利润中提取形成。4)未分配利润减少系本年度利润分配所至。

三、股东情况介绍

1、截止 1999 年 12 月 30 日,公司在深圳证券登记公司登记的股东共有 89391 户。
2、公司主要股东持股情况(前十名股东)

股东名称	持股数(股)	占总股本比例(%)
中国石化石家庄炼油厂	920444333	79.73
海通北京	4897205	0.42
陕西合记联合实业总公司	4449375	0.39
海南国兴工贸实业公司	3447605	0.3
北京中京泰咨询有限公司	2754975	0.24
梁海俊	816200	0.07
白国红	588880	0.05
邹　润	555736	0.05
陈爱林	543600	0.05
刘　耘	492369	0.04

公司前十名股东之间没有关联关系。
3、报告期内公司国有法人股股东中国石化石家庄炼油厂
持有股数:920,444,333 股,增加了 20,444,333 股,系本期实施了每 10 股配 3 股的 配股方案所致。所占比例:79.73%
法定代表人:奚奎华
经营范围:石油加工及产品的销售;石油化工产品的生产销售;建筑材料生产和销售。

武汉中商集团股份有限公司

一、公司简况

1、公司法定中文名称:武汉中商集团股份有限公司
公司法定英文名称:WUHAN ZHONGNAN COMMERCIAL GROUPCO.,LTD
[缩写 ZNCG]
2、公司法定代表人:严规方
3、公司董事会秘书:罗明涛　　授权代表:薛玉
联系地址:武汉市武昌区中南路9号证券部
联系电话:027-87824232　　传　　真:027-87307723
4、公司注册地址:武汉市武昌区中南路9号
公司办公地址:武汉市武昌区中南路9号　　公司邮政编码:430071
公司电子信箱:zhongnan@public.wh.hb.cn
5、公司选定的信息披露报纸名称:《中国证券报》、《证券时报》
登载公司年度报告的中国证监会指定国际互联网网址: http://www.cninfo.com.cn
公司年度报告备置地点:公司证券部
6、公司股票上市地:深圳证券交易所
公司股票简称:武汉中商　　公司股票代码:0785

二、会计数据与业务数据摘要

1、公司本年度利润总额及其构成　　(单位:元)

	1999 年度
利润总额	62,293,289.33
净利润	55,727,975.39
扣除非经常性损益后的净利润	——
主营业务利润	188,329,698.39
其他业务利润	6,224,483.50
投资收益	8,301,908.69
补贴收入	——
营业外收支净额	-780,280.05
经营活动产生的现金流量净额	18,588,620.69
现金及现金等价物净增加额	27,769,134.26

注:扣除的非经营性损益项目及涉及金额:无

2、截止报告期末公司前三年主要会计数据和财务指标(单位:元)

指标项目	1999 年	1998 年		1997 年	
		调整前	调整后	调整前	调整后
主营业务收入	1964729501.91	1592907461.89	1592907461.89	1377459499.08	1377459499.08
净利润	55727975.39	63093083.50	62649827.62	78710508.60	62578915.59
总资产	1407174046.46	1241333773.25	1224596921.15	1069063491.03	1052767079.81
股东权益(不含少数股东权益)	530600610.06	410078362.67	389973513.78	346985279.17	329423686.16
每股收益(元/股)	0.31	0.37	0.366	0.734	0.58
每股净资产(元/股)	2.96	2.39	2.28	3.24	3.08
调整后的每股净资产	2.86	2.34	2.22	3.12	2.96
每股经营活动产生的现金流量净额	0.10	0.253	0.253		
净资产收益率(%)	10.50	15.39	16.07	22.68	20

注:(1) 其中:1997 年度按总股本 107125200 股计算,1998 年度按总股本 171400320 股计算,1999 年度按总股本 179444070 股计算;

(2) 主要财务指标的计算公式

每股收益=净利润/年度末普通股股份总数

每股净资产=年度末股东权益/ 年度末普通股股份总数

调整后的每股净资产=(年度末股东权益-三年以上的应收款项-待摊费用-待处理(流动、固定)资产净损失-开办费-长期待摊费用-住房周转金负数余额)/年度末普通股股份总数

每股经营活动产生的现金流量净额=经营活动产生的现金流量净额/年度末普通股股份总数

净资产收益率=净利润/年度末股东权益×100%

3、报告期内股东权益变动情况　　单位:元

项目	股本	资本公积	盈余公积	法定公益金	未分配利润	股东权益合计
期初数	171400320	56895580.53	155116903.43	13449564.49	6560709.82	389973513.78
本期增加	8043750	76855370.89	11145595.08	5572797.54	55727975.39	151772691.36
本期减少					11145,595.08	11145595.08
期末数	179444070	133750951.42	166262498.51	19022362.03	51143090.13	530600610.06

变动原因:(1) 公司在报告期内实施了配股方案，使股本增加 8,043,750 股,资本公积增加 76,855,370.89 元。

(2) 盈余公积增加 11,145,595.08 系本年度计提法定公积金 5,572,797.54 元,提取公益金 5,572,797.54 元所致。

(3) 未分配利润增加 55,727,975.39 元系本年度净利润转入;减少 11,145,595.08 元系提取法定公积金及公益金。

三、股本变动及股东情况介绍

1、截止 1999 年 12 月 31 日,本公司拥有股东户数为 32,314 户,其中:国家股股东 1 户，为武汉国有资产经营公司;法人股股东 23 户;公司职工股股东 5 户,为公司高级管理人员持股,均在深圳证券登记结算中心锁定。

2、持有本公司 5 %以上的股份及前十名股东持股情况介绍

股东名称	年初持股数(股)	本年度增加(股)	年末持股数(股)	占总股本比例(%)
武汉国有资产经营公司	1016668320		101668320	59.32
中国工商银行武汉市信托投资公司	6708000		6708000	3.91
中国工商银行湖北省直属支行	2496000		2496000	1.46
湖北省电力公司	2496000		2496000	1.46
中国平安保险公司	2496000		2496000	1.46
武汉市信托投资公司	156000		1560000	0.91
湖北徐东(集团)股份有限公司	156000		1560000	0.91
武汉市机械设备进出口公司	156000		1560000	0.91
中国建设银行武汉市沿江支行	156000		1560000	0.91
中国农业银行武汉市直属支行	936000		936000	0.55

注:第一位为国家股股东,2 至 10 位为法人股股东,本年度因国家股股东、法人股股东全部放弃配股，故所持股份无变动。前 10 名股东均无关联关系。

北新集团建材股份有限公司

公司简介

1、公司法定名称:北新集团建材股份有限公司
公司英文名称:Beijing New Building Material Public Limited Company
公司英文名称缩写:BNBMPLC
2、公司法定代表人:宋志平
3、公司董事会秘书:龚长德
公司负责信息披露事务机构:证券部
联系人:龚长德、常张利
电话:010-82913831-2818　　传真:010-82912658
电子信箱:gcd@bnbm.com.cn
czl@bnbm.com.cn
4、公司注册地址:北京市海淀区西三旗环岛东路南
公司办公及通讯地址:北京市海淀区西三旗环岛东路南
北新集团建材股份有限公司　　邮政编码:100096
公司网址:http://www.bnbm.com.cn
公司电子信箱:bnbm@public3.bta.net.cn
5、公司信息披露刊物名称:《中国证券报》
登载公司年报的互联网址:http://www.cninfo.com.cn
公司年度报告备置地点:本公司证券部
6、公司股票上市交易所:深圳证券交易所
公司股票简称:北新建材　　公司股票代码:0786

会计数据和业务数据摘要

一、公司本年度会计数据	单位: 人民币元
利润总额	70,431,432.53
净利润	64,120,875.08
扣除非经常性损益后的净利润	59,570,875.08
主营业务利润	88,456,841.20
其他业务利润	9,253,867.62
营业利润	55,723,296.63
投资收益	10,313,465.66
补贴收入	4,403,318.93
营业外收支净额	-8,648.69
经营活动产生的现金流量净额	44,384,760.18
现金及现金等价物净增加额	-159,233,608.47

注: "扣除非经常性损益后的净利润" 中扣除项目为矿棉吸音板项目贴息, 涉及金额: 455 万元。

二、公司近三年财务指标　　单位:人民币元

追溯调整后

指标项目	1999 年度	1998 年度	1997 年度
主营业务收入	468949211.37	307570839.11	300961377.85
净利润	64120875.08	80511139.88	92008152.75
总资产	1101111435.52	1041410342.95	701445918.15
股东权益	740182813.44	701586291.59	459547227.45
摊薄每股收益	0.246	0.464	0.594
加权每股收益	0.286	0.504	0.675
扣除非经常性损益后的每股收益	0.229	0.464	0.594
每股净资产	2.844	4.044	2.965
调整后的每股净资产	2.785	3.998	2.908
每股经营活动产生的现金流量净额	0.171	0.363	
净资产收益率(%)	8.66	11.48	20.02

注: 主要财务指标计算方法:

每股收益=净利润/年度末普通股股份总数

每股净资产=年度末股东权益/ 年度末普通股股份总数

调整后的每股净资产=(年度末股东权益-三年以上的应收款项净额-待摊费用-待 处理(流动、固定)资产净损失-开办费-长期待摊费用-住房周转金负数余额)/年度末 普通股股份总数

加权平均每股收益=当期净利润÷[期末股份总数÷(1+配股比例或增发新股比例)+期末股份总数÷(1+配股比例或增发新股比例)×配股比例或增发新股比例×缴款结 束日下一月份至期末月份数÷12]

每股经营活动产生的现金流量净额=经营活动产生的现金流量净额/年度末普通股股份总数

净资产收益率=净利润/年度末股东权益×100%

股东情况介绍

1、截止 1999 年 12 月 31 日,公司股东总数为 56,259 户,其中董事、监事及高级管理 人员 14 人。

2、前 10 名股东持股情况　　单位:股

股东名称	年末持股数	占总股本比例(%)
北新建材(集团)有限公司	172,500,000	66.28
普惠证券投资基金	1,500,027	0.58
周　凯	588,000	0.23
天津开发区点石装饰有限公司	401,695	0.15
罗洪昌	358,465	0.14
普丰证券投资基金	316,600	0.12
李志群	300,000	0.11
财政南京	300,000	0.11
刘　丹	249,000	0.10
王小英	237,400	0.09

以上股东间无关联情况。

3、持有本公司 10%(含 10%)以上股份的法人股东情况简介

本公司国有法人股股东北新建材(集团)有限公司是国家 1979 年投资兴建的国内规模最大的新型建筑材料生产企业,法定代表人宋志平。公司主要从事新型建筑材料、装饰材料及配套产品、机械设备、金属房屋的技术开发、制造、销售、技术服务,并 兼营销售金属材料、木材、煤炭、建筑机械、汽车配件、五金交电化工和汽车货运、仓储服务等。

北新建材(集团)有限公司所持 17,250 万股股份无质押情况。

4、本报告期内控股股东未变更。

湖南创智信息科技股份有限公司

一 公司简介

1、公司的法定名称:湖南创智信息科技股份有限公司
公司英文名称:Hunan Powerise Information Technology Co.,LTD
2、公司法定代表人:丁亮
3、公司董事会秘书:陈蓓
联系地址:长沙市高新技术产业开发区火炬城 M4 栋
联系电话:0731-8923608　联系传真:0731-8923611　电子信箱:investchen@163.net
4、公司注册及办公地址:长沙市高新技术产业开发区火炬城 M4 栋　邮政编码:410013
公司国际互联网网址:http://www.powerise.net　电子信箱:powerise@public.cs.hn.cn
5、公司选定的信息披露报纸名称:《中国证券报》、《证券时报》
登载公司年度报告的中国证监会指定国际互联网网址:Http://www.cninfo.com.cn
公司年度报告备置地点:长沙市高新技术产业开发区火炬城 M4 栋董事会秘书处
6、公司股票上市交易所:深圳证券交易所
股票简称:创智科技　股票代码:0787

二 会计数据和业务数据 摘要

1、利润情况(合并报表)

公司本年度实现利润总额 48299451.34 元,其中净利润 41215025.28 元,扣除非经常性损益后的净利润 40865025.28 元,主营业务利润 143844168.89 元,其他业务 利润 1461930.06 元,营业利润 48163481.89 元,投资收益-828969.22 元,补贴收 入 350000 元,营业外收支净额 614938.67 元,经营活动产生的现金流量净额 17885049.51 元,现金及现金等价物净增加额 116835793.95 元。

2、公司前三年主要会计数据和财务指标　(单位:人民币元)

项　目	1999.12.31		1998.12.31		1997.12.31	
主营业务收入	534705604.70		561357252.42		489660637.90	
净利润	41215025.28		24227552.87		26656950.75	
总资产	833274260.85		650568175.28		507595270.01	
股东权益	417902924.75		257282172.76		240195631.39	
	摊薄	加权	摊薄	加权	摊薄	加权
每股收益	0.41	0.46	0.27	0.27	0.298	0.347
每股净资产	4.19		2.88		2.69	
调整后每股净资产	3.87		2.56		2.59	
每股经营活动产生的现金流量净额	0.18		0.52			
净资产收益率(%)	9.87		9.38		11.10	
扣除非经常性损益后每股收益	0.409	0.457	0.23	0.23	0.26	0.303

99 年非经常性损益系湖南省科委下拨的补贴收入 350000 元。

98 年非经常性损益系湖南省科委下拨的补贴收入 100000 元和上年募股冻结资金利息 3359074.71 元。

97 年非经常性损益系募股冻结资金利息 3359074.71 元。

注:(1)主要财务指标计算方法

每股收益=净利润/年度末普通股股份总数

每股净资产=年度末股东权益/年度末普通股股份总数

调整后的每股净资产=(年度末股东权益-三年以上的应收款项净额-待摊费用 -待处理(流动、固定)资产净损失-开办费-长期待摊费用-住房周转金负数余额) /年度末普通股股份总数

每股经营活动产生的现金流量净额=经营活动产生的现金流量净额/年度末普通股股份总数

净资产收益率=净利润/年度末股东权益×100%

(2)需要说明的事:由于会计政策和税收政策变更,根据财政部财会字(1999)35 号文、49 号文的有关规定,采用了追溯调整法,调整了 1999 年度合并会计报表相关的"坏帐准备"帐项、"存货跌价准备"、"期初未分配利润"帐项期初数。调整前后会计数据和财务指标如下:

项　目	调整后	调整前
坏帐准备	1718045.43	206900.36
存货跌价准备	0	0
期初未分配利润	67066122.83	71732005.48
每股收益	0.27	0.3398
每股净资产	2.88	2.948
调整后每股净资产	2.56	2.62
净资产收益率(%)	9.38	11.53

3、股东权益变化情况

项目	股　本	资本公积	盈余公积	法定公益金	未分配利润	股东权益合计
期初数	89350143.71	83524355.51	17341550.71	5496330.63	67066122	257282172.76
本期增加	10500000.00	108905726.71	13670268.09	4556756.03	41215025	160620751.99
本期减少					13670268	
期末数	99850143.71	192430082.22	31011818.80	10053086.66	94610880	417902924.75

变动原因:股本变动系 1999 年 12 月配股资金增加股本所致。

资本公积股本溢价增加 108905726.71 元,系 1999 年 12 月配股资金到位增加股本溢 价所致。

盈余公积和法定公益金盈余公积期初数比上年末减少 1470122.53 元,系补交上年 所得税后冲减上年提取数及会计政策变更采用追溯调整法调整期初坏帐准备所致。本期增加 13670268.09 元,系按本期净利润的 10%计提法定公积金、5%计提公益金所致 。

未分配利润是会计政策变更采用追溯调整法及由于本年补交上年所得税,致使期 初未分配利润调减 4665882.65 元。本期减少数系按本期净利润提取 15%的盈余公积所致。

三 股东情况介绍

(1)截至 1999 年 12 月 31 日,本公司股东总数为 10620 户,其中内部职工股股东 5734 户。

2)持有本公司 5%以上(含 5%)股份的股东及前十名股东名册(以 1999 年 12 月 31 日总股本计算)

股东名称	年末持股量(万股)	占总股份比例(%)
湖南创智科技有限公司	2231.76	22.35
湖南金通投资咨询有限公司	718	7.19
上海长平信企业发展有限公司	500	5.01
深圳市佳恒富投资发展有限公司	487.26	4.88
长沙市伟达贸易有限公司	412	4.13
长沙市工矿综合商业公司	403.25	4.04
国通证券有限责任公司	324.90	3.25
王文彬	227	2.27
裕阳证券投资基金	131.27	1.31
深圳市汇聚力实业有限公司	89.81	0.90

湖南金通投资咨询有限公司持有的 718 万法人股,因故被依法冻结。

西南合成制药股份有限公司

(一) 公司简介

1、公司法定中文名称:西南合成制药股份有限公司
公司法定英文名称:Southwest Synthetic Pharmaceutical Co.Ltd.　缩写:SSP Co.Ltd
2、公司法定代表人:杨尚元
3、公司董事会秘书:胥思斌　授权代表:杨帆
联系地址:重庆市江北区寸滩水口西南合成制药股份有限公司证券部
电话:023-67091473-8247　传真:023-67091507　电子信箱:hczyzqb@public.cta.cq.cn
4、公司注册地址:重庆市江北区黑石子水口
公司办公地址:重庆市江北区黑石子水口　邮政编码:400025
5、公司选定的信息披露报纸:中国证券报
登载公司年度报告的中国证监会指定国际互联网网址:www.cninfo.com.cn
公司年度报告备置地点:西南合成制药股份有限公司证券部、深圳证券交易所、有关证券经营机构营业网点
6、股票上市地:深圳证券交易所　股票简称:合成制药　股票代码:"0788"

(二) 会计数据与业务数据摘要

1.公司本年度实现的利润总额及其构成

项目	1999 年度
利润总额(元)	-49757298.42
净利润(元)	-49757298.42
扣除非经常性损益后的净利润(元)	-49757298.42
主营业务利润(元)	36185677.07
其他业务利润(元)	1921917.14
营业利润(元)	-63540466.74
投资收益(元)	-375515.10
补贴收入(元)	13289827.09
营业外收支净额(元)	868856.33
经营活动产生的现金流量净额(元)	-78058606.98
现金及现金等价物净增加额(元)	-10300426.77

2.公司近三年的主要会计数据和财务指标

项目	单位	1999 年度	1998 年度		1997 年度
主营业务收入	千元	229575	284402	284402	373314
净利润	千元	-49757	21747	884	56380
总资产	千元	971369	1029910	958868	922708
股东权益(不含少数股东权益)	千元	459677	580321	509384	558574
每股收益	元	-0.26	0.11	0.005	0.32
每股收益(加权)	元	-0.26	0.12	0.005	0.32
扣除非经常性损益后的每股收益	元	-0.26			
每股净资产	元	2.39	3.02	2.65	3.19
调整后的每股净资产	元	2.23	3.00	2.50	3.14
每股经营活动产生的现金流量净额	元	-0.41	0.07		
净资产收益率	%	-10.82	3.75	0.17	10.09

注 1:上表中财务指标的计算公式如下:

每股收益=净利润/年度末普通股股份总数

每股净资产=年度末股东权益/年度末普通股股份总数

调整后的每股净资产=(年度末股东权益-三年以上的应收款项净额-待摊费用-待 处理(流动、固定) 资产净损失-开办费-长期待摊费用-住房周转金负数余额)/年度末 普通股股份总数加权平均每股收益=当期净利润/[期末股份总数/(1+配股比例或增发 新股比例)+期末股份总数/(1+配股比例或增发新股比例)×(自缴款结束日下-月份至 期末的月份数/12)]

每股经营活动产生的现金流量净额=经营活动产生的现金流量净额/年度末普通股股份总数

净资产收益率=净利润/年末股东权益×100%

3.报告期内股东权益的变化情况:　单位:元

项目	股本	资本公积	盈余公积	法定公益金	未分配利润	股东权益合计
期初数	19250	205727643.53	82073412.26	18119844.75	29083154.56	509384210.35
本期增加						
本期减少					49757298.42	49757298.42
期末数	19250	205777643.53	82073412.26	18119844.75	-20674143.86	459676911.93

(三) 股本变动及股东情况

1、股本变动情况　数量单位:股

	本次变动前	本次变动增减(+/-) 配股	送股	公积金转股	增发	其它	小计	本次变动后
一、未上市流通股份								
1、发起人股份	93500000							93500000
其中:境内法人拥有股份	93500000							93500000
境外法人持有股份	49500000							49500000
尚未流通股份合计	14300000							14300000
二、已上市流通股份								
1、人民币普通股	49500000							49500000
已上市流通股份合计	49500000							49500000
三、股份总数	192500000							192500000

2、股东情况介绍

(1)截止 1999 年末止,公司股东总数 32931 户。

(2)前十名股东,1999 年末止

名次	股东名称	年末持股数(股)	占总股本%
①	西南合成制药总厂	93500000	48.57
②	重庆长江制药厂	5433450	2.82
③	重庆市医药压力容器检测站	5170000	2.69
④	重庆渝北江洛化工厂	1815000	0.94
⑤	西南合成制药厂科学技术协会	1672000	0.87
⑥	华夏证券重庆营业部	1375000	0.71
⑦	重庆银中经济开发公司	660000	0.34
⑧	上海茂治实业有限公司	660000	0.34
⑨	重庆润康药业有限公司	605000	0.31
⑩	重庆铁路自备车公司	568000	0.30

前 10 名股东之间没有关联关系。

江西万年青水泥股份有限公司

江西万年青水泥股份有限公司1999年年度报告摘要

一、公司简介

1、公司中文名称:江西万年青水泥股份有限公司
公司英文名称:JIANGXI WANNIANQING CEMENT CO.,LTD.
2、公司法定代表人:杨石根
3、公司董事会秘书:马　欣
授权代表:胡美霞
联系地址:江西省万年县江西万年青水泥股份有限公司
电　　话: 0793—3839605、3839868
传　　真: 0793—3839776
电子信箱:srwngs@public1.srptt.jx.cn
4、公司注册及办公地址:江西省万年县江西水泥厂办公大楼
邮政编码:335506
5、公司选定的信息披露报刊名称:《中国证券报》、《证券时报》
登载公司年度报告的国际互联网网址:http://www.cninfo.com.cn
年度报告备置地点:公司证券部
6、公司股票上市交易所:深圳证券交易所
股票简称:江西水泥
股票代码:0789

二、会计数据和业务数据摘要

1、公司本年度实现利润情况:　　(单位:人民币元)

利润总额	58,925,671.24
净利润	41,452,573.01
扣除非经常性损益后的净利润	41,452,573.01
主营业务利润	109,325,833.62
其他业务利润	−22,866.05
营业利润	54,598,369.81
投资收益	−5,172,654.60
补贴收入	9,530,780.86
营业外收支净额	−30,824.83
经营活动产生的现金流量净额	120,244,043.80
现金及现金等价物净增加额	−6.771,365.12

2、近三年主要会计数据和财务指标　单位:元

项目	1999年度	1998年度		1997年度	
		调整前	调整后	调整前	调整后
主营业务收入	301,477,714.05	272,849,573.08	272,804,353.08	308,197,256.39	308,197,256.39
净利润	41,452,573.01	48,709,692.69	45,077,352.10	42,521,288.28	35,776,448.73
总资产	706,240,177.92	584,857,448.17	575,192,336.72	518,651,653.31	511,906,813.76
股东权益	437,210,852.47	436,780,459.60	426,403,279.46	388,070,766.91	381,325,927.36
每股收益(摊薄)	0.135	0.159	0.147	0.236	0.199
每股收益(月均加权)	0.135	0.159	0.147	0.290	0.244
每股收益(扣除非经常性损益后的每股收益)	0.135	——	0.125	——	0.160
每股净资产	1.429	1.427	1.393	2.156	2.118
调整后每股净资产	1.418	1.419	1.385	2.134	2.116
每股经营活动产生的现金流量净额	0.393	−0.035	−0.035		
净资产收益率	9.48	11.15	10.57	10.96	9.38

股本变化后的每股收益:0.122元(公司99年度配股方案已于2000年1月29日完成，至披露日股本已由99年末的30600万股增加至34050万股。)

说明:根据财政部财会字(1999)35号文《关于印发(股份有限公司会计制度有关会计处理问题补充规定)的通知》的有关规定,公司的本年度坏帐准备、存货跌价准备、长短期投资跌价准备等会计政策发生变更,并已采用追溯调整法,调整了期初留存收益及相关项目的期初数;利润及利润分配表的上年数栏,已按调整后的数字填列。上述会计政策变更的累积影响数为9,674,435.27元,其中,因坏账准备计提方法变更的累积影响数为8,178,311.27元，存货计价方法变更的累积影响数为1,496,124.00元;由于会计政策变更,调减了1998年度的净利润2,929,595.72元;调减了1999年年初留存收益9, 674,435.27元,其中,未分配利润调减了8,223,269.98元,盈余公积调减了1,451,165.29元;利润及利润分配表上年数栏的年初未分配利润调减了5,733,113.62元。

注:主要财务指标的计算方法:
每股收益=净利润/年度末普通股股份总数
每股净资产=年度末股东权益/年度末普通股股份总数
调整后的每股净资产=(年度末股东权益-三年以上的应收款项净额-待摊费用-待 处理(流动、固定)资产净损失-开办费-长期待摊费用-住房周转金负数余额)/年度末 普通股股份总数
每股经营活动产生的的现金流量净额=经营活动产生的现金流量净额/年度末普通股股份总数
净资产收益率=净利润/年度末股东权益×100%

3、股东权益变动情况:　　单位:人民币元

项　目	股本	资本公积	盈余公积	法定公益金	未分配利润	股东权益合计
期初数	306,000,000	56,231,383.49	14,254,134.54	6,168,754.46	49,917,761.43	426,403,279.46
本期增加			6,217,885.94	2,072,628.64	35,234,687.07	41,452,573.01
本期减少					30645,000.00	
期末数	306,000,000	56,231,383.49	20,472,020.48	8,241,383.10	54,507,448.50	437,210,852.47

变动原因:盈余公积、法定公益金、未分配利润和股东权益合计的增加均系本期实现净利润按法定程序计提所致。

三、　股东情况介绍

(1)报告期末股东总数
截止1999年末,公司股东总数为51446户。
(2) 公司前十名股东持股情况:

名次	股东名称	持股数(股)	占总股本比例%
1	江西水泥厂(国有法人股)	221,000,000	72.22
2	普丰证券投资基金	372200	0.122
3	周常义	220849	0.072
4	吴荷香	174400	0.057
5	刘光明	150000	0.049
6	陈苹	134050	0.044
7	胡海明	128390	0.042
8	袁旭华	124470	0.041
9	方向飞	122500	0.040
10	汤九成	120000	0.039

说明:持股10%以上的公司国有法人股股东是江西水泥厂,持有股份221,000,000股,本年度所持股份无变动,无质押或冻结情况。

四、　股东大会简介

报告期内公司召开了一次股东大会和一次临时股东大会。
1、1999年3月15日公司召开了1998年年度股东大会，大会的决议公告刊登在1999年3月16日的《中国证券报》、《证券时报》上。
2、1999年8月3日公司召开了1999年度临时股东大会，大会决议公告刊登在1999年8月4日的《中国证券报》、《证券时报》上。

五、董事会报告

(1)公司所处的行业及在本行业中的地位
公司属工业建材行业，主要从事水泥熟料及硅酸盐水泥的制造和销售。公司为江西省最大的水泥生产企业,1999年在全国重点水泥企业中排名第18位(按销量排名,资料来源《国家建材局信息中 心》)。
(2)公司主营业务的范围及其经营状况
报告期内公司主营业务情况:
公司1999年度共生产水泥115.73万吨,比上年度增加8.9%,销售水泥117.17万吨 ,比上年度增加11.38%,其中销售熟料1.93万吨,完成主营业务收入30147.77万元,主 营业务利润10932.58万元，均来自水泥及熟料的生产和销售。
(3)在经营中出现的问题与困难及解决方案
1999年公司经营中出现的问题与困难主要有:
A、国内水泥市场继续低迷、疲软、竞争加剧,国内一些大型水泥企业低价侵入江西及周边市场。
B、国家关闭小水泥政策未见明显效果,地方保护严重。
C、欠款依然严重,给销售增加难度。
面对以上困难,公司重点采取了以下措施:
A、调整销售策略,巩固重点地区、重点用户、确保重点工程,增加产品品种,扩大周边农村市场,实行一定的让利政策,该措施使公司的市场销量有所增加，但导致市场销价下降。
B、加强内部考核制度,降低销售费用,提高销售人员待遇,调动销售人员积极性。
C、加强外欠款的清欠工作,加大销售货款回笼力度,99年货款100%回收,并使外 欠货款总额有所下降,提高了资金使用效率。
D、进一步加强内部管理,实行大宗原材料采购招标制,降低了采购费用,提高了采购质量，减少了材料库存,降低了生产成本。
2、公司财务状况
(1)报告期内公司财务状况如下:
①总资产:截至99年末,公司资产总额为70624.02万元,较上年同期的57519.23万 元增加了13104.79万元,增长22.78%,主要是由于一号窑技改工程工作量进度增加和 余热发电工程完工,结转固定资产以及税后未分配利润所致。
②长期负债:截至99年末,公司长期负债8600万元,较上年同期4389.61万元增加4210.39万元,增长95.92%,主要原因是技改工程增加贷款。
③股东权益:截至99年末,公司股东权益为43721.09万元,较上年同期的42640.33 万元增加1080.76万元,增长2.53%,主要原因是税后净利润所致。
④主营业务利润:截至99年末,公司实现主营业务利润10932.58万元,较上年同期 的9569.71万元增加1362.87万元,增长14.24%,其主要原因是由于销售量增加11.8万 吨,影响主营业务利润比上年同期增加3395.18万元;由于销售单价降低,影响主营业务利润比上年同期减少176.72万元;由于主营业务成本增加,影响主营业务利润比上年同期减少1465.45万元;由于销售收入增加,影响产品销售税后及附加的提高,使主营业务利润减少390.14万元。
⑤净利润：截至99年末，公司实现净利润4145.26万元，较上年同期的4507.73万元 减少362.47万元,降低8.04%,主要原因是计提短期投资坏帐损失所致。
3、公司投资情况
1.募集资金投资情况
公司于1997年8月获准发行人民币普通股5000万股,实际募集资金20450万元,所募资金按公司《招股说明书》披露的资金用途，主要用于公司一号窑技术改造项目,情况如下:

承诺投资项目	计划投资(万元)	实际投资(万元)	项目进度(%)
实际投资项目			
一号窑技改工程	30825	22821	74%

报告期内公司募股资金投资项目一号窑技改项目进展顺利，截止到报告期末，共投入资金22821万元,首次募股资金20450万元已全部使用到该项目中,截止到披露日,该 项目已基本完工,计划提前一个月于2000年4月份点火试生产。
2.非募集资金投资情况:
公司董事会于98年3月6日决定投资兴建余热发电工程，该项目已于报告期内完工 并完成峻工决算,99 年共发电500万度。
4、中国加入世贸组织对未来经营产生的影响。
中国加入世贸组织后为公司参与国际市场竞争提供了机遇和增加了渠道,公司正 积极准备产品的出口事宜。同时,加入WTO后也会给公司的生产经营造成一定压力,主 要是有竞争能力的外资企业获得国民待遇,可以平等的参与国内市场竞争,给国内市场造成压力,带来冲击。
5、新年度业务发展计划
公司2000年计划生产销售水泥及熟料140万吨,力争达到150万吨。
一号窑技改工程计划2000年4月点火试生产,全年力争生产熟料及水泥30万吨。
南昌粉磨站工程争取年内完工。
6、董事会日常工作情况
(1)报告期内董事会会议的召开时间、重要决议及信息披露情况
1)公司于1999年2月3日召开了第一届董事会第四次会议,会议审议通过了1998年 年度报告及摘要、1998年年度利润分配预案、1999年度配股预案、修改公司章程的议案、续聘会计师事务所的议案、1998年度财务决算报告及1999年度财务预算方案、关于召开1998年度股东大会的议

案。会议决议公告刊登在1999年2月5日的《中国证券报》和《证券时报》上。

2)公司于1999年7月1日召开了第一届董事会第四次临时会议,会议审议通过了公 司机构变动的决议、高级管理人员变动的决议、关于兴建南昌水泥粉磨站工程的决议、一九九九年度配股预案、公司1999年度增资配股募集资金使用可行性研究、前次募集资金使用及效益情况的说明、控股股东以资产方式配股的说明、决定于1999年8月3日召开1999年度临时股东大会。会议决议公告刊登在1999年7月2日的《中国证券报》和《证券时报》上。

3)公司于1999年7月24日召开了第一届董事会第五次会议,会议审议通过了公司一九九九年度中期报告、公司本年度中期不进行利润分配和公积金转增股本。会议决议公告刊登在1999年7月27日的《中国证券报》和《证券时报》上。

(2)报告期内公司利润分配、公积金转增股本、配股方案执行情况

报告期内公司未进行利润分配及公积金转增股本,公司1999年度配股方案已经中 国证券监督管理委员会证监公司字[1999]135号文核准,《配股说明书》于1999年12月13日刊登在《中国证券报》、《证券时报》上。 截止披露日,该方案已实施完毕。

7、董事、监事、高级管理人员

(1)董事、监事、高级管理人员情况介绍

姓名	性别	年龄	职 务	任期(起止日期)	年初 年末 持股数
杨石根	男	47岁	董事长	97.09—2000.09	13600
梁家友	男	45岁	副董事长、总经理	97.09—2000.09	11900
周其祥	男	54岁	董事	97.09—2000.09	10200
张万泉	男	54岁	董事、副总经理	97.09—2000.09	10200
潘维西	男	45岁	董事、常务副总经理	97.09—2000.09	10200
胡景平	男	39岁	董事	97.09—2000.09	10200
马 欣	男	39岁	董事、副总经理 董事会秘书	97.09—2000.09	10200
周金水	男	56岁	董事	97.09—2000.09	10200
胡显坤	男	36岁	董事、总工程师	97.09—2000.09	10200
王荣水	男	50岁	监事会主席	97.09—2000.09	11900
于金根	男	53岁	监事	97.09—2000.09	10200
邹桂香	女	47岁	监事	97.09—2000.09	10200
陈建军	男	42岁	监事	97.09—2000.09	0
谌一鸣	男	48岁	监事	97.09—2000.09	0
李和返	男	46岁	副总经理	97.09—2000.09	7310
刘 伟	男	41岁	副总经理	97.09—2000.09	7310
汤中和	男	44岁	副总经理	99.07—2000.09	0
王村炎	男	55岁	总经济师	97.09—2000.09	7310
吴伟华	男	50岁	总会计师	99.07—2000.09	0

在本公司领取报酬的董事、监事、高级管理人员1999年度报酬总额为18.20万元,其报酬均在11000—15000元区间内,董事胡景平、监事陈建军、监事谌一鸣均未在本 公司领取报酬。

报告期内两名高级管理人员张绣麟、黄月仙因年龄原因离任;报告期内公司总经 理、董事会秘书没有变动。

8、本次利润分配预案或资本公积金转增股本预案。

经江西恒信会计师事务所审核,1999 年度公司实现净利润41,452,573.01元, 按10%提取法定盈余公积金4,145,257.30元, 按5%提取法定公益金2,072,628.64元,当年可供股东分配的利润35,234,687.07元,加以前年度未分配利润49,917,761.43元,实际可供股东分配的利润为85,152,448.50元,本年度分配预案为:以99年末总股本30600万股为基数,每10股派现金1元(含税),以2000年1月31日配股后的总股本34050万股为基数,向全体股东按每10股派现金红利0.90元(含税),共计派发现金红利30,645,000元,尚余未分配利润54,507,448.50元,结转下年度,本年度不进行资本公积金转增股本。本分配预案需提交股东大会审议通过。

9、其他报告事项

报告期内,公司选定的信息披露报刊无变更。

六、监事会报告

1999年度监事会全体成员依据《公司法》、《公司章程》认真履行监督职责,参 加了1998年度股东大会及1999年度临时股东大会,并列席了董事会各次会议。于1999年2月3日召开了第一届监事会第四次会议,于1999年7月24日召开了第一届监事会第五次会议。

七、重要事项

1、本年度公司无重大诉讼、仲裁事项。

2、报告期内公司、公司董事及高级管理人员无受监管部门处罚的情况。

3、报告期内公司控股股东没有发生变更,公司董事会无换届,公司总经理、董事 会秘书无变更。

4、报告期内公司无收购及出售资产、吸收合并事项。

5、重大关联交易事项。

购销商品、提供劳务发生的关联交易:

1999年 1998年

交 易 项 目	交易 数量	单价	金额 (元)	交易 数量	单价	金额 (元)
购入石灰石	1321999T	15	19831485.00	1183657T	15	17754855.00
购入千枚岩	161373T	33.76	5448011.35	151769T	33.76	5123882.60
购入其他材料			8187189.81			
付土地租赁费	88,867.4 m2		981149.04	88867.4m2		981149.00
房屋建筑物租赁费	20座		2879200.00	20座		4961070.00
付资金占用费			241038.18			995139.46
付商标使用费	按销售收入2‰		602955.44	按销售收入2‰		545699.15
付水费	4333093.33T	0.45	1949892.00	5389099.53T	0.45	2425094.79
归还借款			40896142.50			
让售材料配件			6410100.91			
借入资金						40896142.50
付汽车运输费						165200.00
付维修费						1315895.97
付铁路运输费	523697.14T	1.2	628436.57	553524.15T	1.25	691905.19
付烘干料服务费			600,000.00			
合 计			88,655,600.80			75856033.66

因为公司没有原料矿山,向江西水泥厂购入石灰石等原材料是生产经营所必需的,短期内难以改变。 其余关联交易将逐年减少。

6、公司与控股股东"三分开"情况:公司法人治理结构健全,经理、副经理、财 务人员没有在股东单位及关联公司兼职;人事及工资管理完全独立;公司与控股股东在工业产权及非专利技术方面界定清楚;公司的生产、销售系统独立,但在原材料石灰石、千枚岩的供应方面,由江西水泥厂所属矿山开采供应,存在关联交易行为,公司与江 西水泥厂已签订《石灰石、千枚岩供应合同》,合同对采购价格、结算办法及违约处 罚办法做出明确规定,定价公允,关联交易行为不存在损害公司利益的情况;公司设有 独立的财务部门、独立的财务核算体系、独立的财务会计制度,由于公司没有控股子 公司,因此没有对控股子公司的财务管理制度; 公司独立开设银行帐户、独立纳税。

7、报告期内未发生托管、承包、租赁其他公司资产或其他公司托管、承包、租 赁本公司资产的事项。

8、报告期内公司继续聘用江西恒信会计师事务所有限公司为本公司财务审计机 构。

9、报告期内无重大合同和担保事项。

10、报告期内公司名称和股票简称未更改。

11、其它重大事项:

根据财政部财会字(1999)35号文《关于印发(股份有限公司会计制度有关会计处 理问题补充规定)的通知》的有关规定,公司的本年度坏帐准备、存货跌价准备、长短期投资跌价准备等会计政策发生变更,并以采用追溯调整法,调整了期初留存收益及相关项目的期初数;利润及利润分配表的上年数栏,已按调整后的数字填列。上述会计政策变更的累积影响数为9,674,435.27元,其中,因坏账准备计提方法变更的累积影响数为8,178,311.27元、存货计价方法变更的累积影响数为1,496,124.00元;由于会计政 策变更,调减了1998年度的净利润2,929,595.72元;调减了1999年年初留存收益9,674,435.27元,其中,未分配利润调减了8,223,269.98元,盈余公积调减了1,451,165.29元; 利润及利润分配表上年数栏的年初未分配利润调减了5,733,113.62元。

八、财务会计报告

1、审计报告江西恒信会计师事务所有限公司

赣恒会审字(2000)第 54 号

审 计 报 告

江西万年青水泥股份有限公司全体股东:

我们接受委托,审计了贵公司1999年12月31日的资产负债表及1999年度损益表和 现金流量表。这些会计报表由贵公司负责,我们的责任是对这些会计报表发表审计意 见。我们的审计是依据《中国注册会计师独立审计准则》进行的。在审计过程中,我 们结合贵公司的实际情况, 实施了包括抽查会计记录等我们认为必要的审计程序。

我们认为,上述会计报表符合《企业会计准则》和《股份有限公司会计制度》的 有关规定,在所有重大方面公允地反映了贵公司1999年12月31日的财务状况及1999年 度经营成果和现金流量情况,会计处理方法的选用遵循了一贯性原则。

江西恒信会计师事务所 中国注册会计师: 詹铁军
有限公司(盖章) 张新万
中国 江西 二OOO年三月二十八日

2、会计报表(附后)

3、会计报表附注

(1)会计制度:公司执行《企业会计准则》、《股份有限公司会计制度》。

(2)会计年度:公司会计年度采用公历年制, 即以每年的1月1日至12月31日。

(3)计账基础和计价原则:公司的计账基础为权责发生制,资产的计价遵循历史成本原则。

(4)坏账核算方法:

①坏账的确认标准:债务人破产、依照法律清偿后确实无法收回的应收款项;债务人死亡, 既无遗产可供清偿,又无义务承担人,确实无法收回的应收款项以及其他相关证据确凿表明不能收回的应收款项确认为坏账。

②坏账损失的核算方法:公司采用备抵法核算坏账损失,坏账准备按应收款项(包 括应收账款、其他应收款)的账龄分析法提取,提取比例为:

账龄	计提比例(%)
1年以内	5
1-2年	10
2-3年	20
3-4年	30
4-5年	50
5年以上	100

(5)存货的核算方法:

1.公司存货主要包括:库存商品、库存材料、低值易耗品、在产品、物资成本差 异。

2.存货计价方法:存货中除库存材料、包装物采用计划成本价,期末结转物资成本差异, 将计划成本调整为实际成本外,其他均按实际成本计价, 发出存货按加权平均法计算结转,低值易耗品采用五五摊销法。

3.存货跌价准备:

a.计提原则及方法:公司对存货采用成本与可变现净值孰低的原则,分类、分项 计提存货跌价准备。

b.计提标准:公司的存货遭受毁损、全部或部分陈旧时,或销售价格低于成本等, 使存货变现后存货成本仍有不可收回的部分(既存货成本高于其可变现净值的差额)则提取存货跌价准备。

(6)短期投资核算方法:

①计价方法:取得短期投资时支付的全部价款,包括税金、手续费等相关内容,但 不包括实际价款中包含的已宣告发放而尚未领取的现金股利。

②收益确认法:现金股利或利息于收到时冲减投资的帐面价值,处置时按收到的处置收入与短期投资的帐面价值的差额确认为当期投资损益。

③短期投资跌价准备的确认标准及计提方法:

a.短期投资跌价准备的确认标准:公司期末根据短期投资的市价低于成本的差额确认短期投资跌价准备。

b.短期投资跌价准备的计提方法:按投资总体计提跌价准备。

(7)固定资产计价及折旧方法:公司固定资产按实际成本计价,以使用年限在一年以上、单位价值在人民币2,000.00元以上为标准作为固定资产进行核算, 按各类固定资 产原值的4%扣除残值,采用直线法提取折旧。

固定资产类别	估计使用年限	年折旧率(%)
房屋及建筑物	20-35	4.8-2.74
通用设备	10-15	9.6-6.4
专用设备	10-12	9.6-8
运输设备	8-12	12-8

(8)在建工程核算方法:按工程发生的实际支出核算,当在建工程办理竣工决算,交 付使用后确认为固定资产。

(9)收入确认原则:公司销售商品时, 如同时符合以下四个条件,即确认为收入:

①企业已将商品所有权上的主要风险和报酬转移给买方。

②企业既没有保留通常与所有权相联系的继续管理权,也没有对已售出的商品实 施控制。

③与交易相关的经济利益能够流入企业。

④相关的收入和成本能够可靠地计量。

(10)税项

所得税:经江西省人民政府赣府字[1997]35号文批准,股份公司的所得税从1997年度起先按利润总额的33%征收,然后由省财政返还18%,实际税负为15%,所得税会计 处理方法为应付税款法。

(11)会计政策、会计估计的变更及影响

根据公司董事会决议、《股份有限公司会计制度》及财政部财会字(1999)35号文《关于印发<股份有限公司会计制度有关会计处理问题补充规定>的通知》的有关规定,股份公司从1999年1月1日起改变如下会计政策:

①坏账准备原按应收账款余额的3‰计提,自1999年1月1日起按应收款项(包括应 收账款、其他应收款)的账龄分析法计提,提取比例为:逾期1年(含1年,以下类推)以内的,按其余额的5%计提;逾期1-2年的,按其余额的10%计提;逾期2-3年的,按其余额的20%计提;逾期3-4年的,按其余额的30%计提;逾期4-5年的,按其余额的50%计提;逾 期五年以上的,按其余额的100%计提。

②期末短期投资原按成本计价,现改按成本与市价孰低计价,并按投资总体计提跌价准备。

③期末存货原按成本计价,现改为按成本与可变现净值孰低计价。

上述会计政策变更已采用追溯调整法,调整了期初留存收益及相关项目的期初数;利润及利润分配表的上年数栏,已按调整后的数字填列。上述会计政策变更的累积影 响数为9,674,435.27元,其中,因坏账准备计提方法变更的累积影响数为8,178,311.27元、存货计价方法变更的累积影响数为1,496,124.00元;由于会计政策变更,调减了1998年度的净利润2,929,595.72元;调减了1999年年初留存收益9,674,435.27元,其中, 未分配利润调减了8,223,269.98元,盈余公积调减了1,451,165.29元;利润及利润分配表上年数栏的年初未分配利润调减了5,733,113.62元。

九、公司的其他有关资料

1、公司首次注册登记日期:1997年9月5日

公司注册地点:江西省工商行政管理局

2、企业法人营业执照注册号:3600001131177

3、税务登记号码:362331158311773

4、公司未流通股票的托管机构名称:深圳证券登记有限公司

5、公司报告期内证券主承销商名称:国泰君安证券有限责任公司

6、公司聘请的会计师事务所

名称:江西恒信会计师事务所有限公司

办公地址:江西省南昌市叠山路246号

十、备查文件目录

1、载有法定代表人、财务总监、会计主管人员亲笔签字并盖章的财务报表。

2、载有江西恒信会计师事务所有限公司盖章、注册会计师签名并盖章的审计报 告正本。

3、报告期内在中国证监会指定报纸上公开披露过的所有公司文件的正本及公告 原稿。

江西万年青水泥股份有限公司

董　事　会

二零零零年四月一日

资产负债表

编制单位:江西万年青水泥股份有限公司　　单位:人民币元

资产	1999.12.31	1998.12.31
流动资产:		
货币资金	113273606.65	120044971.77
短期投资	50000000.00	42930996.96
减:短期投资跌价准备	9134935.74	
短期投资净额	40865064.26	42930996.96
应收票据		
应收股利		
应收利息		
应收账款	137339723.64	148152097.19
其他应收款	3895486.12	2261548.55
减:坏账准备	8781973.53	8622767.56
应收款项净额	132453236.23	141790878.18
预付账款	3142622.14	46602013.90
应收补贴款	350780.86	
存货	38616267.05	33689032.38
减:存货跌价准备	2136789.39	1496124.00
存货净额	36479477.66	32192908.38
待摊费用	2532423.87	2447042.66
待处理流动资产净损失		
一年内到期的长期债权投资		
其他流动资产		
流动资产合计	329097211.67	386008811.85
长期投资:		
长期股权投资		
长期债权投资		
长期投资合计		
减:长期投资减值准备		
长期投资净额		
固定资产:		
固定资产原价	266494001.00	234486182.24
减:累计折旧	118272775.10	100501225.39
固定资产净值	148221225.90	133984956.85
工程物资		
在建工程	228683806.74	54936342.91
固定资产清理待		
处理固定资产净损失		
固定资产合计	376905032.64	188921299.76
无形资产及其他资产:		
无形资产		
开办费	237933.61	262225.11
长期待摊费用		
其他长期资产无形资产及其他资产合计	237933.61	262225.11
递延资产税项:		
递延资产		
税款借项		
资产总计	706240177.92	575192336.72
负债和股东权益:		
流动负债:		
短期借款	48000000.00	43000000.00
应付票据		700000.00
应付账款	76453006.30	35774502.57
预收账款	8092289.28	5038684.40
代销商品款		
应付工资		2700000.00
应付福利费	378087.22	855953.80
应付股利	30645000.00	
应交税金	616622.69	560884.11
其他应交款	103765.64	84327.83
其他应付款	10740554.32	2718084.90
预提费用		5460477.15
一年内到期的长期负债	8000000.00	8000000.00
其他流动负债		
流动负债合计	183029325.45	104892914.76
长期负债:		
长期借款	86000000.00	43896142.50
应付债券		
长期应付款		
住房周转金		
其他长期负债		
长期负债合计	86000000.00	43896142.50
递延税款贷项		
负债合计	269029325.45	148789057.26
股东权益:		
股本	306000000.00	306000000.00
资本公积	56231383.49	56231383.49
盈余公积	20472020.48	14254134.54
其中:公益金	8241383.10	6168754.46
未分配利润	54507448.50	49917761.43
股东权益合计	437210852.47	426403279.46
负债和股东权益合计	706240177.92	575192336.72

利润及利润分配表

编制单位:江西万年青水泥股份有限公司　　单位:人民币元

项目	1999.12.31	1998.12.31
一、主营业务收入	301477714.05	272804353.08
减:折扣与折让		
主营业务收入净额	301477714.05	272804353.08
减:主营业务成本	190226487.56	175571986.78
主营业务税金及附加	1925392.87	1535246.11
二、主营业务利润	109325833.62	95697120.19
加:其他业务利润	-22866.05	-82111.77
减:存货跌价损失	640665.39	1496124.00
营业费用	36200394.86	35370588.01
管理费用	15695618.53	18463010.21
财务费用	2167918.98	-2672332.42
三、营业利润	54598369.81	42957618.62
加:投资收益	-5172654.60	2874206.19
补贴收入	9530780.86	250000.00
营业外收入	790100.51	9086634.84
减:营业外支出	820925.34	1141057.93
四、利润总额	58925671.24	54027401.72
减:所得税	17473098.23	8950049.62
五、净利润	41452573.01	45077352.10
加:年初未分配利润	49917761.43	11602012.14
盈余公积转入数		
六、可供分配的利润	91370334.44	56679364.24
减:提取法定盈余公积	4145257.30	4507735.21
提取法定公益金	2072628.64	2253867.60
七、可供股东分配的利润	85152448.50	49917761.43
减:应付优先股股利		
提取任意盈余公积		
已分配普通股股利	30645000.00	
转作股本的普通股股利		
八、未分配利润	54507448.50	49917761.43

现金流量表

编制单位:江西万年青水泥股份有限公司　　单位:人民币元

项目	行次	金额
一、经营活动产生的现金流量		
销售商品、提供劳务收到的现金	1	317360648.97
收到的租金	2	
收到的增值税销项税额和退回的增值税款		
收到的除增值税以外的其他税费返还	4	
收到的其他与经营活动有关的现金	5	7951111.33
现金流入小计	6	325311760.30
购买商品、接受劳务支付的现金	7	63345667.21
经营租赁所支付的现金	8	4463304.48
支付给职工以及为职工支付的现金	9	20012633.88
支付的增值税款	10	52544942.93
支付的所得税款	11	8376686.35
支付的除增值税、所得税以外的其他税费	12	2668641.80
支付的其他与经营活动有关的现金	13	53655839.85
现金流出小计	14	205067716.50
经营活动产生的现金流量净额	15	120244043.80
二、投资活动产生的现金流量:		
收回投资所收到的现金	16	42930996.96
分得股利或利润所收到的现金	17	
取得债券利息收入所收到的现金	18	3962281.14
处置固定资产、无形资产和其他长期资产而收到的现金净额		
收到的其他与投资活动有关的现金	20	
现金流入小计	21	46893278.10
购建固定资产、无形资产和其他长期资产所支付的现金	22	198828798.29
权益性投资所支付的现金	23	
债权性投资所支付的现金	24	20000000.00
支付的其他与投资活动有关的现金		
现金流出小计	26	218828798.29
投资活动产生的现金流量净额	27	-171935520.19
三、筹资活动产生的现金流量		
吸收权益必性投资所收到的现金		
发行债券所收到的现金	29	
借款所收到的现金	30	88000000.00
收到的其他与筹资活动有关的现金	31	850786.95
现金流入小计	32	88850786.95
偿还债务所支付的现金	33	40896142.50
发生筹资费用所支付的现金	34	

分配股利或利润所支付的现金	35	
偿付利息所支付的现金	36	3034533.18
融资租赁所支付的现金	37	
减少注册资本所支付的现金	38	
支付的其他与筹资活动有关的现金	39	
现金流出小计	40	43930675.68
筹资活动产生的现金流量小计	41	44920111.27
四、汇率变动对现金的影响额	42	
五、现金及现金等价物净增加额	43	-6771365.12
补充资料		
1、不涉及现金收支的投资和筹资活动		
以固定资产偿还债务		
以投资偿还债务		
以固定资产进行投资		
以存货偿还债务		
融资租赁固定资产		
接受捐赠非现金资		
2、将净利润调节为经营活动的现金流量		
净利润	50	41452573.01
加:计提的坏帐准备或转销的坏帐	51	777567.43
固定资产折旧	52	17634972.19
无形资产、待摊费用摊销	53	76025.54
处置固定资产、无形资产和其他长期资产的损失(减:收益)		
固定资产报废损失	55	
财务费用	56	3034533.18
投资损失(减:收益)	57	5172654.60
递延税款贷项(减:借项)	58	
存货的减少(减:增加)	59	-4286569.28
经营性应收项目的减少(减:增加)	60	44793433.30
经营性应付项目的增加(减:减少)	61	10988593.49
增值税增加净额(减:减少)	62	600260.34
其他	63	
经营活动产生的现金流量净额	64	120244043.80
3、现金及现金等价物净增加情况:		
货币资金的期末余额	65	113273606.65
减:货币资金的期初余额	66	120044971.77
加:现金等价物的期末余额	67	
减:现金等价物的期初余额	68	
现金及现金等价物净增加额	69	-6771365.12

成都华神集团股份有限公司

一、公司简介

1、公司的法定中文名称：
公司的法定英文名称：CHENGDU HOIST INC.,LTD.
英文名称缩写：HOIST INC.
2、公司法定代表人：彭旭东先生
3、公司董事会秘书：蒋志勇先生
股权事务授权代表：王天祥先生
联系地址：四川省成都市十二桥路37号新1号
华神科技大厦A座6楼
联系电话：(028)7739541 7786760
传　　真：(028)7778104
4、公司注册地址：四川省成都市十二桥路37号新1号
公司办公地址：四川省成都市十二桥路37号新1号
华神科技大厦A座6楼
邮政编码：610075
公司国际互联网网址：http:www.china-hoist.com
公司电子信箱：hoistin @ public.cd.sc.cn
5、公司选定的信息披露报纸名称：《证券时报》
中国证监会指定的登载公司年度报告的国际互联网网址：
公司年度报告备置地点：华神科技大厦A座6楼公司证券部
6、公司股票上市交易所：中国深圳证券交易所
股票简称：华神集团
股票代码：0790

二、会计数据和业务数据摘要

1、公司99年度主要会计数据　单位：元

利润总额：	26,237,714.99
净利润：	21,980,091.72
主营业务利润：	51,970,236.24
投资收益：	566,666.66
营业外收支净额：	-58,674.00
经营活动产生的现金流量净额：	13,759,858.62
现金及现金等价物净增加额：	-9,841,144.58

2、公司截止99年末前三年的主要会计数据和财务指标

指标项目	1999年度	1998年度		1997年度	
		调整前	调整后	调整前	调整后
主营业务收入(元)	143585066	157685115	157685115	159113432	159113432
净利润(元)	21980091	33839162	33294648	37158972	37051571
总资产(元)	370360331	312320721	310451234	251231063	250015486
股东权益(元)(不含少数股东权益)	220920319	210021983	208444228	182749821	181534243
每股收益(元)	0.278	0.51	0.504	0.56	0.56
每股净资产(元)	2.79	3.18	3.16	2.77	2.75
调整后的每股净资产(元)	2.75	3.08	3.06	2.75	2.73
每股经营活动产生的现金流量净额(元)	0.17	0.85	0.85	---	---
净资产收益率等(%)	9.95	16.11	15.97	20.33	20.40

财务指标计算方法如下：
(1)每股收益=净利润/年度末普通股股份总数
(2)每股净资产=年度末股东权益/年度末普通股股份总数
(3)净资产收益率=净利润/年度末股东权益×100%
(4)调整后的每股净资产=(年度末股东权益—三年以上的应收款项净额—待摊费用—待处理(流动、固定)资产净损失—开办费—长期待摊费用)—住房周转金负数余额)/年度末普通股股份总数
(5)每股经营活动产生的现金净流量净额=经营活动产生的现金流量净额/年度 末普通股股份总数。
(6)净资产收益率=净利润/年度末股东权益×100%。
3、99年内股东权益变动情况

项目	股本	资本公积	盈余公积	法定公益金	未分配利润	股东权益合计
期初数	66000000	46601361	50788388	14317426	45054478	208444228
本期增加	13200000	---	4396018	2198009	21980091	39576110
本期减少	---	13200000	---	---	13900018	27100018
期末数	79200000	33401361	55184406	16515435	53134551	220920319
变动原因	资本公积转增	转增股本	从本年利润提取	从本年利润提取	本年利润转入计提盈余公积分配红利	

三、股东情况介绍

1、99年末股东总数为22081人，无内部职工股和公司职工股。
2、持有本公司5%以上(含5%)股份的股东名称及前10名股东持股情况

序号	股东名称	期初数	期末数	占股本比例(%)
1	四川华神集团股份有限公司	24,000,000	28,800,000	36.36
2	海南民丰科技实业开发公司	12,810,000	15,372,000	19.41
3	成都君众实业有限责任公司	5,000,000	6,000,000	7.58
4	深圳好亦特贸易有限责任公司	4,500,000	5,400,000	6.82
5	成都长华置业有限责任公司	2,690,000	3,228,000	4.08
6	毛达芳	271,534	325,840	0.41
7	曾祥榕	200,000	240,000	0.30
8	钟善勤	121,169	145,402	0.18
9	同盛证券投资基金	不详	144,940	0.18
10	赖罗发	不详	103,150	0.13

注：1)原股东单位西南华神药业股份有限公司已更名为四川华神集团股份有限 公司。
2)持股5%(含5%)以上的法人股东所持股份未有变动，未发生质押、冻结等 情况。
3)公司前10名股东之间不存在关联关系。

西北永新化工股份有限公司

一 公司简介

公司法定中文名称：西北永新化工股份有限公司
英文名称：NORTHWEST YONGXIN CHEMICAL INDUSTRY CO ,LTD
公司法定代表人：杨德茂
公司董事会秘书：曹忆峰
公司注册地址：甘肃省兰州市东岗东路685号
公司办公地址：甘肃省兰州市东岗东路685号
联系电话：(0931)8497111转361(0931)8663061　传真：(0931)8496040
电子信箱：E—mail:xbhg@lz.gs.cninfo.net;　cyf1000@263.net
邮政编码：730020
公司信息披露报纸：《证券时报》
公司信息披露网址：http://www.cninfo.com.cn
公司年度报告备置地点：公司证券部
公司股票上市地：深圳证券交易所
公司股票简称：西北化工　公司股票代码：0791

二 会计数据和业务数据摘要

一、公司本年度主要财务指标

1、利润总额：	3,654,536.23元
2、净利润：	3,654,536.23元
3、投扣除非经营性损益后的净利润：	-8,735,363.72元
4、主营业务利润：	19,456,647.42元
5、其他业务利润：	6,269.25元
6、营业利润：	-7,613,117.00元
7、投资收益：	12,289,899.95元
8、营业外收支净额：	1122246.72元
9、经营活动产生的现金流量净额：	-11279323.72元
10、现金及现金等价物净增加额：	-46861278.36元

注：扣除非经营性损益的项目为投资收益12,289,899.95元，补贴收入100,000.00元。
二、截至报告期末公司前三年的主要会计数据和财务指标

项　目　单位：元	1999年	1998年	1997年
主营业务收入	140765706.06	116533114.34	164745820
净利润	3654536.23	1390688.95	25544147
总资产	442632826.34	447941212.43	456513678
股东权益	338313187.84	334417542.89	356593965
每股收益(摊薄)	0.019	0.0074	0.241
每股收益(加权)	0.019	0.0074	0.354
每股收益(扣除非经营性损益)	-0.046		
每股净资产	1.79	1.769	3.36
调整后的每股净资产	1.76	1.769	3.31
每股经营活动产生的现金流量净额	-0.059		
净资产收益率 %	1.08	0.416	7.16

三、主要财务指标计算方法：
1、每股收益=净利润/年度末普通股股份总数；
2、每股净资产=年度末股东权益/年度末普通股股份总数；
3、调整后的每股净资产=(年度末股东权益-三年以上的应收款项净额-待摊费用-待处理(流动、固定)资产净损失-开办费-长期待摊费用-住房周转金负数余额)/年度 末普通股股份总数
4、每股经营活动产生的现金流量净额=经营活动产生的现金流量净额/年度末普 通股股份总数
5、净资产收益率=净利润/年度末股东权益×100%；
三、报告期内股东权益变动情况

项目	股本	资本公积	盈余公积	法定公益金	未分配利润	股东权益合计
期初数	189000000	161449818	516772.43	258386.22	-16807434.32	334417542.89
本期增加		2397020	355453.62	177726.81	965444.07	39544.95
本期减少						
期末数	189000000	163846839	872226.06	436116.03	-15841990.25	338313187.84

变动原因：1、资本公积金增加是对甘肃永新油脂化工有限公司资产评估增值所致。
2、未分配利润变化是计提坏帐追溯调整所致。
3、盈余公积金、公益金、未分配利润增加是公司本年盈利所致。

三 股东情况介绍

一、公司截止1999年12月31日股东总数为：27499户，其中公司高管人员股东12户。
二、主要股东持股情况
前十名大股东持股情况表　单位：股

序号	股东全称	持股数量	占总股本的%	股份性质
1	西北油漆厂	109,800,000	58.09	国有法人股
2	金鑫证券投资基金	4116178	2.17	社会流通股
3	洪宇	621800	0.33	社会流通股
4	李旭华	496244	0.26	社会流通股
5	王美英	343996	0.18	社会流通股
6	北京中京泰咨询有限公司	337804	0.178	社会流通股
7	江良梧	306700	0.162	社会流通股
8	曹山林	302000	0.16	社会流通股
9	郑建明	301038	0.159	社会流通股
10	周发财	292555	0.155	社会流通股

四 董事会报告

公司经营情况
1、公司所处行业情况
公司属于涂料行业，在西北地区的涂料行业中处于骨干地位。
2、公司主营业务的范围及其经营状况
公司主营业务收入主要来源于油漆产品的生产、销售和全资子公司甘肃永新油脂化工有限公司的植物油经销。1999年公司的油漆产量为8260吨，植物油产量为7163吨，实现主营业务收入为140,765,706.06元，实现主营业务利润19,456,647.42元。油漆产品的主要销售市场是西北地区、西南地区、中原地区、华北地区及其它地区。西北地区销量最大，约占总销量的50%。植物油除供公司作生产原料外，主要销在甘肃省境内。

青海盐湖钾肥股份有限公司

（一）公司简介

1、公司的法定中、英文名称及缩写
公司中文名称:青海盐湖钾肥股份有限公司
公司英文名称:QINGHAI SALT LAKE POTASH CO.,LTD.
2、公司法定代表人:安平绥
3、公司董事会秘书及其授权代表的姓名、联系地址、电话、传真、电子信箱:
公司董事会秘书:吴文好
公司授权代表: 加金才
联系地址:青海省格尔木市黄河路1号
联系电话:(0979)413233-208
传　　真:(0979)417445
电子信箱:YHJF0792@SINA.COM
4、公司注册地址,公司办公地址及其邮政编码,公司国际互联网网址、电子信箱。
公司注册地址:青海省格尔木市察尔汗
公司办公地址:青海省格尔木市察尔汗
邮政编码: 816005
公司国际互联网网址:无
公司电子信箱:YHJF0792@SINA.COM
5、公司选定的信息披露报纸名称,登载公司年度报告的中国证监会指定国际互联网网址,公司年度报告备置地点。
公司选定的信息披露报纸名称:证券时报
登载公司年度报告的中国证监会指定国际互联网网址:http://www.cninfo.com.cn
公司年度报告备置地点:青海省格尔木市青海盐湖钾肥股份有限公司证券部
6、公司股票上市交易所、股票简称和股票代码
公司股票上市交易所:深圳证券交易所
股票简称:盐湖钾肥　　股票代码:0792

（二）会计数据和业务数据摘要

1、公司本年度实现利润总额72,875,330.20元、净利润63,401,537.27元、主营业务利润88,133,492.48元、其他业务利润1,605,336.19元、营业利润56,937,209.46元、补贴收入16,348,257.41元、营业外收支净额-410,136.67元、经营活动产生的现金流量净额107,804, 439.44元、现金及现金等价物净增加额51,916,116.54元。

2、公司主要财务指标　　　　单位:元

指　　标	1999.12.31	1998.12.31	1997.12.31
主营业务收入(元)	217,363,665.90	181,262,416.91	161,033,573.24
净利润(元)	63,401,537.10	48,082,372.00	46,588,340.21
总资产(元)	862,918,672.86	737,527,891.36	678,541,573.56
股东权益(元)(不含少数股东权益)	625,672,685.92	430,730,001.56	422,674,629.56
每股收益(元/股)(摊薄)	0.287	0.2404	0.233
(加权)	0.347	0.2404	0.2795
每股净资产(元/股)	2.833	2.1537	2.11
(加权)			2.54
净资产收益率(%)	10.13	11.16	11.02
(加权)		11.27	15.5
调整后的每股净资产	2.4667	2.14	2.097
(加权)			2.52
每股经营活动产生的现金流量净额	0.4886		

注:主要财务指标的计算方法
每股收益=净利润/年度末普通股股份总数
每股净资产=年度末股东权益/ 年度末普通股股份总数
调整后的每股净资产=(年度末股东权益-三年以上的应收款项-待摊费用-待处理(流动、固定)资产 净损失-开办费-长期待摊费用-住房周转金负数余额)/年度末普通股股份总数
每股经营活动产生的现金流量净额=经营活动产生的现金流量净额/年度末普通股股份总数
净资产收益率=净利润/年度末股东权益×100%

3、报告期内股东权益变动情况

项目	股　本	资本公积	盈余公积	法定公益金	未分配利润	股东权益合计
期初数	200000000	215659289.35	9366651.63	4683325.81	16538.89	429725805.68
本期增加	2085000	121412742.97	6340153.73	3170076.86	44173906.68	195946880.24
本期减少						
期数末	220850000	337072032.32	15706805.36	7853402.67	44190445.57	625672685.92
变动原因	99年配股	99年配股	提取10%公积金	提取5%公益金	未分配利润	

（三）股本变动及股东情况

(1)报告期末股东总数为29426户。
(2)持有本公司5%以上股份的股东情况
截止1999年12月31日止公司前10名股东持股情况

序号	股东名称	期末股数(万股)	占总股本的比例(%)
1	青海盐湖工业集团有限公司	13585	61.512
2	北京华北电力实业总公司	1000	4.527
3	中国农业生产资料成都公司	300	1.358
4	安信证券投资基金	217.563	0.985
5	中国科学院青海盐湖研究所	200	0.9055
6	湖北东方农化中心	200	0.9055
7	安顺证券投资基金	199.9733	0.9054
8	天元证券投资基金	193.0209	0.8739
9	化工部连云港设计研究院	150	0.6791
10	化工部长沙设计研究院	150	0.6791

注:a、报告期内公司法人股东全部放弃配股,无变更股份情况。
b、盐湖集团代表国家持股13585万股,比期初增加585万股,系1999年度配股增加;
c、国家持股13585万股,国家股及法人股东所持股份均没有被质押或冻结;
d、前10名股东之间不存在任何关联关系。
(3)持股10%以上股东仅有青海盐湖工业集团有限公司,代表国家持股13585万股,持股61.51%;法定代表人:安平绥;经营范围:氯化钾、氯化镁、硫酸钾制造和销售;建设监理;设备安装工程施工;出口自产的化学产品;进口本企业生产、科研所需的原材料、机电设备、仪器仪表及零配件。
(4)报告期内控股股东无变更。

海南民生燃气(集团)股份有限公司

一、公司简介

1、公司法定中文名称:海南民生燃气(集团)股份有限公司
公司法定英文名称:Hainan Minsheng Gas Corporation
2、公司法定代表人:朱德华
3、公司董事会秘书:周文涛
联系地址:海南省海口市海甸四东路民生大厦七楼
电　　话:0898-6254650 6270066-9709　　传　　真:0898-6254650 6255636
电子信箱:rqgf@ranqigufen.com
4、公司注册地址及办公地址:海南省海口市海甸四东路民生大厦　　邮政编码:570208
公司国际互联网网址:http://www.ranqigufen.com
电子信箱:rqgf@ranqigufen.com
5、公司选定的信息披露报纸名称:《中国证券报》、《证券时报》
登载公司年度报告的指定网址:http://www.cninfo.com.cn
公司年度报告备置地点:公司董事会秘书处
6、公司股票上市交易所:深圳证券交易所
股票简称:燃气股份　　股票代码:0793

二、会计数据和业务数据摘要

1、本年度主要会计数据　　(单位:元)

利润总额	56662774.07
净利润	45887501.69
扣除非经常性损益后的净利润	11667528.45
主营业务利润	51561864.52
其他业务利润	1664435.94
营业利润	11667528.45
投资收益	32762738.45
补贴收入	12564874.36
营业外收支净额	-332367.19
经营活动产生的现金流量净额	-200257384.66
现金及现金等价物净增加额	-61357628.24

注:扣除的非经常性损益项目为投资收益30,470,036.74元,补贴收入4,040,001.22元,营业外收支净额-332,367.19元。

2、截至报告期末公司前三年的主要会计数据和财务指标

指标项目	1999年度	1998年度		1997年度	
		调整后	调整前	调整后	调整前
主营业务收入(元)	173306423.95	246639999.92	246639999.92	105760358.64	105760358.64
净利润(元)	45887501.69	47640905.57	61889160.76	53489924.30	53582394.53
总资产(元)	1040282423.40	760141684.73	776469714.53	656434040.36	658513814.97
股东权益(不含少数股东权益)(元)	621455356.46	575443745.77	591771557.57	527802840.20	529882614.81
每股收益(元/股)	0.18	0.19	0.24	0.42	0.42
每股净资产(元/股)	2.45	2.27	2.33	4.16	4.17
调整后的每股净资产(元/股)	2.30	2.24	2.31	4.08	4.08
每股经营活动产生的现金流量净额(元)	-0.79				
净资产收益率(%)	7.38	8.37	10.46	10.10	10.11

注:财务指标的计算公式如下:
每股收益=净利润/年度末普通股股份总数
每股净资产=年度末股东权益/年度末普通股股份总数
调整后的每股净资产=(年度末股东权益-三年以上的应收款项净额-待摊费用-待 处理(流动、固定)资产净损失-开办费-长期待摊费用-住房周转金负数余额)/年度末 普通股股份总数
每股经营活动产生的现金流量净额=经营活动产生的现金流量净额/年度末普通股股份总数
净资产收益率=净利润/年度末股东权益×100%

3、按下表列示报告期内股东权益变动情况,并逐项说明变化原因。　　单位:元

项目	股本	资本公积	盈余公积	法定公益金	未分配利润	股东权益合计
期初数	254010258	199364914.78	63222767.41	10678744.67	58845805.58	575443745.77
本期增加	0	124109.00	10938172.61	3646589.89	34949329.08	46011610.69
本期减少	0					
期末数	254010258	199489023.78	74160940.02	14325334.56	93795134.66	621455356.46
变动原因		资产评估增值	本期净利润提取	本期净利润提取	本期净利润增加	本期净利润增加

三、股东情况介绍

1、报告期末股东总数。
截止1999年12月31日,本公司股东总数为18802户,其中内部职工股股东人数为5214户。
2、公司前十名股东持股情况(截止1999年12月31日)

序号	股东名称	期末数(股)	占总股本比例(%)
1	海口市煤气管理总公司	53200000	20.94
2	南宁管道燃气有限责任公司	25500000	10.04
3	深圳市普众投资发展有限公司	8002278	3.15
4	上海万胜兴资产投资有限公司	7850000	3.09
5	海南赛格燃气有限公司	7500000	2.95
6	北京科信兴业商贸有限公司	7468792	2.94
7	海南兴地实业投资有限公司	5500000	2.17
8	海南新远实业公司	3200912	1.26
9	海口市煤气综合开发公司	3100000	1.22
10	海南立森实业公司	2667426	1.05

注:报告期内,本公司前十名股东变化的原因是:本公司原发起人股东海南赛格燃气有限公司、海南赛格国际信托投资公司分别将其持有的本公司发起人股份835万 股、1715万股转让给南宁管道燃气有限责任公司;海口海甸岛房地产开发总公司将其 持有的本公司发起人股份800.2278万股转让给深圳市普众投资发展有限公司;海南 华银国际信托投资公司将其持有的本公司发起人股份746.8792万股转让给北京科信兴业商贸有限公司;海南兴地实业投资有限公司受让了其他募集法人股份550万股。

太原双塔刚玉股份有限公司

一、公司简介

1、公司法定名称:
中文:太原双塔刚玉股份有限公司
英文:TAIYUAN TWIN TOWER ALUMINUM OXIDE CO,LTD.
2、公司法定代表人:程明远
3、公司董事会秘书:张晓东
联系地址:太原市并州北路 168 号
太原双塔刚玉股份有限公司董事会秘书处
电　　话:(0351)4930822　　传真:(0351)4930832　　邮编:030012
电子信箱:tygydmc@public.ty.sx.cn
4、公司注册地址:山西省太原市郝庄正街 62 号　　邮政编码:030045
公司办公地址:山西省太原市并州北路 168 号　　邮政编码:030012
公司国际互联网网址:www.twin-tower.com
公司电子信箱: tyao　@public.ty.sx.cn
5、公司选定的信息披露报纸:《中国证券报》和《证券时报》
登载公司年度报告的国际互联网网址:http://www.cninfo.com.cn
公司年度报告备置地点:公司董事会秘书处
6、公司股票上市交易所:深圳证券交易所
股票简称:太原刚玉　　股票代码:0795

二、会计数据和业务数据摘要

1、本年度主要利润指标情况　　(单位:人民币元)

利润总额:	53,195,063.79
净利润:	49,772,218.08
扣除非经常性损益后的净利润:	43,225,198.86
主营业务利润:	71,642,024.20
营业利润:	44,248,139.20
投资收益:	1,519,716.21
补贴收入:	5,030,200.00
营业外收支净额:	2,397,008.38
经营活动产生的现金流量净额:	18,089,356.62
现金及现金等价物净增加额:	64,971,889.42

2、截止报告期末公司前三年主要会计数据和财务指标:

项目	1999 年	1998 年		1997 年	
		调整前	调整后	调整前	调整后
主营业务收入(万元)	238119680.00	237633661.46	237633661.46	203372465.61	203372465.61
净利润(万元)	49772218.08	56052250.06	54085479.21	47606397.89	46914183.51
总资产(万元)	875710800.69	749749445.48	747090460.25	670321723.64	669733341.42
股东权益(万元)	544224062.27	504860829.42	494451844.19	448808579.36	448220197.14
每股收益(元/股)	0.201	0.362	0.349	0.307	0.303
每股收益(按月平均加权法计算)	0.238	0.362	0.349	0.307	0.303
扣除非经常性损益后的每股收益	0.174	0.292	0.292	0.291	0.286
每股净资产(元/股)	2.194	3.26	3.19	2.90	2.89
调整后的每股净资产(元/股)	2.189	3.25	3.18	2.89	2.89
每股经营活动产生的现金流量净额	0.073	0.025	0.025		
净资产收益率%	9.15	11.10	10.94	10.61	10.47

注:主要财务指标计算方法:
每股收益=净利润/年度末普通股股份总额
每股净资产=年度末股东权益/年度末普通股股份总额
调整后的每股净资产=[年度末股东权益-三年以上的应收款项净额-待摊费用-待 处理(流动、固定)资产净损失-开办费-长期待摊费用-住房周转金负数余额]/年度末 普通股股份总数
每股经营活动产生的现金流量净额=经营活动产生的现金流量净额/年度末普通股股份总数
净资产收益率=净利润/年度末股东权益×100%

3、报告期内股东权益变动情况　　单位:万元

项　目	股本	资本公积	盈余公积	法定公益金	未分配利润	股东权益合计
期初数	15500.00	25189.44	1469.49	489.83	7326.13	49485.06
本期增加	9300.00	——	706.70	235.57	1130.64	11137.34
本期减少	——	6200.00	——	——	——	6200.00
期末数	24800.00	18989.44	2176.19	725.40	8456.77	54422.40

变动原因:(1) 股本及资本公积变动的原因是公司本年度实施 1998 年度利润分配及资本公积金转增股本方案(每 10 股送 2 股、转增 4 股、派息 0.5 元<含税>),公司股本增加 9300 万股。
(2)盈余公积金和法定公益金变动是因为本年度利润提取数额。
(3)未分配利润的变动是因为本年度利润增加和因计提四项准备调整年初利润影 响。

三、股东情况介绍

1、截止报告期末,公司股东总数为 55302 户(其中 11 户公司高级管理人员所持股份暂被锁定)。
2、持有本公司 5%以上股份的股东有太原双塔刚玉(集团)有限公司和太原东山煤矿有限责任公司,本年度内因实施"一九九八年度利润分配及资本公积金转增股本方 案",两股东所持股份分别增加了 4149 万股和 1851 万股,年末分别持有本公司股份 11064 万股和 4936 万股,年度内未发生质押或冻结情况。
3、公司前十名股东持股情况

股　东　名　称	年末持股数	持股比例
(1)太原双塔刚玉(集团)有限公司	110640000	44.61%
(2)太原东山煤矿有限责任公司	49360000	19.91%
(3)贾楠安	316312	0.13%
(4)普丰证券投资基金	301700	0.12%
(5)高存班	299320	0.12%
(6)刘　风	248495	0.10%
(7)唐明球	235732	0.09%
(8)刘秀珍	210000	0.08%
(9)陶立舟	202900	0.08%
(10)董立新	190000	0.07%

注:前十名股东之间不存在关联关系。

宝鸡商场(集团)股份有限公司

(一) 公司简介

1、公司法定中文名称:宝鸡商场(集团)股份有限公司
公司法定英文名称:BAOJI DEPARTMENT STORE(GROUP) CO.,LTD
2、公司法定代表人:魏存功
3、公司董事会秘书:董启怀　　授权代表:冯心军　刘峻
联系地址:陕西省宝鸡市经二路 114 号
联系电话:0917-3215282,3233763　　传真:0917-3215282
4、公司注册地址:陕西省宝鸡市经二路 114 号　　公司邮政编码:721000
公司电子信箱:Bsjt001@public.xa.sn.cn
5、公司信息披露报纸名称:《中国证券报》、《证券时报》
国际互联网网址:http://www.cninfo.com.cn
公司年度报告备置地点:公司证券部
中国南方证券公司西安营业部
6、公司股票上市地:深圳证券交易所
股票简称:宝商集团　　股票代码:0796

(二) 会计数据和业务数据摘要

1、本年度利润总额及其构成

利润总额	48,279,463.33 元
净利润	40,991,166.10 元
扣除非经常性损益后的净利润	40,940,254.16 元
主营业务利润	65,277,605.04 元
其他业务利润	6,622,049.15 元
营业利润	42,086,788.38 元
投资收益	6,417,796.46 元
补贴收入	0.00 元
营业外收支净额	-225,121.51 元
经营活动产生的现金流量净额	-41,841,073.29 元
现金及现金等价物净增加额	519,101.82 元

注:扣除非经常性损益项目和涉外金额
处理固定资产净收益:　　50,911.94 元
以上项目涉及金额:　　50,911.94 元

2、近三年主要会计数据和财务指标　　单位:元

指标项目	1999 年度	1998 年度		1997 年度	
	调整后	调整前	调整后	调整前	调整后
主营业务收入	719340483.58	901384103.77	901384103.77	804862922.17	804862922
净利润	40991166.10	53039496.00	53237377.01	34175031.08	30986592
总资产	810726663.48	872730028.61	869827025.77	521027557.20	517839118
股东权益	411900749.66	373810624.01	370907621.17	320771128.00	317582689
每股收益(摊薄)	0.351	0.709	0.712	0.549	0.497
每股收益(按月平均加权法)	0.515	0.837	0.840	0.722	0.655
扣除非经常性损益后的每股收益:	0.351	0.709	0.712		
每股净资产:	3.53	5.001	4.962	5.150	5.098
调整后每股净资产:	3.521	4.999	4.949	5.130	5.080
每股经营活动产生的现金流量净额:	-0.358	-0.472	-0.472		
净资产收益率(%)	9.95	14.19	14.35	10.64	9.75

注 1、其中 1999 年度总股本按 11660.1937 万股计算,1998 年度总股本按 7474.4832 万股计算,1997 年度总股本按 6228.736 万股计算。
注 2、财务指标计算公式如下:
每股收益=净利润/年度末普通股股份总数
每股净资产=年度末股东权益/年度末普通股股份总数
净资产收益率=净利润/年度末股东权益×100%
调整后的每股净资产=(年度末股东权益-三年以上应收款项净额-待摊费用-待处 理(流动、固定)资产净损失-开办费-长期待摊费用-住房周转金负数余额)/年度末普 通股股份总数
每股经营活动产生的现金流量净额=经营活动产生的现金流量净额/年度末普通股股份总数
注 3、以上数据以公司合并会计报表数据填列
3、报告期内股东权益变动情况

项目	股本	资本公积	盈余公积	法定公益金	未分配利润	股东权益合计
期初数	74744832	206919164.90	17529342	5861940	71714281.97	370907621
本期增加	41857105	1962.39	6148674.93	5146.75		40993128
本期减少					7014614.75	
期末数	116601937	206921127.29	23678017	5867087	64699667	411900749.66

变动原因:(1)、股本变动是由于本公司 1999 年 11 月 9 日进行了 1998 年度利润分配,1999 年 12 月 8 日进行了 1999 年中期利润分配所致。
(2)、资本公积的增加是由于宝鸡国贸大酒店接受捐赠,本公司按照所占宝鸡国贸大酒店股份合并会计报表。
(3)、盈余公积和法定公益金变更是因为本年度利润提取数额。
(4)、未分配利润的变动是因为本年度利润增加和因计提二项准备调整年初利润 及 99 年中期利润分配。

(三) 股本变动及股东情况

1、报告期末股东总数:
截止 1999 年 12 月 31 日,本公司股东总数为 11655 户。
其中:内部职工股股东 2660 户
2、公司前十名股东情况

股东名称	持股数量(股)	所占比例%
宝鸡市国有资产管理局	11,568,211	9.9211
陕西省宝鸡卷烟厂	9,884,160	8.4768
包头市北普实业有限公司	5,616,000	4.8163
包头明天科技实业有限公司	4,268,160	3.6604
宝鸡市大众投资有限责任公司	4,193,280	3.5962
陈文彬	590,116	0.5060
王艳丽	517,164	0.4435
张小青	516,677	0.4431
刘香成	510,744	0.4380
曾士闲	496,548	0.4258

中国武夷实业股份有限公司

一、公司简介

1、公司法定中文名称:中国武夷实业股份有限公司
公司英文名称:CHINA WUYI CO.,LTD.
2、公司法定代表人:沈继武
3、公司董事会秘书及授权代表:林金铸、陈鸿亮
联系地址:福建省福州市东街33号武夷中心22层股证部
联系电话:0591-7510668　传真:0591-7603158　电子信箱 Email:cwy_d@fiec.com
4、公司注册地址:福建省福州市北大路240号
公司办公地址:福建省福州市东街33号武夷中心22层　邮政编码:350001
公司电子信箱 Email:cwy_@fiec.com　公司互联网网址:http://www.chinawuyi.com
公司年度报告备置地点:公司股证部
5、公司选定的信息披露报纸名称为:《证券时报》、《中国证券报》
登载公司年度报告的中国证监会指定国际互联网网址:http://www.cninfo.com.cn
6、公司股票上市地:深圳证券交易所　股票简称:中国武夷　股票代码:0797

二、会计数据与业务数据摘要

1、公司本年度实现利润总额150,556,932.01元,净利润111,922,339.55元,扣除 非经常性损益后的净利润107,362,339.55元,主营业务利润147,390,809.72元,其他业务利润19,724,528.61元,营业利润74,079,735.51元,投资收益73,210,962.10元,补贴收入0元,营业外收支净额3,266,234.40元,经营活动产生的现金流量净额286,008,668.44元,现金及现金等价物净增加额247,214,298.26元。

2、截止报告期末公司前三年的主要会计数据和财务指标:(单位:元)

项　目	1999年度	1998年度		1997年度	
		调整后	调整前	调整后	调整前
主营业务收入	737824237.87	1119780320.71	1106963112.60	140862032.66	1408620232.66
净利润	111922339.55	116021643.02	116847362.18	71170127.33	138702895.70
总资产	2723597593.45	2565394426.31	2695804096.83	2040516170.24	2113239313.45
股东权益	1061972886.53	1021762034.52	1090796892.47	906427261.92	973960030.29
每股收益	0.311	0.323	0.325	0.260	0.502
扣除非经常性损益后每股收益	0.30	0.323	0.325		
每股净资产	2.95	2.84	3.035	3.28	3.52
调整后的每股净资产	2.91	2.80	3.00	2.51	3.51
每股经营活动产生的现金流量净额	0.80	-0.90	-0.90		
净资产收益率	10.54	11.36	10.71	7.85	14.24

注:非经常性损益为公司本年度收取大股东委托管理费456万元。

主要财务指标计算公式:

每股收益=净利润÷年末普通股股份总数

每股净资产=年度末股东权益÷年度末普通股股份总数

调整后每股净资产=[年度末股东权益-三年以上应收款项净额-待摊费用-待处理(流动、固定)资产净损失-开办费-长期待摊费用-住房周转金负数余额]÷年度末普通股股份 总数

每股经营活动产生的现金流量净额=经营活动产生的现金流量净额/年度末普通股股份总数

净资产收益率=净利润÷年度末股东权益×100%

三、股本变动及股东情况

1、股本变动情况　数量单位:万股

	期初数	本期变动增减(+-)	期末数
一、尚未流通股			
1、发起人股份	25,932.244		25,932.244
其中:国家拥有股份	25,932.244		25,932.244
尚未流通股合计	25,932.244		25,932.244
二、已流通股份			
1、境内上市的人民币普通股	10,010.00		10,010.00
已流通股合计	10,010.00		10,010.00
三、股份总数	35,942.244		35,942.244

(2) 股票发行与上市情况

经中国证监会证监发字[1997]343号文批准,本公司于1997年6月25日至7月2日采 取"全额预缴款,比例配售,余款转存"的发行方式向社会成功地公开发行了7700万股社会公众股(包括公司职工股726.5万股), 每股发行价格6.72元, 占发行后总股本的27.85%, 本次发行后总股本为27647.88万股。经批准"中国武夷"社会公众A股6973.5万股于1997年7月15日在深圳交易所上市。按有关规定,公司职工股726.5万股已于1998年1月16日在深圳交易所上市流通,其中:公司董事、监事及高管人员所持的207,700股按有关规定暂时冻结。

1998年6月公司实施1997年度股东大会审议批准的1997年度分红方案。即以1997年底总股本27647.88万股为基数向全体股东以10:3的比例派送红股,共8294.364万股 。上述方案实施后,公司总股本增至35942.244万股。

2、股东情况介绍

(1) 截至1999年12月31日,公司股东总数为57,087户,其中国家股股东1户,流通股股东57,086户。

(2) 公司前十名股东持股情况:

名次	名　称	持股数(股)	占总股本比例(%)
1	福建建工集团总公司	259,322,440	72.15
2	中国人保信托投资公司	1,951,160	0.54
3	张沙	448,300	0.13
4	普丰证券投资基金	437,239	0.12
5	宝鼎基金	362,110	0.10
6	曹云波	325,000	0.09
7	姚一清	300,000	0.08
8	庞赛秀	283,400	0.08
9	陈宝珠	270,150	0.08
10	广东财信投资顾问有限公司	263,991	0.07

除福建建工集团总公司外,其他9名股东所持股份均为已上市流通股份,福建建工 集团总公司与其他9名股东之间不存在关联关系。

(3) 持股10%以上的法人股东:

福建建工集团总公司系本公司的国家股股东,持公司股份占公司总股本72.15%, 公司法人代表:沈继武,注册地点:福建省福州市北大路240号,公司经营范围:勘察设计、建筑装修、施工总承包、房地产开发等。福建建工集团总公司持本公司25,932.244万股股份,其中7700万股质押给中国建设银行福建省分行,6741万股质押给中国银行福建省分行。

中水集团远洋股份有限公司

(一) 公司简介

一、公司法定中文名称:中水集团远洋股份有限公司
英文名称:CNFC OVERSEAS FISHERY CO.,LTD
公司英文名称缩写:COFC
二、公司法定代表人:刘身利
三、公司董事会秘书:陈明
授权代表:吕慧玲
联系地址:北京市西单民丰胡同31号中水大厦613室
联系电话:(010)88067461
传真:(010)88067463
电子信箱:cofc@8848.net
四、公司注册地址:北京市西城区金融街23号
公司办公地址:北京市西单民丰胡同31号中水大厦6层
邮政编码:100032
五、公司选定的信息披露报刊为:《中国证券报》和《证券时报》;
登载公司年度报告的中国证监会指定国际互联网网址:http://www.cninfo.com.cn
公司年度报告备置地点:北京市西单民丰胡同31号中水大厦613室
六、公司股票上市地:深圳证券交易所
股票简称:中水渔业
股票代码:0798

(二) 会计数据和业务数据摘要

一、公司本年度利润总额及其构成　(单位:元)

利润总额	88,934,392
净利润	86,843,112
扣除非经常性损益后的净利润	86,843,112
主营业务利润	90,716,928
其它业务利润	5,677,934
营业利润	84,074,805
投资收益	0
补贴收入	4,993,586
营业外收支净额	-133,999
经营活动产生的现金流量净额	59,378,757
现金及现金等价物净增加值	-36,040,484

二、截止1999 年末公司前三年的主要会计数据和财务指标(单位:元)

主要财务指标	1999年度	1998年度		1997年度
		调整后	调整前	
主营业务收入(元)	410,611,148	730,277,921	730,277,921	849,766,388
净利润(元)	86,843,112	93,156,631	94,945,183	111,769,245
总资产(元)	1,119,341,096	1,139,724,459	1,141,513,010	951,251,175
股东权益(元)	930,669,539	919,426,428	921,214,979	826,796,196
每股收益(元/股)	0.34	0.37	0.38	0.44
扣除非经常性损益后的每股收益(元/股)	0.34	-	-	-
每股净资产(元/股)	3.69	3.65	3.66	3.28
调整后每股净资产(元/股)	3.66	3.63	3.64	3.28
每股经营活动产生的现金流量净额(元/股)	0.24	-	-	-
净资产收益率(%)	9.33	10.13	10.31	13.52

注:上表中计算公式如下:

每股收益=净利润/年度末普通股股份总数

每股净资产=年度末股东权益/ 年度末普通股股份总数

调整后每股净资产=(年度末股东权益-三年以上的应收款项净额-待摊费用-待处 理(流动、固定)资产净损失-开办费-长期待摊费用-住房周转金负数余额)/年度末普 通股股份总数

每股经营活动产生的现金流量净额=经营活动产生的现金流量净额/年度末普通股股份总数

净资产收益率=净利润/年度末股东权益×100%

三、报告期内股东权益变动情况(单位:元)

项目	股本	资本公积	盈余公积	法定公益金	未分配利润	合计
期初数	252000000	462500551	30738882	10246294	174186995	919426427
本期增加			13026466	4342155	73816645	86843112
本期减少					75600000	
期末数	252000000	462500551	43765348	14588449	172403640	930669539

注 1:年度内股本和资本公积金未发生变动。

注2: 年度内盈余公积、法定公益金增加系公司本年度实现净利润86,843,112元, 并分别按10%、5%的比例计提法定公积金、法定公益金所致。

注3:年度内未分配利润减少系本年度利润分配所致。

(三) 股东情况介绍

一、报告期末股东总数为37223户。

二、报告期末公司前10名股东持股情况:

持股法人(个人)	持股数量	占总股本比例
中国水产(集团)总公司	64260000股	25.50%
中国水产烟台海洋渔业公司	62370000股	24.75%
中国水产舟山海洋渔业公司	62370000股	24.75%
金鑫证券投资基金	1385975股	0.55%
於纯兵	621470股	0.25%
中信证券北太平庄证券营业部	325000股	0.13%
张加孟	318000股	0.13%
普丰证券投资基金	306560股	0.12%
苏俊荣	300000股	0.12%
将智勇	286608股	0.11%

前10名股东中,持有本公司5%以上(含5%)股份的股东为:本公司发起人股东中国水产(集团)总公司、中国水产烟台海洋渔业公司和中国水产舟山海洋渔业公司,其中, 中国水产烟台海洋渔业公司和中国水产舟山海洋渔业公司是中国水产(集团)总公司的全资子公司。

三家法人股东年初共持有本公司法人股份18900万股, 报告期内法人股东所持股份没有变动, 所持股份均无质押或冻结情况。

湖南酒鬼酒股份有限公司

一、公司简介

公司法定名称:湖南酒鬼酒股份有限公司

公司英文名称:Hunan JiuGuiJiu Company Limited 公司英文简称:JGJC

公司法定代表人:王锡炳

公司董事会秘书:曹宏杰 公司证券事务代表:李文生

公司注册及办公地址:湖南省吉首市振武营湘泉城 公司邮政编码:416000

公司咨询机构:证券事务部办公室 公司电子信箱:xjgzj@mail.xx.hn.cn

公司选定的信息披露报纸:《中国证券报》、《证券时报》

登载公司年报的国际互联网网址:http://www.cninfo.cn

公司联系电话:(0743)8312079 公司传真:(0743)8312178

公司年报备置地点:证券事务部办公室

公司股票上市地:深圳证券交易所 公司股票简称:湘酒鬼 公司股票代码:0799

二、会计数据和业务数据摘要

1、公司本年度利润指标情况 (单位:人民币元)

利润总额:	183,279,485.95
净利润:	152,362,149.16
扣除非经营性损益后的净利润:	145,503,113.20
其他业务利润:	122,331.55
营业利润:	176,381,889.33
投资收益:	-52,808.87
营业外收支净额:	6,950,405.49
经营活动产生的现金流量净额:	28,738,481.70
现金及现金等价物净增加额:	308,797,519.69

注:扣除的非经营性损益项目和涉及金额本年度摊销申购资金冻结利息 6,859,035.96 元。

2、公司前三年主要会箭据和财务指标(单位:人民币元)

项目	1999 年	1998 年		1997 年
		调整前	调整后	
主营业务收入	499020286.85	478471688.40	478471688.40	410256234.90
净利润	152362149.16	195670531.28	193010070.88	159968605.03
总资产	1704855933.94	1224041817.61	1214531384.98	926627284.35
股东权益	1283261928.86	941275494.99	931387481.43	768729963.71
每股收益(摊薄/扣除非经营性损益)	0.503/0.481	0.71	0.55	0.86
每股收益(加权)	0.537	0.71	0.55	——
每股净资产	4.23	3.40	3.36	4.16
调整后的每股净资产	4.21	3.37	3.33	4.10
每股经营活动产生的现金流量净额	0.09	-0.10	-0.10	——
净资产收益率	11.90%	20.79%	20.80%	20.81%

3、报告期内公司股东权益变动情况

项目	股本	资本公积	盈余公积	法定公益金	未分配利润	股东权益
期初数	277500000	423761358.68	78276171.08	39138085.54	151849951.67	931387481.43
本期增加	25550000	295182298.27	53416960.26	26956368.04	-22274811.10	351874465.57
期末数	303050000	718943656.95	131693131.34	66094453.58	129575140.57	1283261928.86

变动原因:因本公司 1999 年实施了 10:3 的配股方案,导致股本及资本公积的相应增加;因本公司提取了法定公积金和法定公益金导致盈余公积及法定公益金增加; 因本公司决定实施利润分配,导致未分配利润减少。

三、股东情况介绍

(1)截止报告期末,公司股东共 76517 户。

(2)公司前十名股东持股情况

序号	股东名称	持股数(股)	所占比例
1	湖南湘泉集团有限公司	195,800,000	64.61%
2	昆明国际信托投资公司	1,240,847	0.41%
3	深圳国投证券有限公司成都营业部	1,224,144	0.40%
4	毛开兵	771,542	0.25%
5	向志江	640,000	0.21%
6	钟永红	530,000	0.17%
7	费步青	494,477	0.16%
8	普丰证券投资基金	438,815	0.14%
9	王晓京	395,140	0.13%
10	北京市华威轧钢厂	350,660	0.12%

以上前十名股东不存在关联关系。

(3)持股 10%(含 10%)以上的法人股东:湖南湘泉集团有限公司持有本公司 195,800,000 股法人股,占本公司总股份的 64.61%,法定代表人王锡炳,主营白酒、啤酒、药 品、食用酒精等。

四、董事会报告

(一)公司经营情况

1、公司所处行业及本公司在行业中的地位

纵观 1999 年中国白酒业发展状况,突出有四大特征:一是产业结构调整逐步深入, 消费结构和消费观念日益更新,白酒产销总量有所下降、企业数量减少,导致白酒市场份额进一步回落;二是产业地域格局形成,区域竞争日趋明朗,经营规模和经营效益日 益向优势大省和名优企业集中;三是白酒企业集团化、股份化,市场垄断化、品牌化, 经营领域多元化、群体化,效益极差化、骨干化态势明显;四是市场竞争向更高层次发展,拥有上市公司的白酒企业集团已逐步成为中国白酒产业的主流。由于白酒行业已 深入调整时期,整个白酒市场供大于求、产大于销的矛盾依然突出,白酒企业忽视质内涵而着眼削价倾销抛售的非理性竞争和广告引导现象相对加剧, 销售上不断以更名 、换盒、降度、易瓶等翻新同一产品,不断以更新促销方式和调整让利办法取悦市场 的状况相当严重,导致企业成本费用居高不下,除中国骨干白酒集团和上市公司外,全 国白酒企业效益普遍滑坡。

面对全新的市场压力和发展机遇,本公司董事会始终坚持了"发展内涵、提升品 牌、强化管理、调整结构"的方针,公司依然保持了较好的发展势头,据 1999 年中期指定的上市公司公开披露信息报刊显示, 本公司净利润名列中国白酒上市公司第二位。

2、公司主营业务及主要经营措施

本公司主营业务范围为生产、销售湘泉系列白酒、酒鬼酒系列白酒产品,全年实 现主营收入 49902.0287 万元,较上年同期的 47847.1688 万元增长 4.3%;实现利润总额 18327.9486 万元,较上年同期的 22551.2909 万元下降 18.73%;实现净利润 15236.2149 万元,较上年同期的 19301.0071 万元下降 21.06%。

一汽轿车股份有限公司

一、公司简介

1、公司法定中文名称:一汽轿车股份有限公司

公司英文名称:FAW CAR CO.,LTD

2、公司法定代表人:马文兴

3、公司董事会秘书:范希军

授权代表:郑丽兄

联系地址:长春市绿园区东风大街汽车厂二号门院内

电 话:0431-5976447 ,0431-5976174 传 真:0431-5908726

4、公司注册地址:长春市绿园区一汽厂区

办公地址:长春市绿园区东风大街二号门院内 邮政编码:130011

电子信箱:fawcar@public.cc.jl.cn

5、公司信息披露报纸名称:证券时报、上海证券报、中国证券报

公司年报国际互联网网址:http://www.cninfo.com.cn

年度年报备置地点:公司证券部

6、公司股票上市地:深圳证券交易所

股票简称:一汽轿车 股票代码:0800

二、会计数据和业务数据

1、本年度主要利润指标 (人民币:元)

项 目	金 额
利润总额	612,044,688.19
其中:主营业务利润	739,898,989.24
其他业务利润	20,037,348.75
投资收益	11,739,008.66
营业外收支净额	3,854,238.54
净利润	522,790,707.06
扣除非经常性损益后的净利润	517,793,595.06
经营活动产生的现金流量净额	805,330,110.40
现金及现金等价物净增加额	529,020,584.48

[注] :扣除非经常性损益后的净利润指扣除新股申购无效资金利息摊销数 4,997,112 元。

2、公司前三年主要会计数据及财务指标(调整后)

指标项目	1999 年	1998 年	1997 年
主营业务收入(万元)	410,622.24	398,370.84	518,616.60
净利润(万元)	52,279.07	45,379.41	39,985.20
总资产(万元)	576,595.26	566,358.68	481,328.80
股东权益(万元)	483,966.58	447,962.51	322,347.50
每股收益(元/股)	0.321	0.393	0.381
扣除非经常性损益的每股收益(元/股)	0.318	--	--
每股净资产(元/股)	2.97	3.85	3.07
调整后的每股净资产(元/股)	2.96	3.65	3.04
每股经营活动产生的现金流量净额	0.49	0.08	--
净资产收益率(%)	10.80	10.21	12.40

3、公司前三年主要会计数据及财务指标(调整前)

指标项目	1999 年	1998 年	1997 年
主营业务收入(万元)	410,622.24	398,370.84	518,616.60
净利润(万元)	52,279.07	45,300.91	39,985.20
总资产(万元)	576,595.26	572,941.45	481,328.80
股东权益(万元)	483,966.58	447,843.12	322,347.50
每股收益(元/股)	0.321	0.390	0.381
扣除非经常性损益的每股收益(元/股)	0.318	--	--
每股净资产(元/股)	2.97	3.85	3.07
调整后的每股净资产(元/股)	2.96	3.65	3.04
每股经营活动产生的现金流量净额	0.49	0.08	--
净资产收益率(%)	10.80	10.12	12.40

注:计算公式如下:

每股收益=净利润/年度末普通股股份总数

每股净资产=年度末股东权益/年度末普通股股份总数

净资产收益率=净利润/年度末股东权益×100%

调整后的每股净资产=(年度末股东权益—三年以上的应收款项净额—待摊费用—待处理 (流动、固定)资产净损失—开办费—长期待摊费用—住房周转金负数余额)/年度末普通股股份总数

每股经营活动产生的现金流量净额=经营活动产生的现金流量净额/年度末普通股股份总数

4、报告期内股东权益变动情况 单位:万元

项目	股本	资本公积	盈余公积	法定公益金	未分配利润	合计
期初数	116250	276678.30	13106.84	6553.42	41927.37	447962.51
本期增加	46500		10455.82	5227.91	13923.25	70879.07
本期减少		34875.00				34875.00
期末数	162750	241803.30	23562.66	11781.33	55850.62	483966.58
变动原因	送股及资本公积转增	转增股本	利润提取	利润提取	利润分配后余额	

三、股东情况简介

1、股东情况介绍

1)截止本报告期末股东总数为 297404 户。

2、前十名股东持股情况:

序号	股东名称	持有股数(股)	占总股本比例
1	中国第一汽车集团公司	1081500000	66.45%
2	深圳君安证券有限责任公司	17477707	1.07%
3	倪咏梅	3514252	0.22%
4	朱建平	2039153	0.13%
5	黄采云	1639720	0.10%
6	中信天津证券业务部解放北路营业部	1538932	0.09%
7	唐建华	1461000	0.09%
8	北京德恒有限责任公司	1410000	0.09%
9	陈军	1215500	0.07%
10	泰和证券投资基金	1214057	0.07%

四川湖山电子股份有限公司

一、公司简介

（一）公司法定名称：
（中文）四川湖山电子股份有限公司
（英文）SICHUAN HUSHAN ELECTRONIC HOLDINGCO.,LTD
（二）公司法定代表人：汤东风
（三）公司董事会秘书：杨松育
授权代表：余华勇
办公及联系地址：四川省绵阳市长虹大道中段53号
联系电话：0816—2312421、2336335
传真：0816—2334891
E-MAIL地址：songyu@my—public.sc.cninfo.net
（四）公司注册地址：绵阳市华兴西路一号
公司办公地址：四川省绵阳市长虹大道中段53号
邮政编码：621000
国际互联网网址：http://www.hushan.com
E—MAIL地址：hushan@my-public.sc.cninfo.net
（五）公司年度报告备置地点：绵阳市长虹大道中段53号公司董事会办公室
公司选定信息披露报纸：《中国证券报》、《证券时报》
年度报告指定登载网址：http://www.cninfo.com
（六）公司股票上市交易所：深圳证券交易所
股票简称：四川湖山
股票代码：0801

二、会计数据和业务数据摘要

（一）利润情况：（单位：元）

利润总额：	48,114,670.46
净利润：	41,157,223.69
扣除非经常性损益后的净利润：	23,649,472.78
主营业务利润：	42,628,063.42
其他业务利润：	9,617,867.64
营业利润：	37,786,683.38
投资收益：	-114,229.27
补贴收入：	3,708,552.56
营业外收支净额：	6,733,663.79
经营产生的现金流量净额：	21,837,817.50
现金及现金等价物净增加额：	-4,570,699.90

（二）公司前三年主要会计数据和财务指标（单位：元）

	1999年	1998年	1997年
主营业务收入	123,857,734.24	155,675,770.73	151,328,499.18
净利润	41,157,223.69	27,134,157.20	25,720,277.72
总资产	253,063,332.91	195,869,953.05	186,777,014.11
股东权益	169,676,034.93	136,277,311.23	110,809,458.45
每股收益	0.405	0.37	0.51
加权平均每股收益	0.405	0.37	0.51
扣除非经常性损益后的每股收益	0.233	—	—
每股净资产	1.67	1.94	2.20
调整后的每股净资产	1.65	1.93	2.16
每股经营活动产生的现金流量净额	0.215	0.49	—
净资产收益率(%)	24.3	19.25	23.21

说明：
执行四项计提会计政策追溯调整对本公司财务数据影响较小，故在此不作有关数据对比，详细情况请查阅审计报告的会计报表附注第二项第17条有关内容。
注：主要财务指标的计算方法
每股收益=净利润/年度末普通股股份总数
每股净资产=年度末股东权益/ 年度末普通股股份总数
调整后的每股净资产=(年度末股东权益-三年以上的应收款项净额-待摊费用 -待处理(流动、固定)资产净损失-开办费-长期待摊费用-住房周转金负数余额)/年度末普通股股份总数
每股经营活动产生的现金流量净额=经营活动产生的现金流量净额/年度末普通股股份总数
净资产收益率=净利润/年度末股东权益×100%
（三）股东权益变动情况：

项目	股本	资本公积	盈余公积	法定公益金	未分配利润	股东权益合计
期初数	70532000	566445	33827466.61	8157907.40	31351399.62	136277311.23
本期增加	31034080	—	4093995.30	2386497.91	35016250.73	72191323.70
本期减少	—	—	7053200.00	—	31739400.00	38792600.00
期末数	101566080	566445	32915259.58	10204905.07	34628250.35	169676034.93
变动原因	送股及转增股本		本期计提及转增股本	本期计提	本期盈利及送红股	

三、股东情况介绍

（一）截止1999年12月30日，公司股东共2186户。
（二）前十名股东持股情况（单位：万股）

股东名称	年初持股数量	年末持股数量	变动原因	持股比例
1 上海华晨集团股份有限公司	1820	2620.8	送股及转增	25.81
2 深圳市新中泰投资有限公司	0	1728	受让后送股及转增	17.01
3 吉林三洋实业公司	980	1411.2	送股及转增	13.89
4 成都君信实业有限公司	0	1171.008	受让后送股及转增	11.53
5 金鑫证券投资基金	0	365.9992		3.60
6 绵阳市银星贸易公司	140	201.6	送股及转增	1.98
7 张梅坚		69.1581		0.68
8 金城集团有限公司		68.5052		0.67
9 孙小金		57.4897		0.57
10 杨立平		45.622		0.45

持有本公司5%以上股份均无质押、冻结情况。

北京京西风光旅游开发股份有限公司

一 公司简介

1 公司中文名称:北京京西风光旅游开发股份有限公司
公司英文名称:BEIJING JINGXI TOURISM DEVELOPMENT CO.,LTD. 缩写:JXTD
2 公司法定代表人:刘利华
3 公司董事会秘书:曾 鸣 授权代表:包卫刚
联系地址:北京市门头沟区新桥大街35号龙泉百花宾馆四层404室
联系电话:(010)69831967 传真:(010)69831957
电子信箱:jxtddm@mx.cei.gov.cn
4 公司注册地址:北京市门头沟区新桥大街35号龙泉百花宾馆四、五层
邮政编码:102300
电子信箱:jxtour@public.bta.net.cn 公司网址:http://www.jxtour.com.cn
5 公司选定的信息披露报纸:《中国证券报》、《证券时报》
登载公司年度报告的国际互联网网址: http://www.cninfo.com.cn
公司年度报告备置地点:公司证券部
6 股票上市交易所:深圳证券交易所
股票简称:京西旅游 股票代码:0802

二 会计数据和业务数据摘要

1、本年度利润总额及构成 金额单位:元

利润总额	35,474,293.92
净利润	30,657,687.66
扣除非经常性损益后的净利润	32,443,411.00
主营业务利润	70,705,408.38
其它业务利润	6,642,399.02
营业利润	38,482,757.71
投资收益	-2,831,051.79
补贴收入	5,903,381.21
营业外收支净额	1,373,182.39
经营活动产生的现金流量净额	30,865,378.36
现金及现金等价物净增加额	71,908,912.32

注:扣除的非经常性损益项目及涉及金额:

资产处置损益:	181,500.97元
收购资产:	-1,764,435.75元
冻结资金利息:	863,827.18元
合并价差摊销:	-1,066,615.74元

2、截至报告期末公司前三年主要会计数据及财务指标(合并报表)单位:元

项目	1999年度	1998年度		1997年度	
		调整前	调整后	调整前	调整后
主营业务收入	232902158	179731810	179731810	159490635	159490635
净利润	30657687	31758679	29788218	31617367	14586226
总资产	685896116	462928134	439845387	412233642	391121356
股东权益(不含少数股东权益)	370478226	287178285	264095538	260669606	239557320
每股收益	0.264	0.303	0.284	0.301	0.139
扣除非经常性损益后的每股收益	0.279	-		-	
加权计算的每股收益	0.308	0.303	0.284	0.408	
每股净资产	3.187	2.735	2.515	2.483	2.289
调整后每股净资产	3.089	2.433	2.213	2.289	2.187
每股经营活动产生现金流量净额	0.266	0.356	0.356		
净资产收益率(%)	8.28	11.06	11.28	12.13	6.08

注:(1)1999年度总股本按配股后11,625万股计算,1998和1997年度按上市后总股 本按10,500万股计算。
(2)主要财务指标的计算公式如下:
每股收益=净利润/年度末普通股股份总数
每股净资产=年度末股东权益/年度末普通股股份总数
净资产收益率=净利润/年度末股东权益×100%
调整后的每股净资产=(年度末股东权益-三年以上的应收帐款净额-待摊费用-待处理(流动、固定)财产净损失-开办费—长期待摊费用-住房周转金负数余额)/年度末普通股股份总数
每股经营活动产生的现金流量净额=经营活动产生的现金流量净额/年度末普通 股股份总数

三 股东情况介绍

1、股东情况介绍
(1)截止1999年12月30日,本公司共有17,677名股东。
(2)本公司前10名股东持股情况

序号	股东名称	报告期末持股数(股)	占总股本比例
1	北京京西经济开发公司	77,250,000	66.45%
2	北京中京泰咨询有限公司	1,360,000	1.170%
3	陕西合记联合实业总公司	1,033,026	0.889%
4	景阳证券投资基金	350,000	0.301%
5	金鑫证券投资基金	299,974	0.258%
6	夏永集	286,240	0.246%
7	杨瑞英	249,600	0.215%
8	石卫琴	215,726	0.186%
9	吴超会	186,994	0.161%
10	普丰证券投资基金	166,013	0.143%

注:1.北京京西经济开发公司所持7725万股为国有法人股,为未上市流通股份。
2.前10名股东中第2-10位股东所持股份为已上市流通股份。
3.本公司未知前十名股东之间是否存在关联关系。
4.持股10%(含10%)以上法人股东情况介绍
截止本报告期期末,北京京西经济开发公司(下称"京西公司")持有本公司股份7725万股,占公司总股本的66.45%,为公司第一大股东,注册地址:北京市门头沟区新 桥大街35号,法定代表人:杨锡铨。主营:旅游、酒店、工业、农业、通讯技术的投资 开发;国内贸易;信息咨询等。京西公司所持股份性质为国有法人股,该部分股份目前 无质押。
2、报告期内,本公司控股股东为北京京西经济开发公司,无变更。

四川美亚丝绸(集团)股份有限公司

一、公司简介

(一)中文名称:四川美亚丝绸(集团)股份有限公司　　缩写:美亚股份
　英文名称:SICHLLAN MEIYA SICK(GROUP) CO.,LTD　　缩写:MYGF
(二)公司法定代表人:彭可云
(三)公司董事会秘书:罗雄飞
　联系地址:四川省南充市顺庆区延安路 380 号公司董秘室
　电话:(0817)2602333 转 272, 2600868　传真:(0817)2602653　2601012　邮编:637000
　公司授权代表:张裕民
　联系地址:四川省南充市顺庆区延安路 380 号公司财务部
　电话:(0817)2601963　2602333 转 471　传真:(0817)2602653　2601012　邮编:637000
(四)公司注册地址:四川省南充市顺庆区延安路 380 号　邮编:637000
(五)公司年度报告备置地点:公司董事会秘书室
　公司选定信息披露报刊:《中国证券报》
　年度报告指定登载网址:http://ww.chinfo.com.cn
(六)公司股票上市交易所:深圳证券交易所
　股票简称:美亚股份　股票代码:0803

二、会计数据和业务数据摘要

1.本年度利润总额及构成　(单位:元)

项目	1999 年
(1).利润总额	1,680,391.79
(2).净利润	1,428,333.02
(3).扣除非经常性损益后的净利润	1,332,747.63
(4).主营业务利润	5,172,859.52
(5).其他业务利润	6,712,376.21
(6).营业利润	1,524,922.02
(7).投资收益	11,375.91
(8).补贴收入	
(9).营业外收支净额	144,093.86
(10).经营活动产生的现金流量净额	25,252,484.03
(11).现金及现金等价物净增加额	5,577,617.14

2、主要会计数据和财务指标

指标项目	1999 年	1998 年		1997 年	
		调整前	调整后	调整前	调整后
(1).主营业务收入(万元)	6376.63	7461.60	7461.60	8287.03	8287.03
(2).净利润(万元)	142.83	337.37	–383.51	995.74	441.49
(3).总资产(万元)	27011.03	29739.72	27740.15	26840.29	25561.59
(4).股东权益(万元)	14034.15	15890.89	13891.32	15553.52	14274.83
(5).每股收益(元)(摊薄)	0.018	0.04	–0.05	0.19	0.08
(加权)	0.018	0.04	–0.05	0.19	0.08
(6).扣除非经常性损益后每股收益	0.017	0.03	–0.036	0.11	0.046
(7).每股净资产(元)	1.80	2.04	1.78	2.99	2.75
(8).调整后每股净资产(元)	1.64	1.83	1.63	2.92	2.68
(9).每股经营活动产生的现金流量净额(元)	0.32	0.30	0.30		
(10).净资产收益率(%)(摊薄)	1.02	1.12	–2.76	6.40	3.09
(加权)	1.02	2.15	–2.72	6.43	3.02

附:主要财务指标计算公式:
每股收益=净利润/年度末普通股股份总数
每股净资产=年度末股东权益/年度末普通股股份总数
调整后的每股净资产=(年度末股东权益–三年以上的应收款项净额–待摊费用 –待处理(流动、固定)资产净损失–开办费–长期待摊费用–住房周转金负数余额) /年度末普通股股份总数

3、报告期内股东权益变动情况(单位:元)

项目	股本	资本公积	盈余公积	法定公益金	未分配利润	股东权益合计
期初数	77970000	28228132.34	30389670.28	2993732.55	2325410.28	138913212.90
本期增加			214249.95	71416.65	1214083.07	1428333.02
本期减少						
期末数	77970000	28228132.34	30603920.23	3065149.20	3539493.35	140341545.92

变动原因:根据本年净利润提取盈余公积、公益金、使盈余公积法定公益金、未 分配利润增加

三、股本变动及股东情况

1.股本变动情况　　数量单位:股

	本次变动前	本次变动增减(+、–) 配股	送股	公积金转股	增发	其他	小计	本次变动后
(一)未上市流通股份								
1.发起人股份	40470000							40470000
其中:国家持有股份	33720000							33720000
2.募集法人股	6750000							6750000
3.优先股或其他	43500							43500
未上市流通股份合	40513500							40513500
(二)已上市流通股份								
1.人民币普通股	37500000							37500000
其中:高管人员股	43500							43500
3.其他已上市流通股份合计	37456500							37456500
(三)股份总数	77970000							77970000

2.股东情况介绍
截至 1999 年 12 月 30 日本公司股东共 11524 户,前 10 名股东为:

股东名称	期末数	持股比例
1.四川南充国有资产管理局	33,720,000	43.25%
2.四川南充美亚时装公司	3,750,000	4.81%
3.福建兴业证券公司上海金陵东路证券交易营业部	1,960,490	2.51%
4.南充市丝绸加工厂	1,500,000	1.92%
5.福建兴业证券公司	1,154,468	1.48%
6.刘德福	974,310	1.25%
7.四川南充美鸿实业公司	900,000	1.15%
8.许春林	698,600	0.89%
9.兴业厦门	650,000	0.83%
10.林玉华	605,220	0.77%

常州金狮股份有限公司

一、公司简介

1、公司法定中文名称:常州金狮股份有限公司
公司英文名称:CHANGZHOU GOLDEN LION CO.,LTD.
2、公司法定代表人:王 浩
3、公司董事会秘书:李福康
联系地址:江苏省常州市花园路 59 号
联系电话:(0519)3270453–210(0519)3270657　传真:(0519)3270657
电子信箱:lfk@cn99.com
授权代表:崔霞
4、公司注册地址:江苏省常州市花园路 59 号　邮政编码:213016
公司国际互联网网址:http//www.china–goldenlion.com　电子信箱:jsgfyxgs@pub.cz.js.cn
5、公司选定的信息披露报纸名称:《证券时报》
登载公司年度报告的中国证监会指定国际互联网网址:http//www.cninfo.com.cn
6、公司年度报告备置地点:董事会秘书室
7、公司股票上市交易所:深圳证券交易所
公司股票简称:金狮股份　公司股票代码:0805

二、会计数据和业务数据摘要

(一)本年度利润指标情况　单位:元(人民币)

1、利润总额:	–15059361.63
2、净利润:	–15407728.66
3、扣除非经常性损益的净利润:	–23307728.66
4、主营业务利润:	–406727.42
5、其他业务利润:	13589.77
6、营业利润:	–23287332.52
7、投资收益:	7900000.00
8、补贴收入:	0.00
9、营业外收支净额:	327970.89
10、经营活动产生的现金流量净额:	–7771836.96
11、现金及现金等价物净增加额:	4724610.50

(二)公司近三年主要会计数据和财务指标

项 目	1999 年	1998 年		1997 年
		调整前	调整后	
1、主营业务收入(万元)	3939.63	4748.68	4748.68	17595.67
2、净利润(万元)	–1540.77	976.81	802.09	812.76
3、总资产(万元)	23643.05	24781.19	23930.83	22473.13
4、股东权益(万元)	6593.25	8984.38	8134.02	8007.58
5、每股收益(元)(摊薄)	–0.2693	0.171	0.1402	0.142
(加权)	–0.2582	0.171	0.1402	0.142
6、每股收益(扣除非经常性损益后)	–0.4073			
7、每股净资产(元)	1.152	1.571	1.42	1.40
8、调整后的每股净资产(元)	0.90	1.436	1.31	1.33
9、每股经营活动产生的现金流量净额	–0.1358	–0.2617		
10、净资产收益率(%)	–23.36	10.87	9.86	10.15

主要财务指标计算公式如下:
每股收益=净利润/年度末普通股股份总数
每股净资产=年度末股东权益/年度末普通股股份总数
加权平均每股收益=当期净利润/[(期初股份总数+期末股份总数)/2]
调整后的每股净资产=[年度末股东权益–三年以上的应收款项–待摊费用–待处理(流动、固定)资产净损失–开办费–长期待摊费用]/年度末普通股股份总数

三、股本变动及股东情况

(一) 公司股份变动情况　数量单位:股

	期初数	本次变动增减(+,–) 配股	送股	公积金转股	其他	小计	期末数
一、尚未流通股份							
1、发起人股份	5464000				–5200000	–5200000	264000
其中:境内法人持有股份	5464000				–5200000	–5200000	264000
其他 1、募集法人股	37336000				+5200000	+5200000	42536000
2、高管股	9090						9090
3、优先股或其他							
尚未流通股份合计	42809090						42809090
二、已流通股份							
1、境内上市的人民币普通股	14409160						14409160
已流通股份合计	14409160						14409160
三、股份总数	57218250						57218250

(二)股东情况介绍
1、本年度末公司股东总数为 4306 户,其中公司高管股 9 户。
2、公司前十名股东持股情况

股 东 名 称	期末持股数(万股)	占总股本 (%)
(1)江苏神鸡集团有限公司	1535.33	26.833
(2)银通创业投资有限公司	898.27	15.699
(3)江苏金苑电脑公司	520.00	9.088
(4)刘志宏	30.00	0.524
(5)常州金狮自行车工贸集团公司	26.40	0.461
(6)李道红	25.27	0.442
(7)浙江证券有限责任公司	23.09	0.404
(8)王梁	20.17	0.353
(9)金鑫证券投资基金	16.5805	0.289
(10)江苏武进市轻工电镀厂	15.00	0.262

江苏神鸡集团有限公司持有本公司股份 1535.33 万股,为本公司控股股东。该公司法定代表人:姚建坤;住所:常州市武青路 9 号;经营范围:电线电缆及其配套产品加工、制造,电线电缆技术服务,本企业及成员企业自产产品、相关技术的出口业务等。

银通创业有限公司持有本公司股份 898.27 万股。该公司法定代表人:王浩;住所: 海南省海口市国贸大道 45 号银通国际 26 中心层;经营范围:高新技术企业和项目投资、管理、策划、咨询服务,高新技术和项目股权转让、财产受托经营和管理,计算机软硬件、网络设备的开发、系统集成、技术服务等。

北海银河高科技产业股份有限公司

北海银河高科技产业股份有限公司1999年年度报告摘要

一、公司简介

1、公司法定中文名称:北海银河高科技产业股份有限公司
公司法定英文名称:Beihai Yinhe Hi-Tech Industrial Co., Ltd.
2、公司法定代表人:潘琦
3、公司董事会秘书:欧秋生
联系地址:广西北海市广东南路银河科技大厦八楼
电　　话:0779-3202636
传　　真:0779-3201888
4、公司注册地址:广西北海市银海南路世贸大厦八楼
公司办公地址:广西北海市广东南路银河科技大厦八楼
邮政编码:536000
公司国际互联网网址:www.guangxiyinhe.com
电子信箱:yinhe@ppp.nn.gx.cn
5、公司选定的信息披露报纸名称:《证券时报》、《中国证券报》
登载公司年度报告的中国证监会指定国际互联网网址:
http://www.cninfo.com.cn。
公司年度报告备置地点:公司证券部
6、公司股票上市交易所:深圳证券交易所
股票简称:银河科技
股票代码:0806

二、会计数据和业务数据摘要

1、本年度主要利润指标情况:(金额单位:元)

利润总额	61,561,128.21
净利润	48,316,754.33
扣除非经常性损益后的净利润	36,412,792.08
主营业务利润	66,680,134.20
其他业务利润	4,737,129.12
营业利润	46,591,791.80
投资收益	3,575,380.26
补贴收入	10,341,030.33
营业外收支净额	1,052,925.82
经营活动产生的现金流量净额	-10,682,474.87
现金及现金等价物净增加额	8,549,870.67

注:扣除的非经常性损益的项目和涉及金额(金额单位:元)

临时性获得的补贴收入	10,341,030.33
新股申购冻结资金利息	1,247,611.56
合并价差摊入	315,320.36
合　计	11,903,962.25

2、截至报告期末公司前三年的主要会计数据和财务指标:(金额单位:元)

项目	1999年	1998年		1997年	
		调整后	调整前	调整后	调整前
主营业务收入	165181556	120293734	148078990	132968222	132968222
净利润	48316754	27424043	29046698	16770787	26425300
总资产	564660026	420925199	463844040	216870628	226522141
股东权益(不含少数股东权益)	300205370	265410485	276687654	119758224	129412737
每股收益	0.30	0.33	0.35	0.27	0.43
每股收益(按月平均加权法计算)	0.46	0.36	0.39	0.27	0.43
扣除非经常性损益后的每股收益	0.22	0.22	0.24	0.27	0.43
每股净资产	1.84	3.23	3.37	1.96	2.11
调整后的每股净资产	1.83	3.15	3.34	1.94	2.09
每股经营活动产生的现金流量净额	-0.07	0.03	0.03		
净资产收益率(%)	16.09	10.33	10.50	14	20.42

注:(1)、主要财务指标的计算公式如下:
每股收益=净利润/年度末普通股股份总数
每股净资产=年度末股东权益/ 年度末普通股股份总数
调整后的每股净资产=(年度末股东权益-三年以上的应收款项净额-待摊费用-待 处理(流动、固定)资产净损失-开办费-长期待摊费用-住房周转金负数余额)/年度末 普通股股份总数
每股经营活动产生的现金流量净额=经营活动产生的现金流量净额/年度末普通股股份总数
净资产收益率=净利润/年度末股东权益×100%

(2)、由于会计政策变更,根据财政部财会字(1999)35号文、49号文的有关规定,采用了追溯调整法,调整了1999年度合并会计报表相关的"坏帐准备"帐项、"存货跌价准备"帐项、"未分配利润"帐项。

各年度会计数据如下:(金额单位:元)

项目	1999年	1998年		1997年	
		调整后	调整前	调整后	调整前
坏帐准备	3466730.65	2,892,418.38	287,387.41	2850945.60	205,432.36
存货跌价准备	8601950.39	8,571,000.00	—	7009000.00	—
未分配利润	53531665.85	55,494,124.67	65079717.63	32251303.60	40390023.58

3、报告期内股东权益变动情况:(金额单位:元)

项目	股本	资本公积	盈余公积	法定公益金	未分配利润	股东权益合计
期初数	82200000	97890126.54	29826234.65	6064795.86	55494124.67	265410485.86
本期增加	80556000	175500.00	10277843.85	2415837.72	48316754.33	139326098.18
本期减少		54252000.00			50279213.15	104531213.15
期末数	162756000	43813626.54	40104078.5	8480633.58	53531665.85	300205370.89

变动原因:

股本变动:主要系实施1998年度送红股方案和1999年度中期送红股和资本公积金 转增股本方案所致。

资本公积变动:主要系1999年中期实施资本公积金转增股本方案减少资本公积及 子公司西安开元电力自动化有限公司评估增加资本公积所致。

盈余公积和法定公益金变动:主要系本年度利润提取数及子公司四川永星电子有 限公司增值税返还所致。

未分配利润变动:主要系本年度利润转入和利润分配及调整以前年度利润所致。

4、股本变化情况

项　目	本次变动前	本次变动增减(+,-)				本次变动后
		送股	公积金转股	其他	小计	
一、未上市流通股份						
1、发起人股份	27000000	7360000	15180000	-4000000	18540000	45540000
其中:						
国家持有股份	10000000	3200000	6600000		9800000	19800000
境内法人持有股份	17000000	4160000	8580000	-4000000	8740000	25740000
境外法人持有股份						
其　他						
2、募集法人股份	21000000	8000000	16500000	4000000	28500000	49500000
3、内部职工股	13200000	4224000	8712000		12936000	26136000
4、优先股或其他						
其中:转配股						
未上市流通股份合计	61200000	19584000	40392000		59976000	121176000
二、已上市流通股份						
1、人民币普通股	21000000	6720000	13860000		20580000	41580000
2、境内上市的外资股						
3、境外上市的外资股						
4、其他						
已上市流通股份合计	21000000	6720000	13860000		20580000	41580000
三、股份总数	82200000	26304000	54252000		80556000	162756000

注:(1)1999年5月26日,公司发起人股东北海新金海物业发展有限公司将所持公司发起人股份4,000, 000.00元协议转让给江苏新思维投资咨询有限公司。

(2)根据1998年度股东年会决议,以1998年12月31日总股本82,200,000.00元为基 数,向全体股东每10股送1股红利,股本由82,200,000.00元变更为90,420,000.00元。

(3)根据1999年度第一次临时股东大会决议,以1999年6月30日总股本90,420,000.00元为基数,向全体股东每10股送2股派现金红利0.5元(含税)并以资本公积转增6股, 股本由90,420,000.00元变更为162,756,000.00元。

三、 股东情况介绍

(1)、报告期末股东总数:8471户

(2)、报告期末前10名股东的持股情况: 股份单位:股 比例单位:%

股东名称	期初数	本期增加数	
		已上市	未上市
北海通台经济发展有限公司	9000000	0	8820000
北海光子投资咨询有限公司	6000000	0	5880000
张家界祥龙国际酒店有限公司	5000000	0	4900000
江苏新思维投资咨询有限公司	4000000	138800	3920000
北海市国际信托投资公司	4000000	0	3920000
深圳市元盛实业有限公司	4000000	0	3920000
北海三思贸易公司	3000000	0	2940000
海南纳克贸易有限公司	3000000	0	2940000
海南贝奇电子实业有限公司	2100000	0	2058000
裕隆证券投资基金	0	3270504	0

续上表:

股东名称	小计	期末数			占总股本比例
		已上市	未上市	合计	
北海通台经济发展有限公司	8820000	0	17820000	17820000	10.95
北海光子投资咨询有限公司	5880000	0	11880000	11880000	7.30
张家界祥龙国际酒店有限公司	4900000	0	9900000	9900000	6.08
江苏新思维投资咨询有限公司	4058800	138800	7920000	8058800	4.95
北海市国际信托投资公司	3920000	0	7920000	7920000	4.87
深圳市元盛实业有限公司	3920000	0	7920000	7920000	4.87
北海三思贸易公司	2940000	0	5940000	5940000	3.65
海南纳克贸易有限公司	2940000	0	5940000	5940000	3.65
海南贝奇电子实业有限公司	2058000	0	4158000	4158000	2.55
裕隆证券投资基金	3270504	3270504	0	3270504	2.01

1.质押或冻结情况:

海南纳克贸易有限公司将持有的本公司股票300万股,作为本公司借款1200万元的质物,于1999年3月质押于北海市国资局;海南贝奇电子实业有限公司将持有的本公司 股票210万股,作为本公司借款500万元的质物,于1999年6月质押于北海市国资局;北海通台经济发展有限公司将持有的本公司股票1782万股,作为本公司借款2000万元的质 物,于1999年10月质押于中国银行北海分行;江苏新思维投资咨询有限公司将持有的本公司股票792万股,作为本公司借款990万元的质物,于1999年12月质押于中国银行北海分行;北海三思贸易公司将持有的本公司股票594万股,作为本公司借款510万元的质物,于1999年12月质押于中国银行北海分行。

2.关联关系情况:

江苏新思维投资咨询有限公司与北海三思贸易公司的法定代表人为同一人。

3.代表国家持有股份的单位:

北海市国际信托投资公司、 北海市光子投资咨询有限公司。 北海市光子投资咨询有限公司系由原北海银滩国家旅游度假区招商中心更名而来。

4.本公司无外资股东。

5.本公司无战略投资者。

四、股东大会简介

报告期内,本公司共召开了一次股东年会和一次临时股东大会:

1、1998年度股东年会

1999年3月6日,本公司在《证券时报》刊登了关于召开1998年度股东大会的公告,1999年4月10日,本公司1998年度股东大会如期召开。股东大会由董事会召集,由董事长潘琦先生主持,参加本次股东大会的股东及股东代表共计32人,代表股份42,004,200股,占公司总股份的51.10%。会议以42,004,200股赞成、0股反对、0股弃权审议通过了以下事项:

1.1998年度董事会工作报告。

2.1998年度监事会工作报告。

3.1998年度总经理业务工作报告。

4.1998年度财务决算报告及1999年度财务预算报告(资金使用计划)。

5.1998年度利润分配方案:以公司1998年末总股本82,200,000股为基数,每10股送1股;不进行资本公积金转增股本。

6.关于公司第二届董事会换届选举的议案,选举潘琦、闫海琴、姚国平、赖永久、金祖勤、邓乐平、郑保中、张润深和高菁等九人为公司第三届董事会董事,其中,高菁为新增选的董事,其他为公司第二届董事会成员。

7.关于公司第二届监事会换届选举的议案,选举顾勇彪、高超、赵冰、杭杰和徐森等五人为公司第三届监事会监事,其中,顾勇彪、高超、赵冰为公司第二届监事会成员,杭杰、徐森为新增选的监事。

8.关于修改公司经营范围及公司章程的议案。

此股东大会决议公告刊登于1999年4月12日的《证券时报》上。

2、1999年第一次临时股东大会

1999年7月28日,本公司在《证券时报》上刊登了召开1999年第一次临时股东大会的公告,1999年8月27日,本公司1999年度第一次临时股东大会如期召开。临时股东大会由董事会召集,由董事长潘琦先生主持,出席本次临时股东大会的股东及股东代表29人,代表有效表决权股份46,656,150股,占公司总股本90,420,000股的51.60%。本次会议采取记名投票表决方式,以46,656,150股赞成、0股反对、0股弃权表决通过了以下事项:

1.1999年度中期利润分配和资本公积金转增股本方案。本公司以1999年6月30日总股本90,420,000股为基数,每10股送2股派0.5元(含税)和每10股转增6股。

2.关于董事人员变动的提案,同意郑保中先生辞去公司董事职务。

3.授权公司董事会相应修改公司章程。

此股东大会决议公告刊登于1999年8月28日的《证券时报》上。

五、董事会报告

1、公司经营情况

(1)、公司所处的行业以及公司在本行业中的地位:

本公司属电子信息行业,公司主导产品片式电阻器等为电子信息基础产品—新型电子元器件,属国家当前优先发展的高技术产业化重点领域。本公司及子公司四川永星电子有限公司、西安开元电力自动化有限公司均被认定为高新技术企业,子公司四川永星电子有限公司、北海银河电子有限公司分别通过ISO9001、ISO9002质量体系认证。子公司四川永星电子有限公司还通过了军工质保体系认证。金属氧化膜电阻器曾获国家银质奖,多项产品获省、部优质奖,片式电阻器已通过广西壮族自治区科委鉴定,CR-21B变电站综合自动化系统设备已通过了部级鉴定,并获原电力部和国家科委发文专项推广。

(2)、公司主营业务的范围及其经营状况:

本公司经营范围包括电子元器件,电力系统自动化设备、软件及系统集成,计算机软件开发、技术咨询及技术服务,科技产品开发、房地产综合开发与经营(三级)等。

下属公司的经营范围还包括有线电视信息网络建设、改造和升级、网上增值业务、文化产业、网络工程、通讯系统、无线电摇测、摇控等。

报告期内,根据公司的发展方向和产品及服务的市场前景,公司明确了以新型电子元器件、电力系统自动化、信息网络与系统集成为本公司三大主营业务。通过产业建设、技术创新、资本运营、强化内部管理、完善公司法人治理结构等手段,取得了良好的经营业绩,为公司快速、健康发展打下了坚实的基础。1999年度实现主营业务收入165,181,556.66元,净利润48,316,754.33元,分别比1998年增长37.32%、76.18%.

—积极调整产业结构,初步形成了以新型电子元器件、电力系统自动化、信息网络与系统集成为三大主业的高科技产业结构,大大拓展了公司的发展空间。

在电子元器件方面,主要抓了规模生产、质量上等级和市场拓展等,北海银河电子有限公司通过了ISO9002质量体系认证,四川永星电子有限公司被认定为高新技术产业企业,电子元器件在稳定彩电、冰箱、音响、精密仪器仪表等业务客户的同时,又被计算机、移动通讯等企业客户采用,成功介入信息通讯业。

在电力系统自动化方面,开发了多项科技成果,控股西安开元电力自动化有限公司,增强了公司在电力自动化工程、铁道自动化、通讯等领域的科技开发和市场竞争能力。

在信息网络与系统集成方面,大力开展信息网络技术服务,同时还与南宁广播电视局有线电视台合作经营南宁有线电视综合信息网,开展了有线电视网络建设、改造、升级和网络服务。

—大力开展技术创新,成功开发了YH-2000配网自动化、智能现场自控装置FTU、户外真空负荷开关、电厂报价及发电管理系统等一系列高科技产品。本公司建立了技术创新管理体系,成立了银河技术中心、银河博士后科研工作站、银河科技评估决策委员会,同时与清华大学、浙江大学等知名科研院校建立了合作关系,使公司技术开发、创新、储备能力极大增强。

1.报告期内,公司主营业务收入、主营业务利润构成:(金额单位:元)

按行业、产品分析:

项目	主营业务收入	主营业务利润
电子元器件产品	145,651,613.12	51,511,467.86
电力自动化产品	5,327,521,39	3,908,559.45
信息网络及技术服务	14,202,422.15	11,260,106.89
合计	165,181,556.66	66,680,134.20

2.报告期内,占公司主营业务收入或主营业务利润10%以上的主要产品和服务有片式电阻器、氧化膜电阻器、金属氧化膜电阻器、电位器、信息网络技术服务等,均属于电子信息业。上述产品和服务无明显地区差异。

(3)、在经营中出现的问题与困难及解决方案。

报告期内,由于电子元器件行业一方面市场需求量大,产品供不应求;另一方面行业竞争急烈,产品的边际利润对产品规模依赖度增强。针对这一问题,公司采取技术攻关、促进规模生产、加强质量管理和拓展市场渠道的措施,提高了产品数量和质量,降低了产品生产成本,取得了良好的经济效益。

由于人才和资金问题,使公司科技成果的开发和产业化面临较大压力,遇到了一些困难,与公司的发展不相匹配。针对这一问题,公司引进和培养了一批技术人才和管理人才,大力开展技术创新,科技开发成效斐然;1999年通过自筹,解决了产业化的部分资金问题。

但是,公司仍感到人才和资金还将在一定程度上制约公司发展,为全面提升公司的核心竞争力和市场占有率,公司董事会通过决议授权经理层以特殊的收入分配政策引进各种专业人才,并拟在2000年通过配股,加强公司在新型电子元器件、电力系统自动化等主业方面的技术改造和产品升级,并拓展在电子商务、软件开发与系统集成等方面的业务。

(4)、本公司报告期内未进行利润预测。

2、公司财务状况

公司财务状况:(金额单位:元)

项目	1999年	1998年	增减(%)
总资产	564,660,026.50	420,925,199.40	34.15
长期负债	120,758,719.85	82,189,788.52	46.93
股东权益	300,205,370.89	265,410,485.86	13.11
主营业务利润	66680,134.20	43,707,615.39	52.56
净利润	48,316,754.33	27,424,043.93	76.18

比上年增减变动的主要原因:

总资产变动:主要系生产规模扩大、控股西安开元电力自动化有限公司等使流动资产增加以及房屋建筑物、设备仪器等固定资产增加所致。

长期负债变动:主要系因生产发展需要,长期借款增加所致。

股东权益变动:主要系本年度实现净利润和利润分配所致。

主营业务利润增加:主要系生产规模扩大,市场销售良好,以及控股西安开元电力自动化有限公司开拓主营业务等使本公司电子元器件、电力自动化产品、信息网络及技术服务等主营业务收入增加所致。

净利润增加:主要系主营业务利润增加所致。

3、公司投资情况

1999年12月31日,本公司投资余额为62,627,196.66元,较年初45,064,939.45元增加17,562,257.21元,增加幅度为38.97%。

(1)、公司主要投资情况:

被投资的公司	主要经营活动	权益比例(%)
银河电子有限公司	电子元器件、电子设备等	100
永星电子有限公司	电阻器、电位器、应用电路等	99.34
开元自动化有限公司	电力自动化工程、通讯系统、无线电摇测、摇控等	65
南宁有线网络公司	有线电视信息网络建设、改造和升级、网上增值业务、文化产业等	49
星宇信息有限公司	计算机软硬件、自动化系统、信息管理系统、自动控制系统等	70
银河物业有限公司	物业管理等	100
银河制衣有限公司	各类服装、床上用品等	100
君和股份公司	房地产、旅游等	6
东亚投资有限公司	项目投资、实业开发、电子产品等	19
湖南石油公司	石油化工产品等	1
北海古里酒业公司	酒类产品等	20
华瑞电位器公司	电位器等	50

(2)、报告期内无募集资金或报告期之前募集资金的使用延续到报告期内。

经中国证券监督管理委员会批准,于1998年2月向社会公开发行人民币普通股2100万元,每股面值1元,每股发行价格5.92元,共募集资金12,432万元,扣除相关发行费用662.7万元后,实际募集资金11,769.3万元,已按照《招股说明书》披露用途使用,效益良好。

(3)、报告期内非募集资金投资的重大项目。

报告期内,本公司与南宁广播电视局有线电视台合作建设"南宁有线电视综合信息网",组建南宁有线电视网络有限公司作为该项目的管理公司,注册资本200万元人民币,南宁广播电视局有线电视台占51%股权,我公司占49%股权。

本次合作参照国际通行的BOT方式对"南宁有线电视综合信息网"项目进行投资。项目总投资1亿元人民币,我公司投资4500万元人民币并以此获得南宁有线电视综合信息网20年经营权。

4、生产经营环境以及宏观政策、法规发生重大变化的影响。

(1)、加入WTO对公司的影响。

加入WTO后,我国将根据相关规则逐步向成员国开放包括投资、货物贸易、服务贸易等在内的经营领域,本公司认为,加入WTO将对本公司产业如下影响:

1.电子元器件业。国内电子产品的片式化率不高,国内需求很大,加入WTO后,随着国内电子信息产业和电讯市场的开放,电子信息基础产品—电子元器件的市场和发展将给本公司带来巨大的机遇,将会促进公司电子元器件产品的出口,减少进入成本。同时亦将面临国外大型元器件厂商的竞争,本公司将通过进一步扩大生产规模,优化产品结构和提升产品档次与质量等一系列手段以提高公司产品的市场份额。

2.电力自动化业。本公司产品主要用于国内配网改造和为电力市场提供技术支持,在近几年内,国家将投入巨资进行电网改造,给公司带来了巨大商机。加入WTO后,视市场准入程度的不同,对本公司产品市场可能会有一定影响,但将对本公司引进先进的配网自动化和电力市场相应技术和推进产业化起到良好的促进作用。

3.信息网络与系统集成业。在一段时间内,我国将仍然限制外国投资者自由进入,长远而言,该产业可能因市场完全开放面临外国投资者的竞争,同时,亦将扩大本公司产品的市场空间。

本公司将进一步研究加入WTO对公司的影响,并采取有力措施,充分利用有利因素,消除消极影响,顺应市场潮流,促进公司更快发展。

(2)、国家推进西部大开发战略对公司的影响。

本公司地处西部出海通道口,子公司四川永星电子有限公司、成都星宇信息工程有限公司和西安开元电力自动化有限公司分别处于西南、西北的中心城市成都、西安,国家西部大开发的重大决策将给公司带来良好的发展机遇。

本公司将认真研究国家这一重大决策对公司的影响,加大科研投入,扩大生产规模,健全市场营销体系,使西部公司得到更快发展。

(3)、执行国务院办公厅国办发[1999]82号文件的影响。

国务院办公厅出台了《关于加强广播电视有线网络建设管理意见的通知》,该文件对有线信息网络公司的增值业务和扩展业务有一定的限制。

本公司将认真研究上述文件对公司的影响,加强与有关部门的协调工作,及时掌握项目动态,适时调整有关投资计划。

5、新年度的业务发展计划。

新年度业务发展计划指导方针:坚持以人为本,以市场为导向,以增强企业核心竞争力、提高经济效益为中心,紧紧围绕新型电子元器件、电子系统自动化、信息网络与系统集成三大主业,大力开展技术创新,加大技术改造和产业化力度,为公司推进可持续发展战略构筑良好的平台。

(1)、发展主业

—积极推进配电自动化和电力市场技术支持系统技术改造与产业化项目和片式电阻器及片式电阻网络技术改造项目的实施。

—挖掘现有的生产和服务潜力,提高市场服务质量和服务能力。

—设立市场总部,加强销售网点的建设,完善市场销售网络及市场推广,扩大产品市场覆盖率。

—充分利用公司现有的网络技术、人才、设备、有线电视宽带信息网和市场营销网络,积极探索和开展以电子信息产品网上交易为主营的电子商务,拓宽公司的营销渠道,降低营运成本,缩短营运周期,提升公司的营运效益和未来竞争能力。

(2)、技术创新

—通过特殊的收入分配政策,大力引进和培养技术人才和管理人才,健全技术创新管理体制。

—加大科技投入,积极扶持银河技术中心和银河博士后科研工作站,壮大技术开发能力,建成促进主业发展的技术支持体系。

—重点开展开发电子信息产品、配网自动化及电力市场技术支持系统、网络交易等系列高层软、硬件产品。

(3)、完善管理

—完善现代企业制度,规范经营运作。

—借鉴国际通行的管理模式,探索和建立将经营者利益与企业长期发展目标有机结合的新型激励与约束机制。

—加强对控股公司的管理,健全控股公司法人治理结构。

—加强企业文化建设,增强公司凝聚力,充分发挥员工创造性、积极性。

6、董事会日常工作情况

(1)、报告期内董事会的会议情况及决议内容。

报告期内共召开董事会7次。

1.1999年3月2日,公司召开了第二届第七次董事会,会议应到董事10名,实到董事8名。会议审议并通过了以下事项:“1998年年度报告及年度报告摘要”;“1998年度董事会工作报告”;“1998年度总经理业务工作报告”;“1998年度财务决算报告及1999 年度财务预算报告”;“1998年度利润分配预案”;“关于公司第二届董事会换届选举的议案”;“决定1999年4月 10日上午9时召开1998年度股东大会”。

此董事会决议公告刊登于1999年3月6 日的《证券时报》上。

2.1999年6月29日,公司召开了第三届第一次董事会,会议应到董事9名,实到7名。 本次会议主要研究公司主营业务的发展问题,审议并通过了以下事项:“关于公司与德国DRIESEHER有限公司合作生产柱上复合真空开关的议案”;“关于公司将持有的四川星华电子有限公司股权转让的议案”。

此董事会决议公告刊登于1999年7月2 日的《证券时报》上。

3.1999年7月19日,公司召开了第三届第二次董事会。会议应到董事9名,实到董事7名。本次会议审议并通过了公司与南宁广播电视局有线电视台合作建设与经营“南 宁有线电视综合信息网”项目的决议。 此董事会决议公告刊登于1999年7月21日 的《证券时报》上。

4.1999年7月25日,公司召开了第三届第三次董事会,会议应到董事9名,实到董事7名,1名董事委托其他董事代行表决权。本次会议审议并通过了以下事项:“1999年度 中期报告”;“湖北大信会计师事务所为本公司出具的《1999年度中期审计报告》”; “决定召开公司1999年度第一次临时股东大会有关事项”;“1999年度中期分红派息 预案和资本公积金转增股本预案”; “关于郑保中先生辞去公司董事的申请”。

此董事会决议公告刊登于1999年7月28日的《证券时报》上。

5.1999年9月16日,公司召开了临时董事会会议,应到董事8名,实到董事8名。本次会议审议通过了以下事项:“关于增资扩股设立广西九思科技网络有限责任公司的议 案”; “关于与中国银行北海分行建立全面银企合作关系的议案”。

此董事会决议公告刊登于1999年9月17日的《证券时报》、《中国证券报》上。

6.1999年11月28日,公司召开了第三届第四次董事会,会议应到董事8名,实到董事7名。本次会议审议并通过了以下事项:“关于通过增资扩股方式控股西安开元电力自动化有限公司的议案”;“关于明确北海银河主营业务事宜的议案”;“关于北海银河广招科技人员事宜的议案”;“关于闫海琴先生辞去北海银河副总经理职务事宜的议 案”。

此董事会决议公告刊登于1999年11月30日的《证券时报》、《中国证券报》上。

7.1999年12月24日,公司召开了第三届第五次董事会,会议应到董事8名,实到董事7名。本次会议审议并通过了以下事项:“公司更名和修改公司章程的议案”;“决定 以通讯方式召开临时股东大会”。

此董事会决议公告刊登于1999年12月28日的《证券时报》、《中国证券报》上。

(2)、董事会对利润分配和资本公积金转增股本方案的执行情况:

本年度召开了1998年股东年会及一次临时股东大会,董事会按照股东大会决议,实施了1998年度利润分配方案、实施了1999年度中期利润分配和资本公积金转增股本的方案。

1.1998年度利润分配方案的执行情况:以本公司1998年12月31日总股本82,200,000股为基数,每10股送1股,股权登记日为1999年5月28日,除权日为1999年5月31日,送股可流通部分上市交易日为1999年6月2日。

2.1999年度中期利润分配和资本公积金转增股本方案的执行情况: 以本公司1999 年6月30日总股本90,420,000股为基数,每10股送红股2股派现金0.50元(含税),每10股转增6股,股权登记日为1999年9月6日,除权日为1999年9月7日,送转股可流通部分上市交易日为1999年9月9日。

3.报告期内,本公司未进行配股、增发新股。

7、董事、监事、高级管理人员

1.持股情况:(股份单位:股)

姓 名	性别	年龄	职务	年初持股数	年末持股数	股份增减量	变动原因
潘 琦	男	37	董事长、总经理	33,000	65,340	+32,340	送股及转增
闫海琴	男	43	董事	33,000	65,340	+32,340	送股及转增
金祖勤	男	52	董事	0	0		
张润深	男	44	董事	0	0		
邓乐平	男	46	董事	7,000	13,860	+6,860	送股及转增
赖永久	男	55	董事	0	0		
高 菁	男	36	董事	0	0		
姚国平	男	35	董事、副总经理	33,000	65,340	+32,340	送股及转增
顾勇彪	男	44	监事会召集人	0	0		
高 超	男	27	监事	0	0		
杭 杰	男	30	监事	11,000	21,780	+10,780	送股及转增
赵 冰	男	33	监事	22,000	43,560	+21,560	送股及转增
徐 森	男	40	监事	0	0		
欧秋生	男	33	董事会秘书	0	0		
王跃光	男	36	财务总监	0	0		

2.年度报酬情况:(金额单位:元)

姓名	性别	年龄	职务	任期	年度报酬
潘 琦	男	37	董事长、总经理	1999.4~2002.4	180000
闫海琴	男	43	董事	1999.4~2002.4	120000
金祖勤	男	52	董事	1999.4~2002.4	
张润深	男	44	董事	1999.4~2002.4	
邓乐平	男	46	董事	1999.4~2002.4	
赖永久	男	55	董事	1999.4~2002.4	48000
高 菁	男	36	董事	1999.4~2002.4	
姚国平	男	35	董事、副总经理	1999.4~2002.4	60000
顾勇彪	男	44	监事会召集人	1999.4~2002.4	60000
高 超	男	27	监事	1999.4~2002.4	18000
杭 杰	男	30	监事	1999.4~2002.4	24000
赵 冰	男	33	监事	1999.4~2002.4	24000
徐 森	男	40	监事	1999.4~2002.4	24000
欧秋生	男	33	董事会秘书	1999.9~2002.4	30000
王跃光	男	36	财务总监	1999.4~2002.4	60000

报酬区间	0~30000元(含)	30000~60000元(含)	60000元以上
总人数	5	4	2

注:不在公司领取报酬的董事、监事、高级管理人员姓名:金祖勤、张润深、邓乐平、高菁

3.报告期内离任的董事、监事、高级管理人员

姓名	性别	曾任职务	离任原因
骆文韬	男	董事	换届选举
黄宪民	男	董事	换届选举
郑保中	男	董事	股东单位变动
夏笙安	男	监事	换届选举
刘大超	男	监事	换届选举
张宗云	男	副总经理	工作变动
闫海琴	男	副总经理	工作变动
李建保	男	董事会秘书	健康原因

报告期内,本公司未解聘公司总经理。

1999年9月,经董事会研究同意,聘请欧秋生先生担任董事会秘书。

8、本次利润分配预案和资本公积金转增股本预案。

本公司1999年实现利润61,561,128.21元,净利润48,316,754.33元,按照公司章程规定提取净利润的10%计4,831,675.43元为法定公积金,提取净利润的5%计2,415,837.72元为法定公益金,加上年度未分配利润55,494,124.67元,本年度可供股东分配的 利润96,563,365.85元。1999年度利润分配预案为:每10股送3股派0.75元(含税),不进行资本公积金转增股本。

9、本公司选定信息披露报纸为《证券时报》和《中国证券报》。

六、监事会报告

报告期内,公司规模和业务得到了迅速发展,高科技产业构架初步形成,为保证公 司规范运作,从根本上维护广大股东的利益,本监事会严格按照“法制、监管、自律、规范”的八字方针,通过列席公司董事会和其作重要会议、检查财务状况、审阅合同 等多种途径,依有关法律法规和公司章程行使自己的职权,维护本公司利益,维护股东 利益,遵守诚信原则,谨慎、努力地开展工作,为公司各项生产经营活动的健康发展提 供了良好的保障。

1、监事会召开情况

1999年3月3日,公司召开第二届第七次监事会会议,会议通过了以下事项:“1998 年度监事会工作报告”;“关于公司第二届监事会换届选举的议案”。

2、监事会报告

报告期内,本监事会通过一系列检查、监督、 审核活动,一致形成下列独立意见:

(1)、公司决策程序合法,进一步完善了内部控制制度,公司董事、经理执行公司 职务时无违反法律、法规、公司章程或损害公司利益的行为。

(2)、公司聘请的湖北大信有限责任会计师事务所对公司1999年度财务报告出具 了无保留意见的审计报告,本监事会对公司财务状况进行了检查核实,1999年度财务报告真实反映了公司的财务状况和经营成果, 注册会计师出具的审计意见是恰当的。

(3)、公司1998年度发行A股所募集的资金实际投入项目和承诺投入项目一致,实 际投资项目未发生变更。

(4)、公司收购、出售资产交易价格合理,未发现内幕交易,未损害部分股东的权 益或造成公司资产流失。

(5)、公司关联交易公平,未损害公司利益。

本监事会对本公司1999年度努力奋斗所取得的经营业绩和成果表示满意, 对公司 经理层积极推行技术创新,走发展高科技产业之路表示满意,并坚信随着本公司三大高科技主业基础的日益牢固, 本公司将更具良好的发展前景。

七、重要事项

1、报告期内,本公司无重大诉讼、仲裁事项。

2、1999年8月6日,公司因信息披露事宜,受到了深圳证券交易所的通报批评。该 事项披露于1999年8 月6日的《证券时报》上。

3、报告期内,本公司无控股股东及其变更情况。

1999年4月10日, 本公司1998年度股东大会通过了 “关于公司第二届董事会换届选举的议案”,选举潘琦、闫海琴、姚国平、赖永久、金祖勤、邓乐平、郑保中、张润 深和高菁等九人为公司第三届董事会董事。其中:高菁为新选的董事,其他为公司第二届董事会成员。该事项披露于1999年4月12日的《证券时报》上。

1999年8月27日,1999年度临时股东大会通过决议,郑保中先生因其所在法人单位 不再持有本公司股票,同意其辞去本公司董事职务。该事项披露于1999年8月28日的《证券时报》上。

本公司无总经理变更情况。

1999年9月原董事会秘书李建保先生因健康原因辞去董事会秘书职务, 经董事会研究同意新聘欧秋生先生为董事会秘书。

4、1999年6月29日董事会通过决议, 将本公司持有的原控股子公司四川星华电子 有限公司72.79%的股权以27,500,000.00元价格协议转让给南宁统和网络有限公司, 该事项披露于1999年7月2日的《证券时报》上。转让以上股权获得股权收益1,052,631.04元, 占利润总额的比例为1.71%。

5、报告期内,本公司重大关联交易事项。

(1).公司发起人股东北海通台经济发展有限公司为公司向中国银行北海分行的20,000,000.00元长期借款、向农业银行四川省分行12,516,390.00元长期借款分别提供质押担保和保证担保。

(2).公司法人股东江苏新思维投资咨询有限公司以其持有的本公司法人股792万 股为公司向中国银行北海分行9,900,000.00元短期借款提供质押担保。

(3).公司法人股东北海三思贸易公司以其持有的本公司法人股594万股为公司向 中国银行北海分行 5, 100,000.00元短期借款提供质押担保。

(4).公司法人股东海南纳克贸易有限公司、海南贝奇电子实业有限公司以其分别持有的本公司法人股300万股和210万股为公司向北海市国资局17,000,000.00元短期 借款提供抵押。

股东单位对本公司的借款提供担保, 有力的支持了本公司的业务发展。

6、本公司无重大的托管、承包、租赁其他公司资产或其他公司托管、承包、租 赁公司资产的事项。

7、报告期内,本公司续聘湖北大信有限会计师事务所公司作审计工作。

8、报告期内,本公司与南宁广播电视局有线电视台签署了合作建设经营“南宁有线电视综合信息网”协议,该事项披露于1999年7月21日的《证券时报》上,上述协议 正在履行过程中。

9、报告期内,本公司拟更改名称或股票简称,经第三届第五次董事会通过决议,拟将本公司更名为 “北海银河高科技产业股份有限公司”, 股票简称拟申请变更为 “银 河科技”, 此决议已披露于1999年12月28日的《证券时报》与《中国证券报》上,此事项须经股东大会审议通过和相关管理部门审批。

注:2000年1月 27 日我公司以通讯表决方式召开了2000年第一次临时股东大会, 审议并通过了上述修改公司全称和股票简称及修改公司章程的议案, 并于2000年2月16 日在广西壮族自治区工商行政管理局办理了营业执照变更手续,之后在深圳证券交易 所申请办理了修改公司全称和股票简称的相关手续。该事项披露于2000年2月19日的 《证券时报》上。2000年2月22日起,股票简称由原“北海银河”变更为“银河科技”。

10、执行财政部财会字[1999]35号、49 号文件的影响。

根据财政部《关于印发〈股份有限公司会计制度有关会计处理问题补充规定〉的通知》和《关于〈股份有限公司会计制度有关会计处理问题补充问题解答〉的通知》的有关规定,本公司本年度对坏帐准备、存货跌价准备会计政策变更已采用追溯调整 法,调整了期初留存收益及相关项目的期初数;利润及利润分配表的上年数栏,已按调 整后的数字填列。上述会计政策变更的累积影响数为11,277,168.19元,其中,因坏帐 准备计提方法变更的累积影响数为2,706,168.19元,存货计价方法变更的累积影响数 为8,571,000.00元;由于会计政策变更,调减了1998年度的净利润1,622,654.95元;调 减了1999年年初留存收益11,277,168.19元,其中,未分配利润调减了9,585,592.96元,盈余公积调减了1,691,575.23元;利润及利润分配表上年数栏的年初未分配利润调减 了8,206,336.25元。

11、其它重大事件的事项:

(1)、根据1998年度股东大会决议,1998年度以82,200,000总股本为基数向全体股东实施每10股送1股的方案,注册资本由原82,200,000元变更为90,420,000元,公司章 程、注册资金相应变更。

根据1999年度临时股东大会决议,1999年度中期实施每10股送2股派0.5元 (含税) 转增6股的方案,注册资本由原90,420,000元变更为162,756,000元,公司章程、注册资金相应变更。

(2)、报告期内,本公司与中国银行北海分行签定贷款合同,贷款方式为抵押贷款,抵押物分别为银河科技大厦房产和土地,借款金额分别为2500万元和1000万元。

(3)、报告期内,本公司无担保行为。

八、财务会计报告

(一)、审计报告:

公司1999年度财务报告经湖北大信有限责任会计师事务所注册会计师欧阳桔、王知先审计后,出具了无保留意见的鄂信业字[2000]第138号《审计报告》。

审 计 报 告

鄂信业字(2000)第138号

北海银河高科技产业股份有限公司全体股东:

我们接受委托,审计了贵公司1999年12月31日的资产负债表、1999年度的利润及 利润分配表和现金流量表。这些会计报表由贵公司负责,我们的责任是对这些会计报 表发表审计意见。我们的审计是依据《中国注册会计师独立审计准则》进行的。在审计过程中,我们结合贵公司的实际情况,实施了包括抽查会计记录等我们认为必要的审计程序。

我们认为,上述会计报表符合《企业会计准则》和《股份有限公司会计制度》的 有关规定,在所有重大方面公允地反映了贵公司1999年12月31日的财务状况以及1999 年度的经营成果和现金流量情况,会计处理方法的选用遵循了一贯性原则。

湖北大信有限责任会计师事务所　　中国注册会计师

中国.武汉　　中国注册会计师

2000年 4月5日

(二)、会计报表:(附后)

(三)、合并会计报表附注:

1、公司简介

北海银河高科技产业股份有限公司(原名北海银河股份有限公司),是1993年4月经广西壮族自治区经济体制改革委员会以桂体改股字[1993]57号文批准,由北海通台经 济发展有限公司、北海银滩国家旅游度假区招商中心、广西建设信托投资有限公司北海办事处、海南南华金融公司、上海远东银联实业有限公司海南公司等五家公司共同发起,以定向募集方式设立的股份有限公司。公司经中国证券监督委员会证监发字[1997]513号和证监发字[1997]514号文批准,于1998年2月18日向社会公开募集公众股2100万股,并于1998年4月16日获准在深圳证券交易所挂牌上市。

1999年6月29日公司董事会三届一次会议决议,将公司持有的四川星华电子有限公司72.79%的股权以27,500,000.00元的协议价格转让给南宁统和网络有限公司。

1999年7月25日公司董事会三届二次会议决议,公司和南宁广播电视局有线电视台合作建设与经营"南宁有线电视综合信息网",获得南宁有线电视台综合信息网20年 经营权。

1999年11月28日公司董事会三届四次会议决议,以增资扩股方式控股西安开元电 力自动化有限公司,公司拥有其65%的股权。

公司本年度为了加强北海银河电子有限公司的管理,提高经济效益,经公司董事会研究决定,对北海银河电子有限公司的管理由分公司管理模式改为子公司管理模式,故本年度母公司报表不含北海银河电子有限公司。

根据1998年度股东年会决议,以1998年12月31日总股本82,200,000元为基数向全 体股东实施每10股送1股的利润分配方案,股本由82,200,000元变更为90,420,000元。

根据1999年度第一次临时股东大会决议,以1999年6月30日。总股本90,420,000.00元为基数,向全体股东实施每10股送2股派0.5元(含税)的利润分配方案,并以资本公 积金每10股转增6股,股本由90,420,000元变更为162,756,000元。

根据公司2000年度临时股东大会决议,将原公司名称"北海银河股份有限公司" 改名为"北海银河高科技产业股份有限公司",股票简称由"北海银河"改为"银河 科技"。

公司营业执照号:4500001000030(2-1)

公司(含子公司)经营范围:电子元器件生产与销售,电力系统自动化软件设备的开发、生产、销售,计算机软件开发、技术咨询及技术服务,科技产品开发,房地产综合 开发与经营(三级);有线电视信息网络建设、改造和升级,网上增值服务,文化产业、网络工程,通讯系统,无线电遥测,遥控等。

2、公司主要会计政策、会计估计和合并会计报表的编制方法

(1)、会计制度:公司执行《企业会计准则》和《股份有限公司会计制度》及其补充规定。

(2)、会计年度:自公历一月一日至十二月三十一日。

(3)、记账本位币:以人民币为记账本位币。

(4)、记账基础和计价原则:以权责发生制为记账基础,以历史成本为计价原则。

(5)、外币业务核算方法:发生外币业务时,按当日市场汇率中间价折合人民币入 账,期末将外币账户余额按期末市场汇率中间价进行调整,所发生的汇兑损益,属于资 本性支出的,记入资产价值;属于收益性支出的,记入当期损益。

(6)、现金等价物的确定标准

现金等价物是指企业持有的期限短(从购买日起,三个月内到期)、流动性强、易 于转换为已知金额现金、价值变动风险很小的投资。

(7)、坏账核算方法

1. 坏账按以下原则确定

A、因债务人破产,依照法律程序清偿后,确实无法收回的应收款项。

B、因债务人死亡,既无遗产可供清偿,又无义务承担人承担,确实无法收回的应收款项。

C、因债务人逾期三年未履行偿债义务,可以列作坏账的应收款项。

2.坏账损失按备抵法核算,公司原按资产负债表日应收账款余额的5%计提坏账准备,其他应收款不计提坏账准备。根据公司董事会三届六次会议决议,公司的应收款项(包括应收账款和其他应收款)自一九九九年一月一日起根据债务单位的财务状况、现金流量等情况,按账龄分析法计提坏账准备。

坏账准备计提比例列示如下:

账　龄	计提比例
1年以内(含1年)	3%
1-2年	10%
2-3年	20%
3-4年	30%
4-5年	50%
5年以上	100%

3.由于会计政策的变更,公司根据财政部财会字(1999)35号文和49号文的有关规 定,采用了追溯调整法,调整了一九九九年度会计报表相关项目的年初数或上年实际数,该项调整对公司财务状况和经营成果的影响详见第18项。

(8)、存货核算方法

1.公司存货主要包括:原材料、在产品、修理用备件、低值易耗品、库存商品、在建开发产品。

2.存货计价方法:存货按实际成本进行核算,发出和领用时采用加权平均法。

3.低值易耗品的摊销方法:低值易耗品领用时采用一次摊销法摊销。

4.存货实行永续盘存制。

5.公司原不计提存货跌价准备,根据公司董事会三届六次会议决议,自一九九九年一月一日起存货期末按成本与可变现净值孰低计价,按单个存货项目的成本高于其可 变现净值的差额提取存货跌价准备,预计的存货跌价损失计入当期损益。

6.由于会计政策的变更,公司根据财政部财会字(1999)35号文和49号文的有关规 定,按一九九九年十二月三十一日账面实存的存货作为追溯调整的基础(已经消耗、出售的存货,不再追溯调整),调整了一九九九年度会计报表相关项目的年初数或上年实 际数,该项调整对公司财务状况和经营成果的影响详见第18项。

(9)、短期投资核算方法

1.短期投资指各种能够随时变现、持有时间不超过一年的有价证券及不超过一年的其他投资。

2.短期投资取得成本指实际支付的全部款项,包括税金、手续费等相关费用。

3.处置短期投资时按所收到的处置收入与短期投资账面价值的差额,确认为当期 投资损益。

4.根据公司董事会三届六次会议决议,自一九九九年一月一日起,短期投资期末按成本与市价孰低计价,按单项投资计算并确定计提短期投资跌价损失准备,并将市价低于成本的金额确认为当期损失。

5.公司本年末未发生短期投资跌价事项。

(10)、长期投资核算方法

1.长期股权投资

A、长期股权投资以实际支付的价款或确定的价值记账。

B、公司对拥有被投资公司20%以下权益性资本的长期股权投资采用成本法核算,对拥有被投资公司20%—50%(含50%)权益性资本的长期股权投资采用权益法核算,并对拥有50%以上权益性资本的长期股权投资采用权益法核算并编制合并会计报表。 但对拥有被投资公司50%以上权益性资本但其资产总额、销售收入及当期净利润额均在合并会计报表数据的10%以下时,根据重要性原则不纳入合并会计报表范围。

C、长期股权投资采用权益法核算时,投资成本与应享有被投资公司所有者权益份额之间的股权投资差额,按十年平均摊销计入当期损益。

D、采用成本法核算的公司,在被投资单位宣告分派现金股利或利润时,计入投资 收益;采用权益法核算的公司,中期期末或年度终了,按应分享或分担的被投资单位实 现的净利润或亏损的份额,计入投资损益。

2.长期债权投资

A、长期债权投资以实际支付的价款或确定的价值记帐。

B、长期债权投资按期计提利息并计入当期投资收益。

C、长期债券投资溢价或折价在债券购入后至到期前的期间内采用直线法摊销。

3.公司原不计提长期投资跌价准备,根据公司董事会三届六次会议决议,自一九九九年一月一日起长期投资期末按账面价值与市价或预计可收回金额孰低计价,减值准 备按单个投资项目计算确定,计提的长期投资跌价准备,首先冲抵该项投资的资本公积准备项目,不足冲抵的差额部分,确认为当期投资损失。已确认损失的长期投资的价值又得以恢复时,应在原已确认的投资损失的数额内转回。

4.公司本期末未发生长期投资预计可收回金额低于长期投资账面价值的事项,故 未计提长期投资减值准备。

(11)、固定资产计价和折旧方法

1.固定资产的标准为使用年限在一年以上的房屋建筑物、机器设备、仪表仪器、运输工具以及其他与生产经营有关的设备、器具、工具等;不属于生产经营的主要设 备,单位价值在2000元以上,并且使用期限超过两年的也作为固定资产。

2.固定资产按实际成本计价。

3.固定资产折旧采用直线法计算,固定资产分类及折旧年限如下:

类　　别	折旧年限(年)	净残值率(%)	年折旧率(%)
房屋及建筑物	30	4	3.2
机器设备	12	4	8
运输设备	5	4	19.2
其　　他	8	4	12

(12)、在建工程核算方法

公司按实际投入或购置价值核算在建工程,在固定资产尚未交付使用之前发生的 工程借款利息和有关费用计入在建工程成本;在建工程完工交付使用时,按工程成本转入固定资产。

(13)、无形资产计价和摊销方法

无形资产按实际成本计价,采用直线法摊销,其中:

1.专有技术按十年平均摊销。

2.土地使用权按五十年平均摊销。

(14)、开办费、长期待摊费用的计价和摊销方法

均按实际成本计价。开办费按五年摊销,长期待摊费用按受益期摊销。

(15)、收入确认原则

1.公司已将商品所有权上的主要风险和报酬转移给购货方;

2.公司既没有保留通常与所有权相联系的继续管理权,也没有对已售出的商品实 施控制;

3.与交易相关的经济利益能够流入公司,相关的收入和成本能够可靠地计量。

(16)、所得税的会计处理方法

所得税的会计处理采用应付税款法。

(17)、合并会计报表的编制方法

合并会计报表以母公司和纳入合并范围的子公司的会计报表以及相关资料为依据,按照财政部财会字[1995]11号文《合并会计报表暂行规定》和财会二字[1996]2号文《关于合并会计报表合并范围请示的复函》编制而成。对拥有50%以上股权但其资产总额、销售收入及当期净利润均在合并会计报表的10%以下时,根据重要性原则不纳 入合并报表范围。 子公司的主要会计政策按照母公司的会计政策制定。

(18)、会计政策变更及其影响

公司本年度对坏账准备和存货跌价准备的会计政策变更已采用追溯调整法,调整 了期初留存收益及相关项目的期初数;利润及利润分配表的上年数栏,已按调整后的数字填列。上述会计政策变更的累积影响数为11,277,168.19元,其中,因坏账准备计提 方法变更的累积影响数为2,706,168.19元,存货计价方法变更的累积影响数为8,571,000.00元,由于会计政策变更,调减了1998 年度的净利润1,622,654.95元; 调减了1999 年年初留存收益11,277,168.19元, 其中, 未分配利润调减了9,585,592.96元,盈余公积调减了1,691,575.23元;利润及利润分配表上年数栏的年初未分配利润调减了8,206, 336.25元。

3、税项

(1)、增值税

增值税销项税率为17%,应纳增值税额是根据当期应税产品销售收入按销项税率 计算销项税额后扣除当期进项税额的金额。根据财政部、国家税务总局财税字[1996]95号《关于三线脱险搬迁企业有关税收问题的通知》和财政部驻四川省财政监察专员办事处财驻川监退字[1998]386号文,公司下属控股子公司四川永星电子有限公司增值税的缴纳以1995年缴纳的增值税为基数,超过部分由中央财政退付75%,地方财政退付25%。 根据文件规定,所退增值税款记入盈余公积金。

(2)、城建税及教育费附加

城建税按应交流转税额的7%计征,教育费附加按应交流转税额的3%计征。

(3)、企业所得税

1.根据广西壮族自治区人民政府桂政函[1997]119号文的规定,公司所得税按33%税率征收,按18%返还;根据桂科高字[1998]第7号文和北地税函[1998]97号文,对其生产经营的高新技术产品所获利润免征企业所得税二年(1998年6月-2000年5月)。

2.根据成经[1998]101号文《关于同意北海银河股份有限公司兼并国营永星无线 电器材厂的批复》,被兼并的国营永星无线电器材厂(兼并后更名为四川永星电子有限公司)兼并后享受全返所得税两年,减半返还所得税三年的优惠政策。本年为全返所得税的第二年。

4、控股子公司及合营企业

(1)、公司拥有50%以上权益性资本的子公司

子公司名称	注册资本	经　营　范　围	投资额	拥有权益比例(%)
四川永星电子	45297894.52	电阻器、电位器应用电路、		

有限公司		数模转换器等生产、销售	45000000.00	99.34
北海银河电子有限公司	10000000.00	电子元器件、电子设备、工业自动化仪表制造、销售	10000000.00	100
西安开元电力自动化有限公司	22860000.00	电力自动化工程、通讯系统、无线电摇测、摇控、工业自动化设备开发生产;计算应用仪器仪表、通讯器件、电子元器件、建材等	14860000.00	65
北海银河物业管理有限公司	500000.00	物业管理	500000.00	100
北海银河制衣有限公司	500000.00	各类服装的生产销售、工艺品床上用品,纺织材料的销售	500000.00	100
成都星宇信息工程有限公司	3000000.00	计算机软、硬件, 电力自动化系统、自动控制系统集成的技术开发、服务及产品销售	2100000.00	70

注:1.北海银河物业管理有限公司、北海银河制衣有限公司、成都星宇信息工程 有限公司等三个子公司因其资产总额、销售收入与当期净利润额按财会二字[1996]2 号文规定的计算公式计算,均占合并会计报表的10%以下,故本年度未纳入合并会计报表范围。

2.四川永星电子有限公司注册资本45,297,894.52元,其中:北海银河高科技产业 股份有限公司投资45,000,000.00元,占注册资本的99.34%,电子工业部投资297,894.52元,占注册资本的0.66%。电子工业部的投资系根据电子经[1998]32号《关于中央 级"拨改贷"资金本息余额转为国家资本金的批复》的文件,将电子工业部拨改贷的 资金240,000.00元,利息57,894.52元,合计 297,894.52元转为国家资本金。

3.公司于1999年6月30日公告转让四川星华电子有限公司,转让评估基准日为1998年12月31日。四川星华电子有限公司原为纳入合并报表范围的控股子公司,根据财政 部财会字[1999]35号文和49号文的规定,本次会计报告将四川星华电子有限公司的有 关数据作期初数和上年数调整。

7.关联方关系及其交易

(1)、持股5%以上的股东

股东名称	期初数	期末数	占总股本比例
北海通台经济发展有限公司	9,000,000.00	17,820,000.00	10.95%
北海光子投资咨询有限公司	6,000,000.00	11,880,000.00	7.30%
张家界祥龙国际酒店有限公司	5,000,000.00	9,900,000.00	6.08%

(2)、存在控制关系的关联方

子公司名称	注册地址	经 营 范 围	与本企业关系	经济性质	法定代表人
四川永星电子有限公司	成都市新都县电子路98号	电阻器、电位器应用电路、数模转换器等制造,销售	子公司	有限责任	赖永久
北海银河电子有限公司	北海市东南路世贸大厦八楼	电子元器件、电子设备、工业自动化,化仪表制造,销售	子公司	有限责任	潘琦
西安开元电力自动化有限公司	西安市东开发区二号楼五楼	电力自动化工程,通讯系统,无线电摇测、摇控、工业自动化设备开发生产;计算应用仪器仪表、通讯器件、电子元器件、建材等	子公司	有限责任	李志勇
北海银河物业管理有限公司	北海市广东南路银河大厦四楼	物业管理	子公司	有限责任	姚国平
北海银河制衣有限公司	北海市北部湾中路电机厂内	各类服装的生产销售、工艺品,床上用品、纺织材料的销售	子公司	有限责任	姚国平
成都星宇信息工程有限公司	成都市高新区国际展览中心	计算机软、硬件,电力自动化系统、自动控制系统集成的技术开发、服务及产品销售	子公司	有限责任	赖永久

(3) 存在控制关系的关联方的注册资本及其变化

子公司名称	年初数	本年增加数	本年减少数	年末数
四川永星电子有限公司	45,297,894.52			45,297,894.52
北海银河电子有限公司	10,000,000.00			10,000,000.00
西安开元电力自动化有限公司		22,860,000.00		22,860,000.00
北海银河物业管理有限公司	500000.00			500,000.00
北海银河制衣有限公司	500,000.00			500,000.00
成都星宇信息工程有限公	3000000.00			3,000,000.00

(4) 存在控制关系关联方所持股份或权益及变化

子公司名称	年初数	比例	本年增加数	比例	本年减少数	年末数	比例
四川永星电子有限公司	45000000.00	99.34%				45000000	99.34%
北海银河电子有限公司	10000000.00	100%				10000000	100%
西安开元电力自动化有限公司			22860000.00	65%		22860000	65%
北海银河物业管理有限公司	500000.00	100%				500000	100%
北海银河制衣有限公司	500000.00	100%				500000	100%
成都星宇信息工程有限公司	3000000.00	70%				3000000	70%

(5) 不存在控制关系的关联方关系的性质

企业名称	与本企业的关系
四川华瑞电位器有限公司	本公司拥有其股权比例50%

(6) 关联方交易事项

1、公司发起人股东北海通台经济发展有限公司为公司向中国银行北海市分行20,000,000.00元长期借款、向农业银行四川省分行12,516,390.00元长期借款分别提供 质押担保和保证担保。

2、公司法人股东江苏新思维投资咨询有限公司以其持有的本公司法人股792万股为公司向中国银行北海市分行9,900,000.00元短期借款提供质押担保。

3、公司法人股东北海三思贸易公司以其持有的本公司法人股594万股为公司向中国银行北海市分行 5,100,000.00元短期借款提供质押担保。

4 公司法人股东海南纳克贸易有限公司、海南贝奇电子实业有限公司以其分别持 有的本公司法人股300万股和210万股为公司向北海市国资局17,000,000.00元短期借 款提供质押。

8、或有事项

本期无或有事项,不存在未决诉讼,未决索赔,税务纠纷等事项;无对外承担经济担保等承诺事项。

9、期后事项

(1)、1999年12月24日公司董事会三届五次会议决议,将原公司名称"北海银河股份有限公司"更名为"北海银河高科技产业股份有限公司",股票简称由"北海银河 "变更为"银河科技"。2000年1月27日公司第一次临时股东大会,审议通过了上述修改公司名称和股票简称的提案。公司于2000年2月16日在广西壮族自治区工商行政管 理局办理了营业执照变更手续,并已向深圳证券交易所申请办理了修改公司名称和股 票简称的相关手续。该事项已在2000年2月19日的《证券时报》上披露。

(2)、根据公司董事会三届七次会议决议,公司1999年度利润分配预案为:以公司1999年末总股本162,756,000股为基数向全体股东每10股送3股派发现金红利0.75元(含税),其中派发现金红利计12,206,700.00元,本会计报表已按该利润分配预案进行了调整。

九、公司的其他有关资料

1、公司首次注册登记日期、地点:

日期:1993年6月20日

地点:广西北海市政法南路世贸大厦八楼

2、公司最新变更注册登记日期、地点:

日期:2000年2月16日

地点:广西北海市银海南路世贸大厦八楼

3、企业法人营业执照注册号:(企)4500001000030-2

4、税务登记号码:45050219935485X

5、公司尚未流通股票的托管机构:深圳证券登记有限公司

6、公司聘请的会计师事务所名称:湖北大信有限责任会计师事务所

办公地址:湖北省武汉市中山大道1056 号金源世界中心A-B座八楼

十、备查文件目录

1、载有法定代表人、主管会计工作负责人、会计主管人员签名并盖章的会计报 表。

2、载有湖北大信有限责任会计师事务所盖章、注册会计师签名并盖章的审计报 告原件。

3、报告期内,本公司在中国证监会指定报纸上公开披露过的所有公司文件的正本及公告的原稿。

北海银河高科技产业股份有限公司

二OOO年四月八日

资产负债表 会股01表

编制单位:北海银河高科技产业股份有限公司 单位:元

项 目	1999年12月31日 母公司	1999年12月31日 合并	1998年12月31日 母公司	1998年12月31日 合并
流动资产:				
货币资金	30,083,430.90	46,593,053.95	26,994,917.52	38,043,183.28
短期投资	33,950,000.00	33,950,000.00		
减:短期投资跌价准备				
短期投资净额	33,950,000.00	33,950,000.00		
应收票据		407,570.64		6,452,655.02
应收股利				
应收利息				
应收帐款	7,756,925.91	75,847,466.85	12,178,486.42	35,545,991.57
其他应收款	145,556,455.38	23,363,483.77	28,303,409.26	28,244,809.15
减:坏帐准备	844,407.19	3,466,730.65	1,484,636.16	2,892,418.38
应收帐款净额	152,468,974.10	95,744,219.97	38,997,259.52	60,898,382.34
预付帐款	45,837,880.01	54,358,134.64	38,609,929.38	38,609,929.38
应收补贴款		10,889,775.65		3,717,892.16
存货	16,286,242.83	54,495,455.02	37,577,533.31	47,705,991.24
减:存货跌价准备	8571,000.00	8,601,950.39	8,571,000.00	8,571,000.00
存货净额	7,715,242.83	45,893,504.63	29,006,533.31	39,134,991.24
待摊费用	61,600.00	101,200.00	68,562.54	236,694.87
待处理流动资产净损失				
一年内到期的长期债权投资				
其他流动资产				
流动资产合计	270,117,127.84	287,937,459.48	133,677,202.27	187,093,728.29
长期投资:				
长期股权投资	131,137,762.88	13,467,196.66	97,816,276.74	44,714,939.45
长期债权投资	15,000,000.00	15,210,000.00		350,000.00
长期投资合计	146,137,762.88	28,677,196.66	97,816,276.74	45,064,939.45
减:长期投资减值准备				
长期投资净额	146,137,762.88	28,677,196.66	97,816,276.74	45,064,939.45
其中:合并价差--股权投资差额		-2,522,562.80		-2,837,883.16
固定资产:				
固定资产原价	59,076,698.70	252,849,341.05	38,760,674.79	111,826,513.36
减:累计折旧	3,229,258.76	43,253,286.11	5,675,006.33	32,501,302.75
固定资产净值	55,847,439.94	209,596,054.94	33,085,668.46	79,325,210.61
工程物资				
在建工程	6,872,531.62	8,890,553.44	99,061,524.89	103,354,725.41
固定资产清理				
待处理固定资产净损失				
固定资产合计	62,719,971.56	218,486,608.38	132,147,193.35	182,679,936.02
无形资产及其他资产:				
无形资产		11,516,596.54	3,800,000.00	4,923,184.07
开办费		1,109,912.63	1,163,411.57	1,163,411.57
长期待摊费用	337,752.81	337,752.81		
其他长期资产	16,594,500.00	16,594,500.00		
无形资产及其他资产合计	16,932,252.81	29,558,761.98	4,963,411.57	6,086,595.64
递延税项:				
递延税款借项				
资产总计	495,907,115.09	564,660,026.50	368,604,083.93	420,925,199.40
流动负债:				
短期借款	65,000,000.00	65,000,000.00	45,500,000.00	45,800,000.00
应付票据				
应付帐款	3,702,914.86	8,824,193.78	3,909,737.34	4,111,118.89
预收帐款	256,897.06	400,297.06		

代销商品款				
应付工资				
应付福利费	72,748.36	678,738.67	19,297.63	102,293.70
应付股利	14,846,700.00	14,846,700.00		
应交税金	1,776,576.37	19,467,235.79	247,562.58	10,821,943.59
其他应交款	62,670.23	594,835.24	90,644.33	666,837.23
其他应付款	18,544,012.52	24,502,662.84	5,754,770.83	11,455,443.58
预提费用				
一年内到期的长期负债				
其他流动负债				
流动负债合计	104262,519.40	134,314,663.38	55,522,012.71	72,957,636.99
长期负债:				
长期借款	87,696,390.00	111,589,589.98	42,681,139.00	66,574,338.98
应付债券				
长期应付款	3,742,834.80	3,742,834.80	4,990,446.36	4,990,446.36
住房周转金		−75,145.97		−84,499.03
其他长期负债		5,501,441.04		10,709,502.21
长期负债合计	91,439,224.80	120,758,719.85	47,671,585.36	82,189,788.52
递延税项:				
递延税款贷项				
负债合计	195,701,744.20	255,073,383.23	103,193,598.07	155,147,425.51
少数股东权益:		9,381,272.38		367,288.03
股东权益:				
股本	162,756,000.00	162,756,000.00	82,200,000.00	82,200,000.00
资本公积	43,813,626.54	43,813,626.54	97,890,126.54	97,890,126.54
盈余公积	40,104,078.50	40,104,078.50	29,826,234.65	29,826,234.65
其中:公益金	8,480,633.58	8,480,633.58	6,064,795.86	6,064,795.86
未分配利润	53,531,665.85	53,531,665.85	55,494,124.67	55,494,124.67
股东权益合计	300205,370.89	300,205,370.89	265,410,485.86	265,410,485.86
负债和股东权益总计	495,907,115.09	564,660,026.50	368,604,083.93	420,925,199.40

利 润 表　会股 02 表

编制单位:北海银河高科技产业股份有限公司　单位:元

项　目	1999 度 母 公 司	1999 度 合　并	1998 度 母 公 司	1998 度 合　并
一、主营业务收入	14,202,422.15	165,181,556.66	60,444,688.09	120,293,734.39
减:折扣与折让				
主营业务收入净额	14,202,422.15	165,181,556.66	60,444,688.09	120,293,734.39
减:主营业务成本	2,129,226.59	96,898,529.47	39,433,210.60	75,178,102.91
主营业务税金及附加	813,088.67	1,602,892.99	175,245.71	1,408,016.09
二、主营业务利润	11,260,106.89	66,680,134.20	20,836,231.78	43,707,615.39
加:其他业务利润	4,817,111.75	4,737,129.12		−410,934.32
减:存货跌价损失		30,950.39	1,562,000.00	1,562,000.00
营业费用		2,625,244.88	855,577.09	2,408,902.28
管理费用	4,949,557.17	18,603,214.25	4,661,224.75	15,541,279.10
财务费用	1,957,595.67	3,566,062.00	3,630,017.36	3,684,217.08
三、营业利润	9,170,065.80	46,591,791.80	10,127,412.58	20,100,282.61
加:投资收益	40,011,678.31	3,575,380.26	16,805,302.66	7,154,982.65
补贴收入	2,469,146.84	10,341,030.33	4,020,104.97	7,737,997.13
营业外收入	1,247,611.56	1,315,772.51	1,247,611.58	1,308,761.08
减:营业外支出	54,978.97	262,846.69		317,861.91
四、利润总额	52,843,523.54	61,561,128.21	32,200,431.79	35,984,161.56
减:所得税	4,526,769.21	12,345,022.59	4,776,387.86	8,494,280.02
少数股东损益		899,351.29		65,837.61
五、净利润	48,316,754.33	48,316,754.33	27,424,043.93	27,424,043.93

利润分配表　会股 02 表

编制单位:北海银河高科技产业股份有限公司　单位:元

项　目	1999 度 母 公 司	1999 度 合　并	1998 度 母 公 司	1998 度 合　并
一、净利润	48,316,754.33	48,316,754.33	27,424,043.93	27,424,043.93
加:年初未分配利润	55494124.67	55,494,124.67	32,183,687.33	32,183,687.33
盈余公积转入				
二、可供分配的利润	103,810,879.00	103,810,879.00	59,607,731.26	59,607,731.26
减:提取法定盈余公积	4,831,675.43	4,831,675.43	2,742,404.39	2,742,404.39
提取法定公益金	2,415,837.72	2,415,837.72	1,371,202.20	1,371,202.20
三、可供股东分配的利润	96,563,365.85	96,563,365.85	55,494,124.67	55,494,124.67
减:应付优先股股利				
提取任意盈余公积				
应付普通股股利	16,727,700.00	16,727,700.00		
转作股本的普通股股利	26,304,000.00	26,304,000.00		
四、未分配利润	53,531,665.85	53,531,665.85	55,494,124.67	55,494,124.67

现 金 流 量 表　会股 03 表

编制单位:北海银河高科技产业股份有限公司　单位:元

序号 项　目	行次	母公司	合　并
一、经营活动产生的现金流量:			
销售商品、提供劳务收到的现金	1	15,868,882.77	171,831,510.48
收取的租金	2	2,400,000.00	2,400,000.00
收到的税费返还	3	654,545.00	1,416,465.95
收到的其他与经营活动有关的现金	4	338,110.02	2,959,169.53
现金流入小计	5	19,261,537.79	178,607,145.96
购买商品、接受劳务支付的现金	6	4,730,693.13	155,111,083.95
经营租赁所支付的现金	7		
支付给职工以及为职工支付的现金	8	1,493,973.05	15,555,787.16
实际缴纳的增值税款	9		7,400,897.66
支付的所得税款	10	1,418,299.05	1,738,299.05
支付的除增值税、所得税以外的其他税费	11	771,132.26	2,000,869.81
支付的其他与经营活动有关的现金	12	14,542,812.04	7,482,683.20
现金流出小计	13	22,956,909.53	189,289,620.83
经营活动产生的现金流量净额	14	−3,695,371.74	−10,682,474.87
二、投资活动产生的现金流量:			
收回投资所收到的现金	15	27,500,000.00	27,640,000.00
分得股利或利润所收到的现金	16	3,300,075.00	3,300,075.00
取得债券利息收入所收到的现金	17		
处置固定资产、无形资产和其他长期资产而收回的现金净额	18		
收到的其他与投资活动有关的现金	19		
现金流入小计	20	30,800,075.00	30,940,075.00
购建固定资产、无形资产和其他长期资产所支付的现金	21	11,471,251.39	16,017,942.85
权益性投资所支付的现金	22	70,190,000.00	55,458,299.82
债权性投资所支付的现金	23		
支付的其他与投资活动有关的现金	24		
现金流出小计	25	81,661,251.39	71,476,242.67
投资活动产生的现金流量净额	26	−50,861,176.39	−40,536,167.67
三、筹资活动产生的现金流量:			
吸收权益性投资所收到的现金	27		
发行债券所收到的现金	28		
借款所收到的现金	29	109,000,000.00	109,000,000.00
收到的其他与筹资活动有关的现金	30		2,780,000.00
现金流入小计	31	109,000,000.00	111,780,000.00
偿还债务所支付的现金	32	44,500,000.00	44,800,000.00
发生筹资费用所支付的现金	33		
分配股利或利润所支付的现金	34	2,365,000.00	2,365,000.00
偿付利息所支付的现金	35	4,489,938.49	4,846,486.79
融资租赁支付的现金	36		
减少注册资本支付的现金	37		
支付的其他与筹资活动有关的现金	38		
现金流出小计	39	51,354,938.49	52,011,486.79
筹资活动产生的现金流量净额:	40	57,645,061.51	59,768,513.21
四、汇率变动对现金的影响额	41		
五、现金及现金等价物净增加额	42	3,088,513.38	8,549,870.67

附注:

项　目	行次	母公司	合　并
1、不涉及现金收支的投资和筹资活动:			
以固定资产偿还债务	42		
以对外投资偿还债务	43		
以固定资产进行长期投资	44		
以存货偿还债务	45		
融资租赁固定资产	46		
2、将净利润调节为经营活动的现金流量			
净利润	47	48,316,754.33	48,316,754.33
加:少数股东损益	48		899,351.29
加:计提的坏帐准备	49	−640,228.97	574,312.27
计提的固定资产折旧	50	1,115,521.00	14,715,009.34
无形资产摊销	51		971,071.67
开办费摊销	52		458,998.94
财务费用	54	1,957,595.67	3,566,062.00
投资损失(减收益)	55	−40,011,678.31	−3,575,380.26
递延税款贷项(减借项)	56		
存货的减少(减增加)	57	21,291,290.48	−6,758,513.39
经营性应收项目的减少(减增加)	58	−43,951,871.93	−81,767,681.11
经营性应付项目的增加(减减少)	59	8,227,245.99	11,917,540.05
其　他	60		
经营活动产生的现金流量净额	61	−3,695,371.74	−10,682,474.87
3、现金及现金等价物净增加情况:			
库存现金及银行存款的期末余额	62	30,083,430.90	46,593,053.95
库存现金及银行存款的期初余额	63	26,994,917.52	38,043,183.28
其他货币资金的期末余额	64		
减:其他货币资金的期初余额	65		
现金等价物的期末余额	66		
减:现金等价物的期初余额	67		
现金及现金等价物净增加额	68	3,088,513.38	8,549,870.67

云南铝业股份有限公司

云南铝业股份有限公司 1999 年年度报告摘要

一、公司简介

1、公司名称:云南铝业股份有限公司
英文名称:YUNNAN ALUMINIUM CO.,LTD.
2、公司法定代表人:代祖让
3、董事会秘书:张文伟
联系地址:云南省昆明市呈贡县云南铝业股份有限公司证券投资部
联系电话:(0871)7455858 传 真:(0871)7455605 电子信箱:ylgf@public.km.yn.cn
4、公司注册地址:云南省昆明市呈贡县
办公地址:云南省昆明市呈贡县 邮政编码:650502 网址://www.china.ylgf.com
5、公司选定的信息披露报纸:《中国证券报》、《证券时报》
登载公司年度报告的中国证监会指定国际互联网网址：http://www.see.com.cn
公司年度报告备置地:公司证券投资部
6、公司股票上市交易所:深圳证券交易所 股票简称:云铝股份 股票代码:0807

二、 会计数据与业务数据摘要

1、本年度主要利润指标情况 (单位:人民币元)

利润总额:	89279662.05
净利润:	63602442.45
扣除非经常性损益后的净利润:	60401679.34
主营业务利润:	163203762.10
其他业务利润:	1196317.34
营业利润:	72009171.47
投资收益:	4458024.93
补贴收入:	14001016.46
营业外收支净额:	–1188541.81
经营活动产生的现金流量净额:	163331931.13
现金及现金等价物净增加额:	88133575.92

注:扣除的非经营性损益项目及金额
(1)、处理固定资产净损失: –1125539.04
(2)、处理昆明鑫利金属加工厂长期投资收益： 4326302.15
小计: 3200763.11

2、主要会计数据和财务指标(合并报表,单位:人民币元)

项目	1999.12.31	1998.12.31		1997.12.31
		调整后	调整前	
主营业务收入	1002920207.29	555978388.14	555978388.14	632781067.48
净利润	63602442.45	448921.20	2783603.76	52058426.54
总资产	2146930912.13	1700682211.37	1703016893.93	999515482.55
股东权益	742324153.13	728321710.68	730656393.24	247431928.58
每股收益	0.2052	0.00	140.00	90.23
每股收益(按月加权法计算)	0.2052	0.00	160.01	0.23
每股收益(扣除非经常性损益)	0.1948	–0.02	–0.012	—
每股净资产(元)	2.39	2.35	2.36	1.08
调整后的每股净资产	2.37	2.33	2.35	1.05
每股经营活动产生的				
每股现金流量净额	0.53	–0.04	–0.04	—
净资产收益率(%)	8.57	0.006	0.38	21

注:(1)、主要财务指标计算方法:每股收益=净利润÷年度末普通股股份总数
每股净资产=年度末股东权益÷年度末普通股股份总数
调整后的每股净资产=(年度末股东权益–三年以上的应收款项净额–待摊费用–待 处理(流动、固定)资产净损失–开办费–长期待摊费用–住房周转金负数余额)÷年度末普通股股份总数
每股经营活动产生的现金流量净额=经营活动产生的现金流量净额÷年度末普通 股股份总数
净资产收益率=净利润÷年度末股东权益× 100%
(2)、以上数据以公司合并会计报表数据填列。
(3)、根据财政部会字(1999)35 号文的有关规定,公司对 98 年(公司 98 年上市)会计数据和财务指标进行了追溯调整,并分别以调整前和调整后的数据列示。
(4)、公司于 98 年上市,97 年财务指标根据招股说明书中有关数据填列。

3、报告期内股东权益变动情况:

项 目	股本	资本公积	盈余公积	法定公益金	未分配利润	股东权益合计
期初数	310000000	414859901.43	2671180.92	1335590.46	–544962.13	728321710.68
本期增加	0	0	6360244.24	3180122.13	4462076.08	14002442.45
本期减少	0	0	0	0	0	0
期末数	310000000	414859901.43	9031425.16	4515712.59	3917113.95	742324153.13

变动原因:1、本年度提取了 10%的盈余公积金。2、本报度提取了 5%的法定公益金。3、未分配利润增加是分配利润后的剩余数。4、股东权益增加是本年度提取了盈余公积金和本年实现可向股东分配利润中的未分配部份。

4、股本变化情况
公司 1999 年 1–12 月股本变动情况如下表

项 目	期初数	期末数
一、尚未流通股份		
1、发起人股份		
其中:国家持有股份	230000000.00	230000000.00
境内法人持有股份	230000000.00	230000000.00
4、优先股或其他	230000000.00	230000000.00
尚未流通股份合计		
二、已流通股份		
1、境内上市的人民币普通股	80000000.00	80000000.00
4、其 他	80000000.00	80000000.00
已流通股份合计		
三、股份总额	310000000.00	310000000.00

三、股东情况介绍

(1)、截止 1999 年 12 月 31 日,公司在深圳证券交易所结算公司登记的股东共有 43734 户。
(2)、持有本公司 5%(含 5%)以上股份的股东和前十位股东持股情况。

名次	股东名称	年末持股数(股)	占股本比例(%)
1	云南冶金集团总公司	230000000	74.20
2	泰和证券投资基金	1772223	0.57
3	周晓艺	395799	0.12
4	刘 颖	336700	0.11
5	张绍泉	290971	0.09
6	付景星	260000	0.08
7	陈歆哲	204600	0.06
8	周 林	197000	0.06
9	孙秀梅	188800	0.06
10	周 彤	173500	0.06

云南冶金集团总公司为本公司最大持股股东,代表国家持有本公司股份 23000 万股。
(3)、云南冶金集团总公司为本公司最大持股股东,持股总额为 23000 万股,占公司总股本 31000 万股的 74.2%。其法定代表人是陈智先生,主营矿产品、冶金产品及副产品、延伸产品;兼营冶金生产建设所需材料及设备,冶金技术开发、转让及培训,农副 产品,工艺美术品(不含金银首饰)。
本报告期内云南冶金集团总公司未将其持有的股份进行质押,其余流通股东是否 存在关联及质押,本公司不清楚。
(4)、报告期内本公司控股股东没有发生变更。

四、股东大会简介

本报告年度内召开了云南铝业股份有限公司 1998 年度股东大会。
1、股东大会的通知、召集、召开情况
公司于 1999 年 4 月 24 日在《中国证券报》和《证券时报》上刊登了召开 1998 年度 股东大会的公告;1999 年 5 月 27 日,1999 年度股东大会在云南铝业股份有限公司本部召 开，会议由董事长代祖让先生主持。
2、股东大会通过了如下决议:
(1) 、《1998 年度董事会工作报告》;
(2) 、《1998 年度监事会工作报告》;
(3) 、《1998 年度财务决算报告》;
(4) 、《1998 年度利润分配的议案》;
经云南同舟会计师事务所审计,本公司 1998 年实现净润 2783603.76 元,提取 10%的法定盈余公积金 278,360.38 元,提取 5%的法定公益金 139,180.19 元后为 2,366,063.19 元,加期初未分配利润 22,323,454.85 元,98 年底可供股东分配的利润为 24,689,518.04 元。
以公司总股本 31000 万股为基数,每 10 股派发现金红利 0.75 元(含税),剩余 1,439,518.04 元留待以后年度分配。98 年度本公司不再进行资本公积金转增股本。
(5) 、《修改公司章程的议案》;
(6) 、《聘请会计师事务所及报酬议案》;
大会决议刊登在 1999 年 5 月 28 日的《中国证券报》和《证券时报》上。
3、本报告期内无选举、更换公司董事、监事的情况。

五、董事会报告

1、公司经营情况
(1)、公司所处的行业及公司 1999 年在本行业的地位:本公司是中国国家有色金属工业局确定的中国十三家重点铝企业之一,在全国 113 家铝冶炼企业中,全年铝锭产量 占第 8 位(全国有色金属冶炼统计学会)。
(2)、公司主营业务的范围及经营状况
公司的主营业务是铝冶炼、铝加工产品、炭素及炭素制品的生产和销售。1999 年主要进行的是铝冶炼、铝加工产品的生产和销售。经营状况:

名称	主营业务收入(元)	主营业务利润(元)
铝锭	720848554.40	112552262.78
铝加工产品	270419899.26	48618061.33

公司 1999 年实现主营业务收入 1,002,920,207.29 元,实现主营业务利润 163,203,762.10 元,主营业务收入较去年同期增长了 80.4%,主营业务利润较去年同期增长了 613%。主要原因一是公司"'九五'环境治理、节能技术改造工程"的大部分电解设备已于 1999 年投入生产,由此电解铝产量较去年同期增长 90%达 84818 吨；二是本期产品 销售价格为 14255 元/吨比去年 13570 元/吨，增长了 5%;三是通过企业内部挖掘潜力,产品成本比去年同期有所下降。
(3)、公司主要全资附属企业及控股子公司的经营情况及业绩

名称	主营业务收入	主营业务利润	控股比例
云铝上海经营部	26596226.19	208607.21	100%
昆明云铝经贸公司	28294339.83	791879.14	100%
昆明云铝型材经销部	34767432.00	713180.89	100%
昆明云铝装饰装璜公司	1203466.10	319770.75	100%

(4)、在经营中出现的问题与困难及解决方案
1999 年企业主要面临的问题与困难：一是电解设备全面投入生产还存在资金方面 的缺口;二是是电解铝所需要的主要原料氧化铝价格大幅上扬;三是电价仍然是限制企业发展的主要因素。
企业采取的对策:一是多方面筹措资金,确保了大部分电解设备得以在 1999 年内顺利投产;二是及时的分析市场的变化,果断的储备了一批原料,大大降低了生产成本;三是向国家有关部门与地方政府广泛进行呼吁和反映,争取电价方面的优惠政策。通过 多方面的努力,1999 年全年实现主营业务收入 1,002,920,207.29 元,实现净利润 63,602,442.45 元。
1、公司财务状况

项目	1999 年(元)	1998 年(元)	增减(%)
总资产	2146930912.13	1700682211.37	26%
长期负债	745000000.00	550000000.00	35%
股东权益	742324153.13	728321710.68	2%
主营业务利润	163203762.10	22871150.11	613%
净利润	63602442.45	448921.20	14068%

总资产增加,主要是"九五"技改工程固定资产增加;长期负债增加,主要是技改 工程长期借款增加;股东权益增加主要是盈余公积和未分配利润增加;主营业务利润和净利润增加主要是,一产量增加,二销售价格上升,三成本降低。
2、公司投资情况

(1)、公司 1998 年发行 A 股股票,共募集资金 37840 万元,公司已将全部资金投入到 招股说明书承诺的项目中。(2)、报告期内无募集资金投资的重大项目。

3、目前,公司生产所需的主要原料氧化铝价格已大幅上扬,由此将引起公司生产 成本的上升,估计将对公司的经营业绩产生较大的负面影响。

4、新年度的业务发展计划

(1)、用足国家西部大开发中的优惠政策,争取年内完成公司"十五"规划(铝冶 炼 15 万吨,炭素制品 9 万吨,项目总投资 14.5 亿元)的立项审批工作,资金来源通过直接 和间接的融资方式解决。

(2)、发挥上市公司的作用,以适当的方式从资本市场融资,进一步状大企业实力 。

(3)、增加产品的高技术含量,加快"高新技术企业"的申报工作。

(4)、争取在年内通过 ISO14000 系列标准认证。

(5)、使企业内部的"基础管理"工作再上新台阶。

6、董事会日常工作情况

(1)、报告期内董事会共召开二次会议。

一届四次董事会于 1999 年 4 月 5 日召开,应到会董事 9 人,实到 9 人,会议讨论并一致 通过了如下决议:

A、《总经理业务报告》;

B、《"环境治理、节能技术改造工程"实施情况的报告》;

C、《1998 年度财务决算报告》;

D、《1998 年度利润分配预案》;

E、《对经理班子 1998 年的奖励意见》;

F、修改《公司章程》的预案;

G、《1998 年度报告及摘要》。

此决议公告刊登在 1999 年 4 月 24 日的《中国证券报》和《证券时报》上。

一届五次董事会于 1999 年 8 月 3 日召开,应到会董事 9 人,实到 9 人,会议讨论并一致 通过了如下决议:A、《关于从新加坡星云铝业有限公司撤股的议案》;B、《关于参股澳大利亚 YMG 贸易股份有限公司的议案》;C、《1999 年度中期报告》;D、《1999 年度中期不进行利润分配,也不进行资本公积金转增股本的议案》。

此决议公告刊登在 1999 年 8 月 6 日的《中国证券报》和《证券时报》上。

(2)、董事会对股东大会决议的执行情况

1998 年度股东大会决议通过了以本公司总股本 31000 万股计算,10 股派发现金红利 0.75 元(含税),剩余利润留待以后年度分配,本年度不再进行资本公积金转增股本的方案。此方案公司董事会已于 1999 年 7 月 28 日实施。

7、公司管理层及员工情况

(1) 、董事、监事、高级管理人员

姓名	性别	年龄	职务	任期起止日期	年初持股数(股)	年末持股数(股)
代祖让	男	54	董事长	1998.3 –2001.3	5000	5000
田 永	男	40	副董事长兼总经理	1998.3 –2001.3	5000	5000
黄伟昭	男	63	副董事长	1998.3 –2001.3	5000	5000
姚明德	男	60	董事	1998.3 –2001.3	5000	5000
王永仁	男	60	董事	1998.3 –2001.3	5000	5000
刘宗全	男	47	董事	1998.3 –2001.3	5000	5000
田 旭	男	54	董事兼副总经理	1998.3 –2001.3	5000	5000
武绍清	男	48	董事	1998.3 –2001.3	5000	5000
周 环	男	39	董事	1998.3 –2001.3	5000	5000
李 洪	男	35	监事会召集人	1998.3–2001.3	5000	5000
彭治平	男	55	监事	1998.3–2001.3	4000	4000
张自义	男	36	监事	1998.3–2001.3	4000	4000
郭天承	男	51	监事	1998.3–2001.3	4000	4000
刘 刚	男	50	监事	1998.3–2001.3	3000	3000
武佩雄	男	47	副总经理	1998.3–2001.3	5000	5000
董仕毅	男	37	总工程师	1998.3–2001.3	5000	5000
谢孝华	女	46	财务负责人	1998.3–2001.3	5000	5000
张文伟	男	32	董事会秘书	1998.12–2001.3	1000	1000

以上人员年度内持股数没有发生变化。以上部分董事、监事及高级管理人员的年度报酬总额约为 40.57 万元。其中在 4 至 4.6 万元区间领取报酬的有 5 人:董事刘宗全先 生(45575 元)、副董事长兼总经理田永先生(42822 元)、董事兼副总经理田旭先生(42516 元)、副总经理武佩雄先生(40787 元)、董事武绍清先生(40483 元);在 3.4 至 4 万元区间领取报酬的有 3 人:财务负责人谢孝华女士(36328 元)、总工程师董仕毅先生(34664 元)、监事会召集人李洪先生(34054 元);在 3.4 万元以下领取报酬的有 3 人:监事郭天承先生(33514 元)、监事刘刚先生(30556 元)、董事会秘书张文伟先生(24377 元)。董事 长代祖让先生、副董事长黄伟昭先生、董事姚明德先生、王永仁先生、周环先生、监事彭治平先生、张自义先生未在公司领取报酬。

报告期无聘任或解聘公司经理、董事会秘书的情况。

8、本次利润分配预案或资本公积金转增股本预案。

经云南同舟会计师事务所审计,本公司 1999 年实现净利 63602442.45 元,加期初未 分配利润–544,962.13 元,可供分配的利润为 63,057,480.32 元,提取 10%的法定盈余公积金 6,360,244.24 元,提取 5%的法定公益金 3,180,122.13 元后,99 年底可供股东分配 的利润为 53,517,113.95 元。

以公司总股本 31000 万股为基数,每 10 股派发现金红利 1.6 元(含税),剩余 3,917,113.95 元留待以后年度分配。99 年度本公司不再进行资本公积金转增股本。

报告期,公司选定的信息披露媒体没有变更。

六、监事会报告

报告期内本公司监事会共召开二次会议。一届二次监事会,会议讨论并通过了如 下事项:

A、《1998 年年度报告及摘要》;

B、《监事会工作报告》;

C、《1998 年度利润分配预案》

一届三次监事会会议讨论并通过了如下事项:

A、《1999 年中期报告》;

B、《监事会工作规程》。

1、公司依法运作情况:1999 年度,公司董事会按照股东大会的决议要求,确实履行了各项决议,其决策程序符合《公司法》和《公司章程》的有关规定;公司也已建立了内部控制制度;公司董事及经理层等高级管理人员在执行公司职务时未发现有违反法律、法规、公司章程或损害公司利益的行为。

2、报告期内,云南同舟会计师事务所出具的审计报告真实反映了公司的财务状况和经营成果。

3、公司最近一次募集资金实际投入项目与承诺的投入项目一致。

4、报告期公司无收购、出售资产的情况,也没有损害部分股东的权益或造成公司资产流失的行为。

5、报告期内,公司的关联交易公平,没有损害本公司的利益。

6、报告期内,会计师事务所没有出具有解释性说明、保留意见、拒绝表示意见或否定意见的审计报告。

七、重要事项

1、报告期内未发生重大诉讼、仲裁事项。

2、报告期内,公司、公司董事及高级管理人员没有受监管部门处罚的情况。

3、报告期内,公司没有控股股东变更、公司董事会换届、改选或半数以上成员 变动、公司总经理变更、公司解聘、新聘董事会秘书的情况。

4、报告期内公司无收购及出售资产、吸收合并的事项。

5、重大关联交易事项

(1)、本公司联营企业宁波云波经贸有限公司购买本公司铝锭 715.554t,价格 12,618.8 元/t(不含税) ,交易额 902 万元。

以上关联交易按公允的市场价格进行,无任何高于或低于正常售价的情况。

(2)、无其他重大关联交易。

6、报告期内,本公司保持了人员独立、资产完整、财务独立,人员、资产、财务 与控股股东已完全分离。

7、报告期内,无托管、承包、租赁其他公司资产或其他公司托管、承包、租赁上市公司资产的事项。

8、报告期内,公司续聘云南同舟会计师事务所有限公司做公司的审计工作。

9、报告期内无重大合同(含担保等)。

10、报告期内未更改公司名称和股票简称。

11、其它重大事项。

(1)、中国加入 WTO 对公司未来经营产生的影响

中国加入 WTO 对公司来说既是挑战又是机遇,总的看是利大于弊。因为一方面:因 国内铝工业用电成本较高,加入 WTO 后公司在成本方面很难与国外铝工业竞争;另一方 面:本公司的经营格局是原料与产品"两头在外,大进大出"的模式,加入 WTO 后,一是 原料关税必将大幅降低,成本自然就会下降,二是公司可以采用灵活的经营方式运作(如来料加工等)。所以中国加入 WTO 对公司影响不大,总的看是利大于弊。

(2)、执行财政部《关于印发〈股份公司会计制度有关会计处理问题补充规定〉 的通知》(财会字[1999]35 号)对上市公司财务状况及经营成果产生的影响。

公司 1999 年末计提的总额为:4,912,171.71 元。其中: A、坏帐准备:1,497,018.01 元;B、目前公司没有短期投资;C、存货跌价准备:3,325,990.16 元;D、长期投资减值准备:89,163.54 元。

从目前看,计提各项减值准备没有对公司产生重大影响。

(3)、昆明鑫利金属加工厂注销对公司的影响

根据昆明鑫利金属加工厂股东大会退股决议,个人股全部退回后,只剩下云南铝业股份有限公司唯一一个股东,依照 1998 年 1 月 7 日国家工商行政管理局令第 83 号文规定,股份公司不得设立全资子公司,故决定注销昆明鑫利金属加工厂,经云经贸企二[2000]074 号文批复同意注销后,2000 年 2 月 16 日相关的工商注销手续也已完成,股份公司清算此项投资获得投资收益 4,326,302.15 元。

八、财务会计报告

本公司 1999 年度财务报告已经云南同舟会计师事务所注册会计师鲍琼、黄毅审计,并出具了无保留意见的云同会师证字(2000)第 22 号文。

(一)公司简介

云南铝业股份有限公司是云南冶金集团总公司将其全资子公司——云南铝厂的绝大部份生产经营性资产,以独家发起、社会公开募集股份方式设立的股份有限公司,总股本 31000 万股,集团总公司持有 23000 万股,占 74.2%,社会公众持股 8000 万股,占 25.8%,公司于 1998 年 3 月 20 日正式成立,4 月 8 日 7200 万 A 股"云铝股份"股票在深交所上市。公司于 1998 年 3 月 20 日在云南省工商行政管理局登记注册,企业法人营业执照注册号:5300001003782。

公司经营范围:重熔用铝锭及铝加工制品、碳素及碳素制品、氧化铝;建筑材料、装饰及装饰材料、金属材料及家具;普通机械、汽车配件、五金、交电、化工、矿产 品;日用百货(专项产品按规定经营)。

(二)公司主要会计政策,会计估计和合并会计报表编制基础与方法

1、会计制度

本公司执行《企业会计准则》和《股份有限公司会计制度》。

2、会计年度

本公司采用公历年度为会计年度,即 1 月 1 日——12 月 31 日。

3、记帐本位币

公司记帐本位币为人民币。

4、记帐基础和计价原则

本公司以权责发生制为记帐原则,以历史成本为计价基础。

5、外币业务的核算方法

本公司以人民币为记帐本位币,会计年度内涉及外币的经济业务,按发生月当月一日外币汇率折合人民币入帐,月末将外币帐户余额按期末国家外汇汇率进行调整,其差额列入当期损益。

6、现金等价物的确定标准

公司在编制现金流量表时,将持有的期限短、流动性强、易于转换为已知金额的 现金,价值变动风险很小的投资确定为现金等价物。

7、坏帐核算方法

本公司对坏帐核算采用备抵法。对于预计不能收回或不能全额收回的应收款项采用账龄分析法计提坏帐准备,即帐龄一年以内的不计提坏帐,帐龄 1 至 2 年的计提 10%,2–3 年的计提 20%.3 年以上的计提 30%。实际发生坏帐时,冲销坏帐准备金,

8、存货核算方法

A、本公司存货包括库存商品、原材料、产成品、低值易耗品等;

B、存货购入时按实际成本计价;

C、存货发出计价:

原材料均按计划成本计价,领用发出时按月结算材料成本差异,将计划成本调整为实际成本;

产成品结转销售成本按加权平均法计价;

低值易耗品领用时按一次摊销法摊销。

D、公司存货按报告期末各项存货的可变现净值与帐面成本的差额提取存货跌价 准备。

9、长期投资核算方法

(1)、长期股权投资

公司对外股权投资按投资时实际支付的价款或确定的价值记帐。公司对其他单位的投资占该单位有表决权资本总额的 20%(含 20%)以上,或虽投资不足 20%但有重大 影响,采用权益法核算;公司对其他单位的投资占该单位有表决权资本总额的 20%以下,或虽投资占 20%以上但不具有重大影响,采用成本法核算。

公司股权投资差额按 10 年摊销。

(2)长期债权投资

公司长期债权投资按实际支付的价款扣除投资支付的佣金和手续费等各种费用,以及实际支付价款中包含的已到期但尚未领取的债券利息后的余额作为成本入帐。按权责发生制原则核算债券利息收益。

(3)、长期投资减值准备

公司对所投资单位由于市价下跌或经营状况恶化等原因导致其可收回金额低于长期股权投资的帐面价值所造成的暂时性减值或永久性减值,按可收回金额低于长期股 权投资帐面价值的差额计提长期投资减值准备。长期投资减值准备按个别投资项目计算确定。

10、固定资产计价及其折旧方法

A、本公司固定资产标准为:使用期限在一年以上的房屋、建筑物、机器、运输工具、其他与生产经营有关的设备、器具、工具等,以及不属于生产经营主要设备,单位价值在 2000 元以上,并且使用

期限超过两年的物品。

B、固定资产按成本或重估价值为原价入帐。

C、固定资产折旧采用直线法计算,并按各类固定资产原值和估计使用年限扣除净残值(净残值率为3%)确定年折旧率。分类折旧率如下:

	年限	折旧率
房屋建筑物	15—40年	6.47%— 2.43%
通用设备	8—22年	12.13%— 4.4%
专用设备	15年	6.47%
运输工具	6—12年	16.17%— 8.08%
其 他	7—12年	13.86%— 8.08%

11、在建工程的核算方法

在建工程采用实际成本核算,为工程借款发生的借款利息,在工程完工交付使用前计入在建工程成本,在建工程完工交付使用后计入财务费用。在建工程完工并交付使 用后,确认为固定资产,并依据有关会计政策计提折旧。

12、无形资产核算方法

以取得时的实际成本计价,按规定使用期限摊销,没有规定期限的按10年平均摊销。本公司的无形资产为专利权,按10年期摊销。

13、长期待摊费用摊销方法

长期待摊费用按实际受益期限平均摊销。

14、收入确认原则

公司已将商品所有权上的重要风险和报酬转移给买方,公司不再对该商品实施继 续管理权和实际控制权,相关的收入已经收到或取得了收款的证据,并且与销售该商品有关成本能够可靠地计量时,确认销售收入实现。

15、所得税的会计处理方法

公司所得税的会计处理采用应付税款法。

16、合并会计报表的编制范围及方法

(1)、合并范围:公司对其他单位投资占该单位权益性资本50%以上或占该单位权益性资本虽不足50%,但具有实际控制权的,纳入合并范围。

(2)、公司在编制合并会计报表过程中,按财政部《合并会计报表暂行规定》的规定,对下列事项进行了抵销:a、公司内部投资与被投资企业权益性资本;b、公司与被投资企业之间的内部债权债务;c 、公司与被投资企业之间的内部销售等内部交易事项;d、母子公司采用的会计制度不同根据重要性原则进行调整。

(3)、合并范围变更情况

原98年度纳入公司合并范围的昆明鑫利金属加工厂因个人股退出后,实质上成为 云南铝业的全资子公司,按照国家工商行政管理局的规定,不予变更登记,1999年9月8 日经昆明鑫利金属加工厂股东会决议,决定注销该公司,工商注销手续已于2000年2月16日办理完毕。故本年度不在将该厂纳入合并范围。

17、会计政策变更的影响

公司根据财政部财会字(1999)35号文《关于印发〈股份有限公司会计制度有关会计处理问题补充规定〉的通知》和财政部财会字(1999)49号文《关于〈股份有限公司会计制度有关会计处理问题补充规定问题解答〉的通知》的有关规定,本年度对计提 坏帐准备、存货跌价准备、长期投资减值准备的会计政策变更采用了追溯调整法,调 整了1999年度合并会计报表相关项目的年初数或上年实际数。

上述会计政策变更的累计影响数为4,912,171.71元,其中因坏帐准备计提方法变 更的累计影响数为1497.018.01元,存货跌价准备计提方法变更的累计影响数为3,325,990.16元,长期投资减值准备计提方法变更的累计影响数为89,163.54元。此会计政策变更影响1998年的利润减少2,334,682.56元,提取法定盈余公益金减少233,468.26元,,提取法定公益金减少116,734.13元,影响1999年度的年初未分配利1984480.17元。由于公司去年进行了分配,故此会计政策的追溯调整使公司1999年度的年初未分配利润 为-544,962.13元。

(三) 税项

A、本公司适用的流转税及附加的税种税率如下:

税 种	计 税 依 据	税 率
增值税	销项税(抵扣进项税后缴纳)	17%
营业税	相关收入	5%
城建税	应纳增值税、营业税	1%
教育费附加	应纳增值税、营业税	3%

B、印花税、房产税、车船使用税等按国家规定征收比例计算缴纳。

(四)控股子公司

被投资单位名称	经营范围	注册资本	母公司控股比例	是否合并	是否权益法计算
云铝上海经营部	销售	50万元	100%	是	是
云铝装璜公司	销售、加工	70万元	100%	是	是
云铝经贸公司	销售	50万元	100%	是	是
云铝型材经销部	销售	30万元	100%	是	是
*昆明鑫利金属加工厂	销售、加工	384.6万元	21.84%	否	否

*本公司投入昆明鑫利金属加工厂投资额为84万元,投资比例为21.84%,该厂其他股份由个人持有。纳入公司合并范围的昆明鑫利金属加工厂已于2000年2月16日办理 完毕注销手续。故本年度不在将该厂纳入合并范围。

(五) 合并会计报表主要项目注释(金额单位:人民币元) (会计报表附后)

(六) 关联方及关联交易

关联方企业名称	注册地	主营业务	与本公司关系	经济性质	法定代表人
云南冶金集团总公司	昆明	矿产品、冶金产品及副产品、铝合金等	母公司	国有	陈 智
云铝上海经营部	上海市	铝板等铝制品	子公司	国有	田 永
云铝装璜公司	昆明	室内外装饰装修工程	子公司	国有	张继孔
云铝经贸公司	昆明	金属材料五金交电	子公司	国有	张安明
云铝经销部	昆明	金属材料五金交电	子公司	国有	赵 江

(2)存在控制关系的关联方的注册资本及其变动

企业名称	年初数	增加数	减少数	期末数
云南冶金集团总公司	380947000.00	0	0	380947000.00
云铝上海经营部	500000.00	0	0	500000.00
铝装璜公司	700000.00	0	0	700000.00
云铝经贸公司	500000.00	0	0	500000.00
云铝经销部	300000.00	0	0	300000.00

(3) 存在控制关系的关联方所持股份及其变化

企业名称	年初数		本年增加		本年减少		年末数	
	金额	%	金额	%	金额	%	金额	%
云南冶金集团总公司	230000000.00	74.2	0	0	0	0	230000000.00	74.2
云铝上海经营部	500000.00	100	0	0	0	0	500000.00	100
云铝装璜公司	700000.00	100	0	0	0	0	700000.00	100
云铝经贸公司	500000.00	100	0	0	0	0	500000.00	100
云铝经销部	300000.00	100	0	0	0	0	300000.00	100

(4)不存在控制关系的关联方关系的性质

企业名称	与本公司的关系
宁波云波经贸有限公司	联营企业
云南冶金集团进出口有限公司	联营企业

(5)关联交易

A、销售货物

本公司销售给宁波云波经贸有限公司的产品,按公允的市场价值定价,无任何高于或低于正常售价价格的情况。

项 目	单价	本年发生数	占年度销售比例
宁波云波经贸有限公司	12,618.8/T(不含税)	9022286.59	0.9%

B、代理事项

本公司进出口业务主要由云南冶金集团进出口有限公司代理,比照市场价格优惠50%收取代理费。本公司与该公司签署委托代理协议,根据协议,本公司1999年度应付 给该公司进出口业务代理费为6521590.04元。

C、租赁事项

根据公司与云南冶金集团公司签订的补充协议,本年度股份公司应支付该公司房 屋、土地租赁费500万元。

D、应收应付余额

应收帐款

单 位	1999年余额	占应收帐款比例%	1998年余额	占应收帐款比例%
云南冶金集团进出口有限公司	8893542.98	20%	19347806.85	42.3%
宁波云波经贸公司	1327697.32	3%	-	- - -

其它应收款

单 位	1999年余额	占其他应收款比例%	1998年余额	占其他应收款比例%
云南冶金集团总公司一分公司	17859188.13	80%	17760139.83	67%

应付帐款

单 位	1999年余额	占应付帐款比例%	1998年余额	占应收帐款比例%
云南冶金集团进出口有限公司	5407640.16	4.9%	3457640.16	13%

(七) 或有事项

1、昆明赛特铝材厂1997年7月31日拖欠本公司货款999,790.05元,根据1997年9月16日经昆明市西山区人民法院(97)西法经-初字第221号《民事调解书》调解,昆明赛 特铝材厂在1997年10月31日前应归还本公司全部货款。至今归还100,000.00元,尚欠899,790.05元。

2、昆明安宁石油化工机械厂拖欠本公司货款300,000.00元,根据云南省安宁市人民法院(1997)安经初字第167号判决书,昆明安宁石油化工机械厂应在1998年2月3日以前归还欠款,但至今仍未收到此笔货款。

(八)期后事项

本公司应收票据中于报告期后,以下票据到期已办妥托收手续:

票据种类	出票日期	到期日	金 额
银行承兑汇票	1999.07 .06	2000.01 .13	400000.00
银行承兑汇票	1999.07 .27	2000.01 .28	400000.00
银行承兑汇票	1999.08 .03	2000.02 .02	600000.00
银行承兑汇票	1999.08 .12	2000.02 .12	350000.00
银行承兑汇票	1999.08 .12	2000.02 .12	200000.00
合 计			1950000.00

(九)其他重大事项说明

根据相关协议,公司控股子公司昆明鑫利金属加工厂注销后,原属昆明鑫利金属加工厂的债权、债务由股份公司承担。股份公司清算此项投资获得投资收益4,326,302.15元。

九、公司其他有关资料

1、公司注册登记日期和地点:于1998年3月20日在云南省工商行政管理局登记注 册。

2、企业法人营业执照注册号:5300001003782。

3、税务登记号码:530121460614001。

4、公司未流通股票的托管机构名称:深圳证券登记公司。

5、公司聘请的会计师事务所名称、办公地:聘请云南同舟会计师事务所有限公司为本公司审计机构,所在地:昆明市白塔路136号。

十、备查文件目录

1、载有法定代表人、财务负责人、会计机构负责人签名并盖章的会计报表;

2、载有会计师事务所盖章、注册会计师签名并盖章的审计报告原件。

3、报告期内在中国证监会指定报纸上公开披露过的所有公司文件的正本及公告 的原稿。

以上文件均完整的备置于公司所在地。

合并现金流量表　　日期:1999年度

编制单位:云南铝业股份有限公司　　单位:人民币元

项目	金额
一、经营活动产生的现金流量:	
销售商品、提供劳务收到的现金	1139208398.64
收取的租金	176207.00
收到的税费返还	
收到的其他与经营活动有关的现金	49036314.17
现金流入小计	1188420919.81
购买商品、接受劳务支付的现金	889289400.17
经营租赁所支付的现金	5000000.00
支付给职工以及为职工支付的现金	63556126.18
实际交纳的增值税款	20490499.82
支付的所得税款	19720401.57
支付的除增值税、所得税以外的其他税费	1482898.80
支付的其他与经营活动有关的现金	25549662.14
现金流出小计	1025088988.68
经营活动产生的现金流量净额	163331931.13
二、投资活动产生的现金流量:	

收回投资所收到的现金	65500.00
分得股利或利润所收到的现金	21474.00
取得债券利息收入所收到的现金	8.60
处置固定资产、无形资产和其他长期资产而收回的现金净额	40500.00
收到的其他与投资活动有关的现金	
现金流入小计	127482.60
购建固定资产、无形资产和其他长期资产所支付的现金	276875164.93
权益性投资所支付的现金	
债权性投资所支付的现金	
支付的其他与投资活动有关的现金	
现金流出小计	276875164.93
投资活动产生的现金流量净额	-276747682.33
三、筹资活动产生的现金流量:	
吸收权益性投资所收到的现金	
发行债券所收到的现金	
借款所收到的现金	812400000.00
收到的其他与筹资活动有关现金	2524436.58
现金流入小计	814924436.58
偿还债务所支付的现金	524700000.00
发生筹资费用所支付的现金	
分配股利或利润所支付的现金	23250000.00
偿付利息所支付的现金	65099316.60
融资租赁所支付的现金	
减少注册资本所支付的现金	
支付的其他与筹资活动有关的现金	325792.86
现金流出小计	613375109.46
筹资活动产生的现金流量净额	201549327.12
四、汇率变动对现金的影响	
五、现金及现金等价物净增加额	88133575.92
附注:	
1、不涉及现金收支的投资和筹资活动:	
以固定资产偿还债务	
以投资偿还债务	
以固定资产进行长期投资	
以存货偿还债务	
融资租赁固定资产	
2、将净利润调节为经营活动的现金流量:	
净利润	63602442.45
加:计提的坏帐准备或转销的坏帐	129639.73
固定资产折旧	37879186.70
无形资产摊销	313530.60
处置固定资产、无形资产和其他长期资产的损失(减收益)	-6560.00
固定资产报废损失	1172419.04
财务费用	27769187.05
投资损失(减收益)	-4458024.93
递延税款贷项(减借项)	
存货的减少(减增加)	-131765229.82
经营性应收项目的减少(减增加)	13961005.56
经营性应付项目的增加(减减少)	125794048.28
增值税增加净额(减减少)	3792886.05
其他	25147400.42
经营活动产生的现金流量净额	163331931.13
3、现金及现金等价物净增加情况:	
货币资金的期末余额	147172404.24
减:货币资金的期初余额	59038828.32
现金等价物的期末余额	
减:现金等价物的期初余额	
现金及现金等价物净增加额	88133575.92

合并利润及利润分配表

编制单位:云南铝业股份有限公司　　单位:人民币元

日期:1999.1-12月

项目	1999年度	1998年度
一、主营业务收入	1002920207.29	555978388.14
减:销售折扣与折让		
主营业务收入净额	1002920207.29	555978388.14
减:主营业务成本	838738526.94	532774024.04
主营业务税金及附加	977918.25	333213.99
二、主营业务利润(亏损以"-"号填列)	163203762.10	22871150.11
加:其他业务利润(亏损以"-"号填列)	1196317.34	210153.97
减:存货跌价损失	2447849.42	878140.74
营业费用	27294769.11	13584301.84
管理费用	34879102.39	18281723.79
财务费用	27769187.05	-5251650.52
三、营业利润(亏损以"-"号填列)	72009171.47	-4411211.77
加:投资收益(损失以"-"号填列)	4458024.93	700539.94
补贴收入	14001016.46	413339.85
营业外收入	120186.47	6961383.16
减:营业外支出	1308728.28	869568.43
四、利润总额(亏损总额以"-"号填列)	89279671.05	2794482.75
减:所得税(33%)	25677228.60	1583472.84
加:应返还所得税(18%)		
减:少数股东损益		762088.71
五、净利润(净亏损以"-"号填列)	63602442.45	448921.20
加:年初未分配利润	-544962.13	22323454.85
盈余公积转入		
六、可供分配的利润	63057480.32	22772376.05
减:提取法定盈余公积	6360244.24	44892.12
提取法定公益金	3180122.13	22446.06
七、可供股东分配的利润	53517113.95	22705037.87
减:应付优先股股利		
提取任意盈余公积		
应付普通股股利	49600000.00	23250000.00
转作股本的普通股股利		
八、未分配利润	3917113.95	-544962.13

合并资产负债表

编制单位:云南铝业股份有限公司　　单位:人民币元

资产 项目	1999年12月31日	1998年12月31日
流动资产:		
货币资金	147172404.24	59038828.32
短期投资		
减:短期投资跌价准备		
短期投资净额		
应收票据	7470000.00	12887000.00
应收股利		
应收利息		
应收帐款	43296287.71	45746833.56
其它应收款	22463340.83	26408912.03
减:坏帐准备	1497018.01	1367378.28
应收款项净额	64262610.53	70788367.31
预付帐款	125875336.63	201956503.83
应收补贴款	14001016.46	404091.84
存货	265049111.82	130836032.58
减:存货跌价准备	3325990.16	878140.74
存货净额	261723121.66	129957891.84
待摊费用	2471369.52	840183.96
待处理流动资产净损失	4020.69	-3748.40
一年内到期的长期债权投资		
其他流动资产		
流动资产合计	622979879.73	475869118.70
长期投资:		
长期股权投资	8796336.80	11437040.19
长期债权投资		5929228.00
长期投资合计	8796336.80	17366268.19
减:长期投资减值准备	89163.54	89163.54
长期投资净额	8707173.26	17277104.65
其中合并价差:		
合并价差		2640703.39
固定资产:		
固定资产原价	1151808595.54	486983717.54
减:累计折旧	246565076.99	211397704.38
固定资产净值	905243518.55	275586013.16
工程物资	47576421.22	72870647.09
在建工程	559419164.95	855670776.11
固定资产清理		
待处理固定资产净损失		
固定资产合计	1512239104.72	1204127436.36
无形资产及递延资产:		
无形资产	2011821.68	2325352.28
开办费		
长期待摊费用	992932.74	1083199.38
其他长期资产		
无形资产及其他资产合计	3004754.42	3408551.66
递延税项:		
递延税款借项		
资产总计	2146930912.13	1700682211.37
负债及股东权益		
流动负债:		
短期借款	334400000.00	241700000.00
应付票据		
应付帐款	110514432.83	27107031.78
预收帐款	16316315.06	10222855.35
代销商品款		
应付工资	6253039.78	6409663.78
应付福利费	5269197.40	9381845.14
应付股利	49600000.00	24996410.63
应交税金	4861052.80	-4757408.09
其他应交款	151612.22	43899.42
其他应付款	130493655.98	93695753.02
预提费用	1747452.93	28156.96
一年内到期的长期负债		
其他流动负债		
流动负债合计	659606759.00	408828207.99
长期负债:		
长期借款	745000000.00	550000000.00
应付债券		
长期应付款		
住房周转金		
其他长期负债		
长期负债合计	745000000.00	550000000.00
递延税项:		
递延税款贷项		
负债合计	1404606759.00	958828207.99
少数股东权益:		
少数股东权益		13532292.70
股东权益:		
股本	310000000.00	310000000.00
资本公积	414859901.43	414859901.43
盈余公积	13547137.75	4006771.38
其中:公益金	4515712.59	1335590.46
未分配利润	3917113.95	-544962.13
股东权益合计	742324153.13	728321710.68
负债及股东权益总计	2146930912.13	1700682211.37

四川第一纺织股份有限公司

一、公司简介

1、公司法定中文名称:四川第一纺织股份有限公司
公司法定英文名称:SICHUANNO.1TEXTILESTOCKCO.LTD
2、公司法定代表人:杜世弘
3、公司董事会秘书:余武柏
联系地址:成都市二环路东三段8号
联系电话:028—43332124339912转2388
传真:028—4317555
4、公司注册地址:成都市二环路东三段8号
公司办公地址:成都市二环路东三段8号
邮政编码:610053
公司电子信箱:dyfz@mail.sc.cninfo.net
5、公司选定的信息披露报纸:《中国证券报》
登载公司年度报告的中国证监会指定国际互联网网址:http://www.cninfo.com.cn
公司年度报告备置地点:公司董事会秘书处
6、公司股票上市交易所:深圳证券交易所
股票简称:第一纺织　股票代码:0809

二、会计数据和业务数据摘要

1、公司本年度实现的利润情况　(单位:元)

利润总额:	32,278,428.38
净利润:	30,176,714.13
扣除非经营性损益后的净利润:	6,024,690.45
主营业务利润:	26,683,724.29
其他业务利润:	4,776,426.82
营业利润:	8,389,661,72
投资收益:	
补贴收入:	24,152,023.68
营业外收支净额:	−263,257.02
经营活动产生的现金流量净额:	45,544,094.52
现金及现金等价物净增加额:	48,769,263.74

说明:扣除非经常性损益后的净利润"指标,所扣除的项目和金额是:补贴收 入24,152,023.68元。

2、公司近三年的主要会计数据和财务指标:

	1999年	1998年		1997年
		调整前	调整后	
主营业务收入(万元)	25,115.82	20,724.16	20,724.16	18,459.18
净利润(万元)	3,017.67	2,380.95	1,755.36	2,190.59
总资产(万元)	41,317.88	42,274.30	39,370.39	57,862.45
股东权益(万元)(不含少数股东权益)	23,084.95	22,971.19	20,067.28	20,644.85
每股收益(摊薄)(元)	0.26	0.21	0.15	0.19
扣除非经营性损益后每股收益(元)	0.06	0.11	0.06	0.11
每股净资产(元)	2.01	2.00	1.75	1.80
调整后的每股净资产(元)	1.71	1.95	1.34	1.80
每股经营活动产生的现金流量净额(元)	0.40	0.18	0.18	–
净资产收益率%	13.07	10.36	8.75	10.61

注:主要财务指标的计算方法:
每股收益=净利润/年度末普通股股份总数
每股净资产=年度末股东权益/年度末普通股股份总数
调整后的每股净资产=(年度末股东权益—三年以上的应收款项净额—待摊费用—待处理(流动、固定)资产净损失—开办费—长期待摊费用—住房周转金负数余额)/年度末普通股股份总数
每股经营活动产生的现金流量净额=经营活动产生的现金流量净额/年度末普通股股份总数
净资产收益率=净利润/年度末股东权益×100%

3、报告期内股东权益变动情况(单位:万元)

项目	股本	资本公积	盈余公积	法定公益金	未分配利润	股东权益合计
期初数	11457	3130.15	1970.78	392.28	3117.07	20067.28
本期增加	/	/	301.77	150.88	3017.67	3470.32
本期减少	/	/	/	/	452.65	452.65
期末数	11457	3130.15	2272.55	543.16	5682.09	23084.95
变动原因			利润提取	利润提取	利润增加及分配	利润增加

三、股东情况介绍

1、报告期末股东总数
截止1999年12月31日公司股东总数为19583户。
2、公司前十名股东情况

名次　股东名称	持股数(万股)	占总股本比例(%)
①成都市国有资产管理局	5957	51.99
②成都市国有资产投资经营公司	1550	13.55
③珠海经济特区富华投资公司	200	1.74
④蛇口社会保险公司	100	0.87
⑤深圳宝恒集团股份有限公司	50	0.44
⑥浙江省轻纺(集团)公司	50	0.44
⑦金鑫证券投资基金	34.9923	0.31
⑧成都市纺织品进出口公司	30	0.20
⑨郭五亲	20.863	0.18
⑩成都振益科技发展有限公司	20	0.17

注:(1)以上所列股东中,成都市国有资产管理局、成都市国有资产投资经营公司所持股份为国家股,共计所持股份7507万股,持股数量在报告期内未发生增减变动情况。　金鑫证券投资基金、郭五亲所持股份为上市流通股,共计所持股份55.8553万股,持股　数量的增减变动视其在二级市场上的买卖行为而定。其余所列股东为法人股,共计所　持股份450万股,持股数量在报告期内未发生增减变动情况。
(2)持有本公司5%及以上股份的股东所持股份未发生抵押、冻结等情况。
(3)前十名股东之间不存在关联关系。

四川锦华股份有限公司

一、公司简介

1、公司法定中文名称:四川锦华股份有限公司　公司简称:四川锦华
公司英文名称:SICHUAN JINHUA CO., LTD.
2、公司法定代表人:杨 奇
3、公 司 总 经 理:陈 伐
4、公司董事会秘书:张正斌
联系地址:四川省遂宁市遂州中路309号
电 话:0825—2226774转2225　2251399　传 真:0825—2251399
5、公司注册地址:四川省遂宁市遂州中路309号
办公地址:四川省遂宁市遂州中路309号　邮政编码:629000
6、公司选定的信息披露报纸:《证券时报》
刊载公司年度报告的国际互联网网址:http://www.cninfo.com.cn
公司年度报告备置地点:公司证券部
7、公司股票上市地点:深圳证券交易所　股票简称:四川锦华　股票代码:0810

二、会计数据和业务数据摘要

(一)本年度利润总额及构成　(单位:元)

利润总额	−12882322.31
净利润	−12882322.31
扣除非经营性损益后的净利润	−12882322.31
主营业务利润	14873717.01
其他业务利润	−689174.13
营业利润	−16889756.04
投资收益	608400.00
补贴收入	–
营业外收支净额	3399033.73
经营活动产生的现金流量净额	25101622.58
现金及现金等价物净增加额	996159.77

(二)公司前三年主要会计数据和财务指标:

项 目	1999年	1998年		1997年
		调整前	调整后	
主营业务收入(元)	213713889.93	170068820.09	170068820.09	204385586.84
净利润(元):	−12882322.31	4496558.83	3378588.35	7519415.53
总资产(元)	383967208.56	414557232.86	410328258.69	404659315.71
股东权益(元)	141423503.14	161317580.89	157088606.72	159603803.33
每股收益(元/股)	−0.24	0.085	0.064	0.14
每股收益(元/股)(加权)	−0.24	0.085	0.064	0.14
扣除非经常性损益后的每股收益(元)	−0.24	−0.19	0.064	0.14
每股净资产(元/股):	2.68	3.06	2.98	3.02
调整后的每股净资产(元/股)	2.66	3.03	2.96	3.00
每股经营活动产生的现金流量净额(元)	0.48	0.13	0.13	
净资产收益率(%):	−9.11	2.79	2.15	4.71
净资产收益率(%)(加权)	−9.11	2.80	2.15	4.71

(三)公司报告期股东权益变化情况

项 目	股 本	资本公积	盈余公积	法定公益金	未分配利润	股东权益合计
期初数	52774000	64382508.85	15014376.96	3480689.74	24917720.91	157088606.72
本期增加						
本期减少		2782781.27			12882322.31	15665103.58
期末数	52774000	61599727.58	15014376.96	3480689.74	1203539860	141423503.14

说明:1、资本公积本期减少的原因是:根据财政部会字(1998)16号文关于资产评估增值计提折旧的有关规定,将已计提的固定资产增值部分的折旧及已摊销的土地评估增值 部分作减少资本公积,增加营业外收入的会计处理。
2、本年度根据财政部财会字(1999)35号文规定,会计政策作相应变更,采用追溯 调整法,调减了1998年度利润1,117,970.48元,调减了1999年初的留存收益4,228,974.17元,其中:未分配利润调减3,594,628.05元,盈余公积调减了634,346.12元,利润及利润分配表上年数栏的年初未分配利润调减了2,644,353.14元。

三、股东情况介绍

1、报告期末股东总数
截止1999年12月30日,本公司股东总数为2320户,其中国家股东1户,法人股东7户,公司高管人员7户。
2、主要股东持股情况

名次 股东名称	年末持股数	占总股本比例(%)
(1) 遂宁兴业资产经营公司	31372000	59.45
(2) 石家庄市休门小学校办工厂	1044500	1.98
(3) 栾城县西高手帕加工厂	594400	1.13
(4) 高素芹　?	512500	0.97
(5) 罗家桂	421900	0.80
(6) 四川省遂宁锦华劳动服务公司	400000	0.76
(7) 陈飞	339080	0.64
(8) 四川遂宁船山乡吴家湾村六社	330000	0.63
(9) 赵玉凤	303600	0.58
(10)杨天禄	287982	0.55

说明:1.本公司前十名股东之间不存在关联关系。
2.持股5%以上(含5%)的遂宁兴业资产经营公司是本公司的国家股东。其所持股份不存在质押、冻结。

四、董事会报告

1、公司经营情况
(1)、公司所处行业及地位
本公司属纺织行业,主营:纺纱、织布、纺织品制造、销售,主导产品为"涪江牌 "精梳、普梳、气流纺三大系列6支—120支各种规格的纱、布产品,其中:"涪江"牌精梳系列纱可年产3000吨以上,是西南地区最大的精梳纱生产基地。公司为国家大二 型企业。
(2)、报告期内公司主营业务情况
本公司主要生产、销售纱、布。报告期内,公司生产纱10680 吨,布4268万米。
报告期内,占公司主营业务收入10%以上的业务经营活动、所属行业及产品。

烟台冰轮股份有限公司

一、公司简介

1、法定名称(中文):烟台冰轮股份有限公司
(英文):YANTAI MOON CO ., LTD .
2、法定代表人:于元波
3、董事会秘书:刘立新
授权代表:孙秀欣
联系地址:烟台市芝罘区西山路 80 号
电话:0535-6243451＊6503,6243558　　传真:0535-6252302
4、注册地址、办公地址:烟台市芝罘区西山路 80 号
邮政编码:264000
国际互联网网址:http://www.yantaimoon.com
电子信箱:ytbljtzq@public.ytptt.sd.cn
5、公司信息披露报纸:《中国证券报》、《证券时报》
登载公司年度报告的国际互联网网址:http://www.cninfo.com.cn
公司年度报告备置地点:公司证券部
6、股票上市地:深圳证券交易所
股票简称:烟台冰轮　　股票代码:0811

二、会计数据和业务数据摘要

1、本年度主要会计数据和业务数据　　(单位:元)

利润总额	31,689,138.50
净利润	26,842,974.53
扣除非经常性损益后的净利润	26,842,974.53
主营业务利润	69,627,273.87
其他业务利润	4,009,473.74
营业利润	27,796,793.94
投资收益	2,243,706.92
补贴收入	4,986,751.04
营业外收支净额	1,648,637.64
经营活动产生的现金流量净额	44,242,397.23
现金及现金等价物净增加额	13,392,530.31

2、截止报告年度末公司前三年的主要会计数据及财务指标(单位:元)

项目	1999 年度	1998 年度		1997 年度	
		调整前	调整后	调整前	调整后
主营业务收入	250853997.20	195794175.11	195794175.11	194565800.90	194565800.90
净利润	26842974.53	24374205.94	20818470.89	21639021.76	21118947.91
总资产	444507725.52	396488329.58	384984360.84	368055113.91	360287226.48
股东权益(不含少数股东权益)	194355402.60	201513094.68	190136808.07	177384754.86	169701079.59
每股收益	0.24	0.2	0.18	0.34	0.34
按月平均加权法计算的每股收益	0.24	0.22	0.18	0.34	0.34
扣除非经常性损益后的每股收益	0.24	0.22	0.18	0.34	0.34
每股净资产	1.72	1.7	1.68	2.82	2.70
调整后的每股净资产	1.71	1.76	1.66	2.76	2.64
每股经营活动产生的现金流量净额	0.39	0.25	0.25		
净资产收益率(%)	13.81	12.10	10.95	12.20	12.44

注: (1)公司 1999 年末股本为 11312.19 万股,1998 年末股本为 11312.19 万股,1997 年末股本为 6284.55 万股。

(2)每股收益、每股净资产、调整后的每股净资产、每股经营活动产生的现金流量净额和净资产收益率等财务指标的计算公式如下:

每股收益=净利润/年度末普通股股份总数

每股净资产=年度末股东权益/ 年度末普通股股份总数

调整后的每股净资产=(年度末股东权益-三年以上的应收款项净额-待摊费用-待处理（流动、固定)资产净损失-开办费-长期待摊费用-住房周转金负数余额)/年度末普通股股份总数

每股经营活动产生的现金流量净额=经营活动产生的现金流量净额/年度末普通股股份总数

净资产收益率=净利润/年度末股东权益×100%

3、报告期内股东权益变动情况(单位:元)

项目	股本	资本公积	盈余公积	法定公益金	未分配利润	股东权益合计
期初数	113121900	26426711.73	32003646.17	10667882.06	18584550.17	190136808.07
本期增加			4026446.18	1342148.73	26842974.53	30869420.71
本期减少					26650826.18	26650826.18
期末数	113121900	26426711.73	36030092.35	12010030.79	18776698.52	194355402.60

变动原因:(1)盈余公积和法定公益金变动系按本年度净利润的 10%提取法定公积金及按本年度净利润的 5%提取法定公益金所致。

(2)未分配利润增加 26,842,974.53 元,系本年度实现的净利润;公司实施 1998 年度利润分配每 10 股派 2 元现金红利,导致未分配利润减少 26,650,826.18 元。

三、股东情况介绍

1、截止 1999 年 12 月 31 日,公司股东总数为 25923 户。

2、前 10 名股东:

股东名称	持股数量(股)	持股比例
烟台市国有资产管理局(国家股)	63706140	56.32%
烟台制冷空调实业公司(法人股)	20615760	18.22%
普惠证券投资基金	591631	0.52%
财政南京	250000	0.22%
金鑫证券投资基金	172800	0.15%
普丰证券投资基金	137605	0.12%
李思远	90300	0.08%
陈静林	82700	0.07%
田海东	80000	0.07%
魏太明	77779	0.07%

说明:

A、持有本公司 5%以上(含 5%)股份的股东为:(1)烟台市国有资产管理局,年度内所持股份无增减变动,无质押或冻结;(2) 烟台制冷空调实业公司, 年度内所持股份无增减变动,无质押或冻结。

B、前 10 名股东之间无关联关系。

陕西省金叶印务股份有限公司

一、公司简介

1、公司中文名称:陕西省金叶印务股份有限公司
英文:SHAANXI JINYE PRINTING CO.,LTD
2、公司法定代表人:田晓康
3、公司董事会秘书:王进春　　公司董事会授权代表:强甲申
联系电话:(029)6246725　6246713　　传真:(029)6246715
4、公司注册地址:西安市朱宏路 1 号
E-mail:JYDMWJC@PUBLIC.XA.SN.CN　　邮政编码:710016
5、公司信息披露报纸:《证券时报》
公司年度报告的中国证监会指定国际互联网网址: http://www.cninfo.com.cn
公司年度报告备置地点:公司证券部
6、公司股票上市交易所:深圳证券交易所
股票简称:陕西金叶　　股票代码:0812

二、会计数据和业务数据摘要

1、1999 年度利润总额及构成　　(单位:人民币元)

利润总额	49,467,976.10
净利润	38,294,369.23
扣除非经常性损益后的净利润	33,531,807.89
主营业务利润	56,288,388.03
其他业务利润	698,767.93
营业利润	36,261,510.91
投资收益	8,640,180.00
补贴收入	1,621,890.00
营业外收支净额	2,944,395.19
经营活动产生的现金流量净额	19,624,828.03
现金及现金等价物净增加额	– 29,165,368.01

2、截止报告期末公司前三年主要会计数据和财务指标(单位:人民币元)

指标项目	1999 年度	1998 年度		1997 年度	
		调整前	调整后	调整前	调整后
主营业务收入	215396652.53	165913264.24	165913264.24	158963029.69	158963029.69
净利润	38294369.23	32766550.86	30356236.99	29007521.12	26005362.02
总资产	542204527.67	487583178.03	481632197.81	299633168.13	296631009.03
股东权益	357110438.82	324228542.56	318816069.59	141739505.12	138737346.02
每股收益(元/股)	0.29	0.30	0.28	0.41	0.37
加权每股收益	0.29	0.36	0.33	0.41	0.37
每股净资产	2.71	2.95	2.90	2.03	1.98
调整后的每股净资产	2.67	2.92	2.87	1.99	1.95
每股经营活动产生的现金流量净额	0.15	–0.32	–0.32	0	0
净资产收益率	10.72%	10.11%	9.52%	20.47%	18.74%

注:(1)主要财务指标计算方法:

a、每股收益=净利润/年度末普通股股份总数

b、每股净资产=年度末股东权益/年度末普通股股份总数

c、调整后的每股净资产=(年度末股东权益-三年以上的应收款项-待摊费用-待处理<流动、固定>资产净损失-开办费-长期待摊费用-住房周转金负数余额)/ 年度末普通股股份总数

d、每股经营活动产生的现金流量净额=经营活动产生的现金流量净额/年度末普 通股股份总数

e、净资产收益率=净利润/年度末股东权益×100%

(2)根据财政部财会字(1999)35 号文、49 号文的有关规定,公司对前三年会 计数据和财务指标进行了追溯调整,并分别以调整前和调整后的数据进行列示。

3、报告期内股东权益变动情况及原因

(1)股东权益变动情况(万元)

项目	股本	资本公积	盈余公积	法定公益金	未分配利润	股东权益合计
期初数	110000000	133722486.58	20151535.77	5197106.32	54942047.24	318277562.34
本期增加	22000000	0	7658873.86	1755496.09	38294369.23	60294369.23
本期减少					29658873.86	22000000.00
期末数	132000000	133722486.58	27810409.63	7111824.79	63577542.61	357110438.82

(2)变动原因 1 盈余公积金及公益金增加系公司本年度实现净利润计提所致;

2 未分配利润增加系本年度利润增加所致。

三、股东情况介绍

1、截止 1999 年 12 月 31 日,公司股东总数为 31202 户,其中法人股股东 7 户,社会 公众股股东 20915 户, 内部职工股 10280 户。

2、截止 1999 年 12 月 31 日公司前 10 名股东持股情况

	股 东 名 称	年末持股数 (股)	持股比例(%)
1	陕西省印刷厂	25,027,200	18.96
2	中国烟草总公司陕西省公司	8,553,600	6.48
3	宝鸡卷烟厂	5,781,600	4.38
4	澄城卷烟厂	5,148,000	3.90
5	陕西省投资公司	5,148,000	3.90
6	旬阳卷烟厂	2,890,800	2.19
7	延安卷烟厂	2,890,800	2.19
8	普惠证券投资基金	746,088	0.56
9	石峰	427,461	0.32
10	马凤珍	356,200	0.26

注:1 陕西省印刷厂和中国烟草总公司陕西省公司持股比例均超过总股本的 5%, 报告期内所持股份总数分别增加了 4170200 股和 1425600 股,均为报告期内实施送股所致。

2 宝鸡卷烟厂、澄城卷烟厂、旬阳卷烟厂、延安卷烟厂等四家企业隶属中国烟草 总公司陕西省公司管理, 与中国烟草总公司陕西省公司之间存在关联关系。

其他前十名股东不存在关联关系。

3、持有 10%以上股份的法人股东简介:

陕西省印刷厂持有本公司股份 25027200 股为国有法人股,占公司总股本的 18.96 %,为公司第一大股东。其所持股份全部为未流通股份,其所持股份无质押、冻结情况。

陕西省印刷厂是陕西省最大的书刊、彩印印刷厂,法定代表人:田晓康。经营范围:教材、图书、期刊的印刷、装订;商标广告、电脑票证、有价证券、商品包装盒、塑料包装袋、纸杯等的印刷及加工等。

新疆天山毛纺织股份有限公司

(一) 公司简介

1、 公司名称:新疆天山毛纺织股份有限公司
英文名称 XINJIANG TIANSHAN WOOLLEN TEXTILES CO.,LTD.
2、法定代表人:唐翔千
3、公司董事会秘书:梅振守
董事会授权代表:李若帆
联系地址:新疆维吾尔自治区乌鲁木齐市银川路 1 号
联系电话:(0991)4310456
传　　真:(0991)4310472
4、公司注册及办公地址:新疆维吾尔自治区乌鲁木齐市银川路 1 号
邮政编码:830054
公司国际互联网网站:WWW.chinatianshan .com
电子信箱:tsjszx@mail.xj.cninfo.net
5、 公司选定的信息披露报纸名称:《中国证券报》和《证券时报》
登载公司年度报告的中国证监会指定国际互联网网址:
http://www.cninfo.com.cn
公司年度报告备置地点:公司证券部
6、公司股票上市地:深圳证券交易所
股票简称:天山纺织
股票代码:0813

(二) 会计数据和业务数据摘要

1、本报告期内实现利润及主要现金流量指标(单位:元)

利润总额:	79,335,577.14
净利润:	69,996,401.32
扣除非经常性损益后的净利润:	67,918,720.41
主营业务利润:	153,397,120.33
其他业务利润:	507,096.18
营业利润:	66,152,001.47
投资收益:	11,105,894.76
补贴收入:	543,813.13
营业外收支净额:	1,533,867.78
经营活动中产生的现金流量净额:	53,151,210.64
现金及现金等价物净增加额:	24,783,310.81

2、公司近三年会计数据和财务指标　　单位:元

项目	1999 年	1998 年		1997 年	
	调整后	调整前	调整后	调整前	调整后
主营业务收入	466636320.70	467805118.34	467805118.34	412897828.70	412897828.70
净利润	69996401.32	60960959.67	67356567.82	16448522.11	50004124.12
总资产	1145723201.50	1088307599.59	1128258809.75	1057727169.82	1087282771.83
股东权益	635468672.34	568645038.34	608596248.56	297344078.73	330899680.74
每股收益	0.207	0.325	0.359	0.117	0.355
扣除非经常性损益后的每股收益	0.20	0.327	0.343	0.115	0.353
加权每股收益	0.254	0.354	0.391	0.117	0.355
每股净资产	1.88	3.03	3.24	2.11	2.35
调整后的每股净资产	1.84	2.97	3.12	2.04	2.25
每股经营活动产生的现金流量净额	0.16	0.54	0.54		
净资产收益率(%)	11.01	10.72	11.07	5.53	15.11

注:主要财务指标的计算公式如下:
每股收益=净利润/年度末普通股股份总数
每股净资产=年度末股东权益/年度末普通股股份总数
净资产收益率=净利润/年度末股东权益×100%
调整后每股净资产=[年度末股东权益-三年以上的应收款项-待摊费用-待处理流 动、固定资产净损失-开办费-长期待摊费用]/年度末普通股股份总数
加权净资产收益率=当期净利润/[(年度初净资产+年度末净资产) /2+当期发行新股或配股新增净资产×(自缴款结束日下一月份至年度末的月份数-6)/12]
每股经营活动产生的现金流量净额=经营活动产生的现金流量净额/年度末普通股总数

2、股东权益变动情况表(不含少数股东权益)单位:元

项　　目	股　　本	资本公积	盈余公积	其中公益金	未分配利润
本期增加	150256000	1032090.10	13719446.32	6859723.16	69996401.32
本期减少		58850857.48			109329446.32
期 末 数	338076000	210552088.15	62286332.80	23664130.65	24554251.39
变动原因	公司实施 10 送 5 转 3 的利润分配方案	转增股本	本年利润增加	本年利润增加	增加数为本年利润;减少数为实施送股后减少数

(三) 股本变动及股东情况

1、股东情况介绍
(1)、截止报告期末,股东总数为 16037 户。
(2)、主要股东持股情况(前 10 名股东)

名次	股东名称	期末持股数	占总股本比例(%)	股份性质
1	乌鲁木齐天山毛纺织公司	153885240	45.52%	国家股
2	香港天山毛纺织有限公司	82810620	24.49%	外资股
3	香港国际棉业有限公司	8922420	2.64%	外资股
4	新疆维吾尔自治区供销社	7857720	2.32%	国有法人股
5	李娟	857152	0.25%	A 股流通股
6	新疆信忆实业有限公司	783400	0.23%	A 股流通股
7	孔太平	720000	0.21%	A 股流通股
8	周颖	700000	0.21%	A 股流通股
9	深圳金飞扬投资咨询有限公司	681408	0.20%	A 股流通股
10	张雪杉	667500	0.20%	A 股流通股

1)持有本公司 5%以上股份的股东为乌鲁木齐天山毛纺织公司和香港天山毛纺织 有限公司。报告期内因公司实施了 10 送 5 及 10 转 3 的利润分配方案, 持股数量分别由 85491800 股、46005900 股增至 153885240 股及 82810620 股。报告期内 其所持股份未发生质押、冻结等情况。
2)前 10 名股东之间不存在关联关系。

宁夏美利纸业股份有限公司

(一) 公司简介

1、公司名称:宁夏美利纸业股份有限公司
公司英文名称:NINGXIA MEILI PAPER INDUSTRY CO.,LTD
英文缩写:MEIL PAPER
2、公司法定代表人:刘崇喜
3、公司董事会秘书:闫学延
联系地址:宁夏回族自治区中卫县柔远地区
联系电话:(0953)7679339
传　　真:(0953)7679216 7679339
电子信箱:YXT@ CHINA-MEIlI.COM
4、公司注册地址:宁夏回族自治区中卫县柔远地区
公司办公地址:宁夏回族自治区中卫县柔远地区
邮政编码:751700
公司国际互联网网址:HtTP://WWW.CHINA-MELI.COM
公司子电信箱:MLZY@CHINA-MEIlI.COM
5、公司信息披露报纸:《证券时报》、《上海证券报》
深交所上市公司指定披露的网址为:HTTP://WWW.CNINFO.COM.CN.
公司年度报告备置地:董事会秘书办公室证券部
6、公司股票上市地:深圳证券交易所
股票简称:美利纸业　　股票代码:0815

(二) 会计数据和业务数据摘要

1、公司本年度会计数据　　(单位:人民币元)

利润总额:	40766869.89
净利润:	40766869.89
扣除非经常性损益后的净利润:	38162405.92
主营业务利润:	46149768.54
其他业务利润:	0.00
营业利润:	32803893.37
投资收益:	1802400.00
补贴收入:	3556558.55
营业外收支净额:	2604017.97
经营活动产生的现金流量净额:	1593326.53
现金及现金等价物净增加额:	-11133270.66

注:扣除非经常性损益后的净利润所扣除的项目、涉及金额

项目	金额
职工罚款收入	8316.00
资金冻结利息	2592164.83
无法支付款项	3983.14
合计	2604463.97

2、前三年主要会计数据和财务指标:

指标项目	1999 年	1998 年(调整前)	1998 年(调整后)	1997 年
主营业务收入	191110127.33	145522040.43	145522040.43	128375517.93
净利润	40766869.89	28094136.12	27227302.85	13142526.12
总资产	683783976.25	523228377.22	522361543.95	234682735.66
股东权益	373937273.71	334037237.09	333170403.82	86943100.97
每股收益	0.3576	0.2464	0.2388	
每股收益(按月加权)	0.3576	0.3015	0.2922	
扣除非非常性损益后	0.3348	0.2407	0.2331	
的每股收益每股净资产	3.2802	2.9301	2.9225	
调整后的每股净资产	3.2780	2.9239	2.9163	
每股经营活动产生的	0.0139	-0.0226	-0.0226	
现金流量净额资产收益率(%)	10.90	8.41	8.17	12.69

计算公式如下:
● 每股收益=净利润/年度末普通股股份总数
● 每股净资产=年度末股东权益/年度末普通股股份总数
● 调整后的每股净资产=(年度末股东权益-三年以上的应收款项净额-待摊费用- 待处理 (流动、固定)资产净损失-开办费-长期待摊费用-住房周转金负数余额)/年度 末普通股股份总数
● 每股经营活动产生的现金量净额=经营活动产生的现金流量净额/年度末普通股股份总数
● 净资产收益率=净利润/年度末股东权益×100%

3、股东权益变动情况

项目	股本	资本公积	盈余公积	法定公益金	未分配利润	股东权益合计
期初数	114000000	188200000	4084095.42	1361365.14	26886308.40	333170403.82
本期增加	0	0	6115030.46	2038343.48	34651839.43	40766869.89
本期减少						
期末数	114000000	188200000	10199125.88	3399708.62	61538147.83	373937273.71
变动原因			法定提取	法定提取	本年净利润	

(三) 股东情况介绍

(1)截止报告期,宁夏美利纸业股份有限公司股东总数为 15664 名。
(2)主要股东的持股情况:

名次	股东名称	期初持股数	期末持股数	占总股份比例(%)
1	宁夏美利纸业集团有限责任公司	50000000.00	50000000.00	43.86
2	珠海市国盛企业发展公司	7000000.00	7000000.00	6.14
3	北京德瑞威狮纸业有限公司	3000000.00	3000000.00	2.63
4	宁夏回族自治区百货总公司	2000000.00	2000000.00	1.75
5	宁夏电化总厂	2000000.00	2000000.00	1.75
6	马正发	0.00	376240.00	0.33
7	马继彬	0.00	348703.00	0.305
8	陈加才	0.00	346350.00	0.303
9	马耀忠	0.00	322330.00	0.282
10	猫菊仙	0.00	314080.00	0.275

说明:
1)持股 5%(含 5%)以上的法人股股东所持股份未发生抵押、冻结等情况。
2)公司前 10 名股东不存在关联关系。
3)宁夏美利纸业集团有限责任公司所持股股份为代表国家所持有的股份。

江苏江淮动力股份有限公司

一、公司简介

1、公司法定中文名称:江苏江淮动力股份有限公司
公司英文名称:JIANGSU JIANGHUAI ENGINE CO.,LTD
2、公司法定代表人:朱瑞龙
3、公司董事会秘书:王乃强
董事会秘书授权代表:徐健峰
联系地址:江苏省盐城市通榆中路 46 号
电话:0515-8248854 传真:0515-8248174
电子信箱:jhdl@public.yc.js.cn
4、公司注册地址:江苏省盐城市环城西路 213 号
公司办公地址:江苏省盐城市环城西路 213 号
邮 政 编 码:224001
公司国际互联网网址:http://www.jdchina.com
公司电子信箱:jhdl@public.yc.js.cn
5、公司选定的信息披露报纸:《中国证券报》、《证券时报》
公司年度报告备置地点:本公司证券部
证监会指定的公司登载年度报告的国际互联网网址:
http://www.cninfo.com.cn
6、公司股票上市地:深圳证券交易所
股 票 简 称:江淮动力 股票代码: 0816

二、会计和业务数据摘要

1、本年度利润及利润分配表和现金流量表部分数据摘要(单位:元)

利润总额	124064744.89
净利润	100380093.37
扣除非经常性损益后的净利润	100380093.37
主营业务利润	259229697.00
其他业务利润	5589492.65
营业利润	130095668.95
投资收益	-357875.58
补贴收入	564924.81
营业外收支净额	-6237973.29
经营活动产生的现金流量净额	103263894.69
现金及现金等价物净增加额	-2038666.92

2、公司前三年的主要会计数据和财务指标

指标项目	1999 年度	1998 年度		1997 年度	
		调整前	调整后	调整前	调整后
主营业务收入(元)	1387685382.30	1163839318.58	1163839318.58	1147688126.92	1147688126.92
净利润 (元)	100380093.37	93045683.76	80792105.75	103875805.58	97355666.40
总资产 (元)	1581337224.35	1376913394.30	1347137383.42	1136434074.62	1119573451.67
股东权益 (元)	892558285.35	820127708.45	792190776.98	727082024.69	714432632.58
每股收益(元/股)(摊薄)	0.363	0.336	0.292	0.60	0.563
每股收益(元/股)(加权)	0.363	0.336	0.292	0.74	-
扣除非经常性损益后的每股收益(元/股)	0.363	0.336			
每股净资产(元/股)	3.225	2.96	2.862	4.20	4.13
调整后的每股净资产(元/股)	3.181	2.92	2.818	4.19	4.11
每股经营活动产生的现金流量净额(元/股)	0.373	-0.186	-0.186	-	-
净资产收益率(%)	11.25	11.34	10.20	14.29	13.63

注:(1)主要财务指标计算方法:
每股收益=净利润/年度末普通股股份总数
每股净资产=年度末股东权益/年度末普通股股份总数
调整后的每股净资产=[年度末股东权益-三年以上的应收款项净额-待摊费用-待 处理(流动、固定)资产净损失-开办费-长期待摊费用-住房周转金负数余额]/年度末 普通股股份总数
每股经营活动产生的现金流量净额=经营活动产生的现金流量净额/年度末普通股股份总数
净资产收益率=净利润/年度末股东权益×100%
(2)1997 和 1998 年度调整后的主要会计数据和财务指标系根据财政部财会字[1999]35 号文、49 号文的有关规定,改变会计政策,进行追溯调整所致。

3、报告期内股东权益变动情况

项目	股本	资本公积	盈余公积	法定公益金	未分配利润	股东权益合计
期初数	276800000	414334808.02	24247986.54	8087351.53	76807982.42	792190776.98
本期增加		-12585.00	18032557.49	6132003.43	82347535.88	100367508.37
本期减少						
期末数	276800000	414322223.02	42280544.03	14219354.96	159155518.30	892558285.35

资本公积增加-12585.00 元, 系公司子公司盐城兴动机械有限公司资本折算汇差公司应享有数。盈余公积、法定公益金增加,系公司当年实现利润按公司章程规定的比 例提取所得。未分配利润、股东权益增加,系公司当年实现利润所致。

三、股东情况介绍

1、截止 1999 年 12 月 31 日,公司股东总数为 44817 户。
2、报告期末,公司前 10 名股东的持股情况:

股 东 名 称	持股数(股)	占总股本的比例(%)
1、江苏江动集团有限公司	188800000	68.208
2、邹淑敏	527720	0.191
3、雷 红	490656	0.177
4、普丰证券投资基金	336680	0.122
5、成秀妹	300000	0.108
6、张 萍	287100	0.104
7、卞永祥	281151	0.102
8、王 雷	272000	0.098
9、山西瑞奥科技贸易有限公司	270108	0.098
10、曾彩梅	269500	0.097

注:①江苏江动集团有限公司为本公司母公司,代表国家持有本公司股份 18880 万 股,占公司股份总数的 68.208%。在报告期内,其所持股份未发生增减变动和质押、冻结的情况。
②公司前 10 名股东之间不存在关联交易。

辽河金马油田股份有限公司

(一) 公司简介

1、公司法定中文名称:辽河金马油田股份有限公司
公司法定英文名称:Liaohe Jinma Oilfield Company Limited
2、公司法定代表人:王福成
3、公司董事会秘书:李忠涛 公司授权代表: 战 丽
联系地址:辽宁省盘锦市兴隆台区振兴街 邮编:124010
电话:0427-7807584 传真:0427-7823657
电子信箱:LHZQB@liaohe.net.cn
4、公司注册地址:辽宁省盘锦市兴隆台区振兴街
公司办公地址:辽宁省盘锦市兴隆台区振兴街迎宾路 13 号
邮政编码:124010
5、公司选定的信息披露报纸名称:《中国证券报》、《证券时报》
登载公司年度报告的国际互联网网址: Http:/www.cninfo.com.cn
公司年度报告备置地点:公司证券业务部
6、公司股票上市地:深圳证券交易所
股票简称:辽河油田 股票代码:0817

(二) 会计数据和业务数据摘要

1、公司本年度主要利润指标情况: 单位:元

利润总额:	245,899,004.60
净利润:	164,752,333.08
主营业务利润:	245,988,266.90
其他业务利润:	
营业利润:	245,899,004.60
投资收益:	0.00
补贴收入:	0.00
营业外收支净额:	0.00
经营活动产生的现金流量净额:	825,363,026.53
现金及现金等价物净增加额:	715,328,400.19

2、公司近三年的主要会计数据和财务指标 单位:元

项 目	1999 年	1998 年	1997 年
主营业务收入	868,928,753.00	913,846,892.68	1,289,238,976.64
净利润	164,752,333.08	138,924,433.64	206,634,246.67
总资产	2,606,059,863.79	2,426,528,988.25	1,231,245,627.09
股东权益	2,113,195,596.43	2,315,262,061.80	933,394,451.92
每股收益(元/股)	0.15	0.13	0.30
扣除非经营性损益后的每股收益(元/股)	0.15	0.13	0.30
每股净资产(元/股)	1.92	2.10	1.33
调整后的每股净资产(元/股)	1.92	2.10	1.33
每股经营活动产生的现金流量净额	0.75		
净资产收益率(%)	7.796	6.00	22.14

注:主要财务指标计算方法:
每股收益=净利润/年度末普通股股份总数
每股净资产=年度末股东权益/年度末普通股股份总数
调整后的每股净资产=(年度末股东权益-三年以上的应收款项-待摊费用-待处理(流动、固定)资产净损失-开办费-长期待摊费用)/年度末普通股股份总数
每股经营活动产生的现金流量净额=经营活动产生的现金流量净额/年度末普通股股份总数
净资产收益率=净利润/年度末股东权益×100%

3、股东权益变动情况 单位:元

项 目	股本	资本公积	盈余公积	其中:法定公益金	未分配利润	合计
期初数	1100000000	990899941	33654317	11218106	190707801	2315262061
本期增加			24712849	8237616	140039483	164752333
本期减少		146818798			220000000	366818798
期末数	1100000000	844081143	58367167	19455722	110747284	2113195596

变动原因: 资本公积金本期减少数额为 146,818,798.45 元, 为发起人投入股本的股本溢价 441,962,932.97 元中含国家税务总局规定"资产评估增值调整入帐并据此计提折旧或摊 销的,在申报纳税所得额时可据实调整或综合调整",按 1999 年 1 月 1 日执行的投资准则规定本期调整至"递延税项"单独核算所致。盈余公积金的增加是由本年利润按比例提取形成的。未分配利润的增加是由本年利润形成的,减少是由于利润分配每 10 股派 2 元所致。

(三) 股东情况介绍

1、报告期末股东总数
截止到 1999 年 12 月 30 日,本公司股东总数为 70,811 户,其中未流通国有股 1 户,公司高管人员 22 户,社会公众股 70,788 户。
2、前 10 名股东持股情况

名次	股东名称	年末持股数额	持股比例(%)
1	中国石油天然气股份有限公司	900,000,000	81.82
2	泰和证券投资基金	2,693,650	0.24
3	广州保税区南方金信国际贸易公司	2,362,400	0.21
4	金鑫证券投资基金	1,393,899	0.13
5	普丰证券投资基金	1,338,700	0.12
6	郑海滨	1,030,534	0.09
7	秦江	744,500	0.06
8	南方证券	713,769	0.06
9	袁明	709,999	0.06
10	蔡虎	652,900	0.05

持有公司 5%以上的股东为本公司控股股东--中国石油天然气股份有限公司,持有本公司股份 90000 万股,占总股本的 81.82%,报告期内所持股份及比例未有变化。
中国石油天然气股份有限公司持有的本公司 81.82%的国有法人股未作任何质押 或冻结, 亦未有其他法律争议。
前十名股东之间不存在关联关系。
1999 年 11 月 8 日,由于本公司原第一大股东辽河石油勘探局的控股公司--中国石油天然气集团公司(简称"中油集团")进行重组改制,设立了中国石油天然气股份有限 公司(简称"股份公司")。中油集团将下属的辽河石油勘探局所持有的本公司的股份转入股份公司,自此,股份公司成为本公司的第一大股东,持有国有法人股 90,000 万股,占本公司股本总额的 81.82%,上述股权过户转让手续目前正在办理。此转让协议已刊登在 1999 年 11 月 8 日的《中国证券报》、《证券时报》上。

锦化化工集团氯碱股份有限公司

一、公司简介

1、公司的法定中文名称: 锦化化工集团氯碱股份有限公司
英文名称: JIN HUA GROUP CHLOR-ALKALICO,LTD 英文缩写:JHC
2、公司法定代表人:方福生
3、公司董事会秘书:赵志鹏
联系地址:公司证券办 电话:0429-2709065 传真:0429-2901152
4、公司注册地址:辽宁省葫芦岛市连山区化工街
办公地址:辽宁省葫芦岛市连山区化工街锦化化工(集团)有限责任公司院内
邮政编码:125001
5、公司信息披露报纸名称:中国证券报、证券时报
刊登公司年度报告的国际互联网网址:http:// www cninfo. com. cn
6、公司股票上市交易所:深圳证券交易所 股票简称:锦化氯碱 股票代码:0818

二、会计数据和业务数据摘要

1、本年度实现的财务指标

利润总额	66,140,371.10
净利润	46,929,345.50
扣除非经常性损益后的净利润	46,929,345.50
主营业务利润	57,020,355.67
其他业务利润	1,250,093.23
营业利润	39,502,554.21
投资收益	3,502,043.63
补贴收入	10,478,741.24
营业外收支净额	12,657,032.02
经营活动产生的现金流量净额	1,534,638.72
现金及现金等价物增加净额	-121,646,025.65

2、前三年的会计数据和财务指标

项目	99 年	98 年		97 年	
		调整前	调整后	调整前	调整后
主营业务收入(元)	670365266	634938402	634938402	698213504	698213504
净利润(元)	46929345	67502162	57916060	94167302	83780058
总资产(元)	1456622118	1415458052	1415333452	1001614499	993219735
股东权益(元)	951038439	934071823	914098477	934569661	926174896
每股收益(元/股)	0.138	0.199	0.170	0.277	0.246
加权每股收益(元/股)	0.138	0.199	0.170	0.336	0.284
扣除非经常性损益后的每股收益(元/股)	0.138	0.199	0.170	0.277	0.246
每股净资产(元/股)	2.797	2.747	2.689	2.749	2.724
调整后的每股净资产(元/股)	2.743	2.696	2.638	2.703	2.679
每股经营活动产生的现金流量净额(元/股)	0.005	-0.099	-0.099		
净资产收益率	4.935	7.227	6.336	10.076	9.046

上述财务指标的计算方法如下:
每股收益=净利润/年度末普通股股份总数
每股净资产=年度末股东权益/年度末普通股股份总数
3、报告期内股东权益变动情况及变化原因

项目	股本	资本公积	盈余公积	法定公益金	未分配利润	股东权益合计
期初数	340000000	565197762	11535107	3845035	-2634392.50	914098477.66
本期增加			7039401	2346467	39889943.67	46929345.50
本期减少		9989383				9989383.86
期末数	340000000	555208379	18574509	6191503	37255551.17	951038439.30

变动原因:本期资本公积减少 9,989,383.86 元,系资产折旧按评估后价值计提与按评估前价值计提的差额依照财会字(98)16 号文件规定冲减资本公积。

盈余公积本期增加 7,039,401.83 元,系本期按净利润 46,929,345.50 元提取 10%法定盈余公积和 5 %的法定公益金所致。

法定公益金本期增加 2,346,467.28 元,是本期按净利润 46,929,345.50 元提取 5% 所致。

未分配利润本期增加 39,889,943.67 元,是本期净利润扣除 10%的法定盈余公积和 5%法定公益金后所剩余额全部计入该科目。

三、股东情况介绍

1、报告期末股东总数:40440 户
2、主要股东持股情况

名次	股东名称	期初持股数	期末持股数	占总股本
1	锦化化工(集团)有限责任公司	250000000	250000000	73.53%
2	张军	0	637800	0.188%
3	程永忠	0	565354	0.166%
4	周华	0	546000	0.16%
5	骆华	0	470601	0.138%
6	郭小青	600000	432590	0.127%
7	普丰证券投资基金	0	410000	0.121%
8	邓正华	0	385961	0.114%
9	林泽兴	0	374333	0.11%
10	刘竖	0	333859	0.098%

说明:锦化化工(集团)有限责任公司为本公司第一大股东,代表国家控股本公司。经营范围:苯酚、有机玻璃、环已酮、环氧丙烷、聚醚、丙二醇等化工产品的制造与销售。系本公司的关联单位,与本公司有相互提供部分原料,水、电、汽、劳务、公用工程等关联事项。

持股 5%以上的法人股东锦化化工(集团)有限责任公司无股份质押、冻结等情况 。

3)报告期内控股股东变更情况:无

四、董事会报告

1、公司经营情况

1)公司所处行业及公司在本行业中的地位

本公司属基础化工原料行业。烧碱产量居全国同行业第四位,占全国总产量的 2.93%;聚氯乙烯产量居全国同行业第五位,占 2.76%;氯化苯、三氯乙烯产量也居全国同行前列;氯化苯产量占全国同行业产量的 12.38%;三氯乙烯产量占 25%(数据源于《化工信息》2000 年第四期 P15)。

2)公司主营业务范围及其经营状况

公司的主营业务是从事烧碱、聚氯乙烯、氯化苯、三氯乙烯等化工产品的生产与销售。

九九年公司主营业务收入为 670,365,266.29 元,主营业务利润为 57,020,355.67 元。分别比去年升高 3542.7 万元和减少 192.6 万元。

岳阳兴长石化股份有限公司

一、公司简介

1、公司全称:岳阳兴长石化股份有限公司
中文简称:岳阳兴长
英文名称:YUEYANG XINGCHANG PETR-CHEMICAL CO.LTD
英文简称:YUEYANG XINGCHANG
2、公司法定代表人:黄景汉
3、公司负责信息披露事务人员:
董事会秘书:彭东升
联系电话:(0730)8439202 8451000—52594
传真:(0730)8439202
E-mail:Pdsen@blpc.sinopec.com.cn
授权代表:谭人杰
联系电话:(0730)8439102 8451000—52837
传真:(0730)8439102
E-mail:Zqbu@blpc.sinopec.com.cn
联系地址:湖南省岳阳市云溪区
4、公司注册地址:湖南省岳阳市云溪区
邮政编码:414012
E-mail: Zqbu@blpc.sinopec.com.cn
5、公司选定的信息披露报纸名称:《中国证券报》、《证券时报》
登载公司年报的中国证监会指定国际互联网网址:
http://www.cninfo.com.cn
公司年度报告备置地点:公司证券部
6、公司股票上市交易所:深圳证券交易所
股票简称:岳阳兴长 股票代码:0819

二、会计数据和业务数据摘要

1、公司本年度实现利润总额	45,276,127.25 元
净利润	36,724,825.39 元
扣除非经营性损益后的净利润	36,724,825.39 元
主营业务利润	59,086,717.94 元
其他业务利润	364,894.92 元
营业利润	46,628,062.17 元
投资收益	-1,075,643.75 元
补贴收入	/
营业外收支净额	-276,291.17 元
经营活动产生的现金流量净额	58,612,878.23 元
现金及现金等价物净增加额	118,059,309.37 元

注:本年度公司无"非经营性损益后的净利润"指标扣除项目。
2、主要会计数据和财务指标

项目	1999 年	1998 年		1997 年
		调整前	调整后	
主营业务收入(元)	390,954,344.47	350,059,414.25	349,402,102.29	232,744,354.02
净利润(元)	36,724,825.39	52,994,542.51	52,303,778.76	56,185,846.15
总资产(元)	335,783,620.81	231,888,681.92	223,877,236.26	181,012,046.44
股东权益(元)(不含少数股东权益)	305,174,954.25	208,123,965.52	200,401,492.45	168,129,423.01
每股收益(元/股)	0.222	0.510	0.503	0.540
每股净资产(元/股)	1.848	2.001	1.927	1.617
调整后的每股净资产	1.839	1.984	1.910	1.590
每股经营活动产生的现金流量净额	0.355	0.441	0.441	
净资产收益率(%)	12.03	25.46	26.10	33.42
按月平均加权每股收益(元/股)	0.235	0.510	0.503	0.540

注:主要财务指标的计算公式:
每股收益=净利润/年度末普通股股份总数
每股净资产=年度末股东权益/ 年度末普通股股份总数
调整后的每股净资产=(年度末股东权益-三年以上的应收款项净额-待摊费用 -待处理(流动、固定)资产净损失-开办费-长期待摊费用-住房周转金负数余额)/年度末普通股股份总数
每股经营活动产生的现金流量净额=经营活动产生的现金流量净额/年度末普通股股份总数
净资产收益率=净利润/年度末股东权益×100%
3、股东权益变化情况

项目	股本	资本公积	盈余公积	法定公积金	未分配利润	股东权益合计
期初数	104000000	114251.61	37199004.33	28695251.10	59088236.51	200401492.45
本期增加	61133860	79556508.91	5508723.81	3672482.54	36724825.39	182923918.11
本期减少	0	0	0	0	78150456.31	78150456.31
期末数	165133860	79670760.52	42707728.14	32367733.64	17662605.59	305174954.25

三、股东情况介绍

1、截止到 1999 年 12 月 31 日,本公司有股东 35879 户。
2、(2)前 10 名股东持股情况如下:

股东名称	年初持股数(股)	本年度增加(股)	年末持股数(股)	占总股本比例%
岳阳长炼兴长企业集团公司	42,773,800	21,386,900	64,160,700	38.85
巴陵石化长岭炼油化工总厂	30,000,000	15,450,000	45,450,000	27.52
中信实业银行深圳分行证券营业部			1,618,980	0.98
长炼职工技术协会	855,000	427,500	1,282,500	0.78
长炼职工大学	855,000	427,500	1,282,500	0.78
岳阳长炼长庆贸易公司	570,000	285,000	855,000	0.52
中信证券北太平庄证券营业部			616,000	0.37
福建华福			347,694	0.21
中信天津证券业务部解放北路营业部			329,911	0.20
普丰证券投资基金			227,760	0.14

注:前一、二、四、五、六名为公司法人股股东,其余为社会公众股股东。公司 五个法人股股东互为关联关系:岳阳长炼兴长企业集团公司(以下简称"集团公司")
,为行政隶属于巴陵石化长岭炼油化工总厂(以下简称"长炼")的集体所有制企业,是本公司的发起人;长炼是中国石油化工集团公司下属大型国有石油化工企业;岳阳长炼长庆经贸公司、长炼职工技术协会、长炼职工大学均为行政隶属于长炼的集体所有制企业法人。

金城造纸股份有限公司

一、公司简介

1、法定中文名称:金城造纸股份有限公司
法定英文名称:Jincheng Paper Co.,Ltd
2、法定代表人:朱志仁
3、董事会秘书:吕 立
联系地址:辽宁省凌海市金城街金城造纸股份有限公司董事会秘书办公室
电 话:(0416)8285084 传 真:(0416)8282642
授权代表:王 敏
联系地址:辽宁省凌海市金城街金城造纸股份有限公司证券部
电 话:(0416)8285051 传 真:(0416)8282642
4、注册地址:辽宁省凌海市金城街
办公地址:辽宁省凌海市金城街金城造纸股份有限公司办公楼 邮政编码:121203
电子信箱:JZLH010@PUBLIC2.JZPTT.LN.CN
5、公司信息披露报纸:中国证券报、证券时报、上海证券报
国际互联网网址:http://www.cninfo.com.cn
公司年度报告备置地点:公司证券部
6、公司股票上市交易所:深圳证券交易所
股票简称:金城股份 股票代码:0820

二、会计数据和业务数据摘要

1、公司本年度主要会计数据 (单位:元)

利润总额	54,661,434.53
净利润	46,403,909.96
扣除非经常性损益后的净利润	40,901,936.95
主营业务利润	80,742,669.16
其他业务利润	2,664,230.12
营业利润	49,643,983.58
投资收益	0.00
补贴收入	0.00
营业外收支净额	5,017,450.95
经营活动产生的现金流量净额	
现金及现金等价物净增加额	

注:扣除非经常性损益后的净利润中所扣除的项目为公司出售资产所获得的营业外收入,金额为5,236,317.08元。

2、公司近三年主要财务指标

指标名称	1999年度		1998年度		1997年度
	调整前	调整后	调整前	调整后	
主营业务收入(元)	507,785,155.42	507,785,155.42	495,157,524.28	495,157,524.28	450,870,343.55
净利润(元)	48,747,935.99	46,403,909.96	45,758,543.49	41,662,201.09	32,342,693.97
总资产(元)	852,908,936.85	852,940,499.97	811,007,946.97	808,041,926.07	517,500,451.30
股东权益(元)	461,700,020.70	458,225,673.17	415,918,105.61	411,821,763.21	186,757,725.02
未分配利润	78,711,961.73	54,864,499.38	66,831,337.23	64,578,348.92	41,664,138.30
坏帐准备	2,014,739.68	2,014,739.68	1,044,431.09	1,439,786.92	696,436.70
存货跌价准备	2,570,665.07	2,570,665.07		2,570,665.07	
每股收益(元)摊薄	0.2306	0.2195	0.2597	0.2364	0.247
加权	0.2515	0.2394	0.2837	0.2708	
扣除非经常性损益后的每股收益	0.2058	0.1947			
每股经营活动产生的现金流量净额(元)		-0.0986			
每股净资产(元)	2.184	2.167	2.3068	2.3439	1.42
调整后每股净资产(元)	2.167	2.150	2.3563		
净资产收益率(%)摊薄	10.56	10.13	11.00	10.11	17.31
加权	11.11	10.57	14.45	13.92	

注:(1)主要财务指标的计算方法
每股收益=净利润/年度末普通股股份总数
每股净资产=年度末股东权益/年度末普通股股份总数
调整后的每股净资产=(年度末股东权益-三年以上的应收款项-待摊费用-待 处理(流动、固定)资产净损失-开办费-长期待摊费用)/年度末普通股股份总数
每股经营活动产生的现金流量净额=经营活动产生的现金流量净额/年度末普通股股份总数
净资产收益率=净利润/年度末股东权益×100%
(2)需要说明的是:由于会计政策变更,根据财政部财会字(1999)35号文的 有关规定,采用了追溯调整法,调整了1999年会计报表相关的"坏帐准备"帐项,"存货跌价准备"帐项,调整前后各年度会计数据见上表。

三、股东情况介绍

1、报告期末股东总数:
截止1999年12月31日,公司股东总数为38571户。
2、主要股东持股情况
持有本公司5%以上股份的股东只有本公司的国有法人股股东金城造纸(集团)有 限责任公司。 该公司所持股份在报告期初为9420.95万股,报告期内由于执行1998年度送红股的利润分配方案,增加1884.19万股,截止报告期末持股数为11305.14万股 。
截止1999年12月31日,公司前十名股东名单及持股情况如下:

股东名称	持股数(万股)	占总股本比例(%)
(1)金城造纸(集团)有限责任公司	11305.14	53.47
(2)中国印刷物资总公司	336	1.589
(3)辽宁省造纸芦苇公司	168	0.795
(4)辽宁省羊圈子苇场	84	0.397
(5)辽宁省东郭苇场	84	0.397
(6)中国轻工物资供销东北公司	84	0.397
(7)中国轻工物资供销(集团)总公司	84	0.397
(8)辽宁省印刷物资总公司	84	0.397
(9)中国青年出版社	67.2	0.318
(10)中国大百科全书出版社	50.4	0.261

以上10名股东之间不存在关联关系。
持有本公司5%以上股份的股东只有本公司的国有法人股股东金城造 (集团) 有限责任公司。该公司所持股份在报告期内无质押和冻结等情况。

湖北京山轻工机械股份有限公司

(一) 公司简介

1.公司法定名称:湖北京山轻工机械股份有限公司
英文名称:HUBEI JINGSHAN LIGHT INDUSTRY MACHINERY STOCK CO.,LTD.
英文缩写:JSQJ
2.公司法定代表人:孙友元
3.公司董事会秘书:陈昭俊 公司授权代表:谢杏平
联系地址:湖北省京山县新市镇轻机大道78号
电话:(0724)7221560 7222220-669 传真:(0724)7221560
4.公司注册地址及办公地址:湖北省京山县新市镇轻机大道78号 邮政编码:431800
公司国际互联网网站:www.jingshan lim.com 电子信箱:jsadminl@jm-mail.hb.cninfo.net
5.公司选定的信息披露报纸名称:《中国证券报》和《证券时报》
登载公司年度报告的中国证监会指定国际互联网网址: http://www.cninfo.com.cn
公司年度报告备置地点:湖北京山轻工机械股份有限公司证券部
6.公司股票上市交易所:深圳证券交易所
股票简称:京山轻机 股票代码:0821

(二) 会计数据和业务数据摘要

1.公司本年度会计数据和业务数据 (单位:人民币元)

利润总额:	108506270.33
净利润:	93612507.03
扣除非经常性损益后的净利润:	88551008.92
主营业务利润:	130300989.97
其他业务利润:	418621.65
营业利润:	99640167.21
投资收益:	3804605.01
补贴收入:	3530000.00
营业外收支净额:	1531498.11
经营活动产生的现金流量净额:	-18487264.29
现金及现金等价物净增加额:	-99923346.68

2.公司近三年主要会计数据和财务指标(单位:人民币元)

项 目	1999年度	1998年度	1997年度
主营业务收入	458822299.53	415301557.48	384489894.11
净利润	93612507.03	86225639.20	74395480.07
总资产	885689162.22	830417465.91	428687987.97
股东权益	773274359.70	689955897.07	244099954.93
每股收益	0.30	0.42	0.49
月平均加权每股收益	0.42	0.47	0.49
每股净资产	2.50	3.35	1.62
调整后的每股净资产	2.49	3.34	1.61
每股经营活动产生的现金流量净额	-0.06	0.36	
净资产收益率(%)	12.11	12.50	30.48
扣除非经常性损益后每股收益	0.29	0.41	0.49

3.报告期内股东权益变动情况及变化原因

项 目	股 本	资本公积	盈余公积	其中:公益金	未分配利润	合 计
期 初 数	205880888	366918143	78887190	20436372.24	38269675.70	689955897
本期增加	102940444		13988354	4662784.70	93612507.03	210541305
本期减少		61764266			65458576.08	127222842
期 末 数	308821332	305153876	92875544	25099156.94	66423606.65	773274359
变动原因	利润分配及资本公积转增10送2转增3	资本公积转增股本10转增3	本年提取盈余公积	本年提取公益金	提取盈余公积、公益金及10送2派0.5	

(三) 股东情况介绍

(1)报告期末股东总数20,287户,其中内部职工股股东2,717户。
(2)本公司前10名股东持股情况

股 东 名 称	持股数量(股)	年内股份增减(股)	占总股份比例(%)
1.湖北省京山轻工机械厂	145500753	48500251	47.11
2.京山县国有资产管理局(国有法人股)	25234830	8411610	8.17
3.湖北省第一轻工包装公司	7500000	2500000	2.43
4.君安证券深圳联城证券交易部	3271904	3271904	1.06
5.湖北省轻工业机械厂	3000000	1000000	0.97
6.君安证券杭州营业部	2590966	2590966	0.84
7.京山县天鸿轻工贸易公司	2246250	748750	0.73
8.裕阳证券投资基金	2164218	1122560	0.70
9.君安证券有限责任公司海口海秀路证券交易部	925786	925786	0.30
10.君安证券有限公司天津海河营业部	889500	889500	0.29

持股10%以上法人股东情况简介
股东名称:湖北省京山轻工机械厂 法定代表人:孙友元
经营范围:机电产品、五金制品生产、零配件加工销售;汽车修理;水产养殖
报告期内湖北省京山轻工机械厂所持股份没有质押或冻结情况。
说明:前十名股东之间不存在关联关系。

(四)董事会报告

1.公司经营情况
(1)公司所处的行业以及在本行业的地位
公司是国家轻工业局和中国包装总公司定点生产纸制品包装机械最大的骨干企业。是中国国内纸制品包装机械行业目前唯一一家上市公司。公司主要生产纸箱、纸盒二大系列、78个品种、168个规格的纸箱纸盒包装机械。年产各类生产线150余条、单机2000余台。产品从三层、五层、七层瓦楞纸板生产线,到印刷、模切、捆扎一条龙 配套生产,是全国最大的纸箱纸盒包装机械生产和出口基地。据中国轻工机械协会统 计,公司销售额、利税、出口交货值三项指标均列全国轻工机械行业第一名,销售额占全国纸箱纸盒包装机械销售额的68%,一九九九年十一月被中国包装技术协会评为"中国包装龙头企业"。
(2)公司主营业务的范围及其经营情况
1)按行业、产品、地区说明报告期内公司主营业务收入,主营业务利润的构成情况。

山东海化股份有限公司

一 公司简介

1、公司法定中文名称:山东海化股份有限公司　中文缩写:山东海化
公司法定英文名称:SHANDONG HAIHUA COMPANY LIMITED　英文缩写:SDHH
2、公司法定代表人:杜德富
3、公司董事会秘书:韩星三　授权代表:吴炳舜
联系地址:山东省潍坊海洋化工高新技术产业开发区
电话:(0536)5329878 5329879　传真:(0536)5329879
董秘电子信箱:hxs@haihua.chem.com.cn
4、公司注册及办公地址:山东省潍坊海洋化工高新技术产业开发区　邮政编码:262737
公司国际互联网网址:http://www.sd-haihua.com　公司电子信箱:Hhgf@haihua.chem.com.cn
5、公司选定的信息披露报纸:《中国证券报》、《证券时报》
登载公司年报的国际互联网网址:http://www.cninfo.com.cn
公司年度报告备置地点:公司证券部
6、公司股票上市交易所:深圳证券交易所
股票简称:山东海化　股票代码:0822

二 会计数据和业务数据摘要

1、1999 年度本公司主要会计数据如下:(单位:人民币元)

项目	1999 年度
利润总额:	154,396,484.40
净利润:	113,661,935.60
扣除非经常性损益后的净利润:	83,961,376.77
主营业务利润:	249,369,887.11
其它业务利润:	-5,022,174.48
营业利润:	123,214,134.63
投资收益:	6,785,364.65
补贴收入:	22,915,194.18
营业外收支净额:	1,481,790.94
经营活动产生的现金流量净额:	52,656,476.45
现金及现金等价物净增加额:	65,352,726.24

2、公司近三年主要会计数据和财务指标:

项　目	99 年度	98 年度 调整前	98 年度 调整后	97 年度
主营业务收入(元)	974919318.02	1080337406.85	1080337406.85	1033834568
净利润(元)	113661935.60	145649415.66	125358888.49	107352213
总资产(元)	2302004302.34	2095896697.18	2044730444.81	1056886840
股东权益(不含少数股东权益)(元)	1124,373,697.41	1144905757.35	1094711761.81	406087629
每股收益(元/股)(摊薄)	0.27	0.35	0.30	0.36
(元/股)(加权)	0.27	0.39	0.33	0.36
每股净资产(元)	2.68	2.73	2.61	1.07
调整后的每股净资产(元)	2.63	2.68	2.56	1.07
净资产收益率(%)(摊薄)	10.11	12.72	11.45	33.54
(%)(加权)	10.24	17.63	16.71	33.54
扣除非经常性损益后的每股收益(元/股)	0.20	0.28	0.23	-
每股经营活动产生的现金流量净额(元/股)	0.13	-0.21	-0.21	-
扣除新股中的冻结资金利息净利润(元)	110483356.22	142470836.28	122180309.11	-
扣除新股中的冻结资金利息每股收益(元)	0.26	0.34	0.29	-

3、报告期内股东权益变动情况:(单位:人民币元)

项目	股本	资本公积	盈余公积	法定公益金	未分配利润	股东权益合计
期初数	420000000	554574108	9545542	7636433.61	102955677.44	1094711761
本期增加数			11366193	9092954.84	93202787.19	113661935
本期减少数					84000000.00	84000000
期末数	420000000	554574108	20911235	16729388.45	112158464.63	1124373697
变动原因			按净利润 10%提取	按净利润 8%提取	转入 1999 年度可分配利润所致	

三 股东情况介绍

(1)报告期末,本公司股东总数为 51052 户。
(2)、公司前十名股东持股情况:

序号	股 东 名 称	持股数量(股)	持股比例(%)
1	山东海化集团有限公司	300000000	71.428
2	高荣	1190000	0.283
3	深圳市深财证券业务部	800000	0.190
4	李学虎	540000	0.129
5	马居英	501100	0.119
6	黄小飞	364200	0.087
7	叶纺妹	358000	0.085
8	曾颖	350500	0.083
9	深圳市深财证券业务部	340000	0.081
10	李四英	330600	0.079

注:1.前 10 名股东之间不存在关联关系。
2.持有本公司 5%(含 5%)以上股份的股东所持股份没有质押或冻结的情况。

(四)董事会报告

(一)公司经营情况

1、本公司属化工行业,主导产品为纯碱、溴素、三聚氰胺。根据国家石化局和 行业协会统计资料提供的信息,我公司溴素、三聚氰胺两种产品产销量均为全国第一,纯碱由于执行行业规定,进行限产保价,产量为全国第二。

2、公司主营业务的范围及其经营状况

(1)本公司主营业务范围是:制造、销售纯碱、溴素、三聚氰胺及溴素系列产 品、苦卤系列产品。1999 年度,公司共实现主营业务收入 97492 万元,其中纯碱实现 63977 万元,占 65.62%;溴素实现 7747 万元,占 7.95%;三聚氰胺实现 12359 万元,占 12.68%;实现主营业务利润 24937 万元,其中纯碱实现 15394 万元,占 61.73%;溴素实现 1273 万元,占 5.11%;三聚氰胺实现 1200 万元,占 4.81%。

广东汕头超声电子股份有限公司

(一) 公司简介

公司法定中文名称:广东汕头超声电子股份有限公司
公司法定英文名称:GUANGDONG GOWORLD CO., LTD.
公司法定代表人:林盛川
董事会秘书:陈东屏
联系地址:广东省汕头市兴业路 21 号
电话:0754-8610992　传真:0754-8628027
注册地址:广东省汕头市兴业路 21 号　邮政编码:515041
公司电子信箱:goworld@pub.shantou.gd.cn
公司国际互联网网址为:http://www.gd-goworld.com
公司选定的信息披露报纸:《中国证券报》、《证券时报》
登载公司年报的网址为:http://www.cninfo.com.cn
公司年报备置地点:公司证券部
股票上市地:深圳证券交易所
股票简称:超声电子　股票代码:0823

(二) 会计数据与业务数据摘要

1、本年度各项主要指标(单位:元)	1999 年度(合并)
利润总额	95,193,879.84
净利润	64,517,874.57
扣除非经常性损益后的净利润	62,371,298.58
主营业务利润	150,839,646.08
其他业务利润	-64,942.12
营业利润	95,929,935.10
投资收益	-5,296,737.38
补贴收入	1,603,173.37
营业外收支净额	2,957,508.75
经营活动产生的现金流量净额	135,659,591.72
现金及现金等价物净增加额	51,356,501.23

注: 扣减非经常性损益内容及金额
(1) 申购股票冻结资金利息收入 1,819,197.81 元
(2) 固定资产转让收入 796,311.18 元
(3) 显示器产品增值税及所得税返回 858,835.31 元
(4) 合并价差 -1,327,768.31 元

2、会计数据及财务指标(合并报表)

序号	项　目	1999 年度	1998 年度 调整后	1998 年度 调整前	1997 年度
1	主营业务收入(元)	481491344	400611570	400611570.65	261,488,263.22
2	净利润　(元)	64517,874	86721955	87166520.27	58323767.22
3	总资产　(元)	992912704	898743708	907775330.68	739,074,660.83
4	股东权益(不含少数股东)(元)	621305608	602685972	608823155.38	560,741,745.98
5	每股收益(元/股) 摊薄:	0.197	0.264	0.266	0.285
	加权:	0.197	0.264	0.266	0.361
	扣除非经常性损益:	0.190			
6	每股净资产(元/股)	1.894	1.837	1.856	2.735
7	净资产收益率(%) 摊薄:	10.384	14.389	14.317	10.401
8	调整后的每股净资产(元/股) 摊薄:	1.830	1.768	1.787	2.648
9	每股经营活动产生的现金流量净额	0.414			

注:(1)主要财务指标的计算方法
每股收益=净利润/年度末普通股股份总数
每股净资产=年度末股东权益/ 年度末普通股股份总数
净资产收益率=净利润/年度末股东权益×100%
调整后的每股净资产=(年度末股东权益-三年以上的应收款项净额-待摊费用-待 处理资产净损失-开办费-长期待摊费用-住房周转金负数余额)/年度末普通股股份总 数
每股经营活动产生的现金流量净额=经营活动产生的现金流量净额/年度末普通股股份总数
(2)调整前指公司会计政策变更追溯调整前的会计数据,调整后指公司会计政策变更追溯调整后的数据。

3、本年度股东权益变动情况如下表:(单位:人民币元)

项　目	股　本	资本公积	盈余公积	公益金	未分配利润	股东权益合计
期初数	328000000	248055362	19592562	6530854	7038047	602,685,972.39
本期增加			9677681	3225893	64517874	74,195,555.76
本期减少					55575919	55,575,919.74
期末数	328000000	248055362	29270243	9756747	15980002	621,305,608.41

股东权益变动原因说明:
1) 盈余公积增加数 9,677,681.19 元系 1999 年度按净利润提取 10%法定公积金及提取 5%法定公益金。
2)未分配利润增加数 64,517,874.57 元系 1999 年度净利润转入,减少数 55,575,919.74 元系提取法定公积金、公益金、职工奖励及福利基金、补付 98 年送红股的个人所 得税、99 年度分配股利所致。

(三) 股东情况介绍

1)截至 1999 年末,公司股东总数为 41953 户,其中国有法人股东 1 户,社会公众股东 41952 户。
2)持有本公司 5%(含 5%)以上股份的股东和前十位股东持股情况。

名次	股东名称	年末持股数	占总股本%
1	汕头超声(电子)集团公司	224,000,000	68.29268
2	安顺证券投资基金	2,994,380	0.91292
3	汉盛证券投资基金	1,000,031	0.30489
4	广东证券公司	976,761	0.29779
5	张素霞	756,440	0.23062
6	广东证券公司韶关营业部	710,400	0.21658
7	陈俊锡	663,800	0.20238
8	广东证券公司天河营业部	649,900	0.19814
9	黄瑞红	621,000	0.18933
10	余苏珍	584,000	0.17805
	合　计	232,965,712	71.02338

山西太钢不锈钢股份有限公司

一、公司简介

(一)公司中文名称： 山西太钢不锈钢股份有限公司
公司英文名称: SHANXI TAIGANG STAINLESS STEEL CO.LTD 缩写: STSS
(二)公司法定代表人:刘玉堂(董事长)
(三)公司董事会秘书:张竹平
授权代表:华春雨
联系地址:山西省太原市解放北路 292 号
电话:0351-3017728 0351-3017729 传真:0351-3017729
电子信箱:tgbxzjb@public ty sx cn
(四)公司注册地址: 山西省太原市尖草坪街 2 号 邮政编码:030003
公司电子信箱:tgbxzjb@public ty sx cn
(五)公司选定的信息披露报纸名称:《中国证券报》和《证券时报》
登载公司年度报告的中国证监会指定国际互联网址:www.cninfo.com.cn
公司《年度报告》备置地点:公司证券部
(六)公司股票上市地:深圳证券交易所
公司股票简称:太钢不锈 公司股票代码:0825

二、会计数据和业务数据摘要

1. 本年度实现的利润总额及相关项目(单位:元)

项目	金额
利润总额:	347,354,132.37
净利润	283,352,556.75
扣除非经常性损益后的净利润	256,319,730.07
主营业务利润	400,888,171.56
其他业务利润	22,441,223.71
营业利润	316,882,832.49
投资收益	33,704,369.30
补贴收入	0
营业外收支净额	-3,233,069.42
经营活动产生的现金流量净额	189,253,478.55
现金及现金等价物净增加额	39,240,204.93

※ 扣除非经常性损益是指年内向母公司收取资金占用费 27,032,826.68 元。

2.主要会计数据及财务指标

指标项目	1999 年度	1998 年 调整前	1998 年 调整后	1997 年度
主营业务收入(元)	3545171997.99	2391787023.83	2391787023.83	1910603011
净利润(元)	283352556.75	197402454.91	194993172.86	122279845
总资产(元)	4003730360.45	3583053314.04	3580409811.26	1393810855
股东权益(元)	1983491419.61	1895948144.91	1893538862.86	502810708
每股收益(元 / 股)	0.301	0.314	0.310	0.277
每股净资产 (元/股)	2.106	3.019	3.015	1.14
调整后每股净资产 (元/股)	1.958	2.979	2.906	1.096
每股经营活动产生的现金流量净额	0.201	-0.054	-0.054	
净资产收益率%	14.29	10.41	10.30	24.32
按月平均加权每股收益(元/股)	0.349	0.377	0.373	0.277
扣除非经常性损益后的每股收益(元/股)	0.272	0.314	0.310	

注:1)计算公式如下:
每股收益=净利润 / 年度末普通股股份总数
每股净资产=年度末股东权益 / 年度末普通股股份总数
净资产收益率=净利润 / 年度末股东权益 × 100%
2)应收款项"包括应收帐款、其他应收款、预付帐款、应收股利、应收利息、应收补贴款

3.报告期内股东权益变动情况及原因

项目	股本	资本公积	盈余公积	法定公益金	未分配利润	合计
期初数	628000000	1008785008	38697699	12899233	218056155	1893538862
本期增加		314000000	43699495	14566498	239653061	597352556
本期减少		251200000			256200000	319000000
期末数	942000000	757585008	82397194	27465731	201509217	1983491419

注: 未含少数股东权益 201,003,973.68 元

(1)股本增加的原因:1999 年 5 月经股东大会通过本公司实施了 1998 年利润分配方案, 以 1998 年末股本 62800 万股为基数,每 10 股派送红股 1 股,每 10 股转增 4 股。

(2) 资本公积金减少原因:本期公司从资本公积中每 10 股转增 4 股计 25120 万元。

(3) 盈余公积金增加原因:本期利润分配按净利润的 10%提取法定盈余公积金。

(4) 法定公益金增加原因:本期利润分配按净利润的 5%提取法定盈余公益金。

(5)未分配利润减少原因:1 由于执行 1998 年度利润分配方案送红股 6280 万元, 代扣 代缴送红股个人所得税 500 万元。2 本期利润 283,352,556.75 元,提取法定公积金和公 益金后转未分配利润 23965.31 万元。3 按公司董事会通过的 1999 年度分配予案,每 10 股派发现金红利 2 元,减少未分配利润 18840 万元。

三、股东情况介绍

1.截止 1999 年 12 月 30 日,公司的股东总数为 23580 户,其中国家股股东 1 户,其余均 为流通股股东。持有本公司 5%以上股份的股东,只有本公司的国家股股东太原钢铁(集团)有限公司。期初持有本公司国家股 378,000,000 股,本公司于 1999 年 5 月 17 日~5 月 20 日实施 1998 年度利润分配及资本金转增股本后,增持股份 189,000,000 股,期末共 持有本公司国家股 567,000,000 股。所持股份无质押,无冻结情况。

2. 公司前 10 名股东持股情况:

序号	股东名称	持股数(股)	占总股本比例(%)
1.	太原钢铁(集团)有限公司	567,000,000	60.191%
2.	上海同振贸易有限公司	24,085,546	2.557%
3.	上海龙胜酒店	23,337,425	2.477%
4.	中国农业银行信托投资公司	10,842,639	1.151%
5.	中国长城信托投资公司	9,076,500	0.964%
6.	上海伊天科技信息有限公司	8,162,633	0.867%
7.	周洪波	4,786,982	0.508%
8.	王光云	4,339,900	0.461%
9.	庄腊苟	4,256,300	0.452%
10.	袁 勇	4,211,880	0.447%

公司前十名股东之间不存在关联关系。

国投原宜实业股份有限公司

一 公司简介

公司中文名称: 国投原宜实业股份有限公司
公司英文名称: SDIC YUANYI INDUSTRY CO., LTD 缩写: SDICYY
公司法定代表人: 汤晓春
公司董事会秘书: 时 钢
电 话: 0717—6236206 传真: 0717—6233167
公司电子信箱: Sdicgtyy@public.yc.hb.cn
公司互联网址:http://www.gtyy.com
公司注册地址: 湖北省宜昌市沿江大道 114 号
公司办公地址: 湖北省宜昌市沿江大道 114 号 邮政编码: 443000
公司指定信息披露报纸:《中国证券报》《证券时报》
登载公司年度报告的中国证监会指定国际互联网址:
http://www.cninfo.com.cn
年度报告备置地点: 公司投资发展部
公司股票上市交易所: 深圳证券交易所
股票简称: 国投原宜 证券代码: 0826

二 会计数据和业务数据摘要

1、本年度主要会计数据 单位:人民币元

指标项目	1999 年度
利润总额	59,882,612.69
净利润	50,118,043.63
净利润(扣除非经常性损益后)	17,875,839.75
主营业务利润	87,133,254.33
其他业务利润	873,228.05
营业利润	22,863,912.91
投资收益	9,949,927.97
补贴收入	22,724,643.91
营业外收支净额	4,344,127.90
经营活动产生的现金流量净额	75,388,156.10
现金及现金等价物增加额	38,906,740.38

注:非经常性损益所指项目与金额:

项目	金额(人民币元)
处置五峰原宜股权取得的收益	7,002,434.27
处置深圳宜宏股权取得的收益	2,515,125.70
所得税返还	7,724,643.91
综合电价补贴	15,000,000.00
合计	32,242,203.88

2、近三年主要会计数据与财务指标 单位:人民币元

指标项目	1999 年	1998 年 调整前	1998 年 调整后	1997 年
主营业务收入	354,076,593.07	405,226,286.57	405,226,286.57	292,257,941.46
净利润	50,118,043.63	53,087,539.73	50,095,127.74	34,834,033.06
总资产	805,968,273.63	781,333,181.62	770,412,658.48	436,823,660.47
股东权益(不含少数股东权益)	491755846.06	447,749,775.44	438,304,469.10	194,615,387.84
每股收益(元/股)	0.28	0.38	0.36	0.333
每股收益(加权)	0.312	0.397	0.375	0.33
每股收益(扣除非经常性损益后)	0.10	0.35	0.33	0.33
每股净资产	2.71	3.21	3.14	1.86
调整后每股净资产	2.68	3.18	3.11	1.82
每股经营活动产生的现金流量净额	0.42	0.47	0.47	0.43
净资产收益率(%)	10.19	11.86	11.43	17.90
净资产收益率(加权)	10.7	13.45	12.43	18.90

附注:(1)1999 年总股本以 18149.3 万股计算,1998 年总股本以 13961 万股计算, 原因是 1999 年度实施 1998 年度利润分配方案:每 10 股送 3 股,股本合计为 18149.3 万股。

(2)全面摊薄后的计算公式:
每股收益=净利润/年度末普通股股份总数
每股净资产=年度末股东权益/ 年度末普通股股份总数
调整后的每股净资产=(年度末股东权益-三年以上的应收款项净额-待摊费用-待 处理(流动、固定)资产净损失-开办费-长期待摊费用-住房周转金负数余额)/年度末 普通股股份总数
每股经营活动产生的现金流量净额=经营活动产生的现金流量净额/年度末普通股股份总数
净资产收益率=净利润/年度末股东权益×100%

3、报告期内股东权益变动情况 单位:人民币元

项目	股本	资本公积	盈余公积	法定公益金	未分配利润	股东权益合计
期初数	139610000	165046847.87	68239048.16	21674857.77	65408573.07	438304469.10
本期增加	67532000	3333333.33	10051483.62	5025741.81	0	53451376.96
本期减少	0	0	0	0	-1456439.99	0
期末数	181493000	168380181.20	78290531.78	26700599.58	63592133.08	491755846.06

注:报告期间本公司股本总数变动原因为:1999 年 5 月 18 日股东大会审议通过公司每 10 股送 3 股。

三 股东情况介绍

(1)报告期末股东总数
截止到报告期末,公司的股东总数为 33557 户。
(2)报告期末公司前十名股东所持股数及比例

股东名称	持股数(股)	占总股本比例(%)	备注
1. 国投建化实业公司	71500000	39.40%	国有法人股股东
2. 宜昌市国有资产管理局	384930000	21.21%	国家股股东
3. 宜昌建银金融科技有限责任公司	6500000	3.58%	国有法人股股东
4. 深圳市信拓建设监理有限公司	941430	0.52%	社会公众股
5. 李德新	379500	0.21%	社会公众股
6. 凌 志	375440	0.207%	内部职工股
7. 魏辉喜	287300	0.158%	内部职工股
8. 刘 炜	230360	0.127%	内部职工股
9. 刘炳巨	230000	0.126%	社会公众股
10. 薛建新	226200	0.125%	社会公众股

注:本公司前十名股东之间不存在关联关系。持有本公司 5%以上股份的为国投建化实业公司和宜昌市国有资产管理局,上述股东本年度所持股份未发生变化,无质押及冻结情况。

大连龙泉股份有限公司

一、公司简介

1.公司法定中文名称:大连龙泉股份有限公司公司法定英文名称:DALIANLONGQUAN CO.,LTD.

公司法定代表人:王光明

2.公司董事会秘书:乔少辉

联系地址:大连市中山区同兴街67号邮电万科大厦21层

联系电话:0411—2654998转8555

传真:0411—2817598

电子信箱:longquan@pub.dl.lnpta.net.cn

授权代表:姜正民

联系地址:大连市中山区同兴街67号邮电万科大厦21层

联系电话:0411—2654998转8002

传真:0411—2817598

电子信箱:longquan@pub.dl.lnpta.net.cn

3.公司注册地址:大连市瓦房店市长兴岛镇

公司办公地址:大连市中山区同兴街67号邮电万科大厦21层

邮政编码:116001

电子信箱:longquan@pub.dl.lnpta.net.cn

4.信息披露报纸:《中国证券报》

登载年度报告的中国证监会指定的国际互联网网址:

http://www.cninfo.com.cn

公司年度报告备置地点:大龙泉证券部

5.公司股票上市地点:深圳证券交易所

股票简称:大龙泉

股票代码:0827

二、会计数据和业务数据摘要

1.本年度实现的主要利润指标

利润总额(元):	23470296.61
净利润(元):	15735875.30
扣除非经常性损益后的净利润(元):	13315875.30
主营业务利润(元):	44653469.73
其他业务利润(元):	118987.13
营业利润(元):	20464679.13
投资收益(元):	-217318.50
补贴收入(元):	2420000.00
营业外收支净额(元):	802935.98
经营活动产生的现金流量净额(元):	-18509330.40
现金及现金等价物净增加额(元):	-18743480.71

2.主要会计数据和财务指标

项目	1999年	1998年		1997年	
		调整前	调整后	调整前	调整后
主营业务收入(元)	105532729.67	94715779.59	94715779.59	84307966.93	84307966.93
净利润(元)	15735875.30	22891686.85	19183224.45	22223415.51	19918083.97
总资产(元)	334607662.35	261050672.68	254609880.68	205751340.57	203446009.03
股东权益(元)	149626444.68	139904363.32	133890569.38	133675055.95	
每股收益(元)	0.262	0.458	0.384	0.445	
每股净资产(元)	2.494	2.798	2.678	2.674	
调整后的每股净资产(元)	2.333	2.621	2.518	2.442	
每股经营活动产生的现金流量净额(元)	-0.308	-0.582			
净资产收益率	10.52%	16.36%	14.33%	16.62%	

注:每股收益=净利润/年度末普通股股份总数

每股净资产=年度末股东权益/年度末普通股股份总数

调整后的每股净资产=(年度末股东权益-三年以上的应收款项-待摊费用-待处理(流动、固定)资产净损失-开办费-长期待摊费用)/年度末普通股股份总数)

每股经营活动产生的现金流量净额=经营活动产生的现金流量净额/年度末普通股股份总额

净资产收益率=净利润 年度末股东权益 100%

3.报告期内股东权益变动情况

项目	股本	资本公积	盈余公积	其中:公益金	未分配利润	合计
期初数	50000000.00	14227743.38	16390735.74	5463578.58	53272090.26	133890569.38
本期增加	10000000.00		3491669.26	1163889.76	15735875.30	29227544.56
本期减少	13491669.26	13491669.26				
期末数	60000000.00	14227743.38	19882405.00	6627468.34	55516296.30	149626444.68

变动原因:

1)股本增加10,000,000.00元,是由于98年度利润分配中送红股2股所致。

2) 公司按税后利润10%提取法定盈余公积金2,327,779.50元;按5%提取法定公益金1,163,889.76元,使盈余公积金本期增加3,491,669.26元,使公益金本期增加1,163,889.76元;

3)根据1998年度股东大会决议,1998年度利润分配方案中派发股利10,000,000.00元,1999年7月份公司注册资本增为60,000,000.00元;未分配利润期末数为55,516,296.30元;

4)期初数同98年度报告内容不同是因为计提四项资产减值准备进行追溯调整法所致。

三、股东情况介绍

1.截止1999年12月31日,本公司股东共13,421名

2.本公司前十名股东持股情况

股东姓名	年初持股数量(万股)	年末持股数量(万股)	质押或冻结情况
大连市长兴岛经济开发区开发建设有限公司	0	17280000	为本公司贷款
大连长兴食品技术开发有限公司	10480000	12108000	无
大鹏证券有限责任公司	2500000	3000000	无
深圳市英特泰投资有限公司	0	2220000	无
天津市中昊科技开发咨询有限公司	1000000	1200000	无
浙江省信盛实业公司	0	529,230	无
福建华福	0	509,355	无
浙江省信托投资有限公司	0	500,470	无
大连国际商贸城远东公司	0	324,000	无
辽宁石化自动化工程有限公司	250,000	300,000	无

广东福地彩色显像管股份有限公司

一、公司简介

1、公司的法定中文名称:广东福地彩色显像管股份有限公司

英文名称:GUANGDONG FORTUNE COLOUR PICTURE TUBE CO.,LTD

2、法定代表人:詹宗庆

3、董事会秘书:刘国真

联系地址:广东省东莞市篁村区周溪科技路39号

电话:0769-2402236 传真:0769-2402525

电子信箱:gdfddm@pub.dgnet.gd.cn

4、公司注册和办公地址:广东省东莞市篁村区周溪科技路39号 邮政编码:523077

公司网址:http://www.gdfortune.com 电子信箱:szgdcpt@pub.dgnet.gd.cn

5、公司信息披露报纸名称:《证券时报》、《中国证券报》、《上海证券报》

中国证监会指定的年报登载网址:http://www.cninfo.com.cn

公司年度报告备置地点:广东省东莞市篁村区周溪科技路39号本公司总部董事会秘书室

6、股票上市地:深圳证券交易所

股票简称:广东福地 股票代码:0828

二、会计数据和业务数据摘要

1、公司本年度实现利润情况

利润总额	524,011,460
净利润	471,610,314
非经常性损益合计	
其中:	
新股申购冻结资金利息	
资产处置损益	
合并价差摊入	
扣除非经常性损益后的净利润	
主营业务利润	763,277,790
其他业务利润	1,551,608
营业利润	530,461,490
投资收益	317,546
补贴收益	
营业外收支净额	-6,767,576
经营活动产生的现金流量净额	874,380,766
现金及现金等价物净增加额	566,632,508

2、公司近三年主要会计数据和财务指标

项目	1999年	1998年追溯后	1998年追溯前	1997年
主营业务收入(元)	3167845625	2308666382.79	2308666382.79	2119675066
净利润(元)	471610314	116979084.70	102968804.42	350327726
总资产(元)	4200572198	3184832286.56	3200429318.05	3037001554
股东权益(元)	784900978	2371524839.33	2387121870.82	2004598891
每股收益(元)	0.4859	0.1205	0.106	0.538
加权平均每股收益(元)	0.111	0.111		
每股净资产(元)	2.869	2.443	2.46	3.132
净资产收益率(%)	16.93	4.93	4.31	
调整后的净资产收益率(%)	17.00	5.01	4.38	17.18
加权平均净资产收益率(%)		4.91	4.91	
调整后的每股净资产(元)	2.82	2.40	2.42	3.054
每股经营活动产生的现金流量净额(元/股)		0.90		

注:主要财务指标计算方法

(1)每股收益=净利润/年度末普通股份总数

(2)每股净资产=年度末股东权益/年度末普通股份总数

(3)净资产收益率=净利润/年度末股东权益×100%

(4)调整后的每股净资产=(本年度末股东权益-三年以上应收帐款-待摊费用- 待处理资产净损失-开办费-长期待摊费用-住房周转金负数余额)/ 本年度末普通股份总数

(5)加权平均后的计算方法:

a.加权平均每股收益(EPSWA)=当期净利润÷[期末股份总数÷(1+配股比例)+期末股份总数÷(1+配股比例)×配股比例×缴款结束日下一月份至期末的月份数÷12]

b.加权平均净资产收益率(ROEWA)=当期净利润/[(期初净资产+期末净资产)/2+当期发行新股或配股新增净资产×(自缴款结束日下一月份至报告期末的月份数-6) ÷12]。

6)每股经营活动产生的现金流量净额=经营活动产生的现金流量净额/年度末普通股股份总数

3、业务数据摘要

项目	1999年	1998年	1997年	1996年
彩管产量(万只)	391	328	231	226
销量(万只)	388	329	231	225.6
产销率(%)	99.2	100.3	100	99.8
产值(不变价,万元)	656,671	464,345	322,650	226,876

三、股本变动及股东情况

(1)本报告期末股东总数为48200户。

(2)主要股东持股情况(前十名)

序号	股东名称	拥有股数(股)	占总股本(%)	是否上市流通	持股类别
1	广东彩色显像管总公司	499148000	51.43	否	国有法人股
2	福民发展有限公司	242642400	25.00	否	外资法人股
3	东莞市财信发展有限公司	18289600	1.88	否	国有法人股
4	天元证券投资基金	14013280	1.44	是	流通股
5	东莞市经济贸易总公司	2726400	0.28	否	国有法人股
6	东莞市鹏程贸易有限公司	2605746	0.27	是	流通股
7	东莞银川能源实业有限公司	1363200	0.14	否	国有法人股
8	邓辉辉	1247349	0.13	是	流通股
9	黎燕秋	1216100	0.13	是	流通股
10	唐喜霞	1192947	0.12	是	流通股

注:1持有本公司5%以上股份的广东彩色显像管总公司、福民发展有限公司本年度内所持股份没变动,均没质押;

2除广东福地科技总公司是本公司的控股股东,与本公司存在关联关系外,其它 均不存在关联关系。

江西赣南果业股份有限公司

一、公司简介

1、公司法定中文名称:江西赣南果业股份有限公司
公司法定英文名称:JiangXi GanNan Fruit Co., Ltd　　缩写:GNF
2、公司法定代表人:肖仁源
3、公司董事会秘书:郭惠浒
董事会秘书授权人:朱 闽 羽中
电话:0797-8117002 、8117151　　传真:0797-8117152
联系地址:江西省赣州市红旗大道 20 号奥林神大厦
电子信箱:gngy@pub.gz.jx.cninfo.net
4、公司注册地址:江西省赣州市红旗大道 20 号
公司办公地址:江西赣州市红旗大道 20 号奥林神大厦
邮政编码:341000　　电子信箱:gngy@pub.gz.jx.cninfo.net
5、公司选定信息披露报纸:《证券时报》
刊登公司年度报告的中国证监会指定国际互联网址:
http://www.cninfo.com.cn
公司年度报告备置地点:公司董事会秘书办公室
6、公司股票上市交易所:深圳证券交易所
股票简称:赣南果业　　股票代码:0829

二、会计数据和业务数据摘要

1、本年度利润情况

序号 项目	单位:元
(1) 利润总额:	20,874,585.74
(2) 净利润:	18,511,562.62
(3) 扣除非经常性损益后的净利润	8,542,762.62
注:扣除的非经常性损益项目	涉及金额
补贴收入	9,968,800.00
(4) 主营业务利润:	27,960,544.80
(5) 其他业务利润:	7,194,456.81
(6) 营业利润 :	11,097,663.90
(7) 投资收益:	0
(8) 补贴收入:	9,968,800.00
(9) 营业外收支净额:	-191,878.16
(10)经营活动产生的现金流量净额:	5,821,837.95
(11)现金及现金等价物净增加额:	-21,960,856.78

2、公司近三年主要会计数据和财务指标(合并报表)　　单位:元

序号 项目	1999 年	1998 年		1997 年	
		调整前	调整后	调整前	调整后
(1) 主营业务收入	153316006.61	196467421.12	196411094.38	167228111.25	167228111.25
(2) 净利润	18511562.62	29217665.76	27695105.04	21581401.68	19010104.53
(3) 总资产	418471575.74	338427083.27	334367254.72	299541406.29	296970109.14
(4) 股东权益	259354322.84	244936618.09	240842760.22	215718952.33	213147655.18
(5) 每股收益(元/股)	0.247	0.39	0.369	0.289	0.253
(6) 每股净资产	3.458	3.266	3.211	2.876	2.842
(7) 调整后的每股净资产	3.359	3.20	3.130	2.835	2.801
(8) 每股经营活动产生的现金流量净额	0.078	-0.051			
(9) 净资产收益率(%)	7.138	11.93	11.499	10.004	8.919
(10)按月平均加权每股收益(元/股)	0.247	0.39	0.369	0.40	0.351
(11)扣除非经常性损益后的每股收益	0.114				
(12)配股后每股收益	0.224				

3、报告期内股东权益变动情况　　单位:元

项 目	期初数	本期增加	期末数
股本	75,000,000.00	-	75,000,000.00
资本公积	119,129,611.55	-	119,129,611.55
盈余公积	8,662,556.90	3,170,918.36	11,833,475.26
其中:法定公益金	2,887,518.97	1,056,972.79	3,944,491.76
未分配利润	38,050,591.77	15,340,644.26	53,391,236.03
股东权益合计	240,842,760.22	18,511,562.62	259,354,322.84

股东权益变动说明:
(1)盈余公积增加额:本年度按税后利润的 10%提取法定公积金(含子公司提取);
(2)法定公益金增加额:本年度按税后利润的 5%提取法定公益金(含子公司提取) ;
(3)未分配利润增加额: 本年度净利润提取公积金、公益金后的余额。

三、股东情况介绍

1、报告期末股东总数:截至 1999 年 12 月 31 日,本公司共有股东 2228 户(其中公 司职工股股东共 13 户,均为公司董事、监事、高级管理人员)。

2、主要股东持股情况

(1)持有本公司 5%(含 5%)股份的股东共有 4 户,分别为赣州市章贡区国有资 产管理局 34,753,948 股(注:99 年 7 月赣州地区撤地设立地级赣州市,原赣州市国有 资产管理局相应变更为赣州市章贡区国有资产管理局),寻乌县国资局 6,029,250 股, 安远县国资局 4,884,002 股,信丰县国资局 4,269,509 股,均为尚未流通的国家股,年度 内持股无变化、无质押。

前十名股东之间不存在关联关系

(2)年度末前十名股东持股情况:

名次	股东名称	年末持股数	占总股本%
1	赣州市章贡区国资局(国家股)	34,753,948	46.36
2	寻乌县国资局(国家股)	6,029,250	8.04
3	安远县国资局(国家股)	4,884,002	6.52
4	信丰县国资局(国家股)	4,269,509	5.69
5	海南永丰泰德实业有限公司	1,834,497	2.45
6	成都市南湘川实业发展公司	1,720,421	2.29
7	大连惠信达实业发展有限责任公司	1,561,815	2.08
8	长城证券有限责任公司	1,279,600	1.71
9	大连海中富投资发展有限责任公司	560,000	0.75
10	邬孝斌	201,000	0.27

山东鲁西化工股份有限公司

(一) 公司简介

1、公司的法定中文名称:山东鲁西化工股份有限公司　　缩写:鲁西化工
公司的法定英文名称:Shandong,Luxi Chemical Co.,Ltd　　缩写:SDLXHG
2、公司法定代表人:赵永堂
3、公司董事会秘书:梁和军　　授权代表:王景斌
联系地址:山东省聊城市板桥路 61 号
电　话:0635-8324227-5066　　传真:0635-8324227-5080
董秘电子信箱:Lxhg@lc-public.sd.cninfo.net
4、公司注册及办公地址:山东省聊城市板桥路 61 号　　邮编:252000
公司国际互连网址:Http://www.LxChemical.com　　公司电子信箱:lclxhg@public.lcptt.sd.cn
5、选定的信息披露报纸:中国证券报、证券时报
中国证监会指定国际互联网网址:Http://www.cninfo.com.cn
公司年度报告备置地点:公司证券办公室
6、公司股票上市地:深圳证券交易所　　股票简称:鲁西化工　　股票代码:0830

(二) 会计和业务数据摘要

1、年度利润情况　　(单位:人民币元)

项 目	1999 年度
利润总额	106529300.85
净利润	90285385.80
扣除非经常性损益后的净利润	86377609.99
主营业务利润	163726379.51
其他业务利润	-8942.66
营业利润	101603228.88
投资收益	-
补贴收入	-
营业外收支净额	4926071.97
经营活动产生的现金流量净额	198745803.50
现金及现金等价物净增加额	-117471287.97

2、公司前三年主要会计数据和财务指标(单位:人民币元)

项 目	1999 年	1998 年	1997 年
主营业务收入	850486587.22	537348019.96	498785797.1
净利润	90285385.80	80032788.67	79184670.73
总资产	1433737007.55	1106382037.77	660906246.88
股东权益(不含少数股东权益)	680462835.59	599534359.78	231713064.86
每股收益(元/股)(摊薄)	0.4514	0.4002	0.5278
(元/股)(加权)	0.4514	0.4573	0.5278
每股净资产(元)	3.40	2.99	1.54
整后的每股净资产(元)(加权)	3.40	2.99	1.53
净资产收益率(%)(摊薄)	13.27	13.35	34.17
(%)(加权)	14.11	18.27	40.29
每股经营活动产生的现金流量净额(元/股)	0.99	0.70	-
扣除非经常性损益后的每股收益(元/股)	0.4319	0.376	-
扣除新股中的冻结资金利息净利润(元)	86156442.61	75175208.46	-
扣除新股中的冻结资金利息每股收益(元)	0.4308	0.376	-

注:(1)主要财务指标计算方法
每股收益=净利润/年度末普通股股份总数
每股净资产=年度末股东权益/年度末普通股股份总数
净资产收益率=净利润/年度末股东权益×100%
调整后的每股净资产=(年度末股东权益-三年以上的应收款项净额-待摊费用-待 处理(流动、固定)资产净损失开办费长期待摊费用-住房周转金负数金额)/年度末普 通股股份总数
每股经营活动产生的现金流量净额=经营活动产生的现金流量净额/年度末普通股股份总数
(2)按月平均加权的计算方法
加权平均每股收益=净利润/[期末股本总数/(1+配股或新股比例)+期末股本总数/(1+配股或增加新股比例)×缴款结束日下一月份至期末的月份数/12]
加权平均净资产收益率=净利润/[期初净资产+期末净资产]/2+当期发行新股或配股新增净资产×[自缴款结束日下一月份至报告期末的月份数-6)/12]
(3)非经常性损益包括:新股申购冻结资金利息,固定资产清理收益
4、报告期内股东权益变更情况(单位:人民币元)

项目	股本	资本公积	盈余公积	法定公益金	未分配利润	股东权益合计
期初数	200000000	351633064.86	7708876.98	3854438.49	30835507.95	590177449.79
本期增加	0	0	18057077.16	9028538.58	72228308.64	90285385.80
本期减少	0	0	0	0	0	0
期末数	200000000	351633064.86	25765954.14	12882977.07	103063816.59	680462835.59

变动原因:1、盈余公积:从净利润中提取增加;
法定公益金:从净利润中提取增加;
2、未分配利润:本年度净利润增加。

(三) 股东情况介绍

(1)报告期末股东总数 27390 户。
(2)公司前 10 名股东的持股情况

序号	股东名称	持股数量	持股比例
①	山东聊城鲁西化工集团总公司	150000000	75%
②	普惠证券投资基金	3720205	1.86%
③	裕隆证券投资基金	1664500	0.83%
④	中国长城信托投资公司	517900	0.258%
⑤	上海中技投资顾问有限公司	500000	0.25%
⑥	马燕红	330000	0.165%
⑦	泰和证券投资基金	249953	0.124%
⑧	陈芸	193917	0.096%
⑨	朱子根	185000	0.092%
⑩	中国农业银行信托投资公司	177600	0.088%

注:上以公司前 10 名股东不存在关联关系。
(3)持股 10%以上法人股东的情况
法人股东名称:山东聊城鲁西化工集团总公司
法定代表人:赵永堂
经营范围:尿素及三元复合肥生产、机械制造、科研开发、交通服务、化工原料 、油料 、煤购销

山西关铝股份有限公司

一、公司简介

1. 公司的法定中、英文名称及缩写
中文名称:山西关铝股份有限公司
英文名称:SHANXI GUANLU CO.,LTD 英文缩写:SXGL
2. 公司法定代表人:许复活
3. 公司董事会秘书:郑启家
联系地址:山西省运城市解州镇新建路36号
电 话:0359-2024110-2232、2590 传真:0359-2800974
4. 公司注册地址:山西省运城市解州镇新建路36号
公司办公地址:山西省运城市解州镇新建路36号 邮政编码:044001
5. 公司选定的信息披露报纸名称:《证券时报》
公司年度报告中国证监会指定国际互联网网址:http://www.cninfo.com.cn
公司年度报告备置地点:公司证券部
6. 公司股票上市交易所:深圳证券交易所
股票简称:关铝股份 股票代码:0831

二、会计数据和业务数据摘要

1. 公司本年度利润指标情况 (单位:元)

利润总额:	74,298,259.24
净 利 润:	62,567,531.28
扣除非经常性损益后的净利润:	62,418,060.82
主营业务利润:	91,965,816.94
其他业务利润:	1,456,738.09
营业利润:	74,148,788.78
投资收益:	——
补贴收入:	348,137.28
营业外收支净额:	-198,666.82
经营活动产生的现金流量净额:	116,253,014.92
现金及现金等价物净增加额:	-26,668,196.42

注:扣除非经常性损益项目和涉及的金额::
(1) 营业外收支净额:-198,666.82元
(2) 扣除补贴收入:348,137.28元
2. 公司前三年的主要会计数据和财务指标:

项目	单位	1999年	1998年		1997年
			调整后	调整前	
主营业务收入	元	519389927.37	433173358.41	433241871.18	413110523.00
净利润	元	62567531.28	45091198.96	47374592.45	24746587.00
总资产	元	964533058.10	735386052.17	737169263.70	392150014.00
股东权益	元	585410693.03	522843161.74	525640869.45	143754181.00
每股收益	元/股	0.291	0.210	0.220	0.180
每股收益(加权)	元/股	0.291	0.255	0.270	0.183
每股净资产	元/股	2.723	2.432	2.445	1.020
调整后每股净资产	元/股	2.718	2.420	2.435	1.058
每股经营活动产生的现金流量净额	元/股	0.541	0.005	0.005	
净资产收益率	%	10.69	8.624	9.013	17.210

财务指标计算公式:
每股收益=净利润/年度末普通股股份总数
每股净资产=年度末股东权益/年度末普通股股份总数
调整后的每股净资产=(年度末股东权益-三年以上的应收款项净额-待摊费用 -待处理(流动、固定)资产净损失-开办费-长期待摊费用-住房周转金负数余额)/年末普通股股份总数
每股经营活动产生的现金流量净额=经营活动产生的现金流量净额/年末普通股股份总数。
净资产收益率=净利润/年末股东权益×100%
注1.1998年(98年上市)调整后的主要会计数据和财务指标系根据财政部财会 字(1999)35号文的规定,改变会计政策,进行追溯调整所致,并分别按调整后和调整前的数据填列。
注2.97年的主要会计数据和财务指标是依照公司招股说明书数据填列。
3. 报告期内股东权益变动情况

项目	股本	资本公积	盈余公积	法定公益金	未分配利润	股东权益合计
期初数	215000000	254421531	4457688	2228844	46735098	522843161
本期增加			6256753	3128376	53182401	62567531
本期减少						
期末数	215000000	254421531	10714441	5357220	99917499	585410693

变动原因:实现净利润增加所致。

三、股东情况介绍

1. 截止1999年12月30日,公司共有股东25,512户。
2. 前十名股东持股情况

股东名称	年末持股数(股)	占总股本比例(%)
1.山西省运城地区解州铝厂	116,860,000	54.35
2.山西省经济建设投资公司	12,400,000	5.77
3.山西省经贸资产经营有限责任公司	9,200,000	4.28
4.山西省运城地区制版厂	770,000	0.36
5.山西省临猗化工总厂	770,000	0.36
6.甄 铨	424,100	0.197
7.乐坤帮	368,400	0.171
8.王小娜	300,000	0.1395
9.浙江越海通关服务公司	290,000	0.1348
10.山西省信托投资公司	281,205	0.131

说明:1.持有本公司5%以上股份的股东在本年度内股份未发生变化,所持股份 未发生质押和冻结情况。
2. 本公司前10名股东所持股份中已上市流通股份为1,663,705股。未上市流通股 份为140,000,000股。
3.以上股东之间不存在关联关系。
4.以上股东中代表国家持有的股份单位为:山西省经济建设投资公司12,400,000股,山西省经贸资产经营有限责任公司9,200,000股。

黑龙江龙涤股份有限公司

一、公司简介

1、公司法定中文名称:黑龙江龙涤股份有限公司
公司法定英文名称:HEILONGJIANG LONGDI CO. LTD.
2、公司法定代表人:赵瑞民
3、董事会秘书:刘克奇 授权代表 :谷云华
联系电话 :0451-3717068 传 真 :0451-3717473
4、公司注册及办公地址:黑龙江省阿城市和平街 邮政编码:150316
公司网址:http://www. Longdi-group.Com.Cn 电子信箱:S630211 @public.hr.hl.cn
5、公司选定的信息披露报刊为《证券时报》
6、登载公司年度报告的中国证监会国际互联网网址:http://www. Cninfo. Com.cn
7、年报备置地点:公司证券办
8、股票上市地:深圳证券交易所
股票简称: 龙涤股份 股票代码: 0832

二、会计数据和业务数据摘要

1、1999年度实现利润情况: (单位:人民币元)

利润总额	130,725,479.12
净利润	95,402,545.20
扣除非经常性损益后的净利润	95,402,545.20
主营业务利润	174,963,386.46
其他业务利润	1,435,757.22
营业利润	130,725,479.12
投资收益	0
补贴收入	0
营业外收支净额	0
经营活动产生的现金流量净额	206,934,667.96
现金及现金等价物净增加额	68,184,836.44

2、截至报告期末公司前三年主要会计数据和财务指标(单位:人民币元)

项目	1999年	1998年	
	调整后	调整前	调整后
主营业务收入	870,945,244.61	781,493,820.60	781,493,820.60
净利润	95,402,545.20	85,115,417.75	83,085,491.39
总资产	1,133,118,249.47	1,162,859,361.94	1,161,932,006.04
股东权益	907,757,268.76	812,789,847.79	812,354,723.56
每股收益	0.30	0.375	0.366
加权每股收益	0.36	0.432	0.42
扣除非经常性损益后的每股收益	0.30		0.334
每股净资产	2.86	3.58	3.58
调整后的每股净资产	2.82	3.50	3.50
每股经营活动产生的现金流量净额	0.65		
净资产收益率	10.51	10.47	10.23

注:主要财务指标计算方法:
每股收益=净利润/年度末普通股股份总数
每股净资产=年度末股东权益/年度末普通股股份总数
调整后的每股净资产=(年度末股东权益-三年以上的应收款项净额-待摊费用 -待处理(流动、固定)资产净损失-开办费-长期待摊费用-住房周转金负数余额)/年度末普通股股份总数
每股经营活动产生的现金流量净额=经营活动产生的现金流量净额/年度末普通股股份总数
净资产收益率=净利润/年度末股东权益×100%
3.报告期内股东权益变动情况

项目	股本	资本公积	盈余公积	法定公益金	未分配利润	股东权益合计
期初数	226997800	322609333	53377105	17792368	209370484	812354723
本期增加	90799120		14310381	4770127	81092163	186201665
本期减少		45399560			45399560	90799120
期末数	317796920	277209773	67687487	22562495	245063087	907757268

三、股东情况介绍

1、股本变动情况 数量单位:万股

	本次变动前	本次变动增减(+—)					本次变动后
		配股	送股	公积金转股	其他	小计	
一、未上市流通股份							
1、发起人股份							
其中:国家持有股份	5693.38		1190.676	1190.676	260	2641.352	8334.732
境内法人持有股份	1115.2		168.04	168.04	-275	61.08	1176.28
2.募集法人股份	5091.2		1021.24	1021.24	15	2057.48	7148.68
3.内部职工股	4800		960	960		1920	6720
未上市流通股份合计	16699.78		3339.956	3339.956		6679.912	23379.692
二、已上市流通股份							
1.人民币普通股	6000		1200	1200		2400	8400
已上市流通股份合计	6000		1200	1200		2400	8400
三、股份总数	22699.78		4539.956	4539.956		9079.912	31779.692

2、股东情况介绍
(1)截止至1999年12月31日,公司股东总数64,550户,其中内部职工股股东11,357户。
(2)截止1999年12月31日,本公司前十名股东持股情况

名次	股东名称	持股数(万股)	占总股本(%)
1	黑龙江龙涤集团有限公司	8334.732	26.23
2	哈尔滨阿斯宝化纤有限公司	1442	4.54
3	黑龙江省国际信托投资公司	492.8	1.55
4	哈尔滨威德计算机工程有限公司	462	1.45
5	陕西省纺织品进出口公司	434	1.37
6	厦门象屿万时红进出口有限公司	399.98	1.26
7	黑龙江龙涤包装材料有限公司	308	0.97
8	宁波市进出口公司余姚分公司	280	0.88
9	中国纺织物资总公司	280	0.88
10	哈尔滨纺织品进出口公司	280	0.88

其中黑龙江龙涤包装材料有限公司是黑龙江龙涤集团有限公司的全资子公司。
黑龙江龙涤集团有限公司代表国家持有本公司8,334万股,占总股本的26.23%,报告期内所持股份增加是实施98年度利润分配所致,所持股份无质押或冻结情况。

广西贵糖(集团)股份有限公司

广西贵糖(集团)股份有限公司1999年年度报告摘要

一、公司简介

1、公司法定中文名称:广西贵糖(集团)股份有限公司
公司法定英文名称:GUANGXI GUITANG (GROUP) CO., LTD
2、公司法定代表人:杨和荣先生
3、公司董事会秘书:李贵高先生
授权代表:杨正先生
联系地址:广西贵港市广西贵糖(集团)股份有限公司
电话:0775- 4262888
传真:0775- 4260088 4260833
4、公司注册地址:广西贵港市人民西路
公司办公地址:广西贵糖(集团)股份有限公司办公大楼
邮政编码:537102
公司国际互联网网址:http://www.Guitang.com
电子信箱:gtgfgs@ppp.nn.gx.cn 或 Securities@Guitang.com
5、公司选定的信息披露报纸名称:《证券时报》
登载公司年度报告的中国证监会指定国际互联网
网址: http://www.cninfo.com.cn
公司年度报告备置地点:本公司证券部和深圳证券交易所
6、公司股票上市交易所:深圳证券交易所
股票简称:贵糖股份
股票代码:0833

二、会计数据和业务数据摘要

1、本年度利润总额及其构成 (单位:元)

利润总额:	3,159,672.23
净利润:	2,685,721.39
扣除非经常性损益后的净利润:	1,930,161.00
主营业务利润:	77,692,332.56
其他业务利润:	271,122.63
营业利润:	2,405,625.84
投资收益:	–450,000.00
补贴收入:	0.00
营业外收支净额:	1,204,046.39
经营活动产生的现金流量净额:	–92,170,767.02
现金及现金等价物净增加额:	–132,531,646.22

注:扣除非经常性损益涉及的项目及金额包括:固定资产清理收入765,563.40元,罚款收入2,100元,其他偶发性收支净额810,802.85;固定资产清理净损失362,058.72元,罚款支出2,150元,税收滞纳金8,697.14元;投资收益–450,000元。

2、截止本报告期末,公司前三年主要会计数据和财务指标:(单位:元)

项目	1999年度	1998年度		1997年度	
		调整前	调整后	调整前	调整后
主营业务收入	593,127,371.82	468,629,203.46	468,629,203.46	455,922,820.88	455,922,820.88
净利润	2,685,721.39	50,846,153.73	50,537,229.42	47,408,287.89	41,848,684.71
总资产	1,069,716,191.44	1,039,167,488.04	1033,298,960.55	694,543,322.45	688,974,719.27
股东权益(不含少数股东权益)	573,580,595.01	576,763,401.11	570,894,873.62	242,727,392.38	237,167,789.20
每股收益	0.0106	0.20	0.20	0.28	0.24
扣除非经常性损益后的每股收益	0.0076				
每股净资产	2.27	2.28	2.26	1.41	1.37
调整后的每股净资产	2.20	2.24	2.17	1.35	1.31
每股经营活动产生的现金流量净额	–0.36	0.31	0.31		
净资产收益率(%)	0.468	8.82	8.85	19.53	17.65

注:主要财务指标计算方法:
每股收益=净利润/ 年度末普通股股份总数
每股净资产=年度末股东权益/ 年度末普通股股份总数
调整后的每股净资产=(年度末股东权益–三年以上的应收款项净额–待摊费用–待处理(流动、固定)资产净损失–开办费–长期待摊费用–住房周转金负数余额)/年度末普通股股份总数
每股经营活动产生的现金流量净额=经营活动产生的现金流量净额/年度末普通 股股份总数
净资产收益率=净利润/ 年度末股东权益×100%

3、本年度股东权益变动情况: 单位:元

项 目	股 本	资本公积	盈余公积金	法定公益金	未分配利润	股东权益合计
期初数	252688500.00	236261573.65	35444943.21	11814981.07	46499856.76	570894873.62
本期增加			858.21	134286.07	2282863.18	2685721.39
本期减少						
期末数	252688500.00	236261573.65	35847801.42	11949267.14	48782719.94	573580595.01

4、股本变化 数量单位:股

	本次变动前	本次变动后
一.未上市流通股份		
1.发起人股份		
其中:国家拥有股份	100,000,000	100,000,000
2.募集法人股份	54,099,000	54,099,000
3.内部职工股	18,589,500	18,589,500
未上市流通股份合计	172,688,500	172,688,500
二.已上市流通股份		
1.人民币普通股	80,000,000	80,000,000
已上市流通股份合计	80,000,000	80,000,000
三.股份总数	252,688,500	252,688,500

三、 股东情况介绍

报告期末股东总数:
(1)报告期末股东总数为43,062户。
(2)公司前十名股东的持股情况:

名次	股东名称	期初持股数(万股)	期末持股数(万股)	占总股本比例(%)
1	广西贵糖集团有限公司	10,000	10,000	39.57
2	广西贵糖劳动服务公司	514.40	514.40	2.04
3	广西贵港市榴花造纸公司	500	500	1.98
4	广西贵港市桂花纸品公司	500	500	1.98
5	天津证券有限责任公司	243	243	0.96
6	广西贵港甘化股份有限公司	150	150	0.59
7	广西中林发展股份有限公司	150	150	0.59
8	广西贵港市建设实业发展公司	100	100	0.40
9	广西玉林地区物资(集团)股份有限公司	100	100	0.40
10	广西桂林桂泰贸易公司	100	100	0.40

说明:
本公司目前的控股股东为广西贵糖集团有限公司,代表国家持有股份。本公司除 与贵糖集团全资附属企业——广西贵港市丰宝化工总厂存在关联交易外, 与其他股东无关联交易。

四、股东大会简介

报告期内召开了1998年度股东大会
公司1998年度股东大会于1999年5月7日召开,大会通过的决议刊登于1999年5月8日的《证券时报》。

五、董事会报告

1、公司经营情况
(1)公司所处行业及公司在本行业中的地位
公司目前主要产品的生产能力为:年产白砂糖、赤砂糖等机制糖12万吨;年产机制纸9万吨;年产食用酒精1万吨,年产轻质碳酸钙2.5万吨;年加工原糖30万吨。为 中国制糖综合利用示范企业。被国务院列入100家建立现代企业制度试点单位(广西 唯一),全国300家重点扶持企业,还是广西唯一列入全国120家试点企业集团--广西贵糖企业集团的骨干核心企业。
(2)公司主营业务的范围及其经营状况
①报告期内公司主营业务收入、主营业务利润的构成
1999年公司共实现主营业务收入59,312.73万元,主营业务利润7,769.23万元。 其中食品行业收入(食糖、食用酒精)32,709.00万元,主营利润3,515.20万元,分 别占55.15%和45.25%;造纸行业收入(书写纸等)17,586.04万元,主营利润2,543.46万元,分别占29.65%和32.74%;化工行业(碳酸钙)收入838.45万元,主营利 润237.04万元,分别占1.41%和3.05%;动力及对外加工等收入8,178.68万元,主营利润1,473.53万元, 分别占13.79%和18.96%。
②公司主营业务收入或营业利润10%以上的产品介绍
a、食品行业:经营白砂糖是公司的主要产业,已有40多年。1999年度销量14.74万吨,较上年增长63.78%(其中加工糖2.14万吨),90%的销量为生产高级食品或 生产高级饮料的企业。1998年4月在全国制糖行业中首家通过ISO9001国际质量体系认证,1998年、1999年连续两年, 公司"桂花牌"白砂糖被评为全国行评质量第一名,创下连续9年名列全国前茅。公司通过对10万亩高产优质甘蔗基地技改和制糖生产工 艺、设备的改造,不断降低机制糖的生产成本、提高产品质量,来增强公司的市场竞争力和获利能力。酒精是制糖过程中的综合利用产品。以甘蔗原料生产白砂糖是公司其他产业的基础。
b、造纸行业:公司以甘蔗渣为主要原料生产文化用纸,属公司第二大产业。随 着募股资金的投入,年产四万吨高级文化用纸技改项目正常生产和年产三万吨生活用纸技改项目的建成投产,造纸将成为公司的第一大产业。广西有着丰富的甘蔗渣资源,用甘蔗渣造纸发展前景良好,公司的甘蔗渣造纸技术和环保技术处于全国领先水平,公司正加大力度,开发甘蔗渣抄造高级文化用纸和高级生活用纸的高新技术,实现更高的经济效益和社会效益。"年产四万吨高级文化用纸技改项目"1999年第四季度已全部投产,共产纸1.39万吨,产品质量达标,适销对路。1999年度机制纸销量4.14万吨,比上年度增长47.17%。主要客户为大型印刷企业和出版社。
c、其他,1999年公司在停榨期间,利用发电能力、制糖能力对外单位输电、加 工白砂糖, 而增加了公司的收入和利润。
(3)在经营中出现的问题与困难及解决方案
一是公司的主导产品市场还十分严峻,机制糖价格跌入低谷,机制纸价格一跌再跌,品牌竞争愈加激烈,年底原料甘蔗受霜冻较重,给生产和经营产生了严重的影响;二是在机制创新、产品创新、管理创新过程中某些深层次矛盾和新问题未得到较好解决, 妨碍了公司的改革深入和快速发展;三是全员全过程的成本管理还存在着薄弱环节,影响了公司市场竞争的能力。对此公司牢牢抓住重要客户,改善服务,改进产品结构和质量,生产"市场需要、用户满意、企业盈利"的产品;抓深化改革,使"责任明确、管理到位";强化培训、提高员工素质,加强成本管理,千方百计提高经 济效益。
2、公司财务状况
(1)公司财务状况变动分析:

项 目	1999年(万元)	1998年(万元)	增 长 (%)
总 资 产	106,971.62	103,329.90	3.52
长 期 负 债	15,643.26	14,847.70	5.36
股 东 权 益	57,358.06	57,089.49	0.47
主 营 业 务 利 润	7,769.23	10,442.23	–25.60
净 利 润	268.57	5,053.72	–94.69

公司以上主要财务指标比上年增减变动原因:总资产增加,主要是固定资产的增 加所致;长期负债增加,主要是长期借款增加所致;股东权益增加,主要是利润增加所致;主营业务利润比上年减少2,673万元, 下降25.60%, 主要是:A、白砂糖价格 比上年下降24.61%, 单位成本比上年下降14.86%,价格下降幅度比成本大。B、机 制纸价格比上年下降8.05%,单位成本比上年下降9.04%,单位成本下降幅度大于价格下降幅度。C、食用酒精、碳酸钙等主营业务利润有较大的增长;净利润比上年减 少4,785万元,下降94.69%,除上述影响主营业务利润因素外,还由于提取坏帐准备 ,市场规模扩大,营业费用和管理费用增加等因素的影响。
(2)广西公信会计师事务所出具了无保留意见的审计报告。
3、公司投资情况
(1)、募集资金使用情况:
公司于1998年8月份共募集资金31,600万元,实际投资的项目与《招股说明书》中的投资项目一致。截止1999年底,共投入9,334万元,具体情况见下表:

项 目 名 称	计划投资总额	本期实际投资额	累计实际投资额	完成计划(%)	项目进度(%)

	(万元)	(万元)	(万元)		
年产四万吨高级文化用纸技改项目	6,500	1,900	6,500	100.00	100.00
10万亩高产优质甘蔗基地技改项目	4,097	709	2,569	62.70	73
年产3万吨生活用纸技改项目	12,503	55	265	2.12	12
合　　计	23,100	2,664	9,334		

募股资金剩余22,266万元，其中10,000万元留作银行存款，12,266万元暂作为榨季流动资金周转。

年产四万吨高级文化用纸技术改造项目，两台纸机已进入投产，产品质量达到A级文化用纸的国家质量标准。

10万亩高产优质甘蔗基地技术改造项目，目前已推广种植50,000亩良种，长势良好。

年产3万吨生活用纸技改项目前期工作，蔗渣浆高速抄造高档生活用纸的试验取得了良好效果，并进行了设备选型等工作。

兼并广西桂平糖厂造纸分厂、动力分厂项目，因项目有关因素发生较大变化，故未投入募股资金。

⑵其他投资情况：

1999年公司计划新增一台75T/H锅炉，淘汰原有3台20T/H旧锅炉，总投资1,300万元，为自有资金投入。目前已投资538万元。

1999年公司计划新建一台150t/d造纸制浆黑液回收锅炉，是利用公司专有环保技术。投入运行后每年可增加效益270万元。预算总投资1,900万元，资金来源为财政环保项目拨款和自有资金。目前已投资625万元。

4、加入WTO对本公司的影响

中国加入WTO，意味着我国对国产糖的适度保护政策(严格限制进口和加工贸易)将会逐步削弱或取消。国产糖参与竞争，成本不具备明显的优势。为此，公司正加快促进种植甘蔗的科技进步和科学管理，提高竞争力。在国家加强宏观调控下，对糖精限产、限销，关停并转一些小糖厂，对本公司是利好；复关后，对造纸行业有一定的影响。公司要抓住机遇，迎接挑战，开拓发展。

5、新年度的业务发展计划

⑴调整市场战略，开拓占领市场

公司加大市场的研究和开发力度，在食糖市场竞争中，进一部巩固和扩大高级食品、饮料和医药用糖的市场；在文化纸市场上，确保大型印刷厂、出版社用纸的主要市场，开拓双胶纸、有色防伪纸新市场，开拓生活用纸市场。

⑵稳定产品质量，实现规模经营

年产四万吨高级文化用纸技改项目已投产，抓质量、促生产、降成本，尽快达标达产。争取良好的名牌效应，全面提高效益，形成新的效益增长点，同时，扩大产品市场规模、提高市场竞争力。

⑶推广良种良法，打好增效基础

实施高效优质甘蔗试验并获成功，初步掌握了栽培技术和管理经验，2000年春、冬推广种植达10万亩，尽快实现优质甘蔗原料入榨，又形成新的效益增长点。同时规划水利建设和灌溉等农业基础设施，打好高新科技甘蔗园的发展基础。

⑷运用高新科技，加快技改进程

继续利用本公司获得国家专利的造纸"白水回收"技术，还有"黑液处理"、"中段废水处理"、制糖"滤泥干排"、"酒精废液利用"等技术专长，有能力抓好以环保为主的技术改造，于2000年竣工达标排放，使综合利用和环保工业产品的产值、效益不断增长。

加快贵糖国家级企业技术中心和博士后科研站的运作。初步的研究成果"合成助剂"目前正在华南理工大学国家造纸工程中心试验，力争2000年上半年出成果，并投入高配比甘蔗渣抄造高级文化纸生产。

完成年产3万吨高级生活用纸技改项目的前期工作，认真做好引进设备的比较选择，确保决策不失误，力争早日破土兴建。

⑸深化改革整顿，强化成本管理

继续深化"全额浮动、拉开差距、严格考核、基本保障"的分配制度改革和"科学定编、减员增效、择优聘用、竞争上岗"的用人制度改革。整顿计划管理和质量管理，完善各项经济指标的核算手段。强化成本管理，挖潜力，降消耗，控费用，开源节流。在资本运作上有所为，确保实现公司的经营目标。

6、董事会日常工作情况

⑴报告期内董事会的会议情况及决议内容

①1999年3月21日，公司董事会召开了第二届第十二次会议，会议审议并通过以下决议：

a、1998年度报告及年度报告摘要；

b、公司1998年度财务报告；

c、公司1998年度利润分配预案；

此次董事会决议公告刊登于1999年3月24日的《证券时报》。

②1999年8月10日，公司董事会召开了第二届第十四次会议，会议审议并通过了如下决议：

a、公司1999年度中期报告

b、公司1999年度中期利润分配方案

此次董事会决议公告刊登于1999年8月12日的《证券时报》。

⑵报告期内利润分配执行情况：

报告期内，公司董事会按照股东大会决议于1999年6月18日(除息日)实施1998年度的分红，即向股东按每10股派发现金1.3元(含税，扣税后实际派发现金1.04元)。共派发了30,286,178元。报告期内公积金没有转增股本。

董事长杨和荣先生在出差期间授权副董事长兼总经理杨万善先生主持董事会日常工作。

7、董事、监事、高级管理人员

现任董事、监事、高级管理人员持股情况：

姓名	职务	性别	年龄	任期	年初末持股数(股)
杨和荣	董事长、党委书记	男	47	1997.10-2000.10	20,000
杨万善	副董事长、总经理	男	55	1997.10-2000.10	10,000
刘晓帆	副董事长、党委副书记	男	41	1997.10-2000.10	10,000
李贵高	董事会秘书	男	39	1998.09-2000.10	10,000
龙耐坚	董　事	男	38	1997.10-2000.10	10,000
黄家驹	董　事	男	52	1997.10-2000.10	10,000
陈进东	董　事	男	48	1997.10-2000.10	10,000
罗联光	董　事	男	48	1997.10-2000.10	10,000
唐瑞萍	董　事	女	41	1997.10-2000.10	4,000
农　皓	董　事	男	37	1997.10-2000.10	0
欧阳可占	副总经理	男	52	1997.10-2000.10	0
郭　峰	副总经理	男	41	1997.10-2000.10	10,000
周如军	副总经理	男	46	1997.10-2000.10	10,000
黄金生	监事会主席	男	52	1997.10-2000.10	20,000
周卫红	监事会副主席	女	50	1997.10-2000.10	10,000
陈寿冲	监事会副主席	男	39	1997.10-2000.10	4,000
林举围	监　事	男	52	1997.10-2000.10	10,000
梁步明	监　事	男	46	1997.10-2000.10	6,000

本年度董事、监事和高级管理人员未发生变动，其所持股份年初数与年末数相同未发生变动。

本公司现任董事、监事及高级管理人员共18人，全年报酬总额77.32万元，其中：年度报酬在2——3万元之间有6人，在3——5万元之间有4人，在5——6万元之间有5人，在6-7万元之间有3人。

8、1999年度利润分配预案

经广西公信会计师事务所审计，公司1999年实现净利润2,685,721.39元，提取10%法定公积金268,572.14元，提取5%法定公益金134,286.07元，当年可供分配利润2,282,863.18元，加上年未分配利润46,499,856.76元，1999年末可供股东分配的利润48,782,719.94元。

公司正加速技改建设，特别是环保技术改造，为了适应未来发展需要，公司决定1999年不进行利润分配，也不进行资本公积金转增股本。本预案须股东大会审议通过。

9、从本报告公告之日起，公司电子信箱由原来的：gtgfgs@163.net 更改为：securities@guitang.com 或 gtgfgs@ppp.nn.gx.cn。公司选定的信息披露报纸仍为《证券时报》。

六、监事会报告

1、报告期内召开了三次监事会议

⑴二届监事会第三次会议于1999年3月19日下午召开，审议通过了1998年度监事会工作报告；

⑵二届监事会第四次会议于1999年4月18日上午召开，审议了公司1999年生产经营计划书；

⑶二届监事会第五次会议于1999年7月11日上午召开，各位监事汇报和总结上半年的工作情况，研究部署下半年工作。

2、报告期内公司监事会依照《公司法》和本公司章程，认真履行监督职能，切实维护股东的合法权益，全力支持和参与公司的改革和整顿工作。监事会成员列席参加历次董事会会议，对董事会议案发表独立的意见和建议。监事会认为：

⑴公司的生产经营活动能遵守《公司法》和本公司章程，重大决策按程序规范进行。公司董事、总经理等高级管理人员在履行职务的过程中无违反法律、法规、公司章程或损害公司利益的行为。公司的内部控制机制有效运行。

⑵同意公司聘请的会计师事务所出具无保留意见的审计报告。财务报告真实反映了公司的财务状况和经营成果。

⑶公司募股资金的实际投入与《招股说明书》的项目一致。

⑷本年度内公司无收购、出售资产行为。

⑸公司关联交易按公平原则和一般市场交易准则进行。

⑹公司计提资产减值准备的程序合法、依据充分、切合实际。

七、重大事项

1、本年度公司无重大诉讼、仲裁事项。

2、本年度公司无董事及高级管理人员受监管部门处罚。

3、本年度公司控股股东、董事及高级管理人员没有变更。

4、本年度公司无收购兼并或资产重组行为。

5、本公司关联企业之间的交易情况详见财务报表附注(七、"关联方关系及其交易")。

6、公司与控股股东在人员、资产、财务上实行了"三分开"保证了公司的人员独立、资产完整、财务独立。

7、报告期内公司无托管、承包、租赁本公司资产事项。

8、本年度聘任的会计师事务所未发生变更，仍为广西会计师事务所。广西会计师事务所从1999年4月起更名为广西公信会计师事务所。

9、本年度重大合同为：

⑴与工商银行贵港分行于1997年5月5日签订承诺书：用年产4万吨文化纸技改项目新增固定资产2.1亿元，抵押13,780万元的长期借款，期限为1997.5.5——2003.12.15。

⑵与工商银行贵港分行于1999年10月26日签订短期借款合同：用广西贵糖劳动服务公司1,564万元净资产和广西贵港市嘉华纸业有限公司,1835万元净资产，担保1,350万元流动资金借款，期限为1999.10.26-2000. 10.25

⑶与交通银行南宁分行于1999年8月9日签订流动资金借款合同：用公司生产的胶印书刊纸1,200万元抵押1,000万元流动资金借款，期限为：1999.8.9-2000.8.8。

⑷与交通银行南宁分行于1999年11月15日签订流动资金借款合同：用公司生产的"桂花牌"壹级白砂糖(碳化糖)3,045万元抵押3,000万元流动资金借款，期限为：1999.11.15-2000.10.15。

⑸与工商银行贵港分行于1999年12月30日签订中期借款合同：以广西贵糖劳动服务公司和广西贵港市榴花造纸公司连带责任保证方式借款1,900万元，期限为1999.10.26-2000.10.25。

⑹与工商银行总行营业部于1999年12月23日签订流动资金借款合同：用公司现有的经营性房地产1.1亿元抵押5,000万元流动资金借款，期限为1999.12.23——2000.11.22。

⑺与工商银行贵港分行于1999年12月30日签订流动资金借款合同：用公司的机器设备4,908万元抵押1,999万元流动资金借款，期限为1999.12.30-2000.10.29。

⑻与工商银行总行营业部于1999年5月18日签订短期借款合同：用公司的现有的经营性房地产抵押借款2,000万元，期限为1999.5.18-2000.5.18。

10、本年度内公司没有更改名称或股票简称。

11、计提四项准备对公司的影响

见会计报表附注(二)、11"主要会计政策变更事项说明"

八、财务报告

1、审计报告：

公司财务报告经广西公信会计师事务所审计，并出具无保留意见的审计报告。

审　计　报　告

桂公信会师审字(2000)098号

广西贵糖(集团)股份有限公司全体股东：

我们接受委托，审计了贵公司1999年12月31日的资产负债表和1999年度的利润表及利润分配表以及现金流量表。这些会计报表由贵公司负责，我们的责任是对这些会计报表发表审计意见。我们的审计是依据《中国注册会计师独立审计准则》进行的。在审计过程中，我们结合贵公司的实际情况，实施了包括抽查会计记录等我们认为必要的审计程序。

我们认为，上述会计报表符合《企业会计准则》和《股份有限公司会计制度》的有关规定，在所有重大方面公允地反映了贵公司1999年12月31日的财务状况及1999年度经营成果和现金流量情况，会计处理方法的选用遵循了一贯性原则。

广西公信会计师事务所　　　　中国注册会计师

地址：中国 .南宁　　　　郭益浩　　黄贻帅

二000年三月十七日

2、会计报表(见第15版)：

3、会计报表附注：

广西贵糖(集团)股份有限公司

会计报表附注

(一)、公司简介

广西贵糖(集团)股份有限公司(以下简称本公司)根据广西壮族自治区经济体制改革委员会桂体改股字(1993)50号、桂体改股字(1993)125号文批准，由广西贵港甘蔗化工厂独家发起，于一九九三年八月十八日成立。经中国证监会证监发字[1998]193号、194号文批准，1998年8月发行社会公众股8,000万股，发行后股本为25,268.85万股。本公司主要经营业务包括：食糖、纸、酒精、轻质碳酸钙、减水剂的制造、销售，国际、国内贸易等。

(三)、控股子公司及合营企业

本公司无控股子公司及合营企业。

(五)、两年比较会计报表中数字变动幅度达30%(含)以上，且占公司报表日资产总额5%(含)或报告期利润10%以上的报表项目变动原因说明。

⑴货币资金1999年末比1998年末减少56%，主要原因为1998年公司上市发行股票募集资金；

⑵应收帐款1999年末比1998年末增长79%，主要原因为公司对商品销售采用赊销手段。

⑶坏帐准备1999年末比1998年末增长54%，主要原因为1999年应收帐款大幅增加。

⑷应收补贴款1999年末比1998年末减少95%，主要原因为所得税返还已兑现和1999年利润减少(所得税返还减少)。

⑸待摊费用1999年末比1998年末减少86%，主要原因为94年初存货进项税已抵扣完。

⑹固定资产1999年末比1998年末增长87%，主要原因为四万吨纸工程已完工并估转固定资产。

⑺在建工程1999年末比1998年末减少93%，主要原因为4万吨纸工程项目估转固 定资产。

⑻短期借款1999年末比1998年末增长64%，主要原因为榨季和4万吨纸工程项目 投产增加流动资金借款。

⑼主营业务收入1999年末比1998年末增长27%，主要原因为机制糖的产量增加和四万吨纸项目已投产；1999年度公司的主要产品机制糖受糖业市场影响，销售疲软，平均单位售价下降769.73元/吨，与上年同比下降25.8%。

⑽主营业务成本1999年末比1998年末增长41%，主要原因为机制糖的产量增加和四万吨纸已投产；1999年度公司的主要产品机制糖与上年同比，平均单位成本下降317.50元/吨，下降率为13.49%。

⑾营业费用1999年度比1998年度增长277%，主要原因为1999年度公司的主要产 品机制糖受糖业市场影响，销售疲软，公司采取送货上门的方法进行促销，导致运输费大幅增加。

⑿管理费用1999年度比1998年度增长18%，主要原因为提取了坏帐准备。

⒀财务费用1999年度比1998年度下降27%，主要原因为利率下调和结存募股资金参与流动资金周转。

⒁营业外收入1999年度比1998年度下降73%，主要原因为1998年公司上市发行股票，冻结期间利息收入613万元。

⒂利润总额1999年度比1998年度下降95%，主要原因为受上述⑼-⒁原因影响。

(六)、分行业资料

本公司的经营不存在行业间营业收入和营业成本划分的问题。

(七)、关联方关系及其交易

1、关联方关系

⑴存在控制关系的关联方：

企业名称	注册地址	主营业务	与本企业关系	经济性质或类型	法定代表人
广西贵糖集团有限公司	广西贵港市人民西路	制糖、造纸、饮料等	母 公 司	国有独资有限责任公司	杨和荣

⑵存在控制关系的关联方的注册资本及其变化：

企业名称	年初数	本年增加数	本年减少数	年末数
广西贵糖集团有限公司	33,531万元	0.00	0.00	33,531万元

⑶存在控制关系的关联方所持股份或权益及其变化：

企 业 名 称	期初数 金额(万元)	期初数 比例(%)	本期增加	本期减少	期末数 金额(万元)	期末数 比例(%)
广西贵糖集团有限公司	10,000.00	39.57	0.00	0.00	10,000.00	39.57

⑷不存在控制关系的关联方关系的性质：

企 业 名 称	与本公司关系
广西贵港甘化股份有限公司	同受一公司控制
广西贵港市丰宝化工总厂	同受一公司控制
广西贵港市红旗纸厂	同受一公司控制
广西贵港市人民印刷厂	同受一公司控制
广西贵港市糖果食品厂	同受一公司控制

2、关联方交易

⑴关联方交易定价方法

①机制糖、机制纸、酒精和轻质碳酸钙

根据本公司当期非关联交易平均售价扣除若外销可能发生的销售费用、运输费用和其他费用确定。

②水、电、汽

根据当期非关联交易平均售价确定。

③风干浆、化肥、硫酸铝

根据当期非关联交易平均售价确定。

⑵采购货物

原材料名称	供货单位	采购金额	占当年该原材料采购金额比例
硫酸铝	广西贵港市丰宝化工总厂	2,645,572.80	100%
复合肥	广西贵港市丰宝化工总厂	12,538,992.00	72%

⑶报告期内公司与关联企业无销售货物记录

⑷关联方应收、应付款项余额

项　　目	年 初 数	年 末 数
应收帐款		
广西贵港市红旗纸厂	137,558.50	137,558.50
预付帐款		
广西贵港甘化股份有限公司	38,624.85	38,624.85
其他应收款		
广西贵糖集团有限公司	4,811,607.49	4,811,607.49
应付帐款		
广西贵港市丰宝化工总厂	814,426.85	85,573.80
预收账款		
广西贵港甘化股份有限公司	637.50	637.50

(八)、承诺事项

截止一九九九年十二月三十一日，公司无对正常生产经营活动有重大影响需特别披露的合同和承诺事项。

(九)、或有事项

1、截止一九九九年十二月三十一日，本公司资产用于本公司贷款抵押情况：

(1)、存货

A、胶印纸4,396吨，用于抵押交行南宁高新支行10,000,000.00元贷款，时间：1999-8-9至2000-8-8；

B、白砂糖20,000吨，用于抵押交行南宁高新支行30,000,000.00元贷款，时间：1999-11-15至2000-11-15。

(2)、固定资产

A、厂房101,443.44平方米，用于抵押中国工商行总行70,000,000.00元贷款，时间：其中50,000,000.00为1999-12-23至2000-11-22；20,000,000.00为1999-5-18至2000-5-18

B、机械设备价值75,510,000.00元，用于抵押工商行贵港分行19,900,000.00元贷款，时间：1999-12-30至2000-10-29；

C、四万吨纸工程已全部抵押给贵港工行贷款135,800,000.00元。

2、截止一九九九年十二月三十一日，本公司为他单位贷款担保：

保证合同号	签订时间	被 保 人
99贵工银保字第1217-95号	1999-12-30	贵港市嘉华纸业有限公司
99贵工银保字第1217-97号	1999-12-30	贵港市榴花造纸有限公司
99贵工银保字第1217-98号	1999-12-30	广西贵糖劳动服务公司
合　计		

续上表

保证合同号	被保合同号	金额(万元)	保证期间
99贵工银保字第1217-95号	99贵工银借字第1217-95号	500	1999-12-30至2000-8-29
99贵工银保字第1217-97号	99贵工银借字第1217-97号	500	1999-12-30至2000-8-29
99贵工银保字第1217-98号	99贵工银借字第1217-98号	1,000	1999-12-30至2000-8-29
合　计		2,000	

(十)、资产负债表日后事项

本公司无重大期后事项。

九、 公司的其他有关资料

1、公司注册登记日期：1993年8月18日

公司注册登记地址：广西贵港市

2、企业法人营业执照注册号：19822750-9

3、税务登记号码：45252219822750-9

4、公司未流通股票的托管机构名称：深圳证券登记有限公司

5、公司报告期内证券主承销机构名称：联合证券有限责任公司

6、公司聘请的会计师事务所名称：广西公信会计师事务所

地址：广西南宁市桃园路82号

十、备查文件

1、载有法定代表人、财务负责人、会计经办人员签名并盖章的财务报告。

2、广西公信会计师事务所盖章及注册会计师亲笔签名并盖章的审计报告正本。

3、公司1999年度报告正本及年度报告摘要。

广西贵糖(集团)股份有限公司

2000年3月21日

资产负债表

编制单位：广西贵糖(集团)股份有限公司　1999年12月31日　会股01表　单位：元

资　　产	年 初 数	期 末 数
流动资产；		
货币资金	234679317.63	102147671.41
短期投资		
减：短期投资跌价准备		
短期投资净额		
应收票据		
应收股利		
应收利息		
应收帐款	138229877.34	246873289.50
其他应收款	43869248.71	56265035.98
减：坏帐准备	3918527.49	6025731.88
应收帐款净额	178180598.56	297112593.60
预付帐款	51767923.23	54023549.83
应收补贴款	10767420.80	568741.00
存货	106030079.67	111654751.92
减：存货跌价准备		
存货净额	106030079.67	111654751.92
待摊费用	5202575.08	721026.64
待处理流动资产净损失		
一年内到期的长期债权投资		
其他流动资产		
流动资产合计	586627914.97	566228334.40
长期投资：		
长期股权投资	6970000.00	6970000.00
长期债权投资	110000.00	110000.00
长期投资合计	7080000.00	7080000.00
减：长期投资减值准备	1950000.00	2400000.00
长期投资净额	5130000.00	4680000.00
固定资产：		
固定资产原价	328967427.34	613944834.91
减：累计折旧	159444124.81	172431888.09
固定资产净值	169523302.53	441512946.82
工程物资	1080432.62	2296812.68
在建工程	249133123.63	18219573.72
固定资产清理		
待处理固定资产净损失		
固定资产合计	419736858.78	462029333.22
无形资产及其他资产：		
无形资产	15970860.00	23359462.31
开办费		
长期待摊费用	5833326.80	13419061.51
其他长期资产		
无形资产及其他资产合计	21804186.80	36778523.82
递延税项：		
递延税款借项		
资产总计	1033298960.55	1069716191.44
负债及所有者权益		
流动负债：		
短期借款	93500000.00	153490000.00
应付票据		
应付帐款	47370628.03	51396038.34

预收货款	14999602.11	7686863.13
代销商品款		
应付工资	8209928.20	8199707.09
应付福利费	7112162.09	9010421.19
应付股利	32849505.00	15267850.00
应交税金	11812085.54	9809498.03
其他应交款	751754.69	1842056.72
其他应付款	30046929.06	30015553.82
预提费用	3974474.16	685000.00
一年内到期的长期负债	63300000.00	52300000.00
其他流动负债		
流动负债合计	313927068.88	339702988.32
长期负债:		
长期借款	128766000.00	137166000.00
应付债券		
长期应付款	18449305.32	18449305.32
住房周转金	1261712.73	817302.79
其他长期负债		
长期负债合计	148477018.05	156432608.11
递延税项:		
递延税款贷项		
负债合计	462404086.93	496135596.43
股东权益:		
股　　本	252688500.00	252688500.00
资本公积	236261573.65	236261573.65
盈余公积	35444943.21	35847801.42
其中:公益金	11814981.07	11949267.14
未分配利润	46499856.76	48782719.94
股东权益合计	570894873.62	573580595.01
负债和股东权益合计	1033298960.55	1069716191.44

利润及利润分配表

编制单位:广西贵糖(集团)股份有限公司　1999年12月　会股02表

单位:元

项　目	上年同期数	本年累计数
一、主营业务收入	468629203.46	593127371.82
减:折扣与折让		
主营业务收入净额	468629203.46	593127371.82
减:主营业务成本	360352272.79	509889019.15
主营业务税金及附加	3854601.58	5546020.11
二、主营业务利润	104422329.09	77692332.56
(亏损以"-"号)		
加:其他业务利润	2767229.93	271122.63
(亏损以"-"号填列)		
减:存货跌价损失		
营业费用	8277532.87	31200600.76
管理费用	27033482.96	31872483.60
财务费用	17043449.40	12484744.99
三、营业利润	54835093.79	2405625.84
(亏损以"-"号填列)		
加:投资收益	-450000.00	-450000.00
(损失以"-"号填列)		
补贴收入		
营业外收入	6231747.20	1687952.25
减:营业外支出	1106760.92	483905.86
四、利润总额	59510080.07	3159672.23
(亏损以"-"号填列)		
减:所得税	19740271.45	1042691.84
少数股东权益		
加: 所得税返还	10767420.80	568741.00
五、净利润	50537229.42	2685721.39
(净亏损以"-"号填列)		
加:年初未分配的利润	36392716.76	46499856.76
盈余公积转入		
六、可供分配的利润	86929946.18	49185578.15
减:提取法定盈余公积	5053722.94	268572.14
提取法定公益金	2526861.48	134286.07
七、可供股东分配的利润	79349361.76	48782719.94
减:应分配优先股股利		
提取任意盈余公积		
应付普通股股利	32849505.00	
转作股本的普通股股利		
八、未分配的利润	46499856.76	48782719.94
(未弥补亏损以"-"号填列)		

现金流量表(一)

编制单位:广西贵糖(集团)股份有限公司　1999年12月　会股03表　单位:元

项目	金额
一.经营活动产生的现金流量:	
销售商品,提供劳务收到的现金	487165601.05
收取的租金	95339.41
收到的增值税销项税额和退回的增值税款	98730257.91
收到的除增值税以外的其他税费返还	11825164.70
收到的其他与经营活动有关的现金	22240126.90
现金流入小计	620056489.97
购买商品,接受劳务支付的现金	461033234.25
经营租赁所支付的现金	541894.79
支付给职工以及为职工支付的现金	61817632.89
支付的增值税款	89222461.08
支付的所得税款	22377819.56
支付的除增值税,所得税以外的其他税费	18167794.25
支付的其他与经营活动有关的现金	59066420.17
现金流出小计	712227256.99
经营活动产生的现金流量净额	-92170767.02
二.投资活动产生的现金流量:	
收回投资所收到的现金	
分得股利或利润所收到的现金	
取得债券利息收入所收到的现金	
处置固定资产,无形资产和其他长期资产而收回的现金净额	523355.09
收到的其他与投资活动有关的现金	13780000.00
现金流入小计	14303355.09
购建固定资产,无形资产和其他长期资产所支付的现金	82191638.80
权益性投资所支付的现金	
债权性投资所支付的现金	
支付的其他与投资活动有关的现金	95254.41
现金流出小计	82286893.21
投资活动产生的现金流量净额	-67983538.12
三.筹资活动产生的现金流量:	
吸收权益性投资所收到的现金	
其中:子公司吸收少数股东权益性投资收到的现金	
发行债券所收到的现金	
借款所收到的现金	242490000.00
收到的其他与筹资活动有关的现金	697803.93
现金流入小计	243187803.93
偿还债务所支付的现金	183100000.00
发生筹资费用所支付的现金	
分配股利或利润所支付的现金	19303505.00
其中:子公司支付少数股东的股利	
偿还利息所支付的现金	13161640.01
融资租赁所支付的现金	
减少注册资本所支付的现金	
其中:子公司依法减资支付给少数股东的现金	
支付的其他与筹资活动有关的现金	
现金流出小计	215565145.01
筹资活动产生的现金流量净额	27622658.92
四.汇率变动对现金的影响	
五.现金及现金等价物净增加额	-132531646.22

现金流量表(二)

编制单位:广西贵糖(集团)股份有限公司　1999年度　会股03表　单位:元

项目	金额
1.不涉及现金收支的投资和筹资活动:	
以固定资产偿还债务	
以投资偿还债务	
以固定资产进行投资	
以存货偿还债务	
融资租赁固定资产	
2.将净利润调节为经营活动的现金流量:	
净利润	2685721.39
加:少数股东损益	
加:计提的坏帐准备或转销的坏帐	2107204.39
固定资产折旧	19866879.01
无形资产摊销	354908.00
待摊费用摊销	7460180.52
处置固定资产,无形资产和其他长期资产的损失(减:收益)	
固定资产报废损失	362058.72
财务费用	12463836.08
投资损失(减:收益)	450000.00
存货的减少(减增加)	-5624672.25
经营性应收项目的减少(减增加)	-119317349.43
经营性应付项目的增加(减减少)	3994035.07
增值税增加净额(减减少)	9507796.83
其他	-26481365.35
经营活动产生的现金流量净额	-92170767.02
3.现金及现金等价物净增加情况:	
货币资金的期末余额	102147671.41
减:货币资金的期初余额	234679317.63
现金等价物的期末余额	
减:现金等价物的期初余额	
现金及现金等价物净增加额	-132531646.22

北京隆源实业股份有限公司

北京隆源实业股份有限公司 1999 年年度报告摘要

(一)公司简介

1.公司法定中文名称:北京隆源实业股份有限公司
公司法定英文名称:Beijing Longyuan Industrial Stock Co.,Ltd
2.公司法定代表人:曹桂发
3.公司授权代表:朱慧、李杰
联系地址:北京东城区菊儿胡同菊园宾馆 A 座二层
电话:010-84017836 64046959 传真:010-84017838
4.公司注册地址:北京市海淀区白石桥路甲 44 号
公司办公地址:北京东城区菊儿胡同菊园宾馆 A 座二层 邮编:100009
公司电子信箱:bjlysy@public.bta.net.cn
5.公司信息披露指定报纸:《中国证券报》、《证券时报》
登载公司年度报告的指定国际互联网网址:http://www.cninfo.com.cn
公司年度报告备置地点:本公司证券部
6.公司股票上市交易所:深圳证券交易所 股票简称:隆源实业 股票代码:0835

(二) 会计数据和业务数据摘要

1.本年度主要利润指标 (单位:人民币元)

利润总额	23320009.22
净利润	14814537.93
扣除非经常性损益后的净利润	14814537.93
主营业务利润	80999116.89
其他业务利润	3432234.40
营业利润	22856235.01
投资收益	355681.34
补贴收入	380000.00
营业外收支净额	-271907.13
经营活动产生的现金流量净额	1223899.69
现金及现金等价物净增加额	-29520943.25

2.截至报告期末公司前三年的主要会计数据和财务指标 单位:人民币元

项目	99 年度	98 年度		97 年度	
		调整前	调整后	调整前	调整后
主营业务收入	157280600.23	103426988.28	103426988.28	99296189.58	99596189.58
净利润	14814537.93	13920297.69	13630067.86	16928323.54	16159379.87
总资产	264605556.44	256384079.25	255333294.63	155668516.84	154899573.17
股东权益	141110000.82	127960457.19	126595462.90	63728752.29	62994240.46
每股收益	0.27	0.26	0.25	0.42	0.40
每股收益(月均)	0.27	0.31	0.30	0.42	0.40
扣除非经常性损益后每股收益	0.27	0.26	0.25	0.42	0.40
每股净资产	2.61	2.37	2.34	1.57	1.56
调整后的每股净资产	2.39	2.18	2.16	1.32	1.30
每股经营活动产生的现金流量净额	0.023	0.083	0.083		
净资产收益率(%)	10.50	10.88	10.77	26.56	25.67

注:主要财务指标计算公式如下:每股收益=净利润/年度末普通股股份总数
每股净资产=年度末股东权益/年度末普通股股份总数
调整后每股净资产=(年度末股东权益-三年以上的应收款项净额-待摊费用-待处 理(流动、固定)资产净损失-开办费-长期待摊费用-住房周转金负数余额)/年度末普 通股股份总数
每股经营活动产生的现金流量净额=经营活动产生的现金流量净额/年度末普通股股份总数
净资产收益率=净利润/年度末股东权益×100%

3.报告期内股东权益变动情况 单位:人民币元

项目	股本	资本公积	盈余公积	法定公益金	未分配利润	股东权益合计
期初数	54000000	51257675.11	11294169.05	2395202.90	10043618.74	126595462.90
本期增加	0	0	4631167.46	743860.09	14814537.93	19445705.39
本期减少	0	0	300000.00	300000.00	4631167.47	4931167.47
期末数	54000000	51257675.11	15625336.51	2839062.99	20226989.20	141110000.82

变动原因:① 盈余公积、法定公益金增加系两金计提和合并补提,减少系使用;
② 未分配利润增加系本期利润转入,减少系两金计提。

(三) 股东情况介绍

(1)报告期末股东总数:13335 户。
(2)前十名股东持股情况 单位:万股

股东名称	期初持股数	期末持股数	占总股份比例(%)	股份性质
1 中房集团珠海房地产开发公司发公司	1012.5	1012.5	18.75	国有股
2 大隆技术公司	916.92	916.92	16.98	国有股
3 香港中泛投资有限公司	865.89	865.89	16.035	外资股
4 香港怡威发展有限公司	865.89	865.89	16.035	外资股
5 北京周天科技公司	388.8	388.8	7.2	法人股
6 裕阳证券投资基金	0	91.63	1.70	流通股
7 新疆乌市通信技术开发总公司	0	18.4	0.34	流通股
8 霍鹏	0	11.12	0.21	流通股
9 同盛证券投资基金	0	9.16	0.17	流通股
10 张尚荣	0	6.65	0.12	流通股

注:①报告期内,前五名法人股股东所持股份无增减变动,第六至第十名为流通股 股东,增持股份为二级市场行为;②截止报告期末,香港中泛投资有限公司所持股份中 500 万股因质押给中国银行而暂时冻结,其余持 5%以上的法人股股东所持股份无质押或冻结情况;③前十名股东中前五名法人股股东之间不存在关联关系;本公司未知第六至第十 名流通股股东之间的关联关系;

(四) 股东大会简介

报告期内,本公司召开了 1998 年度股东大会和 1999 年度两次临时股东大会:
(1)1999 年 6 月 29 日召开 1998 年度股东大会,会议决议公告刊登在 1999 年 6 月 30 日《中国证券报》和《证券时报》上。
(2)1999 年 8 月 6 日召开 1999 年度第一次股东大会(通讯方式),会议决议公告刊登在 1999 年 8 月 7 日《中国证券报》和《证券时报》上。
(3)1999 年 12 月 31 日召开 1999 年度第二次股东大会(通讯方式),会议决议公告刊登在 2000 年 1 月 4 日《中国证券报》和《证券时报》上。

(五) 董事会报告

1.公司经营情况
(1)主营业务经营范围及其行业特点
报告期内,公司经过结构调整,经营方向定位为科技投资控股型企业,目前投资业 务范围主要包括:润滑油复合添加剂,阀控式铅酸蓄电池,激光自动成型机及集成制造 系统,新药开发以及宾馆服务等。其中:江苏双登电源有限公司在全国蓄电池行业中生产量排名第一,工业增加值排名第二,营业收入、利润总额和工业总产值(现行价)排名第三(据中国电器工业协会铅酸蓄电池分会 1998 年度统计资料)。
(2)公司的经营业绩情况:报告期内,公司实现主营业务收入 15728 万元,利润总额 2332 万元,净利润 1481.5 万元,其中:铅酸蓄电池产品实现收入 13517 万元,润滑油添加剂产品实现收入 834 万元,激光快速成型机产品实现收入 253 万元。
(3)公司主要全资附属企业及控股子公司经营业绩情况
① 江苏双登电源有限公司(控股 70%) 江苏双登电源有限公司以"双登"牌阀控密封铅酸蓄电池为主导产品,1999 年度 创造了令国内同行业瞩目的成绩,全年产值、销售、利税分别比 1998 年度增长 32.28%、47.06%、50.78%,全年实现产品销售收入 13517 万元,利润总额 2000 万元,实现净利润 1714 万元。
② 江苏隆源双登电源有限公司(控股 70%) 江苏隆源双登电源有限公司是公司投入募集资金 2072 万元与香港富源有限公司于 1999 年 8 月合资成立的阀控密封铅酸蓄电池生产企业,公司成立后正在进行生产设备的进口工作,尚未正式投入生产。
③ 北京隆源自动成型系统有限公司(控股 60%)北京隆源自动成型系统有限公司主营快速成型设备的制造、销售以及快速样件和模具的对外加工服务,属特种新型加工行业。公司的技术水平及营业收入在国内同类 企业中处领先地位,主要产品为 AFS 激光快速自动成型机。1999 年度公司销售有了重大突破,实现总收入 253 万元,主营利润 120 万元,净利润-67 万元。
④ 北京菊园宾馆有限公司(控股 80%)北京菊园宾馆有限公司是以经营写字楼为主,兼营餐饮等项目的中档宾馆,1999 年度实现总收入 431 万元,实现净利润 7.8 万元。
2.公司财务状况
(1)财务状况变动情况表(单位:元)

项目	1999 年	1998 年	变动数量	变动幅度
总资产	264605556.44	255333294.63	9272261.81	3.6%
长期负债	33875853.82	42222751.94	-8346898.12	-19.8%
股东权益	141110000.82	126595462.90	14514537.90	11.5%
主营业务利润	80999116.89	57769627.74	23229489.15	40.2%
净利润	14814537.93	13630067.86	1184470.07	8.7%

财务变动原因:① 总资产增加是因本年度销售增加使得应收帐款相应增加所致;② 长期负债减少是因长期借款归还所致;③ 股东权益增加是因为本年度利润增加所致;④ 主营业务利润增加是由于本年度公司销售额增加;⑤ 净利润增加是由于本年度公司销售额增加。
(2)北京京都会计师事务所有限责任公司报告期内未出具有解释性说明、保留意 见、拒绝表示意见或否定意见的审计报告。
3.公司投资情况
截至 1999 年 12 月 31 日,公司长期投资余额为 24,994,776.83 元,比上年增加 20,185,777.90 元,增幅 420%。

序号	被投资公司名称	主要经营活动	占被投资公司权益比例
1	江苏双登电源有限公司	密封铅酸蓄电池开发生产销售	70%
2	江苏隆源双登电源有限公司	密封铅酸蓄电池开发生产销售	70%
3	北京隆源自动成型系统有限公司	激光自动成型机开发生产销售	60%
4	北京菊园宾馆有限责任公司	宾馆和餐饮服务	80%
5	北京隆源同达医药研究所有限公司	医药产品技术开发和服务	75%

(1)募集资金使用情况:公司于 1998 年 6 月 8 日发行 1350 万股 A 股,实际募集资金 6483 万元。 截至 1999 年 12 月 31 日,已投入 2522 万元,尚未投入使用的资金中,2123.37 万元暂用作流动资金,1837.63 万元存在银行。募集资金实际投入项目与承诺投入项目相同,具 体投入情况如下:

序号	项目	计划投资额(万元)	实际投资额(万元)
1	扩建阀控式密封铅酸蓄电池生产线	2400	2072
2	扩建润滑油复合添加剂生产装置	1200	150
3	AFS 集成快速制造系统开发与应用	500	300
4	建设密封牵引蓄电池生产线	2400	0
合计		6500	2522

说明:①公司募集资金投资项目"扩建阀控式密封铅酸蓄电池生产线"原计划投入 2400 万元在江苏双登电源有限公司现有生产线基础上直接扩建,后在项目实施过程中发现,如按这种合作方式投资,资金投入后设备产权关系难以分清,财务处理复杂,项目管理 困难。经董事会研究决定,另行注册成立江苏隆源双登电源有限公司来完成该项目,合资方为香港富源有限公司,新公司注册资本 2960 万元,我公司投资额由 2400 万元减少至 2072 万元,占 70%股份。有关此项变更的董事会公告刊登在 1999 年 7 月 31 日《中国证券报》和《证券时报》上。1999 年 8 月,江苏隆源双登电源有限公司已经国家工商局批准注册登记,领取临时营业执照,目前公司正加紧办理有关工商注册手续,开始进行电池 生产设备的进口工作,99 年尚未正式投产产生收益。
②公司计划向"扩建润滑油复合添加剂生产装置"项目投入募集资金 1200 万元,截止报告期末实际已投入 150 万元,进行了增平补齐技术改造,主要完善储运系统及化 验室测试设备,使储运、分析配套在整个生产环节中发挥了积极作用,保证了产品质量,节约了运输成本。
③公司计划向北京隆源自动成型系统有限公司"AFS 集成快速制造系统开发与应 用"项目投入募集资金 500 万元,实际已投入 300 万元,主要用于大尺寸成型机的研制、新型成型材料的开发和成型系统软件的开发。募集资金使用完成情况良好:大尺寸成 型机已研制成功,成型机公司 99 年度销售的设备全部为大尺寸机型;开发成功了两种新型成型材料,已进入试生产和试用阶段;成型系统软件已进行升级换代。

天津天大天财股份有限公司

一、公司简介

1、公司法定中文名称:天津天大天财股份有限公司
英文名称:GENIUS CO., LTD.
2、公司法定代表人:寇纪淞
3、公司董事会秘书:张彤　　授权代表:王伟
联系地址:天津市新技术产业园区华苑产业区华天道3号
联系电话:022-83710888,83710188　　联系传真:022-83710199
E.mail:tzhang@tiancai.com
4、公司注册地址:天津市新技术产业园区华苑产业区
公司办公地址:天津市新技术产业园区华苑产业区华天道3号　　邮政编码:300384
公司因特网址:http://www.tiancai.com.cn　　公司电子信箱:investor@mail.tiancai.com.cn
5、公司信息披露报刊:《证券时报》、《中国证券报》
登载年报的国际互联网址:http://www.cninfo.com.cn
公司年报备置地:　天大天财公司证券部
6、公司股票上市交易所:深圳证券交易所
股票简称:天大天财　　股票代码:0836

二、会计数据与业务数据摘要

1、本年度公司主要经营数据:　　单位:元

利润总额:	64,928,581.42
净利润:	49,769,549.92
扣除非经常性损益后的净利润:	49,769,549.92
主营业务利润:	76,511,422.22
其他业务利润:	1,244,569.70
营业利润:	51,591,774.21
投资收益:	6,550,738.19
补贴收入:	4,614,941.57
营业外收支净额:	1,888,418.19
经营活动产生的现金流量净额:	18,223,049.83
现金及现金等价物净增加额:	88,331,952.68

2、前三年主要会计数据及财务指标:
调整后:

序号	栏目	1999年	998年	1997年
1	主营业务收入(元)	510,755,148.73	249,947,246.65	94,553,404.15
2	净利润(元)	49,769,549.92	28,660,404.41	28,893,594.24
3	总资产(元)	774,212,704.84	438,170,278.04	297,350,702.68
4	股东权益(元)	460,757,879.87	280,894,383.40	270,984,889.39
5	每股收益(元)	0.48	0.31	0.31
6	加权平均每股收益(元)	0.52	0.31	0.45
7	每股净资产(元)	4.48	3.00	2.89
8	调整后每股净资产(元)	4.41	2.98	2.88
9	每股经营活动产生的现金流量净额	0.18	1.03	
10	净资产收益率(%)	10.80	10.20	10.66
11	扣除非经营性损益后的每股收益	0.48	0.31	0.31

调整前

序号	栏目	1999年	1998年	1997年
1	主营业务收入(元)	510,755,148.73	249,947,246.65	94,553,404.15
2	净利润(元)	49,769,549.92	46,305,106.18	40,222,500.49
3	总资产(元)	774,212,704.84	457,877,779.36	306,035,164.31
4	股东权益(元)	460,757,879.87	309,867,991.42	282,313,795.64
5	每股收益(元)	0.48	0.49	0.43
6	加权平均每股收益(元)	0.52	0.49	0.66
7	每股净资产(元)	4.48	3.31	3.01
8	调整后每股净资产(元)	4.41	3.30	3.00
9	每股经营活动产生的现金流量净额	0.18	1.03	-
10	净资产收益率(%)	10.80	14.94	14.25
11	扣除非经营性损益后的每股收益	0.48	0.49	0.43

注:主要财务指标的计算方法
每股收益=净利润/年度末普通股股份总数
每股净资产=年度末股东权益/年度末普通股股份总数
净资产收益率=净利润/年度末股东权益×100%。
调整后的每股净资产=(年度末股东权益-三年以上的应收帐款净额-待摊费用-待 处理(流动、固定)资产净损失-开办费-长期待摊费用-住房周转金负数余额)/年度末 普通股股份总数
按月平均加权每股收益=当期净利润/[期末股份总数/(1+配股比例或增发新股 比例)+期末股份总数/(1+配股比例或增发新股比例)×配股比例或增发新股比例×缴款结束日下一月份至期末的月份数/12]

三、股本变动及股东情况介绍

1、截止1999年末,公司股东总数为37823户,其中境内法人股股东7户(本年度其持股数未发生变动),社会公众股股东37816户。
2、主要股东持股情况(前十名股东)

名次	股东名称	报告期末持股数(股)	占总股本比例(%)
1	天津大学	42,350,056	41.21
2	天津大学实业发展总公司	8,104,787	7.89
3	七〇七研究所	8,098,909	7.88
4	天津经济建设投资集团总公司	3,250,500	3.16
5	景阳证券投资基金	837,987	0.82
6	天津华泽(集团)有限公司	650,100	0.63
7	开益国际咨询研究中心	650,100	0.63
8	海南琼海市农贸产品交易批发中心有限公司	650,100	0.63
9	任宝根	183,521	0.18
10	普丰证券投资基金	152,990	0.15

注:(1)公司前八名股东中除景阳证券投资基金外,均为持有境内法人股的股东。
(2)以上法人股股东所持股票均未质押,但因上市未满三年,还在冻结期。
(3)天津大学实业发展总公司为天津大学的全资附属企业。
3、报告期内公司控股股东未发生变更。

陕西秦川机械发展股份有限公司

一、公司简介

1.公司名称:陕西秦川机械发展股份有限公司
英文名称:Qinchuan Machinery development Co., Ltd. of Shaanxi　缩写:Qinchuan
2.法定代表人:邱世杰
3.董事会秘书:吴煜
联系地址:陕西省宝鸡市姜谭路22号
电话:0917—3390942—216 传真:0917—3390960
4.公司注册地址:西安市高新技术产业开发区火炬大厦　　邮政编码:710075
公司办公地址:陕西省宝鸡市姜谭路22号　邮政编码:721009
公司电子信箱:sxqcfz@public.xa.sn.cn
5.公司选定信息披露报纸:《中国证券报》和《证券时报》
年度报告备置地点:本公司证券部
刊登年报的国际互联网网址:http://www.cninfo.com.cn
6.上市地点:深圳证券交易所　证券简称:秦川发展　　证券代码:0837

二、会计数据和业务数据摘要

1、本年度主要利润指标情况
公司本年度实现利润总额4306万元、净利润3611万元、扣除非经常性损益后的净利润3611万元、主营业务利润4354万元、其他业务利润958万元、投资收益1289万元 、营业外收支净额—5万元、经营活动产生的现金流量净额2686万元、现金及现金等 价物净增加额—4924万元。
2.财务指标

指标	1999年	1998年 调整后	1998年 调整前	1997年 调整后	1997年 调整前
(1)主营业务收入(万元)	17792	11037	11037	10516	10516
(2)净利润(万元)	3611	3129	3368	1209	1212
(3)总资产(万元)	52295	44577	44819	19926	19929
(4)股东权益(万元)	35056	31446	31688	7275	7278
(5)每股收益(元)	0.3259	0.2825	0.3041	0.2409	0.2414
(6)扣除非经常性损益的每股收益(元)	0.3259	0.2273	0.2489	0.2409	0.2414
(7)每股净资产(元)	3.1648	2.84	2.86	1.449	1.45
(8)调整后的每股净资产(元)	3.1644	2.84	2.86	1.449	1.45
(9)每股经营活动产生的现金流量净额(元)	0.2424				
(10)净资产收益率%	10.2992	9.95	17.34	16.62	17.23

注:主要财务指标计算方法:
(1)每股收益=净利润/年度末普通股股份总数
(2)每股净资产=年度末股东权益/年度末普通股股份总数
(3)净资产收益率=净利润/年度末股东权益× 100%
(4)调整后的每股净资产=(年度末股东权益—三年以上的应收款项净额—待摊费 用—待处理(流动、固定)资产净损失—开办费—长期待摊费用—住房周转金负数余额)/年度末普通股股份总数
(5)每股经营活动产生的现金流量净额=经营活动产生的现金流量净额/年度末普 通股股份总数
3、报告期内股东权益变动情况　　单位:万元

项目	股本	资本公积	盈余公积	法定公益金	未分配利润	股东权益合计
期初数	11077	17075	494	165	2800	31446
本期增加	—	—	611	198	2999	3610
本期减少	—	—	—	—	—	—
期末数	11077	17075	1105	362	5799	35056

变动原因　由于1999年净利润比上年同期增加,所以以上各项相应增加。

三、股东情况介绍

1、根据深圳证券登记有限公司提供的数据,截至1999年12月31日止,本公司股东为23671名。
2、前10名股东持股情况:

1.秦川机床集团有限公司	50200000	占45.31%
2.陕西中讯经济发展总公司	2390000	占2.15%
3.金鑫证券投资基金	1483961	占1.33%
4.中国浦发机械工业股份有限公司	1420000	占1.28%
5.上海浦发金桥联合发展有限公司	760000	占0.68%
6.西安市化工进出口公司	620000	占0.56%
7.吴志红	397250	占0.36%
8.海南省证券公司富岛投资基金	281000	占0.253%
9.廖勇	277000	占0.25%
10.杨莉萍	233200	占0.21%

说明:1.持股5%以上(含5%)的法人股东所持股份未发生冻结、抵押等情况。
2.公司发起人股东未发生转让所持本公司股份情况。
3.前10名股东之间不存在关联关系。

四、董事会报告

1、公司经营情况
(1)本公司是以机械行业为主的上市公司,具有精密加工、精密装配、精密检测的三精优势,产品涉及机械、电子、冶金、汽车、航空、建筑、纺织等十八个行业。产 品销售额在机床工具行业中排名第5,利润总额在机床工具行业中排名第2(资料来源: 中国机床工具协会信息统计部12月份统计快报)。
(2)、公司主营业务的范围及其经营状况
机床及塑料机械产品完成销售收入6762万元, 实现利润2,224万元; 液压件完成销售收入2448万元,实现利润345万元;齿轮产品完成销售收入1373万元;实现利润430万 元;防伪系列产品完成销售收入254万元实现利润83万元;电梯曳引机完成销售收入1585万元,实现利润141万元;电子产品完成销售收入5370万元,实现利润 1131万元。
2、公司投资情况
公司按照《招股说明书》及1998年度股东大会决议情况共投资9个项目,截止1999年12月31日共投入12673万元,占募集资金19783万元的64.06%。剩余募集资金存入银行或进行了短期投资。
a、扩充高效数控磨齿机生产规模技术改造项目,由于引进设备的选型考察已于99年年底结束,目前已进入招标阶段,2000年将全面实施该项目。
b、电梯曳引机由于国产机质量和水平有待进一步提高,全行业国产机市场占有率不能得到快速提高,限制了电梯曳引机项目的发展。同时公司对该产品采取"哑铃型"的发展战略,节约了资金投入,董事会决定调整投入资金量,实行分期投入,分步实施的办法。电梯曳引机项目总投资由4000万元调整为1000万元,调整的3000万元用于西 安市东二环路跨铁路立交桥项目,该项目已按原定投资回报率返回了收益。

西南化机股份有限公司

一 公司简介

1.公司法定中文名称:西南化机股份有限公司
英文名称:SOUTHWEST CHEMICAL MACHINERY CO.LTD 缩写:SWCM
2.公司法定代表人:王计
3.公司董事会秘书:阎建军
联系地址:西南化机股份有限公司董事会办公室
联系电话:(0838)8501521 8213333-3027 传真:(0838)8204843 电子信箱:SCYan@163.net
4.公司注册地址:四川省什邡市两路口镇
公司办公地址:四川省什邡市两路口镇 邮政编码:618407
公司电子信箱:SWCM@163.net
5.公司选定的信息披露报刊名称:《中国证券报》、《证券时报》
登载公司年度报告的国际互联网网址:http://www.cninfo.com.cn
公司年度报告备置地点:公司董事会办公室
6.公司股票上市交易所:深圳证券交易所
股票简称:西南化机 股票代码:0838

二 会计数据和业务数据摘要

(一).本年度利润总额及构成: (单位:元)

项目	金额
利润总额	-8,805,907.47
净利润	-8,805,907.47
扣除非经常性损益后的净利润	-8,805,907.47
主营业务利润	10,812,763.30
其他业务利润	6,003,694.09
投资收益	-
补贴收入	-
营业外收支净额	-475,648.24
经营活动产生的现金流量净额	6,164,811.71
现金及现金等价物净增加额	4,638,199.58

(二).近三年主要会计数据和财务指标:

1. 追溯调整后

项目	1999 年度	1998 年度	1997 年度
主营业务收入(元)	82,356,477.68	79,379,387.01	86,396,371.41
净利润(元)	-8,805,907.47	693,079.99	-467,170.14
总资产(元)	239,127,407.32	224,089,657.36	195,945,768.53
股东权益(元)	68,551,118.15	77,357,025.62	73,657,648.63
每股收益(元)	-0.135	0.011	-0.007
加权每股收益(元)	-0.135	0.011	-0.008
扣除非经常性损益后的每股收益(元)	-0.135	-0.159	-0.043
每股净资产(元)	1.053	1.188	1.131
调整后的每股净资产(元)	0.893	1.021	1.022
每股经营活动产生的现金流量净额	0.095	-0.018	-
净资产收益率(%)	-12.85	0.90	-0.63

2. 追溯调整前

项目	1999 年度	1998 年度	1997 年度
主营业务收入(元)	82,356,477.68	79,379,387.01	86,396,371.41
净利润(元)	-8,805,907.47	11,552,110.16	11,073,521.15
总资产(元)	239,127,407.32	252,534,804.29	213,531,885.29
股东权益(元)	68,551,118.15	105,903,025.55	94,350,915.39
每股收益(元)	-0.135	0.177	0.170
加权每股收益(元)	-0.135	0.177	0.192
扣除非经常性损益后的每股收益(元)	-0.135	-0.008	0.134
每股净资产(元)	1.053	1.63	1.45
调整后的每股净资产(元)	0.893	1.459	1.340
每股经营活动产生的现金流量净额	0.095	-0.018	-
净资产收益率(%)	-12.85	10.90	11.74

注:主要财务指标的计算公式:
每股收益 = 净利润÷年度末普通股股份总数
每股净资产 = 年度末股东权益÷年度末普通股股份总数
调整后的每股净资产 = (年度末股东权益 - 三年以上应收款项 - 待摊费用 - 待处理(流动、固定)资产净损失-开办费-长期待摊费用住房周转金负数余额)÷年度 末普通股股份总数
每股经营活动产生的现金流量净额=经营活动产生的现金流量净额÷年度末普通 股股份总数
净资产收益率 = (净利润÷年度末股东权益)×100%

3.报告期内股东权益变动情况:(单位:元)

项目	股本	资本公积	盈余公积	法定公益金	未分配利润	股东权益合计
期初数	65119860	12215760.94	7593825.57	1293322.92	-7572420.89	77357025.62
本期增加	-	-	-	-	-8805907.47	-8805907.47
本期减少						
期末数	65119860	12215760.94	7593825.57	1293322.92	-16378328.36	68551118.15

变动原因:公司报告期内年末股东权益为 68,551,118.15 元,比年初减少 8,805,907.47 元,系公司本年度亏损造成未分配利润减少 8,805,907.47 元所致。

三 股东情况介绍

1. 截止 1999 年 12 月 31 日,公司股东总数为 10,574 户。
2.公司前十名股东持股情况:

序号	股东名称	持有股数(股)	占总股份(%)	备注
△1	中国二重集团有限公司	24,598,860	37.77	国家股
2	山东临沂工业搪瓷股份有限公司	3,900,000	5.99	法人股
3	德阳市化机持股联合会	3,341,000	5.13	法人股
4	深圳西来洋投资发展公司	2,600,000	3.99	法人股
5	深圳福田区投资管理公司	1,690,000	2.60	法人股
6	福建华福	1,662,707	2.55	社会公众股
7	深圳鹏城港水产公司	1,560,000	2.40	法人股
8	四川金路股份有限公司	1,300,000	1.99	法人股
9	深圳有色金属财务有限公司	1,300,000	1.99	法人股
10	深圳筑银投资发展有限公司	1,300,000	1.99	法人股

△为国家持有股份的单位。

中信国安信息产业股份有限公司

一、公司简介

(一)公司法定中文名称:中信国安信息产业股份有限公司
公司法定英文名称:CITIC Guoan Information Industry Co., Ltd.
(二)公司法定代表人:李士林
(三)公司董事会秘书:廖小同
联系地址:北京市朝阳区关东店北街 1 号国安大厦
电 话:(010)65068509
传 真:(010)65061482
电子信箱:dshms@citicguoaninfo.com
(四)公司注册地址:北京市海淀区海淀南路 32 号
公司办公地址:北京市朝阳区关东店北街 1 号国安大厦
邮政编码:100020
公司电子信箱:zqb@citicguoaninfo.com
(五)公司选定的信息披露报纸名称:《中国证券报》、《证券时报》、《上海证 券报》
登载公司年度报告的中国证监会指定国际互联网网址:http://www.cninfo.com.cn
公司年报备置地点:北京市朝阳区关东店北街 1 号国安大厦七层
(六)公司股票上市交易所:深圳证券交易所
公司股票简称:中信国安
公司股票代码:0839

二、会计数据和业务数据摘要

(一) 公司本年度主要会计数据 (单位::元)

项目	金额
利润总额:	222,788,441.26
净利润:	200,165,447.32
扣除非经常性损益后的净利润:	182,286,039.95
主营业务利润:	218,119,468.37
营业利润:	166,269,992.89
投资收益:	50,447,761.00
营业外收支净额:	6,070,687.37
经营活动产生的现金流量净额:	-6,438,392.75
现金及现金等价物净增加额:	161,878,300.56

(二) 公司前三年的主要会计数据及财务指标 (单位: 元)

	1999 年	1998		1997	
		调整前	调整后	调整前	调整后
主营业务收入	458630882.78	485965532.48	485965532.48	412206866.62	412206866.62
净利润	200165447.32	109188052.22	105157825.49	104164016.80	98590991.50
总资产	1339437307.28	888924637.69	880982695.29	826838772.12	821783676.53
股东权益	920321048.92	729758853.63	720155601.60	620570801.41	614997776.11
每股收益	0.50	0.27	0.26	0.52	0.49
按月平均加权法每股收益	0.50	0.27	0.26	0.64	0.61
扣除非经常性损益的每股收益	0.46	0.25	0.24	0.49	0.47
每股净资产	2.30	1.82	1.80	3.10	3.07
调整后的每股净资产	2.10	1.68	1.65	2.80	2.77
每股经营活动产生的现金流量净额	-0.02	0.19	0.19		
净资产收益率(%)	21.75	14.96	14.60	16.97	16.03

按 1999 年 12 月 31 日后股本变动调整计算的每股收益(元): 0.47
(公司于 2000 年 3 月实施了 1999 年度配股方案,至报告日止,公司总股本由 1999 年末的 40000 万股增至 43000 万股)
注:主要财务指标的计算公式如下:
每股收益=净利润/年度末普通股股份总数
每股净资产=年度末股东权益/年度末普通股股份总数
净资产收益率=净利润/年度末股东权益×100%
调整后的每股净资产=(年度末股东权益-三年以上的应收款项净额-待摊费用-待 处理(流动、固定)资产净损失-开办费-长期待摊费用-住房周转金负数余额)/年度末 普通股股份总数
每股经营活动产生的现金流量净额=经营活动产生的现金流量净额/年度末普通股股份总数
加权平均每股收益=当期净利润/[期末股份总数/(1+配股比例或增发新股比例)+ 期末股份总数/(1+配股比例或增发新股比例)×配股比例或增发新股比例×缴款结束 日下一月份至期末的月份数/12]

(三) 股东权益变动情况表(单位:元)

项目	股本	资本公积	盈余公积	法定公益金	未分配利润	合计
期初数	400000000	203282692.69	20647616.09	10323808.05	95504736.80	729758853.63
本期增加			22494544.73	11247272.37	166423630.22	200165447.32
本期减少			960325.20	480162.60	8162764.23	9603252.03
期末数	400000000	203282692.69	42181835.62	21090917.82	253765602.79	920321048.92
变动原因			本年度提取盈余公积及四项准备金追溯调整所致	本年度提取盈余公积及四项准备金追溯调整所致	本年度实现利润及提取盈余公积,四项准备金追溯调整所致	

三、股东情况介绍

(一)报告期末股东总数为 67287 户。
(二)公司前十名股东的持股情况一览表

股东名称	期末持股数量(股)	占总股本比例
中信国安总公司	300,000,000	75%
同益证券投资基金	6,676,560	1.669%
汉盛证券投资基金	6,000,823	1.500%
金泰基金	1,158,977	0.290%
上海证大	774,141	0.194%
同盛证券投资基金	734,672	0.184%
黎建华	548,324	0.137%
刘美林	520,000	0.130%
普惠证券投资基金	512,820	0.128%
海通汉证	490,000	0.123%

前 10 名股东之间不存在关联关系。
持有本公司 5%以上股份的股东为国有法人股股东中信国安总公司,其年初持有本公司股份 30,000 万股,占公司股份的 75%,报告期内未有增减。 其持有本公司的股份未作质押和冻结。

河北承德露露股份有限公司

一、公司简介

1、公司名称
中文:河北承德露露股份有限公司
英文:He Bei Cheng De LoLo Company Limited
2、公司法定代表人:王宝林
3、公司董事会秘书:魏继平
联系地址:河北省承德市双桥区翠桥路南 6 号
联系电话:(0314)2060848　(0314)2066791 转 3098
传　　真:(0314)2063525
公司授权人:王　洪
联系地址:河北省承德市双桥区翠桥路南 6 号
联系电话:(0314)2061585　(0314)2066791 转 3061
传　　真:(0314)2063525
4、公司注册地址:河北省承德市双桥区翠桥路南 6 号
办公地址:河北省承德市双桥区翠桥路南 6 号
邮政编码:067000
5、公司选定的信息披露报纸名称:中国证券报　证券时报
公司指定信息披露的国际互联网网址 http://www.cninfo.com.cn
公司年度报告备置地点:河北承德露露股份有限公司证券部
6、公司股票上市地:深圳证券交易所
股票简称:承德露露　股票代码:0848

二、会计数据和业务数据摘要

1、本年度主要利润指标情况

利润总额:	139 834 412.98 元
净 利 润:	101 521 336.57 元
扣除非经常性损益后的净利润:	98 540 966.89 元
主营业务利润:	226 567 569.53 元
其他业务利润:	196 640.46 元
营业利润:	117 348 354.73 元
投资收益:	261 924.01 元
补贴收入:	20 898 041.68 元
营业外收支净额:	1 326 092.56 元
经营活动产生的现金流量净额:	109 796 967.85 元
现金及现金等价物净增加额:	20 166 986.16 元

注:扣除非经常性损益的项目包括:(1)收取集团公司借款利息 1675000.00 元;(2) 公司发行新股冻结申购资金利息收入本期摊销额 1316661.96 元;(3)本期摊销股权投资差额 -11 292.28 元。

2、主要会计数据和财务指标

项　　目	1999 年度	1998 年度	1997 年度
主营业务收入(元)	739,642,163.24	559,941,413.24	530,009,067.10
净利润(元)	101,521,336.57	68,844,241.05	54,717,343.28
总资产(元)	520,584,682.24	481,798,133.04	393,571,460.28
股东权益(元)	410,045,753.55	308,524,416.98	298,459,894.87
每股收益(元/股)(摊薄)	0.44	0.30	0.47
每股收益(元/股)(加权)	0.44	0.30	0.61
每股净资产(元/股)	1.78	1.34	2.58
调整后的每股净资产(元/股)	1.78	1.34	2.58
净资产收益率(%)(摊薄)	24.76	22.3	18.33
净资产收益率(%)(加权)	24.76	22.31	27.07
每股经营活动产生的现金流量净额(元)	0.48	0.21	

注:主要财务指标的计算方法:
1 全面摊薄的财务指标计算方法:
每股收益=净利润/年度末普通股股份总数
每股净资产=年度末股东权益/年度末普通股股份总数
净资产收益率=净利润/年度末股东权益×100%
调整后每股净资产=[年度末股东权益-三年以上应收帐款-待摊费用-待处理(流动、固定)资产损失-开办费-长期待摊费用]/年度末普通股股份总数
每股经营活动产生的现金流量净额=经营活动产生的现金流量净额/期末普通股股份总数
2 公司于 1998 年中期实施了公积金转增股本方案,转增比例是每 10 股转增 10 股。
3 报告期末至摘要披露日公司股本未发生变化。

3、报告期股东权益变动情况

项　目	股　本	资本公积	盈余公积	法定公益金	未分配利润	合　计
期 初 数	231000000.00	60192227.41	16402437.94	8201218.97	929751.63	308524416.98
本期增加			20304267.32	10152133.66	81217069.25	101521336.57
本期减少						
期 末 数	231000000.00	60192227.41	36706705.26	18353352.63	82146820.88	410045753.55
变动原因			提取法定公积金			

三、股东情况介绍

1、截止到 1999 年末,公司股东总数为 49018 户,其中:国家股股东 1 户,社会公众股 东 49017 户。

2、前十名股东持股情况

股东名称	持股数(股)	占总股本比例(%)
1 露露集团有限责任公司(国家股)	161000000	69.70
2 裕隆证券投资基金	2566808	1.11
3 兴和证券投资基金	1111470	0.48
4 平安信托投资公司	400000	0.173
5 国信证券有限公司	288800	0.125
6 普丰证券投资基金	281000	0.122
7 招银证券公司	276900	0.120
8 张大伟	227100	0.098
9 厦门市巨川工贸有限公司	200400	0.087
10 张晓晋	182000	0.079

说明:1 持股 5%(含 5 %)以上的股东所持股份未发生质押、冻结等情况。
2 公司发起人股东未发生转让所持本公司股份情况。
3 前 10 名股东之间不存在关联关系。

安徽华茂纺织股份有限公司

一、公司简介

1、公司法定中文名称:安徽华茂纺织股份有限公司
公司法定英文名称:ANHUI HUAMAO TEXTILE COMPANY LIMITED
2、公司法定代表人:华冠雄
3、公司董事会秘书:王功著
联系地址:安徽省安庆市纺织南路 80 号
联系电话:(0556)5516615　传真:(0556)5510166　电子信箱:aqfz@mail.hf.ah.cn
授权代表人:袁琥
联系地址:安徽省安庆市纺织南路 80 号
联系电话:(0556)5510810 转 245　传真:(0556)5510166　电子信箱:aqfz@mail.hf.ah.cn
4、公司注册地址:安徽省安庆市纺织南路 80 号　邮政编码:246018
公司国际互联网网址:http://www.huamao.com.cn　公司电子信箱:aqfz@mail.hf.ah.cn
5、公司选定的信息披露报纸:《证券时报》
登载公司年度报告的国际互联网网址:http://www.cninfo.com.cn
公司年度报告备置地点:安徽华茂纺织股份有限公司总经理办公室
6、公司股票上市交易所:深圳证券交易所
股票简称:华茂股份　股票代码:0850

二、会计和业务数据摘要

1、公司本年度实现利润总额	73126008.49 元
其中:净利润	62229349.14 元
扣除非经常性损益后的净利润	59586089.36 元
主营业务利润	97685915.82 元
其他业务利润	-370393.49 元
营业利润	65426323.30 元
投资收益	5210213.58 元
补贴收入	-
营业外收支净额	2489471.61 元
经营活动产生的现金流量净额	53763231.76 元
现金及现金等价物净增加额	-95900265.41 元

2、主要会计数据和财务指标

项　目	1999 年	1998 年		1997 年	
		调整前	调整后	调整前	调整后
主营业务收入(元)	565975471.87	458676696.42	458676696.42	497546010.23	497546010.23
净利润(元)	62229349.14	43605342.14	43101292.33	35943380.19	35721016.37
总资产(元)	622039730.17	530928821.58	530424771.77	316831935.76	316609571.94
股东权益(元)(不含少数股东权益)	460704609.54	424479310.21	423975260.40	137114752.51	136892388.69
每股收益 (摊薄)	0.37	0.26	0.25	0.30	0.30
(元) (加权)	0.37	0.30	0.29	—	—
扣除非经常性损益后的每股收益	0.35	0.25	0.24	—	—
每股净资产(元)	2.71	2.50	2.49	1.14	1.14
调整后的每股净资产(元)	2.70	2.46	2.45	—	—
每股经营活动产生的现金流量净额	0.32	0.20	0.20	—	—
净资产收 (摊薄)	13.51	10.27	10.17	26.21	26.09
益率(%) (加权)	14.06	15.43	15.36	—	—

注:(1)、扣除非经常性损益的项目是:新股申购冻结资金利息 2643259.78 元。
(2)、以上指标计算涉及股份总数时,1999 年、1998 年、1997 年分别按 17000 万股 ,17000 万股,12000 万股。
(3)、主要财务指标的计算方法:
每股收益 =净利润/年度末普通股股份总数
每股净资产 =年度末股东权益/年度末普通股股份总数
调整后的每股净资产=(年度末股东权益-三年以上的应收款项-待摊费用-待 处理 (流动、固定)资产净损失-开办费-长期待摊费用-住房周转金负数余额)/ 年度末普通股股份总数。
每股经营活动产生的现金流量净额=经营活动产生的现金流量净额/年度末普通股股份总数
净资产收益率 =净利润/年度末股东权益×100%

3、报告期内股东权益变动情况及原因

项　目	股　本	资本公积	盈余公积	法定公益金	未分配利润	股东权益合计
期初数	170000000	210873968	4310129.23	2155064.62	36636098.48	423975260.40
本期增加	—	—	6352970.38	3176485.20	52699893.56	62229349.14
本期减少	—	—	—	—	25500000.00	25500000.00
期末数	170000000	210873968	10663099.61	5331549.82	63835992.04	460704609.54

报告期内,公司股东权益变动的原因主要是:
(1)、从当年经营形成的利润中提取了"两金"和尚未分配的利润,致使股东权益增加;
(2)、经公司董事会决议,拟分配现金股利,致使股东权益减少;
(3)、根据财政部计提四项减值准备的规定,公司对 98 年采用追溯法,提取了四项减值准备,调整了 98 年的净利润,致使本报告期股东权益的期初数相应减少。

三、股东情况介绍

1、报告期末公司股东总数量 19373 户。
2、主要股东持股情况

股东名称	年末持股数(股)	占总股本比例(%)
1、安徽华茂集团有限公司(原安徽省安庆纺织厂)	120000000	70.59
2、安徽省证券公司	7422035	4.37
3、左开娥	768754	0.45
4、安徽省资信评估公司	580247	0.34
5、张明	534000	0.31
6、天元证券投资基金	488230	0.29
7、许晓红	340350	0.20
8、金军	286200	0.17
9、韩明亮	216300	0.13
10、普丰证券投资基金	206800	0.12

说明:1、第一名股东安徽华茂集团有限公司(由原安徽省安庆纺织厂改制、更名)所持 股份为国有法人股,持股数量在报告期内未发生增减变动情况,其余股东为社会公众股股东,持股数量的增减变动因其在二级市场上的买卖行为而定。
2、持有本公司 5%以上(含 5%)股份的股东所持股份未发生抵押、冻结等情况。

贵州中国第七砂轮股份有限公司

一、公司简介

1、公司法定中文名称:贵州中国第七砂轮股份有限公司
公司法定英文名称:Guizhou China No .7 Grinding Wheel Co . Ltd
2、公司法定代表人:曾德明
3、公司董事会秘书:任东升
联系地址:贵州·贵阳·清镇
办公电话:0851-2550469　传　真:0851-2550408
电子信箱:E—mail:zgb@chinaqisha. com
4、公司注册地址:贵州省贵阳市　公司邮政编码:551414
公司电子信箱:E—mail:zjlb@chinaqisha.com
公司互联网址:http://www.chinaqisha.com
5、公司选定的信息披露报纸名称:深圳《证券时报》
登载公司年度报告的中国证监会指定国际互联网网址:http://www.cninfo.com.cn
公司年度报告备置地点:公司证券部
6、公司股票上市交易所:深圳证券交易所
股票简称:中国七砂　股票代码:0851

二、会计数据和业务数据摘要

1、本年度利润总额及构成　单位:元

利润总额	3,907,790.91
净利润	3,337,582.27
扣除非经常性损益后的净利润	3,086,127.43
主营业务利润	34,185,439.32
其他业务利润	380,867.60
营业利润	3,549,936.07
投资收益	106,400.00
补贴收入	375,860.49
营业外收支净额	–124,405.65
经营活动产生的现金流量净额	–25,071,820.69
现金及现金等价物净增加额	–43,228,873.32

2、截止报告期末公司前三年主要会计数据及财务指标　单位:元

	1999年度	1998年度		1997年度	
	调整后	调整前	调整后	调整前	调整后
(1)主营业务收入	143402778.99	184095117.41	184095117.41	210637469.45	210637469.45
(2)净利润	3337582.27	12022713.09	13229514.90	35456831.34	34697040.81
(3)总资产	567568867.53	578006681.94	576444967.93	489539507.00	486770991.18
(4)股东权益	367401816.17	367625947.91	364064233.90	197394255.50	194625739.68
(5)每股收益(摊薄)	0.02	0.07	0.08	0.28	0.27
(加权)	0.02	0.08	0.09	0.28	0.27
(扣除非经营性损益后)	0.02	0.05	0.05	0.27	0.27
(6)每股净资产	2.12	2.11	2.10	1.54	1.52
(7)调整后的每股净资产	2.05	2.07	2.07	1.48	1.46
(8)净资产收益率 (摊薄)	0.91%	3.29%	3.63%	16.35%	17.83%
(加权)	0.91%	4.08%	4.53%	18.72%	18.51%
(9)每股经营活动产生的现金流量净额	–0.14	–0.05	–0.05		

3、报告期内股东权益变动情况:　单位:元

项目	股本	资本公积	盈余公积	法定公益金	未分配利润	股东权益合计
期初数	173000000	138684084.10	45667954.91	10374729.19	6712194.89	364064233.90
本期增加	0	0	1501912.03	333758.23	1835670.24	3337582.27
本期减少	0	0				
期末数	173000000	138684084.10	47169866.94	10708487.42	8547865.13	367401816.17

变动原因:(1)报告期内盈余公积金增加1,501,912.03元系本公司对1999年度净利润按规定 比例提取增加所致;
(2)报告期内公益金增加333,758.23元系本公司对1999年度净利润按规定比例提 取增加所致;
(3)报告期内未分配利润系公司对1999年度净利润提取盈余公积金后的剩余部分 。
(4)报告期内股东权益增加3,337,582.27元系本公司1999年度净利润增加所致。

三、股本变动及股东情况

1、报告期末股东总数
截止报告期末,公司股东总数为33388户。
2、前十名股东持股情况。
截止1999年12月31日本公司前十名股东持股情况如下:

股东名称:	持股数(万股)	占总股份比例(%)	股份类别
(1)中国七砂集团有限责任公司	5354.87	30.95	国家股
(2)国投机轻有限公司	2641.48	15.27	国有法人股
(3)贵州省电力公司	990	5.72	国有法人股
(4)贵州省国资局	955	5.52	国家股
(5)中国宝安集团股份有限公司	220	1.27	社会法人股
(6)贵州华联旅业集团股份有限公司	198	1.14	社会法人股
(7)中国磨料磨具进出口联营公司	193.05	1.12	社会法人股
(8)贵州东伟实业股份有限公司	110	0.64	社会法人股
(9)贵州柴油机总厂	66	0.38	社会法人股
(10)贵州东方机床厂	66	0.38	社会法人股

说明:1、持有本公司5%以上股份的股东,本年度内股份数无变化,亦无质押,冻结之 情况发生。
2、前十名股东之间不存在关联关系。
3、上列股东所持股份均为未上市流通股份。
(3)持有本公司10%(含10%)以上股份的法人股东情况
中国七砂集团有限责任公司系本公司第一大股东,持有本公司股份30.95%,法定代表人:张平。经营范围:磨具制品、耐火材料制造、销售;专用设备制造、销售。报告年度该公司持有本公司的股份无质押情况。
国投机轻有限公司系本公司第二大股东,持有本公司股份15.27%,法定代表人:蔡玉英。经营范围:机械制造、汽车制造业、轻工业、纺织工业的投资开发与生产;办理投资项目的股权转让业务;机电产品、汽车(不含小轿车)、轻工产品、纺织产品、金属材料(国家有专项规定的除外)、建材化工产品的销售;机械设备的租赁;与上述业务有关的咨询、信息服务、展览、展销。报告年度该公司持有本公司的股份无质押情况。
(4)报告期内本公司控股股东无变更。

江汉石油钻头股份有限公司

一、公司简介

1、公司法定中文名称:江汉石油钻头股份有限公司
公司法定英文名称:Kingdream Public Limited Company　英文缩写:KPLC
2、公司法定代表人:刘恩学
3、公司董事会秘书:龙邦诚　授权代表:操玉华
联系地址:湖北省潜江市广华前进路江钻股份证券部
电话:0728-6518598　传真:0728-6518598
电子信箱:security@kingdream.com
4、公司注册地址:湖北省武汉市洪山区珞瑜路456号　邮编:430070
公司办公地址:湖北省潜江市广华前进路　邮编:433124
公司电子信箱:info@kingdream.com　公司网址:www.kingdream.com.cn
5、公司选定的信息披露报纸:《证券时报》、《上海证券报》
登载公司年度报告的中国证监会指定国际互联网网址:www.cninfo.com.cn
公司年度报告备置地点:公司证券部
6、公司股票上市交易所:深圳证券交易所
股票简称:江钻股　股票代码:0852

二、会计数据和业务数据摘要

1、本年度主要利润指标情况(合并报表 单位:人民币元)

利润总额	55,922,605.53
净利润	56,133,202.82
扣除非经常性损益后的净利润	50,116,955.05
主营业务利润	94,415,516.79
其他业务利润	5,207,302.70
营业利润	47,598,545.73
投资收益	2,350,113.33
补贴收入	1,071,297.94
营业外收支净额	4,902,648.53
经营活动产生的现金流量净额	55,850,096.03
现金及现金等价物净增加额	–90,495,659.06

注:扣除的非经常性损益项目和涉及金额

①补贴收入	1,071,297.94
②申购资金冻结利息	4,872,755.58
③资产处置损益	5,929.55
④合并价差摊入	42,301.30
⑤罚款收支净额	21,268.62
⑥其他收入	2,694.78
以上项目涉及金额:	6,016,247.77

2、截至报告期末公司前三年主要会计数据和财务指标:(合并报表 单位:人民币元)

项目	1999年	1998年		1997年
		调整后	调整前	
主营业务收入	225,981,215.90	249,440,442.77	249,440,442.77	251,354,309.14
净利润	56,133,202.82	81,205,122.64	83,077,668.14	49,744,136.03
总资产	826,898,061.81	733,267,003.68	740,251,148.96	480,914,474.14
股东权益	511,791,639.68	492,742,795.26	499,726,940.54	235,504,836.47
每股收益	0.281	0.406	0.415	0.332
每股收益(加权)	0.281	0.500	0.511	0.332
扣除非经常性损益后的每股收益	0.251	0.378	0.388	0.301
每股净资产	2.56	2.46	2.50	1.57
调整后的每股净资产	2.55	2.42	2.46	1.48
每股经营活动产生的现金流量净额	0.279	0.218	0.218	—
净资产收益率	10.97%	16.48%	16.62%	21.12%

注:本报告期内股本未发生变动,故按月平均加权每股收益仍为0.281元。

3、报告期内股东权益变动情况

项　目	股　本	资本公积	盈余公积	法定公益金	未分配利润	股东权益合计
期初数	200,000,000.00	256,395,145.31	12,180,768.39	4,060,256.13	24,166,881.56	492,742,795.26
本期增加		2,915,641.60	8,477,420.03	2,825,806.68	7,655,782.79	19,048,844.42
本期减少						
期末数	200,000,000.00	259,310,786.91	20,658,188.42	6,886,062.81	31,822,664.35	511,791,639.68

变动原因:(1)盈余公积金增加8,477,420.03元,是从公司本年度实现净利润中提取10% 的法定公积金和5%的公益金。
(2)未分配利润增加7,655,782.79元,是本公司当年实现净利润扣除提取公积 金、公益金和按公司董事会通过的1999年度每10股派发2元(含税)分配预案后的余额 。

三、股东情况介绍

1、报告期末股东总数31340户。
2、报告期末公司前10名股东持股情况

排名	股东名称	持股数(股)	占总股本比例(%)
1	江汉石油管理局	150,000,000	75
2	景阳证券投资基金	753,249	0.377
3	泰和证券投资基金	500,000	0.250
4	北京通航技贸易有限公司	449,585	0.225
5	同益证券投资基金	288,450	0.144
6	普丰证券投资基金	243,300	0.122
7	同盛证券投资基金	214,850	0.107
8	智毛女	200,000	0.100
9	庄坚智	192,586	0.096
10	付培西	170,800	0.085

说明:①江汉石油管理局期初持有本公司国有法人股150,000,000股,期末持有150,000,000股,占公司总股本的75%,报告期内所持股份数无变化。全部为未上市流 通股份。
②本公司前10名股东中第2—10名为流通股股东,本公司未知其关联关系。
3、持有本公司10%(含10%)以上股份的股东情况
江汉石油管理局,共持有本公司15,000万股,占总股本的75%。法定代表人:刘恩学。
经营范围:石油、石油天然气勘探开发;原油销售,机械设备配件、仪器仪表、钢管、压力容器、化工产品的生产、销售等。注册资金:236,417万元。

唐山陶瓷股份有限公司

(一) 公司简介

1、公司法定中文名称:唐山陶瓷股份有限公司
公司法定英文名称:TANGSHAN CERAMIC CORP., LTD.
2、公司法定代表人:邢平均
3、公司董事会秘书:尚成伯　公司授权代表:徐加力
联系地址:河北省唐山市路北区缸窑路 29 号
联系电话:(0315)2391354　(0315)3271011-3017　传真:(0315)3192354
4、公司注册地址:河北省唐山市路北区缸窑路 29 号　邮政编码:063022
公司电子信箱:tstc@publc.tsptt.he.cn
5、公司选定的信息披露报纸:《证券时报》
指定登载公司年度报告的国际互联网网址:http://www.cninfo.com.cn
公司年度报告备置地点:深圳证券交易所　唐山陶瓷股份有限公司证券部
6、公司股票上市交易所:深圳证券交易所
股票简称:唐山陶瓷　股票代码:0856

(二) 会计和业务数据摘要

1、本年度主要利润指标情况　(单位:人民币元)

指　标	1999 年
(1)利润总额	68117230.97
(2)净利润	46017271.20
(3)扣除非经常性损益后的净利润	47156725.28
(4)主营业务利润	145302176.20
(5)其它业务利润	145302176.20
(6)营业利润	71964047.72
(7)投资收益	-2540526.04
(8)补贴收入	7326912.77
(9)营业外收支净额	-8633203.48
(10)经营活动产生的现金流量净额	-2160695.70
(11)现金及现金等价物净增加额	-102825671.94

注:扣除的非经常性损益项目和涉及金额(单位:人民币元)

项目	金额
合并价差	-2629387.56
新股申购冻结利息	1489932.98
合计	-1139454.58

2、截止报告期末公司前三年主要会计数据财务指标(单位:人民币元)

指标	1999 年	1998 年	1997 年
(1)主营业务收入	464186156.02	39289401.72	393107842.24
(2)净利润	46017271.20	33409077.08	31923304.05
(3)总资产	775873387.99	789638473.20	491077194.80
(4)股东权益	409301497.60	363284226.40	159852192.60
(5)每股收益	0.29	0.21	0.29
(6)每股收益(按月平均加权法计算)	0.29	0.24	0.29
(7)扣除非经常性损益后的每股收益	0.29	0.21	0.29
(8)每股净资产	2.46	2.27	1.4
(9)调整后的每股净资产	2.38	2.19	1.45
(10)每股经营活动产生的现金流量净额	-0.01	0.36	-
(11)净资产收益率(%)	11.70	9.20	19.97

注:①主要财务指标计算方法:
每股收益=净利润/年度末普通股股份总数
每股收益=年度末股东权益/年度末普通股股份总数
调整后的每股净资产=(年度末股东权益-三年以上的应收款项净额-待摊费用-待 处理(流动、固定)资产净损失-开办费-长期待摊费用-住房周转金负数余额)/年度末 普通股股份总数
每股经营活动产生的现金流量净额=经营活动产生的现金流量净额/年度末普通股股份总数
净资产收益率=净利润/年度末股东权益×100%
②由于会计政策变更,根据财政部财会字(1999)35 号文的有关规定,采用追溯调整法,调整了 1999 年度合并会计报表相关的"坏帐准备"帐项。
调整后各年度有关会计数据(单位:人民币元)

项目	1999 年	1998 年	1997 年
坏帐准备	13572250.31	17568552.17	12239439.97
未分配利润	50855439.57	14841681.77	-10110272.54

3、报告期内股东权益变动情况　单位:万元　日期:1999 年 12 月 31 日

项目	股本	资本公积	盈余公积	其中:公益金	未分配利润	合计
期初数	16000	16540.75	23035032.50	1361201.24	14841681.77	363284226.40
本期增加	0	0	9515115.62	2244684.36	46017271.20	55532386.82
本期减少	0	0	0	0	9515115.62	9515115.62
期末数	16000	16540.75	32550148.12	3605885.60	51343837.35	409301497.60

注释:1、盈余公积和公益金变动为本年度利润提取数额。
2、未分配利润变动为本年度利润增加和因计提四项准备调整年初利润。

(三) 股东情况介绍

(1)报告期末公司股东总数为 24606 户。
(2)报告期末公司前十名股东持股情况

序号	股东名称	持股数量(万股)	占总股本比例(%)
1	唐山陶瓷集团有限公司	11000	68.75
2	黄翠红	36.8	0.23
3	刘春江	30.5	0.19
4	况素贞	30.019	0.19
5	杨淮农	23.5375	0.15
6	普丰证券投资基金	19.46	0.12
7	徐杨	19.42	0.12
8	冯小宇	12	0.08
9	苏庆文	11.8	0.08
10	喻梅	11	0.06

公司前 10 名股东无关联关系。
(3)唐山陶瓷集团有限公司代表国家持有本公司股份 11000 万股,占公司股份总额的 68.75%,其所持股份本年度内未发生增减变动,无质押、冻结情况。

宜宾五粮液股份有限公司

一、公司简介

1、公司法定中文名称:宜宾五粮液股份有限公司
英文名称:YIBIN WULIANGYE CO.,LTD
2、公司法定代表人:王国春
3、公司董事会秘书:彭智辅
联系地址:四川省宜宾市翠屏区岷江西路 150 号
联系电话:(0831)3553988 转 6858、5878　传真号码:(0831)3555958
4、公司注册地址、办公地址:四川省宜宾市翠屏区岷江西路 150 号　邮政编码:644007
5、公司选定的信息披露报刊为"中国证券报、证券时报、上海证券报"。
刊载公司年度报告的国际互联网网址为 http://www.cninfo.com.cn
公司年度报告备置地点:公司董事会办公室
6、公司股票上市交易所为:深圳证券交易所　股票简称:五粮液　股票代码:0858

二、会计数据和业务数据摘要

1、公司本年度实现利润情况

序号	项　目	金　额(元)
1	利润总额	786,944,238.74
2	净利润	649,021,962.90
3	扣除非经常性损益后的净利润	649,021,962.90
4	主营业务利润	1,497,595,955.77
5	其它业务利润	2,643,845.29
6	营业利润	786,968,325.85
7	投资收益	
8	补贴收入	
9	营业外收支净额	-24,087.11
10	经营活动产生的现金流量净额	898,446,895.69
11	现金及现金等价物净增加额	-121,363,774.37

注:利润总额 786,944,238.74 元,加上 1999 年度发生的按财政部、国家税务总局 财政字(1998)45 号文件规定应作所得税前纳税调整的广告宣传费 132,537,600 元,应纳税所得额为 919,481,838.74 元;按 33%计提所得税为 303,429,006.83 元,再按川府函(1997)298 号文件精神,由地方财政返回 18%为 165,506,730.99 元,利润总额 786,944,238.74 元,减 33%所得税 303,429,006.83 元,加财政返还 165,506,730.99 元,本公司 1999 年度净利润为 649,021,962.90 元。

2、截止本报告期末公司前三年的主要会计数据和财务指标　单位:元

序号	项　目	1999 年度	1998 年度	1997 年度
1	主营业务收入	3,308,791,041.80	2,814,346,533.12	2,204,454,415.56
2	净利润	649,021,962.90	559,778,280.97	341,298,375.86
3	总资产	3,918,898,762.95	2,744,404,636.01	1,155,167,331.93
4	股东权益(不含少数股东权益)	2,420,499,366.45	1,771,477,403.55	392,384,778.43
5	每股收益	1.352	1.749	1.42
6	每股净资产	5.043	5.536	1.63
7	调整后的每股净资产	5.043	5.53	1.62
8	每股经营活动产生的现金流量净额	1.872	1.122	
9	净资产收益率(%)	26.81	31.60	86.98
10	按月平均加权计算的每股收益	1.45	1.83	1.42
11	扣除非经营性损益后的每股收益	1.352	1.68	1.42

注:(1)1999 年末总股本 48,000 万;1998 年末总股本为 32,000 万;1997 年末 总股本为 24,000 万。 以上每股指标均按当期实现数除以当期总股本所得。
(2)1997 年度未编制现金流量表,故当年每股经营活动产生的现金流量净额未反映。
(3) 公司 1998 年 1-3 月总股本为 24,000 万;4-12 月为 32,000 万;1999 年 1-8 月总股本为 32,000 万,9-12 月为 48,000 万。以上述月份相关数据作为加权平均的计算基数。
(4)本公司在接受税务部门 1998 年度税收清算时,经税务局认定多计提税金 7,631,983.39 元,除按 15%上交所得税 1,144,797.51 元,仍反映在年初应交税金外,其余 6,487,185.88 元补记入年初股东权益内,故 98 年股东权益在 1,764,990,217.67 元的基 础上,增加 6,487,185.88 元后,实际为 1,771,477,403.55 元,使 1998 年度相关指标变化。

3、本报告期内股东权益变动情况

项目	股　本	资本公积	盈余公积	法定公益金	未分配利润	股东权益合计
期初数	320000000	1202014836	64946256	32473128	152043181	1771477403
本期增加	160000000		64902196	32451098	551668668	809021962
本期减少		160000000				160000000
期末数	480000000	1042014836	129848452	64924226	703711850	2420499366

变动原因:(1)股本增加为 99 年中期用资本公积 10 转 5 方案 9 月实施后引起。
(2)资本公积减少为 99 年中期 10 转 5 方案实施后引起。
(3)盈余公积为本年度获利后进行利润分配时按规定比例提取增加。
(4)法定公益金为本年度获利后进行利润分配时按规定比例提取增加。
(5)未分配利润为本年度实现的净利润提取二金后引起增加。

三、股东情况介绍

1、截止 1999 年 12 月 30 日,本公司股东总数为 74,603 户,其中未流通国有股 1 户,公司高管人员 11 户,社会公众股 74,591 户。
2、公司前 10 名股东的持股情况

序号	股 东 名 称	持股数量(股)	持股比例
1	宜宾国有资产管理局	360,000,000	75%
2	同益证券投资基金	3,775,945	0.79%
3	宏源股份有限公司证券营业部	1,418,577	0.30%
4	同盛证券投资基金	1,401,822	0.29%
5	深圳市裕明天商贸有限公司	1,048,396	0.22%
6	航天信托投资基金	647,989	0.13%
7	上海　李先兰	585,000	0.12%
8	普丰证券投资基金	583,801	0.12%
9	重庆　吕松	573,750	0.12%
10	沈阳　许文尧	554,150	0.12%

注:(1)本公司前 10 名股东之间不存在关联关系。
(2)持股 5%以上(含 5%)的股东为"宜宾市国有资产管理局",是本公司控 股股东, 其所持股份不存在质押或冻结等情况。
(3)本报告期内本公司的控股股东没有发生变更等情况。

安徽国风塑业股份有限公司

一、公司简介

1、公司中文名称:安徽国风塑业股份有限公司
英文:ANHUI GUOFENG PLASTIC INDUSTRY CO. LTD
2、公司法定代表人:郑忠勋
3、公司董事会秘书:叶刚　授权代表:夏守豪
联系地址:合肥市马鞍山路1号
公司联系电话:0551-2885333—转证券部　传真号码:0551-2888835
4、公司注册地址:安徽省合肥市马鞍山路1号　邮编:230001
电子信箱:guofeng@ mail.hf.ah.cn
5、公司选定的信息披露报纸为《证券时报》
中国证监会指定的登载公司年度报告的国际互联网网址:
http://www.cninfo.com.cn
公司年度报告备置地点:本公司证券部
6、公司股票上市交易所:深圳证券交易所
股票简称:国风塑业　股票代码:0859

二、会计数据和业务数据摘要

1、公司本年度实现　单位:元

利润总额:	71,675,297.06
净利润:	59,202,600.26
扣除非经常性损益后的净利润:	54,468,804.58
主营业务利润:	91,520,119.93
其它业务利润:	-82,570.35
营业利润:	61,906,510.17
投资收益:	3,750,000
补贴收入:	3,569,000
营业外收支净额:	2,449,786.89
经营活动产生的现金流量净额:	69,061,478.76
现金及现金等价物净增加额:	-62,235,828.10

注:扣除非经常性损益项目和涉及金额:
1)营业外收支净额项目:
a、处理固定资产净收益:-22,806.62
b、罚款支出:1000
c、扣除新股发行的资金利息:1,186,602.30
2)补贴收入项目:
a、财政局高科技产品超税负返还:3,569,000
3)以上项目涉及金额:4,733,795.68
2、主要合计数据和财务指标　(单位:元)

指标项目	1999年	1998年		1997年	
	调整后	调整前	调整后	调整前	调整后
主营业务收入	409984275.02	353436474.25	353436474.25	274174979.46	274174979.46
净利润	59202600.26	50671057.42	53389672.46	46501559.93	41864737.87
总资产	880957203.68	787359284.36	777360289.48	470066803.08	457349193.16
股东权益(不含少数股东权益)	545704799.53	496501194.15	486502199.27	151232158.71	138514548.79
每股收益(摊薄)	0.33	0.28	0.30	0.39	0.35
每股收益(加权)	0.33	0.36	0.38		
扣除非经常性损益后每股收益	0.30	0.26	0.27		
每股净资产	3.03	2.76	2.70	1.26	1.15
调整后的每股净资产	3.03	2.75	2.69	1.24	1.14
每股经营活动产生的现金流量净额	0.38	0.44	0.44		
净资产收益率(摊薄)%	10.85	10.21	10.97	31	30
净资产收益率(加权)%	11.47	20.05	22.12	33.39	32.48

3、报告期间内股东权益变动情况:

项目	股本	资本公积	盈余公积	法定公益金	未分配利润	股东权益合计
期初数	180000000	281261575.93	3786093.48	1262031.16	21454529.86	486502199.27
本期增加			8880390.03	2960130.01	59202600.26	68082990.29
本期减少					8880390.03	8880390.03
期末数	180000000	281261575.93	12666483.51	4222161.17	71776740.09	545704799.53

变动原因:1、盈余公积和公积金变动为本年度利润提取数额所致。
2、未分配利润变动为本年度利润增加和因计提四项准备调整年初利润所致。

三、股东情况介绍

1、报告期末本公司股东总数为25616户,其中国家股股东1户,拥有股份12000万股,董事、监事及高管人员共13人,持有股份62900股。

2、前10名股东持股情况:

股东名称	持股数量(万股)	占总股本比例(%)
安徽国风集团有限公司(国家股股东)	12000	66.67
兴华证券投资基金	1285.22	7.14
汤晓旋	59.504	0.331
钟　浩	26.76	0.149
刘梅卿	26.3019	0.146
董　珊	22.31	0.124
普丰证券投资基金	21.9	0.122
吴　坤	21.63	0.12
新疆金科电子信息开发公司	19.5	0.108
黄树基	19.494	0.108

①本公司持股数量第一名股东安徽国风集团有限公司,持有本公司12000万股国家股,在报告期内所持股份没有增减变动情况,也没有发生质押或冻结情况。

②本公司持股数量第二名股东兴华证券投资基金拥有本公司1285.22万股,占总股本的7.14%,较年初减少185.5456万股,系二级市场买卖所至。报告期内,没有发生质押或冻结情况。

③本公司持股数量第二名至第十名股东均为社会公众股东,其持股数量在本年度的增减变化完全系二级市场买卖所致,与本公司不存在任何关联关系。

3、报告期内除安徽国风集团有限公司外,本公司无持股10%以上的股东。安徽国风集团有限公司法定代表人为郑忠勋先生,经营范围包括:塑胶建材、塑胶门窗、BOPP和PE薄膜、各类注塑制品、各类家用电器配件、PVC高阻燃粒子和吸塑制品。

北京顺鑫农业股份有限公司

一、公司简介

1.公司法定中文名称:北京顺鑫农业股份有限公司
英文名称:BEIJING SHUNXIN AGRICULTURE CO.,LTD
2.公司法定代表人:龚建友
3.公司董事会秘书:田建国　授权代表:魏　伟
联系地址:北京市顺义区站前街北京顺鑫农业股份有限公司
联系电话:(010)69428900 (010)69427258-8020、8010　传真:(010)81499846
电子信箱:jgtian@371.net
4.公司注册地址:北京市顺义区站前街
公司办公地址:北京市顺义区站前街　邮政编码:101300
公司国际互联网址: http://www.0860.com.cn
电子信箱:SXNYGF@PUBLIC.BTA.NET.CN
5.公司选定的信息披露报纸:《中国证券报》、《证券时报》
年度报告指定登载网址:http://www.cninfo.com.cn
公司年度报告备置地点:公司证券部
6.公司股票上市交易所:深圳证券交易所
股票简称:顺鑫农业　股票代码:0860

二、会计数据和业务数据摘要

(一)本年度主要利润指标情况　(单位:元)

项目	1999年
利润总额	95,941,559.70
净利润	77,198,567.99
扣除非经常性损益的净利润	69,371,681.32
主营业务利润	129,654,822.36
其他业务利润	7,131,889.02
营业利润	68,225,954.74
投资收益	
补贴收入	24,738,218.29
营业外收支净额	2,977,386.67
经营活动产生的现金流量净额	80,944,108.51
现金及现金等价物净增加额	-266,170,528.87

注:扣除非经常性补贴收入4849500元、扣除营业外收入5757303.62元、营业外支出2779916.95元。

(二)公司前三年主要会计数据和财务指标(单位:万元)

项目	1999年度	1998年度(调整前)	1998年度(调整后)	1997年度
主营业务收入	636,305,938.40	733,525,286.06	733,525,286.06	899,369,689.78
净利润	77,198,567.99	88,391,250.60	84,110,953.05	65,763,322.39
总资产	1026,744,914.95	1157079,140.80	1150760,104.86	686,731,267.38
股东权益	815,580,648.72	742,662,378.28	738,382,080.73	289,330,630.68
每股收益	0.276	0.32	0.30	0.42
加权平均每股收益	0.39	0.37		
扣除非经常性损益后的每股收益	0.248	0.234	0.219	0.256
每股净资产	2.91	2.65	2.64	1.85
调整后的每股净资产	2.86	2.63	2.62	1.82
每股经营活动产生的现金流量净额	0.29	0.12	0.12	
净资产收益率(%)	9.47	11.90	11.39	22.73

注　主要财务指标计算方法
(1)每股收益(摊薄)=净利润/ 年度末普通股股份总数
(2)每股净资产=年度末股东权益/ 年度末普通股股份总数
(3)调整后的每股净资产=[年度末股东权益-三年以上的应收款项净额-待摊费用-待处理(流动、固定)资产净损失-开办费-长期待摊费用-住房周转金负数余额]/年度 末普通股股份总数
(4)每股经营活动产生的现金流量净额=经营活动产生的现金流量净额/年度末普 通股股份总数
(5) 净资产收益率=净利润/年度末股东权益 x100%

(三)股东权益变动情况

项目	股本	资本公积	盈余公积	法定公益金	未分配利润	股东权益合计
期初数	280000000	444271127	16822190	8411095.30	-2711237.55	738382080.73
本期增加			14897466	7448733.04	62301101.91	77198567.99
本期减少						
期末数	280000000	444271127	31719656	15859828.34	59589864.36	815580648.72

变动原因:1、盈余公积的增加是由于按规定提取法定盈余公积和法定公益金;
2、法定公益金的增加是由于按规定提取法定公益金;
3、未分配利润的增加主要是由于公司经营活动过程中利润的增加;
4、股东权益的增加是由于经营过程中增加的未分配利润和按规定年末提取的法 定盈余公积和法定公益金。

三、股本变动及股东情况

1、截止1999年12月31日,公司股东总数为40706户。
2、报告期末公司前十名股东持股情况:

名次	股东名称	持股数量(股)	占总股本比例(%)
1	北京市泰丰现代农业发展中心	210000000	75.00
2	泰和证券投资基金	1999580	0.71
3	北京佳信天地科技有限公司	495030	0.18
4	中信控江	415100	0.15
5	中信证券北太平庄证券营业部	408600	0.15
6	普丰证券投资基金	340586	0.12
7	中原信托投资公司	297920	0.11
8	同盛证券投资基金	263702	0.09
9	财政南京	250000	0.09
10	许　慧	200000	0.07

说明:1)持股5%(含5%)以上的法人股股东所持股份未发生抵押、冻结等情况。
2)前十名股东之间不存在关联关系。
(3)持股10%以上的法人股东情况。
北京市泰丰现代农业发展中心持有国有法人股21000万股,占公司总股本的75%,为本公司的控股股东。公司法定代表人:龚建友。
公司经营范围:种植业,养殖业及其产品加工销售;农业技术开发;农业产前、产中、产后服务;销售日用百货,日用杂品,五金,交电,化工,针纺织品。

茂名永业(集团)股份有限公司

茂名永业(集团)股份有限公司1999年年度报告摘要

一、公司简介

1、公司的法定中、英文名称及缩写:
中文名称:茂名永业(集团)股份有限公司
英文名称:Maoming Yongye (Group) Co., Ltd.　英文名称缩写:MMYY
2、公司的法定代表人:李崇业
3、公司董事会秘书:王洪信
联系地址:广东省茂名市环市西路61号
联系电话:0668—2327411—8008　传真:0668—2326412
授权代表:刘云燕
联系地址:广东省茂名市官山西路21号　联系电话:0668—2286717　传真:0668—2326412
4、公司注册地址:广东省茂名市环市西路61号
公司办公地址:广东省茂名市环市西路61号　邮政编码:525024
公司电子信箱:mmyongye @ mm.gd.cninfo.net
5、公司选定的信息披露报纸名称:《证券时报》、《中国证券报》
登载公司年度报告的中国证监会指定国际互联网网址:http://www.cninfo.com.cn
公司年度报告备置地点:广东省茂名市官山西路21号本公司证券部
6、公司股票上市地点:深圳证券交易所
股票简称:茂化永业　股票代码:0861

二、会计数据和业务数据摘要

(一)、本年度主要利润指标　(单位:人民币元)

利润总额:	19,087,444.15
净利润:	16,313,416.58
主营业务利润:	24,193,635.21
扣除非经营性损益后的净利润:	11,434,946.21
其它业务利润:	148,069.04
营业利润:	14,208,973.78
投资收益:	0
补贴收入:	3,422,200.34
营业外收支净额:	1,456,270.03
经营活动产生的现金流量净额:	4,321,948.81
现金及现金等价物净增加额:	9,541,691.54

注:本年度公司非经营性损益构成如下(单位:元)

项目	金额
补贴收入	3,422,200.34
营业外收支净额	1,456,270.03
合计	4,878,470.37

(二)、截至报告期末公司前三年主要会计数据和财务指标

序号	项目	1999年度	1998年度	1997年度
1	主营业务收入(元)	126,493,283.32	118,483,265	100,838,847
2	净利润(元)	16,313,416.58	14,767,113	13,480,883
3	总资产(元)	297,144,911.41	244,086,297	219,825,709
4	股东权益(不含少数股东权益)(元)	149,793,308.64	143,661,868	75,324,903
5	每股收益(元/股)	0.25	0.306	0.359
6	每股收益(按月平均加权法计算)(元/股)	0.28	0.358	0.378
7	扣除非经常性损益后的每股收益(元/股)	0.176	0.256	
8	每股净资产(元/股)	2.30	2.80	2.01
9	调整后每股净资产(元/股)	2.30	2.80	1.99
10	每股经营活动产生的现金流量净额(元)	0.066	0.00	
11	净资产收益率(%)	10.89	10.93	

(1)主要财务指标的计算方法
每股收益=净利润/年度末普通股股份总数
每股净资产=年度末股东权益/年度末普通股股份总数
调整后的每股净资产=(年度末股东权益—三年以上的应收款项净额—待摊费用—待处理(流动、固定)资产净损失—开办费—长期待摊费用—住房周转金负数余额)/年度末普通股股份总数
每股经营活动产生的现金流量净额=经营活动产生的现金流量净额/年度末普通股股份总数
净资产收益率=净利润/年度末股东权益×100%
(2)、需要说明的是:由于会计政策变更,根据财政部财会字(1999)35号文、49号文的有关规定,采用了追溯调整法,调整了一九九九年度合并会计报表相关的"坏帐准备"账项。调整前各年会计数据如下:

项目	1999年	1998年	1997年
坏帐准备	3,930,251.77	100,973.08	0
未分配利润	36,913,607.49	32,676,882.57	25,124,836.41

调整后各项会计数据:

项目	1999年	1998年	1997年
坏帐准备	3,930,251.77	3,782,948.59	4,215,477.59
未分配利润	36,913,607.49	29,547,203.39	21,541,680.46

(三)股东权益变动情况　单位:人民币元

项目	股本	资本公积	盈余公积
期初数	50,000,000	51,459,681.61	8,973,007.06
本期增加	15,000,000		2,447,012.48
本期减少		15,000,000.00	
期末数	65,000,000	36,459,681.61	11,420,019.54
变动原因	1999年5月12日实施年度利润分配(10送3)所致	用资本公积转增股本所致	从本年度利润中按比例提取

(续) 单位:人民币元

项目	法定公益金	未分配利润	股东权益合计
期初数	2,991,003.02	29,547,203.39	139,979,892.06
本期增加	815,670.83	7,366,404.10	24,813,416.58
本期减少	15,000,000.00		
期末数	3,806,673.85	36,913,607.49	149,793,308.64
变动原因	从本年度利润中按比例提取	本年度净利润扣除两金和每10股派1元(含税)分配预案后的余额	因为本年度利润增加和因计提四项准备调整年初利润及98年度利润分配所致

三、股东情况介绍

1、报告期末股东总数:11492户
2、前10名股东的持股情况

股东名称	持股数量(万股)	占总股本的比例(%)	备注
广东省茂名市国有资产管理局	1882.1	28.96	国家股未上市流通
中石化茂名石油化工公司	338	5.2	境内法人股未上市流通
茂名永业(集团)股份有限公司工会持股会	67.9	1.04	国家股转配股,未上市流通
广东省茂名信托投资有限公司	60	0.92	境内法人股未上市流通
广东省茂名市化学工业总公司	46.5	0.71	境内法人股未上市流通
广东省茂名市兴达发展总公司	38.4	0.59	境内法人股未上市流通
陈海传	37.9	0.58	上市流通股
广东省茂名市工业开发公司	35.1	0.54	境内法人股未上市流通
福建华福	33	0.49	上市流通股
南宁铁路分局茂名站	21.6	0.33	境内法人股未上市流通

说明:
(1)、报告期内茂名市国有资产管理局持有的国家股由期初的1447.8万股增加至1882.1万股,是因公司实施了每10股送3股的1998年度利润分配方案。报告期内中石化茂名石油化工公司持有的法人股由期初的260万股增加至338万股,原因同上。
(2)、茂名市国有资产管理局为公司国家股股东,其所持股份无质押和冻结;中石化茂名石油化工公司为公司法人股股东,其所持股份无质押和冻结。
(3)、公司前10名股东中第7位和第9位为流通股股东,本公司未知其之间的关联关系;其余8位股东之间无关联关系。
(4)、公司无战略投资者或一般法人配售新股成为前10名股东的。
3、公司无持股10%及以上的法人股股东。
4、报告期内控股股东未发生变更。

四、股东大会简介

1999年5月5日,公司召开1998年度股东大会。此股东大会决议公告刊登于1999年5月7日的《证券时报》和《中国证券报》。

五、董事会报告

(一)、生产经营情况
1、公司所处的行业及公司1999年度在本行业中的地位
公司是广东省茂名市龙头企业之一,是全国炭黑行业中唯一一家上市公司。1999年生产炭黑21,333吨,销售收入12,649万元,实现利润1,631.34万元,在全国炭黑行业排名分别为第四、第三和第一(资料来源于《炭黑行业统计定期报表》1999年第4季度)。
2、公司主营业务的范围及其经营状况
公司的主营业务是从事炭黑系列产品的制造和销售,以及油品的加工销售和尾气余热发电。1999年,公司共生产炭黑21333吨,销售21166吨,产销率99.20%,加工油品5210吨,销售5200吨,产销率99.80%,尾气余热发电1774.3万千瓦时,除满足生产自用外,其余全部输入茂名电网。
公司主营业务按行业分析:炭黑属于化工原材料,炭黑及其尾气余热发电是本公司的主要业务和利润来源。在公司主营业务收入中,炭黑销售收入占70%。
公司主营业务按地区分析:根据全国炭黑行业协会的统计数字,公司炭黑1999年全国市场占有率5%,广东市场占有率约50%。
3、在经营中出现的问题与困难及解决方案
(1)、在经营中出现的问题与困难
主营业务单一且规模较小,缺乏引进国外先进技术建设新工艺炭黑生产线的资金。制约了公司的进一步发展。
(2)、为实施公司可持续发展战略,加速产业升级和产品结构调整。公司拟在2000年上半年进行配股筹资。此次配股募集资金的投入拟用于扩大主营规模,建设2万吨/年新工艺炭黑生产线等主营方面的技术改造与产品升级,并拓展在其他新兴高科技领域的业务发展。
(二)、公司财务状况

项目	1999年(元)	1998年(元)	增减	增减主要原因
总资产	297,144,911.41	240,404,321.14	+23.6%	银行存款增加及再见工程投入
长期负债	101,340,000.00	41,340,000.00	+145.14%	长期借款增加
股东权益	149,793,308.64	139,979,892.06	+7.01%	净利润增加
主营业务利润	24,193,635.21	27,207,643.84	-11.07%	营业务成本上升
净利润	16,313,416.58	15,300,615.19	+6.62%	补贴收入增加及资产盘盈

(三)、公司投资情况
1、募集资金使用情况
(1)、前次募集资金的数额和到位时间
经中国证券监督管理委员会证监发字[1998]175、176号文批复批准,我公司于1998年6月25

日在深圳证券交易所上网发行人民币普通股1250股,发行价为每股5.19元 。扣除发行费用后,募集资金净额为6012.5万元。截止1998年7月3日,全部募集资金已到位。

(2)、前次募集资金的实际使用情况

募集资金的实际使用情况与招股说明书的承诺对照表

单位:万元

	承诺投资项目	承诺投资	实际投资项目	实际投资
1	2万吨软质炭黑新工艺技改项目	2800	2万吨软质炭黑新工艺技改项目	2717.18
2	归还3万吨炭黑"双加"项目贷款	2930	归还3万吨炭黑"双加"项目贷款	2930
3	补充流动资金	282.5	补充流动资金	282.5

(3)、实际投资项目进度及效益情况

1、2万吨/年软质新工艺炭黑节能技改工程项目的进度及效益情况。该项目是国 家经贸委批准的重点工程项目,项目共需总投资9290万元,建设期两年半。

本公司将根据项目实施进展情况,筹集资金分批、分阶段逐步投入。本公司严格按照《招股说明书》中承诺的募集资金的投入进程,对该项目进行投入实施。计划投入募集资金2800万元,截止到1999年12月31日止,实际投入2717.18万元,主要用于 该项目的前期工程建设,根据工程进展情况已经基本完成规定的工作内容,主要包括项目的三通一平、部分土建工程、项目的《可行性研究报告》、公用工程的建设等工作,尚未投入的募集资金82.82万元主要用于土建工程的收尾工作和部分工艺设备引 进和安装的需要。由于整个项目总投资9290万元,项目后期还需投入6490万元,前次募集资金剩余的少部分资金将结合该项目后期投入一并实施,预计可在2000年上半年完成前次募集资金的全部投入。

因该项目尚未完工,因此未产生投资收益。该项目预计仍可按计划进度于2000年底以前完工。

2、1998年7月3日募集资金到位后, 立即安排2930万元用于归还银行部分长期贷 款,1998年度降低银行利息164.7万元。

公司董事会认为:募集资金完全按照招股说明书的承诺使用,没有变更资金投向,使用效果较好。

2、报告期内无非募集资金投资的重大项目。

(四)、中国加入世界贸易组织将对公司未来经营产生的重大影响

随着我国日益临近加入世界贸易组织,公司对加入世贸组织后对本行业带来的影响进行了综合分析。我们认为:我国加入世贸组织后,机遇和挑战并存,机遇大于挑战。中国加入世贸组织后,随着炭黑进口关税的逐步降低,从国外进口的炭黑会有所增加,但总量不会太大。国外进口炭黑由于人工、成本及运输费等条件制约,在价格上缺乏竞争力,对国内市场及本公司不会产生太大冲击。对于本公司来讲,由于地处广东沿海开放地区,濒临港澳,有自营进出口权,多年来,公司产品出口一直名列行业前茅, 在东南亚等国家、 地区有一定竞争优势。如果炭黑原料关税大幅度下降, 企业生产成本将降低,竞争力可进一步增强。中国加入世贸组织后,对企业管理水平的提高也会产生一定的促进作用, 同时有利于促进炭黑行业国际间的合作与交流。

(五)、新年度的业务发展计划

2000年国内炭黑市场竞争将更趋激烈,两极分化将更加突出。对此,本公司将进一步开拓市场,加大技改投入,调整产品结构。同时公司还将积极、稳妥地搞好资本运营,努力实现低成本扩张的策略,形成新的利润增长点。2000年公司计划生产销售炭黑23000~25000吨。为了完成这一经营目标,公司将重点强化如下工作:

1、以市场为导向,扩大市场份额。

公司2000年市场战略为"稳定广东市场,扩大出口份额,开发新的领域。"公司的大部分客户是广东及东南亚的橡胶、轮胎生产企业,经济实力强,在稳定老用户的基础上,扩大出口份额,可以及时收回货款,开发新的领域是指侧重开发塑料炭黑市场。

2、开发新产品,提高产品质量和档次

传统的炭黑产品广泛用于轮胎、橡胶行业,起填充、耐磨、抗屈挠、有弹性的作用。 新工艺炭黑因具有耐高温、耐磨擦、耐腐蚀、可填充、可着色等特点, 而逐步

用于塑料制品行业,如用来作电视机、手机、BP机、传真机、电话机、电脑等的外壳的原料等等。2000年公司拟加大开发力度,提高产品质量和档次,提高产品的高附加值。

3、进一步降低成本,提高经济效益

公司将以财务管理为核心,进一步理顺各部门的职能,学邯钢,降成本,做到成本管理有目标、有考核、有奖罚。

4、积极稳妥地实施低成本扩张,提高企业竞争力

公司是广东省茂名市重点扶持的龙头企业之一,享有多项优惠政策。公司将积极稳妥地实施低成本扩张策略,选择好的目标企业,进行重组或购并,降低企业主营单一的风险,提高企业的竞争力。

5、抓紧建好在建工程,使其早日发挥效益

公司2万吨/年新工艺炭黑生产线,是国家经贸委批准的重点项目,总投资9290万元,到1999年12月31日已投入2717.18万元,基本完成计划进度。2000年力争将2万吨/年新工艺炭黑生产线建成并投产,尽早发挥效益。

6、做好2000年度增资配股工作

2000年度,公司距上一次发行新股(1998年度发行新股并上市流通)已满一个完整的会计年度,且公司上市以来,在公司章程、组织结构、管理人员设置、财务会计制度方面符合《公司法》及《上市公司章程指引》的要求;在信息披露方面比较规范。为了实施持续发展战略,给公司扩大发展做好资金上的准备,公司拟在2000年度进行增资配股。

(六)、董事会日常工作情况

1、报告期内董事会的会议情况及决议内容

(1)、公司董事会于1999年3月30日召开99年第1次会议,会议审议并通过了"公司1998年度报告"、"1998年度董事会工作报告"、"1998年财务决算报告及利润分配预案"、"关于继续聘用北京兴华会计师事务所的议案"等。此次会议决议公告刊登于1999年4月2 日《证券时报》和《中国证券报》。

(2)公司董事会于1999年8月8日召开99年第二次会议,会议审议并通过了"公司1999年度中期报告"。

此次会议决议公告刊登于1999年8月10日的《证券时报》和《中国证券报》。

2、董事会对股东大会决议的执行情况

报告期内,董事会按照股东大会决议及授权,组织实施了1998年度派息方案:以1998年末总股本5000万股为基数,每10股用公积金转增3股,派1元人民币现金(含税,扣税后,股东实际每10股派0.8756元现金。股权登记日为1999年5月12日,除权日 为1999年5月13日, 转增股本可流通部分上市交易日为1999年5月17日)。

(七)、董事、监事、高级管理人员情况

姓名	性别	年龄	职务	任期起止日期	年初持股数(股)	年末持股数(股)
李崇业	男	64	董事长	1997.5~2000.5	25000	32500
柯朝南	男	54	副董事长、总经理	1997.5~2000.5	25000	32500
周永声	男	58	董事、副总经理	1997.5~2000.5	25000	32500
陈默	男	42	董事、副总经理	1997.5~2000.5	25000	32500
黄伟年	男	55	董事	1997.5~2000.5	25000	32500
孙绍德	男	53	董事	1997.5~2000.5	0	0
王洪信	男	36	董事、副总经理	1997.5~2000.5	25000	32500
江光云	男	53	监事长	1997.5~2000.5	25000	32500
吴绍泰	男	65	监事	1997.5~2000.5	500	650
黄喜	男	59	监事	1997.5~2000.5	3000	3900
赵仕溪	男	55	监事	1999.5~2000.5	25000	32500
李文斯	男	58	监事	1999.5~2000.5	4615.38	6000
李刚	男	64	总工程师	1997.5~2000.5	10000	13000

说明:

(1)、以上董事、监事及高级管理人员年末持股增加了30%,是因公司实施了每10股转增3股的1998年度利润分配方案。

(2)、以上部分董事、监事及高级管理人员的年度报酬总额约为20.23万元。其中 ,在2.2万至3万元年度报酬数额区间内, 领取报酬的董事 2 人, 分别是李崇业(

29476元),柯朝南(22817元);在1.6万至1.9万元年度报酬数额区间内,领取报酬的董事、监事、高级管理人员6人,分别是周永声(17449元),黄伟年(17295元)

,江光云(16355元),吴绍泰(18111元),赵仕溪(16033元),李刚(18940元);在1.4万至1.6 万元年度报酬数额区间内,领取报酬的董事、监事3人,分别是陈

默(15883元),王洪信(14645元),黄喜(15349元)。

(3)、报告期内,因执行《公司法》第五十八条规定:"国家公务员不得兼任 公司的董事、监事、经理"。公司原董事孙帝林先生辞去董事职务,补选王洪信先生

为董事;公司原监事柯铭全先生和原监事项玲女士辞去监事职务,分别补选赵仕溪先生和李文斯先生为监事。

(4)、报告期内,无聘任或解聘公司经理、董事会秘书情况。

(八)、本次利润分配预案:

经北京兴华会计师事务所有限责任公司年终审计验证, 本公司1999年度实现净利润1631.34万元,提取10%法定公积金163.13万元,提取5%法定公益金81.57万元, 加上年初未分配利润2954.72万元,可供股东分配的利润为4341.36万元。

经研究,拟定公司1999年度利润分配预案为:1999年末总股本6500万元为基数,拟向全体股东每10 股派发现金1元(含税),剩余利润3691.36 万元转入下年度一

并分配。

以上预案尚须经公司1999 年度股东大会审议通过。并报有关部门批准后执行。

(九)、报告期内, 公司选定的信息披露报纸无变更。

(三)、本公司报告期内无利润分配、公积金转增股本及配股方案实施。

六、监事会报告

(一)、监事会会议情况

公司监事会1999年度召开监事会议两次:

1、1999年3月31日公司监事会召开1999年度第1次会

议,会议审议通过了如下议案:

(1)、公司1998年度监事会工作报告。

(2)、公司1998年年度报告。

(3)、公司关于更换部分监事的议案:按《公司法》规定,同意项玲女士、柯 铭全先生辞去公司监事职务,提名增补赵仕溪先生、李文斯先生为公司监事会监事,

并报请股东大会通过。

2、1999年8月8日公司监事会召开1999年度第2次会议,会议审议通过了如下议案:

(1)、公司1999年中期报告。

(2)、公司1999年中期不进行利润分配,也不进行资本公积金转增股本的议案。

(二)、监事会独立意见

1、公司监事会作为公司常设监督机构,按照《公司法》及公司章程有关规定, 在履行职责期间,列席了公司历次董事会议,检查了公司1999 年度会计报表和其他

会议文件,审核了公司财务年度报告和年度审计报告。

2、监事会认为:公司按照中国证监会及有关部门规定建立健全法人治理结构, 建立了公司内部控制制度,并依法运作,公司决策程序合法。公司董事、 经理执行

公司职务时无违反法律、法规、 公司章程或损害公司利益的行为。

3、北京兴华会计师事务所按照会计准则审核了公司1999年度报告并出具了无保 留意见的审计报告。 监事会认为公司1999年度报告中涉及的财务数据真实, 北京兴

华会计师事务所提供的财务报告客观公正,能真实反映公司的财务状况和经营成果。

4、公司最近一次募集资金实际投入项目和承诺投入

项目一致。

5、报告期内,公司无收购或出售资产。

6、报告期内,公司无关联交易。

七、重大事项

1、报告期内,公司无重大诉讼、仲裁事项。

2、报告期内,公司及公司董事、监事、高级管理人员未受到监管部门的处罚。

3、报告期内,公司控股股东无变更,公司总经理、董事会秘书无变更。

4、报告期内,公司无收购及出售资产、吸收合并事项。

5、报告期内,公司无重大关联交易事项。

6、报告期内,本公司已做到了人员独立,资产完整和财务独立,实行了与控股 股东在人员、资产、财务上的"三分开"。

7、报告期内,公司无托管、承包、租赁其他公司资产或其他公司托管、承包、租赁本公司资产的事项。

8、报告期内继续聘用北京兴华会计师事务所有限责任公司负责公司审计工作。

9、报告期内,无重大合同(担保)事项。

10、报告期内,未更改公司名称和股票简称。

11、计提四项资产减值准备对公司的影响。

根据财政部财会字[1999]35号文《关于印发〈股份公司会计制度有关会计处理问题补充规定〉的通知》和财政部财会字[1999]49 号文《关于〈股份有限公司会计

制度有关会计处理问题补充规定问题解答〉的通知》的有关规定,本公司已制定内部控制制度, 并采用追溯调整法调整重编了1999 年度会计报表相关项目的期初数和

上年数。调整后对公司财务状况和经营成果的影响如下:

会计政策变更对以前年度净利润的累积影响数为3681975.51元,均为坏账准备计提方法变更的累积影响数。由于会计政策变更,1996年度调减利润1918085.48元,1997年度调减利润2297392.11元,1998年度调增利润533502.08元。1996年、1997年、1998年度共调减利润3681975.51元,已调减了1999年年初留存收益,其中:未分配利 润调减了3129679. 18 元, 盈余公积金调减了552296.33元。

八、财务报告

(一)审计报告

审 计 报 告

(2000)京会兴字第40号

茂名永业(集团)股份有限公司全体股东:

我们接受委托, 审计了贵公司1999年12月31日的资产负债表、1999年度损益表以及1999年度的现金流量表。这些会计报表由贵公司负责, 我们的责任是对这些会计

报表发表审计意见。我们的审计是依据中国注册会计师独立审计准则进行的。在审计过程中,我们结合贵公司实际情况,实施了包括抽查会计记录等我们认为必要的审计程序。

我们认为,上述会计报表符合《企业会计准则》和《股份有限公司会计制度》的有关规定,在所有重大方面公允地反映了贵公司1999年12月31日的财务状况,1999年度的经营成果和资金变动

情况,会计处理方法的选用遵循了一贯性原则。

中国·北京兴华会计师事务所　　　　注册会计师　胡　毅
有限责任公司　　　　　　　　　　注册会计师　谢小兰
地址:北京市阜城门外大街万通
新世界广场 708 室　　　　　　　　2000 年 3 月 5 日

(二)、会计报表(见第 23 版)

(三)、会计报表附注

一、公司简介

茂名永业(集团)股份有限公司(以下简称"本公司")是 1992 年经广东省经济体制改革委员会粤股审(1992)126 号文批准,以原茂名市化工一厂为发起人,采取 定向募集方式设立的股份有限公司。

1998 年 6 月 25 日本公司根据中国证监会证监发字[1998]175 号和证监发字[1998]176 号文件批准,向社会公开发行人民币普通股 1250 万股(每股面值 1 元)。公司总股本为 5000 万股,其中:国家股 1447.80 万股,占 28.96%,法人股 1381.51 万股,占 27.63 %,内部职工股 920.68 万股,占 18.41%,社会公众股 1250 万股,占 25%,业经北京 兴华会计师事务所有限责任公司(98) 京会兴字第 230 号验证。

1999 年 5 月 5 日经过股东大会审议通过,本公司实施"1998 年度资本公积金转增股本的方案",按每 10 股转增 3 股,共转增 15,000,000 元,转增后股本为 65,000,000 元 ,股东及其所占股份比例不变。

公司的主营业务是生产、销售炭黑、烷类等化工产品。

公司是我国华南地区最大的炭黑生产企业和全行业第一家国家二级企业,是化工部规划的南方炭黑生产、出口基地,其环星牌 N330、N660 炭黑是省优、部优产品,出口免检。公司 1999 年实现利税、全员劳动生产率、资金利税率等指标名列全行业前茅。

三、税项

(1)增值税:炭黑、油品税率为 17%,戊烷、丁烷的税率为 13%;

(2)营业税:税率为 3%;

(3)城市维护建设税:税率为 7%,按应交流转税额计缴;

(4)教育费附加:税率为 3%,按应交流转税额计缴;

(5)企业所得税:根据广东省人民政府粤府函[1997]149 号文,从 1997 年起,公司实行所得税优惠政策,按规定所得税率 33%计征后,超过 15%部份(18%)由市财政局给予返还,减收的所得税由市财政负担。公司环保治理和尾气综合利用发电项目符合国财税字[1994]001 号文《关于企业所得税若干优惠政策的通知》第一条第三 款和粤经能[1997]605 号文《广东省资源综合利用企业(项目)认定管理办法》第二 条规定,经广东省经济委员会经改函[1999]032 号文同意,公司综合利用发电项目获 取利润可以享受申请免征 5 年此项收益所得税的优惠。

四、会计报表主要项目注释:

1、货币资金

项目	期初数(1998.12.31)	期末数(1999.12.31)
现金	766,026.09	1,541.51
银行存款	38,214,650.95	48,520,827.07
合　计	38,980,677.04	48,522,368.58

2、应收帐款、其他应收款、预付帐款、应收补贴款、

(1)应收帐款:

帐龄	期初数			期末数		
	金额	比例(%)	坏帐准备	金额	比例(%)	坏帐准备
1 年以内	15,607,075.46	46.37	780,353.77	21,836,492.88	61.09	1,091,824.64
1-2 年	17,103,782.06	50.82	1,710,378.21	11,605,456.29	32.47	1,160,545.63
2-3 年	211,929.56	0.63	63,578.87	2,101,977.28	5.88	630,593.18
3-4 年	211,045.31	0.62	105,522.66	147,968.94	0.41	73,984.47
4-5 年	-	-	-	-	-	-
5 年以上	523,861.94	1.56	523,861.94	54,792.71	0.15	54,792.71
合　计	33,657,694.33	100	3,782,253.15	35,746,688.10	100	3,011,740.63

注:前五名应收帐款列示:

单位名称	欠款金额	欠款时间	欠款原因
广西桂林轮胎公司	5,164,510.08	一年以内	货款
珠江轮胎厂	3,193,765.00	一年以内	货款
建泰(深圳)公司	3,014,742.68	一年以内	货款
高州橡胶厂	2,586,098.50	一年以内	货款
广州星球轮胎厂	2,482,896.86	1—2 年	货款

应收账款中没有应收持有本公司 5%(含 5 %)以上股份的股东单位的款项。

(2)其他应收款:

帐龄	期初数			期末数		
	金额	比例(%)	坏帐准备	金额	比例(%)	坏帐准备
1 年以内	1,377,526.05	40.82	68,876.30	6,860,477.52	79.59	276,122.68
1-2 年	1,225,014.40	36.30	122,501.44	1,992,744.75	12.71	199,274.48
2-3 年	443,742.78	13.15	133,122.83	862,723.00	5.50	258,816.90
3-4 年	106,396.65	3.15	53,198.33	319,595.00	2.04	159,797.50
4-5 年	-	-	-	2000.00	0.01	1,600.00
5 年以上	221,554.25	6.57	221,554.25	22,899.58	0.15	22,899.58
合　计	3,374,234.13	100	-	10,060,439.85	100	918,511.14

其中:一年以内期末数中有 1,338,023.97 是职工暂借款,不提坏账准备。

注:前五名其他应收款列示:

单位名称	欠款金额	欠款时间	欠款原因
茂名市财政局	1,000,000.00	一年以内	暂借款
茂名市工行新华办	780,000.00	一年以内	承兑汇票保证金
茂名市国税局	689,844.43	一年以内	增值税出口退税
中联橡胶总公司	420,000.00	一年以内	暂借款
茂名市天人园艺有限公司	240,000.00	一年以内	押金

其他应收款中没有应收持有本公司 5%(含 5 %)以上股份的股东单位的款项。

(3)预付帐款:

帐龄	期初数		期末数	
	金额	比例(%)	金额	比例(%)
1 年以内	1,954,278.49	76.97	22,561,313.70	97.64
1-2 年	498,346.64	19.63	409,551.39	1.77
2-3 年	67,892.29	2.67	83,482.66	0.36
3 年以上	18,549.29	0.73	53,310.54	0.23
合　计	2,539,066.71	100	23,107,658.29	100

注:前五名预付帐款列示:

单位名称	欠款金额	欠款时间	欠款原因
湖南长沙鼓风机厂	12,000,000.00	一年以内	预付设备款
杭州余杭鼓风机厂	10,000,000.00	一年以内	预付设备款
茂名石油炼油化工股份公司	498,925.81	1-3 年	预付原料款
邢台地区行政公署驻广州联络处	300,000.00	一年以内	预付原料款
广西柳州钢铁(集团)公司	241,999.57	一年以内	预付原料款

预付账款中没有应收持有本公司 5%(含 5 %)以上股份的股东单位的款项。

预付账款比期初数增加 8.53 倍,主要原因是预付 2 万吨炭黑工程设备款。

(4)应收补贴款:

	期初数	期末数
应收补贴款	2,245,200	724,811.23

是根据广东省人民政府粤府函[1997]149 号文,应由市财政局给予返还、减收的 部分所得税。

3、存货及存货跌价准备:

项目	期初数		期末数	
	金额	跌价准备	金额	跌价准备
原材料	10,906,900.46		9,807,908.38	
产成品	10,209,281.41		13,684,155.55	
合　计	21,116,181.87		23,492,063.93	

4、固定资产及折旧

原　值	期初数	本期增加	本期减少	期末数
房屋建筑物	36,871,727.75			36,871,727.75
专用设备	107,449,919.86	2,582,035.01		110,031,954.87
运输工具	1,684,892.00			1,684,892.00
其他	393,463.28			393,463.28
合　计	146,400,002.89	2,582,035.01		148,982,037.90

固定资产中有房屋原值 36,871,727.75 元,及设备原值 101,221,932.37 元已作为 贷款抵押。

累计折旧	期初数	本期增加	本期减少	期末数
房屋建筑物	2,497,352.03	1,462,770.23		3,960,122.26
专用设备	9,498,445.26	5,563,509.99		15,061,955.25
运输工具	881,396.63	516,259.12		1,397,655.75
其他	91,815.80	53,779.13		145,594.93
合　计	12,969,009.72	7,596,318.47		20,565,328.19
净　值	133,430,993.17			128,416,709.71

累计折旧比期初数增加 58%,主要原因是当年计提的累计折旧。

5、在建工程

工程名称	期初数	本期增加	本期转固	其他减少	期末数	资金来源	进度
二万吨软质炭黑工程	4,923,535.84	22,248,305.17	0.00	0.00	27,171,841.01	募股资金	20%

在建工程比期初数增加 4.52 倍,主要原因是购置工程设备。

6、无形资产

类别	原始金额	期初数	本期增加	本期转出	本期摊销	期末数	剩余摊销期限
土地使用权	4,783,813.86	3,919,686.64	0.00	0.00	87,104.16	3,832,582.48	44 年

无形资产中有土地使用权原值 3,876,134.56 元已作为贷款抵押。

7、短期借款、一年内到期的长期借款

借款类别	期初数	期末数	借款期限	月利率
抵押借款	20,300,000	21,600,000	1999.5.28-2000.10.15	5.85‰
信用借款	4,450,000	4,450,000	1999.8.13-2000.8.13	6‰
合计	24,750,000	26,050,000		

8、应付款项

(1)应付账款

期初数	期末数
19,850,934.11	6,148,761.40

应付账款中没有应付持有本公司 5%(含 5 %)以上股份的股东单位的款项。

(2)预收货款

期初数	期末数
4,595,034.77	5,910,235.26

预收账款中没有应付持有本公司 5%(含 5 %)以上股份的股东单位的款项。

(3)其他应付款

期初数	期末数
2,498,209.71	1,760,619.10

其他应付款中没有应付持有本公司 5%(含 5 %)以上股份的股东单位的款项。

9、应付股利

股东名称	期末金额
茂名市国有资产管理办公室	1,882,145.59
法人股股东	1,795,965.47
内部职工股股东	957,511.15
社会公众股股东	1,300,000.00
合计	5,935,622.21

根据本公司 2000 年 3 月 1 日董事会决议,本公司 1999 年按净利润的 10%和 5%分别 提取法定盈余公积金和公益金后,以 1999 年末总股本为基数,对 1999 年末未分配利润按每 10 股派发现金红利 1 元(含税),派发现金红利 650 万元,代扣个人所得税 564,377.79 元。该分配预案尚须提请股东大会审议通过。

10、应交税金

税　项	期初数	期末数
营　业　税	6,482.44	4,353.91
增　值　税	151,971.79	515,125.90
城　建　税	31,958.69	45,976.06
所　得　税	2,838,881.15	1,447,208.09
个人所得税	29,408.39	564,377.79
合　　计	3,058,702.46	2,577,041.75

11、长期借款

借款单位	金额	借款期限	年利率	借款条件
工商银行茂名市分行	60,000,000	1999.7.22-2004.7.22	6.633%	抵押
工商银行茂名市分行	3,000,000	1997.12-2000.12	7.128%	抵押
工商银行茂名市分行	2,000,000	1997.7.29-2001.7.30	7.236%	抵押
工商银行茂名市分行	36,340,000	1996.4.24-2001.4.24	6.633%-7.236%	抵押
合计	101,340,000			

长期借款比期初数增加 59%,主要原因是本年新增 6000 万元炭黑工程贷款。

12、股本　　　　　　(数量单位:万股)

	期初数	本次变动增减(+,-) 公积金转股	期末数
一.尚未流通股份			
1.发起人股份			
其中:国家拥有股份	1,448	434	1,882
境内法人持有股份	1,382	414	1,796

2.内部职工股	920	277	1,197
尚未流通股份合计:	3,750	1,125	4,875
二.已流通股份:			
人民币普通股	1,250	375	1,625
三.股份总数	5,000	1,500	6,500

13、资本公积

项目	期初数	本期增加数（转增股本）	本期减少数	期末数
股本溢价	51,459,681.61		15,000,000.00	36,459,681.61

资本公积比期初数减少41%,主要原因是1998 年度资本公积金转增股本。

14、盈余公积

项目	期初数	本期增加数	本期减少数	期末数
法定盈余公积	5,982,004.04	1,631,341.65		7,613,345.69
公益金	2,991,003.02	815,670.83		3,806,673.85
任意盈余公积				
合计	8,973,007.06	2,447,012.48		11,420,019.54

15、未分配利润

（1）增减变动情况

期初余额	29,547,203.39
加:本年实现净利润	16,313,416.58
减:本年提取法定盈余公积金	1,631,341.65
本年提取公益金	815,670.83
分配普通股股利	6,500,000.00
期末余额	36,913,607.49

(2)本年度年初未分配利润调减了3,129,679.18元,具体见本会计报表附注二 、13。

（3）本年度分配股利6,500,000.00元，具体见本会计报表附注四、9。

16、财务费用

类别	上年发生数	本年发生数
利息支出	1,826,636.00	2,183,940.79
减:利息收入	157,669.00	752,423.58
汇兑损失		
减:汇兑收益		
其　他	-45,467.00	23,297.66
合　计	1,623,500.00	1,454,814.87

17、补贴收入

	上年同期数	本年累计数
所得税退税	2,245,200.00	2,272,200.34
(依据广东省人民政府粤府函[1997] 149号文,具体见本会计报表附注三、5)		
技改财政补贴		1,150,000.00
(依据茂名市财政局、茂名市经济委员会茂财工[1999]055号文件:茂名市财政局给予本公司1999年度挖潜改造资金补贴。		
合计	2,245,200.00	3,422,200.34

补贴收入比期初数增加34%,主要原因是本年新增技改财政补贴。

18、营业外收入

	上年同期数	本年累计数
冻结资金利息收入	1,940,110.00	
固定资产盘盈		1,733,000.00
其他		50,578.00
合计	1,940,110.00	1,783,578.00

五、或有事项

本公司有固定资产原值138,093,660.12元及无形资产3,876,134.56元已作为贷款抵押。

六、承诺事项

本公司无需要说明的重大承诺事项。

七、资产负债表日后事项中的非调整事项

本公司在资产负债表日后无非调整事项发生。

八、其他重要事项

本公司无需要说明的其他重要事项。

茂名永业(集团)股份有限公司

二OOO年三月八日

资产负债表　　会股01表

编制单位:茂民永业(集团)股份有限公司　　单位:人民币元

资　产	附注号	行次	年初数	期末数
流动资产:				
货币资金	1	1	38980677.04	48522368.58
短期投资		2	-	-
减:短期投资跌价准备		3	-	-
短期投资净额		4	-	-
应收票据		5	-	-
应收股利		6	-	-
应收利息		7	-	-
应收帐款	2	8	33657694.33	35746688.10
其他应收款	3	9	3374234.13	10060439.85
减:坏帐准备		10	3782948.59	3930251.77
应收帐款净额		11	33248979.87	41876876.18
预付帐款	4	21	2539066.71	23107658.29
应收补贴款		24	2245200.00	724811.23
存货	5	30	21116181.87	23492063.93
减:存货跌价准备		31		
存货净额		32	21116181.87	23492063.93
待摊费用		33	-	-
待处理流动资产净损失		34	-	-
一年内到期的长期债券投资		35	-	-
其他流动资产		36	-	-
流动资产合计		39	98130105.49	137723778.21
长期投资:			-	-
长期股权投资		40	-	-
长期债券投资		41	-	-
长期投资合计		42	-	-
其中:合并价差		43	-	-
减:长期投资减值准备		44	-	-
长期投资净额			-	-
固定资产:	6	45	146400002.89	148982037.90
固定资产原价		46	12969009.72	20565328.19
减:累计折旧		47	133430993.17	128416709.71
固定资产净值		48	-	-
工程物资	7	49	4923535.84	27171841.01
在建工程		50	-	-
固定资产清理		51	-	-
待处理固定资产净损失		53	138354529.01	15558855.72
固定资产合计			-	-
无形资产及其他资产:	8	54	3919686.64	3832582.48
无形资产		55	-	-
开办费		56	-	-
长期待摊费用		57	-	-
其他长期资产		58	3919686.64	3832582.48
无形资产及其他资产合计			-	-
递延税项:		59	-	-
递延税项借项		60	240404321.14	297144911.41
资产总计				
负债及股东权益				
流动负债:	10	61	24750000.00	26050000.00
短期借款		62	-	-
应付票据	11	63	19850934.11	6148761.40
应付帐款	12	64	4595034.77	5910235.26
预收帐款		65	-	-
应付工资		66	-	-
应付福利费		67	-801186.51	-2425189.55
应付股利	13	68	5000000.00	5935622.21
应交税金	14	69	3058702.46	2577041.75
其他应交款	15	70	132734.54	54512.60
其他应付款	16	71	2498209.71	1760619.10
预提费用		72	-	-
一年内到期的长期负债		73	-	-
其他流动负债		74	-	-
流动负债合计		80	59084429.08	46011602.77
长期负债:			-	-
长期借款	17	81	41340000.00	101340000.00
应付债券		82	-	-
长期应付款		83	-	-
住房周转金		84	-	-
其他长期负债		85	-	-
长期负债合计		90	41340000.00	101340000.00
递延税款:			-	-
递延税款贷项		91	-	-
负债合计		92	100424429.08	147351602.77
少数股东权益			-	-
股东权益:			-	-
股本	18	93	50000000.00	65000000.00
资本公积	19	94	51459681.61	36459681.61
盈余公积	20	95	8973007.06	11420019.54
其中:公益金		96	2991003.02	3806673.85
未分配利润		97	29547203.39	36913607.49
股东权益合计		99	139979892.06	149793308.64
负债及股东权益总计		100	240404321.14	297144911.41

利润及利润分配表　　会股02表

编制单位:茂民永业(集团)股份有限公司　　单位:人民币元

项　目	附注号	行次	上年同期数	本年累计数
一、主营业务收入		1	118483264.63	126493283.32
减:折扣与折让		2	-	-
主营业务收入净额		3	118483264.63	126493283.32
减:主营业务成本		4	90885945.80	101696278.88
主营业务税金及附加		5	389674.99	603369.23
二、主营业务利润		10	27207643.84	24193635.21
加:其他业务利润		11	254128.49	148069.04
减:存货跌价损失		12	-	-
营业费用		13	2765837.05	2559760.10
管理费用		14	7532165.11	6118155.50
财务费用	21	15	1623499.55	1454814.87
三、营业利润		18	15540270.62	14208973.78
加:投资收益		19	-	-
补贴收入	22	22	2245200.00	3422200.34
营业外收入	23	23	1940110.00	1783578.00
减:营业外支出		25	308765.43	327307.97
四、利润总额		27	19416815.19	19087444.15
减:所得税		28	4116200.00	2774027.57
五、净利润		30	15300615.19	16313416.58

利润分配表

编制单位:茂民永业(集团)股份有限公司　　单位:人民币元

项　目	附注号	行次	1999年度	1998年度
一.净利润		1	16313416.58	15300615.19
加:年初未分配利润		2	29547203.39	21541680.46
盈余公积转入		4		
六、可供分配的利润				
减:提取法定盈余公积		8	45860619.97	36842295.65
提取法定公益金		9	1631341.65	1530061.51
七、可供股东分配的利润		10	815670.83	765030.75
减:已分配优先股股利		11	43413607.49	34547203.39
提取任意盈余公积金		12		
分配普通股股利		13		
转作股利的普通股股利		14	6500000.00	5000000.00
八、未分配利润		20	36913607.49	29547203.39

吴忠仪表股份有限公司

一、公司简介

1、公司法定中文名称 ：吴忠仪表股份有限公司
公司法定英文名称 ：Wu Zhong Instrument Co.,Ltd.
2、司法定代表人 :赵广生
3、公司董事会秘书 :冯平儒
董事会秘书授权代表:李继峰
联系地址 ：宁夏吴忠市利通区朝阳街67号
电 话 ：(0953)2013611-2346、2510
传 真 ：(0953)2012382
E-mail ： wzyb (public.yc.nx.cn
4、公司注册地址及办公地址：宁夏吴忠市利通区朝阳街67号
邮编 ：751100
http ：//www.wzyb.com.cn
E-mail ： wzyb (public.yc.nx.cn
5、公司信息披露报纸 :《中国证券报》、《证券时报》
公司年度报告国际互联网刊登网址:
http://www.cninfo.com.cn
公司年度报告备置地点 :公司办公室
6、股票上市交易所 ：深圳证券交易所
股票简称 ：吴忠仪表
股票代码 ：0 8 6 2

二、会计数据和业务数据摘要

1、年度利润情况 (单位:人民币元)

项 目	1999 年 度
利润总额	58,591,861.21
净利润	48,083,455.35
扣除非经常性损益后的净利润	39,066,368.11
主营业务利润	72,530,540.94
其它业务利润	4,595,336.96
投资收益	6,387.02
补贴收入	0.00
营业外收支净额	-80,000.94
经营活动产生的现金流量净额	30,026,814.52
现金及现金等价物净增加额	-20,222,043.76

2、公司前三年主要会计和财务指标(单位:人民币元)

指 标 名 称	1999 年	1998 年		1997 年	
		调整后	调整前	调整后	调整前
(1) 主营业务收入	157887568.30	111531753.57	111531753.57	91352165.17	91352165.17
(2) 净利润	48083455.35	37441641.43	44237059.27	19744984.34	23787834.66
(3) 总资产	605517332.30	484342152.06	495180410.22	182827011.81	186869862.13
(4) 股东权益	435771505.85	428068050.50	438906308.66	78305133.52	82347983.84
(不含少数股东权益)		、			
(1) 每股收益(元(股(摊薄)	0.25	0.30	0.35	0.33	0.40
(加权)	0.25	0.35	0.42	0.33	0.40
(2) 每股净资产	2.29	3.38	3.47	1.31	1.37
(3) 调整后的每股净资产	2.26	3.37	3.46	1.31	1.37
(4) 净资产收益率(%)(摊薄)	11.03	8.75	10.08	25.22	28.89
(%)(加权)	11.03	14.73	16.97	25.22	28.89
(5) 每股经营活动产生的现金流量净额	0.16				
(6) 扣除非经常性损益后的每股收益	0.21				

注:财务指标计算公式如下:
每股收益=净利润/年度末普通股股份总数
每股净资产=年度末股东权益/年度末普通股股份总数
调整后的每股净资产=(年度末股东权益-三年以上的应收款项-待摊费用-待处理(流动、固定)资产净损失-开办费-长期待摊费用)/年度末普通股股份总数
每股经营活动产生的现金流量净额=经营活动产生的现金流量净额/年度末普通股股份总数
净资产收益率=净利润/年度末股东权益 100%

3、股东权益变动原因

项 目	股 本	资本公积	盈余公积	法定公益金	未分配利润	股东权益合计
期初数	12660	257261534.89	3339880.11	1669940.05	39196695.45	428068050.50
本期增加	6330		4792539.06	2396269.52	48083455.35	118572263.93
本期减少		37980000.00			72888808.58	110868808.58
期末数	18990	219281534.89	8132419.17	4066209.57	14391342.22	435771505.85
变动原因	红股及转增利润分配	公积金转增股本利润分配	利润提取		利润提取	

三、股本变动及股东情况

1、公司报告期末股东总数为48741户，其中:公司职工股股东11户,全部为公司高级管理人员。
2、公司前十名股东

股 东 名 称	报告期末持有股数(万股)	占总股本比例(%)	流通情况
1)、吴忠仪表集团有限公司	9000	47.39	未流通
2)、广州隆怡投资发展有限公司	945	4.98	未流通
3)、李殿全	62.68	0.33	流通股
4)、杨书爱	56.4003	0.30	流通股
5)、机械工业部第十一设计研究院	45	0.24	未流通
6)、哈增义	42.5486	0.22	流通股
7)、王 琳	35.756	0.19	流通股
8)、苏州恒和物业开发管理有限公司	35	0.18	流通股
9)、蔡观松	35	0.18	流通股
10)、杨保英	34	0.18	流通股

注：本公司前十名股东不存在关联关系。
吴忠仪表集团有限公司做为第一大股东持有9000万股系代表国家持有。
(3) 持股10%以上法人股东简介
吴忠仪表集团有限公司持有本公司股份9000万股,占公司总股本的47.39%。吴忠仪表集团有限公司法定代表人赵广生,经营范围:工业自动化仪表及其附件、农用和民用泵阀、其它机电产品的制造、销售;投资。

沈阳北方商用技术设备股份有限公司

一、公司简介

1、公司名称:沈阳北方商用技术设备股份有限公司
英文名称:SHENYANG NORTHERN BUSINESS TECHNOLOGY AND EQUIPMENT CO., LTD.
2、公司法定代表人:黄 勇
3、公司董事会秘书:刘宇昕 董事会秘书授权代表:钟 浩
联系地址:沈阳市和平区和平南大街2号东宇大厦12层。
联系电话:024—23258895 传 真:024—23258893
电子信箱:NBTCNET@pub.sy.lnpta.net.cn
4、公司注册地址:沈阳和平区青年大街386号华阳国际大厦A座24层。
公司办公地点:沈阳市和平区和平南大街2号东宇大厦12层。 邮政编码:110001
5、公司指定披露报纸:《中国证券报》《证券时报》
登载公司年度报告的国际互联网址:http://www.cninfo.com.cn
公司年度报告置备地点:公司证券部
6、公司股票上市交易所:深圳证券交易所
股票简称:北商技术 股票代码:0863

二、会计数据和业务数据摘要

1、本年度实现的利润总额、净利润、扣除非经营性损益后的净利润、主营业务 利润、其他业务利润、营业利润、投资收益、补贴收入、营业外收支净额、经营活动产生的现金流量净额、现金及现金等价物净增加额。

单位:元

项 目	金 额
利润总额	21,825,502.43
净利润	17,020,110.58
扣除非经营性损益后的净利润	13,233,915.26
主营业务利润	37,885,694.03
其他业务利润	812,690.72
营业利润	14,935,836.45
投资收益	6,305,282.47
补贴收入	—
营业外收支净额	584,383.51
经营活动产生的现金流量净额	-8,375,594.77
现金及现金等价物净增加额	46,769,971.20

注:扣除的非经营性损益项目和涉及金额
沈阳一冷股权转让收益: -3,132,728.00
申购冻结利息摊销: -752,737.54
北京中鼎收购合并价差摊销: 99,270.22

2、公司前三年主要会计数据和财务指标 单位:元

项 目	1999 年	1998 年	1997 年
主营业务收入	101,468,040.58	71,986,605.34	61,924,611.85
净利润	17,020,110.58	14,638,004.93	10,980,697.61
总资产	329,100,738.12	198,945,669.55	184,906,774.13
股东权益(不含少数股东权益)	225,180,504.70	132,267,016.74	117,788,571.35
每股收益	0.251	0.293	0.219
每股收益(按月平均加权法计算)	0.297	0.293	0.219
扣除非经营损益后的每股收益	0.195	0.279	0.206
每股净资产	3.32	2.64	2.35
调整后每股净资产	3.28	2.59	2.31
每股经营活动产生的现金流量净额	-0.124	0.052	—
净资产收益率(%)	7.56	11.07	9.32

注：①主要财务指标的计算公式如下：
每股收益=净利润/年度末普通股份总数
每股净资产=年度末股东权益/年度末普通股股份总数
调整后的每股净资产=(年度末股东权益—三年以上应收帐款净额—待摊费用— 待处理（流动、固定)资产净损失—开办费—长期待摊费用—住房周转金负数余额)/年度末普通股份总数
每股经营活动产生的现金流量净额=经营活动产生的现金流量净额/年度末普通股股份总数
净资产收益率=净利润/年度末股东权益×100%
②需要说明的是:由于会计政策变更,根据财政部财会字(1999)35号文、49号文的有关规定,采用了追溯调整法,调整了一九九九年度合并会计报表相关的"坏帐准备"帐项。

调整后各项会计数据: 单位:元

项目	1999 年	1998 年	1997 年
坏帐准备	4,257,891.31	2,533,265.04	885,449.07
存货跌价准备	6,981,333.71	6,252,312.53	4,384,103.94
未分配利润	21,963,546.88	19,516,945.73	8,622,859.29

三、股本变动及主要股东持股情况

(1)报告期末公司股东总数为 15207
(2)本公司前10名股东持股情况 单位:股

序号	股 东 名 称	期初持股量	增减变动情况	期末持股量	占总股份比例(%)
1	洋浦鑫民实业有限公司	12,956,740	6,478,370	19435110	28.66
2	沈阳中天电子发展股份有限公司	11,105,777	2,221,155	13,326,932	19.65
3	沈阳北方商用技术有限公司	3,701,926	740,385	4,442,311	6.55
4	广州南沙经济技术开发区安华保税有限公司	3,701,926	740,385	4,442,311	6.55
5	长白计算机集团公司	3,701,926	740,385	4,442,311	6.55
6	沈阳市建设投资公司	1,110,578	222,116	1,332,694	1.96
7	沈阳高技术发展公司	740,385	148,077	888,462	1.31
8	景阳证券投资基金			337740	0.4
9	深圳国信商务有限公司			187677	0.2
10	金鑫证券投资基金			122460	0.1

说明：
①报告期内,前七位股东持有的法人股为发起人股份,其增加股份系由于公司实施了1999年的送配方案;报告期内,景阳证券投资基金、深圳国信商务有限公司、金鑫证券投资基金持有的股份为公司已上市流通股份,其增加股份系二级市场行为。
②持股5%以上的法人股东所持股份在报告期内未发生质押或冻结的情况。
③本公司股东沈阳中天电子发展股份有限公司之控股股东为长白计算机集团公司。

扬子石油化工股份有限公司

一、公司简介

1、公司的法定中文名称:	扬子石油化工股份有限公司
中文缩写:	扬子石化
公司的法定英文名称:	YANGZI PETROCHEMICAL CO., LTD.
英文缩写:	YPC
2、公司法定代表人:	马志平先生
3、公司董事会秘书:	吴鹏鸣先生
联系地址:	南京高新技术产业开发区16幢B
联系电话:	025-7787735/8848631
传　　真:	025-7787755/8848635
电子信箱:	DMS@YPC.COM.CN
4、公司注册地址及办公地址:	南京高新技术产业开发区16幢B
邮政编码:	210061
公司国际互联网网址:	http://www.ypc.com.cn/yzgf/main.htm
公司电子信箱:	GFB@YPC.COM.CN

5、公司选定的信息披露报纸名称:《中国证券报》、《证券时报》、《上海证券报》

登载公司年报的中国证监会指定国际互联网网址:http://www.cninfo.com.cn

公司年度报告备置地点:	公司董事会秘书室
6、公司股票上市交易所:	深圳证券交易所
股票简称:	扬子石化
股票代码:	0866

二、会计数据和业务数据摘要

1、公司本年度实现的经营指标情况　(单位:人民币元)

项　目	1999年度
利润总额	556,120,746.32
净利润	485,089,181.03
扣除非经常性损益后的净利润	515,157,971.80
主营业务利润	1,329,377,944.01
其他业务利润	15,084,914.92
营业利润	566,061,596.18
投资收益	/
补贴收入	/
营业外收支净额	-9,940,849.86
经营活动产生的现金流量净额	751,002,516.36
现金及现金等价物净增加额	-188,919,608.12

注:扣除的非经常性损益的项目及金额:-30,068,790.77元

①处理固定资产净收益3,360元;

②固定资产报废-30,072,150.77元。

2、公司前三年主要会计数据和财务指标(单位:人民币元)

项　目	1999年	1998年 调整前	1998年 调整后	1997年
主营业务收入	9223912519.66	8048159080.56	8048159080.56	8196035260.03
净利润	485089181.03	409026296.16	381580516.46	614537409.34
总资产	11093233862.97	11503105935.79	11463786803.76	7838653690.49
股东权益(不含少数股东权益)	4763398151.16	4550603102.16	4511283970.13	2512686636.90
每股收益(摊薄)	0.21	0.18	0.16	0.31
每股收益(加权)	0.21	0.19	0.17	0.31
每股收益(扣除非经常性损益)	0.22	0.17	0.16	0.31
每股净资产	2.04	1.95	1.94	1.27
调整后的每股净资产	1.97	1.89	1.87	1.07
净资产收益率(%,摊薄)	10.18	8.99	8.46	24.46
净资产收益率(%,加权)	10.46	10.85	10.17	26.00
每股经营活动产生的现金流量净额	0.32			

注:公司1997年及以前并无编制现金流量表

三、股本变动及股东情况

1、股本变动情况　　数量单位:万股

	本次变动前	配股	送股	公积金转股	增发	其他	小计	本次变动后
一、未上市流通股份	198,000							198,000
发起人股份								
其中:国家持有股份	198,000							198,000
未上市流通股份合计	198,000							198,000
二、已上市流通股份								
1、人民币普通股	35,000							35,000
已上市流通股份合计	35,000							35,000
三、股份总数	233,000							233,000

2、股东情况介绍

(1)报告期末公司股东总数为160158户

(2)报告期末公司前10名股东持股情况

序号	股　东　名　称	年末持股数(股)	占总股本(%)
1	中国石化扬子石油化工有限责任公司	1980000000	84.98
2	哈尔滨哈里投资股份有限公司	1751935	0.08
3	曹立洁	841437	0.04
4	哈尔滨市裕晨酒店	819400	0.04
5	云南华超有限公司	795000	0.04
6	哈尔滨太平区投资有限公司	777791	0.04
7	北京怀源石油化工实业公司	730000	0.04
8	焦丽君	717767	0.03
9	何倩兴	700000	0.03
10	李卓	631000	0.03

注:上述股东间无关联关系

(3)公司控股股东为中国石化集团扬子石油化工有限责任公司(以下简称"扬子公司"),持本公司198,000万股,占公司总股本84.98%,其所持股份报告期内无增减变化、无质押或冻结;

法定代表人:马志平先生;

主营业务范围:石油(加工)、化工产品(制造)、石油化工(技术服务)。

安徽安凯汽车股份有限公司

一、公司简介

1、公司法定中文名称:安徽安凯汽车股份有限公司

公司法定英文名称:ANHUI ANKAI AUTOMOBILE CO.,LTD

2、公司法定代表人:王一荃

3、公司董事会秘书:王　军

公司授权人姓名:谢小言

联系电话:(0551) 4844712 4844713

公司传真号码:(0551) 4844888

4、公司注册及办公地址:安徽省合肥市葛淝路1号

邮政编码:230051

电子信箱:ankai@mail.ah.cn

5、公司选定的信息披露报纸:《证券时报》

公司年度报告备置地点:公司董事会办公室

6、公司股票上市地:深圳证券交易所

股票简称:安凯客车

股票代码:0868

二、会计数据和业务数据摘要

1、本年度主要会计数据

利润总额(万元):	2,872.69
净利润　(万元):	2,440.59
扣除非经常性损益后的净利润(万元):	2,440.59
主营业务利润(万元):	7,155.79
其他业务利润(万元):	579.42
投资收益(万元):	0
补贴收入(万元):	0
营业外收支净额(万元):	-8.95
经营活动产生的现金流量净额(元):	-78,729,208.79
现金及现金等价物净增加额(元):	97,164,874.45

2、公司近三年主要财务数据和财务指标

指标项目	1999年度 调整后	1998年度 调整前	1998年度 调整后	1997年度 调整前	1997年度 调整后
主营业务收入(元)	473389269	645026410	645026410	420964684	420964684
净利润(元)	24405937	54962939	39644734	47759885	23027990
总资产(元)	1144187643	845544874	805494774	661025350	636293455
股东权益(元)	677104820	483038982	442988882	470076043	445344147
每股收益(元/股)	0.144	0.393	0.283	0.341	0.164
每股收益(月均)(元)	0.174	0.393	0.283	0.414	0.219
扣除非经常性损益后的每股收益(元)	0.144	0.393	0.283	0.341	0.164
每股净资产(元/股)	3.98	3.45	3.16	3.358	3.18
调整后每股净资产(元)	3.97	3.44	3.15	3.35	3.17
每股经营活动产生的现金流量净额(元)	-0.463	0.135	0.135	/	/
净资产收益率(%)	3.60	11.38	8.95	10.16	5.17

计算公式如下:

每股收益=净利润/年度末普通股股份总数;

每股净资产=年度末股东权益/年度末普通股股份总数;

调整后每股净资产 =(年度末股东权益-三年以上应收款项净额-待摊费用-待处理(流动、固定)资产净损失-开办费-长期待摊费用-住房周转金负数余额)/年度末普通股股份总数。

每股经营活动产生的现金流量净额=经营活动产生的现金流量净额/年度末普通股股份总数

净资产收益率=净利润/年度末股东权益×100%

3、报告期内股东权益变动情况

单位:元

项　目	股本(股)	资本公积	盈余公积	其中:法定公益金	未分配利润	股东权益合计
期初数	140000000	282316157	11281090.50	5013818	9391634	442988882.53
本期增加	30000000	179710000	4393068.79	1952475	24405937	238509,006.51
本期减少					4393068	4393068.79
期末数	170000000	462026157	15674159.29	6966293	29404503	677104,820.25
变动原因	99年实施每10股配3股的方案实际增加股本3000万股	99年实施配股方案,股本溢价增加17971万元	按税后利润提取,增加439万元。	按税后利润提取,增加195万元	本年实现净利润2440万元,计提两金减少439万元。	

三、股本变动和股东情况

1、报告期末本公司股东总数为35771户,其中公司职工股东15户,持有股份75790股,社会公众股东 35755户,国有股东1户。

2、本报告期(除安徽安凯汽车集团有限公司)无持有股份超过5%以上的股东。安徽安凯汽车集团有限公司持有的9200万股股份,在报告期内增加1200万股,是因配股所致。

报告期末前10名股东持股情况　　　　单位:万股

序号	股东名称	持股数量	占总股本比例(%)	报告期增减变动
1	安徽安凯汽车集团有限公司	92,000,000(国家股)	54.12	有
2	安徽省信托投资公司	3,355,144(社会公众股)	1.9736	
3	兴华证券投资基金	1,633,734(社会公众股)	0.9610	
4	安徽省建设投资公司	793,000(社会公众股)	0.4664	
5	常州信托投资公司	731,763(社会公众股)	0.4304	
6	财政南京	281,801(社会公众股)	0.1657	
7	吴满忠	236,000(社会公众股)	0.1388	
8	广州东莞万源家业有限公司	234,000(社会公众股)	0.1376	
9	成都广诚贸易有限公司	220,000(社会公众股)	0.1294	
10	徐威	212,027(社会公众股)	0.1247	

前10名股东之间没有关联关系。

3、报告期本公司无持股10%以上的法人股东。

4、报告期内控股股东无变动。

四川新希望农业股份有限公司

一、公司简介

1.公司法定中文名称:四川新希望农业股份有限公司
公司法定英文名称:SICHUAN NEW HOPE AGRIBUSINESS CO.,LTD
英文缩写:NEW HOPE
2.公司法定代表人:刘永好
3.公司董事会秘书:曾勇
联系地址:四川省成都市人民南路四段45号
电话:(028)5249289 5249292 传真:(028)5245955
电子邮箱:Scnhacl@mail.sc.cninfo.net
4.公司注册地址:四川省绵阳国家高新技术产业开发区
公司办公地址:四川省成都市人民南路四段45号 邮政编码:610041
公司电子信箱:Scnhacl@mail.sc.cninfo.net
5.公司选定的信息披露报纸名称:
证券时报(1999年1月1日-1999年12月31日)
中国证券报(2000年1月1日-2000年12月31日)
登载公司年报的中国证监会国际互联网网址: http://www.cninfo.com.cn
公司年报备置地点:公司董事会办公室
6.股票上市:深圳证券交易所
股票简称:新希望 股票代码:0876

二、会计数据和业务数据摘要

1.本年度利润总额及其构成 (单位:万元)

利润总额	7,241.95
净利润	6,388.66
★扣除非经常性损益后的净利润	6,273.96
主营业务利润	8,173.73
其他业务利润	166.28
营业利润	4,848.8
投资收益	2,049.54
补贴投入	0
营业外收支净额	343.60
经营活动产生的现金流量净额	7,173.62
现金及现金等价物净增加额	-7,109.14

★非经常性损益总额114.70万元,其中①新股申购冻结资金利息303.95万元②营 业外收支净额39.65万元③股权投资差额摊销-148.01万元④资产处置损益9.92万元⑤会计政策变更损益-90.81万元。

2.前三年主要会计数据和财务指标(万元)

	99年	98年	97年
主营业务收入	52,576.61	41,275.70	46,262.49
净利润	6,388.66	5,748.92	5,251.46
总资产	67,833.97	49,719.68	15,965.84
股东权益	51,150.87	45,462.31	12,961.39
每股收益(元)	0.456	0.4105	0.525
加权每股收益(元)	0.456	0.431	0.525
扣除非经常性损益后每股收益(元)	0.448	0.387	0.53
每股净资产(元)	3.65	3.26	1.295
调整后的每股净资产(元)	3.61	3.21	1.289
每股经营活动产生的现金流量净额(元)	0.51	0.037	
净资产收益率(%)	12.49	12.65	40.52

主要财务指标计算公式
①每股收益=净利润/年度末普通股股份总数
②每股净资产=年度末股东权益/年度末普通股股份总数
③调整后的每股净资产=(年度末股东权益-三年以上的应收款项-待摊费用-待处 理(流动、固定)财产净损失-开办费-长期待摊费用)/年度末普通股股份总数
④每股经营活动产生的现金流量净额=经营活动产生的现金流量净额/年度末普通股股份总数
⑤净资产收益率=净利润/年度末股东权益×100%

三、股东情况

1.股东情况介绍
(1)截止1999年12月31日,本公司在册股东总数为20128户,其中董事、监事及高管人员股东为9户。
(2)前10名股东持股情况

序号	股东名称	年末持股数	占总股本比例(%)	上市流通情况
1	四川新希望集团有限公司	80016000	57.15	未上市流通
2	成都美好房屋开发公司	14623000	10.44	未上市流通
3	成都大陆希望实业公司	4381000	3.13	未上市流通
4	东方证券有限责任公司	700120	0.5	已上市流通
5	石化证券交易营业部	531098	0.38	已上市流通
6	成都好吃街餐娱公司	500000	0.36	未上市流通
7	成都和普贸易公司	500000	0.36	未上市流通
8	泰和证券投资基金	499913	0.36	已上市流通
9	同盛证券投资基金	471550	0.34	已上市流通
10	曾宇锋	352000	0.25	已上市流通

说明:①上述前10名股东中,第一、二、三、六、七位股东为本公司发起法人股东,所持10,002万股股份为未上市流通的法人股,占股份总数的71.43%。第四、五、八、九、十位股东为社会股东,所持2,554,681股股份为已上市流通股,占股份总数的1.82%。
②四川新希望集团有限公司作为本公司控股股东与本公司在饲料原材料方面有贸易往来,存在关联关系;
(3)持股10%(含10%)以上法人股东简介。
①四川新希望集团有限公司 法定代表人:刘永好
经营范围:农、林、牧、副、渔产业基地开发建设;生态资源开发,菜篮子基地建 设;饲料、农副产品(除棉花、烟叶、蚕茧、粮油)的加工、仓储、销售,高新技术的开发;销售普通机械、电器机械、电子产品;化工原料及产品、五金交电、针纺织品、文化办公用品、建筑材料。
②成都美好房屋开发有限公司 法定代表人:陈育新
经营范围:房屋开发、销售建辅材料
(4)报告期内控股股东没有发生变更,其所持股份也没有发生质押或冻结情况。

新疆天山水泥股份有限公司

一 公司简介

1、公司的名称:新疆天山水泥股份有限公司
公司英文名称:XINJIANG TIANSHAN CEMENT CO.,LTD. 缩写:TSC
2、公司法定代表人:张丽荣
3、公司董事会秘书:周林英
联系地址:乌鲁木齐市仓房沟东路55号附1号
电话:(0991)5815516 传真:(0991)5859425
4、公司注册地址:乌鲁木齐市仓房沟东路55号附1号
公司办公地址:乌鲁木齐市仓房沟东路55号附1号 邮政编码:830006
公司国际互联网网址:http://www.tianshan.com.cn 电子信箱:xsnclc@mail.wl.xj.cn
5、公司选定的信息披露报纸名称:《证券时报》
登载公司年度报告的国际互联网网址:http://www.cninfo.com.cn
公司年度报告备置地点:乌鲁木齐市仓房沟东路 55号附1号公司证券发展部
6、公司股票上市交易地点:深圳证券交易所 股票简称:天山股份 股票代码:0877

二 会计数据和业务数据摘要

1、本年度主要利润指标情况表(单位:人民币元)

项 目	金 额
利润总额:	57368977.55
净利润:	47084073.00
扣除非经常性损益后的净利润:	43905284.10
主营业务利润:	102925178.15
其他业务利润:	-563656.80
营业利润:	43273190.50
投资收益:	2604966.00
补贴收入:	8312032.15
营业外收支净额:	3178788.90
经营活动产生的现金流量净额:	65652964.64
现金及现金等价物增加额:	-27168707.70

注:扣除非经常性损益项目和涉及金额(单位:人民币元)

项 目	金 额
募股冻结资金利息	3338829.42
处理固定资产净收益	-255105.85
其他净收入	95065.33
合 计	3178788.90

2、截止报告期末公司前三年主要会计数据和财务指标:(单位:人民币元)

项目	1999年	1998年	1997年
主营业务收入	306319931.70	189386569.17	124938481.75
净利润	47084073.00	41198468.74	20400511.63
总资产	815496991.20	692796199.11	161766320.25
股东权益	448376642.27	401292569.27	85960200.00
每股收益	0.36	0.32	0.29
每股收益(加权)	0.36	0.47	0.29
每股收益	0.36	0.32	0.29
扣除非经营损益后的每股收益	0.34	0.29	0.29
每股净资产	3.46	3.10	1.20
调整后的每股净资产	3.35	2.98	1.12
每股经营活动产生的现金净流量	0.51	0.05	
净资产收益率(%)	10.50	10.27	23.73

三 股本变动及股东情况

1、股本变动情况

	期初数	本次变动增减(+、-)	期末数
一、尚未流通股份			
1、发起人股份	79460000.00		79460000.00
其中:国家拥有股份	71520000.00		71520000.00
境内法人持有股份	7940000.00		7940000.00
2、内部职工股	5000000.00		
4、证券基金持有股	5000000.00		
未上市流通股份合计	89460000.00		79460000.00
二、已上市流通股份			
1、境内上市的人民币普通股	40000000.00		50000000.00
已上市流通股份合计	40000000.00		50000000.00
三、股份总额	129460000.00		129460000.00

2、股东情况介绍
(1) 截止报告期末股东总数22647户。
(2) 本公司前10名股东的持股情况(截止1999年12月30日交易日结束)

股东名称	年度内股份增减变动情况(+,-)	年末持股数量(股)	占总股本比例(%)
新疆天山建材(集团)有限责任公司		71520000	55.24
新疆石油管理局		3000000	2.32
新疆对外贸易(集团)有限责任公司		1500000	1.16
新疆金融租赁有限公司		1500000	1.16
中国建筑材料西北公司		1000000	0.77
新疆建化工业总厂		940000	0.73
金鑫证券投资基金		860018	0.66
新疆金科电子信息开发公司		340063	0.26
李真荣		316000	0.24
唐万玲		282700	0.22

说明:截止报告期内,公司前10 名股东所持公司股份无质押、冻结的情况。公司前10名股东不存在关联关系。

持股5%以上股东的情况:新疆天山建材(集团)有限责任公司持有本公司55.24% 的股份。该公司系根据新疆维吾尔自治区人民政府新证函[1998]39号文批准,以新疆 水泥厂为核心企业组建的国有独资的有限责任公司,公司法定代表人张丽荣,经营范围:建材行业的投资;建筑材料、化工产品(有毒及危险品除外)的销售;汽车运输。

云南铜业股份有限公司

云南铜业股份有限公司1999年年报告摘要

(一)公司简介

1.公司法定中文名称:云南铜业股份有限公司
公司法定英文名称:YUNNAN COPPER INDUSTRY CO.LTD
2.公司法定代表人;邹韶禄
3.公司董事会秘书:管 弘
联系地址:云南省昆明市人民东路73号
联系电话:0871-3126709,3133502
传真: 0871-3138100
4.公司注册地址:云南省昆明市国家高新技术产业开发区
公司办公地址:云南省昆明市人民东路111号
公司邮政编码:650051
公司国际互联网网址:http://www.yunnan-copper.com
公司电子信箱:infoyunnan-copper.com
5.公司选定的信息披露报纸名称:《证券时报》、《上海证券报》
登载公司年度报告的中国证监会指定国际互联
网网址:http://www.cninfo.com.cn
公司年度报告备置地点:公司证券部
6.公司股票上市交易所:深圳证券交易所
股票简称:云南铜业
股票代码:0878

(二)会计数据和业务数据摘要

1、本年度利润总额及其构成(单位:人民币元)

利润总额:	140,555,413.51
净利润:	140,555,413.51
扣除非经常性损益后的净利润:	140,555,413.51
主营业务利润:	283,080,739.13
其他业务利润:	3,266,021.02
营业利润:	152,913,274.54
投资(期货)收益:	359,113.81
补贴收入:	
营业外收支净额:	-12,716,974.84
经营活动产生的现金流量净额:	21,703,031.27
现金及现金等价物净增加额:	374,001,381.06

2、 截至报告期末公司前三年主要会计数据和财务指标(单位:人民币元)

(1)追溯调整后

项 目	1999年	1998年	1997年
主营业务收入	1,957,833,064.71	1,788,257,199.67	1,563,717,096.14
净利润	140,555,413.51	114,125,152.04	101,784,020.99
总资产	2,867,383,059.04	2,049,525,126.35	1,038,090,223.12
股东权益(不含少数股东权益)	1,333,147,307.69	1,287,595,894.18	387,014,830.49
每股收益	0.192	0.281	0.356
扣除非经常性损益后的每股收益	0.192	0.281	0.356
每股净资产	1.82	3.17	1.35
调整后每股净资产	1.81	3.12	
每股经营活动产生的现金流量净额	0.03	-1.61	
净资产收益率(%)	10.54	8.86	26.30

(2)追溯调整前

项 目	1999年	1998年	1997年
主营业务收入	1,957,833,064.71	1,788,257,199.67	1,563,717,096.14
净利润	140,555,413.51	124,476,516.51	101,784,020.99
总资产	2,867,383,059.04	2,059,876,496.82	1,038,090,223.12
股东权益(不含少数股东权益)	1,333,147,307.69	1,297,947,258.65	387,014,830.49
每股收益	0.192	0.307	0.356
扣除非经常性损益后的每股收益	0.192	0.307	0.356
每股净资产	1.82	3.20	1.35
调整后每股净资产	1.80	3.14	
每股经营活动产生的现金流量净额	0.03	-1.61	
净资产收益率(%)	10.54	9.59	26.30

注:
1:财务指标计算公式如下:
每股收益=净利润/年度末普通股股份总数
每股净资产=年度末股东权益/ 年度末普通股股份总数
净资产收益率=净利润/年度末股东权益*100%
调整后的每股净资产=(年度末股东权益—三年以上应收款项—待摊费用—待处理(流动、固定)资产净损失—开办费—长期待摊费用)/年度末普通股股份总数
2:"应收款项"包括应收帐款、其他应收款、预付帐款、应收股利、应收利息、应收补贴款。

3、报告期内股东权益变动情况(单位:元)

项目	股本	资本公积	盈余公积	法定公益金	未分配利润	合计
期初数	406000000	767470742	11412515.20	5706257.60	97006379	1287595894
本期增加	324800000		14055541.35	7027770.68	119472101	465355413
本期减少		243600000			176204000	419804000
期末数	730800000	523870742	25468056.55	12734028.28	40274480	1333147307
变动原因	转增股本	转增股本	按净利润的10%计提	按净利润的5%计提	新增利润和转增股本	

(三)股东情况介绍

1、报告期末股东总数为75115户。

2、公司前十名股东情况

股东名称	持股数量(股)	所占比例%
云南铜业集团有限公司	514800000	70.4434
上海乐胜科技有限公司	9085212	1.2432
严 仕 舟	3557229	0.4868
孙 世 荣	3475750	0.4756
张 毓 敏	3435186	0.4701
章 庆 妹	3003524	0.4110
申 玲	2753376	0.3768
吕 其 慧	2481100	0.3395
上海鹏皓贸易有限公司	2399670	0.3284
徐 爱 群	2303500	0.3152

说明:
1.云南铜业集团有限公司持有本公司5%以上股份,在报告期内发生股份增加22880万股的情况,系本期实施98年度利润分配每10股送2转增6股方案所致。
2.云南铜业集团有限公司所持股权在报告期内没有发生质押或冻结的情况。
3.根据公司已知资料,前十名股东之间不存在关联关系。
(1)云南铜业集团有限公司为持股10%以上的法人股东。该股东单位的法定代 表人为邹韶禄。经营范围是:有色金属、贵金属的生产、销售、加工及开发;高科技 产品;有色金属、贵金属的地质勘察、设计、施工、科研;机械动力设备的制作、销售;化工产品生产、加工、销售;建筑安装工程施工。
(2) 报告期内控股股东没有发生变更情况。

(四)股东大会简介

1、本报告期内公司召开了一次股东大会(98年度股东会)。该次会议于1999年4月13日在《证券时报》、《上海证券报》刊登了公司首届董事会第六次会议关于召开1998年年度股东大会的公告。1999年5月18日公司1998年年度股东大会如期召开。
2、98年度股东大会通过的决议内容:
(1) 审议通过了《公司1998年度董事会工作报告》;
(2) 审议通过了《公司1998年度监事会工作报告》;
(3) 审议通过了《公司1998年度业务工作报告》;
(4) 审议通过了《公司1998年度财务决算报告》;
(5) 审议通过了《公司1998 年度利润分配和资本公积金转增股本方案》;
(6) 审议通过了《关于续聘云南亚太会计师事务所的议案》;此次股东大会决议 公告刊登于1999年5月19日的《中国证券报》上。

(五)董事会报告

1. 公司经营情况
(1)公司所处行业以及公司在本行业中的地位:本公司所处有色冶金行业,是以生 产和销售电解铜及其加工品为主,工业硫酸、黄金、白银等附加产品为辅的专业化公 司。 是目前中国铜冶炼和铜加工规模最大的企业之一。
(2)公司主营业务的范围及其经营状况:公司的主营业务主要是生产和销售电解铜、铜线杆、工业硫酸、黄金、白银等产品。报告期内经营状况如下:

	主营业务收入	主营业务利润
电解铜销售	965,846,262.53	135,521,770.58
铜线杆销售	473,338,415.52	73,654,727.90
工业硫酸销售	74,162,645.95	27,144,903.07
黄金销售	181,645,348.93	25,799,595.24
白银销售	235,961,561.86	22,621,656.72

(3) 在经营中出现的问题与困难及解决方案:
1.经营中出现的问题与困难:由于公司产业结构较为单一,铜市场价格波动较大,致使经营风险集中。同时,公司没有原料基地,在原料供应上有一定风险。
2.解决方案:为保持公司的持续发展,公司将采取以下措施:一、狠抓预算化管理,努力降低成本;二、改革营销体制,完善销售网络;三、加快技术改造步伐,实施技术创新;四、做好原料采购工作,探索建立原料基地。

2、公司财务状况

项目	1999年度(元)	1998年度(元)	增减	增减%
总资产	2867383059.04	2049525126.35	817,857,932.69	39.90
长期负债	250500000.00	27500000.00	223,000,000.00	810.91
股东权益	1333147307.69	1287595894.18	45,551,413.51	3.54
主营业务利润	283080739.13	180684449.53	102,396,289.60	56.67
净利润	140555413.51	114125152.04	26,430,261.47	23.16

财务状况变动说明:
1.总资产增加主要是在建设工程完成速度加快和存货中的原料储备增加所致。
2.长期负债增加主要是公司进行新的投资和银行长期流动资金借款增加所致。
3.股东权益增加是因为公司利润增长所致。
4.主营业务利润增加因为公司主营产品产量和销售数量增加所致。
5.净利润增加是因为公司利润总额增加所致。

3、公司投资情况
(1) 募集资金使用情况
公司1998年4月通过公开发行12000万股普通股,募集资金73460万元。根据公司《招股说明书》的承诺,用于以下项目:
一、火法系统技改项目:该项目计划总投资74000万元,至1999年底累计投资41058万元,完成进度的55.48%。进度未达到预期是因为国家有关部门对其核心工艺的引进合同批准时间滞后,并且涉及国际交往办理签证等,致使设计分工会于99年10月才得以召开,确定最终设计参数。目前各方正积极投入紧张地设计和主要设备的订货工作。 预计该项目完成后新增税后利润6791万元/年,全部投资内部收益率10.87%。
二、异型铜线杆连铸连轧项目:该项目计划总投资4566万元,至99年底累计投资4771万元,完成投资进度104.80%。该项目99年底已进入工程收尾阶段,2000年元月已投料进行生产调试。 预计达产后收益为税后利润847万元/年。
三、加工分厂迁建改造项目:该项目计划投资453万元,至99年底累计投资1068万 元,完成进

度 23.58%。由于该项目需要根据火法系统改造以及正常生产任务的要求来实施,目前主体工程没有进行,主要是前期准备和设计工作。该项目预计收益为利润总额 240 万元/ 年。

公司募集资金时承诺投资项目与实际投资项目没有发生变化。募集资金 73460 万 元,实际投资至 99 年底累计共 47475 万元(含已购入尚未使用的工程物资 578 万元),尚未使用 25985 万元,全部存于银行。

(2)报告期内无非募集资金投资的重大项目。

4、本年度由于国际、国内市场对资源性原料产品的需求增加,导致铜原料和产品的价格有一定上涨,将对公司的经济效益产生积极影响。若中国加入世界贸易组织,不会对公司的经营产生重大影响。

5、新年度的业务发展计划

2000 年,公司将抓住国家西部大开发战略实施的机遇,特别是有色金属市场价格回升的有利条件,进一步扩大生产规模,力争实现生产电解铜 15 万吨的目标;巩固现有市场,开拓新的市场;继续实施和完善预算化管理,努力降低成本;实施技术创新、管理创新的企业发展战略,为投资者创造更好的效益。同时,抓好募集资金在建项目的工作,其中"火法系统改造工程"2000 年预计投资 20031 万元,累计完成总投资的 74.93%;"加工分厂迁建项目"根据火法系统改造工程的需要及生产任务的要求,暂时不能实 施, 主要做前期准备和设计工作,2000 年计划投资 100 万元。

6、董事会日常工作情况

(1)报告期内董事会的会议情况及决议内容

报告期内公司召开了 3 次董事会会议。

1.1999 年 1 月 28 日,公司召开首届董事会第五次会议。会议审议并通过了《总经理 1998 年度工作报告》,《关于加强营销工作的报告》,《关于公司积极推进预算化管理的报告》,《公司 1999 年度技术改造实施计划》,《公司董事会议事规则》,《聘任钟 亮先生为本公司财务总监》的议案。

该次会议决议刊登在 1999 年 2 月 2 日的《中国证券报》上。

2.1999 年 4 月 12 日,公司召开首届董事会第六次会议。会议审议并通过了《公司 98 年年度报告和年度报告摘要》,《公司 98 年度财务决算报告》,《公司 99 年度财务预算方案》,《公司 98 年度利润分配和资本公积金转增股本预案》,《决定召开公司 1998 年年度股东大会》的议案。

该次会议决议刊登在 1999 年 4 月 15 日的《中国证券报》上。

3.1999 年 8 月 18 日,公司召开首届董事会第七次会议。会议审议并通过了《公司 1999 年中期报告》,《公司 1999 年中期不进行利润分配,也不进行公积金转增股本》的议案。

该次会议决议刊登在 1999 年 8 月 21 日的《证券时报》,《上海证券报》上。

(2)本报告期实施了 98 年度股东大会通过的 98 年利润分配和资本公积金转增股本 (10 送 2 转增 6)方案。股权登记日是 1999 年 6 月 21 日,除权日是 1999 年 6 月 22 日,送转股上市流通日是 1999 年 6 月 24 日。公司股份变动公告刊登在 1999 年 6 月 12 日的《证券时报》,《上海证券报》上。

7,董事,监事,高级管理人员

姓名	职务	性别	年龄	任期起止日期	年初持股数(股)	年末持股数(股)	年度报酬
邹韶禄	董事长	男	50	1998.5-2001.5	5000	9000	未在公司领取
吕成人	副董事长	男	60	1998.5-2001.5	4000	7200	未在公司领取
杨毓和	副董事长	男	51	1998.5-2001.5	4000	7200	未在公司领取
孔繁义	董事,总经理	男	57	1998.5-2001.5	3000	5400	72687.80 元
余卫平	董事,副总经理	男	45	1998.5-2001.5	3000	5400	59391.34 元
钟　亮	董事,财务总监	男	49	1998.5-2001.5	3000	5400	60139.74 元
蒯明德	董事,总工程师	男	60	1998.5-2001.5	3000	5400	60270.74 元
黄善富	董事,副总经理	男	34	1998.5-2001.5	3000	5400	59429.14 元
刘宣瑜	董事	男	53	1998.5-2001.5	3000	5400	未在公司领取
张文彬	董事	男	60	1998.5-2001.5	3000	5400	未在公司领取
邓德国	董事	男	59	1998.5-2001.5	3000	5400	未在公司领取
刘谷璋	监事会主席	男	59	1998.5-2001.5	4000	7200	未在公司领取
李林昌	监事	男	58	1998.5-2001.5	3000	5400	未在公司领取
赵　玉	监事	女	43	1998.5-2001.5	3000	5400	59669.34 元
周润民	监事	男	46	1998.5-2001.5	3000	5400	未在公司领取
李少龙	监事	男	36	1998.5-2001.5	3000	5400	未在公司领取
何云辉	党委书记	男	43				71945.80 元
史谊峰	副总经理	男	37	1998.5-2001.5	3000	5400	59402.60 元
管　弘	董事会秘书	男	36	1998.5-2001.5	3000	5400	59249.24 元

说明:

1.以上董事,监事和高级管理人员年末持股数比年初持股数增加,是因为公司在报告期内实施了 98 年度利润分配和资本公积金转增股本所致。

2.以上部分董事,监事和高级管理人员的年度报酬总额约为 56 万元。其中,在 7.0 至 7.5 万元区间领取报酬的有 2 名;在 6.0 至 7.0 万元区间领取报酬的有 2 名;在 5.5 至 6.0 万元区间领取报酬的有 5 名。董事邹韶禄,吕成人,杨毓和,刘宣瑜,邓德国,张文彬,监事刘谷璋,李林昌,周润民,李少龙均不在公司领取报酬。

3.报告期内,由总经理提名,并经公司首届董事会第五次会议同意聘任钟亮先生为公司财务总监。

4.报告期内,公司无离任董事,监事和高级管理人员;公司总经理,董事会秘书也 无变更。

8,本次利润分配预案或资本公积金转增股本预案

经云南亚太会计师事务所亚太云审 B(2000)第 80 号审计验证,云南铜业股份有限公司 1999 年度完成主营业务收入 1,957,833,064.71 元, 实现净利润 140,555,413.51 元。 按照公司章程规定,提取 10%的法定公积金 14,055,541.35 元,提取 5%的法定公益金 7,027,770.68 元,加上年结转未分配利润 15,806,379.24 元,可供股东分配利润为 135,278,480.72 元。经董事会研究决定以现有股本为基数向全体股东按每 10 股派发现金 1.30 元(含税),共计分配 95,004,000.00 元,剩余 40,274,480.72 元结转至下年度。本年度资本公积金不转增股本。

注:年初未分配利润原为 24,605,039.03 元,根据财政部财会字(1999)35 号文以及 49 号文的有关规定,公司对坏帐准备的会计政策进行了变更。由于采用追溯调整法,调减了 1998 年度的净利润 8,798,659.79 元,因此现上年结转未分配利润为 15,806,379.24 元。

5、其他报告事项

本年度选定的信息披露报纸变更为《证券时报》和《上海证券报》。

(六)监事会报告

报告期内监事会共召开会议 3 次。会议的议题分别是:审议《公司监事会 1998 年度工作报告》;《公司 98 年年度报告和年度报告摘要》;《公司 1999 年中期报告》。

监事会在本年度按照《公司法》及《公司章程》所赋予的职权,依法对公司,董事会及高级管理人员进行了监督和核查并发表如下独立意见:

1.公司依法运作情况:监事会认为,本公司决策程序合法,已经建立完善的内部控 制制度,公司董事,经理执行公司职务时无违反法律,法规,公司章程或损害公司利益的行为。

2.检查公司财务的情况:报告期内,云南亚太会计师事务所出具的审计报告真实反映了公司的财务状况和经营成果。

3.公司本年度募集资金实际投入项目和承诺投入项目一致。

4.本年度内公司无收购,出售资产行为。

5.报告期内,公司的关联交易公平,未损害本公司利益。

6. 云南亚太会计师事务所为本公司年度报告出具了无保留意见的审计报告。

(七)重要事项

1,本年度公司无重大诉讼,仲裁事项。

2,本年度公司, 公司董事及高级管理人员无受证券监管部门处罚的情况。

3,报告期内公司控股股东云南铜业集团有限公司无变化,公司总经理,董事会秘书无变化。

4,报告期内公司无收购及出售资产, 吸收合并和资产重组事宜。

5,重要关联交易事项

本公司同关联企业之间依照市场价格进行公平交易,具体的关联交易情况详见报 表附注。

6,公司与控股股东在人员,资产,财务上的"三分开"情况:报告期内,公司保持了人员独立, 资产完整和财务独立,实现了与控股股东在人员,资产, 财务上的三分开。

7,本年度公司继续聘任云南亚太会计师事务所为本公司财务审计机构。

8,报告期内,公司无其他重大合同及担保事项。

9,报告期内,公司无变更名称及股票简称。

10,根据财政部财会字(1999)35 号文《关于印发〈股份有限公司会计制度有关会 计处理问题补充规定〉的通知》和财政部财会字(1999)49 号文《关于印发〈股份有限公司会计制度有关会计处理问题补充规定问题解答〉的通知》的有关规定,公司本年 度对坏帐准备,存货跌价准备会计政策变更已采用追溯调整法,调整了 1999 年度会计报表相关的年初数和上年实际数。

上述会计政策变更的累计影响数为 10,351,364.47 元,系因坏帐准备计提方法变更的影响数;由于会计政策变更, 调减了 1998 年度净利润 10,351,364.47 元, 调减了 1999 年初留存收益 10,351,364.47 元。对 1999 年度的损益影响为减少利润 2,261,010.45 元.

(八)财务会计报告

(1) 审计意见

云南亚太会计师事务所

亚太审 D 字(2000)第 80 号

审　计　报　告

云南铜业股份有限公司全体股东:

我们接受委托, 审计了贵公司 1999 年 12 月 31 日的资产负债表,1999 年度的利润及利润分配表和现金流量表。这些会计报表由贵公司负责,我们的责任是对这些会计报表 发表审计意见。我们的审计是依据《中国注册会计师独立审计准则》进行的。在审计过程中,我们结合贵公司的实际情况,实施了包括抽查会计记录等我们认为必要的审计程序。

我们认为,上述会计报表符合《企业会计准则》和《股份有限公司会计制度》的 规定,在所有重大方面公允地反映了贵公司 1999 年 12 月 31 日的财务状况和 1999 年度的 经营成果及现金流量情况, 会计处理方法的选用遵循了一贯性原则。

云南亚太会计师事务所　　　　中国注册会计师:杨守任

昆明市拓东路 23 号　　　　中国注册会计师:徐　毅

二 OOO 年三月三日

(2)会计报表(附后)

(3)会计报表附注

会 计 报 表 附 注

一,公司简介

云南铜业股份有限公司(以下简称"本公司")是经云南省证券监督管理办公室云证办[1997]80 号和云南省人民政府云政复[1997]92 号文批准,由云南铜业(集团)有限 公司作为独家发起人,以社会募集方式设立的股份有限公司。1998 年 4 月 14 日经中国证券监督管理委员会证监发字[1998]54 号文批准本公司首次向社会公开发行人民币 A 种 股票, 并于 1998 年 6 月 2 日在深圳证券交易所挂牌交易。本公司于 1998 年 5 月 15 日正式成立,取得云南省工商行政管理局 5300001006271 号企业法人营业执照,现有注册资本柒 亿三仟零捌拾万元。

本公司经营范围:有色金属,贵金属的生产,加工,销售及生产工艺的设计,施工,科研。高科技产品, 化工产品的生产,加工及销售等。

二,公司主要会计政策,会计估计

(1)坏帐核算方法

本公司对于因债务人破产或死亡,以其破产财产或遗产清偿后仍无法收回的应收 款项和因债务人逾期未履行偿债义务,且有明显证据表明无法收回的应收款项,经董事会批准确认为坏帐损失。

本公司坏帐损失的核算采用备抵法,根据本公司董事会决议,自 1999 年 1 月 1 日起, 应收款项(包括应收帐款和其他应收款)根据债务单位的财务状况,现金流量等情况按 帐龄分析法计提坏帐准备并计入当年损益。 坏帐准备的提取比例列示如下:

帐龄	提取比例
1 年以内(含 1 年)	5%
1-2 年(含 2 年)	6%
2-3 年(含 3 年)	8%
3-4 年(含 4 年)	10%
4-5 年(含 5 年)	50%
5 年以上	100%

(2)存货核算方法

本公司的存货包括在生产经营过程中为销售或耗用而储备的原材料,低值易耗品,在产品,库存商品等。

除库存商品以外的所有存货均采用计划成本进行日常核算,并通过"材料成本差 异"帐户核算各类存货的实际成本与计划成本的差异,领用和发出原材料时,通过分摊材料成本差异调整为实际成本;库存商品按实际成本计价,销售和领用库存商品时,按全月一次加权平均法进行核算;低值易耗品领用按一次摊销法摊销。

根据本公司董事会决议,自 1999 年 1 月 1 日起,本公司的期末存货按成本与可变现净值孰低法进行计价,存货跌价准备按单个存货项目的成本高于其可变现净值的差额提 取,预计的存货跌价损失计入当年损益。

本公司 1999 年年初存货在本年度已大部分耗用或出售,1999 年 12 月 31 日存货的可 变现净值均高于其帐面成本,故本年度未提取存货跌价准备,也未调整年初存货余额及年初未分配利润。

(3)长期投资核算方法

本公司长期股权投资核算为取得期货交易所会员资格而缴纳的会员资格费。

由于本公司长期股权投资不存在可收回金额低于其帐面价值的情况,因此期末本 公司未计提长期投资减值准备。

(4)固定资产计价和折旧方法

A.固定资产的标准及计价

固定资产按实际成本计价。本公司拥有的使用期限超过一年的房屋建筑物,生产 经营性机器设备作为固定资产。对于不属于生产经营主要设备的单位价值在 2,000.00 元以上,且使用期限超过两年的物品, 也作为固定资产。

B.折旧方法,年限及折旧率

本公司固定资产采用平均年限法计提折旧,有关资产分类及其估计的折旧年限和 年折旧率如下:

资产类别	折旧年限(年)	年折旧率(%)	净残值率(%)
一,房屋建筑物			
1,一般生产用房屋建筑物	35	2.71	5
2,受腐蚀生产用房屋建筑物	25	3.80	5
二,机器设备			
1,冶炼机械	15	6.33	5
2,冶炼电器	10	9.50	5

3,化工设备	14	6.78	5
4,其他设备	14	6.78	5

(5)开办费,长期待摊费用摊销方法

本公司开办费,长期待摊费用按实际发生额核算,开办费从开始生产经营的当月起按五年期平均摊销;长期待摊费用在项目的受益期内平均摊销。

(6)收入确认的原则

本公司按以下规定确认营业收入实现。

商品销售:本公司已将商品所有权上的主要风险和报酬转移给买方,本公司不再对该商品实施继续管理权和实际控制权,相关的收入已经收到或取得收款的证据,并且与销售该商品有关的成本能够可靠地计量时,确认营业收入的实现。

提供劳务:在同一年度内完成的劳务,在劳务已经提供并且相关的收入已经收到或取得了收款证据时确认营业收入的实现。

(7)所得税的会计处理方法

本公司所得税的会计处理采用应付税款法。

(8)会计政策变更的影响

根据财政部财会字[1999]35 号文以及 49 号文的有关规定,如会计报表附注二(6)所述本公司本年度对坏帐准备的会计政策变更已采用追溯调整法,调整了 1999 年会计报 表相关项目的年初数或上年数。因坏帐准备计提方法变更的累计影响数为 10,351,364.47 元人民币,调减了 1998 年度净利润 10,351,364.47 元,调减了 1999 年初留存收益 10,351,364.47 元,其中,未分配利润调减了 8,798,659.79 元,盈余公积调减了 1,552,704.68 元。对 1999 年度的损益影响为减少净利润 2,261,010.45 元。

三,税项

主要税种	税率	说明
1,增值税	17%	除黄金,白银销售外,其他产品销售执行 17%的增值税率。黄金,白银按财政部和国家税务总局(1994)财税字第 024 号,(1995)财税字第 13 号文件规定免征增值税。
2,城市维护建设税	7%	以应交流转税税额为计税基数。
3,教育费附加	3%	以应交流转税税额为计税基数。
4,印花税		按照税务局核定的标准缴纳。
5,企业所得税	免税	根据云南省国家税务局云国税函[2000]05 号文件规定,本公司 1999 年度免征企业所得税。

五,关联方关系及其交易

(一)关联方关系

(1)存在控制关系的关联方

企业名称	注册地址	主营业务	与本公司的关系	经济性质或类型	法定代表人
云南铜业(集团)有限公司	昆明市人民东路 73 号	有色金属及贵金属的生产,销售,加工及开发等。	母公司	国有独资	邹韶禄

(2)存在控制关系的关联方的注册资本及变化

企业名称	年初数	本年增加数	本年减少数	年末数
云南铜业(集团) 有限公司	1000000000	–	–	1000000000

(3)存在控制关系的关联方所持股份及其变化

企业名称	年初数		本年增加		本年减少		年末数	
	金额	%	金额	%	金额	%	金额	%
云南铜业(集团)有限公司	286000000	70.44	228800000	70.44			514800000	70.44

(二)关联方交易

1,不存在控制关系的关联方关系的性质

企业名称	与本公司的联系
云南冶炼厂	与本公司同一母公司
云南铜业供销运输中心(含各地经营部)	其母公司与本公司具有同一母公司
昆明市锌厂	其母公司与本公司具有同一母公司

2,采购原料

根据本公司分别与云南铜业(集团)有限公司和云南冶炼厂签定的《铜精矿供需合同》,集团公司和云南冶炼厂按本公司的需要供给铜精矿,价款结算按本公司每月公布的电解铜市场价为依据,随行就市进行结算。

	1999 年度		1998 年度	
关联公司	金 额	占年度购入原料%	金 额	占年度购入原料%
云南铜业(集团)有限公司	687012737.16	47.95%	459279153.23	38.96%
云南冶炼厂	43090638.47	3.01%		
合计	730103375.63	50.96%	459279153.23	38.96%

3,销售产品

根据本公司分别与云南铜业 (集团) 有限公司和云南铜业供销运输中心及各地经营部签定的《电解铜购销合同》,本公司向集团公司和云南铜业供销运输中心及各地经 营部销售电解铜及铜盘元等铜产品,价格结算以供货日对应的上海金属交易所一个完 整交易月的结算价的加权平均值为计价基础。

	1999 年度		1998 年度	
关联公司	金 额	占年度购入原料%	金 额	占年度购入原料%
云南铜业(集团)有限公司	374816450.33	19.14%	334997435.97	18.73%
云南铜业供销运输中心(含各地经营部)	583114641.90	29.78%	194617967.45	10.88%
合 计	957931092.23	48.92%	529615403.42	29.61%

4,提供劳务

根据本公司与云南冶炼厂签定的《综合服务协议》,云南冶炼厂向本公司提供机 修,电修,氧气,铁路运输服务,服务费用按国家物价部门规定价格或当地可比的市场价格确定。

关联公司	交易事项	1999 年度	1998 年度
云南冶炼厂	(1)为本公司提供维修服务	7,101,286.07	3,517,444.60
	(2)为本公司提供氧气	26,910,001.14	10,971,965.81
	(3)为本公司提供铁路运输	6,772,057.00	6,670,700.60
合 计		40,783,344.21	21,160,111.01

5,关联方应收应付款项余额

关联方应收应付款项

项目	年末余额	
	1999 年 12 月 31 日	1998 年 12 月 31 日
应收帐款:		
云南铜业(集团)有限公司	510,719.44	157,304,834.24
云南铜业供销运输中心	163,534,421.24	951,951.30
预付帐款:		
云南铜业(集团)有限公司	5,055,948.75	
其他应收款:	290,771,561.98	
云南冶炼厂	49,365,231.70	
云南铜业(集团)有限公司	900,000.00	18,132,001.55
昆明市锌厂	3,752,686.70	900,000.00
应付帐款:	3,575,494.55	
云南冶炼厂	10,104,304.47	
云南铜业供销运输中心	2,234,159.02	
预收帐款:		
云南铜业供销运输中心	–	
其他应付款:		217,146.65
云南冶炼厂	1,807,634.72	
云南铜业(集团)有限公司	333,333.33	133,333.33

6.其他应披露事项

(1)根据本公司与云南冶炼厂签定的《综合服务协议》,云南冶炼厂为本公司提供 综合 服务,并按国家物价管理部门或参照可比的当地市场价格支付如下费用:

1.云南冶炼厂为本公司提供员工住房及配套设施的相应服务,1999 年本公司向云 南冶炼厂支付住房公积金 1,364,343.60 元,代扣职工房租费 41,670.80 元;1998 年支付住房公积金 580,188.90 元,代扣职工房租费 34,346.50 元。

2.云南冶炼厂车队为本公司提供电铜,硫酸厂内运输服务,1999 年支付服务费 2,456,740.00 元,1998 年支付服务费 1,604,715.00 元。

3.本公司经营性租入云南冶炼厂固定资产,1999 年支付租赁费 1,217,803.42 元。

4. 云南冶炼厂为本公司提供员工培训,1999 年支付云冶技校职工岗位练兵课时费 15,187.00 元。

(2)截止 1999 年 12 月 31 日云南铜业(集团)有限公司为本公司提供信用担保,使本公 司从银行获得短期借款 345,000,000.00 元,长期借款 248,000,000.00 元。

(3)昆明市锌厂使用本公司水电,1999 年本公司为昆明市锌厂垫付水电费 177,192. 15 元,1998 年垫付水电费 3,575,494.55 元。

六,或有事项

截止 1999 年 12 月 31 日,本公司没有需要披露的或有事项。

七,承诺事项

截止 1999 年 12 月 31 日,本公司没有需要披露的财务承诺事项。

八,资产负债表日后事项中的非调整事项

本公司没有需要披露的资产负债表日后非调整事项。

九,其他重要事项

截止 1999 年 12 月 31 日,本公司没有需要披露的其他重要事项。

(九) 公司的其他有关资料

1.公司首次注册登记日期,地点

公司首次注册登记日期:1998 年 5 月 15 日

公司首次注册登记地点:昆明高新技术产业开发区 M1—12

2.企业法人营业执照注册号:5300001006271

3.税务登记号码

国税:530112709705745

地税:530100590160689

4.公司未流通股票的托管机构名称:深圳证券交易所登记公司

5.公司聘请的会计师事务所名称,办公地址

名称:云南亚太会计师事务所

办公地址:云南省昆明市拓东路 23 号

(十)备查文件

1.载有董事长,财务总监,会计主管人员签名并盖章的会计报表原件。

2.载有会计师事务所盖章,注册会计师签名并盖章的审计报告原件。

3.报告期内在《证券时报》,《上海证券报》上披露过的公司文件的正本及原稿.

云南铜业股份有限公司

2000 年 3 月 7 日

资产负债表

编制单位:云南铜业股份有限公司　1999 年 12 月 31 日　单位:人民币元

资 产	年初数	年末数
流动资产:		
货币资金	113029790.26	487031171.32
短期投资		
减:短期投资跌价准备		
短期投资净额		
应收票据	3058938.54	3000000.00
应收股利		
应收利息		
应收帐款	172396764.13	183599405.24
其他应收款	43951276.95	80511763.95
减:坏帐准备	11213348.29	13530371.95
应收帐款净额	205134692.79	250580797.24
预付帐款	445358495.84	95156909.35
应收补贴款		
期货保证金	17200000.00	17200000.00
应收席位费		
存货	732655495.35	1144803618.09
减:存货跌价准备		
存货净额	732655495.35	1144803618.09
待摊费用	11130910.65	1586551.58
待处理流动资产净损失		
一年内到期的长期债券投资		
其他流动资产		
流动资产合计	1527568323.43	1999359047.58
长期投资:		
长期股权投资	600000.00	600000.00
长期债券投资		
长期投资合计	600000.00	600000.00
其中:合并价差		
减:长期投资减值准备		
长期投资净额	600000.00	600000.00
固定资产:		
固定资产原价	792322259.36	771092659.89
减:累计折旧	374342434.42	394011924.21

固定资产净值	417979824.94	377080735.68
工程物资	4335694.51	5781689.38
在建工程	89269023.02	475189114.18
固定资产清理	1805627.35	
待处理固定资产净损失		
固定资产合计	513390169.82	858051539.24
无形资产及其他资产:		
无形资产		
开办费		
长期待摊费用	7966633.10	9372472.22
其他长期资产		
其中:临时设施净值		
无形资产及其他资产合计	7966633.10	9372472.22
递延税项:		
递延税项借项		
资产总计	2049525126.35	2867383059.04
负债及股东权益		
流动负债:		
短期借款	560022600.00	1065693704.00
应付票据		
应付帐款	73383142.21	85710966.49
预收帐款	15885185.74	19429841.93
代销商品款		
应付工资	176362.29	193448.29
应付福利费	1116885.02	2251562.58
应付股利		95004000.00
应交税金	2387026.08	2899788.91
其他应交款	400504.20	777816.33
其他应付款	81057526.63	11774622.82
预提费用		
一年内到期的长期负债		
其他流动负债		
流动负债合计	734429232.17	1283735751.35
长期负债:		
长期借款	27500000.00	250500000.00
应付债券		
长期应付款		
住房周转金		
其他长期负债		
长期负债合计	27500000.00	250500000.00
递延税款:		
递延税款贷项		
负债合计	761929232.17	1534235751.35
少数股东权益		
股东权益:		
股本	406000000.00	730800000.00
资本公积	767470742.14	523870742.14
盈余公积	17118772.80	38202084.83
其中:公益金	5706257.60	12734028.28
未分配利润	97006379.24	40274480.72
外币报表折算差额		
股东权益合计	1287595894.18	1333147307.69
负债及股东权益总计	2049525126.35	2867383059.04

利润及利润分配表

编制单位:云南铜业股份有限公司　1999 年度　单位:人民币元

项　目	上年实际数	本年累计数
一、主营业务收入	1788257199.67	1957833064.71
减:折扣与折让		
主营业务收入净额	1788257199.67	1957833064.71
减:主营业务成本	1599576681.80	1668580323.61
主营业务税金及附加	7996068.34	6172001.97
二、主营业务利润	180684449.53	283080739.13
加:其他业务利润	223199.82	3266021.02
减:存货跌价损失		
营业费用	16815740.11	17638333.79
管理费用	40742338.44	57384051.38
财务费用	32274457.77	58411100.44
三、营业利润	91075113.03	152913274.54
加:投资收益		
期货收益	24031735.03	359113.81
补贴收入		
营业外收入	1476351.58	415292.40
减:营业外支出	2458047.60	13132267.24
四、利润总额	114125152.04	140555413.51
减:所得税		
五、净利润	114125152.04	140555413.51
加:年初未分配利润		97006379.24
盈余公积转入		
六、可供分配的利润	114125152.04	237561792.75
减:提取法定盈余公积	11412515.20	14055541.35
提取法定公益金	5706257.60	7027770.68
七、可供股东分配的利润	97006379.24	216478480.72
减:已分配优先股股利		
提取任意盈余公积金		
应付普通股股利		95004000.00
转作股利的普通股股利		81200000.00
八、未分配利润	97006379.24	40274480.72

现金流量表

编制单位:云南铜业股份有限公司　1999 年度　单位:人民币元

项目	金额
一.经营活动产生的现金流量:	
销售商品,提供劳务收到的现金	2239768540.29
收取的租金	
收到的税费返还	
收到的其他与经营活动有关的现金	6070749.88
经营活动现金流入小计	2245839290.17
购买商品,接受劳务支付的现金	2035090474.91
经营租赁所支付的现金	363425.00
支付给职工以及为职工支付的现金	55210135.82
实际交纳的增值税款	62324441.85
支付的所得税款	
支付的除增值税,所得税以外的其他税费	7218585.43
支付的其他与经营活动有关的现金	63929195.89
经营活动现金流出小计	2224136258.90
经营活动产生的现金流量净额	21703031.27
二.投资活动产生的现金流量:	
收回投资所收到的现金	
权益性投资所收到的现金	
分得股利或利润所收到的现金	
取得债券利息收入所收到的现金	
处置固定资产,无形资产和其	264154.70
他长期资产而收回的现金净额	
收到的其他与投资活动有关的现金	10000.00
投资活动现金流入小计	274154.70
购建固定资产,无形资产和其	309380015.60
他长期资产所支付的现金	
权益性投资所支付的现金	
债权性投资所支付的现金	
支付的其他与投资活动有关的现金	771721.79
投资活动现金流出小计	310151737.39
投资活动产生的现金流量净额	−309877582.69
三.筹资活动产生的现金流量:	
吸收权益性投资所收到的现金	
其中:子公司吸收少数股东权	
益性投资收到的现金	
发行债券所收到的现金	
借款所收到的现金	1596571704.00
收到的其他与筹资活动有关的现金	
筹资活动现金流入小计	1596571704.00
偿还债务所支付的现金	867900600.00
发生筹资费用所支付的现金	27903.67
分配股利或利润所支付的现金	
其中:子公司支付少数股东的股利	
偿还利息所支付的现金	65102924.25
融资租赁所支付的现金	
减少注册资本所支付的现金	
其中:子公司依法减资支付给少数股东的现金	
支付的其他与筹资活动有关的现金	1364343.60
筹资活动现金流出小计	934395771.52
筹资活动产生的现金流量净额	662175932.48
四.汇率变动对现金的影响	
五.现金及现金等价物净增加额	374001381.06
补充资料	
1.不涉及现金收支的投资和筹资活动:	
以固定资产偿还债务	
以投资偿还债务	
以固定资产进行投资	
以存货偿还债务	
融资租赁固定资产	
接受捐赠非现金资产	
2.将净利润调节为经营活动的现金流量:	
净利润	140555413.51
加:计提的坏帐准备或转销的坏帐	2317023.66
固定资产折旧	40056686.54
无形资产摊销	2415149.19
待摊费用的减少(减:增加)	833338.83
处置固定资产,无形资产和其	
他长期资产的损失(减:收益)	132315.04
固定资产报废损失	10905166.86
财务费用	64066557.92
投资损失(减:收益)	−359113.81
存货的减少(减增加)	−442985072.93
经营性应收项目的减少(减增加)	−37317146.01
经营性应付项目的增加(减减少)	241082712.47
增值税增加净额(减减少)	
其他	
经营活动产生的现金流量净额	21703031.27
3.现金及现金等价物净增加情况:	
货币资金的期末余额	487031171.32
减:货币资金的期初余额	113029790.26
现金待价物的期末余额	0.00
减:现金等价物的期初余额	0.00
现金及现金等价物净增加额	374001381.06

山 东 巨 力 股 份 有 限 公 司

山东巨力股份有限公司1999年年度报告摘要

一、公司简介

(一) 公司法定中文名称： 山东巨力股份有限公司
公司法定英文名称： SHANDONG JULI COMPANY LIMITED
(二) 公司法定代表人： 王清华先生
(三) 公司董事会秘书： 李传顺先生
联系地址： 山东省潍坊市长松路69号
联系电话： (0536)8351878-8895 传真： (0536)8323432
电子信箱： chuanshun@163.net
授权代表： 杨正魁先生
联系地址： 山东省潍坊市长松路69号
联系电话： (0536)8351878-8895 传真： (0536)8310402
电子信箱： jlyzhk@163.net
(四) 公司注册地址、办公地址：山东省潍坊市长松路69号 邮政编码：261021
公司国际互联网网址： http://www.chinajuli.com 电子信箱：hq280880@sina.com
(五) 公司选定的信息披露报纸名称：中国证券报 证券时报
登载公司年度报告的中国证监会指定国际互联网网址：http://www.cninfo.com.cn
公司年度报告备置地点： 公司证券部
(六) 公司股票上市交易所：深圳证券交易所 股票简称：山东巨力 股票代码：0880

二、会计数据和业务数据摘要

(一) 公司本年度实现的主要利润指标情况

利润总额	80583192.68
净利润	68471111.55
扣除非经常性损益后的净利润	62591992.27
主营业务利润	147427892.04
其他业务利润	3728453.18
营业利润	74772073.42
投资收益	——
补贴收入	——
营业外收支净额	5811119.26
经营活动产生的现金流量净额	35226616.58
现金及现金等价物净增加额	-40474982.73

扣除非经常性损益时，扣除的项目、涉及金额：
1、新股申购冻结资金利息6091205.30元；
2、处置固定资产损失212086.02元。

(二) 截至报告期末公司前三年的主要会计数据和财务指标

项目	1999年	1998年	1997年
主营业务收入	1,460,799,383.16	1,247,752,660.70	1432,930,803.97
净利润	68,471,111.55	26,346,853.13	46,715,126.18
总资产	780,590,137.75	757,380,301.01	459,832,117.42
股东权益	481694405.28	430,750,650.43	165,771,242.83
每股收益	0.79	0.31	0.76
每股收益(月均)	0.79	0.31	0.76
扣除非经常性损益后的每股收益 0.72	——	——	
每股净资产	5.58	4.99	2.71
调整后的每股净资产	5.40	4.88	2.70
每股经营活动产生的现金流量净额	0.41	0.68	——
净资产收益率	14.21	6.12	28.18

财务指标的计算公式如下：
每股收益=净利润/年度末普通股股份总数
每股净资产=年度末股东权益/年度末普通股股份总数
调整后的每股净资产=(年度末股东权益-三年以上的应收款项净额-待摊费用-待处理（流动、固定)资产净损失-开办费-长期待摊费用-住房周转金负数余额)/年度末普通股股份总数
每股经营活动产生的现金流量净额=经营活动产生的现金流量净额/年度末普通股股份总数
净资产收益率=净利润/年度末股东权益×100%

(三) 报告期内股东权益变化情况

项目	股本	资本公积	盈余公积	法定公益金	未分配利润	股东权益合计
期初数	86288500	281577086	29854963.28	9951654.43	33030100.27	430750650.43
本期增加			10001010.03	3153898.88	58200444.82	50943754.85
本期减少					17257700.00	
期末数	86288500	281577086	39855973.31	13105553.31	73972845.09	481694405.28

三、股东情况介绍

1、报告期末股东总数
截止报告期末，公司股东总数为18587户。
2、报告期末公司主要股东持股情况

股东名称	持股数量(股)	占总股本比例(%)
潍坊巨力机械总厂	41716500	48.35%
潍坊市潍城区国有资产管理局	6272000	7.27%
北京德智园医药科技开发有限公司	650300	0.75%
罗意军	278200	0.32%
张久河	193000	0.22%
王萌骏	190898	0.22%
杨王氏	185550	0.22%
杨王氏	184600	0.21%
杨元华	179550	0.21%
胡秀敏	172902	0.20%

注：(1)持有本公司5%以上股份的股东报告期内股份无增减变动，所持股份无质押或冻结的情况。
(2)前十名股东之间不存在关联关系。
(3)上述股东中，潍坊市潍城区国有资产管理局代表国家持有股份627.2万股。

四、股东大会简介

1、1999年4月24日，公司召开了1998年度股东大会。会议通过了公司1998年年度报告、1998年度董事会工作报告、1998年度监事会工作报告和1998年度财务决算报告，通过了公司1998年度利润分配方案：本年度利润不进行分配，也不进行公积金转增股本。以上决议刊登在1999年4月27日的《中国证券报》和《证券时报》上。

1999年10月15日，公司召开了1999年度第一次临时股东大会。会议通过了如下决议：

(1)审议通过了公司1999年中期利润分配方案：以公司1999年中期的总股本86288500股为基数，向公司全体股东每10股派2元现金(含税)，剩余利润结转下次分配；中期不进行公积金转增股本。

(2)审议通过了改变部分募集资金投向的议案：招股说明书承诺投资的"高纯超细碳化硅微粉及其制品技术改造项目"，由于进入1998年以来，市场发生急骤变化，虽然发展前景不错，但是市场竞争十分激烈，价格低迷，投资该项目很难在短时间内产生效益，回报股东。车架、车斗作为公司主导产品农用车的关键部件，对三轮车的耐久性、安全性和外观装饰性起着至关重要的作用，但由于长期以来公司生产能力不足，严重地影响着公司内部的生产平衡，制约着公司的生产和发展。股东大会同意，为更好地使用募集资金，将原承诺投资微粉项目的资金，追加投入到"多功能农用三轮车架斗分厂技术改造项目"。

以上决议刊登在1999年10月16日的《中国证券报》和《证券时报》上。

五、董事会报告

(一) 公司经营情况

1、公司所处行业属农机行业，主导产品农用运输车的产销在同行业中居于重要地位，据有关资料统计，公司农用车产销量1997年在同行业中居第一位，1998年居第三位，1999年居第三位。(据《农用运输车信息》1999年第6期)

2、公司主营业务的范围及其经营状况

农用运输车是公司目前的主导产品，公司各品种系列的农用运输车产品的销售区域遍布山东、华北、东北、内蒙和苏豫皖的广大地区。

3、经营中出现的问题与困难及解决方案：99年，在严酷的市场竞争形势面前，公司领导带领全体员工，实行了一系列行之有效的改革措施。

(1)以人本管理和成本管理为核心，不断创新企业管理。通过对科研部门实行"项目承包制"，对销售人员重新制定和完善"联产承包计酬制"，对部门和人员实行经济责任指标综合考核制度等措施，加强企业人本管理；通过实行物资采购环节的购销比价管理，以"全额计件、联产计酬、指标考核、成本费用否决"为核心内容的经济责任制等措施，加强企业成本管理；按照GB/T19001-ISO9001标准模式建立健全了文件化的质量保证体系，从产品的设计、开发、生产、安装直到售后服务活动进行了全方位的规范，于1999年2月14日一次性通过了中国机械质量认证中心对公司质量体系的全面考核，使公司成为国内农用车行业首先获得质量体系认证的企业；同时，加强基础管理和资金管理，狠抓落实，取得了显著的成效。

(2)坚持技术创新，加快技术改造。从培养高素质的科技队伍出发，构建先进的信息管理网络系统，围绕募股资金项目的建设大搞技术革新和技术改造，强化适销对路新产品的开发，强化工艺管理，促进了企业技术创新机制的快速建立和技术创新能力的全面提高。

(3)以市场为导向，以用户为中心，积极稳妥地开发市场。通过建立贴近市场的市场开发新框架，建立高效灵活的市场营销机制，加强销售队伍建设和售后服务工作，确保了公司产品畅通的销售渠道，并树立了公司良好的市场形象。上述人财物管理措施的实施，使公司形成了良性循环的产(研)供销体系，从根本上保证了公司在激烈的市场竞争中站稳脚跟并得到了长足的发展，取得了较好的经营业绩。

(二) 公司财务状况

1、总资产：公司报告期内总资产达78059万元，较上年增加2321万元，主要原因是固定资产较上年增加2662万元所致。公司募集资金项目的建设逐渐完工，相应的资金投入量也逐渐增加。预计2000年上半年募集资金项目将全部发挥作用。

2、长期负债：报告期由于职工住房实行货币化分配，原有的职工住房也要卖给职工个人，所以对公司原有的住房按照房改政策实行了出售，净损失1449万元，按制度规定转入住房周转金，形成"长期投资——住房周转金"-1505万元。

3、股东权益：报告期股东权益达到48169万元，较年初增加5094万元，主要是由于年度内实现的利润留利所致。

4、主营业务利润和净利润：报告期公司主营业务利润和净利润分别较上年度增加5523.47万元和4212.43万元，主要原因是：(1)加强成本管理，特别是在对外采购物资方面加大了管理力度。年初，公司专门组建了招商招标办公室，由主要领导牵头、专门人员参加，把公司使用的全部物资统一由招商办向全国招商招标，使公司的物资采购价格有了较大幅度的降低，增加经济效益近亿元。(2)募集资金项目逐渐发挥效用。报告期公司募集资金项目逐渐建成投入使用，大大提高了公司装备水平，使公司生产的产品在设计质量和技术含量、材料利用、劳动生产率及产品质量方面得到了较大的提高，取得了较好的经济效益。

(三) 公司投资情况：报告期内，公司的投资活动主要是对《招股说明书》承诺资金投资项目进行建设。报告期内公司继续加强募集资金项目的建设，本年度投入5613万元；累计投入到承诺项目中的募集资金已达20506万元，另外补充流动资金6760万元。尚未使用的募集资金还有1534万元未投入到项目中，但大部分已预付给设备生产厂家和设备安装公司。预计到2000年上半年，募集资金项目将全部竣工投入使用。

1、募集资金投资项目建设情况

投资项目	计划投资(万元)	实际投资(万元)
扩建多功能三轮车涂装总装分厂	2980	2984
扩建多功能三轮车覆盖件分厂	2990	3441
汽车拉杆生产技术改造项目	4000	3650
花键轴齿轮生产技术改造项目	3900	2725
汽油摩托车项目	3800	3894
农用三轮车后桥分厂技改项目	3900	3961
农用三轮车架斗分厂技改项目	7800	6610
合计	29370	27265

以上七个项目的计划投资总额与实际净募资金的缺口资金为570万元，由公司自筹解决。从当前投入资金情况看，总投资将超过计划投资额，公司自筹资金部分将增加。上述计划投资和实际投资额中均包括项目建设所含的流动资金部分。

中国大连国际合作(集团)股份有限公司

(一) 公司简介

1、公司法定中文名称:中国大连国际合作(集团)股份有限公司
公司法定英文名称:CHINA DALIAN INTERNATIONAL COOPERATION(GROUP) HOLDINGS LTD.
公司英文名称缩写:CDIG
2、公司法定代表人:朱明义
3、公司董事会秘书:李枫
联系地址:大连市西岗区黄河路 219 号外经贸大厦 1009 室
电　话:0411-3780066　传　真:0411-3780186　电子信箱:cdig@pub.dl.lnpta.net.cn
授权代表:韩秀吉
联系地址:大连市西岗区黄河路 219 号外经贸大厦 1009 室
电　话:0411-378013　传　真:0411-3780186　电子信箱:cdig@pub.dl.lnpta.net.cn
4、公司注册地址:大连市中山区五五路 5 号
公司办公地址:大连市西岗区黄河路 219 号　邮政编码:116011
公司国际互联网网址:http://www.china-cdig.com　电子信箱:cdig@pub.dl.lnpta.net.cn
5、公司选定的信息披露报纸名称:《中国证券报》
登载公司年度报告的中国证监会指定国际互联网网址: http://www.cninfo.com.cn
公司年度报告备置地点:公司证券部
6、公司股票上市交易所:深圳证券交易所
股票简称:大连国际　股票代码:0881

(二) 会计数据和业务数据摘要

1、本年度实现的主要利润指标(单位:人民币元)

利润总额:	50005628.23
净利润:	45476904.81
扣除非经常性损益后的净利润:	39397415.10
主营业务利润:	123903820.47
其他业务利润:	
营业利润:	44183936.44
投资收益:	40543.67
补贴收入:	742565.57
营业外收支净额:	5038582.55
经营活动产生的现金流量净额:	64804312.35
现金及现金等价物净增加额:	56962673.62

注:扣除的非经常性损益项目和涉及金额。

项　目	金　额	备　注
新股申购冻结资金利息:	1531229.53	
增值税退税收入:	742565.57	
资产处置损益:	3,805,694.61	根据城建统一规划迁址
合　　计:	6079489.71	

2、截止报告期末公司前三年的主要会计数据和财务指标(单位:人民币元)
追溯调整后:

指标项目	1999 年	1998 年	1997 年
主营业务收入:	526487512.47	437851544.88	370660103.31
净利润:	45476904.81	29485546.83	17065101.58
总资产:	948207012.88	748315593.03	484119155.86
股东权益(不含少数股东权益):	413845165.02	368365951.56	150310492.41
每股收益:	0.48	0.31	0.28
每股净资产:	4.34	3.86	2.49
调整后的每股净资产:	4.05	3.67	2.21
每股经营活动产生的现金流量净额:	0.68	-0.74	
净资产收益率(%):	10.99	8.00	11.35
按月平均加权法计算的每股收益:	0.48	0.38	0.28
扣除非经常性损益后的每股收益:	0.41	0.28	0.28

注:主要财务指标计算公式如下:
每股收益=净利润/年度末普通股股份总数
每股净资产=年度末股东权益/年度末普通股股份总数

3、报告期内股东权益变动情况(单位:人民币元)

项目	股本	资本公积	盈余公积	法定公益金	未分配利润	股东权益合计
期初数	95430000.00	219413912.50	51483810.56	13945195.57	2038228.50	368365951.56
本期增加			9095380.96	4547690.48	36381523.85	45479213.46
本期减少						
期末数	95430000.00	219413912.50	60579191.52	18492886.05	38419752.35	413845165.02

变动原因: 股本、资本公积没有变动。
盈余公积、法定公益金是因为公司按本年度利润的 10%提取而变动。
未分配利润期末比期初增加 178.5%,主要由于本年利润未进行现金股利分配。

(三) 股东情况介绍

1、报告期末股东总数为 6540 户。
2、报告期末主要股东持股情况(截止 99 年 12 月 31 日公司前十名股东)

名　称	持股数(股)	占总股本比例(%)
1 中国大连国际经济技术合作公司	24000000	25.14%
2 大连轧钢厂	3000000	3.14%
3 辽宁迈克集团股份有限公司	3000000	3.14%
4 大连铁道有限责任公司	3000000	3.14%
5 建行大连信托投资股份有限公司	2000000	2.09%
6 大化集团有限责任公司	2000000	2.09%
7 大连万益股份有限公司	2000000	2.09%
8 大连市总工会劳动服务公司	2000000	2.09%
9 大连开发区功盛贸易商行	1630000	1.71%
10 大连开发区中化农资经贸公司	1000000	1.05%

说明:a、中国大连国际经济技术合作公司是持有公司 25.14%的股份,是代表国家持有 股份的单位,是公司第一大股东,报告期内所持股份没有变动,也没有所持股份的质押 或冻结的情况。
b、前 10 名股东之间不存在关联关系。
c、中国大连国际经济技术合作公司成立于 1984 年,注册资金 1 亿元人民币,住所为大连市沙河口区东北路 77 号,是大连市政府直属的从事授权经营国有资产的国有独资 企业。法定代表人为丁肇有,主要经营范围为承包海外工程,承担国家经援项目等。

中商股份有限公司

一、公司简介

1、公司法定中文名称:中商股份有限公司公司
法定英文名称:China Commerce Company Limited
2、公司法定代表人:范文明
3、公司董事会秘书:李翠芳
授权代表:李春生
联系地址:北京市金融大街 33 号通泰大厦 C 座 8 层
电话:(010)88086592/3/4/5/6/7
传真:(010)88086598
4、公司注册地址:北京市海淀区复兴路 46 号公司
办公地址:北京市金融大街 33 号通泰大厦 C 座 8 层
邮政编码:100032
公司电子信箱:cclc@public2.east.net.cn
5、公司信息披露报纸名称:《中国证券报》登载公司年度报告
网址:http://www.cninfo.com.cn
公司年度报告备置地点:公司证券部
6、公司股票上市交易所:深圳证券交易所
股票简称:中商股份股票代码:0882

二、会计数据和业务数据摘要

1、本年度公司主要经营数据:　单位: 元

项目	
(1)利润总额	43542332.24
(2)净利润	38692681.22
(3)扣除非经营性损益后的净利润	38125621.04
(4)主营业务利润	27826901.43
(5)其他业务利润	3959060.74
(6)营业利润	23287872.03
(7)投资收益	19521941.31
(8)补贴收入	567060.18
(9)营业外收支净额	165458.72
(10)经营活动产生的现金流量净额	-56602392.98
(11)现金及现金等价物净增加额	-25810734.97

说明:扣除的非经常性损益项目及金额包括:补贴收入 567,060.18 元
2、公司前三年主要会计数据和财务指标

项目	1999 年	1998 年		1997 年	
		调整前	调整后	调整前	调整后
(1)主营业务收入(元)	201425843.23	205689866.48	205689866.48	587598959.57	587598959.57
(2)净利润(元)	38692681.22	40782405.50	32437516.54	28701645.21	21630926.89
(3)总资产(元)	527947150.29	434518112.69	418410730.79	281850693.86	274088321.67
(4)股东权益(元)	373781699.58	351196279.51	335089018.36	189965428.76	182203056.57
(5)每股收益(元/股)	0.22	0.23	0.18	0.22	0.16
加权平均每股收益(元/股)	0.22	0.26	0.20	0.22	0.16
扣除非经营性损益后的每股收益(元/股)	0.21	0.19	0.14	0.22	0.16
(6)每股净资产(元/股)	2.10	1.97	1.88	1.43	1.37
(7)调整后的每股净资产(元/股)	2.02	1.96	1.87	1.42	1.37
(8)每股经营活动产生的现金流量净额	-0.32	0.21	0.21	0.06	0.06
(9)净资产收益率(%)	10.35	11.61	9.68	15.11	11.87
加权平均净资产收益率(%)	10.92	14.47	12.01	16.34	12.60

注:主要财务指标计算公式如下:
每股收益=净利润/年度末普通股股份总数
每股净资产=年度末股东权益/年度末普通股股份总数
净资产收益率=净利润/年度末股东权益×100%
调整后每股净资产=[年度末股东权益-三年以上的应收款项净额-待摊费用-待处 理(流动、固定)资产净损失-开办费-长期待摊费用-住房周转金负数余额]/年度末普 通股股份总数
加权平均净资产收益率=当期净利润÷[(期初净资产+期末净资产)÷2+当期发行 新股或配股新增净资产×(自缴款结束日下一月份至报告期末的月份数-6)÷12]
加权平均每股收益=当期净利润÷[期末股份总数÷(1+配股比例或增发新股比例)+期末股份总数÷(1+配股比例或增发新股比例)×配股比例或增发新股比例×缴款结 束日下一月份至期末的月份数÷12]
每股经营活动产生的现金流量净额=经营活动产生的现金流量净额/年度未普通股股份总数
3、报告期股东权益变动情况

项目	股本	资本公积	盈余公积	法定公益金	未分配利润	股东权益合计
期初数	178000000	150213874	5307319	2653659.53	1567825.29	335089018.36
本期增加			10823620	5411810.06	38692681.22	
本期减少			10823620			
期末数	178000000	150213874	16130939	8065469.59	29436886.39	373781699.58

变动原因:(1)盈余公积金和法定公益金本期增加是由本年度净利润提取所致。(2)未分配利润本期增加是由于本年度合并净利润转入所致,本期减少是由于计提盈余公积所致。

三、股东情况介绍

(1)报告期末股东总数:截止 1999 年 12 月 30 日,股东总数为 28377 户。
(2)前十名股东持股情况(截止 1999 年 12 月 30 日):

股东名称	年末持股数量(股)	占总股本比例(%)
中商企业集团公司	61950000	34.80
浙江省商业集团公司	39120000	21.98
中国商业对外贸易总公司	31930000	17.94
许春林	357800	0.20
普丰证券投资基金	216500	0.12
刘德福	144500	0.08
北京文委文化发展有限公司	136400	0.08
林超	135038	0.08
邢印民	127000	0.07
江旭庆	119988	0.07

湖北三环股份有限公司

一、公司简介

1、公司名称:湖北三环股份有限公司
英文名称:HuBei Triring CO.,LTD.
英文缩写:HBTR
2、公司法定代表人:舒健
3、公司董事会秘书:何一心
联系地址:湖北省武汉市武昌武珞路356号
电 话:027-87273368
传 真:027-87271902
电子信箱:H.hyx@163.net
授权代表:蒋红英
4、公司注册地址:湖北省武汉市武昌武珞路356号
邮政编码:430070
电子信箱:TriRing@163.net
5、公司选定的信息披露报纸名称:中国证券报、证券时报
登载年报的中国证监会指定国际互联网网址:http://www.cninfo.com.cn
6、公司年度报告备置地点:公司证券部
7、公司股票上市地:深圳证券交易所
股票简称:三环股份 股票代码:0883

二、会计数据和业务数据摘要

1、本年度利润指标及构成情况:

利润总额:	80,774,607.49 元
净利润:	68,658,416.37 元
扣除非经常性损益后的净利润:	68,544,218.91 元
主营业务利润:	108,389,570.80 元
营业利润:	80,507,816.43 元
其他业务利润:	1,636,087.65 元
投资收益:	152,593.60 元
补贴收入:	475,029.24 元
营业外收支净额:	-360,831.78 元
经营活动产生的现金流量净额:	-129436826.25 元
现金及现金等价物净增加额:	-143213,167.95 元

注:扣除非经常性损益项目:

补贴收入	475,029.24 元
营业外收支净额	-360,831.78 元

2、截止报告期末公司前三年的主要会计数据和财务指标:

栏 目	1999 年度	1998 年度		1997 年度	
	调整后	调整前	调整后	调整前	调整后
主营业务收入(元)	852504239.99	818007196.35	818007196.35	710002733.67	710002733.67
净利润(元)	68658416.37	68527931.46	63883121.46	59810762.86	59480768.03
总资产(元)	968786045.02	1020452668.31	1013400686.50	572942964.41	570535792.60
股东权益(元)	730.620753.72	669014319.16	661962337.35	292686387.70	290279215.89
每股收益(元/股)	0.349	0.349	0.325	0.465	0.462
扣除非经常性损益后的每股收益(元/股)	0.349	0.331	0.307	0.451	0.449
每股净资产(元/股)	3.72	3.40	3.37	2.27	2.26
调整后的每股净资产	3.66	3.34	3.31	2.21	2.19
每股经营活动产生的现金流量净额	-0.66	0.23	0.23		
净资产收益率(%)	9.38	10.24	9.65	20.43	20.49

主要财务指标计算公式:
每股收益=净利润/年度末普通股股份总数
每股净资产=年度末股东权益/年度末普通股股份总数
调整后的每股净资产=(年度末股东权益-三年以上的应收款项-待摊费用-待处理(流动、固定)资产净损失-开办费-长期待摊费用)/年度末普通股份总数。
每股经营活动产生的现金流量净额=经营活动产生的现金流量净额/年度末普通股股份总数
净资产收益率=净利润/年度末股东权益×100%

3、报告期内股东权益变动情况 单位:元

项目	股本	资本公积	盈余公积	其中:法定公益金	未分配利润	合计
期初数	196548000	267981501.00	87642483.80	32936743.64	109790352.55	661962337.35
本期增加			13731683.28	6865841.64	54926733.09	68658416.37
本期减少						
期末数	196548000	267981501.00	101374167.08	39802585.28	164717085.64	730620753.72

注:(1)报告期内公司将本年度实现的净利润按10%的比例计提法定公积金,按10 %的比例计提公益金,导致盈余公积金增加;
(2)报告期内公司将本年度实现的净利润按10%的比例计提公益金,导致公益金增加;
(3)报告期内由于本年度净利润增加,导致未分配利润增加.

三、股东情况介绍

1、截止1999年12月31日,本公司股东总数为40697户,其中内部职工股股东数量9710户。
2、本公司前十名股东持股情况(截止1999年12月31日)

股 东 名 称	持股数(股)	占总股本比例%	股份性质
(1)三环集团公司	86,548,000	44.03	国有法人股
(2)湖北省机械工业材料供销有限公司	6237,220	3.17	法人股
(3)湖北省麻城资产评估事务所	2,783,000	1.42	法人股
(4)湖北美尔雅纺织服装实业公司	1870,000	0.95	法人股
(5)襄阳汽车轴承股份有限公司	1,100,000	0.56	法人股
(6)湖北麻城建昌实业公司	1,100,000	0.56	法人股
(7)湖北专用汽车制造厂	1,100,000	0.56	法人股
(8)中国农业银行信托投资公司	806,721	0.41	流通股
(9)中国长城信托投资公司	743,023	0.38	流通股
(10)湖北谷城银鹏工贸有限公司	660,000	0.34	法人股

以上股东之间无关联关系。
3、持股10%以上法人股东简介
持有本公司10%以上的股东为三环集团公司,持有8654.8万股,占总股本的44.03 %。

洛阳春都食品股份有限公司

一、公司简介

1、公司的法定中文名称:洛阳春都食品股份有限公司
公司法定英文名称:LUOYANG CHUNDU FOODSTUFF COMPANY LIMITED
缩写为:LUOYANG CHUNDU FOODSTUFF CO. LTD.
2、公司法定代表人:赵海军
3、公司董事会秘书:王爱芬
联系地址:河南省洛阳市西工区春都路126号
电 话:0379-2312471 传 真:0379-2312752
4、公司注册地址:河南省洛阳市凯旋西路29号春都大厦西座15楼 邮政编码:471000
公司办公地址:河南省洛阳市西工区春都路126号 邮政编码:471001
5、公司选定的信息披露报纸:《证券时报》
中国证监会指定的国际互联网网址:http://www.cninfo.com.cn
公司年度报告备置地点:公司证券部
6、公司股票上市交易所:深圳证券交易所
公司股票简称:春都A 公司股票代码:0885

二、会计数据和业务数据摘要

1、1999年度公司利润总额及其构成情况 (单位:人民币元)

利润总额	32027271.70
净利润	24080655.41
扣除非经常性损益后的净利润	-20511943.74
主营业务利润	31707063.00
其他业务利润	740003.08
营业利润	4757112.21
投资收益	——
补贴收入	15146616.29
营业外收支净额	12123543.20
经营活动产生的现金流量净额	-26230021.67
现金及现金等价物净增加额	-340993781.90

注:非经常性损益
(1)补贴收入15,146,616.29元;
(2)募集资金冻结利息12,171,884.51元;
(3)资金占用费17,322,439.66元。
2、截止到本报告期末公司前三年的主要会计数据和财务指标(单位:人民币元)

指标项目	1999 年度	1998 年度	1997 年度
主营业务收入	455777719.99	501641280.82	604462785.69
净利润	24080655.41	40791016.15	43044343.85
总资产	968338779.07	711478489.54	262707524.39
股东权益	635039465.85	610958810.44	125595661.51
每股收益	0.151	0.260	0.430
扣除非经营性损益后的每股收益	-0.128		
每股净资产	3.97	3.84	1.27
调整后的每股净资产	3.93		
净资产收益率(%)	3.79	6.84	34.27

每股经营活动产生的现金流量净额:-0.164
注:主要财务指标的计算公式如下:
每股收益=净利润/年度末普通股股份总数
每股净资产=年度末股东权益/年度末普通股股份总数
调整后的每股净资产=(年度末股东权益-三年以上的应收款项净额-待摊费用-待处理(流动、固定)资产损失-开办费-长期待摊费用-住房周转金负数余额)/年度末普 通股股份总数
每股经营活动产生的现金流量净额=经营活动产生的现金流量净额/年度末普通股股份总数
净资产收益率=净利润/年度末股东权益 *100%

三、股本变动及股东情况

1、股本变动情况 (单位:万股)

(一)未上市流通股份	本次变动前	本次变动增减(+,-)	本次变动后
发起人股份	10000.00		10000.00
其中:国家持有股份	10000.00		10000.00
未上市流通股份合计	10000.00		10000.00
(二)已上市流通股份			
人民币普通股	6000.00		6000.00
已上市流通股份合计:	6000.00		6000.00
(三)股份总数	16000.00		16000.00

2.报告期内公司没有实施过送股、转增股本、配股等引起公司股份总数及结构变动的情况。
3.本公司无内部职工股。
2、股东情况介绍
(1)截止1999年12月31日,本公司共有登记在册股东24,710户,其中国有法人股东 1 户, 社会公众股股东24709户。
(2)报告期末公司前10名股东的情况

股东名称	持股数(股)	占股本比例(%)
1、洛阳春都集团	100000000	62.50
2、陈玉林	1593133	0.99
3、陈玉林	886564	0.55
4、陈 杰	857100	0.54
5、耿玉勤	730360	0.46
6、张 云	708500	0.44
7、祁桂钟	685600	0.43
8、王 坚	637600	0.40
9、王凤香	572700	0.36
10、财政南京	500000	0.31

注:1.洛阳春都集团有限责任公司为代表国家持有股份的单位。
2.公司前10名股东中的第2—10名为流通股股东,本公司未知其之间的关联关系。
(3)持股10%(含10%)以上的法人股东的情况
洛阳春都集团有限责任公司持有本公司股份100,000,000股,占公司总股本的62.50%,公司法定代表人赵海军先生。公司经营范围以食品深加工为主,集生化制药、饮 品开发、畜禽养殖、包装材料生产、商贸经营、房地产开发、科学研究。其所持公司股份报告期内无抵押或冻结情况。

海南高速公路股份有限公司

一、公司简介

1、公司法定中文名称:海南高速公路股份有限公司
公司法定英文名称:HAINAN EXPRESSWAY Co., LTD.　　缩写:HEC
2、公司法定代表人:邢福煌
3、公司董事会秘书:陈求仲
电话:0898-6701555　　电子信箱:zks @ hi-expressway.com
国际互联网网址:http://www. hi-expressway.com
授权代表:张堪省
电　　话:0898-6768394　　传真:0898-6790647
联系地址:海南省海口市机场路16号高速公路大楼　　邮政编码:570203
4、公司注册地址:海南省海口市机场路16号高速公路大楼　　邮政编码:570203
5、公司信息披露报刊:《中国证券报》《证券时报》
登载公司年度报告的国际互联网:http://www.cninfo.com.cn
公司年度报告备置地点:资金证券部
6、股票上市地:深圳证券交易所　股票简称:海南高速　　股票代码:0886

二、会计数据和业务数据摘要

1、本年度主要会计数据　　(单位:人民币元)

利润总额	137,404,635.09元
净利润	125,740,452.37元
扣除非经常性损益后的净利润	130,745,584.93元
主营业务利润	185,393,211.19元
其他业务利润	2,002,879.72元
营业利润	139,433,078.11元
投资收益	-837,017.90元
补贴收入	4,219,529.00元
营业外收支净额	-5,410,954.12元
经营活动产生的现金流量净额	95,119,581.46元
现金及现金等价物净增加额	-75,661,883.81元

说明:扣除非经常性损益项目和涉及金额(1)资产处置损失2,923,880.36元,(2)其他支出2,548,632.65元。

2、截止报告期末公司前三年的主要会计数据和财务指标　单位:人民币元

项　目	1999年度	1998年度		1997年度	
		调整前	调整后	调整前	调整后
主营业务收入(万元)	33365	30881	30881	26643	26643
净利润(万元)	12574 .	22959	22753	20964	20827
总资产(万元)	514622	452582	452239	387572	387435
股东权益 (万元)	267325	255093	244862	232224	232087
每股收益(元)(摊薄)	0.127	0.464	0.46	0.424	0.421
(加权)	0.1695	0.464	0.46	0.295	0.293
扣除非经常性损益后的每股收益(摊薄)	0.132	0.463	0.459	0.374	0.371
(加权)	0.176	0.463	0.459	0.26	0.258
每股净资产(元)(摊薄)	2.70	5.16	4.95	4.70	4.69
调整后每股净资产(元)	2.64	5.14	4.93	4.68	4.67
每股经营活动的现金流量净额(元)	0.096	0.34	0.34		
净资产收益率(%)(摊薄)	4.704%	9%	9.29%	9.03%	8.97%
(加权)	4.91%	9.42%	9.54%	10.25%	10.18%

三、股本变动及股东情况

(一)股本结构及本期增减变动

截止1999年12月31公司股本结构如下:　　(股份单位:万股)

	期初数	本次变动增减(+、-)						期末数
		配股	送　股	公积金转　增	增发	其他	小计	
一、尚未流通股份								
1、发起人股份	17136.045		3427.209	13708.836				34272.090
其中:国家持有股份	11676.060		2335.212	9340.848				23352.120
境内法人持有股份	5459.985		1091.997	4367.988				10919.970
2、募集法人股	19914.750		3982.95	15931.800				39829.500
3、内部职工股	4690.620		938.124	3752.496				9381.240
尚未流通股份合计	41741.415		8348.283	33393.132				83482.830
二、已流通股份								
1、境内上市的人民币普通股	7700		1540	6160				15400
已上市流通股份合计	7700		1540	6160				15400
三、股份总数	49441.415		9888.283	39553.132				98882.830

(二)股东情况

1、报告期末公司股东总数为117244户。

2、主要股东持股情况(前十名股东)

名次	股东名称	年末持股数(万股)	持股比例(%)
(1)	海南省交通厅	23352.12	23.62
(2)	中国建设银行海南省信托投资公司	5400	5.46
(3)	中国银行海南省分行	5238	5.30
(4)	海南华控实业投资有限公司	1378.8	1.39
(5)	山东远东国际贸易公司	858.8	0.67
(6)	海南省交通服务公司	450	0.46
(7)	海南达四方实业有限公司	450	0.46
(8)	海南省汽车运输公司	450	0.46
(9)	海口海越经济开发有限公司	450	0.46
(10)	三亚市富豪房地产开发公司	360	0.36

注1.1993年公司成立时,国家股由海南省公路局持有,1994年6月经海南省财税厅[1994]国资字375号文批准,国家股转由海南省交通厅持有,其持有公司23352.12万股发起人股,系公司第一大股东,其持有我司的国家股没有质押情况。

2.中国建设银行海南省信托投资公司持股5400万股,其所持的发起人股已于1998年2月13日被法院通知深圳证券登记有限公司冻结,至今没有解冻。

安徽飞彩车辆股份有限公司

一　公司简介

(一)公司法定中文名称:安徽飞彩车辆股份有限公司
公司法定英文名称:ANHUI　FEICAI　VEHICLE　CO.,　LTD.
(二)公司法定代表人:洪理芳
(三)公司董事会秘书:陈　晖　　授权代表:彭　斌
联系地址:安徽省宣州市宣南路口
电　　话:0563—2612500(总机)　　传　真:0563—2612555
电子信箱:ahfc@mail.ahwhptt.net.cn
(四)公司注册地址:安徽省宣州市宣南路口
公司办公地址:安徽省宣州市宣南路口　　邮政编码:242000
电子信箱:ahfc@mail.ahwhptt.net.cn
(五)公司选定的信息披露报纸:中国证券报、证券时报
登载公司年度报告的国际互联网网址:http://www.cninfo.com.cn
(六)公司年度报告备置地点:公司总经理办公室
公司股票上市地:深圳证券交易所
股票简称:　飞彩股份　　股票代码:　0887

二　会计数据和业务数据摘要

(一)1999年公司实现利润总额73,268,211.17元。其中:主营业务利润121,226,094.11元,其他业务利润3,284,351.94元,营业外收支净额3,326,607.14元。

(二)会计数据和财务指标

1、本年度利润总额及构成　　单位:元

利润总额	73,268,211.17
净利润	61,592,720.86
扣除非经常性损益后的净利润	58,082,530.65
主营业务利润	121,226,094.11
其它业务利润	3,284,351.94
营业利润	69,938,116.03
补贴收入	3,488.00
营业外收支净额	3,326,607.14
经营活动产生的现金流量净额	66,492,021.38
现金及现金等价物净增加额	-73,035,638.10

2、截至报告期末公司前三年的主要会计数据和财务指标:　单位:元

项目	1999年度	1998年度*	1997年度
主营业务收入	913,054,325.00	903,392,005.32	840,279,266.58
净利润	61,592,720.86	56,436,878.44	42,931,335.52
总资产	1,316,935,336.33	891,670,930.86	451,690,718.02
股东权益	524,177,659.99	470,584,939.13	146,049,674.01
每股收益	0.2200	0.3527	0.36
每股净资产	1.87	2.94	1.22
调整后的每股净资产	1.85	2.92	1.19
每股经营活动产生的现金流量净额	0.2375	-0.039	
净资产收益率(%)	11.75	11.99	29.40

*1998年度会计数据及财务指标系根据《股份有限公司会计制度有关会计处理问题补充规定》对坏账准备、存货跌价准备等会计政策变更采用追溯调整法调整后重新计算。

财务指标的计算公式如下:
每股收益=净利润/年度末普通股股份总数
每股净资产=年度末股东权益/ 年度末普通股股份总数

3、报告期股东权益变动情况　　单位:元

项　目	股　本	资本公积金	盈余公积金	法定公益金	未分配利润	股东权益合计
期　初　数	160000000	267614686	9433585	4716792.57	33536667.05	470584939.13
本期增加	120000000	—	12445339	6222669.90	49147381.06	181592720.86
本期减少	—	88000000	—	—	40000000.00	128000000.00
期　末　数	280000000	179614686	21878924	10939462.47	42684048.11	524177659.99

(1)年度内股本增加12000万股,系公司本年中期利润分配中送转所致;
(2)年度内资本公积金减少88,000,000.00元,系公司本年中期转增股本所致;
(3)年度内盈余公积金增加12,445,339.80元,系公司本年度按净利润的10%的比 例提取法定盈余公积,10%提取法定公益金而增加;
(4)未分配利润增加49,147,381.06元,系本年度净利润提取法定盈余公积金和公 益金后净额,未分配利润减少40,000,000.00元,系公司本年中期送股派利所致。

三　股东情况介绍

(一)报告期末公司股东总户数为17974户,其中未流通法人股1户,公司高级管理人员持股为13户,公众股为17960户;

(二)报告期内持股10%(含10%)以上的法人股东为安徽飞彩(集团)有限公司持有本公司21,000万法人股,占总股本的75%,其法定代表人为洪理芳,经营范围:农用运输车的制造、销售;汽车、挂车、农机修理;住宿、饮食服务;娱乐服务;农用运输车出口;本企业生产、科研所需要的原辅材料、机械设备、仪器仪表、另配件及相关技术进 口。

(三)公司报告期内控股股东未发生变更。

(四)公司前10名股东的持股情况如下:

序号	名称	持股数(股)	占股本比例(%)
1	安徽飞彩(集团)有限公司	210,000,000	75.00
2	上海国脉广告装潢公司	1,240,039	0.44
3	海南椰岛股份有限公司	1,146,863	0.40
4	单金哲	1,000,545	0.35
5	李金凤	657,475	0.23
6	王贵英	637,106	0.22
7	胡艳容	601,125	0.21
8	黄　杰	542,850	0.19
9	贺德音	515,700	0.18
10	金　卓	450,039	0.16

说明:1.第一名股东安徽飞彩(集团)有限公司所持股份为国有法人股,持股数量在报告 期内发生增减变动情况是因公司中期进行利润分配和公积金转增所致,其余股东为社 会公众股,持股数量的增减变动随其在二级市场上的买卖行为而定。

2.持有本公司5%以上(含5%)股份的股东所持股份未发生质押、冻结等情况。

3.前10名股东之间不存在关联关系。

峨眉山旅游股份有限公司

一、公司简介

1、公司法定中文名称:峨眉山旅游股份有限公司
公司法定英文名称:EMEI SHAN TOURISM COMPANY LIMITED
2、公司法定代表人:马元祝
3、公司董事会代理秘书:刘道友
公司授权代表:周栋良
联系地址:四川省峨眉山市名山西路 168 号
电　　话:0833-5528888
传　　真:0833-5526666
4、公司注册地址及办公地址:四川省峨眉山市名山西路 168 号
邮政编码:614200
域名:EMEISHAN-TOURISM.COM(IP 地址:168.160.68.79)
E-mail:emeishan@ buddha.leshan.scsti.ac.cn
5、公司选定的信息披露报纸为《中国证券报》和《证券时报》;
登载公司年度报告的国际互联网址:
http://www.cninfo.com.cn;
公司年度报告备置地点:四川省峨眉山市名山西路 168 号
本公司办公地点、深圳证券交易所、有关证券机构营业网点。
6、公司股票上市交易所:深圳证券交易所
股票简称:峨眉山 A
股票代码:0888

二、会计数据和业务数据摘要

1、公司本年度主要会计数据和业务数据

	单位:元
利润总额	30,119,370.89
净利润	25,796,610.35
扣除非经常性损益后的净利润	25,796,610.35
主营业务利润	51,718,722.10
其他业务利润	1,174,270.93
营业利润	28,900,313.83
投资收益	1,300,967.28
补贴收入	-
营业外收支净额	-81,910.22
经营活动产生的现金流量净额	26,984,776.45
现金及现金等价物净增加额	-3,662,814.00

2、截止报告期末公司前三年的主要会计数据和财务指标

单位:元

项　目	1999 年	1998 年		1997 年	
		调整前	调整后	调整前	调整后
主营业务收入	105,064,838.32	87,148,094.73	87,148,094.73	85,342,508.40	85,342,508.40
净利润	25,796,610.35	36,524,594.10	34,586,287.30	51,147,815.20	49,260,623.76
总资产	449,340,117.30	462,466,519.55	458,641,021.39	452,767,713.66	450,880,522.22
股东权益	393,214,381.81	383,109,269.63	379,283,771.47	423,987,382.98	420,100,191.54
每股收益(摊薄)	0.22	0.31	0.29	0.43	0.415
(加权)	0.22	0.31	0.29	0.63	0.61
每股净资产	3.31	3.23	3.20	3.57	3.56
调整后的每股净资产	3.26	3.19	3.16	3.53	3.52
每股经营活动产生的现金流量净额	0.23	0.23	0.23		
净资产收益(%)(摊薄)	6.56	9.53	9.12	12.06	11.67

注:主要财务指标的计算方法:
每股收益=净利润/年度末普通股股份总数
每股净资产=年度末股东权益/年度末普通股股份总数
调整后的每股净资产=(年度末股东权益-三年以上的应收帐款净额-待摊费用-待处理 (流动、固定) 资产损失-开办费-长期待摊费用-住房周转金负数余额/年度末普通股股份总数每股经营活动产生的现金流量净额=经营活动产生的现金流量净 额/年度末普通股股份总数净资产收益率=净利润/年度末股东权益＊100%

3、报告期内股东权益变动情况

项目	股本	资本公积	盈余公积	法定公益金	未分配利润	股东权益合计
期初数	118,660,000.00	252,285,825.56	7,478,754.60	3,739,377.29	-2,880,185.99	379,283,771.46
本期增加			22,579,661.04	1,289,830.52	25,796,610.35	29,666,101.91
本期减少					15,735,491.56	15,735,491.56
期末数	118,660,000.00	252,285,825.56	10,058,415.64	5,029,207.81	7,180,932.80	393,154,381.81
变动原因			按税后利润 10%计提	按税后利润 5%计提		

三、股本变动及股东情况

1、报告期末股东数量:截止 1999 年 12 月 31 日,公司共有股东总数 26072 户,其中:境内法人股东 2 户(峨眉山旅游总公司和乐山市红珠山宾馆),公司高管股东 13 户,社会公众股东 26057 户。

2、持有公司 5%以上股份的股东为峨眉山旅游总公司和乐山市红珠山宾馆。1999 年度内股份无变动。年末持股数量分别为 65,651,200 股、13,008,800 股,系本公司的法人股东(发起人股)。

(1)持有公司股票的前十名股东情况:

股东名称	年末持股数量(股)	占总股本比例(%)	持股类别
峨眉山旅游总公司	65,651,200	55.327	国有法人股
乐山市红珠山宾馆	13,008,800	10.963	国有法人股
杨顺达	575,000	0.484	社会公众股
湖南雨花实业有限公司	507,700	0.427	社会公众股
同盛证券投资基金	330,440	0.278	社会公众股
海南大宏牧业投资公司	289,948	0.244	社会公众股
中国长城信托投资公司	210,000	0.176	社会公众股
刘有富	168,031	0.142	社会公众股
谢洪英	167,600	0.141	社会公众股
邓学群	160,000	0.134	社会公众股

(2)峨眉山旅游总公司是本公司的控股股东,峨眉山旅游总公司和乐山市红珠 山宾馆为本公司关联企业,同本公司有关联交易。

秦皇岛华联商城股份有限公司

(一) 公司简介

1、公司名称:秦皇岛华联商城股份有限公司
公司英文名称:QINHUANG DAO HUALIAN BUSINESS BUILDING COMPAY LIMITED
2、公司法定代表人:魏超
3、董事会秘书:殷刚
联系地址:河北省秦皇岛市海港区河北大街 152 号
联系电话:0335-3023349　　传真电话:0335-3045671
4、公司注册地址:河北省秦皇岛市海港区河北大街 152 号
公司办公地址:河北省秦皇岛市海港区河北大街 152 号
公司邮政编码:066000
国际互联网网址:www.acec.com.cn　　公司电子信箱:hlsczqb@cmmail.com
5、公司信息披露报纸名称:《中国证券报》、《证券时报》
中国证监会指定国际互联网网址:www.cninfo.com.cn
公司年度报告备置地点:公司证券部
6、公司股票上市交易所:深圳证券交易所
公司股票简称:华联商城　　股票代码:0889

(二) 会计数据和业务数据摘要

1、本年度公司主要会计数据

	单位:元
利润总额	65010863.21
净利润	59396626.58
主营业务利润	114943474.89
其他业务利润	13527481.62
营业利润	60071398.52
投资收益	-143159.37
营业外收支净额	5082624.06
经营活动产生的现金流量净额	109403813.88
现金及现金等价物净增加额	-14207598.29

2、截止报告期末公司前三年的主要会计数据及财务指标

项　目	1999 年度	1998 年度		1997 年度	
	调整后	调整前	调整后	调整前	调整后
主营业务收入(元　)	346045269	307699589.67	307699589.67	365257814	365257814
净利润(元)	59396626	17035835.44	15710868.06	25598260	24570268
总资产(元)	713839943	645597603.27	632013612.82	417407457	405148434
股东权益(元)(不含少数股东权益)	317086453	271497110.71	257913120.26	254461275	242202252
每股收益(元)(摊薄)	0.30	0.086	0.079	0.233	0.223
(加权)		0.079	0.301	0.288	0.276
每股净资产(元)(摊薄)	1.601	1.371	1.302	2.31	2.201
调整后每股净资产(摊薄)	1.524	1.270	1.219	2.18	2.076
净资产收益率(%)(摊薄)	18.73	6.27	6.09	10.06	10.14
(加权)		6.48	6.29	13.53	13.64

注 1:其中 97 年度总股本按 110050000 股计算,98 年度总股本按 198089999 股计算。
注 2:主要财务指标的计算方法:
全面摊薄的财务指标计算公式如下:
每股收益=净利润/年度末普通股股份总数
每股净资产=年度末股东权益/年度末普通股股份总数
调整后的每股净资产=(年度末股东权益-三年以上的应收款项净额-待摊费用-待 处理(流动、固定)资产净损失-开办费-长期待摊费用-住房周转金负数余额)/年度末 普通股股份总数
每股经营活动产生的现金流量净额=经营活动产生的现金流量净额/年度末普通股股份总数
净资产收益率=净利润/年度末股东权益×100%
注 3:根据财政部财会字(1999)35 号文、45 号文的有关规定,采用追溯调整法,调整了合并会计报表相关的"坏帐准备"、"存货跌价准备"和"长期投资减值准备"项目。
调整后各项会计数据:

项　目	1999 年	1998 年	1997 年
坏帐准备	4182110.03	3987163.96	2665617.07
存货跌价准备	9608420.54	9599195.62	9593406.00
长期投资减值准备	100000		
未分配利润	47560458.96	8185089.24	11338351.38

3、报告期内股东权益变动情况

项目	股本	资本公积	盈余公积	法定公益金	未分配利润	股东权益合计
期初数	198089999	47280516	4357515.75	803505.25	8185089.24	257913120.26
本期增加			20021256.86	6655384.69	39375369.72	59173333.51
本期减少		223293				
期末数	198089999	47057223	24378772.61	7458889.94	47560458.96	317086453.77
变动原因		接受捐赠和四次计提准备	净利润计提	净利润计提	报告期增加计二金后的净利润	报告期净利润增加

(三) 股本变动及股东情况介绍

1、截止 1999 年 12 月 30 日本公司股东总数为 23972 户。
2、持股 5%以上的法人股东情况
秦皇岛华联商厦集团有限公司为代表国家持有股份的单位,持有本公司股份 38.60%,年末持股数量无变动情况,所持本公司股份无质押情况。
3、公司前十名股东持股情况(截止 1999 年 12 月 30 日)

股东名称	已上市流通	未上市流通	占总股比例(%)
1.秦皇岛华联商厦集团有限公司		76456323	38.60
2.中国糖业酒类集团公司		8555670	4.32
3.秦皇岛银河物资经销公司		7983511	4.03
4.景宏证券投资基金	4352386		2.20
5.金泰基金	3960943		2.00
6.中信(秦皇岛)有限责任公司		2682459	1.35
7.中国耀华玻璃集团公司		2395053	1.21
8.兴华证券投资基金	2258908		1.14
9.中国商业对外贸易总公司		1825209	0.92
10.景阳证券投资基金	1381006		0.70

以上持有未上市流通股的股东无关联关系,所持已上市流通股的股东,本公司未知其之间的关联关系。

江苏法尔胜股份有限公司

一、公司简介

1、公司法定中文名称:江苏法尔胜股份有限公司
公司法定英文名称:Jiangsu Fasten Co.Ltd
2、公司法定代表人:周建松
3、公司董事会秘书及其授权代表
董事会秘书:张岳
联系地址:江苏省江阴市通江北路 203 号
联系电话:0510-6119890 传真:0510-6106634
电子信箱:yuezhang@public1.wx.js.cn
授权代表:张文栋
联系地址:江苏省江阴市通江北路 203 号
联系电话:0510-6119890 传真:0510-6106634
电子信箱:happydongz@sina.com
4、公司注册地址:江苏省江阴市通江北路 203 号
公司办公地址:江苏省江阴市通江北路 203 号 邮政编码:214433
公司国际互联网网址:http://www.fasten.com.cn
公司电子信箱:wengdong@public1.wx.js.cn
5、公司选定的信息披露报刊:《证券时报》、《上海证券报》
刊登公司年度报告的国际互联网网址:http://www.cninfo.com.cn
公司年度报告备置地点:江苏法尔胜股份有限公司董事会办公室
6、公司股票上市交易所:深圳证券交易所
股票简称:法尔胜 股票代码:0890

二、会计数据和业务数据摘要

1、公司本年度实现利润总额 87,822,995.11
其中:净利润 59,147,164.10
扣除非经常性损益后的净利润 29,658,676.30
主营业务利润 87,550,068.37
其他业务利润 2,153,122.59
营业利润 68,756,422.20
投资收益 7,148,913.80
补贴收入 13,900,062.63
营业外收支净额 5,166,510.28
经营活动产生的现金流量净额 -60,892,615.88
现金及现金等价物净增加额 -213,084,668.93

2、主要会计数据和财务指标

项目	1999 年	1998 年		1997 年	
		调整前	调整后	调整前	调整后
主营业务收入(元)	382894448.73	370490691.24	370490691.24	369564900.98	369564900.98
净利润(元)	59147164.10	52190624.83	50189051.67	36944557.31	34799371.89
总资产(元)	1072536211.02	724440829.61	697687035.03	298604515.29	273852293.87
股东权益(元)	548319054.79	515925685.27	489171890.69	141938911.94	117186690.52
每股收益(元)	0.41	0.36	0.35	0.44	0.41
每股净资产(元)	3.81	3.58	3.40	1.69	1.40
调整后的每股净资产(元)	3.58	3.56	3.38	1.40	1.39
每股经营活动产生的现金流量净额(元)	-0.42	-0.07	-0.07	-0.29	-0.29
净资产收益率(%)	10.79(%)	10.12(%)	10.26(%)	26.03(%)	29.70(%)
每股净资产(元)	3.81	3.58	3.40	1.69	1.40

注:(1)、扣除非经常性损益的项目是:

项 目	补贴收入	冻结资金利息	定期存款利息收入	合并价差摊销	合计
金额(元)	13900062.63	5180881.68	10755150.00	-347606.51	29488487.80

(2)、以上指标计算涉及股份总数时,1999 年、1998 年、1997 年分别按 14400 万股 、14400 万股、8400 万股。

3、报告期内股东权益变动情况及原因

项目	股本	资本公积	盈余公积	法定公益金	未分配利润	股东权益合计
期初数	14400	342033281.12	14662433.71	3448357.71	-14972181.85	489171890.69
本期增加			5914716.41	2957358.20	59147164.10	59147164.10
本期减少					8872074.61	
期末数	14400	342033281.12	20577150.12	6405715.91	35302907.64	548319054.79

上述项目变动的原因:
(1)、盈余公积:按本年度净利润的 10%提取;
(2)、法定公益金:按本年度净利润的 5%提取;
(3)、未分配利润:本年度实现利润及提取盈余公积金和法定公益金所致。

三、股东情况介绍

1、报告期末公司股东总数量 24172 户,其中内部职工股东 3805 户。
2、主要股东持股情况

股东名称	年末持股(股)	占股本比例(%)	股份性质
1 法尔胜集团公司	62,720,000	43.55	国有法人股
2 安顺证券投资基金	6,937,245	4.81	A 股流通股
3 安信证券投资基金	2,869,871	1.99	A 股流通股
4 普丰证券投资基金	2,665,113	1.85	A 股流通股
5 江阴金属制品研究所	1,680,000	1.17	法人股
6 裕阳证券投资基金	1,678,400	1.16	A 股流通股
7 普惠证券投资基金	1,384,660	0.96	A 股流通股
8 中国冶金进出口江苏公司	700,000	0.49	国有法人股
9 山东省枣庄橡胶厂	700,000	0.49	国有法人股
10 青岛第六橡胶厂	700,000	0.49	国有法人股
⑾ 辽宁省五金矿产进出口公司	700,000	0.49	国有法人股

说明:
(1)、法尔胜集团公司、中国冶金进出口江苏公司、山东省枣庄橡胶厂、青岛第六橡胶厂、辽宁省五金矿产进出口公司所持股份为国有法人股,持股数量在报告期内未 发生增减变动情况;
(2)江阴金属制品研究所是法尔胜集团的全资子公司,其他股东之间不存在关联关 系。
(3)持股 10%(含 10%) 以上的法人股东为法尔胜集团公司,是本公司的母公司,持有本公司 62720000 股国有法人股,占总股本的 43.55%,本报告期内其所持股份未发生质 押、冻结等情况。
(4)以上所列股东中,无代表国家持有股份的单位。

重庆三爱海陵股份有限公司

一、公司简介

1、公司中文名称:重庆三爱海陵股份有限公司
公司英文名称:CHONGQING SANAI HANLING CO.,TLD.
2、公司法定代表人:林建南
3、公司董事会秘书:胡进 股权事务授权代表:柳尚科
联系地址:重庆市涪陵区人民东路 50 号
联系电话:023—72268257—6652 传真:023—72269138
电子信箱:Sahl@cqsahl.com
4、公司注册地址:重庆市涪陵区人民东路 50 号
公司办公地址:重庆市涪陵区人民东路 50 号 邮政编码:408000
公司国际互联网网址:http:/www.cqsahl.com 公司电子信箱:sahl@cqsahl.com
5、公司选定的信息披露报纸名称:《中国证券报》
刊登公司年度报告的中国证监会指定国际互联网网址:http:/www.Cninfo.com.cn
公司年度报告备置地点:本公司证券部
6、公司股票上市交易所:深圳证券交易所
股票简称:三爱海陵 股票代码:0892

二、会计数据和业务数据摘要

1、本年度主要会计数据如下: 金 额(元)
利润总额 81,500,444.18
净利润 64,126,788.08
扣除非经营性损益后的净利润 * 30,477,611.54
主营业务利润 48,542,569.93
其他业务利润 20,899,296.13
投资收益 10,464,613.69
补贴收入 28,843,001.45
营业外收支净额 4,595,981.82
经营活动产生的现金流量净额-17,296,397.61
现金及现金等价物净增加额 -33,649,273.06
注 * 扣除非经营性损益后的净利润所包括的项目和涉及金额如下:
(1)营业外收支项目:金额
固定资产清理净额外负担 60,350.88
新股申购资金利息 3,682,291.39
罚款收支净额 644,444.10
教育附加费返回 650,000.00
合格证收入 290,856.77
捐赠支出 23,400.00
其他收支净额 -95,946.89
(2)补贴收入项目:
增值税退回 13,118,611.12
所得税返还 13,758,390.33
进出口关税返还 1,966,000.00

2、1997 年度—1999 年度的主要会计数据和财务指标

	1999 年度	1998 年度	1997 年度
主营业务收入(元)	224,753,607.92	229,249,579.65	162,074,649.99
净利润(元)	64,126,788.08	41,862,598.61	22,978,750.39
总资产(元)	798,059,349.93	733,267,322.61	473,791,324.47
股东权益(元)	471,921,749.46	407,837,451.54	193,126,044.09
每股收益(元/股)	0.23	0.24	0.19
每股收益(月均,元/股)	0.34	0.39	0.19
扣除非经营性损益后的每股收益	0.11	0.09	0.10
每股净资产(元/股)	1.71	2.37	1.12
调整后的每股净资产(元/股)	1.69	2.34	1.09
每股经营活动产生的现金流量净额(元/股)	-0.06	0.42	
净资产收益率	13.59%	10.27%	11.89%

附:主要财务指标的计算公式
①每股收益=净利润/年度末普通股股份总数
②每股净资产=年度末股东权益/年度末普通股股份总数
③调整后的每股净资产=(年度末股东权益-三年以上的应收款项净额-待摊费用-待处理 (流动、固定)资产净损失-开办费-长期待摊费用-住房周转金负数余额)/年度末普通股股份总数
④每股经营活动产生的现金流量净额=经营活动产生的现金流量净额/年度末普通股股份总数
⑤净资产收益率=净利润/年度末股东权益×100%

3、报告期内股东权益变动情况

项 目	股本	资本公积	盈余公积	未分配利润	股东权益合计
期初数	172448700	197082251.22	28959108.70	9347391.62	407,837,451.54
本期增加	103469220		9619018.22	54507769.86	64,084,297.92
本期减少		103511710.16			
期末数	275917920	93570541.06	38578126.92	63855161.48	471,921,749.46

变动原因:本年度向公司全体股东实施了利润分配每 10 股派发 3.3 元现金红利,实施资本公积金转增股本每 10 股转增 6 股的方案。

三、股东情况介绍

(1)报告期末股东总数为 6391 名。
(2)报告期止,公司前十名股东持股情况:

股东名称	年末持股数量
①重庆市涪陵国有资产经营公司	84,817,600
②重庆市涪陵华信实业公司	64,000,000
③重庆朝阳科技产业发展有限公司	36,700,320
④上海东风有色合金厂	8,960,000
⑤金越证券投资基金	1,349,200
⑥邵宏剑	1,338,000
⑦天骥投资资金	1,316,292
⑧吕保群	1,285,280
⑨泰州市亚方星威春兰连锁店金华店	1,096,657
⑩王登贵	1,034,712

注 1:前十名股东之间不存在关联交易。

广州冷机股份有限公司

一、公司简介

1、公司法定的中、英文名称
中文名称:广州冷机股份有限公司
英文名称:Guangzhou Refrigeration Co. Ltd.
2、公司法定代表人:魏长明
3、公司董事会秘书:杨军
授权代表:石革燕
联系地址:广州市荔湾区杉木栏路 99 号三楼
电话:020-81900386
传真:020-81900385
4、公司注册地址:广东省广州市白云区人和大街 12 号
公司办公地址:广东省广州市白云区人和大街 12 号
邮政编码:510470
电子信箱:wbcpscom@mx.gzic.gd.cn
5、公司选定的信息披露报纸名称:《中国证券报》、《证券时报》;
登载公司年度报告的中国证监会指定的国际互联网网址:http://www.sse.com.cn
公司年度报告备置地点:广州市荔湾区杉木栏路 99 号三楼证券办;
6、公司股票上市交易所:深圳证券交易所
股票简称:广州冷机
股票代码:0893

二、会计数据和业务数据摘要

1、本年度主要利润指标情况(单位:人民币元):

利润总额:	18165552.61
净利润:	14232076.21
扣除非经营性损益后的净利润:	10136351.21
主营业务利润:	65634140.20
其他业务利润:	3063267.85
营业利润:	18567716.37
投资收益:	0
补贴收入:	0
营业外收支净额:	-402163.76
经营活动所产生的现金流量净额:	52230495.89
现金及现金等价物净增加额:	25004581.58

说明:扣除的非经营性损益为收取的资金占用费 4095725 元。

2、公司近三年的主要会计数据和财务指标: 单位:人民币万元

项　目	1999 年	1998 年		1997 年
		调整前	调整后	
主营业务收入	25642.59	33534.74	33534.74	35140.54
净利润	1423.21	5061.18	3102.53	4425.41
总资产	94280.92	95098.59	92565.68	52998.63
股东权益	54012.63	54548.07	52589.42	16441.98
每股收益	0.064	0.23	0.14	0.27
每股收益(月均)	0.07	0.18	0.12	
扣除非经营性损益后的每股收益	0.046	0.193	0.104	
每股净资产(元)	2.433	2.46	2.37	1
调整后的每股净资产(元)	2.35	2.44	2.29	0.83
每股经营活动产生的现金流量净额	0.235	-0.82	-0.82	
净资产收益率(%)	2.635	9.28	5.90	

说明:1999 年扣除的非经常性损益为收取的资金占用费 4095725 元。
注 1:1997 年每股收益按发行前总股本 16500 万股计算;
注 2:主要财务指标计算公式
每股收益=净利润/年度末普通股股份总数
每股净资产=年度末股东权益/年度末普通股股份总数
调整后的每股净资产=(年度末股东权益-三年以上的应收款项-待摊费用-待处理(流动、固定)资产净损失-开办费-长期待摊费用-住房周转金负数余额)/年度末普通股份总数
净资产收益率=净利润/年度末股东权益×100%
每股经营活动产生的现金流量净额=经营活动产生的现金流量净额/年度末普通股股份总额注 3:以上数据和指标九九年度以本公司的合并报表填列或计算;
注 4:应收款项包括应收帐款、其他应收款、预付帐款、应收股利、应收利息、应收补贴款。

3、本年度股东权益变动情况表: 单位:股、元

项　目	股　本	资本公积	盈余公积	法定公益金	未分配利润	合　计
期初数	222000000	272340058	5584436.17	2483082.75	25969757.71	525894251.9
本期增加			2561773.72	1138566.10	11670302.49	14232076.2
本期减少						
期末数	222000000	272340058	8146209.89	3621648.85	37640060.20	540126328.1
变动原因			按本年净利润提取法定公积金及公益金所致	按净利润 8% 提取	为本年度利润分配后未分配利润转入	主要因为本股增加净利润所致

三、股东情况

1、截止 1999 年底,公司股东总数为:24899 户。
2、前十名股东持股情况:

股 东 名 称	持股数(股)	持股比例(%)
万宝冷机集团有限公司	1,65,000,000	74.3243%
张景武	650784	0.293%
俞勇山	630994	0.284%
娄剑虹	350000	0.158%
洪莹珊	300000	0.135%
陈备跃	295836	0.133%
普丰证券投资基金	270100	0.122%
鲍忠菊	222900	0.100%
缪合连	218600	0.098%
沈远波	200000	0.090%

说明:* 万宝冷机集团有限公司持股比例 74.32%, 其股权在报告期内无质押和冻结。
* 从公司已知的资料查知,前十名股东之间不存在关联交易。

河南双汇实业股份有限公司

一、公司简介

1、公司的法定中、英文名称:
公司法定中文名称:河南双汇实业股份有限公司
公司英文名称:Henan Shuanghui Industry Co.,Ltd.
2、公司法定代表人:万　隆
3、公司董事会秘书:易激阳
联系电话:(0395)2622616-6158　传真:(0395)2623398、2621579
授权代表:祁勇耀
联系电话:(0395)2622616-6530　传真:(0395)2622660
联系地址:河南省漯河市双汇路 1 号双汇大厦七层
4、公司注册及办公地址:河南省漯河市双汇路 1 号双汇大厦
公司国际互联网网址:http://www.shuanghui.com.cn
E-mail:0895@371.net　邮政编码:462000
5、公司选定的信息披露报纸:《中国证券报》、《证券时报》
登载公司年度报告的国际互联网网址:http://www.cninfo.com.cn
公司年度报告备置地点:公司证券部
6、公司股票上市交易所:深圳证券交易所
股票简称:双汇实业　股票代码:0895

二、会计数据和业务数据摘要

1、公司本年度利润总额及构成(单位:人民币元　合并报表)

利润总额	202,991,611.10
净利润	116,318,585.41
扣除非经常性损益后的净利润	101,134,669.40
主营业务利润	372,096,663.65
其他业务利润	1,569,016.76
营业利润	176,312,878.97
投资收益	11,009,498.49
补贴收入	12,491,372.72
营业外收支净额	3,177,860.92
经营活动产生的现金流量净额	152,837,375.63
现金及现金等价物净增加额	-7,824,047.75

注:扣除非经常性损益项目和涉及金额:
1 营业外收支净额项目:3,177,860.92 元
其中:新股申购冻结资金利息 3,867,295.93 元
2 补贴收入项目: 12,491,372.72 元
3 合并价差摊入:94,776.76 元
以上项目涉及金额:15,764,010.40 元。

2、公司前三年的主要会计数据和财务指标(单位:人民币元)

项　目	1999 年	1998 年		1997 年
		调整前	调整后	
主营业务收入	2,400,830,372.72	2,015,620,423.67	2,015,620,423.67	2,164,011,538.36
净利润	116,318,585.41	67,137,176.55	56,349,702.86	50,288,533.81
扣除新股申购冻结资金利息的净利润	113,031,383.87	63,849,975.01	53,062,501.32	
总资产	1,295,358,474.09	1,177,378,133.13	1,158,621,970.57	1,149,561,294.42
股东权益(不含少数股东权益)	671,804,245.65	566,273,133.93	555,485,660.24	198,645,995.71
每股收益(元/股)	0.517	摊薄 0.39 加权 0.50	摊薄 0.326 加权 0.416	0.41
扣除新股申购冻结资金利息的每股收益(元/股)	0.503	摊薄 0.37 加权 0.47	摊薄 0.31 加权 0.39	
扣除非经常性损益后的每股收益(元/股)	0.45	摊薄 0.34 加权 0.44	摊薄 0.28 加权 0.36	
每股净资产(元/股)	2.99	3.27	3.21	1.62
调整后的每股净资产(元/股)	2.97	3.22	3.19	1.55
每股经营活动产生的现金流量净额(元/股)	0.68	0.95	0.95	
净资产收益率(%)	17.31	11.86	10.14	25.32

注 1:98 年度调整后数据和财务指标指因公司执行国家财政部财会字 [1999] 35 号文会计政策、会计估计变更、以及会计差错更正追溯调整计算所得。
注 2:主要财务指标计算方法:
每股收益=净利润/年度末普通股股份总数
每股净资产=年度末股东权益/年度末普通股股份总数
每股经营活动产生的现金流量净额=经营活动产生的现金流量净额/年度末普通股股份总数
净资产收益率=净利润/年度末股东权益×100%

三、股东情况介绍

1、股东情况介绍
(1)截止 1999 年 12 月 31 日,公司股东总数为 7972 户。
(2)报告期末公司前 10 名股东持股情况

名次	股东名称	持股数(股)	持股比例(%)
1	河南省漯河市双汇实业集团公司	159900000	71.10
2	海南康泰保险顾问有限公司	931446	0.41
3	张孝刚	553280	0.25
4	陈宏	545740	0.24
5	郑孟涛	518180	0.23
6	黄伟	515060	0.23
7	乔聚甫	483236	0.21
8	黄忠前	482820	0.21
9	肖火枝	480610	0.21
10	范安东	476391	0.21

说明:
1 前十名股东之间不存在关联关系。
2 河南省漯河市双汇实业集团有限责任公司所持股份为国家股，持股数额由期初 的 12300 万元增至 15990 万股(由河南省漯河市国有资产管理局授权河南省漯河市双汇实业集团有限责任公司经营管理)，其股份在报告期内无质押和冻结。

河南豫能股份有限公司

一、公司简介

1、公司法定中文名称:河南豫能股份有限公司　　中文简称:河南豫能
公司英文名称:Henan Yuneng Co., Ltd.　　英文缩写:HNYN
2、公司法定代表人:栾祖礼
3、董事会秘书:任国胜　　股证事务授权代表:廖亮
联系地址:郑州市金水路 24 号润华商务花园 A 座 609 室　　邮政编码:450053
联系电话:(0371)3859983　联系传真:(0371)3859997　E-mail 地址:yuneng@public2.zz.ha.cn
4、公司注册地址:郑州高新技术产业开发区金梭路 23 号
公司办公地址:郑州高新技术产业开发区金梭路 23 号　　邮政编码:450001
5、信息披露报纸:《证券时报》、《中国证券报》
刊登公司年报的网址:http://www.cninfo.com.cn
年度报告备置地点:公司证券部
6、公司股票上市交易所:深圳证券交易所
股票简称:河南豫能　　股票代码:0896

二、会计数据和业务数据摘要

(一) 1999 年度利润总额及构成

利润总额:	138,632,337 元
净利润:	119,677,370 元
扣除非经常性损益后的净利润:	119,677,370 元
主营业务利润:	196,618,416 元
其他业务利润:	78,078 元
营业利润:	119,888,845 元
投资收益:	19,288,968 元
补贴收入:	-
营业外收支净额:	-545,476 元
经营活动产生的现金流量净额:	164,722,365 元
现金及现金等价物净增加额:	39,761,988 元

(二) 近三年主要会计数据及财务指标

项　目	1999 年	1998 年	1997 年
主营业务收入(万元)	40,678.19	44,571.29	44,221.87
净利润(万元)	11,967.74	12,404.51	10,790.94
总资产(万元)	145,977.17	147,415.09	122,146.66
股东权益(万元)	89,408.94	86,041.20	88,686.32
每股收益(元/股)	0.278	0.288	0.251
每股收益(元/股)(加权)	0.278	0.288	0.304
每股收益(元/股)(扣除非经营性损益后)	0.278	0.288	
每股净资产(元/股)	2.08	2.00	2.06
调整后的每股净资产(元/股)	2.07	1.99	2.05
每股经营活动产生的现金流量净额(元/股)	0.38	0.55	
净资产收益率	13.39%	14.42%	12.18%
净资产收益率(加权)	13.64%	13.70%	18.14%

注:1)1997 年 11 月本公司公开发行 8000 万股 A 股,1997 年 12 月(不含)以前总股本为 35000 万元,1997 年 12 月以后的总股本为 43000 万元;

2) 以上主要财务指标计算方法:
每股收益=净利润/年度末普通股股份总数
每股净资产=年度末股东权益/年度末普通股股份总数
净资产收益率=净利润/年度末股东权益 ×100%
调整后的每股净资产=(年度末股东权益-三年以上应收款项-待摊费用-待处理(流动、固定)资产净损失-开办费-长期待摊费用-住房周转金负数余额)/年度末普通股股份总数
每股经营活动产生的现金流量净额=经营活动产生的现金流量净额/年度末普通股股份总数
加权平均每股收益=当期净利润/[期末股份总数/(1+配股比例或增发新股比例)+ 期末股份总数/(1+配股比例或增发新股比例)×配股比例或增发新股比例×缴款结束 日下一月份至期末的月份数/12]
加权平均净资产收益率=当期净利润/[(期初净资产+期末净资产)/2+当期发行新 股或配股新增净资产×(自缴款结束日下一月份至报告期末的月份数-6)/12]

(三) 本报告期内股东权益变动情况　　单位:元

项目	股本	资本公积金	盈余公积金	其中:公益金	未分配利润	股东权益合计
期初数	430000000	342637683	65986359	23827433	21787977	860412019
本期增加	-	-	23935474	11967737	95741896	119677370
本期减少	-	-	-	-	86000000	86000000
期末数	430000000	342637683	89921833	35795170	31529873	894089389

说明:1、报告期内公司股本未发生变化。
2、报告期内盈余公积金增加 23,935,474 元,系公司本年度净利润按照 10%的比例计提法定公积金 11,967,737 元,按 10%的比例提取公益金 11,967,737 元。
3、报告期内公益金增加 11,967,737 元,系公司本年度净利润按照 10%的比例计提公益金。
4、未分配利润减少 86,000,000 元,系根据本公司 2000 年 3 月第一届第六次董事会 会议决议,拟按每股 0.20 元分配现金股利。该分配预案尚待本公司股东大会批准。
5、本期分配预案得到股东大会通过并实施后,未分配利润余额 31,529,873 元。

三、股本变动及股东情况

1、截止报告期末,公司股东总数为 44,915 户,其中国家股股东 2 户,国有法人股股 东 2 户,内部职工股股东(高管人员股东)数为 16 户,其他流通股股东 44,895 户。
2、公司前 10 名股东持股情况:
数量单位:股

序号	股东名称	报告期末持股数量	股份性质	占总股本(%)
1	河南省建设投资总公司	161,000,000	国家股	37.44
2	河南省电力公司	140,000,000	国有法人股	32.56
3	中国华中电力集团公司	35,000,000	国有法人股	8.14
4	焦作市投资公司	14,000,000	国家股	3.26
5	兴华证券投资基金	2,809,500	流通股	0.65
6	财政南京	720,000	流通股	0.17
7	中国经济技术投资担保有限公司上海分公司	623,925	流通股	0.15
8	普丰证券投资基金	523,100	流通股	0.12
9	赵时友	390,000	流通股	0.09
10	湖南证券股份有限公司常德证券部	370,900	流通股	0.08

天津津滨发展股份有限公司

(一) 公司简介

1、公司法定中文名称:天津津滨发展股份有限公司
公司法定英文名称:TIANJIN JINBIN DEVELOPMENT CO.,LTD。　英文缩写:JBDC
2、公司法定代表人:张继光
3、公司董事会秘书:巫刚　公司股证事务授权代表:于志丹
联系地址:天津经济技术开发区洞庭路 76 号三楼
电话:(022)66201301 或(022)66201302—4 转 27　传真:(022)66202480
电子信箱:jbdsh@starinfo.net.cn
4、公司注册地址:天津经济技术开发区洞庭路 76 号　　邮政编码:300457
公司国际互联网网址:http://www.jbdc.com.cn　电子信箱:zm@teda.tj.cn
5、公司选定的信息披露报纸:《中国证券报》、《证券时报》
公司年度报告载于中国证监会指定国际互联网网址 :http://www.cninfo.com.cn
公司年度报告备置地点:董事会秘书办公室
6、公司股票上市交易所:深圳证券交易所
股票简称:津滨发展　　股票代码:0897

(二) 会计数据和业务数据摘要

1. 本年度主要利润指标情况:　　(单位:人民币元)

利润总额	72556162.09
净利润	63285492.76
扣除非经常性损益后的净利润	61876636.70
主营业务利润	82476245.37
其他业务利润	26869.04
营业利润	55314554.87
投资收益	-1137518.56
补贴收入	13706844.00
营业外收支净额	4672281.78
经营活动产生的现金流量净额	-18810729.51
现金及现金等价物净增加额	-94469250.89

注:扣除非经常性损益项目和涉及金额

1. 新股认购冻结利息:	3193931.92
2.合并价差长期股权摊入:	-1785075.86
3.以上项目涉及金额:	1408856.06

2. 截止报告期末公司前三年主要会计数据和财务指标: (单位: 人民币元)

项目	1999 年	1998 年	1997 年
主营业务收入	431884498.43	354627039.43	373385872.65
净利润	63285492.76	20237047.87	29199848.89
总资产	1207507706.79	965058497.64	648834216.55
股东权益(不含少数股东权益)	597358361.08	537096020.45	188604633.83
每股收益	0.2344	0.075	0.16
扣除非经常性损益项目后的每股收益	0.2292	0.075	0.16
每股净资产	2.33	2.10	1.09
调整后每股净资产	2.29	2.07	1.05
每股经营活动产生的现金流量净额	-0.0697	0.0292	
净资产收益率	10.06%	3.58%	14.5%

注:(1)主要财务指标计算方法:
每股收益=净利润/年度末普通股股份总数
每股净资产=年度末股东权益/ 年度末普通股股份总数
调整后的每股净资产=(年度末股东权益-三年以上的应收款项净额-待摊费用-待处理(流动、固定) 资产净损失-开办费-长期待摊费用-住房周转金负数余额)/年度末普通股股份总数
每股经营活动产生的现金流量净额=经营活动产生的现金流量净额/年度末普通股股份总数
净资产收益率=净利润/年度末股东权益 *100%
(2)需要说明的是:由于会计政策变更,根据财政部财会字(1999)35 号文、49 号文的有关规定, 采用了追溯调整法, 调整了一九九九年度合并会计报表相关的"坏帐准备"帐项、"存货跌价准备"帐项, 调整后各项会计数据:

项目	1999 年	1998 年	1997 年
坏帐准备	21213272.50	21032782.49	15533097.43
存货跌价准备	29747805.35	29747805.35	3822678.65
未分配利润	12606566	-48454239.26	6115229.67

3. 报告期内股东权益变动情况:

项目	期初数	本期增加	本期减少	期末数
股本	270000000.00			270000000.00
资本公积	344257900.00			344257900.00
盈余公积		2224687.50		2224687.50
未分配利润	37455968.72	61060805.26	85910207.98	12606566.00
股东权益合计	651713868.72	63285492.76	85910207.98	629089153.50

变动原因:1. 盈余公积变动是因为本年度实现利润的提取数额.
2. 未分配利润变动是因为本年度利润增加、计提资产减值准备、99 年中期利润分配及其他应调整的会计事项。

(三) 股东情况介绍

1、报告期末股东总数:截止 1999 年 12 月 30 日,公司共有股东 35235 户
2、报告期末公司前 10 名股东情况:

股东名称	持股数(股)	占总股本比例(%)
1 天津经济技术开发区建设集团有限公司	109432577	40.53
2 天津华泰集团股份有限公司	90567423	33.54
3 天津亚富物业投资有限公司	644239	0.24
4 成都博坤投资有限公司	555600	0.21
5 王文红	471957	0.17
6 王琼峰	429768	0.16
7 时期孝	424100	0.16
8 田春荣	394300	0.15
9 张军	379954	0.14
10 孙晓强	360000	0.13

注:天津经济技术开发区建设集团有限公司为国有法人股股东, 天津华泰集团股份有限公司为公司法人股股东,在本报告期内, 未接到上述股东持有的股份有质押和冻结的报告。年度内,公司前 10 名股东间不存在关联关系。

鞍钢新轧钢股份有限公司

一、公司简介

(一)公司法定中文名称:鞍钢新轧钢股份有限公司
英文:ANGANG NEW STEEL COMPANY LIMITED
(二)公司法定代表人:刘玠
(三)公司董事会秘书:付吉会
联系地址:辽宁省鞍山市南中华路 396 号
电话:(86) 412-6334292　　传真:(86)412-6727772　　E-mail:infoansc@ansc.com
(四)公司注册地址:辽宁省鞍山市南中华路 396 号
办公地址:辽宁省鞍山市南中华路 396 号　　邮政编码:114003
网址:http://www.ansc.com　　E-mail:infoansc@ansc.com
(五)公司选定境内信息披露报纸:《中国证券报》、《证券时报》
公司选定境外信息披露报纸:《香港经济日报》、《虎报》
中国证监会指定的年报登载网址:http://www.cninfo.com.cn
本公司年度报告备置地点:鞍山市南中华路 396 号公司秘书室。
(六)股票上市地点:深圳证券交易所、香港联合交易所有限公司
(七)股票简称:鞍钢新轧　　股票代码:0898

二、会计数据和业务数据摘要

(一)公司本年度实现利润情况:(按中国会计准则)

截至 1999 年 12 月 31 日止年度	单位:千元
利润总额:	421,293
净利润:	291,261
非经常性损益合计:	0
扣除非经常性损益后的净利润:	291,261
主营业务利润:	587,045
其他业务利润:	16,017
营业利润:	423,906
投资收入:	0
补贴收益:	0
营业外收支净额:	-2,613
经营活动产生的现金流量净额:	511,366
现金及现金等价物净增加额:	-165,719
按国际会计准则计算的 1999 年度净利润:	295,421
按国内会计准则计算的 1999 年度净利润:	291,261

按国际会计准则的调整事项:无形资产、存货评估差异及摊销增加利润 6210 千元,递延税款减少利润 2050 千元。

(二)公司近三年主要会计数据和财务指标

项目	1999 年	1998 年	1997 年
主营业务收入(千元)	6,923,142	5,692,330	5,727,146
净利润(千元)	291,261	123,775	510,700
总资产(千元)	6,971,340	6,382,179	6,304,234
股东权益(千元)	5,431,939	5,140,678	5,092,173
每股收益(加权)(元)	0.12	0.049	0.20
每股收益(摊薄)(元)	0.12	0.049	0.20
扣除非经常性损益后的每股收益(元)	0.12	0.049	0.20
每股净资产(元)	2.16	2.05	2.03
调整后的每股净资产(元)	2.16	2.05	2.03
净资产收益率(摊薄)	5.36%	2.41%	10.03%
净资产收益率(加权)	5.64%	2.42%	16.98%
每股经营活动产生的现金流量净额(元)	0.20	0.37	—

注:按中国会计准则的主要财务指标的计算公式:
1、按全面摊薄计算
每股收益=净利润/年度末普通股股份总数
每股净资产=年度末股东权益/年度末普通股股份总数
净资产收益率=净利润/年度末股东权益×100%
调整后的每股净资产=(年度末股东权益-三年以上的应收账款-待摊费用-待处理 财产净损失-递延资产)/年度末普通股股份总数
2、按加权计算
每股收益=当期净利润÷[期末股份总数÷(1+配股比例或增发新股比例)+期末股 份总数÷(1+配股比例或增发新股比例)×配股比例或增发新股比例×缴款结束日下一月份至期末的月份数÷12]
净资产收益率=当期净利润÷[(期初净资产+期末净资产)÷2+当期发行新股或配 股新增净资产×(自缴款结束日下一月份至报告期末的月份数-6) ÷12]
(三)报告期内股东权益变动情况(单位:千元)

项 目	股 本	资本公积	盈余公积	法定公益金	未分配利润	股东权益合计
期初数	2,509,000	2,152,761	126,894	63,447	352,023	5,140,678
本期增加	-	-	58,252	29,126	291,261	349,513
本期减少	-	-	-	-	58,252	58,252
期末数	2,509,000	2,152,761	185,146	92,573	585,032	5,431,939

变动原因:根据本公司章程规定,本年度按税后利润 291,261 千元的 10%,分别提取法定盈余 公积金及公益金。

三、股东情况介绍

1、报告期末股东总数 118414 户,其中 H 股股东 1179 户。
2、1999 年 12 月 31 日名列本公司前 10 名最大股东持股情况

序号	股 东	持股数(股)	年内股份增减(股)	持有比例(%)
1	鞍钢集团公司	1,319,000,000	0	52.57
2	香港中央结算有限公司	842,985,499	12,846,000	33.60
3	LO HON MAN	5,000,000	-	0.20
4	列海权	1,312,700	-	0.052
5	LAM SAU YING CATHY	1,200,000	0	0.048
6	CHAN CHIU CHI	1,000,000	0	0.040
7	鲁桂泉	870,500	-	0.035
8	CHONG YUEN HUNG	750,000	0	0.030
9	TANG WAN NING	700,000	-	0.028
10	张家齐	630,000	-	0.025

香港中央结算有限公司为代理人,该系统参与者持有本公司 H 股均未超过本公司总股份的 10%。
本公司持股 5%以上的股东所持股份没有质押或冻结。

江西赣能股份有限公司

一、公司简介

1、公司法定中文名称:江西赣能股份有限公司
公司法定英文名称:JIANGXI GANNENG CO.,LTD
英文缩写:GNCL
2、公司法定代表人:王　平
3、公司董事会秘书:李天晓　　公司董事会秘书授权代表:周继来
联系地址:江西省南昌市高新技术开发区火炬大街 125 号
邮政编码:330029
联系电话:0791—8109899　　传真:0791—8106120
电子信箱:stock@jxgn.com
4、公司注册地址:江西省南昌市南京东路 443 号
公司办公地址:江西省南昌市高新技术开发区火炬大街 125 号
邮政编码:330029
国际互联网网址:http//www.jxgn.com
电子信箱:ganneng@public.nc.jx.cn
5、公司选定的信息披露报纸:《中国证券报》、《证券时报》
中国证监会指定的登载公司年度报告的国际互联网网址:
http://www.cninfo.com.cn
公司年度报告备置地点:江西赣能股份有限公司证券管理部
6、公司股票上市交易所:深圳证券交易所
股票简称:赣　能　股　份　　股票代码:0899

二、会计数据和业务数据摘要

1、本年度主要利润指标情况　　单位:元

项　　目	金　　额
利润总额	127,764,999.81
净 利 润	127,764,999.81
扣除非经常性损益后的净利润	127,764,999.81
主营业务利润	160,004,291.38
其他业务利润	6,447.10
营业利润	116,874,243.93
投资收益	11,139,045.79
补贴收入	-
营业外收支净额	-248,289.91
经营活动产生的现金流量净额	223,929,757.26
现金及现金等价物净增加额	129,963,436.55

2、截止报告期末公司前三年的主要会计数据和财务指标

项目	1999 年	1998 年		1997 年	
		调整前	调整后	调整前	调整后
主营业务收入	469,480,360.45	451,321,649.23	451,321,649.23	376,452,002.55	376,452,002.55
净利润(元)	127,764,999.81	187,840,512.10	187,235,543.71	123,255,037.22	121,786,152.75
总资产(元)	1437458475.68	136911517.67	1362837664.81	1,241648,463.01	1240179578.54
股东权益(元)	1264227599.78	1138536452.83	1136462599.97	1012695940.73	1011227056.26
每股收益(元/股)	0.258	0.379	0.377	0.398	0.393
按月平均加权每股收益(元/股)	0.258	0.379	0.377		
扣除非经常损益后的每股收益(元/股)	0.258	0.379	0.377	0.373	0.368
每股净资产(元/股)	2.55	2.295	2.291	3.267	3.262
调整后每股净资产	2.54	2.289	2.285	3.255	3.250
每股经营活动产生的现金流量净额(元)	0.45	0.175	0.175		
净资产收益率(%)	10.11	16.498	16.475	12.17	12.04

注:(1) 主要财务指标计算方法如下:
1 每股收益=净利润/年度末普通股股份总数
2 每股净资产=年度末股东权益/ 年度末普通股股份总数
3 调整后的每股净资产=(年度末股东权益-三年以上的应收款项净额-待摊费 用-待处理(流动、固定)资产净损失-开办费-长期待摊费用-住房周转金负数余额)/年度末普通股股份总数
4 每股经营活动产生的现金流量净额=经营活动产生的现金流量净额/年度末普通 股股份总数
5 净资产收益率=净利润/年度末股东权益×100%
(2)根据财政部财会字[1999]35 号文《关于印发<股份有限公司会计制度有关会计处理问题补充规定>的通知》和财政部财会字[1999]49 号文《关于<股份有限公司会计制度有关会计处理问题补充规定问题解答>的通知》的有关规定,经公司董事会决议,公司本年度对短期投资跌价准备、坏帐准备和存货跌价准备会计政策变更已采用追溯调整法,调整了 1999 年度会计报表相关项目的年初数和上年实际数。上述会计政策变更对以前年度净利润的累计影响数为人民币 2,073,852.86 元,其中坏帐准备计提方法变更的累计影响数为人民币 1,800,453.37 元,存货计提方法的累计影响数为人民币 273,399.49 元;由于会计政策的变更,调减了 1998 年度的净利润人民币 604,968.39 元,调减了 1997 年度的净利润人民币 1,468, 884.47 元。

三、股东情况介绍

1、报告期末股东总数:33412 户
2、报告期末前 10 名股东持股情况
单位:股

股东名称	年末持股数量	注
江西省投资公司	222,208,000	代表国家持股,未质押或冻结
江西省电力公司	136,192,000	代表国家持股,未质押或冻结
联合证券有限责任公司	10,787,550	未质押或冻结
汉盛证券投资基金	6,000,093	未质押或冻结
裕隆证券投资基金	3,338,000	未质押或冻结
开元基金	2,266,962	未质押或冻结
普惠证券投资基金	2,164,608	未质押或冻结
北京中天航业投资有限公司	1,581,000	未质押或冻结
尹菊先	934,750	-
马国良	790,000	-

注:经函讯,前八名股东之间无关联关系;第九名与第十名股东为社会个人股东,公司未知其所持股份的关联、质押及冻结情况。

湖南长永高速公路股份有限公司

一、公司简介

1、中文名称:湖南长永高速公路股份有限公司

英文名称:Hunan Provincial ChangYong Expressway Joint-stockCompany(LTD)

2、法定代表人:马其伟

3、董事会秘书:陈满林

董事会秘书授权代表:罗茜萍

联系电话:0731-4016548

传　　真:0731-4016560

联系地址:长沙市星沙镇湖南长永高速公路股份有限公司

4、注册地址:长沙市八一路466号

邮政编码:410011

办公地址:长沙市星沙镇湖南长永高速公路股份有限公司办公楼

邮政编码:410100

电子信箱:zyglq_01@public.cs.hn.cn

5、信息披露报纸名称:《证券时报》、《中国证券报》

登载年报的国际互联网网址:http://www.cninfo.com.cn

年度报告备置地址:公司证券部

6、股票上市交易所:深圳证券交易所

股票简称:湖南高速　　股票代码:0900

二、会计和业务数据摘要

1、本年度实现的有关财务指标　　(单位:元)

项　目	金　额
利润总额	151762805.47
净　利　润	131444123.68
净利润(扣除非经常性损益)	111843807.23
主营业务利润	173214199.83
其他业务利润	6416884.61
营业利润	126670584.99
投资收益	5700000.00
补贴收入	16303070.45
营业外收支净额	3089150.03
经营活动产生的现金流量净额	155392932.48
现金及现金等价物净增加额	-287627584.63

说明:扣除的非经常性损益项目及涉及金额　　(单位:元)

项　目	金额
补贴收入	16303070.45
冻结资金利息	3297246.00

2、前三年主要会计数据和财务指标　　(单位:元)

项　目	1999	1998年	1997年
主营业务收入	248027630.08	185059189.69	115346828.00
净利润	131444123.68	92608308.21	63901642.69
总资产	1593740884.59	1905210236.79	468563636.16
股东权益	1265032682.85	1136163959.49	226748261.57
每股收益(摊薄)	0.46	0.49	0.58
每股收益(加权)	0.54	0.79	0.58
每股收益(扣除非经常性损益)	0.39	0.47	0.58
每股净资产	4.44	5.99	2.05
调整后每股净资产	4.43	5.99	2.05
每股经营活动产生的现金流量净额	0.55	0.43	0.24
净资产收益率%	10.39	8.14	28.31

3、计算公式

每股收益=净利润/年度末普通股股份总数

每股净资产=年度末股东权益/年度末普通股股份总数

调整后的每股净资产=(年度末股东权益-三年以上的应收款项净额-待摊费用-待 处理(流动、固定)资产净损失-开办费-长期待摊费用-住房周转金负数余额)/年度末 普通股股份总数

每股经营活动产生的现金流量净额=经营活动产生的现金流量净额/年度末普通股股份总数

净资产收益率=净利润/年度末股东权益×100%

4、股东权益变动表　　(单位:元)

项目	股本	资本公积	盈余公积	其中:公益金	未分配利润	股东权益合计
期初数	190079000	739195267.64	46144087.31	15571710.71	160745604.54	1136163959.49
本期增加	95039500		19716618.55	6572206.18	131444123.68	246200242.23
本期减少		57023700			60307818.87	117331518.87
期末数	285118500	682171567.64	65860705.86	22143916.89	231881909.35	1265032682.85
变动原因	10送2转增3	转增股本	本年计提	本年计提	增加系盈利减少系送股与计提	本期盈利

三、股东情况介绍

1、报告期末股东总数为66,499户。

2、公司前十名股东持股情况

序号	股东名称	持股数量(股)	占总股本比例(%)
1	湖南省高速公路建设开发总公司	82410000	28.90
2	华北高速公路股份有限公司	39090000	13.71
3	长沙市公路工程管理处	10500000	3.69
4	西安万国房地产开发有限责任公司	1933058	0.68
5	景宏证券投资基金	1335368	0.47
6	南方证券有限公司大连实业有限公司	1000000	0.35
7	安信证券投资基金	1000000	0.35
8	滕立斌	810000	0.28
9	河南森华养殖有限公司	790000	0.28
10	金泰基金	654240	0.23

说明:①其中前三名股东所持股份均为未上市流通的国有法人股,共132,000,000股,占 股份总数的46.30%。

②前三名股东之间不存在关联关系;其余七名股东所持股份均为已上市流通股份 。

③ 报告期内,持股5%以上的股东所持本公司股份未发生质押或冻结情况。

哈尔滨航天风华科技股份有限公司

一、公司简介

(一)公司法定名称:哈尔滨航天风华科技股份有限公司

英文名称:Harbin Fenghua-aerospace Hi-Tech CO.LTD　　英文缩写:HFHTC

(二)公司法定代表人:张汝谋

(三)公司董事会秘书:王玉伟

联系地址:哈尔滨市中山路178号

电　　话:0451—2624810　传真:0451—2624810　电子信箱:aeraspac @ public.hr.hl.cn

(四)公司注册地址:哈尔滨市西大直街118号

公司办公地址:哈尔滨市中山路178号　　邮政编码:150040

(五)公司信息披露报纸名称:<<证券时报>>

登载年报的指定网址:http://www.cninfo.cn

公司年报备置地点:公司证券部

(六)公司股票上市地:深圳证券交易所

股票简称:航天科技　　股票代码:0901

二、会计数据和业务数据摘要

(一)本年度主要利润指标情况　　(单位:人民币元)

利润总额:	21,397,912.71
净利润:	18,053,171.98
非经常性损益合计:	3,759,566.65
其中:新股申购冻结资金利息:	2,254,570.72
资产处置收益:	1,504,995.93
扣除非经常性损益后的净利润:	14,293,605.33
主营业务利润:	32,405,011.38
其他业务利润:	57,786.25
营业利润:	15,814,503.11
投资收益:	-----
补贴收入:	2,145,137.81
营业外收支净额:	3,438271.79
经营活动产生的现金流量净额:	-43,991,884.79
现金及现金等价物净增加额:	-74,562,168.36

(二)主要会计数据和财务指标(单位:人民币元)

指标项目	1999年	1998年	
		调整前	调整后
主营业务收入	99,182,540.01	116,813,547.77	116,813,547.77
净利润	18,053,171.98	27,612,434.71	24,746,299.43
总资产	382,987,870.13	378,253,294.16	376,250,215.99
股东权益	291,691,372.57	300,055,667.66	297,169,532.37
每股收益	0.182	0.279	0.250
每股净资产	2.946	3.030	3.00
调整后每股净资产	2.926	3.019	2.994
每股经营活动产生的现金流量净额	-0.444	-0.043	-0.043
净资产收益率(%)	6.19%	9.20%	8.33%

注1:主要财务指标计算方法:

每股收益=净利润/年度末普通股股份总数

每股净资产=年度末股东权益/ 年度末普通股股份总数

调整后的每股净资产=(年度末股东权益-三年以上应收款项净额-待摊费用-待处理 (流动、固定)资产净损失-开办费-长期待摊费用-住房周转金负数余额)/年度末普通股股份总数

每股经营活动产生的现金流量净额=经营活动产生的现金流量净额/年度末普通股股份总数

净资产收益率=净利润/年末股东权益×100%

(三)报告期内股东权益变动情况

项目	股本	资本公积	盈余公积	法定公益金	未分配利润	股东权益合计
期初数	99000000	171899898.05	6484221.05	1378793.65	19785413.27	297169532
本期增加	0.00	22320.00	4806982.62	2906966.63	---	---
本期减少	---	---	---	---	10307462.42	5478159
期末数	99000000	171922218.05	11291203.67	4285760.28	9477950.85	291691372
变动原因		有效申购利息转入所致	提取盈余公积金所致	提取法定公益金所致	拟分配现金股利所致	拟分配现金股利所致

三、股东情况介绍

(一)、报告期末股东总数:本公司共有股东26312户,其中:境内法人股股东7户 ,社会公众股股东26305户。

(二)、公司前十名股东持股情况(截止1999年 12月30日):

序号	股东名称	期末持股数	期内增减	占总股本比例(%)
(1)	中国航天工业公司	33,268,971	0	33.60
(2)	哈尔滨通用机电技术研究所	9,574,008	0	9.67
(3)	哈尔滨工业大学高新技术开发总公司	8,661,087	0	8.75
(4)	哈尔滨通用焊接切割成套设备制造厂	6,382,672	0	6.45
(5)	天通计算机应用技术中心	5,324,334	0	5.38
(6)	哈尔滨亚科工贸有限责任公司	3,000,000	0	3.03
(7)	北京奥润办公设备技术公司	2,788,937	0	2.82
(8)	裕隆证券投资基金	589,400	589,400	0.59
(9)	同盛证券投资基金	181,459	181,459	0.18
(10)	康淑华	180,673	180,673	0.18

以上持有本公司5%以上股份的股东所持股份无质押或冻结的情况,前十名股东之间无关联关系。中国航天工业公司持有股份为未上市流通的国家股,哈尔滨工业大学高新技术开发总公司和天通计算机应用中心持有股份为未上市的国有法人股。

(三)、持股10%以上的法人股东:

中国航天工业总公司　　法定代表人:刘纪原

经营范围:各型导弹武器系统、运载火箭和卫星应用系统产品及技术、卫星地面应用系统与设备、雷达、数控装置、工业控制自动化系统及设备、保安器材、压力容器、化工产品、建筑材料、金属制品、普通机械及器材、电子产品及通信设备、计量标准器具、仪器仪表的研制、生产与销售;科技开发、科技信息及技术咨询服务;环保工程项目、高技术项目的承包;物资供销与仓储。

中国服装股份有限公司

中国服装股份有限公司1999年年度报告摘要

一、公司简介

1、公司法定中文名称:中国服装股份有限公司
公司法定英文名称:China Garments Co., Ltd. 英文名称缩写: CGC
2、公司法定代表人: 方玉根
3、公司董事会秘书: 郭战军
联系地址: 北京市建国路99号中服大厦27层
联系电话:010-65814450 传真:010-65812147 电子信箱: cgcom@public.bta.net.cn
4、公司注册地址: 北京市新技术产业开发试验区丰台科技园区
公司办公地址: 北京市建国路99号中服大厦27层 邮政编码: 100020
电子信箱: cgcom@public.bta.net.cn
5、公司选定的信息披露报纸名称:《中国证券报》、《证券时报》、《上海证券报》
登载公司年度报告的国际互联网网址:http://www.cninfo.com.cn
公司年度报告备置地点:公司董事会秘书室
6、公司股票上市地:深圳证券交易所
股票简称:中国服装 股票代码:0902

二、 会计数据和业务数据摘要

1、报告期主要利润指标情况 (单位:人民币元)

利润总额	43240372.16
净利润	32101256.95
扣除非经常性损益后的净利润	24708472.30
主营业务利润	59727546.30
其他业务利润	3498988.13
营业利润	35403499.71
投资收益	19733.88
补贴收入	2622978.15
营业外收支净额	5194160.42
经营活动产生的现金流量净额	-34789802.07
现金及现金等价物净增加额	135205011.19

注:扣除非经常性损益项目、涉及金额:
(1) 新股发行申购冻结资金利息本期摊入5,093,069.69元;
(2) 补贴收入2,622,978.15元;
(3) 投资差价摊销-54,875.23元;
(4) 合并差价摊销-268,387.96元。

2、近三年主要会计数据和财务指标

	1999年	1998年		1997年
		调整前	调整后	
净利润(元)	32101256.95	51410650	27218998.71	47748888
总资产(元)	945815580.74	502316576	475700600.67	397778874
股东权益(元)	530623243.88	285169974	260978322.85	189632894
* 每股收益(元/股)	0.15	0.34	0.18	0.32
* 扣除非经常性损益后的每股收益 (元/股)	0.11	0.34	0.18	0.32
* 每股净资产(元/股)	2.47	1.90	1.74	1.26
* 调整后每股净资产(元/股)	2.46	1.90	1.74	1.26
净资产收益率(%)	6.05	18.03	10.43	25.18
* 每股经营活动产生的现金流量净额(元/股)	-0.16			

注:主要指标计算公式如下:
每股收益=净利润/年度末普通股股份总数
每股净资产=年度末股东权益/报告期末普通股股份总数
调整后每股净资产=(年度末股东权益-三年以上的应收款项-待摊费用-待处理(流动、固定)资产净损失-开办费-长期待摊费用)/年度末普通股股份总数
每股经营活动产生的现金流量净额=经营活动产生的现金流量净额/年度末普通股股份总数
净资产收益率=净利润/年度末股东权益×100%

注:1)会计政策变更采用了追溯调整法,累计影响数为24,191,651.29元,其中,因坏帐准备计提方法变更的累计影响数为5,929,696.37元,存货跌价损失准备计提方法变更的累计影响数为18,261,954.92元。由此调减了1999年年初留存收益24,191,651.29元。

2)以上指标中标*的1997年、1998年指标均按发行6,500万股前的总股本15,000万股计算。

3、报告期内股东权益变动情况及原因

项目	股本	资本公积	盈余公积	法定公益金	未分配利润	股东权益合计
期初数	150000000	67083320.00	8778999.52	4389499.76	35116003.33	260978322.85
本期增加	65000000	233012180.00	6420251.40	3210125.70	32101256.95	336533688.35
本期减少		2633515.92			64255251.40	66888767.32
期末数	215000000	297461984.08	15199250.92	7599625.46	2962008.88	530623243.88

注:变动原因(1)股本增加6,500万元,由新发行人民币普通股A股所致;

(2)资本公积增加233,012,180元,由发行新股产生的股本溢价所致;减少2,633,515.92元,为本企业根据财会字[1998]16号文有关规定及本公司董事会有关决议对固定资产评估增值按10年平均摊销所致;

(3)盈余公积、法定公益金增加为从本年度利润中提取数额所致;

(4)未分配利润减少由提取"两金"及向股东派发红利所致。

三、 股东情况介绍

1、股东情况介绍

(1)报告期末股东总数

截止1999年12月31日,公司股东总数为39,217户,其中法人股股东3户,社会公众股股东39,214户。

(2)前十名股东持股情况

股东名称	持股数量(股)	持股比例(%)
中国服装集团公司	109677500	51.01
吴江工艺织造厂	30305200	14.10
通化市人造毛皮联合公司	10017300	4.66
兴华证券投资基金	835000	0.39
姜佳希	359000	0.17
卓壮平	356710	0.17
黄燕红	291487	0.14
普丰证券投资基金	261500	0.13
张志铭	257100	0.12
兰珠连	198000	0.10

2、前10名股东之间不存在关联关系,也没有代表国家持有股份的单位和外资股东。

四、股东大会简介

1、本公司在报告期内召开了三次股东大会

(1)1999年2月8日召开公司首届股东大会。公司筹委会负责召集召开本届股东大会,并以公告的形式在1999年1月20日《中国证券报》、《证券时报》上刊登了会议通知。决议公告刊登在1999年2月9日《中国证券报》、《证券时报》上。

(2)1999年5月8日召开了1999年第一次临时股东大会。公司董事会负责召集召开本次股东大会,会议通知刊登在1999年4月7日《中国证券报》、《证券时报》上。决议公告刊登在1999年5月10日《中国证券报》、《证券时报》上。

(3)1999年11月11日公司召开1999年第二次临时股东大会。公司董事会负责召集召开本次股东大会,会议通知刊登在1999年10月11日《中国证券报》、《证券时报》、《上海证券报》上。决议公告刊登在1999年11月12日《中国证券报》、《证券时报》、《上海证券报》上。

五、董事会报告

(一)公司经营情况

1、公司所处的行业以及公司在本行业中的地位

公司为纺织服装行业企业,在科技开发、信息网络、服装设计、服饰文化产业等方面具有行业领先地位,是涵盖服装行业全概念的股份制企业。

2、公司主营业务范围及其经营情况

公司主营业务范围是:纺织品、针织品、皮革制品、服装、服饰、鞋帽的生产、销售;羊皮、切片、化纤原料、辅料、染化料、纺织服装生产设备及零配件、仪器仪表的销售;相关技术开发、技术转让;设计及产品展示、国内展览展销;模特展示演出;服装、服饰文化交流;相关信息服务、人员培训;本企业自产产品及相关技术出口;本企业生产所需原辅材料、机械设备、仪器仪表、零配件等商品及相关技术的进口;承办中外合资经营、合作生产及开发"三来一补"业务;组织成员企业参加国际商品展示会;自有房屋租赁等。

经营业绩情况:1999年度公司完成主营业务收入29,214.95万元,主营业务利润5,972.75万元,净利润3,210.13万元。

3、经营中出现的问题与困难及解决方案

1999年公司上市后面临着同业激烈的市场竞争,服装传统性生产企业的产品加工利润越来越薄,作为公司经营性资产中传统的面料加工、毛皮制造、服装生产为公司的主体资产,公司的业绩在很大程度上还要依靠传统产业提供利润支撑,随着全球经济一体化的形成,高科技产业与网络经济的迅速发展,使传统产业的发展受到巨大冲击。为此,为了迎接这种挑战,更好地发挥公司信息网络、科技开发、服饰文化产业及品牌等综合优势,提高竞争力,增强公司发展后劲,采取了以下对策:一是对传统产业进行了调整,加强企业管理,严格成本核算,降低了费用支出,在一定程度上缓解了因产品价格下降所产生的经营压力。二是积极开拓市场,在原贸易体制运作的基础上,进一步拓展了公司内外贸易,特别是羊毛、羊绒、羽绒制品方面的出口渠道有了新的拓展,获准了进出口权,为服装出口打下了基础,出口订单呈现良好势头。三是对募集资金投资项目进度做了一些调整。由于上市筹备时间较长,市场也发生了一些变化,按照效益优先的原则进一步论证,在项目的投资进度上做了一些调整。

4、公司报告期内未能实现公司盈利预测目标的原因

1999年度未能实现盈利预测目标,主要原因有三个方面:一是对生产性企业的组织、产品结构进行了调整,因此减少了产品产量。印染加工类产品产量比1998年下降1,939.5万米,毛皮产品产量比1998年下降39.01万米。

二是价格因素的影响。本公司印染加工类和毛皮产品的销售收入占盈利预测的一半以上,由于市场竞争愈加激烈,致使该类产品的平均价格下降了56%,从而使销售收入下降12,183万元。三是政策性因素,由于"四项准备"的提取,对利润也有一定的影响。

对公司未能实现盈利预期目标,公司董事会向全体股东致歉。

(二)公司财务状况

1、财务状况(单位:元)

指标项目	1999年	1998年	增减(%)
总资产	945815580.74	475700600.67	98.83%
长期负债	1597477.21		
股东权益	530623243.88	260978322.85	103.32%
主营业务利润	59727546.30	91094003.00	-34.44%
净利润	32101256.95	27218998.71	17.94%

注:(1)总资产增加470,114,980.07元,增幅达98.83%,主要由新股发行募集资金和新增合并子公司报表所致;

(2)长期负债增加由新增合并子公司报表所致;

(3)股东权益增加269,644,921.03元,增幅达103.32%,主要由新股发行股本增加所致;

(4)主营业务利润下降34.44%,主要由于公司印染加工类和毛皮产品的平均价格大幅下降,从而影响主营业务收入所致;

(5)净利润增加17.94%,属因会计政策变更,追溯调减1998年利润所致。

2、北京兴华会计师事务所有限责任公司对公司1999年度财务报告进行了审计,并出具了无保留意见的审计报告。

(三)公司投资情况

本公司于1999年1月21日公开发行6500万股A股,每股发行价为4.73元,扣除发行费后,实际募集资金为29,801.21万元,截止1999年12月31日对招股说明书中承诺的7个项目累计投入11,981万元。具体情况如下:

1、国家服装工程中心基地QRS时装扩建项目:该项目计划投资2946万元,已投入资金2,583万元。

2、开发高档超仿真丝新合纤织物染整生产线技改项目:该项目计划投资13058万元,已投资5050万元。

3、羊皮加工及其制品生产线: 该项目计划投资2847万元,已投入698万元。

4、建立中国服装电子贸易信息网络:该项目计划投资2900万元。已投入690万元。

5、建立中国服装设计网络项目:该项目计划投资2950万元,已投入960万元。

6、高档毛纺面料生产基地技术改造项目:该项目计划投资5000万元,已投入资金2,000万元。

7、收购兼并吉林省通化市第二针织厂项目:拟投入4000万元收购兼并吉林省通化市第二针织厂,由于该项目论证期较长,市场变化较大,企业生产经营活动无法进入良 性循环,故项目资金尚未投入。

(四)中国加入世界贸易组织对公司的影响

加入WTO后,对公司的发展是一次极好的机遇。公司因受配额数量的限制,影响了 对外贸易的规模。加入WTO后,随着配额的逐步取消,竞争将会更加激烈,但公司将充分发挥已有的信息、科技开发、服饰文化、设计等综合优势,提高产品的附加值,增强市场的竞争力,从而形成规模经营,进一步扩大出口。

(五)、新年度的业务发展计划

1999年公司上市后做了大量基础工作,对主业业态的调整作用与投资项目的收益 将逐步显现。2000年的生产经营目标将比1999年有明显提高。为了适应全球经济一体化的挑战,提高公司的发展后劲,公司将以效益为本,进行传统产业向轻型业态的转轨 和战略调整。对已有的传统产业,采取进一步挖掘潜力,提升其盈利能力,在进行必要 的技术改造和产品更新的同时,加强管理、强化核算以降低生产成本和经营费用,并着力于技术与产品的创新。对外加强营销网络尤其是国际营销网络的建设,以此提高传 统产业的经济效益,并以传统产业提供的现金流培育轻型业态的快速发展。公司将充 分发挥已有的信息、科技开发、服饰文化、设计等综合优势,建立以网络为载体的,反映现代时尚文化特点,体现公司品牌的业务构架。

总的指导方针是以效益为中心,立足于发展后劲和提高业绩。加快发展服装电子 商务网络建设;加快设计、加工销售等管理软件开发及其商业化的速度;加大服装文化产业的投资,形成服装文化产业的规模,创立一流的服饰文化产业品牌;抓住"入世" 机遇,千方百计拓展市场,形成规模和品牌优势,力求使得存量资产和新增资产取得较 好的经济效益。为确保2000年各项经营指标的完成,公司将采取以下主要措施:

1、加大对服装科技和服饰文化产业的投入。加快中国服装电子商务网络的建设,使其成为国内纺织服装业最具竞争实力的电子商务网络;发展模特产业,拓展新丝路品牌,使其成为最具时尚特征的品牌形象;扩大纺织服装传媒业务领域的经营,形成配套 规模的服饰文化产业优势;提高纺织服装软件产品的市场占有率,从而使公司实现由传统产业向轻型业态的转轨。

2、建立国际营销网络,形成规模贸易。一是重点抓好北京、吴江、通化、萧山、内蒙、顺德等地下属企业内部管理,提高产品质量,充分发挥综合优势,形成规模经营 。二是在美国等国设立销售机构,开拓羊绒、羽绒、丝绸、毛皮等系列服装及其产品 的销售;三是重点抓好公司品牌策划,设计经营和开发已有的资源优势,采取多种运作 形式,分步推出男装、女装、羽绒、羊绒、毛皮、丝绸等系列服装品牌。

3、切实组织好投资项目的实施。按照公司发展战略的要求,认真抓好原定项目和拟改投项目的组织实施,切实保证投资回报。重点抓好电子商务网络项目、设计销售 系统项目、服饰文化产业项目。

4、强化管理,规范运作。面向市场,着力转换经营机制;推行科学管理,从严管理 企业;抓好资本运作,加强财务监督。

(六)董事会日常工作情况

1、报告期内董事会的会议情况及决议内容

(1)第一届董事会第一次会议于1999年2月8日召开,会议审议通过公司第一届董事会董事长、副董事长、总经理、副总经理、总经济师、财务总监、董事会秘书人选。会议决议公告刊登在1999年2月9日《中国证券报》、《证券时报》上。

(2) 第一届董事会第二次会议于1999年4月6日召开,会议审议通过了公司利润分配预案、1999年度财务预算报告、募集资金使用项目投资计划的报告、股东大会授权公司董事会决定公司风险投资、资产抵押及担保事项的议案、召开1999年度第一次临时股东大会的议案。会议决议公告刊登在1999年4月7日《中国证券报》、《证券时报》上。

(3)第一届董事会第三次会议于1999年5月10日召开,会议审议通过了公司董事会 成员变更的议案、公司董事会授权总经理决定资产抵押及担保事项的议案、公司基本管理制度的议案。会议决议公告刊登在1999年5月11日《中国证券报》、《证券时报 》上。

(4)第一届董事会第四次会议于1999年8月4日召开,会议审议通过了公司1999年度中期报告、1999年中期利润分配预案、公司章程修改的议案、聘任李欢意先生为公司副总经理的议案、董事监事及高级管理人员报酬的议案、召开1999年度第二次临时股东大会的议案。会议决议公告刊登在1999年8月7日《中国证券报》、《证券时报》上。

2、董事会对股东大会决议的执行情况

根据公司1999年第一次临时股东大会决议,公司1998年利润分配方案为:按1998年度总股本21,500万股计算,每10股派发现金0.19元人民币(含税)分配给公司股东。未 分配利润37,043,520元及1997年度未分配利润13,340,804元结转下一年度。公司董事会于1999年6月12日在《中国证券报》、《证券时报》刊登派息公告,全部股利于1999年6月25日前派发完毕。

(七)公司管理层情况

1、董事、监事及高级管理人员情况

姓名	性别	职务	任期	持股数量
方玉根	男	董事长兼总经理	1999.2-2002.2	0
李小白	男	副董事长兼副总经理	1999.2-2002.2	0
姚德荣	男	副董事长	1999.2-2002.2	0
胡寿元	男	董事	1999.2-2002.2	0
王掌大	男	董事	1999.11-2002.2	0
李欢意	男	董事兼副总经理	1999.2-2002.2	0
谭 颖	女	董事兼总经济师	1999.2-2002.2	0
魏 云	女	董事兼财务总监	1999.2-2002.2	0
刘跃智	男	董事	1999.2-2002.2	0
盛中鹏	男	监事长	1999.2-2002.2	0
姜孟奎	男	监事	1999.2-2002.2	0
钱传根	男	监事	1999.2-2002.2	0
陈世东	男	监事	1999.2-2002.2	0
黄新建	男	监事	1999.2-2002.2	0
郭战军	男	董事会秘书	1999.2-2002.2	0

本年度公司董事、监事及高级管理人员9名在公司领取报酬,年度报酬总数44.5万元,其中年度报酬4—5万元7名,6—7万元2名。

2、报告期内,胡根良先生因工作变动不再担任公司董事,增补王掌大先生为新的 董事。

(八)本次利润分配预案

经北京市兴华会计师事务所有限责任公司审计,公司1999年度实现净利润32,101,256.95元,按净利润的10%提取法定公积金3,210,125.70元和按净利润的10%提取法 定公益金3,210,125.70元以后,加上以前年度未分配利润35,116,003.33元,减去1999 年中期已分配的股利4,085,000.00元,可供股东分配利润为56,712,008.88元。

经公司董事会研究决定,本次利润分配预案为:拟以1999年末总股本215,000,000 股为基数,向全体股东每10股派发现金红利2.5元(含税),合计为53,750,000元,剩余未分配利润2,962,008.88元转入下年度。

本年度不进行资本公积金转增股本。

(九)其他报告事项

本公司的信息披露指定报刊为《中国证券报》、《证券时报》、《上海证券报》。

六、监事会报告

(一)本公司监事会严格按照《公司法》、《证券法》和《公司章程》的规定,本 着对股东负责的态度,认真履行职责,列席了历次董事会和股东大会,对公司规范运作 及董事、高级管理人员履行职责等情况进行监督。公司第一次监事会会议于1999年2 月8日召开。会议表决通过决议:选举盛中鹏先生为本届监事会监事长。会议决议公告刊登在1999年2月9日《中国证券报》、《证券时报》上。

(二)监事会履行监督职能情况

1、公司依法运作情况

报告期内,公司董事会切实履行了股东大会的各项决议,严格按照《公司法》及《公司章程》的有关规定运作,决策程序合法。公司本着审慎经营、有效防范、化解资 产损失风险的原则,建立了企业内部控制制度。未发现公司董事、经理层等高级管理 人员执行职务时违反法律、法规、公司章程或损害公司利益的行为。

2、检查公司财务状况

公司1999年度财务报告真实、公允地反映了公司财务状况和经营成果,北京市兴 华会计师事务所有限责任公司出具了无保留意见的审计报告。

公司报告期内未能实现盈利预测目标,董事会对此所做的解释符合公司的实际情 况。

3、公司募集资金使用情况

经中国证监会证监发行字(1999)5号文批准,公司于1999年1月21日在深圳证券交 易所上网定价发行6,500万股人民币普通股,每股定价4.73元,共募集资金29,801.21万元。由于上市筹备时间较长,市场需求发生了变化,为了确保投资效益和发展后劲,公 司董事会对募集资金投资项目进行了进一步的论证,在项目运作的投资进度上作了一 定调整。

4、公司1999年度关联交易公平,没有损害本公司的利益。

七、重要事项

(一)报告期内,无重大诉讼、仲裁事项。

(二)报告期内,公司、公司董事及高级管理人员无受到监管部门处罚情况。

(三)报告期内,公司控股股东无变更,董事会无换届、改选或半数以上董事变动,公司总经理、董事会秘书无变更。

(四)报告期内,公司无收购兼并、出售资产、吸收合并事项。

(五)公司的关联事项均按照公平、公正的原则进行,具体关联交易见财务报表附 注。

(六)报告期内"三分开"情况说明

1、人员分开方面

除董事长、总经理任控股股东单位法人代表外,其他人员完全独立。双重任职问 题将在近期解决;无财务人员在关联公司兼职情况;股份公司的劳动、人事及工资管理完全独立。

2、资产完整方面

本公司的生产系统与配套设施独立完整,拥有独立的工业产权、非专利技术和产 、供、销系统,控股股东与本公司在相同产品的生产经营上有明确的地域划分。

3、财务分开方面

本公司财务完全独立,有独立的财务部,建立了独立的财务核算体系,具有规范、 独立的财务会计制度和对分、子公司的财务管理制度;公司独立在银行开户,未与控股股东共用一个银行帐户;公司独立依法纳税。

(七)本年度公司根据财政部财会字(1999)第35号文《关于印发<股份有限公司会 计制度有关会计处理补充规定>的通知》和财政部财会字(1999)第49号文《关于印发<股份有限公司会计制度有关会计处理补充规定问题解答>的通知》规定,计提坏帐准备、存货跌价损失准备。上述会计政策变更采用了追溯调整法,累计影响数为24,191,651.29元,其中,因坏帐准备计提方法变更的累计影响数为5,929,696.37元,存货跌价损 失准备计提方法变更的累计影响数为18,261,954.92元。由于会计政策变更,调减了1999年年初留存收益24,191,651.29元,其中,未分配利润调减了19,353,321.03元,盈余 公积调减了4,838,330.26元。

(八)报告期内,本公司位于北京市朝阳区建国路99号的房产(帐面原值46,982,772.70元)变更手续正在办理之中。

(九)本公司与中国服装集团公司为互保单位,1999年为该公司提供借款担保,担保金额4000万元人民币。

(十)报告期内,本公司无托管、承包经营等事项。

(十一)报告期内,公司聘任的会计师事务所为北京市兴华会计师事务所有限责任 公司。

(十二)、报告期内,本公司未更改名称及股票简称。

八、财务会计报告

(一)审计报告　　　　(2000)京会兴字第114号

中国服装股份有限公司全体股东:

我们接受委托,审计了贵公司1999年12月31日的资产负债表和合并资产负债表、1999年度的利润及利润分配表和合并利润及利润分配表,1999年度的现金流量表和合并现金流量表。这些会计报表由贵公司负责,我们的责任是对这些会计报表发表审计意 见。我们的审计是依据中国注册会计师独立审计准则进行的。在审计过程中,我们结 合贵公司实际情况,实施了包括抽查会计记录等我们认为必要的审计程序。

我们认为,上述会计报表的编制符合《企业会计准则》和《股份有限公司会计制 度》的有关规定,在所有重大方面公允地反映了贵公司1999年度的财务状况及1999年 度的经营成果和现金流量情况,会计处理方法的选用遵循了一贯性原则。

中国.北京兴华会计师事务所　　　　注册会计师:陈 걍
有限责任公司
地址:北京市阜城门外大街2号　　　　注册会计师:王全洲
万通新世界广场708室

二零零零年四月十一日

(二)会计报表(见附表)

(三)会计报表附注

1、公司主要会计政策、会计估计和合并会计报表的编制方法

(1)会计制度

母公司及子公司执行股份有限公司会计制度及其补充规定。

(2)会计年度

以公历1月1日至12月31日为一个会计年度。

(3)记帐本位币

记帐本位币为人民币。

(4)记帐基础和计价原则

以权责发生制为记帐基础,以历史成本为计价原则。

(5)外币业务核算方法

会计年度内涉及外币的经济业务,按发生当日外汇市场汇价的中间价折合本位币 入帐,年末将外币帐户余额按12月31日外汇市场汇价的中间价进行调整,与原帐面差额计入当期财务费用。

(6)现金等价物的确认标准

现金等价物的确认标准为企业持有的期限短(一般是指从购买日起3个月内到期) 、流动性强、易于转换为已知金额现金、价值变动风险很小的投资。

(7)坏帐核算方法

坏帐的确认标准:债务人破产或死亡,以其破产财产或者遗产清偿后仍不能收回的,或因债务人逾期未履行其偿债义务,且具有明显特征表明无法收回的款项。坏帐核算采用备抵法,坏帐准备的计提范围为应收帐款和其他应收款,坏帐准备的计提方法为按年末余额百分比法结合实际情况计提,具体比例为年末应收款项余额的5.5%。

(8)存货核算方法

存货包括库存商品、原材料、在产品、产成品等。存货按实际成本计价。存货发出采用加权平均法结转成本。低值易耗品采用一次摊销法。根据本公司董事会决议,期末存货按成本与可变现净值

孰低计价,并按单个存货项目提取存货跌价损失准备计 入当期损益。

(9)短期投资核算方法

根据《企业会计准则-投资》规定,短期投资以实际支付的全部价款(包括税金、手续费和相关费用)扣除已宣告发放但未领取的现金股利(或已到期尚未领取的债券利息)入帐;在处置时,按所收到的处置收入与短期投资帐面价值的差额确认当期损益。 短期投资在年终按成本与市价孰低法计价,市价低于成本的部分确认为跌价准备。具 体计提方法为:按投资总体计算并确定所计提的跌价损失准备并计入当期损益。

(10)长期投资核算方法

长期债权投资:按取得时实际支付的全部价款(扣除支付的税金、手续费等各项附加费用)扣除实际支付的分期付息债券价款中包含的已到期尚未领取的债券利息后的 余额作为实际成本记帐,并按权责发生制原则按期计提利息,并计入投资收益。长期债券投资溢价或折价的摊销方法:在债券购入后至到期日的期间内按直线法于确认相关 债券利息收入的同时摊销。

长期股权投资:长期股权投资包括股票投资和其他股权投资。长期股权投资按投 资时实际支付的全部价款入帐,投资企业对被投资单位无控制、无共同控制或者无重 大影响的,长期股权投资按成本法核算;投资企业对被投资单位具有控制、共同控制或者重大影响的,长期股权投资按权益法核算。

对外长期股权投资采用权益法核算时,其取得成本与其被投资单位所有者权益中 所占份额之间的差额,计入长期股权投资差额,在低于合同规定的投资期限内平均摊销。

根据本公司董事会决议,本公司对被投资单位因经营情况变化等原因,导致其可收回价值低于长期股权投资帐面价值,并且这种降低的价值在可预计的将来期间内不能 恢复时,按可收回金额低于长期股权投资帐面价值的差额,计提长期投资减值准备。预计的长期投资减值损失计入当年度损益。

(11)固定资产计价和折旧方法

A、固定资产确认标准:使用期超过一年的房屋、建筑、机器设备、运输工具以及其他与生产、经营有关的设备、器具、工具等;或单位价值在2000元以上,并且使用期超过两年的,不属于生产、经营主要设备的物品。

B、固定资产分类:房屋建筑物、专用设备、运输设备、其他设备。

C、定资产计价:按实际的成本或确定的价值计价。

D、固定资产折旧采用直线法计算,并按各类固定资产的原值和估计的使用年限扣除残值(原值的3%)制定其折旧率,各类固定资产折旧率如下:

资产类别	使用年限	年折旧率
房屋建筑物	20—40	2.425%—4.85%
专用设备	5—20	4.85%—19.4%
运输设备	10—15	6.47%—9.7%
其他设备	8—20	4.85%—12.125%

(12)在建工程核算方法

在建工程按各项工程实际发生的支出核算。在建筑期或安装期内为该工程所发生的借款利息支出和外汇折算差额计入该工程成本。在工程完工验收合格交付使用的当月转入固定资产。

(13)无形资产计价和摊销方法

无形资产按实际发生额核算,在有效使用期限内分期平均摊销。

(14)开办费、长期待摊费用摊销方法

开办费按实际发生额核算,金额较小的开办费在当年摊销,金额较大的开办费自开始经营的当月起,在5年内平均摊销。

长期待摊费用按实际发生额核算,在项目的受益期内平均摊销。

(15)收入确认原则

商品销售:在商品所有权上的重要风险和报酬转移给买方,公司不再对该商品实施继续管理权和实际控制权,相关的收入已经收到或取得了收款的证据,并且与销售该商品有关的成本能够可靠地计量,确认营业收入的实现。

他人使用本公司资产而发生的收入:他人使用本公司资产发生的利息收入,按使用现金的时间和适用利率计算确定。发生的使用费收入按有关合同或协议规定的收费时间和方法计算确定。

(16)所得税的会计处理方法

所得税的会计处理采用应付税款法。

(17)合并报表的编制方法

根据财政部财会字(1995)11号《关于印发(合并会计报表暂行规定)的通知》和财会工字(96)2号《关于合并报表合并范围请示的复函》等文件的规定,以公司本部和纳入合并范围的子公司1999年度的会计报表以及其他有关资料为依据,合并各项目编制 而成。合并时,公司的重大内部交易和资金往来均相互抵消。合营企业根据"股份有 限公司会计制度"的规定按比例合并的方法进行合并。即将合营企业的资产、负债、收入、费用、利润和现金流量均按照公司对合营企业的投资比例进行合并。合并时,对公司与合营企业之间的内部交易事项,均按比例予以抵消,但不抵消内部未实现的亏损。

(18)会计政策、会计估计或合并范围的变更

本年度公司根据财政部财会字(1999)第35号文《关于印发<股份有限公司会计制 度有关会计处理补充规定>的通知》和财政部财会字(1999)第49号文《关于印发<股份有限公司会计制度有关会计处理补充规定问题解答>的通知》规定,计提坏帐准备、存货跌价损失准备。上述会计政策变更采用了追溯调整法,累计影响数为24,191,651.29元,其中,因坏帐准备计提方法变更的累计影响数为5,929,696.37元,存货跌价损失准 备计提方法变更的累计影响数为18,261,954.92元。由于会计政策变更,调减了1999年年初留存收益24,191,651.29元,其中,未分配利润调减了19,353,321.03元,盈余公积 调减了4,838,330.26元。

2、控股子公司及合营企业

公司所控制的所有子公司和合营企业情况,公司合并报表的合并范围:

被投资单位全称	主营业务	注册资本	本公司投资额	本公司持股比例	是否合并
吴江吴伊时装面料有限公司	面料加工等	1000万美元	750万美元	75%	是
中服浙江北天鹅服饰股份有限公司	羽毛、羽绒及制品,皮革制品、服装、床上用品等	1000万元	1200万元	60%	是
杭州爱科电脑技术有限公司	技术开发、服务、咨询,成果转让;计算机软件、硬件,网络信息工程等	1000万元	510万元	51%	是
厦门中服进出口有限公司	经营纺织品、五矿轻工产品的进出口和代理业务、加工贸易业务	500万元	450万元	90%	是
内蒙古中服实业有限公司	精、粗纺绒毛制品、针纺织品,毛皮制品和服装、服饰的科研、生产加工等	2000万元	1100万元	55%	是
中服设计有限公司	服装服饰设计等	1000万元	510万元	51%	是
顺德中服有限公司	生产化学纤维纺织原料	328万元	180.4万元	55%	否

本公司控股子公司所控制的所有子公司和合营企业情况,公司合并报表的合并范 围:

被投资单位全称	主营业务	注册资本	本公司持股比例	是否合并
上海爱科信息技术有限公司	技术开发服务等	50万元	30.6%	否
浙江北天鹅进出口有限公司	羽毛羽绒进出口等	1000万元	60%	是

3、关联交易

(1)采购货物

本公司从中国服装集团公司购进面料进行服装加工,按市场价格结算,1999年从中国服装集团公司购进面料7,194,902.96元。

(2)销售货物

本公司向中国服装集团公司销售服装、面料及切片,按市场价格结算,1999年向中国服装集团公司销售服装1,185,257.30元,面料6,329,057.95元,切片16,297,453.06 元。

本公司为吴江工艺织造厂进行面料压花和面料后处理,按市场价格结算。1999年 度共为吴江工艺织造厂进行面料压花收取加工费10,105,541.48元, 为吴江工艺织造厂进行面料后处理收取加工费9,480,029.68元。

(3)综合服务

本公司向中国服装集团公司支付土地租赁费221,400.00元,支付房租530,444.70 元。

本公司1999年向吴江工艺织造厂支付水电气费用12,597,033.03元,按市场价格结算。

本公司向通化市人造毛皮联合公司支付本年度仓库储藏费用18万元,包干运输费 用5万元。

通化市人造毛皮联合公司向本公司支付本年度生产设备使用费35万元。

(4) 资金往来

本公司1999年对与中国服装集团公司的资金往来,收取资金占用费7,795,299.03 元。

4、或有事项及承诺事项

本公司与中国服装集团公司为互保单位,1999年为中国服装集团公司提供借款担 保, 担保金额4000万元人民币。

5、资产负债表日后事项中的非调整事项

本公司在2000年1月18日已收回中国纺织机械集团欠款4000万元。

九、公司其他有关资料

(一)公司注册登记日期:1999年3月3日

(二)公司注册地址:北京市新技术产业开发试验区丰台科技园区

(三)公司注册登记地点:国家工商行政管理局

(四)企业法人营业执照注册号:1000001000530

(五)税务登记号码:110106100005300

(六)公司未流通股票托管机构:深圳证券登记有限公司

(七)公司聘请的会计师事务所:北京市兴华会计师事务所有限责任公司

(八)办公地址:北京市建国路99号中服大厦

十、备查文件

(一)载有董事长亲笔签名的年度报告正本。

(二)载有法定代表人、财务负责人、会计主管人员亲笔签字并盖章的会计报表。

(三)载有会计师事务所盖章、注册会计师亲笔签字并盖章的审计报告正本。

(四)报告期内在《中国证券报》、《证券时报》、《上海证券报》披露的文件正本及公告原件。

中国服装股份有限公司

2000年4月15日

合并资产负债表

编制单位:中国服装股份有限公司　　金额单位:元

资产	1999.12.31	1998.12.31
流动资产:		
货币资金	172407909.88	3887898.69
短期投资	1185000.00	
减:短期投资跌价准备		
短期投资净额	1185000.00	
应收票据		
应收股利		
应收利息		
应收帐款	86196652.16	81329337.07
其他应收款	127240365.01	61689552.78
减:坏帐准备	9198757.06	7866038.98
应收帐款净额	204238260.11	135152850.87
预付帐款	148648872.68	6970944.37
应收补贴款	8517170.18	
存货	68014304.37	52850831.00
减:存货跌价准备	18621741.26	18261954.92
存货净额	49392563.11	34588876.08
待摊费用	648538.27	59254.23
待处理流动资产净损失		
一年内到期的长期债权投资		
其他流动资产		
流动资产合计	585038314.23	215159824.24
长期投资:		
长期股权投资	5828855.07	2683879.65
长期债权投资		
长期投资合计	5828855.07	2683879.65
减:长期投资减值准备		
长期投资净额	5828855.07	2683879.65
其中:合并价差额	2415491.68	2683879.65
股权投资差额	476366.32	
固定资产:		
固定资产原价	442120441.32	308401058.83
减:累计折旧	115222731.86	89264965.27
固定资产净值	326897709.46	219136093.56
工程物资		
在建工程	10495485.62	28009016.00
固定资产清理		
待处理固定资产损失		
固定资产合计	337393195.08	247145109.56
无形资产及其他资产:		
无形资产	15993724.03	10626840.00
开办费	1120492.49	
长期待摊费用	413720.08	84947.22
其他长期资产	27279.76	
无形资产及其他资产合计	17555216.36	10711787.22
递延税项:		
递延税款借项		
资产总计	945815580.74	475700600.67
负债及股东权益		

流动负债:		
短期借款	190870000.00	81500000.00
应付票据		
应付帐款	64048255.74	31647557.70
预收帐款	1885639.46	2175288.83
代销商品款		
应付工资	2819695.28	
应付福利费	1414071.39	994387.00
应付股利	53750000.00	
应交税金	10960839.69	4601005.05
其他应交款	1391661.34	993486.12
其他应付款	22675685.81	56301480.51
预提费用	1011330.70	491139.50
一年内到期的长期负债		
其他流动负债		
流动负债合计	350827179.41	178704344.71
长期负债:		
长期借款		
应付债券		
长期应付款	1597477.21	
住房周转金		
其他长期负债		
长期负债合计	1597477.21	
递延税项:		
递延税款贷项		
负债合计	352424656.62	178704344.71
少数股东权益	62767680.24	36017933.11
股东权益		
股本	215000000.00	150000000.00
资本公积	297461984.08	67083320.00
盈余公积	15199250.92	8778999.52
其中:公益金	7599625.46	4389499.76
未分配利润	2962008.88	35116003.33
外币报表折算差额		
可恢复的被投资单位的亏损		
股东权益合计	530623243.88	260978322.85
负债及股东权益总计	945815580.74	475700600.67

合并利润表

编制单位:中国服装股份有限公司　　金额单位:元

资产	1999 年度	1998 年度
一、主营业务收入	292149471.83	256721844.00
减:折扣与折让		
主营业务收入净额	292149471.83	256721844.00
减:主营业务成本	230114600.41	163930795.00
主营业务税金及附加	2307325.12	1697046.00
二、主营业务利润	59727546.30	91094003.00
加:其他业务利润	3498988.13	2489100.00
非货币性交易收益		
减:存货跌价损失	359786.34	18261954.92
营业费用	10102771.09	2967918.00
管理费用	19467439.11	20774203.29
财务费用	−2106961.82	3690311.00
三、营业利润	35403499.71	47888715.79
加:投资收益	19733.88	
补贴收入	2622978.15	
营业外收入	5664533.22	30452.00
减:营业外支出	470372.80	443498.00
四、利润总额	43240372.16	47475669.79
减:所得税	7746470.35	14551878.00
减:少数股东权益	3392644.86	5704793.08
五、净利润	32101256.95	27218998.71

合并利润分配表

编制单位:中国服装股份有限公司　　金额单位:元

资产	1999 年度	1998 年度
一、净利润	32101256.95	27218998.71
加:年初未分配利润	35116003.33	13340804.46
盈余公积转入		
二、可供分配的利润	67217260.28	40559803.17
减:提取法定盈余公积	3210125.70	2721899.92
提取法定公益金	3210125.70	2721899.92
三、可供股东分配的利润	60797008.88	35116003.33
减:应付优先股股利		
提取任意盈余公积		
应付普通股股利	53750000.00	
中期已分配的普通股股利	4085000.00	
四、未分配利润	2962008.88	35116003.33

合并现金流量表

编制单位:中国服装股份有限公司　　金额单位:元

资产	1999 年度
一、经营活动产生的现金流量:	
销售商品、提供劳务收到的现金	281731064.71
收取的租金	7268614.48
收到的除增值税以外的其他税费返还	1222755.65
收到的其他与经营活动有关的现金	21217304.77
现金流入小计	311439739.61
购买商品、接受劳务支付的现金	308543440.77
经营租赁所支付的现金	751844.70
支付给职工以及为职工支付的现金	16493677.67
支付的增值税款	1614694.88
支付的所得税款	3124203.89
支付的除增值税、所得税以外的其他税费	1887083.35
支付的其他与经营活动有关的现金	13814596.42
现金流出小计	346229541.68
经营活动产生的现金流量净额	−34789802.07
二、投资活动产生的现金流量:	
收回投资所收到的现金	
分得股利或利润所收到的现金	974195.03
取得债券利息收入所收到的现金	
处置固定资产、无形资产和	
其他长期资产而收回的现金净额	
收到的其他与投资活动有关的现金	
现金流入小计	974195.03
购建固定资产、无形资产和	
其他长期资产所支付的现金	136626734.68
权益性投资所支付的现金	1804000.00
债权性投资所支付的现金	
支付的其他与投资活动有关的现金	800000.00
现金流出小计	139230734.68
投资活动产生的现金流量净额	−138256539.65
三、筹资活动产生的现金流量:	
吸收权益性投资所收到的现金	298762150.00
其中:子公司吸收少数股东权益性投资收到的现金	3500000.00
发行债券所收到的现金	
借款所收到的现金	185370000.00
收到的其他与筹资活动有关的现金	2515805.97
现金流入小计	490147955.97
偿还债务所支付的现金	76000000.00
发生筹资费用所支付的现金	
分配股利或利润所支付的现金	4344575.00
其中:子公司支付少数股东股利	
偿付利息所支付的现金	5470771.11
融资租赁所支付的现金	
减少注册资本所支付的现金	
其中:子公司依法减资产支付给少数股东的现金	
支付的其他与筹资活动有关的现金	96082218.01
现金流出小计	181897564.12
筹资活动产生的现金流量净额	308250391.85
四、汇率变动对现金的影响	961.06
五、现金及现金等价物净增加额	135205011.19

附注:

项目	
1.不涉及现金收支的投资和筹资活动	
以固定资产偿还债务	
以投资偿还债务	
以固定资产进行长期投资	
以存货偿还债务	
融资租赁固定资产	
2.将净利润调节为经营活动的现金流量	
净利润	32101256.95
加:少数股东损益	3392644.86
计提的坏帐准备或转销的坏帐	1332718.08
固定资产折旧	23324250.67
无形资产摊销	847417.66
待摊费用的减少	−589284.04
预提费用的增加	520191.20
处置固定资产、无形资产和	
其他长期资产的损失(减收益)	11296.16
固定资产报废损失	
财务费用	−2106961.82
投资损失(减收益)	−19733.88
递延税款贷项(减借项)	
存货的减少(减增加)	−15163473.37
经营性应收项目的减少(减增加)	16857271.14
经营性应付项目的增加(减减少)	−95297395.68
其他	
经营活动产生的现金流量净额	−34789802.07
3.现金及现金等价物净增加情况:	
货币资金的期末余额	172407909.88
减:货币资金的期初余额	38387898.69
现金等价物的期末余额	1185000.00
减:现金等价物的期初余额	
现金及现金等价物净增加额	135205011.19

昆明云内动力股份有限公司

一、公司简介

1、公司法定中文名称:昆明云内动力股份有限公司
公司法定英文名称:KUNMING YUNNEI POWER CO., LTD
2、公司法定代表人:段华生
3、公司董事会秘书:蔡建明
公司股证事务授权代表:雷升逵
联系地址:公司资产管理办公室
联系电话:(0871)5625802　　传真电话:(0871)5633176
4、公司注册地址及办公地址:云南省昆明市穿金路 715 号　　公司邮政编码:650224
公司电子信箱:ynassets@public.km.yn.cn
5、公司选定的信息披露报纸:《中国证券报》、《证券时报》
中国证监会指定登载公司年度报告的国际互联网网址: htpp://www.cninfo.com.cn
公司年度报告备置地点:公司资产管理办公室
6、公司股票上市地:深圳证券交易所
股票简称:云内动力　　股票代码:0903

二、会计数据和业务数据摘要

(一)本年度利润总额及构成　　(单位:人民币元)

利润总额	62,204,340.22
净利润	53,508,053.24
扣除非经常性损益后的净利润	49,905,903.04
主营业务利润	74,862,340.67
其他业务利润	7,683,810.80
投资收益	--
补贴收入	--
营业外收支净额	3,116,456.49
经营活动产生的现金流量净额	38,165,476.56
现金及现金等价物净增加额	265,301,572.33

注:扣除的非经常性损益项目及金额指公司发行新股申购资金冻结利息 3,500,000.00 元，处理固定资产净收益 102,150.20 元。

(二)截止报告年度末本公司前三年的主要会计数据及财务指标(单位:人民币元)

1、追溯调整后

项目	1999 年	1998 年	1997 年
主营业务收入	364,201,093.80	358,391,390.00	361,267,183.10
净利润	53,508,053.24	50,360,825.41	29,276,130.07
总资产	843,902,676.45	504,487,939.64	441,296,801.46
股东权益	604,207,540.55	179,930,209.79	134,627,087.40
每股收益	0.30	0.42	0.24
扣除非经常性损益后的每股收益	0.28		
每股净资产	3.36	1.50	1.12
调整后的每股净资产	3.35	1.48	1.09
每股经营活动产生的现金净流量	0.21		
净资产收益率(%)	8.86	27.99	21.75

2、追溯调整前

项目	1998 年	1997 年
主营业务收入	358,391,390.00	361,267,183.10
净利润	51,076,610.51	40,518,351.26
总资产	516,445,945.93	452,539,022.65
股东权益	191,888,216.08	145,869,308.59
每股收益	0.43	0.34
扣除非经常性损益后的每股收益		
每股净资产	1.60	1.22
调整后的每股净资产	1.58	1.18
每股经营活动产生的现金净流量		
净资产收益率(%)	28.99	27.78

注:(1)1997、1998 年每股收益、每股净资产、调整后每股净资产按公司发行前总股本 12,000 万股计算;

(三)报告期内股东权益变动情况

项目	股本	资本公积	盈余公积	法定公益金	未分配利润	合计
期初数	120000000	9188020.88	5074218.89	2537109.45	43130860.57	179930209.79
本期增加	60000000	346769277.52	5350805.32	2675402.66	53508053.24	468303538.74
本期减少					44026207.98	44026207.98
期末数	180000000	355957298.40	10425024.21	5212512.11	52612705.83	604207540.55

变动原因:1、股本变动是本期发行 6000 万股人民币普通股所致。
2、资本公积增加是因为公司发行 6000 万股普通股股本溢价所致。
3、盈余公积和法定公益金变动是因为本年度利润提取所致。
4、未分配利润的变动是因为本年度利润增加、本年度利润分配和计提四项准备 调整年初利润数所致。

三、股东情况介绍

1、截止 1999 年 12 月 31 日,公司股东总数为 37733 户,其中社会公众股股东 37732 户 。
2、报告期末本公司前 10 名股东持股情况

股东名称	持股数量(股)	占总股本比例(%)
云南内燃机厂	120,000,000	66.67
薛连枝	452,431	0.25
张彦斌	237,000	0.13
国贸汽车服务公司汽配总汇	230,000	0.13
普丰基金	218,973	0.12
张勇	150,000	0.08
陈志勇	149,991	0.08
财政静安	143,802	0.079
董然利	128,000	0.071
吴平军	121,400	0.067

说明:
A.上述股东之间不存在关联关系;
B.云南内燃机厂持有股份报告期内无增减变动、质押或冻结情况。

厦门路桥股份有限公司

一、公司简介

1、公司的法定中文名称:厦门路桥股份有限公司
公司的法定英文名称:XIAMEN ROAD & BRIDGE CO.,LTD
2、公司法定代表人:潘世建
3、公司董事会秘书:缪鲁萍
联系地址:厦门市莲坂侨星大厦七楼
联系电话:0592—5326897、5326891　　传　　真:0592—5326893　　电子信箱:miaolp
4、公司注册地址:厦门市嘉禾路中段侨星大厦十楼
公司办公地址:厦门市嘉禾路中段侨星大厦七楼　　邮政编码:361009
公司国际互联网网址:www.amoy-roadbridge.com　　电子信箱:rbcicoxm@public.xm.fj.cn
5、公司选定的信息披露报纸:《证券时报》、《中国证券报》
登载公司年度报告的中国证监会指定国际互联网网址: http://www.cninfo.com.cn
公司年度报告备置地点:厦门市莲坂侨星大厦七楼
6、公司股票上市交易所:深圳证券交易所
股票简称:厦门路桥　　股票代码:0905

二、会计数据和业务数据摘要

1、本年度主要利润指标情况　　(单位:人民币元)

利润总额	197,894,456.17
净利润	183,044,811.95
扣除非经营性损益后的净利润	88,576,098.92
主营业务利润	114,819,786.91
其他业务利润	1,501,400.00
营业利润	105,491,295.25
投资收益	1,075,294.12
补贴收入	91,428,031.03
营业外收支净额	-100,164.23
经营活动产生的现金流量净额	187,209,193.94
现金及现金等价物净增加额	488,023,347.63

注:扣除的非经常性损益项目和涉及的金额:
(1)补贴收入，其中:市财政无偿补助款 84,502,351.25;
营业税返还 6,925,679.78。
(2)新股申购冻结资金利息:3,040,682.00。

2、截止报告期末公司近三年主要会计数据和财务指标:(单位:人民币元)

项　　目	1999 年	1998 年	1997 年
主营业务收入	136,978,449.00	121,453,827.00	105,128,359.96
净利润	183,044,811.95	104,605,575.78	83,254,545.26
总资产	2,784,246,727.40	1,278,353,862.17	738,265,198.35
股东权益	936,160,665.95	391,854,688.80	277,209,487.64
每股收益(摊薄)	0.620	0.523	0.416
每股收益(月均加权)	0.656	0.523	0.416
扣除非经常性损益后的每股收益	0.300	0.523	0.416
每股净资产	3.17	1.96	1.39
调整后的每股净资产	3.17	1.96	1.39
每股经营活动产生的现金流量净额	0.635		
净资产收益率(%)	19.55	26.69	30.03

注 1:1999 年总股本按 29,500 万股计算,1998 年、1997 年总股本按 20,000 万股计算。
注 2:每股收益=净利润/年度末普通股股份总额
每股净资产=年度末股东权益/ 年度末普通股股份总额
每股经营活动产生的现金流量净额=经营活动产生的现金流量净额/年度末普通股股份总额
净资产收益率=净利润/年度末股东权益×100%
注 3:1999 年公司新股发行中新股申购冻结资金利息收入为 9,122,046.67 元.

3、报告期内股东权益变动情况

项目	股本	资本公积	盈余公积	法定公益金	未分配利润	股东权益合计
期初数	20,000	8,725			10,461	39,185
本期增加	9,500	41,376	3,295	1,464	18,304	54,431
本期减少					18,045	
期末数	29,500	50,101	3,295	1,464	10,720	93,616

变动原因:1 本年度内公司股本增加 9,500 万股，原因是新发行人民币普通 A 股 9,500 万股。
2 本年度内资本公积金增加,原因是发行新股产生的股本溢价。
3 盈余公积、法定公益金增加为从本年度净利润中提取数额。
4 未分配利润增加,原因是本年度净利润增加。
5 股东权益增加,原因是资本公积增加和未分配利润增加.

三、股东情况介绍

1、报告期末股东总数。
截止 1999 年 12 月 31 日，持有本公司股票的股东总人数为 57,259 户，持股 29,500 万股，其中含国家股股东 2 户，持有 20,000 万股;社会公众股股东 57,257 户，持股 9,500 万股。
2、主要股东持股情况(前十名和持股 5%以上股东)

股东名称	持股数(股)	占总股本比例
厦门市路桥建设投资总公司	162,620,000	55.13%
华建交通经济开发中心	37,380,000	12.67%
袁赛男	763,400	0.259%
普丰证券投资基金	358,800	0.122%
王亚志	303,003	0.103%
庄秋玉	266,500	0.09%
海深华富	261,000	0.088%
马秋生	259,500	0.088%
宁波工商银行宁波信托	230,025	0.078%
伍悦	230,000	0.078%

注 1:厦门市路桥建设投资总公司
厦门市路桥建设投资总公司持有本公司国家股 16,262 万股，占本公司总股本的 55.13%，报告期内,没有发生股份增减变动,所持股份无质押或冻结情况。
注 2:华建交通经济开发中心
华建交通经济开发中心持有本公司国家股 3,738 万股，占本公司总股本的 12.67%。报告期内，没有发生股份增减变动,所持股份无质押或冻结情况。

南方建材股份有限公司

一、公司简介

1.公司法定中文名称:南方建材股份有限公司

公司法定英文名称:Southern Building Materials CO.LTD.

2.公司法定代表人:谭照华

3.公司董事会秘书:谭昌寿　　公司授权代表:赵祥元

联系地址:湖南省长沙市五一中路49号

电　话:0731-2225271 4452516　传真:0731-4453546　电子信箱:sbmc@public hn.cs.cn

4.公司注册地址:湖南省长沙市芙蓉中路29号

总部办公地址:湖南省长沙市五一中路49号　　邮政编码:410011

5.公司选定信息披露报纸:《证券时报》

登载公司年度报告的中国证监会指定国际互联网网址:http:www.cninfo.com.cn

公司年度报告备置地点:湖南省长沙市五一中路49号公司证券部

6. 公司股票上市交易所:深圳证券交易所

股票简称:南方建材　　股票代码:0906

二、会计数据和业务数据摘要

(一)本年度主要利润指标情况(单位:人民币元)

利润总额	33,941,645.11
净利润	29,796,090.14
扣除非经常性损益后的净利润	27,829,498.73
主营业务利润	60,410,171.59
其他业务利润	6,287,616.17
营业利润	31,233,472.02
投资收益	-15,827.21
补贴收入	
营业外收支净额	2,724,000.30
经营活动产生的现金流量净额	23,571,244.56
现金及现金等价物增加额	58,479,520. 45

注:扣除非经营性损益项目为申购资金冻结利息1,465,117.40元,债务重组收入501,474.01元。

(二)主要会计数据和财务指标　　(单位:人民币元)

	1999年	1998年	
		调整前	调整后
主营业务收入	719,071,428.70	744,939,197.57	744,939,197.57
净利润	29,796,090.14	28,208,356.11	18,528,100.52
总资产	685,688,832.40	434,766,218.62	425,085,963.03
股东权益	327,960,532.92	147,995,761.81	138,315,506.22
每股收益	0.238	0.313	0.206
每股收益(加权)	0.256	0.313	0.206
扣除非正常性损益后的每股收益	0.223	0.313	0.206
每股净资产	2.62	1.64	1.54
调整后的每股净资产	2.61	1.57	1.47
每股经营活动产生的现金流量净额	0.189		
净资产收益率(%)	9.09	19.06	13.40

注:主要财务指标计算方法

每股收益=净利润/年度末普通股股份总额

每股净资产=年度末股东权益/年度末普通股股份总额

调整后的每股净资产=(年度末股东权益-三年以上应收款项净额-待摊费用-待处理(流动、固定)资产净损失-开办费-长期待摊费用-住房周转金负数余额)/年度末普通股股份总额

每股经营活动产生的现金流量净额=经营活动产生的现金流量净额/年度末普通股股份总额

净资产收益率=净利润/年度末股东权益×100%

(三)股东权益变动情况(单位:人民币元)

项目	股本	资本公积	盈余公积	法定公益金	未分配利润	股东权益合计
期初数	-	-	-	-	10465982.84	138315506.22
本期增加	125000000	165198459.94	5844684.49	1948228.17	29796090.14	325839234.57
本期减少	-	-	-	-	8344684.49	136194207.87
期末数	125000000	165198459.94	5844684.49	1948228.17	31917388.49	327960532.92

变动原因:股本增加:发行股票。

资本公积增加:净资产折股后的差额和股票溢价部分

盈余公积增加:从净利润中提取。

法定公益金增加:从净利润中提取。

未分配利润增加:本年实现利润。

净资产减少:公司上市折成股份。

股东权益合计增加:发行股票、实现利润所致。

三、股本变动及股东情况

1.股本变动情况表(见会计报表附注25)

2.报告期末股东总数

截止1999年12月31日,公司股东总数为22916户,其中国有法人股股东1户,社会流通股股东22915户。

3.前十名股东的持股情况

序号	股东名称	年末持股数	占总股本%	股份性质
1	南方建材集团有限公司	90,000.000	72	国有法人股
2	刘武忠	157850	0.126	流通股
3	普丰证券投资基金	152010	0.122	流通股
4	张楚全	96200	0.077	流通股
5	张树彬	90200	0.072	流通股
6	唐义武	90000	0.072	流通股
7	北海中鼎股份有限公司	74700	0.060	流通股
8	文新莲	74000	0.059	流通股
9	林伟玉	70000	0.056	流通股
10	杨　明	68700	0.055	流通股

4、南方建材集团有限公司持股比例超过总股本的5%,为总股本的72%,所持的本公司股份未进行任何质押。但因诉讼原因,该公司近期被法院冻结其持有我司的股份676.5万股,占我司总股本的5.4%,该事实已于2000年2月23日在《证券时报》上作了披露。

5、南方建材集团有限公司所持股份性质为国有法人股。

湖南天一科技股份有限公司

一、公司简介

1、公司法定中、英文名称及缩写

公司中文名称:湖南天一科技股份有限公司

英文名称:Hunan TianYi Science And Technology Co.,Ltd"。

2、公司法定代表人:凌磊伯先生

3、公司董事会秘书:

联系地址:长沙市芙蓉中路1号商业银行大厦1609室

电话:0731-2255650　　传真:0731-4305346

E-mail:typumps @.public.cs.hn.cn　　网址:http: www.tianyipump.com.cn

4、公司注册及办公地址:湖南省平江县城关镇南街339号　　邮政编码:414500

公司国际互联网网址:http: www.tianyipump.com.cn

电子信箱: E-mail:typumps @.public.cs.hn.cn

5、公司选定的信息披露报纸名称:《证券时报》。

登载公司年度报告的中国证监会指定国际互联网网址: http: www.cninfo.com.cn

公司年度报告备置地点:湖南省平江县城关镇南街339号本公司证券部

6、公司股票上市交易所:深圳证券交易所

股票简称:天一科技　　股票代码:0908

二、会计数据和业务数据摘要

1、利润情况

公司本年度实现利润总额65,348,435.88元,其中净利润56,796,395.41元,扣除非经营性损益后的净利润55,492,536.40元,主营业务利润53,135,062.99元,其他业务利润967,647.36元,营业利润43,396,943.56元,投资收益20642582.30元,补贴收入0元, 营业外收支净额1,308,910.02元,经营活动产生的现金流量净额13,637,369.30元,现 金及现金等价物净增加额33,175,612.24元。

2、公司前三年主要会计数据和财务指标　　单位:人民币元

名称	1999年	1998年	1997年	
主营业务收入	135988884.79	88760908.51	65888425.70	
净利润	56796395.41	28167955.76	26854838.10	
总资产	691940288.80	473262997.61	132214553.30	
股东权益	454296321.86	397499926.45	86510093.08	
	加权平均	全面摊薄		
每股收益	0.4057	0.2641	0.2012	0.2827
每股净资产	3.250	3.730	2.840	0.910
调整后每股净资产	3.240	3.720	2.830	0.880
每股经营活动产生的现金流量净额	0.0974	0.2477	0.1888	—
净资产收益率(%)	12.50	29.32	7.09	31.04
扣除非经营性损益后每股收益	0.3964	0.2629	0.2003	0.2780

注:(1)主要财务指标计算方法;

每股收益=净利润/报告期末普通股股份总数

每股净资产=报告期末股东权益/报告期末普通股股份总数

调整后每股净资产=(报告期末股东权益-三年以上的应收款项-待摊费用-待处理(流动、固定)资产净损失-开办费-长期待摊费用)/报告期末普通股股份总数

每股经营活动产生的现金流量净额=经营活动产生的现金流量净额/年度末普通股股份总数

净资产收益率=净利润/报告期末股东权益×100%

(2)需要说明的事:由于会计政策变更,根据财政部财会字(1999)35号文、49号文 的有关规定,采用了追溯调整法,调整了1999年度合并会计报表相关的"坏帐准备"帐项、"存货跌价准备"帐款。调整前后年度会计数据如下:

项目	调整后	调整前
坏帐准备	4281957.05	
短期投资跌价准备		
存货跌价准备		
长期投资减值准备		
期初未分配利润	25475920.99	28134825.57
每股收益	0.4057	0.4128
每股净资产	3.250	3.257
调整后每股净资产	3.240	3.247
净资产收益率(%)	12.50	12.72

3、股东权益变化情况

项目	股本	资本公积	法定盈余公积	法定公益金	未分配利润	股东权益合计
期初数	140000000.00	227516721.12	3004856.23	1502428.11	25475920.99	397499926.45
本期增加			5682102.46	2841051.23	56796395.41	65319549.10
本期减少					8523153.69	8523153.69
期末数	140000000.00	227516721.12	8686958.69	4343479.34	73749162.71	454296321.86

变动原因:盈余公积金增加8,523,153.69元,系按本期净利润的10%计提法定公积金,5%计提公益金所致,未分配利润增加48,273,241.72元,系本年增加净利润所致。

三、股本变动及股东情况

股东情况介绍

(1)报告期末股东总数为7,592户。

(2)持有本公司5%以上(含5%)股份的股东及前十名股东名册:

序号	股东名称	拥有股数(股)	占总股本(%)	持股类别
1	平江县国有资产管理局	68320000	48.80	国家股
2	湖南泰和集团股份有限公司	24680000	17.63	法人股
3	湖南通海实业股份有限公司	2000000	1.43	法人股
4	彭国红	704242	0.50	流通股
5	江玉兴	645000	0.46	流通股
6	赵伟秀	464800	0.33	流通股
7	龚克武	384460	0.27	流通股
8	曾玉叔	375678	0.27	流通股
9	李秀珍	361892	0.26	流通股
10	苏正权	347500	0.25	流通股

(3)持有本公司10%(含10%)以上法人股东情况介绍

湖南泰和集团股份有限公司为本公司第二大股东,持有股数2468万股,占总股本比例17.63%,该公司法定代表人王俊杰,主营房地产综合开发;建筑材料、金属材料、装饰材料、五金、交电、化工产品、粮油制品的批发业务。

(4)报告期内控股股东无变化。

数源科技股份有限公司

一、公司简介

公司法定中文名称:数源科技股份有限公司
公司法定英文名称:SOYEA TECHNOLOGY CO.,LTD.
公司注册与办公地址:杭州市西湖区教工路一号
法定代表人:陈焕新
董事会秘书:章国经
董事会授权代表:丁　毅
电话:0571-8271018　　传真:0571-8271038
电子信箱:xhz@mail.hz.zj.cn　　网址:http://www.soyea-tech.com
邮政编码:310012
公司信息披露报纸:《中国证券报》、《证券时报》、《上海证券报》
年报登载网址:http://www.cninfo.com.cn
年度报告备置地点:公司证券部
股票上市地:深圳证券交易所
股票简称:数源科技　　股票代码:0909

二、会计数据和业务数据摘要

公司本年度实现利润情况:

利润总额:	58,712,062.24
净利润:	49,110,255.30
扣除非经常性损益后的净利润:	46,838,420.40
主营业务利润:	129,650,467.20
其他业务利润:	5,644,568.55
营业利润:	55,804,790.65
投资收益:	500,000.00
补贴收益:	_
营业外收支净额:	2,407,271.59
经营活动产生的现金流量净额:	-36,978,416.41
现金及现金等价物增加额:	121,042,766.89

注:扣除非经常性损益项目和涉及的金额:

新股申购冻结资金利息:　2,271,834.90

截止报告期末公司前三年主要会计数据及财务指标:

项目	1999	1998	1997
主营业务收入	802,574,434.04	798,229,599.55	745,283,321.08
净利润	49,110,255.30	45,559,137.88	48,915,717.12
总资产	821,758,465.65	656,925,947.96	643,452,678.42
股东权益	542,804,762.35	194,035,731.53	200,537,931.89
每股收益(加权)	0.2500	—	—
每股收益(摊薄)	0.2500	—	—
扣除非经常性损益后的每股收益	0.2400	—	—
每股净资产	2.770	—	—
调整后的每股净资产	2.7160	—	—
净资产收益率	9.050	—	—
每股经营活动产生的现金流量净额	-0.19	—	—

注:主要财务指标的计算方法

每股收益(摊薄)=净利润/年度末普通股股份总数

净资产收益率=净利润/年度末股东权益×100%

每股净资产=年度本股东权益/ 年度末普通股股份总数

调整后每股净资产=(年度末股东权益-三年以上的应收款项净额-待摊费用- 待处理(流动、固定)资产净损失-开办费用-长期待摊费用-住房周转金负数余额)/年度末普通股股份总数

每股经营活动产生的现金流量净额=经营活动产生的现金流量净额/年度末普通股股份总数

股东权益变化及原因

项目	期初数	本期增加	本期减少	期末数
股本	136,000,000.00	60,000,000.00	—	196,000,000.00
资本公积	72,360,801.97	239,658,775.52	—	312,019,577.49
法定盈余公积	—	4,911,025.53	—	4,911,025.53
法定公益金	—	2,455,512.77	—	2,455,512.77
未分配利润	-14,325,070.44	41,743,717.00	—	27,418,646.56
股东权益合计	194,035,731.53	348,769,030.82	—	542,804,762.35

变动原因:

股本增加为公司于1999年3月5日发行60,000,000 股人民币普通股股票所致;

资本公积增加为本公司以5.18元/股增发新股,超出面值部分转入资本公积;

盈余公积金、法定公积金增加部分为本公司年度盈利提取;

未分配利润增加是因为本年度利润未分配留存所致;

股东权益增加为本公司本年度增发新股及本年度盈利留存所致。

三、股东情况介绍

1、报告期末股东总数为:13383户,持股196,000,000股,其中含国家股股东1户,持有136,000,000 股;社会公众股股东13382户,持有60,000,000股。

2、主要股东持股情况(截止1999年12月30日)

股东名称	期末持股数	期内增减	占总股本比例%
1)西湖电子集团有限公司	136,000,000	0	69.39
2)金泰基金	1,678,500	678,500	0.86
3)舒美丽	1,000,900	1,000,900	0.51
4)裕阳证券投资基金	1,000,000	0	0.51
5)曹海华	932,000	932,000	0.48
6)姜明红	902,310	902,310	0.46
7)张淑珍	840,000	840,000	0.43
8)黄霞	814,128	814,128	0.42
9)郑忠	808,800	808,800	0.41
10)孙朋才	784,310	784,310	0.40

注:前10名股东之间不存在关联关系。

3、持股5%以上股东的情况

报告期内持股5%以上的股东为西湖电子集团有限公司,持有本公司1.36亿国有法人股,占总股本的69.39%,该公司所持有的本公司股份在报告期内没有发生增减 变动,没有质押、冻结等情况。

江苏大亚新型包装材料股份有限公司

一、公司简介

1、公司法定中文名称:江苏大亚新型包装材料股份有限公司
公司法定英文名称:Jiangsu Dare Advanced Packing Material Co.,Ltd.
2、公司法定代表人:陈兴康
3、公司董事会秘书:王　颐
联系地址:江苏省丹阳经济技术开发区丹荆路
电话:0511-6883666,6882222转2143　传真:0511-6885000　电子信箱:Dare@public.zj.js.cn
4、公司注册地址:江苏省丹阳经济技术开发区丹荆路
公司办公地址:江苏省丹阳经济技术开发区丹荆路　　邮政编码:212300
公司国际互联网网址:http://www.Darepack.com.cn　　电子信箱:Dare@public.zj.js.cn
5、公司选定的信息披露报纸名称:《证券时报》、《中国证券报》
登载公司年度报告的中国证监会指定国际互联网网址:http://www.cninfo.com.cn
公司年度报告备置地点:公司证券部
6、公司股票上市交易所:深圳证券交易所　　股票简称:大亚股份　　股票代码:0910

二、会计数据和业务数据摘要

1、本年度主要利润指标情况(单位:元)

利润总额	80,717,099.78
净利润	68,257,236.43
扣除非经常性损益后的净利润	63,870,768.52
主营业务利润	94,772,223.17
其他业务利润	1,698,727.43
营业利润	76,668,411.79
投资收益	-337,779.92
营业外收支净额	4,386,467.91
经营活动产生的现金流量净额	-19,343,359.18
现金及现金等价物净增加额	210,159,888.99

注:扣除非经常性损益的项目和涉及金额:

营业外收支净额4,386,467.91(其中含发行新股冻结无效申购资金利息:4,541,029.97元)

2、截止报告期末公司前三年的主要会计数据和财务指标:

指标名称	单位	1999年	1998年 调整前	1998年 调整后	1997年
主营业务收入	元	362697379.41	377861712.01	377861712.01	417498067.83
净利润	元	68257236.43	64212618.74	63766930.40	50400295.47
总资产	元	940802140.69	465975236.22	465529547.88	395465798.27
股东权益(不含少数股东权益)	元	753773686.23	173975850.29	173886712.63	145713296.71
每股收益	元	0.295	0.425	0.425	0.333
每股收益(加权)	元	0.323	0.425	0.425	0.333
扣除非经常性损益后的每股收益	元	0.276	0.425	0.425	0.332
每股净资产	元	3.26	1.15	1.16	0.96
调整后的每股净资产	元	3.23	1.13	1.13	0.94
每股经营活动产生的现金流量净额	元	-0.084			
净资产收益率	%	9.06	36.91	36.67	34.59

注1:主要财务指标的计算公式如下:

每股收益=净利润/年度末普通股股份总数

每股净资产=年度末股东权益/年度末普通股股份总数

调整后的每股净资产=(年度末股东权益-三年以上的应收款项净额-待摊费用-待 处理(流动、固定)资产净损失-开办费-长期待摊费用-住房周转金负数余额)/年度末 普通股股份总数

每股经营活动产生的现金流量净额=经营活动产生的现金流量净额/年度末普通股股份总数

净资产收益率=净利润/年度末股东权益×100%

扣除非经常性损益后的每股收益=扣除非经常性损益后的净利润/年度末普通股股份总数

注2:公司是以合并会计报表数填列或计算以上数据和指标。

3、报告期内股东权益变动情况。

项目	股本	资本公积	盈余公积	法定公益金	未分配利润	股东权益合计
期初数	149897100	15261198	8859787	4429893	-131373	173886712
本期增加	81352900	432508940	13625172	6812586	68257236	595744249
本期减少		2232103			13625172	15857276
期末数	231250000	445538035	22484959	11242479	54500690	753773686

变动原因:1、股本变动原因:公司1999年3月23 日向社会公众发行人民币普通股8000万股。

2、资本公积金变动原因:1999年发行新股的资本溢价40030万元,评估增值3221万元作增加资本公积金评估增值准备,资本公积本期减少数为固定资产评估增值部分本 期计提折旧作冲减资本公积处理所致。

3、法定盈余公积金和法定公益金变动原因:根据董事会年度利润分配预案,按净利润10 %计提法定盈余公积金,10%计提法定公益金。

4、未分配利润增加原因:本年度实现可供分配利润转入未分配利润。

三、股东情况介绍

1、报告期末股东总数45679户。

2、主要股东持股情况:(根据1999年12月30日深交所存管部提供资料)

股东名称	期末持股数量(股)	占总股本比例(%)	股份性质
江苏大亚集团公司	129923600	56.18	国家股
上海凹凸彩印总公司	19973500	8.64	法人股
安顺证券投资基金	2330915	1.01	社会公众股
裕阳证券投资基金	1239161	0.54	社会公众股
南方证券有限公司	1003516	0.43	社会公众股
开元基金	1000000	0.43	社会公众股
天骥投资基金	919150	0.40	社会公众股
汕头乾业烟草物资有限公司	676500	0.29	法人股
安信证券投资基金	500000	0.22	社会公众股
同盛证券投资基金	346100	0.15	社会公众股
北京市牛奶公司	338200	0.15	法人股
成都五牛科美实业发展有限公司	338200	0.15	法人股

.持有5%以上股份的股东为江苏大亚集团公司和上海凹凸彩印总公司。

南 宁 糖 业 股 份 有 限 公 司

南宁糖业股份有限公司 1999 年年度报告摘要

(一)公司简介

1、公司法定中文名称:南宁糖业股份有限公司
公司英文名称:Nanning Sugar Manufacturing CO.,Ltd
2、公司法定代表人:熊可模
3、公司负责信息披露事务人员
公司董事会秘书:王国庆　　董事会授权代表:李静
联系地址:广西壮族自治区南宁市亭洪路 48 号
联系电话:0771-4914317　　传　　真:0771-4910755　　电子信箱:gnusic @ public.nn.gx.cn
4、公司注册地址和办公地址:广西壮族自治区南宁市亭洪路 48 号　　邮政编码:530031
公司电子信箱:nnty @ gsec.com.cn
国际互联网网址:http://202.103.235.20/www-enterprise/nan-ning/nan-ning-index.html
5、公司选定的信息披露报纸:《证券时报》
刊登公司年度报告的国际互联网网址:http://www.cninfo.com.cn
公司年度报告备置地点:公司证券部
6、公司股票上市交易所:深圳证券交易所　　股票简称:南宁糖业　　股票代码:0911

(二)会计数据和业务数据摘要

1、公司本年度的利润总额及其构成　　(金额单位:人民币元)

利润总额	63,124,657.59
净利润	43,073,659.87
扣除非经常性损益后的净利润	3,914,904.85
主营业务利润	111,725,974.71
其他业务利润	413,799.53
营业利润	4,605,770.41
补贴收入	54,535,567.52
营业外收支净额	3,983,319.66
经营活动产生的现金流量净额	85,682,337.14

注:扣除的非经常性损益项目和涉及金额
(1) 营业外收支净额项目

A、股票发行申购冻结利息	4,260,011.28
B、处理固定资产净收益	545,662.97
C、产成品、材料盘盈	310,171.19
D、其他净收入	111,993.28
E、罚款支出	1,218,581.56
F、捐赠支出	25,937.50

(2) 补贴收入项目

A、农特税返还	41,520,080.90
B、所得税返还	10,936,907.85
C、排污费返还	2,078,578.77

(3) 以上项目涉及金额:　58,518,887.18。

2、截止报告期末公司前三年的主要会计数据和财务指标(单位:人民币元)

项　目	1999 年	1998 年		1997 年
		调整后	调整前	
主营业务收入	905,970,928.96	999,409,459.50	999,409,459.50	789,323,296.13
净利润	43,073,659.87	47,232,132.22	49,426,703.04	30,545,002.03
总资产	992,833,897.23	693,484,795.99	695,679,366.81	680,123,517.10
股东权益	518,277,696.17	229,661,735.58	231,856,306.40	231,856,306.40
每股收益(元/股)(摊薄)	0.19	0.28	0.29	0.18
每股收益(元/股)(加权)	0.21	-	-	-
每股净资产	2.31	1.37	1.38	-
调整后的每股净资产	2.31	1.34	1.35	-
每股经营活动产生的现金流量净额	0.38	-	-	-
净资产收益率(摊薄)	8.31%	20.57%	19.72%	13.18%
净资产收益率(加权)	12.13%	-	-	-
扣除非经常性损益后的每股收益(元/股)	0.0175	-	-	-
扣除新股中的冻结资金利息净利润(元)	39,452,650.28	-	-	-
扣除新股中的冻结资金利息每股收益(元)	0.18	-	-	-

注:(1) 主要财务指标计算方法:
a:每股收益=净利润/年度末普通股股份总数
b:每股净资产=年度末股东权益/年度末普通股股份总数
c:调整后的每股净资产=[年度末股东权益-三年以上的应收款项净额-待摊费 用-待处理(流动、固定)资产净损失-开办费-长期待摊费用-住房周转金负数
余额]/年度末普通股股份总数
d:每股经营活动产生的现金流量净额=经营活动产生的现金流量净额/年度末普通股股份总数
e:净资产收益率=净利润/年度末股东权益×100%
(2) 按月平均加权的计算方法
加权平均每股收益=当期净利润/[期末股本总数/(1+配股或新股比例)+期末 股本总数/(1 + 配股或增加新股比例)×配股比例或增发新股比例×缴款结束日下
一月份至期末的月份数/12]
加权净资产收益率=当期净利润/[(期初净资产+期末净资产)/2+当期发行新 股或配股新增净资产×(自缴款结束日下一月份报告期末的的月份数-6) /12] ×
100%
(3)需要说明的是:由于会计政策变更,根据财政部财会字[99]35 号文、49 号文 的有关规定,采用了追溯调整法,调整了 1999 年度合并会计报表相关的"坏账准备"账项,调整前各年度会计数据如下:

项　目	1999 年	1998 年
坏帐准备	4,966,138.31	-
未分配利润	35,027,033.54	-

调整后各项会计数据:

项　目	1999 年	1998 年
坏帐准备	4,966,138.31	2,194,570.82
未分配利润	35,027,033.54	-1,865,385.20

3、报告期内股东权益变动情况

项　目	股本	资本公积	盈余公积	法定公益金
期初数	168,000,000.00	63,856,306.40	-219,457.08	-109,728.54
本期增加	56,000,000.00	189,586,859.42	4,120,827.42	2,060,413.71
本期减少		44,558.70		
期末数	224,000,000.00	253,398,607.12	3,901,370.34	1,950,685.17

(续):

项　目	未分配利润	股东权益合计
期初数	-1,865,385.20	229,661,735.58
本期增加	43,073,659.87	294,841,760.42
本期减少	6,181,241.13	6,225,799.83
期末数	35,027,033.54	518,277,696.17

变动原因:
(1) 资本公积变动原因是股票溢价和资产评估增值。
(2)盈余公积和法定公益金变动是因为本年度根据公司利润分配而相应计提的盈 余公积。
(3)未分配利润的变动是因为本年度利润增加和因计提坏帐准备追溯调整年初未 分配利润。

(三)股东情况介绍

1、截止 1999 年 12 月 31 日,公司股东总数 25378 户。
2、持有本公司 5%以上(含 5%)股份的股东及前十名股东名册

股 东 名 称	年末持股数(股)	占总股本
1 南宁振宁资产经营有限责任公司	168000000	75%
2 兴华证券投资基金	1000000	0.45%
3 北京佳信天地科技有限责任公司	916308	0.41%
4 姚雪梅	350080	0.16%
5 邵素娥	311431	0.14%
6 邵建民	296100	0.13%
7 索安委	294700	0.13%
8 孟晓芳	274300	0.12%
9 普丰证券投资基金	272500	0.12%
10 马德乐	253587	0.11%

注:报告期内,南宁振宁资产经营有限责任公司为本公司第一大股东,其所持有的股份为国家股,占总股本的 75%,年末持股数量没有增减变动,所持股份也没有发生质押或冻结的情况,其它为上市流通股股东。

(四)股东大会简介

1、报告期内本公司召开 1 次股东大会
1999 年 4 月 26 日,公司首届股东大会在广西壮族自治区南宁市西园宾馆召开。大 会通过的决议刊登在 1999 年 4 月 28 日的《证券时报》和《上海证券报》上。

(五)董事会报告

1、公司经营情况
(1)公司属甘蔗糖业行业,主要从事机制糖、酒精、文化用纸的生产、加工、销 售和提供售后服务。据国家轻工业局中国糖业协会的统计,1998 年跨 1999 年制糖期,
全国共生产食糖 8,820,000 吨,其中广西生产 3,660,000 吨。本公司在本制糖期共生产甘蔗糖 374,725 吨,占广西总产量的 10%。
(2) 公司主营业务的范围及其经营状况
1 主营业务为生产、销售机制糖、酒精、文化用纸;出口本企业生产的产品,进 口本企业生产、科研所需的原辅助材料。
2 公司主营业务状况
a.主营业务收入构成情况:
主营业务收入 905,970,928.96 元。
其中:机制糖销售收入:755,057,030.29 元;
酒精及文化用纸销售收入:114,606,477.77 元。
b.主营业务利润构成情况:
主营业务利润 111,725,974.71 元。
其中:机制糖销售利润:96,289,445.76 元;
酒精及文化用纸销售利润:11,741,127.27 元。
3 主营业务经营活动情况:
报告期内全国食糖市场供大于求,全国食糖消费量近三年来稳定在 7,600,000—7,800,000 吨,而 98/99 年生产期的食糖产量高达 8,820,000 吨,市场竞争十分激烈,给公司的机制糖销售带来非常大的困难,尽管如此,本公司仍然取得较好业绩和效益,机制糖产量与上期相比增长 26.9%,实现利润总额 63,124,657.59 元。
(3) 在经营中出现的问题、困难及解决方案
1 全国的糖业管理体制还没有完全理顺,许多配套政策没有跟上,对食糖市场出 现的问题(包括前几年的走私泛滥,进口失控,糖价下跌等)还缺乏有效的调控管
理办法。
2 食糖是季产年销的产品,半年生产全年销售,糖厂在短期里获得银行贷款的难 度越来越大,本榨季由于限价销售,存糖压库严重,导致资金不足,加剧了糖厂的
困难。
3 受糖精等化学合成甜味剂的影响,食糖消费量徘徊不前,加剧了食糖市场供大 于求的矛盾。据统计,全国糖精的使用量相当于 5,000,000 吨食糖,所占比例是世界
上最高的,严重影响消费者健康。
4 政府有关部门价格干预效果适得其反,1998 年 11 月中糖协制定的 98/99 榨季强制性机制糖自律价广西定为 3330 元/吨,不得低于此价销售。而当时的现货市价仅 3000 元/吨左右,自律价的制定严重脱离市场供求实际,致使公司食糖销售停滞下来,到 1999 年 3 月市场糖价跌至 1993 年末最低点 2380 元/吨,才同意企业保本销售,但已经错 过春节食糖销售良机,粗略估算,公司仅此少收入 5 千万元以上。
5 在全国食糖供大于求,市场竞争日益加剧,产品利润率降低的情况下,公司借 发行上市股票,体制改制为契机,加大各项工作的改革力度,围绕企业改革整顿开

展工作，加大公司内部的生产布局、产品结构调整，努力扩大销售市场，注意研究政策的变化，确保公司在经营业绩方面有好的增长。

6 报告期末公司所属 6 个分厂全部通过国家进出口商品质量认证中心的 ISO9000 质 量体系认证，为公司主营产品机制糖品牌统一打下扎实的基础。

(4)公司报告期净利润实现数比 1999 年净利润预测数降低 18.1%，主要原因如下 ：

1 白砂糖销售量较上年增加 7.65 万吨，增长 27.04%，比预测数增加 30.22%，主 要是公司大面积推广良种甘蔗种植技术，以及气候因素的影响使甘蔗产量增加 28 万吨。但是由于市场继续疲软，白砂糖销售价格较预测低 20.65%，如不考虑产量增加的 因素，价格下降影响使白砂糖销售收入比预测数减少 4566 万元，降低 6.5%。

2 书写纸销售量较上年增加 0.47 万吨，增长 25%，比预测数增加 0.55 万吨，增加 30.56%，主要是万吨造纸生产项目完工投产使产量增加，由于市场疲软，书写纸销售 价格较预测低 8.23%，价格下降影响使书写纸销售收入比预测数减少 585 万元。

3 酒精的销售量较上年减少 0.6 万吨，减少 38%，比预测数降低 40%，主要原因是为达到国家对污水排放的标准，酒精车间阶段性停产，对排污设备进行技改，使产量大幅

减少。酒精销售价格与预测价格基本持平，但是由于销售量减少，使酒精销售收入比预测数减少 1875 万元。

虽然砂糖、书写纸两项产品的价格下降，但是由于白砂糖、书写纸的销售量大幅增长，因此，主要业务收入较预测数增加 0.9%。

4 由于甘蔗收购价格下调(99 年上半年 180 元/吨甘蔗，99 年下半年 155 元/吨甘蔗)及公司全体职工的努力，使各项产品成本有所下降，白砂糖单位成本较预测低 16.84%，书写纸单位成本较预测低 20.95%，酒精单位成本较预测低 6.2%。

虽然各项产品成本均有所下降，但是由于白砂糖、书写纸的销售量增加使主营业务成本较预测数增加 3484 万元，增长 4.64%。

5 营业费用较预测数增长 10%，原因是白砂糖产量大幅增长，短途运费及仓储费 用也相应增加。

6 管理费用较预测数增加 457 万元，增长 7%，主要原因是本公司由直接转销法改 为坏帐备抵法计提坏帐准备，计提 99 年坏帐准备 278 万元，增加了当年的管理费用。

以上几个因素的影响使本公司 99 年实现利润达不到 99 年盈利预测数。

2、公司财务状况

项　目	1999 年(元)	1998 年(元)	增　减
总资产	992,833,897.23	693,484,795.99	43.17%
长期负债	840,000.00	840,000.00	-
股东权益	518,277,696.17	229,661,735.58	125.67%
主营业务利润	111,725,974.71	126,979,940.54	-12.01%
净利润	43,073,659.87	47,232,132.22	-8.8%

注：1998 年财务指标是坏帐准备追溯调整后数据

(1) 总资产增长的原因是收到募集资金 22688 万元及资产评估增值 1870 万元。

(2)股东权益增加的原因是股票发行溢价 17080 万元、资产评估增值及本年度盈利因素影响。

(3) 利润减少主要原因是主导产品白砂糖、书写纸价格下跌所致。

3、公司投资情况

(1) 报告期内募集资金使用情况

本公司于 1999 年 3 月 29 日向社会公开发行人民币普通股 5600 万股，收到募集资金 22688 万元。根据公司招股说明书中的承诺，募集资金按计划投资以下三个项目(单位：万元)

项 目 名 称	募集资金投入	99 年计划投资额	99 年实际投资额	进　度
3.4 万吨蔗渣浆技改项目	17852	10637	1794	完成基建"三通一平"基础工作
1 万吨造纸生产线	3571	2000	3571	完工投产
大面积甘蔗增产综合技术措施与应用	1265	1265	1265	按计划支付种苗，化肥，农药等款项
合　计	22688	13902	6630	-

13.4 万吨蔗渣浆技改项目：

由于本公司于 1999 年 4 月份收到募集资金，比原计划晚，因此该项目没有完成计 划投资额，现本公司责成有关人员抓紧时间，加快进度，争取使项目在 2000 年底完工投产。

21 万吨造纸生产：

本公司于 1998 年 3 月利用银行贷款提前开工，于 1999 年 8 月份建成投产，实际完成投资额 3571 万元，公司已使用募集资金 3571 万元归还银行贷款，该项目新增实现销售收入 1230 万元，实现利润 50 万元。

3 甘蔗增产综合技术措施和运用：

该项目按原计划支付蔗农种苗、化肥、农药等与甘蔗增产综合技术措施相关的周转金，1999 年实际使用募集资金 1265 万元。

以上三个项目报告期内实际使用募集资金 6630 万元，尚未使用的募集资金 16058 万元暂用于生产流动资金，在 2000 年将尚未使用的募集资金用于原承诺的项目。

(2) 非募集资金投资情况

1 公司投资 987 万元在香山糖厂新建一座 35T/H 锅炉，到 99 年 12 月完成投资 987 万元；财务支出 750 万元。

2 在蒲庙糖厂筹建酒精废液生产复混肥车间，投资 308 万元。

4、生产经营环境及客观政策发生重大变化，对公司的财务状况和经营成果的影 响

(1)国家有关部门在 1999/2000 年榨季全国食糖产销工作会上提出宏观调控的措施：

1 加强食糖业的管理，打击食糖走私违法活动；

2 停止贸易方式内销食糖的进口，减少政府间协议食糖进口，恢复食糖出口退税 率 13%；

3 限产、限销、限用糖精等化学合成甜味剂，促进食糖消费；

4 通过工业短期储备糖的形式，解决糖业季产年销的资金，加强食糖季节性供大 于求平衡调控。

(2)1999 年 12 月下旬，广西、云南、广东等省蔗糖产区普遍遭受霜冻灾害，据初 步估计，这次霜冻灾害将使全国甘蔗糖减产近一成，其中广西将减产糖 50 万吨以上。

(3)全国制糖行业的宏观调控措施已在落实，甘蔗主产省份又受灾，这些情况将 会刺激糖价，预计将会对公司的财务状况产生一定的正面影响。

5、2000 年度的业务发展计划

(1)强化企业管理，继续推行和完善企业质量管理、成本管理和资金管理工作，严格贯彻和执行 ISO9000 质量体系认证标准，全面提高企业整体素质和经济效益；

(2)成立公司企业技术中心，加强企业技术创新，提高研究和解决企业内部技术 问题和开发新产品、新项目的能力；

(3)加大环保技改项目的投入力度，集中污染源的治理，以达到国家 2000 年环保 治理要求；

(4)充分利用资本市场、利用本公司的资源优势、技术优势和人才优势，继续调 整本公司的产品和产业结构，确保公司持续、稳定的发展态势；

(5)加快未完工募集资金项目建设，争取早日完工实施，为公司增加新的利润增 长点。

6、董事会日常工作情况

(1) 报告期内董事会的会议情况及决议内容：

11999 年 4 月 26 日，本公司董事会在南宁市西园宾馆举行第一届董事会第一次会议，会议通过以下决议：

a:选举熊可模先生为公司第一届董事会董事长，李文智先生为副董事长；

b:根据提名，聘任熊可模先生为公司总经理，聘任王国庆先生为公司董事会秘书；

c:根据公司总经理提名，聘任李国章先生、李绍德先生、甘友荣先生、叶敬辉先生为公司副总经理，聘任高天真先生为公司总会计师。

本次董事会决议公告刊登在 1999 年 4 月 28 日的《证券时报》和《上海证券报》上 。

21999 年 8 月 9 日，在公司总部会议室召开公司第一届董事会第二次会议，会议审 议并通过以下决议：

a: 公司 1999 年度中期报告；

b: 公司 1999 年度中期利润分配方案。

本次董事会决议公告刊登在 1999 年 8 月 12 日的《证券时报》上。

31999 年 11 月 23 日，在公司总部会议室召开公司第一届董事会第三次会议，会议 通过以下决议：

a: 同意聘任潘汉先生为公司副总经理；

b: 同意更改公司八家分支机构名称(八家分支机构均为非独立法人单位)。

本次董事会决议公告刊登在 1999 年 11 月 24 日的《证券时报》上。

(2)董事会对股东大会决议的执行情况

董事会对股东大会的决议全部执行完毕。

7、公司管理层及员工情况

(1) 董事、监事、高级管理人员名单及任职期间持股数：

姓 名	性别	年龄	职 务	任期起止日期	年初和年末持股数
熊可模	男	48	董事长	1999.04—2002.04	0
李文智	男	48	副董事长	1999.04—2002.04	0
叶敬辉	男	47	董事兼副总经理	1999.04—2002.04	0
王国良	男	47	董 事	1999.04—2002.04	0
陈善光	男	45	董 事	1999.04—2002.04	0
方春生	男	45	董 事	1999.04—2002.04	0
吴明刚	男	42	董 事	1999.04—2002.04	0
陆天美	男	47	董 事	1999.04—2002.04	0
刘鸿安	男	40	董 事	1999.04—2002.04	0
孙成杰	男	56	董 事	1999.04—2002.04	0
周东才	男	33	董 事	1999.04—2002.04	0
陆秀文	男	47	监事会召集人	1999.04—2002.04	0
梁善入	男	43	监 事	1999.04—2002.04	0
陆兆奎	男	44	监 事	1999.04—2002.04	0
兰庆民	男	35	监 事	1999.04—2002.04	0
曾永红	女	51	监 事	1999.04—2002.04	0
李国章	男	59	副总经理	1999.04—2002.04	0
李绍德	男	43	副总经理	1999.04—2002.04	0
甘友荣	男	59	副总经理	1999.04—2002.04	0
潘　汉	男	38	副总经理	1999.11—2002.04	0
高天真	男	60	总会计师	1999.04—2002.04	0
王国庆	男	42	董事会秘书	1999.04—2002.04	0

说明：

1 公司董事王国良先生、陈善光先生及潘汉副总经理未在公司领取报酬；

2 公司高级管理人员年度报酬总额在 5 万元至 16 万元区间的有 12 人；2 万元至 5 万元区间的有 7 人；

3 董事会聘任熊可模先生为总经理，聘任王国庆先生为董事会秘书。

8、本次利润分配预案或资本公积金转增股本预案

公司 1999 年度净利润为 43,073,659.87 元，提取 10%法定公积金 4,120,827.42 元 ，提取 5%法定公益金 2,060,413.71 元；

1999 年末未分配利润 35,027,033.54 元，1999 年度可供股东分配利润 35,027,033.54 元，1999 年 12 月 31 日资本公积金为 253,398,607.12 元。

为了公司的长远利益，公司对 1999 年度利润不进行分配，资本公积金不转增股本。

以上分配方案须经本公司股东大会批准。

9、本报告期公司信息披露报纸定为《证券时报》。

(六)监事会报告

1、报告期内，监事会共召开二次会议。

(1)第一届监事会第一次会议于 1999 年 4 月 26 日召开，会议讨论并通过了"推选陆秀文先生为监事会召集人"。决议公告刊登在 1999 年 4 月 28 日的《证券时报》和《上 海证券报》。

(2)第一届监事会第二次会议于 1999 年 8 月 9 日召开，会议审查并通过了《1999 年 度中期报告》。 会议决议公告刊登在 1999 年 8 月 12 日的《证券时报》。

2、报告期，本公司董事会严格按照股东大会的决议要求，切实认真地执行了各 项决议，其决策程序符合《公司法》、《公司章程》的有关规定；初步建立内部控

制制度；公司董事、经理层等高级管理人员在执行公司职务时无违反法律、法规、公司章程或损害公司利益的行为。

3、监事会认为广西公信会计师事务所出具的无保留意见审计报告是恰当的，公 司的财务报告真实、客观、准确地反映了公司本报告期财务状况和经营成果。

4、公司 1999 年发行 A 股募集资金实际投入项目与招股说明书计划项目一致。

5、本报告期，公司关联交易为公平交易，按市场原则进行，没有损害公司利益 ；没有发现内幕交易，无损害部分股东权益或造成公司资产流失的行为发生。

6、监事会认为公司董事会对本报告期实现利润数低于预测数的说明是符合事实 的。

监事会一致认为公司本报告期在改革整顿、规范运作、结构调整、产品开发、经营业绩等方面取得较好成绩，对公司管理层工作感到满意。

(七)重要事项

1、重大诉讼、仲裁事项

报告期内，公司无重大诉讼、仲裁事项。

2、报告期内公司、公司董事及高级管理人员无受监管部门处罚情况。

3、报告期内，公司控股股东无变更情况；公司董事会无换届、改选或半数以上 成员变动情况；无总经理变更、解聘或新聘董事会秘书的情况。

4、报告期内，公司无收购、出售资产、吸收合并等事项。

5、重大关联交易事项

(1) 公司关联交易按照公平、公正的原则与各关联方签定了关联交易原则协议，并根据协议参照市场价格确定具体关联交易价格，具体关联交易情况详见《会计报表附注》

1 本公司购买南宁统一综合服务有限责任公司白砂糖 21826.90 吨，价格 1774.68 元/吨，涉及交易金额 3873.57 万元，采用划转方式，此次交易只限本年度发生，从 2000 年起不再涉及交易。

2 本公司根据借款协议，按银行同期贷款利率向南宁统一综合服务有限公司收取 资金占用费 312 万元。

(2) 本公司在本报告期内无资产、股权转让的关联交易。

(3) 公司无其他重大关联交易。

6、公司成立时，财务、资产与控股股东已完全分开，不存在高层管理人员兼职 情况，报告期内

公司成立了独立的管理机构，做到人员独立、资产完整和财务独立，
实现了与控股股东在人员、资产、财务上的“三分开”。

7、报告期内，公司无承包、租赁其他公司资产或其他公司托管、承包、租赁本公司资产等事项。

原南宁统一糖业有限责任公司剥离出的非股份部分成立南宁统一综合服务有限公司，股权归南宁振宁资产经营有限责任公司持有，由振宁公司委托本公司代管。

8、报告期内，公司继续聘用广西公信会计师事务所负责本公司审计工作。

9、重大合同(含担保等)及其履行情况

(1)公司98/99甘蔗榨季期与广东省丰顺糖烟酒集团有限公司签署《白砂糖产品购销合同》，根据该合同，本公司在榨季中将向丰顺集团公司提供12000吨的壹级白砂 糖，报告期内，双方已经履行合同。

(2)公司98/99甘蔗榨季期与上海申美饮料食品有限公司签署《白砂糖产品购销合同》，按该合同，本公司在榨季期里将向申美饮料有限公司提供15000吨壹级白砂糖 ，报告期内，双方已经履行合同。

(3)本报告期，公司根据互保协议，为南宁化工集团公司提供贷款担保，现负责1750万元；为南宁市朝阳溪综合整治工程提供1000万元担保。

10、报告期内，本公司无更改名称或股票简称的情况。

11、因执行财政部《关于印发<股份公司会计制度有关会计处理问题补充规定>的通知》(财会字[1999]35号)文件对上市公司财务状况及经营成果产生的影响：

根据财政部[1999]35号文规定，本公司计提坏帐准备的方法由前年度的直接转销法变更为备抵坏帐核算，并追溯调整以前年度。由于计提坏帐准备的方法变更，直接减少1999年利润总额2,771,567.49元。追溯调整98年坏帐准备2,194,570.82元，倒回来提盈余公积329,185.62元，(其中公益金109,728.54元)调整后为-329,185.62元，98年未分配利润调整后为-1,865,385.20元。

(八)财务会计报告

1、审计报告

本公司财务报告经广西公信会计师事务所注册会计师郭益浩、李广安审计，并出具了无保留意见的审计报告(桂公信会师审字[2000]038号)。

审　计　报　告　　　桂公信会师审字[2000]038号

南宁糖业股份有限公司：

我们接受委托审计了贵公司1999年12月31日的资产负债表及1999年度的利润及利润分配表以及现金流量表。这些会计报表由贵公司负责，我们的责任是对这些会计报表发表审计意见。我们的审计是依据《中国注册会计师独立审计准则》进行的。在审计过程中，我们结合贵公司实际情况，实施了包括抽查会计记录等我们认为必要的审计程序。

我们认为，上述会计报表符合《企业会计准则》和《股份公司会计制度》的规定，在所有重大方面公允地反映了贵公司1999年12月31日的财务状况及1999年的经营成果和现金流量情况，会计处理方法的选用遵循了一贯性原则。

广西公信会计师事务所　　　　中国注册会计师　郭益浩　李广安
中国·南宁　　　　　　　　　二〇〇〇年三月二日

2、会计报表(附后)

3、会计报表附注

(1) 外币业务核算方法

公司发生的外币经济业务，采用当月一日中国人民银行公布的市场汇价(中间价)折合为人民币记帐。期末，对外币帐户的外币余额按当日市场汇价调整，差额计入当期财务费用。

(2) 坏帐及坏帐准备的核算方法

根据董事会决议，坏帐准备由以前年度的直接转销法变更为备抵坏帐法核算，并追溯调整以前年度。 坏帐按以下原则进行确认：

1因债务人破产或者死亡，以其破产财产或遗产清偿后，仍不能收回的款项；

2因债务人逾期未履行偿债义务超过三年仍不能收回的款项。

对确认的坏帐损失，直接记入当期管理费用。

坏帐准备按帐龄百分比法计提，计提比例为：

帐　龄	计提比例
一年以内(含一年)	2%
一至二年	3%
二至三年	5%
三至四年	10%
五年以上	50%

(3) 存货核算方法及存货跌价准备计提方法

1存货分类为：原材料、包装物、产成品、在产品、低值易耗品和委托加工材料 等；

2原材料按取得时的实际成本计价，发出时除甘蔗按加权平均法核算外，其余采 用计划成本计价，月末通过材料成本差异调整为实际成本。

3产成品及在产品按实际成本核算，发出按加权平均法结转成本。

4低值易耗品和包装物采用领用时一次摊销法。

5成本核算方法采用品种法。

6公司决定，自本年起，公司存货按报告期末存货成本与可变现净值孰低计价，存货跌价准备按单个存货项目的成本高于其可变现净值的差额提取，预计的存货损失计入当期利润。

(4) 短期投资核算方法

1短期投资计价方法

本公司采用实际成本法核算短期投资，如果实际支付的价款中包含有已宣告发放的现金股利或利息则按应领取的现金股利、利息单独在应收股利或应收利息核算。

2投资收益的确认方法

a.在出售股票、债券或到期收回债券时，按实际收到的金额与短期投资的实际成本的差额确认为投资收益；

b.中期期末或年度终了时，按应计的短期投资利息确认为投资收益。

3短期投资跌价准备

公司决定，自本年起，公司对短期投资计价采用成本与市价孰低法，按市价低于短期投资帐面价值的差额计提短期投资跌价准备，短期投资跌价准备按投资类别计算确定，预计的短期投资跌价损失计入当期利润。

(5) 长期投资核算方法

1长期债权投资。

长期债权投资按实际支付的价款扣除进行债权投资支付的税金和手续费等各项附加费用以及支付的自发行起至购入债券止的应计利息后的余额作为实际成本，实际成本与债券票面价值的差额，作为溢价或折价；债券的溢价或折价在债券存续期间内于确认相关债券利息收入时摊销；摊销的方法采用直线法。

2长期股权投资。

a.计价方法

公司对外股权投资，按投资时实际支付的价款或确认的价值记帐。公司对其他单位的投资占该单位有表决权资本总额20%或20%以上，或虽投资不足20%但有重大影响，采用权益法核算；公司对其他单位的投资占该单位有表决权资本总额20%以下， 或对其他单位的投资虽占该单位有表决权资本总额20%或20%以上，但不具有重大影响，采用成本法核算。

b.投资收益的确认方法

采用成本法核算的，在被投资单位宣告发放现金股利时确认投资收益；采用权益法核算的，中期期末或年度终了，按分享或分担的被投资单位实现的净利润或发生的净亏损的份额，确认投资收益，并调整长期股权投资的帐面价值。

c.股权投资差额的摊销方法

采用权益法核算的对外投资，如果长期股权投资取得时的成本与其在被投资单位所有者权益中所占的份额有差额，在本科目中设置“股权投资差额”单独核算，在年度终了时分期平均摊销，计入损益。股权投资差额的摊销期限，合同规定了投资期限的，按投资期限摊销；没有规定投资期限的，借方差额按不超过10年的期限摊销，贷方差额按不低于10年的期限摊销。

公司因追加投资等原因对长期股权投资的核算从成本法改为权益法，自改用权益法的年度终了，将投资成本与享有被投资单位所有者权益份额的差额，作为“股权投资差额”，并按上述规定进行处理。

3长期投资减值准备

公司决定，自本年起，公司对所投资单位由于市价下跌或经营状况恶化等原因导致其可收回金额低于长期股权投资的帐面价值所造成的暂时性减值或永久性减值，按可收回金额低于长期股权投资帐面价值的差额计提长期投资减值准备，长期投资减值准备按个别投资项目计算确定，预计的长期投资减值损失计入当期利润。

(6) 固定资产计价和折旧方法

1固定资产计价方法

固定资产按实际成本计价，本公司拥有的使用期限超过一年的房屋、建筑物、机器、机械、运输工具以及其他与生产、经营有关的设备、器具、工具等作为固定资产。对于不属于生产、经营主要设备的物品，单位价值在2000元以上，并且使用期限超过两年的，也作为固定资产。对不同渠道形成的固定资产其计价方法如下：

a.购入的固定资产，按实际支付的买价、包装费、运输费、安装成本、交纳的有关税金等记帐；

b.自行建造的固定资产，按在建造过程中实际发生的全部支出记帐；

c.投资者投入的固定资产，按评估确认的原价记帐；

d.融资租入的固定资产，按租赁协议确定的设备价款、发生的运输费、途中保险费、安装调试费等支出记帐；

e.在原有固定资产的基础上进行改建、扩建的，按原固定资产的价值，加上由于改建、扩建而发生的支出，减改建、扩建过程中发生的变价收入记帐；

f.盘盈的固定资产，按重置完全价值记帐；

g.接受捐赠的固定资产，按同类资产的市场价格，或根据所提供的有关凭据记帐。 接受捐赠固定资产时发生的各项费用，应当记入固定资产价值。

用借款购建的固定资产，其发生的借款费用，在固定资产交付使用前，计入所购固定资产的成本。如固定资产的购建发生非正常中断时间较长的，其中断期间发生的借款费用，计入当期损益不计入所购建固定资产的成本，直到购建重新开始。

2固定资产折旧方法

固定资产采用直线法计提折旧，根据固定资产类别、使用年限、预计残值率确定其折旧率如下：

类别	折旧年限(年)	残值率(%)	年折旧率(%)
1)房屋建筑物	20—40	4	2.4~ 4.8
2)通用设备	14—28	4	3.43~6.86
3)专用设备	8—14	4	6.86~12
4)运输工具	6—12	4	8~16
5)其他	9—14	4	6.86~10.67

(7) 收入确认原则

以商品已经发出，公司已将商品所有权上的重要风险和报酬转移给买方，公司不再对该商品实施继续管理权和实际控制权，相关的成本能够可靠地计量时，确认营业收入的实现。

(8) 所得税的会计处理方法

本公司所得税采用应付税款法进行核算。

(9) 控股子公司及合营企业

本公司无控股子公司及合营企业。

(10) 承诺事项

截止一九九九年十二月三十一日，公司无对正常生产经营活动有重大影响需特别披露的合同和承诺事项。

(11) 或有事项

根据国家计委、财政部、中国人民银行计经贸 [1999]471号文和广西区人民政府 桂政办函[1999]153 号文“关于1999年度我区食糖储备工作问题的通知”，本公司交
储备糖4万吨，统一按2800元/吨(含税)含税收储并已结转为收入，储备糖销售收入扣减储备糖成本后有盈亏的，由自治区财政、交储糖厂及糖厂所在地方财政各按三分之一的比例分享和分担。本公司储备食糖可能产生或有收益或或有损失。

(12) 其他重要事项

本公司和南宁化工集团公司互为贷款担保。

(九)公司的其它有关资料

1、公司首次注册或变更注册登记日期

首次注册登记日期：1999年5月14日　　　注册地点：中国广西壮族自治区南宁市

2、企业法人营业执照注册号：4500001001165

3、税务登记号码：450100198320391

4、公司未流通股票的托管机构名称：深圳证券登记有限公司

5、公司报告期内证券主承销机构名称：联合证券有限责任公司

6、公司聘请的会计师事务所名称：广西公信会计师事务所；

办公地址：广西南宁市桃源82号。

(十)备　查　文　件

下列文件备于本公司证券部以供查阅：

1、载有法定代表人、总会计师、会计机构负责人签名并盖章的会计报表；

2、载有会计师事务所盖章，注册会计师签名并盖章的审计报告原件；

3、报告期内在中国证监会指定报纸上公开披露过的公司文件的正本及公告的原 稿；

4、公司章程。

南宁糖业股份有限公司董事会　2000年3月17日

资产负债表　1999年12月31日

编制单位：南宁糖业股份有限公司　　　　单位：人民币元

资　产	1999.12.31	1998.12.31
流动资产:		
货币资金	150067798.79	28978328.48
短期投资		
减:短期投资跌价准备		
短期投资净额		
应收票据	350000.00	
应收股利		
应收利息		
应收帐款	153295272.11	74776360.94
其他应收款	88943605.59	30326679.91
减:坏帐准备	4966138.31	2194570.82
应收帐款净额	237272739.39	102908470.03

预付帐款	27897129.97	27106220.61
应收补贴款	10282452.31	
存货	65411157.32	85276754.39
减:存货跌价准备		
存货净额	65411157.32	85276754.39
待摊费用	565022.10	1010418.87
待处理流动资产净损失		
一年内到期的长期债券投资		
其他流动资产		
流动资产合计	491846299.88	245280192.38
长期投资:		
长期股权投资		
长期债券投资		
长期投资合计		
其中:合并价差		
减:长期投资减值准备		
长期投资净额		
固定资产:		
固定资产原价	794702901.43	621761374.37
减:累计折旧	340264283.68	212252889.12
固定资产净值	454438617.75	409507485.25
工程物资	317681.00	430114.95
在建工程	45348062.85	33914742.07
固定资产清理	−110224.62	
待处理固定资产净损失		
固定资产合计	499994136.98	443853342.27
无形资产及其他资产:		
无形资产		
开办费		
长期待摊费用	993460.37	4351261.34
其他长期资产		
无形资产及其他资产合计	993460.37	4351261.34
递延税项:		
递延税项借项		
资产总计	992833897.23	693484795.99
负债及股东权益		
流动负债:		
短期借款	219000000.00	291300000.00
应付票据		
应付帐款	108372047.60	86488959.28
预收帐款	38500463.15	5800414.72
应付工资	12149317.00	26939838.39
应付福利费	5619593.02	3395976.17
应付股利		
应交税金	19515099.28	15075623.05
其他应交款	1447867.22	2242620.46
其他应付款	69111813.79	30725777.92
预提费用		1013850.42
一年内到期的长期负债		
其他流动负债		
流动负债合计	473716201.06	462983060.41
长期负债:		
长期借款	840000.00	840000.00
应付债券		
长期应付款		
住房周转金		
其他长期负债		
长期负债合计	840000.00	840000.00
递延税款:		
递延税款贷项		
负债合计	474556201.06	463823060.41
少数股东权益		
股东权益:		
股本	224000000.00	168000000.00
资本公积	253398607.12	63856306.40
盈余公积	5852055.51	−329185.62
其中:公益金		
未分配利润	35027033.54	−1865385.20
股东权益合计	518277696.17	279661736.58
负债及股东权益总计	992833897.23	693484795.99

利润及利润分配表

编制单位:南宁糖业股份有限公司　　单位:人民币元

项　目	1999 年	1998 年
一、主营业务收入	905970928.96	999409459.50
减:折扣与折让		
主营业务收入净额	905970928.96	999409459.50
减:主营业务成本	785510535.40	862645280.80
主营业务税金及附加	8734418.85	9784238.16
二、主营业务利润	111725974.71	126979940.54
加:其他业务利润	413799.53	
减:存货跌价损失		
营业费用	13258348.71	12040468.47
管理费用	69869932.39	60348045.12
财务费用	24405722.73	35598950.42
三、营业利润	4605770.41	18992476.53
加:投资收益		
补贴收入	54535567.52	42343657.99
营业外收入	6184083.69	
减:营业外支出	2200764.03	
四、利润总额	63124657.59	61336134.52
减:所得税	20050997.72	14104002.30
五、净利润	43073659.87	47232132.22
加:年初未分配利润	−1865385.20	
盈余公积转入		
六、可供分配的利润	41208274.67	47232132.22
减:提取法定盈余公积	4120827.42	
提取法定公益金	2060413.71	
七、可供股东分配的利润	35027033.54	47232132.22
减:已分配优先股股利		
提取任意盈余公积金		
应付普通股股利		49426703.04
转作股利的普通股股利		
八、未分配利润	35027033.54	−1865385.20

现金流量表　1999 年度

编制单位:南宁糖业股份有限公司　　单位:人民币元

项目	金额
一、经营活动产生的现金流量:	
销售商品、提供劳务收到的现金	860,215,865.75
收到的租金 收到的税费返还	44,253,115.21
收到的其他与经营活动有关的现金	77,674,724.70
现金流入小计	982,143,705.66
购买商品、接受劳务支付的现金	687,978,508.47
经营租赁所支付的现金	
支付给职工以及为职工支付的现金	57,377,398.75
实际交纳的增值税款	89,631,715.30
支付的所得税款	2,331,364.48
支付的除增值税、所得税以外的其他税费	57,884,004.71
支付的其他与经营活动有关的现金	1,258,376.81
现金流出小计	896,461,368.52
经营活动产生的现金流量净额	85,682,337.14
二、投资活动产生的现金流量:	
收回投资所收到的现金	
分得股利或利润所收到的现金	
取得债券利息收入所收到的现金	
处置固定资产、无形资产和其他长期资产而收到的现金净额	1,448,786.51
收到的其他与投资活动有关的现金	
现金流入小计	1,448,786.51
购建固定资产、无形资产和其他长期资产所支付的现金	70,466,972.40
权益性投资所支付的现金	
债权性投资所支付的现金	
支付的其他与投资活动有关的现金	
现金流出小计	70,466,972.40
投资活动产生的现金流量净额	−69,018,185.89
三、筹资活动产生的现金流量:	
吸收权益性投资所收到的现金	226,880,000.00
发行债券所收到的现金	
借款所收到的现金	358,000,000.00
收到的其他与筹资活动有关的现金	5,403,541.06
现金流入小计	590,283,541.06
偿还债务所支付的现金	460,300,000.00
发生筹资费用所支付的现金	
分配股利或利润所支付的现金	
偿付利息所支付的现金	25,558,222.00
融资租赁所支付的现金	
减少注册资本所支付的现金	
支付的其它与筹资活动有关的现金	
现金流出小计	485,858,222.00
筹资活动产生的现金流量小计	104,425,319.06
四、汇率变动对现金的影响额	
五、现金及现金等价物净增加额	121,089,470.31
补充资料	
1、不涉及现金收支的投资和筹资活动	
以固定资产偿还债务	
以投资偿还债务	
以固定资产进行投资	
以存货偿还债务	
融资租赁固定资产	
接受捐赠非现金资产	
2、将净利润调节为经营活动的现金流量:	
净利润	43,073,659.87
加:计提的坏帐准备或转销的坏帐	2,771,567.49
固定资产折旧	39,910,830.97
无形资产摊销	3,622,985.70
待摊费用的减少(减:增加)	3,803,197.74
预提费用的增加(减:减少)	−1,013,850.40
处置固定资产、无形资产和其他长期资产的损失(减:收益)	−1,448,786.51
固定资产报废损失	903,123.54
财务费用	24,122,207.72
投资损失(减:收益)	
递延税款贷项(减:借项)	
存货的减少(减:增加)	18,347,711.12
经营性应收项目的减少(减:增加)	−116,436,813.55
经营性应付项目的增加(减:减少)	68,026,503.45
其　他	
经营活动产生的现金流量净额	85,682,337.14
3、现金及现金等价物净增加情况	
货币资金的期末余额	150,067,798.79
减:货币资金的期初余额	28,978,328.48
加:现金等价物的期末余额	
减:现金等价物的期初余额	
现金及现金等价物净增加额	121,089,470.31

四 川 泸 天 化 股 份 有 限 公 司

四川泸天化股份有限公司1999年年度报告摘要

一、公司简介

(一) 公司法定中文名称:四川泸天化股份有限公司
公司法定英文名称:SICHUAN LUTIANHUA COMPANY LIMITED　　缩写:LTH
(二) 公司法定代表人:任晓善
(三) 公司董事会秘书:聂长海　　公司董秘授权代表:孙廷武
联系地址:四川泸天化股份有限公司办公大楼
联系电话:0830-4122275　　传　　真:0830-4122513
(四) 公司注册地址:四川省泸州市纳溪区　　邮政编码:646300
公司办公地址:四川省成都市中同仁路220号　　邮政编码:610031
公司国际互联网网址:http://www.lth-inc.com.cn
E-MAIL地址:LTHoffice@lz-public.sc.cninfo.net
(五) 公司选定的信息披露报纸名称:《证券时报》
登载公司年度报告的中国证监会指定国际互联网网址 :http://www.cninfo.com.cn
公司年度报告备置地点:公司董事会办公室
(六) 公司股票上市交易所:深圳证券交易所　　股票简称:泸天化A　　股票代码:0912

二、会计数据和业务数据摘要

(一) 本年度主要利润指标情况　　单位:元

利润总额	206301821.20
净利润	155837978.99
扣除非经常性损益后的净利润	138,940,254.75*
主营业务利润	426537117.43
其他业务利润	5494408.44
营业利润	192486570.13
投资收益	-168161.06
补贴收入	19210000.00
营业外收支净额	-5226587.87
经营活动产生的现金流量净额	638009289.29
现金及现金等价物净增加额	707455572. 87

扣除非经常性损益项目涉及金额为:补贴性收入1,921万元;进入当年营业外收入 的募股资金冻结利息368,961.61元;处置报废固定资产净损失1,215,414.60元;合并价差摊入1,465,822.77元。

(二) 主要会计数据和财务指标　　单位:元

项　目	单位	1999年度	1998年度	1997年度
主营业务收入	元	1386131584.87	855954014.23	824435796.84
净利润	元	155837978.99	143627064.83	157133532.74
总资产	元	3570908996.41	354425353.70	402272809.79
股东权益	元	1356029379.07	240294756.31	218750696.59
每股收益	元/股	0.346	0.657	0.718
扣除非经常性损益后的每股收益	元/股	0.309	0.657	0.718
每股净资产	元/股	3.013	1.090	1.000
调整后的每股净资产	元/股	2.717	1.082	0.989
净资产收益率	%	11.942	59.77	71.83
每股经营活动产生的现金流量净额	元/股	1.418		

注:1、1997年与1998年每股收益是按公司资产评估前总资本218,750,696.59元计算。
2、表中所列有关指标按下列公式计算:
每股收益=净利润/年度末普通股股份总数
每股净资产=年度末股东权益/年度末普通股股份总数
调整后每股净资产=[年度末股东权益—三年以上的应收款项净额—待摊费用—待处理 (流动、固定)资产损失—开办费—长期待摊费用—住房周转金负数余额]/年度末普通股股份总数
每股经营活动产生的现金流量净额=经营活动产生的现金流量净额/年度末普通股股份总数
净资产收益率=净利润/年度末股东权益×100%

(三) 报告期内股东权益变动情况　　单位:元

项目	股本	资本公积	盈余公积	法定公益金	未分配利润	股东权益合计
期初数	218750696.59		21544059.72	7181353.24		240294756.31
本期增加数	231249303.41	795191400.08	31167595.80	15583797.90	79670383.19	1137278682.48
本期减少数			21544059.72	7181353.24		21544059.72
期末数	450000000.00	795191400.08	31167595.80	15583797.90	79670383.19	1356029379.07

三、股东情况介绍

(一) 截止报告期末,公司股东总数为92,421户.
(二) 报告期末前10名股东持股情况　　单位:股

股东名称	持股数量	占总股数比例(%)
1、泸天化(集团)有限责任公司	300000000	66.67
2、兴华证券投资基金	2070000	0.46
3、杨洪国	717309	0.16
4、天津信托投资公司	700000	0.15
5、王裕长	513200	0.11
6、周锐	447537	0.10
7、上海中投投资顾问有限公司	380000	0.08
8、鹤壁市汽车电器厂	310926	0.07
9、伦寿文	247800	0.06
10、叶微君	232900	0.05

注:1、泸天化(集团)有限责任公司是国有法人股股东,报告期内其所持股份无变 动,其余为社会公众股股东。2、本公司未发现前10名股东之间存在关联关系。3、公司持股10%以上的法人股东为泸天化(集团)有限责任公司,法定代表人:任 晓善。泸天化(集团)有限责任公司的主营范围:化学肥料,化学原料,有机化学产品,日用化学品及相关的出口业务;制造、销售、服务、进出口贸易;化学安装工程,化工机 械制造、修理等。报告期内其所持股份无质押或冻结情况。

四、股东大会简介

1999年4月16日公司创立大会暨首届股东大会在泸天化宾馆举行,本次大会的决议内容刊登于1999年4月19日的《证券时报》。

五、董事会报告

(一) 公司经营情况
1、公司属化肥行业,主营业务为化肥、化工原料的生产与销售,目前为全国最大 的尿素生产企业。 主导产品"工农"牌尿素是国家质量银牌产品。
2、公司主营业务的范围及其经营情况
本公司主导产品尿素主要销售地区是西南三省一市和两广地区,1999年度本公司 实现主营业务收入1,386,131,584.87元,主营业务利润426,537,117.43元,实现利润总额206,301,821.20元,实现净利润155,837, 978.99元。
(1) 按行业说明报告期内主营业务收入, 主营业务利润构成情况: 单位:元

项　目	化肥		其他化工	
	金额	比重	金额	比重
主营业务收入	1305893811.86	94.21%	80237773.01	5.79%
主营业务利润	401563728.84	94.14%	24973388.59	5.86%

(2)占主营业务收入10%以上的业务主要是销售尿素,即占主营业务收入的94.21 %。
1)主导产品产量创历史新高。1999年,我们狠抓生产装置的"安全、稳定、长周 期、满负荷、优质"运行。全年生产合成氨85.38万吨、尿素137.47万吨,其中:本公 司两套化肥装置全年共实现六个"百日红",生产合成氨52.98万吨、尿素80.87万吨, 分别比上年增加2.68%和3.84%。控股公司四川天华股份有限公司(以下简称"天华 公司")生产合成氨32.40万吨、尿素56.60万吨,分别比上年增加2.92%和2.41%。
2)产品质量进一步提高。1999年,我们继续加强对产品质量的管理考核,全年两套生产装置的尿素优级品率分别为98.98%和97.53%,在大化肥行业质量行检中继续被 认定为优级。本公司继续保持"四川省名牌产品"荣誉,并荣获"1999年全国用户满 意产品"称号。
3、公司于1999年9月完成对天华公司的承债式入股,投入资本36,000万元,取得了天华公司30,000万元的股本,公司入股后持有天华公司39.05%的股权。资本注入天华公司以后,改善了财务状况, 天华公司的资产负债率从年初的82.47%降到年末的66.65%,1999年实现主营业务收入净额519,293,319.73元,并于当年实现了扭亏为盈,天华 公司会计政策按母公司会计政策调整一致后,全年实现利润16,365,024.42元。经审计确认,其中1至9月累计实现利润25,756,787.95元,10至12月累计亏损9,391,763.53元, 公司按所占权益比例39.05%, 以权益法核算应计投资收益为-3,667,483.66元。其中 天华公司1至9月份出现盈利,10至12月出现亏损主要是尿素销售市场上半年处于旺季,下半年处于淡季所致。
4、经营中存在的问题与困难及解决方案
1999年,化肥市场持续疲软,价格长期低位徘徊。面对严峻的市场形势,公司充分 发挥企业信誉和产品的品牌优势,增设销售网点,拓宽营销渠道。同时,通过不断提高 产品内在质量、外部包装和服务质量来赢得用户,扩大市场份额,取得突出成效。

(二) 公司财务状况　　单位:元

项目	1999年	1998年	增减率(%)
总资产	3570908996.41	354425353.70	907.52
长期负债	1321206011.31		
股东权益	1356029379.07	240294756.31	464.32
主营业务利润	426537117.43	252759329.94	68.73
净利润	155837978.99	143627064.83	8.50

增减变动的说明:
公司总资产增加907.52%,主要原因是:公司于1999年4月发行股票,扣除发行费后,共募集资金87,198万元,以及本公司于1999年9月完成投资天华公司,对该公司具有实质性控股,将天华公司会计报表纳入合并范围,合并天华公司资产总额达2,282,070,479.55元所致。
公司长期负债比上年增加1,321,206,011.31元, 主要原因是合并天华公司会计报 表增加长期负债所致。
公司股东权益增加464.32%, 主要原因是公司当年发行股票募集资金增加股本和 资本公积,以及公司本年度实现净利润分别增加盈余公积和未分配利润所致。
公司主营业务利润比上年增加68.75%,主要是合并天华公司会计报表增加主营业务利润所致。
公司净利润比上年增加8.50%, 主要是公司营业利润比上年增加13.52%所致。

(三) 公司投资情况
报告期末公司长期投资净额为77,222,516.91元,比上年增加342.47%,主要原因 是公司投资天华公司合并报表时,抵销投资后的股权投资差额所致。
1、被投资公司情况:　　单位:元

被投资单位名称	主要经营活动	占被投资公司注册资本比例	投资金额	备注
泸州市商业银行	金融业务	5.95%	6,000,000	
化工科技培训中心	科技培训教育	33.33%	3,000,000	天华公司并入
重庆天渝公司	批发、零售化工产品	70.00%	1,400,000	天华公司并入

2、募集资金使用情况:
四川泸天化股份有限公司(筹)于1999年4月5日公开发行普通股15,000万股,扣除 发行费后实际募集资金87,198万元。公司按照《招股说明书》承诺项目进行投资,截 止1999年底,共计投入资金36,957.30万元,尚未使用的募集资金除购入1996(6)国债79,726,881.00元和购入1997(3)国债20,271,109.88元进行短期投资外,其余全部为银行存款。募股资金使用情况如下:　单位:元

项　目	承诺投资额	建设期	1999年实际投资	项目进度	备注
承债入股四川天华股份有限公司	36000		36000	100%	
合资建设年产40万吨合成氨、52万吨尿素的大化肥生产装置	32000	3			
日产1150吨合成氨装置节能技术改造	4400	2	492	11.18%	
尿素装置扩能增产技术改造工程	4987	2	72	1.44%	
公用工程技术改造	3900	3	393	10.08%	
甲醇后加工甲醛装置工程	5025	3			
污水处理系统技术改造	886	3			
合　　计	87198		36957	42.38%	

说明:(1) 承债入股天华股份有限公司, 见董事会报告公司经营情况3。
(2) 建设年产40万吨合成氨、52 万吨尿素的大化肥项目,本项目可研报告尚须国家开发银行贷款评审通过后报国家发展计划委员会审批, 本项目目前处于开工前的前期准备阶段。
(3) 日产1150吨合成氨装置节能技术改造,公司已完成其中合成氨工艺冷凝液回收和甲醇变压吸附解析气回收项目,已移交 资产。 其余项目正在准备陆续实施。

浙江钱江摩托股份有限公司

一、公司简介

1、公司的法定名称:浙江钱江摩托股份有限公司
英 文 名 称:ZHEJIANG QIANJIANG MOTORCYCLE CO.,LTD
2、公司法定代表人:林华中
3、公司董事会秘书:李小林
电话:0576-6223926、6139218　传真:0576-6139081
联系地址:浙江省温岭市太平镇万昌路
4、公司注册地址:浙江省温岭市太平镇万昌路
公司办公地址:浙江省温岭市太平镇万昌路
邮政编码:317500
电子信箱:qmsd@mail.tzptt.zj.cn
5、公司选定的信息披露报刊名称:《证券时报》
登载公司年度报告的互联网网址:http://www.cninfo.com.cn
公司年度报告备置地:浙江钱江摩托股份有限公司证券部
6、公司股票上市交易所:深圳证券交易所
股票简称:钱江摩托　股票代码:0913

二、会计数据和业务数据摘要

1、本年度利润总额及构成　(单位:人民币元)

利润总额	158,665,458.57
净利润	109,583,818.32
扣除非经常性损益后的净利润	106,042,737.28
主营业务利润	294,064,805.42
其他业务利润	2,093,229.84
营业利润	154,223,002.85
投资收益	-419,828.16
补贴收入	3,006,000.00
营业外收支净额	1,855,983.88
经营活动产生的现金流量净额	-128,109,228.72
现金及现金等价物净增加额	145,374,128.06

注:非经常性损益是指公司正常经营损益之外的、一次性或偶发性损益,本公司扣除的非经营性损益有:资产处置损益、补贴收入、新股申购冻结资金利息、债务重组收益

2、公司主要会计数据及财务指标　单位:人民币元

项目	1999 年	1998 年	1997 年
主营业务收入	2,488,685,350.31	1,307,669,770.60	941,975,677.05
净利润	109,583,818.32	63,015,536.36	51,199,849.85
总资产	1,408,763,044.03	653,595,771.93	537,552,826.08
股东权益	733,148,096.23	298,603,089.29	161,237,867.98
每股收益(全面摊薄)	0.42	0.32	0.39
扣除非经营性损益	0.41	0.18	0.21
每股收益(加权平均)	0.44	0.32	0.39
每股净资产	2.82	1.53	1.22
调整后的每股净资产	2.81	1.53	1.22
每股经营活动产生的现金流量净额	-0.49	0.49	-
净资产收益率(%)	14.95	21.10	31.75

注:每股收益、每股净资产、调整后的每股净资产、每股经营活动产生的现金流 量净额和净资产收益率等财务指标的计算公式如下:
(1)全面摊薄的财务指标计算方法
每股收益=净利润/年度末普通股股份总数
每股净资产=年度末股东权益/ 年度末普通股股份总数
调整后的每股净资产=(年度末股东权益-三年以上的应收款项净额-待摊费用-待 处理(流动、固定)资产净损失-开办费-长期待摊费用-住房周转金负数余额)/年度末 普通股份总数
每股经营活动产生的现金流量净额=经营活动产生的现金流量净额/年度末普通股股份总数
净资产收益率=净利润/年度末股东权益×100%
(2)加权平均的财务指标计算方法
每股收益=净利润÷[期末普通股股份总额÷(1+配股比例或增发新股比例)+期末 普通股股份总额÷(1+配股比例或增发新股比例)×配股比例或增发新股比例×缴款结束日下一月份至期末的月份数÷12]

3、报告期内股东权益变动情况及变化原因

项目	股　本	资本公积	盈余公积	法定公益金	未分配利润	股东权益合计
期初数	195000000	86436359			17166729	298603089
本期增加	65000000	285961188	9547085.48	4773542.74	95263190	460545006
本期减少					26000000	26000000
期末数	260000000	372397548	9547085.48	4773542.74	86429919	733148096

变动原因:1、股票发行溢价收入;2、1999 年度实现利润;3、分配股利。

三、股东情况
(1)截止 1999 年 12 月 31 日,本公司股东总数为 27942 户,其中国有法人股股东 1 户,发起人法人股东 1 户,社会公众股东 27940 户。
2、公司前 10 名股东持股情况

序号	股东名称	年末持股数	占总股份比例(%)
1	浙江钱江摩托集团有限公司	132000000	50.77%
2	金狮明钢有限公司	63000000	24.23%
3	裕隆证券投资基金	500000	0.192%
4	裴小平	279700	0.108%
5	叶丽红	264486	0.102%
6	浙江省财通物业租赁有限责任公司	250000	0.096%
7	王俊英	238000	0.092%
8	伦寿文	207900	0.080%
9	丁鹏云	200000	0.077%
10	袁　敏	192900	0.074%

3、浙江钱江摩托集团有限公司为公司的发起人母公司,法人代表人林华中,注册 地浙江省温岭市太平镇万昌路,经营范围:摩托车及配件的生产、销售、研究、设计和开发;机电产品的生产、销售及上述产品的售后维修服务等。
4、报告期内,控股股东无变更,所持股份无质押或冻结情况。

山东声乐股份有限公司

一 公司简介

1、公司法定中文名称:山东声乐股份有限公司
公司法定英文名称:SHANDONG SHENGLE CO., LTD.
公司英文名称缩写:SLCL
2、公司法定代表人:吴培龙
3、公司董事会秘书:王庆湘
联系地址:山东省沂南县县城振兴路 6 号
电　　话:(0539)3221280 转 3178　传　　真:(0539)3221510
电子信箱:shengle@ly-public.sd.cninfo.net
4、公司注册和办公地址:山东省沂南县县城振兴路 6 号　公司邮政编码:276300
公司国际互联网网址:http://www.shenglegroup.com
公司电子信箱:shengle@ly-public.sd.cninfo.net
5、公司选定的信息披露报纸名称:《中国证券报》、《证券时报》
登载公司年度报告的国际互联网网址:http://www.cninfo.com.cn
公司年度报告备置地点:公司证券部
6、公司股票上市交易所:深圳证券交易所
股票简称:声乐股份　股票代码:0915

二 会计数据和业务数据摘要

1、本年度主要会计数据　(单位:人民币元)

利润总额	25,451,828.41
净利润	18,165,897.02
扣除非经常性损益后的净利润	15,621,589.80
主营业务利润	42,052,591.18
其它业务利润	243,811.23
营业利润	22,391,649.87
投资收益	133,099.18
补贴收入	----
营业外收支净额	2,927,079.36
经营活动产生的现金流量净额	45,192,520.53
现金及现金等价物净增加额	118,385,320.21

注:公司扣除的非经营性收入是指新股申购冻结资金利息 2,544,307.22 元

2、前三年的主要会计资料和财务指标　单位:人民币元

项　　目	1999 年度	1998 年度		1997 年度	
		调整前	调整后	调整前	调整后
主营业务收入	102128696	137907794	137907794	146401225	146401225
净利润	18165897	21493442	22001888	19976975	8922490
总资产	370303308	238934549	228388510	221461407	212065095
股东权益(不含少数股东权益)	252054733	112260159	101714120	90907596	81511284
每股收益	0.2011	0.3562	0.3647	0.3311	0.1479
按月平均加权计算的每股收益	0.2261	0.3562	0.3647	0.3311	0.1479
扣除非经营性损益后的每股收益	0.1729	0.3541	0.3625	0.2755	0.0922
每股净资产	2.790	1.861	1.686	1.507	1.351
调整后的每股净资产	2.736	1.827	1.643	1.469	1.313
每股经营活动产生的现金流量净额	0.5003	0.4011	0.4011	--	--
净资产收益率(%)	7.21	19.15	21.63	21.98	10.95

注:11999 年度按总股本 9033.6 万股计算,1997 年、1998 年度按总股本 6033.6 万股计算。
2 主要财务指标计算公式:
每股收益=净利润/年度末普通股股份总数
每股净资产=年度末股东权益/ 年度末普通股股份总数
调整后每股净资产=(年度末股东权益-三年以上的应收款项净额-待摊费用- 待处理(流动、固定)资产净损失-开办费-长期待摊费用-住房周转金负数余额)/年度末普通股股份总数
每股经营活动产生的现金流量净额=经营活动产生的现金流量净额/年度末普通股股份总数
净资产收益率 = 净利润/年度末股东权益×100%
3 公司由于会计制度的变更,根据财政部财会字[1999]35 号、49 号文件的规定，采用了追溯调整法,对报告期末前三年的合并会计报表的相关财务指标进行了调整。

3、报告期内股东权益变动情况及变动原因　单位:人民币元

项　目	股本(股)	资本公积	盈余公积	其中:公益金	未分配利润	股东权益合计
期初数	60336000	1540978	13822370	3941090.35	26014771.83	101714120.40
本期增加	30000000	104990000	2709103	903034.65	14793228.73	153050693.03
本期减少	----	----	----	----	2710080.00	2710080.00
期末数	90336000	106530978	16531474	4844125.00	38097920.56	252054733.43
变动原因	增发新股	溢价增发新股	本期提取	本期提取	本期实现	

三 股东情况介绍

1、报告期末股东总数:
截至 1999 年 12 月 31 日,公司股东总数为 11613 户。
2、前十名股东持股情况:

序号	股 东 名 称	持有股数(股)	占总股本比例(%)
1	山东声乐鞋业集团公司	37,980,996	42.044
2	天骥投资基金	1,248,592	1.382
3	山东沂蒙实业集团公司	1,054,110	1.167
4	石小莉	840,380	0.930
5	山东省临沂地区公路局水泥厂	660,000	0.731
6	上海华商联合发展有限公司	537,040	0.594
7	五莲县楼河乡社会福利织布厂	440,000	0.487
8	沂南县发达硅砂有限公司	440,000	0.487
9	上海久茂对外贸易浦东销售中心	420,000	0.465
10	闫瑞英	376,677	0.417

注:1 据公司已知资料,前十名股东之间不存在关联关系。
2 山东声乐鞋业集团公司是公司的发起人，持有的 37,980,996 股发起人法人股中 ,7,429,400 股为国有法人股。

华北高速公路股份有限公司

一、公司简介

1、公司法定中文名称:华北高速公路股份有限公司
公司法定英文名称:HUABEI EXPRESSWAY CO.,LTD
2、公司法定代表人:刘长宽先生
3、公司董事会秘书:周会平女士
联系地址:北京市丰台区芳群园 4 区 22 号金城中心 18 层
电 话:010-67602600 传真:010-67602601 电子信箱:hbgszq@btamail.net.cn
4、公司注册地址:北京市经济技术开发区宏达北路 10 号
公司办公地址:北京市丰台区芳群园 4 区 22 号金城中心 18 层 邮政编码:100078
电子信箱:hbgszq@btamail.net.cn
5、公司选定的信息披露报纸名称:《中国证券报》、《证券时报》
年度报告指定登载网址:http//www.cninfo.com.cn
公司年度报告备置地点:公司证券事务部
6、公司股票上市交易所:深圳证券交易所
股票简称:华北高速 股票代码:0916

二、会计数据和业务数据摘要

1、本年度主要利润指标情况 (单位:人民币元)

利润总额:	171,288,719.10
净利润:	164,634,356.74
扣除非经常性损益后的净利润 *	161,265,969.56
主营业务利润:	181,502,795.77
营业利润:	167,920,331.92
营业外收支净额:	3,368,387.18
经营活动产生的现金流量净额:	194,681,221.21
现金及现金等价物净增加额:	919,508,332.34

* 扣除的非经常性损益项目及涉及金额(元):

(1)路产赔偿收入	362,127.20
(2) 冻结资金利息	3,006,259.98

2、截止报告期末公司前三年主要会计数据和财务指标:(单位:人民币元)

项 目	1999 年	1998 年	1997 年
主营业务收入	303726010.00	255396280.00	228006750.00
净利润	164634356.74	114298263.47	127554380.97
总资产	3089209063.22	1998554789.19	2024599113.33
股东权益	2505544180.11	1139289920.46	1103106967.70
每股收益	0.1510	0.1524	0.1701
每股收益(加权)	0.1846	0.1524	0.1701
每股收益(扣除非经常性损益后)	0.1479	0.1515	0.1690
每股净资产	2.2987	1.52	1.47
调整后的每股净资产	2.2987	1.52	1.47
每股经营活动产生的现金流量净额	0.1786		
净资产收益率(%)	6.57	10.03	11.56

注:主要财务指标的计算方法:
每股收益= 净利润/年度末普通股股份总数
每股净资产=年度末股东权益/ 年度末普通股股份总数
调整后的每股净资产=(年度末股东权益-三年以上的应收款项净额-待摊费用-待 处理(流动、固定)资产净损失-开办费-长期待摊费用-住房周转金负数余额)/年度末 普通股股份总数
每股经营活动产生的现金流量净额=经营活动产生的现金流量净额/年度末普通股股份总数
净资产收益率=净利润/年度末股东权益×100%
3、报告期内股东权益变动情况(单位:元)

项目	股本	资本公积	盈余公积	其中:法定公益金	未分配利润	股东权益合计
期初数	750000000	389289920				1139289920
本年增加	340000000	948819903	57622024	8231717	19812331	1366254260
本年减少						
期末数	1090000000	1338109823	57622024	8231717	19812331	2505544180
变动原因:	发行新股	发行新股溢价收入	本年计提	本年计提	本年盈利	本年盈利与溢价

三、股东情况介绍

1、股东情况介绍
1.1 截止 1999 年 12 月 30 日,公司股东总数为 128460 户。
1.2 公司前十名股东持股情况

股东名称	持股数量(股)	持股比例(%)
(1) 华建交通经济开发中心	285,000,000	26.15
(2) 天津市京津塘高速公路公司	284,700,000	26.12
(3) 京津塘高速公路北京市公司	146,250,000	13.42
(4) 河北省公路开发有限公司	34,050,000	3.12
(5) 基金泰和	10,421,400	0.96
(6) 基金兴华	10,421,400	0.96
(7) 基金同益	6,754,700	0.62
(8) 基金金鑫	5,247,150	0.48
(9) 基金金泰	4,754,200	0.44
(10)基金裕隆	3,666,700	0.34

说明:1、前四名股东所持股份为未上市流通的国家股和国有法人股,占股份总数的 68.81%。
2、前十名股东之间不存在关联关系。
持股 10%以上法人股东情况:
2.1 华建交通经济开发中心:本公司发起人,法定代表人朱耀庭。主要从事公路、码头、港口、航道的综合开发、承包建设;交通基础设施新技术、新产品、新材料的 开发、研制和产品的销售。年末持股数为 28,500 万股,占公司总股数的 26.15%,其持 有的本公司股票无质押或冻结情况。
2.2 天津市京津塘高速公路公司:本公司发起人,法定代表人田凝寿。主要从事高 速公路的建设与管理。年末持股数为 28,470 万股,占公司总股数的 26.12%,其持有的 本公司股票无质押或冻结情况。
2.3 京津塘高速公路北京市公司:本公司发起人,法定代表人雷起沛。主要从事京 津塘高速公路北京段及联接线工程的施工与服务。年末持股数为 14,625 万股,占公司 总股数的 13.41%,其持有的本公司股票无质押或冻结情况。

湖南电广传媒股份有限公司

一、公司简介

1、公司法定中文名称:湖南电广传媒股份有限公司
公司法定英文名称:HUNAN TV&BROADCAST INTERMEDIARY CO.,LTD.
英文缩写:TVBI
2、公司法定代表人:龙秋云
3、公司董事会秘书:袁楚贤 授权代表:刘艳 齐慎
联系地址:湖南省长沙市浏阳河大桥东
电话:0731-4252080 4251998 传真:0731-4252096 电子信箱:tvbds@public.cs.hn.cn
4、公司注册地址:湖南省长沙市浏阳河大桥东
公司办公地址:湖南省长沙市浏阳河大桥东 公司邮政编码:410003
公司国际互联网网址:http://www.tbi333.com 公司电子信箱:office@tbi333.com
5、公司选定的信息披露报纸名称:《中国证券报》、《证券时报》、《上海证 券报》
登载公司年度报告的中国证监会指定国际互联网网址:http://www.cninfo.com.cn
公司年度报告备置地点:公司董事会秘书处
6、公司股票上市交易所:深圳证券交易所
股票简称:电广传媒 股票代码:0917

二、会计数据和业务数据摘要

(一) 本年度主要利润指标 单位:人民币元

利润总额	100,900,846.18
净利润	83,402,072.14
扣除非经常性损益后的净利润	76,134,318.52
主营业务利润	175,169,498.44
其他业务利润	1,443,047.91
营业利润	90,391,337.70
投资收益	5,888,144.00
补贴收入	0.00
营业外收支净额	4,621,364.48
经营活动产生的现金流量净额	90,394,128.62
现金及现金等价物净增加额	-361,847,602.81

(二) 截止报告期末公司前三年的主要会计数据和财务指标 单位:人民币元

指标项目	1999 年	1998 年	1997 年
主营业务收入	428,059,980.06	308,516,241.43	248,440,334.20
净利润	83,402,072.14	60,688,847.97	62,818,857.50
总资产	1,270,257,136.11	1,184,382,626.90	502,945,495.83
股东权益(不含少数股东权益)	733,752,617.52	652,159,113.07	135,332,730.12
每股收益	0.41	0.38	0.58
每股收益(按月平均加权法计算)	0.48	0.38	0.58
扣除非经常损益后的每股收益	0.37	0.38	
每股净资产	3.57	4.13	1.25
调整后的每股净资产	3.52	4.07	
每股经营活动产生的现金流量净额	0.44	0.19	
净资产收益率(%)	11.37%	9.31%	46.4%

注:主要财务指标计算公式:
每股收益=净利润÷年度末普通股股份总数
每股净资产=年度末股东权益÷年度末普通股股份总数
调整后的每股净资产=(年度末股东权益-三年以上的应收款项净额-待摊费用-待处理 (流动、固定) 资产净损失-开办费-长期待摊费用-住房周转金负数余额)
÷年度末普通股股份总数
每股经营活动产生的现金流量净额=经营活动产生的现金流量净额÷年度末普通 股股份总数
净资产收益率=净利润÷年度末股东权益×100%

三、股本变及股东情况

(一) 公司股本变动情况
1、公司股份变动情况表 数量单位:股

	本次变动前	本次变动增减(+,-)						本次变动后
		配股	送股	公积金转股	增发	其他	小计	
一、未上市流通股份								
发起人股份	108000000			32400000			32400000	140400000
其中:境内法人持有股份	107000000			32100000			32100000	139100000
其他	1000000			300000			300000	1300000
二、已上市流通股份								
人民币普通股	50000000			15000000			15000000	65000000
三、股份总数	158000000			47400000			47400000	205400000

(二) 股东情况介绍
1、报告期末股东总数
截止 1999 年 12 月 31 日,持有本公司股票的股东总数为 15,912 户,持股总数为 205,400,000 股。
2、主要股东持股情况(前十名和持股 5%以上股东)

股 东 名 称	持股数(股)	占总股本比例
湖南广播电视产业中心	130,000,000	63.29%
裕阳证券投资基金	10,535,777	5.13%
裕隆证券投资基金	4,339,055	2.11%
湖南星光实业发展公司	3,900,000	1.898%
湖南省金帆经济发展公司	2,600,000	1.266%
湖南省金环进出口总公司	2,600,000	1.266%
兴和证券投资基金	2,199,590	1.071%
景阳证券投资基金	1,597,958	0.778%
湖南金海林建设装饰有限公司	1,300,000	0.633%
上海证大	1,000,000	0.487%

注:湖南广播电视产业中心持有本公司国有法人股 130,000,000 股,占本公司总 股本的 63.29%,因公司在报告期内发生公积金转增股本,其股本由原来的 100,000,000 股变动为 130,000,000 股,其所持股份无质押或冻结情况;裕阳基金持有本公司流通股 10,535,777 股,占公司总股本的 5.13%,在报告期内,没有发现其所持股份有质押或冻结情况;前 10 名股东不存在关联关系。
3、湖南广播电视产业中心是湖南电广传媒股份有限公司第一大股东。法定代表 人:魏文彬。湖南广播电视产业中心经营范围为:投资兴办各类实业;设计、制
作、发布国内广告,代理国内各类广告业务及广告策划;影视节目制作、发行和销售;音像制品出版发行;影视器材销售。

湖南亚华种业股份有限公司

一、公司简介

1.公司法定中文名称:湖南亚华种业股份有限公司
英文名称:Hunan Yahua Seeds CO.,LTD.
2.公司法定代表人:吴新民先生
3.公司董事会秘书:徐远忠先生
联系地址:湖南省长沙市远大一路 282 号
电话:0731-4710601 4710929-411 传真:0731-4710610
E-MAIL 地址:xuyz@public.cs.hn.cn
4.公司注册地址及办公地址:湖南省长沙市远大一路 282 号 邮编:410001
公司国际互联网网址:www.yahuaseeds.com E-MAIL 地址:yahua@public.cs.hn.cn
5.公司指定信息披露报刊:《中国证券报》《证券时报》
登载公司年度报告国际互联网址:www.cninfo.com.cn
公司年度报告备置地点:湖南省长沙市远大一路 282 号公司证券部
6.股票上市交易所:深圳证券交易所 股票简称:亚华种业 股票代码:0918

二、会计数据和业务数据摘要

1、1999 年度利润总额及构成 (单位:元)

利润总额:	66,380,549.44
净利润:	49,868,667.76
扣除非经营性损益后的净利润:	31,847,005.54
主营业务利润:	80,723,566.66
其他业务利润:	10,764,387.28
营业利润:	42,440,501.48
投资收益:	6,270,270.00
补贴收入:	15,987,149.13
营业外收支净额:	1,682,628.83
经营活动产生的现金流量净额:	-133,634,673.74
现金及现金等价物净增加额:	163,117,812.13

2、截止报告期末公司前三年主要会计数据和财务指标(合并数,人民币元)

追溯调整后: 单位:元

项 目	1999 年	1998 年	1997 年
主营业务收入	265,535,387.64	255,238,555.53	183,197,023.92
净利润	49,868,667.76	39,194,160.63	40,939,895.89
总资产	970,704,201.24	458,410,784.63	286,902,158.77
股东权益	613,860,262.86	173,590,553.75	109,539,606.83
每股收益	0.293	0.36	
每股收益(月均加权)	0.3439	0.36	
扣除非经常性损益后的每股收益(摊薄)	0.187	0.33	
每股净资产	3.61	1.58	
调整后的每股净资产	3.55	1.55	
每股经营活动产生的现金流量金额	-0.79	-0.16	
净资产收益率(%)	8.12	22.58	

追溯调整前: 单位:元

项 目	1998 年	1997 年
主营业务收入	255,238,555.53	183,197,023.92
净利润	48,413,777.14	40,939,895.89
总资产	469,956,790.66	286,902,158.77
股东权益	182,810,170.26	109,539,606.83
每股收益	0.44	
每股收益(月均加权)	0.44	
扣除非经常性损益后的每股收益(摊薄)	0.42	
每股净资产	1.66	
调整后的每股净资产	1.64	
每股经营活动产生的现金流量金额	-0.16	
净资产收益率(%)	26.48	

注:主要财务指标计算方法:
每股收益=净利润/年度末普通股股份总数
每股经营活动产生的现金流量净额=经营活动产生的现金流量净额/年度末普通股股份总数
净资产收益率=净利润/年度末股东权益×100%

3、报告期内股东权益变动情况

项 目	股 本	资本公积	盈余公积	法定公益金	未分配利润	股东权益
期初数	110,002,000	46,303,156.95	7,838,832.12	3,919,416.06	9,446,564.68	173,590,553.75
本期增加	60,000,000	338,901,141.35	14,960,600.34	4,986,866.78	26,407,967.42	440,269,709.11
本期减少						
期末数	170,002,000	385,204,298.30	22,799,432.46	8,906,282.84	35,854,532.10	613,860,262.86

变动原因:A、股本变动是由于公司 1999 年 6 月 14 日 A 股股票上市发行;
B、资本公积增加是由于公司股票溢价发行扣除发行费用后所致;
C、盈余公积和法定公益金变动是由于本年度利润提取数及补提 1998 年任意盈余 公积;
D、未分配利润变动是由于本年利润增加和因计提四项资产减值准备调整年初利 润及实施 1999 年利润分配。

三、股本变动及股东情况

1.截止 1999 年 12 月 31 日,本公司股东总数为 29527 户。
2.截止 1999 年 12 月 31 日本公司前 10 名大股东持股情况:

序号	股 东 名 称	持股数量(股)	所占总股本比例
1	湖南省农业集团有限公司	78,100,000	45.94%
2	湖南省南山种畜牧草良种繁殖场	23,100,000	13.59%
3	湖南高溪集团公司	8,800,000	5.18%
4	裕阳证券投资基金	2,019,070	1.19%
5	金鑫证券投资基金	1,410,752	0.83%
6	普惠证券投资基金	1,212,860	0.71%
7	开元基金	600,000	0.35%
8	同益证券投资基金	600,000	0.35%
9	海通证券	489,700	0.29%
10	景宏证券投资基金	456,370	0.27%

注:A、湖南省农业集团有限公司所持 78,100,000 股和湖南省南山种畜牧草良种繁 和殖场所持 23,100,000 股为国家股,湖南高溪集团公司所持 8,800,000 股为法人 股。

金陵药业股份有限公司

(一) 公司简介

1、公司法定中文名称:金陵药业股份有限公司
公司法定英文名称:Jinling Pharmaceutical Company Limited
2、公司法定代表人:江中银
3、公司董事会秘书:徐俊扬
公司股证事务代表:王占石
联系地址:江苏省南京市龙蟠中路 81 号
联系电话:(025)3213092 传 真:(025)3213686
4、公司注册及办公地址:南京经济技术开发区(南京市龙蟠中路 81 号)
邮政编码:210016 公司网址:http://www.jlyy.com 电子信箱:info@jlyy.com
5、公司选定的信息披露报纸:《中国证券报》、《证券时报》
中国证监会指定登载公司年度报告的国际互联网网址:http://www.cninfo.com.cn
年度报告备置地点:公司证券部
6、公司股票上市地点:深圳证券交易所
股票简称:金陵药业 股票代码:0919

(二) 会计数据和业务数据摘要

1、本年度主要经济指标完成情况 (单位:人民币元)

利润总额:	134581553.60
净利润:	112652152.53
扣除非经常性损益后的净利润:	108195448.11
其中包括:	
募股资金冻结利息:	3382537.16
往来款清理收益:	976069.06
其他:	98098.20
主营业务利润:	173039769.42
其他业务利润:	1791637.16
营业利润:	131242789.35
投资收益:	1326448.18
营业外收支净额:	2012316.07
经营活动产生的现金流量净额:	39767067.78
现金及现金等价物净增加额:	377976674.99

2、本年度主要会计数据和财务指标 单位:元

追溯调整后:

指标项目	1999 年	1998 年	1997 年
主营业务收入	354135913.59	339045415.72	301396441.99
净利润	112652152.53	97228136.11	91779455.99
总资产	1171217707.85	427107990.24	302515938.44
股东权益	1015888057.84	305322357.38	220228876.30
每股收益(摊薄)	0.4023	0.4861	0.4101
每股收益(按月加权平均法计算)	0.4970	0.4861	0.4101
每股收益(扣除非经常性损益后)	0.3864	0.4848	0.4435
每股净资产	3.6281	1.5266	0.9811
调整后的每股净资产	3.6092	1.4929	0.9711
每股经营活动产生的现金流量净额	0.1420	-	-
净资产收益率%	11.09	31.84	41.67

追溯调整对各期经营成果的影响:

会计政策变更内容	1998 年初影响数	1998 年度影响数	累计影响数
坏帐准备	-4082497.76	-961079.57	-5043577.33

注:以上经济指标计算公式如下:
每股收益=净利润/年度末普通股股份总数
每股净资产=年度末股东权益/年度末普通股股份总数
调整后的每股净资产=(年度末股东权益—三年以上的应收帐款净额—待摊费用—待处理 (流动、固定)资产净损失—开办费—长期待摊费用—住房周转金负数余额)/年度末普通股股份总数
净资产收益率=净利润/年度末股东权益×100%
97、98 年调整后主要数据和财务指标因会计政策、会计估计变更、以及会计差错更正追溯调整以前年度所得。
97、98、99 各年经济指标均以合并会计报表中的合计报表数填列或计算。
应收款项包括应收帐款、其他应收款、预付帐款、应收股利、应收利息、应收补贴款。

3、报告期内股东权益变化情况 单位:元

项目	股本	资本公积	盈余公积	法定公益金	未分配利润	股东权益合计
期初数	200000000	60025548	9722813.61	9722813.62	25851182.11	305322357
本期增加	80000000	575900000	11265215.25	11265215.25	90121722.03	768552152
本期减少	—	—	—	—	57986452.07	57986452
期末数	280000000	635925548	20988028.86	20988028.87	57986452.07	1015888057

变动原因:股本、资本公积及股东权益的变动原因是因为报告期内发行了 8000 万股新股,募 集资金 655,900,000 元;
本年度实现净利润 112,652,152.53 元,增加了盈余公积、公益金、未分配利润及 股东权益;
未分配利润的变动是因为本年度利润增加及拟进行 99 年度的利润分配。

(三) 股东情况介绍

(1) 截止 1999 年 12 月 31 日,本公司共有股东 19811 户。
(2) 前十名股东持股情况(以 1999 年 12 月 31 日为总股本计算) 单位:股

序号	股东名称	持股数	占总股本比例
1	南京金陵制药(集团)有限公司	132636206	47.37%
2	福州市医药总公司	24493233	8.75%
3	浙江省交接办	15296360	5.46%
4	南京市交接办	14614336	5.22%
5	合肥市医药工业公司	12959865	4.63%
6	天元证券投资基金	2573778	0.92%
7	金鑫证券投资基金	2309700	0.82%
8	裕阳证券投资基金	1502361	0.54%
9	蔡锡芳	1410911	0.50%
10	阮良明	1222000	0.44%

注:代表国家持有股份的单位为福州市医药总公司、浙江省交接办、南京市交接 办、合肥市医药工业公司。

南方汇通股份有限公司

一、公司简介

(一)公司法定中文名称:南方汇通股份有限公司
公司法定英文名称:SOUTH HUITON CO., LTD.
(二)公司法定代表人:惠金根先生
(三)公司董事会秘书:高锡忠先生
公司董事会股权事务授权代表:张英凯先生
联系地址:贵州省贵阳市都拉营
联系电话:(0851)4470866
传真:(0851)4470866
(四)公司注册地址:贵阳国家高新技术产业开发区
公司办公地址:贵州省贵阳市新天大道火炬大厦
邮政编码:550018
公司国际互联网网址:http://www.southhuiton.com
电子信箱:msc@southhuiton.com
(五)公司选定信息披露报纸:《证券时报》
登载公司年度报告的中国证监会指定国际互联网网址:
http://www.cninfo.com.cn
公司年度报告备置地点:公司董事会秘书处
(六)公司股票上市交易所:深圳证券交易所
股票简称:南方汇通　　股票代码:0920

二、会计数据和业务数据摘要

(一)本年度主要利润指标情况　　(单位:人民币元)

利润总额	68,078,562.32
净利润	57,076,652.46
扣除非经常性损益后的净利润	56,526,710.80
主营业务利润	87,939,193.97
其他业务利润	4,978,133.56
营业利润	67,864,932.63
投资收益	-83,609.80
补贴收入	0
营业外收支净额	297,239.49
经营活动产生的现金流量净额	820,744.50
现金及现金等价物净增加额	244,471,051.74

注:扣除的非经常性损益项目和涉及金额(单位:人民币元)

资产处置损益	-337,544.97
新股申购冻结资金利息	553,317.10

(二)截止1999年末公司前三年的主要会计数据和财务指标　(单位:人民币元)

	1999年	1998年	1997年
主营业务收入	284,016,628	274,366,034	299,470,581
净利润	57,076,652	50,429,762	37,295,067
总资产	685,498,496	256,691,268	276,329,806
股东权益(不含少数股东权益)	566,704,727	123,568,094	120,658,255
每股收益	0.30	0.42	0.31
每股净资产	2.98	1.03	1.01
调整后的每股净资产	2.93	-	-
每股经营活动产生的现金流量净额	0.004	-	-
净资产收益率(%)	10.07	40.81	30.91

注:
1、主要财务指标计算方法:
□ 每股收益=净利润/年度末普通股股份总数
□ 每股净资产=年度末股东权益/年度末普通股股份总数
□调整后的每股净资产=[年度末股东权益—三年以上的应收款项净额—待摊费用—待处理(流动、固定)资产净损失—开办费—长期待摊费用—住房周转金负数余额]/年度末普通股股份总数
□每股经营活动产生的现金流量净额=经营活动产生的现金流量净额/年度末普 通股股份总数
□ 净资产收益率=净利润/年度末股东权益×100%
2、按月平均加权法计算的每股收益:0.34元。
扣除非经常性损益后的每股收益:0.30元。

(三)股东权益变动情况　　(单位:人民币元)

项目	资本	资本公积	盈余公积	法定公益金	未分配利润	股东权益合计
期初数	120000000	3568094				123568094
本期增加	70000000	363559981	5707665	2,853,832	1,015,155	443,136,633
本期减少	0	0	0	0	0	0
期末数	190000000	367128075	5707665	2,853,832	1,015,155	566,704,727
变动原因	发行新股	发行新股	利润提存	利润提存	年度利润及分配	

三、股东情况介绍

(一)报告期末股东数:
截止1999年12月30日,公司股东总数为25532户,其中未流通国有法人股股东1户,高级管理人员0户,流通股股东25531户。
(二)公司前十名股东持股情况如下:

序号	股东名称	期初持股数(股)	期末持股数(股)	所占比例(%)	备注
1	中国铁路机车车辆工业总公司	120,000,000	120000000	63.16	未流通国有法人股
2	海通基金		8,253,058	4.34	
3	泰和证券投资基金		875,000	0.46	
4	同益证券投资基金		875,000	0.46	
5	海通深圳		838,820	0.44	
6	李德宽		534,900	0.28	
7	陈树云		533,021	0.28	
8	海通无锡		410,700	0.22	
9	范晓华		340,000	0.18	
10	白英		327,500	0.17	

前十名股东中,海通基金、海通深圳、海通无锡均系海通证券有限公司机构。

广东科龙电器股份有限公司

一、公司简介

公司法定中文名称:广东科龙电器股份有限公司
公司法定英文名称:GUANGDONG KELON ELECTRICAL HOLDINGS COMPANYLIMITED
公司注册与办公地址:广东省顺德市容奇镇容港路八号　网址:http://www.kelon.com
法定代表人:王国端　　董事会秘书:李国明　　授权代表:许伟文
电话:0765-6628338-2570　　传真:0765-6629355
E-mail:sec@kelong.com.cn　　邮政编码:528303
公司选定境内信息披露报纸:《中国证券报》、《证券时报》、《上海证券报》
境外信息披露报纸:《虎报》、《香港经济日报》
中国证监会指定的年报登载网址:http://www.cninfo.com.cn
公司年度报告备置地点:广东省顺德市容奇镇容港路八号　本公司证券部
股票上市地:深圳证券交易所、香港联合交易所有限公司
股票简称:科龙电器　　股票代码:0921

二、会计数据和业务数据摘要

1、公司本年度实现利润情况:

利润总额	692040918
净利润	643584316
非经常性损益合计	(5,927,379)
其中:	
新股申购冻结资金利息	6795263
资产处置损益	(6,531,448)
合并价差摊入	(6,191,194)
扣除非经常性损益后的净利润	649511695
主营业务利润	1774067247
其他业务利润	31287557
营业利润	553248983
投资收益	0
补贴收益	143823581
营业外收支净额	(5,031,646)
经营活动产生的现金流量净额	(659,537,941)
现金及现金等价物净增加额	(638,387,451)
按国际会计准则计算的1999年度净利润	628120634
按国内会计准则计算的1999年度净利润	643584316
按国际会计准则的调整事项:	
调整固定资产重估增值及有关折旧	(15,463,682)

2、公司近三年主要会计数据及财务指标:

项目	1999年度	1998年度	1997年度
主营业务收入	5621644360	3813189485	3409828462
净利润	643584316	590704828	576246940
总资产	7485339144	6664138987	4949781326
股东权益(未含少数股东权益)	4815210308	3339131257	3012206051
每股收益(加权)	0.68	0.67	0.69
每股收益(摊薄)	0.65	0.67	0.65
扣除非经常性损益后的每股收益	0.65	0.67	0.66
每股净资产	4.85	3.79	3.42
调整后的每股净资产	4.62	3.53	3.28
净资产收益率	13.4%	17.7%	19.1%
每股经营活动产生的现金流量净额	(0.66)	1.18	0.23

注:主要财务指标的计算方法:
每股收益(摊薄)=净利润/年度末普通股股份总数
净资产收益率=净利润/年度末股东权益×100%
每股净资产=年度末股东权益/年度末普通股股份总数
3、股东权益变化及原因

项目	期初数	本期增加	本期减少	期末数
股本	882,006,563	110,000,000	/	992006563
资本公积	1,517,359,337	957,038,500	(23,175,000)	2451222837
盈余公积	161,161,802	68,000,000	/	229161802
法定公益金	80,580,901	34,000,000	/	114580901
未分配利润	700,166,875	643,584,316	(314,289,404)	1029461787
外币报表折算差额	(2,144,221)	920,639	/	(1,223,582)
股东权益合计	3339,131,257	1813543,455	(337464,404)	4815210308

注:股本增加为公司于1999年6月2日增发110,000,000股人民币普通股股票所致;
资本公积增加为本公司以9.98元/股增发新股,超出面值部分转入资本公积金;
盈余公积金、法定公积金增加部分为本公司本年度盈利提取;
未分配利润增加是因为本年度利润未全部分配而作适当留存所致;
股东权益增加为公司本年度增发新股及本年度盈利留存所致。

三、股东情况介绍

1、报告期末股东总数为85,489户,其中H股股东83户。
2、主要股东持股情况(截止1999年12月30日)

股东名称	期末持股数	期内增减	占总股本比例(%)
1、广东科龙(容声)集团有限公司	337915755	0	34.06
2、STANDARD CHARTERED BANK	85645950	(9,978,690)	8.63
3、THE HONGKONG AND SHANGHAI BANKING CORPORATION LTD	74143008	(51,442,146)	7.47
4、Franklin Templeton Group	68681750	/	6.92
5、THE CHASE MANHATTAN BANK	58238200	(25,489,913)	5.87
6、CITIBANK N.A.	51932556	/	5.24
7、DEUUSCHE BANK AG	28312550	/	2.85
8、MORGAN STANLEY DEAN WITTER HONG KONG SECURITIES LTD	7310000	(8,460,000)	0.74
9、JARDINE FLEMING BROKING LTD	6311000	/	0.64
10、同益证券投资基金	1650000	1650000	0.17
10、泰和证券投资基金	1650000	1650000	0.17

注:广东科龙(容声)集团有限公司所持股份为发起法人股,2至9名股东所持为H股,第10名股东所持为流通A股。前10名股东之间不存在关联关系。

阿城继电器股份有限公司

一、公司简介

(一)公司中文名称:阿城继电器股份有限公司
公司英文名称:ACHENG RELAYCO.LTD
公司英文缩写:ARC
(二)公司法定代表人:宫晶坤
(三)公司董事会秘书:王永利
电 话:0451-3703187 传 真:0451-3701318
电子信箱:Wangylo@public.hr.hl.com
(四)公司注册地址:哈尔滨市南岗区赣水路高新技术产业开发区 15 号楼
邮政编码:150001
公司办公地址:黑龙江省阿城市河东街
邮政编码:150302
公司国际互联网网址:Http://www.AchengRelay-China.com
公司电子信箱地址:Webmaster@Achengrelay-China
(五)公司指定信息披露报刊:《证券时报》
中国证监会指定的年报登载网址:Http://www.cninfo.com.cn.
公司年度报告备置地点:公司证券部
(六)股票上市地:深圳证券交易所
股票简称:阿继电器 股票代码:0922

二、会计数据和业务数据摘要

(一)本年度主要会计和业务数据摘要 (单位:元)

1、利润总额:	51518331.00
2、净利润:	33808594.25
3、扣除非经营性损益后的净利润:	33120627.55
4、主营业务利润:	111060077.67
5、其他业务利润:	56017.13
6、营业利润:	50835635.81
7、投资收益:	0
8、补贴收入:	0
9、营业外收支净额:	682695.19
10、经营活动产生的现金流量净额:	16510103.50
11、现金及现金等价物净增加额:	353082635.90

扣除非经常性损益后的净利润是指扣除新股发行冻结资金利息 948,499.10 元及处理固定资产损失 252, 033.30 元。

(二)公司前三年的主要会计数据和财务指标:

项目	1999 年	1998 年		1997 年	
		调整前	调整后	调整前	调整后
主营收入	232053282.30	232073780.76	232073780.76	212598674.19	212598674.19
净利润(元)	33808594.25	56974380.58	30478842.50	50775887.52	48465088.37
总资产(元)	730974102.10	377766550.17	326514745.40	359310969.81	334554703.12
股东权益(元)	546778002.68	201190691.36	149938886.59	182792310.78	158036044.09
每股收益(摊薄)(元/股)	0.19	0.47	0.25	0.42	0.40
(加权)(元/股)	0.23	0.47	0.25	0.42	0.40
每股净资产(元/股)	3.11	1.67	1.24	1.52	1.31
调整后每股净资产(元/股)	3.11	1.63	1.20		
净资产收益率(%)	6.18	28.32	20.33	27.78	30.67
每股经营活动产生的现金流量净额(元/股)	0.09	0.19	0.19		

主要财务指标计算公式如下:
每股收益=净利润/年度末普通股股份总数
每股净资产=年度末股东权益/ 年度末普通股股份总数
调整后的每股净资产=(年度末股东权益-三年以上应收款项净额-待摊费用-待处 理(流动、固定)资产净损失-开办费-长期待摊费用-住房周转金负数余额)/年度末普 通股股份总数
每股经营活动产生的现金流量净额=经营活动产生的现金流量净额/年度末普通股股份总数
净资产收益率=净利润/年度末股东权益×100%

(三)报告期内股东权益变动情况

项目	股本	资本公积	盈余公积	法定公益金	未分配利润	股东权益合计
期初数	120550000		18185602.56	9092801.28	1929373.13	149757776.97
本期增加	55000000	308030521.84	3726803.21	1863401.60	48861524.51	417481729.32
本期减少					17183679.25	17183679.25
期末数	175550000	308030521.84	21912405.77	10956202.88	33607200.39	550055809.04

变动原因:公司于 1999 年 4 月 26 日发行 55,000,000.00 股人民币普通股股票,因此股本比年初增加 55,000,000.00 股;公司在 1999 年形成的净利润中分别提取 10%法定公积金和 5%法定公益金,因此盈余公积金和公益金比年初增加;根据财政部财会字(1999)35 号文《关于印发<股份公司会计制度有关会计问题补充规定>和财政部财会字(1999)49 号文关于<股份有限公司会计制度有关会计问题处理补充规定问题解答>的通知》的 有关规定,本公司本年度对坏帐准备,存货跌价准备等政策变更已采用追溯调整法调整了期初留存收益及相关项目的期初数,因此未分配利润比年初减少;虽然按新的财政政策,使股东权益的报告期初数减少,但由于发行新股,期末股东权益比期初增加。

三、股本变动及股东情况

(一)报告期末股东总数 44854 户。
(二)报告期末本公司前 10 名股东持股情况

股东名称	持股数	持股比例
阿城继电器集团有限公司	96550000	55%
裕阳证券投资基金	865375	0.49%
泰和证券投资基金	687500	0.39%
同益证券投资基金	687500	0.39%
海深深南	627000	0.36%
新疆乌市通信技术开发总公司	405000	0.23%
海通闸北	370000	0.21%
海通乔口	330068	0.19%
李彬	264957	0.15%
张永义	258000	0.15%

注:阿城继电器集团有限公司代表国家持有本公司 9655 万股股份,占总股本的 55%,系本公司控股股东。本报告期内其持有的本公司的股份数量没有发生变化,也无质押或冻结。第二至第十位为流通股股东,本公司与其不存在关联关系,也未知其之间关联关系。

河北宣化工程机械股份有限公司

一 公司简介

1、公司名称:河北宣化工程机械股份有限公司 缩写:河北宣工
英文名称:XuanHua Construction Machinery Co.,Ltd. 缩写:XCMC
2、法定代表人:王建军
3、董事会秘书:刘明德
联系地址:河北省张家口市宣化区东升路 21 号
电话:(0313)3012255-2212 传真:(0313)3055369
授权代表:庞廷阆
联系地址:河北省张家口市宣化区东升路 21 号
电话:(0313)3012255-2248 传真:(0313)3055369
4、注册地址:河北省张家口市
办公地址:河北省张家口市宣化区东升路 21 号 邮政编码:075105
国际互联网网址:www.hbxg.com 电子信箱:webmaster@hbxg.com
5、信息披露指定报刊:《中国证券报》
登载报告国际互联网网址:http://www.cninfo.com.cn
年度报告置备地点:公司本部证券部
6、股票上市地:深圳证券交易所
股票简称:河北宣工 股票代码:0923

二 会计数据和业务数据摘要

1、本年度主要会计数据 单位:元

利润总额	39,526,579.71
净利润	28,433,729.96
扣除非经常性损益后的净利润	19,868,280.20
主营业务利润	68,254,183.92
其他业务利润	2,168,638.23
营业利润	29,709,376.77
投资收益	0.00
补贴收入	6,029,986.74
营业外收支净额	3,787,216.20
经营活动产生的现金流量净额	-18,481,366.64
现金及现金等价物净增加额	101,946,178.80

注:扣除非经常损益项目及金额 合计金额 9,814,259.90 元
补贴收入:系所得税财政返还应交所得税的 18%,金额 6,029,986.74 元。
营业外收入(利息收入):新股发行申购资金利息,金额 3,740,273.16 元。
出售固定资产净损益:金额 44,000.00 元。
2、前三年主要会计数据和财务指标
追溯调整后

指标	1999 年	1998 年	1997 年
主营业务收入(元)	340,357,684.55	385,502,953.92	360,536,666.28
净利润(元)	28,433,729.96	22,991,662.42	24,268,397.53
总资产(元)	660,513,176.11	425,244,810.72	390,412,808.65
股东权益(元)	390,607,336.82	187,108,433.26	134,080,723.2
每股收益(元)	0.17	0.21	0.22
加权计算的每股收益(元)	0.21	0.21	0.22
扣除非经常性损益后每股收益(元)	0.12	0.21	0.22
每股净资产(元)	2.37	1.70	1.22
调整后的每股净资产(元)	2.35	1.70	1.22
每股经营活动产生的现金流量净额(元)	-0.11		
净资产收益率(%)	7.28	12.29	18.10

由于本公司 1999 年 6 月 29 日正式注册成立,因此只追溯调整了 1998 年报表。
注:上述指标的计算公式如下
每股净资产=年度末股东权益/年度末普通股股份总数
调整后每股净资产=(年度末股东权益-三年以上的应收帐款净额-待摊费用-待处理 (流动、固定)资产净损失-开办费-长期待摊费用-住房周转金负数余额)/年度末普通股股份总数
3、本年度股东权益变动情况

项目	股本	资本公积	盈余公积	法定公益金	未分配利润	股东权益合计
期初数	110000000	54116770.84	0	0	22991662.42	187108433.26
本期增加	55000000	140690173.60	4265059.50	1421686.50	28433729.96	224123903.56
本期减少	0	0	0	0	24890059.50	20625000.00
期末数	165000000	194806944.44	4265059.50	1421686.50	26535332.88	390607336.82
变动原因:	新股发行增加	新股发行溢价增加	本年提取法定公积金增加	本年增取法定公益金增加	本年利润增加,分配预预及计提公积金	新股发行,溢价及本年利润增加

三 股东情况介绍

(1)股东总数:截止 1999 年 12 月 31 日本公司股东总数 31950 户。
(2)持有本公司 5%以上(含 5%)股份的股东情况:
前十名股东所持股数及比例

股东名称	持股数量(股)	占总股本的比例(%)
宣化工程机械集团有限公司	110000000	66.67
泰和基金	550000	0.333
同益基金	550000	0.333
中信茅台	330000	0.200
吴训忠	236000	0.143
姚红军	217600	0.132
普丰基金	200770	0.122
黄平	176100	0.107
陈启文	155077	0.094
赵军	144450	0.088

注:①本年度内宣化工程机械集团有限公司持有的国家股本未发生变化,其所持股份 无质押和冻结。
②公司前 10 名股东中,第 2—10 名股东为流通股股东,其股份变化系二级市场行为,本公司亦未知其之间的关联关系。
(3)持有本公司 10%以上股权的法人股东是宣化工程机械集团有限公司,持有国家股 110,000,000 股,持股比例 66.67%,系本公司控股股东。

浙江浙大海纳科技股份有限公司

(一) 公司简介

1、公司法定中文名称:浙江浙大海纳科技股份有限公司
公司法定英文名称:Zhejiang Haina Scienceand Technology Co.,Ltd
2、公司法定代表人:梁树德
3、公司董事会秘书:朱国英
公司董事会秘书授权代表:宋 浩
联系地址:杭州市高新区2号路之江科技工业园区6号楼
联系电话:0571—6696899
传真:0571—6696899
4、公司注册地址:杭州市高新区2号路之江科技工业园区6号楼
公司办公地址:杭州市高新区2号路之江科技工业园区6号楼
邮政编码:310053
公司国际互联网网址:http://www.highne.com.cn
电子信箱:highne@mail.hz.zj.cn
5、公司选定的信息披露报纸名称:《中国证券报》
登载公司年度报告的中国证监会指定国际互联网网址:
http://www.cninfo.com.cn
公司年度报告备置地点:公司证券部
6、公司股票上市交易所:深圳证券交易所
股票简称:浙大海纳
股票代码:0925

(二) 会计数据和业务数据摘要

1、本年度主要利润指标情况 (单位:人民币元)

利润总额:	37,230,592.22 元
净利润:	29,178,708.52 万元
扣除非经常性损益后的净利润:	24714844.31
主营业务利润:	45901763.19
其它业务利润:	1151735.76
营业利润:	30178817.50
投资收益:	2587910.51
补贴收入:	1500000.00
营业外收支净额:	2963864.21
经营活动产生的现金流量净额:	44648178.78
现金及现金等价物增加额:	202350905.49

注:非经营性损益共计4,463,864.21元。主要包括:补贴收入1,500,000.00元;营 业外收支净额2,963,864.21元。营业外收入中含新股申购未中签利息收入为3,107,856.79元。

2、公司近三年主要会计数据和财务数据

项目	1999	1998 调整前	1998 调整后	1997
主营业务收入	132711703.37	98738407.85	98738407.85	84186728.64
净利润	29178708.52	28007161.62	25525358.57	25124058.78
总资产	528991714.27	179016188.39	176534385.34	151403793.06
股东权益	348132110.44	91815074.85	89352571.53	82188282.10
每股收益(加权)	0.38	0.47	0.43	0.42
每股收益(摊薄)	0.32	0.47	0.43	0.42
扣除非经常性损益后的每股收益	0.27	0.45	0.41	0.41
每股净资产	3.87	1.53	1.49	1.37
调整后的每股净资产	3.84	1.51	1.47	1.37
净资产收益率(%)	8.38	30.50	28.60	30.60
每股经营性产生的现金流量净额	0.496			

注:
主要财务指标的计算公式
每股收益=净利润/年度末普通股股份总数
每股净资产=年度末股东权益/年度末普通股股份总数
调整后的每股净资产=(年度末股东权益—三年以上的应收款项净额—待摊费用—待处理(流动、固定)资产净损失—开办费—长期待摊费用—住房周转金负数余额)/年度末普通股股份总数
每股经营活动产生的现金流量净额=经营活动产生的现金流量净额/年度末普通股股份总数
净资产收益率=净利润/年度末股东权益*100%

3、股东权益变化情况原因

项目	股本	资本公积	盈余公积	法定公益金	未分配利润	股东权益合计
期初数	60000000	31367380.02	1268889.29	422963.09	-2093127.82	90543141.49
本期增加	30000000	207410260.43	4376806.28	1458935.43	29178708.52	270965775.23
本期减少					13376806.28	13376806.28
期末数	90000000	238777640.45	5645695.57	18881898.52	13708774.42	348132110.44
变动原因:	发行新股	发行新股溢价收入	本年计提	本年计提	本年盈利	本年盈利与溢价

(三) 股东情况介绍

(1)截止1999年12月30日,股东总数为28583户。
(2)公司前10名股东持股情况

名次	股东名称	年末持股数	占总股本比例%
1	浙江大学企业集团控股有限公司	56200000	62.44
2	浙江省科技风险投资公司	2000000	2.22
3	赵建	450000	0.50
4	褚健	450000	0.50
5	李立本	450000	0.50
6	张锦心	450000	0.50
7	裕阳证券投资基金	270800	0.30
8	肖栋春	268070	0.29
9	裴四兵	199700	0.22
10	潭秀珍	174400	0.19

报告期内持股5%以上的股东为浙江大学企业集团控股有限公司,其持有股份年度内没有增减,也未有质押和冻结情况。

湖北福星科技股份有限公司

一、公司简介

1. 公司的法定中文名称:湖北福星科技股份有限公司
英文名称:HUBEI FUXING SCIENCE AND TECHNIQUE CO., LTD 缩写:HFST
2. 公司法定代表人:谭功炎
3. 公司董事会秘书:冯东兴
联系地址:湖北省汉川市沉湖镇福星街1号
电话:0712-8740018 传真:0712-8740018 电子信箱:fxkjzqb@263.net
授权代表:杨望云
电话:0712-8740038-8028 传真:0712-8740018
4. 公司注册地址:湖北省汉川市沉湖镇福星街1号
公司办公地址:湖北省汉川市沉湖镇福星街1号 邮政编码:432307
公司国际互联网网址:http://www.fxkj.com
电子信箱:hc.wr.fx@xg.hb.cninfo.net
公司选定的信息披露报纸:证券时报、中国证券报
登载公司年度报告的国际互联网网址:http://www.cninfo.com.cn
5. 公司年度报告备置于公司证券部
公司股票上市交易所:深圳证券交易所
股票简称:福星科技 股票代码:0926

二、会计数据和业务数据摘要

1.公司本年度实现利润情况 (单位:人民币元)

项目	1999年度
利润总额	71,529,111.42
净利润	57,484,991.51
非经营性损益合计	1,537,175.43
其中:新股申购冻结资金利息	2,358,235.59
合并价差摊入	-821,060.16
扣除非经常性损益后的净利润	55,947,816.08
主营业务利润	103,251,745.76
其他业务利润	271,856.53
营业利润	70,474,529.55
投资收益	-609,168.07
补贴收入	0
营业外收支净额	1,663,749.94
经营活动产生的现金流量净额	50,310,176.67
现金及现金等价物净增加额	195,402,658.00

2.公司前三年主要会计数据和财务指标(单位:人民币元)

项目	1999年	1998年	1997年
主营业务收入	358,999,871.64	384,422,715.29	300,287,081.70
净利润	57,484,991.51	56,137,818.35	45,715,302.17
总资产	774,896,573.68	543,979,327.25	406,718,405.04
股东权益(不含少数股东权益)	556,319,770.82	240,105,160.59	185,236,868.60
每股收益(摊薄)	0.280	0.37	0.30
(加权)	0.315	0.37	0.315
每股净资产	2.71	1.60	1.23
调整后的每股净资产(加权)	2.71	1.57	1.25
净资产收益率(%)	10.33	23.38	24.7
每股经营活动产生的现金流量净额	0.245	0.50	0.28
扣除非经常性损益后的每股收益	0.27	0.37	0.304

注:主要财务指标计算方法
每股收益=净利润/年度末普通股股份总数
每股净资产=年度末股东权益/年度末普通股股份总数
净资产收益率=净利润/年度末股东权益×100%
调整后的每股净资产=(年度末股东权益-三年以上的应收款项净额-待摊费用 -待处理(流动、固定)资产净损失-开办费-长期待摊费用-住房周转金负数余额)/年度末普通股股份总数
每股经营活动产生的现金流量净额=经营活动产生的现金流量净额/年度末普通股份总数

三、股东情况介绍

(1)、截止1999年12月31日,公司股东总数28501户,其中内部职工股2925户。
(2)、截止1999年12月31日,公司前十名股东持股情况:

序号	股东名称	年初持股数(股)	增加	减少	年末持股数(股)	持股比例(%)	备注
1	湖北省汉川市钢丝绳厂	122,760,000			122,760,000	59.84	未上市流通股份
2	孝感市产权交易中心	3,300,000			3,300,000	1.60	未上市流通股份
3	湖北川大纺织(集团)股份有限公司	1,650,000			1,650,000	1.25	未上市流通股份
4	普惠证券投资基金		1,000,500		1,000,500	0.49	已上市流通股份
5	林红		539,670		539,670	0.26	已上市流通股份
6	庄秋玉		430,000		430,000	0.21	已上市流通股份
7	中信天津证券业务部大港证券交易营业部		393,347		393,347	0.19	已上市流通股份
8	兴云卷烟		392,400		392,400	0.19	已上市流通股份
9	安徽省证券公司		355,700		355,700	0.17	已上市流通股份
10	同益证券投资基金		300,000		300,000	0.15	已上市流通股份

持有本公司5%以上的股东湖北省汉川市钢丝绳厂,报告期内其所持有的股份没有发生质押和冻结的情况。
(3)持股10%以上的法人股东情况
法人股东名称:湖北省汉川市钢丝绳厂 法定代表人:谭财旺
经营范围:主营日用百货、其他食品批发、零售,汽车运输修理;兼营汽车轮胎销售。

天津汽车夏利股份有限公司

一、公司简介

1、公司中文名称:天津汽车夏利股份有限公司
公司英文名称:Tianjin Automotive Xiali Co.,Ltd.
2、公司法定代表人:刘清茂
3、公司董事会秘书:张洪生　　授权代表:买宏君
联系地址:天津市南开区南京路 355 号
电话:022-27021917、022 -27021924　　传真:022-27021903
电子信箱:xiali@mail.zlnet.com.cn
4、公司注册地址:天津市南开区南京路 355 号
公司办公地址:天津市南开区南京路 355 号
邮政编码:300073
电子信箱:xiali@mail.zlnet.com.cn
5、公司信息披露报刊:中国证券报、证券时报
刊登年报互联网网址:www.cninfo.com.cn
年度报告备置地点:公司证券部
6、公司股票上市地:深圳证券交易所
公司股票简称:天津汽车　　公司股票代码:0927

二、会计数据和业务数据摘要

1、公司本年度业务数据　　(单位:人民币元)

利润总额:	575092317.80
净利润:	455363607.24
扣除非经常性损益后的净利润:	451264283.54
主营业务利润:	938570573.67
其他业务利润:	6252747.21
营业利润:	568176880.39
投资收益:	2816113.71
补贴收入:	0.00
营业外收支净额:	4099323.70
经营活动产生的现金流量净额:	80376895.75
现金及现金等价物净增加额:	811873004.52

2、近三年主要会计数据及财务指标　　(单位:人民币元)

项　目	1999 年	1998 年		1997 年
		调整后	调整前	
主营业务收入	6060794122.61	5688772969.03	5688772969.03	5796125000.00
净利润	455363607.24	394683223.57	402083223.57	500203000.00
总资产	6671174174.40	5655469613.62	5662869406.52	5507057000.00
股东权益(不含少数股东权益)	3428200488.96	1708067881.72	1715467674.62	1655154000.00
每股收益(摊薄)	0.314	0.320	0.326	0.406
每股收益(加权)	0.340	0.320	0.326	0.406
每股净资产	2.364	1.386	1.392	1.343
调整后每股净资产	2.272	1.242	1.247	1.164
每股经营活动产生的现金流量净额	0.055	0.447	0.447	—
净资产收益率	13.28%	23.11%	23.44%	30.22%

主要财务指标的计算公式
a、每股收益(摊薄)=净利润/年度末普通股股份总数
每股收益(加权)=净利润/[年初普通股股份总数+公开发行的普通股数量×(12-6)/12]
b、每股净资产= 年度末股东权益/年度末普通股股份总数
c、调整后的每股净资产=(年度末股东权益-三年以上的应收款项净额-待摊费用-待处理(流动、固定)资产净损失-开办费-长期待摊费用-住房周转金负数余额)/年度 末普通股股份总数
d、每股经营活动产生的现金流量净额=经营活动产生的现金流量净额/年度末普 通股股份总数
e、净资产收益率=净利润/年度末股东权益×100%
3、报告期内股东权益变动情况　　(单位:人民币元)

项　目	股　本	资本公积	盈余公积	其中:法定公益金	未分配利润	股东权益合计
期初数	1232158200	404430368.11	71479313.61	23826437.86	0.00	1708067881.72
本期增加	218000000	1063429000.00	68304541.08	22768847.04	387059066.16	1720132607.24
本期减少	0.00	16660000.00	0.00	0.00	0.00	0.00
期末数	1450158200	1451199368.11	139783854.69	46595284.90	387059066.16	3428200488.96

变动原因:(1)股本增加的原因是 1999 年公司发行了人民币普通股;
(2)资本公积增加是因发行新股溢价收入; 减少主要是对资产评估增值未折股部分相应增提的折旧及增加的摊销费用在计算企业应纳所得税额时不能扣除而单独作出的拨备;
(3)盈余公积中法定盈余公积金和法定公益金的增加是因分别按本年度净利润的 10%和 5%提取所致;
(4)未分配利润增加原因是本年度净利润提取 10%法定盈余公积金和 5%法定公益 金后未分配所致。

三、股本变动及股东情况

1、报告期末股东总数为 98509 户。
2、持有公司 5%以上(含 5%)股份的股东为天津汽车工业(集团)有限公司,年度内其所持股份没有发生变动(为 1,232,158,200 股),亦未发生质押或冻结情况。
公司前 10 名股东持股情况(1999 年 12 月 31 日)

名次	股东名称	年末持股数(股)	占总股本比例(%)
1	天津汽车工业(集团)有限公司	1232158200	84.97
2	基金裕阳	7838420	0.54
3	基金裕隆	7353100	0.51
4	基金兴华	4863350	0.34
5	基金泰和	2471200	0.17
6	陈伟刚	1453140	0.10
7	基金湘证	1330000	0.09
8	基金景宏	907829	0.06
9	基金天元	750000	0.05
10	吕彤岩	691800	0.05

公司前 10 名股东之间不存在关联关系。

吉林炭素股份有限公司

一　公司简介

1、公司法定名称:吉林炭素股份有限公司
公司英文名称:JILin Carbon Co.,Ltd
2、公司法定代表人:杨　超
3、公司董事会秘书:李海涛
联系地址:吉林省吉林市和平街九号
电　话:0432——2730486　　传真:0432——2730486
4、公司注册地址:吉林省吉林市和平街九号
公司办公地址:吉林省吉林市和平街九号　　邮政编码: 132002
5、公司年度业报告备置地点:公司财务部
登载公司年度报告的中国证监会指定国际互联网网址:
http://www.cninfo.com.cn
6、公司股票上市交易所:深圳证券交易所
公司信息披露的指定报刊:《证券时报》
股票简称:吉林炭素　　股票代码:0928

二　会计数据和业务数据摘要

1、公司本年度主要指标情况(金额单位:人民币元)

指标	1999 年
利润总额	97,445,934.30
净利润	68,602,716.67
扣除非经常性损益后的净利润	48,924,875.19
主营业务利润	172,310,475.14
其它业务利润	19,447,448.32
营业利润	80,987,564.94
投资收益	208,693.20
补贴收入	16,482,664.17
营业外收支净额	-232,988.01
经营活动产生的现金流量净额	-155,357,610.24
现金及现金等价物净增加额	-184,008,795.73

注:"扣除非经常性损益后的净利润"中扣除的非经常性损益项目和涉及金额(单位:人民币)

项　目	金　额
新股申购冻结利息	3,195,177.31
临时性获得的补贴收入	16,482,664.17
合计	19,677,841.48

2、截止报告期末公司前三年主要会计数据财务指标(单位:人民币元)

项　目	1999 年	1998 年		1997 年	
		调整后	调整前	调整后	调整前
主营业务收入	620,770,963.13	732,106,866.41	732,106,866.41	734,658,789.15	734,658,789.15
净利润	68,602,716.67	81,080,087.65	85,035,428.36	61,482,037.36	65,262,785.32
总资产	1,809,023,176.09	1,783,031,240.88	1,790,767.329.55	1,163,698,981.86	1,167,479,729.82
股东权益	1,000,643,649.59	932,040,932.92	939,777,021.59	359,372,821.27	363,153,569.23
每股收益	0.24	0.29	0.30	0.32	0.34
每股收益(按月平均加权法计算)	0.24	0.40	0.42	0.32	0.34
扣除非经营性资产后的每股收益	0.17	0.22	0.24	0.32	0.34
每股净资产	3.54	3.29	3.32	1.86	1.88
调整后每股净资产	3.22	3.02	3.05		
每股经营活动产生的现金流量净额	-0.55	-0.49	-0.49		
净资产收益率(%)	6.86	8.70	9.05	17.11	17.97

注:①主要财务指标计算方法
每股收益=净利润/年度末普通股股份总数
每股净资产=年度末股东权益/ 年度末普通股股份总数
调整后的每股净资产=(年度末股东权益-三年以上的应收款项净额-待摊费用 -待处理(流动、固定)资产净损失-开办费-长期待摊费用-住房周转金负数余额)/年度末普通股股份总数
每股经营活动产生的现金流量净额=经营活动产生的现金流量净额/年度末普通股股份总数
净资产收益率=净利润/年度末股东权益(100%
加权平均每股收益=年度净利润/加权平均股东
3、报告期内股东权益变动情况:(单位:人民币元)

项　目	股　本	资　本	盈余公积	其中:法定公益金	未分配利润	合　计
期初数	282,899,000.00	554,617,324.00	75,628,725.17	35,454,689.34	18,895,883.75	932,040,932.92
本期增加			20,085,586.46	10,042,793.23	48,517,130.21	68,602,716.67
本期减少						
期末数	282,899,000.00	554,617,324.00	95,714,311.63	45,497,482.57	67,413,013.96	1,000,643,649.59

变动原因:①盈余公积金增加原因是本年度按 10%提取法定公积金 1004.28 万元及按 10%提取法定公益金 1004.28 万元;
②未分配利润变动是因为本年度实现净利润及计提四项准备调整年初未分配利润。

三　股东情况介绍

(1)股东总数:截止 1999 年 12 月 31 日,本公司股东总数为 59,967 名,其中内部职工股股东 6,771 名。
(2)公司前 10 名股东持股情况:

股东名称	持股数(股)	占总股本比例(%)	备注
吉林炭素集团有限公司	150,180,000	53.09	国有法人股
成都无缝钢管有限公司	2,000,000	0.71	境内法人股
本溪钢铁有限责任公司	1,500,000	0.53	境内法人股
天津钢管公司	1,000,000	0.35	境内法人股
北满特殊钢股份有限公司	1,000,000	0.35	境内法人股
大连钢铁集团有限公司	1,000,000	0.35	境内法人股
无锡锡兴钢铁股份有限公司	1,000,000	0.35	境内法人股
四川川投长城特殊钢股份公司	1,000,000	0.35	境内法人股
冶钢集团有限责任公司	700,000	0.25	境内法人股
杭州钢铁集团有限责任公司	600,000	0.21	境内法人股

年度内公司前 10 名股东之间不存在关联关系。
持有 5%以上(含 5 %)法人股东所持股份未发生质押和冻结等情况。

兰州黄河企业股份有限公司

一、公司简介

1、公司法定中文名称:兰州黄河企业股份有限公司
公司法定英文名称:Lanzhou Huanghe Enterprise Co.,Ltd
2、公司法定代表人:杨纪强先生
3、公司董事会秘书:魏福新先生
联系地址:甘肃省兰州市中山路金运大厦22层
电话:(0931)8818228 传真:(0931)8850694 电子信箱:Lzhhqy@Lz.gs.cninfo.net
4、公司注册地址:兰州市七里河区郑家庄108号
公司办公地址:兰州市中山路金运大厦22层
5、公司选定的信息披露报纸名称:《证券时报》、《中国证券报》
登载公司年度报告的中国证监会指定国际互联网网址:http://www.cninfo.com.cn
公司年度报告备置地点:公司证券部
6、股票上市交易所:深圳证券交易所
股票简称:兰州黄河 股票代码:0929

二、会计数据和业务数据摘要

1、年度利润指标情况 (单位:人民币元)

利润总额:	44,796,877.69
净利润:	32,670,491.57
扣除非经常性损益后的净利润:	-20,955,775.48
主营业务利润:	60,929,377.46
营业利润:	-24,986,803.53
投资收益:	221,695.45
补贴收入:	67,509,672.68
营业外收支净额:	2,052,313.09
经营活动产生的现金流量净额:	-73,473,896.19
现金及现金等价物净增加额:	264,111,393.66

扣除的非经常性损益项目和涉及金额:(1)股份公司99年度发行股票获得募股资金冻结利息摊销收入2,218,138.64元;(2)股份公司母公司获得的补贴收入共计34,649,378.26元;(3)控股子公司兰州黄河啤酒有限公司获得的补贴收入32,860,294.42元的51%的影响数。

2、截止报告期末公司前三年主要会计数据和财务指标(合并报表,单位:人民币元)

	1999	1998		1997	
项目	调整后	调整前	调整后	调整前	调整后
主营业务收入	266770598.57	377977301.03	377977301.03	360248083.00	360248083.00
净利润	32670491.57	31471320.00	32852211.63	27102649.00	23390866.59
总资产	1150681766.93	642865746.00	583727072.70	513539378.00	509827595.59
股东权益	526179231.75	159660971.00	157330079.68	126692651.00	122980868.59
每股收益	0.3327	0.5916	0.6175	0.5094	0.4397
扣除非经营损益后的每股收益	-0.2134	0.5252	0.5550	0.3578	0.2880
加权每股收益	0.4112	0.5916	0.6175	0.5094	0.4379
每股净资产	5.36	3.00	2.96	2.38	2.31
每股经营活动产生的现金净流量	-0.7482	-0.3453	-0.3453		
调整后每股净资产	5.16	2.75	2.71	2.12	2.05
净资产收益率%	6.21	19.71	20.88	21.39	19.02
加权净资产收益率%	9.56	19.71	20.88	21.39	19.02

注:(1)主要财务指标计算方法
每股收益=净利润/年度末普通股股份总数
每股净资产=年度末股东权益/年度末普通股股份总数
调整后的每股净资产=(年度末股东权益-三年以上的应收款项净额-待摊费用-待 处理(流动、固定)资产净损失-开办费-长期待摊费用-住房周转金负数余额)/年度末 普通股股份总数
每股经营活动产生的现金流量净额=经营活动产生的现金流量净额/年度末普通股股份总数
净资产收益率=净利润/年度末股东权益×100%

3、股东权益变动情况(单位:人民币元)

项目	期初数	本期增加数	本期减少数	期末数
股本	53200000.00	45000000.00	-	98200000.00
资本公积	25188856.54	291178660.50	-	316367517.04
盈余公积	15317246.30	4900573.74	-	20217820.04
法定公益金	5105748.77	1633524.57	-	6739273.35
未分配利润	63623976.84	27769917.83	-	91393894.67
股东权益合计	157330079.68	368849152.07	-	526179231.75

变动原因:股本增加,是由于报告期内发行4,500万股社会公众股;资本公积增加是 由于报告期内发行4,500万股新股的股票溢价形成。盈余公积、法定公益金增加是由 于从本年度利润中提取一定数额;未分配利润是因为本年度实现利润所致。股东权益 增加是因为本年溢价发行新股及本年实现利润所致。

三、股东情况介绍

1、报告期末公司股东总数26,400户。
2、前十名股东持股情况

名次	股东名称	持股数(股)	占总股本比例%
1	兰州黄河企业集团公司	40,000,000(法人股)	40.73
2	甘肃省工业交通投资公司	5,000,000(法人股)	5.09
3	北京首都国际机场商贸公司	5,000,000(法人股)	5.09
4	中国石化集团第五建设公司	3,000,000(法人股)	3.05
5	景博证券投资基金	818,860	0.83
6	景阳证券投资基金	758,157	0.77
7	乌鲁木齐市精宏实业有限公司	348,830	0.35
8	新疆乌市通信技术开发总公司	310,100	0.32
9	海通乔口	285,200	0.29
10	陈瑞奇	276,945	0.28

注: (1)甘肃省工业交通投资公司为国家股代表持股单位。
(2)兰州黄河企业集团公司是本公司的母公司,控股40.73%,杨世江先生为其法定代表人。主要经营啤酒麦芽制造、商标印刷、针纺织品、机械制造、建筑、汽车修理等。为申请利用北欧投资银行政府间国际贷款(折合4,500万元人民币)引进新建年产5万吨纯生啤瓶装生产线,根据国家财政部和地方财政部门的要求,集团公司于2000年4月以其所持本公司4,000万股法人股中的2,000万股向财政部门提供质押反担保。本项贷款期限15年,自建设期第三年开始还本付息,15年还清。

安徽丰原生物化学股份有限公司

一、公司简介

1、公司法定中文名称:安徽丰原生物化学股份有限公司 中文简称:丰原生化
公司法定英文名称:ANHUI BBCA BIOCHEMICAL CO., LTD. 简称:BBCA BIOCHEMICAL
2、公司法定代表人:李荣杰先生
3、公司董事会秘书:何宏满先生
联系地址:安徽省蚌埠市大庆路73号
电 话:0552-4926486 传 真:0552-4926733 电子信箱:cb@ca.bbca.com.cn
4、公司注册地址:安徽省蚌埠市大庆路73号 邮政编码:233010
公司网址:http://www.bbca.com.cn 电子信箱:postmaster@ca.bbca.com.cn
5、公司选定的信息披露报纸名称:《证券时报》
登载公司年报的网址:http://www.cninfo.com.cn
公司年度报告备置地点:公司证券部
6、公司股票上市交易所:深圳证券交易所
股票简称:丰原生化 股票代码:0930

二、会计数据和业务数据摘要

1、本年度主要会计数据 (单位:人民币元)

利润总额	47,813,160.22
净利润	40,641,186.19
扣除非经常性损益后的净利润	40,080,053.35
主营业务利润	98,620,221.60
其他业务利润	194,967.12
营业利润	47,252,027.38
补贴收入	469,303.00
营业外收支净额	91,829.84
经营活动产生的现金流量净额	-144,209,588.68
现金及现金等价物净增加额	183,420,367.95

注:扣除的非经常性损益项目和涉及金额:

(1)营业外收支净额项目:	91,829.84
a.处理固定资产净收益	17,761.23
b.发行股票冻结资金利息	1,135,931.49
c.罚款净收入	19,915.62
d.公益性支出	892,200.00
e.其他净支出	189,578.50
(2)补贴收入项目:	469,303.00
a.财政专项补助	469,303.00
(3)以上项目涉及金额:	561,132.84

2、近三年主要会计数据和财务指标(单位:人民币元)

项 目	1999年	1998年		1997年
		调整前	调整后	
主营业务收入	482901137.34	345643004.50	345643004.50	229005236.47
净利润	40641186.19	36469244.50	35236945.25	29329015.88
总资产	1080302199.85	490576563.05	488912788.18	307607049.73
股东权益	571943572.86	150281595.30	148867386.67	98988827.35
每股收益(全面摊薄)	0.277	0.419	0.405	0.655
按月平均加权法计算的每股收益	0.347	0.419	0.405	0.655
每股净资产	3.891	1.728	1.712	2.210
调整后的每股净资产	3.860	1.579	1.563	2.189
每股经营活动产生的现金流量净额	-0.981			
调整后每股经营活动产生的现金流量净额	0.393			
净资产收益率%(全面摊薄)	7.11	24.27	23.67	29.63
净资产收益率%(加权平均)	11.28	29.26	28.43	35.16
扣除非经常性损益后的每股收益	0.273	0.407	0.393	0.654

注:主要财务指标计算公式
每股收益(全面摊薄)=净利润/年度末普通股股份总数
每股净资产=年度末股东权益/年度末普通股股份总数
净资产收益率(全面摊薄)=净利润/年度末股东权益×100%
净资产收益率(加权平均)=净利润/[(年初股东权益+年度末股东权益)÷2]×100%

3、股东权益变动情况(单位:人民币元)

项目	股本	资本公积	盈余公积	法定公益金	未分配利润	股东权益合计
期初数	86978800	44895843	2548911	849637	14443831	148867386
本期增加	60000000	322435000	6096177	2032059	34545008	423076186
本期减少						
期末数	146978800	367330843	8645089	2881696	48988839	571943572

变动原因:股本变动原因是由于本公司于1999年6月21日发行了6,000万股社会公众股股票;
资本公积的增加主要是公司发行6,000万股股票的股本溢价,以及对马鞍山投资 商标使用权的协议作价;
盈余公积和法定公益金变动是因为本年度利润提取数额;
未分配利润的变动是因为本年度增加和计提四项准备调整年初利润。

三、股本变动及股东情况

1、股东情况介绍
(1)截止1999年12月31日,公司股东总数为29585户。
(2) 报告期末公司主要股东持股情况

股东名称		持股数(股)	占总股本比例(%)
1	安徽丰原集团有限公司	85,000,000	57.83
2	天元证券投资基金	2,945,979	2.00
3	普丰证券投资基金	2,177,871	1.48
4	开元基金	1,137,436	0.77
5	江元娥	1,045,370	0.71
6	周华	942,419	0.64
7	金泰基金	729,800	0.50
8	安徽省固镇县化工总厂	659,600	0.45
9	蚌埠建设投资公司	659,600	0.45
10	景博证券投资基金	621,433	0.42

注:1 公司前十名股东中未存在关联关系。
2 安徽丰原集团有限公司为本公司国家股股东。

北京中关村科技发展股份有限公司

(一) 公司简介

1、公司法定中文名称:北京中关村科技发展股份有限公司
公司法定英文名称:Beijing Centergate Technologies Co., Ltd.
2、公司法定代表人:郝有诗先生
3、公司董事会秘书:郭虎亮先生
联系地址:北京市海淀区知春路 20 号
电话:(010)62023636 传真:(010)82074490 电子信箱:Huliang99@263.net
4、公司注册地址:北京市海淀区海淀路 9 号
办公地址:北京市海淀区知春路 20 号 邮政编码:100088
公司国际互联网网址:http://www.centek.com.cn
5、公司选定的信息披露报纸名称:《中国证券报》、《证券时报》、《上海证券报》
登载公司年度报告的中国证监会指定国际互联网网址:http://www.see.com.cn
公司年度报告备置地点:公司证券部
6、公司股票上市交易所:深圳证券交易所
股票简称:中关村 股票代码:0931

(二) 会计数据和业务数据摘要

1、本年度主要利润指标情况 单位:人民币元

利润总额:	207242208.81
净利润:	176383866.90
扣除非经常性损益后的净利润:	147883866.90
主营业务利润:	308688625.47
其他业务利润:	-142063.16
营业利润:	169565665.12
投资收益:	9295417.94
补贴收入:	28500000.00
营业外收支净额:	-118874.25
经营活动产生的现金流量净额:	-387471550.32
现金及现金等价物净增加额:	382321133.42

注:扣除非经营性损益为财政返还地价款中的土地出让金计 28500000 元。

2、截止报告期末公司前三年主要会计数据和财务指标 单位:人民币元

	1999 年度	1998 年度	1997 年度
主营业务收入	2224531665.64	2099542077.06	1745138747.10
净利润	176383866.90	84852996.19	63171326.78
总资产	3123170821.24	1353800471.39	1446885934.55
股东权益(不含少数股东权益)	1626400408.84	459590047.24	395465726.24
每股收益	0.26	0.31	0.23
每股净资产	2.41	1.70	1.46
调整后每股净资产	2.41	1.70	1.46
每股经营活动产生的现金流量净额	-0.57		
净资产收益率	10.85%	18.46%	15.97%
扣除非经常性损益后的每股收益(元)	0.22	0.31	0.23
按月平均加权法计算的每股收益(元)	0.32	0.31	0.23

注 1:其中:1999 年度总股本按 67484.694 万股计算;1998 年度总股本按 27000 万股计算;1997 年度按 27000 万股计算。

注 2:主要财务指标计算公式
每股收益=净利润/年度末普通股股份总数
每股净资产=年度末股东权益/ 年度末普通股股份总数
调整后的每股净资产=[年度末股东权益-三年以上的应收款项净额-待摊费用-待 处理(流动、固定)资产净损失-开办费-长期待摊费用-住房周转金负数余额]/年度末 普通股股份总数
每股经营活动产生的现金流量净额=经营活动产生的现金流量净额/年度末普通股股份总数
净资产收益率=净利润/年度末股东权益×100%

注 3:应收款项包括应收帐款、其他应收款、预付帐款、应收股利、应收利息、应收补贴款。

3、报告期内股东权益变动情况表 单位:人民币元

项 目	股 本	资本公积	盈余公积	未分配利润	股东权益合计
期初数	270000000	189590047.24	0	0	459590047.24
本期增加	404846940	876396642.94	35276773.38	39880052.52	1356400408.84
本期减少	0	189590047.24	0	0	189590047.24
期末数	674846940	876396642.94	35276773.38	39880052.52	1626400408.84

变动原因:(1)股本增加 404846940 元,是由于北京市国有资产经营公司等其他六家发起人共 同入资 30000000 元, 住总集团以资本公积 187423470 元置换 "琼民源" 社会流通股, 增 发社会流通股 187423470 元所形成。

(2)资本公积增加 876396642.94 元,是由于增发社会流通股,募集资金资本溢价。 资本公积减少 189590047.24 元,是由于置换"琼民源"社会流通股 187423470 元,资产 评估减值 2166577.24 元所致。

(3) 盈余公积增加 35276773.38 元, 是根据董事会决议, 按净利润分别提取 10%的盈余公积 17638386.69 元和 10%的法定公益金 17638386.69 元。

(4)未分配利润增加,报告期实现净利润 176383866.9 元,根据董事会决议按净利润 10%提取盈余公积和公益金后,按普通股每 10 股分配现金股利 1.5 元(含税),共计派发 现金 101227041 元, 尚余可供股东分配的利润 39880052.52 元。

(三) 股东情况介绍

1. 报告期末股东总数为 225,090 户。
2. 报告期末公司主要股东持股情况

股东名称	持股数(股)	占总股本比例(%)
北京住总集团有限责任公司	270,000,000	40.01
北京市国有资产经营公司	11,000,000	1.63
北京仕合科技有限责任公司	5,328,661	0.79
陆海龙	5,019,938	0.74
北京实创高科技发展总公司	5,000,000	0.74
北京市新技术产业发展服务中心	5,000,000	0.74
金鑫证券投资基金	4,587,795	0.68
北京东南物业管理有限责任公司	4,548,601	0.67
汉盛证券投资基金	4,000,006	0.59
四通集团公司	3,000,000	0.44

注:(1)报告期内住总集团持有的发起人股没有发生变化,所持本公司股份无质押和冻结情况。
(2)公司前十名股东中第 3—4、7—9 位为流通股股东,本公司未知其关联关系。

湖南华菱管线股份有限公司

一、公司简介

1、公司法定中文名称:湖南华菱管线股份有限公司
公司法定英文名称:Hunan Valin Steel Tube & Wire Co.,Ltd
2、法定代表人:李效伟
3、董事会秘书:汪俊
电话:0731-2565976 2245196 传真:0731-4447112 2245196 E-mail:wunjun@sina.com
4、公司注册地址:湖南省长沙市书院路 462 号
公司办公地址:湖南省长沙市芙蓉中路 269 号华菱大厦 20 楼 邮政编码:410011
网址:http://www.valin.com.cn E-mail:hlgx@public.cs.hn.cn
5、公司选定境内信息披露报纸:《中国证券报》、《证券时报》
中国证监会指定的年报登载网址:http://www.cninfo.com.cn
公司年度报告备置地点:湖南省长沙市芙蓉中路 269 号华菱大厦 20 楼本公司证券部
6、股票上市地:深圳证券交易所
股票简称:华菱管线 股票代码:0932

二、会计数据和业务数据摘要

(一)、公司本年度实现利润情况:

利润总额:	364,556,469.99
净利润:	311,207,245.54
非经常性损益合计:	1,357,663.87
其中:新股申购冻结资金利息	1,357,663.87
资产处置损益:	
合并价差摊入:	
扣除非经常性损益后的净利润:	309,849,581.,67
主营业务利润:	584,225,504.83
其他业务利润:	4,736,742.08
营业利润:	363,771,084.68
投资收益:	
补贴收益:	
营业外收支净额:	785,385.31
经营活动产生的现金流量净额:	76,875,427.79
现金及现金等价物净增加额:	308,558,209.00

(二)、公司近三年主要会计数据及财务指标:

项 目	1999 年	1998 年		1997 年	
		调整前	调整后	调整前	调整后
主营业务收入	4874224553.83	4526511042.50	4526511042.50	4372631792.08	4372631792.08
净利润	311207245.54	308138117.35	242437257.51	313836421.14	279936804.80
总资产	4734435682.30	3621930054.06	3522329577.91	3626960607.42	3593060990.11
股东权益	2774723463.86	1696918474.36	1597317998.21	1388780357.01	1354880740.70
每股收益(加权)	0.2746	0.2935	0.2309	0.2989	0.2666
每股收益(摊薄)	0.2485	0.2935	0.2309	0.2989	0.2666
扣除非经常性损益后的每股收益	0.2474	0.2935	0.2309	0.2989	0.2666
每股净资产	2.22	1.62	1.52	1.32	1.16
调整后的每股净资产	2.06	1.49	1.43	1.13	1.10
净资产收益率(摊薄)	11.22%	18.16%	5.18%	22.60%	20.66%
净资产收益率(加权)	13.76%	18.16%	15.18%	22.60%	20.66%
每股经营活动产生的现金流量净额	0.06				

(三)、股东权益变化及原因

项 目	期初数	本期增加	本期减少	期末数
股本	1050000000	202300000		1252300000
资本公积	338780357.01	1039588220.11		1378368577.12
盈余公积		46681086.84		46681086.84
其中:公益金		15560362.28		15560362.28
未分配利润	208537641.20	264526158.70	375690000.00	97373799.90
股东权益合计	1597317998.21	1553095465.65	375690000.00	2774723463.86

变动原因:股本增加为公司于 1999 年 7 月 5 日发行 200,000,000 股人民币普通股股票及其他四家发起人投入的 230 万股所致; 资本公积增加为本公司国有法人股折股及以 5.30 元/股 发行的公众股超出面值部分的溢价转入;盈余公积金增加部分为本公司本年度盈利提 取;未分配利润减少是因为本年度利润分配预案:向全体股东每 10 股派现金 3.00 元(含 税)所致;;股东权益增加为公司本年度发行新股及本年度盈利留存所致。

三、股东情况介绍

1、报告期末股东总数为 106211 户
2、主要股东持股情况(截止 1999 年 12 月 31 日)

股 东 名 称	期末持股数	期内增减	占总股本比例
1 湖南华菱钢铁集团有限责任公司	1,050,000,000	0	83.84
2 泰和证券投资基金	2,700,000	2,700,000	0.216
3 长沙矿冶研究院	2,000,000	0	0.160
4 刘玉凤	799,000	799,000	0.064
5 陈春香	304,883	304,883	0.0240
6 林静	300,000	300,000	0.024
7 梁菊霞	291,200	291,200	0.023
8 纪雪飞	280,000	280,000	0.022
9 王新兰	238,120	238,120	0.019
10 蔡少伟	227,600	227,600	0.018

注:(1)、湖南华菱钢铁集团有限责任公司、长沙矿冶研究院所持股份为发起人法人股。
(2)、前 10 名股东之间无关联交易。
(3)、持有 5%以上(含 5%) 的法人股股东所持股份无质押、冻结等情况。

3、持股 10%以上(含 10%)法人股东情况介绍

湖南华菱钢铁集团有限责任公司法人代表为李效伟,其经营范围:生产、销售黑色、有色金属产品、矿产品、炭素制品及其延伸产品、副产品、水泥、焦炭、焦化副产品、耐火材料;供应生产所需的冶炼、机械电器设备和配件以及燃料、原辅材料;经营本企业自产的产品出口(国家组织统一联合经营的出口商品除外);进口本企业生产科 研所需的原辅材料、机械设备、仪器仪表及零配件(国家实行核定公司经营的出口商 品除外); 经营本企业的加工贸易和补偿贸易业务。

4、报告期内无控股股东变更情况。

河南神火煤电股份有限公司

一、公司简介

1.公司法定中文名称:河南神火煤电股份有限公司
公司法定英文名称:HENAN SHEN HUO COAL INDUSTRY AND ELECTRICITY POWER CO., LTD.
2.公司法定代表人:李志经
3.公司董事会秘书:王培顺 授权代表:李孟臻
联系地址:河南省永城市新城区光明路
电话:0370-5114822 5114055 传真:0370-5114822
4.公司注册地址:河南省永城市新城区光明路
公司办公地址:河南省永城市新城区光明路
邮政编码:476600
5.公司年报备置地点:公司董事会秘书办
公司指定信息披露报纸:《中国证券报》、《证券时报》
登载公司年度报告的中国证监会指定国际互联网网址:
http://www.cninfo.com.cn
6.公司股票上市交易所:深圳证券交易所
股票简称:神火股份 证券代码:0933

二、会计数据和业务数据摘要

1.1999年度公司实现利润总额111,652,845.71元,净利润77,489,405.99元,扣除非经常性损益后的净利润66,093,673.68元;其中主营业务利润168,614,827.43元,其他业务利润1,955,103.32元,投资收益4,200,000.00元,补贴收入8,205,079.42元,营业外收支净额3,190,652.89元,经营活动产生的现金流量净额58,538,903.79元,现金及现金等价物净增加额60,473,164.64元。(注:扣除非经常性损益1股票冻结利息收入3,298,879.24元;2所得税返还8,205,079.42元;3无法支付款项20,171.00元;4捐赠支出15,000.00元;5 处理固定资产损失 113,397.35元;)

2.主要会计数据和财务指标 单位:人民币元

指标项目	1999年	1998年(调整后)	1998年(调整前)	1997年
1. 主营业务收入	462349897.42	412915734.28	412915734.28	416985857.65
2. 净利润	77489405.99	58737824.93	63309505.5	64278644.56
3. 总资产	1032802692.21	560319600.34	564891280.91	448009055.23
4. 股东权益	770046441.37	211603668.52	216175349.09	145120271.84
5. 每股净资产	3.367	1.334	1.362	
6. 调整后的每股净资产	3.345			
7. 每股经营活动产生的现金流量净额	0.46		0.452	
8. 每股收益	0.339	0.370	0.399	
9. 加权平均每股收益	0.413	0.370	0.399	
10. 净资产收益率	10.06	27.76	29.3	44.39

注:主要财务指标的计算公式如下:
每股收益=净利润/年度末普通股股份总数
每股净资产=年度末股东权益/ 年度末普通股股份总数
调整后的每股净资产=(年度末股东权益-三年以上的应收款项净额-待摊费用 -待处理(流动、固定)资产净损失-开办费-长期待摊费用-住房周转金负数余额)/年度末普通股股份总数
每股经营活动产生的现金流量净额=经营活动产生的现金流量净额/年度末普通股股份总数
净资产收益率=净利润/年度末股东权益× 100%

三、股本变动及股东情况

1.股本变动情况

公司于1999年7月23日经中国证券监督管理委员会核准,首次向社会公众公开发 行人民币普通股股票7000万股。公司股本结构变更为:普通股22868万股,其中发起人持有国有法人股15868万股,社会公众股东持有7000万股。

公司股份变动情况表 数量单位:万股

	本次变动前	本次变动增减(+、-)						本次变动后
		配股	送股	公积金转股	增发	其他	小计	
一、未上市流通股份								
1、发起人股份	15868							15868
其中:境内法人持有股份	15868							15868
未上市流通股份合计	15868							15868
二、已上市流通股份					7000		7000	7000
已上市流通股份合计					7000		7000	7000
三、股份总数	15868				7000		7000	22868

2.股票发行及上市情况

报告期内公司未发生过送配及转增股份事项。

公司董事、监事及高级管理人员均不持有本公司股份。

3.股东情况介绍

报告期末股东总数为44410户。

持有公司5%以上股份的股东是河南神火集团有限公司(以下简称神火集团),神火集团持有本公司股份15763.21万股,占总股本的68.93%,是本公司的控股股东 和主要发起人。神火集团是国家重点扶持的520家企业,生产经营范围涉及煤炭开采 及洗选加工、机械制造、建筑建材、纺织、医药、商贸等行业。

神火集团年度内持有本公司股份无增减变化,亦不存在质押或冻结情况。

4.截止1999年12月31日,持有本公司股票的前10名股东名单:

序号	股东名称	持股数	占总股本比例%
01	河南神火集团有限公司	157632100	68.93
02	中国经济技术投资担保有限公司上海分公司	684871	0.29
03	泰和证券投资基金	500000	0.22
04	同益证券投资基金	500000	0.22
05	景宏证券投资基金	500000	0.22
06	汉盛证券投资基金	500000	0.22
07	裕隆证券投资基金	500000	0.22
08	金泰基金	500000	0.22
09	财政南京	350000	0.15
10	永城市铝厂	349300	0.15

注:基金泰和、基金同益、基金景宏、基金汉盛、基金裕隆是因为本公司1999年7月23日公开发行股票时获得定向配售进入前十位的。

公司前十位股东中,第一名和第十名股东为本公司发起人,其所持有股份均为未上市流通的国有法人股,其余股东为持有本公司上市流通股的股东。

四川双马水泥股份有限公司

一、公司简介

(一)公司的法定中文名称:四川双马水泥股份有限公司
英文名称:SICHUAN SHUANGMA CEMENT CO.LTD
(二)公司法定代表人:唐月明
(三)公司董事会秘书:邵柯夫
联系地址:四川省江油市二郎庙镇
联系电话:(0816)3721405 传真(0816)3721498
授权代表:张平
联系地址:四川省江油市二郎庙镇
联系电话:(0816)3721468 传真(0816)3721498
(四)公司注册地址:四川省江油市二郎庙镇
公司办公地址:四川省江油市二郎庙镇 邮政编码:621716
公司国际互联网网址:http//www.cement.com.cn 电子信箱:smsn@my-public.sc.cninfo.net
(五)公司选定的信息披露报纸:《中国证券报》、《证券时报》
登载公司年度报告的中国证监会指定国际互联网网址:http//www.cninfo.com.cn
公司年度报告备置地点:公司证券部
(六)公司股票上市交易所:深圳证券交易所 股票简称:四川双马 股票代码:0935

二、会计数据和业务数据摘要

(一)本年度利润总额及构成 (单位:元)

项目	金额
利润总额(元)	57,131,944.50
净利润(元)	40,676,014.44
扣除非经常性损益后的净利润(元)	41,443,399.36
主营业务利润(元)	124,394,518.12
其他业务利润(元)	28,278.53
营业利润(元)	57,842,742.15
投资收益(元)	-548,971.96
营业外收支净额(元)	-161,825.69
经营活动产生的现金流量净额(元)	56,912,698.31
现金及现金等价物净增加额(元)	133,472,714.17

说明:扣除的非经常性损益项目如下:
1. 长期投资差额摊销1143635.21元。
2. 新股申购冻结资金利息376250.29元。
3. 以上项目涉及金额767384.92元。

(二)主要会计数据和财务指标

项目	1999年	1998年	1997年
主营业务收入(元)	365,525,870.52	303,270,303.93	266,515,251.53
净利润(元)	40,676,014.44	29,702,495.67	29,867,933.79
总资产(元)	706,885,683.33	341,708,241.19	314,004,368.28
股东权益(元)	456,014,882.49	185,616,262.75	149,912,165.56
每股收益(元/股)	0.2292	0.2487	0.2500
每股净资产(元)	2.5698	1.5539	1.2550
加权平均每股收益(元)	0.2740	0.2487	0.2500
扣除非经常性收益的每股收益(元)	0.2335	0.2487	0.2500
调整后的每股净资产(元/股)	2.5489	1.5481	1.2442
每股经营活动产生的现金流量金额	0.3207		
净资产收益率(%)	8.9199	16.0021	19.92

注:财务指标计算公式:主要财务指标计算方法
每股收益=净利润/年度末普通股股份总数
每股净资产=年度末股东权益/年度末普通股股份总数
调整后每股净资产=[年度末股东权益-三年以上的应收帐款项净额-待摊费用-待处理(流动、固定)资产净损失-开办费-长期待摊费用-住房周转金负数余额]/年度末普通股股份总数
净资产收益率=净利润/年度末股东权益×100%
每股经营活动产生的现金流量净额=经营活动产生的现金流量净额/年度末普通 股股份总数

(三)本年度股东权益变动情况及原因 单位:元

项目	期初数	本期增加	本期减少	期末数
股本	119,450,000.00	58,000,000.00		177,450,000.00
资本公积	63,765,233.72	193,016,605.30		256,781,839.02
盈余公积	360,154.35	6,045,928.50		6,406,082.85
法定公益金	120,051.45	2,015,039.50		2,135,360.95
未分配利润	2,040,874.68	34,630,085.94	21294000	15,376,960.62

注:1、股本增加是由于股票发行所致;
2、资本公积金增加是由于股票发行所致;
3、盈余公积及公益金增加系公司本年度实现净利润计提和增加合并会计报表单 位所致;
4、未分配利润变动是由于本年度利润增加和分配预案所致。

三、股东情况介绍

(一)截止1999年12月31日,公司股东总数为39946户。
(二)公司前十名股东持股情况(单位:万股)

股东名称	年末持股	比例	年初持股	比例
四川双马水泥(集团)有限公司	11800	66.50%	11800	98.786%
同益基金	53	0.299%	—	—
景宏基金	53	0.299%	—	—
汉盛基金	53	0.299%	—	—
裕隆基金	53	0.299%	—	—
兴华基金	53	0.299%	—	—
泰和基金	50	0.282%	—	—
四川矿山机器厂	40	0.225%	40	0.355%
成都市建筑材料总公司	40	0.225%	40	0.355%
广旺矿务局	35	0.197%	35	0.293%

说明:1、前10名股东不存在关联关系。
2、四川双马水泥(集团)有限公司所持股份为国家股
3、四川矿山机器厂、成都市建筑材料总公司、广旺矿务局所持股份为发起人法 人股,未上市流通。
4、本公司前十名股东中,同益基金、景宏基金、汉盛基金、裕隆基金、兴华基 金、泰和基金所持股份为上市流通股份。

江苏华西村股份有限公司

一、公司简介

1、公司的法定中文名称:江苏华西村股份有限公司

公司的法定英文名称:Jiangsu Huaxicun Co., Ltd.　缩写:H.X.C.

2、公司法定代表人:包丽君

3、公司董事会秘书:卞武彪　授权代表:刘帜萍

联系地址:江苏省江阴市华西村

电话:0510-6217188　0510-6217177　传真:0510-6201744

4、公司注册及办公地址:江苏省江阴市华士镇华西村　邮政编码:214420

5、选定的信息披露报纸名称:《证券时报》

登载公司年度报告的国际互联网址:http://www.cninfo.com.cn

年度报告备置地点:公司董事会办公室

6、上市交易所:深圳证券交易所　股票简称:华西村　股票代码:0936

二、会计数据和业务数据摘要

1、公司本年度实现利润情况　(单位:人民币元)

利润总额	64425713.15
净利润	54695136.71
扣除非经常性损益后的净利润	50462629.17
主营业务利润	73077705.96
其他业务利润	2784748.03
营业利润	60148222.79
营业外收支净额	4277490.36
经营活动产生的现金流量净额	20932517.73
现金及现金等价物净增加额	229057613.60

注:扣除的非经常性损益项目及金额为:冻结资金利息4232507.54元。

2、近三年的主要会计数据和财务指标(单位:人民币元)

	1999年	1998年		1997年	
		(调整前)	(调整后)	(调整前)	(调整后)
主营业务收入	24525.49	24422.05	24422.05	31731.80	31731.80
净利润	5469.51	4384.62	4334.89	4934.40	4910.12
总资产	49446.64	19274.69	19081.23	21003.63	20859.91
股东权益	43951.05	10500	10306.54	6681.45	6537.73
每股收益(加权)	0.46	-	-	-	-
每股收益(摊薄)	0.39	-	-	-	-
每股净资产	3.14	-	-	-	-
调整后的每股净资产	3.13	-	-	-	-
每股经营活动产生的现金流量净额	0.15	-	-	-	-
净资产收益率(%)	12.44	-	-	-	-

注:以上有关数据计算方法:

每股收益=净利润/年度末普通股股份总数

每股净资产=年度末股东权益/年度末普通股股份总数　调整后的每股净资产=(年度末股东权益-三年以上的应收款项净额-待摊费用-待处理(流动、固定)资产净损失-开办费-长期待摊费用-住房周转金负数余额)/年度末普通股股份总数

净资产收益率=净利润/年度末股东权益×100%

(因公司于99年5月改制,7月13日上市,故98年以前的财务指标未列出。)

3、本报告期内股东权益变动情况(单位:万元)

项目	股本	资本公积	盈余公积	法定公益金	未分配利润	股东权益合计
期初数	5000	100	1447.26	723.63	3035.64	10306.53
本期增加	9000	24675	546.95	273.48	4649.09	39144.52
本期减少		100	1466.61	733.30	3200.09	5500
期末数	14000	24675	527.60	263.81	4484.64	43951.05

变动原因:按98年末公司经审计后的帐面净资产值按1:1的比例折合为公司等额股份10500万股,公司的注册资本由5000万元变更为10500万元。1999年7月13日,公司公开发行3500万股A股,发行后公司股本增加到14000万元。公司根据财政部[1999]35号文计提了四项减值准备,并按追溯法调整以前年度会计报表。

三、股东情况介绍

1、报告期末股东总数为:18826户。

2、前十名股东持股情况

股东名称	持股数量(万股)	持股比例%
(1)江苏华西集团公司	9927.02	70.91
(2)江阴市华士华西冷轧带钢厂	477.75	3.41
(3)申达集团公司三产服务分公司	135.14	0.96
(4)江阴市塑料包装二厂	88.96	0.63
(5)王银美	60.16	0.42
(6)钱亚萍	52.67	0.38
(7)徐祥妹	51.86	0.37
(8)江阴市华明实业总公司	47.62	0.34
(9)杨群	47.01	0.33
(10)郭兴遂	44.51	0.31

说明:1、持有本公司5%以上股份的股东无质押或冻结情况。

四、董事会报告

公司经营情况

公司所处行业及主营业务范围

公司所处的行业为纺织行业,公司的规模和盈利能力均处于行业前列。"华西村"呢绒被评为"江苏省名牌产品";"华西村"商标被评为"无锡市知名商标";还被评为99年江苏市场消费者购物首选品牌。"华西村"和"仁宝"牌服装,荣获国家产品质量监督抽查"优等品",在中国市场名牌纺织品竞争力调查活动中,取得西服行业的"十大品牌"称号。

公司主营纺织品、服装制造、国内贸易、热电、"华西村"牌系列卷烟批发。公司产品销售主要集中在苏、浙地区。1999年公司生产形势较好,呢绒产量和质量都有较大提高,热电产量比上年超产435.32万千瓦,全公司实现销售收入24525.49万元,净利润5470万元,比上年净增1135万元,部分经济技术指标创历史最好水平,完成年初盈利预测的99.18%。

报告期内,公司在各厂开展"抓质量,创品牌,上精品"全面质量管理活动,紧紧围绕生产开展技术攻关,以提高产品质量、降低成本为中心,在毛纺厂贯行ISO9002国际标准化质量体系,取得较好效果。全年产成品一等品率由97.08%上升为98.96 %,一次性获得ISO9002国际标准化质量体系认证书。

河北金牛能源股份有限公司

一、公司简介

1、公司法定中英文名称及缩写

公司法定中文名称及缩写:河北金牛能源股份有限公司　"金牛能源"

公司法定英文名称及缩写:HEBEI JINNIU ENERGY RESOURCES Co. Ltd "JNNY"

2、公司法定代表人:郑存良

3、公司董事会秘书:刘彦春

联系地址:河北省邢台市中兴路104号

联系电话:0319—2068242

传　真:0319—2023102

电子信箱:liuyanc@xt-user.he.cninfo.net

4、公司注册地址和办公地址:河北省邢台市中兴路104号

邮政编码:054021

公司电子信箱:master @ goldbullenergy.com

国际互联网网址:www.goldbullenergy.com

5、公司选定的信息披露报纸:证券时报、上海证券报

刊登公司年度报告的国际互联网网址:www.cninfo.com.cn

公司年度报告备置地点:公司证券部

6、公司股票上市交易所:深圳证券交易所

证券名称:金牛能源　证券代码:0937

二、会计数据和业务数据摘要

1、公司本年度会计数据　单位:人民币元

利润总额	197,484,687.52
净利润	139,946,555.29
扣除非经营性损益后的净利润	139,682,901.51
主营业务利润	375,923,715.77
其它业务利润	843,226.58
营业利润	198,808,714.40
营业外收支净额	-1,324,026.88
经营活动产生的现金流量净额	30,635,885.07
现金及现金等价物净增加额	598,779,410.48

注:公司扣除非经营性损益的项目

A股发行申购冻结资金利息　310180.92元。

2、截止报告期末,公司前三年的主要会计数据和财务指标:

(1)主要会计数据和财务指标:　单位:人民币元

序号	项目	1999年度	1998年度		1997年度	
			调整后	调整前	调整后	调整前
1	主营业务收入	803721425.23	870081817.72	870081817.72	881475315.42	881475315.42
2	净利润	139946555.29	130803951.82	145565395.64	146522908.75	146522908.75
3	总资产	1818476187.86	636903070.81	636903070.81	639510964.17	639510964.17
4	股东权益	1381316588.20	282335465.97	297096909.79	296152173.07	296152173.07
5	每股收益(摊薄)	0.329	0.440	0.440	0.45	0.45
6	每股净资产	3.250		0.950	0.911	0.911
7	调整后的每股净资产	3.248	0.869		0.911	0.911
8	每股经营活动产生的现金流量净额	0.07				
9	净资产收益率(摊薄)	10.13%				
	净资产收益率(加权)	21.57%	46.33%	49.00%	49.48%	49.48%
10	加权平均每股收益	0.391	0.440	0.440	0.45	0.45

注:调整前指公司会计政策、会计估计变更追溯调整前的会计数据;调整后指公司会计政策、会计估计变更追溯调整后的会计数据。

(2)、主要财务指标计算方法:

A 每股收益(摊薄)=净利润/年度末普通股股份总数

(加权)=净利润/[(325000000＊8 + 425000000＊4)/12]

B、每股净资产=年度末股东权益/年度末普通股股份总数

C、调整后每股净资产=(年度末股东权益-三年以上的应收款项净额-待摊费用-待处理(流动、固定)资产净损失—开办费—长期待摊费用—住房周转金负数余额)/年度末普通股股份总数

D、每股经营活动产生的现金流量净额=经营活动产生的现金流量净额/年度末普通股股份总数

(3)、一九九九年度按月平均加权法计算的每股收益,扣除非经常性损益后的每股收益为0.390元。

3、报告期股本权益变动情况　单位:人民币元

项目	股本	资本公积	盈余公积	其中:公益金	未分配利润	合计
期初数	297096910				-14761443.82	282335465.97
本期增加	127903090	836036966.08	20991983.28	6997327.76	139946555.29	1124878594.86
本期减少		4905489.35			20991983.28	25897472.63
期末数	425000000	831131476.73	20991983.28	6997327.76	104193128.19	1381316588.20

三、股东情况介绍

1、报告期末股东总数:截止1999年12月31日,公司共有股东38272名。

2、持有本公司5%以上(含5%)股份的股东名称、年度内股份增减变动情况、年末持股数量及所持股份的质押或冻结情况:

股东名称	年末持股数	占总股本%
1、邢台矿业(集团)有限责任公司	325,000,000	76.47
2、北京三桥房地产有限责任公司	2,244,872	0.528
3、北京金健华经贸发展有限公司	1,980,000	0.466
4、武汉市东健工贸有限公司	1,557,300	0.366
5、黄荣华	1,088,696	0.256
6、北京大源欣欣非织造制品有限公司	1,075,910	0.253
7、北京大源非织造有限公司	1,067,200	0.251
8、北京大源腾龙无纺布有限公司	1,035,000	0.244
9、汉盛证券投资基金	950,000	0.224
10、泰和证券投资基金	930,000	0.219

注:公司前十名股东之间不存在关联关系。

报告期内,持有本公司5%以上(含5%)股份的股东年度内所持本公司的股份没有增减变动情况、年末持股数量及所持股份也没有发生质押或冻结情况。

清华紫光股份有限公司

一、公司简介

1、公司中文名称:清华紫光股份有限公司
公司英文名称:Tsinghua Unisplendour Corporation Limited 缩写:THUNIS
2、公司法定代表人:宋 军
3、公司董事会秘书:齐 联
联系地址:北京市海淀区清华大学紫光大楼
联系电话:(010)62770008 传真:(010)62770880 电子信箱:qilian@thunis.com
董事会证券事务代表:张 蔚
联系电话:(010)62770008 传真:(010)62770880 电子信箱:zw@thunis.com
4、公司注册地址及办公地址:北京市海淀区清华大学紫光大楼 邮政编码:100084
公司国际互联网网址:http://www.thunis.com 公司电子信箱:thunis@thunis.com
5、公司选定的信息披露报纸名称:《中国证券报》、《证券时报》、《上海证 券报》
登载公司年度报告的中国证监会指定国际互联网网址:http://www.cninfo.com.cn
公司年度报告备置地点:公司证券投资部
6、公司股票上市交易所:深圳证券交易所 股票简称:清华紫光 股票代码:0938

二、会计数据和业务数据摘要

1、公司本年度实现的主要利润指标 (单位:人民币元)

利润总额	64,928,526.10
净利润	55,734,027.52
扣除非经常性损益后的净利润	53,536,154.00
主营业务利润	105,118,964.26
其他业务利润	647,407.17
营业利润	62,175,525.17
投资收益	555,127.41
补贴收入	0.00
营业外收支净额	2,197,873.52
经营活动产生的现金流量净额	15,833,335.75
现金及现金等价物净增加额	431,759,969.65

注:扣除的非经常性损益项目、涉及金额 (单位:人民币元)

项 目	涉及金额
营业外收入	2,302,480.35
其中:	
新股申购冻结资金利息	2,094,892.90
其他	207,587.45
营业外支出	104,606.83
合 计	2,197,873.52

2、公司前三年的主要会计数据和财务指标
追溯调整后 (单位:人民币元)

项 目	1999年	1998年	1997年
主营业务收入	451,514,931.50	409,140,944.25	290,514,949.84
净利润	55,734,027.52	43,694,133.79	30,788,368.10
总资产	797,438,076.62	243,097,429.11	172,877,725.19
股东权益(不含少数股东权益)	603,996,438.91	74,700,932.15	61,140,451.04
每股收益(摊薄)	0.433	0.546	0.385
每股收益(月均加权)	0.546	0.546	0.385
扣除非经常性损益后的每股收益	0.416	0.545	0.387
每股净资产	4.69	0.934	0.764
调整后的每股净资产	4.65	0.827	0.736
每股经营活动产生的现金流量净额	0.123	——	——
净资产收益率(%)	9.23	58.49	50.36

注:(1) 财务指标的计算公式:
每股收益(摊薄)=当期净利润÷年度末普通股股份总数
每股收益(月均加权)=当期净利润÷[期末股份总数÷(1+配股比例或增发新 股比例)+期末股份总数÷(1+配股比例或增发新股比例)×配股比例或增发新股比例×缴款结束日下一月份至期末的月份数÷12]
每股净资产=年度末股东权益÷年度末普通股股份总数
调整后的每股净资产=(年度末股东权益-三年以上的应收款项净额-待摊费用 -待处理(流动、固定)资产净损失-开办费-长期待摊费用-住房周转金负数余额)÷年度末普通股股份总数
每股经营活动产生的现金流量净额=经营活动产生的现金流量净额÷年度末普通 股股份总数
净资产收益率=当期净利润÷年度末股东权益× 100%
(2)98、97 年度追溯调整后的主要会计数据和财务指标为因会计政策变更,而按 追溯调整法对本公司成立前模拟会计报表进行调整计算所得。
(3)1999 年末总股本按 12,880 万股计算,1998 年、1997 年末总股本按 8,000 万股模拟计算。

三、股东情况介绍

(1) 报告期末本公司股东总数为 23,379 户。
(2) 报告期末本公司前 10 名股东持股情况

序号	股东名称	持股数(股)	占总股本比例(%)
1	清华紫光(集团)总公司	80,000,000	62.11
2	中国北方工业公司	4,000,000	3.11
3	中国电子器件工业总公司	2,700,000	2.09
4	冶金工业部钢铁研究总院	1,600,000	1.24
5	普惠证券投资基金	1,279,741	0.99
6	武汉凯迪电力股份有限公司	856,641	0.67
7	天元证券投资基金	600,000	0.47
8	赵晶	560,000	0.43
9	曹佩兰	510,000	0.40
10	北京市密云县工业开发区总公司	500,000	0.39

说明:清华紫光(集团)总公司为唯一持有本公司 5%以上股份的股东,其所持股份在 本报告期内未发生任何增减变化,亦未发生质押和冻结情况。
第 1、2、3、4、10 名股东为本公司发起人股东,他们之间不存在关联关系,其所持股份均为未上市流通的国有法人股;其余股东为持有本公司上市流通股的股东,本公司对其之间的关联关系不详。

武汉凯迪电力股份有限公司

一、公司简介

1.公司法定中、英文名称:武汉凯迪电力股份有限公司
WUHAN KAIDI ELECTRIC POWER CO.,LTD.
英文缩写:W.K.E.P.
2.公司法定代表人:陈义龙
3.公司董事会秘书:曹维垣
授权代表:江艳军
联系地址:武汉市武珞路 586 号江天大厦 22 楼
电 话:027—87655171 传 真:027—87655218
电子信箱:Kaid@ public.Wh.hb.cn
4.公司注册地址:武汉市武昌区武珞路 586 号江天大厦 22 楼
公司办公地址:武汉市武昌区武珞路 586 号江天大厦 22 楼
邮政编码:430070
公司网址:http://www.china-kaidi.com
公司电子信箱:Kaid@ public.Wh.hb.cn
5.公司信息披露报纸:《中国证券报》、《证券时报》
登载公司年报网址:http://www.cninfo.com.cn
公司年报备置地点:公司投资融资部
6.公司股票上市交易所:深圳证券交易所
股票简称:凯迪电力 股票代码: 0939

二、会计数据和业务数据摘要

1.本年度主要会计数据 (单位:人民币万元)

利润总额	3263.87
净利润	2725.32
扣除非经常性损益后的净利润	2584.36
主营业务利润	5321.94
其他业务利润	49.71
营业利润	3148.28
投资收益	-25.36
补贴收入	35.85
营业外收支净额	105.11
经营活动产生的现金流量净额	2803.55
现金及现金等价物净增加额	16788.93

注:扣除的非经常性损益项目及金额(140.96 万元)为:

补贴收入:	35.85
A 股发行申购冻结资金利息:	173.65
营业外支出:	68.54

2.近三年主要会计数据和财务指标

项 目	1999年	1998年	1997年
主营业务收入(万元)	17218.98	14306.33	8339.73
净利润(万元)	2725.32	2288.74	2558.44
总资产(万元)	57110.43	27393.49	16850.00
股东权益(不含少数股东权益)(万元)	40175.90	9427.94	10039.20
每股收益(元/股)	0.26	0.39	0.44
每股净资产(元/股)	3.90	1.63	1.73
调整后的每股净资产(元/股)	3.90	1.58	1.73
每股经营活动产生的现金流量净额(元/股)	0.27	-0.31	
净资产收益率(%)	6.78	23.50	24.48
按月平均加权法计算的每股收益(元/股)	0.36	0.39	0.44
扣除非经常性损益后的每股收益(元/股)	0.25	0.30	0.44

注 1:公司 1999 年度总股本按 10,300 万股计算,1998 年度、1997 年度总股本按 5,800 万股计算。
注 2:主要财务指标计算公式
每股收益=净利润/年度末普通股股份总额
每股净资产=年度末股东权益/年度末普通股股份总额
调整后的每股净资产=(年度末股东权益-三年以上的应收款项净额-待摊费用-待 处理(流动、固定)资产净损失-开办费-长期待摊费用-住房周转金负数余额)/年度末 普通股股份总额
每股经营活动产生的现金流量净额=经营活动产生的现金流量净额/年度末普通股股份总额
净资产收益率=净利润/年度末股东权益×100%
注 3:以上数据和指标以本公司的合并会计报表数填列或计算。

3.股东权益变动情况表 单位:万元

项目	股本	资本公积	盈余公积	法定公益金	未分配利润	股东权益合计
期初数	5800	548.00	1143.92	374.73	1673.21	9165.13
本期增加	4500	24185.45	408.80	136.27	2316.53	31410.77
本期减少	0.00	0.00	400.00	400.00	0.00	400.00
期末数	10300	24733.45	1152.72	111.00	3989.74	40175.90
变动原因	发行 A 股	发行 A 股	提取.使用	提取.使用	新增利润	发行 A 股

注:“期初数”为调整前数字

三、股本变动及股东情况

1、报告期末股东总数 9,793 户,其中内部职工股股东 456 户。
2、公司前 10 名股东持股情况(截至 1999 年 12 月 30 日):

序号	股东名称	期末持股数(股)	持股比例(%)
1	北京中联动力化学公司	13800000	13.398
2	中国电力投资有限公司	8000000	7.767
3	开元基金	5103384	4.955
4	洋浦新华能电力发展有限公司	5055000	4.908
5	江西省电业开发总公司	5000000	4.854
6	武汉水利电力大学	4800000	4.660
7	南京汉威机电贸易有限公司	4497279	4.366
8	周华	3222300	3.128
9	天元基金	3048250	2.959
10	武汉钢铁设计研究院	3000000	2.913

云南南天电子信息产业股份有限公司

一、公司简介

1、公司法定中文名称:云南南天电子信息产业股份有限公司
公司法定英文名称:YUNNAN NANTIAN ELECTRONICS INFORMATION CO.,LTD.
2、公司法定代表人:郑志刚
3、公司董事会秘书:李宏坤
联系地址:中国云南省昆明市环城东路 455 号　　邮政编码:650041
联系电话:(0871)3366327　传真:(0871)3317398
电子邮箱:lhk@nantian.com.cn
4、公司注册地址:中国云南省昆明市高新技术产业开发区软件园创新大厦
公司办公地址:中国云南省昆明市环城东路 455 号　　邮政编码:650041
公司国际互联网网址:http://www.nantian.com.cn
公司电子邮箱:0948@nantian.com.cn
5、指定信息披露报刊:《证券时报》《中国证券报》
登载公司年度报告的国际互联网网址:http://www.cninfo.com.cn
公司年度报告备置地点:公司董事会秘书处
6、公司股票上市交易所:深圳证券交易所
股票简称:南天信息　股票代码:0948

二、会计数据和业务数据摘要

一、本年度主要利润指标情况　(单位:元)

利润总额:	71,688,381.20
净利润:	47,431,965.98
扣除非经常性损益后的净利润:	45,520,112.70
主营业务利润:	157,046,031.87
其他业务利润:	6,203,598.24
营业利润:	68,889,105.12
投资收益:	179,038.74
营业外收支净额:	2,620,237.34
补贴收入:	0.00
经营活动产生的现金流量净额:	30,219,470.96
现金及现金等价物净增加额:	208,532,936.94

注:非经常性损益项目说明(单位:元):(1)新股申购冻结资金利息 2,515,728.04(2)合并价差摊入-708,384.06(3)罚金支出等-163,844.37(4)其他收入 268,353.67

二、近三年主要会计数据和财务指标　(单位:元)

项目	1999 年	1998 年		1997 年
		调整后	调整前	
主营业务收入	677,387,316.71	796,861,150.96	796,861,150.96	612,735,459.54
利润总额	71,688,381.20	49,103,573.55	64,057,973.15	43,520,718.39
净利润	47,431,965.98	31,443,609.74	41,677,042.78	29,134,906.54
总资产	856,281,801.82	675,795,841.34	691,094,245.01	512,100,456.39
股东权益(不含少数股东权益)	455,942,537.42	126,763,460.32	136,996,893.36	88,709,542.52
每股收益(全面摊薄)	0.34	0.31	0.42	0.33
扣除非经常性损益后的每股收益	0.33	0.31	0.42	0.29
每股收益(按月加权)	0.44	0.31	0.42	0.33
每股净资产	3.26	1.27	1.37	1.00
调整后的每股净资产	3.16	1.24	1.39	0.97
每股经营活动产生的现金流量净额	0.22			
净资产收益率(%)	10.4	24.80	30.42	32.84
净资产收益率(加权)%	25.26	29.16	36.93	33.71

注:1、公司总股本 1999 年末为 14000 万股,1998 年末为 10000 万股,1997 年末按 8828 万股模拟计算

2、主要财务指标计算方法:
(1) 每股收益=净利润/年度末普通股股份总数
(2) 每股净资产=年度末股东权益/ 年度末普通股股份总数
(3)调整后的每股净资产=〔年度末股东权益—三年以上应收款项净额—待摊费用—待处理(流动、固定)资产净损失—开办费—长期待摊费用—住房周转金负数余额〕/年度末普通股股份总数

三、股东权益变动情况(单位:元)

项目	股本	资本公积	盈余公积	法定公益金	未分配利润	股东权益合计
期初数	100000552	28241456.24	5571578.04	969358.98	-7050125.96	126763460.32
本期增加	40000000	270951934.46	9872848.65	2385074.80	8354293.99	329179077.10
本期减少						
期末数	140000552	299193390.70	15444426.69	3354433.78	1304168.03	455942537.42

变动原因:
1、股本增加是本报告期内公司经中国证监会批准首次向社会公开发行 4000 万股 A 股所致;
2、资本公积增加的原因是:发行新股股本溢价 27095 万元;
3、盈余公积增加是本年度按规定提取法定公积金和公益金所致;
4、法定公益金增加是本年度按规定提取法定公益金所致;
5、未分配利润减少是本年度利润分配结余所致。

三、股东情况介绍

(一)截止 1999 年 12 月 31 日,公司股东总数为 24729 户。
(二)本公司前十名股东持股情况(单位:万股)

股东名称	年初持股数	年末持股数	占总股本(%)
1 南天电子信息产业集团公司	6465	6465	46.179
2 珠海南方集团有限公司	2535	2535	18.107
3 云南省医药医疗器械工业公司	500	500	3.572
4 基金金鑫	0	225	1.61
5 裴海平	200	200	1.429
6 李宏坤	100	100	0.714
7 丁柏林	100	100	0.714
8 周永泰	100	100	0.714
9 基金金泰	0	73	0.52
10 基金景阳	0	64	0.46

注:(1)前十名股东之间存在的关联关系:丁柏林现任珠海南方集团有限公司董事长,周永泰现任珠海南方集团有限公司董事、总经理,裴海平现任珠海南方集团有限公司董事、副总经理,李宏坤现任南天电子信息集团公司董事、珠海南方集团有限公司董事。以上四人均为珠海南方集团有限公司股东。基金金鑫和基金金泰同属于国泰基金管理公司。

新乡化纤股份有限公司

一　公司简介

1.公司中文名称:新乡化纤股份有限公司
英文:XINXIANG CHEMICAL FIBRE CO., LTD.
2.公司法定代表人:陈　玉　林
3.公司董事会秘书:朱　维　屏
联系地址:河南省新乡市北站区锦园路 1 号
电　　话:(0373)3096601——2015、2192　　传　　真:(0373)3096610
网　　址:http:// www.bailu.com　　电子信箱:Wpzhu @public.xxptt.ha.cn
4.公司注册地址及办公地址:河南省新乡市北站区锦园路 1 号　　邮政编码:453011
网　　址:http:// www.bailu.com　　电子信箱:Bailu @public.xxptt.ha.cn
5.公司指定信息披露报刊:《中国证券报》、《证券时报》
登载公司年度报告的中国证监会指定国际互联网址:http://www.cninfo.com.cn
公司年度报告备置地点:新乡化纤股份有限公司证券部
6.股票上市地点:深圳证券交易所
股票简称:新乡化纤　　股票代码:0949

二　会计数据和业务数据摘要

1.本公司 1999 年度利润总额及构成　(单位:人民币元)

利润总额	123,370,408.48
净利润	88,868,514.58
扣除非经常性损益后的净利润	86,532,405.56
主营业务利润	127,821,085.87
其他业务利润	2,665,744.19
营业利润	101,940,714.28
投资收益	
补贴收入	18,819,214.85
营业外收支净额	-2,610,479.35
经营活动产生的现金流量净额	49,991,607.78
现金及现金等价物净增加额	274,144,281.16

注:“扣除非经常性损益后的净利润”中扣除的非经常性损益为 1 新股申购冻结 资金利息收入 2,341,663.04 元;2 无法支付的款项 406,700.51 元;

2、截止报告年度末公司前三年的主要会计数据和财务指标 (单位:人民币元)

指标项目	1999 年	1998 年	1997 年
主营业务收入	585,055,327.78	564,290,394.27	662,656,754.00
净利润	88,868,514.58	81,224,901.15	99,752,141.00
总资产	1,045,304,432.10	492,572,725.98	498,090,279.00
股东权益	886,095,666.66	266,456,571.73	285,847,873.00
每股收益　(摊薄)	0.36	0.48	0.59
每股收益　(加权)	0.46	0.48	0.59
扣除非经常性损益后的每股收益	0.35	0.48	0.59
每股净资产	3.61	1.56	1.68
调整后的每股净资产	3.60	1.55	1.66
每股经营活动产生的现金流量净额	0.20	0.37	
净资产收益率 (%)	10.03	30.48	34.90

注 1:主要财务指标计算方法
每股收益 = 净利润 / 年度末普通股股份总数
每股净资产 = 年度末股东权益 /　年度末普通股股份总数
调整后的每股净资产=(年度末股东权益—三年以上的应收款项净额—待摊费用　—待处理(流动、固定)资产净损失—开办费—长期待摊费用—住房周转金负数余额　) /　年度末普　通股股份总数
每股经营活动产生的现金流量净额=经营活动产生的现金流量净额/年度末普通股股份总数
净资产收益率 = 净利润 / 年度末股东权益 * 100%
注 2:1999 年非经常性损益扣除项目包括 1 新股申购冻结资金利息收入 2,341,663.04 元;2 无法支付的款项 406,700.51 元。
注 3:“应收款项”包括应收帐款、其他应收款、预付帐款、应收股利、应收利　息、应收补贴款。

3、报告期内股东权益变动情况及变动原因

(1) 股东权益变动情况(单位:人民币元)

项目	股本	资本公积	盈余公积	法定公益金	未分配利润	股东权益合计
期初数	170285706	41659336	36341019.50	18170510.23		266456571.73
本期增加	75000000	492563436.25	8886851.46	4443425.73	38745381.49	619639094.93
本期减少						
期末数	245285706	534222772.25	45227870.96	22613935.96	38745381.49	886095666.66

(2)股东权益变动的原因:
1 股本增加是经中国证券监督管理委员会证监发字 (1999)87 号文批准, 向社会　公开发行 7,500 万股股票所致;
2 资本公积增加是向社会公开发行 7,500　万股股票超过面值溢价部分所致;
3 盈余公积增加数是从当年实现的净利润中按《公司章程》提取的 10%法定公积　金;
4 法定公益金增加数是从当年实现的净利润中提取的 5%法定公益金;
5 未分配利润是本年利润增加。

三　股本股东情况介绍

(1)报告期末股东总数:截至 1999 年 12 月 31 日公司在册股东数量 50,316 户　。
(2)公司前十名股东持股情况

股东名称	持股数(股)	持股比例(%)
新乡白鹭化纤集团有限责任公司	152,375,206	62.12
裕隆证券投资基金	749,900	0.31
基金金泰投资基金	519,200	0.21
同益证券投资基金	519,200	0.21
汉盛证券投资基金	519,200	0.21
深圳故乡情酒楼有限公司	500,000	0.20
裕阳证券投资基金	469,800	0.19
泰和证券投资基金	469,200	0.19
兴华证券投资基金	446,900	0.18
王晓清	253,400	0.10

注:(1) 持股 5%以上股东——新乡白鹭化纤集团有限责任公司所持本公司股份在报告期　内没有发生质押、冻结等情况。
(2)公司前十名股东之间不存在任何关联关系

重庆民丰农化股份有限公司

一、公司简介

公司中文名称:重庆民丰农化股份有限公司
英文:CHONGQING MIN-FENG AGROCHEM CO.,LTD
法定代表人:王泉虎
公司董事会秘书:曹若瑜
联系地址:重庆市沙坪坝区井口经济桥30号重庆民丰农化股份有限公司
联系电话:(023)65180666 (023)65180743
联系传真:(023)65180655
公司注册地址:重庆市沙坪坝区井口经济桥30号
公司办公地址:重庆市沙坪坝区井口经济桥30号
邮政编码:400033
公司电子信箱:minfeng@public.cta.cq.cn
公司选定的信息披露报纸:《中国证券报》、《证券时报》
中国证监会指定国际互联网网址:http://www.cninfo.con.cn
公司年度报告备置地点:重庆民丰农化股份有限公司证券处
公司股票上市交易所:深圳证券交易所
股票简称:民丰农化 股票代码:0950

二、会计数据和业务数据摘要

(一)公司1999年度利润总额及其构成 (单位:元)

利润总额:	
利润总额:	34,112,605.67
净利润:	29,630,202.50
扣除非经常性损益后的净利润:	24,864,877.36
主营业务利润:	61,804,979.28
其他业务利润:	-126,679.90
营业利润:	29,326,822.24
投资收益:	
补贴收入:	839,079.08
营业外收支净额	3,946,686.35
经营活动产生的现金流量净额:	77,858,619.02
现金及现金等价物净增加额:	72,921,904.04

(二)主要会计数据和财务指标:

项目	1999年	1998年		1997年	
	调整后	调整前	调整后	调整前	调整后
主营业务收入(元)	382678261	388248944	388248944	400012758	400012758
净利润(元)	29630202	22857547	20069652	25811367	22875666
总资产(元)	651570982	327313560	321589963	268544542	265618841
股东权益(元)	409980875	102848438	102848438	100693031	100693031
每股收益(元)	0.191	0.251	0.22	0.283	0.251
加权每股收益(元)	0.191	0.251	0.22	0.283	0.251
扣除非经常性损益后的每股收益(元)	0.16				
每股净资产(元/股)	2.645	1.128	1.128	1.104	1.104
调整后的每股净资产(元/股)	2.639	1.114	1.114	1.076	1.076
每股经营活动产生的现金流量净额	0.50				
净资产收益率(%)	7.23	22.22	19.51	25.63	22.71

注:1、主要财务指标计算方法:
每股收益=净利润/年度末普通股股份总数
每股净资产=年度末股东权益/年度末普通股股份总数
调整后的每股净资产=(年度末股东权益-三年以上的应收款项净额-待摊费用 -待处理(流动、固定)资产净损失-开办费-长期待摊费用-住房周转金负数余额)/年度末普通股股份总数
每股经营活动产生的现金流量净额=经营活动产生的现金流量净额/年度末普通股股份总数
净资产收益率=净利润/年度末股东权益 x100%
(三)报告期内股东权益变动情况:

项目	股本	资本公积	盈余公积	法定公益金	未分配利润	股东权益合计
期初数						
本期增加	155000000	225350672	5926040	2963020	23704162	409980875.26
本期减少						
期末数	155000000	225350672	5926040	2963020	23704162	409980875.26

变动原因:1、本年股本增加15,500万元,系指:1公司于1999年5月28日发起设立时,发起人投入净资产和现金,根据渝国资管[1999]62号文按72.78%折为10,000万股;2公司于1999年8月11日向社会公开发行人民币普通股5,500万股形成。

2、资本公积增加225,350,672.76元,系指:1.发起人股本溢价系根据渝国资 管[1999]62号文《关于重庆民丰农化股份有限公司国有股权管理有关问题的》批复发起人投入净资产及现金按72.78%折股形成的资本溢价;2. 流通股股本溢价系1999年8月向社会公开发行人民币普通股5,500万股,每股面值1元,发行价4.63元,扣除股 本和发行费用后所形成的资本溢价。

三、股东情况介绍

(1)报告期末股东总数36215户。
(2)公司前10名股东持股情况(1999年12月31日在册)

股东名称	年末持股数(股)	占股本比例(%)
重庆市国有资产管理局	91171800	58.82
重庆天原化工总厂	3005800	1.93
重庆康达机械制造有限责任公司	2911200	1.88
南海市高力实业有限公司	1455600	0.94
重庆嘉陵化学制品有限公司	1455600	0.94
天元证券投资基金	1203200	0.78
裕隆证券投资基金	515000	0.33
金泰证券投资基金	491800	0.32
普惠证券投资基金	344000	0.22
泰和证券投资基金	344000	0.22

注:1.重庆市国有资产管理局为公司国家股股东。
2.重庆天原化工总厂为股份公司发起人之一,所持股份3005800股为国有法人股 ;重庆康达机械制造有限责任公司、南海市高力实业有限公司、重庆嘉陵化学制品有限公司均为股份公司发起人,所持股份分别为2911200股、1455600股、1455600股, 均为社会法人股。 以上四家发起人和股份公司存在原料和产品供销关系。
3持公司5 %以上股份的股东所持股份无质押或冻结情况。

山东小鸭电器股份有限公司

一、公司简介

(一)、公司法定中文名称:山东小鸭电器股份有限公司
公司法定英文名称:SHANDONG XIAOYA ELECTRICAL APPLIANCE CO., LTD
(二)、公司法定代表人:王世敦
(三)、公司董事会秘书:张锡顺 授权代表:王前峰
联系地址:山东省济南市工业北路44号
联系电话:(0531)8980541 联系传真:(0531)8980541
(四)、公司注册地址:山东省济南市工业北路44号
公司办公地址:山东省济南市工业北路44号 邮政编码:250101
公司国际互联网网址:http://www.xiao ya sheng ji-ao.com
公司电子信箱:sdxydq@jn-public.sd.cninfo.net
(五)、公司信息批露报纸名称:《证券时报》、《中国证券报》
登载公司年度报告的互联网网址:http://www.cninfo.com.cn
公司年报备置地点:深圳证券交易所、公司证券部
(六)、公司股票上市交易所:深圳证券交易所 股票简称:小鸭电器 股票代码:0951

二、会计数据和业务数据摘要

(一)、公司本年度实现利润总额56,555,599.90元、净利润37,892,251.93元、扣除非经常性损益后的净利润30,118,334.22元(扣除新股申购冻结资金利息7,773,917.71元)、主营业务利润193,912,649.82元、其他业务利润6,687,427.49 元、营业利润48,745, 615.33元、营业外收支净额7,809,984.57 元、经营活动产生的现金流量净额6,144,753.34元、现金及现金等价物净增加额240,248,818.73 元。

(二)、财务指标

指标	1999年	1998年	1997年
主营业务收入	538,180,431,19	509,243,191.12	616,252,915.33
净利润	37,892,251.93	23,943,186.06	38,942,416.17
总资产	1,316,506,709.14	846,855,807.83	691,853,996.18
股东权益(不含少数股东权益)	619,261,638.52	257,378,778.90	210,845,647.33
每股收益	0.149	0.146	0.237
加权平均每股收益	0.20	0.146	0.237
每股净资产	2.438	1.57	1.28
调整后的每股净资产	2.37	1.54	1.27
每股经营活动产生的现金流量净额	0.024	0.06(10-12)月	
净资产收益率	6.12	9.30	23.74
扣除非经营性损益后每股收益	0.118	0.146	0.237

注:主要财务指标计算方法:
每股收益 =净利润/年度末普通股股份总数
每股净资产=年度末股东权益/年度末普通股股份总数
调整后的每股净资产=(年度末股东权益-三年以上的应收款项-待摊费用-待处理(流动、固定)资产净损失-开办费-长期待摊费用)/年度末普通股股份总数
每股经营活动产生的现金流量净额=经营活动产生的现金流量净额/年度末普通股股份总数
净资产收益率=净利润/年度末股东权益×100%
(三)、股东权益变动情况及变动原因 万元

项目	股本	资本公积	盈余公积	法定公益金	未分配利润	股东权益合计
起初数	16,397.5	8,755.88	116.90	58.45	467.60	25,737.88
本期增加	9,000	23,399.06	757.84	378.92	3,789.23	36,946.12
本期减少	757.84	757.84				
期末数	25,397.5	32,154.94	874.74	437.37	3,498.97	61,926.16
变动原因	发行新股	发行新股股本溢价	本年提取	本年提取	99年经营成果	发行新股

三、股东情况介绍

股东情况介绍
1、本年度末公司股东总数为49070户。
2、本公司前十名股东持股情况

序号	股东名称	持股性质	期初持股数量(万股)	年度内增减变动数量(万股)	期末持股数(万股)	持股比例(%)	质押或冻结情况
1	山东小鸭集团有限责任公司	国家股	12159		12159	47.87	无
2	中信兴业信托投资公司	国有法人股	4141		4141	16.30	无
3	基金普丰	流通股		77.15	77.15	0.30	无
4	基金安顺	流通股		77.14	77.14	0.30	无
5	基金裕隆	流通股		77.14	77.14	0.30	无
6	基金兴和	流通股		77.14	77.14	0.30	无
7	基金天元	流通股		77.14	77.14	0.30	无
8	基金金泰	流通股		51.43	51.43	0.20	无
9	基金开元	流通股		51.43	51.43	0.20	无
10	基金安信	流通股		51.43	51.43	0.20	无

持有公司5%以上(含5 %)以上股份的股东所持股份不存在质押情况。
3、持有本公司10%(含10%)以上法人股东情况
山东小鸭集团有限责任公司持有本公司国家股12159万股,占公司股份总额的47.87%,该公司系国有独资公司,法定代表人王世敦,主营范围:洗衣机、电饭煲、脱水机 、清洁用具、电扇,制冷设备、热水器、燃气灶具制造、自销;中信兴业信托投资公司持有本公司国有法人股4141万股,占公司股份总额的16.30%,该公司系全国性非银行 金融结构,法定代表人李顺生,主营范围:信托存款、信托贷款、信托投资、代理、咨 询服务, 进出口、"三来一补"、批发、零售、代购、代销。

四、董事会报告

公司经营情况
1、公司主营家用洗衣机、商用洗衣机,公司1999年销售家用洗衣机31.72万台,商用洗衣机839台(套),实现销售收入53,810.84万元,其中家用洗衣机47,283.36万元,商用洗衣机4,314.66万元。根据中国轻工总会信息中心统计我公司家用滚筒洗衣机销量连续5年在全国排名前二位。
2、公司报告期内经营中面临的主要问题是国内经济紧缩,市场有效需求不足,以 及行业竞争加剧。 对此,公司将依靠自身的品牌优势,进一步推进产品的多元化战略, 做好市场营销工作,利用品牌、质量、信誉之优势扩大市场份额;充分利用募集资金加大技改投入,提高产品技术含量,走技术领先的竞争之路。

湖北广济药业股份有限公司

一 公司简介

1、公司法定名称:湖北广济药业股份有限公司
公司英文名称:HUBEI GUANGJI PHARMACEUTICAL CO., LTD.
2、公司法定代表人:何 谧
3、公司董事会秘书:汪宏勇
联系地址:中国湖北省武穴市江堤路1号 邮政编码:435400
电 话:0713-6216068 传真:0713-6212108 公司电子信箱:gjyy@hb.cninfo.net
4、公司注册地址:中国湖北省武穴市江堤路1号 邮政编码:435400
公司电子信箱:gjyy@hb.cninfo.net
5、公司选定的信息披露报纸名称:《中国证券报》、《证券时报》
登载公司年报的国际互联网址:http://www.cninfo.com.cn
公司年度报告备置地点:公司证券部
6、公司股票上市交易所:深圳证券交易所
股票简称:广济药业 股票代码:0952

二 会计数据和业务数据摘要

1、公司本年度业务数据 (单位:人民币元)

利润总额:	43,996,916.87
净利润:	31,423,700.61
扣除非经常性损益后的净利润:	28,328,289.21
主营业务利润:	77,034,944.31
其他业务利润:	18,838.22
营业利润:	34,187,934.84
补贴收入:	6,898,117.96
营业外收支净额:	2,910,864.07
经营活动产生的现金流量净额:	68,570,577.54
现金及现金等价物净增加额:	76,370,292.75
注:扣除非经常性损益项目及金额	
A股发行申购冻结资金利息:	3,095,411.40

2、近三年主要会计数据和财务指标

项 目	1999年	1998年	1997年
主营业务收入(万元)	17,657.5	16,131.1	14,123.8
净利润(万元)	3,142.4	2,376.9	3,203.1
总资产(万元)	64,878.2	37,158.2	33,304.9
股东权益(不含少数股东权益)(万元)	44,929.5	18,478.20	16,620.7
每股收益(元/股)	0.18	0.20	0.26
每股净资产(元/股)	2.67	1.58	1.37
调整后的每股净资产(元/股)	2.62	1.52	1.34
每股经营活动产生的现金流量净额(元/股)	0.40	-0.13	
净资产收益率(%)	6.99	13.41	19.27
按月平均加权法计算的每股收益(元/股)	0.23	0.20	0.26
扣除非经常性损益后的每股收益(元/股)	0.16	0.20	0.26

注1:1999年度公司总股本按17122.6万股计算,1998年度、1997年度公司总股本按12122.6万股计。

注2:主要财务指标计算公式:
每股收益 = 净利润/年度末普通股股份总数
每股净资产 = 年度末股东权益/ 年度末普通股股份总数
调整后的每股净资产=(年度末股东权益-三年以上的应收款项净额-待摊费用 -待处理(流动、固定)资产净额-开办费-长期待摊费用-住房周转金负数余额)/年度末普通股股份总数
每股经营活动产生的现金流量净额=经营活动产生的现金流量净额/年度末普通股股份总数
净资产收益率 = 净利润/年度末股东权益×100%

3、报告期内股东权益变动情况表(单位:万元)

项 目	股 本	资本公积	盈余公积	法定公益金	未分配利润	股东权益合并
期初数	12,122.6	895.2	1,599.6	533.2	3,860.8	18,478.2
本期增加	5000.0	19,165.0	471.3	1814.9	2671.0	26,451.3
本期减少						
期末数	17,212.6	20,060.2	2,070.9	690.3	5,675.7	44,929.5
变动原因	发行A股	发行A股	提取	提取	新增利润	发行A股

三 股东情况介绍

1、报告期末,本公司股东总数为21334户,其中公司内部职工股股东为3323户。
2、公司前10名股东持股情况(截止1999年12月30日):

名次	名 称	期末持股数(股)	占股本比例(%)
1	武穴市国有资产经营公司	88,082,344	51.44
2	琼海梅恩房地产开发公司	9,100,000	5.31
3	武穴市财振会计实业公司	3,276,000	1.91
4	广发证券有限责任公司深圳证券大	2,442,010	1.42
5	广发证券有限责任公司韶关营业部	2,014,300	1.18
6	广发证券有限责任公司新会营业部	1,348,200	0.79
7	广发证券有限责任公司重庆石桥铺	1,297,800	0.76
8	金泰基金	1,108,709	0.65
9	同盛证券投资基金	686,540	0.40
10	邓香英	584,301	0.34

四 董事会报告

1、公司经营情况
(1)公司所处行业及在本行业中的地位
公司生产经营医药原料药,兽药原料药、医药制剂、饲料添加剂,出口本企业自产的各类药。公司1997年被国家科委认定为重点高新技术企业,研究开发的核黄素基因工程菌工业化生产新工艺先后荣获1997年湖北省科技进步一等奖、1998年国家科技进步二等奖。
(2)公司主营业务的范围及其经营状况
公司的主营业务是生产经营医药原料药、医药制剂、饲料添加剂,出口本企业 自产的各类药。
1999年度公司主营业务收入为176,574,593.35元,主营业务利润为77,034,944.31元。
2 公司主要产品介绍
核黄素产品,公司生产该产品已有20多年的历史,该产品又名维生素B2,是维持生物体正常生命活动必不可少的重要物质,被广泛用于医疗、食品添加剂、饲料添加剂和保健品等。
替硝唑产品,是国家二类抗厌氧菌新药,公司生产该产品的原料药、片剂和针剂。

广西河池化工股份有限公司

一、公司简介

1、公司的法定中文名称:广西河池化工股份有限公司
公司英文名称:GUANGXI HECHI CHEMICAL CO.,LTD
2、公司法定代表人:何元军
3、公司董事会秘书:韦文甫
联系地址:广西河池市
联系电话:0778—2266867 联系传真:0778—2266882
电子信箱: hgwenfu @ hc.gx.cninfo.net
4、公司注册及办公地址:广西河池市 邮政编码:547007
公司国际互联网网址:hechihuagong.com.cn 电子信箱:hgwenfu @ hc.gx.cninfo.net
5、公司选定的信息披露报纸名称:《中国证券报》、《证券时报》
登载公司年度报告的中国证监会指定国际互联网网址: HttP://WWW.Cninfo.Com.cn
公司年度报告备置地点:广西河池市河池化工股份有限公司董事会秘书处
6、公司股票上市交易所:深圳证券交易所
股票简称:河池化工 股票代码:0953

二、会计数据和业务数据摘要

1、利润情况
公司本年度实现利润总数2948.5803万元,其中净利润2502.4648万元,扣除非经常性损益后的净利润2379.8372万元。主营业务利润4237.8663万元,其他业务利润112.5531万元,营业利润2820.4550万元,补贴收入3.7735万元,营业外收支净额124.3518万 元,经营活动产生的现金流量净额6573.4648万元,现金及现金等价物净加额12026.1345万元。
2、公司近三年主要会计数据和财务指标(追溯调整后,单位:元)

项 目	1999、12	1998、12	1997、12
主营业务收入	195,225,468.29	174,918,240.75	186,529,654.36
净利润	25,024,647.68	23,033,252.86	21,195,165.92
总资产	817,215,900.34	581,538,973.33	461,997,563.34
股东权益	362,482,259.16	143,030,492.73	158,201,866.87
每股收益	0.17	0.23	0.22
加权每股收益	0.23		
每股净资产	2.44	1.45	1.61
调整后每股净资产	2.43	1.42	1.56
每股经营活动产生的现金流量净额	0.44	0.26	0.70
净资产收益率	6.90	16.1	13.4

扣除非经常性损益项目和涉及的金额:
(1)补贴收入:河池地区国税局批复免征1999年复混肥增值税37,735.36元。
(2)新股申购冻结资金利息1,188,540.55元。
注:(1)上述财务指标的计算公式如下:
每股收益=净利润/年度末普通股股份总数
每股净资产=年度末股东权益/年度末普通股股份总数
调整后的每股净资产=[年度末股东权益—三年以上的应收款项净额—待摊费用—待处理(流动、固定)资产净损失—开办费—长期待摊费用—住房周转金负数余额]/年度末普通股股份总数。
每股经营活动产生的现金流量净额=经营活动产生的现金流量净额/年度末普通股股份总数。
净资产权益率=净利润/年度末股东权益×100%
(2)需要说明的是:由于会计政策变更,根据财政部财会字(1999)35号文、45号文的有关规定,采用了追溯调整法,调整了最近三个年度的会计报表相关的"坏帐准备"帐项、"存货跌价准备"帐项。
调整前各年度会计数据如下:(单位:元)

项 目	1999年	1998年	1997年
坏帐准备	1,877,175.83	21,995.65	13,792.84
存货跌价准备	2,098,091.80	0	0
长期投资减值准备	0	0	0
未分配利润	21,270,950.53	40,161,950.21	19,311,870.14

调整后各年度会计数据如下:(单位:元)

项 目	1999年	1998年	1997年
坏帐准备	1,877,175.83	1,728,565.77	962,592.94
存货跌价准备	2,098,091.80	1,001,216.00	0
长期投资减值准备	0	0	0
未分配利润	21,270,950.53	38,204,627.00	18,626,362.07

3、报告期内股东权益变动情况及变动原因

项 目	期初数(元)	本期增加(元)	本期减少(元)	期末数(元)
股 本	98,514,868	50,000,000	0	148514,868
资本公积金	24,174,055.12	147,427,118.75	0	171601173.87
盈余公积	20,341,569.61	753,697.15	0	21095266.76
其中:法定公益金	5,495,317.81	120,463.82	0	5615781.63
未分配利润		21,270,950.53	0	21270950.53
股东权益合计	143030492.73	219,451,766.43	0	362482259.16

变动原因:(1)股本变动是因为本年度增发新股;(2)盈余公积和法定公益金变动是因为本年度利润提取数额;(3)未分配利润的变动是因为对以往年度的未分配利润进行了分配、本年度利润增加和计提四项准备调整年初利润;(4)资本公积增加是因为溢价发行新股所产生溢价款(已扣除发行费)。

三、股东情况介绍

1、报告期末股东总数:截止1999年12月31日,持有本公司股票的股东总人数为31893户。
2、前十名股东持股情况

股 东 名 称	持股量	持股比例
广西河池化学工业集团公司	89505500	60.26%
广西壮族自治区农业生产资料总公司	1000000	0.67%
广西河池地区农业生产资料公司	1000000	0.67%
普丰证券投资基金	428600	0.29%
安顺证券投资基金	428600	0.29%
裕隆证券投资基金	428600	0.29%
兴和证券投资基金	428600	0.29%
天元证券投资基金	428600	0.29%
陈合芬	384897	0.26%
马凤英	384000	0.26%

注:广西河池化学工业集团公司为本公司的第一大股东,所持股份为国家股,股份总额为8950.55万股,占股本总额的60.26%。所持股份报告期内没有发生增减情况,没有发生质押或冻结情况。

海南欣龙无纺股份有限公司

海南欣龙无纺股份有限公司1999年年度报告摘要

(一) 公司简介

1.公司法定中文名称:海南欣龙无纺股份有限公司
法定英文名称:HAINAN XINLONG NONWOVENS CO.,LTD.
2.公司法定代表人:席时平
3.公司董事会秘书:吴 缨 董事会秘书授权代表:魏 毅
联系地址:海南省海口市大同路38号国际商业大厦1110室
联系电话:(0898)6796999-61129 传 真:(0898)6723136
电子信箱:xlwfg@public.hk.hi.cn
4.公司注册地址:海南省澄迈县老城工业开发区
公司办公地址:海口市大同路38号海口国际商业大厦1108室 邮政编码:570102
国际互联网网址:www.xlwf.com.cn 电子信箱:xlwfg@public.hk.hi.cn
5.公司选定的信息披露报纸:证券时报
登载公司年度报告的中国证监会指定国际互联网网址:http://www.cninfo.com.cn
公司年度报告备置地点:海口市大同路38号海口国际商业大厦1110室
6.公司股票上市交易所:深圳证券交易所 股票简称:欣龙无纺 股票代码:0955

(二) 会计数据和业务数据摘要

1.本年度财务数据如下:

	单位:元
利润总额:	47,472,781.80
净利润:	46,388,495.17
扣除非经常性损益后的净利润:	26,483,146.03
主营业务利润:	73,036,135.33
营业利润:	27,567,432.66
补贴收入:	13,716,287.31
营业外收支净额:	6,189,061.83
经营活动产生的现金流量净额:	4,995,217.24
现金及现金等价物净增加额:	181,751,234.04

注:"扣除非经营性损益后的净利润"中扣除项目:[1]营业外收支净额6,189,061.83元。(含1999年公司公开发行社会公众股新股未中签申购冻结利息应计入本年 度净利润6,567,137.45元)[2]补贴收入:13,716,287.31元.

2.主要会计数据和财务指标 单位:元

指标	1999年	1998年	1997年
主营业务收入	199,237,112.03	122,174,306.46	121,706,320.42
净利润	46,388,495.17	30,883,550.73	34,772,945.26
总资产	766,105,099.48	482,298,699.44	434,362,685.31
股东权益(不含少数股东权益)	504,812,190.40	150,000,000.00	135,421,250.18
每股收益	0.2263	0.5585	0.6288
每股收益(按月平均加权)	0.2914	0.5585	1.4210
扣除非经常性损益后的每股收益	0.1292	0.3948	0.5017
每股净资产	2.4625	2.7125	2.4488
调整后的每股净资产	2.4250	2.6008	2.3642
每股经营活动产生的现金流量净额	0.0244	0.5525	0.7313
净资产收益率	9.19%	20.59%	25.68%

注:财务指标计算方法
每股收益=净利润/年末普通股股份总数
每股净资产=年度末股东权益/年度末普通股股份总数
调整后的每股净资产=(年度末股东权益-三年以上的应收款项净额-待摊费用 -待处理财产净损失-开办费-长期待摊费用-住房周转金负数)/年度末普通股股 份总数
每股经营活动产生的现金流量净额=经营活动产生现金净额/年度末普通股股份总数
净资产收益率=净利润/年度末股东权益×100%

3.报告期内股东权益变动情况及其原因 (单位:人民币元)

项目	期初数	本期增加	本期减少	期末数
股本	55,300,000.00	149,700,000.00		205,000,000.00
资本公积	53,560,000.00	253,423,695.23	53,560,000.00	253,423,695.23
盈余公积	11,251,123.40	6,958,274.28	11,251,123.40	6,958,274.28
法定公益金	1,544,177.54	2,319,424.76	1,544,177.54	2,319,424.76
未分配利润	29,888,876.60	39,430,220.89	29,888,876.60	39,430,220.89
股东权益合计	150,000,000.00	449,512,190.40	94,700,000.00	504,812,190.40

注:(1)股本增加系发起股东以其拥有的本公司1998年12月31日的净资产折股及1999年9月份向社会公开发行普通股5500万股所致;
(2)本期资本公积增加系向社会公开发行股票净溢价转入,本期资本公积减少 系将1998年年末的资本公积全部折为股本所致;
(3)本期盈余公积、未分配利润增加系本年度新增净利润转入,本期盈余公积 、未分配利润减少系本年度折股所致。

(三)股东情况介绍

1.报告期末股东总数:22,960户;
2.截止1999年末公司前十名股东持股情况:

序号	股东名称	持股数(万股)	持股比例(%)
1	上海申达股份有限公司	6150	30
2	海南欣安实业总公司	5052	24.65
3	合盛投资有限公司	2811	13.71
4	海南东北物资开发公司	607.5	2.96
5	甘肃华原企业总公司	379.5	1.85
6	天元证券投资基金	360.14	1.76
7	南方证券有限公司	335.45	1.64
8	开元证券投资基金	186.87	0.91
9	景宏证券投资基金	181.40	0.88
10	裕阳证券投资基金	55.16	0.27

注:(1)前十名股东中第1—第5位为未上市流通股股东,第6--第10位为流通股股东;
(2)本公司前十名股东间不存在重大关联关系。

(四)股东大会简介

1.股东大会的通知、召集、召开情况:
本公司创立大会暨第一次股东大会于1999年6月18日在海口国际商业大厦举行,第一次股东大会实到股东五人,持有股份15,000万股,占总股本的100%,符合《公 司法》的规定;
2.第一次股东大会审议并一致通过了以下决议:
(1)《关于变更设立海南欣龙无纺股份有限公司的决议》;
(2)《关于申请公开发行5,500 万股人民币普通股(A股)的决议》; (3)《海南欣龙无纺股份有限公司章程》;
(4)《关于募集资金投向的决议》;
(5)《关于聘请深圳华鹏会计师事务所为公司本年度会计师事务所的决议》;
(6)《关于选举公司第一届董事会的决议》:选举席时平、郭开铸、陈少军、沈耀庆、丁振华、孙天骥、陈偕健、蔡欣、魏毅为第一届董事会董事;
(7)《关于选举公司第一届监事会的决议》:选举崔宗钧、戴丽达为第一届监 事会监事,上述监事与公司职工民主选举产生的监事刘振一共同组成第一届监事会。
3.本次股东大会决议已在《招股说明书》中披露,刊登于1999年9月6日的《证券时报》、《中国证券报》和《上海证券报》。

(五)董事会报告

1.公司经营情况
(1)公司在行业中的地位
公司是我国近年来无纺行业中发展速度较快的企业之一,综合实力和盈利能力居国内无纺企业前列。
A.根据公司科技情报中心统计,1999年度"欣龙"牌水刺无纺布相对市场占有率25%,水刺系列无纺布为国内同行业第一位,"欣龙"牌热轧无纺布相对市场占有率8%;"欣龙"牌浆点衬布相对市场占有率为:12%。
B."欣龙"牌各类无纺布均为国内同行业知名品牌。其中:木浆复合系列水刺无纺布在国际市场上享有盛誉,使我国成为继美国之后第二个能生产同类产品的国家。"欣龙"牌无纺衬布被中国非织造布协会推荐为国家级优质名牌产品。
C.公司依靠自身强大的产品开发能力,不断推出新产品,填补了多项国家产业空白,如:木浆复合系列水刺无纺布;人造皮肤;SCW舒肤网无纺布;仿荷叶无纺布; 甲壳质无纺布;特种高强防粘医用纱布等。其中:有的产品是国际首创,有的已达到国际领先水平。
D.截止1999年底公司已形成了年产各类无纺布8000吨的生产能力。全部采用当今世界上最先进的无纺生产设备和加工工艺。
E.截止1999年末,公司已在国内各大区建立了九个直属分公司,并在美国、英国、南韩、日本、澳大利亚、加拿大、南非、新加坡、香港等国家和地区设立了办事机构,形成了国内、外有效的营销网络。
F.公司1998年被国家六部委联合评定为国家大型一档企业,1999年被国家科技部认定为国家重点高新技术企业;国家火炬计划重点执行单位,同时被海南省政府评定为海南省工业50强之一,利税总额名列前茅。
(2)、公司主营业务的范围及其经营状况
公司主要从事水刺、热轧、浆点等无纺卷材产品及其深加工产品的生产和销售。主营业务收入的100%来自主导产品"欣龙"牌无纺布卷材及制品的销售。
本年度主营业务收入和主营业务利润构成情况。

单位:万元

	水刺	热轧	浆点	其他产品	合计
主营业务收入	8,849.89	4,264.88	3,804.17	3,004.77	19,923.71
主营业务利润	3,654.37	1,705.96	1,656.09	287.19	7,303.61

注:其他产品指:柔巾机、擦布、湿面巾、压缩毛巾等。
1999年度公司主营业务收入比1998年度上升了63.08%;主营业务利润和净利润 指标,1999年度比1998 年度分别上升了32%和50.20%。
1999 年度生产经营取得较好成绩的主要原因有以下几点:a、公司始终坚持市场为导向,产品销售为经营龙头的原则,逐步加大了对营销 网络的建设。 制订了灵活的经营机制,充分调动了广大经营人员的积极性;b、坚持以"质量立厂"的宗旨,狠抓产品的基础质量管理,据统计,1999年全年公司主要产品一等品率达到90%以上,合格品率达到98%以上。良好的产品质量促进了国内外市场的开发;c、坚持以"客户满意"为质量控制的最高目标。欣龙公司已突破了过去按"国 标"、"厂标"控制产品质量的传统作法,提出"一切以客户满意为最高准则"的
口号,这样既满足了客户要求,又使公司的质量成本大大降低,以提高产品的商品率来促进主营业务的效益增长;d、坚持按ISO-9001质量体系控制要求组织现代化大生产,并按ISO9001的管理 全过程控制原则加强公司的全面基础管理。把住从原料到产品售后服务全过程管理控制。目前,公司对所有主要大宗原材料的上游分供商均按ISO-9001质量体系要求进 行了论证,主要原料的供应商均保证有2-3家同时运作,确保供应资源的畅通无阻,满足公司大规模、持续、稳定生产的需要。同时,对下游分销商公司也按照质量体系要求建立了客户档案,实行了客户评级制,按照订货持续量、价格水平、结算信誉、客户资信、经营状况等进行客户细分,使公司的客户质量始终保持在较高的水平之上。同时,在生产管理中采用运筹原则,严格岗位责任制,使设备生产能力不断提高;e、坚持产品的不断创新原则,1999年度公司已有6个新产品获得(或申请了)国家专利,公司主营业务收入中有超过1/3的收入来自于新产品的销售。
(3)、在经营中出现的问题与困难及解决方案
无纺业是当今世界上发展最快的行业之一,是全球产业界公认的朝阳行业。其主要特点是:能广泛、迅速地吸取其他高新技术领域的核心及顶尖技术,产业的兼容性极强。这将导致无纺工艺的不断创新和原料及后加工领域的不断拓宽,市场热点层出不穷,公司现有品种和产能与市场需求相比,严重不足,产品供不应求。随着募集资金的投入及后续项目建成,将大幅度提高公司的综合产能。公司认为,把握市场机遇,不断采用新工艺、新技术,大力发展高科技环保型产品,努力完成国家重点产业建设项目,满足国家急需的高效农业用布、特种工业用布、国防军事用布,以及为改善人民生活品质,提高人民医疗保健水平等对无纺制品的需求,是保证企业长期稳定可持续发展的首要问题。为此,公司必须抓紧高科技人材队伍的建设,抓好新产品的不断开发和高技术项目的建设,并同时完成国家级无纺产品科研开发中心的建设任务,不断扩大完善营销网络,使企业的综合效益稳步提高。

中原油气田股份有限公司

中原油气田股份有限公司 1999 年年度报告摘要

一、公司简介

1、公司中文名称: 中原油气田股份有限公司
公司英文名称: ZHONGYUAN PETROLEUM CO.,LTD
2、公司法定代表人:刘锦信
3、公司董事会秘书:李洪海 公司董事会秘书授权代表人: 陈助军、张东方
联系地址:河南省郑州市高新技术产业开发区瑞达路 87 号
联系电话:0371-7981018 0393-4893571 传真电话:0371-7984573 0393-4893831
4、公司注册地址:河南省郑州市高新技术产业开发区
公司办公地址:河南省郑州市高新技术产业开发区 公司邮政编码:450001
公司国际互联网网址:http://www.zyyq.com 公司电子信箱: zyyq@zytx.com.cn
5、公司选定的信息披露报纸:《中国证券报》
年度报告备置地点:本公司董事会办公室
中国证监会指定信息披露国际互联网网址:http://www.coinfo.com.cn
6、公司股票上市交易所: 深圳证券交易所
公司股票简称:中原油气 公司股票代码:0956

二、会计数据与业务数据摘要

1、公司 1999 年度各项会计数据: (单位:人民币 元)

利润总额:	255,851,364.01
净利润:	255,851,364.01
扣除非经常性损益的净利润:	252,601,492.03
主营业务利润:	330,918,647.66
其他业务利润:	
营业利润:	252,601,492.03
投资收益:	
补贴收入:	
营业外收支净额:	3,249,871.98
经营活动产生的现金流量净额:	504,162,558.68
现金及现金等价物净增加额:	436,149,190.74

注:扣除的非经营性损益项目是募集资金冻结期间的利息收入,其金额为:3,249,871.98 元。

2、截止本报告期末公司前三年的主要会计数据和财务指标(单位:元)

指标项目	1999 年	1998 年		1997 年	
		调整前	调整后	调整前	调整后
主营业务收入	1297854300.94	1289692844.38	1289692844.38	1267693769.58	1267693769.58
净利润	255851364.01	162100199.69	161781474.43	187715101.59	188138449.54
总资产	2239652757.08	957023041.31	957127664.00	975065586.18	975488934.13
股东权益(不含少数股东权益)	1851800774.15	518694199.90	518798822.59	486857096.90	487280444.85
每股收益(元)	0.3763	0.3125	0.3119	0.3856	0.3864
加权平均每股收益	0.4426	0.3125	0.3119	0.3856	0.3864
扣除非经营性损益后的每股收益(元)	0.3715	0.3125	0.3119	0.3856	0.3864
每股净资产(元)	2.7232	1.0002	1.0002	1	1.0009
调整后的每股净资产	2.7048	0.9979	0.9981	1	1.0009
每股经营活动产生的现金流量净额	0.7414	–	–		
净资产收益率(%)	13.8164	31.2516	31.1839	38.5565	38.6099

注:主要财务指标计算方法:
每股收益=净利润/年度末普通股股份总数
每股净资产=年度末股东权益/年度末普通股股份总数
调整后的每股净资产=(年度末股东权益-三年以上的应收款项净额-待摊费用-待 处理(流动、固定)资产净损失-开办费-长期待摊费用-住房周转金负数余额)/年度末 普通股股份总数
每股经营活动产生的现金流量净额=经营活动产生的现金流量净额/年度末普通股股份总数
净资产收益率=净利润/年度末股东权益×100%
加权平均每股收益=当期净利润/[期末股份总数/(1+配股比例或增发新股比例)+ 期末股份总数/(1+配股比例或增发新股比例)* 配股比例或增发新股比例 * 缴款结束日 下一月份至期末的月份数/12]。

3、股东权益变动情况表

项目	股本	资本公积	盈余公积	法定公益金	未分配利润	股东权益合计
期初数	518694199.90				104622.69	518798822.59
本期增加	170000000	949844787.45	25595598.67	12797799.34	217457966.00	1375696151.46
本期减少	8694199.90					8694199.90
期末数	680000000	949844787.45	25595598.67	12797799.34	217562588.69	1885800774.15

注:报告期内资本公积增加 949,844,787.45 元,其中中原石油勘探局投入到股份公司的净资产超出折算股本部分 314,044,787.45 元,发行股票溢价 635,800,000.00 元;按净利润的 10%提取盈余公积,报告期内盈余公积增加 25,595,598.67 元;按净利润的 5%提取法定公益金,报告期内法定公益金增加 12,797,799.34 元;未分配利润为本年新实 现而尚未分配的利润数。

三、股东情况介绍

1、截止 1999 年 12 月 31 日,本公司在册股东总数 67965 户。
2、前十名股东情况:

序号	股东名称	期末持有股数	持股比例(%)
1	中原石油勘探局(中原油田)	510000000	75.00%
2	金泰基金	2380749	0.35%
3	安顺证券投资基金	2203000	0.32%
4	裕隆证券投资基金	2203000	0.32%
5	兴和证券投资基金	2203000	0.32%
6	天元证券投资基金	2203000	0.32%
7	普丰证券投资基金	2000100	0.29%
8	兴华证券投资基金	1983800	0.29%
9	开元基金	146880	0.02%
10	安信证券投资基金	146880	0.02%

前十名股东之间不存在任何关联关系。

四、股东大会简介

公司本年度共召开两次股东大会。

1、1999 年 9 月 30 日,公司筹委会在中原石油勘探局中原文化宫四楼会议室召集召 开了公司创立大会暨首届股东大会,本次股东大会决议公告刊登于 1999 年 10 月 9 日的《中国证券报》、《证券时报》、《上海证券报》。

2、2000 年 1 月 5 日,公司董事会在中原石油勘探局机关三楼会议室召集召开了公司 1999 年第一次临时股东大会,本次股东大会决议公告刊登于 2000 年 1 月 6 日的《中国证 券报》。

五、董事会报告

(一)公司经营情况

1、本公司所属行业为石油化工行业,1999 年全年共生产原油 61.8 万吨,天然气 68,458 万立方米,实现主营业务收入 129,785 万元,其中原油 60,495 万元,天然气 37,669 万 元,原油产量在中国石油化工集团公司名列第 6 位,天然气产量名列第 2 位(资料来源于《中国石化信息》)。

2、公司主营业务范围及其经营状况

(1)主营业务收入、主营业务利润分类构成情况

1999 年主营业务收入、主营业务利润按照行业分类的构成情况(单位:万元)

行业	销售收入	占总收入的比重	主营业务利润	占主营业务利润的比重
石油行业	129,785	100%	33,092	100%

(2)、1999 年主营业务收入、主营业务利润按照产品分类的构成情况

	主营业务收入(万元)	占总收入的比重	主营业务利润(万元)	占主营业务利润的比重
原油	60,496	46.61%	13,671	41.31%
天然气	37,669	29.02%	13,549	40.94%
凝析油	7,868	6.06%	398	1.20%
液化气	14,671	11.30%	5,377	16.25%
其他	9,081	7.00%	106	0.30%
合计	129785	100.00%	33,092	100%

(3)、对占公司主营业务收入 10%以上主要产品介绍

1999 年本公司共销售原油 57.6 万吨,销售收入 60496 万元,占主营业务收入的 46.61%;天然气 55982 万立方米,销售收入 37669 万元,占主营业务收入的 29.02%;液化气 9.2 万吨,销售收入 14671 万元,占主营业务收入的 11.30%。本公司生产的原油为低粘度、低密度的轻质油,其销售全部纳入国家统一分配计划。所产天然气中二氧化碳、硫、氮气等杂质含量低,为国内优质天然气;液化气含硫量低,无残液,安全可靠,天然气和 液化气产品供不应求。

3、在经营中出现的问题与困难及解决方案。

(1)经营中出现的问题与困难。

1.本公司的主要产品为石油和天然气,产品结构和业务结构比较单一,主营业务在公司收入中所占的比例较大,使得公司抵御市场变化的能力较差,一旦油气价格走低,公司的效益将受到很大影响。

2.石油、天然气资源是不可再生资源,石油和天然气的开采随着开采时间的延长 和开采程度的加深,有其逐年递减的规律,特别是本公司所辖油气田,油气开发单井井 深在 3000 米以上,地质情况较为复杂,由于受地下资源的隐蔽性和现阶段科学技术的局限性,随着开采程度的加深,开采难度也会逐渐加大,造成油气开采成本较高,在一定程度上影响了公司的效益。

(2)针对以上问题与困难采取的措施。

1.搞好滚动开发和产能建设,增强油气田发展后劲。

加大滚动开发工作力度。按照"储量、产量、效益"三统一的原则,以增加原油 地质储量为目的,依靠科技,精雕细刻、精心部署,实现了滚动开发的三个转移,即纵向上由深层向浅层转移,平面上由南部向北部转移,钻井投入上由钻井投资较多向钻井投资较少的方向转移。

加大地质研究和增加可采储量投入,落实原油动用地质储量 40 万吨。

加快产能建设步伐,夺取油气田开发主动权。在新老产区产能建设上做到早部署 、早投产、早见效,在制定原油上产措施上实行措施评审专家论证会制,提高措施工艺有效率与经济有效率;在区块综合治理上推行承包责任制,提高区块开发管理水平。

2.加强油气田开发生产管理,努力提高开发水平。

强化注采结构调整,加强注水基础工作,夯实文南油田稳产基础,重点围绕增加水 驱控制储量和水驱动用储量、改善注水剖面、提高注水效率做工作。

加大采油监管力度,精细采油管理技术,全面提高采油管理水平。

加强油气田开发管理,实现增储稳产。一是做好新井投产工作;二是实施"小油管采气""喷射器引射采气"、加药防腐、气举、化排等措施加强低产井管理;三是进 行气田动态监测,为气田合理开发提供依据。

努力降低天然气损耗,扩大天然气外销量。

3.推广应用先进技术,完善采油工艺,丰富夺油手段。

完善化堵工艺与挤堵配方,把措施有效率提高到 90%以上;运用"降低污水处理 PH 值"技术,使文南油田水质持续稳定达标;开展泥垢定位沉积研究,降低了泥垢产率;研制了 TR 高效油井清洗剂及油基防蜡剂;开展了降压增注、油套分注等先导试验项目,取得了良好效果。

4.建立了严格科学的生产经营承包和成本控制管理机制。公司实行全员生产经营承包责任制和成本否决制,实行严考核、硬兑现,对完不成承包任务指标和成本控制指标的负责人予以解聘。由于对公司各生产经营单位实行严考核、硬兑现,公司油气综 合成本比年初计划节约 1%,保证了公司的盈利能力。

5.加大天然气深加工领域研究,开发具有高附加值的油气下游产品,增加最终产品品种,努力构建完整产业链。

4、公司报告期内造成利润实现数与利润预测数差异的原因。

1999 年度实际实现利润比招股说明书预测利润减少 12.44%,其主要原因是:

(1)文南油田原油产量比预计减少 2.9 万吨,按 1999 年实际吨油利润 237.26 元计算,减少利润 688 万元;

(2)天然气产能建设项目预计投入 2.08 亿元,实际投入 0.97 亿元,该项目预计年利 润总额 4000 万元,由于该因素影响,天然气商品量减少 9000 万方,按 1999 年实际每千方 气利润 241.87 元计算,减少利润 2177 万元;

(3)轻烃深加工处理项目预计投资 6070 万元,预计年增利润 1668 万元,1999 年实际 投入 301 万元,当年未见效益,减少利润 1668 万元。

三项合计减少利润 4533 万元。

因公司利润实现数比利润预测数减少 12.44%,本公司董事会特向广大股东表示歉意。

(二)公司财务状况

(1)财务状况变动　　　　　单位:元

	1999 年	1998 年	增减变动%
总资产	2,239,652,757.08	957,127,664.00	134.00%
长期负债	250,000,000.00	250,000,000.00	0.00%
股东权益	1,851,800,774.15	518,798,822.59	256.94%
主营业务收入	1,297,854,300.94	1,289,692,844.38	0.63%
主营业务利润	330,918,647.66	332,465,451.05	-0.47%
净利润	255,851,364.01	161,781,474.43	58.15%

财务状况变动的主要原因是:股东权益总额比上年增加 13.67 亿元,主要原因

一是 1999 年 9 月公司成功在深交所发行上市,发起人中原石油勘探局投入净资产 8.24 亿元,根据有关规定折算为国有法人股 5.1 亿,其余 3.14 亿元作为公司的资本公积;社会流通股 1.7 亿元,募集资金 8.05 亿元,列入股本 1.7 亿元,其余 6.35 亿元扣除发行费用后列入公司资本公积。两项合计股本为 6.8 亿元,资本公积为 9.49 亿元。二是公司本年实现利润 2.56 亿元。

(2)本报告期内北京中洲会计师事务所出具了无保留意见审计报告。

(三)公司投资情况

1999 年公司油气勘探开发等项目投资 71399 万元。其构成为:募集资金投入使用 35987 万元,企业自筹资金使用 35412 万元。

(1)募集资金使用情况

经中国证监会批准,本公司于 1999 年 9 月 10 日在深圳证交易所公开发行社会公众股 (A 股) 17000 万股,共募集资金 8.058 亿元,当年使用募集资金 35987 万元,尚余资金 44593 万元存放于本公司银行帐户,2000 年继续使用。募集资金承诺投资项目与实际投资项目没有发生变更。

1.文南油田开发建设项目。计划总投资 51101 万元,当年完成投资 28581 万元,实施钻井 52 口,其中完成产能建设及地面配套井 39 口,新建原油生产能力 8.67 万吨。由于募集资金到位时间较晚,新投采油井当年产油时间短,致使公司 1999 年原油产量比预期减少 2.9 万吨,给公司的效益造成一定影响。

2.天然气开发建设项目。计划总投资 20824 万元,当年完成投资 4642 万元,实施开发井 4 口及地面配套建设。

3.第三气体处理厂改扩建项目。计划总投资 19748 万元,当年完成投资 2463 万元。完成的主要工作是:施工图设计完成 90%,现场三通一平、桩基、设备基础、框架工程已全部完成,国内外设备及材料已全部订货少部分已到货。

4.轻烃深加工处理项目。计划总投资 6070 万元,当年完成投资 301 万元,主要是项目前期工作费用。

募集资金使用情况

承诺投资项目名称	计划投资(万元)	建设周期(年)	完成投资(万元)
文南油田开发建设	51101	1	28581
天然气开发建设	20824	1	4642
第三气体处理厂改扩建工程	19748	2	2463
轻烃深加工处理工程	6070	1	301
合　计	97743		35987

由于募集资金到位时间较晚,承诺投资项目的进度受到一定程度的影响。

(2)企业自筹资金使用情况:

公司为了增强油田稳产基础和公司发展后劲,1999 年公司自筹资金 35412 万元,用于老油田滚动开发落实油气地质储量和老油田维护改造,具体是:

1、公司油气滚动开发及文南零散区块开发建设投入 23398 万元,主要完成工作量是:油气滚动开发井及零散区块开发井 51 口及配套地面建设工程。

2、采油四厂和天然气产销总厂老油气田地面调整、维护、改造工程等投资 8510 万元;

3、公司非安装设备购置 1063 万元;

4、公司计算机、节能、消防、防洪、后勤辅助等工程投资 2441 万元;

通过新钻井和基础设施建设,进一步完善了注采井网,减缓了递减速度,增强了油田稳产的基础。新增探明石油地质储量 87 万吨,落实可动用石油地质储量 40 万吨;新油井当年生产原油 7.2 万吨;新注水井增加日注水能力 10783 方。

(四)生产经营环境、以及宏观政策法规的变化对公司的影响。

1、中国加入世界贸易组织(WTO)对公司的影响。

中国加入世界贸易组织(WTO)后,公司面临着国际原油市场和国际资本市场这两个"市场风险",对公司来讲是机遇与挑战并存。机遇主要是投资环境将会进一步改善,有利于扩大出口和利用外资。挑战主要是目前国家对原油的进出口有配额及经营权的限制,预计加入 WTO 后将逐步取消。总体上说,对于市场开放早、开放程度高、资源有优势、劳动密集型的行业冲击要小一些,如原油和天然气的探采、油品零售行业等。对公司原油生产来说,本公司的原油价格现在已与国际接轨,由于世界石油需求增长等原因,今年市场原油将继续保持较高价位,全年平均价格将高于 1999 年。这对公司目前经营有利。

石油是重要的能源和化工产品原料,对国民经济影响巨大,几次石油危机曾经严重冲击了西方发达国家经济,因此各国都将石油和成品油列入战略物资,即使是西方发达国家目前也实行各种变相保护。鉴于上述原因,估计在该行业的让步较为有限,国家还会设立一些限制经营条件,对国内原油市场冲击不大。所以加入世贸组织后,可抓住保护时间,充分利用各种力量,加快现有储运体系的扩建和完善。

对本公司天然气生产来说,天然气作为一种优质、高效、清洁的能源和重要的化工原料,已在世界各国得到了普遍重视和优先利用,目前已成为世界上增长最快的能源。由于种种原因,我国天然气工业一直是石油工业的附属企业,目前仍然处于幼稚产业阶段,存在的问题主要有:一是资源分布不均匀,67%的资源集中于陕甘宁、四川、新疆等中西部地区,远离东部沿海消费市场,因尚未形成全国的传输系统,现在还属于区域性产品;二是天然气在我国能源消费结构中比例仅 2%,远低于 23% 的国际水平;三是使用结构不合理,当前 40%的天然气被用作化肥原料,城市燃气等利用不足。出于环境保护的压力和发展替代能源等方面的战略考虑,21 世纪我国将大力发展天然气产业。本公司天然气生产销售处于中原腹地有利位置,要迅速发展天然气产业,利用好保护时间,尽快建立起较完备的储运体系,预计本公司今后可能占领较多市场份额,天然气的销售价格也有较大的上涨空间。综合上述分析,进关后对石油行业的冲击将较为有限,不会对本公司的经营成果产生太大的影响。中原油气同时经营石油和天然气,并且天然气占据较多的收入份额,目前产量已较稳定,随着近年油价的上涨,加上天然气在城市燃气用量比例增加,公司收益有一定的增长空间。

2、根据财政部财经字[1999]863 号文件规定,本公司自 2000 年 1 月 1 日起,成本核算项目将发生重大变化。取消了按原油 80 元/吨、天然气 40 元/千方提取的油气储量有偿使用费;取消提取进入生产成本的油田维护费;油气开发支出形成的资产折旧年限由 6 -14 年改为 8- 14 年。这将有益于降低公司的生产成本,对公司经营有利。

(五)新年度业务发展规划。

生产经营目标及措施。

2000 年本公司将牢牢抓住改制上市这一良好机遇,继续坚持以经济效益为中心,以油气勘探、开发为主体,以科技为先导,以科学管理为保障,以市场机制为基础,积极探索改革进一步深化条件下石油公司的管理模式,大打油气稳产上产进攻仗,稳定主业,多元发展,努力构建现代"油公司"。

1.坚定不移的调整产业结构,在稳定油气主业生产规模、保障现有收益水平的基础上,继续进军高科技领域,加大油气深加工产品力度,提高产品科技含量,形成较强的技术优势和核心竞争力。

2.打好油气田开发阻击战。依靠多种集成的油气开发生产和工艺技术调整挖潜,形成规模效应。

3.打好科技进步攻关战。加强对高含水油田开发稳产和提高采收率技术研究,边研究边实施,通过调整方案指导油田稳产方向;加强三次采油技术攻关,形成适合本公司所属油田地质特点的耐高温、高盐的三次采油技术;加强天然气稳产技术研究,形成一套针对复杂断块气藏的调整挖潜措施;在采油工程上加强对已开发油田提高采收率、低渗透油藏改造、降低采油成本、井况防治配套等技术的研究;在地面工程上,加强对提高集输系统和注水系统效率研究。

4.严格成本费用管理。要继续在油气田开发方案,调整治理方案和措施方案上狠下功夫,把有限的资金用在最需要、最能见到效益的地方;深入开展预算管理,在预算编制和执行过程中,注重生产管理与经营管理的结合,提高预算准确率。

投资计划

继续抓好文南油田开发建设、天然气开发建设、第三气体处理厂改扩建工程、轻烃深加工四个承诺投资项目的续建工作,募集资金投入 44593 万元,资金不足部分由公司自筹。

募集资金安排使用情况

承诺投资项目名称	计划投资(万元)	建设周期(年)	完成投资(万元)	2000 年计划投资(万元)	项目预计竣工时间
文南油田开发建设	51101	1	28581	22520	2000 年 10 月竣工
天然气开发建设	20824	1	4642	16182	2000 年 10 月竣工
第三气体处理厂改扩建工程	19748	2	2463	17285	2000 年 10 月竣工
轻烃深加工处理工程	6070	1	301	5769	2001 年 5 月竣工
合　计	97743		35987	61756	

(六)董事会日常工作情况

报告期内董事会的会议情况及决议内容

报告年度内公司共召开两次董事会会议。

(1)公司于 1999 年 9 月 30 日召开第一届董事会第一次会议,会议审议通过了以下议案:1.选举刘锦信先生为公司董事长;2.聘任黄泽贵先生为公司经理;3.聘任李洪海先生为公司董事会秘书;4.聘任李洪海、母育泸、吴全顺先生为公司副经理;5.聘任武国顺先生为公司财务总监。公司第一届董事会第一次会议决议公告刊登于 1999 年 10 月 9 日的《中国证券报》上。

(2)公司于 1999 年 11 月 30 日召开第一届董事会第二次会议,会议审议通过了以下议案:1.讨论并通过了公司机构调整的议案;2.讨论并通过了关于修改公司章程的议案;3.讨论并通过了提请股东大会对董事会授权的议案;4.讨论并通过了召开一九九九年度第一次临时股东大会的议案。公司第一届董事会第二次会议决议公告刊登于 1999 年 12 月 3 日的《中国证券报》上。

(七)董事、监事、高级管理人员

姓　名	职　务	年龄	性　别	任期起止日期	年初持股数	年末持股数	报酬(元)
刘锦信	董事长	50	男	1999.9.30-2002.9.30	0	0	
李宗信	董事	61	男	1999.9.30-2002.9.30	0	0	
蒋永富	董事	37	男	1999.9.30-2002.9.30	0	0	
乜从风	董事	60	男	1999.9.30-2002.9.30	0	0	30742
姜福耀	董事	51	男	1999.9.30-2002.9.30	0	0	
黄泽贵	董事	37	男				
	经理			1999.9.30-2002.9.30	1000	1000	32000
李洪海	董事	38	男	1999.9.30-2002.9.30	0	0	16818
	董秘、副经理						
刘成林	董事	45	男	1999.9.30-2002.9.30	0	0	34659
吴全顺	董事	45	男	1999.9.30-2002.9.30	0	0	30415
	副经理						
郝春山	董事	44	男	1999.9.30-2002.9.30	0	0	29887
母育泸	董事	58	男	1999.9.30-2002.9.30	0	0	29143
	副经理						
陈金良	董事	37	男	1999.9.30-2002.9.30	0	0	25453
武国顺	董事	35	男				
	财务总监			1999.9.30-2002.9.30	0	0	15447
张同冉	监事会主席	58	男	1999.9.30-2002.9.30	0	0	
于吉永	监事	50	男	1999.9.30-2002.9.30	0	0	
李恩洲	监事	46	男	1999.9.30-2002.9.30	0	0	
付大成	监事	51	男	1999.9.30-2002.9.30	0	0	32000
徐国安	监事	47	男	1999.9.30-2002.9.30	0	0	31579
张立杰	监事	53	男	1999.9.30-2002.9.30	0	0	29305
刘树清	监事	47	男	1999.9.30-2002.9.30	0	0	31579

年度报酬总额在 3-4 万元的 7 人。

年度报酬总额在 2-3 万元的 4 人。

年度报酬总额在 1-2 万元的 2 人。

不在公司领取报酬人员有 7 人:刘锦信、李宗信、蒋永富、姜福耀、张同冉、于吉永、李恩洲。

报告期内公司董事、监事无人离任。

在报告期内无解聘公司经理、董事会秘书情况。

(八)本次利润分配或资本公积金转增股本预案:

经北京中洲会计师事务所审计,公司 1999 年度实现主营业务收入 1,297,854,300.94 元,营业利润 252,601,492.03 元,税后利润 255851364.01 元,税后可供分配利润 255955986.7 元,按 10%提取法定公积金,按 5%提取法定公益金后,本年度可供股东分配利润 217,562,588.69 元。

经董事会研究决定,1999 年度公司利润分配预案:以 1999 年末公司股本 680,000,000 股为基数,向全体股东每 10 股派现金 0.5 元(含税),总计分配 34,000,000 元,剩余 183,562,588.69 元结转下一年度。

(九)其他报告事项:公司选定的信息披露报纸为《中国证券报》在报告期内无变更。

六、监事会报告

1、监事会会议情况

1999 年 9 月 30 日在中原石油勘探局办公楼四楼小会议室召开了第一届监事会第一次会议,七名监事全部参加,一致选举张同冉先生为公司监事会主席。本次监事会决议公告刊登于 1999 年 10 月 9 日的《中国证券报》上。

2、董事会关于报告期内造成利润实现数与利润预测数差异的原因说明符合公司的实际。

七、重要事项

1、本年度公司无重大诉讼、仲裁事项。

2、报告期内公司、公司董事及高级管理人员无受监管部门处罚情况。

3、报告期内公司控股股东无变更,公司董事会未换届、改选,公司经理、董事会秘书未解聘。

4、报告期内公司无收购及出售资产、吸收合并情况。

5、重大关联交易事项:

(1)存在控制关系的关联方

企业名称	注册地	主营业务	与本企业关系	经济性质或内容	法定代表人

中原石油勘探局				
	河南省濮阳市	石油天然气及矿藏的勘探、开发、加工、综合利用和销售产品	母公司	国有经济	刘锦信

(2)存在控制关系的关联方的注册资本及其变化

中原石油勘探局为本公司的控股企业，其注册资本年初为人民币50亿元，报告期内未发生变化。

(3)存在控制关系的关联方所持股份及其变化

中原石油勘探局为本公司的控股企业,本公司股票发行成功后,持有本公司的股份510,000,000股,占公司股本总额的75%,报告期内未发生变化。

注:2000年2月28日,本公司在《中国证券报》上公告:中原石油勘探局将持有本公司510,000,000股转由中国石油化工股份有限公司持有。至此，中国石油化工股份有限公司持有本公司股份510,000,000股,占本公司股本总额的75%,成为本公司第一大股 东。

(4)不存在控制关系的关联方

企业名称	与本公司的关系
中原石油勘探局建筑集团公司	同一母公司

(5)关联方交易事项

本公司从成立之初,本着主业与辅业分离的原则,将物业管理、井下作业及测试、建筑安装、物资供应、供水、供电、机械维修、科学研究等辅助生产行业剥离;同时 本公司没有自己的原油输送管道,因此本公司在上述各方面与中原石油勘探局存在关 联交易是必要的,且今后仍将持续,这有利于降低本公司生产经营成本,确保投资者收 益最大化。

1)销售货物

A、根据与中原石油勘探局签订的《原油销售协议》,本公司生产的原油由中原石油勘探局按中石化[1998]财字281号文规定的价格1205元/吨(不含税价为1030元/吨) 全部收购,如遇国家有关部门调整油价，则按调整后的价格执行。

B、根据与中原石油勘探局签订的《凝析油销售协议》,本公司生产的凝析油由中原石油勘探局按计电[1996]213号文及中国石油化工集团公司有关规定中规定的1850 元/吨(不含税价为1580元/吨)全部收购,如遇国家价格调整,则按调整后的价格执行。

C、根据与中原石油勘探局签订的《综合服务合同》,本公司向中原石油勘探局提供生活用液化气,价格按中石油[1996]财字122号和豫价工字[1994]第047号文件执行 。

以上交易价格均从1999年第四季度起执行,具体交易情况详见下表:

交易内容	定价原则	交易价格	交易金额(元)	占同类交易额的比重(%)	结算方式	占公司主营业务利润(%)
1.原油	按原油销售协议	1,050	604,954,786	100	每10天结算	41.43
2.凝析油	按凝析油销售协议	1,321	78,677,962	100	每月结算	1.14
3.生活用液化气	按综合服务合同	1,649	36,700,000	24.15	每月结算	3.96
合　计			720,332,748			

说明:以上交易价格为不含税的全年均价。

2)综合服务

根据与中原石油勘探局签订的《综合服务合同》,本公司的以下劳务和服务全部 或部分由中原石油勘探局提供,详见下表:

交易内容	定价原则	交易价格	交易金额(元)	占同类交易额的比重(%)	结算方式
1.井下作业	按综合服务合同	51,280元/井次	39,690,575	89.13	一口井一结算
2.测井试井	按综合服务合同		2,177,757	100	一口井一结算
3.射孔	按综合服务合同		4,982,475	100	一口井一结算
4.建筑安装	按综合服务合同		50,572,271	65.98	按基建管理要求结算
5.运输	按综合服务合同		15,321,440	0.85	短途一月一结,长途一次一结
6.供水	按综合服务合同	民用0.65元/方,综合1.18元/方	3,883,716	100	每月结算一次
7.供电	按综合服务合同	0.432元/度	75,865,665	100	每月结算一次
8.供热	按综合服务合同	5.63 元/m2月	4,316,813	100	每月结算一次
9.物资供应	按综合服务合同		98,135,965	75.76	按批结算
10.房屋使用	按综合服务合同	居民1.66元/月m2 办公4.50元/月m2 工业1.67元/月m2	3,098,062	100	每月结算一次
合　计			298,044,739		

3)本公司与中原石油勘探局签订了《国有土地使用权租赁合同》,中原石油勘探 局将面积为2,160,939平方米的国有土地租赁给本公司,租赁期限为30年,租赁费为每 年100万元。

4)关联方应收应付款项余额

项目及企业名称	期末余额(元)本期	期末余额(元)上期	占全部应收(付)款余额的比重(%)本期	占全部应收(付)款余额的比重(%)上期
应收帐款合计	157,853,818		79.49	
中原石油勘探局	157,853,818		79.49	
预付帐款合计	13,436,617		91.21	
中原石油勘探局	13,436,617		91.21	
其他应收款合计	27,029,081.35		42.94	
应付帐款				
中原石油勘探局	21,635,541.17		34.37	
中原石油勘探局建筑集团公司	5,393,540.18		8.57	

6、人员、资产、财务"三分开"情况

(1)人员分开情况

公司人员独立。经理、副经理等高级管理人员不存在双重任职情况,财务人员没 有在关联公司兼职情况,公司的劳动、人事、工资管理完全独立。

2000年2月28日公司控股股东由中原石油勘探局变更为中国石油化工股份有限公 司后,不存在公司董事长与控股股东的法人代表为同一人情况。

(2)资产完整情况

本公司从成立之初,本着主业与辅业分离的原则,将物业管理、井下作业及测试、建筑安装、物资供应、供水、供电、机械维修、科学研究等辅助生产行业剥离;

原油销售因公司没有自己的输油管道,现仍按照国家计委每月公布的国际原油市 场价格销售给中国石油化工股份有限公司下属的中原油田分公司。公司所辖文南油气田是一个独立的地质单元,不存在与控股股东同业竞争的情况。

(3 财务分开情况

公司财务独立,设有独立的财务部门,建立了独立的财务核算体系,具有规范、独 立的财务会计制度和财务管理制度。公司独立在银行开户,没有与控股股东共用一个 帐户的情况,且独立依法纳税。

7、本报告年度内公司无托管、承包、租赁等事项。

8、公司聘任的会计师事务所为北京中洲会计师事务所,在报告期内未变更。

9、其他重要合同(含担保等)及其履行情况。

99年本公司的原油均由母公司包销,除与母公司签有包销合同以外,无其他重大合同及担保事项。

10、报告期内公司无更改名称或股票简称的情况。

八、财务会计报告

(一)公司1999年度财务报告经北京中洲会计师事务所注册会计师易书仪、韩建F 审计后,出具了无保留意见审计报告,审计号中洲(2000)发字第121号。

(二)会计报表(见附件)。

(三)会计报表附注

会计报表附注

一、主要会计政策

1、公司执行的会计制度

股份制改组前执行财政部颁发的《工业企业会计制度》。股份制改组后,执行财 政部颁发的《股份有限公司会计制度》。本报告期间内的会计报表已按照《股份有限公司会计制度》进行了调整。

2、会计期间

自每年公历1月1日起至12月31日止为一个会计年度。本报告所载财务信息为1999年1月1日至1999年12月31 日的财务信息。

3、记帐原则和计价基础

采用借贷记帐法,按权责发生制核算，以历史成本作为计价基础。

4、记帐本位币

以人民币为记帐本位币。

5、坏帐核算

坏帐核算采用备抵法,按年末应收款项(包括应收账款和其它应收款)明细余额分 账龄计提坏帐准备金:

应收款项余额	计提比率
一年以内	5‰
一年至二年	1%
二年至三年	5%
三年至五年	20%
五年以上	100%

与关联方中原石油勘探局发生的逾期未满一年的的应收款项不计提坏账准备。

坏帐损失按以下原则确认:

(1)因债务人破产或死亡,以破产财产或遗产清偿后仍无法收回的款项;

(2)因债务人逾期未能履行偿债义务超过三年仍不能收回并经公司董事会批准的 款项。

6、存货核算方法

(1)存货分类为:原材料、低值易耗品、产成品等;

(2)存货中的材料及产成品以实际成本计价,领用或发出时采用加权平均法核算;低值易耗品采用一次摊销法进行摊销。

(3)公司期末按可变现净值低于成本的差额提取存货跌价准备。

7、固定资产核算及折旧方法

(1)固定资产标准为:使用期限在一年以上,单位价值在2,000.00元以上的房屋建 筑物、机器设备、运输设备以及其他与生产经营有关的设备、器具、工具等;单位价 值在2,000.00元以上,并且使用年限超过两年的,不属于生产经营主要设备的物品;

(2)固定资产分类为:房屋建筑物、油、气(水)井、集输设施及管线、运输设备、石油专用设备和其他设备;

(3)固定资产计价:按实际成本计价;

(4)固定资产折旧采用直线法分类按月计提。根据国家有关规定,油气井、注水注气井及输油气管线等固定资产在计提折旧时不扣除残值,其他各类固定资产的预留残 值率为固定资产原价的3%;

(5)根据财政部财会函字[1999]24号〈关于固定资产折旧有关会计处理的复函〉的答复,原已提足折旧的固定资产评估增值,按评估后的固定资产原价和预计使用年限(包括评估前的预计使用年限和评估后尚可使用年限)计提折旧。

分类折旧率如下:

类别	使用年限	年折旧率(%)
房屋及建筑物	20-40年	2.43-4.85
油、气(水)井	6年	16.67
集输设施及管线	10-14年	7.14-10
运输设备	10-16年	6.06-9.70
石油专用设备	10-14年	7.14-10
其他设备	8-18年	5.39-12.13

8、在建工程核算方法

在建工程按实际支付的工程价款(包括材料设备价款、运输费、工程安装调试费 等)及应分摊的工程管理费,在建工程贷款利息等计价。未办理竣工结算的工程,在交 付使用时估价入帐。办理竣工决算后，再按决算数调整固定资产帐面价和已提折旧。

9、收入确认原则

(1)商品销售:公司已将商品所有权的重要风险和报酬转移给买方,公司不再对该 商品实施继续管理权和实际控制权,相关的收入已收到或取得了收款的凭据,并且与销售该商品有关的成本能够可靠地计量时，确认营业收入的实现;

(2)提供劳务:按照完工百分比法确认相关劳务收入。如提供劳务在同一个年度内开始并完成的、在完成劳务时确认营业收入的实现。

(3)其他收入:按有关合同、协议规定的收费时间和方法计算确认营业收入的实现。

10、所得税

公司采用应付税款法。

11、利润分配方法

净利润的分配比例,按公司章程作如下分配:

(1)、弥补上一年度的亏损;

(2)、提取法定公积10%;

(3)、提取法定公益金5%-10%;

(4)、提取任意盈余公积;

(5)、支付普通股股利。

12、会计政策、会计估计变更

根据财政部财会字[1999]35号文件《关于印发<股份有限公司会计制度有关会计 处理问题补充规定>的通知》和财政部财会字[1999]49号文件《关于印发<股份有限公司会计制度有关会计处理补充规定问题解答>的通知》的有关规定,公司本年度对坏账准备、存货跌价准备会计政策变更已采用追溯调整法,已调整1999年度会计报表相关 项目的年初数或上年实际数,上述会计政策变更的累计影响数为104,622.69元(其中坏帐准备104,622.69);由于会计政策变更调增1998年度年初未分配利润423,347.95元， 调减1998年度净利润318,725.26元，调增1999年度年初未分配利润104,622.69元,调减1999 年度净利润363,061.22元。

二、税项

(1)、增值税:原油及天然气分别按产品销售收入的17%和13%税率计算销项税，扣除进项税后交纳增值税。

(2)、营业税: 按输油费、集输净化增压费、输气费收入的3%计征。

(3)、城建税:按应交增值税额、营业税额的7 %计征。

(4)、房产税:从价计征,以房屋原值的70%为计税依据,年税率为1.20%。

(5)、土地使用税:按土地使用面积、每平方米0.30元按年计征。

(6)、车船使用税:按税务局核定的标准,货车按吨位,客车按座位,特种车按辆计 算交纳。

(7)、资源税:根据原油及天然气销售量分别按8元/吨,4元/千立方米交纳。

(8)、所得税:依据郑州市国家税务局高新技术产业开发区分局高新区国税发(1999)082号文件规定,公司从1999年度起享受高新技术企业的税收优惠;依据财政部、国 家税务总局财税字(1994)001号文件中关于高新技术企业的税收优惠的相关规定,公司1999 年度免征所得税。

三、关联方关系及交易

1.关联方关系

(一).存在控制关系的关联方

企业名称	注册地址	主营业务	与本企业关系	经济性质	法定代表人
中原石油勘局	濮阳市中原区中原路227号	勘探开采石油	母公司	国有	刘锦信

(二).存在控制关系的关联方的注册资本及其变化

(金额单位:万元)

企业名称	期初数	本期增加	本期减少	期末数
中原石油勘探局	500,000	-	-	500,000

(三). 存在控制关系的关联方所持股份及其变化

(金额单位:万元)

企业名称	期初数		本期增加		本期减少		期末数	
	金额	比例	金额	比例	金额	比例	金额	比例
中原石油勘探局	51,000	100	--	--	--	--	51,000	75

2.关联方交易

本公司与关联方的交易披露如下

(1)公司组建后,与中原石油勘探局之间在生产、生活服务等方面存在关联交易。 为了保证公司组建后各项业务能正常进行,公司已与中原石油勘探局遵照公平、公正 的市场原则签订了《综合服务合同》。

各项服务的收费标准依以下顺序予以确定:

1 国家有统一收费价格的,执行国家统一标准;

2 国家没有统一收费价格，但地方有统一价格的,适用地方价格;

3 勘探局有统一收费价格的，经公司认可后可适用勘探局的规定;

4 没有上述价格标准时，可依据提供服务的实际成本由双方协商确定。

本公司生产的原油、轻质油、部分液化气销售给中原石油勘探局,1999年1-9月销售价格按中原局1999年1-9月实际销售各种产品的平均价确定。根据与中原石油勘探 局签定的购销协议:自1999年10月中原油气田股份有限公司成立起,原油按国家规定政策价1205元/吨结算;轻质油按国家规定价格1850元/吨结算;液化气按国家规定价格1760元/吨结算(以上价格为含税价)。

(2).材料采购及提供劳务

其中主要项目: (金额单位:万元)

企业名称	采购种类	1999年度	1998年度
中原石油勘探局	材料	9,814	5,429
中原石油勘探局	动力	7,600	4,870
中原石油勘探局	井下作业、测试等	12,522	7,763

(3).销售产品(不含税价)

(金额单位:万元)

企业名称	销售种类	1999年度	1998年度
中原石油勘探局	原油	60,495	63,351
中原石油勘探局	轻质油	7,868	7,092
中原石油勘探局	液化气	3,670	3,967

(4). 关联企业应收应付款项余额

(金额单位:万元)

单位名称	1999年12月31日	1998年12月31日
(1)应收账款		
中原石油勘探局	15,785.38	
(2)应付帐款		
中原石油勘探局	2702.91	
(3)预付帐款		
中原石油勘探局	1,343.66	101.00

四、或有事项

截至1999年12月31日止，公司无需要说明的重大或有事项。

五、财务承诺

截至1999年12月31日止，公司对外无需要说明的重大财务承诺。

六、其他重要事项说明

(1)截至1999年12月31日止,由于公司的增值税一般纳税人认定正在办理中,1999 年10月-12月对外销售天然气由中原石油勘探局开具增值税发票,公司与中原石油勘探 局的结算价格依据协议执行.相应的税金及附加依据税法规定计算,由中原石油勘探局代为交纳。

(2)依据公司与中原石油勘探局、濮阳市中国银行签订的三方协议,公司于1999年12月31 日通过中原石油勘探局归还濮阳市中国银行短期借款60,000,000元。

九、公司其他有关资料

1、公司首次注册登记

日期:1999年10月25日

地点:河南省濮阳市中原路

2、公司变更注册登记日期:1999年11月24日

地点:河南省郑州市高新技术产业开发区瑞达路 87号

3、工商登记号码:豫工商企4100001004908

4、税务登记号码:410902712651389

5、公司未上市股票的托管机构:深圳证券结算有限公司

6、公司报告期内证券主承销商机构名称:山东证券有限责任公司

7、公司聘请的会计师事务所:中洲会计师事务所

地址:北京市西城区金融大街市35号

十、备查文件目录

1、载有法定代表人、财务总监签名并盖章的会计报表

2、载有会计师事务所盖章、注册会计师签名并盖章的审计报告原件

3、报告期内在中国证监会指定报纸上公开披露过的所有公司文件的正本及公告 的原稿。

4、在其他证券市场公布的年度报告

中原油气田股份有限公司董事会

2000年4月24日

资产负债表 单位:元

资产	注释	1999年12月31日	1998年12月31日
流动资产:			
货币资金	1	501,265,535.63	65,116,344.89
短期投资			
减:短期投资跌价准备			
短期投资净额			
应收票据			
应收股利			
应收利息			
应收帐款	2	198,578,732.50	110,589,911.42
其他应收款	3	1,299,512.62	1,383,154.68
减:坏帐准备	2	372,989.66	227,147.04
应收款项净额		199,505,255.46	111,745,919.06
预付帐款	4	14,731,256.87	1,015,058.40
应收补贴款			
存货	5	23,120,186.35	51,588,107.11
减:存货跌价准备			
存货净额		23,120,186.35	51,588,107.11
待摊费用	6		1,079,239.09
待处理流动资产净损失			
一年内到期的长期债券投资			
其他流动资产			
流动资产合计		738,622,234.31	230,544,668.55
长期投资:			
长期负债:			
长期股权投资			
长期债权投资			
长期投资合计			
减:长期投资减值准备			
长期投资净额			
固定资产:			
固定资产原价	7	4,122,320,118.56	3,046,305,297.67
减:累计折旧	7	2,710,487,159.96	2,328,290,708.20
固定资产净值		1,411,832,958.60	718,014,589.47
工程物资			
在建工程	8	76,640,907.96	8,568,405.98
固定资产清理			
待处理固定资产净损失			
固定资产合计		1,488,473,866.56	726,582,995.45
无形资产及其他资产:			
无形资产			
开办费	9	12,556,656.21	
长期待摊费用			
其他长期资产			
无形资产及递延资产合计		12,556,656.21	
递延税项:			
递延税款借项			
资产总计		2,239,652,757.08	957,127,664.00
流动负债:			
短期借款	10		110,000,000.00
应付票据			
应付帐款	11	62,945,267.61	42,229,013.11
预收帐款	12	15,906,874.72	32,567,625.20
代销商品款			
应付工资			136,635.85
应付福利费	13	3,050,145.46	289,763.36
应付股利		34,000,000.00	
应交税金	14	2,614,016.74	
其他应交款		54,717.07	
其他应付款	15	11,817,461.33	3,105,803.89
预提费用	16	7,463,500.00	
一年内到期的长期负债			
其他流动负债			
流动负债合计		137,851,982.93	188,328,841.41
长期负债:			
长期借款	17	250,000,000.00	250,000,000.00
应付债券			
长期应付款			
住房周转金			
其他长期负债			
长期负债合计		250,000,000.00	250,000,000.00
递延税项:			
递延税款贷项			
负债合计		387,851,982.93	438,328,841.41
股东权益:			
股本	18	680,000,000.00	518,694,199.90
资本公积	19	949,844,787.45	
盈余公积		38,393,398.01	
其中:公益金		12,797,799.34	
未分配利润		183,562,588.69	104,622.69
股东权益合计		1,851,800,774.15	518,798,822.59
资产总计		2,239,652,757.08	957,127,664.00
负债及股东权益合计		2,239,652,757.08	957,127,664.00

现金流量表 单位:元

编制单位:中原油气田股份有限公司 1999年

项目	审定数
一、经营活动产生的现金流量:	
销售商品、提供劳务收到的现金	1,414,636,782.75
收取的租金	
收到的税费返还	
收到的其他与经营活动有关的现金	3,442,078.81

现金流入小计	1,418,078,861.56
购买商品、接受劳务支付的现金	627,606,401.18
经营租赁所支付的现金	
支付给职工以及为职工支付的现金	79,337,515.13
实际交纳的增值税款	162,410,211.00
支付的所得税款	
支付的除增值税、所得税以外的其他税费	24,923,454.83
支付的其他与经营活动有关的现金	19,638,720.74
现金流出小计	913,916,302.88
经营活动产生的现金流量净额	504,162,558.68
二、投资活动产生的现金流量:	
收回投资所收到的现金	
分得股利或利润所收到的现金	
取得债券利息收入所收到的现金	
处置固定资产、无形资产和其他长期资产而收回的现金净额	
收到的其他与投资活动有关的现金	
现金流入小计	
购建固定资产、无形资产和其他长期资产所支付的现金	713,985,212.05
权益性投资所支付的现金	
债权性投资所支付的现金	
支付的其他与投资活动有关的现金	
现金流出小计	713,985,212.05
投资活动所产生的现金流量净额	−713,985,212.05
三、筹资活动产生的现金流量:	
吸收权益性投资所收到的现金	805,800,000.00
发行债券所收到的现金	
借款所收到的现金	
收到的其他与筹资活动有关的现金	3,249,871.98
现金流入小计	809,049,871.98
偿还债务所支付的现金	110,000,000.00
发生筹资费用所支付的现金	
分配股利或利润所支付的现金	
偿付利息所支付的现金	53,078,027.87
融资租赁所支付的现金	
减少注册资本所支付的现金	
支付的其他与筹资活动有关的现金	
现金流出小计	163,078,027.87
筹资活动产生的现金流量净额	645,971,844.11
四、汇率变动对现金的影响	
五、现金及现金等价物净增加额	436,149,190.74
1.不涉及现金收支的投资和筹资活动:	
以固定资产偿还债务	
以投资偿还债务	
以固定资产进行长期投资	
以存货偿还债务	
融资租赁固定资产	
2.将净利润调节为经营活动的现金流量:	
净利润	255,851,364.01
加:计提的坏帐准备或转销的坏帐	145,842.62
固定资产折旧	255,417,736.35
无形资产摊销	657,722.67
处置固定资产、无形资产和其他长期资产的损失(减收益)	
固定资产报废损失	
财务费用	53,078,027.87
投资损失(减收益)	
递延税款贷项(减借项)	
存货的减少(减增加)	28,467,920.76
经营性应收项目的减少(减增加)	−101,705,019.55
经营性应付项目的增加(减减少)	6,136,801.93
其他	6,112,162.02
经营活动产生的现金流量净额	504,162,558.68
3.现金及现金等价物净增加情况:	
货币资金的期末余额	501,265,535.63
减:货币资金的期初余额	65,116,344.89
现金等价物的期末余额	
减:现金等价物的期初余额	
现金及现金等价物净增加额	436,149,190.74

利润及利润分配表

单位:元

项目	注释	1999 年度	1998 年度
一、主营业务收入	1	1,297,854,300.94	1,289,692,844.38
减:折扣与折让			
主营业务收入净额		1,297,854,300.94	1,289,692,844.38
减:主营业务成本		941,783,925.58	931,647,216.83
主营业务税金及附加		25,151,727.70	25,580,176.50
二、主营业务利润		330,918,647.66	332,465,451.05
加:其他业务利润			
减:存货跌价损失			
营业费用		2,368,010.36	3,269,410.46
管理费用		26,313,196.21	30,045,845.60
财务费用	2	49,635,949.06	57,528,323.70
三、营业利润		252,601,492.03	241,621,871.29
加:投资收益			
补贴收入			
营业外收入		3,249,871.98	
减:营业外支出			
四、利润总额		255,851,364.01	241,621,871.29
减:所得税			79,840,396.86
五、净利润		255,851,364.01	161,781,474.43
加:年初未分配利润		104,622.69	423,347.95
盈余公积转入数			
六、可分配利润		255,955,986.70	162,204,822.38
减:提取法定盈余公积		25,595,598.67	
提取法定公益金		12,797,799.34	
七、可供股东分配利润		217,562,588.69	162,204,822.38
减:应付优先股股利			
提取任意盈余公积			
应付普通股股利		34,000,000.00	162,100,199.69
转作股本的普通股股利			
八、未分配利润		183,562,588.69	104,622.69

石家庄东方热电股份有限公司

石家庄东方热电股份有限公司1999年年度报告摘要

一、公司简介

1、公司法定中文名称：石家庄东方热电股份有限公司
公司法定英文名称： SHIJIAZHUANG DONGFANG THERMOELECTRIC CO.,LTD.
2、公司法定代表人：李德时先生
3、公司董事会秘书：胡俊芳先生

联系地址：河北省石家庄市建华南大街161号
电话：0311-5053913　　传真：0311-5053924　　电子信箱：hujunf@263.net
公司董秘授权代表：曹进军先生　　联系地址：河北省石家庄市建华南大街161号
电话：0311-5053913　　传真：0311-5053924　　电子信箱：caojinj@263.net
4、公司注册地址：河北省石家庄市建华南大街161号
公司办公地址：河北省石家庄市建华南大街161号
电子信箱：dfrdzqb@sj-user.he.cninfo.net　　邮政编码：050031

5、公司选定的信息披露报纸名称：《中国证券报》、《证券时报》
登载公司年度报告的中国证监会指定国际互联网网址：http://www.cninfo.com.cn
公司年度报告备置地点：公司证券部
6、公司股票上市交易所：深圳证券交易所　　股票简称：东方热电　股票代码：0958

二、会计数据和业务数据摘要

1、本年度主要利润指标情况：(单位：人民币元)

利润总额	56,519,222.78
净利润	46,984,968.25
扣除非经营性损益后的净利润	46,826,986.35
主营业务利润	72,741,784.54
其它业务利润	2,404,963.24
营业利润	39,299,261.18
投资收益	432,222.00
补贴收入	17,061,979.70
营业外收支净额	-274,240.10
经营活动产生的现金流量净额	103,649,301.87
现金及现金等价物流量净额	130,704,259.45

注：扣除非经营性损益项目和涉及的金额

(1)投资收益	432,222.00
(2)发行股票申购资金利息摊销	227,329.18
(3)处置固定资产损益	-539,614.68
(4)其它收益	38,045.40
合　　计	157,981.90

2、截止报告期末公司前三年的主要会计数据和财务指标

项　目	1999年	1998年	1997年
营业务收入	225,331,393.79	170,177,504.42	149,529,611.29
净利润	46,984,968.25	39,411,238.89	33,575,755.28
总资产	1,120,646,492.12	555,112,625.05	479,574,140.08
股东权益(不含数股东权益)	488,866,460.40	197,660,331.15	168,752,041.32
每股收益	0.26	0.29	0.25
每股收益(按月平均加权法计算)	0.32	0.29	0.25
扣除非经常性损益后的每股收益	0.26	0.29	0.25
每股净资产	2.72	1.46	1.25
调整后的每股净资产	2.61	1.36	1.15
每股经营活动产生的现金流量净额	0.58	-	-
净资产收益率 (%)	9.61	19.94	19.90

注：(1)财务指标的计算公式：
每股收益=净利润/年度末普通股股份总数；
每股净资产=年度末股东权益/ 年度末普通股股份总数；
调整后的每股净资产=(年度末股东权益-三年以上的应收款项净额-待摊费用 -待处理（流动、固定)资产净损失-开办费长期待摊费用-住房周转金负数余额)/年度末普通股股份总数；
净资产收益率=净利润/年度末股东权益×100%。
(2)由于会计政策变更，根据财政部财会字(1999)35号文件、49号文件的有 关规定，采用了追溯调整法进行了调整。

调整前各年度会计数据如下：

项目	1999年	1998年	1997年
坏账准备	262,076.09	135,053.17	110,056.13
存货跌价准备	0.00	0.00	0.00
未分配利润	37,231,775.29	0.00	0.00

调整后各年度会计数据如下：

项目	1999年	1998年	1997年
坏账准备	331,630.27	180,385.73	110,056.13
存货跌价准备	63,017.38	576,028.72	0.00
未分配利润	37,099,203.73	-497,089.02	0.00

3、报告期内股东权益变动情况(单位：人民币元)

项目	股本	资本公积	盈余公积	法定公益金	未分配利润	股东权益合计
期初数	135000000	56701991	6455428.68	3227714.34	-497089.02	197660331.15
本期增加	45000000	199221161	9388675.50	4694337.75	37596292.75	291206129.25
本期减少	0.00	0.00	0.00	0.00	0.00	0.00
期末数	180000000	255923152	15844104.18	7922052.09	37099203.73	488866460.40

变动原因：(1)股本和资本公积金的增加是由于本公司溢价发行了4500万人民币普通股股 票所致；(2)盈余公积金和法定公益金的增加是由于从本年度净利润中提取所致；(3)未分配利润的增加是由于本年度利润未分配所致。

三、股东情况介绍

1、报告期末公司股东总数为28024户。
2、报告期末公司前10名股东持股情况

股东名称	持股数(股)	占总股本比例(%)
1 石家庄东方热电燃气集团有限公司	133350000	74.08
2 南方证券有限公司	1479080	0.82
3 石家庄医药药材股份有限公司	500000	0.28
4 赵建平(浙江)	400000	0.22
5 河北鸣鹿服装集团公司	400000	0.22
6 石家庄天同拖拉机有限公司	400000	0.22
7 石家庄金刚内燃机零部件集团公司	350000	0.19
8 李宁阳(沈阳)	330000	0.18
9 张焱(深圳)	300000	0.17
10 中国经济技术投资担保有限公司	300000	0.17

注：(1) 石家庄东方热电燃气集团有限公司为公司国有股股东，所持股份无质 押和冻结。(2)石家庄医药药材股份有限公司、河北鸣鹿服装集团公司、石家庄天同拖拉 机有限公司、石家庄金刚内燃机零部件集团公司为公司法人股股东，所持股份无质押和冻结。(3) 前10名股东中第248910位股东为公司流通股股东。(4)除个人股东无法联系外，其他股东之间不存在关联关系。
3、报告期内无控股股东变更情况。

四、股东大会简介

1、1999年5月26日召开了公司1998年年度股东大会，公司股东全部出席会议，代表有效表决股份135,000,000股，占当时总股本的100%。经大会审议表决，决议如下：
(1)通过了《1998年度董事会工作报告》；
(2)通过了《1998年度监事会工作报告》；
(3)批准了《1998年度经理工作报告和1999年经理方针目标》；
(4)批准了《1998年度财务决算报告》；
(5)批准了《1999年盈利预测方案》；
(6)批准了《1998年利润分配方案》；
(7)授权董事会全权办理公司股票发行后的股本变更等有关事宜。
以上主要内容见1999年9月9日的《中国证券报》和《证券时报》所刊登的公司《招股说明书》以及1999年12月18日的《中国证券报》和《证券时报》所刊登的公司《上市公告书》。
2、报告期内无更换董事、监事情况。

五、董事会报告

(一)公司经营情况
1、公司属于公用基础设施行业，是河北省该行业唯一的上市公司。
2、公司主营业务的范围及其经营状况
(1)公司主营业务的范围包括热力、电力的生产与销售、工程施工等。
(2)经营状况(单位：人民币元)：

主营项目	主营业务收入	主营业务利润	所占比例(%)
供　热	90,368,989.00	29,173,038.95	40.10
供　电	122,484,616.55	38,978,158.52	53.58
工程施工	12,477,788.24	4,590,587.07	6.32

以上主营业务均在本公司所在地区内实现。
(3)占主营业务收入或主营业务利润10%以上的主营业务介绍
1 热力：目前公司拥有供热能力1035吨/时，1999 年实现售热量479万吉焦。
2 电力：目前公司拥有电力装机容量87兆瓦，1999年上网电量39055万千瓦时。
3、公司主要全资附属企业及控股子公司经营业绩
(1)报告期内公司尚无全资附属企业。
(2)公司的控股子公司—石家庄南郊热电有限公司于1999年12月27日成立，其 经营情况及业绩如下：

企业名称	公司所占权益	经营范围	销售收入	利润总额	净利润
南郊热电有限公司	80.29%	热力、电力	2298万元	319万元	204万元

根据财政部财会字〔1998〕16号和〔1998〕66号文件的有关规定，经石家庄南郊热电有限公司股东大会通过，1999年度利润由原股东享有，自2000年1月1日起产生的利润由新老股东共享。
4、在经营中出现的问题与困难及解决方案
(1)出现的问题、困难：由于电力生产受到工业结构性调整的影响，电力生产 受到限制，本公司发电上网时数相应受到限制。
(2) 解决的方案：本公司是热电联产的公用基础设施企业。国家发展计划委员会计办基础〔1999〕318号文件《国家计委办公厅对发展热电联产的若干规定有关问题解释的通知》，进 一步明确了国家对热电项目的鼓励政策。国家计委计基础〔1999〕182号文《国家计 委关于"九五"后期调整电力建设结构有关问题的通知》规定，近期电力建设安排中"九五"后两年新开工项目安排的重要条件之一为"改善城市供电供热条件和环境质量"项目。在可以预见的时间内，有关优惠政策将长期存在。河北省电力主管部门及石家庄市人民政府已根据国家有关政策，逐步加大对基础设施行业的政策倾斜，热电联产、集中供热将在很长一段时间受到政策扶持。随着城市建设的发展和供热量的增加，公司售电量将不会受到影响。
(二)公司财务状况
1、公司财务状况：(单位万元)

指标名称	1999年	1998年	同期增长(%)
总资产	112,065	55,511	101.88
长期负债	25,729	16,428	56.62
股东权益	48,887	19,766	147.33
主营业务利润	7,274	5,534	31.44
净利润	4,698	3,941	19.21

注：总资产、长期负债和股东权益分别增长了101.88%、56.62%和147.33%，主要是由于本年度公司发行4500万股人民币普通股股票和控股式兼并了石家庄南郊热电厂。
(2)主营业务利润和净利润的增长主要是由于募股资金投资项目部分投产，本 年度供热量和售电量比上年增加所致。
2、河北华安会计师事务所有限公司对公司1999年度财务报告进行了审计，并出 具了无保留意见的审计报告。

云南锡业股份有限公司

云南锡业股份有限公司1999年年度报告摘要

一、公司简介

1、公司中文名称:云南锡业股份有限公司
公司英文名称:Yunnan Tin co., Ltd.
2、公司法定代表人:肖建明
3、公司董事会秘书:向允平
联系地址:昆明高新技术产业开发区
电话:0873-2448667 0871-5717378
传真:0873—2448622
电子信箱:GFGS6609@mail.hh.yn.cninfo.net
XYZJ39@mail.hh.yn.cninfo.net
4、公司注册地址:中国昆明高新技术产业开发区
公司办公地址:中国昆明高新技术产业开发区
邮政编码:650000
公司网址:http://www.ytl.com.cn
电子信箱:GFGS6609@mail.hh.yn.cninfo.net
5、公司选定的信息披露报纸:《中国证券报》、《证券时报》。
登载公司1999年度业绩报告的中国证监会指定互联网网址:
http://www.cninfo.net
公司年度报告备置地点:公司证券部
6、公司股票上市交易所:深圳证券交易所
股票简称:锡业股份
股票代码:0960

二、会计数据和业务数据摘要

1、主要利润指标情况　　(单位:人民币元)

利润总额:	100449010.43
净利润:	100449010.43
扣除非经常性损益后的净利润:	91829293.94
主营业务利润:	173796045.42
其他业务利润:	120247.05
营业利润:	91829293.94
投资收益:无	
补贴收入:	417886.00
营业外收支净额:	8201830.49
经营活动产生的现金流量净额:	-149310719.50
现金及现金等价物净增加额:	342287228.84

备注:扣除的非经常性损益中,有本公司1999年10月11日上网发行新股申购冻结资金利息8,123,290.47元,出口创汇贴息417,886.00元,资产处置收益78,540.02元,共涉及金额8,619,716.49元。

2、主要会计数据和财务指标

项　目	1999年	1998年 调整后	1998年 调整前	1997年
主营业务收入(元)	1108400525.91	1000741274.13	1000741274.13	1010080806.05
净利润(元)	100449010.43	90627727.90	93910575.37	103106528.05
总资产(元)	1633632564.96	838104626.01	843313980.56	670485741.71
股东权益(元)	1100374563.37	330718162.94	334001010.41	217573399.03
每股收益(元/股)	0.2807	0.3977	0.4121	0.4739
每股收益(元/股)(加权)	0.3608	0.3977	0.4121	0.4739
扣除非经常性损益后的每股收益(元/股)	0.2566	0.3977	0.4121	0.4739
每股净资产(元/股)	3.0745	1.4511	1.4655	1.00
调整后的每股净资产(元)	3.0611	1.4501	1.4645	0.9997
每股经营活动产生的现金流量净额(元/股)	-0.4172			
净资产收益率(%)	9.13	27.40	28.12	47.39

注(1):表中所列有关指标按下列公式计算:
每股收益=净利润/年度末普通股股份总数
加权平均每股收益=当期净利润÷[期末股份总数÷(1+配股比例或增发新股比例)+期末股份总数÷(1+配股比例或增发新股比例)×配股比例或增发新股比例×缴款结 束日下一月份至期末的月份数÷12]
每股净资产=年度末股东权益/ 年度末普通股股份总数
调整后的每股净资产=(年度末股东权益-三年以上的应收帐款净额-待摊费用-待 处理(流动、固定)资产净损失-开办费-长期待摊费用-住房周转金负数余额)/年度末 普通股股份总数
每股经营活动产生的现金流量净额=经营活动产生的现金流量净额/年度末普通股股份总数
净资产收益率=净利润/年度末普通股股份总数×100%
注(2):按财政部[1999]35号文《关于印发〈股份公司会计制度有关会计处理问题补充规定〉的通知》等有关会计准则的要求,公司因会计政策、会计估计变更、以及会计差 错更正追溯调整1998年度会计数据分调整前、调整后分别列示。

3、本报告期内股东权益变化情况　　单位:万元

项目	股本	资本公积	盈余公积	法定公益金	未分配利润	股东权益合计
期初数	22790.4	8602.5	661.3	330.6	687	33071.8
本期增加	13000	62510.4	1506.7	502.3		76965.6
本期减少					553.8	
期末数	35790.4	71112.9	2168	832.9	133.2	110037.4

变动原因:
(1)股本数期末较期初增加13000万股,是由于本公司于1999年10月11日公开发行13000万股A股,其中基金配售了公开发行额度13000万股的15%,即1950万股,上网发行11050万股。
(2)资本公积数期末较期初增加62510.4万股,是本公司股票发行溢价收入。
(3)根据董事会利润分配预案,法定盈余公积金按公司净利润的10%计提,任意盈 余公积金按公司净利润的5%计提,共计提取1506.7万元。
(4)根据董事会利润分配预案,法定公益金按公司净利润的5%计提,共计提取502.3万元。
(5)根据董事会利润分配预案,按公司总股本357,904,000股计算,每10股派发现金股利2.4元(含税),计8589.7万元,剩余利润133.2万元留待以后年度分配。
4、本年度公司与控股股东在人员、资产、财务上已实行"三分开",公司已经做到了人员的独立、资产完整和财务独立。

三、分配预案

根据云南亚太会计师事务所出具的无保留意见审计报告,本公司1999年度共实现 净利润10044.90万元,根据公司章程有关规定,在提取10%法定盈余公积金、5%法定 公益金及5%任意盈余公积金后,剩余可供股东分配利润8035.92万元,加上去年末结余的未分配利润686.98万元,累计可供股东分配利润为8722.9万元。经公司第一届第六 次董事会议讨论通过,拟以1999年底公司总股本35790.4万股为基数,向全体股东每10 股派2.4元现金(含税),共分配现金红利8589.696万元,剩余利润133.2036万元结转下 年度。
上述利润分配预案尚需提交股东大会审议。

四、　财务会计报告

云南亚太会计师事务所亚太B字(2000)第63号出具了无保留意见的审计报告。
(一)审计报告
云南锡业股份有限公司全体股东:
我们接受委托,审计了贵公司1999年12月31日的资产负债表、1999年度利润及利 润分配表和1999年度的现金流量表。这些会计报表是由贵公司负责,我们的责任是对 这些会计报表发表审计意见。我们的审计是依据《中国注册会计师独立审计准则》进行的。在审计过程中,我们结合贵公司的实际情况,实施了包括抽查会计纪录等我们认为必要的审计程序。我们认为,上述会计报表符合《企业会计准则》和《股份有限公 司会计制度》的有关规定,在所有重大方面公允地反映了贵公司1999年12月31日的财 务状况及1999年度的经营成果和现金流量情况,会计处理方法的选用遵循了一贯性原 则。

云南亚太会计师事务所　　中国注册会计师:王解妹
昆明市拓东路23号　　中国注册会计师:李文群
二000年三月三十一日

(二)会计报表
1、资产负债表(附后)
2、利润及利润分配表(附后)
3、现金流量表(附后)
(三) 本公司主要会计政策、会计估计
1、会计制度
本公司执行《企业会计准则》和《股份有限公司会计制度》及其有关的补充规定。
2、会计年度
本公司会计年度自公历1月1日起至12月31日止。
3、记帐本位币及外币核算方法
本公司以人民币为记帐本位币,会计年度内涉及外币的经济业务,按发生当月月初外汇市场汇价折合人民币入帐。月末将外币帐户余额按月末外汇市场汇价重新折合为人民币金额,与原帐面人民币余额之间的差额列入财务费用--汇兑损益。在建工程外 币借款的汇兑差额,在其完工交付使用前计入在建工程项目。
4、记帐基础和计价原则
本公司以权责发生制为记帐基础,以历史成本为计价原则,购并的资产按经评估确认的价值记帐。
5、现金等价物的确定标准
本公司编制现金流量表时确定的现金等价物,是指本公司持有的期限短(一般指从购买日起3个月内到期)、流动性强、易于转换为已知金额现金、价值变动风险很小的投资。
6、坏帐核算方法
本公司的应收款项(包括应收帐款和其他应收款)的坏帐损失原按"直接转销法"核算,现改用"备抵法"核算,计提坏帐准备的方法为"帐龄分析法",坏帐准备计提 的比例为:

帐龄	计提比例
一年以内	3%
一至二年	10%
二至三年	30%
三至四年	50%
四至五年	80%
五年以上	100%

坏帐确认的标准:
(1)债务人破产或者死亡,以其破产财产或者遗产清偿后仍不能收回的应收款项;
(2)债务人逾期未履行偿债义务,且有明显特征表明无法收回的应收款项;
(3)对符合上述标准之一的应收款项,根据公司的管理权限,经股东大会或董事会 批准后作为坏帐损失,转销提取的坏帐准备。
7、存货核算方法
本公司的存货包括原料、燃料、备品备件、低值易耗品、在产品及自制半成品、库存商品等。原料、燃料和库存商品按实际成本计价,领用原料、燃料或发出库存商 品时,按加权平均法进行核算;辅助材料、备品备件等均采用计划成本进行日常核算,并通过"材料成本差异"帐户核算实际成本与计划成本的差异,领用和发出时,通过分摊材料成本差异调整为实际成本。低值易耗品领用采用一次摊销法。
期末按存货成本与市价孰低法分类计提存货跌价准备,提取范围:燃料按10%、备品备件按7%。原料、在产品及自制半成品和库存商品三大类存货不存在市价低于存 货成本的情况,故不计提存货跌价准备。
8、固定资产计价和折旧方法
(1)本公司固定资产是指使用期限在一年以上,单位价值在人民币2,000元以上的 生产、经营用房屋、建筑物、机器、机械、运输工具以及其他与生产、经营有关的设备、器具、工具等。
固定资产按实际成本计价。
(2)本公司固定资产折旧采用平均年限法按分类折旧率计提,各类固定资产的类别、估计经济使用年限和预计残值率、年折旧率如下:

资产类别	折旧年限(年)	年折旧率(%)	净残值率(%)
一、机器设备			

(1)、机械设备	18	5.39	3
(2)、动力设备	20	4.85	3
(3)、运输设备	12	8.08	3
(4)、化工专用设备(含冶金炉窑)	15	6.47	3
(5)、矿山专用设备	15	6.47	3
(6)、其他设备	15	6.47	3
二、房屋建筑物			
(1)、受腐蚀生产用房	25	3.88	3
(2)、一般生产用房	40	2.43	3
(3)、建筑物、构筑物	30	3.23	3

9、在建工程核算方法

本公司在建工程指购建中的房屋建筑物与需要安装的机器设备,按各项工程实际 成本核算,该等成本包括直接建造成本以及安装及调试期间的有关借款利息支出及外 币折算差额。 当工程竣工决算投入使用后转为固定资产并从次月起计提折旧。

10、无形资产计价和摊销方法

无形资产按实际发生额核算,在受益期内(不超过经营期限)或规定的期限内分期 平均摊销。

11、长期待摊费用摊销方法

长期待摊费用按实际发生额核算, 在项目的受益期内平均摊销。

12、收入确认的原则

本公司按以下规定确定营业收入实现。

商品销售:公司已将商品所有权上的主要风险和报酬转移给买方,公司不再对该 商品实施继续管理权和实际控制权,相关的收入已经收到或取得收款的有关证据,并且与销售该商品有关的成本能够可靠地计量时, 确认营业收入的实现。

提供劳务:在同一年度内开始并完成的,在劳务已经提供,收到价款或取得收取款 项的证据时,确认劳务收入。

他人使用本公司资产而发生的收入:他人使用本公司资产在与交易相关的经济利 益能够流入企业,收入的金额能够可靠地计量时,确认收入的实现。利息收入按他人使用本公司现金时间和使用利率计算确定;发生的使用费收入按有关合同或协议规定的 收费时间和方法计算确定。

13、所得税的会计处理方法

本公司所得税的会计处理采用应付税款法。

14、报告期内会计政策、会计估计发生的变化

按财政部财会字[1999]35 号文《关于印发<股份有限公司会计制度有关会计处理 问题补充规定>的通知》和财政部财会字[1999]49 号文《关于<股份有限公司会计制度有关会计处理问题补充规定问题解答>的通知》的有关规定,本公司本年度计提坏帐准备、存货跌价准备的会计政策发生了变化,并采取了追溯调整法。该项调整调减了 1998 年度净利润 5,209,354.55 元,调减了盈余公积 781, 403.19 元,影响 1999 年年初未分配 利润减少 2,790, 420.34 元。

(四)税项

1、企业所得税

根据昆明市国家税务局高新技术产业开发区分局"昆国税高新税政字(2000)01 号"《关于云南锡业股份有限公司企业所得税问题的批复》文件批准,本公司 1999 年 度免征企业所得税。

2、流转税

主 要 税(费) 种	税率	计税依据
(1)增 值 税	17% 13%	应税销售额
(2)营 业 税	5%	应税营业收入
(3)城市维护建设税	7%	增值税、营业税的应纳税额
(4)教 育 费 附 加	3%	增值税、营业税的应纳税额

云南锡业股份有限公司

2000 年 4 月 20 日

资产负债表

编制单位:云南锡业股份有限公司　　单位:人民币

资产	1999.12.31	1998.12.31
流动资产:		
货币资金	360942109.38	18654880.54
短期投资		
减:短期投资跌价准备		
短期投资净额		
应收票据		
应收股利		
应收利息		
应收帐款	101017694.55	148060024.87
其他应收款	84840241.79	13373334.09
减:坏帐准备	6194976.56	5209354.55
应收帐款净额	179662959.78	456224004.41
预付帐款	287011582.89	149790553.50
应收补贴款		
存货	193199321.33	144251427.06
减:存货跌价准备	725294.84	
存货净额	192474026.49	144251427.06
待摊费用	0.00	233800.00
待处理流动资产净损失		
一年内到期的长期债权投资		
其他流动资产		
流动资产合计	1020090678.54	469154665.51
长期投资:		
长期股权投资		
长期债权投资		
长期投资合计		
减:长期投资减值准备		
长期投资净额		
固定资产:		
固定资产原价	857907839.73	513858305.64
减:累计折旧	360876445.28	161666598.43
固定资产净值	497031394.45	352191707.21
工程物资		
在建工程	98644192.19	16758253.29
固定资产清理		
待处理固定资产损失		
固定资产合计	595675586.64	368949960.50
无形资产及其他资产:		
无形资产	13061635.12	
开办费		
长期待摊费用	4804664.66	
其他长期资产		
无形资产及其他资产合计	17866299.78	
递延税项:		
递延税款借项		
资产总计	1633632564.96	838104626.01
负债及股东权益		
流动负债:		
短期借款	347655000.00	291390000.00
应付票据	15000000.00	20000000.00
应付帐款	28485199.84	72108932.51
预收帐款	44197215.98	77686038.13
代销商品款		
应付工资	203545.94	696871.59
应付福利费	1819250.77	1347942.99
应付股利	31896960.00	
未交税金	-3780794.82	-17184732.08
其他应交款	96662.62	6731.90
其他应付款	6434626.51	7334678.03
预提费用		
一年内到期的长期负债	26000000.00	16000000.00
其他流动负债		
流动负债合计	498007666.84	469386463.07
长期负债:		
长期借款	31030921.00	38000000.00
应付债券		
长期应付款		
住房周转金		
其他长期负债	4219413.75	
长期负债合计	35250334.75	38000000.00
递延税项:		
递延税款贷项		
负债合计	533258001.59	507386463.07
少数股东权益		
股东权益		
股本	357904000.00	227904000.00
资本公积	711129697.34	86025347.34
盈余公积	3008830.03	9919027.95
其中:公益金	8328793.18	3306342.66
未分配利润	1332036.00	6869787.65
股东权益合计	1100374563.37	330718162.94
负债及股东权益总计	1633632564.96	838104626.01

利润及利润分配表

编制单位:云南锡业股份有限公司　　1999 年度　　单位:人民币

项目	1999 年度	1998 年度
一、主营业务收入	1108400525.91	1000741274.13
减:折扣与折让		
主营业务收入净额	1108400525.91	1000741274.13
减:主营业务成本	934118852.69	811489740.82
主营业务税金及附加	485627.80	3399282.49
二、主营业务利润(亏损以"-"号填列)	173796045.42	185852250.82
加:其他业务利润(亏损以"-"号填列)	120247.05	304239.60
减:存货跌价损失	725294.84	
营业费用	29084778.17	26222039.62
管理费用	41152543.76	43836628.47
财务费用	11124381.76	11427880.60
三、营业利润(亏损以"-"号填列)	91829293.94	104669941.73
加:投资收益(损失以"-"号填列)		
补贴收入	417886.00	
营业外收入	8329441.81	779819.68
减:营业外支出	127611.32	176086.12
四、利润总额(亏损总额以"-"号填列)	100449010.43	105273675.29
减:所得税	0.00	1464947.39
五、净利润(净亏损以"-"号填列)	100449010.43	90627727.90
加:年初未分配利润	6869787.65	
盈余公积转入		
六、可供分配的利润	107318798.08	90627727.90
减:提取法定盈余公积	10044901.04	6612685.29
提取法定公益金	5022450.52	3306342.66
七、可供股东分配的利润	92251446.52	80708699.95
减:应付优先股股利		
提取任意盈余公积	5022450.22	
应付普通股股利	85896960.00	73838912.30
转作股本的普通股股利		
八、未分配利润	1332036.00	6869787.65

现金流量表

编制单位:云南锡业股份有限公司　　1999 年度　　单位:人民币

项目	金额
一、经营活动产生的现金流量:	
销售商品、提供劳务收到的现金	983660092.53
收取的租金	
收到的增值税销项税额和退回的增值税款	
收到的除增值税以外的其他税费返还	16513793.35
收到的其他与经营活动有关的现金	16835557.90
现金流入小计	1017009443.78
购买商品、接受劳务支付的现金	990326556.88
经营租赁所支付的现金	

支付给职工以及为职工支付的现金	61968827.03
支付的增值税款	19102955.93
支付的所得税款	289222.38
支付的除增值税、所得税以外的其他税费	2748008.11
支付的其他与经营活动有关的现金	91884592.95
现金流出小计	1166320163.28
经营活动产生的现金流量净额	-149310719.50
二、投资活动产生的现金流量:	
收回投资所收到的现金	
分得股利或利润所收到的现金	
取得债券利息收入所收到的现金	
处置固定资产、无形资产和其他长期资产而收回的现金净额	54728.00
收到的其他与投资活动有关的现金	
现金流入小计	54728.00
购建固定资产、无形资产和其他长期资产所支付的现金	237178880.38
权益性投资所支付的现金	
债权性投资所支付的现金	
支付的其他与投资活动有关的现金	
现金流出小计	237178880.38
投资活动产生的现金流量净额	-237124152.38
三、筹资活动产生的现金流量:	
吸收权益性投资所收到的现金	777671054.22
发行债券所收到的现金	
借款所收到的现金	539079752.00
收到的其他与筹资活动有关的现金	
现金流入小计	1316750806.22
偿还债务所支付的现金	499178000.00
发生筹资费用所支付的现金	
分配股利或利润所支付的现金	54000000.00
偿付利息所支支付的现金	26984447.27
融资租赁所支付的现金	
减少注册资本所支付的现金	
支付的其他与筹资活动有关的现金	7867681.12
现金流出小计	588030128.39
筹资活动产生的现金流量净额	728720677.83
四、汇率变动对现金的影响	1422.89
五、现金及现金等价物净增加额	342287228.84

附注:

项目	
1.不涉及现金收支的投资和筹资活动	
以固定资产偿还债务	
以投资偿还债务	
以固定资产进行长期投资	
以存货偿还债务	
融资租赁固定资产	
2.将净利润调节为经营活动的现金流量	
净利润	100449010.43
加:计提的坏帐准备或转销的坏帐	1710916.85
固定资产折旧	21145404.99
无形资产摊销	
待摊费用减少	233800.00
处置固定资产、无形资产和其他长期资产的损失(减收益)	-194272.06
固定资产报废损失	100933.89
财务费用	22609631.93
投资损失(减收益)	
递延税款贷项(减借项)	
存货的减少(减增加)	-48947894.27
经营性应收项目的减少(减增加)	-161645606.77
经营性应付项目的增加(减减少)	-69540756.23
冻结资金的利息	-8123290.47
少数股东本期收益	
其他	-7108597.79
经营活动产生的现金流量净额	-149310719.50
3.现金及现金等价物净增加情况:	
货币资金的期末余额	360942109.38
减:货币资金的期初余额	18654880.54
现金等价物的期末余额	
减:现金等价物的期初余额	
现金及现金等价物净增加额	342287228.84

大连金牛股份有限公司

公司简介

1、公司名称：大连金牛股份有限公司
英文名称：Dalian jinniu Co.,Ltd
2、公司法定代表人：赵明远
3、董事会秘书：刘宇
联系地址：大连市甘井子区工兴路 4 号
联系电话：0411-6679594 传真：0411-6678899 电子信箱：ds4@dalian-steel.com
董秘授权代表：刘月鹏
联系地址：大连市甘井子区工兴路 4 号
联系电话：0411-6678899,6672112-2198 传 真：0411-6678899
电子信箱号：ds4@dalian-steel.com
4、公司注册地址：辽宁省大连市甘井子区工兴路 4 号
办公地址：辽宁省大连市甘井子区工兴路 4 号 邮政编码：116031
网 址：http://www.dalian-steel.com
5、公司选定的信息披露报纸《中国证券报》、《证券时报》、《上海证券报》
登载公司年度报告的中国证监会指定国际互联网址： http://www.cninfo.com.cn
公司年度报告备置地：公司证券部
6、公司股票上市交易所：深圳证券交易所
股票简称：大连金牛 股票代码：0961

会计数据与业务数据摘要

1、本年度主要利润指标情况 99 年 (单位人民币元)

利润总额：	71,127,308.04
净利润：	60,458,211.83
扣除非经常性损益后的净利润：	56,392,826.62
主营业务利润：	113,710,075.66
其它业务利润：	4,381,641.85
营业利润：	70,168,625.73
投资收益：	-
补贴收入：	878,394.62
营业外收支净额：	80,287.67
经营活动产生的现金流量净额：	-39,447,453.74
现金及现金等价物净增加额：	65,729,589.88

注：扣除非经常性损益项目及金额：
⑴新股申购冻结资金利息 3,186,990.61
⑵临时性获得补贴收入： 878,394.62

2、主要会计数据和财务指标(合并报表 单位：人民币元)

项 目	1999.12.31	1998.12.31(调整后)
主营业务收入	1,056,784,026.40	1,217,622,278.29
净利润	60,458,211.83	51,229,024.41
总资产	1,447,592,371.68	780,702,508.35
股东权益	671,664,211.78	233,175,705.95
每股收益	0.22	0.30
每股收益(按月加权法计算)	0.34	0.30
每股收益(扣除非经常性损益)	0.21	0.30
每股净资产(元)	2.48	1.31
调整后的每股净资产	2.30	1.21
每股经营活动产生的现金流量净额	-0.14	-0.10
净资产收益率(%)	9	21.97

注：⑴主要财务指标计算方法
每股收益=净利润/年度末普通股股份总数
每股净资产=年度末股东权益/ 年度末普通股股份总数
调整后的每股净资产=(年度末股东权益-三年以上的应收款项净额-待摊费用 -待处理(流动、固定)资产净损失-开办费-长期待摊费用-住房周转金负数余额)/年度末普通股股份总数
每股经营活动产生的现金流量净额=经营活动产生的现金流量净额/年度末普通股股份总数
净资产收益率=净利润/年度末股东权益×100%
⑵以上数据以公司合并会计报表数据填列;
⑶根据财政部会字(1999)35 号文的有关规定,公司对 98 年会计数据和财务指标进 行了追溯调整,并分别以调整前调整后的数据列出。
⑷公司 2000 年 3 月 1 日上市,97 年财务指标依据招股说明书填列。

3、报告期内股东权益变动情况： (单位：人民币元)

项 目	股 本	资本公积	盈余公积	法定公益金	未分配利润	股东权益合计
期初数	170530000	90801359			-38155653.12	223175705.95
本期增加	100000000	288030294	2230255.87	1115127.94	57112828.02	448488505.83
本期减少	-	-			-	-
期末数	270530000	378831653.07	2230255.87	1115127.94	18957147.90	671664211.78

变动原因：(1)本年度因股票发行，股本增加 100,000,000.00 元。
(2)股票溢价发行增加资本公积 280,000,000.00 元，中签利息收入增加资本公 积 30,294.00 元。
(3)提取 10%法定公积金 2,230,255.87 元、5 %法定公益金 1,115,127.94 元。
(4)本年度净利润 60,458,211.83 元

股东情况介绍

1、截止 1999 年 12 月 31 日公司在深圳证券交易所登记有限公司登记的股东共有 74735 户。
2、持有本公司 5%(含 5%)以上股份的股东和前十位股东持股情况

名次	股东名称	年末持股数(股)	占股本比例(%)
1、	大连钢铁集团有限公司	165,000,000	60.99
2、	安顺证券投资基金	2,460,500	0.91
3、	天元证券投资基金	2,460,500	0.91
4、	金鑫证券投资基金	2,460,500	0.91
5、	同盛证券投资基金	2,460,500	0.91
6、	兴和证券投资基金	2,000,000	0.74
7、	安信证券投资基金	1,667,100	0.62
8、	金泰基金	1,667,000	0.62
9、	开元基金	1,667,000	0.62
10、	同益证券投资基金	1,667,000	0.62

注：根据政策规定，向基金配售 2500 万股，其中 50%为六个月后方可上市交易。

宁夏东方钽业股份有限公司

一、公司简介

(一)公司名称：宁夏东方钽业股份有限公司
英文名称：Ningxia Orient Tantalum Industry Co.,Ltd. 缩写："OTIC"
(二)公司法定代表人：何季麟
(三)公司董事会秘书：张宗国 股证事务代表：张宗国 叶照贯
联系地址：宁夏石嘴山市大武口区冶金路
联系电话：0952-2012012-6016 传真：0952-2037628 电子信箱：zhqb~otic@public.yc.nx.cn
(四)公司注册地址：宁夏回族自治区石嘴山市大武口区冶金路
公司办公地址：宁夏回族自治区石嘴山市大武口区冶金路 邮政编码：753000
公司电子信箱：otic@public.yc.nx.cn
(五)公司选定的信息披露报纸：《证券时报》、《中国证券报》
公司电子信箱：otic@public.yc.nx.cn
深交所上市公司指定披露网址：http://www.cninfo.com.cn/
公司年度报告备置地点：宁夏石嘴山市大武口区冶金路公司证券部
(六)公司股票上市地：深圳证券交易所 股票简称：东方钽业 股票代码：0962

二、会计数据和业务数据摘要

(一) 公司本年度实现利润及其构成 (单位：元)

利润总额：	82,305,328.29
净利润：	53,237,543.77
扣除非经常性损益后的利润：	50,522,000.42
主营业务利润(元)：	143,280,073.14
其他业务利润(元)：	-1,965,984.98
营业利润(元)：	78,217,994.83
营业外收支净额(元)：	408,733.04
经营活动产生的现金流量净额(元)：	28,618,380.04
现金及现金等价物净增加额(元)：	518,058,408.58
扣除非经常性损益的项目(冻结资金利息)：	4,053,049.78

(二) 公司前三年主要会计数据和财务指标(单位：元)

项 目	1999 年	1998 年 (调整前)	(调整后)
主营业务收入	546107987.61	361280527.75	361280527.75
净利润	53237543.77	43904991.50	43342373.46
总资产	1158030353.26	403388832.15	400756385.54
股东权益	772252913.00	130111850.96	127479404.35
每股收益	0.32	0.46	0.45
加权平均每股收益	0.51	0.46	0.45
扣除非经常性损益后的每股收益	0.30	0.46	0.45
每股净资产	4.68	1.36	
调整后的每股净资产	4.67		1.32
每股经营活动产生的现金流量净额	0.17		
净资产收益率(%)(摊薄)	6.89	33.74	33.85

注：财务指标的计算公式如下：
每股收益=净利润/年度末普通股股份总数
每股净资产=年度末股东权益/ 年度末普通股股份总数
调整后的每股净资产=(年度末股东权益-三年以上的应收款项净额-待摊费用 -待处理（流动,固定)资产净损失-开办费-长期待摊费用-住房周转金负数余额)/年度末普通股股份总数
每股经营活动产生的现金流量净额=经营活动产生的现金流量净额/年度末普通股股份总数

(三) 股东权益变动情况

项 目	股本	资本公积	盈余公积	法定公益金	未分配利润	股东权益合计
期初数	96000000	23726790	0	0	7752614	127479404
本期增加	69000000	553125247	5323754	5323754	53237543	686010299
本期减少			2020422	2020422	37195946	41236791
期末数	165000000	576852037	3303332	3303332	23794211	772252913

三、财务会计报告

(一)财务审计报告(宁夏五联会计师事务所审计报告宁五会审字(2000)016 号》)
宁夏东方钽业股份有限公司全体股东：
我们接受委托，审计了贵公司 1999 年 12 月 31 日的合并及母公司资产负债表、1999 年度的合并和母公司利润及利润分配表、1999 年度合并及母公司现金流量表。这些会计报表由贵公司负责，我们的责任是对这些会计报表发表审计意见。我们的审计是依据《中国注册会计师独立审计准则》进行的。在审计过程中，我们结合贵公司的实际情况，实施了包括抽查会计记录等我们认为必要的审计程序。
我们认为，上述会计报表符合《企业会计准则》和《股份有限公司会计制度》的有关规定，在所有重大方面公允地反映了贵公司 1999 年 12 月 31 日的财务状况和 1999 年度的经营成果和现金流量情况，会计处理方法的选用遵循了一贯性原则。
宁夏五联会计师事务所 中国注册会计师：李耀忠
中国·宁夏·银川 中国注册会计师：于晓鸥
解放西街 111 号 2000 年 3 月 4 日
(二)会计报表：资产负债表、利润表及利润分配表和现金流量表附后(附表 1 -3)
(三)会计报表附注：
附注(一)公司基本情况
宁夏东方钽业股份有限公司(以下简称本公司)经国家经贸委以国经贸企改(1999)326 号文件及宁夏回族自治区经济体制改革委员会宁体改发〈1999〉6 号文件批准，于 1999 年 4 月 30 日正式成立。本公司是由宁夏有色金属冶炼厂作为主发起人，联合 中国有色金属工业技术开发交流中心、青铜峡铝厂、中国石油宁夏化工厂、宁夏恒力钢丝绳股份有限公司四家发起人以发起方式设立的股份有限公司。本公司成立时注册资本 10000 万元，由五家发起人按 68.8%的折股比例投入，其中宁夏有色金属冶炼厂 以经评估确认的经营性净资产折股投入 9600 万股，其它四家发起人分别以现金方式各折股 100 万股投入。1999 年 11 月 17 日本公司经中国证券监督管理委员会证监发行字(1999)146 号文批准，于 1999 年 11 月 22 日采用上网定价发行方式向社会公开发行 A 股股 票 6500 万股。募股资金到位后公司注册资本为 16500 万元。
本公司主要经营钽、铌、铍合金等稀有金属材料生产、开发、科研与销售、进出口业务，产品主要用于电子、冶金、化工、航天、航空和原子能等高科技领域，90%出口国际市场。本公司是国内最大的钽、铌稀有金属产品生产厂家，是国内同行业唯一被"国际钽、铌研究中心(TIC)"接纳为成员的企业。
本公司下设 11 个职能部门、8 个生产分厂、1 个研究室及分析检测中心。存在控制关系的全资子公司为宁夏有色金属进出口公司。

华东医药股份有限公司

华东医药股份有限公司1999年年度报告摘要

一　公司简介

1、公司法定中文名称:华东医药股份有限公司
公司英文名称:HUADONG　MEDICINE　CO,.LTD.
2、公司法定代表人:李邦良
3、公司董事会秘书:鲍建平　公司董事会秘书授权代表:陈武军
电话:(0571)7950205　传真:(0571)7950203　E-mail:hdmed@mail.hz.zj.cn
4、公司注册地址:杭州市下城区中山北路439号
公司办公地址:杭州市曙光路15号世界贸易中心写字楼706室　邮编:310007
公司电子信箱:hdmed@mail.hz.zj.cn
5、公司信息披露报纸名称:《中国证券报》、《证券时报》
登载公司年度报告的中国证监会指定国际互联网网址:http//www.cninfo.com.cn
公司年度报告备置地点:公司证券办
6、公司股票上市交易所:深圳证券交易所　公司股票简称:华东医药　公司股票代码:0963

二、会计数据和业务数据摘要

1、本年度主要会计数据和业务数据摘要(单位:人民币元)

项　目	1999
利润总额	62,690,962.23
净利润	40,352,166.83
扣除非经常性损益后的净利润	32,313,992.79
主营业务利润	211,729,421.86
其他业务利润	2,527,569.30
营业利润	58,694,337.16
投资收益	-3,112,737.62
补贴收入	0.00
营业外收支净额	7,109,362.69
经营活动产生的现金流量净额	56,321,046.30
现金及现金等价物净增加额	288,067,573.46

2、公司前三年的主要会计数据和财务指标(单位:人民币元)

一、主要指标	1999年	1998年		1997年	
		调整前	调整后	调整前	调整后
主营业务收入	1245869345.06	1139095420.06	1139095420.06	981131342.53	981131342.53
净利润	40352166.83	36761882.66	28004497.42	30383234.12	27521013.63
总资产	1004839801.36	687611113.58	669063020.14	628234930.67	618008741.27
股东权益	472829426.98	192233871.59	173250296.91	187671988.93	177445799.53
每股收益	0.21	0.26	0.20	0.22	0.20
每股净资产	2.49	1.37	1.24	1.34	1.27
调整后每股净资产	2.33	1.25	1.12	1.15	1.08
每股经营活动产生的现金流量净额	0.30	0.17	0.17		
净资产收益率	8.53%	19.12%	16.74%	16.19%	15.51%
按月加权平均的每股收益	0.28	0.26	0.20	0.22	0.20
扣除非经常性损益后的每股收益	0.17	0.22	0.16	0.22	0.20

注:上述财务指标计算公式如下:
每股收益=净利润/年度末普通股股份总数
每股净资产=年度末股东权益/年度末普通股股份总数
调整后的每股净资产=(年度末股东权益-三年以上的应收款项-待摊费用-待处理(流动、固定)资产净损失-开办费-长期待摊费用-住房周转金负数余额)/年度末普通股股份总数
每股经营活动产生的现金流量净额=经营活动产生的现金流量净额/年度末普通股股份总数
净资产收益率=净利润/年度末股东权益×100%

三　财务会计报告

(一) 审计报告

审　计　报　告　浙天会审(2000)第388号

华东医药股份有限公司全体股东:

我们接受委托,审计了贵公司1999年12月31日的资产负债表和合并资产负债表,1999年度的利润及利润分配表和合并利润及利润分配表,以及1999年度的现金流量表和 合并现金流量表。这些会计报表由贵公司负责,我们的责任是对这些会计报表发表审 计意见。我们的审计是依据中国注册会计师独立审计准则进行的。在审计过程中,我 们结合贵公司实际情况,实施了包括抽查会计记录等我们认为必要的审计程序。

我们认为,上述会计报表符合《企业会计准则》和《股份有限公司会计制度》的 有关规定,在所有重大方面公允地反映了贵公司1999年12月31日的财务状况及1999年 度的经营成果和现金流量,会计处理方法的选用遵循了一贯性原则。

浙江天健会计师事务所　中国注册会计师　吕苏阳
中国.杭州　中国注册会计师　钟建国
报告日期:2000年2月15日

(二) 会计报告(附后)
1. 资产负债表
2. 利润及利润分配表
3. 现金流量表

华东医药股份有限公司
会计报表附注　1999年度　单位:人民币元

一、公司简介

本公司前身为杭州医药站股份有限公司,系于1993年3月成立的定向募集公司。1997年1月17日本公司更名为杭州华东医药股份有限公司,1999年12月30日再次更名为华东医药股份有限公司,取得浙江省工商行政管理局核发的3300001003763号企业法人营业执照。公司现有注册资本19,000万元,其中:已流通股份A股5,000万股。公司股票已于2000年1月27日在 深圳证券交易所挂牌交易。

公司主营:中西原料药及制剂的生产;中药材、中药饮片、中成药、化学原料药、化学药制剂、抗生素制剂、生物制品、医疗用毒性药品、医疗器械、玻璃仪器、化学试剂(不含危险品)、百货、土特产品、工艺美术品、针纺织品的销售;保健品、健字 号滋补品的销售。

三、税(费)项
(一)增值税
按 17%、13%的税率计缴。
(二)营业税
按5%、8%的税率计缴。
(三)城市维护建设税
按应交流转税税额的7%计缴。
(四)教育费附加
按应交流转税税额的4%计缴。
(五)所得税

母公司按33%的税率计缴。控股子公司杭州中美华东制药有限公司系外商投资企业,根据外商投资企业所得税法,从1993年始享受所得税两免三减半的税收优惠;1998 年经浙江省外商投资管理局浙外管[1998]40号文认定为外商投资先进技术企业,从1998 年始依法享受延长三年减半征收所得税的税收优惠。

四、控股子公司及合营企业
控制的所有的子公司及合营企业

公司名称	注册地址	注册资本	经营范围	投资额	拥有权益比例
杭州中美华东制药有限公司	浙江杭州	USD1,200万	药品制造销售等	USD900万	75.00%
杭州九源基因工程有限公司	浙江杭州	USD358万	注射剂、原料药制造等	USD116万	32.40%

本报告期内合并范围未发生变动。

五、利润分配

根据董事会确定的1999年度利润分配方案,按1999年度实现净利润提取10%法定 盈余公积,5%法定公益金,每10股派发现金股利0.90元。

股本　期末数190,000,000.00

项目	本次(期)变动前	本期增减变动(+,-)					本次(期)变动后
		配股	送股	公积金转股	其他	小计	
(一)未上市流通股份							
1.发起人股份							
国家拥有股份	38,466,364						38,466,364
境内法人持有股份	73,640,000						73,640,000
2.募集法人股	14,716,516						14,716,516
3.内部职工股	13,177,120						13,177,120
5.其他(转配股等)					50,000,000	50,000,000	50,000,000
尚未流通股份合计	140,000,000				50,000,000	190,000,000	190,000,000
(二)已上市流通股份							
已流通股份合计							
(三)股份总数	140,000,000				50,000,000	50,000,000	190,000,000

本年内股本增加系经中国证券监督委员会证监发行[1999]154号文批准,向社会 公众公开发行A股股票5,000万股。

八、分行业资料

行业	营业收入		营业成本		营业毛利	
	上期数	本期数	上期数	本期数	上期数	本期数
工　业	229475372	264412036	115387570	130497748	114087802	133914288
商品流通	909620047	981457308	837016922	901915949	72603124	79541358
合　计	1139095420	1245869345	952404492	1032413698	186690927	213455647

九、关联方关系及其交易
(一)关联方关系
1.存在控制关系的关联方

企业名称	注册地址	主营业务	与本企业关系	经济性质	法定代表人
杭州中美华东制药有限公司	浙江杭州	药品制造销售	子公司	中外合资	李邦良

2.存在控制关系的关联方的注册资本及其变化

企业名称	期初数	本期增加	本期减少	期末数
杭州中美华东制药有限公司	USD1,200万	-	-	USD1,200万

3.存在控制关系的关联方所持股份或权益及其变化

企业名称	期初数		本期增加		本期减少		期末数	
	金额	%	金额	%	金额	%	金额	%
杭州中美华东制药有限公司	USD900万	75	-	-	-	-	USD900万	75

十、或有事项

本公司在途物资中有659,281.72元,系向销货方哈尔滨康大药业公司购货,单到货款已付但货未到,另有应收帐款—哈尔滨康大药业公司2,312,679.35元,因哈尔滨康大药业公司业务经办人涉嫌诈骗被哈尔滨市公安局依法逮捕未见结案,款物至今未能收 回。

十一、承诺事项

于1999年12月31日,本公司的控股子公司杭州中美华东制药有限公司为杭州民生 药业集团公司提供借款担保1,100,000.00元,到期日为2000年9月18日;为杭州九源基 因工程有限公司提供借款担保7,000,000.00元,到期日为2000年4月19日至2001年4月19日。

十二、资产负债表日后事项中的非调整事项:无。

十三、债务重组事项:无。

十四、其他重要事项

本公司子公司杭州中美华东制药有限公司对杭州九源基因工程有限公司拥有32.4%的股权,中美华东公司对九源基因公司1998年末长期投资原账面数为16,498,705.46元,系按照省内另一家具有执行证券期货审计业务资格的会计师事务所审计的会计报 表按权益法计算。2000年2月经浙江天健会计师事务所对九源基因公司1997-1999年度会计报表审计后,确认1998年末净资产为46,370,650.86元,另有无法收回的应收款项22,597,104.29元有待作核销处理,扣减无法收回的应收款项后的净资产为23,773,546.57元。中美华东公司已根据《股份有限公司会计制度》的规定和财政部财会字[1999]35号文的有关要求,对按调整后1998年末净资产所计算的应占权益份额7,702,629.08与1998年末长期投资原账面数16,498,705.46元的差额,计提长期投资减值准备8,796,076.38元,并追溯调整以前年度损益。

山西神州煤电焦化股份有限公司

山西神州煤电焦化股份有限公司股票上市公告书

一、要览

股本总额:39,519 万股　可流通股本:15,000 万股　本次上市流通股本:7,500 万股
股票简称:神州股份　股票代码:0968
上市日期:2000 年 6 月 22 日　上市地点:深圳证券交易所
股票登记机构:深圳证券登记有限公司
上市推荐人:海通证券有限公司　广发证券有限责任公司　国信证券有限公司

二、绪言

本上市公告书是根据《中华人民共和国公司法》、《中华人民共和国证券法》、《股票发行与交易管理暂行条例》、《公开发行股票公司信息披露实施细则》和《深圳证券交易所股票上市规则(2000 年修订本)》等国家有关的现行法律、法规的规定,并按照中国证券监督管理委员会指定的公开发行股票公司信息披露的内容与格式准则第七号《上市公告书的内容与格式(试行)》而编制,旨在向投资者提供有关山西神州煤电焦化股份有限公司(以下简称"本公司")和本次股票上市的有关情况。

经中国证监会证监发行字[2000]47 号文批准,本公司于 2000 年 4 月 28 日和 5 月 10 日分别通过"向法人投资者配售"和"上网定价"的发行方式成功发行 15, 000 万股每股面值 1.00 元的人民币普通股,每股发行价人民币 4.60 元。其中向证券投资基金配售 3,000 万股,向战略投资者和一般法人配售 6,000 万股,向一般投资者上网定价发行 6,000 万股。

经深圳证券交易所深证上字[2000]72 号《上市通知书》批准,本公司 7,500 万股社会公众股将于 2000 年 6 月 22 日起在深圳证券交易所挂牌交易。股票简称"神州股份",股票代码"0968"。根据中国证监会《关于证券投资基金配售新股有关问题的补充通知》,本次向证券投资基金配售的新股 3,000 万股,其中 50%自本公司股票上市之日起 6 个月内不能流通,其余 50%部分自挂牌之日起即可流通;本次向战略投资者配售 980.531 万股,此部分股票自股权登记之日起最低持股期限为 24 个月;本次向一般法人投资者配售 5,019.469 万股, 此部分股票自本公司股票上市之日起 3 个月内不能流通。

本公司已于 2000 年 5 月 8 日在《中国证券报》、《证券时报》和《上海证券报》上刊登了《招股说明书概要》,距今不足 6 个月,故与其重复的内容在此不再重述,敬请投资者查阅本公司的《招股说明书概要》。

本公司董事会全体成员已批准本上市公告书, 并确信本公告书所载资料不存在重大遗漏或者误导,并对其真实性、准确性和完整性负个别和连带的责任。

三、本公司情况

(一)基本情况

1、公司中文名称:山西神州煤电焦化股份有限公司
英文名称:SHANXI SHENZHOU COAL ELECTRICITY COKING CO.,LTD.
2、公司成立日期:一九九八年十二月二十二日　3、公司注册地点:山西省太原市和平南路 83 号
4、注册资本:39,519 万元　5、法定代表人:麻禄斗
6、经营范围: 根据本公司章程,本公司经营范围如下:
原煤、焦炭、煤气(限下属有生产经营资格单位经营)及洗精煤、煤化工产品的生产和销售。

(二)本公司历史沿革

本公司是经山西省人民政府晋政函(1998)163 号文批准, 由太原煤炭气化(集团)有限责任公司(以下称"集团公司")、山西省经济建设投资公司、北京华煤工贸公司、中煤多种经营工贸总公司、四达矿业公司共同发起设立的。本公司于 1998 年 12 月 22 日正式在山西省工商行政管理局登记注册,注册资本为 24,519 万元。

本次股票发行后, 经山西晋元会计师事务所验资本公司于 2000 年 5 月 29 日在山西省工商行政管理局完成股本变更登记,注册资本为 39,519 万元, 营业执照注册号为:1400001006959。

四、股票发行与承销

(一)本次发行情况

1、本次共发行社会公众股 15,000 万股,　其中:向证券投资基金配售 3,000 万股
向战略投资者和一般法人配售 6,000 万股　向一般投资者上网定价发行 6,000 万股
2、发行价格:4.60 元/股
3、发行市盈率:发行当年加权平均 31.94 倍,全面摊薄 37.70 倍。
4、发行费用:经山西晋元会计师事务所审计,本次股票发行费用为 1,697 万元。
5、每股发行费用:0.113 元/股。
6、募集资金数量:本次股票发行总市值 69,000 万元,扣除发行费用 1,697 万元,可募资金 67,303 万元。截止 2000 年 5 月 19 日本公司实际收到募集资金 679,627,545.00 元,实际收到款项中包括法人配售申购款利息 193,545.00 元。
7、发行方式:向法人配售和向一般投资者上网定价发行相结合。
8、发行日期:
向法人配售:2000 年 4 月 28-29 日向一般投资者上网定价发行:2000 年 5 月 10 日
9、中签率:　向一般投资者上网定价发行 6,000 万股的中签率为 0.798604%。
10、股东数:本次发行后,本公司共有股东 52,818 人。

(二)股票承销

本次公开发行社会公众股 15,000 万股,其中向证券投资基金配售 3,000 万股,向战略投资者和一般法人配售 6,000 万股,上网定价发行 6,000 万股。本次股票承销期满后没有余股。

(三)验资报告(摘自山西晋元会计师事务所[2000]晋元师股验字第 5 号验资报告)

山西神州煤电焦化股份有限公司:

我所接受委托, 对贵公司截至二零零零年五月十九日止股本变动情况的真实性和合法性进行了审验,在审验过程中,我们按照《独立审计实务公告第 1 号-验资》的要求,实施了必要的审验程序。山西神州煤电焦化股份有限公司的责任是提供真实、合法、完整的验资资料,保护资产的安全、完整,我们的责任是按照《独立审计实务公告第 1 号-验资》的要求,出具真实、合法的验资报告。

贵公司经证监发行字[2000]4 号文批准, 采用对法人配售和对一般投资者上网发行相结合的方式发行人民币普通股(A 股)15,000 万股。贵公司本次增资扩股前股份总数为 24,519 万股,每股面值人民币 1 元,股本总额为 24,519 万元, 其中国家股股本 455 万元,占总股本的 1.86%,国有法人股 24,064 万元, 占总股本的 98.14%;根据我们的审验,截至二零零零年五月十九日止,贵公司增资扩股后的股份总数为 39,519 万股,每股面值人民币 1 元,股本总额为 39519 万元, 其中:国家股股本 455 万元,占总股本的 1.15%,国有法人股股本 24,064 万元, 占总股本的 60.89%,社会公众股股本 15,000 万元,占总股本的 37.96%,与本次增加 15,000 万股相对应的资产全部是货币资金。

由于上述审验程序并不能构成一个按照公认审计准则而进行的审计,因此,我们对贵公司的会计科目或财务报表的任何部分不发表审计意见。

此报告是按照《中华人民共和国公司法》的规定,并为满足政府有关部门的需要而编制的,并不适用于任何其他目的。

山西晋元会计师事务所　中国注册会计师:刘志红　中国注册会计师:杨爱斌
二零零零年五月十九日

五、董事、监事、高级管理人员简历及持股情况

(一)公司董事、监事和高级管理人员简历

董事长:麻禄斗,男,1943 年 1 月出生,1998 年 4 月中国社科院工业经济专业毕业,学历研究生,高级经济师。1959 年 8 月参加工作, 曾任大同矿务局同家梁矿党支部书记、燕子山工程处党总支书记、太原煤炭气化总公司公安处副政委、人事处副处长、人事处处长、总经理助理、副总经理、总经理,现任山西神州煤电焦化股份有限公司董事长,太原煤炭气化(集团)有限责任公司副董事长兼总经理。

副董事长:林心成,男,1939 年 12 月出生,1963 年 2 月毕业于江苏煤矿专科学校,学历大专,高级经济师和高级政工师职称。曾任大同矿务局同家梁矿党办副主任、计划科科长、基建工程兵股长、和副科长、山西煤管局基建局劳资处副处长、太原煤炭气化总公司煤矸石材料厂党委书记、总公司党委副书记、书记,现任山西神州煤电焦化股份有限公司副董事长,太原煤炭气化(集团)有限责任公司党委书记。

董事、总经理:谷泉,男,1954 年 9 月出生,1970 年 10 月参加工作,1995 年 12 月中央党校经济管理专业毕业,学历大学本科,现就读于中央党校社科部、山西财经大学金融系,攻读硕士学位;高级经济师和高级政工师职称。曾任大同矿务局劳动服务公司团委书记、局党委组织部和局党委办公室科级秘书、局王村矿党委副书记和副矿长、局雁崖矿党委书记、局晋华宫矿党委书记、太原煤炭气化总公司党委副书记,现任山西神州煤电焦化股份有限公司董事、总经理。

董事:桂凯,男,1959 年 11 月出生,1976 年 2 月参加工作,1982 年 7 月毕业于淮南矿业学院,学历大学本科,高级工程师。曾任中国煤炭综合利用开发公司计划财务处副处长、中国煤炭综合利用节能开发总公司计划财务处处长,现任山西神州煤电焦化股份有限公司董事,中国煤炭综合利用集团公司副总经理。

董事:韩进军,男,1947 年 5 月出生,学历高中,高级会计师。1969 年 2 月参加工作,曾任山西煤炭工业管理局财务处副处长、处长、副总会计师,现任山西神州煤电焦化股份有限公司董事,太原煤炭气化(集团)有限责任公司总会计师。

董事、副总经理:杨滨,男,1957 年 11 月出生,1983 年 8 月毕业于太原工学院,学历大学本科,高级工程师。曾任太原煤炭气化总公司焦化厂炼焦车间工长、车间副主任、焦化厂副厂长、厂长。现任山西神州煤电焦化股份有限公司董事、副总经理兼焦化厂厂长。

董事、副总经理:杨晓,男,1956 年 7 月出生,1982 年 8 月毕业于山西大学,学历大学本科,高级经济师和高级政工师职称。曾任山西纺织印染厂车间党支部书记、太原煤炭气化总公司党委办公室秘书、组织部副部长、老干处处长、晋阳选煤厂党委书记、厂长,现任山西神州煤电焦化股份有限公司董事、副总经理兼选煤厂厂长。

董事、副总经理:赵森林,男,1951 年 2 月出生,学历大专,工程师。1970 年 1 月参加工作,曾任太原煤炭气化总公司嘉乐泉煤矿掘三队队长、采煤一队队长、副矿长、矿长,现任山西神州煤电焦化股份有限公司董事、副总经理兼嘉乐泉煤矿矿长。

董事:梁跃德,男,1963 年 9 月出生,1982 年 2 月参加工作,1993 年 12 月毕业于中央党校函授学院,学历大学本科,政工师。曾任太原煤炭气化总公司煤气厂党委宣传部部长、总公司工会办公室主任、太原煤炭气化(集团)有限责任公司晋阳选煤厂工会主席,现任山西神州煤电焦化股份有限公司董事,同时任选煤厂工会主席。

监事会主席:李金顺,男,1948 年 4 月出生,1969 年 2 月参加工作,1986 年 6 月毕业于山西大学党政干部专修科,学历大专,高级经济师和高级政工师职称。曾任潞安矿务局王庄煤矿科长、山西省煤矿工会工委办公室主任、山西省煤矿工会办公室主任、山西煤管局干部处处长、太原煤炭设计院党委书记、太原煤炭气化总公司党委副书记,现任山西神州煤电焦化股份有限公司监事会主席。

监事:尹宏晶,男,1946 年 11 月出生,学历高中,会计师。1969 年 3 月参加工作,曾任太原煤炭气化总公司财务处会计、内部银行主任、财务处主任会计师、太原煤炭气化(集团)有限责任公司审计处副处长、处长,现任山西神州煤电焦化股份有限公司监事会监事。

监事:范宗惠,男,1946 年 2 月出生,学历高中,政工师。1965 年 10 月参加工作,曾任汾西矿务局南关煤矿副科长、太原煤炭气化总公司嘉乐泉煤矿工会主席、太原煤炭气化(集团)有限责任公司焦化厂工会主席,现任山西神州煤电焦化股份有限公司监事会监事,同时任焦化厂工会主席。

监事:王文苑,男,1941 年 11 月出生,1968 年 12 月毕业于山西矿业学院,学历大学本科,高级政工师。曾任汾西矿务局张家庄矿副科长、科长、太原煤炭气化总公司炉峪口煤矿党委宣传部部长、党办主任、炉峪口煤矿副矿长、嘉乐泉煤矿党委副书记、书记,现任山西神州煤电焦化股份有限公司监事会监事。

监事:周连翠,女,1948 年 11 月出生,1967 年毕业于山西财经学院(中专班),学历中专,会计师。曾任《山西工人报》报社办公室副主任。现任山西省经济建设投资公司工会副主席,山西神州煤电焦化股份有限公司监事会监事。

副总经理:罗春修,男,1950 年 1 月出生,学历高中。1968 年 7 月参加工作,曾任太原煤炭气化总公司长沟煤矿运销科科长、总公司运销处煤炭科科长、运销处副处长、第一副处长(正处级),现任山西神州煤电焦化股份有限公司副总经理兼营销供应部部长。

副总经理兼总会计师:魏斌,男,1948 年 6 月出生,1968 年 11 月毕业于山西财经学院,学历中专,高级会计师。曾任中国人民银行昔阳县支行会计、太原古交钢铁厂财务科会计、太原煤炭气化总公司财务处会计、总公司煤矸石材料厂财务科科长、总公司审计处正科级审计员、太原煤炭气化(集团)有限责任公司晋阳选煤厂副厂长,现任山西神州煤电焦化股份有限公司副总经理、总会计师兼计财部部长。

董事会秘书:刘恩孝,男,1950 年 10 月出生,1996 年 12 月毕业于山西省高等教育自学考试行政管理专业,学历大专,高级政工师。1969 年 1 月参军, 在部队曾担任连政治指导员、营政治教导员、团政治处宣传股长、副主任、团副政委等职务。1986 年 2 月转业到太原煤炭气化总公司,先后任集团公司党委宣传部副部长、煤气化报社社长、煤气化电视台台长、新闻中心主任,集团公司运销处副处长、运销公司副经理兼驻京办事处主任、北京金源通经济发展中心经理,晋阳选煤厂党委书记,1998 年 5 月任太原煤炭气化(集团)有限责任公司总经理助理兼政策研究室主任,现任山西神州煤电焦化股份有限公司董事会秘书。

(二)公司董事、监事和高级管理人员持股情况

上述公司董事、监事和高级管理人员均未持有本公司股票,实际持股数为零。

六、本公司设立

1、本公司是经山西省人民政府晋政函(1998)163 号文批准设立,于 1998 年 12 月 22 日正式在山西省工商行政管理局登记注册,公司成立时注册资本为 24,519 万元。

2、本公司于 2000 年 4 月 28-29 日向法人投资者配售 9, 000 万股社会公众股,2000 年 5 月 10

日向一般投资者上网定价发行6,000万股,募集资金已经到位, 经山西晋元会计师事务所验资,本公司于2000年5月29日在山西省工商行政管理局完成股本变更登记;注册资本为39,519万元;注册地址:山西省太原市和平南路83号;法定代表人:麻禄斗;营业执照注册号为:1400001006959。

七、关联企业及关联交易

(一)关联企业

1、集团公司: 集团公司的前身是太原煤炭气化总公司,成立于1981年,1998年4月改为现名。集团公司是经国务院批准由原煤炭部和山西省合营的第一个煤炭综合加工利用的大型联合企业。截至到1998年11月30日, 集团公司职工人数为13,000多人。 目前, 集团公司已成为一个集采煤、洗煤、炼焦、造气、煤化工、建材生产、发电到煤气输配以及煤气表、灶、管制造安装为一体的经济实体。本次发行后,集团公司持有本公司60.56%的股份,是本公司的最大股东。目前,集团公司除控股本公司以外,下属单位有:炉峪口煤矿、长沟煤矿、煤气厂、煤气公司、煤矸石厂、教育中心、医疗中心、运销公司、多经公司以及生活公司。本公司与上述企业同属于集团公司,相互之间不存在参控股关系。

2、其他关联企业

企业名称	与公司的关系
山西省经济建设投资公司	发起人股东
北京华煤工贸公司	发起人股东
中煤多种经营工贸总公司	发起人股东
四达矿业公司	发起人股东

(二)关联交易

本公司成立以后仅与集团公司存在关联方关系,并发生关联交易。

1、本公司与集团公司于2000年1月1日重新签订了《生产经营服务协议》, 根据此协议规定集团公司将向本公司提供污水处理、通讯、供水、转供电、厂区外销产品铁路运输、厂区原料煤铁路运输及机车调运、矿区铁运科机车调运电力供应及线损费、转供水(自来水)及损耗等方面的服务,本公司总计需要向集团公司每年支付约1,959.56万元。此外, 本公司需将所生产煤气按照每立方米0.45 元的价格销售给集团公司,预计本公司每年可以从煤气销售中获得6,525万元的销售收入。本协议有效期为12个月,期满后双方可根据需要重新签订协议。

由于污水处理厂、数字程控交换机通讯中心、自备水井,蓄水池及净化设施、变电站和电力输配设施属于本公司嘉乐泉煤矿和集团公司炉峪口煤矿共同出资建设,两煤矿共同使用,所以,本公司需向集团公司交纳以上服务费。本公司收购炉峪口煤矿之事宜完成后,本协议关于污水处理费、通讯服务费、供水服务以及转供电之条款将自收购完成之日起自动失效。

2、本公司与集团公司于1999年4月28日签订了《土地使用权租赁合同》,合同规定集团公司以出让的方式取得面积为81,387.44 平方米的嘉乐泉矿用地的土地使用权, 并租给本公司使用,租赁期50年, 年租金为101.68万元。 本公司将在每年的1月31日和7月31日分两次支付土地租赁费。

3、本公司与集团任公司于1999年4月28日签订了《土地使用权租赁合同》,合同规定集团公司以出让的方式取得面积为358,999.1 平方米的晋阳选煤厂和焦化厂用地的使用权,并租给本公司使用,租赁期50年,年租金1,227.78万元。本公司将在每年的1月31日和7月31日分两次支付土地租赁费。

4、本公司与集团公司于1999年6月28日签订了《山西神州煤电焦化股份有限公司与太原煤炭气化(集团)有限责任公司关于收购炉峪口煤矿协议书》。为减少与集团公司双方的同业竞争,本公司决定收购炉峪口煤矿经剥离后的经营性资产。协议规定炉峪口煤矿的资产状况需经双方认可的资产评估事务所进行评估,其财务状况需经双方认可的会计师事务所进行审计,收购价款以净资产的评估值为准。

以经深圳维明资产评估事务所评估, 并经财政部 (1999)424号文确认的炉峪口煤矿的净资产10,717.10万元为基准, 本公司将用募集到的资金10,717.10万元来收购炉峪口煤矿, 其中:2,556.05万元用于购买炉峪口煤矿的土地使用权;8,161.05万元用于收购炉峪口煤矿的其他净资产。同时,炉峪口煤矿的相应债务由本公司负担。

5、本公司与集团公司于1999年9月16日就嘉乐泉煤矿的采矿权问题签订了采矿权转让协议。经北京海地人资源咨询有限责任公司进行评估,国土资源部国土资矿认字(1999)第024号文确认,嘉乐泉煤矿之采矿权价值为1,797.252万元。经国土资源部国土资函(1999)468号文批准, 集团公司按照评估价值向国土资源管理部门购买了嘉乐泉煤矿的采矿权, 并依据本协议将之转让给本公司,转让价格以国土资源部国土资矿认字(1999)024号文确认的评估值为准,具体金额为1,797 .252万元人民币。目前本公司已经正式办理完毕采矿权的有关转让手续, 并获得了嘉乐泉煤矿的采矿权许可证,许可证号为1000009920082,有效期限为15年。

为了避免在将来产生同业竞争问题,本公司的控股股东集团公司于1998年12月10日正式作出了《非竞争承诺书》,具体承诺如下:

集团公司和集团公司其他非上市成员不会在中国境内或境外,或以任何其它方式(包括但不限于由其单独经营,通过合资经营,或于另一公司或企业拥有股份或其他权益)参与任何与重组业务构成或可能构成竞争之任何业务或活动。集团公司亦在此确认集团公司的其他非上市成员概无进行任何与本公司的业务竞争或可能发生竞争的业务, 亦无生产任何产品与本公司的产品一样或相似或可以取代本公司的主要产品。

八、股本结构及大股东持股情况

(一)本次上市前本公司的股权结构如下:

股份类别	股份数量(万股)	占总股本比例(%)
尚未流通股份		
其中:国家股	455	1.15
国有法人股	24,064	60.89
向基金配售(50%)	1,500	3.80
向战略投资者配售	980.531	2.48
向一般法人配售	5,019.469	12.70
小计	32,019	81.02
本次上市可流通股份		
社会公众股	6,000	15.18
向基金配售(50%)	1,500	3.80
合计	39,519	100

(二)本公司前十名股东持股数及比例

名称	股数(股)	持股比例(%)
太原煤炭气化(集团)有限责任公司	239,340,000	60.56
中国五金矿产进出口总公司	19,694,690	4.98
中国煤炭工业进出口集团公司	9,500,000	2.40
厦门国际信托投资公司	5,000,000	1.27
山西省经济建设投资公司	4,550,000	1.15
汕头航空投资股份有限公司	2,500,000	0.63
北京华夏典当公司	2,500,000	0.63
杭州乾忠贸易有限公司	2,000,000	0.51
上海西盟物贸有限公司	2,000,000	0.51
基金天元	1,845,000	0.47
基金安顺	1,845,000	0.47
基金兴和	1,845,000	0.47
基金普丰	1,845,000	0.47
基金同盛	1,845,000	0.47
基金金鑫	1,845,000	0.47
基金裕隆	1,845,000	0.47
基金景福	1,784,000	0.45
上海金润工贸发展有限公司	1,300,000	0.33
合计	303,083,690	76.69

九、财务会计资料

本公司截至1999年12月31日的财务状况已于2000年5月8日在《中国证券报》、《证券时报》和《上海证券报》上的《山西神州煤电焦化股份有限公司招股说明书概要》中进行了详细的披露。因与本公司上市公告书时间间隔较短,故不再重复。本报告只公布财务报告及财务指标。投资者欲了解详细内容,请查阅上述报纸或至公告的《招股说明书》之查阅地点查阅。

1、财务报表(见附表)

2、主要财务指标:

财务指标	1999年	1998年	1997年
流动比率	1.21	1.05	1.11
速动比率	1.08	0.93	0.97
资产负债率	59.22%	61.11%	59.37%
应收账款周转率(次/年)	1.27	2.16	2.58
存货周转率(次/年)	7.12	9.70	10.90
净资产收益率	13.82%	18.54%	16.34%
每股净利润	0.24	0.20	0.17

注:1997—1999年总股本均按24,519万股计算。

十、董事会上市承诺

本公司董事会将严格遵守《中华人民共和国公司法》《中华人民共和国证券法》、《股票发行与交易管理暂行条例》、《公开发行股票公司信息披露实施细则(试行)》和《深圳证券交易所股票上市规则(2000年修订本)》及有关法律、法规的规定,并自股票上市之日起作出如下承诺:

1、按照法律、法规的规定程序和要求披露重大的信息,并接受证券主管机关、深圳证券交易所的监督管理; 2、及时、真实、准确的公布中期报告和年度报告,并备置于规定场所供投资者公众查阅; 3、本公司董事、监事、高级管理人员如发生人事变动或持本公司股票发生变化时,在报告证券管理机关、深圳证券交易所同时向投资者公布。 4、在任何公众传播媒介中出现的消息可能对本公司股票的市场价格产生误导性影响时,本公司知悉后将及时对该消息予以公开澄清;5、本公司董事、监事、高级管理人员将认真听取社会公众的意见和批评,不利用已获得的内幕消息和其他不正当手段直接或间接从事股票买卖活动; 6、本公司没有无记录负债。

十一、重要事项揭示

1、截止本上市公告刊登之日, 本公司目前不存在尚未了结或可预见之诉讼、仲裁或者被行政处罚的案件,亦不存在任何针对本公司董事会成员的刑事、经济诉讼案件。

2、根据山西晋元会计师事务所出具的(2000)晋元师股审字第9号《盈利预测报告》,本公司2000年度预测实现利润总额72,422,556.12元,净利润48,045,911.04元,每股全面摊薄0.122元。

3、本公司总股本39,519万股,可流通股本15,000万股, 本次上市流通股本为上网定价发行的6,000万股和向证券投资基金配售的3,000万股的50%(即1,500万股),共计7,500万股。根据有关规定,本公司向基金配售的剩余50%(即1,500万股),将自本公司股票上市之日起6个月内不能流通,本次向战略投资者配售的980.531万股流通股的上市流通将按照配售协议约定时间上市,最低持股时间为24个月, 本次向一般法人投资者配售的5,019.469 万股流通股将自本公司股票上市之日起3个月内不能流通。

4、根据本公司《招股说明书》披露:根据本公司1999年度股东大会决议, 本次股票发行后新老股东将共享本公司1999年1月1日至股票发行前实现的利润。具体分配方案将由年度股东大会决议。

5、经山西省人民政府晋政函[1999]116号文批准,公司所得税按照33%税率缴纳,由财政返还18%,实际税负为15%。根据国发[2000]2号文,自2000年1月1日起,公司仍执行33%的所得税税率。

十二、备查文件目录

1.本公司成立的批准文件 2.中国证监会关于本公司公开发行股票的批准文件
3.深圳证券交易所上市通知 4.招股说明书 5.审计报告、财务报表及附注
6.资产评估报告、土地估价报告 7.关于资产评估报告、土地估价报告的确认报告
8.盈利预测报告 9.法律意见书 10.验资报告 11.本公司章程 12.其他备查文件

十三、咨询机构

1、发行人:山西神州煤电焦化股份有限公司
法定代表人:麻禄斗 地址:山西省太原市和平南路83号
电话:0351-6019395,6019034 传真:0351-6019395 联系人:刘恩孝、张广红

2、上市推荐人:海通证券有限公司
法定代表人:王开国 地址:上海市唐山路218号
办公地址:北京市西城区复兴门内大街156号国际金融大厦A座9层
电话:010-66426576-66426586转889或806 传真:010-66426118 联系人:潘晓文、赵玉

上市推荐人:广发证券有限责任公司
法定代表人:陈云贤 地址:广州市天河北路183号大都会广场38楼
电话:(010)68083360,(020)87555888-539 传真:(021)68815883 联系人:于韶光、刘旭阳

上市推荐人:国信证券有限公司
法定代表人:李南峰 地址:北京金融街投资广场A座20层
电话:010-66215566转236 传真:010-66211976 联系人:宗俊

山西神州煤电焦化股份有限公司

2000年6月17日

资产负债表

编制单位:山西神州煤电焦化股份有限公司 金额单位:人民币元

项目	1999年12月31日	1998年12月31日	1997年12月31日
流动资产:			
货币资金	8807011.19	2470255.91	4972563.81
短期投资			
减:短期投资跌价准备			
短期投资净额			
应收票据	21372800.00	56965885.42	68985430.00
应收股利			
应收利息			
应收帐款	546375731.93	293723210.51	222890776.58
其他应收款	24879178.21	5150040.07	4844143.91
减:坏帐准备	29365182.40	17877182.38	11386746.02
应收帐款净额	541889727.74	280996068.20	216348174.47
预付帐款	38812138.90	12682113.29	8887087.82

应收补贴款	12362249.12		
存货	76304740.65	44572704.61	40853910.48
减:存货跌价准备			
存货净额	76304740.65	44572704.61	40853910.48
待摊费用	400000.00		
待处理流动资产净损失			
一年内到期的长期债券投资			
其他流动资产			
流动资产合计	699948667.60	397687027.43	340047166.58
长期投资:			
长期股权投资			
长期债权投资			
长期投资合计			
减:长期投资减值准备			
长期投资净额			
固定资产:			
固定资产原价	689870078.44	483958236.05	468223352.35
减:累计折旧	356079626.61	205919416.04	178431628.95
固定资产净值	333790451.83	278038820.01	289791723.40
工程物资			
在建工程	635208.25	347842.40	6110746.43
固定资产清理	915082.84		
待处理固定资产净损失			
固定资产合计	335340742.92	278386662.41	295902469.83
无形资产及其他资产:			
无形资产			
开办费			
长期待摊费用	799077.07		
其他长期资产			
无形资产及其他资产合计	799077.07		
递延税项:			
递延税款借项			
资产总计	1036088487.59	676073689.84	635949636.41
流动负债:			
短期借款	119716000.00	64240000.00	58280000.00
应付票据			
应付帐款	157926379.30	139297574.02	128192397.27
预收帐款	44233487.27	2344413.25	2140393.18
代销商品款			
应付工资	6191488.15	5620496.65	4686830.27
应付福利费	-1342085.19	-2327323.27	1076109.29
应付股利			
应交税金	13795951.92	12731260.80	17691061.05
其他应交款	6539667.21	5753682.43	3986568.36
其他应付款	157353853.58	73582482.54	46776548.59
预提费用	4000000.00		
一年内到期的长期负债	67781191.10	75484721.10	40561374.66
其他流动负债	3743735.73	3546208.94	3989275.27
流动负债合计	579939669.07	380273516.46	307380557.94
长期负债:			
长期借款	17585749.32	16882219.32	54207901.72
应付债券			
长期应付款	16000000.00	16000000.00	16000000.00
住房周转金			
其他长期负债			
长期负债合计	33585749.32	32882219.32	70207901.72
递延税项:			
递延税款贷项			
负债合计	613525418.39	413155735.78	377588459.66
股东权益			
股本	245190000.00	279913966.81	269079250.44
资本公积	135991794.38		
盈余公积	26269779.41		
其中:公益金	2918864.38		
未分配利润	15111495.41	-16996012.75	-10718073.69
股东权益合计	422563069.20	262917954.06	258361176.75
负债及所有者权益总计	1036088487.59	676073689.84	635949636.41

利润及利润分配表

编制单位:山西神州煤电焦化股份有限公司 金额单位:人民币元

项目	1999 年度	1998 年度	1997 年度
一、主营业务收入	531494954.59	557562589.75	575099427.18
减:折扣与折让			
主营业务收入净额	531494954.59	557562589.75	575099427.18
减:主营业务成本	430139625.89	414295730.34	445126048.35
主营业务税金及附加	4750027.59	7072408.44	7233447.52
二、主营业务利润(亏损以"-"号填列)	96605301.11	136194450.97	122739931.31
加:其他业务利润(亏损以"-"号填列)	12514636.59	4364995.16	5895870.06
减:存货跌价损失			
营业费用	18259749.99	8695196.95	8086624.43
管理费用	12379362.47	32803924.21	34124126.03
财务费用	9287286.99	24483567.15	21976101.96
三、营业利润(亏损以"-"号填列)	69193538.25	74576757.82	64448948.95
加:投资收益			
补贴收入			
营业外收入	648742.75	1206.57	23892.24
减:营业外支出	1163119.16	1812328.95	1482487.31
四、利润总额	68679161.84	72765635.44	62990353.88
减:所得税	10301874.27	24012659.70	20786816.78
五、净利润	58377287.57	48752975.74	42203537.10
加:年初未分配利润	-16996012.75		
六、可供分配的利润	41381274.82		
减:提取法定盈余公积	5837728.76		
减:提取法定公益金	2918864.38		
七、可供股东分配的利润	32624681.68		
减:应付优先股股利			
提取任意盈余公积	17513186.27		
应付普通股股利			
八、未分配利润	15111495.41		

现金流量表

编制单位:山西神州煤电焦化股份有限公司 1999 年度 单位:人民币元

项目	金额
一、经营活动产生的现金流量:	
销售商品、提供劳务收到的现金	137777219.86
收取的租金	
收到的增值税销项税额和退回的增值税款	4795322.40
收到的除增值税以外的其他税费返还	
收到的其他与经营活动有关的现金	25770413.75
现金流入小计	168342956.01
购买商品、接受劳务支付的现金	82762690.82
经营租赁所支付的现金	
支付给职工以及为职工支付的现金	33338077.61
支付的增值税款	9874415.01
支付的所得税款	5940000.00
支付的除增值税、所得税以外的其他税费	641117.70
支付的其他与经营活动有关的现金	64969680.04
现金流出小计	197525981.18
经营活动产生的现金流量净额	-29183025.17
二、投资活动产生的现金流量:	
收回投资所收到的现金	
分得股利或利润所收到的现金	
取得债券利息收入所收到的现金	
处置固定资产、无形资产和其他长期资产而收回的现金净额	
收到的其他与投资活动有关的现金	955000.00
现金流入小计	955000.00
购建固定资产、无形资产和其他长期资产所支付的现金	4102512.05
权益性投资所支付的现金	
债权性投资所支付的现金	
支付的其他与投资活动有关的现金	
现金流出小计	4102512.05
投资活动产生的现金流量净额	-3147512.05
三、筹资活动产生的现金流量:	
吸收权益性投资所收到的现金	
发行债券所收到的现金	
借款所收到的现金	39000000.00
收到的其他与筹资活动有关的现金	
现金流入小计	39000000.00
偿还债务所支付的现金	
发生筹资费用所支付的现金	
分配股利或利润所支付的现金	
偿付利息所支支付的现金	332707.50
融资租赁所支付的现金	
减少注册资本所支付的现金	
支付的其他与筹资活动有关的现金	
现金流出小计	332707.50
筹资活动产生的现金流量净额	38667292.50
四、汇率变动对现金的影响	
五、现金及现金等价物净增加额	6336755.28

补充资料	金额
1.不涉及现金收支的投资和筹资活动	
以固定资产偿还债务	
以投资偿还债务	
以固定资产进行长期投资	
以存货偿还债务	
融资租赁固定资产	
2.将净利润调节为经营活动的现金流量	
净利润	58377287.57
加:计提的坏帐准备或转销的坏帐	11488000.02
固定资产折旧	28802724.01
递延资产摊销	
处置固定资产、无形资产和其他长期资产的损失(减收益)	
固定资产报废损失	
财务费用	9287286.99
投资损失(减收益)	
递延税款贷项(减借项)	
存货的减少(减增加)	-31732036.04
经营性应收项目的减少(减增加)	-298511685.17
经营性应付项目的增加(减减少)	198184490.06
增值税增加净额(减减少)	-5079092.61
经营活动产生的现金流量净额	-29183025.17
3.现金及现金等价物净增加情况:	
现金的期末余额	8807011.19
减:货币资金的期初余额	2470255.91
现金等价物的期末余额	
减:现金等价物的期初余额	
现金及现金等价物净增加额	6336755.28

佛山塑料集团股份有限公司

佛山塑料集团股份有限公司股票上市公告书

一、绪 言

本上市公告书是根据《中华人民共和国公司法》、《中华人民共和国证券法》、《股票发行与交易管理暂行条例》、《公开发行股票公司信息披露实施细则》和《深圳证券交易所股票上市规则》等国家有关法律、法规的规定,并按照中国证券监 督管理委员会制定的公开发行股票公司信息披露的内容与格式准则第七号《上市公告书的内容与格式(试行)》而编制,旨在向投资者提供有关佛山塑料集团股份有限公司(以下简称本公司) 和本次股票上市的有关情况。

经中国证券监督管理委员会证监发行字[2000]36 号文批准,本公司已于 2000 年 4 月 11 日-16 日、4 月 20 日以对法人配售和对一般投资者上网发行相结合的方式成功地发 行了人民币普通股 9500 万股, 其中上网定价发行 3000 万股, 向法人配售 6500 万股 (包括 向证券证券投资基金配售 1900 万股)。每股面值 1.00 元,每股发行价 6.28 元。

经深圳证券交易所深证上[2000]第 57 号《上市通知书》批准,本公司股票将于 2000 年 5 月 25 日在深圳证券交易所挂牌交易, 股票简称"佛塑股份", 股票代码"0973"。本公司总股本 37345.06 万股,可流通股本 9500 万股,本次上市流通股本为上网 定价发行的 3000 万股和向证券投资基金配售的 1900 万股的 50%(即 950 万股); 向证券 投资基金配售的 1900 万股的其余 50%(即 950 万股),将于本次上市流通股上市之日起 6 个月后上市流通;向战略投资者配售的 4600 万股将于本次上市流通股上市之日起 24 个月后上市流通。

本公司于 2000 年 4 月 17 日分别在《中国证券报》和《证券时报》上刊登了本公司《招股说明书概要》,距今不足六个月, 故与其重复的内容在此不再赘述,敬请投资者查阅本公司《招股说明书概要》。

本公司董事会及全体董事已批准本上市公告书,确信本公告书不存在任何重大遗 漏或者误导,并对其真实性、准确性、完整性负个别的和连带的责任。

二、公司概况

(一)基本情况

公司名称: 佛山塑料集团股份有限公司
注册资金: 37345.06 万元
法定代表人:冯 兆 征
成立日期: 1988 年 6 月
经营范围: 各类塑料制品、粘胶制品、各类包装及印刷复合制品和塑料加工设 备、模具的制造、加工及工程设计安装、销售高分子聚合物、家用电器、化纤制品等。
所属行业: 塑料行业
注册地址: 佛山市汾江中路 82-84 号
联系电话: 0757-2297484
传　　真: 0757-2225754
联 系 人: 罗汉均　何水秀

(二)历史沿革:

本公司成立于 1988 年 6 月,它是经广东省人民政府粤办函[1988]165 号文批准设立的。1992 年 7 月, 经广东省企业股份制试点联审小组粤联审办[1992]36 号文批准,对佛山市塑料皮革工贸集团股份公司进行了股份制规范化改造。以 1992 年 7 月 31 日为 基准日,将评估后股份公司可折股的净资产 38369.37 万元按 1.5:1 的比例折股, 其中国有资产折成 14702.85 万股国有股,集体资产折成 11002.44 万股法人股,分别由佛山市国有资产管理办公室和佛山市塑料皮革工业合作联社持有;同时把公司成立以来内部职工投入的 3209.65 万元,按照 1.5:1 的比例折为 2139.77 万股内部职工股,形成 总股本 27845.06 万股,每股面值一元。1994 年 6 月,经广东省体改委粤体改[1994]14 号文批准,股份公司被确认为规范的定向募集股份有限公司,并更名为"佛山塑料集团股份有限公司"。

经中国证券监督管理委员会证监发行字[2000]36 号文批准,本公司已于 2000 年 4 月 11 日-16 日、4 月 20 日以对法人配售和对一般投资者上网发行相结合的方式成功地发 行了人民币普通股 9500 万股, 其中上网定价发行 3000 万股,向法人配售 6500 万股(包括向证券证券投资基金配售 1900 万股)。每股面值 1.00 元,每股发行价 6. 28 元。

本次发行后,公司股本增至 37345.06 万元。

三、股票发行及承销

(一)本次股票公开发行

发行方式:向法人配售和对一般投资者上网发行相结合
法人配售日期:2000 年 4 月 11 日至 4 月 16 日
上网发行日期:2000 年 4 月 20 日
公开发行数量:9500 万股
其中:上网定价发行 3000 万股
　　向法人配售 6500 万股(包括向 22 家证券投资基金配售 1900 万股)
发行价格:6.28 元/股
募集资金总额:59,660 万元(未扣除发行费用)
上网发行中签率:0.437375%
上网发行有效申购户数: 604277 户
持有 1000 股以上(含 1000 股)的户数:34257 户
发行费用总额:1615 万元
每股发行费用: 0.17 元
发行市盈率:26.17 倍(加权平均)、28.55 倍(全面摊薄)

(二)股票承销

本次发行采用上网定价发行的 3000 万股已被社会公众全额认购,向法人配售的 6500 万股已配售完毕(包括向证券投资基金配售 1900 万股)。

(三)验资报告摘要

验 资 报 告

粤会所验字(2000)第 90322 号

佛山塑料集团股份有限公司全体股东:

我所接受委托, 对贵公司截至 2000 年 4 月 27 日止实收股本的真实性和合法性进行 了审验。在审验过程中,我们按照《独立审计实务公告第 1 号—验资》的要求,实施 了必要的审验程序。贵公司的责任是提供真实、合法、完整的验资资料,保护资产的安全、完整。 我们的责任是按照《独立审计实务公告第 1 号—验资》的要求,出具真实、合法的验资报告。

根据我们的审验,截止于 2000 年 4 月 27 日,贵公司实收股本为人民币叁亿柒仟叁 佰肆拾伍万零陆佰元(RMB373,450,600 元),总股本为叁亿柒仟叁佰肆拾伍万零陆佰股(373,450,600 股),已按有关规定筹足股本金。其中此次发行社会公众股前股本 总额为贰亿柒仟捌佰肆拾伍万零陆佰股(278,450,600 股),已由禅山会计师事务所"禅会验字(93)201 号"验资报告予以验证;此次发行的社会公众股股份总额为玖仟伍佰万股(95,000,000 股),发行价为人民币 6.28 元/股,可募集资金人民币伍亿玖仟 陆佰陆拾万元(RMB596,600,000 元),扣除应计发行费用人民币壹仟陆佰壹拾肆万玖仟元 (RMB16,149,000 元) 后, 贵公司实际募集的股本金为人民币伍亿捌仟零肆拾伍 万壹仟元(RMB580,451,000 元),其中:股本为人民币玖仟伍佰万元(RMB95,000,000 元),资本公积金为人民币肆亿捌仟伍佰肆拾伍万壹仟元(RMB485,451,000 元)。

广东正中会计师事务所　　中国注册会计师:蒋洪峰
　　中国注册会计师:吉争雄
中国　广州　　二零零零年四月二十七日

募集资金入帐情况:
入帐时间: 2000 年 4 月 27 日
入帐金额: 人民币 580,451,000 元
入帐帐号:47663108100010022888(本公司人民币帐户)
开户银行: 中国银行佛山分行

四、董事、监事及高级管理人员的简历及持股情况

(一)董事、监事及高级管理人员简历

冯兆征,男,48 岁,工商管理硕士,曾任佛山市塑料皮革工业公司办公室副主任,佛山市人事局秘书科科长、副局长,1989 年起任本公司副董事长、副总经理,1993 年起任本公司董事长、总经理。现任本公司董事长、总经理。

吴跃明,男,43 岁,工学硕士,经济师,曾任佛山市塑料皮革工业公司人事科副科长、财务科副科长、副经理,1988 年起任本公司副董事长、副总经理,1992 年曾挂职省计委外贸财经处副处长。现任本公司副董事长、副总经理,兼东方分公司负责人。

张成业,男,59 岁,高中学历,高级政工师,曾任佛山市委组织部科长,佛山市塑料皮革工业公司党委办主任,佛山市城区政府办公室主任,1988 年起担任本公司副董事长,副总经理、党委书记。现任本公司董事、佛山市塑料工贸集团公司法定代表人、总经理。

何启尧,男,62 岁,大学学历,高级工程师,曾任本公司副董事长,副总经理。现任本公司董事、中国塑料加工工业协会副理事长,佛山市科协常委, 佛山市塑料工业学会理事长。

杨民伟,男,41 岁,大专学历,助理经济师,曾任原佛山市振兴片材厂经营部经理, 原振兴实业有限公司副总经理、总经理。现任本公司董事、副总经理。

吴耀根,男,42 岁,硕士,高级工程师,曾任原佛山市塑料一厂技术科副科长、副厂长、 原东方包装材料有限公司副总经理。现任本公司董事、总工程师。

关炳贤,男,59 岁,大学学历,经济师,曾任原塑料二厂有限公司副总经理、总经理。 现任本公司董事、佛山市塑料皮革工业合作联社理事会主任。

罗汉均,男,44 岁,大专学历,助理经济师,曾任原佛山市塑料一厂人保科科长、办公室主任,本公司总经理办公室副主任、主任,总经理助理。现任本公司董事、董事会秘书。

刘亚军,男,35 岁,硕士,工程师,曾任佛山冠丰塑胶有限公司总经理,原塑料二厂有限公司副总经理。现任本公司董事兼双龙分公司负责人。

张福培,男,57 岁,高中学历,助理经济师,曾任原佛山市塑料一厂厂长。 现任本公司董事兼鸿基分公司负责人、佛山杜邦鸿基薄膜有限公司总经理。

李曼莉,女,39 岁,大专学历,工程师, 曾任佛山市万达胶粘制品有限公司、 佛山市亿达粘胶制品有限公司总经理,原塑料八厂有限公司副总经理。 现任本公司董事兼经纬分公司负责人。

吕森,男,52 岁,大专学历,会计师,佛山市会计学会理事。现任本公司董事、财务会计部经理。

谭镜,男,53 岁,大专学历,政工师,曾任部队某部副团长,原佛山市塑料一厂党总支副书记,本公司安保科科长。现任佛山市塑料工贸集团公司纪委副书记、本公司监事会主任。

莫礼相,男,57 岁,初中学历,助理经济师, 曾任原佛山市塑料一厂副厂长。 现任本公司监事兼东方分公司党委副书记。

程宝强,男,34 岁,大专学历,助理工程师,曾任原塑料二厂有限公司副总经理。 现任本公司监事兼双龙分公司党委书记。

傅爱定,女,44 岁,大专学历,政工师,曾任原佛山市塑料一厂工会主席。现任本公司监事兼鸿基分公司党委副书记。

何新永,男,52 岁,高中学历,助理经济师,曾任原塑料八厂有限公司副总经理,总经理。 现任本公司监事兼经纬分公司党委书记。

陈业尊,男,57 岁,初中学历,政工师, 曾任佛山军分区干休所副政委。 现任本公司监事兼振兴分公司党委副书记。

(二)董事、监事和高级管理人员持股情况

姓　名	职　务	持股数(股)	占发行前总股本比例(%)
冯兆征	董事长、总经理	21000	0.0075
张成业	董事	19500	0.0070
吴跃明	副董事长、副总经理	19500	0.0070
何启尧	董事	19500	0.0070
杨民伟	董事、副总经理	19500	0.0070
关炳贤	董事	19500	0.0070
张福培	董事	19500	0.0070
吴耀根	董事、总工程师	19500	0.0070
刘亚军	董事	15000	0.0054
李曼莉	董事	19500	0.0070
吕　森	董事、财务部经理	15000	0.0054
罗汉均	董事、董事会秘书	15000	0.0054
谭　镜	监事会主任	15000	0.0054
莫礼相	监事	19500	0.0070
程宝强	监事	11250	0.0040
傅爱定	监事	10200	0.0037
何新永	监事	19500	0.0070
陈业尊	监事	19500	0.0070

五、公司设立

本公司成立于1988年6月，它是经广东省人民政府粤办函[1988]165号文批准设立的。1992年7月，经广东省企业股份制试点联审小组粤联审办[1992]36 号文批准，对佛山市塑料皮革工贸集团股份公司进行了股份制规范化改造。1994年6月，经广东 省体改委粤体改[1994]14号文批准，股份公司被确认为规范的定向募集股份有限公司，并更名为“佛山塑料集团股份有限公司”。

经中国证券监督管理委员会证监发行字[2000]36号文批准，本公司已于2000年4月11日–16日、4月20日以对法人配售和对一投资者上网发行相结合的方式成功地公开发行了人民币普通股9500 万股，其中上网定价发行3000万股，向法人配售6500万股(包括向证券投资基金配售1900万股)。每股面值1.00元，每股发行价6.28元。发行人已于1999年2月23日召开了1998年度股东大会，会议审议通过了关于公开发行股票并申请上市议案。本次股东大会并授权董事会办理发行有关的具体事宜。上述决议的内容及形式，符合有关法律、行政法规及发行人章程之规定，有关决议及授权事项合法有效。2000年4月28日，本公司已完成工商变更登记。

公司注册资本:37345.06万元

公司注册地址:佛山市汾江中路82–84号

公司法定代表人:冯 兆 征

营业执照注册号:4400001007141

六、关联企业及关联交易

(一)关联企业

1、存在控制关系的关联企业

企业名称	注册地址	主营业务	与本企业关系	经济性质或类型
佛山易事达电容材料有限公司	佛山市	金属化薄膜、电容器系列	控股子公司	合资经营
佛山市嘉利塑料制品有限公司	佛山市	塑料制品系列产品	控股子公司	合资经营
佛山嘉丽皮革有限公司	佛山市	皮革、再生皮的后处理加工	控股子公司	合资经营

2、不存在控制关系的关联方关系的性质

企业名称	与本企业的关系
佛山市塑料工贸集团公司	股东(持股比例39.37%)
佛山市塑料皮革工业合作联社	股东(持股比例29.46%)
无锡环宇包装材料有限公司	联营企业(持股比例50%)
佛山冠丰塑胶有限公司	联营企业(持股比例40%)
佛山杜邦鸿基薄膜有限公司	联营企业(持股比例49%)
佛山市万达胶粘制品有限公司	联营企业(持股比例37.7%)
佛山市亿达胶粘制品有限公司	联营企业(持股比例37.7%)
佛山中龙塑胶有限公司	联营企业(持股比例50%)
佛山华塑装饰材料有限公司	联营企业(持股比例50%)

（二)关联交易事项

1.销售货物

(1)鸿基分公司向杜邦鸿基公司销售聚酯切片等产品，1999年度为7,823,019.35元，均按市场公平价格结算。

(2)东方分公司向佛山市塑料工贸集团公司进出口公司销售薄膜产品，1999年 度共计39,081,746.47元，并向其购入原料计19,860,517.94元，均按市场公平价格结算。

(3)东方分公司向亿达公司销售薄膜产品，1999年度共计4,408,381.50元，均 按市场公平价格结算。

2.特许使用权

东方分公司与环宇公司签订《商标使用许可合同》，东方分公司允许环宇公司在其生产的BOPP 系列薄膜产品上使用东方分公司已经注册登记的“汾江”牌商标(商标注册证号为102548)，使用期限为1996年7月至1999年7月，使用数量为一年15,000吨，并按年销售额的5 ‰收取有偿使用费。

3.出租物业

(1)双龙分公司与冠丰公司签订了《租赁协议》。根据该协议，双龙分公司向 冠丰公司出租厂房4,171. 28平方米，月租金为65,677.98元，租赁期限为1994年8 月至2002年6月。

(2)鸿基分公司与杜邦鸿基公司签订了《租赁协议》。根据该协议，鸿基分公 司向杜邦鸿基公司出租部分楼层，面积共12,792.50平方米，月租金总额为137,697.80元，租赁期限为1999年1月至2000年12月。

(3)鸿基分公司与杜邦鸿基公司签订了《租赁协议》。根据该协议，鸿基分公 司向杜邦鸿基公司出租部分土地及建筑物，其中土地面积为6,500平方米，建筑物面 积为2007.50平方米，月租金总额为74,929.64元，租赁期限为1999年1月至2000年12 月。

(4)鸿基分公司与杜邦鸿基公司签订了有关物业租赁协议。根据该协议，鸿基 分公司向杜邦鸿基公司出租部分土地及楼宇，其中土地面积12,436平方米；楼宇面积13,999.94平方米。两项总计每月租金为412,430元，租赁期限为签定之日起即1996年1月至2045年1月。

(5)振兴分公司与中龙公司签订了《租赁协议》。根据该协议，振兴分公司向 中龙公司出租厂房1,983. 68平方米，月租金为41,498.68元，租赁期限为1998年1 月至2000年12月。

上述各出租人合法持有出租物业的权证，租赁价格均按市场公平价格，有关房地产租赁已在佛山市房地产管理局办理租赁登记。

七、股本结构及大股东持股情况

1、本公司上市前的股本结构

股份类别	股份数(万股)	占总股本比例(%)
未流通股份	33395.06	89.42
其中:国家股	14702.85	39.37
法人股	11002.44	29.46
内部职工股	2139.77	5.73
战略投资者	4600.00	12.32
证券投资基金持股(50%)	950.00	2.54
可流通股份	3950.00	10.58
其中:社会公众股	3000.00	8.04
证券投资基金持股(50%)	950.00	2.54
总股本	37345.06	100.00

2、本次发行后，本公司前十位股东所持股数及比例

序号	股 东 名 称	持股额(万股)	占总股本比例(%)
1	佛山市塑料工贸集团公司	14702.85	39.37
2	佛山市塑料皮革工业合作联社	11002.44	29.46
3	广东梅县梅雁经济发展总公司	270	0.723
4	广东财信投资有限公司	270	0.723
5	广州经济技术开发区广运海运服务公司	270	0.723
6	广东兆源投资发展有限公司	245	0.656
7	佛山三冠塑胶有限公司	230	0.616
8	宜兴市皇康物资有限公司	200	0.536
9	上海裕达房地产发展投资有限公司	180	0.482
10	佛山鸿华聚酯切片有限公司	170	0.455

八、公司财务会计资料

本公司截止1999年12月31日的财务状况，已于2000年4月17日在《中国证券报》和《证券时报》刊登的《招股说明书概要》中进行了详细的披露。因与本公告间隔时间较短，本公司不再重述。本公告只公布财务报表、主要项目附注及财务指标，欲了解其他内容， 请查阅上述报纸或到本公司公告的查阅地址查阅本公司《招股说明书》。

(一)主要财务指标表

项 目	1999.12.31	1998.12.31	1997.12.31
流动比率	0.71	0.68	0.59
速动比率	0.54	0.54	0.45
资产负债率(%)	65.05	66.83	67.24
应收帐款周转率(%)	444.86	455.43	453.22
存货周转率(%)	728.84	827.01	800.06
净资产收益率(%)	12.80	12.17	12.00
每股净利润(元)	0.237	0.216	0.208

(二)会计报表附后

(三)主要项目附注

1、应收帐款

应收帐款按帐龄分析及相关坏帐准备列示如下：

帐 龄	1999.12.31		
	金 额	比例(%)	坏帐准备
1年以内	247,455,398.35	96.51	12,372,769.92
1–2年	7,954,639.89	3.10	795,463.99
2–3年	581,766.43	0.23	174,529.93
3–4年	410,594.78	0.10	205,297.39
合 计	256,402,399.45	100.00	13,548,061.23

应收帐款主要明细列示如下:

单 位	金 额
锡山市包装材料有限公司	18,316,040.33
四会市嘉华塑料制品有限公司	15,102,360.00
中山市孟和贸易有限公司	4,733,700.71
汕头金园区润生包装材料有限公司	4,404,614.73
奇妙包装(深圳)有限公司	3,805,367.65

应收帐款中不存在持有公司5%以上股份的股东欠款。

2、其他应收款

其他应收款按帐龄分析及相关坏帐准备列示如下：

帐 龄	1999.12.31		
	金 额	比例(%)	坏帐准备
1年以内	21,387,985.96	59.42	1,158,984.48
1–2年	1,762,362.21	4.52	176,236.22
2–3年	---	---	---
3–4年	*14,064,960.00	36.06	703,248.00
合 计	37,215,281.17	100.00	2,038,468.70

其他应收款明细列示如下:

单 位	金 额
佛山杜邦鸿基薄膜有限公司 *	14,064,960.00
佛山城乡建设公司	3,077,848.18

*该款项主要是根据杜邦鸿基公司的合资经营合同规定，由合资双方按出资比例向该公司提供免息流动资金而形成，该款项的回收不存在重大不确定性，因此公司历年均按5%计提坏帐准备。除此之外，公司不存在持有公司5%以上股份的股东的欠款。

3、预付帐款

公司1999年12月31日预付帐款余额为50,213,584.98元，帐龄均为一年以内，不 存在持有公司5%以上股权的股东的预付款项，其主要明细列示如下：

单 位	金 额
香港丰信国际有限公司	16,377,444.40
佛山德亿实业有限公司	4,825,960.00
南海市工贸联合公司	4,599,608.63
广东新中轻工业原材料投资置业有限公司	4,521,395.55
北京燕山石化公司供销公司	3,715,719.39

4、应付帐款

公司1999年12月31日应付帐款余额为163,442,156.97元，均为应付购材料款，且不存在应付持本公司5 %以上股份的股东单位的款项。其帐龄列示如下：

帐 龄	金 额	比例(%)
1年以内	141,534,772.83	86.59
1–2年	21,907,384.14	13.41
合 计	163,442,156.97	100.00

5、其他应付款

公司1999年12月31日其他应付款余额为59,256,563.68元，均为一年以内应付款 项，其主要为东方分公司收取的客户购货保证金。

6、应付股利

公司1999年12月31日应付股利余额为50,121,108元，为公司根据董事会决议，1999年度按每股0.18 元分配股利形成。

7、资本公积金

公司资本公积金历年变动情况如下表所示：

项 目		1999.12.31	1998.12.31	1997.12.31
股本溢价	*	137,339,689.08	137,339,689.08	137,339,689.08
税赋返还	**	27,628,905.00	23,747,699.49	19,267,888.49
合 计		164,968,594.08	161,087,388.57	156,607,577.57

*股本溢价中10,689,856.75元系公司按1.5元折1股的比例向内部职工募集3,209.66万元股金而产生，其余部分计126,640,832.33元系公司股份制规范化改造时以资 产折股而形成的溢价。

**税赋返还是公司依据佛山市人民政府“佛发[1997]10号”文件获得的新产品所得税返还

8、盈余公积金

公司盈余公积金各期变动情况如下表所示：

项 目	法定公积金	法定公益金	合 计
1996年12月31日	26,600,267.39	13,300,133.69	39,900,401.08
加:1997年度计提	5,799,789.69	2,899,894.84	8,699,684.53

1997 年 12 月 31 日	32,400,057.08	16,200,028.53	48,600,085.61
加:1998 年度计提	6,024,852.09	3,012,426.04	9,037,278.13
1998 年 12 月 31 日	38,424,909.17	19,212,454.57	57,637,363.74
加: 1999 年度计提	6,393,445.09	3,196,722.55	9,590,167.64
1999 年 12 月 31 日	44,818,354.26	22,409,177.12	67,227,531.38

根据公司董事会决议，公司 1999 年度按可分配利润 63,934,450.93 元的 10%计提 法定公积金,按 5 %计提法定公益金,并按每股 0.18 元分配股利,共计分配股利 50 ,121,108 元。

九、董事会上市承诺

本公司董事会将严格遵守《中华人民共和国公司法》、《股票发行与交易管理暂行条例》、《公开发行股票公司信息披露实施细则》和《深圳证券交易所股票上市规则》及其他有关法律、法规的规定， 并自股票上市之日起作出如下承诺:

1、按照法律、法规的规定程序和要求披露重大的信息、并接受证券主管机关、深圳证券交易所的监督管理。

2、及时、真实、准确地公布中期报告和年度报告,并备置于规定场所供投资者公众查阅。

3、本公司董事、监事、高级管理人员如发生人事变动或持本公司股票发生变化 时， 在报告证券管理机关、深圳证券交易所的同时向投资者公布。

4、在任何公共传播媒介中出现的消息可能对本公司股票的市场价格产生误导性 影响时， 本公司知悉后将及时对该消息予以公开澄清。

5、本公司董事、监事、高级管理人员将认真听取社会公众的意见和批评,不利用已获得的内幕消息和其他不正当手段直接或间接从事股票买卖活动。

6、本公司没有无记录负债。

十、重要事项提示

1、根据广东正中会计师事务所有限公司出具的粤会所专审(2000)第 20326 号盈利预测报告，本公司 2000 年度税后利润预测为 8204.47 万元(本公司实际所得税率为 15 %)。

2、截止招股说明书签署之日，本公司无重大诉讼事项。

3、本公司总股本 37345.06 万股,可流通股本 9500 万股,本次上市流通股本为上网 定价发行的 3000 万股和向证券投资基金配售的 1900 万股的 50%(即 950 万股);向证券投资基金配售的 1900 万股的其余 50%(即 950 万股)，将于本次上市流通股上市之日起 6 个月后上市流通;向战略投资者配售的 4600 万股将于本次上市流通股上市之日起 24 个月后上市流通。

4、根据本公司《招股说明书》披露:根据本发行人 1999 年度股东大会决议,本次 发行后产生的新股东将共享本公司 1999 年度滚存未分配利润,并参加自 2000 年 1 月 1 日起的利润分配;预计本公司首次股利分配时间在 2001 年第二季度,具体实施时间由本公司股东大会决定。

5、在所得税方面,本公司被国家科委确定为"国家火炬计划重点高新技术企业"之一，享受高新技术企业的所得税优惠政策,所得税按 15%的税率征收。

6、本公司本次发行前每股净资产 1.85 元，发行后每股净资产 2.83 元。

十一、备查文件目录

1、本公司成立的批准文件
2、审计报告、财务报表及附注
3、 中国证监会和深圳证券交易所批准发行上市的文件
4、招股说明书
5、资产评估报告
6、盈利预测报告
7、验资报告
8、本公司章程
9、法律意见书
10、其他备查文件

十二、咨询机构

1、发　行　人：佛山塑料集团股份有限公司
住　　　所：佛山市汾江中路 82-84 号
法定代表人：冯 兆 征
电　　　话：0757-2297484
传　　　真：0757-2225754
联　系　人：罗汉均　何水秀
2、主承销商及上市推荐人：广东证券股份有限公司
法定代表人：　钟 伟 华
住　　　所：　广州市东风东路 703 号
电　　　话：　020-87666000-1208
传　　　真：　020-87789051
联　系　人：　钟慧玲　朱权炼

佛山塑料集团股份有限公司
二〇〇〇年五月二十日

佛山塑料集团股份有限公司合并利润及利润分配表

单位:元

项目	附注	1999 年度	1998 年度	1997 年度
主营业务收入		1140634397.76	1065428188.41	1076871588.36
减:折扣与折让		–	–	–
主营业务收入净额		1140634397.76	1065428188.41	1076871588.36
减:主营业务成本		977795379.21	908212428.70	913439689.67
营业税金及附加		4548393.47	5994418.75	6369032.05
主营业务利润		158290625.08	151221340.96	157062866.64
加:其他业务利润		28150365.46	27290469.55	20428086.22
减:存货跌价损失		772635.65	1170516.33	–
营业费用		16545517.92	10746876.84	14383922.10
管理费用		74517271.64	74177421.36	78668804.67
财务费用		42641003.32	39692835.07	36556374.93
营业利润		51964562.01	52724160.91	47881851.16
加:投资收益		15552560.35	4599775.96	21430888.78
补贴收入		7406502.35	10832324.35	3082259.75
营业外收入		797691.86	3120690.65	1095619.14
减:营业外支出		765654.50	493907.40	6563712.38
利润总额		74955662.07	70783044.47	66926906.45
所得税		9997044.07	10213159.19	8765151.63
少数股东本期损益		(935813.07)	321364.41	163857.93
净利润		65894431.07	60248520.87	57997896.89
年初未分配利润		(1599980.14)	(265608.88)	557286.76
盈余公积转入		–	–	–
可分配的利润		63934450.93	59982911.99	58555183.65
减:提取法定公积金		6393445.09	6024852.09	5799789.69
减:提取法定公益金		3196722.55	3012426.04	2899894.84
可供股东分配的利润		54355283.29	50945633.86	49855499.12
减:应付优先股股利		–	–	–
提取任意公积金		–	–	–
应付普通股股利		50121108.00	52905614.00	50121108.00
转作股本的普通股股利		–	–	–
未分配利润		4223175.29	(1959980.14)	(265608.88)

佛山塑料集团股份有限公司合并资产负债表

单位:人民币元

资　产	附注	1999 年 12 月 31 日	1998 年 12 月 31 日	1997 年 12 月 31 日
货币资金		78407107.82	69193343.79	42133448.15
应收股利		6586165.46	4618299.83	3341039.31
应收帐款		256402399.45	233938570.94	237602947.10
其他应收款		37215281.17	36846257.23	23900238.43
减:坏帐准备		15586829.93	13804160.95	13775817.32
应收帐款净额		278031150.69	256977667.22	247727368.21
预付帐款		50213854.98	65105523.47	62462743.21
存货		134157863.43	105465771.98	114170748.55
减:存货跌价准备		1943151.98	1170516.33	–
存货净额		132214711.45	104295255.65	114170748.55
待摊费用		1209872.24	4295522.76	4714414.31
流动资产合计		546662592.64	504485612.72	171519761.74
长期投资:				
长期股权投资		242082996.24	230072215.97	232358132.77
长期债券投资		69654.00	198354.00	433354.00
长期投资合计		242152650.24	230270569.97	232791486.77
减:长期投资减值准备		–	–	–
长期投资净额		242152650.24	230270569.97	232791486.77
固定资产:				
固定资产原价		955242283.56	884415871.37	841881247.13
减:累计折旧		400537358.84	356856905.05	298732808.51
固定资产净值		554704924.72	527558936.32	543148438.62
工程物资		–	–	–
在建工程		35326860.24	90326611.13	83014883.36
固定资产清理		–	–	–
固定资产合计		590031784.96	617885577.45	626163321.98
无形资产及其他资产:				
无形资产		131577905.07	134862664.31	137896372.87
开办费		839306.00	563195.27	73352.70
长期待摊费用		3637608.19	5009160.78	3977097.21
其他长期资产		1791730.73	–	–
无形资产及其他资产合计		137846549.99	140435020.36	141946822.78
递延税项:				
递延税项借项		–	–	–
资产总计		1516693577.83	1493076780.50	1475451393.27
负债及股东权益				
短期借款		397698767.68	230858000.00	197757500.00
应付票据			836250.00	–
应付帐款		163442156.97	283354883.46	274872675.33
预收帐款		25397670.97	21485102.67	25844002.67
代销商品款				
应付工资		2726166.47	2122005.85	3883329.82
应付福利费		1001580.41	1034112.81	966451.82
应付股利		50121108.00	52905614.00	75666094.00
应交税金		9814651.10	41964448.49	32162106.54
其他应交款		1867438.02	4988319.05	7088577.07
其他应付款		59256563.68	69867085.65	122188264.51
预提费用		7045609.85	16753870.57	15524631.50
一年内到期的长期负债		46548210.00	12014000.00	45903861.69
其他流动负债		–	–	–
流动负债合计		764919923.15	738182692.55	801857494.95
长期负债:				
长期借款		209241632.00	235785202.50	170188508.32
应付债券		–	–	–
长期应付款		3887392.93	4868005.81	5536694.12
住房周转金		11242274.93	8525045.40	8456752.59
其他长期负债				
长期负债合计		224371299.86	249178253.71	184181954.03
递延税款:				
递延税款贷项		–	–	–
负债合计		989291223.01	987360946.26	986039448.98
少数股东权益		12532454.07	10500462.07	6019289.99
股东权益:				
股本		278450600.00	278450600.00	278450600.00
资本公积		164968594.08	161087388.57	156607577.57
盈余公积		67227531.38	57637363.74	48600085.61
其中:公益金		22409177.12	19121454.57	16200028.53
未分配利润		4223175.29	(1959980.14)	(265608.88)
股东权益合计		514869900.75	495215372.17	483392654.30
负债及股东权益总计		1516693577.83	1493076780.50	1475451393.27

桂林旅游股份有限公司

桂林旅游股份有限公司股票上市公告书

一、绪 言

桂林旅游股份有限公司(以下简称本公司)股票上市公告书是根据《中华人民共和国公司法》、《中华人民共和国证券法》、《公开发行股票公司信息披露实施细则》、《深圳证券交易所股票上市规则》以及国家其他有关证券管理的规定编写,旨在向投资者披露本公司的基本情况及本公司股票上市的有关资料。

经中国证券监督管理委员会(以下简称中国证监会)证监发行字[2000]42号文批准,本公司已于2000年4月21日和4月22日以上网定价和向二级市场投资者配售相结合的方式成功地向社会公开发行了人民币普通股4,000万股,其中上网定价发行2,000万股,向二级市场投资者配售2,000万股,每股发行价为6.86元。

经本公司第一届股东大会第二次临时会议通过,并经深圳证券交易所深证上字[2000]55号《上市通知书》审核批准,本公司4,000万股社会公众股将于2000年5月18日(星期四)在深圳证券交易所挂牌交易,股票简称"桂林旅游",股票代码"0978"。

本公司已于2000年4月19日在《中国证券报》、《证券时报》、《上海证券报》上刊登了《招股说明书概要》,距今不足6个月,故与其重复内容不再重述,敬请投资者查阅本公司《招股说明书概要》。

本公司董事会及各位董事已批准本上市公告书,确信本公告书所载资料不存在任何重大遗漏或者误导,并愿就本公告书及相关资料的真实性、准确性和完整性负个别及连带责任。

二、公司概况

(一) 基本情况

1、公司名称:桂林旅游股份有限公司　英文名称:Guilin Tourism Corporation Limited.

2、法定代表人:陈青光

3、公司成立的日期:一九九八年四月二十九日　4、注册资本:11,800万元

5、公司注册地及住所:广西桂林市榕湖北路十七号　6、联系人:张志红　黄锡军

7、联系电话:0773-2863839,2863857

8、经营范围:公路旅客客运、汽车出租、游船客运、旅游观光服务;旅游贸易、旅游工艺品制造、销售。

9、所处行业:旅游业

(二)历史沿革:

1、本公司是经广西壮族自治区人民政府桂政函[1998]40号文批准,由桂林旅游发展总公司(以下简称"总公司")作为主要发起人,联合桂林五洲旅游股份有限公司(以下简称"五洲公司")、桂林中国国际旅行社、桂林集琦集团有限公司、桂林三花股份有限公司等其他四家发起人,以发起设立方式于1998年4月29日注册成立的股份有限公司,公司设立时的注册资本为18,000万元。

2、经1998年12月21日第一届股东大会第三次临时会议决议批准,本公司以1998年12月31日为基准日进行股份回购:用股份公司所属全资附属企业漓江饭店(含土地使用权)经评估的净资产和少量现金向发起人总公司和五洲公司定向协议回购10,200万股股份,并按法定程序注销,减少股份公司注册资本,公司的总股本由18,000万股缩减为7,800万股。股份回购经广西壮族自治区人民政府桂政函[1999]67号文批准,于1999年7月7日在广西壮族自治区工商行政管理局完成变更登记。

3、经中国证券监督管理委员会证监发行字[2000]42号文批准,本公司已于2000年4月21日和4月22日以上网定价和向二级市场投资者配售相结合的方式成功地向社会公开发行了人民币普通股4,000万股,其中上网定价发行2,000万股,向二级市场投资者配售2,000万股,每股面值1.00元,每股发行价6.86元。

2000年4月29日,本公司在广西壮族自治区工商行政管理局办理了工商变更登记手续,注册号为4500001001100,注册资本为人民币11,800万元。

三、股票发行与承销

(一)本次股票公开发行

发行方式:上网定价和向二级市场投资者配售相结合

发行日期:2000年4月21日(上网定价发行)　2000年4月22日(向二级市场投资者配售)

公开发行数量:4,000万股　其中:上网定价发行2,000万股

向二级市场投资者配售2,000万股　发行价格:6.86元/股

募集资金总额:27,440万元(未扣除发行费用)　中签率:上网定价发行:0.327654%

向二级市场投资者配售:0.096952%

有效申购户数:上网定价发行:563,303户　二级市场投资者配售:2,779,060户

持有1,000股(含1,000股)以上的户数39,368户　发行费用总额:1,400万元

每股发行费用:0.35元　发行市盈率:23倍(加权平均)　25.92倍(全面摊薄)

(二)股票承销:本次发行采用上网定价发行的2,000万股已被社会公众全部认购;向二级市场投资者配售的2,000万股也已配售完毕。其中在向二级市场投资者配售的2,000万股部分出现的余股412,201股,根据有关法律法规和承销协议的规定,由本次桂林旅游股份有限公司4,000万A股发行的承销团包销。

(三)验资报告:　验资报告　鄂信业字(2000)第161号

桂林旅游股份有限公司全体股东:

我们接受委托,对桂林旅游股份有限公司截至2000年4月28日止变更前后的实收资本的真实性和合法性进行了审验。在审验过程中,我们按照《独立审计实务公告第1号——验资》的要求,实施了必要的审验程序。桂林旅游股份有限公司的责任是提供真实、合法、完整的验资资料,保护资产的安全、完整,我们的责任是按照《独立审计实务公告第1号——验资》的要求,出具真实、合法的验资报告。

桂林旅游股份有限公司变更前的注册资本为78,000,000.00元,变更后的注册资本为118,000,000.00元。根据我们的审验,截至2000年4月28日止,桂林旅游股份有限公司增加投入资本为260,400,000.00元,其中增加股本40,000,000.00元,增加资本公积220,400,000.00元。与上述投入资本相对应的资产全部是货币资金。

湖北大信有限责任会计师事务所　中国注册会计师 吴卫星　中国注册会计师 蔡瑜

2000年4月29日

四、董事、监事与高级管理人员简历及其持股情况

(一)董事、监事与高级管理人员简历

陈青光,董事长,男,现年49岁,大专学历,重庆交通学院管理工程系、杭州大学旅游系、中山大学哲学系现代管理决策专业毕业,高级经济师。兼任桂林市旅游发展总公司副董事长、总经理。曾任桂林市汽车总站办公室副主任,桂林市泰和饭店总经理,桂林市杉湖国际旅行社副总经理,桂林市旅游车船公司第一副总经理、总经理,桂林市旅游局第一副局长、局长,市政府副秘书长、市长助理;曾任桂林市旅游发展总公司董事长,中国旅游车船协会副会长,广西旅游协会副会长,桂林市旅游协会会长,桂林市道路同业工会副会长,桂林市青年企业家协会副会长,桂林市经济研究中心特约研究员;曾被选为桂林市优秀青年企业家。

聂玉梅,副董事长,女,现年53岁,大学文化,副研究员。兼任桂林市旅游发展总公司董事长。曾任桂林八桂斋书画社经理,桂林市文化局办公室主任、副局长,市政府副秘书长、市长助理,桂林历史文化名城研究会理事,获得桂林市三八红旗手称号。

周益平,副董事长兼总经理,男,现年42岁,大专学历,经济师。兼任桂林旅游发展总公司副董事长。曾任桂林市第三粮库、第一粮库主任,桂林市粮油工贸(集团)总公司总经理,桂林市粮贸大酒店董事长,桂林市粮食局长,桂林旅游发展总公司总经理。

李克强,董事,男,现年47岁,大学学历,经济师。任桂林旅游发展总公司董事兼副总经理。曾任桂林市旅游局交通科长,桂林市漓江涉外管理处主任,桂林五洲旅游股份有限公司董事长,桂林市旅游局副局长。曾获桂林市建功立业优秀青年称号。

孙其钊,董事兼副总经理,男,现年37岁,大专学历,曾任桂林市无线电二厂生产科副科长、技术管理办公室主任,桂林市经济体制改革委员会综合体制科副科长,桂林旅游发展总公司董事长助理。

谢襄郁,董事兼总会计师,男,现年35岁,大专学历,曾任桂林市审计局干部,桂林旅游发展总公司财务负责人,桂林旅游股份有限公司副总会计师。

陶武,董事兼总经济师,男,现年42岁,大专学历,经济师,曾任桂林汽车总站货运站站长、客运站站长、副总经理,桂林漓江航运总公司副总经理。

李志雄,董事,男,现年42岁,大专学历,经济师。任桂林五洲旅游股份有限公司董事长。曾任桂林市公交公司总经理,桂林五洲旅游股份有限公司总经理。

刘及响,董事,男,现年48岁,大专学历,经济师。任桂林集琦集团有限公司董事长兼总经理,桂林集琦药业股份有限公司董事长,曾任桂林陆军学院团长,桂林市医药管理局副局长,桂林市医药工业公司副经理,桂林刘三姐集团公司总经理,桂林市第三制药厂厂长。

鲁施红,董事,女,现年44岁,大学学历,副译审职称。任桂林中国国际旅行社总经理,曾任桂林桂山大酒店董事长,桂林市旅游局副局长。广西旅行社协会会长,广西旅游协会常务理事。全国旅行社行业优秀经理,全国旅游行业先进工作者,桂林市优秀厂长(经理)。

赵瀛生,董事,男,现年52岁,大学学历,高级工程师。任桂林三花股份有限公司董事长兼总经理,曾任桂林市酿酒总厂设备科长、副厂长、厂长。广西区、桂林市劳动模范,中国食品行业优秀企业家。

叶林华,监事会召集人,男,现年61岁,中专文化,高级经济师。曾任桂林市漓江饭店总经理。政协广西第六届委员会委员,中国旅游饭店协会常务理事,广西旅协会常务理事,桂林市旅游饭店协会副会长,广西、桂林市企业家协会理事。桂林市优秀厂长(经理)。全国旅游行业劳动模范,五一劳动奖章获得者。

马峥嵘,监事,女,现年45岁,大专文化,经济师。现任桂林旅游股份有限公司综合办公室副主任。曾任桂林市公交公司总经理助理,劳动人事处处长。

沈江卫,监事,男,现年41岁,大专文化。现任桂林旅游股份有限公司旅游汽车分公司副总经理、工会主席。

宋连宝,副总经理,男,现年47岁,大专学历,曾任桂林市城建局秘书科科长,桂林市出租汽车公司总经理。

崔寒松,总工程师,男,现年47岁,大学文化,工程师。曾任桂林汽车总站技工学校副校长,桂林五洲旅游股份有限公司汽修厂副厂长、技术管理处处长,桂林旅游发展总公司副总工程师。

张志红,董事会秘书,女,现年35岁,大学学历,中级翻译职称。曾任英格索兰(桂林)工具有限公司总经理行政助理,桂林假日宾馆销售部经理助理,桂林文华大饭店销售部经理,桂林市杉湖旅行社市场销售经理,英语接待部经理。

(二)董事、监事及高级管理人员持股情况

截至本上市公告书签署之日,本公司董事、监事及高级管理人员均不持有本公司股票。

五、公司设立

本公司是由桂林旅游发展总公司作为主要发起人,联合桂林五洲旅游股份有限公司、桂林中国国际旅行社、桂林集琦集团有限公司、桂林三花股份有限公司五家发起人,发起设立的股份有限公司,经广西壮族自治区人民政府批准于1998年4月29日注册成立,公司设立时的注册资本为18,000万元。

根据1998年12月21日第一届股东大会第三次临时会议决议,本公司以1998年12月31日为基准日进行股份回购:用股份公司所属全资附属企业漓江饭店(含土地使用权)经评估的净资产和少量现金向发起人总公司和五洲公司定向协议回购10,200万股股份,并按法定程序予以注销,减少了股份公司注册资本。回购的股份注销后,公司的总股本由18,000万股缩减为7,800万股。该次股份回购经广西壮族自治区人民政府桂政函[1999]67号文批准,于1999年7月7日在广西壮族自治区工商行政管理局完成变更登记。

经中国证券监督管理委员会证监发行字[2000]42号文批准,本公司已于2000年4月21日和4月22日利用深圳证券交易所交易系统,采用上网定价和向二级市场投资者配售相结合的方式向社会公开发行了人民币普通股4,000万股。其中上网定价发行2,000万股,向二级市场投资者配售2,000万股。

本公司已于2000年4月29日在广西壮族自治区工商行政管理局办理了工商变更登记。

公司注册资本:11,800万元　公司注册地址:广西桂林市榕湖北路十七号

公司法定代表人:陈青光　营业执照注册号码:4500001001100

六、关联企业及关联交易

(一)关联企业

(1)本公司主要发起人股东基本情况介绍

1 桂林旅游发展总公司,现持有本公司股份50,951,793股,占本公司总股本的43.18%,该公司是经桂林市人民政府批准设立的市政府直属国有大型旅游企业,成立于1994年9月,注册资本13,600万元。本公司成立前,总公司主要经营业务为:旅游车船客运、宾馆酒店服务、出租车业务、桂林市芦笛、七星、象山、滨江四个景点公园经营管理、旅行社业务、旅游贸易、餐饮服务、文化娱乐、汽车维修、船舶修造等,总资产为5.83亿元,净资产为4亿元,职工近5,000人,是桂林市旅游业中规模最大、效益最好的企业。本公司设立及股份回购后,由于总公司将部分经营性资产及业务投入本公司,因此不再从事旅游车船业务、出租车业务和旅行社业务。

2 五洲旅游股份有限公司,现持有本公司股份24,144,960股,占本公司总股本的20.46%,该公司是在原桂林市旅游车船总公司的基础上,经有关部门批准,于1993年改组设立的定向募集公司,现注册资本为9,500万元,其中总公司占66%的股权。本公司成立前,五洲公司拥有种类齐全的旅游客车近140辆,空调豪华游船和标准涉外游船23艘,拥有专用码头、国际旅行社、船舶修造、汽车修理等企业。职工近千名,是广西旅游业优质服务先进单位。本公司设立时,五洲公司以所属从事

公路旅游客运的汽车分公司、从事漓江游览业务的船舶分公司、山水国际旅行社经营性资产及业务投入本公司，因此目前不再拥有旅游车船，亦不再从事漓江游览、旅游汽车客运和旅行社业务，现主要从事船舶修造、汽车维修、房地产、石油经营、物业管理方面的业务。

(2)本公司全资附属企业和参股企业

本公司属下之全资附属企业有：桂林市出租汽车公司、山水国际旅行社、神州旅行社、交通旅行社、岭南旅行社，股份公司还参股广西集联高速客运有限责任公司30%的股权。

1 桂林市出租汽车公司：是桂林市规模较大、效益较好的出租车公司之一。截止 1999 年 12 月 31 日，拥有出租汽车 365 辆，公司总资产为 786 万元。该公司从事此业务的 历史已有二十余年。

2 山水国际旅行社：桂林市收入最大的旅行社之一，并统一管理神州旅行社、交 通旅行社、岭南旅行社的业务，主要经营业务：为国内外旅游团体和零散游客安排旅游线路、住宿、地面交通和娱乐；从事机票代售业务。

3 广西集联高速客运有限责任公司：该公司是广西交通厅 1997 年 4 月批准成立的三家高速客运公司之一，获准经营广西境内的高速公路上的客运业务。注册资本 312 万 元。

(3)不存在控制关系的主要关联企业

1 漓江饭店，本公司于 1999 年股份回购后，总公司和五洲公司各持有其 87%和 13%的股权，属于受总公司控制的子公司；

2 榕湖饭店，受总公司控制的全资附属企业；

3 桂林荔浦丰鱼岩旅游有限责任公司，总公司持有其 51%股权，属于受总公司控 制的子公司。

(二)关联交易

公司所有的关联交易的处理都以市场价格为基础，坚持公平、公开、公正的原则，以充分保护全体股东的利益。

股份回购后股份公司和总公司、五洲公司存在部分非主营业务和生活服务方面的关联交易，这些关联交易已通过签订协议加以解决，主要的关联交易如下：

交易方	交易协议名称	协议主要内容	交易作价依据
总公司	《生产经营综合服务合同》	总公司承诺以优惠的条件为股份公司提供所需的船舶修造服务(包括但不限于中修、大修、船舶改造及造船)。	公平市价
总公司	《生活服务协议》	股份公司为保证其职工获得稳定、可靠的生活保障及有关便利，需由总公司提供住宿、医疗、食堂等服务。	公平市价
五洲公司	《生活服务协议》	股份公司为保证其职工获得稳定、可靠的生活保障及有关便利，需由五洲公司提供医疗、职工食堂、幼儿园等服务。	公平市价
漓江饭店	《办公用房租赁合同》	股份公司因办公需要，需租赁使用漓江饭店十三层共 331.7 平方米的房间为办公用房；租赁期限为 3 年；租金为 20 万元/年。	公平市价
漓江饭店	《漓江娱乐城联营合同》	漓江饭店提供项目建设所需的原有建筑、场地及配套设施。	公平市价
漓江饭店	《漓江水月食府联营合同》	股份公司将以现金投入，漓江饭店提供项目建设所需的原有建筑、场地及配套设施。	公平市价

(1)关于船舶修造服务

根据股份公司、总公司签订的《生产经营综合服务合同》，总公司承诺以优惠的条件为股份公司提供所需的船舶修造服务(包括但不限于中修、大修、船舶改造及造船)：在任何情况下，总公司向股份公司提供服务之费用不高于其向任何第三方提供相同服务之费用，亦不高于股份公司自任何第三方获得相同服务之费用。股份公司于每一会计年度结束后 30 日内，将经双方指定的会计师事务所审计的该会计年度内服务费用发生额，汇入总公司指定的帐户。1998 年和 1999 年交易金额分别为 44 万元和 184 万元。

(2)生活服务

股份公司分别与总公司、五洲公司签订了生活服务协议，由总公司、五洲公司向股份公司职工提供生活服务及便利(包括住宿、医疗、职工食堂和幼儿园等)。总公司和五洲公司保证，向股份公司提供的服务可满足职工正常生活需要，且服务质量不低于其向任何第三方提供服务之质量及不低于股份公司自任何第三方所获得服务之质量。在任何情况下，总公司向股份公司提供服务之费用不高于其向任何第三方提供相同服务之费用，亦不高于股份公司自任何第三方获得相同服务之费用，并约定了服务费用的确定标准。 由股份公司员工按规定向总公司、五洲公司支付服务费用。

(3)办公场地租赁

公司总部办公地点设在漓江饭店，股份回购后，由于漓江饭店重组出股份公司， 因此股份公司与漓江饭店补充签订了办公用房租赁协议。租赁期限为自租赁协议生效之日起 3 年。租金按年支付 20 万元，于每一会计年度结束后 30 日内汇入漓江饭店指定 的帐户。

(4)公司于 1999 年 7 月 8 日与漓江饭店签订《漓江娱乐城联营合同》，运用本次 募股资金投资建设漓江娱乐城项目，其中，股份公司将以现金投入，漓江饭店提供项目建设所需的原有建筑、场地及配套设施。联营期限为十年。合同中规定了本公司前五年按 70%、后五年按 50%分享利润或承担亏损，合同还规定了联营期满后资产的处理办法。

(5)公司于 1999 年 7 月 8 日与漓江饭店签订《漓江水月食府联营合同》，运用本 次募股资金投资建设漓江水月食府项目，其中，股份公司将以现金投入，漓江饭店提供项目建设所需的原有建筑、场地及配套设施。联营期限为十年。合同中规定了本公司前五年按 70%、后五年按 50%分享利润或承担亏损，合同还规定了联营期满后资产的处理办法。

七、股本结构及大股东持股情况

(一) 上市前股本结构

股份类别	股份数量(股)	占总股本比例(%)
1、尚未流通股份:		
国有法人股	52,887,291	44.82
社会法人股	25,112,709	21.28
2、可流通股份:		
社会公众股	40,000,000	33.90
合　计	118,000,000	100

(二)本公司前 10 名股东所持股数及比例

股东名称	持股数(股)	持股比例(%)
1、桂林旅游发展总公司	50,951,793	43.18
2、五洲旅游股份有限公司	24,144,960	20.46
3、桂林中国国际旅行社	967,749	0.82
4、桂林集琦集团有限公司	967,749	0.82
5、桂林三花股份有限公司	967,749	0.82
6、国泰君安证券股份有限公司	412,201	0.35
7、宋雪梅	2,000	0.017
8、许文娟	2,000	0.017
9、宋忠慎	2,000	0.017
10、唐峰	2,000	0.017

八、公司财务会计资料

以下资料摘自湖北大信有限责任会计师事务所审计报告及本公司会计报表及附注。

审　计　报　告

鄂信业字(2000)001 号

桂林旅游股份有限公司全体股东：

我们接受委托，对贵公司 1997 年 12 月 31 日、1998 年 12 月 31 日及 1999 年 12 月 31 日的资产负债表和合并资产负债表，1997 年度、1998 年度及 1999 年度的利润表和合并利润表，1998 年 5-12 月、1999 年度的利润分配表和合并利润分配表，1999 年度的现金流 量表和合并现金流量表进行了审计。这些会计报表由贵公司负责，我们的责任是对这些会计报表发表审计意见。我们的审计是依据《中国注册会计师独立审计准则》进行的。在审计过程中，我们结合贵公司实际情况，实施了包括抽查会计记录等我们认为必要的审计程序。

我们认为，上述会计报表符合《企业会计准则》和《股份有限公司会计制度》的有关规定，在所有重大方面公允地反映了贵公司 1997 年 12 月 31 日、1998 年 12 月 31 日、1999 年 12 月 31 日的财务状况及 1997 年度、1998 年度、1999 年度的经营成果和 1999 年度的现金流量情况， 会计处理方法的选用遵循了一贯性原则。

湖北大信有限责任会计师事务所　　中国注册会计师　吴卫星

中国·武汉　　中国注册会计师　蔡　瑜　　2000 年 1 月 10 日

(一)桂林旅游股份有限公司财务报表(附后)

(二)桂林旅游股份有限公司财务报表附注

一、公司简介

桂林旅游股份有限公司于 1998 年 4 月成立于中国广西壮族自治区桂林市，注册资 本 18,000 万元人民币，由五家发起人共同发起。其中：桂林旅游发展总公司以其下属公司经评估后的净资产 14,435.84 万元折股 139,702,781.00 股，占总股本的 77.61%；桂林五洲旅游股份有限公司以其下属公司经评估后的净资产 3,864.01 万元折股 37,393,972.00 股，占总股本的 20.77%；桂林三花股份有限公司、桂林中国国际旅行社、桂 林集琦集团各以现金出资 100 万元人民币，分别折股 967,749.00 股，各占总股本的 0.54%。

公司成立后，拥有漓江饭店、漓江游船公司、旅游汽车公司、出租汽车公司等实体。1998 年 12 月 21 日，公司第一届股东大会第三次临时会议通过了进行股份回购的决 议；1999 年 4 月 29 日，公司 1998 年度股东年会通过了股份回购方案。广西壮族自治区人民政府以桂政函(1999)67 号文批准了该回购事项，公司于 1999 年 7 月 7 日在广西壮族自治区工商行政管理局完成了工商变更登记。回购的具体方案为：公司以漓江饭店的净资产分别向桂林旅游发展总公司和桂林五洲旅游股份有限公司回购股份。公司向以上两股东交付漓江饭店，同时注销其持有的部分股份。其中：向桂林旅游发展总公司回购 88,750,988 股，向桂林五洲旅游股份有限公司回购 13,249,012 股，共减资 102,000,000 股。减资后的股本为 7,800 万股，其中：桂林旅游发展总公司持有 50,951,793 股，占总股本的 65.32%；桂林五洲旅游股份有限公司持有 24,144,960 股，占总股本的 30.96%；桂林三花股份有限公司、桂林集琦集团有限公司、桂林中国国际旅行社各持有 967,749 股，各占总股本的 1.24%。公司地处中国著名风景游览区桂林市，现拥有 桂林市最大的旅游船队，最大的旅游车队，较大的出租车队，同时还经营旅行社业务，是集旅游观光优势于一身的股份有限公司。截止 1999 年 12 月 31 日，公司总资产为 21,861 万元，净资产为 8,855 万元；1999 年度主营业务收入 12,650 万元，净利润 3,283 万元。

二、会计报表编制基准

1、本次提供三个阶段的会计报表。第一阶段(改制前)为 1997 年 1 月 1 日至 1998 年 4 月 30 日，即桂林旅游股份有限公司成立之前的会计报表，即假定股份有限公司成立之时的架构在报告期初已经存在，在报告期内未发生重大变化，因此根据公司资产、债务重组方案和人员重组方案，对资产、负债、损益有关项目进行分离，按《股份有限公司会计制度》调整编制的。第二阶段(改制后回购前)为 1998 年 5 月 1 日至 1998 年 12 月 31 日，即桂林旅游股份有限公司成立后总股本为 18,000 万元时的会计报表。第三阶段为 1999 年元月 1 日至 1999 年 12 月 31 日，即股份公司回购股份以后总股本为 7,800 万元这一时期的会计报表。

2、合并会计报表编制方法

(1)本公司依据财政部(95)财会字第 11 号《合并会计报表暂行规定》及其他有关 规定编制合并会计报表；合并范围：对持有表决权资本比例 50%以上的子公司纳入合并报表；合并方法：以公司本部及其分公司为母公司，并将母公司长期投资与子公司权益金额、内部往来、内部购销金额等抵销后逐项合并。

(2) 子公司情况

名　　称	经营范围	注册资本(万元)	母公司持股比例(%)
桂林市出租汽车公司	出租车业务	1,185	100
桂林山水国际旅行社	旅游代理	150	100
桂林山水票务公司	票务代理	150	100

注：在 1999 年以前，子公司还包括漓江饭店，其注册资本为 2,617 万元，股份公司持有其 100%的股份。1999 年减资后漓江饭店退出了股份公司。

四、税项

1、流转税及其他附税：均按国家有关税法规定并由税务部门核定计缴，主要税 种税率如下：

税　种	税率(%)	计税依据
营业税	5	旅游车船客运收入
营业税	5	旅行社毛利
城建税	7	应纳流转税额
教育费附加	3	应纳流转税额
防洪费	4.5	应纳流转税额(广西区规定)

2、所得税：按应纳税所得额的 33%缴纳；根据广西壮族自治区人民政府桂政函[1998]38 号 文的批复，公司在缴纳 33%的所得税后，由桂林市财政返还 18%。根据国务院有关通知精神，自 2000 年 1 月 1 日起所得税按 33%法定税率计缴，不再执行返还 18%政策。

五、利润分配方案

根据公司章程的规定，公司的利润在计提所得税后按下列顺序及比例分配：

(1) 弥补以前年度亏损；

(2) 提取 10%的法定盈余公积金；

(3) 提取 5%-10%的法定公益金；

(4) 按股东大会确定的比例提取任意公积金；

(5) 支付普通股股利。

八、关联企业及关联交易

(一) 关联方

(1) 存在控制关系的关联方

企业名称	注册地址	主营业务	与本公司的关系	注册资本(万元)	法定代表人
桂林旅游发展总公司	桂林市	旅游业	母公司	13,600	聂玉梅
桂林市出租汽车公司	桂林市	出租车业务	子公司	1,185	宋连宝
桂林山水国际旅行社	桂林市	旅游代理	子公司	150	阮莉萍
桂林山水票务公司	桂林市	票务代理	子公司	150	阮莉萍

注：报告期内桂林旅游发展总公司的注册资本没有变化。

(2) 不存在控制关系的关联方

桂林五洲旅游股份有限公司，注册资本 9,526 万元，持有本公司 30.96%的股份，注册地址在桂林市辅星路 3 号，法定代表人为李志雄。

(二) 关联交易

(1) 关联交易事项

a、根据股份公司、总公司签订的《生产经营综合服务合同》，总公司承诺以优 惠的条件为股份公司提供所需的船舶修造服务(包括但不限于中修、大修、船舶改造 及造船)：在任何情况下，总公司向股份公司提供服务之费用不高于其向任何第三方 提供相同服务之费用，亦不高于股份公司自任何第三方获得相同服务之费用。股份公司于每一会计年度结束后30日内，将经双方指定的会计师事务所审计的该会计年度内服务费用发生额，汇入总公司指定的帐户。

b、本公司与桂林旅游发展总公司签订了办公用房租赁合同，租赁总公司位于桂 林市杉湖北路1号的漓江饭店13楼作为办公之用，该等房屋面积为331.7平方米，每年租金为20万元。

c、1998年本公司成立时，根据与桂林旅游发展总公司签订的《公园门票收益权 转授协议》，本公司每年上交桂林旅游发展总公司400万元作为专营权使用费，并且 每5年根据公园门票调整幅度进行调整，以此作为对桂林旅游发展总公司将四个公园 的门票专营权授予本公司的补偿。1997年、1998年每年均已支付400万元。1999年股 份回购时，又重新签定协议解除了原协议。

d、1998年5月，本公司与桂林旅游发展总公司签订协议，总公司将其取得的漓江风景水上游览收益权承包给本公司，本公司按约定将一次性支付人民币1亿元作为承 包上缴基数。1999年股份回购时，又重新签定协议解除了原协议，由此产生本公司应 该收回原已支付给总公司的承包基金，到1999年12月31日，本公司应收总公司承包金余额为3,004,953.46元。

e、1998年度，桂林旅游发展总公司为本公司的3,000万元银行贷款提供担保；1999年，桂林旅游发展总公司又为本公司的2,500万元银行贷款提供担保。

f、1999年公司进行了股份回购，由此导致股东单位桂林旅游发展总公司和桂林 五洲旅游股份有限公司持有本公司股份数量的变化，具体见会计报表注释六之24"股本"。

g、鉴于本公司与桂林旅游发展总公司的母子公司关系，双方就后勤服务签订了 生活服务合同，由总公司向本公司提供职工宿舍、食堂、幼儿园等项服务。

(2)关联方交易的定价政策：在上述本公司与关联方的经济交易活动中，均以市 场价格为依据，进行公平交易和核算。

九、或有事项

截止审计报告日，本公司无重大对外财务承诺和或有事项。

十、其他重要事项

1、本公司成立于1998年4月底，成立时第一大股东和第二大股东都是以净资产折股投入，且都经过有证券评估资格的资产评估事务所评估，评估基准日为1997年12月31日，本公司成立时各项资产都是以经评估后的价值入帐。1998年4月30日本公司成 立时的资产负债表列示于后。

2、本公司1997年、1998年、1999年的净资产收益率分别为81.08%、38.47%、37.08%，波动较大的主要原因是：1997年的指标数是根据评估增值前的净资产计算得 来，由于净资产较小，因此净资产收益率较高；1998年、1999年公司成立后的净资产按评估数进行了调整，由于评估增值较大，导致净资产收益率下降。

3、本公司1997年、1998年、1999年的毛利率分别为65.25%、68.44%、45.62%，从趋势上来看有些变化，主要原因是：1997年-1998年的利润中包含有公园门票收 入和漓江水上风景游览费收入，并且这两部分收入的毛利率都比较高，1999年本公司实行股份回购以后，利润中不再包含公园门票收入和漓江水上风景游览费收入，因此毛利率比前两年大幅下降，同样的原因也造成了净资产收益率的波动。

九、董事会上市承诺

本公司董事会将严格遵守《中华人民共和国公司法》、《中华人民共和国证券法》、《股票发行与交易管理暂行条例》、《公开发行股票公司信息披露实施细则》、《深圳证券交易所上市规则》和有关法律、法规的规定，并自股票上市之日起作出如下承诺：

1、按照法律、法规的规定程序和要求披露重大的信息，并接受证券主管机关、深圳证券交易所的监督管理。

2、及时、真实、准确地公布中期报告和年度报告，并备置于规定场所供投资者 公众查阅。

3、本公司董事、监事及高级管理人员如发生人事变动或持本公司股票发生变化 时，在报告证券主管机关、深圳证券交易所的同时向投资者公布。

4、在任何公共传播媒介中出现的消息可能对本公司股票的市场价格产生误导性 影响时，本公司知悉后将及时对该消息予以公开澄清。

5、本公司董事、监事及高级管理人员将认真听取社会公众的意见和批评，不利 用已获得的内幕消息和其他不正当手段直接或间接地从事股票买卖活动。

6、本公司没有无记录负债。

十、重要事项揭示

(一)自本公司股票发行至今，并未发生对本公司资产、负债和股东权益产生较大影响的重大事项，同时亦无可预见的将对本公司资产、负债和股东权益产生较大影 响的重要事项。

(二)根据本公司1999年度股东大会决议，本公司自2000年1月1日起所产生的利润由新老股东共享。

(三)截至本公告公布之日，本公司无重大诉讼事项。

十一、备查文件目录

1、本公司成立的批准文件　2、审计报告、财务报表及附注
3、主管部门及深交所批准发行上市的文件　4、验资报告
5、资产评估报告、土地估价报告　6、盈利预测报告
7、招股说明书　8、其他备查文件

十二、咨询机构

1、发行人：桂林旅游股份有限公司
地　址：广西桂林市榕湖北路十七号　法定代表人：陈青光
电　话：0773-2863839　传真：0773-2863880　联系人：张志红　黄锡军
2、上市推荐人：光大证券有限责任公司
地址：四川成都文武路42号新时代广场25层　法定代表人：刘明康
联系人：潘杨阳　电话：(028)6622007　传真：(028)6626127

桂林旅游股份有限公司　2000年5月13日

合并利润表

编制单位：桂林旅游股份有限公司　单位：人民币元

项　目	1999年度	1998年度	1997年度
一、主营业务收入	126496995.09	224135834.97	194154634.60
减：折扣与折让			
主营业务收入净额	126496995.09	224135834.97	194154634.60
减：主营业务成本	68783733.34	70731769.20	67478185.97
主营业务税金及附加	5545925.20	9647691.72	8327282.00
二、主营业务利润	52167336.55	143756374.05	118349166.63
加：其他业务利润	2244107.17	968159.57	1193379.28
减：存货跌价损失	411226.69	257687.82	
营业费用	210540.80	16139988.33	12949483.23
管理费用	15060998.93	42835212.67	23033714.71
财务费用	1569770.60	1624564.97	983735.66
三、营业利润	37158906.70	83867079.83	82575612.31
加：投资收益	1559920.00	1153892.27	9477.19
补贴收入	7039700.22	16511253.23	14890065.00
营业外收入	272097.55	2150532.82	874094.59
减：营业外支出	292705.26	456653.07	202396.78
四、利润总额	45737919.21	103226105.08	98146852.31
减：所得税	12906117.07	29624561.36	27298452.00
少数股东损益			
五、净利润	32831802.14	73601543.72	70848400.31

合并利润分配表

编制单位：桂林旅游股份有限公司　单位：人民币元

项　目	1999年度	1998年5月-12月
一、净利润	32831802.14	56237110.37
加：年初未分配利润	-2937162.61	-996092.34
盈余公积转入		
二、可供分配的利润	29894639.53	55241018.03
减：提取法定盈余公积	2989463.95	5623710.66
提取法定公益金	1494731.98	2811855.83
三、可供股东分配的利润	25410443.60	46805451.54
减：已分配优先股股利		
提取任意盈余公积金		
应付普通股股利	25410443.60	49742614.15
转作股利的普通股股利		
四、未分配利润		-2937162.61

合并现金流量表

编制单位：桂林旅游股份有限公司　单位：人民币元

项目	1999年度
一、经营活动产生的现金流量：	
销售商品，提供劳务收到的现金	113108435.27
收取的租金	1233868.48
收到的税费返还	12481677.00
收到的其他与经营活动有关的现金	2524223.66
现金流入小计	129648204.41
购买商品，接受劳务支付的现金	53728944.68
经营租赁所支付的现金	
支付给职工以及为职工支付的现金	18861415.29
支付的增值税款	
支付的所得税款	17869580.62
支付的除增值税，所得税以外的其他税费	4823960.38
支付的其他与经营活动有关的现金	7386555.06
现金流出小计	102670456.03
经营活动产生的现金流量净额	26677748.38
二、投资活动产生的现金流量：	
收回投资所收到的现金	
分得股利或利润所收到的现金	809920.00
取得债券利息收入所收到的现金	
处置固定资产，无形资产和其他长期资产而收回的现金净额	348772.20
收到的其他与投资活动有关的现金	133794.83
现金流入小计	1292487.03
购建固定资产，无形资产和其他长期资产所支付的现金	25167835.92
权益性投资所支付的现金	
债权性投资所支付的现金	
支付的其他与投资活动有关的现金	
现金流出小计	25167835.92
投资活动产生的现金流量净额	-23875348.89
三、筹资活动产生的现金流量：	
吸收权益性投资所收到的现金	
发行债券所收到的现金	
借款所收到的现金	27000000.00
收到的其他与筹资活动有关的现金	551704.13
现金流入小计	27551704.13
偿还债务所支付的现金	
发生筹资费用所支付的现金	640457.69
分配股利或利润所支付的现金	
偿还利息所支付的现金	2159920.00
融资租赁所支付的现金	
减少注册资本所支付的现金	
支付的其他与筹资活动有关的现金	
现金流出小计	2800377.69
筹资活动产生的现金流量净额	24751326.44
四、汇率变动对现金的影响	
五、现金及现金等价物净增加额	27553725.93
补充资料	
1.不涉及现金收支的投资和筹资活动：	
以固定资产偿还债务	
以投资偿还债务	
以固定资产进行投资	
以存货偿还债务	
融资租赁固定资产	
接受捐赠非现金资产	
2.将净利润调节为经营活动的现金流量：	
净利润	32831802.14
加：计提的坏帐准备或转销的坏帐	224825.29
计提的固定资产折旧	13112321.64
无形资产摊销	
待摊费用的减少(减：增加)	
处置固定资产，无形资产和其他长期资产的损失(减：收益)	
固定资产报废损失	
财务费用和已资本化的借款费用	2429080.09
投资损失(减：收益)	
递延税款贷项(减借项)	
存货的减少(减增加)	2029475.44
经营性应收项目的减少(减增加)	-7946583.04

经营性应付项目的增加(减减少)	–16037043.65
增值税增加净额(减减少)	
其他	33870.47
经营活动产生的现金流量净额	26677748.38
3.现金及现金等价物净增加情况:	
库存现金及银行存款的期末余额	42456639.67
减:库存现金及银行存款的期初余额	14902913.74
其他货币资金的期末余额	
减:其他货币资金的期初余额	
现金等价物的期末余额	
减:现金等价物的期初余额	
现金及现金等价物净增加额	27553725.93

合并资产负债表

编制单位:桂林旅游股份有限公司　　单位:人民币元

资　产	1999 年 12 月 31 日	1998 年 12 月 31 日	1997 年 12 月 31 日
流动资产:			
货币资金是	42456639.67	14902913.74	17612109.77
短期投资			
减:短期投资跌价准备			
短期投资净额			
应收票据			
应收股利	750000.00		
应收利息			
应收帐款	45852725.28	32464165.46	9769121.00
其他应收款	24090792.54	30219001.43	10228645.03
减:坏帐准备	4196611.07	3973229.68	1199865.96
应收帐款净额	65746906.75	58709937.21	18797900.07
预付帐款	138791.07	540000.00	
应收补贴款	10583055.43	16025032.21	
存货	2594770.21	4213018.96	4340451.82
减:存货跌价准备	668914.51	257687.82	
存货净额	1925855.70	3955331.14	4340451.82
待摊费用	296759.52	280319.53	393932.70
待处理流动资产净损失		33870.47	
一年内到期的长期债券投资			
其他流动资产			
流动资产合计	121898008.14	94447404.30	41144394.36
长期投资:			
长期股权投资	1768000.00	1248000.00	2288000.00
长期债券投资			
长期投资合计	1768000.00	1248000.00	2288000.00
减:长期投资减值准备			
长期投资净额	1768000.00	1248000.00	2288000.00
固定资产:			
固定资产原价	346611954.01	430170761.62	217324149.68
减:累计折旧	262032126.44	297265566.92	141714815.20
固定资产净值	84579827.57	132905194.70	75609334.48
工程物资			
在建工程	6043799.14	10667751.53	2724444.58
固定资产清理			
待处理固定资产净损失			
固定资产合计	90975791.41	143572946.23	78333779.06
无形资产及其他资产:			
无形资产		36077002.00	15214320.20
开办费	2829885.77	3537327.77	
长期待摊费用	233516.11	95105717.30	
其他长期资产	900000.00	900000.00	700000.00
无形资产及其他资产合计	3963401.88	135620047.07	15914320.20
递延税项:			
递延税项借项			
资产总计	218605201.43	374888397.60	137680493.62
负债及股东权益			
流动负债:			
短期借款	55000000.00	30000000.00	7670000.00
应付票据			
应付帐款	2624646.38	6636369.07	6944105.17
预收帐款	8605913.78	10631234.74	1775612.22
代销商品款		21580.25	
应付工资		64957.52	
应付福利费	3144066.58	2961258.91	1006796.96
应付股利	25410443.60	49742614.15	
应交税金	20788736.17	25215979.48	1268264.07
其他应交款	315633.46	87131.21	137763.60
其他应付款	11768956.98	52887234.88	20351788.69
预提费用	398716.44	617682.33	1040079.11
一年内到期的长期负债			2387500.00
其他流动负债			
流动负债合计	128057113.39	178866042.54	42581909.82
长期负债:			
长期借款	2000000.00	4210000.00	6820000.00
应付债券			
长期应付款			900000.00
住房周转金		491140.30	
其他长期负债			
长期负债合计	2000000.00	4701140.30	7720000.00
递延税款:			
递延税款贷项			
负债合计	130057113.39	183567182.84	50301909.82
少数股东权益			
股东权益:			
股本	78000000.00	180000000.00	
资本公积		5998592.88	
盈余公积	10548088.04	8259784.49	
其中:公益金	4247993.81	2753261.83	
未分配利润		–2937162.61	
股东权益合计	88548088.04	191321214.76	87378583.80
负债及股东权益总计	218605201.43	374888397.60	137680493.62

公司成立日资产负债比较表

编制单位:桂林旅游股份有限公司 1998 年 4 月 30 日　　单位:人民币元

流动资产:	调 帐前	调帐后
货币资金	12715340.55	12715340.55
短期投资		
减:短期投资跌价准备		
短期投资净额		
应收票据		
应收股利		
应收利息		
应收帐款	24616415.12	24616415.12
减:坏帐准备	1314976.93	1314976.93
应收帐款净额	23301438.19	23301438.19
预付帐款	464768.00	464768.00
应收补贴款	3677174.00	3677174.00
其他应收款	7346243.42	7346243.42
存货	4450036.57	4423687.76
存货净额	4450036.57	4423687.76
待摊费用	601513.17	691513.17
其他流动资产	3095649.29	3095649.29
流动资产合计	55742163.19	55715814.38
长期投资:		
长期股权投资	1348000.00	1348000.00
长期债券投资		
长期投资合计	1348000.00	1348000.00
减:长期投资减值准备		
长期投资净额	1348000.00	1348000.00
固定资产:		
固定资产原价	436700807.41	221189442.30
减:累计折旧	287013529.09	144339824.99
固定资产净值	149687278.32	76849617.31
工程物资		
在建工程	2256477.76	2257960.53
固定资产清理		
固定资产合计	151943756.08	79107577.84
无形资产及其他资产:		
无形资产	36690341.20	15104262.20
开办费		
长期待摊费用	98333333.00	
其他长期资产	900000.00	900000.00
无形资产及其他资产合计	135923674.20	16004262.20
递延税项:		
递延税项借项		
资产总计	344957593.47	152175654.42
流动负债:		
短期借款	4030000.00	4030000.00
应付票据		
应付帐款	19977696.65	19977696.65
预收帐款	11617946.72	11617946.72
代销商品款		
应付工资		
应付福利费	1115311.84	1115311.84
应付股利		
应交税金	8341932.07	8341932.07
其他应交款	131992.84	131992.84
其他应付款	105445722.19	7112389.19
预提费用	978398.28	978398.28
一年内到期的长期负债	2110000.00	2110000.00
其他流动负债		
流动负债合计	153749000.59	55415667.59
长期负债:		
长期借款	5210000.00	5210000.00
长期负债合计	5210000.00	5210000.00
递延税款:		
递延税款贷项		
负债合计	158959000.59	60625667.59
少数股东权益		
股东权益:		
股本	180000000.00	
资本公积	5998592.88	
盈余公积		
其中:公益金		
未分配利润		
股东权益合计	185998592.88	91549986.83
负债及股东权益总计	344957593.47	152175654.42

主要财务指标　　编制单位:桂林旅游股份有限公司

财务指标名称	1999 年	1998 年	1997 年
流动比率(倍)	0.95	0.53	0.97
速动比率(倍)	0.94	0.50	0.86
资产负债率(%)	59.49	48.96	36.23
应收帐款周转率(次/年)	3.23	5.61	12.92
存货周转率(次/年)	20.21	16.53	12.60
每股净利(元/股)	0.42	0.41	0.39
净资产收益率(%)	37.08	38.47	81.08
毛利率(%)	45.62	68.44	65.25

广 州 友 谊 商 店 股 份 有 限 公 司

广州友谊商店股份有限公司股票上市公告书

一、绪 言

本上市公告书是根据《中华人民共和国公司法》、《中华人民共和国证券法》、《股票发行与交易管理暂行条例》、《公开发行股票公司信息披露实施细则》和《深圳证券交易所股票上市规则》等国家有关法律、法规的规定,并按照中国证券监督管理委员会制定的公开发行股票公司信息披露的内容与格式准则第七号《上市公告书的内容与格式(试行)》而编制,旨在向投资者提供有关广州友谊商店股份有限公司(以下简称"公司"或"本公司")和本次股票上市的情况。

经中国证监会证监发行字[2000]85 号文批准,本公司已于 2000 年 6 月 30 日、7 月 1 日成功地向社会公开发行了每股面值 1.00 元的人民币普通股股票 6000 万股,每股发行价为 4.08 元,其中向二级市场投资者配售 3000 万股,向一般投资者上网定价公开发行 3000 万股。

经深圳证券交易所深证上[2000]100 号《上市通知书》批准,本公司向二级市场 投资者配售的 3000 万股及向一般投资者上网定价公开发行的 3000 万股社会公众股, 将于 2000 年 7 月 18 日在深圳证券交易所挂牌上市交易,股票简称"广州友谊",股票代 码"0987"。

本公司已于 2000 年 6 月 28 日在《证券时报》、《上海证券报》上刊登了《广州友 谊商店股份有限公司招股说明书概要》,距今不足六个月,其重复内容在此不再陈述。

本公司董事会及全体董事已批准本上市公告书,确信其中不存在任何虚假记载、误导性陈述或重大遗漏,并对其内容的真实性、准确性、完整性负个别和连带责任。

二、公司概况、

(一)基本情况

1、发行人名称:广州友谊商店股份有限公司

英文名称:GUANGZHOU FRIENDSHIP CO.,LTD

2、注册资本:23,930 万元

3、法定代表人:郭振球

4、发行人成立日期:1992 年 12 月 28 日

5、经营范围:批发、零售、代购、代销;百货、五金、交电、化工原料、电子 产品及通讯设备、电子计算机及配件、家具、摩托车及配件、自行车及配件、日用杂货、副食品及其他食品、粮油及制品、钢材、铝材;零售罐装气体、药品、书刊、工艺美术品、烟、洒类;旅业。

6、所属行业:商业

7、发行人住所:广东省广州市环市东路 369 号

8、联系电话:(020)83576628-3568、3532

9、传　　真:(020)83572228

10、网　　址:http://www.cgzfs.com

(二)公司沿革

公司前身是成立于 1959 年 10 月的广州友谊商店,1978 年广州友谊商店扩业, 组建 广州市友谊公司。1992 年 12 月,经广州市人民政府穗改股字[1992]14 号文批准,广州市友谊公司独家发起以定向募集方式设立广州友谊商店股份有限公司。

1997 年 3 月,经广州市国有资产管理局穗国资二[1997]18 号文批准,授权广州友谊 企业集团有限公司经营本公司的国有资产,持有后者的 125,621,171 股国家股。1997 年 7 月,广州市国资局和广州市财政局发文通知广州市各国有资产授权投资主体(含广州 友谊企业集团有限公司),明确已授权的国家股调整为国有法人股。1998 年 4 月,经广州市经济体制改革委员会"穗改股字[1998]6 号"文批准,本公司实施 1997 年度"10 送 2 派 1"的分红方案。

1999 年 3 月,经广州市人民政府穗府函[1999]26 号文批准,撤销广州市友谊企业集 团有限公司,原广州友谊企业集团有限公司所持有的本公司的国有法人股调整为国家 股,股权由广州市国有资产管理局持有。

经中国证监会证监发行字[2000]85 号文批准,本公司已于 2000 年 6 月 30 日、7 月 1 日在深圳证券交易所以向一般投资者上网发行和向二级市场投资者配售相结合的方式成功发行了 6000 万股人民币普通股,本次发行后,公司总股本为 23,930 万股,并于 2000 年 7 月 11 日在广州市工商行政管理局办理了变更登记手续,注册号为 4401011106368。

三、股票发行及承销

1、股票公开发行情况

发行数量:本次发行股票 6000 万股,其中向一般投资者上网定价发行 3000 万股,向二级市场投资者配售 3000 万股。

股票发行价格:4.08 元/股

实际募集资金总额:23,606 万元(已扣除发行费用)

发行方式:上网定价和向二级市场投资者配售相结合

发行中签率:上网定价发行部分:0.242667%

向二级市场投资者配售部分:0.105185%

有效申购户数:上网定价发行部分:843,007 户

向二级市场投资者配售部分:3,016,789 户

有效申购股数:上网定价部分:12,362,617,000 股

向二级市场投资者配售部分:28,520,939,000 股

持股 1000 股以上的户数:58460 户

发行费用总额:874 万元

每股发行费用:0.146 元

发行市盈率: 28 倍 (加权平均)

32.8 倍(全面摊薄)

2、股票承销

本次通过深圳证券交易所向一般投资者上网定价公开发行 3000 万股,无余额包销;向二级市场投资者配售 3000 万股,未认购余股 429,346 股,根据《承销团协议》, 余股由承销团包销。

3、验资报告:

验资报告

珠会字(2000)第 370 号

广州友谊商店股份有限公司全体股东:

我们接受委托, 对贵公司截至 2000 年 7 月 10 日止的实收股本的真实性和合法性进 行了审验。在审验过程中,我们按照《独立审计实务公告第 1 号—验资》的要求,实 施了必要的审验程序。贵公司的责任是提供真实、合法、完整的验资资料,保护资产的安全、完整,我们的责任是按照《独立审计实务公告第 1 号—验资》的要求,出具 真实、合法的验资报告。

贵公司变更前的注册资本和实收股本及资本公积分别为人民币 179,305,405.46 元和 179,305,405.46 元及 2,423,214.00 元,变更后的注册资本为人民币 239,305,405.46 元。经中国证券监督管理委员会"证监发行字[2000]85 号"文核准,贵公司采用向二级市场投资者配售和上网相结合的方式向社会公开发行人民币普通股 6,000 万股,每 股面值人民币 1 元,增量溢价发行,发行价为每股人民币 4.08 元。根据我们的审验, 截至 2000 年 7 月 10 日止,除上网申购资金利息外,贵公司可募集股款为人民币 244,800,000.00 元,扣除发行费用人民币 8,735,636.44 元后,实际募集股款为人民币 236,064,363.56 元,其中股本 60,000,000.00 元、资本公积 176,064,363.56 元,与投入股款相关的资产总额为人民币 236,064,363.56 元, 均为货币资金。贵公司变更后的实收股本为人民币 239,305,405.46 元,资本公积为人民币 178,487,577.56 元。

附件:(一)变更前后注册资本、实收股本对照表

(二)验资事项说明

广州市珠江会计师事务所有限公司　　中国注册会计师　　何华峰

中国注册会计师　　梁 锐

中国　　广州　　二 000 年七月十日

四、董事、监事和高级管理人员简介及持股情况

郭振球,男,60 岁,大专学历,高级经济师。1954 年 9 月参加工作,历任南方大厦百货商店会计、业务管理人员、党支部书记。1974 年 5 月作为领导成员之一,筹建友谊公司,1978 年调入本公司,历任业务办主任、科长、公司副总经理、总经理等职。1990 年—1993 年当选为广州市东山区人大代表,曾获得 93 年度"广州市优秀企业家"称号、95 –96 年度"广州市先进经营者"称号。现任本公司董事长。

吴汝初,男,56 岁,大专学历,高级政工师。1956 年 7 月参加工作,历任南方大厦百货商店保卫干事、办公室主任、党支部书记。1978 年调入本公司,历任办公室主任、副 经理、党委书记、副董事长等职。曾获得 96 年广州市"思想政治工作优秀研究者"、98 年度全国"半月谈思想政治工作创新奖"等奖项、1994 年当选为东山区人大代表至今。现任本公司副董事长、党委书记。

刘宏国,男,53 岁,大专学历,经济师。1978 年调入本公司工作,历任业务员、团委 书记、公司副总经理等职。现任本公司副董事长、总经理。

朱祖煊,男,61 岁,中专学历,高级会计师。曾任南方大厦百货商店会计、副科长。1983 年 3 月调入本公司工作,历任财会科副科长、副总经理。现任本公司董事、财务总监。

王龙飞,男,49 岁,大专学历,政工师。曾任广州针纺站党支部书记、工会主席、党委副书记。1994 年 10 月调入本公司任党委副书记。现任本公司董事、党委副书记。

黎满传,男,48 岁,大专学历,经济师。1977 年 9 月调入本公司工作,历任办公室文书、副主任、主任、总经理助理、副总经理等职。现任本公司董事、副总经理。

何秉刚,男,53 岁,大专学历,高级政工师。曾任本公司主任、科长、部长、友谊集团公司工会主席等职。现任本公司董事、工会主席。

陈润辉,男,44 岁,大专学历,助理经济师。曾任本公司办公室副主任、总经理助理、超级总场经理等职。现任本公司董事、超级总场经理。

王银喜,女,44 岁,大专学历,助理经济师。历任本公司售货员组长、副主任、主任、商场经理等职。近年曾获得全国劳动模范、全国"五一"劳动奖章、全国内贸系统和省市劳动模范、市"三八红旗手",1998 年当选为广州市人大代表。现任本公司董 事、针织女服商场经理。

王秀云,女,52 岁,大专学历,政工师。曾任本公司党支部书记、纪委书记、监察室主任等职。现任本公司监事会召集人、纪委书记兼监察室主任。

胡洁君,女,41 岁,大专学历,经济师。曾任本公司超级商场主任、企划室主任、部长等职。现任本公司监事,时代广场友谊商店筹备组负责人之一。

任广民,女,39 岁,大专学历,审计师。曾任本公司审计科副科长、财务部部长、审计部部长等职。现任本公司监事、审计部部长。

王翔,男,38 岁,硕士研究生学历。历任广州市一商局科技科、业务处、企管处科 员、副主任科员、主任科员、副处长等职,1996 年 3 月调入市商委科技处任处长,1999 年 3 月调入本公司工作。现任本公司副总经理。

张广忠,男,36 岁,硕士研究生学历,经济师。曾任广东省经济管理干部学院助教、院长办秘书,1991 年进入本公司,历任服务办、企划室工作人员,投资部副部长、部长。现任本公司副总经理。

邓美薇,女,42 岁,大专学历,助理经济师。曾任本公司办公室副主任、主任等职。现任本公司董事会秘书、公司办公室主任。

本公司董事、监事及其他高级管理人员在公司本次发行前后所持本公司的股票情况如下:

姓　名	本次发行前持股数(股)	本次发行前持股比例%	本次发行后持股数(股)	本次发行后持股比例%
郭振球	46800	0.026	46800	0.020
吴汝初	32400	0.018	32400	0.014
刘宏国	32400	0.018	32400	0.014
黎满传	28800	0.016	28800	0.012
朱祖煊	32400	0.018	32400	0.014
王龙飞	0	0	0	0
王银喜	26400	0.015	26400	0.011
陈润辉	28800	0.016	28800	0.012
何秉刚	26400	0.015	26400	0.011
王秀云	94920	0.053	94920	0.040
任广民	28800	0.016	28800	0.012
胡洁君	55200	0.031	55200	0.023
王　翔	0	0	0	0
张广忠	15800	0.009	15800	0.007
邓美薇	43200	0.024	43200	0.018

本次股票发行上市后,上述人员持有的本公司股票将按国家有关规定管理。

五、公司设立

广州友谊商店股份有限公司是经广州市人民政府"穗改股字[1992]14 号"文批准,于 1992 年 12 月 28 日由广州市友谊公司独家发起改组设立的定向募集股份有限公司。

1997 年 3 月,经广州市国有资产管理局穗国资二[1997]18 号文批准,授权广州友谊 企业集团有限公司经营本公司的国有资产,持有后者的 125,621,171 股国家股。1997 年 7 月,广州市国资局和广州市财政局发文通知广州市各国有资产授权投资主体(含广州 友谊企业集团有限公司),明确已授权的国家股调整为国有法人股。1998 年 4 月,经广州市经济体制改革委员会"穗改股字[1998]6 号"文批准,本公司实施 1997 年度"10 送 2 派 1"的分红方案。

1999 年 3 月,经广州市人民政府穗府函[1999]26 号文批准,撤销广州市友谊企业集 团有限公司,原广州友谊企业集团有限公司所持有的本公司的国有法人股调整为国家 股,股权由广州市国有资产管理局持有。

经中国证监会证监发行字[2000]85 号文批准,本公司于 2000 年 6 月 30 日、7 月 1 日 在深圳证券交易所成功发行了每股面值 1.00 元的人民币普通股 6000 万股,2000 年 7 月 11 日在广州市工商行政管理局办理变更注册登记,公司注册资金 23,930 万元,注册地 点为广州市环市东路 369 号,注册号码为 4401011106368。

六、关联企业及关联交易

1.关联企业

本公司是 1992 年由广州市友谊公司独家发起整体改组以定向募集方式而设立的, 不存在与原发起人的关系。1996 年成立了广州市友谊企业集团有限公司成为本公司的母公司,1999 年 3 月,经广州市人民政府穗府函[1999]26 号文和广州市国有资产管理局 穗国资二[1999]54 号文批准撤消广州市友谊企业集团有限公司, 该集团所持有的本公 司股权转由广州市国有资产管理局持有。因此,截止 1999 年 5 月,本公司现有关联企业 为:全资附属企业 1 家——广州保税区友谊保税公司,中外合作企业 2 家——广州友谊和黄百货精品有限公司、广州中谊保税实业有限公司,投资控股、参股企业 3 家——广州友谊针纺织品有限公司、广州市友谊餐厅有限责任公司、中洋(广州)联合公司。

2.关联交易

本公司与现有的关联企业在商品供应、价格制定、销售等方面均独立核算,不存 在相互依赖和关联交易。

七、上市前股本结构及大股东持股情况

1、股本结构

总股本:	23,930.5 万股
尚未流通股份:	17,930.5 万股
(1) 发起人股份	15,074.5 万股
其中:	
国家持有股份	15,074.5 万股
(3) 内部职工股	2,856 万股
可流通股份:	
境内上市人民币普通股:	6,000 万股

2、本公司前十名股东的情况

股 东 名 称	持股数(股)	占上市前总股本比例(%)
广州市国有资产管理局	150,745,400	62.99
广东证券股份有限公司	429,346	0.18
金鑫证券投资基金	285,000	0.12
天元证券投资基金	246,000	0.10
裕隆证券投资基金	242,000	0.10
同益证券投资基金	238,000	0.10
普丰证券投资基金	228,000	0.10
安顺证券投资基金	173,000	0.07
同盛证券投资基金	166,000	0.07
安信证券投资基金	161,000	0.07

八、公司财务会计资料

本公司截止 1999 年 12 月 31 日的财务状况,已于 2000 年 6 月 28 日在《证券时报》、《上海证券报》刊登的《广州友谊商店股份有限公司招股说明书概要》中进行了详细的披露。本公告只公布财务报表及财务指标,欲了解详细情况,请查阅上述报纸或至公告的《招股说明书》查阅地址查询。

(一) 财务报表(附后)

(二) 主要财务指标

项 目	1999 年	1998 年	1997 年
营运资金(万元)	-9466.28	-7331.78	-8599.73
每股盈利(元)	0.20	0.25	0.33
净资产收益率%	10.53	14.20	17.08
资产负债率%	54.21	54.48	56.78
流动比率	0.76	0.68	0.77
速动比率	0.12	0.13	0.18
应收帐款周转率	3462	1178.92	336.74
存货周转率	3.48	3.02	2.64

注:每股盈利以发行前总股本 17930.5 万股计算。

(三)主要项目附注

〈一〉合并会计报表主要项目注释

1. 货币资金

公司 1999 年 12 月 31 日货币资金余额为 40,147,576.91 元,明细列示如下:

项 目	外币金额	人民币金额	折算汇率
现 金	-	227,067.91	
银行存款-人民币户	-	39,076,320.31	
银行存款-美元户	1,698.99	14,066.45	8.2793
银行存款-港币户	779,238.00	830,122.24	1.0653
合 计		40,147,576.91	

2. 应收款项

(1)应收账款

1 账龄分析及百分比

账 龄	1999.12.31	比例(%)
1 年以内	85,477.35	97.72
1-2 年	1,954.27	2.23
2-3 年	-	-
3-4 年	43.43	0.05
4-5 年	-	-
5 年以上	-	-
合 计	87,475.05	100

2 大额款项如下:

顺序	项 目	所欠金额	欠款时间
1	新海印花厂	36,084.41	1999.12
2	东莞长安权智电子厂	22,000.00	1999.11
3	松下电器(中国)公司	21,453.00	1999.11
4	伍兴国	1,954.27	1998.05
5	康佳集团股份有限公司广州公司	1,641.00	1999.07

3 本项目无持有公司 5%(含 5%)以上股份的股东欠款。

41 年以内帐龄的应收帐款因数额较少,公司近 3 年回收率为 100%,所以没有计提坏帐准备。

5 帐龄 1—2 年以内及 3—4 年以内的应收帐款 1,954.27 元及 43.43 元,因数额太小未有计提坏帐准备,并已分别于 2000 年 2 月 21 日、2 月 25 日收回。

(2)预付账款

1 账龄分析及百分比

账 龄	1999.12.31	比例(%)
1 年以内	3,068,819.47	100
1-2 年	-	-
2-3 年	-	-
3-4 年	-	-
4-5 年	-	-
5 年以上	-	-
合 计	3,068,819.47	100

2 大额款项如下:

顺序	项 目	所欠金额	欠款时间
1	广州华凌空调公司	3,000,000.00	1999.11
2	顺德龙江兆业编织公司	68,819.47	1999.12

3 本项目无持有公司 5%(含 5%)以上股份的股东欠款。

(3)其他应收款

1 账龄分析及百分比

账 龄	1999.12.31	比例(%)
1 年以内	3,457,881.25	93.04
1-2 年	-	-
2-3 年	96,300.00	2.59
3-4 年	62,400.00	1.68
4-5 年	100,000.00	2.69
5 年以上	-	-
合 计	3,716,581.25	100

2 大额款项如下:

顺序	项 目	所欠金额	欠款时间
1	银行信用卡结算款	2,550,081.01	1999.12
2	上市其他费用	353,149.41	1999.12
3	上市审计、评估费用	235,488.00	1999.05
4	预缴税款	153,662.83	1999.01
5	上市律师费	105,000.00	1999.05

3 本项目无持有公司 5%(含 5%)以上股份的股东欠款。

4 帐龄 1 年以内的其他应收款没有计提坏帐准备,原因是:1、银行信用卡结算款 是顾客持信用卡购物后,应收特约银行的信用卡结算款,按规定银行在 10 个工作日内拨付。2、有关上市费用是公司申请发行上市过程发生的费用,可在以后发行费用中 冲抵。3、预缴税款是子公司-广州保税区友谊保税公司经营租赁业务收取的租赁押 金预缴的税款,按税务机关规定,当退还押金时可抵减当期应交税金。

51 年以上帐龄的其他应收款都是供电部门、电信部门、公用事业部门的押金、保证金,预计不会发生坏帐损失,故没有计提坏帐准备。

3. 长期投资

(1)

项目	1998.12.31 金额	1998.12.31 减值准备	本期增加	本期减少	1999.12.31 金额	1999.12.31 减值准备
长期股权投资	26411529.11		4655460.11	230400.00	30836589.22	
长期债权投资	1000000.00		560000.00	100000.00	1460000.00	
合 计	27411529.11		5215460.11	330400.00	32296589.22	

(2)长期股权投资余额为 30,836,589.22 元,其明细列示如下:

被投资单位名称	投资起止期	投资金额	占被投资单位注册资本比例
广州市友谊和黄百货精品有限公司	1993.11.02~2008.11.02	4063500.00	50.00%
广州市友谊餐厅有限公司		1500000.00	30.00%
广州中谊保税实业有限公司	1993.12.30~2008.12.30	19200000.00	30.00%
中洋(广州)联合公司		500000.00	50.00%
广州市耐丹针织服装有限公司		300000.00	10.00%
合 计		25563500.00	

接上表:

被投资单位名称	本 期 权益增减额	累计权益 增 减 额
广州市友谊和黄百货精品有限公司	-1,476.00	606,556.10
广州市友谊餐厅有限公司	122,808.50	692,386.01
广州中谊保税实业有限公司	3,271,747.64	4,012,410.76
中洋(广州)联合公司	-18,020.03	-38,263.65
广州市耐丹针织服装有限公司		
合 计	3,375,060.11	5,273,089.22

(3)长期债权投资余额为 1,460,000.00 元,其明细列示如下:

债券种类	面 值	年利率	购入金额	到期日
国库券	1,000,000.00	13.06%	1,000,000.00	2001.6.10
广州电力债券	160,000.00	4.20%	160,000.00	2004.3.8
广州电力债券	300,000.00	4.20%	300,000.00	2005.5.20
合 计	1,460,000.00		1,460,000.00	

(4)长期股权投资已按权益法核算,不计提长期投资减值准备。

4. 固定资产及累计折旧

固定资产原值	1998.12.31	本期增加	本期减少	1999.12.31
房屋建筑物	167,321,854.04	139,100,787.20	2,868,114.00	303,554,527.24
通用设备	56,274,027.10	21,832,101.67	465,845.14	77,640,283.63
电脑设备	4,848,210.75	1,862,571.25	157,859.66	6,552,922.34
运输设备	6,402,715.05	371,856.00	98,000.00	6,676,571.05
合 计	234,846,806.94	163,167,316.12	3,589,818.80	394,424,304.26
累计折旧	1998.12.31	本期增加	本期减少	1999.12.31
房屋建筑物	41,093,920.72	6,355,720.73	971,767.56	46,477,873.89
通用设备	16,912,328.85	4,786,643.17	293,120.12	21,405,851.90
电脑设备	2,917,998.06	920,553.22	127,185.78	3,711,365.50
运输设备	4,110,342.57	672,340.63	95,060.00	4,687,623.20
合 计	65,034,590.20	12,735,257.75	1,487,133.46	76,282,714.49
固定资产净值	169,812,216.74			318,141,589.77

固定资产 1999 年末比 1998 年末增加 159,577,497.32 元,增幅 67.95%,主要是当 年从在建工程转入 148,920,638.29 元,其中时代分店的房产、电梯、设备等 143,320,948.92 元。

5. 无形资产

种 类	原始金额	1998.12.31	本期增加	本期转出	本期摊销额
土地使用权-主楼连接楼	385,526.00	372,675.08			12,850.92
合 计	385,526.00	372,675.08			12,850.92

接上表:

种类	1999.12.31	剩余摊销期限
土地使用权-主楼连接楼	359,824.16	28 年
合计	359,824.16	

6. 短期借款

贷款人	借款类别	1999.12.31	借款期限	月利率(‰)
中国农业银行广州市羊城支行*1	抵押借款	10000000	1999.12.7~2000.6.3	4.65
中国农业银行广州市羊城支行*1	抵押借款	10000000	1999.12.9~2000.6.8	4.65
中国工商银行广州市第二支行*2	抵押借款	10000000	1999.7.30~2000.1.21	4.65
中国工商银行广州市第二支行*2	抵押借款	20000000	1999.9.30~2000.3.8	4.65
合计		50000000		

*1 广州友谊商店股份有限公司以位于广州市环市东路 369 号的综合大楼 （抵押现值 18,286 万元；1999 年 12 月 31 日账面原值 29,000,967.78 元，累计折旧 10,101,621.88 元，净值 18,899,345.90 元）为借款抵押物，自 1998 年 12 月 18 日至 2001 年 12 月 18 日 止，可向中国农业银行广州市羊城支行申请最高贷款余额不超过 12,800 万元的借款。

*2 广州友谊商店股份有限公司以位于广州市大德路 308 号的针纺大厦（抵押现值 11,821 万元；1999 年 12 月 31 日账面原值 44,050,825.13 元，累计折旧 10,186,567.57 元，净值 33,864,257.56 元）为借款抵押物，自 1999 年 3 月 10 日至 2000 年 3 月 10 日止，可 向中国工商银行广州市第二支行申请最高贷款限额 8,275 万元的借款。公司已于 2000 年 1 月 20 日、2000 年 3 月 7 日分别归还中国工商银行广州市第二支行借款 10,000,000.00 元、20,000,000.00 元。

7. 应付款项

(1)应付账款

1 账龄分析及百分比

账龄	1999.12.31	比例(%)
1 年以内	31,988,039.48	99.92
1-2 年	12,362.20	0.04
2-3 年	10,203.06	0.03
3 年以上	2,249.13	0.01
合计	32,012,853.87	100

2 本项目无欠持有公司 5%(含 5%)以上股份的股东的款项。

(2)预收账款

1 账龄分析及百分比

账龄	1999.12.31	比例(%)
1 年以内	11,348,755.12	100
1-2 年	-	-
2-3 年	-	-
3 年以上	-	-
合计	11,348,755.12	100

2 本项目无欠持有公司 5%(含 5%)以上股份的股东的款项。

(3)其他应付款

1 账龄分析及百分比

账龄	1999.12.31	比例(%)
1 年以内	32,092,865.52	93.56
1-2 年	142,405.47	0.42
2-3 年	565,776.24	1.65
3 年以上	1,499,562.08	4.37
合计	34,300,609.31	100

2 本项目无欠持有公司 5%(含 5%)以上股份的股东的款项。

8. 应付股利

投资者	内容	1999.12.31
⑴国家股	1 应付 1994 年度股利	8,130,000.00*
	2 应付 1995 年度股利	7,990,000.00*
	3 应付 1996 年度股利	6,690,000.00*
	4 应付 1997 年度股利	1,790,000.00*
	5 应付 1998 年度股利	4,820,000.00*
	6 应付 1999 年度股利	15,074,540.50
小计		44,494,540.50
⑵内部职工股	应付 1999 年度股利	2,856,000.00
合计		47,350,540.50

*1999 年 4 月公司与国家股持有人广州市国有资产管理局签订《广州市股份制企 业国有资产有偿使用协议书》，达成公司占用有偿使用的国有资产协议：

资金占用期	资金占用费率	金额
1999 年 1 月 1 日至 1999 年 12 月 31 日	5.112%	24,600,000.00
1999 年 4 月 1 日至 2000 年 3 月 31 日	5.112%	4,820,000.00
合计		29,420,000.00

9. 应交税金

税项	税率	1999.12.31
应交增值税	17%、13%	3,070,583.49
应交营业税	5%	629,779.14
应交消费税	5%	66,734.32
应交城市维护建设税	7%	330,064.77
应交所得税	15%、33%	805,647.44
应交个人所得税		27,365.19
合计		4,930,174.35

10. 其他应交款

项目	计缴标准	1999.12.31
教育费附加	应交流转税的 3%	141,456.39
防洪维护费	收入的 1.8‰	763,575.26
合计		905,031.65

11. 股本

公司股本历年变动情况如下表所示 （数量单位：股）

项目	1999.12.31	1998.12.31	送股	1997.12.31
未上市流通股份				
⑴发起人股份				
其中：				
国家持有股份	150,745,405.46	150,745,405.46	25,124,234.24	125,621,171.22
⑵内部职工股	28,560,000.00	28,560,000.00	4,760,000.00	23,800,000.00
股份总数	179,305,405.46	179,305,405.46	29,884,234.24	149,421,171.22

公司成立时总股本为 149,421,171 股，其中：国家股 125,621,171 股、内部职工股 23,800,000 股，经岭南会计师事务所验资并出具了岭会(92)533 号《验资证明》。

送股是公司根据 "1997 年度股东大会决议"，并报经广州市经济体制改革委员会" 穗改股字[1998]6 号"文批准，公司 1997 年度分红方案为每 10 股送红股 2 股，派现金 1 元(含税)。业经珠江会计师事务所验资并出具了珠会字(98)355 号《验资报告》。

12. 资本公积

公司资本公积金历年变动情况如下表所示：

项目	1999.12.31	1998.12.31	1997.12.31
内部职工股溢价	2,380,000.00	2,380,000.00	2,380,000.00
补充流动资本	43,214.00	43,214.00	43,214.00
合计	2,423,214.00	2,423,214.00	2,423,214.00

13. 盈余公积

公司盈余公积金历年变动情况如下表所示：

项目	法定盈余公积	法定公益金	任意盈余公积	合计
1996 年 12 月 31 日	16,725,824.15	12,440,238.35	62,301,061.49	91,467,123.99
1997 年度增加数				
从净利润中提取数	5,180,282.79	2,590,141.40	0.00	7,770,424.19
1997 年度减少数	0.00	0.00	0.00	0.00
1997 年 12 月 31 日	21,906,106.94	15,030,379.75	62,301,061.49	99,237,548.18
1998 年度增加数				
从净利润中提取数	5,279,042.98	2,639,521.49	21,116,171.95	29,034,736.43
补充流动资本	0.00	0.00	119,651.29	119,651.29
1998 年度减少数	0.00	0.00	0.00	0.00
1998 年 12 月 31 日	27,185,149.92	17,669,901.24	83,536,884.73	128,391,935.89
1999 年度增加数				
从净利润中提取数	3,934,068.92	1,967,034.46	0.00	5,901,103.38
1999 年度减少数	0.00	0.00	0.00	0.00
1999 年 12 月 31 日	31,119,218.84	19,636,935.70	83,536,884.73	134,293,039.27

1998 年补充流动资本，是子公司广州市友谊针纺织品有限公司根据广州市财政局财三发字(1996)0571 号文和财二企(1998)第 80 号文的批复，将免征企业所得税 119,651.29 元转入盈余公积金。

子公司提取的盈余公积已在合并会计报表中予以反映。

14. 未分配利润

项目	1999 年度	1998 年度	1997 年度
期初未分配利润	5,564,205.94	37,587,361.88	11,004,481.04
本期净利润	35,049,459.85	44,826,355.22	49,295,422.15
本期利润分配			
提取法定盈余公积	3,934,068.92	5,279,042.98	5,180,282.79
提取法定公益金	1,967,034.46	2,639,521.49	2,590,141.40
提取任意盈余公积	-	21,116,171.95	-
应付普通股股利	17,930,540.50	17,930,540.50	14,942,117.12
转作股本的普通股股利	-	29,884,234.24	-
期末未分配利润	16,782,021.91	5,564,205.94	37,587,361.88

利润分配情况说明：根据公司历年股东大会决议，1997 年度利润分配方案为，每 10 股送红股 2 股，派现金股利 1 元(含税)；1998 年度利润分配方案为，每 10 股派现金股利 1 元(含税)；1999 年度利润分配方案为，每 10 股派现金股利 1 元(含 税)。

本次公开发行股票后，新股东将享受公司 1999 年度滚存未分配利润，并参加公司自 2000 年 1 月 1 日起的利润分配。

15.主营业务收入

项目	1999 年度	1998 年度	1997 年度
零售	758,669,035.90	782,261,442.24	860,449,793.55
批发	19,635,794.61	38,217,984.63	57,401,690.63
合计	778,304,830.51	820,479,426.87	917,851,484.18

16.主营业务成本

项目	1999 年度	1998 年度	1997 年度
零售	601,037,050.84	617,986,904.23	676,457,766.37
批发	20,633,851.84	36,344,099.67	53,563,196.49
合计	621,670,902.68	654,331,003.90	730,020,962.86

17.财务费用

项目	1999 年度	1998 年度	1997 年度
利息支出	4,006,593.30	5,045,198.20	7,897,539.09
减：利息收入*	1,064,873.03	2,728,574.52	5,241,553.94
汇兑损失	463.97	15,181.43	12,662.16
减：汇兑收益	2,723.29	11,909.45	741,996.66
其他	80,728.42	328,206.06	443,641.27
合计	3,020,189.37	2,648,101.72	2,370,291.92

*利息收入为银行协定存款和活期存款利息收入。

18.投资收益

项目	1999 年度	1998 年度	1997 年度
债权投资收益	109,920.00	420,000.00	2,143,030.42
非控股公司分配来的利润	40,309.47	764,549.70	1,132,201.48
被投资公司权益法调整	3,455,460.11	549,448.21	1,117,734.70
合计	3,605,689.58	1,733,997.91	4,392,966.60

19.营业外收入

项目	1999 年度	1998 年度	1997 年度
处理固定资产净收益	7,503,927.99	1,816.92	30,166.32
罚款收入	-	-	590,686.52
无法支付应付款收入	335,118.79	25,261.20	243,598.27
其他收入	220,306.29	793,957.77	74,984.93
合计	8,059,353.07	821,035.89	939,436.04

营业外收入 1999 年度为 8,059,353.07 元，比 1998 年度增加 881.61%，主要是出售公司水荫路商场房屋净收益 7,503,927.99 元，其中：原值 2,864,064.00 元、累计折旧 968,603.08 元、净值 1,895,460.92 元，清理收入 10,911,005.00 元，清理费用 1,511,616.09 元。

20.所得税

项目	1999 年度	1998 年度	1997 年度
会计利润	40,781,863.58	52,578,552.21	57,757,016.56
应纳税所得额	38,216,024.81	51,611,605.00	56,045,241.86
差额	2,565,838.77	966,947.21	1,711,774.70
主要原因	*已税投资收益和子公司亏损	已税投资收益等	已税投资收益等

⑴根据广州市财政局 1993 年 12 月 17 日一财发字 [1993]654 号文、1996 年 8 月 5 日财 工[1996]453 号文和广州市人民政府 1999 年 11 月 8 日穗府函[1999]166 号文批复，母公 司所得税执行 15%的优惠税率。

⑵子公司广州保税区友谊保税公司所得税享受注册地广州保税区 15%的优惠税率。

*⑶子公司广州市友谊针纺织品有限公司所得税率为 33%，其 1999 年度亏损 944,120.18 元，应纳税所得额为 0。

九、董事会上市承诺

本公司董事会将严格遵守《中华人民共和国公司法》、《中华人民共和国证券法》、《股票发行与交易管理暂行条例》、《公开发行股票公司信息披露实施细则》和《深圳证券交易所股票上市规则》和有关法律、法规的规定,并自股票上市之日起作出如下承诺:

1、按照法律、法规的规定程序和要求披露重大信息,并接受证券主管机关、深 圳证券交易所的监督管理。

2、及时、真实、准确地公布中期报告和年度报告,并备置于规定场所供投资者 公众查阅。

3、本公司董事、监事及高级管理人员如发生人事变动或所持本公司股票发生变 动时,在报告证券主管机关、证券交易所的同时向投资者公布。

4、在任何公共传播媒介中出现的消息可能对本公司股票的市场价格产生误导性影响时,本公司知悉后将及时对该消息予以公开澄清。

5、公司董事、监事和高级管理人员将认真听取公众的意见和批评,不利用已获 得的内幕消息和其他不正当手段直接或间接从事股票买卖活动。

6、公司没有无记录负债。

十、重要事项揭示

1、本次公开发行股票后,新股东将享受本公司 1999 年度滚存未分配利润,并参 加本公司自 2000 年 1 月 1 日起的利润分配;预计本公司上市后的首次利润分配时间在 2001 年第二季度,具体实施时间由本公司的股东大会决定。

2、根据广州市珠江会计师事务所有限公司出具的珠会字(2000)第 89 号盈利预 测审核报告,本公司 2000 年预测实现利润总额 4408.60 万元,净利润 2976.61 万元(按所得税 33%计),预测每股税后利润按加权平均计算为 0.15 元,按全面摊薄计算为 0.12 元。

3、1992 年 11 月股份公司改制时,按每股 1.10 元溢价发行内部职工股 2380 万股;1998 年实施送股之后,现有内部职工股 2856 万股。本公司内部职工股的发行配售根据 国家有关规定,严格地限制在本公司在册职工范围之内,在规定时间之内认购并经确认的股份均已全部按照要求集中托管在深圳证券登记有限公司,该部分内部职工股在本次新股发行后三年内不得上市交易。

4、截止招股说明书签署之日,本公司无其他影响投资者进行投资判断的重要事 项。

十一、备查文件目录

1、深圳证券交易所上市通知书;

2、中国证监会证监发行字[2000]85 号文;

3、经中国证监会审核的本公司公开发行股票申报材料;

4、广州市珠江会计师事务所有限公司出具的珠会字(2000)第 370 号《验资报告》;

5、营业执照;

6、上市推荐协议书。

十二、咨询机构

1、发行人:广州友谊商店股份有限公司
法定代表人:郭振球
地址:广东省广州市环市东路 369 号
电话:(020)83576628-3568、3532
传　　真:(020)83572228
联系人:邓美薇、苏斌、邓永光

2、上市推荐人:
国信证券有限责任公司
法定代表人:李南峰
地址:深圳市红岭中路国信证券大厦 20 层
电话:(0755)2130631
传真:(0755)2130620
联系人:杨炯洋
广东证券股份有限公司
法定代表人:钟伟华
地址:广州市东风东路 703 号
电话:(020)87770040
传真:(020)87789051
联系人:石红岚

广州友谊商店股份有限公司
二〇〇〇年七月十二日

合并资产负债表

编制单位:广州友谊商店股份有限公司　　单位:元

资　产	199.12.31	1998.12.31	1997.12.31
流动资产:			
货币资金	40147576.91	35087512.73	30900572.88
短期投资			
减:短期投资跌价准备			
短期投资净额			
应收票据			
应收股利			
应收利息			
应收帐款	87475.05	362117.62	1029804.04
其他应收款	3716581.25	13272829.92	28674246.47
减:坏帐准备			
应收帐款净额	3804056.30	13634947.54	29704050.51
预付帐款	3068819.47	1415951.31	6214532.85
应收补贴款			
存货	258523148.17	211000732.68	222552118.05
减:存货跌价准备			
存货净额	258523148.17	211000732.68	222552118.05
待摊费用			
待处理流动资产净损失			
一年内到期的长期债券投资		500000.00	1000000.00
其他流动资产			
流动资产合计	305543600.85	261639144.29	290371274.29
长期投资:			
长期股权投资	30836589.22	26411529.11	26118243.24
长期债券投资	1460000.00	1000000.00	1500000.00
长期投资合计	32296589.22	27411529.11	27618243.24
其中:合并价差			
减:长期投资减值准备			
长期投资净额	32296589.22	27411529.11	27618243.24
固定资产:			
固定资产原价	394424304.26	234846806.94	240030128.92
减:累计折旧	76282714.49	65034590.20	55283355.02
固定资产净值	318141589.77	169812216.74	184746773.90
工程物资			
在建工程	58249436.33	182706713.93	165094228.02
固定资产清理			
待处理固定资产净损失			
固定资产合计	376391026.10	352518930.67	349841001.92
无形资产及其他资产:			
无形资产	359824.16	372675.08	
开办费			
长期待摊费用	12149027.06	1462527.02	
其他长期资产			
无形资产及其他资产合计	12508851.22	1835202.10	
递延税项:			
递延税项借项			
资产总计	726740067.39	643404806.14	667830519.45
负债及股东权益			
流动负债:			
短期借款	50000000.00	53550000.00	53670000.00
应付票据			
应付帐款	32012853.87	31158377.91	66787275.28
预收帐款	11348755.12	1768515.90	2496055.66
代销商品款	213402188.57	173448917.78	152023578.88
应付工资	4734818.36	4915649.92	6241914.55
应付福利费	944519.82	1792098.89	702981.78
应付股利	47350540.50	42530540.50	37752117.12
应交税金	4930174.35	5582882.61	2676237.35
其他应交款	905031.65	870648.93	943861.65
其他应付款	34300609.31	18345132.86	52497848.68
预提费用	276952.80	994060.00	576680.74
一年内到期的长期负债			
其他流动负债			
流动负债合计	400206444.35	334956825.30	376368551.69
长期负债:			
长期借款			
应付债券			
长期应付款			
住房周转金	-6270057.60	-7236780.45	2792672.48
其他长期负债			
长期负债合计	-6270057.60	-7236780.45	2792672.48
递延税款:			
递延税款贷项			
负债合计	393936386.75	327720044.85	379161224.17
少数股东权益			
股东权益:			
股本	179305405.46	179305405.46	149421171.22
资本公积	2423214.00	2423214.00	2423214.00
盈余公积	134293039.27	128391935.89	99237548.18
其中:公益金	19636935.70	17669901.24	15030379.75
未分配利润	16782021.91	5564205.94	37587361.88
股东权益合计	332803680.64	315684761.29	288669295.28
负债及股东权益总计	726740067.39	643404806.14	667830519.45

合并利润表

编制单位:广州友谊商店股份有限公司　　单位:元

项　　目	1999 年度	1998 年度	1997 年度
一、主营业务收入	778304830.51	820479426.87	917851484.18
减:折扣与折让			
主营业务收入净额	778304830.51	820479426.87	917851484.18
减:主营业务成本	621670902.68	654331003.90	730020962.86
主营业务税金及附加	3273245.48	3819104.62	4287659.26
二、主营业务利润	153360682.35	162329318.35	183542862.06
加:其他业务利润	10682966.94	16943692.02	9395415.10
减:存货跌价损失			
营业费用	60925230.26	59491264.09	58871947.30
管理费用	70724510.67	66297887.73	78301603.04
财务费用	3020189.37	2648101.72	2370291.92
三、营业利润	29373718.99	50835756.83	53394434.90
加:投资收益	3605689.58	1733997.91	4392966.60
补贴收入			
营业外收入	8059353.07	821035.89	939436.04
减:营业外支出	256898.06	812238.42	969820.98
四、利润总额	40781863.58	52578552.21	57757016.56
减:所得税	5732403.73	7752196.99	8461594.41
五、净利润	35049459.85	44826355.22	49295422.15

合并利润分配表

编制单位:广州友谊商店股份有限公司　　单位:元

项　　目	1999 年度	1998 年度	1997 年度
一、净利润	35049459.85	44826355.22	49295422.15
加:年初未分配利润	5564205.94	37587361.88	11004481.04
盈余公积转入			
二、可供分配的利润	40613665.79	82413717.10	60299903.19
减:提取法定盈余公积	3934068.92	5279042.98	5180282.79
提取法定公益金	1967034.46	2639521.49	2590141.40
三、可供股东分配的利润	34712562.41	74495152.63	52529479.00
减:应付优先股股利			
提取任意盈余公积金		21116171.95	
应付普通股股利	17930540.50	17930540.50	14942117.12
转作股利的普通股股利		29884234.24	
四、未分配利润	16782021.91	5564205.94	37587361.88

华 工 科 技 产 业 股 份 有 限 公 司

华工科技产业股份有限公司股票上市公告书

一、要 览

股票简称：　　　　华工科技
股票代码：　　　　0988
总 股 本：　　　　11,500 万股
可流通股本 ：　　　3,000 万股
本次上市可流通股 ：3,000 万股
上市地点：　　　　深圳证券交易所
上市日期：　　　　2000 年 6 月 8 日
股份登记机构：　　深圳证券结算登记公司
上市推荐人：　　　海通证券有限公司　　长江证券有限责任公司

二、绪 言

华工科技产业股份有限公司(以下简称"本公司"或"公司")上市公告书是根据《中华人民共和国公司法》、《中华人民共和国证券法》、《股票发行与交易管理暂行条例》、《公开发行股票公司信息披露实施细则》、《深圳证券交易所股票上市规则》等国家有关法律、法规以及发行人的实际情况编写的，以便为投资者提供本公司的基本情况及本次股票上市的各项有关资料。

经中国证券监督管理委员会证监发行字[2000]56 号文批准，本公司已于 2000 年 5 月 15 日在深圳证券交易所采取上网定价发行方式向社会公众成功发行了面值为 1.00 元的人民币普通股 3,000 万股。经深圳证券交易所深证上[2000]64 号《上市通知书》同意，本公司上网定价发行的 3,000 万股社会公众股将于 2000 年 6 月 8 日在深圳证券交易所挂牌交易，股票简称"华工科技"，股票交易代码"0988"。

本公司于 2000 年 5 月 11 日刊登在《中国证券报》、《上海证券报》、《证券时报》的《华工科技产业股份有限公司招股说明书概要》，距今不足 6 个月，故与其相重复的内容在此不再赘述。

本公司董事会已批准本上市公告书，确信其中不存在任何重大遗漏、虚假陈述或严重误导，并对其内容的真实性、准确性和完整性负个别及连带责任。

三、公司概况

(一)基本情况

公司名称：　华工科技产业股份有限公司
英文名称：　HUAGONG　TECH　COMPANY　LIMITED
注册资本：　11,500 万元
法定代表人：王延觉
成立日期：　1999 年 7 月 28 日
注册地址：　武汉市洪山区珞瑜路 1037 号

公司经营范围：激光器、激光加工系列设备及成套设备，激光医疗系列设备，激光全息防伪系列产品，计算机软件及信息系统集成，数控系统及机电一体化，电子元器件，生物医药制品、化工产品等技术及产品的开发，研制，技术咨询，技术服务；开发产品的销售；自产产品及相关技术的出口业务；经营生产、科研所需的原辅材料、机械设备、仪器仪表、零配件及相关技术的进出口业务；进料加工和"三来一补"业务。

联　系　人：童俊、杨兴国
联系电话：　027-87808026
联系传真：　027-87808021

(二)历史沿革

(1)发行人简况

本公司是经湖北省体改委鄂体改[1999]85 号文批准，由华中理工大学科技开发总公司(以下简称"科技总公司")、华中理工大学印刷厂、武汉建设投资公司、武汉鸿象信息技术公司、华中理工大学机电工程公司、江汉石油钻头股份有限公司共同发起设立的股份有限公司，注册资本 8,500 万元。

(2)发起人情况

科技总公司：成立于 1992 年，是华中理工大学独家投资设立的全民所有制企业，注册资本 20,000 万元，经学校授权经营管理部分校属科技企业。科技总公司自成立以来，依托华中理工大学雄厚的科技开发实力，在激光、计算机、通讯、船舶、电子电器、机械、生物、电力等领域开发生产了一系列具有国际、国内先进水平的高科技应用技术产品，并在相关行业得到了推广应用，创立了一批在国内外具有较高知名度的产品品牌，形成了一定的高新技术产业规模，为加快高新技术产业化进程、推广高新技术应用、改进传统工艺作出了较大贡献，企业规模与实力也快速扩张。

华中理工大学印刷厂：成立于 1992 年，是华中理工大学所属的全民所有制企业，主要经营书刊、报纸、杂件、商标印刷。公司注册资本 1,600 万元，注册地址为武汉市洪山区珞瑜路 151 号，法定代表人刘大桥。

武汉建设投资公司：成立于 1991 年，全民所有制企业，主要从事地方建设固定资产投资开发。公司注册资本 20,000 万元，注册地址为武汉市江岸区中原大厦 22、23 层，法定代表人黄嘉敏。

武汉鸿象信息技术公司：成立于 1992 年，全民所有制企业，主要从事光机电一体化、计算机软件、硬件、办公自动化、电子技术开发研制及技术服务、技术咨询、信息服务。公司注册资本 200 万元，注册地址为华中理工大学内，法定代表人朱光喜。

华中理工大学机电工程公司：成立于 1991 年，全民所有者企业，主要从事光机电一体化、机械、激光、计算机、自动化控制、仪器仪表等技术及产品开发、研制及技术咨询、服务。公司注册资本 1,300 万元，注册地址为华中理工大学内，法定代表人 周济。

江汉石油钻头股份有限公司：公司成立于 1998 年，主要从事石油天然气及各类地矿用钻头制造经营，目前其流通股份在深圳证券交易所上市。公司注册资本 20,000 元，注册地址为湖北省武汉市洪山区珞瑜路 456 号，法定代表人刘恩学。

发起人之间的关联关系：上述六个发起人中科技总公司、华中理工大学印刷厂、武汉鸿象信息技术公司、华中理工大学机电工程公司均为华中理工大学独家投资设立的校办企业，属国有性质，在管理关系上同受华中理工大学控制，但相互之间没有产权关系。

(3)发行人改制与设立情况

发行人是在科技总公司下属部分从事激光设备、激光防伪、计算机软件与系统集成、PTC 电子元器件业务的企业的基础上改制设立的，科技总公司将其全资所属的华中理工大学高理电子电器公司(以下简称"高理公司")和武汉华中软件公司(以下简称"华中软件")的全部经营性资产及所拥有的武汉华工激光工程有限责任公司(以下简称"激光公司")、武汉华工图像股份有限公司(以下简称"图像公司")、武汉开目集成技术有限责任公司(以下简称"开目公司")的权益经评估的净值 9546.26 万元作为主发起人出资投入本公司；华中理工大学印刷厂、武汉鸿象信息技术公司分别将其拥有的图像公司的权益经评估的净值 1024.91 万元、127.78 万元投入本公司；武汉建设投资公司将其拥有的激光公司的权益经评估的净值 580.1 万元投入本公司；华中理工大学机电工程公司将其拥有的开目公司的权益经评估的净值 117.78 万元投入本公司。

上述投入本公司的资产以 1998 年 12 月 31 日为基准日经中华财务会计咨询公司评估，并经财政部财评字[1999]306 号文审核批复，其资产总额为 13,619.42 万元，负债总额为 2,222.59 万元，净资产为 11,396.83 万元。此外，江汉石油钻头股份有限公司以 现金出资 1,000 万元投入本公司。

上述发起人出资均按 1.4584:1 的比例折为本公司股份，共计 8,500 万股；其股权 性质除江汉石油钻头股份有限公司持股外，均为国有法人股。折股方案和股权界定获财政部财管字[1999]230 号文批准。

发行前本公司各股东持股情况：

股　　东	持股数量(万股)	比 例(%)
科技总公司	6,545.49	77.00
华中理工大学印刷厂	702.74	8.27
武汉建设投资公司	397.75	4.68
武汉鸿象信息技术公司	87.61	1.03
华中理工大学机电工程公司	80.75	0.95
江汉石油钻头股份有限公司	685.66	8.07
合　　计	8,500	100

本次改制后激光公司成为本公司的控股子公司，图像公司、高理电子、开目公司经过组织结构重组后成为本公司的分公司。

1999 年 8 月，本公司以原所属华中软件经评估的全部经营性资产净值 701 万元作为出资，与武汉国有资产经营公司等六家单位共同组建武汉天喻信息产业有限责任公司。

根据《中华人民共和国公司法》规定，本公司依照《公司章程》的规定选举了董事和监事，建立了完善的内部管理体系；公司依法享有独立的全部法人财产权，以其全部资产对公司债务承担责任；公司有独立的生产经营决策权和资产处置权，有独立的财务和人员管理权。

经中国证券监督管理委员会证监发行字[2000]56 号文批准，2000 年 5 月 15 日，本 公司在深圳证券交易所以上网定价方式向社会公众成功发行了 3,000 万股人民币普通 股，每股面值 1.00 元，每股发行价 13.98 元。

发行后公司总股本为 11,500 万股，其中：法人股 8,500 万股，社会公众股 3,000 万股。公司于 2000 年 5 月 25 日，在湖北省工商行政管理局完成了股本变更登记手续。注 册资本为 11,500 万元。

四、股票发行及承销

(一)本次股票公开发行

发行数量：　3,000 万股
　　　全部以上网定价方式向社会公众发行
发行价格：　13.98 元/股
发行市盈率：按加权平均计算为 34.94 倍
发行时间：　上网定价发行的时间为 2000 年 5 月 15 日
发行方式：　上网定价发行
中签率：　　0.550125%(上网定价发行)
有效申购户数：439,498 户(上网定价发行)
实际募集资金净额：406,800,000.00 元
发行费用总额：　12,600,000.00 元
每股发行费用：　0.42 元

(二)股票承销

本次公开发行总额 3,000 万股，已全部被社会公众认购。

(三)验资报告

验资报告

武众会(2000)第 224 号

华工科技产业股份有限公司全体：

我们接受委托，对华工科技产业股份有限公司截至 2000 年 5 月 22 日止的注册资本 、投入资本变更情况的真实性和合法性进行了审验。在审验过程中，我们按照《独立审计实务公告第 1 号—验资》的要求，实施了必要的审验程序。华工科技产业股份有 限公司的责任是提供真实、合法、完整的验资资料，保护资产的安全、完整。我们的责任是按照《独立审计实务公告第 1 号—验资》的要求出具真实、合法的验资报告。

华工科技产业股份有限公司变更前的注册资本和投入资本分别为人民币 8,500 万 元和 12,396.83 万元，变更后的注册资本为 11,500 万元。根据我们的审验，截至 2000 年 5 月 22 日止，华工科技产业股份有限公司增加投入资本 40,680 万元，变更后的投入资本为 53,076.83 万元，其中股本 11,500 万元，资本公积 41,576.83 万元(其中已扣除发行 费用 1,260 万元)。

附件(一)变更前后注册资本、投入资本对照表

(二)验资事项说明

武汉众环会计师事务所有限责任公司　　中国注册会计师　石文先
　　　　中国注册会计师　吴　杰
　　　中国.武汉　　　　　　　　　　2000 年 5 月 23 日

五、董事、监事和高级管理人员简介及持股情况

(一)董事、监事和高级管理人员简介：

(一)董事会成员

王延觉，男，42 岁，硕士，副研究员，中共党员。历任华中理工大学校团委书记、天门市副市长、华中理工大学校党委组织部长、副校长，现任科技总公司总经理、法定代表人，武汉华中数控系统有限公司董事长、法定代表人，本公司董事长、法定代表人。

张肇群，男，67 岁，教授，中共党员。曾任哈尔滨工业大学教授、华中理工大学电信系教授、原图像公司副董事长、总经理。现任本公司副董事长、副总经理。　　马新强，男，35 岁，大学本科，教授级高级工程师，中共党员。历任华中理工大学科研处计划科干部、华中理工大学制冷设备厂厂长、原高理电子公司销售经理、总经理。现任激光加工国家工程研究中心副主任、华中理工大学激光技术与工程研究院副院长、激光公司董事、总经理，本公司董事、总经理。

刘大桥，男，42 岁，大学本科，高级工程师，中共党员。历任华中理工大学出版社团总支书记、华中理工大学印刷厂车间主任、技质科科长，现任华中理工大学印刷厂厂长、本公司董事。

梅敬民，男，42 岁，大学本科，高级工程师。历任江汉石油管理局钻头厂牙掌车间工艺员、副主任、主任，经营计划科副科长、科长，生产科科长，厂副总工程师、副厂长、厂长。　现任江汉石油钻头股份有限公司董事、总经理、本公司董事。

黄嘉敏，男，50 岁，大学本科，高级工程师。历任武汉自动化仪表厂技术部主任、武汉市计委科长、副处长、处长。现任武汉建设投资公司副总经理、法定代表人、本公司董事。

李正佳,男,54 岁,教授,博士生导师,享受国务院特殊津贴,中共党员。历任华中理工大学激光教研室副主任、激光研究所支部书记。现任中国激光行业协会常务理事、激光加工国家工程研究中心主任、激光技术与工程研究院院长、激光公司董事长、本公司董事。

陈卓宁,男,42 岁,博士,教授。历任华中理工大学讲师、副教授、教授、原开目公司执行董事、总经理。现任本公司董事、副总经理。

王中,男,35 岁,硕士,高级工程师,中共党员。历任华中理工大学党委办公室秘书、研究生分团委书记、原高理电子公司副总经理。现任本公司董事、副总经理,激光公司董事、副总经理。

曹玉琳,女,49 岁,大学本科,高级工程师。长期在华中理工大学无线电系从事教学和科研工作,曾任原图像公司董事、副总经理。现任本公司董事、图像分公司副总经理。

童俊,男,37 岁,双学士,副研究员,中共党员。历任华中理工大学学生工作处科长、副处长、校团委书记、华中理工大学科技产业管理办公室副主任、科技总公司副总经理。现任本公司董事、副总经理兼董事会秘书。

(二)监事会成员

朱光喜,男,54 岁,大学本科,教授,博士生导师,中共党员,享受国务院特殊津贴。现任华中理工大学电子与信息工程系系主任、武汉鸿像信息技术公司总经理、法定代表人,华工新闻与信息传播学院副院长、中国图像图形学会理事、中国体视学会湖北省分会副理事长、湖北通信学会多媒体委员会副主任、本公司监事、监事会召集人。

孙健利,男,56 岁,大学本科,教授,中共党员,湖北省有突出贡献专家。历任华中理工大学精密机械研究所所长、广东新会凯特精密机械有限公司董事、总经理。曾任日本精工股份公司客座研究员,现任华中理工大学机械学院副院长、华中理工大学机电工程公司总经理、本公司监事。

戴宝玉,女,54 岁,本科,副研究员,中共党员。历任华中工学院机一系分团委书记,工商银行江西省分行清江支行樟树分理处主任,华中理工大学财务处副处长。现任华中理工大学校长助理兼财务处处长、本公司监事。

李家镕,男,62 岁,教授,中共党员,享受国务院特殊津贴。历任华中理工大学激光技术及加工设备工程研究中心副主任、激光加工国家工程研究中心副总工程师。现任华中理工大学激光技术与工程研究院教授、中国激光加工委员会委员、激光技术国家重点试验室学术委员、激光公司总工程师、本公司监事。

王树初,男,51 岁,大学本科,高级工程师、中共党员。长期在华中理工大学电信系从事教学与科研工作,曾任原图像公司董事、总工程师。现任本公司监事。

赖希伟,男,53 岁,教授。长期在华中理工大学从事教学与科研工作,曾任原高理电子总工程师，有五项发明和实用新型专利。现任本公司监事。

黄培,男,28 岁,博士。曾任原开目公司副总经理。现任本公司监事。

(三)其他高级管理人员

胡杨福,男,58 岁,高级会计师,中共党员。历任华中理工大学财务处副处长，中国驻纽约领事馆教育组会计、一秘,华中理工大学科技开发总公司副总经理。现任本公司财务总监。

耿标,男,33 岁,大学本科,副教授,中共党员。历任华中理工大学机械工程一系分团委书记、原开目公司副总经理、开目集成技术分公司副总经理。现任本公司副总经理、开目集成技术分公司副总经理。

(二)、董事、监事和高级管理人员的持股情况

截至本报告期,本公司的董事、监事、高级管理人员均未持有本公司股票。

六、公司设立

本公司是经湖北省体改委鄂体改[1999]85 号文批准,由科技总公司、华中理工大学印刷厂、武汉建设投资公司、武汉鸿象信息技术公司、华中理工大学机电工程公司、江汉石油钻头股份有限公司共同发起设立的股份有限公司,注册资本 8,500 万元。

经中国证券监督管理委员会证监发行字[2000]56 号文批准,2000 年 5 月 15 日,本 公司在深圳证券交易所以上网定价方式向社会公众成功发行了 3,000 万股人民币普通 股，每股面值 1.00 元,每股发行价 13.98 元。

本公司社会公众股 3,000 万股发行成功后,已向湖北省工商行政管理局办理完成 了股本变更登记手续，公司注册资本由 8,500 万元增至 11,500 万元。

公司变更注册日期:2000 年 5 月 25 日

公司住所:武汉市洪山区珞瑜路 1037 号

法定代表人:王延觉

营业执照注册号码:4200001000780

七、关联企业及关联交易

(一)与股份公司存在关联关系的关联方包括:

1、科技总公司及其下属全资、控股企业

科技总公司是本公司的主发起人和控股股东,对本公司的生产经营和财务等方面具有重大影响。其下属其他 14 家全资、控股企业因与本公司同受科技总公司控制而存在关联关系

2、武汉天喻信息产业有限责任公司

作为本公司的参股公司与本公司存在关联关系。

3、华中理工大学

作为本公司主要发起人的上级单位，与本公司存在关联关系。

(二)关联交易

1、公司租赁学校土地形成的关联交易

公司生产经营占用学校一宗面积为 4415.84 平方米的土地,公司与学校签定了《 土地使用权租赁合同》。由学校以出让方式取得土地使用权后有偿租赁给公司使用。
协议租赁期限为 30 年,年租金 22079 元,每年支付一次。

2、公司租赁学校房屋形成的关联交易

公司和激光公司生产经营使用学校房产各一处,面积分别为 1250 平方米、1420 平方米,公司和激光公司分别与学校签定了《房屋租赁合同》,根据合同,该部分房产由学校办理有关产权证明后租赁给公司和激光公司有偿使用,合同租赁期限均为 5 年 ,年租金分别为 83833 元、100713 元,每年支付一次。

3、关于专利、专有技术和软件著作权无形资产

公司在生产经营中涉及使用属学校所有的专利、专有技术和软件著作权,由公司与学校签定了《专利、专有技术及软件版权独占许可合同》,根据该合同,公司无偿独占使用该部分无形资产。

4、学校给公司提供后勤等服务形成的关联交易

按照支持公司长远发展,以不高于市场价格有偿使用为原则,公司和学校签定了《综合服务协议》,根据该协议,学校有偿向公司及其员工提供通讯、生活后勤、医疗保健 、子女教育 、文娱康乐、消防、治安、绿化、环卫、档案管理等方面的服务。

5、学校给公司提供生产辅助服务形成的关联交易

公司与学校签定了《生产辅助服务原则协议》,根据该协议,学校有偿向公司提供生产辅助服务,包括水、电等公用工程和技术支撑服务。

6、学校为公司提供后续技术支持形成的关联交易

为给公司的长远发展提供技术支持,学校与公司签定了《技术合作原则协议》。根据该协议,学校在激光系列产品开发(含防伪)、计算机软件及信息化建设 、PTC 、生物工程及制品等方面的技术,在同等条件下优先以独占许可使用的方式提供给公司。

7、公司拟投资控股武汉华中数控有限公司形成的关联交易

公司与数控公司现有全体股东已就此签定了《投资协议书》。根据该协议,公司本次募集资金到位后将向武汉华中数控有限公司增资 4,000 万元,成为该公司的第一 大股东。

(三)大股东放弃竞争的承诺

科技总公司作为本公司的控股股东,为保护中小股东的利益,对本公司作出以下承诺:

科技总公司与本公司之间的关联交易将按公平的市场原则进行,并履行必经的法律程序,不损害其他股东的利益。科技总公司及其全资、控股企业目前不存在、将来也不从事与本公司有同业竞争的业务。

八、股本结构及大股东持股情况

(一)本公司上市前的股本结构:

股份类型	股 数(万股)	占总股本比例(%)
1、尚未流通股	8,500	73.91
法人股	8,500	73.91
2、可流通股份	3,000	26.09
社会公众股	3,000	26.09
3、总股本	11,500	100

(二)公司前十名股东持股情况:

序号	股东	持股数(万股)	持股比例(%)
1	华中理工大学科技开发总公司	6,545.49	56.92
2	华中理工大学印刷厂	702.74	6.11
3	江汉石油钻头股份有限公司	685.66	5.96
4	武汉建设投资公司	397.75	3.46
5	武汉鸿象信息技术公司	87.61	0.76
6	华中理工大学机电工程公司	80.75	0.70
7	姚振华	0.2	0.0017
8	何丹	0.2	0.0017
9	陈喜中	0.2	0.0017
10	李玉红	0.2	0.0017

九、公司财务会计资料

本公司截止 1999 年 12 月 31 日的财务状况,已于 2000 年 5 月 11 日在《中国证券报》 、《上海证券报》、《证券时报》刊登的《华工科技股份有限公司招股说明书概要》
中进行了详细的披露。本报告只公布财务报表及财务指标,欲了解详细内容,请查阅上述报纸或至公告的《招股说明书》查阅地点查阅。

(一)财务报表(附后)

(二)主要财务指标对比表

指标	1999 年	1998 年	1997 年
流动比率	2.95	3.46	3.02
速动比率	2.38	2.84	2.53
资产负债率(%)	23.28	21.04	18.77
营运资金(万元)	8393.26	6756.92	4510.79
应收帐款周转率(次)	2.85	3.3	3.15
存货周转率(次)	2.26	2.75	2.96
净资产收益率(%)	21.59	20.91	19.27
每股净资产(元)	1.6649	1.25	1.1262
每股收益(元)	0.3595	0.2613	0.2171

公司近三年的营运资金充足,与公司的生产经营规模相适应。近三年的流动比率平均为 3.14,速动比率平均为 2.58,且保持相对稳定,短期偿债能力较强。近三年的应收帐款周转率平均为 3.1,存货周转率平均为 2.66,资产流动性较好,营运能力较 强。

十、资产评估

(一)资产评估情况

公司设立时，公司筹委会委托中华财务会计咨询公司对各发起人拟投入本公司的各类资产进行了评估。根据中华财务会计咨询公司[中华评字(1999)第 33 号]资产评估报告,各发起人投入本公司的生产经营性资产总额为 13619.42 万元，相关负债总额为 2222.59 万元，净资产为 11396.83 万元,评估基准日为 1998 年 12 月 31 日。该评估结 果得到了财政部[财评字(1999)306 号]文审核批复,本公司根据国家有关财务规定 依据该结果进行了相应的帐务处理。

(二)资产评估结果汇总表

单位名称:华工科技产业股份有限公司　　单位:人民币万元

序号	项　　目	帐面价值	调整后帐面值	评估价值	增减值	增值率%	备注
1	流动资产	8003.75	8034.43	8093.59	59.15	0.74	
2	长期投资	1126.58	1126.69	1303.59	176.90	15.70	
3	固定资产	2578.87	2578.87	3082.55	503.68	19.53	
4	其中:在建工程	0.00	0.00	0.00			
5	建 筑 物	969.64	969.64	972.81	3.17	0.33	
6	设　　备	1609.23	1609.23	2109.74	500.51	31.10	
7	无形资产	1200.00	1200.00	1120.00	-80.00	-6.67	
8	其中:土地使用权	0.00	0.00	0.00			
9	其他长期资产	19.69	19.69	19.69	0.00	0.00	
10	资产总计	12928.89	12959.68	13619.42	659.74	5.09	
11	流动负债	2113.26	2130.36	2122.59	-7.77	-0.36	
12	长期负债	100.00	100.00	100.00	0.00	0.00	
13	负债合计	2213.26	2230.36	2222.59	-7.77	-0.35	
14	净资产	10715.63	10729.32	11396.83	667.50	6.22	

(三)评估采用的主要方法

1、流动资产、固定资产和长期投资评估主要采用重置成本法;

2、无形资产采用收益现值法;

3、债权债务以清查核实和帐面值计算;

4、整体资产的评估采用成本加和法。

(四)资产增值的主要原因

本次资产评估,净资产增值 667.50 万元,增值率为 6.22%,主要是本次评估中设备评估增值所致:

评估后设备增值 500.51 万元,增值率 31.10%,主要是由于该部分机器设备大部 分从国外进口,公司在使用过程中保养良好,除少数设备外,不存在功能性和经济性贬值。

十一、董事会上市承诺

本公司董事会将严格遵守《中华人民共和国公司法》、《中华人民共和国证券法》、《股票发行与交易管理暂行条例》、《公开发行股票公司信息披露实施细则》、《深圳证券交易所股票上市规则》等国家有关法律、法规的规定,并自上市日起,作出如下承诺:

(一)按照法律规定的程序和要求披露重大信息,自觉接受证券主管机关、深圳证券交易所的监督管理;

(二)及时、真实、准确地公布中期报告和年度报告,并置于规定场所供投资者查阅;

(三)本公司董事、监事及高级管理人员如发生人事变动,或持有本公司股份发生变动时，在及时报告证券主管机关、深圳证券交易所的同时,向投资者公布;

(四)在任何公共传播媒介中出现的消息可能对本公司股票的市场价格产生误导性影响时，本公司知悉后将及时对该消息予以公开澄清;

(五)本公司董事、监事及其他高级管理人员将认真听取社会公众的意见和批评，不利用已获

得的内幕消息和其它不正当手段直接或间接从事股票买卖活动；

（六）本公司没有无记录负债。

十二、重要事项揭示

（一）截止本上市公告书刊登之日，本公司未涉及任何重大诉讼事项和仲裁。

（二）每个会计年度结束后，由公司股东大会对董事会提出的利润分配方案作出决议，公司在股东大会作出利润分配决议后 2 个月内完成股利的派发。股利分配采用 现金或股票形式。公司原则上每年分派股利一次，预计本次发行后首次分配在 2001 年 6 月底以前进行。

根据本公司 1999 年临时股东大会决议，自 1999 年 1 月 1 日起至公司设立当月（1999 年 7 月）的滚存利润由公司老股东享有，自公司设立的下月至本次股票发行完成当月 的滚存利润由新老股东共享。

（三）本公司、下属激光公司和武汉天喻信息产业有限责任公司是武汉市东湖新技术开发区认定的高新技术企业，享受实际税负为 15%的所得税优惠政策。根据国务院国发[1991]12 号、财政部财税字[1994]001 号文件精神和湖北省人民政府鄂政函[1999]169 号文批复，公司和武汉天喻信息产业有限责任公司 1999 年、2000 年两个年度免交所得税。激光公司已享受免税优惠，从 1999 年起按 15%的所得税率执行。

十三、备查文件

1.招股说明书
2.审计报告、财务报表及附注
3.资产评估报告
4.验资报告
5.盈利预测审核报告
6.批准本公司设立的文件
7.中国证监会关于本公司公开发行股票的批准文件
8.深圳证券交易所上市通知书
9.本公司章程
10.法律意见书
11.其它备查文件

十四、咨询机构

发行人： 华工科技产业股份有限公司
地址： 武汉市洪山区珞瑜路 1037 号
联系电话：027-87808026
传真： 027-87808021
联系人： 童俊、杨兴国
上市推荐人：海通证券有限公司
地址： 上海市唐山路 218 号(200080)
办公地址：北京市西城区复内大街 156 号国际金融大厦 A 座 9 层
联系电话：010-66426578
传真： 010-66426118
联系人： 张建
上市推荐人：长江证券有限责任公司
法定代表人：明云成
注册地址： 武汉市江汉区新华下路特 8 号
联系电话： 027-87655103
传 真： 027-87655162
联 系 人： 施伟、刘翔、李绍成

华工科技产业股份有限公司
二 000 年六月二日

资产负债表

编制单位：华工科技产业股份有限公司 单位:人民币元

资 产	1999.12.31	1998.12.31	1997.12.31
流动资产:			
货币资金	49091638.15	3878613.78	26355116.10
短期投资			
减:短期投资跌价准备			
短期投资净额			
应收票据	1764682.68		
应收股利			
应收利息			
应收帐款	32687833.72	27170318.70	21655437.30
其他应收款	6961842.10	4432883.77	3366727.84
减:坏帐准备	1384154.34	957024.35	666223.01
应收帐款净额	38265521.48	30646178.12	24355942.13
预付帐款	2850098.11	3497443.27	3006440.62
应收补贴款			
存货	10580756.66	6287104.10	7527222.21
减:存货跌价准备	185514.65	78294.43	139361.53
存货净额	10395242.01	6208809.67	7387860.68
待摊费用	35328.41		105787.04
待处理流动资产净损失			
一年内到期的长期债券投资			
其他流动资产			
流动资产合计	102402510.84	79138044.84	61211146.57
长期投资:			
长期股权投资	22890944.66	11255421.46	18200606.57
长期债券投资			
长期投资合计	22890944.66	11255421.46	18200606.57
其中:合并价差			
减:长期投资减值准备			
长期投资净额	22890944.66	11255421.46	18200606.57
固定资产:			
固定资产原价	42811285.53	32917755.78	19640194.20
减:累计折旧	10150854.99	7129076.16	4268324.35
固定资产净值	32660430.54	25788679.62	15371869.85
工程物资			
在建工程	3370000.00		4980000.00
固定资产清理			
待处理固定资产净损失			
固定资产合计	36030430.54	25788679.62	20351869.85
无形资产及其他资产:			
无形资产	9799000.00	12000000.00	13500000.00
开办费	783516.27		
长期待摊费用	518796.67	19629.62	232223.06
其他长期资产			
无形资产及其他资产合计	11101312.94	12196626.62	13732223.06
递延税项:			
递延税项借项			
资产总计			
负债及股东权益	172425198.98	128379072.54	113495846.05
流动负债:			
短期借款		2900000.00	2000000.00
应付票据	1269320.00		
应付帐款	4625926.38	3710145.13	3023759.37
预收帐款	1108330.35	1033348.70	4345523.31
应付工资	5882.10	147760.00	320604.50
应付福利费	1174487.28	1042442.62	441381.07
应付股利	12158485.32		
应交税金	6155944.50	8046282.76	4357719.29
其他应交款	78305.53	143670.74	80425.76
其他应付款	4170613.74	3291217.05	2041503.30
预提费用	129293.75	817743.43	1175030.34
一年内到期的长期负债			
其他流动负债			
流动负债合计	30903588.95	21132610.43	17766946.94
长期负债:			
长期借款		1000000.00	
应付债券			
长期应付款			
住房周转金			300.00
其他长期负债			
长期负债合计		1000000.00	300.00
递延税款:			
递延税款贷项			
负债合计	30903588.95	22132610.43	17767246.94
少数股东权益			
股东权益:			
股本	85000000.00		
资本公积	28968283.22		
盈余公积	4583513.79		
其中:公益金	1527837.93		
未分配利润	12969813.02		
股东权益合计	141521610.03	106246462.11	95728599.11
负债及股东权益总计	172425198.98	128379072.54	113495846.05

合并资产负债表

编制单位：华工科技产业股份有限公司 单位:人民币元

资 产	1999.12.31	1998.12.31	1997.12.31
流动资产:			
货币资金	52100836.28	42437815.05	27987671.14
短期投资			
减:短期投资跌价准备			
短期投资净额			
应收票据	1764682.68		
应收股利			
应收利息			
应收帐款	38114304.76	27423188.70	21958137.30
其他应收款	7986006.72	4825752.02	3531976.14
减:坏帐准备	1582532.40	968967.15	682106.71
应收帐款净额	44517779.08	31279973.57	24808006.73
预付帐款	3875852.37	4228494.46	3655240.67
应收补贴款			
存货	24824899.79	17111477.41	10917763.06
减:存货跌价准备	185514.65	78294.43	139361.53
存货净额	24339385.14	17033182.98	10778401.53
待摊费用	410887.07	19200.81	176929.86
待处理流动资产净损失			
一年内到期的长期债券投资			
其他流动资产			
流动资产合计	127009422.62	94998666.87	67406249.93
长期投资:			
长期股权投资	8856239.69	100000.00	
长期债券投资			
长期投资合计	8856239.69	100000.00	
其中:合并价差			
减:长期投资减值准备			
长期投资净额	8856239.69	100000.00	
固定资产:			
固定资产原价	45952701.41	36233391.09	26484518.19
减:累计折旧	11584030.14	8408478.17	4748520.25
固定资产净值	34368671.27	27825912.92	21735997.94
工程物资			
在建工程	3370000.00		4980000.00
固定资产清理			
待处理固定资产净损失			
固定资产合计	37728671.27	27825912.92	26715997.94
无形资产及其他资产:			
无形资产	9799000.00	12000000.00	24425000.00
开办费	783516.27		
长期待摊费用	820284.44	220434.99	232223.06
其他长期资产			
无形资产及其他资产合计	11402800.71	12220434.99	24657223.06
递延税项:			
递延税项借项			

资产总计	185007134.29	135145014.78	118779470.93
负债及股东权益			
流动负债:			
短期借款		2900000.00	2000000.00
应付票据	1269320.00		
应付帐款	5518451.17	5222388.73	3659514.93
预收帐款	1945280.35	3485294.56	6915356.69
应付工资	170963.55	427760.00	320604.50
应付福利费	1415723.54	1128363.91	494449.09
应付股利	12158485.32		100000.00
应交税金	6691091.21	8007252.73	4189450.98
其他应交款	92919.53	143698.56	80425.76
其他应付款	13685327.03	5297010.99	3363464.17
预提费用	129293.75	817743.43	1175030.34
一年内到期的长期负债			
其他流动负债			
流动负债合计	43076855.45	27429512.91	22298296.46
长期负债:			
长期借款		1000000.00	
应付债券			
长期应付款			
住房周转金			300.00
其他长期负债			
长期负债合计		1000000.00	300.00
递延税款:			
递延税款贷项			
负债合计	43076855.45	28429512.91	22298896.46
少数股东权益	408668.81	469039.76	752275.36
股东权益:			
股本	85000000.00		
资本公积	38968283.22		
盈余公积	4583513.79		
其中:公益金	1527837.93		
未分配利润	12969813.02		
净资产		106246462.11	95728599.11
股东权益合计	141521610.03	106246462.11	95728599.11
负债及股东权益总计	185007134.29	135145014.78	118779470.93

利润表

编制单位:华工科技产业股份有限公司　　单位:人民币元

项　目	1999年	1998年	1997年
一、主营业务收入	80152327.42	72852481.04	55649709.48
减:折扣与折让		128128.21	100000.00
主营业务收入净额	80152327.42	72725352.83	55549709.48
减:主营业务成本	37807985.81	32353631.25	22004123.16
主营业务税金及附加	958557.41	1285638.05	966959.35
二、主营业务利润	41385784.20	39085083.53	32578626.97
加:其他业务利润	887216.00	124719.73	72396.87
减:存货跌价损失	107220.22	-61067.10	139631.53
营业费用	11962695.92	14005523.54	8434814.25
管理费用	5987278.39	6198486.72	5308499.16
财务费用	-909163.85	-682685.11	-521159.23
三、营业利润	25124969.52	19749545.21	19289508.13
加:投资收益	2985954.64	806786.98	-740985.27
补贴收入	2608249.33	1800000.00	
营业外收入	93722.01	71793.70	3120.98
减:营业外支出	256136.86	215519.80	98968.45
四、利润总额	30556758.64	22212606.09	18452675.39
减:所得税			
五、净利润	30556758.64	22212606.09	18452675.39

利润分配表

编制单位:华工科技产业股份有限公司　　单位:人民币元

项　目	1999年
五、净利润	30556758.64
加:年初未分配利润	28535218.82
盈余公积转入数	
减:滚未分配利润和年初至评估基准日实现利润的评估折股数额	29380165.33
六、可供分配的利润	29711812.13
减:提取法定盈余公积	3055675.86
提取法定公益金	1527837.93
七、可供股东分配的利润	25128298.34
减:应付优先股股利	
提取任意盈余公积金	
应付普通股股利	
转作股利的普通股股利	
评估基准日至公司设立日实现的利润分配给原发起股东的数额	12158485.32
八、未分配利润	12969813.02

合并利润表

编制单位:华工科技产业股份有限公司　　单位:人民币元

项　目	1999年	1998年	1997年
一、主营业务收入	93400484.62	81459691.64	58078199.81
减:折扣与折让		128128.21	100000.00
主营业务收入净额	93400484.62	81331563.43	57978199.81
减:主营业务成本	47045221.49	38580983.38	23435686.63
主营业务税金及附加	1023769.84	1298405.46	975106.96
二、主营业务利润	45331493.29	41452174.59	33567406.22
加:其他业务利润	2803249.39	894328.33	534474.07
减:存货跌价损失	107220.22	-61067.10	139631.53
营业费用	13052221.90	14753222.57	8372828.55
管理费用	7063304.69	7819215.94	7459801.77
财务费用	-909445.77	-695191.01	-534827.13
三、营业利润	28821441.64	20530322.52	18364715.13
加:投资收益	-41222.90	1000.00	
补贴收入	2608249.33	1800000.00	
营业外收入	93722.01	75203.84	3120.98
减:营业外支出	288255.30	253027.45	98968.45
四、利润总额	31193934.78	22153498.91	18268868.10
减:所得税	549653.05		
少数股东损益	87523.09	-59107.18	-183807.29
五、净利润	30556758.64	22212606.09	18452675.39

合并利润分配表

编制单位:华工科技产业股份有限公司　　单位:人民币元

项　目	1999年
五、净利润	30556758.64
加:年初未分配利润	28535218.82
盈余公积转入数	
减:滚未分配利润和年初至评估基准日实现利润的评估折股数额	29380165.33
六、可供分配的利润	29711812.13
减:提取法定盈余公积	3055675.86
提取法定公益金	1527837.93
七、可供股东分配的利润	25128298.34
减:应付优先股股利	
提取任意盈余公积金	
应付普通股股利	
转作股利的普通股股利	
评估基准日至公司设立日实现的利润分配给原发起股东的数额	12158485.32
八、未分配利润	12969813.02

福建闽东电力股份有限公司

福建闽东电力股份有限公司股票上市公告书

一、要 览

股票简称:闽东电力　　股票代码:0993
总股本:30000 万股　　可流通股本:10000 万股
本次上市流通股本:5000 万股
上市地点:深圳证券交易所　　上市日期:2000 年 7 月 31 日
股份登记机构:深圳证券登记有限公司
上市推荐人:南方证券有限公司　联合证券有限责任公司

二、绪 言

福建闽东电力股份有限公司(以下简称:"本公司")股票上市公告书是根据《中华人民共和国公司法》、《中华人民共和国证券法》、《股票发行与交易管理暂行条例》、《公开发行股票公司信息披露实施细则》和《深圳证券交易所股票上市规则》等国家有关法律、法规的规定,并按照中国证券监督管理委员会制定的公开发行股票公司信息披露的内容和格式准则第七号《上市公告书的内容与格式(试行)》编制,旨在向投资者提供有关本公司的基本情况和股票上市的有关资料。

经中国证券监督管理委员会证监发行字[2000]88 号文核准,本公司已成功发行了每股面值 1.00 元的人民币普通股 10000 万股,其中向一般投资者上网定价发行 5000 万股,向法人投资者配售 5000 万股(其中证券投资基金配售 400 万股),每股发行价人民币 11.50 元。

经深圳证券交易所深证上[2000]第 111 号《上市确认书》同意,本公司 5000 万股人民币普通股将于 2000 年 7 月 31 日(星期一)起在深圳证券交易所挂牌交易。本公司总股本 30000 万股,可流通股本 10000 万股。本次上市流通股份为向一般投资者上网定价发行的 5000 万股。向法人投资者(含证券投资基金 400 万股)配售的 5000 万股将于本次 5000 万股人民币普通股上市交易之日起三个月后上市流通。本公司股票简称"闽东电力",股票代码为"0993"。

本公司已于 2000 年 7 月 11 日在《中国证券报》和《证券时报》上刊登了《招股说明书概要》,距今不足六个月,故与其重复的内容在此不再重述,敬请投资者查阅本公司的《招股说明书概要》。

本公司董事会及全体董事已批准本上市公告书,并确信所载资料不存在任何虚假记载、误导性陈述或重大遗漏,并对其真实性、准确性和完整性负个别的和连带的责任。

三、公司概况

(一) 基本情况
公司名称:福建闽东电力股份有限公司
英文名称:FUJIAN MINDONG ELECTRIC POWER LIMITED COMPANY
法定代表人:翁小巧　　住所:福建省福安市中兴街头 71 号
注册资本:30000 万元　成立日期:1998 年 12 月 30 日
经营范围:电力生产、开发;可承担中型水利水电工程及辅助生产设施的建筑、安装和基础工程施工,可承担 110KV 及以下送电线路和同电压等级变电站建筑安装工程施工;电力电器设备的制造及销售;建筑材料,金属材料,水暖器材,办公设备及家用电器的批发、零售。(以上经营范围凡涉及国家专项专营规定的从其规定)* * *

(二)历史沿革
本公司是经福建省人民政府闽政体股[1998]30 号文批准,由福建省闽东老区水电开发总公司为主要发起人,按照厂网分开的原则进行资产重组,以其下属的 17 座水电站除土地使用权外的经营性净资产出资,联合闽东电力电器厂、福建省闽东水电综合服务公司、闽东电力勘察设计所和宁德地区输变电工程公司四家单位,以发起设立方式设立的股份有限公司。

1998 年,本公司的主发起人-福建省闽东老区水电开发总公司经闽国资事[1998]072 号文批准,按生产属性将资产划分为电力生产(厂)与电力供应(网)两部分,进行了资产重组,并将电力生产部分的资产及相关负债划归本公司。经福建省国有资产管理局闽国资事[1998]162 号文批复,总公司以于评估基准日 1997 年 12 月 31 日经评估确认的电力生产部分的经营性净资产 304,087,856.51 元,闽东电力电器厂、福建省闽东水电综合服务公司、闽东电力勘察设计所、宁德地区输变电工程公司分别以现金 700,000.00 元、600,000.00 元、550,000.00 元、500,000.00 元投入本公司,并按 1:1.5321 比例折为本公司面值 1 元的人民币普通股 20,000 万股。

经中国证监会证监发行字[2000]88 号文核准,本公司已成功向社会公众公开发行人民币普通股(A 股)10,000 万股。其中向法人投资者配售 5000 万股(其中向证券投资基金配售 400 万股),向一般投资者上网定价发行 5000 万股。

目前,本公司总股本为 30,000 万元

四、股票发行及承销

(一)本次股票公开发行情况
发行方式:向法人投资者配售和向一般投资者上网定价发行相结合的方式
发行日期:2000 年 6 月 30 日至 2000 年 7 月 20 日　　发行数量:10000 万股
其中:向法人投资者配售 5000 万股(其中向证券投资基金配售 400 万股)向一般投资者上网定价发行 5000 万股
发行价格:人民币 11.50 元　　中签率:1.106688%
有效申购户数:345,837 户　　持 1000 股以上(含 1000 股)的股东数:49,563 户
募集资金总额(未扣除发行费用):115,000 万元　　实际募集资金总额:111,179 万元
发行费用总额:3,821 万元　　每股发行费用:0.3821 元
发行市盈率:71.45 倍(加权平均计算),88.69 倍(全面摊薄计算)

(二)股票承销
本次公开发行的社会公众股共计 10000 万股,其中向法人投资者配售的 5000 万股被投资者全额认购;向一般投资者上网定价发行的 5000 万股也被投资者全额认购。

(三)验资报告

验资报告

(2000)榕会师审二字第 40 号

福建闽东电力股份有限公司全体股东:

我们接受委托,对福建闽东电力股份有限公司截至 2000 年 7 月 20 日止的注册资本、实收资本变更情况的真实性和合法性进行了审验。在审验过程中,我们按照《独立审计实务公告第 1 号-验资》的要求,实施了必要的审验程序。福建闽东电力股份有限公司的责任是提供真实、合法、完整的验资资料,保护资产的安全、完整。我们的责任是按照《独立审计实务公告第 1 号-验资》的要求,出具真实、合法的验资报告。

福建闽东电力股份有限公司公开发行股票前的注册资本为人民币 20,000 万元,已由厦门会计师事务所验证。经中国证券监督管理委员会证监发行字[2000]88 号文批准,福建闽东电力股份有限公司于 2000 年 7 月 13 日向社会公开发行人民币普通股 10,000 万股,每股面值 1 元,发行价格每股 11.5 元。经我们审验,本次发行主承销商广发证券有限责任公司于 2000 年 7 月 20 日将人民币 1,119,235,483.60 元(已扣除上网发行手续费等 30,764,516.40 元),存入福建闽东电力股份有限公司在中国工商银行福建省分行福州市鼓楼支行,帐户帐号 23204636328。上述款项中股份公司转入股本人民币 10,000 万元,转入资本公积金人民币 1,011,790,000 元,其余人民币 7,445,483.60 元为应付未付的发行费用暂列其他应付款。至此,股份公司发行股票后股本总额为人民币 30,000 万元,其中:国家股 19,847 万元,占总股本的 66.157%;国有法人股 68.4 万元,占总股本的 0.228%;法人股 84.6 万元,占总股本的 0.282%;社会公众股 10,000 万元,占总股本的 33.333%。

福州闽都有限责任会计师事务所　　中国注册会计师
王友铭
黄秀泉
中国·福州　　二 000 年七月二十日

(四)募集资金到位情况
募集资金入帐时间:2000 年 7 月 20 日
开户银行:中国工商银行福建省分行福州市鼓楼支行
户名:福建闽东电力股份有限公司
入帐帐号:23204636328
入帐金额:1,119,235,483.60 元

五、董事、监事和高级管理人员简介及持股情况

(一)董事、监事和高级管理人员简介

董事长:翁小巧先生,1956 年生,大专文化、研究生在学。曾任福鼎白琳公社团委书记、管委会副主任,福鼎潘溪区委员会书记,中共福鼎县委员会常委、宣传部长,宁德地区农业委员会副主任,闽东老区水电开发总公司党委书记、总经理。现任公司董事长,年收入 22000 元。

副董事长:陈金源先生,1940 年生,中专文化,工程师。曾任福安硫磺厂技术员,福安电厂技术员、副厂长、厂长,宁德地区电力公司经理,福建省闽东老区水电开发总公司总经理、副董事长。现任福建闽东电力股份有限公司副董事长。获国家水利部"优秀厂长经理"称号,年收入 22000 元。

董事、总经理:杨一标先生,1950 年生,大专文化,工程师。曾任闽东水电站任技术员、工程师、副站长、站长。现任公司董事、总经理,年收入 18000 元。

董事:陈善桂先生,1942 年生,大学文化、工程师。曾任宁德地区电力公司技术员、副经理,现任福建闽东电力股份有限公司董事。1999 年获国家水利部全国水利系统水电先进个人,年收入 15200 元。

董事:倪大铨先生,1947 年生,中专文化,工程师。曾任闽东水电站检修分场副主任、副站长、站长等职,现任福建闽东电力股份有限公司董事。1992 年被福建省人民政府授予一九九〇~一九九一年度"安全生产先进工作者",年收入 16590 元。

董事:刘杰先生,1956 年生,大专文化,高级经济师。曾任福鼎县委行政科科长,福鼎县洋埕公社、城关公社团委副书记、水利工作站、企管站站长,福鼎县委政研室副主任兼县委办秘书科科长,福鼎市电力公司党总支书记、经理,福鼎桑园水力发电分公司经理,福鼎市水电局党委副书记。现任福建闽东电力股份有限公司董事。1999 年获全国"五一"劳动奖章,年收入 25000 元。

董事:杨立功先生,1957 年生,大专文化,工程师。曾任宁德电力公司工程公司副经理、宁德市电力建设总公司副总经理、总经理,现任福建闽东电力股份有限公司董事。多次被公司评为先进生产(工作)者,年收入 14000 元。

董事:陈佛赠先生,1943 年生,大学文化,高级工程师。曾任霞浦县水电厂生产组组长、副厂长、厂长,现任福建闽东电力股份有限公司董事。1998 年被全国总工会授予"支持职工体育优秀企业家"称号。年收入 23000 元。

董事:谢连端先生,1957 年生,大专文化,工程师。曾任屏南上培水电站检修、运行车间主任、安监股长、生技股长,屏南县供电所副所长,屏南县电力公司供电科长、生技科长,屏南县电力公司副经理,现任福建闽东电力股份有限公司董事兼屏南发电分公司经理。多次被评为公司先进生产(工作)者。年收入 13000 元。　　董事:潘定豪先生,1963 年生,大学文化,工程师。曾任周宁县咸村镇副镇长、狮城镇副镇长,周宁县李墩镇镇长等职,现任福建闽东电力股份有限公司董事兼周宁发电分公司经理。1998 年获国家计生委"计划生育抽样检查"先进个人,年收入 17820 元。

董事:缪少平先生,1952 年生,大专文化,经济师。曾任宁德地区水电工程局党委委员、团委副书记、第三工程处支部书记、副主任,福安市穆阳溪水电站站长兼书记,现任福建闽东电力股份有限公司董事兼福安发电分公司经理。1989 年获省水电厅"科学技术进步"个人二等奖,年收入 15000 元。

董事:刘斌先生,1963 年生,大专文化,工程师。曾任周宁龙溪水电站站长、周宁县电力公司经理,现任福建闽东电力股份有限公司董事兼柘荣发电分公司经理。1998 年省"五一"劳动奖章。

董事:吴胜腾先生,1957 年生,大专文化,工程师。曾任寿宁车岭一级电站生技科科长、寿宁县水力发电站副站长、站长兼党支部书记,现任福建闽东电力股份有限公司董事兼寿宁发电分公司经理。1998 年省"五一"劳动奖章,年收入 13000 元。

监事:徐继尧先生,1941 年生,大学文化,高级工程师。曾任宁德地区电力公司生技科安监员、计经科科长、副经理等职,现任福建闽东电力股份有限公司监事、宁德地区输变电工程公司经理。

监事:郭玲女士,1947 年生,大专文化,政工师。曾任宁德地区电力公司办公室秘书,福建省闽东老区水电开发总公司办公室人秘主任科员,现任福建省闽东老区水电开发总公司办公室副主任兼机关党支部书记、福建闽东电力股份有限公司监事。

监事:郑鸣源先生,1949 年生,大专文化,经济师。曾任闽东水电站检修分场主任兼支部书记、副站长、党总支书记,福建省闽东老区水电开发总公司临时党委书记,现任福建省闽东老区水电开发总公司党委副书记、纪委书记、工会主席,福建闽东电力股份有限公司监事。

监事:江涌先生,1965 年生,中技文化。曾任闽东水电站检修工,现任闽东水电站行政科办事员、福建闽东电力股份有限公司监事,曾被闽东老区水电开发总公司评为先进生产工作者。

监事:郭寿平先生,1962 年生,中技文化。曾任闽东水电站运行工,现闽东水电站运行分场技术员、福建闽东电力股份有限公司监事,曾多次被闽东老区水电开发总公司评为先进生产工作者。

财务总监:余世勇先生,1963 年生,本科,高级会计师。曾任宁夏建材工业总公司加气砌块厂成本会计、宁夏黄河房地产集团公司计划财务部经理、副总会计师,曾任宁夏电视台计划财务部主任。现任公司财务总监职务。

董事会秘书:杨建华先生,1956 年生,大学毕业,高级工程师。曾任闽东变压器厂厂长、宁德地区电力公司生管科科长、闽东老区水电开发总公司企业管理办公室主任。现任闽东电力勘察设计所所长、福建闽东电力股份有限公司董事会秘书。

上述公司董事、监事及高级管理人员均未持有本公司股份。

六、公司设立

本公司是经福建省人民政府闽政体股[1998]30 号文批准,由福建省闽东老区水电开发总公司为主要发起人,按照厂网分开的原则进行资产重组,以其下属的 17 座水电站除土地使用权外的经营

性净资产出资,联合闽东电力电器厂、福建省闽东水电综合服 务公司、闽东电力勘察设计所和宁德地区输变电工程公司四家单位,以发起设立方式 设立的股份有限公司。

1998年，本公司的主发起人–福建省闽东老区水电开发总公司经闽国资事 [1998]072号文批准,按生产属性将资产划分为电力生产(厂)与电力供应(网)两部分，进行了资产重组,并将电力生产部分的资产及相关负债划归本公司。经福建省国有资产管理局闽国资事[1998]162号文批复,总公司以于评估基准日1997年12月31日经评 估确认的电力生产部分的经营性净资产304,087,856.51元,闽东电力电器厂、福建省闽东水电综合服务公司、闽东电力勘察设计所、宁德地区输变电工程公司分别以现金700,000.00元、600,000.00元、550,000.00元、500,000.00元投入本公司，并按1:1.5321比例折为本公司面值1元的人民币普通股20,000万股。

经中国证监会证监发行字[2000]88号文核准,本公司已成功向社会公众公开发行人民币普通股(A股)10,000万股。其中向法人投资者配售5000万股(其中向证券投 资基金配售400万股),向一般投资者上网定价发行5000万股。目前,本公司总股本 为30,000万元

本次10000万股社会公众股发行结束后,本公司已在福建省工商行政管理局办理 了变更登记手续,详细资料如下:

注册资本:30000万元

住所:福建省福安市中兴街头71号

变更登记日期:2000年7月20日

营业执照注册号码:3500001002001

七、关联企业及关联交易

1、关联企业:

(1)存在控制关系的关联方

企业名称	注册地址	主营业务	与本公司关系	经济性质	法定代表人
福建省闽东老区水电开发总公司	福安市中兴街71号	电力销售等	母公司	国有经济	黄家增

(2)存在控制关系的关联方的注册资本及其变化

企业名称	期初数	本期增加	本期减少	期末数
福建省闽东老区水电开发总公司	1.8亿元			1.8亿元

(3)存在控制关系的关联方的持股情况

企业名称	持股比例	持股金额
福建省闽东老区水电开发总公司	99.235%	198,470,000.00

2、关联方交易

本公司与福建省闽东老区水电开发总公司在售电、土地、房屋租赁等方面存在关联交易,因此双方签订了相应的合同及协议。有关协议规定双方的一切交易均按正常商业条款,遵照公平、公正的市场原则进行核算,本着等价有偿的原则,按照市场价格定价。

(1)公司于1999年1月10日与福建省闽东老区水电开发总公司签订了《购销电合同》,约定在国家实行电力"竞价上网"改革之前,公司同意将其生产的所有电量销售给福建省闽东老区水电开发总公司,双方根据物价部门的规定和市场公平合理的价格进行协商,报地方物价部门确定上网电价,在同等价格的条件下,双方同意按确定的上网电价优先购售公司生产的所有电量(1997年和1998年的上网电价系根据股份公司实际运作的上网电价推算确定)，上述相关期间的售电量及金额明细如下：

	1999年度	1998年度	1997年度
上网电量(万度)	64,180.43	66,485.47	64,113.36
平均上网电价(元/度)	0.2676	0.2674	0.2697
金额(万元)	17,176.10	17,779.30	17,290.68

(2)本公司于1999年1月10日与福建省闽东老区水电开发总公司签订了《土地使用权租赁协议》,约定租用福建省闽东老区水电开发总公司下属十七座水电站所占用的面积为4,612,479.87m2的22宗土地使用权(租赁期为49年),年土地租赁费600万元 。

(3)本公司于1999年1月10日与福建省闽东老区水电开发总公司签订了《综合服务协议》,约定租用福建省闽东老区水电开发总公司1590平方米的办公楼,租赁期为10年,年租金为286,200元。

(4)关联方应收、应付款项余额

项目	1999年12月31日 金额	占该科目余额%	1998年12月31日 金额	占该科目余额%
应收账款				
福建省闽东老区水电开发总公司			11,021,835.07	100%
其他应收款				
福建省闽东老区水电开发总公司			284,421.48	6.41%
其他应付款				
福建省闽东老区水电开发总公司	26,436,555.53	85.03%		

八、股本结构及大股东持股情况

(一) 本公司上市前的股本结构

股份类别	股数(万股)	占总股本比例(%)
发起人股份	200,000,000	66.667
其中:国家股	198,470,000	66.157
国有法人股	684,000	0.228
社会法人股	846,000	0.282
社会公众股	100,000,000	33.333
股份总数	300,000,000	100.000

(二)公司前十名股东持股情况

序号	股东单位	持股数量(股)	比例(%)
1	福建省宁德地区国有资产管理局	198,470,000	66.16
2	红塔兴业投资有限公司	4,000,000	1.33
3	东北输变电设备集团长春变压器有限公司	3,000,000	1.00
4	武汉中百集团股份有限公司	3,000,000	1.00
5	上海市黄浦区市政建设有限公司	3,000,000	1.00
6	云南华一投资集团股份有限公司	3,000,000	1.00
7	江苏综艺股份有限公司	3,000,000	1.00
8	北京海富邦技术发展有限公司	2,000,000	0.667
9	安徽华茂纺织股份有限公司	2,000,000	0.667
10	杭州天园贸易有限公司	2,000,000	0.667

九、公司财务会计资料

本公司1997年、1998年、1999年的财务会计资料已于2000年7月11日分别在《中 国证券报》和《证券时报》上刊登的本公司《招股说明书概要》中进行了详细披露。因公告距今时间较短,相同的内容在此不再重复。本公告只公布本公司财务报表和主要财务指标。欲了解其它内容,敬请投资者查阅上述报纸或至公告的《招股说明书》查阅地点查阅。

(一)合并会计报表(附后)

(二)主要财务指标:

指标名称	1999年	1998年	1997年
流动比率	0.41	0.13	0.26
速动比率	0.40	0.11	0.21
资产负债率	54.60%	48.77%	66.31%
应收帐款周转率	27.03	16.13	
净资产收益率	10.51%	15.94%	33.59%
每股净利	0.17	0.24	0.33

(三)合并会计报表附注

注释1、"货币资金"

项目	1999.12.31	1998.12.31
现金	245,951.47	127,493.03
银行存款	83,371,822.54	4,820,818.97
合计	83,617,774.01	4,948,312.00

备注:1999年末比年初增加7,850万元，主要是1999年底新增短期借款和收回股 东电费所致。

注释2、"应收票据"

截止1999年12月31日,应收票据余额为人民币450,000.00元,其明细如下:

出票单位	票据种类	出票日期	到期日	金额	备注
河南安阳彩色显像管玻壳公司	银行承兑汇票	1999.11.15	2000.1.3	200,000.00	已如期收回
安徽霍印县石店农机经营部	银行承兑汇票	1999.8.16	2000.2.16	250,000.00	
合计				450,000.00	

注释3、"应收帐款"

(1)按帐龄分类

	1999.12.31 金额	百分比	1998.12.31 金额	百分比
1年以内	1,685,477.27	100%	11,021,835.07	100%

应收帐款中无持本公司5%及以上股份的股东单位的欠款。

1999年末数比年初数减少84.71%,主要系收回股东电费欠款。

注释4、"其他应收款"

(1)按帐龄分类:

账龄	1999.12.31 金额	百分比	1998.12.31 金额	百分比
1年以内	8,663,880.02	87.70%	3,389,609.29	76.41%
1–2年	168,663.55	1.71%	1,010,150.00	22.77%
2–3年	1,010,150.00	10.23%	23,126.84	0.52%
3–4年	23,126.84	0.23%		
4–5年			13,164.87	0.30%
5年以上	3,164.87	0.13%		
合计	9,878,985.28	100.00%	4,436,051.00	100.00%

※ 上述期末一年以内款项中含上市费用4,828,912.62元。

(2)主要欠款单位:

单位	1999.12.31	备注
穆阳溪水电开发有限公司	1,419,682.73	往来款
霞浦吴坑水利指挥部	900,000.00	往来款
福安市水利局	300,000.00	往来款
福安市人寿保险公司	200,000.00	往来款
天津东丽区科技开发咨询中心	110,000.00	往来款
屏南县土地局	100,000.00	往来款
霞浦县水电局	100,000.00	往来款

上述款项中无持有本公司5%及以上股份的股东单位欠款。

注释9、"固定资产"及"累计折旧"

(1)固定资产

固定资产类别	期初价值(1998.12.31)	本期增加	本期减少	期末价值(1999.12.31)
拦河坝工程	159,017,477.50			159,017,477.50
引水系统及生产附属工程	432,984,792.50	2,975,149.85	13,825.35	435,946,117.00
发电设备	134,653,950.00	1,745,759.78		136,399,709.78
变配电设备	53,368,650.00	157,118.60		53,525,768.60
运输设备	3,956,000.00	1,993,422.45		5,949,422.45
其他设备	6,209,720.00	1,048,161.15	37,037.56	7,220,843.59
未使用设备	24,070.00			24,070.00
合计	790,214,660.00	7,919,611.83	50,862.91	798,083,408.92

(2)累计折旧

固定资产类别	期初价值(1998.12.31)	本期增加	本期减少	期末价值(1999.12.31)
拦河坝工程	33,322,676.37	3,136,841.66		36,459,518.03
引水系统及生产附属工程	110170624.33	14,378,387.26	9,959.09	124,539,052.50
发电设备	48,374,899.23	6,305,451.89		54,680,351.12
变配电设备	21,624,476.13	2,551,580.54		24,176,056.67
运输设备	1,756,916.59	973,195.95		2,730,112.54
其他设备	1,661,210.67	728,379.23		2,389,589.90
合计	216,910,803.32	28,073,836.53	9,959.09	244,974,680.76

(3)固定资产净值

期初价值　573,303,856.68　期末价值　553,108,728.16

上述固定资产未用于贷款抵押。

固定资产与累计折旧1998年12月31日余额比1997年12月31日余额大幅增长，主要系资产评估增值并于1998年12月30日调帐所致。

本年度计提固定资产折旧,系按照评估后重置价值为基数计提的。

注释14、"应交税金"

(1)公司报告期内的主要税项

税种	计税依据	税率
增值税	主营业务收入	6%
城建税	交纳增值税	7%
所得税	应纳税得额	33%

(2)"应交税金"税项

税　项　1999.12.31余额

增值税	1,056,498.80
城建税	87,639.98
企业所得税	8,726,509.56
个人所得税	1,641.30
印花税	7,190.32
合　计	9,879,479.96

1999 年末比年初增加,主要系本年度企业所得税尚未汇算清缴。

注释 18、"一年内到期的长期负债"

借款类别	币　别	1999.12.31	1998.12.31
担保借款	人民币	87,750,000.00	96,570,000.00
抵押借款	人民币	1,800,000.00	5,200,000.00
合　计		89,550,000.00	101,770,000.00

借款单位	币别	金额	借款期限	月利率	借款条件
建行福鼎市支行	人民币	10,000,000.00	1993.10.16–1999.10.15	6.3‰	担保
建行福鼎市支行	人民币	7,700,000.00	1992.12.14–1995.12.14	6.3‰	担保
建行福鼎市支行	人民币	4,000,000.00	1994.5.23–1999.5.22	6.3‰	担保
建行福鼎市支行	人民币	5,000,000.00	1998.10.9–2000.10.8	6.5175‰	担保
建行福鼎市支行	人民币	6,000,000.00	1994.7.6–2000.7.5	6.21‰	担保
建行福鼎市支行	人民币	5,000,000.00	1994.5.23–2000.5.22	7.56‰	担保
农行福鼎市支行	人民币	6,400,000.00	1992.9.22–1999.12.20	6.3‰	担保
农行福鼎市支行	人民币	7,600,000.00	1994.5.27–2000.12.20	3‰–7.35‰	担保
农行福鼎市支行	人民币	8,500,000.00	1993.12.28–2000.11.28	6.725‰–7.2‰	担保
福建省投资开发总公司	人民币	2,000,000.00	1994.7.30–2000.10.25		到期还本付息 233.3 万元
工行宁德支行	人民币	3,850,000.00	1994.6.30–2000.6.30	7.56‰	担保
工行宁德支行	人民币	5,000,000.00	到期日 2001.2	6.3375‰	担保
工行霞浦支行	人民币	5,000,000.00	--2000.9.28	6.66‰	担保
农行福安市支行	人民币	5,000,000.00	1998.12.30–2000.7.30	6.3375‰	担保
农行福安市支行	人民币	2,200,000.00	1995.12.29–1999.12.29	9.75‰	担保
农行福安市支行	人民币	800,000.00	1996.12.30–1999.12.30	9.15‰	抵押
农行福安市支行	人民币	2,600,000.00	1992.8.1–1997.7.31	9.15‰	担保
农行福安市支行	人民币	1,900,000.00	1993.6–1997.10	9.15‰	担保
工行福安市支行	人民币	1,000,000.00	1997.5.30–1999.12.5	9.15‰	抵押
合　计	人民币	89,550,000.00			

备注:1 上述逾期借款金额 3,660 万元,均在办理转(续)贷手续;

2 上述担保借款的担保单位均为福建省闽东老区水电开发总公司。

注释 19、"长期借款"

借款类别	币　别	1999.12.31	1998.12.31
担　　保	人民币	127,570,000.00	97,355,000.00
信　　用	人民币	10,150,000.00	10,150,000.00
合　计		137,720,000.00	107,505,000.00

借款单位	金额	借款期限	月利率	借款条件
农行福安支行	1,100,000.00	1999.12.30–2000.7.30	6.3375‰	担保
	1,700,000.00	1997.11.28–2000.11.28	6.875‰	担保
	1,800,000.00	1997.11.28–2001.11.28	6.875‰	担保
	1,400,000.00	1997.11.28–2002.5.28	6.875‰	担保
工行福安市支行	1,070,000.00	1997.2.27–2001.10.5	9.15‰	担保
	1,000,000.00	1997.5.30–2000.6.5	9.15‰	担保
	1,000,000.00	1997.5.30–2000.12.5	9.15‰	担保
	1,000,000.00	1997.5.30–2001.6.5	9.15‰	担保
	1,000,000.00	1997.5.30–2001–12.5	9.15%	担保
	1,000,000.00			担保
建行宁德市支行	10000,000.00	1999.9.30–2001.7.20	5.94‰	担保
福建省水利厅	300,000.00	1995.6.30–2001.12.31	3‰	信用
农行柘荣支行	2,000,000.00	1999.12.29–2000.12.28	6.435‰	担保
工行柘荣支行	5,000,000.00	1998.12.21–2003.12.21	6‰	担保
	880,000.00	1998.10.30–2004.10.30	6.675‰	担保
	4,120,000.00	1998.9.30–2004.5.31	6.675‰	担保
	6,080,000.00	1999.1.29–2004.1.29	6‰	担保
	7,500,000.00	1999.3.31–2004.3.30	6‰	担保
	2,920,000.00	1999.3.31–2004.3.30	6‰	担保
	8,000,000.00	1998.2.27–2004.5.29	8.775‰	担保
	2,000,000.00	1998.5.29–2004.5.29	6.625‰	担保
福建省闽东老区水电开发总公司	1,500,000.00	无期限	6.35‰	信用
农行福安市支行	500,000.00	1996.12.28–2000.6.20	6.3‰	担保
周宁县财政局	2,000,000.00	1996.10.27–2000.12.31	14.5‰	信用
	2,000,000.00	1997.6.27–2000.12.31	8‰	信用
	2,000,000.00	1997.2.28–2000.12.31	12‰	信用
	850,000.00	1997.12.15–2000.12.31	10‰	信用
	500,000.00	1997.12.10–2000.12.31	12‰	信用
福建省华兴信托投资公司	1,000,000.00	无期限	9‰	信用
宁德地区水利局	1,000,000.00	无期限	14.17‰	担保
建行福鼎市支行	10000,000.00	1994.7.6–2001.7.5	6.21‰	担保
	10,000,000.00	1995.7.25–2001.3.30	6.21‰	担保
	12,000,000.00	1995.10.23–2001.10.14	6.725‰	担保
	13,000,000.00	1996.4.15–2001.10.14	7.56‰	担保
	3,000,000.00	1996.6.28–2001.11.28	6.21‰	担保
	8,000,000.00	1996.11.30–2001.12.1	6.725‰	担保
	5,000,000.00	1996.6.15–2001.6.14	5.94‰	担保
农行福鼎市支行	500,000.00	1993.11.28–2001.11.10	6.725‰	担保
	2,000,000.00	1994.11.11–2001.3.10	6.725‰	担保
	2,000,000.00	1994.8.30–2001.6.10	6.725‰	担保
合　计	137,720,000.00			

备注:上述担保借款的担保单位均为福建省闽东老区水电开发总公司。

注释 20、"股东权益"

截止 1999 年 12 月 31 日,股东权益余额为 314,703,955.56 元,其形成过程如下:

项目	1999 年 12 月 31 日	1998 年 12 月 31 日	1997 年 12 月 31 日
净资产	314,703,955.56	306,437,856.51	155,540,860.91
其中: 股　本	200,000,000.00	200,000,000.00	
资本公积	106,437,856.51	106,437,856.51	
盈余公积	8,266,099.05		
其中: 公 益 金	3,306,439.62		

公司 1997 年 12 月 31 日净资产系福建省闽东老区水电开发总公司拟投入股份公司的净资产。1998 年 12 月 31 日净资产包括根据财政部"财评字(1998)278 号"文资产评估 项目审查确认,调增评估增值 148,546,995.60 元,加上年初 155,540,860.91 元,福建 省闽东老区水电开发总公司共投入 304,087,856.51 元;1998 年内由其他四家发起人, 即闽东电力电器厂投入现金 700,000.00 元,福建省闽东水电综合服务公司投入现金 600,000.00 元,闽东电力勘察设计所投入现金 550,000.00 元,宁德地区输变电工程公司投入现金 500,000.00 元。公司五家发起人合计投入的 306,437,856.51 元,业经厦门会 计师事务所厦会股验[1998]08 号验资报告验证,其中:股本 200,000,000.00 元,资本公积 106,437,856.51 元, 并于 1998 年 12 月 30 日在福建省工商行政管理局注册登记。盈余公积 8,266,099.05 元系 1999 年度利润分配形成,其中按税后利润提取 10%的法定公 积金,10%的法定公益金,5%的任意公积金。

上述股本 200,000,000.00 元,其中:

股东名称	出资额	出资比例
福建省闽东老区水电开发总公司	198,470,000.00	99.235%
闽东电力电器厂	456,000.00	0.228%
福建省闽东水电综合服务公司	390,000.00	0.195%
闽东电力勘察设计所	358,000.00	0.179%
宁德地区输变电工程公司	326,000.00	0.163%
小　计	200,000,000.00	100%

注释 21、"主营业务收入"

	1999 年度	1998 年度	1997 年度
售电收入(元)	171,761,005.26	177,792,982.74	172,906,760.10
售电量(万度)	64,180.43	66,485.47	64,113.36

注释 22、"主营业务成本"

项　目	1999 年度	1998 年度	1997 年度
直接材料	8,009,290.97	7,952,144.45	6,773,717.19
直接人工	17,701,117.61	16,590,116.13	15,907,489.43
制造费用	44,912,739.70	34,373,434.97	32,995,632.39
合　计	70,623,148.28	58,915,695.55	55,676,839.01

备注:主营业务成本 1999 年度比 1998 年度增加,主要系本年度采用评估后重置价值计提折旧而形成的。

十、董事会上市承诺

本公司董事会将严格遵守《中华人民共和国公司法》、《中华人民共和国证券法》、《股票发行与交易管理暂行条例》、《公开发行股票公司信息披露实施细则》和《深圳证券交易所股票上市规则》等有关法律、法规的规定,并自本公司股票上市之日起作出如下承诺:

(一)按照法律、法规的规定程序和要求披露重大信息,自觉接受证券主管机关、深圳证券交易所的监督管理;

(二)及时、真实、准确地公布中期报告和年度报告,并置于规定场所供投资者查阅;

(三)本公司董事、监事及高级管理人员如发生人事变动,或持有本公司股票发生变化时,在及时报告证券主管机关、深圳证券交易所的同时向投资者公布;

(四)在任何公共传播媒介中出现的消息可能对本公司股票的市场价格产生误导性影响时,本公司知悉后将及时对该消息予以公开澄清;

(五)本公司董事、监事及其他高级管理人员将认真听取社会公众的意见和批评,不利用已获得的内幕消息和其他不正当手段直接或间接从事股票买卖活动;

(六)本公司没有无记录负债。

十一、重要事项提示

(一)截止本上市公告书刊登之日,本公司不存在任何尚未了结或可预见之诉讼、仲裁或被行政处罚的案件, 本公司董事、 监事及高级管理人员均未受到刑事起诉, 本公司国家股授权管理单位——总公司亦不存在任何重大诉讼事项。

(二) 根据厦门华天会计师事务所有限公司对公司 2000 年度盈利预测的 [厦华天 审核字(2000)007 号]审核报告,预计公司 2000 年度实现利润总额 5,836.81 万元,净利润 3,889.75 万元,每股全面摊薄 0.13 元。按照国务院国发[2000]2 号文件的规定, 自 2000 年 1 月 1 日起,公司所得税率为 33%。

(三)预计本次股票发行后首次派发股利的时间是 2001 年 8 月 31 日以前。经公司 1999 年股东大会决议,认购本次发行股票的社会公众股股东可以与老股东一起享有公司自 2000 年 1 月 1 日起实现的净利润。

除招股说明书已披露事项以外,公司无其他应披露而未披露的重要事项。

十二、备查文件目录

1、招股说明书　2、深圳证券交易所上市通知书　3、中国证监会证监发行字[2000]88 号文
4、审计报告、财务报表及附注　5、验资报告　6、盈利预测报告及注册会计师审核报告
7、法律意见书　8、资产评估报告　9、公司股东大会决议、董事会决议
10、公司营业执照　11、公司章程　12、其他备查文件

十三、咨询机构

1、发行人:福建闽东电力股份有限公司
法定代表人:翁小巧　地址:福建省福安市中兴街 71 号
电话:(0593)6380906–6120　传真:(0593)6380906–6125　联系人:杨建华、陈光辉

2、上市推荐人:南方证券有限公司
法定代表人:沈沛　地址:深圳市罗湖区嘉宾路 4028 号太平洋商贸大厦 20–28 层
电话:(0755)2138065　传真:(0755)2138227　联系人:曾佳军

3、上市推荐人:联合证券有限责任公司
法定代表人:王世宏　地址:深圳市华强北路盛庭苑酒店 B 座
电话:(0755)2075603　传真:(0755)2075602　联系人:曾昭雄、曾忠祥

福建闽东电力股份有限公司　2000 年 7 月 26 日

资产负债表

编制单位:福建闽东电力股份有限公司　单位:人民币元

资　产	1999 年 12 月 31 日	1998 年 12 月 31 日	1997 年 12 月 31 日
流动资产:			
货币资金	83617774.01	4948312.00	12815387.87
短期投资			
减:短期投资跌价准备			
短期投资净额			
应收票据	450000.00		
应收股利			
应收利息			

应收帐款	1685477.27	11021835.07	
其他应收款	9878985.28	4436051.00	
减:坏帐准备	661858.38	123918.13	
应收帐款净额	6073691.55	15246694.08	
预付帐款	169500.00		
应收补贴款			
存货	6162772.87	2999970.17	3155091.45
减:存货跌价准备			
存货净额			
待摊费用	617352.99	323366.08	511892.86
待处理流动资产净损失			
一年内到期的长期债券投资			
其他流动资产			
流动资产合计	98920004.04	23602616.19	16482372.18
长期投资:			
长期股权投资			
长期债券投资			
长期投资合计			
其中:合并价差			
减:长期投资减值准备			
长期投资净额			
固定资产:			
固定资产原价	798083408.92	790214660.00	541260597.25
减:累计折旧	244974680.76	216910803.32	97438203.23
固定资产净值	553108728.16	573303856.68	443822394.02
工程物资			
在建工程	41010462.15	1343244.69	1378288.56
固定资产清理			
待处理固定资产净损失			
固定资产合计	594119190.31	574647101.37	445200682.58
无形资产及其他资产:			
无形资产			
开办费			
长期待摊费用			
其他长期资产			
无形资产及其他资产合计			
递延税项:			
递延税项借项			
资产总计	693039194.35	598249717.56	461683054.76
负债及股东权益			
流动负债:			
短期借款	79640000.00	25400000.00	7250000.00
应付票据			
应付帐款			
预收帐款	303957.27		
应付工资	1000404.53	365273.11	
应付福利费	1581441.77	1139040.13	1415975.81
应付股利	24798297.10	18938008.43	54032175.03
应交税金	9879479.96	49910.00	
其他应交款	215436.54		
其他应付款	31090377.01	6644629.38	40680.01
预提费用	2555844.61		
一年内到期的长期负债	8950000.00	101770000.00	
其他流动负债			
流动负债合计	240615328.79	184306861.05	62738830.85
长期负债:			
长期借款	137720000.00	107505000.00	243403363.00
应付债券			
长期应付款			
住房周转金			
其他长期负债			
长期负债合计	137720000.00	107505000.00	243403363.00
递延税款:			
递延税款贷项			
负债合计	378335238.79	291811861.05	306142193.85
少数股东权益			
股东权益:			
股本	200000000.00	200000000.00	155540860.91
资本公积	106437856.51	106437856.51	
盈余公积	8266099.05		
其中:公益金	3306439.62		
未分配利润			
股东权益合计	314703955.56	306437856.51	155540860.91
负债及股东权益总计	693039194.35	598249717.56	461683054.76

利润表

编制单位:福建闽东电力股份有限公司 单位:人民币元

项　目	1999 年度	1998 年度	1997 年度
一、主营业务收入	171761005.26	177792982.74	172906760.10
减:折扣与折让			
主营业务收入净额	171761005.26	177792982.74	172906760.10
减:主营业务成本	70623148.28	58915695.55	55676839.01
主营业务税金及附加	1882257.10	1878484.45	1835249.95
二、主营业务利润	99255599.88	116998802.74	115384671.14
加:其他业务利润	−639.62	4000.00	108080.25
减:存货跌价损失			
营业费用			
管理费用	24866607.69	16878725.78	16724699.89
财务费用	22011501.55	27488177.54	20844363.60
三、营业利润	52376851.02	72935899.42	77933687.90
加:投资收益		28793.00	
补贴收入			
营业外收入	13366.74	143809.68	
减:营业外支出	145148.03	146183.00	
四、利润总额	52245069.73	72962319.10	77933687.90
减:所得税	19180673.58	24112281.21	25687371.23
减:少数股东权益			
五、净利润	33064396.15	48850037.89	52246316.67

利润分配表　1999 年度

编制单位:福建闽东电力股份有限公司　单位:人民币元

项目	金额
一、净利润	33064396.15
加:年初未分配利润	
盈余公积转入	
二、可供分配的利润	33064396.15
减:提取法定盈余公积	3306439.62
提取法定公益金	3306439.62
三、可供股东分配的利润	1653219.81
减:应付优先股股利	24798297.10
提取任意盈余公积金	
应付普通股股利	24798297.10
转作股利的普通股股利	
四、未分配利润	

现金流量表

编制单位:福建闽东电力股份有限公司 单位:人民币元

项目	金额
一.经营活动产生的现金流量:	
销售商品,提供劳务收到的现金	134780254.38
收取的租金	
收到的增值税销项税和退回的增值税款	2720111.57
收到的其他与经营活动有关的现金	18217575.27
现金流入小计	155717941.22
购买商品,接受劳务支付的现金	8185742.64
经营租赁所支付的现金	6286200.00
支付给职工以及为职工支付的现金	22203624.34
实际交纳的增值税款	3399194.53
支付的所得税款	9796535.91
支付的除增值税,所得税以外的其他税费	667502.85
支付的其他与经营活动有关的现金	18461554.83
现金流出小计	69000355.10
经营活动产生的现金流量净额	86717586.12
二.投资活动产生的现金流量:	
处置固定资产,无形资产和其他长期资产而收回的现金净额	62010.00
现金流入小计	62010.00
购建固定资产,无形资产和其他长期资产所支付的现金	6760161.44
支付的其他与投资活动有关的现金	6000000.00
现金流出小计	12760161.44
投资活动产生的现金流量净额	−12698151.44
三.筹资活动产生的现金流量:	
借款所收到的现金	91188299.96
收到的其他与筹资活动有关的现金	213346.72
现金流入小计	91419646.68
偿还债务所支付的现金	42205000.00
发生筹资费用所支付的现金	4828912.62
分配股利或利润所支付的现金	26085632.33
其中:子公司支付少数股东的股利	
偿还利息所支付的现金	13645819.60
支付的其他与筹资活动有关的现金	4254.80
现金流出小计	86769619.35
筹资活动产生的现金流量净额	4650027.33
四.汇率变动对现金的影响	
五.现金及现金等价物净增加额	78669462.01
1.不涉及现金收支的投资和筹资活动:	
以固定资产偿还债务	
以投资偿还债务	
以固定资产进行投资	
以存货偿还债务	
融资租赁固定资产	
2.将净利润调节为经营活动的现金流量:	
净利润	33064396.15
加:计提的坏帐准备或转销的坏帐	534940.25
固定资产折旧	28073836.53
待摊费用的减少(减:增加)	−293986.91
预提费用的增加(减:减少)	2555844.61
处置固定资产,无形资产和其他长期资产的损失(减:收益)	−63.74
财务费用	22011501.55
存货的减少(减:增加)	−162802.70
经营性应收项目的减少(减:增加)	8102836.14
经营性应付项目的增加(减:减少)	−7168915.76
经营活动产生的现金流量净额	86717586.12
3.现金及现金等价物净增加情况:	
货币资金的期末余额	83617774.01
减:货币资金的期初余额	4948312.00
现金等价物的期末余额	
减:现金等价物的期初余额	
现金及现金等价物净增加额	78669462.01

深圳本鲁克斯实业股份有限公司

一、公司简介

(一)公司法定中文名称:深圳本鲁克斯实业股份有限公司

公司法定英文名称:SHENZHEN BENELUX ENTERPRISE CO.,LTD

(二)公司法定代表人:赵从钊

(三)公司董事会秘书:沈焰雷

董事会秘书处地址:深圳市南山区南油中兴工业城 11 栋　　邮政编码:518062

电话:(0755)6521014　6649025　传真:(0755)6649031　电子信箱:szshbshi@sz.gd.cninfo.net

(四)公司注册地址和总部地址:深圳市南山区南油中兴工业城 11 栋

邮政编码:518062　　公司总部电子信箱:beneluxs@public.szptt.net.cn

(五)信息披露报纸:深圳《证券时报》和香港《文汇报》登载公司年度报告的中 国证监会指定国际互联网网址 http://www.cninfo.com.cn

公司年度报告备置地点:公司董事会秘书处

(六)公司股票上市交易所:深圳证券交易所　股票简称:深本实 B　股票代码:2041

二、会计数据和业务数据摘要

(一) 主要利润指标　　(单位:人民币元)

利润总额	-11,476,347.39
净利润	-11,446,567.18
主营业务利润	-8,581.42
营业利润	-4,405,730.03
投资收益	-6,956,535.83
营业外收支净额	-114,081.53
经营活动产生的现金流量净额	1,860,105.21
现金及现金等价物净增加额	70,148.23

(二) 按照中国会计制度审计的 1999 年度净利润为亏损人民币 11,446,567.18 元, 按照国际会计准则审计的 1999 年度净利润为亏损港币 7,561,000.00 元,和按照中国会 计制度审计的数据有差异的主要原因是由于在去年的审计中,境内审计报告中坏帐准 备系按年末应收帐款的千分之三计提,而境外审计报告中按年末应收帐款、预付帐款 、其他应收款之和扣除关联公司往来后分帐龄计提,而在今年的审计中,境内审计报告及境外审计报告中坏帐准备的计提调整为一致,均按年末应收帐款、预付帐款、其他 应收款之和扣除关联公司往来后分帐龄计提。

(三) 主要会计数据和财务指标

指标项目	1999	1998	1997
主营业务收入	14,137,888.57	53,824,289.90	164,167,042
净利润	-11,446,567.18	1,908,266.91	11,833,298
总资产	236,437,343.47	266,204,409.37	245,076,508
股东权益	130,210,739.01	145,316,330.29	144,648,579
每股收益	-0.19	0.0315	0.20
每股净资产	2.15	2.40	2.39
调整后的每股净资产	1.21	2.26	2.20
每股经营活动中产生的现金流量净额	0.03	-0.01	
净资产收益率(%)	-8.79	1.31	8.18

注:(1)以上数据摘自境内会计师事务所审计报告。

(2)财务指标计算方法:

每股收益 = 净利润/年度末普通股股份总数

每股净资产 = 年度末股东权益/年度末普通股股份总数

净资产收益率 = 净利润/年度末股东权益×100%

(3) 本公司年度内加权计算的每股收益和每股净资产与摊薄计算的相一致。

(4) 本公司本年度对坏帐准备的会计政策变更已采用追溯调整法,调整了 1999 年度会计报表和合并报表相关项目的年初数或上年实际数。调整前后的的主要会计数据和财务指标见下表:

指标项目	1998 调整前	1998 调整后	1997 调整前	1997 调整后
主营业务收入	53,824,289.90	53,824,289.90	164,167,042	164,167,042
净利润	1,908,266.91	1,823,323.40	11,833,298	10,811,565
总资产	266,204,409.37	232,293,408.44	245,076,508	244,055,000
股东权益	145,316,330.29	141,802,692.53	144,648,579	143,627,071
每股收益	0.0315	0.0301	0.20	0.18
每股净资产	2.40	2.34	2.39	2.37
调整后的每股净资产	2.26	2.21	2.20	2.18
每股经营活动中产生的现金流量净额	-0.01	0.03		
净资产收益率(%)	1.31	1.29	8.18	7.53

(四)1999 年度股东权益变动情况

项目	期初数	本期增加、减少	期末数
股本(万股)	6,050	0	6,050
资本公积(万元)	2,984.7	0	2,984.7
盈余公积(万元)	3,127.6	0	3,127.6
法定公益金(万元)	753.9	0	753.9
未分配利润(万元)	1,231.7	-1,486.2	-254.5
股东权益合计(万元)	14,531.6	-1,510.5	13,021.1

三、股东情况介绍

(一)截至 1999 年 12 月 31 日,本公司 A 股股东数量为 119 名,B 股股东数量为 1750 名,股东总数为 1869 名。

(二) 主要股东持股情况(除注明外,均为 B 股)

股东名称	年末持股数	增减变动
蛇口汉盛电子有限公司(A 股)	19,558,077	0
香港佳利精密制造有限公司	14,247,290	0
武汉华兴电子有限公司(A 股)	8,473,001	0
香港捷利音响工业有限公司	1,039,632	0
王维明	910,400	106,400
KOTO TRANSPORT LTD	726,000	0
PETO VENTURES LTD	681,500	11,500
LIU JUN QI	496,200	496,200
黄幼楠	453,300	0
陈益昌	451,000	451,000

备注:以上股东所持股份均未质押或冻结。

深圳赤湾石油基地股份有限公司

一、公司简介

公司法定中文名称:深圳赤湾石油基地股份有限公司

法定英文名称:SHENZHEN CHIWAN PETROLEUM SUPPLY BASE CO., LTD (缩写:SCPSB)

公司法定代表人:傅育宁

公司董事会秘书:崔　伟　授权代表:刘伟、于忠侠　电话:6694211　传真:6694227

地址:中国广东省深圳市赤湾基地楼　邮政编码:518068　电子信箱:szcpsb@public.szonline.net

公司信息披露报纸名称:深圳《证券时报》、香港《南华早报》

登载公司年度报告的中国证监会指定的国际互联网地址:http://www.cninfo.com.cn

年度报告备置地点:中国广东省深圳市赤湾基地楼三楼行政部

公司股票上市交易所:深圳证券交易所　股票简称:深基地 B　股票代码:2053

二、会计数据和业务数据摘要

(一) 本年度利润总额及构成	单位:美元	单位:人民币元
利润总额	5,407,722.90	44,766,752.49
净利润	4,600,902.51	38,087,651.25
扣除非经常性损益后的净利润	4,600,902.51	38,087,651.25
其中:主营业务利润	5,921,907.17	49,023,324.13
其它业务利润	0	0
营业利润	5,384,745.20	44,576,536.19
投资收益	29,000.00	240,070.70
补贴收入	0	0
营业外收支净额	(6,022.30)	(49,854.40)
经营活动产生的现金流量净额	7,434,704.22	61,546,711.94
现金及现金等价物净增加额:	2,771,698.91	22,950,695.93

(二) 税后利润差异说明:经罗兵咸永道会计师事务所按照香港会计师公会颁布的标准核数准则进行的审计, 与中国会计师审计结果相同,无差异。

(三) 主要会计数据及财务指标　截止 12 月 31 日

指标名称	1999	1999	1998	1998	1997	1997
	千美元	万元人民币	千美元	万元人民币	千美元	万元人民币
主营业务收入	10,733	8,885	11,961	9,902	12,110	10,039
利润总额	5,408	4,477	6,183	5,119	6,025	4,994
净利润	4,601	3,809	5,275	4,367	4,980	4,128
资产总额	67,470	55,861	67,617	55,978	70,621	58,473
股东权益	59,882	49,578	58,962	48,813	57,907	47,946
普通股总数(万股)(摊薄)	23,060	23,060	23,060	23,060	23,060	23,060
(加权)	23,060	23,060	23,060	23,060	23,060	23,060
每股收益(元/股)(摊薄)	0.02	0.165	0.0229	0.189	0.0216	0.179
(加权)	0.02	0.165	0.0229	0.189	0.0216	0.179
每股净资产(元/股)(摊薄)	0.260	2.150	0.256	2.117	0.25	2.07
调整后的每股净资产(元/股)(摊薄)	0.254	2.106	0.25	2.07	0.25	2.07
每股经营活动产生(摊薄)的现金流量净额(元/股)	0.032	0.267	0.036	0.300		
净资产收益率(%)(摊薄)	7.7	7.7	8.9	8.9	8.6	8.6
扣除非经常性损益(摊薄)后的每股收益(元/股)	0.02	0.165	0.0229	0.189	0.0216	0.179

(四)报告期内股东权益变动情况　单位:美元

项目	股本	资本公积	盈余公积	法定公益金	未分配利润	合计
期初数	27,033,997.66	26,269,018.88	5,658,649	1,250,216.82	---	58,961,665.54
本期增加	---	---	920,180.50	230,045.13	4,600,902.51	5,521,083.01
本期减少	---	4,600,902.51	4,600,902.51			
期末数	27,033,997.66	26,269,018.88	6,578,829.50	1,480,261.95	---	59,881,846.04

变动原因:1999 年度公司实现净利润 4,600,902.51 美元,80%以现金形式派发给股 东(待股东大会通过), 另外提取 10%的法定公积金,5%的法定公益金和 5%的任意公积金 。盈余公积金共增加 920,180.50 美元, 其中公益金增加 230,045.13 美元。

(五) 业 务 数 据　截止 12 月 31 日

设施使用率(%)	1999	1998	1997
普通仓库	85	80	90
毗邻仓库	85	80	90
堆场	96	95	85
办公室	44	60	60
叉车	60	60	70
吊机	50	50	55
拖车	40	40	50
吞吐量(吨)	538,552	552,822	555,900
船舶停靠次数	1,272	1,407	1,800

三、股东情况介绍

(一)报告期末股东总数:截止 1999 年 12 月 31 日,登记在册股东总人数 3182 人,其中 A 股股东只有发起人中国南山开发(集团)股份有限公司一家,B 股股东 3181 人。

(二)主要股东持股情况

前十大股东持股情况(截止 1999 年 12 月 31 日)

序号	股东代码	股　东　名　称	持股数量	持股比例
1	00038657	中国南山开发(集团)股份有限公司 *	119,420,000	51.79
2	00210963	OFFSHORE JOINT SERVICES (BASES) CO OF SGP PTE LTD	51,180,000	22.19
3	00210854	SEMBAWANG MARINE & LOGISTICS LTD	13,000,000	5.64
4	00210852	JURONG ENGINEERING LTD	3,500,000	1.52
5	00003361	BONY/ABERDEEN PROLIFIC INTL FD RE CHINA OPS FUND	2,000,550	0.87
6	00306298	杨丽华	1,478,941	0.64
7	00283906	CHIWN DEVELOPMENT (HK) LTD	1,095,701	0.48
8	00306302	黄转堂	1,093,508	0.47
9	00259341	CREATE INVESTMENTS LIMITED 康创投资有限公司	668,000	0.29
10	00210853	JURONG SHIPYARD LTD	594,700	0.26
	合计		194,031,400	84.14

南京普天通信股份有限公司

(一) 公司简介

1、公司中文名称:南京普天通信股份有限公司
公司英文名称:Nanjing Postel Telecommunications Co., Ltd.
2、法定代表人:路俊海 先生
3、董事会秘书:肖兆开 先生 授权代表:顾小荣 先生
联系地址:南京市秦淮区普天路1号 电话:86-25-2309954 传真:86-25-2309954
电子信箱:Ntelecom@public1.ptt.js.cn
4、公司注册地址:中国江苏省南京市江宁经济技术开发区爱立信西侧一幢
公司办公地址:南京市秦淮区普天路1号 邮政编码:210012
公司主页:www.postel.com.cn 公司电子信箱:investor@postel.com.cn
5、公司信息披露报纸:证券时报、香港商报
年报指定登载网址:www.cninfo.com.cn 年度报告备置地:公司证券管理室
6、公司股票上市交易所:深圳证券交易所 股票简称:宁通信B 股票代码:2468

(二) 会计数据和业务数据摘要

1.1999年度会计数据(单位:人民币元)

利润总额	5816791
净利润	790933
扣除非经常性损益后的净利润	-836716
主营业务利润	97276553
其他业务利润	1857458
营业利润	-5430792
投资收益	5646169
补贴收入	1627649
营业外收支净额	3973765
经营活动产生的现金流量净额	-26529478
现金及现金等价物净增加额	44063061

扣除的非经常性损益项目为补贴收入,金额为1,627,649元。

境内外会计师审计结果差异说明:

	1999年度 税后利润 人民币万元	1999年12月31日 资产净值 人民币万元
按中国会计准则编制之合并报表	79.1	48419.2
为符合国际会计准则所作的调整		
所得税返还	117.4	
递延资产摊销	(143.1)	
资产重估增值		(2,861.8)
其他		1100.5
按国际会计准则编制之合并报表	53.4	46657.9

2.公司近三年主要会计数据(单位:人民币元)

财务指标	1999	1998	1997
主营业务收入	392421137	483620642	469736150
净利润	790933	12108025	47034537
总资产	873597238	751119341	799729073
股东权益(不包含少数股东权益)	484192348	481460861	469352836
每股收益	0.004	0.056	0.219
扣除非经常性损益后的每股收益	-0.004	0.056	0.219
每股净资产	2.25	2.24	2.18
调整后的每股净资产	2.11	2.15	2.13
每股经营活动产生的现金流量净额	-0.12	-0.05	—
净资产收益率(%)	0.16	2.51	10.02

注1:本报告期股本未发生变化,故每股收益和每股净资产同按月加权平均每股收 益和每股净资产相等。

注2:以上财务数据的计算方法如下:

每股收益=净利润/年度末普通股股份总数

每股净资产=年度末股东权益/年度末普通股股份总数

调整后的每股净资产=(年度末股东权益-三年以上的应收款项净额-待摊费用-待 处理(流动、固定)资产净损失-开办费-长期待摊费用-住房周转金负数余额)/年度末 普通股股份总数

注3:报告期末至本报告披露日,公司股本未发生变化。

3.报告期内股东权益变动情况(单位:人民币元)

项目	股本	资本公积	盈余公积	法定公益金	其他储备金	未分配利润	股东权益合计
期初数	215000000	205293605	49372501	18921594		11794755	481460861
本期增加		1940554	1460170	502908	114980	972816	4488520
本期减少			181883			1575150	1757033
期末数	215000000	207234159	50650788	19424502	114980	11192421	484192348

资本公积增加,系资产评估增值、股权投资准备、接受捐赠所致;

盈余公积增加系本年计提所致,本期减少系注销子公司所致;

未分配利润增加系注销子公司和本年实现的利润,减少系本年计提盈余公积金、法定公益金所致。

(三) 股东情况介绍

1.截止1999年12月31日,本公司股东总数为4368户,其中国有法人股东1户,B股股东4367户。

2.报告期末前十名股东持股情况(单位:股)

序号	股东名称	年末持股数	持股比例(%)
1	中国普天信息产业集团公司	115000000	53.49
2	黄 真	2082300	0.97
3	彭德政	2024600	0.94
4	BONY A/C AMG CH CHINA INVESTMENTS LIMITED	1700001	0.79
5	明敏国际有限公司	1222360	0.57
6	方 科	1161000	0.54
7	GONG JUNQIN	1005900	0.47
8	EASTSUN INVESTMENT FUND S.A.	1000000	0.46
9	孙容金	857500	0.40
10	陈炎希	700460	0.33

其中,中国普天信息产业集团公司(原中国邮电工业总公司)为国有法人股东,本年内所持的股份数没有变化,其所持股份未作质押或冻结。

山东晨鸣纸业集团股份有限公司

(一) 公司简介

1、公司法定中文名称:山东晨鸣纸业集团股份有限公司
公司法定英文名称:SHANDONG CHENMING PAPER HOLDINGS LIMITED 缩写:SCPH
2、公司法定代表人:陈永兴
3、公司董事会秘书:郝 筠
联系地址:山东省寿光市圣城街595号 电话:0536-5280011 传真:0536-5228900
4、公司注册地址和办公地址:山东省寿光市圣城街595号 邮政编码:262700
电子信箱:cmzqb@public.wfptt.sd.cn 公司网址:http://www.chen ming paper.com
5、公司信息披露的报刊:《中国证券报》、《证券时报》和《香港商报》
刊登年度报告网址:http://www.cninfo.com.cn
公司年度报告备置地点:公司资本运营部
6、公司股票上市交易所:深圳证券交易所 股票简称:晨鸣B 股票代码:2488

(二) 会计数据和业务数据摘要

1、本年度主要利润指标情况	(单位:人民币元)
(1)利润总额:	337,402,849.19
(2)净利润:	173,348,660.54
(3)扣除非经常性损益后的净利润:	113,578,155.78
(4)主营业务利润:	575,526,653.70
(5)其他业务利润:	6,694,724.34
(6)营业利润:	276,682,108.43
(7)投资收益:	1,153,940.00
(8)补贴收入:	59,508,948.55
(9)营业外收支净额:	57,852.21
(10)经营活动产生的现金流量净额:	-228,848,382.22
(11)现金及现金等价物净增加额:	59,903,739.61

注:扣除的非经常性损益项目和涉及金额共计59,770,504.76元。其中营业外收支净额57,852.21元;补贴收入59,508,948.55元;股权投资差额摊销203,704.00元。

公司除按中国会计准则出具财务报告外,还按国际会计准则出具了财务报告,以供境外投资者参考。境内会计师审计的净利润(合并)17,334.87万元,境外会计师审计的净利润(合并)17,963.8万元,境外会计师比境内会计师审定的净利润多628.93万元,主要是境外会计师按国际会计准则1.扣除由内部评估而产生的商誉及相关的摊销金额,增加利润157.8万元;2.坏帐及呆帐备抵调整增加利润491.5万元;3.其他因素调整减少利润20. 3万元。

2、截止报告期末公司前三年的主要会计数据和财务指标

指标项目	1999年	1998年 调整后	1998年 调整前	1997年 调整后	1997年 调整前
主营业务收入(元)	1720307508.38	1070232642.49	1070232642.49	778955,923	778,955,923
净利润(元)	173348660.54	128023,367.36	128051,584.11	170765,566	184936,889
总资产(元)	3316785771.14	2476368862.24	2490568401.35	1798819185	1812990508
股东权益(元)	1,341,214,269.86	1172626482.64	1186826021.75	1044603115	1058774438
(不含少数股东权益)每股收益(元/股)	0.452	0.334	0.334	0.62	0.68
每股收益(加权)(元/股)	0.452	0.334	0.334	0.71	0.77
每股收益(扣除非经常性损益后)	0.296	0.252	0.252	0.59	0.65
每股净资产(元/股)	3.498	3.06	3.10	3.81	3.87
调整后的每股净资产(元/股)	3.423	2.973	3.01	3.74	3.79
每股经营活动产生的现金流量净额	-0.597	0.447	0.447		
净资产收益率(%)	12.92	10.92	10.79	16.35	17.47

注:主要财务指标计算方法:

每股收益=净利润/年度末普通股股份总数

每股净资产=年度末股东权益/年度末普通股股份总数

调整后的每股净资产=(年度末股东权益-三年以上的应收款项净额-待摊费用-待 处理(流动、固定)资产净损失-开办费-长期待摊费用-住房周转金负数余额)/年度末 普通股股份总数

每股经营活动产生的现金流量净额=经营活动产生的现金流量净额/年度末普通股股份总数

净资产收益率=净利润/年度末股东权益×100%

3、股东权益变动情况及原因

项目	股本	资本公积	盈余公积	法定公益金	未分配利润	股东权益合计
期初数	383397931	470265835.76	133447016.08	41119692.74	185515699.80	1172626482
本期增加	--	373,831.68	34669732.10	17334866.05	138678928.44	173722492.22
本期减少	--	5,134,705.00	--	--	--	5134705.00
期末数	383397931	465504962.44	168116748.18	58454558.79	324194628.24	1341214269

变动原因:(1)资本公积减少是因为1997年公司投资控股武汉晨鸣纸业股份有限公司时,投资成本与本公司持有的该公司的所有者权益之间的差额是由于贷方差暂列"资本公积",今年根据新会计准则计入"长期股权投资差额";(2)盈余公积增加是本期实现净利润提取所致;(3)法定公益金增加是本期实现净利润提取所致;(4)未分配利润增加是因为本期实现净利润增加;(5)股东权益增加是因为本期实现净利润增加。

(三) 股东情况介绍

(1)报告期末公司股东总数为9711户。

(2)主要股东持股情况(前10名)

公司前10名股东持股情况

名次	股东名称	期末持股数	持股比例%
1	寿光市国有资产管理局	142,371,440	37.13
2	英国广华投资有限公司	26,709,591	6.97
3	BONY A/C CMG CH CHINA INVESTMENTS LIMITED	3,536,710	0.92
4	GUANGDONG DEVELOPMENT FUND LTD	2,813,161	0.73
5	张克强	2,528,100	0.66
6	LEUNG CHUEN YEE	2,470,620	0.64
7	周康林	1,937,920	0.51
8	邓文平	1,924,850	0.50
9	成愉有限公司	1,733,500	0.45
10	林胜谋	1,730,120	0.45

1持有本公司5%以上(含5%)股份的股东分别为寿光市国有资产管理局和英国广 华投资有限公司,报告期末分别持有142,371,440股、26,709,591股。本报告期内上述两家股东所持有 本公司的股份未发生变动并均未作任何质押和冻结。

厦门灿坤实业股份有限公司

一、公司简介

(一)、公司名称(中文) :厦门灿坤实业股份有限公司
公司名称(英文):TSANN KUEN(CHINA) ENTERPRISE CO ., LTD　缩写:TKC
(二)、公司法定代表人:吴灿坤
(三)、董事会秘书姓名:田竹英
董秘联系地址:厦门市湖里工业区兴隆路 88 号　电话:0592-6030228　传真:0592-6035905
(四)、公司注册地址:中华人民共和国厦门市
办公地址:厦门市湖里工业区兴隆路 88 号　邮政编码:361006
(五)、电子信箱:tcy@tke.tsannkuen.com
信息披露报纸:国内-证券时报,境外-香港新报　登载年报的网址:www.cninfo.com.cn
公司年度报告备置地点:厦门灿坤实业(股)公司董事会秘书处
(六)、股票上市交易所:深圳股票交易所　股票简称:闽灿坤 B　股票代码:2512

二、会计数据和业务数据摘要

(一)、公司本年度实现的利润金额:　单位:仟元

项次	项目/年度	金额
1	利润总额(税前)	146811
2	净利润	132513
3	扣除非经常性损益的净利润	145129
4	主营业务利润	383549
5	其它业务利润	4057
6	投资收益	0.18
7	补贴收入	2229
8	营业外收支净额(支出)	14845
9	经营活动产生的现金流量净额	274441
10	现金及现金等价物净增加额	1211

扣除的非经常性损益的项目及金额,其中较大者如下:

1、投资收益	0.18
2、补贴收入	2229
3、固定资产处分收入	405
4、员工违反劳动合同赔偿	410
5、资产报废损失	9425
6、捐赠	1221

(二)、不同会计准则计算的净利润差异说

本财务报表按中国会计准则编制,不同于按国际会计准则而编制的法定财务报告 。按中国会计准则报告的税后净利为 132,513 仟元,按国际会准则报告的税后净利为 140,294 仟元。

(三)、近三年主要会计数据和财务指针

项目/年度	99 年度	98 年度	97 年度	99/98 年度(%)
主营业务收入(千元)	1774267	1311479	1152396	135.29%
净利润(千元)	132513	81478	80280	162.64%
净利润(%)	7.47%	6.21%	6.97%	120.27%
总资产(千元)	1943038	1334015	943660	145.65%
股东权益(千元)	702041	587559	520511	119.48%
每股收益(元)	0.37	0.28	0.35	132.14%
每股净资产(元)	1.95	2.04	2.25	95.59%
调整后的每股净资产(元)	1.90	1.91	1.9	99.48%
每股经营活动产生的现金流量净额	0.75	-0.76		198.68%
净资产收益率(%)	18.88%	13.87%	15.42%	136.12%

说明:1、本公司取得厦门市税务局批准,自首个有营利的营业年度起,四年全免缴所得 税,其后五年减半缴交所得税。首个有营利年度,指扣除已往年度结算的亏损后,出现 应课税溢利的年度,以此基准,截至一九九二年十二月三十一日止,为本公司首个有盈 利年度,因此本公司于一九九二年至一九九五年可免缴中国所得税,一九九六年度至二零零零年度,本公司须按 7.5%税率评定所得税。

2、本公司本年度内未发新股或配股,故每股净资产与加权每股净资产相同。

三、股本变动及股东情况

(一)、股本变动情况　数量单位:仟股

项目	期初数	本次变动增减(+,-)					期末数
		配股	送股	公积金转股	其它	小计	
一、尚未流通股份							
1、发起人股	210600		21060	31590		52650	263250
其中:外资法人持有股份	210600		21060	31590		52650	263250
尚未流通股份合计	210600		21060	31590		52650	263250
二、已流通股份							
1、境内上市的外资股	78000		7800	11700		19500	97500
已流通股份合计	78000		7800	11700		19500	97500
三、股份总数	288600		28860	43290		72150	360750

说明:公司于 1999 年 5 月 21 日通过"98 年度利润分配方案",按 1998 年末已发行之 股份 288,600 仟股计算,以每 10 股送 1 股的比例向全体股东派送红股,每股面值 1 元,合计送股本金人民币 28,860,000 元; 同时用任意盈余公积金以每 10 股送 1.5 股的比例向全体股东转增股本, 每股面值 1 元,合计转增股本金人民币 43,290,000 元。该方案已于 1999 年 6 月 4 日经厦门市证券监督管理委员会公司管理处批准。

(二)、股东情况介绍

1、股东数量:报告期末公司股东总数为 4,995 户。

2、前十名股东持股情况

序列	股东名称	年初持股数	本年增减数	年末持股数	持股比例
1	香港福驰工业有限公司	84240000	21060000	105300000	29.19%
2	香港优柏发展有限公司	84240000	21060000	105300000	29.19%
3	香港侨民投资有限公司	42120000	10530000	52650000	14.59%
4	TIMMERTON CO INC	3763500	940875	4704375	1.30%
5	TSAI CHIEN FANG	3012397	-121901	2890496	0.80%
6	LI,WEI QUAN	2420375	392125	2812500	0.78%
7	TSAI SHU HUI	1114195	278548	1392743	0.39%
8	TOP DYNAMIC INVESTMENTS LIMITED	1101200	187800	1289000	0.36%
9	中国平保安(香港)	1017745	174286	1192031	0.33%
10	EUROWAY DEVELOPMENTS LTD	568800	319950	888750	0.25%

大连冷冻机股份有限公司

(一) 公司简介

1、公司法定中文名称:大连冷冻机股份有限公司
公司法定英文名称:Dalian Refrigeration CO., LTD.　缩写:DRC
2、公司法定代表人:张和先生
3、公司董事会秘书:吕连珍女士　授权代表:葛彦女士
联系地址:大连市沙河口区西南路 888 号 电话:0086-411-6653081-8130
传真:0086-411-6641470
4、公司注册及办公地址:大连市沙河口区西南路 888 号　邮政编码:116033
互联网网址:http://www.bingshan.com　电子信箱:dlzj@mail.dlptt.ln.cn
5、公司选定的信息披露报纸名称:《中国证券报》、《大公报》
登载公司年度报告的中国证监会指定网址:http://www.cninfo.com.cn
公司年度报告备置地点:公司证券部
6、公司股票上市交易所:
深圳证券交易所 股票简称:大冷股份;大冷 B　股票代码:0530;　2530

(二) 会计数据和业务数据摘要

1、报告期主要业务数据摘要

利润总额	77703066.87
净利润	71063628.79
扣除非经常性损益后的净利润	71055328.90
主营业务利润	133163266.15
其他业务利润	1316860.65
营业利润	37963615.68
投资收益	39600186.96
补贴收入	46222.00
营业外收支净额	93042.23
经营活动产生的现金流量净额	25338240.97
现金及现金等价物净增加额	11512234.18

经大连信义会计师事务所有限公司按照中国会计准则审计, 公司 1999 年度实现净 利润 7,106 万元;经安达信公司按照国际会计准则审计,公司 1999 年实现净利润 6,420 万元。境内外审计差异为 686 万元。

按国际会计准则调整对净利润的影响:　(单位:千元)

	1999	1998
本公司法定帐目金额	71064	70533
法定帐目会计政策变更对以前年度利润的影响	-	(5174)
调整后本公司法定帐目金额	71064	65359
提列坏帐准备	(3,841)	(3018)
提列存货损失准备	(4,471)	2208
销售收入截止	(1,222)	(1489)
权益法核算投资收益	1821	585
其他	849	1523
根据国际会计准则本公司调整后金额	64200	65168

注:扣除非经常性损益项目和涉及金额:

(1)处理固定资产损益—37,922.31 元; (2)补贴收入 46,222.20 元。

2、截止报告期末公司前三年的主要会计数据和财务指标

项目	1999	1998		1997
		调整后	调整前	
主营业务收入	720585250.60	651435731.38	651435731.38	605946178.76
净利润	71063628.79	65359014.10	70533270.34	112856894.55
总资产	1615977240.16	1531014855.25	1547026481.76	1102419785.45
股东权益(不含少数股东权益)	1059513792.85	1023425961.56	1039437588.07	641045634.63
每股收益	0.203	0.187	0.202	0.485
每股净资产	3.03	2.92	2.97	2.73
调整后的每股净资产	3.01	2.91	2.95	2.65
每股经营活动产生的现金流量净额	0.072	0.116	0.116	-
净资产收益率	6.71%	6.40%	6.79%	17.78%

注:(1)以上数据和指标系按合并会计报表数填列或计算。以上数据业经大连信义会 计师事务所有限公司按照中国会计准则审计,安达信公司按照国际会计准则审计的数 据参阅英文版。(2)按月平均加权法计算的每股收益为 0.203 元。(3)扣除非经常性损益后的每股收益为 0.203 元。 (4)报告期末至摘要披露日,公司股本未发生变化。

3、报告期内股东权益变动情况

项目	股本	资本公积	盈余公积	法定公益金	未分配利润	股东权益合计
期初数	350014975	555461064	117622270	32903701	16339278	1039437588
本期增加		25700	21902480	7300826	71063628	20076204
本期减少			4803487	1601162	68112116	
期末数	350014975	555486764	134721263	38603366	19290790	1059513792

变动原因:资本公积本期增加是因接受捐赠及其他资本公积转入;盈余公积、法定公益金本期增加是因公司 1999 年利润分配提取,本期减少是因追溯调整;未分配 利润本期增加是因公司 1999 年实现利润,本期减少是因公司 1999 年利润分配派发现金 股利及追溯调整;股东权益本期增加是因公司 1999 年实现利润。

(三) 股东情况介绍

1、报告期末股东总数为 95,103 户,其中 A 股股东总数为 93,194 户,B 股股东总数为 1,909 户。

2、主要股东持股情况(前 10 名股东)

股东名称	年初	年末	占总股本(%)	类别
大连冰山集团有限公司(国家股)	10442.25	10442.25	29.83	A
SANYO ELECTRIC CO., LTD.	3500.15	3500.15	10.00	B
招商银行证券业务部	599.91	531.98	1.52	B
吉林九州开发公司	315.00	315.00	0.90	A
太原兆和投资发展公司	315.00	315.00	0.90	A
大连信托投资公司	283.70	283.70	0.81	A
BONY A/C CMG CH CHINA INVESTMENTS LIMITED	254.46	211.67	0.60	B
WISEMAX INTERNATIONAL LIMITED	218.84	195.01	0.56	B
CHEUNG,KIN WA	195.00	189.93	0.54	B
大连华信信托投资股份有限公司	179.50	179.50	0.51	A

公司前 10 名股东之间不存在关联关系。持股 5%以上的法人股东所持公司股份无质押情况。

瓦房店轴承股份有限公司

一、公司简介

1、公司中文名称:瓦房店轴承股份有限公司
公司英文名称:Wafangdian Bearing Company Limited
2、公司法定代表人:王路顺
3、公司董事会秘书:张兴海
联系地址:中国辽宁省瓦房店市北共济街一段1号　咨询电话:0411-5509888-3829、3373
传　真:0411-5500794　电子邮件:zwz214@mail.dlptt.ln.cn
4、公司注册地址:中国辽宁省瓦房店市北共济街一段1号　邮政编码:116300
5、信息披露报纸:本公司选定《证券时报》、《香港商报》及英文《虎报》
登载公司年度报告的中国证监会指定国际互联网网址:　http//www.cninfo.com.cn
6、公司年度报告备置地点:本公司投资证券部
7、公司股票上市地:深圳证券交易所　股票简称:瓦轴B　股票代码:2706

二、会计数据与业务数据摘要

1、公司本年度主要经济指标情况(单位:人民币元)

利润总额:	55,220,581.24
净利润:	45,251,460.16
扣除非经常性损益后净利润:	—
主营业务利润:	249,051,453.59
其他业务利润:	9,429,534.48
投资收益:	10,151,445.08
补贴收入:	—
营业外收支净额:	617,894.03
经营活动产生的现金流量净额:	25,938,459.68
现金及现金等价物净增加(减少)额:	(36,538,656.49)

2、截止报告期公司前三年的主要会计数据和财务指标:
追溯调整后:　(单位:人民币元)

指标项目	1999年	1998年	1997年
主营业务收入	1,117,594,129.07	1,208,437,170.66	1,268,594,245.12
净利润	45,251,460.16	53,503,828.31	110,232,186.85
扣除非经常性损益后的净利润			
总资产	2,186,872,783.56	2,063,448,263.21	1,848,632,659.99
股东权益	985,697,769.23	956,946,309.07	931,756,662.30
每股收益	0.137	0.162	0.334
加权每股收益	0.137	0.162	0.367
每股净资产	2.987	2.90	2.82
调整后的每股净资产	2.901	2.788	2.69
净资产收益率	4.59%	5.59%	11.83%
加权净资产收益率	4.59%	5.59%	16.91%
每股经营活动产生的现金流量净额	0.079	0.098	

3、报告期内股东权益变动情况:(单位:元)

项　目	股本	资本公积金	盈余公积	法定公益金	未分配利润	股东权益合计
期初数	330000000.00	507848593.63	27077405.64	9057972.95	92020309.80	956946309
本期增加			6513730.94	2171243.65	22237729.22	28751460
本期减少						
期末数	330000000.00	507848593.63	33591136.58	11229216.60	114258039.02	985697769
变动原因			本期提取追溯调整	本期提取追溯调整	本期利润结转追溯调整	

三、报告期股本变动及股东情况介绍

1、股本结构及本期变动情况

	期初数	配股	送股	公积金转股	其他	小计	期末数
		本次+变动增减(+,-)					
一、尚未流通股份							
1、发起人股份	200,000,000						200,000,000
其中:国家拥有股份	200,000,000						200,000,000
尚未流通股份合计	200,000,000						200,000,000
二、已流通股份							
1.境内上市的外资股	130,000,000						130,000,000
已流通股份合计	130,000,000						130,000,000
三、股份总数	330,000,000						330,000,000

2、股东情况介绍

(1)截止本年度末公司登记在册的股东共计3808户,其中国有股股东1名,社会公众股股东3807户。

(2)主要股东持股情况(前十名股东):

名次	股东名称	持股数	占总股本比例
1、	瓦房店轴承集团有限责任公司	200,000,000.00	60.60%
2、	AKTIEBOLAGET SKF	65,000,000.00	19.70%
3、	CHOY CHUN MUI	3,813,433.00	1.16%
4、	曹铮荣	1,012,366.00	0.307%
5、	吴春城	680,330.00	0.206%
6、	TAN ZHI　谭志	665,000.00	0.202%
7、	WONG SHIT FUI　黄雪辉	630,900.00	0.191%
8、	洪爱芬	617,601.00	0.187%
9、	庄徐周	607,000.00	0.184%
10、	招盈财务有限公司	540,000.00	0.164%
合　计		273,566,630.00	82.9%

注:本公司前十名股东不存在关联关系,持有5%(含有5%)的股东所持股份在报告期内未发生质押、冻结情况。

(3)持股10%以上股东介绍:　1、瓦房店轴承集团有限责任公司(本公司母公司)持有本公司200,000,000股,占总股本的60.6%;

2、瑞典斯凯孚(SKF)公司(本公司战略投资者)持有本公司65,000,000股,占总股本的19.7%。

(4)董事、监事及高级管理人员没有持有本公司股票。

北京东方电子集团股份有限公司

一、公司简介

1、公司法定中文名称:北京东方电子集团股份有限公司　中文缩写:京东方
英文名称:BEIJING ORIENT ELECTRONICS GROUP CO.,LTD.　英文缩写:BOE
2、公司法定代表人:王东升
3、公司董事会秘书:陈炎顺　授权代表:仲慧峰
联系地址:北京市朝阳区酒仙桥路10号
电话:010-64362255-3308或010-64366264　传真:010-64366264
4、公司注册地址:北京市朝阳区酒仙桥路10号
公司办公地址:北京市朝阳区酒仙桥路10号　邮政编码:100016
公司互联网网址:http://www.boe.com.cn　公司电子信箱:web.master@boe.com.cn
5、公司信息披露报纸:《证券时报》、《香港大公报》
登载公司年度报告的互联网网址:http://www.cninfo.com.cn
公司年度报告备置地点:公司资本与股证事务部
6、公司股票上市交易所:深圳证券交易所
股票简称:京东方B　股票代码:2725

二、会计数据和业务数据摘要

1、本年度主要会计数据:　(单位:人民币元)

利润总额:	105917846.00
净利润:	74502439.00
扣除非经常性损益后的净利润:	72445612.00
主营业务利润:	141587976.00
其他业务利润:	-4366047.00
营业利润:	44390651.00
投资收益:	52262841.00
补贴收入:	0
营业外收支净额:	9264354.00
经营活动产生的现金流量净额:	-44736342.00
现金及现金等价物净增加额:	-4403824.00

注:非经常性损益是指公司正常经营损益之外的、一次性或偶发性损益,涉及的项目和金额包括:

项目	金额
搬迁补偿收入	1956940.00元
处理固定资产收益	99887.00元
合计	2056827.00元

2、截至报告期末公司前三年主要会计数据和财务指标:

指标项目	1999年度	1998年度	1997年度
主营业务收入(千元)	741887	237497	258599
净利润(千元)	74502	60721	123966
总资产(千元)	2258881	1712851	1435196
股东权益(千元)	1066545	991780	931059
每股收益(元)	0.152	0.124	0.253
每股净资产(元)	2.18	2.03	1.91
调整后的每股净资产(元)	2.14	2.01	1.889
每股经营活动产生的现金流量净额(元)	-0.09	—	—
净资产收益率	6.99%	6.12%	13.31%

注1、上述摊薄数据均按各年末总股本48955.4万股计算;
扣除非经常性损益后的1999年度每股收益为0.148元。
注2、以上数据均依据合并报表编制。
注3、报告期末至报告披露日,公司股本未发生变化。
注4、主要财务指标计算公式:
每股收益=净利润 / 年度末普通股股份总数
每股净资产=年度末股东权益 / 年度末普通股股份总数
调整后的每股净资产=(年度末股东权益-三年以上的应收款项净额-待摊费用-待 处理(流动、固定)资产净损失-开办费-长期待摊费用-住房周转金负数余额)/年度末 普通股股份总数
每股经营活动产生的现金流量净额=经营活动产生的现金流量净额/年度末普通股股份总数
净资产收益率=净利润 / 年度末股东权益 × 100%
注5、按国际会计准则(境外报告)调整的销售收入为70807.20万元。境内、外报 告产生差异的主要原因是对公司下属合资企业"北京旭硝子电子玻璃有限公司"采取了不同的合并方法:境内报告采用的是合并法,境外报告采用的是分配法。净利润境内、外报告审计结果无重大差异。

3、报告期内股东权益变动情况:　单位:万元

项目	股本	资本公积	盈余公积	法定公益金	未分配利润	股东权益合计
期初数	48955.4万股	23980.94	15551.53	2700.58	10690.15	99178.02
本期增加		26.20	2980.10	372.51	7450.25	10456.55
本期减少	2980.10	2980.10				
期末数	48955.4万股	24007.14	18531.63	3073.09	15160.30	106654.47
变动原因		下属公司退税	按规定提取	按规定提取	本年利润增加	本年利润增加

三、股东情况介绍

1、截至1999年12月31日,公司股东总数6207户,其中法人股股东4户,B股股东3944户,内部职工股股东2259户。

2、截至1999年12月31日公司前十名股东持股情况:

	股东名称	持股数	持股比例	股权性质
1	北京电子管厂	260364000股	53.184%	国有法人股
2	中国工商银行北京市亚运村支行	65065000股	13.291%	法人股
3	MESABI ASSETS LIMITED	5623449股	1.149%	B股
4	CAMLAND INTERNATIONAL INVESTMENT HOLDINGS LTD	3691000股	0.754%	B股
5	北京华银实业开发公司	3575000股	0.730%	法人股
6	WISEMAX INTERNATIONAL LIMITED 智万国际有限公司	3468632股	0.709%	B股
7	刘建东	2655627股	0.542%	B股
8	北京显像管总厂	2600000股	0.531%	法人股
9	VICKERS BALLAS HONG KONG LTD	2142000股	0.438%	B股
10	创兴基金有限公司	2080000股	0.425%	B股

注:以上股东之间不存在关联关系。

鲁泰纺织股份有限公司

一、公司简介

1、公司名称

中文:鲁泰纺织股份有限公司

英文:LUTHAI TEXTILE JOINT STOCK CO。,LTD

2、公司法定代表人:刘石祯

3、公司董事会秘书:秦桂玲　电话:0533-5185166　传真:0533-5182188

联系地址:淄博市淄川区松龄东路 81 号

4、公司注册地址:　淄博市淄川区松龄东路 81 号

公司办公地址:　淄博市淄川区松龄东路 81 号　邮政编码:　255100

电子信箱:　lttc @public.zbptt.sd.cn

5、公司选定信息披露报纸:《证券时报》和《香港商报》。

公司年报指定登载网址:http://www.cninfo.com.cn

年度报告备置地点:公司证券部

6、公司股票上市地:深圳证券交易所

股票简称:鲁泰 B　股票代码:2726

二、会计数据和业务数据摘要

1、公司本年度会计数据　单位:人民币元

利润总额	73355077.13
净利润	64429486.80
扣除非经常性损益后的净利润	63832906.32
主营业务利润	123997824.57
其他业务利润	1061242.91
投资收益	-254013.22
补贴收入	—
营业外收支净额	596580.48
经营活动产生的现金流量净额	97445114.82
现金及现金等价物净增加额	11212053.74

说明:扣除非经常性损益后的净利润所扣除项目系公司索赔及罚款收入 1484764. 05 元, 处置资产损失 888183.57 元。

公司净利润差额说明:　单位:人民币千元

国际会计准则税前利润	80195
调整项目:	
时间性差异	
折旧/摊销	(3800)
冲销以前年度多认列的预提费用	(3902)
依中国会计准则追溯调整之坏帐准备	863
中国会计准则税前利润	73356
计提所得税	(8937)
少数股东权益	11
净利润	64430

2、公司近三年的主要会计数据和财务指标　单位:人民币元

指标项目	1999 年	1998 年	1997 年
主营业务收入	398139110.47	316330804.06	305832488.89
净利润	64429486.80	53592198.69	38012883.05
总资产	610002198.02	581252006.53	590510299.93
股东权益	335174404.15	321069965.35	309823316.66
每股收益	0.41	0.33	0.24
每股净资产	2.12	2.03	1.96
净资产收益率	19.22%	16.69%	12.27%
调整后的每股净资产	2.10	2.03	1.95
每股经营活动产生的现金流量净额	0.62	0.74	--

注:主要财务指标计算方法

每股收益=净利润/年度末普通股股份总数

每股净资产=年度末股东权益/ 年度末普通股股份总数

净资产收益率=净利润/年度末股东权益 *100%

调整后的每股净资产=(年度末股东权益—三年以上的应收款项净额—待摊费用—待处理 (流动、固定)资产净损失—开办费—长期待摊费用—住房周转金负数余额)/年度末普通股股份总数

每股经营活动产生的现金流量净额=经营活动产生的现金流量净额/年度末普通股股份总数

2、报告期内股东权益变动情况

项目	股本	资本公积	盈余公积	法定公益金	未分配利润	股东权益合计
期初数	158300000	136201146	15939365.14	7650059.07	2979394.5	321069965.35
本期增加		14352	6472491.70	3236245.85	4381349.25	14104438.80
本期减少						
期末数	158300000	136215498	22411856.84	10886304.92	7360743.75	335174404.15

变动原因:资本公积本期增加数为北京鲁泰衬衫有限公司资产评估增值所致;盈余公积、法定公益金本期增加数为公司按 99 年度预分方案提取所致; 未分配利润增加数 为公司按 99 年度预分方案分配后剩余部分。

三、股本变动及股东情况

1、本年度末股东总数 6788 户,其中含内部职工股东 4576 户 。

2、本公司前 10 名股东持股变动情况

序号	股东名称	期初数	本期增减	期末数	持股比例
1	淄博鲁诚纺织有限公司	29150000	0	29150000	18.41%
2	泰纶纺织有限公司	29150000	0	29150000	18.41%
3	ITOCHU HONG KONG LIMITED	5000000	0	5000000	3.16%
4	MESABI ASSETS LIMITED	3692105	+3692105	3692105	2.33%
5	WAN PO YING CONNIE	3029802	+3029802	3029802	1.95%
6	SINOCOT DEVELOPMENT COMPANY LIMITED	3307800	-966100	2341700	1.48%
6	NORMAL WIN ASSETS LIMITED	2200000	+2200000	2200000	1.39%
8	朱胜娣	1458000	0	1458000	0.92%
9	张克强	400800	+791523	1192323	0.75%
10	NAM NGAI	1131600	0	1131600	0.71%

说明: 上述前 10 名股东中的其他股东所持有的本公司股份的变动, 原因皆为 B 股交易流通所致。

武汉锅炉股份有限公司

一、公司简介

1、公司法定中文名称:武汉锅炉股份有限公司

公司法定英文名称:WUHAN BOILER CO., LTD.

2、公司法定代表人:陈德根

3、公司董事会秘书:王毅

联系地址:湖北省武汉市武珞路 586 号　联系电话:027-87883008 ,87657002

传真:027-87883938　电子信箱:wbgchw@public.wh.hb.cn

4、公司注册地址:湖北省武汉市武珞路 586 号　邮政编码:430070

公司电子信箱:wbgchw@public.wh.hb.cn

5、公司信息披露报刊名称:《证券时报》、《大公报》

登载公司年度报告的国际互联网网址:　http://www.cninfo.com.cn

公司年度报告备置地点:公司董事会办公室

6、公司股票上市地:深圳证券交易所　股票简称:武锅 B　股票代码:2770

二、会计数据与业务数据摘要

1、1999 年度本公司利润总额及构成(单位:人民币元)

利润总额:	2,294,608.46
主营业务利润:	33,765,411.92
营业利润:	220,063.94
营业外收支净额:	-655,840.06
净利润:	2,266,824.49
扣除非经常性损益后的净利润为:	2,266,824.49
2、经营活动产生的现金流量净额:	-19,352,177.31
3、现金及现金等价物净增加额:	7,137,865.30

4、境内、外会计师审计的净利润差异说明(单位:人民币千元)

经普华永道中国有限公司国际会计师审计,1999 年度本公司的净利润为 725,000 元人民币,与武汉众环会计师事务所所审计之差异调整项目:

经普华永道中国有限公司所审计之净利润　725,000

	1999 年	1998 年
— 冲销长期投资重估增值	—	(2,227)
— 冲销已于以前年度核销的开办费的摊销	563	(1,875)
— 计提坏帐准备	(2,105)	(89)
— 其它	—	195
— 经国际会计准则及其它调整后所列报	725	487,729

经众环会计师事务所审计之净利润

5、主要会计数据:　单位:人民币元

项目	1999 年	1998 年	1997 年
主营业务收入	149038520.17	229967539.90	504135396.23
净利润	2266824.49	14299248.85	76419544.71
总资产	936637429.25	892109499.34	657108505.11
股东权益	491725404.22	489458579.73	227816936.08

6、主要财务指标:

	1999 年	1998 年	1997 年
每股收益(元)	0.0076	0.0481	0.444
每股收益(元)(扣除非经常性损益后)	0.0076	0.0481	0.444
每股净资产(元)	1.6556	1.6480	1.325
调整后的每股净资产(元)	1.5465	1.5885	1.169
每股经营活动产生的现金流量净额(元)	-0.0652		
净资产收益率(%)	0.46%	2.92%	33.54%
加权平均净资产收益率(%)	0.46%	3.52%	34.28%

注:主要财务指标的计算方法:

每股权益=净利润/年度末普通股股份总数

每股净资产=年度末股东权益/年度末普通股股份总数

调整后的每股净资产=(年度末股东权益-三年以上的应收款项净额-待摊费用-待 处理(流动、固定)资产净损失-开办费-长期待摊费用-住房周转金负数余额)/年度末 普通股股份总数

3、1999 年度本公司股东权益变动情况(单位:股、人民币元)

项目	股本	资本公积	盈余公积	法定公益金	未分配利润	股本权益合计
期初数	297000000.00	149643973.02	10139487	5069743	32675119.53	489458579.73
本期增加	—	—	453364.90	226682	1813459.59	2266824.49
本期减少						
期末数	297000000.00	149643973.02	10592852.08	5296426	34488579.12	491725404.22
变动原因			利润分配		实现利润及利润分配	

三、股东情况介绍

(1)期末股东总数 2715 户其中法人股股东 1 个。

(2)前 10 名股东的持股情况。

名次	股东名称	持股数(股)	占总股本比例(%)
1	武汉锅炉集团有限公司	172,000,000	57.9
2	方静文	8,079,188	2.72
3	广博投资有限公司	2,600,000	0.88
4	跨国有限公司	2,300,000	0.77
5	SHANGHAI SHENYIN SECURITIES (HK) LIMITED	2,140,000	0.72
6	国盟投资集团有限公司	2,012,000	0.68
7	HKIT/006-104483-478	2,000,000	0.67
8	MAXFORM ENTERPRISES LTD	1,880,000	0.63
9	NEW JAPAN SECURITIES INTERNATI ONAL (HK) LTD	1,854,200	0.62
10	DA WEI ZHANG 张大伟	1,652,800	0.57

持有本公司 5%以上(含 5%)股份的股东为武汉锅炉集团有限公司,年末持股数为 17200 万股,在本报告年度内所持股份无变动,亦无任何质押行为。

(3)武汉锅炉集团有限公司持有公司 17200 万股,占总股份的 57.9%,是唯一持股 10%(含 10%)以上的法人股东。　法定代表人:陈德根

经营范围:对授权经营管理的国有资产投资运营;锅炉、压力容器及相关机电产品的技术开发、设计、成套安装及国家批准的进出口业务;汽车货运;(含下属分支机构 经营范围)(国家有专项规定的项目经审批后方可经营)。

杭州汽轮机股份有限公司

一、公司简介

1、公司法定中文名称:杭州汽轮机股份有限公司
英文:HANGZHOU STEAM TURBINE CO., LTD　英文缩写:HTC
2、公司法定代表人:方　文
3、公司董事会秘书及其授权代表的姓名、联系方式:
董事会秘书:何建航　电话:(0571)8133076
股证授权人:柏荣华　电话:(0571)8146766
联系地址:杭州市石桥路357号杭州汽轮机股份有限公司证券办
邮政编码:310022　传真:(0571)8145409　电子信箱:he@htc.net.cn
4、公司注册地址、办公地址、通讯方式及其国际互联网网址:
注册及办公地址:杭州市石桥路357号　邮政编码:310022　电话:(0571)8144881(总机)
国际互联网网址:http://www.htc.net.cn/
5、公司选定的信息披露报纸名称、登载公司年度报告网址、公司年度报告备置　地点:
公司选定的信息披露报纸:《证券时报》、《香港商报》;
登载公司年度报告的中国证监会指定国际互联网网址:http//www.cninfo.com.cn
公司年度报告备置地点:本公司证券办
6、公司股票上市交易所、股票简称和股票代码:
股票上市交易所:深圳证券交易所　股票简称:杭汽轮B　股票代码:2771

二、会计数据和业务数据摘要

1、本年度主要会计数据　单位:人民币元

序号	项　目	金　额
1	利润总额	58,664,285
2	主营业务利润	113,326,562
3	其他业务利润	555,057
4	营业利润	49,943,135
5	投资收益	–
6	补贴收入	8,015,559
7	营业外收支净额	705,591
8	净利润	58,664,285
9	扣除非经常性损益后的净利润	50,648,726
10	扣除追溯调整影响后可供分配的利润	58,664,285
11	经营活动产生的现金流量净额	–1,135,827
12	现金及现金等价物净增加额	–25,998,677
13	按国际会计准则计算的净利润	60,778,000
14	按国内会计准则计算的净利润	58,664,285

注:(1)1999年度本公司净利润为58,664,285元,扣除非经常性损益后的净利润为50,648,726元。本公司扣除的非经常性损益是指补贴收入、国家税金的返还,其中所得税6,871,757.3元,城建税931,018.29元,教育费附加193,439.00元,兵役义务费19,343.90元。

(2)按国际会计准则计算的本公司1999年度的净利润为60,778,000元。主要是进　项增值税冲销和减扣递延税项,增加净利润2,113,715元。

2、截止报告期末公司中前三年主要会计数据和财务指标　金额单位:人民币元

序号	指标名称	1999年12月31日	1998年4月23日至1998年12月31日	备考1998年12月31日	备考1997年12月31日
1	主营业务收入	291,557,910	19,797,341	300,198,729	289,155,518
2	净利润	58,664,285	42,626,993	72,278,356	67,971,143
3	总资产	672,143,149	686,357,345	686,357,345	469,786,207
4	股东权益	418,617,596	40,395,313	403,953,313	192,996,773
5	每股收益(元/股)	0.27	0.19	0.33	0.49
6	每股净资产(元/股)	1.90	1.84	1.84	1.38
7	调整后的每股净资产(元/股)	1.84	1.81	1.81	1.36
8	每股经营活动产生的现金流量净额(元/股)	–0.005	0.28	–	–
9	净资产收益率(%)	14.01	10.55	17.89	35.22
10	加权平均后的每股收益(元/股)	0.27	0.20	0.37	0.49
11	扣除非经营性损益后的每股收益(元/股)	0.23	0.20	0.37	0.49

三、股东情况介绍

1、报告期末股东总数
报告期末本公司共有股东总数598名;其中国家股股东1名,B股股东597名。
2、截止报告期末公司前10位股东情况

序号	股东名称	期末持股数(股)	期内增减数(股)	期末占总股本的比例(%)
1	杭州汽轮动力集团有限公司	140000000	0	63.64%
2	DYNA TECH CORPORATION	9800000	–200000	4.46%
3	WISH HASTER INVESTMENTS	9000000	9000000	4.09%
4	GOOD CAPTURE INVESTMENTS	8781000	8781000	3.99%
5	GOLD JUNGLE ASSETS LIMITED	8350000	8350000	3.80%
6	NORMAL WIN ASSETS LIMITED	7756561	7756561	3.53%
7	RIPPERYOU ASSETS LIMITED	7290900	7290900	3.31%
8	MONOTRACTION (SHANGHAI) HOLDINGS LIMITED	3320000	3320000	1.51%
9	PERFECT SPACE INVESTMEVTS	3158116	3158116	1.44%
10	李国强	2429000	2429000	1.10%

注:(1)上述前10名股东中除杭州汽轮动力集团有限公司为本公司国家股持有者外,其他均为B股股东。杭州汽轮动力集团有限公司所持本公司14000万股国家股并未上　市流通,也未发生转让、质押等情况。

(2)上述前10名股东之间不存在关联关系。

(3)杭州汽轮动力集团有限公司情况简介:杭州汽轮动力集团有限公司成立于1995年6月,是国家授权经营的国有独资公司;　被国务院确定为100户建立现代企业制度试点之一,100户企业技术中心之一,512户重　点国有企业之一。是浙江省"五个一批"重点骨干企业之一,5家"技术创新"试点企业之一。是杭州市18户"扶优扶强"重点国有企业之一。该公司注册地址:杭州市石桥路　357号,法定代表人:方文。该公司目前拥有4个控股公司、9个全资分公司、5个参股公司。主营:纺织机械、造纸机械、泵、铸件、电动工具、变速齿轮装置、热交换器、数控数显装置及上述产品的备品备件的制造及加工。为集团成员企业采购生产所需的原辅材料、设备、备品配件,为集团公司下属企业提供水、电、气供应及服务。

烟台张裕葡萄酿酒股份有限公司

(一)公司简介

1、公司法定中文名称:烟台张裕葡萄酿酒股份有限公司
法定英文名称:YANTAI CHANGYU PIONEER WINE COMPANY LIMITED
2、公司法定代表人:孙利强
3、公司董事会秘书:曲为民　联系地址:山东省烟台市世回尧路174
电话:0535-6247214、6647864　传真:0535-6247214、6244616　电子信箱:quwm@changyu.com.cn
公司股证事务授权代表:林文炳　联系地址:山东省烟台市世回尧路174号
电话:0535-6648741;　传真:0535-6244616
4、公司注册地址:山东省烟台市大马路56号
公司办公地址:山东省烟台市世回尧路174号　邮政编码:264001
公司国际互联网网址:http://www.changyu.com.cn　公司电子信箱:stock@changyu.com.cn
5、本公司信息披露报纸:境内:《中国证券报》、《证券时报》;境外:《香港商报》
登载本公司年度报告的国际互联网网址:http://www.cninfo.com.cn
公司年度报告备置地点:本公司证券部,联系电话:0086-535-6647864
公司股票上市交易所:深圳证券交易所　股票简称:张裕B　股票代码:2869

(二)会计数据和业务数据摘要

1、本年度会计数据摘要

项　目	金　额(单位:人民币元)
利润总额	109,631,958
净利润	92,321,626
扣除非经常性损益后的净利润	92,321,626
主营业务利润	321,911,708
其他业务利润	–
营业利润	107,590,893
投资收益	–
营业外收支净额	2,041,065
补贴收入	–
经营活动产生的现金流量净额	76,974,204
现金及现金等价物净增加额	–19,909,164

2、按境内外两种会计准则审计之净利润的差异说明
1999年度,本公司经安达信.华强会计师事务所按中国会计准则审计的净利润为92,321,626元,经安达信公司按国际会计准则调整后的净利润为89,434,626元,差异如下:　单位:人民币元

按照中国会计准则计算之净利润	92,321,626
按国际会计准则调整对净利润的影响:	
--期初存货进项税的冲回	500,000
--递延税项	(3,387,000)
按国际会计准则重报之数据	89,434,626

3、截至报告期末公司前三年的主要会计数据和财务指标　单位:人民币元

项　目	1999.1-12	1998.1-12	1997.1-12 追溯调整后	1997.1-12 追溯调整前	1999年较上年增长
主营业务收入	629926974	568494018	392,062,669	392,062,669	10.8%
净利润	92,321,626	79488,654	64,017,737	61,174,737	16.1%
总资产	820,918,829	711023318	715,372,267	753,397,748	15.5%
股东权益	573,097,916	514976290	465,127,636	503,135,117	11.3%
每股收益	0.405	0.35	0.28	0.27	
每股净资产	2.51	2.26	2.04	2.21	
净资产收益率(%)	16.1	15.4	13.8	12	
调整后的每股净资产	2.38	2.19	1.98	2.18	
加权平均每股收益	0.405	0.35	0.355	0.36	
扣除非经常性损益后的每股收益					
每股经营活动产生的现金流量净额	0.34	0.06			

注:(1)以上数据和指标均按合并会计报表数计算,其中1997、1998年有关会计指　标已按新的会计制度重新编列,以符合本年度之编列方式。(2)报告期内本公司股本未发生变动。

4、报告期内股东权益变动情况

项　目	股　本	资本公积	盈余公积	法定公益金	未分配利润	股东权益合计
期初数	228000000	243042454	19849592	9924796	24,084,244	514,976,290
本期增加			18,464,325	9,232,162	73,857,301	92,321,626
本期减少	34200000	34200,000				
期末数	228000000	243042454	38,313,917	19156958	63,741,545	573,097,916
变动原因			税后利润计提	税后利润计提	净利润增加	

(三)股东情况介绍

1、股东情况介绍
截止1999年12月31日,本公司共有股东2186户,其中,国家股股东1名,由烟台市国　有资产管理局委托烟台张裕集团有限公司持有;境内上市外资股股东2185户,前10名股东持股情况如下:

股东名称	持股数(股)	占总股本比例(%)
烟台张裕集团有限公司	140,000,000	61.4
XINLIAN INTERNATIONAL PTY.LTD.	4,100,000	1.80
中国光大资产管理有限公司	2,500,400	1.10
SPEEDY LINK INVESTMENT LIMITED	2,500,000	1.10
WELLPLANNED LIMITED	2,500,000	1.10
中国国泰控股有限公司	2,492,600	1.09
LONGBUSY INVESTMENT LIMITED	2,446,600	1.07
CHINA EVERBRIGHT FINANCIAL HO-LDINGS LIMITEDBANQUE PARIBAS	2,435,000	1.07
CROWNBLE ENTERPRISES LIMITED	2,033,912	0.89
BONY A/C CMG CH CHINA INVESTME-NTS LIMITED	1,690,700	0.74

2、持有本公司股本总额5%(含5%)以上股份的股东只有烟台张裕集团有限公司,系本公司之控股母公司,持有本公司61.4%的股份,该公司法定代表人:孙利强;经营范围为:国有资产授权范围内的资产经营管理,中成药品、玻璃制品、白酒的生产与经营、酒店以及为公司员工服务的食堂、幼儿园等服务业务。报告期内该公司所持本公司股份没有发生变化,亦未作任何质押,没有发生冻结及其他法律争议。

3、前10名股东中,　中国光大资产管理有限公司与CHINA EVERBRIGHT FINANCIAL HOLDINGS LIMITED存在关联关系,其他股东之间不存在关联关系。

中华企业股份有限公司

董事长：朱胜杰

中华企业股份有限公司由中华企业公司改制，采取社会募集方式设立而成的上市公司，1993年9月15日召开首次股东大会，同年9月24日，公司股票在上海证券交易所上市交易。

中华企业公司是上海解放后第一家专业从事房地产开发经营的企业，创建于1954年。当时，公司受上海市政府委托，承办外商在沪的房地产转让、租赁和买卖业务。50年代末，公司在沪率先建造和出售了首批侨汇住宅。改革开放以来，公司营建的商品建筑面积已达百万余平方米，项目遍布上海各区县。公司与新长宁集团、古北公司等联合投资开发建设的古北新区，被誉为上海十大建筑景观之一。公司1999年主营业务收入123777219.07元，净利润117539287.30元，每股收益0.30元，净资产收益率10.13%。至1999年底，公司总资产达20亿元以上，净资产达11亿元以上。公司现有控股、合资、参股企业共二十余家，实行以企业法人产权制度为实体，以有限责任制度为核心的新型企业制度。中华企业已逐步成为以房地产开发为主业，以资产管理为中心，以产权联结为纽带的市场主体。

中华企业股份有限公司在改革进程中获得了诸多殊荣：1988 1998年十年间连续五次被评为上海市文明单位，1994年被国家建设部批准为城市综合开发一级企业，1995 1996年，被评为上海市房地产开发优秀企业。公司还先后获“中国首届房地产综合效益百强企业”和“上海市房地产开发十二大骨干企业”荣誉称号，成为上海著名的房地产开发经营企业。

副董事长兼总经理：孙

山东淄博华光陶瓷股份有限公司

近年来，企业经济规模和经济效益持续稳定发展，1996年华光陶瓷股票在深圳证券交易所挂牌交易，标志着华光进入了一个加速发展的新阶段。公司各项经济指标均居全国同行业首位，成为全国规模最大、发展速度最快、经济效益最好的陶瓷企业，是山东省“银企联手，政府支持，重点发展”的唯一陶瓷企业。1999年公司技改项目和高层次人才引进又实现新突破，高档日用陶瓷技改工程被列入国家第三批贴息专项；5万吨牛皮箱纸板项目被列入国家“双高一优”专项，并被列入山东省重点贴息项目；有5名清华MBA硕士正式加盟华光，并在中高级管理岗位上发挥作用。陶瓷是公司的主导产业。主导产品系列颜色釉精炻器是无铅无镉的健康陶瓷，在国际市场创出“华光”名牌，荣获国际博览会金奖，山东省唯一陶瓷名牌产品称号，99年“华光”牌商标被国家工商局认定为驰名商标，成为中国陶瓷企业第一块驰名商标，打破了中国陶瓷品牌无驰名商标的格局。“华光”牌系列颜色釉精炻器有600多个造型、200多种釉面颜色，产量、出口量均居全国第一。陶瓷咖啡杯生产量世界最大，出口量全国最多，市场覆盖面最高，每三个美国人平均每年用一件华光咖啡杯，确立了陶瓷咖啡杯世界霸主地位。被外商誉为“世界一流产品”，成为高质量的代表。“华光”牌高档强化瓷、高白瓷、宾馆瓷、浮雕刻瓷等系列产品瓷质细腻，造型优美，装饰典雅，销售量居全国第一，在国内外市场上享有较高声誉。投资6000万元、装备有德国雷德哈姆公司微机自控燃气素烧隧道窑、燃气釉烧隧道窑、日本进口滚压成型机，以及英国史维斯公司自动喷雾施釉线和振动抛光机等代表世界陶瓷行业现代化水平，年产600万件高档骨质瓷的“双加”工程已经建成投产，并已列入淄博市高新技术产品发展产业计划，是华光陶瓷产品上档次、上水平的重大突破。骨质瓷是世界公认的高档瓷种，华光陶瓷的科研人员发挥自己的聪明才智，经过坚持不懈的努力，研制开发出了以兽骨为主要原料的高档骨质瓷配方，采用标准的原料加工制备流程，应用先进的阳模滚压、高压注浆、高温素烧、低温釉烧二次烧成工艺，结合严格科学的管理，生产的高档骨质瓷体薄质轻、瓷质细腻、釉面光润、色泽淡雅、装饰华贵，可与著名的英国皇家用瓷相媲美。尤其是釉中彩、釉下彩等先进装饰工艺的运用，彻底解决了铅镉融出问题，使华光骨质瓷成为真正无铅无镉的健康陶瓷，顺应了崇尚健康消费的世界潮流。同时与清华大学共同研制的抗菌陶瓷列入山东省99年度第一批创新项目。造纸业是公司调整产业结构后迅速发展起来的新兴产业。由1994年白手起家，四年发展为12条生产线，生产文化纸、新闻纸、牛皮箱板纸、中高强瓦楞纸、涂布纸、卫生纸、胶带纸等几十个品种，年生产能力达到12万吨。1999年公司成功吸收合并山东汇宝集团股份公司，开中国深圳证券市场上市公司吸收非上市公司之先河，扩大了公司造纸规模，将使公司造纸业跨入年产20万吨的规模型造纸企业行列，并大大增强造纸业抵御风险的能力。印务是公司实现多元混合发展中的新兴项目，是高技术、高附加值的产业。彩色印刷生产线在淄博市独家引进德国具有国际先进水平的五色罗兰胶印生产线与具有国内领先水平的紫外线上光机、全自动彩印覆面机、电脑控制自动模切机等配套设备组成了先进的技术装备，可以为陶瓷、酒类、食品、医药等行业的产品印制精美的包装，还可印制高档画册、样本等。公司十分注重企业科技进步和人才的引进和培养，目前拥有各类专业技术人才1488名，其中具有高级职称的70名、中级职称的346名，拥有享受国家政府津贴的专家7名，省级拔尖人才3名，硕士5名，形成了强大的开发、应用能力的科技攻关队伍，高素质的适应性强的营销队伍，优秀的科学严谨的管理队伍，以高品质的产品、卓著的信誉适应和创造市场。繁荣社会，齐心创造，满足您的需要是华光人的最高追求。董事长苏同强、总经理徐鹏程恭候海内外朋友光临指导，愿我们真诚合作，携手共进。

地址：山东淄博市张店区湖田镇湖光路6号　电话：0533-2064346　邮编：255076

广州白云山制药股份有限公司

公司法人代表：黄平

股票代码：0522　股票简称：ST白云山 1999年底公司总股份37434.44万股，已流通A股15028.20万股。主要股东有广州市国有资产管理局、广州白云山企业集团有限公司。公司董事长：黄平，总经理：谢彬。公司经营范围：主营各种中西成药，包括针剂、片剂、冲剂、口服液等各类药品的生产制造、批零、销售；房地产开发、汽车修理服务等行业。板篮根冲剂、大神口炎清冲剂获美国FDA认证。阿莫西林成为制药总厂增盈的主要品种之一。公司1999年被中国企业形象认定委员会评为中国企业最佳形象AAA级；国家药品监督管理局信息中心、经济日报《中国经济信息》和中国统计师事务所社会调查部联合举办的“1999(首届)中国市场名牌医药商品竞争力调查活动”中，公司被评为“医药行业十佳企业”；白云山牌系列药品被评为“品牌知名度”和“99购物首选”两个单项的第一名。主要关联企业：广州白云山集团有限公司。1999年底主营业务收入78969.79万元，净利润5632.47万元，资产总额186573.74万元。公司1999年度股东权益-1770.33万元，每股收益0.15元，每股净资产-0.05元，调整后的每股净资产-2.07元。1999年度分配预案：不分配，不转增。

地址：广州白云区同和镇
电话：(020)87705321

公司产品

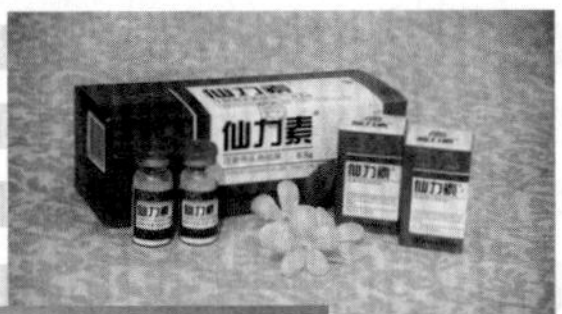

公司办公大楼

山东九发食用菌股份有限公司

山东九发食用菌股份有限公司是由山东九发集团公司和中国乡镇企业总公司共同发起，以募集设立方式组建的股份制企业。1998年6月25日，经中国证券监督管理委员会批准，公司正式注册成立。1998年7月3日，“九发股份”在上海证券交易所上市，股票代码为600180。

公司地址为山东省烟台市胜利路201-209号汇丰广场十楼，注册资本19040万元，经营范围为食用菌菌种的培育、产品养殖、加工、销售；包装物料的生产、销售；蔬菜、水果、罐头、水产品、复合肥的生产、销售和批准许可范围内的进出口业务。公司辖设牟平公司、青州分公司、厦门分公司、复合肥分公司，上海九发食用菌工程技术中心有限公司，北京九发益康保健品科研开发中心，山东格兰百克生物制药有限公司，日本九发株式会社等生产、贸易和科研单位。

公司从菌种培育、原料制备、科研开发、生产加工、外贸出口实现一条龙，引进具有国际先进水平的生产线，形成了工业化、自动化、规模化、标准化、立体化周年连续生产，是山东省高科技农业开发示范项目，全国最大的食用菌工厂化养殖基地，1995年，被国务院经济发展研究中心列为“中华之最”，同时也是亚洲地区最大的食用菌科研、生产、加工、出口基地。企业连续多年被全国食用菌协会评为行业先进企业。1998年，企业通过了ISO9002国际质量体系认证。主导产品“JF”牌双孢蘑菇系列产品获得国家绿色食品标志，符合美国FDA标准，在国际市场上享有很高声誉，产品行销亚洲和欧美等十多个国家和地区。

公司上市后，凭借体制和融资优势，充分利用募集资金，实施低成本扩张，进一步扩大了食用菌生产的废弃物资源，投资建设了三万吨的生物有机复合肥生产线；与美国生物制药专业科研开发公司合作，控股经营山东格兰百克生物制药有限公司，进军生物制药领域。1999年，九发股份快速发展并取得了良好的效益，主营业务收入为27729.55万元，净利润为6244.86万元，总资产为57332.58万元，每股收益为0.328元，每股净资产为2.15元，调整后为2.08元，净资产收益率为15.23%。1999年上半年，公司实施了每10股送3股转增3股的分配方案，给予全体股东良好的回报。

董事长：蒋绍庆

公司获得中华之最荣誉

“JF”牌罐头系列产品

SHANGHAI MATSUOKA CO., LTD.

上海茉織華股份有限公司

上海茉织华股份有限公司系于1999年1月14日在中华人民共和国注册成立的股份有限公司，由中国境内发起人平湖茉织华实业发展有限公司（原浙江平湖新仓服装一厂）、浙江平湖新仓服装二厂、平湖市永华制衣有限公司（原浙江平湖新庙服装二厂）、浙江平湖黄姑服装总厂和中国境外发起人日本松冈株式会社、韩国罗马株式会社及境内上市外资股（"B股"）股东共同发起，以募集方式设立而成。

■ 公司法定中文名称：上海茉织华股份有限公司

公司中文名称缩写：茉织华

公司法定英文名称：SHANGHAI MATSUOKA CO., LTD.

■ 公司法定代表人：李勤夫

■ 公司董事会秘书：汪为民

联系地址：上海市延安中路841号东方海外大厦8楼

电话：0086-21-62893080

传真：0086-21-62893088

电子信箱：matsuoka@public2.sta.net.cn

■ 公司注册地址：上海市延安中路841号东方海外大厦8楼

公司办公地址：上海市延安中路841号东方海外大厦8楼

邮编：200040

电子信箱：matsuoka@public2.sta.net.cn

■ 公司选定的信息披露报纸：《中国证券报》及《南华早报》

登载公司年度报告的中国证监会指定国际互联网网址：http://www.sse.com.cn

公司年度报告备置地点：上海市延安中路841号东方海外大厦8楼公司董事会秘书办公室

■ 公司股票上市交易所：上海证券交易所

公司股票简称：茉织华B

公司股票代码：900955

公司董事长、总经理：李勤夫

创开元以成大器　居天元而为天下

南方基金管理有限公司是首批经中国证券监督管理委员会批准设立的规范性基金管理公司之一。公司由南方证券有限公司、广西信托投资公司和厦门国际信托投资公司共同发起，1998年3月6日在深圳经济特区注册成立，注册资本5000万元人民币。截止1999年12月31日，

公司资产总额11799万元，资产净值10567万元。目前公司管理着“开元基金”、“天元基金”、“金元基金”和“隆元基金”四只规范性证券投资基金，基金规模近80亿。其中“开元基金”1998年3月23日在深圳证券交易所上网发行，是国内第一只与国际惯例接轨的证券投资基金；“天元基金”1999年8月18日发行，在国内首次成功推出了成份指标股基金概念。

公司成立以来，始终坚持争创“一流人才、一流管理、一流效益”的企业宗旨，倡导健康投资理念，理性投资，规范管理，基金投资获得了优良的收益，基金单位资产净值及净值增长率均在可比基金中位居前列，成为国内基金业的佼佼者。同时，公司的积极探索，为中国证券市场和基金业的规范发展，以及防范金融风险积累了宝贵的经验。

公司现有员工46人，平均年龄30岁，其中硕士及以上学历30人，大学本科学历11人。

在新世纪新的机遇、新的挑战与压力面前，公司领导及全体员工将不断开拓创新，团结协作创造更加优异的业绩回报社会，为中国证券市场和投资基金的健康发展作出积极的贡献。

南方基金管理有限公司

地址：深圳市福田中心区深南大道4009号投资大厦7楼

邮编：518026

电话：86-755-5429988 5427038

传真：86-755-5543121

富国基金管理有限公司于1999年4月13日成立，是首批中国证监会批准设立的十家试点基金管理公司之一。公司注册资本1亿元人民币，由海通证券有限公司、申银万国证券股份有限公司、华泰证券有限责任公司、福建国际信托投资公司、山东省国际信托投资公司同比例出资发起设立，注册地已由北京迁至上海。公司下设基金管理部、研究策划部、市场与发展部、信息技术部、监察稽核部、财务管理部和行政管理部，并设立了投资决策委员会和风险控制委员会二个专门委员会。公司现有员工40名，其中70%以上具有硕士以上学历，有较丰富的投资实践经验。

公司的经营范围是基金管理业务和发起设立基金。公司本着“亲力亲为，奉献社会”的企业宗旨，奉行“诚信、专业、进取……您想的，正是我们在做的”经营理念，重管理，求实效，最大限度地保证投资者的利益。公司的基金管理有其鲜明的特色：第一，基金管理运作实行基金经理制，并借鉴国际惯例和结合中国国情逐步完善基金管理模式；第二，以研究为基础，通过与国内外同行建立紧密的业务协作，拓展思维空间，为实现基金投资收益的稳健性和成长性提供依据；第三，投资决策与风险控制体系为基金科学、安全的运作提供强有力的制度保障。目前，公司管理运作的基金品种主要有汉盛、汉兴、汉博、汉鼎四只证券投资基金，规模为60亿元人民币，基金投资运作取得了较好的成效。同时，公司正致力于开放式基金及中外合作基金的研究与设计，着手培育自己的销售渠道与服务系统，努力设计具有个性化特色的投资品种，为广大投资者提供优质高效的服务。

公司董事长：虞志皓

公司总经理：李建国

FULLGOAL FUND MA

亲力亲为　奉献社会

富国基金管理有限公司

FULLGOAL FUND MANAGEMENT CO., LTD.

公司地址：北京市朝阳区建外大街一号国贸西楼601

网址：http://www.fullgoal.com.cn 邮编：100004

电话：(010)65055953 传真：(010)65055977

你我的完美接触

www.gtfund.com www.gtfund.com www

国泰基金管理有限公司是由原国泰证券有限公司(现与原君安证券股份有限公司合并改制为国泰君安证券股份有限公司)、原中国电力信托投资有限公司(现更名为中国电力财务有限公司)、上海爱建信托投资公司、浙江省国际信托投资公司等单位发起，经中国证监会批准设立的第一批规范运作的证券投资基金管理公司。公司于1998年3月5日正式成立，注册地上海市，注册资本人民币6000万元。公司主营业务是发起设立基金和管理运作基金。公司的股东为四家发起人，其中：国泰君安证券股份有限公司出资人民币3300万元，占总股本的55%，中国电力财务有限公司、上海爱建信托投资公司、浙江省国际信托投资公司各出资人民币900万元，分别占总股本的15%。根据中国证监会关于调整控股型基金管理公司股权结构的精神，公司的股权结构将予以调整。公司根据所管理基金的数量和规模设立若干个基金管理小组，专门从事基金资产运作。

公司的最高权力机构为股东大会，公司董事会和监事会对股东大会负责。公司设稽核监察部、研究开发部、计划财务部、综合管理部等机构，并设证券投资决策委员会、风险控制小组等非常设机构。截至1999年末，公司共有员工3人，平均年龄32岁，具有大专以上学历的员工35人，占公司总人数的95%，其中博士3人，硕士18人。公司董事长陈勇胜，监事长李予瑾，总经理李春平，副总经理陈坚、吴亦力。

公司的管理目标是：在努力为投资者创造安全、合理回报的同时培养出一支职业和业务能力俱佳的员工队伍。公司目前管理两只大型证券投资基金：基金金泰和基金金鑫，并即将接管2个需要进一步规范化管理的投资基金。公司在管理大型证券投资基金方面进行了积极探索，初步形成了规范诚信、稳健成长的投资风格。公司秉持“稳健为本、规范运作、精心管理、争创一流”的管理理念，通过建立健全内部风险控制制度、内部监察稽核制度、财务管理制度及人事管理制度等公司管理制度体系，诚实信用，勤勉尽责，努力实现为投资者分散和减少投资风险，确保基金资产的安全，并谋求基金长期稳定收益的投资目标。

董事长：陈勇胜先生

董事、总经理：李春平先生

国泰基金管理有限公司
GUOTAI FUND MANAGEMENT CO.,LTD.

地址：上海延平路121号三和大厦27楼　邮编：200042
电话：8621-62569156　传真：8621-62531262　网址：www.gtfund.com

大成基金管理有限公司

大成基金管理有限公司成立于1999年4月12日，是经中国证监会批准设立的10家基金管理公司之一，公司注册资本为1亿元人民币。公司由光大证券有限责任公司、大鹏证券有限责任公司、中国经济开发信托投资公司和广东证券股份有限公司联合发起设立。经营业务范围包括基金管理业务和发起设立基金。公司现有员工50名，硕士以上学位占全体员工的60%，其中博士学历占12%。截至2000年6月30日，公司管理的5只基金为基金景宏、基金景阳、基金景博、基金景福及基金景业，基金总规模为73.115亿元，基金总资产为103.53亿元。

经营战略

规范管理
稳健经营
开拓创新
注重效益

企业精神

诚实信用
勤勉尽责

地址：深圳市福田区新闻路报社大院报业大厦12层C区
北京分公司地址：北京市复兴门内大街158号远洋大厦
董事长：姜继增先生　总经理：龙小波先生
电话：(010) 66413888　传真：66416268
网站：http://www.dcfund.com.cn
邮编：100031

根深叶茂才是栖身之处
我们的基金托管服务
安全、可靠、优质
ICBC
中国工商银行

中国工商银行

INDUSTRIAL AND COMMERCIAL BANK OF CHINA

中国工商银行承诺

以诚实信用、勤勉尽责的原则，安全保管基金的全部资产，

严格自律、规范监督，坚决维护基金持有人的利益。

中国工商银行证券投资基金托管部

地址：北京复兴门内大街 55 号

电话：66107151　传真：66106904

咨询：66106878　邮编：100032

E-mail:Jiangke@icbc.com.cn

网址:http//www.icbc.com.cn

中国农业银行
AGRICULTURAL BANK OF CHINA

证券投资基金托

中国农业银行是我国最大的商业银行之一，注册资本1338.65亿元，法定代表人：尚福林。目前在国内设有47家分行，6.5万个分支机构和储蓄网点，是我国营业网点最多、机构覆盖面最广的金融机构。开通了全国专用数据通信网，拥有先进的银行清算系统和安全、高效的清算、交割能力。截止1999年底，各项存、贷款余额分别为15,492亿元和15,582亿元，资产总计20,974亿元。

1998年5月，中国农业银行证券投资基金托管部经中国证监会和中国人民银行批准成立，内设核算管理处、交易监督处、市场开发处和综合管理处。基金托管部自设立以来，先后制定和完善了一套完整的规章制度，各处各岗职责权限明确，各司其职，严禁互相泄露工作内容。这些规章制度的建立为开展基金托管业务提供了行为准则，使农业银行的基金托管业务走上了规范化、制度化、科学化的发展轨道。

基金托管部完善的技术安全体系和基金清算、核算、交易监督快捷处理系统，确保基金托管业务的安全高效。在硬件设施方面，采用加密高速单向卫星广播通信接收系统，实时接收上海、深圳证券交易所行情，保证了清算交割的及时安全；双服务器的运用确保了系统的不间断正常运转。在软件设计方面，为了保持同行中技术领先优势，基金托管部开发并使用了先进的证券投资基金运作自动监控软件，实现了对基金资产投资运作、投资组合的封闭式数据自动处理，对进入警戒区域的量化指标和异常资金流动自动予以提示；开发和完善了数据自动智能接收系统，信息自动查询系统，业务自动监控系统，资金查询监管系统等，为基金资产的安全保管提供了强有利的技术保障。基金托管部先进的自动监控系统和加密传输装置，为基金资产和基金数据提供务自动监控系

统，资金查询监管系统等，安全的保证：完善的基金托管管理软件和基金托管核算软件、内部财务软件，将基金资产和基金托管部自有资产严格分开，并对不同基金资产分帐管理，使清算数据、估值数据自动进行内部核对，将差错率降到零。

基金托管部的办公场所设在北京城金玉大厦，采用全封闭式管理，配备了办公区视频监控系统和24小时电话录音系统，微机识别的安全门禁系统使基金托管业务的要害部门封闭成独立操作空间。基金托管部拥有一支高素质的员工队伍。目前拥有高级会计师、高级经济师、高级工程师、律师等金融、技术和法律专家，这为促进农业银行基金托管业务的发展提供了人才保障。

自1998年7月17日，农业银行托管的第一只基金——裕阳证券投资基金成功发行，基金托管部正式开始运作以来，目前已托管了裕阳、汉盛、裕隆、景阳、景博、景福、景业、兴业、天华、同德等10只基金，基金规模达130亿份。其中，景阳、景博证券投资基金是证监会批准的首批清理规范的老基金。农业银行作为第一家参与老基金规范的托管银行，与基金管理公司合作，率先将两只老基金规范上市并成功扩募。

中国农业银行证券投资基金托管部全体员工将本着诚实信用、严守秘密、勤勉尽责、开拓进取的精神，脚踏实地地工作，为广大投资者和基金管理公司提供优质高效的服务。

地址：中国.北京西三环北路100号金玉大厦7层
电话： 68424199　　**邮编：** 100038

中国建设银行
China Construction Bank

中国建设银行:

具有项目评估、投资咨询、中长期投资管理的丰富经验和专业特色

提供与资本市场相关的各类投资基金托管服务

高素质的人才、专业化的管理、规范化的运作、高质量的服务

保证基金安全高效运作　维护基金持有人合法权益

基金托管部联络地址：中国北京金融街25号　邮编：100810　业务咨询电话：010-63960774

地址：上海市仙霞路18号26楼A、B、C、D座　邮编：200336　电话：62751234转证券投资基金托管

电子信箱：bocomcd@online.sh.cn

证券投资基金托管部总经理：谢红兵

证券投资基金托管部开展学习研讨活动

交通银行是我国第一家全国性国有股份制商业银行，1987年重新组建以来，始终坚持"一流的服务质量、一流的工作效率、一流的银行信誉"的办行宗旨，各项业务保持了持续、稳步、健康发展的良好态势。截止1999年末，境内行实现利润25.83亿元，占国内五大银行利润总额的20%，人均创利居首位。继1998年被《欧洲货币》评为中国最佳银行后，1999年再次被国际权威金融杂志《环球金融》评为中国最佳银行。

自《证券投资基金管理暂行办法》颁布实施后，交通银行积极参与证券投资基金托管业务。经中国人民银行和中国证监会批准，1998年6月，交通银行设立证券投资基金托管部，同年7月获得证券投资基金托管资格。交通银行证券投资基金托管部下设四个业务部门：监管交易部、清算核算部、内控巡查部和综合规划部。这四个部门主要执行以下三大职能：核心业务操作、内部监控、业务规划和拓展。

根据国家有关政策规定，交通银行证券投资基金托管部的业务经营范围包括：安全保管基金的全部资产；负责办理基金名下的资金往来；监督基金管理人的投资指令；

证券投资基金托管部

复核、审查基金管理人计算的基金资产净值及基金价格；保存基金的会计帐册、记录15年以上；出具基金业绩报告，提供基金托管情况，并向中国证监会和中国人民银行报告；基金契约、托管协议规定的其他职责。

交通银行现已托管了三只我国1998年以来新发行的证券投资基金：普惠、安顺、汉兴基金，基金规模分别是20亿、30亿和30亿。根据1999年3月国家颁布的有关清理规范原有投资基金的通知精神，交通银行基金托管部积极参与全国原有投资基金的清理规范工作，与原有投资基金的新老管理人密切合作，精心制作各类协议和文本，做好基金资产的验资审计、非交易过户、基金更名、上市安排和基金扩募等一系列工作，在原有投资基金的规范改制过程中，充分发挥了基金托管人的积极作用。至2000年底，已成功托管了金越（现更名为裕华）、兴科、安久、科迅、科汇等五只由原有投资基金改制而成的证券投资基金。至此，交通银行托管的证券投资基金规模累计近100亿元人民币。

在办理证券投资基金托管业务过程中，交通银行始终坚持人才、科技、制度和管理先行的原则，以"一流的服务质量、一流的工作效率、一流的银行信誉"，确保基金安全、规范、高效、优质地运作。一是通过各种途径，加强人才培养。提高员工的业务素质。二是不断加大科技投入，开发、配置最新的电脑软硬件，提高基金托管业务的科技含量。三是制定和落实基金托管业务的各项工作制度，制定了数十万字的各项规章制度，做到业务发展制度先行。四是严格内部管理，加强内控稽核工作，确保各项规章制度严格执行。基金托管部核心业务区都安装录像监控、录音监听设备；部内业务与管理均做到定人、定岗、定责，确保各项工作有序进行；落实专门部、专职人员定期与不定期地检查、督导，确保各项业务安全运行。

在做好日常基金托管业务的同时，交通银行基金托管部十分注重对基金业前沿课题的研究开发工作，投入大量的人力、物力和财力，对在我国如何设立和运作开放式基金从理论和实践两方面进行反复的研究和论证。通过对国际上开放式基金的深入考察和我国开放式基金运作的外部环境和条件的全面分析，设计出符合我国金融业和基金业发展现状的开放式基金托管、代销、注册运作方案，开发了开放式基金托管、代销和注册运作系统的业务软件，制定了开放式基金托管、代销和注册的业务操作规程、制度和办法，从人才、技术、制度和管理各方面确保我国首批试点开放式基金的成功推出。

交通银行将始终本着诚实信用、勤勉尽责的职业精神，严格自律，规范运作，优质服务，切实维护广大基金持有人的合法权益，确保基金托管业务安全、规范、高效、优质地运作。

总经理：吴为民

工作人员开展学习活动

广东华侨信托投资公司成立于1955年，是面向海外华侨提供信托投资服务的金融企业。在过往的几十年间为海外华侨资金参与中国经济建设发挥着重要的桥梁作用。而广东华侨信托投资公司投资基金部，则是为了探索中国金融市场的新领域—投资基金业务，于1993年成立的。投资基金部成立之初，即担负起了华信投资基金的管理业务。在广东华侨信托投资公司投资基金部的努力探索之下，华信投资基金通过上市交易迅速走上了规范运作的道路。1997年随着广东华侨信托投资公司与广东省南方金融服务总公司的合并，广东华侨信托投资公司投资基金部旗下管理的基金延伸至南方投资基金。这使得广东华侨信托投资公司投资基金部管理的基金规模迅速壮大，在我国基金市场中占据着重要地位。

从华信投资基金成立几年来的运作状况来看，在1994–1997年间每基金单位实现了0.964元收益，年净资产收益率保持在20%以上，并且合计分配了0.64元的红利和红股，分红率在同类基金中位居榜首。而南方投资基金在1994–1997年间每基金单位合计实现了1.002元收益，年平均资产

廣東華僑信托

精诚团结的集体

收益率也保持在20%以上，较好地为基金投资者实现了保值和增值。虽然步入1998年后，两只基金进行资产调整，使得收益率有所下降，但通过这一调整，大大提高了基金资产的流动性和基金资产质量，为下一步基金资产的运作打下了良好的基础。在广东华侨信托投资公司投资基金部的管理下，华信投资基金和南方投资基金经历了我国基金市场的探索阶段，已确定了自身的市场定位，成为深受市场投资者欢迎的投资品种，切实发挥了〝专家理财、组合投资〞的优势，提高了投资市场效率。与此同时，广东华侨信托投资公司投资基金部，也在华信投资基金和南方投资基金的管理业务中，不断提升自身的管理理念，规范自身的管理行为，从而逐步发展成为一个合格的基金管理人。经过这几年的发展，广东华侨信托投资公司投资基金部已逐步形成了一支知识层次较高的精英投资队伍。投资基金部的人员结构基本上由博士、硕士和学士组成。证券投资人员、项目投资人员以及研究发展人员均具有多年的投资管理经验，集深厚的理论基础与丰富的实战经验于一身。而且，在投资基金部的机构设置上，也充分体现了投资体制的科学性和高效性。由证券投资部、项目投资部以及研究发展部组成的核心投资部门，充分发挥了相互支持又相互平衡的作用，为理性投资决策的生成与实施提供了保障。而在多年的投资管理业务中逐步形成的投资程序指引，也成为了确保基金投资业务高效运作的制度保障。

广东华侨信托投资公司投资基金部的经营范围

发起和设立境内外各种基金　基金资产经理业务　证券投资及咨询业务　基金转让业务　物业投资业务　主管机关批准的其他业务

地址：广州市环市东路450号20楼　邮编510075　电话87619835

資公司投資基金部

总经理致词：

控制风险、完善管理，
提高基金管理业绩。
开发新品、业务创新，
扩大基金管理规模。

总经理：韩方河

华安基金管理有限公司

目前公司旗下管理的基金分别是：安信证券投资基金、安顺证券投资基金、安久证券投资基金、安瑞证券投资基金。截止2000年6月30日止，公司管理的资产规模已逾80亿元人民币，其中安信基金资产净值在成立后的2年多时间中长期保持沪深两市新基金首位。公司的目标为投资者和股东赢得卓越的回报，以智慧和信誉推进业务不断发展，建成国内最优秀的基金管理公司，努力向国际型基金管理公司迈进。

地址：上海市浦东南路360号新上海国际大厦38楼
邮编：200120
电话：8621-58881111
传真：8621-58406138
国际互联网网址：www.huaan.com.cn
电子信箱：huaan@.shcei.com.cn

公司对保险业的推介会

先进的办公设施

嘉实基金管理有限公司

HARVEST FUND MANAGEMENT CO., LTD.

嘉实基金管理有限公司（英文名称：HARVEST FUND MANAGEMENT CO., LTD.）是由广发证券有限责任公司、北京证券有限责任公司、吉林省信托投资公司、中煤信托投资有限责任公司（排名不分先后）共同发起设立，各持股25%，经中国证监会批准成立的全国性基金管理公司。设立时间为1999年3月25日，法定代表人：马庆泉，总经理：洪磊；注册资本：6000万元人民币。公司设立四个常设部门：基金管理部、研究发展部、监察稽核部、综合管理部。设立两个专门委员会：投资决策委员会和风险控制委员会。公司宗旨为“以诚信为本、与经济共同成长；投资人利益第一、为大众理财”。公司拥有优秀的基金管理人才，现有员工32人，其中60%以上具有三年证券业或五年金融业从业经历，80%以上具有硕士以上学历。

泰和证券投资基金属于契约型封闭式证券投资基金，基金存续期为15年。基金发起人为广发证券有限责任公司、北京证券有限责任公司、吉林省信托投资公司、中煤信托投资有限责任公司、嘉实基金管理有限公司，基金托管人为中国建设银行，基金管理人为嘉实基金管理有限公司。本基金于1999年4月8日成立，并于4月20日在上交所挂牌交易。基金简称为“基金泰和”，代码为500002。基金总份额为20亿份，上市流通的份额为19.4亿份。管理人以管理型指数化为基金投资风格，力争不超过市场的平均风险，追求不低于市场的平均收益，确保基金资产的安全并谋求基金长期稳定的投资收益。基金2000年年初净值为1.0682元，2000年5月26日单位净值为1.4260元，较年初增长33.50%。

地址：北京市西城区金融大街35号国际企业大厦C座16层1636室 邮编：100032 电话：(010)88091666 传真：(010)88091678 网址：http://www.harvestfund.com.cn E-mail:hfm@harvestfund.com.cn

栏 目 协 办

上海石油化工股份有限公司

第九编

香港上市股份公司

1550/1622

香港联交所上市股份公司

长江实业集团有限公司

【公司概况】 股票代码为0001，业绩报告结算日期为12月31日，实收资本为2297556240股，合计1148778120元。公司董事会主席：李嘉诚。

【经营业绩】 以经营地产为主，并作控股及其他投资。现有投资或自用物业面积331万方呎。香港土地储备可供建成面积1080.8万方呎。其中于99年完成326.5万方呎，2000年约完成191.3万方呎。发展中或待发展之物业内地占1140.9万方呎，海外占63.3万方呎。计划于北角兴建邮轮码头及于虎豹别墅发展"喜园"旅游点，并与和黄合作成立酒店管理公司，管理集团酒店。于本港已完成及待建酒店共5间，并占有内地6间酒店股份，亦占有海南省洋浦港开发权益10%，又参与物业投资及发展多项。于1999年2月以13.4亿元投得西九龙地皮，可建住宅56万方呎。其投资为：和黄49.9%、加拿大怡东财务50%、香港置业50%及深圳长和实业20%。最新计划将与和黄及美公司组网上媒体公司。97年底总借贷150.5亿元，现金43亿元，本港及海外证券26亿元。99年上半年盈利49.2亿元，增62.8%，中期息为0.33元，增17.9%。

【财务状况】 1998年度每股纯利2.66元，每股股息1.16元。

中电控股有限公司

【公司概况】 股票代码为0002，业绩报告结算日期为12月31日，实收资本为2081227000股，合计1040613500元。公司董事会主席：米高·嘉道理。

【经营业绩】 公司主营业务为生产及供应九龙、新界各区、大屿山、长洲及若干离岛之电力。利润受法例管制，为平均固定资产值之13.5%。现有发电厂包括青山A、B发电厂、竹篙湾发电厂各占40%；另占香港抽水蓄能发电49%，此公司向从化抽水蓄能电站购买电力50%；99年9月止年度，供电能量7951兆瓦，最高需求为8263兆瓦，占广东核电厂25%，中电购核电70%电力。与法国电力成立新中国电力投资(中电占60%)；参与广东怀集县水利发电合营项目，总投资9.4亿元；收购泰国EGCO股权15.2%；参与台湾和平电厂容量1320兆瓦发展，占30%；99年9月购入马来西亚YTL股权5%。鹤园街地盘(海逸豪园住宅)正与长江实业合作。于97年1月及3月共发行新股20%予中信泰富，收取现金162亿元，99年10月以每股34.8元购回15%，可于2000年3月7日后出售。9月底流动资金149.56亿元(未扣除回购动用127.8亿元)。

【财务状况】 1999年度每股纯利2.61元，每股股息1.52元。

香港中华煤气有限公司

【公司概况】 股票代码为0003，业绩报告结算日期为12月31日，实收资本为4709507364股，合计1177376841元。公司董事会主席：李兆基。

【经营业绩】 生产及销售煤气，并租售家用炉具。已于番禺、中山及广州成立合营公司，发展及供应气体燃料。占京士柏豪宅45%，总面积24万方呎，占机铁香港站15%、商业综合总面积448万方呎，已完成91万方呎，余分期于2005年前完成。马头角南厂等待重建。98年底每股净值3.65元，存款净额37亿元，上市投资7.9亿元。99年上半年盈利14.75亿元，增10%，中期息0.12元。

【财务状况】 1998年度每股纯利55.8仙，每股股息31.8仙。

九龙仓集团有限公司

【公司概况】 股票代码为0004，业绩报告结算日期为12月31日，实收资本为2297167398股，合计2297167398元。公司董事会主席：李唯仁。

【经营业绩】 主营地产、酒店、货仓、公共交通、通讯及财务投资。98年底拥有写字楼424.6万方呎，商场284.9万方呎，工业/货仓87万方呎，本港酒店3间。发展中物业有海港城第二期发展写字楼158万方呎，商场40万方呎及住宅69万方呎，部分已于98年完成，全部将于2000全部完成；荃湾住宅53万方呎。另占深井啤酒厂33.3%地盘，可兴建280万方呎住宅；占机铁九龙站20%，可兴建220万方呎住宅，山顶物业及窝打老道住宅正在兴建，正将若干工贸及货仓楼宇申请重建为住宅。大陆物业主要分布在北京、大连、武汉、上海等地，楼面总面积达12.5百万方呎，将于1999至2000年落成。99年上半年盈利1056.3百万元，减22.5%，每股盈利0.46元，中期息0.28元。期内增购荷里活广场权益至66.6%，有限电视及互联网业务已于11月分拆，于本港及美国上市，仍占79.4%。主要附属公司：海港企业61%、宝福集团49.9%、香港隧道25%、现代货柜码头51%、空运站12.5%。

【财务状况】 1998年度每股纯利84.0仙，每股股息78.0仙。

汇丰控股有限公司

【公司概况】 股票代码为0005，业绩报告结算日期为12月31日，实收资本为8426278976股，合计USD42131947美元。公司董事会主席：庞约翰。

【经营业绩】 国际性银行集团，初以香港为基地发展亚洲业务，于80及90年代进军美国及欧洲市场，97年扩展至拉丁美洲。97年底获准于深圳经营人民币业务。99年动用768亿元收购美国利宝银行。99年上半年盈利208.8亿元，增12.25%，每股盈利2.56元，中期息1.03元，增7.6%。以税前盈利计，欧洲占42.3%、香港占34.2%、北美洲占13.0%、亚洲占4.4%、拉丁美洲占6.1%。呆坏账准备83.68亿元。6月底客户存款24490亿元，银行存款2787亿元，客户贷款18320亿元，银行贷款7459亿元。6月底总资产38524亿元，股东资金2455亿元，相当于每股29.2元。主要附属公司及联号：美国海丰银行、英格兰中东银行、米特兰银行、沙地英国银行(40%)、汇丰投资、汇丰财务、恒生银行(64.22%)，其他分布于加拿大、澳洲、马来西亚及新加坡等地银行及财务公司。

【财务状况】 1998年度每股纯利4.16元，每股股息2.39元。

香港电灯集团有限公司

【公司概况】 股票代码为0006，业绩报告结算日期为12月31日，实收资本为2060475810股，合计2060475810元。公司董事会主席：麦理思。

【经营业绩】 主要为电力生产及供应、工程设计、承办及管理。电力盈利受法则管制，准许盈利为平均固定资产净值13.5%。97年6月属下公司已协议与泰国合作兴建一间450兆瓦天然气发电厂，占25%，投资回报获保证以美元计算，亦协议为广珠发电厂提供顾问及工程监督服务。正重建圣尼地道总部大楼及兴建中央货仓大厦，新电厂选址及环境影响已作评估，正待政府批准。99年上半年盈利19.37亿元，增1.46%，中期息0.5375元，增0.47%。12月联同长江基建以168亿元(各占一半)购入澳洲HEI电厂经营权200年。

【财务状况】 1998年度每股纯利2.46元，每股股息1.43元。

香港电讯有限公司

【公司概况】 股票代码为0008，业绩报告结算日期为3月31日，实收资本为12119183345股，合计6059591672元。公司董事会主席：鲍侃宁。

【经营业绩】 由香港电话公司及大东电报局合并而成，取代香港电话上市地位，为一控股公司，全资拥有香港电话及大东全部股权，最终控股公司为英国大东集团，占股权54.4%。在香港提供本地电话及国际长途电话服务、流动电话服务，经营通讯器材租赁及电脑工程，98年3月推出互动电视服务。98年11月以245百万元收购星光电讯及互联网业务。99年与太阳、微软及思科等成立策略性联盟或合作投资网站，并收购台湾有关业务，与大东合作于新加坡投资网站，11月卫星电视合组联营公司，电讯占60%，计划于2000年NASDAQ上市。曾与中国电讯局合作于中国及亚太区提供一系列海底电缆，亦连接北京一九江一广州之光缆，亦将发展中华网络。99年9月止净亏损27.67亿元，每股亏损0.23元，中期息0.386元。

【财务状况】 1998年度每股纯利96.4仙，每股股息85.2仙。

恒隆有限公司

【公司概况】 股票代码为 0010，业绩报告结算日期为 6 月 30 日，实收资本为 1328730242 股，合计 1328730242 元。公司董事会主席：陈启宗

【经营业绩】 地产投资及发展、经营酒店及餐厅、建筑工程、财务投资、洗衣及停车场管理。99 年 6 月底，本港土地储备可供建成各项应占面积 180 万方呎，又占上海港汇广场及恒隆广场面积约 130 万方呎，另有工业面积 47.6 万方呎。油柑头物业以 10.7 亿元售出但未能如期交易，正依法索偿，该物业已完成名为汀兰居住宅，面积 21.6 万方呎，现列作投资物业，99 年 6 月底净借贷 41.1 亿元。主要附属公司及联号：淘大置业 57.83%、格兰酒店 73.7%、恒隆白洋舍 50%。

【财务状况】 1998/99 年度每股纯利 95.2 仙，每股股息 38.0 仙。

恒生银行有限公司

【公司概况】 股票代码为 0011，业绩报告结算日期为 12 月 31 日，实收资本为 1911842736 股，合计 9559213680 元。公司董事会主席：艾尔敦。

【经营业绩】 经营银行及有关业务，为汇丰集团机构，99 年 7 月止本港总分行及办事处共 157 间，深圳及厦门有代表处，于广州及上海设有分行。又与汇丰成立联号，在香港提供人寿保险业务，并推出三种环球基金。98 年底，存款 3522.88 亿元，贷款 1980.7 亿元，贷款比率 56%。99 年中期盈利 42.61 亿元，增 12%，每股盈利 2.23 元，中期息 1.6 元，每股净值 24.97 元。存款 3649.5 亿元，贷款 1972.8 亿元，贷款比率 54%。99 年 11 月派发特别中期股息 4.1 元，每股净值经调整后为 20.69 元，总资本比率 18.8%。

【财务状况】 1998 年度每股纯利 3.55 元，每股股息 3.42 元。

恒基兆业地产有限公司

【公司概况】 股票代码为 0012，业绩报告结算日期为 6 月 30 日，实收资本为 1722140000 股，合计 3444280000。公司董事会主席：李兆基。

【经营业绩】 地产投资及发展，并提供建筑、代理、管理、金融方面之专业服务及证券投资。85 年 12 月购入永泰建业，并于 88 年 8 月重组为恒基发展，至 99 年 6 月底，占其股权 64.28%。96 年 3 月将中国物业组成恒基中国分拆上市，仍占 56.84%。98 年 6 月底，占 2450 万方呎土地储备，另有农地 2400 万方呎，预计 2000 年 6 月底止年度，约有 7000 个住宅单位建成，已售 4000 多单位，售价逾百亿元，收租物业将增至 610 万方呎，年租将超过 20 亿元。99 年 6 月底短期借贷 67.8 亿元，长期借贷 78.8 亿元，存款 6 亿元，应收分期款 48.1 亿元。已承诺为土发公司荃湾四街重建计划提供投资 80 亿元，可获优先购买物业权。已决定由恒基发展联同中煤发展电子商贸。

【财务状况】 1998/99 年度每股纯利 3.15 元，每股股息 1.5 元。

和记黄埔有限公司

【公司概况】 股票代码为 0013，业绩报告结算日期为 12 月 31 日，实收资本为 3875791619 股，合计 968947905 元。公司董事会主席：李嘉诚。

【经营业绩】 透过一系列附属及联营公司经营地产投资及发展、酒店、货柜码头、零售、电讯及传媒、能源、财务及投资。为长江实业之联营公司。拥有庞大投资及自用物业，计商业面积 613.9 万方呎，工业面积 299.3 万方呎，货仓 504.8 万方呎及住宅 81.7 万方呎。全资拥有海逸酒店及 39%喜来登酒店。公司亦投资于新加坡及日本等地。公司于香港经营无线电话、第二代无线电话，并获本港固定电讯网络服务牌照。公司能源业持有加拿大赫斯基石油 49%。零售业以全资公司屈臣氏、百佳及丰泽经营，业务地区包括本港、内地及台湾。拥有庞大投资组合，投资于海外管理基金、港股、票据及海外股份等。持有长江基建 84.6%，长江基建则占港灯 36.7%。99 年上半年盈利 73.13 亿元，包括特殊收入 33.43 亿元，增 69.7%，每股盈利 1.89 元，中期息 0.48 元，增 20%。

【财务状况】 1998 年度每股纯利 2.25 元，每股股息 1.28 元。

希慎兴业有限公司

【公司概况】 股票代码为 0014，业绩报告结算日期为 12 月 31 日，实收资本为 1036236924 股，合计 5181184620 元。公司董事会主席：利汉钊。

【经营业绩】 经营地产投资及发展，拥有投资物业：铜锣湾兴利中心、礼顿中心、新宁大厦、新慎道 1 号、礼顿道 111 号、友邦中心、嘉兰中心、利舞台广场、利园广场及中区娱乐行等商业大厦；另有新宁阁、竹林苑及车位 400 个。共有铺位面积 107 万方呎，写字楼 281 万方呎，住宅 117 万方呎。发展中物业：上海和平花苑第一期 708310 方呎已完成正在租售，另占上海广汇广场 15%在兴建中。另参与新加坡四项住宅发展，均占 10%至 25%，其中一项 98 年完成，其余延期发展。98 年投资证券帐面值 12.23 亿元。99 年上半年盈利 8.8 亿元，增 413%，派中期息 0.10 元。

【财务状况】 1998 年度每股纯利 88 仙，每股股息 37 仙。

新鸿基地产发展有限公司

【公司概况】 股票代码为 0016，业绩报告结算日期为 6 月 30 日，实收资本为 2400907362 股，合计 1200453681 元。公司董事会主席：郭炳湘。

【经营业绩】 地产发展、投资及管理、建筑、混凝土制造、装修、电器消防工程、保险、财务、酒店投资、电讯及基建投资。主要投资物业包括新鸿基中心、世界贸易中心、沙田新城市广场、中环广场、新世纪广场及新都会广场等，另拥有帝苑酒店、帝都酒店及帝京酒店。已完成物业投资组合包括住宅 110 万方呎，商场 740 万方呎，写字楼 570 万方呎，酒店 90 万方呎及工商综合物业 340 万方呎，共为 1850 万方呎。另有戏院 25 间，拥有停车场约 2.3 万个车位，在建中投资物业 4.2 百万方呎；另参与位于中环之机铁路物业上盖发展计划(占 47.5%)。98/99 年中建成物业 12 个，住宅占 3.4 百万方呎、工业及商业综合面积 1.6 百万方呎。发展中租售物业 4.2 百万方呎，另农地 21 百万方呎，国内发展中物业 60 万方呎。发展中物业总面积 32 百万方呎，其中 99/2000 年度将完成 4.4 百万方呎。另参与兴建管理三号干线公路，占 50%，总投资额 72.5 亿元，管理权 30 年。于新机场兴建货运中心，占 65%，总投资额 19 亿元，经营权 20 年。占 28.5%权益之亚洲货柜码头、33%之屯门内河码头。99 年发展科技，先后与微软及太阳组成策略性联盟，分别为属下工商物业及住宅物业提供资讯服务，并成立互联优势互联网服务中心，提供网络设施管理及伺服务器置存服务。主要附属公司及联号：九巴 33.15%、富联国际 19%、数码通电讯 26.43%及驾驶学院 30%。

【财务状况】 1998/99 年度每股纯利 3.87 元，每股股息 1.55 元。

新世界发展有限公司

【公司概况】 股票代码为 0017，业绩报告结算日期为 6 月 30 日，实收资本为 2127812731 股，合计元 2127812731。公司董事会主席：郑裕彤。

【经营业绩】 地产投资及发展、酒店投资及管理、基建项目、电讯、服务行业及策略性投资。拥有新世界中心、新世界大厦、万年大厦及会议展览中心等面积 544 万方呎，作收租用途。发展中物业面积达 800 万方呎。2000 年度推出发售或完工面积 333 万方呎，农地土地储备 2218 万方呎。中国物业已于 99 年内分拆上市。占香港新世界万丽酒店、万丽海景酒店及君悦酒店各 64%，丽晶酒店 48%，占中国十间酒店及东南亚四间酒店部分权益。投资道路长达 1217 公里、桥梁 11.1 公里、发电厂电量 1878 兆瓦等。并持有太平洋港口控制权，正将本港及国外港口业务注入。经营固定网络服务及直通国际电话服务，传讯及个人通讯及公众媒体服务。建筑及机电工程、物业及停车场管理、投资第一巴士及冠忠巴士等，已组成新世界创建，占 51.3%。99 年 6 月底集团净借贷 319.7 亿元，另有上市投资市值 23.1 亿元。

【财务状况】 1998/99 年度每股纯利 62 仙，每股股息 30 仙。

东方报业集团有限公司

【公司概况】 股票代码为 0018，业绩报告结算日期为 3 月 31 日，实收资本为 1816604915 股，合计 454151228 元。公司董事会主席：林顺财。

【经营业绩】 出版东方日报、马经及周刊杂志等。拥有九龙湾东方报业中心 107452 万方呎及贵州街工业面积 8905 万方呎；又拥有伦敦一幢商厦 65828 方呎。98 年 10 月以 215 百万元购入大埔厂房，99 年 3 月出版太阳报。99 年 3 月底每股净值 1.09 元。净借贷 2.09 亿元，9 月止半年亏损 63.18 百万元，不派中期息。

【财务状况】 1998/99 年度纯利亏损 131.8 百万元。

太古洋行有限公司

【公司概况】 股票代码为 A0019 ，B0087，业绩报告结算日期为 12 月

31 日，实收资本为 A940111885 股 B3059301271 股，合计 931183283 元。公司董事会主席：萨秉达。

【经营业绩】 包括地产发展、航空及有关投资、贸易、实业、保险、酒店、船坞、海洋开发等。拥有中环金钟太古广场写字楼 1558774 方呎及商场 711181 方呎；共拥有商场面积及写字楼面积共 887 万方呎，豪华住宅 87 万方呎及工业楼宇面积 181 万方呎。98 年 5 月以 16.77 亿元投入爱秩序湾地盘，将兴建住宅 742000 方呎，占 50%，将于 2001 完成。99 年上半年盈利 18.17 亿元，减 9.4%，每股盈利 1.171 元，中期息 0.34 元，增 30.8%。主要附属公司及联号：太古地产 100%，太古汽水 100%，国泰航空 45.1%，飞机工程 38%，香港空运站 30%，联合船坞 50%，现代码头 17.6%，港龙航空 23.8%，蛇口集装箱码头 25%及嘉士伯啤酒 49%。

【财务状况】 1998 年度每股纯利 1.136 元，每股股息 0.84 元。注：除注明外，均以 A 股或折为 A 股计算。

会德丰有限公司

【公司概况】 股票代码为 0020，业绩报告结算日期为 3 月 31 日，实收资本为 2030599287 股，合计 1015299643 元。公司董事会主席：李唯仁。

【经营业绩】 主要投资为九仓、信托及连卡佛。经营商业秘书、物业发展、证券财务及旅游业务。93 年起开始直接参与地产发展，联同九仓及信托购入钻石山地盘 28 万方呎；94 年以 35 亿购入深井生力啤酒厂；可兴建楼面面积 282.6 万方呎；97 年 10 月投得地铁九龙站第二期发展计划，可兴建楼面面积 226 万方呎，占权益 20%。于中国物业项目：与中方伙伴合作，土地储备共达 25 百万方呎，以广州一带为重心积极发展。99 年 9 月止上半年盈利 452 百万元，增 31%，中期息每股 0.025 元。

【财务状况】 1998/99 年度每股纯利 29.7 仙，每股股息 7.5 仙。

宝福集团有限公司

【公司概况】 股票代码为 0021，业绩报告结算日期为 12 月 31 日，实收资本为 29282000 股，合计 117128000 元。公司董事会主席：李唯仁。

【经营业绩】 投资船务及证券投资及小量物业投资，包括 4 艘船只，大量证券、存款、巴富街 6 个住宅单位及 180 个车位。93 及 94 年内分别出售所有船只及投资于物业，集中于证券投资。98 年底每股净值 21.07 元，净存款 2.53 亿元。上市投资市值 1.88 亿元。99 年上半年盈利 13.7 百万元，减 13.8%，中期息 0.25 元。

【财务状况】 1998 年度每股纯利 1.08 元，每股股息 0.7 元。

亚细安资源有限公司

【公司概况】 股票代码为 0022，业绩报告结算日期为 3 月 31 日，实收资本为 1286482836 股，合计 128648284 元。公司董事会主席：曾文豪。

【经营业绩】 经营地产业，主要资产为依利莎伯大厦商场及停车场 235000 方呎，河内道商厦占 4 万方呎、日航酒店 47.7%。及万豪酒店 24.8%，发展中住宅面积 31 万方呎及工业面积约 5 万方呎。99 年 3 月底每股净值 2.84 元，净借贷约 6.27 亿元，9 月止半年盈利 83.5 百万元(上年同期亏损 51.9 百万元)，不派中期息。

【财务状况】 1998 年度纯利亏损 533.2 百万元。

东亚银行有限公司

【公司概况】 股票代码为 0023，业绩报告结算日期为 12 月 31 日，实收资本为 1384990985 股，合计 3462477462 元。公司董事会主席：李国宝。

【经营业绩】 经营一切银行业务。现香港分行网络共 105 间，在国内、台湾及海外设有分行及办事处。98 年底存款 1008.9 亿元，债务证券 126.6 亿元，贷款 836.4 亿元，贷存比率 73.6%。99 年上半年存款 1048.9 亿元，增 9.1%，债务证券 110 亿元，减 15%，货款 844 亿元，减 1.8%，资产总值 1385 亿元。99 年上半年盈利 6.77 亿元，增 3.7%，中期息 0.15 元，减 16.7%。主要附属公司及联号：中国联合银行、东亚财务、东亚授信、东盛证券、银联通宝 20%、鼎协租赁国际 20%、深圳中国国际财务 25%、上海中国国际财务 25%、及海南国际 35%。

【财务状况】 1998 年度每股纯利 68 仙，每股股息 32 仙。

创新发展集团有限公司

【公司概况】 股票代码为 0024，业绩报告结算日期为 6 月 30 日，实收资本为 879352585 股，合计 87935258 元。公司董事会主席：陈城。

【经营业绩】 经营含铁金属、非含铁金属等贸易，兼营金属加工，投资于国内五金厂。拥有本港及澳洲若干物业收租。98 年 3 月，现任主席联同江苏省政府窗口公司以 1.1 元购得控股权，并注入有关业务。99 年 6 月底止 12 个月盈利 65.3 百万元，每股盈利 0.0789 元，中期息 0.036 元。9 月协议收购国科兆信 51%，专营电码电话防伪系统工程。

【财务状况】 1997/98 年度每股纯利 1.24 仙，每股股息 3.64 仙。

其士国际集团有限公司

【公司概况】 股票代码为 0025，业绩报告结算日期为 3 月 31 日，实收资本为 1115833107 股，合计 278958276 元。公司董事会主席：周亦卿。

【经营业绩】 经营贸易业务，包括升降机、电梯、冷气机、汽车代理、机电工程、保险经纪及财务服务，97 年 8 月集团重组，现持有其士商业 50.1%、其士发展 38.2%、其士建筑 37.3%及新加坡其士 71.1%，成为其士系控股公司。99 年 3 月底每股净值 1.57 元，净借贷 10.36 亿元，发展中居屋 65 亿元。9 月止半年盈利 183.2 百万元，增 89%，中期息 0.03 元。11 月将其士私有化，每股 0.94 元(资产值 1.27 元)。

【财务状况】 1998/99 年度每股纯利 15 仙，每股股息 5 仙。

中华汽车有限公司

【公司概况】 股票代码为 0026，业绩报告结算日期为 6 月 30 日，实收资本为 46268256 股，合计 92536512 元。公司董事会主席：颜成坤。

【经营业绩】 港岛部分公共巴士及隧巴业务专利权于 98 年 8 月届满。现经营非专营巴士线路 1 条，以物业为主。七姊妹道港运城已完成，商场已租出，写字楼住宅已售大部分，英皇道写字楼大厦 30 万方呎将于 98 年完成，与太古合作，占 50%，在出租中，已参与爱秩序湾发展项目 20%，北角员工宿舍及黄竹坑工业地盘待发展，99 年 6 月底每股净值 81.7 元；净存款 27.7 亿元。

【财务状况】 1998/99 年度每股纯利 7.49 元，每股股息 3.05 元。

嘉华建材有限公司

【公司概况】 股票代码为 0027，业绩报告结算日期为 3 月 31 日，实收资本为 1070531458 股，合计 107053146 元。公司董事会主席：吕志和。

【经营业绩】 生产预制混凝土渠筒及经营安达臣道石矿场。97 年 2 月以 6.1 亿元新股及 3.6 百万元可换股票据向母公司购入中港两地建材业务。于广州、上海及湖州分别经营水泥、混凝土及碎石，为上海 8 家一级混凝土企业供应商之一，亦于中方伙伴协议，接掌广州嘉华南方水泥经理职务。99 年 3 月底每股净值 0.946 元，净存款 1.67 百万元，9 月止上半年盈利 95.5 百万元，增 3.1%，派中期息 0.02 元。

【财务状况】 1998/99 年度每股纯利 22.4 仙，每股股息 4.5 仙。

天安中国投资有限公司

【公司概况】 股票代码为 0028，业绩报告结算日期为 12 月 31 日，实收资本为 3878867840 股，合计 775773568 元。公司董事会主席：许业荣。

【经营业绩】 经营中国业务。包括物业投资及发展、酒店饮食、工业及贸易等。拥有中国多个地区土地大量权益，其中深圳一个地盘已获批准兴建深圳天安数码城。其他投资包括深圳上洞电厂 27%，深圳国贸饮食 26%及上海联合水泥 30%。98 年底每股净值 1.33 元，持现金 2.6 亿元，另有 25 百万元证券投资，长短期银行贷款共 18.6%亿元。99 年上半年盈利 3.19 百万元，减 95%，不派中期息。正在收购圆方陶瓷中。

【财务状况】 1998 年度每股纯利 2.6 仙。

达力集团有限公司

【公司概况】 股票代码为 0029，业绩报告结算日期为 6 月 30 日，实收资本为 219103681 股，合计 219103681 元。公司董事会主席：叶黎明。

【经营业绩】 主要业务为经营货仓及物业投资，拥有荃湾达力货柜中心 78.1 万方呎货仓。另占深圳东角头合营公司 49%，发展港口船舶及仓储设施，已完成三个泊位及一客运站，填海土地 3.5 百万方呎已获准进行发展商住综合楼宇，股权增至 80%。北京发展商住面积 240 万方呎，权益 95%，该项朝阳花园与 99 年开始分期完成。99 年 6 月底每股净值 3.44 元，净借贷 1.3 亿元。

【财务状况】 1998/99 年度每股股息 4.0 仙。

佳讯(控股)有限公司

【公司概况】 股票代码为 0030,业绩报告结算日期为 3 月 31 日,实收资本为 398240000 股,合计 39824000 元。公司董事会主席:谢志雄。

【经营业绩】 提供无线电传呼及资讯服务及销售、出租传呼机。并在其他东南亚经营之流动通讯公司持有股权,仍持有数码通 0.43%及台湾捷报电话 35%与菲律宾 Easy Call7.4%,又持台湾宏远传呼 11.97%。99 年 3 月底每股净值 0.88 元,净存款 8.3 亿元,9 月止半年盈利 16 百万元,减 56%,派中期息 0.02 元。本地传呼业已于 7 月出售,10 月推出财迅网,正在发展自动对盘经纪业务提供网上买卖。

【财务状况】 1998/99 年度每股纯利 3.6 仙,每股股息 153.0 仙。

航天科技国际集团有限公司

【公司概况】 股票代码为 0031,业绩报告结算日期为 12 月 31 日,实收资本为 1785401721 股,合计 1785401721 元。公司董事会主席:梁文浩(代理)。

【经营业绩】 经营电子业,包括电视、电话机、收音机、印刷线路版及电子表。贵州华航汽车厂及华天汽车配件厂权益 45%,于国内卫星电视及有限电视。97 年分拆航天科技通信上市。并持有若干亚太卫星股份。于港有 44 万方呎工业用物业,国内有 427 万方呎商工物业。98 年 11 月配售 138 百万股,每股 1.03 元,集资 1.36 亿元。98 年底每股净值 1.55 元,净负债 21.46 亿元。99 年上半年亏损 1.3 亿元,不派中期息。

【财务状况】 1998 年度纯利亏损 342.2 百万元。

香港隧道有限公司

【公司概况】 股票代码为 0032,业绩报告结算日期为 12 月 31 日,实收资本为 191638401 股,合计 191638401 元。公司董事会主席:李唯仁。

【经营业绩】 拥有及经营往返香港九龙之海底隧道专利权,于 1999 年 8 月底期满,已无偿交予政府,而占 37%股权联号投得管理权 2 年。83 年度设立驾驶学院,占股权 50%,92 年 8 月增至 70%。联同中信及招商局等获得西区海底隧道兴建及经营权,占 37%。西隧总投资额 75 亿元,已于 97 年 4 月通车。占 37%的快易通收费系统已有 42 条行车线运作中,用户达 119874 名。98 年底每股净值 6.15 元,净存款 3.6 亿元,有价投资 3.7 亿元。99 年上半年盈利 119.4 百万元,增 56.8%,首两季股息各派 0.15 元。

【财务状况】 1998 年度每股纯利 0.79 元,每股股息 0.78 元。

依利安达国际集团有限公司

【公司概况】 股票代码为 0033,业绩报告结算日期为 6 月 30 日,实收资本为 954938674 股,合计 95493867 元。公司董事会主席:苏章盛。

【经营业绩】 各类印刷线路板、液晶体显示屏及磁电产品,线路板已分拆于新加坡上市;于持续配售后,仍占 42.33%,正发展位于黄埔厂房。99 年 6 月每股净值 0.80 元,净存款 1.64 亿元。12 月已订立意向以 40 亿元出售线路板业务,待落实。

【财务状况】 1998/99 年度每股纯利 33.56 仙,每股股息 20.5 仙。

九龙建业有限公司

【公司概况】 股票代码为 0034,业绩报告结算日期为 12 月 31 日,实收资本为 483767850 股,合计 48376785 元。公司董事会主席:伍兆灿。

【经营业绩】 以投资及发展本港物业为主,亦从事戏院经营及影片业务等,持有作投资用途之物业;楼面总面积约 60 万方呎;另车位 170 个;已完成官塘兴建一住宅大厦,总面积约 38 万方呎,于 98 年底完成,已售 67%,又投资中环半山罗便臣道重建计划,收楼届最后阶段,戏院业务已于 98 年结束。拥有九巴约 11%权益作长线持有。其他业务包括放款、皮鞋护理及高级洗衣服务等业务少数权益。98 年底每股净值 7.67 元,净借贷 6.48 亿元。99 年上半年盈利 98.7 百万元,减 41%,派中期息 0.08 元。

【财务状况】 1998 年度每股纯利 50.4 仙,每股股息 24.0 仙。

远东发展国际有限公司

【公司概况】 股票代码为 0035,业绩报告结算日期为 3 月 31 日,实收资本为 924699382 股,合计 92469982 元。公司董事会主席:邱德根。

【经营业绩】 物业投资及发展、投资酒店及工业。本港投资物业 44 万方呎。于马来西亚、澳洲及美国有酒店三间,亦有物业在发展中;国内投资包括锅炉厂、水泥厂、压缩机及电缆,于广州及上海有物业在发展,上海锦秋加州花园为主要发展,99 年 3 月每股净值 2.63 元,净借贷 5.8 亿元,9 月止半年盈利 28.9 百万元,减 10%,不派中期息。已安排 New China Home(上海物业)于美国 NASDAQ 上市,仍占 77%,又为至祥债务重整作出建议。

【财务状况】 1998/99 年度每股纯利 5.0 仙,每股股息 2.0 仙。

远东投资国际有限公司

【公司概况】 股票代码为 0036,业绩报告结算日期为 12 月 31 日,实收资本为 298568905 股,合计 298568905 元。公司董事会主席:邱德根。

【经营业绩】 拥有香港戏院 3 间,马来西亚一个哥尔夫度假村 51%,亦持有多项星马物业发展项目及本港农地 19.6 万方呎。98 年底每股净值 1.74 元,手头现金 20 百万元,另有短期环球投资市值 47.7 百万元,长短期贷款 246.8 百万元。持有远东发展 3.45%及远东酒店 2.5%。99 年上半年盈利 3 百万元,上年度同期亏损 9 百万元,不派中期息。

【财务状况】 1998 年度纯利亏损 47.4 百万元(包括特殊亏损 6.6 百万元)。

远东酒店实业有限公司

【公司概况】 股票代码为 0037,业绩报告结算日期为 3 月 31 日,实收资本为 488842675 股,合计 488842675 元。公司董事会主席:邱德根。

【经营业绩】 经营酒店及娱乐事业,拥有长洲华威酒店及海外华威集团权益 16.09%,于北京占华威国际公寓 90%,亦持有远东发展股权 0.37%及澳洲旧雪梨镇娱乐场 45%。已与长实合作发展荔园之土地为商住单位,各占 50%,以 480 百万元购入有关土地 360000 方呎,已完成换地 592000 方呎,南部补价 7.1 亿元,已获准兴建住宅 48 万方呎及商场 11 万方呎,2000 年动工,北部收地尚待完成。99 年 3 月底每股净值 1.31 元,净负债 30 百万元。9 月止半年亏损 19.8 万元,不派中期息。

【财务状况】 1998/99 年度纯利亏损 9.35 百万元。

第一拖拉机股份有限公司

【公司概况】 股票代码为 0038,业绩报告结算日期为 12 月 31 日,实收资本为 A 股 450000000 股 H 股 335000000 股,合计人民币 785000000 元。公司董事会主席:尹家喜。

【经营业绩】 为中国农业拖拉机最大制造商,产品包括 70 至 120 匹马力轮式及履带拖拉机、15 至 18 匹马力轮式拖拉机并提供运作保养、修理及拖拉机配套,为中国农业用拖拉机的唯一生产商。产品绝大部分在中国销售。97 年 6 月发行 300 百万股 H 股上市,每股售价 4.50 港元。98 年底每股净值人民币 3 元,净存款人民币 10.5 亿元。99 年上半年盈利人民币 39.2 百万元,减 40%,不派中期息。11 月以人民币 1.3 亿元增持洛阳工程机械及洛阳建筑机械 49%,已透过占 90%附属公司合资拥有。

【财务状况】 1998 年度每股纯利 16.87 仙,每股股息 9.0 仙。

金山工业(集团)有限公司

【公司概况】 股票代码为 0040,业绩报告结算日期为 3 月 31 日,实收资本为 474681281 股,合计 237340640 元。公司董事会主席:罗仲荣。

【经营业绩】 从事发展、制造及销售电池及汽车音响器材。于香港、台湾及新加坡以至中国有厂房。亦从事电器、电话及电子零件生产。现时业务分为四大类:电池、电器、电子及策略性投资。电池、电器及电子部已分别于新加坡上市,现占股权分别为 42.08%、48.81%及 66.06%;99 年 3 月底每股净值 2.32 元,净借债 15 亿元,9 月止半年盈利 38.2 百万元,减 18.9%,派中期息 0.03 元。12 月购入联网时代 15%股权及中国金网(集团)17%股权。

【财务状况】 1998/99 年度每股纯利 20.6 仙,每股股息 9.0 仙。

鹰君有限公司

【公司概况】 股票代码为 0041,业绩报告结算日期为 12 月 31 日,实收资本为 546368530 股,合计 273184265 元。公司董事会主席:罗鹰石。

【经营业绩】 地产及酒店投资、旁及建筑材料、财务及证券等。港内物业及酒店：万国宝通广场占75.93%，另全资占写字楼69740方呎；湾仔鹰君中心；山村道逸东轩；蓝塘道逸东轩；湾仔逸东轩；普庆戏院逸东酒店，商场及2间戏院；尖沙嘴华美达丽新酒店。港外酒店及物业：伦敦朗威酒店；澳洲墨尔本Sheraton Towers Soothgate Hotel；加拿大多伦多Delta Chelsea Inn；奥克兰Sheraton Auckland Hotel and Tower；波士顿Hotel Le Meridien；纽约Metropolitan Tower；加州Ygnacio Valley Centre；加州比华利山Pacific Wilshire Plaza；三藩市Sacramento Street353号物业。旺角市区重建计划，已完成收购，投资已付44.7亿元。即将动工兴建写字楼709222方呎、商场603000方呎及酒店477000方呎(899间房)。98年底净借贷80亿元。99年上半年盈利325.6百万元，比98年3月底半年减47%，中期息派0.1元。

【财务状况】 1998年度每股纯利2.21元，每股股息0.45元。

东北输变电机械制造股份有限公司

【公司概况】 股票代码为0042，业绩报告结算日期为12月31日，实收资本为A股615420000股H股257950000股，合计人民币873370000元。公司董事会主席：项永春。

【经营业绩】 制造及销售供电力站向用户输电及分配电力所需的输变电设备。主要产品为变压器、系统保护设备及输电设备，厂房全部设于中国辽宁省。主要客户为国有电力公司及省、市或地方电力局。产品亦外销往马来西亚、巴基斯坦、菲律宾、叙利亚及泰国。95年6月发行247.95百万股H股，每股以1.8港元公售。于7月以同价再配售10百万股。99年6月止每股净值人民币1.97元，上半年盈利人民币3.7百万元，减88.6%，不派中期息，净债项人民币14.8亿元。

【财务状况】 1998年度每股纯利0.7分。

卜蜂国际有限公司

【公司概况】 股票代码为0043，业绩报告结算日期为12月31日，实收资本为2158480786股，合计USD107924039元。公司董事会主席：谢国民。

【经营业绩】 于中国从事农业及工业相关业务，在上海合营养鸡场、饲料生产及肉品加工，并经营家乡鸡小食店，产品由自设贸易部外销。又在上海设有电单车厂(已于93年于美国上市，仍占70%)。亦拥有位于中国、土耳其、泰国及印尼之水产养殖、农业其他投资。属下联号分别于泰国及印尼上市。98年底每股净值0.435元，债项净额约64亿元，资产负债比率487%，正进行财务重组。99年上半年亏损128百万元，减4%，不派中期息。

【财务状况】 1998年度纯利亏损209.7百万元。

香港飞机工程有限公司

【公司概况】 股票代码为0044，业绩报告结算日期为12月31日，实收资本为185089750股，合计元185089750。公司董事会主席：唐宝麟。

【经营业绩】 修理飞机引擎及仪器工程，于新飞机场拥有机库。已与厦门机构等合作于当地兴建两机位机库，于96年启用。并于将军澳兴建大型发动机试验间及组建更换设施，与英国劳斯莱斯合组联营公司经营，97年开业。98年底每股净值13.14元，净存款3.15亿元。99年上半年盈利63.2百万元，减55%，中期息0.14元，减36.4%。董事会预料99年营运困难。

【财务状况】 1998年度每股纯利79.0仙，每股股息60.0仙。

香港上海大酒店有限公司

【公司概况】 股票代码为0045，业绩报告结算日期为12月31日，实收资本为1156723577股，合计578361789元。公司董事会主席：米高·嘉道理。

【经营业绩】 拥有及经营与管理酒店、地产投资、山顶缆车及饮食与食品业。半岛酒店客房已增至300间，商场72511方呎及写字楼72903方呎；九龙酒店客房736间，商场40813方呎；纽约半岛酒店客房241间，商场5224方呎；加州鹑园100间客房及物地；占加州比华利山酒店20%，客房196间；美国曼克顿豪华住宅式酒店单位84个；占马尼拉半岛酒店16.6%及北京王府井饭店20%权益。另拥有：花园道圣约翰大厦写字楼61317方呎；浅水湾住宅285893方呎；浅水湾湾影园住宅51万方呎及商场28500方呎；山顶凌霄阁商场27779方呎；越南胡志明市住宅54821方呎及写字楼80234方呎，占20%；曼谷写字楼137260方呎，占50%；曼谷乡村俱乐部50%；曼谷半岛酒店客房370间。于澳洲悉尼兴建住宅237单位，99年完成，已计划于芝加哥现有零售综合大楼上，兴建半岛酒店336间房，将于2001年完成。99年上半年盈利30百万元，减89.7%，每股盈利0.03元，不派中期息。净借贷73.04亿元。

【财务状况】 1998年度每股股息5.0仙。

科联系统集团有限公司

【公司概况】 股票代码为0046，业绩报告结算日期为12月31日，实收资本为220000000股，合计22000000元。公司董事会主席：吴长胜。

【经营业绩】 于中港两地从事系统集成及提供相关技术支援服务；并在香港分销电脑软硬件及相关配件，并为香港政府承包设计及建立电子投标系统及管理五年。获20个省市的邮电管理局批授承包合约。拟在国内广设代办处，在北京成立以电讯业为主的软件开发及支援中心，在上海办事处成立系统及网络测试，培训及维修中心。98年5月配售及发售55百万股新股上市，每股售价1.08元。98年11月签定协议以15百万元收购Progressive World Ltd全部权益，其业务为于中国经营电脑系统集成。98年底每股净值0.384元，净存款28万元。99年上半年盈利5.77百万元，不派中期息。

【财务状况】 1998年度每股纯利1.46仙。

合兴集团有限公司

【公司概况】 股票代码为0047，业绩报告结算日期为12月31日，实收资本为409113021股，合计40911302元。公司董事会主席：洪克协。

【经营业绩】 购入食油混制及装瓶进行营销。本港食油业已与南顺合作，另设厂于浙江平湖及绍兴。并于番禺设炼油厂，投资于辽宁沿海城市一发电站，已于99年6月出售，亏损21.6百万元。98年6月购入超群饼店若干机器设备，已开设16间店铺。98年底每股净值1.41元，净借贷5.4亿元。99年上半年亏损46.8百万元，不派中期息。

【财务状况】 1998年度每股股息1.3仙。

联洲国际集团有限公司

【公司概况】 股票代码为0048，业绩报告结算日期为12月31日，实收资本为9699121562股，合计969912156元。公司董事会主席：史璧加。

【经营业绩】 持有特许证在欧洲及远东从事设计、装嵌及分销钟表，并在德国分销各类珠宝产品。工厂设在香港、东莞、印度、澳洲、德国及瑞士。间接持有21.65%宜进利、18.75%东力宝业股权及联洲珠宝52.35%。98年10月购入德国Goldfeil皮具厂。98年底每股净值0.1175元，净债项7.7亿元。99年上半年盈利83.6百万元，增22.5%，中期息0.0029元。已获准于美国NASDAQ上市。

【财务状况】 1998年度每股纯利1.5仙，每股股息0.17仙。

新亚置业信托有限公司

【公司概况】 股票代码为A0049 B0153，业绩报告结算日期为3月31日，实收资本为A363449250股B252390875股，合计413927425元。公司董事会主席：李约翰。

【经营业绩】 经营物业发展，拥有联邦地产72.4%及新加坡马哥孛罗发展74.5%，后者拥有酒店及商业物业，正在发展雅茂园豪宅100万方呎中，已预售98%，2001年完成，另占深井生力啤厂址地盘33.3%及机铁九龙站二期项目20%。99年3月29.34元，净债项33.5亿元。9月止半年盈利324.6百万元，减29%，派中期息A股0.10元，B股0.02元。荷里活广场33.3%以11.4亿元售予九仓，星马哥孛酒店正重建为住宅。

【财务状况】 1998/99年度每股纯利1.20元，每股股息0.2元。注：除注明以外，均以A股或折为A股计算。

香港小轮集团有限公司

【公司概况】 股票代码为0050，业绩报告结算日期为12月31日，实收资本为356273883股，合计356273883元。公司董事会主席：高演。

【经营业绩】 经营香港境内小轮服务、船只制造、地产投资、旅游及贸易业务。地产投资包括油塘工业大厦约25万方呎，长沙别墅5间14200方呎及银矿湾酒店，另占梅窝农地30万方呎(50%)。大角嘴物业已获准重建综合物业195万方呎。已补地价20亿元，将于2002至2004年完成，已协议与恒基合作。已放弃中区码头发展，渡轮专利权于99年3月届满，已投得6条离岛线及2条港内线至2002年3月止(已售于新世界)。98年底每股净值12.2元，净存款11.6亿元，99年上半年盈利46.6百万元，减33.4%，中期息0.08元。

【财务状况】 1998 年度每股股息 28 仙。

海港企业有限公司

【公司概况】 股票代码为 0051，业绩报告结算日期为 12 月 31 日，实收资本为 315000000 股，合计 157500000 元。公司董事会主席：李唯仁。

【经营业绩】 获有香港酒店，另向九仓租入马哥孛罗酒店及太子酒店。正计划于坚尼地城兴建酒店客房 242 间，亦占机铁九龙站第二期项目 20%。98 年底每股净值 15.54 元。长期投资 14.77 亿元(港股 10.4 亿元)，市值 9.6 亿元，净存款 1.8 亿元。99 年上半年盈利 53.9 百万元，减 25.4%，中期息 0.05 元。

【财务状况】 1998 年度每股纯利 52 仙，每股股息 20 仙。

大快活集团有限公司

【公司概况】 股票代码为 0052，业绩报告结算日期为 3 月 31 日，实收资本为 1198281300 股，合计 119828130 元。公司董事会主席：罗芳祥。

【经营业绩】 以大快活餐厅名称经营连锁式快餐店，亦曾开设千岛美食餐厅及马里奥餐厅已予结束。至 99 年 9 月止，香港大快活餐厅共 102 间及中国各地设有 4 间，也经营老友记茶餐厅及结构性食堂 13 间。99 年 3 月止每股净值 0.243 元，净现金 5.6 百万元，9 月止半年盈利 9.1 百万元，增 140%，不派中期息。

【财务状况】 1998/99 年度纯利亏损 78.4 百万元。

国浩集团有限公司

【公司概况】 股票代码为 0053，业绩报告结算日期为 6 月 30 日，实收资本为 426631086 股，合计 USD213315543 元。公司董事会主席：郭令灿。

【经营业绩】 控股公司，持有道亨银行 71.59%，国浩地产 53.04%，新加坡 First Capital 50.67%、菲律宾 Guoco Holding 36.6%及马来西亚 Hong Leong Credit 20.9%，均为上市公司，另于香港经营证券业及保险业，又投资中国若干工业。大股东大马丰隆集团占 31.37%。99 年 6 月底每股净值 25.5 元，期内出售荷银亚洲全部约 30%股权，获利 12 亿元。

【财务状况】 1998/99 年度每股纯利 1.44 元，每股股息 0.6 元。

合和实业有限公司

【公司概况】 股票代码为 0054/2994，业绩报告结算日期为 6 月 30 日，实收资本为 875982121 股，合计 2189955302 元。公司董事会主席：胡应湘。

【经营业绩】 地产投资及发展、建筑及管理，以至在中国进行庞大投资。主要投资物业为合和中心 78 万方呎；另拥有荃湾悦来酒店 1000 间客房、九龙湾国际展贸中心面积 163 万方呎。建筑业独家供应滑模工程设备，业务遍及本港及海外。投资：中国大酒店权益 20%，客房 1200 间；广深珠高速公路第一期皇岗口岸至广州，广深珠东线全长 122.8 公里，占 47.5%；广东顺德公路 102 公里，占 50%；于马尔他兴建酒店，客房 438 间；优化顺德 105 国道占 30%；广深珠西段 58 公里，占 50%；广州东南西环高速公路 38 公里，占 45%；洽商投资洛溪二桥，将占 13%。97 及 98 出售全部亚洲电力股权，并为泰国高架公路投资全数撤数，又为印尼电厂投资撤数 90%。99 年底集团债务净额 20.4 亿元，净负债比率 14%，总债务净额对总资本比率 42%。

【财务状况】 1998/99 年度每股纯利 16 仙，每股股息 10 仙。

中大印刷集团有限公司

【公司概况】 股票代码为 0055，业绩报告结算日期为 3 月 31 日，实收资本为 299377280 股，合计 29937728 元。公司董事会主席：薛济杰。

【经营业绩】 主要从事印刷及制造一系列产品，包括印刷在胶料、聚酯纤维料、纸、金属片及胶片上之标签，电器与电子产品、玩具、电脑及其有关之包装盒等印刷品。亦生产礼品盒、单张、小册子、贺卡及手挽袋。厂房设于中国，主要客户位于香港及中国。97 年于深圳购入 16 万方呎地盘，建新厂房，部分已完成。99 年 3 月底每股净值 0.886 元，净存款 20 百万元。9 月止半年盈利 44.3 百万元，增 26.5%，派中期息 0.017 元。

【财务状况】 1998/99 年度每股纯利 21.9 仙，每股股息 4.3 仙。

联合地产(香港)有限公司

【公司概况】 股票代码为 0056，业绩报告结算日期为 12 月 31 日，实收资本为 2900537773 股，合计 580107555 元。公司董事会主席：麦蕴利。

【经营业绩】 物业及酒店投资，业务遍及香港、中国、马来西亚及美国。本港投资物业 10.4 万方呎，货仓 50 万方呎，占联合鹿岛大厦(21.7 万方呎 50%)发展中地盘位于旺角、北角及洛克道，占世纪酒店 50%及菲律宾马拉湾酒店；另在国内、美国及菲律宾有若干物业权益。96 年 7 月购入新鸿基公司股权 33.18%。98 年底每股净值 1.88 元，净借贷 14.67 亿元。99 年上半年盈利 32 百万元，减 73.2%，不派中期息。

【财务状况】 1998 年度每股纯利 4.7 仙，每股股息 30.19 仙。

震雄集团有限公司

【公司概况】 股票代码为 0057，业绩报告结算日期为 3 月 31 日，实收资本为 608807600 股，合计 60880760 元。公司董事会主席：蒋震。

【经营业绩】 在香港、台湾及中国从事生产各类塑胶注塑机，亦生产塑胶元件与自动机械臂及球墨铸铁元年自用。于国内设有多间合营厂房，正于深圳兴建震雄工业园，生产面积达 400 万方呎，将于 99 年中投产，另有 180 万方呎其他配套设施。91 年 9 月发行 127.5 百万新股上市，每股以 1.68 元公售。99 年 3 月底每股净值 1.87 元，净存款 3.2 亿元。9 月止半年盈利 69.4 百万元，增 72.9%，中期息 0.04 元，增 100%。

【财务状况】 1998/99 年度每股纯利 12.23 仙，每股股息 8.0 仙。

新威国际控股有限公司

【公司概况】 股票代码为 0058，业绩报告结算日期为 9 月 30 日，实收资本为 1000000000 股，合计 100000000 元。公司董事会主席：黄赛峰。

【经营业绩】 从事设计、开发、制造及销售：电子及相关零部件、电子消费品各式产品、、亦从事买卖以俄制集成电路为主之电子零部件。截至 98 年 9 月底止三年及至 99 年 3 月底止占集团营业额约 79%、80%、84%、86%。其余营业额则来自集成电路之贸易，拥有逾 1500 位客户以中港两地、南非、俄罗斯及其他国家为基础。现时拥有 6 座生产厂房，全部位于中国福建省，总建筑面积约为 105 万方呎。99 年 8 月配售及发售新股 2.5 亿股上市，每股售价 1.26 元，并于新加坡第二上市，于 6 月底债项 1.16 亿元。上市后每股有形资产净值 0.61 元。

【财务状况】 1999 年度纯利 120235 千元。

安佳集团有限公司

【公司概况】 股票代码为 0059，业绩报告结算日期为 12 月 31 日，实收资本为 782000000 股，合计 78200000 元。公司董事会主席：雅高。

【经营业绩】 主要业务在香港、澳门及中国代理销售汽车。集团拥有绅宝、欧宝汽车与欧霸商业用汽车之代理权，亦获绅佳城市巴士代理权，为所代理牌子及其他商用汽车提供维修、保养及销售零件服务。亦获 CADILLAC 汽车香港独家代理权。98 年底每股净值 0.0513 元。净债项约 70 百万元。99 年上半年亏损 27.7 百万元，不派中期息。期内出售欧宝汽车业务。

【财务状况】 1998 年度每股纯利纯利损 10.1 仙。

四洲冷冻食品控股有限公司

【公司概况】 股票代码为 0060，业绩报告结算日期为 3 月 31 日，实收资本为 247820000 股，合计 24782000 元。公司董事会主席：戴德丰。

【经营业绩】 进口冻肉及海产，供应香港及中国市场。亦于屯门设有加工厂，制成火腿及有关产品分销。其他进口冷藏鱼类及海产，于深圳设有合营加工厂，并予外销。97 年 3 月，向八百伴国际购入 30.79%股权，每股作价 0.72 元，成为最大股东。由八百伴食品改名如上。99 年 3 月底每股资产净值 0.754 元，净借贷 55 百万元，9 月止半年盈利 16.4 百万元，增 51.3%，派中期息 0.01 元。

【财务状况】 1998/99 年度每股纯利 8.52 仙，每股股息 1.0 仙。

宏昌科技集团有限公司

【公司概况】 股票代码为 0061，业绩报告结算日期为 12 月 31 日，实收资本为 280000000 股，合计 28000000 元。公司董事会主席：陈子昂。

【经营业绩】 在中港两地分销 Sequent 电脑产品；电脑周边设备；于中港两地提供技术服务及分销电脑软件产品；并提供相关产品服务。2000 年 6 月 30 日后可自由从事开发数据通讯市场，会在数据通讯软件及网络安全方面致力发展。99 年 6 月配售及发售新股 70 百万股上市，每股售价1.28元，99年上半年盈利12.35百万元，增127.5%，派中期息0.014元。8月以1.56百万元购入China Cast股权19.9%，从事中港互联网内容供应商业务。上市后每股有形资产净值0.3545元。

【财务状况】 1998年度纯利22.979千元。

九龙巴士控股有限公司

【公司概况】 股票代码为0062，业绩报告结算日期为12月31日，实收资本为403639413股，合计403639413元。公司董事会主席：钟士元。

【经营业绩】 专利公共巴士服务，已续权至2007年7月底，但无盈利保障协议，活动范围包括九龙及新界轻铁区除外。仍以九龙巴士名义经营，并成立龙运巴士经营大屿山及连接机场业务，亦成立阳光巴士经营非专利巴士业务，亦透过联号经营跨境及内地巴士服务。98年底每股净值4.54元。99年上半年盈利3亿元，增4.6%，中期息0.28元，增3.7%。荔枝角车厂以55亿元内部转让，并委任新地为项目经理。

【财务状况】 1998年度每股纯利145仙，每股股息115仙。

荣丰国际有限公司

【公司概况】 股票代码为0063，业绩报告结算日期为12月31日，实收资本为690712993股，合计34535649元。公司董事会主席：钟斌铨。

【经营业绩】 物业投资。现持有马己仙峡道15及17号两住宅、大道中九号8楼，面积13742方呎；另经营建筑及园艺服务；又占新会地盘92%，计划兴建12百万方呎各项面积。95年9月以属下经营居屋及建筑的瑞昌控股收购茂基上市、占瑞昌45.4%。已于98年7月出售。持有新加坡上市鸿福股权20.2%。98年底每股净值2.09元，净债项4亿元，99年上半年亏损15.4百万元，不派中期息。

【财务状况】 1998年度纯利亏损214.9百万元。

盈科保险集团有限公司

【公司概况】 股票代码为0065，业绩报告结算日期为12月31日，实收资本为689250000股，合计689250000元。公司董事会主席：袁天凡。

【经营业绩】 从事为港人提供范围广泛的个人终身寿险，储蓄人寿保险及定期寿险产品。当中包括个人及团体意外、医疗与伤残保险及团体退休金计划。于97年在香港个人人寿保险业中排名第四位，以总保费占有率为5.6%。95年推出Glourious Life系列，仍属分红保险产品是集团最成功之产品。与美国大通银行附属公司Manhattan Card Company设立联营信用卡计划。现透过特约代理营销队伍分销产品，于98年12月底止人数达2333名。于96、97及98年分别在北京、上海及广州设代表处。计划尽快申请中国营业牌照。99年7月配售及发售178.5百万股新旧股上市。每股售价6.28元。99年上半年盈利31.6百万元，每股盈利0.05元，不派中期息。上市后每股内在价值3.84元。

【财务状况】 1998年度纯利45578千元。

国浩地产有限公司

【公司概况】 股票代码为0067，业绩报告结算日期为6月30日，实收资本为253259289股，合计506518578元。公司董事会主席：郭令灿。

【经营业绩】 原名立兴，钟表制造与销售、财务及证券投资，96年11月国浩以每股10.177元收购，并注入两项物业，易名如上。拥有物业权益包括胡忠大厦3层、海外信托大厦9层。中环中心写字楼6层，发展中物业有：大坑物业25%、大埔住宅30%、尖沙咀物业50%。99年6月底每股净值5.1元，净负债3亿元。9月以4.81亿元购入中环中心写字楼三层，面积76827方呎。

【财务状况】 1998/99年度每股盈利损2.85元。

利兴发展有限公司

【公司概况】 股票代码为0068，业绩报告结算日期为12月31日，实收资本为346008471股，合计346008471元。公司董事会主席：陈文生。

【经营业绩】 主要投资于有价证券：包括本港富豪、丽新制衣及南华集团及东南亚证券。98年底占富豪3.21%及大马TAN&TAN12.81%，各投资98年底成本11.2亿元，市值8.3亿元，未作减值准备。98年底每股净值5.29元，增0.7%，存款1亿元。99年上半年盈利15.8百万元，上年同期亏损97.5百万元，派中期息0.015元。

【财务状况】 1998年度每股纯利4.82仙，每股股息2.5仙。

香格里拉(亚洲)有限公司

【公司概况】 股票代码为0069，业绩报告结算日期为12月31日，实收资本为2134773170股，合计2134773170元。公司董事会主席：郭孔丞。

【经营业绩】 投资于香港及中国之酒店及有关物业合作权益，包括九龙香格里拉及港岛香格里拉，所占权益为100%及80%，客房共1290间。中国有酒店15间，客房7677间、住宅1030间及商业面积231万方呎；东南亚酒店6间，客房3139间。另国内仍有多个项目在发展中。98年底每股净值9.54元。99年上半年盈利2.14亿元，减11%，中期息0.07元，减12.5%。6月底净债项69亿元，负债比率40%。9月斥资50亿元收购于新加坡、泰国及马来西亚上市之香格里拉酒店。

【财务状况】 1998年度每股纯利22.34仙，每股股息15.0仙。

美丽华酒店企业有限公司

【公司概况】 股票代码为0071，业绩报告结算日期为3月31日，实收资本为577231252股，合计404061876元。公司董事会主席：何添。

【经营业绩】 拥有及经营酒店、旅行社、饮食业及物业投资。现时主要物业为美丽华酒店及美丽华大厦。还有零星物业；亦占蛇口南海酒店25%；上海两项物业发展已完成，正在销售中；温哥华及美国加州在策划发展中。99年3月底每股净值12.26元，净借贷16.5亿元，9月止半年盈利70.1百万元，增16.4%，派中期息0.12元。

【财务状况】 1998/99年度每股纯利26.3仙，每股股息26.0仙。

耀荣明泰国际集团有限公司

【公司概况】 股票代码为0072，业绩报告结算日期为3月31日，实收资本为839755650股，合计83975565元。公司董事会主席：张耀荣。

【经营业绩】 从事楼宇建造，持有未完成合约11亿元，亦占有海洋皇宫酒楼股权74.9%。占湖北长洲电厂40%于98年7月开始运作，持若干厦漳公路权益。98年12月购入武汉余家头水厂54%，可增至90%，水厂盈利获保证。于99年起三年，每年盈利不少于27.5百万元人民币。其他投资包括广州民族宾馆、北京世界公园及北京玫瑰园等权益。99年3月底每股净值0.569元，净借贷95.7百万元。9月止半年盈利5.8百万元，不派中期息。

【财务状况】 1998/99年度纯利亏损200.8百万元。

第一珍宝(集团)有限公司

【公司概况】 股票代码为0073，业绩报告结算日期为3月31日，实收资本为375602400股，合计37560240元。公司董事会主席：朱嘉乐。

【经营业绩】 主要在香港、澳门、中国经营珍宝冷气机、雪柜、洗衣机进口、市场推广、分销。为香港、中国珍宝冷气机独家特约总代理。与富士通将军公司达成五项中国代理协议，包括冷气机及离子显示屏。香港拥有总实用面积约23701平方呎作货仓、维修工场、办事处。97年7月发行新股80.9百万股上市，每股售价1元。99年3月底每股净值0.745元，净债项1亿元，9月止半年盈利20.6百万元，增7.8%，派中期息0.012元。

【财务状况】 1998/99年度每股纯利9.3仙，每股股息3.5仙。

长城科技股份有限公司

【公司概况】 股票代码为0074，业绩报告结算日期为12月31日，实收资本为内资股743870000股H股453872000股，合计人民币1197742000元。公司董事会主席：王之。

【经营业绩】 产销硬盘驱动器及元部件。占长城电脑64.05%，与国内生产"金长城"品牌个人电脑及产销周边产品及提供软件开发和资讯科技服务。99年8月与Conner合力生产硬盘驱动器，与美国德州仪器公司签定合营企业公司，采用先进数码信号处理科技发展及特许电子、电力及机械产品设计，以及通讯，家用设备及消费者应用元部件。7月底已获发互联网国际业务经营许可证。99年7月配售及发售H股约4.09亿股新股上市，每股售价人民币3.15元。99年上半年盈利人民币1.8亿元，增65.8%，不派中期息。上市后每股有形资产净值人民币1.99元。

【财务状况】 1998年度纯利人民币489181千元。

彩星地产集团有限公司

【公司概况】 股票代码为0075，业绩报告结算日期为12月31日，实

收资本为664357415股,合计66435741元。公司董事会主席:陈俊豪。
【经营业绩】 92年开始投资物业。93年底发行新股向大股东购入多项地产,进行重组:于94年初将彩星玩具分拆上市,改名彩星地产。拥有投资商业物业面积共36万方呎;另有工业面积31.7万方呎;国内投资物业面积8.9万方呎,本港已完成待售商业物业1.56万方呎,待发展地盘位于安达臣道。国内物业于深圳、上海包括信兴广场、和平花苑,总面积388万方呎,占10%及20%。97年10月订约出租世纪广场94700方呎定价12.4亿元,未完成交易,正采法律行动。98年底每股净值2.62元,净债项8亿元。99年上半年盈利27.27百万元,减2.2%,不派中期息。
【财务状况】 1998年度每股股息2.0仙。

辛康海联控股有限公司

【公司概况】 股票代码为0076,业绩报告结算日期为12月31日,实收资本为4779821419股,合计USD47798214元。公司董事会主席:Chelsea Ho。
【经营业绩】 原名森马宝秘,开采中国北部湾石油,因财务问题放弃。85年9月收购印尼宾如油田,再因财务问题于92年11月停牌。93年10月,华闽及海裕等注入资金复牌买卖,并进行收购,每股收购价0.0773元。并易名如上。94年8月向赫斯基购入印尼Limau油田10年开采权,成价183百万元,付93百万元可换股票据作为部分代价。96年10月因股权25.3%拥有权不明朗而停牌。98年2月复牌。98年底每股净值2.5港仙,无净负债。99年上半年亏损1.02百万元,不派息。平均日产油6174桶。7月集资拟购吉林油田天然气权益,已予终止,于11月已完成收购深圳星虹石油化工30%,代价30百万元,付与新股及现金。
【财务状况】 1998年度每股盈利损0.11美仙。

联邦地产有限公司

【公司概况】 股票代码为A0077,B0228,业绩报告结算日期为3月31日,实收资本为A股208646364 B股108157820股,合计230277928元。公司董事会主席:李唯仁。
【经营业绩】 地产投资发展,投资物业包括会德丰大厦写字楼211100方呎及铺位3200方呎,坚尼地称商场货仓143800方呎及北角健威商场停车场239700方呎。99年3月止已完成待沽物业成本6.7亿元,发展中写字楼24万方呎及待建住宅25.7万方呎,亦占地铁九龙站二期发展权20%,99年3月止每股净值33.55元,净债项3.8亿元,另有长期投资成本30.7亿元,9月止半年盈利115.1百万元,减62%,中期息A股0.15元,B股0.03元。
【财务状况】 1998/99年度每股纯利0.75元,每股股息0.5元。注:除注明外,均以A股或折为A股计算。

富豪酒店国际控股有限公司

【公司概况】 股票代码为0078,业绩报告结算日期为12月31日,实收资本为3928743103股,合计392874310元。公司董事会主席:罗旭瑞。
【经营业绩】 经营酒店业,拥有富豪九龙、富豪启德、沙田丽豪、富豪香港及机场富豪;亦拥有多伦多星座富豪。于美国拥有酒店式度假式物业,共28间,客房约7600间;并于美国及中国经营酒店管理业务。全面完成客房1100间,又占赤柱黄麻角道发展洋房133座权益30%,楼面428900方呎,每呎地价成本12800元。98年底每股净值1.84元,净借贷81.8亿元,正进行重组。99年上半年亏损119.7百万元,不派中期息。9月与城市酒店伦敦附属公司M&C合组合营公司购入美加27间酒店,未能协议,12月M&C已落实收购58间酒店权益,除债项外,富豪实收12.4亿元。
【财务状况】 1998年度纯利亏损1187.0百万元。

安权控股有限公司

【公司概况】 股票代码为0079,业绩报告结算日期为12月31日,实收资本为400000000股,合计40000000元。公司董事会主席:张志聪。
【经营业绩】 主要从事Fortei牌运动鞋及运动服与便服设计、市场推广及分销业务。集团产品主销香港、澳门及中国华南等地。93年6月发行100百万新股上市,每股以1.28元公售。98年6月以友力投资占45%为首集团以每股0.40元收购51%。98年底每股净值0.263元,大致无负债,99年上半年亏损43.9百万元,不派中期息。99年7月,明珠兴业拟注入HKDATA55%而变相收购,未能协议,8月协议将控权51%售予CENTURY LEGEND,每股作价0.17元,提出全面收购,买家已持有72.4%。
【财务状况】 1998年度纯利亏损63.6百万元。

邵氏兄弟(香港)有限公司

【公司概况】 股票代码为0080,业绩报告结算日期为3月31日,实收资本为398390400股,合计99597600元。公司董事会主席:邵逸夫。
【经营业绩】 于96年出售全部物业,现时拥有清水湾片厂约45万方呎,租予外界,所占电视广播股权经过买卖后,99年3月止持有27.95%,亦经营电视制作及发行。98年8月投得将军澳影城,将投资10亿元,占35%,将于2001年完成。99年3月底每股净值3.95元,净债项1.84亿元,9月止半年盈利132百万元,增277%,中期息0.05元。
【财务状况】 1998/99年度每股纯利26仙,每股股息15.0仙。

蚬壳电器工业(集团)有限公司

【公司概况】 股票代码为0081,业绩报告结算日期为12月31日,实收资本为528779837股,合计264389918元。公司董事会主席:翁佑。
【经营业绩】 制造吊扇、风扇、电子、电话产品及影音光碟;经营钢材加工及生产通讯电机等。厂房设于香港、深圳、顺德及广州。占广州三项物业发展面积20.3万方呎,投资于顺番公路股权于98年5月已售8亿元,所持微波炉35%权益已于98年7月售出,于10月收取全部款项4.65亿元,另售物业套现1.3亿元。98年底每股净值3.99元,净现金3.26亿元。99年上半年亏损7.6百万元,中期息0.01元。顺番公路赊款已延期至11月,到期仍未能收取,正商讨以公路权益抵付,尚待协议。
【财务状况】 1998年度每股纯利36仙,每股股息6.0仙。

益安国际集团有限公司

【公司概况】 股票代码为0082,业绩报告结算日期为12月31日,实收资本为98350673股,合计49175336元。公司董事会主席:梁华济。
【经营业绩】 主要产销CD/VCD机芯、CD唱机、VCD影碟机及扩音机等产品及相关组件,并生产办公室用碎纸机。98年取得全球独家生产"减针器"医疗环保设备,并获准出售,98年投资。98年底每股净值1.75元,手头现金28百万元,长期负债57百万元。99年上年亏损17.1元,不派中期息。
【财务状况】 1998年度纯利亏损27.6百万元(包括特殊亏损14.9百万元)。

信和置业有限公司

【公司概况】 股票代码为0083,业绩报告结算日期为6月30日,实收资本为3491078256股,合计3491078256元。公司董事会主席:黄志祥。
【经营业绩】 地产投资及发展。于99年6月底,实益拥有已完成各项投资物业624万方呎及车位3068个,已完成待售各项投资物业106万方呎、发展中物业793万方呎,均位于香港。其他发展中物业,另有新加坡43万方呎,厦门及福州248万方呎。投资物业主要包括中港城25%、尖沙咀中心48%、幸福中心44.5%、观塘广场及屯门广场以至中环广场10%等。发展中物业包括奥港城(A?C地盘占30%,B地盘占42.5%)、小西湾蓝湾半岛40%及云景道住宅等,于2000年6月止年度将完成面积93万方呎,5年内将完成520万方呎。99年6月底香港有价投资458百万元(市值427百万元)、海外证券163百万元(市值214百万元)。长期债项66亿元,短期债项14.58亿元,存款30.13亿元。99年6月底净负债50.4亿元。另应占联号债务60.8亿元。12月与中建电讯互换部分股份并合作发展资讯科技。
【财务状况】 1998/99年度每股纯利45.6仙,每股股息10.0仙。

宝光实业(国际)有限公司

【公司概况】 股票代码为0084,业绩报告结算日期为3月31日,实收资本为936340023股,合计93634002元。公司董事会主席:黄子明。
【经营业绩】 包括控股投资、地产、零售与贸易及手表制造等。持有泰国最大地产公司曼谷置地股权10.6%,投资成本2278百万元。于东南亚各地经营时间廊、眼镜88及小河马童装店。98年初完成新蒲岗宝光商业中心33万方呎,尖沙咀远时广场已于98年1月售出,亏损11.75亿元,曼谷置地股权已撤数,已减至6.4%,按市值36.5百万元入帐。现拥有香港及澳门店铺各五间及泰国两层工商物业。99年3月底每股净值0.681元,净债项7.79亿元,9月止半年盈利20.38百万元,不派中期息。

【财务状况】 1998/99年度纯利亏损187.9百万元。

运盛(中国)投资集团有限公司

【公司概况】 股票代码为0085,业绩报告结算日期为12月31日,实收资本为1000000000股,合计100000000元。公司董事会主席:陈泽盛。

【经营业绩】 主要在国内从事物业发展,投资及管理。截至98年底止,国内投资物业约11万方呎,已完成待售物业23.8万方呎,发展中及待发展物业1340万方呎,位于福州、南京、上海及苏州,占上海上市的运盛实业50.4%。98年初购入湾仔谭臣道地盘,兴建商业面积5万方呎。97年7月发行250百万新股上市,每股售价2.01元。98年底每股净值0.633元,净债项6.5亿元,99年上半年亏损12百万元,不派中期息。

【财务状况】 1998年度纯利亏损262.5百万元。

新鸿基有限公司

【公司概况】 股票代码为0086,业绩报告结算日期为12月31日,实收资本为1162532309股,合计232506461元。公司董事会主席:狄亚法。

【经营业绩】 经营外汇、黄金、期货及证券等经纪、公司财务、投资管理、证券财务及保险代理。并拥有天安59.64%,亦持有亚洲联合财务10%。98年11月以5亿元购入持有力宝49.85%的力宝资本49%,相当于持有力宝24.4%,另直接持有力宝1.37%。98年底净债项90百万元,99年上半年盈利55.56百万元,减42.8%,中期息0.01元。11月出售天安19.79%,作价423.5百万元。

【财务状况】 1998年度每股纯利7.3仙,每股股息3.0仙。

大昌集团有限公司

【公司概况】 股票代码为0088,业绩报告结算日期为3月31日,实收资本为617531425股,合计61753142元。公司董事会主席:陈斌。

【经营业绩】 地产发展、投资及占有喜来登酒店权益35%,收租物业有大同新村铺位7536方呎,康宏广场车位350个。99年3月底已完成待售工商业楼宇217万方呎,正兴建屯门商住面积30万方呎。99年3月底每股净值7.06元,净债项2.5亿元,9月止半年盈利17.3百万元,减63.2%,派中期息0.01。已开始投资于资讯科技。

【财务状况】 1998/99年度每股股息1.0仙。

大生地产发展有限公司

【公司概况】 股票代码为0089,业绩报告结算日期为12月31日,实收资本为287669676股,合计287669676元。公司董事会主席:马清伟。

【经营业绩】 地产投资、发展及冻房货仓经营。97年底拥有货仓经营面积1.57百万方呎及工业面积21.2万方呎、商住面积8.5万方呎及商业面积2.3万方呎。另在美国三藩市拥有1座商业大厦,面积168330方呎。香港山顶住宅5.2万方呎。98年底每股净值7.09元,净债项4亿元,99年上半年盈利31.7百万元,减13%,中期息0.1元。

【财务状况】 1998年度每股纯利20.1仙,每股股息20.0仙。

德荣投资(集团)有限公司

【公司概况】 股票代码为0091,业绩报告结算日期为12月31日,实收资本为283194391股,合计283194391元。公司董事会主席:钟振强。

【经营业绩】 香港建筑业务已于97年出售,业务集中于物业及管理,本港物业位于北角国宾商场五层、卫理径及寿山村若干住宅,占北京龙泉宾馆31.5%,及北京怡京园50%,首期已售90%。于加拿大有物业待售,轩尼诗道地盘计划兴建15000方呎商业大厦。98年底每股净值0.617元,净债项2.68亿元。99年上半年盈利11.57百万元,不派中期息。主席减持股权,于配售后再摊薄至17.95%,引入新股东唐乃勤占21.19%。

【财务状况】 1998年度纯利亏损23.63百万元。

冠军科技集团有限公司

【公司概况】 股票代码为0092,业绩报告结算日期为6月30日,实收资本为5293255367股,合计529325536元。公司董事会主席:简文乐。

【经营业绩】 设计、发展、制造及销售包括无线电传呼系统及传呼机以至资讯科技及有关软件;亦经营一个系统中心;授予香港、中国及台湾有关中文传呼机之特许权,并为彼等建立传呼系统,已于中国各大城市建立传呼网络。拥有英国传呼系统最大厂商无敌通,传呼业已进军俄罗斯,取得独家牌照于中国提供低轨道卫星双向通讯服务,已于成都提供流动电话。于97年8月,中华文学基金入股4.8%,每股作价2元。于97年初以介绍方式分拆看通上市,每10股冠军获送1新股,仍持57%,99年6月底每股净值0.393元,净存款2.3亿元。已开展电子商贸服务供应商业务及发展数码通讯产品。

【财务状况】 1998/99年度每股纯利4.4仙,每股股息0.275仙。

添利工业国际(集团)有限公司

【公司概况】 股票代码为0093,业绩报告结算日期为3月31日,实收资本为1664643050股,合计133171444元。公司董事会主席:李立。

【经营业绩】 主要生产、销售高度精密的印刷线路板及电子消费品,包括电话机及电脑,厂房设于中国。自设铜箔厂及半固化树脂片厂及积层板厂,已足够内部70%使用,将增设备以出产软性线路板及BGA技术之集成线路包装聚层,位于中山物业大部分已完成,销售中。99年3月底每股净值0.74元,净负债116.3百万元,9月止半年盈利13.8亿元,增11.4倍,二次派中期特别股息各为1元及0.08元。8月已出售线路板业务,收取25.16亿元。

【财务状况】 1998/99年度每股纯利0.141仙。

东茗集团有限公司

【公司概况】 股票代码为0094,业绩报告结算日期为12月31日,实收资本为314867682股,合计31486768元。公司董事会主席:何永安。

【经营业绩】 从事设计、制造、装配及经销消费音响器材,并作有关主要元件销售,包括手提收音/卡式唱机、耳筒机、迷你音响组合、电脑周边产品及磁性品。并拥有出租物业,厂房设于香港、、中国、马来西亚及印尼。98年底每股净值0.527元,净借贷2.27亿元。99年上半年亏损5.7亿元。不派中期息。嘉域于12月以每股0.092元收购,已购得56.39%。雅佳控股已拟发行可换股优先股,Toyo获包销及额外认购,程序于年底时进行中。

【财务状况】 1998年度纯利亏损279.8百万元。

华光航业控股有限公司

【公司概况】 股票代码为0095,业绩报告结算日期为3月31日,实收资本为128053764股,合计12805376元。公司董事会主席:Mare Sayerys。

【经营业绩】 船务投资。至98年3月底共拥有船舶19艘,载重120万吨。已订购两新船,99年付运。占澳门港口管理公司50%、控制澳门货柜运输85%;又与日资合作经营清洁油槽及拆船业务;与屈臣氏合营北京、厦门及郑州之面粉厂生产即食面(已于99年结束)。国内发展中物业位于虹桥、无宁及宁波四项,已完成部分均售出相当。99年3月底每股净值11.45元,净借贷14亿元。9月止半年亏损79.85百万元,不派中期息。

【财务状况】 1998/99年度纯利亏损58.9百万元。

永隆银行有限公司

【公司概况】 股票代码为0096,业绩报告结算日期为12月31日,实收资本为232190115股,合计1160950575元。公司董事会主席:伍步高。

【经营业绩】 经营商业银行于香港设有分行36间,94年8月于广州设立代表处。拥有中区永隆银行大厦、旺角银行中心及大部分分行行址。为"银通卡"自动柜员机及EPS(易办事)成员,并经营保险业及证券与期货经纪。92年3月新加坡发展银行买入股权10%。99年上半年盈利399.3百万元,增15.9%,每股盈利1.72元,增15.9%,中期息每股0.35元,客户存款452亿元,增11.6%,贷款298亿元,增3.2%。每股净值25.41元。

【财务状况】 1998年度每股纯利2.58元,每股股息1.02元。

恒基兆业发展有限公司

【公司概况】 股票代码为0097,业绩报告结算日期为6月30日,实收资本为2817327395股,合计563465479元。公司董事会主席:李兆基。

【经营业绩】 经营物业投资及控股,拥有商场544800方呎、写字楼149047方呎、工业292264方呎,工贸面积162000方呎及住宅108214

方呎;拥有香港丽东及九龙丽东饭店,客房共538间,亦经营千色店及中景护百货且已进军广州。占煤气33.06%、香港小轮30.48%及美丽华34.78%;投资杭州钱江三桥经营权48%及四川嘉陵电力51%,占中国投资集团44%,投资国内工商业基建等业务,另有价投资市值13.8亿元。99年6月底净借贷约33亿元,已计划联同中华煤气合作发展资讯科技业务。

【财务状况】 1998/99年度每股纯利39仙,每股股息22仙。

南联实业有限公司

【公司概况】 股票代码为0098,业绩报告结算日期为3月31日,实收资本为259685289股,合计129842645元。公司董事会主席:周文轩。

【经营业绩】 经营纺织、制衣、漂染及其他投资。厂房设澳门及中国。现占鹤山针织印染厂30%、苏州水泥厂46%、百草堂50%、无锡中药食品42.5%。地产投资业务于96年10月分拆上市,股份以2送1比例全部送予股东。马来西亚厂房已停产。现占上海东海商业中心18%。97年购上海工程公司31%。99年3月底净借贷13百万元,有价投资市值2.5亿元。9月止半年盈利45.6百万元,增57%,中期息0.05元。

【财务状况】 1998/99年度每股股息11仙。

王氏国际(集团)有限公司

【公司概况】 股票代码为0099,业绩报告结算日期为12月31日,实收资本为451490794股,合计45149079元。公司董事会主席:王忠桠。

【经营业绩】 制造印刷电路板、电子产品装配、贸易及经销。并于中国设有厂房;将军澳工业村厂房已投产,可套现3至4亿元。印刷电路板已分拆于新加坡上市。占42.5%权益之半山物业,预计2000年落成。97年10月购九龙塘1万方呎物业,占50%,则待重建,计划99年底于墨西哥设厂。98年底每股净值2.84元,净债项10百万元,99年上半年盈利50.1百万元,增27.6%,派中期息0.03元,增50%。99年4月表示磋商出售若干资产,10月表示已暂停磋商。

【财务状况】 1998年度每股纯利9.9仙,每股股息4.0仙。

怡和国际汽车控股有限公司

【公司概况】 股票代码为0100,业绩报告结算日期为12月31日,实收资本为477790795股,合计USD11944770元。公司董事会主席:黎定基。

【经营业绩】 为怡和集团成员,占75%,90年6月易名如上。主要代理汽车及其他机械,海外业务地区遍及夏威夷、澳洲、英国、中国华南地区、法国及东南亚。代理牌子以平治为主,其他包括宝马、法拉利、保时捷、富豪、积架、标致及丰田等等,若业务之次序为英国、法国、印度、美国及中国。98年底每股净价6.4元,净债项14.5亿元,99年上半年盈利194.5百万元,减12.5%,中期息0.093元。

【财务状况】 1998年度每股纯利61.0仙,每股股息46.5仙。

淘大置业有限公司

【公司概况】 股票代码为0101,业绩报告结算日期为6月30日,实收资本2894041407股,合计2894041407元。公司董事会主席:陈启宗。

【经营业绩】 物业投资,拥有分布于港九各地商铺229万方呎、写字楼188.4万方呎。住宅39.5万方呎一工业面积52.6万方呎及车位4686个。包括中区渣打银行大厦、印刷所、铜锣湾恒隆大厦及百德新街若干物业。正于司徒拔道兴建豪宅16.4万方呎,2001年完成。亦于上海占商场93万方呎及写字楼137万方呎,99年及2000年完成,99年3月投得机铁九龙站4期发展权,兴建138.6万方呎住宅,将于2002年底完成。99年6月底每股净值8.79元,净借贷4.6亿元。

【财务状况】 1998/99年度每股纯利66.2仙,每股股息34仙。

安利控股有限公司

【公司概况】 股票代码为0102,业绩报告结算日期为12月31日,实收资本为219060000股,合计21906000元。公司董事会主席:米高?葛林。

【经营业绩】 主要在香港、澳门及中国进口及经销建筑产品及工程设备,包括卫生洁具、橱柜、瓷砖、大理石、保险、隔热及空调机电设备等。于93年12月发行49.38百万元新股上市,每股以1.25元公售。持有19.84百万股名力集团,每股作价1.9元。98年底每股净值1.4元。净现金14.5百万元,99年上半年盈利1.8百万元,减83.6%,不派中期息。

【财务状况】 1998年度每股纯利1.1仙,每股股息3.4仙。

首长宝佳集团有限公司

【公司概况】 股票代码为0103,业绩报告结算日期为12月31日,实收资本为765372000股,合计76537200元。公司董事会主席:叶瑞领。

【经营业绩】 原名宝佳集团。于93年由首长国际购得控股权,经营铁合金矿物、铜及黄铜材料贸易,亦经营工业化工产品贸易,电器配件加工,产销预应力铜绞线及钢帘线。98年底每股净值0.52元,净债项2.6亿元,99年上班年亏损12.8百万元,不派中期息。

【财务状况】 1998年度纯利亏损198.1百万元。

冠亚商业集团有限公司

【公司概况】 股票代码为0104,业绩报告结算日期为3月31日,实收资本为291719516股,合计2917195元。公司董事会主席:杨仁。

【经营业绩】 购入表肉,生产手表,主要为石英行针表。又于中国开设零售连锁店手表城。96年10月奇盛等财团斥资1.125亿收购40.5%重组,股本重组包括原有股份50股合并为1股,并发行大量新股注资及抵消债项。99年8月将东莞物业项目售予长实和黄,套现1.57亿元,99年3月底每股净值0.64元,净债项4.27亿元。9月止半年盈利1.8百万元,增109.7%,不派中期息。

【财务状况】 1998/99年度纯利亏损17.3百万元。

凯联国际酒店有限公司

【公司概况】 股票代码为0105,业绩报告结算日期为3月31日,实收资本为360000000股,合计360000000元。公司董事会主席:钟辉煌。

【经营业绩】 拥有及经营凯悦酒店。凯悦酒店共有客房763间,占地43525方呎,建筑面积645000方呎,其中商店面积48869方呎,98年曾翻新外墙,大致完成。透过全资附属公司于马来西亚476英亩土地发展为附设高尔夫球场、酒店、别墅、住宅及俱乐部之度假村,首个高尔夫球场已于94年4月启用,会所大楼98年底开业,第二个高尔夫球场于99年中启用。99年3月底每股净值8.49元,净存款67.1百万元。9月止半年盈利59.06百万元,增148%,派中期息0.05元。

【财务状况】 1998/99年度每股纯利14仙,每股股息10仙。

伟东集团有限公司

【公司概况】 股票代码为0106,业绩报告结算日期为12月31日,实收资本为3645420756股,合计USD91135518元。公司董事会主席:陈小雄。

【经营业绩】 经营物业投资及发展。现拥有红山半岛4座洋房1.3万方呎及皇后大道西住宅4595方呎。上海爱俪园商住项目权益60%。97年1月,以2.5亿元购湾仔华远大厦4.23万方呎;8月,以旺角物业换取总值约189.8百万元之黄埔车位106个,后以6.8百万美元购上海5座洋房。98年6月,股权再易手,原大股东以每股0.28元出售22.33%股权于深建部分再转售于中科。98年底每股净值0.0778元,净借贷3.67亿元。99年上半年亏损25.4百万元,不派中期息。

【财务状况】 1998年度纯利亏损445.1百万元。

四川成渝高速公路股份有限公司

【公司概况】 股票代码为0107,业绩报告结算日期为12月31日,实收资本为内资股1662740000股H股895320000股,合计2558060000元。公司董事会主席:杨淑庄。

【经营业绩】 于四川省,从事发展投资,管理及经营基建项目,包括收费公路,收费公路沿线物业的发展与投资,桥梁、隧道及相关附属设施。全资拥有全长226公里的四川成渝高速公路权益,并拥有四川成雅高速公路权益58.75%、成都城北出口高速公路60%及成都机场高速公路25%。97年9月发行H股89532万股上市,每股售价人民币1.55元。98年8月收购邓关至自贡及阳公桥至荣县两段收费公路60%,也经营各公路各类维修及有关工程。98年底每股净值人民币1.61元,净负债人民币14.2亿元,99年上半年盈利人民币89.4百万元,减4.7%,每股盈利人民币0.035元,不派中期息。

【财务状况】 1998年度每股纯利7.07仙,每股股息3.0仙。

建懋国际有限公司

【公司概况】 股票代码为0108,业绩报告结算日期为1月31日,实收资本为 80076923 股，合计 80076923 元。公司董事会主席：庄汉杰。

【经营业绩】 主要资产为澳门葡京花园地盘，占 81.65%，已判予澳门联建合作，但未能如期完成，已继续采取法律途径收回自行发展，若干程序在进行中。澳门小葡京住宅继续销售中。98 年 9 月发行新股约 8 百万股购入海怡半岛住宅两单位面积 2175 方呎，99 年 4 月发行可换股优先股约 9 百万股购入福建综合性物业湖东大厦 45%，实占面积 98 万方呎，住宅已售，物业将于 2000 年底完成。99 年 1 月底每股净值 0.626 元，净债项 9.5 百万元。7 月止半年亏损 1.35 百万元，不派中期息。

【财务状况】 1998 年度纯利亏损 124.7 百万元。

奇德控股有限公司

【公司概况】 股票代码为 0109，业绩报告结算日期为 6 月 30 日，实收资本为 1268295000 股，合计 12682950 元。公司董事会主席：陈德雄。

【经营业绩】 从事向中国市场分销各品牌彩色电视机、冷气机、镭射影碟机、镭射光碟机及其他电器产品业务。产品主要来自南韩及日本，销售客户以国内为主。97 年 12 月发行 67 百万股新股上市，每股售价 0.8 元。其后管理层一再转变，并开始买卖电脑相关产品。99 年 6 月底股东资金亏蚀 11.6 百万元，核数师对持续经营涉及不明朗因素拒绝发表意见。将改名为“数字地球控股有限公司”。

【财务状况】 1998 年度纯利亏损 188.3 百万元。

至祥置业有限公司

【公司概况】 股票代码为 0112，业绩报告结算日期为 12 月 31 日，实收资本为 321305343 股，合计 64261068 元。公司董事会主席：吴国璋。

【经营业绩】 经营物业投资及发展。占至祥物业代理 51%，吴国璋与百利保组成公司，于 97 年 11 月以每股 4.27 元全面收购，其后出现财务困难，经出售物业后，现于已完成及发展中物业占权益约 15 万方呎与及于武汉市及佛山市地盘占有权益，并持有肇庆蓝带啤酒小量权益。98 年负值 4.9 亿元，99 年上半年亏损 84.2 百万元，不派中期息。每股负值 1.79 元。华人置业曾拟注资收购，已予终止，远东发展于 10 月底初步洽商注资收购，程序进行中，主要待债权人同意。

【财务状况】 1998 年度纯利亏损 1287.9 百万元。

迪生创建有限公司

【公司概况】 股票代码为 0113，业绩报告结算日期为 3 月 31 日，实收资本为 266269152 股，合计 79880745 元。公司董事会主席：潘迪生。

【经营业绩】 经营批发及零售业务。拥有各项名牌产品产销权；于东南亚拥有庞大零售网；87 年 10 月购入法国都彭集团；91 年 10 月购入英国夏菲尼高百货及物业 2238000 方呎；93 年于上海设立国内总部；96 年 4 月分拆夏菲尼高百货于伦敦上市，仍占 50.1%；96 年 6 月购入香港西武 85%；96 年 12 月分拆都彭于法国上市，仍占 56.6%，曾拟收购美国 BARNEY'S 百货但未能协议。99 年 3 月底每股净值 9.43 元，9 月止半年盈利 3.26 亿元，不派中期息。4 月主席以 15.26 亿元购回非亚洲区业务资产后，每股派现金股息 6.8 元。

【财务状况】 1998/99 年度纯利亏损 327.6 百万元。

兴利集团有限公司

【公司概况】 股票代码为 0114，业绩报告结算日期为 3 月 31 日，实收资本为 643355763 股，合计 USD6436557 元。公司董事会主席：George Bloch。

【经营业绩】 经营制造业，包括玩具、家庭用品及电脑磁头等。亦开展时计业及皮鞋。厂房设计于本港、印尼、珠海及上海等地，若干为合营企业。97 年将亏损之皮鞋业务出售。99 年 3 月底每股净值 0.701 元，净存款 1.23 亿元。9 月止半年盈利 12.7 百万元，增 78.7%，中期息 0.01 元。

【财务状况】 1998/99 年度每股纯利 3.45 仙，每股股息 3.0 仙。

钧濠集团有限公司

【公司概况】 股票代码为 0115，业绩报告结算日期为 3 月 31 日，实收资本为 200000000 股，合计 200000000 元。公司董事会主席：詹剑仑。

【经营业绩】 于 88 年 1 月，以 25 亿元购入一炼油厂设备，安装于湛江，付现金 1.25 亿元，其余计划发行 23.75 亿元新股抵付，此项交易以炼油厂试车为准。89 年 9 月因未能解释交易所关注资产及业务而停牌。91 年 3 月底，该炼油厂为中国法院对资产扣押，并于 92 年 5 月 17 日将该中外合营机构除名。93 年 6 月詹培忠购入股权 20%，董事会重组。国内两家炼油厂之投资撇账。99 年 3 月底负值 853 万元。停牌多年。99 年 10 月复牌，获钧濠集团注入深圳已完成及在建物业 3.32 亿元。资产净值为 2.43 亿元，相当于每股 1.22 元。

【财务状况】 1998/99 年度每股纯利 5.09 仙。

周生生集团国际有限公司

【公司概况】 股票代码为 0116，业绩报告结算日期为 12 月 31 日，实收资本为 440000000 股，合计 110000000 元。公司董事会主席：周君廉。

【经营业绩】 金银珠宝饰物制造及手表销售、外币找换、财务及地产投资、证券及期货经纪。多项物业权益，包括弥敦道 229 号全幢物业。98 年底每股净值 3.74 元，净存款 1.43 亿元；99 年上半年盈利 51.7 百万元，减 29.6%，中期息 0.06 元。

【财务状况】 1998 年度每股纯利 24.18 仙，每股股息 17 仙。

万邦航业投资有限公司

【公司概况】 股票代码为 0117，业绩报告结算日期为 12 月 31 日，实收资本为 374197380 股，合计 187098690 元。公司董事会主席：曹慰德。

【经营业绩】 经营航业。98 年底共拥 22 艘船只，载重约 89.7 万公吨。95 年 7 月收购马来西亚 Wawasan 航运部分权益 30%(拥有 13 艘现有轮船部分权益)，其中化学品运输船 6 艘(订购中 2 艘，载重 4.5 万吨)，又 3 艘兴建中。又占泰国船厂 Unithai Shipyard25%。98 年底每股净值 4.81 元，净债项 4.63 亿元。99 年上半年亏损 29.9 百万元，不派中期息。

【财务状况】 1998 年度纯利亏损 98.02 百万元。

大同机械企业有限公司

【公司概况】 股票代码为 0118，业绩报告结算日期为 12 月 31 日，实收资本为 629671434 股，合计 251868574 元。公司董事会主席：邓焘。

【经营业绩】 从事工业机械之经销及销售，于中国及泰国生产。并从事蒸溜水之生产及装瓶；亦于国内生产光学塑料制品。印刷线路板、电子及电器消费品。97 年 4 月以 2.9 亿元向华润购华大机械，以新股支付，华润集团因而成为第二大股东。98 年底每股净值 1.05 元，净借贷 3.39 亿元，99 年上半年盈利 10 百万元，减 40%，不派中期息。

【财务状况】 1998 年度纯利亏损 63.3 百万元。

新海康航业投资有限公司

【公司概况】 股票代码为 0119，业绩报告结算日期为 3 月 31 日，实收资本为 696257200 股，合计 348128600 元。公司董事会主席：王军。

【经营业绩】 经营航业。现拥有货船 3 艘，载重 18 万吨。持有禹铭 6.89%、中洲 4.03%及保兴投资 40%；持有海富中心 25 楼，北京丽京花园 57 座别墅、浦东上海证券大厦 6 层、北京保利大厦酒店写字楼 75%及天津华盛广场 25%，浙江嵊州热电 26%、江苏太仓热电 51%及浙江富阳水厂 44.53%。99 年 3 月底每股净值 3.03 元，净存款 26.8 百万元，9 月止半年盈利 33.05 百万元，增 72.7%，派中期息 0.02 元。

【财务状况】 1998/99 年度纯利亏损 28.4 百万元。

四海国际集团有限公司

【公司概况】 股票代码为 0120，业绩报告结算日期为 12 月 31 日，实收资本为 108909267 股，合计 10890926 元。公司董事会主席：何鸿章。

【经营业绩】 地产及证券投资，包括零星的商业、写字楼及住宅物业出租。90 年底一再有财团洽购股权，均未能协议。98 年底每股净值 3.05 元，净负债 14.4 百万元，外地有价投资市值 74 百万元。99 年上半年盈利 11.54 百万元，不派中期息。

【财务状况】 1998 年度每股纯利 18.2 仙，每股股息 20 仙。

香港富泰有限公司

【公司概况】 股票代码为 0121，业绩报告结算日期为 12 月 31 日，实收资本为 813131667 股，合计 81313166 元。公司董事会主席：谢国民。

【经营业绩】 经营物业及发展。拥有深圳高尔夫球俱乐部 24.5%权益及于上海浦东区开发面积 40 公顷土地，占 35%，已售出七幅土地，仍续出售，部分自行发展中。另于上海、广州及天津三地盘占有权益，应占完成后面积4.4百万方呎。其他投资为泰国上市物业股Univest Land16.67%,15/5/97市值1125万元,已暂停买卖,集团年内已为此作减值。98年底每股净值0.673元,净债项1.48亿元。99年上半年亏损21.9百万元,不派中期息。

【财务状况】 1998年度纯利亏损72.48百万元。

鳄鱼恤有限公司

【公司概况】 股票代码为0122,业绩报告结算日期为7月31日,实收资本为617127130股,合计154281782元。公司董事会主席:林百欣。

【经营业绩】 生产成衣及销售,于香港及中山设有厂房,产品除外销世界各地外,在港亦设有44间门市部。中国零售点300间,入口LACOSTE运动装销售点15间及SANRIO童装销售点41个。99年7月底每股净值0.763元,净借贷64.3百万元。

【财务状况】 1998/99年度纯利亏损196.3百万元。

越秀投资有限公司

【公司概况】 股票代码为0123,业绩报告结算日期为12月31日,实收资本为3618980000股,合计361898000元。公司董事会主席:刘锦湘。

【经营业绩】 主要在中、港、澳从事物业发展及投资业务。实益占国内土地储备1200万方呎,港澳两地不再增添地盘。占世纪水泥70%;又占广州造纸51%及福建造纸51%。97年1月分拆越秀交通上市(36.91%。)98年11月发售新股4亿股,每股0.91元,集资3.5亿元。98年底每股净值1.8元,净债项39.8亿元。99年上半年盈利35.57百万元,减76.6%,不派中期息。净银行负债比率32.8%,8月以2.2亿元收购金鹏32.75%,从事电讯设备制造及有关投资,又向越秀企业发行新股及可换股债券,偿还部分债项4.68亿元。

【财务状况】 1998年度每股纯利3.1仙,每股股息1.0仙。

粤海啤酒集团有限公司

【公司概况】 股票代码为0124,业绩报告结算日期为12月31日,实收资本为1250000000股,合计125000000元。公司董事会主席:欧伟明。

【经营业绩】 生产、分销及销售"金威"啤酒。逾99%之销售在国内。10月,以2.07亿元增持金威两酒厂权益,1厂占95%,2厂占87%。12月,购琥珀啤酒50%权益。97年8月发行350百万新股上市,每股售价1.8元。98年底每股净值0.829元,净负债4.77亿元。99年上半年盈利22.9百万元,跌52%,不派中期息。金威啤酒半年销售83700吨,增20%,琥珀啤酒售83600吨,增10%,但仍在亏损。

【财务状况】 1998年度每股纯利6.8仙,每股股息0.5仙。

新兴光学集团控股有限公司

【公司概况】 股票代码为0125,业绩报告结算日期为3月31日,实收资本为180000000股,合计18000000元。公司董事会主席:顾毅勇。

【经营业绩】 从事各类金属与手制塑胶眼眶的设计、产品开发及制造业务,并以享誉国际品牌及著名设计家名字销售。生产设施位于东莞市新民,面积约32.7万方呎。产品主销美国及欧洲。99年2月发售及配售新股共45百万股上市,每股售价1.12元。99年9月止半年盈利27.2百万元,增19.6%,派中期息0.03元。上市后每股有形资产净值0.719元。

【财务状况】 1998年度纯利41767千元。

达成集团有限公司

【公司概况】 股票代码为0126,业绩报告结算日期为3月31日,实收资本为718258790股,合计71825879元。公司董事会主席:马介璋。

【经营业绩】 设计、制造、分销及零售成衣,主要为牛仔裤及便服。在香港、莱索托及南非制造,已于国内设厂。除销欧美外,已于香港及中国设有零售店。另占位于湾仔、尖东及国内7间佳宁娜酒楼权益;国内发展中物业地盘5个,应占土地面积137万方呎,主要位于深圳。其中深圳佳宁娜友谊商场(占30%,即42万方呎)已完成。99年3月底每股净值1.1元,9月止半年盈利15.38百万元,增17.3%,不派中期息。

【财务状况】 1998/99年度每股纯利2.42仙。

华人置业有限公司

【公司概况】 股票代码为0127,业绩报告结算日期为12月31日,实收资本为1916265654股,合计191626565元。公司董事会主席:刘銮鸿。

【经营业绩】 经营物业投资发展。主要物业为皇室大厦、爱美高大厦、夏懋大厦及新港中心商场等,占爱美高中国46.4%及广生行实益32.15%,发展计划包括湾仔太原街土发重建计划,实益占83%,估计发展面积84万方呎,另发展中豪宅面积18百万元,住宅23.7万方呎及商业45万方呎,99年上半年盈利178.9百万元,不派中期息。

【财务状况】 1998年度每股纯利26.8仙。

安宁数码有限公司

【公司概况】 股票代码为0128,业绩报告结算日期为3月31日,实收资本为1248905652股,合计624452826元。公司董事会主席:姚刚。

【经营业绩】 地产及证券投资与经营现达乡村俱乐部,土地44万方呎,有渡假物64间。另参与中国上海创建俱乐部,亦负责管理,定于99年内启业。99年3月底每股净值0.811元,净债项58百万元,另持有中巴股份4%,9月止半年亏损12.5百万元,不派中期息。11月完成收购New Media,改名如上,提供电话媒介及互联网服务。

【财务状况】 1998/99年度纯利亏损72.3百万元。

泛海国际集团有限公司

【公司概况】 股票代码为0129,业绩报告结算日期为3月31日,实收资本为2454115308股,合计981646123元。公司董事会主席:冯兆滔。

【经营业绩】 原为财务地产,91年底为泛海集团收购。持有收租商业面积32.3万方呎及工业面积18万方呎;另拥有湾仔皇悦酒店及温哥华Landmark酒店;于天文台道兴建新酒店中。98年3月实益占发展中面积56百万方呎,其后增购18.5万方呎。99年3月底每股净值2.5元,净负债34.7亿元,9月止半年盈利1.07百万元,减97.7%,派中期息0.01元。8月英资Grosvenor入股15%及菲资Ayala入股1.6%。正考虑分拆酒店上市。

【财务状况】 1998/99年度每股纯利2.9仙,每股股息2.2仙。

卓能地产(集团)有限公司

【公司概况】 股票代码为0131,业绩报告结算日期为6月30日,实收资本为209844478股,合计209844478元。公司董事会主席:赵世曾。

【经营业绩】 经营物业投资及发展,拥有本港收租商住物业10万方呎及多个车位,本港发展中物业3项,应占完成后面积14.8万方呎;另拥有吉隆坡庞大地盘,计划兴建酒店及商业大厦195万方呎,分期完成,首期已建上盖中。99年6月底每股净值5.46元,现金及存款33.9百万元,未偿还长短期贷款4.3亿元。

【财务状况】 1998/99年度每股纯利15.0仙,每股股息1.5仙。

中国兴业控股有限公司

【公司概况】 股票代码为0132,业绩报告结算日期为12月31日,实收资本为486925192股,合计48692519元。公司董事会主席:梁绍辉。

【经营业绩】 92年易名如上,为邓六根控股,于95年7月转移至现任董事会。经营房地产,亦于国内经营桂林酒店。拥有数个国内地盘,可兴建2.3百万方呎,在港拥有工商物业面积7.1万方呎;待售中环商用物业14.73万方呎,汕头17.5万方呎及惠州19万方呎。98年3月配售8%予南海市窗口公司。98年底每股净值0.947元,净债项14百万元。99年上半年亏损6.3百万元,不派中期息。

【财务状况】 1998年度纯利亏损91.3百万元。

中国(香港)石油有限公司

【公司概况】 股票代码为0135,业绩报告结算日期为12月31日,实收资本为5300233512股,合计53002335元。公司董事会主席:张如椿。

【经营业绩】 93年6月为中国石油总公司以每股0.15元收购960百万股。拥有游艇会俱乐部权益及油田权益,于94年11月易名如上。现时持有泰国一项石油产业之开采权益96%。96年7月投资新疆克拉玛依一项石油权益54%。97年,收购冷家堡油田70%权益。98年底每股净值0.37元,98年度应占石油产量10056百万吨,净存款2.16亿元。99年上半年盈利85.2百万元,增0.9%,不派中期息。

【财务状况】 1998年度每股纯利2.71仙。

马斯葛集团有限公司

【公司概况】 股票代码为0136，业绩报告结算日期为3月31日，实收资本为354000050股，合计35400005元。公司董事会主席：陈爱玲。

【经营业绩】 从事设计、制造、销售照相、多媒体产品配件。客户主要为原设备制造商。生产设施位于广东省东莞市。97年9月发行新股81百万股上市，每股售价1.00元。99年3月底每股净值0.512元，净存款17.7百万元。9月止半年盈利10.19百万元，减5.6%，不派中期息。

【财务状况】 1999年度每股纯利4.2仙，每股股息2.0仙。

金辉集团有限公司

【公司概况】 股票代码为0137，业绩报告结算日期为12月31日，实收资本为526242488股，合计52624248元。公司董事会主席：吴少辉。

【经营业绩】 91年上市时从事航运，其后将航运业分拆挪威上市，仍占51%，亦兼营散装干货贸易，包括集团生产的焦炭。亦于珠江三角洲拥有两条收费公路。98年底每股净值1.22元，净存款42.4百万元。99年上半年亏损15.2百万元，不派中期息。已终止张平路段公路权益，仍持中山阜港公路若干权益。

【财务状况】 1998年度纯利亏损111.7百万元。

中建电讯集团有限公司

【公司概况】 股票代码为0138，业绩报告结算日期为12月31日，实收资本为1204628076股，合计602314038元。公司董事会主席：麦绍棠。

【经营业绩】 94年由连域集团改名如上。从事通信网络服务及相关产品产销，亦拥金融业务，通信网络主要为山西及上海的"中中外"投资。曾收购时富，已售出，致力于互联网，已有多项联盟，占HKNet网51%，计划安排上市。98年底每股净值1.71元。99年上半年亏损8.4百万元，不派中期息。无净负债。

【财务状况】 1998年度纯利亏损356.6百万元。

预发集团有限公司

【公司概况】 股票代码为0139，业绩报告结算日期为3月31日，实收资本为1331766836股，合计133176683元。公司董事会主席：陈振东。

【经营业绩】 乃Playboy、加菲猫及Arnold Palmer牌子产品系列在香港、澳门及中国之独家特许权持有人，销售对象主要为批发及零售客户。98年9月止国内分销零售点共有644间，另香港12个分销处。新厂位于汕头，总建筑面积约25万方呎。99年3月底每股净值0.336元。9月止半年亏损5.9百万元，不派中期息。10月因配售使管理层有若干转变。

【财务状况】 1998/99年度纯利亏损54.9百万元。

港泰国际控股有限公司

【公司概况】 股票代码为0140，业绩报告结算日期为12月31日，实收资本为4396826925股，合计879365385元。公司董事会主席：黄伟志。

【经营业绩】 96年6月由黄伟志再获股权。97年以约667.9百万元购多项物业，包括北角中心、皇后大道西地盘、会展、红▮地盘、骆克道、和富道及旺角等物业。97年底共有3个地盘权益，30项工/商/住投资物业；现金及存款2亿元，长短期贷款7.9亿元。98年底每股净值0.064元。净债项8.5亿元。99年上半年亏损134.15百万元，不派中期息。

【财务状况】 1998年度纯利亏损881.6百万元。

大中华集团有限公司

【公司概况】 股票代码为0141，业绩报告结算日期为9月30日，实收资本为261684910股，合计52336982元。公司董事会主席：贺鸣玉。

【经营业绩】 原名金城国际，89年2月为日资收购，出售制造业；91年7月台商以每股0.9385元收购，92年改名如上。现时业务除物业投资外，更参与海南洋浦港计划，占5%。在港拥有商业铺位5118方呎、2艘货轮收租。于上海投资物业1.6万方呎部分已在收租，也经营动物饲料贸易。98年9底每股净值2.66元，净债项2.5亿元。

【财务状况】 1998年10月至1999年9月止12个月纯利损8.73百万元。

第一太平有限公司

【公司概况】 股票代码为0142，业绩报告结算日期为12月31日，实收资本为2910281259股，合计USD29102812元。公司董事会主席：彭泽伦。

【经营业绩】 市场推广及分销、银行、地产及通讯，占第一太平银行41.25%，98年至99年业务重整，出售克马洋行及讯联股权，电讯业重组，现时核心业务为印尼食品40%、泰国BERLIJUKER83%、菲律宾PLDT电讯22.8%及BONIFACIOLAND54%。另占深圳招讯60%及华联电讯26%。99年上半年内盈利8.8亿元，减74%，派中期息每股0.02元，6月底每股净值3.55元，净债项61.4亿元。

【财务状况】 1998年度每股纯利1.186元，每股股息4.5仙。

耀科国际(控股)有限公司

【公司概况】 股票代码为0143，业绩报告结算日期为9月30日，实收资本为400000000股，合计40000000元。公司董事会主席：施争辉。

【经营业绩】 主要在中国销售及分销"摩托罗拉"、"诺基亚"及"三星"等牌子蜂窝流动电话机及相关配件如电池及充电器等业务；后述两牌子同时在香港经销，但最终是售予中国用户，于番禺、杭州、重庆及广州提供售后服务。计划将在整个中国建立连锁零售店；并进一步扩展售后服务中心业务，更拟拓展销其他蜂窝流动电适手机周边产品，如天线、手机外壳、电池及插座式充电器。99年9月底负债比率不足1%(包括现金9.62亿元)。99年4月配售及发售共82.25百万股新股上市(每五股获发一份认权证)，每股售价1.8元。上市后每股有形资产净值0.8186元。上市后每股资产净值0.8186元。

【财务状况】 1999年度纯利260810千元。

招商局国际有限公司

【公司概况】 股票代码为0144，业绩报告结算日期为12月31日，实收资本为1972152907股，合计197215291元。公司董事会主席：张大春。

【经营业绩】 为招商局集团成员。在香港及中国产销油漆，投资航运，占明华集团75%，另占深圳上市南玻15.25%，占7条公路权益、中国国际海运集装箱27.34%、现代货箱码头20.3%、深圳南山集团28.5%。蛇口集装箱码头32.5%及亚洲空运中心20%。98年底每股净值4.49元，净存款83.6百万元。99年上半年盈利425百万元，增17.5%，中期息0.04元。11月出售南波股权，购入西隧及香港隧道管理股权13%，又购入蛇口招商港务20.8%。

【财务状况】 1998年度每股纯利42.19仙，每股股息8.0仙。

香港建屋贷款有限公司

【公司概况】 股票代码为0145，业绩报告结算日期为12月31日，实收资本为225000000股，合计225000000元。公司董事会主席：宁高宁。

【经营业绩】 经营楼宇贷款，以分期付款购楼者为对象。90年12月为霸宝收购，并于93年4月以每股19元售予华人银行。98年底放款总额13亿元，每股净值1.34元。借贷9.85亿元。99年上半年盈利27.2百万元，增13.4%，中期息0.035元。

【财务状况】 1998年度每股纯利15仙，每股股息8.25仙。

太平地毡集团有限公司

【公司概况】 股票代码为0146，业绩报告结算日期为12月31日，实收资本为135279200股，合计13527920元。公司董事会主席：李德信。

【经营业绩】 生产地毡、行李箱及销售，业务遍及香港、美国、欧洲、新加坡、菲律宾、泰国及印尼等地。于各地均有厂房及销售处。拥有多项零星投资物业。98年底每股净值3.18亿元，净债项1.37亿元。99年上半年盈利11.96百万元，上年同期亏损63.6百万元，不派中期息。

【财务状况】 1998年度纯利亏损76.92百万元。

鹰驰实业有限公司

【公司概况】 股票代码为0147，业绩报告结算日期为3月31日，实收资本为3339860830股，合计66797216元。公司董事会主席：黄志辉。

【经营业绩】 92年重组，成为英皇附属公司。现时主要业务为出版新报及经济一周。99年3月底每股净值0.0023元。9月止半年亏损60.6百万元。期内收购生产时装公司，由新系集团改命如上，又发行股份偿还母公司贷款，部分新股售予林太珏，曾以每股0.03元提出全面收购。

【财务状况】 1998/99年度纯利亏损68.33百万元。

建滔化工集团有限公司

【公司概况】 股票代码为0148，业绩报告结算日期为3月31日，实收资本为472077448股，合计47207744元。公司董事会主席：张国荣。

【经营业绩】 主要从事积层板生产及销售业务。积层板乃属于电绝缘体，在电器及电子产品之制造及电机工程中有广泛用途。厂房设于国内深圳、番禺、清远、上海及昆山等地，自设铜箔厂，亦生产玻璃纤维布、甲醛及双氧水。99年3月底每股净值2.04元，净债项3.67亿元，9月止半年盈利115.9百万元，增120%，派中期息0.03元。12月已分拆铜箔业务于新加坡上市，集资约4亿元，仍占63.7%。

【财务状况】 1998/99年度每股纯利30仙，每股股息5仙。

宝荣坤国际有限公司

【公司概况】 股票代码为0149，业绩报告结算日期为12月31日，实收资本为1136417395股，合计USD18948386元。公司董事会主席：钟志华。

【经营业绩】 发展中国物业为主。占加拿大HMH中国股权81.96%，占澳洲HMH金矿56.15%，于印尼开采金矿。97年底重组于98年1月易名如上，已将肇兴土地另加49百万元换取一条深圳公路权益60%，将于2000年底通车，亦持有北京及桂州地盘。98年底每股净值2.14亿元，净债项1.27亿元，99年上半年亏损22.5百万元，不派中期息。6月及12月配售共集资70百万元，北京地盘权益本以72.5百万元出售，而卖方未履行协议。

【财务状况】 1998年度纯利亏损376.4百万元（包括特殊项目）。

深建国际集团有限公司

【公司概况】 股票代码为0152，业绩报告结算日期为12月31日，实收资本为5402585956股，合计542258595元。公司董事会主席：陈小雄。

【经营业绩】 原名茂昌眼镜，88年迪生购控制权易名新创见。94年深圳建材收购，每股成价0.336元，再改名如上。现拥有深圳上市南玻集团25%。并经营化工、瓷砖、混凝土及珠海物业，亦经营眼镜零售及眼科保健，已设立ChinaEyenet网站。所持伟东股权9.9%，已协议以92.7百万元出售，年底完成仍占20.05%。98年底每股净值0.189元，净债项1.2亿元。99年上半年盈利63.8百万元，增145.8%，不派中期息。计划收购深圳运输业务及投资于环保电厂。

【财务状况】 1998年度纯利亏损447.1百万元。

北京发展（香港）有限公司

【公司概况】 股票代码为0154，业绩报告结算日期为12月31日，实收资本为85758750股，合计85758750元。公司董事会主席：白金荣。

【经营业绩】 红筹股，93年8月为北京国际信托为首财团以每股8.64元收购，并将香港毛纺厂易名如上。拥有葵涌工业面积4.9万方呎待售。并拥有国内若干物业收租。另于北京兴建商厦300万方呎（占37.5%）。又于北京经营阿一鲍鱼酒家及上海珍宝酒家。98年底每股净值1.14元，手头现金14.8百万元，长短期负债179.6百万元。99年上半年亏损12.5百万元，不派中期息。

【财务状况】 1998年度纯利亏损34.45百万元（包括特殊亏损18百万元）。

华基泰集团有限公司

【公司概况】 股票代码为0155，业绩报告结算日期为3月31日，实收资本为3730169857股，合计373016986元。公司董事会主席：王景慈。

【经营业绩】 分销及零售Puma运动服装及附属品，又经营饮食业。持有泰国上市公司泰华荣股权31%，而泰华荣亏损庞大，已协议售予黄氏家族。而Puma又终止专营权，需要重组债务，于98年11月获Shine United承诺投资60百万元，认购6亿股新股，债权人同意削债。99年3月底重组后每股净值0.0775元，净存款约10百万元，主要业务为华南光缆网络14.5%及Kanssen专业涂层厂21.8%。99年9月止半年亏损10百万元，不派中期息。

【财务状况】 1998年度纯利亏损66.68百万元。

力宝华润有限公司

【公司概况】 股票代码为0156，业绩报告结算日期为12月31日，实收资本为6133998004股，合计613399800元。公司董事会主席：李白。

【经营业绩】 曾名为新时代及高日发展，股权一再易手，92年由力宝购得控制权，改名华地，97年重组购入华银股权，与华创共同持有，改名如上，除银行财务外，亦持新加坡Auric上市食品股实益28.3%，本港万力钱庄及中港海外各项物业，亦占印尼上市Pylk11%，主要物业为力宝大厦及东涌二期发展10%。98年华创曾拟收购华银，未能协议。98年底每股净值1.43元，净借贷11.78亿元（包括可换股票据），99年上半年盈利49.1百万元，减70.3%，不派中期息。

【财务状况】 1998年度纯利亏损1286.8百万元。

万邦投资有限公司

【公司概况】 股票代码为0158，业绩报告结算日期为9月30日，实收资本为25000000股，合计125000000元。公司董事会主席：郑裕彤。

【经营业绩】 地产投资及发展，为中区万邦行（259130方呎）及金利商业大厦（49019方呎）之业权人。又参与佛山占地3050万方呎之物业，包括2个高尔夫球场发展，占5%，球场及其他设施已启用，楼宇兴建中，待完成后发售。98年底每股净值61.3元，净现金51.5百万元。

【财务状况】 1998/99年度每股纯利2.06元，每股股息2.00元。

华南集团有限公司

【公司概况】 股票代码为0159，业绩报告结算日期为12月31日，实收资本为1838218630股，合计183821863元。公司董事会主席：陈伯滔。

【经营业绩】 原名显江置业，74年及85年股权一再易手，曾易名为河联投资，于重组业务后，为消费电器及电子产品产销、瓷砖生产及小量物业投资。94年10月大马上市公司注资改组，易名如上，收购山西公路及杭州桥梁经营权，亦售出瓷砖业，于香港兴建村屋，于上海开发土地，占50%，总投资3.3亿元人民币，每年回报15%，首次回报于2000年发放。98年底每股净值0.067元，债项约2.3亿元（包括其后宣布失效可换股票据28.7百万元），存款7.4百万元，应受关连公司款项43.8百万元及关连公司借取垫款101.2百万元。9月出售杭州三桥股权10%，成价70百万元，并计划出售杭州320国道，代价85百万元。99年上半年亏损19.16百万元，不派中期息。

【财务状况】 1998年度纯利亏损92.5百万元。

汉国置业有限公司

【公司概况】 股票代码为0160，业绩报告结算日期为3月31日，实收资本为1214101226股，合计607050613元。公司董事会主席：王世荣。

【经营业绩】 经营物业投资及发展。99年3月止拥有本港收租商场及写字楼19.5万方呎、吉隆坡商场40万方呎已完成，待售本港物业9.8万方呎，发展中面积88.9万方呎，内地土地储备334万方呎，多伦多土地可建85万方呎。99年3月底每股净值1.39元，净借贷约10亿元，9月止半年盈利42.9百万元，增12%，不派中期息。

【财务状况】 1998/99年度纯利亏损484.3百万元。

深圳中航实业股份有限公司

【公司概况】 股票代码为0161，业绩报告结算日期为12月31日，实收资本为内资股400000000股H股242000000股，合计人民币642000000元。公司董事会主席：李志正。

【经营业绩】 国家企业，直属中航总公司，从事以高新技术电子消费品生产及销售。现有业务包括飞亚达的钟表、股权52.24%。天马从事液晶显示器占68.34%股本。深南从事印刷路板权益，占迈威60%从事有线电视系统器材设计。占精密模具74.5%权益。飞亚达正于深圳南山区发展一高科技工业园区。97年9月发售H股2.42亿股上市公售及配售，每股售价1.73港元，98年底每股净值人民币1.47元，净存款人民币4.18亿元，99年上半年盈利人民币16.2百万元，减63.9%，不派中期息。

【财务状况】 1998年度每股纯利11仙，每股股息5.0仙。

英皇集团（国际）有限公司

【公司概况】 股票代码为0163，业绩报告结算日期为3月31日，实

收资本为 391646761 股，合计 391646761 元。公司董事会主席：杨海成。

【经营业绩】 原名为国际酒楼，曾易名华胤馨，90 年为杨受成购得，易名如上。经营物业投资及发展；96 年开始证券及金融业。拥有英皇(中国概念)49.16%及中太 34.94%，已收购新系属下之欧化家私，亦收购新系(已改名为鹰驰)37.63%，香港投资物业面积约 51.7 万方呎；发展中面积 30 万方呎，于国内亦有多项发展进行中，主要为上海明星城，重庆新纪元广场及北京牡丹园。99 年 3 月底每股净值 6.24 元，净债项 8.5 亿元，9 月止半年盈利 137.4 百万元(上半年同期亏损 96 百万元)，不派中期息。

【财务状况】 1998/99 年度纯利亏损 479.5 百万元。

惠泰国际有限公司

【公司概况】 股票代码为 0164，业绩报告结算日期为 3 月 31 日，实收资本为 1564735970 股，合计 625894388 元。公司董事会主席：曾文豪。

【经营业绩】 地产投资及发展。现持有亚细安股权 73.72%及加拿大上市之物业公司 Oxford 及 Concord，并直接持有中区大昌大厦 3585 方呎，河内道商厦 9.5 万方呎(占 29.21%)。96 年 5 月曾建议以 3 元私有化亚细安，未获接纳。99 年 3 月底每股净值 1.36 元，净债项 11.9 亿元，9 月止半年盈利 30.1 百万元(上年同期亏损 291.3 百万元)，不派中期息。7 月发行 3 亿元可换股票据，11 月底主席曾拟联同第三者合作收购控制权，未成事实。

【财务状况】 1998/99 年度纯利亏损 676.9 百万元。

中国光大控股有限公司

【公司概况】 股票代码为 0165，业绩报告结算日期为 12 月 31 日，实收资本为 1411047656 股，合计 1411047656 元。公司董事会主席：刘明康。

【经营业绩】 股权多次易手，91 年光大注资，94 年易名光大明辉，97 年易名如上。97 年购入多项权益，港基银行 20%，国卫保险 5%，三商行 20%，嘉利美商 7.83%、光大银行 20%、中国电信 1.5%(已逐步减持)仍占新加坡英保良百货 44%。98 年 11 月，购入光大金融，作价 7 亿元，以新股支付，12 月，全数出售国卫权益，套现 6.5 亿元。98 年底每股净值 2.88 元，净存款 6.17 亿元。99 年上半年盈利 86.6 百万元，中期息 0.02 元。5 月购入光大证券 49%，代价 12.3 亿元。6 月底存中国电信 87 百万股至 12 月初只存 72 百万股，并与英国标准人寿及澳洲兴业保险组合营公司，光控占 24%。

【财务状况】 1998 年度纯利亏损 389.5 百万元。

太平洋兴业集团有限公司

【公司概况】 股票代码为 0166，业绩报告结算日期为 3 月 31 日，实收资本为 238880000 股，合计 23888000 元。公司董事会主席：于善基。

【经营业绩】 以香港为基地，提供金融服务，包括证券及期货买卖、企业财务顾问、贷款安排、债项融资及拓展融资服务。拥有联交所 2 个席位，未来重点发展散户市场，吸纳机构客户。98 年 9 月发售 59.72 百万股新股上市，每股售价 1.17 元。99 年 3 月底每股净值 0.815 元，净存款 1.84 亿元，9 月止半年盈利 18.6 百万元，减 7.6%，派中期息 0.03 元。

【财务状况】 1998/99 年度每股纯利 13.0 仙，每股股息 8.0 仙。

万威国际有限公司

【公司概况】 股票代码为 0167，业绩报告结算日期为 3 月 31 日，实收资本为 1966991372 股，合计 196699137 元。公司董事会主席：陈炜文。

【经营业绩】 从事设计发展及制造各类电子产品，包括三大核心产品：一、液晶体显示电子消费产品(已于 97 年 1 月在新加坡分拆上市，仍占 65%)；二、电子资讯及电子游戏；三、电讯产品(主要为无线电话)。99 年 3 月底，净存款 3.7 亿元，每股净值 0.617 元，99 年 9 月止中期盈利 93 百万元，增 12.6%，中期息 2 仙。计划 99 年分拆电子资讯及游戏于美国上市，已予搁置，现考虑将电讯产品业务分拆于新加坡上市。

【财务状况】 1998/99 年度每股纯利 13.19 仙，每股股息 5.7 仙。

青岛啤酒股份有限公司

【公司概况】 股票代码为 0168，业绩报告结算日期为 12 月 31 日，实收资本为 A 股 553150000 股 H 股 346850000 股，合计人民币 900000000 元。公司董事会主席：李桂荣。

【经营业绩】 国家企业。主要生产及销售啤酒，不断发展及合并，已拥有 5 间啤酒厂，主销香港、美国及澳门。于 93 年 6 月发行 45 百万 H 股上市，每股以 2.8 港元公售。为内地规模最大及市场占有率最高啤酒企业。98 年底每股净值人民币 2.64 元，净债项人民币 2.84 亿元。99 年上半年盈利人民币 50 百万元，增 213.6%，不派中期息。上半年产量 44.6 万吨，增长 89%。

【财务状况】 1998 年度每股纯利 4.3 仙。

中国置业(控股)有限公司

【公司概况】 股票代码为 0170，业绩报告结算日期为 12 月 31 日，实收资本为 74383160 股，合计 USD7438316 元。公司董事会主席：劳元一。

【经营业绩】 投资控股，旨在建立一个投资于以中国为主要经营地点及其他企业股本之投资组合。92 年 4 月配售新股 29 百万股以介绍形式上市，每股以 1.1 美元配售。主要股东及管理人为中国国营公司及财政部。已投资于中国 15 项非上市企业，均占少数股权(35%以下)，业务包括塑胶、水泥、钢铁、工业链条、柴油机、玻璃等，投资额 71.8 百万美元。98 年底存款 6.8 百万美元。99 年上半年盈利 2.1 百万美元，不派中期息。每股净值 1.0364 美元。

【财务状况】 1998 年度纯利亏损 14.09 百万美元。

银建国际实业有限公司

【公司概况】 股票代码为 0171，业绩报告结算日期为 12 月 31 日，实收资本为 892362900 股，合计 178472580 元。公司董事会主席：石春贵。

【经营业绩】 原名国际实业。93 年 5 月为中资收购后，易名如上。投资中港物业、基建及工业，香港商业/豪宅面积 43405 方呎，北京住宅 316155 方呎(每年回报不少于 68 百万元，至 2000 年 6 月止)，透过占 40%的中国基建投资八项路桥，投资额 24 亿元，透过占 50%国际铜业占江西铜业 20.6%。持有庆铃汽车 2.5%，并与其合作零件厂，并与王府井合作百货业。98 年底每股净值 1.89 元，净债项 4.8 亿元。99 年上半年盈利 102.5 百万元，增 37 倍，不派中期息。年底以 66 百万元出售力宝中心一层。

【财务状况】 1998 年度每股纯利 1.1 仙。

长发建业有限公司

【公司概况】 股票代码为 0172，业绩报告结算日期为 3 月 31 日，实收资本为 99000000 股，合计 24750000 元。公司董事会主席：陈发梁。

【经营业绩】 纺织品漂染、印花及整理。股权一再易手，97 年添发庆丰以每股 19 元向禹铭购 33.71%，成大股东。99 年 3 月底每股净值 5.71 元，债项 1 亿元(换股票据)，5 月以 2.1 亿元购入旺角金都商场 45595 方呎，年底协议收购上海梅龙镇(长和系物业)及长发花园，成价 6.64 亿元，长和将占换股票据 2.2 亿元，换股价 2.5 元，正建议 1 供 2 集资，葵涌厂地 84230 方呎正在申请改变发展，与长实合作，由香岛印染改名如上。99 年 9 月止半年亏损 17.3 百万元，不派中期息。

【财务状况】 1998/99 年度纯利亏损 8.4 百万元。

嘉华国际集团有限公司

【公司概况】 股票代码为 0173，业绩报告结算日期为 3 月 31 日，实收资本为 1657273867 股，合计 165727386 元。公司董事会主席：吕志和。

【经营业绩】 经营物业及建筑材料，97 年将建材注入嘉华建材占 57%，本港投资物业 10 万平方呎，新加坡 61800 方呎。发展中物业本港有成和道、广播道及亚皆老街地盘。主要于国内发展，以广州、上海及江苏为主，土地储备达 821 万方呎，于新加坡亦发展住宅 30480 方呎，广州嘉和苑在分期完成中。99 年 3 月底每股净值 1.77 元，净借贷 6.27 亿元，9 月止半年盈利 33 百万元，增 1323%，不派中期息。

【财务状况】 1998/99 年度每股纯利 3.0 仙。

奇盛(集团)有限公司

【公司概况】 股票代码为 0174，业绩报告结算日期为 12 月 31 日，实收资本为 445500000 股，合计 22275000 元。公司董事会主席：梁树荣。

【经营业绩】 从事电镀金属贸易、电子及录影带零件贸易，并作物业投资，中港两地共 148528 平方呎，包括尖沙咀奇盛中心数个单位及上海若干商住物业。98年底持有50.7百万元短期投资,包括冠亚商业18.9%及澳洲上市之HYDROMET。每股资产净值1.13元,持有2亿元现金,银行借贷1.8亿元,99年上半年盈利46.8百万元,增85.6%,派中期息0.025元。

【财务状况】 1998年度每股纯利15.6仙,每股股息6.0仙。

南华资讯及科技有限公司

【公司概况】 股票代码为0175,业绩报告结算日期为12月31日,实收资本为680527568股,合计68052756元。公司董事会主席:吴鸿生。

【经营业绩】 原名为志正国际及东龙集团,股权一再易手,95年4月南华工业以每股0.44元购得股权25.26%。95年12月购入黄大仙之住宅物业及96年3月购入位于中环亚毕诺道商用之大厦30%及东莞太和花园,已在发展中。96年2月南华工业以每股20仙收购全部南策股权,并结构重组。98年底每股净值0.336元,98年3月收购四海旅游64.97%,并计划参与互联网业务,5月由南华策略改名如上。6月大股东公开以每股0.20元收购,共购得56.4%。

【财务状况】 1998年度纯利亏损73.4百万元。

联太工业有限公司

【公司概况】 股票代码为0176,业绩报告结算日期为3月31日,实收资本为558058400股,合计55805840元。公司董事会主席:何子刚。

【经营业绩】 主要业务为制造电压转换器,再充电池及其他电子产品。94年4月发行68百万新股上市,每股以1.28元公售。96年5月发行139.74百万股新股予一财团,每股1.05元,并以同价全面收购。原名为品德集团,96年10月改名如上。97年5月以239百万元购香港玩具72.65%;9月以122百万元购英发29.25%。99年9月底每股净值0.677元,净借贷1.02亿元,9月止半年盈利5.18百万元,减66%,不派中期息。

【财务状况】 1998/99年度纯利亏损109.0百万元。

江苏宁沪高速公路股份有限公司

【公司概况】 股票代码为0177,业绩报告结算日期为12月31日,实收资本为A股3665747500股H股1222000000股,合计人民币4887747500元。

【经营业绩】 国家企业,从事建设、经营、管理及保养沪宁高速公路并提供发展公路沿线的客运和其他配套服务业。97年6月发行1222百万股H股上市,每股售价人民币3.11元。98年已收购宁沪二级公路,98年之后并购入宁沪快客运输55%,进行宜漕公路改建及锡澄高速公路及广请高速公路兴建,已于99年8月营运。将收购南京二桥待批。98年底每股净值人民币2.16元,净存款人民币2.4亿元,99年上半年度纯利人民币3.05亿元,增10.2%,不派中期息。

【财务状况】 1998年度每股纯利11.59仙,每股股息6.0仙。

莎莎国际控股有限公司

【公司概况】 股票代码为0178,业绩报告结算日期为3月31日,实收资本为1346944666股,合计134694466元。公司董事会主席:郭少明。

【经营业绩】 主要在香港从事多种名牌化妆品零售、批发业务,于港澳台及新加坡等地开设零售店。1997年2月28日与日本微少堂签定一份合营协议,97年底在日本展开化妆品邮购业务。97年6月发行新股328百万股上市,每股售价2.38港元。99年3月底止每股净值0.778元,9月止半年盈利31.1百万元(上年同期亏损128百万元),派中期息0.01元。净存款5.85亿元。98年起作出整顿,包括精简结构、调整店铺及存货及增聘专业管理人员,业务已作调整,详细店铺未公布,计划开设精品店及销售健康食品。

【财务状况】 1998/99年度每股股息4.0仙。

德昌电机控股有限公司

【公司概况】 股票代码为0179,业绩报告结算日期为3月31日,实收资本为918447230股,合计45922361元。公司董事会主席:汪穗中。

【经营业绩】 制造微型马达,适用于多种产品,如汽车配件及附件、家庭电器用品、电动工具。商业文仪及个人护理产品等。厂房设于香港、中国、泰国及瑞士。99年6月以24.03亿元收购美国EMS,为全球最大小型汽油引擎用起动马达生产商,此公司98年盈利约1.5亿元。99年9月止半年盈利509百万元,增25.2%。派中期息0.10元,现金净额约2.1亿元。

【财务状况】 1998/99年度每股纯利89.1仙,每股股息35.0仙。

开达实业有限公司

【公司概况】 股票代码为0180,业绩报告结算日期为12月31日,实收资本为656762421股,合计65676242元。公司董事会主席:丁鹤寿。

【经营业绩】 从事设计、制造各类儿童洋娃娃及玩具、任务玩具及玩具汽车等;亦设计、制造模型火车及多类电子产品。厂房设于中国、墨西哥、印尼及泰国。96年开始生产汽车电池、配件及视象光碟机。拥有九龙湾开达工业大厦35万方呎收租;投资加州一会所30%。97年购上海招商局大厦16个单位作收租用。98年底每股净值0.885元,净债项3.8亿元,99年上半年亏损9.2百万元,不派中期息。

【财务状况】 1998年度每股纯利2.2仙。

福海集团有限公司

【公司概况】 股票代码为0181,业绩报告结算日期为3月31日,实收资本为1074328367股,合计134291046元。公司董事会主席:庄友松。

【经营业绩】 地产投资,在港有多项物业,股权多次易手,98年福建省旗下华鑫增持至33.77%。由标力易名如上。现拥有厦门宏都酒店60%,97年内进行多项物业买卖,包括购入上海银星黄冠假日酒店25%。98年7月,购厦门宏都酒店60%,代价1.4亿元,以新股及物业支付。99年3月底每股净值0.20元,净债项7.8亿元。9月止半年亏损37.2百万元,不派中期息。

【财务状况】 1998/99年度纯利亏损540.0百万元。

南北行国际(集团)有限公司

【公司概况】 股票代码为0182,业绩报告结算日期为3月31日。实收资本为595383490股,合计59538349元。公司董事会主席:孙晓路。

【经营业绩】 公司主营业务为批发及零售中医及其他药物、补品及海味等。零售店以南北行命名。股权多次易手,1996年东方红收购,后转至国际德祥,再转至邬伟铭,1999年5月再转至现任主席。在国内从事医药开发,也作贸易,并在中港两地进行物业投资。1999年3月底负值95百万元,净债项1.05亿元。9月止半年亏损10百万元(上年同期亏损13.5百万元),不派中期息。

【财务状况】 1998/99年度纯利亏损282.6百万元。

中信嘉华银行有限公司

【公司概况】 股票代码为0183,业绩报告结算日期为12月31日。实收资本为2592911444股,合计2592911444元。公司董事会主席:洪允成。

【经营业绩】 公司主营业务为经营商业银行业务。因1995年经营困难,1996年6月重组,由北京中信收购。原名嘉华银行,1998年7月易名如上,6月,更换管理层,11月配售集资6.5亿元,每股作价2.78元。1998年底每股净值2.04元,存款共372亿元,贷款261亿元,总资产441亿元。1999年上半年存款385亿元,贷款276亿元,资本充足比率20.14%,贷存比率71.68%,呆坏帐准备2.25亿元,盈利51.6百万元,减73%,不派中期息。

【财务状况】 1998年度每股纯利4.33仙,每股股息1.0仙。

激成投资(香港)有限公司

【公司概况】 股票代码为0184,业绩报告结算日期为12月31日。实收资本为340200000股,合计340200000元。公司董事会主席:何建源。

【经营业绩】 公司原名为信大船务,1979年控制权易手,改名如上。业务转为物业发展,现拥有澳门国际银行大厦部分共30264方呎;发展中澳门物业有海洋花园约90万方呎。另占北京香江花园住宅(1.3百万方呎)24%,销售中。占武汉川晴假日酒店(400间客房)41%;加拿大两酒店权益(50%及25%);越南两酒店权益(25%及63%)。1998年底每股净值5.01元,净负债6.2亿元。1999年上半年盈利43.35百万元,增253%,派中期息0.01元。

【财务状况】 1998年度每股纯利15.0仙,每股股息2.0仙。

联网信贷国际有限公司

【公司概况】 股票代码为0185,业绩报告结算日期为3月31日。实收资本为1250456676股,合计312614169元。公司董事会主席:陈恒辉。

【经营业绩】 公司于香港持有零星物业。1995年6月董事会改组；9月将名称建煌新记易名如上；12月购入英皇道写字楼5605方呎、启德道可供发展商住面积11344方呎地盘及红■必嘉街2147方呎地盘。7月，以53.6百万元购岩井(已改名恒进集团)35.1%，已增至55.9%，经营成衣零售贸易；1997年底亦购入美国上市的Fronteer Financial 66.5%，经营投资银行及证券经纪以至资讯科技。1999年3月底每股净值0.285元，净存款约75.1百万元，9月底半年亏损18百万元，不派中期息。11月由恒锋改名如上。已成立E1资讯科技，股东包括香港电讯。

【财务状况】 1998/99年度纯利亏损34.3百万元。

嘉域集团有限公司

【公司概况】 股票代码为0186，业绩报告结算日期为12月31日。实收资本为261309635股，合计653274,087元。公司董事会主席：何永安。

【经营业绩】 公司原名为恒辉电子，后易名如上。业务一再重组，包括曾持有讯科及银舜，均以出售。现主营业务为电脑磁头及荧幕显示器，电子音响产品及经营互动娱乐中心网络。1996年底将隆辉私有化，后将其注入新购入日本上市公司Nakamichi了(占70%)。1998年底每股净值5.77元，净借贷约8亿元，1999年上半年盈利93百万元，增16.2%，中期息0.08元。11月已购入Toyo 50.5%，以每股0.1元全面收购，已购56.39%。

【财务状况】 1998年度每股纯利46.0仙，每股股息15.0仙。

北人印刷机械股份有限公司

【公司概况】 股票代码为0187，业绩报告结算日期为12月31日。实收资本为A股300000000股，H股100000000股，合计人民币400000000元。公司董事会主席：朱武安。

【经营业绩】 公司为国家企业，厂房位于北京市，在中国从事生产各类印刷机，产品主销中国，少量销往东南亚及中东。公司曾拟收购江苏及辽宁三间印刷厂，已决定放弃。1999年6月底止每股净值人民币2.34元，净存款人民币1.9亿元。1999年上半年盈利人民币25.7百万元，减9.5%，每股盈利0.064元，中期息0.025元。

【财务状况】 1998年度每股纯利10.9仙，每股股息8.0仙。

广生行有限公司

【公司概况】 股票代码为0189，业绩报告结算日期为12月30日。实收资本为613496416股，合计245398566元。公司董事会主席：刘銮雄。

【经营业绩】 公司主营业务为地产投资发展及化妆品制造销售。公司原为百富勤持有，1996年底曾建议私有化，遭否决。百富勤1998年1月清盘，由华人置业及关联人士购入广生行64.1%股权，每股成价1.7元。公司于1998年底拥有7.6万方呎商用物业，工业面积23万方呎。在建住宅80万方呎，另有140万方呎新界农地储备及占湾仔太原街重建计划25%。国内亦拥有多项物业权益。1998年11月底每股净值3.38元，1999年5月止半年盈利46.9百万元，不派中期息。

【财务状况】 1997/98年度纯利亏损716.9百万元。

香港建设(控股)有限公司

【公司概况】 股票代码为0190，业绩报告结算日期为12月31日。实收资本为507781016股，合计507781016元。公司董事会主席：于镜波。

【经营业绩】 公司主营业务为建筑土木工程及物业发展，1999年9月持有工程合约180亿元，占海南洋浦经济区开发权益30%及发电厂40%。占北京王府井饭店12%及北京京广新世界酒店32%。1997年9月广大国际成为大股东。1998年6月以2.65亿元收购一项广东建造及经营的收费路桥项目20%权益。1998年底每股净值9.11元，尽债项16.6亿元，1999年上半年亏损367.4百万元，不派中期息。亏损包括为南洋发电厂减值2.8亿元，正洽商出售.

【财务状况】 1998年度每股纯利64.9仙，每股股息15.0仙.

丽新制衣国际有限公司

【公司概况】 股票代码为0191，业绩报告结算日期为7月31日。实收资本为1437709710股，合计718854855元。公司董事会主席：林百欣。

【经营业绩】 公司由丽新集团1987年改组而成。经营制衣出口业。拥有丽新发展股权益44.76%及鳄鱼恤股权54.93%。1999年7月底每股净值3.1元，净债项91.7亿元。

【财务状况】 1998/99年度纯利亏损3634.6百万元。

庆屋国际有限公司

【公司概况】 股票代码为0193，业绩报告结算日期为7月31日。实收资本为378999630股，合计159599852元。公司董事会主席：廖毅荣。

【经营业绩】 公司主营业务为经营物业投资发展与食品业，并参于证券投资。拥有五项收租物及元朗农地丰乐园8.6百万方呎15.33%，于武汉及南京发展物业，并于广州及南京设有饼干厂。于日本瑞浪市有3幅地皮6.2百万方呎。1999年7月底每股净值0.878元，净借贷83百万元，已安排出售武汉物业、广州及南京饼干厂，11月曾拟收购一电子业集团，已予终止。

【财务状况】 1998/99年度纯利亏损24.2百万元。

廖创兴企业有限公司

【公司概况】 股票代码为0194，业绩报告结算日期为12月31日。实收资本为379173440股，合计379173440元。公司董事会主席：廖烈文。

【经营业绩】 公司经营银行、地产及保险。占廖创兴银行45.1%；拥有投资物业66万方呎；正计划重建九肚山物业；占宝翠园10%。于广州、潮洲、及上海亦有地盘发展中，楼面面积477万方呎。1998年底每股净值13.95元，净债项8.1亿元，1999年上半年盈利177.1百万元，减21.6%，中期息0.14元，减6.7%。

【财务状况】 1998年度每股纯利102.0仙，每股股息35.0仙。

格兰酒店集团有限公司

【公司概况】 股票代码为A0195，B0196，业绩报告结算日期为6月30日。实收资本为A股621631226股合计62163122元；B股600000000股，合计6000000元。公司董事会主席：陈启宗。

【经营业绩】 公司为恒隆成员。现拥有旺角格兰酒店，客房549间；康山康兰酒店，客房248间及豪峰寓所242间。1992年起经营位于湾子的街兰轩酒店20年，客房251间。1999年6月止每股净值2.41元，净存款1.3亿元。

【财务状况】 1998/99年度每股纯利5.84仙，每股股息3.8仙。

东方魅力集团有限公司

【公司概况】 股票代码为0198，业绩报告结算日期为3月31日。实收资本为648869781股，合计64886978元。公司董事会主席：谭咏麟。

【经营业绩】 公司曾名大富及DC财务，经营物业及财务，控制权一再转移，1999年6月收购东方魅力，9月改名如上。先后购入东方魅力网24.3%、最佳拍挡(电视电影制作)全部股权及辰达永安合作发展旅游网等，原有业务在缩减中。1998年每股净值4.4元(合并后)。1999年上半年亏损215.3百万元，不派中期息。

【财务状况】 1998/99年度至1999年3月底止15个月纯利亏损989.8百万元。

祥泰行集团有限公司

【公司概况】 股票代码为0199，业绩报告结算日期为3月31日。实收资本为1349873121股，合计134987312元。公司董事会主席：黄俊康。

【经营业绩】 公司主营业务为进口及经销摩托车配件、缝纫机与打字机及有关零件、味之素、家乐牌等调味料及相关产品，亦经销汽车电池及轮胎。1996年3月股权易手，收购价0.62元。1997年收购多项权益，包括空调工程、强化木地板、汽车配饰及药品业务。于上环及北京有地盘在发展中。1999年3月底每股净值0.214元，9月止半年亏损8.2百万元，不派中期息。总资产5.26亿元，总负债2.28亿元.

【财务状况】 1998/99年度纯利亏损263.8百万元。

新濠国际发展有限公司

【公司概况】 股票代码0200，业绩报告结算日期为12月31日。实收资本为121087134股，合计121087134元。公司董事会主席：何鸿荣。

【经营业绩】 公司主营业务为经营物业投资及饮食业。拥有东山台住宅单位12个。1993年发行新股收购香港仔饮食企业86.68%，经营3只中式海鲜坊，座位4800个。另拥有香港仔1个停车场，车位509

个。1998年底每股净值3.42元,净现金及存款1.99亿元,1999年上半年亏损10.9百万元,不派中期息。11月入股旅游网站ASIA—HOTEL COM占7.5%。12月曾拟购入Exploration 48.75%(电子商务解决方案),代价3.9亿元,未能协议。

【财务状况】 1998年度纯利亏损11.8百万元。

华大地产投资公司

【公司概况】 股票代码为0201,业绩报告结算日期为3月31日。实收资本为3223566785股,合计32235667元。公司董事会主席:郑启文。

【经营业绩】 公司主营业务为地产、证券及财务投资。1991年9月以343百万元收购九龙华美达轩酒店(客房206间);其后再购入中区顺豪大厦商业面积55218方呎,原占50%,1997年2月增持至100%。1996年3月购入威灵顿广场商场50%权益。又持有上海地盘兴建商住面积10万方呎,1999年完成。1997年4月购西贡商用物业,面积约2万方呎,已全数租出。1999年3月底止每股净值0.367元,净债项12百万元,9月止半年盈利2.73百万元,减46%,不派中期息 。

【财务状况】 1998/99年度每股纯利0.36仙。

柏宁顿国际集团有限公司

【公司概况】 股票代码为0202,业绩报告结算日期为3月31日。实收资本为425019668股,合计425019668元。公司董事会主席:简志坚。

【经营业绩】 公司原名万年置业,股权多次转移,经营2间圣地亚哥酒店、会所管理及贸易业务等,并于1992年中易名如上。1996年4月出售水车屋权益,1998年出售酒店业务。公司现在上海、北京及中山,以至美国加洲合作物业发展。拥有出租物业北京商业面积40万方呎(占51%),上海地下城10万方呎及香港若干物业。1999年11月底订立重组协议,包括削债及注资,将由负资产3.22亿元转为正资产净值2.77亿元,协议仍待完成。1999年9月止半年亏损42.36百万元(上年同期亏损为2.99亿元),不派中期息 。

【财务状况】 1998/99年度纯利亏损944.6百万元。

骏威投资有限公司

【公司概况】 股票代码为0203,业绩报告结算日期为12月31日。实收资本为2557252970股,合计255725297元。公司董事会主席:张房有。

【经营业绩】 红筹股,公司经营汽车产销及有关物业。透过占95%中间控股公司拥有全部广州汽车厂股权,广州汽车则占广州标致汽车46%。1997年广州标志汽车重组,骏威已脱离,并组成广州本田汽车厂,占50%。投资5亿元,先由广州汽车集团贷款。并售出其他非核心业务。广州本田已于3月投产,预计2000年共产30000部,2001年为50000部。1998年底每股净0.197元,净负债6.58亿元。1999上半年盈利10.76百万元,减33.9%,不派中期息 。

【财务状况】 1998年度每股纯利1.7仙。

国基资讯科技控股有限公司

【公司概况】 股票代码为0205,业绩报告结算日期为12月31日,实收资本为904071000股,合计90407100元。公司董事会主席:叶选基。

【经营业绩】 从事设计、制造及销售多种电子消费品,如传呼机、计算机、数据库及翻译机等。亦透过联号经营穿梭传呼服务。98年6月,以叶选基为首财团KKI以0.43元购27%,并由宝雅科技易名如上。98年7月股权易手,Carlet占22.95%,购入Wu Holdings 28.84%,98年底每股净值0.227元,净存款18.58百万元,99年上半年亏损22.8百万元,不派中期息。99年6月配售1.5亿股,集资42百万元,并组成深圳桑达电讯占47.5%,并于CISCO合作发展网络有关产品。亦正在发展万维网站。

【财务状况】 1998年度纯利亏损96.4百万元。

侨福建设企业机构有限公司

【公司概况】 股票代码为0207,业绩报告结算日期为3月31日,实收资本为535359258股,合计535359258元。公司董事会主席:黄健华。

【经营业绩】 截至98年3月底,拥有阳明山庄豪宅面积7.7万方呎。于英国拥有船厂,亦经营港深、港澳及菲律宾当地客运及中区写字楼2万方呎。国内投资有南京丁山花园酒店(116房)45%,于美国2酒店各占10%,大埔聚豪天下住宅已售大部分,大坑福群道住宅2000年完成,上海阳明新城在租售中。98年12月出售港澳客运权益,套现3.3亿元,并获利1.04亿元。99年3月底每股净值2.36元,净借贷1.7亿元,9月止半年盈利33.57百万元,不派中期息。

【财务状况】 1998/99年度纯利亏损484.74百万元。

金盾集团控股有限公司

【公司概况】 股票代码为0208,业绩报告结算日期为11月30日,实收资本为600000000股,合计60000000元。公司董事会主席:欧通志。

【经营业绩】 从事销售及分销"金盾"及"高洛奇"男式服装、皮衣、皮具及饰物。主要透视特许经营商售予顾客。现时于中国22个省份中91个城市/县及四个直辖市共有154间"金盾"特许经营店,生产设施设于惠阳。98年9月发行87.5百万股新股及大股东出售37.5百万股旧股上市,每股售价1元。98年11月每股净值0.39元,净债项24百万元,99年5月止半年亏损42.8百万元,不派中期息。12月协议投资于北京一有线电视广告代理业务,待完成。

【财务状况】 1997/98年度每股纯利25.75仙,每股股息3.4仙。

永恩国际集团有限公司

【公司概况】 股票代码为0210,业绩报告结算日期为12月31日,实收资本为1498392384股,合计149839238元。公司董事会主席:张文仪。

【经营业绩】 从事生产及销售鞋类,主销国内。亦从事生产鞋类元件及物料以共自用及售予中国其他制造商,现于国内拥有120家专门店及专柜250个,加盟店30间。98年开始在国内经营连锁式咖啡店已增至14间。于上海兴建一个仓库及展览中心,已全面运作。95年10月发行132.75百万新股上市,每股售价1元。98年底每股净值0.292元,净债项1.38亿元。99年上半年盈利17.9百万元,减67.7%,不派中期息。

【财务状况】 1998年度每股纯利0.7仙,每股股息1.0仙。

大凌集团有限公司

【公司概况】 股票代码为0211,业绩报告结算日期为3月31日,实收资本为3080000000股,合计30800000元。公司董事会主席:张志诚。

【经营业绩】 从事地产投资、发展、证券及贸易。95年收购长雄证券及长雄财务。97年出售5项国内及香港物业获利16.4百万元,另以1.3亿元购武汉318国道权益。现于中山有商住面积33.6万方呎,港有数项物业,包括待发展之飞鹅山1.6万方呎。99年3月底每股净值0.10元,9月止半年盈利7.38百万元,增608%,不派中期息。期内曾多次配售集资。

【财务状况】 1998/99年度纯利亏损194.1百万元(1998/99年度亏损1.25亿元)。

南洋集团有限公司

【公司概况】 股票代码为0212,业绩报告结算日期为12月31日,实收资本为46909799股,合计4690980元。公司董事会主席:高登。

【经营业绩】 经营纺织业。除菲律宾有制衣联号外,厂房集中于中国,其大部分业务已移至河南及上海。亦拥有香港观塘工商业56万方呎及美国零星物业收租。另持香港及海外有价证券166百万元,市值203百万元。98年底每股净值21.7元,存款1.04亿元,上市证券市值2.14亿元。99年上半年盈利47.2百万元,减4%,不派中期息。

【财务状况】 1998年度每股纯利1.04元,每股股息0.50元。

乐声电子(集团)有限公司

【公司概况】 股票代码为0213,业绩报告结算日期为3月31日,实收资本为1179337928股,合计117933793元。公司董事会主席:李志和。

【经营业绩】 从事制造石英表、液晶体电子表及电话设备。持有若干牌子特许产销权。年来参与物业投资、发展及买卖。现拥有已完成赤柱别墅三间。另于多伦多有土地10.9亩待发展。99年3月底每股净值0.363元,9月止半年盈利5百万元,减47.4%,不派中期息。年内出售大潭道兴建中地盘,又购浅水湾及大潭三项物业。

【财务状况】 1998年度纯利亏损113.9百万元。

汇汉控股有限公司

【公司概况】 股票代码为0214,业绩报告结算日期为3月31日,实收资本为4047551736股，合计2023775元。公司董事会主席：冯兆滔。

【经营业绩】 主要为控股，现持有泛海股权54.1%。99年3月底每股净值0.921元，净债项40亿元，9月止半年亏损3.4亿元，不派中期息。9月收购中国资讯行40%，12月收购快码中文输入法及九方输入法40%，将于1月完成。

【财务状况】 1998年度纯利亏损3.77百万元。

建业实业有限公司

【公司概况】 股票代码为0216，业绩报告结算日期为3月31日，实收资本为551333692股，合计137833423元。公司董事会主席：王世荣。

【经营业绩】 主要为控股投资，现持有汉国置业股权46.77%、建荣建业56.25%、荣文科技20%，顺昌集团25.49%及建联集团24.5%，均为上市公司，其他业务为成衣制造及贸易以至家庭电器销售。99年3月底每股净值2.05元，净债项16.7亿元。9月止半年亏损15.1百万元，不派中期息。

【财务状况】 1998年度纯利亏损263.4百万元。

物华集团有限公司

【公司概况】 股票代码为0217，业绩报告结算日期为3月31日，实收资本为1125310533股，合计112531053元。公司董事会主席：袁炜。

【经营业绩】 原名为海南发展，97年9月为现任主席以每股1.88元收购，12月易名如上，原有股东购回若干资产。现时业务为物业、贸易、环保及其他。持有香港商业物业6.7万方呎，及工业面积17.3万方呎。另于番禺持有商场面积31万方呎及住宅5.4万方呎，占中国北部环保供热项目75%。并作电脑、卫生护理品及运动服装贸易，策略性物业投资包括上海及苏州若干权益。99年3月底每股净值1.31元。净借债3.86亿元，9月止半年盈利74.9百万元。期内出售葵涌停车场，购入新时代电讯及网上书店项目70%。

【财务状况】 1998/99年度每股纯利0.65仙，每股股息0.3仙。

申银万国（香港）有限公司

【公司概况】 股票代码为0218，业绩报告结算日期为12月31日，实收资本为518159126股，合计259079563元。公司董事会主席：姜国芳。

【经营业绩】 原名为王集团。经营股票经纪、企业融资、包销及分销新股业务。93年6月由上海万国及长实等以每股1.265元收购55.36%，继续原有业务，并予扩展。96年7月曾拟收购新鸿基证券，已予终止。96年10月与申银香港合并，易名如上。已于上半年盈利4.2百万元。5月以3.9亿元收购四川成绵公路20.66%，后因法律问题而降至15.71%，正向世纪城市索偿93.5百万元。

【财务状况】 1998年度纯利亏损147.0百万元。

顺豪建筑（集团）有限公司

【公司概况】 股票代码为0219，业绩报告结算日期为12月31日，实收资本为537076602股，合计268538301元。公司董事会主席：郑启文。

【经营业绩】 投资控股、证券财务投资、物业投资及发展。拥有华大地产股权47.6%，直接拥有山顶及浅水湾住宅3.1万方尺收租及中环两商用物业权益，应占3万方呎。并于上海发展服务式住宅，应占面积110万方呎。98年底每股净值1.8元，净存款1.5亿元，99年上半年盈利10.5百万元，增75.3%；不派中期息。

【财务状况】 1998年度每股纯利2.5仙。

晋利地产金融有限公司

【公司概况】 股票代码为0220，业绩报告结算日期为1月31日，实收资本为67760000股，合计67760000元。公司董事会主席：李德义。

【经营业绩】 经营地产。在香港拥有商业面积22万方呎、工业面积8.4万方呎及住宅6259方呎收租，另有待售住宅面积2.5万方呎。在关岛实益拥有各项用途土地66百万方呎，发展延缓中。本港九龙塘地盘计划兴建住宅2.5万方呎；99年1月底每股净值，净负债89.6百万元，7月止半年盈利14.1百万元，减41%，中期息0.08元。

【财务状况】 1998/99年度每股纯利59.2仙，每股股息42仙。

闽信集团有限公司

【公司概况】 股票代码为0222，业绩报告结算日期为12月31日，实收资本为459308567股，合计459308567元。公司董事会主席：陈桂宗。

【经营业绩】 拥有中国厦门国际银行股权36.75%（将增至48.75%，待世银属下公司磋商入股完成后实行），亦直接经营闽信保险，拥有本港广东道永发大厦商场14841方呎。国内物业投资，位于杭州、福州及北京等地。本港发展物业有清水湾别墅35%，应占面积22340方呎。经营319国道漳州段收费公路60%及浙江一条公路40%。98年底每股净值2.36元，净存款2.19亿元，99年上半年盈利19.76百万元，减37.9%，不派中期息。

【财务状况】 1998年度纯利亏损31.2百万元。

道亨银行集团有限公司

【公司概况】 股票代码为0223，业绩报告结算日期为6月30日，实收资本为693973200股，合计USD346986600元。公司董事会主席：郭令灿。

【经营业绩】 89年及93年分别收购恒隆及海外信托银行，93年11月以21.7元上市。经营各项银行业务，并为按揭证券庄家，于伦敦设有独立银行，并占菲律宾道亨银行60%，住宅按揭贷款占41.3%、物业投资12.6%，运输占9.2%、贸易融资8.4%、流动资金比率51.5%、资本充足比率22.07%。99年6月底每股净值16.81元。存款总额1049.8亿元，贷款总额649.4亿元。

【财务状况】 1998/99年度每股纯利174仙，每股股息90仙。

建生实业国际（集团）有限公司

【公司概况】 股票代码为0224，业绩报告结算日期为3月31日，实收资本为501781945股，合计50178194元。公司董事会主席：吴汪静宜。

【经营业绩】 物业及一般投资。除15项香港海外物业外，主要投资为华光航业股权及泰国盘谷银行。一般投资包括中国、东南亚及美国非控制性股权投资，涉及物业酒店。99年3月底每股净值2.3元，净债项6.4亿元。9月止半年盈利9.3百万元，不派中期息。11月大股东建议以5.52亿元收购全部美国物业，华光航业23.55%、泰国盘谷银行1.85%及曼谷一项信托基金，正待股东批准，完成后每股派发特别股息1元。

【财务状况】 1998/99年度纯利亏损317.3百万元。

博富临置业有限公司

【公司概况】 股票代码为0225，业绩报告结算日期为9月30日，实收资本为110179385股，合计110179385元。公司董事会主席：黄炳礼。

【经营业绩】 地产发展及投资。又持有经营视听器材之大象行51.9%。拥有商业面积134527方呎、工业面积51236方呎、豪宅182372方呎及车位167个。亦参与广州及中山两项物业发展，应占完成后商住面积47万方呎，工程在策划中。另持有北京一幢住宅共16个单位，作出租用途。99年9月底每股净值10.09元，净借贷2.88亿元。

【财务状况】 1998/99年度每股纯利11.3仙，每股股息7.0仙。

力宝有限公司

【公司概况】 股票代码为0226，业绩报告结算日期为12月31日，实收资本为438257010股，合计43825701元。公司董事会主席：李宗。

【经营业绩】 原名万众财务，91年4月为力宝集团以每股1.32元收购，易名如上。随后一连串发展，从事金融、保险及地产发展，并参与国内多项物业发展。97年6月进行重组，将持有若干上市公司股权售予华创及京泰。现持有力宝华润54.2%、间接持有华银控股59%及间接持有建屋贷款63.6%。98年11月，新鸿基公司以5亿元间接购入24.4%力宝股权，另直接持有1.37%。98年底每股净值7.04元，净负债2.45亿元，99年上半年盈利14.6百万元，减83.9%，不派中期息。

【财务状况】 1998年度纯利亏损949.1百万元（包括特殊项目）。

第一上海投资有限公司

【公司概况】 股票代码为0227，业绩报告结算日期为12月31日，实收资本为1110594205股，合计222118841元。公司董事会主席：劳元一。

【经营业绩】 原名大众国际，92年底售予中资万国创业及长实等组成之财团，继续原有证券及财务投资。93年4月联同其他财团收购王集团，实占10.07%。其他投资包括上海中创国际集装箱储运54%、绍兴怡东仪表 40.8%、昆山华东物流服务 50%、好孩子儿童用品 27.0%。98 年底每股净值 0.816 元，净存款 1.07 亿元。99 年上半年盈利 31.1 百万元，不派中期息。99 年 7 月以 14 百万元购入巨灵科技 50.7%，于中国提供金融资讯及互联网股票经纪平台。

【财务状况】 1998 年度纯利亏损 143.0 百万元。

利民实业有限公司

【公司概况】 股票代码为 0229，业绩报告结算日期为 12 月 31 日，实收资本为 314300804 股，合计 157150402 元。公司董事会主席：黄乾利。

【经营业绩】 从事制造小型电器用品，包括美容电器用品、厨房电器用品及家庭电器用品等。主销美国、澳洲及西欧等地。部分厂房设在中国。95 年中与日本新力电池协议，于 96 年起向日本市场供应锌碳电池系列产品。97 年 9 月购入凯心 63.35%股权，作价 84.7 百万元，以新股支付。98 年底每股净值 1.02 元。净负债 2.23 亿元。99 年上半年盈利 14.6 百万元，中期息 0.02 元。

【财务状况】 1998 年度每股股息 4.0 仙。

东方有色集团有限公司

【公司概况】 股票代码为 0230，业绩报告结算日期为 12 月 31 日，实收资本为 772181783 股，合计 77218178 元。公司董事会主席：高德柱。

【经营业绩】 原为罗氏国际成员，93 年 3 月中国有色金属以每股 3.42 元收购，易名如上。经营物业投资、专业建筑及工业用料。于调整资产后，主要物业为云咸街东方有色中心 54131 方呎。占金辉船务 11.3%；97 年内购多项权益，美国 MQI 62%、银丰 52%、积架石油化工 100%、京域 17.9%。年内全数出售东方鑫原 52%予母公司。又于澳洲发展物业。98 年底每股净值 1.37 元，净负债 4.24 亿元。99 年 5 月承诺于珠海发展物业，占项目 80%，第一期投入资金 35.2 百万元。99 年上半年盈利 28.8 百万元，派中期息 0.01 元及特别股每股 0.12 元。8 月以 4.38 亿元出售全部 MQI 股权，并获利 3.16 亿元，财务状况已转为净现金。

【财务状况】 1998 年度纯利亏损 266.3 百万元。

惠阳控股集团有限公司

【公司概况】 股票代码为 0231，业绩报告结算日期为 12 月 31 日，实收资本为 1076949203 股，合计 107694920 元。公司董事会主席：曾文能。

【经营业绩】 于国内发展地产及在各地经营陆路运输及边境贸易。97 年 4 月将港口业务分拆为太平洋港口上市。97 年 6 月购一河北省张家口经营收费桥梁之公司 80%。98 年 4 月，因财务问题出售全数太平洋港口股权。现正发展上海惠浦大厦及厦门中信惠阳大厦。98 年底每股净值 0.373 元，净现金 0.682 百万元。99 年上半年亏损 13.25 百万元，不派中期息。4 月投资 13 百万元占东莞电脑装配厂 48.15%，11 月以 9.5 百万元购入恒隆科技 10%，12 月以 15 百万元购入 APL10%，经营娱乐网。

【财务状况】 1998 年度纯利亏损 337.37 百万元。

中国航空技术国际控股有限公司

【公司概况】 股票代码为 0232，业绩报告结算日期为 12 月 31 日，实收资本为 367350000 股，合计 36735000 元。公司董事会主席：廖志强。

【经营业绩】 从事设计、制造及安装，主要用于商业大厦、高级住宅及酒店发展项目之建筑用铝制产品。业务地区包括香港及中国，已于北京成为合营企业；亦于上海设立办事处。98 年底每股净值 0.292 元，净债项 13 百万元。99 年上半年亏损 26 百万元，不派中期息。8 月中国航空技术以每股 0.23 元购得 51%，长实亦持 9.14%，由远东铝制改名如上。

【财务状况】 1998 年度纯利亏损 145.3 百万元。

星岛有限公司

【公司概况】 股票代码为 0233，业绩报告结算日期为 3 月 31 日，实收资本为 419619246 股，合计 104904812 元。公司董事会主席：张定远。

【经营业绩】 从事报章、杂志、书籍出版及印刷业、地产投资及发展。出版包括星岛日报及英文虎报，亦出版多份星岛海外版。印刷业除承印刷集团出版之报章、杂志及书籍外，亦承印外界出版之书籍及其他印刷品，范围远及美国英国。除于本港拥有厂房外，于加拿大及纽西兰亦有物业。99 年 3 月底每股净值 2.3 元，净存款 230 百万元，99 年 5 月为 Lazard Asia 以 1.25 元购得 51.34%，管理层改变。9 月止上半年盈利 10.5 百万元，不派中期息。

【财务状况】 1998 年度纯利亏损 55.4 百万元。

万亚行国际控股有限公司

【公司概况】 股票代码为 0234，业绩报告结算日期为 3 月 31 日，实收资本为 200768851 股，合计 2007688 元。公司董事会主席：李志诚。

【经营业绩】 原名玫瑰针织，89 年起股权待续转移，91 年由茂基成为主要股东，易名正德行。97 年 9 月易名如上。有国内两间面粉厂。观塘工业楼宇三层及葵涌、湾仔两项铺位，于吉隆坡土地 44000 方呎，正拟发展。于国内经营江苏连云港面粉厂，安徽定远面粉厂及南京面粉厂 60%。99 年 3 月底每股净值 0.592 元，净借款 1.09 亿元，9 月止半年亏损 20.3 百万元，不派中期息。

【财务状况】 1998 年度纯利亏损 162.3 百万元。

中策集团有限公司

【公司概况】 股票代码为 0235，业绩报告结算日期为 12 月 31 日，实收资本为 4479289420 股，合计 447928942 元。公司董事会主席：黄鸿年。

【经营业绩】 原名红宝石，91 年由黄鸿年购得控制权，易名如上。在国内投资多家企业，包括树胶轮胎、纸业、啤酒及其他消费品。轮胎业于美国上市。目前持有在英上市的 Bolton49%、在澳上市的 MRI39%及在美上市的 RI 拥有 49.5%；本港投资有中国网络 47.07%，99 年已协议将 32.82%以每股 0.28 元售予中国科技，其余股权亦配售，于 12 月底完成。98 年底每股净值 0.416 元，净债项 6 亿元。99 年上半年盈利 93.8 百万元，增 400%，不派中期息。

【财务状况】 1998 年度纯利亏损 589.9 百万元。

生力啤酒厂有限公司

【公司概况】 股票代码为 0236，业绩报告结算日期为 12 月 31 日，实收资本为 373570560 股，合计 186785280 元。公司董事会主席：安德士苏理安诺(三世)。

【经营业绩】 制造及销售生力啤，并取得露云堡啤酒及日本麒麟啤酒制造销售权。投资于顺德酒厂，占 85%，95 年 5 月投产。94 年 9 月出售深井厂房，成价 35 亿元，获利 29 亿元，11 月每股派红利 3 元。深井厂房已于 96 年交吉，元朗厂房于 96 年中投产，投资 7.6 亿元。96 年 10 月大股东建议以每股 3.75 元提出私有化，已否决。97 年 8 月，以 81.8 百万元增持生力啤(广东)至 92.99%间接令生力啤(广东)持股增至 65.09%。98 年底每股净值 5.79 元，净债项 3.15 亿元。99 年首 8 个月盈利 45 百万元，增 351%，首两期股息共 0.05 元。

【财务状况】 1998 年度每股纯利 5.0 仙，每股股息 3.0 仙。

安全货仓有限公司

【公司概况】 股票代码为 0237，业绩报告结算日期为 3 月 31 日，实收资本为 135000000 股，合计 135000000 元。公司董事会主席：吕辛。

【经营业绩】 经营货仓及地产。拥有 3 幢货仓，面积约 74.4 万方呎；观塘振万广场工贸面积 42 万方呎作出租用途。原拟闽信合作投资福建漳州龙浦公路，因未能确保回报率而暂缓进行。99 年 3 月底每股净值 5.3 元，9 月止半年盈利 21.3 百万元，派中期息 0.08 元。正研究将部分货仓重建为住宅。

【财务状况】 1998/99 年度每股纯利 11.0 仙，每股股息 18 仙。

利星行有限公司

【公司概况】 股票代码为 0238，业绩报告结算日期为 12 月 31 日，实收资本为 951165000 股，合计 951165000 元。公司董事会主席：杨富山。

【经营业绩】 原名为自由发展，股权多次易手，91 年易名如上。现时业务主要为汽车销售及维修、物业发展、贸易及证券投资。获平治汽车华东区独家分销权(占 55%)，并于北京、上海、南京、天津及厦门参与多项物业发展。并代理推土机械，及进行木材(夹板)贸易。97 年底收购台湾中华宾士公司 44%股权，代价为 74.8 亿新台币(19.45 亿港元)，发行新股 179.3 百万股作价 7.5 元，部分代价，余付现金。98 年内出售一上海物业权益，套现 3.5 亿元。98 年底每股净值 3.87 元，现金 2.75 亿元，定存 8 亿元及短期投资 1.1 亿元，银行长短期贷款共 24.5 亿元；另有长期证券投资 4.6 亿元。99 年上半年盈利 1.17 亿元，增125%,不派中期息。
【财务状况】 1998年度每股纯利1.6仙。

白花油国际有限公司

【公司概况】 股票代码为0239,业绩报告结算日期为12月31日,实收资本为130000000股,合计13000000元。公司董事会主席:颜为善。
【经营业绩】 主要制造、推广及分销传统药油白花油,本销及分销海外。拥有自用及投资物业,计商业面积8853方呎、工业面积52109方呎及住宅2673方呎。于新加坡拥有工业面积5059方呎及伦敦商业面积10086方呎;并投资于保健及家庭用品业务。91年12月发行新股39百万股上市,以每股0.9元公售。98年底每股净值1.6元,净存款19.9百万元,99年上半年盈利4.1百万元,减34.2%,中期息0.025元,另特别股息0.05元。
【财务状况】 1998年度每股纯利22.4仙,每股股息10.5仙。

海裕国际控股有限公司

【公司概况】 股票代码为0240,业绩报告结算日期为3月31日,实收资本为508339764股,合计50833976元。公司董事会主席:蔡世亮。
【经营业绩】 地产投资发展及证券投资。83年9月控制权易手,84年4月将原来金佑地产易名如上。主要业务为地产及控股,曾持有百乐门股权63%及海晖42%。中国厦门裕发房地产占股权50%。已将本港物业及厦门裕发股权予海晖,代价约4亿元,另向海晖发行百乐门可换股票据。99年3月底每股净值0.543元,净债项约10亿元,经99年10月重组后,现持海晖36.99%及百乐门5.6%。9月止半年亏损42.2百万元,不派中期息。
【财务状况】 1998/99年度纯利亏损814.1百万元。

永富建设国际集团有限公司

【公司概况】 股票代码为0241,业绩报告结算日期为3月31日,实收资本为647978320股,合计647978320元。公司董事会主席:官永义。
【经营业绩】 经营百货、拥有物业。89年底拟以每股8.15元私有化,估值10元,未为股东接纳。93年以10亿元售瑞兴大厦。97年10月,永义以每股20.2元购71.36%;将若干资产物业售回原大股东。并易名如上。99年3月底每股净值0.115元,9月止半年亏损10.5百万元,不派中期息。99年底已结束全部百货零售,持有10个铺位及4幢工贸大厦收租,继续做成衣贸易,探讨拓展资讯科技。
【财务状况】 1998/99年度纯利损179.5百万元。

信德集团有限公司

【公司概况】 股票代码为0242,业绩报告结算日期为12月31日,实收资本为1538304803股,合计384576200元。
【经营业绩】 经营港澳航运,又于中港澳进行物业投资发展外,亦占华民航空20%、澳门旅游5%、澳门文华东方酒店50%及威斯登酒店34.9%。93年收购新豪股权,并注入饮食业。发展中物业主要为澳门豪景花园25%、宝翠园51%住宅在发展中分期于2001年前完成2250个单位,另占商场21万方呎、长沙湾船厂地盘占64.56%将兴建酒店及住宅,补价约15亿元。98年12月购入侨福船务权益,将信德船务与中旅合并,仍占71%。98年底每股净值3.3元,净债项79.6亿元,99年上半年盈利87.8百万元,增93.4%,派中期息0.01元。其内已售中港澳若干物业。
【财务状况】 1998年度每股纯利7.2仙,每股股息3.0仙。

品质国际有限公司

【公司概况】 股票代码为0243,业绩报告结算日期为4月30日,实收资本为509011439股,合计40720915元。公司董事会主席:李同乐。
【经营业绩】 经营集成电路引线框。89年4月进行改组发展及92年收购,业务包括集成电路装嵌与测试服务及矽晶片生产,98年因英国矽晶片、集成电路装配与测试服务出现大量亏损,财政困难,99年4月净负值5.55亿元,99年厂房已被接管并售出,99年7月以大通基金为首投资者购入乐依文50%,于11月完成交易后,净值增至1.52亿元,负债净额减至2.79亿元,估计或然负债2.05亿元,计划分拆乐依文上市,现时业务为集成电路装配及测试服务。
【财务状况】 1998/99年度纯利亏损3138.7百万元。

先施有限公司

【公司概况】 股票代码为0244,业绩报告结算日期为2月28日,实收资本为574308000股,合计287154000元。公司董事会主席:马景华。
【经营业绩】 经营百货业及其他投资,拥有先施人寿、保险及化妆品股权,并予互控。于本港经营多家百货店及山顶餐厅,于上海及广州拥有分店,持有利舞台广场权益30%;于伦敦有投资及发展物业,大连亦有物业发展中。99年2月底每股净值3.26元,净借贷10.2亿元。8月底止半年亏损33.5百万元,不派中期息。
【财务状况】 1998/99年度纯利亏损148.8百万元。

星港地产投资有限公司

【公司概况】 股票代码为0245,业绩报告结算日期为12月31日,实收资本为13369829400股,合计334245735元。公司董事会主席:黄伟志。
【经营业绩】 83年起多次股权易手,98年8月由现任主席以每股0.18875元(拆细后)收购,售出原有物业及业务,注入大角咀及红▮地盘可建10.5万方呎。98年底每股净值0.081元,净借贷91.7百万元,99年上半年亏损25.38百万元,不派中期息。99年3月至9月共10次配售新股82.2亿股集资3.59亿元,用于收购元朗车位80个、加列山道房屋3间11000方呎及中环赞善里服务住宅12829方呎,伊朗德黑兰飞机修理权益15%、北京一间水泥厂60%,应用卫星通讯项目之中国公司60%及经营湖南及浙江煤气权益51%。
【财务状况】 1998年度每股纯利0.166仙。

恒基中国集团有限公司

【公司概况】 股票代码为0246,业绩报告结算日期为6月30日,实收资本为496776205股,合计496776205元。公司董事会主席:李家杰。
【经营业绩】 原为恒基地产业务,于96年3月分拆上市,每股售21.5元。集中投资发展中国物业,已持有收租物业商场面积99.5万方呎(北京恒基中心及上海不夜城广场)。共有土地储备37.4百万方呎,包括位于北京、上海、广州及珠江三角洲。其中住宅占50%。99年6月底每股净值14.87元,净借贷17.6亿元。
【财务状况】 1998/99年度每股纯利28.0仙,每股股息20.0仙。

尖沙咀置业集团有限公司

【公司概况】 股票代码为0247,业绩报告结算日期为6月30日,实收资本为1322606654股,合计264521330元。公司董事会主席:黄志祥。
【经营业绩】 地产投资及发展,拥有信和置业控制权50.2%及占有新加坡商业面积约109130方呎。91年将原名信和地产易名如上。99年6月底每股净值7.28元,净借贷87.7亿元,已综合信置债项。
【财务状况】 1998/99年度每股纯利58.7仙,每股股息10.0仙。

森那美香港有限公司

【公司概况】 股票代码为0249,业绩报告结算日期为6月30日,实收资本为466185000股,合计233092500元。公司董事会主席:敦依士迈。
【经营业绩】 业务包括汽车销售及维修、物业投资及管理、建筑产品销售及支援服务、承包电器工程及设备销售、租购业务、保险、航运代理及大米贸易、包装物料及印刷等。最终控股公司为马来西亚森那美。99年6月底每股净值2.78元,净现金35百万元,99年9月止的一季盈利33.1百万元。
【财务状况】 1998/99年度每股纯利35.8仙,每股股息24.0仙。

中国数码信息有限公司

【公司概况】 股票代码为0250,业绩报告结算日期为3月31日,实收资本为3343638877股,合计1671819438元。公司董事会主席:于品海。
【经营业绩】 原名南海发展,经于品海收购后,业务不断转变,现时集中于中港物业及资讯网络。99年9月改名如上。99年3月底每股净值0.324元,净债项10.3亿元(包括可换股票据5.5亿元),其后陆续换股又出售酒店及物业。已协议购入中信国安信息产业24%,将分期收购,付予新股及票据,又持有中国企业网60%,百科全书、体育及足球等互联网,以及持有北京世华国际金融信息45%等。9月止半年亏损46百万元,不派中期息。
【财务状况】 1998/99年度纯利亏损385.9百万元。

爪哇控股有限公司

【公司概况】 股票代码为0251,业绩报告结算日期为12月31日,实收资本为503657936股,合计50365793元。公司董事会主席:吕和。

【经营业绩】 地产发展及投资。拥有湾仔大新金融中心,面积共40万方呎及15个车位。曾与澳纽公司合营SEABIL,于中国发展物业,其后拆伙,购入成都海外交流中心97%(98万方呎)及回购公司股份8.1%,另持有澳洲TTP物业股权54.76%,发展中地盘位于礼顿道及上水,后者在洽补地价中,其他业务包括成衣制造及贸易。98年底每股净值5.96元,净债项2.65亿元,99年上半年盈利79.1百万元,增175.6%,派中期息0.06元。

【财务状况】 1998年度每股股息16.0仙。

华信地产财务有限公司

【公司概况】 股票代码为0252,业绩报告结算日期为3月31日,实收资本为131769000股,合计131769000元。公司董事会主席:蔡绍华。

【经营业绩】 经营地产、财务及塑胶厂业务。拥有作收租用之尖沙嘴华龙大厦、亦有工业面积11.8万方呎及九龙塘旅馆客房18间。国内发展中之商住面积共54.43万方呎在租售中。另占马尼拉地皮76万方呎43%。99年3月底每股净值3.15元,净借贷1.65亿元。9月止半年盈利13.7百万元(上年同期亏损11.2百万元),不派中期息。

【财务状况】 1998/99年度纯利亏损42.0百万元。

顺豪资源集团有限公司

【公司概况】 股票代码为0253,业绩报告结算日期为12月31日,实收资本为304368750股,合计152184375元。公司董事会主席:郑启文。

【经营业绩】 股权一再易手,业务亦不断重组,现时主要业务为控股。持有顺豪建筑49.5%及上市之华大地产23.5%,该等公司进行物业投资买卖及酒店经营,于天津及上海均有地盘在发展中。98年底每股净值1.63元,净负债1.36亿元,99年上半年盈利5.48百万元,增64.4%,不派中期息。

【财务状况】 1998年度每股纯利2.6仙。

信侨控股有限公司

【公司概况】 股票代码为0254,业绩报告结算日期为6月30日,实收资本为210100000股,合计210100000元。公司董事会主席:陈漱石。

【经营业绩】 曾名广联企业,华新国际及金狮亚洲。现由华建控制。现时主要资产为胡忠大厦30楼(24881方呎)、百富勤大厦写字楼13597方呎及半山乐信台住宅1236方呎、及上海建兰公寓14570方呎。又于长春合作制造摩托车发电机及摩托车。9月底协议购入上海名人广场20%,仍待完成。

【财务状况】 1998/99年度纯利亏损249.2百万元。

龙记(百慕达)有限公司

【公司概况】 股票代码为0255,业绩报告结算日期为3月31日,实收资本为379559375股,合计37955937元。公司董事会主席:邵铁龙。

【经营业绩】 主要设计、制造及销售模胚,以及进口及销售用作生产塑胶产品之模具的钢材。已取得海外若干牌子特殊钢销售权。厂房设于香港、东莞及新加坡、上海、马来西亚及广州。产品售予港商及海外客户。模胚为预制金属模具雏形,金属模具为制造塑胶产品及元件工具。于93年2月发行新股50百万股上市,每股以1.21元公售。96年已分拆龙记五金(模胚业)于新加坡上市仍占75%,99年3月底每股净值1.41元,净存款12.9百万元,9月止半年盈利50.7百万元,增62.4%,派中期息0.03元。

【财务状况】 1998/99年度每股纯利17.49仙,每股股息10.0仙。

中国光大科技有限公司

【公司概况】 股票代码为0256,业绩报告结算日期为12月31日,实收资本为1486220669股,合计148622066元。公司董事会主席:孔丹。

【经营业绩】 原名恒华。主要生产及销售电视。93年配售新股439378000股予中国光大(集团),每股计0.55元,94年易名如上。96年出售全部制造业务,保留香港及东莞两厂物业,97年内共以477百万元购5项权益,包括德丽电脑键盘、其士商业10%、中环1万方呎物业、创顺电脑磁碟、国内依波系手表。98年购入的电脑机箱业务因纠纷而出售中;年内并开展电脑、通讯产品的分销。98年底每股净值0.298元,手头现金1亿元,短期贷款39.5百万元,99年上半年亏损20.5百万元,不派中期息。99年7月以磁碟权益换入无锡综合物业发展权38%,待建面积5.8百万方呎。

【财务状况】 1998年度纯利亏损157.76百万元(1998年度特殊亏损167.7百万元)。

中国光大国际有限公司

【公司概况】 股票代码为0257,业绩报告结算日期为12月31日,实收资本为2356344032股,合计235634403元。公司董事会主席:刘明康。

【经营业绩】 股权一再转移,93年3月由光大集团向辰达以每股1元收购,于10月易名如上。96年7月光大集团入主,经重组后,现持有光大木材77.12%,熊谷组35.07%,深圳妈湾电力15%。厦门厦漳公路及福州青州大桥及机场专用路后者于2000年底完成,投资13亿元,另占上海嘉里不夜城、商贸大厦公寓及深圳中山商场若干权益。98年底每股净值1.07元,净债项10.7亿元,99年上半年亏损143百万元,不派中期息。

【财务状况】 1998年度纯利亏损298.1百万元。

浦东开发集团有限公司

【公司概况】 股票代码为0258,业绩报告结算日期为12月31日,实收资本为1059749112股,合计529874556元。公司董事会主席:仝玉洁。

【经营业绩】 原名为永盛财务,川河于88年10月购得控制权,改名为汤臣太平洋。90年购入世贸中心,93年将世贸售予鹏利,改名如上。重整业务后为投资中国酒店、物业及工业。上海新亚汤臣酒店占50%;胶管厂、混凝土厂及电镀金属门厂共5间;上海浦东高尔夫球场已启用,配套楼宇待建。上海物业已完成3项,在租售中。发展中地盘10多个。98年底每股净值3.06元,净现金1.95亿元,99年上半年亏损33.99百万元,不派中期息。

【财务状况】 1998年度纯利亏损270.2百万元。

亿都(国际控股)有限公司

【公司概况】 股票代码为0259,业绩报告结算日期为3月31日,实收资本为630600971股,合计126120194元。公司董事会主席:方铿。

【经营业绩】 从事制造及销售各类电子消费品所用之液晶体显示器,亦制造及销售电路板。93年8月发行113.75百万新股上市,每股以1.5元公售。由于涉及多宗财务问题,96年起停牌近15个月,进行股本重整以减债务。控股权亦转让。97年5月底复牌。99年3月每股净值0.307元,净存款27.5百万元,9月止半年盈利3.4百万元,不派中期息。

【财务状况】 1997/98年度纯利亏损23.7百万元。

丰泰集团国际有限公司

【公司概况】 股票代码为0260,业绩报告结算日期为3月31日,实收资本为3175044680股,合计1587522340元。公司董事会主席:刘佐炽。

【经营业绩】 原名和丰地产,85年7月为李明治收购易名联合东荣,91年易名联合工业,96年底印财团Wiseway以每股0.85元购50.59%股权成大股东。现时业务为化学工业、建材、消费及日用产品、主要投资于中国。97年6月购国际金叶25%,并于98年4月增购其余75%,已成为全资公司,国际金叶获中国红塔山牌香烟承包制造及分销权,发行新股支付,亦持有中国绿丹兰化妆品股权30%。98年底每股净值0.0643元,净债项16.4百万元,99年上半年亏损2.8百万元,不派中期息。99年6月拟20合1,法院暂定于2000年1月就指令之传票进行聆讯后才发表公布。

【财务状况】 1998/99年度至1999年3月底止15个月纯利损345.6百万元。

诚德国际集团有限公司

【公司概况】 股票代码为0261,业绩报告结算日期为6月30日,实收资本为974809360股,合计97480936元。公司董事会主席:梁浩文。

【经营业绩】 主要从事电讯产品之发展、制造及销售。厂房设于香港、中国及马来西亚。已与上海邮电部成立合营公司,透过其分销网络销售产品。与美国电话成立合营公司、94 年内已获牌照,于亚太区以美国电话(AT&T)为商标,销售电讯产品。由于美国 AT&T 重组,减少承诺定单,影响业务,已入禀法院索偿 1.01 亿美元,其余经营出现亏损。99 年 6 月底净借贷 3.9 亿元,负债 2.79 亿元。11 月已有第三者拟参与重组,仍待债权人同意。
【财务状况】 1998/99 年度纯利亏损 158.8 百万元。

迪臣发展国际集团有限公司

【公司概况】 股票代码为 0262,业绩报告结算日期为 3 月 31 日,实收资本为 429287500 股,合计 42928750 元。公司董事会主席:谢文盛。
【经营业绩】 主要在国内经营建筑业务及物业投资。拥有资质证准许其在北京、上海、山东省、浙江省及广东省承包建筑业务至 2000 年 1 月止。亦为香港政府工程分判商,参与北京及上海物业投资,亦参与北京及海南省 3 项安居工程。97 年 5 月发行新股 75 百万股上市,每股售价 1 元。99 年 3 月底每股净值 0.682 元,净存款 37.6 百万元,9 月止半年盈利 13.08 百万元,增 22.3%,不派中期息。已组成电子系统工程工程,经营中港两地智能大厦网络。
【财务状况】 1998/99 年度每股纯利 3.27 仙,每股股息 1.0 仙。

保兴投资控股有限公司

【公司概况】 股票代码为 0263,业绩报告结算日期为 3 月 31 日,实收资本为 1214115987 股,合计 607057994 元。公司董事会主席:王军。
【经营业绩】 原名为顺豪物业,股权辗转由英皇集团购得,曾易名为新贻投资。现时业务为物业投资、证券投资及财务融资,亦投资于杭州纤维厂,占 55%;及上海虹桥友谊商场 30%,于上海及苏州设有两间零售城。99 年 3 月底每股净值 0.497 元,9 月止半年亏损 3.8 百万元,不派中期息,负债比率 9%。
【财务状况】 1998/99 年度纯利亏损 10.18 百万元。

南华集团有限公司

【公司概况】 股票代码为 0265,业绩报告结算日期为 12 月 31 日,实收资本为 456062688 股,合计 45606269 元。公司董事会主席:吴鸿生。
【经营业绩】 原名为德利投资,92 年为南华集团收购,易名如上。现控制已上市之南华工业 70.54%及南华证券 72.19%,并由南华工业控制南华资讯科技、耐力及华盛,亦间接持有四海旅游及实惠股权。其他业务有出版投资(包括儿童快报、快报周刊及养德堂 70%)。亦于天津经营药厂;于南京参与珠宝首饰投资;占荃湾蔚景花园项目 17%,即将完成。98 年底每股净值 2 元,净借贷 38.8 百万元,99 年上半年盈利 12.45 百万元,增 792%,中期息 0.005 元。
【财务状况】 1998 年度每股股息 3.2 仙。

天德地产有限公司

【公司概况】 股票代码为 0266,业绩报告结算日期为 3 月 31 日,实收资本为 474731824 股,合计 118682956 元。公司董事会主席:钟辉煌。
【经营业绩】 酒店投资及地产投资,除占凯联国际酒店股权 50.01%外,尚拥有小量工业单位收租及广州商业大厦 14 个单位。99 年 3 月底每股净值 3.58 元,净存款 1.34 亿元,9 月止半年盈利 35.7 百万元,增 98.7%,派中期息 0.02 元。
【财务状况】 1998/99 年度每股纯利 8.0 仙,每股股息 6.0 仙。

鹏利国际集团有限公司

【公司概况】 股票代码为 0268,业绩报告结算日期为 12 月 31 日,实收资本为 2675136092 股,合计 2675136092 元。公司董事会主席:周明臣。
【经营业绩】 原名国际京城,86 年底为澳洲财团收购,易名为奔达。90 年为汤臣收购,易名世贸中心。经买卖资产后,93 年 11 月为中国粮油属下之鹏源以每股 1.96 元收购 53.4%,易名如上。现拥有香港投资物业约 24 万方呎(主要为鹏利中心 17 万方呎),另美国 1.9 万方呎;于国内 8 项物业在发展中。另占中国食品 51%。拥有三亚凯莱酒店、北京凯莱 65%、沈阳凯莱 60%、大连凯莱 70%及深圳香格里拉 20.7%。98 年底每股净值 1.94 元,净债项 65 百万元。99 年上半年盈利 63.2 百万元,不派中期息。
【财务状况】 1998 年度每股纯利 3.9 仙。

中信泰富有限公司

【公司概况】 股票代码为 0267,业绩报告结算日期为 12 月 31 日,实收资本为 2127367160 股,合计 850946864 元。公司董事会主席:荣智键。
【经营业绩】 原名为新景丰,于 85 年重组,控制权曾转移至港澳国际及曹氏家族。90 年 1 月,中国国际信托投资(中信)购得控制权,每股 1.5 元,成为中信机构的上市旗舰。91 年易名如上。现时投资包括物业、基建、贸易及工业等业务。于香港拥有已完成工业货仓 105 万方呎,商业面积 249 万方呎及住宅 13.5 万方呎,包括中信大厦 40%及又一城 50%,占愉景湾权益 50%,除原有发展外,可增建 210 万方呎,已洽妥补地价。另占盈翠半岛权益 20%及广东道一项发展权益 15%。也占洪水桥农地 246 万方呎 40%,正进行修改用途。97 年上半年并以 162 亿元购入中华电力 20%,增购东区隧道股权 35.5%至 64%,西隧已于 97 年 4 月通车。另占澳门电讯 20%,国泰航空 25.4%、港龙航空 28.5%及空运站 10%。国内基建包括上海、重庆、南京及无锡隧道、公路及桥梁,亦投资于河南利港发电厂,于江苏、上海及内蒙亦有电力及水厂投资,发电量已达 45.53 亿千瓦时,99 年上半年出售 4 项套现 23 亿元。以大昌行经营汽车、电器及食品业,遍及中港两地。投资于国内钢铁厂、工业电机厂、钢管及电缆等,又投资本港多项环境保护业务。98 年底每股净值 19.7 元。99 年上半年盈利 15.14 亿元,减 15.7%,中期息 0.20 元,6 月底净债项 186 亿元,负债比率 43.3%,期内业务项献为基建 79.2%、贸易分销 4.4%、物业 15.4%及其他 1%。99 年 8 月建议出售中电股份 15%或 367.2 百万股,每股 34.8 元,套现 127.8 亿元,即派发特别股息每股 2 元。仍持有中电股份 6.26%,负债比率降至 21%,所余中电股份可于 2000 年 3 月 7 日后出售。
【财务状况】 1998 年度每股纯利 132 仙,每股股息 70 仙。

海晖国际实业有限公司

【公司概况】 股票代码为 0269,业绩报告结算日期为 3 月 31 日,实收资本为 1547042829 股,合计 77351141 元。公司董事会主席:蔡世亮。
【经营业绩】 原名大宝,89 年 8 月为海嘉以每股 0.98 元收购,易名如上。现拥有葵涌冻房 3 座面积 110 万方呎及澳洲货仓 2 座 21 万方呎。金融业务曾调整,只经营证券经纪,食品业已出售。98 年 8 月以 4 亿元向海裕购入威灵顿物业及厦门 4 项物业发展,亦购入百乐门 1.4 亿元可换股票据,可占百乐门 49%。于江苏昆山及印尼拥有土地待发展。99 年 3 月底每股净值 0.933 元,净债项 13.8 亿元。5 月出售经纪业务套现 1.05 亿元,百乐门票据已换股出售,11 月配售集资 12.7 百万元。9 月止半年盈利 28.3 百万元,不派中期息。
【财务状况】 1998/99 年度纯利亏损 974.9 百万元。

丹枫控股有限公司

【公司概况】 股票代码为 0271,业绩报告结算日期为 12 月 31 日,实收资本为 1135606132 股,合计 567803066 元。公司董事会主席:戴小明。
【经营业绩】 原名伊人置业,87 年 1 月韦理收购,易名亚洲证券。其后控股权一再易手,94 年 10 月丹枫投资以每股 2.9 元收购。持有主要物业为港晶中心(占 11 万方呎)红山半岛(占 17 万方呎)及港湾工贸中心(占 31 万方呎),国内主要发展物业为北京西单及王府井项目,前者发展中,最后仍待当地基建及市场配合,王府井商场 24 万方呎已完成在出租,其余在发展中,96 年购入的航运权益已售出。98 年底每股净值 2 元,手头现金 3 亿元,长短期银行贷款共 8.8 亿元。99 年上半年亏损 8.76 百万元,不派中期息。
【财务状况】 1998 年度纯利亏损 451.8 百万元(包括特殊亏损 741 百万元)。

粤海投资有限公司

【公司概况】 股票代码为 0270,业绩报告结算日期为 12 月 31 日,实收资本为 2561636920 股,合计 1280818460 元。公司董事会主席:康典。
【经营业绩】 原名为国泰置业,87 年成为广东粤海集团成员,于 91 年起开始发展,已成为综合企业,现业务为:实业:占广东麦芽 51.6%、羊城麦芽厂 51.4%及宁波麦芽厂 51%,粤海实业 57.16%、粤海制革 71.05%及粤海啤酒 72%,并投资于水泥及木业。基建:中山发电厂 95%、韶关发电 45.9%、梅县发电厂、中山公路、新北江大桥及占广东交通 51%。批发零售:占广东天贸 51.01%、与吉之岛合资天贸南方大厦开业(占 31.63%)。亦透过南方大厦经营百货零售。旅游:拥有香港之新国泰酒店、伊荣阁、广旅宾馆、粤海酒店、华美酒店及深圳粤海酒店;并拥有广东旅游,经营香港游及其他旅游业务。97 年底收购珠海粤海酒店及百粤金融。98年底每股帐面资产净值2.43元,未偿还银行贷款,票据及可换股债券83.7亿元,存款17亿元。99年上半年亏损17.3亿元,不派中期息。99年3月4日宣布暂缓偿还本金安排,并提出重组建议,计划取得一切批准及同意后,将出让及退出国内的水泥、木材、南方大厦零售及广州百货连锁店业务,日后将以公用事业、基建、地产及酒店为核心业务,重组建议初步已获同意。

【财务状况】 1998年度每股股息1.5仙。

互联控股有限公司

【公司概况】 股票代码为0273,业绩报告结算日期为3月31日,实收资本为5694361704股,合计113887234元。公司董事会主席:叶雷。

【经营业绩】 原名怡南,94年由现任主席以每股12.18元收购,易名为首创。不断调整业务及资产,现时为中港物业投资、证券经纪、经销电源开关用品、半导体产品、礼品包装用品及国内一项收费公路。96年3月易名华汇。现于港及国内有若干物业。99年3月底每股净值0.077元,净债项6.4亿元。4月出售证券业务,占32.3%的确利达包装上市,因作抵押,已于9月为债权银行沽出,曾发行债权及新股集资,11月改名如上,正寻求互联网、汽车零件及环保工业于国内投资机会。

【财务状况】 1998/99年度纯利亏损676.9百万元。

锦兴集团有限公司

【公司概况】 股票代码为0275,业绩报告结算日期为3月31日,实收资本为2952452464股,合计73811311元。公司董事会主席:袁天凡。

【经营业绩】 生产磁碟、盒式录音带盒为主。93年底购入美国Memorex业务,与原有Dysan合并业务,其后大量亏损,已予重组。年内股权多次转变,投资于英国生产DVD。并透过三家合营公司生产。99年3月底每股净值0.4325元,净债项5.1亿元,9月止半年盈利79.3百万元,增11.4%,派中期息0.0025元。9月已将东方红售出套现1.95亿元,11月购入先思行股权19.5%,又购入多项互联网及科技权益,包括明星网27.2%,代价5.55亿元,发行2年期可换股票据支付,12月以5元配售1.3亿股后,和黄占19.5%,德祥企业占22.2%

【财务状况】 1998年度每股纯利5.1仙,每股股息0.63仙。

新世界数码基地有限公司

【公司概况】 股票代码为0276,业绩报告结算日期为3月31日,实收资本为1735912966股,合计34718259元。公司董事会主席:郑家纯。

【经营业绩】 曾名宇宙船务、宇宙控股及保华地产,股权一再转手。持有商业楼宇114100方呎及工业面积22100方呎出租,已完成待售商业物业22600方呎及惠阳商住面积20600方呎。购入北京宣武门发展3百万方呎权益15%。9月止半年亏损15.85百万元,5月新世界注入"面面通"业务,8月改名如上,随后购入中华网2.4%(10百万美元)、奥讯15%(3.25百万美元)、亚洲讯息20%(15百万元),又与北大青鸟成立合营公司,专注电子商贸,软件及系统集成。新世界占28.8%,保华德祥占10.7%,日本光通讯占6.9%。

【财务状况】 1998/99年度纯利亏损369.5百万元。

太兴置业有限公司

【公司概况】 股票代码为0277,业绩报告结算日期为3月31日,实收资本为308138522股,合计154069261元。公司董事会主席:陈海寿。

【经营业绩】 原名为协兴建筑,于87年8月太兴以每股1.87元收购,易名如上。现拥有收租物业14项;包括上海2项及温哥华1项,另持有浙江街和兴工业大厦待重建。99年3月底每股净值2.12元,净债项1.15亿元。9月止半年盈利7百万元,增46.2%,派中期息0.01元。

【财务状况】 1998/99年度每股纯利3.1仙,每股股息2.5仙。

华厦置业有限公司

【公司概况】 股票代码为0278,业绩报告结算日期为3月31日,实收资本为120960000股,合计78624000元。公司董事会主席:钟江海。

【经营业绩】 地产投资及承包建筑工程。拥有零星物业作为收租,计工业货仓及写字楼面积91316方呎、商业面积1175方呎、住宅19633方呎。已完成待售商业面积30894方呎。99年3月底每股净值4元,存款57百万元,9月止半年盈利11.6百万元,减10.4%,派中期息0.011元。

【财务状况】 1998/99年度每股纯利26.3仙,每股股息5.0仙。

东方红集团有限公司

【公司概况】 股票代码为0279,业绩报告结算日期为3月31日,实收资本为572868015股,合计57286801元。公司董事会主席:陈国鸿。

【经营业绩】 经营中药、补品及海味零售、物业投资、证券买卖及食品业投资,以至药品生产,于本港开设门市部及中国销售专柜,股权曾多次变化。94年底罗兆辉成为主要股东,97年底售予锦兴及亚太基建,东方红又将物业售出,购入国际德祥又出售。99年3月底每股净值4.39元,净债项1.66亿元。9月止半年亏损66.3百万元。7月增购正美西药至100%。金匡欠款以DC财务股权抵付,因DC由东方魅力注资,所持股权降至7.9%,供股后长和占16.9%、德祥企业占12.8%及锦兴占14.1%。

【财务状况】 1998/99年度纯利亏损276.6百万元。

景福集团有限公司

【公司概况】 股票代码为0280,业绩报告结算日期为3月31日,实收资本为435071650股,合计108767912元。公司董事会主席:杨秉梁。

【经营业绩】 创设于1949年,经营黄金首饰、珠宝、钟表及礼品零售,金条买卖及外币兑换。开设店铺十多家。其他业务包括:钻石批发与打磨,黄金提炼及证券期货经纪业。已于广东设有钻石打磨厂。99年3月底每股净值1.02元,净借贷95百万元,9月止半年盈利11.57百万元,不派中期息。

【财务状况】 1998/99年度纯利亏损33.0百万元。

川河集团有限公司

【公司概况】 股票代码为0281,业绩报告结算日期为12月31日,实收资本为1258455426股,合计62922771元。公司董事会主席:汤君年。

【经营业绩】 经营地产及投资。主要资产为占有浦东,股权24.59%,于澳门亦有土地待发展。91及92年分别为海嘉及亚细安提出收购,均未获接纳。98年底每股净值0.618元,净借贷52百万元,99年上半年亏损13.29百万元,不派中期息。

【财务状况】 1998年度纯利亏损111.3百万元。

百乐门出版集团有限公司

【公司概况】 股票代码为0282,业绩报告结算日期为3月31日,实收资本为2617964505股,合计523592901元。公司董事会主席:黎智英。

【经营业绩】 原名威华航业,81年7月上市。控制权一再转移,92年为海裕购得控制权。经营印刷、分色、制版及出版业务,包括资本杂志及车主杂志。将军澳工业村兴建厂房24万方呎,已完成。97年5月,售百乐门大厦物业,作价1.86亿元。9月,新华国际拟入股20%,每股作价1.7元,于98年6月终止合同。99年3月底每股净值0.15元,9月止半年亏损35.6百万元,不派中期息。10月以16.755亿新股购入一本便利及九个网站,形成股权转移,又以每股0.20元配售6.3亿元。收购后每股净值为0.0427元。

【财务状况】 1998/99年度纯利亏损196.7百万元。

中太集团有限公司

【公司概况】 股票代码为0283,业绩报告结算日期为3月31日,实收资本为420177804股,合计4201778元。公司董事会主席:黄志辉。

【经营业绩】 原名伟益置业,股权一再易手,92年王正平购得控制权,易名如上。已出售原有物业,现时经营水产、衣饰零售、贸易及保税业务、提供证券投资顾问服务。98年3月英皇集团购得24%,业务在重组中。99年8月止5个月盈利30.9百万元。12月供股后,每股净值0.47元。将发展互联网内容供应商业务。

【财务状况】 1997/98年度纯利亏损579.8百万元。

金匡企业有限公司

【公司概况】 股票代码为0286,业绩报告结算日期为3月31日,实收资本为452510861股,合计45251086元。公司董事会主席:史国治。

【经营业绩】 原名惠泰联号,90年重组独立上市。91年收购保华。93

年分拆保华德祥上市。其后一再重组，曾名为东方红地产，于98年8月改名如上，买卖各项物业，亦购入DC财务34.9%，并将若干资产售予DC财务。99年3月底每股净值43仙，净借贷3.3亿元。9月止半年亏损35.2百万元(上年同期亏损152.6百万元)，不派中期息。6月将DC财务股权34.8%抵销所欠东方红债项2.03亿元，10月发行可换股票据1.5亿元，重组节能业务，将其中50%，售予长建，仍占37.5%。

【财务状况】 1998/99年度纯利亏损433.2百万元。

永发置业有限公司

【公司概况】 股票代码为0287，业绩报告结算日期为3月31日，实收资本为40000000股，合计40000000元。公司董事会主席：伍时华。

【经营业绩】 地产投资及发展，且投资证券。98年3月底拥有9项零售物业。发展中地盘位于青山道，可兴建1.4万方呎，在兴建中。另有9.1万方呎农地。99年3月底每股净值5.64元，净存款83百万元。9月止半年盈利8.27百万元(上年同期亏损9.9百万元)，派中期息2.5仙。

【财务状况】 1998/99年度每股股息12.0仙。

成功控股(香港)有限公司

【公司概况】 股票代码为0288，业绩报告结算日期为4月30日，实收资本为23641919股，合计118209595元。公司董事会主席：陈国平。

【经营业绩】 原名为永鸿基，业务于91年作出调整，现持有小量投资物业。93年7月为大马上市公司以每股0.50元收购(未合并价)；于94年3月易名如上。已协议合作发展上海浦东加工区工商大楼102万方呎占82%，计划尚待发展。96年5月参与国内首项汽车防盗电子追踪系统发展，合营20年，5年内投资3亿元，协议已终止，并予撇数。99年4月底每股净值4.89元，净债项24百万元。

【财务状况】 1998/99年度纯利亏损8.04百万元。

永安国际有限公司

【公司概况】 股票代码为0289，业绩报告结算日期为12月31日，实收资本为295326000股，合计29532600元。公司董事会主席：郭志梁。

【经营业绩】 地产投资、百货经营及证券买卖，还有物业，主要为香港永安中心及澳洲4座商业楼宇，开设永安百货，中港共12家；又占美国大昌汽车行50%，重建油麻地物业，正招租。原跟西友合作百货业，已终止，并各自购回股权。98年底每股净值15.4元，手头现金6.7亿元，环球证券投资市值1.5亿元，长短期贷款共17.6亿元。99年上半年盈利54.6百万元，派中期息0.04元。

【财务状况】 1998年度每股纯利19.5仙，每股股息5.0仙。

永安国际集团有限公司

【公司概况】 股票代码为0290，业绩报告结算日期为12月31日，实收资本为181500000股，合计18150000元。公司董事会主席：郭志梁。

【经营业绩】 经营一般保险、物业及证券投资、证券商品经纪及财务投资，占永安公司(百货及物业投资)60%。重建油麻地物业，应占面积22.6万方呎，招租中。98年底每股净值29.01元。手头现金26.3亿元，长短期债务17.6亿元。已终止跟西友合作的百货，并各自购回百货权益。99年上半年盈利116.9百万元，上年同期亏损1.2百万元，派中期息0.12元。

【财务状况】 1998年度每股纯利48仙，每股股息22仙。

华润创业有限公司

【公司概况】 股票代码为0291，业绩报告结算日期为12月31日，实收资本为1870684293股，合计1870684293元。公司董事会主席：谷永光。

【经营业绩】 红筹股；拥有商业物业12万方呎及车位200个，亦经营货仓及冷仓。占牙鹰洲灏景湾商住面积完成大部分，只余48万方呎于2001完成。其他主要投资有北京置地44.2%、五丰行53.9%、沈阳啤酒45.9%、励致国际40.6%、国际货柜码头10%、中港混凝土100%、华银控股(实益37.2%)及力宝华润9.6%等。98年底每股净值5.25元，净借贷15.9亿元，99年上半年盈利963.1百万元，增6%，派中期息0.06元，7月20日配售1.37亿股，每股计13.85元，9月协议以27.2亿元收购华润百货及中艺(包括物业)，半数代价以12.03元发行新股，已于10月完成。

【财务状况】 1998年度每股纯利81.0仙，每股股息15.0仙。

八百伴香港有限公司

【公司概况】 股票代码为0292，业绩报告结算日期为3月31日，实收资本为360000000股，合计90000000元。公司董事会主席：河合宏昌(已辞职)。

【经营业绩】 1984年开业，经营香港之零售业务。经多年发展，已于香港及澳门开设百货店共10间。亦拥有八百伴最好电器70%。于96年8月建议私有化，代价为1000股八百伴香港换505.8股八百伴国际，未获股东接纳。97年3月年底每股净值0.097元。因财务问题，百货店已于97年11月21日停业，并自动申请清盘，随即停牌。若干法律程序进行中，扣除资产后，净负债9100万元。

【财务状况】 1996/1997年度纯利亏损103.7百万元。

国泰航空有限公司

【公司概况】 股票代码为0293，业绩报告结算日期为12月31日，实收资本为3384199848股，合计676839969元。公司董事会主席：萨秉达。

【经营业绩】 成立于1946年，经营定期及不定期班机服务，包括客运及货运。提供班次往返亚洲、澳洲、欧洲、中东及北美等地。又透过附属及联营公司提供航空辅助业务，包括航空伙食、飞机工程、地勤及保安等。占有上市之香港飞机工程股权25%。本身为太古集团成员。85年5月上市，由太古及汇丰将股份售出，公售15%，售价为3.88元。90年1月购入港龙航空股权30%，耗资294百万元，并由国泰管理。94年收购华民航空75%；95年1月购入香港货运站10%。96年5月国泰及港龙股东重组后，太古占国泰股权由52.6%减至43.9%；中信泰富由10%增至25%(由国泰配售新股572.9百万股，每股计11元)。国泰占港龙股权由30%减至17.79%，太古占7.71%，中信泰富占28.5%及中航占35.86%。99年6月底，机队包括波音747型客机32架、777客机10架、波音747型货机9架及空中巴士23架，共74架。于98年将增2架。99年上半年盈利108百万元，增161.7%，派中期息0.03元。借款净额141.3亿元，乘客运载率67.1%(上年66.5%)、收益率46%(上年47.2%)、货物邮件运载率68.8%(上年67.2%)、收益率1.8%(上年1.7%)每单位成本2.34元，减0.8%，6月机师请病假，估计损失5亿元，董事会预期下半年业绩进一步改善。

【财务状况】 1998年度每股纯利损16仙，每股股息10仙。

长江制衣厂有限公司

【公司概况】 股票代码为0294，业绩报告结算日期为3月31日，实收资本为141207792股，合计70603896元。公司董事会主席：陈瑞球。

【经营业绩】 经营梭织及针织成衣产销，厂房设于香港、中国、斯里兰卡、马来西亚及缅甸，市场以香港、东南亚及中国为主，欧洲亦有销售，并投资于青海铅厂占55%，耗资85百万元，后股权摊薄至35.9%。99年3月底每股净值1.98元，净债项1.2亿元。9月止半年盈利10.96百万元，增52%，派中期息0.02元。

【财务状况】 1998/99年度每股纯利19.0仙，每股股息7.0仙。

江山控股有限公司

【公司概况】 股票代码为0295，业绩报告结算日期为12月31日，实收资本为384700000股，合计38470000元。公司董事会主席：江禄森。

【经营业绩】 原名为联合汽水，81年起控制权一再转移，93年由蔡翼影购得股权，94年7月易名和山企业。96年11月大马一地产商江氏家族提出以每股4.05元收购，后易名如上。主要从事物业投资、股票经纪及贷款。大马马六甲有物业发展中。98年底每股净值0.358元，净债项22百万元。99年上半年亏损4.1百万元，不派中期息。3月已收购上海一项物业。8月收购新加坡Intwell资讯科技50%，正建议以2.03亿股收购大马一个地盘，有待商讨。

【财务状况】 1998年度纯利亏损39.48百万元。

英皇(中国概念)投资有限公司

【公司概况】 股票代码为0296，业绩报告结算日期为3月31日，实收资本为2751720860股，合计55034417元。公司董事会主席：杨海成。

【经营业绩】 曾名为裕兴建筑及宝成置业，92年易名如上。为英皇集团成员。93年出售新昫投资股权，购入新系机构54.69%。其他业务为物业投资发展，主要物业为湾仔英皇集团中心，另在港有零星物业。国内物业集中于发展厦门湖畔花园(96.8万方呎)及上海明星城，建筑面积 76 万方呎；另拥 2 个广东地盘，面积 4.4 百万方呎。94 年 1 月长实曾与中房联手以每股 4.52 元收购，其后告吹。97 年购入北京大型住宅项目牡丹园 80%。98 年 10 月，将新系股权售予英皇国际，作价 2.64 亿元。99 年 3 月底每股净值.0342 远，净债项 7.7 亿元。9 月止半年盈利 7.1 百万元，不派中期息。

【财务状况】 1998/99 年度纯利亏损 170.4 百万元。

华德丰集团有限公司

【公司概况】 股票代码为 0297，业绩报告结算日期为 3 月 31 日，实收资本为 690000000 股，合计 69000000 元。公司董事会主席：陈复礼。

【经营业绩】 主要从事香港物业与投资，专注乙级写字楼单位发展；又提供物业管理服务，投资物业已扩展至服务住宅。96 年 9 月发行新股上市，招股价 1.88 元。现持有本港多项物业作收租及待售物业 11.7 百万呎。99 年 3 月底每股净值 0.119 元。9 月止半年盈利 69.9 百万元，不派中期息。经出售多物业，银行贷款已减至 5.65 亿元。11 月协议购入汇宝交易系统 25%，尚待完成交易。

【财务状况】 1998/99 年度纯利亏损 558.3 百万元。

庄士中国投资有限公司

【公司概况】 股票代码为 0298，业绩报告结算日期为 3 月 31 日，实收资本为 729094690 股，合计 36454734 元。公司董事会主席：黄鉴。

【经营业绩】 物业投资及发展，项目主要集中在国内上海、番禺、东莞、四川等地。99 年 3 月底每股净值 3.2 元，9 月止半年盈利 91.5 百万元，增 382%，中期息 0.01 元，净债项 2.27 亿元，现已投资于四个互联网。

【财务状况】 1998/99 年度每股纯利 8.53 仙，每股股息 1.0 仙。

昆明机床股份有限公司

【公司概况】 股票代码为 0300，业绩报告结算日期为 12 月 31 日，实收资本为 A 股 180007400 股 H 股 65000000 股，合计人民币 245007400 元。公司董事会主席：叶香瑜。

【经营业绩】 国家企业，总部位于云南省昆明市。从事设计、开发、生产及销售机床、精密测量设备和精密位移传感器，主销国内，其余销欧美及东南亚。获意大利及德国特许权生产电脑数控卧式铣铲床及精密龙门式五面加工中心。93 年 11 月发行 65 百万股 H 股上市，每股以 1.98 港元公售。99 年上半年亏损人民币 93.7 万元，不派中期息，每股净值人民币 2.25 元，净存款人民币 65.5 百万元。

【财务状况】 1998 年度纯利亏损人民币 25.67 百万元。

新世界基建有限公司

【公司概况】 股票代码为 0301，业绩报告结算日期为 6 月 30 日，实收资本为 874224740 股，合计 874224740 元。公司董事会主席：郑家纯。

【经营业绩】 分拆自新世界发展，投资于中国及香港基建项目。拥有香港大老山隧道 27.5%、三号货柜码头 33.34%及亚洲货柜中心 55.67%。95 年 10 月发行 162 百万新股(其中 90%国际配售)，每股售价 12.75 元。其后于 98 年收购太平洋港口 37.15%，并有大量公路、桥梁、电厂及水厂投资，部分仍在兴建中。占上市北京大唐 9.54%、江苏宁沪高速公路 3.12%及四川成渝公路 9.9%。99 年 6 月底每股净值 11 元，净借贷 69 亿元，不包括强制性换股债券 11.6 亿元，占中华网 17.8%，已于 7 月于美国 NASDAQ 上市，12 月将中港两地港口业务纳入太平洋港口。

【财务状况】 1998/99 年度每股盈利 99 仙。

永亨银行有限公司

【公司概况】 股票代码为 0302，业绩报告结算日期为 12 月 31 日，实收资本为 293974500 股，合计 293974500 元。公司董事会主席：冯钰斌。

【经营业绩】 于 1937 年成立，为香港持牌银行，共有 27 间分行，另澳门亦有 13 间分行。香港分行中有 19 间行址及澳门之分行皆为自置物业，主要提供银行及有关财务，包括外汇、金融、股票经纪、保险代理及金银买卖等服务。亦于深圳设有分行，广州亦有代办处。已成为银联信托成员，参与强积金业务。98 年底每股净值 14.99 元，99 年上半年盈利 332.5 百万元，减 9%，中期息 0.28 元，减 6.7%。存款 443.96 亿元，增 2%，贷款 332.35 亿元，减 1.5%，利息悬账贷款占 5.05%，过期贷款 4.53%，资本充足比率 15.9%。纽约银行占股权 25%，冯氏占 20%，新加坡政府机构占 5%。

【财务状况】 1998 年度每股纯利 1.71 元，每股股息 62 仙。

伟易达集团有限公司

【公司概况】 股票代码为 0303，业绩报告结算日期为 3 月 31 日，实收资本为 212157332 股，合计 USD10607866 元。公司董事会主席：黄子欣。

【经营业绩】 主要经营电子工业，包括设计、制造及销售电子、学习产品及电讯产品。产品行销美国为主。生产设施位于东莞。99 年 3 月底每股净值 9.4 元，净存款 5.4 亿元，9 月止半年盈利 26.4 百万美元(205.9 百万港元，减 47.5%)，中期息 0.39 元。产品已发展至 GSM 流动电话及互联网相关产品，并推出伟易达学习网页。

【财务状况】 1998/99 年度每股纯利 301.8 仙，每股股息 136.5 仙。

宜进利(集团)有限公司

【公司概况】 股票代码为 0304，业绩报告结算日期为 3 月 31 日，实收资本为 2982723019 股，合计 298272302 元。公司董事会主席：周湛煌。

【经营业绩】 从事设计、制造及销售钟表，亦产销皮革产品，行销欧美，生产设施于中国。与北方安华及远宝集团在国内投资一合营企业，占 51%，从事食品饮品批发，已于 99 年结束。为联洲集团联营机构，占其股权 24.06%。99 年 3 月底每股净值 0.138 元，净现金 14.4 百万元，9 月止半年盈利 15.78 百万元，增 25.6%，不派中期息。

【财务状况】 1998/99 年度每股纯利 1.2 仙。

万能国际集团有限公司

【公司概况】 股票代码为 0305，业绩报告结算日期为 12 月 31 日，实收资本为 615024175 股，合计 61502417 元。公司董事会主席：林天杰。

【经营业绩】 原名威达利，92 年 11 月发行新股 90 百万股及由旧股东出售 10 百万股上市，每股以 1.25 元公售。主要从事设计、制造及分销液晶显示产品，包括手提电脑游戏机相关之可更换游戏带及手提电子游戏等。厂房设于中国，主销欧洲。93 年 11 月大马上市公司万能企业购得控股权，于收购万能证券，进军金融业，并将制造及贸易业整顿。于 95 年改名如上。97 年开始菲律宾证券业务。98 年底每股净值 0.159 元，差不多无借贷净额，99 年上半年亏损 41 百万元，不派中期息。已结束制造业。

【财务状况】 1998 年度纯利亏损 50.5 百万元。

冠忠巴士集团有限公司

【公司概况】 股票代码为 0306，业绩报告结算日期为 3 月 31 日，实收资本为 393906000 股，合计 39390600 元。公司董事会主席：黄松柏。

【经营业绩】 主要在香港提供非专利及专利巴士服务，以及在中国提供巴士服务及有关运输业务。95 年底成为本港四间专利巴士公司之一。在上海、广州、汕头、重庆、大连及深圳提供巴士及有关业务。96 年 9 月发行新股 59 百万股上市，以每股 1.8 元公售。98 年 9 月止，在港巴士总数 544 辆，大屿山有 17 条专利巴士线，在国内直接经营或合营所占巴士数目为 2513 架，共 143 条路线。期内分别合营上海及重庆巴士项目；斥资约 1.1 亿元。99 年 3 月底每股净值 1.83 元，净债项 2.6 亿元，9 月止半年盈利 28.2 百万元，减 11.3%，派中期息 0.03。9 月新世界入股 19.85%，并有认购权增至 34.98%。

【财务状况】 1998/99 年度每股纯利 22.4 仙，每股股息 8.0 仙。

良记集团有限公司

【公司概况】 股票代码为 0307，业绩报告结算日期为 3 月 31 日，实收资本为 936675989 股，合计 18733519 元。公司董事会主席：吴桂行。

【经营业绩】 主要在港从事私人机构建筑工程，如承接地盘平整、下层建筑工程及建造沉箱等。于 92 年 11 发行新股 35 百万股上市，每股以 1 元公售。93 年 9 月由龙山行以每股 1.35 元收购主要股权，并于 94 年 5 月收购上市锐鸿集团(电子业)71.3%。96 年 12 月底出售全部锐鸿股权，每股作价 0.194 元。套现 70 百万元。99 年 3 月底每股净值.0079 元，净借贷 6.2 百万元，9 月止半年亏损 8 百万元，不派中期息。

【财务状况】 1998/99 年度纯利亏损 23.1 百万元。

香港中旅国际投资有限公司

【公司概况】 股票代码为 0308，业绩报告结算日期为 12 月 31 日，实收资本为3251115027股，合计325111502元。公司董事会主席：朱悦宁。

【经营业绩】 经营货运代理及运输服务之业务，重点在中港两地之铁路特许货运业务。占有深圳锦绣中华微缩景区、中国民俗文化村及世界之窗权益51%。拥有京港酒店(400房)、星港酒店(173房)及京华酒店(487房)。又投资于陕西省渭河电厂51%。京沪公路天津北段12.24%、福州路桥项目14.28%及占兴港35.76%，并购入深圳宝日高尔夫球会，亦购入铜锣湾地盘兴建酒店中。98年底每股净值1.85元，净负债21.2亿元。99年上半年盈利186.3百万元，增64%，派中期息0.01元。客运业务已与信德合组公司，占29%，董事会预期下半年业绩较为理想。

【财务状况】 1998年度纯利亏损411.2百万元。

德众集团投资有限公司

【公司概况】 股票代码为0310，业绩报告结算日期为12月31日，实收资本为25000000股，合计25000000元。公司董事会主席：彭振声。

【经营业绩】 原名鸿基中国工业投资，主要投资国内非上市公司，97年股权转让，98年易名如上。已持有中国12项公司股权：上海鸿联电器25%、上海信谊药业30%、上海恒泰纺织35%、上海永安乳品25%、北京天安甜菊糖制品35%、上海食品35%、上海白猫洗涤26.8%及上海天安轴承30%。98年底净存款23.96百万元。99年上半年盈利1.99百万元，减41.5%，不派中期息；每股净值6.69元。

【财务状况】 1998年度纯利亏损13.26百万元。

美时集团有限公司

【公司概况】 股票代码为0312，业绩报告结算日期为4月30日，实收资本为1904643050股，合计190464305元。公司董事会主席：林正华。

【经营业绩】 主要业务为进口各式各样之办公室家具及陈设，拥有多项分销代理权，并于香港及中国自行生产部分家具，主销香港及中国。于东莞设有厂房，并发展若干特许经营权。95年经营分销家居橱具及洁具业务。92年11月发行62.5百万新股上市，每股以1.05元公售。目前厂房供应销售办公室家具70%。99年4月底每股净值0.029元，净债项1亿元。

【财务状况】 1998/99年度每股纯利0.74仙。

德信集团控股有限公司

【公司概况】 股票代码为0313，业绩报告结算日期为3月31日，实收资本为376200009股，合计37620001元。公司董事会主席：何纪功。

【经营业绩】 从事建筑及土木工程，为公共楼宇工程总承建商。手头工程26亿元，也于东莞设厂生产高精密机械配件。99年3月底每股净值0.377元，净债项14百万元，9月止半年盈利1.1百万元，不派中期息。已开发网站，提供电脑产品资讯及网上购物服务。

【财务状况】 1998/99年度纯利亏损9.7百万元。

数码通电讯集团有限公司

【公司概况】 股票代码为0315，业绩报告结算日期为6月30日，实收资本为601982750股，合计60198275元。公司董事会主席：郭炳联。

【经营业绩】 在香港提供流动电话通讯及销售电话手机服务，98年3月收购八方通讯。现有发射站1100个，客户容量150万户，用户于99年6月底约有66万名。国际电话用户10万及互联网用户9万。96年10月发行84000000新股上市，售价17.25元。99年6月底每股净值9.82元，净存款40.59亿元，现经营专门店30间，特约经销200间，客户服务中心5间。

【财务状况】 1998/99年度每股纯利1.21元，每股股息0.45元。

东方海外国际有限公司

【公司概况】 股票代码为0316，业绩报告结算日期为12月31日，实收资本为517141632股，合计USD51714163元。公司董事会主席：董建成。

【经营业绩】 以货柜运输为主，拥有货柜轮32艘，货柜220363个。又投资于英、美及加拿大货柜码头；于上海投资食物及饮品。亦占北京东方广场发展计划，已由23%减至8%，另于上海及杭州投资物业业务。98年底每股净值9.9元，净债项40亿元。有市价投资9.4亿元。99年上半年亏损11.7百万元，不派中期息。

【财务状况】 1998年度纯利亏损2.34百万元。

广州广船国际股份有限公司

【公司概况】 股票代码为0317，业绩报告结算日期为12月31日，实收资本为210800080股国家股H股157398000股A股126479500股，合计人民币494677580元。公司董事会主席：胡国良。

【经营业绩】 国家企业，主要从事造船、集装箱制造及修船。现实最大可建造6万吨级船舶。其他业务包括货柜制造及船舶有关产品。93年6月底手头现金人民币1.86亿元，长短期贷款人民币12.6亿元。存放于广州国际信托的存款及利息共人民币5.2亿元仍在追收中。99年上半年盈利人民币30.5百万元，增51.2%，不派中期息；每股净值人民币2.79元；手头合约共人民币35.3亿元。

【财务状况】 1998年度每股纯利3.85仙，每股股息2.0仙。

五丰行有限公司

【公司概况】 股票代码为0318，业绩报告结算日期为12月31日，实收资本为1041634000股，合计104163400元。公司董事会主席：陈树林。

【经营业绩】 华润集团成员，获外经贸部授权为内地鲜活冷冻食品于香港的统一代理机构。以自营或代理方式经销，其中所经销牲畜(猪、牛、羊)。亦经销粮油、其他副食品及中国酒类。又投资国内养猪场及米粉厂。其他投资包括华润超市100%(香港60间，内地184间)、国际渔业51%、豆奶、葡萄酒、速冻食品及经营屠房等。98年底每股净值1.5元，手头现金14.9亿元，长短期贷款5亿元。99年上半年盈利266.2百万元，增4.4%，派中期息0.06元。

【财务状况】 1998年度每股纯利51.1仙，每股股息14.0仙。

德永佳集团有限公司

【公司概况】 股票代码为0321，业绩报告结算日期为3月31日，实收资本为1278720104股，合计63936005元。公司董事会主席：潘彬泽。

【经营业绩】 主要提供纺纱染色及在针织染色及整理服务；并自行生产及出售原色布、经营染针织布。东莞厂房已完成200万方呎，于越南已有厂房，占产量三分之一。94年与丰田汽车合作，于东莞成立汽车维修中心，销售及维修发电机。96年7月以Baleno牌销售便服，已于香港设零售店21间及中国310间，66%为特许经营。另于本港青衣及荃湾拥有出租工业面积58万方呎。99年3月底每股净值0.883元，9月止半年盈利161.7百万元，增45.9%，中期息0.03元，净存款40百万元。

【财务状况】 1998/99年度每股纯利14.2仙，每股股息5.0仙。

顶益(开曼岛)控股有限公司

【公司概况】 股票代码为0322，业绩报告结算日期为12月31日，实收资本为5597319360股，合计USD27986597元。公司董事会主席：魏应州。

【经营业绩】 于中国设厂产销以"康师傅"牌方便面为主。并生产及销售米果、饼干及饮品。96年2月上市，全球发行811088000股，每股售价1.68元。98年底每股净值0.831元，净借贷35.7亿元，99年上半年亏损185.9百万元。6月日本三洋食品成为主要股东，由大股东售予33.14%，供股集资7.8亿元还债，第三季业务已转亏为盈。

【财务状况】 1998年度纯利亏损34.6百万元。

马鞍山钢铁股份有限公司

【公司概况】 股票代码为0323，业绩报告结算日期为12月31日，实收资本为A股4722370000股H股1732930000股，合计人民币6455300000元。公司董事会主席：顾建国。

【经营业绩】 总部设于华东安徽省，为钢铁联合生产企业，主要生产包括生铁、粗钢及钢材、焦碳及化工产品等，为中国生产火车车轮箍的唯一厂家。93年10月发行H股1732930000股上市，每股以2.27港元公售。99年6月底每股净值为人民币1.83元，净债项人民币20.6亿元，仍有五笔非金融机构，存款人民币2.19亿元待收，已作拨备人民币1.75亿元。99年上半年亏损人民币59百万元，不派中期息。

【财务状况】 1998年度纯利亏损人民币167.9百万元。

北京燕化石油化工股份有限公司

【公司概况】 股票代码为0325，业绩报告结算日期为12月31日，实收资本为内资股2362百万股H股1012百万股，合计3374百万元。

公司董事会主席:刘海燕。
【经营业绩】 从事生产石油化工产品,包括树脂、塑料及乙烯等,99年上半年,树脂及塑料占总销售 60.2%,基本有机化工产品占 23.4%。于北京市西南郊拥有五个化工厂。96年6月发行1012百万股H股上市,每股售价 2.25 元。99年6月每股资产净值 1.58 元,净债项15.6亿元。99年上半年盈利 99.6 百万元,增 122.9%,每股盈利 0.03元,不派中期息。
【财务状况】 1998年度每股纯利 3.4 仙,每股股息 2.0 仙。

中国星集团有限公司

【公司概况】 股票代码为 0326,业绩报告结算日期为 12 月 31 日,实收资本为 1248998000 股,合计 62449900 元。公司董事会主席:陈明英。
【经营业绩】 原为星光娱乐,从事制作、分销及销售电影镭射影碟、录影带及卡拉OK镭摄影碟。且成立唱片公司,产销唱片;亦设立录影带翻录设施。92年10月发行新股 31.25 百万股上市,每股以 1.02 元公售。96年6月向华强夫人陈明英购得控制股权,每股 0.279 元。98年底每股净值 0.795 元,净债项 29.3 百万元,99年上半年亏损 16 百万元。不派中期息。6月,协议为天地数码于中国市场提供影片,9月出售所持天地数码股权,获利 45 百万元。
【财务状况】 1998年度纯利亏损 14.27 百万元(1998年特殊收益10.4百万元)。

爱高电业有限公司

【公司概况】 股票代码为 0328,业绩报告结算日期为 3 月 31 日,实收资本为 485463854 股,合计 48546385 元。公司董事会主席:梁剑文。
【经营业绩】 主要从事消费音响产品之设计、制造及销售。亦产销无线电话、放像/录象机等家庭影院系统及微型磁碟音响组合系统,厂房设于香港及中国,产品主销美国及欧洲。99年3月底每股净值 1.46元,净债项 48.9 百万元,9月止半年盈利 41.1 百万元,减 22.6%,中期息 0.015 元。
【财务状况】 1998/99年度每股纯利 19.0 仙,每股股息 4.0 仙。

思捷环球控股有限公司

【公司概况】 股票代码为 0330,业绩报告结算日期为 6 月 30 日,实收资本为 1111521567 股,合计 111152156 元。公司董事会主席:邢李源。
【经营业绩】 主要在亚洲区市场以 Esprit 标签生产、零售及批发多类男女服装及童装、鞋具、床上及沐浴用品。亦为 Red Earth 护肤品亚洲市场之独家经销商(占 60%)。除于深圳设有厂房外,其余产品由本港及海外分包商制造。93年11月上市。95年11月以185百万元收购澳洲 Esprit。96年12月收购 Esprit 欧洲全部股权及 Esprit 日本股权10%,代价 18.39 亿元,现已拥 Esprit 品牌,业务遍及全球 6300 个销售点;已与华润创业成立合营企业 49%,国内分店 122 家。99年6月底每股净值 1.29 元,净存款 4.45 百万元。
【财务状况】 1998/99年度每股纯利 39.15 仙,每股股息 14.5 仙。

毅力工业集团有限公司

【公司概况】 股票代码为 0332,业绩报告结算日期为 3 月 31 日,实收资本为 792244120 股,合计 79225512 元。公司董事会主席:林文灿。
【经营业绩】 主要从事设计、制造及销售音响消费品,包括微型音响组合、唱盘及时钟收录机、汽车、手提卡式收录机、镭射唱盘及电话等。厂房设于中国东莞。92年9月发行新股 82.5 百万股上市,每股以 1元公售。96年9月以 117.7 亿元购入港澳台销售电单车零配件业务及浙江一摩托车厂股权 50%。97年10月成立联号,经营证券经纪及融资业务。99年3月底每股净值 0.615 元,净借贷 99.3 百万元,9月止半年盈利 83 百万元,增 24.9%,派中期息 0.015 元。原拟分拆摩托车业务上市,已予终止。
【财务状况】 1998/99年度每股纯利 18.3 仙,每股股息 3.0 仙。

黛丽斯国际有限公司

【公司概况】 股票代码为 0333,业绩报告结算日期为 6 月 30 日,实收资本为 734608744 股,合计 73460874 元。公司董事会主席:冯炜尧。
【经营业绩】 从事女装内衣之设计、生产、分销、推广及零售,本销及销售海外。厂房设于香港、中国、菲律宾及泰国。并于中国开设"巴黎春天"百货公司。因亏损及财务问题,正予重组,已出售"巴黎春天"百货及中国物业权益。暂停还款协议已获银行同意发行可换股债券 1.2亿元,重组注资完成,业务集中于亚洲制造及欧亚分销,并继续出售国内物业。99年6月底集团资产负值 1.2 亿元。
【财务状况】 1998年度纯利亏损 123.0 百万元。

唯冠国际控股有限公司

【公司概况】 股票代码为 0334,业绩报告结算日期为 6 月 30 日,实收资本为 624000000 股,合计 62400000 元。公司董事会主席:杨荣山。
【经营业绩】 从事设计、制造及销售电脑显示器,并制造及买卖电脑显示器零件及配件。产品主要外销往北美、西欧及亚洲。生产设施位于深圳市。已扩充厂房及产量,月产可达 30 万台,产品包括 9 寸单色至 19 寸彩色液晶体电脑显示器。97年6月发行 130 百万股新股上市,每股售价 1.12 元。99年6月底每股净值 0.842 元,净存款 19.8 百万元。
【财务状况】 1998年度每股纯利 22.54 仙,每股股息 4.5 仙。

奇正科技有限公司

【公司概况】 股票代码为 0336,业绩报告结算日期为 3 月 31 日,实收资本为 229907659 股,合计 22990766 元。公司董事会主席:何永安。
【经营业绩】 原名银鹰,从事鞋类制造及销售业务。94年美国大客户业务困难影响,94年12月嘉域注资,占 73.22%。97年6月,KWH向嘉域购股权,每股 2.4 元,成大股东。业务改为电子消费品产销,曾改名为银舜,于98年2月改名如上。98年11月大股东方振顺将股权63.2%及优先股转让予友利电讯。99年3月底每股净值 0.037 元,净负债 1.7 亿元,9月止半年亏损 9.1 百万元,不派中期息。11月卢永仁等协议认购 1.085 亿股作价 30 仙及向友利购入贷款 1 亿元可换股,将获控制权,拟发展互联网业务,计划改名为网基科技,协议将于2000年初完成。
【财务状况】 1998/99年度纯利亏损 51.6 百万元。

上海石油化工股份有限公司

【公司概况】 股票代码为 0338,业绩报告结算日期为 12 月 31 日,实收资本为 A 股 4870000000 股 H 股 2330000000 股,合计人民币7200000000 元。公司董事会主席:陆益平。
【经营业绩】 上市前重组为股份有限公司。主要生产将原油加工成各类合成纤维、树脂及塑胶、中间石化产品及石油产品,为国内最大乙烯生产商。产品绝大部分内销。93年7月发行 840 百万 H 股上市,每股以 1.58 港元公售;另 840 百万股于美国配售。96年8月全球配售H股5亿股,每股 2.075 港元。99年上半年盈利人民币 237.9 百万元,增 771%,不派中期息。每股净值人民币 1.78 元,净借贷人民币 48.7亿元。
【财务状况】 1998年度每股纯利 3.3 分,每股股息 3.0 分。

广信企业有限公司

【公司概况】 股票代码为 0340,业绩报告结算日期为 12 月 31 日,实收资本为 484728853 股,合计 48472885 元。公司董事会主席:麦智南。
【经营业绩】 广东省政府拥有及控制。主要为云石及花岗岩产品。从事中港两地批发零售建筑材料及加工,拥有广东国际大厦二楼购货商场及湾仔广信商业中心写字楼两层。97年3月发新股 100 百万股上市,每股售价 1.05 元。98年因母公司广信财政影响而关闭,于10月停牌,曾有买家洽购,未能协议,于99年10月复牌,正拟出售部分云石业务。98年底每股净值 0.693 元,欠银行债项 85.6 百万元,99年上半年亏损 15.6 百万元。
【财务状况】 1998年度纯利亏损 190.8 百万元。

大家乐集团有限公司

【公司概况】 股票代码为 0341,业绩报告结算日期为 3 月 31 日,实收资本为 552398033 股,合计 55239803 元。公司董事会主席:陈裕光。
【经营业绩】 经营本港各区一系列中西自助式餐厅业务,86年7月上市,公开1亿股发售,每股售价 1.18 元。97年度收购北欧集团,至99年3月止,共开设大家乐 121 间、意粉屋 17 间、阿二靓汤 6 间、机构饮食餐厅 28 间及 1 间 Bravos 欧陆品味餐厅与 1 间一哥粥麦茶餐。99年3月底每股净值 1.8 元,净借贷 1.24 亿元,9月止半年盈利 95 百万元,增 20.57%,派中期息 0.04 元。已推出学童膳食"活力午餐"。
【财务状况】 1998/99年度每股纯利 32.94 仙,每股股息 14.0 仙。

新海国际有限公司

【公司概况】 股票代码为0342，业绩报告结算日期为9月30日，实收资本为1589060387股，合计158906038元。公司董事会主席：高启兴。

【经营业绩】 主要从事设计、制造及销售消费电子产品，主要包括收音录音系统、手提卡式收录机及手提电子游戏机。生产设施设于中国，并透过合营协议在中国销售部分产品。93年2月发行95百万新股上市，每股以1元公售。96年12月因财务问题停牌，正进行债务重组，99年7月新海建议获接纳，撤消高声上市地位，新海以介绍方式上市，高声股东5股可换2股，至99年底仍未完全完成程序。

【财务状况】 1997/98年度纯利亏损121.5百万元。

文化传信集团有限公司

【公司概况】 股票代码为0343，业绩报告结算日期为3月31日，实收资本为1972159642股，合计197215964元。公司董事会主席：张伟东。

【经营业绩】 原名玉郎国际，股权一再转移，售出天天日报及印刷业，只营漫画书已与国内合作，99年发展科技业务。9月与中国科学院合作，开发中文2000资讯科技平台，预期于2000年第三季启用，亦设立文娃网店提供简便操作网上购物，软件产品Q9已售40%予汇汉，只占30%。99年3月底每股净值0.586元。净负债45.26百万元。9月止半年亏损24.96百万元，不派中期息。

【财务状况】 1998/99年度纯利亏损179.6百万元。

维他奶国际集团有限公司

【公司概况】 股票代码为0345，业绩报告结算日期为3月31日，实收资本为650773000股，合计162693250元。公司董事会主席：罗友礼。

【经营业绩】 从事生产及分销以维他奶和维他两个牌子之非酒精类饮品。产品包括鲜奶、果汁、蒸馏水及茶类等，除本销外，亦分销至新加坡、澳门及中国；亦于美国设厂生产豆腐及豆奶，另亦在本港提供承包膳食服务。拥有深圳光明华侨畜牧场70%权益。主要厂房设于屯门及深圳，已与澳洲上市公司安排合组公司于当地产销豆奶。94年3月发行127.2百万新股上市，每股以2.28元公售。99年3月底每股净值1.63元，净存款1.29亿元。9月止半年盈利54.7百万元，增8.4%，中期息每股0.038元。

【财务状况】 1998/99年度每股纯利16.4仙，每股股息8.8仙。

鞍钢新轧钢股份有限公司

【公司概况】 股票代码为0347，业绩报告结算日期为12月31日，实收资本为法人股1319000000股A股300000000股H股890000000股，合计人民币2509000000元。公司董事会主席：刘玠。

【经营业绩】 生产冷轧薄板，线材及宽厚板等钢材，国内销量为主，其余销往美国、日本、南韩、加拿大、香港及东南亚。97年7月发行890百万股H股上市，每股收价1.63港元。98年钢材产量233.67万吨，产销率99.95%。98年底每股净值人民币2元，银行存款人民币18亿元，长短期欠款共人民币4.8亿元。99年3月，以人民币3.4亿元现金向母公司购钢厂。99年上半年盈利人民币69.8百万元，减32%，每股盈利0.028港元，不派中期息。

【财务状况】 1998年度每股纯利6.9仙，每股股息3.0仙。

龙昌国际控股有限公司

【公司概况】 股票代码为0348，业绩报告结算日期为3月31日，实收资本为413800000股，合计41380000元。公司董事会主席：梁麟。

【经营业绩】 从事原设备形式为客户制造，销售不同类型玩具，有无线电遥控车、塑胶玩具、电子玩具。其主要输往美国、欧洲。生产设施位于中国东莞及印尼西爪哇。获协议非独家许可证于中国产销。"田宫"无线电遥控车及迷你四驱车，并获特许产销"铁胆火车侠"玩具。97年9月发行新股95百万股上市，每股售价1.08元。99年3月底每股净值0.582元，净债项1.39亿元，9月止半年盈利15.7百万元，增5.3%，派中期息0.005元。

【财务状况】 1998/99年度每股纯利4.6仙，每股股息1.1仙。

香港友联银行有限公司

【公司概况】 股票代码为0349，业绩报告结算日期为12月31日，实收资本为450573355股，合计901146710元。公司董事会主席：李寅飞。

【经营业绩】 由招商局控制，除经营一般银行业务外，亦经营股票、黄金经纪业务，共设分行22间。另占中国平安保险25%。98年底存款170亿元，放款143亿元，每股净值8.05元。99年上半年亏损557百万元，减551.1%，不派中期息。期内存款减4.3%，贷款减8.7%。

【财务状况】 1998年度每股纯利11.0仙，每股股息8.0仙。

经纬纺织机械股份有限公司

【公司概况】 股票代码为0350，业绩报告结算日期为12月31日，实收资本为H股180800000股A股23000000股法人股220000000股，合计人民币423800000元。

【经营业绩】 从事制造及销售纺织机械、有关配件及专件的业务，是中国大型同类制造商之一。产品出口东南亚七个国家。96年1月发行180.8百万H股新股，每股售价1.29港元。98年底每股资产净值人民币1.73元，净借贷人民币1.53亿元。99年上半年盈利人民币8.47百万元，不派中期息，每股净值人民币1.76元。9月建议购入母公司四间厂房，代价人民币1.3亿元，计划发行A股1.8亿股，有待落实。

【财务状况】 1998年度每股纯利2.0仙。

中洲控股有限公司

【公司概况】 股票代码为0351，业绩报告结算日期为12月31日，实收资本为1579656000股，合计315931200元。公司董事会主席：李云孝。

【经营业绩】 原名为永德信，主业为产销录影带及有关业务，河南省政府机构豫港企业于97年8月入股，业务作出整顿，已售录影带业，现实主要业务位于河南，包括汽车维修、有线电视及产销冶金生产所需之焦煤，煤气及煤焦油等以至其他基建，亦拥有海德太平洋44.7%，98年5月易名如上。98年底每股净值0.265元，净存款64.5百万元。99年上半年盈利17.6百万元，不派中期息。所持海德太平洋股权已于1月协议出售。

【财务状况】 1998年度纯利亏损237.5百万元。

世纪城市国际控股有限公司

【公司概况】 股票代码为0355，业绩报告结算日期为12月31日，实收资本为3068770828股，合计306877083元。公司董事会主席：罗旭瑞。

【经营业绩】 为控股公司，占百利保控股约60.4%，而百利保控股则占有富豪酒店国际控股74%。亦经营城利财务，包括企业借贷，楼宇按揭及私人贷款。98年4月，以106.5百万股百利保股份向新中港集团换入成都锦阳高速公路实际权益20.66%，作价6.92元，又以百利保44百万股向新中港集团换入新中港金融服务，作价2亿元。于27/10/98，负债10.48亿元，于99年1月已将锦阳公路权益以3.96亿元出售。98年底每股净值1.02元。99年上半年亏损155.2百万元，不派中期息，百利保及富豪已售若干资产，世纪城市亦洽售部分百利保股权。

【财务状况】 1998年度纯利亏损5292.0百万元。

江西铜业股份有限公司

【公司概况】 股票代码为0358，业绩报告结算日期为12月31日，实收资本为内资股1277556200股，H股1156482000股，合计人民币2434038200元。公司董事会主席：何昌明。

【经营业绩】 主要在华东、江西省东北部作铜矿开采、选矿、熔炼和精练设施。现经营德兴矿和永平矿，而矿产则由贵溪冶炼厂处理。亦扩建贵溪冶炼厂及优化德兴铜矿。97年6月发行628212000股H股上市，每股售价2.72港元。98年底每股净值人民币1.56元，净负债人民币19.63亿元，99年上半年亏损人民币44.1百万元，不派中期息。期内销售电解铜75872吨，黄金1988公斤及白银23655公斤与若干硫酸及硫精矿。

【财务状况】 1998年度每股纯利0.4仙。

上海实业控股有限公司

【公司概况】 股票代码为0363，业绩报告结算日期为12月31日，实收资本为885845000股，合计88584500元。公司董事会主席：蔡来兴。

【经营业绩】 由上海市政府设于香港机构所控制。主要从事制造、分销及销售香烟、包装材料及印刷产品、药品及个人护理产品与化妆品。

生产设施设于香港及中国。96年5月发行148百万股上市,每股售价7.28元。96年11月配股集资31亿元。97年4月配售集资47.6亿元,98年11月配售集资7.5亿元,投资于公路、乳业、汽车零部件、零售、通讯科技产品及生物技术开发。98年底每股净值12.31元,净现金10.26亿元。99年上半年盈利5.78亿元,增1.6%,每股盈利0.66元,中期息0.11元,将上海家化及杭州青春宝组成上海实业医药科技,已于12月在创业板市场上市。

【财务状况】 1998年度每股纯利137仙,每股股息33仙。

陆氏实业有限公司

【公司概况】 股票代码为0366,业绩报告结算日期为12月31日,实收资本为335926964股,合计167963482元。公司董事会主席:陆擎天。

【经营业绩】 于国内产销电视机及发展地产业务,两者已分别售出大部分,于越南的投资,包括夹板厂、水泥厂87.5%及西贡贸易中心75%均在营运中。于98年4月供股集资90百万元,于98年9月出售有关电视机业务25%套现1.75亿元,仍持10%TCL股权。98年底每股净值2.59元,净借贷2.18亿元。99年上半年亏损15.57百万元,不派中期息。7月发行32.8百万新股(9.96%)换取美国LPFC股份1百万股(1.57%),LPFC经营互联网相关产品及服务,于场外市场交易。TCL已于本港上市,陆氏所占权益摊薄至7.5%,成本为66百万元。

【财务状况】 1998年度纯利亏损299.6百万元。

庄士机构国际有限公司

【公司概况】 股票代码为0367,业绩报告结算日期为3月31日,实收资本为1108006155股,合计277001539元。公司董事会主席:庄绍绥。

【经营业绩】 经多次重组,现时业务集中于香港及星马物业投资发展。其他业务为制造业及策略性投资,拥有香港投资物业包括中环壮士大厦、尖沙嘴伦敦广场、红磡壮士广场及湾仔城市商业大厦。另马来西亚商业面积24万方呎。其他投资:占壮士中国52%及占新加坡新的尼龙棉制厂88.2%;香港发展中地盘4项,应占面积15600方呎。99年3月底每股净值2.71元,净债项5亿元,9月止半年盈利75.65百万元,增18.4倍,不派中期息。

【财务状况】 1998 /1999年度每股股息1.0仙。

吉林化学工业股份有限公司

【公司概况】 股票代码为0368,业绩报告结算日期为12月31日,实收资本为A股50000000股,H股964778000股,合计人民币3411078000元。公司董事会主席:焦海坤。

【经营业绩】 主要生产石油产品、石化及有机化工产品、染料及染料中间体、合成橡胶、化肥和其他化工产品。为中国最大的基本化工产品和化工原料生产商,已建设乙烯工程的装置共11套,并全部投产。95年5月发行893027百万股H股,每股售价人民币1.68元。98年7月,国内重组化工企业,中国石油天然气集团成为最终控股公司。99年上半年盈利人民币46百万元,增13.5%,不派中期息。每股净值人民币1.69元,净借款人民币27亿元。

【财务状况】 1998年度每股纯利2.0仙,每股股息1.0仙。

富联国际集团有限公司

【公司概况】 股票代码为0369,业绩报告结算日期为12月31日,实收资本为517625339股,合计258812670元。公司董事会主席:郑维志。

【经营业绩】 曾名为大元置业、彩虹发展及宝丽碧,90年易名如上。业务为成衣制造贸易及分销,持有英国Gieves71.2%及Lee Copper29%,亦拥有四项物业发展权益,共占面积17.5万方呎,当中包括九龙站漾日居约12万方呎,另于新、马两地经营酒店管理业务。现持有九龙湾、新蒲港及观塘三幢工业大厦,应占面积63万方呎作出租用途。98年底每股净值2.58元,净借贷9.5亿元。99年上半年盈利7.6百万元,跌57.8%,不派中期息。7月收购南联地产35.57%,持有汇亚通讯15%,经营Sunday,提供流动电话、国际电话及户联网服务。

【财务状况】 1998年度纯利亏损78.1百万元。

益来国际控股有限公司

【公司概况】 股票代码为0370,业绩报告结算日期为3月31日,实收资本为614322400股,合计614322240元。公司董事会主席:白松。

【经营业绩】 从事国际空运及海运代理业务。在美国、加拿大、新加坡、台湾、越南、澳门及中国等地拥有广泛之海外网络,亦任美国航空公司来往香港及中国独家业务总代理,与及Cargopar航空公司之香港业务总代理。96年3月发行50百万新股上市,每股售价1元。99年3月底每股净值0.119元,净借贷38.4百万元。9月止半年亏损6.69百万元,不派中期息。4月重组股权易手,由捷亚改名如上,购入南京一项发展中项目。

【财务状况】 1998/99年度纯利亏损26.7百万元。

运亮国际集团有限公司

【公司概况】 股票代码为0371,业绩报告结算日期为6月30日,实收资本为538570800股,合计53857080元。公司董事会主席:施振宁。

【经营业绩】 主要设计、制造及销售无线电话,亦制造及销售特色电话。大部分产品均以Wanon商标在市场推广,主销美国及欧洲市场。厂房设于石岐,产品已获准于中国各地不限量销售。93年3月发行52.8百万新股及旧股东出售13.2百万新股上市,每股以1元公售。98年11月,主要股东以每股0.187元售出42%予谭大成,股权易手,于99年6月由运量国际改名如上。99年6月底每股净值0.029元,净债项1百万元,8月股权再易手,每股作价0.149元。

【财务状况】 1998/99年度纯利亏损13.7百万元。

德祥企业集团有限公司

【公司概况】 股票代码为0372,业绩报告结算日期为3月31日,实收资本为420684357股,合计420684357元。公司董事会主席:陈国强。

【经营业绩】 股权多次易手,曾名海成及亚太基建,97年重组,再改名如上,目前占保华德祥建筑36.3%、锦兴26.3%、东方红集团20.9%及Burcon19.6%。将若干资讯科技权益售予锦兴,获可换股票据5.55亿元。99年3月底每股净值4.47元。净债项3.6亿元。9月止半年盈利41.48百万元。不派中期息。

【财务状况】 1998/99年度纯利亏损341.8百万元。

联合集团有限公司

【公司概况】 股票代码为0373,业绩报告结算日期为12月31日,实收资本为3119349939股,合计623869988元。公司董事会主席:麦蕴利。

【经营业绩】 原名为兆安地产,86年7月为李明治集团收购,易名如上。曾拥有9间上市公司股权。92年8月财政司下令调查若干交易,李明治于9月底辞退职务。其后出售股权,现占联合地产53.12%及亚洲联合财务70%,经营私人财务业务,已逐渐设有分行18间,贷款组合14亿元。98年底每股净值1.2元,净借贷19.5亿元,99年上半年盈利115.4百万元,增23.4%,不派中期息。

【财务状况】 1998年度每股纯利6.7仙,每股股息15.7仙。

四洲集团有限公司

【公司概况】 股票代码为0374,业绩报告结算日期为3月31日,实收资本为312851640股,合计31285164元。公司董事会主席:戴德丰。

【经营业绩】 主要在香港、澳门及中国从事进口、推销及分销日本小食与其他食品及饮品。由联号于深圳从事蛋糕产销及经营面包店及于中港澳经营一系列咖啡餐厅14间,并与日资合作于广州制造小食及糖果等五个项目。93年8月上市,每股以1元公售。于汕头兴建的食品工业城已在进行中。97年4月购入八百伴食品股权40%,已增购至48%。99年3月底每股净值1.5元,净借贷1.73亿元,9月止半年盈利32.9百万元,减26.4%,派中期息0.023元。

【财务状况】 1998/99年度每股纯利20.6仙,每股股息9.5仙。

YGM贸易有限公司

【公司概况】 股票代码为0375,业绩报告结算日期为3月31日,实收资本为151356792股,合计75678396元。公司董事会主席:陈瑞球。

【经营业绩】 服装批发及零售,于香港、台湾及中国设有庞大零售网,分别为24间、190间及120个销售点,销售各项特许牌子产品。在广州及东莞设有成衣厂,旁及物业投资及发展与印刷业。99年3月底每股净值4.36元,净现金2.2亿元。9月止半年盈利29.9百万元,增39.3%,派中期息0.11元。10月曾提呈三商行重组建议。

【财务状况】 1998/99年度每股纯利41仙,每股股息36仙。

万胜集团有限公司

【公司概况】 股票代码为0376,业绩报告结算日期为12月31日,实收资本为315859481股,合计63171896元。公司董事会主席:劳汝福。

【经营业绩】 经营证券经纪业,包括香港及海外证券、债券、指数、商品及金融期货及黄金买卖。亦提供货款便利、保管、代理人及负责单位信托。正于广州河南区发展各项物业217万方呎,占92%。分多年发展。98年底每股净值0.448元,净存款33.6百万元,99年上半年亏损6.68百万元,不派中期息。已完成互联网作股票交易。

【财务状况】 1998年度纯利亏损59.2百万元。

新洲印刷集团有限公司

【公司概况】 股票代码为0377,业绩报告结算日期为3月31日,实收资本为222529000股,合计22252900元。公司董事会主席:苏周艳屏。

【经营业绩】 从事精美、彩色包装产品及瓦通之印刷及制造,并印刷书籍、小册子及其他纸品。客户为各行业之主要国际公司,并获和路迪士尼特许写协议,于中国印刷及分销该类图书。总部设于元朗。东莞亦设有厂房。上海厂房已投产。99年3月底每股净值1.05元,净借贷2亿元,9月止半年盈利9.39百万元,增1547%,派中期息0.01元。

【财务状况】 1998/99年度纯利亏损6.5百万元。

金汇投资集团有限公司

【公司概况】 股票代码为0378,业绩报告结算日期为12月31日,实收资本为571515336股,合计USD57151533元。公司董事会主席:冯家彬。

【经营业绩】 曾名为兴富海陆、城市资源及中国工业,在出售伐木业后,于93年5月停牌。95年6月金汇以每股3.88元收购,恢复买卖,并注入证券经纪、财务顾问、孖展融资及物业发展业务,于95年7月易名如上。并持有从事首饰及手表包装业务的永保时股权88%。又持有2项投资物业及5项物业发展权益。并购入拥有6间厂的中国面粉厂。98年底每股净值1.5元,净借贷72.9百万元。99年上半年盈利10.79百万元,不派中期息。1月底公布正洽购资讯科技及互联网内容提供者有关业务。

【财务状况】 1998年度纯利亏损291.9百万元。

国信华凌集团有限公司

【公司概况】 股票代码为0382,业绩报告结算日期为12月31日,实收资本为1174456408股,合计117445641元。公司董事会主席:陈小石。

【经营业绩】 主要从事雪柜生产及销售。产品透过集团拥有95%权益之中雪之中外合资企业,以华凌牌在中国销售。93年12月发行150百万新股上市,每股以1.28元公售。广州国际信托因包销供股而获股权37.49%,提出以每股0.80元全面收购,获股权39.81%。97年12月由华凌易名如上。98年3月以1.68亿元向母公司购广州国信大厦11.6百万呎,以新股支付。11月,母公司因财务问题将手持的51%国信华凌作抵押。98年底每股净值0.381元,净负债5.35亿元。99年上半年盈利42.7百万元,不派中期息。

【财务状况】 1998年度纯利亏损92.2百万元。

中国网络(百慕达)有限公司

【公司概况】 股票代码为0383,业绩报告结算日期为12月31日,实收资本为910844490股,合计91084405元。公司董事会主席:黄鸿平。

【经营业绩】 原名星光电讯,经营传呼及有关业务,亦持有得信佳控制权,改股权已因盈科动力收购,其余业务已大部分售出,主要权益为2亿股盈科动力,中国科技已协议以每股0.28元收购30亿股(33.82%),由大股东出售,于年底完成,中策于12月已出售其余股权14.25%之绝大部分。99年上半年盈利365.7百万元,增229.6%,不派中期息。特别中期股息0.02元。

【财务状况】 1998年度纯利亏损564.7百万元。

联网商业香港有限公司

【公司概况】 股票代码为0384,业绩报告结算日期为3月31日,实收资本为200600000股,合计2006000元。公司董事会主席:陈恒辉。

【经营业绩】 主要在本港零售中至高级时装及配饰,包括日本及法国进口之男女及儿童成衣、皮具、鞋类及袋。95年10月发售新股31375百万新股及旧股东售出18625百万股,每股售价1元。97年7月恒锋购得股权35%,作价1.22元,并以1.69元全面收购。98年10月由岩井国际改名如上。99年3月底净资产23.4百万元,9月止半年亏损18.6万元,不派中期息。已成立网站,提供网上购物。10月由岩井国际改名如上。

【财务状况】 1998/99年度纯利亏损29.9百万元。

建联集团有限公司

【公司概况】 股票代码为0385,业绩报告结算日期为12月31日,实收资本为2755944984股,合计27559949元。公司董事会主席:王世荣。

【经营业绩】 从事金融、工业及农业以至商品贸易投资,业务遍及中港及东南亚,农业已售出,菲律宾金融投资亦已售,东方红曾拟收购未果,98年10月建业实业以每股0.10元认购新股233.7百万股(16.67%),12月由大马集团改名如上。98年底协议出售停车场全部权及部分保安权益。98年底每股净值0.0366元,净债项2.3亿元,99年上半年亏损209百万元,不派中期息。期内出售嘉洛证券,两度配售,不能用于资讯科技及网站投资。

【财务状况】 1998年度纯利亏损300.6百万元。

泰兴光学集团有限公司

【公司概况】 股票代码为0389,业绩报告结算日期为3月31日,实收资本为1974775727股,合计197477572元。公司董事会主席:马宝基。

【经营业绩】 主要从事设计、制造、销售及分销视光产品。产品包括眼镜架、太阳眼镜、配件及零件,亦从事隐形眼镜及滤光玻璃镜片买卖业务。客户包括多间国际名牌商号。主要市场有美国、中国、亚洲、欧洲及加拿大。生产设施则位于中国、香港及加拿大。正扩建中国厂房,已于上海开设23间美式眼镜店。93年9月发行100百万新股上市,每股以1.02元公售。99年3月底每股净值0.503元,净债项3.5亿元,9月止半年盈利124.8百万元,增21%,中期息0.022元,增10%,于8月发行15百万美元换股票据。

【财务状况】 1998年度每股纯利11.7仙,每股股息4.2仙。

美亚娱乐资讯集团有限公司

【公司概况】 股票代码为0391,业绩报告结算日期为3月31日,实收资本为214241400股,合计21424140元。公司董事会主席:李国兴。

【经营业绩】 主要向中国、香港、澳门、东南亚、加拿大及美国客户发行影片之录影带及镭射影碟。为国内发行影片版权之唯一香港机构。93年9月发行62.5百万新股上市,每股以1.08元公售。录影产品租售及零售业务已于98年3月结束。99年3月底每股净值1.6元,净债项23.5百万元,供股后再于10月配售,11月购入中华万年网45%。9月止半年亏损2.8百万元,不派中期息。

【财务状况】 1998/99年度纯利亏损57.29百万元。

北京控股有限公司

【公司概况】 股票代码为0392,业绩报告结算日期为12月31日,实收资本为622500000股,合计62250000元。公司董事会主席:胡昭广。

【经营业绩】 红筹股,为北京市政府在港唯一窗口公司。占燕京啤酒公司54.28%权益。王府井百货集团之50.1%权益。首都高速公路96%权益、建国饭店50.5%权益。八达岭旅游75%权益。三元食品95%权益及国际交换系统40%权益。并在港及北京拥有若干商企物业权益。97年5月发行150百万股新股上市,每股售价12.48元。98年7月收购北京龙庆峡景区、葡萄酒厂及冷冻系统工程业务,并以14亿元收购北京水厂特许经营权,回报率14%。并投资高科技项目。98年底每股净值9.48元,净存款8.5亿元,99年上半年盈利254百万元,增2%,每股盈利0.41元,中期息0.1元。

【财务状况】 1998年度每股纯利76仙,每股股息25仙。

旭日集团有限公司

【公司概况】 股票代码为0393,业绩报告结算日期为3月31日,实收资本为1000110000股,合计100011000元。公司董事会主席:杨钊。

【经营业绩】 主要是经营日常便服之零售,出口及制造。亦为海外客户提供成衣设计和采购服务。用(真维斯)牌子在中国及澳洲开设连锁店,于99年9月底,中国零售店473间,澳洲纽西兰209间,自设厂房，亦产羊毛衫，99 年 3 月底每股净值 0.966 元，净存款 75 百万元，9 月止半年盈利 130.5 百万元，增 10%，中期息 0.033 元。

【财务状况】 1998 年度每股纯利 21.85 仙，每股股息 5.5 仙。

兆峰陶瓷集团有限公司

【公司概况】 股票代码为 0395，业绩报告结算日期为 12 月 31 日，实收资本为 1437727924 股，合计 143772792 元。公司董事会主席：李兆峰。

【经营业绩】 主要以整厂承建为基础，设计、安装及销售陶瓷生产线，以及销售用于造陶瓷产品之机器及设备。于中国 33 间陶瓷厂占有权益由 25%至 70%不等。拥有德国多博仕及汉索夫陶瓷机器厂(97 年已宣布破产)。94 年底与机构投资者成立兆丰创建，将中国合营陶瓷厂权益注入，仍占兆丰创建股权 65.1%。93 年 10 月发行 334.5 百万新股上市，每股以 1.68 元公售。96 年 10 开始停牌，进行债务重组；97 年底每股净值 0.087 元，净借债约 16.6 亿元，98 年上半年亏损 52 百万元，不派中期息。多间机构拟入股，至截稿时仍未协议。

【财务状况】 1997 年度纯利亏损 223.2 百万元。

均来集团有限公司

【公司概况】 股票代码为 0396，业绩报告结算日期为 3 月 31 日，实收资本为 832725782 股，合计 83272578 元。公司董事会主席：戴权。

【经营业绩】 主要业务为在香港(特别在新界)之物业发展与投资，并为发展之物业提供管理服务。93 年 9 发行新股 12 百万股及旧股东出售 30 百万股上市，每股以 1.02 元公售。96 年 7 月收购伦敦上市公司 Water House72.7%，已改名为 Golden Land，提供其物业有关服务。拥有 9 项发展中物业(住宅)，共 36.6 万方呎，未计入 28.53 万方呎待批地盘；投资工商住宅物业 26.7 万方呎，另有 148 个车位，另在新界有 1133 方呎土地储备(部分为农地)。99 年 3 月底每股净值 1.03 元，净贷款 10.1 亿元。9 月止半年盈利 8.28 百万元(上年同期亏损 23.3 万元)，不派中期息。

【财务状况】 1998/99 年度每股纯利 1.9 仙，每股股息 1 仙。

合一集团有限公司

【公司概况】 股票代码为 0397，业绩报告结算日期为 3 月 31 日，实收资本为 3339799200 股，合计 33397992 元。公司董事会主席：张英能。

【经营业绩】 从事三大类电子消费产品(音响、电视及电话)之设计，制造及市场推广。产品主要以其商标“Recor”制造，主销欧洲、南美、美国、中东及亚洲，厂房设于中国东莞及福州。96 年 3 月因债务问题停牌，股权一再转移，不涉及全面收购。99 年 3 月底每股净值 0.0319 元，净借贷 22.38 百万元，9 月止半年亏损 5 百万元，不派中期息。购入专利生产线以生产环保包装垫料，正建议改名为元开达利环保科技。

【财务状况】 1998/99 年度纯利亏损 75.79 百万元。

东方表行集团有限公司

【公司概况】 股票代码为 0398，业绩报告结算日期为 3 月 31 日，实收资本为 276759200 股，合计 27675920 元。公司董事会主席：杨明标。

【经营业绩】 经销多种时尚名牌手表零售及批发业务。亦销售名牌笔、打火机、时钟及精致首饰等。旗下零售店，均位于主要购物区，而其中 4 间零售店乃自置物业。并已开展在中国的零售业务。93 年 9 月发行 48.4 百万新股及旧股东出售 12.1 百万股上市，每股以 1 元公售。96 年 7 月获“东方”手表于中国特约经销权。已于广州开设门市部。99 年 3 月底每股净值 1.19 元，净负债 10.5 百万元，9 月止半年盈利 31.4 百万元，增 160%，派中期息 0.02 元。

【财务状况】 1998/99 年度每股纯利 11.5 仙，每股股息 3.8 仙。

浩亨控股有限公司

【公司概况】 股票代码为 0401，业绩报告结算日期为 3 月 31 日，实收资本为 1858345202 股，合计 18583452 元。公司董事会主席：梁子亨。

【经营业绩】 主要从事国际货运代理业务。货物运载地区超过 150 个城市。95 年曾与东亚银行合组公司经营国内空运业务，其后此公司自动清盘。95 年 12 月大股东林景高将股权 30.9%售予梁子亨，每股作价 0.8 元。96 年底起经营物业代理，97 年 10 月由美联空运改名如上。其后一直寻求债务重组，于 99 年 11 月获债权人同意，将大量发行新股及优先股，至 99/11/15 止，负债 1.93 亿元。

【财务状况】 1998/99 年度纯利亏损 77.4 百万元。

星光集团有限公司

【公司概况】 股票代码为 0403，业绩报告结算日期为 3 月 31 日，实收资本为 401800989 股，合计 40180099 元。公司董事会主席：林光如。

【经营业绩】 主要为印制包装纸盒、手册说明书、标签、贺卡及礼品等，客户乃香港、中国及澳门之当地跨国制造商及分销商。厂房位于香港、深圳及江苏。93 年 2 月发行 63.4 百万新股上市，每股以 1 元公售。94 年及 95 年收购新加坡、马来西亚业务。广州环保中心已生产环保产品：纸浆模塑机已成功试产。99 年 3 月底每股净值 0.303 元，现金及存款 38.9 百万元，未偿还长短期银行贷款 1.09 亿元。9 月止半年盈利 12.39 百万元，增 171%，不派中期息。自行设计小兔亚比系列产品(文具、礼品及首饰)已设专门店及互联网。

【财务状况】 1998/99 年度纯利亏损 75.98 百万元。

新昌营造集团有限公司

【公司概况】 股票代码为 0404，业绩报告结算日期为 3 月 31 日，实收资本为 672975591 股，合计 67297559 元。公司董事会主席：叶谋遵。

【经营业绩】 从事广泛建筑业务，包括土木工程、打桩及地基工程、上盖建筑、电机工程、修葺及装修工程等，亦有若干物业投资发展。截至 99 年 9 月底未完成工程合约 87.5 亿元；另联号未完成合约 4.8 亿元。持有湾仔怡安保险大厦 7.7 万方呎，租赁权 17 年。兴建西环酒店(占 22.5%)、衙前围道项目(占 23%)及越南酒店(占 35%)；吉隆坡 1 酒店(占 10%)，吉隆坡 1 地盘(占 20%)。广州文昌广场(占 42%)；天津泰丰工业园(占 95%)。99 年 3 月底每股净值 1 元。净存款 2.9 亿元。9 月止半年盈利 15.5 百万元(上年同期亏损 85.3 百万元)，不派中期息。

【财务状况】 1998/99 年度纯利亏损 41.47 百万元。

有利集团有限公司

【公司概况】 股票代码为 0406，业绩报告结算日期为 3 月 31 日，实收资本为 1770984402 股，合计 88549220 元。公司董事会主席：黄业强。

【经营业绩】 主要从事楼宇建筑，提供保养及装修服务。91 年 8 发行 166595000 股新股上市，每股以 1.08 元售。至 99 年 9 月止，手头工程合约总值 50.3 亿元。位于顺德容奇住宅 30 万方呎(占 25%)，大部分已售，余下作出租。其他投资包括顺昌集团(占 15%)、南京深冷技术工业(占 30%)已售，容奇混凝土业务及中澳越境工程管理业务等。98 年 10 月，将股份面值由 0.1 元减为 0.05 元。99 年 3 月底每股净值 0.44 元，净负债 1.97 亿元。9 月止半年盈利 11.47 百万元，增 57.7%，不派中期息。

【财务状况】 1998/99 年度纯利亏损 44.08 百万元。

叶氏恒昌(控股)有限公司

【公司概况】 股票代码为 0408，业绩报告结算日期为 3 月 31 日，实收资本为 488159121 股，合计 48815912 元。公司董事会主席：叶志成。

【经营业绩】 产品主要制造混合溶剂及漆油、买卖各种石油化工及化学产品。厂房设于中国，产品售予香港及中国多行工业用家。业务已扩展至单体溶剂、润滑油、液体化工储罐、溶剂原料及包装容器等。91 年 8 月发行新股 50 百万股及旧股东出售 50 百万股上市，每股以 1.25 元公售。99 年 9 月止半年盈利 50.5 百万元，增 46.6%，中期息 0.025 元，每股净值 1.03 元，净现金 19.6 百万元。

【财务状况】 1998/99 年度每股纯利 6.2 仙，每股股息 4.0 仙。

四通电子技术有限公司

【公司概况】 股票代码为 0409，业绩报告结算日期为 12 月 31 日，实收资本为 1020548803 股，合计 102054880 元。公司董事会主席：沈国均。

【经营业绩】 主要在中国生产及经销一体化文字处理机，亦经销 OKI 打印机及电脑周边设备、办公室自动化设备及其他电子产品之代理及经销。亦发展计税电子收款机及税票稽核联网系统及生产电脑软件。93 年 7 月发行 150 百万新股上市，每股以 1.26 元公售。97 年将深圳物业授予母公司，作价 17 百万元；亦向母公司购四通松下电工 35%，作价 1.34 亿元。10 月，以 1.3 亿元购 ICO(卫星通讯 16.01%)。98 年底每股净值 0.82 元，净现金 1 亿元。99 年上半年盈利 82 万元，减86.5%，不派中期息。11月配售集资2.3亿元，计划以60百万元收购四通摩天71%，实益占9.57%新浪网已在筹备上市。
【财务状况】 1998年度纯利亏损89.85百万元。

南顺（香港）有限公司

【公司概况】 股票代码为0411，业绩报告结算日期为12月31日，实收资本为242259560股，合计242259560元。公司董事会主席：黄大椿。
【经营业绩】 产销及进口食油、食品、果汁、清洁精及铝质容器，并兼营广告代理、货仓以至一般贸易，及兼营电子产品贸易。除占南顺食品60.92%，还于台湾制造电路板及记忆体。96年11月以5.64亿元出售美特容器股权。97年7月，1供1，供股后丰隆集团成为第二大股东。98年底每股净值5.3元，净债项6.65亿元，99年上半年亏损1.7亿元，不派中期息。12月与黑龙江省合作建立小麦种植基地，已达成协议。
【财务状况】 1998年度纯利亏损39.0百万元。

东峻集团有限公司

【公司概况】 股票代码为0412，业绩报告结算日期为3月31日，实收资本为2439128745股，合计24391287元。公司董事会主席：黄振雄。
【经营业绩】 原名合盈国际，于92年4月上市，经营皮革业。96年4月建议以0.77元私有化，旋于96年10月由现时主席以每股0.83元收购，合盈旧股东购回皮革业，易名如上。业务改为国内物业投资发展，收租用投资物业包括东峻广场及环球广场多个单位。待售商用物业面积5.2万方呎，发展中商住物业面积357万方呎。99年3月底每股净值0.107元，净借贷9.8亿元。9月止半年亏损1.24亿元，不派中期息。10月协议向黄金富购入中国少年网权益5%，代价9.984亿股新股(4992万元)，仍待完成交易。
【财务状况】 1998/99年度纯利亏损904.8百万元。

南华工业有限公司

【公司概况】 股票代码为0413，业绩报告结算日期为12月31日，实收资本为530334742股，合计53033474元。公司董事会主席：吴鸿生。
【经营业绩】 原名华盛国际，92年易名如上。从事玩具及鞋业产销，拥有耐力股权39%及南华策略40%。其他权益包括南京微分电机厂51%，占天津一鞋业集团占80%，于天津及南京成立多间合营公司，业务包括各项工业。98年底每股净值1.49元，无净负债。99年上半年盈利10.6百万元，增808%，派中期息0.002元。7月增持南华策略至56.46%，并将其名改为南华资讯科技。
【财务状况】 1998年度每股纯利0.3仙，每股股息0.7仙。

谢瑞麟珠宝（国际）有限公司

【公司概况】 股票代码为0417，业绩报告结算日期为2月28日，实收资本为391889263股，合计97972315元。公司董事会主席：谢瑞麟。
【经营业绩】 从事经营珠宝首饰业务。珠宝销售以香港及中国市场为主，东南亚亦为推销市场。99年2月底每股净值1.33元，净借贷7.59亿元。8月止半年亏损11.97百万元，不派中期息。11月以1.66亿元出售尖沙咀宝利商业大厦，亏损1.9亿元，勤达印刷之刘竹坚私人向银行购入60%谢瑞麟有关股权，被证监裁定需以每股0.32元提出收购，事件进行中。
【财务状况】 1998/99年度纯利亏损608.6百万元。

方正（香港）有限公司

【公司概况】 股票代码为0418，业绩报告结算日期为12月31日，实收资本为1107749893股，合计110774989元。公司董事会主席：王选。
【经营业绩】 从事与出版业及其他行业有关的应用软件开发及电脑系统集成。亦在香港及国内经销电脑及有关产品。95年12月上市，每股售价1.98元。98年8月，以5.6百万元代价将两家制造电脑公司售回母公司。98年底每股净值0.841元，净存款1.33亿元，99年上半年亏损106百万元，不派中期息。期间内部结构改组，作出若干拨备。6月底以3.2亿元购入一项从事向中国银行业务提供系统集成解决方案，获保证18个月内获利不少于1.21亿元，已推出电子传播业务。9月于雅虎订立谅解备忘录，在中国互联网相关业务合作，但不包括电子通讯及提供互联网服务。
【财务状况】 1998年度纯利亏损165.7百万元。

友利电讯工业有限公司

【公司概况】 股票代码为0419，业绩报告结算日期为12月31日，实收资本为2296189157股，合计413314048元。公司董事会主席：高振顺。
【经营业绩】 产销电讯、视像及影音产品，并生产电脑显示屏，亦经营金融资讯服务，正为中国市场设计电子付款/收款系统。占天地数码股权43.4%及奇正科技63.2%，已协议由卢永仁等注资，所持奇正股权最终降至39%。98年底每股净值0.181元，净负债51.9百万元，99年上半年亏损27.5百万元，不派中期息。6月底以每股0.32元配售，集资1亿元。
【财务状况】 1998年度纯利亏损126.5百万元。

福田实业（集团）有限公司

【公司概况】 股票代码为0420，业绩报告结算日期为8月31日，实收资本为771658960股，合计154331792元。公司董事会主席：夏松芳。
【经营业绩】 生产及销售针织成品布，代客加工染色及整理，以至经营胚纱业务，生产程序由处理胚纱至生产针织成品布，主销本港。香港厂房面积175万方呎，国内面积400万方呎，已全部投产。94年4月起与开平平达棉纱厂协议，以承包方式，在20年内获致棉纱稳定供应。斯里兰卡厂房已于96年6月投产。95年5月主席联同其他财团曾建议以每股1.45—1.5元私有化，但于10月告吹。同年12月再提出以1.5元全面收购，仍维持上市地位。已于东莞沙田镇兴建厂房，香港厂房业务迁至东莞，并将厂房出租。98年8月底每股净值2.48元。净债项19.3亿元。99年2月止半年盈利1亿元，减16.8%，派中期息0.02元。
【财务状况】 1997/98年度每股纯利29.8仙，每股股息5.0仙。

亨亚有限公司

【公司概况】 股票代码为0428，业绩报告结算日期为12月31日，实收资本为768016736股，合计7680167元。公司董事会主席：利芳烈。
【经营业绩】 原名为"新鸿基可换股票据"，乃上市规则管辖之投资公司，投资方针为投资于可换股票据。因全部票据已赎回，于97年2月曾拟清盘，曾有财团收购未协议。于97年底由Sino Path收购(98年底占37.5%)，于98年易名如上，仍投资于上市及非上市证券，98年底主要投资包括联洲、希域、美时、永恩、新鸿基及泰升等。99年10月底每股净值0.21元，99年上半年盈利13.5百万元。
【财务状况】 1998年度每股纯利1.3仙，每股股息5.0仙。

能丰国际集团有限公司

【公司概况】 股票代码为0430，业绩报告结算日期为12月31日，实收资本为1096536000股，合计109653600元。公司董事会主席：刘志勇。
【经营业绩】 从事钢铁买卖。货源采购自独联体及南非，主销东南亚国家。持有国内3间钢铁厂合营权益。设有电子元件制造部门。93年3月发行150百万股新股上市，每股以1.38元公售。95年第三股东联同主席提出以0.59元全面收购。98年底每股净值0.274元，净借贷2.06亿元，99年上半年盈利4百万元，增1.6%，不派中期息。
【财务状况】 1998年度每股纯利0.34仙。

咏辉国际集团有限公司

【公司概况】 股票代码为0431，业绩报告结算日期为6月30日，实收资本为1051886686股，合计105188668元。公司董事会主席：杨鸿游。
【经营业绩】 从事制造及销售缝制品，如运动袋、旅行袋、软身行李箱、塑料编织地席、软玩具及体育用品等。93年6月18日，商业罪案调查科检走会计记录，指称售股章程及中期报告失实，随即停牌。于94年2月复牌，但调查事件未知何时完结。96年8因债务问题开始停牌，进行债务重组；97年11月，台商海富以每股0.1元购48%，成大股东。已发行大量新股偿还若干银行贷款及董事垫款。建议发行可换股债券50百万元，未能落实。99年6月底流动负债3.09亿元，再寻求合作伙伴。
【财务状况】 1998/99年度纯利亏损49.7百万元。

友联建筑材料（集团）有限公司

【公司概况】 股票代码为0432，业绩报告结算日期为3月31日，实收资本为 2451929620 股，合计 490385924 元。公司董事会主席：萧若慈。

【经营业绩】 主要在香港从事入口瓷砖及花岗岩与云石制品，以批发及零售方式销售该等货品。主销香港、澳门及中国，大部分为独家经销商。于温州及重庆投资瓷砖厂；于新会设打磨厂，已经投产。95 年购入保德祥属下之云石花岗石销售公司，已于东莞设立云石加工厂。96 年 4 月分拆友晖云石上市(仍占 46.5%)。99 年 3 月底每股净值 0.395 元，净借贷 2.29 亿元，增 867%，不派中期息。5 月售出得信佳(盈动) 68.7 百万股，套现 1.21 亿元。

【财务状况】 1998/99 年度每股纯利 2.05 仙。

新万泰控股有限公司

【公司概况】 股票代码为 0433，业绩报告结算日期为 12 月 31 日，实收资本为 286569490 股，合计 14328474 元。公司董事会主席：钱永伟。

【经营业绩】 曾名国泰置业及国泰城市，91 年易名为茂基。94 年管理阶层转变，为资产大撇帐，于 94 年 6 停牌，证监会于 94 年 12 月申请将此股清盘。95 年 10 月由荣丰属下之瑞昌买壳上市，每 20 股换 1 股瑞昌。主要从事建筑业，并以参与居屋发展为主。现任主席于 98 年 7 月以每股 1.0245 元购得 58.5%，并全面收购，于 12 月改名如上。98 年底每股净值 0.68 元，持现金 42 百万元，银行长短期贷款 19.8 百万元。中港两地持若干商住物业，98 年底帐面值 1.37 亿元。99 年上半年盈利 1.08 百万元，增 833.6%，不派中期息。

【财务状况】 1998 年度纯利亏损 75.5 百万元(包括特殊亏损 78 百万元)。

太平协和集团有限公司

【公司概况】 股票代码为 0438，业绩报告结算日期为 12 月 31 日，实收资本为 2460912907 股，合计 2460912907 元。公司董事会主席：汪世忠 。

【经营业绩】 于中国经营消费品产销(手表、化妆品等)，设有百货公司，持有协和电信 60%，产销传呼系统，占八百伴国际 19.87%，97 年底以 20 亿元(包括现金 6 亿元及新股 4.14 亿股，每股计 3.38 元)购入中港石油分销业务 33%，除占泰国一地产公司 35%，其余物业已组成和建设上市(仍占 75%)，曾计划将协和电信分拆上市，未能实现。98 年底每股净值 1.76 元，99 年上半年盈利 2.2 亿元，增 9.1%，不派中期息。

【财务状况】 1998 年度每股纯利 12.4 仙，每股股息 2.73 仙。

英发国际有限公司

【公司概况】 股票代码为 0439，业绩报告结算日期为 3 月 31 日，实收资本为 374990800 股，合计 37499080 元。公司董事会主席：冯广恩。

【经营业绩】 主要从事设计、发展、生产及销售纸品，如相簿、办公室纸制文具、礼品及印刷品等。主要销售相簿，客户以欧美为主，厂房设于中国。93 年主席冯广发退出，冯志强提出以 1.87 元收购，并将 25% 股权(每股 1.2 元)售予会德丰。其后联太工业以每股 1.1 元，向会德丰购 26.67%，令持股量增至 29.25%，成为第二大股东，99 年 3 月底负债 3.46 亿元。9 月止半年亏损 29.9 百万元，不派中期息。银行贷款 5.83 亿元，正进行债务重组，已有投资者有意投资，仍待落实。

【财务状况】 1997/98 年度每股股息 0.2 仙。

大新金融集团有限公司

【公司概况】 股票代码为 0440，业绩报告结算日期为 12 月 31 日，实收资本为 245628802 股，合计 491257604 元。公司董事会主席：王守业。

【经营业绩】 为控股公司，经营银行及人寿保险业务，拥有大新银行、建新银行 30%及安利私人银行 51%，99 年中期客户存款 313 亿元，增 11.7%，贷款 262.8 亿元，减 4.4%，贷存比率 73.1%，成本收入比率 40.2%，净息差 3.45%，主要贷款住宅占 30%及运输设备占 16.8%。每股净值 15.75 元，盈利 242.8 百万元(包括呆坏帐拨备 232.5 百万元，增 231%)，增 6.2%，派中期息 0.31 元，增 3.3%。

【财务状况】 1998 年度每股纯利 106 仙，每股股息 60 仙。

雅佳控股有限公司

【公司概况】 股票代码为 0448，业绩报告结算日期为 1 月 31 日，实收资本为 2191302089 股，合计 219130209 元。公司董事会主席：丁谓。

【经营业绩】 产销消费品，曾购入胜家及百福衣车，已予售出，现产销电子消费品，占日本雅佳 74.4%，雅佳则占港华(原为上市公司) 100%及山水 12.3%(99 年上半年减持 29.6%，及出售东茗全部股权 35.3%)。于 99 年 7 月由善美(环球)改名如上，日本雅佳专注电子消费产品及酒店专用电视业务，为 24 万间房提供各项(包括高速上网)服务。99 年 1 月底每股净值 4.24 元，净债项 33 亿元。7 月止半年亏损 295.6 百万元(包括出售东茗亏损 169 百万元)，不派中期息。99 年 6 月 28 日配售 2.59 亿股(11.8%)，每股作价 0.315 元。加拿大善美所持股权降至 35.5%，已于 9 月 8 日及之前分批全部售出。11 月建议每 2 股认购 0.3 元债券。并赋予 Toyo 包括及额外认购权利，使其成为主要股东，程序进行中。

【财务状况】 1998/99 年度纯利亏损 560 百万元。

鸿兴印刷集团有限公司

【公司概况】 股票代码为 0450，业绩报告结算日期为 3 月 31 日，实收资本为 577038798 股，合计 57703880 元。公司董事会主席：任昌洪。

【经营业绩】 主要从事彩盒之印刷及制造、纸张贸易及瓦通纸箱制造，厂房设于大埔及深圳。彩盒主要为中国玩具制造商印制。占中山合营厂房权益 56%及中山联合鸿兴造纸 35%。92 年 2 月发行新股 100 百万股上市，每股以 1.25 元公售。99 年 3 月底每股净值 2.02 元，净存款 80 百万元。9 月止半年盈利 145.3 百万元，增 21%，派中期息 0.08 元。

【财务状况】 1998 年度每股纯利 36.9 仙，每股股息 22.0 仙。

森泰集团有限公司

【公司概况】 股票代码为 0451，业绩报告结算日期为 3 月 31 日，实收资本为 419341600 股，合计 41934160 元。公司董事会主席：叶森然。

【经营业绩】 主要从事液晶体时计、电话、计算机，手提电子游戏等电子消费品之设计、发展、制造及销售业务。于福建省设厂生产及分销电子产品。92 年 3 月发行新股 58.5 百万股及由旧股东出售 13 百万股上市，每股以 1 元公售。报告预期银行贷款可于 99 年全部偿还。99 年 3 月底每股净值 0.45 元，净负债 25.8 百万元，9 月止半年盈利 7.8 百万元，增 198%，不派中期息。

【财务状况】 1998/99 年度纯利亏损 34.7 百万元。

云南实业控股有限公司

【公司概况】 股票代码为 0455，业绩报告结算日期为 3 月 31 日，实收资本为 459553000 股，合计 45955300 元。公司董事会主席：宇国瑞。

【经营业绩】 主要在香港为私人机构从事地盘平整，兴建下层建筑(包括地基工程)及上盖建筑之业务。92 年 3 月发行 5327 万新股上市，每股以 0.88 元公售。扩展中国业务，于广州及云南省开展建筑及建材业务；亦于山东投资水泥业。96 年 5 月现任主席以每股 0.35 元购得控制权。98 年 5 月获玉溪红塔烟草于中国大陆境外出口代理，并为其相关产品入机械设备进口代理。99 年 3 月底每股净值 0.311 元，净存款 91 百万元，9 月止半年盈利 9 万元，减 70.3%，不派中期息。5 月收购玉溪环球 12.5%，从事烟包及烟盒印刷。

【财务状况】 1998/99 年度纯利 0.867 百万元。

莱利集团有限公司

【公司概况】 股票代码为 0456，业绩报告结算日期为 12 月 31 日，实收资本为 192142432 股，合计 76856973 元。公司董事会主席：徐发泉。

【经营业绩】 从事生产精致珠宝首饰制造、出口兼批发。主要市场为美国、欧洲及日本。总部设于香港，在美国及中国则分别设有制造厂。已开展中国市场。94 年底将全资附属公司 IWI 于美国上市。94 年底收购上海莱奥广场权益 70%，总面积 45 万方呎，于 97 年完成。此股于 98 年 7 月停牌，若未能于 2000 年 1 月 12 日提交有效复牌建议，联交所将撤消上市地位。

【财务状况】 1998 年度纯利亏损 152.87 百万元。

联亚集团有限公司

【公司概况】 股票代码为 0458，业绩报告结算日期为 12 月 31 日，实收资本为 263390253 股，合计 26339025 元。公司董事会主席：唐骥千。

【经营业绩】 经营成衣产销，于中国、台湾及菲律宾设厂十间，前两地各 2 间，后者占 6 间，销往美洲为主。97 年新大股东曾建议以每股 4.8 元私有化未成功。98 年 1 月售出菲律宾业务。98 年底每股净值 1.69 元，净存款 30.7 百万元。99 年初发行 1.39 亿股收购华孚制衣，每股作价 1.88 元，控制权转移至汪氏占 53%，唐氏降至 21.3%，每股净值增至1.92元。99年上半年盈利28.2百万元,增16.8%,派中期息0.04元。
【财务状况】 1998年度每股纯利40仙,每股股息108仙。

锦宏集团有限公司

【公司概况】 股票代码为0464,业绩报告结算日期为3月31日,实收资本为341991884股,合计3419918元。公司董事会主席:李裕龙。
【经营业绩】 曾名YGM国际及容刚,经营纺织,股权一再转移。94年10月现任主席以每股1.34元收购,95年3月改名为锦宏集团,主要投资为纺织及贸易业。因财务影响,于96年9月停牌,石家庄棉宏纺织已解散(并摊占1588万元),拟投资棉宏造纸亦无法注资,中方已承诺不予追究,98年3月底负债973万元。99年9月止半年亏损274万元,现于沈阳筹建制衣厂。
【财务状况】 1998/99年度纯利亏损6.88百万元。

东润拓展集团有限公司

【公司概况】 股票代码为0467,业绩报告结算日期为3月31日,实收资本为767883000股,合计76788300元。公司董事会主席:张宏伟。
【经营业绩】 主要从事洗水丝及其他质料成衣之设计、制造及分销。丝质成衣以私人牌子或集团牌子分销;并兼营印染业务,市场以美国为主。厂房设于中国,已于国内开设零售店。并投资于贵州信邦制药。99年3月底每股净值0.002元,净债项7.5百万元,9月止半年盈利3.1百万元,不派中期息。9月由特时泰改名如上。
【财务状况】 1998/99年度每股纯利0.3仙。

鸿运电子有限公司

【公司概况】 股票代码为0472,业绩报告结算日期为6月30日,实收资本为919409457股,合计229852364元。公司董事会主席:洪王家琪。
【经营业绩】 产销各项电子产品及物业投资。占远东金融中心写字楼16730方呎,成本价93.68百万元。99年起生产电脑连接器配件。99年6月底每股净值0.244元,净债项22.8百万元,12月建议2供1,每供0.25元,将于2000年2月完成,用于成立互联网出售产品及服务。
【财务状况】 1998/99年度纯利亏损19.9百万元。

瑞源国际集团有限公司

【公司概况】 股票代码为0476,业绩报告结算日期为3月31日,实收资本为3333187200股,合计33331872元。公司董事会主席:张韧。
【经营业绩】 主要从事设计、制造及销售皮革服务。亦设计及销售貂皮外衣及咖士咩外衣,产品以"Danny"、"Langard"作牌子。生产加工设施均设于深圳、福建、上海及北京等,而在中港两地销售。96年5月发行50百万新股上市,每股售价1.03元。96年10月获"Giovanni Valentino"中港澳制造及分销权。99年3月底每股净值0.0496元,净借贷1.48百万元。9月止半年亏损13百万元,不派中期息。12月建议1供1,每供0.01元,正进行中。
【财务状况】 1998/99年度纯利亏损206.7百万元。

名力集团有限公司

【公司概况】 股票代码为0478,业绩报告结算日期为3月31日,实收资本为2088644601股,合计522161150元。公司董事会主席:查济民。
【经营业绩】 控股公司。占香港兴业57.23%;亦占中国国际金融股权7.5%。97年7月以每股1.9元购入安利控股19.84百万股,10月以每股11.8元购入中国电信116.1百万股。99年3月底每股净值2.62元,净债项11.29亿元,9月止半年盈利3.52亿元,增347.5%,派中期息0.04元。所持中电信股份除已售及抵销特别融资安排外,至10月仍持有2050万股。
【财务状况】 1998/99年度每股纯利14.1仙,每股股息5.0仙。

华建控股有限公司

【公司概况】 股票代码为0479,业绩报告结算日期为6月30日,实收资本为1560234749股,合计156023474元。公司董事会主席:司徒若瑟。
【经营业绩】 主要在中港两地提供室内装修及翻新工程,以及电机、建筑等一系列楼宇建造承办服务;亦经营中港两地之室内装修材料贸易。93年7月上市,96年8月原主席胡经纬出售股权,由建材控股改名如上。收购承逢工程,经营建造及装备钢筋及混凝土构架楼宇业务。97年11月与中国房地产开发集团协议,日后将优先考虑华建为合作伙伴,98年8月发行新股收购北京层写字楼及承建木材股权49%,并订立有条件协议,收购金狮亚洲股权及售予资产,将于99年2月底完成。
【财务状况】 1998/99年度每股纯利0.16仙。

升冈集团有限公司

【公司概况】 股票代码为0485,业绩报告结算日期为3月31日,实收资本为518823203股,合计207529281元。公司董事会主席:刘锡康。
【经营业绩】 从事设计、制造及销售影音及通讯消费电子产品,包括电视机、无线电话、收音机、卡式唱机及其他电讯产品。厂房设于港澳及中国,以至法国,亦占番禺富临花园60%,现正兴建中。97年已停止法国厂房生产。99年3月底每股净值0.956元,净借贷9.6百万元。9月止半年盈利48.6百万元,增67.5%,中期息0.02元。已购入天网2%,正磋商收购上海合营公司45%,经营互联网业务。正考虑以电视及音响业务交换美国NASDAQ上市公司控制权。
【财务状况】 1998/99年度每股纯利6.2仙,每股股息3.0仙。

香港兴业国际集团有限公司

【公司概况】 股票代码为0480,业绩报告结算日期为3月31日,实收资本为1157374030股,合计289343508元。公司董事会主席:查济民。
【经营业绩】 物业投资及发展,海外酒店经营及管理。亦经营建筑业及轮船服务。94年2月以34亿元出售愉景湾50%权益予中信泰富。投资物业:拥有荃湾中国染厂大厦977000方呎;荃湾愉景新城已完成,保留商场465685方呎收租(占50%);长沙湾工厦146232方呎;北角商厦30798方呎;百福控股(占50%)拥有及经营位于曼谷、新加坡及布里斯班三间酒店。占中山洁具厂95%,已开始生产浴缸。物业发展:愉景湾项目占50%,可供建成246万方呎住宅。酒店及商业面积,已补妥地价,每方呎楼面798元,短期内将完成第九及第十期。占东涌站上盖2期发展项目30%,可兴建200万呎住宅及2.6万呎商场,已获增建面积35%,正商讨有关条款。另于上海、广州、天津及日本汶留亦有物业发展权益。99年3月底每股净值4.71元,净债项19.2亿元,另短期投资16.7亿元。9月止半年盈利162.8百万元,增33.8%,派中期息0.09元。
【财务状况】 1998/99年度每股纯利43.0仙,每股股息25.0仙。

中国发展集团有限公司

【公司概况】 股票代码为0487,业绩报告结算日期为6月30日,实收资本为692717965股,合计277087186元。公司董事会主席:李豪荣。
【经营业绩】 多次重组,曾名冠恒顿及森昶国际,96年黄鸿年曾购入股权,前主席刘德光售清股份,业务曾重组,将印尼业务售出。97年6月易名如上。主要业务为新加坡建筑工程,机械销售及租赁,亦有八艘船只于新加坡及马来西亚出租,亦投资卡里曼丹及苏门答纳采矿业务,于苏州发展收费公路中,亦有其他类似业务。黄鸿年所持股份已出售。97年8月底最大股东为佘福强已在美申请破产保护令。黄鸿年所持股份已售。99年6月底每股净值0.455元,净存款7.45百万元。核数师对一项应收前联营公司欠款1.15亿元未获证实其偿还能力。
【财务状况】 1998/99年度纯利亏损152.6百万元。

丽新发展有限公司

【公司概况】 股票代码为0488,业绩报告结算日期为7月31日,实收资本为3535002320股,合计1768001160元。公司董事会主席:林建岳。
【经营业绩】 地产投资及发展、酒店投资及经营,并作策略性投资。包括工商业收租物业3.6百万方呎,本港土地储备可供建成43.4万方呎。占丽新酒店股权52.17%、丽丰股权74.68%、富丽华酒店、亚洲电视16.67%及汇亚通讯15%。其中富丽华重建后的酒店及商场已协议售予丽新酒店。98年7月底每股净值2.46元,净借贷90.4亿元。
【财务状况】 1998/99年度纯利6832.4百万元(包括特殊亏损56.9亿元)。

伟柏集团有限公司

【公司概况】 股票代码为0491,业绩报告结算日期为6月30日,实收资本为246550400股,合计24655040元。公司董事会主席:李振国。

【经营业绩】 主要从事手提液晶体显示电子游戏机之设计、制造及销售。并制造、销售教学玩具,厂房设于中国,印尼亦有若干生产设施。产品销往美、日、英、德等地,已拓展中国及印尼市场。92年5月发行新股56.25百万股上市,每股以1元公售。已收缩香港及印尼的音响产品及无线电话业,后者改为分包生产,专注造游戏机及电子宠物。99年6月底每股净值0.348元,净负债9.3百万元。

【财务状况】 1998/99年度纯利亏损27.5百万元。

京华自动化集团有限公司

【公司概况】 股票代码为0493,业绩报告结算日期为3月31日,实收资本为157000000股,合计157000000元。公司董事会主席:陈银海。

【经营业绩】 为纺织及成衣业设计、生产及销售电脑辅助设计系统。又于东莞设电脑绣花机制造厂,浙江激光制品厂及苏州服装及纹制服务厂。亦购入绍兴土地兴建商住面积38万方呎,首期19万方呎已完成,第二期正发展,99年中完成。92年3月发行新股39.25百万股上市,每股以1元公售。99年3月底每股净值0.389元,净借贷4.3百万元。9月上半年盈利22.2万元,不派中期息。

【财务状况】 1998/99年度纯利亏损6.1百万元。

利丰有限公司

【公司概况】 股票代码为0494,业绩报告结算日期为12月31日,实收资本为1293728000股,合计64686400元。公司董事会主席:冯国经。

【经营业绩】 主要从事远东区消费品之出口贸易业务,以纺织品为大宗。73年曾上市挂牌,其后于88年私有化。而于92年再度上市,随即以218百万元购入长沙湾利登工业大厦;94年9月以320百万元购入长沙湾另一工业大厦,两大厦共20万方呎,作为自用。95年分别收购天祥及英之杰采购服务股权。98年底每股净值0.86元,净存款3.48亿元。99年上半年盈利193.1百万元,增23%,中期息0.18元。1月以12亿元收购新加坡上市的英之杰亚太区业务63.3%,其后已强制收购全部股权。

【财务状况】 1998年度每股纯利36.0仙,每股股息28.5仙。

百利大有限公司

【公司概况】 股票代码为0495,业绩报告结算日期为6月30日,实收资本为528271615股,合计264135808元。公司董事会主席:罗晃(代主席)。

【经营业绩】 物业投资及发展,经营丝绸及纺纱贸易。持有会展广场写字楼16518方呎及山顶住宅1964方呎。位于山顶道住宅地盘91655方呎在发展中,兴建27个单位及停车位,2000年完成。99年6月底止每股净值0.557元,净借贷6.8亿元。

【财务状况】 1998年度纯利亏损216.2百万元。

海洋资讯集团有限公司

【公司概况】 股票代码为0497,业绩报告结算日期为3月31日,实收资本为316261200股,合计31626120元。公司董事会主席:曾文忠。

【经营业绩】 从事基本个人电脑软件及个人电脑之设计、制造与销售。厂房设于中国,产品主销欧美,以销售插卡及底板为主。93年3月发行新股66百万股上市,每股以2元公售。99年3月底每股净值1.08元,净存款31.3百万元。9月止半年盈利26百万元,增126%,派中期息0.015元。

【财务状况】 1998/99年度每股纯利8.48仙,每股股息4.0仙。

保华德祥建筑集团有限公司

【公司概况】 股票代码为0498,业绩报告结算日期为3月31日,实收资本为976495750股,合计97649575元。公司董事会主席:陈国强。

【经营业绩】 主要在中港及亚洲从事建筑工程及地产投资;分拆自国际德祥。94年购入纽西兰DGL集团合并。93年9月发行新股190.25百万股上市,每股以2元公售。97年7月将物业注入宇宙,并予重组收购74%,已改名为保华地产。9月,以7亿元购铜锣湾6600万方呎地盘,现在港有3个地盘发展权益,另有若干投资物业。98年6月,将Downer分拆于澳洲上市。99年3月底每股净值3.48元,净债项43.17亿元,9月止半年盈利2.81亿元,增739.5%,派中期息0.01元。9月新世界将“面面通”业务注入保华地产,改名为新世界数码,于10月底,所持股权已摊薄至10.7%。

【财务状况】 1998/99年度每股股息1.0仙。

百利好集团有限公司

【公司概况】 股票代码为0499,业绩报告结算日期为3月31日,实收资本为667320063股,合计66732006元。公司董事会主席:黎耀强。

【经营业绩】 原名建生电子。88年7月发行50百万新股上市,每股以0.9元公售。95年7月4日主席苏健强失踪,出现债务问题。97年10月由百利好注资重组,百利好以介绍方式上市配售价1.28元,经营地产业。本港商住投资物业5.3万方呎,发展中项目11个,为较小型地盘。99年3月底每股净值0.434元,净债项4.4亿元,9月止半年盈利5.49百万元,减38.4%,不派中期息。12月有条件收购HTI25.88%,HTI持有经营无线数据及网络软件系统85%,将付新股192.5百万新股,待完成。

【财务状况】 1997/98年度每股纯利1.37仙。

天地数码(控股)有限公司

【公司概况】 股票代码为0500,业绩报告结算日期为12月31日,实收资本为200709301股普通股83108000股优先股,合计425725951元。公司董事会主席:Hirohisa Kudo。

【经营业绩】 曾名为讯科及凯威,股权一再转移。97年为友利电讯收购,除产销电脑显示屏及有关产品外,98年及99年于中国成立合营公司,与文化部及希望工程合作,经营数码影音传送系统及提供数码遥远学习服务及生产有关传送产品。98年底每股净值1.66元,99年上半年亏损385百万元,不派中期息。

【财务状况】 1998年度纯利亏损65.8百万元。

庆丰金集团有限公司

【公司概况】 股票代码为0501,业绩报告结算日期为4月30日,实收资本为1065490498股,合计106549049元。公司董事会主席:陈发柱。

【经营业绩】 为投资控股公司。透过其联营公司参与黄金及有色金属业务投资与发展。具有三个普通行员及两个金集团行员会籍。生产设施于香港及马来西亚。96年11月发行168百万股新股上市,每股售价1.01元。97年8月,光大金融入股13%,每股作价1.13元,并出售鑫成股权(现名天行)。12月,以253百万元向母公司购从事珠宝首饰业之添发庆丰(百慕达)。99年4月底每股净值0.543元,净债项1.5亿元。

【财务状况】 1998/99年度纯利亏损53.6百万元。

侨弼控股有限公司

【公司概况】 股票代码为0505,业绩报告结算日期为3月31日,实收资本为381920000股,合计38192000元。公司董事会主席:黄荣华。

【经营业绩】 主要从事买卖、开发及供应亚麻及多种亚麻制成品;亦从事买卖塑胶原料贸易业务与生产再造原料涤纶短纤维。从法国及比利时采购亚麻,经中国纱厂加工制成纱后,然后以分包方式加工为布料,售予国际名牌及设计师牌子之成衣制造商。部分布料亦出口南美、欧洲及东南亚国家等。95年9月发售87.5百万新股,每股售价1.05元。已于加拿大种植亚麻,并与亚洲最大的哈尔宾亚麻纺织厂合作,亦于番禺购入厂房,与意大利制造商合作拓展市场。98年7月底负债净值9.9亿元,加拿大一全资公司已被接管,其他正作财务重组安排。98年9月止半年亏损2.83亿元,(包括特殊项目1.62亿元),不派中期息。至99年3月底负债净值14.5亿元,未偿还银行贷款8.78亿元,于99年9月停牌。

【财务状况】 1997/98年度每股纯利1.0仙。

中国食品发展集团有限公司

【公司概况】 股票代码为0506,业绩报告结算日期为12月31日,实收资本为660317027股,合计66031702元。公司董事会主席:薛国平。

【经营业绩】 原名为海嘉,为海裕实业之业务部分,88年9月上市。93年4月,中国粮油属下鹏源发展以每股2.61元收购,进行资产重组,并于94年改名如上。投资国内食用植物油加工、肉类加工及面粉厂。亦于江苏合作经营一所热电厂及投资维生素C厂。98年9月购入东州油脂厂(已增至84%),售出海晖全部股权21%及荃湾东亚商场。98年8月以121.9百万元购入中国长城葡萄酒厂25%。98年底每股净值2.12元,99年止上半年盈利54.7百万元,增2.3%,中期息派0.

03 元,净现金 8.57 亿元。
【财务状况】 1998 年度每股纯利 16.7 仙,每股股息 7.0 仙。

其士科技控股有限公司

【公司概况】 股票代码为 0508,业绩报告结算日期为 3 月 31 日,实收资本为 835753558 股,合计 83575356 元。公司董事会主席:周亦卿。
【经营业绩】 经营办公室设备销售,包括电脑、电话、影印机及图文传真机等。曾经营第二代电话已结束,现仍经营传呼业,又获安装卫星电视天线系统牌照。97 年 7 月光大科技购入 82.78 百万股,每股作价 0.658 元。99 年 3 月底每股净值 0.495 元,净存款 2.73 亿元,9 月止半年盈利 18.7 百万元,减 8%,中期息 0.01 元。将联同地产商店拓展网厦业务,由其士商业系统改名如上。
【财务状况】 1998/99 年度每股股息 4.0 仙。

运通泰集团(百慕达)有限公司

【公司概况】 股票代码为 0510,业绩报告结算日期为 12 月 31 日,实收资本为 420000000 股,合计 42000000 元。公司董事会主席:郑鸿标。
【经营业绩】 主要经营买卖的士及小巴,出租的士及担任保险代理,为的士及小巴提供分期付款融资;并经销入口汽车零件,于珠海经营汽车维修中心,曾经营中式酒楼,已全部出售及结束业务。95 年 12 月为日本信用保证收购,条件为 1 股日本信用换 3 股运通泰。98 年底每股净值 1.8 元。净债项 11 亿元,应收供款 15 亿元。99 年上半年亏损 30.2 百万元,不派中期息。
【财务状况】 1998 年度每股股息 1.0 仙。

电视广播有限公司

【公司概况】 股票代码为 0511,业绩报告结算日期为 12 月 31 日,实收资本为 438000000 股,合计 21900000 元。公司董事会主席:邵逸夫。
【经营业绩】 经营电视广播。其业务包括经营无线电视台、节目发行、动画及漫画书籍制作。目前经营翡翠台及明珠台无线电视,于加拿大有两个中文台,于台湾及欧洲亦以卫星电视播放华语节目。95 年底于泰国成立联营公司,于 97 年起将泰语节目配音为中文节目。98 年合营台湾直驳家具卫星服务,另增设两条新频通讯于亚洲 24 小时播放。98 年底每股净值 3.96 元,净存款 2.37 亿元。99 年上半年盈利 1.87 亿元,增 4%,中期息 0.2 元。99 年 4 月以每股 30.3 元配售 20.35 百万股,集资 6.16 亿元。将军澳电视城兴建中,2003 年完成,以银河卫星广播名义入标競投收费电视牌照,计划将互联网分拆上市。
【财务状况】 1998 年度每股纯利 115 仙,每股股息 80 仙。

中国太阳神集团有限公司

【公司概况】 股票代码为 0512,业绩报告结算日期为 12 月 31 日,实收资本为 815100000 股,合计 81510000 元。公司董事会主席:骆辉。
【经营业绩】 为中国主要口服液及保健饮品生产商之一,产品以太阳神牌子销售,包括各种口服液、乳酸奶、杏仁汁、蒸馏水及矿泉水,分销商分布中国各主要省市。95 年 12 月发行 200 百万股新股上市,每股以 1.5 元公售。98 年底每股净值 0.603 元,持现金 1.4 亿元,另短期投资 8.5 百万元,短期银行贷款 43.7 百万元。99 年上半年亏损 13.2 百万元,不派中期息。
【财务状况】 1998 年度纯利亏损 38.6 百万元(包括特殊亏损 13.2 百万元)。

恒和珠宝集团有限公司

【公司概况】 股票代码为 0513,业绩报告结算日期为 6 月 30 日,实收资本为 253005000 股,合计 25300500 元。公司董事会主席:陈圣泽。
【经营业绩】 从事设计、制作及销售珠宝首饰。市场以美国、加拿大及欧洲为主。产品于香港、上海、广州、及孟买制造。香港设有零售店及陈列室。于西班牙及瑞士亦有业务,参与一项具专利权无压燃结炭化硅产品(占 15%),亦购入一项生产合成板专利配方。99 年 6 月底每股净值 2.04 元,净存款约 1.78 亿元。期内出售西班牙业务,购入浙江省一项钻石切割加工业务权益 27%及天后朝道物业地盘 4530 方呎重建。
【财务状况】 1998/99 年度每股纯利 1.9 仙,每股股息 2.0 仙。

冯祥记集团有限公司

【公司概况】 股票代码为 0516,业绩报告结算日期为 3 月 31 日,实收资本为 400001640 股,合计 40000164 元。公司董事会主席:冯祥。
【经营业绩】 从事楼宇建筑,以兴建公共房屋为主。亦为各类公营部门物业提供保养及装修服务,亦经营建材业。已于中国河源市成立合营公司经营石矿场及混凝土产品。另占中国紫金县竹港酒店 60%。92 年 8 月发行新股 100 百万股上市,每股以 1.28 元公售。99 年 3 月底每股净值 0.258 元,净借贷 1.2 亿元,9 月止半年盈利 2.56 百万元,增 18.7%,不派中期息。
【财务状况】 1998/99 年度纯利亏损 10.3 百万元。

中远国际控股有限公司

【公司概况】 股票代码为 0517,业绩报告结算日期为 12 月 31 日,实收资本为 1370434791 股,合计 137043479 元。公司董事会主席:陈忠表。
【经营业绩】 主要在港承办公营楼宇之建筑营造及保养工程,亦从事土木工程及参与居屋计划。已开展中国建筑业务及扩展至新加坡。97 年 12 月中远属下以每股 0.72 元提出收购得 61%,并于 97 年 7 月由顺成集团改名如上。97 年 10 月以每股 3.6 元购入金朝阳 1.21 亿股(10%)。98 年 4 月以 16.58 亿元购入中远大厦 17.26 万方呎、以 5.45 亿元购入河南新中益电力 48.6%及购入上海地盘 85%,可发展 215 万方呎住宅。至 98 年底每股净值 1.2 亿元,净债项 11 亿元,99 年上半年亏损 19.8 百万元,不派中期息,正有条件购入深圳艾科微电子公司 51%。
【财务状况】 1998 年度纯利亏损 715.2 百万元。

同得仕(集团)有限公司

【公司概况】 股票代码为 0518,业绩报告结算日期为 3 月 31 日,实收资本为 352137298 股,合计 70427459 元。公司董事会主席:董华荣。
【经营业绩】 代美国设计商及百货公司制造高级女性时装。并扩展至欧洲及日本客户,时装以丝质为主。大部分于香港及中国生产,新加坡及马来西亚有小型设施,亦有部分由中国分包商生产,中山厂房已完成并投产,国内零售店共 19 间。已于中、港、菲、泰增设非丝质成衣设施。99 年 3 月底每股净值 1.13 元,净存款 2.8 亿元,9 月止半年盈利 35.3 百万元,增 0.6%,中期息 0.05 元。
【财务状况】 1998/99 年度每股纯利 25.6 仙,每股股息 37.0 仙。

实力国际集团有限公司

【公司概况】 股票代码为 0519,业绩报告结算日期为 6 月 30 日,实收资本为 951338657 股,合计 190267731 元。公司董事会主席:洪建生。
【经营业绩】 制造电子玩具、益智游戏及电子保育产品;并从事生产音响产品,以至保安及保健产品等。厂房设于中国。于欧美以传销商方式直接销售其产品,传销业务已予重组并拓展至亚洲。持有鸿运电子股权 51%,所持权智股份已售。于淡水、江门、东莞及平湖实益拥有土地 9.3 百万方呎,于美国亚里桑亚洲、加州及罗省等地拥有商住用土地 21.7 百万方呎,年来已逐渐出售。99 年 6 月底每股净值 0.399 元,净负债 56 百万元,正计划以互联网方式发展传商业务。
【财务状况】 1998/99 年度每股纯利 1.73 仙,每股股息 3.5 仙。

首长科技集团有限公司

【公司概况】 股票代码为 0521,业绩报告结算日期为 12 月 31 日,实收资本为 796273280 股,合计 199068320 元。公司董事会主席:叶瑞领。
【经营业绩】 从事生产及销售电话线及电话附件业务。曾为联合集团收购,亦曾拟与深圳赛格合作,但未能协议。93 年 7 月由首钢及长实等以 1.699 元收购 67.77%,其后将股权售予首长国际。现时业务为制造电话线及附件、印刷电路板、电脑及电子产品,以至货运代理及运输。94 年 9 月由三泰实业易名如上。98 年出售电话线权益 20%(仍持 60%),又购入电讯服务公司 50%,计划推出互联网电话业务,99 年 6 月首长国际将股权转让予首长四方,代价 163.5 百万元。98 年底每股净值 0.656 元,净负债 49 百万元。99 年上半年盈利 17.89 百万元,增 18.3%,不派中期息。
【财务状况】 1998 年度每股纯利 2.5 仙。

ASM Pacific Technology Ltd.

【公司概况】 股票代码为 0522,业绩报告结算日期为 12 月 31 日,实收资本为 375161000 股,合计 37516100 元。公司董事会主席:Arthur H. del Prado。

【经营业绩】 从事生产半导体元件及管芯线路板之物料、工具及机械之设计、生产及销售。为全球少数产制此等半自动及全自动管芯键金机、焊线机及封装设备制造商之一，亦是日本以外产制引线框架，并备有冲压、电镀设计及生产有关工具技能之主要制造商。以引线框架、键合及焊线机为主，亦生产精密蚀片框架，厂房设于香港、新加坡及中国。行销香港、台湾、马来西亚、新加坡及美国等地。98 年底每股净值 2.53 元，净借贷 1.98 亿元。99 年上半年盈利 84.5 百万元，增 2.3%，中期息 0.07 元。

【财务状况】 1998 年度每股纯利 30.2 仙，每股股息 26.5 仙。

鸿城集团有限公司

【公司概况】 股票代码为 0524，业绩报告结算日期为 12 月 31 日，实收资本为 718449380 股，合计 14368987 元。公司董事会主席：王顺吉。

【经营业绩】 原名为瑞菱。制造及销售录影带及录影带盒。90 年收购讯科股权 51%。92 年结束香港业务，出售讯科股权，只余马来西亚录带厂业务。93 年 4 月委任临时清盘人，其后重组，由新加坡 Goldtron 注资并成立新公司，取代瑞菱上市地位。经重组后已终止马来西亚业务，只经营深圳动画及占成都鸿远电池 25%。98 年底净值为 65.5 百万元，包括优先股 1.7 亿元，净存款 3.3 百万元。99 年上半年亏损 1 百万元，不派中期息。10 月发行 2.4 亿股(作价 55.2 百万元)购入 Magictel.com 提供互联网电话服务，并扩展多媒体动画业务，但表明并非 Sunday 借壳上市。由旧名 Goldtron 改名如上。

【财务状况】 1998 年度纯利亏损 63.6 百万元。

广深铁路股份有限公司

【公司概况】 股票代码为 0525，业绩报告结算日期为 12 月 31 日，实收资本为 2904250000 股国家股，1431300000 股 H 股，合计人民币 4335500000 元。公司董事会主席：李代华。

【经营业绩】 经营广州至深圳铁路客货运输，并与九广铁路合作往香港之直通车服务，亦包括在列车及站内销售食品及商品。96 年 5 月发行 H 股 14.31 亿新股，以 2.91 港元环球配售及于香港公售。98 年度每股净值人民币 2.2 元，净存款人民币 21.5 亿元。99 年上半年盈利人民币 229 百万元，减 37.74%。不派中期息。参与广州车站邻近一项物业发展，占实益 36.75%，将投资人民币 154 百万元，98 年 6 月底营运资金为人民币 19.76 百万元。

【财务状况】 1998 年度每股纯利 15 分，每股股息 10 分。

通达工业(集团)有限公司

【公司概况】 股票代码为 0526，业绩报告结算日期为 3 月 31 日，实收资本为 434366720 股，合计 43436672 元。公司董事会主席：江益明。

【经营业绩】 主要从事多种塑胶及五金日常家具用品、厨房用具、礼品及浴室用品之设计、制造及销售业务。主要出口至北美洲、欧洲及亚洲，而美国为集团最主要之出口市场。生产设施则设于中国深圳。96 年 12 月开始于国内生产塑胶瓶，供汽水商使用，年产量已达 2.3 亿个塑胶瓶，年内发展日用品业务，增加中港销售点。99 年 3 月底每股净值 60.8 元，净借贷 3.7 亿元，9 月止半年亏损 43.2 百万元，不派中期息。12 月出售生产塑胶瓶全部权益之伟东股权 54%，作价 50 百万元，债项暂缓偿还至 2000 年 1 月 14 日止，正寻求解决方案。

【财务状况】 1998/99 年度纯利亏损 257.5 百万元。

新龙国际集团有限公司

【公司概况】 股票代码为 0529，业绩报告结算日期为 12 月 31 日，实收资本为 260950000 股，合计 26095000 元。公司董事会主席：林森桂。

【经营业绩】 从事电脑硬件及软件产品销售。拥有多项代理权，供应予香港、台湾、新加坡及马来西亚客户，并于中国设立办事处。92 年 8 月发行新股 63.8 百万股上市，每股以 1 元公售。98 年 3 月以 4.68 亿元出售 SIS 分销业务股权 80%予美国上市公司 CHS，至 99 年 9 月 16 日，仍有 3.4 亿元未收，正考虑采取行动，现时主要业务为该股权 26%。98 年底每股净值 0.967 元，净存款 1.9 亿元，99 年上半年盈利 7.7 百万元，减 92.7%，不派中期息。

【财务状况】 1998 年度每股纯利 46.1 仙，每股股息 24.5 仙。

广益国际集团有限公司

【公司概况】 股票代码为 0530，业绩报告结算日期为 12 月 31 日，实收资本为 2609035113 股，合计 26090351 元。公司董事会主席：Kwee，Cahyadi Kumala。

【经营业绩】 主要从事制造及分销电容器。厂房设于中国。93 年底属下的深圳大通实业(占 49%)已于深圳上市。94 年 8 月购入绍兴东风酒厂 51%。亦于深圳设有即食面厂，97 年 11 月庆南集团入股，名称由益通改为广益，持续出售电子业务，专注于饮料及食品业务。98 年 9 月购入南非鸵鸟公司，从事屠宰、销售及制革，为南非第二大制革并于韶关设计鸵鸟场、屠宰及制革设施，占 75%。深圳大通实业股权已于 98 年 7 月售予广南，款项已于 99 年 7 月作为全数收回。98 年底每股净值 0.246 元，净债项 2 亿元。99 年上半年盈利 4.1 百万元，增 119.7%，不派中期息。5 月及 6 月共配售 10.278 亿股，集资 51 百万元。

【财务状况】 1998 年度每股纯利 0.03 仙。

王氏港建(集团)有限公司

【公司概况】 股票代码为 0532，业绩报告结算日期为 12 月 31 日，实收资本为 686049964 股，合计 68604996 元。公司董事会主席：王忠桐。

【经营业绩】 原名为王氏工业集团业务部分，89 年 7 月以介绍方式上市。业务为印刷电路板之有关工业产品制造，分销用以制造电路板及电子产品之化学品原料及设备，并生产精密注塑零件，也致力于生产电脑有关产品。观塘厂房已与新地于 95 年底协议合作发展，应占完成后工业写字楼面积 12 万方呎，已于 98 年 10 月终止协议。98 年底每股净值 0.462 元，净债项 2.79 亿元。99 年上半年亏损 3.5 百万元，不派中期息。9 月已协议将观塘厂房售予新地，成价 1.55 亿元。

【财务状况】 1998 年度每股纯利 1.6 仙。

金利来集团有限公司

【公司概况】 股票代码为 0533，业绩报告结算日期为 3 月 31 日，实收资本为 877114035 股，合计 87711403 元。公司董事会主席：曾宪梓。

【经营业绩】 主要从事广泛系列以本身牌子产销为主的男士服装、饰件，包括领带、成衣、皮具及饰物。主销中国、香港及东南亚。购入广州天河商厦 30 万方呎作出租用途，97 年底完成。梅州工业大楼第一期已完成，作为成衣加工厂。已推出女性护肤化妆品，并于 96 年初推出金利来香烟发售。97 年起经营葡萄酒，且推出 Van Garie 及 Trussardi 时装。中港零售点 980 个、香港 14 个。99 年 3 月底每股净值 2.22 元，净存款 2.7 亿元，9 月止半年盈利 36.46 百万元，派中期息 0.03 元。已停止香烟、葡萄酒及进口服装皮革业务。

【财务状况】 1998/99 年度每股股息 5.0 仙。

兴港集团有限公司

【公司概况】 股票代码为 0535，业绩报告结算日期为 12 月 31 日，实收资本为 1071514419 股，合计 107151441 元。公司董事会主席：朱悦宁。

【经营业绩】 原名为孙福记，为罗氏家族收购，改名为新福港。97 年 7 月中旅国际投资联同周年茂以每股 1.38 元收购 51.66%，并将建筑业务售回罗氏家族，改名如上。业务为中港物业发展与基建投资。委聘周年茂为董事总经理，以每股 1.38 元配售新股 66.87 百万股作为周氏酬金，另发予 60 百万份两年期及 60 百万股四年期非上市认股权证，认股价 2.88 元。目前主要投资业务为物业投资发展及基建投资：占荔枝角道励丰中心工业面积 212000 方呎 40%。芜湖电厂第三期权益 50%。河北省沧州公路经营权 60%，因条件未达致，在洽商问题中。发展中物业：聚豪天下 33%，已售大部分，现实益占 13 间待售。太子道西地盘，兴建面积 40000 方呎，99 年完成。青山道地盘兴建面积 40000 方呎，99 年完成。元朗地盘兴建 220000 方呎，2000 年完成。湾仔坚弥地街地盘兴建 65900 方呎，2001 年完成。西环正街地盘兴建 33000 方呎，深井屋地可发展 70000 方呎，正在修改用途中。以 619.3 百万元购入北京宣武区首钢特殊钢厂址，可兴建为 300 万方呎住宅，于 2000 年至 2003 年分期完成，占 50%。与中旅社协议，为红▮现有两项工业货仓重建为酒店及商住用途项目经理，并占权益 40%。购入深圳南山区沙河地盘 30.6%，可兴建商住面积 123 万方呎。98 年底每股净值 1.32 元，净负债 1.29 亿元，99 年上半年盈利 25.2 百万元，派中期息 0.01 元。原占华德丰股权 20%已在减持中。最新发展为 12 月购入深圳赛博韦尔软件产业园 95%，2000 年 9 月完成首期约 30 万方呎，正洽商与美国 e－Cell 合作发展专利多媒体区域数据传送系统及洽购革新中文键盘技术。

【财务状况】 1998 年度纯利亏损 480.7 百万元。

冠华国际控股有限公司

【公司概况】 股票代码为 0539，业绩报告结算日期为 3 月 31 日，实收资本为 57600000 股，合计 57600000 元。公司董事会主席：李铭洪。

【经营业绩】 从事布匹针织、漂染及定型服务，以及成品针织布匹之生产及销售。制造设施于广东新会市，主销香港。96年5月发售50百万股上市(包括新股37.5百万股及旧股12.5百万股)，每股售价1元。97年开拓美国市场。99年3月底每股净值5.02元，净借贷60百万元，9月止半年盈利9.36百万元，增31.8%，不派中期息。

【财务状况】 1998/99年度每股纯利24仙。

马联香港有限公司

【公司概况】 股票代码为0542，业绩报告结算日期为12月31日，实收资本为919767640股，合计183953528元。公司董事会主席：邱继炳。

【经营业绩】 提供旅游及有关服务，亦投资酒店及经营酒店管理，并有若干国内物业发展。持有澳洲星晨69.5%(酒店管理)。92年亚洲证券以每股1.25元购得股权。93年再以每股1.35元售予大马财团。96年底由星晨易名如上。95年以218.5百万元购入国卫中心面积25936方呎及4个车位。中山星晨花园(占55%)已完成五期，大部分已售出；中山星晨广场(占55%)，商住面积共1.08百万方呎，发展中。98年底每股净值0.315元，净债项49百万元。99年上半年亏损23.5百万元，不派中期息。

【财务状况】 1998年度纯利亏损10.1百万元。

大同混凝土(香港)有限公司

【公司概况】 股票代码为0544，业绩报告结算日期为4月30日，实收资本为2999874146股，合计749968536元。公司董事会主席：久保田章允。

【经营业绩】 为港日资本合作，经营混凝土桩、钢管及合成钢管桩、蒸压护养轻石屎，亦经营建材、纸袋及电子消费品贸易。占锦和建筑70%。95年9月将预制房屋业务及蒸压护养轻石屎业务组成Daido Home。亦与中资合作于中山合组钢管厂。97年6月开始停牌，进行债务重组。期内多家上市公司磋商债务重组，99年4月负债9.43亿元，99年11月高力获债权人同意削价，收购大同股权，重组后资产净债约1.3亿元。高力占51.1%。

【财务状况】 1998/99年度纯利亏损222.8百万元。

民信集团有限公司

【公司概况】 股票代码为0547，业绩报告结算日期为12月31日，实收资本为2702539986股，合计270253998元。公司董事会主席：陈庭川。

【经营业绩】 主要经营香港及中国建筑之消防系统及电机供应及安装，97年出现财务困难，98年初开始重组，发行可换股票据及配售新股集资，由新沣及有关人士持有74.79%，并注入一项物业68百万元及现金176百万元，98年底曾重组后每股净值0.046元，净存款30百万元，99年上半年亏损31.2百万元，不派中期息。

【财务状况】 1998年度每股纯利25仙。

深圳高速公路股份有限公司

【公司概况】 股票代码为0548，业绩报告结算日期为12月31日，实收资本为内资股1268200000股，H股747500000股，合计人民币2015700000元。公司董事会主席：陈潮。

【经营业绩】 国家企业，主要在深圳开发经营及管理收费公路。现拥有两条一级公路107国道和205国道。亦拥有梅观高速95%、机荷高速100%权益，已参与兴建盐坝高速公路发展及投资发展长沙市绕城路51%。97年3月发行650百万股H股上市，每股售价2.2港元。98年底每股净值人民币1.964元，净存款人民币4.97亿元，99年上半年盈利人民币1.6亿元，增1.2%，每股盈利0.0794元，不派中期息。已与其他投资者达成意向，共同发展深港西部通道，将占23%。

【财务状况】 1998年度每股纯利15.2仙，每股股息6.0仙。

裕元工业(集团)有限公司

【公司概况】 股票代码为0551，业绩报告结算日期为9月30日，实收资本为707757953股，合计353878976元。公司董事会主席：蔡其能。

【经营业绩】 主要为原设备制造以国际名牌销售之运动鞋。生产设施设于中国东莞及珠海。亦透过联号于中山、东莞及印尼设厂，并于越南兴建垂直式新厂房。92年6月发行新股440百万股及旧股东售出110百万股上市，每股以1.18元公售。96年11月以14.4亿元收购宝元工业55%，成为全资公司。持有唯冠股权25%。98年9月底每股净值7.5元，净债项17亿元。99年3月止半年盈利741百万元，增145%，中期息0.25元。6月止9个月盈利1148百万元。10月配售集资6.6亿元。

【财务状况】 1997/98年度每股纯利198.4仙，每股股息60仙。

南京熊猫电子股份有限公司

【公司概况】 股票代码为0553，业绩报告结算日期为12月31日，实收资本为A股413015000股H股242000000股，合计人民币655015000元。公司董事会主席：王松山。

【经营业绩】 为国家企业，以营业额计是中国最大型的综合性电子制造企业之一。总部设于江苏省南京市，主要产品为电视机，以“熊猫”牌为商标。现时投产VCD播放机，开发卫星通信移动电信UPS系统、电脑新产品及技术组件设计、仪器和生产工艺开发。96年4月新发行242百万股H股上市，售价2.13港元。99年上半年亏损人民币107.8百万元，不派中期息。每股净值经调整后为人民币47分。99年8月转移存货及应收帐人民币12.9亿元及债务约人民币9.9亿予母公司，总负债比率由209%降至43%，而母公司亦获准债转股。

【财务状况】 1998年度纯利亏损人民币496.6百万元。

理文集团有限公司

【公司概况】 股票代码为0554，业绩报告结算日期为3月31日，实收资本为825000000股，合计82.5百万元。公司董事会主席：李运强。

【经营业绩】 制造及销售手袋，纸制包装产品，卡式录音带产品。所出口大部分产品透过跨国百货连锁店出售，全部生产设施于中国东莞市，厂房面积逾百万平方呎。已于东莞兴建一间全新纸制包装产品工业城，占地面积约710000平方呎；并于泰国设厂生产手袋。99年3月底每股净值0.543元，净存款60.4百万元。9月止半年盈利82.1百万元，增2.3%，派中期息0.06元。97年5月发行20625万股新股上市，每股售价1元。

【财务状况】 1998/99年度每股纯利15.2仙，每股股息13.0仙。

城市酒店国际有限公司

【公司概况】 股票代码为0557，业绩报告结算日期为12月31日，实收资本为1999899186股，合计1999899186元。公司董事会主席：郭令明。

【经营业绩】 主要业务包括拥有及经营酒店，发展物业及股份投资等，现分别在香港、英国、新加坡、台北、马来西亚、菲律宾、印尼、澳纽及美国拥有或管理一系列酒店。96年4月以配售形式分拆“M&C”欧美酒店在伦敦上市，集资20亿元，98年股权摊薄至52.5%。99年上半年盈利3.7亿元，增4.9%，中期息0.2元。每股净值3.76元。期内曾持亚太酒店售予M&C，使现金大增至35亿元。99年11月以17.75亿元收购汉城希尔顿酒店，12月属下M&C有条件收购富豪酒店于美国28间酒店权益，作价49.72亿元。

【财务状况】 1998年度每股纯利29.45仙，每股股息8.0仙。

精艺集团国际有限公司

【公司概况】 股票代码为0559，业绩报告结算日期为12月31日，实收资本为230000000股，合计23000000元。公司董事会主席：赖锦荣。

【经营业绩】 从事设计、生产及销售仿真植物。产品以仿真圣诞树为主，分为素叶类及仿真花两种。产品原料包括PVC胶片及金属材料，生产设施位于东莞及从化，面积39万方呎。本港持有物业约2.1万方呎。97年1月发行57.5百万新股上市，每股售价1元。97年6月于山东威海市成立仿真花叶合营企业，厂房于97年10月投产。98年底每股净值0.574元，净存款3.6百万元，99年上半年度纯利3百万元，不派中期息。

【财务状况】 1998年度每股纯利6.1仙，每股股息4.5仙。

珠江船务发展有限公司

【公司概况】 股票代码为0560，业绩报告结算日期为12月31日，实收资本为750000000股，合计75000000元。公司董事会主席：杨连威。

【经营业绩】 主要从事香港与珠江三角洲各口岸之间内河运输。占广东省广佛高速公路公司25%股权、东莞虎门货柜码头东莞虎门公司30%股权。德庆康州港集装箱货运及鹤山市鹤港货运各40%。在港经营屯门珠江货仓，设一私家码头及拥有120辆货柜拖车。97年5月发行新股187.5百万股上市。98年底每股净值0.97元，净存款3.

35 亿元,99 年上半年盈利 48.46 百万元,减 10.3%,每股盈利 0.065 元,中期息 0.01 元。98 年底与母公司协议于港澳珠江三角洲经营 19 艘船舶运输,占 49%,准备工作仍在进行,预期注册于 99 年底完成。
【财务状况】 1998 年度每股纯利 12.7 仙,每股股息 4.0 仙。

保昌控股有限公司

【公司概况】 股票代码为 0562,业绩报告结算日期为 7 月 31 日,实收资本为 237400400 股,合计 23740040 元。公司董事会主席:刘少荣。
【经营业绩】 主要从事货运代理、展品付运代理有关业务。新加坡、美国、中国也设有海外办事处。于中国及海外有多间联号,并与中国教育委员会合作于上海开设持牌展览搬运公司。92 年 4 月发行新股 50 百万股及旧股东出售 10 百万股上市,每股以 1 元公售。95 年 2 月开设合营货仓,占地 3.7 万方呎。98 年度本港市场占营业额 43%,空运站 77.6%。99 年 7 月底止每股净值 0.987 元,净存款 82 百万元。
【财务状况】 1998/99 年度每股纯利 14.6 仙,每股股息 9.0 仙。

辉联配运(香港)有限公司

【公司概况】 股票代码为 0563,业绩报告结算日期为 4 月 30 日,实收资本为 662603046 股,合计 66260304 元。公司董事会主席:李英俊。
【经营业绩】 主要从事国际海、陆、空运代理服务,包括船务代理、国际性搬屋服务、货仓及水险代理等,办事处分布香港、美国、加拿大、新加坡、中国等地。已于国内成立若干合营公司,经营货柜堆场及货仓,亦提供内河船及陆运服务,提供福建至深圳、香港至广东之货运。93 年 8 月发行 43.3 百万新股及旧股东出售 9.7 百万股上市,每股以 1 元公售。99 年 4 月底每股净值 0.123 元,净现金 41 百万元,管理层于 8 月变动,11 月由永顺国际改名如上。
【财务状况】 1998/99 年度纯利 67.28 百万元。

红发集团有限公司

【公司概况】 股票代码为 0566,业绩报告结算日期为 12 月 31 日,实收资本为 337399620 股,合计 33739962 元。公司董事会主席:叶润权。
【经营业绩】 主要从事设计、制造及销售儿童玩具,产品主要出口至欧洲、亚洲及北美。生产设施位于深圳、东莞及香港,各有两座厂房,厂房总建筑面积为 34 万方呎。东莞之 24.8 万方呎两座新厂已投产。96 年 1 月发售新股 65 百万股上市,每股 1 元公售。98 年底每股净值 0.983 元,净存款 1.75 亿元,99 年上半年盈利 22.7 百万元,增 14.4%,派中期息 0.05 元。
【财务状况】 1998 年度每股纯利 20.1 仙,每股股息 15.0 仙。

秀华国际集团有限公司

【公司概况】 股票代码为 0567,业绩报告结算日期为 3 月 31 日,实收资本为 466013785 股,合计 46601378 元。公司董事会主席:刘学宏。
【经营业绩】 从事设计及销售 ASIC 之非标准晶片。并设计、制造及销售适用于私人电脑及其兼容设备之系统板及增强产品;亦兼营电路及其他电子产品如 CD 机及电话等。93 年 5 月配售 73.88 百万股新股,每股计 0.65 元,配予惠州市政府占 51%之机构,连同原有股权,东茗共占 26.36%,并将寿幸科研易名如上。现时主要业务为线路板制造及有关装配。97 年内已逐步出售非核心业务。99 年 3 月底每股净值 0.345 元,净存款 61 百万元,9 月止半年盈利 13.89 百万元,增 0.6%,中期息 0.015 元。
【财务状况】 1998/99 年度每股纯利 6.3 仙,每股股息 2.5 仙。

荣山国际有限公司

【公司概况】 股票代码为 0570,业绩报告结算日期为 12 月 31 日,实收资本为 829018244 股,合计 82901824 元。公司董事会主席:叶少珍。
【经营业绩】 主要在国内从事发电业务。持有佛山发电厂及佛山城西发电厂各九成股权,两厂发电量为 174735 兆瓦。93 年 3 月发行 45 百万新股上市,每股以 1.02 元公售。两电厂于 98 年 4 月售予佛山市政府的佛山发展,并向其购入佛山沙口发电厂 80%,发电量为 300000 千瓦,作价 13.38 亿元,补差价约 4.7 亿元。付予新股 3.15 亿股及票据 54 百万元及承担债项。98 年底每股净值 1.67 元,非银行债项 8.75 亿元,存款 3.4 亿元。94 年上半年盈利 37.7 百万元,增 38.6%,派中期息 0.015 元。
【财务状况】 1998 年度每股纯利 12.9 仙,每股股息 5.0 仙。

丽新酒店国际有限公司

【公司概况】 股票代码为 0571,业绩报告结算日期为 12 月 31 日,实收资本为 1824143092 股,合计 182414309 元。公司董事会主席:林建岳。
【经营业绩】 原名景耀国际,96 年底重组改名,现拥有香港丽嘉酒店 65%、纽约四季酒店 50%、米兰四季酒店 50%、洛杉矶 Regent Beverly Wilshire 酒店 25%,越南两间酒店 31.25%及 26%,于上海香港广场持有服务住宅 181 单位,已于温哥华兴建住宅商业综合大楼,98 年内售出北美洲 Delta 管理权,仍拥有亚太区 Century 管理权 51%,正管理酒店逾 20 间。98 年底每股净值 2.1 元,净借贷 5.87 亿元。99 年上半年亏损 97.7 百万元,不派中期息。99 年出售纽约四季酒店、温哥华住宅、香港广场及北美 DELTA WHISTLER RESORT 及洛杉矶 Regent Beverly Wilshire 25%,又以 19 亿元购入富丽华重建后的酒店及商场部分,12 月底与中国星合作投资互联网。
【财务状况】 1998 年度每股股息 1.0 仙。

励晶太平洋集团有限公司

【公司概况】 股票代码为 0575,业绩报告结算日期为 3 月 31 日,实收资本为 917712460 股,合计 USD9177124 元。公司董事会主席:Jim Mellon。
【经营业绩】 为新兴市场之独立投资集团,业务遍布欧亚,对多种专门基金提供管理及顾问服务,包括新兴市场基金、资产市值偏低基金、对冲基金及亚洲股票基金,亦从事设立、推广及分销等基金,并进行投资活动,主要投资上市证券。于俄罗斯亦设有证券经纪业务。97 年 5 月发行新股 170.5 百万股上市,每股售价 2.62 元。98 年 3 月止,管理基金及本身投资总值 19.7 亿美元。99 年 3 月底每股净值 0.9 元。9 月止半年盈利 303.5 百万元,派中期息 0.08 元。每股净值 1.1 元,净存款约 92 百万元。98 年曾收购建生实业,未获股东接纳,99 年已予出售。99 年购入韩国金融公司,计划于 2000 年上市,将股份分派予股东。99 年底购入保加利亚国营银行。
【财务状况】 1998/99 年度每股股息 5.0 仙。

浙江沪杭甬高速公路股份有限公司

【公司概况】 股票代码为 0576,业绩报告结算日期为 12 月 31 日,实收资本为内资股 2909260000 股,H 股 1433854500 股,合计人民币 4343114500 元。公司董事会主席:耿小平。
【经营业绩】 主要在浙江省经营公路投资建设和管理,有权开发和经营如汽车维修加油设施等配套服务。99 年 6 月底共持有已完成 495.2 公里收费公路。97 年 5 月发售 H 股上市公售及配售,每股售价 2.38 港元。98 年内投资人民币 2 亿元,合营石油公司,占 50%。12 月,以人民币 9.14 亿元增持嘉兴段公路权益至 84.2%。98 年底每股净值人民币 1.87 元,净债项人民币 7.7 亿元。99 年上半年盈利人民币 2.39 亿元,增 45.4%,派中期息 0.015 元。
【财务状况】 1998 年度每股纯利 8.87 仙,每股股息 3.5 仙。

友晖动力(集团)有限公司

【公司概况】 股票代码为 0577,业绩报告结算日期为 3 月 31 日,实收资本为 584677989 股,合计 58467799 元。公司董事会主席:梁国驹。
【经营业绩】 主要向香港及中国之建筑项目提供花岗岩及云石制品之铺砌服务。并进口各式之花岗岩及云石制品,在香港及中国批发。设于东莞茶山之云石及花岗岩加工厂 1 期与 2 期已完全投产。96 年 4 月以介绍方式上市 399 百万股。99 年 3 月底每股净值 0.931 元,净借贷 1.08 亿元,9 月底半年内盈利 18.2 百万元,减 23.2%,不派中期息。9 月成立天网,10 月由友晖云石改名如上,天网将有 8 个频道,包括 Cyber 日报。
【财务状况】 1998/99 年度每股纯利 6.08 仙。

龙田集团控股有限公司

【公司概况】 股票代码为 0578,业绩报告结算日期为 3 月 31 日,实收资本为 432000000 股,合计 43200000 元。公司董事会主席:陈进强。
【经营业绩】 主要从事对中国市场之皮革服装设计、制造及销售业务,厂房设于深圳及龙岩市,直接于香港或中国透过其特约经销商、特许经营客户及零售点经营客户从事皮革、皮草及服装辅料配件之贸易及分销业务。97 年 4 月发行新股 9 千万股上市,每股售价 1 元。99 年 3 月底每股净值 0.171 元,净负债 104.9 百万元,9 月止半年亏损 18.4 百万元,不派中期息。
【财务状况】 1998/99 年度纯利亏损 110.0 百万元。

其士建筑集团有限公司

【公司概况】 股票代码为 0579,业绩报告结算日期为 3 月 31 日,实收资本为229000000股,合计22900000元。公司董事会主席:周亦卿。

【经营业绩】 原为其士发展部分业务,主要从事香港之楼宇建筑及土木工程,包括私人及公共两方面的建筑工程,亦承接香港政府的港口道路、渠务及水务工程。96年1月以介绍方式上市,其士发展仍占控制权。97年8月其士系进行重组,其士国际成为控股公司,占37.3%;而周亦卿则占18%,98年合成联营公司,从事水管维修,占45%。99年3月底每股净值0.342元,净存款39.3百万元,9月止半年盈利2.27百万元(上年同期亏损46.9百万元),不派中期息。

【财务状况】 1998/99年度纯利亏损78.2百万元。

南华早报(集团)有限公司

【公司概况】 股票代码为0583,业绩报告结算日期为6月30日,实收资本为1730999996股,合计173100000元。公司董事会主席:郭孔演。

【经营业绩】 出版及刊印南华早报、出版书刊、杂志及经营印刷业务。公司早于71年上市,87年3月为澳洲新闻集团收购,于90年6月重新上市,由新闻集团出售旧股262.5百万股,每股以3.08元公售。93年10月郭鹤年以每股5.17元购得34.2%;94年马联加入为股东,96年收购电视企业私有化,兼营康乐及消闲业务。99年6月底每股净值2.38元,存款净额4.55亿元,11月推出财经网站,也入股中国财经网站。

【财务状况】 1998/99年度每股纯利22.5仙,每股股息25.0仙。

宝途集团国际有限公司

【公司概况】 股票代码为0585,业绩报告结算日期为3月31日,实收资本为546108200股,合计54610820元。公司董事会主席:高长昌。

【经营业绩】 主要设计、制造、推广及分销圣诞节日产品,包括仿真圣诞树、塑胶挂饰品、花环、草藤、铁线剪影架,反光装饰软藤草及其他挂饰配件。生产设施于中国深圳,并在布吉设新厂生产PVC胶片,已投产。97年2月发行新股125.4百万股上市,每股售价1.28元。97年7月上市入股7.4%。98年开始生产悠闲家私。99年3月底每股净值0.858元,净负债1亿元。9月止半年盈利142.8百万元,增19%,派中期息0.028元。

【财务状况】 1998/99年度每股纯利22.2仙,每股股息11.0仙。

香港玩具国际有限公司

【公司概况】 股票代码为0586,业绩报告结算日期为3月31日,实收资本为365157333股,合计36515733元。公司董事会主席:徐乃成。

【经营业绩】 从事设计、制造及销售本身牌子之广泛种类玩具,包括婴儿及学前玩具,以至电动、机动及供学习行走之玩具;亦买卖其他玩具及杂项货品。厂房设于中国,产品主销欧洲及澳洲。又成立零售部门,销售儿童玩具、家私及服装等。90年7月发行75百万新股上市,每股以1.23元公售。97年3月股权易手,联太工业成大股东。99年3月底每股净值0.63元,净负债79百万元。9月止半年亏损37百万元,不派中期息。

【财务状况】 1998/99年度截止1999年3月止15个月纯利亏损172.2百万元。

北京北辰实业股份有限公司

【公司概况】 股票代码为0588,业绩报告结算日期为12月31日,实收资本为内资股1160000000股H股707020000股,合计人民币1867020000元。公司董事会主席:沙万泉。

【经营业绩】 国有企业,主要在北京从事物业投资及发展。物业均集中在朝阳区亚运村内的物业及配套设施物业。新世界中国旗下Rich Funds Ltd.占9.6%股权。97年5月发行614.8百万股H股上市,每股2.4港元。97年底,收租投资物业4.57百万方呎,待销住宅1.34百万方呎,发展中商住面积1.4百万方呎,待发展物业26百万方呎。98年底每股净值2.6元,现金及存款17亿元,未偿还短期债务9亿元,99年上半年盈利96.88百万元,跌38.6%,不派中期息。

【财务状况】 1998年度每股纯利16.5仙,每股股息4.5仙。

六福集团(国际)有限公司

【公司概况】 股票代码为0590,业绩报告结算日期为3月31日,实收资本为456000850股,合计45600085元。公司董事会主席:黄伟常。

【经营业绩】 从事金饰镶石首饰与宝石及其他配饰之采购、批发及零售。截至99年9月止,共有18家零售店。97年4月发行114百万股新股上市,每股售价1元。99年3月底每股净值0.814元,净现金95百万元,9月止半年盈利30.4百万元,增71.5%,中期息0.025元。

【财务状况】 1998/99年度每股纯利8.9仙,每股股息5.0仙。

堡狮龙国际集团有限公司

【公司概况】 股票代码为0592,业绩报告结算日期为3月31日,实收资本为274297493股,合计27429749元。公司董事会主席:罗蜀凯。

【经营业绩】 主要在东南亚以Bossini之牌子名称零售便服及配件。在香港、澳门、中国、新加坡及马来西亚有庞大分销网,香港市场为主,亦出口往其他国家。并无设厂房,只由供应商提供产品。原为罗氏国际物业部分,93年10月以介绍方式上市,并予独立分拆,将股份送予股东。99年3月底每股净值1.03元,净现金58百万元,9月止半年盈利28.6百万元(上年同期亏损21.5百万元),派中期息0.045元。港澳零售店33间,国内特许店57间。

【财务状况】 1998/99年度每股纯利6.41仙,每股股息3.0仙。

卓健亚洲有限公司

【公司概况】 股票代码为0593,业绩报告结算日期为12月31日,实收资本为718021397股,合计71802140元。公司董事会主席:Brian O'Connor。

【经营业绩】 主要在国内及港澳地区从事先进科技医疗设备。97年初失去主要代理权,7月为现任主席以每股0.765元收购。原名为科力,于98年1月改名如上。多次发行新股收购医疗机构,至99年8月底,包括医疗中心200间(医生300名)、物理治疗诊所8间及牙科诊所4间及护老床位988张(目标为4000张),并与浸会大学合作中医诊所,也提供网上保健。98年底每股净值0.044元,净存款17百万元,99年上半年盈利13.8百万元,减14.2%,不派中期息。

【财务状况】 1998年度每股纯利3.9仙。

先思行有限公司

【公司概况】 股票代码为0595,业绩报告结算日期为3月31日,实收资本为198996012股,合计19899601元。公司董事会主席:苏煜均。

【经营业绩】 为三星电子在香港、新加坡、马来西亚及印尼等地认可分销商之一,分销半导体镭射机芯、晶体管及其他电子元件之全线产品。96年4月发行48百万股上市,每股售价1.10元。于深圳生产镭射唱机,产品发展至电脑周边设备,多媒体产品及电子玩具,99年3月底每股净值0.667元,净债项1.44亿元,9月止半年盈利12.7百万元,增115.5%,不派中期息。

【财务状况】 1998/99年度每股纯利4.9仙。

大华国际(集团)有限公司

【公司概况】 股票代码为0600,业绩报告结算日期为3月31日,实收资本为625208200股,合计31260410元。公司董事会主席:李达。

【经营业绩】 主要从事各类中上价加工软皮革贸易。包括鞋类、手袋、手表及家私的皮革贸易。在国内设立代办处、皮革加工厂及皮具制造厂,并收购澳洲一项进出口皮具业务。93年9月发行40百万股及由旧股东出售10百万股上市,每股以1元公售。6月收购深圳石化化织49%。已于澳洲开设5间零售皮具店,已获2000年于悉尼举行之奥林匹克运动会制造及销售官方奥林匹克袋、行李箱以及有关配衬品独家特许权。99年3月底每股净值0.415元,净借贷82百万元,9月止半年盈利1.88百万元,增602%,不派中期息。获预发集团三项品牌手袋独家制造权。

【财务状况】 1998/99年度纯利亏损7.7百万元。

权智(国际)有限公司

【公司概况】 股票代码为0601,业绩报告结算日期为3月31日,实收资本为1012271029股,合计101227103元。公司董事会主席:谭伟豪。

【经营业绩】 主要从事设计、制造及销售私人电子英汉辞典、多语翻译机、手提液晶显示游戏机、电子记事簿及电讯产品,包括传呼机及图文传真卡等。最新产品为唯读光盘及光碟以至掌上电脑(设计发音功能)及个人数码助理,已于国内开设分销网络。厂房设于中国,主销香港、德国及东南亚。并与亚洲传讯公司订立合营项目,以拓展传呼市场产品并提供传播服务。93年1月发行新股200百万股上市,每股以1.02元公售。99年3月底每股净值0.546元,净债项36百万元,9月止半年盈利38.3百万元,增7%,中期息0.005元。已与美商及中国科学院合作发展网上教材服务。
【财务状况】 1998/99年度每股纯利5.0仙,每股股息1.0仙。

金力国际集团有限公司

【公司概况】 股票代码为0603,业绩报告结算日期为3月31日,实收资本为289150220股,合计28915022元。公司董事会主席:朱境诚。
【经营业绩】 主要制造及经销电池、电器及电子消费产品之电子零部件。厂房则设于中国东莞及惠东两地。且经营电子半制成品,产品主销香港及欧洲,已扩展中国市场,并透过国内合营公司生产环保电池。亦生产电子宠物及硅橡胶产品。93年5月发行36百万新股及由旧股东出售9百万股上市,每股以1.09元公售。99年3月底每股净值1.19元,净借贷32百万元,9月止半年亏损15.1百万元,不派中期息。99年12月日本光通讯及盈科动力认购新股占51%及20%,以每股0.9元提出收购。
【财务状况】 1998/99年度纯利亏损46.4百万元。

深业控股有限公司

【公司概况】 股票代码为0604,业绩报告结算日期为12月31日,实收资本为1037500000股,合计103750000元。公司董事会主席:许扬。
【经营业绩】 主要从事物业发展与投资;亦提供深圳及惠阳、深港两地运输服务;国内货递及汽车租赁;亦拥基建项目权益。97年底拥有624百万呎土地储备权益。拥有洞庭湖大桥60%、妈湾电力19%及笋岗仓库51%权益。97年3月发行250百万股新股上市,每股售价1.85元。98年底每股净值1.94元,净债项5.1亿元。99年上半年盈利107.6百万元,减23.7%,派中期息0.023元。12月入股中国首间环保电厂25%,总投资7亿元人民币。
【财务状况】 1998年度每股纯利20.16仙,每股股息6.0仙。

港佳控股有限公司

【公司概况】 股票代码为0605,业绩报告结算日期为12月31日,实收资本为558433557股,合计55843365元。公司董事会主席:张小林。
【经营业绩】 为多间从事化肥及农产品贸易公司之控股公司,顾客主要为中国。于山东设散装化肥自动包装厂房及于四川设立硫酸钾制造厂。95年3月投资于河南粮油食品公司占40%,亦占两间新化学肥料厂25%权益。97年3月,收购北京食油制造厂51%。4月,投资国内合营公司,占51%,发展超级市场。98年底每股净值0.506元,净借贷4.5亿元。99年上半年盈利10.8百万元,增5%,派中期息0.01元。
【财务状况】 1998年度每股纯利2.5仙,每股股息1.5仙。

东宁高科技(控股)有限公司

【公司概况】 股票代码为0606,业绩报告结算日期为6月30日,实收资本为13529284763股,合计1352928476元。公司董事会主席:黄仕灵。
【经营业绩】 93年以1元上市,买卖电视及音响产品零件、发展至电单车及汽车零件。94年开始制造电视机、影音产品、空调及洗衣机。97年分拆高路华上市。98年财务困难,欠债10.4亿元,初步获债权人同意重组,望于2000完成,99年9月购入吉林显示器(TFT)产销权益30%,并获代销权。年内经多次配售供股,于供股后每股净值0.134元,占东宁电器53.62%,黄仕灵夫妇占东宁高科技41.15%。
【财务状况】 1998/99年度纯利亏损197.6百万元。

达利国际有限公司

【公司概况】 股票代码为0608,业绩报告结算日期为9月30日,实收资本为335237630股,合计33523763元。公司董事会主席:潘汉锦。
【经营业绩】 从事洗水丝成衣之设计、制造、推广及销售业务。销予美国及美国以外之海外代理。于东莞及中山设有厂房。亦于杭州成立两间合营制衣厂,于国内共有13间制造厂权益,并于香港及国内设有零售点。92年7月发行新股75百万股上市,每股以2.33元公售。98年9月止每股净值1.37元,净存款97.2百万元,99年3月止半年盈利39.2百万元,增54.7%,中期息0.038元。正建议参与三商行债务重组。
【财务状况】 1997/98年度每股纯利14.2仙,每股股息5.0仙。

惠记集团有限公司

【公司概况】 股票代码为0610,业绩报告结算日期为3月31日,实收资本为675560034股,合计67556003元。公司董事会主席:单伟豹。
【经营业绩】 经营土木工程。于珠海及上海经营石矿场;并于中国经营建筑材料贸易。96年7月将国内公路投资组成路劲上市,仍占49.9%。96年10月以1.52亿元购入瑞安土木工程80%,并购入鹤记建筑股权,将瑞安合并为亚太建设。99年3月底每股净值2.07元,净借贷4.9亿元,9月止半年盈利238.2百万元,增99.8%,派中期息0.04元,为完成工程合约90亿元,将安排亚太建设分拆上市。
【财务状况】 1998/99年度每股纯利34.87仙,每股股息9.0仙。

德兴集团有限公司

【公司概况】 股票代码为0611,业绩报告结算日期为3月31日,实收资本为300052800股,合计30005280元。公司董事会主席:陈树杰。
【经营业绩】 主要在香港经营酒楼业,开设10间酒楼及餐厅,包括香港9间及澳门1间。且已开设西餐厅及咖啡室,提供各种西餐及意大利餐,亦于深圳设立上海茶馆。93年1月发行75百万新股上市,每股以1.02元公售。99年3月底每股净值0.425元,净借贷3亿元,9月止半年亏损35.35百万元,不派中期息。期内出售物业套现143百万元。
【财务状况】 1998/99年度纯利亏损55.0百万元。

渝港国际有限公司

【公司概况】 股票代码为0613,业绩报告结算日期为12月31日,实收资本为2546820160股,合计254682016元。公司董事会主席:张松桥。
【经营业绩】 主要经销影音器材及元件、工业设备、金属及塑胶材料及汽车部件,而客户以中国为主。95年开拓原材料及农产品销售市场。93年10月发行91.5百万新股上市,每股以1.2元公售。97年年12月,以229.93百万元购重庆51.3万方呎商住物业。98年底每股净值0.437元,净现金6.5亿元。99年上半年盈利13.6百万元,增482.5%,派中期息0.005元。11月已持有及将购入确利达包装(1224)44.01%,正提出以每股0.78元全面收购,仍拟保持上市地位。
【财务状况】 1998年度纯利亏损239.7百万元。

东强电子集团有限公司

【公司概况】 股票代码为0615,业绩报告结算日期为12月31日,实收资本为328883193股,合计32888319元。公司董事会主席:潘嘉雄。
【经营业绩】 主要从事设计、制造、出售消费音响产品、数码镭射唱机、电话、电子玩具、汽车立体声音响系统、卫星接受器及多功能电视等,厂房设于中国。91年8月发行50百万新股上市,每股以1.08元公售。97年10月,以15.4百万元购电话制造商中慧51%;12月,增持东华电子股权,由25%增至90.5%,作价30百万元,以新股支付。98年底每股净值1.07元,净负债1.37亿元。99年上半年盈利20.9百万元,增21.3%,派中期息。
【财务状况】 1998年度每股纯利10.0仙,每股股息2.5仙。

益泰集团有限公司

【公司概况】 股票代码为0616,业绩报告结算日期为12月31日,实收资本为160000000股,合计16000000元。公司董事会主席:赵哲陶。
【经营业绩】 从事洁具、各式五金产品、工业及消费产品之入口、经销及分销业务;兼营水喉及排水系统之设计及安装,且为有关工程之承办商。亦经营轮胎、洁具及工业粘结剂产品等业务,市场为港澳及中国。91年8月发行10百万新股上市,每股以1.02元公售。98年底每股净值0.909元,净债项17.8百万元,99年上半年盈利3.6百万元,减36.4%,中期息0.013元。
【财务状况】 1998年度每股纯利2.4仙,每股股息3.7仙。

百利保控股有限公司

【公司概况】 股票代码为0617,业绩报告结算日期为12月31日,实收资本为2318437485股,合计2318437485元。公司董事会主席:罗旭瑞。
【经营业绩】 原为百利保国际业务部分,93年12月分拆上市,再于95年8月合并。业务为物业投资发展及酒店东主及管理,占富豪67.6%。也投资建筑及水泥厂,拥有百利保广场198500方呎及九龙城广场515100方呎。本港兴建中物业,应占楼面面积约72万方呎;商店、沈阳及北京,应占楼面面积约140万方呎;洛彩矶有地盘34万方呎。97年底联同吴国璋组成Rapid Growth(各占50%)收购至祥72.13%,至祥仍在重整债项中。于27/10/98止,不包括富豪在内,负债总额 60.9 亿元，包括 Rapid Growth 供款及或然负债 2.62 亿元。98 年底每股净值 3.24 元。99 年上半年亏损 114.8 百万元，已出售若干物业，富豪亦已售美国酒店资产。

【财务状况】 1998 年度纯利亏损 3499.3 百万元。

荣文科技集团有限公司

【公司概况】 股票代码为 0618，业绩报告结算日期为 12 月 31 日，实收资本为 177602040 股，合计 17760204 元。公司董事会主席：荣智鑫。

【经营业绩】 从事家用烟雾探测器、浴室及厨房用电子磅、量重器及高级照明设备和半导体之设计、制造及销售。产品于中国制造，主销美加及欧洲。98 年底每股净值 0.975 元，净借贷 61 百万元。99 年上半年盈利 5.3 百万元，不派中期息。

【财务状况】 1998 年度纯利亏损 42.82 百万元。

南华证券有限公司

【公司概况】 股票代码为 0619，业绩报告结算日期为 12 月 31 日，实收资本为 4862194240 股，合计 121554856 元。公司董事会主席：吴鸿生。

【经营业绩】 提供金融服务，包括股票经纪、孖展融资及恒生指数期货合约、金银、商品及外汇买卖，主要客户集中于香港。集团亦从事证券投资。93 年 2 月与广州资产评估公司合组广州南华投资顾问公司（占 70%），为中国及海外提供金融管理服务。93 年 6 月发行 100 百万新股上市，每股以 2.2 元公售。98 年底每股净值 0.046 元，净债项 39 百万元。99 年上半年盈利 26.26 百万元，派中期息 0.0005 元。已成立南华互动金融网。

【财务状况】 1998 年度每股股息 0.05 仙。

太元集团有限公司

【公司概况】 股票代码为 0620，业绩报告结算日期为 3 月 31 日，实收资本为 841020650 股，合计 84102065 元。公司董事会主席：梁悦通。

【经营业绩】 从事土木及海事工程业务，包括挖掘、拖船、打捞沉船、填海工程、海港工程及造船；拥有驳船及同类船只队伍。上市后发展至楼宇电机工程、结构钢铁工程、海事有关工程及油漆工程等；于新加坡及中山设有船厂。91 年 9 月以 1 元公售。4 月分拆基电控股上市。99 年 10 月拟 20 合 1 后 1 供 5，每股 0.1 元，预期 2000 年 4 月前获批，并以股代债，进行债务重组。

【财务状况】 1998/99 年度纯利亏损 904.2 百万元。

中保永兴集团有限公司

【公司概况】 股票代码为 0621，业绩报告结算日期为 3 月 31 日，实收资本为 287500000 股，合计 28750000 元。公司董事会主席：王宪章。

【经营业绩】 主要于香港从事私人工程方面之上盖及地基打桩与基层建筑工程；亦承接更先进技术能力之特别工程，包括土木、电机与机械工程等。亦为布政司属公务科"公共工程认可承建商"之一。95 年 11 月发行 50 百万新股上市，每股以 1 元公售。99 年 3 月底每股净值 0.766 元，净存款 1.3 亿元，9 月止半年盈利 10.98 百万元，派中期息 0.01 元。

【财务状况】 1998/99 年度纯利亏损 5.7 百万元。

凯达集团有限公司

【公司概况】 股票代码为 0622，业绩报告结算日期为 8 月 31 日，实收资本为 1044636470 股，合计 104463647 元。公司董事会主席：陈家亮。

【经营业绩】 从事皮制品零售，获全球专利权，使用成龙名字及肖像配集团设计之手袋及皮制饰物。并占有越南一间免税店 63%。开设多间零售店于香港及中国，亦持有若干商住物业。93 年 8 月为英皇杨氏以每股 0.5 元购得股权，97 年 12 月现任主席以每股 0.235 元购得 40%，并提全购，后由幸福集团易名如上，而原有业务不变。98 年 8 月底每股净值 0.132 元，净借贷 7 百万元。99 年 2 月止半年亏损 42 百万元，不派中期息。年内曾购入香港、澳门及上海若干物业。

【财务状况】 1997/98 年度纯利亏损 54.6 百万元。

利丰雅高印刷集团有限公司

【公司概况】 股票代码为 0623，业绩报告结算日期为 12 月 31 日，实收资本为 274466918 股，合计 27446692 元。公司董事会主席：杨一贵。

【经营业绩】 从事精装书籍及平装书籍以至财经印刷业，亦与北京印刷厂合作，于当地设合营企业，并于上海参与包装业投资。95 年 1 月收购"赛马天下"。98 年底每股净值 1.99 元，净债项 3.79 亿元。99 年上半年盈利 42.5 百万元，增 50%，中期息 0.035 元。

【财务状况】 1998 年度每股股息 7.0 仙。

日本信用保证集团有限公司

【公司概况】 股票代码为 0626，业绩报告结算日期为 12 月 31 日，实收资本为 706982412 股，合计 70698241 元。公司董事会主席：郑鸿标。

【经营业绩】 经营存、放款及发行信用卡服务，设有分行 37 间。为吉隆坡大众银行集团成员。95 年 11 月发行新股收购运通泰 75%。98 年底每股净值 3.46 元，客户存款 13 亿元，客户贷款 41.73 亿元，向外借入款项 13.8 亿元。99 年上半年盈利 179.3 百万元，增 14.7%，派中期息 0.075 元。

【财务状况】 1998 年度每股纯利 36.0 仙，每股股息 20.0 仙。

辉影国际集团有限公司

【公司概况】 股票代码为 0630，业绩报告结算日期为 12 月 31 日，实收资本为 365016000 股，合计 36501600 元。公司董事会主席：何燕琼。

【经营业绩】 制造及销售空白之资讯储存媒体产品，以及制造复制有内容之磁碟、唯读光碟、视像光碟、光碟数码唱片等。亦向全承包客户出售生产线，提供安装、专技及售后服务。亦为客户提供电脑软件服务，获 MICROSOFT 委任为授权代表。96 年 11 月发行 90750000 股上市，每股售价 1.05 元。98 年底每股净值 0.793 元，净债项 118 百万元。99 年上半年盈利 21.2 百万元，增 16.4%，派中期息 0.02 元。

【财务状况】 1998 年度每股纯利 13.85 仙，每股股息 4.0 仙。

爱美高中国集团有限公司

【公司概况】 股票代码为 0631，业绩报告结算日期为 12 月 31 日，实收资本为 2160000000 股，合计 216000000 元。公司董事会主席：刘銮鸿。

【经营业绩】 原为华置集团业务部分。96 年 11 月重组分拆独立上市，集中于中国经济最蓬勃之三大区域：北京、广东、上海。从事物业发展及投资，投资物业 46.6 万方呎主要为北京东方艺术大厦、丽京花园及深圳罗湖商业城商场等，发展中物业应占 200 万方呎。96 年 11 月以介绍方式上市，每 4000 股华置获送 623 股。98 年底每股净值 1.43 元，净存款 1.48 亿元，99 年上半年盈利 14 百万元，增 530%，不派中期息。

【财务状况】 1998 年度纯利亏损 26.77 百万元。

启祥集团有限公司

【公司概况】 股票代码为 0632，业绩报告结算日期为 3 月 31 日，实收资本为 1351380000 股，合计 135138000 元。公司董事会主席：冯秉芬。

【经营业绩】 主要从事视听器材、个人护理用品、家庭电器用品、成衣及食品之市场推广及经销业务。主要市场为港澳、南非及中国。于深圳兴建保税货仓，并投资生产业务，包括啤酒、食品及纸品等，于国内设厂。97 年已将"启祥中纸业"于美上市。99 年 3 月底每股净值 0.249 元，净借贷 2.02 亿元，9 月止半年亏损 12.78 百万元，不派中期息。11 月底公布每持 12 万股获送美国上市之启祥中国纸业 100 股，启祥所持纸业股权将降至 88.6%。

【财务状况】 1998/99 年度纯利亏损 139.5 百万元。

彩星玩具有限公司

【公司概况】 股票代码为 0635，业绩报告结算日期为 12 月 31 日，实收资本为 661065673 股，合计 66106567 元。公司董事会主席：陈俊豪。

【经营业绩】 早于 84 年 11 月上市。93 年购入大量物业后，业务转为地产。将玩具业务于 94 年初独立以介绍方式上市，送予股东，现时业务为玩具设计，发展及推广。透过占 14.9%股权的港陆及占 49%的友义玩具生产，主销美国。亦占彩星地产 5.1%股权。98 年底每股净值 0.92 元，净存款 1.04 亿元。99 年上半年亏损 34.7 百万元，不派中期息。

【财务状况】 1998 年度每股股息 6.0 仙。

港基国际银行有限公司

【公司概况】 股票代码为 0636，业绩报告结算日期为 12 月 31 日，实收资本为 1172160000 股，合计 1172160000 元。公司董事会主席：亚里沙巴。
【经营业绩】 为香港注册成立之持牌银行，提供各类银行金融、保险等有关服务，拥有28间分行，分布香港各有利地点，原名为新鸿基银行，阿拉伯银行于85年收购，并于上市前售予中国光大集团20%(已转移至光大控股)。93年10月由大股东出售159百万股，每股售价3.76元。99年上半年盈利72.39百万元，减56.5%，中期息0.02元，贷款145.6亿元，呆帐拨备1.64亿元，存款及中期资金196亿元。每股净值2.88元，资本充足比率21.3%。
【财务状况】 1998年度每股纯利7.66仙，每股股息5.0仙。

建溢集团有限公司

【公司概况】 股票代码为0638，业绩报告结算日期为3月31日，实收资本为374000000股，合计37400000元。公司董事会主席：郑楚杰。
【经营业绩】 从事设计，制造及销售遥控玩具及线控玩具车，兼家电产品，输美国和欧洲为主。厂房设于中国，在宝安松岗将一幢总面积约38万平方呎之工厂大楼，另在韶关兴建两幢工厂大楼，总建筑面积约11万平方呎。97年4月发售新股85百万股上市，每股售价1.28元。99年3月底每股净值0.783元，净存款97.2百万元，9月止半年盈利49.18百万元，增48%，派中期息0.025元。12月建议收购标准摩打70%，代价30百万元，将于2000年完成。
【财务状况】 1999年度每股纯利18.16仙，每股股息12.8仙。

福辉控股有限公司

【公司概况】 股票代码为0639，业绩报告结算日期为12月31日，实收资本为730800000股，合计73080000元。公司董事会主席：许美星。
【经营业绩】 设计、制造及销售名贵珠宝首饰，主要包括玉石首饰及镶石首饰。96年12月苏适等向林祥湖购入29.68%，每股0.55元，成大股东。98年投资证券大量亏损，原主席苏适于99年5月辞职，出售非核心业务，计划供股集资36百万元，并有条件同意以6.8亿元收购福建龙岩市电厂90%，尚待完成协议。98年底每股净值0.0167元，净负债1.2亿元，99年上半年亏损14.2百万元，不派中期息。8月5日拟2供1，每供0.1元，集资收购电厂，仍待落实。
【财务状况】 1998年度纯利亏损311.5百万元。

立信工业有限公司

【公司概况】 股票代码为0641，业绩报告结算日期为12月31日，实收资本为495702366股，合计49570237元。公司董事会主席：方寿林。
【经营业绩】 设计、制造及销售纺织工业用之染色及整理机械。主销香港，次销中国，亦售予其他国家，厂房设于香港及深圳。已于深圳生产混凝土厂，并计划于上海、北京及广州设厂。亦投资于不锈钢铸件制造；北京金融街物业发展占权益18.2%正待修改计划。98年底每股净值0.781元，净负债85百万元，99年上半年盈利11百万元，增248.8%，派中期息0.01元。
【财务状况】 1998年度每股纯利1.7仙，每股股息0.5仙。

港台集团有限公司

【公司概况】 股票代码为0645，业绩报告结算日期为3月31日，实收资本为340616934股，合计153277620元。公司董事会主席：邓剑群。
【经营业绩】 主要从事制造运动及轻便鞋，以多个国际知名牌子销售，主销美国。生产设施位于中国及印尼。93年12月发行220百万新股及旧股东出售55百万股上市，每股以1.28元公售。99年3月底每股净值0.937元，净借贷29.8百万元，9月止半年亏损41.6百万元，不派中期息。印尼厂房已协议售出，未能完成，已接获有关通知，需付关闭遣散费27百万元，正提出上诉。
【财务状况】 1998/99年度纯利亏损113.1百万元。

Joyce Boutique Holdings Ltd.

【公司概况】 股票代码为0647，业绩报告结算日期为3月31日，实收资本为780000000股，合计78000000元。公司董事会主席：马景华。
【经营业绩】 零售男女时装及饰物，经营一系列连锁店，并出版Joyce Magazine。该等连锁店以Joyce或设计师命名；并经营咖啡座及花店。除本港零售店外，已进军东南亚，其后整顿，业务集中于香港及台湾。98年12发行新股于意大利上市，时集团HdP，占20%。集资75百万元，并售予澳集团于五年内增至34.99%权利。99年3月底每股净值0.279元。净借贷72.5百万元，9月止半年亏损22.1百万元(上年同期亏损39.2百万元)，不派中期息。
【财务状况】 1998/99年度纯利亏损87.9百万元。

祥华实业有限公司

【公司概况】 股票代码为0648，业绩报告结算日期为3月31日，实收资本为705079878股，合计70507988元。公司董事会主席：余锦基。
【经营业绩】 分销染料及有关产品予香港、澳门及中国之厂商，为"拜耳"及"嘉色喇"染料之独家经销商，亦提供染色、印花及整理服务，以及制造家用织物及成衣，厂房设于香港及中国。亦投资于佛山合营针织厂；参与发展南海桃园乡村俱乐部(占地400亩)，占57.9%，已兴建南海影视城，于98年底开业。99年3月底每股净值0.329元，净借贷38.2百万元，9月止半年亏损10.3百万元，不派中期息。
【财务状况】 1998/99年度纯利亏损32.4百万元。

东建集团控股有限公司

【公司概况】 股票代码为0649，业绩报告结算日期为12月31日，实收资本为220000000股，合计22000000元。公司董事会主席：魏可英。
【经营业绩】 主要在福州市发展住宅及商用物业，并提供物业管理服务。至98年底止，出售及投资已落成物业，总建筑面积约1.9百万方呎；未来发展之物业，总建筑面积约40万方呎。98年订约分别于福州市发展一个商住项目及在鞍山市发展"安居工程及计划，占建筑面积分别约为27万方呎及172万方呎，分别占51.6%及90%权益。98年6月发售50百万股新股上市，每股售价1元。98年底每股净值0.984元，净借贷1.42亿元，99年上半年盈利10百万元，减43.5%，不派中期息。
【财务状况】 1998/99年度每股纯利230仙，每股股息35仙。

顺昌集团有限公司

【公司概况】 股票代码为0650，业绩报告结算日期为3月31日，实收资本为328621600股，合计32862160元。公司董事会主席：王世荣。
【经营业绩】 主要在香港从事建筑及建造业之电力及机械工程服务之设计、供应、安装、保养工作。获电力、消防及水务设施承造认可承建商资格。亦买卖电力及电机工程用料与设备。92年9月发行65百万股新股上市，每股以1.02元公售。99年3月底每股净值0.409元，净存款59.3百万元，9月止半年盈利13.5百万元，增31.2%，不派中期息。
【财务状况】 1998/99年度每股纯利5.55仙，每股股息1.5仙。

和成国际集团有限公司

【公司概况】 股票代码为0651，业绩报告结算日期为12月31日，实收资本为907200000股，合计90720000元。公司董事会主席：赵渡。
【经营业绩】 主要从事金属产品贸易业务。代理买卖铝锭，收取佣金。另亦以委托人身份从事约30种金属产品之贸易。与永城铝厂成立合营企业商丘永和，占其盈利或亏损51%。持有华懋工业15%股权(99年6月增至49%)，均从事铝锭生产。商丘永和97年中兴建电厂自用(该业耗电量大)预计于99年10月投产。98年7月发行105百万股新股上市，每股售价1元。98年底每股净值0.559元，净债项1.32亿元，99年上半年亏损10.7百万元，不派中期息。
【财务状况】 1998年度每股纯利20.64仙。

香港华人银行集团有限公司

【公司概况】 股票代码为0655，业绩报告结算日期为12月31日，实收资本为1346837094股，合计1346837094元。公司董事会主席：李文正。
【经营业绩】 力宝集团成员，为控股公司，占华人银行100%(与华创共控)、深圳华商银行40%、力宝美卫人寿保险50%及力宝亚洲(证券及业务顾问)，华人银行则拥有建屋贷款63.6%。于92年9月发行200百万股新股上市，每股以2元公售。98年7月华创拟购力宝所持股权，每股作价2.82元，并提全购，后告吹。98年底每股净值2.89元。99年上半年盈利15.4百万元，减85.6%，呆坏帐1.2亿元、客户存款减2.4%，贷款减5.8%、贷存比率86%，资本充足率24.9%。
【财务状况】 1998年度每股股息2.0仙。

潮洲城集团有限公司

【公司概况】 股票代码为0657，业绩报告结算日期为3月31日，实收资本为193941411股，合计19394141元。公司董事会主席：郑合辉。

【经营业绩】 主要业务为在香港经营专门供应潮洲菜之中式连锁酒楼，中港两地均有多家分店；又经营惠州君豪酒店，占90%权益。92年10月发行38百万股新股上市，每股以1.28元公售。99年3月底每股净值0.585元，净借贷40.4百万元。9月止半年亏损9百万元，不派中期息。

【财务状况】 1998/99年度纯利亏损88.4百万元。

太平洋港口有限公司

【公司概况】 股票代码为0659，业绩报告结算日期为12月31日，实收资本为819462000股，合计81946200元。公司董事会主席：陈永德。

【经营业绩】 主要在亚洲投资、发展、经营管理海港及内河港码头。持有福建省厦门、江苏省南京及苏州五个项目之发展权。97年4月惠阳控股发行新股2亿股分拆上市，每股售价3.09元。98年出现财务问题，新世界基建以每股1.15元购得股权。98年底每股净值1.17元，净存款42.4百万元，99年上半年亏损15.4百万元，不派中期息。厦门12号码头在营运中，13号码头待完成，2000年投入营运，14号码头在策划中。

【财务状况】 1998年度纯利亏损237.1百万元。

耐力国际集团有限公司

【公司概况】 股票代码为0660，业绩报告结算日期为12月31日，实收资本为268104508股，合计26810451元。公司董事会主席：冯申铨。

【经营业绩】 为OEM客户制造真皮及人造皮鞋、运动鞋、轻便鞋、休闲鞋及护士鞋，供该等客户包括多个名牌子销售。生产设施位于中国，拥有多间厂房及联号，于台湾亦设有样品生产厂房及仓库，主销美国。为南华集团成员占38.9%，95年中曾有财团拟收购，已予拒绝。98年底每股净值1.11元，净存款72百万元，99年上半年盈利3.8百万元，增136%，派中期息0.01元。

【财务状况】 1998年度纯利亏损10.67百万元。

添发庆丰(集团)有限公司

【公司概况】 股票代码为0661，业绩报告结算日期为4月30日，实收资本为2267508631股，合计56687715元。公司董事会主席：陈发柱。

【经营业绩】 从事黄金提炼及买卖，珠宝首饰零售。于常州设有厂房。占东方鑫源及鑫成金属部分股权。于中国从事提炼业务。拥有两项投资物业出租。又参与国内若干物业发展，并设有金融投资及服务，96年11月将黄金及金属业务组成庆丰金分拆上市。10月购入香岛印染33.71%，97年12月将珠宝首饰业务售予庆丰金，占股权48.89%。99年4月底每股净值0.14元，净借贷12.13亿元。

【财务状况】 1998/99年度纯利亏损788.4百万元。

亚洲金融集团有限公司

【公司概况】 股票代码为0662，业绩报告结算日期为12月31日，实收资本为997444747股，合计997444747元。公司董事会主席：陈有庆。

【经营业绩】 原名为亚洲保险，经营保险业务。在90年底与香港商业银行合并为亚洲金融。现时业务为银行、保险及证券经纪。98年底每股净值2.87元，99年上半年盈利73.97百万元，减28.1%，派中期息0.02元，银行客户存款103亿元，贷款67亿元，提供盈利21.2百万元，保险业盈利42.7百万元。

【财务状况】 1998年度每股纯利8.3仙，每股股息4.5仙。

恒光行实业有限公司

【公司概况】 股票代码为0663，业绩报告结算日期为12月31日，实收资本为732044805股，合计146408961元。公司董事会主席：G.C.Dobby。

【经营业绩】 从事眼睛架、矫正视力眼镜及太阳眼镜之设计、制造及销售，亦产销验光眼镜片，经销光学仪器及配件与有关产品等。核数师对96及97年业绩有保留。97年3月18日遭证监停牌。98年底负债7.33亿元。99年上半年亏损2.28百万元，不派中期息。99年4月银行债项11亿元，已协议发行新股及票据等完成重组债务，于6月底复牌，重组后每股负值0.26元。

【财务状况】 1998年度纯利亏损323.6百万元(包括特殊亏损2.31亿元)。

大福证券集团有限公司

【公司概况】 股票代码为0665，业绩报告结算日期为3月31日，实收资本为366068804股，合计36606880元。

【经营业绩】 主要业务为在香港提供金融服务，包括股票经纪、融资、买卖期货、期权及日转期汇、并提供企业融资、投资管理及代理人服务，亦以投资者身份进行证券买卖，已拓展至中国股市买卖B股。96年7月发行新股75000000上市，售价1.33元。97年9月，以12百万元购母公司之保险经纪及代理业务。99年3月底每股净值1.5元，9月底止半年盈利92.1百万元，增265.8%，派中期息0.08元。已成立网上交易部。

【财务状况】 1998/99年度每股纯利10.7仙，每股股息4.0仙。

禹铭投资有限公司

【公司概况】 股票代码为0666，业绩报告结算日期为12月31日，实收资本为1691171989股，合计169117198元。公司董事会主席：冯永祥。

【经营业绩】 主要投资于香港或澳门之上市或非上市的物业。公司。90年12月发行新股200百万股上市。现时主要投资为南顺及其他可换股票据，若一传媒之"NEXT MEDIA.COM"上市，计划入股。96年10月联同第一太平戴维斯收购香岛漂染。97年6月由新鸿基工业易名如上。年内售香岛印染33.79%，套现5.1亿元，后以10.7亿元合资购入旺角中心共4.5万方呎，已售部分，部分出租；98年底每股净值0.71元，净存款4.5亿元。99年上半年盈利38.3百万元，增26%，派中期息0.02元。10月底每股净值0.79元。

【财务状况】 1998年度每股股息4.0仙。

香港饮食管理有限公司

【公司概况】 股票代码为0668，业绩报告结算日期为3月31日，实收资本为306303609股，合计30630361元。公司董事会主席：陈伟彰。

【经营业绩】 经营食肆及面包店，包括中式酒楼、西餐厅、韩国及日本料理共28间。另拥有圣安娜饼屋，已拓展至中国。并于深圳设立制造厂。又收购面包廊权益。饼店及面包店共64间，99年3月底每股净值1.34元，净存款164百万元，9月止半年盈利16百万元，减8.7%，派中期息0.03元。八佰伴国际仍持有19.29%。于97年12月改名如上。

【财务状况】 1998/99年度每股纯利15.1仙，每股股息10.0仙。

创科实业有限公司

【公司概况】 股票代码为0669，业绩报告结算日期为12月31日，实收资本为558866826股，合计111773365元。公司董事会主席：H.J.Pudwill。

【经营业绩】 从事设计制造及经营家居轻工业可再充电无线机动工具及其他电动工具，厂房设于中港及印尼，产品主销北美及欧洲。经年发展，现时业务为四类：电动工具、地板护理产品、太阳能及电子产品、贸易及其他。98年底每股净值1.15元，净负债30百万元，99年上半年盈利62.2百万元，增10.1%，派中期息0.038元。

【财务状况】 1998年度每股纯利25.4仙，每股股息8.8仙。

中国东方航空股份有限公司

【公司概况】 股票代码为0670，业绩报告结算日期为12月31日，实收资本为法人股3000000000股，A股300000000股，H股1566950000股，合计人民币4866950000元。公司董事会主席：富允弼。

【经营业绩】 从事国内与国际航空客货运服务。97年1月发行H股140百万股上市，每股售价人民币1.38元。截至99年6月底止，经营132条航线，国内航线109条(包括香港12条)，国际航线23条；共拥有73架飞机。99年上半年盈利人民币64.28百万元，不派中期息。每股资产净值人民币1.33元，净银行债项人民币79.6亿元，综合运载率50.7%，盈亏平衡点运载率48.7%。

【财务状况】 1998年度纯利亏损人民币481.1百万元。

恒利国际集团有限公司

【公司概况】 股票代码为0673，业绩报告结算日期为3月31日，实收资本为358004664股，合计35800466元。公司董事会主席：林日强。

【经营业绩】 主要经营采购及分销二极管、三极管与电容器及制造。产品主要售予香港之电子零件分销商及产品制造商，也出口美国、欧洲及亚洲国家。总办事处位于香港，生产设施则位于中国东莞及深圳。96年10月发售新股67000000股，每股1元。99年3月底负值1.78亿元，债项2.3亿元，9月止半年亏损20.98百万元，不派中期息。正磋商债务重组。

【财务状况】 1998/99年度纯利亏损66.4百万元。

友力投资(控股)有限公司

【公司概况】 股票代码为0674，业绩报告结算日期为3月31日，实收资本为760000000股，合计38000000元。公司董事会主席：张金煌。

【经营业绩】 经营供应潮洲菜式酒楼。91年1月发行35575000新股上市，每股以1.2元公售。原名为金岛集团。97年8月现任主席以每股1.68元收购60.3%，并易名如上，现经营中港之间潮式酒楼，也经营一般贸易业务。99年3月底每股净值0.072元，净借贷107百万元。9月止半年亏损12.5百万元，不派中期息。99年10月售出安权股权，其余股权转移，由耀科副董事总经理牵头收购42.54%，并以每股0.22元公开收购，12月在进行有关程序中。

【财务状况】 1998/99年度纯利亏损168.8百万元。

坚宝国际控股有限公司

【公司概况】 股票代码为0675，业绩报告结算日期为12月31日，实收资本为250004800股，合计25000480元。公司董事会主席：赖培和。

【经营业绩】 制造及销售导电硅橡胶按键及其他硅橡胶产品，以及设计制造。销售电子计算机及闹钟；亦为客户牌子制造，而本身亦有牌子。生产设施位于中山及观澜。产品售予中国、欧洲、北美及亚洲国家。97年1月发行55百万新股上市，每股售价1元。98年底每股净值0.576元，净存款30百万元。99年上半年盈利1.33百万元，减70.8%，派中期息0.005元。期内曾将业务重组，新产品为无线电控制闹钟及获新技术制造硅橡胶产品。

【财务状况】 1998年度每股纯利1.8仙，每股股息1.5仙。

创信集团有限公司

【公司概况】 股票代码为0676，业绩报告结算日期为12月31日，实收资本为721200000股，合计72120000元。公司董事会主席：吴振山。

【经营业绩】 从事制鞋业制造商，生产多种运动鞋、休闲鞋、凉鞋、皮靴、保龄球鞋及高尔夫球鞋，主要客户为国际知名的鞋类商标拥有和使用者。目前拥有34条生产线，主销往北美，设施位于广东番禺市。96年10月发行180300000股新股上市，每股售价1.08元。98年起魔术屋、迪士尼及史诺比于国内市场产销。98年底每股净值0.98元，净借贷57百万元，99年上半年盈利81.8百万元，增10.8%，派中期息0.03元，增50%。

【财务状况】 1998年度每股纯利10.0仙，每股股息5.0仙。

金源米业集团有限公司

【公司概况】 股票代码为0677，业绩报告结算日期为3月31日，实收资本为565587640股，合计56558764元。公司董事会主席：林曾淑仪。

【经营业绩】 在香港经营入口、处理、调购、包装及分销食米之业务，厂房设于青衣，每年处理食米约10万吨。于汕头、武汉、广汉及大洼设立食米加工厂，均占股权55%或以上。另于武汉参与地产发展，可供兴建酒店/商场面积39.54万方呎(占35%)。亦投资于越南加工厂。98年10月以每股0.95元配售95百万股予广南集团。12月向至祥购入碧荔道住宅27430方呎60%，代价为承担贷款102百万元，另需承担建筑费约40万元。99年3月底每股净值1.4元，净存款60百万元，9月止半年盈利32.8百万元，增75.8%，派中期息0.02元。

【财务状况】 1998/99年度每股纯利2.0仙，每股股息2.0仙。

亚洲联网科技有限公司

【公司概况】 股票代码为0679，业绩报告结算日期为3月31日，实收资本为4607168000股，合计46071680元。公司董事会主席：蓝国恩。

【经营业绩】 从事设计、制造及销售客户订制之电镀机械、电路板所需之湿式处理设备、装配半导体及一般金属表面处理所用之电镀机械。亦设计及生产水质净化设备及废料处理系统。97年开展舞台制作工程服务，娱乐制作服务，放款及物业投资。又与航天成立合资企业，从事设计制造整流器及制造风力发电机。99年3月底每股净值0.092元(经拆细后)，净债项33百万元，9月止半年亏损8.77百万元，不派中期息。99年投资于卫星通讯，国内有线电视及将购入天网互联网权益10%。

【财务状况】 1998/99年度每股纯利1.44仙，每股股息0.18仙。

群思集团有限公司

【公司概况】 股票代码为0680，业绩报告结算日期为12月31日，实收资本为447192000股，合计44719200元。公司董事会主席：林小春。

【经营业绩】 主要从事设计、制造及销售电讯及教育性电子产品，在中国及香港生产，以外销欧美为主。97年2月现任主席购得控制权46%，每股0.15元，但于97年9月再订有条件协议，将股权以每股0.3元售予吉隆坡上市的Paracorp再提出全面收购。98年底每股净值0.0636元，净借贷1.53亿元，99年上半年亏损20.5百万元，不派中期息。12月底Savoy同意认购10亿股，每股计0.1元，完成后将占股权69.1%。

【财务状况】 1998年营业额557.4百万元。

基电控股有限公司

【公司概况】 股票代码为0681，业绩报告结算日期为3月31日，实收资本为400000000股，合计40000000元。公司董事会主席：梁悦通。

【经营业绩】 为太元集团成员，主要在港及国内从事设计、供应、安装及保养建造业之机电工程。计划开拓越南、新加坡市场，拟直接采购物料及设备作提高盈利。97年4月发售新股1亿股分拆上市，每股售价1元。99年3月底负债4.8亿元，净借债3.56亿元，正进行重组债项。9月止半年亏损31百万元，不派中期息。

【财务状况】 1998/99年度纯利亏损106.3百万元。

嘉里建设有限公司

【公司概况】 股票代码为0683，业绩报告结算日期为12月31日，实收资本为1118074273股，合计1118074273元。公司董事会主席：郭孔伦。

【经营业绩】 投资发展中港物业与货仓，香港投资物业186万方呎，发展中物业401万方呎，中国投资物业251万方呎，发展中物业308万方呎，已完成待售物业40万方呎，香港经营中货仓457万方呎，兴建中货仓245万方呎。另占西隧15%，亚洲航空货运占15%，深圳凯丰码头25%，沪宁高速公路(上海段)19.6%，亦投资于澳洲及马尼拉物业。99年上半年盈利6.6亿元，增17.9%，派中期息0.2元。借贷净额84.9亿元，负债比率37%，每股净值20.44元。

【财务状况】 1998年度每股纯利116.52仙，每股股息38.0仙。

亚伦国际集团有限公司

【公司概况】 股票代码为0684，业绩报告结算日期为3月31日，实收资本为315132520股，合计31513252元。公司董事会主席：张伦。

【经营业绩】 集团从事设计、生产、销售多类家庭电器，如搅拌器、榨汁机等，亦生产塑胶零件、精密元件及注塑模具，以至吹发器及卷发器，主要厂房设于中国。92年10月发行新股56百万股及旧股东出售14百万股上市，每股以1.03元公售。99年3月底每股净值0.757元，净存款95百万元，9月止半年盈利32.26百万元，增40.6%，派中期息0.02元。

【财务状况】 1998/99年度每股纯利14.54仙，每股股息5.3仙。

明报企业有限公司

【公司概况】 股票代码为0685，业绩报告结算日期为3月31日，实收资本为390345000股，合计39034500元。公司董事会主席：张晓卿。

【经营业绩】 从事报章、书籍杂志出版业务，包括明报、明报周刊、亚洲周刊及明报月刊；并经营旅游业。91年1月发行75百万新股上市，每股以2.9元公售。91年底，明智控股以3.025元购入50%，将物业权益售予南海发展，但购回股权，于93年底全部送于股东。93年底出版现代日报，94年7月售予于品海。现任主席于95年12月以每股3.85元购得股权；96年7月购入智慧中国股权49%，成为全资公司经营中国印刷业务。贷予中国第三者贷款1.85亿元，由智才企业担保，未获偿还，98年度为此已作拨备。99年3月底每股净值2.82元，净借贷2亿元，9月止半年盈利7.89百万元，不派中期息。已经营“mingpao.com”互联网站，并有第三者洽商入股。

【财务状况】 1998/99年度纯利亏损24.38百万元。

泰升集团有限公司

【公司概况】 股票代码为0687，业绩报告结算日期为3月31日，实

收资本为731865903股，合计73186590元。公司董事会主席：黎德正。

【经营业绩】 主要从事地基打桩业务，亦作物业投资及发展。93年8月，由中国冶金占40%的财团以每股1.2元收购38.8%，并于94年10月由志成易名如上，继续地基打桩业务。现持有中港两地若干物业作投资。94年10月以148百万元购入天津国际大厦(561439方呎)25%权益50年；96年10月增购天津物业权益至80%。97年1月，以65百万元购上海华园大厦60%(约14万方呎)；3月，购上海爱都公寓60%(约10万方呎)，99年购上海徐家汇住宅项目60%(约33万方呎)。99年3月底每股净值0.9元，净债项3.7亿元。9月止半年盈利5.34百万元，不派中期息。

【财务状况】 1998/99年度纯利亏损255.5百万元。

中国海外发展有限公司

【公司概况】 股票代码为0688，业绩报告结算日期为12月31日，实收资本为5426853609股，合计542685361元。公司董事会主席：孙文杰。

【经营业绩】 投资及发展香港与中国物业，亦经营建筑业。92年8月发行820百万股新股上市，每股以1.03元公售。拥有中港多个发展中物业及67万方呎出租物业。已投资于韶关电厂、南宁4桥1路、柳州6桥1路、山东2路1桥、梧州及南京水电站等。又持有菱电发展股权21.11%。98年底每股净值1.65元，净借贷32.4亿元。99年上半年盈利51.4百万元，减64%，不派中期息。

【财务状况】 1998年度每股股息1.0仙。

长城电子国际有限公司

【公司概况】 股票代码为0689，业绩报告结算日期为3月31日，实收资本为1358277404股，合计135827740元。公司董事会主席：王国荣。

【经营业绩】 制造及销售音响产品、电话及彩色电视机，主销中国及欧洲，厂房设于中国、法国及加拿大。与惠州机械合组公司，于中国建立销售网。已参与惠州永湖住宅发展，首期为100个别墅及住宅。99年3月底每股净值1.06元，净借贷1.17亿元，9月止半年盈利50百万元，增15.5%，中期息0.01元。已参与空调器业务及利用垂直空白间格数据广播，提供财经资讯予特定用户。

【财务状况】 1998/99年度每股纯利7.6仙，每股股息2.5仙。

陈唱国际有限公司

【公司概况】 股票代码为0693，业绩报告结算日期为12月31日，实收资本为2016000000股，合计1008000000元。公司董事会主席：拿督陈金火。

【经营业绩】 主要从事新加坡、香港代理销售汽车、工业机械和投资与发展物业及中国制造汽车零件。除独家代理新加坡日产汽车外，亦获得富士汽车Subaru和日产柴油货车独家代理权。于新加坡陈昌汽车中心面积约21万方呎。威美公寓大厦将发展成181个住宅单位面积约29万方呎，也于新加坡代理销售流动电话及配件。98年6月以介绍方式上市，配售价0.65元。98年底每股净值1.42元，净现金3.6亿元，99年上半年盈利90.6百万元，增26%，中期息0.015元。

【财务状况】 1998年度每股纯利7.5仙，每股股息3.0仙。

首长国际企业有限公司

【公司概况】 股票代码为0697，业绩报告结算日期为12月31日，实收资本为1780431454股，合计356086290元。公司董事会主席：张燕林。

【经营业绩】 原名东荣钢铁。92年10月为中国首钢总公司与长江实业以每股0.928元收购，93年易名如上。现时业务为钢铁产销、电子产品产销、金属及建材贸易、黑色及有色金属贸易、运输及船务。自购货船3艘及租入货轮7艘经营，已与P&O合并为ABC。98年底每股净值0.835元，净负债18.4亿元，99年上半年亏损231.8百万元，不派中期息。6月首长四方购入首长科技46.7%，而首长国际占首长四方63.1%及首长宝佳36.6%，9月将钢材业务以90百万元售予万顺昌。

【财务状况】 1998年度纯利亏损414.3百万元。

八百伴国际集团有限公司

【公司概况】 股票代码为0700，业绩报告结算日期为3月31日，实收资本为988800000股，合计98880000元。公司董事会主席：和田一夫。

【经营业绩】 主要在香港、澳门及中国经营及发展，提供消费产品(包括百货店、酒楼食肆、快餐店、时装店、面包店及户内游乐中心)。93年10月发行247.2百万新股上市，每股以2.68元公售。96年8月曾拟私有化八百伴香港，未能成功。97年5月太平协和入股19.867%。97年9月日本八百伴申请破产，而八百伴国际则于98年8月申请破产，并停牌。仍持有八百伴香港42%。欢乐天地24.5%，香港冷冻食品27.9%及香港饮食管理19.3%。97年9月止半年亏损13.6亿元，净资产亏损41.7百万元，未还借贷总额4.3亿元。仍在停牌中。

【财务状况】 1998/99年度每股纯利、每股股息无资料。

北海集团有限公司

【公司概况】 股票代码为0701，业绩报告结算日期为12月31日，实收资本为1315688193股，合计131568819元。公司董事会主席：徐展堂。

【经营业绩】 原名中华制漆。于宝安及武汉设厂生产油漆。92年初购入城巴控股。93年初易名如上。除经营屋村及跨境巴士外，已获港岛专营巴士路线88条。96年9月将"城巴"分拆独立上市。投资于大连酒店及住宅(占60%)；亦于北京及上海占有若干物业发展权益；本港西贡地盘已计划发展。98年底每股净值0.618元，净借贷4.26亿元，99年上半年盈利3.1亿元，包括出售全部城巴股权，套现8.22亿元，其中盈利5.48亿元(未除少数股东权益)。

【财务状况】 1998年度纯利亏损568.4百万元。

嘉利美商国际有限公司

【公司概况】 股票代码为0704，业绩报告结算日期为12月31日，实收资本为445149272股，合计44514927元。公司董事会主席：林普桂。

【经营业绩】 从事设计、制造及销售品种广泛之家庭消费品，包括餐具及厨房用品、家居纺织品、台垫、装饰时钟、纸制产品及便服袋等。亦产销相架及镜擢木制品，也经营纸品印刷及金属印刷。产品于香港及中国制造，主销欧美。97年8月向光大控股购入葵涌英保良百货及货仓，发行新股7.83%(34.85百万股)支付。98年底每股净值0.48元，净借贷62百万元。99年上半年盈利9.4百万元，增344%，派中期息0.01元。

【财务状况】 1998年度每股纯利1.053仙，每股股息1.0仙。

实达科技控股有限公司

【公司概况】 股票代码为0706，业绩报告结算日期为12月31日，实收资本为347000000股，合计34700000元。公司董事会主席：华恺。

【经营业绩】 主要在中国提供系统集成服务，分销电脑产品及产销电脑有关产品。98年7月配售及发售80百万股新股上市，每股售价1.16元。原名福达万国，99年7月改名如上。98年底每股净值0.571元，净负债22.7百万元。99年上半年盈利20.5百万元(包括深圳系统集成业务60%套现60百万元及获利5.7百万元)，减36.8%，不派中期息。于8月，已于中国推出首家互联网目录式服务提供商，透过"所有"网络，为用户提供各项目录检索功能，投资20百万元，占60%。

【财务状况】 1998年度每股纯利23.5仙，每股股息6.0仙。

佐丹奴国际有限公司

【公司概况】 股票代码为0709，业绩报告结算日期为12月31日，实收资本为702345000股，合计70234500元。公司董事会主席：刘国权。

【经营业绩】 经营零售"佐丹奴"牌子便服(包括生产)，以香港、台湾及新加坡为产品主要售地。其后扩展至中国、日本及韩国等市场，并于中国设厂生产。98年底止零售店共678间，分别为香港49间、台湾184间、中国211间、韩国85间及新加坡31间。大股东所持股份已全数于95至96年间出售。于97年7月9日，老虎基金(TMLIC)占6975万股。98年底每股净值1.59元，净存款3.39亿元，99年上半年盈利132.2百万元，增537%，派中期息0.065元。已提出收购三商行股权。

【财务状况】 1998年度每股纯利10.8仙，每股股息4.5仙。

精电国际有限公司

【公司概况】 股票代码为0710，业绩报告日期为12月31日。实收资本为287401092股，合计71850273元。公司董事会主席：张树成。

【经营业绩】 公司主营业务为从事液晶体显示器与有关产品、包括马会采用的投注宝的设计、制造及销售，供应特定工业用途及大量消费市场，产品在香港及中国制造。与合伙人在马来西亚设厂，在中国河源也设有厂房。将军澳工业村新厂已于1997年10月投产。1997年开始生产汽车用电烙镜及硅面液晶体微型显示器。最新产品为可透过诺基亚手机及香港电讯网络接驳至赛马会终端机。1991年6月发行48百万股及旧股东售出14百万股上市，每股以2.75元公售。1998年底每股净值4.17元，净存款4.2亿元，1999年上半年盈利115.9百万元，减27.1%，派中期息0.15元。

【财务状况】 1998年每股纯利106.0仙，每股股息70.0仙。

俊和集团有限公司

【公司概况】 股票代码为0711，业绩报告日期为3月31日。实收资本为732827076股，合计73282707元。公司董事会主席：彭锦俊。

【经营业绩】 公司创于1968年，主营业务为在香港承接私人、公共土木及楼宇工程，大部分为总承建商。此外，集团并向政府及法定组织提供保养服务，包括道路、渠务、水务工程及楼宇保养。也经营中国的私人楼宇工程。手头工程合约95亿元，未完成合约55亿元。招商局所持24.46%股权已于1999年7月售出。1999年3月底每股净值0.886元，净债项58百万元，9月底止半年盈利31.1百万元，减16.4%，派中期息0.0125元。

【财务状况】 1998/99年每股纯利7.18仙，每股股息3.18仙。

世界(集团)有限公司

【公司概况】 股票代码为0713，业绩报告结算日期为12月31日。实收资本为667873491股，合计66787349元。公司董事会主席：李达兴。

【经营业绩】 公司主营业务为设计、制造并销售多种PVC及布制家用产品，包括台布、浴帘、餐具垫、隔热布及手套等。另制造并销售塑料配件及PVC印刷滚轴。产品主销美国、欧洲和加拿大。厂房设于葵涌及深圳。以自行生产PVC胶布及塑料管材件。1998年底每股净值0.917元，净借贷74百万元，1999年上半年盈利30.48百万元，减3.8%，派中期息0.005元。

【财务状况】 1998年度每股纯利11.0仙，每股股息1.0仙。

港陆国际集团有限公司

【公司概况】 股票代码为0715，业绩报告结算日期为12月31日。实收资本为1727727402股，合计172772740元。公司董事会主席：陆宗霖。

【经营业绩】 公司主营业务为从事玩具及有关产品的制造，已发展至电子和互动产品。产品在中国制造，销售以欧美为主。在上海和绍兴参与多项物业发展。上海物业发展已完成，商业面积及车位约60万方呎留作投资用途，已租出20万方呎；绍兴综合性卫星城市占45%，实占436万方呎，1999年起分批完成，销售理想。1998年底每股净值0.875元，净存款4.08亿元。1999年上半年盈利26.4百万元，派中期息0.005元。

【财务状况】 1998年度每股纯利2.43仙，每股股息1.0仙。

胜狮货柜企业有限公司

【公司概况】 股票代码为0716，业绩报告结算日期为12月31日。实收资本为456001760股，合计45600176元。公司董事会主席：张允中。

【经营业绩】 公司为全球最大货柜制造商，五个厂房分别设于上海、厦门及宜兴以至印尼泗水，主营业务为生产各类型货柜，大部份为海外客户，也在中港两地经营七个货柜及码头，在香港经营中流作业。1999年9月起合作经营顺德顺安达集装箱厂，并与菲律宾上市公司合作经营钢材，为当地廉价房屋提供建材。1993年6月发行75百万新股上市，每股以1.38元公售。1998年底每股净值0.6817元，净负债2.07亿元。1999年上半年盈利4.8百万元，增22.6%，不派中期息。

【财务状况】 1998年度每股纯利2.65仙。

第一太银控股有限公司

【公司概况】 股票代码为0717，业绩报告结算日期为12月31日。实收资本为1248000000股，合计1248000000元。公司董事会主席：彭泽伦。

【经营业绩】 公司主营业务为在香港经营商业银行，第一太平占41.25%，中国金信占33.75%。1999年上半年盈利30.8百万元，减79.5%，派中期息0.025元。存款201亿元，减17.9%，贷款154亿元，减15.9%，息差2.35%，每股净值2.31元。资本充足比率21.2%、流动比率47%、住宅按揭占51.3%、运输设备占11.7%。

【财务状况】 1998年度每股纯利8.6仙，每股股息2.5仙。

联发行国际有限公司

【公司概况】 股票代码为0718，业绩报告结算日期为3月31日。实收资本为1296000000股，合计129600000元。公司董事会主席：唐贯健。

【经营业绩】 公司主营业物为从胶布、人造皮、胶地板及发泡胶的贸易和制造。总公司设置在香港，生产设施位于中国多个地区，产品主销香港及中国的制造厂，而胶地板则主要售予中国的公司。1995年9月发行75百万新股上市，每股售价1.28元。1999年起不再经营贸易业务。正建议将公司名称改为Bestway Int'L Holdings Ltd。1999年3月底每股净值0.456元，，净借贷3.67亿元，9月止半年盈利4.6百万元，减67.8%，不派中期息 。

【财务状况】 1998/99年度纯利亏损114.0百万元。

山东新华制药股份有限公司

【公司概况】 股票代码为0719，业绩报告结算日期为12月31日。实收资本为A股277312830股，H股150000000股，合计人民币427312830元。公司董事会主席：贺端湜。

【经营业绩】 公司主营业务为从事开发、制造并销售学原料药、制剂(如针剂与片剂)及化工产品。产品以"新华"商标作销售。生产设备位于山东淄博市，占地约4.8百万方呎，总建筑面积约1.9百万方呎 。1996年12月发行新股H股35百万股公售，另105百万股配售，每股售价1.82港元。1999年上半年盈利人民币38.2百万元，减4.7%，不派中期息。每股净值人民币2.08元，净借贷人民币55百万元。

【财务状况】 1998年度每股纯利12.8仙，每股股2.0仙。

和记电业(集团)有限公司

【公司概况】 股票代码为0720，业绩报告结算日期为12月31日。实收资本为1400553178股，合计140055318元。公司董事会主席：李永森。

【经营业绩】 公司主营业务为主要在香港、中国、新加坡及马来西亚经营入口、推销与代理视听器材、冷气设备、汽车音响及电子、电器产品，以至卫星接受系统。并扩展至汽车及汽车配件代理。各地办事处22间，售后服务站185间，分销商超过1000间。1995年以来均在重组业务中。1999年6月每股净值0.331元。银行借贷总额1.42亿元。1999年上半年盈利2百万元，不派中期息 。

【财务状况】 1998年度纯利亏损268.1百万元。

安历士国际控股有限公司

【公司概况】 股票代码为0723，业绩报告结算日期为3月31日。实收资本为357824848股，合计35782484元。公司董事会主席：郭汉青。

【经营业绩】 公司主营业务为从事设计、制造及出口一系列家庭电器用品、美容产品、汽车配件、灯光生产、家居保安警报器及安全产品系列等电器消费品。厂房设于香港及中国。外销以欧洲为主，已于中国开设销售专柜。1996年开展影视发行业务，于指定地区及国家发行，已成功得在中国推出电视剧集系列，并已包括放送国际体育节目。1999年3月底每股净值0.516元，净借贷37.8百万元。9月止半年亏损1.8百万元。不派中期息。

【财务状况】 1998/99年度纯利亏损36.1百万元。

恒都集团有限公司

【公司概况】 股票代码为0725，业绩报告结算日期为12月31日。实收资本为199080000股，合计19908000元。公司董事会主席：孟振雄。

【经营业绩】 公司主营业务为制造及销售用作电器及电子产品集成组件的电线及导线产品，包括交流电源线及组合线束，以本身牌子售予客户。组合线束以原设备制造方式，售予单一日本客户。生产设施位于深圳石岩镇，恒都工业大楼第一期总面积约26.7万方呎；每二期设施面积约19万方呎。1996年12月发行新股40百万股，另旧股东配售20百万股上市，每股售价1.07元。1998年底每股净值0.689元，净存款4.8百万元，1999年上半年盈利25.7百万元，增132.3%，派中期息0.02元。

【财务状况】 1998年度每股纯利8.5仙，每股股息6.0仙。

东南国际集团有限公司

【公司概况】 股票代码为0726，业绩报告结算日期为3月31日。实收资本为3305718800股，合计330571880元。公司董事会主席：钟瑞卿。

【经营业绩】 公司主营业务为从事制造及销售录音带、盒式录音带及录影带、磁碟等。厂房设于香港、中国及印尼。占深圳上市的本鲁克斯实业25%，1996年因财务重组，于1997年由佳利国际改名如上。已出售印尼业务及本港厂房物业，新业务为于国内合营葡萄酒业务，于上海浦东及澳洲悉尼有物业在发展中。1999年3月底每股净值0.035元，净存款24.56百万元，9月止半年盈利44.89百万元（上年同期亏损8.4百万元），不派中期息。

【财务状况】 1998/99年度纯利亏损46.6百万元。

金英控股（香港）有限公司

【公司概况】 股票代码为0727，业绩报告结算日期为3月31日。实收资本为72000000股，合计14400000元。公司董事会主席：李胡秀妍。

【经营业绩】 公司主营业务为以香港为基地提供多种金融服务，包括股票经纪、孖展融资、保管及托管服务，其控权股东新加坡金英提供管理及财政支援，并与其交换研究分析资料，更藉其分行网络的资源，发展其他地区如新加坡、马来西亚等的业务，已与新加坡金英订立协议，未来在不与其构成竞争的情况下，开展中国、韩国、台湾及日本的业务及设立办事处。1998年1月发售18百万股新股上市，每股售价8元。1999年3月底每股净值4.95元，现金及存款5.2亿元，9月止半年盈利30.5百万元；增0.7%，中期息0.09元。

【财务状况】 1998/99年度每股纯利60.0仙，每股股息223.0仙（包括现金红利2元）。

南顺食品工业有限公司

【公司概况】 股票代码为0728，业绩报告结算日期为12月31日。实收资本为127904201股，合计127904201元。公司董事会主席：黄大椿。

【经营业绩】 公司主营业务为从事面粉加工及批发、调混与分销食油、制造及分销洗洁精及去污粉。产销铝罐，厂房设于中国及台湾，香港食油与合兴集团合作，日资占铝罐权益22%。1998年底每股净值8.68元，净借贷6.1亿元，1999年上半年亏损43.3百万元，不派中期息。

【财务状况】 1998年度每股纯利15.0元。

巨川国际（集团）有限公司

【公司概况】 股票代码为0729，业绩报告结算日期为3月31日。实收资本为579039594股，合计57903959元。公司董事会主席：张连兴。

【经营业绩】 公司主营业务为主要从事天线及汽车配件的设计、制造及推销，厂房设于中国。上市后参与印刷业务，也与国内企业合作生产环保电池、单车及电讯用品。于国内设有零售网，也生产粉末冶金零件。1991年9月发行62.5百万新股及由旧股东出售37.5百万股上市，每股以1.06元公售。1998年6月发行12百万美元可换股票据。1999年3月底每股净值0.331元，净借贷5.97亿元，正进行债务重组。9月止半年亏损1.46亿元，不派中期息。

【财务状况】 1998/99年度纯利亏损851.0百万元。

首长四方（集团）有限公司

【公司概况】 股票代码为0730，业绩报告结算日期为12月31日。实收资本为827867914股，合计8278679元。公司董事会主席：张燕林。

【经营业绩】 公司主营业务为从事物业投资。原为开达集团部分业务，于1991年7月组成开达投资分拆上市。1993年7月中资收购，每股7.02元，易名如上。其后收购海成集团控制权，及持有保华德祥股权9.9%，均已于1995年售出，于1996年中股权转移至首长国际。现持有香港若干物业权益。1998年7月以234百万元购入北京东湖别墅44%，包括128套房多层公寓，36幢别墅及1幢办公大楼及商店，总面积45万方呎，已在收租中，并有权开发邻近地区。1999年6月以1.63亿元购入首长科技46.7%。1998年底每股净值0.795元，净存款71百万元，1999年上半年盈利11.8百万元，增2.6%。不派中期息。

【财务状况】 1998年度每股纯利2.96仙。

森信纸业集团有限公司

【公司概况】 股票代码为0731，业绩报告结算日期为3月31日。实收资本为400258039股，合计40025804元。公司董事会主席：岑杰英。

【经营业绩】 公司主营业务为从事纸品贸易及销售，包括粉灰咭、粉纸及书纸、粉咭及其他纸品，为本港最大纸品商之一。产品主销香港，客户包括包装印刷商及制造商、书籍印刷及出版商、印刷代理、文具印刷及自设印刷设备的消费品制造商。另有小部分为中国客户，集团已在北京及深圳设立代办处。1995年11月发行100百万新股上市，每股售价1.28元。1999年3月底每股净值1.01元，净借贷2.23亿元，9月止半年盈利29.1百万元，增139.6%，派中期息0.015元。

【财务状况】 1998/99年度每股纯利8.0仙，每股股息2.0仙。

信利国际有限公司

【公司概况】 股票代码为0732，业绩报告结算日期为12月31日。实收资本为433467527股，合计43346753元。公司董事会主席：林伟华。

【经营业绩】 公司主营业务为从事产销液晶体显示器（包括超扭曲向列型液晶体显示器）。原有计算机及传呼机业务已收缩，但发展个人电子助理及手提电话。1991年7月发行新股74百万股上市，每股以1.02元公售。1998年底每股净值1.59元，净借贷1.66亿元，1999年上半年盈利39.2百万元，减8.5%，派中期息0.02元。

【财务状况】 1998年度每股纯利12.9仙，每股股息2.5仙。

齐翔食品国际有限公司

【公司概况】 股票代码为0735，业绩报告结算日期为4月30日。实收资本为280000000股，合计28000000元。公司董事会主席：林厚美。

【经营业绩】 公司主营业务为主要生产及销售优质加工鳗鱼及鳗鱼饲料。截至1999年4月底止加工鳗鱼99%销往日本，占集团总营业额约83%。所生产加工鳗鱼以旗下"齐翔"品牌，约7%以其中一个客户品牌出售。所有鳗鱼饲料以"三华"注册商标出售。加工鳗鱼销往日本大型海鲜进口商/分销商，连锁百货公司及便利店。厂房设于福建省。1999年10月配售及发售新股70百万股上市，每股售价1元。上市后每股有形资产净值0.394元。1999年8月底借贷61.2百万元。

【财务状况】 1998/99年度纯利32411千元。

北方兴业控股有限公司

【公司概况】 股票代码为0736，业绩报告结算日期为3月31日。实收资本为2193858141股，合计109692907元。公司董事会主席：庄声元。

【经营业绩】 公司主营业务为产销电子消费品，主销欧洲及本港。1992年以1元上市，曾称锐鸿及上亿，股权一再易手，现任主席于1998年2月以每股0.05元购得控制权。6月改名如上。前主要股东良记与北方置业属下公司锐鸿涉及诉讼，于6月底被颁令清盘，曾作安排，锐鸿债权人已于1999年7月批准法院也颁令搁置清盘，经协议削债后，将为此付出现金920万元及发行新股4.13亿股抵付债务，正进行有关事宜。1999年3月底每股净值0.0112元，净借贷26.25百万元（锐鸿帐项无综合），9月止半年亏损8.1百万元（上年同期亏损14.59百万元），不派中期息。

【财务状况】 1998/99年度纯利亏损3.43百万元。

利信达集团有限公司

【公司概况】 股票代码为0738，业绩报告结算日期为2月28日。实收资本为448619600股，合计44861960元。公司董事会主席：李强。

【经营业绩】 公司主营业务为主要在香港经营皮鞋及手袋零售业。以进口意大利皮鞋为主，近期零售业务已扩展至澳门、新加坡、台湾及中国。并于广东顺德设厂，生产若干特许权皮鞋。已于国内各经济特区开设免税店。开设"三百两"金饰店，已于1996年底结束。1992年11月发行85百万新股及由旧股东售出15百万股上市，每股以1.3元公售。顺德市的合营地产项目大部分已售，尚余1地盘待发展。1999年2月底止每股净值0.928元，净存款30.7百万元，8月底止半年盈利5.68百万元，上年同期亏损29.8百万元，派中期息0.01元。期内已终止新加坡及台湾业务，香港零售店已由29间减至20间。

【财务状况】 1998/99年度每股股息1.0仙。

菱电发展有限公司

【公司概况】 股票代码为0745，业绩报告结算日期为12月31日。实收资本为 1126340026 股，合计 563170513 元。公司董事会主席：胡法光。

【经营业绩】 公司为日资三菱及胡氏家族合作，主营业务从事物业投资及发展业务，并在香港及中国拥有物业。计有香港投资物业 63 万方呎（主要为宏利保险中心）、上海投资购物中心 26 万方呎、香港发展中面积 26.3 万方呎，国内发展中面 156 万方呎，中海有关公司已购菱电股份 21.6%。1992 年 9 月发行 187.5 百万新股上市，每股以 2 元公售。1998 年底每股净值 2.58 元，净借贷 11.7 亿元，1999 年上半年盈利 51.5 万元，减 95.5%，不派中期息。

【财务状况】 1998 年度纯利亏损 397.7 百万元。

沈阳公用发展股份有限公司

【公司概况】 股票代码为 0747，业绩报告结算日期为 12 月 31 日。实收资本为国有股 600000000 股，H 股 400000000 股，合计人民币 1000000000 元。公司董事会主席：蔺文斌。

【经营业绩】 公司为国家企业，是辽宁省沈阳市的主要城市公用事业发展和经营商。主营业务为生产及销售净化水，也提供长途客运服务，并通过一家合资公司从事燃煤热电联产业务。拥有 99%要益在沈阳市抽取地下水、开发与管理水源地和水加工厂、并生产净化水，然后售予销售商，日产 1.07 百万立方米，计划收购三间水厂，日产将增至 1.63 百万立方米。沈阳经纬客运透过经营 118 条授权路线，每日平均发车共 330 班、车队共 236 辆。载客量约 912 万人。并拥有沈阳热电 22.5%股权，经营沈阳市最大的燃煤热电联产电厂。总装机发电能力为 400 兆瓦。于 1998 年，生产电力和热力分别约 2356190 兆瓦和 4114941 吉焦。1999 年 12 月配售及公售 H 股 4 亿新股上市，每股售价人民币 1.8 元。上市后每股有形资产净值人民币 1.44 元。

【财务状况】 1999 年 6 月底止 6 个月纯利人民币 114955 千元。

笔克远东集团有限公司

【公司概况】 股票代码为 0752，业绩报告结算日期为 10 月 31 日。实收资本为 495957252 股，合计 49595725 元。公司董事会主席：谢松发。

【经营业绩】 公司主营业务为替展览会主办机构及专业参展商设计及承建展览摊位及展品，业务集中于亚太区。1992 年 9 月上市，每股 1 元公售。上市后于深圳及北京成立生产制作设施。于 1996 年 3 月以 4.2 亿元（包括新股 2.1 亿股）购入 Pico Art 集团 80%权益，其业务与笔克相同，分布于 13 个国家。1997 年 9 月，以 1.29 亿元再购入 Pico Art20%，令持股量增至 100%。1998 年 5 月，以 33.8 百万元购斯里兰卡及越南展览业务。1998 年 10 月底每股净值 0.84 元，净借贷 1.6 亿元。1999 年 4 月止半年亏损 6.2 百万元，不派中期息。

【财务状况】 1997/98 年度纯利亏损 5.6 百万元。

合生创展集团有限公司

【公司概况】 股票代码为 0754，业绩报告结算日期为 12 月 31 日。实收资本为 1000000000 股，合计 100000000 元。公司董事会主席：朱孟依。

【经营业绩】 公司主营业务为于中国广东省广州市内从事物业发展及投资。拥有广州市八个发展项目权益，占总建筑楼面面积约 26 百万方呎，包括位于天河区六个项目，占面积约 19 百万方呎。拟在广州市内以现有或计划运输系统作支援的新城市中心或中心区外围边缘的用地重点进行大型住宅发展项目，并保留大部分商用地方出租。1998 年 5 月配售与发售 250 百万股新股上市，每股售价 2.7 元。1998 年底每股净值 1.23 元，净现金及存款 2.7 亿元。1999 年上半年盈利 118.1 百万元，减 17.6%，派中期息 0.03 元，期内销售楼宇 129 万方呎。

【财务状况】 1998 年度每股纯利 35.0 仙，每股股息 12.0 仙。

四海旅游国际有限公司

【公司概况】 股票代码为 0755，业绩报告结算日期为 3 月 31 日。实收资本为 896430250 股，合计 17928605 元。公司董事会主席：吴鸿生。

【经营业绩】 公司主营业务为经营机票销售及提供其他与旅游有关的服务，并参与物业投资。在港拥有若干商业及住宅物业。1992 年 10 月发行 40 百万新股上市，每股以 0.8 元公售。1999 年 3 月为南华策略收购 75%（每股收购价 0.20 元）。1999 年 3 月底每股净值 0.0352 元，净借贷 1.55 亿元。9 月止半年亏损 19.75 百万元，不派中期息。期间增设分行 3 间，共达 9 间，也完成旅游互联网提供资讯，正洽商于哈尔滨兴建主题公园。

【财务状况】 1998/99 年度纯利亏损 99.2 百万元。

中联系统控股有限公司

【公司概况】 股票代码为 0757，业绩报告结算日期为 3 月 31 日。实收资本为 280151771 股，合计 28015177 元。公司董事会主席：林汉南。

【经营业绩】 公司主营业务为为电脑系统项目的系统集成及个人电脑分销，为少数拥有简体中文软件者。持有康达电讯工程，并与电脑系统集成，于国内为商厦提供智能系统，并提供电讯资讯系统集成。1995 年 3 月发行新股及公开售股 45 百万股，每股售价 1.12 元。霸菱基金已注入资金 15 百万美元，英特尔注入 4 百万美元，为可换股债券或优先股，换股后两者将占康达 52.05%及 10.26%，中联只占 18.46%，而霸菱基金可再获中联新股 1.1 亿股。1999 年 3 月底每股净值 0.61 元，净债项 2 亿元，9 月上半年盈利 3.5 百万元（上年同期亏损 33.29 百万元），不派中期息。计划分拆软件部上市。

【财务状况】 1998/99 年度纯利亏损 142.8 百万元。

德信控股（亚太）有限公司

【公司概况】 股票代码为 0758，业绩报告结算日期为 12 月 31 日。实收资本为 300000000 股，合计 30000000 元。公司董事会主席：蔡维谦。

【经营业绩】 公司主营业务为从事一般建筑业务，尤其中港两地的室内装饰与机电工程及中国的物业发展、投资与管理业务。主要目标为中港两地的商界（如银行、酒店、购物中心、餐厅、写字楼及娱乐中心）。截至 1999 年 9 月底止，集团于中国持有 6 个手头项目，合约总值约 6.8 亿元。集团仅从事一项名为“武汉广场”文物业发展，担任发展商，项目经理及承建商职务。藉拥有 49%权益中外合资经营武汉广场营运及管理。1999 年 11 月发行新股 75 百万股上市，每股售价 1 元。上市后每股有形资产净值 0.7816 元。

【财务状况】 1999 年 6 月底止 6 个月纯利 26913 千元。

CEC 国际控股有限公司

【公司概况】 股票代码为 0759，业绩报告结算日期为 4 月 30 日。实收资本为 200000000 股，合计 20000000 元。公司董事会主席：林伟骏。

【经营业绩】 公司主营业务为设计、开发、生产及销售各式各样的线圈。一般按照客户的订单及规格生产，然后用作生产各类电子及电器产品，包括电讯用品、家庭电器、影音器材、办公室自动化设备、测量仪器以及其他电子消费产品等。总办事处及生产设施位于广东省中山市。其他设在福建省及新加坡，以新加坡厂房是首家装置生产微型表面安装线圈的全自动生产设施；可自行生产铁气体磁芯、塑胶元件、五金元件。于 1999 年 8 月底未偿还银行贷款 71 百万元。10 月止半年盈利 23.9 百万元，增 36%，不派中期息。1999 年 11 月配售及发售新股 50 百万股上市，每股售价 1.1 元。上市后每股有形资产净值 0.9064 元。

【财务状况】 1999 年度至 7 月底止 3 个月纯利 11304 千元。

明日国际集团有限公司

【公司概况】 股票代码为 0760，业绩报告结算日期为 12 月 31 日。实收资本为 439228815 股，合计 43922881 元。公司董事会主席：邱德华。

【经营业绩】 公司主营业务为从事电子表产品（包括数码温度计、时计、电子钟及汽车附件）的设计、开发、制造及销售。为 Seiko、Epson 电子配件与部件的认可分销商；也务及印刷线路板的制造及销售，并提供售后服务。产品主销欧洲、美国、日本、中国及香港。1995 年 7 月发行 100 百万股新股上市，每股售价 1.06 元。1998 年底每股净值 0.546 元，净借贷 13.7 百万元。1999 年上半年盈利 8.5 百万元，增 545%，不派中期息。

【财务状况】 1998 年度纯利亏损 26.5 百万元。

北京时装（集团）有限公司

【公司概况】 股票代码为 0761，业绩报告结算日期为 3 月 31 日。实收资本为 267035700 股，合计 26703570 元。公司董事会主席：贾安民。

【经营业绩】 公司主营业务为从事设计、制造、销售皮革成衣、皮革外衣、微纤编外衣、买卖制成革。1997 年 2 月发行新股 64.75 百万股上市，每股售价 1 元。1999 年 3 月底每股净值 0.435 元，净借贷 3.8 百万元。9 月止半年亏损 3.76 百万元，不派中期息。

【财务状况】 1998/99 年度纯利亏损 46.9 百万元。

威发国际集团有限公司

【公司概况】 股票代码为 0765，业绩报告结算日期为 12 月 31 日。实收资本为252537825股，合计25253782元。公司董事会主席：潘少忠。

【经营业绩】 公司主营业务为从事多种塑胶产品的设计、制造、市场推广及销售等。产品包括奇趣精品、包装产品及节日装饰品，PVC胶片及塑料贸易。厂房设于中国，主销香港，已逐渐拓展欧美市场。于1992年10月发行40百万股上市，每股以1.03元公售。1998年底每股净值0.58元，现金及存款6.8百万元，未偿还长短期贷款51百万元。1999年上半年盈利15.3百万元，增102%，派中期息0.02元。

【财务状况】 1998年度每股纯利12.97仙，每股股息5.0仙。

太平洋实业控股有限公司

【公司概况】 股票代码为0767，业绩报告结算日期为12月31日。实收资本为5131652240股，合计128291306元。公司董事会主席：黄进益。

【经营业绩】 公司主营业务为从事合板及单板制品的制造、分销与销售业务。现时分别于马来西亚砂胜越州民都鲁市、新加坡及中国大连设有厂房。1995年11月发行220百万新股上市，每股售价1.15元。1997年协议收购吉林新合木业，已于1999年6月完成，以49.2百万美元收购全部股权（已付定金30百万美元，发行新股768.14百万股，作价11.2百万美元，仍欠8百万美元）。获保证2000年盈利不少于8百万美元，并发行494.2百万股新股，以解除吉林新合木业债务。1998年底每股资产净值0.216元，净借贷5.58亿元（短期债项已转为长期），1999年上半年盈利17.8百万元，不派中期息。

【财务状况】 1998年度纯利亏损65.2百万元。

宜兴新威控股有限公司

【公司概况】 股票代码为0769，业绩报告结算日期为12月31日。实收资本为600000000股，合计60000000元。公司董事会主席：蒋泉龙。

【经营业绩】 公司主营业务为制造及销售各类稀土产品及耐火材料。截至1998年12月底止各占集团营业额约69%及31%。所生产31种稀土产品用于强化玻璃、耐用灯泡、电脑记忆晶片、彩色电视机用荧光粉、手提电话电池、汽车自动控制系统、航空工业及通讯光纤等。从中国内蒙古、江西省及广东省等地提取精矿为主要原料，生产设施信于江苏省，共设有16条稀土萃取生产线，年产能力约为3.550吨(REO)。主要出口到美国、日本、德国及韩国。耐火材料采购自中国辽宁、河南及山西的天然矿石。用于钢铁、建材、有色冶金等工业用窑炉。年产能力约为30000吨，主要客户是国内的钢铁制造企业。1999年7月底未偿还银行贷款55.9百万元。1999年10月配售及公售新股1.5亿股上市，每股售价0.93元。上市后每股有形资产净值0.47元。

【财务状况】 1999年4月底止4个月纯利28081千元。

泸光国际上海发展投资有限公司

【公司概况】 股票代码为0770，业绩报告结算日期为12月31日。实收资本为9359000股，合计935900美元。公司董事会主席：陈宣伟。

【经营业绩】 公司为一间在开曼群岛注册的投资公司，主营业务为在中国透过上海地区的直接投资以取得长期资本增值，对象为中外合资企业、股份有限公司、外资独资企业等。1993年11月配售新股10百万股以介绍形式上市，每股以10.4美元配售。已将资金71.4%用于投资，其中投资于上海及临近不同行业非上市投资占33.9%，另37.5%投资于各地上市中国概念股。主要股东占股权35.3%。

【财务状况】 1999年上半年盈利210.8万美元，每股净值10.52美元.

自动系统集团有限公司

【公司概况】 股票代码为0771，业绩报告结算日期为12月31日。实收资本为280000000股，合计28000000元。公司董事会主席：A.J.RATHMARAJAH。

【经营业绩】 公司主营业务为在香港、澳门及台湾（透过DSC）从事系统综合及供应电脑及相关产品、设置国际网络/内联网及提供工程及软件报务。提供Windows NT平台的解决方案，并透过ELM及DSC扩充与IBM系统相关的业务，1997年10月发售新股7千万股上市，每股售价1.18元。政府及教育占业务53%，1998年底一间美国科技上市公司CSI已购入CSA股权26.2%（于新加坡上市，占自动系统67.75%）。1998年底每股净值0.81元，净存款34.4百万元，1999年上半年盈利21百万元，增30%，中期息0.02元。

【财务状况】 1998年度每股纯利14.3仙，每股股息4.0仙。

粤海建业有限公司

【公司概况】 股票代码为0818，业绩报告结算日期为12月31日。实收资本为84218010股，合计84218010元。公司董事会主席：蔡靖华。

【经营业绩】 公司主营业务为从事香港及中国商业大厦、购物中心、酒店、住宅大厦、工业大厦及公共工程项目玻璃幕墙系统、工业用外墙板、花岗石及不锈钢外墙板系统、铝窗、门及橱窗、采光天窗及其他建筑有关产品设计、供应、安装。也为厨柜及洁具批发供应商。并参予整个玻璃幕墙制造过程，为客户提供玻璃幕墙设计，在香港设有两个工场，负责将玻璃幕墙材料嵌及加工判予承办。在北京市自置办公室。已将横向扩展至厨柜及洁具业务，为粤海投资旗下公司，1993年已于澳洲上市。1997年12月发行新股8百万以配售方式上市，每股售价3.125元。1999年6月底总贷款3.1亿元，负资产76.3百万元，债务重组已获债权人初步同意，上半年亏损148.5百万元，不派中期息。

【财务状况】 1998年度每股股息2.0仙。

建荣建业集团有限公司

【公司概况】 股票代码为0835，业绩报告结算日期为3月31日。实收资本为360000000股，合计36000000元。公司董事会主席：王世荣。

【经营业绩】 公司主营业务为在香港经营地基打椿业务，服务大致包括钻孔灌注椿、撞击式打椿、椿帽与地库建筑、地盘勘察及钻探工程、尤以钻孔灌注椿设计及承包工程为主。1997年初将业务拓展至探土与椿帽建筑工程。截至1999年11月30日止，手头未完成合约总值约809百万元。1997年12月发行新股90百万上市，每股售价0.9元。原为建业实业的部分业务，建业股东获优先认购，每十四股可认一股。1999年3月底每股净值0.511元，净借贷35百万元，9月止半年盈利3.08百万元，减14.2%，不派中期息。

【财务状况】 1998/99年度每股纯利1.8仙。

建美集团有限公司

【公司概况】 股票代码为0851，业绩报告结算日期为4月30日。实收资本为1806100000股，合计18061000元。公司董事会主席：苏显华。

【经营业绩】 公司主营业务为销售环形变压器，换能器，EI变压器及电器零件等低耗电量电子产品。大部分由该集团按ODM或OEM基础制造，以客户牌子出厂，包括Altec Lansing及声宝等，余下由集团的牌子“MAE”出厂，还会按客户要求制成若干电器产品。厂房设于深圳，面积约130万平方呎。总办事处及营业地点均设于香港，主销美国、日本及欧洲。1998年11月发行37.5百万股新股及大股东售出6.75百万股旧股上市，每股售价1.13元，1999年4月底每股净值0.0702元，净负债3.27百万元，已投资于天网权益12.5%。

【财务状况】 1999年度纯利每股3.1仙，每股股息0.66仙。

易达兴业电子(集团)有限公司

【公司概况】 股票代码为0855，业绩报告结算日期为3月31日。实收资本为400000000股，合计40000000元。公司董事会主席：唐耀麟。

【经营业绩】 公司主营业务为从事设计、制造及销售具液晶体显示的电子产品作为礼品出售、以客户指定品牌名称出售及或以该集团的品牌名称“cedar”销售，包括计算机及欧罗兑换器（不具计算功能）。截至1999年3月底止各占集团营业额67%及26%。拥有超过200名客户，包括欧洲、拉丁美洲、中东及北美洲的分销商及品牌拥有人。生产设施位于东莞虎门镇。1999年9月发售新股1亿股上市，每股售价0.80元。9月止半年盈利28.9百万元，增74.6%，不派中期息。上市后每股有形资产净值0.372元。

【财务状况】 1999年度纯利40372千元。

精优药业控股有限公司

【公司概况】 股票代码为0858，业绩报告结算日期为3月31日。实收资本为190000000股，合计19000000元。公司董事会主席：何普昊。

【经营业绩】 公司主营业务为从事向中国客户推广及经销药品、保健和营养品及医疗仪器和设备，还在中国开发，制造及销售药品。经销60个类别入口产品，自身产品以生物制品如免疫药物及脑血管药为主。生产设施于吉林省长春市。1999年2月发售及配售共50百万股新股上市，每股售价1元。3月止每股资产净值0.531元，净存款55百万元。9月止半年盈利14.3百万元，减17.4%，派中期息0.0526元。

【财务状况】 1999年度纯利42338千元。1999年3月止年度每股盈利29.6仙，每股末期股息4.21仙。

华益控股有限公司

【公司概况】 股票代码为0862，业绩报告结算日期为12月31日。实收资本为2000000000股，合计20000000元。公司董事会主席：许猛猛。

【经营业绩】 公司主营业务为在中国福建省各大城市经营保龄康乐中心及提供多类配套设施包括餐饮服务、保龄球器材专门店、儿童游乐中心、娱乐电子游戏、台球及贵宾房。分别位于石狮市、龙岩市、泉州市、厦门市杏林区及漳平市，总楼面面积合共约39万方呎，设有144条保龄球球道。占全省球道约15%，保龄设施收入占保龄康乐中心收入的最大部分。1998年9月发行新股40百万股，及大股东出售10百万股上市，每股以1元公售。1998年底每股净值0.0866元，净存款62百万元。1999年上半年盈利16百万元，减22.2%，不派中期息。现任主席于12月出售全部股权予任德章，每股成0.03元，正待全面收购。

【财务状况】 1998年度每股纯利2.6仙，每股股息0.5仙。

恒丰金业科技有限公司

【公司概况】 股票代码为0870，业绩报告结算日期为3月31日。实收资本为315000000股，合计31500000元。公司董事会主席：林世荣。

【经营业绩】 公司主营业务为设计、制造及分销种类繁多的金饰产品，其他名贵金属及珠宝首饰产品；另有少量合约加工。以销往中国、东南亚、香港、美国及欧洲等地。已取得的电脑扫描金铸像8年期专利权，并已推出市场。正在红▮及沙头角设施内增设生产线，提高生产量。1999年3月发售及配售新股78.75百万股上市，每股售价0.90元。1999年9月止半年盈利36百万元，增57.4%，不派中期息，负债比率25.7%。上市后每股有形资产净值0.9161元，不派中期息，

【财务状况】 1999年度纯利63800千元。1999年3月止年度每股盈利26.5仙，若全年上市，每股股息应为5.4仙。

威乐控股有限公司

【公司概况】 股票代码为0873，业绩报告结算日期为3月31日。实收资本为500000000股，合计50000000元。公司董事会主席：邓耀康。

【经营业绩】 公司主营业务为从事以项目形式入口及销售本港住宅和商业物业市场所需综合系列厨房设备、大理石及花岗石、瓷砖及卫生装置及设备。1997年12月发行新股125百万股上市，每股售价1元。北京中信于1993年已占股权40%，上市后降至28.8%，于1997年12月发表至1997年9月止半年盈利40.5百万元。于1998年7月停牌，理由为流动资金问题，可能导致股权易手，其后多家银行追讨欠款，商业罪案调查科进行调查。10月公布将威乐中国清盘(大部分业务透过该公司进行)。12月公布遗失大部分业务文件，未能依期公布1998年3月止年度业绩，并表示威乐中国负债务约8亿元。估计资产只可变现26百万元。上市后每股资产净值0.502元。

【财务状况】 1997年7月31日止4个月纯利24511千元。

广州药业股份有限公司

【公司概况】 股票代码为0874，业绩报告结算日期为12月31日。实收资本为国家股513000000股，H股219900000股，合计人民币732900000元。公司董事会主席：蔡志祥。

【经营业绩】 公司为国家企业，主营业务为从事中成药(及小规模西药)制造和销售，西药、中成药、中药材及各种医疗器械仪器的贸易。拥有八家成药制造机构，有超过550种中成药生产批文，主要产销产品逾400种。零售业务透过本身的采芝林(84家)及健民零售连锁店(36家)进行。拥有药品进出口许可证以从事药品的进出口业务。1997年10月发行219.9百万股H股上市，每股售价1.65港元。1998年4月，获白花油全国总代理权。1998年底每股净值人民币1.89元，净债项人民币2.43亿元，1998年上半年盈利人民币67.8百万元，减12.4%，每股盈利0.09港元，中期息0.02港元。

【财务状况】 1998年度每股纯利17.0仙，每股股息6.0仙。

港冠集团有限公司

【公司概况】 股票代码为0875，业绩报告结算日期为12月31日。实收资本为616000000股，合计61600000元。公司董事会主席：郭文雨。

【经营业绩】 公司主营业务为在中国以“聚华”牌子制造及销售鳗鱼饲料，约12千公吨，于广西及福建拥有五间厂房。拥有超过400个养殖场客户，十多名分销商，拟在未来两年内于福建省东北部及莆田开设新厂房，计划直接进口鱼粉，研制生产饲料的维他命及材料，并生产其他如家禽、家畜及水产饲料等。将于南海设立虾饲料的生产线。1998年6月配售及发售70百万股新股上市，每股售价0.80元。1998年底每股净值0.44元。净存款11百万元。1999年上半年盈利26.09百万元，增1%，不派中期息。

【财务状况】 1998年度每股纯利23.15仙，每股股息6.0仙。

永利控股有限公司

【公司概况】 股票代码为0876，业绩报告结算日期为9月30日。实收资本为280000000股，合计28000000元。公司董事会主席：周德雄。

【经营业绩】 公司主营业务为从事设计、制造及销售直流电源开关、插座及交流电源连接器、兼扬声器端子。产品多以香港注册的商标“MSC”出售。销售对象主要为影音产品、电讯器械材、玩具、电脑及其他电子及电器的香港分销商及制造商。1997年3月发行70百万股新股上市，每股售价1元。东莞新厂于1999年初投产。1999年3月底净存款80百万元，该半年盈利5百万元。

【财务状况】 1997/98年度每股纯利1.85仙，每股股息1仙。

金朝阳集团有限公司

【公司概况】 股票代码为0878，业绩报告结算日期为12月31日。实收资本为1497000910股，合计149700091元。公司董事会主席：傅金珠。

【经营业绩】 公司主营业务为从事物业发展及买卖。1998年底投资物业184800方呎，发展及待发展物业面积36万方呎。1997年3月发行新股300百万股上市，每股售价2.3元。中远国际占20.07%股权(已摊薄至19.64%)。1999年11月以13.3百万元(发行新股及可兑换优先股各41.56百万股)购入网上行科技公司35%，于中国经营互联网内容供应商业务。1998年底每股净值1.06元，净负债22.8亿元，进行债项重组，减持物业及配售，于1999年11月已降至18亿元。1999年上半年亏损112.3百万元，不派中期息。

【财务状况】 1998年度纯利亏损495.2百万元。

天津发展控股有限公司

【公司概况】 股票代码为0882，业绩报告结算日期为12月31日。实收资本为601750000股，合计60175000元。公司董事会主席：王广浩。

【经营业绩】 公司为天津市政府窗口公司，主营业务为从事多项商业投资，如葡萄酒、纱线及纺织品，经营基建设施包括港口码头及公路，产销升降机及扶手电梯。占王朝酒厂62%权益、东亚羊毛线厂100%权益，天津港内最大的集装箱厂100%权益，第二港埠公司100%松益。天津交通公司90%权益。独家管理及经营外环东路30年(正进行改造)。占奥的斯电梯厂37.59%。1997年12月发行新股203.29百万股上市，每股售价6.6元。1998年10月以204.9百万元购入山广公路天津段6.62%，于1999年至2001年分期完成。参与天津青西区住宅发展。1998年每股净值4.73元，净存款11.3亿元，1999年上半年盈利82.6百万元，减49.2%，中期息派0.02元。

【财务状况】 1998年度每股纯利40.0仙，每股股息14.5仙。

万裕国际集团有限公司

【公司概况】 股票代码为0894，业绩报告结算日期为12月31日。实收资本为238800000股，合计23880000元。公司董事会主席：陈浩成。

【经营业绩】 公司主营业务为从事买卖电容器、电阻、电路板元件及生产电容的机械及原材料。以电容器为主，大部分于香港销售。在深圳和无锡设有中外合资合营企业。1997年2月发行新股55百万股上市，每股售价1.08元。已落实贵州及重庆合资项目，1998年底投产，又获日本铝箔材料代理权。1998年底每股净值0.693元，净借贷93百万元，1999年上半年盈利4.63百万元，减68%，每股盈利0.0194元，不派中期息。

【财务状况】 1998年度每股纯利5.5仙。

得利集团有限公司

【公司概况】 股票代码为0897，业绩报告结算日期为3月31日。实收资本为106611464股，合计1066114英镑。公司董事会主席：梁伟浩。

【经营业绩】 公司主营业务为从事设计、制造、装嵌及销售手表零件。

销售地区为美国、欧洲及中国。生产设施设于中国东莞雁田，占地面积约19.4万平方呎。1997年10月以介绍方式在港上市。除外销外，主要发展中国业务，集中零售，在国内设有Time Zone商店63家及专柜40个，并推销女装手袋及背包。1999年3月底每股净值0.083元，净借贷60.8百万元，9月止半年亏损3.09百万元(上年同期亏损15.58百万元)，不派中期息。

【财务状况】 1998/99年度纯利亏损92.26百万元。

万事昌国际控股有限公司

【公司概况】 股票代码为0898，业绩报告结算日期为12月31日。实收资本为400000000股，合计40000000元。公司董事会主席：刘志勇。

【经营业绩】 公司主营业务为从事投资及发展中港两地的各项住宅及商用物业。1998年底止持有的物业权益：在香港占总楼面面积约17.7万方呎，在中国占总楼面面积约34万方呎，主要为服务式住宅作出租用途，另有待建独立房屋100间，面积达58万方呎。1998年7月发售及配售1亿股新股上市(每五股股份连同一份认股权证)，每股售价1元。1999年8月以每股0.138元购入能丰约2.13亿股，占22.64%，参与钢铁业务。1998年底每股净值2.22元，净借贷6.3亿元。1999年上半年盈利20.59百万元，减46.7%，派中期息0.015元。

【财务状况】 1998年度每股纯利23.4仙，每股股息3.0仙。

永利实业控股有限公司

【公司概况】 股票代码为0899，业绩报告结算日期为3月31日。实收资本为979796624股，合计97979662元。公司董事会主席：周荣基。

【经营业绩】 公司主营业务为在东南亚提供集装箱及相关运输服务，包括香港与广东省及台湾航线。自置五艘集装箱货船及五艘驳船。也有经营及透过代理及承运商提供位于香港、广东省、台湾内陆运输服务。在香港拥有45部货柜拖车及50部货柜拖架，提供门对门运送及转运服务。1997年10月发行新股80百万股上市。每股售价1元。于1998年9月由永利航运改名如上。正进行内部重组，出售无利可图的汕头业务。1999年3月底每股净值0.485元，净债项57百万元。9月止半年亏损11.3百万元，不派中期息。

【财务状况】 1999年度纯利亏损68.97百万元。

AEON信贷财务(亚洲)有限公司

【公司概况】 股票代码为0900，业绩报告结算日期为2月20日。实收资本为380696000股，合计38069600元。公司董事会主席：杉桥裕。

【经营业绩】 公司为日本AEON信贷的附属公司，主营业务为提供多类消费信贷融资服务。1995年8月发行83.4百万新股上市，每股售价1.26元。也分别为AEON招财信用咭、AEON招财万事达咭及吉之岛信用咭等联号的签发机构。设有28间分行、199台招财柜员机，其中备有影带租赁服务分行共20间。截至1999年8月20日止，持咭人数576000名；信贷放款结余25.7亿元。1999年2月20日止每股净值1.5元，净负债18亿元，应收咭款21亿元。8月20日止半年盈利81.2百万元，增22.7%，派中期息0.04元。

【财务状况】 1998/99年度每股纯利38.45仙，每股股息10.5仙。

华能国际电力股份有限公司

【公司概况】 股票代码为0902，业绩报告结算日期为12月31日。实收资本为内资股4150000000股，H股1500000000股，合计人民币5650000000元。公司董事会主席：李小鹏。

【经营业绩】 公司为中外合资公司，主营业务为以现代化设备和技术，在中国开发、建设、拥有和经营大型燃煤电厂，全资拥有和经营八座运行电厂，总装机容量为6700兆瓦。1998年1月以介绍方式在香港上市，发行250百万股H股，每股售4.4港元，1998年底每股净值人民币3.52元，净负债人民币124.8亿元，1999年上半年盈利人民币876百万元，增9.4%，不派中期息。期内以人民币27亿元收购南京电厂，另有南通及福州项目发展中，下半年完成，总装机容量达8100兆瓦。

【财务状况】 1998年度每股纯利33.0仙，每股股息8.0仙。

冠捷控股有限公司

【公司概况】 股票代码为0903，业绩报告结算日期为12月31日。实收资本为1200000000股，合计12000000美元。公司董事会主席：宣建生。

【经营业绩】 公司主营业务为从事各式各样电脑监视器的制造、设计及销售业务。产品大多在北美、欧洲及亚洲销售。集团以“AOC”、“Envision”及“Amark”品牌制造映像管电脑监视器，发展及分销“AOC”品牌液晶电脑显示器(委任台湾承包商制造)，也从事装配及分销“AOC”品牌彩色扫描器。生产设施位于福建福清市，设有五条年产量约为6百万台映像管电脑监视器及四条装配彩色扫描器生产线，年产约为1.5百万台。在北京拥有映像管电脑监视器的生产制造设施，于1995年5月投产为中外合资公司。1999年9月发售及配售新股2亿股及旧股1亿股上市，每股售价1.19元，上市后每每股有形资产净值54.88仙。

【财务状况】 1999年6月底止6个月纯利79.97百万元。若已全年上市，每股股息应为4.5仙。

希域投资有限公司

【公司概况】 股票代码为0905，业绩报告结算日期为12月31日。实收资本为100000000股，合计1000000元。公司董事会主席：王方剑。

【经营业绩】 公司主营业务为投资于香港或中国的上市或非上市公司，从中获取中期资本升值。拟专注于目前股票市场不景气提供的投资机会及中国非上市投资项目的投资机会。1998年7月发售50百万股新股上市，每股售价1元。于1999年底投资于本港上市股份包括亨亚6.84%、美时4.45%、永恩1.47%、东力1.22%及泰升0.7%。1998年底每股净值0.913元，净存款30.5百万元，1999年上半年盈利1.8百万元，增131.6%，不派中期息。10月底每股净值0.99元。

【财务状况】 1998年度每股纯利2.98仙。

高雅国际集团有限公司

【公司概况】 股票代码为0907，业绩报告结算日期为3月31日。实收资本为323649123股，合计32364912元。公司董事会主席：许亮华。

【经营业绩】 公司主营业务为从事设计、制造及销售金属眼镜架，除建立本身牌子外，在香港及东南亚、中国等分销公司取得多项专利权。产品主要销往美国、欧洲、香港、中国及东南亚市场。大部分生产设施位于中国，1996年3月发行69.18百万股新股上市，每股售价1.08元。4月，与米兰上市的Safilo合作，Safilo承诺3年内购买一定的眼镜产品，并入股9.99%(1999年增至23.05%)。1999年3月底每股净值0.91元，净存款61.3百万元，9月止半年盈利35.9百万元，增60.6%，中期息0.03元。

【财务状况】 1998/99年度每股纯利12.57仙，每股股息6.1仙。

珠光发展有限公司

【公司概况】 股票代码为0908，业绩报告结算日期为4月30日。实收资本为462000000股，合计46200000元。公司董事会主席：蔡光成。

【经营业绩】 公司现为珠海市政府唯一海外上市综合企业，主营业务为从事珠海的酒店业务及旅游景点业务。为珠海度假村酒店(占建筑面积约58万方呎)及圆明新园(占地面积约6百万方呎)的控股公司。在获珠海市政府承诺提供支持及引导下，拟将业务扩展为多元化，包括发展旅游、商业、轻工业与高科技项目、海上客运服务及码头、电讯及地产。1998年5月发售及配售126百万股新股上市，每股售价1.13元。1999年4月底每股净值1.83元，净存款30.9百万元，7月配售集资40百万元，计划收购香洲市场。

【财务状况】 1999年度每股纯利7.38仙。

金威集团控股有限公司

【公司概况】 股票代码为0910，业绩报告结算日期为6月30日。实收资本为226700000股，合计22670000元。公司董事会主席：吴良好。

【经营业绩】 公司主营业务为设计、制造及销售男士套装西服，产品以本身“金威”品牌及客户私人品牌销售。客户包括分销商、团体及零售商，当中包括中国人民检察院(1997年9月指定金威为各级人民检察院的制服定点制造厂)。生产设施设于福建省，拥有占地面积约9.8万方呎的厂房，年产约18万件上装及45万条西裤。拟在原厂附近购地盘兴建新生产设施，预期1999年10月投产，可额外生产10万件上装及6万件衬衫。1999年11月获中国出入境检验检疫局委任为指定制服定点厂。1998年11月配售及发售50百万股新股上市，每股售价1元。1999年6月底每股净值0.563元，净存款31.5百万元。

【财务状况】 1998/99年度每股纯利26.8仙，每股股息9.0仙。

Unity Investments Holdings Ltd.

【公司概况】 股票代码为0913，业绩报告结算日期为12月31日。实收资本为100000002股，合计10000000.20元。公司董事会主席：颜文杰。

【经营业绩】 公司为投资公司，主营业务为在香港及中国的上市及非上市公司以取得中期资本增值、并将20%或以下的资产投资其它地方股本证卷、可换股票据，优先股、购股权、认股权证、期货合约及债务证券。由Alpha Asset Investment Ltd.负责投资管理及一般行政服务。1999年10月发售新股1亿股上市，每股售价1元，上市前未开始经营业务。

【财务状况】 上市后每股有形资产净值94仙。

安徽海螺水泥股份有限公司

【公司概况】 股票代码为0914，业绩报告结算日期为12月31日。实收资本为A股622480000股，H股361000000股，合计人民币983480000元。公司董事会主席：郭文叁。

【经营业绩】 公司为国家企业，是全国最大水泥产销商。主营业务为从事"海螺"、"黄山"商标水泥及熟料生产及销售。为上海华东地区安徽省、江苏省，其他若干省份主要高标号水泥供应商之一。厂房分别位于中国安徽省宁国市及芜湖市宁国水泥厂及白马山水泥厂。并占安徽海螺水泥厂75%、安徽铜陵海螺水泥68.2%及宁波海螺水泥60%。1997年10月发售新股H股361万股上市，每股售价2.28港元。1998年底每股净值人民币1.92元，净负债人民币14.85亿元。1999年上半年盈利人民币35百万元，增15.8%，每股盈利人民币4分，不派中期息。

【财务状况】 1998年度每股纯利11.0仙，每股股息2.1仙。

新世界中国地产有限公司

【公司概况】 股票代码为0917，业绩报告结算日期为6月30日。实收资本为1463772938股，合计146377294元。公司董事会主席：郑家纯。

【经营业绩】 公司为国内主要物业发展企业集团之一。发展项目有：传统式房产，发展中面积4465万方呎；普及屋苑住宅，面积1.33亿方呎；安居房屋6500万方呎；重建旧城2954万方呎地盘；土地整治工程项目，地盘7000万方呎。分布于中国大城市或主要交通枢纽。1999年7月配售及发售463772938股新股上市，每股售价9.5元。上市后每股有形资产净值0.1961元。1999年度每股盈利0.13元。

【财务状况】 1999年度纯利171.0百万元。

第一德胜控股有限公司

【公司概况】 股票代码为0918，业绩报告结算日期为3月31日。实收资本为360000000股，合计36000000元。公司董事会主席：黄德顺。

【经营业绩】 公司主营业务为从事外衣采购、加工、市场推广及销售，产品由聘用加工商在中国制造。产品有防水外套，短外衣及滑雪服装。均采用羽绒或聚酯夹里，大部分产品输往美国。1999年10月与北京国图数字技术公司合组公司，总投资1.31亿元(各占50%，第一德胜有增持10%权利)，开发数据技术，将图书馆藏书数据化，提供专项信息及透过有线电视网络提供信息。1997年9月发行新股90百万股上市，每股售价1元。1999年3月底每股净值0.436元，净存款7百万元，9月止半年盈利59.5百万元，增28%，派中期息0.01元。

【财务状况】 1999年度每股纯利13.3仙，每股股息13.0仙。

广东科龙电器股份有限公司

【公司概况】 股票代码为0921，业绩报告结算日期为12月31日。实收资本为内资股532416755股，H股459589808股，合计人民币992006563元。公司董事会主席：王国端。

【经营业绩】 公司为乡镇企业，主营业务为从事冰箱的制造及销售。占三洋科龙冷柜合营项目44%；成都及营口的新厂房已于1998年3月及7月投产。1996年7月发行新股H股201352000股，每股售价3.67港元。1998年11月以人民币2.81亿元收购广东科龙空调60%并同意收购华宝空调，当时未能完成交易，债权人要求拍卖资产，广东科龙于1999年11月以人民币5.92亿元投得资产，连同其他承诺，成本为人民币7.63亿元。1999年上半年盈利人民币428百万元，增5.2%，不派中期息。每股净值人民币4.64元，净存款人民币3.7亿元。

【财务状况】 1998年度每股纯利67.0仙，每股股息32.1仙。

金科数码国际控股有限公司

【公司概况】 股票代码为0922，业绩报告结算日期为3月31日。实收资本为200000000股，合计20000000元。公司董事会主席：洪金明。

【经营业绩】 公司主营业务为从事于中港两地销售及经销日本及南韩等地的名牌影音产品，如大型彩色电视机、音响、影碟机、摄录机、数码影碟的主要元件及其他中高档电子产品。并在香港从事汽车及有关零部件的贸易。还拥有中港两地经销三星若干型号及中国经销新力与建伍若干型号的电子影音产品独家代理权和JVC摄录机及其他电子产品。在中国多个城市有其办事处。于北京及番禺装配三星牌背面投影彩色电视机及数码影碟机。1999年12月配售及发售新股50百万股上市，每股售价1.35元。上市后有形资产净值0.67元。

【财务状况】 1999年9月止6个月纯利15562千元。

元升国际集团有限公司

【公司概况】 股票代码为0925，业绩报告结算日期为12月31日。实收资本为248000000股，合计24800000元。公司董事会主席：林春癸。

【经营业绩】 公司主营业务为从事多种类型装饰礼品及实用家居产品的设计、生产及销售。大部份产品均按客户品牌制造，少数是自有牌子。市场以北美为主，其次是亚洲和欧洲，生产设施设于深圳及福建。总办事处及主要营业地点设于香港。美国附属公司为其他经销商设计互联网交易程式，已开始带来收入，于宝安的新厂于1999年底完成。1999年11月以23.3百万元(发行新股)收购德国产销水泵及家庭园艺装置业务。1998年1月发行62百万股新股上市，每股售价1元。1998年底每股净值0.569元，净存款3.6百万元。1999年上半年盈利10.26百万元，减24%，每股0.041元，不派中期息。

【财务状况】 1998年度每股纯利9.8仙，每股股息3.0仙。

联洲珠宝有限公司

【公司概况】 股票代码为0926，业绩报告结算日期为12月31日。实收资本为3100009321股，合计155000466元。公司董事会主席：史璧加。

【经营业绩】 公司主营业务为从事设计高级珠宝产品在欧洲(德国为主)及亚洲(香港、中国及日本)分销；也经营少量珠宝产品贸易及制造。本身拥有商标及其他牌子独家特许权；另以特许形式交予独立第三者作设计、制造及分销非钟表类消费品。总办事处设于香港。设计及产品开发部设于德国、奥地利及香港，生产设施于中国。1998年6月以介绍方式于香港上市，将股份以红利方式送予认购联洲国际新股者。1998年12月收购美国分销商duNouveau，包括多项品牌及300独立销售点，又获Goldpfeil特许权。1998年底每股净值0.102元，净借贷62.9百万元，1999年上半年盈利34.4百万元，增14%，派中期息0.0038元.

【财务状况】 1998年度每股纯利1.95仙，每股股息0.48仙。

亚洲铝业集团有限公司

【公司概况】 股票代码为0930，业绩报告结算日期为6月30日。实收资本为765000000股，合计76500000元。公司董事会主席：邝汇珍。

【经营业绩】 公司主营业务为从事阳极气氧化及涂漆铝型材产品的设计制造、销售及分销。也从事制造及销售不锈钢产品。产品销售以中国为主，占70%，三款产品占营业额分别为64%、17%、及19%。总办事处设于香港，生产设施位于广东南海。1999年中推出"节能窗"，并以铝材为吸尘机铝管及家居用品手柄，又购入美亚铝业55%，已签订意向书，成立合营公司出产拉力铝板供汽车、船只及飞机用途。1998年3月发行162.5百万股新股上市，每股售价1.17元。1999年6月底每股净值0.976元，净借贷1.17亿元，9月配售1.15亿股，集资1.36亿元.

【财务状况】 1998/99年度每股纯利18.88仙，每股股息7.6仙。

先来国际控股有限公司

【公司概况】 股票代码为0933，业绩报告结算日期为6月30日。实收资本为1250760400股，合计125076040元。公司董事会主席：刘东海。

【经营业绩】 公司主营业务为在中国、香港及澳门分销Montagut牌子的针织品及配衬用品，以及该牌子的非针织品及皮革用品等。也在中国产销Pierre Cardin、Lacarte及Caven牌子的男士服装，集团也持有牌子产品的特许使用权，在中国、香港、澳门及韩国独家分销以上产品。1995年11月发行294.3百万新股上市，每股售价1元。1997年7月失去Montagut针织品产品分销权(1997年度营业额占56%)，而非针织产品特许制造及分销权至2015年6月30日届满，已协议于1999年6月30日终止。1999年6月底每股净值0.575元，手头净现金6.

79 亿元。正在发展 IXESSE 品牌.
【财务状况】 1998/99 年度每股纯利 3.9 仙，每股股息 2.0 仙。

中石化冠德控股有限公司

【公司概况】 股票代码为 0934，业绩报告结算日期为 12 月 31 日。实收资本为 1037500000 股，合计 103750000 元。公司董事会主席：洪志铭。
【经营业绩】 公司主营业务为：在中国发展及经营原油卸载，储存及输送设施；在广州市经营加油站及石油产品的贸易。持有 70％权益的附属公司华德经营惠州码头（华南最大原油码头）并获准征收费用。并与华德订立的承包权安排在广州市以"广石化"商标经营九个加油站。于 1997 年开始经营华德加油站；是广州市第三大加油站经营商。在原油贸易方面，主要将原油售予进口代理。1999 年 6 月配售及发售 287.5 百万新股上市，每股售价 1.02 元。上市后每股有形资产净值 0.764 仙。若已全年上市，每股股息应为 0.2 仙 1999 年上年盈利 82.9 百万元，增 25.7％，不派中期息。
【财务状况】 1998 年度纯利 119.4 百万元。

民生国际有限公司

【公司概况】 股票代码为 0938，业绩报告结算日期为 3 月 31 日。实收资本为 524463506 股，合计 52446351 元。公司董事会主席：郑松兴。
【经营业绩】 公司主营业务为从事采购、加工、镶嵌、买卖及批发分销珍珠及珍珠产品，以中国海水养珠（占 50％）及中国淡水珍珠为主。在中国拥有面积约 523532 平方呎的民生工业城，内有自置珍珠加工设施，部份单位作出租用。1997 年 9 月发行新股 127.5 百万股上市，每股售价 1.08 元。1999 年 3 月底每股净值 0.786 元，净存款 19 百万元。9 月止半年盈利 20.7 百万元，增 26.9％，不派中期息.
【财务状况】 1998/1999 年度每股纯利 4.8 仙，每股股息 1.0 仙。

中国电信（香港）有限公司

【公司概况】 股票代码为 0941，业绩报告结算日期为 12 月 31 日。实收资本为 13704287021 股，合计 1370428702 港元。公司负董事会主席：石萃鸣。
【经营业绩】 红筹股，公司主营业务为在广东及浙江省从事移动通信业务，为邮电部控制下在港和海外上市的唯一于国内从事蜂窝移动通信业务机构。1997 年 10 月国际配售 2456 百万股新股，每股 11.8 港元，也发行 144 百万股新股在港上市，每股售价 11.68 港元。共有 12 个财团持有 9.9％股权，已有若干出售。1998 年 4 月以 224.75 亿港元现金购江苏移动电话全部权益。1999 年 9 月底广东、浙江及江苏用户突破 1000 万。11 月以 497.5 港元收购福建、河南及南海三省移动电话（6 月止用户共 340 万），其中以新股支付人民币 306.84 亿元，其余付现金，已配售新股及债券筹足资金，预期 1999 年三省盈利人民币 23.2 亿元。1999 年上半年盈利人民币 39.5 亿元，增 13.8％，每股盈利人民币 34 分，经收购调整后每股净值人民币 3.88 元，净存款人民币 103 亿元。
【财务状况】 1998 年度每股纯利 59.0 仙。

辉煌控股有限公司

【公司概况】 股票代码为 0943，业绩报告结算日期为 12 月 31 日。实收资本为 306851606 股，合计 30685160 元。公司董事会主席：[redacted]庆华。
【经营业绩】 公司主营业务为从事各类型电动个人护理产品，电动健康护理产品及浴室用品的设计和生产，此外也从事金属部件、塑胶工模及各式家庭用品与办公室设备产销，生产设施均位于中国（东莞、深圳、广州）。1997 年 6 月 13 日发行 57000000 股上市，每股售价 1.08 元。1999 年 11 月建议配售 6 亿股予梁松山之 TEES CORP。集资 30 百万元减债，仍待落实。1998 年底每股净值 0.241 元，净负债 80.8 百万元，业务需要重组。1999 年上半年亏损 27.58 百万元，不派中期息。
【财务状况】 1998 年度纯利亏损 69.2 百万元。

宏利金融有限公司

【公司概况】 股票代码为 0945，业绩报告结算日期为 12 月 31 日。实收资本为 500903225 股（无面值）。公司董事会主席：Arthur R. Sawchuk。
【经营业绩】 公司主营业务为经营个人、团体人寿及医疗保险及再保险，投资及管理退休金及各项基金。1999 年 9 月发行 138335616 股新股，于香港及美加菲上市。每股配售 18 加元（94.8 港元）。1999 年上半年纯利 399 百万加元，增 8.1％。每股盈利 0.82 加元。
【财务状况】 1998 年度纯利 710 百万加元。

华富国际控股有限公司

【公司概况】 股票代码为 0952，业绩报告结算日期为 3 月 31 日。实收资本为 270000000 股，合计 27000000 元。公司董事会主席：张耀南。
【经营业绩】 公司主营业务为从事设计、制造及销售以多种材料如皮革、人造皮革及尼龙布等所制成的手袋、公文袋及软行李袋产品，产品以多种客户牌子销售，以输往美国市场为主，此外也生产瓦通纸箱，供销售予独立第三者及自用。生产设施设于中国及香港。1997 年 9 月发行新股 5625 万股上市，每股售价 1 元。1997 年 12 月获美国马球协会给予 USPA 品牌的袋类及其他产品于中国内销权，已于主要城市设立分销点。已终止手袋业务。1999 年 3 月底每股净值 0.101 元，净债项 63.5 亿元。9 月止半年亏损 20.6 百万元，不派中期息。
【财务状况】 1998/99 年度纯利亏损 68.9 百万元。

佳信科技集团有限公司

【公司概况】 股票代码为 0959，业绩报告结算日期为 3 月 31 日。实收资本为 320000000 股，合计 32000000 元。公司董事会主席：孙永钊。
【经营业绩】 公司主营业务为从事设计、制造及销售手提电子消费产品，主要包括个人数码助理、电子多语翻译机及便携式或电子游戏机。拥有两间加工企业的生产控制权，1997 年 9 月发行新股 8 千万股上市，每股售价 1.11 元。1998 年 10 月已协议向三星购入液晶体显示板生产设施，并将于东莞设厂生产，预期 2000 年投产。1999 年 3 月底每股净值 0.779 元，净存款 36 百万元。9 月止半年盈利 38.19 百万元，增 24.5％，不派中期息。
【财务状况】 1998/99 年度每股纯利 9.0 仙，每股股息 2.3 仙。

裕丰国际集团控股有限公司

【公司概况】 股票代码为 0965，业绩报告结算日期为 5 月 31 日。实收资本为 286000000 股，合计 28600000 元。公司董事会主席：李荣根。
【经营业绩】 公司主营业务为从事设计、开发、制造、销售各类型电子计算机及电子产品。生产设施位于东莞。1997 年 9 月发行 65 百万股新股上市，每股售价 1 元。1999 年 4 月发开创新双行显示型计算机，并取得专利权，正开发全新电子产品，可透过互联网下载资料。1999 年 5 月底每股净值 0.599 元，净借贷 49 百万元。
【财务状况】 1999 年度每股纯利 11.8 仙。

环球饮食文化集团有限公司

【公司概况】 股票代码为 0970，业绩报告结算日期为 3 月 31 日。实收资本为 590208000 股，合计 59020800 元。公司董事会主席：陈港生。
【经营业绩】 公司主营业务以元绿寿司、水车屋作商号经营两组日本料理连锁店。已开设元绿寿司 24 间及元绿仔 13 间，也经营渔人码头及欣叶台湾料理。1997 年 9 月发行新股 12296 万股上市，每股售价 1.08 元。邓崇光于 1998 年 11 月出售股份，现主席及英皇等购入股权，进行精简结构，出售京丽山庄韩国料理及售出于美国加州的食肆中心计划。1999 年 3 月底每股净值 0.222 元，净借贷 22.7 百万元，9 月止半年亏损 24.9 百万元，不派中期息。
【财务状况】 1999 年度纯利亏损 131.9 百万元。

东力实业控股有限公司

【公司概况】 股票代码为 0978，业绩报告结算日期为 3 月 31 日。实收资本为 566597360 股，合计 56659736 元。公司董事会主席：凌少文。
【经营业绩】 公司主营业务为从事设计、生产、销售各式消费视听产品，如便携式镭射光碟机、立体声接收器、手提射光碟、卡式、收音系统、手提卡式录音机、微型音响组合及音响中心等。市场为北美洲及南美洲、欧洲及亚太区国家。东莞扩建厂房已开始完成，自行生产有关配件，并于 1998 年底开始生产微型光碟，又计划与联洲（占东力 18.75％）合作生产其他消费品。1997 年 9 月发行新股 72 百万新股上市，每股售价 1 元。1999 年 3 月底每股净值 0.508 元，净现金 20 百万元。9 月止半年盈利 34.4 百万元，增 20％，中期息 0.015 元。
【财务状况】 1999 年度每股纯利 12.21 仙，每股股息 4.6 仙。

中国盛业集团（香港）有限公司

【公司概况】 股票代码为 0979，业绩报告结算日期为 12 月 31 日。实收资本为 497000000 股，合计 49700000 元。公司董事会主席：萧永丰。

【经营业绩】 公司主营业务为在港从事装修、改建和加建工程。1997年6月发行120百万股新股上市，每股1.65元。1998年10月协议收购黑龙江一所发电厂95%，该厂发电功率27兆瓦，购入代价1.9亿元。1999年于5月由安利士改名如上，7月原大股东萧永丰出让股权，并发行新股收购北京的酒店及住宅项目及哈尔滨谷物加工厂，又以1.8亿元可换股债券收购持有数码世纪网络33%(该网估值为200亿元)，换股后占股权。1998年底每股净值0.687元，净债项27.9百万元。1999年上半年亏损50百万元，不派中期息。

【财务状况】 1998年度纯利亏损76.2百万元。

瑞安建业有限公司

【公司概况】 股票代码为0983，业绩报告结算日期为3月31日。实收资本为261764000股，合计261764000元。公司董事会主席：罗康瑞。

【经营业绩】 公司主营业务为承建建筑工程及经销建筑材料，并在重庆及南京投资水泥厂。1999年10月底手头合约总额162亿元，其中未完成合约为105亿元。1997年1月发行新股65百万股上市，每股售价9.3元。1999年3月底每股净值4.54元，净存款2.7亿元，9月止半年盈利230.2百万元，增26%，派中期息0.55元。

【财务状况】 1998/99年度每股纯利157.0仙，每股股息140.0仙。

吉之岛(香港)百货有限公司

【公司概况】 股票代码为0984，业绩报告结算日期为2月28日。实收资本为260000000股，合计52000000元。公司董事会主席：冈田卓也。

【经营业绩】 公司主营业务为在港经营8间综合百货公司，分别位于康怡广场、乐富购物中心、荃湾广场、大埔、将军澳、慈云山、黄埔及屯门；也于国内广州市开设一家天河城店。1994年1月发售新股52百万股及13百万旧股上市，每股以1.6元公售。1999年2月底每股净值0.943元，现金及存款2亿元，未还长短期贷款1.39亿元，8月半年亏损17.58百万元，不派中期息。

【财务状况】 1998/99年度纯利亏损23.28百万元。

中国科技集团有限公司

【公司概况】 股票代码为0985，业绩报告结算日期为3月31日。实收资本为3664060000股，合计366406000元。公司董事会主席：赵渡。

【经营业绩】 公司主营业务为从事产销双向无线电通迅设备，以中国市场为主。1994年1月以每股1.08元上市。1997年9月现任主席收购股权，于12月由快讯国际改名如上。于1998年2月以4.65百万元购入中国国际专业航空60%，于国内提供飞机有关项目顾问，1998年5月配售集资1.7亿元。1999年3月底每股净值0.0036元，9月止半年亏损36.68百万元，不派中期息。经多项供股后，每股净值为0.17元，12月以每股0.28元收购中国网络30亿股。

【财务状况】 1998/99年度纯利亏损214.4百万元。

南兴集团有限公司

【公司概况】 股票代码为0986，业绩报告结算日期为3月31日。实收资本为369542800股，合计36954280元。公司董事会主席：刘桂。

【经营业绩】 公司主营业务为从事积层板设计、制造及分销业务，自设铜薄厂于泰国。并制造印刷电路板及买卖用以生产积层板的原料及化学品。厂房分别位于元朗、东莞、中山、苏州 及泰国，主销香港及东南亚等地。1994年1月发行62.64百万新股上市，每股以1元公售。香港厂 房已迁往中山，泰国厂房在扩展中，于1999年全面投 产。1999年3月底每股净值0.702元，净债项1.1亿元，9月止半年盈利1.07百万元，减64.7%，中期息0.01元。

【财务状况】 1998/99年度纯利亏损20.1百万元。

新科(远东)有限公司

【公司概况】 股票代码为0987，业绩报告结算日期为12月31日。实收资本为400002000股，合计40000200元。公司董事会主席：中原福盛。

【经营业绩】 公司主营业务为从事经营用于镭射唱机的配件及部件的供应，并设计及生产镭射音响的有关产品及电子电路板等，也为香港及中国两地的Sony半导体与镭射机芯的主要特许经销商。1994年1月发售新股50百万股，每股以1.78元公售。已决定撤销影像光碟业务，已作撇数131百万元。"南太"于1998年11月入股2亿股，每股计0.35元，集资70百万元，年结期改为12月。1998年底净负债3.8亿元，股东资金1.039亿元，1999年上半年亏损178.9百万元，不派中期息。因未能与债权人达成债项重组，已于8月20日起在自动清盘中，并已停牌。

【财务状况】 1998年度截止12月止9个月纯利亏损529.3百万元。

明珠兴业网络科技有限公司

【公司概况】 股票代码为0988，业绩报结算日期为12月31日。实收资本为12792502418股，合计1279250242元。公司董事会主席：黄坤。

【经营业绩】 公司主营业务为从事经营商业物业及酒店，拥有多项物业的发展权益，1994年1月发售新股250百万股上市，每股以1元公售。已完成投资物业包括湾仔明珠兴业中心、明珠广场、明珠豪庭酒店等，待发展地盘有位于山顶"天比高"及施动道。还经营财务及证券。1999年内收购多项科技业务，包括集群香港系统通讯、医院电脑管理系统60%、北韩电话50%、美国亚洲商业通讯65%、Stockonline55%、北京在线网站65%及网上拍卖站60%。1998年底每股净值0.21元，净借贷17.4亿元，1999年上半年亏损90.7百万元，不派中期息。期内多次资配售集资。

【财务状况】 1998年度每股纯利0.49仙。

润迅通信国际有限公司

【公司概况】 股票代码为0989，业绩报告结算日期为3月31日。实收资本为345406516股，合计254054887元。公司董事会主席：侯东迎。

【经营业绩】 公司是国企深圳润迅在中国境外的独家采购代理商，主营业务为为中国的网络经营者提供多种类电讯有关服务、设备及产品，包括设计、规划及安装传呼网络及销售有关硬件及软件系统，并提供技术服务及从事租赁电讯有关设备。在香港设有零售店以销售及推广传呼服务及其他电讯有关产品，在中国协助深圳润迅建立全国传呼网络，投资建立微波传送系统及提供GSM有关服务，1997年9月以介绍形式上市。已增购深圳润迅至90%及收购香港电讯的传呼业务。1999年12月配售集资89百万元，用于发展互联网。1999年3月底净债项5.3亿元，9月止半年盈利55.3百万元，增60%，派中期息0.03元，每股净值1.829元。

【财务状况】 1998/99年度每股纯利0.68仙，每股股息7.0仙。

三商行国际集团有限公司

【公司概况】 股票代码为0990，业绩报告结算日期为3月31日。实收资本为627082352股，合计62708235元。公司董事会主席：赖雁浪。

【经营业绩】 公司主营业务为从事经营销售及设计以其本身牌子Theme、For You、Essence及Vision系列的服装，也拥有Body Glove牌子运动及消闲服装的专营权。于港澳台中国及其他地区设有大量零售店。合营厂房设于中国东莞。占FITLADY丝袜厂40%。1997年8月以3.35亿元收购新加坡英保良56%，光大控股因而占股权20%。1998年债务重组，持续减缩业务，已出售丝袜厂40%权益，套现90百万元。1999年3月底负债1.75亿元，欠银行债项2.42亿元，多间公司曾拟参与债务重组，均未成功，现仍有达利继续磋商。

【财务状况】 1998/99年度纯利亏损218.1万元。

北京大唐发电股份有限公司

【公司概况】 股票代码为0991，业绩报告结算日期为12月31日。实收资本为内资股3732180000股，H股1430669000股，合计人民币5162849000元。公司董事会主席：黄金凯。

【经营业绩】 公司主营业务为从事经营、开发、兴建、拥有及经营母公司华北电力集团服务地区(包括北京、天津及唐山)内的燃煤发电厂，总装机容量达3750兆瓦。1997年3月发售新股上市，每股售价人民币2.52元。新世界基建占9.54%。7月以人民币13.8亿元向母公司购张家口发电机组。1998年8月，向母公司购买天津盘山发电工程二期75%权益。1998年底每股净值人民币2.06元，净现金及存款人民币6.2亿元。1999上半年盈利人民币645.8百万元，增8.28%，每股盈利0.125港元，不派中期息。在建工程为容量2400兆瓦，2002年完成。

【财务状况】 1998/99年度每股纯利24.0仙，每股股息4.8仙。

联想集团有限公司

【公司概况】 股票代码为0992，业绩报告结算日期为3月31日。实收资本为 1765300881 股,合计 176530088 元。公司董事会主席:柳传志。

【经营业绩】 公司主营业务为从事在中国及香港的市场分销及推销电脑及其附属产品,并制造及供应主机板和附加卡,也采购个人电脑配件售予北京联想。1994 年 1 月上市,招股价 1.33 元。1995 年 7 月收购惠阳联想科技园物业 95%,将生产业务集中,并开始生产线路板。1997 年 12 月以 20.92 亿元(发行新股作价 2.38 元)收购北京联想制造电脑及销售业务。已参与互联网业务,并推出第一代互联网电脑,内置中国电信全国漫游上网帐号及入门网站。1999 年 3 月底每股净值 1.69 元,净借贷 1.14 亿元。9 月止半年盈利 173.5 百万元,增 63.4%,派中期息 0.025 元。

【财务状况】 1998/99 年度每股纯利 15.9 仙,每股股息 5.0 仙。

天行国际(控股)有限公司

【公司概况】 股票代码为 0993,业绩报告结算日期为 4 月 30 日。实收资本 1462800000 股,合计 146280000 元。公司董事会主席:张人龙。

【经营业绩】 公司主营业务为从事有色金属及矿砂(以铜、氧化铝及镍为主)与废金属付运买卖及加工,也进行有色金属仓货买作对冲作用,宝货金属大部分向中国各工业单位(国营企业为主)销售。并投资于铜厂及铝厂。1994 年 1 月发行 52.5 百万新股上市,每股以 1.05 元公售。1995 年 9 月添发庆丰提出以每股 0.56 元收购;1997 年 7 月收购张氏证券及物业,参与证券业。于 1998 年 2 月由鑫成金属改名如上。1999 年 4 月底每股净值 0.319 元,净借贷 3.15 亿元。

【财务状况】 1998/99 年度纯利亏损 270.8 百万元。

安徽皖通高速公路股份有限公司

【公司概况】 股票代码为 0995,业绩报告结算日期为 12 月 31 日。实收资本为 A 股 915600000 股,H 股 493010000 股,合计人民币 1408610000 元。公司董事会主席:王水。

【经营业绩】 公司为国家企业,主营业务为经营及开发中国安徽境内外收费公路,由省交通厅监管。现持有于安徽省合宁高速公路(全长 133.54 公里)、205 国道(全长 30 公里)、双桥到界牌公路 66.7 公里 51%、高界公路 109.7 公里 31%。1996 年 11 月发行 493010000 股 H 股上市公售及配售,每股售价人民币 1.89 元。已成立皖通科技占 51%。1998 年底每股资产净值人民币 2.03 元,净存款人民币 1.47 亿元,1999 年上年盈利人民币 96.3 百万元,增 30.4%,不派中期息。

【财务状况】 1998/99 年度每股纯利 11.74 仙,每股股息 2.0 仙。

实惠集团有限公司

【公司概况】 股票代码为 0996,业绩报告结算日期为 3 月 31 日。实收资本为 227600000 股,合计 22760000 元。公司董事会主席:林志诚。

【经营业绩】 公司主营业务为在港经营专门销售家私及家庭用品的连锁店,以"实惠家居广场"名称经营,所有分店均为租货。1996 年内已开设物业代理。1994 年发行 50 百万新股上市,每股以 1.38 元公售。1998 年 5 月配售集资 9 百万元,已停止物业代理,连锁店减至 34 间。正计划将西贡货仓重建,正修改用途,应占完成后面积约 13 万方呎住宅。1999 年 3 月底每股净值 0.432 元,净借贷 67.5 百万元,9 月止半年亏损 11.6 百万元,不派中期息。

【财务状况】 1998/99 年度纯利亏损 16.16 百万元。

万顺昌集团有限公司

【公司概况】 股票代码为 1001,业绩报告结算日期为 3 月 31 日。实收资本为 297657750 股,合计 29765775 元。公司董事会主席:姚祖辉。

【经营业绩】 公司主营业务为从事在港及中国储存及供应钢筋,自 1961 年起已经营该等业务。主要顾客包括香港的建筑承建及发展商,其他则包括钢筋转口商(主要转往中国),而供应来源包括中美、南美、北美、南非及欧洲等地。也经销工程塑胶树脂及塑胶注射机。与中国宝山钢铁在上海合组公司,从事钢材贸易;并在东莞设立钢材加工中心。1994 年 1 月发行 61.67 百万新股上市,每股以 1.08 元公售。1999 年 3 月底止每股净值 1.5 元,净借贷 1.68 亿元,9 月止半年盈利 50.2 百万元,增 60.4%,派中期息 0.028 元。1999 年 10 月收购首长国际钢筋存销业务,成立开料加工中心及联合多家同业设立亚洲钢铁电子交易所。

【财务状况】 1998/99 年度每股纯利 22.6 仙,每股股息 7.2 仙。

乐家实业有限公司

【公司概况】 股票代码为 1003,业绩报告结算日期为 3 月 31 日。实收资本为 290100000 股,合计 29010000 元。公司董事会主席:郭展荣。

【经营业绩】 公司主营业务为从事以"Rockapetta"牌子或客户牌子设计、制造、销售及分销儿童玩具,产品主要市场为美国、欧洲及亚洲。1992 年在中国成立一家名为深圳乐家玩具有限公司的中外合作企业,新厂房面积 53 万方呎,并在中国 36 个城市设立 56 个分销点;1993 年该集团与日本三阳会社订立特许权协议,制造"三阳"牌的音乐琴,在日本以外的地区销售;并为日本著名厂商 Aprica 装嵌婴儿车。1996 年开始生产高级合金印模铸造产品。1994 年 2 月发行 60 百万新股上市,每股以 1.02 元公售。1999 年 3 月底每股净值 0.212 元,净债项 1.1 亿元。年结期将改为 12 月,9 月止半年盈利 50.9 百万元,增 133.5%,不派中期息。

【财务状况】 1998/99 年度纯利亏损 24.5 百万元。

丽盛集团控股有限公司

【公司概况】 股票代码为 1004,业绩报告结算日期为 3 月 31 日。实收资本为 400000000 股,合计 40000000 元。公司董事会主席:吴银龙。

【经营业绩】 公司主营业务为主要从事外套及背心等高档皮革成衣的设计,制造及销售及毛皮贸易,为若干名牌制造。主要售予日本,其次是香港,也从事皮革成衣制造及制成革贸易。制造设施设于中国,在香港设有零售店及干洗中心。1997 年 9 月发行新股 1 亿股上市,每股售价 1 元。1999 年 3 月底每股净值 0.46 元,净存款 1.14 亿元。9 月止半年盈利 13.8 百万元,增 7.6%,派中期息 0.01 元。

【财务状况】 1999 年度每股纯利 3.2 仙,每股股息 2.0 仙。

美力时集团有限公司

【公司概况】 股票代码为 1005,业绩报告结算日期为 12 月 31 日。实收资本为 447200000 股,合计 44720000 元。公司董事会主席:黄泽鸿。

【经营业绩】 公司主营业务为经营收藏品及礼品的设计、开发、生产及销售,包括活动音乐盒及装饰品;并制造及销售肖像玩偶及木制装饰果壳夹及经销礼品。也生产陶瓷产品,包括家居用品。厂房设于珠海及中山。1994 年 2 月发行 111.8 百万新股上市,每股以 1 元公售。1997 年度北美洲市场占营业额 96%。1997 年底每股净值 0.428 元,现金及存款 18.7 百万元,未偿还长短期贷款 161.6 百万元。1998 年上半年亏损 24.2 百万元,不派中期息。1999 年 2 月债项达 2.23 亿元,3 月停牌,正进行债务重组。

【财务状况】 1997 年度每股纯利 2.5 仙。

弘茂企业集团有限公司

【公司概况】 股票代码为 1010,业绩报告结算日期为 12 月 31 日。实收资本为 336587142 股,合计 33658714 元。公司董事会主席:司徒汝奂。

【经营业绩】 公司原从事销售纺纤机械的业务及提供维修,并在香港进行物业投资。1994 年 1 月发行 75 百万新股上市,每股以 1.23 元公售。太丰行于 1995 年 8 月以每股 1.388 元收购 75%,于 1996 年 10 月将原有业务售予前股东;并购入一家集成电路半导体制造商权益 51%。1996 年 12 月业务重组,转营电子制造业为主,将原"荣荣国际"改名如上。1997 年 7 月以 69 百万元入股台湾南茂科技 5%。现于柴湾拥有 62000 方呎的商业面积收租。1998 年底每股净值 0.718 元,净存款 11.3 百万元。1999 年上半年亏损 9.5 百万元,不派中期息。

【财务状况】 1998 年度纯利亏损 19.8 百万元。

骏泰集团有限公司

【公司概况】 股票代码为 1013,业绩报告结算日期为 3 月 31 日。实收资本为 438900000 股,合计 43890000 元。公司董事会主席:钟锦明。

【经营业绩】 公司主营业务为从事设计及制造消费产品及玩具,主要包括视像光碟录影机、镭射收音卡式录音机、微型高级音响组合、室外内无线电话、电子玩具及硬料玩具。已扩展产品至包括面包机、保温瓶内胆等小型家庭电器。也经营印刷厂,为集团产品提供包装品 80%,厂房设于中山,市场以日、美及欧洲为主。1997 年 1 月发行 82 百万股新股上市,每股售价 1.03 元。1997 年 9 月配售新股 32.8 百万股。1998 年 7 月获霸菱基金提供约 1 亿元,因涉及呆帐 90 百万元。正进行债项重组。

【财务状况】 1998/99 年度纯利亏损 308.2 百万元。

表准时国际控股有限公司

【公司概况】 股票代码为 1031,业绩报告结算日期为 12 月 31 日。实收资本为533558275股，合计53355827元。公司董事会主席：黄永盛。

【经营业绩】 公司主营业务为从事原设备制造本身牌子及"童装表牌子"设计，销售多类型石英行针表，市场主要为中东国家、亚太地区及南美洲。也向香港及中国其他手表制造商提供电镀及销售零件服务。装嵌及元件制造设备位于广东东莞。1996年7月发行新股50000000上市，每股售价1元。1997年因流动资金不足，正与债权人商讨暂停偿债。1998年底负值1.3亿元，净借贷2.03亿元。1999年上半年亏损20.58百万元，不派中期息。10月已协议由张力中注资，以股代债及削债等，尚待落实，所列股数将增至26.33亿股。

【财务状况】 1998年度纯利亏损164.3百万元。

仪征化纤股份有限公司

【公司概况】 股票代码为1033，业绩报告结算日期为12月31日。实收资本为H股14亿股，A股26亿股，合计人民币4000000000元。公司董事会主席：李毅中。

【经营业绩】 公司为国家企业，主营业务为在江苏省仪征市从事制造及经销聚酯切片及涤纶短纤维的业务。为中国目前最大型的涤纶生产商，占全球第5大涤纶生产商的地位。1994年3月上市，发行10亿股H股，每股售价2.68港元。1995年8月收购佛山化纤集团。已完成三期发展，第四期发展已在进行，母公司已重组为中国东联石化集团。1999年上半年盈利人民币22.7亿元，每股净值人民币2.046元，总负债为人民币30.6亿元，负债比率由40.5%降至25.8%，12月公布首三季盈利为人民币4.48亿元。

【财务状况】 1998年度纯利亏损人民币174.7百万元。

南联地产控股有限公司

【公司概况】 股票代码为1036，业绩报告结算日期为3月31日。实收资本为259685288股，合计2596853元。公司董事会主席：周文轩。

【经营业绩】 公司原为南联实业业务部分。主营业务为从事物业投资、发展及货仓业务，也经营物业管理。持有香港的物业主要为4幢工业/货仓大厦(约210万方呎)，两幅工业用地及161幅农地。于中国、新加坡及美国也有若干物业权益。1996年10月透过介绍方式分拆上市，将全部股份送予南联实业股东。1999年3月底每股净值15.6元(经1999年供股后为8.73元)，净借贷15.3亿元。因富联国际属下为股东，供股时额外认购至36.32%，已提出按每股1.9元收购。9月止半年盈利15.2百万元(上年同期亏损145.7百万元)，不派中期息。

【财务状况】 1998/99年度纯利亏损178.1百万元。

台和商事控股有限公司

【公司概况】 股票代码为1037，业绩报告结算日期为3月31日。实收资本为128985600股，合计12898560元。公司董事会主席：刘得还。

【经营业绩】 公司主营业务为主要从事设计、发展、制造及经销电子零件、生产微调电阻及可变电阻；并透过联号生产分裂半导体器件。生产电子零件用品音响、视像及电讯产品等，产品在大部分在香港销售，厂房设于东莞及肇庆；位于雁田的新厂已完成，各厂将迁移至新厂，集中生产。1994年3月发行50百万新股上市，每股以1.17元公售，1999年3月底每股净值1.92元，9月止半年盈利7.37百万元，增76.9%，不派中期息。

【财务状况】 1997/98年度纯利亏损46.9百万元。

长江基建集团有限公司

【公司概况】 股票代码为1038，业绩报告结算日期为12月31日。实收资本为2254209945股，合计2254209945元。公司董事会主席：李泽钜。

【经营业绩】 公司主营业务为从事香港、中国基建及与基建有关的业务，发展拥有及管理基建项目，包括发电厂及收费公路与桥梁。1996年7月发售342百万新股上市，每股售价12.65元。1997年3月长实重组业务，和黄将所持的港灯股权35.01%以187.43亿元售予长建。集团发行8.86亿新股予和黄。1998年底每股净值9.02元，净借贷17.69亿元。1999年上半年盈利13.58亿元，增10.3%，中期息0.13元。12月联同港灯以1.68亿元(各占一半)购入澳洲HEI电厂经营权200年，又向金匡购入Legend节能业务权益50%。

【财务状况】 1998年度每股纯利127.0仙，每股股息38.0仙。

大福国际集团有限公司

【公司概况】 股票代码为1041，业绩报告结算日期为12月31日。实收资本为828448317股，合计16568966美元。公司董事会主席：刘清枝。

【经营业绩】 公司主营业务为制造、销售及买卖木材有关产品。为全面一体化制造工序、生产广泛系列木材产品，主要为木芯板、胶合板及装饰板。销售市场83%在国内，其余销往韩国、台湾、加拿大及美国。生产设施位于中国天津、湖北、吉林、黑龙江等地。拥有或租用土地面积分别331万方呎及94万方呎；拥有或租用房产物业总面积分别约215万方呎及67.5万方呎，产品总年产量约21.8百万立方米。另于巴西拥有土地80万方呎及楼宇总面积23百万方呎。1996年12月发行168百万新股上市，每股售价1.01元。1998年底每股净值0.287元，净负债9.7亿元，1999年上半年亏损67.8百万元，不派中期息。正寻求债项重组中。

【财务状况】 1998年度纯利亏损334.6百万元。

光宇国际集团科技有限公司

【公司概况】 股票代码为1043，业绩报告结算日期为12月31日。实收资本为363080000股，合计36308000元。公司董事会主席：宋殿权。

【经营业绩】 公司主营业务为主要在中国从事充电式电池及电池相关配件的研究与发展、制造及销售。专门生产适用于电话机及电信机楼的后备电力供应及电力控制站的不间断电力供应的固定型阀控密封铅酸蓄电池。为中国最大的同类的制造商之一。集团的密封铅酸电池及配件，包括专利电池存柜及储存架的销售地域遍及中国逾25个省份、自治区及多个城市。充电式电池获中国邮电部、电力部、铁路部及解放军批准使用。1999年10月配售及发售新股9077万股上市，每股售价1.25元，上市后每股有形资产净值0.7075元。

【财务状况】 1999年4月底止4个月纯利14528千元。若已全年上市，每股股息应为7.52仙。

恒安国际集团有限公司

【公司概况】 股票代码为1044，业绩报告结算日期为12月31日。实收资本为1013380000股，合计101338000元。公司董事会主席：施文博。

【经营业绩】 公司主营业务为主要在中国制造及销售个人卫生用品，包括卫生巾及一次性婴儿纸尿裤。全部产品均以本身品牌出售。销售遍布国内30个省，并有136个销售办事处。生产设施分布14个省、直辖市及自治区，拥有17项生产设施，115条生产线。1998年12月配售及发售新股250百万股上市，每股以2.8元公售。1998年底每股净值1.48元，净存款7.6亿。1999年上半年盈利1.6亿元，增15%，每股盈利0.158元，中期息0.15元。

【财务状况】 1998年度每股纯利37.2仙。

亚太卫星控股有限公司

【公司概况】 股票代码为1045，业绩报告结算日期为12月31日。实收资本为420000000股，合计42000000元。公司董事会主席：刘纪原。

【经营业绩】 公司主营业务为为中国及其他亚太地区提供优质卫星服务，也提供电话交换网者邮电部及联通服务。第一枚卫星于1994年7月发射；第二枚于1996年7月发射，已在提供收益；第三枚卫星于1997年10月成功发射。1996年12月发行105百万股新股上市，每股以13.4元公售。第一、二枚使用率为65%，第三枚出租率25%。其余大部份于9月起出租14年，租金2.98亿美元，于4年内分18期收取，于12月协议贴现于2000年3月底前收取全数2.728亿美元。已获港府批出卫星电视上下行牌照，将与中国电信合作，并拟寻求互联网服务。1998年底每股净值5.07元，净借贷4亿元，1999年上半年盈利23.4百万元，减33%，不派中期息。

【财务状况】 1998年度每股纯利14.1仙。

寰宇国际控股有限公司

【公司概况】 股票代码为1046，业绩报告结算日期为6月30日。实收资本为180000000股，合计18000000元。公司董事会主席：林小明。

【经营业绩】 公司主营业务为主要在香港及澳门从事影视节目发行及出版。超过八个其他地区，包括中国，转授影视节目版权。以VHS、LD、VCD、及DVD制式发行。并透过在中国的音像出版社建立发行网络及逐步扩大发行网络，包括影碟、影带出租店及唱片店、连锁店、书报杂志代理、连锁超级市场、免费及收费电视、酒店及航空公司。并购入四组制造VCD及一组DVD的生产设备。1999年7月配售及发售45百万股新股上市，每股售价1.22元。上市后每股有形资产净值0.6496元。1999年6月底止年度每股盈利全面摊薄0.3633元，不派息。

【财务状况】 1999年度纯利41203千元。若已全年上市每股股息应为7.32仙。

毅兴行有限公司

【公司概况】 股票代码为1047，业绩报告结算日期为6月30日。实收资本为300000000股，合计30000000元。公司董事会主席：许世聪。

【经营业绩】 公司主营业务为制造塑料着色剂，并向塑胶产品制造商供应合成树脂及提供着色服务。拥有沙田海辉工业中心楼面总面积30135方呎的工厂单位及红磡一幅24075方呎的货仓及车位等。1994年4月发售50百万新股上市，每股以1.36元公售。1999年6月底每股净值0.683元，净借贷9.2百万元。

【财务状况】 1998/99年度每股纯利0.5仙。

时富投资集团有限公司

【公司概况】 股票代码为1049，业绩报告结算日期为12月31日。实收资本为4164167257股，合计416416726元。公司董事会主席：关百豪。

【经营业绩】 公司主营业务为以香港为基地，提供金融服务，范围包括股票经纪、孖展融资及有关恒生指数期货合约、期权、金银、商品及外汇的经纪服务，以及有关股票托管及代理人服务。1994年4月发售63.9百万新股上市，每股以1元公售。1998年2月中建电讯以每股0.15元购得控制权51.4%。1999年6月主席连同管理层向中建购入控制权，并设立时富金融网，已售部份。套现1.3亿元，仍占权益74%，10月配售7.9亿股，作价0.78元。1998年底每股净值0.03元，净存款93百万元。1999年上半年亏损32.6百万元，不派中期息。

【财务状况】 1998年度纯利亏损169.5百万元。

嘉利国际控股有限公司

【公司概况】 股票代码为1050，业绩报告结算日期为3月31日。实收资本为360000000股，合计36000000元。公司董事会主席：何焯辉。

【经营业绩】 公司主营业务为制造及销售个人电脑外壳、录影带壳、先进办公室设备及电源开关，以OEM形式制造影印机盛纸盒及入纸架，并生产镭射打印机及传真机。生产设施于东莞，拥有自置厂房物业。1996年12月发行90百万新股上市，每股售价1.15元。1999年3月底每股净值0.903元，净存款29百万元，9月止半年盈利14.36百万元，增11.4%，派中期息0.022元。

【财务状况】 1998/99年度每股纯利7.0仙，每股股息4.0仙。

中华发展控股有限公司

【公司概况】 股票代码为1051，业绩报告结算日期为3月31日。实收资本为2522529039股，合计252252904元。公司董事会主席：郭应泉。

【经营业绩】 公司主营业务为从事制造及分销专供奢侈消费品用的包装产品。1995年现大股东提出以1.25元收购，由富城包装易名如上。1996年收购南昌百事可乐罐樽厂内一条生产线；还收购中国生产及分销食品饮品业务；并在沈阳铁路各站供应食品及饮品。1996年底分拆旗下LEPI在美上市。1997年9月，中国轻工总会间接入股10.7%(226.4百万股)。12月，计划将1东莞产品公司售予LEPI，而LEPI以新股支付，令原持股量56.6%将增至74.2%，但现涉及纠纷。1998年7月购入10项物业，作价42.6百万元，12月正与银行磋商重整债项，天安曾有建议，未能落实，正寻求武汉背景资金协助。1999年9月止半年亏损25.9百万元，不派中期息。

【财务状况】 1998/99年度纯利亏损428.9百万元。

越秀交通有限公司

【公司概况】 股票代码为1052，业绩报告结算日期为12月31日。实收资本为1037503530股，合计103750353元。公司董事会主席：刘锦湘。

【经营业绩】 公司主营业务为在广东省投资开发、经营、管理收费项目。拥有广深公路80%、广汕公路80%、广从公路一段80%、新丰公路55%、广花公路55%、广州北环公路24.3%，虎门大桥24%、清连公路15.6%、广从公路2段51%、1909省道51%及三水公路35.7%，而占广州北二环公路51%，将于2001年启用，另占浙江省东阳公路82%、陕西西临公路51%及湖南湘江二桥75%。继续投资于广东省收费项目，并考虑投资其他类型基建项目，如港口等。1997年1月发行新股250百万股分拆上市，每股3.23元。1998年底每股净值2.39元，1999年上半年纯利126.4百万元，增9.8%，每股盈利0.1219元，中期息0.02元。净负债比率21.16%。

【财务状况】 1998年度每股纯利23.35仙，每股股息7.0仙。

重庆钢铁股份有限公司

【公司概况】 股票代码为1053，业绩报告结算日期为12月31日。实收资本为内资股650000000股，H股413944000股，合计人民币1063944000元。公司董事会主席：唐民伟。

【经营业绩】 公司为国家最大钢铁企业，产品有板材、型材、线材及钢坯等半制成品。用于造船、容器及锅炉。副产品有焦炭，高炉水渣及多类焦化产品，生产设施于重庆，产品本销为主。1997年10月发售新股H股4.1亿股上市，每股售价人民币1.71元。1998年10月向母公司收购一个煤调湿控制系统，成价人民币147.5百万元。1998年底每股净值人民币1.64元，净负债人民币10.7亿元。1999年上半年盈利人民币5.3百万元，减87.8%，不派中期息。

【财务状况】 1998年度每股纯利4.0仙，每股股息1.0仙。

中国南方航空股份有限公司

【公司概况】 股票代码为1055，业绩报告结算日期为12月31日。实收资本为内资股2200000000股，H股1174178000股，合计人民币3374178000元。公司董事会主席：于延恩。

【经营业绩】 公司为国家企业，主营业务为提供民用航空服务，并在国内提供航空货运及邮运服务。拥有厦门航空、汕头航空、广西航空及珠海航空各60%股权，并与附属公司提供航运业务与航运有关业务，如飞行培训，飞机维修及航空配餐服务。占合营企业广州飞机工程股权50%。1997年7月发行71百万新股H股上市，每股售价4.7港元。长实、和黄、新世界、新地、周大福、高盛共占10%股权。机队104架，平均运载率51%，盈亏平衡点46.4%，净债项人民币145.6亿元。1998年底每股净值人民币2.41元，1999年上半年盈利人民币216.8百万元，增400%，不派中期息。

【财务状况】 1998年度纯利亏损人民币543.8百万元。

粤海制革有限公司

【公司概况】 股票代码为1058，业绩报告结算日期为12月31日。实收资本为524154000股，合计52415400元。公司董事会主席：余方。

【经营业绩】 公司主营业务为以产销皮革及制成品为主，包括牛皮、羊皮、牛二层、双面羊皮等。在南海、徐州设两厂。业务受粤海集团重组债务影响。1996年12月发行新股110百万股分拆上市，每股售价1.03元，1998年底每股净值1.06元，净债项1.56亿元，1999年上半年亏损28.9百万元，不派中期息。

【财务状况】 1998年度纯利亏损17.3百万元。

看通集团有限公司

【公司概况】 股票代码为1059，业绩报告结算日期为6月30日。实收资本为370160292股，合计37016029元。公司董事会主席：简文乐。

【经营业绩】 公司主营业务为从事设计、制造、分销无线电通讯系统、器材。以看通、Multitone及PSL牌子销售。生产设施位于英国、马来西亚及巴西。为冠军科技业务部份。已与英资合作开发智能汽车及与加商合作开发用于互联网的储值咭，并开展互联网有关项目业务。1996年12月以介绍方式上市。1999年6月底每股净值1.03元，净存款12百万元。

【财务状况】 1998/99年度每股纯利16.2仙。

圆方陶瓷科技有限公司

【公司概况】 股票代码为1060，业绩报告结算日期为3月31日。实收资本为股934876089股，合计93487609元。公司董事会主席：颜文波。

【经营业绩】 公司主营业务为为陶瓷商设计、供应及装设生产线，及在香港、中国分销瓷砖、花岗石及云石产品；也投资于中国合资企业，生产及销售瓷砖。在香港及中国分销各种辅助设备，香港设有零售店，国内也有分销网。也生产“花花公子”陶瓷产品，如餐具、茶具、花瓶及礼品系列，也与祥泰行合作成立陶瓷连锁店。因财务困难与债权银行商讨重组债项。曾有多个财团建议，均未获债权人接纳。1999年11月天安提出重组建议，仍待债权人批准。1999年3月底负值5.81亿元(每股0.62元)，9月止半年亏损67.4百万元(上年同期亏损4.2

亿元)，不派中期息。

【财务状况】 1998/99年度纯利亏损828.9百万元。

ING北京投资有限公司

【公司概况】 股票代码为1062，业绩报告结算日期为12月31日。实收资本为500000000股，合计50000000元。公司董事会主席：刘晓光。

【经营业绩】 公司主营业务为投资于中国(尤其是北京)，拥有资产、投资、生产活动、贸易或其他业务，收益最少一半源自中国，达致资本增值。管理人为荷兰商业银行的全资附属公司，而北京市投资咨询服务中心则为中国投资顾问。1994年5月上市，以配售方式发行5亿股，每股售价1.08港元。1998年6月，投资于北京仪表、管道、通讯技术、深圳光大木材及友联瓷砖5个项目，并投资于上市证券(以债卷为主，现金资产占18%)。1999年上半年亏损3.49百万元，不派中期息。10月底每股净值1.05元。

【财务状况】 1998年度纯利亏损20.1百万元。

新确科技有限公司

【公司概况】 股票代码为1063，业绩报告结算日期为7月31日。实收资本为1181970400股，合计11819704元。公司董事会主席：罗沛达。

【经营业绩】 公司主营业务为从事设计、发展及制造电讯产品，包括无线电话、数码电话、录音机及设有先进功能的有线电话，所有产品均以客户的牌子销售，主销美国、欧洲及亚太地区等，生产设施则设于深圳。1998年3月于英国推出GSM手提电话。债务重组，由现主席等注资，1999年9月由锡威改名如上。下年度改为12月结。1994年5月发售112.5百万新股上市，每股以1元公售。

【财务状况】 1998/99年度每股纯利1.3仙。

中华置业地产控股有限公司

【公司概况】 股票代码为1064，业绩报告结算日期为12月31日。实收资本为596003345股，合计59600334元。公司董事会主席：何湛雄。

【经营业绩】 公司主营业务为在中国大城市从事房地产发展及投资，在广州、重庆发展项目拥有权益。海珠广场位于广州商住区总建筑面积约386万平方呎；港逾广场位于重庆，总建筑面积约55万平方呎，除45万方呎出租外、其余出售。另发展北京纺织科技开发中心。办公大楼，建筑面积约45万平方呎、广州大都市广场建筑面积279万平方呎、广州东山商用物业98万平方呎及上海综合面积29万平方呎。1997年9月发行新股150百万股上市，每股售价2.08元。1998年底每股净值1.45元，净债项1.05亿元，1999年上半年盈利11.6百万元，减75.4%，派中期息0.012元。

【财务状况】 1998年度每股纯利8.2仙，每股股息5.5仙。

天津渤海化工(集团)股份有限公司

【公司概况】 股票代码为1065，业绩报告结算日期为12月31日。实收资本为A股990000000股，H股340000000股，合计人民币1330000000元。公司董事会主席：王宝弟。

【经营业绩】 公司为中国国营企业，主要由天碱、天化和大沽化三间公司组成，为中国海洋化工最大生产商之一，主要从事制造纯碱、聚氯乙烯、烧碱、农药、化肥及其他有机与无机化学品等超过60种化工产品。经1993年产量计算，是中国最大的烧碱生产商，也为纯碱及聚氯乙烯的第三大生产商。1994年5月上市，发行340百万股H股，每股以1.2港元公售。1999年上半年亏损人民币2.1亿元。每股净值人民币0.87元。净借贷人民币33.96亿元，银行存款中29.5百万元人民币未能收回，正在诉讼中，核数师对应收贷款人民币2.52亿元能否收回存有疑问。

【财务状况】 1998年度纯利亏损人民币608.1百万元。

TCL国际控股有限公司

【公司概况】 股票代码为1070，业绩报告结算日期为12月31日。实收资本为2400000000股，合计240000000元。公司董事会主席：李东生。

【经营业绩】 公司主营业务为在中国从事电子产品设计、制造、组装及销售，亦涉足生产彩色电视需用的电子零件及元件的买卖业务。可分为4类：彩色电视产品、影音器材、互联网的资讯科技及白色家庭电器。产品超逾160种型号，均以TCL品牌行销。产品另作内销，中国销售先销予TCL电器(拥有该公司51%权益)，再经该网络销予国内客户。已与TCL电器签立一份为期15年分销协议，以TCL品牌经该网络行销中国。截至1999年9月底止该网络在中国设有约3703个销售点及546个服务中心。计划发展数码电视机，已与美国Lotus Pacific成立合营公司，有意产销互联网产品及提供互联网服务。1999年11月配售及发售新股6亿股上市，每股售价1.75元。上市后每股有形资产净值0.827元。

【财务状况】 1999年5月底止5个月纯利230.1百万元。

山东国际电源开发股份有限公司

【公司概况】 股票代码为1071，业绩报告结算日期为12月31日。实收资本为内资股3825056200股，H股1375018000股，合计人民币5200074200元。公司董事会主席：曹培玺。

【经营业绩】 公司为国家企业，拥有及经营山东省的邹县和十里泉两个燃煤发电厂，装机容量合共3625兆瓦，为中国最大的燃煤发电厂，占45%的莱城发电厂在兴建中。预期2003年装机总容量增至5200兆瓦。另有青岛电厂及腾州电厂计划等候审批中。1999年6月发行13.75亿股H股上市，每股售价人民币1.58元。上市后每股有形资产净值人民币1.22元。1999年上半年盈利人民币5.1亿元，增28%，不派中期息，总贷款人民币68.37亿元。

【财务状况】 1998年度纯利人民币918.9百万元。

东方电机股份有限公司

【公司概况】 股票代码为1072，业绩报告结算日期为12月31日。实收资本为A股280000000股，B股170000000股，合计人民币450000000元。公司董事会主席：袁长河。

【经营业绩】 公司为中国制造大型水力及火力发电机设备的重点企业，主要产品包括水轮发电机组、汽轮发电机、交直流电机及有关的附属设备，产品主要为内销。计划与德国成立合资公司制造大型汽轮发电机，供中国、东南亚及中东的发电站使用。每股净值人民币2.49元，手头定单人民币22亿元，净现金人民币43.7百万元，未收委托存款人民币40.47百万元，借予重庆黑马物业人民币20百万元及重庆腾意汽车人民币40百万元与对其他单位拆借资金人民币26百万元仍未收回。1994年6月上市，发行1亿7千万股H股，每股以2.83港元公售。1999年上半年盈利人民币9.56百万元，增474.6%，不派中期息。

【财务状况】 1998年度每股纯利9.6仙，每股股息7.0仙。

中国制药企业投资有限公司

【公司概况】 股票代码为1093，业绩报告结算日期为12月31日。实收资本为1240384779股，合计124038478元。公司董事会主席：蔡东晨。

【经营业绩】 公司为中国国营企业石家庄市第一药厂香港机构，主营业务为从事制造及销售维生素C原料药及衍生产品，1994年6月发售186百万新股上市，每股以1.05元公售。1995年7月收购河北中抗制药26%，该厂生产青霉素，1996年12月增购权益至99%；1997年5月收购柯柯碱及维生素B12生产线，已开发7—ACA及衍生产品。已与中资及加资成立合营公司，将于本港发展药物及健康食品。1998年底每股净值0.738元，净借贷2.27亿元，1999年上半年盈利70.4百万元，增69.6%，不派中期息。

【财务状况】 1998年度每股纯利10.6仙，每股股3.0仙。

德胜集团有限公司

【公司概况】 股票代码为1095，业绩报告结算日期为12月31日。实收资本为849600000股，合计84960000元。公司董事会主席：王文荣。

【经营业绩】 公司主营业务为从事制造及销售供中国饮品及食品行业使用的三片罐，并处理马口铁的涂黄及彩印，厂房设于福建、黄田及河南郑州。现正于上海兴建新厂中，1997年试产中。1994年6月发售200百万股新股上市，每股以1.7元公售。1997年底每股净值1.04元，1998年9月16日，欠银行贷款6亿元，正寻求重组债务方案。于1999年10月底获债权人同意重组，正进行有关程序中。1998年上半年亏损137百万元，不派中期息。

【财务状况】 1997年度每股纯利14.4仙，每股股息2.0仙。

有线宽频通讯有限公司

【公司概况】 股票代码为1097，业绩报告结算日期为12月31日。实收资本为2014000000股，合计2014000000元。公司董事会主席：李唯仁。

【经营业绩】 公司为香港唯一收费电视系统营办商，于1999年9月底止服务超过43万名收费电视用户，占已接驳有线电视的香港住户总数约26%，而拨号互联网服务上网用户超过7万个。网络已覆盖超逾1.6百万户，并采用MMDS及HFC电缆网络建构。现时约50%已转换为HFC电缆，计划于2001年底前转换绝大部分网络。计划于2000年初提供高速上网互联网服务。1999年11月发行新股4.14亿股于海外配售及香港公开发售，每股售价10.39元。分别于香港及以存托股份于美国NASDAQ上市。上市后每股有形资产净值0.36元。

【财务状况】 1999年度6月底止6个月纯利亏损201.1百万元。

路劲基建有限公司

【公司概况】 股票代码为1098，业绩报告结算日期为12月31日。实收资本为530261967股，合计53026197元。公司董事会主席：单伟豹。

【经营业绩】 公司主营业务为有12项国内公路权益（所占权益由35%—75%不等），分布于8个省份。1996年6月上市新股140.54百万股，每股售价8.40元。1998年6月国际运输公司Stagecoach向美亚基金购入20%，并购入路劲可转换优先股5.18亿元。1998年底每股净值6.76元，净借贷11.6亿元，1999年上半盈利4.13亿元（包括出售深圳梅砚公路获利193.6亿元及套现5.84亿元），增96.8%。派中期息0.10元及特别股息0.07元，新投资涉及9亿元，正进行最后审查。

【财务状况】 1998年度每股纯利84.0仙，每股股息31.0仙。

盈荣集团有限公司

【公司概况】 股票代码为1104，业绩报告结算日期为12月31日。实收资本为200000000股，合计20000000元。公司董事会主席：蔡汉忠。

【经营业绩】 公司主营业务为从事胚布加工以及经销集团所加工的成品布。也从事布匹贸易，主要供在香港及中国地区销售。加工业务包括漂白、染色、印花、定型及最后处理。也有自行织造部份胚布供加工及售予中国的成衣制造商。生产设施位于中国广东省潮阳市。占地面积约26万平方呎。1998年12月配售及发售50百万股新股上市。每股售价1港元。1998年底每股净值0.566元，净现金20百万元，1999年上半年盈利20百万元，减26.8%，不派中期息。

【财务状况】 1998年度每股纯利26.67仙，每股股息2.0仙。

柏宝集团有限公司

【公司概况】 股票代码为1105，业绩报告结算日期为3月31日。实收资本为435426409股，合计43542641元。公司董事会主席：施黄楚芳。

【经营业绩】 公司主营业务为从事进口及经销名牌照相机产品及电器消费品，在中国、香港及澳门出售。拥有Ricoh于上述三地专利经销权，并持有Nikon产品在中国市场独家经销权，还在中国独家经销Kodak菲林及相纸，透过大量专门店、专柜及相店销售，1996年已设有350间照相店及590个专柜，计划增设专门店10间。1996年6月发行新股100000000股，每股售价1元。1997年7月于北京成立合营公司，销售微软产品其他有关产品，还在天津生产各式电话。持有泰盛实业股权20%。1999年3月底每股净值0.693元，净存款81百万元，9月止半年盈利9.37百万元，减11%，不派中期息。正洽商科技投资项目。

【财务状况】 1998/99年度每股股息2.0仙。

洛阳玻璃股份有限公司

【公司概况】 股票代码为1108，业绩报告结算日期为12月31日。实收资本为A股450000000股，H股250000000股，合计人民币700000000元。公司董事会主席：郭晓寰。

【经营业绩】 公司为国家企业，主营业务为从事浮法平板玻璃生产和销售，产品主要应用于建筑等行业；也从事第二次加工平板玻璃制造和销售，此类产品多作为各类车辆的窗玻璃、玻璃幕墙、工艺玻璃等。产品主销中国，其余出口香港、日本及韩国。1994年7月发行2亿5千万股H股，每股以3.65港元公售。1995年9月发行5千万股A股，每股以人民币5.03元于国内公售。每股净值人民币1.76元，1999年上半年亏损人民币18.7百万元，不派中期息。净借贷人民币5.8亿元，包括委托存款逾期未收达人民币2.03亿元。

【财务状况】 1998年度纯利亏损人民币363.4百万元。

华润北京置地有限公司

【公司概况】 股票代码为1109，业绩报告结算日期为12月31日。实收资本为1496459428股，合计149645942元。公司董事会主席：宁高宁。

【经营业绩】 公司透过北京华远（占70.4%）经营，华远为中国国家企业，为北京最大物业发展公司之一。承接规模及类别均不受北京市政府当局限制的土地发展项目，参与西城区危旧房改造计划及外围大型住宅楼发展，透过政府划拨取得低成本土地储备。1996年11月发行300百万新股。其中45百万股公售，255百万股配售，每股售价2.36元。主要投资物业为华威大厦58万方呎，发展中物业28项，并拥有34.4百万方呎土地储备。1998年底每股净值2.34元，净负债6.6亿元。1999年上半年盈利84百万元，增5.2%，不派中期息。

【财务状况】 1998年度每股纯利21.0仙，每股股息4.0仙。

中航兴业有限公司

【公司概况】 股票代码为1110，业绩报告结算日期为12月31日。实收资本为3235182000股，合计323518200元。公司董事会主席：王贵祥。

【经营业绩】 公司主营业务为从事客货航空运输服务、机场地勤服务、物业投资。拥有43.29%港龙航空，主要经营国际定期航班服务及包机服务，共飞行26个目的地。并拥有40%股权的联营公司怡中参与机场地勤服务。也拥有商业物业面积74388方呎作投资。1997年12月发行新股375.922百万股上市，每股售价1.63元。1998年底每股净值0.534元，净存款6.46亿元。1999年上半年盈利88.65百万元，增52%，派中期息0.006元。

【财务状况】 1998年度每股股息0.8仙。

廖创兴银行有限公司

【公司概况】 股票代码为1111，业绩报告结算日期为12月31日。实收资本为435000000股，合计217500000元。公司董事会主席：廖烈文。

【经营业绩】 公司为香港持牌银行，原为廖创兴企业附属公司，于1994年6月分拆上市，发行100百万股新股，每股以10元公售。设有分行32间，其中22间行址为自置物业；另于三藩市、澳门、汕头及上海市设有分行办事处，主要提供银行、金融及有关服务。正于上海兴建占地55444方呎的商业大厦作为总部，占权益45%。1997年11月中远太平洋入股占20%，每股作价18.88元。1998年底每股净值11.72元，1999年上半年呆坏账准备86.3百万元，存款258.45亿元，增4.6%，贷款168.8亿元，减4.3%，资本充足比率23.8%，盈利1.85亿元，减23.8%，派中期息0.15元。

【财务状况】 1998年度每股纯利78.0仙，每股股息40.0仙。

华晨中国汽车控股有限公司

【公司概况】 股票代码为1114，业绩报告结算日期为12月31日。实收资本为152184645股，合计1521846美元。公司董事会主席：仰融。

【经营业绩】 公司主营业务为拥有沈阳客车51%权益，为中国主要小型客车制造商及分销商；1998年5月收购两间汽车零部件制造商绵阳新晨及宁波裕民，分别间接占权益50%及51%；10月成立兴远东（占100%权益）作为收购汽车零部件。沈阳客车可年产豪华及中价小型客车4万辆（拟在2000年前增加至10万辆），及标准小型客车12000辆；在国内拥有超过800间分销商及2000间售后服务中心；拟以人民币155百万元，收购中外合资合营企业沈阳三菱21%权益，正待批准中。1999年10月以介绍方式上市，配售及发售新股2175万股，每股售价29.53港元。上市后每股资产净值人民币12.46元。1999年上半年盈利人民币2.66亿元，增116%；每股盈利人民币2.04元。

【财务状况】 1998年度纯利人民币307991千元。

高力集团有限公司

【公司概况】 股票代码为1118，业绩报告结算日期为12月31日。实收资本为558377500股，合计55837750元。公司董事会主席：彭德忠。

【经营业绩】 公司主营业务为从事印刷机及辅设机器、印刷消耗品及印刷油墨，于大中华及星马销售，1994年7月发行50百万新股上市，每股以1.13元公售。1996年11月原有股东程氏股予现任主席，每股收购价为0.90元。期后兼营金属钢材加工、贸易，并买卖建筑及楼宇物料，于1997年6月由大鹘集团改名如上。1998年底每股净值0.589元，争借贷169百万元，1999年上半年盈利20.2百万元，不派中期息。10月已完成收购大同混凝土，占51.1%。

【财务状况】 1998年度每股纯利3.84仙。

雅视光学集团有限公司

【公司概况】 股票代码为1120,业绩报告结算日期为12月31日。实收资本为338000000股,合计33800000元。公司董事会主席:吴海英。

【经营业绩】 公司主营业务为从事设计、制造及销售各类眼镜架。生产设施位于深圳及中山,有64万平方呎厂房,产品主销欧洲及美国,在北京及广东已开设零售店。1996年11月发行84500000新股上市,每股售价1元。已获Theme、茄菲猫及Just Eyefashion牌子特许权。1998年底每股净值0.894元。1999年上半年现金结存1亿元,无银行贷款,盈利36百万元,增12.4%,派中期息0.02元,特别股息0.05元(成立20周年)。

【财务状况】 1998年度每股纯利19.0仙,每股股息5.5仙。

协和建设有限公司

【公司概况】 股票代码为1121,业绩报告结算日期为12月31日。实收资本为1199892000股,合计119989200元。公司董事会主席:汪世忠。

【经营业绩】 公司主营业务为在香港及中国从事商业与住宅物业发展及投资,香港发展中住宅位于马鞍山37.5万方呎及6项商业面积位于中国总面积约665万方呎,上海已完成商场26万方呎待租。并持有农地88万方呎待改用途发展。1996年11月发行新股300000000股,其中79100000股由大股东售出,每股售价3.96元。1998年底每股净值4.96元,净债项9.27亿元,1999年上半年盈利330.7百万元,减22.3%,派中期息0.04元。

【财务状况】 1998年度每股纯利79.69仙,每股股息21.0仙。

庆铃汽车股份有限公司

【公司概况】 股票代码为1122,业绩报告结算日期为12月31日。实收资本为B股982402526股,A股1020000000股,合计人民币2002402526元。公司董事会主席:吴云。

【经营业绩】 公司原为中国国家企业,于1994年5月重组为一家中外合资企业;于重庆市从事生产五十铃轻型商用车、皮卡车及小型客车的组装及销售等,产品为载重量由1.25至2.75吨的五十铃H系列轻型商用车,汽车销售予遍布全国的250个经销商。1994年8月上市,发行5亿H股(包括4亿股作配售),每股以2.07港元,净债项人民币7.1亿元,1999年上半年产销轻型车17600台,盈利人民币202.9百万元,减19.4%,不派中期息。

【财务状况】 1998年度每股纯利22.0仙,每股股息10.0仙。

中港照相器材集团有限公司

【公司概况】 股票代码为1123,业绩报告结算日期为3月31日。实收资本为990231745股,合计99023174元。公司董事会主席:孙大伦。

【经营业绩】 公司主营业务为从事进口、推销及经销日本富士所制造的一系列产品(包括摄影卷装菲林、照片冲印照相机、磁带、医疗影像系统及资讯系统产品);也提供照片冲印及售后支持服务,包括设备的维修及为专卖店提供员工技术训练及意见,主销中国、香港及澳门,为三地富士产品唯一认可经销商。1994年9月发行250百万新股上市,每股以1.18元公售。又生产冲印药液及冲印机销售,并设影像服务及数码店,国内富士专卖店会员3000名。1999年3月底存款4.58亿元。9月止半年盈利81.4百万元,增13%,派中期息0.04元。每股净值1.06元。

【财务状况】 1998/99年度每股纯利15.0仙,每股股息11.8仙(包括特别股息)。

沿海物业集团有限公司

【公司概况】 股票代码为1124,业绩报告结算日期为3月31日。实收资本为640000000股,合计64000000元。公司董事会主席:曾文仲。

【经营业绩】 公司主营业务为从事国内物业发展、推广、包销、投资、代理及管理。现于上海、厦门、鞍山、深圳、福州、青岛的发展中项目,总楼面面积约459036平方米。投资物业组合总楼面面积为44997平方米。现管理的物业总楼面面积约904637平方米。在武汉、福州、厦门、鞍山、青岛拥有约3310000平方米楼面面积的土地储备。1997年9月发行新股80百万股上市,每股售价2.73港元。1999年3月底每股净值3.78元,欠银行债项净债6.2亿元,9月止半年亏损15.2百万元,不派中期息。

【财务状况】 1998/99年度纯利亏损228.8百万元。

丽丰控股有限公司

【公司概况】 股票代码为1125,业绩报告结算日期为7月31日。实收资本为1047113586股,合计104711358元。公司董事会主席:林建岳。

【经营业绩】 公司主营业务为从事发展及投资广州及上海的物业,物业组合总建筑面积约2133万平方呎,其中包括作出售及出租物业面积约47.4万平方呎,另发展中物业面积约21百万平方呎。上市后,京泰占3.6%,新中地产(中银集团)占2.1%。1997年11月发售280百万股新股分拆上市,每股售价3元。1999年7月底每股净值4.91元,净借贷14.9亿元。期内向丽新酒店购回上海香港广场服务式住宅,授予新中地产认购2.3亿股新股认购权(每股0.65元),又发行予新中6亿元可换股票据,换股价0.65元,2002年7月到期。

【财务状况】 1998/99年度每股纯利1.0仙。

镇海炼油化工股份有限公司

【公司概况】 股票代码为1128,业绩报告结算日期为12月31日。实收资本为A股1800000000股,H股723754468股,合计人民币2523754468元。公司董事会主席:张家仁。

【经营业绩】 公司为中国主要炼油公司之一,位于浙江省宁波市,主营业务为生产及销售石油产品(包括汽油、煤油及柴油)、中间石化产品(包括苯及丙烯)、尿素及其他有关产品,如液化气及石油焦,产品大部分于中国销售,并以来料加工形式为外国石油公司炼制原油,收取加工费用。1994年11月发行600百万H股上市,每股以2.38港元公售。1998年底净债项人民币7.27亿元,1999年上半年盈利人民币275.8百万元,增47.8%,派中期息人民币0.02元,每股净值人民币2.7元。

【财务状况】 1998年度每股纯利21.0仙,每股股息5.0仙。

奋发国际控股有限公司

【公司概况】 股票代码为1130,业绩报告结算日期为6月30日。实收资本为524449000股,合计52444900元。公司董事会主席:陈星洲。

【经营业绩】 公司主营业务为于中港台三地从事日常便服的零售及制造业务。其中中进口Benetton、Sisley、012牌子服装在港销售。1997年5月发行100百万股新股上市,每股1.15元。其后出售港台业务套现31百万元,将集中于国内业务,以Fun牌推销便服,且已推出Fun牌香烟。1999年6月底每股净值0.184元,净借贷58.3百万元,于7月配售集资11.2百万元。

【财务状况】 1998/99年度纯利亏损29.9百万元。

广兴国际控股有限公司

【公司概况】 股票代码为1131,业绩报告结算日期为3月31日。实收资本为1396000000股,合计139600000元。公司董事会主席:李万程。

【经营业绩】 公司主营业务为从事布匹针织、漂染、定型服务,并生产、销售成品针织布匹。生产设施均位于中国南海市,现拥有每年可处理超过17百万磅布匹针织、漂染、定型设施,已购入广东省南海市西樵镇一幅面积254081平方呎的土地,作生产及宿舍用。1997年3月发行新股45百万股上市,每股售价1.2元。1999年3月底每股净值0.189元,净借贷36.2百万元股上市,每股售价1.2元。1999年3月底每股净值0.189元,净借贷36.2百万元,9月止半年盈利10.79百万元,增10.5%,不派中期息。于11月12月共配售集资34.7百万元。

【财务状况】 1998/99年度每股纯利1.95仙。

嘉禾娱乐事业(集团)有限公司

【公司概况】 股票代码为1132,业绩报告结算日期为6月30日。实收资本为678700000股,合计67870000元。公司董事会主席:邹文怀。

【经营业绩】 公司主营业务为在亚洲从事电影发行及戏院经营业务,并于香港从事电影冲印业务,此外也国际性发行中文电影予远东地区的国家及其他主要华人社区的当地发行商。1994年11月发行125百万新股上市,每股以1.93元公售。1998年8月,由邹文怀及Village Road Show合组公司,股权各半,持嘉禾50.54%股权,并以每股0.60元全部收购。1999年6月底每股净值0.695元,净存款1亿元,于香港、新加坡、马来西亚、泰国、韩国及上海经营312间影院。

【财务状况】 1998/99年度纯利亏损25.4百万元。

哈尔滨动力设备股份有限公司

【公司概况】 股票代码为1133，业绩报告结算日期为12月31日。实收资本为A股720000000股，H股469151000股，合计人民币1189151000元。公司董事会主席：田雨时。

【经营业绩】 公司为国家企业，是电站设备制造商，产品包括单机容量50—600MW的火电机组及最高容量550MW的水力发电机组；也经营电站设备进出口业务，在国内提供工程、技术咨询及电站交钥匙工程，产品主销中国，部分销往世界及发展中国家。1994年12月发行435百万H股上市，每股以2.58港元公售。已成为外商参与三峡工程分包商。1999年上半年盈利人民币6.88百万元，减80%，不派中期息，每股资产净值人民币2.44元，净借贷人民币21亿元。

【财务状况】 1998年度每股纯利6.3仙，每股股息3.6仙。

亚洲卫星有限公司

【公司概况】 股票代码为1135，业绩报告结算日期为12月31日。实收资本为390000000股，合计39000000元。公司董事会主席：秦晓。

【经营业绩】 公司主营业务为提供卫星转发服务，主要是广播和电讯市场，包括专用通讯网络市场。1996年6月由旧股东出售121百万股上市，每股售价19.8元。现经营两枚卫星，分别为亚洲一号和二号，三号卫星于1997年底发射失败，再造于1999年3月发射。12月股权转变，大东与和黄将股权售予中信及卢森堡的SES。1998年底每股净值3.98元，净债项1.8亿元。1999年上半年盈利167.1百万元，减36.3%。派中期息0.06元。期内卫星平均使用率分别为52%、81%及36%。

【财务状况】 1998年度每股纯利119.0仙，每股股息20.0仙。

香港水泥集团有限公司

【公司概况】 股票代码为1136，业绩报告结算日期为12月31日。实收资本为480000000股，合计48000000元。公司董事会主席：辜成允。

【经营业绩】 公司主营业务为从事进口及分销来自台湾及日本的水泥，并于本港、广州、顺德及文莱生产与分销预拌混凝土。设施位于青衣岛毗邻码头，附属公司TCCP正于马尼拉湾兴建水泥分销设施，已于1998年底投入产运。拥有翼冠(开采石料公司)12.5%权益；与安徽海螺合作于芜湖建一年产达70万吨的水泥及分销厂，占60%权益，将于1999年第4季完成。拥有母公司台泥在港、菲律宾及文莱的独家代理水泥权利。1997年9月发行新股120百万股上市，每股售价1.47港元。1998年底每股净值1.17元，净存款及现金2.9亿元。1999年上半年盈利73.5百万元，增1.36%，派中期息0.04元。

【财务状况】 1998年度每股纯利24.4仙，每股股息9.0仙。

城市电讯(香港)有限公司

【公司概况】 股票代码为1137，业绩报告结算日期为8月31日。实收资本为486924000股，合计48692400元。公司董事会主席：王维基。

【经营业绩】 公司主营业务为在香港从事提供国际电讯服务。获电讯管理局牌照，可提供虚拟专用网络服务，也提供互联网服务。1997年7月发行新股100百万股上市，每股售价1.8元。1999年1月推出国际简单分销服务(ISR)，已在申请固定无线网络牌照，将以卫星接收，将推出宽频多媒体服务，包括宽频互联网。1999年8月底每股净值0.664元，净存款2.55亿元。11月3日发行80百万股于美国NASDAQ上市，每股作价5.6元，集资4.49亿元(未计开支)。

【财务状况】 1998/99年度每股纯利6.8仙，每股股息4.5仙。

中海发展股份有限公司

【公司概况】 股票代码为1138，业绩报告结算日期为12月31日。实收资本为A股680000000股，H股1296000000股，合计人民币2976000000元。公司董事会主席：李克麟。

【经营业绩】 公司主营业务为以中国沿海货物航运为主，兼营远洋客货运输，拥有各类船舶共153艘。船舶总吨位约367万载重吨，主要航运为华东地区。1994年11月发行1080百万H股上市，每股以1.46港元公售。母公司重组，与上海海兴及广州海运组成中海集装箱，经营管理船只逾70艘，海兴占25%。1997年8月由上海海兴轮船改名如上。1998年底每股净值人民币1.6元，净债项人民币41.6亿元，1999年上半年盈利人民币74百万元，增66倍，不派中期息。1998年3月收购19艘油轮，代价人民币14.32亿元，配售H股集资3.63亿港元及发售A股予母公司集资人民币5.27亿元。

【财务状况】 1998年度每股纯利0.4仙。

华多利集团有限公司

【公司概况】 股票代码为1139，业绩报告结算日期为12月31日。实收资本为230000000股，合计23000000元。公司董事会主席：陈进财。

【经营业绩】 公司主营业务为推广及批发销售汽车，经中国的进口商及香港的采购代理商向国内分销以三菱、丰田、本田、日产及现代等商标为主的轿车。拟协助特许分销商设立维修中心加强客户服务。1998年2月发行57.5百万股新股上市，每股以0.87元公售。1998年3月及6月已于天津港及深圳福田的保税区开设贸易业务。1998年底每股净值0.215元，净债项90百万元，1999年上半年亏损7.5百万元，不派中期息。

【财务状况】 1998年度每股股息4.0仙。

雄丰集团控股有限公司

【公司概况】 股票代码为1141，业绩报告结算日期为3月31日。实收资本为225000000股，合计22500000元。公司董事会主席：陈振洪。

【经营业绩】 公司主营业务为以本身品牌H&C设计、制造及销售玩具，包括儿童座车，学前玩具及电池操控玩具，另按原设备制造方式生产的则占10%。生产设施设于中国，产品主要市场有北美洲及欧洲。1998年2月发行50百万股新股上市，每股售价1元。1999年3月底每股净值0.729元，净负债53百万元。9月止半年盈利16.7百万元，减29.7%，不派中期息。

【财务状况】 1998/99年度每股纯利21.68仙，每股股息1.0仙。

泰盛实业集团有限公司

【公司概况】 股票代码为1159，业绩报告结算日期为12月31日。实收资本为450000000股，合计45000000元。公司董事会主席：唐锡麟。

【经营业绩】 公司主营业务为从事制造及经销KARCE品牌的电子计算机及电子记事溥，然后按原设备制造(OEM)及原设计制造(ODM)基础售予客户，也经销导电硅橡胶按键。生产设施于中国东莞，总办事处设于香港，产品主要售予亚洲及欧美的电动及电子产品制造商、批发商及零售商，已开发新系列备有翻译功能的电子记事簿(备有多国语言)。于东莞将建4幢新厂房，总楼面面积约61万平方呎。1999年1月向柏宝购入印刷电路板业务80%。1998年2月发行1亿股新股上市，每股售价0.7元。1998年底每股净值0.539元，净存款12.3百万元，1999年上半年盈利11.23百万元，减57.8%，不派中期息。

【财务状况】 1998年度每股纯利13.2仙，每股股4.5仙。

莹辉集团有限公司

【公司概况】 股票代码为1163，业绩报告结算日期为12月31日。实收资本为300000000股，合计30000000元。公司董事会主席：徐振森。

【经营业绩】 公司主营业务为从事设计、制造及销售照明产品，分别为：户外外照明装置；吸顶灯；多头吊灯及单吊灯；室内灯饰及浴灯。截至1998年12月底止占集团营业额约37.3%、39.6%、16.8%及6.3%。客户以美国为主，其次为加拿大及欧洲。生产设施位于东莞虎门，年产能力约5.8百万件，并计划开发中国市场及扩阔产品种类。1999年10月配售及发售新股75百万股上市，每股售价1.13元。上市后每股有形资产净值0.60元。

【财务状况】 1999年4月底止4个月纯利33538千元。

美盛周氏国际控股有限公司

【公司概况】 股票代码为1166，业绩报告结算日期为3月31日。实收资本为5941632400股，合计59416324元。公司董事会主席：周礼谦。

【经营业绩】 公司主营业务为制造及销售电线及电缆，属于电器及电子产品行业。产品以出口为主，生产设施位于东莞、上海两地。1996年12月发行125百万股新股上市，每股售价1.2元。业务已扩展至漆色线、橡胶线及裸铜杆。1999年3月底每股净值0.12元(经拆细调整后)，净债项63.4百万元。9月止半年盈利43百万元，减25.9%，派中期息0.018元。

【财务状况】 1998/99年度每股纯利1.45仙，每股股息0.7仙。

百仕达控股有限公司

【公司概况】 股票代码为1168，业绩报告结算日期为12月31日。实收资本为1520000000股，合计152000000元。公司董事会主席：欧亚平。

【经营业绩】 公司主营业务为在中国从事房地产发展及投资。有独家权利开发位于深圳银湖及笔架山因电缆改造工程完成后腾出可作发展的约3.4百万平方呎土地，并获深圳其他地区土地的优先开发权。发展中物业有于深圳罗湖区百仕达花园，总建筑面积约10.6百万平方呎，预期2003年底全部完成。也从事发电及供电业务，拥有装机容量70.8兆瓦，电力售予深圳供电局。1998年5月配售及发售380百万股新股上市，每股售价1.15元。1999年2月收购中国百江集团，产销液化石油气。1998年底每股净值0.755元，1999年上半年盈利13.7百万元，减87.8%，不派中期息。净存款1.35亿元。

【财务状况】 1998年度每股纯利23.0仙，每股股息4.6仙。

伟达荣集团有限公司

【公司概况】 股票代码为1169，业绩报告结算日期为3月31日。实收资本为202964000股，合计20296400元。公司董事会主席：Leung Wilson。

【经营业绩】 公司主营业务为从事采购及销售多种幼儿护理产品（喂饲口部用品、健康护理及卫生产品、玩具）、幼儿安全产品（幼儿袋、婴儿车袋及洗衣袋）。产品大部分销往美国市场，在国内设立生产设施。已于1999年10月推出"易买格价中心"网站。1997年12月发行新股50.6百万股上市，每股售价1元。1999年3月底每股净值0.608元，净存款83百万元，9月止半年盈利16百万元，增1.9%，派中期息0.02元。

【财务状况】 1998/99年度每股纯利10.93仙，每股股息5.0仙。

信星鞋业集团有限公司

【公司概况】 股票代码为1170，业绩报告结算日期为3月31日。实收资本为460406200股，合计46040620元。公司董事会主席：陈敏雄。

【经营业绩】 公司主营业务为生产户外鞋及其他鞋类，主销美国，厂房设于珠海，为自置物业，面积约28900平方米。1994年5月在澳门购入厂房增设生产线。1994年9月发售86.4百万新股及股东售出21.6百万股上市，每股售价1元（5送1认股权证）。正于越南兴建新厂，将于2000年底完成，存现金4.15亿元。1999年3月止年产量达12百万对，每股净值0.699元，9月止半年盈利61.1百万元，增26.8%，派中期息0.035元。

【财务状况】 1998/99年度每股纯利21.87仙，每股股息9.6仙（包括特别股息0.6仙）。

兖州煤业股份有限公司

【公司概况】 股票代码为1171，业绩报告结算日期为12月31日。实收资本为内资股1750000000股，H股850000000股，合计人民币2600000000元。公司董事会主席：赵经彻。

【经营业绩】 公司为中国国有地下煤炭开采企业，于山东省的煤矿采得低硫煤，售予华东各省发电厂、冶金厂及其他客户，及外销予东南亚客户，现拥有及经营五个煤矿（包括济宁二号煤矿，济宁二号煤矿预期2000年前投产，年产量达4百万吨），有权于2004年7月前收购年产量达5百万吨的济宁三煤矿。1998年3月发行85百万股H股上市，每股售价2.42港元。1999年上半年止盈利人民币445.5百万元，增19.6%，不派中期息，每股净值人民币2.3元，原煤总产量达1198万吨，增31.6%，存款人民币4.3亿元。

【财务状况】 1998年度每股纯利35仙，每股股息8.6仙。

勤达印刷集团有限公司

【公司概况】 股票代码为1172，业绩报告结算日期为12月31日。实收资本为236516068股，合计23651606元。公司董事会主席：唐裕年。

【经营业绩】 公司主营业务为主要从事商业印刷、杂志报纸印刷及书籍印刷。厂房设于香港及中国两地，已购置中国博罗现有厂房毗邻土地，兴建新厂房，增购现代化设备，1996年5月发行50百万新股上市，每股售价1.18元，1996年10月购入大华印刷。厂房设施集中国内，1998年7月收购利华印刷。1998年底每股净值0.78元，净借贷1.18亿元，1999年上半年盈利9百万元，减22.8%，不派中期息。

【财务状况】 1998年度每股纯利8.7仙，每股股息4.0仙。

威高国际控股有限公司

【公司概况】 股票代码为1173，业绩报告结算日期为3月31日。实收资本为165600000股，合计16560000元。公司董事会主席：郑钟文。

【经营业绩】 公司主营业务为从事女装设计、制造及零售业务，以自有品牌WANKO及VEEKO销售，于香港经营零售店17间，并透过中港澳台64个零售网络销售，小量产品批发海外。生产设施于1999年初迁往东莞新厂后，产量增加约82%，可达2百万件成衣，拟至2000年增设零售网23个。1999年4月发行32百万股新股及18百万股旧股上市，每股售价1元，1999年9月止半年盈利17百万元，增15.1%，派中期息0.023元。上市后每股有形资产净值0.462元。1999年3月止年度每股盈利0.2812元，不派中期息；若已全年上市，每股股息应为0.06元。

【财务状况】 1999年度纯利36676千元。

太平洋恩利国际控股有限公司

【公司概况】 股票代码为1174，业绩报告结算日期为3月31日。实收资本为657591266股，合计65759126元。公司董事会主席：冯国卿。

【经营业绩】 公司主营业务为从事未加工白肉鱼及白肉鱼柳的采购及供应，也经营若干贝、虾类及其他冷冻海产品的贸易。产品主要来自俄罗斯，也向中国进出口公司购买冷冻白肉鱼柳，出口予北美及欧洲的客户。1994年9月发售56百万新股及旧股东售出14百万股上市，每股以1.38元公售。已购入美国及中国加工及分销业务，又购入3艘冷冻运输船。1999年3月底每股净值0.852元，净借贷4.4亿元，9月止半年盈利13百万元，（较上年同期）减66.4%，不派中期息。

【财务状况】 1998/99年度截至1999年3月止15个月每股纯利3.4仙，每股股2.5仙。

南方国际控股有限公司

【公司概况】 股票代码为1176，业绩报告结算日期为12月31日。实收资本为1360000000股，合计136000000元。公司董事会主席：黄华。

【经营业绩】 公司主营业务为在广东省内主要城市及广州市从事物业发展、投资物业及管理。现持有南方国际广场和荔湾广场商场136万方呎及若干车位作收租用途，占有5个发展中地盘，可建面积为340万方呎。1996年11月以每股售价2.88元，其后粤海系入股权。1998年底每股净值2.65元，净借贷92.7百万元。1999年上半年亏损13百万元，不派中期息。

【财务状况】 1998年度纯利亏损310.3百万元。

美丽宝国际控股有限公司

【公司概况】 股票代码为1179，业绩报告结算日期为2月28日。实收资本为240000000股，合计24000000元。公司董事会主席：邓伟林。

【经营业绩】 公司主营业务为专门销售鞋类，并以青年顾客为对象的门市网络建立大型联锁店业务。在香港及澳门设有逾55间以Mirabell及Joy&Peace为名的零售店，另在国内开设28间零售店，并仍将继续扩展国内市场。此外，还从事批发鞋类于本地及海外客户。1996年11月发行新股60000000股上市，售价每股1.22元。1999年2月底每股资产净值为0.701元，净存款73.7百万元，8月止上半年盈利15百万元，增33%，派中期息0.028元。

【财务状况】 1998/99年度每股纯利11.1仙，每股股息5.5仙。

生命科技集团有限公司

【公司概况】 股票代码为1180，业绩报告结算日期为12月31日。实收资本为632000000股，合计63200000元。公司董事会主席：单世勇。

【经营业绩】 公司主营业务为从事设计、制造并销售推广赠品和玩具，并制造及销售仿皮。赠品和玩具主要销往欧洲及美洲，仿皮则主要销往中国。生产赠品及玩具的东莞厂房面积约88300平方呎；占生产仿皮的中山保兴仿皮制品公司58.75%股权。1997年1月发行新股50百万股上市，每股售价1元。1998年10月陈汉强以每股0.38元购入32%，成为最大股东，其后再易手。1998年底每股净值为0.20元，净债项70百万元。1999年9月由叶氏保健改名如上，获内地保健产品绿多维香港及东南亚独家代理权。1999年上半年亏损39.98百万元，不派中期息。

【财务状况】 1998年度纯利亏损44.0百万元。

东联控股有限公司

【公司概况】 股票代码为1182，业绩报告结算日期为3月31日。实收资本为956673078股，合计95667307元。公司董事会主席：韩明光。

【经营业绩】 公司业务为从事海、陆、空之综合运输服务，包括货运、驳船及趸船经营、货物仓储及船物代理等。以中国业务为主,另在北美、欧洲及亚洲也拥有超过60家代理商的网络。在上海成立一合营企业,发展集装箱堆场,又购入新加坡货运代理。1994年9月发售102062500新股,每股以1元公售。1998年3月股权易手,中洲控股以每股0.38元购入44.7%。1999年3月,股权再移至现任主席。已协议收购中国一软件公司和医药公司若干股权,代价约97百万元,待落实。1998年10月改名,由海德太平洋易名如上的。1999年3月底每股净值为0.02元,净债项1.28亿元,9月底半年盈利82.5百万元,不派中期息。

【财务状况】 1998/99年度纯利亏损173.0百万元。

时捷集团有限公司

【公司概况】 股票代码为1184,业绩报告结算日期为12月31日。实收资本为128396720股,合计12839672元。公司董事会主席:严玉麟。

【经营业绩】 公司主营业务为从电子元件经销及GSM流动电话产销,零售体育用品及时装,已投资开发集成电路。1994年9月售42百万新股,另公开售股18百万股上市,每股以1元公售。1998底每股净值为2.48元,净借贷2亿元。1999年6月及7月曾配售集资18百万元。1999年上半年盈利4.05百万元,增668.5%,不派中期息。

【财务状况】 1998年度纯利亏损39.15百万元。

航天科技通信有限公司

【公司概况】 股票代码为1185,业绩报告结算日期为12月31日。实收资本为670000000股,合计67000000元。公司董事会主席:陈树康。

【经营业绩】 红筹股,公司主营业务为从事电讯及GPS全球卫星定位系统,电讯业务包括开发、制造及销售电讯交换设备(在中国出售)、电话终端机设备和有关售后服务(销往海外)。GPS业务主要为中国及澳门客户开发、制造、销售、安装GPS产品及售后服务,预期将来把业务推及香港;未来集中发展GPS汽车导向应用系统;并在中国扩展业务。1997年7月航天科技国际(0031)发行新股1.5亿股分拆上市,每股1.18元。1999年6月中曾配售集资60百万元。1998底每股净值为0.751元,净债项63.5百万元。1999年上半年亏损18.2百万元,不派中期息。

【财务状况】 1998年度每股纯利1.9仙。

盈科数码动力有限公司

【公司概况】 股票代码为1186,业绩报告结算日期为12月31日。实收资本为7696300268股,合计384815013元。公司董事会主席:李泽楷。

【经营业绩】 公司原名德信佳,为中策成员,主营业务为经营电讯有关业务,1999年5月起,李泽楷分别注入中港物业(24.6亿元)及PCC(李氏占60%及英特尔占40%,经营卫星双频上网业务),若数码港计划被批准,亦将注入,因而形式股权转移,8月改名如上,其后已做出15项与网络有关的投资,包括CMG 13.4%、SoftNet 23%、ActionAce 10%、Biz Travel 3% 、Clarent 2.7%、CreditLand 5%、Cash.com.(时富金融网)5%、iLink net 80%、Intelligenesis 6.25%、Media Ring 6%、Outblaze 20%、Silkroute 25.1%、StarEast(东方魅力明星网)20%、城市电讯(1137)8%及澳洲Spike 5%等,分别以新股或现金支付,价值约50亿元。

【财务状况】 1998年度纯利亏损62.04百万元。

珠江轮胎(控股)有限公司

【公司概况】 股票代码为1187,业绩报告结算日期为12月31日。实收资本为52558140股,合计10511628澳元。公司董事会主席:洪源成。

【经营业绩】 公司主营业务为从事重型及轻型商用汽车与农用车辆斜交轮胎的设计、制造及销。以"珠江Pearl River"注册商标出售轮胎,为中国22家最大的制造商之一,1995年1月于澳洲上市。于1998年底止总产量1.75百万条,销售以广东省为主,其余向20多个国家出口。中国和海外销售营额约占93.5%和6.5%。生产设施位于广东省花都市,总面积约322.9万平方呎。1999年6月以介绍方式上市。上市后每股资产净值6.53元。1999年上半年亏损1百万元,净借贷约1亿元,不派中期息。。

【财务状况】 1998年度每股盈利81.2仙,每股股息33.1仙。

欢乐天地有限公司

【公司概况】 股票代码为1188,业绩报告结算日期为12月31日。实收资本为403042000股,合计40304200元。公司董事会主席:仰融。

【经营业绩】 公司原由八佰伴国际控制,于1997年底起股权持续转移,至1998年11月由中国华晨购得33.69%,每股作价0.25元,以欢乐天地或whimsyland名义经营户内游乐中心,Cyber World亦为集团成员,曾合作经营本港业务,已于6月结业,经营本港业的附属公司已在自动清盘,内地仍有十一间合作游乐中心仍在经营中,占沈阳辽华汽车零件51%,已带来盈利。1995年3月发售50百万新股上市,每股售价1元。1998底每股负值为0.037元。1999年上半年亏损2.78百万元,不派中期息。

【财务状况】 1998年度截至12月底止9个月纯利亏损108.1百万元。

辰达永安旅游(控股)有限公司

【公司概况】 股票代码为1189,业绩报告结算日期为3月31日。实收资本为696098444股,合计69609844元。公司董事会主席:陈若伟。

【经营业绩】 公司主营业务为从事主办旅行团,提供客运及旅游相关服务。主办各种海外旅游及内地旅游团。现有123辆轿房车及148辆旅游车。1997年9月发行新股137.5百万股上市,每股售价2.88元。1999年6月发行1.46亿新股(作价1.93元)收购哈尔滨新加坡酒店50%权益及管理权。11月以新股73.3百万股(计1.575元)换入东方魅力55百万股(计2.1元),并成立合营公司,经营旅游网站。1999年3月底每股净值为1.24元,净债项132百万元。

【财务状况】 1999年度每股纯利8.7仙。

联昌泰国际控股有限公司

【公司概况】 股票代码为1190,业绩报告结算日期为5月31日。实收资本为213500000股,合计21350000元。公司董事会主席:陈文川。

【经营业绩】 公司主营业务为在港从事广泛的公营部门及私人机构建筑工程,1998年度公营项目占营业额69.3%,业务包括:防止山泥倾泻/修补工程;道路及渠务;楼宇建筑,拆卸装修;海事及港口工程;地盘平整。1998年11月发行50百万股新股上市,每股以1元公售。1999年10月与台商成立合营公司,参与台湾地震后重建,正建议4供1,每供1元,2000年1月底完成。1999年5月底每股净值为0.68元,净债项56百万元。

【财务状况】 1999年度每股纯利24.0仙,每股股息3.30仙。

中富控股有限公司

【公司概况】 股票代码为1191,业绩报告结算日期为7月31日。实收资本为1972015433股,合计197201543元。公司董事会主席:叶光。

【经营业绩】 公司主营业务为主要在香港经营公共及私人土木工程建设及楼宇的维修及保养业务;并投资于广州及越南的物业发展。1994年10月发售97百万新股上市,每股以1元公售。1997年3月一股东注入顺德伦教续发展物业,因而以每股0.43元提出全面收购。于1998年7月由永辉改名如上。1999年7月底每股净值为0.314元,净借贷40百万元。期内与广州交通银行投资合组公司竞投广州机场业务,于花都发展长春会俱乐部,购入中医药网及Outblaze,售出部分后仍占28%,又购入高明银海高球俱乐部80%。

【财务状况】 1998/99年度每股纯利1.1仙。

金犀宝控股有限公司

【公司概况】 股票代码为1192,业绩报告结算日期为12月31日。实收资本为2500000000股,合计25000000元。公司董事会主席:蔡炯明。

【经营业绩】 公司主营业务为从事本身Gemzboh、Shitelan及Nibbio等品牌服装的设计、制造及销售,产品销售对象以中国为主,生产设施设于福建省。1998年6月发售40百万股新股及由大股东出售20百万股旧股上市。每股售价1元。1999年12月配售34.5百万元,投资于太空陶瓷项目。1998年底每股净值为0.0428元,净借贷10.9百万元。1999年上半年盈利11.68百万元,减47%,不派中期息。

【财务状况】 1998年度每股纯利1.8仙,每股股息0.4仙。

励致国际集团有限公司

【公司概况】 股票代码为1193,业绩报告结算日期为3月31日。实收资本为587182261股,合计58718226元。公司董事会主席:黄铁鹰。

【经营业绩】 公司主营业务为进口、推广及分销办公室家具,主销香港;1993年10月将销售网扩大至中国市场,并设有陈列室在港岛、九龙及中国大陆(分别在广州、上海及重庆),生产设施位于珠海。1994年开始生产办公桌。1994年10月发行50百万新股上市,每股以1.65元公售。1999年3月底每股净值为0.144元,净债项2.1亿元,9月止半年亏损36.9百万元,不派中期息。

【财务状况】 1998/99年度纯利亏损109.2百万元。

昌明控股有限公司

【公司概况】 股票代码为1196,业绩报告结算日期为3月31日。实收资本为320000000股,合计32000000元。公司董事会主席:雷志。

【经营业绩】 公司主营业务为从事印刷及制造包装盒(包括随付的单张,使用手册及目录)、标签、签条、恤衫纸板与供成衣产品使用的胶袋。现在中港两地共有四个生产设施。1997年1月发行新股80百万股新股上市,每股售价1元。1999年3月底每股净值为0.927元,净存款45百万元,9月止年度盈利15.5百万元,减49.3%,中期息0.01元。

【财务状况】 1998/99年度每股纯利12.2仙,每股股息3.8仙。

东宁电器有限公司

【公司概况】 股票代码为1197,业绩报告结算日期为6月30日。实收资本为16651101651股,合计1665110165元。公司董事会主席:黄仕灵。

【经营业绩】 公司主营业务为从事设计、制造、装配及销售以"高路华"为商标的家庭电器,产品包括电视机、录象机、小光碟机的影音产品、洗衣机及空调等。销售超过90%在中国市场。生产设施位于广东省江门市。1997年6月发行393120000股上市,每股售价1元。重组银行债券初步协议。1999年9月已协议购入国内6项电子商贸及互联网权益各51%,在国内法律容许下即行购入,并将安排上市。

【财务状况】 1998/99年度纯利亏损196.6百万元。

中远太平洋有限公司

【公司概况】 股票代码为1199,业绩报告结算日期为12月31日。实收资本为2139198298股,合计213919830元。公司董事会主席:陈忠表。

【经营业绩】 公司主营业务为拥有及租赁集装箱业务。最终控股公司为中远。1998年中拥有约496031个标准箱。1994年12月发行255百万新股上市,每股以2.88元公售。1995年11月收购葵涌8号货柜码头东面权益50%。1996年12月购入本港3个货柜堆场;1997年3月购入青岛、张家港、上海及盐田码头权益,1997年8月购入廖创兴银行5%(计23.88元),11月再购入15%(计18.88元)。亦投资于上海逸仙高架公路及屯门内河码头。1998底每股净值为3.21元,净负债42.6亿元。1999年上半年盈利516.24百万元,减0.1%,中期息0.077元。

【财务状况】 1998年度每股纯利49.1仙,每股股息17.9仙。

美联物业(集团)有限公司

【公司概况】 股票代码为1200,业绩报告结算日期为12月31日。实收资本为593439000股,合计59343900元。公司董事会主席:黄建业。

【经营业绩】 公司主营业务为从事各类物业的代理业务,提供各类物业买卖或租赁服务。截至1999年6月,拥有140间分行及办事处。也透过其联营公司在国内提供地产代理服务,还提供本港及海外大型房地产项目的市场推广服务。1995年5月发售50百万新股上市,每股售价1.28元。1999年初成立"美联物业数码代理"发展至互联网提供房地产资询服务,并寻求其他增殖服务,正考虑将互联网分拆上市。1998底每股净值为0.74元,净现金1亿元。1999年上半年盈利21.6百万元,派中期息0.015元。

【财务状况】 1998年度每股纯利1.7仙,每股股息25.0仙(包括现金红利20仙)。

侨威集团有限公司

【公司概况】 股票代码为1201,业绩报告结算日期为12月31日。实收资本为266000000股,合计26600000元。公司董事会主席:许经振。

【经营业绩】 公司主营业务为在中国从事印刷及制造高质素彩色包装产品,以香烟包装印刷品为主,占营业额95%,其余为酒类硬纸盒及医药用品纸盒。生产设施在云南及黑龙江省。1998年6月配售及发售66.5百万股新股上市,每股售价1.08港元。1998底每股净值为0.726元,净借贷31.2百万元。1999年5月收购UNION COMPUTER 46%,从事电脑、通讯及相关产品分销,并协议以44.9百万元出售一家印刷厂股权25%予国营企业。1999年上半年盈利26.6百万元,增13.6%,派中期息0.015元。

【财务状况】 1998年度每股纯利22.0仙,每股股息8.8仙(包括特别股息3.8仙)。

成都电缆股份有限公司

【公司概况】 股票代码为1202,业绩报告结算日期为12月31日。实收资本为A股240000000,H股160000000,合计人民币400000000元。公司董事会主席:张庆忠。

【经营业绩】 公司主营业务为生产及销售通讯电缆及配套产品,包括铜缆、光缆、电缆套管,以产量计算,被列为中国最大制造商。总部及主要生产设施位于四川省,在东莞也有生产设施,主销国内,大部分客户为邮电部辖下中国各省市的邮电器材公司和电信局。1994年11月发行H股160百万股上市,每股以2.8港元公售。1998底每股净值为人民币2.44元,净借贷人民币11百万元,包括存放于中国租赁公司的存款30百万元人民币,逾期未能收回,已进行诉讼。1999年上半年亏损人民币4.7百万元,不派中期息。

【财务状况】 1998年度每股纯利2.1仙。

广南(集团)有限公司

【公司概况】 股票代码为1203,业绩报告结算日期为12月31日。实收资本为909508722股,合计90950872元。公司董事会主席:康典。

【经营业绩】 公司是粤海企业集团成员,为外经贸部授权作为输入广东生产的所有鲜活商品(包括家禽、淡水鱼、牲畜及果菜)的香港独家经销商及其他产品的代理。向国企提供农产品、设备与技术的最新资讯。投资国内多项食品加工(如鳗鱼业、猪只养殖及玉米食品)、包装及零售,拥有KK超市及油麻地超市。占广益国际12%、金源米业10%、四洲集团9.22%、环球饮食文化13.8%等。1998年净负债10.79亿元,股东资金亏蚀11.84亿元,1999年上半年亏损276.8百万元,股东资本亏蚀增至14.6亿元,相当于每股负值1.6元,集团正在重组,已初步获债权人同意。

【财务状况】 1998年度每股股息3.0仙。

东南亚木业集团有限公司

【公司概况】 股票代码为1205,业绩报告结算日期为9月30日。实收资本为600000000股,合计60000000元。公司董事会主席:黄泽明。

【经营业绩】 公司主营业务为从事制造、销售胶合板、碎木板、切锯木材,及木材产品贸易。制造业务在寮国,贸易主要在东南亚。胶合板主要出口至泰国及中国。寮国设有两间胶合板制造厂,位于永珍及玛峡塞;另有一间碎木板制造厂设于娜佳。另在广东省汕头成立一合营企业,制造木画框及家私。1997年8月发行新股150百万股上市,每股售价1.08元。1998年9月底每股净值为0.425元,净债项约3亿元。1999年年度改为12月结。10月出售全部寮国业务,套现23.2百万元。1999年3月止半年亏损36.5百万元,9月止12个月亏损127.7百万元,不派中期息。

【财务状况】 1997/98年度每股纯利0.78仙,每股股息1.5仙。

瀚洋国际有限公司

【公司概况】 股票代码为1207,业绩报告结算日期为12月31日。实收资本为1000000000股,合计100000000元。公司董事会主席:施建。

【经营业绩】 公司为上海市的房产发展企业之一,主营业务为从事住宅地产发展及投资:1999年6月底止,在4个住宅地产发展项目中总楼面面积约10.7百万方呎,已建成面积约2.2百万方呎,均作内销;也从事商业房地产出租业务:拥有两项出租物业及停车车位,总建筑面积约为8万方呎;另从事管理服务。未来计划年建筑面积1.6—2百万方呎的内销房;另耗资约19亿元发展佘山国家旅游度假区,预期2008年完成;建设和发展上海市住宅网及智能化小区。提供住宅科技服务。1999年12月配售及发售新股250百万股上市,每股售价0.798元。上市后每股资产净值1.19元。

【财务状况】 1999年度截至6月31日止6个月纯利25284千元。

东方鑫源(集团)有限公司

【公司概况】 股票代码为1208,业绩报告结算日期为12月31日。实收资本为1319726950股,合计131972695元。公司董事会主席:吴建常。

【经营业绩】 公司主营业务为经销有色金属矿产及半制成品并投资国内多间金属厂。是东方有色金属的附属公司,专门负责经营东方集团在有色金属贸易及有关投资上的业务。东方有色为有色金属附属公司,而有色金属总公司是中国的国营企业。1994 年 12 月发售 133.9 百万新股上市,每股以 1.5 元公售。1998 年底每股净值为 0.651 元,净债项 8.7 亿元。1999 年上半年亏损 26 百万元。11 月配售 1 亿股集资 71 百万元。

【财务状况】 1998 年度纯利亏损 197.9 百万元。

华利资源控股有限公司

【公司概况】 股票代码为 1215,业绩报告结算日期为 6 月 30 日。实收资本为 1568182000 股,合计 156818200 元。公司董事会主席:杨国勋。

【经营业绩】 公司主营业务为在中国及香港经销空调系统、影音及照相产品。与三菱重工、柯尼卡及法国汤盛订立经销协议,也经销无订立经销协议的电器产品及香烟。与中侨签订分销协议;在旗下国内的 98 个商场设分销点,照相产品的市场包括澳洲。于沙田拥有面积 2626 平方呎的货仓,在中国拥有面积 199000 平方呎的厂房的一部分。1997 年 7 月,中国光大金融控股认购 9.68%股权。1997 年 1 月发行 70 百万新股上市,每股售价 1 元。1998 年 6 月底净债项 80 百万元。1999 年 6 月止年度未审核亏损 58.6 百万元,在重组债项中。

【财务状况】 1997/98 年度每股纯利 1.16 仙。

永义国际集团有限公司

【公司概况】 股票代码为 1218,业绩报告结算日期为 3 月 31 日。实收资本为 306406053 股,合计 30640605 元。公司董事会主席:官永义。

【经营业绩】 公司主营业务为经营采购及出口女装及童装棉织成衣业务,也采购及出口棉质布料。出口的成衣现由成衣制造商独家供应,主销美国、加拿大及欧洲。1997 年购入若干物业,并开设零售连锁店,并将向上海和台湾进军,12 月以每股 20.2 元收购瑞兴百货,已改名为永富,将物业售于瑞兴原日大股东。其后发行新股买入各项店铺及发展物业,1998 年则予出售并关闭若干零售店。1999 年 3 月底每股净值为 0.216 元,净借贷 8.2 亿元。9 月止半年盈利 23.1 百万元,不派中期息。

【财务状况】 1998/99 年度纯利亏损 1360.7 百万元。

海域集团有限公司

【公司概况】 股票代码为 1220,业绩报告结算日期为 12 月 31 日。实收资本为 2686560000 股,合计 268656000 元。公司董事会主席:叶剑波。

【经营业绩】 公司主营业务为从事制造、销售铝型材料(幕墙系统、窗框、门框)所使用建筑产品,作固定照明、天花板、镜等室内装修材料,生产工业产品如机器、电器用品铝型材产品等,逾 1000 种铝型材。1996 年 12 月及 1997 年 3 月被中国建筑金属结构协会与广东省重化工业厅确认为中国五大铝型材制造商之一。主销中国、海外市场及香港客户。1997 年 9 月发行新股 140.8 百万股上市,每股售价 1.00 元。1999 年 8 月收购侨立金盐(制造电镀化的原料)全部股权,代价 42 百万元新股。1998 年底每股净值为 0.207 元,净存款 41 百万元。1999 年上半年盈利 37.4 百万元,增 28.4%,派中期息 0.006 元。

【财务状况】 1998 年度每股纯利 3.13 仙,每股股息 0.33 仙。

信和酒店集团有限公司

【公司概况】 股票代码为 1221,业绩报告结算日期为 6 月 30 日。实收资本为 776119328 股,合计 776119328 元。公司董事会主席:黄志祥。

【经营业绩】 公司分拆自信和置业,主要在香港拥有、管理及投资酒店,以及有关酒店业务的权益。包括位于北角(设有 615 间客房)的城市花园酒店 100%股权(正扩建至少多 50 个房及若干设施)、尖沙嘴皇家太平洋酒店(673 间酒房)25%股权。以"富临门酒家"商号经营的 3 间酒楼各 100%股权。又持有香港上海大酒店 4.3%股权及其他酒店管理业务。1995 年 1 月以介绍方式上市。1997 年 1 月以 12 亿元购入港丽酒店 50%(510 房间)。1999 年 6 月底每股净值为 3.76 元,净借贷 15 亿元。

【财务状况】 1998/99 年度纯利亏损 23.58 百万元。

宏安集团有限公司

【公司概况】 股票代码为 1222,业绩报告结算日期为 3 月 31 日。实收资本为 462393914 股,合计 4623939 元。公司董事会主席:邓清河。

【经营业绩】 公司主营业务为在香港从事提供与楼宇有关的装修服务,包括在私人参建计划项目中独立住宅单位的室内装修以及翻新商场店铺、政府楼宇、便利店及其他物业,屡获发展商委任为私人参建计划项目的推荐装修商,并从事 4 个购物中心(包括 9 个街市)及 12 个公屋停车场的项目持有、管理,包括设计、规划及改建等,也提供建筑服务。1999 年 12 月与国内机构磋商合作经营中文网站。1995 年 2 月发行 50 百万新股上市,每股以 1 元公售。1999 年 3 月底每股净值为 0.132 元,净债项 12.7 百万元,9 月止上半年盈利 6.76 百万元,增 49%,不派中期息。

【财务状况】 1998/99 年度每股股息 1.0 仙。

新洋集团有限公司

【公司概况】 股票代码为 1223,业绩报告结算日期为 12 月 31 日。实收资本为 4153341612 股,合计 415334161 元。公司董事会主席:陈庭川。

【经营业绩】 公司主营业务为为原设备制造客户制造各类运动鞋及轻便鞋,产品制造后以著名牌子销售。集团也制造鞋类半制成品以供应其他鞋类制造商。生产设施位于番禺、花都、东莞以及澳门,产品主销美国、欧洲及亚洲。1997 年初由现任主席购得主要股权,每股收购价 0.138 元,其后与粤海制革合组公司购入中山大量土地发展工业城,于 10 月由良兴集团改名如上。1998 年 6 月以若干物业注入民信。获得股份已按 5 送 1 民信方式派予股东。1998 年底每股净值为 0.135 元,净存款 3.85 亿元,1999 年上半年盈利 22.5 百万元,减 10.7%,派中期息 0.01 元。

【财务状况】 1998 年度每股纯利 1.04 仙,每股股息 3.0 仙。

确利达包装国际控股有限公司

【公司概况】 股票代码为 1224,业绩报告结算日期为 3 月 31 日。实收资本为 160000000 股,合计 16000000 元。公司董事会主席:林孝文。

【经营业绩】 公司主营业务为从事设计、发展、制造及销售以不同物料制成的时尚包装盒、包装袋及销售点陈列用品,作为名牌及奢侈品用途。市场遍及美国、欧洲、中东及亚洲多个国家城市,总办事处设于香港。正计划在广东中山自置生产设施。1999 年 4 月发售 40 百万股新股及由大股东出售 3.2 百万股旧股,并配售 4.8 百万股上市,每股售价 1.08 元。1999 年 11 月渝港向大股东购得 44.01%,并以每股 0.78 元提出全面收购,但维持上市地位。上市后每股资产净值为 1.18 元。若已全年上市,每股股息应为 0.054 元。1999 年 9 月止上半年盈利 25.9 百万元,增 0.7%,不派中期息。

【财务状况】 1999 年 3 月止年度每股盈利 30.5 仙。

隆成集团(控股)有限公司

【公司概况】 股票代码为 1225,业绩报告结算日期为 12 月 31 日。实收资本为 726204000 股,合计 72620400 元。公司董事会主席:黄荣源。

【经营业绩】 公司主营业务为从事婴儿产品的设计、制造及销售,包括婴儿车、婴儿床、系列产品(如弹跳椅)、软类制品(如汽车座椅椅套),产品以原设计制造方式销售。美国客户占 74.5%。已发展电动骑行车,获迪士尼特许使用品牌于中国销售婴儿用品。1998 年 12 月配售及发售新股 180 百万股上市,每股售价 1 元公售。1998 年底每股净值为 0.575 元,净存款 1.76 亿元。1999 年上半年盈利 90 百万元,增 24.9%,中期息 0.03 元。

【财务状况】 1998 年度每股纯利 18.71 仙。

雅域集团有限公司

【公司概况】 股票代码为 1229,业绩报告结算日期为 3 月 31 日。实收资本为 234735500 股,合计 23473550 元。公司董事会主席:梁金友。

【经营业绩】 公司主营业务为从事多类型行针及液晶显示钟的设计、制造及分销。产品主销美国、欧洲及亚太多个国家。公司还生产塑料、木制及金属钟壳,并提供电镀部件服务及生产其他产品,如计时器、天气测量仪及音乐机芯等,主要生产设施位于中国深圳、上海及慈溪。上市后已收购德国 2 间著名时钟资产,并予合并,生产铜钟。1997 年初参与节能灯具业务。1998 年 8 月现任主席以每股 0.4 元分批购入 50.77%,旧股东仍占 21.79%。1999 年 3 月底每股净值为 0.688 元,净存款为 11 百万元。9 月止半年盈利 3.86 百万元,增 14%,不派中期息。

【财务状况】 1998/99 年度纯利亏损 14.9 百万元。

盈富基金

【公司概况】 股票代码为2800，业绩报告结算日期为12月31日。已发行2587992500单位，1999年上市价12.88元。经理人：道富环球金融，信托人：美国道富银行及信托公司。

【经营业绩】 公司以香港恒生指数成份股份为主，也为投资的绝大部分。持有香港生分证有香港土地的首次申请者，可于2000年11月12日，每20单位获派送1单位，并于2001年11月12日，15单位获送1个单位。经理人及信托人由发起人的监督委员会监督、指示及批准有关事宜。经理人可为对冲原因或达到投资以外目标订立期货合约及期权，但不超过基金净资产10%。可借入港元不得超过净值5%及超过一年期，不得购入房地产及非联交所报价的投资，不得沽空投资及从事股票借贷业务。基金不以现金赎回，持有100万个单位可要求赎回并收取恒生指数成份股份。

【财务状况】 投资于该等股份的比重大致与该等股份占恒生指数比重相同，由外汇基金投资有限公司为发起人，投资组合源自1998年8月香港特区政府外汇基金入市购入恒生指数成份股份，连同土地基金的投资组合拨入，于1999年10月20日市值约1980亿元。

香港创业板上市股份公司

TOM. COM LIMITED

【公司概况】 公司股票代码:8001。公司在开曼群岛注册成立。其已发行普通股数为 2941130899 股,面值为每股 0.10 港元。集团的保荐人为法国国家巴黎百富勒融资有限公司。2000 年 3 月 1 日在香港创业板上市。

【经营业绩】 TOM. COM LIMITED 为一国际互联网内容供应商,经营一个超级入门网站,并提供广泛'通晓中国事'内容及电子商贸服务予世界其他地区及为大中华地区及海外华语社区之华人提供'华人时尚生活'内容及电子商贸服务。主要股东有:Easterhouse、Romefield Schumann、Handel 等。

凤凰卫视控股有限公司

【公司概况】 公司股票代码:8002。公司在开曼群岛注册成立。其已发行普通股数为 4930968000 股,面值为每股 0.10 港元。集团的保荐人为中银国际亚洲有限公司。2000 年 6 月 30 日在香港创业板上市。公司董事局主席:刘长乐。

【经营业绩】 凤凰集团是卫星电视经营商,主要业务为购买、制作及分别透过亚卫 3 号 S 卫星及 ASTRA2A 卫星为亚太区及欧洲的观众广播华语电视节目,而中国正是其目标市场。凤凰集团的收益由凤凰卫视中文台及凤凰卫视电影台的广告收益及订户费组成,于截至 1999 年 12 月 31 日止六个月,凤凰集团收益中 95%来自凤凰卫视中文台的广告收益,3.4%来自凤凰卫视电影台的订户费收益。凤凰集团预期,随着凤凰卫视电影台的订户数目增加,将来收视费收益占总收益的百分比将会向上攀升。主要股东有:今日亚洲有限公司、Star Television Holdings Limited 等。

大诚电讯科技有限公司

【公司概况】 公司股票代码:8003。公司在开曼群岛注册成立。其已发行普通股数为 286000000,面值为每股 0.1 港元。集团的保荐人兼牵头经办人为道亨证券有限公司,联席经办人包括新日本证券国际(香港)有限公司、唯高达融资有限公司、宝来证券(香港)有限公司、汇富证券有限公司、英明金融证券有限公司、时富证券有限公司、亨达融资有限公司和加拿大怡东融资有限公司。1999 年 12 月 2 日在香港创业板上市。

【经营业绩】 公司主要从事电缆监控、电力监控系统及网络接入设备的分销,并提供增值服务,为中国内地及香港两地的电讯服务营运商服务组装动力监控及电讯电缆监控系统以及接入网设备,此外,兼营中国内地的动力监控系统及电缆增压设备的装配,并为其产品提供持续技术及服务支援。截至 1999 年 3 月 31 日止年度,动力监控系统、电讯电缆监控器材及接入设备的销售分别约占集团总营业额的 59.8%、20.1%和 14.5%;截至 1999 年 8 月 31 日止的 5 个月内,上述三类产品分别约占集团总营业额的 69.1%、28.5%和 0.3%。集团相当重视先进产品及程序处理科技的研究及开发,其产品在北京、上海、广州、南京、长春及武汉等中国大城市的市场占有率均领先于其竞争对手。主要股东为:T S Telecom Ltd. 等。

裕兴电脑科技控股有限公司

【公司概况】 公司股票代码:8005。公司在百慕达注册成立。其已发行普通股数为 400000000 股,面值为每股 0.10 港元。集团的保荐人为工商东亚融资有限公司。2000 年 1 月 31 日在香港创业板上市。公司董事局主席:祝维沙。

【经营业绩】 本集团业务主要在中国研发、设计、推广及销售信息家电产品。本集团透过遍布全国多个地区的独家销售代理,以"裕兴"品牌销售信息家电,包括电脑 VCD 及普及型电脑以及相应应用软件。自开业以来,本集团一直集中开发针对国内信息家电市场的软件及硬件产品,并已推出 6 种电脑 VCD、5 种普及型电脑及超过 1000 种应用软件产品。截至 1999 年 6 月 30 日止六个月电脑 VCD 占营业额的 91%,普及型电脑占营业额的 5%。主要股东有:裕龙有限公司、宝龙有限公司等。

香港网国际网络公司

【公司概况】 公司股票代码:8006。公司在开曼群岛注册成立。其已发行普通股数为 4096000000 股,面值为每股 0.10 港元。集团的保荐人为法国国家巴黎百富勒融资有限公司和美国雷曼兄弟亚洲有限公司。2000 年 3 月 9 日在香港创业板上市。

【经营业绩】 本集团目前以网域名称 www.hongkong.com 经营互联网入网站。Hongkong.com 提供一站式互联网渠道,以满足对有关香港之本地资讯感兴趣之使用者需求。透过本集团编辑小组及与广发内容供应商之合作,Hongkong.com 以繁体中文提供广泛内容、搜寻器、网站目录及电子商务功能,以及如免费电邮帐户及聊天室之增值社群服务。主要股东为:China.com Corporation。

数码香港

【公司概况】 公司股票代码:8007。公司在开曼群岛注册成立。其已发行普通股数为 150000000 股,面值为每股 0.10 港元。集团的保荐人为道亨证券有限公司。2000 年 4 月 17 日在香港创业板上市。

【经营业绩】 数码香港为一家商贸服务供应商,其业务为提供综合电子商贸解决方案的外判服务,协助进行网上交易,让任何公司也可以将业务拓展至互联网上。该集团的电子服务重点是发展和提供一个安全稳健的电子付款处理平台,可以迎合多个付款系统和商业对客户及商业对商业应用的付款选项。透过与独立第三方及冠军集团的成员公司通力合作,该集团将有能力提供"一站式商店",提供周全服务,包括可以与机构的业务运作结合,以便进行电子商务时需要的所有元素。主要股东有:冠军科技集团有限公司等。

新意网集团有限公司

【公司概况】 公司股票代码:8008。公司在开曼群岛注册成立。其已发行普通股数为 2045000000 股,面值为每股 0.10 港元。集团的保荐人为怡富证券有限公司。2000 年 3 月 17 日在香港创业板上市。

【经营业绩】 本集团主要业务包括资讯科技基础设施、互联网及资讯科技投资。主要股东为:新鸿基地产发展有限公司。

菱控电子商业有限公司

【公司概况】 公司股票代码:8009。公司在香港注册成立。其已发行普通股数为 1165476000 股,面值为每股 0.10 港元。集团的保荐人为法国国家巴黎百富勒融资有限公司。2000 年 3 月 31 日在香港创业板上市。

【经营业绩】 本集团主要提供电子商贸解决方案,这些解决方案现时包括向亚洲区内的公司提供的顾问服务及服务站,本集团亦计划藉著投资于异国培育阶段的企业(主力于电子商贸发展业务或使用电子商贸),以发展一个业务组合。主要股东为:iMerchants Group Limited、Galaface Limited、Fame World Limited。

东魅网

【公司概况】 公司股票代码:8010。公司在开曼群岛注册成立。其已发行普通股数为 1000000000 股,面值为每股 0.10 港元。集团的保荐人为法国国家巴黎百富勒融资有限公司和大福融资有限公司。2000 年 6 月 1 日在香港创业板上市。

【经营业绩】 本集团主要从事名人娱乐入门网站网络之发展基金应。透过主要入门网站 www.stareastnet.com,该等入门网站提供广泛与娱乐有关之资讯及节目。公司主要股东有:锦兴集团有限公司、东方魅力集团有限公司、李泽楷等。

浩伦农业科技集团有限公司

【公司概况】 公司股票代码:8011。公司在开曼群岛注册成立。其已发行普通股数为 250000000,面值为每股 0.10 港元。集团的保荐人兼独家配售包销商为中国工商银行集团成员——工商东亚,发售新股包销商包括工商东亚融资有限公司、大福证券有限公司、金鼎综合证券(香港)有限公司和唯高达融资有限公司。1999 年 11 月 25 日在香港创业板上市。

【经营业绩】 公司在中国生产及销售以增产胺为本的调节型植物生长剂。集团最初仅生产一般适用于农产品的通用调节型植物生长剂，但现在正生产两类专用调节型植物生长剂，分别适用于蔬菜及水果，属于从通用型植物生长剂研制出来的改良产品。截至 1999 年 6 月 30 日止年度，蔬菜型及果树型植物生长剂的销售额分别占集团营业额的约 49.4%和 50.6%。另外两类正处于研制开发阶段的调节型植物生长剂——烟草型植物生长剂和水稻型植物生长剂，将于 2000 年初引进市场。集团的生产设施位于福建省厦门市，由集团的两家附属公司——厦门根本及福州浩伦分别拥有和经营两条生产线，集团年生产能力合计为 560 吨植物生长剂。主要股东有：吴少宁先生、董辉先生等。

远东化聚工业有限公司

【公司概况】 公司股票代码：8012。公司在百慕达注册成立。其已发行普通股数为 410296000 股，面值为每股 1.00 港元。集团的保荐人为汇丰投资银行亚洲有限公司。2000 年 1 月 31 日在香港创业板上市。

【经营业绩】 该公司及其附属公司主要从事在中国产销聚酯产品，包括瓶级 PET 切片、涤纶长丝及成品织物。公司主要股东有：远东纺织股份有限公司、远鼎投资股份有限公司、宏远兴业股份有限公司、百慕达宏远控股有限公司等。

松景科技控股有限公司

【公司概况】 公司股票代码：8013。公司在百慕达注册成立。其已发行普通股数为 684750000 股，面值为每股 0.10 港元。公司的国际协调人兼保荐人为京华山一企业融资有限公司，牵头经办人为京华山一国际(香港)有限公司，联席经办人包括京华证券国际有限公司、美国培基证券有限公司、BNP 百富勤及和升财务顾问有限公司。1999 年 11 月 26 日在香港创业板上市。

【经营业绩】 公司主要从事设计、开发、制造及分销优质电脑部件、电脑通讯产品及电脑消费电子产品。集团的技术部负责实际、开发制造及分销以本集团“PINE”、“Retail Plus”及“D' music”品牌出售之电脑产品；全球分销部负责分销由本集团与其他制造商开发及制造之产品。集团一直加强集中制造及分销本集团自有品牌产品，截至 1998 年 6 月 30 日止年度，集团自有品牌产品的销售额及分销其他制造商产品的销售额在集团总营业额中的比重分别为 15.6%和 84.4%；截至 1999 年 6 月 30 日止年度，这两个比重分别为 17.9%和 82.1%，集团自有品牌产品的销售比重有所上升。集团客户遍布超过 50 个国家，主要市场包括美国、加拿大、英国、澳大利亚、香港及韩国。主要股东有：Alliance Express Group Limited、Concept Express Group Limited 等。

乾隆科技国际控股有限公司

【公司概况】 股票代码为 8015，业绩报告结算日期为 12 月 31 日。实收资本为 200000000 股，合计 20000000 港元。公司董事会主席：陈森田。

【经营业绩】 公司于创业板上市，为外商独资企业。主营业务为在中国从事证券分析软件产品的发展、生产及分销。其数码资讯计算专业知识应用于提供软件、硬件或硬件组合行式的解决方案，以处理来自不同媒介(如卫星传送数据及互联网)的资料。证券分析软件的功能为处理及计算直接由卫星或其他资讯的提供者，转化为图表形式及技术分析索引。并拥有本身品牌注册商标在网络版及个人版为中国投资者提供证券分析软件。网络版用户主要为证券商，而个人版则由个人投资者所购买。1999 年 12 月配售及发售新股 70 百万新股上市，每股售价人民币 1.06 元。上市后每股有形资产净值 0.343 港元。1998 年往绩每股盈利 0.1329 港元。若已全年上市，每股股息应为 0.131 港元。

China Data Broadcasting Holdings Limited

【公司概况】 公司股票代码：8016。公司在百慕达注册成立。其已发行普通股数为 79500000 股，面值为每股 0.10 港元。集团的保荐人为东英亚洲有限公司。2000 年 1 月 24 日在香港创业板上市。

【经营业绩】 本集团主要於中国从事数据广播业务，其主要业务包括研究、开发及销售数据广播硬件及软件、及有关系统集成、技术支援与顾问服务、策划、搜集及制作数据广播用之多媒体内容，以及软件销售。本集团目前仅於中国进行其业务。公司主要股东有：Ultra challenge 等。

美域数码国际(控股)有限公司

【公司概况】 公司股票代码：8017。公司在百慕达注册成立。其已发行普通股数为 250000000 股，面值为每股 0.10 港元。集团的保荐人为京华山一企业融资有限公司。2000 年 8 月 17 日在香港创业板上市。

【经营业绩】 该集团乃大中华地区利用 ASP 方式及以中小型企业为目标之移动 B2B 电子商业解决方案供应商，侧重于提供以互联网为基础之 B2B 电子商业解决方案及移动及无线计算技术。该集团向香港中小型企业提供商业应用解决方案已有逾九年历史。在过去十年中，该集团以自身品牌开发及推出以互联网基础的 B2B 电子商业解决方案、移动及无线解决方案、订制商业应用解决方案及套装软件。主要股东有：Noble Class Group Limited 等。

上海实业医药科技(集团)有限公司

【公司概况】 公司股票代码：8018。公司在开曼群岛注册成立。其已发行普通股数为 620000000 股，面值为每股 0.10 港元。公司的全球协调人兼保荐人为法国国家巴黎百富勤融资有限公司，联席牵头经办人为法国国家巴黎百富勤融资有限公司及德利佳信，副牵头经纪人包括野村国际(香港)有限公司和华宝德威，副经办人为 CLSA 全球新兴市场，京华山一国际(香港)有限公司，申银万国融资(香港)有限公司。1999 年 12 月 2 日在香港创业板上市。

【经营业绩】 集团的业务包括经营杭州青春宝及上海家化，此外，公司也计划于适当的时机进军生物医药及生物科技行业。其中，杭州青春宝为公司间接拥有其 55%权益的附属中外合资公司，主要从事制造、分销及销售以天然草本成份为主的中成药，已获批准制造超过 70 种药品，主要产品包括以天然人参及麦冬提炼而成的参麦注射液；上海家化公司为公司间接拥有的联营公司，主要从事制造、分销及销售多种产品，包括个人护理用品、化妆品及家庭清洁用品，上海家化正为筹备在中国 A 股市场上市而进行重组工作。主要股东有：CFI、上实控股、Top Modern Limited 等。

恒基数码有限公司

【公司概况】 公司股票代码：8023。公司在开曼群岛注册成立。其已发行普通股数为 5000000000 股，面值为每股 0.10 港元。集团的保荐人为汇丰投资银行亚洲有限公司。2000 年 7 月 14 日在香港创业板上市。

【经营业绩】 本集团现有业务可以分为以下五项联营及互相补足的业务范围：互联网服务、数据中心服务、本地无线固定电讯网络服务、智能大厦、资讯科技投资；该等业务已经或正在发展为一项为香港的住宅及商业客户提供的整合端对端互联网、电讯及高科技服务。主要股东有：恒基兆业有限公司、香港中华煤气有限公司等。

亚洲讯息(控股)有限公司

【公司概况】 公司股票代码：8025。公司在开曼群岛注册成立。其已发行普通股数为 480000000 股，面值为每股 0.10 港元。集团的保荐人为大福融资有限公司。1999 年 12 月 16 日在香港创业板上市。公司董事局主席：梁中昀。

【经营业绩】 本集团主要业务为提供网上大中华商贸资讯及资讯顾问服务，并提供互联网解决方案。本集团亦运用本身提供资讯及互联网解决方案之实力，成立联营公司从事电子商贸业务。主要股东有：Asian Dynamics International Limited、Aldgate Agents Limited 等。

长达科技控股有限公司

【公司概况】 公司股票代码：8026。公司在开曼群岛注册成立。其已发行普通股数为 511250000 股，面值为每股 0.10 港元。集团的保荐人为新加坡发展亚洲融资有限公司。2000 年 3 月 28 日在香港创业板上市。

【经营业绩】 集团主要以下业务：于国内设计及配置宽频数据网络及互联网主干线；开发系统管理之应用软件；提供电子商贸解决方案及与资讯科技有关之咨询服务。主要股东有：Greenford Company Limited、Century Technology Holding Limited、Bakersfield Global Corporation 等。

天时软件有限公司

【公司概况】 公司股票代码：8028。公司在香港注册成立。其股份数目为 750000000 股，每股面值为 0.05 港元。公司的全球协调人、牵头经办人兼保荐人为霸菱亚洲有限公司，包销商包括霸菱亚洲有限公司、京华山一国际(香港)有限公司、怡富证券有限公司、嘉诚证券有限公司和大福证券有限公司。1999年11月25日在香港创业板上市。

【经营业绩】 公司是一个以香港为基地主营电脑软件的服务集团,在香港及中国互联网科技服务市场中占有一席之地。集团的香港及中国广州办事处聘有超过100名研究人员、开发人员及顾问,为市场提供广泛的软件服务,包括互联网科技及相关服务、企业资源规划及顾问服务,软件本地化,商务应用及系统软件开发、实施及维修等。集团自1996年创业以来,已在其为客户进行的项目中研制成种类繁多的专利可再用软件及内容组件。集团处于有利的地理位置,可从大中华区资讯科技业务的发展趋势中获益,而且相对区内的电脑软件服务业对手拥有若干重要的竞争优势,如技术专才、市场焦点和稳健的管理层及专业人员等。主要股东有:Crimson Asia Capital Limited, L.P.

数通集团有限公司

【公司概况】 公司股票代码:8030。公司在开曼群岛注册成立。其已发行普通股数为1000000000股,面值为每股0.10港元。集团的保荐人为汇富融资有限公司及第一上海融资有限公司。2000年7月12日在香港创业板上市。

【经营业绩】 本集团主要在中港两地为公用事业及服务供应商提供宽频多媒体通讯网络的系统整合及工程,以及提供互联网服务供应商(ISP)及应用服务供应商(ASP)的服务。主要股东有:力昌控股有限公司等。

大中华科技(集团)有限公司

【公司概况】 公司股票代码:8032。公司在开曼群岛注册成立。其已发行普通股数为678080000股,面值为每股0.10港元。集团的保荐人为太平洋兴业融资有限公司。2000年4月6日在香港创业板上市。

【经营业绩】 大中华科技(集团)有限公司为网上保健内容及服务供应商,其网站greaterchinaherbs.com于一九九九年十一月初正式投入使用,本集团透过该网站提供种种中英文保健内容,重点为中草药及疗法;透过电子邮件提供中医师网上咨询服务。主要股东有:中富控股有限公司等。

爱达利网络控股有限公司

【公司概况】 公司股票代码:8033。公司在百慕达注册成立。其已发行普通股数为615000000股,面值为每股0.10港元。集团的保荐人为京华山一企业融资有限公司。2000年2月25日在香港创业板上市。

【经营业绩】 本集团是中国大型网络方案供应商,专攻数码数据网络、帧中继、ATM及IP技术。本集团向信息产业部所管辖的中国电信属下的公共电信服务供应商,及中国及澳门两地的企业客户提供全面的服务,由提供网络设备以至企划、设计、安装与调试网络及售后保养与技术支援不等。本集团的主要中国网络通信项目,包括在上海的中国首个公共数码数据网络和为广东省邮电局在广东省兴建公共数码数据网络。自一九九二年以来,因中国政府致力改良数据通讯基建,本集团已积累丰富的公共广域网络专业知识,并积极与国内信息产业部下属省市的电信级管/电信局及企业兴建公共数据网络。主要股东有:Eve Resources Limited等。

华燊燃气控股有限公司

【公司概况】 公司股票代码:8035。公司在百慕达注册成立。其已发行普通股数为193100000股,面值为每股0.10港元。集团的保荐人为东英亚洲有限公司。2000年3月16日在香港创业板上市。

【经营业绩】 本集团的主要业务是在国内供应燃气,主要业务范围包括(1)兴建燃气管道网络;(2)为客户提供管道燃气座住宅用途;(3)批发和零售液化石油气,方式是为住宅、工业和商业客户添补燃气罐或储气缸;(4)销售液化石油气设备和民用燃气器具。主要股东有:沈家燊先生、Santa Resources Limited等。

36.com Holdings Limited 有限公司

【公司概况】 公司股票代码:8036。公司在百慕达注册成立。其已发行普通股数为2468026000股,面值为每股0.0001港元。集团的保荐人为和昇财务顾问有限公司。2000年7月28日在香港创业板上市。

【经营业绩】 本集团之主要业务乃透过其纵向入门网站专注向目标为全球华人社群提供华语网页内容。主要股东有:CIBC Trust Company (Bahamas) Limited、ACAEDL Limited等。

长远电信网络集团有限公司

【公司概况】 公司股票代码:8040。公司在百慕达注册成立。其已发行普通股数为300000000股,面值为每股0.10港元。集团的保荐人为新加坡发展亚洲融资有限公司。2000年2月16日在香港创业板上市。公司董事局主席:刘小鹰。

【经营业绩】 集团主要从事以下业务:在香港买卖及分销不同型号的流动电话及相关配件(包括Subscriber Identity Module卡);于中国买卖不同型号的流动电话及相关配件;及透过中国认可分销商/经销商,发展辅助性的市场推广及售后服务网站。主要股东有:Future 2000 Limited等。

大陶精密科技集团有限公司

【公司概况】 公司股票代码:8041。公司在开曼群岛注册成立。其已发行普通股数为401724875股,面值为每股0.50港元。集团的保荐人为元大证券(香港)有限公司。2000年7月7日在香港创业板上市。

【经营业绩】 该集团主要从事制造及销售陶瓷素材及套圈。陶瓷套圈乃光纤连接器的关键及必不可少元件,这种连接器广泛用于电讯系统、数据传输网络、地区性网络及有线电视网络。全世界只有九家主要制造商(包括该集团)能够以陶瓷粉末生产陶瓷素材及套圈。主要股东有:太平企业股份有限公司、董大勇先生等。

Excel Technology International Holdings Limited

【公司概况】 公司股票代码:8048。公司在百慕达注册成立。其已发行普通股数为1000000000股,面值为每股0.10港元。集团的保荐人为汇丰投资银行亚洲有限公司。2000年6月30日在香港创业板上市。

【经营业绩】 本集团为香港银行及金融界的主要商业应用解决方案供应商,主要从事(1)开发、销售及令企业软件投入运作,(2)透过一间合资公司(本集团拥有其中37.5%权益及iBusiness Corporation的一间全资附属公司(其股东包括长江、和记黄埔有限公司、汇丰及恒生银行)拥有余下62.5%)经营应用系统服务供应商业务,(3)资讯科技顾问(包括提供电子商务解决方案)及订制应用系统开发,(4)系统综合及转售及保养资讯科技产品,所有均主要集中向银行及金融界提供解决方案。本集团亦於Net Fun Limited进行策略性投资(即10%的持股权益)。Net Fun Limited为一间拥有及经营提供网上互动游戏及网上互联网服务的多种语言入门网站。主要股东有:陈美珠女士等。

FLEXSYSTEM HOLDINGS LIMITED

【公司概况】 公司股票代码:8050。公司在开曼群岛注册成立。其已发行普通股数为600000000股,面值为每股0.10港元。集团的保荐人为唯高达融资有限公司,联席保荐人为德勤企业财务顾问有限公司。2000年7月24日在香港创业板上市。

【经营业绩】 该集团主要从事开发及销售软件产品及提供应用软件服务。主要股东有:SomaFlex Holdings Inc等。

Greencool Technology Holdings Limited

【公司概况】 公司股票代码:8056。公司在开曼群岛注册成立。其已发行普通股数为1000000000股,面值为每股0.10港元。集团的保荐人为霸菱亚洲有限公司和渣打银行。2000年7月13日在香港创业板上市。

【经营业绩】 该集团的业务主要是替换氯氟化碳(CFC)制冷剂及若干能源效益较低无CFC制冷剂。该集团采用格林柯尔制冷剂为制冷及空调系统中的制冷剂进行替换工程,该集团亦在中国分销格林柯尔制冷剂。主要股东有:Greencool Capital Limited等。

AcrossAsia Multimedia Limited

【公司概况】 公司股票代码:8061。公司在开曼群岛注册成立。其已发行普通股数为5064615385股,面值为每股0.10港元。集团的保荐人为法国国家巴黎百富勤融资有限公司。2000年7月13日在香港创业板上市。

【经营业绩】 该集团提供宽频接入、内容、电子商贸、资讯科技服务及互联网方案供应及其他数据通讯服务予亚洲的最终用户。主要股东有:Cyport Limited/Lippo Cayman Limited/Lanius Limited等。

汇科数码制造控股有限公司

【公司概况】 公司股票代码:8068。公司在开曼群岛注册成立。其已发行普通股数为200000000股,面值为每股0.10港元。集团的保荐人为亚洲融资有限公司,联席保荐人为时富融资有限公司。2000年5月18日在香港创业板上市。

【经营业绩】 该集团为一家投资控股公司,而其附属公司从事设计、制造及买卖模具及塑胶产品。主要股东有:Diamonds and Pearls Limited、Joyful Way Holdings Limited等。

北京同仁堂科技发展股份有限公司

【公司概况】 公司是2000年3月22日由同仁堂股份以主发起人身份,将其属下的制药二厂、中药提炼厂、进出口分公司和研发中心四部分,联合集团公司及六位自然人等七家发起人共同组建成立的一间中药科技企业。公司将致力于传统中药现代化,改进现有传统中药产品并进行天然药物的开发,逐步实现中药现代化、国际化,拓展营销网络,推动现代中药进入国际医药主流市场。公司具备强大的科技开发能力,具备先进、完备的仪器设备及精干科研人才。技术开发中心人员在以往的十余年中已参与开发各类主要新产品逾十二种,具备丰富的研究开发经验。其产品和同仁堂股份之产品出口销往18个国家和地区。

【经营业绩】公司现时主要从事医药技术开发、技术咨询、制造及销售中成药、生物制剂。除继续发展现有业务外,公司还将于中医药业方面发展电子商务。公司主要销售产品的制剂类别为:冲剂、水蜜丸剂、片剂及软胶囊剂,主要销售产品有感冒清热冲剂、六味地黄丸、牛黄解毒片、板蓝根冲剂等。公司共有11个生产车间,有生产批准文号的中成药产品275种,其中有38种产品出口,主要销往东南亚、澳洲、北美等地区。公司主要产品以集团公司拥有的'同仁堂'商标作推广及销售,同仁堂牌匾已有331年的历史,'同仁堂'商标被评为中国驰名商标。截至1999年12月31日销售收入30806万元,实现净利润3826万元。

公司业务目标是:产品现代化、剂型多样化、质量国际化、工艺工程化、生产规范化、经营规模化。公司未来业务计划1、增加生产能力及建设生产基地;2、提升研究及开发力量;3、拓展市场推广、建立销售网络及电子商务;4、建设中药材原料种植基地。

公司本次在香港创业板上市事宜 同仁堂科技公司H股股票于2000年10月31日在香港创业板挂牌上市,保荐人为中银国际有限公司。此次同仁堂科技公司股票在香港以配售方式发行,每股定价3.28港元,发行7280万股,获得超过20倍的认购,募集资金超过2亿港币,取得不俗反响。

熊猫—Recruit有限公司

【公司概况】 公司股票代码:8073。公司在开曼群岛注册成立。其已发行普通股数为1125000000股,面值为每股0.05港元。集团的保荐人为霸菱亚洲有限公司。2000年7月20日在香港创业板上市。公司董事局主席:罗嘉瑞博士。

【经营业绩】 本集团乃香港主要招聘广告媒体经营商之一,为求职者及招聘广告客户提供由印刷媒体支援之互联网服务方案。1992年7月开业时,本集团是香港首间为求职者提供於香港多处地点定期免费派发之招聘广告刊物的广告媒体经营商。本集团经营一个名为pandaplanet.com之中英文互联网站,为求职者及招聘广告客户提供一站式个人化服务。本集团亦出版两份名为'Recruit'及'Central'之招聘广告及自我提升刊物。主要股东有:周融先生及陈仪芬女士、纪信投资有限公司、Publi Promotion Network Asia Holdings Limited、JC Decaux Pearl & Dean Limited等。

亚洲钢铁电子交易所有限公司

【公司概况】 公司股票代码:8080。公司在百慕达注册成立。其已发行普通股数为1454500000股,面值为每股0.10港元。集团的保荐人为法国巴黎百富勤融资有限公司。2000年4月20日在香港创业板上市。

【经营业绩】 本公司及其附属公司主要为钢材供应链内之参与者提供贸易及其他增值服务。ISteelAsia.com网站提供互联网平台,为买家采购钢材产品及卖价出售钢材产品提供另一个渠道,并于网上提供钢材业之资料及一系列增值服务,例如保险及贸易融资。主要股东有:Van Shung Chong (B.V.I) Limited、TN Development Limited、Grand Bridge Enterprises Limited、Huge Top Industrial Ltd.等。

骏科网络讯息有限公司

【公司概况】 公司股票代码:8081。公司在开曼群岛注册成立。其已发行普通股数为200000000股,面值为每股0.10港元。集团的保荐人为唯高达融资有限公司。2000年6月19日在香港创业板上市。

【经营业绩】 主要在中华人民共和国从事研究、开发及销售银行业组合软件产品,提供软件相关顾问及技术支援服务及系统集成服务。主要股东有:Anstalt Pacific、CL Investments、CLSH及Brilliant Time等。

矽感科技控股有限公司

【公司概况】 公司股票代码:8083。公司在百慕达注册成立。其已发行普通股数为888129280股,面值为每股0.10港元。集团的保荐人为法国巴黎百富勤融资有限公司。2000年4月14日在香港创业板上市。

【经营业绩】 本集团主要从事设计、研究、开发、制造及分销光学影像器材及相关部件,包括互补金属氧化物半导体感应器芯片、光学影像模组及扫描器。本集团最新产品TravelScan手提扫描器,结合了本集团所开发的多种科技,并充分体现了董事对本集团发展的远见:即於数码资讯时代要求简易、便携及互通的境界。主要股东有:Maton Fund I L.P.、利通创业投资股份有限公司等。

易宝有限公司

【公司概况】 公司股票代码:8086。公司在开曼群岛注册成立。其已发行普通股数为920000000股,面值为每股0.10港元。集团的保荐人为京华山一企业融资有限公司。2000年8月2日在香港创业板上市。

【经营业绩】 该集团主要业务为开发及应用支援电子商贸的软件产品,及提供系统集成与资讯科技相关服务。主要股东有:Comlink Resources Ltd.等。

Techpacific.com Limited

【公司概况】 公司股票代码:8088。公司在开曼群岛注册成立。其已发行普通股数为2399677245股,面值为每股0.001美元。集团的保荐人为法国巴黎百富勤融资有限公司。2000年4月17日在香港创业板上市。

【经营业绩】 亚科网为亚洲科技业内主要商业对商业兼以互联网业务为本之公司,其主要业务为促进亚洲之初创及尚未发展成熟之科技公司之发展,并为亚洲科技公司安排融资。本公司主要透过五种相互紧扣之项目拓展上述业务,包括为尚未发展成熟之公司提供'Toolbox'服务、M立方计划、栽培新公司、企业融资咨询服务及科技企业资本管理活动。主要股东有:Ilyas Tariq Khan等。

宝讯科技控股有限公司

【公司概况】 公司股票代码:8089。公司在百慕达注册成立。其已发行普通股数为232000000股,面值为每股0.10港元。集团的保荐人为太平洋企业融资有限公司。2000年5月18日在香港创业板上市。

【经营业绩】 该集团为增值电讯解决方案及电脑电话解决方案之供应商。其主要业务为设计、开发及销售侧重于商业应用之增值电讯产品及电脑电话产品。本集团之电讯产品以电讯网络商及服务供应商为目标用户,而其电脑电话产品则主要以不同行业之公司客户为推广对象。主要股东有:曾志谦先生、刘剑秋先生、刘启信先生等。

北京北大青鸟环宇科技股份有限公司

【公司概况】 公司股票代码:8095。公司在中华人民共和国注册成立。其已发行普通股数为70000000股,已发行H股数为24000000股,已发行H股面值为每股1.00港元。集团的保荐人为大福融资有限公司。2000年7月27日在香港创业板上市。

【经营业绩】 本公司乃全中国首屈一指的软件发展商及集成电路设计商之一,拥有发展嵌入式系统产品之软件应用及设计集成电路的专业技术。本公司亦从事设计、制造、市场推广、分销及销售由本公司研发的五种嵌入式系统产品,分别为ASIC、网络安全产品、聪明咭应用系统、GPS应用系统、无线火灾警报系统等。本公司亦为客户提供安全解决方案,透过应用现有嵌入式系统产品,切合各客户的特定需求。主要股东有:北京大学、北京市北大青岛软件系统公司、致胜资产有限公司等。

恒科创业有限公司

【公司概况】 公司股票代码:8097。公司在开曼群岛注册成立。其已发行普通股数为720000000股,面值为每股0.10港元。集团的保荐人为工商东亚融资有限公司。2000年8月16日在香港创业板上市。

【经营业绩】 该集团为一家独立供应商,专为广泛系列3C产品(通讯产品,消费者电子产品及电脑周边设备)提供半导体应用的解决及创新方案。本集团利用其半导体专才，产品系统知识及其广泛 TP 设计库的组合，按客户的规格及产品意念提供嵌入式软件方案。本集团亦透过其专才，产品意念及创新著手改革及实践其本身产品意念及发展其智慧型电子装置的整套可装置方案。主要股东有：蔡兆清先生等。

上海复旦微电子股份有限公司

【公司概况】 公司股票代码：8102。公司在开曼群岛注册成立。其已发行普通股数为 375000000 股，已发行 H 股数为 125000000 股，H 股面值为每股 0.10 元人民币。集团的保荐人为中银国际亚洲有限公司。2000 年 8 月 4 日在香港创业板上市。

【经营业绩】 该集团乃一家以中国为基地，在中国闻名的应用专门集成电路设计及系统集成公司，主要从事设计及销售工业应用 IC。目前，该公司产品包括通信产品、聪明卡、摩托车电子产品、电力电子产品及消费电子产品的 IC。公司与复旦大学关系密切，在宝贵研究资源及计算机与电子工程年轻专材方面获益。主要股东有：职工持股会、上海复旦高科技公司、上海商业投资公司等。

讯泰科技（控股）有限公司

【公司概况】 公司股票代码：8103。公司在开曼群岛注册成立。其已发行普通股数为 1036375000 股，面值为每股 0.10 元人民币。集团的保荐人为京华山一企业融资有限公司。2000 年 9 月 8 日在香港创业板上市。

【经营业绩】 本公司为互联网技术供应商，从事设计、开发及制作互联网软件解决方案，以及向采用及改善互联网及电子商业应用的商业机构及政府机构提供资讯科技顾问及电子商业创新服务。主要股东有：Trouble Free Technology Limited 等。

盛创企业系统有限公司

【公司概况】 公司股票代码：8108。公司在百慕达注册成立。其已发行普通股数为 400000000 股，面值为每股 0.10 港元。集团的保荐人为东英亚洲有限公司。2000 年 7 月 14 日在香港创业板上市。

【经营业绩】 该集团乃香港之电脑软件及服务供应商，并已发展成为先进 ERP 软件套装之主要研发及供应商，透过以给予特许使用权方式以本身品牌 'Grandmass' 及 'OMS' 为香港工业界客户提供产品。主要股东有：Enterprise Logistics Limited 等。

Neolink Cyber Technology (Holdings) Limited

【公司概况】 公司股票代码：8116。公司在开曼群岛注册成立。其已发行普通股数为 560000000 股，面值为每股 0.10 港元。集团的保荐人为新加坡发展亚洲融资有限公司，联席保荐人为中国光大融资有限公司。2000 年 7 月 25 日在香港创业板上市。

【经营业绩】 本集团乃电讯方案供应商，具备研究与开发、设备生产、软件开发、系统集成及资讯供应之能力。现时，本集团将本身资源调配往以下三大范畴：於中国提供与电话信息服务有关之技术服务；於中国从事无线电集群系统集成；於中国提供互联网方案及有关之技术服务。主要股东有：Infonet Group Co.，Ltd. 等。

Hkcyber. com (holdings) Limited

【公司概况】 公司股票代码：8118。公司在开曼群岛注册成立。其已发行普通股数为 1250000000 股，面值为每股 0.05 港元。集团的保荐人为元大证券（香港）有限公司。2000 年 7 月 25 日在香港创业板上市。

【经营业绩】 本集团为中文内容提供者。透过本集团之 hkcyber. com 及 hkcyberyouth. com 中文网站，本集团提供最新新闻、最新财经消息、运程预测、赛马资讯、消闲活动、娱乐消息及体育消息。本集团亦为平台提供者，提供一系列社群服务（例如聊天室及留言板）。主要股东有：君达有限公司、Greatgo Holdings Limited、Hanny Magnetics (B. V. I) Limited 等。

第十编

非上市股份公司

非上市股份公司

江西昌河汽车股份有限公司

【公司概况】 公司于1999年11月22日成立，1999年底总股本3亿股，其中国有法人股26385.93万股，社会法人股3614.07万股，主要股东有昌河飞机工业(集团)有限责任公司、合肥昌河汽车有限责任公司、哈尔滨东安汽车动力股份有限公司、中国民用飞机开发公司、中国航空工业供销总公司、安徽江南机械股份有限公司，公司董事长：杨金槐，总经理：苏青林。

【经营业绩】 公司经营范围：微型汽车系列车型、经济型乘用车(整车)设计开发、制造、销售、售后服务；相关项目的开发、咨询、服务。1999年底已完成了机构设立、人员独立、资产变更、财务独立等筹建和改制工作，制定了各项内部管理制度，基本实现了科学管理和规范运作，运行状况良好，主要关联企业有昌飞集团公司、合昌公司、昌铃公司、九昌公司。公司自成立至1999年末的一个月时间里，其生产昌河牌微型汽车11452辆，销售10487辆，实现主营业务收入27331万元，主营业务利润1979万元，净利润796万元。

【财务状况】 公司1999年(含模拟报表)股东权益45143.84万元，每股收益0.29元，调整后每股净资产1.41元，净资产收益率19.67%。

江西三和电力股份有限公司

【公司概况】 1996年7月24日公司以发起方式设立，到1999年底，公司总股份14080万股。主要股东：江西省电力公司、江铃汽车集团公司、华中电力开发公司等。公司董事长：毛日峰，总经理：殷少彬。

【经营业绩】 公司经营范围：电力和热力建设、投资与经营，新技术产品开发、生产和销售，实业投资，百货、工业生产资料的供应和销售，生产服务，综合技术服务。目前，公司总装机容量97.5MW，拥有江西上犹江水力发电厂和江西洪门水力发电厂两个中型水电厂，是一个以水力发电为主的发电集团公司。公司上市后，首次募集资金将投向江西目前最大的水电厂—江西万安水力发电厂。主要关联企业：江西省电力公司。1999年底，主营业务收入10891万元，净利润1924万元，资产总额48133万元。

【财务状况】 公司1999年度股东权益16799万元，每股收益0.137元，净资产收益率11%。1999年分配方案：不分配。

广州市宏宇集团股份有限公司

【公司概况】 广州市宏宇集团股份有限公司成立于1994年7月，是由广州市宏宇集团有限公司实行集团公司股份制改组，以发起设立方式组建的股份有限公司。公司总股本为22702.8746万股，公司股东全部由自然人股东组成。经过多年的发展，公司形成了以房地产开发为龙头的多元化综合型企业集团。公司董事长：黄文仔，总经理：麦志强。

【经营业绩】 公司的经营范围为工业制造、房地产开发和物业发展等业务领域。在工业制造方面，主要生产加工装饰板，年生产能力为7万立方米，年销售额5亿多元人民币；公司房地产业的开发正稳步发展，目前正在广州海珠区开发占地面积近2万平方米的"宏宇广场"商住楼项目及开发位于广州番禺大石镇占地面积1200亩，总建筑面积达120万平方米的"锦绣天河花园"高级住宅区。1999年度主营业务收入25210.5万元，税后利润5407.64万元，1999年底总资产为4.86055812亿元。

【财务状况】 公司1999年底股东权益为320704329.99元，股东权益比率为65.98%，全年每股收益0.24元，每股净资产1.41元，净资产收益为17.24%。

中金黄金股份有限公司

【公司概况】 中金黄金股份有限公司是于2000年6月22日由主发起人中国黄金总公司联合中信国安黄金有限责任公司、河南豫光金铅集团有限责任公司、西藏自治区矿业开发总公司、山东莱州黄金(集团)有限责任公司、天津天保控股有限公司和天津市宝银号贵金属有限公司等六家企业共同出资发起设立，并注册在天津港保税区的以黄金生产为主业的大型股份制企业。公司董事长：宋鑫，总经理：慕守宝。

【经营业绩】 公司总股本18000万股，员工总数3400人，在陕西、河北、山西和河南分别拥有三座金矿和一个全国最大的黄金冶炼厂，保有黄金地质储量40多吨，远景地质储量100多吨。公司经营宗旨是以市场和国家产业政策为导向，以人才为根本，以效益为中心，依靠科学的管理和先进的技术，积极参与国内外市场竞争，努力成为在国内外黄金企业中具有较强竞争力的综合型股份有限公司。公司的经营范围是：黄金等有色金属地质勘查、采选、冶炼；黄金生产的副产品加工、销售；黄金生产所需原材料、燃料、设备的仓储、销售；黄金生产技术的研究开发、咨询服务；国际贸易，保税仓储，商品展销。公司将通过在国内资本市场增发A股并加大资本运作力度，使生产规模和经济实力迅速扩张，不断拓展生存与发展空间，力争在五年内使公司总资产达到20亿元，净资产达到8亿元，年税后利润超过1亿元，为实现上述目标，公司发展战略将分为以下三个步骤：第一阶段，利用资源优势，立足主业，加快积累，争取尽快上市，为下一步发展奠定良好基础；第二阶段，充分依托资本市场，加大资本运营力度，参与国内黄金地质资源的开发，进一步壮大公司规模和竞争实力；第三阶段，积极稳妥地拓展经营领域，以控股、参股等方式向高科技产业和黄金产品深加工领域进军，并积极开拓国际矿业市场，以使公司成为在国内外黄金企业中具有较强实力的综合型股份有限公司，并成为我国黄金产业中龙头和支柱企业。

山东黄金矿业股份有限公司

【公司概况】 山东黄金矿业股份有限公司于2000年1月经

山东省人民政府批准成立。现有员工 2153 人,其中,具有大专以上学历的 210 人,具有中、高级职称的 180 人。拥有资产总额 3.39 亿元,所有者权益 1.55 亿元。公司法定代表人、董事长:张万青。

【经营业绩】 公司主要经营黄金开采、选冶,黄金矿山专用设备、建筑装饰材料的生产、销售。公司所属的新城金矿拥有国际先进水平的生产设备和工艺技术,设计采选生产能力 1250 吨/日,实际达到 1422 吨/日,1998 年黄金产量 2698.12 千克,1999 年完成 2942.99 千克,在全国同类黄金矿山中排名第一。选冶回收率达到世界先进水平,连续 3 年列入全国 500 家最佳经济效益企业,是全国黄金行业的排头兵。

佛山通宝股份有限公司

【公司概况】 佛山通宝股份有限公司是于 1993 年 3 月 13 日经广东省人民政府批准的中外合资股份制企业,国家重点高新技术企业和大型企业。本公司始建于 1966 年,是省级先进企业和国家二级企业,公司专业技术人员占公司总人数的 20%以上。董事长:招耀江。

【经营业绩】 公司主要产品有为电冰箱、冷柜、空调器、电饭锅、电子消毒柜、洗衣机等家用电器产品配套的各系列温度控制器。主要产品国内市场占有率一直保持在 40%以上,居国内同行业榜首,被誉为"中国温控器王国"。以"双箭牌"为商标的压力式温控器产品被省名牌产品认定委员会和省人民政府批准认定为广东省名牌产品,被原国家机械工业部认定为中国机械工业名牌产品。公司在行业中首家通过 ISO9001 质量保证体系认证,同时,公司产品还通过了美国 UL、德国 VDE、瑞典 SEMKO 和澳洲 SAA 认证,产品出口欧美、澳洲、日本、东南亚和台湾等地。公司的经营方针是"一业为主、多种经营、远近结合、全面发展",在重点发展主导产品—温控器的同时,开发电脑信息、电子元件、进出口贸易、房地产及物业投资等多种经营,使公司逐步成长为一个多功能的、集工商贸于一体的、集团式的经济实体。

海国投工业开发股份有限公司

【公司概况】 公司 1999 年底总股本 177,466,141 股,其中发起法人持股 101,966,141 股,其他法人持股 40,000,000 股,内部职工股 35,500,000 股。主要股东有海国投集团有限公司、海南港澳国际租赁公司、中山雄昌实业投资有限公司、海南海天国际经济开发公司、辽宁海佳实业发展公司。公司法定代表人、董事长:张静秀,副董事长兼总经理:赵新华。

【经营业绩】 1999 年公司加快芦荟产业开发步伐,丰富产品品种,初步建立全国销售网络。目前荟康全国销售网络已基本形成,全国共分七个大区办事处。配合总公司做好清产核资工作。加强物业管理。努力扩大招租面积,全年新增招租面积 8580.8 平方米。公司芦荟深加工项目已被批准列为海口市招商的重点项目之一。1999 年港澳国旅和南丰彩印坚持以提高经济效益为中心,广泛拓展业务,港澳国旅接待的游客比去年增长 38%,南丰彩印在海南印刷市场的声誉有明显好转,主要关联企业有海南港澳国际旅游有限公司、海南南丰彩印制品有限公司、海南国际企业发展有限公司、海口凌峰农业开发有限公司、海南荟康芦荟制品有限公司。公司主营业务收入 31,600,344.04 元,净利润-42,217,693.90 元,总资产 287,390,704.31 元。

【财务状况】 公司 1997 年底股东权益 174,373,516.35 元,每股收益-0.238 元,每股净资产 0.983 元,净资产收益率-24.21%。

广州宏城发展股份有限公司

【公司概况】 广州宏城发展股份有限公司是广州市城市建设开发集团有限公司控股的公司。成立于 1993 年 8 月 18 日,是广州市首家以定向募集方式设立的综合型股份制企业。公司注册资本为 8006 万元人民币。公司员工素质优良,全部员工均为大专以上学历,有工程师、经济师、会计师、统计师、律师等各类专业人才。公司秉承"高起点、高质量、高效益"的经营方针,充分利用自身优势,不断实施名牌产品发展战略,立足于房地产开发建设,积极开展多元化经营,取得了较好的经济效益和社会效益。法定代表人:欧兆禾。

【经营业绩】 公司经营范围为:房地产开发、物业租赁、建筑业高科技项目投资及进出口贸易等。作为房地产综合开发二级企业,公司至今已成功开发建设了二沙岛云影花园,并与广州市城市建设开发集团有限公司合作开发建设了天河名雅苑、黄石花园等小区。其中名雅苑小区荣获"全国城市小区建设试点优秀小区"等多种荣誉称号,受到国内外专家及客户的一致好评。目前,公司正开发建设天河荟雅苑、二沙岛宏城花园别墅、二沙岛度假别墅、宏城网球俱乐部等几个大型投资项目。公司土地储备丰富,在房地产发展方面潜力巨大,前景看好。除房地产业外,公司还结合自身发展需要,积极向多元化方向发展。先后成立了广州宏城汽车服务公司、广州宏城广告有限公司、广州宏城材料设备有限公司、广州市玫瑰园西餐酒廊四个子公司及广州天河宏城快餐娱乐有限责任公司。在广州天河黄金地段拥有宏城停车城、宏城商业广场等几个大型物业。

琼海万泉河温泉旅游开发股份有限公司

【公司概况】 公司 1999 年底总股本 13031.2 万股,其中发起法人持股 7760 万股,内部职工持股 2726.2 万股,非发起法人持股 2545 万股。主要股东有琼海市政府、海南赛格国际信托投资公司、海南新鼎实业公司、海南世达房地产开发公司、国泰君安证券股份有限公司、海口建海工贸公司。公司法定代表人、董事长:李建民,公司总经理:徐慕坚。

【经营业绩】 1999 年公司主要是面对现实做好如下工作:官塘温泉休闲中心各方面工作井然有序进行,获取了省市殊荣,市文明示范窗口单位,全年接待入住客人 43986 人次,住房率比上年提高 3.26 个百分点,成功接待了一批中央领导人。推出"六旬老翁得子汤"、"温泉蛋"富有官塘特色的养生系列和天然绿色芦荟系列饮品,使餐饮收入增加 16.43%。主要关联企业有官塘温泉休闲中心、琼海万泉河温泉旅游开发股份有限公司物业管理公司、官塘度假山庄、琼海万泉河温泉旅游开发股份有限公司农业开发分公司。公司主营业务收入 15,471,734.85 元,净利润-5,968,984.76 元,总资产 296,713,993.24 元。

【财务状况】 公司 1999 年底股东权益 173,274,022.56 元,每股收益-0.046 元,每股净资产 1.33 元,净资产收益率-3.44%。

海南南希实业股份有限公司

【公司概况】 公司1999年底总股本6000万股,其中发起法人持股3500万股,其他法人持股530万股,内部职工持股1200万股。主要股东有南希建设总公司、海口希亚公司、恒源信托投资公司、南亚工贸有限公司、海南京海房地产开发公司。公司董事长、法定代表人:常国民,总经理:郭荣。

【经营业绩】 公司一年来主要工作是处理公司历史上遗留的问题,也在寻求调整企业产业方向的机会,公司主营业务方面,由于海南房地产持续低迷,待建工程目前尚无资金启动,公司着力处理一些因待建工程而产生的经济纠纷,同时不断与市政府长堤路拆迁工程指挥部交涉,追回公司长堤路建设项目工程款。主要关联企业有广西北海南希房地产置业有限公司、北大南希生物工程公司。公司1999年底净利润-3,810,856.01元,总资产218,636,472.60元。

【财务状况】 公司1999年底股东权益86,607,079.10元,每股收益-0.064元,每股净资产1.44元,净资产收益率-4.4%。

海南国际租赁股份有限公司

【公司概况】 公司1999年底总股本6000万股,其中发起人持股2100万股,非发起人持股2820万股,内部职工持股1080万股。主要股东有海南国泰实业发展总公司、海南吴氏集团有限公司、海南省国际信托投资公司、中国海南国际经济技术合作公司、大庆恒昌经济开发公司。公司法定代表人、董事长:马勇。

【经营业绩】 公司的大口径预应力水泥管项目申请丹麦280万美元政府贷款已获国家计委、国家经贸部批准,正在加紧实施工作,为开发后续项目做准备工作。公司在本报告内无投资项目。当前存在的问题是:由于区域性房地产市场冷淡和后续资金的严重困难,公司前期投入大量资金的房地产项目停工至今。公司1999年底净利润-7,561,591.41元,总资产62,177,869.62元。

【财务状况】 公司1999年底股东权益23,051,733.14元,每股收益-0,055元,每股净资产0.329元,净资产收益率-16.73%。

亚龙湾开发股份有限公司

【公司概况】 公司1999年底总股本671,000,000股,其中发起法人股13,200万股,外资股34,100,其他法人股13,200,内部职工股6,600万股。其中主要股东有亚龙湾开发股份(香港)有限公司、三亚市国有资产管理公司、国泰证券有限公司、中国光大国际信托投资公司、海南省旅游总公司、海南省国际信托投资公司、海南省开发建设总公司。公司法定代表人、董事长:胡经纬。

【经营业绩】 1999年,公司一方面加强开拓以土地转让和景点、酒店经营并存的主营业务,经过主策划,组织安排,实施一系列应变措施,强化内部管理,积极审慎理财;争取优惠政策,改善投资环境;处理积压资产,盘活资产存量;加大促销力度,提高经济效益。另一方面,公司继续坚持不懈地推进"海洋主题公园"项目的筹备工作,力争通过申请项目贷款和发行新股上市等方式来筹措项目建设资金,并争取以其作为海南省的拳头产品推向旅游市场。公司1999年底主营业务收入98,215,464.28元,净利润1,490,453.71元,总资产1,131,120,832.63元。

【财务状况】 公司1999年底股东权益1,065,591,136.95元,每股收益0.002元,每股净资产1.59元,净资产收益率0.14%。

海南赛格实业股份有限公司

【公司概况】 公司1999年度总股本18,000股,其中发起人持股7,560股,非发起人持股6,840股,内部职工持股3,600股。主要股东有海南赛格国际信托投资公司、三亚中亚信托投资公司、海南世达房地产开发公司、海口建海工贸公司、北京鑫滨商贸发展总公司。公司法定代表人、董事长:李建民,总经理:郭金华。

【经营业绩】 1999年公司主要业务如下:1、加强管理工作,建立费用审核报销登记制度等。2、主要投资项目工作取得进展。经过反复交涉争取,长秀开发公司同意在道路占地问题上给予补偿部分土地;基本理顺了海威大厦项目与原合作方的产权、法律手续,并办理了土地证的过户,还对有关的三亚芒果园、临高角开发、杭州项目等问题作了积极的处理工作,但难度很大。3、公司本年度投资广东东莞204万元的纸浆模塑包装制品中生产线在年内已进入试生产阶段。主要关联企业有海口市旧机动车辆交易市场、东莞市新昆仑实业有限公司。公司1999年底主营业务收入5,050,000.00元,净利润-2,245,197.56,总资产482,114,193.59。

【财务状况】 公司1999年底股东权益182,268,887.07元,每股收益-0.0125元,每股净资产1.01元,每股净资产收益率-1,23%。

海南金轮实业股份有限公司

【公司概况】 公司1999年底总股本91,775,620.05股,其中发起法人持股54,656,220.05股,其他法人持股3,900,000.00股,内部职工持股33,219,400.00股。主要股东有联大集团有限公司、海南新特汽车技术公司、青海民委经济开发总公司、昆明银利公司、新疆商业公司。公司法人代表、董事长:吴晓梦,总经理:秦晓峰。

【经营业绩】 1999年,锦纶帘子布继续低迷,市场需求不旺,轮胎仍大量积压,造成帘子布销售不畅,价格持续下滑。锦纶66民用丝市场的供需相对比较平衡,价格相对稳定。公司根据实际情况,压缩了多余人员,压缩各种费用开支、开展设备的维护、保养、安全和节能降耗工作。公司认真开展清理,催收外欠货款和积压物资的盘库处理等工作。公司1999年底主营业务收入7,703,131.15元,净利润-45,023,325.96元,总资产277,774,095.48元。

【财务状况】 公司1999年底股东权益-666,991,256.53元,每股收益-0.49元,每股净资产-7.27元。

海南清澜实业股份有限公司

【公司概况】 公司1999年底总股本59,385,000.00股 ,其中发起法人持股53,050,000.00股,其他法人持股4,000,

000.00 股，个人持股 2，335，000.00 股。主要股东有文昌市清澜开发总公司、海南发展银行海口分行、文昌市房地产投资开发公司、文昌市清澜经济开发区管理委员会。公司法定代表人、董事长兼总经理：黄循发。

【经营业绩】 在认真解决投资开发遗留问题的同时，继续致力于清澜土地成片开发，推动房地产销售。将闲置的清澜净水剂厂的资产进行处理，所得资金进行探索新的项目投资。投资一定资金正在开展典当合作业务，资金收益率高。长期产业逐步向信息产业倾斜，已投资海南亚之桥货运信息公司，开展全国货运信息网业务。并在海口设立物流中心，有大型的货运停车场，设有货运信息、吃、住以及一整套服务。主要关联企业有海南东海岸船务发展有限公司、海南东海岸旅游有限公司、文昌市清净水剂有限公司。公司 1999 年底主营业务收入 5，247，765.24 元，净利润－8，961，830.87 元，总资产 63，848，544.61 元。

【财务状况】 公司 1999 年底股东权益 54，851，065.87 元，每股收益－0，1509 元，每股净资产 0.9236 元，每股净资产收益率－16.34％。

海南航空旅业开发股份有限公司

【公司概况】 1999 年底总股本 53，172，925.00 股，其中发起人持股 19，773，625.00 股，其他法人持股 27，200，000.00 股，内部职工持股 6，199，300.00 股。主要股东有海口金穗实业发展公司、海南省琼山信用社联合社、农行海南省分行直属支行、海口明德实业有限公司、省建行海府支行、海南航空股份有限公司。公司法定代表人：文小超。

【经营业绩】 1999 年公司经营班子及时调整经营策略，对内加强管理，精简人员，压缩成本费用，使公司 99 年的管理费用较上年度降低 20％。减少各项支出 72 万元，另一方面，公司不畏困难积极培育主业，开拓市场。主要关联企业有海南航旅潜艇观光有限公司、海南定安航旅物业开发总公司、北京国丹机电设备发展有限公司。公司 1999 年底主营业务收入 1，578，996.00 元，净利润－1，668，812.84 元，总资产 59，119，268.48 元。

【财务状况】 公司 1999 年底股东权益 47，574，320.76 元，每股收益－0.03 元，每股净资产 0.89 元，每股净资产收益率－4％。

海南华山实业股份有限公司

【公司概况】 公司 1999 年底总股本 6000.00 万股，发起法人持股 4653.712 万股，募集法人持股 1196.288 万股，内部职工股 150.00 万股。主要股东有海南华山房地产开发总公司、建行陕西省信托投资公司、交通银行西安分行、陕西电视台经济发展公司、海南商业储运公司。公司法定代表人、董事长兼总经理：高文选。

【经营业绩】 公司及时转移经营方向到西安市场，目前几个项目的前期工作已完成。2、产业结构调整进入实施阶段，公司开发的高科技生化工程，主要项目已通过海南省各主管部门的评审，上报到国家主管部门评审，其它几种专利产品，也正在申报之中。努力盘活积压房地产：投入到华山大厦的股本金，在全力促进销售的同时，拓展多种经营渠道，以联营、租赁等方式经营创益。对石山以及海甸岛的土地，采取定向开发，多方筹资。公司 1999 年底净利润－641263.37 元，总资产 63，336，905.07 元。

【财务状况】 公司 1999 年底股东权益 56，950，066.33 元，每股收益－0，01 元，每股净资产 0.95 元，每股净资产收益率－1.00％。

海南中海联置业股份有限公司

【公司概况】 公司 1999 年底总股本 135，068，700 股，其中发起人持股 37，800，000 股，其他法人持股 78，400，000 股，内部职工持股 18，868，700 股。主要股东有海南金鑫实业有限公司、中国房地产集团海南公司、交通银行海南分行、海南德海房地产开发有限公司、海南天龙房地产开发有限公司。公司法定代表人、董事长与总经理：韩志刚。

【经营业绩】 公司 1999 年的主要工作仍然是清理多年遗留的经济案件诉讼，在开发实业项目方面，涪陵华粹食品有限公司榨菜项目已正式生产一年。在生产工艺上、产品质量上作出了不懈的努力，现已正式得到国家质量认证中心批准认可，并颁发了证书，产品质量已达到国际标准。同时还申请了国家绿色食品标志，已报国家农业部审批之中。主要关联企业有重庆涪陵华粹食品有限公司、烟台中海联置业有限公司、中海联恒兴（屯昌）实业开发公司。公司 1999 年主营业务收入 621，032.50 元，净利润－4，755，067.05 元，总资产 110，185，774.62 元。

【财务状况】 公司 1999 年底股东权益 105，425，027.06 元，每股净资产 0.75 元，每股收益－0.027 元，每股净资产收益率－4％。

海南京润实业股份有限公司

【公司概况】 公司 1999 年底总股本 8000 万股，其中发起法人持股 3625 万股，非发起法人持股 4375 万股。主要股东有中国长城工业总公司、海南京润实业投资公司、中国华融资产管理公司、中国原子能工业公司、中国船舶重工集团公司。公司法定代表人、董事长：杨家思，总经理：周树立。

【经营业绩】 1998 年投资兴建的珍珠系列保健品项目和三亚京润珍珠文化馆项目，实现了当年投资建设，当年获得收入京润珍珠保健品已开发出四个系列二十种产品，产品销售十分旺盛。三亚京润珍珠文化馆自开馆以来主要针对海南旅游市场，销售珍珠及保健品系列产品，99 年共接待旅游团人数近 50 万人次。99 年公司在三亚市羊栏镇投资兴建了三亚京润水晶文化展示中心。该项目占地面积 36 亩建筑面积 4460 平方米，总投资近 2500 万元，并于 99 年 12 月 30 日正式对外营业。山东荣成京润石材有限公司继续保持健康稳定的发展。98 年，公司成功地承揽了北京地铁部分用料及济南泉城广场等一批重点工程项目的产品供应；同时，注册商标“京润红”系列产品 1 号、2 号、7 号、8 号在全国石材行业评先中均被列为名特产品，其它产品也均达到或超过部颁标准。海南京润国际旅行社实行了全员风险目标责任经营。98 年管理费用比上年同期下降 40％，接待游客比上年增长 5％，实现了自收自支，收支平衡的目标。主要关联企业有海南京润珍珠有限公司、海南京润国际旅行社、海南京润珍珠保健品有限公司、三亚京润珍珠文化馆公司、上海京润珍珠有限公司、沈阳京润东北有限公司、三亚京润水晶文化展示中心、北京兆润经贸发展有限责任公司。公司 1999 年底主营业务收入 45，138，605.33 元，净利润 8，081，854.17 元，总资产 197，354，010.33 元。

【财务状况】 公司1999年底股东权益94,147,583.60元,每股净资产1.17元,每股收益0.10元,每股净资产率8.58%。

海南太平洋实业股份有限公司

【公司概况】 公司1999年总股本367,200,264股,其中发起人持股239,022,498股,其它法人持股126,266,566股,个人持股1,911,200股。主要股东有中国化工进出口总公司、亚太国际石油有限公司、三亚凤凰国际机场总公司、中国航空油料总公司、舟山兴达石油化工有限公司、中国天然气总公司地球物理勘探局。公司法定代表人、董事长:刘玉琦,总经理:张翊洲。

【经营业绩】 主要业务为三亚凤凰国际机场提供油料。1999年底在公司经营班子领导下,强化管理,抓好员工队伍素质建设,提高经营意识,拓宽市场渠道,在三亚机场航班少、加油量小的情况下,精心运作挖潜,经济效益有所提高。公司全年累计实现销售收入5094.64万元,较上年同期增长38.39%,实现利润52.50万元。公司1999年底主营业务收入45,248,075.36元,净利润524,977.00元,总资产402,779,219.70元。

【财务状况】 公司1999年底股东权益342,781,991.65元,每股净资产0.09335元,每股收益0.00143元,每股净资产收益率0.1584%。

海南和平实业股份有限公司

【公司概况】 公司1999年底总股本33,632.45万股,其中发起人持股8,460.00万股,其他法人持股19,250.00万股,内部职工持股5,922.45万股。主要股东有中国和平利用军工技术协会、中国航空技术进出口总公司、中国航空供销总公司、中国中原对外工程公司、中国核工业总公司。公司法定代表及董事长:崔玉润,总裁:费立业。

【经营业绩】 一九九九年公司根据股东大会、董事会确定的工作方针,以清理整顿为重点,力求摸清家底,查清问题,总结经验教训,处理好遗留问题。配合海南省审计厅对公司财务进行了全面审计,并根据海南省审计厅作出的审计决定和提出的审计意见,结合公司实际情况,进行了相关的帐务处理。加强管理,增收节支。主要关联企业有深圳和平实业有限公司、上海浦和实业有限公司、海南和平物业管理有限公司、海南三亚和平国际潜水旅游公司、海南和平卫星应用有限公司、海南和平绿色工程有限公司。公司1999年底主营业务收入3,305,021.95元,净利润-53,287,752.11元,总资产340,992,549.12元。

【财务状况】 公司1999年底股东权益257,112,090.76元,每股净资产0.76元,每股收益-0.16元,每股净资产收益率-20.73%。

海南金鼎实业发展股份有限公司

【公司概况】 公司1999年底总股本4433.7万股,其中发起人持股2661.1万股,其他法人持股1772.6万股。主要股东有海南农垦金鼎实业发展总公司、海南省国营桂林洋农场、中国农垦物资公司、海南省国营红光农场、海南国营黄岭农场。公司董事长:符孟彪,公司法定代表人、总经理:吴光明。

【经营业绩】 公司在房地产开发建设中完成金城苑项目A、B幢建设,当年销售达70%。为加强公司对二级企业的监管,99年公司对控股的有限责任公司及全资二级企业采取完善法人治理结构。做为公司调整产业结构的新项目——MEC项目,公司又增加40台MEC箱投入运营工作。金鼎大道在秀英区政府的支持与帮助下在99年底得以动工,现已实现南段开通。主要关联企业有海南金冠包装工贸有限公司、海南金鹏工贸有限公司、海南金垦机械制造有限公司、海南金实贸易有限公司、海口金鼎大厦。公司1999年底主营业务收入10,754,842.67元,净利润-5,670,145.55元,总资产145,634,286.66元。

【财务状况】 公司1999年底股东权益81,699,699.66元,每股净资产0.972元,每股收益-0.127元,每股净资产收益率-6.7%。

海南海胜实业股份有限公司

【公司概况】 公司1999年底总股本48,379,000.00股,其中发起法人持股45,902,472.09股,其他法人持股2,476,528.00股。主要股东有符传胜、海南海胜集团有限公司、海南省文昌企业(集团)投资公司、海南省文昌旅业发展有限公司、海南省文昌汽车厂、海南海菱汽车物资有限公司。公司法定代表人、董事长兼总经理:符传胜。

【经营业绩】 公司汽车配套车间工程的建设,实现了企业技术进步与产业升级,按计划有步骤地与有关合作单位商洽海胜大厦的合资建设事宜;并争取有关政府职能部门支持尽早开发月亮湾滨海旅游暨生态观光农业度假区项目等。先后与韩国、日本、荷兰,以及台湾、香港等国内外多家客商达成了多宗合资合作事项意向,研制开发能力实现质的飞跃,技术革新硕果累累。研制开发出海胜牌HKG502XZHY、HKC5020XZH两种型号厢式越野车,并通过了省级技术鉴定和国家级定型及强检试验,全面完成了新车型国家汽车目录工作,并已获国家批准。公司1999年底主营业务收入794,871.79元,净利润31,606.09元,总资产65,077,830.56元。

【财务状况】 公司1999年底股东权益39,150,898.89元,每股净资产0.8093元,每股收益0.0007元,每股净资产收益率0.0008%。

海南国际科技工业园股份有限公司

【公司概况】 公司1999年底总股本24,500万股,其中发起法人持股16,225万股,其他法人持股4,775万股,内部职工持股3,500万股。主要股东有海南高新技术产业开发公司、海南神鼎发展公司、国家科技部火炬高新技术产业开发中心、海南新产业投资有限公司、海南省高科技有限公司。公司法定代表人、董事长:刘须钦,总经理:萧易。

【经营业绩】 公司几个重点项目,显现了良好的发展势头。(1)海南天王国际制药有限公司1999年重点进行市场开拓和提升产品质量。1999下半年,产品销售增长势头明显,全国各地建立的销售办事处由1998年48个增加到55个,全国各省市一级重点医院都进入了公司的产品。产品质量显著提升,产品精制收得率提高到每批86.4%,产品合格率达到100%。企业已通过省级和国家级GMP达标认证。1999年度,该公司实现产值2834.1万元,上缴税金127.4万元,全年实现利润120.3万元,销售资金回笼率达90.8%。(2)海南华翠棕榈园有限公司已在园内建立了40亩棕榈植物引种试种试验站，已先后引进106个品种35万粒种子，并于1998年度开始选育种试验研究，现已获85个品种的棕榈苗25万株。1999年7月，在园内建成的190平方米棕榈生物试验室正式投入使用。九九年度进行组培快繁研究的高档棕榈品种已达15个并成功获得了两个棕榈品种的组培苗。目前，北大试验室对以上组培突破品种实施了转基因并获得成功，(3)华龙皇家陵园1999年投资420万元，基本完成陵园基础设施建设。(4)国科园实验学校已初步完成了现代化程度较高的学校硬件建设，累计完成投资1.3亿元，占地108亩，建筑面积6万平方米。目前学校共开设从幼儿园、小学到高中共72个教学班，在校学生2556人，教职员工416人(其中教师218人)。(5)海南国科兆信防伪科技有限公司已建成一座以大型计算机为支撑的中心数据库，在此基础上开通了查询中心205个，建立了省级地方公司30家。已有449家企业入网，入网产品519种。2、1999年引进了巨升农业有限公司、兴南集团公司、兆信印刷厂等十一家企业入园。以公司闲置土地100余亩入股国科兆信公司，为省创业服务中心提供厂房2000平方米。主要关联企业有海南国科兆信防伪科技有限公司、海南国际科技工业园发展有限公司、海南天地房地产公司、香港恒和国际有限公司、海南科华经济技术开发公司、海南国科园物业管理公司、海南华翠棕榈有限公司、海南国际科技工业园进出口公司。公司1999年主营业务收入826万元，净利润－2212万元，总资产37,534.00万元。

【财务状况】 公司1999年底股东权益17,221.00万元，每股净资产0.7029元，每股收益－0.0903元，每股净资产收益率－12.09%。

海南兴安实业股份有限公司

【公司概况】 公司1999年底总股本10000万股，其中发起人持股3667万股，其他法人持股5020万股，个人持股1313万股。主要股东有海南澄迈县亚珠实业有限公司、海南兴安建设总公司、胜利油田实业集团公司、海南国际信托投资有限公司、陕西汉中地区建行房地产开发总公司。公司董事长：杨梅，法定代表人及总经理：王龙。

【经营业绩】 公司的主要业务来自海南澄迈县亚珠园、广州天河高新技术产业开发公司及深圳胜南实业有限公司 。由于农产品价格的大幅下滑，原以热带农业为主导产业的亚珠庄园的水果收入也大幅下降，致使公司今年度的主营收入比去年同期也大大降低，减少了46%，同时利润也较去年同期减少66.03%。主要关联企业有广州天河高新产业开发公司、兴安(西安)物业发展有限公司、海南生物工程制品厂、儋州华昌水泥厂、北海兴安房地产物业有限公司、深圳胜南实业有限公司。公司1999年底主营业务收入37,964,107.16元，净利润6,013,168.33元，总资产224,170,223.60元。

【财务状况】 公司1999年底股东权益166,320,450.29元，每股净资产1.66元，每股收益0.06元，每股净资产6.01%。

海南兴绿洲实业股份有限公司

【公司概况】 公司1999年底总股本10,000万股，其中发起股3,530万股，其它法人股6,270万股，内部职工股200万股。主要股东有洋浦华美实业有限公司、海南华美房地产有限公司、海南省工商银行、罗宾纳国际控股公司、海南大昌实业有限公司。公司法定代表人：董立坤。

【经营业绩】 1999年公司经营困难，周转资金短缺。海南兴绿洲无公害农产品直销连锁网络配送中心项目、洋浦石化项目、三亚医疗康保中心项目等均处于缓建、暂搁置状况。公司顺应国家西部大开发的政策导向，通过有关控股子公司积极在重庆等地寻求发展机遇，以期早日摆脱困境。主要关联企业有卫生部海南康复保健疗养中心、三亚兴绿洲资产管理有限公司、北京鑫磊矿业咨询有限公司、洋浦大南海石化有限公司、琼山新市区发展有限公司。公司1999年净利润－2,150,437.21元，总资产203,747,279.97元。

【财务状况】 公司1999年底股东权益131,622,834.02元，每股净资产1.32元，每股收益－0.022元，每股净资产收益率－1.67%。

海南神龙股份有限公司

【公司概况】 公司1999年底总股本6115.97万股，其中发起人持股3979万股，其它法人持股2095.72万股，内部职工股41.25万股。主要股东有中国乡镇企业投资开发有限公司、国泰证券有限公司、贵州赤天化集团有限公司、珠海人寿保险股份有限公司、海南省农垦总公司。公司法定代表人、董事长：楼申光。

【经营业绩】 公司整顿营销市场体系，强化基础管理，1999年产量同比1998年有较大幅度好 ，货款100%回收，在稳步发展的基础上建立新的销售模式。公司与北京林业大学生化所、海南农科院土肥所、海南热作两院等进行科研开发研制出橡胶专用肥、果树专用肥、腐殖酸生态肥等系列新产品。技术转让工作见成效，已成功技术转让2家，意向的国内有8家，境外2家。清理债务工作取得一定的效果，海南兴海租赁、四川向阳股份有限公司与公司达成了三方还款协议。主要关联企业有海南神龙氨基酸肥料有限公司、昆山金桥实业股份有限公司、上海利通商务有限公司。公司1999年底主营业务收入1,422,512.83元，净利润－4,427,790.61元，总资产84,321,366.40元。

【财务状况】 公司1999年底股东权益52,836,111.16元，每股净资产0.864元，每股收益－0.072元，每股净资产收益率－8.38%。

三亚东方旅业股份有限公司

【公司概况】 公司1999年底总股本18000万股，其中法人股15000万股，个人股3000万股，主要股东有香港隆地企业有限公司、海南农垦系统、浙江吉利集团。公司董事长及法人代表：林玉权，公司总经理：喻霖康。

【经营业绩】 1999年，本司全资属下企业三亚东方大酒店在三亚市旅游行业的激烈竞争中争得了一席之地。全年接待客人达11.5万人次。开房率达63.78%，比1998年提高20.8%。由于酒店较好地控制了内部营业成本。因此，财务成本比1998年减亏了近300万元。同时酒店的优质服务也得到了社会的认可，全年共受到省、市政府及社会团体的10次奖励。公司1999年底主营业务收入15,470,882.62元，净利润－4,979,916.69元，总资产226,178,811.32元。

【财务状况】 公司1999年底股东权益180,000,000.00元，每股净资产1.08元，每股收益－0.05元，每股净资产收益率

－0.04％。

海南新峰实业股份有限公司

【公司概况】 公司1999年底总股本3000万股，其中发起人持股2000万股，其他法人股700万股，个人持股(内部职工股)300万股。主要股东有海南新天实业开发公司、中国工商银行海口市分行、香港嘉和集团、海南港澳国际信托投资公司、海南省中岛集团房地产开发公司。公司法定代表人、董事长：樊友斌。

【经营业绩】 1999年底公司主要开展了以下几项工作：继续筹建农业基地，在1998基础上取得了一定的进展，已初具规模。调整公司人员结构，积极追讨应收帐款，在法院配合下已取得了一定成效。继续减员增效，强化内部管理，开拓新的投资环境。主要关联企业有武汉新峰汽车公司、海南新峰高科技开发公司。公司1999年底主营业务收入－320,791.64元，未分配利润－670,199.52元，总资产35,525,142.54元。

【财务状况】 公司1999年底股东权益29,329,800.38元，每股净资产0.978元，每股收益－0.022元，净资产收益率－1.8％。

海南国际奥林匹克股份有限公司

【公司概况】 公司1999年底总股本12,309万股，其中发起人持股6,500万股，非发起人持股4,405万股，内部职工持股1,404万股。主要股东有海南国际奥林匹克俱乐部、海口市房地产投资开发公司、北京华云实业股份有限公司、中建八局东海开发总公司、海南国华工贸发展公司。公司法定代表人、董事长兼总经理冯川建。

【经营业绩】 1999年度，公司进一步加强企业管理，积极寻求新的机会运作。射击中心经营收入仍是公司的主营业务收入。全年共接待海内外游客20余万人次。经营收入与效益均比上年有所提高。策划的落笔洞旅游项目已落实了部分规划用地。主要关联企业有三亚国际奥林匹克房地产开发公司、三亚国际奥林匹克射击娱乐中心、海南奥林匹克花园有限公司。公司1999年底主营业务收入5,795,006.20元，净利润－666,256.32元，总资产208,154,094.60元。

【财务状况】 公司1999年底股东权益114,800,900.98元，净资产0.93元，每股收益－0.0054元，净资产收益率－0.58％。

海南中商旅业股份有限公司

【公司概况】 公司1999年底总股本10,800万股，其中发起人持股6,150万股，其他法人持股2,850万股，内部职工持股1,800万股。主要股东有中行北京信托咨询公司、上海东申经济发展有限公司、翻斗乐娱乐有限公司、中国华新实业总公司、中国光大对外贸易总公司。公司法定代表人、董事长：郑鲁军，公司总经理：张树新。

【经营业绩】 本公司在房地产业、旅游业维持以前的业务，高科技领域业务进展较大。公司业务按1999年度股东大会批准的年度计划进行。主要关联企业有海南明阳和平旅业有限公司、海南浦琼实业发展有限公司。公司1999年主营业务收入8,701,490.89元，净利润－13,884245.59元，总资产363,069,908.53元。

【财务状况】 公司1999年底股东权益89,304,801.65元，每股净资产0.82元，每股收益－0.13元，净资产收益率－15.66％。

海南农业租赁股份有限公司

【公司概况】 公司1999年底总股本23,064万股，其中发起人持股10,261万股，其他法人股8,207万股，内部职工股4,596万。主要股东有珠海华裕达实业有限公司、长春长顺实业集团有限公司、海口金穗实业发展公司、海口农银开发投资股份公司、海南财政证券公司。公司法定代表人、董事长兼总经理：桑俊杰。

【经营业绩】 依照公司第四次股东大会关于吸收合并海南顺丰股份有限公司的决议，做好公司合并的各项工作：有针对性地对两公司进行全面性的资产评估工作；加强内部管理，完善管理机制；接触、筛选、引进高科技项目。1999年12月29日召开了公司第五次股东大会，顺利吸收合并了海南顺丰股份有限公司。合并的相关手续也相继办理。公司1999年净利润－16,946,015.23元，总资产363,742,877.13元。

【财务状况】 公司1999年底股东权益229,397,917.55元，每股净资产0.9945元，每股收益－0.0734元，净资产收益率－0.0738％。

汇视(海南)股份有限公司

【公司概况】 公司1999年底总股本3,825万股，其中发起法人股3,700万股，内部职工股125股。主要股东有北京电视台、天津电视台、辽宁电视台、河北电视台、广东电视台。公司法定代表人：钮祖印。

【经营业绩】 1999年底公司主要作了以下工作：向国内电视台提供精品电视节目，其中包括电视连续剧《天龙八部》、《姐妹》、《母亲》、《回头是爱》等。《有线60》节目自1999年1月1日起在国内一百余家有线电视台开始播出，其精彩丰富的节目内容为中国电视荧屏添上了亮丽一笔。公司1999年主营业务收入12,748,020.25元，净利润2,869,439.17元，总资产55,436,052.43元。

【财务状况】 公司1999年底股东权益43,024,375.33元，每股净资产1.13元，每股收益0.075元，净资产收益率6.87％。

海南银港实业股份有限公司

【公司概况】 公司1999年底总股本15,083.36万股，其中发起人持股7,583.36万股，其他法人持股4,483.40万股，内部职工持股3,016.60万股。主要股东有海南国际投资(海外)公司、海南省工行信托、北方工业海南公司、海口农银开发投资(股份)公司。公司法定代表、董事长：韩炜，公司总经理：李云龙。

【经营业绩】 公司经营班子在董事会的直接领导下，开展了证券投资业务，投资回报率达44％。公司下一步的工作重心，利用现有的厂房、土地，出租或合作，盘活资产，力求发展。公司1999年底净利润－498,962.05元，总资产129,275,849.07元。

【财务状况】 公司1999年底股东权益129,275,849.07元，每股净资产 0.51 元，每股收益－0.032 元，每股净资产收益率－6.36％。

海南和普实业股份有限公司

【公司概况】 公司 1999 年总股本 6,298.36 万股，其中发起法人持股 5,35500 万股，其他法人持股 545.00 万股，内部职工持股 398.36 万股。主要股东有海南中房商丘房地产综合开发公司、北京金鹏房地产开发公司、中国汽车贸易有限公司、海口阳信贸易华东公司、齐鲁石化齐华工贸集团总公司。公司法定代表人、董事长：李建奇。

【经营业绩】 1999 年由于主要股东已借入的资金因海发行关闭而冻结，以及有的股东原承诺的借款又因故未能足额到位等原因，使经营工作尚未起步，公司仍停留维持与清理阶段。主要关联企业有海南华基物业总公司、海南九州丝绸工业总公司、海南亚洲旅游总公司、海南万力建材总公司、宜昌三峡移民科技开发有限公司。公司 1999 年净利润－4,606,119.74 元，总资产 57,369,542.01 元。

【财务状况】 公司 1999 年底股东权益 45,223,990.24 元，每股净资产 0.7128 元，每股收益－0.0731 元，每股净资产收益率－10.18％。

海南国际招商股份有限公司

【公司概况】 公司 1999 年底总股本 5,750 万股，其中发起法人持股 1,500 万股，其它法人持股 3,300 万股，内部职工持股 950 万股。主要股东有海南华银国际信托投资公司、海南汇通国际信托投资公司、海南华大鸵鸟开发有限公司、中国兴南(集团)公司、深圳合众实业股份有限公司。公司董事长：李永清(代)，公司法定代表人、总经理：张学军。

【经营业绩】 公司在资产置换与债务重组方面取得重大进展。即：通过与海南省交行达成资产置换协议，用公司自有资产换回海南省交行拥有处置权的亚洲大厦在建项目；然后用该项目充抵了公司对沈阳银行信用社的全部负债。由此形成的重组收入为 1,660 万元。公司在清理积压房地产的同时，也开发一批适合本省特点的农业高科技项目。公司 1999 年底净利润 39,710.74 元，总资产 75,201,740.51 元。

【财务状况】 1999 年底股东权益 60,950,666.32 元，每股净资产 1.06 元，每股收益 0.00069 元，净资产收益率 0.065％。

海南兴源股份有限公司

【公司概况】 公司 1999 年底总股本 5000 万股，其中发起人持股 1769 万股，其它法人持股 1731 万股，社会公众股 1500 万股。主要股东有海南万恒投资有限公司、成都市煤气总公司、成都工商信托投资有限责任公司、中国烟草总公司四川省公司、中国五冶机电公司。公司法定代表人：于振涛。

【经营业绩】 公司转让成都国贸柳荫街 11.726 亩土地，收回资金 3860 万元。转让了长期效益不佳的福建浦城工程塑料有限公司的股权，收回资金 83 万元。转让了控股公司海南志诚电子工程有限公司的股权，收回了投资。主要关联企业有海南万恒投资有限公司、成都海南实业开发公司、海南成都企业集团(股份)有限公司成都房地产公司、北京万恒盛业信息系统有限公司、公司 1999 年底主营业务收入 73,090,466.22 元，净利润 9,421,421.03 元，总资产 104,310,674.00 元。

【财务状况】 公司 1999 年底股东权益 70,271,160.29 元，每股净资产 1.41 元，每股收益 0.188 元，每股净资产收益率 13.41％。

海南天涯海角股份有限公司

【公司概况】 公司 1999 年底总股本 101,775,000.00 股，其中发起人持股 28,750,000.00 股，其他法人持股 51,750,000.00 股，个人持股 21,275,000.00 股。主要股东有川良企业发展公司、中国电子工程建设总公司、湖北建丰房屋建设开发有限公司、海口康纳贸易有限公司、海南三友房地产有限公司。公司法定代表人：刘秀蓉。

【经营业绩】 1999 年公司方剑麻生产，深圳天涯海角花园小区开发和琼海豪华路建设都有了很大进展。1、公司出资 500 万元收购海南东方华成剑麻加工厂及 1500 亩剑麻种植基地已经完成。该厂加工能力为 125 吨/日，年可加工剑麻片 40000 吨。目前生产情况较为正常。2、深圳天涯海角花园小区为公司在深圳市龙华镇的房地产开发项目，总面积 40 亩，第一期开发 2700 平方米，建筑面积 6500 平方米的商住楼的土地使用，项目报建、设计施工等手续已基本完成，2000 年即可开工。采用银行按揭运作，销售前景比较良好。3、由于海南房地产市场一直疲软，琼海豪华路的基础设施扫尾工作未能完成。全年仅转让土地 11 宗，收入 80 余万。1999 年，先后用 6800 平方米土地换回近 400 万元的资金投入工程建设，解决了以土地抵工程款的遗留问题，并为施工单位转让这些土地完成了应缴纳的税费，施工单位较为满意。公司 1999 年主营业务收入 678.795 元，净利润 6,219.256 元，总资产 154,473.662 元。

【财务状况】 公司 1999 年底股东权益 101,772.000 元，每股净资产 1.22 元，每股收益 0.006 元。

海南大千实业股份有限公司

【公司概况】 公司 1999 年底总股本 7994.65 万股，其中发起人持股 7262.5 万股，其它人持股 490 万股，内部职工持股 242.15 万股。主要股东有四川合邦电力投资公司、三亚大千实业有限公司、三亚金得米房地产公司、海南民源现代农业、三亚华翔实业开发总公司。公司法定代表人、董事长：邹振。

【经营业绩】 海南房地产项目的债务纠纷及遗留问题基本得到完善处理。三亚月川大厦项目经法院调解协议正在积极的履行中。与海口南泓公司的遗留债务已全部清了。控股的乐山大千药业有限公司，股权关系已基本理顺主要关联企业有四川乐山大千药业有限公司，公司 1999 年底主营业务收入 7,641,258.91 元，净利润－9,812,139.30 元，总资产 137,577,773.82 元。

【财务状况】 公司 1999 年底股东权益 37,520,989.70 元，每股净资产 0.4697 元，每股收益－0.1228 元，净资产收益率－2.62％。

海南高目助商科技股份有限公司

【公司概况】 公司 1999 年底总股本 6000 万股，其中发起人持股 3530 万股，其它法人持股 1870 万股，内部职工持股 600

万股。主要股东有深圳市高目助商投资有限公司、中国运载火箭技术研究院、海南盛安经济合作有限公司、海南鹰蓝物业管理公司、海南天慈实业有限公司。

【经营业绩】 公司1999年投资1000万元人民币成立的海南五指山万亩花果园有限公司，土地租赁收入12万元，另外，茶园收入4万元，已并入公司合并报表。投资526.99万元人民币从事证券投资，获得116.27万元的投资收益，收回投资68.3万元，得到了预期的投资目的。公司投资筹建的全国性经济类信息网站中国飞网联盟以及飞网因特网吧，现在已经开始运营，并取得初步效益。已纳入年度母公司报表。公司与青海省人民政府及公安厅联合操作“IC”卡交通管理项目。主要关联企业有海南通什五指山万亩花果园有限公司、海南富华环境艺术工程公司。公司1999年底净利润47.21万元，总资产14,838万元。

【财务状况】 公司1999年底股东权益11,337.81万元，每股净资产1.8879元，每股收益0.0028元，净资产收益率0.15%。

海南高新农业投资股份有限公司

【公司概况】 公司1999年底总股本7,750.00万股，其中发起法人持股2,631.00万股，非发起法人持股4,500.00万股，内部职工持股619.00万股。主要股东有贵州兴业集团(中国)有限公司、海南银通国际产业发展有限公司、中国国际旅行社总社、中国工商银行河北省分行第二营业部、河北省金属材料总公司。公司法定代表人、董事长、总经理：刘远程。

【经营业绩】 1999年公司农业方面主要抓龙头项目菠萝浓缩汁的加工，产品销售非常困难。屯昌基地以养殖鳖和脆脘鱼为主，因特种养殖的产品市场需求有限，规模不易扩大，基地的资产还没有得到充分利用，关联项目位于海口市滨海大道的海南贵族游艇会经过一年多的管理探索和磨合，已基本树立起了酒店的良好形象。主要关联企业有海南海神现代农业发展有限公司、三亚海神度假村有限公司、洋浦海神贸易有限公司、洋浦新九州实业有限公司、海南国旅假日旅业有限公司。公司1999年底主营业务收入272,811.96元，净利润－6,494,706.69元，总资产77,281,865.74元。

【财务状况】 公司1999年底股东权益42,882,453.87元，每股净资产0.55元，每股收益－0.08元，净资产收益率－0.15%。

海南物业股份有限公司

【公司概况】 公司1999年底总股本13715.6万股，其中发起法人持股7295万股，非发起法人持股3905万股，内部职工持股2515.6万股。主要股东有海南省开发建设总公司、中海恒实业发展有限公司、天津开发区诚信实业公司、海南改革发展研究基金会、中国建设银行海南省分行住房城建支行。公司法定代表人：张铭新(董事长)，公司总裁：丁秀梅。

【经营业绩】 1999年公司实现主营业务收入1,656万元，比去年同期增长12%。北海金泽小区项目的土地，第二期转让60亩，回收资金227万元。以债权转股权方式，盘活青岛合作银行股权490.71万股。1999年偿还债务932.46万元。主要关联企业有北海金泽物业发展有限公司、海南奥斯罗克酒店有限公司、海南银强建筑设备有限公司、海南金业贸易实业联合公司、海南金翼国际有限公司、海南迪希商业城有限公司。公司1999年底主营业务收入1,656.05万元，净利润－560.92万元，总资产67,025.35万元。

【财务状况】 公司1999年底股东权益1,610.46万元，每股净资产0.117元，每股收益－0.041元，净资产收益率－34.8%。

海南华侨旅业股份有限公司

【公司概况】 公司1999年底总股本127,243,000.00股，发起人持股77,046,000.00股，其他法人股28,987,000.00股，内部职工持股21,210,000.00股。主要股东有海南省兴隆华侨农场、海南省侨办华人服务中心、海南八达化妆品有限公司、海南工商经济发展总公司、吉林省国际信托投资有限公司。公司法定代表人：黄炳松。

【经营业绩】 1999年底，公司加强规范化管理，不断完善各项规章制度，精简管理机构，强化监督机制。妥善处理历史遗留经济纠纷，盘活房地产开发项目。全力抓酒店经营促销，努力降低酒店经营成本，严格控制各项费用开支，达到公司全年预定的经营目标。主要关联企业有海南华侨宾馆、海南华侨富兴工贸发展公司、海南华侨置业儋州公司。公司1999年底主营业务收入7,689,248.55元，净利润－6,085,219.38元，总资产132,882,876.64元。

【财务状况】 公司1999年底股东权益97,590,958.84元，每股净资产0.77元，每股收益－0.05元，净资产收益率－6.2%。

海口泰华旅业股份有限公司

【公司概况】 公司1999年底总股本17,000万，发起人持股10,200万股，其他法人持股3,400万股，内部职工持股3,400万股。主要股东有海口市国有资产经营有限公司、海南发展银行海口分行、海南海达隆发展有限公司、深圳国际信托投资公司、海南港澳实业股份有限公司。公司董事长、法人代表：雷立，公司总经理：齐冰。

【经营业绩】 公司现有泰华酒店和泰华贸易公司两个下属企业，业务重点在泰华酒店。1999年公司下属酒店住房率达71.99%，比上年增长0.84%；每月节省人事费用8.7万元左右；燃油、水电、工程材料等费用比1998年降低近200万元取得了不小的成绩。完善了泰华娱乐中心的产权手续，使投资3200多万元的固定资产有了法律保障；在三亚投资的800多万元的土地资产即将以重新签订合同的方式得到保全。主要关联企业海口泰华酒店、海南泰华贸易有限公司。公司1999年底主营业务收入21,809,510.15元，净利润－9,126,530.76元，总资产194,881,552.96元。

【财务状况】 公司1999年底股东权益126,223,482.93元，每股净资产0.83元，每股收益－0.054元，每股净资产收益率－6.5%。

海南国际海运股份有限公司

【公司概况】 公司于1999年底总股本35,312,346.37股，其中发起法人持股31,810,346.37股，其他法人持股500,000.00股，内部职工持股3,002,000.00股。主要股东有国家股、海南科技风险投资有限公司、海南万通达集团有限公司。

公司法人代表、董事长：郑育泉。

【经营业绩】 1999年度在货物运价的持续下跌；加上公司的船舶逐年老化，船况较差；本年度修船较集中，修船成本较高；油料备件等价格上涨；给营运收入及利润带来较大影响。公司重视安全生产，实施ISM安全工作措施得力，顺利通过交通部九九年度SMS审核，并被交通部列入二十一世纪重点联系的国际海运企业。公司1999年底主营业务收入29,047,592.00元，净利润－28,914,468.89元，总资产157,821,201.97元。

【财务状况】 公司1999年底股东权益－117,125,146.57元，每股净资产－3.32元，每股收益－0,82元。

中国机械设备海南股份有限公司

【公司概况】 公司1999年总股本116,180,000股，其中法人持股115,340,577股，职工个人持股839,423股。主要股东有中国机构设备进出口总公司、中工信托投资公司、上海市机构设备进出口公司、江苏省机构设备进出口集团公司、广东省机构设备进出口集团公司。公司董事长：李树智，法人代表总经理：赵风茂。

【经营业绩】 1999年度公司开拓市场，克服困难积极开展了以下业务：在实业生产销售方面，以市场营销为龙头，挖潜降耗，压缩成本，开发新产品。在进出口业务方面，在巩固原有业务的同时，开拓新的业务，力争上规模上档次。在物业经营管理方面，提高服务质量，稳定客户，开拓客源，巩固出租率。主要关联企业有海南路达新型建筑材料有限公司、烟台路达新型建筑材料有限公司、南京金路达新型建筑材料有限公司、北京希迈克贸易有限公司、海南中机物业经营管理公司、海口保税区中机工贸有限公司、北京美路达新型建筑材料有限公司。公司1999年主营业务收入41,140,116.24元，净利润468,604.99元，总资产348,196,911.35元。

【财务状况】 公司1999年底股东权益275,431,545.03元，每股净资产2.37元，每股收益0.04元，净资产收益率0.17%。

海南深海(集团)股份有限公司

【公司概况】 公司1999年底总股本20,000万股，其中发起法人持股8,150股，其他法人持股11,524万股，内部职工持股326万股。主要股东有中国寰岛(集团)公司、深圳市经济协作发展公司、北京地鑫房地产开发有限公司、中国机床总公司、海口市房地产投资开发公司。公司法定代表人、董事长：王欣荣，总裁：沈建太。

【经营业绩】 公司努力保全土地所有权，进一步清理解决"深海城"土地开发过程中的遗留问题，继续加强对分支机构的管理。注册成立"海南绿海天草坪科技开发有限公司。"积极清理债权、债务关系，及时保护公司资产。主要关联企业有海南深海自驾旅游租车公司、湖北深海防火建材市场发展公司、海南绿海天草坪科技开发公司、海南深海期货经纪有限公司、深圳寰宸实业股份有限公司。公司1999年底主营业务收入3,055,816.60元，净利润－26,791,244.66元，总资产373,495,249.16元。

【财务状况】 公司1999年底股东权益115,068,973.78元，每股净资产0.58元，每股收益－0,134元，净资产收益率－23.28%。

海南万国商城股份有限公司

【公司概况】 公司1999年底总股本10,000.00万股，其中发起人持股3,640.00万股，其他法人持股4,925.50万股，个人持股1,434.50万股。主要股东有海口乾元旅游实业开发公司、海南省供销发展总公司、海南能源股份有限公司、海南万国贸易博览中心、海南省生产资料公司。公司法定代表、董事长：谢宗林，公司总经理：张友波。

【经营业绩】 1999年，公司主要做了以下几项工作：继续抓好公司股份制重新登记工作，完成了重新登记工作。全力盘活现有资产——万博大厦。依法彻底清理了原大厦客户与大厦的法律关系，妥善处置了原客户的遗留 和扣压物资，使大厦处于可租状态；解决了原大厦业主拖欠的巨额电费问题；广泛寻找客户，最终将大厦整体出租，盘活了大厦。继续向琼能源追讨债务，与琼能源签定了变更偿还方式的协议，追回诉论费30万元。公司1999年底主营业务收入59,500.00元，净利润－1,273,377.46元，总资产100,349,766.55元。

【财务状况】 公司1999年股东权益97,453,266.55元，每股净资产0.97元，每股收益－0.013元，净资产收益率－1,31%。

海南置地现代农业发展股份有限公司

【公司概况】 公司1999年总股本70,000,000股，其中发起人持股33,340,000股，其他法人持股36,600,000股。主要股东有置地集团有限公司、置地集团上海有限公司、北海富通物业发展公司、海口农银开发投资公司、海口房地产投资开发公司。公司法定代表、董事长：王海东，公司总经理：姚惠芬。

【经营业绩】 1999年度，公司开展的主要工作和业务如下：充分利用我省热带资源优势，改善股份公司的资源配置，加大对金粟农业有限公司管理力度，使农业公司规模化发展。继续运作农业项目，"谭文现代农业开发基地"目前属正常运作建设中，其他短期农业项目99年度有一定的收益。主要关联企业有海南金粟农业开发有限公司。公司1999年底主营业务收入216,710.50元，净利润30,942.10元，总资产90,632,188.98元。

【财务状况】 公司1999年底股东权益85,283,862.82元，每股净资产1.22元，每股收益0元，每股净资产收益率0。

海南阳光城开发股份有限公司

【公司概况】 公司1999年总股本285,000,000股，其中发起人法人股9300万股，其他法人持股17700万股，内部职工股1500万股。主要股东有交通银行海南分行、北京华建房地产有限公司、中国兴南(集团)公司、海南建信投资管理股份有限公司、海南桂林洋经济开发区。公司法人代表：李运英，公司总经理：高建民。

【经营业绩】 公司请原承担总体规划设计的美国设计公司修改了总体规划，在桂林洋农场的支持下调整了一部分原占地位置，创造了有利的招商条件；经多次洽谈，多方评估、比较，同海南航空股份有限公司达成了共同开发阳光城高尔夫球场项目、重组海南阳光城国际高尔夫球俱乐部有限公司的协议。由桂林洋农场办理高尔夫球场用地手续、普查地上物情况及制定赔偿方案。主要关联企业有海南高新农业投资股份有限公司(原名海南国际旅游投资有限公司)、北京二建海南分公司、海南银通国际实业有限公司、海南银通国际园林工程有限公司。公司1999年净利润1,297,839.07元,总资产444,543,486.78元。

【财务状况】 公司1999年股东权益314,435,896.95元,每股净资产1.103元,每股收益0.005元,净资产收益率0.41%。

海南金牌科技股份有限公司

【公司概况】 公司1999年总股本12,157.95万股,其中发起法人持股8,605万股,非发起法人持股3,400万股,内部职工持股152.95万股。主要股东有海南金牌土地开发有限公司、秦皇岛电力实业总公司、中国铁道建筑总公司、铁道部第一勘测设计院、江苏溧阳燃料总公司。公司法定代表人、董事长、总经理:王进修。

【经营业绩】 1999年公司根据年初确定的经营思路,集中精力组织电子信息项目的开发,主要项目有"海南交通规费管理控制系统"、"中国企业代码网"、"加油站税控管理系统",与国家技术监督局全国组织机构代码管理中心合作的"全国组织机构代码IC卡管理系统"、"全国标准编码研究所信息自动化系统"、以及"湖北省政府办公自动化系统"、"湖北省电力局办公自动化系统"等。其中"海南交通规费管理控制系统"已列为国家级火炬计划推广项目、海南省重点科技项目。截止1999年底,该项目已完成并已通过海南交通厅组织的专家组验收。金牌大酒店自开业以来,但受海南酒店低潮因素影响,经营较困难。主要关联企业有海南金牌信息技术有限公司、武汉华工大金牌高新技术研究所、武汉金华工信息产业有限公司、北京金软科技开发有限公司、北京通码网络技术有限公司、金牌大酒店。公司1999年底主营业务收入5,384,853.10元,净利润-1,450,794.69元,总资产142,105,603.84元。

【财务状况】 公司1999年股东权益135,816,388.79元,每股净资产1.117元,每股收益-0.012元,每股净资产-1,07%。

海南五洲旅游股份有限公司

【公司概况】 公司1999年总股本10,800万股,其中发起法人持股6,110万股,非发起法人持股3,090万股,内部职工持股1,600万股。主要股东有海南凯业船务有限公司、海南旅游总公司、海南中恒实业公司、建行海南省分行、海口市房地产投资开发公司。公司董事长、总经理:股海。

【经营业绩】 1999年底,公司坚持对海口宾馆和五洲大酒店下大力气进行整改,在两酒店全年平均开房率都高于98年的情况下,经营成本费用有较大幅度下降。受99年全年平均房价大幅下降影响,股份公司总收入仍然减少,由98年的2,775万元,减到99年的2,283万元,减少17.7%,亏损额比98年有所减少。主要关联企业有海南五洲大酒店、海南旅游用品厂。公司1999年底主营业务收入22,835,610.25元,净利润-20,979,445.46元,总资产201,897,730.78元。

【财务状况】 公司1999年底股东权益67,174,515.63元,每股净资产0.62元,每股收益-0.19元,净资产收益率-31.23%。

海南泛华高速公路股份有限公司

【公司概况】 公司1999年底总股本201,577,800股,其中发起法人持股23,000,000股,其它法人持股178,577,800股。主要股东有中国水利水电第九工程局海南工程公司、中国葛洲坝水利水电工程集团海南工程公司、海南泛华实业有限公司、海南中色十六冶建设有限公司、武警交通一总队海南工程处三队。公司法定代表人:边利民,总经理:刘笃寿。

【经营业绩】 公司的主营项目海文高速公路98年10月被省交通厅以《行政决定书》方式收回,公司不久向省复议办提出复议申请。99年6月,省复议办复议决定支持原《行政决定书》和《关于〈行政决定书〉补正的通知》。收回项目,对我司投入进行合理、公正的补偿。99年5月,公司向省交通厅提交《海文高速公路要求补偿清单》,要求补偿。省交通厅委托海南华联会计师事务所对海文高速公路的投资进行审核确定,工作已进入最后复查阶段。公司在审计部门进行工程结算审核的同时,抓紧进行对各施工单位的工程结算工作,并与省交通厅协商确定资金返还工作日程表。公司1999年净利润-18,928,081.89元,总资产247,637,525.41元。

【财务状况】 公司1999年底股东权益165,875,245.18元,每股净资产0.82元,每股收益-0.094元,净资产收益率-11.41%。

海南龙华股份有限公司

【公司概况】 公司1999年底总股本53,724,060股,其中发起人持股48,596,160股,其他法人持股2,128,000股,内部职工持股2,999,900股。主要股东有中国兴南(集团)公司、海口兴岛贸易实业公司、中国饲料工业发展总公司、中国农垦海南公司、中国牧工商总公司。公司法定代表人、董事长:吴虎,总经理:李宏轩。

【经营业绩】 1999年以来公司主要开展了清产核资工作,通过对债权债务的清理,进一步摸清了家底;继续抓好特种水产饲料生产线项目的落实工作,同时积极寻求合作伙伴,为改造龙华饲料厂产品结构打好基础。公司1999年底净利润72,981.03元,总资产50,850,453.79元。

【财务状况】 公司1999年底股东权益32,590,817.33元,每股净资产0.61元,每股收益0.0014元,净资产收益率0.23%。

创元科技股份有限公司

CTEATE TECHOLOGY & SCIENCE CO.,LTD

创元科技股份有限公司，法定英文名称为：CREATE TECHNOLOGY & SCIENCE CO., LTD.英文缩写：CTS，股票简称：创元科技，股票代码：0551。原名苏州物资集团股份有限公司(简称"苏物贸")于1994年在深圳证券交易所上市。1999年末实施重大资产重组，苏州机械控股(集团)有限公司入主，现持有本公司29.69%股份。公司总股本24172.6394万股，其中国有法人股13093.2110万股，社会公众股11079.4284万股。通过1999年底大规模的资产重组和2000年以来的深化完善，公司资产结构、主营业务、管理状态发生了脱胎换骨的变化，以全新的面貌出现在世人面前。

1999年末至今，创元科技股份有限公司实施了一系列资产置换、债务重组举措。先后收购和接受的经营性资产和有效资产39840万元，占2000年中期末净资产49513万元的80%；重组中置出不良不实资产21728万元，同时进行债务重组9122万元，追收应收款1.85亿元，资产负债率从重组前52.03%下降为46.97%；应收款项占总资产比率从60.72%下降为25.57%，公司资产结构和资产质量发生了质的变化。在一系列的资产置换中，公司主营业务从原来的国内外贸易、房地产为主转入以高新技术为依托，以环保装备、智能化仪器仪表、精密机械基础件等产品为主的制造业为基础，工贸结合的经营业务新格局。公司被江苏省科学技术厅苏科高2000(234)号文认定为"江苏省高新技术企业"。公司所属企业拥有"高新技术产品"命名的产品占公司现有产品的比重达60%，销售收入占销售收入总额的比重达69%，利润占总利润额的比重达75%。由一流的现代化生产制造手段、国际先进水平的设备支撑，有完备的质量保证体系：ISO9000系列产品质量认证为保障，形成了公司高新技术产品开发、研制、营销的一体结构，为公司提供了进一步拓展高科技产业的广阔前景。

基础久远的国内外贸易是公司根植国内外市场的基础。公司对外贸易涉足领域广泛，涉及机电、纺织品、化工原料、医疗保健、环保绿色产品等，绝大多数产品出口欧美国家，并享誉海外。预计2000年全年完成外贸供货额17500万元人民币。国内贸易以汽车经营为主，国产品牌以特许经营桑塔纳为主，进口车以美国通用"欧宝"系列车为主，并形成售、租、修、换一条龙服务功能，公司在苏州地区拥有极高的影响力。

在资产重组，主业重塑的过程中，公司的经营体制不断得到完善、经营机制不断得到活化。由集团公司形成的以"让我们共同来创造……"的公司精神，已经融入公司，并逐步形成"诚信立身，造福社会"的公司经营理念。以股东大会、董事会、监事会为标志的法人治理机构，按照"三分开"的要求得到完善，以此为基础的决策、执行、监督机构各司其职，互相制衡的法人治理机制开始步入规范。公司内部围绕产品开发，促进技术进步，打造核心产品，培育核心竞争力方面，已经建立，并在不断完善以下有效机制：1、产学研相结合的新品开发机制。实施"高新技术拿来主义"的战略，走一条"借助外力拿来主义"、"引进消化吸收与自主开发创新"相结合的新路，实行项目责任制、开发成果提成制，与科研院校联手开发高新技术产品，指导企业内部成立技术开发中心，建立一批高新技术企业，培养一批高新技术产品。2、适应市场化要求的人才机制。加快实施人才工作市场化改造，采用"引、留、聘、租、荐、培"多管齐下招募人才，不唯资历、不唯学历、不唯年龄选用优秀人才，特别是加快优秀年轻人的培养和锻炼，造就良好的人才环境。3、激励与制约相结合的分配机制。坚持效率优先的原则，企业内部分配实行市场化。对公司子企业经营者实行年度责任收入考核制度，并辅之以"干股"、"期股"等形式参与分配。各子企业内普遍推行岗位责任制、计件工资制，收入与效益挂钩。4、灵活的营销机制。面对日益激烈的市场竞争，对外加快了市场转换和用户转换；对内提高营销人员的风险意识，市场意识，建立激励和制约相结合的考核体系；加强营销人员队伍建设，对应收帐款控制、货款回笼、推出新产品、发展新用户等因地制宜地制定相关政策。

创元科技股份有限公司的资产重组得到了省、市政府及有关部门多方面的支持，使公司的发展具备了良好的条件。公司将始终不渝地坚持以科技为先导，效益为目标，发扬开拓创新精神，进一步优化资产质量，培育主业优势，强化经营管理，增强公司核心竞争力，保持稳步持续发展的势头，迎接新世纪的到来。并以骄人的经营业绩，回报全体投资者。

注册住所：江苏省苏州市新区淮海街6幢E3号

经营地址：江苏苏州市南门东二路4号

邮编：215007 **电话(传真)：**(0512)5300551

电子信箱：cts0551@pub.szjsinfo.net

公司法定代表人、董事长：张志忠

总经理：曹进

深圳市先科电子股份有限公司

深圳市先科电子股份有限公司(原深圳市先科电子有限公司)注册资本为8600万元，公司法人代表、董事长：叶华明；总经理：刘学义。股东分别为：国投先科光盘有限公司；深圳市金色投资发展有限公司；深圳市国微电子有限公司；深圳市高新技术产业投资服务公司；深圳市莱宝真空技术有限公司。深圳市先科电子股份有限公司的股东构成，充分体现了当今中国乃至世界上发展高新科技产业的思路：即整合集中(1)强势资本资源；(2)深厚技术资源；(3)宽松的政策资源，形成强强联合，打造具有深海远洋航行能力，即能与国际竞争的高技术企业航母。

目前，深圳市先科电子股份有限公司已形成了完善的软、硬件配套，消费电子产品、IT产品结合的庞大的研发、生产、销售、服务体系。具备了一个非常合理的产业结构：软件：隶属于先科电子股份有限公司激光节目出版发行公司，是国家批准的从事音像出版制品为主，是国内最大的文艺类激光光盘软件制作出版发行公司，也是集影、音、文化娱乐及传播一体的综合性大型文化企业。旗下汇集了一批影音编辑、节目编导、从事节目制作、出版、发行的优秀人才，并建立了广泛的销售网络。在1996年与著名的美国华纳公司就出版发行该公司音像制品一事签订了版权合同协议。合作至今，已经出版发行了一系列极受广大消费者喜爱的高质量节目。硬件：先科电子股份有限公司在消费类电子产品与IT及其周边产品两条线上形成了强劲的产业竞争能力；在消费类电子产品上，先科主要专注于数字压缩技术在音、视频领域的应用消费电子产品。从1994年以先科为首的中国VCD的崛起，御洋货于国门之外，至1998年先科世界首创的超级VCD，将整个中国VCD行业向前带了一大步，2000年中国超级VCD标准白皮书被正式列为国际标准，中国电子行业有了属于中国人自己的知识产权的国际标准。目前先科正受中国信息产业部委托，携同中国其它优秀电子企业制定中国的DVD国家标准，试图摆脱DVD产品全部知识产权掌握在国外大公司手中的被动局面。这标志着中国电子企业正逐步从以系统集成为主的技术水平上升到标准制定的这一代表技术水平的最高境界，标志着中国正从一影碟机大国变成影碟机强国。在VCD、超级VCD、DVD、家庭影院等数字视听产品巨大产业的基础上，先科更是从长期可持续发展的战略着想，在电子消费类产品系列中凭借强大的技术实力研发出了DVB机顶盒，可录式激光影碟机，CD—RW驱动器，可视电话、PDP—TV等一大批高科技电子产品，保障了后续发展的强劲动力。

为顺应世界发展潮流，先科电子99年开始涉足IT及其周边产品的全新领域，逐步形成消费类电子与IT产业两大支柱，相辅相成的局面。从各种档次的调制解调器到数码相机系列的成功，无不展示了先科电子在IT周边产品领域的长足进步。

绝对领先的技术是先科电子的最高信条。多年来，先科致力于将世界数码视听科技最新成果引入中国，填补了许多国内数字激光视听领域的空白。先科与中国乃至世界激光数字视听行业同步成长。先科电子严格按照ISO9000国际质量标准生产的高质量产品，迅速风靡全国并出口到欧美及东南亚多个国家。为了更好的服务于先科产品的用户，先科销售网络与售后服务网络同步建设，现已在全国建立销售及服务网点6000余个，全面保证先科产品的技术支持与售后服务，以优异的产品、可靠的质量、优越的终生效能费用比和有效的服务来满足顾客日益增长的需求。

放眼未来，先科电子将继续以其雄厚的技术优势和先进的管理经验，立足于国内高科技产业前沿，谨记小平同志南巡时的教诲，发展中国的高科技企业，振兴民族工业。

地址：深圳市福田区八卦四路先科放送机楼四楼
电话：2260482-4420、4421　传真：2264477　邮编：518029

第十一编

证券管理与交易机构

1638/1659

证券管理机构

中央管理机构

中国证券监督管理委员会

【概况】 改革开放以来，随着中国证券市场的发展，建立集中统一的市场监管体制势在必行。1992年10月，国务院证券委员会（简称国务院证券委）和中国证券监督管理委员会（简称中国证监会）宣告成立，标志着中国证券市场统一监管体制开始形成。国务院证券委是国家对证券市场进行统一宏观管理的主管机构。中国证监会是国务院证券委的监管执行机构，依照法律法规对证券市场进行监管。国务院证券委和中国证监会成立以后，其职权范围随着市场的发展逐步扩展。1993年11月，国务院决定将期货市场的试点工作交由国务院证券委负责，中国证监会具体执行。1995年3月，国务院正式批准《中国证券监督管理委员会机构编制方案》，确定中国证监会为国务院直属副部级事业单位，是国务院证券委的监管执行机构，依照法律、法规的规定，对证券期货市场进行监管。1997年8月，国务院决定，将上海、深圳证券交易所统一划归中国证监会监管；同时，在上海和深圳两市设立中国证监会证券监管专员办公室；11月，中央召开全国金融工作会议，决定对全国证券管理体制进行改革，理顺证券监督体制，对地方证券监管部门实行垂直领导，并将原由中国人民银行监管的证券经营机构划归中国证监会统一监管。1998年4月，根据国务院机构改革方案，决定将国务院证券委与中国证监会合并组成国务院直属正部级事业单位。经过这些改革，中国证监会职能明显加强，集中统一的全国证券监管体制基本形成。1998年9月，国务院批准了《中国证券监督管理委员会职能配置、内设机构和人员编制规定》，进一步明确中国证监会为国务院直属事业单位，是全国证券期货市场的主管部门，进一步强化和明确了中国证监会的职能。

机构设置　内部职能部门有办公厅、发行监管部、市场监管部、机构监管部、上市公司监管部、基金监管部、期货监管部、稽查局（首席稽查办公室）、法律部（首席律师办公室）、会计部（首席会计师办公室）、政策研究室、国际合作部、人事教育部。直属事业机构有信息中心、培训中心、机关服务中心。派出机构有天津证券监管办公室、沈阳证券监管办公室、上海证券监管办公室、济南证券监管办公室、武汉证券监管办公室、广州证券监管办公室、深圳证券监管办公室、成都证券监管办公室、西安证券监管办公室、北京证券监管办公室、重庆证券监管办公室。

【职能】 1.建立统一的证券期货监管体系，按规定对证券期货监管机构实行垂直管理。2.加强对证券期货业的监管，强化对证券期货交易所、上市公司、证券期货经营机构、证券投资基金管理公司、证券期货投资咨询机构和从事证券期货中介业务的其他机构的监管，提高信息披露质量。3.加强对证券期货市场金融风险的防范和化解工作。4.负责组织拟订有关证券市场的法律、法规草案，研究制定有关证券市场的方针、政策和规章；制定证券市场发展规划和年度计划；指导、协调、监督和检查各地区、各有关部门与证券市场有关的事项；对期货市场试点工作进行指导、规划和协调。5.统一监管证券业。

主要职责　1.研究和拟定证券期货市场的方针政策、发展规划；起草证券期货市场的有关法律、法规；制定证券期货市场的有关规章。2.统一管理证券期货市场，按规定对证券期货监督机构实行垂直领导。3.监督股票、可转换债券、证券投资基金的发行、交易、托管和清算；批准企业债券的上市；监管上市国债和企业债券的交易活动。4.监管境内期货合约上市、交易和清算；按规定监督境内机构从事境外期货业务。5.监管上市公司及其有信息披露义务股东的证券市场行为。6.管理证券期货交易所；按规定管理证券期货交易所的高级管理人员；归口管理证券业协会。7.监管证券期货经营机构、证券投资基金管理公司、证券登记清算公司、期货清算机构、证券期货投资咨询机构；与中国人民银行共同审批基金托管机构的资格并监管其基金托管业务；制定上述机构高级管理人员任职资格的管理办法并组织实施；负责证券期货从业人员的资格管理。8.监管境内企业直接或间接到境外发行股票、上市；监管境内机构到境外设立证券机构；监督境外机构到境内设立证券机构、从事证券业务。9.监管证券期货信息传播活动，负责证券期货市场的统计与信息资源管理。10.会同有关部门审批律师事务所、会计师事务所、资产评估机构及其成员从事证券期货中介业务的资格并监管其相关的业务活动。11.依法对证券期货违法违行为进行调查、处罚。12.归口管理证券期货行业的对外交往和国际合作事务。13.国务院交办的其他事项。

国家经济贸易委员会

【概况】 国家经济贸易委员会为国务院组成部门，负责调节近期国民经济运行的宏观调控，设有20个职能司（局、厅），包括办公厅、政策法规司、综合司、经济运行局、产业政策司、投资与规划司、企业改革司（全国企业兼并破产和职业再就业工作领导小组办公室）、中小企业司、企业监督司（国务院减轻企业负担部际联席会议办公室）、贸易市场司、对外经济协调司（国家茧丝绸协调办公室、国家经济贸易委员会反倾销反补贴办公室）、技术进步与装备司、资源节约与综合利用司、安全生产局、电力司、医药司、黄金管理局、培训司、国际合作司、人事司。国家经济贸易委员会机关行政编制为450名。其中，主任1名，副主任4名，司局级领导职数79名（含正副秘书长3名、茧丝绸协调办公室3名、减轻企业负担办公室1名、全国企业兼并破产和职工再就业工作领导小组办公室1名、黄金局3名及机关党委专职副书记)。

【职能】 国家经济贸易委员会的主要职责是:1、监测、分析国民经济运行态势,调节国民经济日常运行;编制并组织实施近期经济运行调控目标、政策和措施,组织解决经济运行中的重大问题并向国务院提出意见和建议。2、组织拟定、实施国家产业政策,监督、检查执行情况;指导产业结构调整,提出重点行业、重点产品的调整方案;联系工商领域社会中介组织并指导其改革与调整。3、组织拟定工业、商贸方面的综合性经济法规和政策并监督检查;收集、整理、分析和发布经济信息。4、指导委管国家局拟定行业规划和行业法规;制定电力(含水电)、医药、黄金的行业规划、行业法规,实施行业管理。5、研究和规划竞争性行业投资布局,定期公布项目投资引导目录,指导除国家拨款以外的工商企业投资和商业性银行贷款的方向,进行项目的登记备案和监督,纳入国家发展计划委员会的总量平衡;研究拟定利用外资有关政策,指导工商企业利用外资(包括外商直接投资项目),制定工商领域外商投资产业指导目录并进行监督;提出工业、商业企业利用国外贷款的投向;研究制定国有企业向外商转让资产、股权、经营权的政策并实行监督;指导企业开展国际化经营,实施当年的企业海外投资规划。6、研究和指导流通体制改革,培育发展和完善市场体系,拟定规范流通秩序和市场规则的法规、政策;监测分析市场运行和重要商品的供求状况并组织调控;组织拟定和协调内外贸政策和进出口政策,商国家计划委员会编制关系国计民生和大宗、重点工业品、原材料的进出口计划,根据经济运行情况进行计划调整并向国家发展计划委员会备案;协调外贸货运;承办国家茧丝绸协调小组的日常工作。7、负责企业工作,对各种经济成分的企业实行宏观管理和指导,规范企业行为规则;研究拟定国有企业改革的方针、政策和企业体制改革方案,推进现代企业制度的建立;研究发展大型企业和企业集团的政策、措施,指导国有企业实施战略性改组;参与指导企业直接融资工作;指导国有企业的管理、扭亏和减轻企业负担工作;指导中小企业的改革与发展;组织管理企业内部的法律顾问工作;指导企业管理人员的培训。8、研究拟定监管企业国有资产的政策、法规;提出需由国务院派出稽察特派员的国有企业名单,审核稽察特派员提出的稽察报告。9、研究企业技术进步的方针、政策,指导技术创新、技术引进、重大装备国产化和重大技术装备研制;指导资源节约和综合利用,组织协调工业环境保护和环保产业发展。10、指导全国安全生产,协调处理重大安全事故。11、开展国际交流合作;负责人事管理和机关党的工作。12、承办国务院交办的其他事项。根据国务院的规定,管理国家国内贸易局、国家煤炭工业局、国家机械工业局、国家冶金工业局、国家石油和化学工业局、国家轻工业局、国家纺织工业局、国家建筑材料工业局、国家有色金属工业局、国家烟草专卖局。

国务院经济体制改革办公室

【概况】 国务院经济体制改革办公室是协助总理办理经济体制改革和对外开放有关事项的国务院办事机构,内设6个职能司:秘书行政司(人事司)、综合调研司、宏观体制司、产业与市场体制司、经济特区和开放司、国际体制比较司(外事司),另外还有机关党委。其行政编制为85名,其中:主任1名,副主任4名,司局级领导职数23名(含秘书长1名和机关党委专职副书记1名)。

【职能】 国务院经济体制改革办公室的主要职责是:1、根据国务院的统一部署,组织有关部门和研究机构对重大经济体制改革和对外开放的方案进行研究和论证,为国务院决策提供建议和咨询。2、根据国务院领导同志授权,办理有关专项改革开放方案实施中的衔接工作,跟踪调查改革开放方案的执行情况,及时提出对策建议。3、调查研究改革开放重大方针、政策的实施情况,及时总结经验,分析研究新情况、新问题。对关系重大的深层次和全局性问题进行超前研究。4、调查研究经济特区和开放地区建设发展中涉及全局性的政策性问题,总结经验,研究涉外经济体制改革中的重大问题。5、开展改革开放方面的国际交流与合作,组织开展国际经济研究和中外体制比较研究,跟踪研究国际体制转轨的经验。6、承办国务院交办的重大研究课题和其他事项,承担国家经济体制改革委员会的具体工作。

国家发展计划委员会

【概况】 国家发展计划委员会(简称国家计委)是国务院负责研究提出国民经济和社会发展战略、规划、总量平衡、结构调整的宏观调控部门。

【职能】 国家计委的主要职能有:1、研究提出国民经济和社会发展战略、中长期规划和年度发展计划、研究提出总量平衡、发展速度和结构调整的调控目标及调控政策,衔接、平衡各主要行业的行业规划。2、做好社会总需求和总供给等重要经济总量的平衡和重大比例关系的协调,搞好资源开发、生产力布局和生态环境建设规划,引导和促进全国经济结构合理化和区域经济协调发展。3、负责汇总和分析财政、金融等部门关于国民经济和社会发展的情况,分析研究国际、国内经济形势,进行宏观经济的预测,参与财政政策、货币政策的制定,研究提出运用税率、利率、汇率和价格等重要经济手段的政策建议。4、提出全社会固定资产投资总规模,规划重大项目的布局,安排国家财政性建设资金,指导和监督国外贷款建设资金的使用,指导监督政策性贷款的使用方向。商有关部门确定政策性银行的贷款总量,确定商业银行贷款、直接融资用于固定资产投资的总量。安排国家拨款建设项目和国家重大建设项目以及重大外资项目、境外投资项目,组织和管理重大项目稽查特派员工作。5、研究提出利用外资的发展战略、总量平衡和结构优化的目标和政策,负责全口径外债的总量控制、结构优化和监测工作,做好国际收支平衡。6、制订价格政策,监督价格政策执行,调控价格总水平,制订和调整国家管理的重要商品价格与重要收费。7、研究分析国内、国外两个市场的供求状况,做好重要商品国内供求和进出口计划,搞好粮食宏观调控,管理国家粮食储备和物资储备,指导、监督重要商品的国家订货、储备、轮换和国家投放,引导和调控市场。8、做好科学技术、教育、文化、卫生等社会事业以及国防建设与整个国民经济和社会发展的衔接平衡,推进重大科技成果的产业化,提出经济与社会协调发展、相互促进的政策,协调各项社会事业发展中的重大问题。9、研究制定投融资、计划、价格等体制改革方案并组织实施,参与有关法律、法规的起草和协调实施。10、承办国务院交办的其他事项。根据国务院的规定,管理国家粮食储备局。　　(特约编委:张东升,特约编辑:马季华)

财政部

【概况】 财政部是国务院主管财政收支、税收政策、国有资本金宏观调控部门。设有20个职能司(室):办公厅、政策规划司、条法司、税政司、预算司、国库司、国防司、行政政法司、教科文司、经济建设司、农业司、社会保障司、企业司、金融司、国际司、会计司、统计评价司、监督检查局、农业开发办公室、人事教育司。现任财政部长：项怀诚。

【职能】 财政部主要职责是：一、拟定和执行财政、税收的发展、方针政策、中长期规划、改革方案及其他有关政策；参与制定各项宏观经济政策；提出运用财税政策实施宏观调控和综合平衡社会财力的建议；拟定和执行中央与地方、国家与企业的分配政策。二、拟定财政、国有资本金管理、财务、会计管理的法律法规草案；制定和执行财政、财务、会计管理的规章制度；组织涉外财政、债务的国际谈判并草签有关协议、协定。三、编制年度中央预算草案并组织执行；受国务院委托，向全国人民代表大会报告中央、地方预算及其执行情况，向全国人大常委会报告决算；管理中央各项财政收入，管理中央预算外资金和财政专户；管理有关政府性基金。四、提出税收立法计划，与国家税务总局共同审议上报税法和税收条例草案；根据国家预算安排，确定财政税收收入计划；提出税种增减、税目税率调整、减免税和对中央财政影响较大的临时特案减免税的建议；参加涉外税收和国际关税谈判，签订涉外税收协议、协定草案；制定国际税收协议和协定范本；承办国务院关税税责委员会日常工作。五、管理中央财政公共支出；拟定和执行政府采购政策；管理财政预算行政机构、事业单位和社会团体的贸易外汇和财政预算内的国际收支；制定需要全国统一规定的开支标准和支出政策；拟定和执行《事业单位财务规则》、《行政单位财务规则》；制定基本建设财务制度。六、拟定和执行国有资本金基础管理的方针政策、改革方案、规章制度、管理办法；组织实施国有企业的清产核资、资本金权属界定和登记；负责国有资本金的统计、分析，指导财产评估业务。七、办理和监督中央财政的经济发展支出、中央投资项目的财政拨款、中央财政投入的挖潜改造资金和新产品试制费；负责农业综合开发；拟定并监督执行《企业财务通则》。八、管理中央财政社会保障支出；拟定社会保障资金的财务管理制度；组织实施对社会保障资金使用的财政监督。九、拟定和执行政府国内政府债务管理的方针政策、规章制度和管理办法；承担外国政府贷款、世界银行贷款、亚洲开发银行贷款和日本国际协力银行贷款的对外谈判与磋商业务；代表我国政府参加国际财政组织。十、拟定和监督执行会计规章制度、《企业会计准则》，制定和监督执行政府总预算、行政和事业单位及分行业的会计制度；指导和监督注册会计师和会计师事务所的业务；指导和管理社会审计；审批外国会计公司驻华代表机构的设置。十一、监督财税方针政策、法律法规的执行情况；检查反映财政收支管理中的重大问题；提出加强财政管理的政策建议；管理财政专员办事机构。十二、制定财政科学研究和教育规划；组织财政人才培训；负责财政信息和财政宣传工作。十三、承办国务院交办的其他事项。

（特约编委：徐放鸣，特约编辑：陈景耀，特约撰稿：白昱）

国家税务总局

【概况】 国家税务总局是负责全国税收工作的领导机关，组织税务机关完成全国的税收收入征收任务。1993 年 4 月，国务院决定将原国家税务局更名为国家税务总局，同年 12 月又将国家税务总局升格为正部级机构。同时，决定在全国省及省以下分设国家税务局和地方税务局两套税务机构。国家税务局系统实行国家税务总局垂直管理的领导体制，在机构、编制、经费、领导干部职务的审批等方面按照下管一级的原则，实行垂直管理。省级地方税务局实行地方人民政府和国家税务总局双重领导，以地方政府领导为主的管理体制。国家税务总局内设 14 个行政职能部门：1、办公厅；2、政策法规司；3、流转税管理司；4、所得税管理司；5、地方税务司；6、国际税务司（海洋石油税务管理局）；7、进出口税收管理司；8、农业税征收管理局；9、征收管理司；10、稽查局；11、财务管理司；12、计划统计司；13、人事司；14、机关党委。现任局长为金人庆，副局长为卢仁法、程法光、郝昭成，纪检组长贺邦靖。另外，局领导还有总经济师李永贵。

1999 年，我国的税收工作取得了重大历史性突破：一是税收收入过万亿，实现历史性跨越。解放初期，新中国税收收入仅有 26 亿元，1977 年增加到 412 亿元，1999 年税收收入达到 10311 亿元，比上年增收了 1219 亿元。收入万亿是我国综合国力增强的重要体现，为国家改革开放和各项社会主义建设事业的顺利进行提供了充足的资金保障；二是税收宏观调控作用在启动内需，抑制通货紧缩中崭露头角。自 1996 年以来，我国宏观经济开始出现通货紧缩，这是我国经济发展中首次遇到的新情况。为了克服困难、增加有效需求，党中央、国务院采取了一系列重要措施，其中税收宏观调控手段的成功运用，为税收政策积累了宝贵的经验，税收在宏观调控中的积极作用也得到了进一步的发挥和重视。

【职能】 国家税务总局是国务院主管全国税收工作的职能部门，主要工作职责是：1、拟定有关税收法律法规的草案，制定税收条例的实施细则；2、经调查研究提出国家税收政策建议，并与财政部共同审议上报，制定贯彻落实国务院决定的具体措施；3、参与研究国民经济宏观经济政策、我国中央与地方的税权划分等问题；4、研究国民经济税负总水平，向国务院提出运用税收手段进行宏观调控的建议；5、负责制定并监督执行税收业务的规章制度；6、指导全国地方税收业务工作；7、组织实施税收征收管理体制改革，制定税收征收管理制度，监督检查税收法律法规、方针政策的贯彻执行；8、组织实施中央税、共享税、农业税及国家指定的基金（费）的征收管理，编报税收长远规划和年度税收收入计划，对税收法律法规执行过程中的征管和一般性税政问题进行解释，组织办理工商税收减免及农业税特大灾害减免等具体事项；9、开展税收领域的国际交流与合作，参加涉外税收的国际谈判，草签和执行有关的税收协议、协定；10、办理进出口商品的税收及出口退税业务；11、管理国家税务局系统的人事、劳动工资、机构编制和经费，管理省级国家税务局的正副局长及相应级别的干部，对省级地方税务局局长任免提出意见；12、负责税务队伍的教育培训、思想政治工作和精神文明建设；13、组织税收宣传和税收理论研究；14、组织实施注册税务师的管理，规范税务代理行为的管理。

【有关证券交易的税收政策】 证券交易活动一般是指股票、国债和期货交易行为，现行有关证券交易的税收政策主要内容是有关股票市场的税收政策规定。股票交易涉及的税种有印花税、企业所得税、外商投资企业和外国企业所得税及个人所得税。

印花税　为促进证券市场的健康发展，经国务院批准，对买卖、继承、赠与所书立的股权转让书据，均依照书立时证券市场当日实际成交价格计算的金额，由立据双方当事人分别缴纳印花税。从 1998 年 6 月 12 日起，证券交易印花税的税率由 5‰调整为 4‰。为了加强证券（股票）交易印花税的管理，支持国有企业改革，1999 年国家税务总局下发了《国家税务总局关于上市公司国有股权无偿转让征收证券(股票)交易印花税问题的通知》,对国有股权无偿转让规定了新的印花税政策。第一,对经国务院和省级人民政府决定或批准进行政企脱钩、对企业(集团)进行改组和改变管理体制、变更企业隶属关系,以及国有企业改制、盘活国有企业资产而发生的国有股权无偿划转行为,暂不征收证券交易印花税。第二,对不属于第一条所述情况的国有股权无偿划转行为,仍应征收证券交易印花税。计税依据为转让股份的面值,税率为4‰。第三,凡属于第一条范围内的国有股权无偿划转行为,由企业(单位)和主管税务机关按有关要求报国家税务总局审批。

企业所得税及外商投资企业和外国企业所得税　1、股份制试点企业。根据股份制试点的有关规定,国家准予部分试点企业在我国境内发行人民币股票和人民币特种股票以及在境外发行、上市股票。对股份制试点企业适用税收法律问题如下:(1)中国境内的内资企业(包括国有企业、集体企业、私营企业等)经有关部门批准,改组成为股份有限公司的,不论其发行股票的种类及股份结构比例如何,均应依照国家税务局和国家体改委1992年6月12日印发的《股份制试点企业有关税收问题的暂行规定》(“暂行规定”)缴纳各项税收。(2)外商投资企业经有关部门批准,改组成为股份有限公司,应继续依照适用于外商投资企业的税收法规缴纳各项税收。(3)内资企业与外商投资企业或外国投资者经有关部门批准,共同作为发起人设立新的股份有限公司,凡发起人认购的股份中,外资股份低于公司总股份的25%,应按内资企业的政策缴纳各项税收;凡发起人认购的股份中,外资股份达到或超过公司总股份的25%的企业,经企业申请,税务机关核准,可依照适用于外商投资企业的税法缴纳各项税收。2、企业发行股票溢价的问题。企业发行股票,其发行价格高于股票面值的溢价部分,为企业的股东权益,不作为营业利润征收企业所得税;企业清算时,亦不计入应纳税清算所得。3、关于加强证券交易企业所得税征收管理的问题。为了有利于证券市场健康运行,加强税收管理,对机构(企、事业单位)从事证券交易的所得,征收企业所得税。有关问题如下:(1)机构从事股票、国债、期货交易取得的所得,应计入当期损益,按规定缴纳企业所得税。任何机构都应严格遵守财经纪律,不允许将从事证券交易的所得置于帐外隐瞒不报。(2)机构从事股票、国债、期货等交易所得,应按《中华人民共和国企业所得税暂行条例》第十五条的规定,按税务机关核定的预缴期限,及时预缴入库。交易中发生的亏损,可用下一缴期的盈利抵补,或至年终汇算清缴。4、关于外商投资企业、外国企业和外籍个人取得股票(股权)转让收益和股息所得税收的问题。国家准予部分股份制试点企业在境内发行人民币特种股票(B股)和在境外发行、上市股票(海外股),外商投资企业、外国企业和外籍个人持有上述股票所取得的股票(股权)转让收益和股息(红利)所得有关涉外税收政策规定如下:(1)关于股票(股权)转让收益。a、外商投资企业转让股票或股权所取得的净收益以及外国企业在中国境内设立的机构、场所转让所持有的中国境内企业股票所取得的净收益应计入企业当期应纳税所得额,缴纳所得税。上述股票交易所发生的净损失,也可冲减企业当期应纳税所得额。b、对外国企业转让不是其设在中国境内的机构、场所持有的中国境内企业发行的B股和海外股所取得的净收益,和外籍个人转让所持有的中国境内企业发行的B股和海外股所取得的净收益暂免征收所得税。c、外国企业和外籍个人转让其在中国境内外商投资企业的股权取得的超出其出资额的部分的转让收益,按20%的税率缴纳预提所得税或个人所得税。(2)关于股息所得。a、依照《中华人民共和国外商投资企业和外国企业所得税法》第十九条的规定和《中华人民共和国个人所得税法》施行细则第五条第二款的规定,外国投资者从外商投资企业取得的利润(股息),和外籍个人从中外合资经营企业分得的股息、红利,免征所得税。b、对持有B股或海外股的外国企业和外籍个人,从发行该B股或海外股的中国境内企业所取得的股息(红利)所得,暂免征收企业所得税和个人所得税。

个人所得税　1、关于股息(红利)所得。股份制企业在分配股息、红利时,以股票形式向股东个人支付应得的股息、红利(即派发红股),应以派发红股的股票票面金额为收入额,按利息、股息、红利项目计征个人所得税;股份制企业用资本公积金转增股本不属于股息、红利性质的分配,对个人取得的转增股本数额,不作为个人所得,不征收个人所得税;对持有B股或海外股(包括H股)的外籍个人,从发行该B股或海外股的中国境内企业所取得的股息(红利)所得,暂免征收个人所得税。2、关于股票转让所得。按照1993年10月第八届全国人大常委会第四次会议通过决定修改的《中华人民共和国个人所得税法》的规定,股票转让所得应征收个人所得税。1994年1月国务院发布的《中华人民共和国个人所得税法实施条例》中明确对股票转让所得征收个人所得税的办法,由财政部另行制定,报国务院批准施行。鉴于我国证券市场发育还不成熟,股份制尚处于试点阶段,市场发育还不成熟,对股票转让所得的计算、征税办法和纳税期限的确定等都需要作深入的调查研究后,结合国际通行的做法,作出符合我国实际情况的规定。因此,经国务院同意,决定对股票转让所得暂不征收个人所得税。　(特约编委:杨元伟,特约编辑:靳东升)

审计署

【概况】　根据《宪法》有关规定,审计署于1983年9正式成立。国务院1998年进行机构改革时,第九届全国人民代表大会第一次会议批准的国务院机构改革方案和《国务院关于机构设置的通知》,同意设置审计署。审计署在国务院总理的直接领导下开展工作,是国务院的组成部门。审计署机关行政编制为450名,其中署机关260名,国务院部门派出审计机构190名。审计署内设12个职能司(厅):即办公厅、法制司、财政审计司、金融审计司、行政事业审计司、经贸审计司、农业与资源环保审计司、社会保障审计司、固定资产投资审计司、外资运用审计司、外事司、人事教育司。

【职能】　审计署的主要职责是:(一)拟定审计方针政策,参与制定审计、财经方面的法律法规;制定审计规章制度并监督执行情况;办理地方性审计法规和规章的备案审查;组织领导、协调监督各级审计机关的业务。(二)向国务院报告和向国务院有关部门通报审计情况,提出制定和完善有关政策法规、宏观调控措施的建议。(三)按照《中华人民共护国审计法》的规定,直接进行下列审计:中央财政预算执行情况和其他财政收支;中央各部门、事业单位及下属单位的财务收支;省级人民政府预算的执行情况和决算;中央银行的财务收支和中央金融机构的资产、负债和损益状况;国务院部门管理的和受国务院委托由社会团体管理的社会保障基金、环境保护资金、社会捐赠资金及其他有关基金、资金的财务收支;国际组织和外国政府援助、贷款项目的财务收支;其他法律法规规定应由审计署进行的审计。(四)向国务院总理提交中央预算执行情况的审计结果报告;受国务院委托向全国人大常委会提出中央预算执行情况和其他财政收支审计工作报告。(五)组织实施对贯彻执行国家财经方针政策和宏观调控措施情况的行业审计、专项审计和审计调查;依法受理被审计单位对审计机关审计决定的复议申请。(六)与省级人民政府共同领导省级审计机关,协同办理省级审计机关负责人的任免事项;管理派驻地方的审计特派员办事处。(七)根据有关法律法规和国务院规定,配合稽查特派员对国有重点大型企业和国家重点建设项目进行审计监督;组织对其他国有企业和国家建设项目的审计监督。(八)组织实施对内部审计的指导与监督;监督社会审计组织的审计业务质量;组织审计专业培训。(九)组织开展审计领域的国际交流活动。(十)承办国务院交办的其他事项。1999年5月,中央办公厅、国务院办公厅印发了《县级以下党政领导干部任期经济责任审计暂行规定》和《国有企业及国有控股企业领导人任期经济责任审计暂行规定》,为贯彻落实中办、国办的规定,审计署增加了对党政领导干部任期经济责任进行审计的职能,决定在办公厅设立经济责任审计机构。其主要职责是:对经济责任审计工作进行调查研究、总结经验,指导下级审计机关开展工作;负责研究草拟关于经济责任审计工作的方针政策、具体规定、办法及计划等;组织对下级审计机关执行《县级以下党政领导干部任期经济责任审计暂行规定》和《国有企业及国有控股企业领导人员任期经济责任审计暂行规定》情况的监督检查,并负责与有关部门协调。

目前,审计署已在外交部、国家计委、科技部等部、委、局设立了25个派出机构,每个派出审计机构审计一个或几个国务院部门、国务院直属事业单位及其在京下属单位的财务收支。根据需要,审计署跨地区派驻了16个审计特派员办事处,根据审计署的授权和安排,审计省级财政预算执行情况和决算;审计海关总署、国家税务总局、中央国库驻地方分支机构的财务收支;审计中国人民银行、中央国有金融机构、证券公司驻地方分支机构的财政财务收支;审计监督省级人民政府管理的资源环保资金、社会保障资金和其他专项资金;参加对派有稽查特派员的国有重点大型企业、国家重点建设项目和其他国有企业、国家建设项目的审计监督;承办审计署交办的事项。

(特约编辑:王倩,特约撰稿:赵素琴)

司法部

【概况】 司法部是主管全国司法行政工作的国务院组成部门,内设9个职能司(局、厅)和政治部及机关党委。9个职能司包括办公厅、监狱管理局、劳动教养管理局、法制宣传司、律师公证工作指导司、基层工作指导司、法规教育司、司法协助外事司、计财装备司。政治部含人事警务局和组织宣传局。司法部机关行政编制为220名,其中,部长1名,副部长4名,司局级领导职数34名(含政治部司局级领导职数和机关党委专职副书记)。

【职能】 司法部的主要职责是:1、研究拟定司法行政工作的方针、政策和法律、法规,编制司法行政工作的中长期规划、年度工作要点并监督实施。2、指导监督执行刑罚、改造罪犯的工作,指导管理监狱工作。3、指导监督劳动教养工作。4、制定法制宣传和普及法律常识规划并组织实施,指导各地方、各行业依法治理工作和对外法制宣传。5、指导监督律师、法律顾问、法律援助工作和公证机构及公证业务活动。负责委托香港特别行政区和澳门地区公证律师办理事务。6、指导地方司法行政机关管理人民调解工作及司法助理员、基层司法所和基层法律服务工作。7、受全国人大和国务院委托,参与国家有关法律的草拟工作。参与制定有关香港特别行政区及澳门、台湾地区的法规,承办涉香港特别行政区及澳门、台湾法律事务。组织司法领域人权问题研究。管理直属高等政法院校,指导法学教育和法学理论研究。8、组织参加联合国有关国际司法协助条约的草拟、谈判,负责国际司法协助协定执行的有关事宜。指导司法行政系统的外事工作,承办联合国有关对口部门的往来业务,组织参加国际有关人权问题的法律研讨和交流活动,开展政府间的法律交流与合作。9、指导管理司法行政系统的计划财务及枪支、弹药、服装、车辆等物资装备。10、指导司法行政系统的队伍建设和思想政治工作,管理机关和直属单位的人事工作,指导管理司法行政系统的警务和警衔评授工作,协助省、自治区、直辖市管理司法厅(局)领导干部。11、承办国务院交办的其他事项。

信息产业部

【概况】 信息产业部是主管全国电子信息产品制造业、通信业和软件业,推进国民经济和社会服务信息化的国务院组成部门。内设13个职能司(厅、局),包括:办公厅、政策法规司、综合规划司、科学技术司、经济体制改革与经济运行司、电信管理局、经济调节与通信清算司、电子信息产品管理司、军工电子局(特种电子装备局)、信息化推进司(国家信息化办公室)、无线电管理局(国家无线电办公室)、外事司、人事司,另外还有机关党委。信息产业部行政编制为320名,其中:部长1名,副部长4名,司局级领导职数45名(含机关党委专职副书记)。

【职能】 信息产业部的主要职责是:1、研究拟定国家信息产业发展战略、方针政策和总体规划,振兴电子信息产品制造业、通信业和软件业,推进国民经济与社会服务信息化。2、拟定电子信息产品制造业、通信业和软件业的法律、法规,发布行政规章;负责行政执法和执法监督。3、统筹规划国家公用通信网(包括本地与长途电信网)、广播电视网(包括无线和有线电视网)、军工部门和其他部门专用通信网并进行行业管理。4、组织制定电子信息产品制造业、通信业和软件业的技术政策、技术体制和技术标准;制定广播电视传输网络的技术体制与标准;负责通信网络设备入网认证和电信终端设备进网管理;指导电子信息产品质量监督与管理。5、负责全国无线电频率、卫星轨道位置、通信网码号和域名、地址等公共通信资源的分配与管理;负责无线电台(站)设置审批、无线电监测和监督检查,依法组织实施无线电管制,协调无线电干扰事宜,维护空中电波秩序。6、依法对电信与信息服务市场进行监管,实行必要的经营许可制度,进行服务质量监督,保障公平竞争,保证普遍服务,维护国家和用户利益;制定通信网之间互联互通办法和结算标准并监督执行。7、制定通信与信息服务资费政策,确定基本邮政、电信业务收费标准并监督执行。8、负责组织党政专用通信网的规划、建设与管理;管理国家通信网络监控调度中心和国家通信出入口局;组织协调党政专用通信、救灾应急通信和其他重要通信;保障国家通信与信息安全。9、根据产业政策与技术发展政策,引导与扶植信息产业的发展,指导产业结构、产品结构和企业结构调整,指导国有企业重组、组建企业集团;合理配置资源,防止重复建设。10、推进电子信息产品制造业、通信业和软件业的科研开发工作,组织重大科技项目攻关和引进技术的消化、吸收、创新,促进科研成果产业化;扶植民族工业。11、对军工电子实行行业管理,研究提出军工电子发展战略、方针政策和规划,与军队及国防科学技术工业委员会的规划相衔接并组织实施。12、研究制定国民经济信息化发展规划，协助业主推进国家重点信息化工程；指导、协调与组织信息资源的开发利用；指导电子信息技术的推广应用和信息化普及教育。13、组织与指导主要邮政、电信企业的财务汇总、缴拨与清算；协调邮政、电信企业的经营关系，按国家规定组织对邮政和电信普遍服务的补贴；按照管理权限，管理机关和直属单位的干部。14、代表国家参加有关国际组织，签订政府间协定，组织对外经济技术合作与交流，处理政府间相关事宜。15、研究对香港特别行政区及澳门、台湾通信与信息政策，处理有关事宜。16、负责行业统计及行业信息发布。17、办理国务院交办的其他事项。根据国务院规定，管理国家邮政局。

国家工商行政管理局

【概况】 国家工商行政管理局是国务院主管市场监督管理和行政执法工作的直属机构，内设10个职能司(室)，包括办公室、法规司、公平交易司(公平交易局)、消费者权益保护司、市场规范管理司、企业注册司(企业注册局)、广告监管司、个体私营经济监管司、人事教育司、国际交流与合作司，另外还有机关党委。国家工商行政管理局行政编制为260名，其中局长1名，副局长4名，正副局长职数31名(含机关党委专职副书记)。

【职能】 国家工商行政管理局的主要职责是：1、研究拟定工商行政管理的方针、政策和有关法规，拟定、发布工商行政管理的规章制度。2、组织管理工商企业和从事经营活动的单位、个人的注册，依法核定注册单位名称，审定、批准、颁发有关证照，实行监督管理。3、组织监督检查市场竞争行为，查处垄断和不正当竞争案件，依照法律、法规打击流通领域的走私贩私行为和经济违法违章行为。4、组织保护消费者合法权益，组织查处侵犯消费者权益案件，组织查处市场管理和商标管理中的经销掺假及假冒产品行为。5、组织实施各类市场经营秩序的规范管理和监督。6、组织管理经纪人、经纪机构。7、组织管理经济合同，组织查处合同欺诈行为，组织管理动产抵押登记，组织监管拍卖行为。8、组织管理商标注册工作，认定驰名商标，组织查处商标侵权行为。9、组织管理广告发布与广告经营活动。10、组织管理个体工商户、个人合伙和私营企业的经营行为。11、领导全国工商行政管理业务工作。12、开展工商行政管理方面的国际合作与交流。13、承办国务院交办的其他事项。

地方管理机构

中国证监会沈阳证券监管办公室

【概况】 中国证监会沈阳证管办是1999年7月1日正式成立的，内设综合处、上市公司监管处、机构监管处、稽查处、期货监管处、党办、纪检监察办六个处室。在编人员共44人，其中主任1人(正厅级)，副主任3人(副厅级)，助理巡视员1人(副厅级)，正处级12人，副处级3人，主任科员及以下24人。

【职能】 根据中国证监会《派出机构内设机构主要职责》，沈阳证管办综合处主要职责是承担本机构的办公文秘、行政、人事、财务管理、外事等项工作；上市公司监管处主要职责是依据规定，对辖区内的上市公司进行监管，对拟上市公司的股份制改造情况进行核查，对辖区内从事证券业务的会计师事务所、律师事务所、资产评估师事务所及其从业人员的证券从业活动进行监管；机构监管处主要职责是依据规定，对辖区内的证券经营机构、登记托管结算机构、投资咨询机构、信息传播机构、证券投资基金管理机构及其从业人员的业务活动进行监管；稽查处主要职责是依据规定，负责对辖区内违反证券期货市场法规的案件进行调查处理或移送、协助司法机关调查处理，调解证券、期货业务纠纷和争议，处理有关的来信来访，承担本机构的法规工作；期货监管处主要职责是依据规定，负责对辖区内期货经纪机构、期货投资咨询机构进行监管，协助期货交易所对本辖区内的期货交易所非经纪公司会员的有关期货业务进行监管；党办、纪检监察办主要职责是按照党委、纪委要求负责思想政治教育、组织建设和纪律检查等工作。

【规范化管理】 为了提高工作效率和规范化水平，根据中国证监会的有关规定，沈阳证管办针对辖区内监管对象的实际情况和我办的实际工作，进一步加强了法制建设。在上市公司监管方面，制定了《上市公司巡回检查工作程序》、《上市公司办理申报配股业务须知》、《约见上市公司董事、监事、高级管理人员谈话制度》、《上市公司定期报告事后审查制度》、《拟公开发行股票公司改制调查标准》、《沈阳证管办与省政府金融办会商制度》等规章制度。在机构监管方面，制定了《证券经营机构高级管理人员任职资格审查工作程序》、《证券经营机构日常监管重大事件通报制度》、《证券经营机构网上交易备案制度》、《对证券期货投资咨询信息传播活动管理的规定》等制度。在稽查工作方面，制定了《稽查工作实施细则》、《关于中国证监会信访工作规定的实施办法》、《投诉须知》、《投诉接待程序》等制度。在期货市场监管方面，制定了《期货经纪机构风险预警系统》等。在机关内部管理方面，制定了《沈阳证管办贯彻〈中国证券监督管理委员会派出机构办公规则〉实施细则》、《沈阳证管办政务信息报送工作实施意见》、《沈阳证管办安全保卫工作若干规定》、《沈阳证管办经费管理办法》等制度和规定。上述规章制度和相关规定的制定和实施，提高了工作效率和透明度，使一线监管工作进一步制度化、规范化、程序化。

(特约编委：宿庸，特约编辑、特约撰稿：于海联)

中国证监会济南证券监管办公室

【概况】 中国证券监督管理委员会济南证券监管办公室(济南证管办)系中国证券监督管理委员会驻济南大区派出机构，1999年7月1日挂牌成立，属正厅级事业单位。至1999年底，济南证管办共有职工36人，内设综合处、上市公司监管处、机构监管处、期货监管处、稽查处、党办等六个处室。

【职能】 根据国家证券期货法律、法规和中国证监会授权，依法对辖区内的上市公司进行监管。对拟上市公司的股份制改造情况进行核查。依法对辖区内从事证券业务的会计师事务所、律师事务所、资产评估师事务所及其从业人员的证券从业活动进行监管。依法对辖区内的证券经营机构、登记托管结算机构、投资咨询机构、信息传播机构、证券投资基金管理机构及其从业人员的业务活动进行监管。负责对辖区内违反证券期货市场法规的案件进行调查处理或移送、协助司法机关调查处理;调解证券、期货业务纠纷和争议,处理有关的来信来访,承担本机构的法规工作。负责对辖区内期货经纪机构、期货投资咨询机构进行监管。协助期货交易所对本辖区内的期货交易所非经纪公司会员的有关期货业务进行监管。

【业务工作】 在职责范围内积极开展各项证券期货监管工作,不断加强证券期货市场监管力度。(1)积极督促上市公司转变机制,建立现代企业制度。一是为推动国有企业转变经营机制,提高上市公司质量,按照中国证监会"先改制运作,后发行上市"的管理办法,严格要求拟上市企业按照《公司法》、《证券法》等法律法规的要求先行完成股份制改制,并做到资产完整、人员和财务独立。1999年度,先后对江泉实业等7户公司的改制和规范运行情况进行了调查验收,对发现的问题认真指导公司进行整改。二是严把配股审核关,通过配股审核督促上市公司规范运作。全年共受理11户公司配股申请,其中9户公司在对有关问题整改后通过预审,6户年底前获证监会核准。三是结合清理场外股票交易工作,先后对5户上市公司吸收合并场外挂牌企业的工作进行指导和验收。其中清华同方吸收合并鲁颖电子工作已全部结束。(2)努力规范市场行为,加大市场监管力度。一是加强对上市公司的监管。先后组织召开了辖区内上市公司董事会秘书座谈会和董事长(总经理)座谈会,传达学习证监会加强上市公司规范运作的有关通知规定精神,对上市公司规范运作提出明确要求,对促进上市公司规范运作起到了较好的作用。根据《上市公司检查制度实施办法》,对石油大明等12户公司进行了巡回检查。通过巡检全面掌握上市公司的运作情况,对有问题的企业及时发出《整改通知书》。此举对消除证券市场隐患、预防违规行为起到了重要作用。同时,加大了上市公司定期报告和临时报告的事后审查力度。对运作不规范的上市公司实行法人谈话制度,促其规范运作,取得了明显成效。二是加强对证券经营机构的监管。根据证监会《关于向证券经营机构发放〈经营证券业务许可证〉的通知》要求,完成了证券经营机构《经营证券业务许可证》的初审和颁发工作。1家证券公司和56家证券营业部领取了《经营证券业务许可证》。加强了对证券经营机构的现场检查和非现场检查,特别是财务审核工作。在全面调查摸底的基础上,督促证券经营机构及时排除经营隐患。三是加强对期货业的监管。认真贯彻《期货交易管理暂行条例》,高标准、严要求,按期完成了辖区期货公司的年检工作,6家期货公司通过年检。在清理整顿市场秩序的基础上,完成了辖区内期货公司增资扩股工作,指导期货公司建立健全内部控制制度,提高其风险防范能力,期货公司整体素质有所提高。四是开展对证券投资咨询机构的监管,完成了对辖区咨询人员申请从业资格、执业资格及机构、人员年检的初审工作。辖区内的2家证券投资咨询机构通过年检,71人获得证券投资咨询从业资格,43人获得执业资格。着手开展了对专业性中介机构的监管,逐步建立起工作档案。(3)防范和化解市场风险。一是在对辖区内证券市场的风险情况及防范措施进行系统调查研究的基础上,写出《山东辖区证券经营机构的基本情况及风险分析与防范》的报告,下发了《关于加强辖区内证券经营机构重大事项报批、备案工作的通知》,要求证券经营机构在涉及机构日常管理、资产安全、经营活动、风险控制、附属机构等重大事项变更时,要提交临时报告或履行报批(备案)手续。制定了《济南证管办处置证券市场突发事件工作预案》,上报证监会和地方政府,切实做到预案有备,防患于未然。二是对证券期货经营机构技术风险防范问题和解决计算机2000年问题进行检查督促,确保了信息系统安全和计算机2000年的平稳过渡。三是进一步加大违法违规案件的查处力度。对审计署移交的12个证券营业部22起违规问题进行了调查核实,查清违规所得10352万元。四是做好信访工作。在信访工作中,既热情服务,又严格依法办事。有效化解了矛盾,收到了较好的效果。(4)进一步加大工作力度,清理整顿工作取得突破性进展。一是配合地方政府和有关部门清理山东省场外交易市场。截止1999年9月1日,山东4个场外交易场所的148户挂牌企业已全部摘牌,4个场外交易场所也全部关闭。二是积极开展对证券交易中心、证券经营机构和原有投资基金的清理整顿工作。代山东省政府拟定了《关于印发山东证券交易中心清理整顿实施方案的通知》上报证监会。积极参与协调淄博基金的清理规范工作。三是根据分业经营、分业管理的原则,配合人民银行清理规范信托投资公司的证券业务,做了大量工作。(5)从治本入手,进一步提高市场主体质量。为提高上市公司质量,夯实证券市场基础,结合学习党的十五届四中全会和中央经济工作会议精神,济南证管办向山东省政府提出《关于把提高上市公司质量促进上市公司发展作为经济工作的一个重点来抓的意见》,山东省政府非常重视,已转发各市地和有关部门参照办理。

(特约编委:李相启,特约编辑、特约撰稿:赵洪军)

中国证监会武汉证券监管办公室

【概况】 中国证监会武汉证管办由原湖北省证监会和武汉市证管办移交合并组成,于1999年7月1日正式挂牌办公。全办现有干部职工40人,内设有综合处、上市公司监管处、机构监管处、期货监管处、稽查处、党办等六个处室。

【职能】 武汉证管办作为中国证监会派出机构,其主要职责是:认真贯彻执行国家有关法律、法规和方针政策,依据证监会的授权对辖区内上市公司、证券期货经营机构、证券期货投资咨询机构和从事证券业务的律师事务所、会计师事务所、资产评估机构等中介机构的证券业务活动进行监督管理;依法查处辖区内监管范围的违法、违规案件;调解证券、期货业务纠纷和争议;以及中国证券监督管理委员会授予的其他职责。

【业务工作】 为适应证券监管体制改革所带来的新变化,武汉证管办于1999年7月1日正式挂牌之后,即着手实施原省市两套班子的合并重组工作,在初步实现思想统一、办公统一、财务统一、工作统一的基础上,重点抓好思想观念的转变和工作角色的转换工作,迅速实现了三个转变:一是工作角色的转变。自觉地从地方政府的办事机构转变成中国证监会的派出机构,自觉地置身于全国统一的监管体系之中,按照中国证监会的统一部署开展工作。二是监管理念的转变。主要是树立规范意识和监管意识,从以往站在地方政府的角度,想方设法争取企业上市的思维方式中解脱出来,立足于保护投资者利益,防范和化解市场风险,规范辖区内上市公司的运作,通过规范和监管来服务地方经济建设。三是工作重心的转移。自觉地适应证券监管体制改革的新形势和新要求,积极探索监管方式的改革和监管手段的创新,努力开拓工作的新局面。各处室人员到位后,认真研究自己担负的工作职责,熟悉监管对象,扎实地做好履行监管职责的基础性工作,在加强日常监管、规范公司运作、防范市场风险等方面提出了新的工作思路和措施。经过半年时间的磨合,各处室的工作重心都转移到日常监管上来，为下一步工作的顺利开展奠定了良好的基础。

（特约编委：黄湘平，特约编辑、特约撰稿：周军）

中国证监会深圳证券监管办公室

【概况】 深圳证管办于1993年3月正式挂牌，是我国较早成立的地方证管部门。1998年，我国证券监管机构体制改革后，深圳证管办成为中国证监会的九大区派出机构之一，承担监管辖区证券期货市场的职责。1、内设机构和人员编制。深圳证管办现设6个处级职能部门，人员编制共63名，其中办领导职数4名，处级领导职数15名。综合处承担办公文秘、行政、人事、财务管理、外事等项工作，人员编制17名(含工勤人员9名)，其中处长1名，副处长1名，文秘2名、财务2名、行政1名、人事1名；上市公司监管处对辖区内的上市公司进行监管，对拟上市公司的股份制改造情况进行核查，对辖区内从事证券业务的会计师事务所、律师事务所、资产评估师事务所及其从业人员的证券从业活动进行监管，人员编制6名，其中处长1名，副处长1名，上市公司监管人员4名；机构监管处对辖区内的证券经营机构、登记托管结算机构、投资咨询机构、信息传播机构、证券投资基金管理机构及其从业人员的业务活动进行监管，人员编制10名，其中设处长1名，副处长1名，副处级调研员2名，市场监管人员6名；期货处负责对辖区内期货经纪机构、期货投资咨询机构进行监管，人员编制4名，其中处长1名，副处长1名，市场监管人员2名；稽查处负责对辖区内违反证券期货市场法规的案件进行调查，处理或移送、协助司法机关调查处理，调解证券、期货业务纠纷和争议，处理有关的来信来访，承担本机构的法规工作，人员编制7名，其中处长1名，副处长2名，市场稽查人员4名；党办、纪检监察办按照党委、纪委要求负责思想政治教育、组织建设和纪律检查等工作，党办、纪检监察办，人员编制2名，其中党办主任1名，党办、纪检办工作人员1名。2、证管办还将设立信息调研处和稽查局(包括案件调查处和案件审理执行处)。信息调研处负责收集、汇总证券期货市场以及网络化建设信息，及时向证监会反映证券期货市场动态，研究证券期货市场规范和发展进程中存在的问题，提出加强监管工作的意见，人员编制6名，其中处长1名，副处长1名，市场调研人员4名；稽查局与证管办为一套机构、两块牌子，其内设机构与证管办内设机构为一个序列，分设案件调查处、案件审理执行处，人员编制20名，局长、副局长由办领导兼任，设局长助理1名，处级职数4名。稽查局拟设案件调查处和案件审理执行处，案件调查处负责对辖区内违反证券期货市场法规的案件进行调查处理或移送、协助司法机关调查处理，人员编制8名，其中处长1名，副处长1名，市场稽查人员6名；案件审理执行处承担案件的审理、处罚决定的执行、处理来信来访及其他交办工作，人员编制7名，其中处长1名，副处长1名，案件审理执行人员4名，综合业务人员1名。证管办干部有以下特点，一是年龄较轻，平均36岁；二是学历较高，90%本科以上，研究生占了一多半；三是素质较高，能力较强。

【业务工作】 1999年，深圳证管办顺利完成了监管体制的改革，认真开展"三讲"教育，积极探索新体制下加强证券期货市场监管的途径和方式，提高监管水平、监管质量和监管效率，在保证"三讲"教育的高质量和进一步加强一线监管、防范和化解证券期货市场风险方面取得了一定的成绩。1、认真贯彻落实证券监管体制改革的决定和部署，顺利实现了从地方政府职能部门向中国证监会派出机构的转变。同时，强化内部管理，建立健全各项规章制度，顺利完成了包括党建工作制度、办公管理规则、行政管理制度、人事管理制度、处室工作规则、财务管理办法在内的43项规章制度的修订工作。2、督促上市公司依法规范运作，控制风险，努力提高上市公司质量。建立制度督促上市公司理顺与大股东的关系，巡回检查了辖区内21家上市公司，查找上市公司规范运作中的突出问题，加强对上市公司的日常监管和服务，对深圳68家上市公司1998年度年报及1999年中报进行了全面的事后审核，查处特力等公司违规事件13起，加强对上市公司规范运作的辅导，促进上市公司规范运作水平的提高，受理了方大等11家公司的配股申请。3、加强对证券经营机构监管，及时化解风险隐患，维护证券市场正常秩序。建立了证券公司经营情况报告会、风险型证券营业部负责人谈话和专题座谈会制，在全国率先实行由具有证券从业资格的会计师事务所对证券公司年度财务报告进行审计，加强对证券经营机构的监管和服务。受理了深圳10家证券公司、3家分公司及202家证券营业部换发金融业务经营许可证的申请。对58家信托类证券营业部进行巡回检查，对深圳地区证券经营机构的远程终端问题进行了调查清理。加强对基金业务的监管工作，指导深圳4家原投资基金分别制定了具体实施方案，对7家专业证券投资咨询机构和2家证券公司咨询业务进行了年检首次成功组织了辖区内证券行业50余家机构的近1400名证券投资咨询从业人员资格考试的报名审核及相关的考务工作，组织深圳地区证券经营机构约400名财务管理人员进行证券公司财务会计制度的培训。及时处理了广东国民信托投资公司深圳营业部挪用巨额保证金问题，加强对证券经营机构计算机信息系统安全的监管，保证了深圳地区证券期货机构电脑系统顺利过渡到2000年。

【规范化管理】 1、加大对违法、违规行为的查处力度。1999年，证管办积极完成和协助配合完成上级部门交办的涉及海通等证券公司和多家证券营业部十几起大案要案的调查、核查及相关工作，认真做好投诉的受理工作，努力探索防范、化解风险的新办法。受理了90多件投资者来信来访和投诉举报，协调解决市场性纠纷10多件。2、加强日常监管，保证期货市场试点工作的顺利运行。基本完成了对期货市场的规范整顿工作，通过大力治理整顿，使期货中介机构得到了净化，市场行为受到规范。在日常稽查工作中，注意发现、分析市场敏感问题和热点问题，结合工作开展调查研究。督促深圳9家具有证券业务资格的会计师事务所重视业务质量、建立和完善内部控制制度。完成了13家期货经纪公司年检的初审工作，稳妥处理了无力继续经营的两家公司善后问题，对需要进一步核查和整改的3家公司提出了整改要求并进行了核查，促其整改达标。建立巡查制度，强化日常监管。努力处理好深圳财经期货经纪公司的善后问题。

（特约编委：张云东，特约编辑、特约撰稿：孔雨泉）

中国证监会西安证券监管办公室

【概况】 1999年7月，垂直领导的全国证券监督管理体制开始运行，中国证监会西安证管办正式成立。西安证管办成立以来，认真贯彻"法制、监管、自律、规范"的方针，全力保障证券市场的规范发展和监管工作的顺利进行。

【职能】 西安证管办的主要职责是：贯彻执行国家有关法律、法规和方针政策，按照中国证监会的规定对辖区内的上市公司、证券期货经营机构、投资咨询机构及从事证券期货业务的律师事务所、会计师事务所、资产评估机构等中介机构的证券期货业务活动进行监督管理，依法查处辖区内监管范围的违法、违规案件，调解证券期货业务纠纷和争议，以及中国证监会授予的其他职责。

【业务工作】 1999年，西安有两家公司被批准上市，分别是海星科技、秦岭水泥。为支持在国民经济中具有重要地位和作用的大型国有企业的改革和发展，证管办还积极向中国证监会建议将西飞国际列入增发新股试点，已获得批准。根据高科技企业改革和发展的需要，还积极支持高科技上市公司进行企业内部激励制度创新的探索，向证监会推荐了海星科技列入股票认股权计划试点。

【规范化管理】 1999年，证管办正确处理规范与发展的关系，进一步加大了监管力度，切实规范市场行为，维护市场秩序，保证了辖区内证券市场的健康稳定发展。《证券法》的实施，对我们的监管工作提出了更为严格的要求。为了改进和加强监管工作，加大执法力度，真正做到依法治市、依法行政、依法监管、严格执法，使监管工作走向制度化、规范化、秩序化，证管办把建立健全内部管理制度，实施规范化管理，作为提高监管水平的一项基础性重要工作来抓，取得了初步成果。一是制订了《西安证管办信访工作程序》，理顺了办内信访工作程序，防治推诿扯皮现象，及时有效地处理各种来信来访、投诉和纠纷，维护了投资者的合法权益。二是按照《证券经营机构高级管理人员任职资格管理办法》的要求，加强对拟任证券经营机构高级管理人员资格审查，提高了从业素质。资格审查除了考察其证券从业年限外，还制作了专门表格，考察其对证券法规、业务的了解情况。对营业部副经理以上管理人员建立了谈话制度，以了解其熟悉和掌握证券法规的情况。由于建立了规范的工作程序，起到了考核督促高级管理人员学法、知法、用法的目的。三是基本完成了监管对象资料档案的收集、整理、登记、存档工作，以利于及时掌握监管对象的实际情况。证管办成立虽然时间不长，但已努力做到工作尽快到位，全面熟悉和掌握辖区内监管对象的基本情况。目前，已经建立了辖区内上市公司历年年报、中报、临时报告、相关文件资料档案，建立了拟上市公司档案；整理编印了《西北五省区上市公司基本情况》、《西北五省区上市公司1999年中期主要财务指标》、《西北五省区上市公司背景资料速查手册》；建立了配股、巡检、改制调查等专项工作档案；正在建立《陕西省上市公司数据库》；配合地方政府开展的“加快西部开发战略研究”活动，完成了“利用资本市场，促进地方经济发展”的课题调研。四是加强内部制度建设。新机构成立后，证管办立即着手建立健全各项规章制度。先后制定了《西安证管办内部职能处室的设置及各处室主要职责》、《西安证管办财务管理制度》、《西安证管办车辆使用管理暂行规定》、《西安证管办通讯工具使用及管理暂行办法》、《西安证管办工作人员差旅费开支暂行规定》等。这些规章制度的建立和完善保证了各项工作的正常开展，提高了工作效率。

（特约编委：薛文石，特约编辑、特约撰稿：王宏斌）

中国证监会杭州证券监管特派员办事处

【概况】 中国证监会杭州特派员办事处于1999年7月正式挂牌成立，它是中国证监会的证券监管分支机构，在其垂直领导下履行证券监管职能。杭州特派办负责监管浙江省内的杭州、嘉兴、湖州、绍兴、台州、温州、金华、衢州、丽水等十个地区的证券期货机构和上市公司，目前，辖区内共有上市公司36家，证券经营机构15家，期货经纪公司12家。杭州特派办内设综合处、上市公司监管处、机构监管处、期货监管处、稽查处等5个职能处室，共有正式工作人员18名。办内实施定岗定编定职措施，落实工作责任制度，全面系统地制订了办事处岗位职责，将工作任务分解落实到个人，并给处以下干部进行了定职定位，以充分发挥每位同志的工作积极性。

【业务工作】 依法加强监管，努力防范和化解证券市场的金融风险 1999年重点组织力量并聘请注册会计师对8家辖区内的上市公司和一家上海上市公司进行巡回检查，完成了巡检报告和整改意见，对促进上市公司规范运作，降低风险起到积极作用。此外还加强了上市公司信息披露、股权转让和资产重组的监管工作，修订建立了辖区内上市公司重点监控制度，指导和规范上市公司股东大会的运作。证券经营机构的监管工作方面，按规定受理了证券机构的各种初审或审批事项；对辖区内92家证券机构换证申请进行初审和上报，经批准全部换发了证券经营业务许可证。结合换证，对证券公司副总经理以上的高级管理人员和辖区内证券营业部负责人的任职资格进行了全面审查，对12家证券营业部的迁址申请进行了初审，并督促做好平稳搬迁工作；对3家机构申请股票主承销资格或外资业务资格进行初审。此外，还加强对证券信息投资咨询活动的监管。15家期货经纪公司的年检初审工作按时完成，按规范对其中的2家公司予以注销处理，使辖区内期货经纪公司的结构得到了进一步调整和优化。

努力搞好服务，支持经济发展和证券期货业的繁荣 1999年，杭州特派办先后完成了7家企业的改制情况调查，出具了改制调查报告并上报证监会；协助证监会对11家拟上市公司的高级管理人员进行证券法规的考试，成绩良好。对辖区内8家上市公司的配股材料进行初审，审核报告得到证监会上市部的充分肯定。特派办积极支持期货经纪公司增资扩股，壮大实力。先后完成了9家期货经纪公司增资材料的初审和转报工作，并积极扶持大型企业进入期货经纪业。通过增资，辖区内期货经纪公司的整体实力提高，防御风险的能力增强。

搞好四项清理，为辖区内证券市场的健康发展夯实基础 一是完成了对场外股票交易的清理整顿。浙江23家场外股票交易的挂牌公司全部清理完毕。二是基本完成了对原有投资基金的清理规范工作。承担了辖区内2家投资基金和4家受益证券的清理重组规范工作，清理整顿的成果显著，成为全国首个多家投资基金跨地区重组上市的样板。三是完成了对浙江省证券交易中心的清理。四是全面完成了对期货市场的清理整顿工作。做好1998年底前已关闭的十余家期货兼营机构及年检中淘汰的两家期货公司的善后处理工作。

认真调查研究，为决策和强化监管提供依据 通过对证券远程交易网点的全面普查，切实掌握了辖区内证券远程交易网点的现状、类别、存在问题、以及发展思路，为中国证监会规范此类网点提供了切实可行的建议和意见，得到了证监会的肯定和采纳。通过辖区内上市公司改制情况的调查工作，对推动企业规范运行和证券市场健康发展起到积极作用。通过对各期货公司现有营业网点及拟设立营业部意向作出的全面调查，为浙江期货业机构合理布局、稳健发展打下了扎实的基础。（特约编委：王超，特约编辑：吴承根，特约撰稿：葛文良）

中国证监会重庆证券监管办事处

【概况】 中国证监会重庆证券监管办事处的前身是重庆证券

监管办公室，是1997年7月29日重庆市人民政府批准设立的直属局级事业单位。1998年9月由中国证监会实施垂直管理。1999年7月1日正式挂牌。重庆证券监管办事处编制约为40名，现有主任1名，副主任1名，中层干部6名。重庆直属办现正式在编监管干部25名。主任唐昌放，副主任王宝桐。重庆证管办下设党委办公室、综合处、稽查处、上市公司监管处、机构监管处和期货监管处。

【职能】 根据中国证监会的授权，重庆证券监管办事处的职责是：一、承担本机构的办公文秘、行政、人事、财务管理、外事等项工作。二、依据规定，对辖区内的上市公司进行监管，对拟上市公司的股份制改造情况进行核查，对辖区内从事证券业务的会计师事务所、律师事务所、资产评估师事务所及其从业人员的证券从业活动进行监管。三、对辖区内的证券经营机构、登记托管结算机构、投资咨询机构、信息传播机构、证券投资基金管理机构及其从业人员的业务活动进行监管。四、负责对辖区内违反证券期货市场法规的案件进行调查处理或移送、协助司法机关调查处理，调解证券、期货业务纠纷和争议，处理有关的来信来访，承担本机构的法规工作。五、负责对辖区内期货经纪机构及期货投资咨询机构进行监管。协助期货交易所对本辖区内的期货交易所非经纪公司会员的有关期货业务进行监管。六、负责办内思想政治教育、组织建设和纪律检查等工作。七、证监会交办的其他工作。

【业务工作】 1999年重庆证券监管办事处对辖区内6家上市公司进行了巡查，重点检查了上市公司“三会”运作是否规范，“三分开”（股份公司和控股股东资产分开、人员分开、财务分开）是否彻底，募集资金使用是否规范，以及上市公司的关联交易行为，并对检查中发现的问题及时提出整改意见，并督促上市公司及时改正。

（特约编委：唐昌放，特约编辑、特约撰稿：梁盛红）

中国证监会石家庄证券监管特派员办事处

【概况】 1998年12月16日，中国证监会和河北省政府领导在石家庄签定证券监管机构接收备忘录，原河北省证券委员会正式纳入中国证监会的垂直监管体系，成为中国证监会石家庄特派员办事处，在中国证监会的直接领导下负责河北省境内证券市场的日常监管工作。

【规范化管理】 对重点上市公司的巡检　按照中国证监会要求，石家庄特派办组织力量，集中时间，对辖区内威远、露露、商城、宝硕、唐陶、石劝业6家公司进行了巡回检查。整个巡检过程总计召开座谈会16次，约见公司有关人员谈话50多人次，出具巡检报告3万多字，谈话笔录2万多字，工作底稿20多万字。对于检查中发现的问题，除向中国证监会正式上报外，还向上市公司发出限期整改通知书，督促其按时完成整改工作。

对上市公司的日常监管　一是对省内所有上市公司1998年报和1999中报进行了事后审查，对承德露露等公司在报告中存在的误刊和信息披露不准确的问题，责令公司及时刊登更正公告。二是调查了辖区内上市公司大股东出资到位情况和9家大中型骨干上市公司（邯钢、唐钢、华药、乐凯、耀华、天鹅、铸管、石炼化、冀东水泥）有无违规资金入市进行了调查，向中国证监会报送了专题报告。三是对宝石、石劝业两家ST公司年报风险问题进行调查，向地方政府出具了书面报告；对华联商城股权变更后公司运作情况进行关注并聆讯了公司主要负责人；对河北华玉股权转让进行了严格审核；四是加强了基础管理工作，按照监管工作需要，对上市公司的发行申报材料、配股申报材料、上市公告、年报、中报、临时性公告进行了整理归档，初步建立起了上市公司档案。

对证券期货经营机构的监管　1、组织证券经营机构及其营业部贯彻落实《信息系统安全管理规范》和解决计算机2000年问题。按照中国证监会的统一部署，石家庄特派办集中力量，组织省内专家，在5、6两个月内，对辖区内17家证券经营机构及其29家营业部信息系统《规范》落实情况进行了检查，详尽具体地指出存在的问题，限期整改，使辖区内营业部信息系统的装备水平和管理水平上了一个台阶，有效地控制了风险隐患。同时，组织证券经营机构及其营业部6次参加全国计算机跨越2000年的测试，1次银证联网测试和1次应急方案的演练，保证了证券经营机构信息系统的安全运行和顺利跨越2000年。2、进一步规范了投资咨询业务。一是组织了证券投资咨询业务人员考试工作及通过考试人员执业资格申报工作。河北省取得执业资格人员36人。居全国14位。二是帮助河北证券公司研发部通过了投资咨询年检，指导河北源达投资咨询公司和河北鑫诚投资咨询公司申报从事证券投资咨询业务的资格。三是对《生活早报》传播虚假信息的行为及时进行制止并严肃罚款，受到中国证监会机构部的表扬。3、加强了对证券经营机构的监管。基本完成了证券经营机构的换证工作。河北省47家证券营业部已有43家换领了证券营业许可证，还有4家因存有问题需要解决等待第二批发证或做为遗留问题解决。对证券经营机构高级管理人员和分公司营业部经理任职资格进行了审查，首批合格人员66名，未通过人员13人。建立了监管对象档案，包括2家证券公司、5家信托投资公司、47家证券营业部和1家证券登记公司的资料已搜集全面并归档存放。4、顺利完成期货经纪公司年检和重组工作。针对河北省原有3家期货经纪公司经营惨谈、资本金抽逃等问题，通过认真调查，本着有利于河北省期货市场发展的原则，帮助重组2家，注销1家。在注销和重组过程中，平稳平仓未出现社会问题。目前，2家重组公司已通过年检，目前正在进行增资扩股工作，其中恒银公司增资扩股材料已上报中国证监会，际通公司正在制作申报材料。同时，对期货公司的财务情况进行了检查，组织了期货从业人员资格考试报名，调查处理了现货市场变相从事期货交易等工作，确保了河北期货市场的平稳过渡。5、完成了清理整顿场外非法股票交易工作。按照中国证监会的统一部署，组织、指导和督促省内两家产权交易机构对5家股份有限公司的非法股票交易进行清理。到1999年4月30日，已全部完成了清理整顿工作。

法制宣传　在1998年底《证券法》正式颁布之后，河北省于1999年1月上旬立即组织全省有关部门和单位的负责同志集中学习，并邀请中国证监会的有关专家进行辅导和讲解，加深理解和领会，取得了较好的效果。在7月1日《证券法》正式实施前后，又通过多种形式进行宣传和普及，进一步提高了所有证券市场参与者的知法、守法和用法的水平。

稽查处正式成立　1999年，石家庄特派办稽查处正式成立。全年共受理群众信访事项18件（次），调查处理有关证券、期货市场违法违规行为14件，完成了河北省清理整顿场外非法股票交易工作。重点查处了邯郸三元信息咨询公司、邯郸市兴达实业公司、京都期货经纪公司石家庄服务部与河北华远科工贸公司涉嫌非法从事期货经纪业务，以及三河燕郊亚银财经信息服务有限公司非法从事证券经纪业务案，并将有关情况和处理结果报告中国证监会稽查局。同时，配合中国证监会稽查局调查河北证券公司唐山百货大楼营业部涉嫌传播影响证券市场价格的虚假信息和河北证券唐钢营业部违规操作的有关问题，对有关责任人进行了处理。

（特约编委：宋淑艾，特约编辑、特约撰稿：郭行哲）

中国证监会郑州证券监管特派员办事处

【概况】 中国证券监督管理委员会郑州证券监管特派员办事处（郑州特派办）于 1999 年 7 月 1 日正式挂牌成立。目前设有综合处、上市公司监管处、机构监管处、期货监管处、稽查处 5 个职能处。人员编制 26 人。侯苏庆同志担任郑州特派办党委书记、主任，董家臣同志任党委委员、副主任。

【职能】 郑州特派办负责对河南辖区内的证券、期货市场行使统一监管职能。具体职责是：根据中国证监会的授权，起草辖区内有关证券、期货市场的管理规则和实施细则；依法对证券清算、交割、保管、过户、托管、登记机构的业务活动进行监管；依法对证券经营机构、证券投资咨询机构及其从业人员的业务活动进行监管；依法对期货经纪机构、期货投资咨询机构及其从业人员的业务活动进行监管；依法对向社会公开发行股票及拟发行股票的公司实施监管；依法对从事证券、期货业务的律师事务所、会计师事务所、资产评估机构及其从业人员的业务活动进行监管；依据有关法律、法规及证监会的规定，单独或会同有关部门对违反证券、期货法律、法规的行为进行调查和处罚；会同有关部门制定证券、期货市场发展规划；办理中国证监会和河南省政府交办的其他事项。

【业务工作】 郑州特派办按照“法制、监管、自律、规范”的八字方针，依法对辖区内证券、期货市场进行监管，有力地促进了辖区内证券、期货市场的规范健康发展。上市公司监管 1999 年，郑州特派办对 6 家上市公司进行了巡回检查。对 3 家拟上市公司进行了改制验收。组织了 8 家已上市和拟上市公司的高层管理人员共 116 人进行改制辅导考试。另外，还组织开展对上市公司的调查研究，先后撰写了《河南上市公司基本情况分析》、《关于加大河南上市公司资产重组工作力度的建议》等有价值的专题调查报告。证券经营机构监管 1999 年，郑州特派办主要做了以下监管工作：一是积极支持证券经营机构增资扩股和资产重组工作，为 2 家证券公司办理营业部转让手续；二是认真做好证券经营机构换、发证工作，确认具备高管人员任职资格 105 人，基本具备任职资格 7 人。对 4 家证券公司和 59 家证券营业部的换发业务许可证进行初审，上报证监会；三是做好证券经营机构网点布局、搬迁工作，审核了 3 家证券公司 11 家营业部搬迁工作；四是初审了 2 家证券公司的承销资格，上报证监会；五是对 3 家证券咨询机构的年检进行初审，上报证监会复审；六是组织了证券投资咨询人员从业考试，并审核了个人从业资格的申请；七是积极稳妥地解决证券业“计算机 2000 年问题”，指导督促证券经营机构对计算机信息系统进行改造。期货市场监管 1999 年郑州特派办主要做了以下监管工作：一是积极搞好 6 家期货经纪公司的增资工作；二是解决注销业务资格经纪公司的遗留问题，协助清退原有客户的保证金；三是组织了期货投资咨询人员从业考试，并审核了个人从业资格的申请；四是积极稳妥地解决期货业“计算机 2000 年问题”，指导督促期货公司对计算机信息系统进行改造。

【规范化管理】 针对河南证券、期货市场的现状，郑州特派办制定了《关于加强证券营业部风险防范工作的通知》、《河南省证券经营机构股票承销业务监管工作的通知》等近 10 项具体管理办法及工作程序，保证了各项监管任务的顺利进行。在加强河南证券、期货市场法制化建设的同时，郑州特派办按照证监会的要求，认真查处违法违规案件，维护证券市场的稳定和发展。一是安排布置“存折炒股”、“挪用客户交易结算资金”、“违规设立远程交易网点”的“三项清理整顿”工作。目前，第二阶段的检查验收已完成，信用交易、营业部违规自营已全部停止，有效地扼制了潜在风险；二是清理整顿了豫园投资基金和河南证券交易中心；三是清理国丰、鑫福期货公司的非法集资。注销了严重违规的国丰、鑫福等 4 家公司从事期货经纪业务资格，协助清退原有客户的保证金，维护了社会稳定；四是对辖区内 4 个证券公司、17 家营业部的违规案件进行了稽查，核实了违规行为；五是接待 10 多起股民投诉事件，并予以妥善处理。（特约编委：侯苏庆，特约编辑、特约撰稿：张建东）

中国证监会长春证券监管特派员办事处

【概况】 中国证券监督管理委员会长春证券监管特派员办事处（证监会长春特派办）是中国证监会在吉林省行政区的派出机构，负责吉林省行政区内上市公司、证券、期货市场监督和管理工作的职能部门。其前身是由原吉林省证券监督管理办公室和原长春市证券监督管理委员会两个单位组成的。吉林省证管办成立于 1995 年 11 月 6 日，最早是作为吉林省证券委员会的日常办事机构，设在省经济体制改革委员会内。1997 年 2 月 24 日，省政府根据当时证券、期货市场监管工作的需要，决定省证管办与省体改委分离，单独成立。1997 年 4 月 24 日，省编委正式批准其成为独立机构，为省政府直属事业单位，副厅级建制。1998 年 8 月，国务院批准了《证券监管机构体制改革方案》，《改革方案》明确提出，原国务院证券委的职能及其他机构在证券监管方面的职能全部划归中国证监会，地方证管办由地方政府的一个办事部门转变为中国证监会的派出机构，并由中国证监会实行垂直管理。1998 年 10 月 8 日，中国证监会与吉林省政府、长春市政府分别签署《证券监管机构交接备忘录》，吉林省证管办、长春市证监会正式划归并隶属中国证监会，1999 年 7 月 1 日，吉林省证管办和长春市证监会正式合并成立中国证监会长春证券监管特派员办事处，成为中国证监会驻吉林省主管证券、期货监管业务的职能部门。特派办内设综合处、上市公司监管处、证券机构监管处、法规稽查处和期货处五个职能处室。

【职能】 证监会长春特派办的主要职责是：（一）贯彻执行国家有关证券期货法律、法规和方针政策；负责国家证券期货法规的执法检查、监督管理。（二）依据中国证监会的授权对辖区的上市公司进行监督管理，包括督促检查执行国家财务会计制度情况、配股申请的初审和上市公司规范运作等。（三）根据中国证监会的授权对证券经营机构的活动进行监督管理。（四）根据中国证监会的授权对期货经营机构的活动进行监督管理。（五）依据中国证监会的授权对证券、期货投资咨询机构等从事证券业务的中介机构的证券期货业务活动进行监督管理。（六）依法对辖区内证券期货违法违规行为查处，调解证券、期货业务纠纷和争议。（七）中国证监会交办的其他事项。

【业务工作】 股票发行工作 1999 年，吉林省确定预选上市公司共计 12 家。其中，1997 年指标有 9 家；1996 年指标有 2 家；B 股指标 1 家。在全部 12 家预选企业中，预选材料审查通过并核定额度的有 6 户；正在受理的有 5 家。1999 年中国证监会对发行制度进行了改革，特派办认真按要求做好辖区内预选上市公司改制运行情况调查。一是针对拟上市公司的不同情况，分别制定调查方案，确定调查重点，严格工作程序，注重调查效果，防止流于形式。二是在调查中重点对企业的改制方案、运作实施，财务制度等问题进行严格审核，发现问题及时指出并予以纠正，坚决杜绝弄虚作假，过度包装。同时在调查审核中，积极建议、引导和支持拟上市公司把募集资金主要用于高科技项目和重点基础产业项目，加大对高科技企业改制上市的支持力度。1999 年，吉林省有两户高科技企业通过了“双高论证”。三是在拟上市公司申报、审核过程中，注意掌握进度、跟踪服务，帮助企业认真做好材料修改、方案调整和有关协调工作。四是组织拟上市公司高级管理人员参加证券基础知识考试，促进他们学习法律、法规的自觉性。1999 年，吉林省有 6 户拟上市公司近百名高级管理人员参加了考试。此外，吉林省在二次发行方面也取得了突破，吉化公司 1999 年获得批准，2000 年 1 月份增发了 1.5 亿新股。特派办先后为通化金马、延边公路、欧亚集团三家公司实施配股，共筹资 5.37 亿元。

稽查执法工作　1999 年以来，特派办采取了增设投诉热线电话，加强对稽查人员培训，深入调查研究，协调各业务处室之间的业务关系等措施，加大了稽查执法工作的力度。全年接待各类上访、投诉、咨询 153 人次，承办证监会和有关部门信访函件 8 件；调查处理案件 8 起；对审计部门移交的 11 家证券经营机构的违法违规事实进行调查取证，履行了必要的稽查程序，配合中国证监会进行了严肃处理。年初，特派办以文件的形式下发了《关于开展＜证券法＞宣传学习活动的通知》，全省各上市公司、证券机构都积极组织宣传学习活动。为了推动这一活动，特派办组织了形式多样的普及《证券法》的宣传学习活动。三月份与《证券时报》联合举办了《证券法》宣传学习报告会，聘请全国人大财经委领导和著名法律专家宣讲《证券法》，与会者 300 多人。1999 年 6 月份特派办与省体改委等部门联合举办了《证券法》知识宣传学习电视大奖赛，先后有 12 个队参赛。7 月 1 日《证券法》正式实施以后，与长春经济广播电台联合举办了《证券法》基础知识百期有奖问答系列宣传活动。1999 年末，还举办了《证券法》宣传颁奖晚会。

（特约编委：张守义，特约编辑、特约撰稿：董素民）

中国证监会大连证券监管特派员办事处

【概况】　中国证监会大连证券监管特派员办事处的前身是大连市证券管理办公室。1992 年 12 月 18 日大连市证券管理办公室作为新成立的大连市证券委员会的常设机构正式挂牌办公，1994 年 6 月 27 日大连市机构编制委员会发文确定大连市证券管理办公室为市政府直属事业单位，正局级建制。1996 年 5 月 15 日大连市机构编制委员会发文核定大连市证券管理办公室事业编制 20 名，经费由市财政全额拔款，内设秘书处、发行处、综合处、期货处。1997 年 5 月 4 日经大连市机构编制委员会发文批准又增设上市公司处。1996 年 3 月 21 日，大连市证券管理办公室成为中国证券监督管理委员会首批授权行使部分监管职责的 24 家地方监管部门之一。1998 年 10 月 5 日，根据《国务院批转证监会证券监管机构体制改革方案的通知》关于“由证监会接管现有地方证券监管机构，实行垂直领导”的规定，中国证券监督管理委员会与大连市人民政府正式签署了交接备忘录，大连市证券管理办公室从即日起直接对中国证券监督管理委员会负责，经费来源、财务开支渠道从 1999 年 1 月 1 日起变更。1999 年 6 月 18 日，中国证券监督管理委员会大连证券监管特派员办事处正式成立。大连证券监管特派员办事处作为中国证券监督管理委员会的派出机构，隶属于沈阳证券监管办公室，行政级别为国家副局级，内设综合处、上市公司监管处、机构监管处、期货监管处和稽查处共五个处级机构，人员编制暂为 18 人。

【职能】　大连证券监管特派员办事处的主要职责是：贯彻执行国家有关法律、法规和方针政策，按照中国证监会的规定对辖区内的上市公司、证券期货经营机构、投资咨询机构及从事证券期货业务的律师事务所、会计师事务所、资产评估机构等中介机构的证券期货业务活动进行监督管理，依法查处辖区内监管范围的违法、违规案件，调解证券期货业务纠纷和争议，以及中国证监会授权的其他职责。

【业务工作】　1999 年，大连证券监管特派员办事处顺利完成由地方政府职能部门到中国证监会派出机构的角色转换后，围绕《证券法》的贯彻实施，注重坚持在规范中求发展的监管工作指导思想，不断加大监管力度，进一步提高依法监管水平，努力防范和化解市场风险。年内，大连市没有新上市公司，经严格审查把关，有 5 家上市公司进行了送转股，有 2 家上市公司实施了配股。大连辖区的上市公司均保持了良好的经营业绩，平均每股税后利润和平均净资产收益率 2 项指标也高于全国上市公司的同期平均水平。大连证券监管特派员办事处在加强政治理论学习，提高政治素质的同时，以一线监管需要的会计、法律、计算机等专业为主要内容，采取在职学习、参加培训班和自学等方式对工作人员进行了相关业务培训，年内先后选派 4 人次参加了中国证监会举办的稽查骨干培训班、证券法和行政复议法培训班以及机构监管负责人培训班。《证券法》和《期货交易管理暂行条例》及与其配套的四个管理办法出台后，大连证券监管特派员办事处为搞好法制宣传，积极组织辖区内上市公司、证券和期货经营机构、投资咨询机构及中介机构负责人学习、座谈各项法规出台的重大意义和依法运作的必要性，从而使各公司普遍增强了法律意识，基本能够依法经营，依法运作。

（特约编委：于连生，特约编辑：孙利伟，特约撰稿：于路）

中国证监会南昌证券监管特派员办事处

【概况】　根据国务院关于证券监督管理体制改革的有关规定，原隶属于江西省人民政府的江西省证券管理办公室自 1998 年底起上收中国证券监督管理委员会垂直领导，同时更名为中国证券监督管理委员会南昌证券监管特派员办事处。南昌特派办现有人员 16 人。1999 年 9 月，按照中国证监会《关于印发派出机构内设机构设置方案及主要职责的通知》精神，内设机构调整为上市公司监管处、机构监管处、稽查处和综合处四个处室。

【职能】　遵照中国证监会派出机构职能规定，南昌特派办的主要职责有：贯彻执行国家有关法律、法规和方针政策；按照中国证监会的规定，对辖区内的上市公司、证券期货的经营机构、投资咨询机构以及从事证券期货业务的律师事务所、会计师事务所、资产评估机构等中介机构的证券期货业务活动进行监督管理；依法查处辖区内监管范围的违法、违规案件，调解证券期货业务纠纷和争议；中国证监会授予的其他职责。

【业务工作】　日常监管　加强对辖区内证券经营机构和证券

投资咨询机构的日常监管，履行对辖区内证券经营机构的监管职责。1、完成了辖区内证券经营机构申请换证工作。根据证监会要求，于本年度组织辖区内证券经营机构填报申请换证材料，共初审和上报申请换证材料59份，有45家证券营业部顺利通过了中国证监会复审，并领取了新的《证券经营机构营业许可证》。2、对辖区内远程大户室及网上交易的情况进行了细致认真的调查。南昌特派办与人行省分行进行证券经营机构监管职责交接之时，辖区内共有原经人行省分行审批的远程大户室12家，经人行省分行批准整体收购的证券部远程服务点1家。特派办对这些远程大户室和远程网点的场所、交易、人员进行了认真细致的调查，并向中国证监会提交了书面报告，及时准确地反映了辖区内证券市场情况。3、对辖区内6家证券营业部迁址申请，派人前往实地进行勘察，以确定其交通、防火、供电等情况。4、对辖区内证券经营机构提交的高级管理人员任职资格材料进行了审查，并对符合条件的高级管理人员任职资格进行了确认。5、承担了证监会信息中心交办的证券经营机构信息系统技术管理规范工作，制定了辖区内证券经营机构营业部信息系统技术管理规范落实检查工作方案，组织人员对辖区内66%的证券经营机构和营业部进行了现场检查。6、对辖区内证券期货经营机构及营业部解决计算机2000年问题作出了全面安排，组织人员对各单位解决计算机2000年问题工作情况进行了一次认真检查。7、圆满完成辖区内证券投资咨询机构从业人员参加全国考试报名工作和考试的组织协调工作。共有6家机构、105人参考，其中31人双科合格，34人单科合格。特派办对双科成绩合格的人员申请资格进行了初审。经中国证监会复审，31人被授予证券投资咨询资格。对辖区内已获得证券投资咨询资格的一家机构进行了年检，批准了5场符合条件的股评会、研讨会申请，规范了辖区内投资咨询市场行为。

上市公司监管　1、做好配股申请的初审工作，支持上市公司进一步发展。1999年，对具备配股条件、并按规定程序报送了配股申请的6家上市公司，即东风药业、凤凰光学、新华金属、江西水泥、赣南果业的申报材料，进行了初审，均获发审委通过。2、切实搞好巡检，提高上市公司规范化运作水平。1999年，分别对宜春工程、九江化纤、华意压缩和江铃汽车四家上市公司进行了巡回检查。听取公司领导关于规范运作情况的汇报；察看生产现场，重点关注募集资金运用情况；查阅公司历次信息披露资料、“三会”会议记录、公司章程、各项管理制度，会计师事务所对公司审计工作的底稿等；要求对存在的问题限期进行整改，并对整改的情况进行了跟踪调查。3、做好年报和中报审查工作，强化对上市公司信息披露的管理。对辖区内12家A股上市公司1998年年度报告和1999年中期报告进行了事后审查，及时指出其存在的主要问题或隐患，要求尽快整改。4、加强对拟上市公司改制工作的指导，确保改制工作质量。召开了拟上市公司改制验收座谈会，对赣粤高速、诚志股份、鑫新实业等3家拟上市公司改制运行情况进行了检查验收。同时，组织上述3家公司共41名高级管理人员参加《证券法》、《公司法》及有关法律法规的考试。5、加强调查研究，及时了解上市公司的运行情况。除进行巡检外，分赴江西水泥、凤凰光学、东风药业、昌久化工、江西纸业、新华金属等上市公司进行调研，及时了解公司动态，督促企业规范运行。同时，收集、整理、分析有关上市公司信息披露资料，建立全省上市公司档案，加强监管基础工作建设。

【法制建设】　《中华人民共和国证券法》于1999年7月1日颁布实施，国务院《期货交易管理暂行条例》于9月1日正式发布实施。根据中国证监会的布置，南昌特派办发出了《关于开展〈证券法〉宣传年活动的通知》，《通知》强调要把学习《证券法》贯穿于全年各项工作的始终，并提出了八条落实措施。

（特约编委：何渭滨，特约编辑、特约撰稿：喻达志）

中国证监会南宁证券监管特派员办事处

【概况】　中国证券监督管理委员会南宁证券监管特派员办事处是中国证券监督管理委员会的派出机构，内设综合处、上市公司监管处、机构监管处、稽查处四个处，目前员工14人。1999年7月1日正式挂牌，单位行政级别为副局级。

【职能】　认真贯彻执行国家有关法律、法规和方针政策，依据证监会的授权对辖区内的上市公司、证券期货经营机构、投资咨询机构和中介机构及其从业人员的证券从业活动进行监督管理；依法对辖区内违反证券期货法规的案件进行调查处理和移送、协助司法机关调查处理，调解证券、期货业务纠纷和争议，处理有关的来信来访，以及中国证监会授予的其他职责。

【业务工作】　南宁证券监管特派员办事处与广西电视台联合举办了《证券法》知识竞赛，宣传贯彻《中华人民共和国证券法》。参加中国证监会举办的培训班，主要有：稽查骨干培训班、《证券法》培训研讨班、《规范》落实工作检查人员培训班、派出机构监管负责人培训班、证券法和行政复议法培训班、第71期香港工商研讨班。

【法制建设】　1999年，随着《证券法》正式实行，以及各项法规建设逐步完善与健全，证券期货市场进入了法制化、制度化监管轨道，南宁特派办依照“法制、监管、自律、规范”的八字工作方针，对辖区内上市公司、证券期货经营机构，证券投资咨询机构以及从事证券业务活动行为进行监督管理。

日常监管工作　1、依照中国证监会有关规定对辖区内3家股份有限公司进行改制情况调查；对1家上市公司进行检查；对2家股份有限公司配股进行初审。2、依据《证券法》及证监会有关规定对辖区内12家上市公司中报、年报及信息披露进行事后审查。3、根据中国证监会有关工作会议精神，对辖区内期货经纪公司进行年度检查，对一家财务状况差、抵御风险能力弱的期货经纪有限责任公司作出不予通过年检，停业整顿的处理。4、1999年南宁特派办共接到50起群众来信、来访、来电，依照国家及中国证监会有关法律、规定分别进行处理及解答。如有群众来信投诉反映辖区内一家上市公司由于资金紧张，导致主要的生产车间原料紧张而停产，但未进行披露一事。此事如果真实，有可能影响该公司再次筹措资金计划。南宁特派办进行调查发现，投诉问题与事实不符，本着实事求是的原则，处理了该投诉，使该公司顺利通过了配股工作。

处罚违规行为　根据群众举报，辖区内一家证券交易营业部有挪用客户保证金申购新股的行为。南宁特派办组织力量进行了调查，依照法律程序进行立案调查取证。对该证券交易营业部挪用股民保证金申购新股的违规行为依法进行了处罚。1999年6月，辖区内一家上市公司因一重大投资项目未及时进行公告，受到深交所通报批评，特派办进行调查后发现，该公司决策程序违反了《公司法》有关规定，要求该公司进行彻底整改，杜绝违法违规行为再次发生。

打击非法活动　1999年，辖区内部分地市出现了一些打着投资咨询名义非法进行证券期货活动的公司。南宁特派办依照有关规定，配合政府有关部门对此行为进行坚决的打击和取缔，1999 年共打击取缔 5 家以投资咨询名义非法进行股票、期货活动的公司。

（特约编委：娄必元，特约编辑、特约撰稿：尹献生）

中国证监会海口证券监管特派员办事处

【概况】 1991 年 4 月 5 日海南省成立股份制试点领导小组，负责对全省股份制试点和股票发行等工作的统一领导和协调。1993 年 3 月 16 日成立海南省证券委员会及其办公室，负责对全省证券市场和股份制企业进行统一监管，原股份制试点领导小组同时撤销。1994 年 3 月 24 日海南省政府将省证券委员会办公室改为省证券管理办公室，列省政府直属正厅级事业单位，省证券委员会作为议事协调机构保留下来。1998 年 11 月 6 日中国证监会与海南省人民政府签署了《关于证券监管机构交接的备忘录》，海南省证券管理办公室改由中国证监会垂直领导。1999 年 6 月 18 日经中国证监会批准，中国证监会海口特派办正式成立。中国证监会海口特派办现有正式职工 18 人，其中干部 16 人，工人 2 人。行政级别为副局级，由尹怀安同志任主任，林树富同志任副主任。内设五个处室，分别是综合处、上市公司监管处、机构监管处、稽查处、期货监管处。

【职能】 中国证监会海口特派办在集中统一的监管体制下，履行中国证监会派出机构的职能，即：贯彻执行国家有关法律、法规和方针政策，按照中国证监会的规定对辖区内的上市公司、证券期货的经营机构、投资咨询机构及从事证券期货业务的律师事务所、会计师事务所、资产评估机构中介机构的证券期货业务活动进行监督管理，依法查处辖区内监管范围的违法、违规案件，调解证券期货业务纠纷和争议，以及中国证监会授予的其它职责。

【业务工作】 中国证监会海口特派办认真贯彻“法制、监管、自律、规范”的八字方针，根据证券监管体制改革的有关要求，将工作重心由审批股票发行上市转变到防范风险、加强监管、规范市场上来。

防范证券期货市场的风险 第一，认真防范上市公司风险，对部分上市公司实行重点监管。特派办将 ST 公司、亏损公司、经营困难公司和有违规行为的公司共 11 家公司列为重点监管对象，对其实行定期谈话等一系列措施进行重点监管。在 1999 年中报披露中，海南有 ST 琼华侨、ST 南洋未能按期披露，经多方督促和努力，这两家公司分别于 9 月 28 日和 11 月 25 日披露出 1999 年中期报告。为避免再次发生此种情况，中国证监会海口特派办在辖区内上市公司的 1999 年年度报告披露过程中，同会计师事务所及时沟通，了解年报披露情况并督促公司依照交易所制定的披露日期按期公告。截止 2000 年 4 月 30 日，海南上市公司全部披露 1999 年报。1998 年年报披露后，海南有 ST 琼能源、ST 海药两家公司连续两年亏损，面临连续三年亏损的危险，经多方努力，两家公司已摆脱连续三年亏损被摘牌的危险；1998 年报披露后，海南有 6 家上市公司被交易所特别处理，1999 年年报披露后海南 ST 公司已由 6 家减少到 4 家。另外，特派办还积极协助地方政府进行高风险上市公司帮促工作，为海南省政府和海口市政府提供了大量的反映上市公司情况的材料和具有建设性的意见和建议，受到地方政府的好评。第二，努力防范和化解证券经营机构风险。对辖区内所有证券经营机构经营风险进行调查，研究制定了《证券经营机构主要负责人风险责任制》等多项制度，督促其加强风险管理，建立有效的内控机制。同时，积极稳妥地推进海南证券交易中心、海南富岛基金等清理整顿工作。第三，继续参与中商期货交易所撤并和改组工作，协助地方政府部门对中商期货交易所会员会费等资金清退情况进行了验收，对其改组方案进行初步审核，实现了平稳过渡。第四，大力抓好证券期货经营机构的技术风险防范。认真落实中国证监会关于解决计算机 2000 年问题的有关要求，对辖区内所有证券经营机构进行现场检查，并跟踪解决问题，使全省券商顺利通过计算机 2000 年安全测试。针对各期货经纪公司不同情况，做了大量、细致、周密的工作，使期货业 2000 年问题也得到了顺利解决。

加强日常监管 对上市公司定期报告和临时报告进行事后审核，及时跟踪上市公司经营运作状况，协助解决其经营中遇到的难题，并做好有关资料的汇总、整理和分析；对证券投资咨询机构从业资格、营业部经理任职资格、证券经营机构经营许可证换发等进行细致审核、严格把关；对期货公司增资进行认真的审核，积极推进期货从业人员资格考试和公司高级管理人员任职资格培训工作，并对 9 家期货公司进行了 1998 年年检初检。

认真做好股票公开发行、上市公司配股审核工作 1999 年共有 5 家发行股票，当年有 4 家挂牌上市，海南椰岛于 2000 年 1 月挂牌上市。中国证监会海口特派办对欣龙无纺和椰岛股份公开发行股票申请材料进行初审，对海南航空公开发行股票申请材料进行后期审核，并按照中国证监会审核反馈意见指导公司进行材料的修改。对兴业聚酯和椰岛股份两家拟公开发行股票公司的改制运行情况进行检查。通过书面调查和实地调查相结合的方法，全面了解公司改制运行情况，并将检查情况报告证监会。完成三家公司配股初审工作。对中海海盛、金海股份和燃气股份配股申报材料进行初审，并将三家公司的预审报告、批复文件和审核对照表等材料上报证监会。其中，中海海盛和金海股份已于 1999 年底完成配售工作，共募集资金 4.25 亿元。

（特约编委：尹怀安，特约编辑：储胜，特约撰稿：孙喆）

中国证监会拉萨证券监管特派员办事处

【概况】 1993 年 7 月，西藏开始建立证券管理机构，成立自治区证券委员会（自治区人民政府非常设机构），由自治区各经济综合部门和金融、政法、纪检等部门的负责人组成，自治区分管经济工作的副主席任主任。区证券委员会的主要职责，是根据国家的法律、法规，选择、培养拟上市公司，协调有关改制、发行、上市的有关问题，跟踪检查上市公司和证券经营机构。自治区证券委员会下设办公室，承办自治区证券委员会交办的具体工作。1995 年自治区机构改革后，仍然保留了自治区证券委员会，其办公室合并挂靠在新组建的西藏自治区经济贸易经济体制改革委员会，同时组建委属证券处和自治区证券监督管理委员会，由两名副主任分管具体工作。1998 年 8 月，自治区根据《国务院批转证监会证券监管机构体制改革方案的通知》精神，将原西藏自治区证券委员会办公室整建制移交中国证券监督管理委员会。从 1999 年 1 月 1 日起，原自治区证券办、区证监会、区经贸体改委证券处的工作职能，逐渐向证券监管职能过渡和转变。1999 年 7 月 3 日，中国证券监督管理委员会拉萨证券监管特派员办事处正式挂牌运行。与此同时，西藏撤消了自治区证券委员会，成立了自治区企业改制推荐上市公司工作领导小组，继续承担原自治区证券委员会的职能和职责。

【业务工作】 上市公司的配股初审工作　按照中国证监会颁布的有关上市公司配股和信息披露的各项规定，对辖区内拉萨啤酒和西藏矿业两家上市公司提出的配股申请进行了初审。在审核过程中，重点对两家上市公司是否按照法定程序通过有关配股决议、历次募集资金使用情况、本次配股募集资投资项目及其合法性以及相关的信息披露等情况进行了认真的审查，对申报材料中存在的问题，责成公司进行修改、完善。分别于 1999 年 5 月、6 月通过了配股初审，并通过了中国证监会的复审，两家上市公司配股于 2000 年 4 月前完成，分别募集资金 6695 万元和 7235 万元。

上市公司的巡回检查工作　按照中国证监会的统一部署，1999 年 6 月和 12 月，对辖区内西藏矿业和西藏明珠两家公司进行了巡回检查。在检查过程中，聘请有证券从业资格注册会计师，重点对上市公司"三会"运作情况，信息披露情况，募集资金使用情况，财务会计制度，公司举债、抵押、担保情况进行检查。对公司存在的问题下发整改通知书限期改正，达到了发现问题、揭示风险的目的，保证了上市公司规范运作。

对拟上市公司的改制验收工作　按照"先改制运行，后公发上市"的要求，根据中国证监会的统一部署，1999 年 9 月，对西藏珠峰工业股份有限公司改制运行情况进行了验收。在验收过程中，重点对股份公司股东大会、董事会、监事会召开情况，资产、财务、人员与母公司分开情况以及承销商的辅导情况进行调查，认为股份公司成立之后，建立了法人治理结构，人员独立、资产完整、财务独立，基本达到了股份公司规范运作的要求。

对上市公司年报等信息披露和年度分红派息监管工作　上市公司一年一度的中报、年报等信息披露和分红派息工作，是上市公司信息披露和维护股东权益的重要内容。特派办积极督促上市公司按时编制、及时向交易所和证监会报送定期报告，加强了对上市公司中报、年报等各种信息披露，特别是募集资金使用、重大关联交易等的事后审查，顺利完成了上市公司中报、年报等各种信息的披露工作。同时，对上市公司 1998 年度分红派息加强了监管，保证企业以较多的利益回报股东。

处理证券经营机构 2000 年问题　在中国证监会的统一部署下，于 1999 年 10 月着手准备解决计算机 Y2K 问题，督促辖区内证券经营机构——拉萨证券营业部做好各项工作，按照"重点突出、针对性强、风险最小"的原则，要求其尽快完成切实可行的应急计划，并成立了应急计划领导小组，对拉萨证券营业部应急计划的制定、实施进行具体指导，应急计划基本达到保护投资者的利益、防范市场风险、稳定市场的要求。12 月 4 日拉萨证券营业部参加了全国计算机 2000 年测试，整个演习在应急计划领导小组的现场指导下，较圆满地完成了演习任务，并顺利完成解决计算机 2000 年问题的相关工作。

处理西藏恒泰投资咨询公司违规代理股票买卖问题　1999 年 3 月以来，西藏恒泰公司与深圳置银信公司签定协议，以提供所谓的大比例融资为诱饵，欺骗区内一些不明真相的投资者，在恒泰公司开户，利用远程电话委托，进行没有任何买卖的虚拟股票交易，严重损害了西藏股民的利益。事发后，西藏自治区党委、政府组成了联合调查组，全力解决这一事件，追回大部分资金，及时清退了保证金，保证了西藏股民的利益。　（特约编委：杨代刚，特约编辑、特约撰稿：黄祥）

中国证监会兰州证券监管特派员办事处

【概况】 中国证监会兰州特派办于 1999 年 7 月 1 日正式挂牌成立，设置 4 个处：综合处、稽查处、上市公司监管处、机构监管处，现有人员 20 人。

【职责】 （一）在中国证监会的统一领导下，结合甘肃实际，贯彻执行国家证券、期货方面的法律法规和方针政策。（二）依据中国证监会分级管理的规定，对甘肃省内的上市公司和拟上市公司，证券公司、期货经纪公司和证券期货营业部，证券期货投资咨询服务机构，从事证券期货业务的律师事务所、会计师事务所、资产评估机构的证券期货业务活动等进行监督管理。（三）依照国家证券、期货方面的法律法规和中国证监会的有关规定，对甘肃省内的证券、期货违法违规案件进行调查、处理和移送，对证券、期货方面的纠纷和争议进行调解，处理有关的来信来访。（四）中国证监会授予的其他职责。

【业务工作】 （一）综合处业务工作。组织制定本办各项行政规章制度，保证各项行政规章制度的贯彻实施；负责有关公文的草拟、审核、收发、传递、督办和反馈，保证公文的制发质量和运转的合规畅通；做好公文的分类管理和建档、保密工作；负责人事、工资和社会保险事务；负责本办纪检、监察日常工作；负责本办内部职工政治、业务学习、培训的组织；负责信息的组织报送和有关事件的协调处理；组织制订财务预算和决算，监督并按时报告预算的执行等。（二）稽查处业务工作。依据中国证监会规定，负责对辖区内违反证券期货法律、法规的案件进行调查处理或移送、协助司法机关调查处理；调解证券、期货业务纠纷与争议；承担特派办的法规工作，负责对证券期货等法律、法规贯彻执行情况进行调查研究，总结经验，反映问题；接待和处理有关的来信来访，负责主任热线电话管理；完成领导交办的其他工作。（三）上市处业务工作。贯彻执行国家有关上市公司、证券交易、服务机构法律、法规，并结合甘肃实际制定相关办法和措施；负责辖区内拟发行公司辅导工作的监督管理；对上市公司的信息披露进行日常监管，对其内容进行审查和综合分析；对上市公司重大事宜进行监督检查，并督促其规范运作；审查上市公司配股及增资发行申请并出具报告；积极参与和支持上市公司资产重组工作；组织监管对象进行工作交流，探讨解决问题的思路和办法；完成领导交办的其他工作。（四）机构处业务工作。贯彻执行国家有关证券期货监管的法律法规，并结合甘肃实际制定证券期货经营机构监管的相关办法、意见或措施；负责辖区内证券期货经营机构的日常监管，期货经纪公司的年检；根据中国证监会的授权对证券期货经营机构的市场准入变更事项及市场退出提出意见：(1)机构设立、迁址、转让、互换的批准；(2)证券期货公司高级管理人员任职资格的初审；营业部总经理（副总经理）资格的审批；(3)股票承销机构承销资格的初审；(4)外资代表处各类申请文件的初审；(5)其他事项；证券期货经营机构计算机系统安全及信息发布的监管；证券期货投资咨询业务活动的监管；证券期货从业人员资格考试工作的组织；完成领导交办的其他事项。

【法制建设】 自 1998 年 12 月份《证券法》颁布以来，特派办认真组织《证券法》的贯彻落实工作，1999 年初安排了辖区内"证券法"宣传年活动，与省人大法工委、甘肃省电视台、甘肃日报社联合主办了由上市公司、证券经营机构和拟上市公司参加的《证券法》知识电视竞赛活动和面向全社会的《证券法》知识报纸竞赛活动。中国证监会兰州特派办成立之后，狠抓制度建设，先后制定了《上市公司监管工作暂行办法》、《证券期货经营机构监管工作暂行办法》、《证券交易服务机构监管工作暂行办法》、《稽查工作暂行办法》、《上市公司处工作程序》、《机构处工作程序》、《稽查处工作程序》等一系列规章制度，为证券期货监管工作的制度化、规范化奠定了基础。

（特约编委：马才斌，特约编辑：方向瑜，特约撰稿：叶泉）

中国证监会银川证券监管特派员办事处

【概况】 银川证券监管特派员办事处是中国证监会的派出机构，其前身是成立于1993年的宁夏回族自治区证券委员会办公室。

【职能】 其主要职责是：贯彻执行国家有关法律、法规和方针政策，按照中国证监会的规定对辖区内的上市公司、证券期货经营机构、投资咨询机构进行监督管理，依法查处辖区内的违法违规案件，调解证券期货业务纠纷和争议，以及中国证监会授予的其他职责。自成立至今，银川证券监管特派办按照中国证监会的总体部署和工作要求，结合宁夏的具体情况，坚持"法制、监管、自律、规范"的八字方针，建章立制，以证券监管为中心，加大市场监管力度，查处非法从事证券期货活动，保证了宁夏证券市场健康、有序、规范的发展。

（特约编委：夏业成，特约编辑：买文广，特约撰稿：徐辰平）

中国证监会乌鲁木齐证券监管特派员办事处

【概况】 1999年乌鲁木齐证券监管特派员办事处在中国证监会的领导下，认真贯彻"法制、监管、自律、规范"的八字方针，依法监管，确保新疆证券市场健康发展。上半年，在新领导班子尚未任命，内部机构尚未确定之前，仍然按照原来地方、兵团各自监管范围做好日常监管工作。在这一过渡时期内，认真组织全体人员学习有关法律和财务知识，转变原有的思想观念，根据全国证券监管工作会议部署的各项工作任务和派出机构新的监管职能要求，把主要精力集中到加强辖区内各项监管工作上来。为了保证机构的平稳过渡和监管工作的正常进行，设置了内部机构，指定了各部门临时负责人，适时开展各项日常工作，组织专人起草拟定了12项管理制度，完成了全办人员工资套改和财务预算工作，还成立了党支部、工会委员会，疏通了文件传递渠道和同地方、兵团党政部门工作联系的衔接工作。在经过中国证监会全面考察任命了新的领导班子后，乌鲁木齐证券监管特派员办事处于7月1日正式挂牌成立。下半年，在新班子领导下，实现了两办合并办公，通过人员和业务的逐步调整，按照证监会关于派出单位内设机构设置方案，调整建立了综合处、上市公司监管处、机构监管处、稽查处等4个处，在加强监管和内部管理两个方面逐步向规范化、科学化方向发展。

【业务工作】 1999年完成了对广汇石材、中基股份、国际实业等3家上报复审的拟上市公司改制运行情况和调查验收，按照"三分开"原则对其资产完整、财务独立、人员独立的实施情况进行了严格审查，并按规定向证监会出具了验收调查报告。配合证监会工作人员组织对伊力特、广汇石材、中基股份、昆仑橡胶、天利高科、国际实业等6家公司的高管人员进行了相关法律法规的考试。1999年，新疆上市公司增加了3家，分别是天山股份、伊力特和新农开发，另有新疆天业、新天国际、汇通水利三家上市公司完成配股，上市公司通过发行和配股，共募集资金12.41亿元。其中，新疆天业第一个实现10:6大比例配股，募集资金2.67亿元，主要用于农业节水项目，此项目已列为国家节水农业推广项目。截止1999年底新疆区内上市公司共有14家，其中地方9家，兵团5家。14家上市公司发行时的总股本为16.85亿股，到1999年末增至29.57亿股，增长了75%；累计募集资金总额为34.36亿元，为企业经营提供了充裕的资金保证。

【制度建设】 按照特派办的职责，针对辖区内监管对象的具体情况，在对上市公司监管方面，制定了《关于加强上市公司监管的意见》（试行）和《董事会秘书工作考核办法》，对上市公司监管工作的规范化、程序化起到了积极作用。在证券（期货）经营机构监管方面，建立了证券、期货机构交易数据月报、季报制度。为配合《证券法》的学习、宣传工作，由特派办组织了《证券法》知识电视大奖赛；聘请参与起草的法律专家作宣讲《证券法》的大型报告会；与新闻单位合作，积极开展了《证券法》和上市公司规范运作的宣传活动。应新疆日报之约，撰写并发表了《没有严格的监管就没有证券市场的健康发展》的文章；与新疆日报社共同主办了《新疆证券市场发展》专栏和《资本运作与西部大开发》大讨论专刊。

（特约编委：高进坤，特约编辑、特约撰稿：何洁）

中国证监会合肥证券监管特派员办事处

【概况】 按照中国证监会《证券监管派出机构内设机构设置方案》，中国证监会合肥证券监管特派员办事处内设综合处、机构监管处、公司监管处、期货监管处、稽查处5个处，现有人员24名。主任：方俊文，副主任：李兵、光明。

【职能】 根据中国证监会《派出机构内设机构主要职责》的规定，中国证监会合肥特派办主要职责是：依据有关规定，对安徽省辖区内的上市公司进行监管，对拟上市公司的股份制改造情况进行核查；对辖区内的证券经营机构、期货经纪机构、证券登记托管结算机构、证券期货投资咨询机构、证券信息传播机构、证券投资基金管理机构及其从业人员的业务活动进行监管；对辖区内从事证券业务的会计师、律师、资产评估师及其从业人员的证券从业活动进行监管；协助期货交易所对本辖区内的期货交易所非经纪公司会员的有关期货业务进行监管；负责对辖区内违反证券期货市场法规的案件进行调查处理或移送、协助司法机关调查处理；调解证券、期货业务纠纷和争议，处理有关的来信来访，承担辖区内有关法规工作。

【业务工作】 1、认真学习、宣传和贯彻《证券法》，开展"证券法宣传年"活动。一是成立"学习宣传《证券法》领导小组"，负责全面安排《证券法》学习、贯彻和实施工作以及各项计划的落实和督促检查；二是建立"证券监管人员学习日"制度，组织全体监管人员逐章逐条学习《证券法》，全面掌握立法精神及其对实际工作的要求，提高依法行政、依法治市和依法监管的水平；三是以《证券法》为准绳，对特派办制定实施的规范性文件进行全面清理，废止已经失效或与《证券法》相抵触的规章制度；四是联合省委宣传部、省人大法工委、省司法厅等部门举行《证券法》大型报告会；五是举办两期《证券法》专题培训班，辖区内各上市公司以及拟上市公司、证券经营机构、证券中介机构近80家单位共131人参加了培训；六是为促进全省证券从业人员学习《证券法》的热潮，联合《证券时报》举办全省证券营业部《证券法》知识竞赛，全省 49 家证券营业部近 200 名从业人员参加了竞赛；七是 7 月 1 日统一在全省 16 个地市开展“《证券法》宣传咨询日”活动，面向广大投资者开展知法、懂法、守法宣传普及教育。4、认真抓好解决计算机 2000 年问题的督促、检查和协调工作。为确保辖区内证券期货业计算机系统平稳进入 2000 年，顺利通过闰年过渡期，特派办先后成立了“解决计算机 2000 年问题领导小组”和“中国证券期货业 Y2K 应急指挥中心合肥分中心”，并在证监会信息中心的指导下，开展了以下几项工作：一是针对各个阶段的工作重点，先后召开四次座谈会，检查工作落实情况，评估和研究存在的主要问题；二是结合辖区内证券经营机构落实《规范》情况的检查，对辖区内 50%以上的证券经营机构和 3 家期货经纪机构解决计算机 2000 年问题的工作进展情况进行了现场检查；三是组织辖区内证券期货经营机构按时参加全国联网测试及应急计划演习；四是召开辖区内证券期货经营机构会议，布置有关过渡期工作，检查过渡期应急准备情况，并制定了应急工作程序及工作预案、过渡期值班制度及报告制度等；五是认真做好数据备份的验收存管和过渡期的现场检查工作。3、认真开展证券投资咨询机构及其咨询人员从业资格的初审工作，加强对证券投资咨询和信息传播市场的监管。一是组织辖区内有关机构从业人员参加全国证券投资咨询从业人员资格考试，并对通过考试人员的从业资格进行了初审，全省 50 名投资咨询从业人员获得了证监会颁发的从业资格；二是对具有证券投资咨询资格的机构及其咨询人员的从业情况实施了年检；三是建立证券投资咨询机构检查制度，对咨询机构进行了现场检查和非现场检查工作，并实施证券投资咨询机构月报制度、季报制度；四是制定、颁布了《安徽省社会公众股评活动管理暂行办法》，并据此建立了社会公众股评活动审批制度，严格规范证券投资咨询行为；五是实行工作日阅报制度，对辖区内证券投资咨询和证券信息传播情况进行检查和监督。3、认真开展信访投诉的受理工作，加大证券期货违法违规案件的稽查力度，防范和化解市场风险。一是设立证券期货市场监管和服务热线电话，指定专人负责，按照国家法律、法规和有关规定，受理投诉，解答投资者有关证券、期货的咨询；二是依法办理信访投诉案件，严肃查处证券期货市场违法违规行为，保护投资者的合法权益。全年共受理信访投诉 34 件，办结 30 件。办理证监会交办或转办的信访投诉和违法违规案件 8 件，办结 7 件。三是严厉打击辖区内非法证券、期货交易活动。重点查处了青阳县银通信息咨询公司非法开设股票交易场所案件，依法取缔了非法交易，并将该涉嫌诈骗犯罪的案件移送安徽省公安厅处理；另外对芜湖东兴商品投资咨询公司非法从事期货代理案件进行了调查，并按有关规定移送安徽省工商局查处。（特约编委：方俊文，特约编辑、特约撰稿：刘晓东）

中国证监会太原证券监管特派员办事处

【概况】 为了建立全国集中统一的证券监管体制，根据中央有关文件精神，中国证券监督管理委员会同山西省人民政府于 1998 年 12 月签署了《山西省证券监管机构移交备忘录》，山西证券监管机构正式划归中国证监会垂直领导，成为中国证监会驻山西辖区的派出机构。从 1999 年 1 月份起，人、财、物全部由中国证监会统一调配，统一管理。1999 年 7 月 1 日，中国证监会太原证券监管特派员办事处挂牌成立。随着监管体制的转变，特派办的工作职能也发生了较大变化，工作重心由以前的发展与监管并重、以发展为主转移到对市场的监管上来。根据证券监管体制的总体要求，特派办的内设机构由以前的 5 个处室减少、合并为综合处、机构监管处、上市公司监管处和稽查处 4 个处室，各处在职能上也相应进行了调整。在区域划分上，太原特派办属天津证管办大区。

【业务工作】 太原特派办始终坚持“法制、监管、自律、规范”的八字方针，严格遵循公正、公开、公平的工作原则，促进了辖区证券市场的规范发展。

对拟上市公司进行改制验收　根据中国证监会的有关规定，对拟公开发行股票的公司，其规范化的股份制改造必须已满一年，并须经派出机构进行验收后方可提出发行申请。针对这一要求，特派办制定了《拟公开发行股份公司改制验收办法》，对拟上市公司的改制及运行情况进行了调查验收。采取了上市公司监管处、机构监管处、稽查处共同验收的办法，对公司运作情况及时提供相关的咨询服务，发现问题，及时纠正，确保了公司的改制质量。1999 年完成了对太原天龙、太原化工、神州煤电、西山煤电等四家公司的验收。

对上市公司进行监管　对上市公司的监管从工作实际出发，制定了巡回检查制度、重大问题事先通报制度和约请高级管理人员谈话制度等，采取了加强监管与指导服务相结合，非现场监管与现场监管相结合，全面监管与重点监管相结合的方法，以制度为保证，促进了企业上市以后的规范运作。

对证券经营机构的监管　在日常监管工作中，对证券经营机构实行较为完备的内控和外控监管措施。对内，加强对其完善各项规章制度的监管，规范经营行为，防范和化解市场风险；对外，强化其对市场的责任心和服务意识，并在各证券营业部实行统一的委托买卖单和身份证验伪等措施，大大减少了各种纠纷的发生。

【规范化管理】 支持上市公司的资本运作，提高上市公司质量和竞争实力　上市公司股票发行后，利用资本市场的优势，开展资本经营是上市公司提高竞争实力的重要途径。“南风化工”通过一系列的兼并收购行为，跨 7 个省区收购了 8 家同类企业，使企业生产规模迅速扩大，实现了低成本扩张和产业的优化升级，形成了同跨国洗涤剂公司在中国市场进行抗衡竞争的实力。“通宝能源”成功地实施了产权重组和产业结构调整，向有地区优势的龙头行业发展，利用配股所募资金收购了 1 家电力公司，实现了煤电的最佳组合，增强了企业实力。“山西三维”参与网络行业，向网络数据传输及相关技术开发的服务领域进军，企业实施科技兴企战略迈出了实质性一步。“兰花科创”在继续保持煤炭主业优势的同时，与北京大学和山西省生物研究所结为合作伙伴，向信息产业和工程产业进军，从而形成了煤炭、化肥、高科技并举的产业格局。“太原刚玉”依托清华大学及其他科研院所的科研优势，以市场为导向，逐步走上基础材料工业与高科技相结合的发展道路。

积极扶持证券经营机构的规范发展　特派办积极采取措施，加强证券市场的基础设施建设，新增了 7 个营业部。同时，抓住银证脱钩的契机，协调山西证券公司、大同证券公司的改制和增资扩股工作，使山西证券公司的注册资本由原来的 1000 万元增加到 2 亿元，大同证券公司的注册资本由原来的 1000 万增加到 1.2 亿元，增强了扩大经营、抵御风险的能力。

解决计算机 2000 年问题　根据证监会的部署，特派办聘请了计算机专家对所辖证券经营机构信息系统实施全面现场规范检查，及时解决了问题，实现了全辖区证券期货业计算机 2000 年的平稳过渡。

加强《证券法》的舆论宣传工作　1999 年 7 月 1 日，《中华人民共和国证券法》开始实施。为了配合《证券法》的实施，特派办制定了详细的宣传方案和培训计划。一是 2 月份聘请有关专家对辖区上市公司、证券经营机构负责人进行了相关培训。二是组织了辖区上市公司、证券经营机构的《证券法》考试，参考人员达 2000 余人，并从中抽出 6 支代表队进行了"《证券法》知识电视大赛"。三是同山西人民广播电台联合开办了为期一个月的《证券法》知识讲座。四是举办了"《证券法》宣传日"活动。

（特约编委：申志杰，特约编辑：孙春生，特约撰稿：马坚）

全国各地证管办联系地址

序号	单 位	热线电话	地 址	邮 编
1	北京证券监管办事处	01068330794	西城区北礼士路甲 10 号	100044
2	天津证券监管办公室	02223136873	天津市和平区大理道 98 号	300050
3	石家庄证券监管特派员办事处	03117019463	石家庄市中华大街 85 号	050071
4	太原证券监管特派员办事处	03514074934	太原市迎泽大街 163 号	030001
5	呼和浩特证券监管特派员办事处	04716284277	呼和浩特市新城区北垣街 58 号综合楼	010010
6	沈阳证券监管办公室	02422857837	沈阳市和平区中山路 176 号	110002
7	长春证券监管特派员办事处	04312728005	长春市新发路 32 号	130051
8	哈尔滨证券监管特派员办事处	04516214198	哈尔滨市西大直街 118 号工大高新 16 楼	150001
9	大连证券监管特派员办事处	04113623253	大连市西岗区大公街 34 号	116011
10	上海证券监管办公室	02164719548	上海建国西路 319 号	200031
11	南京证券监管特派员办事处	0253335195	南京市云南路 31—1 苏建大厦 23 层	210008
12	杭州证券监管特派员办事处	05715063278	杭州市体育场路 429 号天和大厦 10 楼	310006
13	宁波证券监管特派员办事处	05747247456	宁波市战船街 52 号	315000
14	济南证券监管办公室	05312902316	济南市马鞍山路 9 号	250002
15	合肥证券监管特派员办事处	05512840674	合肥市长江中路 357 号证券大厦 10 楼	230061
16	郑州证券监管特派员办事处	03715905052	郑州市政五街省政府北院	450003
17	青岛证券监管特派员办事处	05325026092	青岛市香港中路 2 号丰合广场 B 区 501 室	266071
18	武汉证券监管办公室	02787890181	武昌区洪山路 62 号 8 栋 17 楼	430071
19	长沙证券监管特派员办事处	07314455686	长沙市芙蓉中路市人大办公楼 10 楼	410005
20	南昌证券监管特派员办事处	07916848447	南昌市八一大道 366 号银翊大厦 24 层	330006
21	广州证券监管办公室	02087614453	广州市东风东路 703 号 12 楼	510080
22	福州证券监管特派员办事处	05917828260	福州市五四路 119 号嘉信大厦 11 层	
23	南宁证券监管特派员办事处	07715330891	广西南宁市桃源路 67 号广西石油大厦 12 楼	530021
24	厦门证券监管特派员办事处	05925157630	厦门市湖冰东路湖光大厦 2—3 层	361004
25	深圳证券监管办公室	07553226092	深圳市福田区百花六路长青楼	518028
26	海口证券监管特派员办事处	08985350551	海口市海府路 73 号 6 楼	570203
27	成都证券监管办公室	0286142641	成都市陕西街 239 号 9 楼	610041
28	重庆证券监管办事处	02363638396	重庆市临江支路 2 号合景大厦 26 层	400015
29	贵阳证券监管特派员办事处	08516811064	贵阳市省府路 1 号工行大厦 11 层	550001
30	昆明证券监管特派员办事处	08713190413	昆明市白塔路 208 号	650051
31	拉萨证券监管特派员办事处	08916324120	拉萨市林廓北路 12 号	850000
32	西安证券监管办公室	0298239930	西安市含光路南段 28 号嘉翔大楼 5 层	710065
33	兰州证券监管特派员办事处	09318862009	兰州市秦安路 81 号	730030
34	西宁证券监管特派员办事处	09718217831	西宁市解放路 14 号	810000
35	银川证券监管特派员办事处	09516025924	银川市文化东街 1 号（农发行宁夏分行 3 楼）	750004
36	乌鲁木齐证券监管特派员办事处	09912825793	乌鲁木齐市民主路 40 号附 2 号金新信托大厦 5 层	830002
37	上海证交所	02168400160	上海浦东路 528 号	200122
38	深圳证交所	07552083225	深圳市深南东路 5045 号	518010
39	上海期交所	02168400430	上海市浦东新区浦电路 500 号	200122
40	大连商交所	04114808007	大连市沙河口区会展路 18 号	116023
41	郑州商交所	03715612216	郑州市未来大道 69 号未来大厦	450003

证券交易机构

上海证券交易所

【概况】 1999年,上海证券交易所在"法制、监管、自律、规范"八字方针指导下,在中国证监会的正确领导和市场各方积极参与下,规范运作,稳健向上,在市场建设、发展和监管等各方面都取得了很大成效。

市场规模持续扩大 1999年上市公司新增加46家,截至1999年底,上市公司总数达484家;上市公司总股本达1580.15亿元,比上年底增长23.42%;市价总值为14580.47亿元,比上年底增长37.22%,是继1998年上海证券交易所首次突破1万亿元后,出现的又一次较大增长。至1999年底,上证所会员数为310家,会员下属营业部达2540个,席位数达5153个。投资者开户数突破2000万户,达2281.12万户,比上年底增加281.71万户。

筹资功能进一步增强 1999年,上市公司通过上海证券交易所筹集资金总额为486.42亿元。一批在国民经济中具有重要地位的大型国企如武钢股份、东风汽车、东北高速和浦东发展银行等一次性筹资均达12亿元以上,尤其浦东发展银行,一次发行流通股4亿股,筹资40亿元。上海证券交易所还发行和上市了七家证券投资基金。

市场活跃,成交量持续增长 1999年沪市的股票、债券、基金全年成交总金额达35992.13亿元,比98年增长1656.34亿元。绩优国企大盘股和高科技股是全年的市场热点,虹桥机场、邯郸钢铁、四川长虹和上海汽车年成交金额均在190亿元以上,其中邯郸钢铁将近250亿元。高科技股上海贝岭和大唐电信年成交金额均在148亿元以上。

1999年,上海证券交易所全年证券成效金额占中国大陆全年证券成交总金额的68.81%,表明了上海证券交易市场继续保持全国主要证券市场的地位。

【基础设施建设】 1999年,上海证券交易所进一步完善各项基础设施,以确保证券市场高效安全运行。

进一步对电脑交易系统的升级和优化 1999年上证所在反复论证、测试的基础上,进一步对电脑交易系统进行优化升级,使交易系统最大委托量达到920万笔,最大成交笔数达到1400万笔。强大的处理能力不仅使目前的市场交易得以顺利进行,而且也为未来的市场交易规模的拓展打下了坚实的基础。同时,上证所还改革了场外交易网络通信模式,对证券公司的报盘机和路由器进行了重新配置。此外,还对场外报盘系统进行了升级,增强了对大额买入风险的防范能力。通过这些改进,使上证所交易系统的稳定性、安全性和可靠性大大提高。

完善法人结算制度 1998年,上海证券交易所属的上海证券中央结算公司在借鉴各国证券市场发展经验的基础上,结合我国的实际情况,全面推出资金法人结算制。1999年,上海证券中央结算公司进一步完善了法人结算制度,累计为18家证券公司、新基金办理了法人结算手续,完成1006个席位清算路径、483个营业部资料、183个法人单位基本资料、800个结算备付金帐户的变更工作。

对结算系统进行优化 为了实施证券法人集中托管制度,有步骤地推进DVP(银货对付)交收的过程,建立证券市场直通处理的中国模式,上海中央证券登记结算公司从1999年底开始对原有的PROP系统进行重大升级。经升级后的PR0P2000系统为新业务的开发和开展提供了一个坚实的技术基础,它所提供的法人开户、远程查询功能,为证券法人集中托管的实施提供了技术手段,证券质押功能为证券质押业务的开展提供了技术保证。随着PR0P2000系统的推广,还将大大方便登记结算公司和市场参与人之间的数据通信,为上海证券存管结算业务的发展打下了坚实的基础。

完善通信系统 上海证券交易所为了更好地保障通信畅通无阻,更好地为市场发展提供方便、可靠、高速和高效的证券通信手段,在1999年采取了一系列措施,大力完善通信系统。一方面加紧建设卫星地球站,完成外高桥卫星通信地球站各项前期工作和建设准备;另一方面,加快推进卫星系统扩容,至年底,联网卫星小站已有1727家,单向卫星小站3200余家;些外,还完成了卫星地面拨号系统的安装工作,增强通信系统防范风险能力。

【服务体系】 加强市场服务、提高市场服务质量是上证所工作重点之一。1999年,上证所不断强化服务意识,在市场的建设和发展过程中,始终强调市场服务的重要性,积极采取措施,认真搞好对会员公司、上市公司和投资者的服务。上证所还不断改进服务方式,运用现代信息技术,积极采用网络、电子信箱、语音信箱、声讯电话等手段不断改进市场服务,提高服务质量。全面实行一站式服务,设立总经理信箱,开设24小时咨询、服务热线、电脑技术故障处理热线、卫星故障保修及技术咨询电话等。此外,还开展交易所服务情况的市场征询,逐步实现服务调查工作的制度化。在上市公司服务方面,上证所积极总结宣传上市公司的好经验、好做法,组织了上市公司经验交流会。借鉴国际经验,建立上市公司董事会秘书协会,增强董事会秘书在上市公司规范运作中的作用。在会员服务方面,建立了会员公司一站式服务制度,积极抓好会员单位负责人的培训及新业务的培训。在投资者服务方面,积极开展投资者服务日活动,向投资者宣传证券知识,进行法律咨询,做好投资者的信访接待工作。

【规范化管理】 对市场有效监管能力的强弱是衡量一个交易所成熟与否的重要指标之一。1999年上海证券交易所不断地完善以法制建设为基础,以上市公司监管、会员公司监管和市场实时监控为主要内容的监管体系。

落实证券法,积极推进制度建设 1999年上证所根据《证券法》,对一系列制度进行了修订,如上证所建设的基础性法规《上海证券交易所章程》,证券市场监管方面的规章《上市规则》、《会员管理规则》,市场运行方面的规章《交易规则》等。

加强上市公司监管 1999年,上海证券交易所在上市公司监管方面重点抓了三个方面。一、以规范上市公司信息披露为重点,加强上市公司监管。首先,在认真搞好日常监管、审核上市公司定期报告的基础上,对信息披露不符合规定的行为

采取纠正、批评和公开谴责等方式进行规范。其次，在全面监管的基础上实施重点监管，包括对象上的重点监管，如ST公司等；内容上的重点监管，如资产重组、收购兼并等；方式上的重点监管，如对风险公司进行重点走访等。二、积极揭示市场风险，逐步构建上市公司风险揭示体系，要求亏损公司及时发表预亏公告，定期刊登风险揭示公告等。1999年，上海证券交易所共对20余家上市公司进行了特别处理（ST）和特别转让（PT）。三、促进上市公司优化运行机制，积极督促上市公司“三分开”，重视完善上市公司治理结构，强化其规范运作意识。

加强会员监管与会员风险控制　1999年上海证券交易所按照《证券法》的有关规定，采取了一系列有效措施防范会员风险，规范市场运作。首先，大力加强对会员的日常管理和会籍管理，完善会员管理信息系统；其次，进一步强化会员检查和报告制度，完善会员业务报表系统，开展会员年检工作，对会员业务报表进行风险分析评估；再次，现场和非现场两手抓，进行重点监管，开展会员经营状况分析和会员走访工作，对有潜在风险的会员，实施重点监管；第四，加强全员内控制度建设，强化会员的技术管理。此外，还对交易中心与上证所的联网业务进行了清理，以及开展对交易员的业务培训等。

完善一线监管手段，强化市场实时监控　为了对市场的实时监控更加有效，上海证券交易所对市场监控系统进一步加以了改造。1999年完成了方案论证，2000年可全面完成系统改造。新系统在功能、数据容量、效率、指标体系、安全保密方面有显著改善。在1999年中，对于涉及交易行为异常的股票、具有重大潜在风险的会员公司以及面临清理的原证券投资基金等，上证所实施了重点监控。对市场违规案件，上证所进行了积极查处，1999年主动调查处理了30余起违规案件；并且积极防范和化解了中创、君安、广东国投、海南华银等会员突发事件可能引发的市场风险，保证了市场的稳定运行。

（上海证券交易所　周惠忠）

深圳证券交易所

【概况】　1999年在中国证监会的正确领导下，在深圳市政府和社会各方面的大力支持下，深圳证券市场仍然展示出在不断规范的基础上稳步发展的好局面。截止1999年12月31日，深交所上市公司463家，全年新增上市公司50家，增长12.1%；总股本1328亿元，新增总股本264亿元，增长24.8%；总市值11890亿元，流通市值4000亿元，分别增长33.9%和41.7%；投资者开户2200万户，新增289万户，增长15.1%；股票、基金累计成交金额15473亿元，比上年增加3904亿元，增长33.7%；新股发行筹资370亿元，比上年增加23亿元，增长6.7%；代征印花税115亿元，比上年增加13.7亿元，增长13%。从深圳证券交易所来看，1999年比较平稳地经受住了市场出现重大变化和跨越千年的技术考验，确保了系统安全通畅运行。在“5.19”恢复性上升行情中，深圳证券交易日交易量迅速由20亿元左右增加到390多亿元，增长18倍以上；日交易笔数由40万笔增加到400万笔，增长近10倍；投资者开户人数由平均每日2500户增加到4万户，增长16倍。与此同时，面对计算机2000年问题，经过周密组织和谨慎安排，使计算机系统顺利跨越千年。经过一年的运作，深交所的财务状况展现出令人满意的结果。1999年交易所营业收入7.95亿元，较上年增长43.51%；费用支出2.07亿元，比上年略有增长，为12.2%；净资产32.92亿元，较上年增长16.12%。

参与制度创新　1999年是我国证券市场制度创新非常活跃的一年，中国证监会在这一年推出了许多制度创新项目。仅在发行制度创新方面，就进行了多种方式的探索，如利用交易系统进行法人配售、竞价发行、网下配售、可转债转股等。所有这些创新，都是由交易所具体组织实施的。如网上发行和向二级市场配售方式，从市场调研到推出实施，经历了较长时间，在这项改革方案的调查论证阶段，深交所有关部门设计了科学的调查表格，使调查结果充分反映各层面的意见，并在此基础上提出了许多技术和操作建议。1999年，深交所在促进高新技术上市公司发展和设立高新技术企业板方面，进行了许多超前性的工作。1999年1月份就拿出了设立高新技术板的前期论证报告。为促进高新技术上市公司群体形成和为设立高新技术板做好充分理论准备，综合研究所先后推出了一系列研究成果。1999年8月，组织召开了“上市公司高新技术经验交流会”，探讨证券市场与发展高新技术相结合的方式和途径，积极引导会员单位在上市公司高新技术发展中发挥中介、桥梁作用。

稳妥地参与证券市场的清理工作　第一，圆满完成交易中心的清理工作。截止1999年6月底，深交所已关闭了所有28家联网交易中心的席位，清理工作提前一个多月完成。第二，积极参与原有投资基金的清理规范。一方面对原有基金进行大范围地走访、摸底。全年走访了广东、湖南、四川等10余个省市的原有投资基金，了解原有投资基金的资产状况、发起人和管理人情况。另一方面积极为规范后的原有投资基金上市提供全方位服务，编制了《原有投资基金上市工作指引》，对规范后基金托管、帐户开设、进场交易和基金上市等一系列问题制定了详细明确的工作流程。第三，积极、稳妥地做好各地证券登记机构职能转变的前期准备工作。交易所走访检查了海南、四川、黑龙江等地的10家异地登记机构，对41家上市公司的未托管、未确认股份进行了核对和清理。并及时制定《深圳证券交易所证券登记代理机构业务运作指引》，规范各证券登记机构的业务运作，以利于证券登记开户业务平稳过渡。此外，凭证电子化已经开始起步，日处理能力可达两万张。

【监督管理】　*加强一线管理*　1999年是证券市场清理整顿力度最大的一年，也是市场交易出现巨幅波动的一年。为保证监管工作更有效地进行，深交所按照“重点监控、重点防范”的原则，对上市公司、会员及其营业部按风险程度进行排队，对重点对象进行重点监控；对重点股票、重点席位、重点帐户进行定点监控。在此基础上，全年着重抓了以下几个方面的工作：第一，提高处理紧急情况的能力。1999年，全国银行、证券行业出现的紧急情况是比较多的。深交所妥善处理了潮州信托下属证券部被托管、广东国民信托深圳证券部挪用巨额保证金、海南赛格海口营业部大额透支等突发事件，有效维护了本所资金安全，维护了市场的稳定。第二，加大上市公司监管的力度。到1999年底，深交所上市公司已经达到463家，1999年全年共处理上市公司各类信息披露公告7300多份，股票停、复牌3112次，除权除息307次。在做好日常监管的同时，着重从以下几个方面开展工作：一是密切关注上市公司的市场表现。针对市场上有关上市公司的消息和传闻，要求19家公司刊登了澄清公告、62家公司刊登了风险提示公告。二是对上市公司违规行为严格依法处罚。对北海银河信息披露不真实进行了公开通报批评，对津国商等7家上市公司及部分高管人员进行了内部通报批评。三是建立上市公司监管案例总结制度。全年共编写各类监管案例和案例分析报告30多份。四是深入上市公司实地查访。年内共走访了近50家上市公司，在年报公布前，对上百家经营存在问题的上市公司进行摸底调查，督促已明显出现亏损的44家公司发布了预亏公告。第三，注重加强会员监管。主要工作有：一是严格会籍及席位的审批程序。全年共受理席位申请1351件，批设席位386个，办理席位冻结解冻144个，吸收新会员3家，办理会籍变更6家，注销会员13家。二是对301家会员开展了年度检查，重新核对了2566个证券营业部的资料。三是建立会员财务报表报送系统，会员报表的报送率由年初的60%左右上升到目前的95%以上，基本实现了会员报表报送的制度化和电子化。四是建立会员财务及风险状况分析系统，每月对会员的风险程度进行评估和分析，实现对会员的风险分级管理。五是对部分风险会员进行实地走访和抽查。全年共走访、抽查了70余家会员总部或营业部，并对粤财信托广州荔湾营业部等少数经营状况恶化的证券部发出了“整改通知书”。六是处罚违规会员，严肃会员纪律。对汕头国投等3家会员给与予通报批评，并对15家会员的不合规行为给予了书面或口头警告。第四，密切监视市场交易情况。全年共发现异常交易280起，发出电话质询及警告22次；对异常波动个股实施临时停牌154次；稽查超比例持股帐户196个，清理股份3549万股；对10只出现异常交易的股票进行了调查分析，向证监会提交4篇分析报告。第五，进一步完善自动化监控手段。一是对市场监控系统的软、硬件进行了升级，使监控系统处理能力提高了3倍以上。二是实现了对指定个股的委托监控，改变了过去单纯依靠成交数据监控交易异常的方式。三是开发了资金前端风险控制系统，对会员的日买入委托金额进行实时监控，有效地防范了大额买空事件的发生。四是开发了上市公司年报网上披露系统，实现了上市公司年度报告全文首次网上披露。

【基础设施建设】 深交所大力加强技术系统建设，进一步提高系统的安全性和适应性。第一，推进灾难备份系统的建设。深交所成立近10年来，一直处于单系统运作状态。随着市场规模的扩大，交易所组织市场交易的任务日益繁重。为确保市场的安全运作，经中国证监会批准，1999年7月，灾难备份系统工程建设正式启动。其目标是：在单系统出现异常情况时，备份系统能在短时间切换成功，并完全承担起交易、结算、通讯业务的正常运作。第二，推动系统改版工程建设。在启动灾难备份系统建设的同时，深交所启动了业务应用系统改版工程。对重大问题组织工程技术人员和业务工作人员进行反复讨论磋商，先后共提交业务需求报告17份，系统分析报告30份。第三，采取切实措施解决计算机“千年虫”问题。1999年，深交所成立了专门工作小组，制定了切实可行的方案，先后对交易、结算、通信、信息等系统进行升级和完善，并组织了五次联网测试，顺利解决了“千年虫”问题，确保了2000年过渡期安然度过。第四，建立安全、高效的法人资金结算系统。法人资金结算系统的建设从1998年开始起步，1999年初投入试运行。经过不断优化和完善，法人电子化资金结算系统1999年日均处理资金量达700亿元，顺利完成了56只新股发行的资金结算及验资工作，共冻结资金3.8万亿元。第五，建立和开发网上办公系统。经过一年多的建设，综合信息系统已完成二期工程建设，实现了网上公告、网上论坛、网上办公和应用系统的上线，开发了上市公司管理、会员管理、信息查询等子系统。此外，围绕业务需求，还进行了一系列的技术系统项目的开发。全年共完成开发项目23个，完成系统维护项目102个。

（深圳证券交易所：金立扬）

香港联合交易所

【概况】 尽管年内备受亚洲金融风暴影响，交易所本年度仍录得税后净盈余，财政状况维持稳健。虽然营业额下跌23.6%，交易所仍能透过提高生产力、减少开支而安然渡过这严峻的一年。于本财政年度末，保留盈余累积至9.42亿元，发展储备则有2.08亿元。发展储备将继续用以支持交易所的基础设施发展，其中包括交易系统的进一步自动化，以及推出崭新的市场、产品及服务。交易所继续受到1998年亚洲经济逆转的影响，年内集资活动及交易市场成交均告减少。此外，香港今年的经济表现持续衰退（不过速度已经放缓），失业率创出6.3%新高。期间，港元进一步受到炒家狙击。在1998年8月，更遇上市场狂沽恒生指数的成份股，政府遂于8月28日史无前例地大举入市，创下790亿元的单日成交纪录，使股市恢复秩序之余也协助维持港元的联系汇率。

【集资市场】 年内共有26家公司进行首次公开招股，集资48亿元，其中包括一家H股发行人，筹集23亿元。此外，亦有15只债务证券上市，总值为610亿元，而股本权证有30只，由金融机构发行或担保的衍生权证则有177只。

创业板 本财政年度结束后，交易所在发展创业板方面进展迅速。交易所在1999年8月颁布了《创业板上市规则》，一个月后再定出创业板首批保荐人名单。交易所已接获数份上市申请，预期11月即有首家公司在创业板上市。

衍生权证及债务证券 交易所正检讨其衍生工具市场的发展策略。交易所理解到发行人、投资者及衍生工具的流动性均十分高，因此很难期望上市公司在发行衍生产品时，一定自动选择在本土市场发行。年内共有177只衍生权证上市，其中计有97只单一股本认股权证、60只指数权证、12只一篮子权证、7只货币权证及1只商品权证。自欧罗面世后，1999年上半年共有3只以黄金作抵押品的欧罗兑美元的货币权证上市。在5月，4只Nasdaq 100指数权证挂牌买卖。中国继续支持本港债务市场之发展；现时共有7只中国债务证券在香港上市。1999年8月，香港金融管理局首次向公众公开发行债务证券，将57期外汇基金债券安排在交易所挂牌买卖。部份由香港按揭证券有限公司发行的债务票据亦将于10月底前在交易所上市。此外，其他机构包括多家香港政府公司及以上市公司亦表示有兴趣将本身的债务证券上市。

【交易市场】 1998年8月28日的单日成交创出790亿元新高，但全年计算，交易市场的成交额降至15,610亿元，跌幅为51%。交易宗数总数减少40%至1,690万宗，成交股数降至8,920亿股，减幅为38%。于1999年6月30日，交易大堂共设有838部第一终端机，安装在会员办公室的第二及第三终端机数目则分别为832部及331部。离场进行的交易持续超越场内交易。今年6月，离场交易占市场总成交额79%，整个年度所占的比重则为77%。年内，交易所推出了会员电子邮递及集体传呼服务，使交易所与会员之间可以电子形式通讯。交易大堂放有电子邮递终端机，方便交易员查阅交易所的通告。

市场就第三代自动对盘系统作好准备 交易所将于2000年第二季推出全新的第三代自动对盘及成交系统（第三代自动对盘系统），该系统采用最新技术，为投资者提供全面的交易环境。新系统所采用的技术包括互联网科技、开放式界面方式、电子商贸的资料保密标准以及其他先进科技。第三代自动对盘系统将建立具效率的交易环境，其中包括多种不同

的交易机制以及与经纪系统之间的开放式界面，并会成为直通式交易的基础交易平台。交易所在发展第三代自动对盘系统的同时，也正筹备连串教育工作，协助市场人士准备新系统的推出。

股票期权市场　于1999年6月30日，共有17只股票的期权可供买卖，包括2只金额类别股、3只公用事业股、6只地产股、4只红筹股及2只综合企业股。该17只正股的市值占市场总值的70%，占恒生指数成份股的市值89%。年内的平均每日合约成交量为6,022张。1998年8月27日录得49,947张的本年度最高单日成交量，而本年度最高的未平仓合约数字则是1999年6月28日创下的227,837张。以成交合约计，最活跃的五个期权类别分别是汇丰控股、恒生银行、香港电讯、和记黄埔及中电控股五家公司的期权。该五个名义价值最大的股票期权类别的期权交易相对于正股交易的比率是8.4%。为使股票期权市场的发展更加广泛，交易所将引入新一类期权会籍，称为"期权经纪会员"。期权经纪会员替客户进行期权业务时需透过期权交易会员执行客户的买卖指示。为提高期权市场的流通性，交易所已容许庄家委任特定的交易员代其就指定的期权类别履行庄家责任。

资讯服务　本年度从提供资讯服务所得的收益下降，主要原因是资讯订户减少。

交易所展开了优惠计划，以助拓展多个地点(包括中国内地)的业务。交易所修订了部份资讯服务的收费，其中包括减收特许分供应商的费用以及调整每次报价所收取的费用，希望可以进一步发展互联网服务，令更多人可以享用透过这渠道发布的资讯。

【新市场、产品及服务】　交易所于1998年12月成立了市场及产品发展科，专责分析本地及海外市场的最新市场及产品趋势、检讨既有产品以及物色适当的产品发展对象并加以统筹推出。自市场及产品发展科成立以来已发展了多项新产品及多个新市场。交易所就政府债券的上市、交易、交收以及政府债券市场的资讯发布建立了所需的基础设施；1999年8月，外汇基金债券正式在交易所上市。交易所现正筹备一项推广计划，让散户投资者能更深入认识债券市场及其优点。交易所也建立了发展指数基金(基金表现与相关的主要指数表现挂钩者)所需的基本设施。与此同时，有见于证券市场日趋国际化，交易所亦已开始与海外的交易所建立策略联盟，而首个合作对象则是Nasdaq(美国全国证券交易商协会自动报价系统)—交易所与Nasdaq正研究关于将Nasdaq股份在香港作双重上市及交易的试验计划。

上市公司资料库及网页　交易所在本身网页上设立了"上市公司资料库"，为投资者提供另一项免费网上资讯服务。这项服务让投资者得以及时查索上市公司的资讯，不单提高市场透明度，也有助投资者作出有根据的投资决定。

"上市公司资料库"收载有根据《证券(披露权益)条例》须予披露的权益每日摘要及部份上市公司公布，所载者为自1999年4月1日起的资料，并会储存五年。上市公司公布兼备中文及英文版(如适用)，内容包括业绩公布、证券回购摘要及电脑系统过渡公元2000年的进度报告。交易所于1998年12月推出全新的交易所网页，比前载有更多可供市场用家及投资者参考的资讯，其中包括现货及期权市场的报价以及历史性数据。去年底，交易所与Nasdaq－Amex Market Guoup推出联合网页，让投资者得以进行美股及港股的投资组合管理。交易所另外亦为创业板专设一个网址。

【监管】　在交易所股份化及合并计划全部完成前，交易所与证券及期货事务监察委员会(证监会)已开始共同检讨两者在监管职能上的划分，藉以使有关的职能划分合理化、消除可能出现的角色冲突、改善运作效率并纾减市场参与者不必要的工作负担。交易所建立了一个更为完备的会员资料数据库，使本身能更有系统地监管、了解及评估会员。此外，查访的内容亦已作认真检讨，以确保充份涵盖所有的风险范畴。交易所及证监会联手对涉嫌在1998年8月27日及28日政府进入股市及期市期间非法进行的卖空活动展开调查。此外，交易所亦继续与证监会联手采取纪律行动，以充分利用现有资源。年内，交易所调查了764宗个案，去年则为304宗。调查个案大幅上升是由于调查了共486宗涉嫌在1998年8月27日及28日进行非法卖空的个案。于1999年6月30日，在所有调查个案中，501宗查明无据，毋需采取进一步行动；137宗需要采取纪律行动，余下126宗则尚未完成调查。　(香港联合交易所)

深圳辽河通达化工股份有限公司

SHENZHEN LIAOHE TONGDA CHEMICALS COMPANY LIMITED

深圳辽河通达化工股份有限公司(公司英文注册名称为：SHENZHEN LIAOHE TONGDA CHEMICALS COMPANY LIMITED)是由辽宁盘锦辽河化工集团有限公司所属辽河化肥厂的经营性资产作为出资，深圳通达化工总公司以其在深圳的部分物业和现金作为出资，依照公司法和国家有关规定共同出资组建、主要从事化学肥料、化工产品的研制、开发、生产和销售的股份有限公司。

公司注册地址：深圳市深南中路新城大厦西座11层，邮编：518030；公司总部座落在辽宁南部的新兴石油化工城——盘锦市，邮编：124021；

公司于1997年1月在深圳发行A股股票1.3亿股，募集资金6.9亿元，用于收购锦西天然气化工总厂，从而完成了省内两大化肥企业的重组。该公司现有员工3920人，下辖两个国家大型化肥企业——辽河化肥厂和锦西天然气化工有限责任公司。其中，辽河化肥厂是我国首批从美国和荷兰等国引进的13套大化肥装置之一，企业技术水平雄厚，工艺先进，自动化层次高；锦西天然气化工有限责任公司是我国第一个利用海上天然气做原料的大型化肥生产企业，具有八十年代的国际先进水平。

公司具有年产主导产品“辽河牌”尿素100万吨，合成氨60万吨的生产能力，是全国最大的化肥生产基地之一。公司视产品质量如生命，诚信久远，追求无限。辽河化肥厂、锦西天然气化工有限责任公司等主体生产厂都通过了ISO9002GB-T19002质量体系认证。“辽河”牌尿素连续两次荣获国优银牌称号及“中国公认名牌产品”等称号，1997年被列为首批质量免检产品，1988年初获准使用方圆认证标志。

辽河化肥厂还投资5000万元，引进了美国费克公司90年代先进技术进行的复合肥技术。扩产改造工程完成后，生产过程全部采用微机控制，目前年生产能力达到了12万吨，可向用户提供数十个高、中、低浓度的普通型、专业型及高效磁化复合肥等产品，曾先后荣获中国农业博览会金奖、中国公认名牌产品等多项荣誉，深受农民喜爱。为适应肥料市场的需要，公司将发展高浓度、高质量复合肥项目作为可持续发展战略的一个重要组成部分。经过两年多来的调研和反复论证，目前，50万吨复合肥项目已通过了专家论证。

深圳辽河通达化工股份有限公司将本着“企业集团化、管理科学化、资产多元化、产品名牌化、技术高新化、经营国际化”的市场标准，发扬“团结、求实、进取、奉献”的企业精神，严格按照国家对上市公司和建立现代企业制度的要求，优化资源配置，加速结构调整，扩大对外合作，努力提高资产收益率和经济效益，以丰厚的利润回报股民和社会。

地址：辽宁省盘锦市深圳辽河通达化工股份有限公司　电话：(0427)5855742　传真：(0427)5859014　邮编：124021

云南马龙化建股份有限公司

公司董事长、总经理赵家友陪同瑞士客商参观公司黄磷生产线

云南省省长李嘉廷到公司调研指导工作

云南马龙化建股份有限公司于1997年1月20日正式注册成立，注册资本5100万元人民币。其前身为云南马龙化工建材(集团)总公司，原公司属国有独资企业，成立于1994年8月，由1978年建厂的马龙县水泥厂和1990年建厂的马龙县黄磷厂合并组建而成，是集化工、建材产品开发、生产、销售为一体的国家大二型企业。主要产品黄磷年产15000吨、磷酸12000吨(其中：工业级磷酸8000吨，食品级磷酸4000吨)，425#R型复合硅酸盐早强水泥100000吨，饲料磷酸氢钙3000吨，1997年公司获准自营外贸进出口业务资格。黄磷、磷酸畅销日本、澳大利亚、波兰、捷克、瑞士、意大利、德国、哥伦比亚、南非、荷兰、法国、英国、印度、加拿大、马来西亚、香港等国家和地区，以其可靠的质量深得用户的赞誉和青睐。水泥畅销曲靖市的全境，拥有多年合作的用户群，一度供不应求。

1996年12月18日，经中国证券监督管理委员会“证监发字(1996)401、402号”文批准，公司以原“云南马龙化工建材(集团)总公司”独家发起，整体改制成为股份有限公司，向社会公众公开发行A股股票1500万股，总股本5100万股，其中国家股3600万股，占总股本70.6%，流通A股1500万股，占总股本29.4%，公司1500万股社会公众股于1997年1月23日在上海证券交易所挂牌上市成功。

公司法人代表：赵家友
地址：云南省曲靖市马龙县王家庄镇
联系电话：(0874)8010050
联系传真：(0874)8010036
邮编：655102
股票简称：云南马龙
股票代码：600792

第十二编

中介机构

1662/1675

中介机构

大华会计师事务所有限公司

【公司概况】 大华会计师事务所有限责任公司是上海财经大学于1985年创办的，1998年已脱钩改制为独立的有限责任公司。经过十五年的努力，公司已成为我国规模较大、实力雄厚、信誉良好、在社会上有较大影响的、具有执行证券、期货相关业务许可证的社会中介机构，业务范围涵盖审计、资产评估、工程造价审计、会计和税务咨询、培训等各个方面。大华会计师事务所有限责任公司从业人员有300余人。其中有执业注册会计师107人(其中具有执行证券、期货相关业务资质的有34人)，注册资产评估师21人，注册房地产估价师6人，注册税务师10人，造价工程师10人，监理工程师4人，工程概预算人员5人。大华以一批长期从事会计理论研究和教学、同时又具有丰富会计、审计、工程技术工作经验、有高级专业技术职称的学者、专家为核心。从业人员以具有大学本科以上学历、年富力强、高素质的中青年为骨干，在审计、评估、咨询等领域创下良好的记录。

主任会计师汤云为教授曾任上海财经大学校长，国际会计准则委员会高级研究员。汤云为教授是具有渊博会计审计知识，通晓国际会计准则，在我国会计界、注册会计师业有较大影响。现为中国审计协会副会长、中国会计准则委员会委员、中国审计准则专家组专家、英国公认会计师公会顾问。

【经营业绩】 在社会各界的大力支持下，大华会计师事务所有限责任公司的服务对象由上市股份有限公司、大型跨国公司在华分支机构、著名大型中外合资企业为主体客户群、包含各种所有制的企业，遍及全国三十一省市。目前承担着全国47家上市股份有限公司1999年度会计报表的审计，大华所承担的上市公司家数和上市公司资本金总额均居国内会计师事务所之首。大华会计师事务所目前正为多家企业股份制改造、上市提供策划、审计、评估等系列配套服务。

北京京都会计师事务所有限责任公司

【公司概况】 北京京都会计师事务所有限责任公司是中国注册会计师协会会员，由北京会计师事务所和京都会计师事务所于1998年7月22日联合改制而成，为浩华国际会计公司成员所。主任会计师：徐华。

【经营业绩】 北京京都是中国境内大规模的事务所之一，从业人员230余人，由会计、税务、法律、管理咨询、商业顾问、电脑技术和工程专业知识等方面的专家组成，在金融业、制造业、通讯业、信息产业、制药业、建筑业、房地产业、出版业、商品流通业、餐饮业及化妆品业等各领域都有丰富的执业经验，具有从事证券期货相关业务资格，并拥有A级资产评估资格。从事的业务包括上市服务、法定审计、专项审计、资产评估、税务代理、管理咨询、培训等。北京京都为人才的培养和个人能力的发挥提供良好的机会和广阔的空间，并注重每一位职员开发自身的潜力。北京京都愿与客户通力合作、共同发展，本着“勇于探索追求、追求卓越”的信念，为客户提供一流的服务，协助客户在竞争中取得成功！

深圳同人会计师事务所

【公司概况】 深圳同人会计师事务所(原深圳中诚会计师事务所)，创建于1988年。1997年经深圳市社会审计体制改革领导小组、深圳市注协批准改制，成为具有法人资格的合伙会计师事务所。本所现有员工近150人，其中中国注册会计师39人，中国注册资产评估师12人；事务所具有财政部、中国证监会颁发的从事证券业务审计许可证，人民银行总行认定的金融审计资格，以及国家国有资产管理局和深圳市规划国土局颁发的资产评估、房地产评估资格证书，事务所是一家以会计、税务、金融、法律、工程、管理等方面专业人士组成的具有综合服务能力的专业中介机构。

【经营业绩】 本所于1995年5月获得财政部、中国证管会批准的从事证券期货相关业务资格，1996年正式进入证券市场执业，到目前为止已先后为近50家上市公司提供上市策划、资产重组、企业购并、财务报表审计等专业服务，据中国证监会发布的统计资料，1997年度同人所承担的上市公司会计报表审计业务量，在全国具有证券业务资格的会计师事务所中排名第七位。

广东恒信德律会计师事务所有限公司

【公司概况】 广东恒信德律会计师事务所有限公司是经广东省财政厅批准设立的具有证券相关业务审计资格和证券相关业务评估资格的会计师事务所，也是全国首批取得金融资格的68家会计师事务所之一，在江西省、中山市等地设有分所，各种专业人才160多人，其中：注册会计师70人，具有证券许可证的注册会计师40人，具有注册资产评估师、房地产估价师、造价工程师、土地估价师资格的评估师40多人，注册税务师等其他资格的专业人员10多人，拥有充足的人力资源。董事长：潘荣卿。

【经营业绩】 广东恒信德律会计师事务所有限公司经广东省财政厅批准，由江西恒信会计师事务所有限公司与珠海市德律有限责任会计师事务所以新设合并方式设立，事务所服务范围：从事证券相关业务(包括审计与评估)；审计，验资，咨询，培训，企业整体评估，会计电算化，设计财务管理制度，会计顾问，税务代理，办理建设工程预、决算编制及工程造价审查，设计、销售会计管理软件。事务所客户遍布大江南北，主要客户有：(1)上市公司：粤富华、珠海中富、九江化纤、新华股份、江西水泥、赣南果业、赣能股份、昌九化工、东风药业、华意压缩、赣中基金、中盛基金、海鸥基金等；(2)跨国公司：可口可乐、壳牌石油、加德士石油、日本三美电机、珠海松下马达、松下电池、卡西欧、日本兄弟、腾仓电装、日本理想、日本良品计划、岩谷气具、岩谷液化气、岩谷科茂、阿科能源等；(3)金融机构：东亚银行、南通银行、大西洋银行、珠海商业银行、江西证券、珠海国际信托、珠光财务等；(4)其他主要客户：格力集团、中富集团、港口集团、煤气集团、珠海航空、红塔仁恒、江海电子、国际货柜码头、南昌家电、江西人民出版社、江西美术出版社、美星制鞋、国际赛车场、联邦制药、亚仿科技、银都酒店、杭州中富等。同时为国内外各类客户提供包括审计、验资、评估、税务代理及咨询、管理咨询以及上市服务，积极协助企业在国内上市。

浙江天健会计师事务所

【公司概况】 浙江天健会计师事务所的前身是浙江会计师事务所。浙江会计师事务所成立于 1983 年，是浙江省创立时间最早、规模最大的一家会计中介机构，于 1992 年获得全国首批从事证券相关业务资格。1998 年，在浙江会计师事务所整体脱钩改制的基础上，由注册会计师发起设立了浙江天健会计师事务所。1999 年，在全国有证券从业资格的会计师事务所中，按承办的上市公司数量排名，浙江天健会计师事务所位居第四位。浙江天健会计师事务所具有审计、资产评估、税务代理、工程造价咨询、工程项目咨询、工程预结算审价、财务软件开发、专业培训及其他管理咨询等诸多资格，可为股份有限公司、有限责任公司、国有企业、私营企业、外商投资企业等各种法律主体提供全方位的会计审计服务。浙江天健内设 18 个部门，分别为业务一部、业务二部、业务三部、业务四部、业务五部、业务六部、业务七部、基建审计部、资产评估部、电脑开发部、审核部、综合部、专业标准部、编辑部、浙江天健培训中心、顾问室、财务部和总务部；拥有四个子公司：浙江天健资产评估有限公司、浙江天健税务师事务所、浙江远见会计电脑公司和杭州浙台港会计咨询有限公司；及两个联系所：金华天鉴会计师事务所和嘉兴中明会计师事务所。浙江天健从业人员近 300 余名，其中博士、硕士学位 30 名，有会计、审计、经济、工程技术等高级专业职称的 30 名；中级专业职称的 60 名；注册会计师 88 名；具有从事证券期货相关业务资格的注册会计师 43 名。董事长、总经理：胡少先。

【经营业绩】 事务所已拥有包括沪市 50 强的东方通信股份有限公司等 36 家上市公司在内的固定客户 400 多家。事务所几次获得殊荣：1995 年因优良的执业质量，被中国证券监督管理委员会列为公开表扬的两家会计师事务所之一；1999 年在浙江日报等主办的“’99 浙江市场千种品牌万人评说”活动中，被评为“’99 浙江省公众形象优秀会计师事务所”。

云南亚太会计师事务所

【公司概况】 云南亚太会计师事务所经财政厅云财会(1998)48 号文批准并经中国注册会计师协会和中国证监会确认，由成立于 1983 年的云南会计师事务所改制而成。改制前属财政厅的直属事业单位。十八年来，本着客观公正、严谨求实的办所宗旨，刻意追求执业质量和信誉。事务所的规模从小到大，业务范围日逐步拓展，社会信誉日益提高，是云南省及西南、西北地区规模较大、实力较强、知名度较高的会计信息产业实体。事务所从业人员 200 多人。其中：注册会计师 87 人(含具有从事证券业务资格的注册会计师 21 人)，注册评估师 25 人，注册税务师 16 人；造价工程师及预算人员 6 人，律师 2 人。高级职称者占 20%，中级职称者占 60%，并有硕士和高级顾问(含会计学教授)16 人，是一支老中青结合、以中青年为业务骨干的具有较高水平和权威的会计、经济、工程、审计、法律等专业人才聚集的队伍。主任会计师、总经理：杨守任。

【经营业绩】 经财政部、中国证券监督管理委员会审查批准，云南亚太会计师事务所是全国 74 家具有证券业务资格的事务所之一。为云南大部分上市公司提供审计和资产评估服务。具有省和国家有关部门批准的特殊业务资格：1、经省国资局批准，1993 年取得了整体资产评估资格；2、经省财政厅批准，1993 年取得从事外商投资企业审计和验资资格；3、经省人民检查院批准，1995 年取得从事司法会计鉴定资格；4、经省国家税务局批准，1995 年取得税务代理业务资格；5、经财政部和中国证监会批准，1993 年取得从事证券业务审计资格；6、经国家国资局和中国证监会批准，1995 年取得从事证券业务资产评估资格。事务所成立十八年来，为客户提供从审计、验资、资产评估、税务代理、司法会计鉴定等法定业务到管理咨询、可行性研究、计算机硬件配备和软件开发、会计用品供应、会计人才培养等全方位、多层次的优质服务；云南亚太会计师事务所是云南成立较早的事务所之一，在十几年的发展进程中，不但在上市公司、涉外业务、大中型企业年报审计等方面具有较强的实力和优势，而且充分利用我所的人才优势积极参与我省金融企业的审计，评估等相关业务，从 1993 年以来，共从事 40 多项金融企业业务，为申请从事金融企业审计资格积累了经验。1999 年 11 月，经财政部财协字(1999)142 号文件批准，云南亚太会计师事务所已被批准加入华利信(国际)会计师集团，成为其成员所之一。

深圳华鹏会计师事务所

【公司概况】 深圳华鹏会计师事务所是由原金鹏会计师事务所和原华南会计师事务所(原深圳经济特区审计师事务所)联合改制设立的具有法人资格的大型会计师事务所。本所发起合伙人 10 名，注册资本 400 万元。现有从业人员 180 多名，其中中国注册会计师 68 名(具有证券相关业务资格的注册会计师 24 名)、中国注册资产评估师 16 名，中国注册房地产估价师 9 名。中级以上职称的各类专业人员 120 名。门类齐、素质高的专业人才，为提供优质高效的服务，奠定了坚实的基础。法定代表人：吕润波。

【经营业绩】 本所获得财政部、证监会等部门批准的证券相关业务审计、资产评估、企业破产清算、基建造价审计等资格。十多年来，完成了数十家公司 A 股、B 股、H 股的上市审计、评估及年度审计；为数千户企业提供了审计、评估、基建造价审计、投资策划咨询等服务。本所坚持“质量第一、信誉第一、服务第一”的宗旨，恪守“独立、客观、公正”的原则，严格按照政府有关部门和行业主管部门颁布的执业规范、执业标准和职业道德执业，赢得了社会各界的好评。

山东天元有限责任会计师事务所

【公司概况】 山东天元有限责任会计师事务所于 1992 年经省财政厅批准，隶属山东省注册会计师协会。注册资本 100 万元，现有人员 68 人，其中注册会计师 25 人，注册评估师 10 人，注册造价工程师 5 人，注册税务师 11 人，律师 1 人，企业法律顾问 1 人；高、中级专业技术人员 38 人。山东天元有限责任会计师事务所目前下设办公室、验资部、涉外业务部、资产评估部、基建审计部、司法鉴定中心、会计咨询服务部、综合业务部、业务监管部。多年来积累了丰富的审计和会计咨询服务经验，在社会各界享有较高声誉。董事长：霍文彬，所长：许健。

【经营业绩】 山东天元有限责任会计师事务所始终坚持“质量第一、信誉第一、服务第一”的宗旨，所有执业人员，以严格遵纪守法为己任，以质量求信誉，以信誉求发展。建所9年来，在验资、审计、资产评估等方面为社会各界做出踏实有效的工作，对经济发展和市场繁荣作出了应有贡献，赢得了社会各界的信任。承办业务：审查企业会计报表；验证企业注册资本；资产评估；基建工程预决(结)算审计；企业合并、分立、清算中审计业务；财务、会计、税务的经济管理咨询服务；司法鉴定；设计会计制度、担任会计顾问；对投资业务和经济项目提供可行性研究报告；税务代理；其他方面的会计咨询、服务、培训业务。

南京永华会计师事务所

【公司概况】 南京永华会计师事务所是由中国注册会计师发起设立，经江苏省财政厅审批同意，依法在南京市工商行政管理局登记注册，取得法人资格的会计中介服务机构。目前拥有多项执业资格，包括证券相关的审计、资产评估资格、国家工程造价咨询(甲级)资格以及工程预决算审计、从事金融保险相关业务审计资格等。全所现有从业人员176名中有会计、审计、经济、工程技术等高级专业职称的19名，中国注册会计师79人，注册资产评估师17人，工程概预算资格证书的造价工程师20人，还有一批注册税务师、注册造价工程师、房地产评估师。南京永华会计师事务所是一支以注册会计师、注册资产评估师为主体，并有高级会计师、高级工程师、高级经济师、教授及金融、法律、税务等专业人员组成的执业队伍和专家网络。目前是国内会计服务功能最完善的具有一定规模、较高执业质量和良好社会声誉的综合性会计师事务所之一，也是南京地区最大的注册会计师执业机构。本所始终坚持“服务第一、质量第一、信誉第一”为宗旨，依据中华人民共和国法律、法规和制度从事法定业务。在执业中有一整套严密的操作规范和质量控制体系，赢得中注协、证监会和省、市政府有关部门的好评。先后多次被省、市政府及有关部门授予三资企业管理先进单位、建设新南京先进单位、全省会计工作先进单位、社会力量办学先进单位和南京市精神文明单位。事务所所长、主任会计师：杜文俊。

【经营业绩】 本所内抓管理，外求开拓，从严治所，精心服务，各项工作都得到迅速发展。执业范围以南京为主，辐射到省内外及境外企业。长期为300多家三资企业、10多家上市公司(A、H、B股)、100多家股份制及国家大中型企业提供多层次、全方位的财务审计和资产评估服务，积累了丰富的执业经验。并先后为南京商业银行、南京国际信托投资公司等20多家金融机构提供审计、清产核资、资产评估等服务。本所近年来为南京国际会议中心、沪宁高速公路南京连接线、市纬一路、市人大楼等200多项大(中)型工程审价及竣工决算审计等都取得圆满成功。财会培训工作不断发展，取得了良好的效果，受到省、市教育主管部门的好评。本所积极加强国内、国际业务合作交流，先后接待10多家国际会计公司和会计师事务所的来访，并和著名的安永、普华永道、浩华等国际会计公司建立友好合作关系。财政部、中注协先后三次选派我所专业人员去香港地区会计师事务所实习，接受国际会计专业培训。该所还单独组团访问了台湾几家著名的会计师事务所，为促进海峡两岸会计界的合作和交流起了积极推动作用。

利安达信隆会计师事务所

【公司概况】 利安达信隆会计师事务所有限责任公司(简称利安达)是经中华人民共和国财政部批准，在国家工商行政管理局注册登记，由中国注册会计师发起设立、独立承担风险、独立执业的有限责任会计师事务所。利安达1999年5月经财政部批准由原挂靠对外贸易经济合作部的利安达会计师事务所改制而成，注册资本300万元人民币，执业风险金近800万元人民币。经财政部和中国证监会批准，利安达获得执行证券、期货相关业务许可证。事务所由改制初期的30人，发展到目前250多人，在1998年中国注册会计师协会的综合素质检查评比中利安达名列前茅。主任会计师：黄锦辉。

【经营业绩】 经过多年的努力，利安达除保持成立之初具有的经财政部批准的审计、验资、会计、税务服务、咨询培训和财务软件服务资格外，现已具备多种特殊执业资格如：经财政部和北京市国资局批准的资产评估资格、经中国注册会计师协会推荐的大型企业审计资格、经国家民政部批准的社团法人审计资格以及经国家外汇管理局批准的外汇帐户年检资格等。在全国范围内被委派监事会的160余家企业中，有十分之一为利安达客户，如中国建筑工程总公司、中国化工进出口总公司、中国联合通信有限公司、中国钢铁工贸集团公司、中国通用技术(集团)总公司、中国金茂(集团)股份有限公司等30余家。利安达在发挥中介机构作用、积极提供信息服务的同时，还积极协助政府部门与社会各界和各部门单位，积极协助政府有关部门举办政策法规专题研讨会。我们先后成功地主办、协办了《中国注册会计师法》颁布一周年座谈会、外贸体制改革一周年座谈会、市场经济与中介机构经济学家座谈会等大型活动，获得了社会各界的好评。

华寅会计师事务所有限责任公司

【公司概况】 华寅会计师事务所有限责任公司前身—华银审计事务所(又名华银会计师事务所)，1995年初经审计署批准由审计署驻长沙特派员办事处、中国人民银行湖南省分行共同创办、设立的社会审计组织。1999年5月经财政部批准、脱钩改制为华寅会计师事务所有限责任公司，并在国家工商行政管理局进行登记注册。2000年7月经财政部批准，与广西中和会计师事务所合并，合并后沿用华寅会计师事务所有限责任公司的名称。执业人员200余人，其中注册会计师116名，注册评估师、注册税务师、注册造价工程师70名。具有承办国有大型企业年度会计报表审计、证券期货相关业务审计、金融审计、国有资产评估、基建工程预决算审核、工程造价咨询等国内认可的多种资格，并在不断地拓展业务领域。

【经营业绩】 事务所建所以来，已实施人民银行所属机构、政策性银行、各类商业银行、城市(农村)信用社的会计报表审计的专项审计145项，涉及448家金融机构。在注册会计师中，持有证券、期货相关业务许可证和经证券、期货相关业务资格考试合格者有24人。1995年取得证券、期货相关业务许可证，曾承办上市公司、证券公司和国有大中型企业的上市审计、年报审计、财务管理咨询以及企业股份制改组审计。在会计报表审计、管理咨询等方面，我们已拥有了包括邮电、石化、电力、烟草、有色、铁道、民航以及中央各部所辖企事业单位等类型的客户群。建所以来，审核编制大型工程建设项目的土建、安装及高档宾馆装饰工程的预、决、结算项目近百个，审核总投资达100余亿元。承担过铁道、民航、电力、电信行业的大型基建项目以及大型酒店、办公楼、营业大楼等基建项目的审核。

中逸会计师事务所

【公司概况】 中逸会计师事务所有限公司经中华人民共和国财政部和中国注册会计师协会批准成立的，具有进行各种财务服务及资产评估的专业服务机构。中逸会计师事务所拥有高素质的执业人员，包括：注册会计师21人，注册评估师4人，注册税务师10人，土地评估师、房地产评估师3人，及其他业务人员共计63人。都具有丰富的专业知识和执业经验，可以向国内外各类客户提供各种财务服务，包括查帐、验资、资产评估、税务代理及咨询、管理咨询企业改制和并购、会计和人力资源培训等多种优质服务，是全国具有资产评估资格的40家会计师事务所之一。

其主要成员：所长：李季名，经理：印铧，主任会计师：谷春林。

【经营业绩】 事务所主要业务包括：1、查证、验证服务。对按照中国会计准则编制的财务报表进行审计，发表符合独立准则等国家要求的审计报告。提供的查帐验证报告服务包括：年度财务报表审计，企业股份制改造、股份公司审计，公司联营、兼并、收购或改组审计，公司内部审计，验资，其他特定目的、程序的审验工作，以及资产评估、会计代理及咨询业务，税务服务、培训服务、专业管理咨询等。

柏勤会计师事务所

【公司概况】 柏勤会计师事务所经中华人民共和国财政部批准设立，国家工商行政管理局注册登记，独立从事注册会计师业务，具有法人资格。DFK INTERNATIONAL会计师联合组织的正式成员。柏勤拥有一批具备财务、税务、金融、机电、土木建筑、电脑软件等方面知识和经验的专业人员，现有从业人员68人，其中，注册会计师28人，注册评估师8人，注册税务师6人。高级项目经理以上人员曾到欧美、澳大利亚，香港接受业务培训和工作。

【经营业绩】 事务所主要业务包括：验资查证，出具验资报告或资信证明；会计报表常规审计；公司合并、收购、兼并或改组的审计；企业承包、清算会计报表审计；工程预(决)算审计；特定目的的审计，以及资产评估、培训服务、管理咨询、税务服务等。

金研律师事务所

【公司概况】 金研律师事务所创建于1993年，建所之初即确立“以一流的水平，一流的质量，一流的效率为客户提供一流的法律服务”的建所宗旨，并制定了“立足中原，面向全国，走向世界”的奋斗目标。为实现这一目标，“金研人”齐心协力，艰苦创业，走出了一条从小到大，从弱到强的“金研道路”；现有执业律师68人，辅助人员21人，其中具有高中级职称的有28人，具有证券法律业务从业资格，国有资产产权界定业务从业资格，集体科技企业产权界定，国家大中型建设项目招投标业务资格。下设有金融证券业务部，知识产权业务部，刑事行政业务部，经济民事业务部等8个专业部，已形成以非诉讼业务为主，综合开展各律师业务的规模化的全国知名的综合性律师事务所。主任：张栋。

【经营业绩】 事务所1996年被河南省司法厅授予省级文明律师事务所，1996年被司法部授予全国法律服务行业文明服务示范窗口，1998年被司法部授予全国首批“部级文明律师事务所”，1999年所主任张栋被评为全国“十佳”律师，2000年中国国际贸易促进委员会，中国国际商会确定为海外推荐的全国十所最佳律师事务所之一。金研律师事务所的事迹，先后被法制日报、中国律师报、中国律师杂志、金融时报等多家新闻单位予以报道，1998年7月22日，人民日报以金研白手起家创大业为题，报道了金研律师事务所的先进事迹，1999年中央电视台焦点访谈以改革开放二十年为主题，专门采访了金研律师事务所。在业务方面，先后办理了开封机电等企业股权证柜台交易，河南轮胎，孟州电力，焦作碱业，田中禾等企业的股份制改造，股票上市，经纬化纤，联盟卫材等企业的产权界定等非诉讼业务。在诉讼业务方面，有席卷全国的中原第一号海狸鼠案，全国最大的土地塌陷案，中泰合资天荣公司工程纠纷案及轰动全国的“二元钱”官司，记人世界吉尼斯记录的“五分钱官司”和俞小敏被虐待案等等。

炜衡律师事务所

【公司概况】 炜衡律师事务所是以司法部原“中国法律事务中心”部分骨干律师为核心，在“中国法律事务中心”因律师体制改革被撤改后组建的大型合伙制律师事务所。炜衡律师事务所现有员工62人，具有研究生以上学历者26人，其中有7名律师曾到日本、美国留学。有2名律师曾到香港地区学习工作。具备广博的文化知识、深湛的专业基础、丰厚的实践经验是炜衡律师的基本要求。在个人发展的同时，炜衡所更强调整体作战，众志成城，本着建造一个现代的综合性大型律师事务所，我们强调协作、团结。炜衡律师事务所为了求得每宗个案之完善处理，建立了一套有效的办案质量管理监控制度，实行专业分工制和错案追纠制。炜衡律师事务所与国内十二个大中型城市及美国、法国、日本、韩国、新加坡、台湾、香港等国家或地区的21家法律服务机构建立了密切的业务协作关系，可以便捷地为客户提供法律帮助。

【经营业绩】 炜衡律师所拥有近1000平方米的办公场所，置备了充足的信息处理设备，辅以完善的管理制度及充足的、勤恳的管理人员，炜衡所得以高效运作，高效服务客户。炜衡律师事务所具有：司法部、中国证监会颁发的“从事证券法律业务资格”；司法部、国家科委颁发的“从事集体科技企业产权界定法律业务资格”。

炜衡律师事务所主攻：1.金融法律业务；2.公司法律业务；3.产权交易法律业务；4.国际投资与国际贸易法律业务；5.房地产与公共工程法律业务；6.知识产权法律业务；7.经济民事诉讼与仲裁；8.刑事诉讼；9.行政处罚与行政听证、行政诉讼、国家赔偿法律业务。

北京岳成律师事务所

【公司概况】 岳成创办的大型合伙制律师事务所北京岳成律师事务所在上海、广州、哈尔滨和大庆设有分所。该所现有律师一百余名，汇集了全国知名院校培养的各类专业人才。该所设有建设工程、公司证券、金融保险、招标投标、知识产权、涉外业务、房地产、医疗纠纷、刑事、民事行政、私人律师、法律顾问等十二个专业部门，可满足不同领域客户的需要。

岳成，男，1948年11月8日出生于黑龙江省海伦县。中共党员，大学文化，一级律师，北京岳成律师事务所主任。1980年从事律师工作，执业二十年，办案逾千件。1993年4月领办黑龙江省岳成律师事务所。1994年11月，被评为黑龙江省首届“十大优秀律师”第一名。1995年12月，荣获首届“全国十佳律师”称号。1996年12月创办北京岳成律师事务所。1998年，北京市司法局委托零点调查公司对北京地区律师形象进行社会调查的结果显示，岳成是北京地区知名度最高的律师。

【经营业绩】 岳成办理过法轮功骨干分子李昌利用邪教组织破坏法律实施案、《工人日报》被诉侵权再审案、《秋菊打官司》原作者陈源斌名誉侵权案、大兴安岭火灾秦宝山玩忽职守案等全国闻名的案件，是司法部劳教局、中国消费者协会、中国医学科学院与中国协和医科大学、青岛海信集团、黑龙江省证券公司、《半月谈》、《农民日报》、《中华工商时报》、《中国质量报》、中央电视台《今日说法》栏目等数十家政府机关、社会团体、大型企事业单位、新闻机构的常年法律顾问。

民正律师事务所

【公司概况】 民正律师事务所成立于1994年，是司法部批准成立的第一批合伙制律师事务所。民正律师在香港及美国洛杉矶设有办事机构，有一批获中、美法律博士学位和有丰富涉外民商法经验的资深律师使“民正”在国际投资，涉外贸易，境外上市等方面有强大的实力。多年来，以“尽职、高效、交友”为宗旨，开拓发展，深受好评。主任：卞宜民，民商法博士。

【经营业绩】 事务所业务以公司、金融、房地产法律业务为主，具有为中外客户代理经、有为金融业、企业和政府机构服务的背景。曾任《中国证券期货》、《金融时报》等杂志，以及多家国内大型上市公司、美国某跨国期货有限责任公司、新加坡独资某电子有限责任公司的法律顾问。在国内，首家推出“私人律师卡”服务。“民正”受到“律师也是好青天”的赞誉和天安门国旗护卫队“普法良师”的金匾。

广东理正明律师事务所

【公司概况】 广东理正明律师事务所（原东莞市律师事务所）现已转制为合伙律师事务所。自1981年成立以来，已具有多层次、高素质的律师事务所标准。主任李焕荣律师先后担任过广东宏远集团、东莞台商投资企业协会等十多家资产超亿元以上的大型企业、社会团体的法律顾问，获得一致好评；他还同时担任中国法学会会员、市律协常务理事兼副秘书长、市海外联谊会理事、市社会联合会委员、市消费委员会委员及中国对外经济贸易仲裁委员会仲裁员。主任律师：李焕荣，副主任律师：张惠欢、郑振乐。

【经营业绩】 作为东莞市最早成立的律师事务所，其办案经验丰富、基础雄厚、阵容整齐，有办理过全国、全省大案、要案的经验，同时在诉讼业务方面如刑事、民事、经济案件和非诉讼业务方面如追偿债务、法律咨询、书写法律意见书、房地产买卖、按揭、融资、项目代理、拟定或修改合同等取得了可喜的成绩，因而在社会各阶层及当事人中享有很高的盛名和威信。现我所为适应形势发展律师业务与国际接轨，除完善现代化管理，高素质律师队伍建设外，还与境内外十多家律师事务所建立了友好协作关系。我所一如既往、尽心尽力为当事人提供优质的法律服务，维护客户的合法权益。

经世律师事务所

【公司概况】经世律师事务所原名内蒙古经济律师事务所，是经国家司法部和内蒙古自治区编制委员会批准于1985年成立的，全区唯一的一所自治区级国办占编律师事务所。本所是主要办理涉外经济和国内重大经济法律事务的律师执业机构，具有司法部、中国证券监督管理委员会授予的证券法律从业资格。1998年经自治区司法厅和编制委员会批准，更名为经世律师事务所。事务所成立十五年来，人员不断扩充、机构不断完善，现已形成以公司、金融证券为核心，包括投资、金融、贸易、房地产、知识产权、综合业务部等门类齐全的业务机构，拥有专兼职律师、工作人员及各行业专业顾问30余人。同时，自治区民法经济法研究会还设在本所。法定代表人：刘爱国主任律师

【经营业绩】事务所在公司及证券法律业务方面，开展了：(a)公司设立、兼并、分立和清算，以及股权变更、股权转让的方案设计及委托操作；(b)配合企业股份制改造的企业股份制改造的总体策划，企业股份制改造法律问题咨询，为设立股份有限公司出具法律意见书等；(c)企业发行债券所涉及的法律事务咨询，股份有限公司股票发行上市总体策划，起草或修改股份有限公司发行A股、B股或H股并上市交易所需的法律文件，为股份有限公司发行A股、B股或H股并上市交易出具法律意见书等具体法律服务业务。在上述领域中，六年内为二十余家国有企业股份制改组、股票发行上市提供了法律服务。包括担任赤峰富龙热力、内蒙古草原兴发、内蒙古仕奇实业、西卓子山草原水泥等六家股份公司的股票发行上市特聘专项法律顾问；内蒙古金宇集团、哈尔滨捷力实业、长春燃气股票发行上市的主承销商律师；内蒙古洛克高科技、大青山石化、青山乳业、呼市电子元件五厂等二十余家企业的资产重组、股份制改造的策划人及法律顾问。此外，我所部分律师还参与了数家企业的人民币外资股股票的发行上市工作。

在金融法律业务方面，曾担任原中国工商银行内蒙古信托投资公司（现已撤销）、内蒙古自治区分行营业部（原呼和浩特市分行）、中国银行内蒙古自治区分行、中国建设银行呼市中心支行等金融机构的法律顾问，其中现在仍然担任中国工商银行内蒙古自治区分行营业部的长年法律顾问。代理工商银行参加了内蒙古毛条总厂、内蒙古第一、二、三、四毛纺织厂、包头蓄电池厂等数十家国有工业企业优化资本结构破产、兼并工作，为银行实现债权、规范兼并破产行为起到了重要作用；在诉讼及仲裁代理业务中，承办了多起在区内外有重大影响的经济诉讼案件和涉外仲裁案件，代理金融单位参加了企业破产兼并的试点工作，在避免和挽回委托人的经济损失方面起了至关重要的作用。在涉外业务方面，主要办理为国际财团、外商在中华人民共和国境内投资开办企业、进行项目融资提供法律、政策方面的可行性研究、出具法律意见、提供法律咨询。

广东海埠律师事务所

【公司概况】广东海埠律师事务所前身为深圳国际商务律师事务所，1989年5月成立，1995年7月由国办所改制为合伙所，并更名为深圳市海埠律师事务所。本所办公场地600平方米，并建立了先进的计算机网络和信息资料库。事务所现有执业律师二十余人，律师平均执业八年，每位律师都有良好的专业

修养及专业领域。

【经营业绩】事务所主要从事国内及涉外商事、房地产、金融、证券、资产并购、投资、知识产权等非诉讼法律事务和各类诉讼、仲裁的代理。事务所不但与国内大型机构、公司、企业、政府部门建立了良好的工作关系，而且和香港、新加坡及其他国家或地区的律师楼、银行及其他机构保持着良好的合作关系。本所的律师能用熟炼的英文为客户提供服务。

福建创元律师事务所

【公司概况】事务所已具有司法部和中国证券监督管理委员会授予从事证券法律业务资格。律师积极参与中国企业的股份制改组、股票发行与上市工作，取得了在福建省上市公司家数市场份额第一的业绩。

【经营业绩】事务所近几年来做为A股公司股票发行和上市及配股的公司的法律顾问情况如下：福建省中福实业股份有限公司、福建实达电脑股份有限公司、福建永安林业(集团)股份有限公司、福建东街口百货股份有限公司之配股、福州自动化仪表股份有限公司(现更名福建大通机电股份有限公司)、福建石狮新发股份有限公司、福州大通机电股份有限公司之配股、福建新大陆电脑股份有限公司。除了提供股份有限公司重组上市和法律服务之外，事务所仍受聘担任上述公司的法律顾问，律师每年都要定期为他们提供法律服务，如帮助他们筹备股东大会，对股东大会进行法律见证，为公司增资配股出具法律意见书等。在积累了丰富的为A股股份制改造和上市提供法律服务的经验的基础上，该所律师勇于吸收境外同业成熟的经验并有所突破与创新，在省内率先帮助投资于中国大陆(尤其是福建省)的境外和港澳台及华侨的公司在香港、澳州悉尼、新加坡和伦敦等地的证券交易所的股票发行和上市提供中国法律的服务。在1992年—2000年期间，该所律师先后参与了16家企业在境外上市的策划和法律服务工作，并帮助这些企业成功地在海外的证券市场融集资金。

北京国友大正资产评估有限公司

【概况】 北京国友大正资产评估有限公司是具有独立法人资格的专业资产评估机构，具有中国证监会、财政部授予的证券业务资产评估资格。公司注册资本100万元人民币，风险准备金163万元。1997年、1998年、1999年公司业务收入分别为501万元、703万元、758万元。经过多年磨合，资产评估人员已形成了一个以注册评估师，高级会计师、高级经济师、高级工程师(包括机械设备、建筑工程、电子化工行业)为主的最佳人才组合。公司拥有28名注册资产评估师和10余名房地产估价师和注册会计师，并与各大会计师事务所、律师事务所、证券公司保持着经常性的业务联系，与证监会、财政部等国家政府职能部门保持密切的关系，能为客户提供全方位和多层次的服务。

【经营业绩】 公司已完成企业上市、股份制改造、中外合资合作和无形资产评估等各种类型的评估项目100余个，其中经原国家国有资产管理局和财政部以及各省市国有资产管理局确认的项目评估值超过400亿元。确认率达百分之百，投诉率为零。

上海金信证券研究所有限责任公司

【公司概况】 上海金信证券研究所是一个专职研究机构，成立于1998年1月18日，由1996年10月15日成立的金华信托证券管理总部研究发展部发展而来。1999年8月经上海市工商行政管理局批准，改制为“上海金信证券研究所有限责任公司”，成为国内第一家完全意义上独立的证券研究咨询机构。2000年2月15日，《中国证券报》、《上海证券报》、《证券时报》三大报分别刊登了金信证券研究所获得中国证监会批准的2000年首批新增证券咨询资格中唯一的专业咨询公司。2000年7月5日，本公司总经理李康先生当选为中国证券分析师专业委员会副主任委员。研究所内设6个研究部门：宏观经济与专题部、市场研究部、公司研究部、项目开发部、编辑部以及信息服务中心，汇集了许多学历高、实践经验丰富的研究人员，硕士以上学历者达90%，分别来自国内各著名高等院校。其中，在信息服务方面，研究所聘任了华东师范大学信息学系的硕士生为信息部骨干，研究所的信息服务也独具特色，在国内同行中处于领先地位，1999年7月的《经济日报》曾作过报道；在旅游行业的研究方面，研究所吸纳了国内唯一设有旅游专业的综合性重点大学——南开大学培养的旅游专业硕士，并将地区垄断性和产权分割现象最为典型的旅游行业与产业投资基金的设立相联系；在电力行业研究方面，毕业于西安交通大学电力系的我所研究人员又曾独辟蹊径地以发电规模同企业效益的关系为切入点，令人信服地揭示不同电力公司的前景；而研究所宏观部毕业于上海财经大学贸易经济专业的研究人员在各家券商都在研究人民币汇率问题且结论都大同小异的时候，以着重分析我国政府每次表态本身对市场的影响提升了宏观分析对实际操作的实用指导性；此外，我们在产业基金理论与实务、区域经济与证券市场、通讯与有线电视等高科技行业的研究都有专业化的研究人员，研究水平在国内都是第一流的。同时，通过多项财务顾问服务的提供，企业资本运作的策划等，公司的研究人员已在不断的实践工作中积累了经验，成为能在自己的研究领域中独当一面的专业人才。此外，研究所还聘请全国著名的专家学者担任本所顾问和特邀研究员—中国经济体制改革基金会秘书长、高级经济师石小敏；国家统计局副局长、总经济师、高级统计师邱晓华；原《上海证券报》总编辑、高级记者陆国元；上海交通大学管理学院副院长、博士生导师、教授吴冲锋；中国人民大学财政金 融学院副院长、博士生导师吴晓求；《证券时报》社社长、总编辑武凤仪；《中国证券报》副总编辑施光耀；上海财经大学统计学系主任、教授、上证30指数专家委员会委员徐国祥；华东政法学院经济法系主任、教授、中国法学会民法经济法研究会副会长顾功耘；北京大学光华管理学院副院长、博士生导师曹凤岐；复旦大学经济学院院长、博士生导师、教授、上证30指数专家委员会委员黄亚钧；中国经济改革研究基金会秘书长、国民经济研究所所长、博士生导师樊纲；《证券市场周刊》主编、中国证券市场研究中心常务干事戴小京；中国社会科学院经济所研究员、教授、博士生导师戴园晨；清华大学经济管理学院教授、博士生导师魏杰。

【经营业绩】 研究所的研究人员为社会各界提供了大量的高质量的研究成果，研究内容涉及宏观经济、国民经济产业与行业、国际国内资本市场、上市公司分析研究、企业运作与管理、资产重组和收购兼并、投资策略与投资方案、产业投资基金与实务以及企业诊断与管理咨询等，其研究水平已达到国内同行业领先地位。定期出版的《金信证券研究》已在证券界乃至经济界产生广泛影响。研究人员通过实地考察得出的许多结论以及“二年看长虹，五年看海尔”，“没有夕阳产业，只有夕阳企业。”“证券研究是券商跨世纪腾飞的翅膀”等论断成为证券市场中人人皆知的名言，并作为一种投资理念深入人心。1997年以研究所人员为核心的金华信托管理证券总部作为中国证券市场上首家"独立财务顾问"，创造了资产重组经典案例和模式，即"钢运模式"。1998年，担任了中国西部产业基金财务顾问和前期策划人。此外，研究所还曾先后为多家上市公司提供财务顾问服务，主要项目包括：青岛海尔、泰山旅游、福州大通等公司中长期资本运作规划、联合实业产业构架与资本运作设想、福建青山纸业发展战略规划、浙江富润管理咨询报告、宁波联合投资战略规划、上海大唐电信职工持股会试点等。目前，我们已经为包括上海交运(集团)公司、上海物资(集团)总公司、上海强生集团、上海强生出租汽车股份有限公司、上海糖烟酒集团公司、天津港(集团)股份有限公司、浙江金义集团有限公司、山西三维集团股份有限公司在内的多家集团公司、上市公司担任财务顾问，并正在策划多起资产重组与买壳上市案例。研究所还多次参与上市公司企业形象整体策划活动，并得到了所服务上市公司的一致赞扬。研究所出版有多部专著，充分体现了研究所研究水平的深度与广度，其中《中国产业及行业上市公司分析》开创了我国上市公司产业与行业中观分析之先河。《中国资本市场实务运作指引》以中国资本市场为背景、以实务运作为核心，系统地介绍了国内资产重组的操作程序和方法，是迄今为止专门涉及体内重组之首本。《中国产业投资基金理论与实务》在产业基金开始引起国内经济界关注之际，以其全面实用的特点得到专业人士的肯定，并引起《投资基金法》工作小组领导的重视。《中国股市波动规律及其分析方法》已再版发行。除此之外，《沪深上市公司个股分析》等多本著作，涵盖了证券研究的方方面面，为研究所众多研究人员的研究成果结晶，颇具参考、借鉴价值。作为一家专职的研究所，我们的目标是力争跻身国内外一流的证券研究机构行列，成为在国内外资本市场研究中具有良好声誉与一定影响力的研究机构之一。作为一家独立的公司，我们将严格按照公司化模式运作，充分发挥公司在人才上的优势，培养专家型业务人员，并促使公司在市场的磨练中求得生存与发展，不断提高自身的研究水平及研究的实用性，在服务好公司股东的前提下，也让社会各界能分享到更有价值的研究成果。在中国证券市场日益迫切呼唤中国自己真正意义上的投资银行的形势下，在投资银行发展成为除传统产业外专门从事购并重组、投资顾问、金融顾问的知识产业的趋势中，抢占这一领域的制高点，也为今后国内研究机构的业内重组积累经验奠定基础。

北京融正投资顾问有限公司

【公司概况】 北京融正投资顾问有限公司成立于1997年，是国内首批获得中国证监会证券咨询从业资格的专业咨询机构之一。1999年8月公司在工商行政管理局办理了增资扩股变更登记，注册资本1000万元，法人代表王国祥先生。

【经营业绩】 公司主要业务包括企业股份制改造及融资咨询、证券投资咨询、投资管理、企业管理咨询和国际交流培训等。公司投资银行部作为专业顾问，已为国内多家企业提供以下服务：境内外风险融投资中介及顾问，企业股份制改造，境内外股票发行及上市顾问，企业购并及整合财务顾问，财务咨询、管理咨询等。研发部长期为专业性报刊杂志、证券营业部和投资者提供实时行情分析、盘后分析、投资分析报告和个性化咨询服务，并举办证券投资培训及报告会。在国际交流培训方面，公司与政府主管部门、证券界、企业界、新闻界和境外同业机构合作，已在境内外成功举办多次专题研讨会和专业培训。

北京标准咨询有限公司

【公司概况】 北京标准咨询有限公司是从事企业股改、融资、上市及大公司(集团)管理策划的专业咨询公司，成立以来已为150多家企业进行了股改和管理方面的总体方案设计，并协助它们在境内外融资。其中20多家已在深、沪交易所上市和在STAQ系统流通，这些企业分布在十几个省市，涉及机械、电子、食品、纺织、建筑、航空、海运、金融、旅游、农业、商业等多个行业。标准咨询公司拥有一批熟悉股份制和国内外资本市场及相关法规的专业人才，与政府主要经济管理部门及金融界具有广泛联系，也与众多海外金融机构具有良好关系，随着业务不断扩大，咨询领域已从企业范围扩大到为城市和区域设计经济发展规划等。目前，标准咨询公司正在向综合性咨询公司方向发展。公司的组织设置有国际业务部、国内业务部、财务审计部、法律部、能源产业发展咨询部。公司董事长：刘纪鹏。

【经营业绩】 公司的业务范围有：1、企业股份制改造的策划与实施；2、公司财务状况分析及大公司组织与管理咨询；3、境内外投资、融资咨询及组织；4、投资项目可行性论证；5、企业兼并与收购的策划与运作；6、企业在境内外以股权筹资与上市策划；7、地区与行业发展规划与设计。

东方高圣投资顾问有限公司

【公司概况】 东方高圣投资顾问有限公司成立于1998年2月，系中国证监会批准的具有证券投资咨询从业资格的中介机构。目前公司主要业务人员均具有相关专业的研究生以上学历。目前东方高圣投资顾问有限公司已设立了功能结构完整的企业框架，主要的研究与业务部门有：财务顾问部：主要从事上市公司常年财务顾问，包括长期资本经营战略的规划、企业资产重组、融资与投资决策、股权激励机制设计与管理、战略资产交易等；交易部：主要从事上市公司收购、企业之间吸收合并等业务；IT事业部：主要从事高科技企业的买壳上市业务，包括IT企业的战略联盟与重组、风险投资等；知识管理：主要从事基础理论研究，包括公司学习组织政治，对外宣传与联络等。总经理：陈明键。

【经营业绩】 东方高圣投资顾问有限公司主要从事企业兼并收购的财务顾问业务及方案设计。在东方高圣投资顾问有限公司投资银行业务人员精神主理下，鞍山一工完成了对辽宁工程集团旗下3家合资企业的托管；大连商场完成了对秋林商场的收购；美纶股份、吉制药、四砂股份、武汉电缆等上市公司完成了控股股权的转让；泰达集团、上海新绿、艾史迪集团、恒和集团、湖北万绿原等民营企业实现了买壳上市。鞍山一工的托管、泰达—美纶重组被交易所评为当年重组的典型案例。泰达—美纶重组，更是被清华大学经济管理学院编写成MBA教学案例，并被列入国家自然科学基金资助项目《当代工商管理案例研究》一书。

新华信商业风险管理有限公司

【公司概况】 新华信商业风险管理有限公司从事信用资料及

信用管理服务、市场研究及咨询、管理咨询服务，是中国第一家专业商业风险管理咨询服务的公司，也是中国大陆最大的民营信息咨询公司之一，注册资本人民币600万元。于1992年在北京成立总公司，在大海、广州和香港设立了全资子公司。1999年是公司分支机构迅速发展的一年，相继设立了天津、大连、青岛、深圳和南京五个办事处，截至1999年末，其中三家全资子公司，五个办事处，调研网络覆盖全国42个主要城市。截至1999年末拥有专职研究人员和管理咨询顾问170余名，另聘有数名兼职顾问、培训师、翻译及大量访问员和录入员。1999年被北京市科学技术委员会和北京咨询业协会评为北京科技咨询信誉单位。

【经营业绩】 新华信公司主营业务是投资咨询、信息咨询、账款管理咨询、咨信咨询及房地产咨询；市场调查；企业管理；企业管理培训；资信风险控制管理信息系统的研制及开发。以发展战略为核心，提供包括发展战略、进入战略、竞争战略、购并战略、营销战略、基准战略、人力资源咨询等内容的整体的系列咨询服务。拥有全国性研究网络，管理咨询服务在北京、上海和广州三地同时开展。新华信管理咨询的专业咨询人员都是海内外著名院校的富有企业管理实践经验的MBA。从1992年起，新华信开始为跨国公司如Motorola、Disney公司、Mansanto公司、Rockwell公司、Wyman Gorden公司、HP公司提供咨询，后又为中国国有企业和民营企业等提供咨询服务。在进行管理咨询的过程中，新华信积极参与战略实施，与客户建立长期的伙伴关系。为了在不同的研究领域内为客户提供专业的市场研究与咨询服务，新华信为三个重要的研究领域分别设立了专业的研究分部。它们是医药及医疗设备研究分部、工业产品及汽车分部、电信及IT产品分部。1999年，市场研究及咨询公司在以下方面取得了进展：1、确定医药及医疗设备、电信及IT、汽车及相关产品和工业产品四大专业研究发展方向，已在医药、电信、汽车与工业产品等四个领域内建立较高的知名度，并努力争取在业界取得更好业绩。2、加入全国市场调查行业协会。3、与北京青年报进行的关于法轮功的快速调查，北京广播电台予以直播，并被司法部宣传处用作教育素材。4、与北京青年报合作，每周完成并刊登一期社会调查报告。新华信提供全套的信用风险解决方案，包括信用管理咨询、信用资料服务、商账管理服务、信用管理培训、营销信息服务等等。到2000年初，新华信已为1000多家企业提供了6万多份企业信用报告；为100多家企业提供了信用管理内部培训与咨询服务；已有1,500名企业的财务人员或销售管理人员参加了新华信的信用管理研讨会和公共培训。新华信从为客户解决问题出发，同时满足不同客户的多样性的需求，帮助企业解决信用风险管理的全套解决方案，主要包括三个方面：1、信用管理咨询和培训；2、信用资料报告；3、应收账款管理和催收。

山东省股份制发展服务中心

【公司概况】山东省股份制发展服务中心是经山东省体改委批准设立，在山东省工商局注册登记的中型企业，是从事股份制咨询服务的中介机构。中心成立于1993年1月，是国内最早的股份制咨询企业之一。中心主任：王积富。

【经营业绩】中心的主要业务是为进行股份制改造的企业提供全方位的咨询服务，帮助企业进行产权清理、资产重组、方案设计，选择证券承销商、会计师事务所、律师事务所等中介机构。

中心自成立以来，先后承担了济南轻骑、鲁北化工、鲁能泰山、中通客车等20多家上市公司，济南大观园、济宁电化、鲁南制药、佳丽日化等30多家定向募集公司的改制咨询及相关服务，帮助企业通过改制、股票发行、送配股等活动筹集资金120多亿元，为企业的发展与腾飞作出了积极的贡献。1994年3月，由中心牵头，以股份制的形式设立了山东企业产权交易所，开始了企业产权交易的大胆探索，受到了社会的广泛关注。

北洋咨询集团

【公司概况】北洋咨询集团成立于1987年，是中国著名的集团化和产业化的大型股份制咨询企业，在全国设有35家子公司。公司采用同心多元化商业模式，以供需链管理为核心，可以为客户提供从人力资源管理到电子商务管理的综合性整体解决方案。目标是发展成为拥有五十家地域性公司的大型顾问公司。北洋采取以人力资源为导向的企业竞争战略，多年的顾问工作积淀了一批高素质的管理的资深职业经理人队伍，形成了独具特色的北洋企业文化，建立了良好的内部运行机制。

【经营业绩】北洋咨询集团核心业务：(一)投资银行部：股份制改造与控股公司结构设计、企业购并顾问、高新技术企业上市主协调人服务、企业期权价值增值顾问、战略融资顾问。(二)北洋企管顾问有限公司：提供企业诊断和企业战略咨询；企业组织结构设计，组织过程设计与重组，业务流程重组设计；人力资源规划，人力资源体系设计，人才素质测评；全方位的企业内部培训。(三)北洋投资顾问有限公司：IT业(尤其是网络科技公司)企业战略规划、商业模式设计与企业资源整合项目；国有企业和科研院所改制顾问；企业战略联盟方案设计；策划、实施企业业务重组与组织设计；(四)会议产业部：每年组织和承接60个以上的大型国际会议；设计主办各类国际性理论与实务研讨会、策划和组织企管专业培训、承办各类会议；(五)北洋战略研究院：国际上著名的大公司背后必有一个脑库，北洋战略研究院是中国著名的民间战略思想库，目前主要业务是企业战略规划与竞争战略研究；为各级政府和开发区提供决策咨询服务；提升企业核心竞争力的战略管理与战略方案决策顾问服务；出版《经营与资本》、《成长的烦恼》等刊物。

获准从事证券期货相关业务资格的会计师事务所

经财政部、中国证券监督管理委员会审查，批准下列会计师事务所和注册会计师首批换发证券、期货相关业务许可证和取得、变更、恢复证券、期货相关业务许可证，特此公告。

天健会计师事务所	陈建明　廖良汉　王　进　翟汉粱　李秀玲　谢佳扬

王　树　马森林　李　枫　邱志玲　孙国林　翟海英
邢　锐　盖秦英　张皓捷　张万宝　李玉坤　仝　波
洪　卫　童传江　何降星　邓书法　任　然

天华会计师事务所

隋洪瑞　李存慧　李俊宏　王民荣　田　军　程子康
胡晓玲　夏执东　张福建　陈　翔　史向宏　武俊安
秦　茂　于艳霞　张云龙　张　太　孔令荣　张立新
钟晓鸣　范广晖

利安达信隆会计师事务所

张　艳　王　远　李耀堂　薛来和　王日宇　田　楠
李华杰　刘家营　凌运良　王立明　王　策　王龙声
刘立刚　黄锦辉　方玉柱　韩　勇　王　颖　林万强
周春芳　赵　伊　温京辉　孙　彤

华伦会计师事务所

胡丕华　刘衍祥　胡　颖　陈思滨　阎秀敏　徐文杰
曲向东　兰书先　秦凤英　于宝久　王和春　刘明泉
史全山　李海城　苗沈愿　乌克平　孟昭峰　李光民
李　雯　张　建　夏国斌　洪　军　陈艳华　翟建峰
任凤阁　张　平　黄秀丽

中洲光华会计师事务所

温秋菊　易书仪　黄天义　董群先　杜振生　王正君
王　进　杨艳波　马永香　韩　建　李雪强　赵　艳
庄玉波　王未识　王惠军　王文利　王会武　邓东宁
梁涛　　任　毅

信永会计师事务所

张　克　郎　争　罗玉成　王重娟　李　漪　刘　明
曹　阳　吕发钦　罗　玲　宋长彦　董国云　孙淑英
黄桂莲　罗东先　汤其美　祝　刚　刘楠园　孙　勇
李凤珍　唐新川　王瑞霞　李　英　张云鹤

中联信会计师事务所

程　建　孙志鸿　李　毅　王善菊　罗振帮　郑卫军
杨贵鹏　张克东　孟德荣　杨彦文　甘朝晖　邓　辉
李云水　邱　鸿　徐晓今　聂海军　许志扬　王　霞
高　伟　何寿福　刘　波　李荣辉　钟明山　江亭河

中瑞华会计师事务所

杨力强　朱海武　倪　进　刘天猛　罗　军　陈海霞
李晓敏　张富根　黄　简　孙　莉　史　锋　张小军
陈建芳　张　鹏　马作群　秦家玲　李向阳　宋东安
韩孟邻

中兴宇会计师事务所

李晓英　晏辉清　树　新　谢德章　冯德志　张长战
刁永扶　梁晓燕　李少秦　陈　磊　张庆澜　丁英杰
廉　彦　孙晓光　芦　玲　李　国　胡亚民　王静华
滕英超　王德昌　张伟华　王　勇　于新波　谢　丰
李红霞　李秀芝　高翔君　孙立民　王　丽　黄　琼
刘立宇　张　朝　于兴波　张万宝　梁　伟　周佩梅
陈玉萍

上海东华会计师事务所

张　青　王运生　李广安　黄金腾　杜小燕　王少值
潘　敏　廖元珍　郭益浩　戴耀民　丰学义　徐秉惠
姜　堤　吴福林　阎瑞峰　付　翔　王坐院　王文先
冯守礼　毛秀珍　马　虹　徐振球　陈松林

中勤万信会计师事务所

张金才　呙华文　袁子和　郭有珍　倪佑元　辛正义
邹　杰　王永新　乔智勇　傅孝思　倪　俊　王　琪
王向明　张幼平　陈明生　陶年军　肖桂珠　陆　晴

中审会计师事务所

郑　丰　舒立志　叶忠辉　李建国　周　彪　李连灯
潘国英　李　婧　刘珍珍　石秀娟　许长顺　覃丽君
方国胜　王庆华　宋汉杰　梅强林　晏礼光　王云成
李欣红　许　斌

中天华正会计师事务所

梁　春　付丽君　班　均　李旭冬　贾嵩峰　李翠枝
刘东风　邢　蒙　张占强　李俊雄　郭凌云　王爱华
管建新　刘志伟　张心灵　石宝国　寇国清

安达信华强会计师事务所

李燕玉　王丽君　王斌红　何影帆　孙　宜　赖文建
陈爱容　贾　健　徐　菁　卓继民　赵　梅　卢旭蕾
谢海宁　赵丽娥　罗占恩　张向际　项思思　陈勤慧
肖庆华　侯立勋

华证会计师事务所

吕勇军　李　静　秦永丽　谭汝建　章正芳　曾希鲁
许文多　马　静　何　晖　刘　林　何晓明　徐宗杰
金任宏　张希文　刘至成　蔡　岳

岳华会计师事务所

李延成　邵　军　庄文森　程　玺　何仕继　范志伟
罗　毅　姚焕然　黄　宾　吴芳军　谢　卉　李　伟
魏先锋　邵立新　张连起　姚俭方　刘宝柱　安光有
谭言雪　王　丰　潘　帅　郭莉莉　卢秋萍

华寅会计师事务所

谢泽敏　孔庆华　刘俊奕　韩蓉德　黄永珍　龚　凡
彭思奇　邹奕红　毛菊珍　龙　晖　陈建明　邹宏文
刘文俊　竺　晔　廖清恩　韦　杏　袁　雄　谢　青
黄庆林　黄贻帅

天一会计师事务所

朱晓琳　范保根　龚淑敏　李可贞　朱政芳　黄　俊
周　黎　普雪芹　莫振辉　范金池　张　静　杨　雄
王著琴　鲍　琼　冯振伟　董　超　陈启勇　张再鸿
严珊珊　魏　勇　杨海峰　赛保国　宋大力　胡丽娟
兰昌群　卢光武　黄　毅　孙行军　王　森　胡建新

中喜会计师事务所

张增刚　卢风书　刘俊永　崔　顷　高明来　田宝才
曹忠志　石长海　吕小云　王秋虹　王丽岩　韩秋科
李兴坤　张利萍　刘秉廷

中磊会计师事务所

熊　靖　邱淑珍　胡友莱　廖述斌　龚勤红　朱丽如
王柏东　吴新民　李定良　陆少华　陈祖珍　刘秀平
林　蓉　杨建成　徐之敏　陈宏志　吴荔伟　舒凤才

北京京都会计师事务所

童登书　董王娟　陈　雯　张梅华　刘淑玲　张　森
郑建彪　杨焕东　周　红　王友业　高利萍　牛志平
赵丽琨　李　欣　苏金其　张冬梅　刘　莉　景恒心
荣　健　黄志斌　李　华　李　彤　李慧玲　关黎明
李　玲　杨　悦　钱　斌

北京兴华会计师事务所

王全洲　吴亦忻　岑静兰　曹瑞芳　谭红旭　袁连生
张　文　胡　毅　陈　茌　陶　为　谢小兰　傅映红
荆　霞　王秀敏　闫　萍　李素英　宋晓琴　陈善武
胡文华

北京永拓会计师事务所

李　纲　魏　刚　曹伟平　陈卫琴　陶　洁　朱耀文
王家昌　李松林　张建东　王骏奎　郭海兰　李春瑜
李敦嘉　李　力　马大泉　何　炬　郭家利　平　奋
庄　琛　周　颖

五洲联合会计师事务所

王福才　尹　琳　侯杏倩　李　江　江雪珊　宋　岩
苌换青　吴齐渊　杨树明　吴建成　杜治禹　邱四平
石明霞　胡　斌　陈　军　刘向东　马国华　张　静
王　勤　于　雳　吴秀莲　朱　辉　柴寿功　王祖平
王翠仙　闫淑霞　张嘉棋　郑凯斌　张　昆　董洪萍
施耘清　雷小玲　柴　靓　崔德广　郭宪明　侯　超
纪建刚　韩玉强

河北华安会计师事务所

刘国忠　王　飞　艾廷生　李　钰　王鹤梅　蔡毓钧
杨廓杰　齐正华　刘　澎　杨爱芬　王领占　高惠杰
王津艳　张青柳　杨　凯　王建设　潘志辉　刘军峰
高彦琴　杜爱英

山西天元会计师事务所

宋晓伟　李建勋　闫丽明　张新发　乔秀梅　白银泉
赵秀琴　张艳彦　胡续永　刘志红　尹　巍　尚　达
武世民　吴淑敏　赵利新　李喜民　张秋香　杨爱斌
于　玮　韩瑞红

辽宁天健会计师事务所

高凤元　陆　红　魏　泓　李桂霞　林英士　刘玉影
李　颖　赵　一　赵凤丽　李　平　王桂华　罗　维
王朝发　徐宏伟　宫国超　范广荀　徐晓昀　张立群
孙玉琢　于　雷

大连华连会计师事务所

张耀麟　石笛侠　王灵霞　车冬梅　张安成　刘其东
原　旭　王秀玉　臧德盛　李　雪　朱平君　李　宜
高　影　邹文哲　张立云　宋连作　刘　璐　孙劲松
隋国军　张春梅　杨英锦　李晓敏　张延辉　詹克忠
李善芳

山东乾聚会计师事务所

刘天聚　刘明乐　赵永兰　孙祥祚　孙小波　涂艳丽
杜中恒　刘光玺　战淑萍　车　云　刘学伟　祝瑞敏
李延昌　卢宝生　朱红英　吴金锋　迟　慰　刘永强
鲍伟珍　朱清滨

山东天恒信会计师事务所

邱　伟　赵　波　黄华之　侯炳智　孔祥勇　陈　慧
翟胜文　朱先华　何召滨　马晓红　卜凡华　刘登俊

山东汇德会计师事务所

王庆和　徐世欣　吴春芬　王　晖　李江山　牟敦谭
胡佳青　张琴芳　孙　涌　张奏华　周公武　杨青茂
赵维涛

山东正源和信会计师事务所

王传顺　刘守堂　赵艳美　周志济　舒　萍　张可学
谭秀美　王夕贤　乔安敏　张永爱　乌静君　许中祜
李德兰　单玉玲　张炳辉　秦学昌　刘俊亮　王晓楠
马秀英　王巍坚　魏寿斌　刘凤梅　江　涛　刘文湖
杨华岩　程　昕　刘运之　李惠丽　朱艳华　邹海波
王彦华　董迎春　张春华　潘孟堂　李文昕

安徽华普会计师事务所

肖厚发　许根普　汪　群　江成年　方长顺　陈媛媛
李友菊　吕永贞　张建设　聂志国　何本英　潘　峰
朱宗瑞　龚胜昔　翟大发　张居忠　张全心　张挺峰
汪立新　张良文

江苏文汇华彭会计师事务所

张　雷　李道立　高爱好　张红旗　刘成芳　夏新婷
陈德胜　周雪妹　史文明　陈宏青　丁　勇　马尚芳
刘扬新　薛爱琼　王琪明　乔久华　龚新海　陈玉林
石　柱　雷文军　马定忠

南京永华会计师事务所

杜文俊　王沙薇　邹宏伟　肖厚祥　王　宇　毛　军
韦青子　伍　敏　张士旭　诸旭敏　陈奕彤　马　健
王　龙　平沪生　高　荣　顾　君　罗　艾　张爱国

江苏天衡会计师事务所

余瑞玉　荆建明　郭　澳　骆　竞　贾丽娜　梁　锋
游世秋　狄云龙　汤加全　杨宏斌　林　捷　王伟庆
孙　伟　潘爱琴　虞丽新

江苏苏亚金诚会计师事务所

骆祖延　朱龙龄　葛焕玲　曲淑华　王　敏　叶建泉
李治军　李明生　管秀清　季作云　王同立　唐亚忠
朱小兰　颜文华　闫健康　成以力　顾维芬　茅小牛
王直群　童勤强　刘方义

江苏公证会计师事务所

马惠兰　赵小琪　孙新卫　王文凯　刘　剑　盛锦荣
叶水林　金章罗　沈大龙　郭建康　王亚明　徐雅芬
刘　勇　姚国宏　沈　岩　黄德明　戴伟忠　倪建新
王　艳　侯　丹　李　钢

福州闽都会计师事务所

黄秀泉　王友铭　郑淑琳　林　峰　刘晓灵　林　晖
邱秋星　陈炳坚　谢炜春　林春金　张建伟　王晓林
黄　勤　方　隽　黄国良　林荣标　许其专　詹凤萍
陈玉萍

厦门天健华天会计师事务所

黄世忠　熊建益　王景波　周俊超　陈　芳　周　洁
李建彬　姚立中　国桂荣　陈　阳　黄印强　苟新岚
汤金木　王文献　陈箭深　陈　纹　詹秉英　张文奇
常　煊　谢培仁　刘秀宜　徐　珊　涂振连　刘　维
林玉枝　李仕谦　范　蔚　张果林　傅晓菁　叶华英

福建华兴会计师事务所

刘久芳　庄　巍　陈玉珍　张福明　王　春　陈　璇
林文锋　卢淑燕　林文福　蔡志良　童益恭　林　霞
郑丽惠　郑　基　林新田　刘延东　程朝平　肖　军
陈　蓁　陈航晖　蒋新红

浙江天健会计师事务所

胡少先　沈凌波　傅芳芳　朱大为　吴晨瑜　钟建国
俞华开　郑启华　陈　曙　朱永勤　程志刚　吕向伟
孙文军　戴炳坤　朱炳有　陈　翔　王国海　葛　徐
任咏恒　翁　伟　肖幼航　王越豪　吕苏阳　王　彤
孙忠富　朱剑敏

浙江东方会计师事务所

胡建军　赵醒民　沈建林　蒋晓东　郑玲玲　陈杏妹
许丰平　韩厚军　施其林　周耀明

上海众华沪银会计师事务所

林东模　傅林生　李文祥　沈　蓉　冯家俊　施剑春
周正云　孙　勇　赵　蓉　董月华　肖　峰　陆士敏
卢　缨　吴宝寅　刘万椿　吴玉兰

大华会计师事务所

袁勇敏 汪　阳 孙大建 徐逸星 秦文君 朱鸣里
吴　蓉 陈　洁 吕秋萍 陆国豪 周　力 郑雪倩
曹　勤 王一芳 戎凯宇 曹培青 朱蕾蕾 杨晓梅
朱　蕾 赵　桃 徐　艳 王美娟 周渭明 陆永炜
黄彩英

上海上会会计师事务所

刘小虎 熊丽萍 耿　磊 倪　颖 谢　骞 董文茜
池　微 张文枝 张国文 吴　敏 尹　雄 李云潮
张　健 沈　骅 林　璐 许丽蓉

上海立信长江会计师事务所

朱建弟 郑幗琼 孟荣芳 黄　晔 王惠忠 楼光华
杜志强 李德渊 王德霞 谢菁菁 朱　颖 桑琪敏
王凤姝 康吉言 周　琪 钱志昂 刘　桢 潘莉华
陈　玺 蒋鸿学 何淑华 戴定毅 施国梁 邢建良
胡秀金 张忠宝

普华永道中天会计师事务所

周忠惠 国　艳 王　笑 江智斌 牟　磊 陈　昱
李　明 史洪流 王　晔 孔　昱 董　颖 肖　峰
李雪梅 刘　萃 沈　洁 封和平 涂　益

沪江德勤会计师事务所

柳伟敏 胡　凡 沈佳云 蒋倩倩 侯晓华 卢　莹
张　颖 张有礼 周　华 顾红雨 吴晓辉 陈水清
杨　莹 仇成福 朱少芳 王　平 景宜清 崔　劲

上海万隆众天会计师事务所

陈荣芳 陈飞彪 江金乾 张松柏 蒋珊珊 徐　曙
黄　海 方建华 杨宪怀 朱晓军 夏云青 周士庆
陈　健 傅　园 程　群 唐士林 杨玉海 陆　英
谢　华 倪雪梅

亚太集团会计师事务所

郭德功 靳爱民 王宝娟 李　琳 徐文彬 谢忠平
何其聪 谢玉敏 党惠如 侯梅生 王红奎 顾美凤
兰正恩 陈其锁 邓玉萍 杨沁河 张怀朝 杨志海
黄　平 赵志军

湖北大信发展会计师事务所

吴卫星 张丹凤 邱世萍 陆　军 冯　琳 张江汉
胡咏华 邵九林 汪巧琳 王知先 蔡　瑜 韩志娟
刘卫兵 熊　涛 王　晖 周　炜 韦仕荡 李　炜
胡梁辉 邓　红 胡　勇

湖北中正会计师事务所

叶玉华 王小云 许　凯 薛　薇 姚　舜 黄继宗
肖　缨 沈　刚 陈永刚 龚丹青 吕菊蓉 彭　涛
李朝辉 陈月堂 王建雄 戴　亮 贺　武 聂照枝
刘文豪 毕　梅

武汉众环会计师事务所

石文先 肖秋萍 晏　红 吴　杰 刘忠新 雷　闻
谢　峰 胡家望 欧阳韬 茅孟群 杨红青 彭　斌
邹　涛 陈永红 王　郁 刘万富 齐　颖

湖南天职孜信会计师事务所

唐　红 隆余粮 梁筱芳 廖白希 袁小川 张乾明
李海来 皮佑曾 向秋玲 汪再彦 张奇志 陈新初
屈先富 丁景东 胡新宇 冯云慧 胡建军 许娟红

湖南开元会计师事务所

李双桂 杨迪航 甘维希 戴性哲 曹国强 王卫华
李永利 周重揆 李弟扩 严　萍 毛育晖 尹芝玲
周俊杰 刘绍秋 蒋萍芬 彭奇志

广东恒信德律会计师事务所

潘荣卿 周丽芬 郭瑞中 何健胜 李文智 廖卫平
王继文 杜小强 徐　沛 林秋发 詹铁军 张新万
王艳全 李增生 郑欢雪 薛　萍 胡建国 丁　莉
毛英莉 周俊峰 管丁才 刘永杰 胡建波 郑悦容
周益平 冯万奇 李治球 郑健钊 杜剑峰 徐　飞
刘志坚 李国平 陈彬海 杨伟强 王叙杰 李丽娜

广东正中珠江会计师事务所

蒋洪峰 熊永忠 陈小刚 姚　静 陆少莲 马　蕙
邓　红 吉争雄 杨文蔚 梁　锐 陈瑞玲 何华峰
张来德 吴善余 黄晓霞 冼宏飞 梁　辉 汤晓峰
罗文琴 陈志文

广东康元会计师事务所

俞俊雄 吴瑞玲 方　艳 陈　莹 谢韩波 陈福根
刘朝兵 陈　迅 金　涛 孙振萍 漆江燕 刘　虹
何威明 张　岚 颜洁桦 张琪娜 黄伟樟 赵洪森
张锦坤 徐红兵 杨克晶 曾　妍

广州羊城会计师事务所

陈雄溢 黄伟成 潘　玲 潘文中 余树旗 张　宁
陈　岚 陈维喜 张颖敏 何　川 刘杰生 潘冬梅
蚁旭升 吴　震 刘佩莲 谢　岷 陈　青 谭穗怡
邓少珍 蔡建华

中天勤会计师事务所

蒋贤山 徐林文 郑有怀 王曙辉 郭小明 李　莉
钟晓红 祝小兰 朱子武 刘丽燕 章为纲 陈惠珠
乐之立 余东红 李巧仪 卜功桃 崔　岩 许丽周
马东军 曾凡跃 李　瑛 刘加荣 杨　涟 张　敏
李志敏 陶海华 纪　勇 区金权 马国庆 李晓红
隋文平 魏　敏

深圳天健信德会计师事务所

朱祺珩 干长如 李东昕 周　冰 董　坚 邱　韫
包新民 魏小珍 李渭华 庄任艳 邹云丽 丁联章
顾雪芬 王京红 蔡春鸣 汤　清 俞善敖 陈岳忠
杨晓君 方咏梅 王　冶 邓建新 沈庆长 陆　翔
吴　军 岳　红 刘　云 徐翠波 冯婉如

深圳大华天诚会计师事务所

邬建辉 张　燕 陈葆华 何凌峰 蒋守刚 王建民
黄　越 李秉心 刘惠群 陈汉全 范　荣 冯学武
夏　青 杨三林 胡春元 高德惠 曾国富 汤烈鹏
顾朝红 钟国梁

深圳鹏城会计师事务所

张克理 梁　烽 郝世明 崔志民 宛　霞 刘　林
宋　瑛 王　磊 刘永开 吴保娅 喻传东 李　萍
胡宪刚 谢良田 姚国勇 刘皖华 陆志湖 倪建霞
龙　哲 李海林 刘仁芝 吴宇煌

深圳南方民和会计师事务所

钟　平 韩永刚 刘四兵 宣宜辰 王　勇 李　惠
李　斌 鄢菊珍 刘　军 周武重 殷建民 朱志铭
戴　迪 肖光胜 刘旺新 蔡晓东 袁龙平 田景亮
鲍　凯 夏娜丽 林青辉

深圳华鹏会计师事务所

张黔城 周珊珊 邓夫成 张　征 张翠云 卢剑波
姚　炜 蔡敬侠 朱月凤 何祚文 何佳义 徐　萍
黄志男 李嘉珠 于　冰 吴　强 宁　彬 李　伟
雎剑安 张宝柱 黄　菊

深圳同人会计师事务所

朱厚佳 张景生 周荣铭 易永健 胡应福 杨荣德
安宁 张义勤 朱文岳 孔丽娟 胡三忠 杨健
钟敏 李荣辉 廖红晖 姚明安 葛炳法 潘要文
刘湘艳 胡晓艳

海南从信会计师事务所

吴文平 王一帆 李进华 刘泽波 朱建清 潘承均
谭道义 郝向丽 赵磊 包建永 黎波 王友武
何中秋 黄永金 王晓贤 李云彬 云逢深 欧秋生
陈林 唐凌风

重庆天健会计师事务所

付思福 陈素明 潘理科 刘云 吴江涛 徐克美
徐毅 石义杰 余剑锋 何燎原 易琳 罗俊
邓兴政 杨友明 刘志平 张凯 龙文虎 王建华
阮响华 龙明

四川华信(集团)会计师事务所

李武林 陈更生 张兰 曾武 李鸿荣 刘小平
陈怀德 徐家敏 曾红 杨仕珍 冯渊 周丕平
何均 何琼莲 刘均 熊殿峰 武兴田 吴红彬
张光红 张先庚 吴豪

四川君和会计师事务所

尹淑萍 何勇 赵书阳 阳林 郭东超 李承瑞
谢征宇 罗建平 庄瑞兰 唐国锋 刘贵彬 邰寿铨
刘宇 晏海国 贺军 王辉

云南亚太会计师事务所

杨守任 李文群 李红斌 张明莲 毛代君 方自维
徐毅 王解妹 黄晓晖 金德华 严静 管云鸿
杨苍 蒋惠明 马宁辉

西安希格玛会计师事务所

姚莉萍 师文军 王哲人 范敏华 陆跃明 邱程红
王永忠 蒙玲 李彩兰 刘承福 高洪 袁蓉
赵忠 张博 吴继波 舒满意 朱文郁 关汉信
赵琰 刘斌

五联联合会计师事务所

李耀忠 杨克义 刘长仁 仲成贵 史曼华 王珂
刘志文 于晓鸥 张文君 阎立社 张宝媛 惠全红
刘晓龙 唐洪广 司建军 张志俊 范增裕 寿迪松
秦宝 赵燕 管永宁 李荣生 李迎香 金惠琴
张建祺 巩平 米文莉 刘志勇 苏立军 陈建忠
李玉霞 梁桂荣

获准从事金融相关审计业务会计师事务所

上海万隆众天会计师事务所
上海东华会计师事务所
大连华连会计师事务所
山东乾聚会计师事务所
广东恒信德律会计师事务所
中天华正会计师事务所
中永信会计师事务所
中审会计师事务所
中联信会计师事务所
云南亚太会计师事务所
天一会计师事务所
北京永拓会计师事务所
辽宁天健会计师事务所
安永华明会计师事务所(中外合作)
江苏公证会计师事务所
利安达信隆会计师事务所
河北天华会计师事务所
信永中和会计师事务所
浙江万邦会计师事务所
深圳天健信德会计师事务所
深圳南方民和会计师事务所
普华永道中天会计师事务所(中外合作)
湖南天职孜信会计师事务所
上海上会会计师事务所
上海立信长江会计师事务所
山东正源和信会计师事务所
山西天元会计师事务所
广东康元会计师事务所
中天银会计师事务所
中兴宇会计师事务所
中洲光华会计师事务所
中勤万信会计师事务所
五洲联合会计师事务所
天津中审会计师事务所
北京京都会计师事务所
华伦会计师事务所
安达信华强会计师事务所(中外合作)
江苏天衡会计师事务所
沪江德勤会计师事务所(中外合作)
河南兴豫会计师事务所
南京永华会计师事务所
浙江天健会计师事务所
深圳华鹏会计师事务所
深圳鹏城会计师事务所
湖北大信发展会计师事务所
新疆瑞新会计师事务所
上海大华会计师事务所
上海众华沪银会计师事务所
山东汇德会计师事务所
广东正中珠江会计师事务所
广州羊城会计师事务所
中天勤会计师事务所
中兴财会计师事务所
中喜会计师事务所
中瑞华会计师事务所
五联联合会计师事务所
天健会计师事务所
四川华信会计师事务所
华寅会计师事务所
毕马威华振会计师事务所(中外合作)
西安希格玛会计师事务所
岳华会计师事务所
武汉众环会计师事务所
重庆天健会计师事务所
深圳大华天诚会计师事务所
深圳同人会计师事务所
厦门天健华天会计师事务所
湖北中正会计师事务所

可以从事涉及境内权益的境外公司相关业务的律师事务所

德恒律师事务所
康达律师事务所
科华律师事务所
北京海问律师事务所
北京通商律师事务所
北京金杜律师事务所
众鑫律师事务所
天达律师事务所
中咨律师事务所
竞天公诚律师事务所
北京君合律师事务所
北京天元律师事务所
信利律师事务所
天平律师事务所
中国法律律师事务所
中伦金通律师事务所
北京嘉源律师事务所
北京众天律师事务所

北京浩天律师事务所
北京颐合律师事务所
北京融商律师事务所
北京隆安律师事务所
北京观韬律师事务所
上海段和段律师事务所
上海蒲栋律师事务所
天津嘉德律师事务所
江苏金鼎律师事务所
广东明大律师事务所
广州对外经济律师事务所
深圳华商律师事务所
福州至理律师事务所
云南海合律师事务所
北京金诚律师事务所
北京共和律师事务所
北京凯源律师事务所
北京天勤律师事务所
上海方达律师事务所
上海金茂律师事务所
上海锦天城律师事务所
江苏同仁律师事务所
江苏天册律师事务所
广东立得律师事务所
深圳金地律师事务所
深圳经天律师事务所
福建君立律师事务所
成都世正律师事务所
北京君屹律师事务所
北京中盛律师事务所
北京炜衡律师事务所
北京地石律师事务所
上海瑛明律师事务所
上海通力律师事务所
国浩律师集团(上海)事务所
江苏海朋律师事务所
广东正平天成律师事务所
广东广信律师事务所
深圳星辰律师事务所
国信联合律师事务所
福建创元律师事务所

具有证券业资格的资产评估机构

兴业会计师事务所有限责任公司
中庆会计师事务所有限责任公司
北京中企华资产评估有限责任公司
中瑞华会计师事务所有限责任公司
北京六合正旭资产评估有限责任公司
北京国友大正资产评估有限责任公司
北京中证评估有限责任公司
天津市津评资产评估有限责任公司
天津市金铭有限责任资产评估事务所
邯郸中喜会计师事务所有限公司
内蒙古中信华会计师事务所
黑龙江中天会计师事务所有限公司
黑龙江龙源资产评估有限公司
辽宁华诚信资产评估有限责任公司
大连市源正资产评估有限责任公司
山东申元有限责任会计师事务所
山东烟台乾聚会计师事务所有限公司
南京永华会计师事务所有限责任公司
无锡公证会计师事务所有限责任公司
上海大华会计师事务所有限公司
浙江天健资产评估有限公司
宁波永德资产评估有限公司
福建中兴资产评估有限责任公司
广州中天衡资产评估有限责任公司
汕头弘正资产评估有限责任公司
海南资产评估事务所
天勤会计师事务所
湖南湘资有限责任会计师事务所
湖北万信有限责任会计师事务所
亚太集团会计师事务所有限责任公司
云南同舟会计师事务所有限公司
成都鸿坤资产评估有限公司
重庆康华会计师事务所
西安正衡资产评估有限责任公司
甘肃弘信会计师事务所
中审会计师事务所有限责任公司
长城会计师事务所有限责任公司
中联资产评估有限公司
中和会计师事务所有限公司
中评资产评估有限责任公司
中华财务会计咨询有限公司
北京京都资产评估有限责任公司
天津市华夏有限责任会计师事务所
河北中冀资产评估有限责任公司
秦皇岛嘉华会计师事务所有限公司
哈尔滨中盛资产评估有限公司
黑龙江省国通资产评估有限公司
吉林纪元资产评估有限公司
辽宁正和资产评估有限责任公司
大连信义会计师事务所有限责任公司
山东海天有限责任会计师事务所
青岛天和资产评估有限责任公司
江苏仁和资产评估事务所有限公司
江苏天衡会计师事务所有限责任公司
上海长信会计师事务所有限公司
浙江东方资产评估有限公司
厦门市大学资产评估有限公司
福州联合资产评估有限责任公司
广州羊城会计师事务所有限公司
广西无双资产评估有限责任公司
深圳市德正信资产评估有限公司
深圳维明资产评估事务所
长沙孜信有限责任会计师事务所
武汉竟江会计师事务所有限责任公司
江西恒信会计师事务所
云南亚太会计师事务所有限公司
东方资产评估事务所有限公司
贵州黔元会计师事务所
陕西华德诚有限责任公司
宁夏瑞衡资产评估有限公司
中天信会计师事务所有限责任公司
北京市世纪智源资产评估有限责任公司
中锋资产评估有限责任公司
中发国际资产评估有限责任公司
中咨资产评估有限责任公司
北京德威评估有限责任公司
中慧会计师事务所有限责任公司
天津中环有限责任会计师事务所
石家庄金石会计师事务所有限公司
山西中新资产评估有限公司
哈尔滨华通资产评估有限公司
黑龙江兴业会计师事务所有限责任公司
辽宁东方资产评估有限责任公司
沈阳中沈资产评估有限责任公司
山东正源会计师事务所有限公司
山东博会有限责任会计师事务所
安徽国信资产评估有限公司
常州中天资产评估事务所有限公司
上海上会会计师事务所有限公司
上海立信资产评估事务所有限公司
绍兴天源资产评估有限公司
厦门联盟资产评估事务所有限公司
广东大正联合资产评估有限责任公司
珠海市正大新资产评估有限责任公司
广西中恒资产评估有限责任公司
天健(信德)会计师事务所
湖南开元有限责任会计师事务所
湖北证联资产评估有限公司
河南联华会计师事务所有限责任公司
江西中昊会计师事务所
四川华衡资产评估有限公司
四川新源资产评估有限公司
陕西同盛资产评估有限责任公司
岳华会计师事务所有限责任公司
青海兴华资产评估有限责任公司

证券投资咨询机构名录

1 北京中方信富投资管理咨询有限公司
2 北京海融咨讯系统有限公司
3 北京中和信达投资顾问有限责任公司
4 和讯信息科技有限公司
5 北京京放投资管理顾问有限责任公司
6 中国科技国际信托投资公司
7 北京中鼎信理财顾问有限公司
8 中信证券股份有限公司
9 北京中兴发投资咨询有限公司
10 北京汇正财经顾问有限公司
11 华夏证券有限公司
12 北京首证投资顾问有限公司
13 北京东亚证券投资咨询有限公司
14 北京融正投资顾问有限公司
15 北京证券有限责任公司
16 北京清华紫光投资顾问有限公司
17 北京新兰德证券投资咨询有限公司
18 北京东方趋势投资顾问有限公司
19 北京东方高圣投资顾问公司
20 北方万盛投资管理顾问有限公司
21 吉林省上证吉龙投资咨询有限公司
22 湖南君士国际投资有限公司
23 湖南运达投资管理顾问有限公司
24 湖南证券投资咨询公司
25 湖南金证投资咨询顾问有限公司
26 湘财证券有限责任公司
27 成都证券有限责任公司
28 华西证券有限责任公司
29 成都倍新投资咨询有限责任公司
30 成都道博投资咨询有限公司
31 大连北部资产经营有限公司
32 福建省企业顾问有限公司
33 兴业证券股份有限公司
34 福建省闽发证券有限公司
35 福州天力投资顾问有限公司
36 广州新升咨询顾问有限公司
37 广东科德投资顾问有限公司
38 广东证券股份有限公司
39 广州越声理财咨询有限公司
40 广发证券有限责任公司
41 广东金手指投资顾问有限公司
42 广州市万隆证券咨询顾问有限公司
43 广州证券有限责任公司
43 广州证券有限责任公司
44 贵州证券公司
45 黑龙江省容维投资有限责任公司
46 海南精信资讯有限公司
47 海南港澳资讯产业有限公司
48 杭州三元证券投资顾问有限公司
49 浙江证券有限责任公司
50 杭州新希望证券投资顾问有限公司
51 合肥皖建投资咨询有限责任公司
52 安徽新兴证券投资咨询有限公司
53 内蒙古证券有限责任公司
54 山东百益顾问咨询有限责任司
55 山东神光咨询服务有限责任公司
56 山东证券有限责任公司
57 山东国发投资顾问有限公司
58 昆明博闻证券投资咨询有限公司
59 江西省国际信托投资公司
60 江苏天鼎投资咨询有限公司
61 华泰证券有限责任公司
62 江苏现代资产管理顾问有限公司
63 广西南宁通信发展有限责任公司
64 宁波海顺投资咨询有限公司
65 青岛安信投资顾问有限责任公司
66 上海京华投资顾问公司
67 上海新兰德证券投资咨询有限公司
68 东方证券有限责任公司
69 上海点津投资顾问有限公司
70 上海万国股市测评咨询有限公司
71 上海中广信息传播咨询有限公司
72 上海金信证券研究所有限责任公司
73 申银万国证券研究所有限公司
74 上海证联投资咨询服务有限公司
75 上海赛德投资咨询有限公司
76 光大证券有限责任公司
77 上海证券综合研究有限公司
78 上海世基投资咨询有限公司
79 海通证券有限公司
80 上海亚洲商务投资咨询有限公司
81 国泰君安证券股份有限公司
82 上海金汇信息系统有限公司
83 上海万盛投资资讯有限公司
84 上海新世纪投资服务有限公司
85 上海涌金理财顾问有限公司
86 平安证券有限责任公司
87 大鹏证券有限责任公司
88 深圳周明海询商务投资有限公司
89 国通证券有限责任公司
90 深圳市珞珈投资咨询有限公司
91 深圳新兰德证券投资咨询有限公司
92 国信证券有限公司
93 联合证券有限责任公司
94 南方证券有限公司
95 深圳华鼎财经资讯股份有限公司
96 深圳市怀新企业投资顾问有限公司
97 深圳市尊悦证券投资顾问有限公司
98 深圳中证投资资讯有限公司
99 长城证券有限责任公司
100 沈阳汇融投资咨询服务有限公司
101 河北证券有限责任公司
102 河北源达证券投资咨询有限公司
103 山西信鼎证券期货投资咨询有限公司
104 山西广瑞数据传播有限公司
105 山西证券有限责任公司
106 天津证券有限责任公司
107 天津证券投资咨询有限公司
108 天津市万科投资咨询有限公司
109 天津市瑞祥投资咨询有限公司
110 天津市中融投资咨询有限公司
111 新疆证券有限责任公司
112 武汉新兰德投资顾问有限公司
113 武汉证券有限责任公司
114 长江证券有限责任公司
115 三峡证券有限责任公司
116 陕西融泰投资咨询有限公司
117 陕西巨丰投资资讯有限责任公司
118 青海证券有限责任公司
119 厦门新汇通投资咨询有限公司
120 厦门市鑫鼎盛证券投资咨询服务有限公司
121 河南省金博投资咨询有限公司
122 河南华证金融投资咨询有限公司
123 河南万国咨询开发有限公司
124 河南博星投资咨询有限公司
125 重庆正友证券投资咨询有限公司
126 西南证券有限责任公司

具有期货投资咨询业务资格的专业咨询机构

1 北京联合未来信息工程有限公司
2 河南省中银投资咨询有限公司
3 广东精诚投资咨询有限公司

深圳市金牛投资有限公司

SHENZHEN GOLD BULL INVESTMENT CO.,LT

G.B.INVEST

董事长 Chairman of the board

总裁 President

深圳市金牛投资有限公司(下称金牛公司)是由原深圳有色金属期货联合交易所改组而成。金牛公司投资控股拥有五家下属公司。从事的行业是以证券、期货经纪业务为主，以信息服务、现货网络交易、高新技术开发、投资咨询、投资、贸易为辅的具有广阔发展前景的朝阳行业。

金牛公司员工遵循“团结、敬业、开拓、奉献”的企业文化和奋进精神，铁造美好明天。

欢迎社会各有关单位和人士同“金牛”携手合作，共创效益，共图发展。

团结 敬业 开拓 奉献

地址：深圳市华富路海外装饰大厦B座

电话：(0755)3343501 传真：(0755)3343505

邮编：518031

北洋咨询集团

WWW.CHINA-BEIYANG.CO

北洋咨询集团成立于1987年，是中国著名的集团化和产业化的大型股份制咨询企业，在全国设有35家子公司。经过年的探索与拼博，北洋咨询集团已发展成为中国认知率最高的咨询业第一品牌，在中国会议产业领域处于市场领袖地公司采用同心多元化商业模式，以供需链管理为核心，可以为客户提供从人力资源管理到电子商务管理的综合性整决方案。目标是发展成为拥有五十家地域性公司的大型顾问公司。北洋采取以人力资源为导向的企业竞争战略，多顾问工作积淀了一批高素质的管理的资深职业经理人队伍，经过新经济的熏陶和洗礼，“北洋商学院”的终身培训，的人才知识结构更加合理，形成了独具特色的北洋企业文化，建立了良好的内部运行机制。

核心业务：(一)投资银行部：股份制改造与控股公司结构设计、企业购并顾问、高新技术企业上市主协调人服务、企权价值增值顾问、战略融资顾问。(二)北洋企管顾问有限公司：提供企业诊断和企业战略咨询；企业组织结构设计，过程设计与重组，业务流程重组设计；人力资源规划，人力资源体系设计，人才素质测评；全方位的企业内部培训。北洋投资顾问有限公司：IT业(尤其是网络科技公司)企业战略规划、商业模式设计与企业资源整合项目；国有企业研院所改制顾问；企业战略联盟方案设计；策划、实施企业业务重组与组织设计。(四)会议产业部：每年组织和承接以上的大型国际会议；设计主办各类国际性理论与实务研讨会、策划和组织企管专业培训、承办各类会议；(五)北洋研究院：国际上著名的大公司背后必有一个脑库，北洋战略研究院是中国著名的民间战略思想库，目前主要业务是战略规划与竞争战略研究；为各级政府和开发区提供决策咨询服务；提升企业核心竞争力的战略管理与战略方案决问服务；出版《经营与资本》、《成长的烦恼》等刊物。

地址：山东济南市和平路36号 邮编：250014

电话：(0531)6940424 6940840 6940484 传真：(0531)6940654

E-mail:beiyang@china-beiyang.com web:www.china-beiyang.com

第十三编

证券经营机构

1678/1696

证券公司

南方证券有限公司

【公司概况】 南方证券有限公司是于1992年经中国人民银行批准设立的全国性大型证券公司；2000年8月，南方证券的增资扩股方案获得中国证监会批准，公司的注册资本金由原来的10亿元增加到31.5亿元。截止2000年6月30日，公司资产总额达到300亿元。公司在全国设有9个大区管理总部和两个直属分公司，71家营业部；此外，公司还在纽约、香港设有分支机构，与美国、英国、日本、新加坡、香港、台湾等国家和地区的证券公司建立了长期的业务合作关系。公司员工达3000人，本科以上学历占62%。拥有一个70余人的研究所，全所80%以上的人员拥有硕士或者博士学位。

【经营业绩】 公司有5大业务：投资银行业务，经纪业务，国际业务，自营业务，研究咨询业务。截止到2000年6月，公司共担任了140多家企业股票发行的主承销，累计为国家和企业筹集资金540多亿元，累计代理买卖有价证券19624亿元。2000年上半年，公司实现利润超过7亿元，一级市场新股主承销6家，配股主承销8家，各项指标列同行业第一位；二级市场实现交易总额4210亿元，继续居于全国领先水平。1994年公司在“中国500家最大服务业及行业评选”中名列证券业第二位。1995年，在美国权威杂志《机构投资者》评选的中国最有前途的十家机构投资者中，中国南方证券与国内几大专业银行同登榜上，居证券业第二位；在由中国证券业协会评选的全国证券商经营业绩排行榜中，摘取利润总额、净资产总额两项桂冠。1996年，公司再次被该杂志列为中国最有前途的十家机构投资者之一；1997年，在国内券商承销业绩排名榜上，公司在所列的11项指标中分别夺得包括主承销总家数、配股承销总量等六项第一，1998年又在该排名榜上夺得六项第一；1999年公司的经纪业务和投行业务分列同行业第二、第三位。

中国银河证券有限责任公司

【公司概况】 中国银河证券有限责任公司是经国务院同意，由中国工商银行、中国农业银行、中国银行、中国建设银行、中国人寿保险公司全资的中国华融信托投资公司、中国长城信托投资公司、中国东方信托投资公司、中国信达信托投资公司、中国人保信托投资公司等5家公司所属的证券业务部门及证券营业部合并基础上组建的全国性综合类证券公司。中国银河证券有限责任公司(下称公司)经中国证监会批准，国家工商行政管理局注册登记，注册资本金45亿元人民币，性质为国有独资。公司现有员工5143人，其中总部员工有200多人。总部员工中80%具有3年以上的从业经历，本科学历占39.6%，硕士博士占35.3%。公司总裁：朱利。

【经营业绩】 公司业务范围包括：证券代理买卖；代理还本付息、分红派息；证券代保管、鉴证、代理登记开户；证券的自营买卖；证券的承销和上市推荐；企业重组、收购与兼并；投资咨询、财务顾问；资产管理；发起设立证券投资基金和基金管理公司。公司总部设在北京，在全国28个省、自治区、直辖市的56个城市拥有174家证券营业部。1999年原5家信托公司完成代理证券交易量5887.3亿元，全国排名第一。1997—1999年，共承担了近百只股票的发行和上市的主承销、副主承销、分销和上市推荐工作。公司将继续发展经纪、自营、承销业务，同时面向未来大力发展资产管理、基金管理、购并重组、财务顾问、风险投资及其他金融创新产品业务。

上海财政证券公司

【公司概况】 上海财政证券公司(原名上海振兴证券公司)成立于1988年4月21日，自主经营、独立核算、自负盈亏，是具有独立法人资格的经济实体。公司系上交所、深交所的会员单位，也是首批获准的中华人民共和国国债一级自营商之一。经中国诚信证券评估公司评定，证券商信用等级为AA+。公司注册资本为5亿元人民币，代理发行各种有价证券、代理买卖各种有价证券，经营资产运作中介业务、企业股份制策划与上市运作等业务，从事国债市场动态研究和分析、上市公司投资分析、咨询以及资本市场新兴金融工具的探索与创新等。

【经营业绩】 公司成立以来，“上财人”始终以市场为依托，把握机遇，以改革求进步，以创新求提高，以规范求发展。截止99年底，资产总额38.8亿元，累计发行证券166.45亿元，累计实现交易总额8914亿元，已连续6年进入上海证券交易所会员单位交易总额排名前十位。现拥有29个营业网点，近600名职工。在迈向新世纪的征途上，公司将本着“开拓、高效、服务”的公司宗旨，积极推行“守信、及时、方便、如愿”的服务方针，坚持规范经营，强化自律管理，不断创新进取，建立一支精业务、守纪律、善服务、创高效的员工队伍；开拓业务发展的新思路，探求一套适合新时期证券市场发展的稳健型经营管理模式，努力成为一家以证券经营为主业，具有多种投资银行功能的公司。

华泰证券有限责任公司

【公司概况】 华泰证券有限责任公司(前身为成立于1991年5月的江苏省证券公司)成立九年来，在江苏省委、省政府的领导和关心下，公司规模和业务有了长足的发展，资本金从成立时的1000万元逐步增加到目前的8.5亿元，截止2000年底，公司总资产已达140亿元，其中净资产为14亿元。1999年末华泰证券被中国证监会核准为江苏唯一一家(全国第四家)综合类证券公司。公司总裁：吴万善。

【经营业绩】 九年来，华泰证券有限责任公司秉承“高效、诚信、稳健、创新”的经营宗旨，各项业务获得稳步增长，沪市证券交易量、利润总额、净资产收益率等多项业务指标连续多年居全国证券业前列。1998年，公司净资产收益率、利润总额和净资产额分别排名全国第四、第七和第十二位。1999年，公司利润总额达3.7亿元，再次排名全国第七位。在投资银行业务

拓展方面，自1993年以来，公司先后担任小天鹅、宏图高科、江苏春兰、福日电子、江苏舜天、无锡威孚、江苏南钢等21家上市公司的主承销商和春兰股份等18家上市公司副主承销商，以及北京城建、福建三木等19家上市公司的上市推荐人；先后担任南京新港、江淮动力等数家上市公司的财务顾问；公司作为国债一级自营商，具有丰富的国债承销经验，分别担任国债承销团主干事与副主干事，累计承销国债60多亿元，国债交易额也在全国券商中名列前茅。在证券经纪业务方面，华泰证券有限责任公司现有30家证券交易营业部，分布于江苏省内13个大中城市以及北京、上海、广州、武汉、成都、沈阳、天津、深圳等全国大都市，拥有上交所、深交所等交易席位65个，开通了沪、深A股、B股、基金、国债等有价证券的经纪业务。公司在经纪业务方面具有较强的竞争实力和盈利能力，形成了较为完整的业务网络，经纪业务的实现利润额一直在公司利润总额中占据较大比例。公司不仅具有较强的综合研究分析能力，而且技术力量雄厚，开发了全面多样的证券交易品种和交易手段，在全国率先开通了卫星双向、电话委托、无形席位、网上交易、银证联网等业务，在业内素有“技术先锋”之称。目前的委托手段有柜台、电话、磁卡、可视、热键自助、网上交易、通炒通交割等，其中公司网上交易业务居全国券商之首，网上交易量2000年突破210亿元，占全国整个市场网上交易量的20%以上。1994年至1999年公司沪市证券交易量连续6年位列全国券商前10名。2000年1至10月份，公司证券交易量A股1451.14亿元亿元，市场占有率达到13.449%，分别比去年同期增长112.39%和19.89%。在资产管理业务方面，华泰证券亦积累了丰富的经验，建立了完善的决策体系，开发和引进了先进的资产管理和风险控制系统，在坚持科学决策和理性投资的原则下，取得良好效益。历经我国证券市场的动荡与发展，华泰证券在开拓创新和规范自律方面均积累了丰富的经验，造就了一支管理和业务骨干队伍，形成了较完善的内部控制和风险防范体制，有一整套较完备的人事、行政、业务、财务管理制度，有力地保证了公司业务和各项工作的平稳运行和健康发展。公司证券从业人员近千人，大学本科以上的员工占总人数的40%。目前，公司已有三分之二的员工通过了证券资格考试，居全国券商领先水平。为了适应资本市场国际化的挑战，进一步构筑华泰证券的竞争优势，公司将力图通过并购重组、增资扩股等有效途径，迅速实现公司低成本扩张。合并及增资扩股后的华泰证券注册资本将达到人民币17亿—20亿元，总资产将达到人民币140亿元以上，净资产将超过人民币20亿元，下属证券营业部达到40—50家。成为国内一流的大型综合类证券公司，在国内外证券市场中发挥更大的作用。

国泰君安证券股份有限公司

【公司概况】 1999年，国泰证券有限公司和君安证券有限责任公司通过新设合并、增资扩股组建成立了国泰君安证券股份有限公司。公司注册资本金37.27亿元，员工5600多名，5家分公司、118家营业部覆盖全国27个省、市、自治区。国泰君安证券股份有限公司成为目前国内规模最大，经营范围最宽，机构分布面最广的证券公司。1999年，公司的资产总值和税后利润名列全国券商前列。董事长：金建栋，总裁：姚刚。

【经营业绩】 公司经营范围包括：证券的代理买卖；代理证券的还本付息和分红派息；证券的代保管、鉴证；代理证券登记开户；证券的自营买卖；证券的承销和上市推荐；证券投资咨询；资产委托管理；发起设立证券投资基金和基金管理公司；中国证监会批准的其他业务。国泰君安共有近200名员工从事一级市场的股票承销工作，56%的员工拥有硕士以上的学位，65%的员工拥有三年以上投资银行业务工作经验，是目前国内券商中实力最强的业务部门之一。公司不仅积极收集机构客户需要，维护机构客户资源，而且调度并协调公司各业务部门和营业部，共同为机构客户提供多层次、全方位的服务。由此，国泰君安已经拥有相当规模的机构客户群体。1999年公司共完成A、B股公发项目14个，配股项目8个，上市推荐项目11个，并担任了金鑫证券投资基金的发行协调人和20家公司的财务顾问。新股发行股数、募集资金和发行家数三项主要指标在全国券商中排名第一。公司积极开拓投资银行业务新领域，战略性地组建了收购兼并部与国际业务部。通过收购兼并部介入国有企业的重组业务，积极推进上市公司产业升级和结构调整；通过国际业务部先后为几十家企业融入大量国外资本，探索积累了丰富的海外上市经验。

国泰君安先进的电脑配置和完善的交易系统，保证了交易的畅通、及时和准确，使客户在瞬息万变的市场上运作自如。公司依托强大的研究队伍，提供高水平的投资咨询服务，增强客户抗御风险的能力。118家营业部争创精品一流，竭诚为客户提供优质服务，使客户有宾至如归的感觉。先进的营销意识和良好的整体资源配置，使国泰君安经纪业务的市场份额逐年上升。1999年，公司股票、基金交易额占全国总成交额的5.86%，排名全国第一。

国泰君安积极介入中国国债市场，拓展企业债权融资业务领域。目前已初步建立了以债券业务部为运作中心，以中心城市营业部为结合点，以非中心城市营业部为延伸的债券业务组织体系。国泰君安现为财政部国债一级自营商，也是中国国债协会和中央登记结算公司的结算成员。1999年，公司承销国债15.5亿元，主承销企业债12.55亿元。

公司证券投资业务在市场上具有良好的声誉。公司还专门设立资产委托管理部，为客户资产量身定制理财方案，与客户共同分享资产增值的喜悦。

高质量的研究开发工作始终是国泰君安经营发展的基础和核心。公司拥有目前国内券商中规模最大、研究力量最强、配套设施最完善的专业化证券研究所。研究所每日提供实时财经信息和股票市场趋势分析，定期出版各种公司研究报告，随时发表热点问题专题研究。

国泰君安重视网络建设，建立了全国联网系统，依托联网系统，进一步建立了相应的交易、清算和办公自动化等系统，使总部可以实施集中清算和监管，实现了无纸化办公。此外，国泰君安注重有形营业网络与无形信息网络的结合，开发电话转帐等清算功能，大力推扩非现场交易业务，建立并有效利用了国内券商独有的卫星电视会议系统，突破了网点和营业面积的限制，以有限空间服务于无限客户，用技术开发带来业务的创新，提高了公司的整体经营优势。

申银万国证券股份有限公司

【公司概况】 申银万国证券股份有限公司自1996年7月16日成立以来，凭借人材、品牌及网络等优势，赢得了广大投资者和企业的信赖。原申银证券公司和原万国证券公司以及合并后的申银万国证券股份有限公司堪称中国证券业的拓荒者和先行者，受到国内和国际同行的高度评价，连续三年被国际金融权威杂志《欧洲货币》评为“中国国内最佳证券机构”，并连续三年获卓越奖。

【经营业绩】 申银万国拥有108家营业网点，遍布在15个省，4个直辖市，1个自治区，42个城市和地区，形成了规模化、系统化、网络化的分布体系。公司利用现代先进的高科技手段，通过电脑网络将所有网点联成一片，做到了人才、经验、信息等资源的共享，充分发挥了公司的整体优势，加强了对广大投资者的服务。申银万国以代理发行新中国第一张股票为起点，帮助上海石化、青岛啤酒、广州造船、上海汽车等近160家国有大中型企业进行股份制重组与改造，为各类企业发行并上市推荐股票，发行债券、融资券；首创认购证，全额存单中签认购，上网定价，上网竞价等多种股票发行方式，担任上海实业集团公司等多家企业的购并与反购并财务顾问；开发各种新型有效的投资工具，为企业提供产权转让中介服务。作为最早探索国际业务的国内证券公司，海外代理商已有60余家，海外基金客户12家，客户网络颇具规模，B股主承销数量占全国B股上市公司的35.6%，B股交易量在上海市场的平均占有率达25%，保持了绝对优势。组建了申银万国（香港）集团公司，下设全资子公司——上海申银证券（香港）有限公司，上市公司——申银万国（香港）有限公司，基金管理公司——申银万国泛达（亚洲）投资管理有限公司，以及新加坡申银万国APS投资管理有限公司。申银万国已开通沪、深两地交易所的全部业务。除了传统的当面委托外，投资者还可选择电话委托、自助委托、热键委托等方式。通过无形席位快捷、准确地完成交易，依托公司网点规模和自成一体的信息网络，申银万国的经纪业务为广大投资者提供了准确、及时的投资信息和高效、规范的优质服务，使申银万国客户量不断壮大，开拓了经纪人、客户资产管理等业务工作。申银万国自营业务注重实效和投资理念的完美结合，形成了一支精干的人才队伍。在长期自营实践中摸索出了一套较完善的投资管理体系，包括市场分析，企业调研，投资组合，授权授信，分责监控等环节，使自营业务始终处于有效的风险监控之中。申银万国于1994年成功发行总规模为1亿元的宝鼎基金，开发、设计了多种基金品种，如产业基金、国债基金，并积极探索设立境外投资基金。申银万国拥有一批学历高、经验丰富的国债业务专业人才，从事国债承销、自营、代理以及新品种的设计、创立与管理，近年来随国债市场的发展取得了显著成绩，申银万国不仅率先在全国成立国债二级承销团，为国债一级市场的发展作了有益的探索，而且国债一级、二级市场份额年年位居全国各证券公司之冠。申银万国在证券市场的开拓和成功，离不开强有力的科研、开发力量。早在1989年，公司就汇聚国内一流的证券研究精英，成立了证券研究所，并编制了中国第一本股票年报，率先在国内券商中推出规范、系统的投资分析报告，出版发行了首本英文版《上海B股公司年度研究报告》。申银万国开展宏观经济、产业经济和区域经济研究，涉及国民经济各行业以及全国主要地区，推出了《申银万国投资快讯》、《宏观经济与行业动态》、《申银万国证券研究》、《专题研究报告》、《上海B股公司年报点评》等研究刊物，成功地确立了在中国证券咨询领域的领先地位。

华夏证券有限公司

【概况】 华夏证券有限公司成立于1992年10月，是我国较早成立的全国性证券公司之一。主要业务包括证券发行承销、证券经纪、证券自营、投资基金管理、委托资产管理、投资咨询等。作为国有大型券商，华夏证券自成立以来，秉承“偕客户同发展，与华夏共繁荣”的经营理念，始终坚持为客户服务，为证券市场发展服务，为振兴国民经济服务的指导思想，以“稳健经营，规范运作”的经营方略，不遗余力地为中国证券市场的建设和发展服务，并取得了良好业绩。目前公司拥有7个分公司、93个证券营业机构，营业网点覆盖全国40多个大中城市，代理客户超过150万人。截止2000年底，公司资产总额已由成立时的9.2亿元上升为300.74亿元，增长了31.69倍。

【经营业绩】 华夏证券有限公司自成立以来，始终致力于为客户提供高质量、全方位的股票发行承销及上市推荐服务。截止2000年12月底，已先后为96家企业股票发行担任主承销商和上市推荐人，共筹集资金292.9亿元，；为46家上市公司担任配股主承销商，筹集资金96.4亿元；为3家上市公司A股增发担任主承销商，筹集资金32.9亿元。经过八年的发展，公司现已成为国内股票发行市场上一支举足轻重的力量。

伴随着我国债券市场的发展、完善，华夏证券的债券业务也经历了从无到有、从小到大的成长历程。通过不懈努力，在同行业中始终保持领先地位。从公司成立至今，共承销各类债券47期，承销总额为人民币241.57亿元，美元4000万元。特别是1995年至2000年期间，连续六年担任中国铁路建设债券的主承销商，总承销金额达141.6亿元，成为证券公司与发债主体长期成功合作的典范。“以优质的服务赢得客户”是公司经纪业务不懈追求的目标。几年来，通过深化服务层次、提高业务技术含量、改善交易环境、推行客户经理制度、实行营业部标准化管理、加强信息与咨询服务、开通网上交易等手段，不断满足投资者个性化、多层次的服务需求，公司证券代理交易量也呈现逐年稳步增长的良好态势。1997年和1998年，公司交易总量连续两年在同行业中名列第二，1999年及2000年上半年名列第四（券商合并影响）。经过八年的发展，公司国际业务取得了令人瞩目的成就。一级市场方面，积极为企业B股发行和配股担任主承销商和分销商；二级市场方面，利用广泛的营业网点，为众多投资者提供完善的投资经纪服务，公司历年B股交易量均在深沪证券交易所排名中名列前茅；近年来，公司在境外资产管理方面也取得了长足的进展，目前公司管理的海外基金与受托资产的规模已达4000万美元，成为国内唯一一家开展海外基金与受托资产管理业务的证券公司。与此同时，公司不断拓展国内委托资产管理业务，自2000年5月开展此项业务以来，已接受委托资产20亿元人民币。

在研究方面，公司一贯坚持“研究工作要以市场为导向，以业务发展为中心”的原则，采取多种措施，加强研究所建设，并取得了重大成效。目前，公司在宏观经济分析与预测、证券投资组合、证券投资基金产品创新、可转换债券定价等理论性较强的研究领域保持领先优势。同时在二级市场走势研判、行业发展趋势预测和潜力股挖掘等方面，也达到同行业领先水平。

在电脑开发和网络建设方面，目前公司已建立了一个技术先进、应用广泛、覆盖全系统27家直属分支机构的广域网，构筑了内部信息高速公路，开发了信息发布平台和公文流转系统，初步实现了无纸化办公，大大提高了办公效率；此外，“飞天”技术分析软件的开发、全国B股的开通、清算中心的成功运作、财务帐表合并汇总以及华夏证券网的正式开通，无不借助了网络的威力，使公司在短时间内超过同行，成为网络技术应用的典范。

东方证券有限责任公司

【公司概况】 东方证券有限责任公司（以下简称“公司”）由上

海地方财政和十四家大型企业集团共同出资组建，经中国人民银行批准，于1998年3月9日在上海正式成立。公司注册资本为10亿元人民币(含1500万美元)，现有近700余名员工，36家证券交易营业部，硬件设施先进，投资环境优良，可为客户提供集中电话委托、远程可视委托、银证联网、通买通卖等多种先进的交易手段。

成立两年来，公司在规范经营行为、加强风险控制、完善激励机制建设等方面取得了阶段性成果。公司将继续稳步发展经纪业务、稳妥推进交易业务、全面启动国际业务、积极拓展基金业务，进一步加快发展步伐，实现既定经营目标。同时，公司还将通过不断完善经营机制，增强业务创新能力、深化人才发展战略、健全技术支持系统，进一步提高经营管理水平和风险防范能力。

【经营业绩】 公司业务范围包括：发行和代理发行各种有价证券、自营和代理买卖各种有价证券、基金和资产管理、企业重组、收购与兼并、证券投资咨询、证券抵押融资、公司财务顾问及其他与证券有关的业务。1999年，公司面对资本市场跌宕起伏的市场考验和各种挑战，坚持以效益为中心，以人才为根本，积极、稳妥地开展各种经营管理工作，较好地把握了市场机遇，取得了良好的业绩。截止1999年底，公司总资产47.8亿元，净资产11.32亿元，实现利润1.60亿元。

投行业务　1999年，公司担任了2家企业的上市推荐人，主承销定向增发A股2家，副主承销A股1家，配股副主承销1家，主承销企业债券6家，副主承销2家，筹资总额达12.7亿元；发行企业短期融资券6家，筹资8000万元。

在金融创新业务方面，公司担任主承销商及财务顾问的大众交通向大众科创定向增发新股圆满完成，开创了两家上市公司资产重组，并壳让壳的先河；公司与新加坡大华银行集团创业投资管理公司及上海高新技术转化中心签署了合作备忘录，为公司投行业务进军高新技术行业和风险投资领域打下良好基础。

经纪业务　1999年度，公司所辖36家营业部的服务手段不断丰富，包括开设500门集中电话委托、建立远程可视委托系统、增设深圳双向卫星及深交所分支席位、代办深圳证券开户、试行公司所辖网点间通买通卖、推广传呼机成交回报等，并在部分营业部试行"银证联网"业务，同时，营业网点的改造和布局调整工作再上一台阶，对6家营业部进行迁址和就地改造。1999年度，公司参与了国债承销工作，完成了8个亿的国债销售任务，营业部经营业绩稳步提高，截止99年底，公司沪、深两市交易总量分别达556.54亿元和75.49亿元，两市A股/基金比上年同期分别增长82.4%和338%，市场份额由上年的0.42%上升至0.64%。

资产委托管理业务　1999年度，公司资产委托管理业务有长足进展，客户网络渐趋形成，资产规模日臻扩大，经营业绩不断提升，已成为公司业务发展的重要方面。同时，有关证券投资基金管理业务的各项工作也已启动，并有望得到实质性进展。

自营业务　1999年度是公司自营业务完整运作的第一年。在这一年中，市场结构出现了巨大的变化。面对新形势、新格局下的挑战，公司本着规范运作的原则，实时监控投资组合的成效，灵活调整投资策略，逐渐形成了一套具有东方特色的稳健型投资理念和操作风格，并成功经受了市场的检验。同时，注重团队业务素质的提高，形成了一支极具竞争力的专业队伍。1999年度，公司自营业务在控制风险的前提下，及时把握市场热点，有效运作资金，成为公司业务发展的重要方面，既建立了良好的市场形象，也为新世纪的业务拓展奠定了坚实的基础。

国际业务　公司获得了《经营外汇业务许可证》，并精心做好了入市准备；研究B股市场，拓展B股经纪业务，分析海外股票和债券行情，跟踪国际资本市场热点，建立广泛的境内外证券销售网络等；还建立了新的B股交易系统，该系统排除了Y2K问题，具有良好的安全性能。由此，公司国际业务将在新千年中顺利起步。

证券研究咨询业务　1999年度，公司证券研究咨询业务在研发、咨询和信息等方面为其它业务发展提供了全面的服务。一年来，公司与《上海证券报》社联合举办了"《证券法》与资本市场发展"大型研讨会，并独家协办了"上海上市公司二次创业研讨会"，受到政府部门和上市公司的广泛关注；同时，公司还承担了中国证监会、上海市计委、上海市资产重组办公室等上级主管部门的多项课题研究，其中一些研究成果被有关方面在制定政策时所采纳；并在各类专业报刊杂志上发展论文百余篇，逐步在社会上建立了东方证券的研究品牌。在1999年度证券业投资咨询从业资格考试中，公司共有16名员工获得执业资格；公司也相继获得了证券投资咨询机构从业资格。

闽发证券有限公司

【公司概况】 公司从1997年开始的网上交易始终保持在全国的领先地位；1999年，公司推行了会计电算化，提高了财务核算的效率；制定了计算机系统安全管理规定；开发运用了决策监控支持系统软件。1999年公司在南昌、成都、南宁、合肥收购了5家营业部，90%以上的营业部扩大了经营场地，更新了设备，极大改善了营业网点的硬软环境。

【经营业绩】 公司目前有22家营业部，17个服务部，同时在北京、上海、深圳、成都、南昌等地设有分支机构。利用网点多的优势，巩固和提高"柜台、技术、信息"三个方面的服务质量。"客户至上"的服务观念已牢固地树立在职工的意识中，在具体行动上，各营业机构立足于公司的柜台服务规范，细分市场，为客户提供"亲情、高效"的服务，开展了诸如代客理财申购新股、下乡咨询现场开户、股市沙龙、夜市、跟踪提醒、投资培训以及增设老年人专柜等各式各样的服务。公司引进大批优秀的高素质人才，有力地增强了研发力量，依靠总部的信息研究中心、北京的经济研究所以及上海管理总部的研发中心，从不同的角度，对政策、经济和市场信息等进行研究。以上各方面工作，优化了公司服务品牌，巩固和发展了客户队伍，使公司二级市场交易量一直名列福建省第一。1999年，公司的投资银行业务部门采取了重视人才、重视实效的激励方法，在1999年5月份成立了投资银行总部，充实了投行队伍，同时也争取到了较多的投行业务项目。全年共参与了15家股票的新股和配股承销工作，其中，承担了龙发股份99年度配股主承销和福日电子(新股)、锡业股份(新股)等10家企业的新股发行副主承销工作，实现了自1993年以来主承销业务零的突破。同时，公司还承担了吉林省开发建设投资公司1997年企业债券的主承销、闽江调水工程建设债券副主承销和98福建南纸技改债券的分销工作。另外还有十几个项目正在顺利进行中。1999年，与上年度相比，公司共完成证券交易额1052.66亿元，在深、沪交易所会员综合排名第17位。其中，股票基金业务量达710.25亿元，增长31.7%；完成营业收入39477万元，增长21.9%，累计实现税前利润总额11133万元，增长

22.52%。

光大证券有限责任公司

【公司概况】 光大证券有限责任公司(以下简称公司)是经中国证券监督管理委员会批准,在整合原中国光大银行、中国光大国际信托投资公司的证券经营机构和相关业务的基础上重组设立的。公司注册资本金为5亿元人民币,正积极申请增资扩股至30亿元人民币,总部设在上海浦东。经过四年多的辛勤努力,公司现已发展成为一家业务品种齐全、管理规范稳健的全国性综合类证券公司,业务领域涵盖证券经纪、投资银行、基金和资产管理、研究咨询等各个层面;业务网点遍布全国主要大中城市,设有43家营业部,并在北京、上海、深圳和成都分别建立了4个区域性管理总部。公司"以人为本"的人才理念和科学严谨的考核与激励机制,汇聚了一批素质优良、勤奋敬业的证券专业人才和资深管理精英,全系统现有员工1400人,平均年龄30岁,其中本科以上学历的占44.21%;硕士和博士学历的占13.67%,同时具有中级以上专业技术职称的占32%。公司代总裁:聂庆平。

【经营业绩】 几年来,公司秉承"创新、稳健、效率、诚信"的经营理念,发扬勤奋、开拓、敬业的企业精神,积极致力于国内、国际资本市场的拓展,并取得了骄人的经营业绩,目前按综合指标排名,公司已跨入全国十大券商行列。在一级市场上,公司累计承销企业总数达45家,推荐上市企业总数达34家,为企业募集资金137.54亿元。1999年公司主承销家数位居全国第2;承销金额位居全国第4;配股承销家数位居全国第1。在二级市场上,公司以优质高效的服务赢得了广大客户的认同,经纪业务年交易额平均以36.5%的速度增长,1999年公司A股、基金交易总额1468亿元,排名已位居深、沪两市第8位。在盈利方面,公司净资产收益率逐年增长,利润水平在国内同业中名列前茅。截止到2000年8月底,公司总资产已达到126.30亿元,净资产达到17.29亿元。公司自成立以来,致力于构建科学规范的管理框架,并逐步形成了既注重发挥群体的综合智慧,又有高度集中统一的理性、科学的决策模式。在强化管理的同时,公司还十分注重健康的财务管理,已经连续四年聘请安达信会计师事务所按国际会计准则进行年度财务审计,在国内证券首屈一指。公司在管理上卓有成效、在经营上成绩斐然,属于全国首批获准进入银行同业拆借市场的券商;全国首批具有股票质押融资资格的券商;全国首家未增资扩股而被批准的综合类券商,同时公司还是中国证券业协会常务理事单位,中国国债协会常务理事单位。

国通证券有限责任公司

【公司概况】 国通证券有限责任公司创建于1991年,前身是招商银行全资的专业性证券公司—招银证券公司,1998年,成为中国证监会批准的第一家增资改制的证券经营机构,资本金由1.5亿元增至8亿元,实收资本达13.2亿元。1999年10月,公司又进行第二次增资扩股,资本金增至22亿元。截止2000年9月底,公司总资产达134多亿元。目前,公司共设有14个部门,三个地区总部,员工750多名,预计年底可达到900人,营业网点19家,正在筹建的网点有7家。

【经营业绩】 九年来,公司实现了跳跃发展:经营效益连年增长,累计实现利润近20亿元,年人均创利水平一直名列同业前茅;一级市场业务蓬勃发展,迄今承销各类有价证券130多个,承销金额200多亿元,推荐50多家企业股票上市,公司在一级市场上的排名位居前十名。尤其是公司在B股承销方面颇具实力,是深圳首家B股的国内主承销商,共帮助18家企业发行了B股,筹措资金近30亿港元;证券经纪业务迅猛增长,累计交易额6000多亿元,市场份额稳步提高,市场排名位居前列;电子化水平不断提高,早在1995年,公司独立开发了基于客户思想的柜台系统,成为全国最早统一柜台系统的少数券商之一。1997年,公司与招商银行合作,率先推出一卡通证券保证金转帐业务,此后,公司又推出了中国证券业第一张多功能卡—国通证券牛卡,实现了证券的通买通卖、24小时电话委托咨询、多家银行转帐,在社会和同业引起了很大的轰动效应,目前,牛卡发行量已突破20万张。新千年初,公司又隆重推出了内容丰富、速度快捷的国通证券牛网,再一次提升了证券电子化服务水平。在大力拓展业务的同时,公司始终不渝地坚持规范、稳健的经营风格,坚持守法合规,坚持资产安全第一,保证了资产质量的优良,多次受到证券监管部门的赞扬和好评。自创建开始,公司以发展中国资本市场为已任,勇于开拓,不断将国外先进的融资技术引进中国证券市场,并发扬光大;1994年12月,公司策划并承办了国内外颇具影响的"中国公路建设境外融资暨BOT国际研讨会";1995年6月,公司担任了深圳证券市场首只B股可转换债券—南玻B股可转换债券的境内转换代理人;1998年上半年参与研究策划了中国收费公路产业投资基金的运作方案,为中国公路建设进一步开拓资本市场献计献策;1999年7月,在中国交通运输协会的指导下,由公司发起成立了中国交通运输协会交通投融资专业委员会,积极为中国交通建设事业尽心尽力。几年来,国通证券一直把人才作为主业的根本,以才兴业。目前,公司硕士以上学历的员工占三成,其中博士10多人。

国信证券有限责任公司

【公司概况】 国信证券有限责任公司为全国性的大型综合类券商,本部及注册地为深圳,注册资本人民币20亿元,2000年底总资产逾100亿元,净资产超过33.8亿元,全年实现利润总额超9亿元。国信证券是我国证券市场上最早的拓荒者之一。公司的前身——成立于1989年9月的深圳国际信托投资公司证券业务部,为改革开放以来国内最早产生的证券机构之一,承担了深发展等第一批上市公司股票的发行、交易业务。1994年10月,根据信托业与证券业分业经营的要求和业务发展的需要,在原有证券业务部的基础上改组成立了专业证券公司,系国内首家实行分业经营的专业证券公司。自成立以来,公司先后承担了50多家企业股票的主承销和上市推荐工作,参与了历次国债发行承销,单个营业部交易额连续三年位居全国同行第一,在促进我国国有企业改革和资源优化配置方面发挥了积极作用。国信证券坚持服务至上的宗旨和稳健经营的方针,管理严格、运作规范,在证券市场中赢得了良好的声誉并取得了显著的经济效益。公司经济效益、资产质量、企业信誉、服务质量以及人均创利、净资产报酬率等均居证券业前列,自1996年以来连续五年年度实现利润超过4亿元,连续五年缴纳税收名列深圳证券业前列,为国内具有创新开拓能力和良好发展前景的大型券商之一。国信证券先后于1997年和1999年进行了两次增资扩股。第一次增资扩股后,公司上升成为具有全国影响力的大型证券公司;在第二次增资扩股中,深圳国际信托投资公司、深圳市投资管理公司、深圳市机场股份有限公司、云南红塔实业有限责任公司、中国第一汽车集团公司、北京城建股份有限公司等极具实力的企业集团构造了强有力的股东背景，公司在证券业内的实力和地位得到进一步加强。公司拥有雄厚的人力资源，现有员工近800人，囊括了一批精于证券市场运作和金融资本管理的高素质、高水平人才，以及擅长经济、财务、法律事务的专门人才。公司本部和北京、上海两个管理总部的约500名员工中，拥有大学本科以上学历的在90%以上，其中博士占到10%、硕士占到50%。公司董事长：李南峰，总裁：胡关金，副总裁：姜长龙、费晔、李凤梧、孙宾，党委副书记：刘靖。

【经营业绩】 公司的业务范围包括证券的承销和上市推荐，证券的自营买卖，证券的代理买卖，代理还本付息和分红派息，证券的代保管、鉴证，同业拆借和证券抵押融资，资产管理，证券投资咨询，财务顾问，企业重组、收购和兼并，发起设立证券投资基金和基金管理公司，风险投资业务，外币有价证券的代理发行、买卖、代理买卖等。

投资银行业务　国信证券是中国最早开展投资银行业务的券商之一。1989年开始从事股票承销业务；1991年成为首批有资格从事B股承销和代理买卖的证券商之一；1995年成为国债一级自营商。1997年以来，公司的投资银行业务超常规发展，1998至2000年投资银行业务在全国的排名始终保持在前三位。公司投资银行总部建立了全国券商中最细致、最有效的投资银行业务考核制度，拥有150人的投资银行队伍，从业经验丰富，熟练掌握金融证券、财务、法律等领域技能，行业研究也具有相当水准。下辖深圳、北京、上海等地的十多个业务部及综合管理部，承揽和承做项目遍布全国各省、直辖市、自治区。自1989年12月以来，公司已完成了50多家企业股票(其中8家为B股)的主承销和上市推荐工作，迄今累计筹集近300亿元。公司参与了历次国债发行的承销，并为多家公司的债券发行提供了承销和还本付息服务，策划了数十项资产重组、收购兼并财务顾问业务。

经纪业务　国信证券是国内最早开展交易经纪业务的券商之一，具有良好的市场声誉，深圳市场交易额连续九年名列第一。公司在深圳、北京、上海等16个城市设有20家证券营业部，全面推行"五星级管理服务"体系，为客户提供全面、完善的服务。在1998至2000年由深圳市证券业协会主持的"优秀证券营业部"评选中，所属营业部蝉联第一、第二名。国信证券单个证券营业部的平均交易量连续多年达到国内最高水平，单个证券营业部平均产出和平均盈利能力连续多年名列全国第一，单个证券营业部的市场占有率为全国证券营业部平均水平的2倍以上，在权威媒体2000年1月推出的中国券商综合排名中荣获"营业部平均价值量"、"员工人均价值量"第一。公司是最早推出网上交易系统的券商之一。为适应网上交易迅速发展的趋势，公司设立了开发、经营网上交易业务的专业机构，并建成了国内一流的、具有先进性和可靠性的网上交易系统，为客户提供全面、详尽的证券信息，以最快捷的方式向投资者提供个性化的服务。

综合业务　国信证券的证券投资、资产管理、研究咨询等项业务一向著称于同行和证券市场。公司设有投资管理部，专门从事深沪市场的证券投资业务。在资产管理业务方面，公司设有资产管理部和北京、上海两个管理总部。公司建立了一整套科学严密的证券投资决策运作机制和风险控制机制，在严格自律、控制风险的前提下，凭借雄厚的综合实力、高水平的投资技巧，为自身和客户创造了阳光下的丰厚收益。在研究咨询领域，公司建立了高水准、高素质的研究机构，拥有一支由中外博士、硕士为主体组成的从事证券研究、分析的专家队伍，分别从事宏观经济与产业政策、行业与上市公司、投资策略、中外证券市场、金融创新与券商发展战略等专门领域的研究工作，为各级政府经济管理部门、证券投资基金、保险公司、上市公司以及广大投资者提供多层次、全方位的金融信息、发展战略和投资咨询服务。国信证券的经营管理、风险防范能力居于国内一流水平。公司的证券信息化建设一直居于国内领先水平，在信息技术的开发和管理方面具有雄厚的实力。1991底，公司在全国率先采用电脑辅助经纪交易系统，利用电脑进行客户的保证金管理、股票代管管理和交易管理，启动了中国证券交易无纸化的进程。1992年10月，公司又首家全面采用证券交易电话委托系统，在此基础上，又陆续推出了自动传真、信息传真、远程家庭大户交易、传呼机成交通知等。1998年，公司与各大银行合作，全面推出券银电话自动转帐服务，客户足不出户就可享受优良服务。公司建立了全国性的内部联网系统，传统的集中清算、监督管理依托新的技术平台，将客户风险降到最低限度。1999年，公司推出网上交易服务系统，借助互联网这一技术手段，以最快捷的方式向投资者提供个性化的服务。同时，公司成功地开发出技术水平居全国同业先进水平的数据仓库系统和项目管理系统，全面实行办公自动化管理，推动了整体资源的有效配置。

大鹏证券有限责任公司

【公司概况】 大鹏证券1993年7月在中国深圳创立以来，一直活跃于中国证券市场，与中国证券市场共同发展成长，至1999年底，大鹏证券资产总额达到69亿元。大鹏证券在中国拥有北京、上海、成都、大连、武汉等5个地区总部。大鹏证券为大量传统企业和高科技企业在证券市场发行A股、B股和企业债券；不仅于此，大鹏证券还孜孜以求企业增长的效率，大力拓展风险投资、收购兼并、管理咨询、企业创值评级等创新业务，为企业提供各类增长解决方案。同时，大鹏证券认识到经济全球化的趋势，积极为外国企业在中国开拓商机和中国企业走向世界开展跨国经营提供专家服务。公司员工总人数1200人，其中：博士2%，硕士32%，学士47.5%。大鹏证券紧密跟踪客户的需要并超越客户的期望，聚合最出色的人才，一批具有丰富证券从业经验、为证券市场建设做出过突出贡献的优秀专业人士、一批来自中国金融证券监管机构的高素质管理者、一批毕业于国内外著名高等学府的智者专家，以团队合作向企业和投资者提供融资、资讯、管理服务，促进企业的增长和投资者资产的保值增值。大鹏证券视各类专业人员为公司竞争优势的关键。培训中心的建设和发展将有力推动大鹏证券造就学习型组织和知识创新型企业的战略目标。

【经营业绩】 大鹏证券致力于建设成为真正的网上投资银行，ChinaEagle.com是大鹏证券运用先进的电子商务技术将大鹏证券44家股东、1200名专业人才、500家中国优质企业客户、200家机构投资者客户、20万个人投资者客户融合链接到一起的网站。大鹏证券通过ChinaEagle.com：向登录的个人和机构投资者提供个性化的资讯支持和研究服务；向市场的各方参与者传递大鹏证券对国内外财经走势的最新、最快的权威解读；发布大鹏证券对超过20个热点行业、近1000家上市公司的最新调研成果；提供实时证券市场行情和便捷安全的网上交易服务；提供一个市场热点资讯、创意思潮相互交融、火光四射的股市论坛；对投资者进行完整、严谨的网上证券投资知识培训；为投资者提供虚拟的股市投资乐园。投资银行方面：大鹏证券致力于与中国优秀企业建立战略伙伴关系，为客户提供各类融资服务和增长的全面解决方案：从发行承销、项目融资、资产管理，到收购兼并、财务顾问、企业重整、管理咨询等。大鹏证券的投资银行专家通力协作，形成以下服务特色。大鹏证券完全按国际通行模式整合投资银行业务，下设：质量总监室、行业部、销售与客户服务部、债券部、财务顾问部、投资银行各地分部，体现了专业化分工和全方位服务的优势。A股市场方面，六年来，大鹏证券累计完成A股主承销与上市推荐项目78家，承销股数15.13亿股，筹资120亿元人民币。债券市场方面：大鹏证券深知客户资本结构的重要性，不断开辟新的融资渠道。大鹏证券完善的债券风险评估体系、全方位的客户服务体系、多层次的债券营销网络、高水准的债券研究能力，结合企业的实际情况，为企业的增长提供了更多重的选择。在国债业务方面：大鹏证券先后参与承销国债共10期，总承销量达21.07亿元人民币。在企业债业务方面：大鹏证券曾经创下深圳券商企业债券承销第一名的纪录。随着企业债券市场的不断规范，公司成功参与了中国铁路债券、中国电力债券、中信建设债券、中国石油债券等中央级企业债的发行。大鹏证券成功地担任了深圳振业(集团)股份有限公司1亿元、四川省投资集团股份有限公司5000万元、攀枝花路桥股份有限公司5000万元债券等的主承销工作，高效有序地组织整个发行过程，在企业债券市场极度低迷的情况下，圆满地完成发行工作。另外，公司成功参与了岷江水电债券、北京房地产债券等的发行工作，有力地支持了国家重点建设项目。国际业务方面：大鹏证券致力于为中国企业走向世界提供独到的专家服务：为企业发行B股进行融资；为客户提供海外上市的财务顾问服务。1996年，大鹏证券担任主承销商和上市推荐人的无锡小天鹅股份有限公司的B股发行项目取得成功，并带动中国B股市场的复苏，被企业、证管部门和同行誉为"B股最成功的一次发行"。大鹏证券为客户集资超过4亿港元。财务顾问业务方面：大鹏证券凝聚了一批企业管理和资本运营的专业人才，在中国国有经济的战略性改组中，积极为上市公司策划产业结构调整和转型，实现企业产业布局的合理，使企业重获发展和增长的动力。大鹏证券客户服务业务包括经纪业务和委托理财业务，在全国主要城市设有27个营业部。大鹏证券以客户资产保值增值为已任，结合先进的电子商务技术和客户服务中心，不断推出新的交易手段和独到精辟的资讯产品，为客户提供"点对点"的专业化投资顾问服务。1999年二级市场总交易量达1468亿元，在全国券商中列第11位。推出的交易手段包括：银证保证金帐户自动转帐、家庭大户室远程服务、利用数字移动通讯方式进行股票交易和网上交易。大鹏证券直接投资业务包括证券投资、收购兼并、风险投资，主发起设立了大成基金管理公司，并先后发起设立了景宏、景福和天元三家投资基金。大成基金管理公司运作出色，成为国内首家托管老基金(巨博基金、长阳基金)的管理公司。大鹏证券强调"创新发展，研究先行"，研究风格追求严谨、务实、超前，综合研究水平在全国同业中名列前茅。1999年9月，大鹏证券成功地主办了中国高科技上市公司巡回调研和大型报告会，使中国主要的基金管理人对中国高科技上市公司进行了全面的审阅。1999年10月，大鹏证券成功地主办了首届中国高新技术成果交易会中之"高新技术创业资本专题"，是近3年来中国最高层次的风险投资论坛。大鹏证券通过电子信息技术将股东、高层管理人员、员工和客户链接成遍及全国的业务网络：建立起连接公司各分支机构的全国数据通信网络；建立起以Lotus Notes为基础的内部信息交换平台，实现公司办公自动化；建立起对外Web站点，股东可通过Internet进入公司网站，实现公司信息披露的高透明度；积极开展网上交易和网上服务；成功解决计算机的2000年问题；通过公司综合管理信息系统建立起公司机构客户信息库和员工目标管理与考评信息库，实现公司客户资源与人才资源的全面共享；通过独立的财务信息系统实现对公司财务状况和风险的即时监控。

长城证券有限责任公司

【公司概况】 长城证券有限责任公司是1995年11月经中国人民银行批准，在原深圳长城证券部与海南汇通证券合并基础上设立的证券专营机构，公司注册地深圳经济特区。2000年3月，中国证监会核准长城证券增资扩股方案，长城证券资本金由1.57亿元增至8.25亿元，同时中国证监会批准长城证券为综合类证券公司。增资后的长城证券可经营证券经纪、承销和上市推荐、资产管理、证券投资咨询及发起设立证券投资基金和基金管理公司等业务。公司设有风险监控委员会和投资决策委员会，长城证券在北京、上海、深圳、海口、武汉、重庆、成都、大连、沈阳、南昌、天津、西安、青岛等地设有十七家营业部，并在北京和上海设有两个地区性管理总部。

【经营业绩】 长城证券是在中国证券市场走向成熟、规范，证券经营机构趋于集中的背景下出现的，是中国金融改革的产物。长城证券主要资质：目前国内仅有的8家综合类证券公司之一，全国26家具有A股主承销资格的证券公司之一，全国仅有的10家外资主承销商之一，深沪两地交易所会员单位，全国仅有获准的进入同业拆借市场十二家证券公司之一，拥有深沪两地证交所席位36个，拥有北京STAQ系统、NET系统及海南、天津、武汉、重庆等地交易中心的会员资格，被中国人民银行授予A级信誉等级，被中国人民银行评为内部控制运作先进单位。公司成立以来，始终不渝地坚持"诚信、稳健、卓越、创新"的经营宗旨，积极进取，勇于开拓，取得了丰硕的成果，二级市场交易份额一直居国内券商前列；承销的四十余家上市公司股票，涉及到造纸、冶金、航空、机械、化工、建材、商业、电力、通讯等行业，并通过强化对上市公的后续服务，已成为多家上市公司的财务顾问。

平安证券有限责任公司

【公司概况】 1991年9月，中国平安保险股份有限公司证券业务部开始登台亮相，经过短短几年的发展，到1995年10月，经中国人民银行总行批准，在原证券部基础上成立了平安证券有限责任公司，注册地在北京，公司总部设在深圳。平安证券一贯秉承"信誉第一、效率第一、客户至上、服务至上"的服务宗旨，积极开拓市场，努力实现"让客户资产增值"的核心理念，立足深圳，面向全国，在国内14个重点城市设立了20家营业部，同时，为进一步拓展华东地区业务，还在上海成立了上海管理总部。截止1999年12月底，公司总资产达36.25亿元，净资产7.13亿元，员工总数500余人。

【经营业绩】 平安证券拥有齐全的专业资格和全方位、多层次的综合服务体系，业务领域涵盖证券经纪、投资银行、资产管理、研究咨询等各个层面。平安证券在"竞争中求生存，创新中求发展"的战略思想指导下，以先进的技术、卓越的管理、不断的创新，在发展的历程中有许多方面都走在全国券商的前列。1992年，平安证券在深圳券商中首家开通了上交所的卫星行情，此后，平安证券又陆续率先推出了电话查询、远程终端、双向卫星通讯系统等先进交易手段，为公司各地机构的业务发展提供了可靠保障。在一级市场方面，平安证券为南油物业、大连友谊、湘计算机、深万科等近百家企业担任了A、B股及配股、企业债券发行的主承销、副主承销、分销、上市推荐人、财务顾问。平安证券在深圳、上海证券交易所拥有席位50多个，99年在全国100名券商深、沪二级市场成交总额排名中分列第22位和第16位，显示了其在二级市场旺盛的活力。随着证券市场的不断完善和发展，特别是《证券法》的出台和实施，对证券公司的运作提出了更高层次的管理要求。平安证券一直把“稳健经营、规范发展”作为公司的立足之本。为此，在与国际著名麦肯锡咨询公司和香港唯高达证券公司的通力合作下，平安证券较早地建立了与国际惯例接轨的科学而又严密的内控体系，并进行了一系列相应的改革，取得了显著的成效。

长江证券有限责任公司

【公司概况】 长江证券有限责任公司是一家全国性的专业证券公司，其前身为湖北证券有限责任公司，创建于1991年3月18日，2000年3月更为现名。公司属股份制企业，股东包括国内一批优秀上市公司和全国知名工商企业，总股本人民币10.28亿元。公司总部设于华中重镇武汉，除湖北省内大部分城市之外，还在北京、上海、深圳、重庆、天津、哈尔滨、成都、福州、佛山等地设有营业网点，并在上海、深圳、北京、重庆驻有管理总部。

【经营业绩】 公司业务架构完备，可办理综合类券商所有业务，包括证券经纪、证券承销、证券自营和经国务院证券监管部门核定的其他证券业务。公司是全国首批具有A、B股主承销资格的券商之一，是财政部国债一级自营商，并首批取得证券投资咨询业务的资格。在发展过程中，公司始终坚持规范管理、稳健经营，各项业务均取得了较大成绩，并在业内赢得了广泛声誉。

股票承销业务：作为我国最早从事投资银行业务的券商之一，公司在一级市场的项目培育能力、策划能力以及创新能力和筹资能力得到了市场的充分肯定和客户的高度评价。到目前为止，共担任了国内100多家上市公司的主承销商、副主承销商和上市推荐人。近来，随着经济运行和市场环境的变化，公司在一级市场及时调整主打方向，力争在高科技企业的承销上市方面创造品牌，同时在构造中国风险投融资体系中充当重要角色。公司已先后主承销了包括“华工科技”在内的5家高科技企业的上市，目前正在为包括中国煤科院在内的三十余家高科技企业进行改制辅导。

证券交易业务：公司的证券交易量逐年递增，到目前为止，公司经纪系统共累计完成交易量4000多亿元。公司证券营业部管理规范，服务优良，多次在当地或全国的优秀营业部评选中占据重要位置。比如，公司湖北省内的营业部连续多年位居当地优秀营业部前列；公司上海汉口路营业部是上海市的“十佳示范窗口”、“全国优秀证券营业部”；公司深圳燕南路营业部被深圳市证管办评为“优秀证券营业部”。由于公司的营业部数量偏少，相对于一些营业部数量较多的券商而言，公司的交易总量并不大。但是，公司单个营业部平均交易量在全国专业券商中名列前茅，大大超出了全国平均水平。最近，公司积极响应国家开发西部、建设西部的号召，加大了在西部地区布点的步伐，力争促使公司区域网络进一步完善。

债券业务：公司自成立之日起，积极开展债券业务，在国内专业券商中，公司债券业务规模位居前列。除连续多年承销多期国债之外，公司还把企业债承销置为一个重点业务，到目前共完成了20多个项目的发行论证或承销业务。其中包括’98清江债主承销商、’98陆家嘴金融债副主承销商等。公司在承销’98三峡债时，经过缜密策划，充分利用公司的销售渠道和销售网络，仅在3天内就将包销的2.5亿元的’98三峡债销售完毕，被证券市场传为佳话。

研究咨询业务：公司一贯高度重视研究工作，在国内券商中率先设立研究所。目前，公司研究所拥有一批高素质、高学历的专业人才，已成为公司的信息中心、研究中心和人才培训基地，并取得一批具有相当价值和专业水准的研究成果。公司在资产重组、企业并购、风险投资与股票期权等领域的研究有突出成就。在二级市场，公司的研究咨询在广大投资者中也有一定影响力。公司还多次与国内部分省、市人民政府和国务院有关部委联合举办研讨会。比如“川渝藏资本市场论坛”、“高科技企业的金融支持”、“上市公司与高科技对接”、“中国风险基金与高科技产业发展”等。

除上述主要业务之外，公司还大力进行业务创新，在基金和资产管理，证券抵押融资，企业重组、收购与兼并，公司财务顾问以及风险投资等金融创新领域进行了积极的探索和实践。比如公司先后联合其他几家单位设立长盛基金管理公司和华工创业投资有限责任公司等，在基金管理和风险投资领域迈出了实质性的步伐。此外，公司还担任了“陕西金叶”等多家上市公司的财务顾问，提供包括股份制改造、上市推介、股票期权计划和企业并购方面的咨询策划工作。同时，随着网络时代的逐步到来，公司积极应对证券电子商务对证券业务方式的冲击和挑战。一方面通过自主开发的网上交易平台发展网上交易，为投资者提供网上证券经纪和咨询服务；另一方面着力发展网上IPO和e—Bond业务。公司网站“长网”是运用微软最新的DNA2000分布式互联网应用技术开发的新一代证券综合信息服务平台。经过全面改版升级，网站更显服务特色、专业品质。

东北证券有限责任公司

【公司概况】 东北证券有限责任公司是经中国证券监督管理委员会批准，在原吉林省证券有限责任公司和吉林省信托投资公司证券部合并重组的基础上，经过增资扩股和更名于2000年6月正式设立的。公司注册资本为101022万元。公司董事长、总裁：李维雄。

【经营业绩】 公司主要业务为证券代理买卖、证券承销、证券自营买卖；代理证券还本付息、分红派息；证券代保管、鉴证、代理登记开户等。东北证券有限责任公司将坚持“以人为本、效率优先”的经营理念，本着“立足吉林，面向全国，规范经营、加快发展、回报股东、服务社会”的经营思想，努力扩大经营规模，积极开拓市场，不断提高市场占有率，为繁荣证券市场、促进经济发展发挥积极作用。

广西证券有限责任公司

【公司概况】 广西证券有限责任公司前身为广西证券公司，1988年7月经中国人民银行总行批准成立，是经营证券业务的专业机构。公司在深圳、上海、北京共设有四个异地证券营业部，在广西境内设有南宁、柳州、桂林、梧州、北海、玉林、贵港、钦州等九个营业部，是广西最大的证券经营机构之一。董

事长、法定代表人：黄兆鹏

广东证券股份有限公司

【公司概况】 广东证券股份有限公司前身“广东证券公司”是经中国人民银行批准于1989年6月正式成立的，组建时注册资本金为3000万元人民币，是广东省成立最早的专业证券公司之一。1998年11月，经中国证监会批准，公司改制为“广东证券股份有限公司”，注册资本金增至8亿元人民币。经过11年的发展，公司已发展成为集证券发行与承销、证券经纪、证券投资咨询、财务顾问、证券投资基金、证券财经网站、计算机软件开发与资产管理等业务于一体的大型专业证券公司；公司拥有一大批博士、硕士以及有着丰富实践经验的管理人才；设有以华南为中心、辐射全国的48个证券营业网点。公司董事长：钟伟华。

【经营业绩】 公司自成立以来，经济效益逐年提高，截至2000年11月30日，公司总资产已达95.56亿元，净资产达11.73亿元，公司各项业务排名均在全国券商的二十名以内。公司1995年至1999年连续5年位居全国券商深沪股票交易量排行榜前十名；截止2000年11月先后承销了生益股份、九发股份、广州友谊等66家企业股票，并将29家公司股票推荐到证券交易所上市，自1996年以来，公司主承销企业家数连续3年进入全国十强；公司还曾发起设立并管理了“广证基金”和“广证受益”两家基金，参与了大成基金管理公司和易方达基金管理公司的设立和管理，同时，国债、理财、证券自营等业务也得以迅速发展。公司将继续发扬“团结、开拓、诚信、卓越”的企业精神，积极开拓，不断进取，把公司建设成为规模化、现代化、国际化的现代企业集团。

南方证券广州分公司

【公司概况】 南方证券有限公司广州分公司成立于1993年3月，系中国南方证券有限公司属下全资分公司。目前，广州分公司设有8个职能部门，12家营业部，正式员工人数达360多人，其中本科以上学历的员工达到55%。

【经营业绩】 南方证券广州分公司自成立以来，各方面的业务蒸蒸日上，经营业绩不断提高。资产总值从1993年的3000万元增加至2000年的51.5亿元。南方证券广州分公司拥有一批高素质、高学历的专业人才，专门从事A股、配股承销、上市推荐、财务顾问等投资银行业务。广州分公司先后主承销、分销了粤宏远、江苏阳光、粤美雅等多家新股，推荐了粤宏远、粤电力、粤甘化等六家公司上市，并担任粤美雅、粤甘化、珠海中富、燕京啤酒、超声电子等多家上市公司的配股主承销。近年来，分公司的二级市场代理业务成绩一直位居广州地区同行的前列。2000年，分公司二级市场代理业务成交量（A股＋基金）达1134.5亿元，创开业以来最好水平。在广东省各证券营业部2000年1—10月成交总额排行榜中，分公司属下的水荫路营业部、番禺营业部和建设三马路营业部名列前茅。公司下属营业部和办事处有：水荫路营业部、滨江东营业部、建设三马路营业部、大德营业部、体育东营业部、番禺营业部、江门营业部、顺德营业部、中山营业部、珠海营业部、东莞营业部、福州营业部、南宁办事处。

福建省华福证券公司

【公司概况】 福建省华福证券公司是1988年5月23日经中国人民银行批准成立的全国首批专业证券公司之一。在我国证券市场的各个时期，公司始终坚持“加强管理、稳健经营”的指导思想，一贯遵纪守法，合规经营，公司的各项业务稳步发展，同时为防范金融风险，规范经营行为，大力加强制度建设，完善内部管理，在经纪和自营业务管理、财务及资金管理、计算机系统管理等各方面不断健全，完善了一整套控制经营风险的管理制度和内部控制机制。经过12年来的风雨历程，目前公司实收资本已达人民币2.05亿元，成为福建省资本金实力较为雄厚的专业性证券公司之一。公司总裁：王希超。

【经营业绩】 1993年担任福建省首批公开发行股票公司—福建省福发股份有限公司的主承销商。之后，公司作为上市推荐人和承销商参与数十家股票的上市工作。自1992年以来，公司作为主承销商为福建省横南漳泉铁路、福州长乐机场、永安205国道、泉厦高速公路等10多个重点工程成功地发行了建设债券，为福建省基础设施建设的发展作出了较大贡献。在稳健经营的基础上，近年来，公司在业务创新方面给予了高度重视，并积极推出各项业务新手段和服务新内容，逐步开展了资产管理业务，进行经纪人制度试点，积极与银行在新的业务领域展开全面合作，推出华福证券金鼎卡一卡通实现通买通卖、通存通兑功能；开设华福证券“金鼎资讯网（WWW.HFZQ.COM.CN）”，为投资者提供方便、快捷、安全的网上服务，包括网上交易、资讯、个性化信息服务、专家在线等许多方面；实现“24小时营业部”，向投资者提供24小时的交易及查询服务；成立客户服务中心，通过人工座席和自动语音应答两种服务方式，为客户提供最优质的服务。在华福人的不懈努力和创新下，公司取得了良好的经营业绩，截止2000年4月底，公司证券代理交易量达3457亿元，累计实现利润2.95亿多元。已取得成绩只代表过去，展望新世纪，我司将面临新的机遇和挑战，未来券商间的竞争将是人才与服务的竞争。为此我司一方面将积极拓宽渠道、广泛吸收人才。特别是对高级研究人员的挖掘、培养，努力实现人才的合理配置。另一方面，还要立足省内，面向全国，努力打好增资扩股的攻坚战，在完善服务措施，加强规范管理的前提下，努力创收，优化资产，追求卓越。

黑龙江省证券公司

【公司概况】 黑龙江省证券公司成立于1988年6月9日，是黑龙江省第一家规模最大的证券公司。黑龙江省证券公司十余年来建立了特有的经营管理机制和风险防范机制。在管理体制上，制定和实施了《黑龙江省证券公司责任经营管理办法》，实行全员工效挂钩，制定相应的薪点制工资体系，充分调动了全员的积极性和能动性；在人事管理上，建立了一套科学的人力资源管理和开发体系。在干部选拔和使用上，实行岗位公开竞聘制、定期流动制，在员工考核上，实行“双631”的优胜劣汰机制。在经营管理中，公司还始终恪守“合规经营”的原则，在激烈的竞争中树立了良好的企业形象，在股民中树立起“德商”形象。在强化经营管理工作的同时，龙江证券始终注重企业文化建设和加强员工思想政治工作。通过经常举办多种特色的文体活动增强员工的凝聚力和向心力。公司还积极参与社会公益事业，公司成立十周年之际，把用于搬迁庆典的50万元费用节省下来，捐赠给省内千名双下岗职工子女就学；在1998年抗洪活动中，公司捐资百余万元救灾和援建希望小学，体现了公司“仁德为本”的经营理念，受到社会的广泛好评。公司总经理：卞玉祥。

【经营业绩】 黑龙江省证券公司经营范围为：代理证券发行业务，自营代理证券买卖业务、代理证券还本付息和红利的支付业务。在近年发展中，较快地完成了创业初期的规模扩张，初步形成了立足龙江，辐射全国的经营网络，营业网点由最初的一家增至15家，资产规模增至30亿元，经营范围也由单一的国债业务发展到目前集经纪、自营、承销等综合业务。公司在经纪业务上大力推行优质特色服务，市场占有率不断提升，开户数由1万人增至15万人，年交易量由1996年的60亿元增至1999年的200多亿元。在承销业务上，公司担任了二十几家上市公司的承销商，并为龙江企业发债融资8亿多元。黑龙江省证券公司在中国证监会和省委省政府的领导和支持下正积极进行重组、增资和改制，改制后注册资本金将达到10亿元以上，公司的资金实力、资产规模和业务竞争力将大大增强，新公司将继续秉承"仁德、诚信、团结、高效"的经营理念，"深化管理，强化业务，规范经营，开拓创新"的工作方针，坚持"创造现代公司"的发展方向，不断加强推进经纪、自营和投资银行等证券业务，创造良好的经济效益。

鞍山证券公司

【公司概况】 鞍山证券公司于1988年中国人民银行辽宁省分行批准成立。1991年经中国人民银行总行审查验收准予重新登记。1997年4月获得股票承销业务资格。公司是中国证券业协会首批会员单位，是上海证券交易所、深圳证券交易所、全国证券交易联合报价系统、沈阳证券交易中心、天津证券交易中心的会员单位。公司总资产38.9亿元，净资产4.38亿元，注册资本3.2亿元。公司共有14个营业部、室，分布在上海、深圳、天津、沈阳、鞍山、海城。员工496人，其中硕士以上76人，本科122人，大专187人，中专以下111人。公司董事长：王宝连。

【经营业绩】 公司的业务范围：主营证券买卖、抵押、提保鉴证、贴现；兼营证券业务咨询、证券转让、代保管、代发行。十二年来，公司从当年的13.8万元资本、300平方米的营业面积、16名员工，发展到今天的3.2亿元的注册资本、38.9亿元的资产、55368平方米的营业面积、14家分支机构、500余名员工。几年来，公司领导非常重视证券一级市场业务的开发，不断加大证券一级市场业务的力度，使之与二级市场业务齐头并进，做为证券副主承销商，公司为山东海化等二十多家上市公司进行了股票承销。目前，证券一级市场业务收入成为公司非常稳定和重要的利润来源。证券二级市场业务做为公司主要业务，几年来迅猛发展，先后对一些营业网点进行了改扩建，在国内部分大城市分别设置了证券营业网点。同时，公司也不断加大证券投资分析及咨询工作的力度，使得公司在二级市场软硬环境不断改善的同时，证券交易量和交易额也同步快速增长。证券交易量在省内券商交易排行榜中多次名列第一，在全国排名中也屡次靠前，曾取得第九名的好成绩。在经营管理上，公司形成了以科学决策为核心的组织领导体系；以经营利润为核心的业务拓展体系；以后勤保障为核心的行政管理体系；以资金运作为核心的财务管理体系；以盘活资产为核心的资产运营体系；以人才资源为核心的人才工程体系；以发挥潜能为核心的员工激励体系；以公司形象为核心的企业文化体系；以公司发展为核心的研究信息体系。

伊春证券有限公司

【公司概况】 伊春证券有限公司是1992年11月经中国人民银行总行批准成立的证券公司，注册地黑龙江伊春市，1993年3月经伊春市人民政府体改委批准，改造为股份有限责任公司，股本金1100万元。

【经营业绩】 经过公司全体员工几年来的努力，在上海、伊春分别设立了营业部，在伊春市较大的两个区、县设有南岔远程户室和铁力服务部，现有员工130人，年A股交易额在65亿元左右，现总资产达一亿元，净资产1695万元，累计实现利润近二千万元。

甘肃证券有限责任公司

【公司概况】 甘肃证券有限责任公司是在原甘肃证券公司的基础上进行股份制改造而成立的规范化专业证券公司，注册地在西北重镇兰州市，注册资本金为1亿元。公司目前有员工396人，其中大学本科学历以上的占46%，平均年龄为27岁，拥有一批具有良好的敬业精神和丰富的证券从业经验的员工队伍。公司总部设有11个职能部门和业务部门，在兰州、金昌和上海、深圳等地区设有9家营业部。股改后，公司内部管理日趋完善，经济效益稳步增长，到目前总资产和净资产分别比股改前增长了446%和196%。

【经营业绩】 在证券发行业务方面：担任了"亚盛集团"股票发行的主承销商；担任了酒钢债券、兰化债券发行的主承销商；担任了蓝星清洗、三毛派神、三星石化、祁连山、华光陶瓷等股票发行的副主承销商；担任了兰州民百、祁连山、三毛派神、亚盛集团等股票发行的上市推荐人；担任了西安旅游、华光科技、锦州氯碱等二十多家公司股票发行的分销商。累计承销金额超过30多亿元。1996年和1997年承销业绩在全国专业证券公司中均名列第15位，1998年名列第16位。在证券经纪业务方面：1996年完成深、沪两市A股及基金交易量为90亿元，1997年完成130亿元，1998年完成135亿元，1999年完成152亿元，2000年至今已完成200亿元。在资本运作及咨询策划方面：策划了亚盛集团、西北化工、三毛派神等企业的兼并、收购工作；完成了甘肃农垦啤酒股份有限公司、兰州碳素股份有限公司等公司设立的辅导咨询、方案设计、文件报批等工作；完成了兰州铝业、皇台酒业、荣华实业等预选上市公司的改制工作；制作了金阳股份、成州矿冶、长通电缆、金城旅游、滨河实业、莫高发展等公司改制上市的申请材料，并为上述企业提供了所在行业分析报告以及其它方面的咨询服务。公司本着"贡献、服务、稳健、创新"的经营宗旨，坚持"立足西北，面向全国"的经营方针，努力提高市场占有份额，争取尽快完成增资扩股工作，把公司发展成为一个大型的综合类券商。

青岛万通证券有限责任公司

【公司概况】 青岛万通证券有限责任公司是中国证监会核准的专营证券业务的股份制证券经营机构，系国家大型一类企业。公司诞生于我国证券市场萌芽阶段的1988年。由中国人民银行青岛市分行独家出资1000万元组建"青岛证券公司"，1992年进行了增资与改制工作，成为注册资本5000万元的有限责任公司。1997年进行了股份置换，成为市财政控股90%的证券经营机构。1998年被市政府批准成为国家大型一类企业。去年以来，公司的注册资本由5000万元增至55198万元；并完成了青岛证券交易中心、市财政证券公司向万通证券公司的重组合并工作。在此基础上，公司正力争将证券营业部由目前的11个增至20个以上，使之成为资金实力雄厚在国内有着较大影响的证券机构。公司党委书记、总经理：王宏达先生。

【经营业绩】 公司主要经营证券承销，证券自营买卖，证券交易代理，证券抵押融资，证券投资咨询，公司财务顾问，企业重组、收购与兼并，基金与资产管理业务。几年来，公司依靠全体员工的不懈努力与艰苦创业，朝着"在全国有着较大实力和影响的综合类证券公司"的目标迈进，取得了长足的发展与良好的效益。公司的营业收入、利润指标数度跻身全国证券经营机构的前20位，最高时列第8位。1996—1998年，年均证券交易额146亿元、利税9464万元、人均利税31.4万元、资本收益率110.2%、资本红利回报率15%以上。1999年，在全国证券市场持续低迷的状态下，继续保持了良好的发展势头：共实现证券交易额186亿元，实现营业收入10489.2万元；实现利润总额4239.3万元；开户投资者超过20万户；公司年末净资产为27986万元。今年上半年，公司共实现证券交易额195.87亿元，比1999年同期增长88.92%，实现营业收入8147.5万元，比1999年同期增加3250万元，增长66.36%；实现利润总额3278.96万元，比上年同期1634.33万元增长100.63%，期末开户投资者达21.8万户，较上年同期增加4.16万户，增幅达23.58%，客户保证金余额达11.65亿元。公司积极开展投资银行业务，曾担任青岛国货、青岛东方股票发行的主承销商与上市推荐人，青岛啤酒、青岛海尔、海信电器、青岛碱业、中信海洋直升机等上市公司的副主承销商、财务顾问和上市推荐人。其中青岛啤酒和青岛海尔是开我国证券市场之先河，首次采用无限量认购证和与储蓄存单挂钩的发行方式并取得了圆满成功。目前公司正承担着澳柯玛公司、华联商厦的股票发行的相关承销与上市推荐任务。公司本着"立足青岛、面向全国"的发展方针，先后在青岛市内以及上海、深圳、天津、淄博、滨州设立了11家证券营业部，其数量在全国券商中居第18位。省内8家证券营业部的基础设施与业务能量在当地独领风骚，在深圳、上海以及天津设立的证券营业部也已具有了相当的规模与实力。公司先后被国务院发展研究中心、中国人民银行等11部委评为中国500家最大服务业企业及行业企业；被山东省人民政府、省人民银行评为山东省十佳券商；被中国诚信评估有限责任公司评为"AA＋"资信证券经营机构；并曾荣获省、市多项荣誉称号。1998—1999年度，先后被青岛市委、市政府、市财贸工委评为青岛市金融系统先进单位、市级文明单位标兵、市财贸系统"贡献杯"先进单位。

湛江证券有限责任公司

【公司概况】 湛江证券有限责任公司前身是1988年5月经人行广东省分行批准设立的人行湛江分行全资附属机构。1991年改制为人行、工行、农行、中行、建行、发展银行湛江分行、湛江市财政局、湛江国投参股的股份制非银行金融机构。1992年人行总行核准公司重新登记，注册资本金为1000万元。1997年经人行总行批准增资扩股至4750万元，并更名为"湛江证券有限责任公司"。1998年11月中国证监会正式核准我司增资扩股，并核发了《中华人民共和国经营证券业务许可证》。公司内设机构有总裁办公室、计财部、电脑中心、机构管理部、资产管理部、经纪业务部、投资银行部、投资理财部、资金计划部、研究发展中心、稽核与法律事务部、党政工团办公室。全公司共有员工约200人，其中大专以上学历的约占64%，中级以上职称约占19%，三年以上从业经历约占77%。公司总裁：李安民。

【经营业绩】 公司秉承"团结、诚信、开拓、奉献"的企业精神，坚持客户第一、信誉至上的原则，开拓进取，按照《证券法》自觉规范经营行为，坚持依法决策、依法经营、依法管理、依法办事，无操纵市场、内幕交易、欺诈客户保证金、私设营业网点等违法违规行为。公司主要经营、代理证券发行业务；自营、代理证券买卖业务；代理证券还本付息和红利的支付业务；证券投资咨询以及经中国证监会批准经营的其他金融业务。公司自成立以来，从国库券的柜台买卖和代理发行、兑付业务起步，经过十多年的发展，公司的业务、机构和人员都得到了长足的发展。在一级市场上，公司九二年至九五年间共为企业发行债券3.6亿元，为股份制公司发行法人股、内部职工股10多亿股，代发红利股利1180多万元，发行和兑付业务也从最初的手工操作发展为电脑化、网络化；并积极参与分销上市基金，推荐湛江供销社企业集团股份有限公司在NET系统上市，积累了一定的股票承销经验。在二级市场上，善于抓住机会，适时开设网点，跟踪和应用最先进的技术升级交易系统，在视聆通上建立公司的网站，加强研究开发业务，引导客户进行理性投资。公司总资产近十亿元，现已拥有七个深沪交易席位，在广州、番禺、湛江、茂名等地拥有10个证券营业部，客户逾4万户，年交易额数百亿元。近年以来，公司在机构拓展方面取得了长足的发展，公司继成功收购湛江国际信托投资公司下属证券营业部后，公司还将在近期内增资扩股至8—10亿元，以增强实力，扩大影响，更好地为我国证券市场的发展服务。

贵州证券公司

【公司概况】 贵州证券公司成立于1988年8月，是贵州省唯一一家专营有价证券的非银行金融公司，公司现在下设发展研究中心、电脑管理中心、办公室、计财部、机构管理部、投资银行部、稽核监察室、债券部等职能、业务部门以及贵阳北京路、新华路、延安中路证券交易营业部，上海、深圳、成都证券交易营业部。公司共有员工280人，80%以上员工拥有大专以上学历。公司获中国证监会批准成立专业证券咨询公司，12名研究人员获证券专业咨询资格证书。总经理：宋健生。

【经营业绩】 主营业务是发行、自营和代理客户买卖有价证券(含上市A股、基金、国债等)。早期的业务是自营和兑付少量的国库券，人员不过10来人，营业场所也是借用当时市人行营业部。从1992年7月，贵州证券公司从采取利用架设军用电台的通讯方式，用电台传达买卖委托和股市行情率先代理买卖深交所上市股票开始，经过近10年的艰苦奋斗，贵州证券公司取得了令人瞩目的成就。根据人总行要求公司于1996年4月顺利完成股权转让工作，成立了新的董事会和经营班子。四年来，业务发展迅速，共完成省内外13家公司上市发行、配股的主承销、副主承销和分销工作；代理发行各类国债2.6亿元，承销企业债券2.24亿元；累计实现证券交易量1300亿元，创利2.35亿元。公司占贵州证券市场50%以上的份额。在中国证券业协会1999年度公司经营业绩排名中利润总额数列为第36名。随着证券市场更进一步的规范发展，公司董事会和经营班子针对市场的发展变化，抓住西部大开发的契机，决定把增资扩股工作放在各项工作的首位，向发展成为综合类券商的目标迈进。

内蒙古证券有限责任公司

【公司概况】 内蒙古证券有限责任公司是在成立于1992年的原内蒙古自治区证券公司的基础上，于1998年底经中国证监会正式批准设立为股份制公司。注册资本金9400万元，由10家股东单位出资。公司设有投资银行部、机构管理部、研究咨询部、资产管理部、电脑工程部、计划财务部、人事管理部、办公室共八个职能部室；现有证券营业部10家；公司分别下设1家全资子公司和1家控股子公司。公司现有员工222人，平均年龄31岁，其中硕士研究生12名，具有本科以上高等学历的员工占公司总人数的34%，取得中级以上专业技术职称的约占36%以上。公司董事长：孙子荣，总经理：石治中。

【经营业绩】 目前，公司业务范围涉及证券经纪、投资银行、资产运作、代客理财、研究咨询等方面。从1992年成立起，经过多年的艰苦创业，公司各项业务发展迅速，成为自治区同行业中规模与影响最大的券商，经纪业务在内蒙古的市场占有率达60%以上，在区域市场中发挥着主导作用。8年来，公司参与了区内外上市公司改制策划、企业债券承销、股票承销和上市推荐以及二级市场股票交易，完成的业务量居区内同业之首。近年来，以“稳健规范、开拓创新”的经营思路，开创了快速发展的新局面，取得了较好的经营业绩。1999年，共完成二级市场代理买卖交易额148亿元，比98年增长27%；客户开户总数达到58812户，比98年末增长34%。全年实现营业收入5809万元，同比增长13%；实现利税总额2004万元，其中利润总额1546万元，超额3.1%完成全年利润目标。至99年末，公司拥有总资产6.44亿元，净资产1.19亿元。

沈阳财政证券公司

【公司概况】 沈阳财政证券公司成立于1988年4月21日，是经中国人民银行总行批准设立的全民所有制专业证券机构。公司成立至今，奉行“敬业、求实、高效、创新”的企业精神，从成立伊始仅有十几人的国库券流通服务公司起步，发展至今成为拥有市内五区、七个证券交易营业部，员工160余名，营业面积8200平方米，注册资本金1亿元人民币，且证券业务齐备、信誉优良、运作规范、员工队伍业务精练的专业证券公司。成为中国证券业协会，中国国债协会，上海、深圳证券交易所，沈阳、武汉、天津证券交易中心和全国证券交易自动报价系统（STAQ）的会员单位。

【经营业绩】 十二年来，公司证券交易额及利润额逐年递增，连续数年在沈阳证券交易中心排行榜名列前茅。1995年公司荣获沈阳证券业协会、沈阳证监会授予的“十佳证券商”。1997年获得“辽宁省窗口行业公众形象最佳单位”和沈阳证券业协会、沈阳证监会评选的“优质文明服务窗口”两项殊荣。值此世纪之交之际，公司全体员工将恪守“客户至上，服务为本，信誉第一”的宗旨，不断扩大经营规模，拓展业务领域，增强经济实力。

珠海证券有限公司

【公司概况】 珠海证券有限公司是1992年6月经中国人民银行总行批准成立的珠海唯一的一家专业证券公司，经过八年的发展已初具规模，建立了跨地区的规模经营，在深圳、上海、珠海市区、斗门县设有环境优雅、设备先进、服务优良的八个证券营业网点。公司董事长：高杰发。

【经营业绩】 八年来累计为30多家公司进行承销、推荐上市和配股工作，实现成交量2200多亿元。拥有自己的信息网络系统，与国内多家著名的投资顾问公司、投资工作室进行合作，信息灵通，研判大势准确，个股推介成功率高，各项服务周全。拥有先进的电脑与通讯设备和交易手段。在珠海首家推出电话自动委托和三合一数字中继电话委托与手机炒股系统；率先开通“资金的通存通兑、股票的通买通卖”交易方式；率先启用高速单向卫星广播网传送股市行情及交易信息；率先实行24小时电话和远程终端查询；率先开通珠海证券有线光纤网，全面开通与各商业银行的证银通电话自助转帐业务等等。极大满足了投资者对不同交易手段的需要，使投资者摆脱了时间和空间的限制。

上海久联证券经纪有限责任公司

【公司概况】 上海久联证券经纪有限责任公司是由上海久联集团有限公司、申能集团等控股的全国性专业证券经纪公司，公司注册资本2亿元。久联集团是由原上海商品交易所、上海金属交易所、上海粮油商品交易所等三家期货交易所整合中组建的以网络交易服务为主的大型国有集团公司。董事长：何国庆，总经理：乐秀涛。

【经营业绩】 久联证券营业范围：证券的代理买卖；代理还本付息、分红派息；证券代保管、鉴证；代理证券开户。拥有具备多年国家级期货交易所现代电子交易运作、管理经验的优秀人才队伍，借助期货、证券同属资本市场的相通性，开业伊始即立足高起点、规范化。久联证券首批推向市场运营的营业部有曹杨路营业部和商城路营业部，以后还将陆续在全国开设数十家营业部。久联证券下属的每个营业部具备散户大厅、中户室、大户室设施完备，柜台委托、刷卡自助委托、钱龙键盘热自助委托、电话委托、远程可视终端委托，并将开通网上交易委托。系统配置千兆以太网，CISICO智能交换机，卫星系统，身份证认证系统，金仕达柜面交易系统，卫星、DDN、ISDN互为备份。委托通道快捷，自助委托机70台左右，委托电话200门。行情系统有钱龙、邦民，并将开通其他系统。

天元证券经纪有限责任公司

【公司概况】 天元证券经纪有限责任公司于2000年7月18日经中国证券监督管理委员会批准，由原黑龙江省国际信托投资公司证券部、伊春市证券公司、黑龙江省财政证券公司、齐齐哈尔市信托投资公司证券部四家重新组建的股份制经纪类证券公司。是经中国证监会批准，全国信托业重组后最早开业的一家。公司注册资本13000万元。主要经营证券代理买卖；代理还本付息；分红派息；证券代保管、鉴证、代理登记开户等业务。公司现有员工370人，具有大专以上学历的占员工总数的67.68%，公司高级管理人员3名，均具有研究生以上学历。公司依照《公司法》建立起现代企业管理机制，成立了董事会、监事会，实行董事会领导下的总经理负责制。公司内部设有综合办公室、计划财务部、经营管理部、审计部、电脑部、信息部、基金管理部等七个职能部门。公司董事长、总经理：刘成。

【经营业绩】 公司在深圳、上海（2个）、沈阳、哈尔滨、齐齐哈尔、伊春、大庆等地分别开设了营业部。哈尔滨设有银河、奋斗路、中央大街等三个营业网点，总营业面积为23697.37平方米，各网点设有大户室、中户室、散户厅，装修豪华、环境优雅，设施齐全，交易大厅配有先进的大型电子显示屏，实时揭示股市行情，柜台委托、人工委托、自动委托、电话委托，方便股民，证券交易实现即时回报，交易数据双服务器备份，沪深交易卫星联网，双向发送，证券交易线路顺畅，专线通讯系统和分布式电脑，为客户提供了安全、可靠、准确、快捷的服务。公司信息形成平台网络式管理，信息服务全面、及时、准确，不但为股民提供由专业信息公司提供的股市信息，同时还提供《天元资讯》等股市信息专刊，每日交易结束后，聘请专业人士做解盘，并定期邀请著名股评家举办股市讲座、沙龙等活动，免费为投资者解答疑难，预测市场走势。

深圳市金牛证券经纪有限责任公司

【公司概况】 深圳市金牛证券经纪有限公司（以下简称金牛证券）是中国证监会批准成立的证券经纪公司。金牛证券是在原深圳有色金属期货联合交易所基础上改制而成，主要从事证券的代理买卖、代保管、鉴证和过户；代理还本付息和分红派息；代理登记开户和与证券交易有关的咨询及相关业务。董事长、法人代表：郑元亨，总经理：熊晴川。

【经营业绩】 金牛证券拥有最先进的高科技设备和交易系统：为适应证券行业飞速发展的要求，保证客户资金及交易的安全可靠和高效，金牛证券采用了业界一流水平的具有容错性能的网络系统，而先进的千兆网的应用则为客户提供了更加高效的交易通道，从而构筑了国内领先的、最安全可靠的真三层结构的交易系统。此外，从宏汇、钱龙到电话委托等一系列的委托方式及多种行情分析咨询系统，将使客户可以更加方便、快捷地参与交易。金牛证券拥有最丰富最全面的信息资讯：国内外证券市场的动态速递；及时的香港恒生指数、美国道琼斯指数及那斯达克指数收盘情况；国内主要期货品种实时行情；国内外最新财经要闻。金牛证券拥有宽敞舒适的交易环境：金牛证券华富路证券营业部面积近4000平方米，三层的营业区域共拥有25间大户室及机构室；一层散户厅及四层中户厅共拥有600多间电脑工作台，宽松的环境可满足任何一位股民的操作要求。金牛证券拥有能为客户提供全方位、系统的服务机制："全心全意为客户服务"是我们的经营理念，尽一切可能为客户提供准确的信息服务，为客户创造财富增值的合法环境和条件。

大同证券经纪有限责任公司

【公司概况】 大同证券经纪有限责任公司的前身为大同证券公司，是1988年5月经中国人民银行总行批准成立的股份制非银行金融机构，是中国证券史上成立最早的证券公司之一。公司本着"诚信立业、稳健经营、规范发展、求实创新"的经营宗旨，走过了12年不平凡的发展历程。在激烈竞争和充满风险的证券市场中，科学管理、正确决策，成为具有一定实力的中型券商。公司现为中国证券业协会、中国国债协会、上海证券交易所、深圳证券交易所会员。拥有15个上海证券交易所席位，4个深圳证券交易所席位。现有内、外设机构各11个，证券从业人员255人。其中大专以上学历的占65%，有153人通过了中国证监会2000年证券从业人员资格考试，取得证券从业人员资格。132人具有3年以上从事证券业务或金融业务工作经历。公司董事长兼总经理：董祥。

【经营业绩】 公司在中国证券发展史上曾扮演过重要角色，发挥过重大作用。1988年8月公司在大同发起并筹备召开了由全国34家专业证券公司参加的第一次全国证券业务发展工作会议，并受会议委托起草了中国第一部《证券业协会章程（草案）》、第一篇《关于建立全国证券联合报价系统方案》和第一个《关于开展跨地区证券业务规则》三个历史性重要文件，提出了证券市场"公开、公正、公平"的三公原则。这三个文件和证券市场的"三公原则"对以后我国证券业的发展产生过重要影响，具有深远意义。公司在"法制、监管、自律、规范"的八字方针指导下，以市场发展为契机，以内部改革为动力，以提高经济效益为目标，加强风险监控、规范稳健经营、健全内部机制、增设职能部门，保证了公司各项业务的顺利发展，经营效益得到大幅提高。几年来，公司先后为大同第一热电厂、同风肉制品厂、新荣水泥厂等企业代理发行了8000余万元企业债券，筹措了大量资金；自93年开始，先后参与了山西汾酒、山西焦化、大同水泥、南风化工、太原刚玉等十几家公司的股票上市发行工作；在二级市场上，公司采用先进交易方式，努力为客户提供完善的证券经纪投资咨询服务，有效地提高了客户存量。历年来公司共上缴税收7000余万元，为证券市场建设和地方经济发展做出贡献。2000年初，公司的增资扩股得到中国证监会批复，注册资本金达1亿元，名称变更为"大同证券经纪有限责任公司"，为公司的加速发展奠定了基础。2000年上半年公司证券交易额比1999年上半年净增123%，比1999年全年净增17%。

恒远证券经纪有限公司

【公司概况】 恒远证券经纪有限公司是经中国证监会批准成立的国内首家经纪类证券公司，由苏州恒和投资开发管理有限公司、中国国际期货经纪有限公司等单位共同发起设立，注册资本1亿元人民币，拥有雄厚的资金实力。

【经营业绩】 公司主要经营证券代理买卖；代理还本付息、分红派息；证券代保管、鉴证；代理登记开户；与证券交易有关的咨询及相关业务。公司拥有1200平方米交易大厅宽敞明亮，备有大型点阵式显示屏300个股票行情信息滚动显示。拥有全新、先进的自助委托终端95个，16门免费内线委托电话，委托交易迅速便捷。拥有330平方米的中户一区，拥有委托终端120个席位；中户二区，拥有委托终端86个席位。备有20间贵宾室，每室均有直线电话。拥有先进的双向卫星通讯系统，电话委托200门中继线一拨即通。与农业银行、工商银行、交通银行开通了"银证联网"业务，保证金帐户资金与银行活期帐户资金即划即转，既快捷，又方便。根据客户要求，提供代理网下新股申购、配股等服务。

里昂证券公司

【公司概况】 里昂证券新兴市场（CLSA Emerging Markets）是里昂集团（具有一百多年经营历史，全球最大的金融机构之一）的主要企业成员，是首屈一指的经纪及投资银行公司，在亚洲、拉丁美洲和欧洲新崛起的市场中享负盛名。公司在香港开设总部，分部遍及29个国家和地区，一直以卓越的业绩和优秀的调研工作备受国际推崇。

【经营业绩】 里昂证券主要从事投资银行、股票经纪及研究、股票衍生配售和直接投资等业务，而其中投资银行业务是里昂证券涉及的一个重要领域，它的业务范围主要包括：项目融资、财务顾问、收购兼并、企业重组及企业发展策略等。里昂证券的另一个重要的新领域是直接投资，已成为发展观念和公共集资之间的自然桥梁。里昂证券的办事处与证券交易所席位遍布整个亚洲，目前更迅速扩展至其他地区。里昂证券每年五月均在中国大陆和香港举办大型研讨会“中国投资论坛”和“亚洲投资者论坛”，每年有超过200间在亚洲领先的公司和逾1100位来自24个国家的管理超过四兆美元基金的机构性投资者聚首一堂，直接交流，探讨合作。里昂证券在中国开展业务8年以来，一直被公认为中国境内业绩优秀的外国券商之一。它在北京、上海和深圳均设有代表处，并且在上海证券交易所和深圳证券交易所占有3个交易席位。

大和证券SB资本市场株式会社

【公司概况】 大和证券SB资本市场株式会社（以下称简大和证券SBCM）是由大和证券集团总公司和住友银行于1999年4月5日成立的日本注册资本最大的投资银行。大和证券SBCM在业务上吸收了原大和证券的法人部门、住友资本证券、以及住友银行的一部分业务，是一家合资证券公司。在全部股份中，大和证券集团占60%，住友银行占40%。注册资本2056亿日元。大和证券SBCM的目的旨在通过日本前所未有的大证券公司和大银行的合作，建立向客户提供最优质服务的投资银行。公司主要是以机构投资家为客户基础，主要从事股票承销、债券承销、交易业务和收购兼并为主的投资银行业务。现有员工人数约为1600人。除日本国内外，大和证券SBCM目前在伦敦、巴黎、法兰克福、日内瓦、巴林、香港、新加坡、墨尔本、马可提（菲律宾）及台湾设有自己的子公司，在汉城设有分行，在北京和上海设有代表处。加上不久的将来将并入敝公司的大和证券集团的子公司——美国大和证券，大和证券SBCM将成为全面覆盖世界各主要金融中心的跨国金融机构。

【经营业绩】 自七十年代末中国实行改革开放以来，公司在协助中国经济的发展，开拓中国业务等方面取得了较大的成绩。其主要业务和实绩有：承销中国在国际金融资本市场上发行的债券。自1984年到现在，中国各发行体共发行外债近120笔，大和证券集团担任主干事21次，约占16%。大和证券集团还参与了90%以上的中国海外发行债券的业务。协助中国企业的股份制改组及境外上市工作。担任东北输变电集团公司境外上市的保荐人和主承销商。参与了上海石化、北人机、天津渤海化工、海兴轮船、哈尔滨电站、吉林化学、北辰实业、东方航空、江西铜业、洛阳一拖、鞍山钢铁、兖州煤业、中国石油等公司发行H股的承销。担任宝石电子B股的国际协调人，大连冷冻、锦州港务B股联席主承销，并参与了上海氯碱、上海轮胎、上海大江、上海国旅、上海开开等公司发行B股的承销。积极参与了北大方正、上海实业、深业控股、中国电信等红筹股的发行。公司还分别参与了中国企业在美国和新加坡首家上市的承销工作。公司作为主承销、全球协调人和独家保荐人，正在全面负责天津汽车赴东京股票交易所上市的工作，开辟中国国企到日本发股上市筹资的先河。协助深圳证券交易所成为日本的外国指定证券市场，日本证券业协会理事会已经正式批准深圳证券交易所成为第37个外国指定证券市场。接受中国研修生赴日研修。为帮助中国培养金融人才，公司近年来共接受400余名中国研修生赴日研修。在东京和中国各地举办金融研讨会。定期和不定期地向中国政府和企业提供世界主要金融资本市场的行情及世界经济的信息和情报，并出版了有关专业书刊。公司1983年率先设立北京代表处，之后又于1986年设立上海代表处。随着大和证券SB资本市场株式会社的成立，原大和证券北京、上海代表处的名称发生变更。目前，大和证券SB资本市场株式会社的中国业务由盐岛正全面负责。代表处的业务范围是：国际证券、金融、国际经济的联络与介绍。

雷曼兄弟公司

【公司概况】 雷曼兄弟公司成立于1850年，是世界上为数不多的几家能够提供全方位服务的投资银行之一，可向全世界的公司企业、机构、政府和富有的个人提供资本市场和投资银行服务。雷曼兄弟公司1999年末的总资本为377亿美元，总资产超过了1920亿美元，是世界上规模最大和实力最强的投资银行之一。雷曼兄弟公司的总部设在纽约，在伦敦和东京分别设有地区总部。通过由分布在24个国家的近9000名职员组成的全球一体化业务网络，雷曼兄弟公司积极地参与着全球资本市场的业务活动。公司大约50%的盈利来自北美地区以外的业务，并有三分之一以上的职员的工作都与国际业务有关。雷曼兄弟公司是在纽约证交所上市的公司。公司大约33%的股权由公司雇员拥有，因此公司职员都能以公司股东的心态积极地对待工作。公司高级管理层个人的主要财富都用于投资雷曼兄弟公司，并获得了相应的公司股权。这些有效的激励机制形成了公司特有的文化，并使公司不断争取获得更佳的业绩。

【经营业绩】 雷曼兄弟公司一直在债券和股票承销、企业并购顾问服务、证券销售、交易和调研等业务领域名列前茅，并能够保持在这些业务方面的领先地位。在金融服务、医药保健、工业/消费品、互联网、电信/媒体、自然资源、电力、房地产、零售和技术等各种行业领域，雷曼兄弟公司都设有专门的融资部，能够运用丰富的专业知识和能力，并根据客户的具体情况提供满足客户需求的服务。此外，雷曼兄弟公司还设有企业并购、股票市场、债券市场、杠杆融资、私募和财务保荐人等业务部门。所有这些业务部门通过与公司在世界各地的分支机构通力合作，可为客户提供全面的解决方案。雷曼兄弟公司在各个业务领域所取得的业绩摘要：企业并购/战略顾问服务：雷曼兄弟公司在1999年共为总额为3110亿美元的多笔已公开的并购交易提供了顾问服务，并一直在全球企业并购交易的顾问服务方面位居领先地位。股票融资：雷曼兄弟公司1999年的股票融资业绩超过了往年，共经办了总额高达690亿美元的172笔售股融资交易；其中主承销的售股交易达82笔，融资总额高达130亿美元，比上一年增加了49%。债券融资：雷曼兄弟公司1999年共主承销了总额高达1840亿美元的发债交易，保持了在债券融资业务方面的突出地位。雷曼兄弟公司1999年主承销的杠杆融资交易总额达51亿美元。全球证券销售：雷曼兄弟公司面向机构和个人投资者的证券销售业务与资本市场业务融为一体，公司共有320名股票销售人员和260名债券销售人员，是华尔街投资银行中规模最大和实力最强的销售部门之一。调研业务：雷曼兄弟公司共有280名股票调研人员，负责对全世界50个行业的1400家公司进行跟踪调研。雷曼兄弟公司对全球股票市场和一些上市公司进行的深入调研和及时发表的高质量调研报告受到了投资者的广泛好评。雷曼兄弟公司的债券调研小组进行的经济、量化、战略、信用、投资组合、相对价值和市场等方面的分析研究一直在评比中名列前茅。此外，雷曼兄弟公司还是世界上主要指数的提供者。对私人客户的服务：雷曼兄弟公司的私人客户服务部通过由分布在世界各地的12个办公室组成的业务网络向富有的个人投资者和中小型机构投资者提供投资服务。该业务部是世界规模最大和业绩最佳的私人客户服务部之一，1999年平均每个投资代表的佣金收入超过了200万美元。私人股本投资：雷曼兄弟公司是率先开展商人银行业务的投资银行之一，在1986年就建立了第一个合伙投资基金。此后，雷曼兄弟公司又建立了几个公司外部的投资基金和公司职员合伙投资基金，现在管理的基金总额超过了25亿美元。这些基金已为投资者提供了可观的回报、内部回报率达到39%至200%以上。

北京京华信托投资公司

【公司概况】 北京京华信托投资公司是1988年经北京市人民政府和中国人民银行总行批准成立，具有独立法人资格的国有非银行金融机构，业务上受中国人民银行的领导、监管。公司证券业务实行分业管理，业务上受中国证监会指导和监管。公司分别是上海交易所、深圳交易所、中国证券业协会和北京证券业协会的会员单位。公司总经理：冯春勤。

【经营业绩】 证券总部是公司的主要业务部门。已形成了以证券代理买卖、证券自营为主体业务，以投资咨询、基金资产管理、财务顾问、代理证券托管等为配套业务的经营体系。在全国大中城市设有7个营业部。99年各营业部股票交易总额为157.81亿元，公司证券业务共实现营业收入13763万元，其中手续费收入5385万元。公司曾在证券承销业务上也取得了一定的成绩，作为副主承销商成功地发行了王府井百货大楼股份有限公司、北京城乡贸易中心股份有限公司A股、北京外文书店股份有限公司、杭州西湖发展股份有限公司法人股。作为分销商发行了吉林吉发股份有限公司、长春汽油机股份有限公司、西单股份有限公司、北京比特事业股份有限公司、鲁银实业股份有限公司和宁夏吴忠仪表股份有限公司的股票，并被吴忠仪表股份有限公司聘为财务顾问。1996年以来共分销各期国债达4亿多元，并成功地发行过3亿元石化债券。

珠海中业信托投资有限公司

【公司概况】 珠海中业信托投资有限公司是经中国人民银行批准，在1997年由十四家企业集团共同出资收购中国建设银行珠海市信托投资公司的基础上，进行产权重组和经营体制改造后设立的一家股份制非银行金融机构。公司法定代表人、董事长：郝光辉。

【经营业绩】 创业以来，公司逐步建立了适合现代企业制度要求的企业法人治理结构和积极高效的业务运营体系，在持续推进传统信托业务同时，在证券业务、投资银行业务、资产托管和金融业务创新等领域进行了积极探索，取得了一定业绩，资本收益率、资本充足率等各项经营指标均符合人民银行及证监会的监管要求。经政府部门1999年底对金融信托公司的清理整顿，公司得以保留，并办理了人民银行的机构重新登记手续。我公司董事会计划对公司进行增资扩股，增强资金实力，扩大经营规模，拓宽经营范围，稳健务实、规范运作，在新世纪灿烂阳光下走持续高效的发展路子。公司将竭诚为各企事单位、工商团体、个人提供热情周到、规范高效的专业化金融投资服务。

内蒙古自治区信托投资公司

【公司概况】 内蒙古自治区信托投资公司成立于1988年4月，是内蒙古自治区唯一一家区级信托投资公司，属地方性非银行金融机构。公司现内设12个部门，拥有全资子公司3家，参股企业4家；证券管理部下设呼市、上海、深圳等6个证券营业部。公司现有员工179人，平均年龄为32.2岁，大专以上学历者占74.21%。公司党委书记、总经理：吴宏智。

【经营业绩】 公司开办的业务有：信托存贷款、投资业务；委托存贷款、投资业务；金融租赁业务；有价证券业务；经济担保业务；信用见证和经济咨询业务。经中国证监会批准，公司获得证券主承销商资格，开办投资银行及相关业务。公司成立以后，按照国家和自治区的产业政策，以发展民族地区经济为己任，以市场为导向，充分发挥“受人之托、代人理财”的信托职能，公司领导班子审视度势，提出了“解放思想、深化改革；盘活存量、优化结构；抓住机遇、加快发展”的指导思想，主动调整经营战略，在公司内部，对人事等管理体制进行重大改革，激发公司的活力；对外，积极拓展新的业务领域，培育新的效益增长点，加快了公司发展的步伐。经过十年的艰苦努力，公司自身迅速发展壮大。截止到1999年底，公司的资产总额达到12.27亿元，累计实现利税24014.8万元。

广东粤财信托投资公司

【公司概况】 广东粤财信托投资公司成立于1984年12月，1988年经中国人民银行批准从事证券经营业务，是全国最早一批开设证券营业部从事股票代理业务的信托投资公司。经过十多年的稳健发展，现公司总资产已超过100亿元，证券营运总资产超过11亿元。公司于1993年至1994年先后在广州、深圳和上海设立五家证券营业部，同时成立管理证券经营业务的证券总部。

【经营业绩】 经过七年的发展，粤财证券在业务发展方面取得了较大的成绩，股票代理业务量逐年增大，在同类券商中名列前茅，1997年还取得了经营股票承销业务的主承销商资格，先后做过十几家上市公司的上市推荐人，副主承销商、分销商和配股承销商，并具有B股经营资格。自经营证券业务以来，广东粤财信托投资公司一贯坚持守法经营，资产状况优良，建立了一整套经营管理制度和风险防范制度。具备多年从事证券业务的基础和经验。粤财证券一贯秉承“诚信守规、优质服务”的工作宗旨，积极拓展证券业务，为建设成具有“一流服务、一流管理、一流效益”的经营机构而努力。

江西江南信托投资股份有限公司

【公司概况】 江西江南信托投资股份有限公司创立于1986年，现主要股东有：深圳中航集团、江西共青垦殖场、江西桑海企业集团、江西云山企业集团、江西省财政厅等，主要业务有：信托存、贷款和信托投资；委托存、贷款和委托投资；自有资金的贷款和投资；融资性租赁、有价证券、代理业务、担保见证、经济咨询和资信调查、外汇业务等。公司现有员工380余人，总资产已达17亿元，初步形成了以证券经纪、信托业务为主体，现代投资银行业务为导向的经营格局。公司总裁：吴光权。

【经营业绩】 公司自1993年起涉足证券业务，一直致力于市场开发和服务质量的提高，在改善软、硬件环境上狠下功夫，充分利用公司整体咨询力量为客户提供个性化服务，经过多年成功的实践，公司证券营业网点由最初5家发展到12家，分布在深圳、上海、天津、武汉及江西省内主要大中城市，初步形成了立足江西、辐射全国的立体化、网络化经营格局。同时大力推行客户经理制，在深圳成立了"江南天慧网络公司"，适时开通网上证券交易业务，取得了较好的成效。特别是1997年以来，公司证券代理成交量逐年以较快的速度增长，成为目前江西省内唯一一家进入全国前50强之内的证券经营机构。公司秉承"研究的先"的经营思路，以加强研究为突破培育竞争能力，服务公司经营决策。与中国社科院经济研究所、北京天则经济研究所、中国航空工业经济研究中心等国内著名研究机构建立长期合作关系，定期在北京召开"宏观中国论坛"等一系列学术研讨会；在北京设立"江南天慧经济研究所"，定期为签约分仓交易基金及其他机构大户提供定项咨询。目前公司在研究领域独树一帜，享有较高的知名度。公司将根据国家有关规定，积极做好改组改制工作，并以此为契机，利用自身所拥有的优势，对外寻求合作，组建一家注册资本金5—8亿元，证券营业部数量20家左右，机构分布更为合理的综合类证券公司。

深圳国际信托投资公司

【公司概况】 深圳国际信托投资公司成立于1982年，是深圳市政府全资直属的非银行金融机构。主要从事国内与国际的信托与委托存贷款业务、融资租赁业务、投资业务、有价证券的承销及代理买卖业务、经济担保业务、经济咨询、房地产开发等业务。

【经营业绩】 经过十几年的奋斗，公司已经步入了健康、持续、稳定发展的轨道。至1999年底，公司总资产为51.3亿元，所有者权益达19.7亿元。1993—1999年连续7年实现年利润逾2亿元。99年资产收益率为6%，资本利润率为12%，资本充足率为45%，人均创利279万元。不良资产比重处于深圳金融行业和全国信托投资行业最低水平。公司已形成信托、租赁、投资、证券、房地产开发、物业管理、资金财务管理等七项支柱性业务。公司作为深圳市对外经济联系的主要渠道之一，先后与二十多个国家和地区的八十多家国际性金融机构建立了长期稳定的业务合作关系；公司参与了国信证券有限公司、深圳信托房地产开发有限公司、深圳发展银行、深圳沃尔玛珠江百货有限公司等在深圳地区社会影响大、经济效益好的企业的投资，1999年成功收购了深圳华宝集团股份有限公司；公司承做融资租赁项目42个，租赁总额3.87亿美元、1.76亿元人民币，重点支持了国家的能源建设项目；公司开展证券业务的主体企业——国信证券有限公司注册资本20亿元，连续4年实现利润超过4亿元，已步入全国性大券商的行列；公司投资的深圳信托房地产开发有限公司，是具有二级资质的综合性房地产开发公司，其开发的大型住宅达到了深圳市一流水平，创出了品牌，取得了良好的效益；公司拥有的物业面积达7.4万平方米，物业租金收入是公司重要稳定的利润来源。

吉林省国际信托投资公司深圳证券营业部

【公司概况】 吉林省国际信托投资有限责任公司是经中国人民银行批准的地方非银行金融机构，是集从事信托、证券、金融实体、实业投资为一体的多元化、多功能的企业集团。深圳证券营业部是吉林省国际信托投资有限责任公司设立的证券经营机构之一，深圳证券营业部成立于1995年7月，证券部总经理：周艳清。

【经营业绩】 营业部地处深圳市文锦北路洪湖二街新南迪大厦，环境优美，营业面积2200平方米，设有中央空调，宽敞合适。营业部500余平方米的散户大厅，个股行情清晰明快，小盘自助委托、柜台委托、电话委托方便快捷。1100余平方米的中大户、350位中户席、28间豪华大户室。营业部电脑设备先进、安全、畅通，通信系统采用单、双向卫星及DDN通讯，互为备份，多重保险，确保交易安全、稳定、快捷、方便。"钱龙"、"宏汇"两套行情分析系统，信息资讯灵通，相关信息丰富，是广大投资者理想的交易场所。

1999年证券公司名录

1 北京证券有限责任公司	2 华夏证券公司	3 中信证券股份有限公司
4 天津证券有限责任公司	5 河北证券有限责任公司	6 山西证券有限责任公司
7 大同证券有限责任公司	8 内蒙古证券有限责任公司	9 辽宁证券有限责任公司
10 沈阳北方证券公司	11 沈阳财政证券公司	12 大连证券有限责任公司
13 大连财政证券公司	14 辽宁锦州证券公司	15 辽宁鞍山证券公司
16 吉林省证券有限责任公司	17 吉林长春证券有限责任公司	18 黑龙江省证券公司
19 哈尔滨财政证券公司	20 齐齐哈尔证券公司	21 牡丹江证券公司
22 伊春证券公司	23 佳木斯证券公司	24 国泰君安证券有限公司
25 海通证券有限公司	26 东方证券有限责任公司	27 上海申银万国股份有限公司
28 光大证券有限责任公司	29 上海财政证券公司	30 华泰证券有限责任公司
31 南京证券有限责任公司	32 恒远证券经纪有限责任公司	33 苏州证券有限责任公司
34 无锡证券有限责任公司	35 常州证券有限责任公司	36 浙江证券有限责任公司
37 宁波证券有限责任公司	38 安徽省证券公司	39 福建闽发证券有限责任公司
40 福建华福证券有限责任公司	41 福建兴业证券公司	42 厦门证券有限责任公司
43 江西省证券公司	44 山东证券有限责任公司	45 青岛万通证券有限责任公司
46 河南证券有限责任公司	47 黄河证券有限责任公司	48 开封证券公司
49 洛阳证券公司	50 湖北省证券有限责任公司	51 武汉证券有限责任公司

52 三峡证券有限责任公司
53 湖南证券有限责任公司
54 长沙证券公司
55 湘财证券有限责任公司
56 广东证券股份有限公司
57 广发证券有限责任公司
58 广州证券有限责任公司
59 惠州证券有限责任公司
60 江门证券有限责任公司
61 中山证券有限责任公司
62 湛江证券有限责任公司
63 汕头证券有限责任公司
64 东莞证券有限责任公司
65 佛山证券有限责任公司
66 珠海证券公司
67 南方证券公司
68 联合证券有限责任公司
69 深圳特区证券公司
70 国信证券有限责任公司
71 国通证券有限责任公司
72 深圳大鹏证券有限责任公司
73 深圳蔚深证券有限责任公司
74 深圳长城证券有限责任公司
75 平安证券有限责任公司
76 广西证券有限责任公司
77 海南省证券有限责任公司
78 海口财政证券公司
79 四川省证券有限责任公司
80 成都证券有限责任公司
81 西南证券有限责任公司
82 贵州证券有限责任公司
83 云南证券有限责任公司
84 陕西省证券有限责任公司
85 西安证券有限责任公司
86 宝鸡证券公司
87 甘肃证券有限责任公司
88 青海证券有限责任公司
89 宁夏证券有限责任公司
90 新疆证券有限责任公司

2000 年全国优秀证券营业部

三峡证券有限责任公司宜昌滨湖路证券营业部
大同证券经纪有限责任公司深圳南油大道证券营业部
大连证券有限责任公司天津证券交易营业部
大鹏证券有限责任公司深圳深南中路证券营业部
上海财政证券公司西藏路证券交易营业部
上海爱建信托投资公司零陵路证券营业部
山东证券有限责任公司烟台胜利路证券营业部
山东证券有限责任公司福州证券营业部
(原厦门国投福州营业部)
山西证券有限责任公司五一路证券营业部
山西省信托投资公司南宫证券营业部
广西证券有限责任公司南宁证券交易营业部
广东证券股份有限公司顺德大良证券营业部
广东粤财信托投资公司证券交易环市东营业部
广发证券有限责任公司北京阜成门南大街证券营业部
广发证券有限责任公司肇庆端州五路证券营业部
广州证券有限责任公司番禺康乐路证券营业部
无锡证券有限责任公司中山路证券营业部
天津证券有限责任公司赤峰道营业部
中国经济开发信托投资公司南京证券交易营业部
中国科技国际信托投资有限责任公司杭州证券营业部
中国银河证券有限责任公司佛山证券交易营业部
中国银河证券有限责任公司绍兴证券交易营业部
中信证券股份有限责任公司北京北三环中路证券营业部
内蒙古证券有限责任公司呼和浩特中山路营业部
长江证券有限责任公司上海汉口路证券营业部
长城证券有限责任公司深圳第一营业部
甘肃证券有限责任公司兰州东岗东路证券交易营业部
东方证券有限责任公司上海巨鹿路证券营业部
东北证券有限责任公司深圳百花四路证券营业部
东莞证券有限责任公司城区证券营业部
辽宁省证券公司丹东分公司沈阳证券交易营业部
平安证券有限责任公司深圳八卦三路证券营业部
北京证券有限责任公司德胜门东滨河路证券营业部
申银万国证券股份有限公司广州江南大道证券营业部
申银万国证券股份有限公司上海莘庄路证券营业部
宁波证券有限责任公司镇海城关证券营业部
宁夏证券有限责任公司银川市民族北街营业部
西南证券有限责任公司深圳证券营业部
光大证券有限责任公司东莞运河东一路证券营业部
华西证券有限责任公司攀枝花东区人民街证券营业部
华夏证券有限公司北京东直门南大街证券营业部
华泰证券有限责任公司江阴虹桥北路证券营业部
安徽省证券公司马鞍山湖东中路证券营业部
安徽省信托投资公司合肥宿州路证券营业部
江门证券有限责任公司江门港口路证券营业部
江西省发展信托投资股份有限公司深圳证券业务部
江苏省国际信托投资公司无锡建设证券交易营业部
兴业证券股份有限公司直属营业部
汕头证券有限责任公司汕头金砂东路证券营业部
沈阳财政证券公司沈阳西顺城街证券营业部
武汉证券有限责任公司荆州市证券交易营业部
杭州工商信托投资股份有限公司庆春证券营业部
陕西证券有限公司咸阳渭阳西路证券营业部
国信证券有限公司深圳红岭中路证券营业部
国泰君安证券股份有限公司北京知春路证券营业部
国泰君安证券股份有限公司郑州花园路证券营业部
国通证券有限责任公司深圳振华路证券营业部
宝鸡证券公司红旗路证券交易营业部
河北证券有限责任公司廊坊新华路证券营业部
河南证券有限责任公司许昌证券营业部
南方证券有限公司北京方庄方群园证券营业部
南方证券有限公司南京建宁路证券营业部
南京证券有限责任公司南京大钟亭证券营业部
贵州证券公司贵阳北京路证券营业部
济南英大国际信托投资有限责任公司济南证券营业部
浙江证券有限责任公司杭州保叔路证券营业部
浙江省国际信托投资公司环北营业部
海通证券公司成都人民西路证券营业部
海通证券有限公司杭州解放路证券营业部
黄河证券有限责任公司郑州西太康路证券营业部
深圳经济特区证券公司北京营业部
联合证券有限责任公司上海牡丹江路证券营业部
黑龙江省证券公司哈尔滨西大直街证券营业部
湛江证券有限责任公司证券交易中心营业部
湖南证券有限责任公司留芳证券营业部
湘财证券有限责任公司长沙韶山路证券营业部
新疆证券有限责任公司新华南路营业部

新疆宏源信托投资公司文艺路证券营业部
福建省华福证券公司福清城隍巷证券营业部
福建省闽发证券公司泉州温陵路证券营业部
蔚深证券有限责任公司皇岗证券营业部

1999年取得股票承销业务资格的证券公司名单

序号	公司名称	资格种类
1	海通证券有限公司	主承销商
2	广发证券有限责任公司	主承销商
3	大鹏证券有限责任公司	主承销商
4	山东证券有限责任公司	主承销商
5	安徽省证券公司	主承销商
6	中信证券有限责任公司	主承销商
7	湘财证券有限责任公司	主承销商
8	国通证券有限责任公司	主承销商
9	广东证券股份有限公司	主承销商
10	联合证券有限责任公司	主承销商
11	北京证券有限责任公司	主承销商
12	国信证券有限公司	主承销商
13	光大证券有限责任公司	主承销商
14	福建兴业证券公司	主承销商
15	江苏证券有限责任公司	主承销商
16	平安证券有限责任公司	主承销商
17	湖北证券有限责任公司	主承销商
18	华夏证券有限责任公司	主承销商
19	中国国际金融有限公司	主承销商
20	国泰君安证券股份有限公司	主承销商
21	长城证券有限责任公司	主承销商
22	南方证券有限公司	主承销商
23	浙江证券有限责任公司	主承销商
24	天津证券有限责任公司	承销商
25	贵州证券公司	承销商
26	福建省华福证券公司	承销商
27	长春证券有限责任公司	承销商
28	山西证券有限责任公司	承销商
29	吉林省证券有限责任公司	承销商
30	广州证券有限责任公司	承销商
31	厦门证券有限公司	承销商
32	佛山证券有限责任公司	承销商
33	黄河证券有限责任公司	承销商
34	河南证券有限责任公司	承销商
35	苏州证券有限责任公司	承销商
36	无锡证券有限责任公司	承销商
37	内蒙古证券有限责任公司	承销商
38	武汉证券公司	承销商
39	三峡证券有限责任公司	承销商
40	南京证券有限责任公司	承销商
41	宁夏证券有限责任公司	承销商
42	广西证券有限责任公司	承销商
43	福建省闽发证券有限公司	承销商
44	深圳经济特区证券公司	承销商

获得外资股业务资格机构名单

1 怡富证券有限公司	Jardin Fleming Securities Limited	经纪商、主承销商
2 唯高达香港有限公司	Vickers Ballas HongKong Ltd	经纪商、主承销商
3 嘉诚证券有限公司	Cazenove Asia Limited	经纪商、主承销商
4 里昂证券有限公司	Credit Lyonnais Securities (Asia) Ltd.	经纪商、主承销商
5 东洋证券公司	Tong Yang Securities Co. , Ltd	经纪商、主承销商
6 现代证券株式会社	Hyundai Securities Co. , Ltd	经纪商、主承销商
7 和升国际有限公司	Worldse International Limited	经纪商、主承销商
8 京华证券国际有限公司	Core Pacific Securites Internation Ltd	经纪商、主承销商
9 大和证券(香港)有限公司	Daiw Securities (H. K) Limited	经纪商、主承销商
10 德意志证券亚洲有限公司	Deutsche Securities Asia Limited	经纪商、主承销商
11 乐金证券公司	LG Securities Co. , Ltd.	经纪商、主承销商
12 JP. 摩根证券亚洲有限公司	J. P. Morgan Securities Asia (Private) Limited	主承销商
13 法国兴业证券(香港)有限公司	SG Securities (HK) Limited	经纪商、主承销商
14 新日本证券株式会社	New Japan Securities Co. , Ltd.	经纪商、主承销商
15 新日本证券国际(香港)有限公司	New Japan Securities International (HK) Ltd.	经纪商、主承销商
16 三星证券株式会社	Samsung Securities Co. , Ltd.	经纪商、主承销商
17 宝源投资有限公司	Schroders Asia Limited	主承销商
18 荷银融资亚洲有限公司	ABN AMRO Asia Corporation Finance Limited	主承销商
19 新加坡发展亚洲融资有限公司	DBS Asia Capital LTD	主承销商
20 内藤证券株式会社	Natio Securities Co. , Ltd	经纪商
21 加怡证券经纪有限公司	CEF Brokerage Limited	经纪商
22 国际证券(香港)有限公司	Kokusai Securities (Hongkong) Limited	经纪商
23 元富证券(香港)有限公司	MasterLink Securities (HongKong) Co. , Ltd	经纪商
24 荷银证券亚洲有限公司	ABN AMRO Asia Limited	经纪商

25 ING 霸菱证券(香港)有限公司	ING Baring Securities (HongKong) Limited	经纪商
26 洛希尔父子(香港)有限公司	NM Rothschild&Sons (HongKong) Limited	经纪商
27 中国国际金融有限公司	China International Capital Corporation Limited	经纪商、主承销商
28 南方证券有限公司		经纪商、主承销商
29 华夏证券有限公司		经纪商、主承销商
30 湖北证券有限责任公司		经纪商、主承销商
31 广发证券股份有限公司		经纪商、主承销商
32 国信证券有限责任公司		经纪商、主承销商
33 华泰证券有限责任公司		经纪商、主承销商
34 大鹏证券有限责任公司		经纪商、主承销商
35 申银万国证券股份有限公司		经纪商
36 中国民族国际信托投资公司		经纪商
37 天津北方国际信托投资公司		经纪商
38 浙江省国际信托投资公司		经纪商
39 珠海国际信托投资公司		经纪商
40 安徽省国际信托投资公司		经纪商

香港创业板保荐人名单

序号	公司名称	生效日期
1	英高财务顾问有限公司	05/01/2000
2	亚洲融资有限公司	15/09/1999
3	贝尔斯登亚洲有限公司	15/10/1999
4	法国国家巴黎百富勤融资有限公司	15/09/1999
5	中银国际亚洲资本市场有限公司	15/09/1999
6	里昂证券资本市场有限公司	03/11/1999
7	京华山一企业融资有限公司	15/09/1999
8	Credit Suisse First Boston (Hong Kong)Limited	15/09/1999
9	群益亚洲有限公司	24/11/1999
10	道亨证券有限公司	15/09/1999
11	新加坡发展亚洲融资有限公司	15/09/1999
12	第一上海融资有限公司	13/11/1999
13	高盛(亚洲)有限责任公司	15/09/1999
14	汇丰投资银行亚洲有限公司	15/09/1999
15	工商东亚融资有限公司	15/09/1999
16	霸菱亚洲有限公司	15/09/1999
17	J. P. 摩根亚洲证券私人有限公司	15/09/1999
18	怡富证券有限公司	15/09/1999
19	德利佳信集团	15/09/1999
20	美国雷曼兄弟亚洲投资有限公司	15/09/1999
21	Merrill Lynch Far East Limited	15/09/1999
22	摩根士丹利添惠亚洲有限公司	15/09/1999
23	东英亚洲有限公司	15/09/1999
24	太平洋兴业融资有限公司	15/09/1999
25	百德能证券有限公司	15/09/1999
26	所罗门美邦香港有限公司	15/09/1999
27	宝源投资有限公司	15/09/1999
28	法国兴业证券(香港)有限公司	15/09/1999
29	南华融资有限公司	13/11/l999
30	渣打银行	15/09/1999
31	大福融资有限公司	15/09/1999
32	新加坡大华亚洲(香港)有限公司	15/09/1999
33	唯高达融资有限公司	15/09/1999
34	Warbufrg Dillon Read (Asia) Limbed	15/09/1999
35	和升财务顾问有限公司	20/10/1999
36	元大证券(香港)有限公司	15/09/1999

下列保荐人只获准担任联席保荐人

1	时富融资有限公司	15/09/1999

1999 年中国证券经营机构承销排名

名次	证券经营机构	承销量
1	国泰证券有限公司	85900
2	海通证券有限公司	74250
3	君安证券有限责任公司	65200
4	华夏证券有限公司	45577
5	南方证券有限公司	45450
6	光大证券有限责任公司	43000
7	国信证券有限公司	39460
8	广发证券有限责任公司	39300
9	中信证券有限责任公司	38000
10	申银万国证券股份有限公司	33800
11	北京证券有限责任公司	27500
12	中国东方信托投资公司	26500
13	山东证券有限责任公司	22550
14	中国国际金融有限公司	20000
15	大鹏证券有限责任公司	15120

诚信 稳健 卓越 创新

总裁：徐英

长城证券有限责任公司是1995年11月经中国人民银行批准，在原深圳长城证券部与海南汇通证券合并基础上设立的证券专营机构，公司注册地深圳经济特区。2000年3月，中国证监会核准长城证券增资扩股方案，长城证券资本金由1.57亿元增至8.25亿元，同时中国证监会批准长城证券为综合类证券公司。增资后的长城证券可经营证券经纪、承销和上市推荐、资产管理、证券投资咨询及发起设立证券投资基金和基金管理公司等业务。公司设有风险监控委员会和投资决策委员会，长城证券在北京、上海、深圳、海口、武汉、重庆、成都、大连、沈阳、南昌、天津、西安、青岛等地设有十七家营业部，并在北京和上海设有两个地区性管理总部。

长城证券是在中国证券市场走向成熟、规范，证券经营机构趋于集中的背景下出现的，是中国金融改革的产物。

公司成立以来，始终不渝地坚持"诚信、稳健、卓越、创新"的经营宗旨，积极进取，勇于开拓，取得了丰硕的成果，二级市场交易份额一直居国内券商前列；承销的四十余家上市公司股票，涉及到造纸、冶金、航空、机械、化工、建材、商业、电力、通讯等行业，并通过强化对上市公的后续服务，已成为多家上市公司的财务顾问。

长城证券主要资质

★ 目前国内仅有的8家综合类证券公司之一
★ 全国26家具有A股主承销资格的证券公司之一
★ 全国仅有的10家外资主承销商之一
★ 深沪两地交易所会员单位
★ 全国仅有获准的进入同业拆借市场十二家证券公司之一
★ 拥有深沪两地证交所席位36个
★ 拥有北京STAQ系统、NET系统及海南、天津、武汉、重庆等地交易中心的会员资格
★ 被中国人民银行授予A级信誉等级
★ 被中国人民银行评为内部控制运作先进单位

GREATWALL

长城证券有限责任公司

地址：深圳市深南大道深圳特区报业大厦16、17楼
电话：(0755)3516222　传真：(0755)3516200　邮编：518034

总裁：王玉春

申銀萬國證券股份有限公司
SHENYIN & WANGUO SECURITIES CO., LTD.

申银万国证券股份有限公司(简称:申银万国)由原上海申银证券公司和原上海万国证券公司于1996年7月16日合并组建而成，是国内第一家股份制证券公司。申银万国的222家股东都是国内著名的大中型企业，其中第一大股东单位是中国光大(集团)总公司。截止1999年底，公司注册资本为13.2亿元，净资产达26.54亿元，总资产为231.33亿元，拥有员工近3000名；共主承销A股172家，占全国A股上市公司总数的18%；主承销B股38家，占全国B股上市公司总数的35%；连续四年被国际权威金融杂志《欧洲货币》评为“中国最佳证券机构”，荣获卓越奖；在1999年券商经营业绩排名中，申银万国利润总额、沪市A、B股交易总量名列全国券商第一。申银万国在国内设有108家营业网点，业务网络、分支机构遍及中国主要大中城市，并在香港特别行政区设有集团公司、合资基金公司、上市公司及全资子公司。业务范围包括：发行和代理各种有价证券、自营和代理买卖各种有价证券、基金和资产管理、企业重组、收购与兼并、投资咨询、财务顾问以及其它与证券有关的业务。

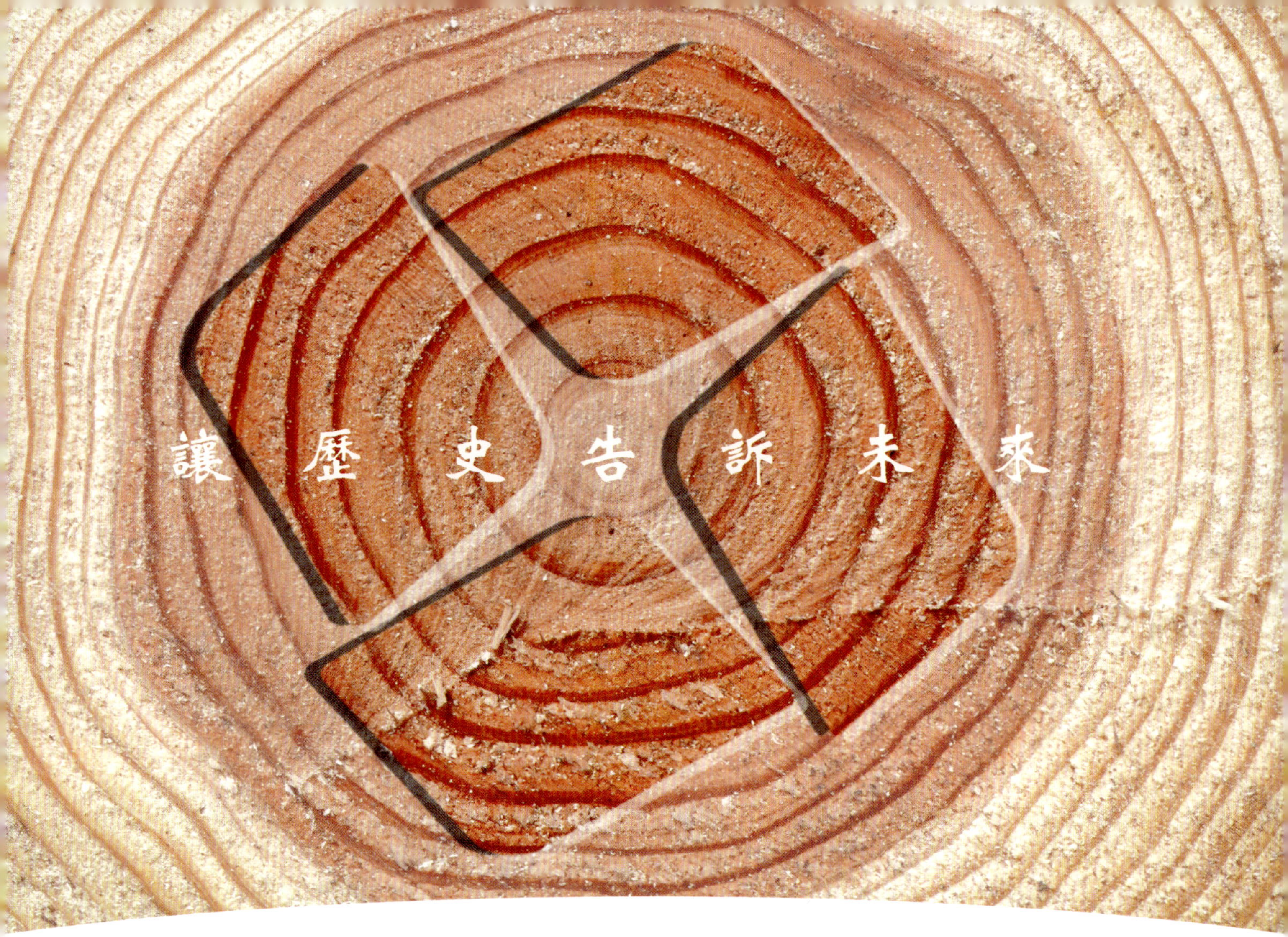

东方证券有限责任公司

东方证券有限责任公司（以下简称“公司”）由上海地方财政和十四家大型企业集团共同出资组建，经中国人民银行批准，于1998年3月9日在上海正式成立。

公司注册资本为10亿元人民币（含1500万美元），现有近700余名员工，36家证券交易营业部，硬件设施先进，投资环境优良，可为客户提供集中电话委托、远程可视委托、银证联网、通买通卖等多种先进的交易手段。

成立两年来，公司在规范经营行为、加强风险控制、完善激励机制建设等方面取得了阶段性成果。截止1999年底，公司总资产47.8亿元，净资产11.32亿元，实现利润1.60亿元。公司将继续稳步发展经纪业务、稳妥推进交易业务、全面启动国际业务、积极拓展基金业务，进一步加快发展步伐，实现既定经营目标。同时，公司还将通过不断完善经营机制，增强业务创新能力、深化人才发展战略、健全技术支持系统，进一步提高经营管理水平和风险防范能力。

公司业务范围包括：发行和代理发行各种有价证券、自营和代理买卖各种有价证券、基金和资产管理、企业重组、收购与兼并、证券投资咨询、证券抵押融资、公司财务顾问及其他与证券有关的业务。

地址：上海市巨鹿路756号　邮编：200040　**电话：**(8621)62568800　**传真：**(8621)62566000　**电子邮件：**df@orientsec.com.cn

GUOSEN
国信证券有限责任公司
国信证券
国信证券

在规范中寻求市场开拓
在稳健中寻求业务创新
—— 国信证券有限责任公司简介

国信证券有限责任公司为全国性的大型综合类券商，注册资本人民币20亿元，2000年底总资产逾100亿元。净资产33.8亿元。全年实现利润总额超9亿元。国信证券是我国证券市场上最早的拓荒者之一。公司的前身——成立于1989年9月的深圳国际信托投资公司证券业务部，为改革开放以来国内最早产生的证券机构之一，承担了深发展等第一批上市公司股票的发行、交易业务。1994年10月，根据信托业与证券业分业经营的要求和业务发展的需要，在原有证券业务部的基础上改组成立了专业证券公司，系国内首家实行分业经营的专业证券公司。自成立以来，公司先后承担了50多家企业股票的主承销和上市推荐工作，参与了历次国债发行承销，单个营业部交易额连续三年位居全国同行第一。国信证券自1996年以来连续五年年度实现利润超过4亿元，连续五年缴纳税收名列深圳证券业前列，为国内具有创新开拓能力和良好发展前景的大型券商之一。国信证券是中国最早开展投资银行业务的券商之一。1989年开始从事股票承销业务；1991年成为首批有资格从事B股承销和代理买卖的证券商之一；1995年成为国债一级自营商。1997年以来，公司的投资银行业务超常规发展，1998至2000年投资银行业务在全国的排名始终保持在前三位。国信证券是国内最早开展交易经纪业务的券商之一，具有良好的市场声誉，深圳市场交易额连续九年名列第一。公司在深圳、北京、上海等16个城市设有20家证券营业部，全面推行“五星级管理服务”体系，为客户提供全面、完善的服务。在1998至2000年由深圳市证券业协会主持的“优秀证券营业部”评选中，所属营业部蝉联第一、第二名。国信证券单个证券营业部的平均交易量连续多年达到国内最高水平，单个证券营业部平均产出和平均盈利能力连续多年名列前茅，在权威媒体2000年1月推出的中国券商综合排名中荣获“营业部平均价值量”、“员工人均价值量”第一。

国信证券先后于1997年和1999年进行了两次增资扩股。第一次增资扩股后，公司上升成为具有全国影响力的大型证券公司；在第二次增资扩股中，深圳国际信托投资公司、深圳市投资管理公司、深圳市机场股份有限公司、云南红塔实业有限责任公司、中国第一汽车集团公司、北京城建股份有限公司等极具实力的企业集团构造了强有力的股东背景，公司在证券业内的实力和地位得到进一步加强。

董事长：李南峰，总裁：胡关金
副总裁：姜长龙、费晔、李凤梧、孙宾
党委副书记：刘靖

地址：深圳市红岭中路1012号国信证券大厦　邮编：518001
电话：（0755）2130833（总机）　2130560（直线）
传真：（0755）2130570　网址：http://www.guosen.com.cn

光大证券有限责任公司
EVERBRIGHT SECURITIES CO.,LTD.

公司董事长：王明权

公司代总裁：聂庆平

光大证券有限责任公司(以下简称公司)是经中国证券监督管理委员会批准，在整合原中国光大银行、中国光大国际信托投资公司的证券经营机构和相关业务的基础上重组设立的。公司注册资本金为5亿元人民币，正积极申请增资扩股至30亿元人民币，总部设在上海浦东。经过四年多的辛勤努力，公司现已发展成为一家业务品种齐全、管理规范稳健的全国性综合类证券公司，业务领域涵盖证券经纪、投资银行、基金和资产管理、研究咨询等各个层面；业务网点遍布全国主要大中城市，设有43家营业部，并在北京、上海、深圳和成都分别建立了4个区域性管理总部。

几年来，公司秉承〝创新、稳健、效率、诚信〞的经营理念，发扬勤奋、开拓、敬业的企业精神，积极致力于国内、国际资本市场的拓展，并取得了骄人的经营业绩，目前按综合指标排名，公司已跨入全国十大券商行列。在一级市场上，公司累计承销企业总数达45家，推荐上市企业总数达34家，为企业募集资金137.54亿元。 1999年公司主承销家数位居全国第2；承销金额位居全国第4；配股承销家数位居全国第1。在二级市场上，公司以优质高效的服务赢得了广大客户的认同，经纪业务年交易额平均以36.5%的速度增长，1999年公司A股、 基金交易总额1468亿元，排名已位居深、沪两市第8位。在盈利方面，公司净资产收益率逐年增长，利润水平在国内同业中名列前茅。截止到2000年8月底，公司总资产已达到126.30亿元，净资产达到17.29亿元。

公司自成立以来，致力于构建科学规范的管理框架，并逐步形成了既注重发挥群体的综合智慧，又有高度集中统一的理性、科学的决策模式。在强化管理的同时，公司还十分注重健康的财务管理，已经连续四年聘请安达信会计师事务所按国际会计准则进行年度财务审计，在国内证券首屈一指。

公司在管理上卓有成效、在经营上成绩斐然，属于全国首批获准进入银行同业拆借市场的券商；全国首批具有股票质押融资资格的券商；全国首家未增资扩股而被批准的综合类券商，同时公司还是中国证券业协会常务理事单位，中国国债协会常务理事单位。

公司"以人为本"的人才理念和科学严谨的考核与激励机制，汇聚了一批素质优良、勤奋敬业的证券专业人才和资深管理精英，全系统现有员工1400人，平均年龄30岁，其中本科以上学历的占44.21%；硕士和博士学历的占13.67%，同时具有中级以上专业技术职称的占32%。优秀的人才成为公司事业成功的根本保证。

公司高级管理人员：代总裁聂庆平(前排右)、副总裁王韬光(前排左)、副总裁徐亚文(后排左)、副总裁史致金(后排中)、副总裁傅琳(后排右)

光大证券有限责任公司

地址：上海市浦东新区浦东南路528号上海证券大厦南塔15-16楼

邮编：200120

电话：021-68816000

传真：021-68818550

大鹏展翅
志在万里
大鹏证券有限责任公司
CHINA EAGLE SECURITIES CO., LTD.

大鹏证券有限责任公司

CHINA EAGLE SECURITIES CO., LTD.

大鹏证券

致力于为国内外企业提供

多元化、 个性化、 系统化

的金融增值服务。

中国深圳深南东路5002号信兴广场

地王商业大厦8层

Http://www.chinaeagle.com

E-mail:ces@chinaeagle.com

电话：0755-2463388(总机)

传真：0755-2462986

邮编：518008

南方证券广州分公司
CSSC GUANGZHOU BRANCH
方证券大厦
南方证券
广州体育东路证券营业部

南方证券有限公司广州分公司成立于1993年3月，系中国南方证券有限公司属下全资分公司。目前，广州分公司设有8个职能部门，12家营业部，正式员工人数达360多人，其中本科以上学历的员工达到55%。

南方证券广州分公司自成立以来，各方面的业务蒸蒸日上，经营业绩不断提高。资产总值从1993年的3000万元增加至2000年的51.5亿元，利润总额从1993年的16万元增长至2000年的14385万元。南方证券广州分公司拥有一批高素质、高学历的专业人才，专门从事A股、配股承销、上市推荐、财务顾问等投资银行业务。广州分公司先后主承销、分销了粤宏远、江苏阳光、粤美雅等多家新股，推荐了粤宏远、粤电力、粤甘化等六家公司上市，并担任粤美雅、粤甘化、珠海中富、燕京啤酒、超声电子等多家上市公司的配股主承销。

近年来，分公司的二级市场代理业务成绩一直位居广州地区同行的前列。2000年，分公司二级市场代理业务成交量（A股＋基金）达1134.5亿元，创开业以来最好水平。在广东省各证券营业部2000年1–10月成交总额排行榜中，分公司属下的水荫路营业部、番禺营业部和建设三马路营业部名列前茅。

地址：广州市体育东路140–148号南方证券大厦27–29楼
电话：(020)38878999(转)

水荫路营业部	(020) 37601620
滨江东营业部	(020) 34255108
建设三马路营业部	(020) 83836428
大德营业部	(020) 81923239
体育东营业部	(020) 38878888
番禺营业部	(020) 84611745
江门营业部	(0750) 3392913
顺德营业部	(0765) 2331205
中山营业部	(0760) 8623469
珠海营业部	(0756)3354354–223
东莞营业部	(0769) 2781888
福州营业部	(0591) 7544948
南宁办事处	(0771) 5881893

大户室里笑看股市风云

为投资者提供优质的服务

公司拥有轻松的服务环境

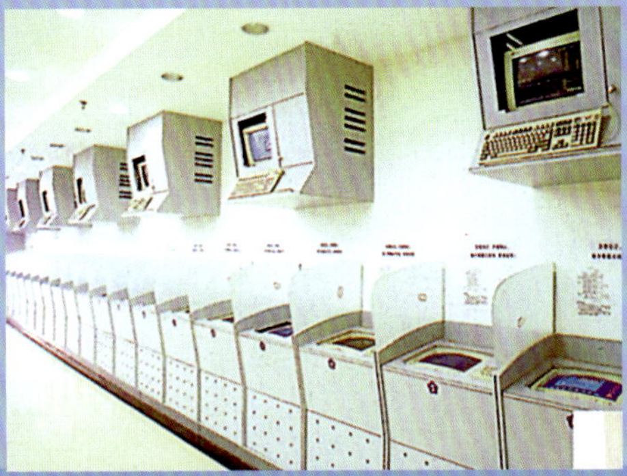
公司拥有先进的设备

宽敞的环境为投资者虚位以待

NEWONE 牛网
http://www.newone.com.cn
牛卡网上行
国通证券
CHINA COMMUNICATION SECURITIES CO.,LTD
热线垂询
0755-3796507

广东证券股份有限公司

GUANGDONG SECURITIES CO.,LTD

WWW.STOCK2000.COM.CN

公司董事长：钟伟华

广东证券股份有限公司前身"广东证券公司"是经中国人民银行批准于1989年6月正式成立的，组建时注册资本金为3000万元人民币，是广东省成立最早的专业证券公司之一。1998年11月，经中国证监会批准，公司改制为"广东证券股份有限公司"，注册资本金增至8亿元人民币。经过11年的发展，公司已发展成为集证券发行与承销、证券经纪、证券投资咨询、财务顾问、证券投资基金、证券财经网站、计算机软件开发与资产管理等业务于一体的大型专业证券公司；公司拥有一大批博士、硕士以及有着丰富实践经验的管理人才；设有以华南为中心、辐射全国的48个证券营业网点。公司自成立以来，经济效益逐年提高，截至2000年11月30日，公司总资产已达95.56亿元，净资产达11.73亿元，公司各项业务排名均在全国券商的二十名以内。公司1995年至1999年连续5年位居全国券商深沪股票交易量排行榜前十名；截至2000年11月，先后承销了"生益股份"、"九发股份"、"广州友谊"等66家企业股票，并将29家公司股票推荐到证券交易所上市，自1996年以来，公司主承销企业家数连续3年进入全国十强；公司还曾发起设立并管理了"广证基金"和"广证受益"两家基金，参与了大成基金管理公司和易方达基金管理公司的设立和管理，同时，国债、理财、证券自营等业务也得以迅速发展。

展望未来，公司将继续发扬"团结、开拓、诚信、卓越"的企业精神，积极开拓，不断进取，把公司建设成为规模化、现代化、国际化的现代企业集团。

公司办公楼外景

公司董事长：钟伟华

地址：广州市解放南路123号金汇大厦

电话：(020)83270538　邮编：510120

传真：(020)83270537

网址：www.stock2000.com.cn

电子邮箱：gscoff@public.guangzhou.gd.cn

先进设备

公司接待前台

公司董事长、总裁：李维雄

东北证券作为上市主承销商的〞物化股份〞在上交所上市

东北证券有限责任公司

东北证券有限责任公司是经中国证券监督管理委员会批准，在原吉林省证券有限责任公司和吉林省信托投资公司证券部合并重组的基础上，经过增资扩股和更名于2000年6月正式设立的。公司注册资本为101022万元。

公司主要业务为证券代理买卖、证券承销、证券自营买卖；代理证券还本付息、分红派息；证券代保管、鉴证、代理登记开户等。

东北证券有限责任公司将坚持〞以人为本、效率优先〞的经营理念，本着〞立足吉林，面向全国，规范经营、加快发展、回报股东、服务社会〞的经营思想，努力扩大经营规模，积极开拓市场，不断提高市场占有率，为繁荣证券市场、促进经济发展发挥积极作用。

公司地址：长春市长春大街142号　邮编：130041

公司总机：(0431)8936888

传真：(0431)8931199

总裁办公室：(0431)8910422　8910430

投资银行总部：(0431)8910397　8910419

经纪业务管理部：(0431)8910416　8935222

发展研究中心：(0431)8910433　8910424

公司网站：www.c-nes.com.cn

董事长、法定代表人：黄兆鹏

广西证券有限责任公司前身为广西证券公司，1988年7月经中国人民银行总行批准成立，是经营证券业务的专业机构。公司在深圳、上海、北京共设有四个异地证券营业部，在广西境内设有南宁、柳州、桂林、梧州、北海、玉林、贵港、钦州等九个营业部，是广西最大的证券经营机构之一

2000年8月16日，贵港营业部隆重开业

广西證券有限責任公司

广西证券有限责任公司营业网点一览表

网点名称	地址	联系电话
广西证券有限责任公司南宁证券交易营业部	南宁市教育路7—1号	(0771)5317095
广西证券有限责任公司南宁友爱路证券营业部	南宁市友爱路41号	(0771)3120209
广西证券有限责任公司柳州解放南路证券营业部	柳州市解放南路94号	(0772)2821498
广西证券有限责任公司桂林中山中路证券营业部	桂林市中山中路408号	(0773)2817148
广西证券有限责任公司北海四川南路证券营业部	北海市四川南路16号	(0779)3070127
广西证券有限责任公司梧州桂江二路证券营业部	梧州市桂江二路37号	(0774)2824844
广西证券有限责任公司玉林外环东路证券营业部	玉林市外环东路287号	(0775)2803079
广西证券有限责任公司上海圆明园路证券营业部	上海市圆明园路87弄10号	(021)56317989
广西证券有限责任公司上海宝源路证券营业部	上海市宝源路301弄7号	(021)56317989
广西证券有限责任公司深圳深南中路证券营业部	深圳市深南中路2085号	(0755)3208663
广西证券有限责任公司北京和平街证券营业部	北京市和平街11区38号楼	(010)64283200
广西证券有限责任公司钦州南珠大道证券营业部	钦州市南珠大道8号	(0777)2850758
广西证券有限责任公司贵港中山路证券营业部	贵港市中山路	(0775)4249068

2000年全国优秀证券营业部

2000年8月18日，钦州营业部隆重开业

公司董事长：王宝连

鞍山证券公司于1988年中国人民银行辽宁省分行批准成立。1991年经中国人民银行总行审查验收准予重新登记。1997年4月获得股票承销业务资格。公司是中国证券业协会首批会员单位，是上海证券交易所、深圳证券交易所、全国证券交易联合报价系统、沈阳证券交易中心、天津证券交易中心的会员单位。公司总资产38.9亿元，净资产4.38亿元，注册资本3.2亿元。公司共有十四个营业部、室，分布在上海、深圳、天津、沈阳、鞍山、海城。员工496人，其中硕士以上76人，本科122人，大专187人，中专以下111人。

地址：辽宁省鞍山市铁东区前进路2号　邮编114001
电话(0412)2249188　传真(0412)2246788

NSHAN SECURITIE
NSHAN SECURITIES CO.,LTD.
NSHAN SECURITIES CO.,LTD.
NSHAN SECURITIES CO.,LTD.

鞍山证券公司

ANSHAN SECURITIES CO.,LTD.

业务范围:

主营证券买卖、抵押、提保鉴证、贴现；兼营证券业务咨询、证券转让、代保管、代发行。

经营业绩:

鞍山证券与中国改革开放后的新兴证券业是同龄人，屈指算来已经走完十二个春秋了。十二年来，公司从当年的13.8万元资本、300平方米的营业面积、16名员工，发展到今天的3.2亿元的注册资本、38.9亿元的资产、55368平方米的营业面积、14家分支机构、500余名员工，是时代的造就，是鞍证人智慧和魄力的结晶。

几年来，公司领导非常重视证券一级市场业务的开发，不断加大证券一级市场业务的力度，使之与二级市场业务齐头并进，做为证券副主承销商，公司为山东海化等二十多家上市公司进行了股票承销。目前，证券一级市场业务收入成为公司非常稳定和重要的利润来源。

证券二级市场业务做为公司主要业务，几年来迅猛发展，先后对一些营业网点进行了改扩建，在国内部分大城市分别设置了证券营业网点。同时，公司也不断加大证券投资分析及咨询工作的力度，使得公司在二级市场软硬环境不断改善的同时，证券交易量和交易额也同步快速增长。证券交易量在省内券商交易排行榜中多次名列第一，在全国排名中也屡次靠前，曾取得第九名的好成绩。

在经营管理上，公司形成了以科学决策为核心的组织领导体系；以经营利润为核心的业务拓展体系；以后勤保障为核心的行政管理体系；以资金运作为核心的财务管理体系；以盘活资产为核心的资产运营体系；以人才资源为核心的人才工程体系；以发挥潜能为核心的员工激励体系；以公司形象为核心的企业文化体系；以公司发展为核心的研究信息体系。

宽敞的交易大厅

公司总经理：朱政军

YICHUN SECURITIES CO.,LTD

伊春证券有限公司

伊春证券有限公司是1992年11月经中国人民银行总行批准成立的证券公司，注册地黑龙江伊春市，1993年3月经伊春市人民政府体改委批准，改造为有限责任公司，股本金1100万元。

经过公司全体员工几年来的努力，在上海、伊春分别设立了营业部，在伊春市较大的两个区、县设有南岔远程户室和铁力服务部，现有员工130人，年A股交易额在65亿元左右，现总资产达一亿元，净资产1695万元，累计实现利润近二千万元。

宽敞明亮的营业大厅

CHUN SECURITIES CO.,LTD YICHUN SECURITIES CO.,LT
CO.,LTD YICHUN SECURITIES CO.,LTD YICHU

CO.,LTD

投资广场

公司上海营业部

地址：上海市瞿溪路 691 号　邮编：200023
电话：(021)63013038
传真：(021)63014562

平安证券有限责任公司

让客户资产增值　保客户资金安全

总经理　杨秀丽

1991年9月，在中国改革开放大潮涌动的前沿阵地—深圳，中国平安保险股份有限公司证券业务部开始登台亮相，一展风采。经过短短几年的发展，到1995年10月，经中国人民银行总行批准，在原证券部基础上成立了平安证券有限责任公司，注册地在北京，公司总部设在深圳。

平安证券一贯秉承“信誉第一、效率第一、客户至上、服务至上”的服务宗旨，积极开拓市场，努力实现“让客户资产增值”的核心理念，立足深圳，面向全国，在国内14个重点城市设立了20家营业部，同时，为进一步拓展华东地区业务，还在上海成立了上海管理总部。截止1999年12月底，公司总资产达36.25亿元，净资产7.13亿元，员工总数500余人。

平安证券拥有齐全的专业资格和全方位、多层次的综合服务体系，业务领域涵盖证券经纪、投资银行、资产管理、研究咨询等各个层面。平安证券在“竞争中求生存，创新中求发展”的战略思想指导下，以先进的技术、卓越的管理、不断的创新，在发展的历程中有许多方面都走在全国券商的前列。1992年，平安证券在深圳券商中首家开通了上交所的卫星行情，此后，平安证券又陆续率先推出了电话查询、远程终端、双向卫星通讯系统等先进交易手段，为公司各地机构的业务发展提供了可靠保障。在一级市场方面，平安证券为南油物业、大连友谊、湘计算机、深万科等近百家企业担任了A、B股及配股、企业债券发行的主承销、副主承销、分销、上市推荐人、财务顾问。平安证券在深圳、上海证券交易所拥有席位50多个，9年在全国100名券商深、沪二级市场成交总额排名中分列第22位和第16位，显示了其在二级市场旺盛的活力。

随着证券市场的不断完善和发展，特别是《证券法》的出台和实施，对证券公司的运作提出了更高层次的管理要求。平安证券一直把“稳健经营、规范发展”作为公司的立足之本。为此，在与国际著名麦肯锡咨询公司和香港唯高达证券公司的通力合作下，平安证券较早地建立了与国际惯例接轨的科学而又严密的内控体系，并进行了一系列相应的改革，取得了显著的成效。

在奋步如飞的发展之路上，平安证券将充分利用国家大力发展和规范证券市场的有利时机，不断提高经营管理水平和客户服务水平，努力拓展业务范围，开展增资扩股和营业部网点的增设，把平安证券最终建设成为国内一流的证券公司。

地址：深圳市八卦岭八卦三路平安大厦三楼
电话：(0755)2262888
传真：(0755)2400862
邮编：518029

长江证券
CHANGJIANG
SECURITIES
中国龍
我们所有的努力，
都是为了龙的腾飞！
长江证券有限责任公司
地址:武汉市新华下路特8号　邮编:430015　总机:027-65799980　E-mail:ceohbsc@public.wh.hb.cn　http://www.cz318.com.cn

公司总裁：王希超

福建省华福证券公司

福建省华福证券公司是1988年5月23日经中国人民银行批准成立的全国首批专业证券公司之一。经过12年来的风雨历程，目前公司实收资本已达人民币2.05亿元，成为福建省资本金实力较为雄厚的专业性证券公司之一。

1993年担任福建省首批公开发行股票公司－福建省福发股份有限公司的主承销商。之后，公司作为上市推荐人和承销商参与数十家股票的上市工作。自1992年以来，公司作为主承销商为福建省横南漳泉铁路、福州长乐机场、永安205国道、泉厦高速公路等10多个重点工程成功地发行了建设债券，为福建省基础设施建设的发展作出了较大贡献。

在我国证券市场的各个时期，公司始终坚持“加强管理、稳健经营”的指导思想，一贯遵纪守法，合规经营，公司的各项业务稳步发展，同时为防范金融风险，规范经营行为，大力加强制度建设，完善内部管理，在经纪和自营业务管理、财务及资金管理、计算机系统管理等各方面不断健全，完善了一整套控制经营风险的管理制度和内部控制机制。

在稳健经营的基础上，近年来，公司在业务创新方面给予了高度重视，并积极推出各项业务新手段和服务新内容，逐步开展了资产管理业务，进行经纪人制度试点，积极与银行在新的业务领域展开全面合作，推出华福证券金鼎卡一卡通实现通买通卖、通存通兑功能；开设华福证券“金鼎资讯网(WWW.HFZQ.COM.CN)”，为投资者提供方便、快捷、安全的网上服务，包括网上交易、资讯、个性化信息服务、专家在线等许多方面；实现“24小时营业部”，向投资者提供24小时的交易及查询服务；成立客户服务中心(电话：0591-3333000)，通过人工座席和自动语音应答两种服务方式，为客户提供最优质的服务。

在华福人的不懈努力和创新下，公司取得了良好的经营业绩，截止2000年4月底，公司证券代理交易量达3457亿元，累计实现利润2.95亿多元。已取得成绩只代表过去，展望新世纪，我司将面临新的机遇和挑战，未来券商间的竞争将是人才与服务的竞争。为此我司一方面将积极拓宽渠道、广泛吸收人才。特别是对高级研究人员的挖掘、培养，努力实现人才的合理配置。另一方面，还要立足省内，面向全国，努力打好增资扩股的攻坚战，在完善服务措施，加强规范管理的前提下，努力创收，优化资产，追求卓越，缔造华福更美好的明天！

地址：福州市五四路210号国际大厦15层
电话：(0591)7841160　传真：(0591)7841150
邮编：350003

宏源证券股份有限公司

HONGYUAN SECURITIES CO., LTD.

中国第1家上市证券公司

宏源证券股份有限公司(股票简称：宏源证券，股票代码：0562)，前身是1988年2月经中国人民银行批准设立的中国建设银行新疆信托投资公司。1993年2月改组为股份制企业，以社会募集方式设立新疆宏源信托投资股份有限公司；1994年2月在深圳证券交易所上市，成为新疆第一家上市公司，也是新疆唯一具有主承销商资格的证券商。

1997年以来，公司加快了发展步伐，建立了完善的法人治理结构，健全高效的经营管理机制和较为完备的内控体系；确立了"规范管理、稳健经营、以人为本、不断创新、防范风险、提高效益"的经营方针和"立足新疆、走向全国、面向世界、稳步发展"的发展战略，保证了各项业务的持续健康发展。截止2000年6月，公司总资产33.44亿元，净资产6.13亿元，总股本5.18亿元。与1996年底相比，总资产增长了110%，总股本增加了153%，净资产增长了54%，平均净资产收益率在10%以上。公司证券业务得到长足发展，1999年按总交易金额排名，在上交所居26位，在深交所居79位，在新疆排名第一，证券业务比重达到80%以上。

经过几年的努力，公司实现了三大转变：实现了以信托业务为主向以证券业务为主的转变；实现了传统管理经营体制向现代企业法人治理体制的转变；实现了区域性金融机构向全国性金融机构的转变。2000年9月，中国证券监督管理委员会批准新疆宏源信托投资股份有限公司整体改组为宏源证券股份有限公司，公司成为中国第一家上市证券公司。

电话：(0991)2301633 2301870

传真：(0991)2301775

Email：hytrust@mail.xj.cninfo.net

黑龍江省證券公司

黑龙江省证券公司总经理：卞玉祥

黑龙江省证券公司成立于1988年6月9日，是黑龙江省第一家规模最大的，经营范围为：代理证券发行业务，自营代理证券买卖业务、代理证券还本付息和红利的支付业务。十余年来，公司秉承“稳健经营、规范发展”的经营宗旨不断创新进取，经纪、投行、自营等各项业务均得到有效拓展，规模不断壮大，取得了较好的经济效益，为完善黑龙江证券市场，促进地方企业融资，繁荣地方经济做出了突出的贡献。

黑龙江省证券公司在近年发展中，较快地完成了创业初期的规模扩张，初步形成了立足龙江，辐射全国的经营网络，营业网点由最初的一家增至15家，资产规模增至30亿元，经营范围也由单一的国债业务发展到目前集经纪、自营、承销等综合业务。公司在经纪业务上大力推行优质特色服务，市场占有率不断提升，开户数由1万人增至15万人，年交易量由1996年的60亿元增至1999年的200多亿元。在承销业务上，公司担任了二十几家上市公司的承销商，并为龙江企业发债融资8亿多元。黑龙江省证券公司十余年来建立了特有的经营管理机制和风险防范机制。在管理体制上，制定和实施了《黑龙江省证券公司责任经营管理办法》，实行全员工效挂钩，制定相应的薪点制工资体系，充分调动了全员的积极性和能动性；在人事管理上，建立了一套科学的人力资源管理和开发体系。在干部选拔和使用上，实行岗位公开竞聘制、定期流动制，在员工考核上，实行“双631”的优胜劣汰机制。在经营管理中，公司还始终恪守“合规经营”的原则，在激烈的竞争中树立了良好的企业形象，在股民中树立起“德商”形象。

在强化经营管理工作的同时，龙江证券始终注重企业文化建设和加强员工思想政治工作。通过经常举办多种特色的文体活动增强员工的凝聚力和向心力。公司还积极参与社会公益事业，公司成立十周年之际，把用于搬迁庆典的50万元费用节省下来，捐赠给省内千名双下岗职工子女就学；在1998年抗洪活动中，公司捐资百余万元救灾和援建希望小学，体现了公司“仁德为本”的经营理念，受到社会的广泛好评。黑龙江省证券公司十年的改革实践，为培育和发展黑龙江省资本市场做出了有益的探索和贡献。展望二十一世纪，中国即将加入WTO组织，中国证券市场也将发展成为一个跻身世界股市之林的先进市场。面对中国证券市场的剧烈竞争形势和国家对证券机构实行分业经营、分类管理的新形势，黑龙江省证券公司在中国证监会和省委省政府的领导和支持下正积极进行重组、增资和改制，改制后注册资本金将达到10亿元以上，公司的资金实力、资产规模和业务竞争力将大大增强，新公司将继续秉承“仁德、诚信、团结、高效”的经营理念，“深化管理，强化业务，规范经营，开拓创新”的工作方针，坚持“创造现代公司”的发展方向，不断加强推进经纪、自营和投资银行等证券业务，创造良好的经济效益，使公司发展成为一个业务实力雄厚，信誉卓著、规范稳健，业绩优良的现代化的具有综合类业务的投资银行，卓立于二十一世纪的中国证券市场大舞台上。

宽敞明亮的交易大厅

座落于松花江畔的公司总部办公大楼—证券大厦

地址：黑龙江省哈尔滨市道里区通江街188号
电话：(0451)4680831　　传真：(0451)4680835
邮编：150010

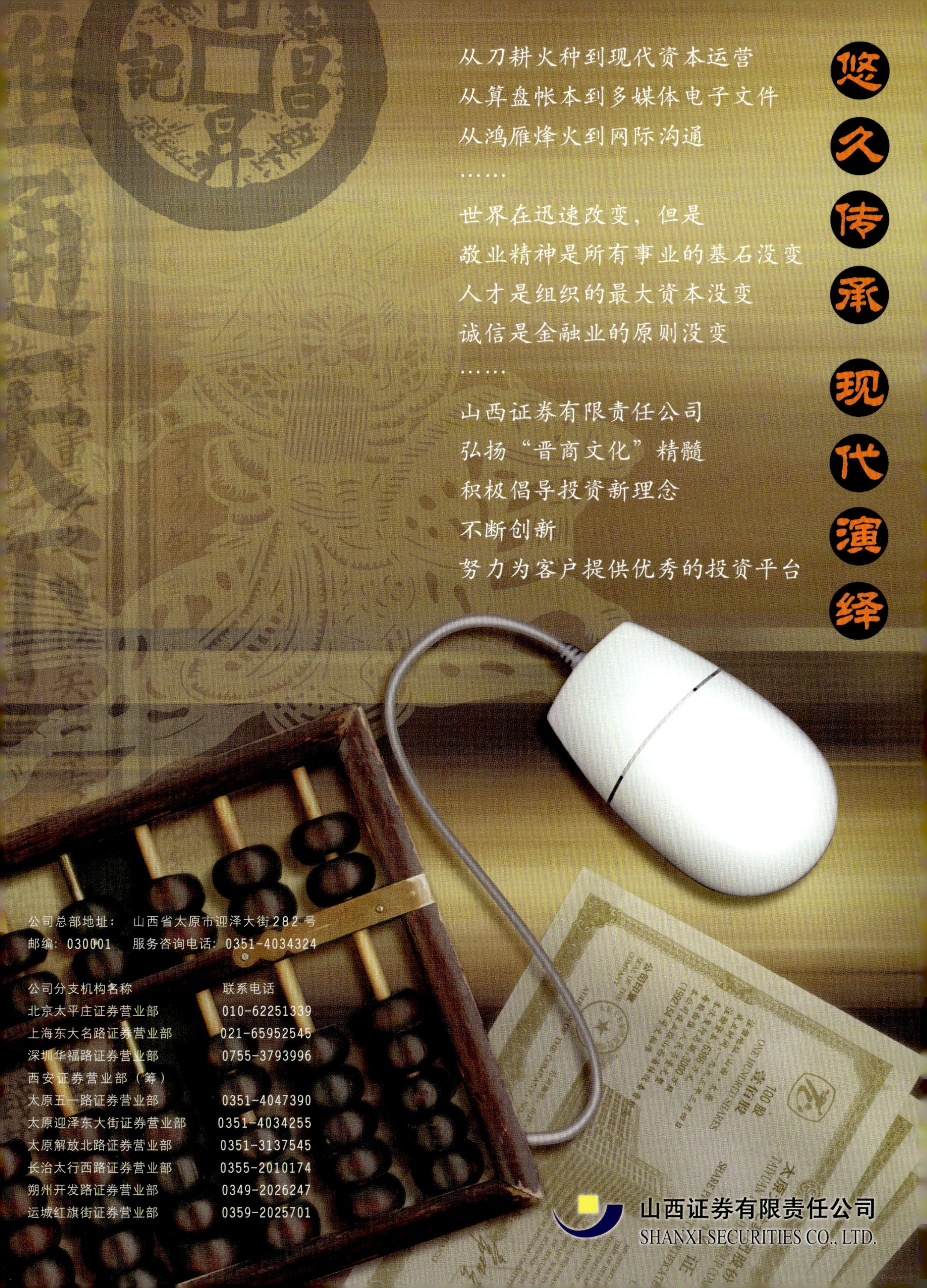
悠久传承现代演绎
从刀耕火种到现代资本运营
从算盘帐本到多媒体电子文件
从鸿雁烽火到网际沟通
……
世界在迅速改变，但是
敬业精神是所有事业的基石没变
人才是组织的最大资本没变
诚信是金融业的原则没变
……
山西证券有限责任公司
弘扬“晋商文化”精髓
积极倡导投资新理念
不断创新
努力为客户提供优秀的投资平台
公司总部地址：山西省太原市迎泽大街282号
邮编：030001 服务咨询电话：0351-4034324
公司分支机构名称 联系电话
北京太平庄证券营业部 010-62251339
上海东大名路证券营业部 021-65952545
深圳华福路证券营业部 0755-3793996
西安证券营业部（筹）
太原五一路证券营业部 0351-4047390
太原迎泽东大街证券营业部 0351-4034255
太原解放北路证券营业部 0351-3137545
长治太行西路证券营业部 0355-2010174
朔州开发路证券营业部 0349-2026247
运城红旗街证券营业部 0359-2025701
山西证券有限责任公司
SHANXI SECURITIES CO., LTD.

中户室

散户大厅

散户大厅

公司总部

大户室

gansu

甘肃证券有限责任公司

GANSU SECURITIES CO.,LTD

甘肃证券有限责任公司是在原甘肃证券公司的基础上进行股份制改造而成立的规范化专业证券公司，注册地在西北重镇兰州市，注册资本金为1亿元。公司目前有员工396人，其中大学本科学历以上的占46%，平均年龄为27岁，拥有一批具有良好的敬业精神和丰富的证券从业经验的员工队伍。公司总部设有11个职能部门和业务部门，在兰州、金昌和上海、深圳等地区设有9家营业部。股改后，公司内部管理日趋完善，经济效益稳步增长，到目前总资产和净资产分别比股改前增长了446%和196%。

在证券发行业务方面：担任了“亚盛集团”股票发行的主承销商；担任了酒钢债券、兰化债券发行的主承销商；担任了蓝星清洗、三毛派神、三星石化、祁连山、华光陶瓷等股票发行的副主承销商；担任了兰州民百、祁连山、三毛派神、亚盛集团等股票发行的上市推荐人；担任了西安旅游、华光科技、锦州氯碱等二十多家公司股票发行的分销商。累计承销金额超过30多亿元。1996年和1997年承销业绩在全国专业证券公司中均名列第15位，1998年名列第16位。

在证券经纪业务方面：1996年完成深、沪两市A股及基金交易量为90亿元，1997年完成130亿元，1998年完成135亿元，1999年完成152亿元，2000年至今已完成200亿元。

在资本运作及咨询策划方面：策划了亚盛集团、西北化工、三毛派神等企业的兼并、收购工作；完成了甘肃农垦啤酒股份有限公司、兰州碳素股份有限公司等公司设立的辅导咨询、方案设计、文件报批等工作；完成了兰州铝业、皇台酒业、荣华实业等预选上市公司的改制工作；制作了金阳股份、成州矿冶、长通电缆、金城旅游、滨河实业、莫高发展等公司改制上市的申请材料，并为上述企业提供了所在行业分析报告以及其它方面的咨询服务。

公司本着“贡献、服务、稳健、创新”的经营宗旨，坚持“立足西北，面向全国”的经营方针，面对西部大开发所带来的机遇和挑战，将一如既往地在规范管理、稳健经营中不断开拓、创新，努力提高市场占有份额，争取尽快完成增资扩股工作，把公司发展成为一个大型的综合类券商。

地址：甘肃兰州市中山路3号民安大厦B塔楼第25层　邮编：730030　电话：(0931)8440228　传真：(0931)8440269

第十四编

证券业科技教育

1726/1740

证券业科技

深圳市汇金科技有限公司

【公司概况】 深圳市汇金科技有限公司成立于1993年，是从事金融证券资讯电脑软件的研究、开发、安装和服务的专业技术公司，是国内最早从事证券分析软件开发的公司之一。多年来，汇金同仁以振兴民族产业为己任，精益求精，开拓进取，开创了中国证券软件发展史上多个第一。如第一个推出集行情分析、委托买卖、查询回报于一体的证券分析系统，第一个推出远程自助式交易终端系统，第一个推出国内最大的证券行情电视墙系统，第一个推出一拖多用户的散户自助交易系统，第一个推出家用图文可视电话委托系统等。汇金公司总部设在深圳，下属北京、上海、广州、武汉、汕头等十余家分公司，另设西安、郑州、福州、成都、重庆等多个办事处。总部直辖深圳和南京两个研发中心，下设办公室、技术部、市场部、资讯部、硬件部及多媒体等部门，建立起科学有效的经营管理机制。通过多年的积极拓展，汇金证券产品用户遍布全国，涵盖证券商、投资机构、基金公司、上市公司、个人投资者等各方面的证券投资者，机构客户数近千家，家庭用户数十万户，"汇金"已成为业内著名品牌。

【经营业绩】 汇金产品涵盖软件开发、通讯、资讯及多媒体等多个领域，目前已形成独具特色的五大系统。即"网络版证券分析系统"、"家庭版证券分析系统"、"汇金智能资讯系统"、"深圳市城市信息港系统"及"汇金财通图文系统"，它们均具有极佳的市场前景。汇金证券分析系统含网络版和家庭版两种。网络版包括DOS 3.5版和DOS 4.0版，DOS4.0又称HJ99，是汇金公司目前的最高版本，该系统集实时行情、技术分析、基本分析、资讯信息于一体，操作简单，功能强大，是国内DOS平台上网络版产品之集大成者；汇金家庭个人版证券分析软件包括HJ98 V2.5普及版、HJ98 V3.0增强版、汇金静态选股王(时代先锋)、汇金动态选股王四种，汇金2000即将推出。该系统基于Windows平台开发，既融合了汇金证券分析软件的优点，又吸收了国内外同类产品的精华，堪称精品之作。

康柏(中国)投资有限公司

【公司概况】 在1997至1998年间，作为全球最大PC制造商，康柏接连完成了震惊业界的两次购并，将天腾公司和DEC公司纳入麾下，这使它肋生双翼，腾空而起，在企业实力、战略规范、组织结构、市场策略等方面都发生了重大的变革，拥有了全面满足用户计算需求的能力。1999年，康柏领悟到迅猛发展的互联网经济所孕育的无限商机，果断地将核心业务转向了Internet业务，将自己定位为支持Internet的客户机、服务器、存储设备和网络服务的全方位提供商，并实现了全部资源的顺利整合。锐意创新并不断融合新鲜血液的康柏如今已是财富全球100强企业之一，同时也是世界最大的计算系统供应商。为了保证康柏全球业务的顺利运作，资源的优化规整，康柏在全球设立了工业标准服务器部、商用电脑部、消费产品部、关键业务服务器部以及存储业务部，他们以不同层次的Internet应用为核心，分别面向不同的市场。

【经营业绩】 在工业标准服务器领域康柏始终保持着不容质疑的全球领先地位。ProLiant是排名全球第一的工业标准服务器，向来具备灵活性、可用性、高可靠性等诸多优势。康柏ProLiant是真正的全球最佳平台，同时其强大的业界合作伙伴关系更使得以下操作系统和应用程序能够在ProLiant平台上保持最佳的运行状态，包括微软Windows 2000、Novell NetWare、SCO UnixWare、Linux等。目前，康柏ProLiant服务器已经面向新的应用类型和环境推出了全新的定位框架，分为DL、ML、CL三个系列产品，并专门面向不同的应用，全方位提升了服务器的智能管理特色。无论是中小企业还是领先的电子商务公司，都将在新框架定位中顺利找到适合自己需求的解决方案。更值得一提的是：康柏ProLiant 8500服务器与Windows 2000所创造的基准测试世界记录，更加证明了ProLiant服务器的强大性能，为用户提供了最高性价比的电子商务解决方案。作为世界上最大的多用户存储系统供应商，康柏通过利用工业标准来满足客户对开放式存储解决方案的需求，继续保持着领先地位。康柏StorageWorks为电子商务环境提供了具有最高可用性、可无限扩展的存储系统。商业电脑部的核心产品是商用台式机、笔记本电脑、掌上电脑、Internet产品与PC工作站，消费产品部则主推面向个人用户的家用台式机与笔记本电脑。关键业务服务器事业部拥有包括天腾容错服务器、Alpha服务器及工作站等应用于关键业务领域的企业级高端产品。凭借其无与伦比的性能、I/O带宽和无限的扩充能力，轻松应对复杂的联机事物处理、决策支持和电子商务应用的需要。与产品和技术同样重要的则是良好的服务。康柏坚决贯彻以客户为中心的服务宗旨，依靠遍布全球的27,000名专业服务人员，包括3000多名UNIX工程师以及2000多名NT认证的工程师、15000名微软培训的专业人员，为全世界100多个国家的客户提供技术支持，指导客户顺利实施各种解决方案。另外康柏与微软、Intel、SCO、SAP、Oracle、Novell等业界领先的友商，建立并保持着良好的、长期的合作关系，这也是康柏成功的关键。康柏不仅拥有世界一流的员工队伍，也拥有业界最大的全球渠道伙伴网络，康柏遍及全球10000多名销售和营销专业人士及大约200000个零售商合作伙伴，在他们的紧密配合下，康柏能够为各种规模的企业客户提供7X24最优质的服务。

由于康柏强大的技术优势和完善的服务体系，目前在电信领域，世界上最大的35家电信公司已经采用了康柏的解决方案。在金融服务领域，康柏的永不停顿系统处理着全球逾90%的交易所交易、75%的全球EFT交易、66%的全球信用卡授权，并对全球的高价值支付系统提供了主要的处理支持，世界最大的68家证券交易所中的66家均完全信任康柏来承担其关键业务应用。永不停顿系统正在为各个领域的用户提供源源不断的网络动力。1999年战略转变之后的康柏实现了全面快速的增长，全球总收入为385亿美元，比1998年增长了24%，纯利润为5.69亿美元。其中商业个人电脑部收入122亿美元，比1998年增长了3%；消费产品部实现了创记录的60亿美元的收入，比1998年增长了22%。而企业解决方案与服务部最为抢眼，不仅比1998年增长了39%，收入达到了201亿美元，在整体收入所占的比率超过了50%。这充分表明，企业计算市场已经成为康柏公司最重要的营业收入来源，也证明了康柏电子商务战略的初步成功。

随着电子商务化浪潮的冲击，作为核心组成部分的服务器，其市场潜力已不断被发掘出来。而IA工业架构的确立和业界对它的认可，物美价廉的PC Server正以风驰电掣般的速度奔涌向前。同样，在康柏被成为工业标准服务器的PC Server更是增长迅猛，而且产品线也越来越全面，在康柏所有产品中的地位越来越高，ProLiant家族已经成为举足轻重的骁将。为了贴近用户的使用模式，使其更容易选择最适合需要的ProLiant，2000年伊始，康柏对ProLiant家族启用了全新的命名方式，按照产品性能可划分为300、500、700三个系列，分别对应小型、中型和大型应用；也可以根据应用环境划分为DL、ML、CL三个产品线，DL主要是为机架式高密度安装环境进行了专门的优化设计，在小巧的空间内，提供强大的计算能力，非常适合数据中心和外置存储环境，同时也适用于集群；而ML强调了系统的限度性，机箱内配置具有最大的灵活性，提供了一体化服务器/存储解决方案，是远程和分支机构的理想之选。CL则是为简化集群而设计的，提供了集成一体化，轻松配置的集群解决方案，并可安装于标准机架中或采取单机立式，是诸如数据中心和远程办公室等各种高可用性环境的绝佳选择。

下面让我们从性能角度来了解一下ProLiant家族的主力成员：300系列代表作：飘逸灵动的DL360—ProLiant DL360服务器是康柏为满足ISP/ICP/ASP等用户不断增长的需求而发布的产品，该产品是业界第一台在1U空间内实现2个处理器的服务器。在1U的机箱内，康柏整合了800MHz或550MHz的Pentium III处理器，同时采用了133MHz ECC SDRAM内存，与133MHz前端总线相配合，使数据传输速度大大提高。ProLiant DL360内存可以扩充到4GB，2个热插拔1英寸硬盘容量高达36.4GB，采用了双路对等PCI总线结构，并配有2个全长PCI插槽、集成式智能阵列Ultra2控制器和2个具有LAN唤醒功能的10/100快速以太网卡、2个可拆卸媒体托架、2个Ultra2/Ultra3热插拔驱动器托架，并带有2个网络、外置SCSI、串行、图形、键盘和鼠标接口。由于上述的特点，DL360能够为机架安装、集群、外部存储或空间紧张的环境提供解决方案，因此也就成为大型服务器集群、Internet服务提供商(ISP)和应用服务提供商(ASP)的首选。500系列代表作：内功深厚的ProLiant 6400R和DL580—ProLiant 6400R柜式服务器只有4U的狭小空间，却可支持多达4个Pentium III Xeon处理器以提供更高的性能来运行关键应用。对于内存要求较高的应用，最多可有4GB EDO/ECC内存；最大外部存储器可以达到72.8GB；其高带宽的双端口10/100快速以太网NIC，可升级到GB(千兆网)；6个64位的PCI槽，可获得最大的I/O性能。其强大容错功能除包括热插拔硬盘外，还包括按钮PCI热插拔、ECC内存、热插拔冗余风扇、RAID的支持、可选的冗余热插拔电源以及冗余的电源模块。ProLiant 6400R可以为后台的业务处理、数据存储管理、网络管理提供了完善的平台。6400R的新一代替代产品ProLiant DL580在秉承传统地基础上，结合了一些更新的技术，使其有新的突破。ProLiant Dl580使用更新的700MHz Pentium III Xeon处理器，最大内存达到16GB，并使用了64位66MHz PCI技术，集成了智能阵列控制器，使其可以满足更多关键应用的需要。700系列代表作：雷霆万钧的ProLiant 8000/8500—ProLiant 8500采用了模块化机架设计，并且采用了最新的Profusion体系结构，提供了并行的双总线结构，强大的I/O性能与可伸缩性自是不必多说，性能比4路Xeon系统提升超过了70%。同时ProLiant 8500的电源系统和冷却系统都具有冗余和热交换功能，热插拔的PCI扩展槽当然是不可缺少的，支持冗余的网络接口卡，这些特性可以确保服务器的网络连接的持续性。此外ProLiant 8500是专门针对群集和服务器等外部存储环境而优化，经过了微软、Novell和Oracle等公司的认证，支持Windows NT群集、NetWare NHAS群集和OPS并行数据库群集，预计明年将推出新一代产品DL750。Proliant 8000服务器的目标用户则是需要高性能与大量容错存储的应用，具有高可靠性、易于管理，可控制数据中心成本并最大程度地减少停机时间。整个系统都提供了驱动器和控制器级别的冗余。该产品最多可配置21个1英寸Wide Ultra 2 SCSI热插拔驱动器，提供超过380GB的单阵列排列的内部存储。服务器扩展PCI的SCSI插槽实现了阵列控制器的无电缆热插拔，冗余阵列控制器可提供自动的故障切换，而不会造成数据损失。作为ProLiant 8000的替代产品，预计明年也将推出新一代产品ML750。

由于康柏与合作伙伴良好的关系，使得各种操作系统和应用程序能够都在ProLiant平台上保持最佳的运行状态，包括微软Windows 2000、Novell NetWare、SCO UnixWare、Linux等。ProLiant家族不仅拥有高性能和高可用性，更具备了卓越的智能管理特性。随机附带的SmartStart软件能够自动配置硬件并协助安装，最大限度地降低系统设置时间，优化了性能和可靠性；全面管理平台Insight Manager XE，提供了广泛的故障、配置和性能管理；同时，全新的康柏Remote Insight Lights－Out Edition管理卡(选件)可保证在任何时间、从任何地点，使用键盘和鼠标控制通过Web浏览器轻松访问ProLiant服务器，无论服务器硬件或操作系统处于何种状态，包括虚拟电源按钮、虚拟软驱在内的强大远程控制特性可使用户实现全面远端控制，从而简化了外部配线，无须外部电源模块或缆绳。相信无论是中小企业还是领先的电子商务公司，都可以ProLiant服务器家族在新框架定位中顺利找到适合自己需求的解决方案。从以上可以看出康柏的确是从性价比、投资保护、维护管理等诸多方面为用户着想，并凭借自身十几年来为各行各业提供尖端产品及优质服务所积累的经验，为电子商务、金融、证券、电信、制造、政府部门等不同应用领域提供以最低成本创造最高效率的产品与解决方案。

证券之星案例简析。在康柏全球业务策略中，中国电脑市场是非常重要的一环。自1993年5月开始，康柏先后在北京、上海、成都、广州、沈阳设立了办事处，并在几十个大中城市设立了近百家康柏授权维修中心、八家授权培训中心和康柏客户响应中心，以保证康柏零部件的及时供应。为了适应不同用户群体的需求，康柏还设立了合作伙伴解决方案中心，为行业用户提供咨询、论证及解决方案。在康柏中国的所有战略合作伙伴中，证券之星是非常有代表性的一个。证券行业和互联网行业都是中国当前发展最快的行业，这样的两个行业的结合，势必激发出夺目的闪光点，而证券之星正是这样的第一个闪光点。于1996年在上海开通的证券之星网站，是中国大陆第一家金融证券网站。4年之后的今天，它已经拥有注册网民

160余万，差不多占国内互联网用户总数的10%左右，当之无愧地成为同类网站中的翘楚。它的行情数据已经为国内多家门户网站所采用，其中包括新浪、网易等赫赫有名的门户级大腕儿，占据了全国70%的市场份额。证券之星的交易日页面访问量(PageView)为900万，历史最高为2200万。如此辉煌的业绩 的确令人刮目相看，但又有谁知道能够负担这么繁重访问量的动力源泉来自何方呢？没错，正是康柏。证券之星与康柏保持着长期的合作伙伴关系，在2000年9月开始的数据中心升级过程中，证券之星的服务器全部采用康柏的服务器集群，这一次采购也使该公司成为国内首家批量使用康柏DL360服务器的用户。证券行业的实时数据量非常大，证券网站就更是如此，不仅要进行每时每刻的数据更新，同时还要接受来自四面八方数量众多的网络访问，片刻的错误和停机都会造成无法估量的经济损失。这就需要担任后台和前台的服务器具备极高的处理性能和可靠性，恐怕也只有象证券之星这样的企业才能真正理解"永不停顿"的涵义。何况证券之星不只要做最好的证券交易网站，他更希望扮演一个网上交易基础设施提供商的角色，在基础设备的选择上当然是慎之又慎。证券之星为了搭建良好的电子交易平台，对设备的提供商提出以下几个考核指标：其一要有大量高可靠性的设备；其二，要有过硬的技术将以上设备整合起来；第三，需要严格的管理保证这些基础设施的顺利运行。在反复对比和综合考察之后，证券之星选择了康柏。证券之星的网络结构相当复杂，但也并未脱离常见的网络层次，最外端是负责负载均衡的服务器，之后是业务接入服务器，再之后的多层服务器包括负责系统结构管理的、存储管理的服务器。前端的WEB服务器的并发连接业务可达到每台1500个左右，其证券行情客户端可能是各接入服务器中访问量最大的服务器。而后台则采用多路服务器支持数据库的运行。网络操作系统主要用微软平台和Linux平台。对于前端的WEB服务器，证券之星在策划采购阶段就已经决定采用IA架构的服务器。虽然在银行的核心业务等核心交易系统上仍然需要用大型的服务器，但是在网站要求更高性价比、更强I/O能力的接入端，采用大量I/A架构的服务器集群已经成为最重要的趋势，并在此基础上配合最新的集群方案构建提供高质量服务的可靠系统。由于要应用更多的服务器去提高可用性、可靠性和业务接入能力，势必要考虑到服务器托管的成本费用，这样的需求之下，1U高度、提供较高的计算能力的服务器产品成为令人满意的选择。Compaq ProLiant DL360服务器由此成为最佳选择：该产品有1U的高度，是业界第一台在1U空间内实现2个处理器的服务器，既能满足用户在空间节省上的需要，又能提供足够的计算能力。该产品配合良好的网络操作系统和管理软件，在系统出现节点故障时，能够于0.1秒内完成负载切换任务，对用户来说等于没有停顿。而在后台，对核心服务器的要求则更为苛刻。证券之星的技术总监赵亮说，当初选型时，第一印象就感觉康柏产品最有优势，在4个CPU的服务器中，该产品体积小、性能好、可靠性和可管理性都比较强，符合证券之星的需求，因此证券之星将支撑后台的这块硬骨头交给了ProLiant 6400R。Compaq在浦东的备件中心及优秀的服务队伍，可以保证服务条款的顺利实行。这同样成为证券之星选择Compaq服务器的重要理由。当初选型时，该产品是体积最小的，非常符合使用。从整体的效果看，它在各个环节上都可以满足应用需求，在关键应用方面，服务显得至关重要，证券之星曾与康柏签定了详细的服务协议，包括两小时内的响应、备件更换；同时康柏在浦东完善的备件中心，能够对客户的需要提供非常及时的更换。这同样成为证券之星选择康柏服务器的重要理由。证券之星在应用过程中对康柏服务器的总体印象是：其一，康柏服务器可靠性高。其二，康柏服务器先进程度好，是出型号出得最快、最多的产品。第三，可扩展性比较好——这不仅仅是单台机器增加时表现出来的优势，而是由于康柏所奉行的工业标准的道路所带来的在业务扩展方面的优势。康柏成功之处就在于在更狭小的空间内提供了更好的产品，而且为这个空间提供了进步很快的计算能力——产品的延续性相当好。第四，强调可管理性。在服务器少的时候，可管理性并不显眼，但在一个数据中心中同时有1000台以上服务器的时候，如果没有高可管理性的服务器支持运作，管理人员的工作难度是无法想象的。目前，证券之星正在将自己组建网站的成功经验以咨询的方式提供给券商，也可以全面帮助券商组建成功的证券网站。比如10月9日发布的上海财政网站，整个后台的建设都由证券之星完成。在提供方案的同时，证券之星也对券商的设备采购提供建议，康柏服务器也会成为当然的推荐产品。让我们来听听证券之星总裁高利民是怎么说的，"康柏公司对于互联网行业理解得非常深刻，其一是对什么是重要的资产要素的深刻理解；其次是对可管理性的理解深刻；第三，对大型、特大型系统有独到的概念。此外，我们注意到康柏本身的服务体系完善，服务能力强；同时康柏服务器在整个证券市场上的占有率是非常高的，已经占到了第一的位置，从而成为整个证券市场上的事实标准，在这一背景下证券之星与康柏的合作已经有战略性的意义了。"康柏正在向广大中国用户提供更全面、更完善、更高效的服务，缩短中国用户同世界领先技术之间的距离，为中国的信息化建设提供真正能激发出灵感的先进科技。

宏智科技股份有限公司

【公司概况】 宏智科技股份有限公司，组建于1996年10月，是国家级重点高新技术企业和国家火炬计划闽东南电子与信息产业基地骨干企业，在全国计算机应用开发、系统集成实体中位居前列。

【经营业绩】 公司立足通信行业、以应用开发集成为主导，致力于业务管理、网络管理和客户服务平台的工程化开发和完善，并以这三大平台为基础实现一系列大、中型应用系统的产业化。组建三年来，完成了业务管理、网络管理和客户服务三大平台的积累，并在此基础上形成了二十多个拥有自主知识产权的产品，为大、中型企业的运营、管理、服务三大领域提供完整的信息化解决方案。1999年8月，公司完成了股份制改造，实现了股东多元化、董事会专业化和经营班子职业化的治理结构变革，注册资本达7000万元。公司现有员工600余人，其中有3名博士生导师，20多名博士，80多名硕士，拥有本科以上学历的员工占员工总数90%，并在华东、华北、华南、华中、西南分设12个销售服务中心，8家控股、参股公司，产品覆盖全国沿海和中西部20个省、市、自治区，并与浙江大学合作成立了浙江大学宏智研究中心，与北京邮电大学合作成立了北京宏智北邮通信技术有限公司。1999年12月，公司通过北京九千质量标准体系认证中心的质量体系国内、国际双重认证。2000年1月，公司通过科技部及中国科学院高科技企业的资格认定，获得了作为高新技术企业申请公开发行股票并上市的资格。宏智将以"为客户创造价值、以服务求生存"的运营原则为指导，建设拥有大服务、大科技、大市场的大宏智，全面推进中国的信息化进程。

格林柯尔科技控股有限公司

【公司概况】 格林柯尔(GREENCOOL)集团是专门从事环保节能型制冷剂的研究开发及生产销售的跨国集团公司,是全球三大制冷剂生产商与供应商之一。格林柯尔科技控股有限公司创建于1998年,在天津建成了亚洲最大的无氟制冷剂生产基地,年生产能力3万吨。集团下属北京、深圳、海南、湖北四家工程公司于2000年7月在香港上市,股票号码为:8056。集团经营的业务,包括从事无CFC制冷剂取代CFC制冷剂的替换工程,以及建立无CFC制冷剂的全国销售网。公司董事长:顾雏军.

【经营业绩】 公司一直致力于环境保护事业,拥有全球领先的无CFC新型制冷剂生产技术。格林柯尔系列制冷剂1994年获得世界权威机构—美国制冷、供暖空调工程师协会(ASHRAE)的认证,被授与编号为:R405A、R411A、R411B、R411C。并因其突出的品质而得到英国贸工部、美国环境保护局、加拿大环保局等权威部门的大力推荐,并于1998年4月格林柯尔制冷剂被中国国家环保局指定为A类技术推广项目,也是唯一被推荐的制冷剂产品。同时,天津、海南、湖北等地政府发布文件明文规定"独家推荐格林柯尔制冷剂进行当地的无CFC替代"。

深圳创真科技有限公司

【公司概况】 创真公司致力于证券业电脑应用软件系统的研究、开发、侧重于为证券经营机构和投资机构提供满足专业人士看盘操盘之高标准需求的证券投资分析系统。自1994年底推出第一套"宏汇"系统以来,始终贴近用户需求、契合市场发展,不断将最新的分析概念和最高的技术手段融合,推陈出新、税意进取,赢得广泛认同。"创新"和"真诚"引领我们向上进入一个个全新境界。

深圳市创新科技投资有限公司

【公司概况】 深圳市创新科技投资有限公司是由深圳市政府发起设立,成立于1999年8月26日初期注册资本7亿元人民币,现已增资扩股到16亿元,是目前我国资本规模最大的创业投资机构创新投资公司现有正式员工38名,其中博士5名,硕士27名。公司26名专业投资经理在一年多的实践里(截至2000年11月),在项目投资方面取得了如下进展:接洽项目1300余项,涉及投资金额超过150亿元人民币。立项会通过项目90项,涉及投资金额10.2亿元人民币。投资委员会评审项目80项,通过项目40项,总投资额4亿元人民币。

【经营业绩】 创新投资公司在项目投资中贯彻以下策略:投资方式为股权投资,一般不做控股股东,对成长期和扩张期的单个项目投资规模通常在1000—3000万元左右,创新投资公司愿与境内外创业投资机构共同投资同一个项目,为被投资企业提供财务顾问、管理咨询、后续融资、购并重组等全方位服务,以国内创业极为主要退出渠道,同时注意利用境内外其他退出渠道。通过实践和探索,创新投资公司已确立了向基金管理型方向发展的总体思路;发起设立各类基金,一旦条件成熟,即成立基金管理公司,学习境外创业投资基金的管理方法,建立健全相应的内部激励约束机制。已开展的投资项目主要有:与唐山钢铁、恒泰金融、盐田港、国通电信等机构正式签署了发起设立深圳创业投资基金的协议,发起人认购6.5亿元人民币,基金总规模10亿元人民币。与新加坡国家科技局控股公司及大华资产管理有限公司合资设立中新创业基金及基金管理公司,第一期管理资金5000万美元,目标管理规模2.5亿美元。与新加坡亿胜投资集团、中国科技开发院合资设立深圳创新亿胜生物医药创业投资基金(公司),第一期管理资金1000万美元。与赛博投资有限公司、新加坡淡马锡资本公司和清华大学企业集团共同发起设立创新科技园,主要培育种子期和创业期项目,入园企业目标规模为30—50家。与上海民丰实业股份有限公司、上海民丰印染有限公司合资成立上海创新投资有限公司,按基金公司模式进行运作。

深圳市金证科技股份有限公司

【公司概况】 深圳市金证科技股份有限公司是由前身——深圳捷意电脑公司(1993年6月成立)与深圳泰能电子有限公司进行业务合并后于1998年8月在深圳市以3000万货币资金形式注册的专业从事证券、金融等交易系统软件和系统集成的高科技公司,由权益股东杜宣、赵剑、徐岷波、李结义各按照25%的比例出资组成。目前金证公司员工总数346人,技术科技开发人员占公司总人数的75%,具有高级技术职称人数18人,中级技术职称人数56人,其中三位主要技术骨干被业界公认为中国证券电脑应用的开创者、领导者及行业技术权威。公司高级管理层由杜宣出任董事长;赵剑任董事总经理;徐岷波任董事副总经理兼总工程师;李结义任董事常务副总经理。以上金证公司高级管理者自1992年起就从事证券自动化工作,在金融、证券软件开发、系统集成以及相关行业中有很高的知名度和人格魅力。

【经营业绩】 金证公司自进行重组建立以来在金融、证券行业所取得的业绩是惊人的,并且是以超过30%的增长速度递增。1998年年底销售收入是金证791.4万元,捷意为5842.13万元,税后利润金证为46.76万元,捷意为1540.5万元;1999年底时上升到8429.45万元和2074.17万元;计划在2000年底实现销售收入为1.6亿元,税后利润为2800万元;截止2000年6月底止销售指标已经完成约1.1亿元,占全年的70%。公司在保持原有主导产品30%的市场占有率并且正在不断更新和升级,扩大原有产品在市场优势,如:证券柜台交易系统、电话委托系统、热自助交易系统、小键盘自助交易系统、远程可视交易系统、实时数据备份系统、证券业点对点通讯系统、券商中央监控系统及券商法人清算系统等三十多种证券软件。其中超级热自助系统和国债期货交易系统1995年荣获市科技进步一等奖;证券柜台交易系统和券商中央监控系统等系统分别荣获2000年市科技进步一等奖和市科技进步三等奖。已经开发运用和将要开发的产品有,1、证券系列:证券交易及资金清算系统、网上交易系统、手机证券交易系统、灾难备份系统、证券交易风险系统、证券投资组合信息系统、新一代证券报价分析系统;2、银行系统:银行股票质押贷款系统、银券一户通(存折炒股)系统、银行代收代付业务系统;3、系统集成项目:广域网系统集成、局域网系统集成、综合布线工程、小型机系统集成等共三十多个项目产品。这些产品是建立在金证公司原有产品利润增长平台之上的新的利润增长点。公司在证券网络集成技术方面也处于国内领先水平,是目前业内规模最大的证券计算机系统集成商,并与国外IBM、CISCO、3COM、NOVELL、微软等著名企业保持着密切的战略伙伴关系。

深圳市宇信科技实业有限公司

【公司概况】 深圳市宇信科技实业有限公司是专业从事金融证券软件产品的设计、开发及系统集成的公司，主要涉足证券、银行、社保等领域，是深圳市科技局认定的高新技术企业。公司现有技术开发和技术服务的员工40多名，其中90%具有本科以上学历。

【经营业绩】 几年来，《宇信数据通讯系统》被全国17家证券交易中心采用，该系统联接了全国600多家证券营业部；《宇信证券业电脑综合网络系统》被国内30多家证券部采用。公司被深交所确认为"能够为证券商提供良好服务、具有较好技术实力"的公司之一，1998年由深交所推荐为香港渣打银行成功地开发了《B股交易电脑网络系统》；同时又承接了南证国际(香港)有限公司B股咨询中心全套系统集成工程，为我国B股市场向海外推介作出了贡献。1998年10月，公司针对我国证券业发展状况，利用长期为各证券交易中心及券商服务的丰富经验，开发出了《宇信证券总部风险监控管理系统》，该系统构架在综合平台上，在监管的实用性方面作了不少开拓性工作。1999年公司开发的《宇信社保管理信息系统》由设立在成都的分支机构"成都宇信科技开发有限公司"在四川省推广使用。1998年7月，上市公司托普集团拆资入股宇信公司，成为宇信科技的第一大股东，使宇信科技的技术实力、资金实力及管理都有了很大的提高。托普集团将以宇信科技为主在成都设立证券信息系统实验室，致力于发展证券业信息及管理系统。

道琼斯公司

【公司概况】 道琼斯公司是集商业新闻和信息服务为一体的跨国集团，总部在美国纽约。在中国，道琼斯公司编发的道琼斯指数广为人知。道琼斯指数因其准确、权威，被视为反映金融市场变化的晴雨表。公司网址：http://www.dj.com.

【经营业绩】 道琼斯公司旗下有：一、报刊出版。创刊于1889年的《华尔街日报》是道琼斯公司的旗舰报，该报在全球拥有700万读者，是全球最有影响的财经报纸。《亚洲华尔街日报》和《华尔街日报欧洲版》是其姊妹报。此外，道琼斯公司还出版《远东经济评论》、《巴伦周刊》和《财智月刊》等刊物，均为英文版。二、电子出版。道琼斯公司也是电子出版领域的先驱。《华尔街日报》互动版是迄今为止网上最成功的收费刊物(http://www.wsj.com)，订户达33万。创刊于1882年的道琼斯通讯社有3500名专业记者及编辑人员，分布在全球260多个分社；该通讯社提供实时财经报道和市场评论，其特征是报道准确及时、分析深刻精辟。它在商业信息领域已成为全球热点新闻及重要信息的代名词，其实时报道涉及外汇、证券、债券及期货市场等。此外，道琼斯公司拥有日本主要商业日报《日本经济新闻》的部分股权，道琼斯通讯社也发布来自该报的重要经济信息(互联网网址为：http://www.dowjones-news.com)。道琼斯路透商业资讯是联机商业信息查询服务系统，其资源涵盖6000多个信息源，亚洲占500多；该系统还提供世界数百万家公司的资料。三、道琼斯指数。道琼斯指数家庭由十多种指数组成，包括道琼斯工业股票平均指数(即闻名于世的道琼斯指数)，道琼斯全球股票指数、道琼斯因特网股票指数、道中88、道沪指数及道深指数等。四、广播电视节目。1998年初，道琼斯公司和NBC商业电视频道两大传媒机构联手在亚洲和欧洲分别推出CNBC亚洲商业新闻和CNBC欧洲商业新闻，并为美国本土的CNBC提供信息。

深圳市全景网络有限公司

【公司概况】 深圳市全景网络有限公司(http://www.p5w.net)是一家经营证券类财经信息服务的网络高科技公司。其经营的由8个中文频道和1个英文频道及众多特色专栏组成的集群式网站，构成了功能强大、信息全面、投资者参与广泛的网上证券社区。全景网络的目标客户主要是上市公司、证券公司、证券市场投资者、各类网站、信息传播公司以及各类媒体。收入模式主要包括：信息销售收入、网上路演收入、网络广告收入、数据库服务、网站建设等。公司管理层人员主要包括董事长武凤仪、总经理郑颂、常务副总张华、副总经理张一平、高级技术顾问李天峻、技术总监张法荣、总经理助理王磊。全景网络有限公司董事总经理郑颂先生也担任《证券时报》副总编辑。在他的鼎立支持下，《证券时报》和中国的上市公司形成了非常深厚的合作关系，逐渐发展成为服务广大投资者和上市公司的知名媒体。全景网络策划的网上路演、英文频道、香港频道、网上实时股评以及中国证券市场辉煌万里行等活动开创了中国证券市场网络媒体报道的几项第一，使全景网络公司在短短的时间内成为国内财经类知名网站。

【经营业绩】 公司的观点：财经证券信息服务和网上证券交易的发展空间很大。推动行业的发展，成为行业领导者是我们的目的。公司是经中国证监会、证券交易所授权发布信息的权威机构；全景网络整合证券时报积累了十年的证券市场全部数据；全景网络开发的全景数据仓库，具有数据准确全面、系统技术先进、分析工具多样、界面友好的特点，可以根据客户需求生成各种数字产品商业数据和信息集成。

全景产品有：1. 网上路演—是全景网络在全国首创。采用最先进窄带网络视频直播系统，实现视频、音频、文字、图片全面同步播出的，率先实时双语发布；2. 全景信息产品—全景财经资讯系统(网站版)其内容包括：证券时报社授权信息、全景财经信息、上市公司信息、创业板信息、投资基金信息、香港财经信息、全景专题、市场评论信息、网上路演信息、研究报告、数据统计信息、全景数据仓库信息、政策法规信息；3. 全景数据仓库—完整、权威的基础数据；基于最新数据仓库技术的解决方案；Internet/ Intranet上进行分析的能力；灵活快速的多角度分析查询；用户自定义组合查询；趋势性分析和预测；指标间运算派生新指标饼图、柱状图、趋势图等多种表现形式；4. 社区服务—为股票投资者提供实时市场分析、个股操作建议、投资技巧培训、投资者经验交流、个性化信息服务。设置项目有：即时解盘、股评荟萃、个股基金全景扫描、股民学校、股神论坛、电子杂志、个性化服务定制。

商业策略及台阶：1. 如何取得市场：全景网络与一般的".com"公司相比有着得天独厚的优势。充分利用现有资源，开发的多种赢利渠道是全景取得市场的手段；2. 如何保持领先地位：优秀的人才队伍、完整的数据、权威的信息、先进的技术手段、良好的社会关系、规范的内部管理制度及口碑极佳的品牌是全景网络的优势所在，我们不但要保持优势，而且要强化优势，增加核心竞争力，开拓新的赢利渠道。

公司市场计划：1. 市场调查及市场分额：目前网上路演在业内占有80%的市场分额；根据CNNIC的统计，全景网络在中国众多财经证券类网站中排名第五；2. 公关及广告：《证券时报》和全景网络的网页是我们的主要广告媒体；另外，还通过参加有影响力的展览会向大众宣传自己；3. 销售渠道：全景网络营销人员和证券时报各地记者站的营销能力是有效的销售渠道；4. 技术支援：公司技术中心有强大的技术力量。高级技术顾问李天峻博士、技术总监张法荣博士，都从事计算机专业研究，有充分的实际操作经验。

公司营运计划：1. 互联网运作：信息采编、录入、加工成信息产品；2. 法律法规：11月初，国务院新闻办公室信息产业部发布《互联网站从事登载新闻业务管理暂行规定》；《互联网电子公告服务管理规定》；《关于互联网中文域名管理的通告》。有关法律法规的出台，加强了互联网行业中的秩序，对公司发展是有利的。其中，《互联网站从事登载新闻业务管理暂行规定》对新闻转载做出了严格规范，是对全景网络这种有大量原创新闻的信息提供商的有力支持；3. 人事及资讯：好的人才架构对.com公司是至关重要。人才是全景网络的重要资源之一。全景网络现有员工100余人，全部拥有大学本科及以上学历，其中博士、研究生及MBA占40%以上，整体素质高。我们的资讯来源主要是《证券时报》的原创信息。

天科思诺信息技术有限公司

【公司概况】 天科思诺信息技术有限公司（简称天诺公司）成立于1993年，是由美国摩根斯坦利财团、新加坡政府投资公司、中国建设银行以及欧洲财团Investor AB，通过中国国际金融有限公司（CICC）共同投资的信息技术领域高科技企业。公司总部设在北京，为适应数据管理市场的需求，相继在香港、上海、广州等地设立办事处，并计划在华中、西南、西北等地进一步增设分支机构。

【经营业绩】 天诺公司在结构化综合布线系统、网络系统、工作站与服务器系统、CAD/CAM/CAE集成系统、产品数据管理（PDM）等方面为用户提供一体化的全面解决方案。天诺公司的《产品销售全国计算机网络系统》解决方案，将制造工厂总部与全国各销售点和库房以广域网连接起来，通过对产品实施条码管理，对产品在出厂、入库、出库、销售等环节进行全面跟踪，将全国的产品销售信息及时准确地反馈到总部信息中心，使总部领导通过查询系统及时全面地了解产品在全国的营销情况，为领导决策提供支持。1997年，天诺公司在原有的电信市场和人员基础上，组建天诺通信事业部，积极开拓电信领域并服务于中国电信和中国联通等电信行业。天诺公司为电信业提供数据安全管理、GSM基站传输方案、数据通信产品和用户接入网产品的解决方案和服务，并为电信业的运行维护和优化管理提供管理软件和仪器设备。目前，天诺已服务于银行、证券、电信、邮政、税务、保险、航空、政府、企业等各行各业，客户遍布全国20多个省市自治区和香港特别行政区。

智通软件集团有限公司

【公司概况】 智通软件集团有限公司成立于1985年，总部设在香港，从事企事业的应用软件及大型数据库管理软件的开发、集成、各种网络及硬件配套工程。是一家集科研、应用、系统集成的著名高科技集团公司。智通集团开发的软件含括：制造业、商业、房地产业、印刷出版业，行政事业及各类服务业，并代理欧美台湾多家著名公司的最新软硬件（如IBM、微软、联想等）。智通软件集团长期与香港大学、华南师范大学计算机与科学工程研究所、暨南大学电子工程系、华南理工大学等国内名牌大学合作（或联营），组成了一个具有雄厚的大型软件开发实力和坚实攻关后盾的高科技集团体系。

【经营业绩】 智通集团主要服务中国内地企事业、境内外资企业和东南亚发展中国家。集团设有独资、合资、联营公司：深圳智华电子技术有限公司（1990年）、智华（广州）软件开发有限公司（1993年）、智华（广州）软件开发有限公司厦门分公司（1995年）、智华（广州）软件开发有限公司深圳分公司（1995年）、江苏智通计算机有限公司（1998年）。并在北京、秦皇岛、包头、大连、湘潭、福州、郑州、清远、成都、台北、桃园等二十多个城市设立了代理或服务中心。智通集团开发的著名大型软件"'智通'2000ERP管理系列"，通过财政部评审，达国家级标准。现拥有国内外大中型企业跨国公司、上市公司等2000多家用户。智通集团的专项软件开发项目繁多，包括为：台湾五大电子集团之一的鸿海集团设计、开发用于国内十多家投资企业的生产管理系统（包括远程信息管理）；美国联邦速递公司在北京、上海、广州、成都分公司的作业系统（并与美国总公司数据连接）。智通集团还为国内各界、日本、香港、印度、西班牙等跨国企业量身订做各类软件。智通集团的每一个开发项目的每一道工序，均由客户与本集团资深专家、高级工程师（系统分析员）、高级程序员、专业测试部、售后服务部等各级部门密切配合，每一开发阶段做到多循回认可，使软件达到最大程度上适用性、优化性并紧贴用户的要求。智通软件历年取得国内多个奖项，如：广州市计算机应用十周年奖；深圳用户满意奖；全国软件交流会优秀奖；中国软件行业协会推荐软件奖等。

金融街网站

【公司概况】 "金融街"网站创建于1999年8月，属于财富软件（北京）有限公司，是香港"中国金融街理财顾问有限公司"的全资子公司。公司董事长：王新政，公司总裁：宁君。

【经营业绩】 "金融街"网站是中国第一家以帮助个人和家庭理财为最终目的的专业性站点。内容包括：宏观经济趋势、金融市场信息、理财资讯、股票、债券、基金、期货、保险、外汇、储蓄、房地产、收藏等。"金融街"网站现已推出六个频道和两个精品栏目：新闻中心向广大用户提供国内外的金融信息；证券投资提供股市的实时行情和评论；期货市场合法提供期货咨询；保险园地可根据用户自身的具体情况为用户分析保险需求、投保数额和选择合适险种；个人理财提供网上理财完整信息平台和个性化理财方案设计；外汇专栏提供实时国际市场外汇报价、图表、新闻和走势分析；报价精灵专为上班族设计股票、期货、外汇报价图形窗，速度快，与大盘同步，不用下载安装任何软件，不占用系统资源；专家在线交易时间内现场直播评点大盘个股和期货走势，中午晚上投资专家为股民指点迷津；"我的金融街"是"金融街"网站的特色栏目，任何用户，只要输入个人和家庭收入、家庭情况、近期内开支情况、临时费用等，"金融街"网站就能为用户度身定制一套稳健、安全的理财方案。在方案实施过程中，"金融街"网站会对用户所需要的理财资讯进行"秘书化"筛选，对用户所投资的股票等金融产品进行"定制化"呼叫，同时，还随时根据用户需求，提供个性化服务。

中华创业网

【公司概况】 中华创业SinoBIT网是由华创高科网络技术

(北京)有限公司创立的中国首家互联网创业投资门户网站。其创建人包括美国著名商学院的毕业生，世界顶级金融机构的经理人员和中国第一代的风险投资家。

【经营业绩】 中华创业网为中国高科技创业者提供全功能的综合性服务，包括资金、人才、技术、供应链以及其它专业服务。在资金方面，为创业者提供一个有密码保护的专栏“创业者之家”，以简洁友好的方式向风险投资商提供创业计划书，并通过智能匹配功能迅速地帮助创业者和信誉优良的会员投资者建立联系。在人力资源方面，通过团队组建、初创工作、猎头、海外中心等完整服务，建立了一个完整的由海外留学生、专业人士和国内求职者组成的人才库。在技术支持方面，提供包括ASP、互联网数据中心、租赁服务、电子商务等个性化的技术解决方案。在专业服务方面提供创业计划咨询、公司价值评估、尽职调查、会计、法律、风险投资、投资银行、管理咨询、人力资源等专业服务。

英特尔公司

【公司概况】 英特尔公司成立于1968年。公司董事长是安德鲁·葛鲁夫博士，总裁兼首席行政执行官是克瑞格·贝瑞特博士。英特尔公司在中国的机构主要有：英特尔(中国)有限公司、英特尔中国研究中心、生产设施、英特尔架构开发实验室等。

【经营业绩】 英特尔公司的业务涵盖面较广：英特尔架构业务事业部，主要从事研发、生产计算机微处理芯片及计算机周边产品如计算机主板、服务器及图形工作站专用主板、高速图形显示卡；无线通信与计算事业部主要从事基于无线手持设备的开发和生产，内容包括无线互联网访问技术和实时音频、视频应用的技术等；新业务事业部主要从事互联网数据中心的建立与发展，不断推动、更新电子商务解决方案的开发和整体可靠性；投资事业部是英特尔的战略投资部门，主要进行股权投资，致力于促进互联网经济在全球范围内的增长，从而支持英特尔的战略发展计划，目前，英特尔在全球的投资已涉及到425家公司。网络通信与通信产品事业部提供有线、无线通信网络处理器芯片，自1991年该事业部成立以来，该事业部的销售额已占到公司销售额10%以上，主要提供千兆、百兆以太网产品、VPN网络安全技术、广域路由产品以及基于业界标准的网络管理平台技术。英特尔公司在中国的业务重点与其全球业务重点相一致，即成为全球互联网经济的构筑模块的杰出供应商，公司始终把协助推动中国计算机工业和互联网经济的发展作为公司在全国的首要策略。公司1999年的总营业额达到294亿美元，净收入为73亿美元，2000年第一季度收入达到80亿美元。

乾通股票网

【公司概况】 乾通网络服务于证券行业，为投资人提供个性化财经服务及向券商提供证券在线交易技术服务。公司首席执行官：李然。

【经营业绩】 乾通网络除具有市场数据、图表分析、网上交易、上市公司信息等基本功能外，还向券商和投资人提供高质量、个性化资讯服务，包括：上市公司标准信息、深沪市场交易要闻、财经新闻、股票市场等。其在线专家股评栏目是网上证券投资咨询节目，乾通网络结合自身技术和证券资源优势，邀请券商研发部门和证券咨询机构，推出中国证券电子商务发展模式——乾通卡，为股民提供一对一股市信息咨询服务系统。乾通网络借鉴美国成熟的商用网络系统应用程序，开发适合于中国投资人的“GoTrade证券交易技术服务系统”——以internet为通信桥梁，集实时行情、技术分析、公告信息、委托交易等多项功能于一身，1999年通过中国国家信息安全测评认证中心的系统安全认证。

杭州信雅达集团公司

【公司概况】 杭州信雅达集团公司系国家火炬计划软件产业基地骨干企业，是金融、证券软件开发商和供应商之一，专业从事金融、证券、电信、保险等领域的电子化建设。集团下辖系统工程有限公司、网络工程有限公司、数据集成有限公司、信息工程有限公司、上海山虎(Sunhoo)网络信息服务有限公司、美国信雅达系统工程有限公司、浙江大学信雅达计算机信息安全技术研究中心、电子产品制造厂等控股子公司以及分布在北京、上海、深圳、香港等城市的二十三家分支机构。

【经营业绩】 目前，信雅达证券电子产品已在全国拥有600多家用户，并逐渐形成了“一个网络(WWW. Sunhoo金融证券网)、两个中心(证券客户服务中心、证券清算中心)”的产品构架并构建新一代证券电子商务，实现了对所有证券业务的集中处理和全面监控以及服务平台的标准化，规范化。金融证券网是一个集证券信息提供、电子交易于一身的专业性商业服务网，为证券经营者提供交易中介平台和咨询服务平台，证券客户服务中心通过各种信息技术将电脑系统、人工坐席代表、信息、电话线路等资源整和成有机统一的服务工作平台，券商可通过多种通信手段服务客户。证券网络综合业务处理中心是用于证券经营机构处理各种交易业务的核心帐务系统。

杭州新利软件有限公司

【公司概况】 杭州新利软件有限公司由1993年成立的杭州新利电子有限公司改组而成，是一家从事应用软件的研究、开发、生产、销售、代理和服务于一体的高新技术企业，是证券交易软件开发商和金融电子系统集成商。新利在全国设立服务和销售网络，在北京、上海、深圳等25个大中城市设有办事处，同时积极开拓国际市场，并在美国、香港等国家和地区设立了分支机构。

【经营业绩】 新利证券交易系统广泛应用于国内近千家证券营业部，为我国证券柜面交易系统及众多周边产品，提供证券交易软件和证券解决方案。在金融领域，新利是工、农、中、交、招等总行的指定POS供应商，并通过了建行的技术检测，新利的无中心多行POS共享重庆模式经中国人民银行和工、农、中、建、交五家总行鉴定，获得一致认可。

福州顶点计算机软件有限公司

【公司概况】 福州顶点计算机软件有限公司于1996年在福州海天计算机网络有限公司软件事业部的基础上注册成立，并于1997年通过福建省高新技术企业认定，成为福建省计算机行业的高新技术企业。四年多来，福州顶点计算机软件有限公司从一家注册资金仅30万元的公司发展成为净资产超过2000万元，员工人数从17人增加到90多人的专业软件公司。公司现已拥有700多家证券业用户(其中柜台软件的用户超过了300多家)和100多家银行业用户。

【经营业绩】 福州顶点计算机软件有限公司自成立以来，始终专注于证券业、银行业信息系统的研究与开发，他们开发了国内第一套基于C/S模式的SYBASE证券交易系统；开发了国内第一套实现通买通卖、通存通兑的证券交易系统；开发了国内第一套实现证券与银行实时联网转帐的银行卡——“一卡通”证券交易系统等。

北京海融资讯系统有限公司

【公司概况】 北京海融资讯系统有限公司是一家集金融信息研究、互联网络、金融软件产品开发、信息平台、电子商务、经营服务于一体的高新技术企业，是金融、证券信息资讯服务领域的专业资讯公司，总部设在北京。公司自1993年成立至今，已经拥有一整套完备的中国证券市场信息数据库，积累了中国所有上市公司的完整历史资料，形成了以开发证券信息服务系统为主体、面向各类投资人士和市场参与者，提供全方位信息资讯服务的经营模式。

【经营业绩】 自公司成立后，相继推出了针对个人股票投资者的海融股票决策分析系统软件“冲浪者”和“闪电版”两套产品。海融静态“冲浪者”是海融快讯证券资讯分析系统的最新版本，而海融动态“闪电版”实时选股追踪系统是一套具有全新理念并基于32位WINDOWS操作系统的股票实时行情接收与分析软件。经过几年的发展，海融资讯已在全国拥有各类用户二万多个。面对网络信息时代的到来，海融公司还推出“158海融证券网”(WWW.158china.com和WWW.158.com.cn)，24小时为大众股民提供证券财经新闻、股市行情、网上交易、实战评论、操作技巧培训、证券电子商务等丰富的服务内容。

上海复旦金仕达计算机有限公司

【公司概况】 上海复旦金仕达计算机有限公司于1995年成立。1999年，与原上海中天、上海天翔、上海银华三家电脑公司合并，成为上海最大的软件企业之一。经过近五年的发展，金仕达已经发展成为中国最大的金融软件开发商之一，产品涉及证券和期货行业的应用软件及周边产品以及网络系统集成。金仕达于1999年获得德国莱茵公司的ISO9001国际质量认证；已与IBM、微软、Intel等建立了多方位的合作伙伴关系。

【经营业绩】 针对证券行业的特点和市场需求，复旦金仕达推出证券行业系列软件产品，该产品可通过证券公司总部管理网络系统将其它系统产品有机地连接起来，对营业部及时监控、数据备份、集中交易处理、集中银证转帐等功能。复旦金仕达作为新组合的上海期货交易所全套交易管理系统和办公自动化系统的设计开发商，针对期货行业的特点和各方面需求，推出系列化的期货行业管理软件。复旦金仕达期货行业软件(原如意期货系列软件)满足了从交易所到经纪公司对于交易管理、结算管理、行情发布和分析、风险控制、远程交易平台等各个层次的需求，以其简单的体系结构、良好的稳定性、扩充性、可操作性以及友善的用户界面赢得了广大客户的一致好评。

方正奥德计算机系统有限公司

【公司概况】 方正奥德计算机系统有限公司是北大方正集团的核心企业，在我国计算机系统集成方面，尤其在金融业系统集成方面享有较高声誉，是方正集团出版系统以外最重要的系统集成企业。网址是：http://www.ordercomputer.com.

【经营业绩】 方正奥德是专业化的证券分析、电子商务的应用开发商，可为证券公司、基金公司和广大证券投资人提供高层次的证券投资分析管理工具，为机构用户开发集成针对证券行业的商业智能、先进财务管理和网络安全、Internet/Intranet整体解决方案，具备从事OLAP、证券网站建设、网络安全系统集成等大型项目的实施经验。公司已开发的产品及项目包括：面向证券分析的券商数据仓库整体解决方案、Internet证券交易系统、UNIX行情服务系统系统(Internet版)、行情分析客户端软件(专用、JAVA)、证券模拟交易系统(JAVA版)、证券网站整体解决方案、银证转帐系统、移动电话证券与银行交易系统、Call Center、西南证券网站建设项目、上海证券交易所安全集成项目、上海证券交易所登记中心数据仓库系统DEMO、上海证券交易所信息中心数据仓库系统DEMO。公司正开发项目及产品包括：上海证券交易所会员中心数据分析系统、指数期货交易结算系统、基金管理公司数据仓库系统、基于股票现货、期货的套利交易系统。

北京世纪纵横科技发展有限公司

【公司概况】 北京世纪纵横科技发展有限公司成立于1999年1月11日，注册资金500万，现有正式员工26名，其中研究人员18人，管理人员3人，全部具有学士以上学位。

【经营业绩】 公司专业从事金融行业软件开发研究，主要产品为《国债行情分析系统》及专业国债网站WWW.erahope.com，可提供实时价格、实时单利复利走势图，既有国债当日的实时走势图，也有既往的实时走势图，不但可研究单个国债，也可以对比国债与国债、国债与大盘、国债市场与股票市场、国债市场与回购市场等之间的关系。为中国债券市场定制的国债计算器，可方便地计算任一国债任一日起的价格、单利、复利之间的对应关系；国债指数准确地反映国债综合运行趋势，加权功能分析各类国债差异，精选出最有投资价值的国债。服务对象包括金融机构投资者和金融管理层、证券公司、投资基金、保险公司、财务公司、财政部等。

北京天财胜龙科技发展有限公司

【公司概况】 北京天财胜龙科技发展有限公司(胜龙公司)是由天大天财股份有限公司和财政部所属的北京中洲电脑软件技术公司共同投资设立的股份制高科技企业。主要从事证券市场的计算机软、硬件研发及销售服务。公司下设技术开发部、业务销售部、研究发展部、宣传策划部、销售服务部、行政管理部。网址是：http://www.taslon.com

【经营范围】 胜龙公司是中国证券电子信息领域的开拓者之一。公司创办以来，一直以证券市场的计算机信息处理技术为主攻方向，研制开发了胜龙任我行远程可视委托系统；胜龙金钱通证券信息电传中心；胜龙点点通证券机构专用通讯系统；胜龙SDS图文电视证券行情源；胜龙新一代证券电子信息显示墙;胜龙网络版股市综合分析系统;胜龙单机版股市综合分析系统等七大类系统化、配套化的高科技电子信息产品。全面满足了证券商、上市公司、大中型企业、信息咨询机构、电视台及报刊等媒体、科研教学培训单位以及广大股民的需求。并能够结合券商的实际,提出各种安全、灵活、经济的完善性解决方案。

北京首都在线科技发展有限公司

【公司概况】 首都在线(http://www.263.net)是面向全体中国人的中文多媒体信息服务、电子商务与网络增值服务的大型多功能的开放性互联网络服务商,为中国百姓提供高品质多选择的接入服务和信息服务。在2000年1月被CNNIC(中国互联网信息中心)评选为国内十大知名网站之一。

【经营业绩】 首都在线金融王国(http://mymoney.263.net)是金融频道,现已全面改版,为网民提供更加高效稳定的证券实时行情服务和全方位多角度的信息咨询服务。"财经要闻"栏目24小时滚动播出国内外和港澳台重要财经新闻;"专题报道"栏目及时报道宏观经济、行业动向、热点透视、投资价值分析以及政策时评等财经专题研究;"机构园地"荟萃国内众多券商机构,为股民提供权威及时的股市信息;"投资广场"全方位地为股民提供投资咨询服务和股市实时行情;"市场备忘"将公告提示、交易提示等信息及时告诉股民;"个股档案"汇集了所有上市公司的历史资料以及市场表现等信息资源;"王国家园"为股民提供周到的个性化服务等等。

浪潮通用软件有限公司

【公司概况】 浪潮集团山东通用软件有限公司(浪潮通软公司)是浪潮集团和内部职工共同投资成立的专业软件企业,是国家火炬软件生产基地——齐鲁软件园的主体单位,成立于1992年,是浪潮集团第一家股份制试点单位,现有员工400余人。目前公司已形成以山东为产业基地,在全国各主要城市设立营销和技术支持中心的发展格局。现在公司在全国设有15家分公司,20个代表处,10个技术支持中心,并发展了200多家代理合作伙伴。

【经营业绩】 公司主要产品有浪潮国强eRP企业管理系列软件:财务及进销存标准版(V6.0)、连续生产类行业版(C2)、离散生产类行业版(D2)、国强—SYMIX版(制造业)、金融行业版、流通行业版、旅游酒店行业版、医疗卫生行业版(金卫)、网上商店、集团分销网络管理系统,浪潮国强医学图象处理系统(PACS)。其中国强eRP金融系列软件是浪潮国强面向证券、信托、银行、保险及财务公司等金融机构定制的行业财务及管理软件。

北京珠穆朗玛电子商务网络服务有限公司

【公司概况】 北京珠穆朗玛电子商务网络服务有限公司(8848.net)是网上流通商业网站,进行网上销售,包括标价销售、集体竞价、招标采购、拍卖和批量销售等等,现每天网站访问人数已突破50万,日点击次数近900万。

【经营范围】 8848.net是B2C(商家对客户)的零售网站也是B2B(商家对商家)的商业网站。网站目前销售十余大类30余万种商品,囊括了IT商品、软件、图书、音像、电器和通讯信息服务等方面。针对网络特点,8848.net开发了丰富的个性化服务项目,目前在中国电子商务站点中拥有较丰富的结算手段和较完善的通达全球的陪送体系。

杭州恒生电子有限公司

【公司概况】 杭州恒生电子有限公司(恒生公司)成立于1995年3月,是一家服务于中国证券金融行业的高科技公司。公司以证券、金融软件的开发和系统集成服务为主体,致力于为中国证券、金融业提供安全、实用、规范、配套、开放的软件产品。恒生公司于1999年6月正式通过ISO9001质量体系认证,成为浙江省首家通过该项认证的软件企业,也是中国证券金融IT行业首家通过该项认证的软件企业。其网址是:http://www.handsome.com.cn。

【经营范围】 恒生证券行业产品涵盖了证券公司总部管理、营业部交易管理、远程服务部系统、股民个人系统等领域,是以交易系统和电子商务为核心,为证券公司提供从总部到各级分支机构,从有形营业部到虚拟证券公司,从公司管理到全面客户服务,从软件开发到网络建设的整体解决方案,帮助证券公司实施全面的IT策略。

证券业教育研究

中国金融学院

【概况】 中国金融学院是中国人民银行直属普通高等院校，成立于1987年9月。邓小平题写了院名。学院实行董事会领导制度，由中国最大的13家金融机构担任董事单位，董事长单位是中国人民银行总行。首任名誉院长是陈慕华，首任院长是刘鸿儒。中国人民银行行长戴相龙为现任名誉院长、兼职教授。学院现设有货币银行学、国际金融、保险、投资经济、会计学、经济信息管理等6个本科专业，证券投资和国际投资两个本科专业方向。学院师资力量强，教学质量和科研水平较高。目前，具有博士、硕士学位的中青年教师占教师总数的一半以上。学院面向全国招生。各届学生入学录取分数很高，生源质量较优。截止1998年夏，学院已毕业8届学生。他们大都分配到中央及省市级金融机构工作，其中有些人已担任领导工作。适应我国金融业快速发展的需要，学院积极加强国内外学术交流，已同多个国家的高等院校和金融机构建立了合作关系，或由学院派出教师到这些国家去留学、进修，或由他们派出专家到学院授课或举办讲座。同国内院校及学术机构的交流更为频繁，气氛活跃。所有这些，都极大地促进了学院的办学质量，扩大了学院的知名度。

【业务范围】 1993年夏，学院在国际投资系内开设了证券投资专业方向，学制为四年制本科，并招收了第一届学生。该专业方向的培养目标，是培养德、智、体全面发展的，既具有扎实的经济理论与金融专门知识的基础，又具备证券分析、证券交易实际操作能力和组织管理能力的专业人才，使学生毕业后具备较高的专业理论素养和实际运作能力，能够胜任国内外证券投资、融资、证券分析与交易、证券经营管理的实际工作和教学、科研工作。到1998年夏，该专业方向已毕业两届学生，他们大部分进入各大证券公司、证券管理机构及与证券有关的部门工作。很快学院就收到了用人单位对这些毕业生比较满意的反馈信息。在院内，证券投资专业是一个很有特色的的专业，所开设的实务课程及案例教学方式深受学生欢迎，经常举办的课外讲座更使听众受益不浅。如1998年4月，他们就邀请了美国华尔街著名的两家投资银行———美林公司和高盛公司的专业人士，成功地举办了投资银行讲座。该专业的学生是相当活跃的一个群体。从1994年起，他们每年在院内举办一届“证券期货节”，模拟股市运作，在首都高校学生中影响越来越大。1998年的第七届“证券期货节”，中央电视台予以专门报道，并制作专题节目进行介绍。1998年，该专业教师承接、完成了以下课题：中国人民银行总行下达的国家“九五”规划金融类重点教材《证券投资学》主编任务、《期货投资学》副主编任务、《企业投资学》副主编任务，前两部已出版并投入使用，后一部已完成初稿；教育部下达的科研课题“投资银行研究”，目前正在进行中。其他尚有亚洲开发银行资助的调研项目和中国人民银行下达的科研项目等。 （罗兴）

上海证券期货学院

【概况】 1994年6月8日，在上海财经大学领导和上海证券交易所领导的积极推动下，经过一年多紧张筹备，上海财经大学证券期货学院正式成立。龚浩成教授担任学院的董事长兼院长。学院通过招聘和严格筛选的方式形成整体精良的师资队伍结构。学院拥有在编教师10人，其中：教授2人，副教授5人，讲师1人，助教2人。学历构成为：博士、博士后2人，硕士6人，本科2人。另外学院还有一支兼职教师队伍。学院利用自身优势加快教师出国深造的步伐。几年来共有多名教师出国作半年以上访问进修或短期考察与培训。学院还聘请一批证券期货界的专家学者作为学院的兼职教授。

【经营业绩】 学院推行学历教育为主，非学历教育为辅，兼办证券业从业人员资格考试培训的学历教育与职业教育相结合、多层次、全方位的办学体系。在学历教育方面，形成了一套证券期货本科教学计划，要求学生在掌握基本经济理论的基础上，加大数学、外语和计算机应用能力的训练力度。部分课程使用原版教材，实行双语教学，提高学生的外语水平。在上交所的支持下，学院选派品学兼优的学生赴境外考察与交流。学院重视非学历教育，1994年起连续三年面向证券从业人员开办证券期货辅修专业班，为非金融专业毕业的从业人员补上证券专业知识。1997年起，学院每年举办金融专业证券期货方向研究生课程进修班，共有175名学员参加学习，首批15名学员通过论文答辩并获得经济学硕士学位。学院曾与上交所合作，举办国债期货交易员培训班，共培训三千余人次。积极参与中国证监会组织的证券业从业人员资格考试大纲和教材的编写工作，举办证券业从业人员资格考试培训，受益达万人以上。此外，学院还承担上交所及部分券商的员工培训工作。

学院提倡以科研带动教学、以教学促进科研。六年来，共自主完成研究课题30余项，教材和专著近20本，省部级及横向委托课题10多项。科研工作不仅提升了学院整体研究水平和教学水平，也为中国证券市场的发展贡献了智慧和力量。学院重视追踪国际资本市场的最新发展动态和研究成果，与香港联交所、英国伦敦国际金融期货交易所、英国伦敦证券业协会、美国罗得岛大学资本市场研究中心、美国夏威夷大学工商管理学院、美国西弗吉尼亚大学工商经济学院等国家及地区的有关机构、院校建立了资料交换和信息联系。 （张圣华）

北京大学金融与证券研究中心

【概况】 北京大学金融与证券研究中心于1996年1月成立。该中心是以北京大学光华管理学院在金融与证券方面的科研力量为主，联合北京大学其他院系在金融、保险、法律等领域的专家、教授，借助国家各部委、科研机构及国内外商业银行、保险公司、证券公司、投资基金等方面的研究力量组建的科研机构。北京大学金融与证券研究中心主任由著名经济学家、北京大学光华管理学院曹凤岐教授担任，北京大学法学院院长吴志攀教授、北京大学保险系主任孙祁祥教授、北京大学光华管理学院金融系姚长辉教授、北京大学光华管理学院金融系于鸿君教授担任中心的副主任。中心还聘请了近二十位著名专家、学者作为中心的顾问教授和特约研究员。北京大学金融与证券研究中心网址是：http://www.gsm.pku.edu.cn。

【经营业绩】 北京大学金融与证券研究中心的主要研究任务，是承接国家、部委以及国内外的企业、金融机构等委托的关于金融、证券和保险等方面的研究项目。目前已经完成了华夏证券公司、广发证券公司、上海三新公司委托的有关证券投资方面的课题。与此同时，中心还与外界进行了广泛的学术交流活动，邀请著名经济学家、金融学家等举办了多次学术讲座，其中，中国人民银行行长戴相龙、著名经济学家厉以宁、国家体改研究会理事长高尚全、原香港证监会主席梁定邦、香港证监会主席沈联涛、中国证监会前主席周正庆、中国证监会常务副主席陈耀先等为本中心进行的精彩讲座均产生了广泛的影响。中心还成功地举办了一系列高水平的研讨会：1996年5月，举办了“中国资本市场发展高级研讨会”；1996年11月，举办了“投资基金与中国资本市场发展高级研讨会”；1997年8月，举办了“香港与内地21世纪金融市场发展国际研讨会”；1998年5月，为庆祝北京大学校庆一百周年，北京大学光华管理学院举办了规模很大的“中国资本市场发展国际研讨会”，研究中心为这次会议的召开作了大量工作；1999年6月举行了“贯彻实施《证券法》高级研讨会”。1999年9月举办了“中国投资基金高级论坛”。这些研讨会层次高，权威性强，影响很大，对于推动我国资本市场的健康发展，起到了积极的推动作用。

（王永）

中国人民大学金融与证券研究所

【概况】 中国人民大学金融与证券研究所是根据国家有关法律、法规，在原中国人民大学证券研究所的基础上，经国家有关管理机构批准设立的，研究所是由中国人民大学与新疆金新信托投资有限公司、新疆屯河股份有限公司共同举办的具有独立法人地位的社团法人组织。研究所下设：综合研究部、投资银行部、市场分析部、资格考试与培训部、国际合作部、行政办公室、资讯中心等5部1室1中心。青年经济学家吴晓求教授任所长。

【经营业绩】 研究所的主要任务是：通过对金融、证券的理论和政策研究，提高我国的金融和证券研究水平，促进我国金融业和证券业的健康发展；通过自身的研究成果和研究实力，为国家有关部门提供高质量的、建设性的研究报告和政策建议；通过自身的师资力量和专业技术人才，为社会提供高质量的投资咨询和专业人才培训。研究所的研究范围是从市场角度，研究金融证券市场的基本理论和基本规范；研究影响金融证券市场发展的重大经济和金融政策；研究可能对金融证券市场产生重要影响的国际、国内局势和重大事件；研究金融证券市场的法律、法规和规则。服务内容包括为企业特别是上市公司、金融机构和机构投资者提供常年金融顾问服务；设立顾问专线电话，随时接受会员公司的咨询；为会员公司理顺内部治理关系，从金融证券市场的角度提出顾问意见；为公司提供配股方案设计、私募设立公司方案设计、公司重组方案设计、公司改制方案设计、项目融资顾问、职工（经理）持股计划设计与实施等多方面服务；针对商业银行及非银行金融机构的行业特性，专门为它们提供内部控制机制、风险管理、金融产品开发等咨询服务和方案设计；提供公司内部管理咨询服务，包括企业战略研究与组织设计、理顺公司内部治理结构、各项内部规章制度的建立、分配体系的确立、市场营销网络设计等；为企业和机构投资者从事股票一、二级市场、债券市场、基金投资等提供顾问意见，服务方式有进取型、稳定回报型、风险规避型等多种选择；接受客户委托就某一行业和公司进行个案研究，并形成投资价值分析报告、投资可行性论证报告、企业投资战略报告、行业分析报告等。研究所的人才培训依托名牌学府即中国人民大学的卓著学誉和雄厚的师资力量，立足于金融与证券从业人员的专业知识培训、专业定向培训和资格考试辅导，组办各类金融与证券研讨会、学术交流活动以及各类专题研修班，编制相关教材、纲要、专著及参考资料，积极开发受训资源，发展网络教学，致力于建立科学、完备的专业培训体系和现代化的教学网络。同时，还与有关单位合作筹建网上证券学院。

（许多多）

中央财经大学金融证券研究所

【概况】 中央财经大学金融证券研究所是国内首家由高校控股的公司制金融类研究机构，注册资本100万元。该所以中央财经大学的教育和科研队伍为依托，聘请国内经济界著名专家数十人任顾问及兼职研究人员，有很强的教学、科研能力。

【经营业绩】 该所以金融证券业理论研究、政策咨询、人员培训、方案设计等为主要业务范围，共设有培训部、研发部、咨询部、网络部等。自成立以来，已经在国有股转让、二板市场设计、证券从业人员培训、企业高级证券管理人员培训等方面作了大量卓有成效的工作，在中金网，中央电视台、北京电视台、中财网等媒体上发表大量研究成果；多次向国家计委、证监会、外经贸部、中国人民银行、财政部等国家机关提供调研报告，提供有关行业的发展建议；与中国证监会等部门合作，多次参加证券、期货业从业人员培训、辅导等事宜，该所举办的证券从业人员考前培训班取得了很好的培训效果；还与美国、香港、台湾等地的财经类大学、研究机构一直保持着良好密切的关系，在国际及地区间的相互学习与交流中占有重要地位。

随着我国加入世贸组织步伐的加快，我国的银行业、保险业、证券业、信托业都面临着巨大的挑战。为了帮助我国相关行业作好准备，应对入世后的挑战，该所正积极从事以下几方面的工作：1、就“国有商业银行产权制度改革和机制调整”、“地方性商业银行的出路与生机”等课题进行深入研究。从我国保险服务业对外开放的时间表看，留给国内各商业银行转机建制的时间已经不多了，如何应对国际银行业对我国银行业的挑战，是各商业银行进一步发展与生存所必须面对的一个严峻问题。2、加大对业内人员的培训。提高我国金融机构的竞争力首要的一点就是提高从业人员的素质，尤其是四大商业银行的基层机构、各城市商业银行、各农村信用社等机构，为我国金融业的发展培养、输送大量的合格人才，是该所的一项长期业务。3、为了满足工商企业股份制改造、发行上市、兼并重组等资本运营对人才的需要，该所与国内知名的券商合作，进一步加大对企业高级证券管理人员的培训，对部分业绩好、成长性强、科技含量高的中小企业、民营企业的有关人员进行培训，为国内的民营企业、高科技企业能尽快进入资本市场运作、按国际惯例加速发展创造条件。4、外资金融机构进入我国金融市场、新型投资分红类人寿保险新险种的设立、保险资金入市保值增值、国内证券二板市场设立，涉及银行保险证券信托的新型金融集团产生、金融业务创新等，都为金融监管提出了新问题。加强金融监管，化解金融风险，防范金融危机，是该所一个重要的研究领域。5、积极参与资本市场运作，发挥中央财经大学在金融、会计、经济法等领域的教学、科研优势，主动参与企业的股份制改造、发行上市、完善法人治理结构、期股制度建立与完善、收购与兼并、资产置换等经济活动，努力使自己成为国内一流的金融类研究咨询机构。6、城市商业银行的管理体制与模式设计，新产品开发及金融创新是新形势下城市商业银行经营管理中的重要课题，该所目前正受托于有关部门，加快有关课题的研究。7、金融在国民经济各部门中的地位及影响，尤其是在农村经济发展与转型中的作用是发展中国家金融理论的基本问题，也是国际金融理论中的重要组成部分，该所的研究正把对这一问题的认识引向深入。8、该所还承接了有关部委、企业事业单位、各金融机构的大量研究、调研课题。

（王胜春）

中国青年金融证券培训中心

【概况】 中国青年金融证券培训中心是由团中央所属中国青年国际人才交流中心、中国人民银行总行所属中国金融学院及部分金融证券机构共同创办并经国家教育主管部门批准设立的金融证券专门人才培训机构。由长期在美国、日本、香港等地著名证券机构学习和工作、对国内外证券市场和主要证券业务都有深入理论研究和丰富实践经验的著名证券专家韩世君博士担任中心主任。中心拥有由60多名国家有关部委领导和境内外一流专家组成的专兼职教师队伍，并拥有由30多位国内外经济、金融、证券、法律等领域的著名专家教授和国家有关主管部门领导组成的理事会，审查中心的教学计划、教学内容和教学方法，选聘各培训班教员。

【经营业绩】 中心自1994年成立以来，举办各类研讨会、研讨班、进修班、培训班、出国研修团和考察团、函授班等150多期，参加人员达1万多人次，受到社会各界的好评。中心与国家体改委、国务院发展研究中心、中国金融学院、香港会计师公会、香港公司秘书公会等境内外机构合作举办的培训班、研讨会在国内外引起较大反响；已连续举办多期的全国股份公司董事长、总经理、董事、监事、财务负责人、董事会秘书等高级管理人员培训班，为推进我国现代企业制度试点工作，促进我国股份公司的规范化运作和经营管理水平的提高发挥了很大的作用；每年举办多期的全国证券营业部经理高级研修班、证券分析师高级研修班、客户经理培训班、证券经纪人培训班、证券研究与投资咨询人员培训班、投资银行业务培训班、投资基金经理人培训班、证券机构人事教育干部研修班、证券机构财务会计与内部稽核培训班、证券机构电脑系统管理培训班等各类证券从业人员在职培训班和函授班以及证券业从业人员资格考试考前辅导班等均受到证券界的普遍欢迎和好评，《金融时报》等报刊也多次载文盛赞中心为我国金融证券人才培训做出巨大贡献。

（韩世君）

天则经济研究所

【概况】 北京天则经济研究所系民办的、独立的社会科学研究机构，是经北京市机构编制委员会登记注册的事业单位。由从事现代经济学尤其是侧重制度经济学研究的经济学家茅于轼、张曙光、盛洪、樊纲、唐寿宁，与致力于经济、文化建设的北京大象文化有限公司共同发起，于1993年7月创办。现任理事长为茅于轼教授，所长为张曙光教授，学术委员会主席为汪丁丁教授，执行理事为盛洪博士。天则所荟萃了第一流的经济学家、法学家、社会学家，以及其它社会与人文学科的学者。他们来自中国社会科学院、北京大学、清华大学、复旦大学等国内著名院校；国务院发展研究中心、国家经济贸易委员会、国家发展计划委员会、对外经济贸易合作部、中国人民银行、国家外汇管理局、海关总署、中国证券监督管理委员会、国家信息中心等政府部门；中国留美经济学会，以及欧美等地的大学、研究机构。天则所与这些学者保持交流的同时，还与上述机构进行密切地合作。天则所与媒体也有广泛的联系。几年来，天则所与新华通讯社、中央电视台、中央人民广播电台、北京电视台、《人民日报》、《光明日报》、《经济日报》、《中国日报》、《中国青年报》、《中国经济时报》、《中国证券报》、《上海证券报》、《证券时报》、《南方周末》、《中国企业报》、《经济学消息报》、《证券市场周刊》、《香港商报》、《战略与管理》、路透社、“TIME”、“ECONOMIST”等国内外传媒机构建立了合作关系。另外，天则所还与世界银行、国际货币基金组织、世界银行国际金融公司、亚洲开发银行、非洲开发银行、福特基金会、琼斯基金会、美国商会、国际民营企业中心、美国国际经济研究所、亚洲基金会等国际组织有不同形式的合作关系，并与各国驻华外交使团保持联系。

【经营业绩】 天则所成立后，学术研究与商业咨询曾是混合运作的。1999年10月，天则所进行了体制改革和机构重组。将商业咨询在产权及运营上完全剥离出去，使研究所成为非盈利的纯粹学术机构。天则所本着“学在民间”的理念，实行“集社会力量，为社会服务，向社会开放”的办所方针，其宗旨是：筹集资源，支持高质量的学术研究，提供高水平的经济学和社会科学研究成果；促进学者之间、学科之间和不同文化之间的对话与交流；提升中国经济学和社会科学的学术水平，为中华新文化与新的全球文化的形成贡献力量。

截止到2000年9月，天则所举办的“天则双周学术讨论会”，作为交流学术观点、沟通研究信息、交结同行学友的一个场所，已持续进行了177场。讨论会的内容以经济学理论为主，涉猎法律、历史、政治学、社会学、哲学等领域，同时关注现实问题和政策热点。主讲人大多是国内外卓有成就的中青年学者。天则所组织撰写的《中国制度变迁的案例研究》，对推动国内学术界在这个方向上的工作，产生重要影响，现已出版两集。第三、四集的出版、撰写正在进行。天则所组织选编的《中国经济学》系列文集，自1994年以来每年出版一集。该书汇集了国内学者有新的理论探索和建树的论文，力求高水平反映中国经济学理论的研究动态与成果。天则所一直对中国宏观经济实际情况进行跟踪研究。每年都产生大量宏观经济形势和政策的月、季、年度报告，以及分析性论文等，提供给社会各界。《宏观中国》每周编发一期，系统选载重要的经济消息和动向，并由专家、学者进行点评。天则所从制度出发关注政府体制，组织开展政府体制改革的研究。该项目选择与政府工作有关的问题，经过调查研究，提出具体的解决建议，特别注重可行性。第一期的工作成果已交付出版。第二期工作也已展开。天则所开辟了自己的网站www.unirule.org.cn，还发起、积极参与了大型学术性评论网站www.china－review.com（中评网）的组织和运作。

（韩制能）

申银万国证券研究所

【概况】 申银万国证券研究所由申银证券研究所（1992年10月成立）和万国证券公司研究发展中心（1993年5月成立）于

1996年合并而成，是国内最早成立的综合性证券研究咨询机构，注册资本2000万元，具有独立法人资格。申银万国证券股份有限公司是申银万国证券研究所的主要投资者。研究所现设有办公室、咨询服务部、投资策划部、宏观研究部、行业研究一部、行业研究二部、行业研究三部、市场研究部和信息统计部九个部门。研究所现有人员85人，平均年龄不到30岁，所有研究人员均具有国内外知名高等院校的教育背景和丰富的从业经验，专业背景涵盖证券期货、财政金融、数理统计、企业管理、法律以及计算机等多个自然科学学科。

【经营业绩】 研究所研究范围包括经济形势与宏观政策、证券市场建设和制度创新、区域与行业经济发展研究、上市公司价值分析和评估、证券市场行情演变趋势、证券投资咨询及金融资讯软件设计和开发等。近几年在利率期限结构、国债回购套利策略、可转换债券、保值贴补率预测、国债期货套利、沪深股市的变盘指标、中国行业经济系统研究、企业资产重组理论与实务、网络经济专题研究、股票定价系统、物价指数与货币供应量的相关分析、中国证券市场资金流向动态跟踪、投资组合软件开发等方面开展了深入研究。研究所目前提供《申银万国投资快讯》、《申银万国证券研究》、《申银万国证券研究年鉴》、《上市公司调研报告》、《基准投资组合》等近30种研究产品，既有理论研究刊物，又有紧贴市场的快讯类产品，以满足不同层次的投资者需要。根据投资者需求而设计的各种咨询服务项目，诸如重点客户持仓情况会诊、重点客户答疑等更具有针对性和务实性。这些研究产品通过研究所独立网站www.sw108.com向注册客户发布。研究所在近年举办多次证券专业人员培训，其中国债业务培训、经纪业务咨询人员培训都取得了较好的效果。（张岚）

大鹏证券综合研究所

【概况】 大鹏证券综合研究所是综合性研究机构，现有研究人员40多人，其中硕士和博士占96%。研究所按研究对象和服务目标划分为投资研究部、政策研究部、金融工程部和研究支持部4个部门。研究所的宗旨是为上级主管部门、公司决策层提供及时、科学的决策依据；为投资者提供全方位的优质服务；为公司各部门、各分支机构提供超前的业务指导。大鹏证券综合研究所还十分注重同国内外同行的交流与合作，目前已与美林、摩根斯坦利、高盛、德利佳信、野村、法国兴业等国际著名投资银行的研究机构建立了良好关系。研究所将在现有的基础上不断开发新的研究产品，向社会各界提供更多、更好、更有特色和较高学术研究价值的研究咨询服务。

【业务范围】 大鹏证券综合研究所将证券市场作为主要的服务对象，提供全方位的服务，先后与全国十家证券投资基金管理公司等机构客户建立了良好的合作关系，除了提供有价值的研究产品外，还进行了一系列的学术探讨，开展了各种形式的咨询服务活动，主要包括：成功地主办了"中国高科技上市公司巡回调研和大型报告会"，使中国主要的基金管理人对中国高科技上市公司获得了及时、深入的了解，为其捕捉投资机会取得积极的成效；与《证券时报》社共同举办第十一届券商研究机构联席会议，主题为"深圳亏损上市公司资产重组面临的难题及对策"，邀请了深圳市有关领导和各地券商、基金管理公司代表共180余人参加；协助公司成功地主办了首届中国高新技术成果交易会之"高新技术创业资本论坛"，是近年来中国最高层次的风险投资论坛。并围绕论坛主题组织了"高新技术创业资本专题有奖征文"活动；承担各级政府（如贵州省、青海省、岳阳市、成都市、邵阳市等省市）的财务顾问，为地区经济和资本市场发展献技献策；为企业（如宁波中元、五矿发展、江苏悦达、太阳纸业等）提供发展战略规划、企业并购咨询与策划、资本市场运作等全方位的服务，特别是为宁波中元作的独立财务顾问在业内反响较佳，已初步树立了研究所在财务顾问方面的品牌；经过长期的深入研究，开发出一套全新的中国上市公司价值评估体系—大鹏证券创值评估体系。在《证券时报》上推出创值评估体系系列报告；在《证券市场导报》、《上市公司》分别发表了专题研究报告；在《中国证券报》、《金融时报》等报刊上作了专题报道，已在业内产生一定效应，确立了大鹏证券在创值研究领域的领先地位；针对市场热点，赴西部实地调研，编辑出版了《大开发背景下的西部资本市场及上市公司分析》，为投资者揭开了西部个股的面纱；发挥地处深圳的优势，开展深圳本地上市公司调研，为投资者深入挖掘相关板块的投资潜力和深圳本地上市公司的投资机会。举办"把握先机，创投资新路—中国通信产业研讨会"，国内各基金管理公司及其它机构投资者代表共100多人参加了此次会议。会上，信息产业部的有关人士和联通、朗讯、西门子等相关公司的领导分别就"中国通信产业现状"、"新一代无线通信市场和技术发展"等问题做了发言。通过组织本次研讨会，加强了证券业人士与通信行业间的交流和联系，使他们对正处于高速发展期的通信行业有了一个清晰而直观的认识。（高翔）

海通证券有限公司研究所

【概况】 海通证券有限公司研究所是国内较早成立的证券专业研究与分析机构，目前已形成一支以博士（后）、硕士为主体的专业研究开发队伍，多人已拥有教授、研究员等高级职称以及证监会颁发的投资咨询从业资格，学历构成和研究实力均居同行业前列。研究所共有80余人，上海本部50人，其余分布于北京、深圳、武汉、重庆等经济中心城市，形成了全国性的信息网络。研究所凭借海通证券、上实集团和交通银行的强大实力，已逐步建立了与证券主管部门、国家各大部委、地方政府、各类专业研究机构、国外研究机构以及新闻媒介等之间的信息沟通网络和良好的合作关系。

【经营业绩】 研究所下设六个部门：宏观研究部、行业公司部、投资咨询部、综合信息部、机构投资者服务部、金融工程部。宏观研究部：主要从事国内外经济形势分析和预测，为证券市场运行状况作前瞻性研判，同时亦对证券市场建设和相关热点进行专题研究；行业公司部：主要从事行业及相关上市公司的动态跟踪研究，为行业内结构、公司资产重组以及股票投资提供专家性建议；投资咨询部，主要进行二级市场分析并提供投资方案策划、投资咨询等服务；综合信息部：主要从事信息的收集、整理和加工，开发电子研究产品，包括海通指数、海通数据库、上市公司信息查询系统、风险预警系统等，为研究所人员、公司各部门、客户以及大学和社会研究机构等提供技术支持和信息服务；机构投资者服务部：专门为三类企业、保险公司、投资公司和大户投资者提供专业化的精品服务。包括专题研究报告、投资策略、投资组合、行业动态分析、上市公司投资价值分析报告等及时有效的个性化服务；金融工程部：主要进行研究设计和开发新金融产品。

目前，研究所研究成果的信息载体已成系列化，主要包括：每日的《海通证券投资》、每周的《世界经济述评》和《网上经济动态》、双周的《金融证券参考信息》、每月的《海通证券统计分析月报》、每季度的《海通证券研究》和每年的《海通证券研究年报》，同时还有不定期的《行业研究报告》、《上市公司调研报告》、《潜力股投资价值分析报告》、《专题研究报告》、《证券投资组合与策略》、《综合研究报告》、《基金评级及投资价值分析报告》、《新股投资价值及定价预测报告》和在各大报刊杂志上发表的具有前沿性和可操作性的业务创新研究报告以及海通证券系列丛书等，此外，研究所还就宏观经济热点问题、行业以及证券市场建设等方面具有超前性和理论性的议题举办大型的国内国际研讨会与海内外各界人士进行探讨和交流。

（海通证券研究所）

广发证券发展研究中心

【概况】 广发证券发展研究中心是广发证券的主要研究机构，也是公司最重要的部门之一。发展研究中心以中国资本市场的理论创新和实务开拓为主要研究方向，全面分析探讨广义的投资银行业务运作，在对上市公司和股份制企业及其行业调研分析的基础上对证券市场做出研判，为公司高层以及与业务相关的政府战略决策提供思路，为公司的各业务部门提供多种形式的研究服务。发展研究中心成立于1995年，现在已形成了以博士为主干、硕士为主体（85％的人员拥有硕士以上学位）的研究体系，成为中国证券市场上一支迅速崛起的、有影响的研究队伍。1998年、1999年开始分别担任锦州市和中山市政府财务顾问。到目前为止，该中心已撰写各类研究报告500余篇，在有影响的报刊杂志上发表文章400余篇，这些都为公司的重大决策、业务运作作出了贡献。

【经营业绩】 广发证券发展研究中心下辖四个部门。其中，宏观经济部主要从事宏观经济形势及其对证券市场的影响、公司发展战略和资产管理运作研究；投资研究部主要从事广义的投资银行及相关问题研究；市场研究部主要从事证券二级市场，以及与二级市场相关的日常和重大的投资研究；信息管理部主要为研究提供各种服务，和为各部门提供信息支持。发展研究中心以多种形式对内和对外进行交流，其中重要的方式是主办和发行刊物。目前主要刊物有《广发快讯》、《市场研究月报》、《行业研究报告》、《广发研究》、《决策参考》、《情报内参》。

（谢国满）

联合证券有限责任公司研究发展部

【概况】 联合证券研究发展部是随着联合证券的不断壮大而发展起来的。联证研发部拥有众多具有专业特色的研究员，其中90％以上的研究员拥有硕士或博士学位及多年市场实践经验和深厚的理论功底，专业涵括经济、企业管理、财务会计、技术经济、高科技行业——通讯、医药、新材料、电子等各个领域，在高新技术产业、公司发展战略研究等方面尤其具有研究实力。研发部设立了政策和理论研究、行业和公司研究、核心客户研究、市场研究、以及信息综合管理等五个部门，研究领域涉及国家宏观经济政策、上市公司及其行业发展、证券市场走势预测、公司核心客户的发展战略、经营管理及财务顾问等各个方面。

【经营业绩】 作为证券公司的研究机构，研发部门本身不直接创造货币收入，但它却不断向公司管理层、各业务部门、公司外部的有关客户提供各种研究报告、策略分析、投资建议以及各种协作、服务，主要具备以下几个方面的功能：1.为公司管理层制定发展战略和重大经营决策提供背景分析和可行性研究。2.为公司内部各业务部门提供协作与服务。1）在一级市场上协助相应的业务部门开展承销、并购和财务顾问等业务；2）在二级市场上为公司证券投资部和资产管理部提供有关投资分析和建议，配合公司各地营业部开展投资咨询和吸引客户工作；3）为公司各业务部门培养、输送高级专门人才。3.对公司外部的协作与服务。1）为投资基金、投资公司等投资机构提供各类专题研究和投资价值分析报告，开展各种形式的合作与服务；2）为政府管理层的决策提供客观、可行的研究服务，建立公司与政府之间融洽的合作关系。4.基于以上各种研究功能，向社会和市场展示研究部门和公司强大的研究开发实力，为研究部门和公司树品牌，塑造良好的公司形象。根据公司的战略发展方向和研究部门的基本定位与职能，联合证券研究发展部目前的工作重点有以下几个方面。1、抓住重点行业研究。以新兴行业为核心，兼顾传统行业研究。2、创新研究。注重前瞻性、敏锐性和实效性。包括政策跟踪、制度创新和产品创新。3、从核心客户战略出发，加强对机构投资者服务。4、加强同宏观经济部门和主管机关的沟通，及时把握政策导向和市场趋势。5、围绕公司以经纪业务为重中之重的策略，深入调研，挖掘营业部的发展潜力。6、从三大主体业务关联性研究出发，探讨进一步发挥公司整体优势的途径。7、以产业、行业和企业为核心，提升市场研究的品质。

研发部十分重视对上市公司、投资机构和投资者的服务工作，与多家上市公司、相关机构建立了战略合作关系，定期提供有关经济政策、金融创新工具、行业发展状况、上市公司分析等方面的专题报告，并且根据客户需要提供及时的咨询服务。研发部追求研究方法的新颖性和独特性，部分研究成果在重大评选活动中多次获奖。

（王永生、段海虹）

闽发证券经济研究所

【概况】 闽发证券有限责任公司是第一批中国证监会授予证券投资咨询业务资格的券商，闽发证券经济研究所是公司内部相对独立的发展研究机构，于1999年5月由公司原有的信息研究中心改组而成。闽发证券经济研究所在地域上分北京、上海、福州三地设置，总部设在北京，目前已形成了全国性的信息与调研网络。研究所所长由公司副总裁、财政部财政科学研究所研究生部教授袁东兼任，下设四个职能部门：宏观经济部、专题部、行业公司部和信息咨询部。根据各自的优势和地域特点，宏观经济部和专题部设在北京，行业公司部设在上海，信息咨询部设在公司总部所在地福州。研究所成立后，吸收了各大金融机构、部委机关和高等院校的许多优秀人才加盟，现有各类专职研究人员35人，其中90％以上具有博士、硕士学位，人员素质较高，拥有一批证券经济研究的一流专家、市场评论专家及功底较深的行业板块与企业价值分析人员。研究所与国务院有关政策研究部门、地方政府、国内外各类专业研究机构以及新闻媒体建立了良好的合作关系。

【经营业绩】 作为闽发证券公司扩大对外交流、展示自我形象的重要窗口，研究所的研究范围主要包括：国内外宏观经济形势分析与预测；国家经济政策和热点经济问题分析与评述；货币市场、资本市场的发展研究；股票、债券、基金及衍生产品等专题理论研究；行业和上市公司研究；投资银行和金融创新研究；金融机构的战略性发展研究；高新技术园区的发展规划研究；大势研判；投资理念和操作技巧研究；市场规范和法制建设研究；典型案例剖析等等。通过这些研究，研究所的工作主要服务于以下目标：承担本公司内各职能部门的课题，立足国家相关政策和金融市场形势以及公司业务发展的要求，为公司的经营管理及业务经营提供迅捷、周到的信息分析服务和决策支撑；研究开发符合市场需要的服务品种，承担财务顾问业务，为客户提供多方面的专业化服务，为广大投资者提供投资建议和咨询服务，协助公司各职能部门、营业机构提高服务质量，创立有特色的产品品牌；承接包括中国证监会在内的国家宏观管理部门的研究课题，发送研究成果，为宏观经济及证券管理部门提供政策建议；制定培训计划，承接对内、对外培训，保证公司人才质量的稳定和不断提高，为公司以外的金融界人员提供学习、交流与研讨的机会；研究所多次圆满地完成了财政部、中国证监会等宏观管理部门布置的研究课题，多次就经济热点问题和行业发展问题接受中央电视台有关栏目及其它新闻媒体的采访，并已在各大报刊发表了数百篇有影响的学术论文和市场评论文章，其中某些文章还在一些全国性的评比活动中获奖。研究所成立后，创设了多种内部刊物，除原有的《信息与研究周刊》外，1999 年下半年又创立了《研究季刊》、《专题研究》、《宏观经济简报》、《行业研究报告》四种刊物。为加强与社会各界的广泛交流，这些刊物不仅汇集了研究所各个时期的研究成果，而且吸收了一些著名经济学家和青年学者的优秀稿件，吸引了大量的读者，在投资大众中享有很高的声誉。同时，为方便读者查询，扩大影响力，研究所还将研究成果在公司的网站—闽发在线(http://www.mfzq.com.cn)上以及研究所与 263 合作的网站(http://minfa.mymoney.263.net)上及时发布。此外，研究所还吸收一些著名经济学家或金融专家作为编委，在其指导下，与经济科学出版社合作，每年编辑并公开出版“闽发证券新世纪研究丛书”。该套丛书包括论文集、专著、译著等多种形式，其中已经公开出版发行的系列获得了社会各界的一致好评。（范国英）

国泰君安证券研究所

【概况】 1999 年 8 月 18 日，君安证券研究所与国泰证券研究所合并，成立了国泰君安证券研究所。隶属于中国最大的券商国泰君安证券股份有限公司旗下。国泰君安证券研究所办公地址设在深圳、上海和北京在三个中心城市。下设行业公司部、宏观研究部、金融工程部、发展研究部、市场研究部和信息支持部。目前国泰君安证券研究所拥有员工 80 多人，90%具有硕士以上学历，25%具有博士学历。所长：李迅雷，副所长：谢建军。

【经营业绩】 国泰君安证券研究所研究范围广泛，从国际到国内，从宏观到微观，从货币市场到资本市场，在宏观经济与金融市场分析等方面功力深厚。研究所一向以对行业、公司研究见长，从上市公司到非上市公司，都采取动态跟踪的方式予以有点有面的研究，研究成效卓著，分析深刻、见解独到、预测准确，研究成果在国内外有广泛影响，研究水平居国内同行业领先地位。行业及公司研究方面主要为广大企事业单位担任财务顾问，在企业经营管理、购并重组等方面提供咨询。宏观研究方面主要针对与证券市场密切相关的政策、经济发展战略规划及国际经济形势进行时效性很强的分析，同时也向政府有关部门不定期提出宏观政策建议。市场研究部主要从事证券市场趋势研究、政策效应分析及其预测，对深沪两地二级市场运行进行有点有面的分析。金融工程部主要从事金融创新研究，包括衍生工具与金融新产品的开发、投资组合的研究与运作策略，国际股市、汇市、债市的各种套利机制和风险对冲工具的研究、交易制度的研究等。发展研究部主要对公司发展战略、国内外资本市场、政策法规等方面进行专题性研究，为政府部门担任经济顾问，为机构和社会公众提供理财咨询服务。信息支持部主要是信息收集、整理、汇编，对外资料交流，统筹全所研究产品的编辑、发行等。1999 年在深圳证券交易所优秀文章评选活动中，研究所共有三篇文章获奖，《经理股票期权的理论分析与技术设计》获二等奖；《中国民营上市公司市场进入的实证研究》《中小股东利益保持机制的探讨》获三等奖。亚太金融学会优秀文章评选活动中有二篇文章获奖，分别是：《经理股票期权的理论分析与技术设计》及《股票指数期货交易之基本指数》。

（孙虹）

第十五编

证券业新闻传媒

1742/1753

新闻报刊

中国证券报

【概况】 《中国证券报》是新华通讯社主办的全国性证券专业报纸，是中国证券监督管理委员会指定刊登上市公司信息披露的报纸，每星期一至六出版，每期12版，海内外公开发行，《中国证券报》创刊于1993年1月3日，最初为对开四版周二刊，1997年元旦扩版为对开12版日报。1996年1月1日报社创办《中国证券报·电子版》，现更名为《中国证券报电子资讯系统》。1997年报社实现采编、拼版、广告设计、资料查询等办公电脑化。1997年3月1日中国证券报电子声讯台开播，现已开通全国160多个城市。1997年10月推出《中国证券报》周末版。1997年初，国家有关邮政部门把《中国证券报》列入全国9种党报党刊发行范围，在各地印点都实现了早报早投，进一步提高了报纸时效，使大多数读者在开市之前就可以看到当天的报纸。新华通讯社遍布世界各地的分社、支社以及现代化的通讯网络，为《中国证券报》提供了广泛的信息来源和快速的传递手段。《中国证券报》从诞生之日起，一直得到中国证监会、中国人民银行、国家计委、国务院体改办、国家经贸委、国家财政部等部委的大力支持，并与沪、深证券交易所以及全国各地证券、期货监管机构和中介机构建立了密切的联系，还同美国、日本、韩国、新加坡，澳大利亚以及台湾、香港等地的证券界人士建立了友好合作关系。中国证券报社组织机构为社委会下设编委会、经营会、办公室；编委会下设总编室、市场部、公司研究部、采访部、专版部、电子信息部、电脑中心、校对室、各地记者站；经营会下设咨询策划部、发行部、财务部、新证广告公司、参股公司。各地记者站包括上海、深圳、湖北、四川、海南、辽宁、福建、山东、江苏、广州、重庆、浙江、西安等。

【内容设置】 "可信赖的投资顾问"是《中国证券报》的办报宗旨。《中国证券报》主要报道证券市场和股份制经济的方方面面，报道国际国内经济大势、宏观政策，以及影响证券市场变化的重大政治和经济问题。报道期货、银行、保险、基金、房地产、产权、外汇、邮币卡等市场，还对上市公司、股份制企业和证券公司、中介机构的经营业绩、发展、经验和问题进行报道与评析，宣传投资理念与证券文化。《中国证券报》始终坚持正确的舆论导向，内容"贴近政策、贴近市场、贴近企业、贴近投资者"，报道力求"全面、准确、快捷、实用"，在发挥全国性和权威性的同时，不断增强实用性，服务性和可读性。报纸创办以来质量日益提高，发行量不断扩大，取得显著的社会效益和经济效益，在国内外的影响迅速扩大，正向全国性财经类大报发展。《中国证券报》还积极开展学术研究和对外业务合作，创刊7年多来，累计举办各类研讨会80余次，与中央电视台等单位举办了一系列有影响的节目和专题，编辑出版了《中国证券业年鉴》等一系列书籍和专业资料，产生了良好的社会效果和影响。据国家统计局"1998年中国城市居民消费形态调查"显示：《中国证券报》位列最受城市居民欢迎的全国性四家报纸之一。中国证券报网络版 中国证券报网络版是提供财经金融信息服务的专业网站，以新华通讯社和中国证券报覆盖全球的庞大记者网络为信息源，涵盖重大财经政策信息、证券市场信息、上市公司信息、期货市场信息和地方经济信息等。信息权威，内涵丰富，时效快捷，更新迅速。网站包括"今日报纸"、"中国上市公司"、"财经新闻"、"中国证券投资基金"、"股市众议院"等频道，服务对象主要为证券、期货经营机构、财政金融部门、上市公司、专业研究机构、信息资讯公司、新闻媒介和个人投资者。

（特约编委：陆士新）

金融时报

【概况】 金融时报创刊于1987年5月1日，由中国人民银行、中国工商银行、中国农业银行、中国银行、中国建设银行、中国人民保险（集团）公司、交通银行、中信实业银行等八家国家主要金融机构，按照"共同出资、共同办报"的原则，组成金融时报董事会而创办，邓小平同志为金融时报题写了报名。金融时报是党和国家在金融经济领域重要的舆论阵地。金融时报在全国共设有33个记者站，涵盖了所有省、市、区及各重点城市，在日本东京、英国伦敦也设有记者站，在全国10多个城市设有卫星传真分印点，保证报纸发行时效性，2000年国内外日发行量逾30万份。金融时报发行以订阅为主，读者群稳定，读者对象主要是：金融系统（包括银行、证券、保险、信托业）、政府经济管理部门、各研究机构、大中型企业、股份制企业、上市公司及证券投资者。金融时报是中国证监会首批指定披露上市公司信息的报纸，并经中国人民银行授权公布重要金融统计资料，报道客观、公正、权威。10多年来，金融时报记者采写的一大批新闻报道受到读者好评，有的获中国新闻奖，还有的在全国现场短新闻、全国国际好新闻、全国宣传人民代表大会制度好新闻评比中获奖。

【内容设置】 金融时报重点宣传报道党中央、国务院在金融经济工作方面的方针、政策、法规，传递国内外金融新闻和动态，为顺利实现货币政策、金融监管创造舆论条件，致力于提高全民族的金融意识，普及金融知识。目前金融时报日出12版（周日、周一是四版），分三个板块：前4个版是新闻板块，包括要闻、经济金融新闻、热点聚焦、国际金融新闻等；中间4个版是周刊板块，包括保险、投资理财、金融科教、金融文化、理论等五个周刊；后4个版是每日证券，包括证券新闻、市场分析、每日行情、专题报道等版面。此外，金融时报还主办了《中国金融信息·金证券》综合周刊和投资周刊。（梅志翔）

《证券市场》周刊

【概况】 《证券市场》周刊是我国第一份面向投资公众的全国性证券实用专刊，由国家体改委主管中国证券市场研究设计中心主办。《证券市场》周刊分综合刊、市场刊，每星期六在北京、上海、深圳、成都、长春、西安、乌鲁木齐、重庆、武汉、石家庄、哈尔滨、济南、昆明、贵阳、南昌、大连、南京、福州、沈阳、郑州等 24 个地区同时印刷出版，每期发行 80 万册左右。1998 年、1999 年由国家统计局、英国市场调查局、美国 TELMT 数据分析集团等国内外权威机构组织的中国媒体调查结果表明：《证券市场》周刊在中国周刊类杂志中阅读率排名第一，是中国证监会指定的唯一一家披露上市公司信息的有效刊物，《证券市场》周刊已创刊 10 余年，平均每年出刊 104 期，即时、准确地报导了近 10 年来中国及国际证券市场的动态与发展。

【内容设置】《证券市场》周刊为了让不同层次的投资人士都能以最快捷的方式获得信息，按不同的读者群把一刊分两册，即市场刊和综合刊。市场刊主要面向股民，发表大量的股评、大势分析、个股评判等股民最关心的实际问题；综合刊主要面向上市公司管理层的工作人员及证券专业人士、券商等，注重对国家政策的分析，并结合市场的风云变换展望未来形势。

（于嘉）

经济日报

【概况】《经济日报》创刊于 1983 年 1 月 1 日。1984 年，邓小平同志为《经济日报》题写了报名。《经济日报》隶属于国务院系统，是党中央、国务院指导经济工作的重要舆论阵地，是中共中央直属党报，是在国内外具有较大影响的以经济报道为主的综合性全国性报纸。《经济日报》与中央国家机关、国务院各部委以及各省、自治区、直辖市政府之间有着密切的联系，能及时了解和掌握国家经济政策和宏观经济形势，是党和政府发布经济政策的主要媒介，是企业界获取经济政策和信息的首选报纸。《经济日报》与世界上 100 多个新闻机构和经济团体建立了联系，在我国对外经济交往中，发挥着重要的作用。版面内容的调整包括：1、重点加强并做好头条报道。抓住重大新闻事件和热点问题，加强策划，精心采编，编排突出版面。每周有两三个叫好的头条。2、加强股市新闻的报道。原则上不漏掉新闻事件，适当增加短消息。3、公司公告类信息不再要求全部刊登。选择其中重要的、会影响投资行为的、有可读性信息刊出。4、通常市况下，淡化股评内容，减少微观信息，适量减少表格。遇重大行情、转折性行情或突发行情时，给予及时、突出、充分报道。5、充分开发利用指数工作室的数据资源，推出独家报道，并使之成为本报的一大特色。6、版式设计尽量与本报评价标准接轨。

【内容设置】《经济日报》非常重视证券市场报道，专门开辟了《每日证券》专版，每周二至周六刊出。2000 年，根据情况的新变化，〈每日证券〉的编辑思想作了新的调整。证券版的主要作用是：报道证券市场的最新动态，为读者提供实用资讯，提供投资决策参考。版面力求突出：宏观性、政策性、新闻性、事件性、可读性、通俗性。

（特约编辑：崔书文）

中国日报

【概况】 中国日报是中华人民共和国唯一的全国性英文日报。1981 年 6 月在北京正式创刊。它以通俗易懂的现代英语，丰富多彩的高质量图片，大量的独家采访报道和生动活泼的版面向国内外读者介绍中国的政治经济、社会、教育和科技等方面的重大发展以及文化、生活、旅游和各地风土人情等。中国日报周一至周五对开十二版（周六为八版）在国内 30 个省市自治区及世界 150 多个国家和地区发行，是海内外英文读者掌握中国社会各类信息的主要来源。每天都有大量中国日报的稿件被国内外通讯社和报刊转载转发。中国日报也是国内最早推出网络版的传统媒体，国内外读者可便捷地在互联网上阅读中国日报。中国日报还于周日出版对开八版商业周刊。它以独家采访的形式向中外工商界提供广泛的贸易、财政、金融和市场动态等信息，介绍中国改革开放政策和各地最新经济发展，双边及多边贸易和外商投资动态等，深受海内外读者欢迎。此外，中国日报还在北京出版北京周末及二十一世纪，在上海出版上海星报，在美国出版中国报道。

【内容设置】 作为中国证券监督管理委员会指定上市公司信息披露的报刊中唯一的英文媒体，中国日报非常重视对金融证券市场的报道。每周均有大量篇幅介绍金融证券领域的最新动态、市场分析以及就热点问题进行的重点报道和专家访谈。读者对象为国外金融机构、投资银行、保险公司驻华代表、基金经理、金融证券市场分析人员，国内主要金融机构、券商以及国内外投资证券或对证券市场有兴趣的人士。在中国日报每天的经济版面上都有市场（market）栏目，介绍上海、深圳、香港、纽约、东京、伦敦及其他世界各重要股市、外汇市场、黄金市场的行情分析及人民币汇率。同时，中国日报还每天刊登沪深股市 A、B 股收市行情和香港股市 H 股行情，成为海外投资中国 B 股、H 股的市场投资者了解市场行情的最佳渠道之一。在每天的中国日报和周日的商业周刊上还辟有股市分析专栏。1999 年 11 月，为适应广大读者的要求，中国日报进行了全面改版。改版后的中国日报具有鲜明的个性，注重版面内容与形式的完美结合。版面图文并茂，强调清新悦目，结构简明，图片编排突出。同时一些新的栏目也将开辟以增加版面信息量，使内容更为丰富多彩。改版后的股市版增加了对国际主要股市的报道，并新辟了两个栏目—全球股市主要指数当日收盘情况（纽约股市当日中午情况）和全球外汇市场各主要货币对美元当日汇率。由于时差的关系，国内的一些主要媒体上都只能刊登国际股市和汇市前一天的情况。中国日报这两个栏目的开辟为国内外投资者及时掌握国际市场行情提供了有力的保障。此外，在每周日出版的商业周刊上还开辟了金融（Money）专版，对国内外金融领域重大事件进行深入报道，追踪分析。同时介绍国内外银行、保险公司、投资银行等在华业务的最新发展，长远规划、总裁专访等。

（刘伟玲）

《证券投资》周刊

【概况】《证券投资》周刊创刊于 1998 年 8 月，是新华通讯社主管、新华社新闻信息中心举办的面向国内外发行的证券类刊物。经过两年多的发展，刊物的竞争力不断增强，市场覆盖面逐步扩展。《证券投资》周刊的办刊宗旨是：坚持正确的舆论导向，充分利用新华社的资源优势和政策报道优势，积极宣传党和国家有关金融证券方面的方针政策，分析宏观经济大势与证券市场的运行趋势，客观、公正、准确、全面、及时传递证券市场信息，力求成为广大证券投资者投资证券市场的好参谋和好朋友。目前《证券投资》周刊在北京、上海、重庆三个直辖市和 25 个省会城市设有分印点，每周六出版发行。主要以证券市场的中小投资者为服务对象。2000 年 3 月开始，经新闻出版署批准，《证券投资》正式改为周二刊，7 月起新增一期以上市公司深度研究和深层次报道为主的《证券投资 · 上市公司研究》周刊。《证券投资 · 上市公司研究》周刊是目前国内唯一以上市公司研究为主的证券类刊物，致力于正确引导舆论导向，深度分析报道宏观经济与行业经济发展状况，多角度反映上市公司运作情况，为有关管理部门、企业、证券经营机构及具有一定投资理念的职业投资者提供全方位服务。《证券投资·上市公司研究》周刊每周六在全国17个分印点同时印刷出版。

【内容设置】《证券投资》周刊创刊两年多来，不断调整栏目设置，力求使宏观经济面分析预测性报道更贴近市场，对市场走势的前瞻性分析与市场热点更有机结合，个股研究更突出实战性、可操作性，对上市公司报道以实地采访和深入调研为基础，客观、准确、及时反映上市公司实际情况，力戒报喜不报忧。主要栏目有：证券时评、大势研判、技术导航、热点透视、名家视野、个股沉浮、看盘点股、主力观测、庄股解析、引君入门、投资策略、股友天地、中线选股、公司报道、行业视角等。《证券投资》周刊还有三分之一的篇幅为资料行情数据，为投资者提供深沪两市1000多只股票的每日行情数据，重要技术指标数据，能反映公司经营状况的基本数据和专家点评。同时，刊物根据市场热点转换，有前瞻性地按专题集中展示有关个股的基本面数据，为投资者选股提供有价值的参考。《证券投资·上市公司研究》周刊将上市公司置于宏观经济背景下、行业运行态势中，再结合对公司自身的实地调研，构成了刊物“三环相扣”的主体框架。主要栏目有：宏观视点、行业分析、公司研究、公司解读、服务热线、谈股论经、资料加工厂等大类栏目。下面又细分为经济测评、政策走向、环球财经、行业动态、公司扫描、资产重组、高科技园、二板市场、精股猎踪、多空看板等30多个小栏目。（刘媛）

《中国证券期货》周刊

【概况】《中国证券期货》周刊的前身是《中国期货》周刊，该刊于1994年3月创办。经国家新闻出版署批准，1997年12月《中国期货》更名为《中国证券期货》。《中国证券期货》周刊在国内外公开发行。海外订户主要分布在美国、英国、法国、日本、韩国、新加坡、以及台湾、香港等地区。《中国证券期货》周刊每星期六在北京、上海、深圳、成都、武汉、重庆、南京、广州、西安、郑州、济南、长沙、南宁、哈尔滨、长春、厦门、沈阳、乌鲁木齐、贵阳等25个地区同时印刷出版。

【内容设置】《中国证券期货》作为我国在海内外公开发行的证券期货综合性专业刊物，主要着眼于证券期货行业的理论研究、政策研究、热点追踪、宣传政府经济政策方针和关注上市公司质量。刊物读者包括证券期货行业的管理层、政府主管部门、研究机构、大专院校的研究人员、上市公司以及证券业与期货业的从业人员、股市投资者等。主要栏目设有特稿、专家专栏、热点追踪、问题研究、名家看市、名人沙龙、基金观察、证券公司荐股、公告解密、行业信息、期货天地、数据资料库等。（李洪）

《证券导刊》周刊

【概况】《证券导刊》周刊（前身为《证券市场信息》）由中国人民大学主办，中国人民大学书报资料中心编辑出版。《证券导刊》以服务于广大投资者进行理性投资为已任，及时报道国家政策动向，全面反映股市风云，刊登权威人士的真知灼见，适时揭示投资机会和市场风险。《证券导刊》采用文摘和专稿两种编发方式。文摘版以国内公开发行的千余种经济类、综合类报刊为基本稿源，由专业人士对报刊上的各种证券类信息进行精心筛选，使读者用最少的金钱和时间掌握最有价值的信息。周刊专稿特约资深股评人士撰写，同时，周刊以最快的频率（周）直接反映证券市场行情，并对各类热点问题进行独家深度报道和分析。《证券导刊》国内统一刊号为（CNII－（F）1001/0441SSN1007－8339），面向国内外公开发行，彩色封面印刷，16开，全年50期。

【内容设置】进入2000年周刊在栏目设置与内容编排上进行了大幅度整合，进一步加强信息服务功能，使刊物内涵更加丰富，时效快捷，更加贴近市场操作层面，贴近中小股民。增设的栏目有：机构论市、大户视点、庄股揭密、个股精品廊、股海淘金、公告解读、消息分析、投资学园等。作为重要资讯内容之一的本刊数据版块，也以其敏捷、精湛、时效、准确的优势成为本刊的主要特点之一。（于明娥）

国际金融报

【概况】《国际金融报》由人民日报社主管，是《人民日报》报系金融、经济为主的专业报，其办报宗旨是：紧紧围绕经济建设这个中心，力求站在全球金融的高度，对国际国内金融、经济的新闻事件、趋势和发展，进行及时、深入、系统的传播和报道，为中国经济与金融的改革和发展，提供最好的市场化服务。其特色为：国际金融特色、立足国内特色、贴近市场特色和大胆探索特色。《国际金融报》目前在全国有7个分印点，发行遍及全国各省、市、自治区（包括新疆、西藏），以及海外一些国家和地区。该报在因特网和全球最大的中文报纸网站——人民日报上同步发行电子版，并被全球最大的信息公司路透集团选为其全球中文商业资讯的来源之一，传播面遍及全球。《国际金融报》的主要读者包括各级金融界、工商业界的管理和政府部门的领导者，以及广大投资者和学术界。网址是：http://www.intfn.com.

【内容设置】《国际金融报》主要栏目：国际要闻、国内要闻、国际金融、国际汇市、国际股市、国际企业、信息时代、电脑与网络、银行卡、通讯世界、保险市场、证券周刊、期货市场等金融热点栏目。

信息早报

【概况】《信息早报》是由国家新闻出版署主管、主办的的全国性经济证券类专业报纸，每周6期，周一至周五为对开8版，周六为20版，国内公开发行。网址是：http://www.home-way.cn.net。《信息早报》全方位报道证券市场和上市公司的最新动态，及时传递来自决策层、管理层、证券公司、中介机构等方面的重要信息，致力于推进中国证券市场的健康发展，关注中小散户和投资机构的投资动向，其发行网络遍及全国各省会和大中城市，在30余处同时出版发行。

【内容设置】《信息早报》周一至周五刊，在及时准确传递国内外重要经济信息、报道重大经济事件的同时，开辟“服务园地”、“电脑时代”、“购房指南”、“生活潮”、“环球经济”、“收藏”、“旅游”等专版，以满足读者多方面的的需要。同时，每天以“证券专刊”4个版面专门报道证券信息，及时刊登每日行情，特邀知名人士与机构评述每日大势，点评推荐个股，及时发布有关资料，介绍操盘技巧，报道上市公司业绩。《信息早报》周六为《一周证券》刊，提供全部个股的一周走势K线图及简评，邀请专家对一周股市进行综合、深入评析，预测下周走势及推荐个股。

财经时报·新证券

【概况】《财经时报·新证券》创办于1999年7月3日，由中国证券市场研究设计中心等实力机构主办。编辑部集中了一批业内年轻有识之士，从创办之初就呈现出大胆求新的风格，率先提出“新证券股评绝无四平八稳、模棱两可陋习”口号，在业内掀起一股清新之风。《财经时报·新证券》目前是国内唯一彩色印刷的证券报。全国统一刊号CN—15—0080，逢周六发行，定价1.50元。

【内容设置】 《新证券》主要栏目：“市说新语”是代表编辑部声音的言论专栏，重点是指导政策研判；"本报专稿”追踪当期和前瞻下周市场热点，独家性突出；"传闻求证”是由记者对来自方方面面的传闻消息予以采访求证，向投资者传递更多参考信息；“数据广场”以数据表格形式梳理明暗炒做点，目前在业内已独树一帜；“大户室观风”、“股市通信箱”分别为个股消息和投资者询问而设，针对性很强。新证券在2000年1月1日刊出编辑部作出《2000年八大预言》，包括“股指有望创出新高”、"银行、证券、保险等金融机构上市”、高科技上市公司有独立的交易市场”、“基金队伍继续扩大”、“新股发行方式进一步改革”、“WTO对证券市场的影响加大”等，现在已逐一应验。其中“转配股流通上市”(3月14日，转配股上市的消息正式公布)、“房地产企业上市禁令将解除”、“股指有望创出新高”的预言之准令人惊叹，在业内反响极大。经过短短1年的时间，在全国发行量已达15万份。（董少鹏）

人民日报海外版《中国上市公司周刊》

【概况】 人民日报海外版《中国上市公司周刊》于1999年1月21日创刊，是海外读者了解中国上市公司的窗口，是中国上市公司走向世界的桥梁，并为中国企业走向国际市场融资、筹集更多的海外资金，发挥了积极的作用。周刊报道有以下特点：把宣传分析宏观经济作为重中之重，在进行报道时，既快捷又有深度，即抓住新闻的第一时间及时发布，要让每一个证券市场新事物及时传达到投资者手中，并对新闻所依存的背影，所产生的影响进行独到而深刻的分析，帮助投资者抓住重点，发现政策背后所隐含的内容，以便于投资者作出决策。

【栏目设置】 周刊开办的《金台了望》栏目，从创刊一直到现在，由于观点独特，逻辑清晰，笔法犀利，一直受到海内外读者的喜爱，成为转载最多、反馈最多的栏目。《中国上市公司周刊》的第二版，专门报道股市行情的走势和未来趋势预测。这一部分周刊本着“借用外脑，发挥特长”的原则，积极借助证券市场权威人士的分析为广大投资者保驾护航。《股海观澜》作为本版的主栏目，不仅向投资者分析一周走势，同时也为投资者预测下周的走势，并作出操作建议，因其分析犀利而成为短线投资者的航向标。《大势研判》作为另一个主栏目，侧重于把握长期走势，是长线投资者的重要参考。另外还有《专家论坛》、《板块扫描》等栏目。在分析证券市场走势的同时，《中国上市公司周刊》还积极地宣传和报导优秀的上市公司，把他们推荐给投资者和海外朋友，同时，对于绩差公司，《中国上市公司周刊》也决不手软，本着“三公”原则及时给予披露，给投资者以警示。创刊以来，《中国上市公司周刊》借助研讨会、交流会、参观访问等各种形式，使企业有机会直接向专家学习，向投资者推荐，与海外投资机构洽谈合作。（海文）

期货日报

【概况】 《期货日报》是由中共河南省委政策研究室主办，全国唯一一家全面反映我国期货市场发展动态的专业日报，国内统一刊号CN41—0082，邮发代号35—42，国外发行代号D4568。报纸创刊于1994年9月，在北京、上海、大连和郑州四城市异地同版印刷，并于1998年6月建立网站，通过“中国期货网”www.qhrb.com.cn和www.cnfutures.net向全球发布信息。《期货日报》充分发挥舆论工具的引导、监督作用，客观全面地报道我国期货市场的重大事件，为政府部门提供了有力的决策依据，为广大投资者提供了有益的投资参考。报纸在普及期货知识、宣传期货市场套期保值、发现价格功能的同时，充分发挥纽带作用，成为沟通政府与市场、市场与市场关系的桥梁，为我国期货市场的的规范和发展作出了较大贡献。《期货日报》已成为中国期货市场权威的信息中心。

【内容设置】 《期货日报》自创刊以来发行量不断提高，目前覆盖全国各大城市和世界主要期货市场发达地区。报纸对开四版，一版为国内外期货市场及现货批发市场重大事件的报道和评判，二版为国内期货交易所上市品种每日行情评述和近期、中远期预测，三版为期货经纪机构看市、国内各期货合约成交和持仓排名以及全球各大期货交易所主要品种行情，四版为专版，包括有色金属、农产品、橡胶等品种专版和综合、理论、副刊等。主要栏目设置有：特别关注、期市观潮、环球期市、机构看市、合约点评、品种群英会、现货面扫描、律师台、期市茶座、博弈之道、市场万象等。（宋雪芬）

中国证券报网络版

【概况】 《中国证券报·网络版》(www.cs.com.cn)是中国证券报社于1997年在全国率先推出的专业证券类网站，经过多年的积累与发展，依靠《中国证券报》在业界的权威地位，《中国证券报·网络版》已成为我国最有影响力的证券网站之一。

【内容设置】 《中国证券报·网络版》目前的主要内容为财经证券信息，信息内容涵盖国内外重大政治、经济消息及评论，港台、海外媒体的敏感报道与评论，证券二级市场走势分析与潜力股推荐，上市公司的最新动态，及有关热点与焦点的系列报道。经过近几年的努力，网站内容已形成以下特色：1、报道高度权威性、迅捷时效性的财经新闻。依托新华通讯社和中国证券报覆盖全球的庞大记者网络为信息源，实时发布国内外重大政治、经济信息；报道各行业部委的行业政策、行业信息；了解宏观层面，评述与各类投资市场相关的国民经济主要产业的现状和发展趋势，披露和解释国家的重要产业政策。2、汇集有背景、有观点、有针对性的证券市场评述。集中了国内各大证券咨询机构、经营机构及资深业内人士对市场走势的测评和研判，紧跟金融投资市场，及时提供股票、债券、基金的市场趋势分析、聚焦市场热点、发掘投资机会，是观察主力动向的窗口。3、拥有功能强大、方便快捷的实时分析系统。网站采用国内最好的网上实时分析系统，提供沪、深市场以及个股的动态交易情况(包括实时曲线和历史K线)，在持续高访问量的状态下，仍能保证数据传输顺畅、系统稳定，是投资者必要的辅助工具，并为今后开展证券电子商务提供了良好的基础。4、资料完备、更新及时的中国上市公司信息查询系统。第一时间报道上市公司经营状况、投资项目进展情况及所属行业最新动态，提供方便快捷的资料查询服务，内容涵盖所有上市公司的各类公告全文及相关新闻、深度报道、经营与管理等。5、投资者的投资学校。针对股民及刚入市的投资者，普及证券市场基本知识、基础理论以及证券投资分析的基本方法，培养正确的投资理念、掌握实战技巧。定期与券商和咨询机构合作，推出“跟我学操作”等指导性栏目，帮助股民建立熟悉具体的操作办法。6、股民的交流园地，投资者的网上论坛—股市众议院。“股市众议院”为投资者提供了一个发表个人观点、意见和看法的专门场所，投资者可以在BBS的十几个栏目中畅所欲言，直抒胸臆。该论坛邀请中国证券报的部分知名记者以及业内的资深人士来主持大家关注程度比较高的几个栏目，作为这些栏目的“版主”。他们针对大家感兴趣的话题，每天实际参与讨论，发表自己的见解，并深得股民的青睐。因此，一直被视为具有高度权威性、政策性的《中国证券报》又多了一条与普通投资者沟通的渠道。7、近期应广大投资者的要求，还将开通以下服务，包括免费电子杂志(邮件列表)、股民聊天室、证券电子商务、投资组合与风险监控等等。《中国证券报网络版》目前已经形成由中国上市公司、股市众议院、中国证券投资基金、中国资产交易网等子站点(或频道)组成的权威金融证券网站，在国内的金融证券信息网站之中占据了重要的一席，并在由CNNIC主办的“九九年度中国优秀网站评选”活动中被评为金融与证券类优秀网站。

(郭宏)

新闻传媒

中央电视台《中国财经报道》

【概况】 《中国财经报道》栏目是中央电视台第二套经济生活服务频道中的财经新闻栏目，其前身是创办于1996年7月1日的《财经报道》。四年来，《中国财经报道》受到经济界人士广泛注目，并成功报道1996年以来的历年人大、政协会议、中美贸易谈判、上海'99国际经济论坛、西部大开发等重大新闻活动。《中国财经报道》一直奉行以全方位报道财经新闻和证券市场动态为主旨，以迅速传递权威的信息并能提供服务为已任，突出及时性、权威性、知识性、服务性，成为电视观众获取市场经济信息和了解全球财经动态的重要信息资讯渠道。其有关"亿安科技成为百元股票"、"胜利股份股权之争"、"追踪ST郑百文"、"北京房价到底高不高"及"揭开PT农商社的盖头"等报道受到广泛的关注。1999年《新周刊》在1999年中国电视排行榜中称："《中国财经报道》是中国电视最权威的财经报道节目，资讯丰富，既新且快，对各类财经问题的评论有较高的政策水平，政府高层人士和行业巨头们在节目中极高的出镜，增加了节目的报道分量。"从2000年7月3日开始《中国财经报道》将以新的面貌与广大观众见面。新版《中国财经报道》将继续以中国市场为核心，及时传播国内外重要财经信息，客观分析重大财经问题，深入报道热点财经事件，为广大观众提供有价值的、有趣味的财经新闻。《中国财经报道》提出的口号是：成功人士最关注的财经新闻，投资大众更便捷的理财顾问。《中国财经报道》栏目拥有稳定、忠实的观众群，其特点是学历高、投资决策能力强。其在中央电视台二套的播出时间为周一至周五，中午12:30，晚19:35。

【内容设置】 《中国财经报道》的主要内容囊括：1.财经头条：以栏目自己的独家视角，对国内外重要的经济事件及问题在栏目中以头条的位置最先播出，是事件的权威性和记者观点的最佳结合。2.财经现在时：针对正在发生的，特别是结果未知的重要财经事件作连续追踪报道，表现方式以第一时间、第一现场的记者出镜报道为主。3.财经时评：针对财经领域的重要变化，及时做出栏目的判断，及时传递栏目的声音与观点。4.热点追踪：针对重要的财经政策出台或财经事件的发生，在第一时间电话采访相对固定的专家，形成固定特约评论员模式。5.证券金融报道：证券是经济活动中最活跃的成份，常有惊险的跳跃，《中国财经报道》对这个层面将大为关注。6.外汇市场汇报：国际主要汇市情况总汇。7.热线答疑：对观众热线电话所提出的问题进行归纳，比较集中的问题请有关权威专家公开回答。8.财经中国：是《中国财经报道》中一个别具特色的固定节目，财经记者每月定时对固定采访对象进行跟踪采访和拍摄，力求同步中国经济，描绘全年市场起伏。

（特约编辑：姜诗明）

上海人民广播电台金融证券节目

【概况】 上海电台金融证券节目走过了六年的历程，不断在实践中得以丰富。在1997年5月改版的基础上，1999年1月18日，金融证券节目随同整个频率进行重大改版。为使节目更贴近听众，更吸引听众，对金融证券行情和专题节目在结构和内容上都作了改造，所有的片头重新进行了制作。金融专题栏目改版的重点是《全国证券联播网》、《金融广场》、《股市行情》等。改版的效应迅即体现。同年3月本市兄弟台组织的收听率调查表明，上海电台金融节目的收听率比该台同类节目平均高8.69个百分点，与1998年12月该台收听率调查结果相比，上海电台金融节目的周平均收听率增长了67%。1999年9月上海电台亦进行了收听率调查，金融节目的收听率依然遥遥领先于兄弟台金融频率，包揽了本频率收听率的前8位，前15位中有12位是金融节目。此外，上海电台制作的6套金融证券节目分别获得全国经济台优秀节目社教类一等奖、全国广播证券节目好新闻、好节目评比一、二等奖。

【内容设置】 《全国证券联播网》（每周一至五18:00播出）在以最快速度采集报告沪深交易所最新信息、客观反映当日沪深两市盘势变化和各种技术数据的基础上，将小栏目作了新的设计："行家看股"中的基本面分析和技术分析合理归并，解析当天沪深股市演变特点，并对后市和有关题材、板块提出研判性的意见，此栏目的部分录音专送中央人民广播电台《证券广播网》播出；增设了反映社会关注热点的"热点追踪"（及时报道降息、征收利息税等国家财政政策实施的重大意义与社会的积极反应，以及投资者关心的其他焦点）；在"股海纵横"一栏里博采众长，让不同观点一起亮相。另外，每星期播出"一周港股"，由行家分析香港股市走势。《金融广场》（每周一至五10点15分播出），由原来以编用传真稿为主改变为自行制作"第一时间报道"为主，不断推出的独家报道引起了听众和专业人士的注意，同时新增的券商"第一时间"看盘说股也颇有吸引力。《股市行情》（每周一至周五从10:00至16:00逢整点播出）其中11点、12点时段都请进专家解析走势，为投资者所欢迎。此外，9点25分的《沪深股市开盘》充实了"入市备忘"。在努力办好广播节目的同时，金融节目策划、承办了面向社会、面向公众的活动——"家庭投资义务咨询日"，于5月1日举行。本市金融证券行业的50多位专家、学者和本台经济频率金融证券节目的5位主持人到场提供投资指南，接待咨询的市民达上万人次。当天中午12:00《证券传真》推出特别节目，通过电话同步报道活动现场的咨询情况，使那些未到现场的听众通过电波感受到了现场的热烈气氛，同时，也使他们有机会与现场的专家进行了交流。

（李慧英）

上海东方电视台《东视财经》

【概况】 上海东方电视台《东视财经》每天18:00——18:22播出，它能及时快速的反映经济生活的瞬间万变，同时通过对国家经济政策的权威解读，沟通宏观经济与百姓生活，为百姓的投资理财服务，因此《东视财经》的重点是为广大的股民，也就是中小投资者服务。

【内容设置】 上海东方电视台《东视财经》的主要栏目包括：

财经速递：全方位及时的报道国内外财经动态，报道权威专家访谈。股市三人谈：包括市况点播、今日热点和上市公司追踪。市况点播：分析大盘涨跌情况，请权威的专家分析涨跌的背后，及时的诠释国家的经济政策对股市及生活带来的影响；今日热点：包括对热门板块的分析，对热点的及时追踪，对板块背景的透彻分析，对上市公司的访谈等，报道当天证券市场的方方面面；上市公司追踪：让股民更好地了解上市公司，深入证券市场。股市热线(免费 81688868)：在这里慧眼识股的行家、短线高手、基本面专家将对股民的疑难问题进行详细、具有实战操作性的解答，向股民传导投资理念，揭示市场风险。其他还包括中报年报解读等。（东方电视台新闻中心）

出版专著

面向新世纪的中国宏观经济政策

该书探讨的核心内容是中国改革开放20年,经济取得了高速增长,同时也经历了大起大落。其间,宏观经济政策到底起了一个什么样的作用,或者说,宏观经济政策如何才能更好地促进经济的持续、稳定、健康发展。该书尝试系统地对改革开放20年来的政策实践所积累的经验教训进行总结,并刻画出中国宏观经济政策变动的轨迹,特别是全面阐述我国宏观调控体系如何逐步完善、宏观调控艺术如何不断提高。

樊纲、张晓晶著,首都经济贸易大学出版社。

中国当代中青年经济学家论著文库

该书分别就中国公有制实现形式、宏观经济调控、国有企业改革及人民币汇率等当代中国经济的难点和热点问题以及经验与教训,进行了理论与实际相结合的深刻论述。

中国当代十位著名中青年经济学家担纲编著,首都经济贸易大学出版社出版。

区域发展新思路

该书是"九五"国家社会科学重点研究项目"中国社会发展不平衡对现代化进程的影响与对策研究"的最终成果。该书除前言与结束语外,共分为三篇十二章。上篇"新的区域经济研究思路与新的发展观";中篇"区域社会经济发展协调发展";下篇"现代化与社会经济的协调发展"。本书的基本观点可以概述如下:一、中国社会经济发展不平衡是在多种因素起作用的条件下形成的;二、社会经济发展的不平衡与中国的现代化进程之间存在着互动关系。怎样针对现实中存在的社会经济发展不平衡状况,使中国各地区的经济协调地发展?主要有两种发展战略:一是梯度推进战略,二是中心辐射战略。

厉以宁主编,经济日报出版社出版。

中国财政要论

该书以总结我国财政工作经验和科研成果,促进财经改革和发展为宗旨,由财政部领导和有关司长、各地财政厅(局)长、知名财政学者撰稿,从不同角度分别推出了自己认为最值得写的重要论述,内容百花齐放,精彩纷呈,具有很高的参考价值。

项怀诚主编,中国财政经济出版社出版。

中国审计要论

该书以总结我国审计工作的经验,进一步强化审计监督,提高审计工作的水平为宗旨,组织全国审计系统有关司局长,从不同角度分别推出了自己认为最值得写的重要论述,资料翔实,见解精辟,具有很高的参考价值。

李金华主编,中国财政经济出版社出版。

转轨期间的经济分析与经济政策

这是一部理论与实践密切结合分析中国经济改革过程的专著。书中回溯中国经济体制改革在过去20年中所走过的历程,其间涉及价格、税收、财政、金融、贸易、农业、企业乃至社会保障等各个方面为改革所做出的一次又一次痛苦的抉择和艰险的闯关。整个转轨的过程是一个错综复杂而又庞大无比的经济系统的逐步演变,走向资源配置的优化和建立新的有效率的激励体系过程。书中可以清晰地看到90年代以来中国经济转轨过程中的理论争议,理解当年许多改革政策的出台背景和分析思路,并从中领略现代经济学思维的精微之处。

周小川著,中国经济出版社出版。

在经济转折中(博导文丛)

该书偏重于经济学理论方面的文章,大体上可以反映出作者20年来经济研究的主要成果。作者多年来一直在党和政府领导机关的研究部门供职,是从改革开放和现代化建设的实际出发进行研究工作的。本书所提出的见解有些已经被实践证明其正确性,有些还在等待实践的检验。

王梦奎著,华文出版社出版。

2000年中国:经济形势分析与预测

该书是由一批权威经济预测专家撰写的年度报告。本年度报告认为,1999年我国国民经济增长速度将达到7.6%左右,2000年国民经济增长速度将保持在7.5%~8%之间。而2000年中国经济能否快速增长,将取决于三个条件:一是社会投资能否被新一轮国有投资带动;二是居民对于未来收入不稳定的预期能否被改变;三是能否抓住国际经济环境日趋好转的机会,积极扩大出口。

刘国光、王洛林、李京文主编,社会科学文献出版社出版。

繁荣与稳定——中国经济波动研究

该书是《中国社会科学院所长论丛》的首本,是中国社会科学院经济所所长刘树成研究15年来对中国经济波动专题进行潜心研究的成果。该书按其内容的内在逻辑,共分五篇展开。第一篇理论研究:周期成因分析与波动特点变换;第二篇政策研究:经济走势预测与宏观调控取向;第三篇价格研究:物价变动趋势与经济周期波动;第四篇地区研究:工业波动态势与地区不平衡格局;第五篇国外研究:周期模型评介与经济波动考察。该书纪录了作者对中国经济波动问题的研究轨迹,也纪录了我国50年来经济增长与波动的运动轨迹，以及改革开放以来宏观调控不断改善的变化轨迹。特别是书中对中国经济周期波动的新阶段问题、“软着陆”问题、中国的菲利普斯曲线问题、价格翘尾因素问题、“东亚模式”兴衰问题、“流动性陷井”问题、通货紧缩问题，以及提高最终消费率以进一步启动经济等一系列热点问题的探讨。

刘树成著，社会科学文献出版社出版。

新中国经济史

该书以共和国50年来重大经济事件为线索，以时间为序，通过可靠的历史事实资料，翔实地反映了历史原貌。纵观全书，其特点一是重史轻论。作者反映历史原貌，但不轻易作总结、下结论，“让读者从历史本身的发展去辨别人和事的功过是非”。二是偏重政治。经济基础与上层建筑的作用与反作用的关系在书中体现得十分明显。本书具有党史和国史的某些特点。三是语言通俗，脉络清晰。作者将50年经济史娓娓道来，不是概念的堆砌，没有玄虚的文字，翔实具体，并且在把握历史进程的基础上，构建了一个十分清晰的结构框架。

苏星著。

经济转型期公共财政

该书对经济转型，尤其是在我国社会主义市场经济的建设过程中，如何进行财政体制改革，构建公共财政框架，展开了理论探讨。书中研究了经济转轨期的财政功能、财政比例和转移支付、公债等财政政策工具，以及国有企业改革、社会保障等重要内容。

巫建国著，中国财政经济出版社出版。

中国对外经济贸易白皮书(2000年版)

该书是向国内外经济界全面公布中国上一年度对外经济贸易发展状况、外经贸管理机构改革情况、有关办事程序、政策法规动态以及其他外经贸信息的年度出版物。该白皮书按照国际惯例编写，书中既包括翔实的统计资料，又有宏观及微观层面上的定性定量分析，并且还有政策法规和机构信息汇编，内容力求全面、客观、准确。

中国对外贸易经济合作部《中国对外经济贸易白皮书》编委会编写，中国社会科学出版社出版。

中国税法实务全书

该书内容以现行税法为依据，重点介绍近年来补充、修改的新税法及原来仍有效的税收法律。全面性、实务性兼具，内容新、资料全，是目前国内唯一一部权威的税法工具书。

财政部、国家税务总局、北京大学、北京商学院等近二十名专家、教授联合撰写，改革出版社出版。

纳税、避税与反避税：新增会计实务操作

该书在保持第一版和第二版学术原理性强的基础上，密切联系中国国内、涉外税制改革新进展，并结合2000年7月1日实施的新会计法，作了全面修订，尤其突出国内、国际税收征管，纳税、避税、逃税策略与反避税对策，会计、审计制度方面的实务操作，集原理性、实用性、技巧性于一体。全书包括(1)我国现行税收制度；(2)流转税的缴纳；(3)所得税的缴纳；(4)财产税和行为税的缴纳；(5)我国现行税收征管体制；(6)国际税收；(7)国内避税方式；(8)国际避税的内容及手段；(9)反避税对策；(10)会计及账务处理等10章。

社会科学文献出版社出版。

党和国家领导人论国企改革和发展

该书主要选收了党和国家领导人从党的十四大至十五届四中全会期间，关于国有企业改革和发展的重要报告、讲话和文章，共41篇；同时，为了方便读者，还选收了在此期间中共中央、国务院和有关部门关于国有企业改革和发展的重要文件13篇，包括《中共中央关于国有企业改革和发展若干重大问题的决定》这个纲领性文件。书中收入没有公开过的内部文献21篇，其中江泽民同志1999年4月以来关于国有企业改革和发展的6篇讲话是第一次公开发表。所有党和国家领导同志的文稿均经本人审定。

国家经济贸易委员会和中共中央文献研究室合作编辑，中央文献出版社出版。

别无选择——北京青年经济学家谈当前经济改革

该书有两个特点：一是由一批较为知名的青年经济学家主笔，二是涉及的问题都是我国在当前和今后相当长一段时期中面临的一些非常突出的尖锐的问题和矛盾，内容深刻而又富有新意。

范恒山编写，中国经济出版社出版。

金融发展与企业改革

该书是在中国经济经过十多年的高速增长，创造奇迹的同时开始暴露出经济改革中诸多深层次的矛盾背景下，国民经济研究所1997—1998年期间“资本市场发展与企业治理结构的变革”的专题研究成果。该书共分十章，论述了体制转轨的动态过程：非国有部门的成长与国有部门的改革；企业改革与国家融资；企业改革与银行改革；企业改革与产权交易；企业改革与资本市场；金融抑制对企业融资能力的影响；中国上市公司融资偏好和融资能力；国家股和法人股的流动性问题；中国上市公司的治理结构；中国改革新阶段：小企业产权改革与资本市场发展。

樊纲著，经济科学出版社出版。

知识经济与企业管理创新

该书以知识经济时代呼唤企业创新作为主线，从企业制度、组织和管理等方面对创新的概念和作用进行了全面的概括和深入的研究。全书内容丰富，着重论述了企业创新、企业制度，组织创新，管理创新，生产创新，营销创新，虚拟企业，柔性管理，知识管理，数字化管理等重要问题。

唐玉湘主编，社会科学文献出版社出版。

改制新途径

该书从剖析国内企业效率流失的“产权”根源开始，在总结吸收西方企业经验的基础上探讨了国内外公司治理的有效途径，第一次从实务操作和案例分析的角度就国内企业如何引入 MBO、员工持股计划和股票期权等工具来进行产权改制、建立起有效的激励和约束机制进行了详细的论述。

李建良著，中华工商联合出版社出版。

区域经济与企业发展研究

该书研究的内容分为 4 类：(1)欠发达平原农业区工业化道路问题；(2)开发区与高新技术产业发展问题；(3)资源开发型城市发展问题；(4)中小企业改革与发展问题。书中对每一类问题都进行了比较系统的探讨，对(1)、(4)两个问题的探讨尤为深入，并提出了一些作者自己的独到见解。

耿明斋著，中国经济出版社出版。

2000 年金融市场分析与预测

该书旨在加大金融对经济的支持力度，加快金融体制改革的步伐，共分四编十八章。第一编金融政策，展望 2000 年经济前景、回顾与展望金融政策；第二编金融机构，回顾与展望商业银行发展、分析信贷形势、利率走势及政策；第三编金融市场，回顾与展望证券市场、期货市场、外汇市场、保险市场；第四编国际金融，回顾与展望国际金融形势、国际金融市场及其监管。论述欧元启动对全球经济的影响。借鉴国际经验推动我国债转股实践。

萧灼基著，经济科学出版社出版。

中国货币政策报告(1999)

该书是我国中央银行第一部讲述年度货币政策的专著。内容分为一个主报告、14 个报告以及 17 个政策性银行、商业银行专题报告，比较全面地介绍中国人民银行 1998 年货币政策的政策背景、政策措施、政策决策和实施过程以及国内外对货币政策效果的评价，同时对 1999 年货币政策操作进行了展望。

戴相龙主编，中国金融出版社出版。

中国资本市场前沿—理论研究文集

该书是一部研究资本市场前沿的重要论著。本论著共选入 49 篇论文。其中，大多数是曾在《经济研究》上发表过并具有较大社会影响的优秀力作；有一部分是从中国资本市场前沿问题高级理论研讨会征文中精选出来的。这些论文系第一次公开发表。著名经济学家厉以宁教授专门为这部论著的出版写了序。本论著内容广泛，深入全面。既包括市场分析，如市场有效性和波动分析、一级市场分析、二级市场分析、会计信息操纵及其市场反映分析、公司股利政策效应分析；也包括上市公司的分析，如公司治理结构分析、融资结构及其成本分析。既包括对资产组合等较高深理论问题的分析，也包括当前中国资本市场最急需研究的问题的分析，如虚拟资本与实质资本关系，国有股流通、金融指数期货的开设等。

刘树成、沈沛主编，社会科学文献出版社出版。

英汉国际金融大辞典

该书全部辞目，按类别共分为金融概述、银行会计、信用工具、信托、投资、租赁、证券业务、金融市场、国际贸易、进出口业务、国际汇兑、国际信贷、国际保险、国际收支、国际融资、国际结算、外汇管理、国际货币体系、国际金融机构、国际金融理论、国际金融法规等 21 类。辞目按英文字母顺序编排，每一辞目由英文辞目、汉语译辞、汉语释义三部分组成。全书收入辞目近 14000 条，共 120 万字。

陈岱孙、范家骧、高天虹著，北京工业大学出版社出版。

知识经济与金融

该书在现有研究资料的基础上，从知识经济对金融发展的影响入手，深入、系统地探讨了知识经济时代的金融理论问题、知识经济时代的货币和货币问题，并进而全方位地分析、介绍了知识经济与金融工程、知识经济对金融活动的影响、知识经济与投融资活动的关系、知识经济对金融市场的影响、知识经济时代的金融风险、知识经济时代的金融体系、知识经济与金融宏观调控等问题，力图勾勒出知识经济时代金融业的全貌，并在此基础上，对 21 世纪知识经济与金融的关系进行了展望，旨在帮助读者进一步认识金融业是典型的知识密集、信息密集和智力密集性行业之一；知识经济决定了金融发展的方向，以及金融服务发展的深度和广度；金融的发展绝对离不开经济知识化的现实。

李京文主编，社会科学文献出版社出版。

银行贷款五级分类规范操作全书

该书共分十八章，重点介绍了贷款风险分类的基本原理、操作步骤、分析方法、分析技术及稽核手段。其特点：一是全面性。系统地收集了目前国内外有关贷款风险分类方面的所有权威资料，在体系上既注意突出重点又不忽略细节。可以说是目前国内有关此方面知识的第一本全书。二是实务性。在突出理论的同时又注重实务，可操作性强，直接涉及到具体的信贷管理业务。三是可读性。在强调理论上，不涉及深奥的金融知识，也不做繁琐的数理推导，以讲明道理为目的，尽量深入浅出以减轻读者理解上的负担。四是时效性。所取资料全部来自最新材料，而且基本来源于实际工作层面，避免了理论与实际的脱节，也尽力防止了时滞信息现象的出现。

郭海林著，光明日报出版社出版。

怎样借银行的钱

该书共分 8 章，每章介绍一个消费贷款品种。在每章开始，都引用了发生在我们生活中的真实事例，接着叙述这一品种的内容，申请办理这个贷款的程序，包括需要提供的证件、资料、必须具备的条件、必须经过的手续、必须支付的费用等，运用这一贷款的技巧、需要注意的问题，最后，通过一个或多个实例，讲述如何巧用这一贷款。具有很强的实用性和操作性。书中配有大量漫画插图，图随文走，图文并茂。

中共上海市金融工作委员会组织宣传处组织编写，上海人民出版社出版。

保险法论

该书共分7章，分别从法理、实务等方面就保险法的立法原则、立法背景、保险合同、我国监管环境、尤其是保险法实施与运用中的疑难和易混淆之处及依法监管过程中的诸多问题进行了深入浅出的阐述和分析。为了保证该书的实用性，作者充分考虑并引用了《保险法》颁布实施后陆续出台的保险法规的内容，使该书具有较强的时效性及完善性。

秦道夫著，机械工业出版社出版。

中国寿险业与资本市场的协同发展

该书运用了现代微观经济学、金融经济学、金融发展理论、投资管理理论、组织行为学等多种分析工具，第一次系统地从微观到宏观，阐明寿险业与资本市场的关系。面对利差损的压力，保险界要求开放或拓宽投资渠道的呼声正浓，本书结合中国当前面临的实际问题，从理论和实务两方面做了较翔实的解析，有很强的实用性。书中还包容了当前保险资金入市等热点问题的讨论。

陈东升著，经济科学出版社出版。

人民币汇率研究

该书以国际金融和宏观经济理论为指导，与人民币汇率的实际相结合，以国际金融的外部环境和中国金融发展的内部矛盾为背景，研究未来中国货币危机的可能性与防范措施。该书先讲外汇价格（汇率），再讲外汇数量（国际收支），遵循经济学的基本研究方法，抓住外汇的价格和数量的关系进行。在分析国际收支平衡表的时候，引入对中国对外开放和引进外资和国内储蓄的分析，开放条件下的宏观经济政策，保持国内外经济双平衡的分析。

杨帆著，首都经济贸易大学出版社出版。

中国证券百科全书

该书作为对二十一世纪的献礼，是在中国证券监督管理委员会的指导下，以促进中国证券市场规范健康发展、服务中国证券市场各个层面为宗旨，系统传播证券专业知识、全面汇集证券法规、详细介绍证券机构情况、大力展示上市公司风采、权威评析公司并购案件，其内容翔实，资料丰富，可称为最全面最权威的证券业工具书。

施光耀主编，山西经济出版社出版。

证券投资学

该书系统介绍证券投资的基本知识，基本理论和基本方法，深入分析证券市场的运行过程和运行规则，全面阐释证券投资的现代理念和应掌握的重要方法，探讨如何对证券市场进行适度监管等问题。该书分总论篇、基本分析篇、技术分析篇、组合管理篇和市场监管篇五部分。

吴晓求著，中国人民大学出版社出版。

证券法理论与实务

该书以《中华人民共和国证券法》及其他证券法律法规为依据，除对证券法的基本理论问题进行讲解外，围绕证券市场运行过程中涉及的证券发行、证券上市、证券交易、信息披露、上市公司收购、证券交易所、证券公司、证券登记结算机构、证券交易服务机构、证券监督管理机构等问题作了系统阐述。本书注意理论联系实际，具有较强的理论性和实用性。

徐杰著，首都经济贸易大学出版社出版。

证券法热点问题探析

该书作者利用历史与经济的方法对境内上市外资股的产生与发展进行了详细而又深入的分析，试图找出境内上市外资股牛短熊长，“跌跌”不休的原因，并对境内上市外资股的未来发展所需要的法律环境提出了自己的看法，以求为中国资本市场的建立、发展与完善尽微薄之力。

于绪刚、郑琰著，法律出版社出版。

二板市场——新经济的摇篮

该书论述二板市场是证券市场的一部分，二板上市公司也是上市公司的一部分。因此，从二板上市股份公司的组建到工作程序、问题的处理、上市辅导、上市形式等都与主板市场必然地存在着共同性。笔者根据现有的法律、法规、指引性文件及工作程序和国际惯例，凭借长期的工作经验演绎出这本书。

张新文著，中国经济出版社出版。

中国证券发展简史

该书共分六章：第一章中国债券发展简史；第二章中国早期的股份制和股票市场；第三章新时期的股份制和股票发行；第四章我国证券交易市场简史；第五章期货、基金和可转换债简史；第六章中国证券立法和监管的历史沿革。

郑振龙主编，经济科学出版社出版。

上市公司投资价值分析报告

该书从沪深A股上市公司中，分别选取了若干家有投资价值的上市公司进行研究、分析、论证。主要从国内国际宏观经济状况，上市公司所属产业、行业背景，上市公司在行业中所处的地位，上市公司近年来的生产、经营状况，上市公司财务状况等方面作了深入的论证和分析。

张行端著，中国财政经济出版社出版。

中国股票市场实证统计分析

该书运用了许多国际上新近出现的统计方法，对我国股票市场的风险特征、宏观经济基本面与股市的关系、上市公司财务的统计分析、股票的投资选择分析、国际间股市比较分析等方面进行了深入系统的分析，并得出了一些有意义的结论。作者用新方法进行股票选样、数据资料收集、股价复权、相关指标计算、统计模型等，对我国股票市场基本统计特征进行的较为全面的分析和描述，实为一项开创性的工作。

钟蓉萨、顾岚著，中国财政经济出版社出版。

股票分析指标大全

该书既收录了独家发明的技术指标和多篇专业论文，又广泛收录了国内外证券投资市场中常用的具有代表性的102种技术分析指标、近30种K线形态及经典理论。许多指标加入了部分实战者的使用心得，可供读者借鉴。在资料来源上该书在参照中文资料的同时也大量参照外文资料，力求指标描述的准确、严谨。

《投资家》证券研究中心编写，中国经济出版社出版。

新股民入市百问百答

该书采用问答体例，全面系统地介绍和阐述了中国新股民入市过程中应该了解和掌握的基本概念、基本知识和基本技巧。它是一本指导新股民顺利进入中国股票市场的入门读本。在内容上尽可能按照新股民入市过程中所遇到问题的先后顺序进行编排，循序渐进，深入浅出，所涉及的问题全面而具体，解答科学而详明。该书既具有知识性、系统性和理论指导性，又具有实际可操作性。

高升著，中国致公出版社出版。

期货知识与风险防范

该书以帮助广大期货投资者提高对期货市场的正确认识，掌握更多的常识，增强风险意识为宗旨。共分四章 ：第一部分期货市场基本知识；第二部分期货交易的基本过程和基本规定；第三部分期货市场风险与风险管理；第四部分客户如何保护自己的利益。

中国证券监督管理委员会期货监管部编写，中国发展出版社出版。

期货市场风险控制论

该书首先从一般意义上论述期货市场风险控制的基本概念、主要内容和风险的演绎进程，论述西方期货市场风险控制的代表性理论，然后对中美期货市场风险管理状况对比分析，从管理体制、交易机制、交易主体结构和制度供给等四个方面剖析国内期货市场风险控制现状，最后重点从实务出发，提出把握国内期货市场风险控制的具体关键环节的建设。该书理论性、实用性和实践性都较强。

姬广坡著，中国财政经济出版社出版。

投资基金手册

该书分上下两篇。上篇取材于国际基金专业人员的培训课程讲义，并结合作者在国外学习的收获和多年在基金实践中取得的经验进行编写，系统地讲解了基金实务理论。本部分言简意赅，结构清晰。下篇概括地介绍了国内基金近十年的实践情况，将截至1999年底基金主管部门颁布的基金行业管理的规章和国家重要法规编辑出来。同时还收集了十多个国家和地区的基金发展情况和权威数据，以求达到开阔视野、推动发展的目的。

张健著，中国城市出版社出版。

现代产权制度辨析

该书认为从现有的我国改革实践来看，现代产权制度的构成体系为：现代产权制度的核心内容——产权清晰；现代产权制度的内在要求——产权顺畅流动；现代产权制度的组织构架——产权结构多元化；现代产权制度的功能机制——企业家作用。

魏杰著，首都经济贸易大学出版社出版。

经济改革与发展的产权制度解释

该书是以改革与发展的历史进程为背景，从产权制度方面分析改革与发展的动因、矛盾、前景和趋势。全书共分六章。第一章对产权范畴作出阐释，介绍了比较经济思想史关于产权的定义以及形成不同定义的经济史根据，特别考察了产权范畴在中国经济学界存在的认识分歧以及这种分歧背后的价值取向及政策倾向的差异。从而得出作者关于解释产权的基本原则；第二章从基础理论方面考察产权制度与市场机制间的相互关系，剖析市场经济对产权制度的一般要求，考察产权制度与市场秩序及市场失灵间的内在联系；第三章考察产权制度改革与资源配置方式转换进程之间的逻辑联系，从理论上探讨西方经济学及改革理论发展中对产权制度改革在整个以市场机制为目标导向的改革中所居地位的认识和争论，特别分析了中国改革进程中产权改革与市场发育之间的矛盾；第四章从产权制度改革方面探讨国有企业改革的进展及所面临的矛盾，分析国有企业改革的运动趋势；第五章从所有制结构的演变方面解释中国经济改革与发展之所以取得进展的原因，特别阐释了非国有制经济对于中国市场经济的发展和中国经济增长的意义，探讨了中国所有制结构变化中非国有经济成长所面临的矛盾及发展前景；第六章考察企业的法人产权与企业治理结构的相互关系，在分析企业法人产权性质、特征的基础上，从企业法人产权制度构造的角度认识中国企业治理结构的缺陷和特点，探讨企业治理结构的完善。

刘伟著，首都经济贸易大学出版社出版。

资本市场

《资本市场》作为首创集团涉足意识形态领域的窗口，已逐渐形成自己独特的风格。其版面为大16开，全彩铜板纸精印，是国内高档财经期刊中的佼佼者。近年来，随着我国对外改革力度的进一步加大，资本市场发挥着越来越重要的作用。《资本市场》以推进中国资本市场快速发展为主旨，着力宣扬国际成熟资本市场的先进管理理念，以其权威、精辟、深入等风格在众多经济类期刊中独树一帜！《资本市场》的作者包括国内外知名学者、高级政府官员和著名的跨国大财团，他们有周小川、吴敬琏、陈清泰、吴晓灵、林毅夫、周其仁等人，著名机构有美林、高盛、摩根士丹利等。《资本市场》以资本运作为主题，对国内外新近发生的购并、重组等重大案例作了详尽、独到的诠释，一些栏目如特别报道、述评、案例、研究分析、操作者等备受读者和各界朋友喜爱。

法定代表人：刘爱国主任律师

本所原名内蒙古经济律师事务所，是经国家司法部和内蒙古自治区编制委员会批准于1985年成立的，全区唯一的一所自治区级国办占编律师事务所。本所是主要办理涉外经济和国内重大经济法律事务的律师执业机构，具有司法部、中国证券监督管理委员会授予的证券法律从业资格。1998年经自治区司法厅和编制委员会批准，更名为经世律师事务所。

事务所成立十五年来，人员不断扩充、机构不断完善，现已形成以公司、金融证券为核心，包括投资、金融、贸易、房地产、知识产权、综合业务部等门类齐全的业务机构，拥有专兼职律师、工作人员及各行业专业顾问30余人。同时，自治区民法经济法研究会还设在本所。在公司及证券法律业务方面，开展了：(a)公司设立、兼并、分立和清算，以及股权变更、股权转让的方案设计及委托操作；(b)配合企业股份制改造的企业股份制改造的总体策划，企业股份制改造法律问题咨询，为设立股份有限公司出具法律意见书等；(c)企业发行债券所涉及的法律事务咨询，股份有限公司股票发行上市总体策划，起草或修改股份有限公司发行A股、B股或H股并上市交易所需的法律文件，为股份有限公司发行A股、B股或H股并上市交易出具法律意见书等具体法律服务业务。在上述领域中，六年内为二十余家国有企业股份制改组、股票发行上市提供了法律服务。包括担任赤峰富龙热力、内蒙古草原兴发、内蒙古仕奇实业、西卓子山草原水泥等六家股份公司的股票发行上市特聘专项法律顾问；内蒙古金宇集团、哈尔滨捷力实业、长春燃气股票发行上市的主承销商律师；内蒙古洛克高科技、大青山石化、青山乳业、呼市电子元件五厂等二十余家企业的资产重组、股份制改造的策划人及法律顾问。此外，我所部分律师还参与了数家企业的人民币外资股股票的发行上市工作。

在金融法律业务方面，曾担任原中国工商银行内蒙古信托投资公司(现已撤销)、内蒙古自治区分行营业部(原呼和浩特市分行)、中国银行内蒙古自治区分行、中国建设银行呼市中心支行等金融机构的法律顾问，其中现在仍然担任中国工商银行内蒙古自治区分行营业部的长年法律顾问。代理工商银行参加了内蒙古毛条总厂、内蒙古第一、二、三、四毛纺织厂、包头蓄电池厂等数十家国有工业企业优化资本结构破产、兼并工作，为银行实现债权、规范兼并破产行为起到了重要作用；在诉讼及仲裁代理业务中，承办了多起在区内外有重大影响的经济诉讼案件和涉外仲裁案件，代理金融单位参加了企业破产兼并的试点工作，在避免和挽回委托人的经济损失方面起了至关重要的作用。在涉外业务方面，主要办理为国际财团、外商在中华人民共和国境内投资开办企业、进行项目融资提供法律、政策方面的可行性研究、出具法律意见、提供法律咨询。

建所十余年间，事务所十分重视与世界各国及国内同行间的交流与协作。我所律师曾作为中方代表参加“中美贸易投资法律讨论会”、“中国、欧共体国家在华投资法律讨论会”，作为中国代表团成员出席“第十四届世界法律大会”等双边或多边等国际法学研讨活动。事务所曾多次获得国家司法部、中华全国律师协会及内蒙古自治区司法厅、律师协会授予的：“优秀律师事务所”、“全区法律服务窗口单位”称号。1994年，香港爱丁堡金融出版(亚洲)有限公司将本所编入中港主要律师行之列。1999年，国家司法部、全国律师协会将本所列入全国律师事务所500强。事务所非常注重执业律师的业务培训，先后派出二十多人次参加了司法部、中国证监会、国家科委以及中华全国律协举办的“证券从业资格”、“产权界定从业资格”、“外商特许权投资(BOT)实务”、“公司兼并与收购实务”以及“涉外经贸法律人才英语强化”等专业培训。

地址：呼和浩特市呼伦南路118号物资大厦12层　电话：(0471)6925729　传真：(0471)6927018　邮编：010020

第十六编

证券业社会团体

1756/1764

证券业社会团体

中国证券业协会

【概况】 根据《证券法》的规定和中国证监会领导的要求，根据对未来的设想，按照精兵简政、分工明确、职能清楚、责任具体的原则，协会秘书处设置以下部门：行政部：负责日常行政、文秘、财务、人事等管理工作，以及各部门的协调。会员部：负责会员单位的日常联络，向有关部门反映会员的意见和要求；组织会员之间的业务交流；发展新会员；会员基本情况统计和数据库的建立和维护。调查部：负责了解会员单位执行法律法规和自律规则的情况，监督检查会员行为，调查违规和违反行业道德的行为以及证监会委托查处的案件，对违规行为提出处理意见并报请证监会批复，对违反行业规则的行为进行公开的行业谴责；调解会员与会员以及会员与客户之间的纠纷，维护会员正当权益。研究部：负责证券市场及其相关信息的收集、整理、分析和研究，为会员和有关部门提供信息和决策服务；组织会员单位的研究部门就证券业发展中的重大理论和实践问题进行协作研究；负责协会及会员单位的各类宣传活动；组织编辑出版协会会刊、市场年刊及其他出版物。培训部：负责组织从业人员的国内培训；配合证监会做好从业人员资格考试的组织及从业资格管理。外联部：负责与各国证券业协会的日常联络，及非保密资料和公开信息的相互交流；负责组织会员单位和协会与国外证券业的民间互访；配合培训部组织会员单位人员的国外培训，并逐步建立若干国外培训基地；借助民间交流的便利条件，为国家主管机关提供建议，为会员单位业务的境外拓展架设桥梁。除上述常设部门外，协会设立七个专门工作委员会，其具体工作由相应的常设部门负责牵头或召集：证券机构行业行为监察委员会、法律服务委员会（均由调查部负责）；证券市场发展战略与政策咨询委员会（由研究部负责）；证券从业人员教育培训委员会（由培训部负责）；证券信息技术应用委员会、证券分析师专业委员会（均由会员部负责）；证券市场金融产品开发委员会（由研究部负责）。中国证券业协会理事长：常振明，副理事长兼秘书长：马庆泉。

中国注册会计师协会

【概况】 1995 年 6 月 19 日，中国注册会计师协会与中国注册审计师协会实现联合，此后，31 个省、自治区、直辖市注册会计师协会与注册审计师协会也按照统一要求实行联合。截止到 1999 年 12 月底，全国共有注册会计师 60391 名，非执业会员 75261 名。

【业务工作】 *脱钩改制工作*　1998 年 12 月 24 日，国务院体改办对财政部已经确定的事务所体制改革的目标和原则给予了肯定。根据会计师事务所脱钩改制工作的总体部署，事务所脱钩改制工作分三步进行：103 家具有执行证券期货相关业务资格事务所，于 1998 年底完成脱钩改制；117 家挂靠中央单位的事务所，于 1999 年一季度完成脱钩改制；全国所有事务所要在 1999 年底完成脱钩改制。为规范和推进事务所脱钩改制工作，1999 年 4 月，财政部印发经国务院领导同意的《会计师(审计)事务所脱钩改制实施意见》，对脱钩改制的目标和原则、脱钩的内容、改制的组织形式、脱钩改制的期限和实施步骤，以及相关问题的处理进行了规定，有效地推进了事务所脱钩改制工作的进行。截止到 1999 年 12 月底，全国 6045 家事务所通过脱钩改制减少到 4805 家，其中改制为合伙制的事务所为 405 家。至此，全国事务所脱钩改制工作，按照要求基本完成。事务所的脱钩改制，给行业建设带来积极影响：一是事务所和从业人员风险、责任意识有明显提高；二是队伍结构趋向年轻化、专业化，事务所发展的规模化势头日趋强劲；三是变革了我国事务所的“官办”形象，增强了国内外投资者对我国事务所的信赖度。此外，注册会计师行业的体制改革工作，对其他中介行业的脱钩改制也有着积极的示范效应。

业务监管工作　业务监管工作是监督执业质量、惩治弄虚作假行为的一个极其重要的环节。这方面的主要工作有：1. 清理整顿后续处理工作。督促各地切实重视对行业清理整顿中发现问题的处理，对一批存在严重执业问题的事务所和注册会计师依法作出了处罚。2. 日常监管工作。依照加强监管，制止作假，严厉打击作弊行为的工作方针，细致部署事务所业务检查工作；认真受理对事务所、注册会计师执业质量和职业道德问题的投诉举报；对财政监督机构移交的涉嫌执业质量问题，认真核查、依法处理。3. 监管体系建设方面。基本确立了注册会计师行业监管体系的基本内涵：一是与稽察特派员总署、证监会、审计署、财政监督机构等部门联手，通过对企业的监督，验证和检查事务所的业务质量；二是强化行业协会的自律和监管，建立和完善质量监督机制，并赋予相应的处罚权，建立调查委员会、惩戒委员会，提高行业自律监管的权威性；三是动员社会各界力量，对行业质量实行监督。通过上述三个层次，形成严密的政府、行业、社会监督网络。

注册管理工作　1. 证券、期货相关业务许可证管理。对具有证券、期货相关业务许可证的会计师事务所的脱钩改制情况进行了复核，对符合规定条件的会计师事务所和注册会计师换发了证券、期货相关业务许可证，并在全国性报刊上进行了公告。对不符合规定条件的会计师事务所给予了暂停执行证券、期货相关业务一个月的处罚。2. 会员管理及服务。办理了注册会计师和非执业会员的入会审批、注册、转会、发证及相关工作的复核等事项。

专业标准建设　1999 年 7 月 1 日，第三批《中国注册会计师独立审计准则》实施，至此，我国注册会计师职业规范体系基本建立。由于准则的制定工作全部完成，为此，1999 年，在专业标准建设方面，主要是立足从专业技术的角度，制定有关政策，帮助和敦促从业人员有效地防范和化解执业风险。一是与中国人民银行协调，印发了《关于做好企业银行存款、借款及往来款项函证工作的通知》，为解决困扰注册会计师行业多年的“有函无证”问题提供了制度保证；二是制定办法，为注册会计师执行企业年度会计报表审计业务和从事基本建设工

程预、结、决算审核业务提供技术上的指导;三是及时出台文件,提请行业关注计算机 2000 年问题。

考试和培训工作 1.考试工作。由于注册会计师行业社会影响的日益扩大,注册会计师考试报考人数逐年增加,要求越来越高,责任越来越大。中国注册会计师协会精心组织,圆满完成了 1999 年度的考试组织工作。(1)证券期货相关业务资格考试。1999 年,共有 4988 名符合报考条件的注册会计师捉许报名,人数较上年增加 22.4%。6 月 20 日,证券期货相关业务资格考试在大连、青岛、兰州三地同时举行。此次考试,共有 467 人取得合格成绩,合格率为 13.87%。(2)注册会计师全国统一考试。1999 年度注册会计师全国统一考试报名人数高达 45.8 万余人,为历年之最。9 月 17—19 日,统一考试在全国 31 个省、自治区、直辖市的 308 个考区同时举行。为方便境外考生应考,1999 年首次将境外考生考场设在香港,另有少量在京工作的境外考生在北京安排统一考场。1999 年注册会计师全国统一考试各科的合格人数及合格率分别为:会计 22534 人,合格率 14.41%;审计 10814 人,合格率 15.34%;财务管理 14767 人,合格率 15.34%;经济法 20594 人,合格率 16.84%;税法 32388 人,合格率 25.7%。2.培训工作。1999 年,全国共培训人员 4 万余人次;编辑出版后续教育培训资料 10 种,并对原注册会计师专业方向教材着手修订;召开 23 所开设注册会计师专业方向试点院校工作会议,研究人才培养工作;大力支持、配合国家会计学院的建设和培训工作,力争早日投入使用,为注册会计师提供高质量的后续教育和专业培训。

《注册会计师法》修订工作 随着全国整体改革的不断深入和注册会计师行业的不断发展,1994 年实施的《注册会计师法》中的不少内容需要作一些修订。《注册会计师法》的修订工作,列入 1999 年的财政立法计划,1999 年 6 月 10 日,经国务院法制办批准立项。修订工作启动后,先后召开了分别由地方注协代表、注册会计师代表和“五大”代表参加的征求意见会,同时收集整理了十个国家和地区的注册会计师法和相关管理法规,并赴深圳进行实地调研。11 月,起草小组赴英、法进行了考察,为下一阶段的修订工作,收集、掌握了大量的信息和资料。

市场开放与国际交往 截至 12 月底,全国共有中外合作会计师事务所 7 家,国际会计公司成员所 11 家,代表处 27 家,海外会员 267 人,有 11 名境外人员被批准成为中国注册会计师。1999 年,有 42 名境外人员取得注册会计师考试合格成绩,有 108 家外国和港澳台会计师事务所取得临时执业许可证。国际交往方面,接待外国来访团组 25 个,同时组团先后参加了亚太会计师联合会理事会第 52 次、53 次会议,就国际会计师联合会理事会的机构改革和亚太会计师联合会的发展等重大问题,进行深入讨论;分赴英国、法国和美国、加拿大进行行业立法和考试制度的考察,为《注册会计师法》的修订和注册会计师考试制度的改革提供了有益的借鉴。此外,进一步加强与香港会计师公会的合作,举行联络小组会议,共同举办会计师事务所扩大规模问题研究座谈会。

经济鉴证类社会中介机构清理整顿工作 1999 年 10 月 31 日,《国务院办公厅关于清理整顿经济鉴证类社会中介机构的通知》发出,中国注册会计师协会积极响应,组织落实检查本行业的清理整顿工作,同时根据通知要求,协同有关部门深入开展经济鉴证类社会中介行业的调研和分类梳理工作,积极研究经济鉴证类中介行业“归类合并,统一管理”的模式和途径。经济鉴证类社会中介机构清理整顿工作预计 2000 年底结束。

(特约编委:李勇,特约编辑:李杰,特约撰稿:蔡晓峰)

中华全国律师协会

【概况】 中华全国律师协会成立于 1986 年 7 月,社会团体法人,是全国性的律师行业自律组织,依法对律师实行行业管理。中华全国律师协会现有团体会员 31 个(即各省、自治区、直辖市、市律师协会),截至 2000 年初有个人会员 109276 余人,其中专职律师 63152 人,兼职律师 15908 人,特邀律师 5922 人,其余 24000 余人为律师助理。中华全国律师协会现设有七个业务委员会和七个专门委员会。七个业务委员会是:刑事、民事(包括传统民法、建筑与房地产、公司法等三个专业论坛)、海商海事、金融证券(分金融和证券两个专业组)、知识产权、经济、涉外业务委员会。业务委员会由优秀执业律师组成,其主要任务是:总结交流业务工作经验,组织学术探讨;就相关业务领域的立法”工作提出意见和建议;就律师执业活动中的重要问题、疑难案件进行专题研究论证;草拟律师执业规范等。七个专门委员会是:维护律师执业合法权益委员会、律师执业纠纷调处委员会、行业规则委员会、发展战略研究委员会、纪律委员会财务委员会、外事委员会。专门委员会的任务是:研究、审议、拟订有关律师行业自律议案、规则、发展战略,监督会费的使用,办理相关事务。中华全国律师协会每三年举行一次全国律师代表大会,选举产生理事会,理事会选举会长、副会长和常务理事。现任会长高宗泽,副会长付洋、朱洪超、杨伟成、于宁、许智慧、王天举。在全国律师代表大会和理事会闭会期间,常务理事会行使理事会的职权,执行全国律师代表大会的决议。全国律协的执行机构由秘书长领导,现任秘书长吴明德。下设办公室、会员部、业务调研部、培训部、国际部(中国国际律师交流中心),开展日常工作。全国律协主办会刊“中国律师”杂志。

中华全国律师协会的宗旨是:团结和教育会员,维护宪法和法律的尊严,忠实于律师事业,恪守律师职业道德和执业纪律;维护会员的合法权益,提高会员的业务素养;加强行业自律,促进律师事业的健康发展,以发展社会主义民主,健全社会主义法制,促进社会的文明和进步。

【业务工作】 依据《中华人民共和国律师法》,中华全国律师协会不断强化和改进行业管理职能:①保障律师依法执业,维护律师的合法权益,自 1995 年以来,全国律协接到律师维权投诉 130 余起。1999 年以来由全国律协直接受理的 20 起,其余由各地律协受理;全国律协正进一步修改、完善维权工作规则程序,以把维权工作提高到一个新的水平。②总结、交流律师工作经验,2000 年 11 月,全国律协组织召开了中国律师 2000 年大会,大会由主会场和刑事、民事、经济、金融证券、涉外、知识产权、海商海事、律师法和律师管理等八个业务论坛组成,有 1200 多名律师参加会议,尉建行、罗干同志出席了开幕式,罗干同志发表了重要讲话。会期 3 天。大会发布了《中国律师业发展报告》,这份 24000 余字的报告,回顾了中国律师业恢复、重建 20 年的历程,总结了律师事业在不断改革中发展壮大的基本经验,剖析了目前存在的问题及其原因,提出了进一步改革发展的设想。与会律师和特邀嘉宾还就改善律师刑事业务执业环境,公司、建筑、房地产、反倾销等新兴法律实务,民事与刑事案件中的精神损害赔偿,海商海事立法的最新进展、深化律师制度改革和律师事务所管理现代化等广泛的议题进行了研讨,编选了 180 余万字的论文集。③按照中国证监会的要求，由全国律协金融证券业务委员会部分委员组织了信誉主承销商考评小组，对考评办法提出了意见和建议，与证券业协会互相配合，开始进行信誉主承销商考评活动；民事业务委员会还接受了关于国家赔偿法、公司股份制改造等重要课题的研究。④把制定律师执业规范工作提上重要日程，2000 年 1 月正式颁布了《律师办理刑事业务规范》，制定了律师办理民事经济诉讼案件规范、律师参与仲裁工作规则、律师法律顾问工作、律师事务所业务活动中利益冲突审查处理办法等执业规范。⑤组织律师业务培训，2000 年举办了 WTO、税法、电子商务、特许经营等培训讲座 4 期，近 1200 名律师参加了培训，此外，还与加拿大律协合作举办了律协管理工作培训，培训对象为各地律协负责人；⑥进行律师职业道德和执业纪律的教育、检查和监督，公布了执业律师宣誓誓词。⑦开展了积极的对外交流活动，律协会长出席了在荷兰举行的国际律协 2000 年会，组团参加了第十一届亚洲律协会长会，协会领导出访日本、英国、法国、巴基斯坦、泰国等，主办了第四届中日律师交流大会，接待了来访的韩国、芬兰等国家和香港地区的法律界人士，与全美律师协会合作，组织中国律师赴美参加律师事务所合伙人培训项目，受司法部委托实施了中国一欧盟律师培训项目。（特约编委：吴明德，特约撰稿：里红）

中国资产评估协会

【概况】 中国资产评估协会（中评协）于 1993 年 12 月在北京成立，是经中华人民共和国民政部批准具有法人资格的社会团体。中评协由注册资产评估师和从事资产评估业务的资产评估机构组成，是自我管理、自我教育、自我约束、自我完善的全国性资产评估行业自律组织。全国已有 30 个省、市、自治区建立了地方资产评估协会。中评协于 1995 年 3 月代表中国资产评估行业加入了国际评估准则委员会。

【业务工作】 *全面完成资产评估行业清理整顿工作，促进和推动评估机构体制改革* 按照清理整顿工作的总体部署，于 1999 年组织完成了全行业清理整顿的检查、抽查和验收工作。全国参加清理整顿的资产评估机构有 4039 家，从业人员 67530 人，注册资产评估师 10809 人，通过自查、检查、抽查，有 88 家机构因各种原因被吊销执业资格，138 家机构受到警告、限期或停业整顿的处罚，清理了不符合注册条件的资产评估师 549 名。

改革和完善注册资产评估师考试制度，组织第三次全国统一考试 与以往相比，1999 年的考试放宽了报名条件、增加了考试科目、完善了考试大纲、变一次合格为两年累计通过。全国共有 257000 多人次报名考试，实际参考人数 130000 多人次，在适当提高了考题难度的情况下，共有 2064 人获得全科通过，全科合格率为 3.71%，各单科合格率较以往也有很大提高。

成功举办 1999 北京国际评估论坛，并当选为国际评估准则委员会常务理事 在部领导的悉心指导下，在办公厅、国际合作司的密切合作下，中评协圆满地完成了国际评估准则委员会 1999 北京年会的承办工作，参加年会的各国代表们对中评协广泛参与国际事务、积极竞选理事给予充分肯定，并一致选举中评协为常务理事。据统计，有来自 22 个国家和地区、3 个国际评估组织的 50 多位资产评估同行与国内 150 多名代表共济一堂，围绕资产评估行业的热点问题展开了热烈讨论。

规范注册资产评估师队伍，改革注册管理制度 在加强管理，立足服务的基础上，中国资产评估协会改革了注册管理制度，将注册资产评估师划分为执业会员和非执业会员，并对执业会员换发了证书，从而建立了对注册评估师分类管理的基础。在这次规范和重新注册过程中，中评协还建立了注册资产评估师信息系统，将全国注册评估师的个人资料进行数据库管理。

积极开展资产评估培训工作，建立适应发展需要和方向的全行业培训体系 下发了《注册资产评估师后续培训制度（试行）》及其具体实施办法，并组织编写了评估师后续培训教材，其中《资产评估指南规范释义》已出版发行。除此以外，中评协还在 1999 年举办了 6 期高级培训班，培训人员约 1000 人次，培训对象主要面向评估机构负责人，培训内容涉及资产评估机构脱钩改制、金融资产评估，企业重组与改制中的评估等热点问题。

开展赴境外培训考察以及其他外事活动 协会分别组团赴北美考察美国和加拿大资产评估行业的发展状况，赴澳大利亚开展资产评估培训，受邀参加了东盟国家的评估年会，了解了作为转型经济国家越南资产评估行业的发展状况。中评协还接待了美国评估师协会、韩国鉴定评价行业协会和香港梁振英测量师行等三个代表团的来访。

出台资产评估指南 在组织召开专家会议，广泛征求地方协会意见的基础上，推出了第一批资产评估指南，具体包括资产评估计划、资产评估工作底稿、资产评估档案管理、资产评估业务约定书等四个程序性指南，以及《中国注册资产评估师职业道德规范》和《中国注册资产评估师后续教育规范》两个规范。协会制订了《中国资产评估协会资助研究课题管理办法》，从会费中拨出一定经费，专项用于理论研究。1999 年向全行业公开征集、筛选了 15 个理论课题，供业内外人士通过竞标的形式获得资助开展研究。

完成协会期刊出版发行任务，开展有效的新闻宣传 进一步明确了《中国资产评估》的办刊宗旨，努力提高刊物质量、扩大发行范围和数量。编辑出版了《资产评估行业十年》大型画册，并在中国财经报上开辟了评估十年回顾的专栏，翔实地介绍了过去十年我国资产评估行业和发展历程。为了配合国际评估准则委员会年会和 99 北京中国国际论坛的召开，中评协还在中国财经报上开辟了海边风专栏，介绍了世界评估发达国家的历史发展和未来趋向。

建立了资产评估协会网站，为进一步强化协会服务职能打下了基础 中国资产评估协会在互联网上建立了中评协网站，会员可通过上网查询注册资产评估师考试信息、资产评估法规信息以及有关的价格信息。同时，为会员提供了专业咨询，理论交流的场所。（特约编委：胡建新，特约撰稿：陈思）

中国国债协会

【概况】 中国国债协会成立于 1991 年，现有机构会员 207 家，其中：证券公司 61 家，银行 65 家，信托公司 52 家，保险公司 10 家，农村信用联社 6 家，投资基金 10 家和交易场所 3 家。中国国债协会的组织机构是：会员代表大会、理事会和常务理事会。会员代表大会是最高权力机构。理事会是会员代表大会的执行机构，在会员代表大会闭会期间领导协会的日常工作，对会员代表大会负责。常务理事会由理事会选举产生，在理事会闭会期间行使相关职责，对理事会负责。协会现有理事会员 152 家，常务理事会员 75 家。协会秘书处是中国国债协会的办事机构，也是协会的常设机构，内设 5 个职能部门，即综合部、会员管理部、宣传培训部、咨询服务一部和咨询服务二部。中国国债协会会长是田一农（原财政部副部长、八届全国政协常委），副会长有刘鸿儒（原中国证券监督管理委员会主席、国务院证券监督管理委员会副主任、现全国政协财经委员会副主任）、吴小平（现中国保险监督管理委员会副主席、中央金融工作委员会委员）、朱福林（原财政部综合计划司司长、中国经济开发信托投资公司总经理）和赵鹏华（原中国钞票印制公司总经理、现中国人民银行国库局局长），秘书长由朱福林兼任，副秘书长是李大春、张红力和白宁。

【职能】 中国国债协会的主要职能是：1、组织实施国债业的行业管理，贯彻行业宗旨；2、维护会员的合法权益，采取多种形式听取、搜集会员的意见，并经常性地向有关部门反映；3、搜集、整理国内外国债行业信息，进行综合统计和分析，向会员提供咨询服务；4、研究我国国债投资的理论、政策、方法以及国债市场发展中存在的问题，向政府主管部门提出建议；5、在会员之间交流国债业务经验，沟通有关国债业务信息，提高业务水平和服务质量，提高国债交易技术；6、同国际、国内其他证券机构或组织建立联系，进行交流和合作；7、组织学术交流和国内外业务培训；8、监督会员执行国家法律、法规、政策及合法经营，对违章会员提出处罚建议；9、配合政府主管部门做好国债发行、交易、兑付和国债一级自营商资格初审、年审等项具体工作，受主管部门委托，做好外国政府贷款项目登记的初审工作；10、促进会员单位之间的团结与协作。

【业务工作】 *召开第二届会员代表大会* 中国国债协会第二届会员代表大会于1996年6月在重庆市召开，总结了第一届理事会的工作，修改了《中国国债协会章程》，讨论通过了《中国国债协会自律公约》，选举产生了第二届理事会、常委理事会和新一届协会领导班子。

开展国债金融领域课题研究 协会组织和委托中国社会科学院经济研究所和财政部财政科学研究所完成了《中国国债市场研究》和《我国国债发行规模及相关政策研究》两个课题研究，并于1999年12月召开了“促进国债市场化，提高国债流动性”的课题研讨会。有关研究报告和研究成果已报送有关部门，供决策参考。

组织国内外业务培训 1、1999年11月，举办了“贯彻落实《证券法》，规范证券（国债）市场”培训班，140多个会员单位的业务人员参加了培训，培训内容为《证券法》的制定、实施，国债市场的规范操作等。2、同中华财会高级培训中心、外国专家局等单位合作组织了三期出国培训班，培训人数80多名。通过出国培训，会员们了解了外国政府债务管理模式和证券市场的运作机制，对开展我国国债工作受到了启发。

发展新会员 1999年发展了两批新会员，包括商业银行、保险公司、证券公司和信托投资公司等金融机构，共86家。新会员的加入，壮大了协会力量，为协会的发展奠定了坚实的组织基础。

承担主管部门委托的有关业务 1、配合财政部国债金融司完成了16期国债的发行工作，共缴款3723.03亿元，收发承销合同431份。在国债兑付中，编制汇总了兑付决算和兑付报表，并派人对有关省级财政部门国债券的销毁工作进行了监督和指导，保证了已兑付国债券销毁工作的稳妥实施。2、完成了外国政府贷款的委托业务。全年共完成了107个利用外国政府贷款项目的初审、登记工作；完成了外国政府贷款项目采购公司的资格初审和资格证书的制作、颁发等工作；承担了外国政府贷款业务的咨询服务和部分翻译工作。

（特约编委：朱福林，特约编辑、特约撰稿：李大春）

中国保险学会

【概况】 中国保险学会是从事保险理论研究的全国性群众学术团体，1979年11月在北京成立。中国保险学会全国会员代表大会是该会的最高权力机构，它的常设机构是常务理事会，在理事会闭幕期间行使理事会的职权。全国会员代表大会的代表由会员代表和特约代表组成。全国会员代表大会每四年召开一次，由常务理事会召集。必要时由常务理事会决定提前或推迟召开。

【职能】 全国会员代表大会的职责是：审议并批准理事会的工作报告；制订和修改学会章程；讨论并决定学会的工作方针；选举理事并组成理事会；审查和批准学会财务收支执行情况的报告；提名并聘请社会知名人士和对保险理论研究或保险学会工作作出突出贡献的专家、学者，担任学会的名誉会长。理事会的职责是：在全国会员代表大会闭会期间，讨论决定常务理事会提交的有关事项，选举常务理事，组成常务理事会。理事任期四年。理事会会议每年召开一次。理事会下设学术委员会、教育培训委员会和编辑出版委员会等。常务理事会在理事会闭幕期间，负责学会全面工作，常务理事会在常务理事中推选会长1人，副会长若干人，专职秘书长1人，副秘书长若干人。常务理事会每年至少召开两次会议，讨论决定日常工作中的重大问题。常务理事会由会长主持召开。会长因故不能主持会议时，指定一名副会长主持。学会专职人员逐步实行聘任制，从会员单位或从社会上择优录取。中国保险学会第五次全国会员代表大会于1999年11月23日到24日举行，选举中国保险监督管理委员会主席马永伟同志担任名誉会长，中国金融工会主席、中国人寿保险公司原总经理何界生同志担任会长。

【业务工作】 中国保险学会的主要任务是：第一，按照建立社会主义市场经济体制的要求，组织开展保险理论研究和学术探讨活动，交流科研成果，举办各种形式的研讨会、报告会、座谈会和专题讲座，以提高全民保险意识，促进保险事业发展；第二，对我国保险业和保险市场发展中出现新情况、新问题及时组织调查研究，向保险行业的主管部门和保险公司反映社会各方面对保险工作的意见和要求，提出进一步发展保险事业的建议；第三，积极组织并开展同世界各国和各地区相关组织之间的学术交流活动；第四，组织编写保险史、保险志和保险资料，开展优秀学术论文、科研成果的评选活动。编辑出版有关保险理论研究的书刊和资料等；第五，设立保险科研基金，用以支持开展重要课题的研究活动，并奖励在保险理论研究方面作出突出成就和贡献的单位和个人；第六，设立保险教育基金，用以奖励取得优异成绩的就读保险专业的学生、参加各类保险资格考试的保险专业人员和从事保险专业教学的教师；第七，组织保险信息交流，开展保险咨询服务；第八，组织不同层次的保险专业人员的资格考试。中国保险学会成立二十余年来，同国内外保险界建立了密切的合作关系，举办多次各种专题的保险研讨会，交流经验，沟通信息，探讨国内外保险界共同关心的问题。通过高层人员的互相访问，中国保险学会加强了与国外的相关组织和保险公司的业务合作。

中国保险学会会刊《保险研究》（月刊）创刊于1980年，是我国目前唯一的国家级保险理论刊物。该刊物已成为我国保险界领导决策的参谋、信息交流的窗口、理论研究的园地和业务工作的助手。《保险研究》主编由中国保险监督管理委员会办公厅主任张响贤同志担任。

（特约编委：潘履孚、特约编辑：万里虹）

中国房地产估价师学会

【概况】 中国房地产估价师学会成立于1994年8月，是经国家民政部注册登记、隶属于国家建设部的全国性房地产估价行业自律性组织。下设六个专业委员会：考试注册委员会、教育培训委员会、学术委员会、国际交流委员会、估价标准委员会、纪检仲裁委员会。学会主要由从事房地产估价理论研究和实际工作的专业人员组成。领导机构成员如下：会长周干峙；常务副会长宋春华、沈建忠；副会长：柴强、薛洪江、张重光、陈之泉、刘佳胜、刘洪玉、董黎明、肖云、李林；秘书长柴强；副秘书长陆克华、朗振亮、金贻国、廖俊平、桂国杰。

【职能】 学会的主要职责包括：开展房地产估价理论与方法研究；协助政府有关主管部门进行房地产估价师考试、注册和房地产估价机构资格等级评定、年审工作；组织房地产估价专业培训和注册房地产估价师继续教育；制订房地产估价行业标准、规范；进行国际学术交流等。其中，考试注册委员会的职责：(1)负责房地产估价师执业资格考试的有关技术工作，包括制定考试大纲、编写相应教材和复习资料、考题设计、阅卷等工作；(2)协助政府有关主管部门进行房地产估价师的登记注册等工作；(3)制定房地产估价师专业守则。教育培训委员会的职责：(1)统筹注册房地产估价师的继续教育培训工作，以使注册房地产估价师的专业知识得到及时更新，保持较高的执业水准；(2)负责对有关高等院校相关专业的课程设置的指导、教学水平的评估工作，以使其毕业生达到学会要求的房地产估价师必备的理论基础知识。学术委员会的职责：统筹房地产估价方面的科研选题、课题委托验收、学术成果评奖、国内学术交流等工作。国际交流委员会的职责：负责与国外相应学会组织、学术机构的联系交流和相互承认等工作。估价标准委员会的职责：(1)制定、修改房地产估价行业标准、规范及其推广应用；(2)组织与房地产估价行业标准、规范的制定和有关的科学研究工作。纪检仲裁委员会的职责：负责与房地产估价有关的机构、人员的纪律检察工作和估价纠纷案例的仲裁工作。

【业务工作】 作为中国房地产估价领域的唯一全国性专业组织，中国房地产估价师学会对于提高我国房地产估价队伍的整体素质，规范房地产估价机构和估价人员的行为，改进房地产估价行业的服务质量等，发挥着十分重要的作用。先后于1995、1996、1998、1999年成功地协助国家建设部、人事部举办了四次全国房地产估价师执业资格考试。到1999年底，全国房地产估价从业人员约10万人，其中取得房地产估价师执业资格的人员约14500人；从事房地产估价的机构近5000家，其中国家一级房地产估价机构96家。学会还组织了《中华人民共和国国家标准房地产估价规范》的制订以及房地产估价行业若干规范性文件的起草工作。其中《中华人民共和国国家标准房地产估价规范》于1999年2月12日由国家质量技术监督局、建设部联合发布，自1999年6月1日起施行；出台了《房地产估价师执业资格制度暂行规定》、《房地产估价师执业资格考试实施办法》，《房地产估价师注册管理办法》，《关于房地产价格评估机构资格等级管理的若干规定》，《关于加强与银行贷款业务相关的房地产抵押和评估管理工作的通知》等。目前正在制定的法规有《注册房地产估价师继续教育管理办法》、《房地产估价纠纷调处规则》、《城市房屋重置价格确定及公布办法》等。主办会刊《中国房地产估价师》杂志，为广大房地产估价师及其他相关人员提供了理论探讨、学术交流、信息互通的阵地。开展了“房地产估价基本术语、通用符号标准”等重大课题的研究，组织了对上海市江湾机场军转民用地等重大项目的估价实践。开展了与国际测量师联合会、美国房地产估价师学会、香港测量师学会等国际同行之间的交流与互访，为彼此之间的进一步合作创造了条件。

（特约编委、特约撰稿：柴强）

中国土地估价师协会

【概况】 中国土地估价师协会经原国家土地管理局批准、民政部准核登记，于1994年5月在北京正式成立。现业务主管部门为中华人民共和国国土资源部，同时接受中华人民共和国民政部的监督管理。中国土地估价师协会是以全国土地估价人员和中介机构为会员，以遵守国家法律和政策法规、遵守土地估价职业道德、维护全体会员的合法权益、促进土地估价事业的发展、为社会主义市场经济服务为目的全国非赢利性的土地估价自律性社会团体法人。土地估价师协会为我国土地估价行业做了大量工作，曾多次举办各类培训班和研讨班，编印各类信息、教材，协助组织历次估价师资格考试和阅卷。在各级政府、市场和土地估价机构及从业人员之间，起到了应有的桥梁、纽带作用。土地估价师协会在成立之初拥有团体会员53个，其中A级机构25个，B级机构28个。当时全国经考试取得土地估价师资格的仅有3000人，现在中国土地估价师协会有团体会员单位169个，其中A级估价机构96个，B级机构73个。全国经考试取得执业资格的土地估价师已达12000人。目前土地估价师协会内设机构有办公室、培训部、咨询部。中国土地估价师协会第一届理事会会长：王先进；副会长：马克伟、林增杰、袁征、黄小虎；秘书长：张瑜。1999年5月在北京举行了第二届全体会员代表大会，换届产生了新的领导，会长：刘文甲；副会长：袁征、陈永申、向洪宜、高向军、张瑜；秘书长：秦海荣。

【业务工作】 中国土地估价师协会的业务范围和工作任务主要有：(一)维护会员的合法权益，保障土地估价师依法执业，代表会员向有关部门进行申述；(二)负责会员的管理及组织联络，沟通会员间的联系；(三)对会员的职业道德和执业纪律进行检查监督，对违反规定的给予处分；(四)组织土地估价理论、方法和政策的研究与交流，制定协会土地估价技术指南；(五)组织会员的业务培训，受托负责土地估价师继续教育；(六)向主管部门推荐优秀团体会员参加评估机构资质等级评审，推荐个人会员参加资质等级评审工作；(七)受理土地估价业务活动中发生的纠纷调解和裁定，向业务主管部门提出违规执业者的制裁建议，代表会员向有关部门进行申述；(八)编辑出版土地估价书刊、资料，提供土地估价信息；(九)加强与国内相关组织的合作；(十)开展国际间业务交流，经批准代表土地估价行业参加国际组织签定合作协议；(十一)建立与地方土地估价师协会的经常联系并协同开展工作；(十二)承办业务主管部门技术性、事务性工作；(十二)接受业务主管部门委托，制定行业管理规章，实施土地估价行业管理。

（特约编辑：秦海荣，特约撰稿：骆平力）

中国金融学会

【概况】 中国金融学会是从事金融科学研究的全国性群众学

术团体。于1950年8月经当时中央人民政府政务院批准成立，并分别于1991年和1999年经民政部获准重新登记的社团法人。中国金融学会第一届理事会于1950年8月组成，当时的中国人民银行行长南汉辰任第一届会长。1958—1979年，中国金融学会停止活动。在改革开放形势下，1979年中国金融学会召开第二次全国代表大会，全面恢复了工作。按《中国金融学会章程》规定，每四年进行换届改选。李葆华（中国人民银行行长）、乔培新（中国人民银行副行长）、李贵鲜（国务委员兼中国人民银行行长）、黄达（中国人民大学校长、著名金融专家）分别担任第二、三、四、五届会长）。2000年7月，中国金融学会第六次全国代表大会在北京召开，选举产生第六届理事会。经批准，中国人民银行行长戴相龙担任中国金融学会会长。中国金融学会实行会员制，现有团体会员62个，个人会员1239人。团体会员包括：中国城市金融学会、中国国际金融学会、中国农村金融学会、中国投资学会、中国保险学会等全国性专业金融学会和各省、市、区地方金融学会、高等院校、科研机构以及其它各类银行、非银行金融机构的金融学术研究组织等。中国金融学会的最高权力机构是全国代表大会，全国代表大会的执行机构是理事会和常务理事会。中国金融学会设学术委员会和科研基金管理委员会。学会日常工作由秘书长负责，常设办事机构是理事会秘书处。中国金融学会自成立以来，特别是改革开放以来，对我国金融改革与发展中的许多理论问题作了大量的前瞻性的研究工作，对推进我国金融改革的不断深入和金融事业的发展，发挥了十分重要的作用，日前已经成为在我国经济学界影响较大的学术组织。

【业务工作】 中国金融学会的宗旨是：组织金融行业和社会力量积极开展经济、金融理论研究，向社会公众宣传金融政策，普及金融知识，提高金融理论和业务水平，促进我国金融业发展。中国金融学会主要任务是：1、组织推动会员开展学术活动，制定金融科研规划、探索经济、金融理论，反映、推荐和奖励优秀研究成果；2、组织社会经济调查和专题研究，为金融决策服务；3、面向社会宣传金融工作方针、政策、普及金融知识；4、组织研究金融历史经济，探讨金融活动的历史发展规律；5、组织并开展国际间学术交流与研究流动；6、向金融领导部门反映会员对金融工作的建议和要求；7、编辑出版金融研究的学术书刊，组织金融信息交流；8、举办多种形式的金融理论研讨会、报告会、广泛开展学术交流；9、组织开展金融咨询服务和金融理论知识业余培训，促进职工业务素质的提高；10、开展金融政策及业务咨询服务；11、从事主管单位委托的学术活动。中国金融学会的主要出版物包括：《金融研究（中文版）》（学术性月刊），国内外公开发行，主要反映金融学术研究成果和业务实践的经验；《中国金融年鉴（中文版）》和《中国金融年鉴（英文版）》，国内外公开发行，全面记载金融业务发展实绩，并收录各种金融统计资料。

（李民）

北京注册会计师协会

【概况】 北京注册会计师协会（北京注协）是北京地区注册会计师组成的社会团体，成立于1993年5月，并于1997年8月同北京注册审计师协会实现联合。北京注协的组织机构有：会员代表大会、理事会、常务理事会、秘书处、注册会计师考试委员会、纪律委员会、专业指导委员会、培训专家咨询组。其中秘书处为本会常设办事机构，由秘书长主持日常工作。机构设置为"七部一室"，即综合部、注册部、监管部、考试部、培训部、财务部、行政部及办公室。北京注协主要领导成员有：会长：程显华；秘书长：李士松；副秘书长：孙燕红、孙立文。秘书处专职工作人员为23人。

【职能】 北京注协的宗旨是：服务、监督、管理、协调。北京注协的主要职责有：审批、管理本会会员；办理注册会计师注册、事务所审批；贯彻、制定专业标准并监督其执业情况；组织专业培训和全国注册会计师统一考试；协调同政府部门和企业的关系；促进对外交流等。

【业务工作】 北京注册会计师行业起步于1981年。经过18年的发展，队伍规模不断壮大，截至1999年12月31日，北京注协所属会计师事务所144家，注册会计师2329人；业务收入逐年递增，1997至1999年事务所的收入分别为2.76亿元、2.86亿元、3.09亿元；业务范围逐步扩展，开展了外商投资企业、国有企业、上市公司等各类企业的年终审计、所得税汇算清缴、工商注册资本年检等各项业务。1999年，北京注协以行业体制改革为中心，加强行业各项基础建设，圆满完成了各项工作任务。（一）全面完成事务所体制改革，改革事务所现有挂靠体制。经过多年的理论和实践探索，到1998年底，改制工作取得了实质性突破：协会起草了《北京地区会计师事务所、审计事务所体制改革实施方案》，由市财政局、市审计局、市国资局、市工商局联合签发并报市政府批转执行。按照方案规定，北京地区全部事务所应在1999年上半年与挂靠单位脱钩，改制成注册会计师个人发起设立的合伙或有限责任事务所，成为自主执业、自担风险、自我约束、自我发展的真正独立的社会中介机构。在北京注协的精心组织下，改制工作按市政府规定全面完成，走在了全国的前列。体制改革打破了旧体制对生产力发展水平的束缚，增强了注册会计师的风险意识、法律意识、质量意识、竞争意识，对规范和促进注册会计师行业的发展将产生积极和深远的影响。（二）加强行业各项基础建设。一是加大监管力度，不断提高行业执业质量。1999年共抽查事务所29家，业务档案470份，依法查处了存在违法违规问题的事务所及注册会计师；二是加强行业后续教育，1999年共举办各类培训班8期，培训2868人，有效地提高了队伍素质；三是规范行业注册管理。1999年完成三批、194名执业注册会计师的审批工作，吸收了488名全科合格者加入协会成为非执业会员，并撤消了不具备条件的一部分事务所和注册会计师的执业资格，优化了队伍结构；四是组织完成注册会计师考试考务工作，1999年度北京地区注册会计师考试报名人数达到38255人，创历史记录。根据全国考办下发的1999年考试结果，北京地区考生各科合格率均高出全国合格率2—6个百分点，全科一次通过43人，占全国总数的17%，考试工作又取得可喜成绩。（三）增进交流，扩大宣传。1999年，协会建立了事务所协作会制度，多次召开了各类专业研讨会，组织了赴欧洲考察团一期，考察学习了深圳、黑龙江等兄弟协会的先进经验；继续加大行业宣传力度，联系北京日报、新华社、《中国财经报》等十几家新闻单位，以专访、图片新闻等形式，报道了事务所改制、注册会计师考试等重要活动，扩大了注册会计师行业的积极影响；按季发行《北京注册会计师》会刊，刊物求真务实、体裁丰富、突出特色，受到了同行的广泛好评。

（特约编辑：李士松，特约撰稿：汪宁）

天津市证券业协会

【概况】 天津市证券业协会成立于1994年，现有会员66家，协会理事长为天津证券有限责任公司常务副总经理杜志强先生。

【业务工作】 除负责天津证券市场数据每月统计汇总工作以外，1999 年，协会还开展了以下工作：1. 组织评选“98 年天津十佳窗口证券营业部”。在对参评单位所报材料进行认真评审的基础上，本着客观公正的原则评选出“98 天津十佳窗口证券营业部”，在公开媒体披露。为交流“十佳”的经验，促进共同提高，协会编印了《1998 天津十佳窗口证券营业部经验交流材料》，向会员单位发放；组织召开了“98 天津十佳窗口证券营业部表彰及经验交流会议”。2. 组织《证券法》学习辅导讲座和《证券法》知识电视竞赛。为推动《证券法》的学习、宣传和贯彻落实，按照证监办的统一部署，协会举办了两期面向证券经营机构和股份制企业负责人的《证券法》学习辅导讲座，并与天津电视台联合举办了《证券法》知识电视竞赛。天津证券公司、南方证券天津分公司、君安证券天津海河营业部等三家协会会员单位参赛，并取得了较好名次。3. 组织天津市证券业高级管理人员赴欧洲考察金融证券市场。为进一步加强天津市证券行业与国外证券市场的联系与交往，借鉴西方发达国家在股票交易、管理、风险控制方面的成功经验，协会组织了此次赴欧考察交流活动。代表团考察了英、德等国的证券交易所、德国大众汽车公司及有关投资基金管理公司等机构。通过此次活动，达到了加强对发达国家证券市场业务运作的了解、学习和借鉴的目的，加强了联系。4. 举办天津证券经营机构经纪业务经验交流会议。为交流经验、探讨证券经纪业务创新与发展之路，协会举办了天津证券经营机构经纪业务经验交流座谈会。会议围绕证券经营机构企业文化建设、经纪业务技术手段创新、客户服务创新等内容进行了广泛的探讨与交流。5. 举办天津市证券业解决计算机 Y2K 问题工作交流座谈会。为交流解决计算机 Y2K 问题的工作经验，了解最新动态，促进相互学习和借鉴，更好地落实中国证监会和天津证监办有关文件精神和通知要求，协会举办了天津市证券业解决计算机 Y2K 问题工作交流座谈会。一些公司就解决计算机信息系统的安全运行问题和制定解决计算机 Y2K 问题应急方案介绍了经验和做法。6. 联合主办证券公司新财务会计制度学习辅导讲座。鉴于财政部于 1999 年 11 月颁布了《证券公司财务制度》和《证券公司会计制度》，为了帮助各证券经营机构更好地学习、理解和贯彻执行新的财务会计制度，协会与市证券学会联合举办了新财务会计制度辅导讲座，对比新旧财务制度的区别，提高了会员单位财务工作的认识和运用水平。7. 编发《协会通讯》11 期。1999 年，协会主办的内部交流材料《协会通讯》共编发 11 期。在编发《协会通讯》时，注重突出对国家及主管部门有关重要政策信息的介绍，关注外地券商组织管理制度创新、业务创新的动态，并且增加了券商 A 股成交金额前 50 排名的栏目，《协会通讯》在宣传政策、沟通信息、交流业务等方面发挥了一定的积极作用。 （天津市证券业协会）

武汉证券业协会

【概况】 武汉证券业协会在原湖北省证券业协会和武汉市证券业协会合并的基础上于 1999 年 10 月份正式成立。协会有会员单位 61 家，设理事长 1 名，副理事长 2 名，常务理事 11 名，理事 27 名。协会的常设机构为秘书处，设秘书长 1 名，副秘书长 2 名。秘书处工作人员 4 名，负责协会的日常工作。

【职能】 武汉证券业协会的宗旨是：自觉遵守中华人民共和国宪法、法律、法规和国家政策，加强行业自律管理，维护证券市场公开、公平、公正和诚实信用原则；加强会员之间的交流协作，保护会员的合法权益和社会公共利益；发挥会员与主管部门及异地同行业之间的桥梁纽带作用，促进证券市场健康发展。协会的职能包括协助证券主管部门教育和组织会员执行证券法律、行政法规；根据宪法、法律、法规和国家政策，制定本行业共同遵守的行为准则、职业道德规范等自律管理规章，积极配合证券监管部门加强行业和从业人员自律管理；维护会员的合法权益，保障会员的正当利益，正确、及时地向有关部门反映本行业的重大问题，并提出相应的建议；对会员之间、会员与客户之间发生的纠纷进行调解；收集、整理国内外证券市场信息，编辑出版有关本行业的内部资料和书籍刊物，向会员提供咨询服务；组织开展有关证券市场的理论研究与业务开发的学术交流活动；组织会员单位的从业人员培训，提高从业人员的职业道德、业务技能和管理水平；监督、检查会员行为，对遵纪守法、自觉履行会员义务、成绩显著的会员及从业人员，进行表彰、奖励，对违反协会章程或规则的会员及从业人员进行处分，对会员的其他违法违纪行为，向有关部门提出处罚建议；开展符合协会宗旨及证券主管部门批准、委托的其他活动。

【业务工作】 武汉证券业协会自成立以来，开展了以下活动：制定了《武汉证券业协会会员自律公约》，有效防止了不正当竞争行为的发生，促进了证券市场的健康发展；成立了武汉证券业协会证券业务咨询委员会、法律事务咨询委员会和计算机咨询委员会，对会员与会员之间、会员与客户之间的纠纷进行调解，提供咨询意见，保护会员的合法权益；编辑出版了《武汉证券业协会通讯》，把它作为会员与证券主管部门之间、会员与会员之间相互沟通的桥梁；配合中国证监会举行的证券从业人员资格考试，举办了考前辅导班；为了倡导正当竞争，维护证券市场的正常秩序，协会组织开展了“树行业新风、创文明窗口”评选十佳营业部的活动；举办了武汉证券业协会 2000 年“证券杯”网球赛，丰富了会员的业余文化生活；通过交换内部刊物，通报信息等形式，与其他省市的证券业协会之间建立了联系。

（特约编委：黄湘平，特约编辑、特约撰稿：周军）

江西证券业协会

【概况】 江西省证券业协会成立于 1995 年 12 月 8 日，创始会员为 34 名，现有会员 52 名。协会理事会有会长 1 名，副会长 8 名，理事 9 名；协会下设秘书处，为协会的具体办事机构，有工作人员 6 名。协会制定了《江西省证券业协会章程》，还设有财务监管委员会。

【职能】 江西省证券业协会是江西省证券、期货经营机构和从事证券、期货业务的中介服务机构依法自行设立的自律性组织，具有社团法人资格。其主要职责是：根据法规规定，制定自律性管理的章程或规则，加强行业自律管理；协调证券、期货业与其他行业的关系；维护会员的合法权益，反映会员愿望和要求，为会员提供必要的服务；协调会员之间、本行业与政府主管部门之间的关系，依照法规和本协会章程及公约，调解会员之间的纠纷；监督、检查会员行为，对违反协会章程或自律公约的行为，按规定进行处罚，对违反法规的，建议主管机关或有关部门予以处分；收集整理有关证券、期货业的信息，进行统计分析，向会员提供信息、咨询服务；就证券、期货业的重大问题向主管机关提出建议或报告；组织证券、期货从业人员培训和业务交流，提高从业人员的技能和管理水平；接受主管机关及其他有关部门委托事宜。

【业务工作】 1999 年协会的主要工作包括：一是配合有关主

管部门，开展了《证券法》宣传活动。四月份，在南昌市举办了《证券法》培训班，特邀全国人大法工委等有关部门的知名学者授课，辖区内各证券经营机构及营业部、上市公司和证券中介机构中层以上干部共300余人参加了培训。三至五月份，组织了《证券法》知识竞赛，竞赛按会员单位内部选拔赛、全省预赛和决赛三个阶段进行。最后于5月28日在江西电视台（卫视台）演播大厅进行了决赛。7月1日，《证券法》实施的第一天，组织各会员单位11辆宣传彩车，在南昌市各主要街道开展了大型巡回宣传活动。二是加强自律性管理。按照1998年制订实施的《江西省证券业公平竞争公约》及相配套的《江西省证券业公平竞争监督小组工作规则》，经会员大会讨论同意，协会秘书处组织会员单位监督员，分五个组对证券经营机构和营业部执行《江西省证券业公平竞争公约》情况进行了一次全面检查，制止了恶性竞争行为。三是组织进行了评优活动，评选出江西省证券业先进证券营业部11家、优秀部门经理23名、优秀从业人员30名、优秀论文6篇。协会对评出的先进营业部、优秀部门经理、优秀从业人员和优秀论文作者给予了表彰。四是开展文体活动。"十、一"期间组织了"江西省证券业迎国庆保龄球赛"。五是完成了辖区内证券营业部沪、深证券交易量的汇总统计排名及有关信息交流工作。另外，参加了同浙江省证券业协会发起的在杭州召开的全国部分省、市证券业协会联谊会活动，并加强了和上海市、深圳市等证券业协会的交流与合作。

（特约编委：何渭滨，特约编辑、特约撰稿：喻达志）

海南省证券商协会

【概况】 海南证券商协会于1995年6月在海南省民政厅注册成立，是海南券商的行业自律组织，具有法人资格的社会团体。协会实行团体会员制，在海南省依法设立的35家证券交易营业部均为海南证券商协会会员，会员大会为协会的最高权力机构。海南证券商协会设理事会，由理事会成员单位选派代表组成。1997年海南证券商协会加强了自身的机构建设，增设了协会秘书处。海南证券商协会制定了《海南证券商协会会员自律公约》和《海南证券商证券从业人员守则》。

【职能】 海南证券商协会的宗旨是：贯彻国家和海南省有关证券的法律、法规，制定行业行为守则，促进证券商提高业务水平，加强证券商的自律管理，维护会员的合法权益，竭诚为证券商服务，发挥政府与证券商之间的桥梁和纽带作用，促进海南证券市场的健康发展。协会的职能是：根据国家和海南省有关证券的法律、法规以及证券管理的有关政策规定，共同制订行业行为守则和职业道德规范，制订、执行自律性管理规章，配合证券管理部门，加强行业管理；负责主管机关与会员之间的信息沟通，增进证券商与主管机关及相关业务部门的相互了解与合作，为会员的业务开拓提供积极的帮助；代表会员的共同利益，向政府及有关管理部门反映会员的意见和建议，并协助解决问题，维护会员的合法权益；协助证券主管部门开展有关证券市场方面的学术报告会、市场考察活动及中外合作交流等，对券商的发展提出意见和建议；搜集、整理国内外证券市场信息，向会员提供咨询服务，编辑和出版有关证券业务的书籍和内部资料；组织行业人才培训和从业人员资格审查、出境考察和业务交流，提高从业人员的业务技能和管理水平；负责本行业的对外联络及国际间的交往与合作；开展其他符合协会宗旨的活动；开展主管机关要求或批准的其他活动。

【业务工作】 1999年海南证券商协会克服不利因素，发挥监管机关和会员之间的桥梁纽带作用，向监管机关和会员单位提出了若干意见和建议；大力宣传《证券法》，组织会员学习贯彻《证券法》；搜集、整理证券市场信息，向会员提供咨询服务，协助会员征订有关证券业务的书籍等；组织文体活动，开展了"新千年羽毛球比赛"等活动。

（特约编委：尹怀安，特约编辑：储胜，特约撰稿：姚谨）

新疆证券业协会

【概况】 新疆证券业协会成立于1998年7月16日，是新疆证券业自律性管理组织，具有社团法人资格。协会的宗旨是：贯彻执行国家法律、法规和有关方针、政策；加强区内证券经营机构、证券中介服务机构、上市公司及证券从业人员的自律管理；维护会员合法权益；维护证券市场的公开、公平、公正和有序运行，促进新疆证券市场的健康发展。协会的最高权力机关为会员代表大会。协会设理事会。协会会长：伍成，秘书长：刘东。会员单位共三十五家，其中包括9家证券机构，19家上市公司及拟上市公司，7家中介机构。

【职责】 协会的职责是：协助证券监督管理机构教育和组织会员执行证券法律、行政法规；依法维护会员的合法权益，向证券监督管理机构反映会员的建议和要求；收集整理证券信息，为会员提供服务；制定会员应遵守的规则，组织会员单位的从业人员的业务培训，开展会员间的业务交流；对会员之间、会员与客户之间发生的纠纷进行调解；组织会员就证券业的发展、运行及有关内容进行研究；监督、检查会员行为，对违反法律、行政法规或者协会章程的，按照规定给予纪律处分。

【业务工作】 1.深入开展"证券法宣传年活动"，通过举办座谈会、报告会、电视知识竞赛、宣传车上街宣传等一系列活动，借助报纸、电台、电视台等新闻媒体，使《证券法》的宣传收到了良好的效果；2.深入开展自律管理。以抓落实执行《新疆证券经营机构经纪业务规范经营自律准则》为工作重点，开展评选"优秀证券营业部"及争创"青年文明号"活动；3.加强业务交流，倡导科技风险投资创新。《中共中央、国务院关于加强技术创新、发展高科技，实现产业化的决定》发布后，协会动员和组织有关单位，对此开展了一系列的研究工作：在《新疆日报》理论版开辟专栏发表文章，宣传风险投资；普及风险投资知识，召开"新疆首届风险投资研讨会"；向自治区人民政府上报《关于建立风险投资机制若干问题的意见》；拟出《新疆科技风险投资有限公司可行性研究报告》，对新疆发展风险投资事业起到极大的启蒙和推动作用；4.服务会员，活跃文化生活。努力办好《新疆证券业通讯》，及时传递行业及会员信息；举办新春联欢会、迎国庆五十周年篮球赛，；尝试性开展咨询工作，为企业服务；对证券从业人员进行业务培训。

（新疆证券业协会秘书处）

深圳市证券业协会

【概况】 深圳市证券业协会是在深圳证管办和深圳市社团管理机关直接领导下的深圳市证券业行业性自律组织，成立于1994年7月2日。目前已拥有一级会员114家，二级会员104家。

深圳市证券业协会以贯彻执行国家证券法律及有关方针、政策，加强行业自律管理，提高业内经营管理水平，维护会员的合法权益为己任。积极履行服务、沟通、交流和协调的职能，在证券中介机构与政府之间发挥桥梁和纽带作用。目前协会的业务主管部门是深圳证券监督管理办公室，协会实行团体会员制，会员大会是协会最高权力机构，协会理事会是会员大会闭会期间的常设权力机构，协会工作实行理事会领导下的秘书长负责制，秘书处是协会日常工作机构。协会秘书处下设办公室、培训部、财务部、对外联络部、会员管理部等。协会同时主管深圳市证券业培训中心和《深圳证券市场年报》编辑部工作，并开设深圳市证券业协会网站。

【业务工作】 协会成立以来已相继开展的业务工作有：发挥行业协会自律管理职能，制订和实施了一系列自律性管理规章；大力开展《证券法》宣传普及工作，在深圳证管办的具体指导下，组织承办深圳证券营业部负责人《证券法》知识考试工作；创办协会内部交流资料《深圳证券业》，通过《深圳证券业》这个阵地，传达政策信息，反映券商呼声，关注市场动态，探讨与研究券商关注的“热点”问题，积极推介各会员单位经营管理方面的新经验、新做法；定期开展深圳证券商每月成交总额及年度经营业绩统计排行工作，及时反映深圳证券商经营情况及所占市场份额的最新变化，组织开展深圳市优秀证券营业部评选活动，推动我市证券行业两个文明建设同步发展；举办各种不同类型的专题会议，业务工作交流会或联谊考察活动，促进券商间和深圳与全国各地区证券业同行的经验交流和信息沟通；不断加强对深圳证券市场运作与发展的调查和研究，对市场发展中遇到的困难及前瞻性问题，依托会员力量，组织跨地区调研和撰写专题报告，为业务主管部门决策提供依据和参考；开通深圳证券业协会网站，丰富和深化协会为会员单位服务手段，促进证券网络化发展；全面启动协会培训工作，定期组织和举办深圳证券从业人员赴香港培训学习和深圳地区证券从业人员资格考试辅导班；学习借鉴国外同行的先进管理手段和管理经验，促进境内外、区域内外的交流与合作；在深圳证管办的直接领导下，组织开展深圳证券行业羽毛球团体大奖赛，积极参与全国证券系统足球友谊赛深圳赛区筹委会工作，着力培育朝气蓬勃，充满生机和活力的深圳证券文化。继往开来，深圳市证券业协会将在政府主管部门的正确领导下，依托广大会员单位的大力支持和协助，为继续推进我市证券市场持续、健康和快速发展做出更大贡献。

西安证券业协会

【概况】 西安证券业协会成立于1994年9月，协会现有证券经营机构、股份有限公司证券部、具有相关证券业务资格的中介服务机构等单位会员30个。协会设名誉会长1人，会长1人，副会长4人，理事10人，秘书长1人。聘请证券管理机关、市体改委、市人行等有关部门中的领导同志为协会顾问。协会办公室为协会日常办事机构，现有工作人员4人。

【职能】 协会的职责是协助主管机关教育和组织会员认真贯彻证券法律、法规和方针政策；制定自律公约，加强行业管理，对证券从业人员进行培训；组织会员之间的业务交流，开展与国内外同业的交流，为会员提供信息服务；维护会员合法权益，向主管部门反映会员的建议和合理要求；协调会员之间的关系，调节会员和客户之间的纠纷，检查会员行为，对违法法律、法规或协会章程的行为，按照规定给予纪律处分.

【业务工作】 第一、宣传贯彻国家证券市场法律、法规和加强行业自律。1999年《证券法》公布后，协会及时研究部署会员认真贯彻中国证监会和中国证券业协会有关学习、宣传、贯彻《证券法》的要求，举办报告会、召开座谈会，组织会员积极参加全国和省领导机关举办的《证券法》宣传咨询、知识竞赛答题活动，收到了良好的效果。协会不断地加强行业自律管理，近两年来先后对原制定的“西安证券业协会会员自律公约”进行了修改和补充，督促会员认真遵守。1999年继续组织会员认真遵守中国证券业协会公布的“中国证券业协会会员自律公约”和“证券从业人员守则”。组织会员自查，促进会员认真实施“公约”和“守则”中的各项要求。《证券法》公布后，组织会员进一步严格自律，对照《证券法》检查各自的经营运作情况和各项情况制度，切实建立健全符合《证券法》规定的各项管理制定。1999年12月对证券经营机构会员收取佣金的情况进行了解，纠正在返还佣金方面的违规现象和不正当竞争行为。第二、1999年组织会员开展庆祝新中国成立五十周年和迎澳门回归活动。协会先后举办演讲会，召开座谈会，激励证券业职工为规范发展西安证券市场多做贡献。第三、进一步开展与国内外同行业的交流。经常与20多个省市协会保持联系，相互交流刊物和工作情况，学习他们的经验。继组团赴美国和东南亚国家考察学习和接待韩国证券业协会代表团来访和交流之后，1999年又组团对韩国证券业进行了回访，考察了韩国证券市场发展变化情况，相互交流了证券经营机构的经营管理与协会工作情况。第四、按照证券监管机关的委托和要求，几年来对会员单位的从业人员和西安地区的证券业非会员单位中的部分证券从业人员进行了较系统的业务培训。1999年中国证监会下达证券从业人员资格考试的通知后，协会积极发动和督促会员单位组织报考人员认真学习指定的书籍，帮助其做好应试准备。第五、组织文体活动，活跃证券业职工的文化生活。协会继1997年、1998年举办文艺汇演、乒乓球比赛后，1999年又举办了西安证券业篮球比赛。

（特约编委：薛文石，特约编辑：王宏斌，特约撰稿：马有祺）

福建省证券业协会

【概况】 福建省证券业协会是经福建省民政厅批准成立的福建省证券行业的自律性组织，于1998年12月25日成立。现有会员50个，其中团体会员21个，个人会员29个。协会成立以来，积极发挥政府和券商的桥梁纽带作用，为会员提供服务。

【职责】 福建省证券业协会主要履行以下职责：1、协助证券监督管理机构教育和组织会员执行证券法律、行政法规；2、依法维护会员的合法权益，向证券监督管理机构反映会员的建议和要求；3、收集整理证券信息，为会员提供服务；4、制定会员应遵守的规则，组织会员单位的从业人员的业务培训，开展会员之间的业务交流；5、对会员之间、会员与客户之间发生的纠纷进行调解；6、组织会员就证券业的发展、运作及有关内容进行研究；7、监督、检查会员行为，对违反法律、行政法规或者协会章程的，按照规定给予纪律处分；8、国务院证券监督管理机构及其派出机构赋予的其他职责。

（特约编委：魏书松，特约编辑、特约撰稿：黄宗福）

北京岳成律师事务所

北京岳成律师事务所
北京岳成律师事务所

北京岳成律师事务所是首届“全国十佳律师”岳成创办大型的合伙制律师事务所。

事务所主任：岳成（一级律师）

本所主任一级律师岳成，1980年从事律师工作，执业二十年，办案逾千件。1995年被评为第一届“全国十佳律师”。1998年北京市司法局律管处委托零点调查公司对北京地区律师形象进行社会调查的结果显示，岳成是北京地区知名度最高的律师。

本所现有律师一百余名，汇集了全国知名院校培养的各类专业人才。本所下设建设工程、公司证券、金融保险、招标投标、知识产权、涉外业务、房地产、医疗纠纷、刑事、民事行政、私人律师、法律顾问等十二个专业部门，可满足不同领域客户的需要。

本所经司法部和证监会批准，具有从事证券法律业务资格；经司法部和国家计委批准，具有从事基本建设大中型项目招标、投标法律业务资格。

“客户至上、法律至上”是本所的宗旨。本所律师一切均从维护客户的合法权益出发，恪守职业道德和执业纪律，并以扎实的理论功底、丰富的实践经验、高度的敬业精神和良好的律师形象，为广大客户提供优质高效的法律服务。

地址：北京市朝阳区亚运村安立路66号安立花园写字楼A座5层
电话：(010)64906677　邮编：100101
传真：(010)64906622
http://www.yuecheng.com
E-mail:yuecheng@yuecheng.com

GUANGDONG HARBOUR LAW FIRM

广东海埠律师事务所

广东海埠律师事务所(下称：本所)前身为深圳国际商务律师事务所，1989年5月成立，1995年7月由国办所改制为合伙所，并更名为深圳市海埠律师事务所。本所办公场地600平方米，并建立了先进的计算机网络和信息资料库。本所现有执业律师二十余人，律师平均执业八年，每位律师都有良好的专业修养及专业领域。本所主要从事国内及涉外商事、房地产、金融、证券、资产并购、投资、知识产权等非诉讼法律事务和各类诉讼、仲裁的代理。本所不但与国内大型机构、公司、企业、政府部门建立了良好的工作关系，而且和香港、新加坡及其他国家或地区的律师楼、银行及其他机构保持着良好的合作关系。本所的律师能用熟炼的英文为客户提供服务。本所的宗旨是：为客户提供优质、高效、实用的法律服务。

地址：深圳市滨河路5020号特区证券大厦17层
邮编：518026
电话：(0755)2890380

G HARBOUR LAW FIRM
GUANGDONG HARBOUR LAW FIRM

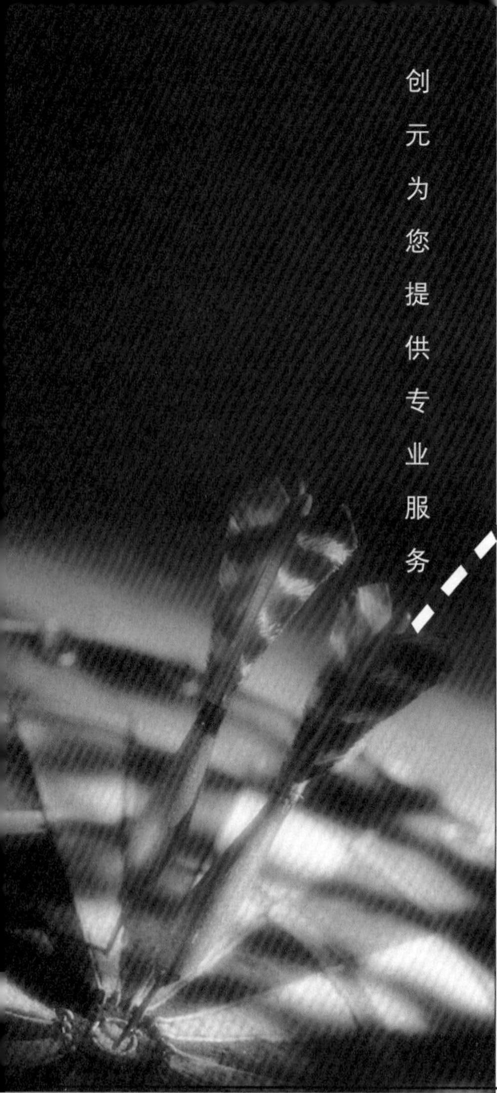

福建创元律师事务所

事务所已为中华人民共和国司法部和中国证券监督管理委员会授予从事证券法律业务资格(资格证书号: 99116)。律师积极参与中国企业的股份制改组、股票发行与上市工作，取得了在福建省上市公司家数市场份额第一的业绩。近几年来做为A股公司股票发行和上市及配股的公司的法律顾问情况如下：福建省中福实业股份有限公司、福建实达电脑股份有限公司、福建永安林业(集团)股份有限公司、福建东街口百货股份有限公司之配股、福州自动化仪表股份有限公司(现更名福建大通机电股份有限公司)、福建石狮新发股份有限公司、福州大通机电股份有限公司之配股、福建新大陆电脑股份有限公司。除了提供股份有限公司重组上市和法律服务之外，事务所仍受聘担任上述公司的法律顾问，律师每年都要定期为他们提供法律服务，如帮助他们筹备股东大会，对股东大会进行法律见证，为公司增资配股出具法律意见书等。

在积累了丰富的为A股股份制改造和上市提供法律服务的经验的基础上，该所律师勇于吸收境外同业成熟的经验并有所突破与创新，在省内率先帮助投资于中国大陆(尤其是福建省)的境外和港澳台及华侨的公司在香港、澳州悉尼、新加坡和伦敦等地的证券交易所的股票发行和上市提供中国法律的服务。在1992年-2000年期间，该所律师先后参与了16家企业在境外上市的策划和法律服务工作，并帮助这些企业成功地在海外的证券市场融集资金。他们是：在香港上市的有：香港德胜、香港永恩集团、运盛、福达万国、港冠国际、金威集团、华益控股、精优药业、齐翔实业、远东生料、恒安国际、新威电子；在澳州上市的有：澳州海王药业、澳州新隆电力；在新加坡上市的有：新加坡华星玩具。境外私募的有：力帆动力。我们将一如既往以福建为基地，将海外上市法律服务业务中所积累的经验和实务技能服务于全国各地的客户。

地址：福建省福州市湖东路152号中山大厦二十八层

邮编：350003

电话:(0591)7850803(六线)

传真:(0591)7816904　3712856

E-mail:trendlawyer@china.com

珠海市江海電子股份有限公司

法人代表兼总经理：张建荣

珠海市江海电子股份有限公司是1984年成立的一家国有企业。专业生产各类家用音响产品和汽车音响产品用的精密磁传动机构。年产占国内之首，年销售收入2.9亿元。

"佳海所牌射系列机芯"是我公司92年开发的列入火炬计划的高新技术产品。于94年首家通过省级生产定型。现已进入大批量生产，VCD机芯、DVD机芯、汽车光头、激光头、录音机机芯等产品年产量可达800万只。该镭射系列机芯性能可靠、质量稳定，在国内处于领先水平。多年来为国内各音响整机厂提供了既经济又可靠的服务，深受欢迎。多年来我公司不断地开发新产品，进一步将音频和视频产品结合起来，拓展了镭射机芯的用途。今后我公司将更加努力为各音响整机厂提供热情服务。

公司办公楼

董事长：张建荣

地址：广东省珠海市吉大园林路信海商业大厦八楼

电话:(0756)3333206

传真:(0756)3333207

第十七编

证券业人物

1768/1783

证券业新闻人物

【编者按】 为了促进中国证券市场的规范化和国际化，加强交流与合作，提高证券业经营管理水平，编辑部决定从1996年起，在《中国证券业年鉴》中文版和英文版开辟证券业人物栏目，反映和介绍股份制企业、证券经营机构、期货经营机构、投资基金单位、产权交易机构、新闻出版、科技教育及理论研究等方面的有丰富管理经验和显著成就的专家学者、企业领导，每一年度推选十位证券业新闻人物。1999年度中国证券业年鉴编辑部推荐的十位证券业新闻人物是：

黄绍开

【工作简历】 黄绍开，大福证券集团有限公司集团董事总经理及行政总裁，持有澳门东亚大学颁发之工商管理硕士学位。黄绍开在金融服务业积逾三十年工作经验。担任社会服务职务主要有：香港联合交易所有限公司理事（1997年10月－2000年3月）、主板及创业板上市委员会委员、公司法改革常务委员会委员（2000年2月1日－2001年1月31日）、Member of HSI Futures & Option Migration Special Committee and Migration Technical Committee of the Hong Kong Futures Exchange Ltd、香港中央结算有限公司交替董事（1997年11月－2000年3月）、香港证券经纪业协会名誉顾问（1997年11月－2000年4月）、内幕交易将近审裁处成员、香港董事学会有限公司资深会员、香港董事学会有限公司理事会成员及其公司管治委员会主席、香港证券学院会员、新界总商会副会长、证券及期货事务监察委员会的投资者教育咨询委员会委员（1998年10月－2000年3月）、香港期货交易所有限公司新产品委员会成员（1994）及货币委员会委员（1993－1995）、东亚大学研究院校友会前主席、东亚大学研究院校友会于1995年4月澳门举行之"中华经济2000年对港、澳、台之影响区域研讨会"之咨询委员会主任委员及为该校友会1996年4月访北京团团长、中华慈善总会创始会员、博爱医院2000/2001副主席。

【管理实践】 黄绍开凭着三十多年的金融经验和大胆创新，他按业务种类非常清晰地划分出各个部门，如证券部、证券融资部、企业融资部、期货部、基金部、保险经纪及代理服务部、集团投资部、电子网上服务部等，并把每个部门的职能细化，分别聘用有能力的人去分管这些部门，并按每人才能分别负责各项不同的工作，使各部门之间相互协调配合。他亦非常重视管理工作，不管以前还是现在，公司的规章制度和管理机制都在不断完善。公司设有执行委员会，成员包括主要部门负责人，参与管理主要业务部门运作，对市场发展不断探讨并对新市场新产品开拓作出决定。由于市场瞬息万变，该会定期每星期开会一次。黄绍开特别重视各部门之间的沟通，他每月定期举行部门联席会议，让每个部门的主管提出需要改进和加强合作的地方，从而使整个公司的业务井然有序地运转起来。

在加强公司组织，财政管理，风险管理等方面，他有一套完整的制度。由于市场中的风险始终存在，必须要在风险还没出现时就建立起一系列的应变措施。居安思危是黄绍开在工作中始终坚持的原则和座右铭。黄绍开以专业人才为本，在人才培训中，要求每位员工每年要得到不少于40个小时的培训。他要求每一位员工都要适应业务发展的需要，吸收专业知识，并对客户在业务中提出的合理要求给予满足。在利益层面上公司的理念是"以客户为主，员工为辅，股东居第三位"。而对销售人员的培训，他亦采取让员工不断了解市场，接受新产品和新服务的操作，以便更好地满足客户不同的需要。大福在关心员工的同时，也得到了员工对大福的支持。

【成就业绩】 大福证券集团于1996年在香港联交所成功上市；1997年购入新世界保险集团和设立北京办事处；1998年分别于伦敦和纽约设立办事处，以及成功保荐四家公司在香港挂牌上市。截至2000年3月31日止年度，大福录得纯利21000万港元，营业额为56000万港元，分别较上年同期增加440%和63%。

黄绍开认为，整体强大是大福证券集团的优势，特别是网络和资源的优势是其他证券商所没有具备的。为了使大福的团队精神不断强大，服务质量不断优化，大福随时根据市场的变化不断调整自己，提高自身的素质，在较薄弱的地方不断加强，正如黄绍开所说："大福有多项业务流程已获得ISO9002国际认可管理标准，未来将有更多流程被确认，最终大福是要争取成为一间全面优质管理机构。在各方面，我们都要比别人先跑一步"。

最令他满意的事情，分别是在他40多岁时以业余时间考取工商管理硕士学位和于1996年8月将大福证券集团在香港联交所上市，因为这两件事在当时来说，都是难度高和需要有很大的决心才能做到的。 （责任编辑：柳华）

翁小巧

【工作简历】 翁小巧，1956年生，研究生学历。曾任福鼎白琳公社团委书记、管委会副主任，中共福鼎潘溪区委员会书记，中共福鼎县委员会常委、宣传部长，宁德地区农业委员会副主任，闽东老区水电开发总公司党委书记、总经理。现任福建闽东电力股份有限公司董事长。

【管理实践】 翁小巧就任福建省闽东老区水电开发总公司总经理期间，坚决贯彻执行党的路线、方针、政策，按照现代企业制度的要求，担负起对国有资产保值增值的责任，认真履行总经理的有关职责，与班子成员一道，团结全体员工，认真负起安全生产、经营管理、企业股改上市的领导责任。

安全生产是电力企业的生命线，翁总经理就任以来认真听取生产技术人员的意见，深入分公司调查研究，帮助解决生产过程中存在的困难和问题，多次召开安全生产会议、修订《安全生产管理条例》，建立安全生产目标责任制，及时通报安全生产情况，在翁小巧就任福建省闽东老区水电开发总公司总经理以来，公司没有发生与责任相关的重特大事故，也没有因为安全生产问题造成经济损失，使公司在较好的生产环境中取得较高的经济效益。企业是以经济效益为中心，而经济效益要有严格的管理才能得以实现，在工作中翁总经理主要抓了三件事：(一)经营管理目标责任制；(二)认真抓好线损管理；(三)抓紧电费回收，降低管理费用。电费回收和线损管理是体现一个电力企业的管理水平高低的重要因素，在翁总经理的领导下，经过公司各级部门和全体员工的努力，公司基本杜绝了偷窃电、权力电、人情电，公司的线损率较以往有较大的下降，而电费回收率则有明显的回升，使企业的经营效益有明显的提高。

水电资源丰富是闽东重要的资源优势之一，但长期以来，电力发展滞后成为制约闽东经济发展的“瓶颈”，闽东为此走过了“没有电力办什么工业，没有工业办什么电力”的恶性循环之路。如何克服这一困境，使闽东的电力事业有一长足的发展，为地区的经济建设发挥更大的作用，成为翁总经理的一个重大课题。经过深思熟虑，翁小巧总经理提出了对福建省闽东老区水电开发总公司进行股份制改造并争取股票公开发行并上市的战略规划。在这一规划得到宁德地委、行署批准，并被行署任命为福建闽东电力股份有限公司筹备委员会主任后，翁小巧总经理提出了按电力生产的属性对福建省闽东老区水电开发总公司的资产进行重组，将总公司的资产分为电力生产(厂)和电力供应(网)两块，总公司专营供电，成立闽东电力股份有限公司，专营发电。据此，将原属总公司的17座电站〔闽东水电站、柘荣梯级电站(龙溪一、二、三级电站)、福安穆阳溪水电站、霞浦梯级电站(一、二、四级电站)、福鼎岙里电站、周宁东风电站、周宁龙溪一级电站、宁德大泽溪水电站、宁德白岩水电站、宁德金溪水电站、屏南上培电站、寿宁水力发电站(车岭一级电站)、福鼎桑园水库电站〕除土地使用权外的经营性净资产(以1997年12月31日为评估基准日经评估为3.04亿元)入股，并联合闽东电力电器厂、福建省闽东水电综合服务公司、闽东电力勘察设计所和宁德地区输变电工程公司共同发起设立福建闽东电力股份有限公司。这一具有前瞻性和富有远见的作法，与当时国家正地酝酿的电力体制“厂、网分离”的改革精神不谋而合。并于1998年通过福建省政府办公厅、体改委、国资局、水电厅、经贸委、计委等省直部门的联合论证，并通过国家计委、经贸委、证监会的审查确认。福建闽东电力股份有限公司于1998年12月正式组建成功，并在福建省工商行政管理局登记注册。翁小巧任福建闽东电力股份有限公司董事长。

股份公司成立后，经过一年多的规范运作，向中国证监会提出了公开发行股票并上市的申请，经中国证监会驻福州特派员办事处验收合格，并经中国证监会发行审核委员会审核通过，中国证监会于2000年6月28日批准，福建闽东电力股份有限公司向社会公开发行10000万股股票。在股票发行方式上，翁小巧董事长发扬“敢为天下先”的精神，在全国率先采用了“荷兰式招标”的竞价形式，成功地发行新股10000万股，取得了出乎意料的成功。其市盈率分别为当年和去年整体发行市盈率的5.5倍和5.16倍，募集资金比原计划增加6.92亿元，增长1.51倍。同时7月31日福建闽东电力股份有限公司社会流通股5000万股在深圳证券交易所挂牌上市(股票简称：闽东电力；股票代码：0993)，另有向法人配售的5000万股将于三个月后上市。

对公司股票上市后的经营目标，董事长翁小巧介绍说：(1)作为闽东电力主业的水电具有运行成本低的价格优势和清洁无污染、不破坏生态环境的环保优势，符合国家积极发展水电的产业政策，在电力、能源市场上具有绝对的竞争力，所以闽东电力的主营业务具有很强的盈利能力，公司从长远发展的角度出发，提出全面拓展资本经营，并力争在上市后五年内成为总资产40亿元、年销售收入15亿元，年净利润2亿元的跨地区、跨行业、跨所有制结构的上市公司，在发电能力方面公司计划力争在2005年装机容量40万千瓦，年发电18亿千瓦时，发电收入达到6亿元。(2)突出主业、适度多元化发展是成熟企业的追求。水电行业的回报稳定，前景也相当不错，但单一的产业结构不是一个不断壮大的企业的全部内涵。因此闽东电力将以“立足闽东、振兴国企”为立业之本，坚持“稳固主业、跨业经营、多元发展”的经营战略取向，利用公司上市的契机，坚持水电业内涵扩大再生产，同时也要积极涉足高新技术产业，参与基础设施建设，以获取更多的附加值。(3)公司的目标是把闽东电力建设成为一个多元化、集约化、现代化、外向型的企业集团。

【成就业绩】 1、作为一个青年企业家，翁小巧董事长富有改革、求实、创新精神。在他就任福建省闽东老区水电开发总公司总经理期间，提出了电力资源按市场配置的原则，在抓好电力企业安全生产的前提下，坚持经营目标管理责任制，认真抓好线损管理，抓紧电费回收，降低企业成本，使企业的经营效益有明显的改观。2、大胆借鉴西方发达国家电力企业发展模式，在福建省乃至全国率先提出了“厂网分开”的电力体制改革方向，并力主大刀阔斧地对老国有电力企业进行资产重组，组建福建闽东电力股份有限公司，把电力企业推向市场。3、在“闽东电力”股票发行中，在全国率先采用了“荷兰式招标”的竞价方式，成功地发行新股1亿股，不仅演绎了全国新股发行市盈率88倍的故事，而且使闽东电力股票在二级市场上激起千层浪，为中国新股发行方式进行了有益探索。

(责任编辑：胡国礼)

沈　沛

【工作简历】 沈沛，男，1950年生，安徽人，研究生学历，高级经济师，硕士生导师。曾任北京市西城区政府副区长、中国农业银行办公室副主任。1992年8月参加组建南方证券有限公司，历任副总裁、总裁、董事长兼总裁，1998年6月任南方证券有限公司董事长。作为南方证券有限公司的创始人之一和主要负责人，对南方证券有限公司发展战略、工作方针的制定及业务经营的开拓作出了突出的贡献。学术研究领域涉及宏观经济、货币银行、资本市场等方面，著述颇丰。

【管理实践】 沈沛在南方证券的管理实践主要具有以下特点。一是始终把讲政策和讲原则放在第一位。证券市场日趋活跃，参与主体日益增多，市场竞争近乎白热化。在有关法规不健全下，不可避免出现非规范竞争的现象。沈沛认为，对南方证券这样立志要成为代表中国参与国际竞争的证券公司，必须立意长远。因此，在日常经营管理中，南方证券恪守着规范化的原则，采取了一系列风险防范措施并且得到落实；二是讲求社会效益。“欲取之，必与之”，为社会提供服务，再在服务社会中获得自身发展的良好环境，是南方证券的服务之精髓所在。特别是十五大召开后，先行一步的南方证券进入“乘东风迈大步”的历史新阶段，积极利用资本市场，为国有企业改革服务；三是善于抓住机遇。公司设立初期，业务主要局限在证券发行、代理交易和自营的传统领域。随着宏观经济进入调整，由于证券市场当时政策不明朗，法制不健全，股市长期低迷，加之自身经验不足，公司经营曾一度陷于困难的境地。当宏观经济环境改善，证券市场逐步回暖的机遇曙光初现时，以沈沛董事长为首的南方证券领导班子审时度势，及时调整思路，经过全体员工的努力，公司在逆境中不断发展壮大；四是强调全局观念。全公司系统要全国一局棋，以统一、高效、有序的管理体制与运作机制，赢得竞争。本着这一原则，公司形成了一个崭新的既有分工，又有协作，既相互支持，又相互监督的“南方特色的管理机制”。它包括四大体系，即以投资银行业务、经纪业务、国际业务和自营业务为主体的业务经营体系，以计财部、办公室为主体的经营保障体系，以稽核监察部、人事机构部、纪委为主体的监控体系和以研究所为主体的研究支撑体系；五是重视理论对实践的指导作用。作为现任硕士生导师，沈沛以战略的眼光在公司组织成立了一支具有较大规模和实力雄厚的研究队伍，并身体力行于公司研究业务发展战略的制定和重大科研课题的研究，先后在国家级报刊上发表了40余篇颇具真知灼见的论文，主持了10余部专著的撰写工作。他在1998年所撰写的专著《信贷资产证券化》，不仅在理论上而且在实践中对我国资本市场兴起的证券化潮流有重要影响。他的理论思想使公司在资本市场的前沿业务领域如鱼得水。六是提倡“规矩与激情乃腾飞之双翼”的管理思路。沿着这一思路，公司正在积极稳妥地转换机制；继续朝建立科学的决策机制、决策民主化方向努力。

【成就业绩】 沈沛独到的经营管理思想和身体力行的实践风格，引领着南方证券取得了一个又一个好成绩。七年来，公司以稳健的经营、规范的运作、有效的管理和优良的服务，不断赢得社会各界的高度评价，公司的社会声誉不断提高。1995年，在美国权威杂志《机构投资者》评选的中国最有前途的十家机构投资者中，中国南方证券与国内几大专业银行同登榜上，居证券业第二位。1996年，公司再次被该杂志列为中国最有前途的十家机构投资者之一；同年，在深圳证券业协会对深圳证券商经营实力和经营业绩排行榜中，公司获资产总额、净资产总额和交分总额三项第一。1997年，在国内券商承销排名榜上，公司在所列的11项指标中分别夺得包括主承销总家数、配股承销总量等六项第一，1998年又在该排名榜上夺得5项第一；1999年公司的经纪业务和投行业务分列同行业第二、第三位。截止1999年末，公司资产总额达到207亿元，净资产17.47亿元，累计实现利润19亿元。公司主承销A、B股141家，为国家和企业共筹集资金440多亿元；累计代理买卖有价证券15414亿元。公司在全国设有营业网点71家，在纽约、香港、新加坡设有分支机构，公司员工达3000人。

（责任编辑：张涛）

王志荣

【工作简历】 王志荣，男，1940年2月出生，1965年7月毕业于成都电讯工程学院计算机专业，大学文化程度，高级工程师，享受政府特殊津贴专家，深圳市政协委员，现任深圳开发科技股份有限公司副董事长、常务副总裁。

【管理实践】 王志荣大学毕业后分配在华北计算技术研究所从事科研工作，1965年至1980年在国防科委十五研究所从事国防重大科研课题的研究，如1.国家整体防御体系(11252工程)。2.核幅射对计算机设备的影响。3.国家第一枚洲际导弹的测控系统研制(580工程)。4.人造卫星中心指挥系统(320工程)。在此期间主要论文：1.核幅射对电子计算机整机和部件的影响。2.双线高速海量磁芯存贮器的工程问题。3.DEC NET(DEC计算机网络)。在此期间荣获320工程集体功和580工程二等功。80年后调任电子工业部任处长，参与宝钢工程等国家十项重大工程建设项目的电子系统建设，为国家的重大工程建设做出了积极贡献。

1985年10月王志荣被电子部派往深圳工作，在党的改革开放方针指引下，他大胆创新，创建了蛇口开发科技有限公司，该公司于1993年迁入深圳市并由国家批准股份制改造，更名为深圳开发科技股份有限公司。以200万美元贷款起家创办了以生产计算机硬盘磁头为主、产品全部出口的外向型高科技企业——深圳开发科技股份有限公司，并出任副董事长、常务副总裁、主持公司工作。

在此期间主要从事：1.利用国外科技力量同中国实际相结合，发展计算机磁头工业。十年间磁头技术飞速发展，由20MB—40MB—60MB—70MB—110MB—170MB—210MB—340MB—540MB—1040MB几乎是每半年更新一次，作为硬盘磁头的专业开发生产厂，如不能跟上世界技术发展的步伐就会被淘汰。十多年来王志荣同志率领公司的工程技术人员，一步一步紧跟，不断攻克开发与制造中的技术课题，如飞高动测技术、超精加工技术、玻璃烧结控制技术等，才使公司在满足国际要求的情况下不断扩大企业的规模，将公司拓展成为世界计算机硬盘磁头专业生产厂的三大厂家之一。特别是面临MIG磁头技术已发展到顶峰的94年，如何延续MIG磁头的寿命，王志荣同志组织指导公司工程技术人员攻克了DOUBLE BLENDING技术，该技术美国IBM公司曾提出以100万美元转让给我们，他以坚忍不拔的精神带领工程技术人员，突破了技术难关，使公司掌握了世界上MIG磁头最高的生产制造技术，使公司在1995年赢得了历史上最高的产量和最好的效益。与此同时转向了MR磁头的研制、盘基片的生产技术转化，为使我国计算机产业能在世界上占一席之地，他正为民族工业的发展、决心为研制中华牌的硬盘驱动器和发展中国的电子工业而继续拼搏。2.吸收国外先进管理同企业实际相结合，发展壮大企业。初创企业是以同香港一批工程技术人员掌握的技术和市场为起点，即他们以34%的干股形式经电子部领导批准而创办企业。从而将国外的管理也引入了企业，他以身作则，日以继夜地工作，他严格管理企业，精益求精地一步一步实施企业的发展战略，他将国外的科学管理同中国的政治思想建设结合起来，形成了"开发科技公司的管理科学"，将一个几百人的企业发展到近五千人的大企业，民族自尊、自强不息的精神就是团结数千员工奋力拼搏的灵魂。他同其他几任中外领导一起，率领全体员工为公司的创立及发展壮大付出了艰辛的努力，使公司迅速成长起来。

【成就业绩】 截止1998年公司总资产35亿，净资产20亿(年出口3—4亿美元)，注册股本7.6亿，市值约150亿的大型高科技企业。其利润经国家统计局认定为我国计算机行业第一名。自87年以来连续被评为"先进技术企业"和"创汇大户"，自89年连年被电子部评为"电子百强企业"及国务院授予的"全国500家最大工业企业"和电子行业最佳经济效益前50名等荣誉称号，也被证券市场评为900家上市公司投资回报十大牛股之第一名。王志荣也获得了中国经济英才、优秀企业家、优秀企业文化工作者等称号。

(责任编辑：张涛)

聂庆平

【工作简历】 聂庆平，男，1961年10月出生。1985年进入中国人民银行金融研究院，硕士师从著名经济学家刘鸿儒，目前在著名经济学家董辅礽门下攻读博士研究生，中共党员。1989年分配进入中国人民银行金融监管司市场一处副处长，主要从事股份制调查工作，先后参与起草了"股票发行暂行办法"、"上海证券交易所管理办法"、"深圳证券交易所管理办法"、"B股交易暂行办法"等证券法规。1992年参与策划成立中国证监会，历任中国证监会发行部副主任、海外上市部副主任、国际业务部副主任，多年从事证券监管工作。后调入中国光大集团，1999年担任光大证券有限公司董事代总裁。

【管理实践】 科班出身的聂庆平亲身经历了几乎所有中国证券市场上的风云变幻，从1992年开始，聂庆平就从事证券监管工作，先后在中国证监会发行部、海外上市部、国际业务部等部门担任领导工作，在此期间，开创中国与海外证券监管部门各个方面的合作，并陆续促成27家国内企业在海外上市。调入光大证券有限公司担任代总裁后，聂庆平根据"一手抓健康，一手抓发展"的基本原则，合法合规经营，严格自律，追求可持续的竞争优势；建立良好的公司治理结构，科学决策，增加透明度；建立科学的激励机制、不断强化经营管理队伍，增强职业操守；大力拓展证券业务，加快科技、资讯、网络与证券业务的融合；资产运营和资本运营并举，提升国际化水平。一系列举措收到明显成效：光大证券有限公司1999年的经纪业务排名全国第九位，投资银行业务排名第四位，其中配股承销业务单项排名全国第一，公司总资产达66.47亿元，净资产达13.7亿元，全国范围的营业网点达37个。与此同时，光大证券有限公司还配合光大集团成功进行两项重大资本运营：一是光大证券49%的股权注入光大金融控股并在香港顺利上市；二是光大集团相对申银万国证券公司。通过资本运营，光大证券的品牌效应和国际竞争力逐步形成；而持续良好的资产质量和相对完善的风险管理制度，使得光大证券成为全国首批进入同业拆借市场的5家券商之一。面对中国证券市场以及光大证券有限公司的蓬勃发展，聂庆平始终保持一份清醒的认识。他认为，中国证券市场这几年的发展可以说是一个奇迹，在很短的时间形成一个独特的产业，并对国民经济产生重大影响；但是作为一个矛盾的两方面，中国证券市场的探索和规范将是目前以及今后很长时间内证券从业人士的基本着力点。聂庆平认为，中国证券行业必将按照市场经济原则，走向调整和重组之路，而调整方向就是要培养一批在管理、机制、核心业务竞争力方面具有显著优势的证券商。只有这样才能面对时代的挑战，只有这样才会带来中国证券市场安全健康的持续发展。在他领导下的光大证券有限公司正是朝着这种方面奋力拓展，逐步迈向中国第一流的证券公司。

(责任编辑：曹文乔)

张学仁

【工作简历】 张学仁，男，汉族，1940年12月出生，河南省武陟县人，大学文化，高级经济师。历任武陟县委、新乡地委干事、秘书，平顶山矿务局办公室科长、副主任，平顶山选煤厂党委副书记、副厂长，河南省朝川矿务局副局长、副书记，党委书记、局长，中国神马帘子布集团公司党委书记，兼任神马实业股份有限公司副董事长，河南省经济体制改革委员会副主任，中国证监会郑州证券监管特派员办事处负责人等。现任郑州商品交易所理事长，兼任河南大学教授等职。

【成就业绩】 专著、主编的著作有《中国当代企业管理艺术》、《企业融资和资本运营》、《中国著名经济学家论社会主义市场经济》、《中国股份制博览》、《人才寓言选》等十余本。在国内外学术会议和省级以上报刊上发表论文50多篇。荣誉称号有：国务院授予国家有突出贡献专家，享受政府特殊津贴，全国首届经济改革人才奖(银杯奖)，全国能源工业劳动模范，全国思想政治工作创新奖(特等奖)，河南省委、省政府命名为省管优秀专家，省优秀党员、优秀思想政治工作者等。

(责任编辑：胡荒生)

李守堂

【工作简历】 李守堂，男，1944年8月出生于河南方城。中共党员，高级经济师。1966年毕业于河南农业大学农学系。长期从事经济管理工作。曾在中国农业科学院、河南省粮食厅任职。1990年7月，调任郑州粮食批发市场副主任、郑州商品交易所副总裁，现任郑州商品交易所党委书记、总经理。享受政府特殊津贴。受聘为河南财经学院、河南农业大学经贸学院等院校兼职教授、硕士研究生导师。被评为1999年度“河南省劳动模范”。

【成就业绩】 作为我国期货市场的开拓者之一，为期货事业在我国的创立和发展做出了重要贡献。1、亲自参与创建了新中国第一家期货交易所；2、参与主持制定了我国第一部期货交易规则——《郑州商品交易所期货交易规则》，荣获河南省实用社会科学优秀成果一等奖；3、参与主持开发出我国第一套复数约定价格制计算机交易和结算系统；4、参与主持建立了我国第一个由交易所和金融部门联合开办的期货结算中心；5、参与主持起草了我国第一部地方性期货法规——《河南省期货市场管理条例》；6、主持首次推行仓单无纸化，被认为是对国际期货业发展的一大贡献。他勤于思考，著述颇丰。著有《粮食保藏学》、《期货交易方略和技巧》、《期货交易管理法规概览》、《期货交易必读》、《期货交易指南》、《证券与期货》、《中国期货市场运行机制》、《中国期货市场理论问题研究》等理论专著。

（责任编辑：胡荒生）

朱玉辰

【工作简历】 朱玉辰，男，1961年生，满族，中共党员，经济学博士，现任大连商品交易所党委书记、总经理。

【管理实践】 朱玉辰同志长期从事金融、期货的管理工作及相关理论研究。在商业部政策法规司工作期间，参加了由国务院发展研究中心、国家体改委、商业部组成的国务院期货工作小组，并成为其核心成员，根据国务院领导指示精神，对建立有中国特色的期货市场进行了广泛深入的研究，向国务院领导同志提交了期货市场和批发市场的试点方案，直接推动了有关市场的诞生。1989年至1990年，朱玉辰同志被派往美国芝加哥商业交易所（CME）、芝加哥期货交易所（CBOT）工作研修。回国后，任全国粮食批发市场管理办公室主任，全面负责管理和协调全国八大粮食批发市场试点工作，推进了全国粮食批发市场规范有序发展，并亲自组织实施了郑州粮食批发市场引进期货机制试验，成功地推动了我国第一家期货交易所——郑州商品交易所的产生。

1992年至1996年，朱玉辰同志任中国国际期货经纪有限公司高级副总裁，作为核心领导成员参与了这家全国性公司的筹组、经营和管理。中期公司在激烈的市场竞争中靠先进的管理和不断创新，迅速发展成为全国规模最大、效益最好、管理最为规范的期货公司。朱玉辰同志还亲自创立了上海中期期货经纪有限公司，任董事长兼总裁。上海中期公司经过艰苦努力，发展成为中期系统排名第一的核心企业，成为全国期货经纪行业中知名度最高、规模最大、盈利能力最强的行业排头兵。该公司的管理制度、客户文件成为行业示范性的规范文件，并为行业培养了一批人才，对推动上海乃至全国期货业的繁荣与发展发挥了积极作用。

朱玉辰同志1996年调大连商品交易所工作，历任副总经理、党委书记兼总经理。近年来，大连商品交易所凭借管理优势，实现了规范有序运行、稳定健康发展，成为全国规模最大、交易最活跃的期货交易所。大连商品交易所在借鉴国外先进经验的同时，结合中国期货市场的特点，总结形成了一整套符合中国国情的期货市场监管制度，实现了市场平稳运行，成功地起到了防范和化解期货风险的作用，得到了监管机构的肯定。

【成就业绩】 近年来，在全国期货市场交易量连年大幅下滑的背景下，大连商品交易所保持了交易量和市场份额逐年稳步上升的态势，目前占有全国期货市场一半以上交易份额。2000年，大连商品交易所在全国证券期货系统首家荣获中央金融工委授予的“青年文明号”称号，成为中央金融工委系统思想政治工作先进单位。近两年，江泽民、李鹏、朱镕基、李瑞环等党和国家领导人都曾视察大连商品交易所，对该所的发展给予了肯定。朱玉辰同志在从事实务工作的同时，十分注重理论研究，在《财贸经济》、《投资研究》、《财经问题研究》等刊物发表论文18篇。

（责任编辑：秦朝）

刘　毅

【工作简历】 刘毅，男，1960年11月出生，中共党员，在职研究生，高级经济师。现任北京首都旅游股份有限公司董事长兼总经理。1978年—1989年就职于北京西苑饭店；1987年—1988年在意大利罗马进修旅游饭店管理；1989年—1997年在北京市旅游事业管理局工作，先后任团委书记、综合处副处长、行业管理处处长、局党组副书记；1998年2月北京旅游集团有限责任公司成立，任集团公司党委副书记、董事；1998年7月起主持集团公司A股上市筹备工作；1999年2月任北京首都旅游股份有限公司董事长兼总经理。

【管理实践】 刘毅同志在旅游行业工作二十余年，从事行业管理和企业经营管理，积累了丰富的经验。在北京市旅游事业管理局工作期间，主要负责北京地区旅游饭店、旅行社、旅游定点餐馆和旅游定点商店的行业管理工作，并在以下方面作出了有益的探索并取得成绩。一、积极拓展旅游行业管理的范围。确保旅游接待质量的稳步提高，使北京市原旅游行业管理除旅行社、旅游定点饭店、旅游定点餐馆和商店外，将旅游摄影摄像和旅游医疗点也纳入了旅游行业管理的管理范畴；二、对北京旅游行业的老大难问题实施综合治理。对黑车（无旅游运营证车辆）、黑社（非法组团组织）、黑导（无导游证人员）和旅游假冒商品等问题，进一步完善了旅游综合治理的方法，会同北京市工商管理局、公安局和技术监督管理局等部门成立了北京市旅游综合治理办公室，通过联合办公和联合执法，有效地抑制了上述现象；三、进一步规范了北京市旅游“紫禁杯”奖指标评估体系。四、大力扶植北京市区县旅游业的发展，支持区县旅游资源的开发，通过组织市区和区县旅游企业的结对活动，帮助区县培养旅游人才；五、组织承担北京市大型活动的旅游接待和组织工作。先后参与第十一届亚运会、第四届世界妇女大会等大型国际国内活动的组织工作，确保活动圆满、顺利完成任务。

1998年北京市政府对北京市旅游管理体制进行了改革，实现政企分开，将旅游局所属企业分离出来组建了北京旅游集团有限责任公司，刘毅同志出任该公司党委副书记和董事。北京旅游集团公司是集饭店、旅行社、旅游汽车和会展旅游等诸多旅游服务要素于一体的大型旅游集团，其总资产超过120亿元。公司成立之初，集团领导对所属企业进行了深入的调研后，提出了三大发展战略（功能、品牌和网络），确立了三级企业架构（集团总部、主力企业和基层企业），进行了三项改革（改制、分离和重组），并着力培养一支优秀的企业家队伍，刘毅同志协助集团主要领导参与了上述调研和决策。集团公司在实施上述发展战略时，发起设立了集团的第一个主力企业——北京首都旅游股份有限公司（首旅股份），承担集团公司改制和融资的重任，刘毅同志出任该公司董事长兼总经理。首旅股份成立后，刘毅同志按照现代企业制度的要求，对公司资产进行了重组和改制，并于2000年5月完成公司7000万A股的发行和上市，为公司筹集到近4亿元资金。2000年6月，公司又成功控股收购北京神舟国际旅行社集团有限公司，使首旅股份拥有旅游客源方面的绝对优势。公司上市后，刘毅同志又极富创新地提出“面向世界的旅游，面向旅游的高科技”的企业发展方向，在具体实施上述发展方向的措施上，刘毅同志将领导公司充分依托首都北京的优势，以大力发展旅游主业为基础，完成对北京展览馆等旅游接待设施进行大规模改扩建、更新旅游大客车、建设旅游营业网点等项目，还将领导公司依托北京中关村高科技园区的优势，致力于开发面向旅游业的高新技术产业，实施旅游科技开发战略，在日趋激烈的国际旅游市场竞争中掌握主动权。

【成就业绩】 刘毅同志是北京市青年联合会第七、八届委员会委员。刘毅同志任北京首都旅游股份有限公司董事长兼总经理以来，在领导企业进行资产重组、改制和上市的同时，在充分调研的基础上，还建立了一套科学的经营管理和考核体系，当年就收到了良好的效果，1999年，首旅股份所属的三家饭店较全市饭店先期走出低谷。1999年公司实现净利润的5113万元，预计2000年净利润达5400多万元。首旅股份上市控股收购神舟国际旅行社集团有限公司后，其海内外旅游市场进一步得到拓展，形成商务旅游、会展旅游和加大高新技术在旅游业应用的新的知识型企业。 （责任编辑：柳华）

刘　成

【工作简历】 刘成同志，男1955年2月出生于哈尔滨市，研究生，高级会计师，在黑龙江省物资厅、省化工轻工材料总公司、省物产（集团）总公司、省国际信托投资公司工作过，曾任科员、科长、副处长常务经理、总会计师、黑龙江省国际信托投资公司总经理等职，现任天元证券经纪有限公司董事长兼总经理、法人代表。

【管理实践】 刘成同志多年从事经济领导工作，具有丰富的领导工作经验和较高的经济理论素养，尤其是财务管理工作的成绩尤为突出。在他主管全省物资企业财务决算、财务分析工作期间，曾连续八次被国家有关部门评为财务决算先进单位；在他主抓经营管理工作中，运用科学的管理方法，使企业规模逐年扩大，利润稳步上升，跻身国家500户大型企业，晋升为国家二级企业。在他全面负责省物资集团及所属的财务管理、经营管理工作中，集团和所属企业的财务管理工作、经营管理工作都有了明显的改善和加强，为集团实行现代企业制度打下了坚实的基础。

【成就业绩】 刘成自天元证券经纪有限公司筹建以来，一边抓筹建工作，一边抓效益。实实在在地把加强财务管理、狠抓经济效益放在工作的始终，2000年公司的交易额和净利润较上年有大幅的增长，为公司今后的发展开了好头。坚持理论与实践相结合，在从事本职工作的同时，不断进行理论研究和探索，近年来合作出版了20多万字的《信息桥梁流通纽带》专著，在国内和省级刊物上先后发表了10多篇论文和调查报告，有的被编入全国性大型经济学丛书。 （责任编辑：秦朝）

人物纪实与专访

规范发展　开拓进取

记上海财政证券公司总经理赵叶龙

1999年上海财政证券公司把握证券市场发展机遇，以规范为前提，开拓进取，在激烈竞争和多变的市场中稳步发展各项业务。截止1999年底，公司资产总额达38.8亿元，累计发行证券166.45亿元，累计证券交易总额8914亿元。1999年公司沪市证券交易额为1698.02亿元，列上海证券交易所会员单位交易总额排名第8位，已连续6年进入上海证券交易所会员单位交易总额排名前10位，净资产12.9亿元，利润总额2.4亿元，分别列中国证券业协会统计的1999年度券商相应项目排名第12位和第11位。

一、提高服务智能化内涵，拓展经纪业务

1999年公司提出提高服务的智能化涵量，以优质的服务稳定和扩大投资者队伍，增加公司股票代理业务量的市场份额，促进经纪业务成为公司新的经济增长点。1.围绕上述目标，公司大力推广电话委托、远程可视委托等交易方式，开通与工商银行合作的银证转帐业务，并辅以邮寄对帐单等一整套的服务系列，努力建立安全、高效、便捷的交易体系。目前各营业部平均拥有电话委托100门，其中业务量较大的营业部拥有200门。大部分营业部都开通了远程可视委托业务，并为投资者提供上门安装委托系统和定期维护服务。其中最多的一家营业部远程可视委托开户数已超过一百户。2.深化服务意识，提高服务质量，完善服务功能。1999年将往年4月份的优质服务月延续至年底，并结合先进部门、柜台、个人的评选活动，树立先进，以点带面，促进服务水准上一个台阶。西藏路证券交易营业部被共青团上海市委员会评为"共青团号"，成为上海市证券行业第一批被授予此称号的证券营业部之一。3.成立了证券经纪管理总部，加大经纪业务专业化管理的力度，为进一步规范和拓展经纪业务提供组织保证。

二、积极参与国债、企业债券的发行工作

承销9905、9908国债，1999年度浦东建设债券、1998年度上海久事建设债券、1998年度城市建设债券等3家企业债券，全年累计承销国债11亿元，企业债券3.45亿元。

三、抓住解决"千年虫"的契机，提高计算机系统防范风险的能力

1.将安全管理、规范操作作为计算机信息系统管理的首要任务。严格贯彻执行中国证监会《证券经营营业部信息系统技术管理规范》，全面开展营业部电脑房规范操作达标考评工作，切实落实各部门防范计算机技术风险的规范化措施。2.计算机2000年问题不仅是一个技术问题，更是一个管理问题。公司把解决计算机2000年问题作为一项重点工作，动员全体干部、员工对计算机信息系统及相关设备2000年问题进行反复的测试与完善，加强数据备份的管理，确保计算机系统平稳过渡到2000年。3.升级了NOVELL网络操作系统的版本，更换了柜台交易系统软件，一方面加强计算机系统的技术安全保障，另一方面拓展计算机系统的服务功能，为公司业务拓展提供技术上的保证。

四、健全内控机制，强化自律管理

贯彻执行《证券法》和中国证监会的有关证券规范条例，公司总结自身发展的经验，强化内部管理。组织力量重新整理了内部规章制度，按照新的法规规章要求，增加了新的制度和管理办法，包括《业务管理制度汇编》、《信息技术管理规范》、《物资管理办法》、《会计核算制度》等，修订补充了公司档案管理的办法，进一步明确以岗位责任制为核心的各部门职责。继续实行全面预算管理制度，有效的实现年度的收支、现金流量和盈利目标管理。1999年按照市政府、市财税局的决策，着手体制改革，开展区县营业部与区财政局脱勾工作，清理遗留的债权债务问题，进行公司的清产评估工作，逐步落实改制前的制度建设、结构调整、改制申报等筹备工作。

五、队伍建设

公司注重员工队伍的政治素质和思想素质的培养，通过各种方式，不断提高公司干部队伍和员工队伍的政治思想素质，增强队伍的凝聚力，为公司改制发展奠定队伍基础。1.强调干部、员工素质建设。坚持定期开展干部中心组学习，努力提高干部队伍的政治素养、业务素质和管理水平，并要求中心组成员每年读一本好书，每人撰写一篇论文。继续做好员工的专业文化素质培训，特别注重加强投资咨询队伍的建设，努力培养公司内部高素质的投资咨询力量。健全人事制度，开展定编定岗和考核竞岗工作，营造蓬勃向上、争先创优的经营氛围。2.党、团建设工作。积极发挥党组织在公司建设中的先锋作用。3月份在市局机关党委的直接领导和关心下，公司成立党总支，并选举了第一届党总支委员会委员，加强党组织的管理与建设。抓党员教育，抓支部建设。各部门的党员带头执行公司的制度和决策，主动开展思想政治工作，保证人事制度改革、员工考核竞岗等工作落到实处。公司团总支以"一个中心，四个板块"的工作模式，即以培养青年成长为中心，以职业道德建设、岗位成才、文娱生活、自身建设为四个建设板块，积极开展具有青年特点的各项活动，团结和带领广大团员青年做好本职工作，为公司总体目标的实现做出贡献。3.公司的群体活动丰富多彩。组织团员参加上海市法制宣传教育领导小组办公室、上海证券交易所、上海金融法制研究会、东方电视台与《上海法制报》社联合举办的"上海市第二届金融法制

——证券法律专题知识竞赛”，并荣获二等奖。工会安排了全体员工“新世纪风采”艺术照的拍摄活动，为每位员工送上一份精致的“千禧年”礼物，并以此制作公司的影集，汇集上财人的千禧风貌。

（责任编辑：曹文乔）

开拓　敬业　做一流券商

记闽发证券有限公司董事长张晓伟

张晓伟先生，中共党员，高级经济师，工商管理硕士。1954年10月出生，1970年参军入伍，毕业于西安空军工程学院，先后在空军哈尔滨第一航空学校，武汉空军工程部门工作，历任机械员、机械师、副中队长、主任教员、讲师、工程师等职。1986年转业到湖北省人行金融处，先后任副科长、科长、副处长。1997年受聘任闽发证券有限公司总经理，1998年8月被股东推选为该公司董事长。

张晓伟先生到闽发工作后，着力倡导：“团结、开拓、秉公、敬业”的企业精神，提出了“汇一流人才、创一流业绩、做一流券商”奋斗目标。为了使公司适应市场竞争的新形势，张晓伟先生和经营班子的领导一起，顶着重重压力，克服重重困难大胆进行了公司的机制创新和业务创新。

——大量引进和培养高级人才。通过大量的工作，一百多名高中以下学历的员工离职，同时引进了9名博士、30多名硕士；同时对中层以上干部实行在岗培训，使30多位中层干部接受研究生教育。

——全力推进技术进步。公司从1997年开始的网上交易始终保持了在全国的领先地位；1999年，公司推行了会计电算化，提高了财务核算的效率；制定了计算机系统安全管理规定；开发运用了决策监控支持系统软件。

——努力扩张营业网点。1999年公司在南昌、成都、南宁、合肥收购了5家营业部，90%以上的营业部扩大了经营场地，更新了设备，极大改善了营业网点的硬软环境。这些工作使公司“立足福建、辐射全国”的构架基本形成，公司目前有22家营业部，17个服务部，同时在北京、上海、深圳、成都、南昌等地设有分支机构。

——巩固发展经纪业务，有关部门深入地开展了调研工作，多次对系统内外的经纪业务工作进行调查研究，取长补短，大胆进行业务创新。利用网点多的优势，巩固和提高“柜台、技术、信息”三个方面的服务质量。“客户至上”的服务观念已牢固地树立在职工的意识中，在具体行动上，各营业机构立足于公司的柜台服务规范，细分市场，为客户提供“亲情、高效”的服务，开展了诸如代客理财申购新股、下乡咨询现场开户、股市沙龙、夜市、跟踪提醒、投资培训以及增设老年人专柜等各式各样的服务，更进一步拉近了与客户的距离，赢得了客户的信任与赞誉；在技术上，公司拥有一支高素质的技术队伍，不断地探索高新技术在证券经纪业务中的运用，保证了营业机构能够提供先进、全面的技术服务手段，便于不同的投资者选择。公司引进大批优秀的高素质人才，有力地增强了研发力量依靠总部的信息研究中心、北京的经济研究所以及上海管理总部的研发中心，从不同的角度，对政策、经济和市场信息等进行研究，形成大量高层次、高质量的研究成果，既为公司的经营管理提供了决策信息，也通过不同的媒介为投资者提供了良好的投资操作建议。以上各方面工作，优化了公司服务品牌，巩固和发展了客户队伍，使公司二级市场交易量一直名列福建省第一。

——稳健开展自营业务，在自营业务方面，公司始终坚持稳健经营，规范管理的方针，采取了加强自营资金管理、仓位调整控制、后台监控防范、设置止损位以及建立例会、晨报制度等措施，并依靠公司信息研究力量和激励机制，保证自营业务的高效、有序和安全运转。同时自营业务部门也注重加强对《证券法》的贯彻学习，对照《证券法》的要求进行清理规范，积极作好基础工作，为公司增资扩股后扩大自营业务规范作准备。

——突破性发展投行业务，1999年，公司的投资银行业务部门采取了重视人才、重视实效的激励方法，在1999年5月份成立了投资银行总部，充实了投行队伍，同时也争取到了较多的投行业务项目。全年共参与了15家股票的新股和配股承销工作，其中，承担了龙发股份99年度配股主承销和福日电子（新股）、锡业股份（新股）等10家企业的新股发行副主承销工作，实现了自1993年以来主承销业务零的突破。同时，公司还承担了吉林省开发建设投资公司1997年企业债券的主承销、闽江调水工程建设债券副主承销和98福建南纸技改债券的分销工作。另外还有十几个项目正在顺利进行中。

——突出防范控制风险，公司强化了统一法人管理和法人授权授信制度，增强了公司整体控制能力。在贯彻中国证监会《关于进一步加强证券营业部风险防范工作的通知》的基础上，还制定了省外机构的人事管理、资金管理、费用开支、业务发展等制度，明确了各方面的权限，体现了既有利于分支机构开展业务，又便于总部集中管理的原则。另一方面，公司对营业机构的部分重要岗位人员，如稽察人员、财务人员、电脑人员等实施了岗位定期轮换的办法，也提高了公司风险防范与控制能力。

公司还成立了特别检查小组，对分支机构实行定期检查和不定期抽查相结合的办法，将以往的事后检查转变为事前的预防控制，达到了防患于未然的效果。通过日常检查和特别小组的抽查，在控制风险的同时，也发现了部分营业机构在业务活动中的一些违规行为。对此，公司高度重视，严肃处理，对涉及违反公司操作规程和有关规定的责任人给予了停职、撤职、劝退处理。

公司还投入了大量的精力进行计算机安全防范工作，制定了计算机系统安全管理规定，经常性地对营业机构的系统安全进行检查和技术指导，及时消除可能存在的隐患，保证了系统的安全运行。

创新的成果最终反映在经营业绩上。1999年，与上年度相比，公司共完成证券交易额1052.66亿元，在深、沪交易所会员综合排名第17位。其中，股票基金业务量达710.25亿元，增长31.7%；完成营业收入39477万元，增长21.9%，累计实现税前利润总额11133万元，增长22.52%。

目前公司在国家经济与证券市场稳定、健康发展的背景下，在市场竞争更为激烈、管理更为规范的情况下，通过广大员工的创造精神，通过公司制度与业务的创新，牢牢把握市场稍纵即逝的机遇，扩大市场份额，占领进一步发展的制高点。

（责任编辑：胡国礼）

加固企业根基　稳固盈利基础

记北京控股有限公司董事局主席胡昭广

北京控股有限公司董事局主席胡昭广，亦同时担任北京控股母公司京泰实业(集团)有限公司董事长。胡昭广毕业于清华大学自动化专业，并在瑞典学习完成企业管理课程，具有高级工程师职称，现为清华大学兼职教授，历任北京市新技术产业开发试验区主任、海淀区委副书记、区长，1993 年 2 月至 1998 年 2 月任北京市副市长，主管北京市科学技术及教育事项。在经济、财务及管理方面积累了逾 30 年的经验。

胡昭广于 1997 年 4 月加入北京控股，担任董事局主席职务。在北京市政府领导下，参与主持了北京控股 1997 年在香港的上市工作，取得了巨大的成功，创造了香港股坛神话。上市三年以来，在以他为首的董事局的领导下，在全体员工的共同努力下，公司盈利水平稳步增长，业绩在驻港的中资企业中一直保持较好水平，树立了良好的市场形象和企业信誉。

为使公司稳步发展，以胡昭广为首的董事局制定了“两条腿走路”的方针，即在坚持抓好现有企业生产经营和技术改造，不断提高盈利水平的同时，积极寻找新利润增长点和注资机会。实践证明，这一发展方针是非常正确的，在加快企业发展方面发挥了重要作用。面对席卷全球的新经济浪潮，董事局及时提出了北京控股要实现向新经济形态转型的发展方针，在胡昭广的带领下，董事局成员和高级管理层努力学习和把握新经济理论。通过认真分析形势和不断研究探讨，在继续坚持原有发展方针的基础上，提出了新的“两条腿走路”的方针，即在抓好新经济领域投入的同时，抓好传统产业同新经济的结合。为加快企业向新经济形态的转型，根据世界经济发展趋势，又提出了构筑北控信息产业、生物工程及新医药两只高科技产业旗舰的设想，这一设想明确了北京控股进军高科技产业的重点和方向、目标。在发展高科技产业中，董事局认真研究各种企业运作方式，提出了把资产经营与资本运作有机结合的企业运作思路，在发展壮大高科技产业，搞好资产经营的同时，借助资本运作，使企业获得可观的特殊收益。目前已经取得了较好的成效。在胡昭广的领导下，北京控股董事局始终坚持北京控股作为北京市在港的唯一综合性上市公司，其在市场上的各项运作都要维护政府形象，要时刻以为首都经济建设引进资金、技术和人才为己任，企业的各项工作都要围绕首都经济发展重点和热点来开展。随着中关村成为首都经济新的增长点，董事局及时提出了“进军中关村，发展高科技”的口号，加大了在中关村地区的投资，扶植了一批中关村高科技企业，为把中关村品牌打入国际资本市场做出了贡献，得到市委、市政府的肯定。

面对金融风暴的冲击和股市的跌荡，他常讲：“只有船体坚固才能经受住股市上大风大浪的考验，顺利到达彼岸。北控必须通过不断加强内部管理加固企业根基，形成稳固的盈利基础，才能经受住各种冲击。”在他的领导下，京泰集团和北京控股加大了企业内部管理，特别是建章建制工作的力度，建立健全了企业规章制度体系，特别是初步建立了符合现代企业制度的法人治理结构，进一步理顺了管理架构，健全了管理机制，使企业管理更加制度化、规范化。胡昭广非常重视管理层的自身建设以及企业文化建设，他所倡导的企业管理理念和企业文化思想都在董事局、管理层以及企业员工中形成了共识。他以其丰富的阅历和管理经验，以及个人魅力，赢得了企业员工的尊敬。在以他为首的董事局的领导下，北京控股一定能够获得更快的发展，在股市上再创辉煌。(责任编辑：泰朝)

立足现在　放眼未来

记大鹏证券有限责任公司董事长徐卫国

大鹏证券自 1993 年 7 月在深圳创立以来，一直以富有创新精神的形象，活跃于中国证券市场，并在中国证券市场的迅猛发展背景下逐渐发展、壮大。事实上，公司的成长过程也折射出徐卫国董事长为核心的领导团队的成长过程。

一

大鹏证券的历史可追溯到当年的深圳国际投资证券基金部(现大鹏证券深圳红岭中路营业部)。国投基金部是国内最早的证券营业部之一，成立于 1990 年 10 月。大鹏证券的创业者团队，也是中国证券市场最早一批的开拓者，他们的智慧、远见和胆识，是大鹏艰苦创业、茁壮成长的源泉和基础。以现任董事长徐卫国先生为首的十位创业者凭借自身强烈的创新意识和远大理想，使一家小小的证券营业部在全国同行业中脱颖而出，创造了业内瞩目的“大鹏效应”——1991 年 A 股成交量位居全国第一；1992 年 B 股成交量稳坐全国第一交椅，占该年 B 股市场成交总量的 50%；1992 年徐董事长参与起草深圳 B 股市场法规，发行深圳首支 B 股，当年包销深圳首 7 家 B 股中的前 5 家，占 B 股发行市场份额的 60%；全国第一个开通电脑化交易；全国第一个实现 T+0 交易；全国第一个实现深圳上海两地的联网交易；全国第一家推出与银行联网存取保证金服务......业绩卓而不凡，为业界所称道。大鹏证券经过 7 年多的发展，目前注册资本已增至 15 亿元，总资产超过 100 亿元，净资产达 25 亿元。从当初的一个地方性券商发展成为全国性的大型综合类证券公司，在全国主要城市设有 7 个区域总部和 35 家营业部。

二

大鹏证券秉承“知识报国、实现自我、善待客户、回报股东、信誉协作、勤勉高效”的宗旨，为客户提供卓越的金融服务，竭诚为客户创造价值，以高水准的服务赢得客户。同时，致力于员工和公司同步成长，在职业生涯中实现人生价值，以共同的价值取向源源不断地吸引高素质人才的加盟。

徐卫国董事长身体力行，致力于对公司法人治理的探索。

通过组织制度的不断革新来适应市场的变化，使大鹏证券的组织结构从普通管理模式，到“三个三”的管理模式，发展到现在的组织结构扁平化，以及对组织机构网络化、大鹏控股集团等领域的探索与实践。徐卫国董事长强调人力资本是公司最为稀缺的资源，他认为富有敬业精神、高度专业化的员工是大鹏证券最大的财富。“公司是股东的也是员工的”——尽最大可能为员工提供实现自身价值的舞台。大鹏给予员工的不仅是一份工作，而是一份事业、一种生活。大鹏证券通过科学的绩效考核与目标管理，使员工报酬与业务指标挂钩，建立起能力、贡献、效益、报酬之间的制度性联系。同时，公司重视人才的内部培养，强调人力资本在内部增值。在2000年，在公司内部逐步建立了全员业绩考核体系，使公司的人力资源管理逐渐与国际水平接轨。大鹏证券坚持规范管理、守法经营，提出向“阳光业务”要利润。公司完善的法人治理结构、科学民主的决策机制为公司有效的风险控制提供了制度保证。公司最早在业内建立风险补偿制度，每年从税后利润中提取10%作为风险基金，这种做法迅速得到业界全面认同，现已成为行业标准。

大鹏证券还针对企业客户所处不同发展阶段的不同融资需求，为他们及时融入增长所必需的资金提供各类融资服务。此外，还大力拓展风险投资、收购兼并、管理咨询、企业创值评级等创新业务，为企业提供一揽子服务。考虑到经济全球化趋势，大鹏证券将积极为外国企业在中国开拓商机和中国企业走向世界开展跨国经营提供专家服务。七年来，大鹏证券累计完成A股主承销、上市推荐和配股主承销项目50余家，承销股数15.13亿股，筹集资金120亿元人民币。1999年，公司投资银行总部按国际通行模式进行了改革，下设质量总监室、行业部、销售与客户服务部、债券部、财务顾问部、投资银行各地分部，实现了专业化分工和对客户的全方位服务。大鹏证券设立独立的资产管理机构，保障独立和公平。资产管理业务充分发挥专家理财、规模理财的优势，一批富有经验的投资精英密切关注，随时准备为客户捕捉稍纵即失的投资机会。资产管理业务正向着管理对象多元化、管理工具和金融品种的不断创新及客户资源、资产配置全球化的方向发展。

三

大鹏证券强调“创新发展，研究先行”，研究风格追求严谨、务实、前瞻。大鹏证券的研究成果，为投资者指明中国经济发展的主要趋向、预见相关行业的发展前景，为上市公司诊断发展的机遇和难点，提供战略咨询意见。公司的研究成果，为中国的主要机构投资者和基金管理人所重视，也有力的影响了上市公司经理人的经营决策，形成了长期信赖大鹏证券投资建议的投资者群体。

大鹏证券的研究成果，与客户服务部门的专家结合，为个人投资者积极参与市场，开辟了新的投资渠道。大鹏证券面对高科技在全球的迅速发展和产业化趋势，积极探索传统产业与高科技的结合，进行高科技企业进入资本市场的前瞻性研究。

1999年9月大鹏证券成功主办了中国高科技上市公司巡回调研和大型报告会，使中国主要的基金管理人对中国高科技上市公司进行了全面的审阅。1999年10月，大鹏证券成功的主办了首届中国高新技术成果交易会中之“高新技术创业资本专题”，是近3年来中国最高层次的风险投资论坛。为了能够为客户提供全方位的金融增值服务，逐步成为亚太地区实力较强，且具有国际竞争力的大型投资银行，大鹏证券提出了“决策透明化、管理信息化、业务国际化、服务品牌化、客户全球化”的五化战略。决策透明化是现代企业的管理趋势，而大鹏证券股权的高度分散状态为决策透明化奠定了基础和保证。管理信息化是时代发展的要求。业务国际化是公司应对入世挑战，面对全球竞争的明智选择，是公司战略目标——成为亚太区知名投资银行——的必然要求。服务品牌化旨在创立“服务高科技企业的投资银行”、“数码营业部”、“大鹏网络，随时随地贴身服务的理财专家”等服务品牌。客户全球化是经济全球化竞争的要求，是检验国际性公司的关键标准，而网络时代为客户全球化提供了技术基础。放眼国际金融业发展趋势，自1999年美国废除格拉斯－斯第格尔法后，金融混业经营在世界范围内已成为一股不可抵挡的潮流，金融控股集团成为境外大型证券公司主要的结构模式。为迎接加入WTO后金融开放对国内证券公司的挑战，国内证券公司的组织创新已是大势所趋。国内外实践证明，集团化控股公司是综合性投资银行采用的一种先进和成功的组织管理模式。打造百年老店单凭企业家人格魅力其实是脆弱的，制度力量才可能无坚不催。因此，以徐卫国董事长为核心的公司领导团队长期致力于组织结构与管理模式的变革与创新，也就是在诠释这一管理命题。为适应未来金融服务业的多元化和深度专业化的趋势，大鹏证券公司对通过设立控股公司进行集团化运作的相关问题进行了深入的探讨与研究。大鹏证券控股集团的成功运作必将为公司的下一步发展，提供一个更加广阔的翱翔空间。

（责任编辑：张涛）

巾帼英豪的阳光风采

访江苏阳光股份有限公司董事长陈丽芬

陈丽芬，1959年7月出生，1979年5月任江阴县毛纺厂技术员，1984年8月参加纺织部举办的羊毛供应培训，1985年7月参加中国纺织大学举办的毛纺织专业培训，1986年1月任江阴市精毛纺厂技术科长，1991年9月任江阴市精毛纺厂副厂长，1993年9月任江苏阳光集团公司副总经理、党委副书记，1994年1月任江阴阳光有限公司董事副总经理，1999年2月任江苏阳光股份有限公司董事长、总经理。并于1993年评为江苏省三八红旗手，1995年8月被评为全国青年星火带头人，1996年3月被评为全国纺织巾帼建功标兵。并当选为无锡市十二届人大代表。

在宽敞气派的阳光大厦会议厅刚刚坐定，就见一位年轻清丽的女性微笑着给每一位来宾递上名片，那一刻，记者并没有把她与“江苏阳光”这一中国第一毛纺品牌的董事长身份联系起来。

名片上赫然印着的是：陈丽芬　江苏阳光股份有限公司董事长、总经理

待到新闻发布会正式开始，记者才真正领略到这位年轻的女董事长的风采，陈丽芬一谈起阳光及世界毛纺业则滔滔不绝，如数家珍。阳光从1986年起步，发展至今已经牢固地占

据了中国毛纺业“老大”的位置，即使在世界毛纺业界，也已进入了前三名，阳光设备称得上国际一流，“阳光”已经成为中国面料顶级品牌。江总书记视察阳光时称赞他们是“今非昔比，鸟枪换炮”。阳光人创造了一个“阳光奇迹”。在这一发展历程中倾注了陈丽芬这一年轻的“阳光元老”的无数心血。

与介绍公司情况截然不同的是，当话题转向陈丽芬个人的成绩时，这位女老总一下子变得不会说话起来，连连说：“不用写我，我很普通，成绩是大家干出来的。”可是我们知道，陈丽芬进阳光工作15年，总共休息不足60天，每天工作起码在14小时以上，即使在1990年小孩出世，她也是产假未满就一头扎进开发彩色呢绒的技术攻关中。白天，她在厂里处理各种事务；晚上，在办公室查阅资料，审批工艺单，研究技术难关。这年，身高1.62米的陈丽芬体重却不足90斤，她对孩子充满了歉疚。而这几年来，她带领技术人员每年开发12大类5000多个花色品种，生产的各项呢绒可绕地球整整两圈。

陈丽芬是一位在实干中干出来的毛纺专家，至今已有21年的毛纺工作经验。从毛条制造、纺纱、染色、试验、工艺、织造、后整理、产品开发、计划、调度、品质管理、设计，陈丽芬熟悉毛纺企业的每一道工序，深谙每一个职能部门的管理之道。1992年，陈丽芬被提为副厂长，阳光集团成立后，陈丽芬又升任副董事长、常务副总经理，成立江苏阳光股份有限公司，陈丽芬卸下集团公司的职务，挑起了江苏阳光股份公司董事长兼总经理的重担。在阳光成立的头几年里，没有大学生和技术专家，不甘落后的陈丽芬硬是靠自己边学边干，自学纺织理论，先后在天津纺院、中国纺织大学、江苏省党校、江苏省青年干部管理学院、南京经济管理学院学习，并终于获得大学本科文凭。陈丽芬的这一求学历程，充分体现了其性格中坚毅的一面，这一求学历程也反映出陈丽芬事业发展的轨迹，从技术员到技术型管理专家，现代企业家的转变。

陈丽芬这位在实践中成长起来的中国毛纺专家，曾使多位国外专家十分钦佩。阳光发展后每年都要邀请一大批意大利、日本、德国等专家来公司培训员工。一次日本方面，派来了一个专家前来指导，日本专家对公司的工艺设备赞不绝口，对整个工艺流程的安排与设计也惊叹不已，他问这些设备的安装及工艺流程设计是哪个国家的专家负责的，当得知是陈丽芬时，他几乎不太相信，怎么也无法把眼前这位纤小秀丽的女性和世界一流的机器联系起来，他当场考起陈总来，问了几个毛纺技术上高深的问题，陈丽芬都轻松作答，经过几个回合“较量”之后，这位日本专家露出了敬佩的笑容，竖起拇指连声说“了不起，了不起，您的水平比我高”。

陈丽芬对技术开发情有独钟。2000年春季，国内一家著名服装集团召开面料订货会，阳光送去了100多个品种的新产品。按照惯例，阳光在所有样品上去除了企业品牌标志，供这家服装集团的客户选样。结果既令人惊喜又在情理之中：在众多厂家的送样群中，阳光新品一枝独秀，占到全部订货额的80%。陈丽芬不无体会地说：“并不是我们运气特别好，这是因为我们多年来以国际消费新观念和呢绒产品新潮流为目标，以市场为导向，努力赶超，坚持以科技创新指导产品开发的结果。”这也是陈丽芬身体力行所做的事，不管工作多烦，出差多累，只要一来到技术中心，陈丽芬眼中总有发现的光芒，在阳光近年来所开发的数千个产品中，无一不倾注有陈丽芬的心血。她说：“近几年来，我们深感市场压力巨大，产品上永远没有‘常胜将军’。我常常在考察国外同行企业时想到，我们中国是世界闻名的‘黄道婆纺织之乡’，为什么不能在现代纺织业中独树一帜呢？我们阳光就要立这样的大志，在国际毛纺精品竞争行列中占领一席之地，让中国民族纺织工业扬眉吐气。”陈丽芬和她所带领下的科技人员的雄心和努力也得到了回报：技术中心至今开发出国家级优质产品21个，其中有5个国家级重点新产品，另有省级新产品45个。在全国同行业中，“阳光”已创造出自己独有的核心技术，并形成了科研与生产紧密结合的技术体系，保证了阳光在全国毛纺行业中技术开发和新产品创新的遥遥领先的地位，许多产品已经达到国际同行业先进水平。

随着公司不断引进高素质科研人员，陈丽芬现在可以不用样样事情亲力亲为，事无巨细地参与了。从事务性工作中脱离出来的陈丽芬，现在的主要工作是决策、指导、审核。陈丽芬介绍说：“阳光在新品开发、技术改造、产品销售、人才招聘等问题上都实行决策集中管理。”她认为，如果决策程序繁琐，参与的人过多，往往意见难以统一，造成时间拖延，给企业利益带来损失。多年来，阳光一直这样做，而且屡获成功。1996年底，阳光决策层在分析市场时发现，由于高档名牌服装需求量增加，高档面料的需求也随之增大，而高档面料的生产必须采用先进的技术装备。于是，四位最高层的核心人物立即研究，作出了投资4亿元人民币，新建一个20000平方米的车间，引进300多台当今世界最先进的纺织设备的重大决策。三天后，这一决策付诸实施，不到5个月，相当于5个足球场的厂房顺利建成，引进的设备也全部投入运行。由于决策果断，“时间差”打得恰到好处，这个拥有当今一流设备的世界最大的纺织车间三年来已有近千万米的高档精纺呢绒走进市场，给阳光带来了巨大的经济和社会效益。这是阳光决策层高度的事业心和凝聚力使然。

在担任江苏阳光股份有限公司董事长后，陈丽芬这位年轻的女老总深感压力更大，担子更重，上市公司自有其特点和新的要求，而且公司将涉足新的领域，这也要求公司当家人转变思维，用好机遇，争创新优势。但是，千变万变，“万变不离其宗”的是致力于发展企业。经历了阳光整个发展过程的陈丽芬，正如和同事们一起把阳光由一家名不见经传的小企业带成中国最大、世界一流的毛纺企业一样，她也能把“江苏阳光”塑造成一家优秀的上市公司。（责任编辑：曹文乔）

业精于勤　拥抱成功

记伊春证券有限公司总经理朱政军

伊春证券有限公司成立于1992年11月6日，从1994年起全面展开了证券业务，伊春证券上海营业部的成立标志着伊春证券的发展步入了一个新阶段。几年来，做为一家来自祖国边疆林区的中小券商，他们一直坚持规范稳健的发展方针，贴近市场，锐意进取，通过强化企业文化建设和优质服务活动，创出了“伊春证券”的市场品牌，有力地促进了各项业务的开展，也获得了市场的认可和各级领导的表彰，为龙江券商争了光，为证券市场的发展做出了积极的贡献，成为伊春林区经济发展的重要的金融信息窗口。

一个成功的企业往往离不开一个优秀的领导者。1993年末伊春市委、市政府为了加快林区经济发展，促进地区金融市场的建设，完善壮大伊春证券有限公司的发展，决定筹建伊春证券上海业务部，为了保证上海市场的开拓成功和为伊春证券的发展奠定扎实的基础，市委、市府在公司的干部配备上予以高度重视，时任中国人民银行伊春分行资金计划科科长、中共党员，年仅32岁的朱政军同志受命担负起了这一重任。他率领几位同志离开舒适的工作岗位，闯滩开业，他们住的是经过简单改建后的厂房，外出办事踏自行车，栉风沐雨，历尽酷暑，使伊春证券上海营业部在1995年1月16日顺利开业，在当年10月28日伊春营业部也开通联网，正式营业，金色的信息桥把小兴安岭和大上海紧紧地连在一起，1997年3月为了进一步适应市场发展的需要，公司董事会又及时决策，将公司总部进驻上海。

参加证券工作几年来，朱政军发扬了一个优秀金融工作者的优良传统和作风，率领广大员工团结奋斗、开拓进取，认真贯彻各级证管部门的指示精神，工作尽职尽责，严以律己、宽以待人，对促进公司各项业务工作规范、安全运转做了大量的工作。在业务上他精益求精，认真钻研，并撰写了数十篇文章，对证券市场的发展，特别是中小券商的发展进行了积极有益的探索，撰写的《浅议中小券商的市场定位及其发展方向》、《勿以股本论英雄》、《利用壳资源、做好大文章》、《诠释券商企业文化》、《关于证券营业部的营销策略》、《论证券市场利益关系》、《发展林区现代林业经济的战略构想》、《加强券商风险管理必须抓好四个关键环节》等一系列理论文章和市场研发文章，引起了业内的关注，并被多家丛书选用，其中《论证券市场利益关系》一文被黑龙江省金融学会授予学术研究二等奖。

在加强业务基础建设和规范化建设的同时，他一直强调必须要不断加强员工的思想教育工作，并针对券业的特点通过企业文化建设一方面强化企业精神教育，充分调动员工的积极性和能动性，增强了企业的凝聚力和规范化建设，另一方面通过对员工的职业道德教育和素质教育，提高了服务质量，促进了各项业务工作的开展，也提高了员工的思想觉悟，为公司的壮大发展和两个文明建设奠定了坚实基础。几年来，伊春证券积极参加了证管部门和当地政府组织的各种社会活动和公益活动，1997年为八运会捐款2万元，1998年抗洪中公司上下共捐献101740元，衣物300多件，并为伊春市二中一位无钱上大学的学生捐款7000多元，朱政军总经理还把自己的600元稿费捐了出来。黑龙江《生活报》、上海《新闻报》、《伊春日报》还以《风帆起申江》为题对伊春证券的发展和企业文化建设做了专题报道，引起了良好的社会反响，也进一步扩大了“伊春证券”的品牌影响，促进了各项业务的发展。

伊春证券以规范的经营管理、优良的资产结构和良好的市场形象不仅赢得了市场和社会的认可，也得到了证管部门和各级政府的表彰，1996年伊春证券有限公司成为国家证监会复审核准的全国97家专业证券公司之一，1998年又被中国证监会列为全88家专业证券公司之一，在全国几十家中小券商中综合素质名列前茅。面对新一轮的券业重组发展，伊春证券在总经理朱政军的带领下，公司上下团结一心，励精图治，为了美好的明天，为了证券市场的发展而不懈努力着。

（责任编辑：曹文乔）

双轮驱动　纵向延伸

访江苏吴中实业股份有限公司董事长兼总经理赵唯一

赵唯一先生，1954年生，江苏省苏州市张家港人，1970年下乡插队，1982年江苏师范学院物理系毕业，赴吴县木渎中学任教，1985年起担任学校团委书记，1990年起离开讲台，步入商海，开始实业兴教的创业历程，先后担任吴县市校办工业公司副经理、经理，江苏吴中集团公司副总经理、总经理，1995年起担任江苏吴中实业股份有限公司董事长兼总经理。在他的带领下，公司全体员工奋发图强，只争朝夕，不断创造辉煌。1999年4月1日，公司成功地在上海证券交易所挂牌上市，使从普教性校办企业脱胎而来的公司成为全国普教系统首家上市公司，企业发展跃上新的台阶。往事历历，在他的脑海中印刻着江苏吴中风雨征程中的一个个闪光的痕迹……

横向跨业——服装、医药双轮驱动

苏杭丝绸，闻名遐迩。吴中原先的传统产业是真丝服装的加工出口，产品远销欧美、日本和澳洲等地。针对服装业竞争日趋激烈的发展趋势，公司研究了世界服装业的发展趋势和潮流，根据衣着是按群体和行业分类的特点，发现除运动系列、休闲系列等国产品牌外尚未有我们自己的校园服装系列。就这样，根据自身教委系统校办企业的特点和服装生产、加工经验、设备和人才，创中国“365”校服品牌便成为了江苏吴中的主业方向，并成为公司最初的主导产业。一时间，“穿上‘365’，天天有进步”的广告词遍及了大江南北。由于定位精准，公司相继推出了适宜各地特点和各季各类的学生装款式近150种，年产量达120万件/套。特别是与公司达成采购协议的省中等师范、重点职业高中和省级重点高中每年约60万人的三校新生用服，已成为公司稳定的新增利润来源。“365”牌校服不仅在江苏有着绝对的市场占有率，即便重庆、沈阳和昆明等地也达到了50%以上的市场份额。公司现共拥有服装生产、加工各类先进设备600余台，其中，85%以上为进口设备，年产各类服装370万件/套以上，并建立ISO9002质量认证体系，为我国中型服装生产企业。1996年，公司被前国家教委推荐为全国学生装专业协作委员会的首批会员单位，1997年又被江苏省教委认定为全省唯一的学生装定点生产企业。眼下吴中正着手建立一个全国的营销网络，实施“百城千店(柜)”计划。

随着资产规模的迅速壮大，吴中须拓展新的发展空间。但由于服装业技术含量相对较低，又属劳动密集型，进入壁垒较低，而目前国内服装生产企业已有33000家，年生产能力已近百亿件，这就使得原先投资少、见效快的服装业竞争日益激烈，利润趋薄。于是，公司决策层以深谋远虑的独到眼光，果敢地决定踏入了一个陌生且颇有争议的领域——医药业，开始实施吴中实业横向跨业的发展战略。公司首先收购了吴中集团在苏州中凯生物药业有限公司全部投资225万元，占该公司注册资本的75%的控股权，集团公司继续与中国人民解放军军事医学科学院的合作，从事生物高新技术产品的研究与开发。1999年4月，中凯公司增资后注册资本已由300万元增至6280万元，其中吴中投入的资本也由225万元增资至

5652 万元，增资后持有 90%股权。

同年，公司又出资 3000 多万元向吴县市国资局收购了苏州第六制药厂的全部经营性资产。始建于七十年代初的苏州第六制药厂是生产针剂、冻干片剂、胶囊和厚糖药等多品种的综合性国家中型制药企业，1997 年被江苏省科委认定为“高新技术企业”。该厂已积累了许多有价值的工业产权和无形资产，拥有 100 多只获卫生部和省卫生厅生产批号的产品、以及颇具市场影响力的“灵岩”牌注册商标等企业的宝贵财富。其中，有经四年研制而成为国内首创、独家生产的止血类国家级新药“卡络磺纳”，有已申请国家专利、受国家行政保护的国家级止晕药“莎波立栓”的生产工艺。还有公募资金投向的国家经贸委“双加”项目和国家“九五”期间支柱产品的新一代抗生素“硫酸丁胺卡那霉素”，年产 10000＋亿硫酸阿米卡星原料及 5000 万瓶无菌粉针制剂。

这些横向跨业的经营举措，意味着吴中实业建立起了服装、药业双轮驱动、两翼齐飞的产业结构。

纵向延伸——确立高科技产业格局

即便是制药企业，国内也已有 6900 余家。尽管我国药业行业工业总产值仍以平均 17.5%的速度增长，但竞争同样激烈。而生物药业则是一个前期投入大、见效时间长、进入壁垒高、投资风险大的集高科技、高收益为一体的朝阳产业。如吴中属下中凯公司今年 5 月已批量生产和盈利的“洁欣”牌重组人粒细胞集落刺激因子(rhG－CSF)这一基因药物，除了江苏吴中，目前国内仅华北制药等五家企业能够生产。吴中以其科技兴企的魄力，大踏步地跨入了常人不敢轻易介入的生物制药业，并将以其作为公司下世纪发展的重点产业。

生物药业是九十年代国际药业行业发展的主要趋势，据预测，到 2000 年全球的基因工程药物销售额将达到 600 亿美元。我国的生物工程研究开发虽起步较晚，但发展迅速，至 1998 年底已有 15 个基因工程药物获得了新药证书，预计明年我国的生物工程制品产值能达到 72 亿元人民币。

吴中首先选定了重组人粒细胞集落刺激因子(G－CSF)和重组血小板生长因子(TPO)作为第一批立项成品。G－CSF 是 90 年代研制成功的重要造血因子之一，与促红细胞生产素(EPO)一并被称为当今世界上生物工程产品年创利润最高的产品。主要治疗因肿瘤的化疗、放疗导致的白细胞减少症，骨髓移植及各种原发和继发性粒白细胞减少症，以及爱滋病感染导致的白细胞数量降低或功能减少。据专家预测，2000 年 G－CSF 的销售额将超过 20 亿美元。我国目前还只能少量生产，市场供应缺口较大。98 年国内销售收入达 9 亿元人民币，其中国外产品就占据了 70%的市场份额。因大量依赖于进口，价格一直居高不下，98 年被列入国家火炬计划项目。

从技术水平上看，国内产品质量已达国际同类产品水准，但售价则要比国外同类产品便宜 30%以上。吴中凯的“洁欣”牌 G－CSF 已于今年 5 月份正式进入市场，价格仅为进口产品的 1/3，具有较强的竞争优势，该产品面市当年即盈利近 600 万元。凭借先进的技术水准和优良的产品质量，“洁欣”牌 G－CSF 已被部分省市列入公费医疗报销范围，并有望进入国家医疗制度改革后重新制定的全国医药产品公费医疗目录。公司预计今年 G－CSF 销售 8－10 万支，创造利润 1000 万元，以后将逐年增加。眼下公司在继续加强 G－CSF 产品经营的基础上，正进一步加大对生物制药的投入，继续与中科院、广州一军大、军事医学研究院和国外基因工程研究机构等积极地进行着新项目的合作。今年 4 月，公司又投资 1700 多万元与江苏省药物研究所共同设立“江苏吴中药物研发中心有限责任公司”，实现真正意义上的科企结合和科技创新。同时，中凯公司生物药品车间已通过了 GMP 认证。

如果说，从普药向生物医药的纵深发展是吴中产业向高科技纵向延伸第一步的话，那么，从以校服为主的单一教育产业走向教育软件业，则是吴中产业向高科技领域纵向延伸的第二步。去年 9 月下旬，吴中与江苏南大苏富特软件有限公司、江苏省共创教育发展有限公司共同出资 4000 万元组建了江苏南大苏富特教育信息技术有限公司，重点开发教育软件。此次的合作对象和股权结构很值得人们关注：(1)苏富特软件系南京大学下属专业从事计算机软件开发的公司，而共创教育则是江苏省教委的下属单位，这样，公司人才资源和产品销售渠道将有了一定的保障。(2)上述合作三家根据出资比例分别占 23%、25%和 24%的股权，余下的 28%股份则作为公司骨干人员的期股股权。无疑，这一股权结构将能极大地调动科研开发人员的创造积极性。今年 2 月，公司又出资 1600 万元收购江苏省教委所属共创软件公司开发的 3JIAX 教育资源网站 80%的股权，力图将该网站建设成覆盖江苏全省及周边地区的全国最有影响的网站。

同生物药业一样，教育产业也被誉为朝阳行业和 21 世纪的最大产业之一。目前，仅江苏省就有四、五百万名中小学生，计算机普及水平在全国各省市中属较高水平，而中小学生使用教学软件的应用能力又很强，所以市场潜力巨大，前景乐观。公司已首先以小学语文和科学为切入点，在 2000 年寒假前将小学各年级第二册光盘随江苏省修订后的新教材一并发行到学校。身为教育系统的江苏吴中多年来一直受到了教育部和江苏省教委的大力支持，有着得天独厚的销售网络及市场渠道。

吴中大地，人杰地灵。有儒商之称的赵唯一董事长展望公司发展前景豪情满怀、信心倍增，他将率领吴中全体员工励精图治，全面实行市场、技术、制度的创新，在本世纪初把江苏吴中建设成为以生物制药和教育信息产业为龙头的高科技型上市公司。

（责任编辑：曹文乔）

开拓进取　再铸辉煌

记浙江省国际信托投资公司证券管理总部总经理沈强

沈强，高级经济师，1984 年 7 月毕业于杭州大学地理系，1984 年 7 月—1989 年 6 月先后在浙江省省级机关业余大学、浙江财经学院投资金融系任教，1989 年 6 月—1994 年 10 月任浙江省农发投资集团公司投资部副经理(主持工作)，1994 年 10 月—1997 年 5 月任浙江省国际信托投资公司证券管理部业务二科科长、投资银行部经理兼营业部经理，1997 年 5 月—2000 年 4 月任浙江省国际信托投资公司证券管理总部副总经理，2000 年 4 月至今任浙江省国际信托投资公司证券管理总部总经理。

浙江省国际信托投资公司证券管理总部，位于中国经济最发达的省会城市之一——杭州，地处幅员辽阔的长江三角洲。良好的地理位置和发育较早的市场环境为其在调整浙江经济结构、促进浙江经济发展过程中发挥越来越重要的作用打下坚实基础；同时也为公司自身的发展、壮大创造了机遇和广阔的空间。如何进一步发挥地域优势，走出浙江、参与跨世纪的证券市场竞争，确保证券管理总部更快、更高、更好的发展，是摆在我们面前的重要任务。

一、新字当头、锐意进取、积极开拓、提高效益

证券管理总部1991年成立，起步虽晚，但发展较快。1993年底只有2个证券营业部，2个债券柜台。到目前已搭起了证券公司的框架，拥有19家营业网点，形成了覆盖全国的证券经营网络；下设投资银行、网点管理、证券投资、证券研究、计划财务、技术保障、人事行政等7个业务完整、机构健全的职能部门；已有经纪业务、投资银行业务、证券投资业务、资金运作业务、研究和市场开发等五大体系，并形成代理、自营、承销、并购、研究咨询齐头并进的局面。2000年上半年，公司实现总交易量1000.05亿元，接近去年全年的交易总量1052亿元，创造了半年交易量千亿的新纪录，在上交所上半年排名14位。之所以发展快，是因为这几年我们始终坚持把握证券市场发展脉搏，干当前，想未来，新字当头，开拓进取，围绕经纪、投资银行、自营等证券市场三大业务，抓住机遇，创造条件，从而确保了证券业务年年有新招，年年上台阶。

（一）通过推行新网点、新手段、新技术、新品种等“四新”措施，促进经纪业务的繁荣和发展。发展才是硬道理。目前，经纪业务面临着越来越大的挑战，要在激烈的竞争中，稳步发展，除了适当扩大网点，形成规模效应外，必须通过金融品种创新，交易手段改进，服务措施配套等途径，在内涵发展上下功夫。为此，我们通过推行“四新”措施，促进经纪业务从低层次向高层次，从外延型扩张向内涵型提高方向发展。新网点就是通过新设和收购两方面努力，扩大营业部数量，增强市场占有份额和市场幅度。这几年，我们抓住两次机遇，使营业网点从1993年底的2家扩大到目前的19家，一次是1994、1995两年证券市场蓬勃发展时期，我们主要通过新设抓营业网点的扩大，一次是1996、1997两年我们抓住银证分业的机会又收购了8家营业部。下一步，我们要继续抓住信托归并以及治理整顿证券业的契机，进一步扩大营业网点，使营业网点扩大至30家左右。新技术就是利用网上交易的快捷、低廉、高效、便利、安全等优点，突破地域、时间、场地限制，降低交易成本，扩大市场占有率，促进经纪业务向更高、更好、更广阔的层面发展。1996年我们开始逐步扩大网上交易试点，现已形成一定规模。新手段就是通过推行证券经纪人制度，提高专业化经营水准，使经纪业务摆脱低层次服务和多元化经营状态，从而推动经纪业务向智能化、咨询化发展。对证券经纪人探索，我们从理论走向实践，先是与浙大经济系联合研究经纪人制度课题，后发动全国券商一起来务虚，与中国证券报、中国证券业协会联合召开第一次全国经纪人制度研讨会，有力地推进了经纪人制度试点进程。在理论研究的基础上，今年起又在各个营业部开展试点，现已有证券经纪人53名。新品种就是参加发起证券投资基金，引导我们的证券业务走向健康发展的轨道，1998年，我们首批参加了金泰基金的发起和设立工作，并派员参加日常管理和运作。接着又上报中国证监会，申请自己为主发起设立东南证券投资基金和基金管理公司。通过扩大营业网点，设立证券投资基金，推行证券经纪人制度，推广网上交易等四个渠道，我们的证券交易量稳步地跻身于全国前20名行列。

（二）从零起步，积蓄力量，开辟投资银行业务新领域。投资银行业务是公司上档次的标志，投资银行的竞争，实际上是券商人力、物力、财力的竞争。与全国各大券商相比，我们的规模较小，但我们开辟市场、抢占市场的劲没有少，真诚感动上帝的心没有少。1995年公司开始招兵买马，培养人才，积蓄力量；1996年进入市场，以积累经验为主，参加了6只股票的承销，并取得全国首批股票主承销商资格、B股主承销商资格；1997年，我们进一步扩大市场，承销股票23只，承销金额8.8581亿元，在信托公司中排名第4；1998年我们占领了相当一部分市场，在浙江省7只拟上市企业中，取得了3家主承销商资格，4家副主承销商资格，承销数量7200万股，承销总市值4.6亿元，在全国所有券商中排名第15，实现了投资银行业务上台阶，赢得了良好的信誉。1999年，在信证分业的严峻形势下，我们完成股票发行主承销项目3家，副主承销4家，担任上市推荐人4家，主承销及上市推荐股票数量在全国排名第9位，配股主承销在全国排名第10位，使投资银行业务又上了一个新台阶。下一步我们要走出浙江，占领省外市场，在努力扩大承销份额的同时，积极拓展B股、H股、N股等境外上市业务，拓展资产购并、重组、财务顾问等新领域，不仅要上台阶，还要上档次。

（三）抢占先机，多方投资，开拓自营新业务。

证券自营是一把双刃剑，既是公司盈利的重要方面，又是风险集中的主要环节，对此，我们始终坚持在严格控制风险前提下多创利润，始终坚持“总量控制，集中经营”的方针。做到自营稳步前进，由小到大，年年有盈。为了使自营业务进一步发展，我们加强证券研究为自营服务的功能，同时，拓宽投资渠道，不仅拓宽投资品种，如股票、债券、基金、A股、B股、H股，而且要开拓境外、海外业务，在创新金融品种、金融业务等方面，抢占先机，提高搞风险能力，确保公司盈利水平高于国内同行水平。

二、活字当头，创新机制，优化结构，增强效率

要创新，就要搞活，要锐意进取，就必须在根本上提高人的积极性、创造性。所谓会有源头活水来，源头是什么，就是要有好的体制，好的机制，好的领导班子，就是要充发考虑到人的自我价值、自我实现的需要。为此，我们按照现代企业制度的要求，创新企业管理体制；建立总经理负责制，形成决策、执行、监督三位一体的运作体系，建设一个懂业务、善经营、会管理、团结协调的领导班子，做到责、权、利统一，决策科学、运作顺畅、监管有力。同时创办企业经营机制，建立高效的激励和约束机制，形成优胜劣汰的竞争机制，做到干部能上能下，员工能进能出，职工收入拉开档次，奖勤罚懒，奖优罚劣。

三、稳字当头，强化管理，控制风险，安全第一

证券业是一个高风险行业，在抓好业务拓展的同时，十分注意处理好规范经营与加快发展的关系，内部管理、建章立制与开拓业务的关系，抓重点与抓全面的关系。几年来，我们一方面抓建章立制，一方面抓监督检查，保证规章制度的贯彻实施。1994年，我们制订了证券部各项规章制度；1995年初，我们认真总结经验教训，制订“约法三章”，规定营业部不准透支、不准自营、员工不准炒股，资金不对外拆借。1998年，我们又根据交易手段的变化和证券市场的发展，对1994年版规章制度进行全面修订，形成了1998版规章制度。与此同时，我们

强化监督管理机制，定期不定期地对各营业部进行全面检查，在此基础上，引进现代化管理技术，建立并完善自动化监控系统，有效地控制了风险。

四、诚字当头，求实守信，树立品牌，扩大影响力

我们在抓好证券业务的同时，始终把企业精神文明建设作为重要工作来抓。我们深感良好的品牌，是企业成功的关键，只有诚实、守信，只有日积月累地努力，长期地坚持，只有珍惜、爱惜自己的企业荣誉，才能树立良好的品牌，为企业经营创造良好的条件。因此，我们一方面教育员工牢固树立发展第一、股东第一、效益第一、信誉第一，为浙江经济建设和证券市场建设多作贡献的经营宗旨，树立开拓创新、求真务实的工作精神，鼓励员工建立良好的人际关系，创造亲密、融洽、信任的组织气氛，形成团结、和谐的集体，增强凝聚力；另一方面在各营业部积极开展“青年文明号”创建活动、行风评议优质服务活动，发动全体员工，树行业新风，创优质服务，防金融风险，促经济发展。1997 年，证券管理总部被评为“省级行风建设先进集体”，同时，有四家营业部被评为省级“青年文明号”称号；1998 年，又被评为“全省行风评议先进单位”，向社会表明我们的追求目标和社会责任感，展示自己良好的精神风貌和经营风格，从而塑造了良好的企业形象，提高企业知名度，进而推动证券管理总部经济的发展。

经过几年的发展，证券管理总部在竞争激烈的证券市场中，树立良好的信誉，形成了自己的经营风格，取得了较好的企业品牌，实现社会效益与经济效益同步提高。但是，成绩属于过去，开拓创新、稳健发展，是我们永恒的主题，目前，浙江省政府正在考虑浙江证券机构重组、联合事宜，我们相信，在浙江省政府的领导，在社会各界的支持下，在我们自身的努力下，浙江省国际信托投资公司证券管理总部的明天会更加美好。

（责任编辑：曹文乔）

改革创新铸丰碑

记兰州铝业股份有限公司董事长冯诗伟

屡挑重担　磨就真功

冯诗伟同志在兰州铝厂工作三十多年来，在不同的工作岗位上，屡挑重担，积累了丰富的管理经验，磨就了过硬的技术经济分析能力和驾驭全局的组织管理才能。

参加工作后，先后设计制造了 20mm/m × 200mm 剪板机，J53 × 160B 摩擦压力机械设备，解决了生产需要，节约了大量资金。1986 年至 1988 年主持完成了大型扶贫项目青海同仁铝厂一期 4500 吨电解铝工程建设任务。1988 年至 1991 年间，参与设计并主持完成了“电解二系列整流所，一系列整流所技术改造”及铝电解生产集散式微机控制系统项目及设备的安装调试工作。1992 年 9 月至 1993 年至 6 月间，担任基建指挥部总指挥，在 9 个月内主持完成了连海铝业有限公司 3 万吨电解铝工程的设计、基建、设备安装任务，实现了当年设计、当年施工、当年投产，创造了铝业建设史上的奇迹。1997 年担任厂长职务后，主持完成了对西北铝加工厂的兼并，为调整产品结构，实现电解铝冶、加一体化奠定了基础。1999 年，担任董事长后，主持完成了公司股票的发行与上市，募集资金 8.4 亿元。

求真务实　创新管理

1997 年，冯诗伟同志受任于企业脱困之际，他坚持狠抓企业内部管理和改革创新，扭转了生产经营的被动局面。1、深挖内部潜力，努力降低成本。1998 年各项主要经济技术指标达到历史最好水平。2、立足企业发展需求，加强企业专业化管理。通过集中统一财务、原材物料供应管理，提高了资金运营效率，降低了各项消耗。3、推进人事制度改革，挖掘和培育企业的人才资源，增强了企业发展后劲。4、坚持抓大放小，培育了企业新的经济增长点。

矢志改革　业绩蜚然

冯诗伟同志自担任兰州铝厂领导工作以来，坚持深化企业改革，为企业发展，做出突出的贡献：1、担任连海铝业有限公司 3 万吨基建指挥部总指挥，在 9 个月内主持完成了工程建设，并达产达标，创造了铝业建设史上的奇迹，使兰州铝厂的产能由 5.4 万吨增加到了 8.6 万吨。2、担任兰州铝厂厂长后，制定了铝冶炼、加工一体化的发展战略，成功兼并西北铝加工厂，为调整产品结构，实现企业升级奠定了基础。3、担任公司董事长后，提出“改制上市，加快发展”经营战略，公司成功股票发行上市，募集资金 8.3 亿元，列入募股资金投向的项目完成后，兰铝将成为全国最大的铝冶炼加工联合企业。

（责任编辑：柳华）

创业在于创新

记北京金裕兴电子技术有限公司董事长兼总经理祝维沙

祝维沙，男，1956 年 3 月出生。1984 年毕业于北京工业大学自动控制系，就职北京机电研究院；1985 年考入中国社科院工业经济研究所，在计算机室工作；1987 年任北京西城三川经济技术公司法人代表、总经理；1991 年 1 月辞去公职，成立北京裕兴公司，任法人代表、总经理。现任民主建国会北京市委员会委员，北京市西城区政治协商会议委员，（香港）裕兴控股有限公司董事长兼总裁，北京金裕兴电子技术有限公司董事长兼总经理。

1991 年 1 月，祝维沙与其他三位同事创立北京裕兴公司，任法人代表、总经理。在祝维沙同志的领导下，裕兴公司从 15 万元起家，目前已发展成为我国 IT 业少数同时具有计算机软硬件技术开发实力的企业之一，并对国际计算机产品多样化及家电信息化具有重要影响。1995 年，裕兴公司率先推出带有国际标准软盘驱动器的普及型电脑，具有文字处理、联机打印等实用电脑，可与 PC 互换文件。此后，裕兴公司又不

断开发出专用鼠标、多媒体功能等先进功能，尤其是开发出十大类一千多种学习及应用软件，使电脑学习机进入具有丰富软件和实用功能的普及型电脑时期。1998 年 1 月 8 日，裕兴公司推出普及型电脑的上网功能，使裕兴普及型电脑成为世界上最廉价的网络终端，受到国内外的强烈关注。

在裕兴公司的带动下，涌现出小霸王、金字塔、步步高等一大批电脑学习机、普及型电脑生产销售公司，形成了中国特色的普及型电脑产业，最高峰时月销量达近百万台，社会拥有量达数千万台，裕兴普及型电脑被中国计算机学会指定为“全国青少年普及电脑推荐产品”，在全国数千家中小学校建起电脑教室，极大地促进了我国计算机教育的普及。1998 年，在 VCD 行业大幅度滑坡的情况下，裕兴公司推出世界第一台电脑 VCD，第一次将电脑教学、上网和多媒体功能引入影碟机，使数字家电进入电脑化、信息化和多功能化时代，取得了良好的社会和经济效益，开辟了中国信息家电先河。此后，裕兴公司先后将开关电源技术、软盘驱动器、复读复唱功能和健舞功能引入影碟机，领先同行自行开发出宽容影碟机、软驱型电脑 VCD，与世界视听领域的先锋共同定义开发了具有最先进的复读复唱功能的超级 A＋VCD。裕兴普及型电脑开创了中国特色的普及型电脑产业，奠定了裕兴公司行业第一品牌的主导地位；裕兴电脑 VCD 第一次实现了影碟机的多媒体和上网功能，并通过教育部电化教育办公室组织的专家认定，开创了中国信息家电的先河。尤其是裕兴健舞影碟机系列产品，从软件设计到硬件功能开发全部是自行开发、技术水平达到国际领先水平。

1999 年，“裕兴”商标被评为北京市“著名商标”，裕兴公司实现税后销售收入 5.35 亿元、利润 1.17 亿元，首次跻身全国电子百强，利润额居前 40 强、利润率居全国第二、北京第一。同时，裕兴公司与国际 IT 巨头微软公司结成战略合作伙伴，与 C－Cube 达成战略品牌合作协义，并与国内外著名企业展开多种经济技术合作。1999 年 8 月，裕兴公司与国内多家 IT 软硬件企业结成以裕兴电脑影碟机为核心产品的“中国电脑影碟机软硬件协作体”，充分体现裕兴公司技术领先的地位和实力。2000 年 1 月 31 日，裕兴公司在香港创业板上市，成为第一家在香港创业板上市的信息家电企业。

（责任编辑：秦朝）

GWCOM 美通公司
www.gwcom.com.cn

美通公司創辦人：王維嘉博士

王维嘉博士在硅谷学习工作十余年，涉足高科技产品开发，管理，市场行销及风险投资创业。

王维嘉一九八五年进入斯坦福大学电气工程系攻读博士学位，先后从师于世界自适应信号处理及神经元网络的鼻祖 Dr. Bernard Widrow，卫星及移动通讯的权威 Dr. Bruce Lusignan，和计算机局域网及Internet网络理论奠基人之一 Dr. Fouad Tobagi. 参加过自适应波束地层成像，NASA大型卫星数据网设计建设，TCP/IP协议编程等大型研究项目。王维嘉的博士论文是每秒T兆比特(TeraBits/s)超高速ATM交换机的设计。

一九八七年至一九八九年，王维嘉在美国七大电话公司之一的太平洋贝尔公司（Pacific Bell）负责光纤入户及宽带高速通讯网的研究。主持了 该公司第一个横跨旧金山湾区的ATM试验网和第一个100Mb/s 的大都会域网(Metropolitan Area Network)。他还负责每年向公司董事会提供一份全面的战略技术评估及规划报告。

一九八九年至一九九二年，在硅谷蜂窝数据公司（Cellular Data Inc.)任网络总体设计师开发了世界上第一个依托于蜂窝电话网的无线分组数据网，该技术后演进为今日北美无线分组数据标准Celluar Digial Packet Data（CDPD)。他还参加并指导GTE MobileNet旧金山和休斯敦移动电话网的改建和移动分组数据网的建设。

一九九二年至一九九四年，在 Microsoft 创始人保罗.阿伦（Paul Allen）的尖端性研究公司 Interval Research 主持无线虚拟幻境 （Virtual Reality)通讯，可穿戴计算机，及网络信息电器(Network Information Appliances)的研究开发. 王维嘉是 Interval Research 公司第一个专利的获得者并是当时最多专利的拥有者。

一九九四年，王维嘉在硅谷创建通用无线（GWcom Inc.）公司并任总裁至今。该公司为硅谷第一家由大陆华人创办的并得到巨额风险资本支持的高科技公司。该公司迄今共融资近九千万美金。公司股东包括世界上最著名的风险投资公司 Institutional Venture Partners，及世界信息产业巨头Intel，IDG等七家。GWcom在世界上首创个人移动信息产业并在全世界第一个推出了用于掌上电脑联网的无线Internet网 络. 该公司的产品还包括掌上Internet终端，无线Web平台，及应用软件等系列产品。GWcom 公司的无线Internet网络已经在中国上海和深圳建成并投入商用。当地的用户可以在城区的任何地方用一个价格为1500人民币的掌上终端无线收发Internet电子邮件，上Web站点索取信息，看实时股票曲线并无线买卖股票。在网络开通初期的不到一个月的时间内，无线网上股票交易已达数千万人民币。GWcom 的无线Internet网络已经得到中国国家无线电管理委员会的正式许可及 6 MHz 的频率划分。GWcom的技术体制已经得到国家信息产业部各主管部门及专家的认可及推荐。除上海，深圳外，其它中国各大城市及美国，台湾，香港，菲律宾，阿根廷均在试网或筹建。

王维嘉1982年在中国科技大学无线电系获得学士学位，1984年获得 硕士学位，1992年在美国斯坦福大学电气工程系获得博士学位。

無線互聯

王维嘉博士堪称无线互联产业创始人。早在1996年，王维嘉博士就在世界上率先提出个人移动信息服务和无线互联网概念，并领导美通公司专门针对中国市场开发出世界上第一套无线互联网PLANET 和终端产品。PLANET 系统是美通公司开发的面向大众的无线互联网接入解决方案，该系统已获得6MHz的频率批准，并事实上成为中国无线数据/IP网络的市场标准，是中国最早、目前最大的无线互联接入系统。它与即将推出的基于WAP协议的GSM网络一样，专门用于个人移动信息的双向数据通信，可以为各类网机、掌上电脑、PDA及双向寻呼机等快速增长的掌上信息应用提供低成本高性能的无线互联接入。由于它与现有寻呼系统彻底兼容，因此网络的运营成本和终端用户使用成本都极具竞争力，并且充分保护已有投资。该系统已于1998年和99年在上海与深圳由上海国脉和深圳万立通分别开通运营。

PLANET 支持包括E-mail/ICQ在内的个人信息通信，各种电子商务功能以及其他垂直应用，特别在无线股票交易及移动银行等个人电子商务方面的应用有着巨大的市场潜力，仅无线股票交易服务一项，目前上海及深圳使用该系统的数千名用户的交易额就已经突破每日5千万元。

PLANET系统的开通运营也是在世界上首先实现掌上移动炒股，从而使中国在无线互联网领域走在世界的前列。这是数十年来中国首次在信息产业领域独领风骚。

1999年11月，王维嘉博士在中国宣布建立“掌门”网(www.byair. Com),专门开发支持诸如移动电话、掌上电脑、PDA及网机等掌上终端无线上网的技术和应用。这使中国再次走在无线互联网领域的世界前列。

王维嘉博士还提出了一个著名的无线互联网定律，即巴掌定律：凡是小于一个巴掌的信息器件必定使用无线互联。他认为中国人可以在此定律原则下与西方人一争高下。

另外，王维嘉博士藉多年在硅谷风险投资领域的丰富经验，经常在国内应各级政府部门、民间组织及公司的邀请做关于风险投资的专题报告，为国内风险投资机制的发展作出了巨大贡献。王维嘉博士还与友人合作创办了国内第一家风险投资研究中心(www.vcchina.com),以促进中国风险投资事业的发展。王维嘉提出的主要理论简述

- 巴掌定律：凡是小于一个巴掌的信息器件必定使用无线互联。他认为中国人可以在此定律原则下与西方人一争高下。而无线互联网下的经济将从眼球经济转换到“拇指”经济、“耳垂”经济，谁能调动人的大拇指，谁就能够主宰经济；

- 100%互联度：互联网中有一条定律，网络的价值是网络节点的平方，因此互联网的极至应该是每一个个人、建筑物，甚至花草花草树木都成为一个一个IP节点，让整个生命在网络中无限互联。如果以人为中心，让100%的个人在100%的时间里都连接在网上。按这个标准，今天有线互联网所造成的互联度还不到1%。这剩下的99%无疑要靠移动无线互联网来完成；

- 时空回归：有线互联网消灭了时空，无线互联网又恢复了时空，因为有线互联网上人上网，人需要上网去查询自己需要的信息，是以网络为中心，而无线互联网是网上人或网追人，以人为中心。有线互联网络是一维空间，信息都分布在一维的点上，无线互联则是一个三维空间，无线互联网的作用是将分布在一维的点上的信息，跨过二维的面，直接发布到三维的立体空间中去，每个个人可以在任何时间任何地点得到整个网络能够提供的信息；

- 无线互联全新的C1C模式：有线互联网的商务模式可能只会是C2C（Copy to China），而无线互联网有可能遵循一个全新的C1C模式，即：Created in China；

GWCOM 美通公司

www.gwcom.com.cn

掌門網

www.byair.com

移动互联应用领袖“掌门网”，是由美通公司在国内推出的首个无线互联网站。掌门网专门支持从GSM到未来3G等各种网络条件下的多种无线终端，包括各类WAP手机的无线互联接入，同时提供有线Web接入作为补充，并于年内在国内首推普通手机语音接入互联网服务。近期，针对移动用户上网对实时、实地以及移动交易类服务的需求，掌门网在国内同时推出50余个城市（包括全部省会城市）的地方信息。

自开通以来，掌门网处理无线的交互式信息服务4000余万次，无线股票交易笔数超过40万笔。1999年初，美通公司提供的信息种类已达20个大项，200小项，日更新次数超过2000条。掌门网与中国及美国超过30家ICP和电子商务门户网站建立了合作关系。掌门网同时还与中国20家主要券商进行了连接。

自WAP登陆中国以来，掌门网与多个国内主要的移动运营商进行了深层合作，分别在广东、上海等地推出了WAP炒股、SMS炒股、掌门移动城市生活、掌门金融股票世界等栏目，掌门网开发的其他掌上商务应用还包括掌上银行、掌上购物、价格比较等。据系统统计，自WAP在六城市开通商用试验以来，掌门网的WAP访问量始终占到总访问量的60%左右。

时间	事件
1994	公司在硅谷成立，专注于移动互联产业；
1998.7	美通公司开创的无线互联接入系统PLANET，由上海国脉通信股份有限公司开通实验，标志着中国首个无线互联网络的诞生。该系统已通过验收，并进入商用试验阶段；
1999.3	美通系统主要设备获得国家行业核准及频率批准；
1999.6	美通系统获信息产业部商用试验批准；
1999.11	中国第一个为WAP手机提供应用服务的无线互联目标网站“掌门网”开通；
2000.1	掌门网再获巨额战略投资，至此，公司累积资本达9000余万美元；同期，掌门网无线股票交易日成交金额超过5000万元；掌门网已开发的应用方向：股票交易、订票等交易类电子商务应用及实用城市信息。
2000.3起至今	在WAP应用方面陆续和国内主要移动运营商开展深层合作，自WAP在国内开始商用试验以来，掌门网的WAP点击率始终占全国WAP点击率的60%以上。
2000.4	宣布与爱立信、西门子开展深层次合作，共同开发中国无线互联市场。
2000.6	美通与新太合作，开通全国50余个信息平台，提供全面的本地化应用信息。在全国首推语音互联网。

世界顶尖

来自美国硅谷的
个人移动信息网络技术

美通公司是世界上最早投身无线互联网领域的公司，自从1994年在硅谷创立以来，美通公司始终秉承“把互联网放到每个人的掌上”的宗旨，专门为太平洋两岸提供移动电子商务应用服务的平台，专为大中国区及美国的2亿移动电话或无线掌上电脑用户提供诸如股票交易和移动银行的实时信息和电子商务服务。美通公司分别与几家国内著名的运营商合作，开通了以掌上终端为导体的无线商务信息服务及世界首个掌上股票在线交易平台。凭借其丰富的移动通信经验，和对移动用户的深刻了解，目前已经开发出了大量适合中国无线用户的应用，特别是移动电子商务。他们开发的无线证券交易应用技术，深受到广大股民的欢迎，在上海和深圳已有20余家券商联入由美通提供的无线证券交易应用技术平台。他们开发的其他掌上商务应用还包括掌上银行、掌上购物、价格比较等。

美通公司深圳分公司
地址：深圳深南东路5047号
深圳发展银行大厦13G
邮编：518001
电话：0755-2081162,2081163
0755-2080984,2080985
传真：0755-2080977

美通公司北京办事处
地址：北京建国门北大街8号
华润大厦306室
邮编：100006
电话：010-85192088
传真：010-85192099

美通公司上海分公司
地址：上海市浦东南路528号证券
大厦北塔1205-1206室
邮编：200120
电话：021-6881-9000,
021-6881-8842/5050/5151
传真：021-68819111

美通公司广州办事处
地址：广州市东风中路410-412
健力宝大厦1601室
邮编：510040
电话：020-83486199
传真：020-83486299

第十八编

证券业理论研究

1788/1836

证券业基本概念

关于宏观经济问题

【人均国民生产总值】 人均国民生产总值指国民生产总值与平均人口数之比，用公式表示为：人均国民生产总值＝ 国民生产总值/平均人口数。它通过国民生产总值与平均人口数之比表明一个国家或一个地区平均每人拥有的最终产品数量。这一指标剔除了不同国家或地区人口水平不同的影响，从而确切地反映一国经济发展水平、经济实力以及生活水平、丰裕程度等；运用人均国民生产总值在不同国家或地区之间进行比较，可以大致反映出不同国家或地区在上述方面的差别。在国际对比中，通常用人均国民生产总值而不直接用国民生产总值。

【国内生产总值和国内生产净值】 国内生产总值是按市场价格计算的国内生产总值的简称，是我国所有常住单位在一定时期内生产活动的最终成果。国内生产总值有三种表现形态，即价值形态、收入形态和产品形态。从价值形态看，是所有常住单位在一定时期内所生产的全部货物和服务价值超过同期投入的全部非固定资产货物和服务价值的差额，即所有常住单位的增加值之和；从收入形态看，它是所有常住单位在一定时期内所创造并分配给我国常住单位和非常住单位的初次分配收入之和；从产品形态看，是最终使用的货物和服务减去进口货物和服务。在核算中，国内生产总值的三种表现形态表现为三种计算方法，即生产法、收入法和支出法。三种方法分别从不同的方面反映国内生产总值及其构成。国内生产净值是按市场价格计算的国内生产净值的简称，等于国内生产总值减去所有常住单位的固定资产折旧。

【计划总投资】 指基本建设项目或企、事业单位中的建设工程，按照总体设计规定的内容全部建成计划需要的总投资。按以下办法确定填报：(1)有上级批准计划总投资的，填列上级批准数。(2)无上级批准计划总投资的，填列上报的计划总投资；(3)前两者都没有的，填列年内施工工程计划 总投资。没有总体设计的更新改造、其他固定资产投资和房地产开发投资单位，分别按报告期施工工程的计划总投资合计数填报。单纯购置单位应填报单纯购置的计划总投资。

【隐含国内生产总值消胀指数】 以现值计算的名义国内生产总值和以不变价格计算的实际国内生产总值之比。这项数据与国内生产总值一起公布，每季度一次。与消费价格指数和生产价格指数相比，该指数反映了较长期限内更为广泛的通货膨胀状况。

【居民消费价格总指数】 反映城市(含县城)和农村居民所购买消费商品和服务项目所支付的价格总的变动趋势和幅度。全国编制的为全国城乡居民生活费用价格总指数；各省(区)编制的为全省(区)城乡居民生活费用价格总指数。

【资本项目】 一般分为长期资本和短期资本。长期资本是指合同规定偿还期超过1年的资本或未定偿还期的资本(如公司股本)，其主要形式有直接投资、证券投资、政府和银行的长期借款及企业信贷等。短期资本指即期付款的资本和合同规定借款期为1年或1年以下的资本。

【资产证券化】 是将一组流动性较差的(金融)资产进行一系列的组合，使该组资产在可预见的未来所产生的现金流量可以保持相对稳定；在此基础上配以相应的信用担保，将该组资产的预期现金流量的收益权转变为可在金融市场上流动、信用等级较高的债券型证券的技术和过程。资产证券化的实质是(金融)资产所有权和收益权的某种程度的分离，是(金融)资产组合的一种方式。

【个人存款帐户实名制】 是指个人到银行、城乡信用合作社、邮政储蓄机构开立帐户办理储蓄存款时，应当出示个人法定身份证件(居民身份证等)，使用身份证件上的姓名，不得使用化、笔名等，也不得不记名。银行等金融机构要按照规定进行核对，并登记身份证件上的姓名和号码。

【产业性城市】 是指有40%以上的劳动力人口以直接或间接方式从事同种资源或产品开发、生产和经营活动的城市。在我国可分为两种：一是资源型城市，如大庆(石油)、大同(煤炭)、铜陵(铜矿)；一是产品型城市，如十堰(汽车)、攀枝花(钢铁)、仪征(化纤)等。

【经常项目】 它反映本国与外国交往中经常发生的项目，包括贸易收支(也就是通常的进出口)、劳务收支(如：运输、港口、通讯和旅游等)和单方面转移(如：侨民汇款、无偿援助和捐赠、国际组织收支等)。

【市场份额】 又称市场占有率。原指某企业销售额在某市场销售总额中所占的比重，即该企业的市场占有率。应用到国际贸易上，即可以按某国某种商品出口额在世界同种商品出口总额中所占比重来计算其世界市场占的率；也可以按一国某种商品对某国出口额在该国市场该商品销售总额中所占比重来计算对某国市场占有率。既可以按某国某种企业某种商品出口额在该种商品世界出口总额中所占比重来计算其世界市场占有率；也可以按某国某种企业某种商品对某国出口额在该国该种商品中销售总额中所占比重来计算其对该国市场占有率。比重高，占有率高，表明竞争力大；比重低，占有率低，表明竞争力小。在任何市场上，都有众多卖主，市场份额大小与占有率高低，正是卖主之间进行竞争的结果，反映各国各企业在生产与服务上优势与劣势的变化。

【补偿贸易】 指由国外厂商提供或者利用国外出口信贷进口生产技术或设备，由我方进行生产，以返销其产品方式分期偿还对方技术、设备价款或贷款本息的交易形式。如经批准，也可以使用该企业(包括企业联合体)生产的其他产品返销对方，进行间接补偿。

【世界贸易组织(WTO)】 于1995年1月1日正式成立，它是独立于联合国的永久性国际组织，总部设在日内瓦，有134个成员。它取代关贸总协定，负责管理乌拉圭回合一揽子协议的实施，负责管理世界经济和贸易秩序。世贸组织的宗旨和基本原则与关贸总协定基本相同，旨在通过市场开放、非歧视性和公平贸易等原则，达到推动实现世界贸易自由化的目标。但它与关贸总协定又有所不同，它比关贸总协定有更宽的管辖范围，除管理传统的和乌拉圭回合新确定的货物贸易外，还包括长期游离于关贸总协定外的知识产权、投资措施和服务贸易等领域。世贸组织是具有法人地位的国际组织，它在调解成员争端方面具有更高的权威性和有效性。世贸组织的最高决策权力机构是部长大会，至少每两年召开一次会议。下设总理事会和秘书处，负责世贸组织日常会议和工作。总理事会设有货物贸易、服务贸易、知识产权三个理事会和贸易与发展、国际收支、行政预算三个委员会。秘书处设总干事一人。世贸组织于1995年11月29日还成立了七人仲裁机构上诉法庭，该机构负责对世贸组织成员之间发生的分歧进行仲裁。

关于企业体制问题

【现代企业制度】 是适应社会化大生产和市场经济要求的产权明晰、权责明确、政企分开、管理科学的一种新型企业制度。现代企业制度的特征是由现代企业的特征决定的，可以从不同角度去理解它的特征。如从财产关系看，它具有产权明晰、法人财产、有限责任等特征；从组织管理制度看，它具有两权分离、相互制衡、激励和约束兼容等特征；从企业行为看，它具有目标明确、分配规范、管理科学等特征；从企业生存的外部条件看，它具有公平竞争、优胜劣汰、法制约束等特征。但归纳起来，主要有以下五方面：(1)产权关系明晰。即企业是法人团体、具有民事行为能力，独立享有民事权利，承担相应的民事责任。企业产权关系清楚，出资者享有企业的产权，企业拥有企业法人财产权。(2)享有法人财产权。即企业法人有权有责，企业以其拥有的全部法人财产，依法自主经营、自负盈亏、照常纳税，并对出资者负责，承担资产保值增值的责任。(3)实行有限责任制度。即出资者按投入企业的资本额享有所有者权益，也就是拥有资产受益、重大决策和选择管理者等权利；企业破产时，出资者只以投入企业的资本额对企业债务负有限责任。(4)政企职责分开。政府依法管理企业，企业依法自主经营，不受政府部门直接干预。政府调控企业主要用财政金融手段或法律手段，而不用行政干预。(5)权责明确的管理制度。即一方面有相互制衡的法人治理结构，如股份公司中的“三会一总”：股东大会(权力机构)、董事会(决策机构)、监事会(监督机构)和总经理(执行机构)等；另一方面具有权责明确的经理式的管理层级制，善于管理，提高效率。

【公司重构】 是20世纪80年代以来世界企业经营管理的重要趋势，它是以“战略一结构一过程”为思路进行的从总体到局部的变革。其内容包括业务重构、财务重构与组织重构。重构是公司适应环境变化，是市场机制形成压力，逆境求生，以保持和创造竞争所进行的全面变革，这也是当前中国企业所面临的一个现实课题。公司重构可以适用于不同类型、状况的公司而起到几方面的作用：(1)克服大企业病，化解生存危机。(2)重新明确公司战略，获得竞争优势。(3)对组织结构的重新设计。(4)促进企业机制转换。

【战略联盟】 就是企业之间出于战略目的而进行的合作。在组织安排上它具有不同的组织形式，如合资、合作、联合研究开发、供应商合作、交互许可等。同时它作为一种经营策略则是企业之间经过合作而朝向长期的竞争优势的获取。企业之间的合作打破了企业的传统疆界，参与机构可以共享行政权威、共同股权以及社会性联系，通过宽松而公开的契约安排可使企业获得竞争能力。它是两个或多个企业的业务的特定层面的连接，根本上来说这一连接是一个商业伙伴关系，通过提供相互获利的技术、技能或产品的交易而加强参与企业的竞争优势。战略联盟三个必要和充分的特征条件是：(1)两个或多个企业联合致力于一系列目标，并在联盟后保持独立性；(2)合作企业分享联盟的收益并控制特定业务的绩效；(3)合作企业在一个或多个关键战略领域如技术、产品等方面持续做出贡献。

【控股公司制与事业部制】 企业在面向集团化成长过程中先后创造了控股公司制与事业部制的组织形式。随着战后企业集团的发展，控股公司制与事业部制成为组建企业集团的两项基本的组织制度。控股公司是指因拥有其他公司的一定数量产权、股份，而控制和影响该相关企业的公司。而控股公司制则是利用控股公司的特点构筑企业间的关系形成企业集团的组织制度。事业部制是由公司总部领导的若干自治的事业部（或成为公司）组成，而公司的参谋机构则为事业部提供内外部业务环境信息方面的支援。事业部随着企业的扩展在按产品、相关的业务单位、地区、用户划分部门的基础上，进一步授权，使之成为一个独立的经营管理中心与决策中心，全权行使独立企业的职能。

【经营者股票期权】 股票期权是金融市场上的一种衍生交易工具。经营者股票期权特指企业资产所有者给予经营者的一种权利，经营者可以凭借这种权利在与企业资产所有者约定的期限内（如3—5年内），以预先确定的价格购买一定数量的本企业股票。这个预先确定的价格被称为“行权价”，这个价格通常是根据授予经营者股票期权时股票市场上的价格确定的。对于享有股票期权的经营者来说，当然希望本企业股票价格不断上涨，这样他们可以低价买、高价卖，从中获益。在一个规范的资本市场上，这个价差的多少与经营者经营业绩好差和企业经济效益高低密切相关。就其本质来说，经营者股票期权是一种权利而非义务，即在行权期内经营者买与不买享有完全的自由，公司无权干涉。股票期权主要适用于上市公司，且在濒临亏损但能够扭亏的企业或是高成长型的企业实行效果最好，因为只有这两种企业的股价有可能较大幅度地升值。

【期股制】 是在学习和借鉴国外股票期权制度的基础上，根据我国国情进行了一定的改造后形成的。期股制是企业出资人与经营者达成的一份书面协议，允许经营者在任期内按既定价格用各种方式获得本企业一定数量的股份，先行取得所购股份的分红权等部分权益，然后再分期支付购股款项。购股款项一般以分红所得分期支付，在既定时间内支付完购股款项后，取得股份的完全所有权。如分红所得不足以支付本期购股款项，以购股者其他资产充抵。期股制主要适用于效益较好的股份有限公司和有限责任公司。

关于金融市场问题

【资本市场和货币市场】 资本市场是证券融资和经营一年以上中长期资金借贷的金融市场，包括股票市场、债券市场、基金市场和中长期信贷市场等，其融通的资金主要作为扩大再生产的资本使用，因此称为资本市场。货币市场是经营一年以内短期资金融通的金融市场。包括同业拆借市场、票据贴现市场、回购市场和短期信贷市场等。

【直接融资和间接融资】 直接融资是资金需求者直接借助市场向社会上有资金盈余的单位和个人筹资。直接融资的主要形式有股票、债券、商业票据、预付和赊购等，其中股票融资和债券融资是最重要的形式。间接融资是向银行等金融中介机构申请贷款等。银行信贷融资是间接融资最重要的形式，间接融资中的金融中介机构主要是商业银行。

【风险投资】 是指具备资金实力的投资家对具有专门技术并具备良好市场发展前景，但缺乏启动资金的创业家进行资助，帮助其圆创业梦，并承担创业阶段投资失败的风险的投资。投资家投入的资金换得企业的部分股份，并以日后获得红利或出售该股权获取投资回报为目的。风险投资的特色在于甘冒高风险以追求最大的投资报酬，并将退出风险企业所回收的资金继续投入“高风险、高科技、高成长潜力”的类似高风险企业，实现资金的循环增值。投资家以筹组风险投资公司、招募专业经理人，从事投资机会评估并协助被投资事业的经营与管理等方法，早日实现投资收益，降低整体投资风险。风险投资是由资金、技术、管理、专业人才和市场机会等要素所共同组成的投资活动，它具有以下六个特点：(1)以投资换股权方式，积极参与对新兴企业的投资；(2)协助企业进行经营管理，参与企业的重大决策活动；(3)投资风险大、回报高；并由专业人员周而复始地进行各项风险投资；(4)追求投资的早日回收，而不以控制被投资公司所有权为目的；(5)风险投资公司与创业者的关系是建立在相互信任与合作的基础之上的；(6)投资对象一般是高科技、高成长潜力的企业。

【自由兑换货币】 当一种货币的持有人能把该种货币兑换为任何其他国家货币而不受限制，则这种货币就被称为可自由兑换货币。根据《国际货币基金协定》的规定，自由兑换是指：对国际经常往来的付款和资金转移不得施加限制。这种货币在国际经常往来中，随时可以无条件地作为支付手段使用，对方亦应无条件接受并承认其法定价值。不施行歧视性货币政策措施或多种货币汇率。在另一成员国要求下，随时有义务换回对方在经常性往来中所结存的本国货币。即参加该协定的成员国具有无条件承兑本币的义务。目前，世界上有50多个国家接受了《国际货币基金协定》中关于货币自由兑换的规定，这些国家的货币被认为是自由兑换的货币，其中主要有：美元、德国马克、日元、瑞士法郎、法国法郎、意大利里拉、荷兰盾、比利时法郎、丹麦克朗、瑞典克朗、挪威克朗、奥地利先令、加拿大元、澳大利亚元、新西兰元、新加坡元。

【政策性金融债】 政策性金融债是我国政策性银行（国家开发银行、中国进出口银行、中国农业发展银行）为筹集信贷资金，经中国人民银行批准，用计划派购或市场化的方式，向国有商业银行、区域性商业银行、商业保险公司、城市合作银行、农村信用社、邮政储蓄局等金融机构发行的债券。中央国债登记结算有限责任公司是政策性金融债券的托管人，负责金融债券发行的登记、托管和结算。全国银行间债券市场（即同业拆借市场）是政策性金融债的交易场所。

【贴现、再贴现和转贴现】 贴现是指银行应客户的要求，买进其未到付款日期的票据，或者说，购买票据的业务叫贴现。办理贴现业务时，银行向客户收取一定的利息，称为贴现利息或折扣。具体程序是银行根据票面金额及既定贴现率，计算出从贴现日起到票据到期日止这段时间的贴现利息，并从票面金额中扣除，余额部分支付给客户。票据到期时，银行持票据向票据载明的支付人索取票面金额的款项。再贴现是商业银行以未到期的合格票据再向中央银行贴现。对中央银行而言，再贴现是买进票据，让渡资金；对商业银行而言，再贴现是卖出票据，获得资金。再贴现是中央银行的一项主要的货币政策工具。中央银行可以通过提高或降低再贴现率来影响金融机构向中央银行借款的成本，从而影响货币供应量和其它经济变量。转贴现是指票据的持票人在到期前进行贴现，贴现银行收到未到期的票据后又需要融通资金时，可以再次将票据转让出去，以获得资金。贴现银行将票据转让给其他银行的，称为转贴现。

【利率市场化】 利率市场化是指利率的决定权交给市场、由市场主体自主决定利率的过程。在利率市场化条件下，如果市场竞争充分，则任何单一的经济主体都不可能成为利率的单方面制定者，而只能是利率的接受者。利率市场化至少应该包括：(1)金融交易主体享有利率决定权。(2)利率的数量结构、期限结构和风险结构应由市场自发选择。(3)同业拆借利率或短期国债利率将成为市场利率的基本指针。(4)政府（或中央银行）享有间接影响金融资产利率的权力。其中，商业银行对存贷款的定价权是利率市场化也是金融市场化的核心内容。

【基准利率和市场利率】 基准利率在整个金融市场和整个利率体系中处于关键地位，起决定性作用的利率。西方国家大多以中央银行的再贴现利率为基准利率。我国1984年以前以国家银行制定的利率为基准利率，市场利率的形成及变化都参照国家银行利率的水平与变化，在国家规定的各种利率中，又以一年期的存、贷利率为基准，其他档次利率都是参照这种利率，考虑复利因素而决定。1984年中央银行制度确立以后，作为中国人民银行对商业银行的再贷款利率为我国基准利率，其变动，其他档次的利率随之作相应变动。市场利率在资金供求关系作用下，由市场直接决定的利率。广义的金融市场包括直接融资市场与间接融资市场，所以广义的市场利率包括这两类金融市场上的利率。狭义的市场利率指直接融资方式中借贷双方直接商定的利率和在金融市场上买卖各种有价证券时的利率。市场利率水平的高低由多种因素决定，但都集中体现为资金供求关系的状况。资金供不应求，利率上升；反之，则下降。发达的市场经济国家利率体系以市场利率为主体，而发展中国家市场利率所占的比重则较低。

【生存保险】 是以被保险人在保险期满时继续生存为给付条件的一种保险。如在此期间保险人死亡，则所交保险费不退，充作所有生存期满日为止的被保险人的保险金。生存保险主要有终身年金保险和定期年金保险两类。生存保险具有较强的储蓄功能，被保险人在一定时期后可以领取一笔保险金，以满足其生活等方面之需。如中国人寿保险公司开办的《国寿松柏养老金保险》、《国寿松鹤养老金保险》，中国平安保险公司开办的《平安长青终身养老年金保险》等，就是一种较常见的生存保险。

【可转换权益】 在保单有效期内，投保人可于该保单生效满二年后任一年的生效对应日将该保单转换为保险公司当时认可的终身保险、两全保险或养老保险而无需核保，但新保单的保险金额最高不超过原保单的保险金额，且被保险人年满45周岁的生效对应日以后不再享有此项权益。转换后的新保单将于转换日开始生效，并将按原保单核保等级，转换之日被保险人的年龄及新保单的费率计算保险费。

【重复保险的分摊原则】 是指投保人对同一标的、同一保险利益、同一保险事故分别向两个以上保险人订立保险合同，构成重复保险，其保险金额的总和往往超过保险标的的实际价值，发生事故时，按照补偿原则，不能由几个保险人同时赔偿实际保险金额，只能由这几个保险人根据不同比例分摊此金额，以免造成重复赔款。

【除外责任】 又称责任免除，保险人不承担的责任属于除外责任，一般来讲，所有没有在保险责任中列明的都属于责任免除。

【对价】 在合同中应明确表示，一方所享有的权利以另一方所承担的义务为基础，其间的关系，并不是双方所负的义务平衡无差，不是指等价，仅须双方有对价报偿的性质即可，唯一的条件是必须有特定偶然事件的发生。

【减额交清】 是指在本合同具有现金价值的情况下，投保人可以按本合同当时的现金价值在扣除欠交的保险费及利息、借款及利息后的余额，作为一次交清的全部保险费，以相同的合同条件减少保险金额，本合同继续有效。此项功能仅限于标准体，它是投保人失去交费能力的情况时可以采取的措施。

【再保险市场】 指从事各种再保险业务的再保险交换关系的总和。是为直接保险市场分散风险最重要的场所，是一个成熟和健康的保险市场的必要组成部分。再保险交易主要有三种形式：一是通过互惠业务的交换；二是专业再保险公司与再保险分出公司直接进行业务联系；三是通过再保险经纪人来办理。目前国内保险公司主要通过前两种方式进行再保险业务。再保险业务可以分为法定分保和商业分保。

【汇率制度】 是指各国对于确定、维持、调整与管理汇率的原则方式、方法和组织机构所作出的系统的安排和规定。它是国际货币制度的重要组成部分。从汇率的发展过程来看，汇率经历了从有明显的固定比值，到比值不固定、在市场机制作用下随供求关系的变化而变化的演变过程。因此，按照这个发展的历史，可以划出两类不同的汇率制度，即固定汇率制和浮动汇率制。浮动汇率是指不由货币当局规定的、而听任外汇市场供求自发决定的两国货币之间的汇率。固定汇率是指基本固定的波动幅度限制在一定范围以内的两国货币之间的汇率。

【汇率的标价方式】 目前国际上有两种汇率标价的方式：直接标价法和间接标价法。直接标价法就是用若干数量的本币来表示一定单位的外币，或是以一定单位的外币为标准，来换算应收付若干本币的一种测量汇价的方法。在外汇交易中，直接标价法所表示的外币数额固定不变，汇率的涨跌是以本币数额的变化来表示的。如果外币折算成本币的数额上升，表示外币升值，本币贬值；相反，如果外币折算成本币的数额下跌，则说明外币相对于本币贬值，而本币升值。直接标价法下，汇价数值越大，外币价值越大，反之亦然。目前，世界上除英国、美国和澳大利亚以外，其他国家都使用直接标价法。我国人民币外汇牌价，也采用这种方法。间接标价法是用若干数量的外币来表示一定单位的本币，或是以一定单位本币为标准来计算应收付若干单位外币的一种测量汇价的方法。

【基准汇率和市场汇率】 基准汇率是指本国货币与基准货币或关键货币的汇率。各国在制订本国汇率时，由于外币种类很多，通常选择某种货币作为关键货币，首先制定本币对此种货币的汇率，叫做基准汇率；然后根据基准汇率套算出本币对其他货币的汇率。关键货币一般是指一个世界货币，被广泛用于计价、结算、储备货币、可自由兑换、国际上可普遍接受的货币。目前作为关键货币的通常是美元，把本国货币对美元的汇率作为基准汇率。人民币基准汇率是由中国人民银行根据前一日银行间外汇市场上形成的美元对人民币的加权平均价，公布当日主要交易货币（美元、日元和港币）对人民币交易的基准汇率，即市场交易中间价。市场汇率是在外汇市场上由外汇供求自行决定的汇率。市场汇率是随着市场外汇供求的波动而波动，受市场机制调节。市场汇率是外汇市场实际买卖外汇的汇率。

【即期汇率和远期汇率】 即期汇率又称为现汇汇率，是买卖双方成交后，在两个营业日之内办理交割时所用的汇率。远期汇率又称期汇汇率，是指买卖双方成交后，不立即进行交割，而是在约定的未来一定日期进行交割的汇率。由于利率的差异、外汇市场供求关系的变化等原因，远期汇率与即期汇率相比可能会有一定偏差，在外汇交易中，这种偏差叫"远期差"。远期差价在外汇市场上用"升水"和"贴水"表示。升水表示远期汇率高于即期汇率，贴水表示远期汇率低于即期汇率，平价表示远期汇率与即期汇率相等。

【外汇交易】 又称外汇买卖，是不同货币的相互买卖，每笔交易的买卖双方各自在买入一种货币的同时卖出另一种货币。外汇交易的主要参加者是中央银行、商业银行和其他金融机构、公司和个人，包括外汇投机者。外汇经纪人也是外汇市场的主要成员，由金融当局认可，在银行之间和客户之间达成交易。目前，外汇市场交易的货币主要是美元、德国马克、英镑、日元、加拿大元、瑞士法郎和法国法郎等。外汇交易主要通过电传和电话成交，因此外汇市场是一种无形市场。外汇交易有三种基本形式，即期外汇交易、远期外汇交易及掉期外汇交易。

关于证券市场问题

【二板市场】 就是一国证券主板市场（第一板市场）之外的证券交易市场，它的明确定位是为具有高成长性的中小企业和高科技企业融资服务，是一条中小企业的直接融资渠道，是针对中小企业的资本市场。与主板市场相比，在二板市场上市的企业标准和上市条件相对较低，中小企业更容易上市募集发展所需资金。二板市场的建立能直接推动中小高科技企业的发展。二板市场是不同于主板市场的独特的资本市场，具有自身的特点，其功能主要表现在两个方面：一是在风险投资机制中的作用，即承担风险资本的退出窗口作用；二是作为资本市场所固有的功能，包括优化资源配置，促进产业升级等作用，而对企业来讲，上市除了融通资金外，还有提高企业知名度、分担投资风险、规范企业运作等作用。建立第二板市场，是完善风险投资体系，为中小高科技企业提供直接融资服务的重要一环。

【公募发行和私募发行】 政府、金融机构、工商企业等在发行证券时，可以选择不同的投资者作为发行对象，由此，可以将证券发行分为公募和私募两种形式。公募又称公开发行，是指发行人通过中介机构向不特定的社会公众广泛地发售证券。在公募发行情况下。所有合法的社会投资者都可以参加认购。为了保障广大投资者的利益。各国对公募发行都有严格的要求。采用公募方式发行证券的有利之处在于：(1)公募以众多的投资者为发行对象。筹集资金潜力大，适合于证券发行数量较多，筹资额较大的发行人；(2)公募发行投资者范围大、可避免囤积证券或被少数人操纵；(3)只有公开发行的证券方可申请在交易所上市，因此这种发行方式可增强证券的流动性，有利于提高发行人的社会信誉。公募方式也存在某些缺点，如发行过程比较复杂，登记核准所需时间较长、发行费用也较高。私募又称不公开发行或内部发行，是指面向少数特定的投资人发行证券的方式。私募发行的对象大致有两类，一类是个人投资者；另一类是机构投资者。私募发行有确定的投资人，发行手续简单，可以节省发行时间和费用。私募发行的不足之处是投资者数量有限，流通性较差，而且也不利于提高发行人的社会信誉。公募发行和私募发行各有优劣，一般来说，公募是证券发行中最基本、最常用的方式。然而在西方成熟的证券市场中，随着养老基金、共同基金和保险公司等机构投资者的迅速增长，私募发行近年来呈现出逐渐增长的趋势。目前，我国境内上市外资股（B股）的发行几乎全部采用私募方式进行。

【路演和"绿鞋"】 路演（Road show）也有人译做"路游"，是股票承销商帮助发行人安排的发行前的调研活动。一般来讲，承销商先选择一些可能销出股票的地点，并选择一些可能的投资者，主要是机构投资者。然后，带领发行人逐个地点去召开会议，介绍发行人的情况。了解投资人的投资意向。有时，会计师和投资顾问也参加这一活动，而大多数情况下，一些基金经理人会参加这一活动。承销商和发行人通过路演，可以比较客观地决定发行量、发行价及发行时机 。绿鞋（Green shoe）是一种包销商在获得发行人许可下可以超额配售股份的发行方式。其意图在于防止股票发行上市后股价下跌至发行价或发行价以下，达到支持和稳定二级市场交易的目的。发行股票时，包销商与发行人达成协议，允许包销商在既定的股票发行规模基础上，可以视市场具体情况使用发行人所授予的股份超额配售权。包销商一旦使用这种超额配售权，就处于卖空位置、这样一旦股价下跌至发行价时，包销商就可以按发行价格购买抛售之股票，从而达到支撑股价的目的。如果这种超额配售未得到发行人许可，一旦股票上市后股价上涨，包销商就必须以高于发行价的价格购回其所超额配售的股份，从而遭受经济损失。发行人的许可使得包销商超额配售的股份有了来源保证，不必花高价去市场购买，只需发行人多发行相应数量的股份给包销商即可。如果超额配售未获发行人许可，则被称为"光脚鞋"（Bare shoe)，它常被包销商将其与绿鞋一起合用，以增大卖空空间和市场支撑能力。绿鞋主要在市场气氛不佳，对发行结果不乐观或难以预料的情况下使用。

【证券发行核准制】 核准制是指发行人在发行股票时。不仅要充分公开企业的真实状况，而且还必须符合有关法律和证券管理机关规定的必备条件，证券主管机关有权否决不符合规定条件的股票发行申请。证券主管机关除了进行注册制所需求的形式审查外.还对发行人的营业性质，发行人财力、素质及发展前景。发行数量与价格等条件进行实质审核，并由此做出发行人是否符合发行实质条件的价值判断。在核准制下，发行人的发行权由审核机构以法定方式授予。我国目前对股票发行实行严格的核准制，即股票的发行必须符合国家相关法规的规定条件，并需获得中国证监会的批准。

【回拨机制】 指通过向法人投资者询价并确定价格，对一般投资者上网发行。根据一般投资者的申购情况，最终确定对法人投资者和对一般投资者的股票分配量。

【做市商制度】 是不同于竞价交易方式的一种证券交易制度，一般为柜台交易市场所采用。做市商是指在证券市场上，由具备一定实力和信誉的证券经营法人作为特许交易商，不断地向公众投资者报出某些特定证券的买卖价格(即双向报价)，并在该价位上接受公众投资者的买卖要求，以其自有资金和证券与投资者进行证券交易。做市商通过这种不断买卖来维持市场的流动性，满足公众的投资者的投资需求。做市商通过买卖报价的适当差额来补偿所提供服务的成本费用，并实现一定的利润。

【债转股】 是债务重组的一种方式，是银行将对企业的债权转为(资产管理公司的)股权。在我国债转股具体指的是在国有商业银行组建金融资产管理公司，依法处置银行的不良资产，对部分企业的银行贷款，以金融资产管理公司作为投资主体实行债权转股权。由上述债转股的含义可知，债转股后，金融资产管理公司将成为公司的股东，对企业持股或控股，派员参加企业董事会、监事会，参与企业重大决策，从而带来一系列债权债务关系以及公司治理结构的变化。债转股并非银企债务重组的全部内容，也并非所有的企业都适用于债转股的债务重组方式。从波兰的做法来看，债务重组的通道是多样的，除债转股外还包括“银行和解协议”、“法庭和解协议”、“破产和清算”、“债务出售”以及“债务归还”等许多种，发达国家如美国则特别注重“债务证券化”的办法。然而在目前中国的银企中，国家对债转股格外寄予厚望，主要是通过债转股达到重建商业银行信用，同时实现国有大中型企业三年解困的目标，即一方面盘活商业银行不良资产，加快不良资产的回收，增加资产的流动性，防范和化解金融风险；另一方面加快实现债权转股权的国有大中型亏损企业转亏为盈，促进企业转换经营机制，加快建立现代企业制度。

【转换价格】 转换价格是指可转换公司债券转换为公司每股股份所支付的价格，转换价格的确定反映了公司现有股东和债权人双方利益预期的某种均衡。转换价格通常随公司股票拆细和股份发生变动而相应作出调整。决定转换价格的因素主要有：第一，公司股票的市场价格(即正股市价)，这是最为重要的影响因素。股票的市场价格和价格走势直接主导着转换价格的确定，股价越高，转换价格也越高。境外制定转换价格一般是以发行前一段时期的公司正股市价的均价为基础，上浮一定幅度作为转换价格，通常上浮5%－30%。第二，债券期限。可转换公司债券的期限越长，相应的转换价格也越高；期限越短，则转换价格越低。第三，票面利率。一般地说，可转换公司债券的票面利率高则转换价格也高，利率低则转换价格也低。当前我国试点的三只可转换公司债券，是先发可转债，后发股票，其转股价无法根据股票的市场价格来确定，因而采取了以股票发行价折扣一定比例作为转股价的方式，而股票发行价又是定价形式，所以目前上市的可转债转股价的确定与市场无关。当公司在发行可转换公司债券后，由于公司的送股、配股、增发股票、分立、合并、拆细及其他原因导致发行人股份发生变动，引起公司股票名义价格下降时，转股价应做出相应的调整。转换价格调整条件是可转换公司债券设计中至关重要的保护可转换公司债券投资者利益的条款。

【托管和转托管】 托管是在托管券商制度下，投资者在一个或几个券商处以认购、买入、转换等方式委托这些券商管理自己的股份，并且只可以在这些券商处卖出自己的证券；券商为投资者提供证券买卖、分红派息自动到帐、证券与资金的查询、转托管的各项业务服务。在这种制度下，投资者要将其托管股份从一个券商处转移到另一个券商处托管，就必须办理一定的手续，实现股份委托管理的转移，即所谓的转托管。

【停牌和停市】 停牌是指某一种上市证券临时停止交易的行为。停牌的原因是在某一种证券在证券交易过程中由于出现突发的事件，有可能影响该证券的交易秩序时，证券交易所可以临时停止该上市公司在证券交易所内的证券交易。停市是指证券交易所内所有的上市证券都停止交易的行为。停市的原因实质由于出现了不可抗力的突发性事件，比如地震，大面积电脑故障等，就可以采取停市的做法，另外一个原因是证券市场的正常秩序出现了混乱，为了维护证券市场的正常秩序，证券交易所有权停止本交易所内的所有证券的交易行为。

【经纪人】 在证券市场上专为买卖双方充当中介人、代理买卖而收取佣金的商人。经纪人可以是个人经纪人，也可以是法人经纪人。在证券买卖活动中，经纪人与客户之间一般有下列三种关系：(1)授权代理关系。(2)债权债务关系。(3)信任关系。经纪人主要分为几种类型：(1)佣金经纪人。(2)自营商。(3)两元经纪人，又称交易厅经纪人或居间经纪人，是美国证券市场特有的一种经纪人。(4)专家经纪人。(5)零股经纪人。

【债券信用评级】 专业机构对准备发行的债券还本付息的可靠程度，进行客观、公正和权威的评定，以方便投资者决策。

【债券现货交易、债券回购交易和债券期货交易】 债券现货交易又叫现金现货交易，是债券交易中最古老的交易方式。是债券买卖双方对债券的买卖价格均表示满意，在成交后立即办理交割，或在很短的时间内办理交割的一种交易方式。债券回购是指债券持有一方出券方和购券方在达成一笔交易的同时，规定出券方必须在未来某一约定时间以双方约定的价格再从购券方那里购回原先售出的那笔债券，并以商定的利率(价格)支付利息。债券期货交易是一批交易双方成交以后，交割和清算按照期货合约中规定的价格在未来某一特定时间进行的交易。

【回购协议】 也称再购回协议，是指商业银行进行短期融资的一种方式，其含义是指出售证券等金融资产时签订协议，约定在一定的期限后按原定价格或约定价格购回所卖证券，从而获得即时可用资金。回购协议通常只有一个交易日。回购协议所涉及的证券主要是国债。

【公司债券】 是指公司依照法定程序发行的，约定在一定期限内还本付息的有价证券。它的特征是：(1)契约性。公司债券代表一种债权债务的责任契约关系，它规定债券发行人在既定的时间内必须支付利息，在约定的日期内必须偿还本金，从而明确债务双方的权利、义务和责任。(2)优先性。债券持有者是公司的债权人，有权按期取得利息，且利息分配顺序优于股东。公司破产清理资产时，债券持有者也优先于股东收回本金。(3)风险性。公司债券与政府债券或金融债券比较，风险较大。(4)通知偿还性。一部分公司债券，附有通知偿还的规定，即债券发行人具有可以选择在债券到期之前偿还本金的权利。(5)可转换性。一部分公司债券，允许其持有者在一定条件下转换成另一种金融工具，如公司股票等。发行可转换的公司债券，转换条件需事先在契约中明确。

【实物债券、凭证式债券和记帐式债券】 实物债券是一种具有标准格式实物券面的债券。凭证式债券的形式是一种债权人认购债券的收款凭证，而不是债券发行人制定的标准格式的债券。记帐式债券没有实物形态的票券，而是在债券认购者的电脑帐户中作一记录。

【单利债券、复利债券、贴现债券和累进利率债券】 单利债券是指在计算利息时，不论期限长短，仅按本金计息，所生利息不再加入本金计算下期利息的债券。复利债券与单利债券相对应，它是指计算利息时，按一定期限将所生利息加入本金再计算利息，逐期滚算的债券。贴现债券是指在票面上不规定利率，发行时按某一折扣率，以低于票面金额的价格发行，到期时仍按面额偿还本金的债券。累进利率债券是指以利率逐年累进方法计息的债券。

关于期货市场问题

【期货功能】 商品期货交易的基本功能是发现价格和规避价格风险。(1)发现价格：参与期货交易者众多，都按照各自认为最合适的价格成交，因此期货价格可以综合反映出供求双方对未来某个时间的供求关系和价格走势的预期。这种价格信息增加了市场的透明度，有助于提高资源配置的效率。(2)规避市场风险：在实际的生产经营过程中，为避免商品价格的千变万化导致成本上升或利润下降，可利用期货交易进行套期保值，即在期货市场上买进或卖出与现货市场上数量相等但交易方向相反的商品，使两个市场交易的损益相互抵补。期货也是一种投资工具。由于期货合约的价格波动起伏，交易者可以利用价差赚取风险利润。

【商品期货交易】 是代表特定商品的“标准化合约”(即“期货合约”)的买卖。在现货市场上，买卖双方一方交货，另一方付款，或通过谈判和签订合同达成交易，合同中可规定商品的质量、数量、价格和交货的时间、地点等；而期货合约对商品的质量、规格、交货的时间、地点等都做统一的规定，唯一的变量是商品的价格。买卖者交纳一定的保证金后，按一定的规则就可通过商品期货交易所公开地竞价买卖。

【期货交易规则】 期货市场作为发达的信用经济运行方式之一，必须具备一整套规范制度。这是期货交易正常运转的前提条件。期货交易规则有广义和狭义之分，广义的期货交易规则包括期货市场管理的一切法律、法规、交易所章程及规则。狭义的期货交易规则仅指期货交易所制定的经过国家监管部门审核批准的《期货交易规则》及以此为基础产生的各种细则、办法、规定。所有的期货交易所都应根据国家有关法律、条例制定自己的期货交易规则。交易规则应以交易所为中心明确全部交易规范，这实际上是交易所与其会员单位(客户)以及交易所会员单位(客户)之间签订的一种共同契约。期货交易规则应包括开市、闭市、报价、成交、记录、停板、交易的结算和保证、交割、纠纷处理及违约处罚等内容。制定期货交易规则的目的是为了维持正常交易秩序，保护平等竞争，惩罚违约、制止垄断、操纵市场等不正当的交易行为。

【期货市场的组织结构】 期货市场基本上是由四个部分组成。(1)期货交易所；(2)期货结算所；(3)期货经纪公司；(4)期货交易者。期货交易所是为期货交易提供场所、设施、服务和交易规则的非盈利机构。期货结算所的功能和作用主要是：(1)负责期货合约买卖的结算；(2)承担期货交易的担保；(3)监督实物交割；(4)公布市场信息。期货经纪公司(或称经纪所)是代理客户进行期货交易，并提供有关期货交易服务的企业法人。在代理客户期货交易时，收取一定的佣金。根据参与期货交易的目的划分期货交易者分为两种人：即套期保值者和投机者。

【期货经纪公司的管理】 就是对企业所从事的期货代理业务所进行的规划、组织、指挥控制和业绩评价的过程，是周而复始地循环运动的过程，是全员的管理，全过程的管理，也是全面、全方位的管理。期货代理业务是经纪公司管理的客体，风险控制是经纪公司管理的中枢环节与永恒的主题。期货经纪公司的职能与作用如下：(1)在期货市场上充当交易中介，起桥梁和纽带作用。经纪公司承上启下，连接交易所和客户，没有这个中间层次，期货交易过程就会中断。经纪公司将期货市场的影响辐射到全社会，使期货市场得以实现其功能。(2)在期货市场风险控制中起核心作用。期货市场存在三类风险：交易所风险、经纪公司风险、客户风险。而这些风险集中表现为经纪公司的风险。

【期货交割】 商品期货交易的了结(即平仓)一般有两种方式，一是对冲平仓；二是实物交割。实物交割就是用实物交收的方式来履行期货交易的责任。因此，期货交割是指期货交易的买卖双方于合约到期时，对各自持有的到期未平仓合约按交易所的规定履行实物交割，了结其期货交易的行为。尽管实物交割在期货合约总量中占的比例很小，然而正是实物交割和这种潜在可能性，使得期货价格变动与相关现货价格变动具有同步性，并随着合约到期日的临近而逐步趋近。实物交割就其性质来说是一种现货交易行为，但在期货交易中发生的实物交割则是期货交易的延续，它处于期货市场与现货市场的交接点，是期货市场和现货市场的桥梁和纽带，所以，期货交易中的实物交割是期货市场存在的基础，是期货市场两大经济功能发挥的根本前提。

【期货结算】 一般地说，期货交易是由交易所的结算部门或独立的结算机构来进行结算的，在交易所内达成的交易，只有经结算机构进行处理后才算最终达成，也才能得到财务担保，因此期货结算是期货交易最基本特征之一。结算是指交易所结算机构或结算公司对会员和对客户的交易盈亏进行计算，计算的结果作为收取交易保证金或追加保证金的依据。因此结算是指对期货交易市场的各个环节进行的清算，既包括了交易所对会员的结算，同是也包含会员经纪公司对其代理客户进行的交易盈亏的计算，其计算结果将被记入客户的保证金帐户中。在期货市场中，有三种结算方式：对冲平仓、实物交割、现金结算。

【股票指数期货】 是指以股票价格指数作为标的物的金融期货合约。在具体交易时，股票指数期货合约的价值是用指数的点数乘以事先规定的单位金额来加以计算的，如标准·普尔指数规定每点代表500美元，香港恒生指数每点为50港元等。股票指数合约交易一般以3月、6月、9月、12月为循环月份，也有全年各月都进行交易的，通常以最后交易日的收盘指数为准进行结算。股票指数期货交易的实质是投资者将其对整个股票市场价格指数的预期风险转移至期货市场的过程，其风险是通过对股市走势持不同判断的投资者的买卖操作来相互抵销的。它与股票期货交易一样都属于期货交易，只是股票指数期货交易的对象是股票指数，是以股票指数的变动为标准，以现金结算，交易双方都没有现实的股票，买卖的只是股票指数期货合约，而且在任何时候都可以买进卖出。

关于基金市场问题

【指数化投资与指数基金】 指数化投资是一种试图完全复制某一证券价格指数或者按照证券价格指数编制原理构建投资组合而进行的证券投资。按此种方式投资的基金称为指数基金，其收益水平目标是市场指数的变化幅度。自90年代以来，美国华尔街上大多数股票基金管理人的业绩都低于同期市场指数的表现，这样，以复制市场指数走势为核心思想的指数基金在全球范围内迅速发展壮大起来，并对传统的证券投资思维形成巨大的冲击与挑战。从理论上讲，指数基金的运作方法简单，基金管理成本低廉，只要选择某一种市场指数，根据构成该指数的每一种证券在指数中所占的比例购买相应比例的证券，长期持有就可。但是，市场指数是根据某一时刻证券价格进行数学处理而得到的一个抽象指标，而指数基金并不能直接购买指数，而是要在实际市场条件下通过购买相应的证券来实现，由于交易成本及时间差等因素，指数基金的表现并不能够与其所追踪的指数完全一样，必然存在一定的差异，因此，指数基金同样需要基金管理人进行专业的管理。指数基金的优点主要表现在以下几个方面：分散风险；费用低廉；延迟纳税。从以上几点可以看出，指数基金独特的优势在于仅以市场指数为目的，排除了选择个股和入市时机的管理风险，通过充分投资和较低费用，达到风险高度分散并取得小幅超过平均水平的投资收益，适合那些愿意稳定分享证券市场成长的投资者的需求。

【封闭式基金和开放式基金】 基金根据变现方式的不同，可分为封闭式基金和开放式基金。封闭式基金是指基金的发起人在设立基金时，限定了基金单位的发行总额，筹集到这个总额后，基金即宣告成立，并进行封闭，在一定时期内不再接受新的投资。基金单位的流通采取在交易所上市的办法，投资者以后要买卖基金单位都必须经过证券经纪商，在二级市场上进行竞价交易。它的期限是指基金的存续期，即基金从成立之日起到结束之日止的整个时间。开放式基金是指基金发起人在设立基金时，基金单位的总数是不固定的，可视经营策略和发展需要追加发行。投资者也可根据市场状况和各自的投资决策，或者要求发行机构按现期净资产值扣除手续费后赎回股份或受益凭证，或者再买入股份或受益凭证，增加基金单位份额的持有比例。封闭式基金与开放式基金的区别是：(1)期限不同。封闭式基金通常有固定的封闭期，而开放式基金没有固定期限，投资者可随时向基金管理人赎回。(2)基金单位的发行规模要求不同。封闭式基金在招募说明书中列明其基金规模，开放式基金没有发行规模限制。(3)基金单位转让方式不同。封闭式基金的基金单位在封闭期限内不能要求基金公司赎回，只能寻求在证券交易场所出售或柜台市场上出售给第三者。开放式基金的投资者则可以在首次发行结束一段时间(多为3个月)后，随时向基金管理人或中介机构提出购买或赎回申请。(4)基金单位的交易价格计算标准不同。封闭式基金的买卖价格受市场供求关系的影响，并不必然反映公司的净资产值。开放式基金的交易价格则取决于基金的每单位资产净值的大小，其卖出价一般是基金单位资产净值加5%左右的首次购买费，买入价即赎回价是基金券所代表的资产净值减去一定的赎回费，基本不受市场供求影响。(5)投资策略不同。封闭式基金的基金单位数不变，资本不会减少，因此基金可进行长期投资，基金资产的投资组合能有效地在预定计划内进行。开放式基金因基金单位可随时赎回，为应付投资者随时赎回兑现，基金资产不能全部用来投资，更不能把全部资本用来进行长线投资，必须保持基金资产的流动性，在投资组合上需保留一部分现金和可随时兑现的金融商品。

【契约型基金和公司型基金】 基金根据组织形态的不同，可分为契约型基金和公司型基金。契约型基金又称为单位信托基金，是指把受益人(投资者)、管理人、托管人三者作为基金的当事人，由管理人与信托人通过签订信托契约的形式发行受益凭证而设立的一种基金。它是基于基金契约原理而组织起来的代理投资行为。通过信托契约来规范三方当事人的行为。基金管理人负责基金的管理操作；基金托管人作为基金资产的名义持有人，负责基金资产的保管和处置，对基金管理人的运作实行监督。公司型基金是按照公司法以公司形态组成的，该基金公司以发行股份的方式募集资金，一般投资者购买该公司的股份即为认购基金，也就成为该公司的股东，凭其持有的基金份额依法享有投资收益。它的特点是：(1)基金公司的设立程序类似于一般股份公司，基金公司本身依法注册为法人。但不同于一般股份公司的是，他是委托专业的基金管理公司来经营与管理。(2)基金公司的组织结构与一般股份公司类似，设有董事会和持有人大会，基金资产由公司所有，投资者则是这家公司的股东，承担风险并通过持有人大会行使权利。契约型基金与公司型基金的不同点有以下几个方面。(1)资金的性质不同。契约型基金的资金是信托财产，公司型基金的资金为公司法人的资本。(2)投资者的地位不同。契约型基金的投资者购买受益凭证后成为基金契约的当事人之一,即受益人。公司型基金的投资者购买基金公司的股票后成为该公司的股东,以股息或红利形式取得收益。因此,契约型基金的投资者没有管理基金资产的权力,而公司型基金的股东通过股东大会和董事会享有管理基金公司的权力。(3)基金的运营依据不同。契约型基金依据基金契约运营基金,公司型基金依据基金公司章程运营基金。

【基金净资产值】 是指某一时点上某一投资基金每一单位实际代表的价值,是基金单位价格的内在价值。基金资产净值的计算包括基金资产净值总额的计算和基金单位资产净值的计算。基金资产净值总额=基金资产总额-基金负债总额。基金单位资产净值=基金资产净值总额/基金单位总数

【基金托管人与基金管理人的关系】 投资基金的组成及运作建立在“经营与保管绝对分开”的原则上。基金管理人由投资专家组成,负责基金资产的经营,本身绝不实际接触及拥有基金资产;托管人由主管机关认可的金融机构担任,负责基金资产的保管,依据基金管理机构的指令处置基金资产并同时监督管理人的投资运作是否合法合规。他们的权利和义务在基金契约或基金公司章程中预先界定清楚,任何一方有违规之处,对方都可以制止、控告它,直至请求更换对方。这种相互制衡的运行机制,极大地保证了基金信托财产的安全和基金运用的高效。

关于产权市场问题

【产权制度】 是以产权为依托,对财产关系进行合理有效地组合、调节的制度。它是由产权结构所决定的关于资产运营的权力、责任的基本组织和约束条件。它决定着企业内部所有者、经营者和生产者在一定条件下的地位、相互关系以及各自的作用。它不是人类社会一开始就有的,而是社会生产力、生产关系发展的结果。产权制度具有界定和规范其财产关系的作用。它能够增进资源配置效益,形成稳定预期的效益,产权制度在历史上经历了五种类型:(1)小生产者的产权制度。这种小生产者企业,是简单商品经济阶段以小商品生产为特征的经济单位,是企业的初始形式。(2)以资本经营为特征的企业产权制度或企业制度。这种产权制度最初表现为独资企业,后来发展为合资企业,或者家庭式控股公司。(3)法人制度。法人制度是市场经济发展的产物,法人产权制度以法人企业制度的形成为前提,以股份有限公司为其典型形式。法人产权制度的典型特征是产生了原始产权。(4)劳动合作制企业制度。这种企业制度最初是在资本主义条件下,劳动者为避免资本剥削或商业中间盘剥而兴办的一种劳动合作企业,即合作社。(5)社会主义国有制在计划经济体制下形成的企业制度和产权制度。这种产权制度不仅从产权的最终归属于公有,而且在计划经济条件下,形成了高度集中的、带有行政配置色彩的产权模式。

【产权形态】 即通常我们所讲的产权的实物形态、产权的股权形态、产权的债权形态。产权的实物形态就是对资产直接的实物占有。以实物占有形态存在的产权关系一旦发生变化极易导致公司财产的分裂,从而可能使公司的生产经营活动难以正常进行。产权的股权形态就是对资产通过购买股权的形式来占有。以股权形态存在的产权具有相对独立性。股东作为公司的所有者虽然可以任意处置他拥有的作为公司产权凭证的股票,但却无权自作主张地处置公司的财产。因此,股权关系的变动往往并不影响公司财产的完整。这是商品经济发展到较高阶段所出现的一种产权形态,也是较高级的产权形态。产权的债权形态就是经济主体将资产贷放出去之后对这部分资产形成的债权占有。

【产权权能】 是指财产所有权中各项权利的使用以及功能,即财产的占有、使用、收益和处置权的使用及其功能。(1)占有,是对财产的实际控制。它是行使所有权的基础,也是实现使用和处分权的基础。我国对占有的一般解释是对财产的实际占领和控制。(2)使用,是依物的性能和用途对其加以利用。使用可分为所有人使用与非所有人使用,非所有人使用,又可分为合法使用与非法使用。使用和占有有着密切的联系,没有占有就没有使用。占有的主要功能就在于为获得财产的使用权,而使用的功能在于满足需要创造收益服务。(3)收益,所有者使用自己的财产,由财产所形成的收益全归自己,拥有完全的收益权能;非所有者合法使用他人财产,则财产所有者和合法使用者拥有部分收益权能。(4)处分,分为事实上和法律上处分二种,事实上的处分是指变更或消灭其物。如改建房屋或用尽可消耗物。法律上的处分包括转让、出租、出售等。处分是产权的最基本权利,它决定着财产的命运归属,是产权的核心内容。一般来说,财产的最终处分权归财产所有人,它是所有者最基本的权利。

【产权主体和产权客体】 产权主体是享有或拥有财产所有权或具体享有所有权某一项权能,以及享有与所有权有关的财产权利的自然人、法人。当财产所有权各项权能发生了分解,不同的人享有同一财产上的不同权能。此时产权的主体就不是拥有完全的财产所有权,它可能是财产支配权的主体,可能是使用权的主体,也有可能是享有收益权的主体等,或者是财产所有权某两项或三项权能的支配者和享有者。此外,享有与财产所有权有关的财产权利,如承包经营权、租赁经营权、自然资源开采权等。国家是产权的特殊主体。产权客体是指产权权能所指向的标的,是产权主体可以控制和支配或享用的具有文化、科学和经济价值的物质资料以及各类无形资产。一切供人类使用或实际已成为人类享用对象的物质都可以成为产权的客体。只有具备两个因素,才能成为产权客体。一是要能够实际为人们支配和享用,二是资源的稀缺,人们为了占有、支配和使用某种物,彼此要分出你我他,而不是无条件供一切人享用,这种物才能成为产权客体。

【产权管理】 是财产管理的现代形式,是对财产所有权不同权能进行分解界定,确定利用产权各项权能义务。各个主体的地位、权利、责任、义务的管理,是一种价值形态,通常是一种股权式管理。产权管理的特征有(1)产权管理的对象通常不是物,而是一组权利。(2)产权管理是在两权分离条件下所产生的一种财产管理形式和管理方式。(3)产权管理是一种专业化、责任化了的管理。(4)产权管理是一种价值形态、股票以及有价证券式的管理。

【产权交易】 是指资产所有者(企业的所有者)将其资产所有权和经营权有偿转让的一种经济活动。而这种经济活动是一种以实物形态为基本特征的财产权益的全部或部分出卖的行为。换言之,就是把企业作为一种实物商品进入市场。按照价值规律和竞争机制进行自由交换、买卖,使优势企业得以壮大,劣势企业就此消亡,使经济发展的“细胞”更具活力。企业产权交易在市场经济比较发达的西方国家,是一种非常积极地、司空见惯的现象,从广泛意义上讲,企业产权交易包括了企业收购、企业兼并、企业重组、企业破产等多项内容,其产权转让的主要方法,一是用现金或证券购买其他企业的资产;二是购买其他企业的股份或股票;三是对其他企业股东发行新股票以换取其所持的股权,从而取得其他企业的资产和负债。这一切对合理利用有效资源,提高社会经济效益,无疑起到了良好的促进作用。

研究论文

关于宏观经济问题

稳健货币政策非收缩银根

易纲

对於中国近来的货币政策，国外人士赞誉多於批评。亚洲金融危机中保持人民币币值的稳定，一九九六年五月以来七次降息，取消贷款规模，降低金融机构的法定存款准备金率，出台一系列信贷政策等等，对中国经济持续健康发展起到了积极作用。但国内人士对货币政策却存有不少批评。一九九七年十月以来，国内价格水平一直负增长，可计算出近两年来中国GDP名义值损失多少亿元等等。这些人士非常着急，大声疾呼：货币当局为什麼不能实行更加积极的货币政策？

稳健货币政策化解风险

事实上，(1996年5月以来，面对通货紧缩的压力和多年积累的金融风险，货币政策的基本思路是在发展中化解金融风险，而不是消极地收紧银根。)我理解货币当局在货币政策上持如此稳健的原则是基於以下理由：

一、谁都知道通货紧缩不好，最理想的目标是有百分之二左右的轻微通胀。但是应当看到，中国近来的物价水平下降有其必然(合理)性，这是对1993至1994年高通货膨胀的纠正，是向均衡价格水平的回归。近年来，中国经济格局发生了根本性的变化，由普遍短缺变为供求大体平衡，在某些领域内出现了供过於求的情况，说明中国社会主义市场经济上了一个新台阶，已由追求速度的短缺经济转变为要求不断创新、质量至上的买方市场。在此期间，由於结构调整的滞后，价格水平有所下降有其合理性。

二、目前中国主要经济结构问题。面临的通货紧缩的压力来自生产能力过剩，因为在形成新的生产能力的同时，不能有效地淘汰落后的过剩生产能力，结构调整是一个非常痛苦的过程，可能造成一些职工下岗。货币政策的取向是，坚持贷款条件，服从稳定大局。社会保障问题已经超出了货币政策的范围。如果要货币政策协调的话，原则上应当是救人不救厂。因为，(1)安置职工的费用一般说来大大低於维持一个亏损企业运行的成本；(2)维持效益差的企业妨碍结构调整。

银行不良资产增通缩压力

三、目前面临通货紧缩压力的一个主要原因是中国的货币供给中有一块无效货币(不良资产)。银行贷款能力取决於新增存款的流入速度和贷款可以按时还本付息的比例(当然中央银行的再贷款也可以是资金来源之一)。中国贷款的增长率为13－15％，这个数并不低，因为这是按贷款总馀额计算的。如果把不良贷款去掉，按正常贷款馀额计算，增长率要高许多。这些不良资产是多年积累下来的，需要在发展中逐步化解。我们要从防范金融风险的全局，从中国整个金融业可持续发展的高度来认识。

四、都说商业银行惜贷或慎贷，不可否认，商业银行的激励制度确有问题。但我要强调，绝大多数规范化的改革都带有紧缩效应。以前贷款的审批手续很简单，现在贷款需要一套审批程序，要求商业银行建立审贷分离制度，超过一定额度的贷款须由审贷委员会审批。现在贷款程序比原来当然要复杂一些。建立审贷分离的制度并没有错。金融系统和银行业在由不规范走向规范的过程中，这个成本是要付的。

五、有些朋友批评目前银行系统中存在的12000多亿的存差，而在1994年以前，中国一直是贷差。其实，存差是正常的。(1)商业银行要交8％的法定存款准备金，还要有5％左右的超额准备金用於清算。(2)商业银行资产多元化，有利於其资产的安全性和流动性；商业银行购买国债和政策性金融债都是支持国家建设。(3)中国目前金融机构的存贷比为89％，远高於《商业银行法》中规定的75％。近来货币当局没有要求商业银行达到这一比率的时间表，一直鼓励和支持商业银行要以贷款立行。

六、把需求由低到高排序：食品、一般制造品、高档制造品、服务、娱乐、旅游等。在温饱都有问题时，排在前面的需求应占较大权数，随着社会的发展，排在后面的需求越来越重要。中国的零售物价指数与消费物价指数的走势已反映出这一点：如何在新形势下准确反映物价水平应该提到议事日程上来。

完善信用制度治通缩之本

总之，要进一步发挥货币政策的作用，适当增加货币供应量，同时要在发展中化解金融风险，防范道德风险，奖励守信用的个人和企业，依法打击金融犯罪。通货紧缩的深层原因是信用制度的破坏，建立并完善中国的信用制度才是防治通货紧缩的根本。

坏账在通货紧缩时容易显现出来，而这些不良资产大都是在经济繁荣时期发放的。现在发放贷款，将来变为坏账的概率要比以前小多了。有眼光的商业银行应在坚持贷款条件的前提下，敢於承担一定风险，在目前的情况下努力开拓贷款业务，增加贷款投放。货币当局也应在利率体系、基础货币的投放、信贷政策和金融监管等方面创造良好的环境，支持中国国民经济健康持续发展。

(1999年第11期《中国改革》)

十论国是

厉以宁

一论　中国不会发生财政危机

按中国目前的情况，不可能像其他发展中国家一样发生财政危机，理由有三个：

第一，其他发展中国家的财政赤字大了以后，引起物价上涨主要是因为没有物资储备；而中国正处于物资储备充足的阶段，不会引起新一轮的通货膨胀。

第二，其他发展中国家发行的财政国债主要是弥补经常性开支的，而经常性的支出是一个无底洞；中国不准用国债来弥补经常性费用，国债主要是弥补建设性的开支，把货币资源变成了物资资源。

第三，发展中国家发生财政危机，大多和政局不稳定有关系。政局不稳定，老百姓就不放心，于是抢购物资、提取存款，甚至资金外流等等。而且新政府上台后往往不承认旧的国债。所以说，发展中国家的政局不稳是造成财政危机的一大原因。而中国政局是稳定的，不会发生这样的问题。

二论　国内证券市场有四大利好趋势

第一个趋势，高科技板块虽然还未成立，但是会有更多的高科技企业去上市。目前国内证券市场没有领头的，但领头板块的强劲对股市整体是有好处的。某些高科技企业上市以后，很可能成为领头板块，这对聚积人气非常重要。

第二个趋势，修改后的《会计法》马上就要实施了，它规定公司账目的透明度要很高，对违规会计事务所的处罚也非常严厉，这对老百姓增加对上市公司的信心是有好处的，有利于股市长期稳定。

第三个趋势，估计今年物价没有大的变动，利率最近也不会调，以法律形式建立的利息税更不会改。很多股民处在一种持币等待入市的阶段，在一个短时间内有一大笔钱入市并不奇怪，而且股民数量每天都在增长。

第四个趋势，中国证监会公布了一些新的措施，拓宽了证券商的融资渠道，今年的股市会稳中有进，股市利好对国企改革也有利。当然，个股的波动可能还比较大。

三论　改制与脱困不可混为一谈

国企改制与脱困是两个问题，不要把它们混为一谈。国企脱困是一件好事，但企业的目的不是脱困，而是要赚钱、要发展。国企改制不是脱困的权宜之计，有些国企即使改制了，在短期内可能也不会脱困，因为这里面还有个市场景气与否的问题。比如金融危机期间，香港的大多数企业也陷入困境，尽管它们没有改制的问题。现在应该把企业改制问题提到更重要的位置上来。改制的核心其实就是八个字：一曰"政企分开"，二曰"产权清晰"。

四论 债转股不能搞配额

关于债转股问题，我有三个观点。第一，债转股对企业摆脱困境是一个可供选择的试验,但不是唯一的方式。第二,要使债转股取得成效,首先资产持股方必须参与经营和决策;其次,要有一个资产的退出机制,债转股持股不是目的,把企业搞好才是目的,没有退出机制,陷到里边去了,不外是债务从左边的口袋换到右边的口袋而已。第三,债转股绝不能采取计划配额的办法来进行。如果允许效益不好又只借不还的企业债转股,而那些老老实实地欠债还钱的企业却不行,今后企业会选择有钱也不还债。

五论 别让政府孤军奋战

现在的经济增长主要是靠财政投资拉动的,问题是,财政投资一个火车头能够拉多少个车厢?真正让市场平稳运转,必须把民间投资调动起来。政府投资加上民间投资,经济才能够发动起来。民间投资为什么发动不起来?原因之一是税太重。现在对个人独资、合伙企业既收企业所得税,又收个人所得税。而收企业所得税是不合理的。这不是我个人的意见,许多人大常委在常委会上几次强烈反映这个问题,据说现在税务部门正在考虑这个问题,企业所得税不收,表面上看国家税收减少了一点,但税源却变得更大更多。其次,民营经济缺乏金融的支持。事实上,许多地方的国企赖账、欠账率比民营的和个人的更高,国企的贷款风险可能更大。没有金融支持,什么企业也做不大。

六论 国民待遇应先内后外

我始终坚持一个观点,对外开放之前先对内开放。不仅电信领域,其他领域都应该这样,给外方国民待遇之前,先给内方国民待遇。在投资领域,外方能进的,国内的民间投资也应能够进去。这个问题有一些人不知道是怎么想的,不怕外国资本主义,偏偏就怕国内的"资本主义"?对外开放前对内先开放,这样做只有好处,没有害处。

七论 中国"入世"对香港经济也有利

第一,从逻辑上说,香港经济以内地经济作为依托,内地经济越发展,香港就越繁荣。加入WTO对中国来说是件好事,自然对香港也是利大于弊。其次,在加入世贸过程中,政府的职能将要转换,要改为以服务为主,而香港人最怕的就是内地做事的疲疲塌塌,政府不是以服务者出现的,官僚主义严重。当政府职能转换为以服务为主的时候,将会受到香港企业界的热烈欢迎,他们到内地来投资肯定更有利了。第三,香港作为国际金融中心,将会利于内地进入世贸。企业需要融资,金融需要跟国际上加强合作,香港将会起更大的作用。香港金融界是看好的。

八论 集资办学等于买教育债券

教育产业化不等于教育商业化,也不等于教育单位企业化。对教育产业化持不同意见者主要是不了解教育产业化的本意。当然,教育商业化是错的。民办学校不能用储备金的形式搞。物价降低了,储备金不管用,利息太少,形势变化后很难兑现原先的承诺。捐钱办学的人毕竟是少数,现在多数人是集资办学,集资就应该有一定的回报,就相当于买教育债券一样。浙江有些地方用股份制办学,这种方式不要去轻易否定它,应该允许试验。

九论 农民问题是个大问题

农村人口占中国人口的70%,购买力却只占35%。农村农民收入不提高,农村市场没法启动;农村市场不启动,中国整个经济缺乏动力,需求肯定不足。农民问题是个大问题。

十论 西部开发没有规划会出问题

西部开发需要注意几个问题:第一,西部开发的钱从哪里来?国家可以拨款,但是它主要是搞基础设施,其余的恐怕要靠多元化投资主体。优惠政策不能只给外商而不给内商,如果给外商的价,内商拿不到,但西部开发更主要的要靠内商。第二,要开发一个落后地区,首先要培育经济中心,通过西部原有的经济中心的壮大和新的经济中心的建设,经济中心成为一个辐射点,联成网络,这样作用就大了。不能一下子大面积铺开,像撒胡椒面一样,以往建设的教训要吸取。第三,规划是西部开发最重要的东西,没有规划会出乱子,如重复建设、资源浪费、环境破坏、可持续发展受损,什么问题都可能出现。

(2000年3月21日《中国经营报》)

2000年中国经济增长温和加速

陈东琪

2000年中国国民经济的增长,有可能恢复到前年7.8%左右的水平。中国经济料已见底

从各方面的情况来看,今年中国国民经济增长有可能摆脱连续7年的减速趋势,国内生产总值实际增长率预计恢复到1998年7.8%的水平,出现见底(去年第四季度和今年第一季度估计在6.5%左右)后的初步回升,继续在调整结构、提高质量和效益的基础上转向新经济周期的上升阶段,创造一个世纪性开门红的增长业绩。

1.全球经济回升,给中国经济发展新阶段提供一个良好的贸易环境。据估计,全球GDP增长将由去年的3%提高到3.5%,世界贸易增长由近两年的4%上升到6%至7%,这将为中国扩大出口创造一个比前两年更好一些的条件。同时,随着入世目标的实现,中国外贸商品和服务流量将出现历史性的加速增长,在进口继续保持较高增长势头的基础上,出口扩张加快。如果坚持实行基本稳定汇率、提高出口退税率、进一步下放出口权、用进口换出口、改进政府的出口服务等政策,即使全年的出口趋势表现为前高后低(与去年的前低后高相反),今年上半年延续去年下半年出口高速扩张的惯性,而下半年略有调整,全年的出口增长也有可能高於去年的7%左右,出口总额由去年的1940亿美元(估计数)增加到2050亿至2100亿美元左右,按8.28的汇率算,相当於去年全年国内消费品零售总额的55%左右,这会对国内生产增长作出重要贡献。

2.出口增长、币值稳定和入世效应,刺激外商扩大对中国的投资。

去年,GDP增长之所以比前年又下降0.6个百分点左右,主要原因不是消费和外需不振,因为去年社会消费品零售额增长基本与前年持平,出口增长加速了6个多百分点,而是由於投资和工业增长下降了。其中,工业增长第四季度比第一季度下降两个多百分点;投资自第二季度以来逐季下降,不仅国有、国有控股和国内民间投资减少,而且外资出现负增长。这是由於一部分外商担心在前年下半年和去年上半年出口不景气背景下人民币会贬值,对中国投资采取观望态度。随着出口增长加快并且在入世背景下不可能很快出现大幅度下降,人民币币值稳定由政府口头承诺变成了具备客观基础,外商对中国投资的信心提高,加上入世促使更多的外商到中国进行中长期投资,这会使今年的外资增加。如果实际利用外资规模超过550亿美元,就会使社会总投资需求明显增加,推动经济增长。

3.货币、收入、消费政策效果开始显现,国内消费品市场出现转暖迹象。

中国经济生活中出现的有效需求不足,主要表现为消费需求不足,社会消费品零售额增长在1993至1996年已经较大幅度下降,近三年来继续逐季下降。但是,在去年第二季度达到5.5%的低增长水平后,开始出现逐季回升的迹象,第三季度上升到6.1%,第四季度超过了7%。在延续去年10月以来的提资增收、减费降价、延长假期和放宽消费信贷、放开消费体制等方面的政策条件下,消费需求将得到进一步的刺激。如果最终消费率在近两年58%左右的基础上增加1-2个百分点,今年的消费品零售额增长有望上升到8%-9%左右。这是保证今年经济加速增长的重要源泉。

4.在综合运用积极的财政政策、偏松的货币政策和创新的体制政策条件下,投资和工业的增速将出现止跌回升。

如前所述,去年经济增长继续减速的主要原因是投资和工业增长下降。在工业中,规模较小、科技含量较高的新兴产业增长的加速不足以弥补规模较大、科技含量较小的传统产业增长的减速;在投资中,政府项目投资在前年下半年和去年前4个月加速增长后出现快速下降。但是,应当看到,去年一年,政府在推行扩大内需政策时,不仅注意采用增发国债扩大政府公共项目投资的积极财政政策措施,而且注意运用更为偏松的货币政策措施,增加货币供应量,M0增长几乎是逐月加速,由前年6月底的6.6%上升到去年11月底的17%。在进行第七次降低商业银行存贷款利率的基础上,进一步降低存款准备金率,同时还注意从信贷、信用担保、资本市场等方面放松投融资限制,通过体制创新改善外商和国内民间投资的环境。这些政策的综合运用,在经过一定的时滞后,势必逐渐产生积极效果,最终会推动经济增长。

(作者:国家发展计划委员会经济研究所所长)

当前我国经济要不要再添一把柴火?

陆百甫

一、经济确实出现了明显的重大转机

近年来,由于我国应对亚洲金融危机带来的困难和影响,采取了正确的、强有力的宏观对策措施,实施了积极的财政政策,努力发挥货币政策的作用,加大了产业结构调整的力度,综合运用税收、价格、汇率和收入分配等经济杠杆,积极扩大内需,促进投资增长和扩大出口,有效地拉动了经济的增长,使我国GDP的年增长率一直保持在7%以上。特别是今年上半年以来,工业生产增幅明显上升,已经连续6个月保持两位数增长,工业企业的效益出现了近几年来少有的良好状态;对外贸易进出口总额迅速回升,首次出现了半年内"双超"千亿美元的佳绩;消费需求稳中趋旺,社会消费品零售总额增长幅度已达两位数,恢复到亚洲金融危机前的较高水平;市场物价缓缓回转,综合消费品和投资品价格水平,已处在"零通胀"的状况;财政税收大幅增长,上半

年税收创下了近年来同期增长最多、增幅最大、进度最快"三最"的绩效;金融运作状况良好,证券市场平稳旺气,各方面投资信心增强。这一切都充分表明,我国经济已经出现了周期性重大转机。如果,在这个关键时候,宏观政策得当,调节措施合适,将可推进我国经济稳定转入国民经济持续快速健康发展的轨道。

二、经济中深层次的困难还没有解决

我国经济出现重大转机的主要因素是三个:一是国内宏观经济政策效应的显现,一是大局稳定下群众的心理预期转好,一是世界经济和贸易状况出现利好。但是,相比之下,还是国内宏观政策效应的显现最为主要,这就是说,推动当前我国经济好转的因素主要还不是机制性效应的结果,经济好转的"外生性"因素作用大,而"内生性"因素作用小,因此,这种好转是初步的,基础还不巩固,要持久地转入良性循环,还要有一个更为有效的政策拉力,尤其是对市场主体机制性效应发挥的拉动。从固定资产投资增长情况分析,投资增长中更多的是依赖于国家财政国债资金投入的带动,企业技术改造贴息的投资仍然比较乏力,而其他民间投资没有趋旺,国家财政国债资金还不能很好地发挥"四两拨千斤"的作用。另外,我国经济中,结构不合理和体制性障碍等许多深层次问题还严重存在,社会有效需求不足的矛盾还没有解决,消费市场的开拓还存在许多梗阻,市场竞争力不强,抵御风险能力弱的状况也没有根本改变。因此,对当前经济的好转要保持清醒头脑,以谨慎乐观而对之。

三、今年后几个月还应再添一把柴火

分析今年后几个月的经济形势,联系考虑为明年顺利实施"十五"计划第一年发展目标的需要,使明年经济有一个更好的起步,应该对当前经济持续增长的启动能力给予客观的估计。从今后几个月走势看,消费需求和出口需求仍可以保持一定的增长力度。但消费需求由于农民收入增长缓慢,不可能有更大的扩大。出口需求由于原材料成本上升和基础较高的影响,出口大幅增长的势头会有所减缓。投资需求由于民间启动机制还没有完全形成,实际投入的外资增幅还没有上来,特别是主要靠国家财政的国债资金来启动的固定资产投资中的基本建设投资,今年以来增幅一直不很高,难以拉动今年全社会固定资产投资的增幅的较大上升。随着国家国债资金投资拨款高峰过去,可能会出现投资的"小断层",拉动经济的力度会减弱。此外,目前下岗职工和失业人员仍然较多,因天气原因部分粮农要减产减收等等因素的影响,国家在拓宽就业门路和增加农民农业外收入上,还要想点办法。这一切都需要对今年后几个月的经济持续增长,再从政策上加大一点力度。如果从全年分析,实际上,要保持全年GDP增长幅度在7%以上,今年年初计划中规定全社会固定资产投资增长率10%,是没有完全打足的,而且增发1000亿元国债,也是难以支撑这个投资率增长的。因此,继续实施积极财政政策,适当再加大一点国家投入,是当前宏观政策上势在必行的举措。

四、搞好投入筹划,用好投入资金

要使今年下半年我国经济继续保持良好的发展势头,在宏观经济政策上,除了进一步充分发挥货币政策作用,努力保持一定的货币供应量,支持经济增长,积极利用税收、利率、价格、汇率和收入分配等经济杠杆,千方百计开拓就业渠道,采取多项减轻农民负担的政策措施外,十分需要再筹措几百亿资金用于追加固定资产投资。这笔资金的来源可以考虑两种办法:一是由于今年税收收入超收较多,在分配超收收入时,可以重点用于追加固定资产投资;一是再增发一部分国债,弥补计划投入的不足。也可以两者兼施,合理策划。在策划再投入的时候,应当把收入重点放在现有在建项目上,尽可能不要把"摊子"铺得过大,以免造成一系列新的"胡子工程",应努力使前几年已经投入资金开工建设的项目,尽快建成,投入使用,发挥效益。

(2000年8月18日《中国经济时报》)

正确处理西部大开发中几种利益关系

董辅礽

一是少数民族与汉族之间的利益关系。

西部地区是少数民族聚居的地区,开发西部可以促进西部地区的发展,缩小西部地区与其他地区之间在经济和社会各方面的发展的差距,提高西部地区人民特别是少数民族人民的生活水平,缩小他们与其他地区人民在生活水平上的差距。尽管如此,在西部大开发中仍需注意处理好少数民族与汉族之间的利益关系。由于历史的原因,少数民族的文化教育水平一般地说较汉族低,还有生活习惯和语言的差异。在西部开发中,如何使少数民族的居民能够参与进来,从中获得利益,很值得研究。举例来说,在西部兴建的工程项目或兴办的企业中如何吸纳一些少数民族居民就业,而且更有一些人能够作为工程技术人员和管理人员参与开发项目和企业的建设和营运,就是值得注意的。因为,如果不注意这一点,按照市场经济的常规,许多开发项目和企业在建设和营运中很可能更愿意雇佣当地的汉族甚至其他地区的汉族的职工和工程技术人员。同时,由于西部经济落后,有实力的民营企业很少,其中少数民族人士办的有实力的民营企业更少,这也会限制少数民族居民参与西部的开发和他们在西部开发中创业的机会。如何能使更多的少数民族居民参与西部大开发并能从中获得利益,这是在西部开发中必须解决好的问题,否则不利于促进少数民族与汉族之间的团结。为此,必须想点办法,例如,在西部大开发中注意培训少数民族的职工,特别是培养少数民族的工程技术人员和管理人员,对少数民族居民兴办企业应给予方便和优惠(可否让他们享受对外商的同等优惠?)。在西部大开发中,要特别注意防止西部地区的汉族与少数民族之间的收入差距的扩大。这不是一件容易的事。

二是资源开发与西部地区的利益问题。

西部地区资源富集,在西部大开发中开发西部的资源是我国国民经济发展的需要。从以往一些资源产地的情况看,在资源开发中如何照顾资源产地的利益,使资源产地也能从资源的开发中获得恰当的利益,这是必须处理好的问题。以往,按常规的做法,中央企业、外地企业在当地开发资源后,当地财政可能获得一部分分享的资源税、营业税以及增值税中地方分享部分等税收收入,同时开发当地资源还会使当地的基础设施有所改善,会增加当地居民的就业,会增加当地的消费,这些都是给资源产地带来的好处。但资源产地常有抱怨:资源开发没有使资源产地得到更多好处,因为原料收购价格很低,而原料销售价格很高,其中的巨额利润都被经营原料的垄断企业拿走了,资源产地得不到,而且开发和生产出来的原料直接运到资源使用地去加工或出口,资源产地得不到原料加工后的高额附加值,而中央企业、外地企业的所得税又交给他们的注册地,资源产地拿不到,这些使资源生产地区与资源使用地区的经济发展水平差距拉大了,他们的居民之间的收入差距拉大了。在不可再生的资源枯竭后,还会给资源产地留下一大堆问题,如生态破坏、环境污染、职工失业、财政收入锐减、城市衰败等等,拖延了他们的发展。因此,在开发西部时必须吸取这些教训,在西部地区的资源开发中照顾好西部地区的利益。在资源开发中还要注意防止资源产地产业结构的单一化,即在资源富集的地区形成单一的资源开发产业,应鼓励在当地发展其他产业。否则对于当地经济的全面发展、增加就业、提高人民的生活水平是不利的,特别不利于在将来资源枯竭后使当地经济继续保持繁荣。

三是东西部地区间的利益关系。

西部地区的大开发对东中西部地区都是重要的发展机遇,对各个地区都会带来巨大利益。但仍需注意处理好东部与西部的利益关系。因为,东部地区的经济和科技实力雄厚,有广泛的国内外市场联系,有丰富的经营经验,有开拓冒险精神,有众多的人才,东部地区的公司、企业人士会利用西部大开发的机遇到西部去"淘金",他们把资金、技术、经验、市场渠道等带到西部,很有点像东部开放时大量的境外公司、企业人士涌入东部"淘金"那样,这对西部的开发无疑是很重要的。西部人士说:"你赚钱,我发展",概括了在西部开发中存在着东西部之间的互利关系。但这种互利关系仍需各方努力去建立,正确去处理。对西部来说,要看到东部的公司、企业人士到西部来开发不是办慈善事业(也会办一些慈善事业),如果不能赚钱,他们是不愿来的,而且到西部投资是要冒风险的,弄得不好会血本无归,所以西部应形成使他们愿意到这里来"淘金"的投资环境。要看到,西部地区市场经济的发展程度比东部差得很多,许多人未受到市场经济的洗礼,有些人看到东部的公司、企业人士到这里来大把赚钱,可能会不高兴,甚至眼红,于是来点地方保护主义,或者要吃点唐僧肉,或者不讲信誉,能赖账就赖账。这类违反市场规则的巨大风险会使东部的投资者裹足不前,或打退堂鼓。如果西部人士不用市场经济的、开放的观念对待东部的投资者到西部开发,那就不易处理好与东部的关系。对东部来说,也要看到,到西部去投资赚钱,虽然是理所当然的,是对西部的帮助,但赚钱要赚得正当,不能欺骗西部地区的老实人,在自己赚钱的同时要努力给西部的发展做点实事,从人才、资金、技术、管理等方面给西部以更多的帮助,不能自己赚了钱,却把一大堆祸害(环境污染、生态恶化、资源破坏等)留给西部,特别是不能做损害民族团结的事。

在西部大开发中还有一些利益关系需要正确处理,如中央与西部地方的关系、公有企业与非公有企业之间的关系,西部各地区之间的利益关系等等,都是需要积极解决的。

(2000年4月12日《经济参考报》)

实施西部大开发战略的十条建议

萧灼基

我国西部地区地域辽阔,自然资源丰富,发展潜力巨大。但改革开放以来，经济发展相对缓慢，与东部地区经济差距拉大。东、西部经济的差距和矛盾，已日益成为我国宏观经济运行中的一个突出问题。随着我国经济实力的增强，加快开发西部地区，不仅具有重大意义，而且具备实际可能。实施西部大开发战略的条件已经成熟。西部大开发是一项具有伟大战略意义的事业，是需要统筹兼顾、长期奋斗的跨世纪工程，必须遵循市场经济原则，用改革总揽全局。

第一，坚持两个开放。西部地区具有丰富的自然资源和劳动力资源，具有广阔的市场，对国外投资者具有很大的吸引力。为了加快西部开发，政府要对外商投资实行比东部更加优惠的政策，以吸引更多外资。在此同时，也要十分重视吸引东部投资。我们不仅要给外资以政策优惠，而且要给东部、中部地区以政策优惠；不仅要给公有经济以政策优惠，而且要给非公有经济以政策优惠。开发西部，不仅要利用国外资源和市场，也要利用东、中部的资源和市场。

第二，发挥政府与市场两个作用。现在西部大开发，绝不应重复三线建设的做法，而应依靠市场来推动。在开发项目和投资方式、企业组织和经营管理、产品生产和销售服务等方面，必须按市场规律办事，按公平、公开、公正的原则进行竞争。充分发挥"看不见的手"在西部大开发中的作用。但也必须强调，西部开发作为一个伟大战略部署，政府的作用十分重要。法律和政策要保障市场当事人的合法权益。

第三，既要加快速度更要提高素质。在西部开发中，速度是重要的。西部与东部经济差距拉大的原因，就是因为改革开放以来，西部发展速度远远低于东部。但是西部开发不能单纯追求发展速度，而要把发展速度与提高素质相结合。所谓提高素质，一是经济结构要合理，要能适应市场需求，产品有市场，竞争有优势；二是经济体制要合理，要按照市场经济的要求建立现代企业制度，提高管理素质；三是不断推进技术进步，强化技术创新；四是优化资源配置，发挥资源优势，以最小投入获得最大效益；五是实行优胜劣汰，提高企业、市场和地区经济的总体素质。

第四，发展非公有经济。大力发展非公有经济，是西部大开发的必由之路，具有重要意义。为此，要坚持按照党的十五大精神和修改后的《宪法》的有关规定，在市场准入、税收政策、筹资融资和社会负担方面，给非公有经济与公有经济以平等待遇，促其发展。

第五，要十分重视保护环境和资源。西部地区森林资源乱砍滥伐的现象不断发生，水土流失严重，土地荒漠化加剧，矿产资源掠夺性开采等，教训十分深刻。在开发西部地区时，我们要十分重要保护环境，保护资源，维持生态平衡，实现可持续发展。

第六，加快交通运输、通讯网络、供水供电等基础设施建设。西部地区距经济发达地区较远，铁路、公路密度较低。交通不便，是制约经济发展的重要因素。

第七，发展教育和科学事业。从统计数字看，西部地区在校大学生数高于全国平均水平，但分布不平衡，除重庆、新疆外，均低于全国平均水平。改革开放以来，西部地区人才外流现象十分突出。一是发展基础教育，普遍提高全民文化技术素质；二是利用有利条件，发展专业教育，提高在校大学生比重；三是制订优惠政策，稳定人才，吸引人才回流；四是从国内外聘请高素质专家，开发新项目。西部有的省份，如陕西、甘肃、四川等，科技力量较雄厚，科技成果较多。当前的问题是要把科技成果转化为现实生产力。

第八，用资源换资金。发展西部地区的一个主要难题，是资金不足。西部资源丰富，以资源换资金、换技术是可供选择的重要方式。例如，在土地使用、资源开采、产业发展等方面，为投资者提供优惠条件，吸引外地和外国投资者。这样做，当然会使当地经济受到一定损失。但任何政策措施都不可能十全十美，只要得大于失，利大于弊，就可以采用。

第九，加大金融对西部发展的支持力度。金融是现代经济的核心。发展西部经济，必须充分重视和运用金融市场。建议(一)组建西部开发银行，加大银行对西部地区发展项目和企业的资金支持力度；(二)组建西部发展实业基金，支持中长期发展项目；(三)组建西部投资风险基金，支持西部高新技术产业的发展；(四)发行西部投资债券，支持西部基础设施建设；(五)积极创造条件，争取有更多的企业符合上市条件，从资本市场筹集资金；(六)国家商业银行要增加对西部地区发展项目的贷款，尤其是对中小企业贷款，支持中小企业发展。

第十，加快小城镇建设。西部开发不仅要发展一批大中城市，而且要大力发展小城镇。其好处是可以提高西部国内生产总值、充分利用各类资源、大量吸收农村过剩劳动力、增加居民收入水平、扩大投资需求和消费需求，拉动全国经济发展。小城镇建设投资少，可以发挥各方面的积极性，也有利于克服"城市病"和"农村病"，为城乡均衡发展创造条件。

(2000 年 3 月 8 日《经济参考报》)

应加速发展网络经济

胡鞍钢　周绍杰

加速网络经济发展，尽快缩小我国与发达国家知识与信息发展差距应该是 21 世纪新的"追赶战略"的核心所在。

我国与发达国家的发展突出表现为两个方面：一，经济发展差距，但在不断缩小，在今后 15 年内，中国仍有可能继续实现新的"追赶"，还会进一步缩小与发达国家之间的经济发展差距；二，知识与信息差距十分显著，大大高于经济发展差距。因此，加速网络经济发展，尽快缩小我国与发达国家知识与信息发展差距应该是 21 世纪新的"追赶战略"的核心所在。

我们建议，加速发展网络经济应列为"十五"计划和"长远规划"重大的发展战略之一。尽管我国与发达国家存在巨大的知识与信息差距，但是根据新增长理论，在最新的、重大的、基础性新技术方面我们与发达国家基本上处在同一起跑线上，最有可能在这一领域实现"跳跃式"发展，即我们常常所说的跨越式发展。尽管我们还很难预言在不久的将来网络经济会发展到什么程度，对中国经济与社会产生什么影响，但是加速发展网络经济的意义已经十分明显。

加速网络经济实质是加快产业结构战略性调整，进一步刺激和促进中国由低质量高增长转向高质量高增长，即是基于全球最新技术创新与广大市场的迅速传播与应用的经济高增长，实际上在我国电话、移动电话已持续多年高增长，因特网更是实现了爆炸性增长，不仅厂商大幅度投资信息技术及装备，更重要的是信息与信息家电消费将成为居民消费的重要领域之一。如果允许有线电视网经营互联网业务和机顶盒等技术方面有重大突破，将会用相对少的时间将因特网这种目前只有不足 1% 人口享有的奢侈品迅速实现为因特网在中国居民家庭普及与居民消费，明显缩小与发达国家之间的信息差距。

产业结构调整的实质就是优先刺激新产品消费、新技术普及化，创造新兴市场进而促进新兴产业的发展。其次就是利用新技术全面改造传统产业。加速网络经济的发展直接大幅度提高制造业特别是服务业的生产率，同时网络经济创造大量的新兴产业就业机会，根据我们保守的估计，在未来几年里，仅互联网商务层就有可能提供新增就业岗位超过 1000 万人，这对于解决我国城镇每年 600—700 万新生劳动力的就业压力具有现实作用。

我们认为加速网络经济发展是实施西部大开发最重要的新方法。例如发展电子商务、远程教育、远程医疗、远程信息服务、远程科技援助、政府与企业上网、政府采购及公共工程网上公开竞标等，都会克服西部的信息障碍，进而逐渐消除信息分割。

众多的因素推动着网络经济的发展，其中最为核心的三大力量是：网络技术革命、市场力量的作用以及经济全球化。

网络技术革命。根据新增长理论，知识与技术具有外溢性，考虑到模仿成本与引进成本大大低于创新成本，而且中国主要属于该类技术的引进国而不是发明国，中国必须充分利用当代两大新技术(计算机技术和网络通讯技术)，使我们能够在尽可能短的时间内缩小与发达国家之间在信息技术方面的差距。

市场力量的作用。随着经济与社会的发展，人们对于信息化与网络化的需求也迅速扩大，中国可能会成为世界上最大的信息与网络市场之一。但是中国电信市场化进程太滞后，如果中国能够对内对外开放信息和网络市场，促进竞争，就会大幅度降低移动电话、电话和电脑的价格，那么今后 3—4 年中国移动电话将超过 1 亿部，互联网用户超过 5000 万，电脑拥有量超过 4000 万，即便如此，中国电话、移动电话、电脑、因特网普及率在世界上仍处于较低水平。在网络经济时代，信息与网络仍然是一种商品与服务，不应当把信息与网络安全过分强调到不适当的地步，任何一种商品与服务都存在安全问题，因此，以市场需求为导向依然是充分开发、利用信息资源和网络资源的基本原则和基本模式，广大信息消费者和网络供给商应当是发展网络经济和网络市场的主体。需要强调的是，发挥市场力量作用有赖于重新界定政府的作用。政府的作用是补充而不是替代市场，对市场友好而不是排斥市场。

经济全球化的推动。中国要想提高国际竞争力就必须参与国际竞争；中国要想加快发展网络经济就必须开放市场，最大限度地吸引外国资金、引进外国技术、吸引海外人才、利用全球信息、借鉴国际经验，充分利用"后发优势"，在发展网络经济方面真正实现"跨越式"发展，在利用信息网络技术改造传统产业方面主动实现战略性结构调整。

加速网络经济发展的总体思路是：面向 21 世纪长远发展，旨在提高中国国际竞争力，加快全民教育、社会服务、经济管理网络化，消除"数字分割"，为全体人口提供信息与网络公共服务，充分利用技术、市场、全球化三大推动力量，主动创造信息与网络消费需求，积极发展促进网络经济与信息产业，大力改造传统产业，不断提高生产率和经济效益。

1、加速我国网络教育进程，促进网络在各类正规教育、职业教育和成人教育中的迅速普及。

2、加速我国网络服务进程，实现各类社会服务与私人服务网络化。

3、加速我国网络管理进程，实现政府、公共机构、社会、企业管理网络化。

4、加速网络技术引进、扩散和应用进程。

5、加速中西部地区网络化进程。应加强中西部地区的电信及网络基础设施建设，并作为国家基础设施建设的"重中之重"。国家应设立中西部信息化与网络化发展专项基金。国家应在西部地区优先对外开放电信业，鼓励外国投资进入各类相关领域。

6、加快信息与网络市场开放进程。

7、改善网络经济发展的制度环境。

（2000年5月5日《中国经济时报》）

中国加入世贸的战略性思考

魏杰

我国加入世贸组织，无论是对于促进世界经济的发展，还是对于促进我国经济的改革和发展，或者说对于促进世贸组织本身的完整性和发展，都是非常有意义的。对此，大部分人都是有共识的。但是，加入世贸后我国的有效对应战略和政策，则有必要继续深入研究和讨论。

认清当前国际经济环境以备应对战略

当今世界经济结构开始大调整，世界技术创新步伐加快，跨国公司的作用增强。因此，我们进入世贸组织后，一是必须要考虑国际经济结构调整的动向，加速自己的经济结构调整。例如，国际经济结构调整中发达国家可能将大量劳动密集型的产业向发展中国家转移。我国是一个劳动力相对过剩，并且是较低档次劳动力大量过剩，就业压力较大的国家，因而不能拒绝这种劳动密集型的产业向我国的转移，而是应该在加速高新技术发展的同时，积极地承接这种转移，不要把承接这种转移看成是被动的事情。应该看到发达国家与我国在劳动力价格上的巨大差距，这种差距会转化为利润，对企业发展有好处，因而要充分发挥我国的人力资源优势。二是要充分利用世界技术创新加快的机遇，加速我国技术创新的发展。例如，目前世界技术创新主要表现在以信息、新材料、新能源等为主要内容的高新技术产业上，而我国面临的技术创新的首要任务则是传统部门的技术创新，通过传统部门的技术创新而促进传统部门升级换代，因而我们应该在促进高新技术产业发展的同时，更要注重利用世界技术创新加快的机遇加快我国传统部门的技术创新，不能因发展高新技术产业而忽视对传统产业部门的技术创新改造。三是考虑到跨国公司作用的加强，要调整我国对于跨国公司的政策，包括我国中小企业与跨国公司的有效合作，以及我国大型企业与跨国公司的关系。跨国公司在中国的发展会为我国带来新的就业机会及提供税收，因而应该对跨国公司进入我国采取积极应对的态度。

正确认识"入世"的利与弊力求抑弊而扬利

我国加入世贸组织肯定是利大于弊，世贸组织对于任何国家实际都是利大于弊的，世界上没有哪一个国家，包括发展中国家，因为加入世贸而国民经济受到巨大的冲击，都是在加入世贸中而获得了发展。加入世贸的利与弊是一个动态概念，即采取有效的战略措施才能使利大于弊，获得利益的较大享受。世贸组织实际上是一种使用国际统一竞争规则的国际竞争性市场组织，其讲究竞争与竞争规则，因而任何一个国家只有通过符合规则的竞争来进行利弊选择，这就要求我们应该以竞争为基础谈利弊选择。也就是说，我们必须通过各种方式增强我国企业的竞争力，不能笼统地谈进入世贸的利弊问题。只有竞争力增强，才能有利于抑弊而扬利。

明确"入世"的首要冲击点权衡应变措施

从我国将来进入世贸组织的初始阶段来看，受冲击最大的企业，或者说世贸对我国企业的首要冲击点，是垄断性的技术含量较高的大企业，首先受惠的是劳动密集型的中小企业。因为世贸组织强调技术创新基础上的竞争，必然首先对我国的垄断性的技术含量较高的大企业进行冲击，而劳动密集型的中小企业正好既符合世贸的竞争原则，又符合目前发达国家将劳动密集型产业向我国转移的国际分工趋向。因此，在这种情况下，我们首先应解决某些大企业的垄断性的问题，其主要方式就是在对外开放的同时，相应对内开放，允许国内各种经济成分进入那些垄断性产业增强其竞争力，从而减少进入世贸后对垄断性的企业的冲击。其次，针对劳动密集型中小企业分散和信息不灵，尤其是缺乏服务中介的情况，应尽快形成为劳动密集型中小企业服务的体系，使劳动密集型的中小企业能尽快适应世贸组织。

顺应世界经济发展潮流加快改革步伐

世贸组织涉及的不仅仅是单纯的产业问题，即讨论哪些产业受冲击而哪些产业受惠的问题，而是更多地涉及到经济体制的问题，即经济体制必须要充满活力，要具有国际竞争力。在进入世贸组织的条件下，任何加入世贸组织的国家都不能再借用关税及其他手段保护落后，企业的发展主要靠国际竞争力的增强。因此，世贸组织实际上要求任何成员都只能靠国际竞争力而发展自己。

用目前的国际竞争力衡量我国的企业，显然是国际竞争力尚不够强。我国企业国际竞争力尚不强的主要原因是企业体制落后，企业体制缺乏活力。我国的企业，无论是国有企业和非国有企业，都需要加快现代企业制度建设。

中国经济在发展自己中融入全球经济

加入世贸会加速我国经济的国际化，物流、资金流、技术流、人流会使中国经济与世界经济融为一体。世贸组织不仅仅会加速国际间的贸易活动，即物流，而且也会加速国际间的资本流动、技术流动、人才流动，在这种各生产要素加速流动的格局下，我们应该调整过去的一些传统观念及政策措施。一是要看到国际间资本的融合过程，因而不能仅仅考虑产品进入国际市场的问题，而要考虑中国资本进入国际市场，资本输出与资本输入对我国经济的发展具有同等重要的地位；二是对人才流动不能再仅仅使用行政管理手段，而是要提高对人才的吸引力度，要看到人才在国际间的自由流动对我国经济有促进作用，强制性行政管理往往会起反作用；三是技术模仿、技术引进与技术创新同样重要，要在知识产权的国际惯例条件下，善于运用自己的优势和世界技术成果，切不可因追求技术体系的完整性而忽视技术发展中的各国的互补性；四是产品在国际间的流动靠的是竞争力，要从品牌及成本等方面加速形成世界级的品牌，把提高产品竞争作为贸易的主要基本点。总之，应该从各方面调整自己，使中国经济在发展自己中融入国际经济。

（2000年1月11日《经济日报》）

关于企业体制问题

论国企改革

江泽民

实践证明国企的改革方向和方针政策完全正确

实行改革开放政策的初期，我们党就认识到，国有企业在整个国民经济中具有举足轻重的地位，在坚决推进改革的同时保持它们的稳定和发展，对支持整个改革的推进，保证国民经济健康发展，具有十分重要的意义。我们党从实际出发，从整个改革的战略布局出发，采取循序渐进的方式，积极稳妥地推进改革。

同时，这些年来，我们以国有企业改革为中心环节，在计划、财税、金融、外贸、外汇、投资、分配体制改革，社会保障和市场体系建设以及政府机构改革方面，进行相应的配套改革，促进了国有企业改革的不断深化。

我们进行的改革，既努力革除旧体制的弊端，促进生产力的发展，又适应经济和社会的实际情况和各方面的承受能力，避免了大的社会震荡。实践证明，这条路子是正确的。20年来，一大批国有企业在改革中焕发了新的生机和活力，在市场竞争中成长壮大，技术装备水平明显提高，国有经济总体实力大大增强。国有经济保持了较快的发展速度，在国民经济中继续发挥主导作用。这都充分说明，在公有制为主体、多种所有制共同发展的市场竞争环境中，国有企业有充分的发展空间；市场经济不是私有制的专利，公有制完全可以和市场经济有机地结合起来。我们的改革方向和方针政策是完全正确的。

在我们这样一个实行社会主义制度、有12亿多人口的发展中大国，提高综合国力和人民生活水平，巩固和发展社会主义制度，促进社会全面进步和保持社会安定，必须形成独立的比较完整的工业体系和国民经济体系。而国有企业特别是大中型骨干企业，是我国工业和国民经济的中坚力量。只有千方百计把国有企业搞好，进一步在改革开放中发展壮大国有经济，才能加快我国的工业化和现代化进程，我国经济才能在日益激烈的国际竞争和剧烈的市场动荡中稳定发展，才能在下个世纪中叶基本实现现代化。坚定信心把握有利条件

打好国企改革攻坚战

经过二十多年改革开放的伟大实践，国有企业的管理体制和经营机制发生了深刻变化，国有经济的布局和结构调整取得进展，国有独资、控股和参股等多种实现形式的发展扩大了国有经济的控制力，一批国有和国有控股企业在改革中焕发出新的生机，在市场竞争中不断成长壮大。金融、铁路、电信、航空、石油、电力等关键领域基本都掌握在国有企业手中；能源、交通、邮电等基础部门和冶金、石化、化工、汽车、机械、电子等重要原材料行业和支柱产业，国有经济占据支配地位。

我国钢、煤、化肥等重要工业产品的产量跃居世界首位，发电量和原油、化纤产量等位居世界前列，都是以国有和国有控股企业为主生产的。国有企业仍然是国家财政收入的主要来源。在多种所有制经济共同发展的格局下，国有经济总体实力进一步增强，在国民经济中继续发挥主导作用，始终控制着国民经济命脉。可以说，我国社会主义工业化和现代化建设的一切重要成就，我国具有今天这样比较雄厚的综合国力和重要的国际地位，我国经济能够在激烈的国际竞争中持续稳步发展，都同国有企业发挥的巨大作用分不开的。

当前，世界范围的科技进步和产业结构调整正在加速进行，亚洲金融危机的影响还没有消除，国内经济结构也处于调整之中。这都向我们提出了新的挑战。我们不抓住机遇，下大决心、用大力气切实解决国有企业面临的深层次矛盾和问题，进一步增强国有企业的活力，不仅我们确定的改革和脱困的三年目标难以实现，而且长远发展的任务就更难以完成。全面推进国有企业的改革和发展，是一个非闯不可、也绕不过去的关口。打好这场攻坚战，不仅关系到国有企业改革的成败，也关系到整个经济体制改革的成败。

正确认识和把握当前国有企业改革和发展的形势，不仅要实事求是地分析存在的困难，而且要充分把握住各方面的有利条件。这对于统一认识，增强信心，做好工作，至关重要。

着力解决国企面临的突出困难和问题

国有企业正处在体制改革和结构调整的关键时期，一些长期积累的深层次矛盾集中表现出来，同时，国际国内市场的变化也对国有企业提出了新的挑战。当前，国有企业面临的主要问题是：部分国有企业生产经营困难，经济效益下降，技术进步迟缓，国有经济的结构性矛盾突出，富余人员多，债务和社会负担重，下岗职工基本生活保障和社会就业压力很大，部分职工生活比较困难。要实现国有企业改革和脱困的三年目标，进而继续向前发展，必须集中力量解决国有企业面临的突出困难和问题。国有企业改革攻坚，首先要攻这个坚。

国有企业面临的困难和问题是由多种原因造成的。国有企业面临的困难和问题，是在前进和发展过程中产生的，也是体制转轨和结构调整中难以完全避免的。要进行具体分析，有针对性地采取措施。

第一，根本出路在于深化改革。

第二，根据我国的生产力布局和产业结构的实际状况，考虑到世界科技进步与产业结构调整的趋势，必须从战略上调整国有经济布局和结构，改组国有企业。

第三，根据宏观经济环境和国家财力的可能，采取积极措施，区别不同情况，逐步解决企业资本金不足、负债率过高和社会负担沉重等问题。

第四，深化国有企业改革，最突出、难度最大的工作是把企业的兼并破产、下岗分流、减员增效过程中分离出来的人员安置好。

在困难的情况下，能不能以一种百折不挠、不懈奋斗的精神去打开工作局面，是对干部的重要考验。各级领导干部要站在改革前列，深入实际，调查研究，认真总结实践中的新鲜经验，千方百计地解决国有企业改革和发展中的突出问题，团结群众迎难而上，开拓前进。

面向市场开拓国有企业发展的新路子

建立和完善社会主义市场经济体制，基础在于企业。国有企业改革是整个经济体制改革的中心环节。我们必须使国有企业形成适应发展社会主义市场经济要求的充满活力的机制，增强在国内外市场中的竞争能力。目前仍有不少企业生产经营困难，其原因主要是经营机制不活，改造、创新动力不足，布局结构不合理，历史包袱和社会负担沉重。解决这些问题的根本途径，还是在于适应发展社会主义市场经济的要求，不断深化改革，推动国有企业在市场的风浪搏击中发展壮大。

一，适应市场的需要，积极推进国有企业实现新的发展。

二，适应我国生产力发展和市场变化的新情况，进一步开拓城乡市场。

三，继续从战略上调整国有经济布局和结构，改组国有企业。

四，加强国有企业的技术改造和技术创新，加快形成以企业为中心的技术创新机制。

五，积极探索能够极大促进生产力发展的公有制实现形式。

六，加快建立现代企业制度，转换企业经营机制。

七，加强企业科学管理，提高管理水平。

八，全面推进各项配套改革，为国有企业改革和发展创造良好环境。

坚持建立现代企业制度的改革方向

一，明确国家和企业的权责。

二，进一步转换政府职能，实现政企分开。这是建立现代企业制度的重要环节。

三，对国有大中型企业实行规范的公司制改革，用多种形式放开搞活国有小企业。

四，加强企业领导班子建设，培养和造就高素质的经营管理者队伍。

五，搞好科学管理，提高企业管理水平。

六，完善企业分配机制，调动职工和经营者的积极性。

七，全心全意依靠职工群众办好企业。

八，加强和完善党的领导，充分发挥企业党组织的政治核心作用。

加强党对国有企业改革和发展工作的领导

一，要正确分析和认识形势，坚定不移地把国有企业的改革和发展推向前进。

二，要全面贯彻落实党的方针政策，牢牢把握国有企业改革的正确方向。

三，要进一步加强企业党组织建设，充分发挥它们在企业中的政治核心作用。

四，要坚持不懈地加强学习，深入企业改革和发展的第一线调查研究。

实现国有企业改革和脱困三年目标

吴邦国

一、力争今年经济效益有新的提高

去年国有及国有控股工业企业利润创下分税制以来的最好水平，是很不容易的。但是，我们还要清醒地认识到，这里有客观的有利条件。如，减息使企业财务费用降低一块，提高出口退税率使企业利润增加一块。煤炭，棉花的价格一降再降等等，都为企业增利创造了良好的宏观环境。国家经贸委提出，今年的利润要突破1000亿元，力争完成1100亿元，使大多数行业。大多数地区扭亏为盈。要实现这一目标，国有重要骨干企业是关键。要盯住市场，盯住价格走势，认真分析产销状况，产品库存和应收帐款情况，及时调整产品结构和发展思路。在听取经贸委工作汇报时，我提出今年企业利润要与工业增加值同步增长，利润的增长要高于工业增加值的增长，以体现不盲目追求速度，以效益为中心。企业的发展既要考虑眼前，更要考虑长远。要按照《企业财务通则》和《企业会计准则》规定，该提的要提，该摊的要摊，以增强企业的发展后劲。

二、加快结构调整和重组的步伐

调整优化经济结构，是促进经济发展，提高经济增长质量和效益的根本性措施。要从调整企业结构人手，坚决压缩淘汰一批生产工艺落后、污染环境严重、能耗高效益低的生产能力，重点支持设备先进、开发能力强、产品适销对路的大型企业和企业集团，要以“产品、质量、效益”为中心，加大技改投入，加快新产品开发，以高技术改造传统产业，同时，大力扶植高新技术产业化，尤其支持科技型中小企业的发展。最近，我到欧洲访问，参观了英国联合利华开发中心和瑞士雀巢公司，他们都是搞小商品的，联合利华的年销售收入达420亿美元，位居世界500强第39位，雀巢公司的年销售收入达520多亿美元。小商品，大市场，关键在于产品结构、技术创新、市场开拓。当前，制约经济发展的主要问题是需求不足，但也要看到，这是一种阶段性、结构性需求不足，反映我们结构不合理，结构调整缓慢。要增强结构调整，产业升级的自觉性和紧迫感，抓住当前有利时机，切实把结构调整，产业升级这篇文章做好。这件事情做好了，就可以使整个国民经济进入良胜循环，社会生产力水平再上一个新台阶，使我们向着现代化目标再迈出一大步。

中央决定实施西部大开发战略和“走出去”战略，这为企业结构调整提供了新的机遇。国有重要骨”于企业要为此作出贡献西部地区资源很丰富，如青海有铝有电、有柴达木油气山、有格尔木的钾肥，有关企业可以采用多种方式参与西部大开发这样既支援了西部地区发展，

也使自身产品、技术等结构的调整有了舞台。同有重要骨干企业还要做好刊用国内外两种资源，两个市场这篇大文章，要走出去，到国外办厂，开发资源，占领市场。关键是要转变观念，开阔思路。

三、推进现代企业制度建设

去年底，国务院召开总理办公会议，专题研究贯彻落实党的十五届四中全会精神，其中一个重要问题，就是建立现代企业制度，最近，国家经贸委在与财政部等部门共同研究后，提出了《国有大中型企业初步建立现代企业制度的标准》，从实现政企分开、出资人到位、实行规范的公司制改革、转换经营机制、加强企业管理、建立技术创新机制等方面提出了具体要求。这个文件还要进一步征求意见，总之，建立现代企业制度是一个需要积极探索的问题。对国有重要骨干企业来说，要特别注意从制度创新的高度，探索企业的有效组织形式，这里我想强调几点：一是企业组织结构问题。二是规范决策程序问题。三是通过上市等途径，实行规范的公司制改革。四是切实加强企业科学管理问题。

四、切实做好企业的稳定工作

党中央，国务院高度重视稳定工作。改革开放20年来，一条最基本的经验就是要正确处理改革、发展和稳定的关系。稳定是企业改革和发展的基础，中央企业工委和国有重要骨干企业，要把稳定作为一项重要工作认真抓好。要切实做到确保国有企业下岗职工基本生活，确保企业离退休人员基本养老金按时足额发放。“两个确保”的资金决不能留缺口。这项工作已经有了一个好的开头，今后还要继续做好，特别是国有重要骨干企业，多数是经济效益比较好的，在这方面一定要起到带头作用。要高度重视企业改革中的稳定工作。今年企业改革的任务仍然相当繁重，尤其是煤炭、有色金属，核工业的一些资源枯竭的矿山企业要实行破产关闭。这些企业规模大，历史包袱重，涉及人员多，工作难度大，所以一定要把各项工作做深、做细。要做好深入细致的思想政治工作，确保安置下岗职工的资金，对可能发生的问题要有预案。要充分发挥企业党组织的政治核心作用，发挥基层党支部的战斗堡垒作用和党员先锋模范作用。领导干部要以身作则，关心群众疾苦，想群众之所想，急群众之所急，确保企业的稳定，促进国有企业的改革和发展。

(2000年5月《宏观经济研究》)

着力建立现代企业制度

吴敬琏

现代公司制度有两个基本特征：第一，它是一个产权关系明晰的法人组织；第二，它由一个所有者与经营者之间相互制衡的公司治理结构来进行治理。相应地，为了在国有企业中建立现代企业制度，就需要解决以下两个问题：一是明晰产权界定，建立公司的法人制度；二是通过有效的公司治理结构，建立所有者与经营者之间的权力制衡。

建立公司法人制度

明晰产权界定是国有企业实现公司化改制的第一个步骤。为此，首先要对企业的现有资产进行评估。按照会计原理，企业资产可以分为两部分：一部分由资本金形成，另一部分由负债形成。所以，需要将企业的总资产扣除债务以后计算出资产净值。

企业的净资产即所有者权益，应当转为国家拥有的股权，这些股权除出售变现的部分外，又必须由权责明确的机构来代表行使。国务院1992年颁布的《转换国有企业经营机制条例》规定国有企业的财产权利由国务院代表行使。但国务院是中央政府各部委的总和，要由它来掌握十万个国有企业的产权是不可能的，总得要有具体机构来执行。但这个问题至今仍在摸索之中。

接下来的是怎样处理由债务形成的企业资产，形成新的所有者主体的问题。现在国有企业的负债率较高，主要包括显性负债和隐性负债两个部分。国有企业多年积累起来的显性负债数额较大，主要是未偿付的银行贷款。中外不少经济学家建议，把这项负债中的一部分由债主（主要是国家银行）的债权变成股权。这方面，我们已经开始尝试。隐性负债中，最大的一笔是国家对老职工的社会保险承诺。现在的相当一部分国有资产，实际上是由职工过去缴纳的社会保险基金形成的。实现以上两项以股权换债权的改革，会使我国公有制的形式多样化。除原有的合作制、股份合作制、社所有制等公有制形式外，我们还会有养老金基金等多种公有制的实现形式。这种变化，既适应了建立现代公司的要求，又符合产权社会化的大方向。

建立有效的公司治理结构

建立有效的公司治理结构是公司化改制的核心问题。但在中国公司化改革的过程中，常常出现所谓“翻牌公司”的问题。所谓“翻牌公司”，或是有名无实的公司，或是虽有公司的称谓或已经按公司注册，却未建立起有效的公司治理机构的公司。

这种情况的第一种表现，是公司虽然建立起了“三会制度”，但上级行政机关作为所有者仍然干涉企业决策，使企业并无决定企业人财物、产供销的自主权可言，这种情况多数发生在所谓“国有独资公司”。

第二种表现，是在一些企业中存在的“所有者缺位”现象。例如，作为所有者的国家不是由自己指定的机构去执行所有者的职能，而是将企业产权“授予”通常是“内部人”的董事长或董事长兼总经理去行使，于是出现了“内部人控制”失控的问题。公司被“内部人”所控制，往往会作出损害股东利益的决策，并可能使公司走上衰败的道路。

为了保持所有者与经营者之间的权力制衡，实现所有者的最终控制，需要解决以下几个问题：

确保所有者“在位”

股东大会是公司法人组织的最高权力机关，掌握着最终控制权（剩余控制权）。这从根本上保证了公司治理结构的有效运转。为了实现这一点，必须改变在放权让利改革中形成的把所有者排斥在企业概念之外的模糊观念和法律规定，解决“所有者缺位”的问题，确保所有者在企业中处于最终控制者的地位。

当然，为了从体制上解决“所有权虚置”的问题，需要实行持股主体的多元化和公有制形式的多元化。但是在目前阶段，由原来的国有企业改组而成的公司中，绝大部分还保持着很高比例的国有产权。于是不少人主张建立持股公司（或称国有资产经营公司）来解决国有经济中所有者缺位和产权虚置的问题。持股公司的建立确实解决了被持股公司的所有者缺位问题。但是，持股公司作为一个法人组织，它本身也有一个所有者是否在位问题，建立国有产权与企业经营之间的正确关系，关键是解决政府与企业的“界面”即结合部上的问题。组织持股公司并没有最终解决这个问题。现在有些地方采取由政府“授权”控股公司的主要负责人“代表”国家经营。这并不能使所有者“到位”，并在公司治理结构中形成正常的制衡机制。

确保董事会履行代表股东利益的受托责任

股东将公司财产信托给董事会托管。董事会任免高层经理人员并对他们实施经常监督。董事会负有受托责任。任何股东认为董事会有负受托责任，都可以对他们提起诉讼。由于英美公司法允许董事兼任执行官员，如何使不领取公司报酬的“外部董事”（包括“独立董事”）占有一定优势并切实地负起受托责任，就成为保证公司治理结构有效发挥作用的一个重要问题。

从以上观点看，由于在我国多数新建公司董事会中内部人占有优势，目前许多地方采取由国家向所谓法人代表“授权经营”的做法，就存在以下的问题：授权范围不明确；被授权人不是一个集体、而是个人；被授权的“内部人”与授权人（所有者）有利益上的冲突；被授权人没有明确的法律责任。对于这些问题，应当给予恰当的解决。

确保董事会对高层经理人员的监督

从理论上说，董事会是公司的最高决策机关。但在现代经济的实践中，董事会除了保留在自己手中的某些权力，如对重大财产关系变动的决定权外，对公司日常经营活动的实际控制权力在很大程度上已经授予高层经理人员行使。董事会的主要职能是决定高层经理人员的任免，并对他们进行经常性监督。为了确保按照出资人的利益和公司的目标，必须对领导人员进行选拔、考核、奖惩和日常监督；董事会，特别是它的外部董事必须牢牢掌握住高层经理人员的人事任命权和决定其报酬的权力，以及对公司全部财务进行经常性审计的权力。

建立公司治理结构的国际惯例是由股东大会选举董事组成董事会，再由董事会聘任公司高层经理人员，负责公司的日常经营。不少大中型企业虽然已经改行公司制，但它们的高层领导甚至中层领导仍然由上级机关的组织部门任命。董事长和董事会往往并不自觉对股东承担受托责任，股东会也很难要求他们按出资人的盈利目标行事。总经理和执行机构不由董事会任命，董事会就没有独立的受托责任，而且董事会代表股东对高层经理人员的监督和激励也被弱化。这种做法是不符合《公司法》的规定的，应加以改变。为了防止犯罪分子和其他不具有起码资格的人窃踞公众公司的重要职位。可以根据我国实际情况，比照国际上对公众公司董事侯选人进行无刑事犯罪记录审查的通行做法，由组织人事部门进行董事会和总经理候选人的资格审查。但是，这种资格审查不应变成直接任命。

对经理人员应当有足够的激励

为了确保经理人员为实现股东的目标而努力，不仅要对经理人员进行严格的监督，还应当对他们有足够的激励。对经理人员的激励可以通过升级、奖金、有补贴地售股和给予股票期权等方式进行。这些方式各有优劣，可以综合地加以利用。在选择激励方式时，最需注意的是保证对经理的激励与实现所有者目标的兼容性，在发达的市场经济国家，最经常采用的经理激励方式，是在与高层经理签订的雇佣合同中规定给予后者一定数量的股票期权，即规定后者有权在3－5年中按签约时的股价购买相当数量的本公司股票。不过,采用这种办法对股票市场的要求很高。

发挥证券市场的作用

在英美的公司治理结构模式中,证券市场,特别是二级市场对于公司治理结构的有效运转起着十分重要的作用。它通过"用脚投票"、恶意收购、给予CEO股票期权等证券市场的运作方式形成高层经理人员很强的激励和约束。在建立有效的公司治理结构中,我们也应该更好地发挥证券市场作用。(1999年第12期《中国改革》)

建立现代企业制度是国企改革的方向

陈清泰

建立现代企业制度要解决的问题

1.实现所有权与企业法人财产权分离,使企业成为独立的市场主体。

2.建立有限责任制度,改变国家与企业的债务责任关系。

3.通过股权多元化有利于所有者职能到位,形成企业的动力机制和风险约束机制。

4.通过公司制改革,建立国有企业的资产流动机制。

5.拓宽融资渠道,放大国有资本功能。

6.建立企业法人治理结构,形成科学合理的企业领导体制和组织制度。

建立现代企业制度要解决好几个难点问题

既然要通过建立现代企业制度综合性地解决国有企业深层次体制问题,那么企业制度创新就绝非易事。简单地将国有企业翻牌为公司解决不了任何问题。从建立现代企业制度试点看,企业制度创新必须搞好配套改革。《决定》要求突出抓好四个环节:

1.继续推进政企分开。政企分开绝不是国家对全国人民长期创造积累的几万亿经营性国有资本撒手不管,一放了之。所谓政企分开,一是政府作为宏观经济管理者,不再直接干预企业日常经营活动;二是政府作为所有者,必须通过一套制度安排使所有者代表进入企业,而且权能到位;三是政府承担着社会管理和公共服务职能,必须创造条件为企业摆脱"办社会"之苦。

2.积极探索国有资产管理的有效形式。《决定》规定了国有资产管理体制的原则:"国家所有、分级管理、授权经营、分工监督",就是"国务院代表国家统一行使国有资产所有权,中央和地方政府分级管理国有资产,授权大型企业、企业集团和控股公司经营国有资产","从体制上、机制上加强对国有企业的监督"。由于我们尚缺乏成熟的实践,《决定》对具体的管理体制未作明确规定,但"允许和鼓励地方试点,探索建立国有资产管理的具体方式"。

3.对国有大中型企业进行规范的公司制改革。

(1)更多的国有企业应改制为多元股东的有限责任公司《决定》提出:"国有大中型企业尤其是优势企业,宜于实行股份制的,要通过规范上市、中外合资和企业互相参股等形式,改为股份制企业,发展混合所有制经济,重要的企业由国家控股。"多元股东的公司有利于所有者职能到位,形成规范的公司法人治理结构;有多元股东的制衡,易于实现政企分开,使企业的目标集中于追求经济效益。"除极少数必须由国家垄断经营的企业外,要积极发展多元化投资主体的公司",这是国有企业公司制改制的一项重要原则。

(2)公司法人治理结构是公司制的核心

在建立规范的公司法人治理结构中应注意掌握:国家所有者通过对国有资产授权经营机构的严格监管,使他们成为持股企业"真老板",而且要权能到位。授权经营机构受国家所有者之托,依《公司法》以股东的方式来行使职权,最重要的是选派称职的股东代表或董事,使国有法人股东权能真正到位,这是公司法人治理结构有效运行的基础。严格按《公司法》建立层次分明的人事管理制度,构建权责明确的管理体系。股东会、董事会、经理之间的制衡是通过对人的管理而实现的,理顺公司人事管理是建立公司责任体制的关键。董事会成员与经理、副经理不能高度重合,一般情况下董事长与经理应当分设。国有独资和国有控股公司的党委成员可通过法定程序进入董事会、监事会;董事会、监事会成员依党章可进入党委会;职工代表依法进入董事会、监事会,但必须按《决定》的规定"充分发挥董事会对重大问题统一决策、监事会有效监督的作用",不能出现多个决策中心。建立和规范可以追究董事责任的董事会议事规则和决策程序。这对于防止董事偷懒或渎职,保证所有者权能到位至关重要。公司的权利机构、决策机构和执行机构应权责分明,严格按《公司法》和公司章程运行。特别要说明的是,董事长在董事会范围内行使职权,未经董事会授权董事长不能全权代表董事会,更不能超越董事会以"产权代表"和"一把手"自居。经理对日常经营管理有足够的权力,但必须以贯彻董事会决议和董事会授权为基础。董事会和经理之间是决策和执行的关系,但董事长与经理之间不存在领导与被领导关系;经理必须对董事会负责并报告工作,但不是对董事长个人负责。在国家法律法规范围内,公司董事会决策的事项,政府不再干预和审批。

4.面向市场转换经营机制。

企业制度创新的效果体现在适应市场经济的经营机制之中。要加快建立企业优胜劣汰、人员流动、管理创新、风险防范等机制。

(1999年第11期《中国改革》)

把握好长远目标和阶段攻坚的关系

陈佳贵

国有企业改革是一项长期而艰巨的任务

国有企业改革面临着许多实际的困难。主要表现为以下几个方面:(1)实现投资主体多元化难度大。(2)企业债务负担沉重。(3)企业办社会的问题很普遍。(4)富余人员多。

国有企业改革必须与相关改革配套进行。国有企业改革是我国整个经济体制改革的中心环节,它不仅涉及微观经济体制的改革,而且涉及宏观经济体制的改革,因此,它不可能单项推进,必须与其他相关改革配套进行。国有企业改革需要建立和完善相应的法律法规体系。我国已出台了一系列法律法规,为国有企业改革的深化提供了法律保证,对现代企业制度的建立起到了促进作用。但是,从总体上来看,我国的法律法规体系还很不健全,立法工作还不适应经济体制改革进一步深化的需要,围绕建立现代企业制度还必须制定一系列法律法规,如国有资产经营管理方面的法律、国有企业产权交易(重组)方面的法律、建立国有控股公司的法律、社会保障方面的法律、反垄断方面的法律、拍卖法等,它们都与建立现代企业制度密切相关。必须把建立现代企业制度与建立和完善有关的法律法规结合起来进行,并加强公正执法的力度,规范企业行为,保证市场的正常秩序,保证公平竞争,为国有企业改革创造必要的法制环境。

坚定不移地推进建立现代企业制度的改革

国有企业改革的长远目标是使国有企业能与社会主义市场经济相适应,成为自主经营、自负盈亏、自我发展、自我约束的法人实体和市场竞争主体,解放和充分发挥国有企业的生产力,提高国有企业的经济效益和市场竞争力,更好地发挥国有经济在国民经济中的主导作用。为此,必须对国有企业进行公司化改组,建立起"产权清晰、权责明确、政企分开、管理科学"的现代企业制度。这是经过二十多年理论探索和改革实践得出的正确结论。它标志着我国国有企业改革从扩权让利向转换经营机制的转变,从管理体制的变革向制度创新的转变,从单一国有制向国有制实现形式多样化的转变,从单项推进向整体配套推进的转变。

总目标是长远目标。国有企业改革的总目标至少可以分解为以下几个方面:(1)把大多数国有大中型企业改组成股权多元化的有限责任公司或股份有限公司。(2)建立起规范的法人治理结构。(3)通过人事制度、分配制度等的改革,建立起有效的高层经理人员的激励与约束机制。(4)全面推行合同制,建立起"双向选择"、职工能进能出的劳动制度和奖勤罚懒、多劳多得的分配制度。同时,配合劳动制度和分配制度的改革,完善社会保障制度,扩大覆盖面,提高保险费征缴率。(5)企业内部建立起科学的、严格的管理制度。(6)建立科学有效的国有资产管理体系。(7)深化宏观管理体制的改革,完善市场体系,加快中介机构的发展,加强法制建设,为国有企业建立现代企业制度提供良好的外部环境。

打好当前的攻坚战具有十分重要的意义

党的十五大和十五届一中全会提出,用三年左右的时间,使大多数国有大中型亏损企业摆脱困境,力争到本世纪末大多数国有大中型骨干企业初步建立现代企业制度。这是近三年国有企业改革和发展的两个阶段性攻坚目标。它们是相互联系、相互促进的。实现脱困的目标可以为深化改革创造条件,使建立现代企业制度的工作较顺利地开展;实现改革的目标则可以为企业摆脱困境提供制度保证,减少反复。

两年来,我们在国有企业改革和脱困方面做了大量工作,取得了很大进展,国有企业的经济效益已经明显回升。1999年,大多数工业行业和省、自治区、直辖市的国有企业效益好于上一年。东北三省实现了较大幅度的减亏增盈,辽宁省扭转了国有企业连续57个月净亏损的被动局面,亏损面从1997年的51%下降到了35%。纺织行业尤为突出,到1999年底,压锭906万枚,分流人员116万,已实现全行业扭亏为盈,三年目标提前一年实现。

今年是实现这两个目标的最后一年,也是决战之年。打好这场攻坚战,实现这两个阶段性目标,具有十分重要的意义。

(2000年4月25日《人民日报》)

关于金融市场问题

加入WTO对外汇市场的影响及其发展对策

曾宝泉　罗泽红

自1986年7月迄今,中国在"入关"的路上已走过漫长的14年。2000年5月美国众议院通过给予中国永久正常贸易关系(PNTR)的法案,标志着中国加入世界贸易组织(WTO)已扫清了最大的障碍,将进入最后的加入程序阶段。本文拟从分析加入WTO对我国银行间外汇市场运作机制的现实影响入手,探讨作为我国唯一办理银行间外汇交易的市场,CFETS该如何面对机遇和挑战。

一、WTO对金融外汇领域开放的基本要求

WTO成立于1995年,其前身是1948年建立的GATT,其主要职能是制定世界贸易规则,并不直接涉及到金融安排尤其是外汇安排(属于IMF协调的内容),但由于外汇管制历来被视为非关税壁垒之一,管制的严格或宽松无疑成为影响贸易条件的重要因素。WTO对金融外汇领域开放的基本要求服从于GATS(服务贸易总协定)和新的FSA(1997年签署的金融服务协议)的基本原则,其中最惠国待遇原则和透明度原则为一般性的原则。各缔约国在所有服务贸易领域都必须遵守;而市场准入、国民待遇和逐步自由化原则属于特定的义务,允许发展中国家援引GATS的"保障条款"和"例外条款",经过谈判达成具体承诺并加以执行,具体表现为:在商品贸易、知识产权交易以及一般服务贸易方面对外汇流动及汇兑便利上的要求;在服务贸易中对金融开放的要求,直接体现为对资本流动给予便利上;要求成员国开放国内金融业和金融市场,取消对外资金融机构经营本币业务的限制,实行国民待遇,创造公平、平等的竞争条件等。从中美达成的双边协议看,中国加入世贸2年后允许外资银行办理国内企业的人民币业务,5年后可办理中国居民的人民币业务;同时在地域上逐步对外资银行开放,5年后将不再有地域限制,对其实施完全的国民待遇。

二、加入WTO给我国银行间外汇市场带来的机遇

加入WTO是我国银行间外汇市场走向活跃的重要契机,主要表现在:

(一)国内金融自由化的趋势对外汇市场的发展构成长期利好

WTO有一项重要的基本原则就是"逐步自由化",要求成员国逐步开放市场,包括金融市场,这也就意味着对外汇管制的逐步放松。因此,从某种意义上讲,WTO与外汇管制是一对开放与管制的矛盾。加入WTO,实际上是从国际法上进一步确认了我国外汇管理体制改革的总目标——实现人民币的自由兑换和建立符合市场法则的人民币汇率机制,人民币资本项目可兑换并最终实现自由兑换的进程将加快,从而助推我国银行间外汇市场走向成熟和发达。

(二)我国银行间外汇市场的内部构造日趋完善

首先,从交易主体来看。我国加入WTO后,全面开放金融业的承诺为各缔约国金融机构来华经营提供了宽松的空间和良好的政策、法律环境,而我国是近20年世界上经济增长速度最快的国家,它不仅是一个巨大的货物和一般服务贸易市场,也是一个有着巨大潜力的金融市场,吸引着更多的外资银行来华设立分支机构(据外经贸部的分析,外资银行分行数量目前179家,入世3年内增至279家),从而使银行间外汇市场的交易主体数量增多;

其次,从交易币种来看。最惠国待遇的原则将使许多WTO成员国勿需加入谈判即可坐享谈判方的成果,我国市场将面向135个成员国开放;同样地我国也能进入所有成员国的市场。我国加入WTO后,由于取消了关税和非关税壁垒,贸易地区会迅速扩大。适应贸易范围多元化的结售汇需要,银行间外汇市场的交易币种也日趋多元化;

此外,从交易品种来看,我国加入WTO后,中、外资企业在进出口贸易、对外投资、向外筹资诸方面的业务均会有所增加,国内与国际市场间联动性日益增强,企业和银行将面对全球的大市场以及来自全球的激烈竞争。为提高企业和银行规避汇率风险的经营能力,增加外汇市场套期保值的交易工具和品种(如远期外汇交易和掉期外汇交易等传统工具)已迫在眉睫,外汇市场的创新力度也将日益加大。

(三)外汇供求放大,市场规模显增

我国加入WTO后,综合经济实力的日益提高使得投资环境不断改善,加上我国政府将继续大力推行全面对外开放、吸收更多的外国资本,促进经济结构调整,带动经济增长的策略,特别是"西部大开发"战略的提出,大大增强了外国投资者的信心。为此,大量的外商投资企业和外资银行将进入我国市场,我国企业也将会转变观念,在国际贸易、国际投资和国际金融等方面全面介入世界市场,参与国际竞争,从而使外汇供求得到放大。据一些研究机构估算,到2005年,我国的进出口贸易总额将从1999年的3600亿美元增加到6000亿美元;外商直接投资将从1999年的400亿美元增加至1000亿美元。无论上述预测准确与否,毫无疑问,加入WTO后外汇资金流量将因货物贸易和服务贸易尤其是金融交易的增加而加大;外汇资金流速将因金融电子化程度的提高以及金融产品的推陈出新而加快;金融活动所引发的纯金融性资金交易而导致的本外币间的转换将增多,市场供求中资本项目性质的外汇比重将增加。银行结售汇因此将大幅上升,这将直接拉动银行间外汇市场交易量的上升。

三、我国银行间外汇市场面临的巨大挑战

加入WTO后,作为我国唯一办理银行间外汇交易的市场,也不可避免地将面临着日益增强的对外开放的压力,接受严峻的挑战,突出表现在:

(一)外汇交易系统亟需革新和改造

首先,从服务层次看,外汇交易中心定位不明确导致其金融服务的多样化和个性化受到制约。1994年建立全国统一的银行间外汇市场,主要是为了满足银行结售汇即期平衡外汇头寸的需求,同时兼顾了代理三资企业入市买卖外汇的需要,市场组织模式可归纳为"三位一体",即国家外汇管理局是监管者、外汇交易中心是运作者、中央银行是市场调控者。囿于集中、可控的目的,外汇交易中心采取了交易撮合方式(使外汇经纪业务丧失了必要性),提供从交易到清算的一条龙服务,其本身不以盈利为目的。这就使得交易中心的发展空间受到了一定制约,难以像独立的市场主体那样自主地为客户提供全方位的金融服务,应对可能出现的国内直接交易、国内外经纪公司介入等方面的竞争。

其次,从技术层面来看,电子交易系统经过6年多的运行,逐渐暴露出系统操作平台落后,系统结构方面存留缺陷,难以满足当前业务处理在交易速度、交易效率、交易管理以及交易信息方面的变化等问题。现有系统已没有交易方式的灵活选择和新业务拓展的活动空间,难以适应高科技信息时代国际外汇交易的发展潮流。这在一定程度上也影响了活跃外汇市场交易措施的出台。

此外,从市场定位来看,我国目前的外汇交易系统尚不是一个发育成熟的银行间外汇市场,而只是一个与我国现行外贸、外汇管理体制相适应的,在银行结售汇制实需原则下的本、外币头寸转换市场,它与国际外汇市场相隔离,并不是一个真正意义上的金融性交易的外汇市场。作为一个在人民币经常项目可兑换、资本项目严格管理条件下的过渡型市场,现阶段仅开办了人民币对美元、港币和日元的自营和代理的即期外汇买卖品种,交易时间为每日9:20至11:00时,运行6年以来每个交易日平均2亿美元(折合)上下的交易额,恐怕也只是一个初级阶段的试验性起点,与目标模式之间存在相当的距离。

(二)人民币汇率机制亟待完善

1994年以来,我国实行了以市场供求为基础的、单一的有管理的浮动汇率制——银行间外汇市场当日形成三种货币的加权平均汇率也就是中国人民银行次日公布的美元、港币和日元对人民币的基准汇率,外汇指定银行据此参照国际外汇市场行情套算出其他币种汇率,并在央行规定的幅度内上下浮动。

但由于现行的外汇市场是一个供求关系扭曲的不完全竞争市场,由此产生的市场汇率也是不完善的。一方面,反映在外汇市场上的供求失真。目前我国仍维持对资本项目的汇兑管制,除经特殊批准外,在我国国际收支中已占相当地位的资本性外汇收支被排除在外汇市场的供求关系之外;同时,目前的结售汇制是一种强制的、无条件的结汇制,除了外商投资企业和少数经批准外汇收入受最高金额限制的中资企业外,其余外汇收入必须向银行结汇(外汇供给),银行向企业售汇(外汇需求)则受到一定限制;而且银行有结售汇周转头寸限制,有多余外汇就要通过银行间外汇市场卖掉。于是企业有外汇,银行就有外汇;相反,企业没有外汇,银行也没有外汇。导致结售汇市场是单边市场,并不能反映市场的真实需求。另一方面,反映在外汇市场的主体竞争不充分。在目前的强制结汇和对银行外汇周转头寸规定限额的管理体制下,外汇指定银行在办理结售汇过程中出现的超买或超卖的外汇,必须在银行间外汇市场上"抛"或"补"。作为市场的最后供应者和购买者，为了完成“市场出清”，维持外汇市场的稳定性和流动性，中央银行入市托盘成为一种被动性的日常干预行为，其职能类似于一个“造市商”。因此，人民币汇率水平不纯粹由市场供求来决定，在很大程度上受国家宏观经济政策所制约。

1994年以来，我国国际收支连年顺差，中央银行不仅处于交易第一线，还被迫成为市场的垄断性买主，增加了中央银行稳定汇率的风险。服务于保证人民币汇率基本稳定和国家外汇储备稳中有升的“双保”目标，银行间外汇市场运行6年来，有管理浮动的人民币汇率变为在狭窄区间内钉住美元的固定汇率——人民币对美元汇率的变动从未达到市场规定的上下0.3%波幅，汇率波动区间逐年缩小。1999年美元汇率最高价为8.2800元人民币/美元，最低价也仅仅比最高价低30点为8.2770元人民币/美元，汇率刚性过大。

加入WTO后，在降低关税水平、取消数量限制、普遍实行国民待遇后，汇率杠杆逐步取代外汇管制成为调节国际收支的主导手段。随着资本流动的增加和流速的加快，中央银行干预外汇市场的难度加大、成本上升。如果人民币汇率机制仍然僵化，货币政策独立性和汇率稳定两者间的矛盾将日益突出。而且，过于稳定的汇率也可能导致人民币汇率偏离均衡汇率，在表面稳定之下不断累积失衡因素，导致资源价格的不合理，从而向生产者和消费者传递错误的信号，不利于国际收支的长期动态平衡。

四、我国银行间外汇市场的发展对策思考

面对即将加入WTO所带来的机遇与挑战，我国外汇市场的培育应始终围绕发挥市场机制配置外汇资源的目标，以渐进、可控、有效为构建原则，紧紧抓住发展中国家加入WTO后前5年的过渡期，沿着国际惯例与中国国情相结合的道路，采取切实可行的对策，实现与国际外汇市场的顺利接轨。

（一）加快外汇交易系统的改造，提升系统高技术含量，满足市场发展需要。

针对电子交易系统落后于市场发展需要的现状，当务之急就是要立足于市场的长远发展，用Web/Browser方式对现有外汇交易系统进行全面改造，将其改造成为一个技术先进、功能完善的交易系统，既能为用户提供更安全、高效、便利和低廉的交易服务，又能适应国际外汇交易的发展潮流，应对新世纪金融服务业的竞争。

（二）健全市场元素，完善市场功能。

从较为广泛和完整的意义上来看，外汇市场应包括外汇买卖、外汇拆借和外币有价证券市场，外汇买卖市场是当然的主体部分。从近期来看，要健全市场要素，加快市场扩容，一是尽快开办人民币兑欧元交易和外汇远期交易，满足加入WTO后贸易发展与规避汇率风险的需要；二是实现全天交易，使批零市场时间一致，促进银行结售汇业务的发展；三是加快运程联网进程，扩大市场辐射范围，使半无形的市场形态逐渐过渡到无形化上；四是考虑到世界金融体系向美元与欧元两极转变的趋势，将人民币汇率的调控从单一钉住美元汇率为钉往美元和欧元，使人民币汇率变动更趋合理与灵活。

作为中长期目标，是建立一个符合国际惯例的真正的外汇银行同业拆借市场。为此，要进一步加强信息与清算系统的网络建设，并适时而规范地推出一些新兴的业务种类，如期货、期权、调期等，促进我国外汇市场的成熟与发达。

（三）弱化汇率刚性，推动人民币汇率机制的市场化进程。

1.改变目前的强制结汇制，实行比例结汇制，并在外汇市场机制不断完善、宏观调控能力增强、国际收支平衡的情况下，逐步过渡到意愿结汇制。

比例结汇制是指企业按规定的比例向银行限额结汇，限额以外的外汇由企业自由支配。中央银行可根据国家外贸进出口和外汇储备增减变化情况随时调整这个比例。如当外汇储备量下降跃过警戒线时，提高结汇比例，反之则降低。同意愿结汇制相比，比例结汇制具有较强的可控性，一定的强制性，又不失其灵活性的优点。如果将外汇指定银行结售汇周转头寸限额看成二级蓄水池，企业手中的外汇将成为一级蓄水池。“藏汇于民”有助于理顺供求关系，缓解央行外汇市场的被动困境，使市场汇率进一步接近由真正意义上的市场供求所决定。

2、培育市场主体，完善汇率的形成与调控机制。

(1)外汇管制的逐步放松和金融服务的日益自由化在外汇市场的一个重要表现就是金融机构之间竞争程度的提高。在竞争过程中，市场主体范围不断拓宽，外汇指定银行中将会出现一部分造市者，成为创造市场价格和维持市场流动性的真正市场主体，而一些中小银行将逐步成为价格接受者。

(2)中央银行作为外汇市场的宏观调控者，市场干预将更多地侧重在反货币危机和反货币投机上，而不再托市并代之以浮动汇率制相适应的调节手段——可直接动用公开市场操作手段熨平汇率过大的波动；也可间接干预，如作为政策搭配之一，调整利率等金融指标，使不同货币资产的收益率发生变化，进而影响外汇供求及汇率变动，或可通过发表有利于政策意图的经济指标，从而影响市场参与者的预期。

(3)采取对基准汇率及上下限由窄而宽的调控策略，对人民币汇率机制进行改革，使其真正市场化，是符合市场供求扩容，交易机制由不成熟到成熟这样一个发展过程的。具体可分两步走：一是改变汇率控制方式，发挥CFETS和外汇指定银行的作用，调整基准汇率的形成机制，逐步放宽人民币汇率浮动区间；二是在外汇供求逐渐真实和全面、外汇指定银行真正成为市场主体的情况下，改变目前中央银行根据银行间外汇市场前一交易日加权平均公布基准汇率的做法，改由几家主要外汇指定银行根据当日市场的供求情况公布当日的银行间外汇买卖的即期汇率；银行与客户之间的大额即期外汇买卖可由客户与银行自由议定。避免当前银行间外汇市场汇率变动幅度与外汇指定银行与客户交易加价幅度不一致的矛盾做法。

（四）将外汇交易中心重新定位，发挥其媒介本外币市场的作用。

中国外汇交易系统从一开始就定位为电子交易系统，银行间外汇市场网络从1996年开始还担负着人民币同业拆借、债券交易和信息服务的重任。将CFETS办成彻底的电子经纪系统是一种优化选择，将最大限度利用资源，提高网络经济效益。

值得商榷的是，现代风险管理技术和审慎性管理原则最终将迫使各金融机构的交易集中于总行或限制由一家银行分行进行，这势必造成相当部分交易中心市场萎缩的尴尬局面。鉴于本外币业务已一网并行，人民币同业拆借市场近2年交易规模增幅放大(2000年上半年，人民币信用拆借与债券交易成交金额达7189.86亿元，比去年同期增加246%)，目前应考虑将外汇交易中心更名为货币交易中心，参照中国人民银行九个大区行的分布设置机构，促进本外币市场的协调发展。

（五）完善同业市场法规，健全市场监管体系

加入WTO后，金融市场的开放必然伴随着经营理念和游戏规则的更新，同业市场的健康发展必须以完善的法规体系作为保障，应及时调整相关制度，规范市场管理。同时，还必须建立高效而强有力的市场监管体系，可考虑在运作体系、管理体系与调控体系“三权分离”的市场框架基础上，构建人民银行监管、货币交易中心组织、市场成员自律三位一体的市场风险防范和监控体系——由交易中心提供信息终端，建立统一的市场信息服务和预警监测系统；建立资信评估与信用等级评定体系，完善披露制度，提高市场透明度；在人民银行指导下，建立市场同业自律机制，签订共业协议，规定必须共同遵守的游戏规则，及时进行信息交流，通过“联防联保”，防范和化解市场风险。

（六）培养高素质的同业市场管理人才。

市场的竞争归根到底是人才的竞争，银行间同业市场的发展离不开一支高素质的管理、分析、研究的队伍。加入WTO后，要加紧对国际外汇市场和货币市场的研究，熟悉WTO规则，强化业务培训，提高员工素质，为银行间同业市场的发展提供有力保障。

（作者：中国外汇交易中心广州分中心）

把中国建设成为金融强国

王梦奎

一

为了提高综合国力，经济发达国家都在抢占国际金融新格局中更有利的地位。美国早就在这样做了。《文明的冲突》一书的作者亨廷顿，把控制国际银行系统、“控制硬通货”和掌握国际资本市场”这三项，列为控制世界的14个战略要点的第一、第二和第五项。日本1998年已经把金融列为综合安全保障七大要点的首位。法国为了提升其国际经济地位，在1998年提出“建立国际金融新秩序”的设想。欧元的启动也有增强欧洲在国际金融中地位的实际意义。

20年来我国金融业的改革和发展取得的成绩是巨大的，但从总体上说，金融业的改革和发展目前还是整个改革和发展的薄弱环节。我国要在21世纪成为世界强国，就必须成为经济强国和金融强国，从现在起就要明确地把金融业的改革和发展，把金融业的现代化，作为国家改革和发展的重要战略。

二

在一定意义上可以说，因特网在不少领域促进了某种分散化的倾向。但是就其实质来说，高度分散的大体上是服务的对象。另一方面，全球化和一体化本身也内在地包含着集中的趋势。遍布全世界的金融机构不计其数，但只有少数城市有能力占据主宰地位。全球的金融活动主要集中在少数发达国家的金融中心。到1997年底，25座城市控制了世界机构管理的有价证券的83%，大约占全球市场资本总额的一

半。从世界各国都可以看出全国性集中的趋势：纽约、伦敦和东京是世界金融中心，当然也是本国的金融中心；法兰克福的市场资本总额1992年是德国其他地方市场总和的2倍，1997年上升到5倍；巴黎、苏黎世、悉尼、多伦多和孟买，在本国金融体系中的地位都比过去增强，国际影响也比过去大得多。这是因为，即使在因数字化和广泛分布而使经营条件大为改变的条件下，仍然需要一个中心城市来进行金融业务，只有这样的中心城市能够提供市场和公司需要的大量资金和高度集中的先进技术。

邓小平说过：中国在金融方面取得国际地位，首先要靠上海。中国共产党十四大作出了"尽快把上海建成国际经济、金融、贸易中心之一"的重大决策。上海具有区位优势，具有经济基础和管理水平方面的优势，而且在金融业的改革和开放方面已经先行一步，实际上已经开始发挥着金融中心聚集和辐射功能。在经济全球化的条件下，全国性的金融中心同时也就具有不同程度的区域性和全球性，但要使上海真正从全国性的金融中心发展成为东亚地区和全球性的金融中心，还有不短的路要走。

三

金融业要实现两个现代化：一是金融体制和制度的现代化，一是管理方法和手段的现代化。两者缺一不可。

要加强对国际经济问题特别是国际金融问题的研究。一方面，加入WTO将使我国经济进一步融入经济全球化的进程，世界经济形势的变化对我国经济的影响，包括正面的和负面的影响，都将越来越直接、越广泛；另一方面，虚拟经济的膨胀在使金融的作用空前增强的同时，也增加了经济发展中的不确定和不稳定性。观察和预测世界经济的发展，金融是最不容易把握的领域，这也会增加中国经济发展的不确定因素。国际经济和国际金融问题的研究，包括对一些专题（如美元、日元、欧元的走势）的研究，对一些国家（如美国、日本和欧盟国家）经济的研究，显得越来越重要。对于国际经济和国际金融问题的研究不仅具有理论意义，而且具有直接的实践意义，是在新的形势下做好经济工作的必要条件。

（2000年6月20日《经济日报》）

利率市场化一把双刃剑

黄湘源

从9月21日开始，我国开始放开外币存贷款利率，这标志着我国利率市场化改革迈出了重要的一步。据悉，中国人民银行预期用3年左右的时间完成利率市场化进程。

我国以建立社会主义市场经济机制为主要内容的改革开放进行了二十多年，在国民经济的许多方面都加快了市场化改革的进程，唯独对于利率市场化禁若寒蝉，连提都不提一提。我们的整个利率，尤其是银行利率，一直保持官定原则不变，虽然有些地方允许利率有一定的浮动，例如同业拆借市场利率和国债交易利率，在一定范围内引入了市场机制，但总体上都是以官定利率为基准的，谁也不能越雷池一步。

我国银行的官定利率之所以能维持数十年不变，是因为以国有经济绝对控制为基础的计划经济使官方对官定利率感到保险，谁要是提出利率市场化，一句"防范金融风险"就把别人的口封住了。

我们说，利率市场化是把双刃剑，但运用这把双刃剑可以起到金背单刃大砍刀起不到的神奇作用。有人认为，我国实行利率市场化是逼出来的，此话并未说错。随着我国同WTO成员国双边或多边协议的签订，我们已没有任何理由不按照国际惯例放开利率。但是，从本质上讲，放开利率不仅是为了满足外资银行的要求，同时也是维护自身经济利益的需要。我国开放市场，归根结底，是以逐步开放资本市场为基础的。离开了利率市场化，无论是产品市场、服务市场还是资本市场，都不可能真正实现同国际市场接轨。重要的是，如果没有利率市场化，我国同国外进行的一切进出口交易成果，最终都会由于利率同国际资本市场的脱节而发生于自己不利的变化。以往曾经发生过这样的情况，由于我国外币利率没放开，同一种外币在境内外的存贷款利率不同，在近年美国几次提高银行利率的情况下，国内的外币存款通过各种途径流入境外以博取利息差价收益的情况时有发生，这在一定程度上抵消了外汇收入顺差带来的好处，损害了我们的国家利益。

利率市场化也是推动社会主义市场经济的利器。以这次先行一步的外币利率市场化来说，刚开始时各家银行互相竞争，估计外币利率会有一定程度的上扬，由此吸引较多的企业存款和私人存款。经过一个短暂的波动期以后，随着境外资金的流入，外币市场化的积极作用逐渐显现出来，将有助于国外投资者进一步发现和分享我国的市场机会。因而，从长远看，利率市场化有利于活跃资本市场，发挥资本市场在资金配置、资源流动、资本结构调整和资产重组中的功能，对国民经济产业结构调整和企业改革重组起到积极的引导或推动作用。这个作用，以往由于利率体制僵死，银行及其他金融机构自顾不暇，不仅资本市场的风险难以化解和防范，对国民经济相关产业及企业也常常是按下葫芦浮起瓢，顾得了这一头顾不了那一头。

当然，利率市场化作为双刃剑，弄得不好，难免会发生自伤的情况。对于这个问题，应该从两方面去看：一方面，对于长期形成的与官定利率相适应的旧的金融体制和传统的金融管理思想，非得狠下决心革故鼎新不可。如果不能忍得一时之痛，坚定不移地同旧体制、旧机制、旧观念一刀两断，我国的利率体制就难以加快市场化的进程，难以实现与国际规则接轨。另一方面，也必须防止从"一统就死"演变为"一放就乱"。利率市场化，决不等于利率自由化。即使是在标榜自由资本主义的美国，美联储也经常根据经济运行的情况运用利率杠杆进行必要的调控。如果以为利率一放开，各家银行和金融机构就可以像把"价格大战"当成家常便饭的彩电、汽车等行业一样，竞相进行存贷款利率恶性竞争，那就势必会自乱阵脚，伤及自身，这就有违利率市场化的本意了。

（2000年9月26日《国际金融报》）

WTO：给中国金融业带来什么？

王松奇

金融体系是一国经济构造中最敏感、最复杂的部分，它的运行状态、发展趋势要受许多变数的影响，正因为这一点，简单地将加入WTO作为一个给定的外生变量并由此精确地描述出中国未来的经济金融走势及必然出现的局面，那是不切实际的想法，我们只能以中国金融体系及经济结构的现状为出发点，从正面效应和负面效应两方面进行大致的逻辑判断。

对银行业的影响

首先，我们分析中国加入WTO后对银行业的影响。从现状看，中国的银行体系由四部分构成：①国有商业银行；②其他商业银行；③城市商业银行；④中央银行。其中，其他商业银行是指股份制商业银行；城市商业银行是指按国务院批准的计划由原城市信用社组建而成的为城市企业和个人提供金融服务的银行。在上述四类银行中，其他商业银行没有历史包袱或历史包袱较小；城市商业银行资产在全部银行资产中所占比重很小很小可暂不讨论；中央银行则无论在现存状态下还是在完全开放情形下，所面临的只是监管内容和形式的转变，因此，我们要考察加入WTO对银行业的影响，关键是分析对国有独资商业银行的影响，因为工、农、中、建四大国有独资商业银行在全社会储蓄、存款和信贷资产总量中占有绝大比例。

这四大银行的安全对中国的金融安全来说具有决定性意义。

对银行来说，只要不发生支付危机，只要流动性保持较好状态，即使出现较大比例的坏账或数额较大亏损，也能在相当的时期内维持正常的运营局面，这是毫无疑义的。因此，一旦外国有实力的大银行加入中国并全面开展人民币、外币存贷款业务，在某种临界状态下，中国的国有独资商业银行即使失去一大批存贷款客户，也未必发生支付危机，而且，在这种限定的前提下，我们所能收到的必然是银行类金融服务得以改善的效果。那么，这里所说的"某种临界状态"，其涵义是什么呢？我们可以给出两个约束条件：(1)由于四大国有独资商业银行中任意一个银行资产都达一万多亿，即使一家倒闭也会引致系统金融危机，因此，一家国有独资商业银行也不可以在加入WTO后破产，这是第一个约束条件；(2)假设四大国有独资商业银行中有一家资产状况最差且其呆滞资产比例为50%，那么，这家银行的可流动性资产及总资产必然会要求一个固定比例或固定数额的存量及增量负债来支撑，通常它表现为存款准备金、备付金及呆坏账准备金之和。根据现有的实际数据和经验比例，这很容易通过计算得出。可以认为，这就是"安全临界状态"的第二个约束条件。也就是说，中国加入WTO并大规模开放银行业后，只要在中国境内开张的外资银行通过业务竞争，使中国四大国有商业银行的存量及增量负债对可流动性资产和总资产的支撑能力不受伤害，中国原有金融体系的支付危机就不会出现。

支付危机不会出现意味着中国四大国有独资商业银行即使面临激烈的市场竞争也能保持良好的流动性比率，这种立论的根据除了上面"临界状态"定义外，还有一点是必须提及的，那就是中央银行和主权信用手段几乎可以给事关金融全局安全的大国有商业银行提供近乎无限的支持，这一点非常重要，它是我们敢于全面开放银行市场的一个基本保障。

当然，我们也应当考虑到银行业全面开放后的负面影响，其中值得注意的问题主要有以下几个：①在保证不发生支付危机的临界状态以下，中国国有独资商业银行只有提高营运效益才能不断补足核心资本，提高自身的抗风险能力，但在外资银行大量进入后，中资银行不可避免地会遇到诸如优良客户流失的问题，若他们不能发挥自身的优势，提高服务质量，保持相当的业务份额，就会面临由业务萎缩导致的财务风险。②中国四大国有独资商业银行的体制性弊病十分严重，人浮于事，结构设置重复，非生利资产比重过高。服务质量低下是人所共知的事实。在这种情况下，如果外资银行大量进入中国，现有四大银行的机构规模会被迫压缩，银行就业人员的下岗现象也会普遍化。③从近些年的情况看，金融透明度日益降低，而造假数字、虚报情况的现象在四大国有独资商业银行中尤为严重，在一个相对封闭的体系中，各种矛盾较容易掩盖，但在外资银行的业务份额达到一定比例且会计、报告、统计等制度同国际相统一后，四大银行若再不提高透明度强化内部制约监管机制，就可能积聚系统性金融风险。④加入WTO后，中资银行将不得不面对的一个问题是人才流失。中国四大国有独资银行与外资银行在个人收入方面的巨大差距将导致许多优秀业务骨干"跳槽"，而人才的流失又将恶化中资银行的相对竞争地位。⑤中国金融实务界近几年正在推行严格的分业经营、分业管理制度，这是和世界性金融改革趋势相悖逆的一项措施。按照货币当局的初衷，分业经营分业管理有利于降低金融风险，但自1998年以来的金融状况却显示：对国有商业银行来说，分业经营分业管理实际上把它们的业务范围限制在一个更狭窄的范围内，在国有企业仍然是国有商业银行基本服务对象的条件下，这些银行的风险实际更加集中和扩大了。加入WTO后，外资银行在中国境内设立分支机构，它们的业务投向决不会象中国的国有商业银行那样被限制在一个狭窄的范围内，这种事实上的不平等将使中国国有商业银行的效益状况进一步恶化。

对资本市场、货币市场、外汇市场的影响

其次，我们分析加入WTO对中国资本市场、货币市场和外汇市场的影响。按照GATS条款，完全开放的金融市场将对中国资本市场、货币市场和外汇市场产生巨大冲击作用。

(1)从现存体制条件看，中国资本市场的对外限制是用划A、B股的方法，外商只能用购买B股或海外发行债券的方式向中国的资本市场工具投资。由于A、B股市盈率存在巨大差别及资本项目下人民币不能兑换，外商对资本市场的投资意愿受到了严格抑制。一旦加入WTO并实行高度开放政策，中国外来投资不仅在总量上会迅速增加，而且在结构上也将出现巨大变化，外商直接投资的相对比重将大幅下降，证券投资相对比重将大幅上升。据统计，在正常情况下，外资流入总量将在三年左右时间内翻一番。大量的外来投资流入证券市场将在事实上消除A、B股之间的各项差别，并且，货币市场、外汇市场目前这种人为设置的藩篱也将被打通。

(2)从总体发展趋势上看，严格高度开放的金融市场有利于通过竞争提高资源配置效率，外商在对中国企业发行的金融工具进行投资时将本着一个共同的准则，即趋利避害，在这种外部冲击过程中，中国原来有意无意地将资本市场作为为国有企业解困、脱困工具的某些做法、上市公司及资本市场监管、运作的透明度不高等种种问题都会得到强行的矫正。许许多多争论不休、悬而未决的问题只要不符合国际惯例，只要有违市场经济规律，不论我们如何强调"中国特色"，都会迅速得到解决。从这一点上说，加入WTO将是中国金融体制改革的强行推进。

(3)在资本市场、货币市场、外汇市场全部开放的条件下，资本的自由流动将给货币当局的宏观经济调控和金融监管带来许多难题。管理利率和盯住汇率制度如果继续推行，将因为缺少弹性的货币资金价格助长迂回投资、短期套利等种种非健康金融行为，特别是在投资者信心受挫的情况下，如果出现大量的资本外逃现象，将会引发金融动荡。在这方面，1997年发生金融危机的东南亚国家以及1999年1月出现金融动荡的巴西，都有着深刻的教训。

(4)在中国的A股市场上，目前上市公司已近900家，其中200多家存在严重的经营问题已是众所周知的事实，由于上市筛选和监管方面的缺陷，这类公司的数量还将不断增加，一旦外国的短期资本进入中国的A股市场，由基本面差异和投机资本推动导致的个股行情两极分化将日趋严重，如何保持股市的稳定及怎样运用退出机制营造一个健康成长的资本市场将成为新的难题摆在监管当局面前。

(5)中国股票市场中一直存在一个悬而未决的问题，那就是上市公司的国有股、法人股不能上市流通。在没有外资大量注入的现有条件下，如果象有些人建议那样将未上市股权全部转化为可流通股票，显然，中国的股市就有崩盘的危险。但这种同股不同权、不同价的现象又必然在条件成熟时解决，我想，利用中国加入WTO后开放资本市场的机会，这一遗留性问题正好可以分步骤加以解决。如果这种设想变为现实，由此可能带来的问题则是外国资本对业绩优良公司相对控股局面的出现。按照一般规律，外资对某些上市公司股权的收购，一般都是瞄准被收购公司的成长前景，现有的分销网络和潜在的市场份额，因此，外国投资者可以运用股权收购手段达到其直接投资达不到的目的。由此可能出现的局面是：原本由国家或政府垄断的某些高利润行业的行业进入壁垒被用于股权收购的货币资金所冲破，金融流动性调整导致某些行业的产权结构调整使某些行业中国有股权控股地位自然消失。

对金融相关产业的影响

第三、加入WTO后可能引致的其他金融问题。在银行、资本市场、外汇市场之外，中国加入WTO后还可能受到较大冲击的是民族保险业、信托业及现存的一些政策性业务。(1)中国的保险业由于服务质量低，管理混乱而一直名声不佳，外商投资如果从目前的寿险再扩展至财险、再保险及再再保险业，中国的民族保险业将丧失极大的市场份额。(2)中国的信托业目前正面临困境，分业经营、分业管理政策的实施将使许多信托投资公司从可盈利领域证券投资和代理业务中撤出，而单纯的"受人之托，代人理财"业务在今后相当一段时期内使中国的信托公司很难保得住饭碗，外商投资大量进入金融领域后，这些中资非银行金融机构如果不开辟新的营利渠道将面临毁灭性打击。(3)中国的政策银行中目前最令人揪心的是负责粮食贷款发放的农业发展银行。从统计数字看，截至1999年3月底，中国的粮食贷款余额为5431亿元，但从帐面上看，全国的实际粮食库存金额只有3291亿元，亏空为2140亿元，而且，由于实际粮食库存中品种和年限等种种原因，这价值3291亿元的库存中还有大多数由于实物不具有可销售性继续转化为新的亏空还另当别论。当中国为进入WTO而与一些发达国家签订的农产品协议生效后，大量的优质低价农产品一旦进入中国市场，粮食贷款及农业贷款将因国内农产品滞销而变为坏账的数额将进一步扩大，这一巨大的金融包袱将对国家财政造成巨大的压力。(4)即使在银行业开放后，外资银行设置机构可不受地域限制并可自由承办人民币存贷款业务，但可以断定，在相当一段时期内，外资银行的分支机构将主要集中在一些经济发达的大城市，从这一点说，那些经济发展水平相对落后的中小城市的中资银行的主要竞争压力可能还不是来自于外资银行，而是中资银行的四大国有独资商业银行。在这种情况下，如何提高金融服务质量和自身经营水平，将是许多银行能否吸引客户、不断扩大市场份额的关键。

综合以上几方面的具体分析可以看出，加入WTO后如果将金融市场向外国投资者开放，金融服务效率在中外金融机构的激烈竞争下肯定会得到提高，问题在于如何度量金融稳定和安全的受影响程度。我在前面的分析中已提出：金融安全的界限是全面开放前金融体系所蕴含的系统性金融风险有没有可能演化成金融危机。从逻辑上说，任何国家的金融市场的开放总是分步骤、分阶段进行的，只要选取了正确的政策和开放步骤，在开放的各个阶段合理而有力度地进行适应竞争条件的结构性改革，系统金融风险就不会转化成金融危机，我们中国在开放实践中也完全可以做到这一点。

(1999年11月16日《中国经济时报》)

让保险与资本市场互动

吴敬琏

保险业和资本市场的规范化是两者良性互动发展的先决条件，就保险业自身而言，要加强保险业的自律和他律

要保证保险资金的安全，资本市场也需要进一步规范和发展。从社会监督方面说，最为关键的是监管部门要切实转变发展资本市场的指导思想

国际经验表明，作为金融产业的一个组成部分，保险业必须和整个资本市场之间结成良性互动的关系。这种关系表现在两个方面：第一，保险业发展需要健康的资本市场；第二，资本市场的发展需要保险业资金的积极参与。加快这两个领域的改革和发展，促进两者之间的良性互动，是保障我国金融体系健康发展的基本前提之一。

中国的保险业发展需要资本市场，在当前是一个十分紧迫的问题。中国保险业发展目前还处在起步阶段，无论从保险公司的数量与规模、保费收入总量与其在GDP中的比重、保险产品的种类和数量以及保险资金运用空间和渠道等方面，都处在比较低的发展层次上。从世界各国保险业的发展经验来看，作为组织、分散风险和提供风险保障的信用中介，保险公司必须具备多样化运用保险资金的手段和能力，以保障保险资金这种"救命钱"的安全和收益。

相比较而言，证券投资，特别是股票投资由于其具有较高的长期收益，已经成为世界各国保险公司运用保险资金的最重要的选择。因此，为了提高中国保险业的整体偿付能力，应当开拓保险业资金的投资领域，允许保险业资金进入资本市场。值得欣慰的是，1999年政府已准许保险资金购买证券投资基金，为保险资金进入资本市场开启了

一个窗口。

另一方面，从资本市场发展的角度来看，保险资金的进入也是不可或缺的。目前我国证券市场上投机气氛弥漫，价格大起大落；一些上市公司完全没有股东价值的观念，上市公司的整体效益和给股东的投资回报持续下降，这对投资者造成了很大的风险。这种不正常情况难于消除的原因之一，是我国证券市场的投资者结构过于分散，机构投资者过少，散户占绝对优势。因此，为了促进证券市场的发展，需要大力培育机构投资者，其中的一个主要成分就是保险企业。从发达国家和一些发展中国家的经验看，保险资金是支撑资本市场发展的主要资金来源之一，如在美国，保险业提供的长期资金总额约相当于企业在资本市场融资总额的1/3。

要实现保险业和资本市场的良性互动，仅仅允许保险资金进入证券市场是远远不够的，还必须具备其他一些条件。由于保险企业对投保户负有重大的受托责任，因此，确保保险业经营的稳健性和保险资金的安全性，就具有极端的重要性。这就使得保险业和资本市场的规范化成为两者良性互动发展的先决条件。就保险业自身而言，需要针对前一时期保险业无序竞争的状况，加强保险业的自律和他律。

由于保险资金是为防备投保者不时之需所积累起来的，特别是其中的人寿保险，乃是投保者的"保命"钱，更不能有丝毫闪失。因此，保险资金需要的资本市场是稳定的、透明的、进行公平交易的市场；要保证保险资金的安全，资本市场需要进一步规范和发展。从社会监督方面说，最为关键的，是监管部门要切实转变发展资本市场的指导思想，真正从有利于发挥市场功能、提高资本资源配置效率的目标出发，加强对市场"公开、公正、公平"性的监督，减少不必要的行政干预，同时采取措施逐步释放和抑制市场"泡沫"，降低市场整体风险。

实现保险业与资本市场良性互动发展的另一个重要条件，是保险业和资本市场都要改善服务和进行产品创新，为保险业搭起与资本市场沟通的桥梁，使保险资金能够安全进入资本市场。资本市场的产品创新，可以为保险业资金进入资本市场提供多样化的选择，有利于保险资金运用空间的扩大；同样，保险业也有必要进行产品创新，使保险资金能够更好地满足资本市场的需要，保险企业也能获得更多的投资收益和回报。在这方面，国际上已有许多好的成功的经验可供借鉴。投资连结保险，就是其中一种。它既有一定的保险功能，又有很强的投资性质。通过它，可以使居民手中的长期储蓄资金，在发挥保险和保障功能的同时，最大可能地实现投资增值。这种产品在国外特别是欧美已有多年实践，但这种产品对中国是否适用，还需要我们结合国际经验和中国实际进行仔细研究。

（2000年5月15日《人民日报》）

从国际收支分析看人民币汇率

杨帆

一、特殊的国际收支平衡

1994年至1997年，是中国治理国内通货膨胀的"软着陆时期"，人民币利率比美元高出6个百分点左右。这个时期也是国际收支的"黄金时期"，并且具有收支平衡的特殊性，即中央政府通过公开市场干预，防止人民币名义汇率升值，促进出口，并通过强制结汇，将民间外汇集中於中央政府掌握。1997年亚洲金融危机，是中国国际收支的转折点，我国国际收支向不利方面转化。

二、国际收支平衡的简要分析

1999年我国的国际收支平衡表，将在2000年5月份公布，这里仅以1997—1998年的国际收支平衡表为基础进行分析，并推算1999年的国际收支。（一）贸易项目。1999年1—7月我国对外贸易累计1891亿美元，比1998年同期增加5.4%；出口1002亿美元，比1998年同期下降2.8%，但8月份开始好转，由后出口退税和亚洲经济回升的影响，估计全年出口可能增加3%左右；1—7月进口889亿美元，比去年同期增加16.6%。这样，1999年1—8月我国贸易顺差150亿美元左右，预计全年贸易顺差超过200亿美元，比1998年的446亿美元将有大幅度减少，估计中国的贸易顺差将会逐步下降。（二）经常项目。1998年我国经常帐户顺差293亿美元，其中﹁货物和服务﹂顺差416亿美元，﹁收益﹂逆差166亿美元，﹁经常转移﹂顺差42.7亿美元。真正的问题在经常帐户的﹁投资收益﹂项目，主要是外商直接投资利润汇出，1998年达到165亿美元，而且年年增加，估计3年左右将超过年200亿美元，大於﹁货物与服务﹂项目顺差，经常帐户将出现逆差，这意味着我国贸易顺差将不足以弥补外商直接投资企业在中国的利润汇出，以后，中国将进入国外资本净流入的新的历史阶段。

特别值得注意的是，以﹁外商直接投资企业人民币利润再投资﹂名义，直接在国内再投资的数额在1995年有95.5亿美元之巨，占﹁利润﹂项目（1997年以后称为﹁投资收益﹂）的90%左右。若按照同样比例推算，1993—2003年10年，人民币利润再投资一项，大致累计额为2000亿美元，按照1:10折算为20,000亿人民币。这将是中国外汇危机的临界点，如果在突发事件影响下集中要求兑换，即使其流动性只有30%，亦足以引起国家外汇储备大幅度下降，进而出现恐慌和外汇挤兑，国家外汇管制将失去效力。

（三）资本项目。1998年我国国际收支平衡表与前一年的最大不同，就是资本与金融帐户出现63.2亿美元逆差，其中金融帐户逆差62.7亿美元；1997年金融帐户有22.98亿美元顺差，相差85.6亿美元，而1999年上半年，因为国家外汇管理局与海关连网，加强了监管，以贸易信贷方式外流的资本已经减少，资本和金融帐户的逆差随之减少。

（四）储备资产。我国国际收支总差额，1998年是64亿美元顺差，国家外汇储备只增加50.69亿美元，比1997年的348.6亿美元大幅度减少。这是引起国内通货紧缩的主要原因，一年之内国家外汇储备少增加298亿美元，中央银行基础货币的"外汇占款"即减少2500亿元人民币，按照3倍货币乘数计算，即减少7500亿元人民币货币发行。预计1999年全年，贸易顺差将减少，经常帐户顺差将减少更多；资本外流将减少，外商直接投资的增加幅度将下降，资本和金融帐户的逆差可能减少或消失，总体国际收支的顺差可能在100亿美元左右，国家外汇储备可能达到1600亿美元。

依据上述分析，笔者对未来5年我国国际收支的预测是：国家外汇储备，保持在1600—2000亿美元；贸易收支为基本平衡；非贸易收支由於外债偿还额的增加，逆差越来越大，使国际收支的经常项目出现逆差；资本项目将保持顺差，前提是，以国内市场开放吸引外商直接投资，每年外资进入不少於400亿美元。

我认为，未来国际收支危机可能在5年左右发生，届时外商直接投资在中国内销的总利润将达到10,000亿元人民币，按照1:10的汇率计算，相当於1000亿美元，这是外国人在中国的人民币债权，如果集中兑换外汇汇出，则使外汇管制无效，相当於外资抽逃。如果我们限制利润汇出，新的外资不再进入，在国际收支的统计是一样的，都会突然出现国际收支巨额逆差，迫使固定汇率瓦解。

三、人民币汇率必须贬值

传统理论把汇率作为商品价格，其实在国内外资本市场日益发展的情况下，汇率越来越具有资产价格的性质，受到以下规律的影响：1.所谓"克鲁格曼三元定理"，指出独立货币政策、汇率和外汇管制只有两个能够并存。我国的货币政策如果难以发挥作用，外汇管制亦不能动，可以动的只有汇率。2.国内外经济平衡。3.利率平价，汇率预期与超调。4.所谓"储蓄、投资和通货紧缩悖论"。

如果我们能够按照资产价格规律对人民币汇率问题进行逆向思维，中国的问题可以这样解释：在周边国家汇率贬值条件下，要求人民币贬值以保持国家总体经济与外部的平衡，保持国际竞争能力。如果名义汇率坚持不动，就需要实际汇率贬值。实际汇率贬值的形式就是出口退税的增加和国内物价下降。在一定意义上可以说：名义汇率不贬值，需要国内物价下降与之平衡，从国内外经济平衡的意义上说，国内通货紧缩（实际汇率贬值），正是与人民币名义汇率不贬值相匹配的。如果国内通货紧缩不可能通过财政货币政策解决，所剩的宏观经济政策就只有将人民币名义汇率贬值。贬值有两种方式：一是改变汇率机制，即通过浮动汇率机制，将人民币名义汇率进行连续的小幅度贬值；二是按照固定汇率调整方式，进行一次超贬。在目前情况下，贬值人民币名义汇率的目的在於摆脱国内通货紧缩，而不在於促进出口（我国人民币实际汇率在1999年由於提高出口退率和物价下降，已经贬值到1:11左右，足以支持出口）。人民币名义汇率小幅度贬值，可能进一步加强贬值预期，打击国内外信心，影响股市，加速资本外逃和国内黑市汇率贬值，决不可取。如果大家都认为短期宏观经济政策尚不可用名义汇率贬值。那麼再维持一段名义汇率坚挺和贬值预期并存的局面也是可以的，可以促使国内企业提前偿还外债，外商直接投资企业的人民币利润可以汇出一些，国家外汇储备少增加一些，对未来的危机因素是一种化解。

我对明年年经济走势的第一个判断是：通货紧缩即使广义的"三条标准"衡量，也将持续下去。1.物价持续下降。2.经济增长速度下降。3.货币发行量下降。

我的第二个判断是：汇率政策是唯一可能使我国在近期迅速摆脱通货紧缩预期的宏观经济政策，如果汇率政策不行，其他宏观经济政策更不可能。

在宏观货币财政政策难以有效刺激国内需求时，国家正在进一步采取收入分配政策，提高低收入阶层的收入，但是只限於存量调整，对於启动内需这样的大题目来说，效果有限，而且会加大财政赤字，造成未来通货膨胀隐患。我们只能在紧缩条件下，进行国内利益结构调整，这种调整在国内将引起剧烈的社会利益摩擦，在政治上很难被接受。最好能够寻找"一举两得"的办法——这个措施就是大幅度超贬汇率。第一，汇率贬值是将国家总体财富对国际经济缩水，同时可以对国内经济产生扩张性影响；将一部分国内通货紧缩压力移到国外，缓解国内经济调整过程中的利益摩擦。第二，在降低关税，减少走私的同时，以贬值提高进口价格；第三，可大量吸引外资进入；第四，改变人民币贬值预期，产生升值预期，同时进行强制结汇，增加国家外汇储备；第五，有效扩大基础货币发行，而不必求助於国内通货膨胀。

"货币中性"原理告诉我们，无论是财政货币政策，还是汇率政策，只能在短期内起作用，我国通货紧缩的主要原因又扎根於体制内部，关键在於实施反垄断政策，进行深层次的体制改革和结构调整，这是毫无疑问的。但同时仍旧需要各种宏观经济政策的有力配合，必要时动用汇率贬值政策。（1999年第12期《中国改革》）

关于证券市场问题

用市场化创新手段提高我国国债市场流动性

赵叶龙

自1998年以来，政府实行积极的财政政策，取得了显著的成效。积极的财政政策迅速扭转了经济下滑的局面，使国民经济在重重压力之下保持了较快的增长速度。积极财政政策的主要内容就是通过增加国债的发行数量，增加政府投资，通过政府财政支出的扩张来弥补民间投资的不足，以拉动经济增长。实践证明，在现今我国难以用减税方式来促进经济增长的情况下，政府增加国债发行量是刺激经济增长的有效选择。作为一个金融工具，在现代经济环境下，国债被赋予两种基本功能，其一则是国债的财政功能，即弥补财政赤字、从财政影响资源配置来对宏观经济进行调控；其二是它的金融功能，即通过国债市场来影响和调节以及贯彻货币政策的功能。在政府实行积极财政政策的同时，货币主管当局也对货币政策进行了调整，实行适当的货币政策。这些宏观层面的变化使得现时背景下我国国债的功能已跳出原始的弥补政府财政赤字转向注重金融功能的发挥，以期达到财政功能和金融功能并举。

国债作为一种金融商品有三个基本属性，一是增值性或称收益性，它能为投资者带来投资收益；二是安全性，它是以国家信用做担保，投资者到期能取回本金并得到利息；三是流动性，投资者可以根据实际需要进行变现或进行投资。就国债市场而言，国债的流动性大小是衡量国债市场发育程度最重要的标志。国债双重功能的发挥对国债市场流动性提出了更高的要求，没有一个高效的流动市场，国债的双重功能很难发挥，因此，这就要求我们必须大力加强促进国债流动性工作，以使国债市场的发展能够适应经济发展的需要。然而如果我们细心研究我国国债市场的基本现状可以发现，在我国国债发行规模不断扩大的情况下，我国国债流动性不足的问题显得愈加突出。

一、我国国债市场的基本现状

国债市场可以分为国债发行市场和国债流通市场，这两个市场不同的政策规定都影响着国债的流动性。

1. 国债发行市场　我国1981年恢复发行国债，从81年至今的廿年里，我国国债发行方式不断发生着变化。从81年到92年这前十一年间，国债发行还没有形成市场，因为这段时间内的国债发行基本上都采用行政摊派的发行方式，每年的国债发行任务主要都是行政力量来完成的，这段时间发行的国债绝大多数都是实物券国债。92年，上海财政证券公司首次利用上海证券交易所交易网络向个人投资者零售承销的国债获得巨大成功，从而为国债发行开创了一条新途径。93年，我国初步建立了国债一级自营商制度，开始实行由国债一级自营商来承购、包销或分销国债，我国国债发行市场逐步形成。自此以后，国债一级自营商承担起了每年的国债发行任务，国债发行的品种也出现了多样化，记帐式国债比重逐渐增大，而每期记帐式国债的发行都是国债一级自营商利用证券交易所交易系统上网发行的，国债发行逐步走向市场化，市场化的招标发行为我国广泛采用。尤其是96年，由于政府政策面的支持，我国国债市场化进程取得了较为突出的成就，当年财政部共发行了十期国债，其中八期国债采用招标方式发行。国债发行方式的市场化也为我国宏观调控方式由行政手段向市场手段转变创造了条件，96年4月，中央银行公开市场操作系统正式运行，国债作为政府宏观调控中货币政策和财政政策结合点的作用开始得到发挥，中央银行通过公开市场操作同广大商业银行进行国债现货交易或回购交易来调节流通中的基础货币供应量。

97年是我国国债市场发展史上的一个转折年，其中一个重要标志就是商业银行退出证券交易所债券市场，同时银行间债券市场成立。97年6月16日，银行间债券市场正式运行，我国国债市场自此一分为二，商业银行从交易所国债市场的退出对我国国债市场的发展来说则是一次结构性的大调整，并对我国国债发行方式带来重大影响。97年交易所市场可流通国债发行量明显减少，大量的可流通国债转向银行间市场发行。98年，尽管政府债券发行规模达到创记录的6473.6亿元，面向个人投资者的可流通国债却没有发行，银行间债券市场发行量达到了4300亿元。99年政府恢复在交易所市场发行可流通国债，当年共发行国债4015.03亿元，可流通国债发行量为2426亿元，其中交易所市场发行量为320亿元。今年到目前为止政府共发行国债2100亿元，其中可流通国债1100亿元，在交易所市场仅发行140亿元。由此我们可以看出，目前的发行市场一个重要特点就是可流通国债的发行以银行间债券市场为主，面向一般投资者的则是以凭证式国债为主。

2. 国债流通市场　我国国债流通市场始建于1988年，在此之前国债是不允许流通的。在国债流通市场建立起来以后，我国国债流动性大大提高，国债市场交投十分活跃，交易形式也不断丰富。92年我国开始国债期货交易试点，当年年底，上交所率先推出国债期货交易。但由于当时市场监管经验缺乏，加上市场投机气氛甚浓，95年上交所国债期货交易过程中连续出现两起严重违规事件即327事件和319事件，95年5月17日，中国证监会宣布暂停国债期货交易。就交易方式而言，在国债期货交易暂停之后至今，国债市场的交易形式只剩下国债现货交易和国债回购交易。

在我国国债流通市场建立和发展过程中一个重要事件就是国债市场由统一的交易所市场变为交易所市场和银行间市场的相互独立。97年上半年以前，我国国债流通市场基本上是统一的，即交易所国债市场，严格意义上说只是上交所国债市场，因为深交所国债交易简直可以忽略。97年上半年沪深股市走出一波大牛市行情，市场成交量急剧放大，市场投机气氛浓厚，不少商业银行资金违规进入股市，金融运行风险急剧增加。为防范金融风险，切断银行资金违规进入股市，保证正常的金融秩序，人民银行规定，所有商业银行无条件退出证券交易所国债市场，转而进入银行间债券市场，97年6月16日，银行间债券市场正式运行，我国国债市场自此一分为二，这种局面一直延续至今。

二、国债流动性不足是当前我国国债市场存在的最主要问题

同国债市场发达的国家相比，我国国债市场存在着明显的不足，这些不足主要体现在以下几个方面。

1. 国债整体流动性小，影响了国债市场的进一步发育。目前我国可流通国债发行主要集中在银行间债券市场，银行间债券市场的主要参与者是银行，券商参与者很少。由于银行间债券市场参与者身份比较单一，这使得银行间市场在进行国债交易时往往具有同向性。经济发展处于恢复和高涨期，银行贷款的发放增加，银行资金趋于紧张，银行有卖出国债的动机；而经济处于相对紧缩或者处于下滑时期，银行贷款动力不足，持券欲望增强，此时银行一般会买进国债。银行交易行为的趋同性限制了国债的流通，使得国债的流动性大大降低。特别是在经济运行处于通货紧缩时期，民间投资意愿不强，商业银行惜贷现象明显，政府发行的大量国债被商业银行视为最优质的资产，商业银行参与交易的动机不足。近几年政府在银行间债券市场发行了大量的可流通国债，但银行间债券市场的交易仍相当冷清，无法和交易所市场相提并论。如下表所示：

97年以来可流通国债发行情况　单位：亿元、%

年份	发行总量	百分比	交易所市场发行量	百分比	银行间市场发行量	百分比
1997	789.39	100	659.39	83.35	130	16.65
1998	4300	100	0	0	4300	100
1999	2426	100	360	14.84	2066	85.16
2000	1100	100	140	9.091	960	90.909

注：1. 摘自《上海证券报》1997—2000年6月

2. 2000年数据为截止6月30日

1994年以来各交易场所国债交易情况　单位：亿元

年份	成交总额	上海证券交易所		深圳证券交易所		银行间债券市场	
		成交总额	所占比例	成交总额	所占比例	成交总额	所占比例
1994	544.15	520.42	95.6%	23.73	4.4%		
1995	2023.72	1936.04	95.7%	87.68	4.3%		
1996	18037.89	17401.54	96.5%	636.35	3.5%		

1997	16778.34	15380.56	91.7%	1078.25	6.4%	319.53	1.9%
1998	22651.80	21235.24	93.8%	365.55	1.6%	1051.01	4.6%
1999	11047.45	9324.78	84.4%	365.12	3.3%	1357.55	12.3%

注:1.银行间债券市场成立于1997年6月;
2.成交金额中只包括国债现货交易和国债回购交易;
3.1999年数据为上半年数据;

资料来源:上海证券交易所、深圳证券交易所、中国外汇交易中心。

如果从国债现货交易来考虑,98年银行间债券市场全年累计成交29.53亿元,而上海证券交易所当年成交量为6046.7亿元,日均成交量达到24.58亿元;99年,银行间债券市场累计成交现货72.77亿元,上交所在可流通国债不断减少的情况下累计成交量达到5276.77亿元。

2.国债发行期限构成较为单一,基本上是中长期国债一统天下。从81年我国恢复国债发行至今,只有94年、95年和96年三年发行过短期国债,即期限在一年以内的国库券。国债市场发达国家的经验证明,短期国债的流动性最强,并且是中央银行开展公开市场操作的主要载体,西方发达国债通过公开市场业务来调控通货流通量主要是和国债一级或甲级自营商进行短期国库券的交易实现的。短期国库券的缺位使得国债的期限构成方面形成先天性不足,中长期国债一统天下使国债的流动性在大大降低。实际上,投资者在进行国债投资时存在不同的投资偏好,毕竟各投资者的资金运作的期限会有所不同,从满足投资者不同投资偏好角度,国债发行从期限结构上应具有多样化,以满足投资者进行投资组合的需要。

我国短期国债发行情况一览表

年份	1994	1995	1996
短期国债规模(亿元)	132.35	117.89	649.81
短期国债占当年国债发行比重(%)	11.63	7.80	30.65

资料来源:根据历年国债发行数据整理。

3.国债市场参与者定位的偏低也制约了我国国债市场的发展,同时降低了国债的流动性。国债市场参与者定位影响国债发行的品种和方式选择,若以机构投资人为主的定位则发行可流通国债的比例会较高,机构投资者对投资工具的流动性要求较高;若以个人投资者为主要投资人,则对国债流动性要求相对较低。在国债市场比较发达的国家,国债的持有者通常会以专业机构、政府部门为主,即参与者主体实现了机构化,国债市场的发展吸引着有更多符合要求的金融机构及非金融机构进入国债市场,而个人持有的国债比例较低。例如美国个人持有的国债比例仅为10%左右,日本也不超过30%,我国97年、98年和99年面向个人投资者发行的凭证式国债发行量占当年国债发行总量的比例分别为68.12%、82.21%(不包括增发1000亿元和2700亿元特别国债)和38.60%。今年到目前为止共发行国债2200亿元,其中凭证式国债1100亿元,比例为50%。由于国债品种构成缺乏流动性,因而我国国债的整体流动性继续降低。

三、客观经济发展的需要要求提高国债的流动性

我国经济体制改革的目标是建立社会主义市场经济体制,要充分发挥市场在资源配置中的主导作用,经济运行中也越来越强调用市场化手段对宏观经济运行进行调控。世界各国国债市场的演进史表明,在市场经济体制下,国债是一国货币政策和财政政策的结合点,提高我国国债市场的流动性具有重要的现实意义。

首先,国债市场运行效率的提高本身需要提高国债的流动性。国债市场的运行效率主要体现在发行市场效率、流通市场效率两方面,记帐式国债上网发行的效率无论是在交易所市场发行还是在银行间债券市场发行应该是相差无几,凭证式国债发行的效率则远低于可流通国债发行的效率。就我国目前情况看,凭证式国债发行期限一般都相当长,而流通国债则在很短时间内完成发行。国债流通市场效率体现在交易过程效率和资源配置效率,交易过程效率是指交易过程中的投入和产出之间的比率关系,交易过程效率高,可以降低市场交易者的交易成本,提高其经济效益,活跃市场,有利于资源配置效率的提高。国债市场的参与者参与国债市场的目的有两种,作为资金需求者,它以一定的成本(包括利息和交易成本)获取一定时间资金的使用权;作为资金供给者,它通过让渡一定时间内的一定资金的使用权以获取一定的收益(等于合同利息收入—交易成本—预期风险损失)。国债市场交易过程效率越高,交易者的成本就会越低,它参与交易的积极性就越高,市场交易量就越大,市场越活跃。进一步扩大国债市场的可流通国债规模,就可以有效提高我国国债市场整体交易运行效率。国债市场的资源配置效率是指通过国债市场的交易活动使货币资金这一稀缺资源得到充分有效的使用。根据现代福利经济学的观点,其评价标准是,国债市场每一个参与者的资金边际收益率与资金价格之比是否相等。通俗地说就是收益水平相等,如果不相等,其资源配置效率就没有达到最优。一个经济系统资源配置效率的提高是通过生产要素的合理有效流动来实现的。就国债市场而言,提高国债的流动性是提高国债市场资源配置效率的关键。

其次,通畅的货币传导机制也有赖于充分流动的国债市场。市场经济下中央银行货币政策工具主要有法定存款准备金率、再贴现利率和公开市场业务,其中最具有灵活性的是公开市场业务。中央银行通过在公开市场上买卖有价证券(主要是国债)或进行有价证券的回购交易来对流通中的货币量进行有效调节。通过公开市场业务调控基础货币是西方发达市场经济发达国家的惯用做法,也是中央银行主动调控最重要的工具,中央银行通过公开市场业务调控货币流通量必须要有一个充分流动的国债市场。我国从96年开始运用公开市场业务对货币流通量进行调控。由于我国国债市场的流动性较差,公开市场操作实际运行的效果并不理想。98年以来,我国在银行间债券市场发行了大量的记帐式国债,使得银行间债券市场容量迅速扩大,加上发行的金融债,1999年末中央国债登记公司托管的可流通国债和政策性金融债有1.05万亿元,99年末四家国有独资商业银行持有的政策性金融债券共7500万亿元,约占总资产的11%(戴根有,2000),但人民银行1998年债券持有量仅增加702亿元。99年中央银行通过公开市场业务投放的基础货币1907亿元,其中债券购入量仅为900亿元(谢平,2000)。这当中主要原因是持有大量国债的国有商业银行将国债视为优质资产,不愿出售,公开市场业务缺乏交易的基础,这也使得中央银行货币政策传导机制受到阻碍。因此就公开市场业务而言,必须有一个具有高度流动性的国债市场与此相匹配,否则,公开市场业务由于缺乏交易对象难以实现中央银行的货币政策意图。

第三,利率市场化有赖于发达的国债流通市场。利率市场化是金融改革的目标之一,从货币政策的角度看,如果没有一个比较发达的国债市场尤其是国库券市场,就必然缺乏货币政策赖以进行的市场环境、缺乏灵敏可靠的市场利率信号,利率市场化就难以实现。在成熟的市场经济条件下,短期国债市场即国库券市场是货币市场中最为活跃的子市场,由于短期国库券具有良好的流动性、价格稳定,交易主体广泛,对宏观调控信号的反映迅捷,因而货币当局在进行公开市场操作时,基本上是通过短期国库券市场影响基础货币供应量,从而影响商业银行的头寸,导致金融市场上的利率波动,进而形成市场利率。短期国库券市场的主要参与者是国债的一级自营商,其中有商业银行、证券公司等,该市场交易过程中形成的短期国债的收益率反映了市场资金供求状况,同时反映了市场利率水平。从这个角度看,要使我国利率改革能真正实现市场化,就必须建立我国发达、有效的短期国债市场,进一步提高国债的流动性。只有充分的流动,国债市场形成的利率才能反映市场真实的资金供求。

四、对提高国债流动性的几点建议

从上文的分析可以看出,为使我国国债市场有一个更快的发展,同时也使国债的功能能够得到更好的发挥,提高国债的流动性已经成为当务之急,要提高国债的流动性,笔者以为要做好以下几方面的工作。

第一,抓紧时间进行《国债法》的起草工作,尽快出台《国债法》。国债流动性从小的方面看是资本市场建设问题,从大的方面则涉及到国债政策。我国国债恢复发行至分已经有廿年,国债发行规模已经从81年的41亿元扩大到现在的3000亿元甚至4000亿元以上,但国债市场的法律制度建设却相当滞后,市场呼唤多时的国债法仍没有出台。笔者以为在我国国债市场规模日见扩大、国债已经成为政府最重要的宏观调控工具的背景下,应尽快出台《国债法》,用法律手段来对国债具体运行制度进行规定,这些制度应涵盖国债流动性、国债发行方式、国债的品种结构以及国债市场建设等等方面,以确保国债市场能按照政府预定目标发展,减少国债市场发展过程中的人为因素和随意性。

第二,增加交易所国债发行数量,减少凭证式国债发行比重。上文的分析已经充分说明交易所国债市场的流动性远远高于银行间国债市场的流动性,交易所国债市场具有较高的运行效率。交易所国债市场发行的国债数量占年度国债发行总量的比重越高,国债整体流动性就越强,反之亦然。因此,增加交易所国债发行数量可以大大提高国债市场的流动性。目前凭证式国债发行数量依然较大,从方便个人投资者投资这个角度,凭证式国债有它的优势,但凭证式国债发行的数量越大,国债市场整体流动性就越低,而且,凭证式国债发行效率同可流通国债相比低得多。从一个影响更大的角度——凭证式国债所蕴含的市场风险看,目前凭证式国债发行数量应减少。凭证式国债目前是由商业银行发行,为增强凭证式国债的吸引力,政府规定凭证式国债可以提前兑付。从宏观经济看目前我国的利率水平已经处于谷底,未来利率走势下跌的空间小而上扬的空间大,在此背景下,过多地发行凭证式国债无疑将利率风险进一步向商业银行集中,这是一个风险度较高的决策。因此,从降低风险角度的需要,应减少凭证式国债的发行数量,增加可流通国债发行数量,这样既可以增加国债的流动性,又可以降低利率上扬风险。

第三,逐步建立统一的国债市场。目前就国债二级市场来说是一个分割的市场,各个市场中的收益水平都不相同。根据福利经济学的观点,要使资源的配置达到高效则要求具有相同期限的国债无论它在哪个市场交易其收益水平都应相同或相近。目前我国国债市场总体上远达不到这一点,主要是两个市场的参与者主体不同;两个市场国债的流动程度不同。债券市场的分割,严重影响了国债市场功能的发挥。因此从提高市场运行效率和发挥国债市场功能方面看,这种局面应加以改善,并考虑建立统一的国债流通市场。当前要立即实现国债市场的统一政策面上还有难度,可以先考虑将交易所市场做大做活,主要措施就是一方面增加交易所流通国债的发行数量,另一方面可以考虑是否可以允许商业银行有条件参与交易所国债市场;对银行间国债市场,目前可以大量吸收成员,广泛吸纳证券公司参与这个市场,笔者以为作为我国国债市场的发展方向,国债一级自营商应该是银行间国债市场当然代表,因此目前银行间国债市场应有步骤地大量吸收国债一级自营商成为自己的会员。市场机制运作原理表明,市场参与主体的增多是形成有效供求机制、竞争机制、价格机制和利益机制的基本条件,只有参与者主体的不断增多,才能消除不完全竞争,市场才能活跃。现实情况是,银行间债券市场参与者数量较少,参与者主体单一。在银行间债券市场活跃的基础上,再将国债市场统一起来。未来的国债市场应该是全国统一的、面向所有金融机构及企业法人和个人投资者的市场。

第四,改进国债管理体制,将国债发行由年度额度控制改为年末余额控制,在此前提下继续发行短期国库券。目前我国国债发行管理实行的是年度额度管理,即由财政部在每年的人代会上提出当年国债发行数量安排,经人代会讨论通过后付诸实施。经过人代会讨论后就赋予了法律含义,非经人大常委会讨论不能变动,这就给国债发行套上"紧箍咒"。在此情况下,财政部肯定倾向于发行中长期国债,以免国债发行数量超标。96年我国共发行国债1960.1亿元,其中短期国债发行了675亿元,当年偿还的国债360亿元,96年发行国债到年末新增余额为1600.1亿元。从这些数字可以看出,发行总额控制和年末余额控制差别很大。用年末余额控制方式进行国债发行管理,可以赋予财政部更多的发债主动权,可以根据财政部资金需求灵活发行各种期限的国债,这样困扰国债市场的国债品种单一的问题有望得到解决。实际上发行短期国债一举三得,首先可以活跃国债流通市场,增加国债的流动性;其次可以降低国债的发行成本,一般来说,长期国债的利率总是高于短期国债的利率,由短期滚动成长期,利率成本会随之下降;另一方面,短期国债可以降低利率风险。前几年一方面财政部发行了大量的长期国债,付出了高昂的利率代价,与此同时中央银行连续进行了七次降息,国债发行的比较成本陡增,若发行短期国债,恐怕国债的发行成本要大大降低。

第五,加强市场创新,根据市场环境的变化进行国债新品种和交易形式的创新,恢复国债期货交易。我国国债市场恢复以来,国债品种的创新取得重要成就,国债品种由刚开始的凭证式国债到实物券国债、记帐式国债,计息方式则从零息国债到贴现国债、附息式国债多种形式并存,去年我国开始在银行间债券市场发行浮动利率国债,今年则进一步发展到在交易所市场发行浮动利率国债。实践证明,这种创新对国债的顺利发行,提高投资者投资国债的热情起到了积极的作用。今后在国债发行方式及品种的选择上,应继续根据客观经济发展的需要进行大胆的创新,只有创新国债市场才有活力。

在国债品种创新的同时,国债的交易方式也应该进行积极的创新。经过这几年的发展,我国证券市场的成熟度有了较大程度的提高,《证券法》已经实施,市场监管手段也日臻完善,投资者的自身素质也有了长足的提高,当前我国恢复国债期货交易的基本条件已经成熟,建议恢复国债期货交易,这样可以活跃国债市场,同时给投资者一个合理的规避风险的途径。

第六,发展国债投资基金,增加国债市场的资金来源,改善国债市场的投资者结构,大力发展机构投资人。从93年开始,我国就出现了国债组合受益凭证、国库券再投资受益债券等借助国债而命名的凭证,所有这些均属于国债投资基金的操作工具,只不过基于政策制度等方面的原因而没有正式以国债基金受益凭证形式出现,当然与真正意义上的国债投资基金相比,前者承诺收益水平也不规范。国债基金有封闭式和开放式两种基本形式,同一般的证券投资基金相比,国债投资基金是国家信用和非国家信用相结合的表现形式,国家信用是其存在的前提和基础,国债基金的绝大部分资金是投向国债的,同其他类型的投资基金相比,国债投资基金具有信誉高、风险小、收益稳定的特点。发展国债投资基金对增强我国国债流动性、加速我国国债市场发展具有积极的意义。

首先,国债投资基金的设立可以增加国债市场的资金来源,这与我国国债市场规模的不断扩大是相适应的。通过设立国债投资基金可以引导小额投资者广泛参与国债投资,拓宽投资者的资产运作渠道,充分发挥机构投资人的人才、信息、技术等方面的优势,为投资者带来最大的收益。

其次,发展国债投资基金是深化国债发行机制改革、增强国债一级自营商承销能力的必要措施。国债发行的市场化是我国国债发行机制改革的方向,在市场化国债发行中,广大国债一级自营商担负着重要任务。而国债一级自营商中有相当数量是券商,目前券商资本实力有限、融资渠道不多的情况下,设立国债投资基金可以大大增强国债一级自营商的承销能力,使国债发行能够顺利进行。国债基金的设立,可以改善国债市场的投资者结构,使机构投资者的数量大大增加,这会为我国统一的国债市场形成后中央银行实施货币政策提高良好的市场基础。

(作者:上海财政证券公司总经理)

加快证券市场的规范和发展

国务院发展研究中心《国有企业改革与发展》课题组

第一,切实转变发展资本市场的指导思想

我国发展证券市场的最根本目的,是要改变过去那种通过行政命令配置资本资源的方式,代之以通过市场来配置资本资源。在一个有效的证券市场上,股价随着企业未来盈利能力的变化而变化,从而引导资本流向。因此,有效的证券市场有利于资本资源的优化配置和公司治理结构的有效运转。

第二,为各类企业提供平等的融资环境

平等竞争是市场经济的第一要义。健全的资本市场,也要有各类企业的共同参与、平等竞争才能建立起来。

但是,我国证券市场一直采取了"向国有大中型企业倾斜"的方针,直到最近,在两个证券交易所上市的,基本上是由地方政府和主管部门推荐的国有企业。非国有企业即使绩效很好,也很难得到上市的机会。少数非国有公司的上市,也通常是靠付出巨大代价购买只有很少净资产、甚至完全没有净资产的"空壳公司"才得以实现上市的。这种做法显然不符合市场经济的原则,应当迅速纠正。

前一阶段各地以各种名义自发设立的证券交易市场,由于上市公司质量低劣、交易秩序混乱,不仅起不到优化资本资源配置的目的,还潜伏着很大的危机。因此,对它们进行整顿是完全必要的。但是,从中长期发展看,多层次的股票交易市场不仅对证券市场本身的培育和完善是必须的,也是推进企业优化重组的必要条件。为此,建议对各类场外交易进行必要的试点。同时,对于设立内地"第二板块"市场和利用香港"创业板"市场问题,亦应采取积极态度,创造条件,促其实现。此与同时,目前将上市公司的股份分成"国有股"、"法人股"和流通股,只有后者才能上市流通的做法,也是与同股同权的原则不相符合的。这种做法既制约了资本市场资产重组功能的正常发挥,也缩小了企业重组的空间,不利于企业治理结构的改善。

第三,改善证券监督机构的监管方式

任何一种市场都需要由政府承担建立和执行交易规则的任务。证券市场由于具有明显的不完全市场性质,就更需要有严格的监管。但是,这种监管必须以执行强制性的披露制度为主要手段,保证市场的透明性和使交易在公开、公平和公正的环境中进行,而不能以行政控制审批为主,更不应由监管机关对交易活动进行直接干预。

在我国过去的监管实践中,广泛采用了行政审批作为主要的监管方法。例如,公司要取得发行股票的资格,先要经过省区市或中央部委推荐,然后由证券监管部门审定;发行规模乃至发行价格也由证券管理部门控制。这种做法的流弊极大,应当迅速改变。按照市场经济中证券交易的惯例,股份有限公司发行股票实行登记注册制,股票上市则由企业直接向证券交易所提出申请,证监会按照法定程序进行监督。无论是证券交易所还是证券监管机构所要保证的是信息披露的准确和及时,而并不对企业经营效益高低负责。在1999年7月1日开始实施的《中华人民共和国证券法》规定我国证券发行实行证券监督管理机构核准制的情况下,也应力求做到核准程序公开、公平、公正。一要尽快制定新的明确的企业发行和上市资格标准并公之于众。二要严格执行标准。从体制、政策、人员素质、职业道德等多方面努力,建立健全会计师事务所审计制度。三是在坚持发行标准、严格披露制度的条件下,逐步取消额度控制并对所有经济成分的企业一视同仁。

第四，证券市场要在规范的基础上得到更大的发展

针对我国资本市场发育不足的状况，亟需在证券市场规范运作的基础上培育众多的投资主体，吸引更多的入市资金，使证券市场有一个大的发展。目前社会保障基金和保险业的保费收入只能用于购买国债而不能投资于股票，不仅限制了证券市场的发展，也不利于这部分资金的保值增值。建议在股市规范化和对金融机构加强监管的前提下，逐步放宽对工商企业和社会保障基金等非银行金融机构进行证券投资的限制。

此外，应当开通企业购并的融资渠道。企业购并活动所涉及的资金数量都比较大，内部积累很难满足，因此主要依靠外源融资。在国外，这种外源融资主要采取两种形式，一是银行贷款，二是发行债券。而在我国当前体制和政策框架下，这两条渠道均不畅通。就银行贷款而言，由于两方面原因，企业购并活动很难得到银行资金支持。一方面，现行法规禁止银行资金违规入市炒作，然而对什么是炒作没有明确界定；另一方面，由于银行改革滞后，至今银行贷款的科目还沿用计划经济的划分，即固定资产投资贷款、流动资产投资贷款等，而没有购并贷款科目。在当前情况下，禁止使用银行资金进行短期炒作是必要的，但应将炒作明确界定(比如界定为一定时期——如1年——内的短期买卖)，以便在此基础上，银行增设购并贷款科目，为购并活动提供融资。

从发行债券讲，存在类似的情况。由于规定企业发行债券所筹资金不得用于股票买卖等与本企业生产经营无关的风险性投资，也限制了企业通过发行债券为购并进行融资的活动。建议在明确界定的前提下，放宽或取消限制企业通过发行企业债券为购并活动融资的规定。

第五，抑制股市泡沫，提高股票投资价值

我国证券市场在多数上市公司盈利水平连年下降、成长性很差的情况下，股票市价居高不下，市盈率经常处于30－50倍的高位，这说明市场泡沫过大，缺乏投资价值。它对于市场的长期发展具有严重危害。现在入市的中小投资者日益增多，开户数已经接近4000万个。如果不能提高上市的质量，挤出泡沫中的空气，即使实行托市，也只能使少数有权力或消息背景的机构大户得益于一时，而不能避免泡沫最终破灭的必然结果。而且泡沫膨胀得愈大，泡沫爆破时造成的冲击也愈大。在这方面，我们应当从东亚金融危机取得深刻的教训。

根据以上情况，需要采取坚决而稳妥的措施解决我国股市的泡沫问题。从消极方面说，应当扼制证券市场上某些机构大户的违规炒作活动，使那些绩效差的股票价格回落，对那些长期亏损的企业坚决采取"摘牌"措施。从积极方面说，则要在股票发行上尽快取消对不同所有制企业的歧视性政策，多上市一些高效益的企业。通过这种发展绩优股、淘汰"垃圾股"的办法，提高上市公司的整体质量和降低股票市场的平均市盈率。

在当前需求不足、需要采取扩张性货币政策的情况下，更应当汲取1986年日元升值后日本政府注意增加内需却对泡沫经济的生成缺乏警惕而终至酿成长期衰退的教训，在采取扩张性的宏观经济政策的同时，防止股市泡沫的生成。　　(国务院发展研究中心《国有企业改革与发展》课题组总负责人：陈清泰、吴敬琏)

发展中国证券市场关键在于认识深化

刘鸿儒

中国证券市场的发展，从债券市场到股票市场，从发行市场到交易市场，从分散柜台交易到证券交易所交易，从少数小型集体企业上市到大中型国有企业改组上市，从在国内上市到进入国际市场上市，从不规范到逐步规范，发展的速度快，形成的规模大，已成为我国社会主义市场经济的重要组成部分。

在社会主义国家发展证券市场，特别是股票市场，是理论和实践的重大突破。长期以来，人们担心会不会私有化，会不会带来社会不安定。小平同志在关键时刻指明了方向，统一了认识，股票市场得以快速发展。党的十五大，进一步明确了混合经济是必由之路。改革的实践使人们认识到，股份制和股票市场，对于促进国有企业改革、经济结构调整、公有制为主体的社会主义经济的发展壮大，具有十分重要的作用。可以说，我国的股票市场得到了社会公认、领导肯定和立法保护，为长远发展奠定了坚实的基础。

中国的证券市场是新兴的市场，不成熟的市场，还有许多不完善甚至扭曲的状态，与国际上发达的市场比较，相差甚远。要提高我国证券市场的水平，关键在于认识深化，认识到位了，决心下定了，办法就会想出来。

证券市场是未来中国经济稳定发展的不可缺少的支撑力量，因此，我认为首先要解决好市场定位问题。21世纪，中国进入了经济结构大调整的历史阶段，发展新兴产业，调整存量资产，资本重新组合，都离不开资本市场。

其次，下力量发展机构投资者，特别是要大力发展和完善投资基金。根据各国的经验，应创造条件，逐步降低税率和费率，以增强市场的竞争力，增强中小投资者的活动空间。

再次，上市公司的质量是证券市场稳定的基石，要适当降低国有股的比重，特别是竞争领域的企业。

市场经济成熟的标志是透明度高，尤其是灵敏度最高、风险最大的股票市场，更需要向社会公众平等透明。凡能市场决定的就要市场决定，不能人为地限制；信息披露要真实、准确、及时，逐步减少审批制，尽量搞备案制、登记制；要严格执法，保护法律透明。

中国的证券市场要和国际接轨，不能老搞"土特产"，要从全球一体化的角度去考虑，找出我们的差距，提高我们的水平，更多地请进来、派出去，这不仅能提高我们的管理水平，同时还能运用国际国内两个市场的资金来支持我国经济的发展。

(2000年4月22日《北京青年报》)

关于我国证券业发展管理的若干诌议

周艳清

我国的证券市场在经历了数年的时间考验之后，越发趋于稳定成熟，趋于科学的程序化的管理。

一个行业的兴衰与成败，除了原有的生命力以外，更大成份的问题是否有着规范的发展道路与规范的管理。伴随着证券行业越来越有生命力的发展势头，完全可以肯定地看到，我国的证券行业在经历了许许多多的成功与失败之后，越发坚挺地站立，越发坚挺成长与向前，这是令人欣慰的。

对于我国的证券行业的发展，笔者认为，管理的思想与管理水平越来越值得重视，越来越值得研究。只有认定出一种完完全全地适合我国国情的证券业的管理模式，才能更快地促进证券业的发展与进步。

一、证券信息技术应有统一的开发模式

证券市场的初期，是信息技术百花齐放、百家争鸣的表现期。中国的证券市场跨越了西方证券市场的几个技术处理时代一跃为电算化时代，在电算化的信息技术处理中又经历了独立单位的核算与清算到法单位的清处与核算，这些信息技术的处理手段都是伴随证券市场的变化，就实际的证券市场经验而论，一个证券行业如果要经历住时间的考验，要走出国内、走向国际，就必须以超前的信息技术处理思想，超前的信息技术处理能力，超前的信息技术交易硬件，超前的软件开发统一模式，才能导致我国的证券行业更加科学化、严格化、成熟化，走向国际证券市场最前列。

现代证券业对信息技术的需求随着"知识经济"、"信息经济"、"网络时代"......的出现，越发惊人地再现出知识信息所占据的地位推动社会发展的巨大动力所在。而我国证券业经济运行与宏观管理是需要面对大量的信息堆磊。这样就更加迫使信息技术必须适应知识经济的要求。

对于目前我国证券行业的信息技术的处理模式，首先要有一个长远的数据模式，标准的数据采集；其次数据管理上要有一分层的合理分配以适应统一综合管理与决策；最后在达到分步或综合处理的同时，力争做到智能化、合理化线性和非线性分析预算，使我国的证券业走入良好的有序循环。

二、实行数据集中监控管理模式

随着证券行业的深入发展，数据实行集中监控管理模式已经成为必然的趋势。因为证券业的发展已经成为智能化、规范化、技术化。

1、实行数据集中监控管理模式是解决技术问题的根本途径及必要的手段。优势是：a、可以拉开技术处理的层次与高度，除保证正常的业务处理能力外，还可以保证总体技术发展及处理的空间；b、可以缓解各证券部机房的压力，一旦有技术问题即刻可以集中优势全力解决；c、可以增加下属各证券技术问题的安全性，两层界面共同面对同一个问题，并以塔尖的方向保持向上的能力；d、可以恢复下属证券部的灾难数据，从根本上保证数据不出现问题；e、可以提供技术发展的更大空间，作为充分发展证券业务的更大保证。

2、实行数据集中监控管理模式是加强券商管理的根本措施。

伴随着二十一世纪的到来，券商之间的兼并现象越来越普通，券商的经营模式正面临着新一轮的变化，传统的单个营业部式的管理模式早已被公司级的统一模式所取代。券商间的竞争也由传统的意识型转为智能型。所以结合国内的网络技术，以及新变化的证券行业，都以集中监控的管理模式来实现券商的网络互连，实现统一管理的资源优化，达到真正意义上的规范发展与管理。

3、实行数据集中监控管理模式有利于控制经营风险。

只有实现数据的网上互连，才能有效地化解加防范经营风险，发展大公司的整体优势，增强防范能力，最大限度地控制经营风险，把握经营的主目标，这样才能推动公司的证券业务步入健康、高速发展的轨道。因为实行数据集中监控管理模式之后，公司的整体管理措施才能加以体现，从风险的角度才能有效的降低。

4、实行数据集中监控管理模式有利于加强财务核算与监督。

数据集中监控管理模式便于财务的现代化核算与监督。数据处理的取向是从最直接的营业窗口连层到法人清算数据再围绕网络技术功能反馈到公司领导决策层，最后形成领导决策的有效数据。这一切都源于监控的管理模式，通过集中数据处理后的数据，将财务管理的数据逐层加工，由核算到监督到决策都是依靠技术手段的实现，有完全可靠的技术保证，这也是形成公司财务软件的最主要的媒体及是中间件，是形成公司办公自动化的重要一步。

5、实行数据集中监控管理模式是公司整体利益发展的最大需要。

在证券行业，一个有效的数据采集及形成需要技术的再加工，随着形势的发展，技术在金融领域里面已经成为必不可少的工具。结合各券商的情况，就更有必要将以往的呆死帐、坏帐经过统一的数据加工之后，形成历史的标准模式以建成统一文本的帐务，这对券商及公司的管理者来说无疑是有力的。券商及公司的办公自动化轨道也是需要证券数据的统一集中管理，只有这样，才能便于服务操作的方向发展，才能成为集多种交易手段、办公自动化、财务系统化、信息强大化的多功能管理，只有这样才能实现高可靠的、高速度的和实时性更强的多功能网络系统。

三、证券业的几种新型的业务

1、网上交易业务

由于网上股票交易方式有着明显优于传统服务的特点，而被看做为电子商务的一项重要业务。网上交易的出现，也吸引了许多新的投资者，造就了全新的在线经济业，对传统的股票交易方式形成了一定的冲击力，在线交易（网上交易）已成为发展的方向。

目前，我国的网上交易盈利手段大致有：a、以出售网上证券交易软件来盈利；b、依据提供信息来盈利；c、通过向券商提供有偿网上交易来盈利；d、将着眼点转向网上的广告收入来盈利；

2、开辟证券行业的优质信息技术服务

证券行业的信息咨询由来已久，该行业鱼目混珠，但能在该行业立足并真正得以发展的都有其自身的独到特色。证券业是一个集信息密切相关的行业。置身证券市场，时常会听到各种各样的传言和议论，这种传言和议论往往与股市的实际走势密切结合。这样，就要求我们将第一手资料分析整理之后提交给用户，至少我们的信息是有道理的，并为客户所关注的。

3、高风险的投资业务的发展

现代的高风险投资业务应有一个风险机构，即风险投资机构。传统的风险投资仅仅是投资者以掌握部分股权的形式对一些具有成长性的企业进行投资，直接获取股权权益的增值。而现在是可以由风险投资机构直接运作。我们可以将风险投资机构的业务直接引用到证券市场上来。这也是证券业的投资银行的作用。

4、公开地开展债转股工作

5、积极做好创业板上市的各种工作

以上是笔者对于证券行业发展与管理的若干刍论。笔者认为：在管理上应该进一步务实和保证证券政策的一致性，不能以短期的行为而冲断长期的管理目标。只有实行切实可行的管理方案，才能将我国的证券行业推向前进。（作者：吉林省国际信托投资有限责任公司深圳证券营业部总经理）

中国证券市场　任重而道远

吴晓求

如果以1990年12月上海证券交易所的成立作为我国规范意义上证券市场发展起点的话，到今天新生的中国证券市场已经走过了十年的发展历程。站在世纪之交，回顾中国证券市场的这段发展历程，展望中国证券市场未来的发展，无疑是非常有意义的。

一、市场化改革：中国证券市场形成的历史背景

1、国有企业改革：中国证券市场产生的直接动力。

改革开放以来，我国国有企业改革经历了“放权让利”、扩大企业自主权、承包租赁等不同阶段，但却始终没有涉及到国有企业的产权问题以及企业的治理结构问题，国有企业改革没有取得实质性突破。80年代中期以来，我国经济理论界开始意识到国有企业改革问题的症结所在，从而使得现代市场经济条件下企业组织制度的一种非常典型的形式——股份制开始逐步在中国经济理论界和实际部门得到承认和发展。中国的决策层也逐步接受了这种理论——以“产权清晰、政企分开、权责对称、管理科学”为特征的现代企业制度最终成为我国国有企业的改革目标。股份制开始成为国有企业改革的首选模式。而发达的证券市场是股份制改革的必备条件，这就客观上要求我国必须发展证券市场。

2、国民收入分配格局的深刻变革：中国证券市场形成和发展的经济基础。

改革开放以来，伴随着中国以“放权让利”为主线的经济体制改革的深入，我国经济得到了迅速发展，我国原有的以财政分配为主体的国民收入分配格局发生了根本性的变革，国民收入分配出现了向居民倾斜的趋势——1978年—1990年间，财政部门可支配收入所占份额从16.85%下降到了7.94%，而居民收入所占份额则从50.07%上升到了64.62%。国民收入分配格局的这种变动，使得我国国民经济运行中储蓄—投资转化流程出现了质的变化，这客观上要求经济体系提供全新的储蓄—投资转化的途径。

但是，当时我国储蓄——投资转化机制的制度创新严重滞后，仅有银行信贷机制转化一条途径。

二、过去10年轨迹：高速发展与大幅波动

中国证券市场创立之初，上市公司数仅仅只有十几家，通过股票筹集的资金仅一二十亿，每年市场交易额仅有数十亿元。10年之后的今天，证券市场中上市公司数已经突破千家，增长近百倍；年度市场交易额达到了5万亿元，增长近千倍。短短不足10年的时间，中国证券市场走过了西方发达国家需要几十年、甚至上百年时间的路程，一个全新的、以先进技术装备起来的中国证券市场已经屹立于世界证券市场之林。

发展虽然是主旋律，但全面、客观地看待中这十年中的发展时，也不能忽略其另一个基本特征——不平稳性或者说波动性。如果仅以股票指数来衡量，那么从大的视角来看，中国证券市场在10年间至少经历了四次大幅震荡，而较小幅度的波动则不可胜数——中国证券市场股价指数的波动频率之高、波动幅度之大同样可令世界为之瞩目。中国证券市场的深化，任重而道远。

三、未来10年发展趋势：快速扩张与国际化、市场化进程的加快

证券市场已经开始成为中国经济发展的重要推动者。一个处在蓬勃发展时期的证券市场，正在从根本上改变中国的金融构架。在21世纪的未来10年里，中国证券市场将获得前所未有的发展。

（2000年4月22日《北京青年报》）

建立二板市场：资本市场革命性变革

韩志国

建立二板市场是改革与发展的双重要求

中国的资本市场从形成到发展，已经走过了将近10年的历程。在这个过程中，既有比较成功的经验，也有值得吸取的教训。从发展主板市场到建立二板市场，既是资本市场发展的逻辑结果，也是人们对社会经济发展和资源配置机制在认识上得以深化的综合反映。也就是说，在我国建立二板市场，是改革与发展的双重要求和客观趋势。首先，建立二板市场，是发展股份经济的内在要求。其次，建立二板市场，是在我国发展高新产业和知识经济的内在要求。再者，建立二板市场，是培育我国市场经济微观基础的内在要求。

合理设计我国二板市场的基本架构

建立二板市场是一个复杂的系统工程。要完成这样一项宏伟的建设任务，需要解决一系列复杂的矛盾和问题，其中，最为重要的是市场的自身定位、市场的内在结构和市场的交易机制。

（一）二板市场的自身定位。

二板市场的合理定位是市场正常运作和有效运作的前提，我国主板市场存在着的种种弊端固然与建立证券交易所时的复杂的经济和社会背景有关，但也与当时市场自身的定位不清、不准有着直接的关系。因此，为了使我国的二板市场在建立和发展中少走或不走弯路，就必须解决二板市场的自身定位问题。二板市场的市场定位：我国的二板市场与主板市场应是一种什么样的关系，是独立型市场还是依附型的市场，这是二板市场自身定位的关键。二板市场的方向定位：我国的二板市场的服务对象是什么，是单纯服务于高科技企业还是综合服务于各种类型的中小型企业，这是二板市场自身定位的核心。二板市场的区域定位：我国的二板市场应该放在哪里，这是目前人们比较关注的问题。一种比较有代表性的思路是：沪深两个证券交易所合二而一，然后把深圳证券交易所改造成二板市场。

（二）二板市场的内在结构。

二板市场的内在结构，包括市场结构、组织结构和保障结构三个方面。二板市场的市场结构：构架二板市场的市场结构的核心要点是建立一体结构还是分体结构。二板市场的组织结构：二板市场的组织结构包括市场的监管组织结构和上市公司的组织结构两个方面。二板市场的保障结构：二板市场是一个风险程度相对较高的市场，因而需要建立二板市场的保障结构。也就是说，中介机构在主板市场上可以只荐不保，但在二板市场上则必须保荐结合，又荐又保。在这方面，核心是强化会计师事务所与律师事务所的法律责任和证券公司的持续保荐责任，以避免目前主板市场上普遍存在的“包装”、“伪装”现象，切实保障投资者的合法权益。

（三）二板市场的交易机制。

二板市场的交易机制，应该是建立在买者自负原则和持续交易制度的基础上的，在这样的基础上构建的交易机制，应该包括以下几个相互关联的方面：1.在市场上推行做市商制度，每家上市公司至少应有3至5个做市商，做市商的资本充足率必须保证，对投资者的销售行为必须公正，做市行为与自营行为必须分开。同时，要在做市商之间引入竞争机制，使做市商的利润来自它自身的素质和知识、投资者的获利来自他所挑选的做市商这一二板市场通行的经营哲学能够在我国的二板市场中得以体现。2.参照香港创业板中有关管理层股东（有两年的售股限制期）和高持股股东（持有上市公司5%或以上的股东，有半年的售股限制期）的划分方法，来合理确定上市公司发起人股东与经营者股东的售股限制期限，以保证上市公司尽可能有一个比较完善的经营机制和公司治理机制。3.对二板市场的投资者设定交易下线，即规定在二板市场上首次交易的金额在5至10万元以上，以便让那些了解市场、具备相当专业知识的投资者来参与二板市场的交易。4.实行T+O的交割制度。5.设立二板市场的期货指数交易，进一步为投资者提供规避风险的交易机制。

建立与市场经济匹配的监管体系是二板市场成功的关键

二板市场的建立是我国资本市场发展史上具有革命意义的重大变革，确保这项变革取得成功，就成为摆在我们面前的一项十分重要而又必须做好的工作。由于主板市场要求企业上市规模大、上市标准高、经营和盈利相对稳定，而二板市场的企业通常处于创业期或产业化初期，企业、产品和盈利的变数都相对较大，加上企业的规模小，经营者可以通过二级市场的变现机制全身而退，因而二板市场是一个风险程度相对较高的市场。为了避免这种高风险可能带来的市场震荡和社会震荡，就必须注意加强二板市场的法律环境建设，在强化投资者风险意识的的同时，切实加强对二板市场的监管力度，通过不间断的和有效的监控来确保市场的安全、统一和透明。

二板市场的监管宗旨，是保护投资者和保证市场规范。在监管中，应当遵循以下四个方面的基本原则：1.遵循由市场作决定的原则，集中精力管市场管不了、管不好、管不到的事情；2.把保护投资者利益、维护正常的市场秩序作为监管工作的出发点和立足点；3.实行严格的、强制性的、持续的信息披露制度，确保市场的有效运行；4.实行买者自负原则，在市场上真正引入企业破产制度和摘牌制度。概括起来说，就是要通过缜密的上市规则和交易规则、高素质的监管人员和监管机制、有效的保障条件和预警措施，来保证市场公正操作、公平竞争和高度透明。

（2000年7月18日《中国证券报》）

论减持国有股的难点和可选择方案

王国刚

减持国有股的若干操作难点。减持国有股，在操作上有着一系列的政策难点，其中包括：国有股的持有主体是否减持股份，是股东的一项基本权益，首先应以明确股东为基本前提。国有股，就表面现象而言，其产权及股东似乎是明确的，即国家所有、国家股权，但只要一深入，就不免发现，其产权和股东是不清晰的。从更深的层次看，国有股绝非仅仅是价值问题，它还包括了由谁来代表国有股从而任免国企领导人、收取股利、决定国企命运等一系列部门权益和部门发展问题（甚至包括了一些个人权益和个人发展问题）。

国有股的出售主体。国有股减持，从股票市场角度说，就是国有股出售。既然是“出售”，就必须有出售主体。由于任何一级政府本身在市场上难以直接作为一个卖者出现，所以，通常应有一个政府部门（或政府所属的其他机构）充当此角色。在现实中，由于几方面问题，使得这一角色难以选择：第一，每笔国有股卖出的决策由谁作出？第二，卖出国有股后的资金直接划入谁的帐户？第三，操作机构的职能如何界定？

国有股的减持数量与增持。国有股减持，这是针对目前在上市公司中国有股过多和国有股不可交易流通而言的，从后续过程来看，有两个问题是需要考虑的：第一，国有股的减持数量。第二，国有股的增持。既然有国有股减持，自然就有是否允许国有股增持的问题。

减持国有股的基本立足点。减持国有股的基本出发点在于贯彻“有所为有所不为”的思路，推进“政企分开”，盘活国有资产存量，加快市场经济的建设和经济体制转变。为此，减持国有股，首先应从国有经济发展和调整、国有资产活力和功能的大局着眼，而不应从利益得失（尤其不应从地方政府部门对利益得失）角度考虑政策选择。在这个过程中，有一些观念上的问题，值得进一步讨论的。

经济实践证明：从政府财政收入的角度看，作为政府部门基础的是，一切创造财富并有收入的企业和个人；同样，这些企业和个人的发展，是财政收入增加的基础，也是政府部门运行和发展的经济基础。因此，绝不能把政府部门的经济基础从全社会转变为某种经济成份。改革开放20多年来，国民经济的发展、政府财力的增强，就主要方面而言，不是来自于我们创办了更多的国有企业，而是来源于非国有经济的快速成长。因此，不能认为，减持国有股，将削弱政府部门的经济基础。

国有股的减持价格。减持国有股，自然涉及国有股的减持价格问题。有人认为，既然我们主张实行市场经济，那么，国有股的减持价格也应贯彻市场原则：对上市公司来说，就是要按照股市交易价格转让（出售）国有股。从表面关系上看，这一认识似乎是无可非议的，也是容易达成共识的，但仔细探究就会发现，情况并不这么简单。第一，从国有股的价值形成机制上看，上市公司中的国有股价值，最初是在股份制改制中，通过资产评估、将净资产折为股份而形成的；然后，通过溢价增发股票（包括各年的配股、增发新股等）而得到大幅增值的。在这个过程中，国有股的价值，至少增值了两次：一次是改制中的资产评估增值，另一次是溢价售股而增值。第二，从股市价格来看，目前在A股市场上流通的股份数量大致占上市公司总股本的1/3左右，一旦国有股的减持部分较大，且直接进入流通，股价势必大幅下落（这也是各方担心，从而，国有股流通问题经多年研讨，迄今未真正实施的一个重要原因）。在这种市价快速下落的状况中，哪一价位是国有股行市的合理价位呢？另一方面，国有股因属“原始股”范畴，成本较低，只要高于净资产售出（鉴于上述增值，甚至低于净资产）就可获利，而广大的股市投资者就将因股价爆跌而蒙受惨重损失，股市将处于低价运行甚至有行无市状态，这对于股市的建设和发展，有多少益处？对后续的国有股通过股市售出而减持，又有多少益处？据此，国有股的减持价格应以每股净资产价值为基准。

国有股的入市流通。上市公司中国有股减持部分的入市流通可以有两种方式：一是直接入市流通。第二种方式所以称为“间接”，是因为，一旦减持的国有股卖给了投资者或由投资者构成的机构，其性质就不再是“国有股”，同时，投资者及机构在出售这些股份中，不受政府部门的支配。如上所述，由政府部门或政府所属机构直接在股市上出售国有股，有诸多难以解决的问题，与之相比，间接入市流通，有利于回避这些难点，又有利于保障投资者的利益，推进国有股的入市流通，因此，是一种可考虑的基点。

减持国有股的可选择方案。上市公司的国有股减持，在操作过程中，应考虑两个前提：一是保障国有股能够顺利减持，且这些股份能够入市流通；二是国有股减持且入市流通，不致给投资者利益造成大的“伤害”，不致给股市运行和经济社会的正常活动造成大的冲击和影响。为此，可供选择的方案有三：建立国有股减持基金，国债的“债转股”，国债的“债转股基金”。

在上述方案中，笔者所以指出一些尚待研究解决的问题，并不意味着它们没有应用价值，只是强调还有需要我们予以深入探讨、使之完善的方面。

（2000年6月20日《中国证券报》）

国有股上市流通的前景

林毅夫

我国证券市场到现在已经有十年的历史，但仍然很不完善，一个重要根源就在于上市公司的主体是由国有企业改造而来的国有控股企业，而占上市公司总股本70%左右的国有股和法人股又不能上市流通。现在人们已经认识到这种情况对我国国有企业改革和资本市场健康发展的危害，开始研究如何解决这一棘手问题。当前的主要担心是资本市场容量有限，国有股、法人股上市流通会严重冲击股市，引发投资者难以承受的“股灾”。

然而，国有股、法人股上市流通是否会引发股灾，最终取决于国有股、法人股能否为投资者带来合理的投资回报。如果国有股、法人股收益丰厚，再加上解决国有股、法人股上市流通问题的具体政策措施得力,如选择恰当时机,分批上市,同时采取其它配套措施,市场股价自然不会大跌。

对于企业来说,与银行贷款相比,通过资本市场发行股票融资,还本付息的时间约束软。企业效益好可以多分红派息,效益不好则可以少分红派息,甚至暂时取消分红,自由度较大。但是,从购买股票的投资者来说,股票分红收益较银行储蓄或政府债券利息受益的风险大,而且,万一企业破产清算,只有在偿还了企业的各种债务以后,股东才能分得最后的剩余资产,所以,总的来说,企业必须支付比银行利息更高的成本才能吸引资金拥有者来购买股票。目前,我国国有企业资金的主要来源是银行的贷款,利息负担被认为是国有企业绩效差的主要原因之一,如果多数国有企业连支付银行贷款利息都感到吃力,就说明多数国有企业无力为股票投资者提供合理的报酬。所以,目前我国大规模将国有股上市流通的条件还不成熟。绝大多数国有企业必须先改革,提高企业利润率,然后才谈得上国有股上市流通。

国有企业的两大政策性负担 国有企业效益差是多方面的原因造成的。如果说委托——代理问题是中外任何大中型企业都难以避免的问题,那么,我国国有企业绩效不佳则还有其它独特的先天不足和后天失调的原因。

国有企业的政策性负担包括两个方面:一是社会性政策负担,另一个是战略性政策负担。社会性政策负担包括国有企业中的养老保险和冗员等。改革前,政府给工人的工资只够支付当前的消费,退休养老到时由政府透过统收统支的财政制度直接支付。改革后,养老保险的负担逐渐转嫁到企业而成了企业的政策性负担。另外,改革前的重工业优先发展战略没有创造出足够的就业机会,为了解决城市中就业的需要经常把国有企业里的一个工作岗位指派给三个工人来做,在取消了统收统支的财政制度后,冗员也同样成了国有企业的一个社会性政策负担。

除了社会性政策负担外,许多大型国有企业所在的产业和所采用的技术,资金密集程度太高,和我国要素秉赋所决定的比较优势不相符合,国家为了发展战略的目标而把它们建立下来。然而,这些不符合比较优势的产业在完全自由竞争的市场环境下是没有自生能力的。改革前国家通过压低各种要素的价格来减低它们的建设和生产成本,同时给予它们在产品市场上的垄断地位,并排除了国外同类产品在国内市场上和它们的竞争,靠这些支持和保护它们能够生存下来。改革后上述支持和保护条件逐渐消失,国有企业缺乏自生能力的问题也就显现出来。这些国有企业的投资是国家战略决策的结果,并非企业的自主选择,所以这种负担是战略性政策负担。

解铃还须系铃人 无论是解决国有企业的委托——代理问题,还是提高国有企业的盈利能力问题,都需要首先解除国有企业的政策性负担,使国有企业能够和其它类型的企业在市场上公平竞争。

对于国有企业承担的社会性负担,本来就是国家应该承担的责任,现在实行市场经济,国家有责任尽快把社会性负担从国有企业中分离出来,对国有企业的老工人和冗员进行社会保障方面的补偿,承担起建立社会保障体系的责任。有些人可能会担心现在国家财政已经很困难,哪有能力来建立社会保障体系。然而实际的情形是现在经由企业支付的养老和冗员的负担到最后总都是国家的负担,将这种负担从企业剥离由国家直接来承担,国家所需要支付的费用不会比经由企业来支付多。而且,由企业来承担时,这种负担成为企业预算软约束的借口,企业会把各种亏损也算在这个账上,由国家直接来支付可能还会有节省。

对于战略性负担,应该区别三类对待。第一类是,在国防安全上绝对必要的军工企业,尽管资金密集,不一定符合我国要素禀赋决定的比较优势,但是因为其产品不能通过从国外进口得到满足,这类型企业应该由国家财政包起来,由于其生产、经营必须保密,不能有信息披露,所以其股份也就不可能上市流通。第二类是,资本密集型国有企业,其产品不再是必要的军品,也没有什么国内市场,要提高这类型企业的自生能力就只能让其转产,生产符合国内比较优势、在国内市场上适销对路的产品。这类型企业过去是国家重点企业,通常有技术人才的优势,如能让其转产,许多企业可以成为在国内市场上很有竞争力的企业,四川的长虹、嘉陵等就是例子。如果通过转产而提高了竞争力和盈利能力,其股票也就可以上市流通。最后一类是,那些资金密集度很高、资金需求规模很大,同时其产品又存在广阔的国内市场的企业,对于这类型企业,可以考虑利用市场换资金的方式,让这些企业以合资或到国外资本市场上市的方式直接利用国外较为廉价的资金,避开国内资本稀缺的要素禀赋限制,以提高其市场竞争能力。我国彩色胶卷产业和柯达的合资、中国电讯和中国石化到国外的上市就是例子。这类型企业的股份如果要上市流通,一来由于国内的资金成本比国外高,二来,资金规模超过国内的市场容量,因此,主要应该考虑在国外资本市场上市。

在消除了政策性负担,对国有企业进行了现代企业制度改造,政企分开后,国有企业的自生能力和盈利能力提高,国有股是可以上市流通的。国有股上市流通,不但是国有企业利用资本市场融资扩大生产和技术、产业升级的手段,而且是实现国有资产证券化、收回国家投资的一个方式。国有企业的资产有相当一部分是国家通过低工资拿走原本应该付给工人的社会保障资金,由国家代为积累、进行投资形成的。因此,国家应该把国有股上市流通变现筹集来的资金,主要用来作为建立社会保障体系的资金。 (2000年6月21日《财经时报》)

关于期货市场问题

试论期货市场规范发展的新途径

马文胜

作为中国资本市场未来的重要组成部分,期货业的发展潜力空间是巨大的,并已具备了充分发展的基础,这些基础体现在以下几个方面:

1、专业性人才基础。

2、品种基础。

3、交易所基础。

4、经纪公司的基础。

5、监管基础。

6、法律法规基础。

从理论上说,中国期货市场已具备了进一步规范发展的基础。但由于种种原因,目前的市场现状还不尽如人意,总体成交量十分清淡,全行业亏损仍是不争的事实。笔者觉得要激活当前的期货市场,进一步活跃市场和扩大市场容量,以下几个因素是至关重要的:

一、加快品种建设与品种创新

经过多年的清理整顿后,中国期货市场上市品种名义上还保留着十二个,但真正有交易的却为数甚少,仅铜、铝、橡胶、大豆、小麦、绿豆,且其中铝和绿豆的交易量几乎可以忽略不计,问题到底是在哪里?由于当前国内交易的主要是大品种,大品种商品供求关系相对平衡,价格也相对稳定,价格波动幅度小,期货价格的波动总是围绕现货价格上下波动的,因而波动的幅度是有限的。而资金的投入是要讲求回报的,由于大品种在全年大部分时间是一个平衡振荡市,方向性行情相对较少,所以讲究高回报的资金就不愿介入。要想吸引资金进入期货市场,只有加大对期货品种的建设和创新,以吸引更多的投资资金的介入。

二、努力调整期货市场资金结构

那么从目前期货市场资金结构来看,还是属于个人投资者居多的初级阶段。如何提高目前各商品期货品种交易量,进而提高新开期货品种的交易量,从政策上考虑应该逐步放开进入期货市场的资金限制,使一些机构投资者能够认识和参与期货交易。只有机构投资者真正进入了期货市场,期货市场才能改变其"散兵游勇"式的投资结构主体,也才能从根本上改变期货市场的资金结构,为市场的活跃和扩容提供坚实基础。

同时金融期货的推出,对商品期货参与者资金结构的改变也将起到积极作用。由于金融期货是证券投资机构的避险工具,随着众多的投资机构对金融期货的认识,也必然会加深其对商品期货的认识,这对于证券投资机构进入商品期货市场也将起到推动作用,对于改变市场资金结构有积极意义。

三、调整期货市场主体结构

中国期货市场几年的清理整顿以及《期货交易管理暂行条例》等相关法规的出台与实施,使中国期货市场进入了一个崭新的时代。多年以来,期货交易所一直是期货市场的主体,在期货市场早期的发展中发挥了积极的主导作用。随着时代的变迁,交易所这种主体作用正在慢慢地消褪,起而代之的将是期货经纪公司在期货市场新一轮发展中的主体作用。

目前,中国期货经纪行业正悄然进行着三大革命性的变革:

1、网络化。经纪业务的网络化内涵包括两方面的内容,因特网交易方式将逐渐流行以及客户群的网络化将逐渐形成。对经纪商而言,网络是巨大的市场，打破时空界限，无限地扩大客户群。同时可大大减少人力资源投资，大幅度降低经营成本，以满足客户不同的需求。另一方面，机构客户比重将不断增大，且最终主宰市场。机构客户相对更偏好选择一家或少数几家大经纪商作为自己的长期合作伙伴，使经纪商的主要客户队伍相对稳定。在期货公司精心培育下，行业性或区域性关系客户将逐渐形成，使客户群逐渐网络化。

2、人格化。人格化的含义，简而言之，就是客户与经纪公司打交道时不再是面对其全体员工，也不再成天面对电脑屏幕，而是只需与一个人——投资经理或投资顾问型经纪人打交道，实际上，现在的经纪公司老总、部门经理及业务人员都是这种人格化了的经纪人。职业投资经理与现行经纪人的主要区别在于其专业化程度高、有严格的行业规范，对经纪公司而言，它是经纪业务的项目经理，是经纪业务人格化的外壳。

3、集中化。一方面，随着网上交易的盛行和机构客户的比例增大，经纪业务的竞争日趋激烈起来，使得经纪商的佣金收入和利润率不断下降，并直接导致大批经纪商被兼并，而客户都集中到几个大经纪商。国际市场这种格局早就有了，美国以美林为首的十大券商、日本以野村为首的四大券商就长期在本国市场雄居霸主地位。另一方面，机构客户的增加使客户结构发生革命性变化，也使其服务需求呈现个性化和深层次化，这些要求对中小经纪行而言根本无能为力，只有大公司才能做到。

（2000 年 7 月 13 日《期货日报》）

论当前开发股指期货的积极意义

鲍建平

股票指数期货具有价格发现、套期保值和增加市场流动性等市场功能，有助于完善与健全证券市场功能与机制。随着我国股市步入发展快车道，股市的风险也在不断加大，因此，当前开发我国的股票指数期货交易，具有十分重要的经济意义。

一、当前我国股票市场的特点

十四届三中全会后，股票市场成为大型国企筹资的重要渠道，并在国企改革中起到积极作用。证券市场在国民经济中的比重越来越大。截止到 1998 年底，股市总市值占 GDP 的 12.8%，1998 年股票税收对财政的贡献达 2.29%。

股票市场的规模不断扩大。截止到今年 11 月，股市市值已逾 2.7 万亿元，投资者达 4000 多万，上市公司超过 1000 家。机构投资者类型及规模增加，可融资的综合类券商、证券投资基金、保险资金乃至国企相继加入股票投资者大军，目前证券投资基金已达 20 家，发行规模达 400 亿元，在个人投资中股票投资的比例也不断增大。

股票市场的价格风险剧增。由于缺乏风险回避机制，股价波动剧烈，股价的持续下跌给投资者带来巨大损失，如上证指数今年从 1756 点下跌止目前 1500 点以下，套牢资金 2800 亿，市价损失近 5000 亿。

二、开发股指期货有利于当前股票市场的健康发展

到目前为止，我国股市仅有现货交易，却没有有效的风险回避机制，这必将影响到我国股市健康发展。股指期货交易作为 80 年代以来国际金融市场金融创新的重要内容，已被公认为回避股市风险最为有效的风险管理工具之一。因此，当前开发我国股指期货交易具有十分重要的意义，这表现在：

1. 促进发行方式的转变，保证新股发行与顺利上市

当前股票一级市场发行普遍采用的是定价上网发行方式。开发股票指数期货为承销商提供了回避风险的工具，股票承销商在包销股票的同时，可通过预先卖出相应数量的期指合约以对冲风险、锁定利润。这一方面有利于新股发行方式向上网竞价发行的转变，改变现有计划方式；另一方面可回避二级市场低迷给承销商带来的巨大风险，保证新股的发行与顺利上市。

2. 回避股市系统风险，保护广大投资者的利益

我国股市的一个特点是股指大幅波动，系统风险大，这种风险难以通过分散投资加以回避。目前，我国证券投资基金及保险资金开始入市，但由于我国股票市场功能单一，没有卖空机制，这些机构资金面临着巨大的市场风险，一旦被套，由于资金大很难退出。开展股票指数期货交易，可以使投资者通过有效进行投资组合与风险管理，回避股市的系统风险，实现保值与增值的策略，这将有利于我国证券投资基金及保险资金大规模入市。广大个体投资者有了股指期货作为风险管理工具，则可以在股市下跌时避免以往的不是被套死捂，就是割肉的局面，确保自己的投资收益。

3. 增加市场的流动性，促进股市持久活跃

开展股指期货交易，引进双向交易机制，能够大幅度提高资金的利用效率，有利于吸引大资金入市，促进股市的持久活跃。

4. 促进股价合理波动，充分发挥经济晴雨表作用

由于缺乏风险回避机制，我国股市许多机构投资者只能借助内幕消息进行短线投机以达到获利的目的，从而造成股价的非理性波动。有了股指期货交易，大众投资者不但有了风险管理工具，而且在交易时要搜集各种信息进行综合分析，这样有利于提高股票现货市场的透明度，引导投资者的理性交易。如果股票现货市场价格出现过度投机，只会引来两个市场间的大量套利行为，可抑制股票市场价格的过度波动，规范市场的运作与发展。此外，股指期货交易发现的预期价格可更敏感地反映国民经济的未来变化，充分发挥国民经济晴雨表的作用。

5. 完善市场机制与功能，增加股市国际竞争力

股指期货市场作为国际资本运作高效的风险管理工具，对中国也同样具有不可替代的作用。没有期货交易的股票市场是一个不完善的市场，不引进有效的避险机制，我国股票市场将难以与国际金融市场接轨；此外，中国不开自己的股指期货，自然会有其它国家开，如日经 225 指数被新加坡开发成功就是一例，这样对我国经济发展极为不利；党中央决定在 21 世纪把上海建成国际金融中心，这方面政府可充分借鉴新加坡与香港的成功经验，积极开展股指期货交易，从而早日实现把上海建成国际金融中心的发展战略；推出股指期货进一步健全市场机制，还有利于在市场经济条件下增强我国政府对市场的调控能力。

（1999 年 11 月 17 日《期货日报》）

让期货市场服务粮食流通体制改革

朱玉辰

期货市场是引导农民调整种植结构、转移粮食企业经营风险、保障收购资金封闭运行、形成粮食价格机制的有效途径。

利用期货价格，引导农民根据市场需求优化粮食种植结构，为国家合理制定和调整粮食收购保护价提供可靠依据。

合理调整粮食种植结构是粮食流通体制改革的一项重要工作。实践证明，必须用市场手段、以价格信号来引导农民，按市场需求科学调整粮食种植结构。期货市场是价格形成的中心，各方面的供求信息都汇集到这里，经过充分竞争形成期货价格，因而期货价格具有集中性和权威性。期货市场交易的是数月后才交割的商品，形成的是中长期的未来价格，因而期货价格又具有明显的前瞻性。正因为具有这些特点，期货价格被广泛誉为“真实价格”，可以为引导粮食生产提供市场依据。

利用期货市场转移粮食企业经营风险，以减少亏损、增加盈利，改善粮食企业经营状况。

粮食是一个弱质产业，生产和经营的风险很高。在我国，粮食风险主要由政府、农民和国有粮食企业承担。期货市场是风险再分配市场，一方面可以转移风险，将农民和粮食流通企业的风险转移给投机者，让社会游资来分担风险；另一方面可以分散风险，通过价格不停地变化，将风险分解消化。粮食企业在走向市场的过程中，特别需要学会利用期货这个工具来转移风险，改善自身经营状况。

第一，粮食企业可以利用期货市场进行套期保值，在现货市场买进的同时在期货市场卖出，在现货市场卖出的同时在期货市场买进，从而避开价格变动的风险，锁定正常利润。

第二，期货市场可以为粮食企业实现顺价销售提供一条新的渠道。目前，粮食企业普遍反映在现货市场实现顺价销售的难度很大。通常情况下，远期的期货价格一定会高于今天的现货价格。只要时机选择适当，粮食企业完全有可能在期货市场实现顺价销售，至少可以得到一个高于现货市场的卖价。

第三，期货市场可以为粮食企业参与国际贸易提供有效的价格参照系和保护伞。1997 年 7 月，中粮总公司准备出口一批大豆。为防止在现货市场采购大豆时出现价格暴涨，公司在大连期货市场买进期货合约，锁定收购价格。不久，大豆现货价格和期货价格果然上涨。但由于期货市场的盈利弥补了现货市场的损失，公司仍达到了出口获利的目的。

将期货市场作为“第二板市场”加以利用，有助于解决粮食卖难和粮食收购资金封闭运行的问题。

期货市场是一个没有违约风险、没有拖欠货款、没有假冒伪劣的市场，是我国目前所有商品流通领域中最净化、最安全的流通渠道。在期货市场上销售还具有资金回笼快、资金流向明确、单一等优点，便于账户管理，能够有效地实现这部分资金的封闭运行。

利用期货市场完善政府调控下市场形成粮食价格的机制。

粮食市场体系应当包括现货市场和期货市场，二者的特点、功能不同，在价格形成过程中的作用也不一样。现货市场主要反映目前的供求状况，形成现货价格，而期货市场则更多地对未来的供求变化作

出预测，反映未来的价格走势，二者互为补充，无法相互替代。从国外的经验来看，现货、期货市场配合使用更有助于形成合理的价格，防止农产品价格大幅波动。以美国为例，美国有三家全球顶级的粮食期货市场——芝加哥期货交易所(CBOT)、堪萨斯商品交易所和明尼阿波利斯粮食交易所，美国生产的粮食有90%以上都利用期货市场进行保值，国际粮食贸易均以CBOT期货价格为定价基准。

(2000年9月11日《人民日报》)

股指期货市场深化过程中的金融创新

王开国

一、我国实施股指期货的方案设计

股指期货方案的设计必须考虑到我国具体情况，并借鉴其他国家和地区的经验，以充分吸引套期保值者、投机者和套利者的积极参与，达到"以流动性创造流动性"的目的。

二、股指期货的投资方式选择

股指期货市场上存在着三类交易者：套期保值者、投机者和套利者。这种区分主要在于各自交易的目的差异。套期保值者主要是为了降低已经面临的风险；投机者通过预期资产价格的变动来获取收益，并承担相应风险；而套利者则通过瞬间进入两个市场的交易，锁定一个无风险的收益。与此相对应，针对股指期货，存在着多种投资方式。

1、投资方式与基本原理

(1)指数套利

大量指数套利者的存在能够促使股票指数理性调整。即使在成熟市场上，股指期货价格仍会出现偏离，从而提供了市场套利机会。在我国股指期货开办之初，实际价格对理论价格的偏离机会将会较多，指数套利将是一项非常有效的投资活动。无风险指数套利的关键，在于判断两个市场的价格差异。对股指期货而言，就是要判断股指期货的实际价格与相对应的理论价格之间的差异。

(2)套期保值

套期保值有两类：一是空头套期保值，即持有股指期货合约的空头，对现有股票的投资组合进行保值；二是多头套期保值，即持有股指期货合约，卖空股票组合。由于我国还没有做空机制，投资者只能进行空头套期保值。套期保值中关键有两点：合约选择和套期比率。投资者进行套期保值后，一般只能获得无风险利率。

合约选择主要是合约期限的选择，一般遵循交割日最近原则，即选择与套期保值到期日之后最接近的那个交割月份。

(3)不完全套期保值

投资者并非一定要在套期保值与指数套利之间选择，还可以通过改变买卖股指期货的份数，来改变整个组合与市场的相关性。

(4)直接针对股指期货的投资

投资者根据对大势的判断，无须与股票组合相配合，直接通过股指期货的单向买卖，进行投资。由于高杠杆比率的作用，此投资方式风险较高，但收益较大。事实上，目前在发达金融衍生市场上，股指期货的交易者中，此类投机者最多，它们承担了套期保值者转移的风险，提高了市场流动性。

与股票组合的投资相比，股指期货的投资有如下优点：一是不需要花费精力于个股的选择；二是充分运用高杠杆比率，获得高额投资收益。

2、多种投资工具套期保值的方式探讨 我国推出股指期货的目的之一在于为机构投资者提供一种有效的避险工具，从而为三类企业和保险资金入市消除后顾之忧。因此，套期保值在股指期货的各项功能中处于最为重要的地位，也是所有投资者最为关注的问题。尽管套期保值的基本原理是一致的，但由于需要套期保值的交易工具的特性不同，所依附的市场条件也不一样，因此，针对不同交易工具，需要采用不同的套期保值方式。

我国目前证券市场上的交易品种有股票、基金、国债、可转换债券等，其中股票仅有A股和B股之分。各种交易品种与股指期货之间的对应关系有所差别，因而可选择不同的套期保值方式。

(1)作为股指期货标的物的股票指数本身就是一个大规模的组合，因此投资者的股票投资组合与股票指数之间存在着较强的相关性，其套期保值只要根据两者相关系数即可实现。

(2)国债同样可以运用股指期货进行套期保值。在我国证券市场上，国债的投资者和股票的投资者并非是完全分开的两个主体，这意味着投资资金在两个市场上的流动性较强。当股票市场出现较大行情时，国债回购利率就随之提高。因此，通过资金的自由流动，国债行情与股市行情之间具有一定的相关性。通过对这种相关性的把握，就能够与股票投资组合一样，对国债投资进行套期保值。

(3)基金的套期保值有两种方式：一是直接通过对基金价格与股票指数相关性的分析，采取反向操作，进行套期保值；二是基金价格与基金净值之间、基金净值与股票投资组合之间都保持着一致性，而投资组合与股票指数之间又有着一定的相关性，因此，可以考虑采用基金价格、基金投资组合与股指期货之间的相关性，进行复合套期保值。由于目前我国基金投资组合的公布间隔期为一个季度，期限较长，信息披露滞后，不利于采用后一种套期保值的方式。

(4)可转债的套期保值也有两种情况：一是在证券市场上，可转债有相对应的股票存在的，如虹桥机场；二是没有相对应股票存在的。对于第一种情况，公司可转债价格与股票价格之间存在着相当的一致性，可以考虑通过可转债、相应股票与股票指数之间的相关性进行复合套期保值，也可以直接对可转债与股指期货进行套期保值，实际操作中，按保值效果取舍。对于第二种情况，只能通过可转债与股票指数之间的相关性进行套期保值。

三、优化制度环境促进规范发展

股指期货交易与整个证券市场的外部环境关系密切，需要解决一系列制度和技术问题，因此在推出股指期货时，必须建立与完善相关制度。

(2000年5月25日《国际金融报》)

关于基金市场问题

投资基金需要立法保护

王连洲

我国投资基金业自90年代初获得较快发展后，由于缺乏必要的法律规范和有效监管，曾经出现了几年徘徊不前的局面。随着我国证券市场的发展，投资基金这一重要的投融资工具再度受到人们的重视，比较规范的十家基金管理公司管理的数百亿元的基金资产，正成为促进证券市场稳定健康发展的重要力量。同时，投资基金立法问题已经被提到国家立法机构的议事日程上。

根据全国人大常委会的授权，《投资基金法》的起草工作由全国人大财经委负责组织规范。为促进投资基金业的规范健康发展，投资基金法应坚持以下几个立法原则：

一、统一立法，将证券投资基金、产业投资基金、风险创业投资基金都纳入到投资基金法的调整范围内。投资基金在我国是新生事物，一开始就应当给予比较全面统一的规范，以避免重复立法、加大立法成本甚至发生法律之间相互冲突的现象。

二、借鉴国际惯例，规范投资行为。在投资基金立法过程中，应当注意借鉴国际上通行的做法，着重对投资基金的概念、投资基金当事人的权利义务、投资基金业务经营规则和财务会计处理原则进行法律界定和规范，坚持基金资产所有权、经营管理权和保管监督权三权分离的体制，以及投资基金资产具有相对独立性等基本特征。

三、注意投资基金法与其他相关法律的协调。投资基金法与证券法、公司法、商业银行法等都是关系极为密切的相关法律，因此应注意与这些相关法律法规的衔接，以避免在法律实施中引发矛盾和冲突。

应当注意的是，在借鉴国际惯例的同时，还应当注意充分考虑中国的国情，使制定的法律具有可操作性。在法律中应坚持对监管者作出的规则应受到复议的制约，对监管者制定规章的权力有制衡的规定，对监管者的任务完成情况应当定期由有关部门或机构进行评判。

此外，由于基金投资者是真正的资产所有人，而实际上又往往是远离其资产经营和管理的散户，为切实保护他们的合法权益，法律中应赋予他们尽可能的权利，并就其受到的无辜损失尽量做出一些必要的法律补偿规定。

根据当前国民经济结构战略性调整、优化资源配置的要求，应当加速投资基金业的发展，开拓新的投资工具和渠道。在这种形势下，投资基金法的立法工作应当加速进行，并尽快出台。这样将有利于规范投资基金行为，加强投资基金业的监管，保护基金投资者的合法权益，促进投资基金业的规范健康发展。

(1999年11月11日《经济日报》)

推进开放式基金促进证券市场发展

周道炯

投资基金在我国属于刚刚起步阶段，而且仅仅是封闭式证券基金(产业基金、创业基金尚未真正发展起来)。国际资本市场发展的历史实践和现代潮流表明，开放式基金是投资基金发展的主体阶段和主流方向。

有关资料表明，截至1999年底美国基金资产总额7万亿美元，其中开放式基金资产达6.85万亿美元，约占基金资产总额的98%；而封闭式基金资产仅1580亿美元，约占基金总资产总额的2%。在欧洲、亚洲等国家和地区，开放式基金也是基金的主要部分。由此可见，随着资本市场的不断发展，随着我国加入WTO历史进程的加快，我国投资基金的发展也必须和世界接轨并参与国际竞争，开放式基金将是我国基金的立法进程，开放式基金将是其中的主要内容。可以肯定，在未来一段时期内，开放式基金在我国将会得到较快的发展。

我们认为，发展投资基金尤其是开放式基金对中国经济具有十分重要的作用和深远的意义。

首先，有利于将社会资本和民间储蓄更多更快地纳入资本市场，促进直接投资比重的提高，进而促进资本市场更快更好地发展。

据统计，目前我国居民拥有金融资产约8万亿，其中储蓄与手持现金超过7万亿，占金融资产的比例高达90%，证券类金融资产不足10%，显然储蓄比例过高。通过开放式基金可以将更多的储蓄和社会资本转化为直接投资，支持资本市场发展，同时可以促进国民金融资产结构的改善，化解宏观金融风险，促进资本市场健康稳定协调地发展。

其次，有利于企业尤其是国有企业市场化改革，建立现代企业制度。

企业资本来源和资本构成是决定企业性质和组织制度的经济基础，也是建立现代企业制度的关键要素之一。在改革开放以前，我国企业的资本金主要由国家拨款形成；在改革开放以后，实行了“拨改贷”，银行资金又成了企业投资的主要来源，企业高负债经营，虽然部分银行资金在很大程度上发挥了企业资本金的作用，但并未对企业的体制与经营机制转换产生影响。目前，随着银行信贷硬约束的逐步形成，企业资本金的来源要靠自身积累和发行股票来筹集，而股票发行有赖于资本市场的发育和发达。

发展投资基金，尤其是开放式基金，不仅可以扩大企业发行股票的规模，而且可以培养企业投资主体，特别是战略投资者，促进资本市场发展。更进一步讲，由于基金是作为社会民众资本的集合体投资于企业的，这将有利于推动企业市场化改革，增加多元投资主体，促进企业转换体制与经营机制，建立现代企业制度。

此外，发展投资基金有利于国家股权的平衡减持，有利于证券市场稳定，从而可以促进企业股权结构更加市场化、合理化。

第三，不仅有利于有效化解银行不良资产，防范金融风险，而且有利于银行业务多元化发展。

第四，有利于促进中小企业和高新技术产业发展。

多年来，由于种种原因，我国中小企业资金来源渠道狭窄，高新技术产业风险投资严重不足。最近国家正在着手制定“二板市场”规则，争取尽快开设“二板市场”，以促进这两类企业筹资渠道的拓展和体制的改善。“二板市场”设立后，将会有部分投资基金和现有基金中的一部分资金投资于“二板市场”。因此，我们认为发展投资基金将会有助于“二板市场”的活跃与发展，从而也就间接或直接地促进了中小企业和高新技术企业的发展。（2000年9月12日《北京青年报》）

开放式再创中国基金新天地

刘传葵

造就长牛市场

发展开放式基金将对我国股市产生其特有的影响：首先，开放式基金对股指的助涨作用会使我国股市改变惯有的“牛短熊长”的格局，有助于我国股市走出长牛的走势。

从国外成熟的市场情况来看，大盘上涨时基金认购数量与赎回数量间的差始终会大于下跌时赎回数量与认购数量的差，也就是说资金的流入量始终大于流出量。尤其当大盘上涨时，开放式基金的认购机制恰恰能够带来股市资金供给量的增加，这是封闭式基金所做不到的。

其次，开放式基金以其固有的特点，操作频度将明显少于个人投资者，将有利于股票的价格与价值产生合理的波动，偏极走势会逐渐减少，这显然有利于营造股市稳定的局面。

此外，开放式基金将催生我国股市的“蓝筹股”。开放式基金的投资对象将主要选择那些流通盘比较大、平时又有足够流动性(即每日成交量足够大并且业绩优良、成长性较好)的个股，这将给以往那些仅仅由于盘子大而得不到市场重视、长期以来投资价值低估的股票带来福音，“蓝筹股”必将在我国股市实现其应有的价值。

开放式基金还将对封闭式基金的二级市场表现起到矫正作用，有助于抑制封闭式基金的投机。如果封闭式基金价格严重高估，则投资者会转而购买开放式基金，从而减少对封闭式基金的需求，平抑封闭式基金价格；而如果封闭式基金价格严重“折价”交易，则将使许多资金发现“价值”转而对封闭式基金青睐有加，增加对封闭式基金的需求，从而扭转严重“折价”交易的情况。从这个意义上讲，价值回归将成为今后基金二级市场的主旋律。

力促制度创新

封闭式基金长期以来作为我国基金的唯一形式，造成了一些不容忽视的问题，更重要的，封闭式基金存在某些重大的制度缺陷：封闭式基金的运作机制使得市场本身难以发挥对基金的监管作用，因为封闭式基金一旦发行完毕，基金的交易是在基金投资者之间进行，和基金经理人并无直接关系，基金经理人不论基金业绩如何，照样收取固定比例的基金管理费，这样，基金投资者的“用脚投票”对基金经理人就难以形成根本上的制约。

开放式基金的运作制度则为保护投资者的利益提供了更多的制度保障。开放式基金随时可以向基金经理人提出基金变现的权利就赋予了投资者莫大的权利，而这恰恰涉及到基金经理人的切身利益，基金经理人需要为投资者更好理财。也就是说，开放式基金赋予了基金经理人更大的经营压力，相对而言也更不容易发生道德风险，这样，反而使看似不易运作的开放式基金在经理人小心谨慎的运作下使基金业获得稳健的发展。迎接国际竞争

我国加入WTO已经为期不远，证券市场开放速率必然出现加快势头，投资基金市场的开放也是大势所趋。根据谈判披露，一旦入“关”，我国将允许外商持有基金管理公司33%股权，三年后持股比例扩大至49%，这就意味着我国的投资基金业将面临海外成熟同行的竞争。除了海外资本与管理直接进入我国投资基金业外，海外基金进入我国股市也是我国投资基金业面临的巨大挑战，我国投资基金市场的份额将遭到海外同行的“瓜分”。而具体到基金基本制度，海外同行显然比我们更为熟悉开放式基金的运作，也更有实际经验，由于开放式基金的优点，必然对现有封闭式基金形成强大的竞争力。这就需要我们尽快熟悉开放式基金的运作，并尽快尝试实践之，才能在未来的竞争中站稳脚跟。

总之，开放式基金的出现不仅将对大众日常理财方式的选择产生深远的影响，而且更是我国基金市场的一场革命。笔者认为，开放式基金作为我国基金制度的创新，应该本着积极与稳妥的原则进行。所谓积极，是指我们要有发展开放式基金的紧迫感；所谓稳妥，是指我们在开放式基金的具体实施之中应该把稳定运作放在首位，以使实践走出成功的第一步，借此契机，我国基金市场再发新枝应该是可以期冀的。

（2000年8月16日《中国证券报》）

开放式基金：未来中国投资基金主流

周荐

开放式基金是相对于封闭式基金而言的一种证券投资基金，一般情况下基金发行总额不固定，基金单位总数可随时增减，投资者亦可以按基金的报价在规定的营业场所申购或者赎回基金单位。

从某种意义说，世界基金发展史就是从封闭式基金向开放式基金演变的历史。目前，成熟证券市场的投资基金大都是开放式的，一些新兴市场国家也相继设立开放式基金。在美国，开放式基金占基金总资产的份额已高达95%。投资基金从封闭式到开放式的制度变迁及目前世界上开放式基金成为基金的主流设立方式的事实，向我们昭示了我国投资基金的发展方向。日前《经济展望》杂志刊文认为，开放式基金将走近百姓投资生活，其进入股市也指日可待。

显然，较之封闭式基金，开放式基金有着更广阔的潜在市场，因为开放式基金成立后将不在证券市场上市，它潜在客户也并不仅限于在证券市场开户的投资者，所以加强市场推介力度和销售渠道建设将成为开放式基金发展的必要基础。目前来看，开放式基金可能的销售渠道有基金管理公司和证券公司两方面，但这两方又会因为自身的现状造成基金发展的瓶颈：首先，除非面对机构投资者，否则仅凭基金管理公司来实施销售显然是不现实的，因为它们目前全部集中在北京、上

海、深圳三地。从销售条件来讲辐射面极其有限。其次,我国现有证券公司的营业网点还很少,并且主要集中在大中城市,在短期内这一情况不会有太大改变。仅凭其自身力量承担基金单位的销售工作极有可能把基金购买者局限于证券市场投资者,终不能拓宽基金投资者的涉及面。

有没有更适合的销售渠道呢?我们不妨把基金的交易与银行联系起来,这不失为现状下一个较好的选择。我国的银行系统具有营业网点多、遍布城乡各个角落的特点,借助这些网点,投资者可以像银行储蓄一样方便地购买或兑现基金,基金的投资对象范围因此而超出了证券市场触及的地区,甚至深入到小城镇和广大农村地区,给缺乏直接参与证券买卖条件的投资者提供了间接参与的可能。此外,对于银行而言,可以增加其"表外业务"收入,更便于储蓄存款与基金之间的互相转换(还可以为基金与银行进行金融创新提供条件)。将投资基金的买卖透过银行网点进行,利于消除投资者在证券交易中买卖基金所产生的股票获利"幻觉",即看到投资股票获得高额利润的一面而对股票的下调所引起的投资损失忽视不见,进而对基金经理人责备求全,产生对基金不合理的获利期望值。所以,有那么一天,投资者在银行开辟的专门基金交易窗口买卖基金未必不会是今后可以看到的景点。

另外,保险公司也是开放式基金营销的又一极好选择,保险公司的营业网点可以成为银行一样的基金代销点;而如果今后保险公司组建投资基金管理公司,则开放式基金的销售完全可以通过其已有的保险营销队伍来进行。不过这将对保险营销员提出更高的要求,既要懂保险还是懂基金。

开放式基金将给市场带来什么影响

一、开放式基金将为股市营造长牛走势

从国外成熟的市场情况来看,在一个较长时间段里,大盘上涨时基金认购数量与赎回数量间的差始终会大于下跌时赎回数量与认购数量的差,也就是说资金的流入量始终大于流出量。开放式基金对股指的助涨作用将会使我国股市改变惯有的"牛短熊长"的格局,有助于我国股市走出长牛的走势。

二、开放式基金的推出将使股市波动周期延长、市场弹性加大

开放式基金以其固有的特点,操作频度将明显少于个人投资者,而且今后随流通股的比例提高,基金运作空间将更大。当然,由于开放式基金时时存在赎回压力,基金管理人在运作中必然会按市场的规律高卖低买,但这种操作并不一定会使未来整个市场的波动区间更大,更大可能是使市场以及个股更富有弹性,从而增加市场对投资人的吸引力。

三、资产重组股再次成为股市的宠儿

相信未来开放式基金的专家理财将很好地挖掘大盘国企股的投资价值,并带来新的投资方式,使投资者更好地分享到国企改革不断深化所带来的企业成长的收益,并促使市场重新认识国企大盘股板块,找寻其新的合理的市场定位。

除以上三方面,开放式基金还极可能给沉寂多时的大盘股与蓝筹股带来崛起的契机,从而使投资者现有的投资理念和投资方式发生转变。此外,对于目前市场中的封闭式基金,来自开放式基金的竞争压力会钳制其投机性操作,进而起到规范市场、降低总体风险的功效。

(2000 年 9 月 28 日《国际金融报》)

我国社保基金入市的意义与模式选择

石建民

社会保障基金入市的最直接意义,是实现社会保障基金的有效营运和保值增值,从而为社会保障基金提供坚实的支付保障。这也是社会保障基金入市的首要动机和目的所在。

在金融经济学中有一个著名的"股票溢利之谜",即现实中股票市场的投资报酬率明显大于均衡的无风险利率(如国债收益率),超额部分无法用理论定价模型来解释。

在我国,社会保障基金投资于国债和银行存款实际收益很低,在某些年份甚至为负值。如果扩大社会保障基金的投资渠道,将其部分投资于股票市场,最终会提高其收益率,而收益率上升意味着在社保基金缴费率不变下,社会保障支出额增大或享受相同的社会保障收入只需更小的缴费率。

从我国现实而言,社会保障基金入市还有助于壮大机构投资者队伍,为资本市场健康稳定发展起有利作用。

从经济总体均衡角度来看,社会保障基金参与股票投资还有更深意义,即导致社会总储蓄增加,社会福利出现帕累托(Pareto)改善。

有的经济学家认为,社会保障基金由债券投向股票,其总体效应是中性的,对实际经济不产生影响。这种看法和观点是建立在市场完全和消费者行为最优化等假定前提基础上的,它假定所有消费者均完全自由参与股票和国债市场,他们的资产持有是内在最优的。然而一旦考虑到现实存在的这种事实,即实际中有些消费者虽然进行储蓄却未能参与股票市场,那么社会保障基金投资股市只具有完全中性效应的观点就得修正。在现实中,由于参与股票市场存在各种形式的固定成本或障碍,部分消费者尤其是中低收入消费者不会参与或极少参与股市投资。

在部分消费者(尤其是参与社会保障计划的)不参与股市的条件下,社会保障基金凭借其规模优势进入股市,将使所有成员都间接参与股市享受股票市场溢利的好处,而无需或极少承受参与股票的固定成本。这无疑会产生社会净福利,也就是得以帕累托改进。这是社会保障基金入市产生的第一重效应——收入效应。

社会保障基金入市对总体经济的第二重作用是利率效应。社会保障基金由债券市场进入股票市场,将使股市资金增加,价格上升,同时会使债券市场无风险利率上升。无风险利率上升将吸引社会总储蓄增多,社会资本存量扩大,从而有利于经济的长期增长和发展。

目前我国社会保障基金是统一收集、集中管理,全部投资于国债和银行存款。如果转向投资股市,首先面临的一个问题是由谁来运作管理股市投资?是新成立基金管理公司还是利用现有的基金公司?显然,如果选择前者、那么就意味着实行第二种模式——高度集中管理模式,由执行社保基金行政管理的公共机构发起设立基金,任命基金经理,按公共机构的意图来运作管理。这种模式的弊端除了可能引致腐败、资源不合理配置以及限制个人自由选择等,还会使得行政干预过多,新设立基金无法按市场机制运作,缺乏效率和市场竞争力,甚至有可能出现基金迫于政策或长官意图等压力而更改投资组合,操纵股市,加剧市场风险。此外,这种适度集中模式还会使道德风险因素加大,因为公共机构发起设立的基金,有着政府和公共机构的隐性担保,从而更有可能盲目冒险从事。

这里笔者倾向于选择第三种模式,即利用现有的投资基金力量,通过合理科学的竞争招标形式,遴选出最具竞争力的几家基金公司,由它们来运作投资股市的社会保障金。参与社会保障计划的职工可从竞标胜出者中自由选择一家基金,将其社保基金的个人帐户部分交由该基金投资运作。但职工个人不直接与该基金来往,社保基金的收缴、结算记录等工作则仍由公共机构管理。这样做的目的是在保障职工个人自由选择(虽然有限)、避免行政操纵的同时,最大程度地发挥规模经济效益,降低管理成本费用。此外,采取竞争招标、适度集中的模式相对于重新发起而言,还能有效利用现有基金公司具有的管理经验、市场认同、人力资源等多项优势。

采取适度集中的模式必须要有相关的配套措施和规则要求。首先要对基金的投资组合有规定,要求风险性低,同时保证一定收益。从国际经验来看,投资运作社保资金的基金一般采取消极型或防守型投资策略,如指数化投资或指数基金。指数化投资是有比较广泛的投资面,能有效地降低非系统风险,从而有风险最小的特点。有人通过对美国2000多家积极型投资基金与85家有相同投资市场和投资存续期的指数基金进行比较发现,指数基金或指数化投资承担的风险要小得多。指数化投资的另一个优点是管理运作费用和交易费用较低。社会保障基金采取指数化投资还有一个独到的优点便是,它能更大程度上保证社保基金增值的幅度与社会生活水平进步的幅度大体上一致,从而使参与社会保障的职工在未来能享受到正常合理的生活水准。因为指数化投资是以代表性指数为基准,而代表性指数则是股市大盘的显示器,从而也是国民经济走势的显示器。因而指数化投资能保证投资收益增长率大体与国民经济和社会生活水平的进步速度保持一致。采取指数化投资的社会保障基金也会按照社会经济增长的速率实现保值增值。

实施指数化投资必须保证一定的资金规模。因此拓展社会保障资金来源很重要。

我国社会保障制度中养老金支付方法如果实施改革,也会在一定程度上补充可入市社会保障基金的来源。

(2000 年 9 月 6 日《中国证券报》)

关于产权市场问题

促进企业产权结构多元化

魏杰

采取各种有效方式促使国有企业产权结构多元化。就是政府要控制的特殊性质的国有企业，也不一定都要采取独资或绝对控股的方式，而是要选择有利于产权结构多元化和产权清晰的方式。对这些企业，应该在控制中放活——党的十五届四中全会把国有企业产权清晰，以及国有企业投资主体多元化，作为搞活国有企业的重要举措，这是非常英明的决定。企业产权清晰与企业投资主体多元化，实际上是内在的统一，涉及现代产权制度的一个重要内容，即产权结构多元化的问题。因此，本文就这一点谈点学习体会。

企业产权清晰在很大程度上取决于企业的产权结构。企业产权结构分为两种模式：一种是一元化产权结构，即企业的投资主体只有一个，是一元的；另一种是多元化产权结构，即企业的投资主体有好多个，是多元的。从现代经济的发展趋势来看，只有多元化的产权结构，才能使产权清晰，建立现代企业产权制度，使企业充满活力。我国的实践表明，无论是什么性质的企业，只要产权结构是一元化的，就必然难以使企业产权清晰，使企业充满活力。

我国的国有企业原来基本上都是产权结构一元化，即都是国家的独资公司，因而企业根本无法摆脱行政干预，产权难以清晰。对此，大家都认为国有企业尽量不要采取独资公司形式，应该走向产权多元化，即非竞争领域的国有企业，如公用事业和基础设施建设方面的国有企业，也不一定都采取国有独资形式，而是应该尽量实现产权结构多元化。当然，国防军事工业性质的国有企业是个例外，但即使是国防性质的国有企业，也应该是除了少数特殊的要采用国有独资的形式外，大多数也应该采用政府加工订货的方式，从而使此类性质的国有企业也实现产权结构多元化。

在改革的过程中，为了解决国有独资企业产权难以清晰，难以摆脱行政干预的问题，我们提出了股份制的思路，这是应该肯定的一大进步。但是在对国有企业的股份化进程中不应该强调必须是国有股绝对控股，尤其是要求国有股要占到51%以上。这样做的结果仍然解决不了国有企业的行政干预问题，产权仍然是难以清晰的。尤其应该看到，政府作为绝对控股的大股东，当然自己要任命董事长，任命总经理，从而使得企业甚至连“经理革命”都未能实现，实际上仍然是政府干预企业。

当然，对于有些性质特殊的企业，国家还是要控制的，但控制的方法不能采用独资形式和绝对控股的方式，而是要选择有利于企业产权结构多元化和产权清晰的方式。在这方面，国际上有不少可借鉴的方式。其中有两种方式很值得参考：一是“黄金股”控制制度，其中最为典型的案例是英国电信。英国电信属于公用事业性质的企业，而且由于历史的原因几乎垄断了英国电信事业，属于垄断性质较强的企业，这种性质的企业当然政府需要控制，以防止其损害公众利益。但英国政府在后来的改革中并没有采用独资方式和绝对控股的方式，而是采取了“黄金股”制度，即：在英国电信公司中政府只有一股，其余的股份全都非国有化，但政府的这一股是“黄金股”，“黄金股”不同于一般的股权，它可以在英国电信损害公众利益时，例如装机费和通话费应该下降而不下降时，作废英国电信的董事会决定，使其价格强制下降。当然，在一般的正常情况下，“黄金股”并无任何特权，英国电信完全可以按股份制企业经营，“黄金股”不得干预。由此可见，“黄金股”仅一股就控制了庞大的英国电信，根本不需要政府非要完全独资或股权占50%以上的绝对控股，这比政府独资和绝对控股的效益要好得多。二是国有民营，例如日本的国铁及法国航空公司就是采取这种方式。有些国有企业由于历史方面的原因，或者由于其所从事的产行业的特殊性方面的原因，采取了国家所有的形式，但是国有不一定国营，完全可以国有民营。例如法国航空公司是国家的，但按私营法经营，并没有按公营法经营。这样就可以摆脱政府的行政干预，排除产权结构一元化，形成清晰的产权制度。（1999年10月18日《经济日报》）

抓住产权制度核心深化国企改革

阮成发

建立现代企业制度是国有企业改革的方向，现代企业制度的基本特征是“产权清晰、权责明确、政企分开、管理科学”，其前提是产权清晰。产权关系不清晰，就不可能真正做到责权明确，更谈不上管理科学。

回顾建立现代企业制度的历程，许多企业改革效果不明显，一个重要原因就是明晰产权这个前提没有形成，其他改革措施也就成为无源之水、无本之木。

以产权制度改革为核心，大力推进所有制结构重组，是建立新型企业利益共同体，从根本上保障和调动经营者和职工两个积极性的客观要求。企业改革之所以成效不大，一个重要的原因就是没有形成经营者、职工与企业的命运共同体。全民所有而实际谁也不所有，集体负责而谁也不负责。谁都不能理直气壮地管理企业，谁都没有替企业负全责的义务，也没有替企业负全责的热情。我们说信仰马克思主义，而物质利益原则恰恰是马克思主义最基本的原则。这次改革的主要目的就是要通过产权制度的改变，使企业经营者从虚拟法人代表变成完全意义上的法人代表，使职工从形式上的主人变成拥有企业股权的实质性主人，使企业经营者、职工和资产三者密切地联系起来，联股联利联心，成为利益相关的命运共同体，从而形成企业内在的、长久的、稳定的动力机制。

以产权制度改革为核心，大力推进所有制结构重组，是建立与市场经济全面接轨的管理新体制，彻底解决企业内部各种积弊的迫切需要。在所有财产权关系中，所有权是一切管理权、支配权、分配权、收益权的基础，有什么样的产权制度就会产生什么样的内部管理运作制度。要从根本上解决企业“干部能上不能下、职工能进不能出、工资能高不能低”的积弊，有效解决企业管理粗放、效益低下、竞争力弱化的问题，必须推进产权制度改革，并在此基础上建立一套与市场经济全面接轨的管理体制，从根本上解决企业存在的体制矛盾，真正实现企业家队伍职业化、经营者才能资本化、职工就业市场化、工资分配效益化。

在坚持集中抓好少数关系国计民生的国有大企业的同时，推进产权制度改革，使广大中小国有企业有计划、有选择地退出国有经济序列，实行股份制、民营化等多种实现形式，总的指导思想是：只要符合“三个有利于”标准，就要大胆探索、敢为人先、勇于实践、全面放开。

（1999年11月15日《经济日报》）

会议研讨

关于宏观经济问题

中央经济工作会议

时间:1999 年 11 月 15 日—17 日

主办:中共中央、国务院

会议分析了当前国际国内政治、经济形势,全面总结了 1999 年的工作,提出了 2000 年经济工作的指导思想和主要任务。会议指出 2000 年是世纪之交的一年,也是完成"九五"计划和本世纪末重要奋斗目标的最后一年。做好 2000 年的经济工作,对于实现我国现代化建设第二步战略目标,并向第三步战略目标迈进,具有重要意义。明年经济工作的指导思想和总体要求是:以邓小平理论和党的基本路线为指导,认真贯彻党的十五大和十五届三中全会、四中全会精神,继续实行中央关于推动改革和发展的一系列政策措施,突出抓好国有企业改革和发展、经济结构调整、科技进步和扩大内需。进一步稳定农业的基础地位,着力调整农业和农村经济结构,千方百计增加农民收入。把国有企业改革作为中心环节,积极促进扭亏增盈和建立现代企业制度。继续实行积极的财政政策,进一步发挥货币政策的作用,综合运用税收、价格等宏观调控手段,加强基础设施建设,抓紧技术改造,加快科技创新,努力扩大消费。扩大对外开放,积极增加进出口,提高利用外资水平。完善社会保障体系,重视和加强扶贫工作,进一步改善人民生活。正确处理改革、发展、稳定的关系,保证国民经济持续快速健康发展,促进社会全面进步,以优异成绩迎接新世纪。会议对明年的经济工作作了全面部署,提出五项主要任务:一、继续实施促进经济发展的一系列政策措施,扩大国内需求。二、大力调整经济结构,促进产业优化升级。三、加快科技进步,提高技术创新能力。四、深化以国有企业改革为中心环节的经济体制改革。五、进一步改善人民生活。会议从八个方面具体部署了明年的经济工作:一、确定明年宏观调控的预期目标;二、坚持实行扩大内需、促进发展的宏观经济政策;三、推进国有企业改革和发展;四、加大农业结构调整力度,努力增加农民收入;五、抓住时机,着手实施西部地区大开发战略;六、积极扩大出口和利用外资;七、加快实施科教兴国的战略;八、切实搞好社会保障体系建设。

经济形势报告会

时间:2000 年 1 月 7 日

主办:中共中央宣传部、中直机关工委、中央国家机关工委、解放军总政治部、北京市委

中共中央政治局常委、国务院总理朱镕基作了关于当前经济形势的报告。朱镕基在报告中回顾了 1999 年我国经济改革和发展取得的成绩,阐述了中央确定的关于 2000 年经济工作的指导思想和主要任务。他指出,2000 年是世纪交替之年,做好今年的经济工作,具有承上启下的重要意义。他强调,为了把中央确定的方针政策和各项部署落到实处,必须切实加强管理,各行各业各个方面都要在加强管理上真正下大功夫,各级政府也都要突出抓好管理,从严要求,从严治政,推动国民经济持续快速健康发展,促进社会稳定和全面进步,以优异成绩迎接新世纪。参加报告会的有在京党政军机关部级、司局级干部,首都新闻单位负责同志及部分省区市党委宣传部长等,共 3300 多人。

中国长期宏观经济前景和挑战国际研讨会

时间:2000 年 6 月 2 日——3 日,

主办:国家财政部、亚洲开发银行

来自中国著名研究机构和高等学府的 10 位知名经济专家和学者就中国的长期宏观经济前景和挑战、扶贫及其未来挑战、财政政策、社会保障改革等四个专题和与会亚行专家进行探讨。本次研讨会有两个热点,一是我国支出方面的改革;二是中国的社会保障问题。财政部有关负责人指出,亚行十分关注的我国支出方面的问题,正好和我国下一步财税改革,特别是支出体制的改革相吻合;关于社会保障问题,他说,随着中国经济发展水平的提高,我国人口寿命越来越长,这是一件好事,也是衡量一个国家经济成熟程度的标志。与此同时,人口老龄化的趋势,也使我国面临着挑战。在建立和完善社会保障体系的问题上,我国政府认为,关键点就在资金支持,即怎样动员足够的财源来支持这一体系,这也是中国未来政治稳定、经济发展的关键之一。亚行专家也结合国际上的一些做法,就社会保障问题提出了各自的意见和建议。

全国财政工作会议

时间:2000 年 7 月 25 日——27 日

主办:国家财政部

国务院有关负责人指出今后几年财政改革的基本思路,是在不断完善财政收入体系的同时,重点推进支出管理改革,加快建立公共财政体系。财政部主要负责人在会议上强调要按照减轻负担、完善税制、规范分配的原则,积极稳妥地推进不同领域的税费改革,进一步完善税制;财政支出管理改革,是今后一段时期内财政改革的核心。要力争用三年左右的时间,在全国范围内使这项改革取得突破性进展。今后进一步完善税制的重点,一是完善增值税制度,逐步推进增值税由生产型转为消费型的改革;二是规范消费税税基,适当扩大消费税的征税范围,完善征税办法;三是完善所得税制度,统一内外资企业所得税,对国有企业所得税实行中央与地方按比例共享,逐步调整区域性、鼓励性和照顾性税收优惠。完善个人所得税制,建立分类与综合相结合的个人所得税制;四是通过运用关税配额、完善关税计征方法等措施,建立公开、透明、规范的进出口关税制度;五是清理和规范各项税收优惠政策。

全国计划会议

时间:1999 年 11 日——20 日

主办:国家发展计划委员会

会议认真学习了中央经济工作会议精神,进一步统一了思想,明确了方向。会上传达了国务院领导对这次会议的重要指示。会上国家计委主要负责人总结了今年宏观调控政策取得的成效,分析了未来发展的有利条件和需要研究解决的主要问题,提出了明年经济和社会发展的主要目标和九项任务。这九项任务包括:多方采取有效措施,努力增加固定资产投资;促进城乡居民消费,发挥消费需求对经济增长的拉动作用;提高对外开放水平,更好地利用国内外两个市场、两种资源;调整农业结构,提高农产品市场竞争力;加快产业结构调整步伐,促进传统工业技术升级;发挥价格杠杆作用,促进经济增长和结构调整;继续实施科教兴国战略,促进各项社会事业全面进步;坚持可持续发展战略,搞好生态建设和环境保护;加快西部地区大开发,促进区域经济协调发展。他还对"十五"规划编制工作提出要求。

全国经贸工作会议

时间:1999 年 11 月 20 日

主办:国家经贸委

国家经贸委负责人在会议上指出,明年全国经贸系统要深入贯彻党的十五届四中全会和中央经济工作会议精神,以企业工作为中心,把结构调整摆在更加突出的位置,奋力攻坚,开拓进取,夺取国有企业三年改革与脱困的决战胜利。要重点做好八项工作:第一,继续有效控制总量,保持供需大体平衡。第二,大力开拓城乡市场,积极扩大出口。第三,调整和优化资产负债结构。第四,加快技术进步,提高企业技术创新能力。第五,大力推进现代企业制度建设,面向市场着力转换经营机制。第六,进一步加强企业管理,提高企业整体素质。第七,加大"放小"与"扶小"工作力度,推进中小企业改革与发展。第八,促进各种所有制企业公平竞争,引导非公有制经济健康发展。

全国审计工作会议

时间：2000年1月19日

主办：国家审计署

国家审计署主要负责人会上指出，今年审计工作的主要任务是：改进审计方法，深化预算执行审计。以规范预算管理和财政分配秩序为目标，进一步突出重点，加大审计力度，严肃查处当前财政预算执行中的违法违纪问题，促进各部门加强管理，依法行政，不断提高财政资金使用效果。审计署将重点搞好对财政、国税、海关以及国务院各部门的预算执行审计。抓住重点资金，搞好专项审计。防范金融风险，加强金融审计。围绕三年脱困目标，继续搞好企业审计，为深化国有企业改革，促进加强内部管理，实现三年脱困目标服务。

全国外经贸工作会议

时间：1999年12月22日——24日

主办：国家外经贸部

会议总结指出出口和引资促进了国民经济增长。外经贸部主要负责人在会议上指出外经贸要为国民经济总体发展目标服务。要主动加快外经贸政策和产业政策的相互融合，及时为企业提供国际市场信息，优化进口结构，优化外商投资的产业结构；加强引导国有工业企业发挥自身比较优势开拓国际市场，充分利用多双边经贸交流机会，更多地向国外推出我国的优势企业和产品；加大国有外经贸企业改革力度，努力使国有外经贸企业重新焕发生机与活力。

全国会计管理工作会议

时间：2000年3月29日

主办：国家财政部

财政部负责人在会议上透露，当前关于进一步深化会计核算制度改革的总体思路已经初步明确，初步设想是借鉴《股份有限公司会计制度》的模式，打破行业、所有制、组织制度、经营方式界限，建立统一的、综合性的会计制度。他表示，这次会计核算制度改革，将是继“两则”、“两制”之后又一次结构性、模式性的根本转变。要通过改革，使会计核算更加科学，信息标准更加规范，制度适应性也更加广泛，改革将有利于提高会计信息质量和有效利用会计信息资源，有利于会计工作更好地为经济改革与发展服务。改革后的全国统一的会计核算制度与会计准则并行，两者是互补关系。这是与我国经济发展和会计水平相适应的具有中国特色的会计核算制度模式。因此，在改革会计核算制度的同时，要继续加快我国会计准则体系的建设，尽快建立和完善与社会主义市场经济发展要求的会计准则体系。

全国价格监督检查工作会议

时间：1999年1月7日

主办：国家发展计划委员会

会上国家计委价格监管部门宣布将出台八项价格、收费检查项目，大力整顿价格秩序，清理各种乱收费。这八项检查项目是：一、开展全国电力行业价格专项检查。二、开展全国公安部门收费专项检查。三、开展旅游行业价格检查。四、开展住房价格和物业管理收费检查。五、开展小轿车价外收费检查。六、开展教育收费检查。七、开展涉农收费、粮食价格、烤烟价格检查。八、开展明令取消的收费项目的复查。为了把这些政策落到实处，国家计委要求各价格主管部门，设立价格举报机构，健全举报网络，及时受理群众对低价倾销、价格垄断、价格歧视、价格欺诈等不正当价格行为的举报，严格按《价格法》及有关法规、规章进行处理。同时希望广大群众积极参与价格监督，促使企业加强价格自律，建立和完善行业价格自我约束机制。

全国民委经济工作会议

时间：2000年2月22日

主办：国家民委

这是国家民委首次召开全国性的会议专题研究和部署经济工作。会议宗旨是为进一步学习贯彻中央民族工作会议、中央经济工作会议精神，研究民委系统如何落实国家西部大开发战略任务，会议指出，在新的一年里，各级民族工作部门要紧紧围绕西部大开发，统一步调，集中力量，密切配合，突出抓好“兴边富民行动”，参与西部大开发和扶贫开发等重点工作。会议强调，参与西部大开发既要积极主动，更要注重成效。会议要求，2000年扶贫开发工作要实现重点突破。在全国基本实现小康后，解决少数民族群众温饱问题成为扶贫开发工作的主要任务。民委系统要在调查研究、中长期规划以及具体工作上取得突破。

中美商贸联委会第十二次会议

时间：1999年10月25日

主办：中国财政部、美国财政部

本次联委会主要是为了贯彻江泽民主席和克林顿总统9月在新西兰会晤时达成的促进两国合作原则而召开的。在会议中，双方就广泛的经济问题进行了深入讨论。会议认为，中美两国财政部通过联委会这一经常性的对话机制，积极贯彻两国制定的合作方针，促进了彼此间在经贸、财政、金融及相关领域的合作，为中美两国关系的健康发展发挥了积极作用。中国财政部主要负责人指出，1998年下半年以来，中国政府按照社会主义市场经济体制的客观要求，实施积极的财政政策，努力发挥货币政策的作用，进一步推进国有企业改革，并逐步建立健全与社会主义市场经济相适应的社会保障体系。中美关系的改善和发展符合两国人民的根本利益，也有利于亚太地区乃至世界的和平、稳定与发展。美国财政部主要负责人说，中美联合经济委员会在增进双方对彼此经济和经济政策的了解、就两国共同关心的问题广泛交换意见等方面发挥了重要作用。

中美商贸联委会第十三次会议

时间：2000年4月7日

主办：中国外经贸部、美国商务部

此次联委会是中美双方达成关于中国加入世界贸易组织双边协议后首次召开的会议，对双边经贸关系的健康稳定发展具有重要的意义。双方一致认为，美方尽早无条件地解决对华永久正常贸易关系问题对执行双边协议是至关重要的。中方强调，不带任何条件地解决对华永久正常贸易关系问题是执行中美关于中国加入世贸组织的双边协议的基础和前提。中方重申加入世贸组织后将认真执行有关协议。美方表示将切实履行承诺，推动国会尽早解决对华永久正常贸易关系问题。双方还就中国西部大开发、加强两国间中小企业的合作、建立定期磋商机制解决双方企业遇到的贸易和投资问题、法律交流、行业合作以及高科技风险投资等交换了意见。会后两国部长发表了中美商贸联委会第十三次会议团长联合声明。

中国发展高层论坛国际研讨会

时间：2000年3月27日——28日

主办：国务院发展研究中心、深圳发展银行

会议主题为“中国2010：目标、政策与前景”。我国经济发展潜力如何？面对经济全球化和科技创新的浪潮，尤其是在加入世贸组织后中国应如何应对国际竞争的压力等备受世人关注的问题，成为中外企业界、学术界和政府官员高层对话的中心议题。国务院有关负责人会上说，经济全球化的加速推进，新的科技革命迅猛发展，以及世界范围内的经济结构调整，为我们提供了新的发展机遇。在经济发展的新时期，要保持国民经济快速健康发展，必须对经济结构进行战略性调整。实施小城镇和西部大开发战略，促进城乡和地区经济的协调发展，大规模地开展国土整治和生态环境，实现经济和社会的可持续发展，不仅为我国经济增长提供强大动力，而且为中外经济贸易的发展提供广阔的市场空间。

中国宏观经济、产业政策及证券市场发展高级研讨会

时间：2000年1月23日

主办：中国证券报、国家信息中心

与会专家认为，中央实施的扩张性财政政策效应目前已开始逐步显现，今年宏观经济形势将明显好转，预计全年GDP增长率将达7.5%－8%。在积极政策的持续作用下，目前经济运行中已经出现了一些亮点，主要有：企业经济效益出现明显回升，产销率上升，库存比率下降；收入政策对消费需求的刺激效应开始显现，居民需求稳步回升；在中央采取提高出口退税率、增强对出口企业信贷支持等一系列措施后，出口需求的增长基本恢复到正常的水平。谈到下一个五年计划，专家们认为，我国目前的需求不足只是相对的，实际上还存在较大的结构性短缺，尤其是第三产业的发展水平仍然较低。另外，在城市化建设方面，以及由于我国目前进行的结构调整和改革深化具有滞后的扩张性效应，都使得我国经济在今后数年中仍存在较大的发展空间。因此，在下一个五年计划中，我国仍可实现平稳的亚高速增长。来自国家计委、财政部、中国人民银行、中国证监会等部委和研究机构的专家学者近二百人出席了研讨会。

中国经济论坛世纪发展战略研讨会

时间:4月24日——25日

主办:中国经济论坛

大会由全国人大有关负责人做首场题为"知识经济与我国经济发展"的专题报告。并邀请了国家有关部委负责人及参与中央经济决策研究的部分著名经济学家围绕国家"十五"规划、西部开发战略、国企改革攻坚、金融体制改革、中小企业生存环境、"入世"后的中国民族经济发展等问题进行了专题讲座。

中国宏观经济夏季研讨会

时间:2000年7月4日

主办:北京天则经济研究所、湘财证券有限责任公司

会上首都部分经济专家对中国证券市场十年来的发展给予了充分的肯定,尤其是去年《证券法》的出台对确立证券市场在中国金融体系中的地位和促进其规范健康发展意义重大。具体表现在:一是对证券市场在国民经济中的地位和作用进行了重新评价,确立了其作为直接融资市场的身份而且通过各种具体措施来提高证券市场的地位。二是在证券市场的规范化方面下了大力气,特别是在规范政府监管行为上取得了明显的进展,使市场过度的投机行为和"消息市"、"政策市"的状况有了明显改观。三是市场投资行为发生很大变化,投资者的结构有了改进,市场呈现稳步上扬的格局,与经济大环境的走势基本符合。另外发行审核制度的改进,股票发行价格市场化的改革,市场扶优汰劣机制正在形成等等都说明中国证券市场发展符合市场的发展规律。专家们认为这些变化得益于证券市场的政策改进,这使证券市场规范化发展成为了主流。

西部地区开发会议

时间:2000年1月19日——22日

主办:国务院西部地区开发领导小组

会议主要议题是学习、领会党中央关于实施西部大开发战略的重要决策和指示精神,统一思想,提高认识,研究加快西部地区发展的基本思路和战略任务。会议认为,实施西部大开发战略,加快中西部地区发展,是以江泽民同志为核心的党中央根据邓小平同志关于我国现代化建设"两个大局"的战略思想,高瞻远瞩、统揽全局、面向新世纪作出的重大决策。当前和今后一个时期,要集中力量抓好几件关系西部地区开发全局的重点工作:第一,加快基础设施建设。第二,切实加强生态环境保护和建设。第三,积极调整产业结构。第四,发展科技和教育,加快人才培养。第五,加大改革开放力度。会议强调,实施西部大开发,不仅是西部地区的大事,也是东部地区和全国的大事。要动员全社会力量支持西部开发建设。会议要求,要切实加强领导。当前必须在深入调查研究的基础上,制定切实可行的总体规划和专项规划,并纳入国民经济和社会发展"十五"计划。

财政政策与区域开发国际研讨会

时间:2000年4月10日

主办:国家财政部

财政部有关负责人会上表示,我国西部大开发不能局限于传统的发展模式,需要探索适应社会主义市场经济需要的新思路、新方法和新机制。我国运用财政政策支持西部大开发的思路是:在实行扩张性财政政策时期,主要通过发行国债加大对西部地区的投资力度;在宏观经济步入正常运行后,要考虑通过调整收入分配关系等措施,加快西部地区发展。目前将从以下几个方面开展工作:一是突出生态环境建设,将改善生态环境作为实施西部大开发的切入点。二是加快基础设施建设。三是逐步加大政府转移支付力度。四是推动建立投资来源多渠道、投资主体多元化的西部开发投资体制。

西南六省区市西部大开发研讨会

时间:2000年5月17日——18日

主办:中国社会科学院、云南省人民政府

会上中央及西南六省区市的有关负责人和社会科学工作者就西部大开发的相关问题相互交流经验,展开热烈的讨论。中国社会科学院主要负责人指出,科学界要加强对西部问题的研究,尤其是广大社会科学工作者要积极投入到西部研究的行列中,为西部大开发献计献策,提供多方面的服务。实施西部大开发是一项历史性的重大战略任务,同时也是一项长期而又十分艰巨的任务。各地在实施西部大开发的过程中,都必须树立长期开发的观念,做好打"持久战"的思想准备。要按照中央的统一部署和安排,统筹规划、合理布局,有计划分阶段地稳步推进,不可急于求成、盲目冒进,搞低水平的重复建设。同时,要正确处理好中长期规划与各年度计划之间的关系,搞好二者之间的相互衔接和协调,做到稳扎稳打、突出重点、逐步推进。

中国经济发展与西部大开发全国理论研讨

时间:2000年4月25日

有关专家在研讨会上冷静地指出,西部大开发切忌浮躁与"刮风",西部地区应首先多做基础性研究工作。全国人大财经委有关负责人说,要防止以"大开发"的名义搞一哄而上、形式主义。一方面,舆论界不要盲目"刮风",炒作概念;另一方面,西部各省市区不要盲目订指标、上项目,避免造成高投入、低效益的重复建设。他认为,西部当前的首要任务是做好几个基础工作:一是要认真总结建国以来西部地区发展的经验教训,二是要总结东部地区改革开放二十年来的发展经验,三是切实做好本地实际情况的调查工作。

经济日报高层经济论坛

时间:2000年2月26日——27日

主办:经济日报

中央有关部门与地方、东部与西部、政府与企业、国内与国外、专家学者与实际工作部门,以"西部大开发"为主题对西部开发的政策导向、运行模式、操作方法等各方关注的问题进行高层次、全方位的研讨,以便更好地启动和吸引政府、民间和国外资金、技术、人才,投入到西部大开发之中。国家有关部委人士在发言中指出,西部大开发的起点要高,千万不能搞重复建设,要汲取东部地区产业结构战略性调整的有益经验,从各地资源特点和自身优势出发,发展有市场前景的优势产业,培育和形成新的经济增长点。来自西部部分省市自治区政府的领导同志提出,各地要把争取中央支持与自力更生结合起来,从各自实际出发,在做好基础设施建设的同时,努力发展特色经济,并把生态环境保护放到重要位置,增强可持续发展能力。

社会保障体制改革国际研讨会

时间:2000年8月20日—21日

主办:国务院发展研究中心

研讨会的主要议题包括:对中国社会保障体制改革的回顾与总结;如何进一步落实与完善统账结合的养老保障体制;养老保障体制转轨的成本分解与养老保险基金的筹集、失业保障体制的健全与完善等。劳动和社会保障部、国务院体改办、中国证监委有关负责人以及世界银行、亚洲开发银行、联合国开发计划署等高级专家等出席了研讨会。

21世纪初中国扶贫战略国际研讨会

时间:2000年5月16日

主办:国务院扶贫开发领导小组办公室、世界银行、联合国开发计划署、亚洲开发银行

国务院有关负责人会上指出,扶贫开发是建设有中国特色社会主义伟大事业的一项历史任务,新世纪的扶贫开发工作将把西部地区、少数民族地区、革命老区和自然条件恶劣的特困地区作为重点,继续坚持开发式扶贫方针,大力加强贫困地区的基础设施建设和生态环境建设,努力改善贫困地区的生产条件和生活条件,推动贫困地区社会、经济、科技、文化的全面发展。他指出,中国的扶贫开发事业不仅取得了巨大的成就,而且形成了一套适合中国国情的扶贫开发的经验。一是政府高度重视。二是坚持开发式扶贫方针。

21世纪论坛2000年会议

时间:2000年6月14日——16日

主办:中国人民政治协商会议全国委员会

来自20多个国家的政治家、专家学者、国际经济组织和机构的知名人士,以及中国40多位各方面的知名人士和专家学者,就21世纪国际形势、世界发展大趋势等重大问题自由交换意见。论坛着重探讨亚洲与中国未来的发展趋势,以及发展中国家在经济全球化过程中应注意的问题。该论坛组织三次专题研讨会,议题分别是:"经济全球化的发展及其影响"、"经济全球化——亚洲和中国的机遇与挑战"、"经济全球化与国际经济合作"。同时还举行以"企业家看经济全球化"为主题的讨论会。与会的中外方企业家及有关专家学者就中国企业的国

际化经营、跨国公司在中国的经济战略、网络经济与电子商务的发展前景等课题进行专题研讨。国务院总理朱镕基会上强调，面对世界科技进步和经济全球化的新形势，中国经济未来十年的发展将会呈现出以下几个方面的特点：第一，经济结构将进行战略性调整。第二，经济体制将进行深层次改革。第三，科教兴国将得到进一步施实。第四，对外开放将加快全方位扩大。中国人民银行主要负责人在会议中就我国金融业在未来五年中的发展前景做了全面的分析和展望，并提出了未来五年我国金融业改革发展的主要任务。

美国亚洲协会第11届企业年会

时间：2000年5月10日——12日

主办：美国亚洲协会

本届年会以"世界商机：世纪之交的中国与亚洲"为主题。国务院总理朱镕基发表了重要演讲。来自亚太地区的40多位政府官员、跨国公司总裁和专家学者在大会上就亚洲在全球经济中的竞争力，中国加入世贸组织及对外开放、可持续发展，知识经济和电子商务，企业改革以及21世纪的中国与亚洲等议题发表了演讲或进行了讨论。美国亚洲协会会长在闭幕辞中说，本届年会是该会11年来最成功的一次。

中日经济讨论会第八次会议

时间：1999年11月15日——16日

主办：人民日报社、日本经济新闻社 这次会议的主题是：改革与合作——面向21世纪的课题。日方对中国加入世界贸易组织之后工农业如何应对新形势；中国开发中西部地区如何改善投资环境，增强吸引力，以及如何加强环境保护等方面较感兴趣。中方则关心经济复苏后的日本对华合作投资意向、日方如何提高对华投资中的技术含量，以及日本在中国加大中西部开发战略中的投资选择等。双方都对随着经济全球化、金融一体化的新形势，如何切实增强防范和抵御金融风险的能力予以关注。中日双方与会代表一致认为，面向21世纪中日经济发展对亚洲乃至世界举足轻重，两国本着取长补短、平等互利的原则，增进经济合作和交往必将有益于世界和平和发展。

全国技术改造工作会议

时间：2000年4月27日

主办：国家经贸委

国家经贸委有关负责人会上说：国家今年决定探索技术改造的新思路和新办法，以项目登记备案制为目标，逐步改革现行项目审批制度，运用市场经济的办法，强化投资管理监督，建立新的宏观调控体系，增强政府调控和引导社会投资的能力。他表示，今年要建立和健全一大批为投资服务的中介机构，如设计、咨询、招标、投资顾问公司等，运用市场经济的办法，加强项目的前期工作，做好扎实的市场分析、技术分析和效益分析，提高投资质量和效益。

中国风险投资与互联网电子商务国际研讨会

时间：2000年4月3日

主办：国家信息中心等

来自10家国际风险投资公司的代表和来自世界各地的近百家高科技企业、400余位中国企业界代表就"风险投资、互联网、电子商务"话题进行了研讨。此次研讨会以数据经济时代的商机为主题，全方位探讨风险投资在高科技产业发展中的作用。会议指出，促进新经济与传统产业相结合，是我国发展新经济的关键所在。目前全球正加速进入网络经济时代。知识经济发展加速，全球一体化进程加快，资本流动产生了新的方式，同时制造业正在全面整合，大规模的兼并不断发生，网络对世界各国的各个方面都以产生了巨大的影响和冲击，并将成为人类生活的基本条件。

中国风险投资运营机制高级研讨会

时间：2000年4月19日——20日

主办：中国风险投资有限公司、美国NASDAQ国际公司、香港理工大学

这次会议着重研讨如何从操作层面上完善风险投资的运营机制，使我国的风险投资事业进一步向纵深推进。全国人大有关负责人发表了主题演讲。他指出，中国的风险投资事业正在稳步向纵深推进。与发达国家相比，目前中国投资尚存在六方面的问题：第一是规模偏小。第二是法规有待建立。第三是认识上存在分歧，第四是操作不规范。第五是缺乏成功的范例。第六是民间参与太少，政府负担过多。中国证监会有关负责人会上为国内二板市场勾画了轮廓。

中国国际互联网研讨会

时间：2000年6月6日——9日

主办：国家信息产业部

这是今年由信息产业部独家主办的一次重要专业峰会。国家信息产业部负责人会上指出，面对信息网络化所带来的机遇和挑战，我国互联网的发展要依靠积极的创新和扎实的工作，而不能寄希望于炒作。网络发展的原动力在于加快传统产业升级、有效改善人民知识素养和生活质量。当前最需要的是扎扎实实地工作、勤勤恳恳地服务。政府主管部门将本着兴利除弊、促进发展的方针，大力推动我国互联网的发展。当前需要努力建立电信业的竞争机制，引导更多投资主体进入电信市场，加速建设基础带宽，使运营企业降低价格、提高服务质量，从而在全球化的竞争中占据主动地位。

第四届中国国际电子商务大会

时间：2000年4月5日——8日

主办：信息产业部、国家经贸委和中国国际贸易促进会

此次大会是政府高层领导、企业主要负责人以及知名专家学者的高水平峰会，就电子商务问题展开了广泛的研究和讨论。大会的宗旨是交流、创新、应用、发展，以加强政府对发展电子商务的宏观规划与指导，推动电子商务在我国的应用与健康发展，加强我国与世界各国在电子商务领域的交流与合作。会议表示，中国的电子商务尚处于起步阶段，应切实加强政府的宏观规划与指导，迎接中国电子商务的曙光。本次大会的最大热点集中于六十余场国际研讨会。中国政府高层领导、来自中美英等十几个国家的著名公司的高层领导以及电子商务知名专家学者共商大计。

《财富》信息技术圆桌会议

时间：1999年9月28日

主办：美国《财富》杂志编辑部

这一圆桌会议集中讨论了到2003年世界信息新技术的发展前景、潜力和预测。信息产业部主要负责人会上表示，随着信息技术的飞速发展，中国将继续扩大现有网络规模，提高技术层次，扩展新业务的服务范围和服务深度。他强调说，中国将大力推进和组织信息库的建设，丰富互联网的信息资源；大力推广电子商务、远程教育、远程医疗以及家庭办公等网络化、数字化业务，服务于国民经济各部门，提高人民群众生活质量

关于企业体制问题

中央企业工委工作会议

时间：2000年2月27日

主办：中央企业工委

中共中央政治局常委、国务院总理朱镕基对会议的召开作出重要批语，国务院、中央企业工委有关负责人出席会议并讲话。朱镕基在2月24日的批语中指出，根据党中央的决定，中央企业工委的工作范围，要坚决贯彻落实以江泽民同志为核心的党中央制定的各项方针政策，按照十五大和十五届四中全会精神的要求，进一步研究在市场经济条件下企业领导班子建设、党的建设、思想政治工作和国有资产监管工作中出现的新情况、新问题，逐步建立起符合市场经济要求、具有中国特色的国有企业党的工作和监督工作的有效运行机制，努力开创国有企业改革和发展的新局面。有关负责人在讲话中强调，加强和改善党对国有企业的领导，是国有企业改革和发展形势的迫切要求，是加快国有企业改革和发展的现实需要，是建立有中国特色现代企业制度的本质要求。

全国企业改革与管理工作会议

时间：2000年4月10日

主办:国家经贸委

会议提出,在实现国有企业改革与脱困两大目标的决战之年,要切实把党中央、国务院确定的一系列重大政策措施落到实处,扎实规范地加快现代企业制度建设,积极推进企业科学管理,不断提高国有企业的竞争力和经济效益。国务院有关领导在会上指出,加强和改善企业管理,提高科学管理水平,是建立现代企业制度的重要组成部分,也是国有企业扭亏增盈、提高竞争力的重要途径。他强调了四个问题:(一)认清国有企业改革和发展面临的形势,提高加强企业管理的自觉性;(二)按照建立现代企业制度的要求,实现企业管理体制和机制创新;(三)加强企业内部管理,在严字上狠下功夫;(四)加强企业思想政治工作,正确处理改革、发展与稳定的关系。国家经贸委有关负责人在谈到建立现代企业制度的进一步思想时指出,要注意把握好四个重点:第一,对国有大中型骨干企业进行规范的公司制改革,尽可能推进股权多元化。第二,探索国有资产管理的有效形式,构造国有资产营运主体。第三,探索建立符合市场经济要求的企业经营者选拔任用和激励约束机制。第四,深化企业内部改革,转变企业内部经营机制。

中国企业高峰会

时间:2000年4月16日——18日

主办:世界经济论坛、中国企业联合会

会议主题为"中国日益显著的全球角色:影响力、机遇和挑战"。此次会议讨论的议题包括"世界如何接纳国际化的中国?"、"全球化:中国的方式是什么?"、"中国日益显现的商业前景"、"IT产业怎样改变中国"、"中国企业家如何找到投资资本"、"收购与兼并是中国企业的出路吗?"等三十多个,就经济全球化与中国经济改革和发展等议题展开广泛交流与探讨。会议指出中国经济运行健康度将不断提高,中国融入全球化中,资本市场一定是走在前面的;峰会肯定"新经济",指出传统产业与新经济决不是水火不容,新经济的发展对提升整个世界的生产技术水平功不可没;证券市场要为新经济创造良好的市场环境,要减少政府干预,强化市场机制,要进一步支持企业境外融资,未来二板市场的发行审核委员会所有成员都应该是市场专业人士等;中国企业在与国外同行交往中,渐渐显露出自己的优势,中国企业面向世界参与竞争不是基础问题,更重要的是心理素质。全球100多位政界、经济学界和企业界的知名人士在此次峰会上做了发言。近700名中外企业家参加了会议。来自国内外各大媒体的400多名新闻记者对此次峰会进行了全方位的报道。

中国市场经济研究会理论研讨会

时间:1999年11月

主办:中国市场经济研究会

会议探讨了国有企业改革和发展的热点与难点问题。有的学者认为,中国现行的企业领导制度有多种形态,不能说哪种绝对好或绝对坏,但共性的问题是班子和一把手。如何选择优秀的企业家上台?如何实施监督?如何实施激励?干好了怎么办,干不好怎麽办?所有这些问题,不仅仅是企业家的品质问题,更有制度的因素。

国有重点骨干企业领导培训班座谈会

时间:2000年4月11日

主办:中组部、中央企业工委、国家经贸委、人事部、国家行政学院

座谈会上国有重点骨干企业领导人培训班学员先后发了言。他们分别就国有企业改革与管理、国有企业监督控制机制的完善、建立现代企业制度、国有企业参与海外市场竞争等问题谈了自己学习的体会和感受。朱镕基总理就一些问题与学员们交流看法。他指出企业经营管理者素质的高低,决定着企业的兴衰成败。管理科学是兴国之道,也是企业振兴之道。强化企业管理,提高管理水平,是建立现代企业制度的内在要求,也是国有企业扭亏增盈、提高竞争力的重要途径。他强调,国有企业领导人都要认真按照中央的要求,努力成为思想政治素质好、经营管理能力强和遵纪守法、廉洁自律的经营管理者。出席座谈会的还有党中央、国务院有关部门的负责同志

WTO与中国企业论坛

时间:2000年2月28日

主办:中国企业家调查系统、法制日报

全国500强企业的负责人、法律部负责人及知名律师参加此次论坛。本次论坛的论题包括:WTO的基本知识及主要内容,加入WTO对中国汽车工业、纺织及服装业、家电、电子产品出口、IT业、医药行业、食品行业的影响,以及我国银行、保险、证券业的发展趋势,法律顾问在企业管理、经营中的地位和作用等。

第二届亚洲企业管理圆桌会议

时间:2000年5月31日——6月2日

主办:亚太经合组织、世界银行、亚洲开发银行

来自证券交易所、证券监管机构、企业、国际金融机构的主要代表、政府官员、投资者及学者约150人,商讨有关亚洲的企业管理的课题。会议的主题为"信息披露在加强企业管理方面所担当的角色"。会议的具体目标是,要提高人们对企业管理的认识,并协助制订公共政策以作出回应,促进私营机构及公营部门之间的持续对话、监察及评估地区内的有关发展、识别出需给与技术支援的范畴,以及向国际社会宣示亚洲的改革措施。

中国中小企业暨民营经济发展战略国际论坛

时间:2000年6月23日——25日

主办:国家经贸委中小企业司、全国工商联经济部、深圳市经发局和深圳综合开发研究院

大会的主题是"新经济时代的中国中小企业暨民营经济发展",研讨的内容主要包括"中国中小企业发展的政策背景"、"中小企业担保融资"、"民营企业与国营企业"、"海外上市与国内二板市场"、"西部大开发与民营企业发展战略大转移"等。与会专家纷纷呼吁,随着全球一体化经济和中国加入WTO进程的加快,中国中小企业以及民营经济在整个经济构成中占有越来越重要的地位,制订与之相适应的政策体制显得十分重要和急迫。为此,国家有关部门应尽快出台支持中小企业融资及信用担保政策,以解决目前普遍存在的中小民营企业融资难的问题。来自中国、德国、新加坡等国以及香港、台湾地区的著名专家学者和企业界人士共300多人出席研讨。

世界企业孵化与技术创新大会

时间:2000年4月19日

主办:科技部、外经贸部和联合国开发计划总署

科技部火炬中心负责人在会上作报告时说,科技孵化器是我国创新体系建设的核心和重点。目前全国已建立孵化企业的科技创业中心近110家,经国家批准的37家,拥有孵化场地88万平方米,在孵科技企业4340多家,已从孵化基地"飞"向市场的企业1379家,转化科技成果7000多项,创造就业岗位15万个,形成了专业技术创新中心、大学科技园等不同类型的企业孵化器网络。到去年底止,在孵与出孵企业实现的总收入达到101亿元。

关于金融市场问题

全国银行、证券、保险工作会议

时间:2000年1月25日

主办:中国人民银行、中国证券监督管理委员会、中国保险监督管理委员会

国务院总理朱镕基在大会上强调,必须充分认识金融面临的新形势、新任务、新挑战,继续大力推进金融改革和整顿,特别要"严"字当头、全面强化管理和监督,加快金融体制改革和制度建设,确保金融安全、高效、稳健运行,更好地为国民经济持续、快速健康发展服务。朱镕基首先指出,同我们整个经济形势一样,当前金融总体形势也是好的。两年多来,银行、证券、保险系统做了大量富有成效的工作,金融改革、整顿、监管和发展取得很大成绩。他同时指出,必须清醒地看到,当前金融领域的问题还很多,金融风险隐患仍然不少,金融改革、整顿、监管和防范风险的任务十分艰巨。在深化改革和扩大开放的新形势下,金融系统既有良好机遇,又面临严峻挑战,所有金融机构和金融从业人员,都必须有强烈的紧迫感和高度的责任感,继续按照中央的决

策和部署,认真做好各项工作,确保金融安全、高效、稳健运行,为改革、发展、稳定作出更大贡献。

中国金融业改革国际研讨会

时间:2000 年 5 月 16 日——18 日

主办:国务院发展研究中心、国际会议机构

与会的国内政府官员、学者以及国内外银行、保险公司及证券公司的代表就中国金融业的各个领域,包括银行业、保险业以及证券业的最新改革动向以及中国加入 WTO 之后将给国内外金融业带来的机遇和挑战进行了广泛的讨论。议题包括:国际金融市场的演变及对中国金融体系的影响,中国银行业改革及在向商业银行转变中外国银行的作用,中国保险业改革和外国保险机构的发展机遇,中国资本市场的发展以及证券、投资业的机会等。中国人民银行有关负责人主要回顾了过去一段时间我国银行业的改革发展情况。中国证监会有关负责人回顾了近期证券市场的重要改革举措,并提出了未来中国证券市场的发展重点。会议代表指出国企改革是中国经济工作中的重中之重,而资本市场对国企改革意义重大;金融业的改革和发展在今后中国经济发展中将占有重要地位,是一项非常紧迫的任务。

中国金融发展战略研讨会

时间:2000 年 6 月 3 日

主办:中国人民银行、中国证监会和中国保监会

会议深入、系统地讨论中国金融业今后 5 年改革和发展战略问题。会议指出,面对新世纪和新的形势,中国金融业的改革和对外开放将进入新的阶段,同时也面临新的机遇和挑战,承担着新的历史使命。会议强调,目前我国对银行、证券、保险实行分业经营、分业监管体制,符合我国国情。随着金融竞争的扩大和金融信息化的发展,银行、证券、保险业务的各种相互交叉正在扩大。为此,人民银行、证监会、保监会要加强金融监管的协调与合作,定期进行业务磋商,交流监管信息,解决分业监管中的问题,支持银行、证券、保险业拓宽业务。

走进 21 世纪—金融改革与发展研讨会

时间:2000 年 7 月 3 日

与会人士认为,我国证券市场的发展历程,也可以说是证券业的创新过程。为了适应加入 WTO 后我国经济国际化的要求,证券市场需要继续保持创新活力,推出股指期货是"保质保量"发展的重要一环。专家们建议,为促进国债市场加快发展,增加国债流通量,适当时机应恢复国债期货市场。虽然目前我国已推出了两只指数投资基金,但由于股市呈"单边"特性,回避风险的工具和方法都有待健全,指数基金运作还比较困难。鉴于上述情况,有必要发展股指期货,发挥其回避风险和套期保值的双重功能。

中国人民银行 2000 年工作会议

时间: 2000 年 1 月 27 日

主办:中国人民银行

中国人民银行主要负责人会上强调,银行系统今年在强化管理的同时,将严格区分金融违法行为和金融创新活动,鼓励中资金融机构依法进行金融创新,增加新的业务品种,尤其是要协调和发挥货币市场、资本市场和外汇市场的功能,更好地运用金融市场促进金融业务创新,优化资源配置。他指出要充分运用信贷杠杆强化对企业生产经营活动的监督,促进经济结构的调整,提高信贷资金的使用效益。人行将切实依法加强对国有银行、股份制商业银行、城乡信用社、信托投资公司等各类金融机构的监管,进一步防范和化解金融风险。

中国人民银行货币政策委员会 2000 年首季例会

时间:2000 年 1 月 23 日

主办:中国人民银行

例会对 1999 年货币政策给予了积极评价,并指出今年的工作重点是进一步发挥货币政策作用,处理好促进经济发展与保持金融稳定的关系。会议提出,2000 年要适当增加货币供应量,把扩大公开市场业务作为货币政策操作的重点,完善货币市场、债券市场运行机制;继续增加对中小金融机构再贷款,同时加强金融监管;继续发挥存款准备金和利率手段在调节货币供应总量中的作用,根据市场对货币的需求,灵活调整再贷款利率和存款准备金率;积极运用再贴现工具,鼓励商业银行在中心城市设立专营票据业务的窗口,扩大票据承兑、贴现业务,推动企业使用商业汇票,减少货款拖欠;继续运用再贷款手段,确保合法存款的正常支付,保持金融和社会稳定。要在加强贷款管理的同时,完善激励机制,提高金融运行效率。要继续做好国债资金基础设施和技术改造建设项目的配套贷款工作;大力发展个人消费信贷特别是个人住房贷款;进一步改进农村信贷服务,加大对农村信用社再贷款支持;完善小额扶贫贷款体系,解决农民贷款难问题;积极支持国有企业改革和发展,配合有关部门做好债转股工作;研究制定适合西部地区特点的信贷政策,支持西部大开发战略的实施。

中国人民银行货币政策委员会 2000 年第二季度例会

时间:2000 年 4 月 24 日

主办:中国人民银行

会议充分肯定了当前经济和金融走势。会议认为,要进一步发挥货币政策作用。二季度及今后一段时间货币政策的重点是,正确处理防范金融风险和支持经济增长的关系,在坚持稳健经营的原则下,从多方面加大对经济增长的支持力度;要继续落实已经出台的政策措施,综合运用各种货币政策工具,适当扩大货币供应量;要下大力气疏通货币政策传导渠道,完善商业银行信贷机制。信贷政策要继续做好国债基础设施建设项目配套贷款和技术改造贷款发放工作,及时满足企业合理的流动资金贷款需要;进一步增加对农村信用社再贷款,改进农村金融服务,加大信贷支农力度;要进一步完善对中小企业和高新技术产业的金融服务,积极支持西部大开发。会议对我国中长期货币政策及有关重大问题进行了研究。会议指出,与国际上主要国家相比,我国广义货币与国内生产总值的比率(M2/GDP)偏高,信用风险过分集中于银行,企业负债率过高。因此,在适当扩大货币供应、增加银行贷款、搞好信贷结构调整的同时,要正确处理直接融资与间接融资的关系,大力发展资本市场,稳步提高直接融资的比重。会议强调,要积极推进利率市场化改革,充分发挥利率在优化资源配置中的重要作用。

中国人民银行货币政策委员会 2000 年第三季度例会

时间:2000 年 7 月 25 日

主办:中国人民银行

会议认为,今年上半年城乡居民储蓄存款继续分流,直接融资进一步发展,符合宏观政策调控的方向。当前我国经济工作克服了亚洲金融危机带来的困难和影响,经济发展出现了重要转机。会议对货币政策进行了深入讨论。一致认为,当前要继续执行稳健的货币政策,重点是进一步落实已经出台的各项货币信贷措施,注意监测货币供应量增加较多对宏观经济发展带来的影响,巩固和发展国民经济回升的良好势头。根据国际国内经济金融形势,当前我国的存贷款利率水平是适当的。要有计划、有步骤地加快利率市场化改革步伐,进一步扩大金融机构贷款利率的浮动幅度和范围,充分发挥利率杠杆的作用,保持币值稳定,保障金融体系的平稳运行与发展。

中国人民银行货币政策司有关再贴现业务座谈会

时间:2000 年 1 月 17 日

主办:中国人民银行货币政策司 会议指出目前再贴现已成为央行融出资金的一个重要渠道,对于商业银行调整信贷资产结构,加强流动性管理,改善金融服务,拓宽企业融资渠道,以及对于完善货币政策传导机制,促进转变金融宏观调控方式,实现适当的年度操作目标等都发挥了积极的作用。在对今年再贴现工作的初步安排中提出,当前要充分认识现阶段大力推广使用商业汇票对促进转变金融宏观调控方式,健全信用制度,改善金融服务的重要性。要积极创造条件,注重发挥再贴现的优势,使之成为公开市场的重要辅助政策手段。同时,要加快发展以中心城市为依托的区域性票据市场。要支持商业银行在具备条件的中心城市建立专业机构,集中办理票据承兑、贴现、转贴现业务,发挥市场中介作用,以促进票据流通转让和有效防范票据风险,提高票据业务的效率和规模效益,人民银行分行进一步集中再贴现业务管理,扩大对辖内中心城市的再贴现转授权。另外,还要有步骤地推广使用商业承兑汇票,支持和促进商业信用发展,扩大企业票据融资;整顿商业汇票流通秩序,加大对违规票据当事人的处罚力度。

外资银行中国重点项目合作研讨会暨融资洽谈会

时间:2000 年 5 月 11 日

主办:中国人民银行

中国人民银行有关负责人会上分析了当前中国金融业对外开放面临的形势,并提出了三大对策。他指出外资银行在外汇贷款和国际结算方面已占有较大市场份额,外资金融机构已成为中国金融体系中的一支重要力量。随着中国加入WTO步伐的加快,中国金融的对外开放面临着新的机遇和挑战。在这种形势下,制定与此相适应的金融发展战略是当务之急。他表示,中国银行业将根据国情与我国在世贸组织谈判中所作的承诺,采取三项有效对策:一是继续坚持金融对外开放的政策。二是修改完善金融法律、法规。三是完善银行监管体制。按照建设现代银行制度的目标,将加大改革力度、通过采取下列措施,逐步提高中资金融机构的竞争力:办好金融资产管理公司,剥离国有独资商业银行的不良贷款,进一步降低其不良资产比率;尽快制定符合国际惯例的商业银行会计制度和贷款损失准备金提取和冲销制度,进一步强化国有独资商业银行的经营责任制度;在商业银行中推行贷款五级分类制度,实行统一授信制度,加强内部风险控制;积极化解中小金融机构的风险;建立存款保险制度等等。

2000年中国银行业的发展前景研讨会

时间:2000年6月20日

主办:招商银行、中国工商银行香港分行、香港中国企业协会金融投资行业委员会

会上中国人民银行有关负责人认为,关键是加快并深化金融体制改革从战略的高度重组我国的金融机构体系,加快商业化改革,同时提高中央银行的宏观调控和监管能力,提升中资金融机构的竞争力。为促使我国中资银行业的稳健发展,最大限度地消除加入WTO可能带来的负面影响,我国要进一步深化金融体制的改革,包括进一步完善中国人民银行的管理体制,加强金融监管;加快国有独资商业银行改革步伐,完善呆账准备金制度,进一步提高其资本充足率,增强抗风险能力;进一步健全金融监管法律法规。

全国城市商业银行发展论坛

时间:2000年4月4日

与会的90家城市商业银行行长建议,人行及其它主管部门应针对城市商业银行的特殊性予以特别扶植。包括:允许城市商业银行上市或发行债券,鼓励、扶植城市商业银行之间的合作,支持其逐步完善金融工具和手段,在财税政策上给予优惠等。中国人民银行主要负责人表示,人行在依法加强对城市商业银行监管的同时,将通过再贷款等方式予以资金支持,促使其在改革中发展壮大。他说,人行对城市商业银行的支持将体现在以下三方面:一是在其缺少流动性资金时,支持其保支付,维护城市商业银行以至我国金融业的整体信用;二是在其有合适的贷款对象而资金却不足时,给予支持;三是提供公开、透明、高效的服务。

《中华人民共和国商业银行法》颁布5周年座谈会

时间:2000年5月10

会议指出,要依法加快商业银行改革,进一步完善商业银行的法人治理结构,建立现代金融企业制度;在稳健经营的前提下,鼓励金融创新,拓展业务范围。中国人民银行主要负责人要求商业银行以《中国人民银行法》和《商业银行法》等法律法规为依据,依法治行,依法经营,公平竞争。他强调,要坚决维护商业银行和存款人的合法权益。各级党政部门,包括中国人民银行,不得强令商业银行发放贷款和担保。商业银行也要依法拒绝任何单位和个人强令要求贷款和担保。商业银行对逃废债务的行为要依法起诉。同时商业银行也要维护存款人的利益,在实行储蓄实名制后,更要为存款人保密。对单位和个人存款,除法律另有规定外,商业银行有权拒绝任何单位和个人查询、冻结、扣划。在谈到中国银行业协会时,他说协会要切实承担起行业自律组织的责任,各会员银行要积极参与协会工作。人民银行将支持中国银行业协会的工作,逐步把一些非行政性的管理事宜交给协会处理,通过行业间的平等协商、互助互惠,达到推动银行业务健康发展的目的。

《金融租赁公司管理办法》颁布实施座谈会

时间:2000年7月27日

主办:中国金融学会金融租赁研究会

中国人民银行有关负责人在座谈会上说,此次要求金融租赁公司资本金达到5个亿,从市场准入上体现了人民银行搞大租赁的设想。就是要充分发挥租赁业的优势,使之加入到西部开发和国有大中型企业技术改造中去。其次,《办法》允许金融租赁公司发行金融债券,允许外资入股,允许向金融机构借款,融资方面政策有较大的突破。同时共规定了12项业务,业务范围非常大,体现了人民银行下决心发展这一行业的意愿,金融租赁业的发展空间是相当大的。其三,传达了控制风险的信号,《办法》对金融租赁公司提出了七项风险比例,今后还要对非现场监管加以研究。《办法》出台后,现有的金融租赁公司将经历过渡期,包括重组、合并、增资、扩股。由于以往包袱较重,必须迎头赶上,弥补差距,尽快满足《办法》的要求。与此同时还将批设新的租赁公司。

迈向新纪元—国际经济及金融市场研讨会

时间:2000年1月23日

主办:汇丰银行、汇丰投资银行

会上海外投行界人士认为,全球经济在经历亚洲金融重创、俄罗斯及拉美金融动荡之后,今年将出现强劲增长的势头。由于减息和股票市场的持续飙升使全球经济再度强劲增长,汇丰投资银行预测今年全球GDP增长将从去年的3.5%上升至4%,美国经济增速继续保持4%,欧洲经济明显好转,而亚洲经济的增长更为乐观,今年将达到4.9%。研究人士同时指出,在经济的同步增长中,潜伏着不稳定因素,将增加全球资本市场的变数。美国利率前景的恶化及债券收益率的攀升,将触发美国股市泡沫,给香港市场带来影响,但只要香港经济基本面的向好趋势不变,港股今年仍有上升空间。

亚太金融学会第七届年会

时间:2000年7月24——26日

主办:上海交通大学、香港理工大学

本次会议由全国人大常委领导任大会主席,莅临本次会议作专题报告的有100多位国内外金融、证券、信息科技界知名专家、高层领导。会议主题是"21世纪的金融与科技",有关专题包括:资产评估与I-POS、公司收购与兼并、香港创业板市场、风险投资与基金管理、组合投资和资产配置、证券市场发展中的新问题、公司治理结构、财务管理与国有企业改革、高科技产业与金融机制的发展、金融衍生产品在中国的发展前景分析、中国证券市场的管治结构、中国证券市场信息披露问题、中国风险基金投资的新趋向、中国银行业的改革等50多个专题。

中日金融改革国际研讨会

时间:2000年7月2日

主办:日本富士通综合研究所、中国人民银行研究生部、中国金融学院 参加研讨会的中日双方正式代表及观察员共60人就三个专题进行研讨:一、中、日金融体制改革。二、中、日如何处理不良债权。三、亚洲经济与中、日经济。会议认为中日双方金融改革是在新经济形势下的金融改革,因此与以往的改革是不同的,要树立一种全新的观念。对于新时期出现的新问题要进行认真的探讨和研究,提高认识,提出有效的措施。在中国,金融改革面临着困难,主要来自所有制问题和市场化进程中遇到的一些矛盾。这些都是我国金融业向前发展必须克服的困难。今后,采取什么方法推动金融改革的顺利进行,是留给研究人员艰巨的任务。希望中日双方共同努力,来完成这一任务,更上一个新台阶。

中国寿险业经营与发展国际研讨会

时间:2000年4月20日

主办:复旦大学、金融时报

会议主题是"入世与挑战21世纪中国寿险业的新纪元"。在保险资金通过购买证券投资基金进入证券市场的背景下,中国保监会有关负责人在会上指出中国寿险业到了关键的转折期,保监会鼓励各保险公司大力开发投资连结和分红类寿险产品。目前中国寿险业已经进入了传统寿险产品向非传统寿险产品转变的关键时期,这一变革不仅仅是保险产品的转变,更是中国寿险业在经营理念和管理水平的全面提升,同时这一转变将使中国这个世界上最大寿险潜在市场变为现实市场。中国寿险业从传统寿险产品向非传统产品的转变不是简单的新产品开发,它对寿险公司在经营理念、管理、人才和电子化等方面提出了更高的要求,其影响将是革命性的。销售这类产品的营销人员将不再是简单地销售寿险保单,还要熟练掌握证券和相关的金融知识,成为客户个人和家庭的理财顾问。中国寿险业完成了这一转变将使各寿险公司结束原始的价格竞争,进入更高形态的管理竞争和服务竞争,为我国寿险业拓展广阔的成长空间,为进一步发展打下坚实的基础。

关于证券市场问题

全国证券期货工作会议

时间：2000 年 1 月 21 日——25 日

主办：中国证券监督管理委员会

会议在回顾 1999 年工作的基础上，详细阐述了四个关系即：规范与发展的关系、证券市场机制与宏观调控的关系、证券市场发展与国有企业改革的关系、证券市场与技术创新的关系，并对新一年的工作进行了安排。中国证监会主要负责人在会议上说，今年将继续扩大直接融资比重，推进高新技术企业发展和经济结构调整，切实加强管理，严格依法治市，提高上市公司和证券公司质量，促进证券市场规范发展，更好地为国有企业改革和经济发展服务。为此，将着重做好以下工作：建立高新技术板，推进技术进步和产业升级；改革股票发行制度，实行改制辅导一年、证券公司推荐、发行审核委员会审核、通过市场机制确定发行价格、证监会核准的股票发行核准制度；提高直接融资比重，进一步推进国有企业改革和经济发展；促进上市公司购并重组，优化上市公司质量，调整企业结构；继续抓好证券市场清理整顿，进一步防范和化解市场风险；进一步加强证券期货法制建设，提高依法行政水平；继续规范期货市场试点，进一步完善期货市场功能；适应加入世界贸易组织的新情况，完善有关法规，全面提高证券业素质；进一步理顺三级监管的职责划分，充分发挥集中统一；监管体制的优势；巩固"三讲"教育成果，进一步加强证券监管队伍建设。

证券经纪业务创新与风险管理研讨会

时间：2000 年 5 月 26 日——27 日

主办：中国证券业协会

来自百余家证券公司和信托公司的 400 多名营业部代表主要就网上交易给证券经纪业务带来的机遇与挑战、证券经纪业务的制度创新和风险控制进行了广泛的交流和探讨。网上交易与经纪业务的拓展成为此次会议讨论的热点。代表们在发言中提出，证券交易的网络化已经成为世界性潮流。与传统业务方式相比，网上电子商务具有交易成本低、提高客户资源开发潜力等优势，因此网上交易在更好地满足投资者需求的同时，成为券商突破地域、时空限制拓展经纪业务的最佳手段。在我国，网上交易已经走上规范轨道。网上委托业务短期内将在绝大部分券商中迅速蔓延开来，它将导致传统经纪业务职能从单纯的交易中介转向包括交易中介、投资咨询与代客理财在内的混合模式，券商的服务模型也将从传统的"广播式"服务转向更加个性化的专业服务。代表们认为，经纪服务手段的深化，不仅给券商的风险控制能力提出了更高要求，而且不可避免地给经纪业务保持利润水平带来威胁：网站建设和投入加大了经纪成本；IT 行业的加入，也可能造成手续费的下降。因此，面对机遇和挑战，券商经纪业务必须进行各种业务创新，一方面利用新技术改革证券服务方式，在交易、查询、结算、咨询和个性化服务上广泛采用先进技术，另一方面重新整合内部资源进行创新，从账户存管、信息咨询、管理机制、个性化服务多方面入手。本次研讨会还邀请了有关部委的专家就经济形势、金融改革和开展网上交易等问题作了专题报告。

证券结算最佳模式研讨会

时间：2000 年 6 月

主办：上海证券交易所

会议宗旨是促进业界对证券结算最佳模式的研究，以适应中国证券市场发展变化的要求，进一步健全我国证券结算安全高效的运行体系 。与会代表深入分析了中国 CSD（中央证券存管机构）的现状，积极探讨了 CSD 制度建设和发展方向，对建立符合国际准则、安全高效的中国 CSD 提出了十分有价值的建议。会议还提出了最佳模式、券商结算网络的发展趋势、证券结算市场构架的发展演变形、资金结算模式、会员法人证券托管、PROP（参与人远程操作平台）——最佳模式中 STP（直通处理）的实现等重大议题。与会人士一致认为，证券结算是证券市场运作的重要环节，证券结算体制是否安全有效，不但决定着证券市场能否规范发展，而且直接影响到支付系统乃至整个金融体制。鉴于过去业界对证券结算的研究工作还比较滞后，与会代表一致同意通过研讨会和会下联合研究的方式，形成一个互动式的证券结算研究模式，建立一个跟踪国际证券结算发展动态、开展证券结算理论研究、进行证券结算信息交流的主渠道，以进一步促进证券市场的健康发展。会议确定了会后联合研究的一些课题，并确定了这些研究课题的主要承担者。

加入 WTO 与中国证券市场发展研讨会

时间：2000 年 7 月 27 日

主办：上海证券交易所

来自证券公司、基金公司、上市公司、银行界及学术界的著名专家、学者围绕中国加入 WTO 对金融界、证券界带来的机遇和挑战，研讨了中国证券市场的国际化进程、开放证券市场的基础和条件、证券公司和基金公司参与国际竞争的策略、中国证券业的现状和人才素质、证券市场的创新思路等具有现实意义和战略意义的重大课题。会议提出，中国证券界应完善法规，规范行为，改革创新，提高实力，加强监管，积聚人才，以积极姿态迎接经济全球化的挑战。与会人士认为，只要我们能以积极的态度，脚踏实地地应对 WTO 的挑战，把竞争压力变为深化改革和加快规范化建设的动力，注意扬长避短，发挥我们的优势，加入 WTO 必将成为中国金融业走向成熟的良好机遇。

金融企业与资本市场发展座谈会

时间：2000 年 5 月 11 日

主办：中国证监会

会议指出，在规范发展证券市场和改革发行制度的基础上，欢迎金融企业发行上市。中国证监会目前正在积极制定有关金融企业发行上市信息披露的指引（暂行），并会同有关部门就相关问题抓紧研究，创造条件，加快让具备条件的金融企业在境内外证券市场发行上市。金融企业上市不仅有利于改善资本结构，规范内部管理，增强竞争实力，也有利于优化上市公司结构，适应对外开放的要求。随着我国证券市场的规范发展，金融企业发行上市势在必行。金融企业不同于一般的产业上市公司，它在财务制度、运营方式以及资产结构等诸多方面均具有明显的行业特殊性。根据国际国内投资者对信息的要求，从国际经验和我国目前公开发行股票的金融企业情况看，有必要在现行信息披露规则的基础上，制定若干补充的信息披露指引，以保证上市金融企业的信息披露真实、准确、完整，有效保护投资者的合法权益。

第二交易系统（二板）股票发行与上市高级研讨会

时间：2000 年 7 月 8 日——9 日

主办：中国证券报、海通证券有限公司、北京邦和财富研究所

来自政府主管部门、证券公司、基金公司、投资公司、上市公司、高科技企业以及专家学者 400 余人共同研讨中国资本市场的革命性变革，探寻国内创业板市场发展之路。研讨内容包括：二板的建立在我国资本市场发展史上的革命性意义，二板的设立方式、地点和交易机制的选择，二板上市公司的选择对象和企改方式，二板的股票发行核准程序、二板中的主承销机构保荐制度等。与会专家在会上先后发言，就如何借鉴国外二板市场的成功运作经验，如何处理好未来二板市场与现有主板市场之间的关系，如何建立二板市场的发行上市、监管和信息披露制度等展开研讨。

上海证券交易所三届四次理事会

时间：2000 年 3 月 20 日

主办：上海证券交易所

会议强调要进一步发挥理事会作为会员公司与证券主管部门之间的桥梁作用，共同研究市场发展过程中出现的新情况、新问题，推动市场创新。上海证券交易所有关负责人提出 2000 年上交所工作的总体思路，即按照全国证券期货工作会议精神，积极落实证券市场改革发展的各项措施，进一步扩大市场规模，提升交易所技术装备和利用水平，增强技术优势，坚持依法治市，强化一线监管，加强内部管理，完善市场服务，防范和化解市场风险，健全市场运营机制，促进市场规范发展，更好地为国有企业改革和国民经济发展服务。自 1999 年 4 月底本届理事会成立以来，理事会围绕证监会提出的工作中心，按照会员大会提出的工作目标，努力推进依法治市，在理事会制度建设，业务规则审定、联系服务会员等各项工作中，理事会注重结合市场发展的要求来开展工作，推动了市场的规范化发展。今年，上证所理事会将进一步做好各项工作，推进改革创新加强监督管理，防范市场风险，促进市

场规范发展。

深圳证交所 1999 年度报告工作会议

时间:1999 年 12 月 28 日

主办:深圳证券交易所

会上上市公司的高级管理人员学习中国证监会有关信息披露新规则后纷纷表示,新规则要求上市公司真实、全面、客观披露信息,不仅有利于更加规范上市公司运作,也将对维护证券市场健康稳定发展和切实保护中小投资者利益发挥积极作用。会议代表表示,不断完善的信息披露规则是对股东负责的体现,上市公司严格按新规则要求办事就是对《证券法》的贯彻执行。新规则的出台对董事会和董秘工作也提出了新的更高的要求,严格执行新规则将有助于上市公司与国际惯例的接轨。学习新规则后,进行信息披露工作更有底了,同时也深深感到,要做好投资者与上市公司之间桥梁,还必须进一步增长包括电脑、网络和财会等方面的知识,才能更好地服务于投资者。

上市公司监管工作会议

时间:2000 年 5 月 15 日

主办:中国证监会

会议在总结 1999 年工作的基础上,就目前上市公司监管工作中存在的问题进行了认真的分析,研究了 2000 年监管工作重点。中国证监会主要负责人表示,加强上市公司监管,各级监管部门必须转变观念,正确区分证券监管职责与所有者督导职责,不能以计划经济体制下企业的主管部门自居,重蹈政企不分的老路。作为证券市场监管者,各级证券监管部门必须把全部注意力、精力、能力、才华用到监管工作上,着重促进上市公司规范运作,提高透明度,建立对上市公司外部监督机制,更多地充当"裁判员"的角色,不宜对上市公司募集资金投向进行实质性审批,或派人参加上市公司董事会并对经营问题发表意见,也不宜对上市公司信息披露内容进行事前审核。至于在体制转轨中上市公司存在的遗留问题,证券监管部门可向当地政府通报情况,由政府有关部门负责协调解决。各派出机构要在了解上市公司、理解上市公司、服务上市公司的基础上,规范上市公司监管,进一步提高上市公司透明度和信息披露水平,督促上市公司完善法人治理结构,健全约束和制衡机制。

上市公司发展潜力专题研讨会

时间:2000 年 5 月 25 日

主办:中国证券报

来自学术界、企业界和基金公司的 20 余名专家就如何评定上市公司的发展潜力展开研讨,目的是推动并进一步完善即将举行的第二届中国最具发展潜力上市公司 50 强评选活动。会上中国证券报主要负责人指出,评选中国上市公司发展潜力 50 强,虽然是中国证券报和亚商发起的,但远不是我们和专家委员会能够独立完成的。因此,从第二届评选活动起,将广邀社会各方面专家参与,以进一步完善指标体系,使之更加科学,更加符合实际,最终经得起市场的检验。与会专家纷纷表示,企业的发展潜力是企业生命力的源泉,50 强的评比活动倡导的是证券市场可持续发展理念,在证券市场逐步走向规范的过程中,这样一个评比也处于不断完善之中,难度不小,意义更大。会议还就指标体系的具体设定各抒己见。此次研讨会掀开了第二次 50 强评比活动的序幕。

中国高新技术产业与资本市场论坛

时间:2000 年 7 月 5 日——7 日

主办:国家科学技术部、湖北省人民政府

本次论坛的主题是高新技术产业化与风险投资,探索建立适合我国国情的高科技产业风险投资制度,促进高新技术产业化和高科技企业上市融资,从而提高我国经济增长的总体质量。上海证券交易所主要负责人在题为《国际高新技术产业与资本市场的发展现状与趋势》的演讲中指出,国内外的实践证明,高新技术产业与资本市场相互促进,如果没有高新技术产业的发展,资本市场就不会像今天这样充满生机与活力,反之,如果没有资本市场的支持,高新技术产业的发展就会大受影响。关于高新技术产业对资本市场的推动作用,他从五个方面进行了阐述:一是高新技术产业为证券市场的发展提供了基础和动力。二是高科技产业的兴起丰富了证券市场的结构和体系。三是高新技术上市公司的发展,完善了上市公司的经营模式和成长方式,资本运营成为企业快速发展的一个重要手段,资本运营的方式也发生了变化,"快吃慢"成为企业兼并的新方式。四是科技股的发展改变了投资人的投资理念和价值评估方式。五是科技手段使证券市场的竞争格局和经营方式发生了新变化,网上交易的发展对传统的交易手段和市场提出了挑战。

中国证券市场:未来十年高级研讨会

时间:2000 年 1 月 16 日

主办:中国证券报、中国人民大学金融与证券研究所、中国人民大学财政金融学院

会议认为,未来十年,我国资本市场规模将进一步扩大,质量将进一步提高,作用将进一步增强,功能将进一步健全。会上中国人民大学金融与证券研究所提交的论文更直接对未来十年我国资本市场做出八大预言:股票市场的市价总值将达到 13 万亿元,市值占名义 GDP 的比重达到 50%;中国上市公司过 2000 家,上证综合指数超 6000 点,深圳成份指数逾 18000 点;将产生 5 家左右以投资银行业务为主体业务的、总资产超过 5000 亿元的国际性投资银行;市场交易制度和交易体系将发生重大变化;将分阶段推出重要的金融衍生商品;完成 A 股和 B 股的合并;逐步完成中国资本市场规则与国际资本市场规则的接轨;金融监管将从分业监管走向综合监管。

国际融资上市论坛

时间:2000 年 5 月 9 日——11 日

主办:第三届北京高新技术产业国际周组委会

这次论坛会议是第三届北京高新技术产业国际周活动中的"重头戏"。会议以多种方式着重从四个方面论述中国企业如何实现海外融资上市,中国的投资银行如何走向海外资本市场,与国际接轨:(1)由参会的多家世界股票交易所向与会中国企业介绍各自交易所的上市要求和上市规则,并回答与会代表的问题;(2)由国际知名的金融投资机构向与会的中国企业介绍他们帮助企业融资上市的成功经验;(3)由已经成功实现海外融资上市的企业向与会的中国企业介绍各自的经验体会;(4)由我国有关部门领导向与会代表介绍我国政府当前对待海外融资上市的基本政策。国家财政部有关负责人讲话,特别涉及财政部在支持高新技术产业方面的工作。国家在税收政策上对高新技术产业的发展给予了支持。其次,在财务政策方面对高新技术及其产业的发展给予了支持。

《证券法》实施一周年座谈会

时间:2000 年 6 月 28 日

主办:中国证券业协会

来自全国人大、中国证监会、证券交易所和证券公司的负责人参加了座谈。召开本次座谈会的目的是总结《证券法》实施一周年以来证券市场规范发展的积极成果,探讨《证券法》在证券市场发展变化中的作用以及发展方向。与会各方人士认为,一年的实践证明,《证券法》是引导证券市场规范发展的根本大法,在贯彻实施中促进了我国证券市场法制化、规范化和市场化步伐的加快,今后应继续贯彻执行。与会人士还就进一步修改《证券法》提出建议。部分会议代表指出,《证券法》的制定具有一定的前瞻性,但是它也具有阶段性的特点,在实施中,需要积累新的经验,研究新情况,用新的实践来充实和完善。《证券法》在证券发行市场化、规范中介机构和提高上市公司质量方面发挥了重要作用,但是《证券法》对企业收购过程中的关联交易问题没有作出明确规定,存在较大漏洞,应当考虑尽快规范。目前关于炒作股票问题,何谓合法何谓不合法仍然模糊不清。还有在保护投资者利益,尤其是中小投资者合法权益方面,《证券法》体现得也不很充分。

纪念《证券法》实施一周年研讨会

时间:2000 年 7 月 2 日

主办:上海证券交易所

来自全国人大、最高法院、证监会和部分上市公司、中介机构的代表及法律专家参加了研讨。上海证券交易所主要负责人指出《证券法》实施一年来在促进证券市场迈向法制化、规范化、市场化方面发挥了积极作用,主要体现在四个方面:一是《证券法》确立了证券市场的法律地位;二是标志着证券市场法制建设进入了新的阶段;三是对规范市场、防范和化解证券市场风险发挥了有效作用;四是对维护市场秩序、保护投资人合法权益起到了积极作用。他说推进证券市场的法律建设应当贯彻两个基本原则,一是要继续坚决贯彻落实《证券法》,加紧各项配套法律法规和规则的制定工作,实施相关政策措施;二是面对技术迅猛发展和中国即将加入 WTO 的形势,面对证券市场市场化、规范化改革建设步伐加快的要求,作为证券市场根本大法的《证券

法》需要作出相应的调整完善。在贯彻执行《证券法》的过程中市场各方也提出《证券法》在充实规范内容、明确民事法律责任、增强灵活性以及加强配套落实等方面需进一步研究。会议还对网上交易的法律问题、市场发展与公司法的完善、证券市场民事赔偿责任、证券交易与结算制度的法律规范、中小股东合法权益的保护、征集委托投票权法律制度、以及加入 WTO 的证券法律对策等问题作了研讨。

第十三届券商研究机构联席会

时间:1999 年 12 月 27——28 日

主办:证券时报社

本届联席会的研讨主题是"如何提高券商研究的创新能力"。与会者认为由于制度的原因,中国券商研究机构的研究工作一直局限于一个不成熟的小市场里,处于一种"戴着锁链跳舞"的尴尬境地,很难跟上国际资本市场的节奏。在网络技术与全球经济一体化快速发展的当今,如何提高券商研究的创新能力便成了极为现实而又紧迫的课题。提高券商研究创新能力的关键在于高素质创新人才队伍的培养和有效的管理体制的建立。因为证券市场是一个总在不断创新的市场,这就决定了证券研究是一种高智力的创新性研究工作。券商研究的首要问题就是要解决创新型人才队伍的建设问题,其次是研究机构及其人才队伍的绩效管理问题。券商研究的创新能力首先体现在券商研究机构及其人才队伍的绩效上,亦即你能提出多少新思想、新手段、新方法、新方案,你能发现多少黑马。这就需要在观念上和方法上找到并建立一整套内部考核与核算体制,并最终建立起科学合理而又诱人的人才激励机制。有了诱人的机制才能引来一流的人才,有了一流的人才,券商研究才有了创新的根本。

高科技企业融资国际研讨会

时间:2000 年 6 月 15 日——16 日

主办:陕西省人民政府

会议宗旨是如何利用国外资本市场促进杨凌示范区高科技农业企业的发展,吸引更多的资金参与西部大开发。会议主要就中国高科技企业如何吸引风险投资,利用海外资本市场融资,以及政府怎样创造软环境帮助中小型高新技术企业拓宽融资渠道等议题展开热烈研讨。与会代表一致认为,西部大开发给国内外风险投资机构和西部中小型高科技企业提供了重大发展机遇。深圳证交所、上海证交所、国家开发银行、广发证券和香港秘书公会的有关负责人还就高科技企业的公司治理结构、信息披露、财务制度等议题作了介绍。中国证监会有关负责人就创业企业、中介机构、交易所和投资者应该如何适应新的筹资环境和创业板市场架构在会上做了主题演讲。他说,有关方面正在草拟高新技术企业进入创业板的要求,其原则是在一定界限内尽量降低条件,究竟创业板的"门槛"有多高还没有确定,不过将会在广泛听取各方意见的基础上作最后决定。

中国国际创业投资论坛年会

时间:1999 年 10 月 12 日——14 日

主办:中国技术市场管理促进中心、中国科技信息杂志社

本研讨会设置三大论坛:国际并购论坛,并购使各方获得更大利益—市场、技术、竞争力、资源;与国际接轨的捷径—如何争取跨国公司的并购;挖掘未来之星—如何成功选择目标公司;国内外经典并购案例剖析;中国并购的政策支持;国外并购政策及法律。海外上市论坛,香港创业板与美国 NASDAQ 及加拿大、澳大利亚、新加坡第二板比较。香港创业板专题:一创业板上市的要求,怎样使您的企业符合上市要求;如何着手动作在创业板申请上市—投资顾问公司、会计事务所、律师事务所在其中的作用;上市操作过程中的关键;投资顾问公司的选择;非美国高科技公司在 NASDAQ 上市;中小高科技企业如何在加拿大温哥华股票交易所上市。创业投资论坛,来自硅谷的经验—创业投资如何带动欧美经济增长;中国创业投资体系的建立,动作与有关政策法规;中国创新企业如何成功引进国外创业资本;两岸三地如何利用创业资本加强经济合作;国内引进创业资本的成功案例;风险投资在台湾的成功动作经验。

中国高新技术板上市运作高级研讨会

时间:2000 年 4 月 1 日

主办:上海证券报社、国通证券有限公司

来自政府部门、券商、高新技术企业的数百位代表就中国高新技术板进行了热烈的讨论。与会代表们普遍认为,今年将在沪深两个证券交易所设立的高新技术企业板,将对中国高科技产业及证券市场的发展具有重要意义。科技部有关负责人作了题为《中国高新技术产业的发展与资本市场》的演讲。他说目前中国经济发展速度很快,高新技术产业发展所需的资金严重不足,因此,积极探索、寻求和创造中国高新技术产业长期发展的环境和金融支撑体系已成为重要的战略任务。

网络时代:第三方物流需求与发展研讨会

时间:2000 年 6 月 17 日

主办:大众交通(集团)股份有限公司、兴业证券股份有限公司、证券时报社

本次会议是我国首次物流企业界与证券界携手举办的专业性物流研讨会。上海市有关主管部门领导、著名物流学家、大型物流企业、著名电子商务网站、上市公司、证券金融机构代表就有关内容作了主题演讲并进行了热烈的讨论。全球经济一体化、电子商务网络化的趋势决定了二十一世纪将是物流业蓬勃发展的世纪,网络时代的到来不仅赋予了第三方物流企业更大的发展机遇,也提出了更为严峻的挑战。本着"严谨、务实、协作、发展"的宗旨,本次研讨会不仅就电子商务和第三方物流发展的政策环境、电子商务和第三方物流的理论核心、我国第三方物流业的发展策略等方面从政策上和理论上进行了深入的探讨,而且各物流企业、上市公司和电子商务企业代表在会议中也畅所欲言,共商加强协作、促进发展大计。

全国证券监管系统思想政治工作会议

时间:2000 年 1 月 28 日

主办:中国证券监督管理委员会

会议对全国证券监管系统思想政治工作做了全面部署并针对证券监管工作的实际,提出要巩固和发扬"三讲"教育成果,进一步发挥政治优势,落实从严治党的要求,从讲政治、讲学习、讲正气的高度切实加强干部教育,严格干部管理,强化干部监督,建设一支廉洁、勤政、务实、高效的证券监管队伍。中央金融工委有关负责人对证券监管工作和思想政治工作取得的积极成效给予了充分肯定。证监会有关负责人在讲话中说,过去的一年是证券期货市场在改革、规范和发展中取得积极进展的一年,也是加强党的建设,抓思想政治工作力度较大,取得成效比较明显的一年,主要作了两方面的工作:第一,认真贯彻证券监管系统第一次党建工作会议精神,落实做好思想政治工作的具体措施。第二,充分发挥"三讲"教育的作用,推动思想政治工作全面开展。

北京地区上市公司监管工作会议

时间:2000 年 4 月 26 日

主办:北京证管办

会议指出今年北京上市公司监管工作的重点是千方百计提高上市公司的质量。北京证管办的有关负责人表示,今年北京证管办将认真贯彻执行中国证监会的工作安排,进一步完善有关法规、规章及指引,对上市公司进行制度创新,防范和化解市场风险。要试行重大问题曝光制度:对查出重大问题未限期整改的,要求自行公告,披露揭示公司存在风险;如拒不公告的,报中国证监会处理;性质严重的移交稽查局处理直至停牌公告;还要开展典型调研和专题调查,对好的上市公司的成功经验进行推广;同时要完善上市公司档案库,建立监管信息系统,千方百计地提高上市公司的质量。

西部大开发与上市公司发展战略高级研讨会

时间:2000 年 6 月 3 日

主办:上海证券报

来自政府部门、证券界、银行界、企业界的专家、主管、研究人员就国家对于西部大开发的战略思考、资本市场如何带动西部经济腾飞、投行业务如何支持服务西部上市公司、以及西部地区上市公司如何抓住机遇加速发展等问题进行深入探讨。与会人员一致认为加速培育资本市场是保障西部大开发战略成功实施的关键。国家计委有关负责人在作题为《西部大开发的战略思考和政策走向》的专题报告时说实施西部大开发是一项规模宏大的系统工程,应充分运用市场机制吸引各方面资金,满足巨大的资金需求。在这次大开发中国家财政投资是有限的,只是一种诱导性投资,起到四两拨千斤的作用。国家将实施一系列倾斜的政策吸引更多的资金到西部来。

证券分析师与证券市场专题研讨会

时间:2000 年 7 月 5 日

主办:中国证券业协会

会议审议并通过了《证券分析师专业委员会章程》、《证券分析师专业委员会会员管理办法》和《中国证券分析师职业道德守则》,选举产生了第一届证券分析师专业委员会主任委员会。中国证券业协会证券分析师专业委员会为中国证券业协会的专业委员会,是全国证券投资咨询业的自律组织。它将在中国证券业协会的监督和指导下独立开展工作。委员会将在建立健全组织机构的基础上加快会员发展工作,加强行业调研,制定证券投资咨询行业发展规划,健全培训考核体系,促进国际交流,通过监督、指导会员积极有效地开展业务活动,提高证券分析师整体职业道德水平和社会形象。《中国证券分析师职业道德守则》要求,证券分析师应遵守“独立诚信、谨慎客观、勤勉尽责、公平公正”的职业道德准则,不断提高职业能力和道德水准,为证券市场健康发展作贡献。

陕西省企业上市工作会议

时间:2000 年 6 月 2 日

主办:陕西省政府

与会人员就当前证券市场股票发行制度改革和国家即将建立二板市场的新形势、新情况,结合陕西省实施西部大开发、加快经济结构调整和经济发展的需要,研究部署了当前陕西省的企业上市准备工作。陕西省主要负责人会上要求各级政府积极培育优势企业,加快改制和上市速度,增强融资功能;要求企业增强资本经营意识,积极主动地争取公司上市。他指出国家即将设立二板市场并按照国际惯例进行运作和管理,陕西省要紧紧抓住这一机遇,充分利用陕西省的高科技资源优势加速培育一批高科技企业和成长型企业上市,加速高科技成果产业化、资本化、市场化。力争更多的高科技企业在二板上市,展示陕西省科技优势的整体形象已成为在西部大开发中充分利用证券市场促进陕西经济发展的当务之急。陕西省一定要在思想上高度重视,组织上加强领导,行动上积极进取,力争挤上二板的头班车。

中日韩资本市场的开放与竞争研讨会

时间:2000 年 5 月 23 日

主办:申银万国证券股份有限公司、日本日兴证券、韩国 LG 证券

这次会议以“21 世纪中日韩资本市场的开放与竞争”为主题,探讨了成立高科技风险投资基金、开展网上交易、进行多方合作等问题,并商定在公司研究机构之间建立规范的信息交流渠道,加强人员培训和人才交流。会议认为,二十一世纪,开放与竞争是各国资本市场发展的主旋律。开展国际交流合作,吸取国外券商先进的管理服务经验,将对中国证券公司健康发展,走向世界起到积极作用。3 家券商还就中日韩三国经济和证券业发展现状以及本公司发展战略,交流了意见。作为中国最早和规模最大的证券公司之一,申银万国介绍了参与国企改革和走向国际市场的成功经验;日兴证券代表介绍了在国际资本市场成功开展投资银行业务的良好业绩;LG 证券介绍了其证券网络交易的业务情况和成功要素。此次会议商定,中日韩券商年会今后将定期择地举行。

发展对华贸易和投资关系研讨会

时间:2000 年 6 月 7 日

主办:伦敦工商会

会议宗旨是帮助愿与中国建立和发展经贸关系的英国企业界和投资者了解当前中国经济的现状、发展前景和投资环境 。与会者对中国改革开放以来在经济上取得的巨大成就表示钦佩,认为这为中国经济的进一步发展奠定了基础。会议代表认为中国在全球事务的各个方面都将发挥重要作用,中国经济的发展也将快于世界上大多数国家。有鉴于此,“中国理所当然是当今世界上最具发展潜力的市场之一”。中国正从以往的计划经济向市场经济转轨,但它绝不是单纯意义上的“自由市场经济”。作为一个资源、外汇和专业人员不是很充裕的大国,中国在发展经济的过程中有一个轻重缓急的安排是完全正确的。中国驻英国大使在研讨会上介绍了中国实行改革开放政策 20 年来经济高速发展的喜人成果,并鼓励与会的英国企业家和投资者要把握目前中国良好的投资机遇和环境,以便在中国寻求更大的发展。

关于期货市场问题

期货经纪公司内部控制制度课题研讨会

时间:2000 年 4 月

主办:中国证监会期货部

会议旨在贯彻和落实《期货交易管理暂行条例》及四个管理办法,细化期货经纪公司内部管理和控制制度。来自中国证监会期货部、上海证管办有关人士及全国 12 家期货经纪公司的负责人就期货经纪公司内部控制制度展开讨论。研讨的内容包括期货经纪公司内部控制制度指导原则、法人治理结构制度建设、内部稽核制度、档案管理制度、教育培训制度、财务会计管理制度、结算管理制度、保证金管理制度、交易管理制度、信息管理细则、计算机系统管理制度、内部岗位责任制及营业部管理制度等。

期货交易所指定结算银行业务研讨会

时间:2000 年 5 月

主办:中国证监会

举行本次会议的目的是配合期货交易所新修订的《交易规则》及《实施细则》的实施,进一步落实《期货交易结算协议书》的有关条款,完善期货交易结算工作,加强风险控制。与会人士就有关落实《期货交易结算协议》有关条款,加快会员资金跨行划拨速度问题,结算银行开展国债、标准仓单等多种类型的质押业务,配合监管部门和会员对会员保证金的管理,使服务进一步深化等方面进行了广泛探讨。

中国期货电子化交易研讨会

时间:2000 年 4 月 22 日

主办:期货日报、上海复旦金仕达计算机有限公司

会议旨在探讨期货市场电子化交易现状及发展趋势、交流新技术应用经验。来自期货监管部门、期货交易所、期货经纪公司、相关软件企业、信息咨询公司和法律界近百名代表参加了此次会议,并就期货电子化交易中的一 些热点问题进行了深入探讨。此次研讨会的议题主要包括期货电子化交易的必要性及监管思路、期货交易所远程同步交易发展状况、交易所间通讯联网交易可行性的探讨、期货经纪公司如何开展电子化交易及相关管理问题、对网上期货交易的技术和安全性的分析、当前期货经纪业电子化应用现状及发展趋势、各层次电子化交易的解决方案、电子化交易所涉及的政策法律问题等。

大连农产品期货期权国际研讨会

时间:2000 年 4 月 17 日

主办:大连商品交易所、东京谷物商品交易

来自大连商品交易所、东京谷物商品交易所及大商所部分会员单位的代表参加了研讨会。大商所主要负责人认为,大商所与东京谷物交易所在交易品种上比较接近,多年以来保持着比较密切的联系,两家交易所的相互沟通与交流有助于双方的共同发展。东京谷物商品交易所负责人在会上介绍了日本期货市场的现状和交易制度,并对东京谷物商品交易所近年的发展作了介绍。

上海期货俱乐部大豆豆粕研讨会

时间:2000 年 4 月 15 日

主办:上海期货俱乐部

会议旨在让更多的投资者进一步了解大豆的生产特点和交易特征,同时也是配合大连商品期货交易所即将推出的豆粕期货合约的宣传工作。会议代表认为以农产品、粮食品种为主的大商所一直运作较为稳健和规范,并逐渐得到了越来越多投资者的信赖。美国农产品交易公司(FCC)的专家在研讨中介绍了该公司的有关情况和美国近年来的农业政策,并通过对多组数据、图表的详细分析对国际大豆市场走势进行了专题报告。

中国小麦市场研讨会

时间:2000 年 4 月 27 日

主办:郑州商品交易所、河北省粮食局

会上国务院发展研究中心有关负责人作了《粮食流通与期货市场》的专题发言。郑州商品交易所的专家及有关人员对中国小麦市场

现货基本情况、加入WTO对中国小麦市场的影响、小麦市场未来的供求趋势及价格预测进行了专门分析。会议认为,随着粮食流通体制改革的不断深入,粮食商品化、经营市场化的步伐加快,树立风险意识,把握和化解市场风险是粮食企业做好经营工作的重要环节。期货市场是我国市场经济的重要组成部分,利用期货市场价格预期和套期保值的经济功能,是有效规避粮食经营过程中价格风险的途径之一。

关于基金市场问题

《投资基金法》起草工作会议

时间:2000年6月21——22日

主办:《投资基金法》起草领导小组

本次会议主题是对于投资基金,是统一立法还是分别立法?在证券投资基金立法中,是以契约型基金为主还是以公司型基金为主,是开放式基金为主,还是封闭式基金为主?来自全国人大财经委、中国证监会、国务院法制办以及深沪两个交易所等有关方面组成的法律起草领导小组成员,就以上问题进行了研讨。会议代表认为对各类基金应统一立法,分类管理,宜有细有粗。本法只调整具有委托投资性质的投资基金,一般的风险投资公司不在本法的调整范围内。从类别上看,公司型与契约型以及开放型与封闭型的基金都有必要写入本法;产业投资基金与风险投资基金,可以合二为一,统称为实业投资基金,并采取封闭型,实行公司制。在投资基金的设立上,可采取审批与备案相结合的办法。公募的实行审批,私募的进行备案。会议还就建立赔偿准备金、基金的投资范围、中外合资基金、投资基金法与其他相关法律的衔接等问题,作了讨论。

深圳投资基金立法国际研讨会

时间:1999年11月9——11日

主办:全国人大财经委《中华人民共和国投资基金法》起草组

会议旨在深入研究和探讨投资基金立法的诸多重大问题,推动投资基金立法工作的顺利开展。根据投资基金法起草工作计划,研讨会主要议题:(1)投资基金业的法律界定及投资基金法调整的适宜范围;(2)国内外投资基金业立法制度比较;(3)投资基金(包括间接投资基金,如证券投资基金;直接投资基金,如产业投资基金、风险创业投资基金等)综合立法的必要性、可行性;(4)证券投资基金与产业、风险创业投资基金的共性、特殊性及其不同的规制要求;(5)听取对《投资基金法(草案首次讨论稿)》的意见。

基金发展国际研讨会

时间:2000年5月23日

主办:中国证券业协会、中国资本市场研究会

会上有关专家就国外基金业的发展、开放式基金的组建和运作、机构基金、退休及养老金管理、基金公司的内部管理和基金监管等作了专题发言。会议还围绕我国开放式基金的运作、养老金管理和基金公司的风险控制作比较深入的探讨。中国证监会主要负责人就投资基金发展问题作重要讲话,他特别就设立和发展开放式基金发表看法。周小川在会上表示欢迎保险机构、对于促进我国基金组织、基金运作、基金监管和基金风险防范制度的建立,拓展基金品种,推动基金业健康、快速发展具有重要意义。

证券投资基金品种创新研讨会

时间:1999年11月25日——26日

主办:鹏华基金管理有限公司

本次会议的议题是:一.投资基金立法与国内基金品种设计;二.香港欧美市场基金品种的开发、创新经验;三.香港欧美国家基金管理公司的管理模式、经营策略、投资 理念介绍;四.私募基金、开放式基金的发起设立、推介销售、申购赎回和投资运作。与会人士一致认为,中国证券投资业经过几年的发展已经积累了一定的经验,有关法律法规的陆续出台也为基金的品种创新留下了充分的发展空间,基金品种的创新要与中国证券市场的发展相适应和相结合,要满足不同投资者的不同需求。会议代表认为中国的证券投资基金业要有大发展,市场的创新应该及时跟进。指数期货要赶紧上,否则基金很难操作,风险难以控制,特别是将来的开放式基金,一定要有指数期货供其组合运作。

关于产权市场问题

企业改制、产权交易工作交流会

时间:2000年1月18日

主办:北京产权交易中心、北京市企业改制登记注册中心

北京市财政局、国资局、经委、体改委、政管委、中关村管委会等十一个部门共30多位负责人参加了会议。会议向与会者介绍了1999年一年全市内外资企业工商登记、企业改制、产权交易工作的情况,针对去年工作中出现的问题进行了总结,并对今年工作的开展提出了新方向。大家不约而同的提到要积极贯彻党的十五届四中全会和市委八届三次会议精神,将工作重点放在推进国有企业改革上,在各部门的配合和监督下不断改进工作质量,提高工作效率,促进全市改制和产权交易工作的快速发展。与会的各部门领导、负责人在听取了汇报以后,对改制中心和产权中心去年一年所做的工作表示肯定,同时对今年的工作提出了富有建设性的意见,并表示愿意和两个中心在今后开展更加广泛的合作,携手共促首都经济的发展。

国际投资合资合作项目洽谈会

时间:2000年4月2日——4日

主办:中国国际贸促会等

这次会议是经政府有关部门批准的一次大型国际投资会议,为中外双方企业的发展提供难得的交流与合作的机会。100余家外资单位、外商代理与来自全国各地的企业界人士就金融、基础设施、能源、水利、交通、电子、通讯、环保、生物、化工、医药、建材、食品、纺织、轻工、加工业、旅游娱乐、畜牧养殖、农业及房地产等多种领域以及计算机网络和信息产业、新材料产业、生物产业、医药产业、光电一体化等重点高科技产业项目进行投资、合资合作项目洽谈。北京产权交易中心在会上发布了42个配套条件较好的招商项目,包括市属及区县部分企业招商引资、资产重组、股权转让的项目,涉及机械、化工、纺织、服装、食品、服务等行业。会上还与各投资公司、贸易商会、上市公司、中外高新技术风险资本投资机构,以及中外高新科技权威机构积极展开洽谈协商,就共同感兴趣的项目相互交流了意见和看法,初步确定了一批项目的合作意向。

文章索引

关于宏观经济问题

2000 年中国经济 9 大问题
厉以宁 2000 年第 1 期《外向经济》
2000 年中国经济走势分析
刘树成 2000 年 3 月 31 日《中国国家行政学院学报》
世纪之交的中国经济走势分析
刘国光 2000 年 7 月 14 日《解放军报》
我们的出路：当前中国经济改革纵横谈
吴敬琏 2000 年 3 月 13 日《北京日报》
2000 年经济改革和发展部署
萧灼基 2000 年第 2 期《实与虚》
对 2000 年经济形势的基本判断及政策建议
杨帆 2000 年第 1 期《新金融》
2000 年经济前景展望
李晓西 2000 年第 2 期《中国工业经济》
有效实施积极的宏观经济政策
魏杰 2000 年 1 月 5 日《亚太经济时报》
可持续发展十大目标
胡鞍钢 2000 年 2 月 18 日《中国经济时报》
当前中国经济发展的若干难点
陈淮 2000 年第 2 期《管理世界》
运用货币政策启动消费需求
魏杰 2000 年第 3 期《实与虚》
治理通货紧缩的货币政策措施
胡鞍钢 谢平 1999 年第 10 期《金融研究》
2000 年下半年宏观经济环境、政策与趋势分析
程义全 2000 年 7 月 17 日《证券时报》
如何看当前的货币金融形势
王松奇 2000 年 9 月 8 日《中国经济时报》
如何发挥积极财政政策效应
罗康云 2000 年 5 月 10 日《上海金融报》
关于"十五"规划指标体系的建议
顾海兵 2000 年 4 月 26 日《光明日报》
"十五"时期国际收支平衡的政策思考
赵晋平 2000 年 6 月 6 日《中国经济时报》
"十五"指标要贴近现实
顾海兵 2000 年 3 月 29 日《改革内参》
2000 年中国经济会攀上新台阶
魏加宁 2000 年 2 月 2 日《时代潮》
中国经济能否通过"通货紧缩"的预考？
陈淮 2000 年 2 月 2 日《时代潮》
中国经济发展面对的三个问题
韩康 2000 年 6 月 23 日《中国经济时报》
经济结构调整的辩证思考
李杰 2000 年 7 月 17 日《人民日报》
不图一时高速但求持续发展
于祖尧 2000 年 1 月 10 日《人民日报海外版》
"新经济"是新芽 "旧经济"是枝干
樊纲 2000 年 4 月 12 日《经济参考报》
新经济要发展还是要泡沫
吴敬琏 2000 年 3 月 30 日《中国资产新闻》
新经济发展提出的新问题
张曙光 2000 年 7 月 16 日《粤港信息日报》
"新经济"究竟新在哪里
刘树成 李实 2000 年 8 月 1 日《经济日报》
2000 年宏观经济正处于重大转折时期
杨宜勇 2000 年 1 月 5 日《上海证券报》
浅析中国宏观经济增长
易重彬 2000 年 2 月 16 日《国际金融报》
新经济时代的通货膨胀内藏玄机
李晓枫 2000 年 5 月 21 日《证券时报》
宏观面尚有六大隐忧
袁钢明 2000 年 8 月 14 日《中华工商时报》
深化财税改革强化财政管理
楼继伟 2000 年第 3 期《中国财政》
货币政策：兼顾稳定与增长
李文川 2000 年 1 月 12 日《经济参考报》
激活消费仍需加力
魏杰 2000 年 4 月 19 日《中国经济导报》
及时调整管理体制和政策取向："走出去"战略的理论思考
鲁志强 2000 年 6 月 9 日《中国经济时报》
平衡改革与开放
樊纲 1999 年 12 月 1 日《国际经济评论》
实行储蓄实名制意义深远
陈淮 2000 年 2 月 29 日《中国经营报》
正确认识财政风险
陈良 2000 年 6 月 7 日《中国经济时报》
如何防范和化解财政风险
陈良 2000 年 7 月 5 日《中国经济时报》
构筑大财政的思考
朱旭初 2000 年 6 月 28 日《中国财经报》
21 世纪我国财税改革与发展面临五大转变
余天心 王石生 2000 年 9 月 6 日《经济日报》
适时推进税制调整
杨之刚 2000 年 8 月 9 日《经济参考报》
完善中国税收制度的若干建议
刘军 2000 年 8 月 16 日《金融早报》
税制调整与改革难在哪里
江濡山 2000 年 4 月 19 日《中国经济时报》
减税空间有多大
贾康 2000 年 8 月 16 日《中国经济时报》
改革收入分配体制，刺激消费需求
刘彦 2000 年 5 月 30 日《中国经济时报》
让收支分类体系更加合理
张通 2000 年 6 月 28 日《中国财经报》
对近两年我国经济增长困难的反思
于学军 2000 年 2 月 2 日《金融早报》
我国经济为何出现新的转机
张卓元 2000 年 8 月 7 日《中国青年报》
抓住经济景气趋势回升的契机
万东华 金玫 许宁珲 2000 年 4 月 18 日《经济日报》
当前应坚持实行积极财政政策不动摇
侯荣华 2000 年 7 月 3 日《了望》
没有必要选择货币贬值
陈炳才 2000 年 4 月 19 日《中国经济导报》
经济发展中的"经济金融化"趋势
杨涤 2000 年 4 月 12 日《国际金融报》
经济成份与经济利益的多样性
孙海鸣 2000 年 8 月 25 日《文汇报》
21 世纪中国面临的挑战
潘文卿 2000 年 5 月 15 日《中国经济时报》
公共财政支出的原则
易佩富 2000 年 1 月 8 日《中国财经报》
公共产品不足应由谁负责
马海涛 庞海军 2000 年 6 月 21 日《中国财经报》

警惕低水平均衡陷阱
齐建国 2000年2月16日《经济参考报》
产业振兴是经济复苏之路
李培育 2000年2月17日《中国经济时报》
产业政策要换思路
马宇 2000年8月4日《中华工商时报》
西部开发应注意两个问题
王国刚 2000年3月23日《中国证券报》
西部开发中金融模式选择与创新
文政 郑桂玲 2000年5月5日《中国经济时报》
利用风险投资推动西部开发
邹建平 2000年8月31日《中国证券报》
市场中的政府
樊纲 2000年9月13日《中国改革杂志》
在发展中解决就业问题
姚裕群 2000年6月7日《经济参考报》
农民的非农产业化:农业的根本出路
樊纲 2000年8月23日《中国经济时报》
城市化:下阶段经济增长的一大关键
樊纲 2000年8月30日《中国经济时报》
促进我国高新技术产业化的对策研究
陈镜明 2000年3月8日《中国高新技术产业导报》
加入WTO将深刻影响我国的改革开放事业
林毅夫 胡书东 2000年9月6日《国际经济评论》
“入世”后吸引外资的新因素及其趋势与政策建议
江小娟 2000年3月1日《经济参考》
入世是强制性的制度变迁
张霖 2000年4月21日《上海金融报》
加入WTO给中国带来机遇和挑战
倪月菊 2000年6月1日《人民论坛》
发展资本市场夯实“入世”基础
罗绍彦 2000年6月22日《国际金融报》
试述入世后政府对金融业调控管理政策的选择
吴克毅 2000年5月10日《上海金融报》
新趋势与新挑战
樊纲 2000年7月12日《中国经济时报》
经济全球化的增长趋势与巨大影响
张琦 2000年4月1日《国际贸易》
经济全球化应让各国都获利
段钢 2000年6月10日《解放日报》
我国对外开放的战略问题:外贸依存度,企业竞争力,人民币汇率机制
隆国强 张小济 2000年4月1日《国际贸易》
新经济意味着什么
秦海 2000年3月15日《经济参考报》
新经济下经济体制和经济运行的新特征
刘诗白 2000年8月22日《光明日报》
新经济的起因和特征
严启发 2000年7月4日《经济日报》
中国互联网:危机有多远
张石根 2000年4月26日《经济时刊》
互联网经济
黄清华 2000年2月19日《股市动态分析》
网络:新经济的火车头
赖明明 2000年3月8日《投资导报》
尽快完善社会保障
魏杰 2000年4月19日《经济参考报》
社会保障与人力资本投资
牟达泉 2000年4月5日《中国高新技术产业导报》
加快建设和完善新的社会保障体系
杨宜勇 2000年5月24日《金融早报》
保障制度不完善是消费需求不足的重要原因
樊彩耀 2000年8月9日《经济参考报》

关于企业体制问题

努力实现国有企业改革与脱困三抨目标
盛华仁 2000年8月3日《人民日报》
国有企业改革形势与途径
陈清泰 2000年3月29日《经济参考报》
关于从战略上调整国有经济布局和改组国有经济的问题
陈清泰 1999年第12期《求知》
关键还是结构调整
易纲 2000年3月29日《财经时报》
国企改革两大难题:解除历史负担与清晰产权
魏杰 2000年第2期《社会科学辑刊》
国有企业路在何方
魏杰 1999年第12期《中外管理》
论国有企业改革成功的必要条件
周叔莲 2000年3月18日《特区理论与实践》
国企改革路在何方
何国正 2000年第1期《湖北财经高等专科学校学报》
国企改革的国际经验与我国国企改革
巫建国 2000年第2期《现代财经》
创新:国企改革的主题
张伦书 2000年第4期《中国党政干部论坛》
国有企业改革与企业主权
赵小谛 2000年第1期《北京科技大学学报》
谈国企改革的思路与出路
王兴荣 2000年第1期《辽宁商专学报》
深化国企改革要在有限责任上下功夫
吴家骏 2000年第3期《当代财经》
国有企业改革的几个误区
张屹山 王克敏 李显君 2000年9月13日《经济研究资料》
国有企业改革的制度成本分析
江晓薇 2000年第2期《理论与改革》
关于深化国企改革的几个问题
白永秀 2000年第1期《经济学家》
注意防范“债转股”实施中的风险
余玉苗 2000年3月21日《光明日报》
经营者股权期权:长期激励也要约束
荆林波 2000年3月28日《中国经营报》
期权制能走好吗
王军光 鲁娜 2000年2月23日《中国经营报》
职业经理人制度:国企改革的重要环节
李琨 2000年4月12日《人民日报海外版》
积极探索国有资产授权经营
刘泽民 2000年8月15日《人民日报》
整体推进国有企业改革
彭致圭 2000年2月22日《人民日报》
技术可以超越体制无法超越
郭励弘 2000年1月12日《中国经济时报》

关于金融市场问题

处于21世纪经济运行轴心的中国资本市场
吴晓求 2000年第2期《经济理论与经济管理》
加快我国资本市场发展的几点建议
付强 葛红星 1999年12月30日《上海证券报》
构建货币和资本市场联系框架
邱跃民 2000年2月2日《上海金融报》
我国货币市场亟待发展
袁东 2000年3月15日《中国证券报》
积极培育货币市场的构想
郭全海 2000年5月10日《金融时报》

加强基础建设和调控推动货币市场发展
曹德云　2000 年 4 月 19 日《国际金融报》
金融调控方式的转变与公开市场业务发展
水汝庆　张翠微　2000 年 3 月 8 日《金融时报》
论金融创新对货币政策的影响
李炎　2000 年 9 月 7 日《国际金融报》
金融创新任重道远
李宏贵　2000 年 7 月 26 日《上海金融报》
资本市场与我国经济结构的战略性调整
张承惠　2000 年 6 月 21 日《中国经济时报》
人民币资本项目开放：路在何方
吴念鲁　2000 年第 4 期《现代商业银行》
股份化：四大国有商业银行改制的现实选择
徐瑋勇　赵育洪　2000 年第 2 期《财经科学》
注意提高利息税政策的有效性
余龙华　张奇　2000 年 3 月 8 日《金融时报》
国有商业银行的现代化发展战略
冷成松　2000 年 5 月 24 日《金融早报》
商业银行改革要触及深层次问题
曹伟　2000 年 6 月 14 日《金融时报》
加快建立现代商业银行制度
梁东红　2000 年 5 月 10 日《上海金融报》
中国银行实施“名牌战略”初探
朱向东　2000 年第 3 期《金融理论与实践》
建立储蓄银行势在必行
王德金　2000 年第 1 期《理论观察》
我国信贷资产证券化有待启动
翁贤凯　吴帆　2000 年 3 月 15 日《金融时报》
我国投资银行业的十大变化
马广奇　1999 年 12 月 25 日《金融时报》
应积极发展非国有中小银行
樊纲　1999 年 12 月 1 日《经济学消息报》
发展民间金融推动金融改革
樊纲　2000 年 9 月 13 日《中国经济时报》
银行间货币基金可借鉴的方式
杨强　陈德如　2000 年 3 月 22 日《金融时报》
当前金融理论研究中的几个重大课题
戴相龙　2000 年 9 月 6 日《中国证券报》
金融调控方式的转变与公开市场业务发展
水汝庆　张翠微　2000 年 3 月 8 日《金融时报》
金融创新对金融全球化的影响
李扬　2000 年 4 月 1 日《国际贸易》
金融业改革：资本市场是一个重要舞台
李琨　2000 年 9 月 9 日《人民日报海外版》
西部开发：金融支持的重心在哪里
陈淮　2000 年 7 月 24 日《人民日报》
利用资本市场促进西部开发
于海强　2000 年 4 月 5 日《金融时报》
金融业：到西部去投资
温源　2000 年 3 月 3 日《光明日报》
金融业在西部开发中做好大文章
武康平　2000 年 3 月 21 日《经济日报》
西部开发金融先行
冯梯云　2000 年 9 月 14 日《人民日报海外版》
论 WTO 与中国金融业发展
丁孜山　汤振羽　2000 年第 2 期《云南财贸学院学报》
外资银行全方位进入中国市场后对中国金融业的影响分析
袁长军　2000 年第 2 期《管理世界》
WTO 对中资银行的冲击
周路　2000 年 8 月 31 日《国际金融报》
加入 WTO 对我国中、小金融机构的影响与对策
陆中海　2000 年 9 月 8 日《国际金融报》
从现代风险投资的运作机制看风险投资在我国的发展
巴劲松　2000 年 1 月 10 日《国际金融报》
发展中小银行服务中小企业
林毅夫　2000 年第 16 期《了望》
当前盘活银行不良资产的几个热点问题
刘彤　2000 年 7 月 26 日《金融早报》
资产证券化需要相关政策保障
钱小安　2000 年 4 月 12 日《金融时报》
国企改革呼唤票据市场
徐卫中　王桂堂　王宏　2000 年 7 月 12 日《金融时报》
信用革命山雨欲来
熊元俊　2000 年 3 月 1 日《金融早报》
信用卡：个人金融服务的“金钥匙”
王庞梓　2000 年 8 月 28 日《国际金融报》
评贷款风险分类法
陈支农　杨德福　2000 年 5 月 31 日《中国经济时报》
债转股的银行风险与规避
李华民　2000 年 1 月 1 日《金融时报》
银行与证券业开展合作的趋势分析
赵晓军　2000 年 4 月 26 日《金融时报》
金融债权：寻求法律保护
张凤喜　2000 年 8 月 29 日《检察日报》
结构调整中的西部资本市场
冯涛　2000 年 9 月 13 日《证券时报》
发展我国保险业的若干思考
刘妍芳　2000 年第 2 期《管理世界》
保险公司上市：并非遥不可及的梦
何德旭　2000 年 6 月 7 日《中国经济时报》
保险业金融创新突飞猛进
巫丽丹　2000 年 3 月 15 日《金融早报》
养老保险基金对我国资本市场发展的积极影响
耿志民　2000 年 9 月 6 日《国际金融报》
中国养老保险面临挑战
王骥　2000 年 5 月 31 日《国际金融报》
未来五年是中国寿险的重要关口
王宪章　2000 年 4 月 26 日《金融时报》
解决隐性债务问题，深化养老保险制度改革
张中俊　张新梅　2000 年 5 月 9 日《中国经济时报》
国有寿险公司出路在于进行股份制改造
王宪章　2000 年 6 月 28 日《金融时报》
关于股份制保险公司上市的思考
余洋　2000 年 6 月 28 日《金融时报》
未来新险种：无形资产保险
蔡吉祥　孙波　2000 年 6 月 28 日《金融时报》
中小企业融资难在哪
陈晓红　2000 年 1 月 19 日《中国高新技术产业导报》
发达国家扶持中小企业发展的金融举措
王明华　2000 年 5 月 31 日《金融时报》
利率市场化：金融改革苦旅
程义全　2000 年 9 月 14 日《中国经济时报》
利率市场化会不会激怒“笼中虎”
吴丕斌　2000 年 3 月 15 日《中国经济导报》
外币利率改革影响深远
黄泽民　2000 年 9 月 11 日《国际金融报》
利率市场化改革的突破口
于晨光　2000 年 8 月 16 日《中国证券报》
利率市场化步伐加快
孙伯银　2000 年 9 月 6 日《中国经济时报》
如何推进利率市场化
景学成　黄金老　谢平　薛小和
2000 年 9 月 6 日《经济参考报》
利率市场化的国际经验与借鉴
孙立芳　2000 年 9 月 6 日《上海金融报》
2000 年我国外汇市场发展的政策分析
周理　2000 年第 4 期《中国外汇管理》
经常项目可兑换条件下的人民币汇率模型研究
魏巍贤　2000 年第 1 期《管理科学学报》
人民币汇率趋势的中长期分析：博弈模型
邓敏　2000 年第 1 期《城市金融论坛》
论我国现阶段的汇率政策：兼谈人民币是否贬值问题
张建勇　2000 年第 1 期《陕西经贸学院学报》
人民币汇率制度的选择
李建　2000 年第 1 期《上海综合经济》
银行间外汇市场面临新世纪的挑战

柴洪峰 2000年第4期《中国外汇管理》
金融一体化和亚洲金融危机的原因与教训
林毅夫 2000年6月27日《北京大学中国经济研究中心简报》
尽快融入金融全球化
马立新 2000年7月26日《上海金融报》
真实期权在风险投资管理中的运用
陈云贤 陈伯军 2000年6月21日《中国高新技术产业导报》
风险投资交易定价分析
陈云贤 陈伯军 2000年5月10日《国际金融报》
风险资本避险与退出
刘哲 2000年6月21日《中国高新技术产业导报》
风险投资"请进来"
赵建军 2000年6月21日《金融时报》
风险投资要有政府导向
林一 2000年2月29日《国际金融报》
风险投资:要迈几道坎
丁春明 2000年2月28日《国际金融报》
我国风险投资基金微观组织形式选择的基本构想
陈云贤 陈伯军 2000年5月10日《国际金融报》
风险投资谁是主角
王华庆 2000年3月29日《金融时报》

关于证券市场问题

中国证券市场如何跨世纪发展
曹凤岐 2000年4月12日《亚太经济时报》
新千年宏观经济对股票市场的影响
周新辉 李明亮 2000年1月15日《金融时报》
中国证券市场向国际化靠拢
黄湘源 2000年5月13日《人民日报海外版》
迎接新世纪曙光——股市宏观经济分析
冯琛 2000年2月2日《中国高新技术产业导报》
股市需要新概念
杨帆 2000年第3期《财经界》
2000年的中国证券市场将迎来新的发展机遇
赵笑云 2000年第2期《发展》
新经济背景下股市主题的反思
蔡红标 2000年5月17日《中国证券报》
证券市场展望
吕立新 2000年1月1日《中国高新技术产业导报》
我国证券市场存在的主要问题
韩凤芹 2000年第4期《南方金融》
解读中国证券市场的市场化
李梅 2000年6月28日《金融时报》
做市商制度应成为核心交易制度
单祥双 蒋国云 2000年3月27日《中国证券报》
谁来承受国有股
黄湘源 2000年8月9日《经济参考报》
关于国有股重组方式的思考
宫玉松 2000年5月8日《经济学动态》
论国有资本的流动和重组
蒋铁柱 2000年第6期《社会科学》
从政府"锁定"到市场"锁定"
吴有根 2000年6月23日《福建论坛》
国有股折股流通方案的改进
谢魁星 刘入领 邓良生 2000年9月13日《证券时报》
设立二板市场需注意的几个问题
刘玉庆 2000年6月7日《中国证券报》
十大争议困扰中国二板
苏延华 陈功 2000年8月16日《中国经营报》
企业进入二板市场的条件
苏中一 2000年6月7日《中国证券报》
二板市场要解决的若干法律问题
王海峰 2000年8月9日《国际金融报》
法律先行发展二板市场
蒋谦 2000年8月9日《国际金融报》
高新技术板应引入"做空"交易机制
王志伟 2000年4月12日《中国证券报》
国有商业银行上市的利弊分析
钟朋荣 2000年9月6日《华声报》
关于股份制保险公司上市的思考
余洋 2000年6月28日《金融时报》
从启动股票质押贷款看市场发展
黄心民 2000年3月8日《金融时报》
专户委托,量身订做
童第轶 2000年8月16日《中国证券报》
用指数存托凭证变现国有股为养老保障体系筹资
施东辉 2000年8月16月《中国证券报》
十年牛市可期
严建红 2000年6月21日《中国证券报》
激活二级市场是关键
章进 2000年1月4日《经济参考报》
当前证券网上交易中的问题及对策
李均 2000年7月19日《金融早报》
金融企业上市意味着什么
张锋 吴佳 2000年5月25日《中国证券报》
金融企业上市:新时期的新选择
何德旭 2000年6月7日《中国经济时报》
金融业上市可增强竞争力
明泽 2000年9月7日《中国贸易报》
调整国有经济布局证券市场大有可为
顾颉 1999年11月4日《经济日报》
中国股市的博弈分析
汪建坤 2000年第2期《财贸经济》
新经济与证券市场功能定位
边绪宝 2000年9月5日《上海证券报》
关联方交易的负面影响及对策
杨帆 2000年第5期《江西社会科学》
职工持股计划相关问题研究综述
林幼平 2000年7月19日《金融早报》
再谈"债转股"的特殊贡献
曹尔阶 2000年3月15日《金融时报》
债转股的难点及对策
王波 2000月7月19日《上海金融报》
债转股后股权如何出售
王延春 2000年1月10日《中国经济时报》
如何正确认识和把握债转股
周清玉 石磊 2000年1月15日《金融时报》
促进国债市场化 提高国债流动性
戴园晨 2000年3月29日《金融时报》
加强监管充分用好国债专项资金
楼继伟 1999年第11期《中国投资》
发挥国债政策的金融功能
韩凤芹 2000年2月16日《中国经济时报》
提高国债市场流动性探讨
赵叶龙 2000年9月13日《中国证券报》
怎样让国债技改项目成功
刘国胜 2000年5月22日《人民日报》
国债结构应调整
贾康 徐晓慧 2000年1月24日《中国经济时报》
国债今年还得唱主角
贾康 徐晓慧 2000年1月12日《财经时报》
需强化国债风险意识
贾康 徐晓慧 2000年1月20日《中国经济时报》
浮动利率债券价值几何
齐亮 2000年6月7日《中国证券报》
国债利率有点高
李巧宁 2000年5月30日《财经时报》
浮息国债投资价值知多少?
申意 2000年7月1日《市场报》
新国债有投资价值吗
姚新民 2000年5月23日《解放日报》

银行间债券市场:规范中稳定发展
毕涛 2000年4月26日《金融时报》
建议发行西部开发专项国债
吴言 2000年5月11日《中国经济时报》
开展柜台交易业务促进债券市场发展
张亨 2000年5月31日《金融时报》

关于期货市场问题

中国期货市场问题探讨
杨长富 肖堤 2000年第2期《学术交流》
对发展我国期货市场的思考
姜辉 2000年第1期《金融科学》
中国期货市场缘何投机不足
张庆光 2000年6月13日《金融早报》
完善我国期货市场风险管理机制的思考
王立国 关瑞青 2000年第3期《东北财经大学学报》
我国期货市场风险过大的原因及防范对策
马秋英 2000年第5期《山西财税》
政策全面推动:启动和培育发展期市的关键
子筠 刘保宁 2000年5月31日《期货日报》
中国期货市场价格波动率的到期效应
胡畏 2000年第1期《预测》
中国期货市场的税收问题刍议
马蔡琛 2000年第2期《中央财经大学学报》
中国需要发展金融衍生市场
胡怀邦 2000年3月1日《金融时报》
发展期货市场对商业银行影响的二重性
邱海龙 1999年第12期《现代财经》
关于股指期货的几个问题 鲍建平 2000年6月14日《期货日报》
试论中国股指期货市场发展
姚兴涛 2000年2月23日《国际金融报》
论我国股指期货的运作模式
彭俊衡 鲍建平 2000年9月25日《期货日报》
股指期货离中国到底有多远
黄磊 2000年5月6日《国际金融报》
我国引进股票指数期货的必要性和面临的问题
吴萌 吴冲锋 2000年第5期《上海综合经济》
开发我国股票指数期货交易的必要性和可行性
祝小兵 2000年第5期《上海投资》
股指期货股市发展的瓶颈
阿君 2000年7月8日《人民日报海外版》
股指期货:还需三思而行
袁福泉 2000年4月12日《中国经济导报》
推行指数期货为时尚早
杨宏 2000年7月8日《北京青年报》
论期货经纪公司内涵的规定性 李亚光
2000年4月12日《期货日报》
论期货经纪公司可持续发展
张毅 2000年2月16日《期货日报》

关于基金市场问题

论中国证券投资基金的规模
联蒙珂 蒋馥 2000年第3期《上海企业》
我国基金业的发展取向
陈云强 2000年6月7日《金融时报》
证券投资基金市场化思路
胡振齐 2000年8月2日《中国经济时报》
证券基金稳定市场实证研究
杨平 王怀芳 2000年9月6日《中国证券报》
为有源头活水来
刘传葵 刘文弟 2000年6月15日《中国证券报》
中国投资基金市场崛起迅速前景可观
刘传葵 2000年4月13日《国际金融报》
开放式基金在中国的推行与发展
刘传葵 2000年第5期《国际金融研究》
开放式基金离我们多远
陈峥嵘 2000年5月25日《经济日报》
离开放式有多远
付崇 2000年5月31日《中国证券报》
开放式基金影响深远
蒋国云 2000年6月14日《中国证券报》
开放式证券投资基金的发展前瞻
陈联 2000年5月26日《中国证券报》
积极稳妥地推出开放式基金
夏常义 2000年9月6日《中国证券报》
开放式基金有利于市场发展
袁国良 郝联峰 联蒙珂 陈久红
2000年7月5日《中国证券报》
设立开放式基金应注意几个问题
阙澄宇 2000年5月25日《经济日报》
开放式基金更需要理解
康伟 2000年8月2日《中国证券报》
规模、结构与赎回
刘长江 2000年8月2日《中国证券报》
投资基金疾呼开放
唐学鹏 2000年6月7日《投资导报》
创造有利基金开放的环境
许根华 2000年8月2日《中国证券报》
应建立有条件开放式投资基金
万俊毅 2000年6月7日《金融早报》
基金管理公司如何面对开放基金
陈峥嵘 2000年8月10日《经济日报》
基金大发展需解决的问题
成国平 2000年5月31日《中国证券报》
认购新股:基金得到多大一杯羹?
朱生球 2000年8月16日《证券时报》
投资基金业绩综合评估的指数法及其应用
陈学荣 2000年第5期《财贸经济》
服务创新基金发展的主旋律
郭小芳 2000年8月2日《中国证券报》
投资基金三类企业入市重要途径
康伟 2000年7月6日《国际金融报》
保险资金入市有利可图
刘峥嵘 徐文苗 2000年7月5日《国际金融报》
加快实现证券与保险的良性互动
王梓木 2000年6月21日《中国证券报》
为社保基金入市积极创造条件
高书生 2000年9月20日《中国证券报》
保险资金间接入市为证券投资基金添把火
康静 1999年11月2日《经济日报》

关于产权市场问题

现代产权制度的四个问题
魏杰 2000年第2期《上海改革》
产权明晰与现代企业制度
陈佳贵 2000年第2期《中国社会科学院研究生院学报》

产权效率与产权制度
夏若江　2000年第3期《江汉论坛》
制度变迁与产权冲突
高树枝　2000年第1期《学海》
产权改革无可回避
韩朝华　1999年第10期《经济研究》
产权虚置的历史追踪
陶一桃　2000年第3期《学术月刊》
企业产权制度的变革与公司治理结构的创新
杨瑞龙　2000年第3期《唯实》
现代企业制度和公司制改革
邓荣霖　2000年第2期《经济导刊》
企业产权新论:一种新产权观
贾明德　李斌　2000年第1期《学海》
产权改革 发展企业债市场的根本措施
江春　2000年6月14日《金融时报》
我国企业并购现状及风险
吴晓灵　2000年第2期《经济世界》
网络知识产权:法律的空白
李媛　2000年9月20日《中国工商报》
用知识产权开拓市场
张连业　韩振军　2000年9月28日《人民日报海外版》
要守好自己的知识产权门户
晏燕　2000年1月13日《科技日报》

第十九编

证券业大事记

1838/1855

证券业十大新闻

中国经济十大新闻

由新华社经济参考报社主办，首都16家新闻单位的总编辑、副总编辑联合评选的1999年中国十大经济新闻是：

一、9月22日，中共中央十五届四中全会通过《中共中央关于国有企业改革和发展若干重大问题的决定》，确定了从现在起到2010年国有企业改革和发展的主要目标和必须坚持的指导方针。

二、我国采取积极的财政政策并进一步发挥货币政策的作用，有效地促进了经济增长，这些措施主要包括：降低金融机构存、贷款利率；增发600亿元长期国债；对储蓄存款征收个人所得税；将国有企业下岗职工基本生活费水平、失业保险金水平、城镇居民最低生活保障水平提高30%；降低中央银行准备金存款利率、再贷款和再贴现利率等。全年经济增长率为7.1%，圆满实现了预定目标。

三、中国政府和美国政府11月15日在北京签署了两国政府关于中国加入世界贸易组织问题双边协议，从而为中国入世扫清了最大障碍。

四、8月23日至26日，全国技术创新大会在北京召开，部署贯彻落实《中共中央、国务院关于加强技术创新，发展高科技，实现产业化的决定》，进一步实施科教兴国战略，建设国家知识创新体系，加速科技成果向现实生产力转化。

五、中央经济工作会议明确提出实施西部大开发战略。

六、从4月20日起，中国信达、东方、长城、华融四家资产管理公司相继成立，标志着以债转股方式推进金融和国有企业改革进入实施阶段。

七、九届全国人大二次会议3月15日通过《中华人民共和国合同法》，并于10月1日正式实施。这是我国第一部统一的、较为完备的合同法，它的实施对社会主义市场经济的发展有重要作用。

八、由于先后两次提高部分商品出口退税率，以及周边国家经济形势好转，下半年我国外贸出口止跌回升，增长强劲，预计全年增长达6%，出口额达1950亿美元。

九、5月19日，沪深股市突然出现一轮大幅上扬的“井喷”行情，此后一个多月时间里，股市连创新高。上海股市以1755点创下了历史新高。

十、我国加大打击走私犯罪力度，湛江特大走私、受贿案审结，六名主犯被处以死刑。

中国金融证券十大新闻

由中国证券报社编辑部评出1999年金融证券十大新闻是：

一、国家继续实施积极财政政策，努力发挥货币政策作用，扩大内需，启动经济。全年共发行国债4015亿元，创建国以来新高；调整收入分配政策；提高出口退税率；连续第七次降低存、贷款利率；降低再贷款和再贴现利率，降低金融机构存款准备金率及其利率；对居民储蓄存款利息所得恢复征收个人所得税。

二、5月19日，沪深股市在拓展券商融资渠道等一系列潜在利好的作用下出现“井喷”行情，股指屡创新高。到6月30日，上证指数已从大盘启动前的1059.87点飙升至1756.18点。

三、5月24日，湘财证券成为首家被批准增资扩股的券商，注册资本从1亿元增加到10亿元。此后，湖北证券、中信证券等相继加入这一行列。10月11日，中信证券从银行间同业市场拆入2.4亿元，标志着我国券商的又一合法融资渠道由此打开。同时，10家新的基金管理公司也获准进入同业拆借市场。

四、股票发行方式发生引人注目的变化。6月30日，上菱电器增发新股，此后，中关村、深康佳等十余家上市公司也先后实施增发，增发新股成为上市公司筹资的又一主要途径；7月29日，中国证监会发出的《关于进一步完善股票发行方式的通知》指出，国有企业、国有控股企业、上市公司和其他法人可按规定参与新股配售。

五、7月1日，《中华人民共和国证券法》正式实施。作为新中国第一部证券法典，其实施标志着我国新兴证券市场具备了持续、稳定、健康发展的法律基础，开始进入一个新的发展阶段。

六、9月19日至22日，中共中央十五届四中全会在京举行。全会通过了关于国有企业改革的决定，确定“国有控股上市公司适当减持部分国有股”，实施债转股。此后，中国嘉陵和黔轮胎被确定为首批国有股配售试点企业；信达、东方、长城、华融等资产管理公司与多家国企签署了债转股协议，国有企业债转股大规模展开。

七、国务院批准保险公司可以通过购买证券投资基金间接进入二级市场，保险公司可在二级市场买卖已上市的证券投资基金和在一级市场配售新发行的证券投资基金；三类企业可以进入二级市场，中国证监会9月8日发布《关于法人配售股票有关问题的通知》，国有企业、国有资产控股企业、上市公司所开立的股票账户可用于配售股票，也可用于投资二级市场。这为更多的资金进入证券市场敞开了大门。

八、11月15日，中美两国在北京签署关于中国加入世界贸易组织的双边协议，标志着中美之间关于中国加入全球最大贸易组织的双边谈判正式结束，从而为中国入世扫清了最大障碍。

九、国家严格对证券领域违法犯罪执法，部分违法违规上市公司及相关人员受到应有惩处。查处了大庆联谊股份有限公司股票案，涉案的39名党政干部和企业领导干部被追究党纪、政纪和法律责任；东方锅炉股份有限公司原公司领导因贪污罪被判刑，东方锅炉因在上市过程中编造虚假文件和虚增利润，受到中国证监会警告处罚。

十、新基金发行、老基金改制，使证券投资基金规模迅速壮大。9家规模各为30亿的新基金相继发行，老基金通过改制陆续上市，我国基金管理公司已发展到10家，新基金数量达22家，总规模505亿元。

证券业要事

股票发行审核法制化

1999年10月14日，《中国证券监督管理委员会股票发行审核委员会条例》已经国务院批准实施。这一条例是根据《中华人民共和国证券法》第十四条的规定制订，它的获准实施标志着我国股票发行审核工作已步入法制化轨道。1998年以来，我国证券监督管理体制发生了较大的变化。经国务院决定，原国务院证券委员会撤销，其职能并入中国证监会。从1993年起实行的发行审核委员会工作规则已不能适应新形势的要求。随着《证券法》的正式实施，股票发行审核委员会(发审委)作为股票发行的审核表决机构的职能和地位已得到法律的确定。

为使发审委的组成办法、人员任期和工作程序等规范化，《条例》作了具体规定。首先，为了保证审核质量，条例要求所聘请的委员须熟悉我国宏观经济政策和有关证券市场的法律、法规和政策，了解证券业务，且具有足够的专业判断能力；其次，为了增加审核透明度和公开性，使委员在组成上更具有代表性，扩大了中国证券监督管理委员会会外委员的比例。会外委员占委员人数的78%，他们分别来自国家宏观调控专业经济管理等部门、国有银行、证券交易所、全国工商联、科研单位、专业社团、大学及证券业中介机构，并聘请了一些社会知名人士(包括香港专业人士)。第三，为了提高发审委审核工作的权威，条例规定由该行业中担任重要职务的人员任发审委当然委员。同时新聘请了证券业内证券、法律和会计等专业人士出任发审委委员。条例规定，发审委委员由中国证券监督管理委员会聘任。除发审委当然委员外，其他委员聘期两年，续聘可以连任，但每次换届时至少更换三分之一的委员，且每个委员连续任期最长不得超过3届。条例还规定发审委通过召开发审委审核工作会议的方式进行工作。委员分八个组，各组设一名组长，组长由各组委员选举产生。发审委会议由各组轮流召开，由组长或其委托的本组其他委员召集。参加会议的委员应不少于8人。委员以个人身份出席会议，应当以审慎的态度发表意见，并对发行申请进行表决。

在表决时采取无记名投票的方式，委员可投同意票、反对票或弃权票。当同意票数达到参会委员人数的三分之二即为通过。如果发审委委员认为发行申请单位存在尚待调查的问题，经出席会议半数以上的委员同意，可以对其发行申请暂缓表决。对未通过的发行申请，发行申请单位可以向中国证券监督管理委员会申请复审，复审申请只能提出一次。为使发审委审核意见更加全面准确，条例中还规定发审委委员有权通过中国证监会调阅履行职责所必需的发行申请单位的有关材料，发审委可以根据审核工作需要邀请委员以外的专家到会提供专业咨询意见，但所邀请的专家没有表决权。

《条例》的实施有利于提高发行审核工作的质量和透明度，对股票发行审核工作的公开、公平、公正起到促进作用，必将进一步推动我国证券市场健康稳定地发展。(李建秀整理)

证监会改进股票发行方式

为了进一步完善股票发行方式，规范市场运作，中国证监今年1999年7月28日发出《关于进一步完善股票发行方式的通知》，对新股发行方式进行重大改进。新的发行方式将允许总股本在4亿元以上的公司，在发行新股时可采用对法人配售和对一般投资者上网发行相结合的办法，其中向法人配售的部分占发行额的25%至75%，这部分股票须持有一定期限后方能上市出售。《通知》还规定，与发行公司有股权关系或为同一企业集团的法人不得参加配售，一家法人不得同时参加配售和上网认购。《通知》中允许国有企业、国有腔股公司、上市公司和其他法人参与配售，但上述法人用于购买配售股票的资金来源必须符合国家有关规定。

过去，证监会对发行公司股票的发行价格是核定一个相对固定的价格；现在，《通知》规定，证监会核准一个发行价格区间(含最低价和最高价)，最终发行价格由发行公司与主承销商协商，并通过路演、推介会等方式了解配售对象的认购意愿而最终确定下来。这将有利于形成合理的新股发行定价机构，提高发行效率。

发行方式的改革，有利于加快培育机构投资者队伍。在现有的投资者队伍中，机构投资者如基金等只占极小的比例，中小散户占了绝对多数，这是我国资本市场不成熟并常伴有不规范观点的重要原因之一。《通知》为发现、引导和培育更广泛意义的机构投资者创造了条件，有助于机构投资者队伍的逐渐扩大和资本市场理性投资力量的不断增强。新股发行方式的改革，将有助于增强证券公司的承销能力和竞争能力。实行新的股票发行方式，将使承销商面临新的机构和挑战。新股发行方式的改革，将有助于推进中国资本市场国际化、与国际惯例接轨进程。适应我国资本市场规范发展的新形势，及时采取新的发行方式，加快了我国资本市与国际惯例的接轨进程。

通过向战略投资者和一般法人(包括各种企业)配售新股，不仅有助于大盘股在一级市场的顺利发行，减轻承销商的能力，而且给股票市场引入了增量资金；因受持有时间的限制，可避免大盘股上市后的集中抛售，减轻了对二级市场的压力，有利于证券市场的稳定发展。(李建秀整理)

交易所取消PT股跌幅限制

2000年6月17日，深沪证交所同时公布《上市公司股票暂停上市处理规则》(修订稿)。深交所修订后的《上市公司股票暂停上市处理规则》规定，PT股票申报价格的涨幅不得超过上一次转让价格的5%(含5%)，不设跌幅限制。深交所称，新规则6月17日开始施行。上交所公告称，自6月23日起，将取消PT股票特别转让价格5%的跌幅控制，即PT股票申报价格将不设下限，价格跌幅也没有限制，但涨幅限制仍为5%。深沪证交所于1999年7月起对部分财务状况异常的公司实行暂停上市，对其股票实行“特别转让服务”，每周五交易一次，收市后对有效申报按集合竞价方法进行撮合成交，申报和转让价格涨跌幅限制为5%(含5%)。目前，两市共有8家PT公司，共10只PT股票，它们分别是PT农商社、PT双鹿、PT水仙、PT水仙B、PT红光、PT北旅、PT网点、PT渝钛白、PT中浩、PT中浩B。

虽然被PT处理公司都有一本难念的经，但其市场表现却基本一致。如PT红光，上市不久就暴露出重大问题，并在上市第二年即告亏损，但其股价却极其活跃，即使被ST后还在2000年初走出一波上扬行情，并拉出几个涨停板；同年5月被PT后，该股又连续六个跌停，且在PT之初成交量极小，股价已从7元下调到5元多，跌幅超过30%。同样也是上市第二年就亏损的还有PT北旅，该公司为生产轻型车厂家，上市6年，除去第一年，仅1996年微利，1997、1998、1999年连续三年都有不同程度的亏损。由于该公司规模较小，入关后该类公司面临的竞争将更加激烈。该公司被PT时间不长，但也是连连跌停，股价从10元跌至9元。PT网点涉及众多的诉讼纠纷，被PT之后连续跌停，股价由7元多跌至4元多。PT水仙还有1.1亿股B股，该股在2000年初还走出一波上扬行情，达到了近10元的高位，而被PT以来，股价是周周跌停，而且基本属于无量下跌，仅在6月15日才有一些成效量放出。PT中浩涉讼案件多达56宗，金额近10亿元。该股1999年每股净资产 −3.35元，每股收益−0.82元。同时该公司还有2184万股的B股。其在被PT后连续二周无量下行，6月上旬成交量有所放大，但该股由于绝对股价较高，仍具有一定的下跌空间。老牌PT股农商社的1999年报让投资者开了眼界，其每股收益为−6.17元，每股净资产达−7.73元。而该股被PT后的表现也颇为戏剧化，其在去年刚被PT之后还曾缩量上行，股价到达7元多的高点，但最终回落并跌穿前期平台，近两个月放量下行，股价再创新低。连续4年亏损的PT双鹿从1999年报来看，其现金流量严重不足，债务负担沉重，人员分流严重，已失去可持续经营能力，大规模的债务和资产重组已成为公司目前的唯一出路。自1999年6月实行PT交易之后震荡下行，跌幅近50%。并非所有的公司被PT后股价都是节节下行。渝钛白在被PT的一年多时间内，剥离出非经营性资产，并把7亿多的银行贷款转移出去，同时其主营业务也有一定程度的增长。其股价也走出一上升通道，并在2000年5月份冲高至8元以上。

从深沪两市8家PT类公司基本面来看，PT双鹿、PT渝钛白等已经披露了实施较大力度的资产重组的消息，但大部分PT上市公司并没有资产重组的迹象。即使是正在实施资产重组的公司，其前景也不能令人乐观。以白猫入主双鹿、渝钛白进行大规模债务清理为例，由于上市公司本身面临着巨额债务负担、产品竞争力差、经营机制僵化等多重困境，重组的难度也异乎寻常，最终能否使公司基本面发生根本性好转，从而摘掉PT的帽子还是一个未知数。因此，总体来看，投资PT类个股的市场风险无疑是极大的，同时投资的预期收益远不足以补偿投资风险。

深沪交易所取消PT股票跌幅限制，显示监管层对市场无视风险、肆意炒作ST、PT板块的行径已经忍无可忍，决心加强对它们的监管和风险揭示。取消跌幅限制更充分地揭示了PT一族的市场风险。跌幅限制取消以后，PT一族立刻面临着无遮无拦的下跌空间。除非这些深陷泥潭的公司能很快找到自拔之路，否则，其股价向价值回归的自由落体运动将不可避免。取消跌幅限制很可能成为实施市场退出机制的前奏。因为，一旦PT族价格大大背离价值的风险充分释放，制约那些不可救药的上市公司退出市场的一个主要障碍也将消除；到那时，投资者就能够平静地面对它们的退出、消亡。

(李建秀整理)

保险资金间接进入股市

1999年10月27日，中国证监会和中国保监会披露，保险公司购买证券投资基金间接进入证券市场已经国务院批准，即可付诸实施。根据实施方案的规定，保险公司将在控制风险的基础上，在二级市场买卖已上市的证券投资基金和在一级市场配售新发行的证券投资基金中国证监会新发行的基金；将按一定比例向保险公司配售，并根据保险公司的投资需求增发新基金。保险资金投资股市，不仅适合中国国情，也符合国际惯例，有利于适当拓宽保险资金运用渠道，满足保险公司长期投资的需要，是保险资金管理的重大改革，对增加证券市场资金供给，促进证券市场的稳定与繁荣将起到积极的促进作用。今后，随着保险资金规模的不断扩大，每年将有更多的资金进入证券市场，为适应这一要求，有关方面正在研究保险资金进入股市的其他可能途径和相关配套政策，待条件成熟时将陆续出台。

10月29日，中国保监会主席马永伟表示，保险资金入市实施细则正在制定。保险公司投资证券投资基金，必须由保监会核批后才能进行；将根据保险公司的资产结构、资产质量、内部制度建设以及人员素质状况等核定可投入资金占其总资产的最高比例；核定原则为：开始比例低一点，以后视情况逐步调理。

基金安信在全国银行间同业市场通过国债回购融入资金，这是证券投资基金首次进行银行间同业市场，标成着《基金管理公司进入银行间同业市场管理规定》和《证券公司进入银行间同业市场管理规定》已进入实质性的运作阶段。

同盛证券投资基金于11月1日在深交所面向境内自然人和商业保险公司上网发行。这是基金业首次引进保险机构投资者。基金同盛将向保险公司配售不超过基金单位总额的30%，即9亿份。

(李建秀整理)

云天化回购国有股

云天化回购国有股在我国是首例。云天化董事会1999年4月1日向市场发布拟回购2亿股国有法人股的提示性公告，直接或间接地引致了股票市场价格的变动。

为什么拟进行股票回购，云天化公司曾对外有过一个简单的解释，总经理余明中说，此项方案具体着手于1998年5月，1998年6月公司分别向原国家国有资产管理局和中国证监会报送了回购并注销部分国有法人股的构想方案。由于公司上市前后特定的政策背景，公司在股改过程中将社会流通股压缩，国有法人股基本维持，导致上市后股本结构设计不够合理，盘子偏大，对上市公司长远发展不利。采用回购的方法注销国有股主要基于以下两个考虑：一是减少国有股比例可以使公司管理更符合现代企业制度的要求，更有利于转换企业经营机制。二是由于国有股在股本结构中占有82.4%的股权，具有绝对控股地位，容易使上市公司的利润分配方案受到局限，只好经常采用派现的形式，这样做对公司长期经营造成了压力，影响了公司的成长性。通过国有股回购可以增加流通股比例，将这部分压力减轻，为公司长远发展奠定基础。

如果回购方案通过，回购价格如何确定，回购所需资金将如何解决，公司自有资金是否充实，是否需要向银行借入资金，这是回购中一个核心问题。4月8日的董事会公告披露，回购价格将按照1998年末每股实际净资产确定，同时，董事会决定修改原来10派3.9元的年度利润分配预案，提议将派现金用于股份回购。如果此项提案能够通过，原定派现的22159万元将用于回购，加上终止4个项目闲置出来的资金，足以支付回购款。1997年股份公司发行股票共募集资金60700万元，当时准备投入12个项目，现已安排了8个，终止了4个项目，还剩下部分资金，公司目前资金状况较为充实，有足够的财力支持股份回购的实施。三点理由：第一，1998年末，公司拥有流动资产8.17亿元，流动负债仅为3.09亿元，实施股份回购后，公司仍有充裕的资金保证公司正常运营、项目实施和资本运营。第二，公司负债率非常低，使用财务杠杆的余地很大。1998年末，扣除拟派现资金后，公司资产负债率仅为7.12%，实施股份回购后，资产负债率也不到11%。第三，公司主营业务收入稳定，有较高赢利能力，加之储备有新的资本运营项目能可靠地保护、提高股东权益和维护公司的经营发展形象。除此之外，公司股权结构简单，只有一个非流通股股东、股份回购的技术操作相对简单，易于避开多个非流通法人股东处理定向股份回购时遭遇的法律障碍，也使公司具有股份回购试点的优势。本次回购所需资金将完全采用公司的自有资金，不需要向银行贷款。回购资金将拟由原来安排派现的资金和部分上市募集资金构成。

云天化以上市公司的自有资金回购国有股，改善了股权结构，提高了净资产收益，控股公司以回购所得资金支持地方国企解困，为低迷的股市丰富了题材，增添了活力。

总体来看，云天化回购有四点好处。第一，国有法人股从控股82.40%降到了72.84%，初步改善了股本结构。这是从不合理逐步走向合理。第二，提高了股本的含金量。由于总股本的减少，使每股净资产提高，每股收益也大幅提高。第三，云天化集团通过回购，以不能流动的国有股取换得4亿元资金，按云天化老总余明中所说，可以“通过联合兼并等方式用于云南省国有化工企业的解困工作，实实在在地为落实中央关于三年内实现大多数国有企业脱困工作作出贡献”。云天化回购，是大股东以股权换资金，自己去支持国企解困，既不损害上市公司，也不侵害中小投资者的利益。第四，云天化回购国有股，用的是自有资金，既不增加负债，也不影响持续经营。云天化回购消息见报不久，股价随之上扬，连带引起了一批同类型的所谓“回购概念股”一起攀升。可见，市场对回购的反应是赞同的。

那么，国有股回购应该有什么条件呢?一是国有股股本比例过大。二是回购的上市企业必须在上市后业绩优良、盈利状况好、资本公积金大，有回购能力。三是回购必须有充足的自有资金，不过分提高资产负债比率，不影响上市公司的持续经营和后续发展。四是不损害其他股东特别是中小投资者的利益，回购本身必须经过回购国有股股东以外的非国有控股股东的同意。此外，还可以设想一些附加条件。比如，可以分次付款，或者留一部分回购资金存在上市公司以备配股。

云天化模式对我们至少有两点启发：第一，国有股回购，运作得好，将能使一部分濒于冻结的国有股变现，用来支持国企改革和脱困，并对上市公司和中小投资者以及市场各方都有利。第二，对于现阶段中国股市中真正想有所作为的投融资顾问和投资银行家来说，沉积的国有股和法人股是一座巨大的金矿，可以充分发挥聪明才智和想象的空间，做足资本运营的文章。

1999年10月27日，有关减持国有股的相关政策，中国证临会已有明确说法，减持国有股将通过国有股配售方式实现，99年内只选择两家企业进行试点，两家配售金额供不应求在5亿元左右。具体试点方案是，试点上市公司将一定比例的国有股优先配售给该公司原有流通股股东，如有余额再配售给证券投资基金，配售价格将在净资产值之上、市盈率10倍以下的范围内确定；向原有流通股股东配售的国有股可立即上市流通，向基金配售的国有股须在两年内逐步上市。以上配售国有股的试点方案，也已获得国务院批准。中国证临会有关人士指出，国有股配售是一项长期工作，将在较长时间内分步骤稳妥推进，本次试点的目的在于，探索在保持市场稳定前提下减持国有股的有效途径。今后的国有股配售工作，将根据市场需求与可能实事求是地确定方案，并在保持市场稳定的前提下稳妥推进。

（李建秀整理）

四川金路集团股份有限公司股权之争

1999年11月20日，四川金路集团股份有限公司股东大会通过《关于转让金路集团所持德阳华光装饰材料有限公司、德阳健龙精细化工有限责任公司和德阳先科农药化工有限责任公司三家公司股权的议案》。本次转让的股权为：本公司所持德阳华光装饰材料有限责任公司股权3483.3万股(占该公司注册资本的99.97%)；本公司所持德阳健龙精细化工有限责任公司股权2323.4万股。本公司所持德阳先科农药化工有限责任公司股权1397.4万股，每股转让价格均按1元人民币计算，三家公司股权转让总价款为7204.1万元。本次受让方为德阳金路有限责任公司。德阳金路有限责任公司以负债形式受让三家股权，对金路集团股份有限公司暂负债7204.1万元，陆续用金路集团其他负债抵减。通过《关于出售金路集团所持四川金汇现代农业化工有限责任公司股权的议案》。金路集团所持四川金汇现代农业化工有限责任公司52.5%的股权，其出让总价款7950万元。本次受让方为四川绵竹龙蟒矿物质饲料有限责任公司。龙蟒集团向本公司支付500万元人民币作为定金。在协议正式签署后的20个工作日内，经龙蟒集团认可后进行移交，龙蟒集团同时向本公司支付余款。本次转让后所获资金将用于弥补去年严重亏损后流动资金的不足；其中属于配股资金部分，将按规定程序由董事会严格考察论证后，选定新的投资项目报请股东大会批准。审议通过《关于合资组建四川路通高科技有限责任公司的议案》。出资总额：5500万元。四川三通高科技有限责任公司出资3025万元，占总投资55%。四川金路集团股份有限公司出资2475万元，占总投资额45%。出资方式：双方皆以现金出资。经营内容：现代化工和高新建设等产品的孵化培植和工业化建设。

1999年12月22日，审议通过了《关于转让金路集团所持德阳华光装饰材料有限责任公司、德阳健龙精细化工有限责任公司和德阳先科农药化工有限责任公司三家公司股权的议案》。三家公司股权转让总价款为7204.1万元。本次受让方为德阳金路有限责任公司。德阳金路有限责任公司以负债形式受让三家股权，对金路集团股份公司暂负债7204.1万元，陆续用金路集团其他负债抵减。审议通过了《关于出售金路集团所持四川金汇现代农业化工有限责任公司股权的议案》。其出让总价款为7950万元，本次受让方为四川绵竹龙蟒矿物质饲料有限责任公司。在签署正式协议后的三个工作日内，龙蟒集团向本公司支付500万元人民币作为定金，在协议正式签署后的20个工作日内，本公司办理完股权转让的工商变更登记等一切法律手续，经龙蟒集团认可后进行移交，龙蟒集团同时向本公司支付余款。

2000 年 2 月 28 日，四川金路集团股份有限公司第四届第六次董事会决议公告：公司董事会通过《关于变更公司管理模式及机构设置的议案》。聘任邓幼强为集团公司总裁；杨力民任公司常务副总裁，聘程德明、高健任公司副总裁。

2000 年 5 月 15 日，四川金路集团股份有限公司 1999 年度股东大会决议公告：通过改组董事局的议案。聘选举李富荣为董事长，孙万章为公司为总裁彭朗为董事局秘书。监事会选举陶长明为监事局主度。 （李建秀整理）

ST 琼华侨事件始末

1999 年 10 月 9 日，海南华侨投资股份有限公司(以下简称公司)董事会就无法披露一九九九年度中期报告事宜宣布公告如下：一、董事会对中洲会计师事务所拒绝为公司出具审计报告事宜表示严重关切，并对公司可能隐含的问题震惊。二、经多方协调，公司五届十二次(紧急)董事会议，审议通过了关于临时聘请海口齐盛会计师事务所为公司一九九九年一月一日至六月三十日期间会计审计机构的决议，而后，海口齐盛会计师事务所向公司出具了拒绝表示意见的审计报告。三、海口齐盛会计事务所审计报告出具后，董事会对公司中报进行了审议，董事会认为，由于涉及众多重大未确定事宜，且存在重大分歧(注：主要是对公司存在巨额帐外负债的认定及公司陷入目前困境的责任承担，对公司现状的评价等)，无法通过该中报，董事会决定暂不披露中报并就有关事项向有关部门报告。上述众多重大不确定因素的存在，董事会内部无法就这些问题的处理达成共识，且目前公司已陷入严峻挑战的艰难困境，为此公司董事会已敦请有关部门就目前公司存在的严重问题进行协调调查，以协助公司董事会确定诸多重大不确定事宜，早日使公司走出目前困境。

公司涉讼案件有 1、1995 年 7 月，海口南洋大厦有限公司诉华侨投资拖欠物业管理费纠纷。涉讼标的：管理费用港币 556851.59 元，水电费人民币 303405.96 元及利息。案情进展；南洋大厦公司 1996 年 7 月向海口新华区法院申请强制执行，华侨投资已划出现金 15 万元，1998 年 3 月 1 日新华区法院裁定查封华侨投资所有的陵水土地 170 亩，此案正在执行中。

2、1996 年 5 月，建行海口分行诉华侨投资贷款纠纷。涉讼标的：本金 600 万元及利息。案情进展：1992 年华侨投资以侨企大楼抵押贷款 3000 万元，96 年以侨企大厦 203 平方米房产抵偿到期利息，1997 年 2 月该行向海口市中级法院申请强制执行并于 4 月 14 日查封了侨企大楼，现此案正在执行中。

3、1997 年 5 月 12 日，海南光大国信租赁(联合)有限公司诉海南科技公司及华侨投资借款担保纠纷。涉讼标的：本金 1500 万元，利息 270 万元。1998 年 10 月 13 日，光大公司申请执行，海口中级法院查封了北京金都侨业公司在比欧特公司的 2000 万股权及华侨投资持有的部分万象集团股票共计 3431775 股。1998 年 7 月华侨投资向最高法院申请再审，1999 年 3 月，最高法院已向海南省高级法院发函，要求复查此案。1999 年 5 月 25 日，海南省高院驳回了再审申请，现此案正在执行中。

4、1997 年 12 月 31 日，建行金盘支行诉海南亚太工贸公司及华侨投资借款担保纠纷。涉讼标的：本金 270 万元及利息，华侨投资对上述债务承担代为履行的保证责任，现此案正在执行中。

5、1998 年 3 月，南洋商业银行诉华侨投资借贷纠纷。涉讼标的：本金港币 13384066.37 元及利息。

6、1999 年 2 月，大鹏证券有限责任公司诉华侨投资公司借款纠纷。涉讼标的：本金 2000 元及利息 350 万元。案情进展：经深圳市中级人民法院审理判决，华侨投资承担 2000 万元借款本金和银行利息的清偿责任，并对大鹏证券，华侨投资各以 5 万元的罚款制裁。由于大鹏证券申请诉讼保全，深圳中院查封了华侨投资 2000 万股泰康人寿保险公司的股份。现判决已生效，大鹏证券尚未申请执行。

7、1999 年 4 月，中国长城财务公司诉北京金都侨业公司和华侨投资借款担保纠纷。涉讼标的：本金 2000 万元及利息。案情进展：此案经北京海淀区法院开庭审理后，判决：(1)金都侨业返还中长财本金 1739.4 万元及利息 43.13712 万元，并给付中长财公司逾期付款利息；(2)驳回中长财公司对华侨投资的诉讼请求，此前，由中长城提出保全申请，海淀区法院已查封了华侨投资在泰康人寿保险公司的股权 2000 万股。

8、1999 年 4 月，中国长城财务公司诉北京金都侨业公司借贷纠纷。涉讼标的：本金 480 万元及利息。案情进展：此案经中国长城财务公司向北京海淀区法院申请，已撤回起诉。

9、中国贵州茅台酒厂公司诉华侨投资预售商品房合同纠纷。涉讼标的：100.786 万元及利息，案情进展：此案于 1999 年 4 月 23 日在广西北海市中级法院开庭审理，现正在审理之中。

10、1996 年 4 月海南华侨国际旅游娱乐公司诉过良鸿、谭德生拖欠承包金纠纷。涉讼标的：48.08851 万元。此案经海口市振东区法院 1996 年判决，支持了原告的诉讼请求，华侨旅游公司于 1997 年 10 月 14 日提出执行申请。此案被执行人是个人，至今未履行判决结果。

11、1997 年 11 月华侨投资物业管理公司诉海南联丰超市商业有限公司房屋租赁合同纠纷。涉讼标的：12.117404 万元。此案经海口振东区法院 1998 年 7 月审理判决：被告联丰公司偿还原告华侨投资物业管理公司管理费 12.117404 万元。被告留置于原告处的五部空调机作价 16450 元偿部份债务，剩余债权至今未得到偿付。

12、1997 年 7 月 31 日，烟台金海物业公司诉烟台开发区百胜投资策划有限责任公司及烟台开发区新产业发展总公司债务纠纷。涉讼标的：1617.66724 万元。1997 年 10 月，山东高院判决：两被告连带偿付对金海公司的债务 1617.66724 万元，并支付逾期偿还的违约金。截止 1999 年 4 月，百胜公司已支付 755 万元。期后事项：本公司联营参股 40%的子公司北海嘉杰房地产投资开发有限公司清算委员会，在 1999 年 8 月 24 日《北海日报》上刊登清算公告如下：北海嘉杰房地产投资开发有限公司因被北京市工商局吊销营业执照，已于 1999 年 8 月 18 日成立清算委员会进行清算，该公司债权人自公告之日起 90 日内向清算委员会申报债权。其他重要事项：公司认购泰康人寿保险股份有限公司股本金 5000 万元，该股本金于 1996 年 10 月 4 日全额到位进入泰康人寿保险股份有限公司帐户。1998 年 3 月 27 日泰康人寿第一届董事会第四次会议的九七年财务报告分红预算：公司分配红利 253.67 万元。本次审计后的会计报表不含上述及其相关数据。

1999 年 10 月 12 日，海南华侨投资股份有限公司以公司董事会内部对公司中期报告存在重大分歧为由，拒绝履行中期报告的披露义务。该公司的上述行为已违反《上海证券交易所股票上市规则》第四章和第六章的有关中报信息披露的规定。上海证券交易所根据《股票上市规则》第12.1条的规定，特对海南华侨投资股份有限公司予以公开谴责。

1999年11月27日，公司在海口华侨城征地所支付给政府的3000万元款项已累计退还给公司2000万元，余款正在争取早日退还。

2000年1月21日，公司董事会发布公告：免去李士祥所担任的公司总裁职务；授权由孙小钢董事长代行公司总裁职权。聘任宋扬为公司董事会秘书。一、诉讼事项：1、中国嘉德国际拍卖有限公司（原告）因与海南华侨投资股份有限公司（以下称“公司”，被告）委托投资纠纷于1999年11月8日向北京市第二中级人民法院提起诉讼，请求判令（1）被告返还由原告代支付的5000万元人民币投资款；（2）被告履行质押约定，协助原告办理将被告名下的泰康人寿保险公司5000万股股份及增值过户给原告的手续；（3）被告承担本案诉讼费及因诉讼造成的律师费等经济损失。公司已收到《民事诉讼状》副本及开庭传票。2、1999年11月24日，海口市中级人民法院（1997）海中法执字第46—3号《民事裁定书》裁定，将公司所属的位于海口市南航路侨企大楼B座第2、3、5、67层，C座第1、2、3、4、5、6层房产以评估价人民币7423793.05元抵偿给中国建设银行海南省分行住房城建支行，以抵清债务。该房产尚未办理过户手续。3、深圳发展银行海口分行因与公司借贷纠纷于1999年12月15日向海口市中级人民法院提起诉讼，请求判令公司清偿欠其贷款本金500万元及利息。公司于2000年1月4日收到《民事诉状》副本。本案尚未确定开庭日期。二、1999年度，公司经营业务全面停顿，以前经营中的重大问题已逐渐暴露，目前董事会对这些问题尚未有切实可行的解决方案。同时，公司还面临诉讼案件众多，债务负担异常沉重，发展资金缺乏来源等严峻现实，公司持续经营已进入非常艰难的境地。再次，因执行财政部[1999]35号文件，全年的亏损总额将在99年中期较大亏损的基础上有所增加。

2000年3月21日，中国长城工业总公司（原告）因与中国光大银行（被告）、海南华侨投资股份有限公司（第三人）、北京金都侨业实业有限责任公司（第三人）、北京金马长城房产建设有限责任公司（第三人）委托贷款纠纷北京市第一中级人民法院提起诉讼，请求判令：（1）被告协助原告向第三人追讨有关欠款；（2）第三人海南华侨投资股份有限公司返还原告委托贷款本金1000万美元，并给付相应利息约194万美元；其他第三人对上述委托贷款本息的返还承担连带责任。公司已收到《民事诉状》副本及开庭传票。

海南华侨投资股份有限公司（申请人）因与其汇国际投资公司（被申请人，香港注册）履行《投资北京名人广场联营合同书》产生纠纷，申请人于1999年11月向中国国际贸易仲裁委员会申请仲裁，请求：（1）裁决被申请人返还申请人投资款2800万元人民币并给付相应利息；（2）因本案发生的仲裁费、律师费等由被申请人承担。中国国际经济贸易仲裁委员会已通知受理本案。

2000年3月29日，2000年第一次临时股东大会审议通过如下决议：

一、审议通过了聘请海南从信会计师事务所为公司1999年度财务审计机构；追补确认海口齐盛会计师事务所为公司1999年度中期财务审计机构，解除中洲会计师事务所为公司财务审计机构的聘用关系；

二、审议通过了修改公司章程的议案；

三、选举产生公司第六届董事会；

四、审议通过了《关于对公司前董事长赵锴离任经济责任的审计报告》。

公司2000年3月29日六届一次董事会选举孙小钢为公司第六届董事会董事长，选举单荣生为公司第六届董事会副董事长。

海南华侨投资股份有限公司重大事项公告显示，公司以往存在以下严重违反《上海证券交易所股票上市规则》（以下简称《股票上市规则》）的情况：公司股本金长期不到位；公司原董事长赵锴、原总裁李士祥和原财务总监陈晓成制造了大量虚帐目等。但是，公司原董事会一直未对上述情况进行如实披露。

该公司的上述行为已经严重违反《股票上市规则》第4.1、4.2条的规定。根据《股票上市规则》第12.1条的规定，上海证券交易所对海南华侨投资股份有限公司予以公开谴责，并将公司上述违规行为报中国证监会查处。 （李建秀整理）

盈科数码动力收购香港电信事件

1999年12月24日科技股狂潮达到不可收拾的地步，由李泽楷控制的盈科数码动力，在种种利好传言刺激下大幅上升逾四成，市值一日之内急涨379亿元。由於盈动22日晚在美国场外交易所作价突然急升逾一倍，至2.75美元（约21.31元），加上市场传出盈动与美国科技巨人微软，研究互换股份计划兼於科技股重镇纳斯达克市场（NASDAQ）上市，盈动股价23日开市即被急挟上全日高位18.2元，升幅近六成半，市传主要扫高股价的主要为美资大户，包括月前为盈动发行备兑证的商人银行。收市时盈动报15.6元，升4.55元，升幅达四成一。23日港股的165.9亿成交中，盈动占了三分之一，几乎是市场的唯一焦点。在科技股普遍上升带动下，恒指亦升103.68至16290.08？伦敦港股更进一步攀升，再添119.69。盈动在美国股市中段曾报2.2美元（约17元），下跌0.55美元。

而在新加坡电信和香港电讯的谈婚论嫁即将定局时，李嘉诚次子李泽楷掌舵的盈科数码动力（盈动）却突然半路杀出横刀夺爱，让整个市场横生波澜。

香港电讯、新加坡电信、盈动三方的股价与市值相近，为增强并购实力，新加坡电信与盈动都在争取与其他电信公司联手以壮大声势。

此次收购战的起因是，作为香港电讯老牌大股东的英国大东电报局希望出让部分股权，以便腾出手来在快速成长的欧洲互联网市场分一杯羹。而新加坡政府为推动电信和互联网经济的发展开始加速推进电信市场自由化进程，为此新加坡电信市场于2000年4月1日全面开放，比原先计划提前了两年。为了应对开放市场的压力，作为亚洲第六大电信公司的新加坡电信只有把目光转向海外，积极寻找投资机会，而收购香港电讯则是其占据亚洲市场份额，并在未来进入中国内地市场的重要一步，是其整体资源和资本整合的重要一环。同时，新电信手中拥有庞大的现金储备，有足够的资金对区域进行投资。春节前夕，新电信和香港电讯的合并似乎已成定局，双方谈论的已经是人员安排和总部设置等技术性细节了。

春节刚过，盈动突然表示有意参与对香港电讯的收购，并委派了中银国际和瑞士银行旗下的华宝德威作为收购的财务顾问，摆出一副志在必得的架式。盈动此意一露，立即震动了整个市场。1999年5月3日，李泽楷旗下的盈科拓展集团借香港得信佳的壳上市。根据协议，得信佳以每股0.062元的价格向盈科拓展集团发行 57.59 亿股新股,这笔将用来收购集团承建的香港数码港项目。而得信佳则将在被收购,更名为盈科数码动力。数码港在香港人心目中举足轻重,它就是未来香港的硅谷。5 月 4 日,得信佳复牌。当天股份最高冲上 3.255 港元,收于 1.83 港元,最大涨幅超过 22 倍!5 月 5 日,公司被迫发布公告,提醒投资者注意风险,因为当时该股每股净值只有 0.07 元。8 月 3 日,盈科集团与英特尔公司宣布达成 3 项协议:英特尔向盈科数码投资 5000 万美元,获得 13%的股权;将英特尔与盈科集团的一家合资高科技企业注入盈科数码动力;英特尔为盈科数码提供技术支持。此后,盈科数码动力全面出击。先是买下互联网公司 Outblaze20%的股权,然后又与美国网络业巨子 CMGI 换股,收购新加坡互联网公司 25%的股权。11 月,又投资 2.8 亿元买入香港城市电信 8%的股权,收购美国宽频公司 Softnet。2000 年 2 月下旬又传出盈科数码动力收购香港电讯的爆炸性消息。在这一连串消息的刺激下,盈科数码动力的股价一路上扬。虽然公司 1999 年中期仍然亏损 3970 万元,2000 年可能还将亏损,但投资者毫不在乎。到了 2 月底,股价一度上摸 28 元。而公司的总市值,也一举超过老牌的金融股恒生银行,排在第 7 位。

为了支持李泽楷,中银可谓是全力以赴。中银国际由于已经和瑞士银行旗下的华定德威共同获委为盈动收购香港电讯的财务顾问,近来工作相当紧张,2 月 14 日工作到早晨 4 点多才结束。盈动收购香港电讯股权的作价中,有 13 家将以现金支付,需动用约 850 亿港元。为些,盈动将向包括中国银行在内的数家银行贷款 700 多亿港元,这是破纪录的贷款额,其中包括 20 亿美元的过渡性贷款,由中国银行借出。盈动和香港电讯合并后,市值接近 6000 亿港元,超越和黄、长实,成为香港第三大公司,市值仅次于中国电信和汇丰。

(李建秀整理)

大事记

一　月

1 日　□经国务院批准，我国从即日起对税收政策和开发区收入分配政策进行调整。

□商业银行、保险、证券、信托投资、租赁、财务等全国性金融企业从即日起执行财政部制定并颁布的《金融企业费用专户管理办法》。

4 日　□国务院总理朱镕基在中南海主持召开国家科技教育领导小组第三次会议时强调，经济建设必须依靠科技进步。

□国务院办公厅发出通知，严禁各地、各有关部门违反规定强令企事业单位在指定金融机构存款。对违规高息揽存的金融机构，一经发现，必须立即制止和严厉惩处，对到期存款应按法定利率支付利息。

5 日　□琼民源临时股东大会在深圳召开，主要来自第一至第四大股东的 11 名董事组成了新一届董事会。

6 日　□经中国证监会与人行批准，原广东国际信托公司所属证券交易营业部和基金部分别由广发证券有限公司和广东证券股份有限公司收购。

7 日　□财政部部长项怀诚表示今年我国将继续实行积极的财政政策。

9 日　□总额为 20 亿元人民币的“98 三峡企业债券”获准发行。

11日　□经中国证监会批准，首批 10 家券商为综合类证券公司，59 家公司获经纪资格，21 家公司被取消经纪资格。

□在中央金融工委“金融系统纪念党的十一届三中全会 20 周年座谈会”上，中国证监会主席周正庆发表题为“建设有中国特色的一流证券市场”的讲话。

12日　□江泽民在省部级主要领导干部金融研究班上强调，建设有中国特色社会主义金融事业，是一个大课题。

13日　□8 家期货交易所将改组为券商。原有 14 家试点期交所中，8 家改组为证券经纪公司，郑州和大连商品交易所保留，上海 3 家期交所合并为 1 家，长春联合交易所改组为期货交易厅。

□江泽民会见全美证券交易商协会主席兼首席执行官弗兰克·萨博。

□全国税务工作会议召开。

14日　□1995 年吉化集团公司建设债券到期。

15日　□国务院总理朱镕基主持召开第 13 次常委会议，审议并原则通过了《金融违法行为处罚办法（草案）》和，社会保险费征缴暂行条例（草案）》。

□财政部部长项怀诚在亚欧财长会议第三次工作会议上表示，只有建立全球性的监管体系，对投机行为加以有效的监管，发展中国家才能较快地开放其金融市场。

18日　□财政部与香港联交所签署国债在港上市协议。

20日　□中国证监会颁布《证券经营机构高级管理人员任职资格管理暂行办法》。

□东方锅炉董事会发布公告称，公司上市过程中涉嫌违反相关法律法规，正在接受有关部门调查。

21日　□中国证监会主席周正庆在全国证券期货管理会议上指出，发挥证券市场功能、支持国企，服务经济。

□有研硅股公开发行，其发行市盈率高达 22 倍，为 97 年以来新股发行市盈率的最高值。

22日　□国务院总理朱镕基发布《失业保险条例》和《社会保险费征缴暂行条例》。

28日　□中国人民银行行长戴相龙指出，面对亚洲金融危机的冲击，我国人民币一直不贬值。

30日　□财政部颁布《1999 年注册会计师证券、期货相关业务资格考试办法》。

二　月

1 日　□中国证券业协会确立 1999 年工作重点之一是在中国证监会统一领导下，依法健全组织，完善功能，充分发挥自律作用。

□财政部官员表示，国有资本金管理转变职能首先要从国有资产转向国有资本金入手。

□厉以宁教授指出，刚刚出台的《证券法》中有关“上市公司的收购”一章是《证券法》与以往的证券管理法规、条例相比突破最大的部分。

2 日　□山东国际电源开发股份有限公司在香港公开招股。

4 日　□中国证监会发出《关于对拟公开发行股票公司改制运行情况调查的通知》。

□信息产业部部长表示，今年我国信息产业将保持较高的增长速度，同时进行产业重组，调整产业机构，改善通信服务。

5 日　□总部设在广东佛山的鹰牌控股有限公司在新加坡成功招股。

□中国人民银行表示，加大公开市场操作力度，扩大交易限额和一级交易商成员，并有计划地增加同业市场成员。

□中国证券市场与企业境外上市研讨会召开。

10日　□辽物资公布年报，1998 年度扭亏为盈，将从 4 月 27 日起成为第一个摘掉″ST″帽子的上市公司。

□经中国证监会批准，中国证券业计算机 2000

年问题第三次测试于10—13日进行，这是我国证券史上规模最大的一次计算机测试。

26日 □发行总额为180亿元、期限7年、年利率4.88%的国债开始发行和计息。

三　月

1日 □证券业千年虫全网测试完毕。

□申华实业第一大股东君安投资披露该公司状告申华实业及其董事长侵权和非法投资，有关法院已正式受理此案。

□即日起我国对邮政资费进行结构性调整。

3日 □华夏证券与瑞士苏黎世金融服务集团签署了有关中国外资股市场投资的《投资管理协定》，开创了国内证券机构与国外保险机构跨金融领域全面合作的先例，而且为中国外资股市场引入1000万美元新投资。

□江泽民会见英国保诚保险集团董事长时表示，中国保险市场会进一步开放。

□中国人民银行发布《关于做好农村信贷工作的指导意见》。

6日 □国家经贸委主任盛华仁表示，国有企业改革步伐不会减慢。

9日 □中国证监会发布《股票发行定价分析指引（试行）》，要求拟上市公司在上报发行申报材料时，应提供定价分析报告，作为证监会核准发行价格的依据之一。

10日 □中国证监会主席周正庆在京接受采访时称，对证券公司分类管理方案需逐步实施，其正常融资措施可望近期出台。

11日 □中国保监会决定从即日起，全面清理整顿保险中介市场。

12日 □中国证监会制订并发布了《证券投资基金信息披露指引》。

□人行行长戴相龙表示，今年继续实行稳健的货币政策。

16日 □九届全国人大二次会议闭幕。会议通过了宪法修正案，批准了政府工作报告。

17日 □吴仪在全国外贸出口电视电话会议上强调，要正确处理扩大内需和发展对外贸易的关系，进一步提高对外开放水平；积极采取措施，千方百计扩大出口。

18日 □中国证监会印发《申请公开发行股票公司报送材料标准格式》，增加发行工作透明度。

□国家经贸委发出通知，要求围绕国有企业改革与脱困两大目标切实加强和改进企业管理工作。

19日 □中国光大银行即日起整体收购原中国投资银行的债权、债务，并收购原中国投资银行29个分行所属的137家同城营业网点。

□在原中保公司下属的中保再保险公司基础上组建的中保再保险公司成立。该公司由国家财政部出资，注册资金30亿元。

22日 □深交所召开第三次会员例会。

23日 □司法部与中国证监会决定于6—7月间举办全国证券律师资格考试。

26日 □长盛基金管理公司在京成立。注册资本为8000万元。

□中国保监会发出通知，严禁境外保险机构非法从事保险业务和保险中介业务。

27日 □中国证监会发布《上市公司配股工作有关问题的通知》，将净资产收益率的标准由最近连续三年不得低于10%，改为最近连续三年平均在10%以上，且任何一年不得低于6%。

30日 □中国注册会计师协会秘书长表示全国具有证券、期货执业资格的会计师事务所的脱钩改制已基本完成。

31日 □《投资基金法》起草小组正式成立，该法将在九届人大任期内推出。

四　月

1日 □中国人民银行颁布的《人民币利率管理规定》正式实施。

□香港金管局宣布，3项改进香港货币发行局制度的措施于即日起生效。

□云天化发布公告，拟回购母公司所持部分国家股。

3日 □国家经贸委、中国证监会出台《关于进一步促进境外上市公司规范运作和深化改革的意见》，对境外上市公司规范运作提出要求。

□1999年电子百强企业揭晓，占据前8名的全部为上市公司及母公司。

5日 □中国证监会决定从4—6月对证券经营机构的信息系统进行检查，以有效解决电脑2000年问题，切实防范和化解系统风险。

□为让投资者更加充分地了解基金，选择基金，基金周报新增5项信息，包括设立时间、管理人、托管人、初期净值和增长率。

6日 □中国证监会查处无资格从事证券咨询业务者，8家机构14人被亮红牌。

8日 □财政部发出通知，要求各地区、各部门进一步加强基础设施建设资金的管理与监督工作。

9日 □按照中国证监会制定的《证券投资基金信息披露指引》，新基金管理人改变了投资组合公告时间。

12日 □朱镕基总理和克林顿总统发表联合声明，中国加入世贸谈判进入最后阶段。

14日 □大成基金管理公司获准开业，该公司注册资本1亿元，注册地为北京。

□《中国西部产业投资基金及其管理公司发起人合作筹备协议》在陕西签署。

15日 □朱镕基总理参观那斯达克证券交易市场。

□中国人民银行发布实施《经济适用住房开发贷款管理暂行规定》。

□富国基金管理公司成立，该公司注册资本1亿元，注册地为北京。

16日 □中国农业银行与富国基金管理公司签署协议，托管由后者管理的汉盛证券投资基金。

19日 □周正庆表示，企业境外上市不再分批审查，不受规模、家数限制。

20日 □我国第一家经营商业银行不良资产的中国信达资产管理公司成立。

□大庆联谊董事会发布公告称，因涉嫌利润虚假、募集资金使用虚假等违法违规行为，正接受有关部门的调查。

□中国人民银行货币政策委员会1999年春季会议在京召开。

□1998年度中国证券业协会会员公司经营业绩排名揭晓。

22日 □中国银行与大成基金管理公司签署协议，托管由后者管理的景宏证券投资基金，这是中行托管的第一只证券投资基金。

□中国证监会颁布实施《外国证券类机构驻华代表机构管理办法》，对外国证券类机构的申请与设立、监督管理、撤消、处罚等都做了详尽的规定。

23日 □广信首次债权人会议举行。

25日 □我国首届证券从业人员（投资咨询类）资格考试在全国11个城市举行。

□中国证监会副主席陈耀先指出，目前发展机构投资者显得十分重要和紧迫。

26日 □上交所第六次会员大会召开，总经理屠光绍提出，力争用3—5年时间将上交所建成亚太地区重要的证券交易所之一；再用5—10年的时间使之成为世界证券市场体系中的重要组成部分。

27日 □中国人民银行行长戴相龙在中国企业高峰会上提出，应逐步发展资本市场，促使一部分居民和企业存款转化为企业资本。

□财政部副部长楼继伟表示，1999年中央财政将在去年的基础上再增加250亿元基础设施投入。

□国家外汇管理局局长表示，今年我国外汇储备从去年底的1450亿美元增加到1465亿美元。

□中国保监会副主席表示，我国保险市场将进一步对外开放。

五　月

1 日 □周正庆主席在香港发表讲话指出，中国证券市场在八年多的发展实践中积累不少成功的的管理经验，市场发展初期的某些不规范作法正在得到治理，上市公司质量逐年提高，这是中国证券市场长期稳定发展的重要基础。

4 日 □由上海金属交易所，上海商品交易所和上海粮油交易所合并组成的上海期货交易所试营运。它是我国第三家期货交易所。原全国14家试点期货交易所合并为3家，这是国务院整顿和规范期货市场的一项重大举措。

□浙江浙大辰光科技股份有限公司的招股说明书披露的6位发起人中，有4位自然人，这在我国证券市场中首次出现。

5 日 □中共中央政治局决定，1999年秋天在北京召开中国共产党第十五届中央委员会第四次会议。

8 日 □10家证券投资基金聚会深圳，对新基金投资理念、投资行为以及基金与券商沟通合作等方面问题进行了探讨。

10日 □建设部副部长透露，当前我国房改已进入全面实施阶段。

12日 □深交所组织召开上市公司高新技术交流会。

□中国证监会副主席陈耀先在出席99中国投资论坛时发表了"实施《证券法》，规范中国的证券市场"的演讲，强调落实《证券法》是当前重要任务。

18日 □财政部副部长指出，资产评估机构脱钩改制要全面彻底。

19日 □持续低迷的股票市场开始反转，引发了今年最大的一轮上升行情。

□中国证监会发出《关于企业发行B股有关问题的通知》，B股发行将成熟一家，发行一家。

20日 □朱镕基总理会见香港银行公会代表团，希望金融界积极参与内地经济建设和改革。

□亚洲开发银行向中国提供用于使用期限为30年的3.3亿美元贷款。

□经济学家萧灼基指出，商业保险资金按照一定比例加入证券市场不但有利于保险公司的资金运用，增强保险企业的整体偿付能力，也有利于于证券市场的平稳发展。

□香港证券及期货事务监察委员会主席在99北京高新技术产业国际周金融专场讲座上提出香港创业板市场的监管架构。

21日 □国家开发银行成功发行100亿元6个月期的贴现债券。

□香港联交所行政总裁披露，即将问世的香港创业板市场将和目前的主板市场具有同等地位。

□全国8家彩管生产企业宣布将于6月28日起全行业实施停产一个月。

24日 □中国证监会正在加紧审理中信证券等8家公司的增资扩股申请，湘财证券首家获准增资10亿元。

□即日起执行财政部、人行联合发布的《信托投资公司清产核资、资产评估和损失冲销的规定》。

25日 □国务院第18次常务会议讨论并原则通过了《期货交易管理暂行条例（草案）》和《中华人民共和国会计法（修订草案）》。

26日 □信息产业部官员透露信息产业部将进一步制定合理的资费政策和相关政策。

27日 □经国务院批准，国家经贸委管理的10个国家局所属242家科研机构向企业化转制进入具体实施阶段。

29日 □中国证监会通知规定，要求上市公司总经理及高层管理者不得在控股单位兼职，高层管理人员不得由控股股东代发薪水。

□全国财政基本建设工作会议召开。

六　月

1 日 □为促进B股市场的发展，国务院决定从6月1日起降低B股交易税，B股交易印花税率从4‰降为3‰。

2 日　□中国证监会主席周正庆说，上市公司是证券市场的基石。一定要选拔那些发展前景好、经营管理好、业绩好的企业上市。

□中国信息产业商会与国内50家信息产业界知名企事业单位联合发起的“数字化产业联盟”在京成立。

7 日　□基金裕隆、基金安顺发行，规模各30亿元，分别由基金裕阳、基金安顺的管理人博时、华安基金管理公司管理，由此开创了两家基金由同一管理人管理的先例.

□中国证监会发布《关于做好证券经营机构外资股业务资格管理工作的通知》。

9 日　□国家经贸委、中国证监会发出通知，要求境外上市公司规范运作。

□基金安顺、基金裕隆上网发行。

10日　□中国人民银行决定从即日起降息。此次降息，金融机构存款利率平均下降1个百分点，贷款利率平均下降0.75个百分点。

11日　□参股25%发起组建博时基金管理有限公司的国信证券，决定以2800万元转让价将所拥有的博时公司股权转让给国通证券。这是基金试点正式运作一年来发生的第一起基金股权重组案。

13日　□中国证监会副主席陈耀先在成都召开的中国证券市场的阶段性及发展战略高级研讨会上指出，当前股市的上升行情是恢复性的，反映了市场运行的内在要求和宏观经济运行的实际状况。

14日　□香港特区财政司司长曾荫权指出，香港经济已从谷底逐步复苏。

□中国证监会期货部主持的学习贯彻《期货交易管理暂行条例》工作会在成都召开。

15日　□《人民日报》就证券市场发表题为“坚定信心，规范发展”的特约评论员文章。

17日　□江泽民在西安主持召开西北五省区国有企业发展座谈会。

□有关保险公司购买中央企业债券的管理办法出台。

□财政部副部长在全国会计师事务所脱钩改制工作会议上强调，“打假”已成为当前会计业务的当务之急。

18日　□总额为94亿元人民币的1999年记帐式（三期）国债面向全国银行间债券市场国内法人机构发行。

□国务院发出《关于加强土地转让管理严禁炒卖土地的通知》。

19日　□国家外汇管理局首次公布国际收支平衡表。

21日　□中国证券业协会举行“学习人民日报评论员文章座谈会”。

22日　□全国人常委会开始审议《关于惩治期货犯罪的决定》。

□全国28家证券公司发出倡议书，倡议不挪用保证金、不透支融资、清理非法帐户、严格内控制度。

23日　□湖北证券注册资本拟从3.02亿元人民币增加到10亿元人民币，并更名为长江证券有限责任公司。

24日　□中国证监会首席咨询顾问指出，中国证券市场经过9年发展，已经有了一个很好的基础，发展正逢良机。

26日　□科技部副部长邓楠宣布国务院决定设立科技型中小企业技术创新基金。

27日　□江泽民指出全党同志必须坚定不移地沿着建立现代企业制度的方向，进一步推进国有企业的改革和发展。

28日　□国务院副总经理温家宝出席证券期货监管会议时指出，中央决定建立全国统一的证券期货监管体系，由中国证监会统一负责监管。

□“东锅案件”一审判决，四名被告分别被判处死缓、无期徒刑，并没收全部个人财产。

29日　□全国人大批准《九八中央决算报告》，并要求国务院严查违反财经纪律问题并报告处理结果，建议对增发4亿国债的预算执行情况进行专项审计。

30日　□渝钛白、双鹿和农商社因连续三年亏损而暂停交易。深中浩被清盘。

七　月

1 日　□《中华人民共和国证券法》正式实施。

□中国证监会派出机构正式挂牌，标志着我国集中统一的证券监管体制已经形成。

□朱镕总理在国家科技教育领导小组第四次会议上指出，党中央、国务院决定在中国科学院启动国家知识创新工程试点。

□中国证监会要求上市公司做好年报。

□再次提高出口退税率，综合退税率平均提高2.95个百分点。

□从即日起减半征收固定资产投资方向调节税，明年起免征。

□从即日将国企下岗职工基本生活费水平、失业保险金水平、城镇居民最低生活保障水平提高30%。

2 日　□中信证券有限公司注册资本将从3亿元增加到21亿元。

3 日　□深沪交易所推出“特别转让服务”，被暂停上市的股票可进行特别转让。因最近三年连续亏损，ST农垦商社、ST双鹿、ST渝钛白发布公告，自5日起暂停股票上市交易。

7 日　□香港联交所理事会正式通过创业板上市规则。

8 日　□香港特区政府发表题为“香港交易及结算有限公司：巩固香港的环球金融中心地位”的文件。

9 日　□中国证监会就企业申请境外上市有关问题发出通知，今后国有企业、集体企业及其他所有制形式的企业经重组改制为股份有限公司，并符合境外上市条件的，均可自愿向证监会提出申请，中国证监会依法按程序审批，成熟一家，批准一家。

12日　□琼民源终止上市，其公众股全部置换为中关村公众股后同日上市流通。

□中国人民银行行长戴相龙在国际清算银行央行行长例会上指出，降息明显促进了资本市场发展，有利于减轻企业利息支出，减少国债发行成本和促进消费。

13日 □财政部就发行1999年凭证式(二期)国债的有关事宜发布公告。

14日 □朱镕基总理在省部级经济座谈会上指出，去年以来中央采取的扩大内需和积极的政策是正确的，效果是明显的。

15日 □中国人民银行决定从即日起改进外汇担保项下人民币贷款管理。

16日 □10只20亿元新基金公布的新投资组合显示，电子通讯类个股最受基金经理青睐。

21日 □长城证券增资扩股方案获中国证监会批准，注册资本金将增至8亿元人民币。

□中国人民银行颁布有关办法，凭证式国债可办质押贷款。

22日 □全国财政工作会议召开。

24日 □朱镕基总理在我国地方政府机构改革工作会议中强调，要积极稳妥地推进地方机构改革。

28日 □财政部、国土资源部、建设部联合出台《已购公有住房和经济适用房上市出售土地出让金和收益分配管理的若干规定》。

29日 □中国证监会发出《关于进一步完善股票发行方式的通知》。通知指出，国有企业、国有控股企业、上市公司和其他法人可按规定参与新股配售，由此，我国证券市场首次引入了战略投资者的概念。

30日 □中国人民银行行长戴相龙指出，人行将采取多项货币政策措施，配合财政、税收、价格等经济杠杆，拉动内需增长。

八 月

1 日 □财政部、国家税务总局发出通知，从即日起对房地产市场的营业税、契税、土地增值税等实行减免政策。

3 日 □香港联交所理事会委任首批创业板上市委员会成员。

□国家计委发布实施《关于制止低价倾销行为的规定》。

4 日 □国家经贸委副主任指出，要通过金融资产管理公司严格把关做好“债权转股权”工作。

□中国人民银行等五部委联合出台《封闭贷款管理暂行办法》。

12日 □经中国人民银行批准，保险公司可进入全国银行间同业市场办理债券回购业务。

□香港外汇基金债券上市。

13日 □中国证监会对西安航标投资咨询有限公司违反证券法规的行为进行了调查。

18日 □福建兴业证券公司与福建兴业银行脱钩及增资扩股方案获批准，注册资本将从1亿元增至6亿元人民币。

□国泰君安股份有限公司在上海浦东举行揭牌仪式。

□99中国金融青年论坛在京举行，论坛专家委员会从14家中央金融机构选送的2075篇论文中，评选出180篇获奖论文。

19日 □经国务院同意，99年第一批全国企业兼并破产项目开始实施。

20日 □财政部在全国银行间债券市场和交易所债券市场发行99年记帐式(五期)国债。

21日 □沪深证券交易所发出通知，决定加大在交易所上市或联网交易的原有投资基金的信息披露密度和详细程度，确保原有投资基金清理规范工作的顺利进行，切实保障基金持有人的权益。

□《上海证券交易所章程》经上交所第六次会员大会审议通过后，获中国证监会批准实施。

24日 □《中共中央、国务院关于加强技术创新、发展高科技、实现产业化的决定》发表，提出多项措施借助资本市场发展高新产业。

26日 □顺鑫农业由于在公司职工股募集过程中存在违反证券法规的行为，受到中国证券监督管理委员会的处罚。该公司董事会就违规事实及处罚决定进行公告。

27日 □中国证监会转发中国人民银行《基金管理公司进入银行间同业市场管理规定》和《证券公司进入银行间同业市场管理规定》。

30日 □经中国证监会批准，广发证券的注册资本将从8亿元增加至16亿元人民币。

31日 □沪深两市914家上市公司99年度中期报告披露工作按时完成。

九 月

1 日 □国务院发布的《期货交易管理暂行条例》即日起施行。

2 日 □财政部负责人明确表示，个人股票帐户利息不征税，对股票转让所得继续实行免税政策。

3 日 □中国信达资产管理公司与首家实行债转股企业北京水泥厂的母公司北京建材集团在京举行债转股的签字仪式，此举标志着债转股工作的正式启动。

6 日 □巨博基金清理后交由大成基金管理公司管理。

8 日 □中国证监会发布《关于法人配售股票问题的通知》。国有企业、国有控股企业和上市公司获准投资二级市场的股票。

□鲁北化工母公司鲁北企业集团和金华股份控股股东陕西金华实业发展有限公司，分别向社会公开发行1.9亿和1亿元公司债券。

□中国信达资产管理公司与上海焦化有限公司的两大股东上海华谊集团和上海城市建设投资开发总公司签订债权转股权协议。

9 日 □大鹏证券公司的注册资本金将由5亿元增至15亿元。

10日 □首钢发布招股说明书，成为首家采用新发行方式(即对一般投资者上网发行和对法人配售相结合)向社会公开发行股票的公司，并首开对法人配售新股的先河。

13日 □中国证券监督管理委员会拟举行首次全国期货业从业人员资格考试。

16日 □中国证券监督管理委员会发行审核委员会条例，经国务院批准发布实施。

□财政部决定向商业银行增发600亿元长期国债，期限10年。

□云南医药集团将其持有的云南白药5280万股中的1900万股国有股转让给红塔集团。

□上海市政府出台若干项多方面扶持上市公司的实质性优惠政策措施。

18日 □前中国证监会主席刘鸿儒在北京大学光华管理学院主办的中国投资基金高级论坛上提出，要在从严监管、规范运作、稳步推进、大胆创新的基础上，加快发展证券投资基金。

22日 □中国共产党第十五届四中全会于1999年9月19日至22日在北京举行。全会审议并通过了《中共中央关于国有企业改革和发展若干重大问题的决定》。决定同时强调进一步推动证券市场健康发展。国企上市要适当提高公众流通股的比重，允许国有及国有控股企业按规定参与股票配售，选择一些信誉好、发展潜力大的国有控股上市公司适当减持部分国有股。

□中国人民银行下发通知，允许国泰等10家证券投资基金管理公司和中信等7家证券公司参与银行间同业市场债券交易。

□上海浦东发展银行的4亿元A股在上海证券交易所上网交易所上网发行，这是自《商业银行法》、《证券法》实施以来，首家获准发行上市的股份制商业银行。

27日 □中国证监会原则批准4家基金管理公司各增发30亿元基金的申请，其中包括国泰的金鑫基金，长盛的同盛基金，大成的景福基金，富国的汉兴基金。

28日 □中共中央总书记、国家主席、中央军委主席江泽民23日至28日在上海考察工作期间，考察了位于浦东的上海证券交易所。他勉励上海证券交易所进一步做好工作，更好地为国民经济发展服务。

29日 □中国证监会副主席高西庆在99财富论坛上海年会上表示股票发行上市将更趋市场化。

□江泽民在上海考察工作，重点就贯彻落实党的十五届四中全会精神，进一步推进国企改革和发展进行调研。

30日 □历时三天的99《财富》论坛上海年会结束。

十　月

1 日 □中国人民银行发行第五套人民币100元券。

□国家计委、信息产业部决定，从即日起再次降低部分电信资费标准。这是继3月份降低电信价格后，本年度的第二次电信资费降价行动。

□中国进出口银行决定从即日起正式利用出口卖方信贷、出口买方信贷、对外优惠贷款、出口信用保险和对外担保等政策性金融工具，支持高新技术产品出口。

8 日 □在深圳举行的高交会99中国高新技术论坛上，香港前证监会主席梁定邦先生提出，应该适时修改《公司法》，让一批业绩稳定的公司进入第二板市场。

10日 □中国证监会发出通知，对上市公司财务披露中计提损失准备、关联交易、会计政策和会计估计等方面的财务信息披露工作提出了新要求。

11日 □首届中国国际高新技术成果交易会在深圳闭幕。

□550亿元的凭证式国债开始发行。

□上海梅山有限公司发行的98梅山债券公开发行。

□深圳市振业集团股份有限公司发行1亿元企业债券。

12日 □央行允许有条件的券商进入银行间拆借市场和债券回购市场，7家券商、10家基金公司首批获准入市。中信证券成交首笔同业拆借业务。

□西南证券有限责任公司获准筹建。

□金鑫证券投资基金获准发行。

□98年Ⅱ期中国铁路建设债券获准发行。

13日 □中国证监会公布了《境内企业申请到香港创业板上市审批与监管指引》。

□经中国证监会批准，湘财证券有限责任公司增资扩股至10.02亿元，并成为首批综合类证券公司。

□中国海洋石油在香港公开发售。

14日 □中国证监会与香港证监会就内地企业赴香港联交所创业板上市的监管合作事宜签署了换文。中国证监会主席周正庆在换文签署仪式上表示，中国证监会支持香港创业板的设立和发展。

15日 □国信证券获准再次增资扩股，注册资本将由8亿元人民币增至20亿元，这是该公司的第2次扩股。

□中国证监会周正庆在接受新华社记者专访时表示：允许具备条件的券商增资扩股、增设营业部。

16日 □中国东方资产管理公司在北京成立，注册资本100亿元人民币，主要是收购、管理和处置由中国银行剥离的不良资产。

18日 □国通证券再次进行增资扩股，注册资本由8亿元增至22亿元，资本实力将跃居同业第二位。

19日 □申能股份回购部分国有法人股方案出台。

□中国证监会主席周正庆撰文指出充分发挥证券市场功能支持高新技术产业发展。

21日 □国家财政部官员表示，目前适当增发国债不会引发政府债务危机。

22日 □江泽民在伦敦发表讲话指出，中国将按照平等互利，循序渐进的原则，扩大在金融领域同其他国家的合作。

□基金巨博、基金长阳分别在深、沪证券交易所挂牌上市。

27日 □国务院批准保险公司通过证券投资基金间接进入证券市场。

□蓝田股份受到中国证监会处罚。

29日 □基金安信通过国债回购融入资金，这是证券投资基金首次进入银行间同业市场。

□青岛啤酒推出回购与增发H股股份方案，首开H股回购先例。

□中国证监会决定于于2000年4月底进行证券代理发行、证券经纪、证券投资类资格考试，2000年1月9日举行首次全国期货从业人员资格考试。

□中国证监会主席周正庆在证券研究人员培训班及《证券法》和《行政复议法》培训班上指出，要进一步提高证券研究和证券法律工作者的水平，充分调动各方面的积极因素，以更好地推动我国证券市场的健康发展。

30日 □发布国务院办公厅关于清理整顿经济鉴证类社会中介机构的通知

十一 月

1日 □利息税征收办法开始实施。

3日 □由浙江的金信基金、温信基金、浙工受益、金信受益、绍信受益及江苏的盐信基金等老基金跨省合并重组的金越证券投资基金举行了成立签字仪式，这在全国尚属首例。

□闽福发因配股打白条受到中国证监会处罚。

4日 □我国首个实施网上竞价增发新股的深康佳A股发行圆满成功。

5日 □中国证监会与意大利国家证监会签署中意《证券期货监管合作谅解备忘录》。

6日 □中国石油天然气集团公司宣布成立新公司————中国石油天然气股份有限公司（“中国石油”）。

8日 □深交所调整成分股指数样本，更换10家代表性降低的成份股，五粮液等10家公司进入新成分股样本。高科技股所占比重增大。

□中国建设银行三峡分行与中国信达金融资产管理公司武汉办事处在宜昌签定了17亿元的债券转让协议。

9日 □99中国投资基金立法国际研讨会在深圳举行。

□中国证监会副主席高西庆在上海举行的“九九中国B股市场发展研讨会”上表示，作为政府主管的监管部门之一，中国证监会支持发展B股市场的决心是一贯、坚定和长期的。

10日 □中国华融资产管理公司牵头，与中国信达、东方、长城资产管理公司和国家开发银行与熊猫电子集团有限公司等4家企业签署债转股框架协议。

11日 □中国证监会发布《关于进一步做好证券投资基金配售新股工作的补充通知》，基金配售新股政策放宽。

12日 □《基金从业人员资格管理暂行规定》发布实施。至此，证券、期货和基金三大领域均建立了从业人员资格管理制度。

15日 □中美就中国加入世贸达成协议，从而为中国入世扫清了最大障碍。

□财政部发出《企业会计准则－中期财务报告》的征求意见，修改颁布后，将首先在公开发行股票公司中执行。

16日 □香港创业板市场正式宣告成立。

17日 □中国华融资产管理公司牵头，联合国家开发银行、中国信达资产管理公司、中国东方资产管理公司与鞍山钢铁集团公司正式签署债转股框架协议。

19日 □中国保监会主席马永伟表示，保险市场对外开放必将进一步扩大。

20日 □被划分为综合券商的广发证券公司，第一个进入银行间债券市场融资1亿元。

21日 □中国人民银行宣布从即日起下调金融机构法定存款准备金率2个百分点。

23日 □财政部根据有关情况对《股份有限公司会计制度》作出新的补充规定。规定明确了各项资产减值准备的适用范围。无论是境外上市公司、香港上市公司、境内发行外资股的公司，还是其他上市公司和非上市股份有限公司，均应按照《制度》中的要求，计提相关资产的损失准备。

25日 □中国外汇交易中心，全国银行间同业拆借中心，从即日起对人民币同业拆借系统进行升级，这是针对证券和基金两种新类型成员入市及成员数量增加较快等新情况而推出的应时之举。

□新成立的西南证券公司注册资本金2亿元，是全国首家募股发起设立的证券公司。

□香港创业板开市。两家上市公司闪亮登场，天时软件和浩伦农业收市时分别较发行价飙升了80％和60％。

□财政部颁发《证券公司财务制度》，规范了证券公司财务行为，为证券公司防范风险提供了制度保证。

26日 □中央纪委、监察部等部门严肃查处了大庆联谊股份有限公司股票案。

27日 □国家开发银行、中国东方资产管理公司与东风汽车公司控股子公司神龙汽车有限公司，在武汉联合举行了23.4亿元债券转股权的“债转股”协议签字仪式。这是我国首家合资企业实施“债转股”。

29日 □中国证监会首席顾问梁定邦先生一行应邀在上海听取四家上市公司试行期股期权激励的情况汇报。

30日 □国家税务总局发出《关于加强金融保险企业呆帐坏帐损失税前扣除管理问题的通知》。

□1999年度高科技型中小企业技术创新型基金支持的首批项目已经审定，国家科技部和财政部联合发文公布了首批基金支持的125个项目。

十二 月

1日 □香港特区行政长官董建华表示，香港今年第三季度经济增长4.5％，表明香港经济已经复苏。

2日 □国有股配售试点启动。中国证监会确定冀东水泥、华一投资、惠天热电、陆家嘴、中国嘉陵、天津港、富龙热力、成商集团、黔轮胎、太极集团10单位为国有股配售预选单位。中国嘉陵、黔轮胎今年进行试点，其余8家将优先作为明年国有股配售的预选单位。

□中国证监会副主席陈耀先在证券公司财务会计制度培训班上要求券商必须严格遵守国家财会制

度。

□中国证监会发布《关于上市公司做好各项资产减值准备等有关事项的通知》。

□中国一汽集团公司、上海电气(集团)总公司所属10家子公司举行债转股框架协议签字仪式。

3 日 □国土资源部出台《关于加强土地资产管理促进国有企业改革和发展的若干意见》。

□国家税务总局指出,中国铁路建设债券属于企业债券,个人持有中国铁路建设债券而取得的利息必须依法收个人利息所得税。

□中国证券业协会信息技术委员会互联网开通。

□香港联交所行政总裁表示香港联交所本月将与美国那斯达克就双方互换上市公司计划签署协议,明年那斯达克将有3—4家公司到香港主板上市。

4 日 □财政部有关负责人指出:国有股减持的第一步使上市公司国有股权比重下降为51%,第二步则根据情况减持。有关国有股减持办法将出台。

8 日 □中国证监会印发了《公开发行股票公司信息披露的内容与格式准则第二号(年度报告的内容与格式)》(1999年修订稿),并下发了《关于做好上市公司1999年年度报告工作的通知》,要求证券交易所,上市公司,会计师事务所据此做好99年年度报告的编制和披露工作。

10日 □中国工商银行与华夏证券有限责任公司在京签署全面业务合作协议,表明我国银行与证券业合作迈出新步。

□中国建设银行行长在中国经济形势介绍会上表示股份制是国有商业银行改革方向。

13日 □中国证监会发布《关于建立证券发行内核小组的通知》和《关于建立证券发行申请材料主承销商核对制度的通知》。

15日 □原水股份和凌桥股份同时发布公告,两公司拟进行吸收合并。

□劳动保障部、中国证监会等五部委联合规定欠缴社保费企业不准上市。

16日 □中国证券业协会召开会员大会。大会通过了协会工作报告、《协会章程》和《协会会员管理办法》等,通过了大会决议,并选举产生了新的理事会、常务理事会和监事会。

□首钢股份在深交所上市。

17日 □九届全国人大常委十三次会议召开。会议将对国务院提请审议的公司法修正案草案进行审议。

□中国证监会批准江苏证券有限公司注册资本金由4.04亿元增至8.5亿元,并更名为华泰证券有限公司,同时核准该公司为综合类证券公司。

□财政部在全国银行间债券市场发行记帐式(十二期)国债292亿元,该期国债为三年固定利率券,年利率为2.92%。按年付息。至此,1999年国债发行工作圆满结束,全年共发行国债4015.03亿元,比1998年增加207亿元,其中,向社会发行凭证式国债1529亿元,向社会保险和商业保险机构发行定向国债60.03亿元,发行可流通记帐式国债2426亿元。

22日 □由东风汽车公司发行的98汽车债券正式面向全国公开发行。

23日 □中国证监会发布了《关于证券期货业2000年过渡期安排有关事宜的通知》,就最大限度降低证券期货业计算机2000年问题的风险作了具体部署。

□香港联交所表示,今年共有38家公司在主板或创业板上市,不将盈富基金计算在内,集资额约为170亿港元,多于去年的数十亿港元。

24日 □沪深证交所发出《关于做好1999年年度报告工作的通知》,对上市公司今年年报披露日期和披露方式等作出安排。

□粤美的、大唐电信科技产业集团等23家上市公司及上市公司的母公司获准建立博士后工作站。

□广发证券成为全国券商中唯一一家获准建立博士后工作站的券商。

25日 □九届人大13次会议通过《中华人民共和国刑法修正案》、《中华人民共和国公司法》等5部法律案。

□中国证券期货业计算机2000年问题工作小组发表《致证券、期货投资者的一封信》。

26日 □上海期货交易所召开首次会员大会,会议提出要把期货市场试点稳步健康地推向新世纪。

创业板大事记

1996年初 深交所会同深圳市有关部门讨论在深圳设立特别交易系统的可行性。

1997年 面对大量高新技术公司的上市困难,深交所就根据广东省和深圳市政府要求多次探讨在深交所设立成长板市场的具体运作问题。

1998年 深交所组织力量研究利用证券市场促进发展高科技产业的可能性与有效性,完成了两篇专题有份量的研究报告。第一篇研究报告系统研究了美国纳斯达克市场和欧洲小盘股市场的运作状况,使我们看到了纳斯达克市场的成功经验,了解了国际证券交易所的变动方向。第二篇报告全面总结了深交所59家高新技术企业上市后的成长速度和市场认同程度,使我们充分看到了高新技术企业上市后的特点和巨大前景。

1999年1月 深交所向中国证监会正式呈送了《深圳证券交易所关于进行成长板市场的方案研究的立项报告》,并附送了实施方案。报告受到中国证监会和广东、深圳党政领导的高度重视。

1999年8月20日 中共中央、国务院出台《关于加强技术创新,发展高科技,实现产业化的决定》称,要培育有利于高新技术产业发展的资本市场,逐步建立风险投资机制,适当时候在现有的上海、深圳证券交易所专门设立高新技术企业板块。

1999年10月13日 经国务院批准,中国证监会发布了《境内企业申请到香港创业板上市审批与监管指引》,规定各种所有制企业均可申请,经国家科技部认证的高新技术企业享有优先权。

1999年10月18日 中国证监会主席周正庆在《人民日报》发表署名文章指出,充分发挥证券市场功能,支持高新技术产业发展。

2000年1月27日 国务院办公厅批转了由科技部等起

草的《关于建立风险投资机制的若干意见》。科技部表示，将按照国务院领导的指示，会同有关部门尽快完成《高新技术企业板块的发行上市条例》、《创业投资基金管理条例》、《创业投资公司管理条例》和《中介机构运作规范》实施细则的制定工作，尽快完成我国风险投资体系的建设。

2000 年 1 月 26 日 中国证监会主席周正庆在全国证券期货工作会议上指出，2000 年证券期货工作要着重抓好十项工作，其中第一条就是建立高新技术板，推进技术进步和产业升级。要在加强风险控制和监管力度的同时，在上海、深圳证券交易所设立高新技术板，单独编制股票指数，单独集中显示行情，为高新技术企业发行上市创造更加优惠的政策条件。

2000 年 3 月 2 日 由科技部火炬高技术产业开发中心、国家科技风险开发事业中心等单位主办的"利用资本市场促进高新技术成果转化实务研讨会"在深圳举行，全国各地 100 多家高新技术企业、证券公司、风险投资公司的代表共 200 多人参加了会议。研讨会的一个热点话题就是在深沪证券市场设立高新技术板。与会者就高新技术板的上市规则、交易规则、结算规则、监管规则、上市公司发行与上市条件、股份设置特点、再次融资的条件等问题进行了热烈研讨。

2000 年 3 月 17 日 科技部部长朱丽兰在国务院新闻办公室举行的记者招待会上透露，关于在深沪两个交易所创立高科技板块的工作最近进展很快，虽具体开设时间尚未确定，但中国证监会和科技部都在加快步伐，积极推进这一工作。她说，设立高科技板块，为投资高新技术产业的风险投资提供必要的退出机制是十分必要的，有关方面都很积极，但其中涉及一系列法规上的问题，如《公司法》中关于最低上市标准等问题的规定等等，所以高科技板的推出需要与《公司法》和《证券法》等修订的法律程序相适应。她说，关于高科技板块的一系列规定目前已经研究出来了，修订相关法律的程序目前也已有计划在做，工作进程正在加快。她还透露，高科技企业的认定工作将由科技部和中国科学院的专家担任，高科技企业能否上市不是按所有制性质，也不根据谁更需要钱，而是由上市条件来定。另外，在吸引高科技人才的激励机制等方面有更多考虑，在强调产权结合上有所突破。另外科技部还将在加强完善市场中介组织方面作出一些规定。

2000 年 3 月 28 日 国家计委"2000 年中国国民经济和社会发展报告"白皮书出版。该书对于今年我国高技术产业发展取向提出，要培育与社会主义市场经济相适应、符合高技术产业自身特点的投融资体制，今年要设立证券市场的高新技术股板块，放宽高科技企业上市条件。制定高新技术企业发行上市和配股的有关办法，在沪、深证券交易所设立高新技术板，单独编制股票指数，为高新技术企业发行上市创造更加优惠的政策条件。同时，在高新技术企业开展认股权证制度试点，为我国高新技术企业创造融资机制和激励机制。

2000 年 4 月 1 日 "中国高新技术板上市运作高级研讨会"在此间召开，上海证券交易所研究中心提交的一份研究报告引起了与会者的浓厚兴趣。这份报告指出，二板市场应与主板市场相对独立、平行运行，不宜在同一套监管理念与规则下运作。为避免对主板交易造成冲击，主板的高科技公司不宜转入二板。

2000 年 4 月 17 日 新任中国证监会主席周小川在"2000 中国企业高峰会"上表示，一旦立法方面和技术方面的准备成熟，高新技术板块应该可以尽快出台。他说，中国证监会已经就设立高科技板做了充分的准备工作。

2000 年 5 月 19 日 中国证监会副主席高西庆在中国金融业改革国际高级研讨会上发言时指出，要在合理布局的基础上，建立全国集中统一的分层次的证券市场体系。以现有的上海、深圳证券交易所为主体，同时建立一定规模的第二交易系统，并积极发展网上委托交易。他明确表示，争取在年内建成二板市场。

2000 年 6 月 8 日 中国证监会首席顾问梁定邦在湘财证券主办的"2000 年中国西部企业融资实务高级研讨会"上说，有关部门正在积极推进二板市场的设立，从目前进展情况看，估计明年初出台。

2000 年 6 月 30 日 深交所第二交易结算系统正式启用。该系统的启用使深交所交易结算系统综合处理能力提高了 3 倍以上，能充分满足未来 5 至 8 年市场发展的需要。同时，为市场创新提供了高效率、大容量和安全独立的系统平台。

2000 年 7 月 25 日 中国证监会秘书长屠光绍在亚太金融学会第七届年会上发表的讲话中，正式出现了"创业板"的字样。

2000 年 8 月 8 日 深圳市市长于幼军在国务院新闻办举行的新闻发布会上回答记者提问时表示，深圳市政府正在积极争取将二板市场设在深圳，深圳市已具备了开设二板的条件。

2000 年 8 月 22 日 深圳证券交易所在《人民日报》(海外版)、《光明日报》及各主要证券类报刊上同时刊登招聘广告，面向国内外公开招聘 50 名财会、法律和计算机专业人才，为创业板作人力资源准备。

2000 年 8 月 30 日 中国证监会主席周小川在全国证券工作会议上明确指出，下半年要着眼于促进高新技术企业的发展，加快创业板市场的筹建工作。伴随着各方面准备工作的升温，创业板诞生的日子已经为期不远，可以说正在进入倒计时。

2000 年 9 月 8 日 中国证监会主席周小川在新近出版的《中国金融》月刊第八期上撰文透露，今后，中国证券市场将适时进行结构调整，积极推进创业板市场设立。

2000 年 9 月 19 日 深交所发布新版《数据接口规范》，宣布正式启动创业板券商系统技术准备工作。当日深交所召开创业板市场行情另板显示技术准备讨论会，要求各券商务必在 11 月 1 日前按照深交所下发的《接口规范》做好创业板行情另板显示的技术准备工作。为了确保实现创业板市场的行情另板显示要求，会议要求全国各证券营业部应安装独立的行情揭示屏；市场分析软件必须将创业板证券列为类似于主板市场证券的一类独立证券，必须将创业板指数等同于主板市场指数列出。在信息公告披露方面，创业板市场信息将利用现有的主板信息公告披露渠道发布并另版揭示；创业板市场启动初期，每日信息公告发布周期与主板保持一致。国内 50 家券商及相关的系统和信息开发商的代表近 200 人参加了会议。

2000 年 9 月 29 日 深圳证券交易所受中国证监会的委托，召开了"创业板市场法规海外专家座谈会"，就创业板规章制度征询海外专家的意见。目前进入征求意见的法规有《创业企业股票发行上市审核规则》、《创业企业股票发行核准程序》、《创业企业公开发行股票申请文件标准格式》、《创业企业股票发行上市保荐制度暂行办法》、《创业企业股票发行审核委员会暂行办法》、《公开发行证券公司信息披露的内容与格式准则———创业板公司招股说明书》(第 9 号)、《公开发行证券公司信息披露的内容与格式准则———创业板公司上市公告书》(第10号)以及《深圳证券交易所创业板交易规则》和《深圳证券交易所创业板股票上市规则》等9项涉及创业板市场的规章制度,基本包括了创业板市场发行、上市、交易所需的法规。

2000年国庆期间 深交所积极筹备创业板市场,抓紧进行了创业板技术系统、人力资源、业务流程、宣传培训以及办公场地等多项准备工作,实现了预定的阶段性工作目标。

2000年10月12日 第二届中国国际高新技术成果交易会在深圳隆重开幕。

2000年10月12日 全国人大常委会副委员长成思危在深圳第二届中国国际高新技术成果交易会举办的主题为"高新技术创业投资"的论坛上发表演讲时认为,创业板近期推出较为有利。

2000年10月12日 深交所举办创业板保荐人培训班,经过与会人士的讨论,深交所决定建立保荐人联席会议制度。

2000年10月13日 中国证监会主席周小川在第二届高交会高新技术创业投资论坛上发表了题为《资本市场与新经济的增长》的演讲,并回答了现场听众的提问。关于创业板市场年内挂牌的可能性,周小川认为在技术准备和规则方面的准备就绪之后,创业板的设立和运行将无别的障碍,即能在较短时间内出台。

2000年10月15日 中国证监会主席周小川在中国证监会秘书长屠光绍、发行监管部主任宋丽萍、信息中心主任徐雅萍、战略委员会委员宣昌能、深圳证管办代主任张云东的陪同下,视察了深交所创业板市场筹备情况。

2000年10月15日 第二届高交会"高新技术论坛"上,深交所副总经理胡继之发表了题为《创业板市场与深交所使命》的演讲。这是深交所首次公开就创业板市场所作的全面系统的阐述。胡继之在演讲中重点介绍了这个新市场的六大运作思路。第一,严格公司上市的筛选和审核。第二,强化创业板市场中介机构的职责。第三,切实抓好上市公司信息披露。第四,严格实行市场监管。第五,开展广泛、深入、持久的投资人教育活动。第六,建立创业板市场的社会智力支持系统。据介绍,到目前为止,深交所现已基本完成了创业板市场的业务规则制定、组织体系确立、工作人员招聘、技术准备、市场指数编制、发审和监管工作规则及操作流程制定、证券托管和资金交收的准备、办公场地装修、市场宣传培训教材编写等九项工作,可以说,创业板市场的各项基础工作已经准备就绪。

2000年10月16日 深圳市政府颁布施行《深圳市创业资本投资高新技术产业暂行规定》,这是国内地方政府颁布有关创业投资的第一部规章,是深圳市在创建创业资本市场体系方面的又一重要举措。

2000年10月18日 深交所通过巨潮网首次正式发布了《创业板市场规则咨询文件》,面向社会各界广泛征求意见和建议。

2000年10月20日 深交所向各会员单位发出《关于创业板系统全网测试的通知》,要求各会员单位于2000年10月28日组织所有下属营业部参与全网测试,测试内容主要包括通信、交易、资金结算、监察、信息发布以及券商的柜台系统、创业板行情另板显示系统、证券市场分析软件、信息公告等相关的计算机系统。深交所为此下发了《创业板技术系统全网测试方案》和《创业板资金结算全网测试方案》,要求各会员单位根据《方案》的要求精心组织参与测试,并在测试结束后及时通过互联网填写"测试记录表"(网站 www.cninfo.com.cn),以利于深交所对全国各地营业部的情况有全面的了解。

2000年10月28日 深圳证券交易所组织全部会员单位顺利完成了创业板技术系统全网测试。这次测试覆盖了深交所所有会员2600多家证券营业部,即全国所有证券交易网点。上午9:30—11:30、下午1:30—3:00,深交所测试了60只模拟创业股票交易的情况,各会员单位的证券营业部均达到了预期的行情接收显示效果。市场分析软件、委托与柜台系统均能正常运作。另外,深交所技术人员还进行了新股发行,包括定价发行、竞价发行、配售的测试。

2000年10月30日 科技部部长朱丽兰在"全国科技工作会议"上指出,"十五"期间我国将积极支持高技术企业进入股票市场、特别是创业板市场融资。要建立和完善风险投资机制,健全中小科技企业贷款担保机制,鼓励金融部门加大对科技创新的持续投人,形成新的多元化的科技投融资机制。

2000年11月1日 中国首家以创业板为主要研究对象的法人民间团体——中国创业板研究会在海南成立,中国社科院金融研究中心副主任王国刚研究员当选为会长。该会由证券界、科技界、企业界、学术界、新闻界、中介服务机构等单位和业内资深人士组成,主要从事创业板理论探讨及创业板上市公司研究,发现培育、策划设计创业板拟上市公司,组织与创业板市场相关的研讨培训,提供资本运作咨询等。

2000年11月2日 中国证监会副主席高西庆在出席"对外开放形势下的中国证券市场研讨会"时透露,经过大半年的准备,建立创业板的各方面筹备工作包括机制准备在相当程度上已经到位,一旦相关的法规出台,将很快可以实施。他指出,当前最重要的就是加强监管,制定一系列行之有效的方法保护投资者利益。他同时希望下一步在积极推出创业板的同时,进一步加强对投资者的教育,强化投资者的风险意识,破除一些不切实际的幻想,以防出现市场过热的情况。

2000年11月4日至5日 国家计委宏观经济研究院、深圳证券交易所、证券时报联合主办的"宏观经济展望与创业板市场发展"高层研讨会在京召开,国家计委副主任汪洋、外经贸部副部长孙振宇、财政部部长助理李勇以及国家计委综合司、中国人民银行货币政策司、中国证监会研究室、国家经贸委中小企业司、科技部政策法规司等部门的负责人和4位经济金融专家作了专题讲演。参加这次研讨会的有来自企业界和金融、证券业的高层经营管理人员100多人。会议就当前宏观经济形势及创业板发展问题进行了广泛深入的研讨。与会领导及专家认为,建立中国创业板对规范扶持中小企业成长,促进高新技术产业发展,健全我国风险投资机制,促进我国经济结构的战略性调整,尤其是产业结构优化升级,具有重要意义。全国科技创新大会已明确提出科技创新、高科技产业化的要求,五中全会关于"十五"计划的《建议》又明确提出要"发展创业板资本市场"。目前启动创业板的筹备工作正在扎实有序地进行。在立法准备方面,《公司法》修正案正在抓紧研究;规则准备方面,创业板企业上市规则等9项制度已在有关方面征求意见,有七成左右的市场人士认为规则制订体现了国际化和市场化的要求;技术准备上,深圳证券交易所创业板交易结算系统已经基本准备就绪;在上市资源准备方面,据不完全统计,目前有创业板上市意向的企业2000多家,约有200多家企业与券商初步签订了上市推荐协议。

2000年11月12日 深交所市场管理部有关负责人在"高新技术产业发展与资本市场论坛"上表示"保持三公原则,以信息披露为本,保证有效的监管架构,是创业板达到监管上市公司目标必须遵守的原则".在此次会议上,来自主管部门的有关人士还首次透露了创业板中将设立做市商制。这位官员说，虽然在目前已公布的创业板规则征求意见稿中未提到做市商制，但规则起草小组经过反复论证，认为做市商制具有活跃交易等优点及成功的范例，所以国内创业板必定会引入做市商制。

中心主任：王积富

服务中心领导成员

山东省股份制发展服务中心

山东省股份制发展服务中心是经山东省体改委批准设立，在山东省工商局注册登记的中型企业，是从事股份制咨询服务的中介机构。中心成立于1993年1月，是国内最早的股份制咨询企业之一。

中心的主要业务是为进行股份制改造的企业提供全方位的咨询服务，帮助企业进行产权清理、资产重组、方案设计、选择证券承销商、会计师事务所、律师事务所等中介机构。

中心自成立以来，先后承担了“济南轻骑”、“鲁北化工”、“鲁能泰山”、“中通客车”等二十多家上市公司，“济南大观园”、“济宁电化”、“鲁南制药”、“佳丽日化”等三十多家定向募集公司的改制咨询及相关服务，帮助企业通过改制、股票发行、送配股等活动筹集资金120多亿元，为企业的发展与腾飞作出了积极的贡献。1994年3月，由中心牵头，以股份制的形式设立了山东企业产权交易所，开始了企业产权交易的大胆探索，受到了社会的广泛关注。在激烈的市场竞争中，山东省股份制发展服务中心从零起步，由小到大，一步一个脚印，已成为国内同行业的骄骄者。

地址：济南市珍珠泉宾馆海棠园1号　电话：(0531)6093583　传真：(0531)6093583

公司下属北京营业部

公司下属上海营业部

北京京华信托投资公司

北京京华信托投资公司是1988年经北京市人民政府和中国人民银行总行批准成立，具有独立法人资格的国有非银行金融机构，业务上受中国人民银行的领导、监管。公司证券业务实行分业管理，业务上受中国证监会指导和监管。公司分别是上海交易所、深圳交易所、中国证券业协会和北京证券业协会的会员单位。

证券总部是公司的主要业务部门。已形成了以证券代理买卖、证券自营为主体业务，以投资咨询、基金资产管理、财务顾问、代理证券托管等为配套业务的经营体系。在全国大中城市设有7个营业部。

99年各营业部股票交易总额为157.81亿元，公司证券业务共实现营业收入13763万元，其中手续费收入5385万元。公司曾在证券承销业务上也取得了一定的成绩，作为副主承销商成功地发行了王府井百货大楼股份有限公司、北京城乡贸易中心股份有限公司A股、北京外文书店股份有限公司、杭州西湖发展股份有限公司法人股。作为分销商发行了吉林吉发股份有限公司、长春汽油机股份有限公司、西单股份有限公司、北京比特事业股份有限公司、鲁银实业股份有限公司和宁夏吴忠仪表股份有限公司的股票，并被吴忠仪表股份有限公司聘为财务顾问。1996年以来共分销各期国债达4亿多元，并成功地发行过3亿元石化债券。

公司总经理：冯春勤

证券总部所属营业部

▶北京京华信托投资公司安定门证券营业部
地址：北京市东城区安定门内大街106号
负责人：鲍宇
电话：64049960

▶北京京华信托投资公司广安门南街证券营业部
地址：北京市宣武区广安门南街14号
负责人：张弛
电话：63514278

▶北京京华信托投资公司上海吴中路证券营业部
地址：上海市吴中路1029号
负责人：宋永新
电话：(021)64460522

▶北京京华信托投资公司深圳证券营业部
地址：深圳振兴路赛格高科技园4号2楼东侧
负责人：范时岳
电话：(0755)3765510

▶北京京华信托投资公司颐和园路证券营业部
地址：北京市海淀区颐和园路1号
负责人：邸汉森
电话：62573192

▶北京京华信托投资公司上海安远路营业部
地址：上海市安远路710号
负责人：宋永新
电话：(021)62301009

▶北京京华信托投资公司武汉证券营业部
地址：武汉市江岸区黎黄陂路6号
负责人：魏宁
电话：(027)82846762

公司领导班子

珠海中业信

珠海中业信托投资有限公司是经中国人民银行批准，在1997年由十四家企业集团共同出资收购中国建设银行珠海市信托投资公司的基础上，进行产权重组和经营体制改造后设立的一家股份制非银行金融机构。创业以来，公司逐步建立了适合现代企业制度要求的企业法人治理结构和积极高效的业务运营体系，在持续推进传统信托业务同时，在证券业务、投资银行业务、资产托管和金融业务创新等领域进行了积极探索，取得了一定业绩，资本收益率、资本充足率等各项经营指标均符合人民银行及证监会的监管要求。经政府部门1999年底对金融信托公司的清理整顿，公司得以保留，并办理了人民银行的机构重新登记手续。我公司董事会计划对公司进行增资扩股，增强资金实力，扩大经营规模，拓宽经营范围，稳健务实、规范运作，在新世纪灿烂阳光下走持续高效的发展路子。我们将竭诚为各企事单位、工商团体、个人提供热情周到、规范高效的专业化金融投资服务，亦希望与金融同业、机构投资者进行战略性合作、携手共进，为祖国改革开放大业作出新的贡献。

托投资有限公司

公司法定代表人、董事长：郝光辉

公司总部地址：广东省珠海市吉大园林路一号
电话：(0756)3367111　3367113　3367114
传真：(0756)3367112　邮编：519015
E-mail:zhye@pub.zhuhai.gd.cn
网址:http://www.zhongyesecurities.com

上海双阳路证券交易营业部
地址：上海市双阳路411号　邮编：200093
传真：(021)65392632　电话：(021)65393044
E-mail:zhjh@ms.stn.sh.cn

深圳证券营业部
地址：深圳市罗湖区南湖路富宛酒店九楼
电话：(0755)2298542　传真：(0755)2298901
E-mail:zhzy@public.szptt.net.cn　邮编：518001

珠海香洲证券交易营业部
地址：珠海香洲紫荆路深圳发展银行大厦三楼
电话：(0756)2123352　传真：(0756)2123926
E-mail:zhpcbc@pub.zhuhai.gd.cn　邮编：519000

武汉武胜证券营业部
地址：武汉市武昌水果湖横路11-13号
电话：(027)85863769　传真：(027)87811261
E-mail:zhzywh@public.wh.hb.cn　邮编：430071

公司办公楼

内蒙古自治区信托投资公司成立于1988年4月，是内蒙古自治区唯一一家区级信托投资公司，属地方性非银行金融机构。公司现内设12个部门，拥有全资子公司3家，参股企业4家；证券管理部下设呼市、上海、深圳等6个证券营业部。公司现有员工179人，平均年龄为32.2岁，大专以上学历者占74.21%。公司开办的业务有：信托存贷款、投资业务；委托存贷款、投资业务；金融租赁业务；有价证券业务；经济担保业务；信用见证和经济咨询业务。经中国证监会批准，公司获得证券主承销商资格，开办投资银行及相关业务。

公司成立以后，按照国家和自治区的产业政策，以发展民族地区经济为己任，以市场为导向，充分发挥“受人之托、代人理财”的信托职能，公司领导班子审视度势，提出了“解放思想、深化改革；盘活存量、优化结构；抓住机遇、加快发展”的指导思想，主动调整经营战略，在公司内部，对人事等管理体制进行重大改革，激发公司的活力；对外，积极拓展新的业务领域，培育新的效益增长点，加快了公司发展的步伐。经过十年的艰苦努力，公司自身迅速发展壮大。截止到1999年底，公司的资产总额达到12.27亿元，累计实现利税24014.8万元。

党委书记、总经理：吴宏智

INNER MONGOLIA TRUST AND INVESTMENT CO.

内蒙古自治区信托投资公司
INNER MONGOLIA TRUST AND INVESTMENT CO.

公司深圳证券营业部中户室

证券营业部经营理念

地址：内蒙古呼和浩特市迎宾北路12号
电话：(0471)6962419　6944302
传真：(0471)6962419
邮编：010050
E-mail:imtic@263.net

青岛万通证券有限责任公司

公司党委书记、总经理：王宏达先生

青岛万通证券有限责任公司是中国证监会核准的专营证券业务的股份制证券经营机构，系国家大型一类企业。主要经营证券承销，证券自营买卖，证券交易代理，证券抵押融资，证券投资咨询，公司财务顾问，企业重组、收购与兼并，基金与资产管理业务。

公司诞生于我国证券市场萌芽阶段的1988年。由中国人民银行青岛市分行独家出资1000万元组建“青岛证券公司”，1992年进行了增资与改制工作，成为注册资本5000万元的有限责任公司。1997年进行了股份置换，成为市财政控股90%的证券经营机构。1998年被市政府批准成为国家大型一类企业。去年以来，公司的注册资本由5000万元增至55198万元；并完成了青岛证券交易中心、市财政证券公司向万通证券公司的重组合并工作。在此基础上，公司正力争将证券营业部由目前的11个增至20个以上，使之成为资金实力雄厚在国内有着较大影响的证券机构。

几年来，公司依靠全体员工的不懈努力与艰苦创业，朝着“在全国有着较大实力和影响的综合类证券公司”的目标迈进，取得了长足的发展与良好的效益。公司的营业收入、利润指标数度跻身全国证券经营机构的前20位，最高时列第8位。1996-1998年，年均证券交易额146亿元、利税9464万元、人均利税31.4万元、资本收益率110.2%、资本红利回报率15%以上。1999年，在全国证券市场持续低迷的状态下，继续保持了良好的发展势头：共实现证券交易额186亿元，实现营业收入10489.2万元；实现利润总额4239.3万元；开户投资者超过20万户；公司年末净资产为27986万元。今年上半年，公司共实现证券交易额195.87亿元，比1999年同期增长88.92%，实现营业收入8147.5万元，比1999年同期增加3250万元，增长66.36%；实现利润总额3278.96万元，比上年同期1634.33万元增长100.63%，期末开户投资者达21.8万户，较上年同期增加4.16万户，增幅达23.58%，客户保证金余额达11.65亿元。

公司积极开展投资银行业务，曾担任青岛国货、青岛东方股票发行的主承销商与上市推荐人，青岛啤酒、青岛海尔、海信电器、青岛碱业、中信海洋直升机等上市公司的副主承销商、财务顾问和上市推荐人。其中青岛啤酒和青岛海尔是开我国证券市场之先河，首次采用无限量认购证和与储蓄存单挂钩的发行方式并取得了圆满成功。目前公司正承担着澳柯玛公司、华联商厦的股票发行的相关承销与上市推荐任务。

公司本着“立足青岛、面向全国”的发展方针，先后在青岛市内以及上海、深圳、天津、淄博、滨州设立了11家证券营业部，其数量在全国券商中居第18位。省内8家证券营业部的基础设施与业务量在当地独领风骚，在深圳、上海以及天津设立的证券营业部也已具有了相当的规模与实力。

公司先后被国务院发展研究中心、中国人民银行等11部委评为中国500家最大服务业企业及行业企业；被山东省人民政府、省人民银行评为山东省十佳券商；被中国诚信评估有限责任公司评为“AA+”资信证券经营机构；并曾荣获省、市多项荣誉称号。1998-1999年度，先后被青岛市委、市政府、市财贸工委评为“青岛市金融系统先进单位”、“市级文明单位标兵”、“市财贸系统‘贡献杯’先进单位”。

公司总部外景

地址：山东省青岛市东海路28号

邮编：266071　电话：(0532)5022301

功能齐备的营业场所

湛江证券有限责任公司

湛江证券有限责任公司前身是1988年5月经人行广东省分行批准设立的人行湛江分行全资附属机构。1991年改制为人行、工行、农行、中行、建行、发展银行湛江分行、湛江市财政局、湛江国投参股的股份制非银行金融机构。1992年人行总行核准公司重新登记，注册资本金为1000万元。1997年经人行总行批准增资扩股至4750万元，并更名为“湛江证券有限责任公司”。1998年11月中国证监会正式核准我司增资扩股，并核发了《中华人民共和国经营证券业务许可证》。公司内设机构有总裁办公室、计财部、电脑中心、机构管理部、资产管理部、经纪业务部、投资银行部、投资理财部、资金计划部、研究发展中心、稽核与法律事务部、党政工团办公室。全公司共有员工约200人，其中大专以上学历的约占64%，中级以上职称约占19%，三年以上从业经历约占77%。

公司秉承“团结、诚信、开拓、奉献”的企业精神，坚持客户第一、信誉至上的原则，开拓进取，按照《证券法》自觉规范经营行为，坚持依法决策、依法经营、依法管理、依法办事，无操纵市场、内幕交易、欺诈客户保证金、私设营业网点等违法违规行为。公司主要经营、代理证券发行业务；自营、代理证券买卖业务；代理证券还本付息和红利的支付业务；证券投资咨询以及经中国证监会批准经营的其他金融业务。

公司自成立以来，从国库券的柜台买卖和代理发行、兑付业务起步，经过十多年的发展，公司的业务、机构和人员都得到了长足的发展。在一级市场上，公司九二年至九五年间共为企业发行债券3.6亿元，为股份制公司发行法人股、内部职工股10多亿股，代发红利股利1180多万元，发行和兑付业务也从最初的手工操作发展为电脑化、网络化；并积极参与分销上市基金，推荐湛江供销社企业集团股份有限公司在NET系统上市，积累了一定的股票承销经验。在二级市场上，善于抓住机会，适时开设网点，跟踪和应用最先进的技术升级交易系统，在视聆通上建立公司的网站，加强研究开发业务，引导客户进行理性投资。公司总资产近十亿元，现已拥有七个深沪交易席位，在广州、番禺、湛江、茂名等地拥有10个证券营业部，客户逾4万户，年交易额数百亿元。

近年以来，公司在机构拓展方面取得了长足的发展，公司继成功收购湛江国际信托投资公司下属证券营业部后，公司还将在近期内增资扩股至8-10亿元，以增强实力，扩大影响，更好地为我国证券市场的发展服务。

地址： 广州市天河北路233号中信广场57楼
电话：(020)87521617　**传真：**(020)87521632

地址： 广东省湛江市赤坎区中山一路22号发展银行大厦8楼
电话：(0759)3350938　**传真：**(0759)3350938　**邮编：**524032

大同证券经纪有限责任公司
Datong Securities Brokerage Co.,Ltd.

公司董事长兼总经理：董祥

大同证券经纪有限责任公司的前身为大同证券公司，是1988年5月经中国人民银行总行批准成立的股份制非银行金融机构，是中国证券史上成立最早的证券公司之一。公司本着“诚信立业、稳健经营、规范发展、求实创新”的经营宗旨，走过了12年不平凡的发展历程。在激烈竞争和充满风险的证券市场中，科学管理、正确决策，成为具有一定实力的中型券商。

公司现为中国证券业协会、中国国债协会、上海证券交易所、深圳证券交易所会员。拥有15个上海证券交易所席位，4个深圳证券交易所席位。现有内、外设机构各11个，证券从业人员255人。其中大专以上学历的占65%，有153人通过了中国证监会2000年证券从业人员资格考试，取得证券从业人员资格。132人具有3年以上从事证券业务或金融业务工作经历。

职员认真处理业务

公司在中国证券发展史上曾扮演过重要角色，发挥过重大作用。1988年8月公司在大同发起并筹备召开了由全国34家专业证券公司参加的第一次全国证券业务发展工作会议，并受会议委托起草了中国第一部《证券业协会章程（草案）》、第一篇《关于建立全国证券联合报价系统方案》和第一个《关于开展跨地区证券业务规则》三个历史性重要文件，提出了证券市场“公开、公正、公平”的三公原则。这三个文件和证券市场的“三公原则”对以后我国证券业的发展产生过重要影响，具有深远意义。

公司在“法制、监管、自律、规范”的八字方针指导下，以市场发展为契机，以内部改革为动力，以提高经济效益为目标，加强风险监控、规范稳健经营、健全内部机制、增设职能部门，保证了公司各项业务的顺利发展，经营效益得到大幅提高。几年来，公司先后为大同第一热电厂、同风肉制品厂、新荣水泥厂等企业代理发行了8000余万元企业债券，筹措了大量资金；自93年开始，先后参与了山西汾酒、山西焦化、大同水泥、南风化工、太原刚玉等十几家公司的股票上市发行工作；在二级市场上，公司采用先进交易方式，努力为客户提供完善的证券经纪投资咨询服务，有效地提高了客户存量。历年来公司共上缴税收7000余万元，为证券市场建设和地方经济发展做出贡献。

公司办公大楼外景

2000年初，公司的增资扩股得到中国证监会批复，注册资本金达1亿元，名称变更为“大同证券经纪有限责任公司”，为公司的加速发展奠定了基础。2000年上半年公司证券交易额比1999年上半年净增123%，比1999年全年净增17%。

地　址：山西省大同市大北街13号　邮　编：037004
电　话：(0352)2045811　　传　真：(0352)2051178
http://www.dtsbc.com.cn　　E-mail:dtzqbgs@public.dt.sx.cn

上海久联证券经纪有限责任公司

久联证券 你我久联

董事长：何国庆
总经理：乐秀涛

经营理念：优质服务，真诚奉献；规范运作，创新发展。
发展方向：稳健经营，开拓进取，力争数年后跻身中国一流的综合券商之列。

上海久联证券经纪有限责任公司是由上海久联集团有限公司、申能集团等控股的全国性专业证券经纪公司， 公司注册资本2亿元。 久联集团是由原上海商品交易所、上海金属交易所、上海粮油商品交易所等三家期货交易所整合中组建的以网络交易服务为主的大型国有集团公司。

久联证券拥有具备多年国家级期货交易所现代电子交易运作、管理经验的优秀人才队伍，借助期货、证券同属资本市场的相通性，开业伊始即立足高起点、规范化。

久联证券首批推向市场运营的营业部有曹杨路营业部和商城路营业部，以后还将陆续在全国开设数十家营业部。久联证券下属的每个营业部具备如下特点：

1、交易环境舒适
散户大厅、中户室、大户室设施完备，环境一流。
2、交易方式齐全
柜台委托、刷卡自助委托、钱龙键盘热自助委托、电话委托、远程可视终端委托，并将开通网上交易委托。
3、系统配置先进
千兆以太网，CISICO智能交换机，卫星系统，身份证认证系统，金仕达柜面交易系统。
4、通讯手段可靠
卫星，DDN，ISDN互为备份。
5、委托通道快捷
自助委托机70台左右，委托电话200门。
6、银证转帐方便
上海银行、工商银行、浦发银行并将开通其他银行。
7、行情系统完备
钱龙、邦民，并将开通其他系统。
8、交易系统安全
具有容错备份功能。

营业范围：
1、证券的代理买卖；
2、代理还本付息、分红派息；
3、证券代保管、鉴证；
4、 代理证券开户。

■ 公司地址：中国上海曹杨路430号/邮编：200063/电话总机：62446688/传真：62447572 ■ 曹杨路营业部地址：上海曹杨路430号/委托电话：62445588/咨询电话：62445116 ■ 商城路营业部地址：上海浦东新区商城路618号/委托电话：62445588/咨询电话：58315083

天元证券经纪有限责任公司

董事长、总经理：刘成

天元证券经纪有限责任公司于2000年7月18日经中国证券监督管理委员会批准，由原黑龙江省国际信托投资公司证券部、伊春市证券公司、黑龙江省财政证券公司、齐齐哈尔市信托投资公司证券部四家重新组建的股份制经纪类证券公司。是经中国证监会批准，全国信托业重组后最早开业的一家。公司注册资本13000万元。主要经营证券代理买卖；代理还本付息；分红派息；证券代保管、鉴证、代理登记开户等业务。公司现有员工370人，具有大专以上学历的占员工总数的67.68%，公司高级管理人员3名，均具有研究生以上学历。

公司依照《公司法》建立起现代企业管理机制，成立了董事会、监事会，实行董事会领导下的总经理负责制。公司内部设有综合办公室、计划财务部、经营管理部、审计部、电脑部、信息部、基金管理部等七个职能部门。公司营业网点从南到北，贯穿全国，在深圳、上海(2个)、沈阳、哈尔滨、齐齐哈尔、伊春、大庆等地分别开设了营业部。哈尔滨设有银河、奋斗路、中央大街等三个营业网点，总营业面积为23697.37平方米，各网点设有大户室、中户室、散户厅，装修豪华、环境优雅，设施齐全，交易大厅配有先进的大型电子显示屏，实时揭示股市行情，柜台委托、人工委托、自动委托、电话委托，方便股民，证券交易实现即时回报，交易数据双服务器备份，沪深交易卫星联网，双向发送，证券交易线路顺畅，专线通讯系统和分布式电脑，为客户提供了安全、可靠、准确、快捷的服务。公司信息形成平台网络式管理，信息服务全面、及时、准确，不但为股民提供由专业信息公司提供的股市信息，同时还提供《天元资讯》等股市信息专刊，每日交易结束后，聘请专业人士做解盘，并定期邀请著名股评家举办股市讲座、沙龙等活动，免费为投资者解答疑难，预测市场走势。

展望未来，公司将在巩固现有市场份额的基础上，按现代企业制度要求：强化管理、规范经营、优质服务、稳健发展，扩大营业网点，拓展新的客户群体，不断状大自己的实力。把职工队伍建设成管理上新台阶、服务上新水平、安全保障达新标准、创优争效创新高度的队伍。使公司成为“功能齐全、设施领先、技术先进、人才一流”的证券公司。以“一流的环境、一流的设备、一流的管理、一流的服务”，带给您丰厚的收益。

欢迎广大股民朋友来我公司投资，谋求共同发展，共创美好未来。

公司大楼外景

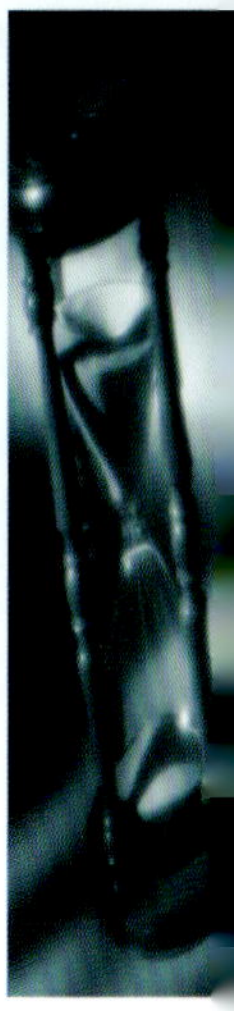

地址：黑龙江省哈尔滨市香坊区珠江路50号
邮编：150036　电话：(0451)2357060　传真：(0451)2357061

成都上证 www.china598.com

服务一流 设施一流 素质一流

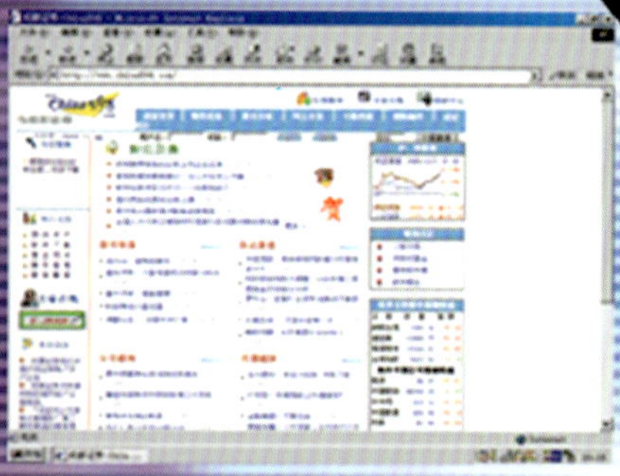

以工作效率和管理水平见长的成都上证总经理：邹川

所有的客户用终端都可以上网浏览并有三套行情分析系统

成都证券有限责任公司上海茅台路证券交易营业部

成都上证毗邻虹桥开发区，位于上海市长宁区茅台路199号。营业面积2800平米。到目前为止，指定交易人数已达到1.8万，历年来，所创税利在长宁区券商中名列前茅。成都上证以稳健为本，靠管理求发展；以客户为本，创特色服务；以卓越为本，争创一流企业的名牌形象；以效益为本，追求企业价值最大化。通过多年努力，获得以下荣誉：

1996年获长宁区政府通报嘉奖

1997年1月获上海市人民政府三委联合颁布的首届外省市在沪百家“优秀企业”光荣称号

1998年3月获上海3000多家金融网点参评的由上海市公安局经保总队评选的“百家金融安全网点”光要称号

1999年1月获上海市证管办、证券业协会、上海市精神文明办公室以及上证报等组成评委评出的“98上海市证券业十佳模范窗口营业部”

1999年1月，获上海市长宁区“文明单位”光荣称号

成都上证的电脑和通信技术在国内当属一流。采用世界名牌康柏公司的顶级服务器，系统结构采用当今业内公认最安全可靠的磁盘陈列柜(集群方式)系统；在上海首家运用美国的HA及ROSE热备份系统；采用了CISCO公司高端交换机，并采用千兆通道光纤；客户委托、接受沪深交易行情采用地面、卫星双备份；在力争双路进电的前提下，采用15千伏安大容量不间断供电系统(UPS)；从而使系统的容量、速度、安全、可靠等性能达到国内领先水平。建立在设备一流水平上的成都上证，首家实现中、大户工作站(客户用电脑终端)上英特网功能，同时提供三套行情分析系统供您选用，AB股桌面委托具有随时切换功能，各种现代的交易和委托手段，使您操作上得心应手。在安全防范方面，采用公安局推荐的全套防卫系统，由专门人员看管与操作，专家参与制定的防范制度和应急预案得到好评。成都上证的电脑技术与通信技术具有国内一流水平。安全防范设施也已达到很高的水准。

在服务工作上，符合良性竞争性质的服务项目我们都有，我们还为客户提供证券阅览室、乒乓室、健身房、多功能娱乐活动厅，并为您配备保健医生。我们更有把客户当上帝的认知。良好的服务扎根于每一位高素质员工思想深处，在提高服务质量方面，一靠形成体系的内部管理制度，二靠对员工强化素质培养。

成都上证经过多年的探索，总结出结合自身特点的经营理念，即：一流的企业不仅是指规模一流，更重要的是服务一流，设施一流，人员素质一流，三者互补，企业具有可持续发展性，同时在本行业具有品牌可识别性。

地址：上海市长宁区茅台路199号　咨询电话：(021)62288324　网址：www.china598.com

总经理：宋健生

总部大楼

公司所属新华路证券交易营业部

贵州证券公司成立于1988年8月，是贵州省唯一一家专营有价证券的非银行金融公司，主营业务是发行、自营和代理客户买卖有价证券(含上市A股、基金、国债等)。早期的业务是自营和兑付少量的国库券，人员不过10来人，营业场所也是借用当时市人行营业部。从1992年7月，贵州证券公司从采取利用架设军用电台的通讯方式，用电台传达买卖委托和股市行情率先代理买卖深交所上市股票开始，经过近10年的艰苦奋斗，贵州证券公司同全国证券市场的发展一样，发生了翻天覆地的变化，取得了令人瞩目的成就。

公司现在下设发展研究中心、电脑管理中心、办公室、计财部、机构管理部、投资银行部、稽核监察室、债券部等职能、业务部门以及贵阳北京路、新华路、延安中路证券交易营业部，上海、深圳、成都证券交易营业部。公司共有员工280人，80%以上员工拥有大专以上学历。公司获中国证监会批准成立专业证券咨询公司，12名研究人员获证券专业咨询资格证书。

根据人总行要求公司于1996年4月顺利完成股权转让工作，成立了新的董事会和经营班子。四年来，业务发展迅速，共完成省内外13家公司上市发行、配股的主承销、副主承销和分销工作；代理发行各类国债2.6亿元，承销企业债券2.24亿元；累计实现证券交易量1300亿元，创利2.35亿元。公司占贵州证券市场50%以上的份额。在中国证券业协会1999年度公司经营业绩排名中利润总额数列为第36名。

随着证券市场更进一步的规范发展，面对日益加剧的市场竞争态势，公司董事会和经营班子针对市场的发展变化，抓住西部大开发的契机，决定把增资扩股工作放在各项工作的首位，向发展成为综合类券商的目标迈进。我们深信，在不久的将来，一个崭新的证券公司将在西南崛起，为中国证券市场的发展作出自己的努力和奉献。

地址：贵阳市中山东路239号中东大厦4楼　电话：(0851)5825753　邮编：550001

贵州证券公司

GUIZHOU SECURITIES CO.,LTD

公司董事长：孙子荣

公司总经理：石治中

内蒙古证券有限责任公司

公司地址：内蒙古呼和浩特市新城区东风路111号　电话：(0471)4913998　邮编：010010

内蒙古证券有限责任公司是在成立于1992年的原内蒙古自治区证券公司的基础上，于1998年底经中国证监会正式批准设立为股份制公司。注册资本金9400万元，由10家股东单位出资。公司设有投资银行部、机构管理部、研究咨询部、资产管理部、电脑工程部、计划财务部、人事管理部、办公室共八个职能部室；现有证券营业部10家；公司分别下设1家全资子公司和1家控股子公司。公司现有员工222人，平均年龄31岁，其中硕士研究生12名，具有本科以上高等学历的员工占公司总人数的34%，取得中级以上专业技术职称的约占36%以上。

目前，公司业务范围涉及证券经纪、投资银行、资产运作、代客理财、研究咨询等方面。从1992年成立起，经过多年的艰苦创业，公司各项业务发展迅速，成为自治区同行业中规模与影响最大的券商，经纪业务在内蒙古的市场占有率达60%以上，在区域市场中发挥着主导作用。8年来，公司参与了区内外上市公司改制策划、企业债券承销、股票承销和上市推荐以及二级市场股票交易，完成的业务量居区内同业之首。近年来，以“稳健规范、开拓创新”的经营思路，开创了快速发展的新局面，取得了较好的经营业绩。1999年，共完成二级市场代理买卖交易额148亿元，比98年增长27%；客户开户总数达到58812户，比98年末增长34%。全年实现营业收入5809万元，同比增长13%；实现利税总额2004万元，其中利润总额1546万元，超额3.1%完成全年利润目标。至99年末，公司拥有总资产6.44亿元，净资产1.19亿元。

全心全意为客户服务

总经理：熊晴川

上交所席位号：38059

深交所席位号：0039800

深圳市金牛证券经纪有限责任公司

SHENZHEN GOLDBULL SECURITIES BROKERAGE CO.,LTD.

深圳市金牛证券经纪有限责任公司（以下简称金牛证券）是中国证监会批准成立的证券经纪公司。金牛证券是在原深圳有色金属期货联合交易所基础上改制而成，主要从事证券的代理买卖、代保管、鉴证和过户；代理还本付息和分红派息；代理登记开户和与证券交易有关的咨询及相关业务。

金牛证券拥有最先进的高科技设备和交易系统：为适应证券行业飞速发展的要求，保证客户资金及交易的安全可靠和高效，金牛证券采用了业界一流水平的具有容错性能的网络系统，而先进的千兆网的应用则为客户提供了更加高效的交易通道，从而构筑了国内领先的、最安全可靠的真三层结构的交易系统。此外，从宏汇、钱龙到电话委托等一系列的委托方式及多种行情分析咨询系统，将使客户可以更加方便、快捷地参与交易。

金牛证券拥有最丰富最全面的信息资讯：国内外证券市场的动态速递；及时的香港恒生指数、美国道琼斯指数及纳斯达克指数收盘情况；国内主要期货品种实时行情；国内外最新财经要闻。

金牛证券拥有宽敞舒适的交易环境：金牛证券深圳华富路证券营业部面积近4000平方米，三层的营业区域共拥有25间大户室及机构室；一层散户厅及四层中户厅共拥有600多间电脑工作台，宽松的环境可满足任何一位股民的操作要求。

金牛证券拥有能为客户提供全方位、系统的服务机制：“全心全意为客户服务”是我们的经营理念，尽一切可能为客户提供准确的信息服务，为客户创造财富增值的合法环境和条件。

新的金牛证券将以新的交易手段、新的交易环境、新的服务理念、新的管理机制为客户创造优质的经营环境，以活力、朝气辉煌于深圳乃至中国的证券市场。

G.B.SECURITIES
金牛证券

董事长（法人代表）：郑元亨
总经理：熊晴川
地址：深圳市华富路海外装饰大厦B座一、四楼、A座十一楼
邮编：518031
电话：(0755)3217439
传真：(0755)3217469
E-mail:szjnzqgs@sz.gd.cninfo.net

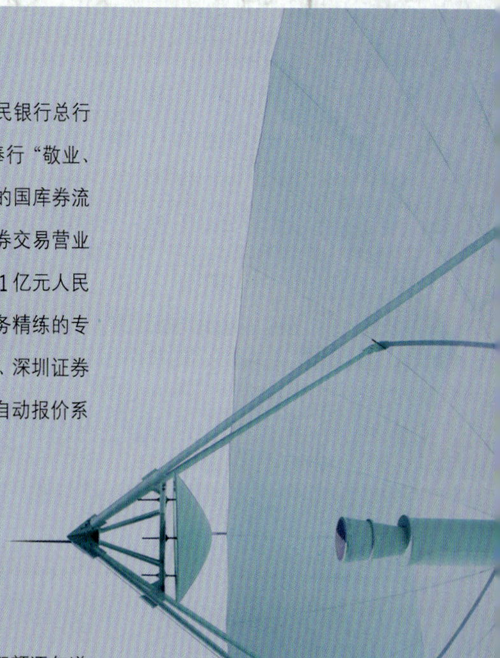

沈阳财政证券公司成立于1988年4月21日，是经中国人民银行总行批准设立的全民所有制专业证券机构。公司成立至今，奉行“敬业、求实、高效、创新”的企业精神，从成立伊始仅有十几人的国库券流通服务公司起步，发展至今成为拥有市内五区、七个证券交易营业部，员工160余名，营业面积8200平方米，注册资本金1亿元人民币，且证券业务齐备、信誉优良、运作规范、员工队伍业务精练的专业证券公司。成为中国证券业协会，中国国债协会，上海、深圳证券交易所，沈阳、武汉、天津证券交易中心和全国证券交易自动报价系统（STAQ）的会员单位。十二年来，公司证券交易额及利润额逐年递增，连续数年在沈阳证券交易中心排行榜名列前茅。1995年公司荣获沈阳证券业协会、沈阳证监会授予的“十佳证券商”。1997年获得“辽宁省窗口行业公众形象最佳单位”和沈阳证券业协会、沈阳证监会评选的“优质文明服务窗口”两项殊荣。值此世纪之交之际，公司全体员工将恪守“客户至上，服务为本，信誉第一”的宗旨，不断扩大经营规模，拓展业务领域，增强经济实力。以优质的服务和高效率的工作，创造辉煌的明天。

沈阳财政证券公司

SHENYANG FINANCE SECURTIES COMPANY

宽敞明亮的交易厅

地址：沈阳市沈河区北站路105号
电话：(024)22523611
邮编：110013

公司办公楼外景

珠海证券有限公司

珠海证券有限公司是1992年6月经中国人民银行总行批准成立的珠海唯一的一家专业证券公司，经过八年的发展已初具规模，建立了跨地区的规模经营，在深圳、上海、珠海市区、斗门县设有环境优雅、设备先进、服务优良的八个证券营业网点。

八年来累计为30多家公司进行承销、推荐上市和配股工作，实现成交量2200多亿元。拥有自己的信息网络系统，与国内多家著名的投资顾问公司、投资工作室进行合作，信息灵通，研判大势准确，个股推介成功率高，各项服务周全。

拥有先进的电脑与通讯设备和交易手段。在珠海首家推出电话自动委托和三合一数字中继电话委托与手机炒股系统；率先开通“资金的通存通兑、股票的通买通卖”交易方式；率先启用高速单向卫星广播网传送股市行情及交易信息；率先实行24小时电话和远程终端查询；率先开通珠海证券有线光纤网，全面开通与各商业银行的证银通电话自助转帐业务等等。极大满足了投资者对不同交易手段的需要，使投资者摆脱了时间和空间的限制。

公司董事长：高杰发
地址：珠海市凤凰路185号瀚高商业广场三楼
邮编：519000
电话：(0756)2121686
传真：(0756)2121171
E-mail:zhzq@pub.zhuhai.gd.cn

江西江南信托投资股份有限公司

]总裁：吴光权

江西江南信托投资股份有限公司创立于1986年，现主要股东有：深圳中航集团、江西共青垦殖场、江西桑海企业集团、江西云山企业集团、江西省财政厅等，主要业务有：信托存、贷款和信托投资；委托存、贷款和委托投资；自有资金的贷款和投资；融资性租赁、有价证券、代理业务、担保见证、经济咨询和资信调查、外汇业务等。公司现有员工380余人，总资产已达17亿元，初步形成了以证券经纪、信托业务为主体，现代投资银行业务为导向的经营格局。公司长期奉行“优化经营管理机制，注重发挥人才优势”的战略，遵循“诚信、尊重、敬业、服务、创新”的准则，积极倡导“我们关心客户、员工、社会”和“顾客的需要就是我们的承诺”等新的经营理念，努力塑造有江南特色的企业文化。

公司自1993年起涉足证券业务，一直致力于市场开发和服务质量的提高，在改善软、硬件环境上狠下功夫，充分利用公司整体咨询力量为客户提供个性化服务，经过多年成功的实践，公司证券营业网点由最初5家发展到12家，分布在深圳、上海、天津、武汉及江西省内主要大中城市，初步形成了立足江西、辐射全国的立体化、网络化经营格局。同时大力推行客户经理制，在深圳成立了“江南天慧网络公司”，适时开通网上证券交易业务，取得了较好的成效。特别是1997年以来，公司证券代理成交量逐年以较快的速度增长，成为目前江西省内唯一一家进入全国前50强之内的证券经营机构。公司秉承“研究的先”的经营思路，以加强研究为突破培育竞争能力，服务公司经营决策。与中国社科院经济研究所、北京天则经济研究所、中国航空工业经济研究中心等国内著名研究机构建立长期合作关系，定期在北京召开“宏观中国论坛”等一系列学术研讨会；在北京设立“江南天慧经济研究所”，定期为签约分仓交易基金及其他机构大户提供定项咨询。目前公司在研究领域独树一帜，享有较高的知名度。在未来的发展中，公司将根据国家有关规定，积极做好改组改制工作，并以此为契机，利用自身所拥有的优势，对外寻求合作，组建一家注册资本金5—8亿元，证券营业部数量20家左右，机构分布更为合理的综合类证券公司。改组后的公司将充分利用资本优势，大力开拓经营网络，积极开展业务创新，为中国证券业的繁荣发展做出更大的贡献。

址：江西省南昌市象山北路208号
话：(0791)6776133／邮编：330008

申银万国证券股份有限公司
北京管理总部

申银万国证券股份有限公司北京管理总部于1996年7月成立，负责管理公司在华北地区营业网点的日常事务。99年底资产总额达到13.73亿元，创利9169万元，总部内设综合管理部、业务管理部、信息部、财会部，在北京、天津、青岛设有5家营业网点，总营业面积达11000多平方米，拥有125名员工。业务范围包括：代理买卖各种有价证券、基金，进行企业和个人的资产管理、投资咨询以及其它与证券有关的业务。

北京管理总部各营业部已开通沪、深两交易所的全面业务，拥有最先进的交易系统和交易手段，除传统的当面委托外，投资者还可选择电话委托、自助委托、热键委托等，准确地完成交易。北京管理总部秉承为投资者提供全方位、及时化、个性化的服务宗旨，依托公司网点规模和自成一体的信息网络，为投资者提供及时互助、专业化的信息服务。

申银万国证券股份有限公司拥有一支国内一流的科研、开发力量，并在北京管理总部设有研究、开发分部，开展宏观经济、产业经济和区域经济的研究，并组织大型经济、金融、证券分析报告会，经纪业务推介等活动，推动公司业务的全面发展，为投资者提供有力的高层次的咨询支持。

申银万国北京管理总部凭借人材、品牌及网络等优势，再接再厉，遵循“诚信服务，精益求精”的经营方针，赢得了广大投资者的信赖，形成了广泛的客户群，申银万国证券北京总部成为叫得响的品牌。

北京管理总部
地址：北京市朝阳区劲松九区909楼
电话：(010)67736761-8808
网址：www.sw2000.com.cn

北京劲松营业部
地址：北京市朝阳区劲松九区909楼
电话：(010)67736289

北京安定营业部
地址：北京市朝阳区安定路39号长新大厦
电话：(010)64447788

天津红星路营业部
地址：天津市河东区红星路180号
电话：(022)24011156

天津宾馆路营业部
地址：天津市河西区宾馆路2号
电话：(022)23518881

青岛太平路营业部
地址：山东省青岛市太平路37号
电话：(0532)2964918

申銀萬國證券股份有限公
SHENYIN & WANGUO SECURITIES CO.,

华夏证券有限公司
振华营业部

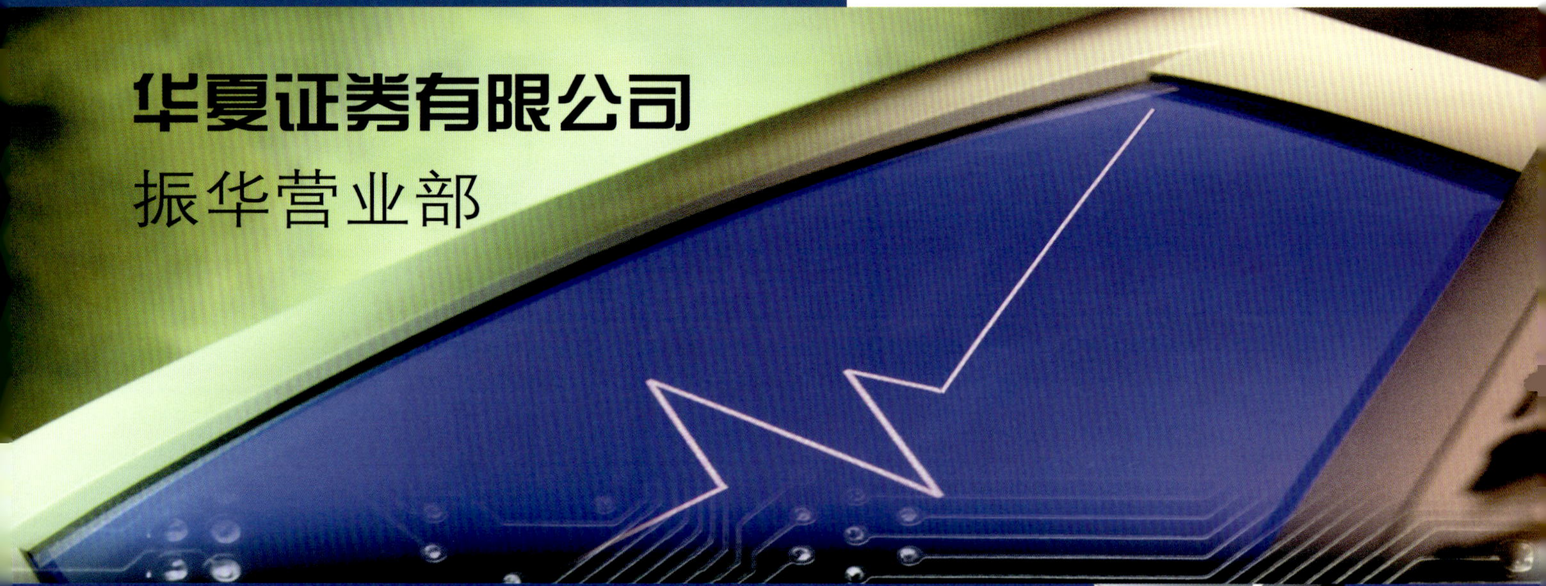

线路，财路，路路畅通！

振华营业部为华夏证券有限公司全资附属营业部，成立于1993年7月，自成立以来，振华营业部在新的市场环境下，不断挖掘自身潜力，开辟新业务，提高服务质量。始终保持“客户第一，真诚无限，服务永远”的宗旨，坚持“守法合规，稳健经营”的指导思想，建立健全各项内部管理制度，做好经营风险防范工作，使营业部一直保持良好的经济效益，实力不断增强。1998年及1999年连续两年被深圳市证券业协会评选为“优秀证券营业部”；曾被国务院发展研究中心市场经济研究部，广东省人民政府社会经济发展研究中心评选为“全国最大证券交易营业部。”

振华营业部位于深圳市金融街振华路62号，交通便利，营业面积有3000多平方米，分三层楼受理业务，一楼宽敞的散户交易大厅，二、三楼为中户交易大厅及大户室，由高素质的业务人员专门管理，并设有严密的保安措施。

为完善投资环境，引进最先进的通讯系统，在香港回归交接仪式前后，公司通信系统被定为备用通信线路，每个房间配备直拨电话和全新微机，连通华夏证券内部的NOTES信息网络，新德利及港澳资讯系统，华夏金融资讯系统提供及时、准确的信息供投资客户参考，开通INTERNET国际网络及路透服务台，使客户及时了解国际信息，点对点方式连通深圳委托，高速单向卫星传输深圳行情，128K卫星系统接收上海行情，跑道畅通无阻，配备最新版本钱龙行情及分析系统，客户可在分析行情的同时通过热键自助委托系统下单买卖证券，交易大厅装有深圳、上海行情大屏幕，数十台控台自助委托终端及150多条内外电话委托专线为客户买卖提供多种选择，柜台设有多家银行业务点，并通过工行电话转帐业务，取存款方便快捷，目前营业部又开办了代理办理“上海股东卡”业务，投资服务周全。同时振华营业部信息资料室备有国内外多种报刊杂志及全套上市公司资料档案，提供投资者阅读参考，资料室曾被中国证监会指定为上市公司资料查阅定点单位。每天为客户提供内容丰富的《华夏证券内参》及不定时的解盘服务，营业部还设有优雅的大户休息室，供客户使用。

主要业务包括：代理买卖各种有价证券；有价证券的代保管；签证过户；代理还本付息；分红派息等权益分派；及人民银行批准的其他业务。

宽敞的证券部营业大厅

公司开展巡回股评活动

地址：深圳市振华路62号华夏证券大楼1-4层
委托电话：961031 3248888 咨询电话：3200077
深交所席位号：245800

广东粤财信托投资公司

精诚团结的集体

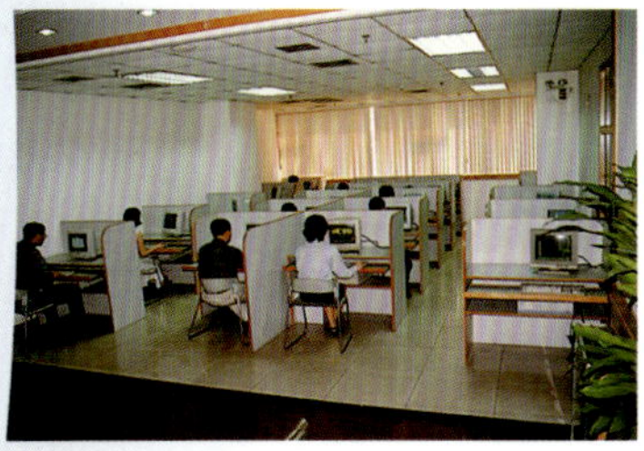

先进的交易设备

交易大厅

广东粤财信托投资公司成立于1984年12月，1988年经中国人民银行批准从事证券经营业务，是全国最早一批开设证券营业部从事股票代理业务的信托投资公司。经过十多年的稳健发展，现公司总资产已超过100亿元，证券营运总资产超过11亿元。公司于1993年至1994年先后在广州、深圳和上海设立五家证券营业部，同时成立管理证券经营业务的证券总部。经过七年的发展，粤财证券在业务发展方面取得了较大的成绩，股票代理业务量逐年增大，在同类券商中名列前茅，1997年还取得了经营股票承销业务的主承销商资格，先后做过十几家上市公司的上市推荐人，副主承销商、分销商和配股承销商，并具有B股经营资格。自经营证券业务以来，广东粤财信托投资公司一贯坚持守法经营，资产状况优良，建立了一整套经营管理制度和风险防范制度。具备多年从事证券业务的基础和经验。粤财证券一贯秉承“诚信守规、优质服务”的工作宗旨，积极拓展证券业务，为建设成具有“一流服务、一流管理、一流效益”的经营机构而努力。粤财证券同仁必将苦心励志，勤奋创业，与社会各界携手前进，共创未来。

● 粤财证券总部

地址：广州市环市东322号中梯十楼

电话：(020)83829249

● 粤财证券环市东证券营业部

地址：广州市环市东322号首层

电话：(020)83827322　深交所席位号：239200

● 粤财证券法政路证券营业部

地址：广州市法政路60号首层

电话：(020)83556635　深交所席位号：208600

● 粤财证券麓景路证券营业部

地址：广州市麓景路七号东三楼

电话：(020)83596187　深交所席位号：036400

● 粤财证券深圳深南东路证券营业部

地址：深圳市深南东路1号

电话：(0755)5414280　深交所席位号：251100

● 粤财证券上海淮海西路证券营业部

地址：上海市淮海西路233-239号

电话：(021)62813585　深交所席位号：216800

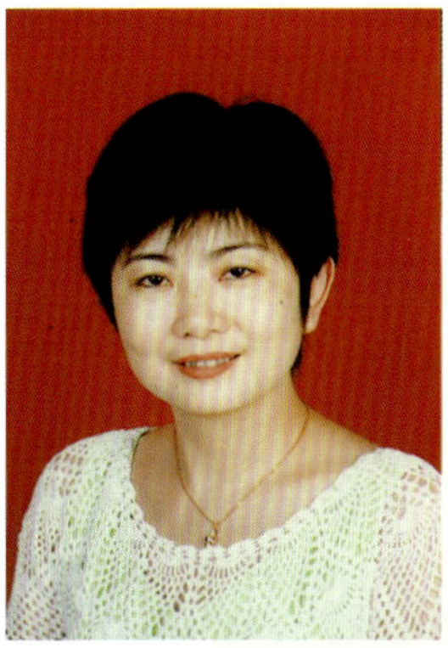

经理：王玉琴

华夏证券有限公司是全国三大券商之一，揭阳营业部是华夏证券有限公司全资附属营业部，揭阳营业部自成立以来，始终坚持“服务客户”为宗旨，以“偕客户同发展，与华夏共繁荣”为原则，年交易量连续多年名列当地第一。揭阳营业部现有营业面积1600平方米，设有中、大户室40间，可容纳单人单机大户500人，营业大厅设有40余部自助委托终端，并有外线委托中继线160条，还开通可视电话委托系统、汇金远程终端、银证电话转帐业务，华夏NOTES全国信息网等先进的交易及信息系统，为客户提供全方位的、深层次的服务。

华夏证券有限公司

揭阳营业部

地址：广东省揭阳市东山区站前路中段

邮编：522000

传真：8220447

电话：(0663)8225012

营业部外景

经理：章小栋

华夏证券有限公司
潮州潮枫路证券营业部

华夏证券潮州营业部自开业以来，始终坚持以市场为导向，以客户为中心的经营宗旨，一如既往地弘扬"信誉第一、客户利益至上"的精神，追求卓越，以优良的设备和规范、稳健的操作程序为潮汕地区的广大投资者提供优质服务。本部拥有60多间大户室600个单机操作座位，让每一位尊贵的客户都能享受我部各种先进的交易设施和及时全面的信息服务。宽敞明亮的多功能交易大厅：拥有50台自助委托机、100对电话委托线路及一流的交易通讯系统；齐全的交易品种，全新的企业理财服务，是证券投资的理想场所。偕客户同发展，与华夏共繁荣。

华夏潮州营业部诚邀您的加盟！

地址：广东省潮州市潮枫路兰园　邮编：521000
咨询电话：(0768)2292292　传真：(0768)2273977
股票委托电话：(0768)96809　2273399　2273938
华夏证券网：www.csc108.com

经理：罗立新

广东证券股份有限公司顺德营业处
GUANGDONG SECURITIES CO.,LTD.SHUNDE BRANC

广东证券股份有限公司顺德营业部成立于1992年11月，多年来，领导班子凭着务实创新的精神，以"夯实基础，寻求发展"为工作方针，带领全体员工树立"广东证券，服务领先"的服务思想，全面拓展经营领域，努力完善服务功能。营业部发展到今天，已经拥有了先进、稳步运作的证券交易广域网络、独立无形席位、高速单向卫星、2000多台终端、500多条电话委托线路，在顺德市率先实现了股票交易通买通卖、保证金通存通兑、网上交易、可视电话、大户专线等全功能交易技术手段，在规范经营经纪业务的同时，实现了业务和服务多元化，向客户逐步推出B股交易、投资银行、投资理财、家庭远程交易分析系统、国债现券交易、国债回购、保证金电话转帐、代理认购新股、代理配股、代理认购二级市场配售新股、手机炒股、信息传真、股市沙龙、投资业务培训、成交回报寻呼机自动通知服务等，使营业部的各项业务有了突破性的发展，开户客户已达10万多户，保证金额达30多亿元，每月交易量排名稳居交易所的前列，绝对占有同地区50%的市场份额，成为一个规模庞大、实力雄厚的证券经营机构，先后荣获中国证券业协会"全国优秀证券营业部"及广东省直系统"文明单位"等称号。

经理：罗立新
地址：广东省顺德市大良镇凤山西政通路2号
电话：(0765)2230110
邮编：528300

全国优秀证券营业部

先进舒适的交易环境

营业处外景

第二十编

市场统计资料

1874/1972

证券市场行情

表 1　上海证券交易所 A 股行情报表　　　　单位：元

代码	券种	1.29	2.9	3.31	4.30	5.31	6.30	7.30	8.31	9.30	10.29	11.30	12.30
		收盘	收盘	收盘	收盘	收盘	收盘	收盘	收盘	收盘	收盘	收盘	收盘
600000	浦发银行											26.40	24.75
600001	邯郸钢铁	7.65	7.47	9.14	8.33	10.30	12.90	11.65	10.10	9.61	8.77	7.92	7.23
600002	齐鲁石化	4.37	4.20	4.50	4.42	4.62	6.33	5.65	5.38	5.20	5.03	4.55	4.35
600003	东北高速								6.60	6.52	6.13	5.67	5.02
600005	武钢股份								5.53	5.52	5.15	4.97	4.53
600006	东风汽车							6.74	7.00	6.81	6.13	5.30	4.90
600007	中国国贸			6.30	6.35	6.61	9.01	8.18	9.20	8.84	7.95	7.84	6.84
600009	虹桥机场	9.48	9.23	10.10	10.35	13.48	14.18	12.35	12.52	12.60	11.99	10.44	9.66
600051	宁波联合	8.93	8.31	8.89	7.72	8.00	10.09	8.55	9.55	9.79	9.03	8.84	7.95
600052	浙江广厦	7.75	7.75	7.87	7.62	7.70	9.65	9.94	11.23	10.57	13.79	12.28	13.75
600053	江西纸业	6.60	6.29	7.29	7.11	7.00	9.22	9.90	9.20	8.94	8.39	8.30	7.88
600054	黄山旅游	10.11	10.30	10.79	9.95	10.99	13.85	14.39	15.14	14.49	15.40	14.50	11.27
600055	万东医疗	10.05	9.62	10.90	10.09	10.45	13.40	12.48	13.36	13.00	11.86	11.10	10.30
600056	中技贸易	11.93	11.43	12.80	12.00	13.77	16.66	15.26	15.43	15.50	15.35	16.43	16.12
600057	厦新电子	24.40	24.19	23.50	24.50	24.60	35.46	35.55	32.00	16.80	14.30	12.63	12.65
600058	五矿发展	8.17	8.51	9.25	8.08	9.97	16.36	15.49	14.70	13.67	12.59	12.43	13.39
600059	古越龙山	11.20	10.40	10.35	9.83	10.60	13.14	11.95	11.28	11.19	11.80	12.39	11.73
600060	海信电器	14.40	14.04	13.75	13.25	16.21	13.86	12.29	12.50	12.18	11.62	10.57	10.78
600061	中纺投资	7.70	7.97	8.99	8.18	8.03	10.21	10.54	10.36	10.48	10.29	10.68	9.00
600062	双鹤药业	12.90	13.66	9.16	8.80	8.85	11.29	10.77	12.25	11.55	10.58	10.57	9.66
600063	皖维股份	8.78	7.75	8.25	7.80	8.65	11.83	10.23	10.85	11.00	10.63	7.80	8.15
600064	南京高科	18.82	18.00	14.85	15.67	17.20	22.70	22.60	19.43	19.10	17.40	16.50	16.10
600065	大庆联谊	14.40	13.33	13.21	9.36	9.81	10.80	10.98	12.44	11.22	11.40	11.18	10.25
600066	宇通客车	13.46	12.60	12.61	11.89	12.90	17.34	13.82	14.55	14.28	14.52	14.82	14.46
600067	福州大通	10.00	10.22	11.74	10.93	14.23	15.25	14.76	15.15	14.23	14.90	14.55	12.88
600068	葛洲坝	7.50	7.10	7.11	7.52	8.45	10.59	9.47	9.32	8.76	8.21	8.09	7.42
600069	漯河银鸽	14.77	14.76	14.46	14.11	14.85	18.36	19.01	17.00	15.92	16.15	8.05	8.26
600070	浙江富润	9.51	9.15	10.33	9.50	9.86	14.30	12.15	13.45	13.28	13.20	11.75	11.28
600071	凤凰光学	8.96	8.21	8.62	8.35	8.88	11.52	11.40	13.30	11.25	10.94	10.99	10.70
600072	江南重工	14.03	12.89	13.12	11.80	13.60	17.15	14.10	15.58	15.03	15.07	7.87	7.12
600073	上海梅林	5.66	5.32	5.57	5.59	5.60	9.07	9.12	8.38	7.91	7.19	6.94	8.56
600074	南京中达	15.00	15.35	12.95	11.59	11.75	15.65	11.50	11.99	12.48	11.15	10.91	9.57
600075	新疆天业	14.52	14.52	13.23	11.82	10.01	13.65	12.06	11.75	11.20	10.23	10.18	9.49
600076	华光科技	13.85	12.92	12.53	10.72	12.76	16.98	15.53	12.94	13.20	12.80	11.70	11.43
600077	精工集团	20.00	20.10	15.70	15.87	22.88	28.28	32.50	27.14	25.36	20.50	21.75	21.19
600078	鼎球实业	11.15	10.99	11.75	10.43	10.60	10.50	10.40	11.29	11.47	10.26	10.23	9.08
600079	人福科技	14.02	13.72	13.92	13.59	13.95	19.90	16.10	16.36	15.21	15.34	14.69	15.30
600080	金花股份	16.65	14.37	13.65	12.98	13.98	17.15	14.58	15.46	14.54	13.60	13.10	11.90
600081	东风电仪	13.34	13.45	13.38	12.26	13.96	20.45	19.50	16.32	15.08	14.20	13.61	13.22
600082	津百股份	6.87	6.95	7.66	6.84	7.30	8.60	8.00	9.62	11.50	10.60	10.62	10.40
600083	红光实业		5.55			5.88	6.65	7.06	9.38	8.50	7.80	6.69	5.90
600084	新天国际	18.19	18.28	16.83	15.70	17.28	13.75	12.40	12.05	11.99	10.97	11.22	10.32
600085	同仁堂	16.66	15.85	16.05	15.15	15.55	20.84	20.85	20.90	20.29	20.80	19.59	19.55
600086	多佳股份	19.07	19.18	16.90	16.25	12.08	12.00	9.58	10.10	10.36	9.44	9.08	8.02
600087	南京水运	13.66	12.74	12.79	11.63	12.23	15.52	15.04	15.04	13.50	13.14	14.12	13.98
600088	中视股份	15.98	16.10	15.55	16.91	21.00	25.00	26.50	25.83	21.49	21.30	19.85	18.48
600089	特变电工	14.78	13.95	15.89	18.35	19.40	23.77	30.48	25.18	25.29	23.45	22.37	22.80
600090	啤酒花	10.86	11.00	10.08	9.35	10.15	12.97	11.75	12.90	12.13	11.97	11.74	10.96
600091	黄河化工	10.94	10.69	14.53	13.74	14.80	26.80	24.93	22.03	19.56	16.98	17.14	15.03
600092	精密股份	10.80	10.45	12.12	11.23	11.68	9.48	10.96	12.69	11.20	10.59	10.32	9.59
600093	禾嘉股份	8.36	8.04	8.44	8.07	8.33	10.56	10.13	11.09	10.80	10.30	9.38	9.55
600094	华源股份	7.35	7.28	7.63	7.43	7.78	9.42	9.30	12.50	12.70	13.45	13.89	14.77
600095	哈高科	11.21	10.65	11.76	11.27	12.40	20.15	21.93	25.36	14.55	12.98	11.60	12.42
600096	云天化	8.89	9.11	12.33	11.17	11.56	14.50	13.19	12.70	11.71	11.60	10.65	9.14
600097	恒泰芒果	10.60	10.08	10.61	9.22	9.45	13.87	11.36	9.61	10.09	10.31	10.73	9.28
600098	广州控股	7.35	7.49	7.90	8.09	12.58	12.75	12.95	12.13	11.81	11.11	10.01	8.97
600099	林海股份	6.97	6.67	7.29	6.86	6.75	8.25	8.10	7.40	7.47	7.47	6.90	6.76
600100	清华同方	26.55	29.10	28.20	25.98	30.10	68.09	53.90	47.49	38.45	35.45	32.88	36.20
600101	明星电力	13.20	13.12	12.67	11.53	11.92	17.25	14.64	18.00	18.52	18.11	17.01	14.40
600102	莱钢股份	6.74	6.30	6.85	6.85	7.10	9.40	8.29	8.15	7.60	7.11	6.80	6.19
600103	青山纸业	8.75	9.22	9.06	8.43	8.70	11.30	10.90	8.75	8.33	8.20	7.84	7.88
600104	上海汽车	10.30	9.89	10.07	9.85	10.65	13.98	13.51	13.65	12.75	12.31	9.99	9.60
600105	永鼎光缆	18.36	17.90	19.10	16.68	21.40	29.55	28.10	27.03	16.09	14.74	11.90	12.60
600106	重庆路桥	8.15	7.67	7.93	7.93	7.71	10.45	9.97	10.33	9.59	8.85	9.66	9.12
600107	美而雅	12..7	12.42	11.53	11.78	11.98	14.99	13.30	15.45	15.51	15.68	16.07	15.80
600108	亚盛集团	8.04	6.89	7.20	6.79	6.93	9.60	10.19	9.38	9.25	8.83	8.48	6.99
600109	成百集团	10.92	10.28	11.55	9.80	10.40	12.60	11.26	15.70	13.72	14.50	12.43	10.03
600110	长春热缩	15.11	14.00	15.75	14.36	15.99	15.21	13.37	13.88	14.41	13.86	13.23	13.04
600111	稀土高科	7.34	6.88	7.07	7.70	8.96	11.98	9.84	11.75	11.20	10.61	10.25	9.19
600112	长征电器	8.07	7.50	8.48	7.88	7.92	11.75	9.60	11.78	11.21	10.40	9.46	9.15
600113	浙江东日	12.72	12.20	11.50	10.53	10.69	12.78	12.00	12.16	12.02	11.42	11.82	11.33
600115	东方航空	3.00	2.98	3.17	3.33	3.60	5.48	5.01	5.39	5.03	4.48	4.33	3.90
600116	三峡水利	11.40	10.90	13.47	13.18	12.35	14.89	15.17	12.92	12.80	12.31	12.56	11.65
600117	西宁特钢	16.27	17.70	9.62	11.71	12.19	17.72	12.28	10.61	10.27	9.33	8.21	6.99
600118	中国泛旅	7.48	7.25	7.85	7.55	7.92	10.01	10.98	11.12	9.59	9.25	10.24	9.59
600119	长江投资	14.94	14.09	13.25	11.95	15.28	16.44	18.78	18.90	15.43	15.16	12.32	12.11
600120	浙江东方	32.75	33.70	20.20	19.75	25.50	36.82	41.95	39.30	31.91	31.40	31.42	29.40
600121	郑州煤电	11.33	11.19	12.18	11.36	12.11	14.70	12.97	25.06	20.82	21.71	17.06	19.58
600122	宏图高科	18.90	18.31	20.88	19.80	15.34	19.70	17.74	17.70	17.65	17.08	15.58	15.85
600123	兰花股份	5.71	5.49	6.10	5.93	5.79	10.24	12.76	13.59	9.08	8.99	8.74	8.15
600125	铁龙股份	11.58	10.35	10.70	10.56	14.66	19.99	18.74	18.45	18.10	17.18	15.92	15.55
600126	杭钢股份	5.80	5.25	5.26	5.35	5.80	6.97	6.77	7.09	7.10	6.85	6.40	6.05
600127	金键米业	11.04	10.40	10.62	10.09	11.28	18.69	14.70	17.30	17.85	10.38	10.60	9.55

续表 1　　单位:元

代码	券种	1.29	2.9	3.31	4.30	5.31	6.30	7.30	8.31	9.30	10.29	11.30	12.30
		收盘	收盘	收盘	收盘	收盘	收盘	收盘	收盘	收盘	收盘	收盘	收盘
600128	江苏工艺	13.28	12.66	12.45	11.01	11.61	13.97	13.09	13.53	13.13	12.55	13.12	12.44
600129	太极集团	13.99	13.20	13.12	12.49	13.60	20.20	18.70	16.80	17.20	15.30	16.00	15.67
600131	岷江水电	9.54	9.08	11.42	10.06	10.79	16.28	17.70	10.30	9.65	8.99	8.65	7.81
600132	重庆啤酒	12.70	12.75	12.18	14.08	19.97	27.88	24.14	22.00	23.00	20.67	19.80	20.76
600133	东湖高新	13.36	13.01	13.56	14.13	15.00	13.55	11.81	12.06	12.61	12.15	11.28	11.65
600135	乐凯胶片	11.29	10.67	10.78	10.18	10.82	26.80	26.68	23.95	25.95	24.20	24.79	25.00
600136	道博股份	11.85	11.91	12.34	11.18	12.50	14.88	14.14	13.64	13.70	14.33	14.54	13.79
600137	长江包装	15.15	15.24	15.23	14.75	13.95	14.40	11.88	12.85	13.44	12.73	12.05	10.68
600138	青旅控股	9.95	9.67	9.11	9.11	11.70	17.44	20.25	19.15	17.02	16.60	14.62	13.94
600139	鼎天科技	14.19	13.32	14.64	12.73	15.26	22.25	21.23	19.38	18.55	17.45	15.95	18.50
600141	兴发集团						12.45	11.80	11.67	12.39	11.83	12.04	11.72
600145	四维瓷业									9.58	9.79	10.20	9.60
600146	大元股份							10.10	9.46	9.76	9.52	9.50	8.00
600148	离合器	11.39		11.94	11.26	11.35	16.30	13.69	14.40	14.51	18.10	18.70	19.61
600149	邢台轧辊										8.68	8.95	8.16
600150	沪东重机	7.20	6.66	6.88	6.78	6.18	8.33	8.52	7.79	7.66	7.24	6.91	6.31
600151	航天机电	11.85	11.19	11.07	10.13	12.40	17.33	16.05	15.69	15.54	14.40	13.73	12.60
600152	敦煌集团	7.65	7.54	8.30	8.65	10.62	14.12	17.89	17.48	17.08	16.80	16.40	16.39
600153	厦门建发	18.70	18.30	19.05	18.90	17.94	26.40	18.16	18.51	18.18	17.22	16.68	15.60
600155	宝硕股份	10.09	10.10	10.36	10.22	10.08	12.36	12.94	13.50	15.52	14.95	16.26	15.59
600156	益鑫泰	7.48	7.64	8.99	8.25	8.79	9.50	10.84	10.26	9.94	9.10	9.14	8.16
600157	鲁润股份	18.71	17.98	17.98	16.05	17.28	22.80	23.99	26.00	27.30	31.95	31.00	29.20
600158	中体产业	10.84	10.76	11.20	10.56	11.76	17.19	14.15	13.90	14.77	15.00	15.25	14.02
600159	宁城老窖	15.07	13.25	13.06	12.37	13.41	16.08	11.73	11.30	12.00	10.53	10.25	10.50
600160	巨化股份	8.66	8.18	8.30	8.2	8.04	11.70	11.27	11.63	11.05	10.48	9.75	10.82
600161	天坛生物	19.15	17.96	17.05	17.90	19.40	19.21	16.35	19.00	19.68	17.99	17.40	17.98
600162	山东临工	7.70	7.92	9.11	8.10	8.44	10.50	9.47	10.06	9.38	8.87	8.46	7.88
600163	福建南纸	6.27	6.11	6.70	6.70	6.73	8.08	7.89	10.10	9.59	8.82	9.02	9.42
600165	宁夏恒力	9.18	8.75	9.28	9.75	10.29	13.35	14.80	15.80	9.71	9.24	9.29	8.07
600166	福田股份	12.28	12.38	12.51	12.21	12.71	18.20	22.45	24.00	23.86	19.80	17.32	16.38
600167	黎明股份	6.28	6.24	6.31	6.28	6.00	7.55	7.54	8.25	7.77	7.31	7.57	7.12
600168	武汉控股	14.18	13.40	13.42	11.58	12.66	14.89	11.45	11.66	11.31	10.58	11.10	9.88
600169	太原重工	5.42	5.12	5.87	7.10	8.85	15.35	8.34	9.23	8.36	7.73	7.17	6.47
600170	上海建工	9.42	8.69	8.86	8.81	9.10	11.50	11.14	10.45	9.90	9.27	9.11	8.53
600171	上海贝岭	15.75	15.10	14.82	14.11	16.39	37.15	26.10	26.61	26.07	23.30	19.23	19.58
600172	黄河旋风	13.45	13.08	13.10	14.00	14.50	23.98	24.38	24.75	12.04	10.75	10.20	9.10
600173	牡丹江				5.91	5.68	7.52	7.20	7.91	7.98	7.87	7.34	7.00
600175	宝华实业				22.50	23.44	33.35	26.59	27.68	29.89	30.40	31.03	29.65
600176	中国化建				5.83	6.06	7.56	7.19	7.45	7.20	7.20	7.00	6.18
600177	雅戈尔	19.59	18.25	18.10	16.59	12.88	16.10	20.70	18.95	17.99	17.90	18.32	18.44
600178	东安动力	10.77	10.43	10.95	9.81	7.59	9.56	9.19	9.98	9.13	8.79	7.45	6.90
600179	黑化股份	5.38	5.00	5.24	5.26	5.15	6.90	7.17	7.27	6.74	6.45	6.23	6.69
600180	九发股份	18.14	17.18	18.10	17.45	13.38	19.04	17.05	18.69	17.55	18.15	17.20	15.53
600181	云大科技	19.33	17.85	16.68	15.30	16.10	22.02	18.75	18.96	19.28	18.70	17.20	17.58
600182	桦林轮胎					4.91	6.82	6.10	6.14	5.81	5.39	5.30	4.78
600183	生益股份	7.42	7.07	7.35	7.08	8.13	9.80	10.28	12.74	14.29	13.37	13.75	13.10
600185	海星科技						21.80	20.38	19.52	20.50	22.50	19.50	20.02
600186	莲花味精	11.28	11.18	11.45	11.81	12.90	15.00	18.51	17.99	8.54	8.13	7.70	6.62
600187	黑龙股份	8.91	8.37	8.93	8.18	8.57	10.68	9.68	10.03	10.15	9.80	10.30	12.09
600188	兖州煤业	5.72	5.36	6.09	5.88	5.84	8.50	8.03	8.85	8.58	8.15	7.42	7.07
600189	吉林森工	7.79	7.47	8.07	7.53	7.56	9.70	9.85	9.92	9.23	8.45	8.81	8.58
600190	锦州港						9.35	9.10	10.20	9.82	9.30	9.74	9.06
600191	华资实业	9.03	8.33	11.98	10.31	11.11	14.45	15.88	19.61	17.19	15.88	14.14	12.67
600192	长城电工	7.89	7.76	7.86	7.61	8.36	10.85	12.40	13.00	12.03	10.54	10.81	10.78
600193	厦门大洋					16.10	17.17	16.75	14.90	15.13	15.40	15.60	14.35
600195	中牧股份	9.08	8.75	8.77	8.12	8.50	12.68	12.82	13.45	8.70	8.09	7.80	6.90
600196	复星实业	29.05	17.72	16.55	16.00	18.72	23.60	23.15	23.00	22.05	20.00	19.28	17.98
600197	伊力特									13.62	14.26	13.56	
600198	大唐电信	23.37	22.31	21.01	20.60	23.92	30.11	25.60	28.50	28.90	26.78	23.05	12.13
600199	金牛实业	11.29	10.45	10.26	9.38	9.90	13.86	12.05	13.33	13.20	13.60	13.01	26.70
600200	江苏吴中				13.52	14.61	19.20	19.86	21.75	14.88	14.15	13.60	11.50
600201	金宇集团	12.10	11.72	12.32	11.64	11.89	16.65	15.18	15.67	15.15	14.62	15.03	12.60
600202	哈空调					6.08	15.10	14.88	13.90	13.96	14.46	14.38	14.45
600203	福日股份					7.75	10.50	8.93	9.99	9.12	9.00	8.17	13.37
600205	山东铝业						7.99	7.94	8.40	8.73	9.02	7.73	7.90
600206	有研硅股			21.20	19.20	24.38	28.02	22.74	25.30	27.69	25.35	22.78	7.42
600207	安彩高科							10.88	10.81	12.68	13.33	11.26	24.12
600208	戴梦得						18.89	17.78	15.39	16.18	17.45	15.35	11.96
600209	罗顿发展			9.07	8.42	11.19	16.08	17.70	15.88	17.86	17.10	16.99	13.88
600210	紫江企业								14.55	14.96	14.51	14.63	16.50
600211	西藏药业							21.15	19.16	20.00	20.98	22.23	12.64
600212	江泉实业								12.55	13.00	12.66	13.20	19.80
600213	亚星客车								11.20	11.35	10.77	9.54	11.88
600215	长春经开									19.98	19.13	18.60	8.50
600216	浙江医药										13.22	12.71	17.26
600217	秦岭水泥												11.25
600218	全柴动力	9.04	8.57	9.90	11.25	12.19	14.60	17.46	16.45	11.81	11.84	11.31	7.31
600219	南山实业												10.97
600220	江苏阳光									20.85	19.55	18.87	11.38
600221	海南航空											5.60	18.14
600222	众生制药											15.52	5.05
600226	升华拜克											19.89	17.35
600228	昌九股份	6.48	6.20	6.72	7.03	7.04	9.00	9.10	8.91	8.70	8.09	8.29	20.05
600239	红河光明												7.62
600266	北京城建		9.08	8.87	8.72	9.86	13.25	14.98	14.38	13.10	12.01	12.23	17.00
600268	国电南自											23.99	10.93
600286	国光瓷业												26.97
600359	新农开发				7.45	9.02	14.75	13.55	10.85	10.88	10.47	9.50	13.90
600600	青岛啤酒	5.50	5.39	5.72	5.78	6.12	8.30	8.50	9.94	9.06	9.21	9.16	8.11
600601	方正科技	13.57	12.89	12.83	11.19	13.22	26.10	19.82	19.29	17.49	16.30	14.35	8.17

续表 1

单位：元

代码	券种	1.29	2.9	3.31	4.30	5.31	6.30	7.30	8.31	9.30	10.29	11.30	12.30
		收盘	收盘	收盘	收盘	收盘	收盘	收盘	收盘	收盘	收盘	收盘	收盘
600602	真空电子	5.92	5.52	6.62	6.66	11.74	15.28	16.08	16.68	15.26	14.13	11.97	18.62
600603	兴业房产	13.30	12.69	11.13	10.88	11.94	20.20	15.24	17.69	16.10	15.00	15.66	10.16
600604	二防机	5.87	5.30	6.67	5.80	6.59	7.32	7.23	8.40	7.68	7.81	7.91	13.88
600605	轻工机械	10.40	9.50	11.54	11.69	10.18	16.20	15.28	14.99	14.60	14.51	14.05	6.73
600606	嘉丰股份		12.26	12.40			16.90	16.56	17.00	16.65	17.00	20.18	13.30
600607	联合实业	16.75	15.22	15.49	13.88	16.79	21.99	17.70	19.00	17.97	16.89	14.83	20.98
600608	一钢异型	5.77	5.63	6.16	5.96	6.14	8.70	8.47	10.29	8.71	8.38	8.46	14.38
600609	一汽金杯	4.58	4.40	4.83	4.95	4.98	6.42	6.53	7.20	6.38	5.94	5.17	6.90
600610	中纺机	6.22	6.35	7.48		6.53	6.72	7.27	9.56	8.43	8.68	8.77	4.69
600611	大众出租	12.67	12.18	12.00	11.89	12.37	15.25	15.15	14.45	13.42	12.89	13.15	6.72
600612	第一铅笔	11.45	11.03	11.79	12.22	15.78	12.40	11.75	12.15	11.40	11.12	10.86	13.18
600613	永生股份	9.95	9.50	11.21	10.45	12.59	12.25	11.79	14.35	13.32	13.20	13.70	10.15
600614	胶带股份	10.04	9.40	10.50	9.47	11.44	12.14	11.79	13.10	12.31	12.15	12.14	11.91
600615	丰华圆珠	13.86	13.35	13.41	12.18	12.71	14.00	14.00	12.45	12.00	12.68	14.22	11.42
600616	第一食品	9.00	8.66	9.40	8.16	8.38	10.20	9.49	10.53	9.78	9.25	10.06	12.40
600617	联华合纤	7.70	7.60	9.05	7.90	14.14	12.20	12.65	13.08	12.51	12.31	12.64	9.25
600618	氯碱华工	11.50	10.53	10.98	9.22	12.05	11.40	10.52	11.45	10.70	10.31	10.45	11.46
600619	冰箱压缩	8.10	8.11	8.67	7.38	8.20	9.71	10.42	11.07	10.02	9.85	10.20	9.19
600620	联农股份	14.69	14.49	15.20	14.42	15.50	14.10	12.25	12.99	12.91	12.55	11.85	9.33
600621	上海金陵	12.50	12.52	13.98	9.29	10.37	16.90	15.37	13.70	12.25	11.12	11.70	9.46
600622	嘉宝实业	7.50	7.25	8.12	7.74	10.65	10.96	10.26	10.23	10.31	9.90	9.03	10.57
600623	轮胎橡胶	10.00	9.38	10.69	9.10	10.01	11.52	10.70	11.25	10.33	9.93	9.90	7.90
600624	复华实业	9.68	8.78	11.34	9.85	11.42	17.37	11.67	13.73	14.95	13.80	12.42	9.02
600625	水仙电器	6.75	6.30	8.14	6.68	6.58	8.68	9.20	9.80	8.66	8.97	8.90	13.78
600626	申达股份	6.15	5.96	6.45	6.48	7.03	8.70	8.20	9.38	9.41	8.74	9.58	7.10
600627	电器股份	6.65	6.70	8.18	7.14	7.41	12.29	11.62	13.15	11.60	11.80	11.61	8.77
600628	新世界	8.12	7.82	7.95	7.78	7.94	10.29	9.57	10.03	9.24	8.76	8.95	10.50
600629	棱光实业	8.50	8.26	9.84	8.33	9.04	10.95	8.95	9.40	8.82	8.49	8.28	8.65
600630	龙头股份	6.29	5.94	6.49	7.35	8.05	10.97	10.50	11.53	10.56	9.80	9.72	7.28
600631	第一百货	7.07	6.75	6.53	6.45	6.68	8.46	10.88	11.16	10.90	10.15	10.23	8.16
600632	华联商厦	8.27	7.10	7.80	7.18	7.46	9.50	7.75	8.23	7.84	7.23	7.28	9.78
600633	双鹿电器		8.50	9.50	8.20	7.67	8.37						7.23
600634	海鸟电子	10.52	8.90	10.75	10.70	10.58	13.42	11.77	12.80	12.65	12.20	12.17	10.85
600635	浦东大众	7.90	7.42	7.90	8.09	8.28	12.52	11.35	12.36	11.42	10.68	9.77	9.10
600636	三爱富	10.17	9.35	11.17	10.93	9.10	11.40	10.99	11.85	12.97	12.74	12.06	11.45
600637	广电股份	9.30	9.20	12.50	10.74	21.34	24.12	18.09	20.54	18.35	19.60	18.35	16.93
600638	新黄埔	13.97	13.89	15.14	13.83	15.39	19.57	17.21	15.33	16.16	15.40	14.98	13.82
600639	浦东金桥	9.84	9.33	9.45	8.85	10.23	11.78	12.58	12.08	11.46	11.00	12.14	10.88
600640	国脉通信	13.30	12.50	13.84	11.34	16.88	19.60	18.20	18.00	17.30	19.13	15.80	14.52
600641	中远发展	13.36	12.33	12.87	12.38	13.00	17.60	17.96	16.90	17.15	17.39	19.31	19.99
600642	申能股份	7.99	7.18	7.30	8.48	12.05	11.80	13.30	12.30	11.36	13.09	12.75	12.10
600643	爱建股份	12.88	11.32	11.65	10.47	13.12	16.75	14.70	12.92	13.00	12.01	11.55	10.43
600644	乐山电力	7.78	6.88	7.47	7.38	8.20	9.50	8.41	8.69	8.14	7.70	7.52	6.89
600645	望春花	9.30	10.29	10.77	9.00	9.35	11.60	11.07	12.20	11.76	11.25	11.65	11.20
600646	国嘉实业	29.30	30.80	35.89	19.50	25.80	32.85	26.35	24.68	23.95	23.10	19.05	21.38
600647	粤海发展		16.72	18.30	14.50	14.70	19.61	16.10	13.31	14.59	13.40	14.65	13.32
600648	外高桥	13.40	12.72	13.61	13.28	14.23	15.86	20.58	17.39	16.85	16.50	19.00	17.58
600649	原水股份	6.56	6.15	6.41	6.49	7.17	8.00	8.36	8.66	8.48	8.29	7.54	7.39
600650	新锦江	7.08	6.84	7.63	7.30	7.68	9.45	8.80	9.50	9.23	9.14	8.79	7.95
600651	飞乐音响	14.15	13.14	13.88	12.76	14.99	18.70	13.85	14.66	14.30	13.57	13.28	12.98
600652	爱使股份	11.70	10.93	11.26	10.11	11.86	20.89	15.65	18.66	19.55	11.62	11.18	10.34
600653	申华实业	12.24	12.46	14.49	13.28	8.54	14.90	14.04	13.34	14.25	14.67	12.38	11.43
600654	飞乐股份	7.46	6.80	7.34	6.80	7.81	12.89	11.40	12.33	11.21	10.24	9.37	8.74
600655	豫园商城	8.27	7.95	7.91	7.73	8.04	10.19	9.39	9.69	9.20	8.73	8.48	7.71
600656	浙江凤凰	8.72	8.07	8.27	7.52	7.62	11.80	10.35	11.34	12.50	13.00	11.87	11.49
600657	青鸟天桥	19.90	19.99	20.27	16.89	18.20	26.48	29.38	26.40	24.60	23.70	21.35	24.00
600658	北京天龙	5.89	5.70	8.72	7.26	7.88	11.20	9.13	10.65	9.85	9.10	8.45	7.21
600659	福建福联	7.27	6.92	8.80	7.81	8.26	12.16	10.17	11.24	10.20	9.43	10.46	9.00
600660	福耀玻璃	5.73	5.44	6.43	6.89	6.79	8.60	9.14	8.73	7.99	8.12	8.31	8.57
600661	南洋实业	13.00	12.67	13.74	12.30	14.70	28.00	24.85	26.95	26.28	16.96	16.98	17.58
600662	上海强生	9.02	9.00	8.94	8.10	8.39	11.60	11.49	11.27	10.46	9.81	9.88	8.90
600663	陆家嘴	14.56	13.89	13.84	13.52	15.24	21.31	15.50	14.05	13.79	13.09	14.55	13.19
600664	哈医药	6.55	5.94	6.20	6.00	6.03	10.65	10.30	9.83	9.46	8.75	8.22	7.95
600665	沪昌特钢	4.55	4.31	4.58	5.98	6.40	8.22	10.78	10.10	8.05	8.64	8.28	7.14
600666	西南药业	7.10	6.65	7.12	7.60	7.18	10.07	9.68	10.61	10.05	8.81	8.93	7.64
600667	太极实业	5.26	5.12	5.46	5.61	5.86	8.05	6.97	6.24	6.45	6.18	6.20	5.37
600668	尖峰集团	5.76	5.48	5.73	6.60	6.94	7.80	7.12	6.93	7.30	6.67	6.90	6.40
600669	鞍山合成	13.77	12.60	13.98	14.24	15.95	25.29	17.30	15.10	14.36	12.90	11.13	10.40
600670	ST 高斯达		6.15	6.93	6.92	7.23	11.00	9.00	8.66	8.30	7.51	7.35	7.12
600671	天目药业	7.26	6.99	7.82	7.28	7.86	11.02	10.09	12.55	12.44	12.25	12.06	10.30
600672	英豪科技	15.40	15.10	18.25	9.96	15.00	25.60	24.20	19.13	17.51	15.53	16.30	15.50
600673	成量股份	5.68	5.36	6.84	6.88	7.48	10.90	9.58	11.07	9.67	9.32	8.56	7.49
600674	川投控股	7.28	6.32	7.10	6.51	6.24	8.98	7.84	7.56	7.25	7.18	7.06	6.57
600675	中华企业	7.55	7.43	7.60	7.97	8.65	9.70	10.00	9.20	9.03	8.28	8.79	8.01
600676	交运股份	18.01	18.76	18.52	15.98	15.24	17.18	14.33	14.50	14.00	13.82	12.95	11.93
600677	浙江中汇	5.49	5.25	6.03	6.37	6.90	8.74	7.30	8.49	9.00	9.46	8.73	9.19
600678	四川金顶	6.20	5.28	6.12	5.85	5.61	7.02	7.37	6.97	6.57	6.08	6.15	5.63
600679	凤凰股份	7.08	6.90	8.45	7.99	8.62	10.00	9.48	11.25	10.15	9.69	9.90	8.58
600680	邮通设备	12.83	12.15	13.30	12.05	14.96	24.00	13.08	14.11	13.86	13.80	12.60	12.06
600681	诚成文化	8.50	8.15	9.85	9.30	9.20	11.16	10.79	13.40	12.90	13.50	11.60	10.21
600682	南京新百	8.47	7.48	8.09	7.93	8.49	12.20	11.38	12.50	11.06	10.88	8.93	8.49
600683	宁波华联	6.42	5.97	6.73	5.64	5.75	7.43	6.55	8.22	7.43	7.10	6.70	6.10
600684	珠江实业	6.82	6.51	6.99	7.13	7.38	8.58	8.50	8.38	8.20	7.91	8.12	7.10
600685	广船国际	3.72	3.59	3.89	4.03	3.99	5.96	4.93	5.68	5.49	5.79	5.31	4.70
600686	厦门汽车	10.37	10.45	12.08	12.13	8.80	9.56	9.22	9.39	8.88	8.15	7.03	6.67
600687	国泰股份	10.39	9.99	11.10	10.12	10.95	12.28	11.84	11.64	11.93	12.62	12.45	10.59
600688	上海石化	2.90	2.78	2.90	2.93	3.36	5.02	4.20	4.55	4.37	4.05	3.58	32.54
600689	上海三毛	6.68	6.08	7.18	6.17	7.29	15.36	15.30	12.78	11.95	10.59	12.12	10.92

续表 1

单位：元

代码	券种	1.29 收盘	2.9 收盘	3.31 收盘	4.30 收盘	5.31 收盘	6.30 收盘	7.30 收盘	8.31 收盘	9.30 收盘	10.29 收盘	11.30 收盘	12.30 收盘
600690	青岛海尔	16.74	16.56	16.25	14.70	17.50	22.73	20.68	18.00	17.17	16.10	15.79	16.31
600691	ST 东碳	6.62	6.70	8.00	6.71	6.31	7.60	9.22	8.55	8.85	10.08	9.75	11.00
600692	亚通股份	12.80	11.47	12.49	12.19	14.55	14.30	13.78	14.95	14.25	13.45	12.81	12.70
600693	东百集团	7.36	6.80	7.85	8.92	12.32	12.30	10.05	10.56	10.40	9.59	8.76	7.96
600694	大连商场	6.85	6.43	7.08	6.56	6.48	8.20	7.35	7.32	7.36	6.80	6.67	6.07
600695	大江股份	7.53	7.34	8.38	7.60	8.35	9.00	10.70	11.12	10.04	9.48	9.50	8.64
600696	福建豪盛	4.55	4.28	5.25	4.82	6.32	7.07	6.10	6.73	6.39	5.94	5.69	5.20
600697	欧亚集团	7.78	7.15	8.44	8.25	10.04	15.88	17.08	15.52	14.80	13.74	15.00	11.98
600698	济南轻骑	6.19	5.96	6.20	6.02	6.18	8.04	6.69	6.32	6.13	6.10	5.78	5.15
600699	辽源得亨	10.15	10.26	9.18	7.70	8.14	10.15	8.55	8.50	8.75	8.34	8.48	8.10
600700	百隆股份	11.09	10.19	12.22	11.38	13.20	18.50	22.38	20.58	12.70	12.60	13.95	12.98
600701	工大高新	10.69	10.16	11.55	12.98	14.99	15.44	12.99	13.03	13.28	12.67	11.58	11.23
600702	沱牌曲酒	12.40	11.36	12.25	10.09	10.64	13.40	11.10	10.85	11.09	11.10	10.43	9.34
600703	活力 28	10.22	9.80	10.96	10.42	9.06	11.50	9.00	8.49	8.35	8.10	7.26	6.45
600704	中大股份	12.23	11.50	10.96	12.04	16.15	17.20	15.69	16.60	16.60	15.28	13.13	12.50
600705	北亚集团	6.89	7.05	7.58	7.48	10.02	13.35	14.90	15.18	15.00	10.99	8.72	7.90
600706	长安信息	10.80	10.30	11.48	10.40	16.06	15.93	12.26	12.78	13.15	13.82	13.27	12.24
600707	彩虹股份	7.80	7.89	7.76	7.07	7.27	10.46	14.98	13.38	12.26	11.08	10.36	11.35
600708	东海股份	11.00	11.40	14.67	8.69	10.16	10.38	10.21	12.20	11.03	11.02	9.45	9.50
600709	蓝田股份	10.62	10.68	12.08	13.16	16.15	21.60	19.20	19.95	18.95	15.91	14.53	12.97
600710	常林股份	5.67	5.70	6.13	6.20	6.93	7.37	6.88	7.35	7.13	6.65	6.39	6.25
600711	雄震集团	14.14	11.80	12.90	12.13	11.85	14.65	13.48	13.90	14.06	15.08	13.69	12.28
600712	南宁百货	10.35	11.00	11.35	11.38	13.50	16.60	16.20	17.59	17.40	16.30	16.45	12.95
600713	南京医药	9.86	9.16	9.37	9.02	9.90	11.87	11.12	11.40	11.08	10.28	10.20	9.32
600714	山川股份	7.74	7.57	8.94	7.79	8.03	9.43	8.60	9.50	9.35	10.00	10.32	8.33
600715	ST 松辽	5.95	6.47	7.35	6.39	6.39	7.29	7.72	9.45	9.72	8.70	8.12	8.30
600716	耀华玻璃	5.22	5.14	5.56	5.41	5.22	6.31	6.18	7.00	6.28	5.82	5.75	5.48
600717	津港储运	9.01	8.31	8.41	8.41	9.65	11.07	9.92	10.37	10.02	9.27	10.20	8.90
600718	东大阿派	27.38	27.79	27.65	20.00	24.95	43.00	36.70	34.88	31.15	29.00	27.83	32.00
600719	大连热电	9.90	8.96	8.98	8.08	8.40	11.09	9.49	10.31	9.95	9.37	9.07	8.64
600720	祁连山	8.80	8.75	8.16	7.30	7.45	9.12	8.19	8.82	8.68	8.42	8.64	8.42
600721	百花村	6.42.	6.26	7.44	6.51	6.31	8.76	8.20	9.92	8.80	7.93	8.37	8.10
600722	沧州化工	10.01	8.40	10.44	11.11	21.18	25.47	25.10	26.81	15.25	15.17	14.44	14.76
600723	西单商场	5.71	5.33	6.01	5.85	7.19	8.27	7.67	8.20	7.60	7.21	6.68	6.00
600724	宁波富达	11.46	10.58	11.30	10.85	13.18	16.20	14.40	14.65	13.60	13.19	13.67	13.40
600725	云维股份	7.78	7.00	9.47	8.19	7.93	9.86	8.80	10.18	9.65	10.63	11.00	9.95
600726	龙电股份	9.75	9.21	9.30	8.89	9.38	11.48	12.94	13.48	12.52	11.79	10.33	9.82
600727	鲁北化工	25.10	23.58	25.76	24.40	17.51	24.18	24.90	22.80	21.90	20.20	19.06	18.90
600728	远洋渔业	8.08	7.97	8.52	7.71	7.58	9.00	10.45	10.98	10.98	15.00	15.39	15.15
600729	重庆百货	9.96	10.05	10.88	10.96	12.63	19.25	20.58	19.27	16.50	16.08	13.71	14.70
600730	中国高科	10.00	9.15	10.00	9.95	12.88	14.50	15.38	20.34	15.60	15.25	14.00	14.66
600731	湖南海利	8.10	7.73	8.63	7.90	7.80	10.00	11.03	12.46	12.75	11.94	12.69	11.78
600732	上海港机	6.66	6.26	6.80	6.20	6.12	7.69	7.72	9.09	8.38	8.16	7.78	7.28
600733	前锋股份	21.00	21.90	22.66	22.75	16.99	19.35	19.60	17.95	18.20	17.28	15.67	16.49
600734	实达电脑	11.45	10.63	10.99	10.01	13.13	16.40	18.52	15.90	15.00	14.08	12.30	12.80
600735	兰陵陈香	9.03	8.08	8.31	7.80	7.78	11.08	10.28	12.45	11.21	9.91	9.75	8.61
600736	苏州高新	15.71	16.18	17.78	18.88	13.45	17.98	15.88	15.26	15.22	14.55	13.41	13.09
600737	新疆屯河	16.44	15.85	15.70	14.69	17.70	17.19	15.67	17.38	16.78	16.24	16.35	16.72
600738	兰州民百	7.80	8.25	7.34	7.84	10.60	14.59	14.80	12.81	10.78	11.15	10.04	9.10
600739	辽宁成大	14.48	13.18	15.22	13.95	15.75	21.51	19.50	25.09	24.99	23.58	24.00	22.49
600740	山西焦化	7.00	6.75	7.18	6.90	7.06	9.80	10.04	10.10	9.01	8.75	9.20	9.85
600741	巴士股份	10.80	10.59	9.71	9.40	9.68	15.25	13.75	13.85	12.25	11.80	11.60	12.00
600742	一汽四环	12.48	11.97	12.94	14.19	14.54	20.10	18.65	18.78	18.00	17.20		10.07
600743	幸福实业	8.70	8.05	12.91	7.93	7.90	9.52	8.68	9.14	8.88	8.60	8.10	7.26
600744	华银电力	11.52	11.05	9.15	10.30	10.37	13.79	14.79	13.48	12.75	9.10	8.40	7.70
600745	康赛集团	11.02	10.25	10.33	8.94	10.60	15.00	13.90	10.89	10.50	10.10	10.55	8.95
600746	江苏索谱	9.10	9.38	11.19	9.00	9.50	13.24	12.49	12.30	13.96	14.65	12.79	13.50
600747	大显股份	16.10	15.80	15.91	19.55	25.03	24.80	22.76	20.65	13.47	12.10	11.64	12.10
600748	浦东不锈	7.52	7.10	8.40	8.02	8.08	7.00	6.68	6.66	6.61	6.30	6.05	5.21
600749	西藏圣地	11.14	10.01	12.74	11.21	11.54	13.30	11.85	13.17	12.18	12.25	15.30	11.54
600750	东风药业	11.42	11.38	13.29	13.38	15.95	19.98	19.04	16.87	14.89	13.86	13.38	12.98
600751	天津海运	12.31	12.25	14.18	13.29	13.33	20.98	19.66	10.20	9.36	8.20	8.75	8.18
600752	哈慈股份	12.80	12.08	11.83	10.34	11.78	14.10	12.85	11.12	10.86	11.02	10.39	9.00
600753	冰熊股份	7.53	7.32	11.80	11.70	12.98	12.80	13.00	16.08	14.50	13.90	12.59	12.93
600754	新亚股份	7.86	7.56	8.35	7.40	7.48	8.89	8.85	9.83	8.70	8.23	8.48	8.23
600755	厦门国贸	12.96	10.59	10.98	9.14	11.43	12.64	13.41	14.76	12.40	11.49	10.84	9.79
600756	泰山旅游	10.25	9.12	10.36	9.59	10.30	13.27	11.45	11.40	10.95	10.19	10.15	9.65
600757	华源发展	9.16	8.85	8.84	7.98	8.08	10.35	12.50	13.94	13.60	13.36	11.90	11.86
600758	ST 金帝	9.51	8.94	9.90	7.15	7.48	7.55	8.15	8.35	8.40	7.40	6.88	6.80
600759	ST 琼华侨	5.71	5.37	6.29	5.50	5.88	5.70	5.88	5.80	5.80	5.80	5.44	4.94
600760	山东黑豹	12.22	11.53	11.28	9.40	10.44	14.16	10.84	11.09	10.48	9.75	8.60	7.70
600761	安徽合力	7.60	7.34	8.00	8.46	8.59	11.10	8.85	8.90	8.90	8.40	8.54	7.40
600762	飞龙实业	8.96	8.40	11.26	10.74	8.98	10.20	11.05	13.00	12.46	13.75	13.42	10.60
600763	北京中燕	6.63	6.48	8.09	8.18	9.56	10.00	9.42	10.47	9.96	9.09	8.42	7.65
600764	三星石化	11.19	11.18	10.90	10.35	9.91	13.70	12.70	9.50	9.40	8.58	9.15	8.52
600765	力源液压	10.21	9.47	8.89	7.48	7.70	9.15	8.65	9.18	8.87	9.81	9.13	7.94
600766	烟台发展	12.75	11.24	11.67	9.67	10.45	15.20	12.05	13.00	13.04	12.90	12.17	12.00
600767	运盛实业	8.90	8.40	8.52	8.13	8.30	10.16	11.51	11.88	12.98	12.36	11.97	7.70
600768	宁波华通	18.22	17.69	17.18	9.52	13.25	17.48	17.00	15.25	14.40	13.83	12.59	15.00
600769	祥龙电业	14.85	15.25	14.47	7.64	8.17	10.15	9.16	9.46	8.77	8.36	8.39	7.85
600770	综艺股份	10.76	10.88	11.76	11.00	18.45	29.20	32.90	35.70	30.98	21.69	22.49	26.20
600771	同仁铝业	9.90	8.95	10.75	11.19	11.20	13.33	12.70	14.90	18.11	21.80	23.53	24.30
600772	石油龙昌	17.95	18.00	19.00	20.29	29.29	20.32	17.15	17.80	16.50	13.60	14.78	15.13
600773	西藏金珠	8.40	8.00	9.09	9.07	9.76	11.75	12.00	11.80	11.14	10.67	11.72	10.23
600774	汉商集团	13.49	12.39	14.17	11.98	11.50	13.20	11.86	12.60	12.70	12.22	13.00	11.60
600775	ST 熊猫	6.55	6.21	7.38	6.48	7.26	9.24	12.97	12.56	11.25	10.02	10.55	11.10
600776	东方通信	16.98	16.42	15.79	13.88	16.15	26.00	25.98	26.20	25.29	21.60	18.04	20.29
600777	新潮实业	9.10	8.50	9.30	8.35	8.93	11.00	9.79	10.99	10.18	9.48	9.50	8.84

续表 1

单位：元

代码	券种	1.29	2.9	3.31	4.30	5.31	6.30	7.30	8.31	9.30	10.29	11.30	12.30
		收盘	收盘	收盘	收盘	收盘	收盘	收盘	收盘	收盘	收盘	收盘	收盘
600778	友好集团	9.68	9.55	10.05	9.84	12.85	12.62	10.18	10.78	10.02	9.67	8.20	7.86
600779	全兴股份	11.71	13.98	13.69	13.75	16.40	35.50	34.30	19.66	18.20	18.60	18.45	22.33
600780	通宝能源	10.96	11.00	10.10	10.25	12.39	16.28	16.15	14.28	13.90	8.14	7.55	6.78
600781	民丰实业	9.11	9.14	9.99	8.98	11.15	14.19	13.88	14.28	13.38	12.25	13.40	11.49
600782	新华股份	16.79	15.75	14.76	11.00	14.10	18.36	13.69	14.60	14.38	11.72	11.38	10.18
600783	四砂股份	13.01	12.48	13.69	13.25	11.10	12.39	10.50	10.57	10.58	10.65	8.66	9.00
600784	鲁银投资	10.15	9.18	9.45	8.92	10.42	14.61	15.31	14.00	15.35	13.50	11.10	8.40
600785	新华百货	7.88	8.05	8.80	8.32	8.30	13.26	12.84	14.51	14.68	12.98	10.20	9.65
600786	东方锅炉	5.58	5.18	6.20	5.74	5.48	6.66	6.52	8.11	7.61	7.00	7.35	6.42
600787	中储股份	10.16	10.37	12.41	12.88	9.28	17.80	19.31	18.60	19.99	20.80	16.55	17.87
600788	达尔曼	18.20	16.91	15.78	13.30	15.60	18.50	15.45	16.60	15.43	16.06	15.41	13.20
600789	鲁抗医药	5.97	5.52	5.82	6.26	5.92	8.45	7.98	8.02	7.48	7.10	6.46	6.26
600790	轻纺城	12.85	12.15	12.37	10.58	11.83	13.96	13.99	13.30	13.90	12.90	12.82	10.80
600791	贵华旅业	11.73	10.33	12.98	10.80	11.41	13.18	11.65	12.30	11.9	11.85	13.10	11.78
600792	云南马龙	9.17	9.05	10.96	9.27	9.77	11.54	11.09	11.52	13.30	13.35	12.30	11.81
600793	宜宾纸业	7.25	6.90	7.76	8.95	8.99	10.60	9.28	10.88	12.24	9.90	13.84	10.60
600794	大理造纸	10.83	11.18	11.98	13.20	14.48	17.59	18.50	18.74	17.55	10.83	9.58	9.46
600795	东北热电	23.18	23.05	23.60	24.07	16.90	21.30	21.58	21.58	20.70	20.35	22.20	21.20
600796	钱江生化	25.45	24.99	14.83	13.78	14.79	17.50	17.10	19.38	17.85	17.84	17.70	17.88
600797	浙江天然	12.10	12.98	13.08	7.00	9.40	13.50	14.66	16.78	15.70	15.10		13.09
600798	宁波海运	13.79	12.88	12.20	13.73	6.89	9.26	8.44	9.54	8.60	8.09	8.05	6.79
600799	科利华	12.87	11.69	14.70	17.10	17.05	22.60	27.00	25.92	23.55	17.88	17.15	19.58
600800	天津磁卡	16.10	14.97	15.40	14.20	15.72	24.70	20.75	18.71	19.60	22.50	22.08	23.05
600801	华新水泥	6.22	5.67	6.02	5.64	5.79	6.92	6.44	7.04	6.67	6.39	6.95	6.04
600802	福建水泥	5.58	5.32	6.03	6.10	5.90	7.70	7.68	8.07	7.41	6.83	6.65	6.18
600803	河北威远	10.78	10.21	10.75	11.00	11.72	12.98	11.88	12.50	11.85	11.26	10.48	9.04
600804	工益股份	6.85	6.55	7.17	6.50	6.93	13.65	9.50	9.82	8.72	8.18	8.24	7.25
600805	江苏悦达	5.64	5.46	5.70	5.44	5.32	7.78	7.77	8.12	7.50	7.15	6.78	6.75
600806	昆明机床	5.06	5.82	8.31	8.18	8.28	12.45	9.07	10.47	9.34	8.90	8.34	7.70
600807	济南百货	8.85	8.49	9.86	9.20	9.40	13.44	10.30	10.37	10.20	9.38	9.28	8.36
600808	马钢股份	2.32	2.25	2.33	2.41	2.95	3.83	3.19	3.33	3.27	3.08	2.77	2.58
600809	山西汾酒	5.36	5.20	5.62	5.66	5.75	7.30	7.52	8.88	7.60	7.33	6.55	5.98
600810	神马实业	12.55	11.67	11.72	10.27	10.50	13.35	11.22	9.35	9.41	9.24	9.44	7.89
600811	东方集团	6.20	5.80	6.29	6.71	6.90	10.99	9.55	8.00	7.50	6.85	6.82	6.13
600812	华北制药	3.93	3.81	4.04	3.92	3.95	5.34	4.54	5.36	5.29	4.97	4.54	4.14
600813	ST 鞍一工		4.70	5.27	4.86	5.13	6.00	5.45	6.20	5.64	5.35	4.55	4.65
600814	杭州解百	6.02	6.03	6.38	7.11	8.15	9.99	9.50	9.78	8.65	7.95	7.94	6.95
600815	厦工股份	5.10	5.02	5.45	5.48	6.21	7.99	6.80	7.50	7.02	6.71	6.44	5.89
600816	鞍山信托	6.98	6.50	7.01	6.88	9.25	11.20	9.08	9.41	9.94	9.31	8.88	8.40
600817	良华实业	11.17	11.21	12.73	14.38	13.05	13.60	14.15	15.06	14.65	14.80	14.65	12.98
600818	ST 永久	8.05	7.87	9.10	7.81	7.08	7.74	8.25	9.81	8.90	8.50	8.95	7.38
600819	耀皮玻璃	6.15	5.88	6.73	6.48	6.75	9.95	12.08	10.35	12.79	14.04	14.03	14.40
600820	隧道股份	11.70	8.54	9.01	9.33	11.48	12.00	11.24	11.25	10.70	10.32	9.89	9.60
600821	津劝业	5.03	5.14	5.21	5.06	5.08	7.41	7.99	8.08	7.58	6.80	7.34	6.60
600822	物贸中心	7.78	7.90	8.96	8.19	9.10	10.00	12.20	12.57	11.80	11.11	11.40	10.25
600823	万象集团	7.40	7.20	7.58	7.30	7.45	9.20	8.80	9.79	8.80	8.50	8.61	8.24
600824	益民百货	7.56	7.15	7.50	7.00	7.16	8.70	9.03	10.21	8.90	8.50	8.65	8.08
600825	时装股份	9.30	9.17	10.33	9.21	9.90	11.32	11.64	12.50	11.65	11.36	12.95	15.50
600826	兰生股份	8.01	7.39	7.90	7.55	9.20	12.45	12.48	13.80	12.44	11.20	11.50	10.60
600827	友谊华侨	8.29	8.08	8.86	8.37	8.60	13.50	10.04	10.77	10.20	9.48	9.78	9.18
600828	成商集团	10.75	8.97	9.20	8.15	8.56	10.19	9.90	11.50	10.70	10.25	10.72	9.45
600829	天鹅股份	6.58	6.29	7.39	7.32	7.10	8.20	9.13	9.90	9.78	10.68	9.44	7.79
600830	甬城隍庙	12.16		12.09	12.10	12.70	14.68	15.58	17.09	17.00	11.88	10.30	10.55
600831	ST 黄河科	5.46	5.26	6.59	7.00	6.84	8.62	7.87	9.30	8.01	7.51	7.96	7.92
600832	东方明珠	14.38	13.47	14.08	15.50	30.73	36.86	26.50	26.82	25.06	24.80	23.08	22.95
600833	ST 网点	7.96	7.61	8.97	6.87	6.58	6.96	7.49	7.88	7.55	6.96	6.88	6.50
600834	凌桥股份	9.40	8.96	9.21	9.48	10.94	16.99	17.90	16.59	14.15	15.18	15.54	10.93
600835	上菱电器	14.00	13.38	14.10	14.15	15.40	24.50	17.20	15.65	15.13	13.05	13.24	11.00
600836	界龙实业	7.87	7.25	8.83	8.00	8.18	10.02	12.72	13.30	11.43	11.90	11.90	9.63
600837	农垦商社	4.41	3.80	5.18	4.59	5.41	5.91						
600838	上海九百	8.26	7.88	8.13	7.10	8.00	9.12	9.30	11.85	11.50	12.23	11.47	10.58
600839	四川长虹	16.37	15.61	14.97	13.99	17.70	24.87	18.98	17.54	16.80	15.23	14.10	13.18
600840	浙江创业	6.28	6.09	6.95	7.03	8.57	11.79	9.35	10.72	10.49	9.80	9.23	7.80
600841	上柴股份	9.00	9.26	9.68	9.00	10.13	11.00	10.91	12.35	11.14	12.04	11.62	10.03
600842	中西药业	11.24	10.69	12.30	10.34	10.83	12.60	23.68	20.90	19.77	18.05	11.59	10.50
600843	上工股份	7.47	7.18	9.37	8.03	8.40	10.28	10.33	12.60	11.69	12.61	11.50	9.92
600844	英雄股份	8.45	7.88	8.85	8.95	12.05	14.99	14.48	15.20	13.56	12.93	13.20	10.38
600845	上海钢管	6.63	6.13	8.03	7.74	8.95	8.92	9.22	11.59	10.49	11.36	11.70	10.72
600846	同济科技	12.89	11.66	12.50	12.96	15.39	16.91	13.92	17.38	18.47	17.80	16.08	18.00
600847	ST 渝万里	6.55	6.19	7.48	6.61	6.60	7.00	9.13	10.18	8.75	9.55	8.97	8.36
600848	自仪股份	6.60	6.23	7.28	6.95	7.36	8.75	9.11	11.10	10.39	10.70	10.90	9.39
600849	上海医药	16.28	15.75	15.05	14.93	12.85	16.80	15.65	16.20	15.69	14.69	13.23	12.80
600850	华东电脑	12.54	11.90	13.07	13.00	13.93	16.89	16.68	16.75	16.20	16.75	15.42	16.00
600851	海欣股份	9.18	8.73	9.46	8.92	9.24	11.68	11.61	12.85	12.15	11.88	11.69	10.90
600852	ST 中川	12.60	13.30	13.70	13.42	14.41	20.70	14.00	12.18	11.80	10.98	12.00	11.95
600853	北满特钢	3.48	3.40	3.54	3.66	3.80	4.58	4.10	4.44	4.18	4.05	3.75	3.50
600854	春兰股份	26.30	24.61	23.70	23.22	25.25	29.30	25.45	23.98	22.72	20.68	20.23	19.25
600855	ST 北旅	7.95	8.28	8.19	9.15	7.80	12.57	12.58	15.09	14.40	14.05	11.16	10.93
600856	长百集团	6.67	6.10	6.60	6.15	6.47	9.01	8.08	9.55	8.43	8.15	8.84	8.05
600857	宁波中百	11.90	11.39	13.05	14.90	14.05	21.66	18.57	21.40	19.35	17.52	17.44	16.23
600858	渤海集团	8.60	7.50	8.87	7.36	6.98	10.00	8.39	9.10	8.36	7.76	7.32	6.88
600859	王府井	6.58	5.70	6.40	5.66	5.90	7.28	7.50	8.15	8.05	7.35	7.02	6.26
600860	北人股份	5.18	5.00	6.18	5.66	5.64	7.29	6.88	8.40	7.73	7.60	6.78	6.57
600861	北京城乡	8.95	8.82	10.76	8.88	9.43	15.15	13.55	14.88	14.41	13.37	8.15	7.15
600862	南通机床	10.50	11.35	14.40	17.20	20.98	35.00	36.85	36.69	18.99	16.69	13.99	14.00
600863	内蒙华电	6.91	6.57	6.76	6.86	8.00	8.47	7.75	7.40	7.34	6.91	6.75	6.42
600864	岁宝热电	9.96	9.85	9.70	10.07	10.20	13.69	12.40	10.15	10.34	9.68	10.75	8.52
600865	百大集团	6.75	6.38	6.38	6.40	6.65	8.09	6.95	7.44	6.88	6.45	6.50	5.88

续表 1　　单位:元

代码	券种	1.29	2.9	3.31	4.30	5.31	6.30	7.30	8.31	9.30	10.29	11.30	12.30
		收盘	收盘	收盘	收盘	收盘	收盘	收盘	收盘	收盘	收盘	收盘	收盘
600866	星湖股份	12.29	11.86	11.90	10.00	10.17	13.60	11.35	11.45	10.72	10.10	9.50	8.97
600867	通化东宝	10.95	10.74	10.94	10.04	10.00	13.95	9.79	9.30	9.20	8.92	8.44	7.71
600868	梅雁股份	7.38	7.34	8.56	5.09	5.04	7.58	6.38	6.68	6.19	5.68	5.32	5.18
600869	青海三普	7.13	7.06	8.33	7.20	7.19	8.75	9.85	10.86	9.90	9.50	10.45	9.60
600870	厦华电子	10.48	10.14	10.40	14.00	15.70	16.86	16.21	16.58	18.75	18.60	17.56	16.66
600871	仪征化纤	3.02	2.91	3.44	3.68	3.82	5.08	5.02	5.70	5.41	5.09	4.60	4.87
600872	中山火炬	6.55	6.20	6.36	6.93	7.28	7.74	6.30	7.13	7.26	6.81	6.26	6.15
600873	西藏明珠	6.36	6.28	7.00	6.70	6.78	8.28	7.64	8.27	8.22	8.76	8.68	6.90
600874	ST 渤化	2.98	2.96	3.44	3.57	3.27	3.84	3.90	4.06	4.31	3.86	4.30	6.03
600875	东方电机	4.98	4.85	5.80	5.40	5.42	6.83	6.43	7.35	6.66	6.42	5.55	6.91
600876	ST 洛玻	3.97	4.20	5.36	4.94	4.35	5.20	5.51	5.61	5.85	5.38	6.28	5.75
600877	中国嘉陵	6.20	6.12	6.42	6.40	6.63	9.00	7.80	6.90	7.32	8.05	7.35	5.32
600878	北大车行	8.85	9.28	10.80	12.96	13.39	15.97	20.80	20.05	15.69	14.83	13.28	12.17
600879	武汉电缆	8.20	7.65	8.96	9.73	11.51	24.20	18.47	20.11	19.78	19.60	21.37	20.00
600880	四川电器	11.30	11.10	12.90	12.96	14.40	25.65	25.90	25.80	16.98	14.58	14.28	14.88
600881	亚泰集团	10.26	10.05	10.72	7.20	6.97	8.95	8.47	8.58	8.50	7.54	7.42	7.09
600882	山东农药	6.83	6.37	7.07	6.65	6.63	8.70	7.85	9.86	9.73	8.22	7.60	7.28
600883	云南保山	10.33	11.66	12.23	15.18	17.59	26.79	25.39	20.89	20.06	18.06	17.11	17.80
600884	杉杉股份	14.26	15.52	15.75	15.08	16.09	18.20	20.24	21.05	13.47	12.90	12.93	12.30
600885	双虎涂料	7.47	6.89	8.21	8.79	11.69	16.66	15.98	12.87	12.57	11.44	7.71	6.91
600886	湖北兴化	13.60	12.17	12.04	9.23	10.20	15.65	12.61	9.44	9.28	9.39	9.23	8.98
600887	伊利股份	18.95	19.00	18.10	18.03	23.41	35.50	34.77	26.64	25.39	25.70	25.80	20.00
600888	新疆众和	8.38	8.98	8.40	7.98	8.18	11.05	10.30	14.01	12.30	12.43	11.15	9.75
600889	南京化纤	7.66	7.23	8.99	7.70	8.28	9.99	8.80	8.85	8.41	7.95	8.16	7.60
600890	长春长铃	6.88	6.32	6.65	6.96	6.45	8.59	7.85	7.94	7.59	7.17	6.28	5.67
600891	秋林集团	6.94	6.33	7.30	6.39	6.90	8.80	8.27	7.36	7.73	7.24	7.45	6.55
600892	ST 石劝业	7.58	7.12	8.27	7.50	7.24	10.11	14.20	12.18	13.18	12.26	12.51	14.60
600893	吉发股份	6.37	6.05	6.92	6.19	6.35	7.82	6.35	7.11	6.96	6.69	6.80	6.20
600894	广钢股份	3.96	3.78	3.92	4.24	4.16	5.26	4.95	4.93	4.63	4.87	4.54	4.02
600895	张江高科	13.69	13.00	12.24	11.10	12.93	24.50	22.77	23.00	19.35	20.07	20.92	20.79
600896	中海海盛	8.90	8.36	8.50	7.87	7.84	10.35	8.98	8.66	7.57	7.35	7.32	6.69
600897	厦门机场	9.14	8.92	9.03	9.00	10.25	11.56	11.09	10.80	10.57	10.11	10.36	9.60
600898	ST 郑百文	6.15	5.61	6.23	5.11	4.40	5.35	5.00	5.12	5.64	5.21	4.76	5.54
600899	信联股份	11.98	13.45	16.70	15.20	17.10	17.45	15.60	15.15	14.55	14.18	14.40	13.70

表 2　上海证券交易所 B 股行情报表　　单位:元

代码	券种	1.29	2.9	3.31	4.30	5.31	6.30	7.30	8.31	9.30	10.29	11.30	12.30
		收盘	收盘	收盘	收盘	收盘	收盘	收盘	收盘	收盘	收盘	收盘	收盘
900901	真空 B 股	0.10	0.098	0.122	0.140	0.296	0.536	0.520	0.466	0.41	0.374	0.368	0.330
900902	二纺 B 股	0.05	0.050	0.054	0.060	0.086	0.116	0.104	0.130	0.12	0.128	0.128	0.116
900903	大众 B 股	0.37	0.346	0.320	0.310	0.490	0.680	0.496	0.406	0.37	0.362	0.316	0.328
900904	永生 B 股	0.10	0.110	0.104	0.110	0.150	0.164	0.136	0.182	0.16	0.162	0.164	0.162
900905	中铅 B 股	0.12	0.122	0.132	0.150	0.216	0.294	0.206	0.184	0.18	0.170	0.160	0.160
900906	ST 中纺 B	0.06		0.064	0.050	0.068	0.090	0.086	0.142	0.13	0.124	0.120	0.106
900907	胶带 B 股	0.08		0.080	0.100	0.112	0.158	0.126	0.150	0.15	0.126	0.134	0.126
900908	氯碱 B 股	0.05	0.056	0.060	0.060	0.098	0.148	0.130	0.146	0.14	0.132	0.126	0.138
900909	轮胎 B 股	0.09	0.090	0.094	0.090	0.134	0.198	0.144	0.136	0.13	0.114	0.118	0.114
900910	冰箱 B 股	0.08	0.090	0.094	0.080	0.112	0.164	0.142	0.158	0.15	0.130	0.138	0.134
900911	金桥 B 股	0.13	0.136	0.134	0.130	0.220	0.326	0.236	0.218	0.22	0.202	0.210	0.210
900912	外高 B 股	0.17	0.170	0.186	0.180	0.278	0.360	0.334	0.296	0.30	0.280	0.294	0.300
900913	联华 B 股	0.08		0.082	0.070	0.132	0.142	0.124	0.140	0.15	0.146	0.140	0.142
900914	新锦 B 股	0.07	0.082	0.086	0.090	0.134	0.190	0.152	0.152	0.14	0.142	0.136	0.136
900915	ST 永久 B	0.06	0.066	0.068	0.070	0.086	0.106	0.098	0.134	0.12	0.114	0.118	0.102
900916	凤凰 B 股	0.07		0.072	0.070	0.102	0.150	0.120	0.146	0.13	0.120	0.116	0.110
900917	海欣 B 股	0.15		0.208	0.210	0.292	0.428	0.270	0.274	0.27	0.258	0.256	0.250
900918	耀皮 B 股	0.06	0.060	0.070	0.080	0.130	0.190	0.180	0.174	0.17	0.164	0.170	0.182
900919	大江 B 股	0.06	0.056	0.068	0.070	0.110	0.132	0.136	0.142	0.13	0.124	0.112	0.114
900920	上柴 B 股	0.10	0.104	0.116	0.120	0.184	0.266	0.234	0.238	0.21	0.222	0.184	0.186
900921	英雄 B 股	0.12		0.128	0.120	0.200	0.358	0.284	0.268	0.25	0.224	0.200	0.188
900922	三毛 B 股	0.12		0.114	0.120	0.152	0.288	0.234	0.210	0.20	0.176	0.192	0.222
900923	友谊 B 股	0.11	0.108	0.136	0.130	0.200	0.376	0.222	0.212	0.20	0.180	0.170	0.156
900924	上工 B 股	0.07	0.076	0.080	0.080	0.128	0.194	0.162	0.178	0.17	0.172	0.162	0.158
900925	上菱 B 股	0.18	0.178	0.180	0.220	0.436	0.738	0.528	0.470	0.43	0.390	0.380	0.362
900926	钢管 B 股	0.05	0.060	0.060	0.060	0.108	0.142	0.112	0.142	0.14	0.136	0.136	0.120
900927	物贸 B 股	0.07	0.062	0.072	0.070	0.116	0.132	0.134	0.140	0.15	0.142	0.134	0.124
900928	自仪 B 股	0.08	0.078	0.086	0.070	0.122	0.176	0.156	0.188	0.18	0.178	0.164	0.156
900929	国旅 B 股	0.14		0.146	0.140	0.188	0.322	0.232	0.210	0.22	0.202	0.200	0.200
900930	邮通 B 股	0.17	0.168	0.192	0.220	0.326	0.540	0.246	0.230	0.25	0.244	0.206	0.184
900931	ST 水仙	0.06	0.056	0.072	0.060	0.074	0.112	0.142	0.154	0.14	0.122	0.118	0.102
900932	陆家 B 股	0.30	0.290	0.276	0.320	0.480	0.650	0.372	0.312	0.32	0.292	0.314	0.316
900933	华新 B 股	0.11		0.118	0.100	0.134	0.174	0.136	0.140	0.13	0.132	0.122	0.124
900934	新亚 B 股	0.11	0.114	0.124	0.130	0.180	0.270	0.190	0.186	0.17	0.170	0.158	0.148
900935	ST 金泰 B	0.06		0.058	0.060	0.082	0.116	0.112	0.136	0.13	0.122	0.114	0.116
900936	鄂绒 B 股	0.12	0.110	0.120	0.150	0.212	0.284	0.222	0.230	0.22	0.194	0.208	0.226
900937	龙电 B 股	0.26	0.150	0.258	0.250	0.330	0.470	0.410	0.390	0.35	0.320	0.278	0.276
900938	天海 B 股	0.17	0.168	0.164	0.210	0.312	0.562	0.418	0.186	0.18	0.168	0.162	0.150
900939	汇丽 B 股	0.09	0.086	0.090	0.110	0.156	0.208	0.178	0.152	0.15	0.140	0.130	0.130
900940	华源 B 股	0.14	0.144	0.140	0.140	0.208	0.270	0.182	0.196	0.18	0.172	0.186	0.196
900941	东信 B 股	0.37	0.368	0.410	0.410	0.586	1.020	0.922	0.900	0.89	0.816	0.634	0.650
900942	黄山 B 股	0.24	0.238	0.282	0.290	0.438	0.654	0.546	0.522	0.48	0.478	0.446	0.368
900943	开开 B 股	0.13		0.130	0.110	0.158	0.248	0.174	0.172	0.17	0.156	0.170	0.160
900945	海航 B 股	0.17	0.174	0.200	0.190	0.244	0.472	0.350	0.290	0.29	0.280	0.294	0.320
900946	轻骑 B 股	0.15	0.136	0.170	0.170	0.174	0.286	0.210	0.186	0.18	0.170	0.158	0.146
900947	振华 B 股	0.26	0.236	0.278	0.220	0.372	0.520	0.310	0.346	0.32	0.320	0.268	0.274
900948	伊煤 B 股	0.09	0.098	0.102	0.090	0.132	0.164	0.130	0.130	0.13	0.114	0.116	0.116
900949	东电 B 股	0.17	0.166	0.224	0.230	0.286	0.442	0.368	0.334	0.31	0.286	0.236	0.240
900950	五菱 B 股	0.11	0.108	0.112	0.100	0.130	0.234	0.166	0.166	0.16	0.150	0.140	0.136
900951	大化 B 股	0.10		0.098	0.080	0.120	0.144	0.122	0.122	0.12	0.122	0.120	0.116
900952	锦港 B 股	0.16		0.158	0.130	0.188	0.252	0.244	0.230	0.21	0.198	0.200	0.212
900953	凯马 B 股	0.13	0.140	0.148	0.140	0.194	0.252	0.210	0.202	0.20	0.180	0.168	0.170
900955	茉织华 B	0.27	0.278	0.274	0.270	0.298	0.728	0.500	0.504	0.48	0.408	0.444	0.420
900956	东贝 B 股							0.274	0.244	0.23	0.210	0.198	0.190

表 3　深圳证券交易所 A 股行情报表　　　　单位：元

代码	券种	1.29 收盘	2.9 收盘	3.31 收盘	4.30 收盘	5.31 收盘	6.30 收盘	7.30 收盘	8.31 收盘	9.30 收盘	10.29 收盘	11.30 收盘	12.30 收盘
0001	深发展 A	14.47	13.59	13.69	13.40	18.54	27.54	22.10	24.65	23.29	21.58	19.69	17.45
0002	深万科 A	7.85	7.68	7.84	9.09	11.25	14.26	12.92	11.43	10.61	9.37	11.11	9.75
0003	深金田 A	4.33	3.99	4.45	4.26	4.31	6.10	6.11	6.20	5.74	5.18	6.19	5.47
0004	ST 深安达	.7.92	7.24	10.12	7.65	6.76	8.09	8.68	9.74	9.06	8.46	8.18	8.51
0005	世纪星源	5.48	5.13	5.56	6.41	7.35	8.04	8.08	8.28	7.61	7.00	7.13	6.04
0006	深振业 A	9.69	8.92	10.04	9.54	11.40	14.54	12.58	11.69	11.03	10.02	10.35	9.46
0007	深达声 A	7.27	6.75	7.53	8.12	9.29	11.53	10.16	9.83	9.78	9.10	8.26	8.00
0008	亿安科技	12.49	13.80	14.28	16.68	21.52	30.51	29.70	26.00	25.53	28.93	38.90	42.30
0009	ST 深宝安	3.92	3.68	3.97	3.77	3.58	4.49	4.11	4.56	4.27	4.08	3.9	3.54
0010	深华新 A	15.90	16.10	14.83	15.70	9.79	11.05	10.00	9.12	9.61	9.01	9.05	7.35
0011	深物业 A	5.90	5.16	6.44	6.57	7.96	10.35	9.30	8.60	8.41	7.64	7.60	6.54
0012	深南玻 A	5.26	5.19	5.63	5.96	6.26	7.64	7.00	6.86	6.64	6.10	6.13	5.40
0013	深石化 A	5.49	5.07	5.99	6.08	6.37	10.76	9.81	10.23	10.50	10.11	9.59	8.18
0014	ST 深华源	6.33	5.68	7.05	6.99	7.09	8.37	7.54	7.85	8.00	7.25	6.77	6.27
0015	ST 中浩	4.24	3.55	5.02	4.25	4.17	4.69	4.61	5.47	7.19	6.16	5.54	5.40
0016	深康佳 A	16.96	17.15	19.33	16.32	18.70	28.80	22.20	19.39	18.30	16.32	16.05	15.80
0017	ST 中华	4.96	4.39	5.33	4.67	3.98	4.72	5.06	5.35	5.89	5.18	5.07	5.37
0018	深中冠 A	8.08	8.64	11.22	10.58	15.34	19.16	14.29	14.57	14.10	14.13	13.89	11.38
0019	深深宝 A	7.69	7.32	8.80	7.87	8.34	9.70	9.55	11.96	12.83	11.92	11.41	10.30
0020	ST 华发 A	8.48	8.05	9.38	7.65	6.95	8.40	9.30	9.30	8.56	8.17	7.30	7.19
0021	深科技 A	23.92	23.35	23.49	21.68	19.58	40.99	32.91	30.30	29.10	26.38	23.37	25.94
0022	深赤湾 A	6.43	6.12	7.19	6.80	6.89	8.68	8.97	8.78	8.39	7.80	8.20	7.51
0023	深天地 A	8.99	8.21	9.51	9.20	10.90	11.21	10.65	10.40	10.19	9.78	10.32	9.06
0024	深招港 A	9.61	8.10	8.72	10.39	10.66	15.16	14.00	13.82	11.93	10.92	11.84	9.84
0025	深特力 A	7.33	6.92	8.20	7.27	8.06	10.29	9.91	10.81	11.46	11.87	9.71	8.23
0026	飞亚达 A	8.50	7.85	8.50	7.66	8.28	10.15	9.16	9.77	9.08	8.81	8.35	7.50
0027	深能源 A	6.00	5.82	6.12	6.12	7.85	9.57	8.22	9.98	9.40	8.79	8.35	7.80
0028	深益力 A	8.46	7.99	10.01	9.31	10.84	10.77	11.21	11.19	11.03	11.90	12.76	10.60
0029	深深房 A	4.56	4.10	4.80	4.35	4.29	5.89	6.89	6.47	6.20	5.86	5.98	5.14
0030	ST 英达 A	4.65	4.20	5.78	5.15	4.80	6.36	8.18	7.67	7.45	6.80	6.64	5.86
0031	深宝恒 A	5.71	5.13	5.56	5.57	6.14	7.04	7.07	6.67	6.27	5.69	5.90	5.25
0032	深桑达 A	12.37	11.69	12.70	12.36	18.00	22.49	17.05	16.80	17.61	17.78	17.69	18.04
0033	新都酒店	6.40	6.42	7.31	6.85	6.97	8.59	7.65	8.45	8.36	7.56	7.59	6.69
0034	ST 深华宝	4.66	4.30	5.30	4.54	4.29	8.84	11.02	10.54	13.18	12.86	6.64	9.54
0035	中科健 A	11.90	10.61	12.28	12.86	16.17	18.54	15.74	14.99	16.89	18.40	21.12	23.01
0036	深惠中 A	5.88	5.70	6.36	6.48	6.54	9.30	7.92	9.00	8.30	7.43	7.59	7.15
0037	深南电 A	8.82	8.11	9.02	8.29	8.85	10.17	9.79	10.26	9.95	9.34	8.96	8.80
0038	深大通 A	9.85	8.97	10.97	9.37	11.11	11.90	12.10	12.39	11.92	12.06	12.95	11.15
0039	中集集团	16.46	15.88	15.28	14.00		22.26	19.60	19.62	18.72	17.20	17.68	17.00
0040	深鸿基 A	7.20	7.04	6.94	7.94	9.18	17.82	21.73	10.50	9.64	8.26	8.47	7.79
0042	深长城 A	14.10	13.04	13.45	12.18	14.71	17.68	15.55	15.22	16.01	15.92	15.65	14.22
0043	深南光 A	8.48	8.01	9.06	8.55	8.79	11.15	11.06	10.77	10.43	10.00	9.99	8.66
0045	深纺织 A	7.81	7.96	12.95	10.89	11.26	14.37	10.75	13.41	13.05	13.30	12.40	10.69
0046	光彩建设	12.06	10.24	13.41	12.09	11.88	14.25	16.39	13.83	12.72	11.41	11.69	10.35
0047	深中侨 A	8.36	8.28	9.80	8.53	9.28	11.60	10.44	9.56	9.53	9.13	8.50	7.81
0048	中科创业	21.67	24.10	25.26	29.24	33.82	44.51	43.84	44.86	44.53	38.81	42.53	38.47
0049	深万山 A	9.90	9.34	11.33	10.83	10.94	9.28	8.74	8.47	10.24	10.24	9.67	8.38
0050	深天马 A	17.39	15.69	15.90	13.82	15.50	18.84	15.99	17.40	16.87	16.36	16.73	15.74
0055	深圳方大	16.91	15.46	15.79	13.80	16.62	21.68	17.84	15.00	14.80	14.68	14.77	14.03
0056	深国商	7.14	6.82	8.36	7.26	7.73	8.87	8.45	9.44	9.50	8.92	8.78	7.44
0058	深赛格	10.38	9.32	9.98	10.67	13.84	20.27	19.15	20.18	20.11	19.09	20.26	20.95
0059	辽通化工	5.51	5.16	5.69	5.21	4.93	7.78	7.02	6.30	6.00	5.58	5.33	4.82
0060	有色中金	13.11	13.08	15.85	15.41	8.30	11.35	11.15	12.85	11.60	10.71	10.52	8.85
0061	农产品	16.74	15.70	14.51	13.42	15.20	19.76	18.18	17.33	16.93	16.13	16.65	16.04
0062	深圳华强	24.33	24.88	24.78	19.00	23.38	27.68	26.49	24.75	23.42	21.12	18.79	19.89
0063	中兴通讯	30.45	30.37	30.34	26.45	29.13	55.00	38.31	34.26	34.55	31.21	27.17	28.71
0065	深圳西林	18.45	18.82	19.28	11.75	12.55	15.28	13.95	13.90	13.87	13.26	13.63	13.22
0066	长城电脑	25.15	25.77	23.98	23.69	19.21	30.14	30.12	28.76	27.32	25.25	23.10	25.00
0068	赛格三星	4.20	4.03	4.44	4.31	5.39	5.91	5.85	5.87	5.46	5.08	5.10	4.99
0069	华侨城 A	8.92	8.17	8.43	7.38	8.38	13.87	11.76	10.78	10.70	10.29	9.31	8.30
0078	海王生物	24.86	23.71	28.00	14.58	16.90	20.83	19.18	20.80	20.73	19.09	17.90	18.34
0088	盐田港 A	6.79	6.66	6.66	7.30	7.51	11.60	9.71	9.35	9.17	8.57	8.88	8.02
0089	深圳机场	9.90	9.59	10.54	12.24	13.35	22.00	25.16	25.80	16.11	15.49	15.18	15.58
0090	深天健						19.00	17.15	17.08	18.17	19.00	16.55	
0400	许继电气	25.41	25.26	18.85	18.28	18.21	26.51	27.29	24.29	22.75	22.60	22.76	23.27
0401	冀东水泥	5.89	5.51	5.57	5.81	6.20	8.18	6.68	6.88	6.50	6.37	6.41	5.26
0402	重庆华亚	7.26	7.25	8.97	8.72	10.50	11.79	15.94	16.59	17.42	16.37	19.44	22.08
0403	宜春工程	9.03	8.74	9.50	9.49	9.79	14.98	18.27	18.27	16.46	16.22	15.80	15.54
0404	华意压缩	9.51	8.14	8.24	7.68	7.62	10.59	8.97	9.67	8.93	8.14	8.12	6.92
0405	有色鑫光	5.25	5.08	5.38	6.60	7.74	9.00	8.59	8.71	7.91	7.59	7.20	6.88
0406	石油大明	9.33	8.76	8.83	8.12	8.17	11.99	10.88	10.75	10.16	9.75	9.25	8.96
0407	胜利股份	8.45	7.63	8.38	8.09	8.24	11.23	10.01	13.28	12.83	7.96	7.84	7.96
0408	河北华玉	8.36	7.94	9.06	8.45	8.31	10.83	9.45	11.67	12.08	12.20	11.07	10.20
0409	四通高科	12.42	10.68	14.75	11.89	13.81	18.76	13.89	13.11	13.82	13.66	12.59	11.78
0410	沈阳机床	5.31	4.90	5.69	7.99	8.31	8.92	7.64	8.32	7.51	6.95	6.43	5.75
0411	凯地丝绸	6.90	6.23	8.05	7.11	6.97	8.40	8.94	10.12	9.82	9.00	8.61	7.74
0412	北方五环	5.33	4.94	6.50	6.17	5.95	8.17	7.99	7.53	7.61	6.80	6.48	5.92
0413	ST 宝石 A	4.88	4.46	6.14	6.11	5.67	6.04	8.10	8.70	7.51	7.62	11.38	9.12
0415	汇通水利	17.65	17.65	16.84	17.48	17.26	28.29	24.87	23.05	23.56	10.90	10.81	10.48
0416	青岛国货	7.90	6.73	8.02	7.26	7.35	9.30	8.07	9.42	8.94	8.07	7.56	8.04
0417	合肥百货	11.59	10.91	13.49	12.84	13.44	17.08	15.45	15.29	15.03	14.75	15.23	14.66
0418	小天鹅 A	14.33	14.04	13.90	12.17	14.35	18.85	17.72	18.03	17.01	15.99	14.55	14.49
0419	通程控股	14.33	13.33	13.89	11.19	11.80	14.01	15.06	14.19	15.90	15.74	15.10	12.37
0420	吉林化纤	6.30	5.72	6.04	6.72	6.51	8.64	8.30	8.78	8.19	7.60	7.24	6.59
0421	南京中北	8.89	8.12	9.10	8.32	8.19	10.09	10.07	10.15	10.91	10.67	10.46	8.88
0422	湖北宜化	13.30	12.75	13.12	11.33	12.21	14.80	12.78	13.70	12.81	11.88	11.37	10.23
0423	东阿阿胶	14.41	14.19	13.02	11.42	12.54	15.74	13.65	15.25	14.46	13.47	13.01	11.99
0425	徐工股份	9.43	8.50	9.06	8.60	8.54	11.68	12.79	13.60	12.74	13.94	14.24	15.29
0426	富龙热力	9.36	8.95	10.00	10.07	8.36	11.76	11.03	9.50	9.34	9.02	9.20	8.87
0428	华天酒店	10.28	11.18	12.41	10.57	11.15	16.23	13.10	12.32	12.69	12.47	11.40	10.59
0429	粤高速 A	6.22	5.78	5.89	6.18	6.36	8.62	9.45	9.30	9.41	9.69	10.06	9.48

续表 3　　　　单位:元

代码	券种	1.29	2.9	3.31	4.30	5.31	6.30	7.30	8.31	9.30	10.29	11.30	12.30
		收盘	收盘	收盘	收盘	收盘	收盘	收盘	收盘	收盘	收盘	收盘	收盘
0430	张家界	13.97	15.02	15.44	8.56	8.22	10.09	10.25	8.75	9.16	8.85	8.39	7.38
0498	丹东化纤	5.25	4.86	5.12	5.54	5.47	7.10	6.24	6.82	6.66	5.99	5.78	5.00
0501	鄂武商A	4.93	4.61	4.66	4.70	4.70	6.72	5.48	6.51	5.90	5.46	5.18	4.61
0502	ST琼能源	7.91	7.05	9.07	7.14	6.06	7.44	6.83	8.05	7.70	7.81	8.83	11.07
0503	ST海虹	10.07	9.82	11.85	11.79	14.31	19.30	22.34	18.36	21.76	19.03	18.00	18.76
0504	港澳实业	4.93	4.52	5.14	5.05	5.13	8.11	7.15	7.98	7.86	7.21	6.52	5.30
0505	琼珠江A	5.69	6.03	7.02	6.29	6.48	8.21	7.50	9.04	8.12	8.36	7.73	6.67
0506	ST峨眉	4.67	4.35	5.14	4.68	4.47	6.36	5.47	5.39	5.29	5.85	5.67	6.10
0507	ST粤富华	3.90	3.80	4.62	4.09	3.98	5.58	7.73	8.62	7.79	6.57	6.78	5.39
0509	天歌集团	11.88	11.66	12.88	11.55	11.92	25.94	17.09	16.66	17.18	16.07	15.14	13.70
0510	金路集团	5.19	4.59	5.89	4.97	5.00	8.42	6.28	6.60	6.05	5.53	5.51	5.40
0511	银基发展	7.69	6.88	8.39	8.08	7.32	9.82	9.46	11.48	9.63	8.90	9.09	8.04
0513	丽珠集团	6.44	5.84	6.36	6.08	6.12	8.41	7.88	8.77	8.29	7.85	7.44	6.25
0514	渝开发A	13.81	13.86	15.60	11.21	13.95	24.16	19.84	17.19	15.68	15.88	16.14	13.38
0515	ST渝钛白	3.11	2.73	4.30	4.56	5.01							
0516	陕解放A	9.18	8.40	9.09	9.86	10.70	14.44	12.54	12.13	12.00	11.58	13.40	11.84
0517	甬中元A	7.50	7.10	9.15	8.09	8.11	11.13	13.89	14.72	13.80	14.40	12.48	13.40
0519	银河动力	13.71	12.24	12.28	10.72	12.18	15.81	13.75	15.57	18.56	17.45	17.38	18.08
0520	武凤凰A	4.59	4.25	4.75	4.90	5.13	9.03	7.58	7.16	6.68	6.40	6.18	5.58
0521	美菱电器	5.18	5.04	5.25	5.75	5.55	8.20	6.88	7.19	7.21	6.84	6.45	5.70
0522	ST白云山	3.50	3.34	4.12	3.72	3.26	4.17	5.03	4.88	4.73	4.26	4.12	4.40
0523	广州浪奇	5.09	4.51	4.93	5.35	7.25	8.18	7.09	7.28	7.08	6.46	6.16	6.53
0524	东方宾馆	5.47	5.02	5.31	5.49	6.60	8.08	7.24	6.80	6.97	6.50	6.45	5.96
0525	宁天龙A	11.87	11.15	12.66	11.24	11.15	16.61	16.76	15.67	15.01	15.38	14.67	15.08
0526	ST厦海发	7.20	6.81	8.71	8.48	8.60	9.84	9.02	9.65	9.11	9.53	10.38	9.01
0527	粤美的A	7.67	7.54	7.68	7.10	7.90	12.99	12.89	11.28	11.26	10.43	10.80	10.51
0528	桂柳工A	4.13	3.84	4.31	5.31	5.92	6.56	5.64	5.97	5.53	5.24	5.08	4.52
0529	粤美雅A	7.93	8.07	7.17	5.97	6.00	8.08	6.74	6.70	6.70	6.37	6.68	6.11
0530	大冷股份	7.24	6.69	7.09	6.52	6.83	8.50	8.35	8.31	8.25	7.67	7.20	6.77
0531	穗恒运A	5.45	5.19	5.58	5.85	6.09	7.56	7.17	9.15	8.90	8.29	8.51	8.83
0532	粤华电A	4.14	3.88	4.54	4.70	4.89	5.72	5.88	7.36	6.75	6.12	6.49	5.57
0533	万家乐A	5.59	5.11	5.12	5.55	5.39	7.12	7.00	7.52	7.00	7.20	7.45	7.39
0534	汕电力A	5.16	4.84	5.27	5.61	6.02	8.25	7.48	7.03	7.05	6.52	6.37	5.61
0535	猴王A	5.06	4.66	4.88	5.40	5.04	6.62	5.84	6.14	5.84	5.36	5.08	4.61
0536	ST闽闽东	5.47	5.30	6.18	5.85	5.15	6.31	6.42	6.99	6.78	6.27	6.03	5.71
0537	南开戈德	9.50	9.14	15.10	14.98	19.05	26.05	26.61	29.26	31.19	25.45	27.92	24.83
0538	云南白药	11.85	10.93	11.18	10.35	11.39	14.87	18.49	20.54	13.87	13.03	12.55	11.09
0539	粤电力A	8.96	8.52	8.33	8.88	9.82	14.71	13.45	14.12	14.03	13.66	12.80	11.05
0540	中天企业	8.40	7.97	10.16	9.51	10.70	13.11	11.64	12.39	11.85	11.97	12.26	13.19
0541	佛山照明	10.43	10.26	10.51	10.24	11.30	13.90	12.62	13.06	12.91	12.05	11.66	10.87
0542	TCL通讯	9.90	9.47	9.90	7.97	9.29	10.73	10.35	9.12	10.49	12.58	10.63	9.27
0543	皖能电力	5.37	5.07	5.23	5.65	5.78	7.70	6.83	6.68	6.45	6.25	5.92	5.33
0544	豫白鸽A	4.68	4.28	5.39	7.91	8.38	11.34	8.51	10.19	9.17	8.20	8.02	8.93
0545	吉制药A	6.25	6.02	7.43	7.56	7.91	9.84	8.34	7.75	7.71	7.16	6.76	5.99
0546	吉轻工A	6.83	7.49	8.65	6.45	6.51	10.33	8.04	8.22	7.79	7.19	6.70	5.73
0547	闽福发A	7.83	7.40	8.37	11.54	10.79	12.22	12.78	16.02	15.44	15.29	14.44	14.78
0548	湖南投资	7.85	7.38	9.05	8.88	9.96	15.01	13.79	12.91	12.61	11.93	10.21	9.37
0549	湘火炬A	18.08	18.98	23.28	25.38	19.36	22.22	23.70	21.85	23.27	23.00	22.85	22.92
0550	江铃汽车	4.49	4.22	5.02	4.77	4.56	6.12	5.65	6.14	5.69	5.50	4.98	4.16
0551	苏物贸A	5.67	5.44	6.52	5.80	6.66	10.25	9.91	14.78	14.77	14.49	12.68	10.32
0552	甘长风A	4.97	4.63	5.68	5.15	4.98	7.79	6.31	8.28	7.27	7.03	7.62	7.18
0553	沙隆达A	6.63	6.14	6.58	6.23	6.49	8.15	8.49	8.61	8.65	8.43	9.12	10.13
0554	鲁石化A	3.44	3.28	3.74	3.84	3.79	6.11	5.11	5.46	5.19	4.92	4.42	4.31
0555	ST黔凯涤	10.37	9.13	10.18	8.60	9.49	9.70	12.66	12.90	11.97	12.20	13.94	12.10
0556	ST南洋	4.40	4.00	4.83	4.65	4.03	4.60	5.06	4.76	5.00	4.92	4.51	4.47
0557	银广夏A	11.37	10.26	10.65	10.81	13.85	14.60	12.98	14.10	13.04	13.44	13.18	13.97
0558	辽房天	7.09	6.51	7.37	7.30	8.00	10.57	9.02	9.49	8.90	8.88	7.97	7.00
0559	万向钱潮	8.35	7.36	8.58	10.49	10.79	13.35	11.36	11.88	11.15	10.25	9.95	9.12
0560	昆百大A	6.59	6.66	8.10	7.75	6.99	8.94	7.74	8.62	7.97	7.59	7.35	6.51
0561	陕长岭A	5.18	4.78	5.10	5.24	6.18	9.25	7.26	6.24	6.15	5.61	5.57	5.19
0562	宏源信托	9.47	9.26	9.61	9.78	12.23	17.39	10.80	10.78	11.58	11.60	11.00	11.16
0563	陕国投A	15.38	15.24	15.67	15.04	17.89	12.35	10.70	10.89	10.71	10.22	10.03	9.09
0564	西安民生	5.65	5.21	6.40	5.80	5.39	11.84	10.12	10.94	9.87	9.02	8.95	7.32
0565	渝三峡A	9.57	9.61	11.52	10.80	12.80	10.41	9.54	9.95	9.41	8.47	7.55	7.11
0566	ST海药	7.03	6.38	7.09	5.95	5.53	6.45	6.60	6.98	6.73	6.18	6.18	5.52
0567	琼海德A	5.97	5.43	6.62	6.45	6.17	8.21	7.39	7.32	7.29	6.69	6.40	5.91
0568	泸州老窖	11.06	9.53	9.51	8.51	10.29	13.92	11.38	10.86	10.72	10.10	9.86	9.00
0569	川投长钢	4.07	3.89	4.03	4.51	4.56	5.55	4.90	4.87	4.60	4.34	4.15	3.84
0570	苏常柴A	10.60	9.95	10.12	9.80	10.49	13.97	11.99	12.25	11.71	10.80	10.20	9.40
0571	新大洲A	7.20	6.86	6.68	6.11	6.10	7.81	6.60	6.25	6.02	5.84	5.32	4.86
0572	琼金盘A	5.05	4.70	5.60	5.88	5.61	6.57	6.68	7.75	7.38	7.15	6.77	5.54
0573	粤宏远A	5.15	4.62	4.74	5.04	5.19	8.02	6.82	6.47	6.20	5.66	5.76	5.13
0576	广东甘化	6.63	6.06	6.14	5.90	7.47	8.23	7.53	7.80	7.62	7.03	6.57	6.19
0578	青百A	8.82	8.44	10.06	9.14	10.51	14.80	12.99	11.97	11.43	11.38	10.61	10.34
0581	苏威孚A	6.10	5.89	5.87	6.78	8.68	11.55	11.40	11.64	8.08	6.98	6.22	6.73
0582	北海新力	9.21	9.38	10.53	9.24	9.48	12.21	9.55	10.79	10.75	10.31	10.04	9.19
0583	托普软件	16.51	15.28	18.10	17.09	18.59	30.25	30.72	28.43	27.75	25.56	23.57	24.16
0584	蜀都A	8.00	7.39	8.14	6.75	7.39	9.04	8.00	8.57	8.08	7.70	7.54	6.41
0585	东北电A	5.37	4.73	5.59	5.49	5.27	6.60	5.70	5.97	6.07	5.75	5.29	4.78
0586	川长江A	6.85	5.61	7.37	7.28	7.55	11.83	10.40	10.68	9.64	9.30	9.10	10.29
0587	光明家具	6.58	6.25	6.86	6.24	5.83	8.00	7.70	7.89	7.12	7.22	7.01	6.46
0588	ST粤金曼	7.18	6.23	8.01	6.21	5.75	6.98	6.44	6.92	6.86	6.35	6.34	5.90
0589	黔轮胎A	8.04	7.43	7.57	7.10	7.03	9.69	8.94	8.30	8.58	8.07	7.54	6.38
0590	古汉集团	9.09	8.67	10.58	9.39	9.50	12.50	11.68	12.04	12.40	12.98	17.56	17.12
0591	桐君阁	11.29	11.12	11.75	10.80	10.79	18.02	16.16	16.65	15.81	12.83	13.07	12.86
0592	中福实业	6.07	5.69	6.01	5.30	4.64	6.22	5.71	6.55	7.04	6.49	6.37	5.16
0593	成都华联	15.02	14.90	13.93	11.58	13.80	19.08	15.30	15.95	15.71	15.40	15.30	16.11
0594	内蒙宏峰	9.35	9.17	7.58	6.94	7.36	11.49	15.97	15.08	14.69	14.87	14.02	7.27
0595	西北轴承	6.54	6.14	6.38	5.90	6.18	8.08	9.82	11.83	10.23	10.28	8.97	7.96
0596	古井贡A	16.05	14.98	16.49	14.09	15.47	19.25	17.80	16.43	16.40	15.43	15.45	14.72

续表 3 单位:元

代码	券种	1.29	2.9	3.31	4.30	5.31	6.30	7.30	8.31	9.30	10.29	11.30	12.30
		收盘	收盘	收盘	收盘	收盘	收盘	收盘	收盘	收盘	收盘	收盘	收盘
0597	东北药	6.41	6.36	7.31	6.94	7.26	9.00	7.18	7.38	7.15	6.53	6.27	5.87
0598	蓝星清洗	14.63	14.34	16.21	17.04	10.97	13.41	15.26	14.84	14.78	13.92	12.80	12.26
0599	青岛双星	9.81	8.84	10.30	9.40	10.03	12.00	11.44	11.72	11.06	10.19	10.58	9.58
0600	国际大厦	7.54	7.20	8.46	7.95	8.80	10.04	10.33	11.66	10.40	9.41	8.90	9.23
0601	韶能股份	7.31	7.81	8.00	7.76	8.51	11.50	10.08	10.50	9.11	8.62	8.62	7.42
0602	金马集团	8.01	7.25	8.67	7.88	8.12	11.75	9.55	10.13	14.04	14.69	11.50	9.45
0603	威达医械	9.23	8.17	9.39	9.06	8.05	9.64	9.40	10.39	10.25	10.43	9.64	8.85
0605	中联建设	8.71	8.46	9.31	8.64	9.55	11.79	10.20	11.36	11.13	10.59	11.00	9.70
0606	青海明胶	10.20	10.51	12.57	12.68	13.28	15.02	13.94	14.41	14.37	15.48	17.29	15.95
0607	ST 重仪	8.17	7.15	8.58	7.36	6.99	8.23	8.41	9.15	8.59	8.06	7.75	8.04
0608	阳光股份	11.96	11.20	12.34	11.08	12.63	16.46	14.16	13.61	15.37	14.13	14.50	17.20
0609	燕化高新	11.28	10.56	12.16	11.10	12.10	15.38	13.70	13.53	13.33	12.61	11.61	11.53
0610	西安旅游	11.26	9.74	8.77	8.40	8.10	10.06	10.78	11.14	10.54	9.83	10.28	8.53
0611	民族集团	6.93	6.16	7.14	7.40	6.70	8.40	7.69	8.26	7.58	7.08	7.19	6.26
0612	焦作万方	6.03	6.01	6.69	5.87	5.75	7.97	7.70	8.72	7.64	8.56	8.81	8.17
0613	ST 东海 A	7.88	7.64	8.78		6.73	7.63	7.82	8.14	7.95	7.81	7.67	7.32
0615	湖北金环	13.22	12.99	14.52	14.37	10.77	12.08	11.68	12.30	11.54	11.17	10.81	9.65
0616	大连渤海	13.75	13.98	16.00	14.92	15.12	19.09	11.26	12.80	12.39	10.58	11.54	10.34
0617	石油济柴	6.91	6.41	7.68	6.66	6.42	8.78	8.57	10.23	9.41	10.31	9.13	7.81
0618	吉林化工	5.60	5.31	6.13	6.23	6.28	7.79	7.22	8.80	8.18	7.64	7.06	6.21
0619	红星宣纸	7.92	7.99	9.14	10.55	10.88	15.26	15.66	19.40	19.66	15.45	16.00	17.45
0620	牡石化	6.32	6.11	6.10	6.80	6.84	8.26	10.07	10.33	10.10	10.10	9.73	9.08
0621	比特科技	13.57	13.76	12.45	12.60	13.80	15.22	13.28	13.70	14.50	13.06	11.74	11.70
0622	岳阳恒立	14.07	14.42	18.97	19.68	10.89	11.89	10.53	9.77	10.30	8.71	7.90	7.00
0623	吉林敖东	12.79	12.10	12.30	10.70	12.26	14.67	15.06	16.48	17.09	14.44	14.62	13.81
0625	长安汽车	4.17	3.96	4.26	4.19	4.17	5.27	5.20	4.87	5.15	4.89	4.22	3.96
0626	如意集团	14.70	16.04	15.79	14.10	15.30	26.00	17.18	20.92	22.53	20.25	19.25	19.96
0627	湖北中天	10.04	9.52	9.87	9.08	10.10	15.96	24.47	24.48	14.12	15.38	16.52	13.33
0628	倍特高新	10.45	9.99	10.94	10.35	11.10	18.93	14.72	10.89	12.21	11.79	10.53	10.61
0629	新钢钒	6.68	6.03	6.42	6.25	6.78	8.93	7.60	6.70	6.41	6.12	5.72	5.07
0630	铜都铜业	6.25	5.95	6.41	6.90	7.20	8.71	8.43	8.65	8.10	7.72	7.61	7.26
0631	长春兰宝	10.74	10.35	10.50	9.61	11.07	14.16	11.58	11.60	11.10	10.86	10.79	9.55
0632	三木集团	8.95	8.36	9.35	8.66	8.50	10.52	9.61	10.05	9.76	9.00	9.23	8.62
0633	合金股份	30.75	31.84	36.60	21.26	26.28	32.33	34.25	31.49	33.85	33.48	33.71	34.35
0635	民族化工	8.27	8.55	9.45	8.73	9.01	11.25	10.35	10.88	10.27	9.76	9.82	9.88
0636	风华高科	18.64	18.04	17.40	16.98	22.18	41.64	42.45	37.85	25.09	21.18	18.61	22.65
0637	茂化实华	8.78	8.18	8.52	8.55	7.99	10.24	9.93	11.35	10.69	10.48	9.83	9.12
0638	中辽国际	6.90	7.04	8.28	7.34	7.00	8.68	8.42	9.22	8.95	8.24	8.08	6.90
0639	ST 株庆云	11.93	11.55	10.53	8.84	8.66	9.53	9.48	10.43	9.60	9.45	9.91	9.41
0650	九江化纤	8.77	8.52	10.92	9.86	8.32	12.51	11.37	11.50	10.91	10.15	10.30	9.47
0651	格力电器	16.62	16.07	15.68	13.42	16.09	22.61	20.00	18.93	17.60	16.04	15.18	14.73
0652	泰达股份	15.69	15.31	16.56	15.41	16.88	28.70	18.25	16.94	16.69	14.89	13.09	14.74
0653	九州股份	6.27	5.86	6.79	5.82	6.29	7.44	6.65	6.96	7.30	6.71	5.56	4.79
0655	华光陶瓷	15.88	15.25	14.26	13.17	13.54	16.76	15.43	14.52	14.24	13.74	14.20	13.40
0656	重庆东源	6.95	7.45	8.41	7.28	7.04	8.92	8.20	9.08	8.30	7.95	7.60	6.60
0657	金海股份	12.08	12.80	10.38	9.93	11.70	16.35	12.93	13.18	12.70	12.35	12.00	11.69
0658	海洋集团	7.01	6.41	7.51	6.86	6.58	10.51	8.60	8.40	8.61	8.24	6.98	5.68
0659	珠海中富	9.06	8.38	8.52	7.75	8.09	11.73	9.17	8.93	9.07	9.09	8.83	8.13
0660	南华西	11.95	13.10	12.35	11.30	12.65	15.59	12.85	13.00	13.00	12.45		11.81
0661	长春高新	10.71	9.54	10.12	9.26	11.31	13.82	13.25	11.33	11.73	11.12	10.21	9.42
0662	广西康达	6.99	6.63	7.87	7.13	7.69	11.99	12.54	14.36	15.26	9.98	8.78	7.77
0663	永安林业	11.97	11.62	11.38	10.38	11.15	19.16	18.55	17.03	16.70	15.22	14.70	15.50
0665	武汉塑料	8.99	8.26	8.66	8.76	9.13	12.02	11.17	10.96	10.61	11.02	10.98	10.72
0666	经纬纺机	6.39	6.08	7.46	6.78	7.03	12.19	10.41	12.61	11.67	11.27	9.70	8.61
0667	华一投资	16.38	16.00	16.18	18.39	8.55	10.33	9.27	9.14	9.11	8.60	9.07	7.38
0668	武汉石油	8.76	8.30	9.40	8.70	8.60	11.25	10.83	15.25	14.76	14.46	12.79	12.99
0669	ST 吉诺尔	15.65	15.40	14.98	15.70	15.75	15.15	15.88	16.74	20.15	19.88	18.23	17.55
0670	天发股份	20.02	20.58	18.37	18.67	19.46	15.10	13.91	13.10	12.88	11.74	11.24	9.48
0671	石狮新发	10.01	9.73	12.15	8.48	8.55	11.94	10.10	10.89	10.71	10.35	10.50	9.49
0672	铜城集团	10.84	11.04	11.90	10.53	10.60	13.37	13.30	13.05	13.71	13.00	13.89	12.70
0673	大同水泥	12.01	11.17	11.38	12.40	13.11	18.82	19.69	19.66	19.04	10.28	10.26	8.36
0675	银山化工	8.58	7.99	9.96	8.39	8.68	10.07	9.26	10.23	10.83	10.17	10.05	7.84
0676	河南思达	13.85	12.15	12.06	11.16	13.35	15.97	15.64	14.45	14.52	14.00	14.34	13.66
0677	山东海龙	20.39	20.40	10.43	9.03	9.60	15.04	11.10	10.65	11.55	10.93	10.23	8.47
0678	襄阳轴承	8.83	9.67	9.84	9.18	9.15	11.69	10.65	10.92	10.68	10.07	9.34	7.88
0679	大连友谊	9.54	8.72	8.95	9.32	9.35	12.74	10.64	10.79	11.62	12.47	12.58	10.83
0680	山推股份	5.41	4.89	5.24	5.31	5.05	6.35	6.15	6.72	6.20	5.65	5.61	4.57
0681	苏常远东	8.63	8.28	9.93	10.90	12.57	18.58	17.92	18.40	18.41	16.78	16.98	15.90
0682	东方电子	23.07	22.50	20.29	22.06	24.90	55.81	55.67	48.94	48.88	21.61	18.66	16.99
0683	天然碱	6.47	5.77	6.15	6.33	6.64	8.35	7.36	6.72	6.68	6.30	6.19	5.87
0685	佛山兴华	10.34	10.06	10.15	9.16	9.80	17.18	16.08	17.41	17.16	17.83	21.46	17.55
0686	锦州六陆	9.30	9.09	9.50	8.64	8.65	12.25	10.91	11.50	11.15	10.83		8.95
0687	保定天鹅	8.77	8.23	8.62	7.80		9.59	9.39	9.50	9.64	8.89	8.75	7.39
0688	涪陵建陶	12.10	11.24	13.19	12.25	8.49	12.95	11.60	11.33	10.88	10.50	9.86	9.17
0689	宏业集团	8.57	7.99	8.79	7.50	8.40	12.60	10.98	11.40	12.01	11.80	10.57	7.83
0690	宝丽华	11.82	10.99	11.51	11.30	12.07	19.21	13.60	15.26	15.79	16.24	15.41	14.48
0691	寰岛实业	6.42	6.15	7.15	6.31	6.50	8.62	7.63	7.80	8.05	7.44	6.78	6.30
0692	惠天热电	13.17	12.53	12.12	10.79	12.85	14.91	13.48	13.23	13.28	12.96	13.58	12.93
0693	聚友网络	14.30	13.30	14.32	16.30	24.61	24.57	20.90	20.89	19.97	18.73	17.33	17.41
0695	灯塔油漆	14.15	14.82	13.33	10.18	11.22	13.67	11.64	11.72	11.15	10.23	9.58	9.22
0696	成都联益	6.66	6.32	6.95	6.75	6.70	8.40	10.24	10.85	9.02	8.24	7.28	6.33
0697	咸阳偏转	19.10	17.64	17.39	17.23	18.59	26.72	22.65	20.68	20.02	19.14	16.75	16.30
0698	沈阳化工	7.37	7.21	7.92	8.43	8.84	8.53	7.58	7.67	7.40	6.95	6.36	5.57
0699	佳纸股份	5.42	5.24	6.33	6.76	6.00	8.46	7.94	7.17	7.31	7.05	6.70	5.89
0700	兴澄股份	9.23	9.05	10.03	9.40	9.41	11.25	10.87	12.50	10.65	10.70	10.95	11.32
0701	厦门信达	11.38	10.51	11.43	10.16	19.70	19.30	15.36	15.62	15.58	15.50	14.39	13.53
0702	正虹饲料	16.73	16.28	15.40	13.49	13.83	16.06	14.29	14.58	14.31	13.97	13.47	12.61
0703	招商股份	10.18	9.01	10.00	10.50	10.20	11.92	10.57	11.44	10.90	10.92	10.69	9.76
0705	浙江震元	8.05	7.55	9.30		9.15	11.13	10.49	11.32	10.95	10.26	9.85	8.79
0707	湖北双环	7.32	6.79	7.69	7.79	7.88	11.09	8.85	9.14	8.70	8.37	8.27	7.58

续表 3

单位:元

代码	券种	1.29	2.9	3.31	4.30	5.31	6.30	7.30	8.31	9.30	10.29	11.30	12.30
		收盘	收盘	收盘	收盘	收盘	收盘	收盘	收盘	收盘	收盘	收盘	收盘
0708	大冶特钢	5.32	4.69	5.09	4.93	4.95	6.20	5.70	5.92	5.67	5.36	5.24	4.74
0709	唐钢股份	9.69	9.03	10.39	9.40	9.98	14.17	11.99	11.65	11.15	10.31	9.57	8.85
0710	天兴仪表	7.71	7.30	8.70	8.11	8.23	11.96	10.09	10.49	10.73	10.77	9.55	9.87
0711	龙发股份	10.14	12.09	13.50	11.95	12.56	20.60	10.85	11.78	10.56	10.10	9.23	8.39
0712	金泰发展	8.25	7.51	9.39	9.30	11.37	12.70	12.08	12.64	12.37	13.59	13.39	11.65
0713	丰乐种业	12.84	12.22	12.56	12.88	13.16	15.56	14.72	14.04	14.39	14.38	14.65	13.18
0715	中兴商业	8.47	7.97	8.25	7.41	8.02	9.59	8.62	9.80	8.81	8.68	8.23	7.39
0716	广西斯壮	10.10	9.34	10.11	9.22	12.50	14.42	12.70	16.28	14.93	13.86	14.38	12.68
0717	韶钢松山	6.88	6.44	7.09	6.99	7.58	9.58	7.92	8.23	7.60	7.10	6.69	6.20
0718	吉林纸业	5.24	4.87	5.13	6.08	5.76	8.02	7.90	7.95	7.55	6.98	6.61	5.93
0719	焦作碱业	8.11	8.65	9.15	9.01	9.46	12.80	10.39	10.90	10.77	10.81	11.58	10.69
0720	山东电缆	18.51	17.83	18.47	17.59	12.40	18.09	14.97	14.34	13.48	13.78	13.08	11.42
0721	西安饮食	8.79	8.40	9.01	8.40	7.98	10.63	11.01	12.10	10.71	10.63	10.01	10.16
0722	金果实业	9.52	9.00	9.63	10.00	9.63	12.08	13.27	15.04	13.42	16.01	13.33	13.69
0723	天宇电气	13.40	13.54	15.58	14.33	10.02	13.59	12.22	10.22	10.28	9.92	9.09	8.10
0727	华东电子	10.80	8.99	9.30	9.30	9.67	12.13	10.23	10.84	11.96	11.42	9.98	9.26
0728	北京化二	5.62	5.16	6.04	5.79	5.30	7.37	6.85	7.52	6.70	6.18	6.21	5.35
0729	燕京啤酒	11.30	10.70	10.75	9.97	12.42	16.75	15.99	16.49	16.66	15.16	14.61	14.64
0730	环保股份	21.83	21.84	23.15	22.70	29.93	28.00	39.31	34.48	35.23	33.72	31.01	34.08
0731	四川美丰	15.98	15.14	15.50	14.37	17.18	22.79	20.18	17.86	17.49	17.08	15.65	15.85
0732	福建三农	7.59	7.47	8.53	7.78	7.70	10.21	10.80	11.98	11.19	10.15	9.62	8.83
0733	振华科技	8.90	8.25	8.93	8.44	9.82	15.04	14.70	16.52	16.54	14.85	12.95	12.97
0735	罗牛山	11.28	12.21	14.04	13.91	13.86	10.07	8.92	8.27	8.30	8.39	8.56	7.91
0736	重庆实业	11.69	11.50	12.62	13.85	15.01	18.87	17.22	17.50	16.70	16.47	16.38	16.16
0737	南风化工	12.44	11.23	13.69	13.83	7.59	8.87	8.29	7.95	8.24	7.63	6.79	6.31
0738	南方摩托	6.26	5.73	6.15	6.65	6.22	8.44	7.06	6.70	6.59	6.35	5.39	5.10
0739	青岛东方	18.06	19.62	20.33	21.86	16.33	14.99	12.50	11.46	10.10	9.35	8.65	8.22
0748	湘计算机	16.11	14.87	15.14	14.46	16.26	21.56	17.60	18.05	18.29	16.08	14.65	16.14
0750	桂林集琦	18.10	15.87	15.70	14.33	15.88	18.81	17.41	15.75	15.31	16.09	15.58	13.05
0751	锌业股份	10.26	9.41	8.60	7.82	7.52	9.33	9.17	8.60	8.42	8.05	7.72	6.90
0752	拉萨啤酒	14.34	14.26	17.69	20.24	14.37	15.69	16.91	19.60	17.82	17.93	17.95	18.16
0753	福建双菱	15.49	15.42	15.64	14.92	15.99	10.72	9.97	10.80	10.00	9.54	9.30	10.27
0755	山西三维	6.00	5.62	6.12	6.10	5.86	9.34	11.88	11.18	10.72	10.33	9.40	10.12
0756	新华制药	9.30	8.81	9.79	8.78	8.96	12.25	12.69	14.60	13.43	14.67	14.40	12.59
0757	内江峨柴	15.25	14.33	14.90	11.89	13.73	13.82	12.90	12.61	12.18	11.44	9.85	9.83
0758	中色建设	18.34	17.92	17.69	17.46	19.98	14.54	12.69	10.29	9.70	9.87	9.52	7.80
0759	武汉中百	14.17	14.12	17.12	12.99	12.11	12.91	10.94	11.00	9.43	9.32	8.04	7.06
0760	湖北车桥	12.82	12.30	12.56	9.72	10.20	16.71	18.29	17.92	17.18	16.47	15.43	15.15
0761	本钢板材	4.68	4.35	4.86	4.59	5.01	6.40	5.58	6.49	6.17	5.63	5.19	4.77
0762	西藏矿业	22.38	23.28	25.12	12.75	13.90	16.01	15.41	13.87	12.81	13.64	12.91	10.39
0763	锦州石化	4.66	4.77	5.10	5.03	5.23	6.38	6.40	5.68	5.54	5.45	4.94	4.37
0765	六渡桥	14.81	14.50	12.42	12.12	14.30	16.69	14.51	16.39	17.00	18.13	17.57	21.89
0766	通化金马	9.25	8.34	8.69	8.45	8.78	11.12	10.90	11.70	11.10	10.44	9.09	8.84
0767	漳泽电力	12.11	12.51	12.66	12.32	13.90	16.80	16.11	15.96	15.33	14.61	13.10	11.02
0768	西飞国际	13.01	12.40	12.11	11.10	12.67	21.78	23.12	22.53	20.29	13.39	12.58	13.81
0769	盛道包装	11.49	11.06	10.89	8.05	8.16	10.77	9.06	8.20	8.46	8.20	7.80	6.71
0776	延边公路	17.26	17.44	17.57	13.33	15.31	17.88	18.69	18.45	15.78	14.49	14.55	13.75
0777	中核苏阀	9.12	8.40	8.39	7.81	7.90	12.39	10.70	10.53	10.02	10.46	9.39	8.14
0778	新兴铸管	9.90	9.17	10.58	9.95	10.55	10.68	11.62	10.91	10.15	9.45	9.27	8.40
0779	三毛派神	8.68	8.12	8.92	6.69	6.29	7.87	7.76	7.55	7.33	6.97	6.94	6.50
0780	草原兴发	7.17	6.87	7.57	7.49	7.07	11.69	13.09	11.67	10.87	10.10	10.29	9.92
0782	美达股份	6.44	5.82	5.88	6.17	5.89	7.98	7.02	7.07	7.04	6.58	6.45	5.91
0783	石炼化	5.15	5.04	5.37	5.52	5.52	6.96	6.12	5.84	5.76	5.51	4.56	4.22
0785	武汉中商	11.20	10.04	10.78	9.11	9.53	12.60	11.06	11.73	11.86	10.88	10.68	9.34
0786	北新建材	12.39	11.40	13.92	12.45	8.78	11.37	9.68	9.28	9.53	9.79	9.70	8.36
0787	五一文	15.30	13.87	14.15	13.20	16.38	23.20	22.56	24.95	25.55	24.37	20.69	21.79
0788	合成制药	8.20	7.37	8.29	9.68	9.57	11.92	9.92	9.23	10.32	9.25	8.62	7.71
0789	江西水泥	5.68	5.20	5.52	5.55	6.14	7.30	6.99	7.38	6.95	6.39	6.18	5.98
0790	华神集团	23.64	22.80	22.71	20.01	18.60	24.72	19.61	20.10	20.04	19.80	18.62	19.23
0791	西北化工	5.08	4.75	5.63	5.46	6.10	7.49	6.59	7.55	7.64	7.03	7.20	6.68
0792	盐湖钾肥	10.30	9.11	10.10	9.82	10.73	12.45	12.44	12.01	11.82	12.01	13.64	11.36
0793	燃气股份	6.50	5.97	7.78	8.70	10.90	22.65	20.22	16.99	17.06	13.70	14.71	16.76
0795	太原刚玉	11.71	10.55	12.63		11.89	8.45	8.27	8.82	8.24	7.56	7.37	6.23
0796	宝商集团	21.45	21.46	23.00	20.45	21.40	28.75	23.96	23.85	21.73	20.34		10.20
0797	中国武夷	7.71	7.31	9.04	8.68	8.96	10.57	9.29	9.20	9.08	9.53	8.15	7.45
0798	中水渔业	9.36	8.76	9.10	8.73	8.67	10.95	12.39	10.70	10.42	11.63	10.90	9.78
0799	湘酒鬼	18.68	16.78	17.38	14.25	16.18	21.68	17.74	16.00	15.57	14.50	14.51	13.44
0800	一汽轿车	6.98	6.76	7.38	6.97	7.48	6.83	6.44	7.21	6.67	6.30	5.30	4.74
0801	四川湖山	20.11	21.10	19.43	16.00	20.39	24.37	21.57	21.30	24.09	26.49	28.15	23.35
0802	京西旅游	10.04	9.56	10.74	12.15	11.63	14.18	12.99	13.43	12.57	11.35	11.61	10.97
0803	美亚股份	7.77	8.51	8.86	8.89	9.40	10.60	9.29	10.54	10.97	10.38	9.86	8.98
0805	金狮股份	11.30	11.64	12.34	12.05	11.80	14.22	15.35	15.99	16.40	15.45	14.17	13.99
0806	北海银河	16.12	15.49	16.37	15.30	18.06	38.97	34.90	34.59	19.88	17.95	17.28	18.59
0807	云铝股份	5.78	5.48	5.96	5.41	5.15	6.96	7.20	6.72	7.31	7.03	6.66	5.98
0809	第一纺织	7.90	7.34	9.46	8.48	8.54	10.12	9.18	10.26	9.94	10.38	9.56	8.64
0810	四川锦华	12.85	13.20	12.98	12.28	12.48	18.28	16.00	15.70	15.62	16.94	17.20	15.89
0811	烟台冰轮	12.07	10.71	11.00	9.68	10.66	13.23	12.15	12.41	11.93	11.29	11.00	10.19
0812	陕西金叶	14.20	12.97	13.75	13.20	11.80	13.80	13.89	16.38	14.47	14.92	15.53	13.63
0813	天山纺织	15.08	16.00	16.94	16.00	11.80	13.86	12.96	14.01	12.50	12.40	12.78	12.19
0815	美利纸业	7.82	7.15	8.12	7.48	7.22	9.53	10.09	10.70	10.02	9.96	9.58	8.61
0816	江淮动力	7.88	7.70	8.16	7.68	7.93	10.08	10.79	11.18	10.66	9.48	8.48	7.93
0817	辽河油田	4.18	4.16	4.46	4.40	4.99	6.89	6.36	5.80	5.85	6.09	5.31	4.58
0818	锦化氯碱	6.57	6.06	7.32	6.67	6.40	8.63	7.53	7.88	7.33	7.00	6.48	6.37
0819	岳阳兴长	17.90	17.08	16.99	15.91	17.20	13.74	12.13	12.89	12.00	11.63	11.25	10.39
0820	金城股份	7.08	6.73	7.88	7.47	7.30	7.88	8.00	8.97	9.36	7.87	7.71	7.78
0821	京山轻机	14.12	13.02	12.93	11.81	12.52	15.86	16.69	17.50	17.16	10.35	8.92	8.40
0822	山东海化	7.69	6.78	7.06	6.70	7.46	9.07	8.65	8.48	8.47	7.75	7.23	7.16
0823	超声电子	8.50	7.92	8.04	7.95	8.89	11.68	10.42	9.89	10.20	9.39	8.43	8.19
0825	太钢不锈	4.39	4.39	5.42	5.93	4.43	5.70	5.27	5.82	5.88	5.90	5.90	6.48
0826	国投原宜	12.84	11.79	11.95	11.67	11.66	12.35	9.62	9.71	9.55	9.26	9.08	8.15

续表 3

单位:元

代码	券种	1.29	2.9	3.31	4.30	5.31	6.30	7.30	8.31	9.30	10.29	11.30	12.30
		收盘	收盘	收盘	收盘	收盘	收盘	收盘	收盘	收盘	收盘	收盘	收盘
0827	大龙泉	20.98	19.80	18.97	16.88	18.05	22.17	17.05	18.10	16.88	16.65	16.20	15.40
0828	广东福地	5.08	4.81	5.23	4.88	4.84	5.91	5.59	6.09	7.44	7.99	8.72	7.60
0829	赣南果业	11.85	12.18	14.39	13.44	14.67	22.14	17.98	17.35	17.00	18.12	18.80	18.99
0830	鲁西化工	12.63	12.18	11.96	10.98	11.45	15.39	14.83	15.28	14.42	13.50	13.49	12.79
0831	关铝股份	5.54	5.08	6.07	5.72	5.52	7.79	9.80	8.87	8.30	8.46	7.57	6.98
0832	龙涤股份	8.20	7.99	9.24	8.90	8.69	14.40	8.43	10.11	9.18	8.41	8.15	7.65
0833	贵糖股份	6.02	5.68	5.75	5.94	5.74	7.39	6.99	7.12	7.36	6.90	6.61	5.76
0835	隆源实业						41.06	34.02	28.60	29.46	28.07	28.18	28.90
0836	天大天财	26.69	24.57	22.10	21.38	22.94	37.80	34.05	28.85	28.80	27.07	26.13	30.47
0837	秦川发展	9.23	8.98	10.90	10.31	11.45	12.21	11.93	12.02	11.99	12.85	13.44	10.90
0838	西南化机	10.10	10.03	11.20	10.84	12.27	13.91	12.54	13.09	12.96	12.51	12.96	12.08
0839	中信国安	17.49	17.60	15.36	13.00	21.48	31.47	30.62	31.12	29.31	26.55	22.48	25.50
0848	承德露露	11.14	10.76	10.15	9.31	9.37	13.87	13.94	13.62	12.72	12.38	12.06	11.79
0850	华茂股份	7.33	6.86	7.86	7.44	7.35	9.38	11.02	10.98	10.45	9.60	10.14	10.70
0851	中国七砂	8.08	7.71	7.87	7.10	7.33	8.59	7.94	9.68	8.36	8.50	8.49	7.80
0852	江钻股份	11.44	10.46	11.01	10.66	10.77	13.11	11.80	11.65	11.99	11.13	11.42	10.46
0856	唐山陶瓷	7.67	6.91	7.52	7.58	7.23	9.56	9.09	9.26	9.11	9.39	9.01	8.15
0858	五粮液	40.85	39.21	37.00	34.26	36.44	48.06	48.60	47.44	31.39	28.27	28.46	29.30
0859	国风塑业	11.22	9.99	10.34	9.00	8.85	12.17	12.66	11.69	11.32	10.80	11.74	10.08
0860	顺鑫农业	13.23	11.28	11.85	10.37	10.65	12.48	11.70	10.85	10.60	10.27	10.45	9.05
0861	茂化永业	19.70	17.90	16.41	15.60	12.70	15.28	13.94	14.91	14.82	15.14	15.27	14.07
0862	吴忠仪表	10.40	9.93	12.26	8.80	9.54	10.65	9.30	11.99	11.65	10.74	10.76	10.93
0863	北商技术	18.60	17.70	18.69	15.05	16.90	23.24	20.35	19.63	18.51	17.60	16.93	18.40
0866	扬子石化	3.69	3.52	3.76	3.64	3.85	5.04	4.42	4.60	4.45	4.29	4.00	3.79
0868	安凯客车	10.41	10.05	10.31	9.70	9.61	11.84	10.19	9.95	10.57	9.90	8.20	7.82
0876	新希望	13.81	13.15	15.05	12.90	12.98	15.47	14.95	13.87	13.84	13.95	15.09	15.91
0877	天山股份	10.41	9.92	11.31	10.52	11.87	14.10	13.31	12.75	12.09	13.18	13.50	11.93
0878	云南铜业	11.87	11.37	12.17	11.53	13.59	13.47	15.69	9.81	9.43	8.39	8.34	8.35
0880	山东巨力	18.60	18.56	15.92	15.80	15.06	17.52	16.67	17.64	17.73	19.30	18.69	17.40
0881	大连国际	13.89	14.73	16.85	19.49	22.06	27.52	28.21	26.74	25.99	25.79	28.29	27.32
0882	中商股份	8.17	7.57	8.29	8.36	9.37	10.49	9.70	9.42	9.69	9.04	9.18	8.28
0883	三环股份	10.90	10.63	10.88	9.35	10.68	12.00	12.99	12.48	11.80	11.11	10.16	10.30
0885	春都A			8.93	8.43	8.26	12.34	12.15	10.98	12.08	11.16	12.39	12.10
0886	海南高速	11.97	10.75	12.33	13.19	17.18	23.16	9.19	9.50	9.25	8.35	7.29	6.80
0887	飞彩股份	14.99	14.11	14.20	14.84	17.83	22.31	22.70	21.55	13.38	13.18	15.06	9.41
0888	峨眉山A	11.19	11.29	11.47	10.66	11.22	16.03	12.45	12.50	12.84	12.69	13.21	12.15
0889	华联商城	8.02	7.45	8.75	8.20	11.30	12.04	10.66	12.86	13.89	13.62	12.80	13.95
0890	法尔胜	9.66	9.26	9.71	9.02	10.64	15.83	15.30	15.35	14.83	14.70	13.91	13.39
0892	三爱海陵	8.11	7.91	8.19	7.89	8.20	11.04	13.04	14.94	11.97	13.66	8.83	8.77
0893	广州冷机	7.51	7.10	7.39	6.92	6.94	9.63	8.46	8.91	8.50	7.91	7.38	6.97
0895	双汇实业	14.09	11.85	12.70	12.01	13.38	23.48	16.60	14.99	14.84	13.55	14.50	14.11
0896	河南豫能	7.59	6.94	7.80	7.12	7.31	9.20	8.42	9.50	9.12	8.32	7.93	7.40
0897	津滨发展				7.88	10.89	12.14	12.75	13.21	13.36	11.88		10.17
0898	鞍钢新轧	2.96	2.85	3.16	2.93	3.02	4.20	3.58	3.92	3.77	3.54	3.26	3.00
0899	赣能股份	10.14	8.90	8.84	8.50	12.82	17.32	12.70	13.30	12.51	11.29	10.75	9.24
0900	湖南高速	13.42	13.15	12.70	12.74	9.47	11.55	11.84	11.50	10.60	9.88	9.60	8.84
0901	航天科技				14.93	18.70	22.53	19.99	19.95	20.38	19.77	18.87	18.71
0902	中国服装				7.83	7.44	9.56	9.98	9.14	9.01	8.29	8.67	9.24
0903	云内动力				7.96	8.07	10.52	10.30	9.40	9.32	9.04	8.78	8.00
0905	厦门路桥				6.87	7.89	10.90	11.65	12.55	12.01	10.88	11.13	10.71
0906	南方建材							14.30	13.56	14.10	15.60	15.92	13.28
0908	天一泵业		8.17	9.73	8.81	9.90	12.53	11.32	13.43	13.75	14.85	15.12	17.56
0909	数源科技					13.85	17.86	21.20	18.49	18.78	18.30	18.72	18.37
0910	大亚股份						13.80	13.30	12.78	12.85	12.58	12.20	10.18
0911	南宁糖业					6.81	8.28	7.85	8.38	8.45	7.93	7.72	7.00
0912	泸天化						8.66	8.95	9.13	8.61	8.08	7.91	7.14
0913	钱江摩托					6.45	8.65	8.72	9.24	8.72	8.25	7.77	7.86
0915	声乐股份						12.80	12.32	13.49	14.80	16.11	15.15	15.77
0916	华北高速									5.72	5.43	5.05	4.53
0917	电广实业			18.26	16.00	25.77	30.96	31.55	31.28	26.10	23.18	22.31	26.39
0918	亚华种业							16.27	15.20	15.39	15.54	15.11	13.56
0919	金陵药业											15.02	15.72
0920	南方汇通						13.45	14.14	13.50	13.79	13.99	13.65	14.01
0921	科龙电器							23.25	21.60	21.20	20.23	18.08	17.50
0922	阿继电器						17.63	17.38	16.58	16.41	17.24	15.96	14.43
0923	河北宣工							9.65	9.25	9.70	10.28	9.60	8.29
0925	浙大海纳						37.94	34.73	30.30	32.59	31.75	30.48	30.75
0926	湖北川绳						12.39	12.43	13.58	12.56	12.67	13.21	14.11
0927	天津汽车							7.56	7.40	7.10	6.87	6.30	5.79
0928	吉林炭素			6.85	6.98	6.95	8.84	7.98	8.70	8.18	7.77	7.37	7.05
0929	兰州黄河						16.81	17.57	16.71	17.18	18.19	16.85	15.75
0930	丰原生化							19.57	18.44	20.14	20.51	18.40	18.68
0931	中关村							34.91	19.70	22.65	22.19	19.06	18.59
0932	华菱管线								6.71	6.65	6.20	5.87	5.51
0933	神火股份								12.27	11.75	12.38	11.31	10.65
0935	四川双马								8.92	8.98	8.97	8.37	7.82
0936	华西村								21.24	21.23	21.36	20.49	20.23
0937	金牛能源									11.25	11.11	10.64	10.47
0938	清华紫光											48.15	56.45
0939	凯迪电力									20.41	22.56	23.36	27.61
0948	南天信息										25.73	24.57	26.00
0949	新乡化纤										10.29	9.55	8.58
0950	民丰农化									11.23	11.56	10.46	9.28
0951	小鸭电器											6.65	6.16
0952	广济药业											11.78	11.20
0953	河池化工												8.01
0955	欣龙无纺												11.15
0956	中原油气											7.18	6.34
0958	东方热电												11.49
0959	首钢股份												5.15

表 4　深圳证券交易所 B 股行情报表　　　　单位：元

代码	券种	1.29	2.9	3.31	4.30	5.31	6.30	7.30	8.31	9.30	10.29	11.30	12.30
		收盘	收盘	收盘	收盘	收盘	收盘	收盘	收盘	收盘	收盘	收盘	收盘
2002	深万科 B	1.92	1.75	1.76	2.60	3.48	5.21	4.80	3.50	2.90	2.23	2.89	3.07
2003	深金田 B	0.50	0.49	0.55	0.60	0.73	1.45	1.32	1.22	1.20	0.97	1.20	1.15
2011	深物业 B	0.50	0.50	0.54	0.67	0.94	2.01	1.47	1.28	1.24	1.15	1.20	1.20
2012	深南玻 B	0.64	0.58	0.60	0.78	0.97	1.83	1.48	1.21	1.23	1.20	1.16	1.20
2013	深石化 B	0.86	0.90		0.99	1.20	2.81	2.10	2.15	2.04	1.89	1.84	1.80
2015	ST 中浩 B	0.38	0.32	0.44		0.46	0.72	0.56	0.65	0.78	0.61	0.65	0.67
2016	深康佳 B	3.70	3.60	4.79	5.31	6.92	8.66	7.28	5.21	5.29	4.40	5.49	5.90
2017	深中华 B	0.42	0.40	0.48		0.47	0.63	0.54	0.58	0.57	0.50	0.54	0.56
2018	深中冠 B	0.73	0.78	0.82	0.94	1.25	2.84	2.36	2.10	1.96	1.87	2.05	2.18
2019	深深宝 B	1.34	1.57	1.19	1.47	1.74	2.80	2.20	2.17	1.85	1.97	2.14	2.15
2020	ST 华发 B	0.62		1.16		0.86	1.25	1.25	1.13	1.10	0.98	0.94	1.02
2022	深赤湾 B	0.68	0.68	0.77	1.06	1.31	2.70	2.16	2.11	2.19	2.13	2.33	2.40
2024	深招港 B	1.24	1.23	1.25	1.84	2.60	4.09	3.22	3.20	3.35	3.59	3.47	3.55
2025	深特力 B	0.81	1.03	1.05	0.92	1.16	2.39	1.91	1.93	1.74	1.55	1.75	1.89
2026	飞亚达 B	1.59	1.64	1.56	1.50	1.98	2.99	2.04	1.80	1.80	1.58	1.64	1.73
2028	深益力 B	0.73	0.89	1.25	0.98	1.13	2.36	2.24	2.10	1.74	1.61	1.99	2.01
2029	深深房 B	0.51	0.52	0.57	0.60	0.72	1.38	1.34	1.14	1.10	0.95	1.10	1.10
2030	ST 英达 B	0.53	0.44	0.59		0.58	1.16	1.17	1.05	1.06	0.95	0.97	0.81
2037	深南电 B	1.52		1.40	1.61	2.09	2.84	2.39	2.18	2.18	1.96	1.95	1.95
2039	中集 B	2.80	2.54	2.98	3.47	4.05	7.10	5.33	5.41	5.54	4.99	5.21	5.20
2041	深本实 B	1.11	1.02	1.13	1.20	1.76	2.84	3.10	3.23	3.14	2.89	2.88	3.10
2045	深纺织 B	0.64	0.73	0.95	0.91	1.00	2.50	1.74	1.99	2.06	1.90	2.14	1.90
2053	深基地 B	0.91	0.96	0.97	1.27	1.67	2.71	2.17	1.82	1.73	1.62	1.85	1.80
2054	深建摩 B	0.50	0.54	0.54	0.52	0.59	1.24	1.10	1.09	1.03	0.92	0.97	0.97
2055	深方大 B	2.98	2.70	2.76	2.85	4.29	6.94	5.06	3.36	3.27	3.20	3.19	3.25
2056	深国商 B	0.79	0.74	0.95	0.85	1.05	1.84	1.60	1.55	1.51	1.49	1.43	1.42
2057	深大洋 B	0.77	0.78	0.92		0.78	1.02	0.92	0.82	0.77	0.70	0.74	0.81
2058	深赛格 B	1.35	1.33	1.48	1.46	1.88	3.92	3.20	2.89	2.72	2.44	2.53	2.91
2413	ST 宝石 B	0.38	0.35	0.46	0.49	0.54	0.81	0.81	0.93	0.85	0.77	0.69	0.80
2418	小天鹅 B	2.98	3.00	3.38	3.41	4.83	7.40	5.45	4.60	4.38	4.15	4.07	4.18
2429	粤高速 B	1.40	1.50	1.67	1.60	2.04	2.75	2.32	2.16	2.14	2.12	2.23	2.37
2468	宁通信 B	1.50	1.48	1.68	1.24	1.76	3.49	2.43	2.03	2.10	2.08	2.00	2.05
2488	晨鸣 B	2.13	1.97	2.05	1.78	2.54	4.05	3.62	3.38	3.00	2.75	2.67	2.89
2505	琼珠江 B	0.50		0.62	0.54	0.74	1.44	1.35	1.19	1.16	1.00	1.14	1.12
2512	闽灿坤 B	0.95	1.09	1.23	1.80	2.38	3.53	2.60	2.44	2.44	2.22	2.23	2.57
2513	粤丽珠 B	0.98	0.96	1.02	1.00	1.32	2.57	2.19	1.98	1.87	1.69	1.73	1.75
2521	皖美菱 B	1.02	1.09	1.15	1.22	1.58	2.81	1.92	1.69	1.74	1.56	1.55	1.64
2530	大冷 B	1.28	1.23	1.37	1.29	1.77	2.61	1.96	1.85	1.81	1.60	1.63	1.69
2539	粤电力 B	2.05	1.99	2.10	2.86	3.69	5.34	4.63	4.14	4.00	3.60	3.70	3.62
2541	粤照明 B	2.60	2.73	2.92	3.36	4.32	5.41	4.30	4.24	4.25	3.99	3.85	4.06
2550	赣江铃 B	2.65	2.00	2.11	1.76	2.02	2.22	1.86	1.73	1.74	1.68	1.43	1.40
2553	沙隆达 B	1.20	1.24	1.37	1.32	1.66	2.80	2.28	1.95	1.88	1.84	1.94	2.10
2570	苏常柴 B	1.71	1.69	1.88	2.84	3.55	5.06	4.28	3.26	2.97	2.69	2.34	2.64
2581	苏威孚 B	1.56	1.69	1.75	1.84	2.40	3.90	4.00	3.76	2.52	2.21	2.22	2.32
2596	古井贡 B	2.64	2.86	2.70	2.89	3.66	5.66	4.50	3.80	3.70	3.13	3.13	3.44
2613	ST 东海 B	0.50	0.50	0.57		0.57	0.84	0.75	0.67	0.68	0.64	0.64	0.66
2625	长安 B	0.62	0.60	0.73	0.66	0.89	1.54	1.35	1.15	1.09	1.03	1.04	1.03
2706	瓦轴 B	0.94	0.90	1.07	1.13	1.42	2.38	1.79	1.75	1.75	1.50	1.65	1.68
2725	京东方 B	0.75	0.82	0.89	0.95	1.32	3.94	2.65	2.42	2.64	2.50	2.64	2.52
2726	鲁泰 B	1.31	1.24	1.46	1.92	2.20	3.90	3.56	3.32	2.95	2.73	3.00	3.06
2761	本钢板 B	0.83	0.79	0.83	0.92	1.16	1.89	1.65	1.66	1.64	1.49	1.45	1.44
2770	武锅 B	0.52	0.51	0.63	0.71	0.88	1.63	1.36	1.11	1.13	1.06	1.17	1.11
2771	杭汽轮 B	1.79	1.38	1.80	1.87	2.50	4.95	4.19	4.20	4.14	3.86	3.46	3.65
2869	张裕 B	2.51	2.50	2.79	2.40	2.62	4.05	3.42	3.33	3.18	2.82	2.77	2.87

表 5　上海证券交易所国债行情周报表　　单位:元

券种	1.8	1.15	1.22	1.29	2.5	2.9	3.5	3.12	3.19	3.26	4.2	4.9	4.16	4.23	4.30	5.7	5.14
	收盘	收盘	收盘	收盘	收盘	收盘	收盘	收盘	收盘	收盘	收盘	收盘	收盘	收盘	收盘	收盘	收盘
96 国债(3)					143.18	143.30	143.45								143.45		
96 国债(6)					152.15	152.69	153.03	153.97	156.85	156.70	157.23	157.48	158.31	160.15	159.39	160.89	161.61
96 国债(7)			130.28		130.97	131.28	131.42	131.13	131.31	131.58	131.52	131.60	131.51	131.75	131.95	131.90	131.99
96 国债(8)	117.88	118.23	118.59		119.10	119.64	120.12	120.97	123.41	123.38	123.05	123.25	123.65	123.80	123.79	123.99	124.58
97 国债(1)	99.89	99.94															
97 国债(3)	121.63	122.80	123.08	123.32	123.05	123.50	123.88	123.95	124.20	124.45	124.56	124.80	125.00	125.20	125.74	125.79	125.78
97 国债(4)	139.00	139.10	139.49	140.23	139.90	140.62	141.00	141.99	144.73	144.70	145.24	145.70	147.30	149.57	148.40	150.00	150.62
99 国债(5)																	
99 国债(8)																	
南转化债	215.94					213.90	234.99	228.00	277.50	224.20	227.45	240.50	239.97	236.99	220.13	218.30	208.00
96 三峡债	126.80	127.68	127.77	128.05	128.29	128.21	128.25	128.25	128.58	128.80	128.82	129.00	129.10	129.15	129.21	129.70	129.70
96 吉化债	126.60	127.69	127.86	128.14	128.10	128.32	128.08	128.12	128.39	128.48	128.32	128.48	128.42	128.65	128.62	128.88	128.86
96 梅山债	125.58	127.00	127.15	127.35	127.70		129.50	128.20	128.23	128.00	128.29	128.10	128.10	128.10	128.00	128.31	128.00
97 国电债																114.20	114.38
96 三峡债																	
96 吉化债																	
96 梅山债																	
97 国电债																	
R003	1.10	1.04	1.84	1.51	1.65	1.10	1.50	1.48	1.39	1.01	1.08	1.02	1.10	1.08	1.00	2.71	2.10
R007	3.11	3.10	3.95	3.45	10.10	0.60	4.08	4.04	3.68	3.47	3.86	3.20	3.51	3.77	2.31	4.02	3.89
R014	3.90	3.50	4.00	7.00	5.00	0.34	4.03	4.00	3.80	3.40	3.80	3.48	3.56	3.51	2.95	3.89	3.00
R028	4.20	5.63	5.45	3.06	3.55	1.10	4.19	4.09	4.00	3.90	3.99	3.70	3.69	3.70	3.49	3.80	3.87
R091	4.50	4.00	3.80	4.04	4.10	2.90	4.20	4.26	4.08	4.00	4.00	3.99	3.96	3.92	3.80	3.91	3.95
R182	5.20	4.45	4.50	4.26	4.40	4.30	4.20	4.20	4.25	4.16	4.05	3.95	3.99	3.98	3.93	3.93	4.00
RC091															13.05		

券种	5.21	5.28	6.4	6.11	6.18	6.25	7.2	7.9	7.16	7.23	7.30	8.6	8.13	8.20	8.27	9.3	9.10
	收盘	收盘	收盘	收盘	收盘	收盘	收盘	收盘	收盘	收盘	收盘	收盘	收盘	收盘	收盘	收盘	收盘
96 国债(3)																	
96 国债(6)	162.08	158.55	160.70	152.82	153.45	150.60	149.70	150.44	152.75	152.02	152.83	154.34	154.98	154.25	155.08	155.21	153.94
96 国债(7)	132.02	131.88	132.15	132.21	132.18	132.30	132.31	132.48	132.65	132.63	132.74	132.87					
96 国债(8)	124.39	122.58	123.92	127.08	126.90	125.40	125.43	126.19	126.40	126.37	127.40	128.80	128.35	128.51	129.10	129.15	128.46
97 国债(1)																	
97 国债(3)	125.49	125.00	125.19	125.96	126.26	127.30	126.31	127.12	127.25	127.54	127.90	127.30	126.50	126.88	126.21	126.50	126.30
97 国债(4)	150.83	147.58	149.70	155.66	154.30	152.05	150.95	151.99	153.80	153.45	154.22	155.40	156.08	155.50	156.33	146.70	145.00
99 国债(5)																	101.80
99 国债(8)																	
南转化债	211.90	226.50	219.00	222.60	228.05	240.00	238.00	237.80	228.38	236.48	232.40	227.25	232.00	215.62	207.40	207.15	210.60
96 三峡债	129.69	129.00	128.88	129.89	130.50	129.21	128.36	128.42	129.40	129.30	129.20	130.18	130.49	130.49	130.18	130.30	130.20
96 吉化债	129.03	129.04	128.91	129.97	129.46	129.55	128.38	128.40	129.43	129.20	129.25	130.25	130.47	130.45	130.30	130.20	130.10
96 梅山债	128.00	128.00	128.25	128.68	128.53	128.00	128.00	128.00	128.15	128.01	128.50	128.50	129.58	130.00	129.46	129.20	129.50
97 国电债	114.27	114.23	114.24	115.10	114.92	114.00	113.65	114.12	115.19	114.90	114.78	115.50	116.40	116.25	116.45	116.50	116.30
97 中铁(3)						114.25	113.80	114.01	115.11	115.30	114.80	115.45	116.99	116.51	116.89	116.52	116.48
97 中铁(5)						118.00	118.16	118.99	121.50	120.97	120.45	122.00	123.90	123.80	123.68	123.88	123.38
98 三峡(3)					105.70	104.89	104.02	104.10	105.20	105.30	105.10	106.80	107.45	107.00	107.05	107.50	107.28
98 三峡(8)					115.00	110.81	110.51	109.49	111.00	109.90	109.92	111.29	113.96	114.00	115.25	115.25	114.65
R003	1.02	1.90	1.56	0.74	0.63	0.75	0.90	0.90	0.60	1.47	1.40	0.90	1.01	1.13	1.91	1.49	2.20
R007	2.80	3.68	5.00	3.11	3.15	3.70	4.00	3.00	2.03	3.20	3.18	2.20	2.10	2.67	2.99	2.69	2.80
R014	3.80	3.80	4.70	3.00	3.43	4.01	4.98	3.00	2.05	3.06	3.41	2.86	2.35	2.85	2.80	2.68	3.00
R028	3.56	4.48	4.80	3.30	3.65	3.94	5.28	3.60	3.33	3.62	3.50	3.01	2.33	2.95	2.90	2.98	3.30
R091	3.89	4.27	4.80	3.50	3.75	3.95	4.50	4.00	3.70	3.78	3.70	3.50	2.90	3.07	3.00	2.91	3.20
R182	3.90	4.20	4.30	3.38	3.84	3.83	4.40	4.18	3.95	3.99	3.90	3.80	3.35	3.48	3.48	3.20	3.30
RC091																	

券种	9.17	9.24	9.30	10.8	10.15	10.22	10.29	11.5	11.12	11.19	11.26	12.3	12.10	12.17	12.24	12.30	
	收盘	收盘	收盘	收盘	收盘	收盘	收盘	收盘	收盘	收盘	收盘	收盘	收盘	收盘	收盘	收盘	
96 国债(3)																	
96 国债(6)	153.69	152.61	152.25	151.70	150.16	150.46	150.55	151.46	150.93	151.10	151.46	151.69	151.49	150.78	151.53	152.48	
96 国债(7)																	
96 国债(8)	128.80	128.50	128.61	128.30	127.68	127.99	119.42	117.92	116.98	117.18	117.54	117.95	117.80	117.97	118.20	118.65	
97 国债(1)																	
97 国债(3)	125.80	126.36	125.88	125.71	125.40	125.49	125.25	125.43	126.00	126.14	126.00	126.27	126.14	126.04	126.62	127.00	
97 国债(4)	144.86	143.79	143.09	143.02	140.81	141.20	141.41	142.25	142.01	142.02	142.82	144.00	143.84	143.75	143.60	144.60	
99 国债(5)	101.74	100.85	100.55	100.21	99.54	99.76	99.47	99.71	99.41	99.48	99.04	99.15	99.03	98.74	98.78	99.33	
99 国债(8)					98.68	99.30	99.15	99.18	99.11	99.07	98.81	98.80	98.57	98.45	98.55	99.05	
南转化债	212.49	204.19	202.78	202.99	200.80	183.31	184.50	181.31	184.00	184.20	183.38	196.99	186.50	194.90	188.45	195.00	
96 三峡债	130.18	130.20	130.40	130.07	130.19	130.00	130.70	130.80	130.99	131.29	131.60	131.68	131.56	131.90	131.70	132.00	
96 吉化债	130.25	130.20	130.30	130.45	130.06	130.50	130.60	130.88	130.91	131.20	131.50	132.10	132.10	132.18	132.54	132.50	
96 梅山债	129.80	129.39		129.50	129.49	129.50	129.51	130.44		130.24	129.00	130.70	131.00	131.00	131.00	131.00	
97 国电债	116.39	116.25	115.89	116.20	116.10	116.04	116.40	116.43	116.42	116.22	116.60	116.50	116.50	116.50	116.50	116.56	
97 中铁(3)	116.40	116.16	116.70	116.00	115.90	115.80	116.30	116.30	116.29	116.40	116.50	116.60	116.40	116.50	116.45	116.90	
97 中铁(5)	123.00	122.30	122.50	122.63	122.37	122.10	122.25	122.85	122.50	122.65	122.80	122.85	121.00	121.49	121.50	121.60	
98 三峡(3)	107.00	106.51	107.00	106.90	106.60	106.55	106.41	106.60	106.50	106.63	106.65	106.85	106.60	106.50	106.26	106.35	
98 三峡(8)	114.00	113.47	113.87	113.65	112.61	113.01	112.96	113.20	112.90	112.82	112.80	112.90	112.46	112.00	111.60	111.60	
R003	0.72	0.84	1.98	0.78	0.66	0.65	0.77	0.65	2.61	0.65	0.63	0.66	0.77	0.60	0.77	1.50	
R007	2.48	7.50	0.95	4.00	3.95	3.21	2.90	2.49	5.00	3.80	2.30	2.18	2.80	3.00	5.85	1.50	
R014	3.30	4.20	1.50	4.00	4.17	3.50	3.16	3.10	5.00	3.95	3.00	258.00	3.03	3.55	3.60	2.89	
R028	2.79	4.00	2.52	3.70	4.13	3.85	3.37	3.04	4.20	3.88	3.18	3.27	3.15	3.66	4.09	3.95	
R091	3.14	4.00	3.48	3.51	4.15	4.00	4.18	3.50	4.45	4.00	4.00	3.79	3.95	3.97	4.25	4.10	
R182	3.39	4.30	3.60	3.78	4.38	4.40	4.00	3.96	4.05	4.00	3.90	3.86	3.98	4.49	4.15	4.18	
RC091																	

表 6　深圳证券交易所国债行情周报表

单位：元

券种	1.8	1.15	1.22	1.29	2.5	2.9	3.5	3.12	3.19	3.26	4.2	4.9	4.16	4.23	4.30	5.7	5.14
	收盘	收盘	收盘	收盘	收盘	收盘	收盘	收盘	收盘	收盘	收盘	收盘	收盘	收盘	收盘	收盘	收盘
中铁 963	126.45	127.25	127.31	127.69	127.61	128.37	128.69	128.00	128.24	128.68	128.60	128.50	128.50	128.46	128.65	129.05	129.18
中铁 965		138.00	138.10	140.00	140.00	140.80	140.98	140.95	141.00	141.12	140.98	141.89	141.15	141.50	141.44	141.97	141.88
中信 983																	
R003	1.02	1.07	1.08	1.09	1.08	1.02	4.15	2.00	1.09	1.05	1.05	1.07	0.49	1.10	1.07	2.00	1.80
R007		3.10	4.03	4.50	8.99		4.98	4.09	3.56	3.50	3.68	2.70	0.50	4.50		5.00	4.00
R014		12.00	11.00					6.00	3.88	3.31	3.30	4.00	2.00	6.50			4.00
R028		5.30	5.39		3.90		4.30	3.50	3.99		4.00	4.00	4.00			4.00	4.00
R063								7.00	6.50		4.00	4.26	3.00	3.00			4.00
R091													2.00				
R182									7.61			9.00	3.95	3.90		3.80	3.42
R273												4.99	4.00				
R004	7.00		7.00		7.00	7.00	7.00	7.00	7.00	7.00	7.00	7.00	7.00	5.50		7.00	6.40
国债 963		142.56			142.80	143.78	143.58										
国债 966	150.05	151.00	151.00	151.65			152.90	153.70	155.50	158.00	152.51	157.51	158.00	160.00	159.05	160.55	161.00
国债 967	129.44		131.03		130.90	131.71	130.95	131.15	131.20	131.00	131.52	131.25	131.46	131.65	131.88	132.25	131.25
国债 968	117.60	118.20	118.89	119.60	120.11		120.10	120.35	122.35	122.80	123.28	123.01	123.65	123.61	123.61	123.80	124.00
国债 971	99.81	99.92															
国债 972	120.55	116.25	116.55	117.55		121.75	122.95	122.25	123.50	122.05	124.00	122.65	124.75	122.25		124.80	125.00
国债 973	138.58	139.00	139.00		141.00		140.68	141.45	143.50	143.05	144.41	260.25	147.00	149.00	148.80	149.21	150.24
国债 995																	
国债 998																	
丝绸转债	268.38					220.77	277.06	274.19	268.53	248.16	250.28		277.63	280.45		241.10	220.61
茂炼转债																	
96 国债(3)	142.72	142.76	142.99	143.15													
96 国债(6)	150.81	151.00	151.45	152.14													
96 国债(7)	129.54	130.15		130.60													
96 国债(8)				119.12													

券种	5.21	5.28	6.4	6.11	6.18	6.25	7.2	7.9	7.16	7.23	7.30	8.6	8.13	8.20	8.27	9.3	9.10
	收盘	收盘	收盘	收盘	收盘	收盘	收盘	收盘	收盘	收盘	收盘	收盘	收盘	收盘	收盘	收盘	收盘
中铁 963	129.55	129.00	129.25	130.00	129.91	129.53	128.50	129.50	129.95	129.95	129.55	130.00	130.88	130.26	129.20	129.39	129.57
中铁 965	141.90	141.55	141.45	143.15	142.35	142.20	141.50	140.18	141.35	141.55	141.35	142.55	142.08	142.20	142.20	142.35	142.19
中信 983																106.78	106.10
R003	1.03	3.50	4.00	2.50	3.34	0.80	2.82	16.67		5.00	2.30	2.60	1.00	1.00	1.40	2.30	3.30
R007	3.50	7.00	4.00	7.00	7.00	5.55	5.55	4.55	2.65	3.55	4.05	2.10	2.00	3.50	3.00	3.00	3.06
R014	6.59	4.50		4.00		10.00	10.00	10.00						3.80		3.00	8.00
R028	4.00	4.00	4.50	4.00	4.00	4.50	7.00	10.00	5.00	5.00	4.00	4.00	3.40	3.50	3.00	2.50	2.80
R063	4.00		10.00	10.00		10.00	1.50	2.00				3.30				3.00	3.00
R091			4.50	9.00	3.40			3.20		6.80							11.00
R182	5.61	4.00	5.68	9.50	6.70	8.03											
R273																	
R004	7.00	7.00	6.55	6.55	7.00	7.00					5.00						
国债 963																	
国债 966	161.10		160.60		153.80	149.37	150.05	149.75	152.54	151.20	152.00	153.15	155.55	151.01	154.74	154.70	154.75
国债 967	130.95	131.50	131.11	132.05		134.01	130.02	133.03	132.15	133.98	133.18						
国债 968	123.82	123.90	124.00	125.56	127.00	125.37	125.55	124.75	125.50	126.20	126.79	127.00	127.51	127.50	129.00	128.00	128.00
国债 971																	
国债 972			121.25	125.00	124.00	125.20	125.75	121.95	121.90		120.55		125.41	126.40	126.48	125.28	
国债 973	149.00	144.26	147.70	154.40	154.15	150.55	150.95	144.55	152.95	151.50	152.15		151.01	152.01	154.43		144.05
国债 995			240.67		274.05												101.38
国债 998																	
丝绸转债	239.12	253.21		249.93		285.30	269.45	267.00	256.41	269.26	277.00	255.84	273.70	264.63	257.82	246.03	255.90
茂炼转债														119.52	118.19	119.00	118.89
96 国债(3)																	
96 国债(6)																	
96 国债(7)																	
96 国债(8)																	

券种	9.17	9.24	9.30	10.8	10.15	10.22	10.29	11.5	11.12	11.19	11.26	12.3	12.10	12.17	12.24	12.30	
	收盘	收盘	收盘	收盘	收盘	收盘	收盘	收盘	收盘	收盘	收盘	收盘	收盘	收盘	收盘	收盘	收盘
中铁 963	130.00	129.80	129.74	129.25	130.26	130.30	130.58	131.00	131.16	132.00	131.80	132.00	131.99	132.00	132.00	132.50	
中铁 965	142.05	140.65	141.55	141.50	141.30	141.50	141.35	141.35	141.30	141.65	141.85	140.86	139.85	140.93	139.97	139.50	
中信 983	106.20	106.19	106.60	106.50	106.60	106.40	106.30	105.99	106.14	106.32	106.68	106.88	106.60	106.60	106.25	106.30	
R003	2.05	3.00		0.60	0.71	0.66	0.80	0.70	1.00	0.63	0.65	0.65	0.70	0.67	0.67	5.55	
R007	3.00	10.00	1.30	3.80	3.89	3.50	2.90	2.48	3.00	2.00	2.66	2.35	2.79	2.95	6.00	6.00	
R014	3.00	3.00		8.00	4.50	8.00	13.00	10.00	20.00	15.00	15.00	15.00	7.70	8.00	3.50		
R028	2.50	3.00	10.00	10.00	4.01	4.00	10.00	10.00	4.00	9.00	10.00	5.50	3.50	3.70		5.50	
R063		3.00		3.00	3.00			3.00	3.00	3.00		3.00	3.00	3.00			
R091	3.30				3.50	3.50	3.50	3.50		3.50	4.00	6.00	6.00			5.80	
R182	6.35				4.20	4.20			4.00	7.32				7.30		7.20	
R273																	
R004																	
国债 963																	
国债 966	154.80		152.35	152.35	150.80	151.78	152.48	151.00	151.49	151.00	150.80	151.15	148.02	149.01		147.11	
国债 967																	
国债 968	127.90	128.00	127.99	127.99	128.00	127.74		117.85	117.00	117.00	117.10	117.50	117.80	117.55	115.95	118.25	
国债 971																	
国债 972				126.00	121.05	123.50	127.97	125.30	126.48	126.50	126.50	124.56	124.20	125.25	123.60	128.45	
国债 973	145.00	144.15	143.45	144.10	143.46	142.91	140.50	142.30	142.40	141.75	141.70	143.20		141.99			
国债 995	101.20	100.65	100.55	100.38	97.79	99.32	99.30	99.61	99.45	99.40		98.85	98.90	98.96	98.80	98.13	
国债 998					98.60	99.30	98.72	99.08	98.91	99.01	98.70	98.69	98.50	98.27	98.15	98.70	
丝绸转债	254.87	245.90	242.25	242.00	238.00	224.69	227.00	229.50	225.00	238.06	236.03	263.88	246.22	269.46	261.48	261.03	
茂炼转债	121.04	118.92	117.98	116.97	115.45	111.80	111.76	111.10	108.21	107.73	107.00	109.37	106.52	106.49	102.60	102.61	
96 国债(3)																	
96 国债(6)																	
96 国债(7)																	
96 国债(8)																	

基金市场行情

表 7 上海证券交易所基金行情周报表 单位：元

基金名称	1.8	1.15	1.22	1.29	2.5	2.9	3.5	3.12	3.19	3.26	4.2	4.9	4.16	4.23	4.30	5.7	5.14
	收盘	收盘	收盘	收盘	收盘	收盘	收盘	收盘	收盘	收盘	收盘	收盘	收盘	收盘	收盘	收盘	收盘
基金金泰	1.23	1.19	1.19	1.20	1.14	1.12	1.15	1.14	1.14	1.21	1.20	1.14	1.16	1.09	1.06	1.05	1.02
基金泰和														1.04	1.02	1.02	1.01
基金安信	1.26	1.24	1.25	1.24	1.20	1.20	1.20	1.20	1.19	1.23	1.23	1.16	1.16	1.09	1.06	1.05	1.04
基金汉盛																	
基金裕阳	1.23	1.22	1.22	1.21	1.14	1.15	1.15	1.15	1.16	1.18	1.17	1.13	1.13	1.07	1.04	1.03	1.01
基金景阳																	
基金兴华	1.24	1.23	1.21	1.20	1.14	1.15	1.15	1.16	1.16	1.17	1.17	1.13	1.14	1.09	1.05	1.04	1.02
基金安顺																	
基金金鑫																	
基金裕元																	
基金兴和																	
淄博基金	2.22	2.08	2.25	2.95	2.77	2.54	3.16	3.27	3.27	3.24	3.23	3.16	3.32	3.21	2.89	2.84	2.62
金龙基金	1.89	1.78	1.92	2.28	2.03	1.92	2.29	2.60	2.65	2.61	2.76	2.70	2.70	2.62	2.34	2.33	2.15
宝鼎基金	3.30	3.04	3.15	3.33	2.97	2.99	3.27	3.42	3.64	3.49	3.63	3.57	3.36	4.51	4.39	4.39	4.16
建业基金	1.90	1.74	1.91	2.20	1.89	1.80	2.16	2.43	2.50	2.41	2.53	2.49	2.56	2.64	2.33	2.34	2.18
沈阳农信	3.13	2.77	4.00	3.83	3.30	3.05	3.34	3.78	3.57	3.42	3.36	3.16	3.93	3.50	3.37	3.40	3.08
沈阳富民	2.39	2.09	2.84	2.88	2.48	2.28	2.78	2.86	2.85	2.80	2.73	2.59	3.10	2.86	2.64	2.62	2.42
沈阳通发	2.49	2.22	2.73	2.63	2.24	2.17	2.49	2.73	2.68	2.70	2.68	2.60	3.03	2.75	2.55	2.53	2.41
沈阳公众	2.29	2.09	2.58	2.26	2.03	1.86	2.24	2.37	2.38	2.32	2.28	2.21	2.77	2.58	2.28	2.30	2.17
沈阳兴沈	2.39	2.08	2.95	2.88	2.48	2.28	2.96	2.96	2.99	2.92	2.85	2.73	3.11	2.91	2.68	2.64	2.42
沈阳万利	1.88	1.71	2.09	1.97	1.81	1.72	1.99	2.16	2.09	2.08	2.09	2.05	2.59	2.52	2.23	2.32	2.16
沈阳银海	1.69	1.56	1.81	1.81	1.57	1.60	1.78	1.89	1.92	1.88	1.81	1.76	2.30	2.48	2.24	2.29	2.20
沈阳久盛	2.39	2.11	2.81	2.72	2.39	2.25	2.71	2.86	2.82	2.73	2.68	2.58	3.10	2.81	2.62	2.59	2.40
广东广发	2.87	2.73	2.83	2.87	2.57	2.54	2.74	2.95	2.91	2.86	2.89	2.85	3.09	3.02	2.82	2.79	2.63
广东海鸥	3.89	3.74	3.83	3.88	3.41	3.28	3.57	3.74	3.73	3.50	3.45	3.35	3.48	3.37	3.13	3.08	2.77

券种	5.21	5.28	6.4	6.11	6.18	6.25	7.2	7.9	7.16	7.23	7.30	8.6	8.13	8.20	8.27	9.3	9.10
	收盘	收盘	收盘	收盘	收盘	收盘	收盘	收盘	收盘	收盘	收盘	收盘	收盘	收盘	收盘	收盘	收盘
基金金泰	1.05	1.12	1.06	1.08	1.20	1.32	1.40	1.30	1.31	1.33	1.34	1.32	1.28	1.30	1.27	1.26	1.31
基金泰和	1.03	1.08	1.02	1.04	1.13	1.19	1.33	1.20	1.20	1.22	1.21	1.21	1.16	1.17	1.17	1.16	1.18
基金安信	1.07	1.19	1.16	1.19	1.41	1.46	1.77	1.58	1.66	1.77	1.73	1.71	1.59	1.61	1.63	1.53	1.63
基金汉盛	1.03	1.11	1.08	1.10	1.20	1.30	1.41	1.32	1.28	1.32	1.28	1.29	1.22	1.26	1.26	1.22	1.27
基金裕阳	1.05	1.21	1.18	1.20	1.40	1.57	1.77	1.58	1.55	1.64	1.62	1.59	1.46	1.50	1.47	1.43	1.54
基金景阳																	
基金兴华	1.06	1.11	1.09	1.09	1.23	1.39	1.49	1.37	1.35	1.40	1.41	1.40	1.36	1.37	1.36	1.33	1.41
基金安顺						1.19	1.32	1.19	1.20	1.22	1.21	1.20	1.17	1.16	1.14	1.12	1.17
基金金鑫																	
基金裕元																	
基金兴和											1.13	1.17	1.13	1.13	1.11	1.10	1.12
淄博基金	2.81	2.92	2.86	3.09	3.19	3.60	3.26	3.07	3.09	3.06	3.02	3.00	3.00	2.96	2.81	2.80	2.80
金龙基金	2.36	2.53	2.46	2.65	2.74	2.84	2.69	2.55	2.54	2.54	2.57	2.61	2.55	2.48	2.32	2.29	2.30
宝鼎基金	4.45	4.85	4.63	4.73	4.77	4.95	4.52	4.35	4.20	4.55	4.70	4.77	4.66	4.60	4.29	4.29	4.33
建业基金	2.38	2.60	2.51	2.72	2.85	2.90	2.71	2.59	2.61	2.59	2.59	2.70	2.58	2.54	2.33	2.30	2.29
沈阳农信	3.53	3.59	3.65	3.89	3.86	3.89	3.56	3.35	3.43	3.38	3.27	3.49	3.36	3.34	3.16	3.20	3.17
沈阳富民	2.66	2.72	2.77	3.70	3.86	3.75	3.38	3.21	3.26	3.20	3.06	3.23	3.16	3.12	2.85	2.87	2.87
沈阳通发	2.57	2.65	2.65	2.89	2.95	3.10	3.15	2.91	3.05	3.08	2.94	2.95	2.94	2.84	2.60	2.71	2.82
沈阳公众	2.34	2.40	2.39	2.61	2.77	3.00	3.11	2.71	2.95	2.85	2.77	2.77	2.77	2.71	2.51	2.53	2.56
沈阳兴沈	2.70	2.77	2.77	3.30	3.31	3.39	3.18	3.06	3.16	3.08	3.01	3.08	3.00	2.97	2.74	2.81	2.79
沈阳万利	2.32	2.38	2.36	2.58	2.78	4.18	3.71	3.49	3.69	3.71	3.63	3.53	3.54	3.36	3.09	3.11	3.12
沈阳银海	2.36	2.49	2.42	2.60	2.65	2.88	2.62	2.46	2.50	2.53	2.44	2.42	2.40	2.34	2.19	2.18	2.17
沈阳久盛	2.60	2.75	2.74	3.18	3.17	3.29	3.14	3.08	3.12	3.17	3.01	3.01	3.03	2.94	2.70	2.82	2.77
广东广发	2.00	3.06	2.93	3.13	3.17	3.40	3.34	3.20	3.31	3.24	3.25	3.31	3.23	3.14	2.97	2.95	2.95
广东海鸥	2.95	3.99	3.75	3.99	3.92	4.13	3.83	3.58	3.54	3.54	3.55	3.55	3.53	3.44	3.33	3.32	3.31

券种	9.17	9.24	9.30	10.8	10.15	10.22	10.29	11.5	11.12	11.19	11.26	12.3	12.10	12.17	12.24	12.30	
	收盘	收盘	收盘	收盘	收盘	收盘	收盘	收盘	收盘	收盘	收盘	收盘	收盘	收盘	收盘	收盘	收盘
基金金泰	1.31	1.28	1.26	1.25	1.25	1.23	1.26	1.22	1.23	1.24	1.24	1.24	1.22	1.20	1.14	1.16	
基金泰和	1.17	1.16	1.15	1.14	1.13	1.11	1.15	1.12	1.12	1.12	1.12	1.10	1.08	1.07	1.04	1.04	
基金安信	1.66	1.64	1.60	1.60	1.60	1.58	1.57	1.53	1.49	1.48	1.48	1.45	1.40	1.39	1.32	1.38	
基金汉盛	1.27	1.25	1.23	1.21	1.21	1.19	1.21	1.19	1.18	1.17	1.17	1.17	1.15	1.13	1.08	1.07	
基金裕阳	1.54	1.53	1.49	1.48	1.48	1.48	1.47	1.43	1.40	1.37	1.38	1.38	1.38	1.39	1.35	1.40	
基金景阳						2.18	2.74	1.38	1.19	1.09	1.07	1.06	1.04	1.04	1.02	1.04	
基金兴华	1.40	1.38	1.36	1.33	1.36	1.36	1.39	1.38	1.36	1.36	1.37	1.37	1.35	1.34	1.29	1.31	
基金安顺		1.15	1.14	1.12	1.12	1.11	1.13	1.10	1.09	1.07	1.07	1.07	1.04	1.04	1.02	1.03	
基金金鑫											1.04	1.03	1.03	1.03	1.01	1.02	
基金裕元							6.20	1.47	1.19	1.08	1.06	1.05	1.04	1.04	1.03	1.03	
基金兴和	1.12	1.11	1.08	1.08	1.07	1.06	1.09	1.07	1.06	1.06	1.06	1.05	1.04	1.03	1.01	1.02	
淄博基金	2.77	2.66	2.53	2.44	2.63	2.65	2.77	2.67	2.52	2.67	2.63	2.66	2.66	2.68	2.55	2.58	
金龙基金	2.40	2.33	2.32	2.25	2.39	2.33	2.43	2.33	2.24	2.29	2.29	2.30	2.29	2.28	2.13	2.13	
宝鼎基金	4.29	4.07	4.02	3.90	4.03	3.93	4.07	4.00	3.90	3.94	3.97	3.93	3.93	3.92	3.71	3.66	
建业基金	2.33	2.21	2.18	2.13	2.33	2.34	2.53	2.38	2.24	2.30	2.30	2.29	2.27	2.28	2.13	2.14	
沈阳农信	3.14	3.07	2.95	2.81	3.06	2.92	3.06	2.96	2.81	2.87	3.15	3.16	3.13	3.16	2.89	2.94	
沈阳富民	2.87	2.69	2.71	2.65	3.12	2.88	3.16	3.00	2.79	2.85	3.05	2.96	2.94	2.99	2.79	2.86	
沈阳通发	2.80	2.69	2.62	2.57	2.93	2.86	3.08	2.88	2.68	2.86	2.85	2.81	2.80	2.86	2.70	2.79	
沈阳公众	2.55	2.44	2.40	2.33	2.93	3.17	3.08	3.08	2.84	2.87	2.86	2.81	2.78	2.88	2.75	2.75	
沈阳兴沈	2.80	2.66	2.58	2.51	2.89	2.83	3.06	2.95	2.70	2.83	2.89	2.83	2.89	3.11	2.79	2.91	
沈阳万利	3.06	2.73	2.67	2.57	2.90	2.82	3.00	2.89	2.72	2.81	2.81	2.80	2.79	2.84	2.69	2.67	
沈阳银海	2.15	2.07	2.02	1.95	2.18	2.09	2.22	2.14	2.04	2.08	2.09	2.11	2.08	2.12	1.98	2.01	
沈阳久盛	2.74	2.63	2.62	2.53	2.88	2.77	2.97	2.85	2.66	2.73	2.85	2.82	2.83	2.90	2.73	2.76	
广东广发	2.90	2.79	2.74	2.65	2.84	2.79	2.93	2.81	2.71	2.77	2.78	2.77	2.75	2.81	2.71	2.70	
广东海鸥	3.26	3.12	3.06	3.03	3.22	3.09	3.52	3.18	3.14	3.23	3.25	3.22	3.18	3.20	3.03	3.06	

表 8　深圳证券交易所基金行情周报表

单位：元

基金名称	1.8	1.15	1.22	1.29	2.5	2.9	3.5	3.12	3.19	3.26	4.2	4.9	4.16	4.23	4.30	5.7	5.14
	收盘	收盘	收盘	收盘	收盘	收盘	收盘	收盘	收盘	收盘	收盘	收盘	收盘	收盘	收盘	收盘	收盘
天骥基金	1.23	1.20	1.22	1.27	1.20	1.21	1.23	1.24	1.27	1.24	1.22	1.29	1.45	1.34	1.32	1.29	1.22
蓝天基金	1.23	1.19	1.22	1.27	1.19	1.21	1.24	1.27	1.28	1.26	1.25	1.36	1.58	1.49	1.46	1.45	1.36
广发基金	2.47	2.21	2.55	2.64	2.29	2.31	2.56	2.78	2.77	2.71	2.70	2.92	2.99	2.97	2.71	2.68	2.48
南方基金	1.46	1.38	1.44	1.57	1.46	1.48	1.58	1.61	1.64	1.58	1.57	1.70	2.04	1.94	1.80	1.80	1.68
广证基金	1.72	1.56	1.94	1.78	1.57	1.77	1.85	1.89	1.92	1.83	1.82	2.02	2.25	2.30	2.12	2.21	2.21
华信基金	1.73	1.57	1.71	1.76	1.54	1.62	1.74	1.78	1.83	1.75	1.80	2.13	2.78	2.68	2.50	2.64	2.36
富岛基金	2.20	2.09	2.18	2.26	2.03	2.17	2.29	2.12	2.39	2.29	2.26	2.44	2.64	2.56	2.38	2.36	2.15
基金开元	1.18	1.15	1.16	1.15	1.08	1.08	1.10	1.10	1.10	1.12	1.12	1.09	1.10	1.06	1.03	1.02	1.01
基金普惠				1.14	1.08	1.10	1.10	1.11	1.10	1.12	1.11	1.10	1.11	1.06	1.03	1.02	1.01
基金同益														1.03	1.02	1.02	1.01
基金景宏																	
基金裕隆																	
基金普丰																	
基金景博																	
基金天元																	
基金同盛																	

券种	5.21	5.28	6.4	6.11	6.18	6.25	7.2	7.9	7.16	7.23	7.30	8.6	8.13	8.20	8.27	9.3	9.10
	收盘	收盘	收盘	收盘	收盘	收盘	收盘	收盘	收盘	收盘	收盘	收盘	收盘	收盘	收盘	收盘	收盘
天骥基金	1.26	1.32	1.28	1.26	1.60	2.11	1.87	1.74	1.75	1.81	1.78	1.75	1.67	1.62	1.57	1.55	1.59
蓝天基金	1.40	1.48	1.42	1.40	1.66	1.93	1.72	1.63	1.59	1.62	1.58	1.43	1.39	1.42	1.39	1.39	1.41
广发基金	2.73	2.94	2.83	2.77	3.19	3.30	3.17	3.10	3.09	3.08	3.04	3.02	2.95	2.81	2.67	2.77	2.72
南方基金	1.78	2.03	1.96	1.92	2.21	2.32	2.15	2.04	1.92	1.95	1.94	1.84	1.79	1.75	1.71	1.87	1.86
广证基金	2.34	2.61	2.55	2.50	2.82	2.82	2.56	2.43	2.31	2.31	2.31	2.26	2.28	2.16	2.03	2.04	2.05
华信基金	2.46	2.64	2.52	2.49	2.88	2.99	2.63	2.47	2.36	2.37	2.36	2.32	2.32	2.19	2.03	2.08	2.05
富岛基金	2.31	2.48	2.46	2.41	3.05	3.11	2.92	2.71	2.58	2.60	2.58	2.32	2.30	2.28	2.21	2.25	2.24
基金开元	1.03	1.11	1.07	1.05	1.23	1.40	1.44	1.40	1.39	1.41	1.44	1.43	1.37	1.38	1.38	1.34	1.40
基金普惠	1.04	1.09	1.05	1.05	1.20	1.40	1.45	1.36	1.35	1.39	1.37	1.36	1.30	1.31	1.27	1.24	1.31
基金同益	1.02	1.09	1.03	1.02	1.15	1.25	1.36	1.25	1.23	1.29	1.29	1.28	1.22	1.26	1.25	1.20	1.27
基金景宏	1.02	1.16	1.06	1.03	1.17	1.25	1.51	1.33	1.32	1.36	1.31	1.31	1.21	1.23	1.21	1.18	1.24
基金裕隆							1.34	1.20	1.21	1.22	1.21	1.20	1.16	1.15	1.14	1.12	1.16
基金普丰											1.13	1.16	1.12	1.11	1.10	1.09	1.11
基金景博																	
基金天元																	
基金同盛																	

券种	9.17	9.24	9.30	10.8	10.15	10.22	10.29	11.5	11.12	11.19	11.26	12.3	12.10	12.17	12.24	12.30	
	收盘	收盘	收盘	收盘	收盘	收盘	收盘	收盘	收盘	收盘	收盘	收盘	收盘	收盘	收盘	收盘	
天骥基金	1.56	1.51	1.49	1.44	1.52	1.48	1.57	1.50	1.46	1.46	1.44	1.44	1.41	1.41	1.29	1.31	
蓝天基金	1.40	1.37	1.35	1.30	1.39	1.37	1.46	1.41	1.35	1.36	1.35	1.34	1.32	1.32	1.20	1.22	
广发基金	2.70	2.61	2.55	2.47	2.81	2.66	2.80	2.68	2.55	2.61	2.62	2.60	2.58	2.71	2.55	2.58	
南方基金	1.87	1.78	1.75	1.71	1.88	1.77	1.90	1.85	1.76	1.78	1.79	1.77	1.73	1.76	1.65	1.65	
广证基金	2.03	1.98	1.92	1.85	2.10	1.97	2.10	2.21	2.00	2.00	1.97	1.96	1.93	2.01	1.88	1.91	
华信基金	2.04	1.96	1.90	1.83	2.03	1.96	2.10	2.07	2.03	1.99	1.95	1.93	1.93	2.09	1.89	1.99	
富岛基金	2.23	2.17	2.17	2.11	2.22	2.22	2.30	2.20	2.11	2.14	2.14	2.12	2.09	2.12	1.96	1.95	
基金开元	1.39	1.35	1.33	1.31	1.33	1.33	1.36	1.33	1.33	1.33	1.34	1.32	1.29	1.27	1.25	1.27	
基金普惠	1.31	1.27	1.25	1.25	1.25	1.24	1.26	1.24	1.24	1.25	1.26	1.25	1.25	1.24	1.21	1.23	
基金同益	1.29	1.26	1.24	1.23	1.24	1.23	1.25	1.23	1.23	1.22	1.23	1.22	1.21	1.21	1.17	1.19	
基金景宏	1.24	1.21	1.19	1.18	1.19	1.18	1.20	1.18	1.17	1.16	1.16	1.16	1.13	1.12	1.07	1.09	
基金裕隆	1.15	1.14	1.12	1.11	1.10	1.09	1.12	1.09	1.08	1.08	1.08	1.06	1.06	1.05	1.02	1.02	
基金普丰	1.10	1.08	1.07	1.06	1.06	1.05	1.07	1.06	1.05	1.05	1.04	1.04	1.03	1.03	1.01	1.02	
基金景博						2.10	2.94	1.40	1.17	1.10	1.09	1.07	1.05	1.05	1.03	1.04	
基金天元		1.07	1.06	1.05	1.05	1.05	1.09	1.06	1.06	1.05	1.05	1.04	1.03	1.02	1.01	1.02	
基金同盛											1.03	1.04	1.03	1.03	1.01	1.02	

其他统计资料

表 9　1999 年上交所每日收市综合指数

日期	1月	2月	3月	4月	5月	6月	7月	8月	9月	10月	11月	12月
1		1120.53	1097.98	1168.50		1311.59	1560.79		1599.55		1493.10	1447.12
2		1126.40	1100.92	1184.40		1287.93	1613.53	1616.28	1611.96		1487.47	1435.84
3		1116.87	1128.74			1268.32		1626.84	1587.89		1475.68	1437.23
4	1125.82	1103.50	1128.95		1111.76	1285.58		1649.13			1464.83	
5	1119.97	1081.44	1132.36	1194.47	1116.93		1581.82	1653.54			1465.23	
6	1132.59			1199.60	1128.22		1517.25	1646.59	1560.68			1427.00
7	1137.73			1201.63	1120.74	1326.52	1568.65		1562.79			1428.26
8	1168.81	1065.82	1142.11	1202.47		1333.64	1577.99		1571.60	1534.52	1471.38	1424.85
9		1090.09	1136.94	1205.14		1348.61	1584.75	1628.84	1675.12		1464.03	1416.73
10			1132.74		1071.93	1364.35		1602.15	1659.93		1450.15	1428.94
11	1172.81		1149.93		1095.40	1370.39		1583.40		1522.48	1443.91	
12	1158.87		1158.70	1195.34	1100.00		1559.73	1575.64		1537.80	1450.33	
13	1148.15			1178.19	1088.86		1524.82	1571.90	1670.14	1507.42		1417.11
14	1148.66			1181.52	1063.28	1427.71	1559.52		1672.89	1508.73		1422.26
15	1137.31		1164.64	1170.62		1387.59	1549.34		1662.80	1543.80	1451.54	1451.06
16			1166.93	1166.24		1460.17	1519.74	1560.07	1645.51		1431.32	1434.87
17			1159.10		1065.56	1501.01		1576.41	1648.56		1462.79	1419.55
18	1153.12		1151.99		1059.87	1498.92		1581.93		1501.67	1482.45	
19	1158.55		1172.93	1159.47	1109.09		1479.08	1637.74		1470.90	1468.47	
20	1151.37			1171.60	1147.71		1574.60	1628.93	1633.84	1485.83		
21	1158.50			1144.07	1168.72	1546.41	1609.81		1625.59	1458.53		1395.50
22	1162.35		1172.74	1137.16		1564.44	1550.73		1617.06	1497.46	1464.59	1387.51
23			1170.95	1140.00		1606.50	1585.98	1645.00	1604.20		1466.43	1369.46
24			1169.03		1213.65	1654.11		1648.45	1619.31		1454.58	1355.37
25	1148.12		1156.85		1202.89	1593.86		1625.77		1468.27	1444.24	
26	1138.21		1161.12	1112.79	1236.05		1602.03	1638.23		1482.67	1444.51	
27	1146.49			1091.70	1283.02		1590.71	1633.90	1602.16	1536.82		1345.35
28	1140.98			1091.09	1277.15	1693.16	1597.20		1591.43	1514.53		1348.82
29	1134.67		1169.49	1116.41		1739.21	1595.86		1584.95	1504.56	1435.47	1356.93
30			1157.51	1120.93		1689.43	1601.46	1619.04	1570.70		1434.97	1366.58
31			1158.05		1279.33			1627.12				

表 10　1999 年上交所每日收市 B 股指数表

日期	1月	2月	3月	4月	5月	6月	7月	8月	9月	10月	11月	12月
1		25.29	23.95	26.76		42.02	53.97		45.13		40.04	38.42
2		24.91	23.07	27.63		38.68	55.66	48.31	45.23		40.02	38.07
3		24.63	22.74			38.20		47.43	44.39		39.81	38.07
4	28.37	24.32	22.94		27.31	39.63		47.99			39.67	
5	28.23	24.36	22.58	27.78	28.08		55.58	47.51			40.29	
6	27.96			27.68	29.84		50.36	45.64	44.08			37.89
7	28.31			27.18	30.33	41.00	49.01		44.96			37.39
8	29.00	24.18	21.85	27.75		40.63	49.67		44.56	42.27	41.65	36.60
9		24.44	21.38	28.41		41.04	50.52	43.67	47.10		40.75	35.75
10			21.49		28.11	42.69		42.90	46.49		41.29	36.13
11	28.99		22.73		29.18	44.17		42.72		41.25	41.22	
12	28.43		23.34	28.22	30.66		49.36	44.06		40.68	40.90	
13	28.09			27.19	30.46		45.71	43.98	46.28	38.84		36.43
14	27.23			27.23	29.48	47.17	43.28		45.57	38.20		36.37
15	26.74		22.99	28.14		45.62	42.69		45.51	39.86	41.20	37.25
16			22.40	27.73		48.07	40.34	43.38	44.94		41.12	36.56
17			22.41		29.61	49.36		44.05	44.83		41.62	36.49
18	26.98		24.30		29.11	49.39		43.99		39.18	42.32	
19	26.80		24.23	27.26	29.50		36.52	47.82		38.13	41.64	
20	25.86			27.41	29.59		40.03	47.59	45.40	38.90		
21	25.98			26.67	29.34	49.20	43.90		44.71	38.21		35.71
22	25.73		26.44	26.78		49.15	43.68		44.35	39.68	41.55	35.91
23			26.80	27.05		51.83	47.54	47.56	44.64		40.63	36.40
24			27.58		31.77	55.70		46.84	44.91		39.17	36.85
25	25.17		27.42		32.38	56.03		46.22		39.32	38.70	
26	25.02		26.60	26.79	32.70		47.84	47.16		39.87	37.91	
27	25.22			26.68	34.46		45.57	46.43	44.81	41.46		37.03
28	25.16			26.69	35.92	59.43	46.17		44.48	40.59		36.94
29	25.24		28.32	26.60		61.18	46.25		43.98	40.45	37.85	37.41
30			26.65	26.91		58.60	47.53	45.00	43.30		38.16	37.91
31			26.55		38.71			45.46				

表 11　1999 年上交所每日股票成交额　　　　单位:亿元

日期	1 月	2 月	3 月	4 月	5 月	6 月	7 月	8 月	9 月	10 月	11 月	12 月
1		25.39	15.74	49.81		136.57	250.33		57.79		31.86	28.79
2		21.99	20.76	58.45		171.68	227.09	100.95	62.59		28.96	32.92
3		22.51	31.83			124.41		101.96	52.81		27.78	30.65
4	11.62	21.16	31.21		23.79	113.53		123.80			30.75	
5	15.39	22.17	30.71	62.56	21.25		177.92	128.86			29.18	
6	19.58			49.89	27.59		125.06	155.31	40.24			31.57
7	22.52			58.14	28.67	130.73	122.82		39.81			29.79
8	32.60	19.16	31.05	53.66		136.38	129.00		37.06	24.82	24.75	32.91
9		18.05	40.03	68.32		128.11	123.85	115.10	149.87		24.37	28.50
10			30.38		35.94	182.79		95.14	185.99		78.60	35.19
11	29.31		39.98		23.21	137.65		70.91		26.56	33.52	
12	33.46		44.96	69.08	23.46		123.19	56.55		21.43	26.11	
13	30.36			49.12	20.17		89.94	49.31	109.75	22.83		37.59
14	23.90			38.33	26.74	173.37	95.12		101.37	26.00		30.61
15	31.64		50.08	45.46		266.47	91.29		89.07	41.45	31.48	67.42
16			40.33	44.93		200.61	88.88	52.40	73.05		48.54	41.44
17			49.57		21.01	277.56		71.68	64.46		37.64	37.99
18	33.80		36.98		19.53	263.50		56.05		35.17	67.54	
19	34.73		56.81	40.14	40.23		81.47	129.34		30.69	40.67	
20	24.64			39.05	69.54		112.58	106.82	49.05	27.98		
21	26.52			41.80	94.21	233.97	207.23		40.28	33.36		31.51
22	36.05		56.33	45.32		221.60	137.15		36.70	50.04	35.14	34.08
23			37.80	35.20		257.59	110.01	100.84	43.03		28.56	32.88
24			38.05		134.17	311.66		107.04	38.71		25.37	27.63
25	29.16		37.73		154.54	404.43		84.53		29.13	26.30	
26	25.48		35.45	31.58	117.56		102.26	71.40		33.95	27.56	
27	25.33			28.82	176.29		95.26	74.02	41.90	69.70		32.23
28	34.09			30.45	158.29	291.39	94.84		37.22	52.68		29.65
29	28.35		40.00	31.69		315.57	79.87		37.66	43.24	27.86	32.46
30			34.43	25.98		341.09	81.63	77.74	40.46		24.34	23.60
31			34.87		166.81			59.46				

表 12　1999 年上交所每日股票成交量　　　　单位:手

日期	1 月	2 月	3 月	4 月	5 月	6 月	7 月	8 月	9 月	10 月	11 月	12 月
1		2688726.79	1819622.27	5051089.50		13872182.27	20930070.27		5143748.89		2676110.59	2474579.25
2		2284399.00	2417532.59	6166154.43		17031197.25	18809862.66	8845757.47	5463728.58		2431530.23	2843693.18
3		2322083.39	3803688.42			12214488.66		9536430.40	4447862.44		2357953.02	2637780.80
4	1220360.08	2289589.41	3562719.08		2901223.42	10518492.46		10576288.71			2649574.11	
5	1655973.12	2381607.98	3575691.79	6659181.74	2795402.00		15176105.39	11157833.23			2471352.58	
6	2035105.29			5365472.20	3440538.44		11166036.80	14334574.70	3499719.50			2739799.00
7	2304458.55			6789057.98	4101400.77	12322762.38	10682538.02		3296933.01			2640572.63
8	3173015.41	2126816.72	3535193.58	5937495.54		13319231.59	10463057.55		3066949.66	2243064.18	2286512.87	2899766.03
9		2052820.23	4175681.00	7568698.69		12795784.33	10499896.44	10510183.75	11888705.88		2250903.85	2531515.14
10			3429276.49		5081451.64	19546180.43		9158868.54	14230749.61		4616013.61	3035644.40
11	2698083.03		4460847.50		3107032.36	14392738.49		6457947.14		2331171.22	2690020.58	
12	3044808.68		5348441.47	8087797.46	3105130.59		10242309.29	5109615.23		1773557.30	2143647.32	
13	2974690.05			5788724.74	2753114.18		8006716.23	4616931.50	8852521.67	2087852.24		3071584.64
14	2361061.22			4300398.71	3484326.69	18247666.18	8562267.19		8056430.44	2384073.12		2674646.18
15	3143283.06		5612829.58	5197349.04		26334730.10	8029439.79		6890708.10	3479023.96	2750825.75	5590647.89
16			4486223.89	4969638.03		18797886.00	8023061.10	5079453.86	5615395.45		4296117.86	3628617.40
17			5666916.34		2534998.58	24780503.29		6745622.83	5068203.29		3268471.64	3293142.85
18	3316854.76		4170342.78		2305673.21	23469397.98		5605859.61		2984338.00	5409870.79	
19	3485654.91		5617940.76	4479855.59	4330715.38		7414161.08	11419071.92		2730686.31	3375213.62	
20	2555851.70			4394062.42	7375758.31		9243259.54	9246557.70	3986512.43	2465830.18		
21	2727112.50			4786475.79	9411279.37	20931815.12	15387027.44		3190782.95	2918217.32		2937871.94
22	3748501.03		6166595.94	5495021.12		19556084.49	11554574.51		2891885.11	4094776.53	3000881.50	3069125.57
23			4227061.01	4362201.76		22110272.08	9035791.45	8846056.67	3516460.55		2395972.13	3046076.53
24			4071852.78		13920785.63	25525469.52		8881564.77	2926724.55		2279404.85	2475216.33
25	3262545.07		4032457.72		15566933.91	31945173.51		7246987.08		2549895.47	2723578.98	
26	2716124.68		3639652.07	3854991.76	11344031.38		8759208.07	6304253.31		2690647.98	2482451.32	
27	2818677.23			3614835.04	17104446.10		8553728.84	6495369.10	3127974.72	6082474.96		2826842.10
28	3574702.63			3382273.24	16033077.50	23509155.40	8006389.07		2986981.87	4603985.29		2835553.19
29	2993166.14		4168291.16	3822571.35		24846234.54	6623650.58		3172274.78	3730617.61	2579221.05	2978220.09
30			3843243.13	3132631.08		27360468.73	6889134.50	7157447.71	3316529.39		2224674.86	2212513.91
31			3645701.81		16015952.48			5212757.61				

表 13　1999 年深交所每日收市深证综合指数表

日期	1月	2月	3月	4月	5月	6月	7月	8月	9月	10月	11月	12月
1		337.68	327.84	350.38		379.96	466.63		466.07		437.46	428.42
2		338.81	328.79	353.39		374.68	485.59	479.09	469.94		436.58	424.36
3		335.59	336.12			370.14		480.07	464.33		434.25	424.67
4	336.56	330.09	336.54		334.28	378.04		485.27			430.10	
5	334.89	322.76	339.76	356.29	335.02		475.94	484.80			430.46	
6	338.29			356.75	338.43		455.19	483.18	458.30			422.26
7	339.18			357.19	335.05	389.32	470.41		459.39			422.70
8	349.84	316.56	342.75	356.14		392.22	476.10		462.57	455.75	434.75	421.04
9		324.22	341.35	355.08		397.26	478.83	479.15	490.46		432.44	418.80
10			340.46		319.53	402.36		471.49	486.08		428.28	423.30
11	351.11		346.64		326.01	406.97		465.18		452.33	426.02	
12	346.44		349.13	351.44	325.80		471.52	463.28		455.94	426.97	
13	344.10			347.77	322.16		456.11	461.55	489.93	447.29		419.42
14	342.69			349.54	313.26	422.59	468.77		490.58	445.02		422.25
15	339.64		350.59	344.78		405.52	465.38		486.18	455.46	426.65	429.84
16			350.26	342.71		428.56	454.16	456.46	482.49		422.05	424.28
17			347.89		311.97	440.84		460.81	483.00		429.92	419.38
18	344.87		344.67		310.65	443.88		460.80		443.51	436.87	
19	346.93		351.02	342.06	325.71		438.27	477.68		432.71	432.85	
20	345.06			345.08	335.39		469.06	474.98	477.74	436.00		
21	347.83			339.14	338.95	460.18	477.14		476.70	425.82		412.34
22	348.77		351.47	337.48		467.90	457.92		475.74	438.26	431.06	409.75
23			351.50	342.37		481.05	467.23	477.86	471.91		432.78	403.80
24			350.72		352.91	498.00		479.97	476.33		429.50	399.35
25	343.95		346.29		349.31	479.85		473.25		430.75	426.35	
26	340.75		347.58	337.01	358.77		472.31	475.71		435.96	427.21	
27	343.85			329.59	372.12		469.58	476.19	472.05	451.58		395.69
28	340.78			327.51	370.39	512.75	472.87		468.77	444.94		396.33
29	340.69		350.89	333.73		525.14	472.44		467.09	442.07	423.82	399.22
30			346.35	336.30		507.17	473.19	471.78	464.74		423.94	402.18
31			348.24		370.61			474.38				

表 14　1999 年深交所每日收市深证成份指数表

日期	1月	2月	3月	4月	5月	6月	7月	8月	9月	10月	11月	12月
1		2911.52	2790.68	2877.18		3378.01	8409.48		4062.33		3703.44	3559.80
2		2912.59	2781.87	2908.89		3338.69	4486.87	4134.15	4094.56		3718.82	3524.86
3		2884.71	2833.28			3290.87		4120.02	4026.09		3704.35	3522.69
4	2888.09	2823.64	2833.85		2786.23	3352.64		4164.99			3667.22	
5	2860.40	2756.67	2867.35	2942.62	2785.26		4318.51	4144.46			3697.16	
6	2892.48			2928.82	2811.37		4027.07	4107.94	3962.80			3492.50
7	2913.12			2949.41	2766.21	3471.52	4189.89		3975.37			3499.83
8	2981.13	2702.93	2886.94	2983.84		3445.52	4196.72		4007.46	3871.79	3785.48	3486.14
9		2755.30	2876.78	2956.14		3481.91	4187.26	4046.20	4262.59		3758.11	3457.33
10			2855.34		2640.98	3533.11		3968.98	4210.71		3711.80	3516.39
11	2973.43		2906.68		2682.28	3578.63		3924.94		3827.82	3702.34	
12	2932.30		2928.79	2930.65	2679.84		4034.60	3933.06		3855.81	3705.16	
13	2928.97			2903.56	2648.61		3848.21	3919.65	4216.96	3767.05		3484.89
14	2930.73			2906.15	2571.10	3702.23	3972.55		4208.79	3753.44		3498.40
15	2903.90		2926.30	2864.24		3592.42	3931.96		4172.29	3851.49	3679.00	3595.92
16			2910.47	2854.11		3771.29	3844.83	3882.81	4146.78		3622.83	3535.83
17			2901.81		2547.29	3882.87		3952.21	4146.31		3689.42	3481.27
18	2960.16		2871.11		2534.72	3885.09		3951.11		3759.41	3746.07	
19	2966.67		2902.28	2846.84	2662.28		3657.17	4162.48		3654.94	3695.93	
20	2939.91			2876.81	2751.98		3962.80	4146.87	4101.13	3698.38		
21	2954.02			2829.36	2774.56	4008.27	4123.26		4073.50	3614.08		3415.61
22	2972.79		2891.43	2819.76		4032.35	3916.66		4065.83	3727.53	3660.24	3399.35
23			2902.80	2889.27		4176.07	3990.22	4177.57	4051.59		3676.59	3357.37
24			2915.17		2885.44	4404.62		4189.71	4075.72		3630.85	3326.09
25	2934.34		2872.93		2840.00	4364.22		4116.24		3651.35	3598.56	
26	2909.66		2874.28	2855.18	2993.64		4026.11	4146.16		3701.76	3597.55	
27	2934.19			2775.67	3180.12		3996.66	4149.18	4032.14	3836.18		3299.89
28	2612.18			2746.06	3184.76	4705.58	4021.68		4004.55	3764.75		3304.86
29	2920.39		2906.88	2786.34		4849.66	4029.83		3994.76	3742.01	3545.89	3342.40
30			2868.29	2793.46		4702.77	4045.35	4140.25	3967.84		3533.98	3369.61
31			2872.15		3270.35			4154.20				

表 15　1999 年深交所每日收市 B 股指数表

日期	1 月	2 月	3 月	4 月	5 月	6 月	7 月	8 月	9 月	10 月	11 月	12 月
1		87.85	46.04	51.78		77.60	118.26		89.26		77.20	83.37
2		47.63	46.16	51.78		74.03	115.89	98.53	89.08		75.88	82.70
3		46.62	45.46			77.12		97.92	87.96		75.63	82.51
4	52.91	44.73	45.22		56.19	83.50		98.57			77.00	
5	52.41	44.82	45.47	51.78	56.56		111.29	97.43			78.36	
6	52.55			51.78	58.11		100.72	94.39	87.00			81.73
7	52.70			54.02	57.22	89.04	97.19		87.48			81.18
8	53.34	45.28	44.98	56.10		88.80	104.98		87.95	83.41	83.49	78.51
9		45.85	42.95	58.54		92.40	105.04	90.67	94.07		80.60	78.64
10			41.56		53.07	98.54		88.17	92.53		82.94	79.62
11	52.71		44.78		54.19	103.19		87.44		82.00	82.77	
12	52.09		46.96	57.50	55.16		101.79	88.95		81.29	82.51	
13	52.00			56.72	56.13		94.91	88.26	92.13	76.80		80.28
14	50.35			58.85	55.37	113.35	93.48		91.33	75.44		80.23
15	50.30		46.68	63.42		103.51	90.44		90.34	78.13	86.59	82.88
16			46.27	60.30		113.45	86.58	87.39	90.06		85.89	81.42
17			46.64		55.64	116.53		88.72	89.85		86.25	80.74
18	50.02		47.57		55.12	116.53		88.65		78.13	87.60	
19	49.54		47.50	58.79	55.60		78.96	93.89		73.87	86.09	
20	48.75			58.04	55.93		86.74	93.75	89.14	73.95		
21	48.33			55.46	56.29	116.93	95.26		89.19	72.91		80.06
22	47.84		49.90	56.78		114.45	91.88		89.39	76.45	84.94	80.35
23			51.35	57.76		117.84	96.42	93.65	88.79		84.17	80.76
24			50.52		57.86	120.51		93.78	89.18		83.18	81.38
25	46.35		50.43		58.27	115.25		91.99		76.24	81.93	
26	46.52		49.95	57.13	57.94		99.99	92.69		78.04	82.32	
27	46.66			55.60	60.50		95.15	92.14	88.24	82.41		81.38
28	47.06			54.27	65.50	124.15	96.22		87.18	80.50		82.46
29	47.70		51.49	53.84		125.42	97.08		86.99	80.09	82.08	83.91
30			50.60	55.36		118.26	97.59	89.97	87.23		81.82	84.66
31			50.91		71.96			89.41				

表 16　1999 年深交所每日各类证券成交总额　　单位:百万元

日期	1 月	2 月	3 月	4 月	5 月	6 月	7 月	8 月	9 月	10 月	11 月	12 月
1		3244.76	1836.43	4615.78		12954.62	22142.72		4994.70		3842.29	3329.48
2		2767.19	2135.04	4914.66		15022.81	20295.74	8686.08	5078.82		3135.62	3542.28
3		2436.07	2874.72			10188.59		8224.67	4433.95		2970.35	3284.42
4	1288.02	2258.63	2969.89		2574.75	10505.77		9474.62			5302.62	
5	1718.18	2577.95	3706.74	5213.53	2453.40		16145.14	9740.00			4091.62	
6	1629.51			4353.93	3106.66		11961.88	11002.81	3742.95			3169.44
7	1967.97			5824.79	3404.43	12243.35	10853.46		3668.91			3280.27
8	2847.36	1968.41	3673.69	5733.18		12570.84	10952.38		3969.21	2679.27	4263.65	3858.27
9		2104.10	3702.99	5713.60		11709.48	10595.95	8585.68	12936.79		3900.05	4028.96
10			3404.00		3812.06	16229.53		7792.57	13421.34		5419.54	4412.10
11	2965.74		4477.78		2728.48	13758.02		6655.56		2736.95	3729.00	
12	2831.25		4453.47	7721.04	2394.04		14112.54	5386.60		2181.35	3095.72	
13	2662.35			9799.15	2151.54		10271.13	4670.26	9474.65	2471.93		4732.81
14	2390.13			4871.49	2791.42	17320.99	9021.48		9661.36	3348.85		5448.00
15	2785.15		5131.59	5022.57		26186.89	10048.02		7333.02	4234.79	3396.05	7303.10
16			4056.81	4295.62		16505.94	9630.56	4849.49	5803.99		4999.73	5406.66
17			4749.47		2373.71	22839.38		6463.35	5341.63		4506.00	4691.92
18	3289.55		4277.67		2162.32	24032.61		4536.81		3753.23	7690.55	
19	3478.26		4555.92	4171.94	3612.00		8676.02	10931.88		3610.66	5035.41	
20	2588.50			3697.41	6206.29		12152.87	8219.87	5134.27	2834.56		
21	2781.26			4612.98	7489.45	21603.26	18512.44		3999.42	3413.77		3992.88
22	3253.84		5284.72	5175.50		20286.31	11859.19		4018.39	5401.28	4644.39	3770.81
23			4353.73	5529.22		23874.54	9510.56	7441.68	4964.31		3331.77	4659.80
24			3948.29		11566.60	29768.00		8315.39	3580.27		3052.49	4051.14
25	3353.90		3969.61		13412.20	39242.70		6802.62		3592.11	3661.42	
26	2765.85		3448.28	5186.65	10663.29		9151.16	4965.06		4194.21	3571.88	
27	4311.28			4246.43	14099.05		8176.47	5820.12	4351.45	8001.35		4403.76
28	3513.48			3588.47	12739.30	29787.99	8524.08		3678.52	5612.40		3901.70
29	2918.46		3908.38	3118.39		31219.36	7577.62		3976.65	4853.86	3445.26	3271.47
30			3496.09	2882.42		30851.56	7950.61	6525.77	3317.31		3624.50	2614.67
31			3529.91		15785.59			5315.29				

表 17　1999 年深交所每日股票成交量　　　　单位:百万股

日期	1月	2月	3月	4月	5月	6月	7月	8月	9月	10月	11月	12月
1		324.89	178.23	456.09		1274.38	1631.53		418.30		228.99	229.70
2		253.69	212.95	501.84		1418.98	1607.93	740.70	418.20		193.07	290.47
3		221.08	277.92			1008.09		755.46	354.56		192.03	250.60
4	120.69	213.92	303.04		277.25	1002.73		794.99			257.77	
5	176.63	241.68	374.63	517.02	248.88		1308.43	818.07			265.17	
6	179.76			454.07	311.86		999.09	940.29	307.38			244.35
7	192.62			540.98	319.79	1135.31	898.90		313.87			208.51
8	286.68	203.22	365.78	535.52		1246.74	909.61		303.38	218.28	279.18	219.82
9		185.38	365.50	552.83		1162.08	876.60	761.40	997.05		260.30	237.95
10			320.75		411.13	1631.12		643.17	1006.36		418.71	275.37
11	308.89		414.24		292.53	1371.32		539.00		218.82	279.46	
12	279.07		455.41	595.21	241.91		1027.97	495.09		184.38	220.69	
13	274.17			449.15	217.43		788.64	416.67	711.43	207.84		277.74
14	241.80			391.81	290.40	1652.64	738.92		694.34	231.73		255.45
15	304.72		516.21	462.05		2333.44	732.95		537.65	300.16	249.97	525.33
16			391.56	441.63		1554.65	789.41	415.22	469.97		390.71	379.88
17			484.65		227.09	2043.24		495.11	435.12		339.70	324.97
18	335.78		371.71		194.38	1965.03		383.32		261.73	594.55	
19	331.20		422.72	400.85	371.71		749.03	875.70		254.28	369.05	
20	249.73			369.56	602.26		938.15	709.83	361.39	200.55		
21	266.48			443.76	757.34	1959.87	1360.66		298.08	269.94		281.03
22	332.31		547.88	553.99		1841.58	919.27		304.38	370.68	296.37	296.51
23			382.60	635.75		2071.56	724.96	672.93	352.23		232.93	335.57
24			377.23		1158.22	2316.71		757.03	274.62		202.75	260.11
25	314.28		364.37		1218.39	2828.55		608.61		251.36	256.03	
26	238.80		318.91	612.75	951.51		779.52	447.97		256.74	225.90	
27	298.72			489.18	1370.24		716.26	512.36	394.28	517.00		330.20
28	300.17			401.13	1146.67	2128.74	689.36		277.37	360.10		281.31
29	295.04		372.60	354.89		2317.69	612.18		299.79	316.42	262.80	270.36
30			341.23	319.70		2288.90	606.52	564.21	272.72		207.12	215.26
31			340.39		1438.06			458.20				

表 18　1999 年深交所每日股票成交额　　　　单位:百万元

日期	1月	2月	3月	4月	5月	6月	7月	8月	9月	10月	11月	12月
1		2718.33	1484.97	4153.32		12262.57	20553.51		4698.56		2586.14	2598.20
2		2154.05	1728.48	4524.40		13993.75	18349.99	8213.88	4647.70		2254.15	3023.16
3		1971.77	2378.59			9636.53		7897.25	4086.35		2192.80	2563.82
4	1051.02	1834.46	2542.23		2227.02	10126.75		8855.55			4085.17	
5	1454.69	2128.31	3002.17	4724.56	2012.62		15007.96	9269.82			2963.51	
6	1460.87			4164.78	2582.42		11001.77	10381.14	3283.83			2502.48
7	1726.19			4498.50	2749.11	11698.28	10115.98		3405.02			2436.68
8	2659.39	1737.36	3059.73	4564.56		12158.05	10331.78		3322.24	2390.10	3170.94	2384.12
9		1697.91	3191.77	4837.78		10666.45	10052.26	8224.92	11959.59		2956.70	2558.91
10			2884.40		3126.73	15154.11		7448.78	12597.38		4212.12	3265.80
11	2690.21		3819.98		2223.54	12868.91		6192.60		2429.51	2828.59	
12	2467.01		3861.43	4878.29	2006.31		13589.77	5086.75		2062.41	2429.14	
13	2345.20			3779.26	1729.89		9769.26	4402.34	8314.31	2246.54		3439.27
14	2105.02			3322.53	2218.17	15499.74	8683.49		7793.51	2899.35		2873.52
15	2509.48		4547.72	3788.32		22130.49	9047.63		6161.87	3586.57	2532.27	5966.80
16			3486.13	3494.26		15330.60	8950.44	4469.94	5284.40		3695.22	3987.33
17			4188.12		1798.45	21743.03		5516.05	5098.64		3398.50	3602.36
18	2934.18		3435.13		1644.86	22007.13		4082.31		3061.91	6326.23	
19	3135.96		4017.72	3214.89	3258.29		8164.71	10355.25		2782.49	3945.25	
20	2266.23			2947.55	5545.82		11264.87	7833.39	4279.00	2221.24		
21	2365.19			3530.20	6922.24	20229.05	17225.37		3625.86	2874.80		3018.65
22	2887.86		4787.78	4279.39		19153.30	11123.91		3725.78	4463.63	3066.26	3262.39
23			3437.82	4524.75		22784.40	9014.45	7153.33	4268.07		2486.05	3408.72
24			3475.34		10787.45	27309.93		7961.77	3179.73		2143.41	2720.88
25	2677.36		3597.63		11791.50	35335.80		6434.19		2900.36	2548.52	
26	2039.23		3050.91	4488.51	9537.40		8749.46	4775.42		2958.28	2454.89	
27	2429.05			3632.09	12882.98		7868.09	5516.67	4104.64	5797.79		3720.43
28	2747.54			3237.28	10723.27	27263.04	8188.97		3297.61	3985.78		3222.63
29	2481.37		3412.50	2783.59		28532.45	7259.30		3550.98	3474.04	2743.16	2873.29
30			3113.74	2568.75		27321.82	6882.98	6231.12	3109.16		2303.24	2451.15
31			3179.26		14436.24			5043.14				

表 19　1999 年深交所每日基金成交量　　　　单位：百万单位

日期	1月	2月	3月	4月	5月	6月	7月	8月	9月	10月	11月	12月
1		185.76	83.99	80.52		478.01	985.59		151.79		447.28	170.46
2		207.00	97.72	118.58		571.43	1318.85	347.55	268.40		241.34	213.85
3		176.83	207.60			357.41		236.75	167.74		224.29	125.65
4	43.06	135.96	140.46		197.33	259.87		431.69			307.55	
5	50.52	166.73	126.87	95.97	236.47		756.21	311.93			279.63	
6	35.16			101.81	413.32		634.24	461.90	130.16			183.96
7	98.86			136.16	238.40	301.93	517.70		112.95			144.15
8	73.33	136.70	155.73	147.93		286.76	379.41		118.89	133.28	286.35	175.85
9		138.10	104.04	260.79		233.45	359.01	231.64	695.35		235.25	121.42
10			101.57		289.75	482.75		258.73	519.25		225.98	161.40
11	83.57		152.25		148.11	538.87		319.43		131.66	189.17	
12	59.87		95.44	512.75	153.25		367.70	174.61		74.99	138.70	
13	60.23			335.04	131.14		359.09	176.11	218.49	143.41		218.87
14	34.36			218.32	171.91	575.12	225.14		175.02	139.16		152.19
15	34.83		113.04	646.29		1103.16	696.12		368.11	250.91	348.30	420.54
16			130.97	435.88		433.83	463.31	243.15	194.46		485.83	213.06
17			210.88		158.14	762.80		212.91	147.85		252.96	144.31
18	45.51		211.89		220.71	1392.46		156.14		293.95	440.95	
19	26.32		124.81	393.36	218.01		277.93	336.24		192.29	223.85	
20	78.97			370.22	333.08		606.95	211.01	528.99	213.03		
21	109.68			677.09	351.62	818.60	874.51		277.56	176.35		205.76
22	66.32		129.46	426.13		662.39	477.04		191.90	460.49	348.15	205.59
23			450.96	275.21		622.86	302.37	160.19	292.34		160.29	181.38
24			176.62		502.63	1642.99		210.45	201.94		106.70	154.37
25	311.75		99.54		1208.66	2582.06		175.47		221.19	129.83	
26	257.79		134.11	299.90	564.72		251.13	119.31		624.26	377.73	
27	1213.10			245.76	704.61		192.74	156.36	151.32	1293.96		157.35
28	422.11			179.19	1572.08	1613.43	218.06		151.44	845.14		208.45
29	182.09		109.94	158.71		1555.06	181.93		141.79	538.60	169.30	158.15
30			100.84	209.02		2042.41	874.10	165.16	141.25		236.13	128.98
31			69.63		964.57			136.02				

表 20　1999 年深交所每日基金成交额　　　　单位：百万元

日期	1月	2月	3月	4月	5月	6月	7月	8月	9月	10月	11月	12月
1		263.84	123.66	111.06		602.25	1551.84		195.63		698.63	207.21
2		332.37	146.30	162.17		809.37	1931.22	469.40	394.59		328.59	240.00
3		253.48	273.29			508.27		322.23	237.70		348.51	145.94
4	703.46	188.35	193.01		283.16	344.74		572.42			441.93	
5	75.53	225.29	187.73	125.88	418.52		1094.33	416.54			388.24	
6	56.41			141.01	516.11		897.61	603.41	188.11			209.17
7	163.58			213.18	358.57	369.14	725.46		157.06			165.86
8	114.34	190.32	241.19	238.41		384.26	538.90		160.26	158.49	392.45	197.98
9		192.92	156.66	444.16		309.25	511.70	318.28	895.23		309.39	141.02
10			150.59		392.72	602.93		339.33	675.74		298.43	185.91
11	145.11		235.05		212.17	756.51		439.88		155.30	236.11	
12	103.82		137.67	870.80	255.96		513.12	245.69		89.71	171.55	
13	100.50			614.31	202.61		493.29	239.86	287.14	197.23		302.31
14	55.71			418.75	252.80	767.01	311.07		233.63	185.03		226.91
15	56.43		165.61	1099.28		1501.45	978.03		489.60	339.29	402.53	512.81
16			204.38	740.87		600.95	640.75	311.25	259.29		553.01	255.52
17			352.43		233.39	987.50		268.72	193.43		299.51	191.59
18	67.71		375.72		299.07	1954.82		197.17		442.67	517.20	
19	41.96		200.01	757.25	294.39		402.23	431.00		272.96	266.97	
20	132.00			697.35	479.76		855.20	269.98	594.14	297.49		
21	187.46			1031.65	483.92	1189.22	1260.43		327.35	256.95		242.84
22	113.37		200.59	680.30		1051.22	682.78		229.63	682.16	414.78	245.48
23			568.94	466.13		954.80	427.49	221.13	340.53		190.66	217.82
24			236.72		735.04	2200.18		283.31	246.34		130.83	186.62
25	482.75		134.88		1566.77	3682.61		227.21		328.40	157.72	
26	434.82		167.74	445.75	862.29		358.78	155.13		926.56	420.79	
27	1625.36			375.62	961.48		292.40	197.35	178.93	1764.00		177.17
28	582.33			273.63	1893.15	2450.86	311.47		185.92	1198.18		254.24
29	260.75		140.37	252.70		2622.30	263.53		169.37	880.17	200.09	188.46
30			143.88	310.38		3491.83	1021.77	214.46	167.63		299.97	152.78
31			104.19		1202.83			186.59				

表 21　1999 年上交所 A 股投资者开户地区分布表

地区	名次	新增	所占比例(%)	名次	总数	所占比例(%)
上海	1	290787	10.36	1	3441132	15.14
江苏	2	281931	10.15	3	1945586	8.56
广东	3	281216	10.02	2	2041847	8.99
山东	4	170881	6.09	5	1499700	6.60
浙江	5	166436	5.93	7	1133878	4.99
北京	6	166217	5.92	8	986513	4.34
辽宁	7	164565	5.86	6	1337279	5.89
四川	8	148834	5.30	4	1861853	8.19
黑龙江	9	112403	4.01	11	661407	2.91
湖北	10	95388	3.40	9	825072	3.63
福建	11	90920	3.24	10	797734	3.51
湖南	12	88208	3.14	15	552204	2.43
河南	13	88071	3.14	12	645091	2.84
河北	14	85523	3.05	17	486492	2.14
吉林	15	68877	2.45	19	398576	1.75
安徽	16	67174	2.39	14	589536	2.59
天津	17	61286	2.18	16	500813	2.20
陕西	18	58324	2.08	13	597049	2.63
江西	19	50159	1.79	18	417897	1.84
山西	20	48453	1.73	20	345100	1.52
新疆	21	44273	1.58	23	287566	1.27
广西	22	35146	1.25	22	295995	1.30
内蒙古	23	31205	1.11	26	158786	0.70
海南	24	31095	1.11	21	305783	1.35
云南	25	26189	0.93	25	170144	0.75
甘肃	26	21252	0.76	24	186632	0.82
贵州	27	13572	0.48	27	103058	0.45
青海	28	9217	0.33	29	56201	0.25
宁夏	29	7156	0.26	28	77310	0.34
西藏	30	1468	0.05	30	16082	0.07
合计		2806226	100.00		22722316	100.0

表 22　1999 年深交所 A 股投资者开户地区分布表

地区	名次	开户数	所占比例(%)	个人开户数	机构开户数
深圳	1	2298082	10.496	2274398	23684
四川	2	1868142	8.532	1863607	4535
上海	3	1800818	8.225	1794752	6066
广东(其他)	4	1657102	7.568	1651539	5563
江苏	5	1634648	7.466	1630548	4100
湖北	6	1062366	4.852	1059557	2809
山东	7	1051164	4.801	1050123	1041
辽宁	8	976649	4.461	970906	5743
北京	9	947684	4.328	943075	4609
广州	10	904494	4.131	901225	3269
浙江	11	886423	4.048	877070	9353
福建	12	646335	2.952	645160	1175
湖南	13	640818	2.927	639217	1601
河南	14	591113	2.700	590563	550
陕西	15	548308	2.504	527854	20454
黑龙江	16	523650	2.392	523048	602
河北	17	438931	2.005	438017	914
海南	18	401682	1.835	396974	4708
吉林	19	376871	1.721	376642	229
天津	20	375772	1.716	375238	534
江西	21	360796	1.648	360419	377
山西	22	327035	1.494	325420	1615
广西	23	307674	1.405	307233	441
安徽	24	303781	1.387	302020	1761
新疆	25	288349	1.317	287852	497
甘肃	26	172700	0.789	172583	117
云南	27	148426	0.678	148035	391
内蒙	28	145009	0.662	144908	101
贵州	29	101179	0.462	101041	138
宁夏	30	61854	0.283	61731	123
青海	31	36465	0.167	36409	56
西藏	32	10925	0.050	10904	21
合计		21895245	100.000	21788068	107177

表23　1999年中国证券市场A股发行情况表

公司名称	发行时间	发行方式	发行量（万元面值）	发行价（元）	筹资总额（万元）	中签率%	主承销	上市地点
有研硅股	21—Jan	上网定价	6500.0	8.54	54150.0	0.350	申银万国证券股份有限公司	上海
中国服装	21—Jan	上网定价	5850.0	4.73	30745.0	0.652	海通证券	深圳
中国国贸	27—Jan	上网定价	16000.0	5.46	85424.0	0.923	中国国际金融有限公司	上海
云内动力	27—Jan	上网定价	5400.0	6.48	38880.0	0.391	大鹏证券	深圳
罗顿发展	3—Feb	上网定价	5000.0	6.39	31950.0	0.310	中信证券有限公司	上海
厦门路桥	3—Feb	上网定价	9191.7	5.53	52535.0	0.669	厦门国际信托	深圳
中国化建	5—Mar	上网定价	7000.0	3.05	20007.0	0.387	广发证券有限责任公司	上海
数源科技	5—Mar	上网定价	5400.0	5.18	31080.0	0.246	海通证券	深圳
江苏吴中	11—Mar	上网定价	3350.0	7.75	25047.5	0.233	中国教育科技信托投资有限公司	上海
钱江摩托	11—Mar	上网定价	5850.0	5.38	34970.0	0.591	浙江国际信托	深圳
牡丹江	18—Mar	上网定价	8000.0	4.42	34460.0	0.421	华夏证券有限公司	上海
南方建材	18—Mar	上网定价	3500.0	4.60	16100.0	0.208	湖南证券	深圳
宝华实业	23—Mar	上网定价	1334.0	13.20	16956.8	0.296	海南省国际信托投资公司	上海
大亚股份	23—Mar	上网定价	7200.0	6.25	50000.0	0.811	国泰证券	深圳
新农开发	29—Mar	上网定价	9000.0	3.86	33290.0	0.297	申银万国证券股份有限公司	上海
南宁糖业	29—Mar	上网定价	5120.0	4.21	23576.0	0.418	联合证券	深圳
厦门大洋	5—Apr	上网定价	2300.0	6.38	14674.0	0.210	厦门证券有限公司	上海
泸天化	5—Apr	上网定价	14500.0	5.98	89700.0	1.902	国泰证券	深圳
桦林轮胎	12—Apr	上网定价	12000.0	3.36	40320.0	0.371	申银万国证券股份有限公司	上海
声乐股份	12—Apr	上网定价	3000.0	4.68	14040.0	0.193	南方证券	深圳
福日股份	19—Apr	上网定价	7000.0	3.81	26670.0	0.178	江苏证券有限责任公司	上海
南方汇通	23—Apr	上网定价	6300.0	5.55	38850.0	0.609	海通证券	深圳
哈空调	26—Apr	上网定价	3000.0	6.08	18240.0	0.351	广发证券有限责任公司	上海
阿继电器	26—Apr	上网定价	4950.0	6.82	37510.0	0.584	南方证券	深圳
锦州港	7—May	上网定价	6000.0	4.05	24300.0	0.426	广发证券有限责任公司	上海
浙大海纳	7—May	上网定价	3000.0	8.20	24600.0	0.217	中经开信托	深圳
兴发集团	13—May	上网定价	4000.0	4.70	18800.0	0.249	湖北证券有限责任公司	上海
兰州黄河	13—May	上网定价	4500.0	7.72	34740.0	0.429	北京证券	深圳
海星科技	26—May	上网定价	6800.0	4.68	31824.0	0.235	海通证券有限公司	上海
福星科技	26—May	上网定价	4950.0	5.43	29865.0	0.933	中科国际信托	深圳
戴梦得	2—Jun	上网定价	6500.0	5.00	32500.0	0.388	中信证券有限责任公司	上海
科龙电器	2—Jun	上网定价	9350.0	9.98	109780.0	1.135	广发证券有限责任公司	深圳
山东铝业	7—Jun	上网定价	16000.0	3.49	55840.0	1.020	国泰证券有限公司	上海
河北宣工	7—Jun	上网定价	4950.0	3.72	20460.0	0.405	广发证券	深圳
大元股份	14—Jun	上网定价	6000.0	3.95	23700.0	0.418	中信证券有限责任公司	上海
亚华种业	14—Jun	上网定价	5400.0	7.00	42000.0	0.391	国泰证券	深圳
安彩高科	21—Jun	上网定价	18000.0	7.20	129600.0	1.317	中国东方信托投资公司	上海
丰原生化	21—Jun	上网定价	5400.0	6.50	39000.0	0.425	安徽信托	深圳
东风汽车	28—Jun	上网定价	30000.0	5.10	153000.0	1.650	君安证券有限责任公司	上海
天津汽车	28—Jun	上网定价	17777.0	6.00	130800.0	1.735	华夏证券	深圳
西藏药业	1—Jul	上网定价	4500.0	6.00	27000.0	0.453	国信证券有限公司	上海
深天健	1—Jul	上网定价	5220.0	8.00	46400.0	1.071	国信证券	深圳
武钢股份	2—Jul	上网定价	32000.0	4.30	137600.0	4.923	光大证券有限责任公司	上海
东北高速	5—Jul	上网定价	30000.0	4.00	120000.0	3.336	南方证券有限公司	上海
华北高速	5—Jul	上网定价	27200.0	3.82	129880.0	2.791	君安证券	深圳
华菱管线	5—Jul	上网定价	17540.0	5.30	106000.0	5.694	国信证券	深圳
江泉实业	8—Jul	上网定价	5500.0	6.00	33000.0	0.338	北京证券有限责任公司	上海
四川双马	12—Jul	上网定价	5220.0	4.50	26100.0	1.020	大鹏证券	深圳
紫江企业	13—Jul	上网定价	8500.0	7.84	66640.0	1.022	中国东方信托投资公司	上海
华西村	13—Jul	上网定价	3500.0	8.30	29050.0	0.566	江苏证券	深圳
亚星客车	22—Jul	上网定价	6000.0	6.38	38280.0	0.434	中信证券有限责任公司	上海
凯迪电力	22—Jul	上网定价	4500.0	6.59	29655.0	0.283	君安证券	深圳
神火股份	23—Jul	上网定价	6300.0	7.50	52500.0	1.183	申银万国证券股份有限公司	深圳
长春经开	28—Jul	上网定价	7500.0	9.50	71250.0	0.552	中国民族国际信托投资公司	上海
伊力特	29—Jul	上网定价	7500.0	6.26	46950.0	0.585	南方证券有限公司	上海
邢台轧辊	4—Aug	上网定价	4500.0	5.48	24660.0	0.337	大鹏证券有限责任公司	上海
四维瓷业	4—Aug	上网定价	4500.0	4.00	18000.0	0.184	国泰证券有限公司	上海
金牛能源	6—Aug	上网定价	8500.0	7.83	78300.0	1.166	中煤信托	深圳
浙江医药	11—Aug	上网定价	5800.0	5.16	29928.0	0.226	华夏证券有限公司	上海
民丰农化	11—Aug	上网定价	4950.0	4.63	25465.0	0.409	海通证券	深圳
众生制药	13—Aug	上网定价	3500.0	6.52	22820.0	0.392	中国华融信托投资公司	上海
南天信息	18—Aug	上网定价	4000.0	8.13	32520.0	0.354	中信证券	深圳
新乡化纤	18—Aug	上网定价	6750.0	7.80	58500.0	1.859	国泰证券	深圳
升华拜克	20—Aug	上网定价	3500.0	8.96	31360.0	0.496	君安证券有限责任公司	上海
广济药业	20—Aug	上网定价	4500.0	5.03	25150.0	0.600	中信证券	深圳
国电南自	25—Aug	上网定价	4000.0	7.92	31680.0	0.705	广发证券有限责任公司	上海
清华紫光	25—Aug	上网定价	4000.0	11.75	47000.0	0.369	中国国际金融有限公司	深圳
江苏阳光	27—Aug	上网定价	7000.0	11.98	83860.0	1.516	联合证券有限责任公司	上海
金陵药业	27—Aug	上网定价	7200.0	8.40	67200.0	1.478	国信证券	深圳
红河光明	1—Sep	上网定价	2000.0	5.44	10880.0	0.222	华夏证券有限公司	上海
小鸭电器	1—Sep	上网定价	8100.0	3.76	33840.0	0.323	山东证券	深圳

续表 23

公司名称	发行时间	发行方式	发行量（万元面值）	发行价（元）	筹资总额（万元）	中签率%	主承销	上市地点
国光瓷业	3—Sep	上网定价	3500.0	5.60	19600.0	0.292	湘财证券有限责任公司	上海
河池化工	3—Sep	上网定价	4500.0	4.15	20750.0	0.430	广西信托	深圳
秦岭水泥	8—Sep	上网定价	7000.0	5.90	41300.0	0.659	海南港澳国际信托投资有限公司	上海
欣龙无纺	8—Sep	上网定价	4950.0	5.80	31900.0	0.360	海通证券	深圳
南山实业	10—Sep	上网定价	7500.0	9.40	70500.0	0.895	山东省国际信托投资公司	上海
中原油气	10—Sep	上网定价	14450.0	4.89	83130.0	1.799	山东证券	深圳
万杰实业	13—Sep	上网定价	11000.0	6.80	74800.0	1.100	中信证券有限责任公司	上海
东方热电	13—Sep	上网定价	4500.0	5.70	25650.0	0.617	河北证券	深圳
海南椰岛	20—Sep	上网定价	5000.0	4.10	20500.0	0.167	广发证券有限责任公司	上海
中通客车	20—Sep	上网定价	4500.0	5.94	26730.0	0.291	国通证券	深圳
首钢股份	21—Sep	上网定价	17500.0	5.15	180250.0	3.012	北京证券	深圳
浦发银行	23—Sep	上网定价	40000.0	10.00	400000.0	1.416	海通证券有限公司	上海
海南航空	11—Oct	上网定价	20500.0	4.60	94300.0	0.567	国泰君安证券股份有限公司	上海
锡业股份	11—Oct	上网定价	11050.0	6.00	78000.0	0.441	国泰君安证券股份有限公司	深圳
天香实业	18—Oct	上网定价	4500.0	5.30	23850.0	0.138	福建兴业证券公司	上海
三九医药	11—Nov	上网定价	8000.0	8.45	169000.0	0.275		深圳
东方钽业	22—Nov	上网定价	5850.0	9.40	61100.0	0.223	宁夏证券	深圳
大连金牛	8—Dec	上网定价	7500.0	4.08	40800.0	0.146		深圳
赤天化	13—Dec	上网定价	7000.0	7.20	50400.0	0.252	光大证券有限责任公司	上海
中化国际	21—Dec	上网定价	12000.0	8.00	96000.0	0.599	华夏证券	上海
华东医药	22—Dec	上网定价	4000.0	5.76	28800.0	0.207	光大证券	深圳
合计			763952.7		4978812.3			

表 24 1999 年中国证券市场 B 股发行情况表

公司简称	发行期	发行价（美元）	市盈率（全面摊薄）	发行量（百万股）	筹资额（百万美元）	主承销商	国际协调人	上市时间	上市地点
黄石东贝 B 股	1999 年 6 月	0.20	5.30	100	19.800	光大证券公司	新加坡发展亚洲融资有限公司	1999.7.15	上海证券交易所
华新水泥 B 股		0.34		77	25.973	国泰君安证券公司			上海证券交易所
合计				177	45.773				

表 25 1999 年中国境外股票发行情况表

公司简称	发行量（百万股）	发行价（港元）	超额认购倍数	筹资金额（百万港元）	发行时间	主承销商	上市地点
山东国电	1431.03	1.58	0.8	2261.03	99.6.25	高盛	香港
长城科技	453.87	3.15	97.00	1429.70	99.7.30	索罗门、美邦	香港
沈阳发展	420.40	1.70	32.50	714.68	99.12.10	BNP 白富勤	香港
合计	2305.30			4405.41			

表 26　1999 年上交所会员证券交易额前 100 位排名表　　单位:万元人民币

名次	会员公司	总计	股票	基金	国债现货	国债回购	金融债、企业债、可转债	其他
1	海通证券有限公司	53983128.01	15690115.39	1175583.99	18867109.97	17944490.00	46177.87	259650.80
2	申银万国证券股份有限公司	47140813.03	20866299.77	1528859.22	8528409.44	15943480.00	61250.15	212514.45
3	国泰君安证券有限责任公司	42493099.97	19587218.84	1566262.91	5891326.59	15193790.00	55556.82	198944.81
4	华夏证券有限公司	38044756.26	12561040.24	894985.26	3478795.85	20891950.00	31353.00	186631.92
5	南方证券有限公司	31387085.20	17661533.35	1415956.23	3384424.44	8573920.00	18496.34	332754.84
6	中信证券有限责任公司	17097684.67	5015492.51	302238.27	1540615.28	10062150.00	53038.47	124150.15
7	上海财政证券公司	17014289.97	1663367.50	143280.77	7025828.79	8075130.00	34672.53	72010.36
8	中国信达信托投资公司	13540858.72	6890809.75	608644.76	1712481.06	4288810.00	11114.58	28998.56
9	广发证券有限责任公司	10988739.84	6936226.08	771699.49	1080842.27	2143630.00	8354.88	47987.12
10	华泰证券有限责任公司	10713039.45	4513765.39	377067.16	1591733.11	4168230.00	20232.09	42011.70
11	光大证券有限责任公司	10098375.89	5631002.15	453963.87	1144443.56	2507920.00	19490.21	341556.11
12	大鹏证券有限责任公司	9998648.89	4603160.35	266595.89	2339070.98	2720330.00	10400.26	59091.41
13	三峡证券有限责任公司	8546847.97	2028015.08	135297.29	4634483.77	1738320.00	4174.65	6557.18
14	中国长城信托投资公司	8311531.42	4389498.70	491039.66	1001768.37	2372120.00	3779.07	53325.62
15	平安证券有限责任公司	8178494.33	2301059.80	127098.18	348237.54	5389550.00	1642.50	10906.31
16	国信证券有限公司	8148637.33	3560128.24	206322.96	973970.68	3320160.00	3237.77	84817.67
17	山东证券有限责任公司	7797546.30	4599298.75	457740.93	965451.43	1679370.00	11006.43	84678.76
18	联合证券有限责任公司	7776754.18	4627505.83	379783.65	433508.06	2215540.00	66696.65	53719.99
19	浙江省国际信托投资公司	7521134.15	4717971.38	383977.13	390635.38	1945170.00	14605.75	68774.50
20	福建省闽发证券公司	7412901.42	3634086.15	354600.55	2432743.27	966170.00	4843.71	20457.73
21	中国东方信托投资公司	6629302.21	5050304.44	402185.21	188628.39	956110.00	9488.37	22585.80
22	海南港澳国际信托投资有限公司	6416835.36	4175420.56	261731.21	794233.07	1166250.00	7247.51	11953.11
23	中国华融信托投资公司	6396125.19	2772163.65	232535.81	198870.86	3169350.00	5029.19	18175.69
24	长城证券有限责任公司	6336010.21	3093351.54	197394.64	1173781.74	1830500.00	12287.79	28694.51
25	新疆宏源信托投资股份有限公司	6334752.69	790566.89	68966.42	1207396.57	4254880.00	711.30	12231.50
26	鞍山证券公司	6272858.71	1928600.80	149030.67	1488880.09	2695990.00	4439.65	5917.51
27	湖北证券有限责任公司	6140697.97	2866143.95	309523.96	1561984.96	1305710.00	30203.03	67132.07
28	中国科技国际信托投资有限责任公司	6012512.37	2854187.18	212188.65	624641.01	2291870.00	4549.42	25076.11
29	国通证券有限责任公司	5712059.84	2774297.17	143349.65	657504.68	2090070.00	2890.82	43947.52
30	金华市信托投资有限公司	5564273.89	2446841.03	161149.94	1635214.45	1278900.00	2128.05	40040.43
31	东方证券有限责任公司	5559515.75	3353581.98	269183.20	68214.62	1793750.00	4559.03	70226.90
32	中国人保信托投资公司	5362808.86	2538499.57	186970.67	909361.28	1699920.00	3242.40	24814.94
33	广东证券股份有限公司	5015830.56	2823013.68	247650.69	136963.75	1765980.00	4053.35	38169.09
34	河北证券有限责任公司	4962961.85	3042568.48	222640.69	568434.28	1111320.00	2321.31	15677.69
35	中国民族国际信托投资公司	4862435.70	1463250.35	118153.47	354524.62	2859910.00	1141.61	65455.64
36	中国经济开发信托投资公司	4693072.62	1898439.88	155256.04	269321.01	2289020.00	1265.57	79770.12
37	福建兴业证券公司	4510835.30	2331402.72	233147.80	1028112.82	899710.00	2231.89	16230.06
38	浙江省证券有限责任公司	4509543.55	3147231.98	216093.91	402265.33	688890.00	18409.35	36652.99
39	安徽省国际信托投资公司	4428987.07	2151281.78	157154.18	784973.48	1316630.00	2966.39	15981.24
40	安徽省证券公司	4339772.81	2558405.81	262461.76	311679.74	1165630.00	2294.01	39301.51
41	北京证券有限责任公司	4218337.17	1433365.04	85044.16	393415.80	2278190.00	7515.33	20806.86
42	安徽省信托投资公司	3875898.21	1802413.23	182686.70	671942.25	1212140.00	1168.32	5547.71
43	辽宁东方证券公司	3707536.61	509179.53	57159.28	555962.27	2528960.00	5105.59	51169.94
44	宁波证券有限责任公司	3524371.74	1726598.45	144628.88	377151.31	1266860.00	3623.82	5509.27
45	吉林省证券有限责任公司	3362221.44	1972057.95	177512.04	927325.74	207080.00	68997.31	9248.41
46	大连证券有限责任公司	3198736.48	1670225.14	124617.98	268745.25	1120080.00	3778.48	11289.64
47	深圳经济特区证券公司	3181730.92	1881242.46	107094.84	267019.65	906570.00	4389.29	15414.68
48	重庆国际信托投资公司	2927889.74	1763431.45	149334.05	561411.03	407830.00	1731.64	44151.57
49	四川省证券股份有限公司	2917706.90	2675775.62	199032.84	11701.30	15840.00	2526.95	12830.19
50	湘财证券有限责任公司	2937156.97	1897368.22	114330.36	183265.59	585650.00	1365.50	55177.30
51	上海爱建信托投资公司	2665911.49	982909.59	21220.01	82363.30	1565820.00	741.76	12856.84
52	中煤信托投资有限责任公司	2665863.56	1137037.79	75498.91	338290.15	1108480.00	2998.65	3558.05
53	中国国际金哨有限公司	2640258.12	290.23	0.00	764702.18	1853630.00	45.52	21589.88
54	浙江省工商信托投资股份有限公司	2601635.90	1529551.72	118064.16	149828.21	795440.00	1083.63	7668.18
55	山西省信托投资公司	2514970.59	673251.08	147143.24	264528.92	1394070.00	1364.35	34613.00
56	湖南证券股份有限公司	2367209.77	1720373.04	172975.64	29775.30	298960.00	3652.98	141472.82
57	江西省国际信托投资公司	2249705.92	710382.46	111326.11	674464.79	732290.00	1025.00	20217.56
58	浙江省信托投资有限责任公司	2217793.93	1127012.23	69800.41	464298.35	538490.00	830.10	17362.84
59	海南赛格国际信托投资公司	2146904.25	1168224.04	92246.23	147945.39	732510.00	1743.46	4235.12
60	徐州市信托投资公司	2111651.43	230019.93	40240.60	1034182.14	803450.00	2424.64	1334.12
61	福建省华福证券公司	2101649.40	1280754.70	109105.91	651575.06	38500.00	1631.29	20082.44
62	湖南国际信托投资公司	2099821.64	769448.60	78433.01	137664.10	1031550.00	1529.98	81195.95
63	中兴信托投资有限责任公司	2090042.19	1656057.45	61954.09	169509.36	196700.00	1368.02	4453.27
64	厦门国际信托投资公司	2089282.18	1308520.71	81796.20	60415.95	618150.00	786.62	19612.70
65	河南证券有限责任公司	2088443.89	1778131.94	136735.89	35136.97	128210.00	2914.13	7314.97
66	辽宁省证券公司	2026045.93	1285130.31	93433.48	124548.45	515380.00	3096.27	4457.40
67	上海浦东联合信托投资有限责任公司	1984703.76	1738206.59	130016.07	33000.13	67660.00	2323.31	13497.66

续表 26　　单位：万元人民币

名次	会员公司	总计	股票	基金	国债现货	国债回购	金融债、企业债、可转债	其他
68	汕头证券股份有限公司	1962763.83	905117.19	69603.26	255890.27	726870.00	1706.61	3576.50
69	南京证券有限责任公司	1934480.90	1296970.28	95423.92	201727.59	326390.00	2275.72	11693.39
70	成都工商信托投资有限责任公司	1915843.88	202461.20	15411.84	8395.84	1688390.00	158.53	1026.36
71	天津北方国际信托投资公司	1873764.60	693811.66	41561.49	7996.91	1127740.00	536.13	2118.41
72	上海国际信托投资公司	1859076.19	424478.67	25793.41	37071.53	1367360.00	1208.76	3163.82
73	华宝信托投资有限责任公司	1856941.43	363196.07	56233.58	116691.08	1312710.00	1641.14	6469.56
74	苏州证券	1787359.42	1277324.94	91603.74	212960.08	198580.00	2313.51	4577.15
75	无锡市信托投资公司	1750968.03	779674.10	144957.37	324606.37	493180.00	490.04	8060.16
76	江苏省国际信托投资公司	1718400.63	766670.29	61659.65	99761.47	785370.00	1216.26	3722.96
77	杭州工商信托投资股份有限公司	1698428.87	974696.24	246239.31	112313.38	360010.00	1148.25	4021.70
78	广西证券有限责任公司	1614255.43	1436009.71	121309.88	7116.32	38350.00	3465.19	8004.34
79	江西省发展信托投资股份有限公司	1611799.14	242377.35	16907.11	132846.54	1218730.00	286.39	651.75
80	中国信息信托投资公司	1586135.85	463833.47	25145.65	98461.97	991610.00	491.56	6593.21
81	天津证券有限责任公司	1583353.53	778942.53	52355.00	17116.90	730850.00	649.72	3439.39
82	贵州证券公司	1561883.84	880658.04	102901.15	527578.54	45560.00	1681.49	3504.63
83	无锡证券有限责任公司	1558827.49	1361686.89	118429.17	13225.26	58990.00	1822.18	4673.99
84	中国教育科技信托投资有限公司	1512847.48	933940.56	70067.24	170456.97	334990.00	908.69	2484.03
85	南通市信托投资公司	1500273.42	214455.21	21419.96	519798.88	738750.00	1032.87	4816.50
86	成都证券有限责任公司	1497639.53	1237712.14	68385.36	9033.33	176370.00	1053.72	5084.97
87	常州证券有限责任公司	1485579.07	1085127.95	78176.44	7894.93	309000.00	1442.09	3937.65
88	陕西省国际信托投资有限公司	1476310.88	835461.25	79689.99	275049.05	266950.00	3369.53	15791.06
89	蔚深证券有限责任公司	1422099.33	1260076.56	98060.89	11502.08	45420.00	2552.08	4487.72
90	重庆有价证券公司	1419600.96	1031150.70	87907.44	49066.79	244130.00	932.61	6413.43
91	新疆金新信托投资股份公司	1411867.44	872682.30	69403.98	301854.66	164270.00	886.17	2770.32
92	新疆证券有限责任公司	1406597.42	1183593.05	91480.06	38402.71	87640.00	761.39	4720.20
93	吉林省信托投资公司	1396922.11	985430.57	115468.88	37393.48	253150.00	1833.65	3645.53
94	海南华银国际信托投资公司	1384416.26	1193616.38	111395.67	27537.56	44770.00	1530.45	5566.20
95	黄河证券有限责任公司	1279967.95	1120608.66	97028.02	9509.29	47970.00	873.32	3978.67
96	东莞证券有限责任公司	1271610.34	1198547.54	64572.70	1147.82	0.00	524.36	6817.92
97	云南证券有限责任公司	1253622.11	857864.85	69689.60	15338.83	305040.00	1906.58	3782.25
98	北京京华信托投资公司	1233419.62	877505.75	42816.31	20187.15	190180.00	289.06	2441.36
99	深圳市深财证券业务部	1219441.57	195494.24	6594.69	1004166.14	12330.00	131.15	725.35
100	四川省信托投资公司	1196710.74	1105880.35	61482.41	2349.00	21450.00	694.11	4854.86

表 27　1999 年深交所会员股票、基金交易额前 100 位排名表　　单位：百万元人民币

名次	会员名称	股票基金交易额	占市场%	A 股交易金额	B 股交易金额	基金交易金额
1	国泰君安证券股份有限公司	185212.07	5.985	169337.12	3558.00	12316.95
2	南方证券公司	145817.07	4.712	131623.26	4766.56	9427.25
3	华夏证券有限公司	118411.04	3.826	110332.20	302.05	7776.79
4	海通证券有限公司	112715.16	3.642	102394.34	476.59	9844.23
5	广发证券有限责任公司	107235.45	3.465	99536.12	740.60	6958.73
6	申银万国证券股份有限公司	100276.92	3.240	91335.86	430.80	8510.26
7	广东证券股份有限公司	64194.68	2.074	59912.72	138.85	4143.11
8	光大证券有限责任公司	63000.91	2.036	58554.75	337.89	4108.59
9	国信证券有限公司	60141.67	1.943	56442.75	1426.00	2272.92
10	国通证券有限责任公司	59284.47	1.916	55066.38	1464.25	2753.84
11	中国信达信托投资公司	56283.72	1.819	52230.93	5.49	4047.29
12	联合证券有限责任公司	55611.38	1.797	51571.72	1075.41	2964.25
13	大鹏证券有限责任公司	45073.27	1.457	40295.16	1368.97	3409.14
14	中国东方信托投资公司	13797.52	1.415	40152.04	350.87	3294.61
15	山东证券有限责任公司	39793.65	1.286	36598.05		3195.60
16	长城证券有限责任公司	36148.83	1.168	33132.06	257.45	2759.32
17	中信证券有限责任公司	35136.62	1.135	32351.24	399.41	2385.97
18	海南港澳国际信托投资公司	34422.88	1.112	31929.07	138.77	2355.04
19	中国长城信托投资公司	31961.80	1.033	29385.07		2576.73
20	闽发证券公司	31137.65	1.006	27286.50		3851.15
21	浙江省国际信托投资公司	31063.70	1.004	28221.80	10.28	2831.62
22	平安证券有限责任公司	30960.19	1.000	27843.30	1329.02	1787.87
23	江苏省证券公司	30521.25	0.986	27659.84	28.37	2833.05
24	中国华融信托投资公司	30073.78	0.972	27626.16		2447.62
25	深圳经济特区证券公司	29923.43	0.967	28068.95	500.92	1353.56
26	四川省证券有限责任公司	29255.12	0.945	27431.50		1823.62
27	东莞证券有限责任公司	27335.68	0.883	25829.81	33.20	1472.66
28	河北证券有限责任公司	26848.77	0.868	25202.67		1646.10
29	中国科技国际信托投资有限责任公司	26437.48	0.854	24794.52	18.93	1624.04
30	湖北证券公司	26047.68	0.842	24044.30	13.11	1990.27

续表 27　　　　单位:百万元人民币

名次	会员名称	股票基金交易额	占市场%	A股交易金额	B股交易金额	基金交易金额
31	中国经济开发信托投资公司	25433.89	0.822	24191.36	51.62	1190.91
32	湘财政权有限责任公司	24859.62	0.803	23327.29	27.82	1504.51
33	湖南证券股份有限公司	24664.65	0.797	22885.28	200.03	1579.34
34	三峡证券有限责任公司	23813.16	0.770	22462.70	54.31	1296.15
35	中国人保信托投资公司	23372.28	0.755	20892.29	141.38	2338.61
36	蔚深证券有限责任公司	22215.43	0.718	20692.48	223.71	1299.24
37	浙江省证券有限责任公司	20628.83	0.667	18636.22	153.53	1839.07
38	福建兴业证券公司	19642.83	0.635	17471.44		2171.40
39	广西证券有限责任公司	18935.01	0.612	17434.73	85.23	1415.04
40	江西江南信托投资股份有限公司	18856.46	0.609	18215.34		641.12
41	重庆市国际信托投资公司	18112.41	0.585	16472.31	371.18	1268.92
42	吉林省证券公司	17891.32	0.578	16732.37		1158.35
43	广州证券有限责任公司	17849.32	0.577	15990.05	876.28	982.99
44	河南省证券有限责任公司	17817.97	0.576	16550.59		1267.38
45	安徽省信托投资公司	16896.62	0.546	13978.89		2917.73
46	辽宁省证券公司	16625.25	0.537	15326.63	3.93	1294.69
47	汕头证券股份有限公司	16586.86	0.536	15389.39		1197.48
48	北京证券有限责任公司	15570.01	0.503	14716.66		853.35
49	金华市信托投资股份有限公司	15481.33	0.500	14552.25		929.08
50	安徽省国际信托投资公司	15341.18	0.496	13801.97	286.84	1252.37
51	大连证券有限责任公司	14608.19	0.472	13513.09		1095.10
52	新疆证券公司	13978.45	0.452	13043.38		935.07
53	安徽省证券公司	13974.75	0.452	12337.19	50.24	1587.32
54	中国民族国际信托投资公司	13145.61	0.425	12002.02		1143.59
55	宁波证券有限责任公司	12993.65	0.420	12287.46		706.19
56	江门证券有限责任公司	12986.05	0.420	12194.58		791.48
57	鞍山证券公司	12391.31	0.400	11493.58		897.73
58	厦门国际信托投资公司	12288.50	0.397	11467.51	35.90	785.08
59	重庆有价证券公司	11885.81	0.384	11106.68	13.22	765.92
60	河南省证券公司	11530.81	0.373	10777.13	38.73	714.94
61	黄河证券有限责任公司	11456.73	0.370	10659.37	0.84	796.52
62	海南赛格国际信托投资公司	11346.60	0.367	10516.47	131.08	699.05
63	广东华侨信托投资公司	11282.75	0.365	10436.22	0.00	846.52
64	陕西省国际信托投资股份有限公司	11250.51	0.364	10641.27		609.24
65	珠海证券公司	11219.47	0.363	10324.56	416.09	478.82
66	福建华福证券公司	11037.89	0.357	10068.64		969.25
67	四川省信托投资公司	10815.41	0.350	10236.78		578.63
68	航空信托投资有限责任公司	10793.85	0.349	10250.06		543.78
69	珠海国际信托投资公司	10449.72	0.338	9438.36	231.28	780.07
70	陕西省证券公司	10212.61	0.330	9509.45		703.16
71	常州证券有限公司	10039.49	0.324	9495.70		543.80
72	青海证券有限责任公司	9974.51	0.322	9656.30		318.21
73	成都证券有限责任公司	9868.13	0.319	9306.70		561.43
74	武汉证券公司	9825.29	0.318	9160.24	33.08	631.97
75	中煤信托投资有限责任公司	9740.04	0.315	9036.71		703.33
76	杭州市工商信托投资股份有限公司	9489.62	0.307	6640.29		2849.33
77	湖南省国际信托投资公司	9367.38	0.303	8572.65		794.73
78	贵州证券公司	9086.63	0.294	8313.52		773.11
79	新疆宏源信托投资股份有限公司	9017.97	0.291	8440.96		577.02
80	中兴信托投资有限责任公司	8944.15	0.289	8266.60		677.55
81	广西信托投资公司	8940.53	0.289	8236.05	59.81	644.67
82	海南省国际信托投资公司	8919.40	0.288	8152.32	83.86	683.22
83	新疆金新信托投资股份有限公司	8822.07	0.285	8403.17		418.90
84	三亚中亚信托投资公司	8793.82	0.284	8167.96	26.72	599.15
85	中山证券公司	8435.04	0.273	7626.07	440.86	368.13
86	无锡证券有限责任公司	8376.31	0.271	7746.26		630.06
87	浙江省工商信托投资股份有限公司	8192.28	0.265	7544.60		647.68
88	甘肃证券公司	8042.61	0.260	7509.69		532.92
89	浙江省信托投资有限责任公司	7917.11	0.256	7194.40		722.71
90	苏州证券公司	7832.66	0.253	7212.43		620.23
91	中国金谷国际信托投资有限责任公司	7733.49	0.250	7251.09		482.39
92	云南证券有限责任公司	7724.42	0.250	7169.03		555.39
93	海南华银国际信托投资公司	7716.56	0.249	7166.69		549.87
94	广东省南海国际信托投资公司	7653.88	0.247	7133.04		520.84
95	西安证券公司	7589.42	0.245	7251.05		338.37
96	山西省信托投资公司	7460.67	0.241	6536.60		924.07
97	陕西信托投资有限公司	7437.95	0.240	6866.88		571.07
98	南京证券有限责任公司	7149.12	0.231	6554.65		594.48
99	北海国际信托投资公司	7140.61	0.231	6686.39		454.22
100	江西省证券公司	7120.95	0.230	6576.19	43.09	501.67

表28 1999年深交所会员证券营业部股票、基金交易额前100位排名表 单位:百万元人民币

名次	营业部名称	股票基金交易额	占市场%	A股交易金额	B股交易金额	基金交易金额
1	国信证券有限公司深圳红岭中路证券营业部	19817.72	0.640	18560.95	890.41	366.36
2	大鹏证券有限责任公司电子科技大厦营业部	13992.40	0.452	11612.42	1008.46	1371.53
3	国信证券有限公司深圳振华路证券营业部	11904.18	0.385	11364.88	257.37	281.92
4	国通证券有限责任公司深圳振华路证券营业部	9632.54	0.311	9079.61	364.28	288.65
5	东莞证券有限公司证券交易营业部	9480.35	0.306	8971.46	33.20	475.69
6	广东证券股份有限公司顺德大良证券营业部	9299.23	0.301	8702.51		596.72
7	南方证券有限公司广州分公司营业部	7950.87	0.257	7509.19		441.68
8	君安证券有限责任公司北京知春路证券交易营业部	7515.94	0.243	6988.16		527.78
9	广东证券股份有限公司茂名油城六路证券营业部	7089.74	0.229	6665.71		424.04
10	中国经济开发信托投资公司证券交易部	6826.44	0.221	6623.94		202.51
11	长城证券有限责任公司深圳第一营业部	6798.18	0.220	6469.40	63.36	265.42
12	重庆国际信托投资公司北京证券交易营业部	6745.84	0.218	6050.68		695.16
13	海通证券有限公司杭州浙纺证券交易营业部	6677.14	0.216	6407.94	0.04	269.17
14	南方证券有限公司罗湖证券营业部	6650.38	0.215	1830.82	4219.47	600.09
15	长城证券有限责任公司第二营业部	6619.86	0.214	6349.98	34.53	235.35
16	华夏证券公司北京东四营业部	6528.39	0.211	6010.41		517.98
17	广东国际信托投资公司证券交易普宁营业部	6358.82	0.206	5730.56		628.26
18	江西江南信托投资股份有限公司深圳证券营业部	6307.35	0.204	6230.17		77.18
19	华夏证券有限公司中关村证券交易营业部	6173.61	0.200	5840.84		332.77
20	南方证券有限公司广州分公司营业三部	6149.49	0.199	5729.96		419.53
21	国信证券有限公司深圳深南中路证券营业部	5990.24	0.194	5383.87	278.22	328.16
22	广东证券股份有限公司梅州梅江二路证券营业部	5986.26	0.193	5648.66		337.60
23	安徽省信托投资公司合肥宿州路证券交易营业部	5945.09	0.192	3975.69		1969.40
24	海南赛格国际信托投资公司北京证券营业部	5845.11	0.189	5447.80		397.31
25	中煤信托投资有限责任公司北京阜外证券营业部	5768.81	0.186	5195.04		573.77
26	南方证券有限公司金通证券营业部	5765.06	0.186	5257.84	259.91	247.31
27	中信证券有限责任公司深圳湖贝路证券交易营业部	5637.83	0.182	5031.75	399.41	206.67
28	南方证券有限公司北京分公司方庄证券交易营业部	5618.92	0.182	5311.77		307.15
29	中国东方信托投资公司深圳证券交易营业部	5512.47	0.178	4925.46	350.87	236.14
30	平安证券有限责任公司福田证券营业部	5490.48	0.177	4288.55	941.81	260.12
31	中兴信托投资有限责任公司北京证券营业部	5378.42	0.174	4923.03		455.38
32	申银万国证券股份有限公司深圳证券交易营业部	5328.67	0.172	4212.63	15.08	100.96
33	中国教育科技信托投资有限公司北京证券交易营业部	5274.72	0.170	4867.50		407.23
34	南方证券有限公司广州分公司番禺营业部	5262.20	0.170	5939.08		323.11
35	国通证券有限责任公司深圳建安路证券营业部	5220.45	0.169	4865.81	129.02	225.62
36	山东证券有限责任公司济南证券交易营业部	5210.74	0.168	4699.35		511.39
37	广东证券股份有限公司广州东风东路证券营业部	5063.15	0.164	4567.65	9.96	485.54
38	海通证券有限公司唐山路证券交易营业部	4987.76	0.161	4230.69	6.51	750.56
39	平安证券有限责任公司蛇口证券营业部	4975.27	0.161	4260.23	387.21	327.83
40	海通证券有限公司深圳分公司华富路营业部	4856.66	0.157	2648.13		2208.53
41	中国信达信托投资公司北京证券交易营业部	4849.72	0.157	4717.02		132.70
42	华夏证券有限公司深圳分公司振华营业部	4727.71	0.153	4301.01	302.05	124.65
43	联合证券有限责任公司深圳盛庭苑证券营业部	4691.46	0.152	4584.48		106.99
44	东莞证券有限责任公司虎门营业部	4673.28	0.151	4456.41		216.87
45	君安证券有限责任公司福田证券营业部	4512.90	0.146	4308.07		204.83
46	君安证券有限责任公司成都营业部	4509.95	0.146	4196.82		313.13
47	国泰证券公司郑州营业部	4493.12	0.145	4225.39		267.74
48	君安证券有限责任公司北京皇城根证券交易营业部	4456.30	0.144	4077.22		379.08
49	青海证券有限责任公司深圳证券营业部	4452.16	0.144	4391.12		61.03
50	国信证券有限公司广州东风中路证券营业部	4397.08	0.142	4015.66		381.42
51	杭州工商信托投资股份有限公司庆春路营业部	4389.28	0.142	3735.35		653.93
52	海通证券有限公司广州证券交易营业部	4371.32	0.141	4156.30	11.64	203.38
53	南方证券有限公司广州分公司营业二部	4364.14	0.141	4114.88		249.27
54	中国长城信托投资公司上海张杨路证券交易营业部	4343.62	0.140	4279.79		63.83
55	汕头证券股份有限公司营业部	4335.29	0.140	4018.65		316.64
56	南方证券有限公司海口营业部	4325.73	0.140	4065.99		259.73
57	南方证券有限公司北京分公司翠微路证券交易营业部	4319.09	0.140	4015.86		303.23
58	航空信托投资有限责任公司深圳证券营业部	4311.54	0.139	4098.22		213.32
59	国通证券有限责任公司深圳南山南有大道证券营业部	4310.05	0.139	3805.86	338.57	162.62
60	安徽省信托投资公司深圳证券部	4306.41	0.139	3939.85	286.84	79.72
61	国信证券有限公司北京呼家楼北街证券营业部	4230.75	0.137	4078.16		152.59
62	长城证券有限责任公司深圳第三营业部	4212.97	0.136	3503.71	159.56	549.70
63	君安证券有限责任公司联城证券营业部	4201.55	0.136	2328.09	1786.96	86.49
64	国泰证券公司广州分公司第一营业部	4194.84	0.136	3783.77	199.36	211.71
65	联合证券有限责任公司北京航天桥证券交易营业部	4156.29	0.134	4042.58		113.71
66	国通证券有限责任公司深圳沙头角金融路证券营业部	4148.34	0.134	3981.92	73.92	92.50
67	深圳经济特区证券公司北京营业部	4121.13	0.133	3866.49		254.64
68	君安证券有限责任公司振兴路证券营业部	4120.34	0.133	3945.02		175.40
69	海通证券有限公司深圳分公司大信大厦营业部	4103.81	0.133	3471.83	403.95	228.03
70	广发证券有限责任公司天河证券交易营业部	4090.51	0.132	3863.44		227.07

续表 28　　　　单位：百万元人民币

名次	营业部名称	股票基金交易额	占市场%	A股交易金额	B股交易金额	基金交易金额
71	重庆国际信托投资公司深圳证券交易营业部	4087.72	0.132	3585.36	371.18	131.19
72	联合证券有限责任公司深圳赛格科技园证券营业部	4086.39	0.132	3692.64	271.91	121.84
73	华夏证券有限公司北京亚运村营业部	4083.41	0.132	3892.59		190.83
74	广发证券有限责任公司惠州营业部	4043.46	0.131	3824.96		218.50
75	中国民族国际信托投资公司北京和平里证券交易营业部	3956.32	0.128	3785.20		171.13
76	华夏证券公司西安营业部	3886.77	0.126	3501.21		385.56
77	海通证券有限公司杭州证券交易营业部	3883.96	0.126	3704.24		179.73
78	国通证券有限责任公司深圳常兴路证券营业部	3852.20	0.125	3619.56	87.62	145.02
79	中国华融信托投资公司广东证券交易营业部	3850.29	0.124	3656.85		193.44
80	东莞证券有限责任公司厚街营业部	3836.42	0.124	3578.04		258.38
81	广发证券有限责任公司韶关营业部	3815.62	0.123	3578.99		236.63
82	君安证券有限责任公司荔湖证券营业部	3802.92	0.123	3406.74	238.62	157.56
83	南方证券有限公司北京分公司亚运村证券交易营业部	3763.84	0.122	3639.06		124.77
84	广东证券股份有限公司韶关风度南路证券营业部	3746.23	0.121	3552.16		194.07
85	宁波证券有限责任公司深圳深南东路证券营业部	3739.03	0.121	3684.46		54.57
86	国通证券有限责任公司广州天河北路证券营业部	3679.65	0.119	3564.11		115.54
87	新疆宏源信托投资股份有限公司乌鲁木齐市文艺路证券交易营业部	3676.95	0.119	3423.72		253.22
88	君安证券有限公司广州证券营业部	3642.79	0.118	3447.82		194.97
89	河北证券有限责任公司深圳证券营业部	3634.57	0.117	3437.84		196.73
90	国通证券有限责任公司深圳东门南路证券营业部	3620.42	0.117	3246.94	256.69	116.79
91	中国农业银行广东省信托投资公司证券交易(珠海)营业部	3607.08	0.117	3439.06		168.01
92	厦门国际信托投资公司深圳证券交易营业部	3539.12	0.114	3377.52	35.21	126.39
93	杭州工商信托投资股份有限公司清泰营业部	3514.09	0.114	1484.27		2029.82
94	浙江省国际信托投资公司环北证券交易营业部	3512.08	0.114	3243.88		268.20
95	浙江省国际信托投资公司萧山证券交易营业部	3490.66	0.113	3310.16		180.50
96	南方证券有限公司广州分公司顺德营业部	3482.13	0.113	3263.98		218.15
97	国泰证券公司福州营业部	3481.73	0.113	3002.28		479.45
98	长城证券有限责任公司北京证券营业部	3436.36	0.111	3258.43		177.94
99	深圳市深财证券业务部	3422.15	0.111	3279.21		142.93
100	湖北证券公司武昌营业部	3418.92	0.111	2755.50		663.42

表 29　人民币汇价表　　　　**单位:人民币**

	一月			二月			三月		
货币	100 美元	100 日元	100 港币	100 美元	100 日元	100 港币	100 美元	100 日元	100 港币
1				827.78	7.1150	106.75	827.90	6.9320	106.74
2				827.75	7.1581	106.76	827.92	6.9458	106.92
3				827.79	7.1832	106.75	827.89	6.8857	106.89
4	827.89	7.2053	106.81	827.76	7.3665	106.74	827.86	6.8857	106.89
5	827.93	7.2793	106.81	827.74	7.2985	106.75	827.83	6.7661	106.77
6	827.95	7.4020	106.81						
7	827.95	7.3832	106.82						
8	827.98	7.3293	106.89	827.75	7.3680	106.74	827.84	6.7157	106.77
9				827.75	7.3261	106.74	827.86	6.7407	106.89
10				827.74	7.2324	106.73	827.91	6.8251	106.79
11	827.96	7.4567	106.84	827.76	7.2387	106.74	827.88	6.8446	106.84
12	827.97	7.4927	106.85	827.78	7.2425	106.86	827.89	6.9165	106.82
13	827.95	7.4428	106.86	827.84	7.2510	106.81			
14	827.94	7.3504	106.83	827.80	7.2530	106.85			
15	827.90	7.2799	106.81	827.82	7.2503	106.86	827.89	6.9175	106.85
16							827.89	6.9445	106.83
17							827.89	7.0005	106.85
18	827.90	7.2934	106.83				827.88	6.9833	106.86
19	827.88	7.2882	106.78				827.88	6.9893	106.86
20	827.87	7.2270	106.80						
21	827.91	7.3053	106.79						
22	827.89	7.3025	106.84				827.93	7.0459	106.79
23				827.87	7.2528	106.92	827.92	7.0498	106.77
24				827.88	6.8662	107.01	827.95	6.9728	106.76
25	827.87	7.2779	106.77	827.91	6.8370	106.83	827.96	7.0333	106.78
26	827.84	7.2388	106.88	827.89	6.8274	106.93	827.98	7.0209	106.80
27	827.80	7.2756	106.78						
28	827.78	7.2797	106.77						
29	827.78	7.1653	106.76				827.00	7.0016	106.79
30							827.97	6.9101	106.79
31							827.00	6.8707	106.85

	四月			五月			六月		
货币	100 美元	100 日元	100 港币	100 美元	100 日元	100 港币	100 美元	100 日元	100 港币
1	828.00	6.8636	106.79				827.84	6.8124	106.76
2	827.79	6.9637	106.80				827.81	6.7872	106.79
3							827.87	6.8577	106.69
4				827.90	6.9420	106.82	827.84	6.7911	106.68
5	827.79	6.8581	106.80	827.89	6.8752	106.76			
6	827.95	6.8090	106.81	827.89	6.8404	106.75			
7	827.97	6.8038	106.82	827.86	6.8883	106.76	827.81	6.8095	106.68
8	827.97	6.8519	106.83				827.81	6.7927	106.64
9	827.99	6.8314	106.81				827.79	6.8253	106.66
10				827.83	6.8631	106.79	827.78	6.9369	106.66
11				827.87	6.8393	106.73	827.77	6.9757	106.70
12	827.97	6.8329	106.87	827.82	6.8648	106.75			
13	827.97	6.8600	106.80	827.83	6.8468	106.73			
14	827.97	6.8684	106.83	827.78	6.8419	106.73	827.77	6.9669	106.69
15	827.94	6.9287	106.76				827.76	6.8972	106.79
16	827.89	6.9535	106.83				827.81	6.8702	106.72
17				827.84	6.7846	106.80	827.76	6.8617	106.70
18				827.84	6.7846	106.86	827.75	6.8907	106.69
19	827.87	6.9682	106.76	827.90	6.7029	106.74			
20	827.87	7.0031	106.79	827.83	6.6889	106.74			
21	827.83	7.0210	106.84	827.80	6.6512	106.71	827.74	6.9229	106.66
22	827.83	6.9707	106.83				827.78	6.7705	106.65
23	827.83	6.8705	106.80				827.81	6.7782	106.66
24				827.80	6.6920	106.73	827.84	6.7786	106.66
25				827.85	6.6772	106.76	827.79	6.7856	106.67
26	827.84	6.9295	106.83	827.89	6.7308	106.75			
27	827.93	6.9574	106.86	827.90	6.7915	106.75			
28	827.94	6.9283	106.86	827.88	6.7581	106.73	827.75	6.7898	106.76
29	827.91	6.9277	106.84				827.80	6.8292	106.66
30	827.94	6.9532	106.83				827.86	6.8196	106.66
31				827.86	6.8511	106.73			

续表 29

	七月			八月			九月		
货币	100 美元	100 日元	100 港币	100 美元	100 日元	100 港币	100 美元	100 日元	100 港币
1	827.87	6.8450	106.64				827.70	7.4712	106.59
2	827.86	6.8399	106.65	827.74	7.1703	106.58	827.71	7.5568	106.57
3				827.72	7.2278	106.59	827.73	7.5882	106.56
4				827.73	7.2122	106.59			
5	827.85	6.8425	106.66	827.74	7.1848	106.58			
6	827.87	6.7851	106.64	827.74	7.2383	106.58	827.75	7.5251	106.54
7	827.82	6.7832	106.65				827.76	7.5587	106.54
8	827.83	6.7783	106.66				827.76	7.5459	106.54
9	827.81	6.7679	106.67	827.73	7.2208	106.58	827.76	7.4637	106.53
10				827.74	7.1762	106.60	827.74	7.5779	106.53
11				827.72	7.1767	106.57			
12	827.77	6.7470	106.64	827.71	7.2055	106.57			
13	827.76	6.7736	106.65	827.71	7.1605	106.56	827.74	7.5443	106.64
14	827.75	6.7745	106.62				827.72	7.6428	106.54
15	827.78	6.8235	106.64				827.75	7.7561	106.53
16	827.75	6.8602	106.63	827.70	7.2102	106.57	827.73	7.8437	106.54
17				827.74	7.2099	106.55	827.71	7.8856	106.55
18				827.70	7.2039	106.62			
19	827.73	6.8369	106.62	827.72	7.2565	106.62			
20	827.73	6.8737	106.62	827.74	7.3993	106.57	827.73	7.8520	106.56
21	827.77	6.9698	106.62				827.75	7.6691	106.56
22	827.73	6.9428	106.61				827.75	7.7178	106.59
23	827.73	6.9955	106.65	827.74	7.3929	106.55	827.77	7.8815	106.50
24				827.72	7.4511	106.61	827.76	7.9592	106.52
25				827.75	7.3429	106.60			
26	827.72	7.0537	106.67	827.73	7.4486	106.56			
27	827.70	7.0643	106.61	827.73	7.4447	106.56	827.75	7.9438	106.55
28	827.70	7.0958	106.59				827.75	7.8922	106.59
29	827.70	7.1057	106.59				827.75	7.8314	106.58
30	827.73	7.1451	106.58	827.73	7.4088	106.55	827.75	7.7881	106.54
31				827.71	7.4500	106.55			

	十月			十一月			十二月		
货币	100 美元	100 日元	100 港币	100 美元	100 日元	100 港币	100 美元	100 日元	100 港币
1				827.78	7.8785	106.53	827.89	8.1049	106.56
2				827.79	7.9507	106.52	827.89	8.0939	106.50
3				827.81	7.9256	106.51	827.88	8.0768	106.50
4				827.81	7.9551	106.54			
5				827.80	7.8642	106.57			
6							827.87	8.0636	106.49
7							827.90	8.0715	106.41
8	827.78	7.7444	106.53	827.79	7.8913	106.45	827.90	8.0360	106.43
9	827.80	7.6845	106.52	827.79	7.7966	106.48	827.95	8.0662	106.44
10	827.77	7.7162	106.51	827.80	7.8632	106.48	827.95	8.0360	106.48
11	827.74	7.7382	106.51	827.81	7.8995	106.52			
12	827.72	7.7353	106.52	827.82	7.8745	106.52			
13	827.73	7.7652	106.55				827.95	8.0730	106.44
14	827.77	7.7792	106.50				827.95	8.0755	106.47
15	827.74	7.7578	106.49	827.80	7.8931	106.53	827.94	8.0342	106.43
16				827.81	7.9025	106.46	827.94	7.9987	106.44
17				827.81	7.8701	106.45	827.94	7.9951	106.45
18	827.75	7.7430	106.49	827.81	7.8209	106.52			
19	827.74	7.8528	106.49	827.84	7.8350	106.46			
20	827.73	7.8477	106.48						
21	827.74	7.7950	106.48				827.94	8.0271	106.44
22	827.72	7.7942	106.48	827.85	7.8109	106.49	827.96	8.0720	106.53
23				827.85	7.7832	106.45	827.96	8.1011	106.50
24				827.84	7.9032	106.46	827.95	8.1667	106.53
25	827.73	7.8400	106.53	827.85	7.9211	106.48			
26	827.70	7.8313	106.47	827.85	7.9368	106.54			
27	827.73	7.8770	106.51				827.94	8.0928	106.52
28	827.75	7.9454	106.52				827.96	8.0506	106.62
29	827.76	7.9527	106.56	827.85	7.9435	106.49	827.97	8.1066	106.50
30				827.89	8.0203	106.51	827.93	8.0933	106.51
31									

表 30　1993—1999 年中国期货市场概况表

项目	1993 年	1994 年	1995 年	1996 年	1997 年	1998 年	1999 年
全年总成交额	5521.99	31601.41	100565.30	84119.16	61170.66	36967.24	22343.01
全年总成交量	890.69	12110.72	63612.07	34256.77	15876.32	10445.57	7363.91
全年总实物交割额			181.52	174.13	93.75	48.04	109.41
全年总实物交割量			83.09	78.30	38.18	20.56	16.12

表 31　1999 年中国期货市场交易分布概况表

品种	成交金额	比重(%)	成交量	比重(%)
农产品	177146381.55	79.28	68006771.00	92.3457
金属	46283752.31	20.72	5632344.00	7.6543
总计	223430133.86	100.00	73639115.00	100.00

表 32　1999 年中国期货交易所会员情况表

交易所	会员总数	经纪公司会员	非经纪公司会员	
上海期货交易所	206	147	59	
郑州商品交易所	221	159	62	
大连商品交易所	148	127	21	

表 33　1999 年中国期货交易所市场概况表

交易所	期货品种	会员总数	总成交额	总成交量	总实物交割额	总实物交割量
上海期货交易所	3	206	49164221.08	6324015.00	1031133.57	135225.00
郑州商品交易所	2	221	110048681.58	36971432.00	42102.08	15338.00
大连商品交易所	3	148	64217231.20	30343668.00	20879.90	10668.00

表 34　1999 年农产品期货交易分布概况

品种	成交金额	比重(%)	成交	比重(%)
天然橡胶	2814135.79	1.5892	636191.00	0.9362
小麦	872749.46	0.4929	692044.00	1.0184
绿豆	109175932.12	61.6534	36279388.00	53.3903
大豆	64214603.56	36.2630	30341458.00	44.6518
玉米	2627.64	0.0015	2210.00	0.0033
籼米	66332.98	0.04	55480.00	0.0816
总计	177146381.55	100.00	68006771.00	100.00

表 35　1999 年金属期货交易分布概况

品种	成交金额	比重(%)	成交量	比重(%)
铜	42491475.49	91.8100	5119374.00	90.8900
铝	3792276.82	8.1900	512970.00	9.1100
总计	46283752.31	100.0000	5632344.00	100.000

表 36 1999 年上交所上市股份公司股票走势图

个股点评 统计制作 北京汇智科贸公司信息部

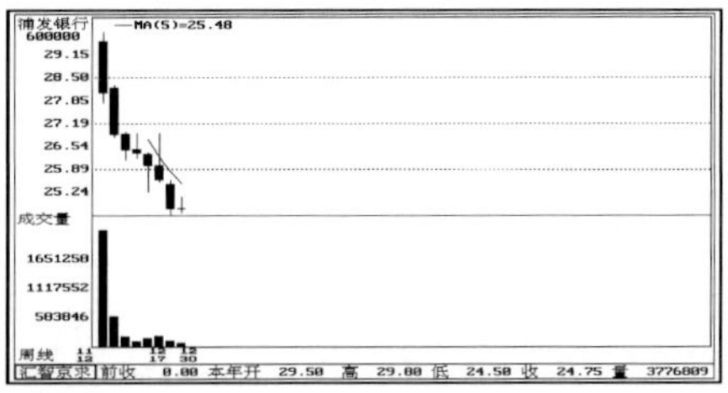

600000 浦发银行：流通股本 40000 万，主营金融与信托投资。11 月 10 日最高价 29.80 元，12 月 28 日最低价 24.50 元。1999 年每股收益 0.3850 元。上行欲望不强，仍有整理。

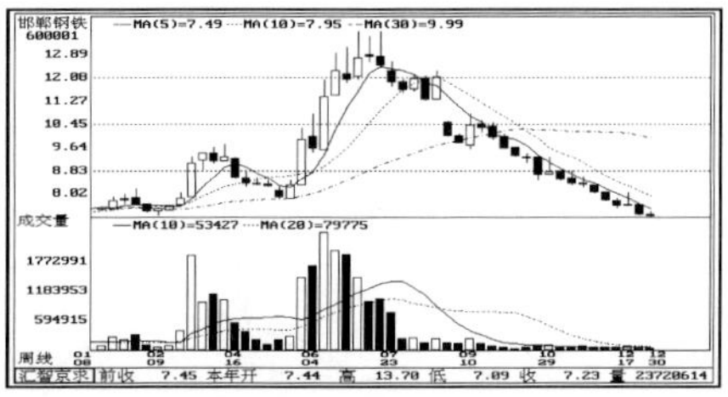

600001 邯郸钢铁：流通股本 49000 万，主营黑色金属冶炼、钢材轧制。6 月 30 日最高价 13.70 元，12 月 29 日最低价 7.09 元。1999 年每股收益 0.5360 元。上行欲望不强，仍有整理。

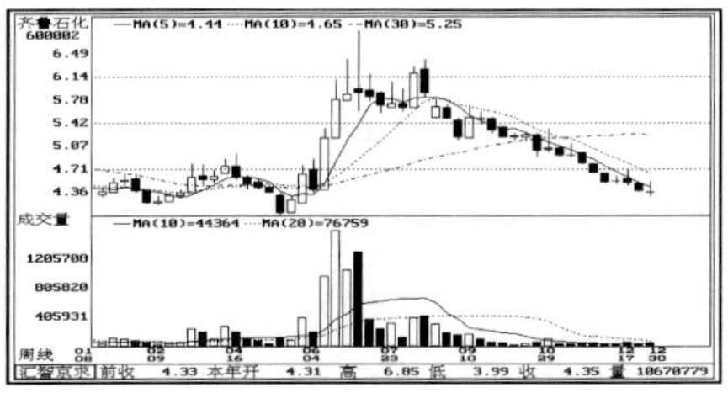

600002 齐鲁石化：流通股本 35000 万，主营石油化工产品及无机化工产品。6 月 30 日最高价 6.85 元，5 月 19 日最低价 3.99 元。1999 年每股收益 0.2440 元。短线已见底，反弹空间仍存。

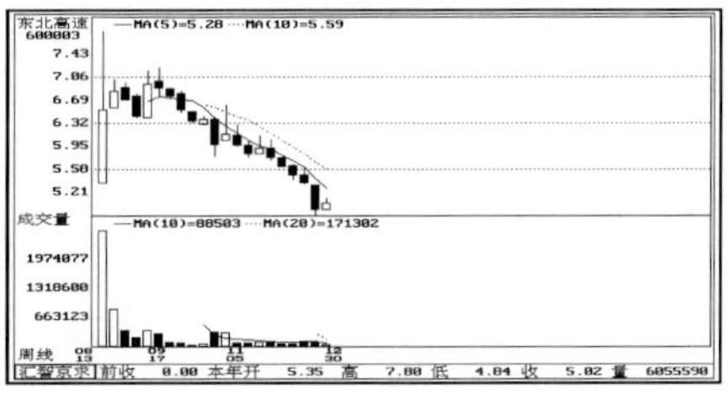

600003 东北高速：流通股本 30000 万，主营公路开发、建设管理、养护、经营。8 月 10 日最高价 7.80 元，12 月 24 日最低价 4.84 元。1999 年每股收益 0.1700 元。上行欲望不强，仍有整理。

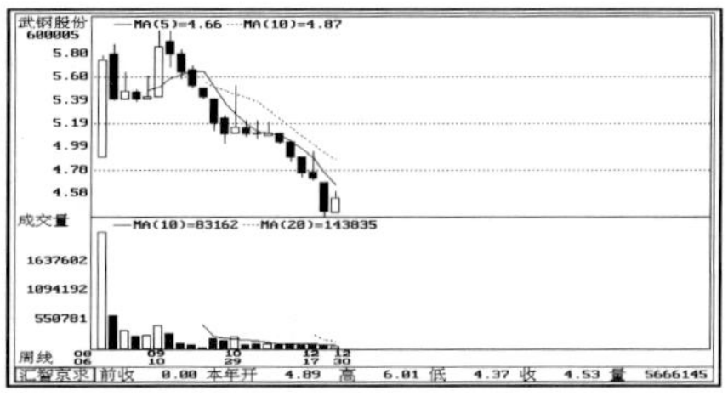

600005 武钢股份：流通股本 32000 万，主营冷轧薄板、镀锌板、镀锡板。9 月 10 日最高价 6.01 元，12 月 24 日最低价 4.37 元。1999 年每股收益 0.2900 元。整理走势，短线有一定压力。

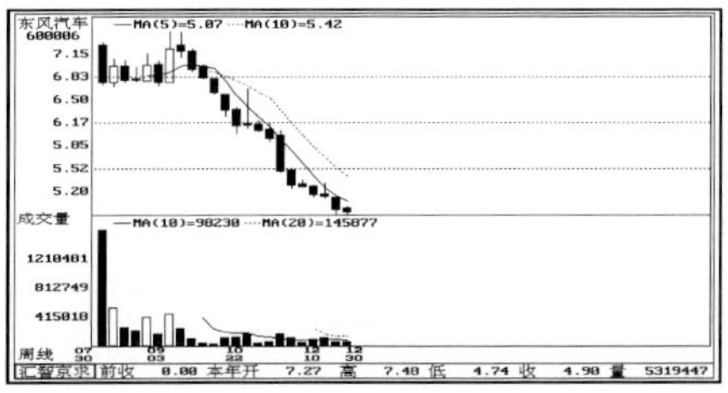

600006 东风汽车：流通股本 30000 万，主营汽车、发动机、零配件的开发生产。9 月 10 日最高价 7.48 元，12 月 28 日最低价 4.74 元。1999 年每股收益 0.3240 元。上行欲望不强，仍有整理。

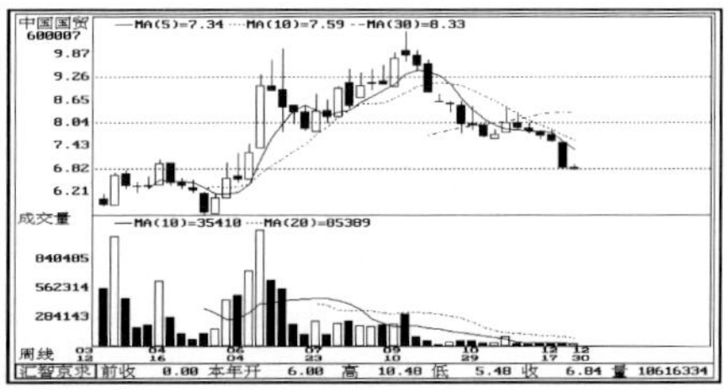

600007 中国国贸：流通股本 16000 万，主营写字楼、宾馆、商场服务。9 月 13 日最高价 10.48 元，5 月 17 日最低价 5.48 元。1999 年每股收益 0.2300 元。回抽确认，面临均线支撑。

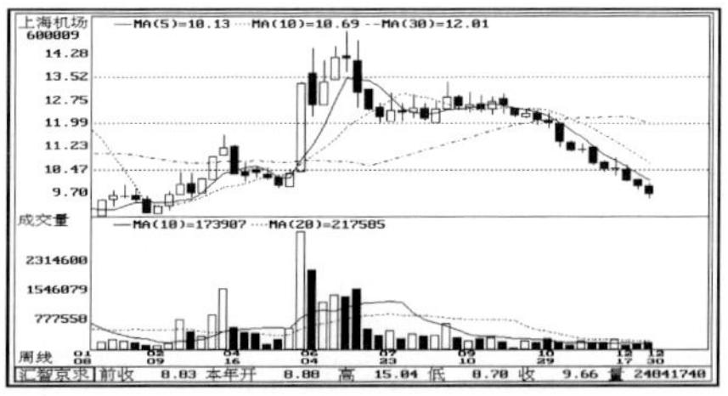

600009 上海机场：流通股本 45000 万，主营机场建设、施工、运营管理。6 月 22 日最高价 15.04 元，1 月 5 日最低价 8.70 元。1999 年每股收益 0.4400 元。走势未明，后市关注。

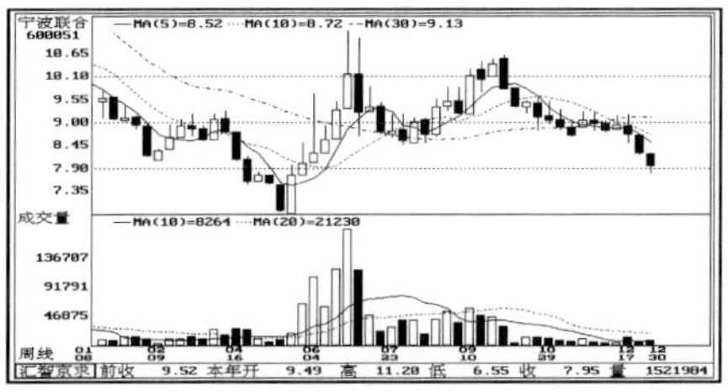

600051 宁波联合：流通股本 8500 万，主营能源、交通、市政开发、高新技术。6 月 25 日最高价 11.20 元，5 月 17 日最低价 6.55 元。1999 年每股收益 0.1200 元。上行欲望不强，仍有整理。

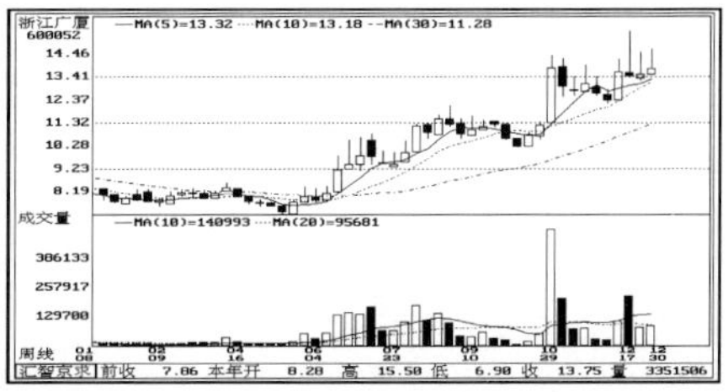

600052 浙江广厦：流通股本 19700 万，主营建筑工程承揽施工、建材制造销售。12 月 15 日最高价 15.50 元，5 月 10 日最低价 6.90 元。1999 年每股收益 0.2590 元。短线有回调补缺口要求。

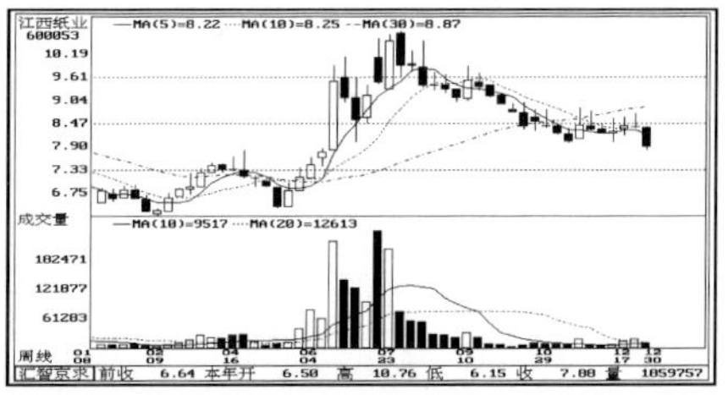

600053 江西纸业：流通股本 5850 万，主营造纸。7 月 26 日最高价 10.76 元，2 月 8 日最低价 6.15 元。1999 年每股收益 0.3120 元。长期低位整理，持股观望。

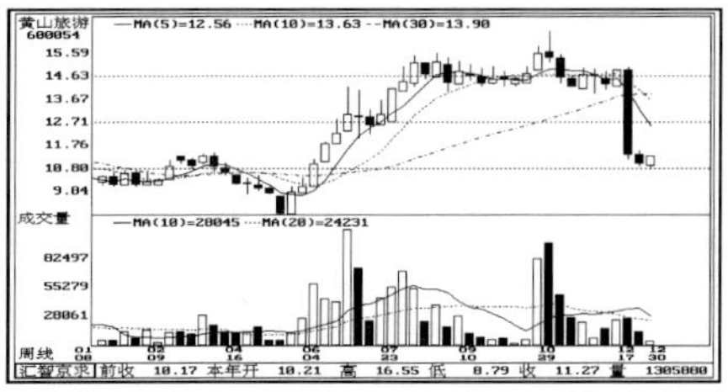

600054 黄山旅游：流通股本 5200 万，主营旅游及服务。10 月 27 日最高价 16.55 元，5 月 10 日最低价 8.79 元。1999 年每股收益 0.2840 元。短线调整未结束，持币。

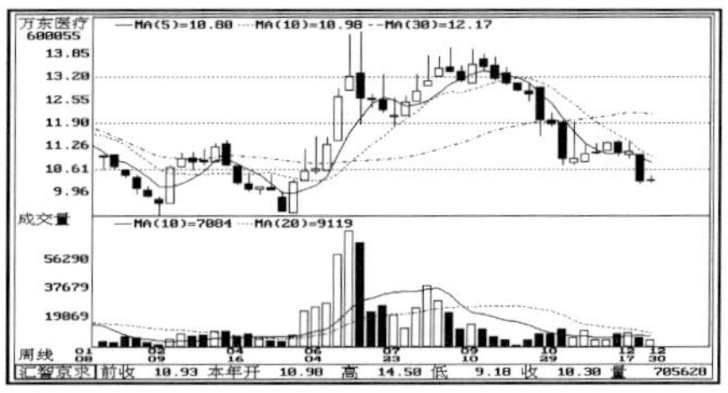

600055 万东医疗：流通股本 3900 万，主营各类医疗器械的生产和销售。6 月 30 日最高价 14.50 元，5 月 17 日最低价 9.18 元。1999 年每股收益 0.2750 元。有获利盘减持迹象，暂不介入。

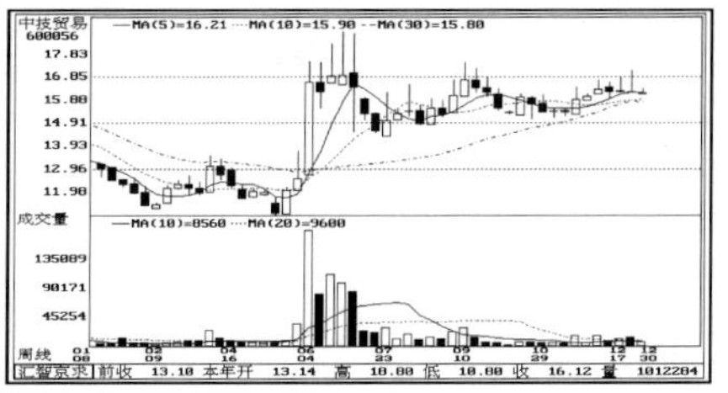

600056 中技贸易：流通股本 3000 万，主营高新技术及产品的开发和进出口业务。6 月 24 日最高价 18.80 元，5 月 17 日最低价 10.80 元。1999 年每股收益 0.2640 元。上行欲望不强，仍有整理。

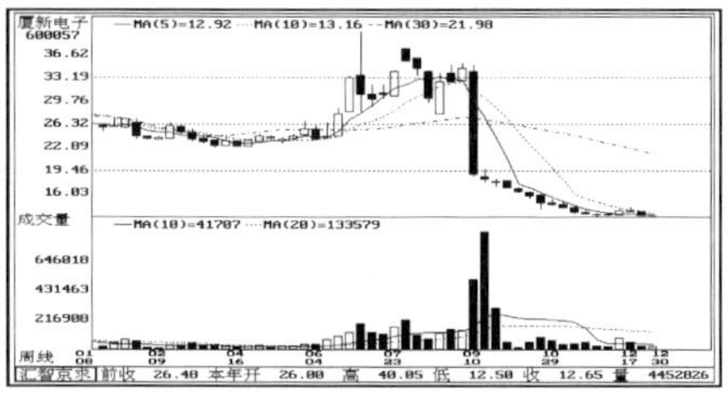

600057　厦新电子:流通股本 14400 万,主营声像电子产品及机械电子开发制造。6 月 29 日最高价 40.05 元,11 月 23 日最低价 12.50 元。1999 年每股收益 0.1080 元。短线大幅震仓,仍可持股。

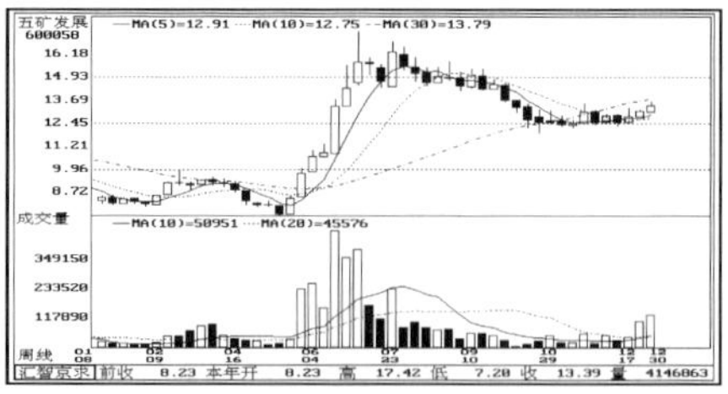

600058　五矿发展:流通股本 12000 万,主营钢铁及炉料、废船商品自营。6 月 30 日最高价 17.42 元,5 月 10 日最低价 7.20 元。1999 年每股收益 0.3160 元。底部重心抬高,可适量介入。

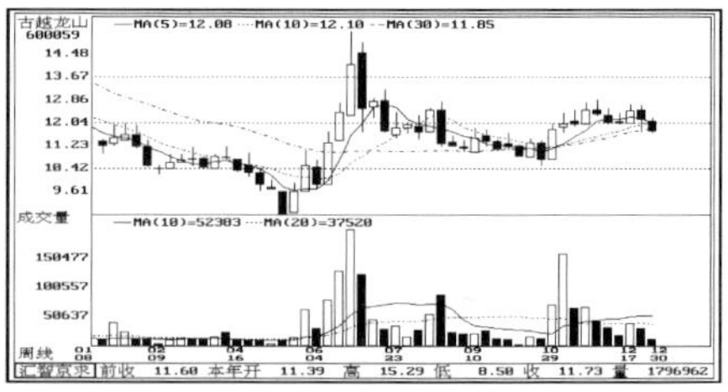

600059　古越龙山:流通股本 8190 万,主营绍兴黄酒等。6 月 25 日最高价 15.29 元,5 月 19 日最低价 8.50 元。1999 年每股收益 0.4010 元。均线反压,短线趋势仍淡。

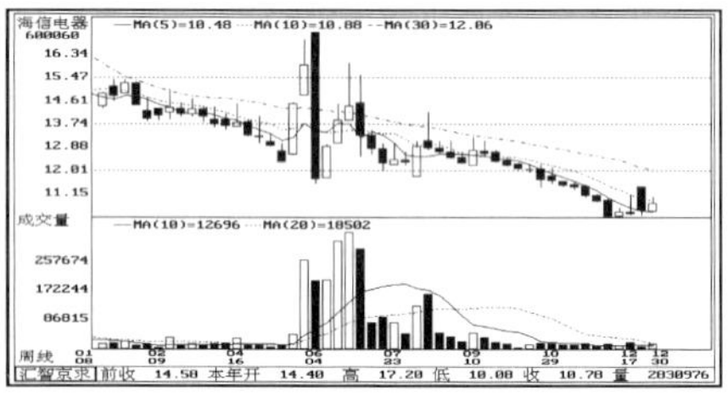

600060　海信电器:流通股本 12740 万,主营电视机制造。5 月 31 日最高价 17.20 元,12 月 7 日最低价 10.08 元。1999 年每股收益 0.2870 元。整理走势,短线有一定压力。

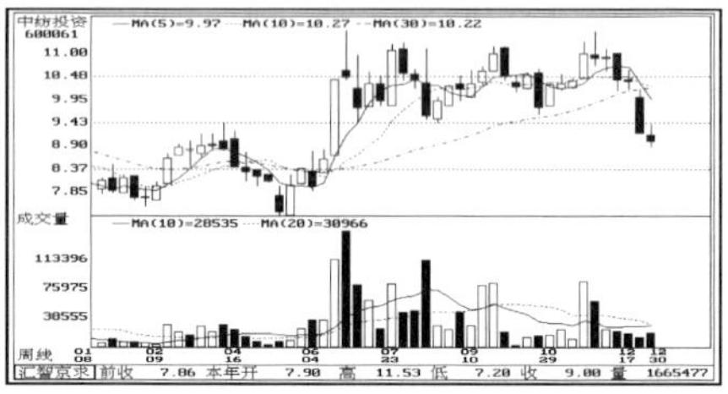

600061　中纺投资:流通股本 3600 万,主营合成纤维及羊纶线制品。6 月 23 日最高价 11.53 元,5 月 17 日最低价 7.20 元。1999 年每股收益 0.3150 元。已探明底部,中线可持股。

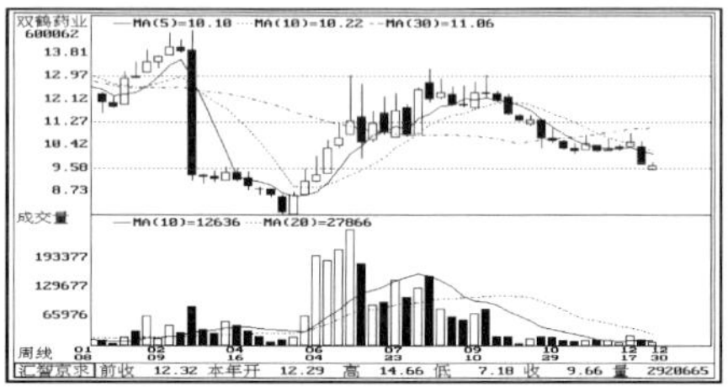

600062　双鹤药业:流通股本 11000 万,主营开发、生产、经营各类药品。3 月 16 日最高价 14.66 元,5 月 19 日最低价 7.18 元。1999 年每股收益 0.2440 元。回抽确认,面临均线支撑。

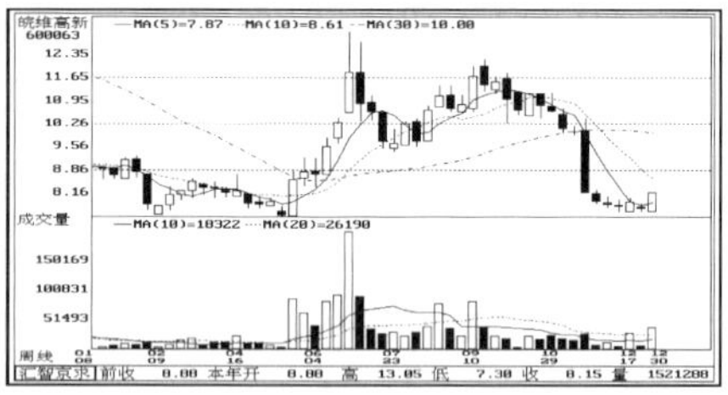

600063　皖维高新:流通股本 9900 万,主营化工、化纤和建材产品的生产和销售。6 月 24 日最高价 13.05 元,3 月 1 日最低价 7.30 元。1999 年每股收益 0.2110 元。突破短期平台,有再来一波迹象。

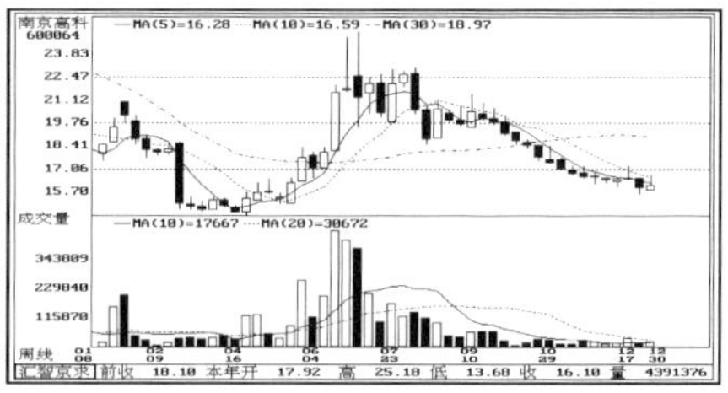

600064　南京高科:流通股本 15500 万,主营高新技术产业投资。6 月 29 日最高价 25.18 元,4 月 22 日最低价 13.68 元。1999 年每股收益 0.6030 元。上行欲望不强,仍有整理。

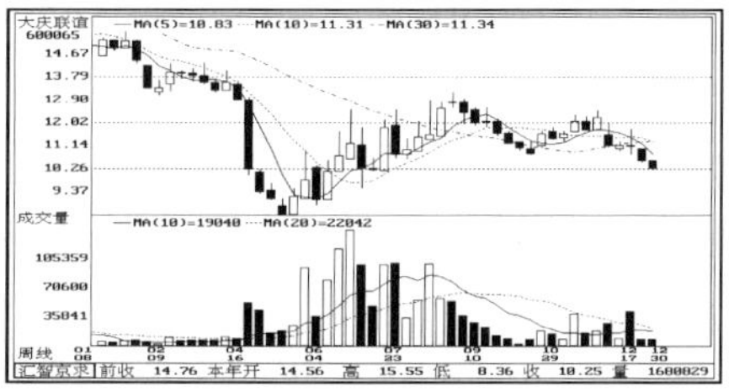

600065　大庆联谊:流通股本 5000 万,主营石油炼制开采、石化产品及国内商业。1 月 18 日最高价 15.55 元,5 月 17 日最低价 8.36 元。1999 年每股收益 0.0380 元。需继续在低位震荡筑底。

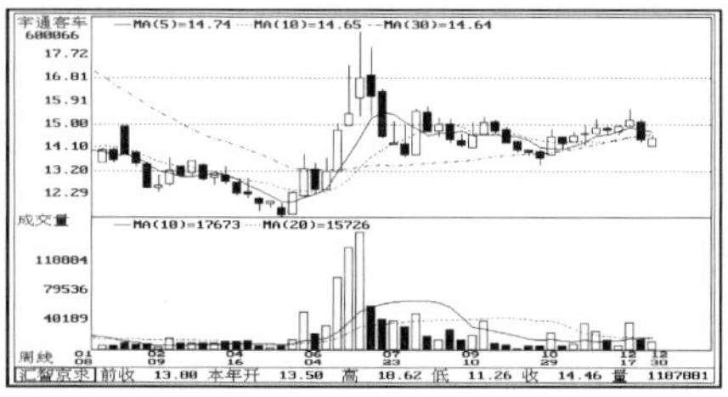

600066　宇通客车:流通股本 7200 万,主营客车生产制造。6 月 29 日最高价 18.62 元,3 月 3 日最低价 11.26 元。1999 年每股收益 0.6215 元。有获利盘减持迹象,暂不介入。

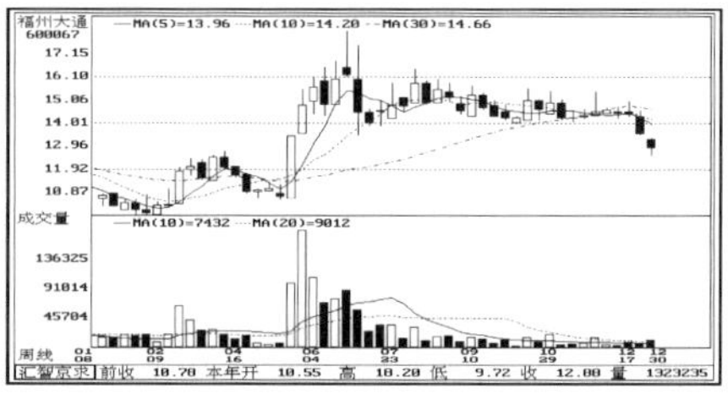

600067　福州大通:流通股本 2172 万,主营特种漆包线及高低架空线的生产和销售。6 月 25 日最高价 18.20 元,1 月 18 日最低价 9.72 元。1999 年每股收益 0.2570 元。反弹潜力欠佳,仍可持股。

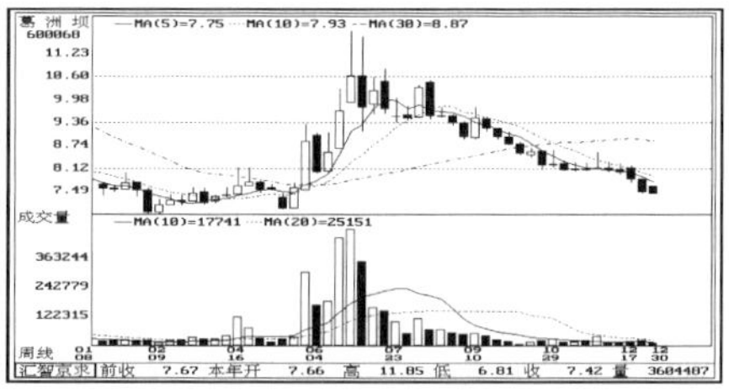

600068　葛洲坝:流通股本 26600 万,主营工程承包及水泥生产。6 月 25 日最高价 11.85 元,2 月 8 日最低价 6.81 元。1999 年每股收益 0.4620 元。需继续在低位震荡筑底。

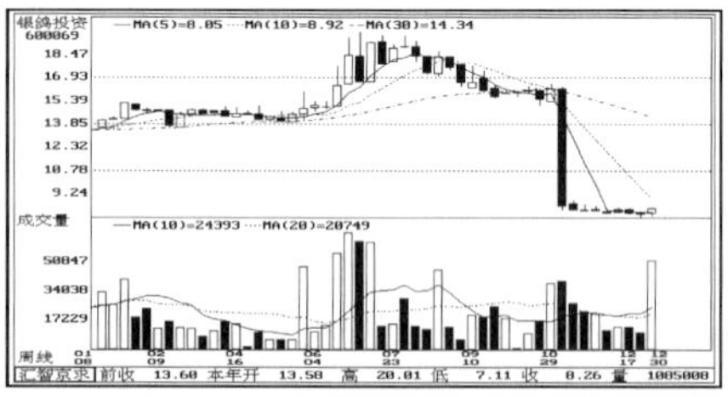

600069　银鸽投资:流通股本 14600 万,主营纸浆、纸张及其深加工产品。6 月 29 日最高价 20.01 元,12 月 28 日最低价 7.11 元。1999 年每股收益 0.0500 元。行情未了,中线关注。

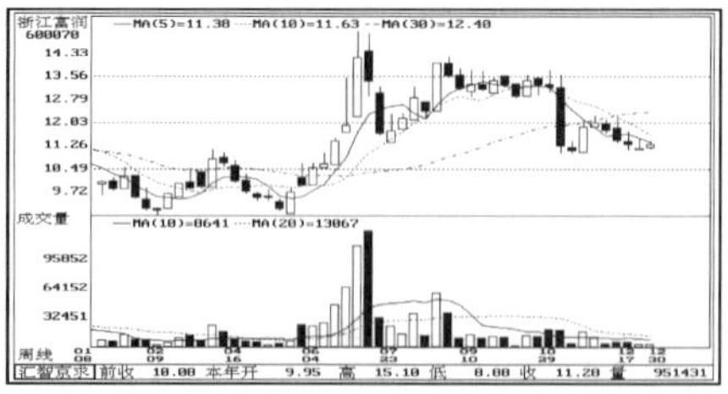

600070　浙江富润:流通股本 3120 万,主营针纺织品、绸纺、服装、药品。6 月 30 日最高价 15.10 元,2 月 8 日最低价 8.88 元。1999 年每股收益 0.3000 元。走势不明朗,暂不介入。

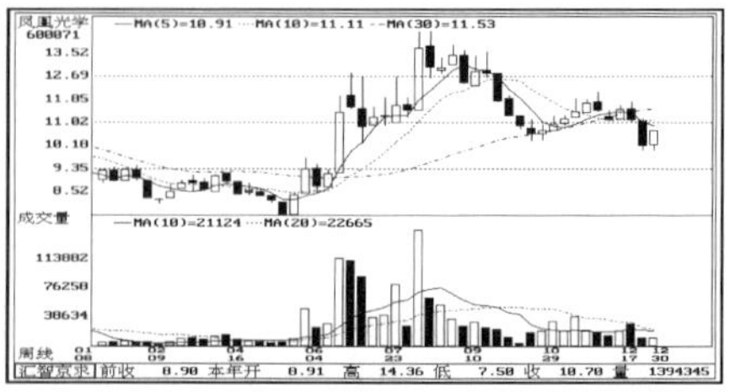

600071　凤凰光学:流通股本 4862 万,主营光学镜头、照相器材、水晶饰品。8 月 9 日最高价 14.36 元,5 月 17 日最低价 7.50 元。1999 年每股收益 0.2600 元。整理蓄势,暂可持股。

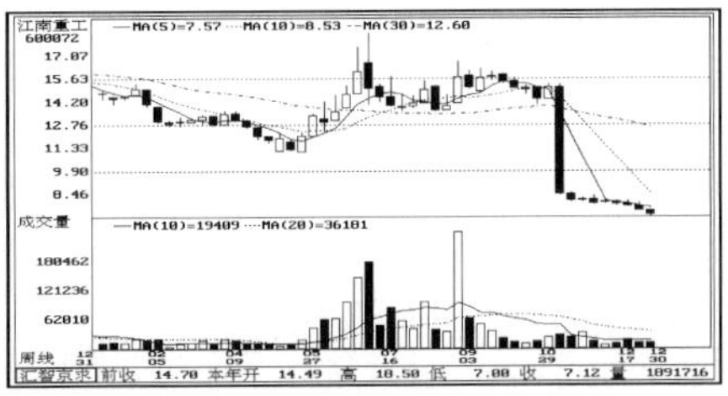

600072　江南重工：流通股本 12480 万，主营建筑、桥梁等大型钢结构。6 月 30 日最高价 18.50 元，12 月 29 日最低价 7.00 元。1999 年每股收益 0.2020 元。均线反压，短线趋势仍淡。

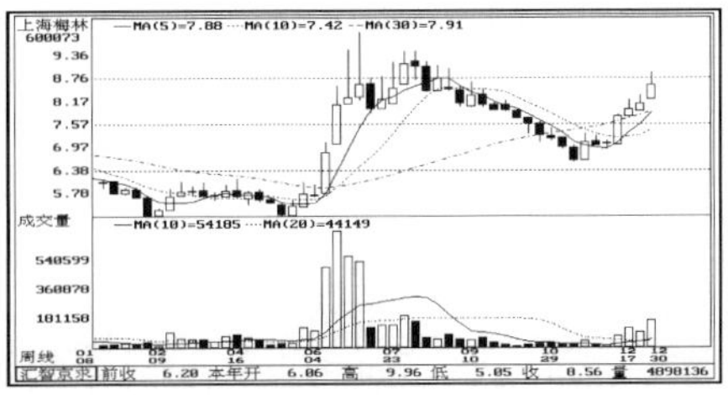

600073　上海梅林：流通股本 12000 万，主营罐头食品、食用明胶、仪器业制罐。6 月 29 日最高价 9.96 元，5 月 17 日最低价 5.05 元。1999 年每股收益 0.3200 元。小 V 型反转，中线可持。

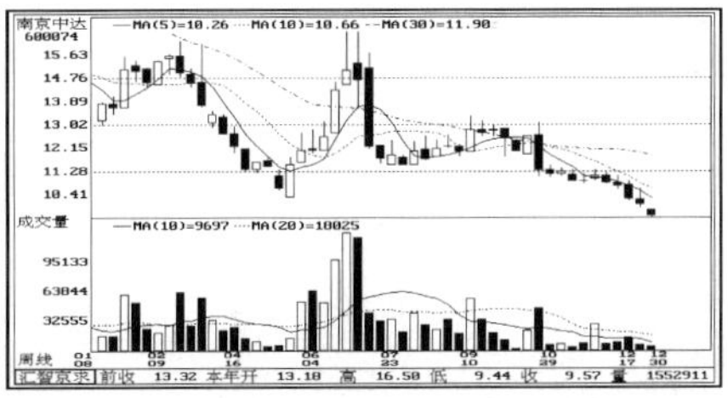

600074　南京中达：流通股本 5220 万，主营双向拉伸聚酯薄膜、聚丙烯薄膜。6 月 30 日最高价 16.50 元，12 月 28 日最低价 9.44 元。1999 年每股收益 0.2230 元。筑底回升走势，持股观望。

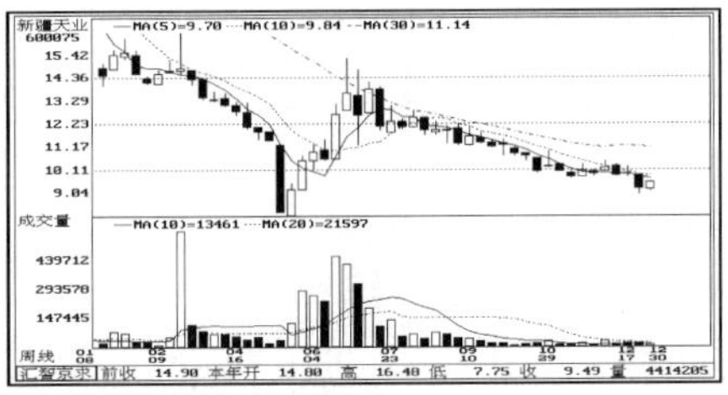

600075　新疆天业：流通股本 9720 万，主营塑料制品、化工产品生产销售。3 月 9 日最高价 16.48 元，5 月 19 日最低价 7.75 元。1999 年每股收益 0.2760 元。短线调整未结束，持币。

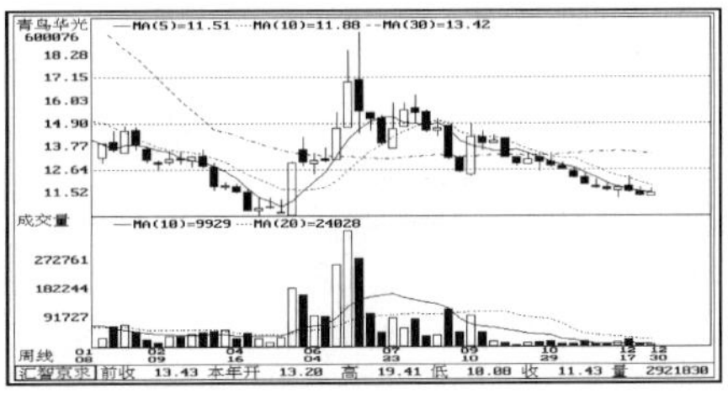

600076　华光科技：流通股本 9600 万，主营电子出版物及移动通讯设备。6 月 29 日最高价 19.41 元，4 月 27 日最低价 10.08 元。1999 年每股收益 0.1670 元。上行欲望不强，仍有整理。

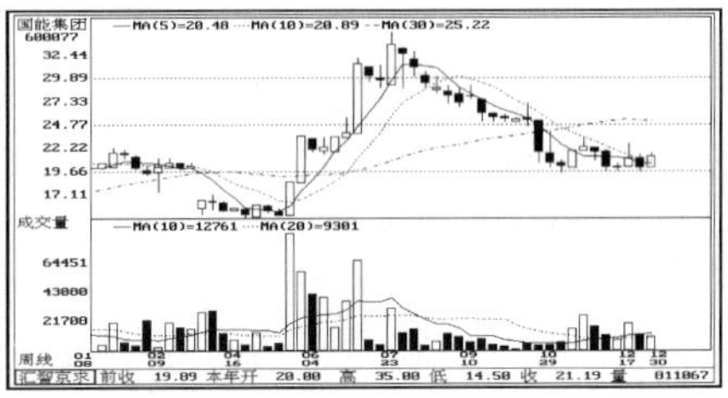

600077　国能集团：流通股本 3635 万，主营电子通讯产品、半导体材料检测设备。7 月 23 日最高价 35.00 元，4 月 22 日最低价 14.50 元。1999 年每股收益 0.2100 元。短线调整未结束，持币。

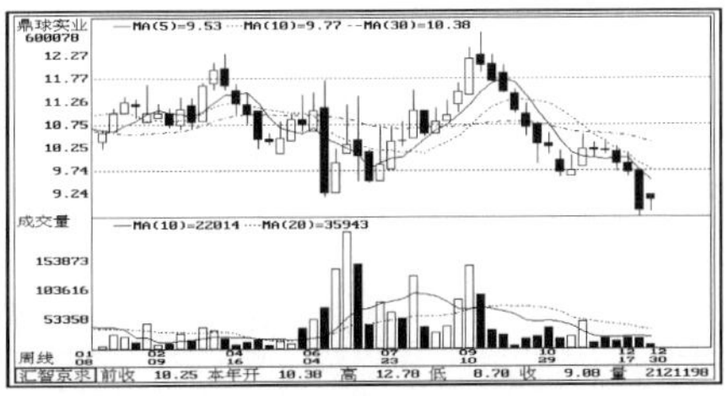

600078　鼎球实业：流通股本 6628 万，主营绢纺丝绸的纺织、炼整、染色、制衣。9 月 14 日最高价 12.78 元，12 月 28 日最低价 8.70 元。1999 年每股收益 0.2590 元。上行欲望不强，仍有整理。

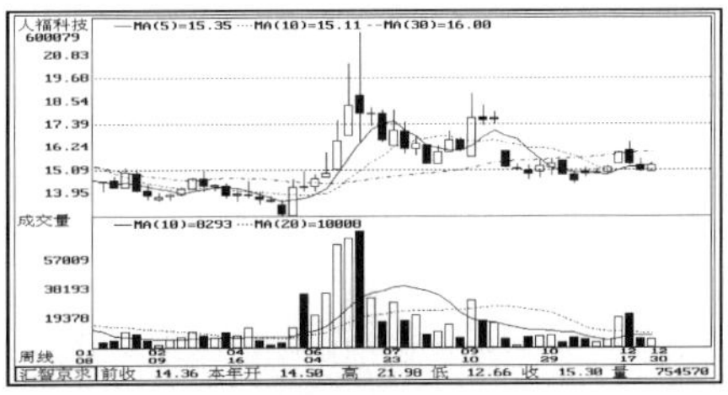

600079　人福科技：流通股本 3400 万，主营化工、生物工程、电子、通信。6 月 30 日最高价 21.98 元，5 月 17 日最低价 12.66 元。1999 年每股收益 0.2860 元。股价已超跌，耐心待反弹。

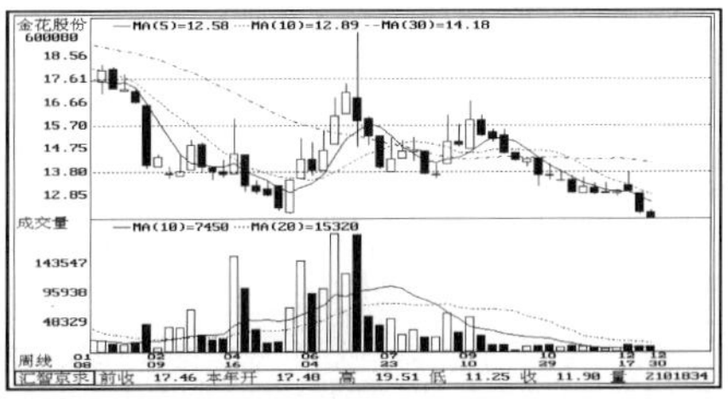

600080　金花股份：流通股本 7680 万，主营医药保健品、旅游开发等。6 月 29 日最高价 19.51 元，5 月 18 日最低价 11.25 元。1999 年每股收益 0.4200 元。上档压力较大，不介入。

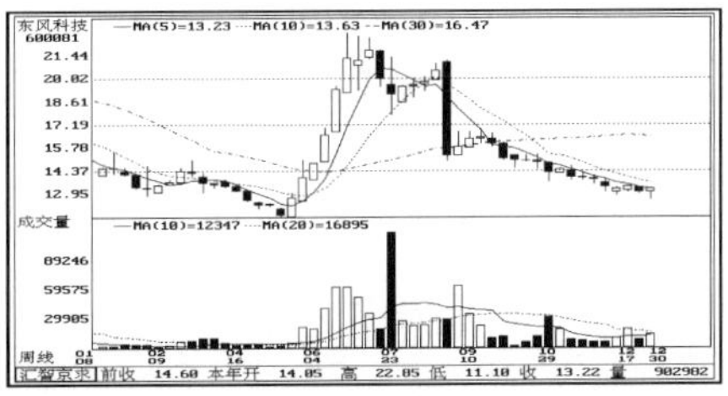

600081　东风电仪：流通股本 3400 万，主营汽车、摩托车及其他领域机器的仪表。6 月 25 日最高价 22.85 元，5 月 18 日最低价 11.10 元。1999 年每股收益 0.3010 元。走势未明，后市关注。

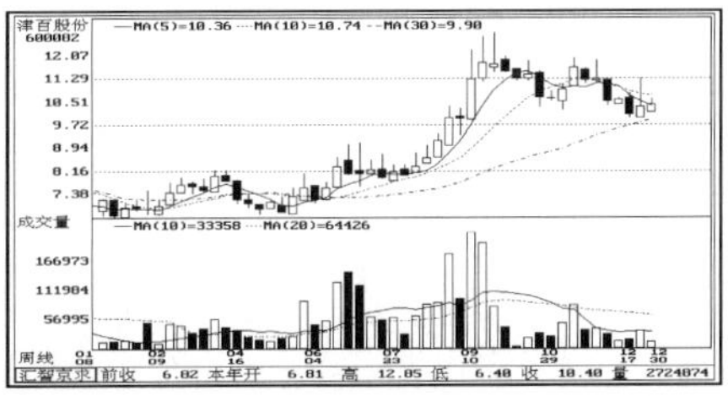

600082　津百股份：流通股本 7918 万，主营商业进出口业务、承办中外合资经营。9 月 21 日最高价 12.85 元，1 月 5 日最低价 6.40 元。1999 年每股收益 0.0150 元。低位箱形整理，无成交量配合。

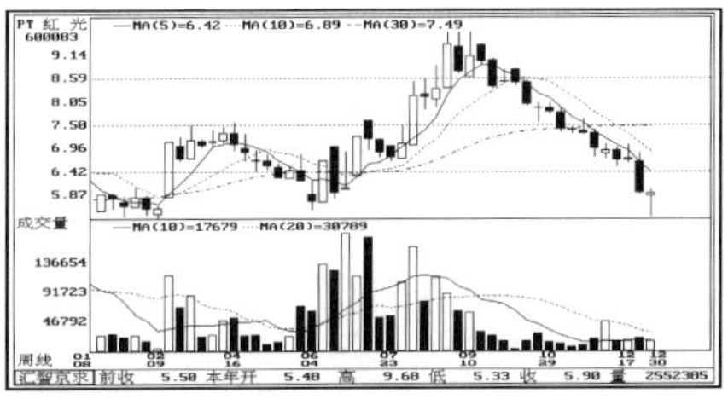

600083　ST 红光：流通股本 7000 万，主营电子元器件、整机、广播、通信设备。9 月 10 日最高价 9.68 元，2 月 9 日最低价 5.33 元。1999 年每股收益 -0.849 元。反弹动能不济，暂不介入。

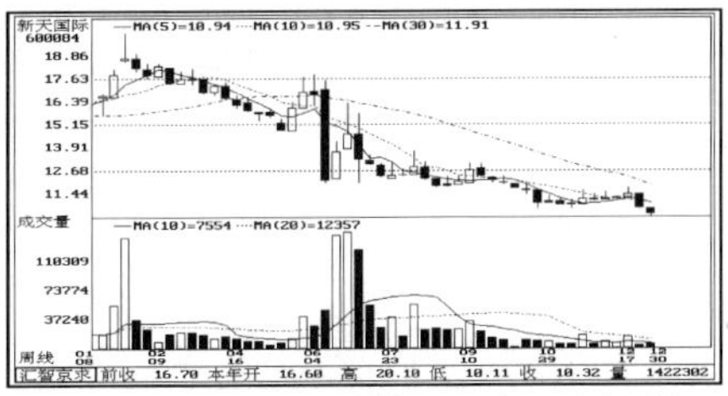

600084　新天国际：流通股本 6900 万，主营工程承包、进出口业务。1 月 21 日最高价 20.10 元，12 月 29 日最低价 10.11 元。1999 年每股收益 0.2230 元。价量背离，上升空间有限。

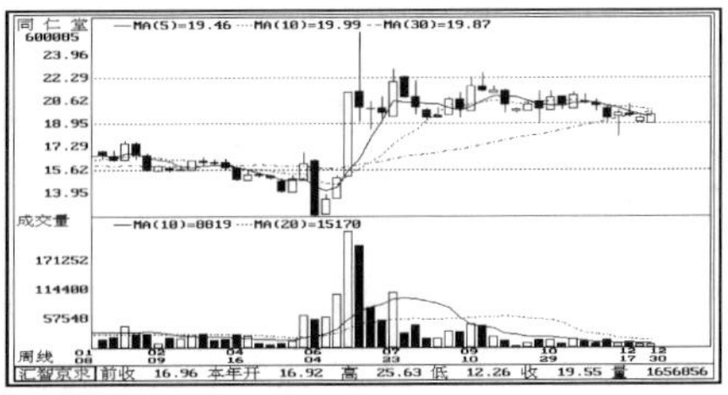

600085　同仁堂：流通股本 6000 万，主营制造销售中成药等。6 月 29 日最高价 25.63 元，6 月 3 日最低价 12.26 元。1999 年每股收益 0.5800 元。整理走势，短线有一定压力。

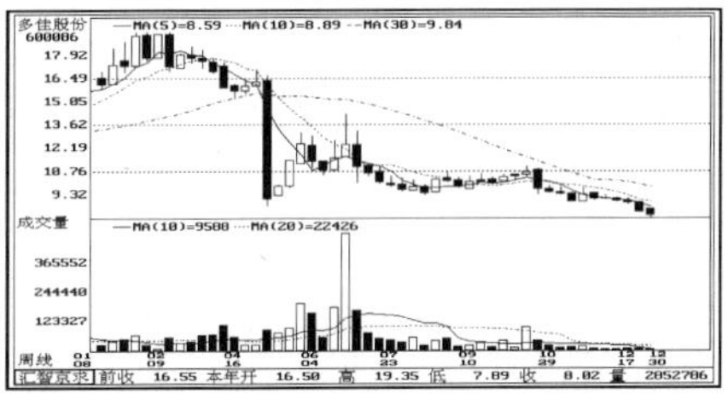

600086　多佳股份：流通股本 8000 万，主营纺织品、服装制造与销售。3 月 1 日最高价 19.35 元，12 月 30 日最低价 7.89 元。1999 年每股收益 0.1640 元。大幅回调，短线仍有整理。

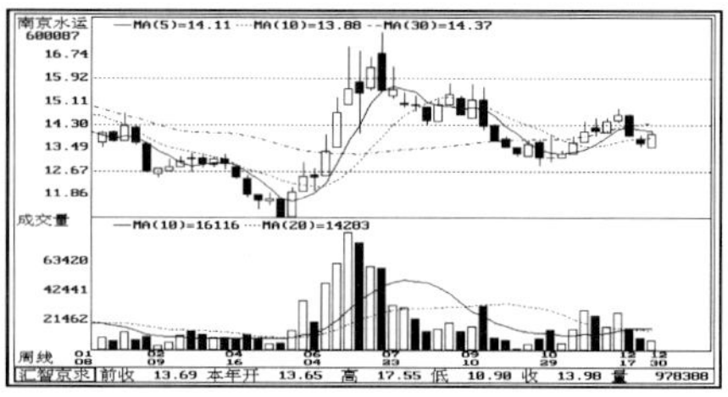

600087　南京水运:流通股本 4550 万,主营石油及化学制品储运。7 月 12 日最高价 17.55 元,5 月 17 日最低价 10.90 元。1999 年每股收益 0.5150 元。短线有回调补缺口要求。

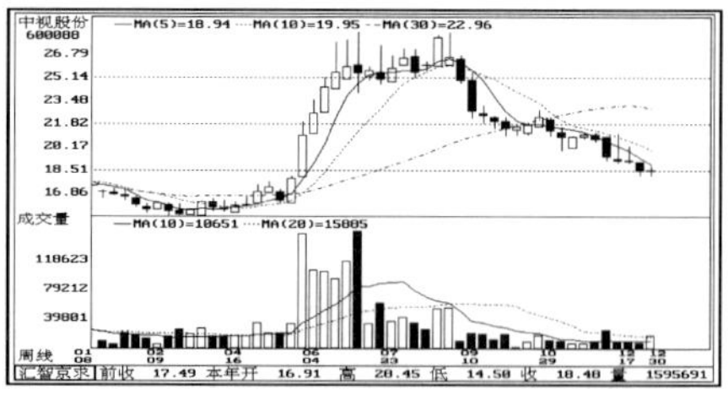

600088　中视股份:流通股本 6000 万,主营影视拍摄基地开发、经营。6 月 28 日最高价 28.45 元,4 月 12 日最低价 14.50 元。1999 年每股收益 0.2830 元。已探明底部,中线可持股。

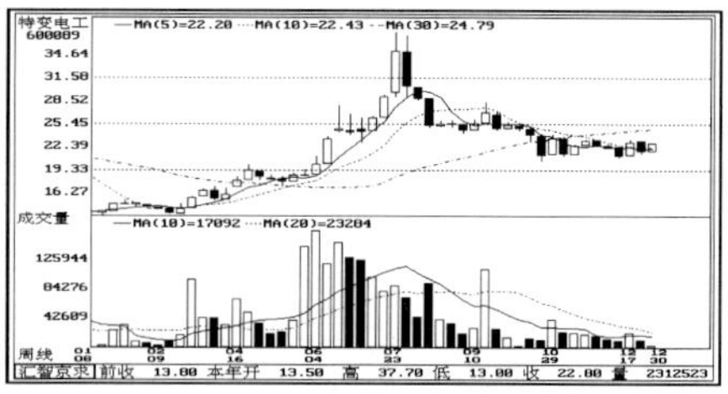

600089　特变电工:流通股本 11851 万,主营变压器、电线电缆、电子灭菌设备。7 月 22 日最高价 37.70 元,3 月 2 日最低价 13.00 元。1999 年每股收益 0.3763 元。已见底反转,持股或低吸。

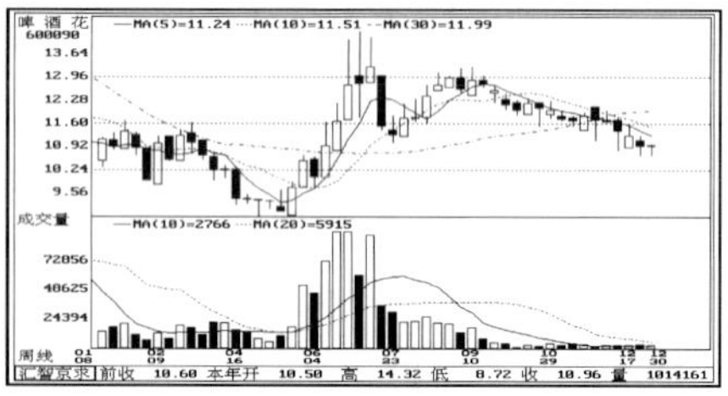

600090　啤酒花:流通股本 6796 万,主营啤酒花、啤酒花制品、啤酒大麦。6 月 29 日最高价 14.32 元,5 月 19 日最低价 8.72 元。1999 年每股收益 0.2690 元。走势未明,后市关注。

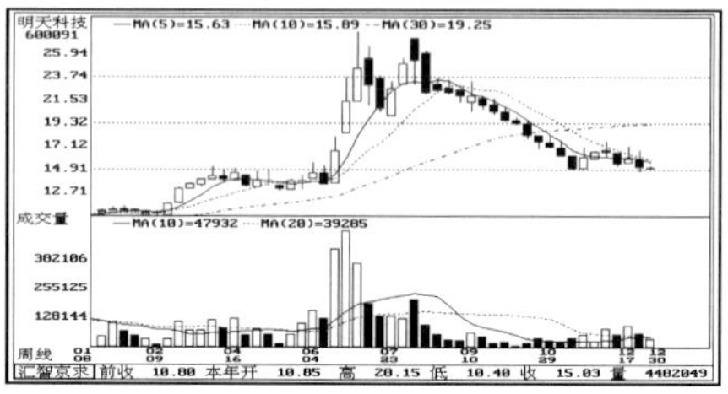

600091　明天科技:流通股本 9620 万,主营烧碱、聚氯乙烯树脂等。6 月 30 日最高价 28.15 元,3 月 1 日最低价 10.40 元。1999 年每股收益 0.2950 元。上行欲望不强,仍有整理。

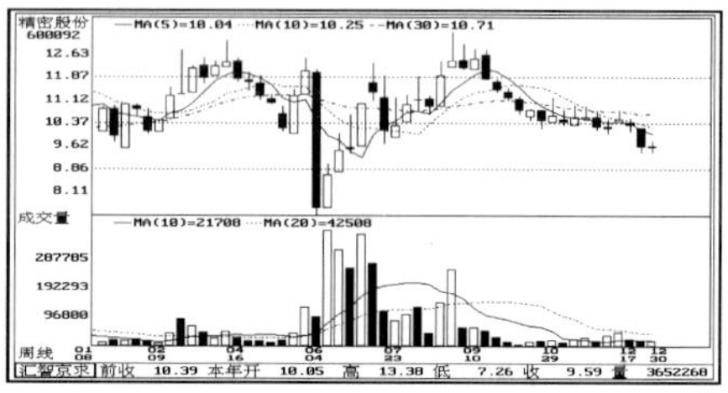

600092　精密股份:流通股本 13306 万,主营金属材料及元器体的生产、加工。8 月 24 日最高价 13.38 元,6 月 8 日最低价 7.26 元。1999 年每股收益 0.2510 元。上行欲望不强,仍有整理。

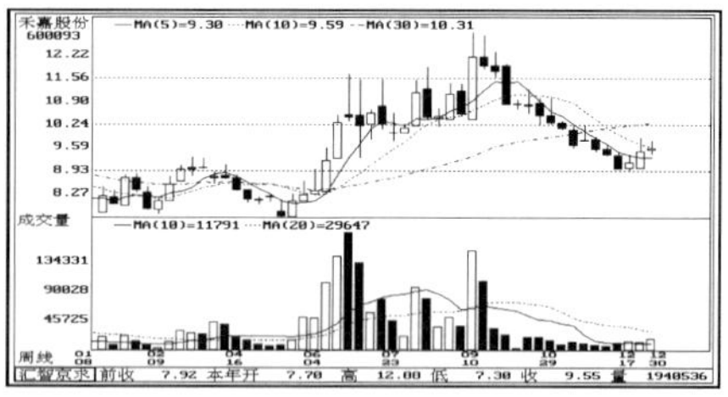

600093　禾嘉股份:流通股本 5100 万,主营种子培养及种植、蔬果加工。9 月 10 日最高价 12.88 元,5 月 17 日最低价 7.30 元。1999 年每股收益 0.2300 元。主力未能全身而退,有反复机会。

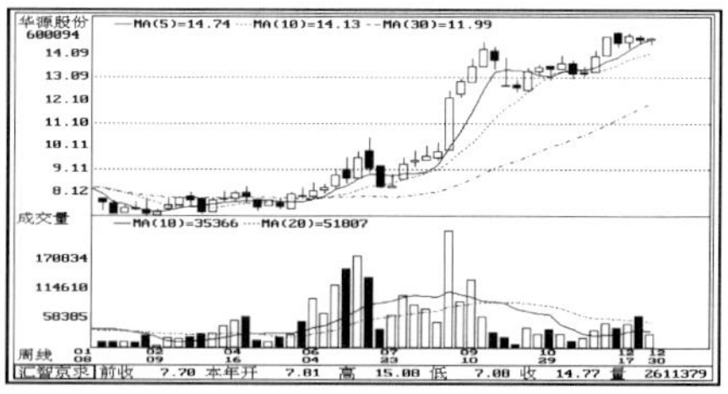

600094　华源股份:流通股本 7200 万,主营生产、销售加工化学纤维等。12 月 7 日最高价 15.08 元,2 月 8 日最低价 7.08 元。1999 年每股收益 0.3400 元。整理走势,短线有一定压力。

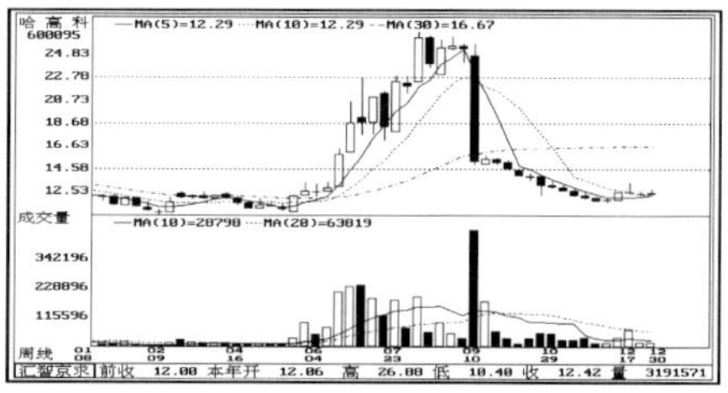

600095　哈高科:流通股本 10790 万,主营高新技术产品开发、生产、销售。8 月 4 日最高价 26.88 元,3 月 1 日最低价 10.40 元。1999 年每股收益 0.2170 元。短线仍以反复整理筑底为主。

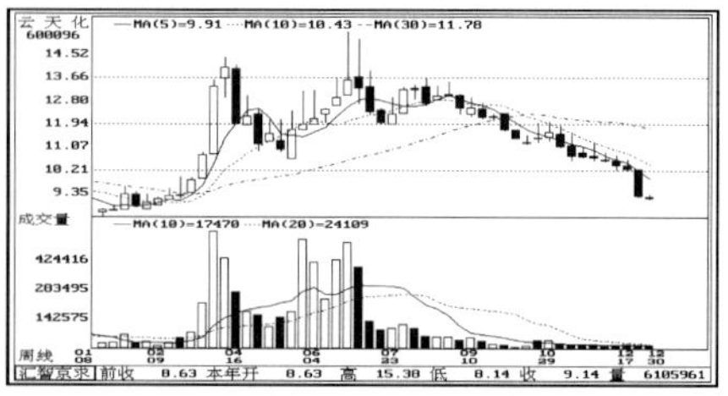

600096　云天化:流通股本 10000 万,主营合成氨、尿素、硝铵、多孔硝、甲醇。6 月 24 日最高价 15.38 元,1 月 5 日最低价 8.14 元。1999 年每股收益 0.4576 元。有获利盘减持迹象,暂不介入。

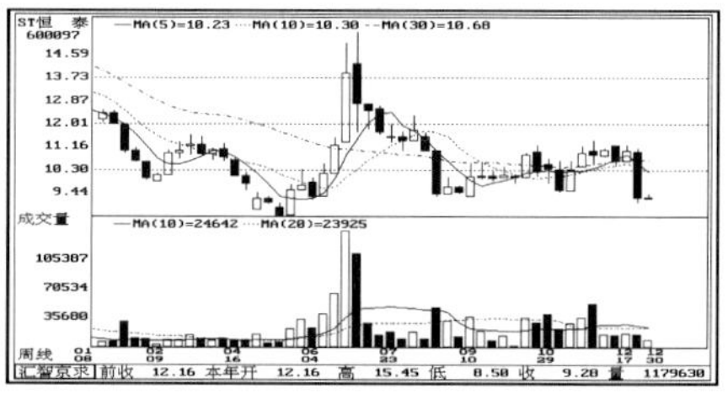

600097　ST 恒泰:流通股本 3500 万,主营热带经济作物综合开发、饮料、食品。6 月 29 日最高价 15.45 元,5 月 11 日最低价 8.50 元。1999 年每股收益 -0.6300 元。上行欲望不强,仍有整理。

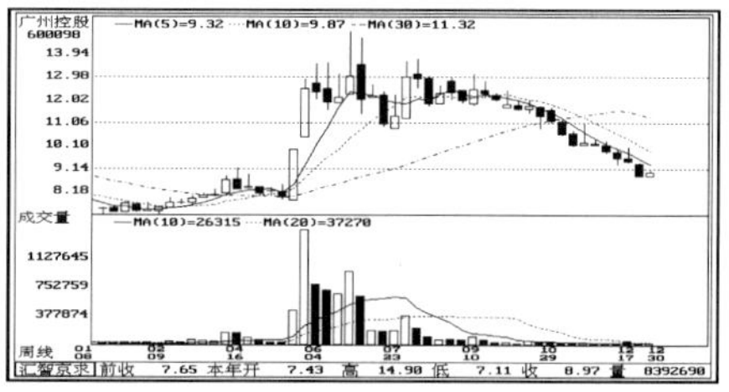

600098　广州控股:流通股本 18000 万,主营电力产业项目的设计、投资、工程。6 月 25 日最高价 14.90 元,1 月 5 日最低价 7.11 元。1999 年每股收益 0.4420 元。有获利盘减持迹象,暂不介入。

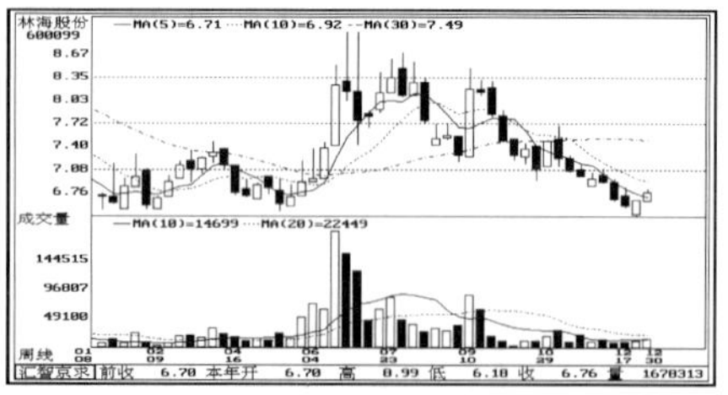

600099　林海股份:流通股本 7600 万,主营摩托车发动机、摩托车、小型汽油机。6 月 25 日最高价 8.99 元,1 月 12 日最低价 6.18 元。1999 年每股收益 0.1030 元。走势未明,后市关注。

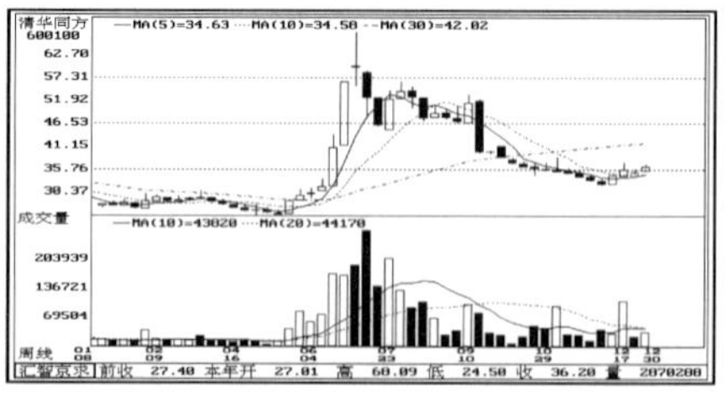

600100　清华同方:流通股本 14507 万,主营信息与计算机应用领域内新技术。6 月 29 日最高价 68.09 元,5 月 17 日最低价 24.50 元。1999 年每股收益 0.6200 元。底部重心抬高,可适量介入。

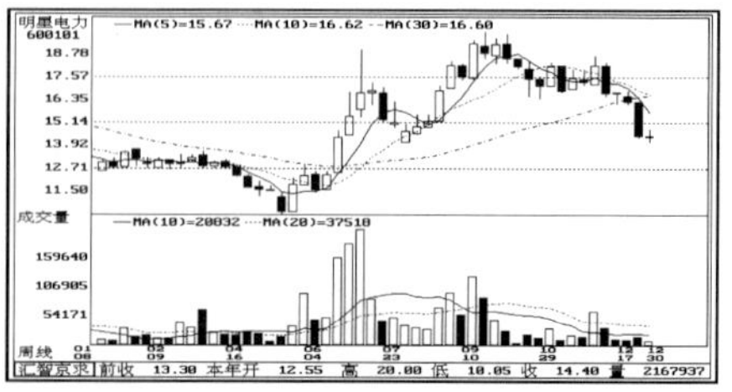

600101　明星电力:流通股本 7308 万,主营电力生产、供应。9 月 14 日最高价 20.00 元,5 月 17 日最低价 10.05 元。1999 年每股收益 0.5680 元。振荡收阳,可介入持有。

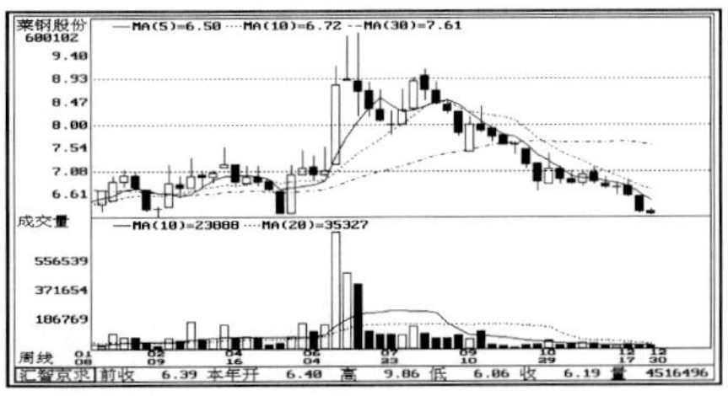

600102 莱钢股份:流通股本15600万,主营生铁、钢锭、大锻件、炼焦化产品。6月30日最高价9.86元,5月17日最低价6.06元。1999年每股收益0.4320元。上行欲望不强,仍有整理。

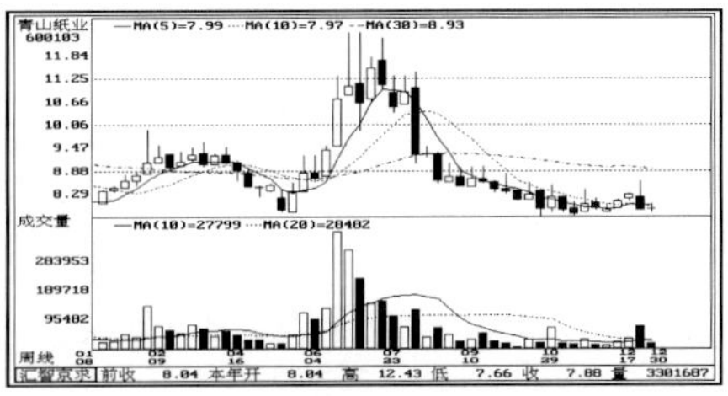

600103 青山纸业:流通股本10400万,主营纸袋纸、塔尔油、松节油的生产销售。6月25日最高价12.43元,5月19日最低价7.66元。1999年每股收益0.3130元。上行欲望不强,仍有整理。

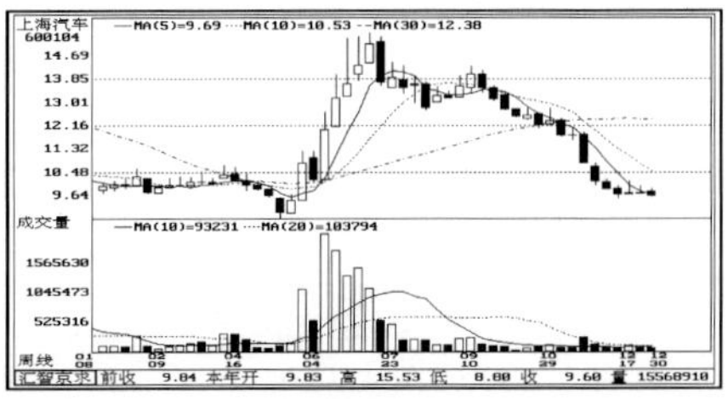

600104 上海汽车:流通股本42000万,主营汽车、摩托车、拖拉机等整车制造。7月9日最高价15.53元,5月14日最低价8.80元。1999年每股收益0.5120元。回抽确认,面临均线支撑。

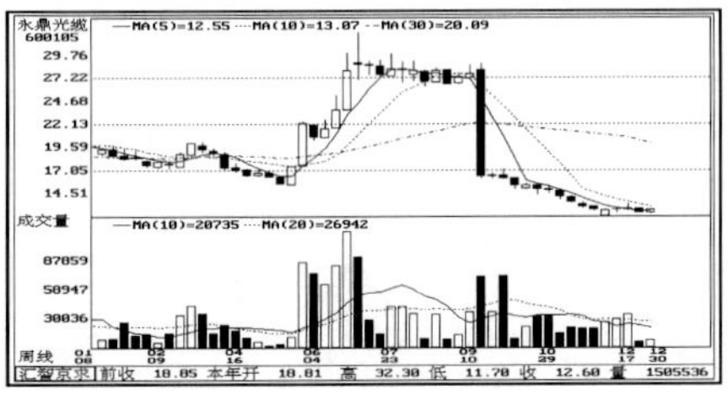

600105 永鼎光缆:流通股本7000万,主营通信电缆、通信光缆及其它通信设备。6月29日最高价32.30元,11月29日最低价11.70元。1999年每股收益0.2790元。整理走势,短线有一定压力。

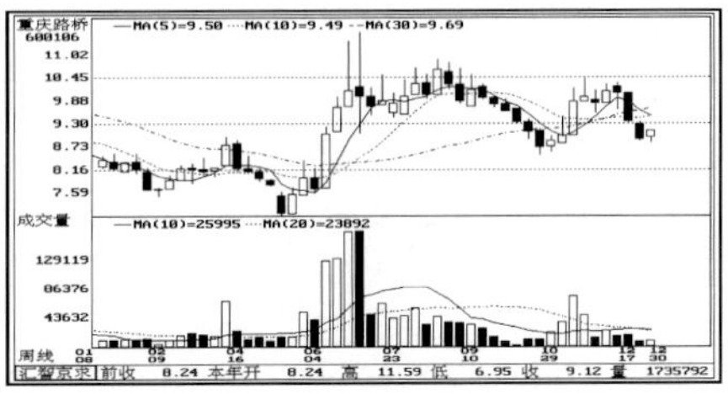

600106 重庆路桥:流通股本9000万,主营承建城市桥梁、道路、隧道。6月29日最高价11.59元,5月17日最低价6.95元。1999年每股收益0.3130元。整理走势,短线有一定压力。

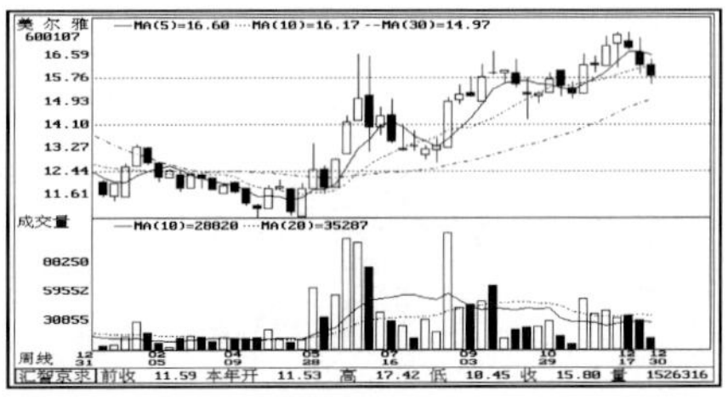

600107 美尔雅:流通股本9000万,主营精毛纺制品、服装及辅料制造。12月17日最高价17.42元,4月22日最低价10.45元。1999年每股收益0.1630元。成交淡静,短线压力需消化。

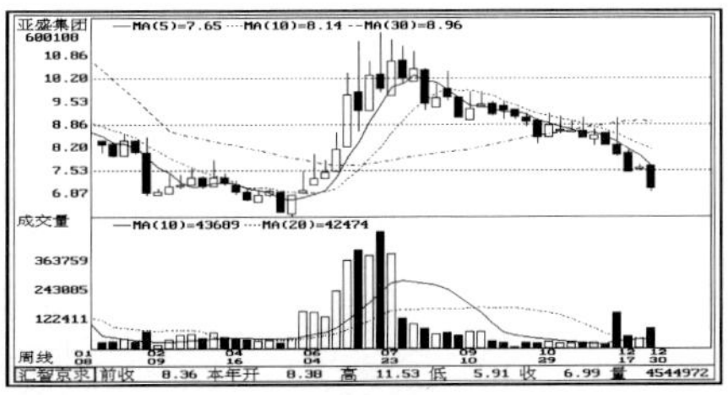

600108 亚盛集团:流通股本16380万,主营农副产品、无机盐及其副产品的生产。7月13日最高价11.53元,5月19日最低价5.91元。1999年每股收益0.3700元。上行欲望不强,仍有整理。

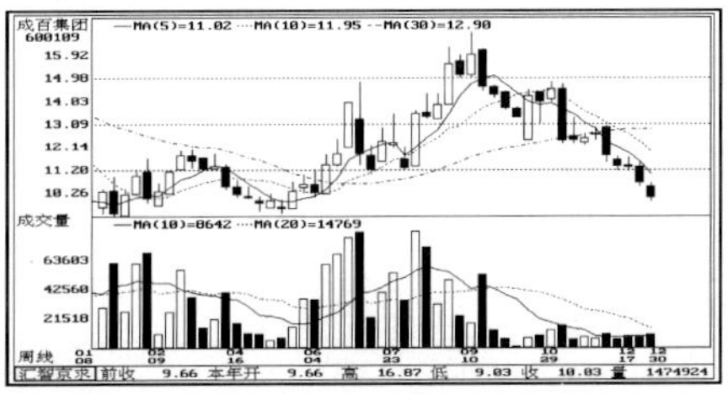

600109 成百集团:流通股本2750万,主营批发零售日用百货。9月10日最高价16.87元,1月4日最低价9.03元。1999年每股收益-0.3740元。上行欲望不强,仍有整理。

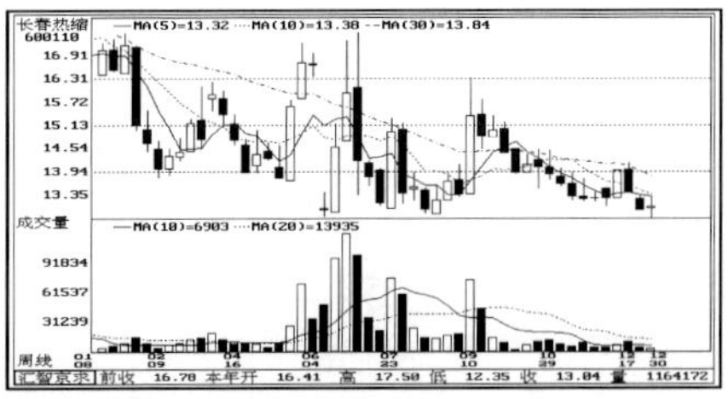

600110 长春热缩:流通股本3900万,主营热缩材料、高分子材料、电线电缆等。6月29日最高价17.50元,7月19日最低价12.35元。1999年每股收益0.2180元。有获利盘减持迹象,暂不介入。

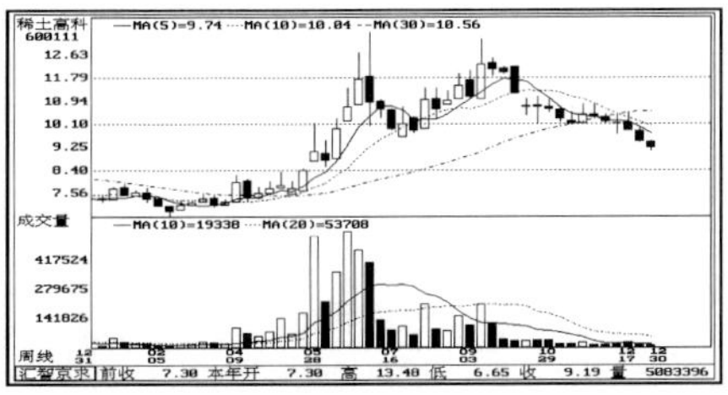

600111 稀土高科:流通股本14600万,主营稀土精矿、稀土深加工产品。6月29日最高价13.48元,2月8日最低价6.65元。1999年每股收益0.1590元。需继续在低位震荡筑底。

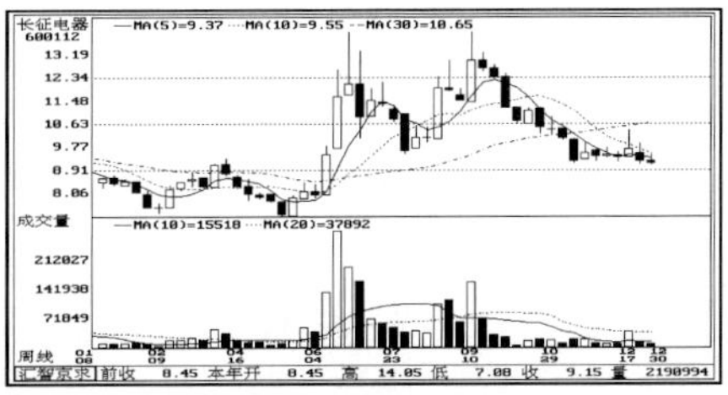

600112 长征电器:流通股本5200万,主营研制、开发、销售高低压电器元件。6月22日最高价14.05元,5月19日最低价7.08元。1999年每股收益0.1680元。回抽确认,面临均线支撑。

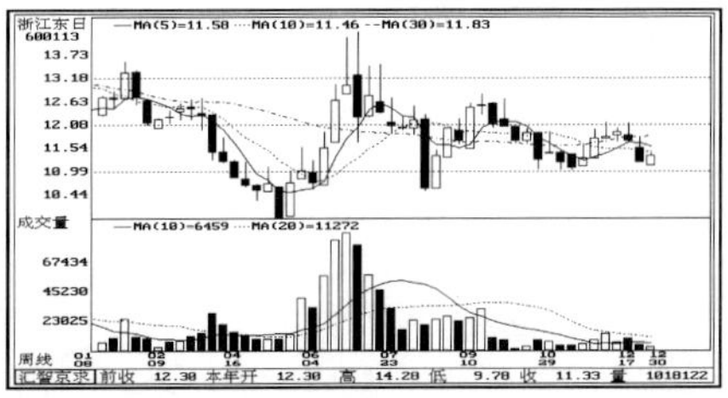

600113 浙江东日:流通股本4000万,主营离心浇铸HOBAS管道系列制造、销售。6月28日最高价14.28元,5月17日最低价9.78元。1999年每股收益0.2000元。上行欲望不强,仍有整理。

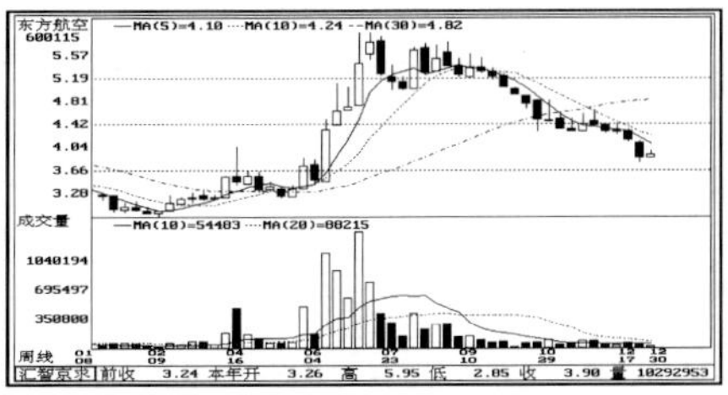

600115 东方航空:流通股本30000万,主营航空服务、客货地面运输服务。6月30日最高价5.95元,1月19日最低价2.85元。1999年每股收益0.0400元。上行欲望不强,仍有整理。

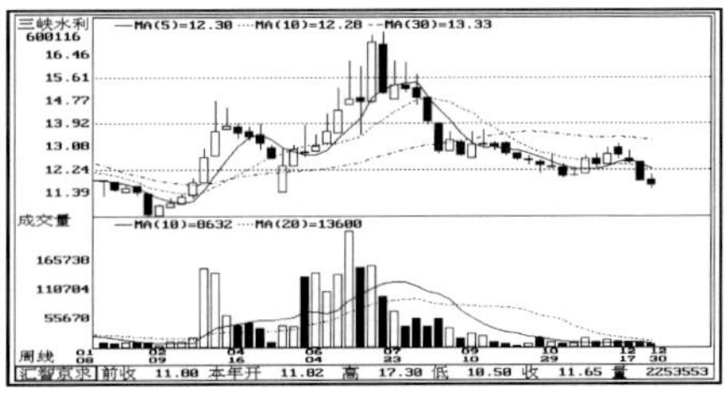

600116 三峡水利:流通股本5000万,主营发电、供电、供水、水产养殖。7月12日最高价17.30元,2月4日最低价10.50元。1999年每股收益0.2200元。短线有减持迹象,暂不介入。

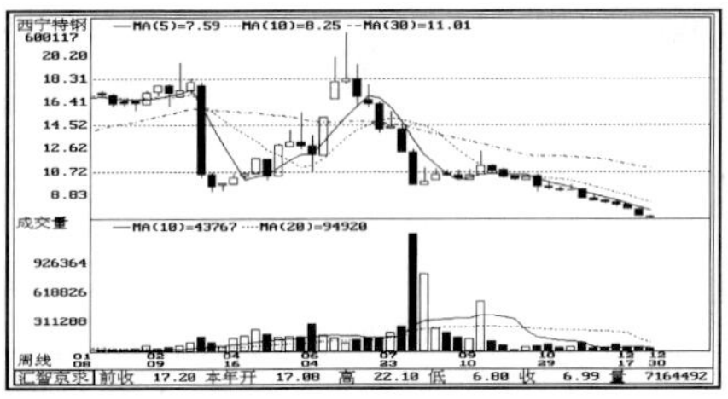

600117 西宁特钢:流通股本13600万,主营特殊钢冶炼及压延、机械设备制造。6月23日最高价22.10元,12月29日最低价6.80元。1999年每股收益0.1900元。回抽确认,面临均线支撑。

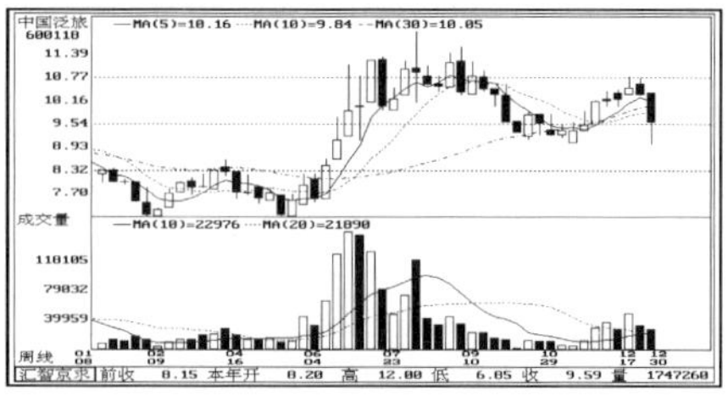

600118　中国泛旅：流通股本 7200 万，主营旅游商品、物资及设备对外技术交流。8 月 4 日最高价 12.00 元，5 月 17 日最低价 6.85 元。1999 年每股收益 0.1160 元。主力顺势洗盘，暂不介入。

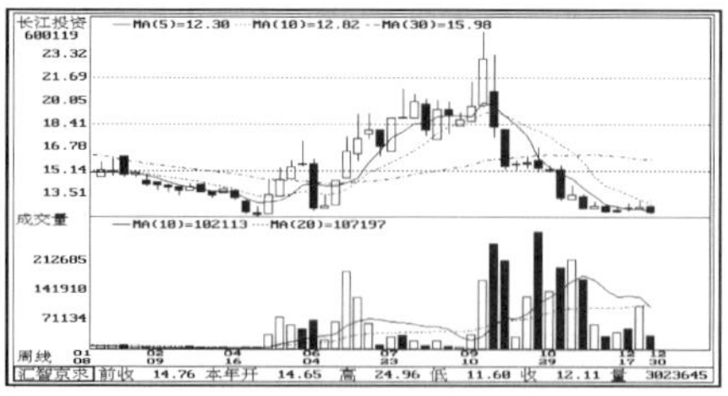

600119　长江投资：流通股本 4800 万，主营房地产开发、境内外投资。9 月 17 日最高价 24.96 元，4 月 27 日最低价 11.60 元。1999 年每股收益 0.0900 元。成交淡静，短线压力需消化。

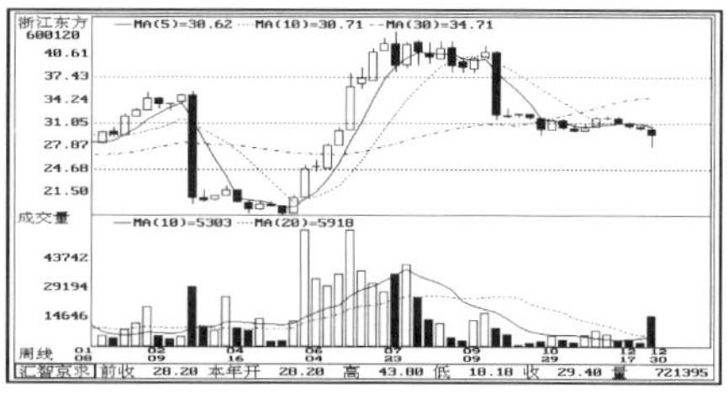

600120　浙江东方：流通股本 3200 万，主营进出口贸易、进口商品的国内销售。7 月 21 日最高价 43.80 元，5 月 17 日最低价 18.18 元。1999 年每股收益 0.4980 元。回抽确认，面临均线支撑。

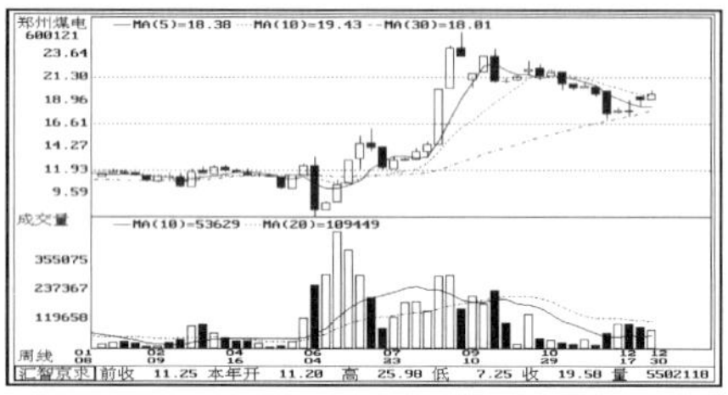

600121　郑州煤电：流通股本 21600 万，主营煤炭生产、矿井建设、铁路运输、发电。9 月 2 日最高价 25.98 元，6 月 4 日最低价 7.25 元。1999 年每股收益 0.3996 元。继续放量上攻，反抽可介入。

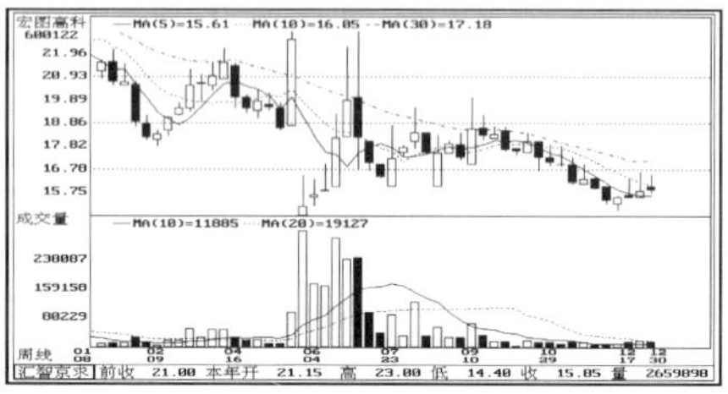

600122　宏图高科：流通股本 8000 万，主营计算机、打印机、网络设备。5 月 21 日最高价 23.00 元，5 月 24 日最低价 14.40 元。1999 年每股收益 0.2810 元。整理走势，短线有一定压力。

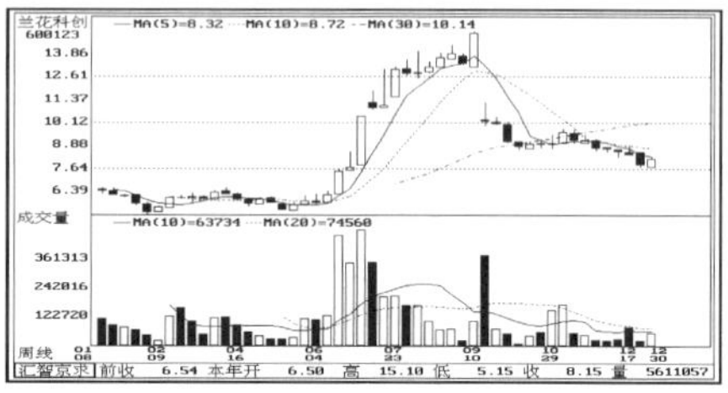

600123　兰花科创：流通股本 12000 万，主营煤炭、型煤、型焦、化工产品、建筑材料。9 月 10 日最高价 15.10 元，2 月 5 日最低价 5.15 元。1999 年每股收益 0.2000 元。突破短期平台，有再来一波迹象。

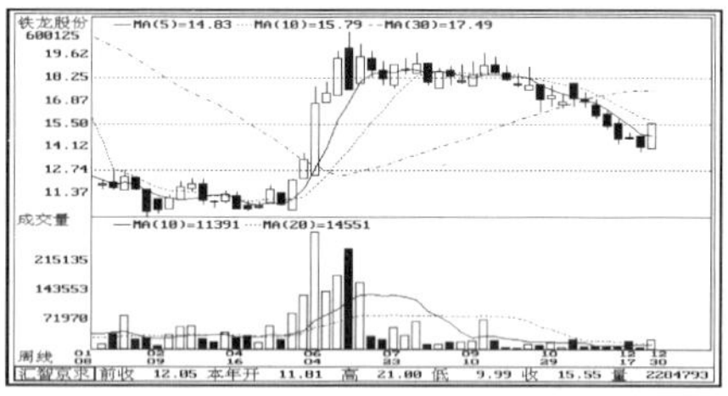

600125　铁龙股份：流通股本 5000 万，主营铁、公、水路运输服务、仓储、旅游。6 月 23 日最高价 21.00 元，2 月 5 日最低价 9.99 元。1999 年每股收益 0.3100 元。整理蓄势，仍有上行动力。

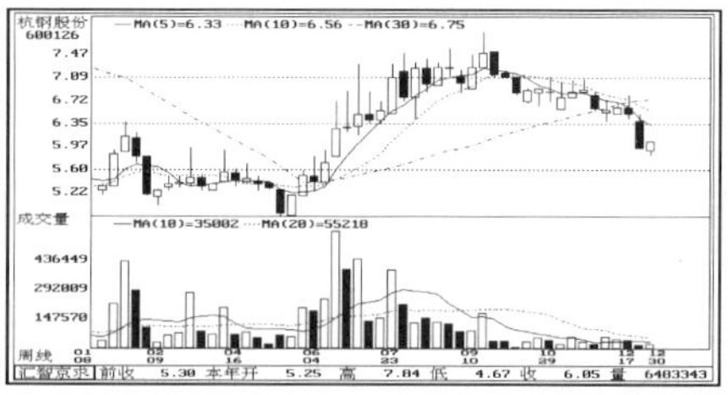

600126　杭钢股份：流通股本 12750 万，主营钢铁及其压延产品、焦炭及其副产品产销等。9 月 14 日最高价 7.84 元，5 月 17 日最低价 4.67 元。1999 年每股收益 0.3560 元。回抽确认，面临均线支撑。

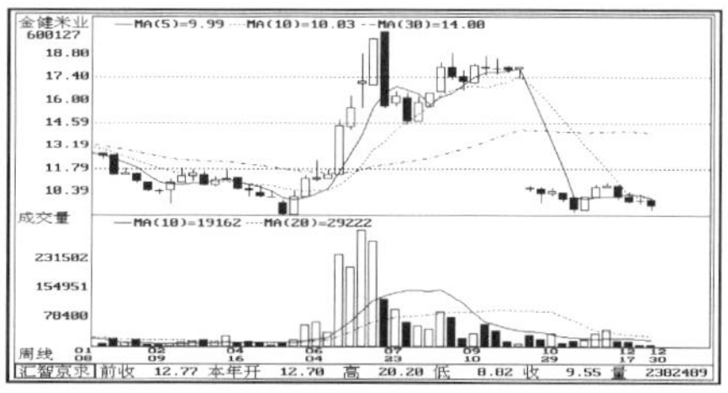

600127　金健米业：流通股本 8500 万，主营粮油及制品、饲料及饲料原料、食用油。7 月 12 日最高价 20.20 元，5 月 17 日最低价 8.82 元。1999 年每股收益 0.2180 元。回抽确认，面临均线支撑。

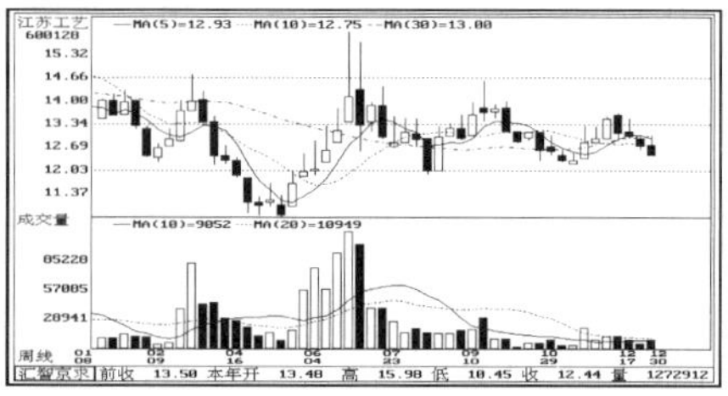

600128　江苏工艺：流通股本 3500 万，主营工艺品等商品的销售。6 月 25 日最高价 15.98 元，4 月 27 日最低价 10.45 元。1999 年每股收益 0.3960 元。上行欲望不强，仍有整理。

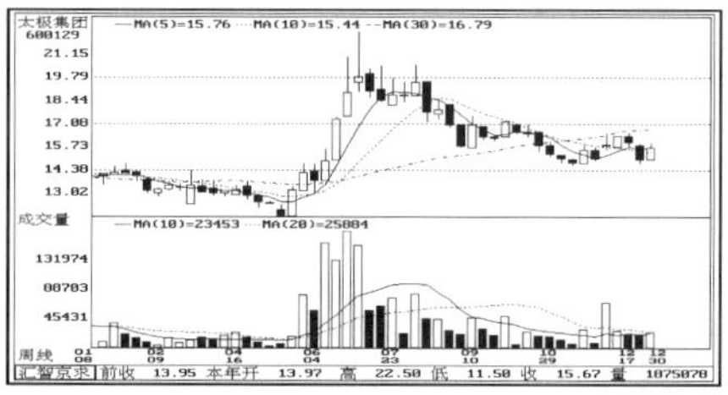

600129　太极集团：流通股本 7500 万，主营中西药、保健用品、医疗器械产销。6 月 29 日最高价 22.50 元，5 月 17 日最低价 11.50 元。1999 年每股收益 0.3000 元。指标背离，不宜追涨。

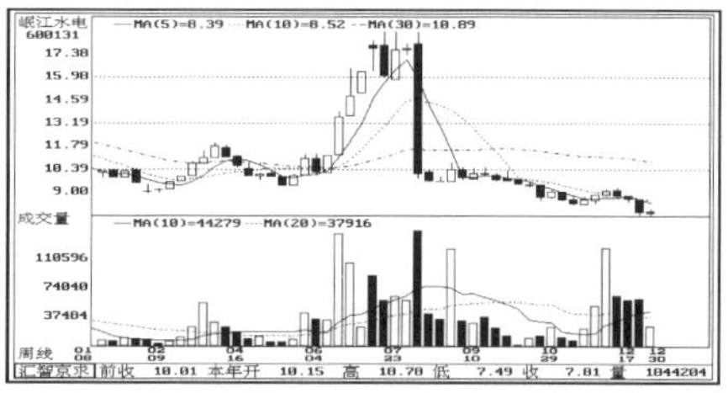

600131　岷江水电：流通股本 6930 万，主营供水、发电、售电、水产养殖。7 月 21 日最高价 18.78 元，12 月 29 日最低价 7.49 元。1999 年每股收益 0.1590 元。上行欲望不强，仍有整理。

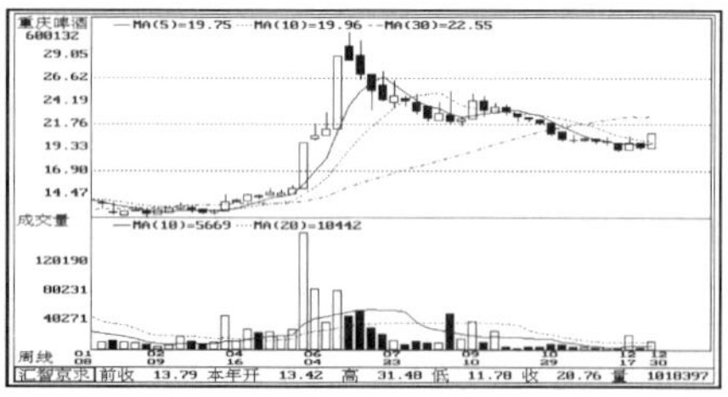

600132　重庆啤酒：流通股本 5200 万，主营啤酒生产、销售。6 月 24 日最高价 31.48 元，2 月 4 日最低价 11.78 元。1999 年每股收益 0.2440 元。长期调整充分，小 V 型反转。

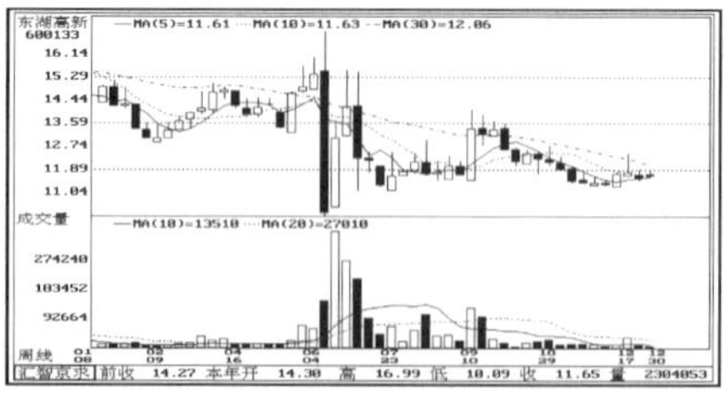

600133　东湖高新：流通股本 6400 万，主营高新技术产品开发、研制、技术服务。6 月 8 日最高价 16.99 元，6 月 10 日最低价 10.09 元。1999 年每股收益 0.1900 元。有获利盘减持迹象，暂不介入。

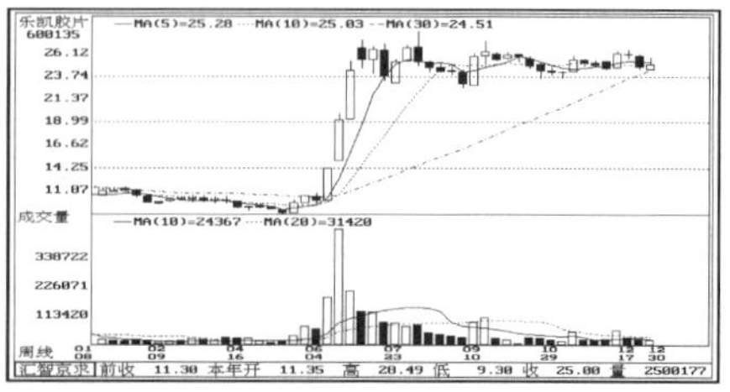

600135　乐凯胶片：流通股本 10490 万，主营彩色胶卷、彩色相纸、彩色电影胶片。8 月 3 日最高价 28.49 元，5 月 10 日最低价 9.30 元。1999 年每股收益 0.5620 元。低位箱形整理，无成交量配合。

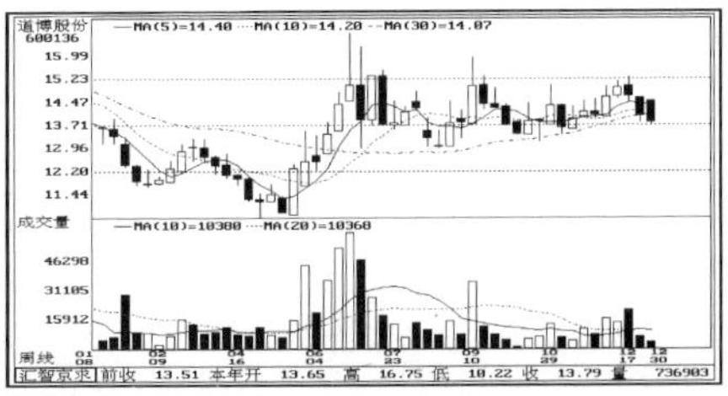

600136 道博股份:流通股本2500万,主营螺旋藻制品、羊绒制品、电子。6月25日最高价16.75元,4月29日最低价10.22元。1999年每股收益0.3180元。成交淡静,短线压力需消化。

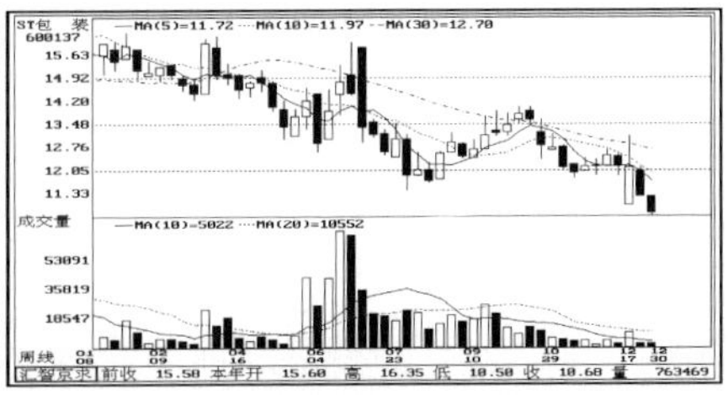

600137 ST包装:流通股本1740万,主营机制纸、水泥纸袋、造纸技术攻关。1月19日最高价16.35元,12月29日最低价10.50元。1999年每股收益-0.7420元。成交淡静,短线压力需消化。

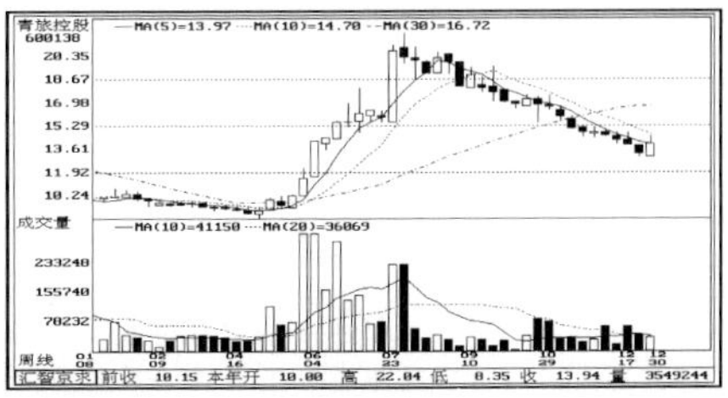

600138 青旅控股:流通股本11700万,主营旅游、科技。7月28日最高价22.04元,4月27日最低价8.35元。1999年每股收益0.4620元。走势不明朗,暂不介入。

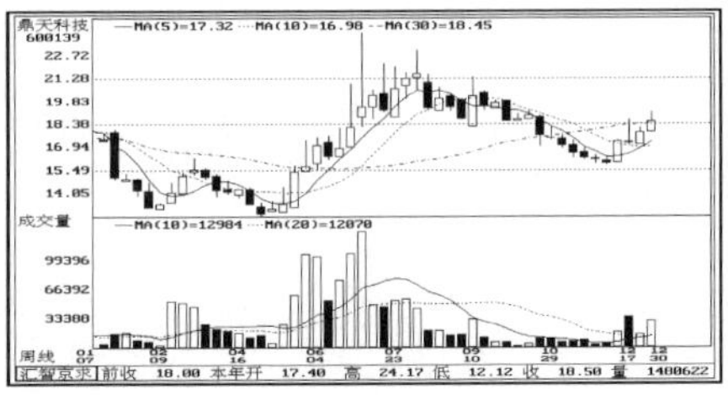

600139 鼎天科技:流通股本2940万,主营电工专用设备、金属制品、普通机械。6月30日最高价24.17元,4月27日最低价12.12元。1999年每股收益0.2500元。短线有回调补缺口要求。

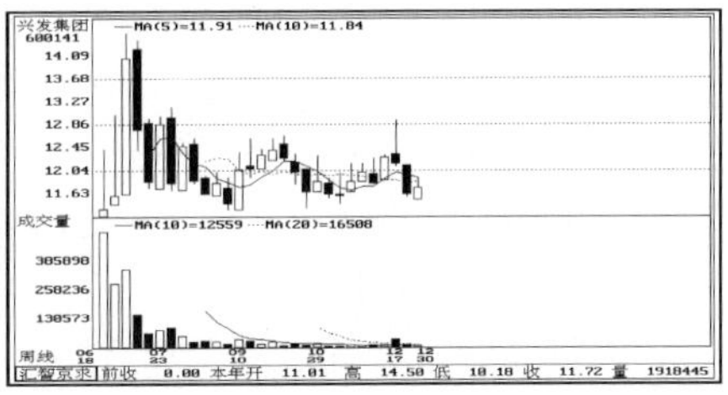

600141 兴发集团:流通股本4000万,主营磷化工系列产品、电石产品、元明粉。7月2日最高价14.50元,6月16日最低价10.18元。1999年每股收益0.1600元。上行欲望不强,仍有整理。

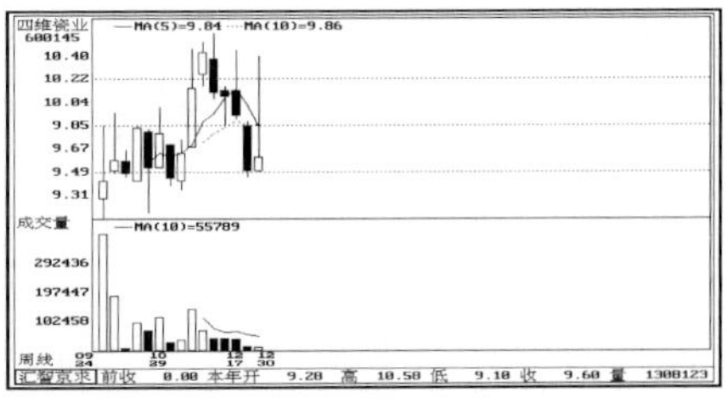

600145 四维瓷业:流通股本4500万,主营陶瓷制品。11月29日最高价10.58元,10月21日最低价9.10元。1999年每股收益0.1800元。短线大幅震仓,仍可持股。

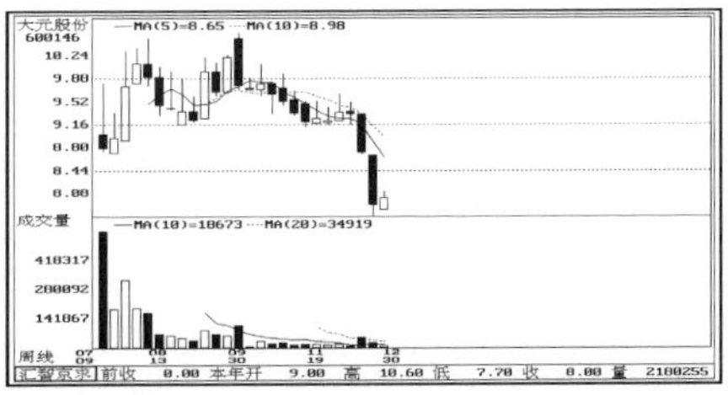

600146 大元股份:流通股本6000万,主营化工及石油加工。9月27日最高价10.60元,12月27日最低价7.70元。1999年每股收益0.1050元。上行欲望不强,仍有整理。

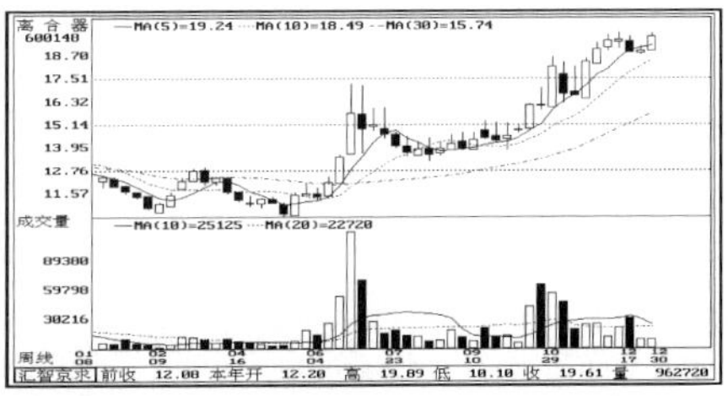

600148 离合器:流通股本3600万,主营汽车离合器的生产和销售。12月6日最高价19.89元,5月13日最低价10.10元。1999年每股收益0.3020元。整理走势,短线有一定压力。

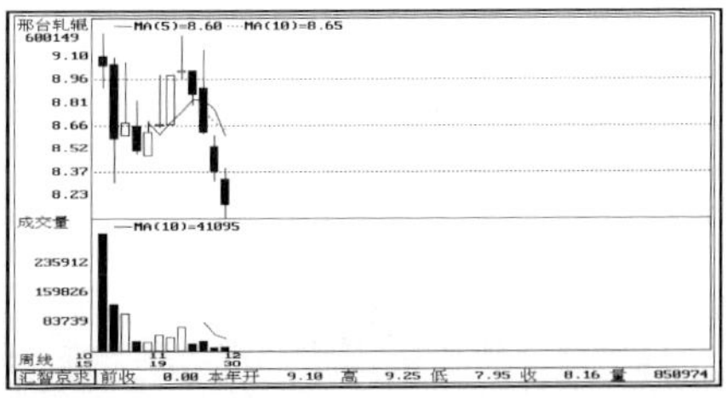

600149 邢台轧辊:流通股本4500万,主营轧辊设计、制造、销售。10月15日最高价9.25元,12月29日最低价7.95元。1999年每股收益0.2500元。均线反压,短线趋势仍淡。

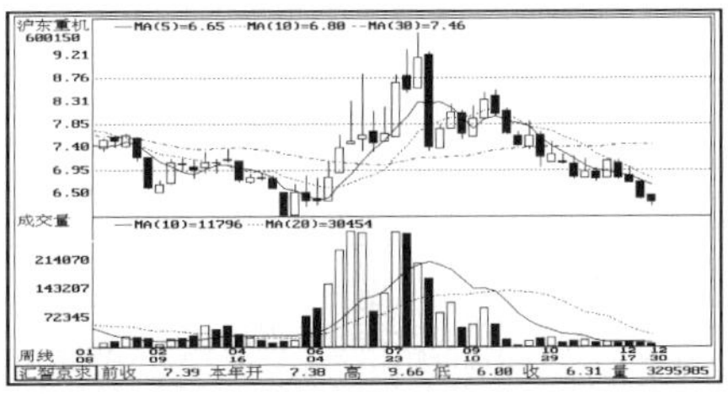

600150 沪东重机:流通股本7700万,主营船用柴油机及配备件、铸锻件。8月6日最高价9.66元,5月17日最低价6.00元。1999年每股收益-0.1210元。短线已见底,反弹空间仍存。

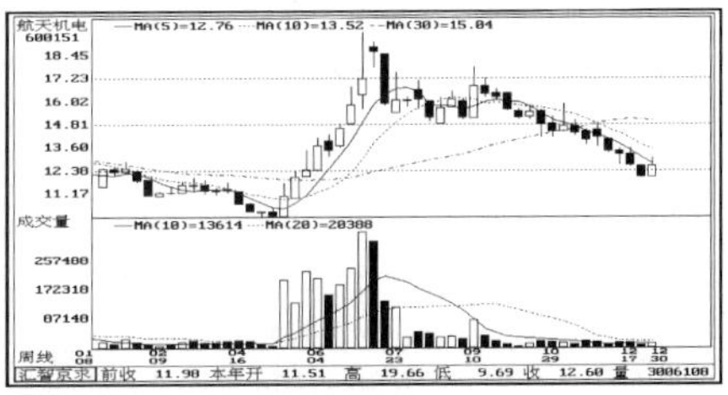

600151 航天机电:流通股本6800万,主营汽车空调器、传感器、电机、自动天线。6月30日最高价19.66元,4月27日最低价9.69元。1999年每股收益0.4250元。走势未明,后市关注。

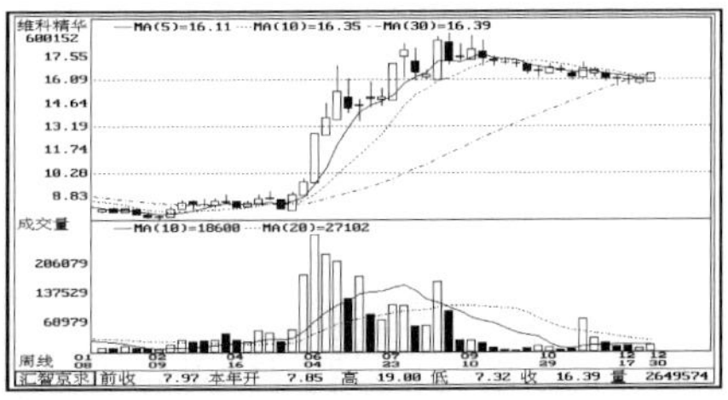

600152 维科精华:流通股本9000万,主营线、纱、带制品、针织品。8月24日最高价19.00元,3月1日最低价7.32元。1999年每股收益0.1880元。突破短期平台,有再来一波迹象。

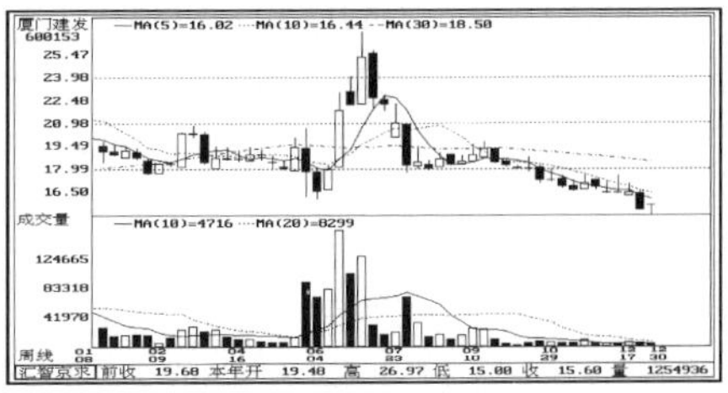

600153 厦门建发:流通股本6500万,主营进出口贸易业务。6月30日最高价26.97元,12月30日最低价15.00元。1999年每股收益0.5100元。回抽确认,面临均线支撑。

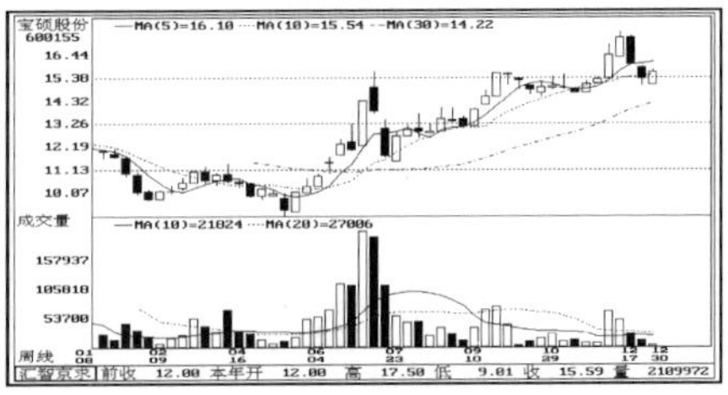

600155 宝硕股份:流通股本5000万,主营塑料制品、管材、地膜、复合包装材料等。12月10日最高价17.50元,5月14日最低价9.01元。1999年每股收益0.4280元。走势不明朗,暂不介入。

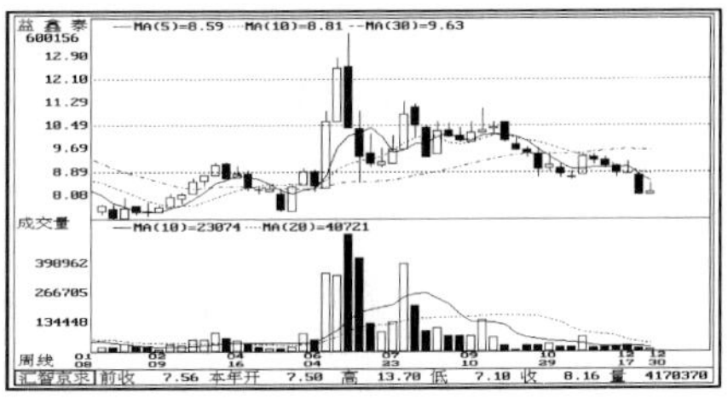

600156 益鑫泰:流通股本11050万,主营麻纺织品、服装及维尼纶系列产品。6月21日最高价13.70元,1月5日最低价7.10元。1999年每股收益0.2440元。已探明底部,中线可持股。

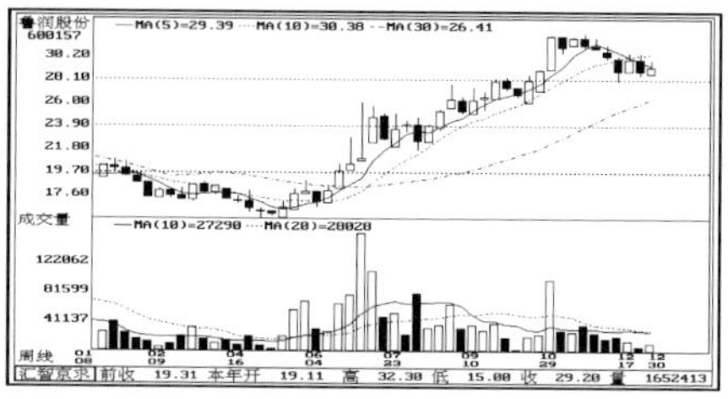

600157　鲁润股份：流通股本6400万，主营润滑油、油脂添加剂。11月16日最高价32.30元，5月10日最低价15.00元。1999年每股收益0.4720元。成交趋于活跃，仍有潜力。

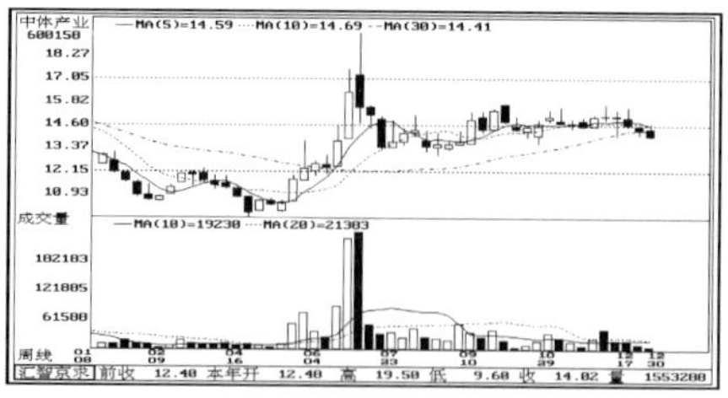

600158　中体产业：流通股本4500万，主营体育产品的生产、加工、经销。6月29日最高价19.50元，5月10日最低价9.60元。1999年每股收益0.3100元。短线有减持迹象，暂不介入。

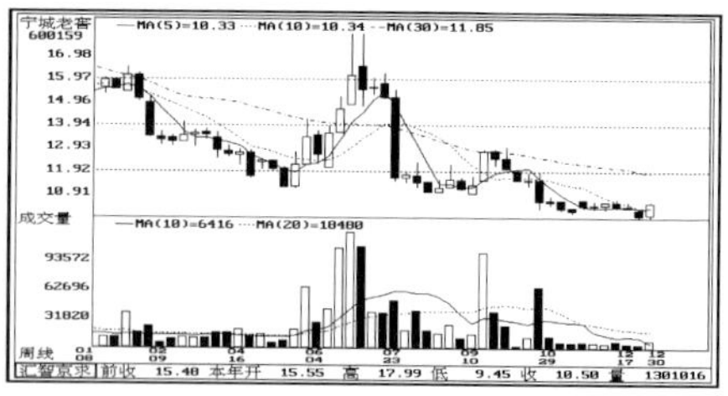

600159　宁城老窖：流通股本5200万，主营白酒、啤酒、果酒、保健酒。6月30日最高价17.99元，12月28日最低价9.45元。1999年每股收益0.3000元。成交趋于活跃，仍有潜力。

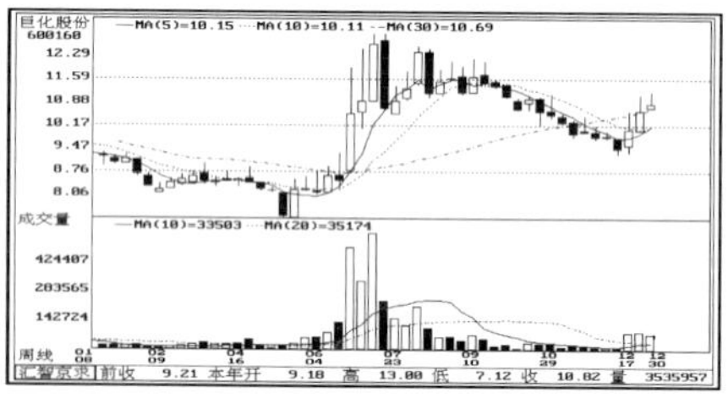

600160　巨化股份：流通股本8800万，主营氟化工原料及后续产品、基本化工原料。7月9日最高价13.00元，5月17日最低价7.12元。1999年每股收益0.3320元。横盘多时，有望展开拉升。

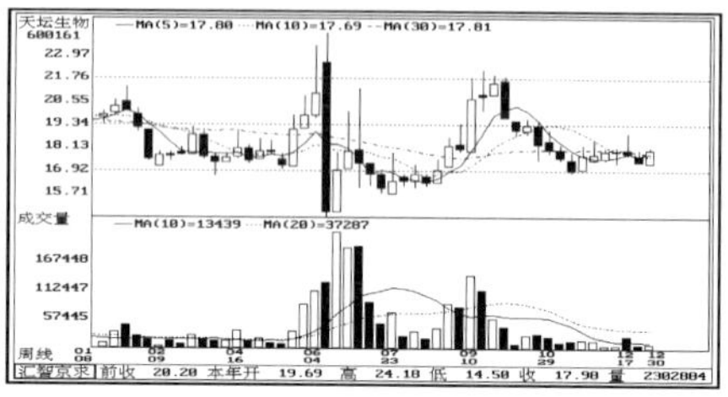

600161　天坛生物：流通股本4800万，主营疫苗、菌苗、类毒素、抗毒素。6月10日最高价24.18元，6月11日最低价14.50元。1999年每股收益0.2200元。走势不明朗，暂不介入。

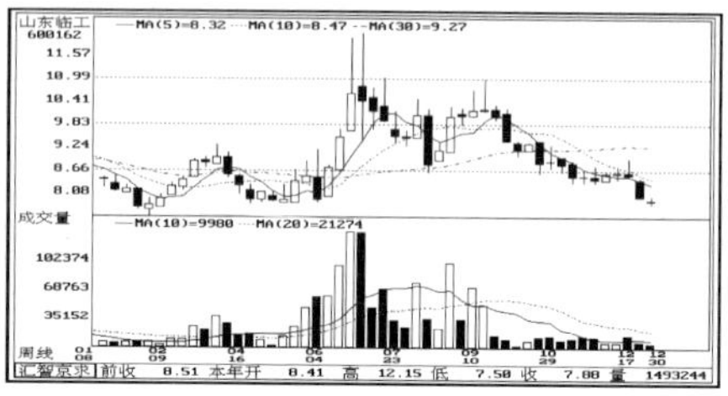

600162　山东临工：流通股本3850万，主营轮式装载机系列产品及其变型产品。6月29日最高价12.15元，2月5日最低价7.50元。1999年每股收益0.2700元。回抽确认，面临均线支撑。

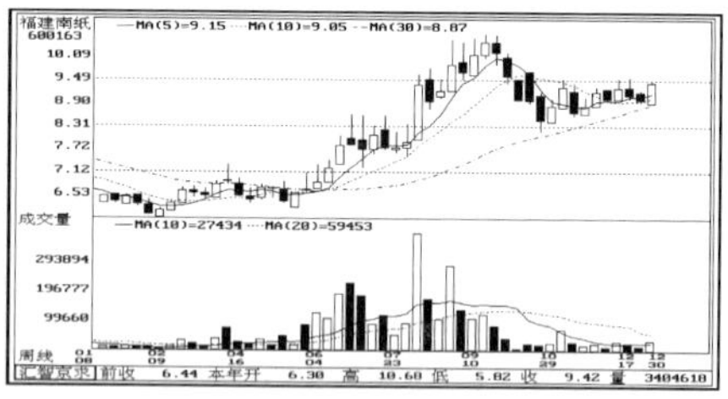

600163　福建南纸：流通股本6991万，主营新闻纸及其它文化用纸、纸制品、纸浆。9月17日最高价10.68元，2月8日最低价5.82元。1999年每股收益0.3030元。多空激烈争斗，持股待涨。

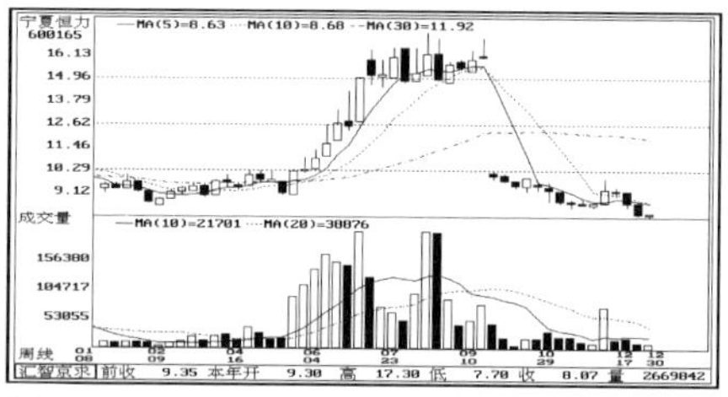

600165　宁夏恒力：流通股本7200万，主营钢丝绳、钢丝、钢绞线等金属制品。8月11日最高价17.30元，12月27日最低价7.70元。1999年每股收益0.2040元。上行欲望不强，仍需整理。

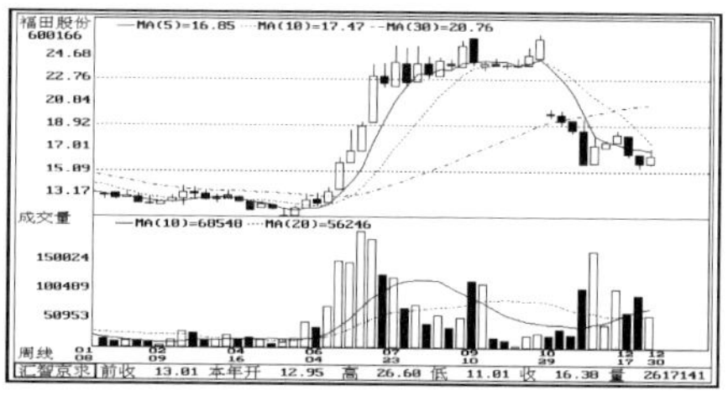

600166　福田股份：流通股本6500万，主营农用车、柴油汽车、摩托车。10月22日最高价26.60元，5月18日最低价11.01元。1999年每股收益0.5000元。走势不明朗，暂不介入。

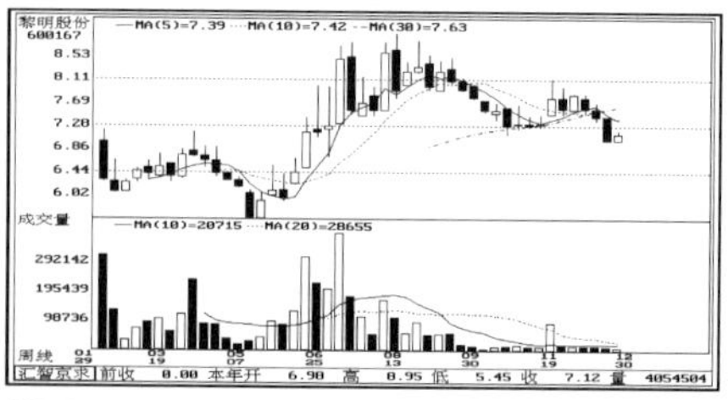

600167　黎明股份：流通股本7000万，主营服装服饰、毛纺织品的生产与销售。8月9日最高价8.95元，5月18日最低价5.45元。1999年每股收益0.1860元。上行欲望不强，仍有整理。

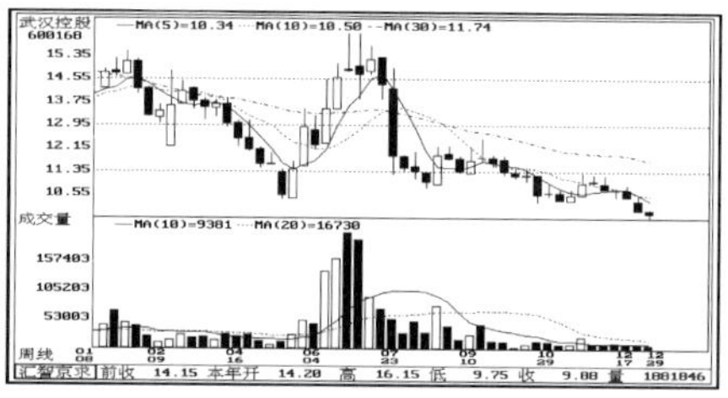

600168　武汉控股：流通股本10200万，主营城市给排水、污水综合治理。6月30日最高价16.15元，12月29日最低价9.75元。1999年每股收益0.4170元。走势未明，后市关注。

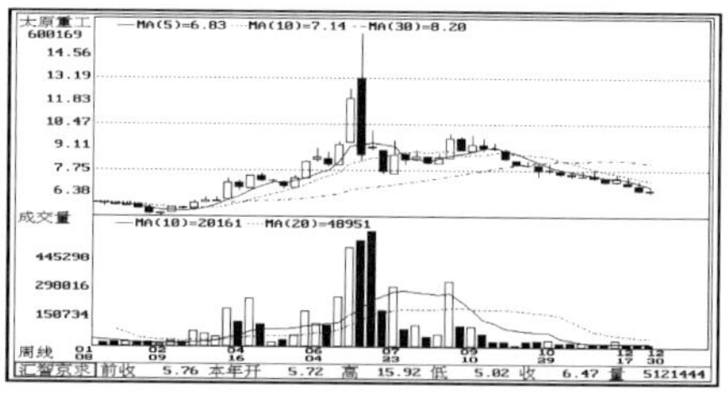

600169　太原重工：流通股本12000万，主营火车轴、冶金系列产品及工矿配件。6月30日最高价15.92元，2月9日最低价5.02元。1999年每股收益0.2020元。短线有减持迹象，暂不介入。

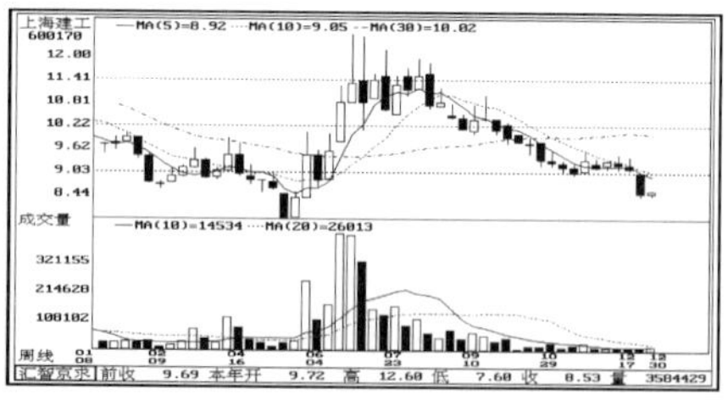

600170　上海建工：流通股本15000万，主营各类建设工程总承包、设计、施工。6月25日最高价12.60元，5月17日最低价7.60元。1999年每股收益0.3794元。成交趋于活跃，仍有上升空间。

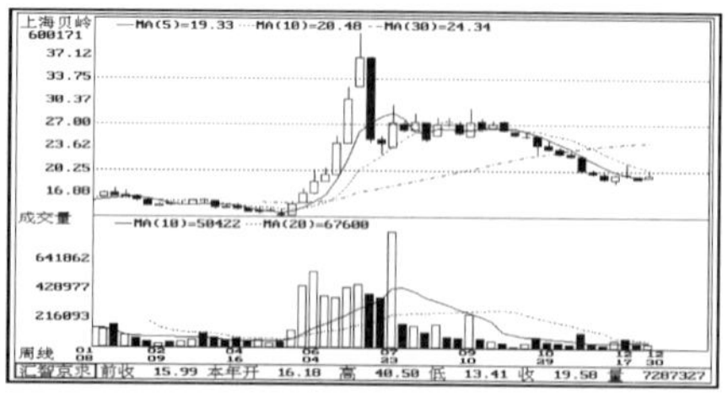

600171　上海贝岭：流通股本15600万，主营集成电路、半导体器件，7月2日最高价40.50元，4月27日最低价13.41元。1999年每股收益0.3300元。走势不明朗，暂不介入。

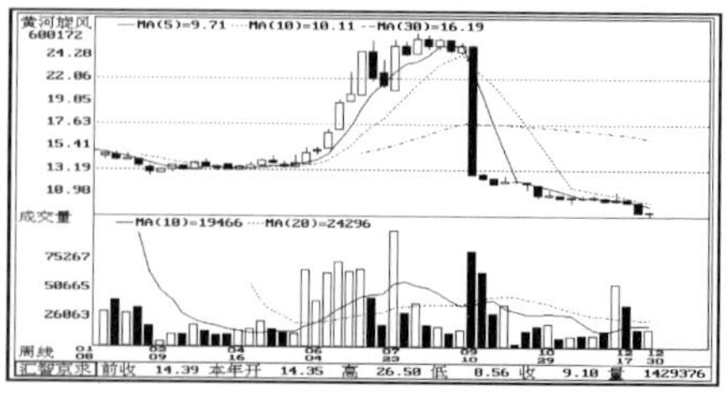

600172　黄河旋风：流通股本8000万，主营人造金刚石、金刚石磨料磨具磨削。8月6日最高价26.50元，12月27日最低价8.56元。1999年每股收益0.3050元。振荡收阳，可介入持有。

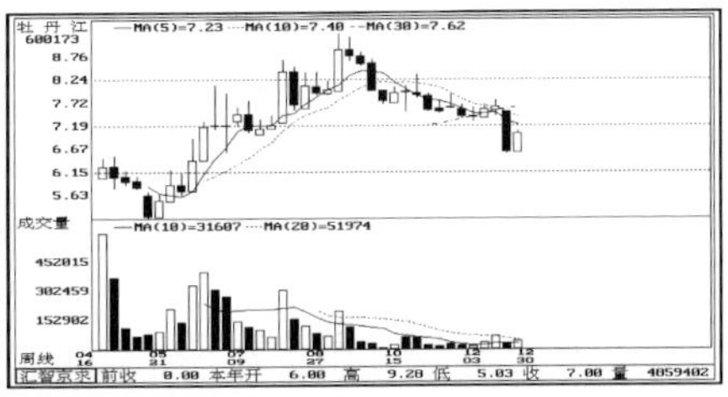

600173 牡丹江:流通股本8000万,主营硅酸盐水泥、特种水泥及水泥制品。9月10日最高价9.28元,5月17日最低价5.03元。1999年每股收益0.2410元。成交趋于活跃,仍有上升空间。

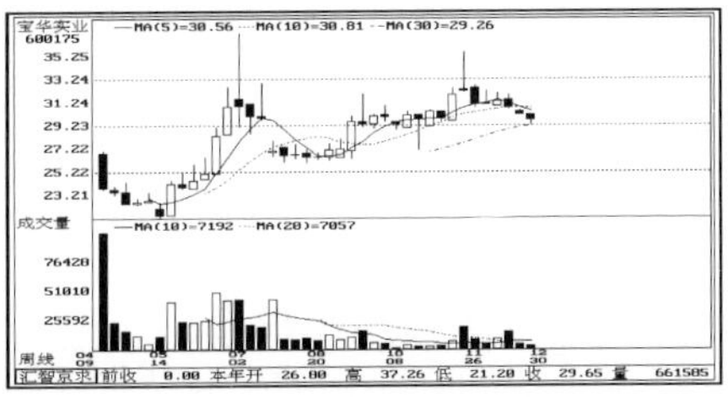

600175 宝华实业:流通股本2668万,主营旅游业、海洋资源、现代农业等开发。6月29日最高价37.26元,5月14日最低价21.20元。1999年每股收益0.6280元。振荡收阳,可介入持有。

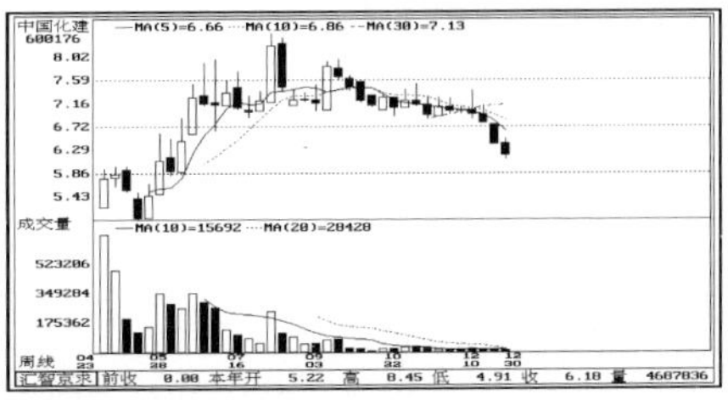

600176 中国化建:流通股本7000万,主营建筑材料、玻璃纤维及制品等。8月6日最高价8.45元,5月17日最低价4.91元。1999年每股收益0.1330元。短线有减持迹象,暂不介入。

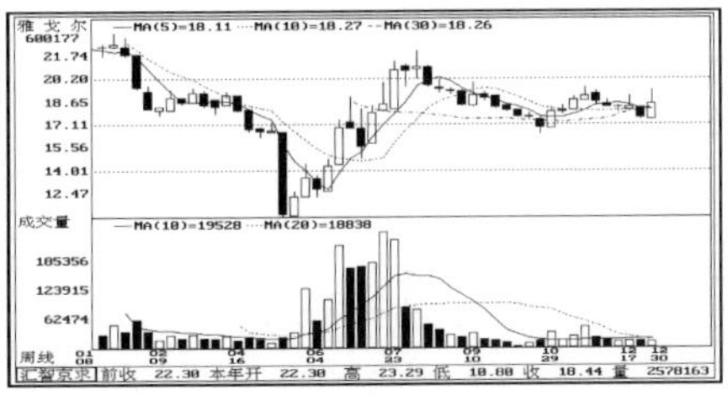

600177 雅戈尔:流通股本9295万,主营服装制造、技术咨询、房地产开发。1月14日最高价23.29元,5月17日最低价10.80元。1999年每股收益0.7362元。成交趋于活跃,仍有上升空间。

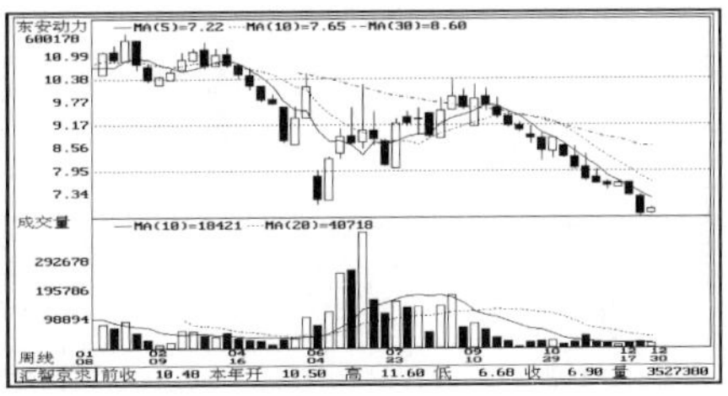

600178 东安动力:流通股本10660万,主营微型汽车发动机、零部件。1月22日最高价11.60元,12月23日最低价6.68元。1999年每股收益0.3100元。上行欲望不强,仍有整理。

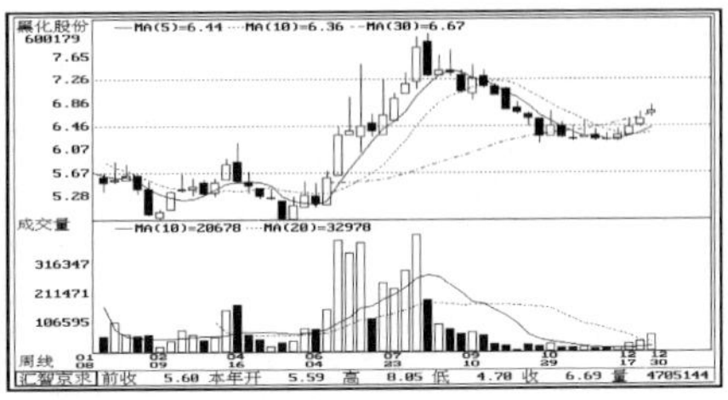

600179 黑化股份:流通股本10000万,主营生产、销售焦炭及焦化产品、化肥。8月9日最高价8.05元,5月17日最低价4.70元。1999年每股收益0.1540元。继续放量上攻,反抽可介入。

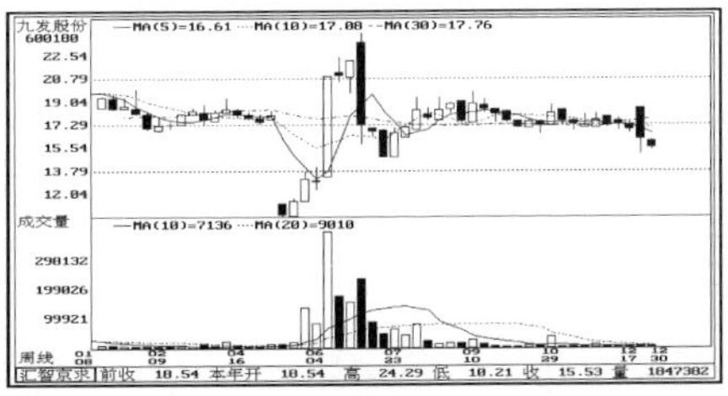

600180 九发股份:流通股本5120万,主营食用菌菌种的培育。6月28日最高价24.29元,5月17日最低价10.21元。1999年每股收益0.3280元。已探明底部,回落空间有限。

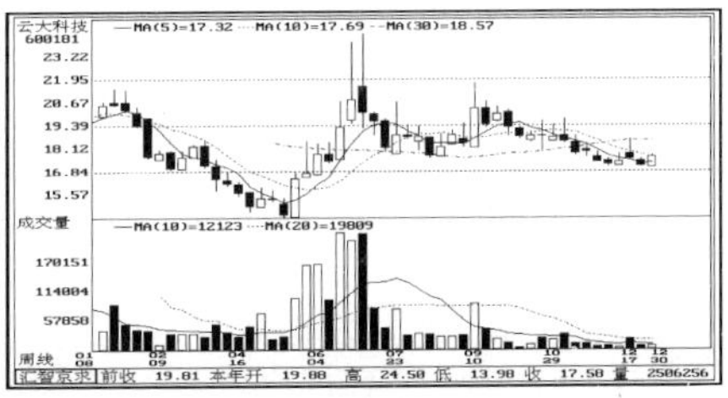

600181 云大科技:流通股本6600万,主营植物生长剂、生物制品、化工产品。6月29日最高价24.50元,4月27日最低价13.98元。1999年每股收益0.3700元。超跌明显,仍有反弹空间。

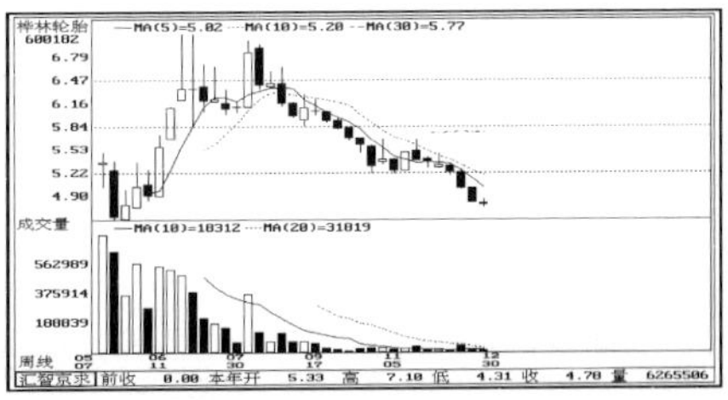

600182 桦林轮胎:流通股本12000万,主营轮胎及轮胎原辅材料的生产与销售。6月30日最高价7.10元,5月19日最低价4.31元。1999年每股收益0.0640元。回抽确认,面临均线支撑。

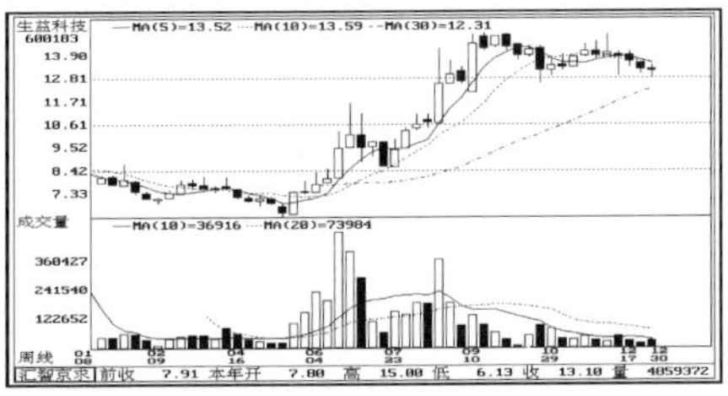

600183 生益科技:流通股本12800万,主营印刷线路板用敷铜板及粘结片。9月13日最高价15.00元,5月17日最低价6.13元。1999年每股收益0.2570元。需继续在低位震荡筑底。

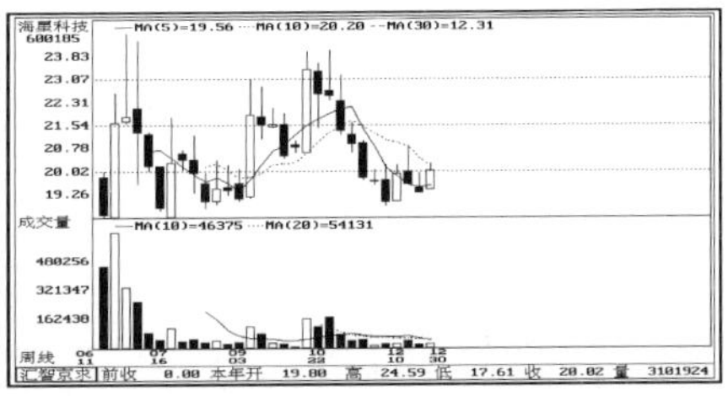

600185 海星科技:流通股本6800万,主营计算机硬件开发、网络工程、系统集成。6月25日最高价24.59元,6月14日最低价17.61元。1999年每股收益0.2137元。短线仍有上攻潜力,仍可持股。

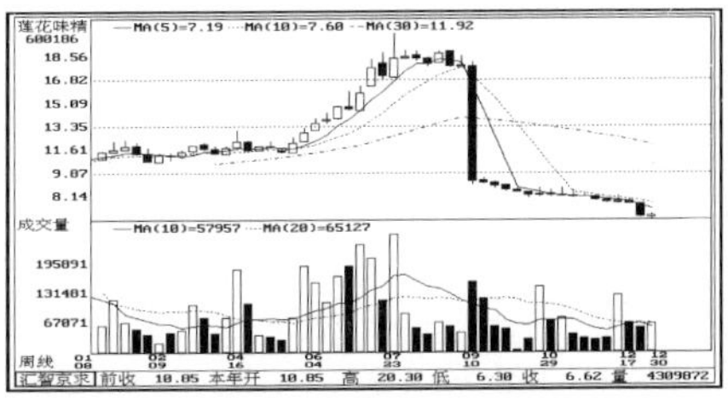

600186 莲花味精:流通股本20000万,主营味精及其副产品的生产与销售。7月21日最高价20.30元,12月29日最低价6.30元。1999年每股收益0.2810元。整理蓄势,仍有上行动力。

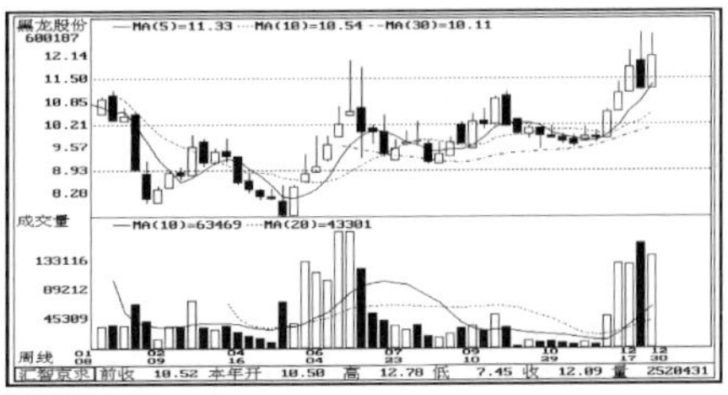

600187 黑龙股份:流通股本5000万,主营生产销售新闻纸及冰雪运动器材。12月22日最高价12.78元,5月17日最低价7.45元。1999年每股收益0.2900元。走势不明朗,暂不介入。

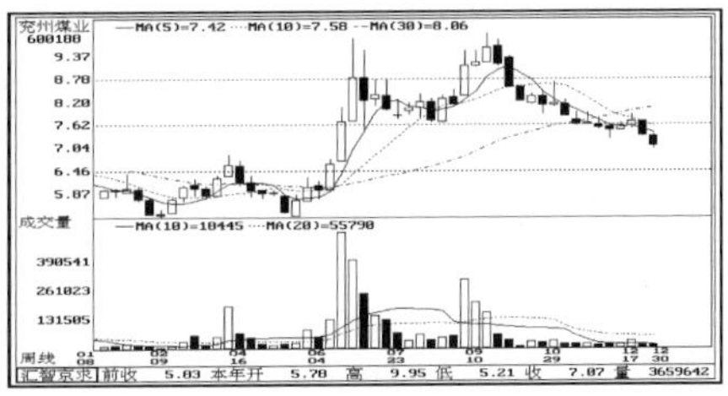

600188 兖州煤业:流通股本8000万,主营煤炭采选、销售、煤矿机械的维修。9月14日最高价9.95元,5月17日最低价5.21元。1999年每股收益0.3000元。需继续在低位震荡筑底。

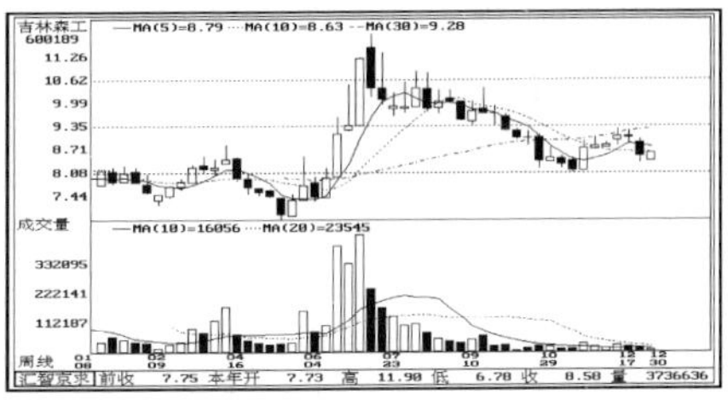

600189 吉林森工:流通股本8500万,主营森林采伐和运输、木材。7月5日最高价11.90元,5月17日最低价6.78元。1999年每股收益0.3400元。回抽确认,面临均线支撑。

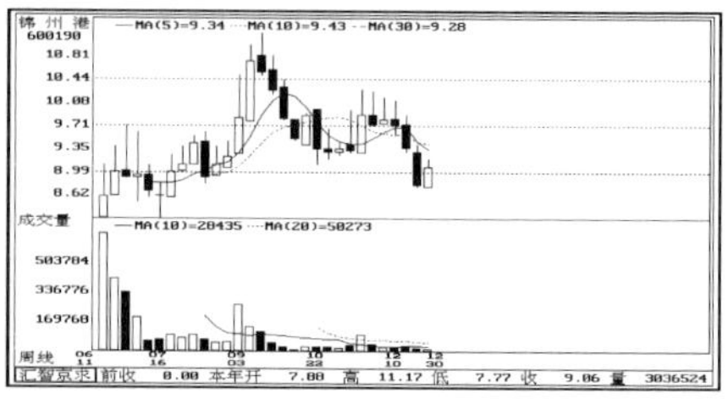

600190　锦州港：流通股本6000万，主营港务管理、港口装卸等。9月15日最高价11.17元，6月9日最低价7.77元。1999年每股收益0.2300元。短线调整未结束，持币。

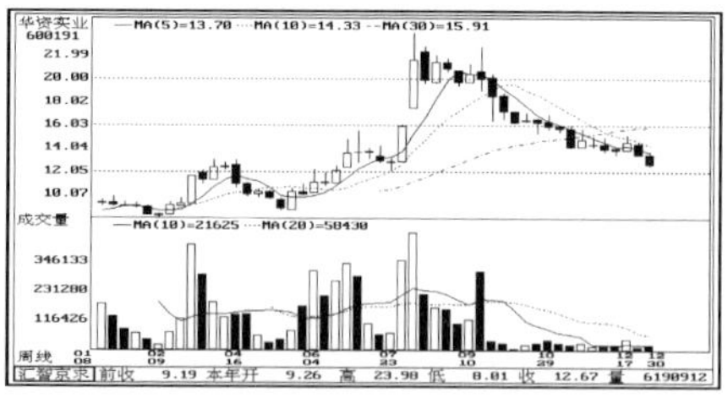

600191　华资实业：流通股本7000万，主营糖、食用酒精、颗粒粕、电子元器件。8月6日最高价23.98元，2月8日最低价8.01元。1999年每股收益0.2700元。短线有一定的压力，面临调整。

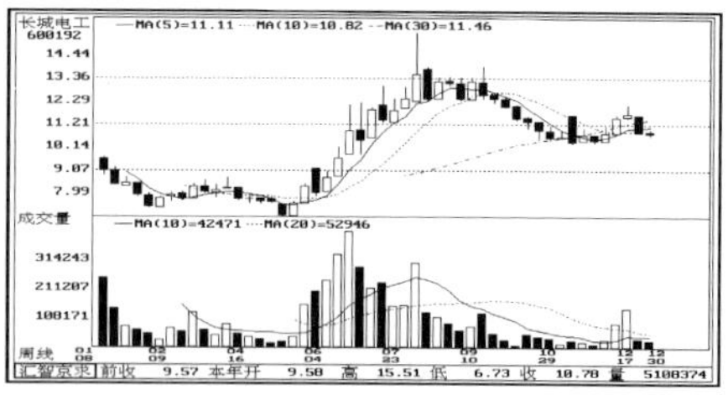

600192　长城电工：流通股本8500万，主营电器机械及器材、电器元件的研究开发。8月6日最高价15.51元，5月19日最低价6.73元。1999年每股收益0.3810元。上行欲望不强，仍有整理。

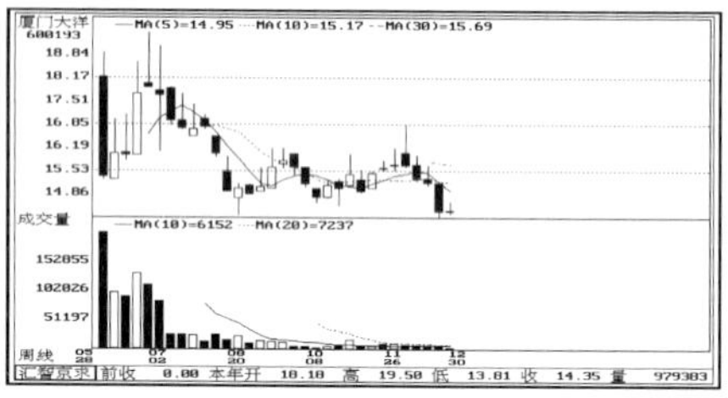

600193　厦门大洋：流通股本2300万，主营水产品加工、饲料加工。6月25日最高价19.50元，8月16日最低价13.81元。1999年每股收益0.2770元。上行欲望不强，仍有整理。

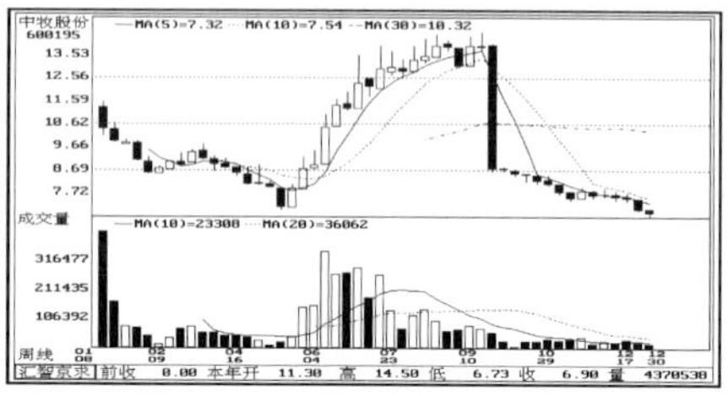

600195　中牧股份：流通股本12000万，主营饲料、饲料添加剂、动物保健品。9月14日最高价14.50元，12月29日最低价6.73元。1999年每股收益0.2240元。有获利盘减持迹象，暂不介入。

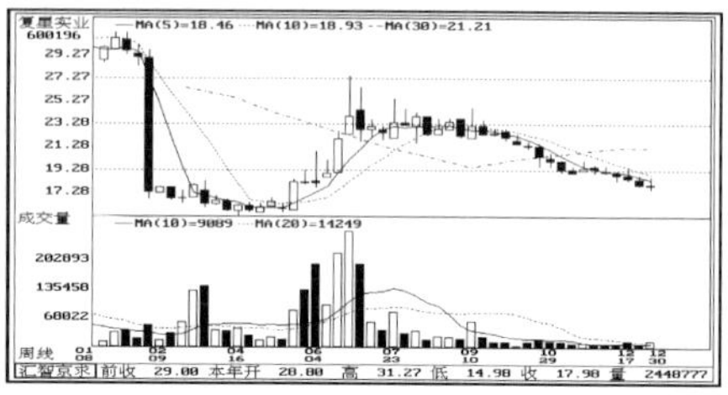

600196　复星实业：流通股本9000万，主营生物化学产品、试剂、生物产品、计算机。1月18日最高价31.27元，4月12日最低价14.98元。1999年每股收益0.3390元。有获利盘减持迹象，暂不介入。

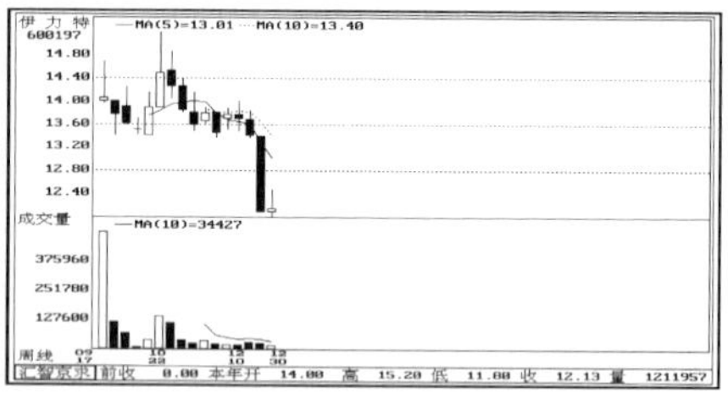

600197　伊力特：流通股本7500万，主营白酒、农药综合开发等。10月22日最高价15.20元，12月29日最低价11.80元。1999年每股收益0.3040元。上行欲望不强，仍有整理。

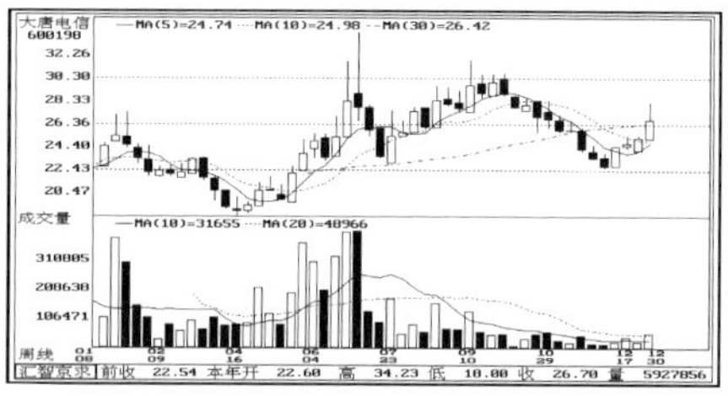

600198　大唐电信：流通股本13000万，主营通信设备和系统、计算机软件。6月29日最高价34.23元，4月21日最低价18.00元。1999年每股收益0.4040元。指标背离，不宜追涨。

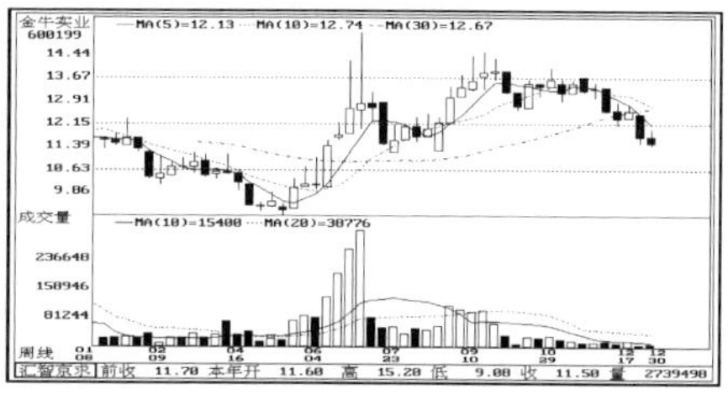

600199　金牛实业：流通股本11050万，主营黄牛繁育、牛肉加工、销售、饲料。6月29日最高价15.20元，5月10日最低价9.08元。1999年每股收益0.5000元。走势不明朗，暂不介入。

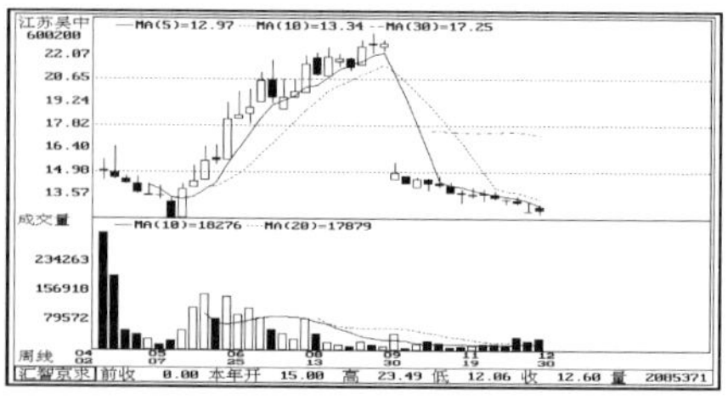

600200　江苏吴中：流通股本5360万，主营服装、工艺美术品、国内贸易等。9月14日最高价23.49元，5月17日最低价12.06元。1999年每股收益0.2590元。有获利盘减持迹象，暂不介入。

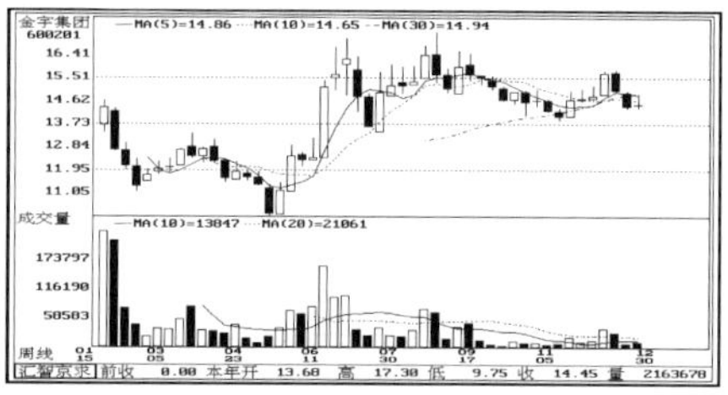

600201　金宇集团：流通股本3500万，主营生物药品制造、毛纱加工。8月24日最高价17.30元，5月19日最低价9.75元。1999年每股收益0.3140元。短线有一定的压力，正在调整。

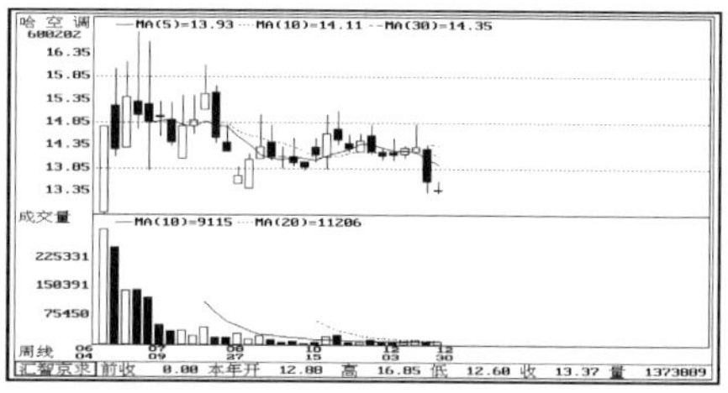

600202　哈空调：流通股本3000万，主营空气冷却设备、高中低压换热器生产与销售业务。6月25日最高价16.85元，6月3日最低价12.60元。1999年每股收益0.2640元。回抽确认，面临均线支撑。

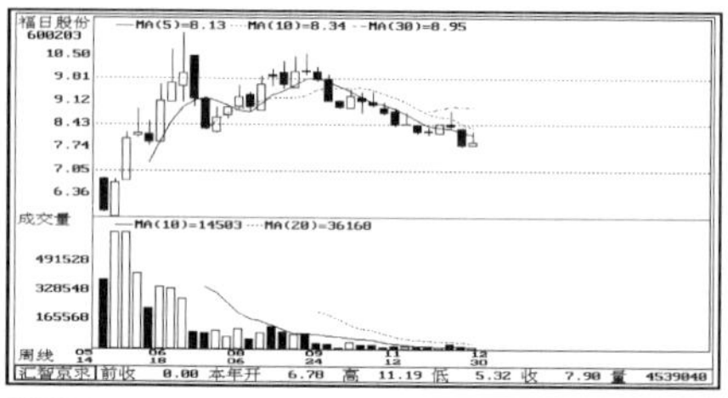

600203　福日股份：流通股本7000万，主营电视机、多媒体电子信息产品。7月1日最高价11.19元，5月17日最低价5.32元。1999年每股收益0.1670元。回抽确认，面临均线支撑。

600205　山东铝业：流通股本16000万，主营氧化铝、氢氧化铝等金属锭。10月27日最高价9.44元，6月30日最低价7.00元。1999年每股收益0.2770元。短线有回调补缺口要求。

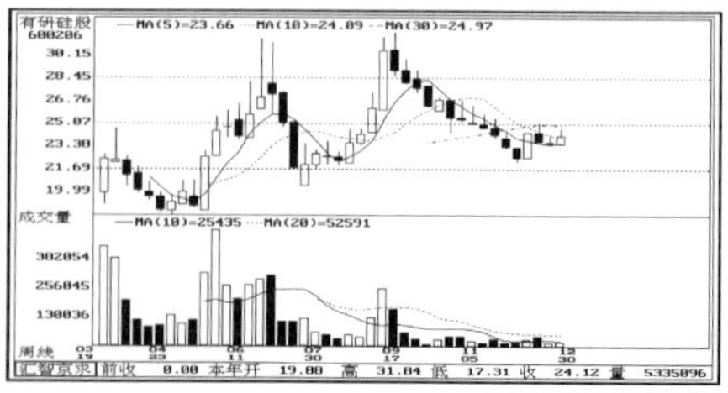

600206　有研硅股：流通股本6500万，主营单晶硅、锗、化合物半导体材料。9月15日最高价31.84元，4月27日最低价17.31元。1999年每股收益0.3440元。继续放量上攻，反抽可介入。

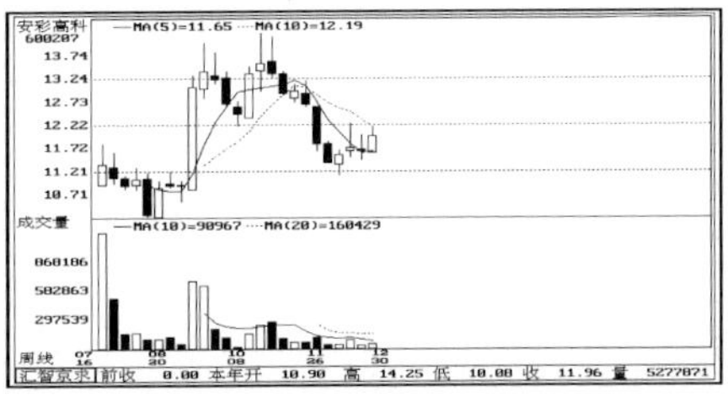

600207　安彩高科：流通股本 18000 万，主营玻壳、显示器。10 月 22 日最高价 14.25 元，8 月 18 日最低价 10.08 元。1999 年每股收益 0.5020 元。短线仍有上攻潜力，仍可持股。

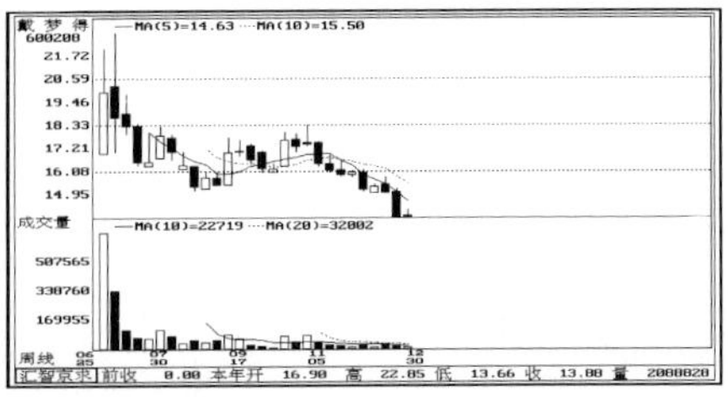

600208　戴梦得：流通股本 6500 万，主营金属饰品、珠宝玉器等。6 月 29 日最高价 22.85 元，12 月 29 日最低价 13.66 元。1999 年每股收益 0.2600 元。上行欲望不强，仍有整理。

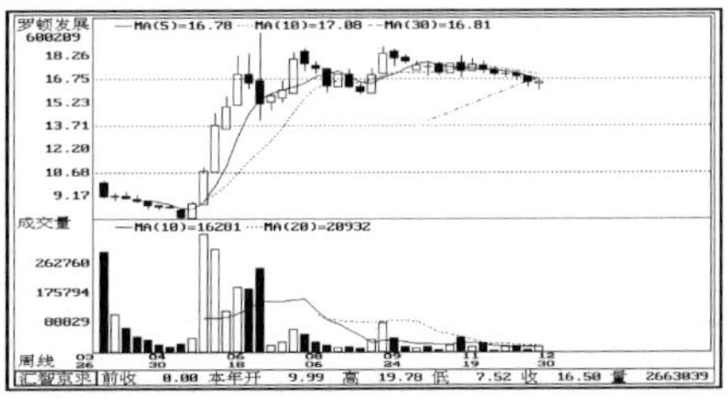

600209　罗顿发展：流通股本 7500 万，主营宾馆酒店、物业管理、旅游业等。6 月 29 日最高价 19.78 元，5 月 17 日最低价 7.52 元。1999 年每股收益 0.2120 元。成交不断放大，短线有冲高机会。

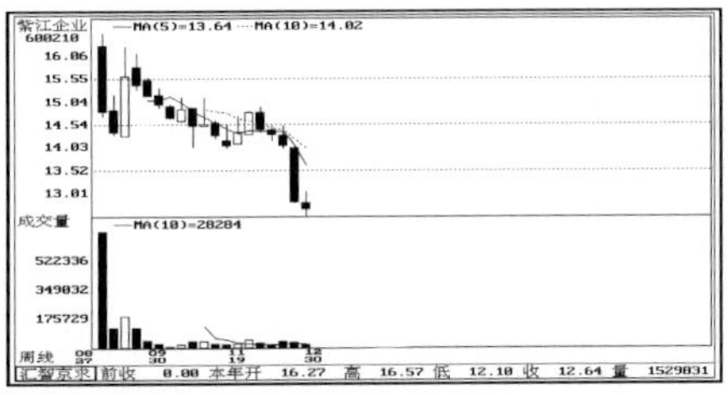

600210　紫江企业：流通股本 8500 万，主营 PET 瓶、各种塑料签、印刷油墨等。8 月 24 日最高价 16.57 元，12 月 27 日最低价 12.10 元。1999 年每股收益 0.3650 元。回抽确认，面临均线支撑。

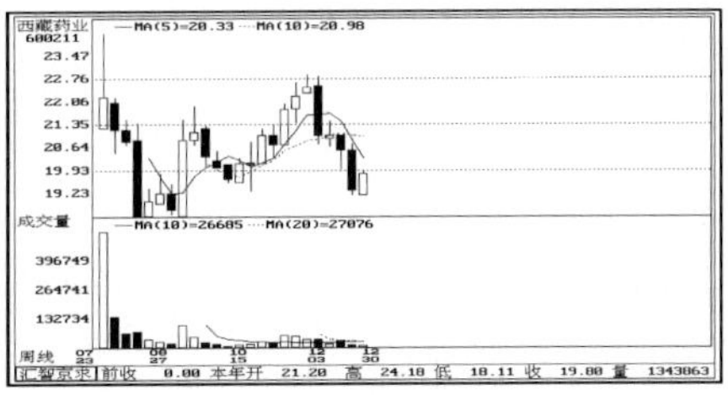

600211　西藏药业：流通股本 4500 万，主营生产、销售诺迪康、藏药产品。7 月 21 日最高价 24.18 元，8 月 16 日最低价 18.11 元。1999 年每股收益 0.2700 元。回抽确认，面临均线支撑。

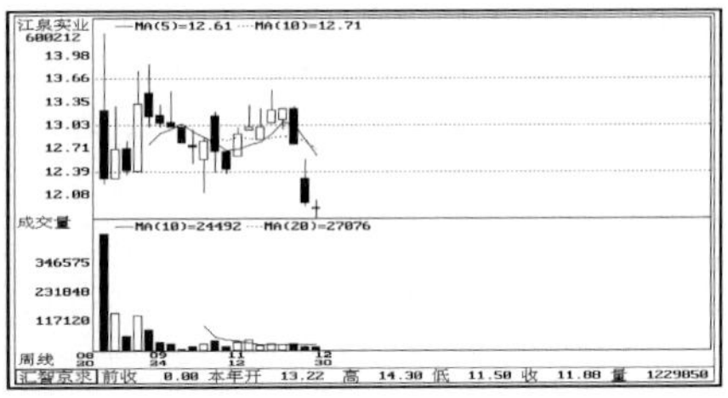

600212　江泉实业：流通股本 5500 万，主营日用陶瓷、建筑陶瓷、水泥。8 月 17 日最高价 14.30 元，12 月 27 日最低价 11.50 元。1999 年每股收益 0.3480 元。短线有减持迹象，暂不介入。

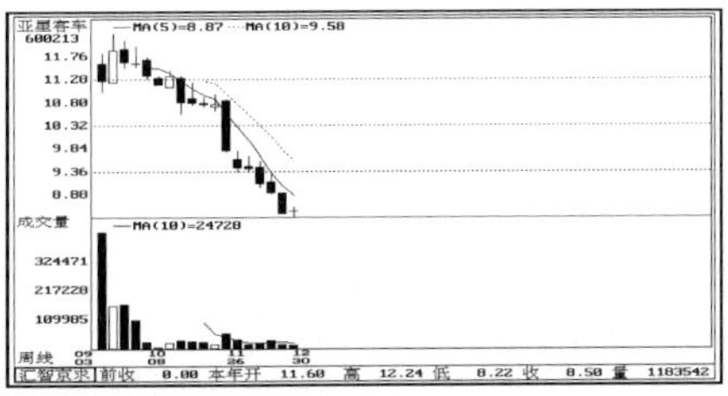

600213　亚星客车：流通股本 6000 万，主营客车、特种车、农用车、汽车零配件。9 月 10 日最高价 12.24 元，12 月 27 日最低价 8.22 元。1999 年每股收益 0.3110 元。中线已趋淡，趁反弹减磅。

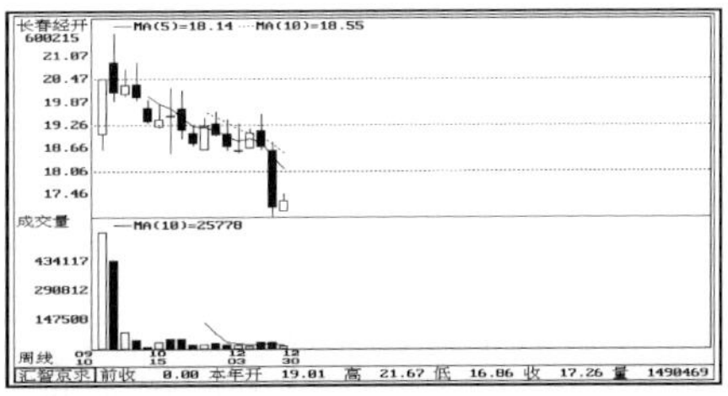

600215　长春经开：流通股本 9000 万，主营开发区城市基础建设、房地产开发。9 月 14 日最高价 21.67 元，12 月 24 日最低价 16.86 元。1999 年每股收益 0.4670 元。有获利盘减持迹象，暂不介入。

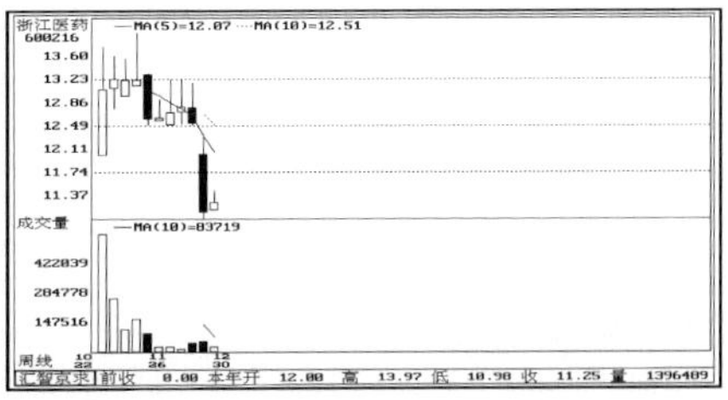

600216　浙江医药：流通股本 5800 万，主营各种药剂及原料药、中成药。11 月 9 日最高价 13.97 元，12 月 23 日最低价 10.98 元。1999 年每股收益 0.1740 元。有获利盘减持迹象，暂不介入。

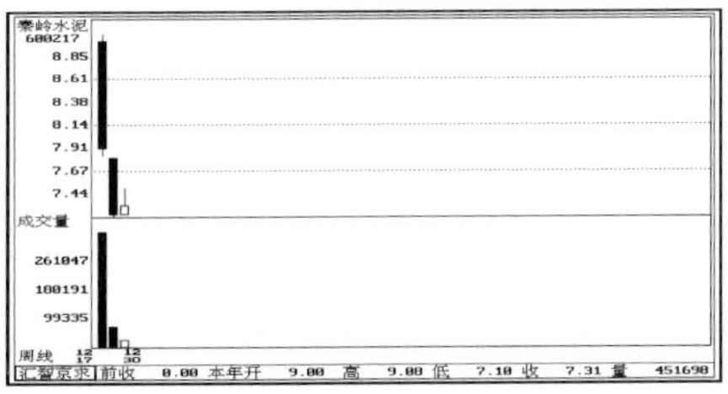

600217　秦岭水泥：流通股本 7000 万，主营水泥类产品。12 月 16 日最高价 9.08 元，12 月 27 日最低价 7.10 元。1999 年每股收益 0.2750 元。振荡整理，快进快出。

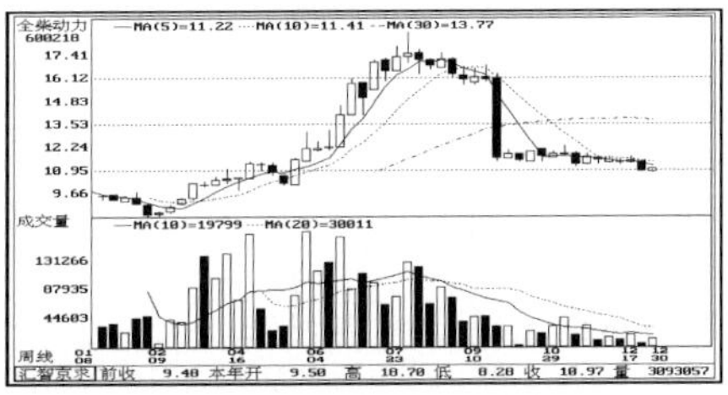

600218　全柴动力：流通股本 7800 万，主营内燃机、拖拉机等农用车。7 月 30 日最高价 18.70 元，3 月 1 日最低价 8.28 元。1999 年每股收益 0.4110 元。上行欲望不强，仍有整理。

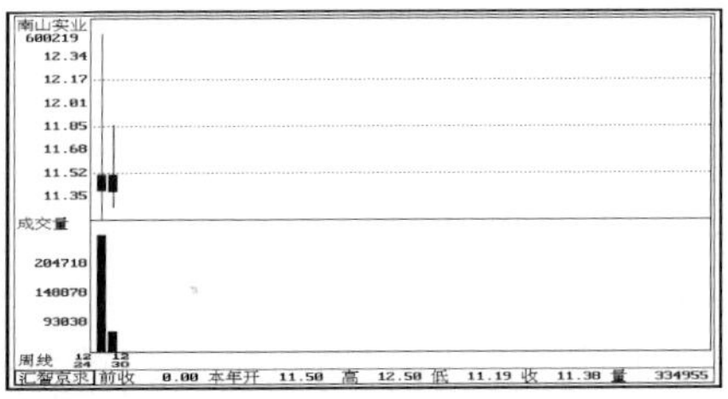

600219　南山实业：流通股本 7500 万，主营毛纺织品、服装等。12 月 23 日最高价 12.50 元，12 月 24 日最低价 11.19 元。1999 年每股收益 0.3900 元。短线调整未结束，持币。

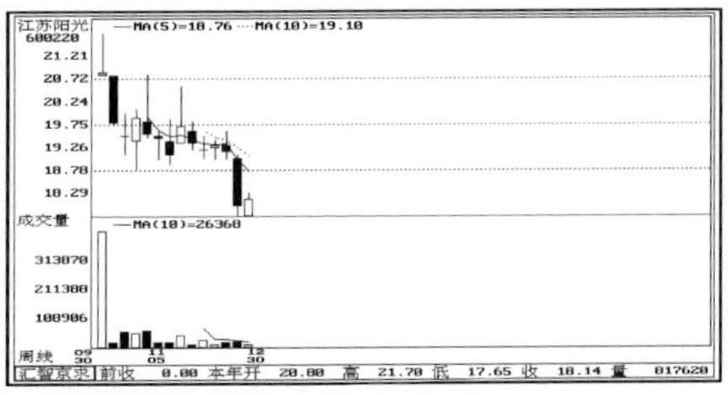

600220　江苏阳光：流通股本 11900 万，主营精毛纺呢绒的生产、销售。9 月 28 日最高价 21.70 元，12 月 27 日最低价 17.65 元。1999 年每股收益 0.6300 元。已见底反转，持股或低吸。

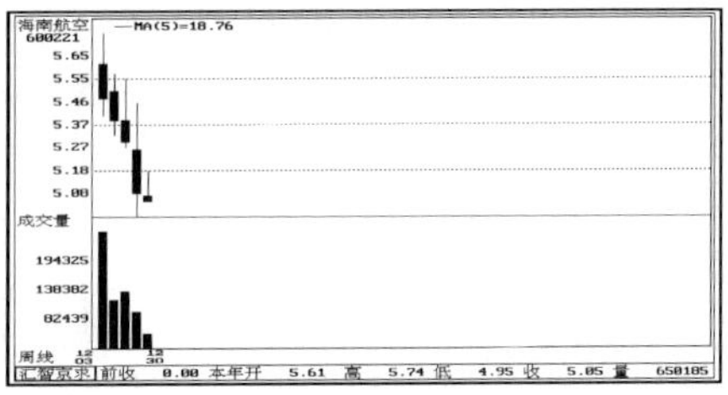

600221　海南航空：流通股本 20500 万，主营航空。11 月 29 日最高价 5.74 元，12 月 23 日最低价 4.95 元。1999 年每股收益 0.2000 元。走势未明，后市关注。

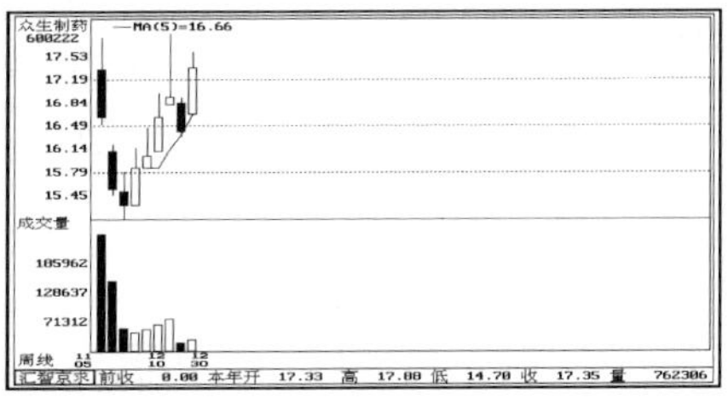

600222　众生制药：流通股本 3500 万，主营药品。12 月 15 日最高价 17.88 元，11 月 17 日最低价 14.70 元。1999 年每股收益 0.2800 元。上升动力不足，谨慎持有。

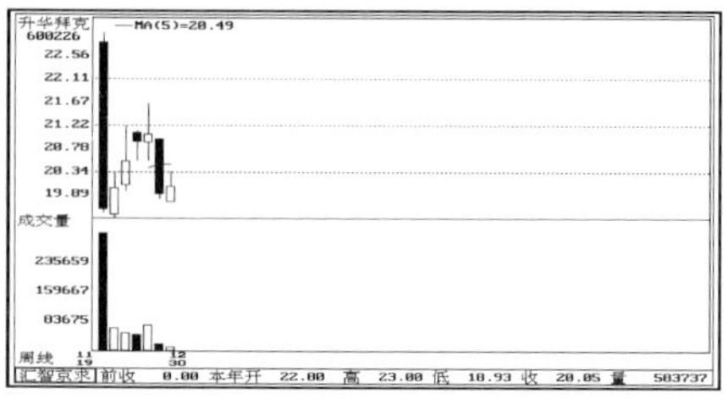

600226 升华拜克:流通股本3500万,主营药品。11月16日最高价23.00元,11月17日最低价18.93元。1999年每股收益0.3120元。短线有减持迹象,暂不介入。

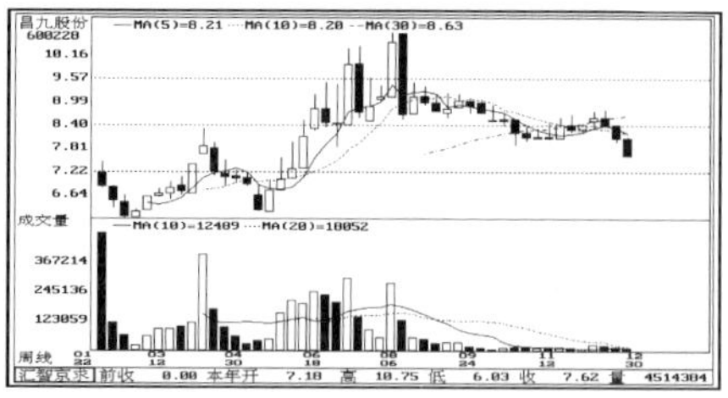

600228 昌九股份:流通股本6000万,主营尿素、合成氨、甲醇等化肥化工原料。8月6日最高价10.75元,2月8日最低价6.03元。1999年每股收益0.0530元。短线有一定的压力,正在调整。

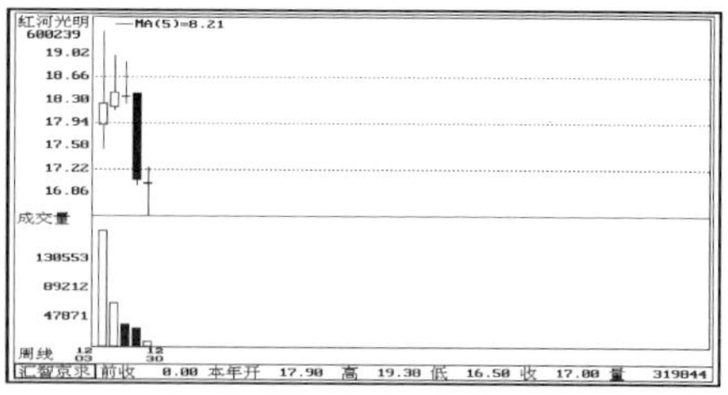

600239 红河光明:流通股本2000万,主营啤酒、饮料等。12月2日最高价19.38元,12月30日最低价16.50元。1999年每股收益0.2200元。受阻回调,形态仍需整固。

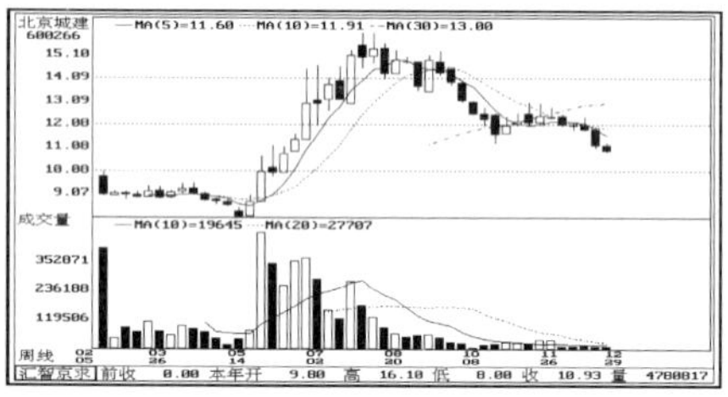

600266 北京城建:流通股本10000万,主营各种公共建筑建设项目工程的总承包。8月4日最高价16.10元,5月17日最低价8.00元。1999年每股收益0.4360元。走势未明,后市关注。

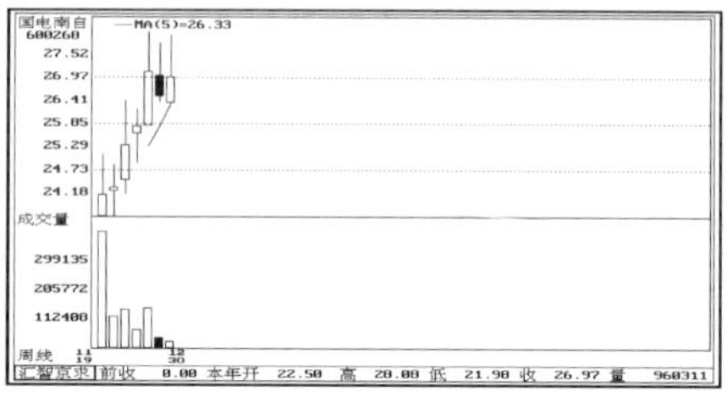

600268 国电南自:流通股本4000万,主营输配电线路保护、电力主设备保护。12月16日最高价28.08元,11月18日最低价21.98元。1999年每股收益0.2840元。短线仍以反复整理筑底为主。

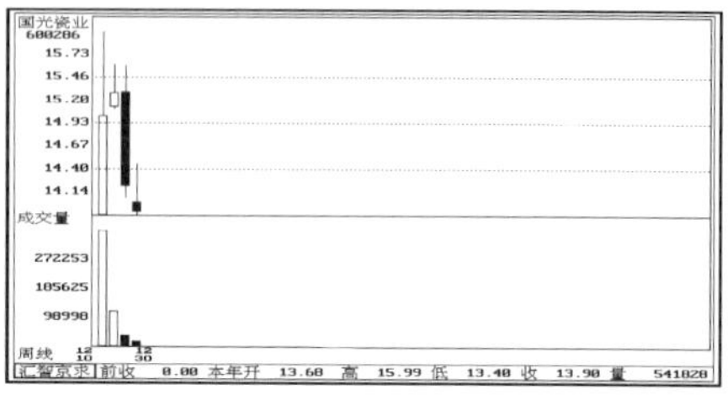

600286 国光瓷业:流通股本3500万,主营陶瓷产品。12月9日最高价15.99元,12月9日最低价13.40元。1999年每股收益0.2210元。整理走势,短线有一定压力。

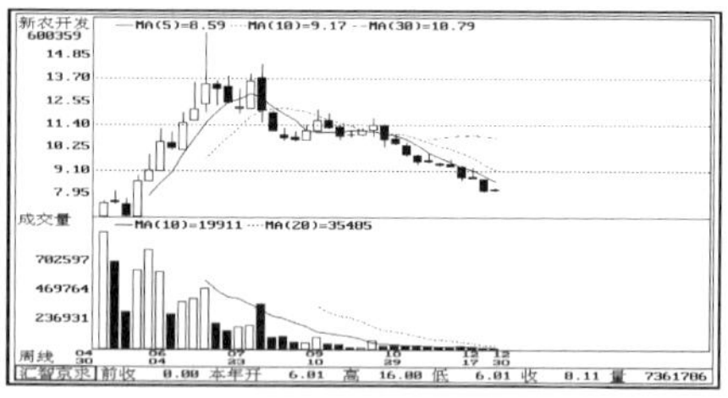

600359 新农开发:流通股本9000万,主营农牲畜产品的生产、加工与销售。6月30日最高价16.00元,4月29日最低价6.01元。1999年每股收益0.2210元。上行欲望不强,仍有整理。

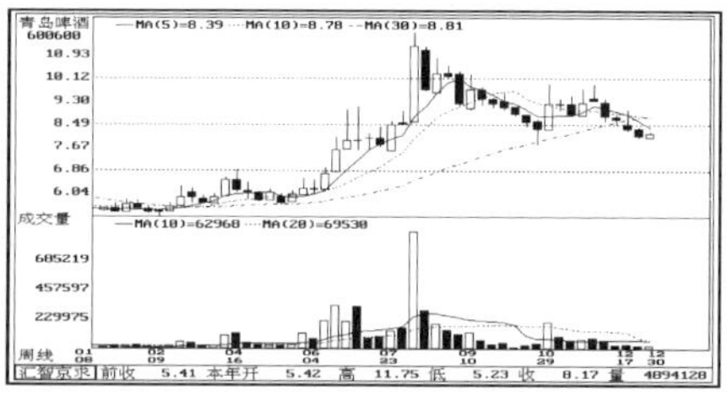

600600 青岛啤酒:流通股本10000万,主营生产及销售啤酒。8月6日最高价11.75元,2月9日最低价5.23元。1999年每股收益0.0990元。走势未明,后市关注。

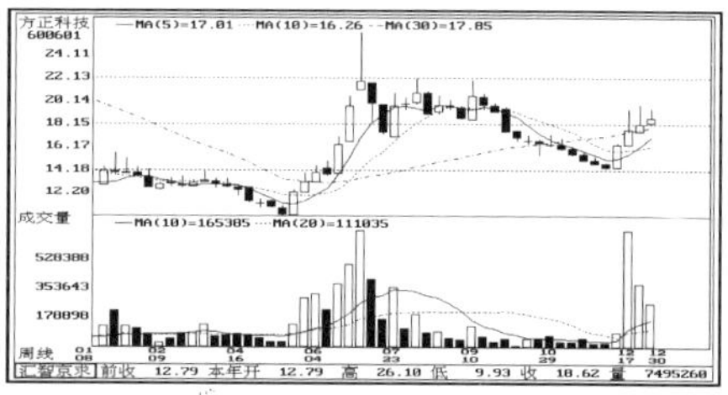

600601 方正科技:流通股本18662万,主营文化办公用品及材料、计算机及配件。6月30日最高价26.10元,5月17日最低价9.93元。1999年每股收益0.1810元。前期主力未出,短线可看高一线。

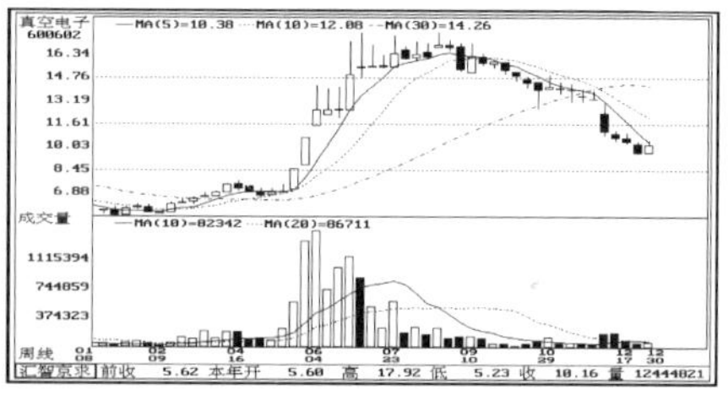

600602 真空电子:流通股本31816万,主营真空电子器件及配件。8月19日最高价17.92元,1月5日最低价5.23元。1999年每股收益0.4220元。短线调整未结束,持币。

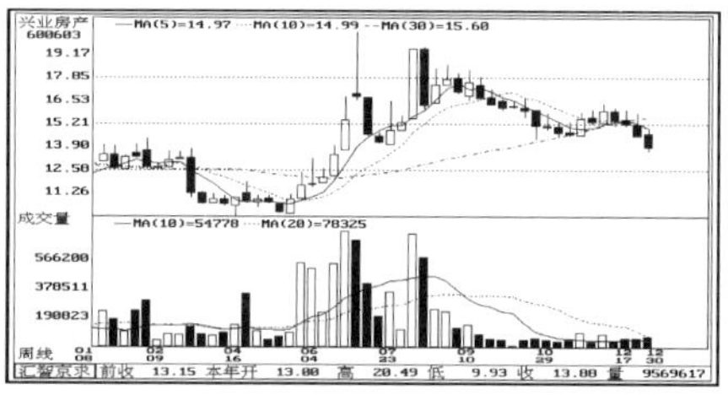

600603 兴业房产:流通股本16220万,主营房地产开发经营、系统房代理出租。6月30日最高价20.49元,4月15日最低价9.93元。1999年每股收益0.1670元。上行欲望不强,仍有整理。

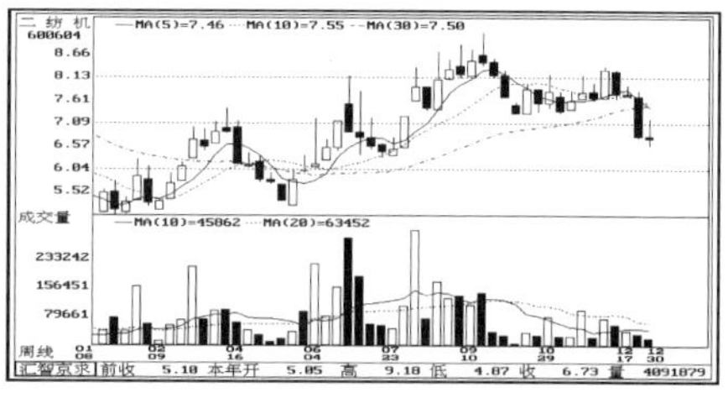

600604 二纺机:流通股本7118万,主营纺织机械、电子电器产品。9月14日最高价9.18元,1月5日最低价4.87元。1999年每股收益0.0120元。短线高位整理,仍可持股。

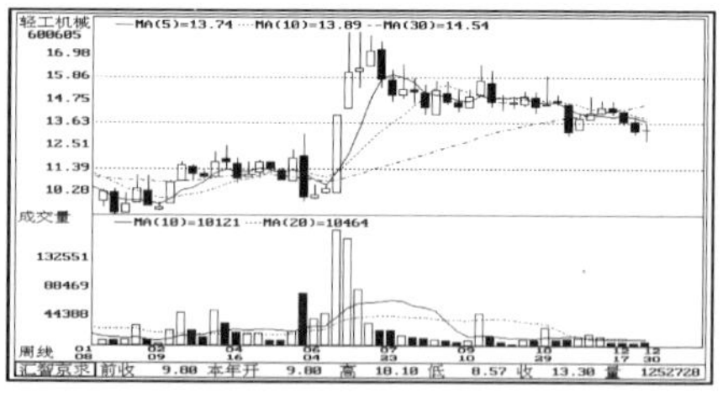

600605 轻工机械:流通股本2400万,主营设计制造、经营轻工机械。6月25日最高价18.10元,1月18日最低价8.57元。1999年每股收益0.1500元。整理蓄势,暂可持股。

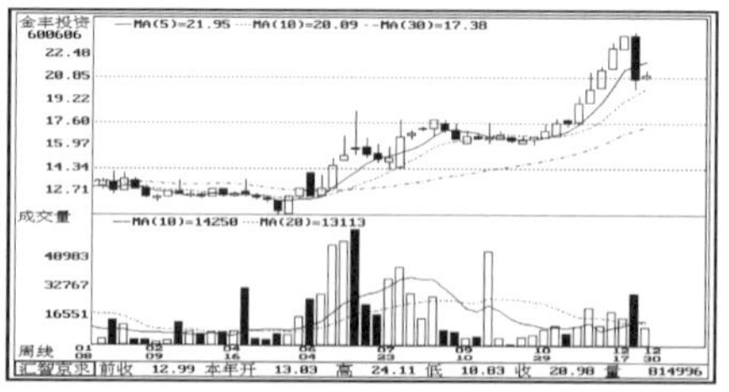

600606 金丰投资:流通股本4200万,主营新型建材、楼宇设备的研制、开发。12月21日最高价24.11元,5月19日最低价10.83元。1999年每股收益0.2540元。回抽确认,面临均线支撑。

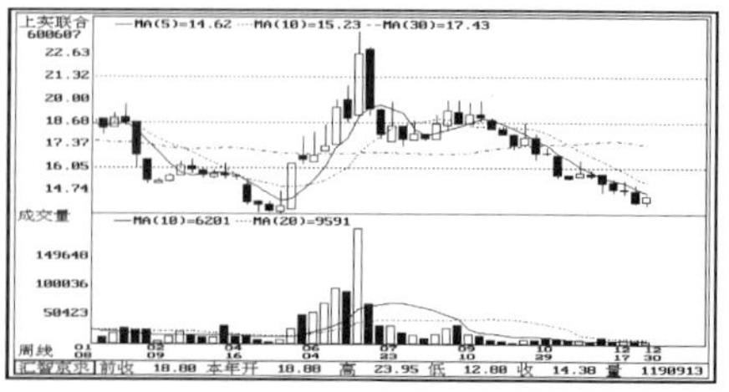

600607 上实联合:流通股本8347万,主营生物医药、商务网络、纺织。7月1日最高价23.95元,5月10日最低价12.80元。1999年每股收益0.4260元。走势不明朗,暂不介入。

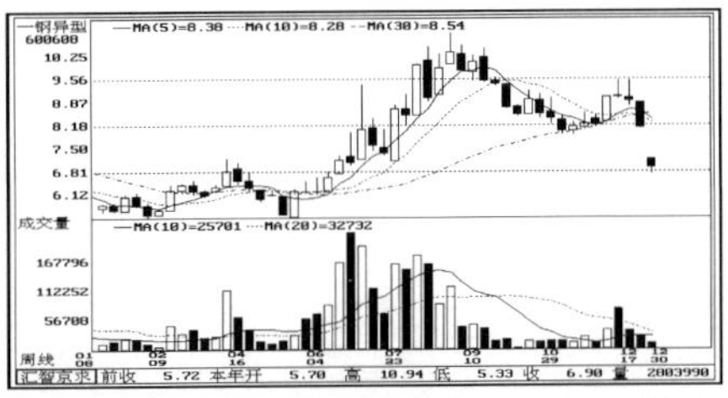

600608　一钢异型：流通股本7300万，主营无缝异型钢管及金属型材、波纹管。8月24日最高价10.94元，5月17日最低价5.33元。1999年每股收益0.1120元。短线有减持迹象，暂不介入。

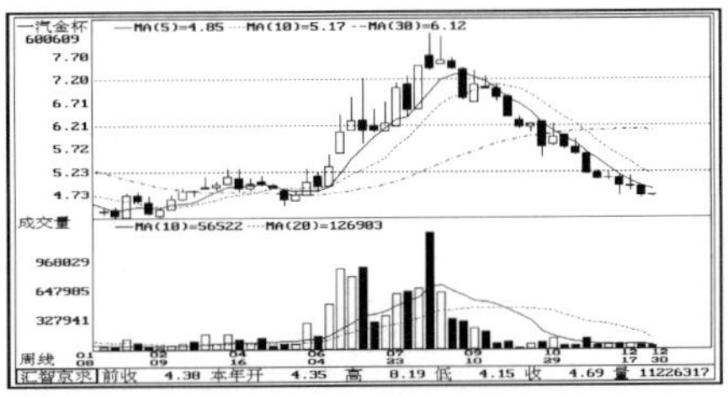

600609　一汽金杯：流通股本28000万，主营汽车及配件。8月9日最高价8.19元，1月18日最低价4.15元。1999年每股收益0.2280元。上行欲望不强，仍有整理。

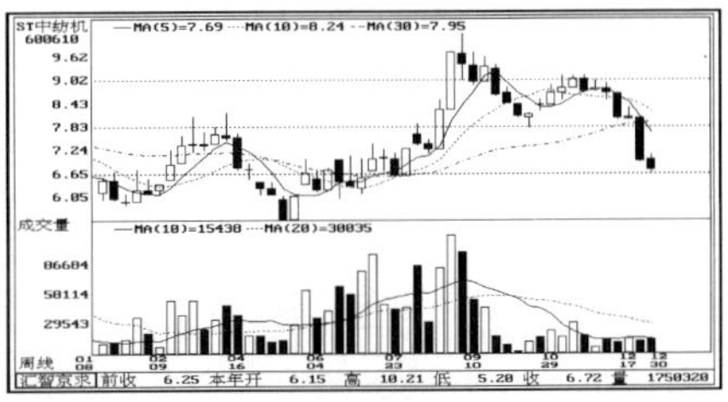

600610　ST中纺机：流通股本2600万，主营纺织机械、通用机械。8月30日最高价10.21元，5月18日最低价5.20元。1999年每股收益-0.493元。需继续在低位震荡筑底。

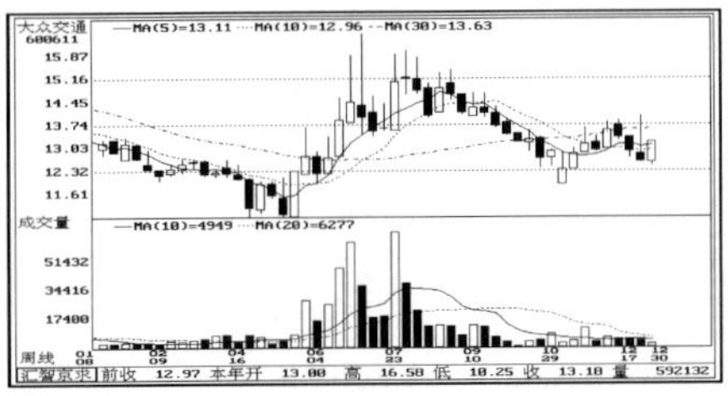

600611　大众交通：流通股本10947万，主营交通运输。6月30日最高价16.58元，4月22日最低价10.25元。1999年每股收益0.3300元。回落空间有限，继续持有。

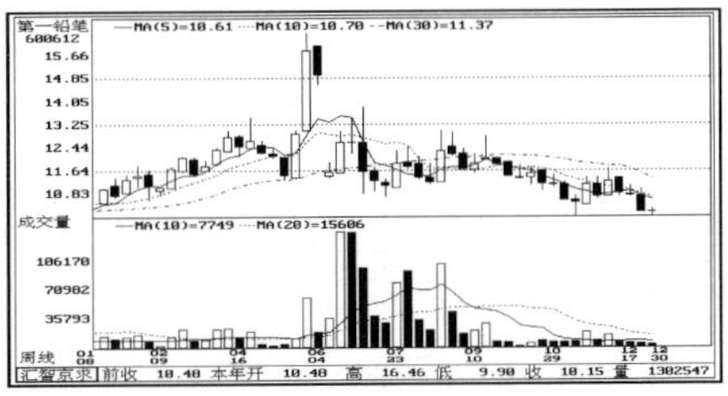

600612　第一铅笔：流通股本2401万，主营铅笔、化妆笔等文化用品。5月27日最高价16.46元，12月27日最低价9.90元。1999年每股收益0.0550元。回抽确认，面临均线支撑。

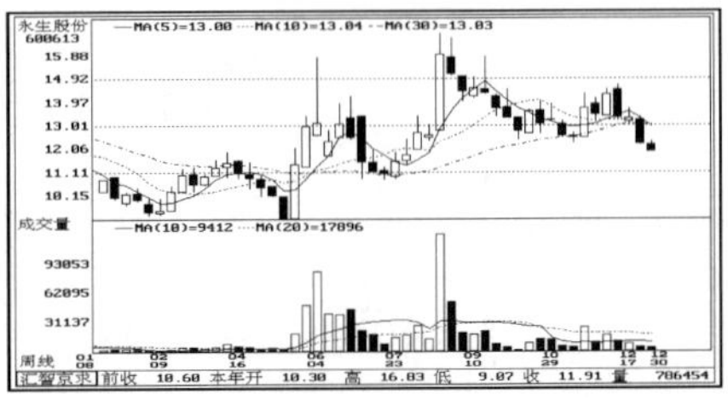

600613　永生股份：流通股本913万，主营进出口各种笔类及配套礼品。8月20日最高价16.83元，1月18日最低价9.07元。1999年每股收益0.0440元。大幅回调，短线仍有整理。

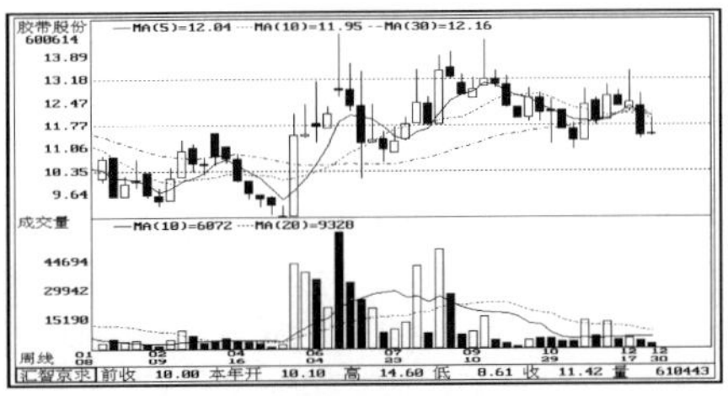

600614　胶带股份：流通股本835万，主营运输带、传送带、三角带的生产。6月15日最高价14.60元，3月2日最低价8.61元。1999年每股收益0.0090元。短线有减持迹象，暂不介入。

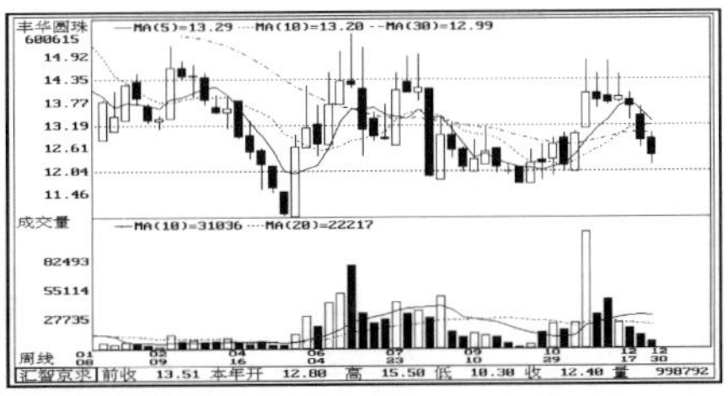

600615　丰华圆珠：流通股本2628万，主营文教体育用品制造、食品等。6月22日最高价15.50元，5月17日最低价10.30元。1999年每股收益0.4200元。有获利盘减持迹象，暂不介入。

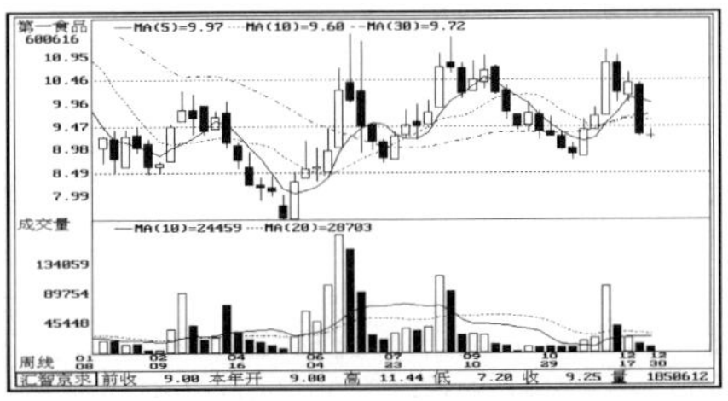

600616　第一食品：流通股本3512万，主营食品、副食品、食品添加剂、烟酒。6月23日最高价11.44元，5月18日最低价7.20元。1999年每股收益0.1600元。回抽确认，面临均线支撑。

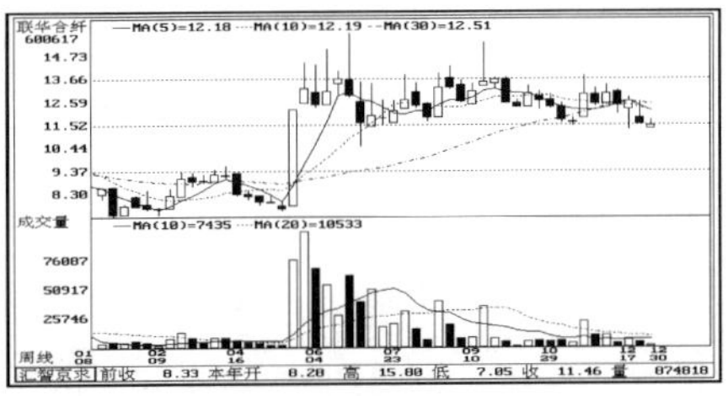

600617　联华合纤：流通股本900万，主营聚酯切片、各类不同品种的合成纤维。6月22日最高价15.80元，1月18日最低价7.05元。1999年每股收益0.0310元。有获利盘减持迹象，暂不介入。

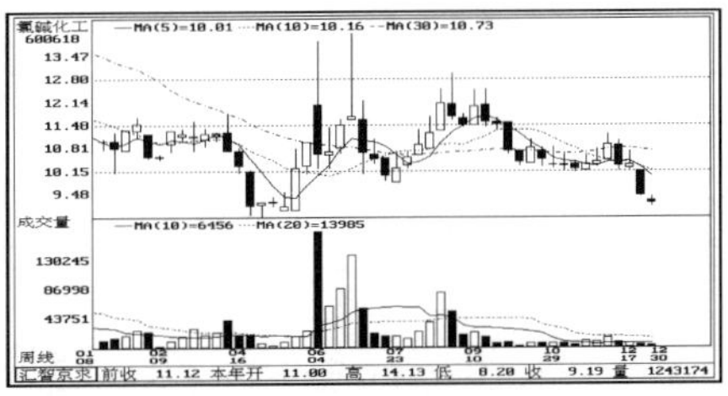

600618　氯碱化工：流通股本2783万，主营烧碱、氯氟、聚氯乙烯系列化工原料。6月24日最高价14.13元，5月19日最低价8.20元。1999年每股收益0.0340元。均线反压，短线趋势仍淡。

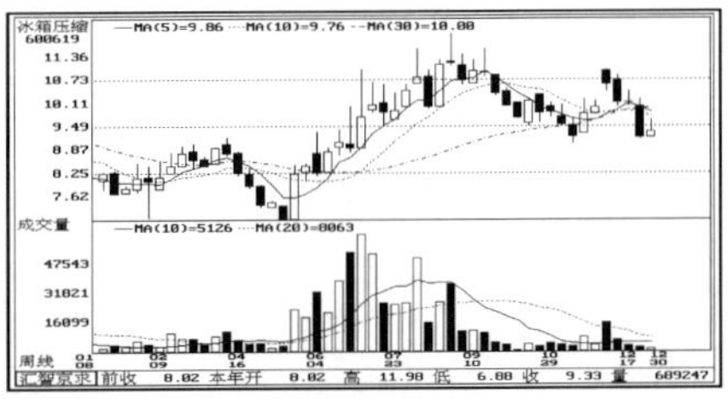

600619　冰箱压缩：流通股本2028万，主营冰箱压缩机、空调压缩机、制冷设备。8月23日最高价11.98元，5月19日最低价6.88元。1999年每股收益0.0270元。有获利盘减持迹象，暂不介入。

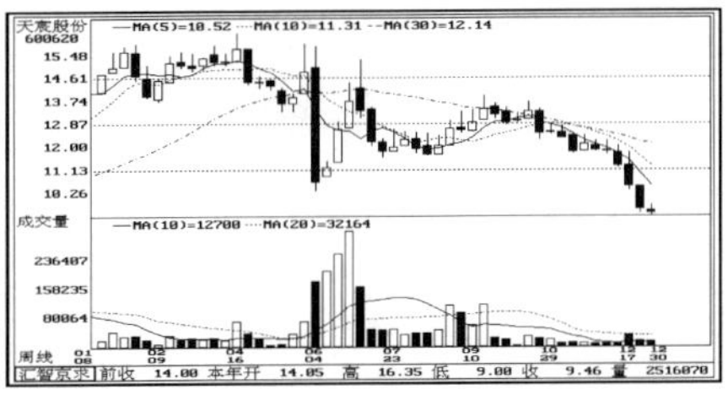

600620　天宸股份：流通股本8047万，主营房地产、物业管理、建筑装潢。4月14日最高价16.35元，12月28日最低价9.00元。1999年每股收益0.1390元。筑底回升走势，持股观望。

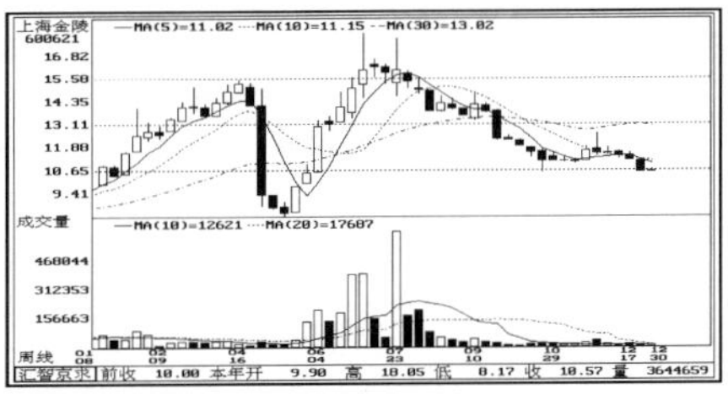

600621　上海金陵：流通股本10893万，主营微型电机、印刷电路板。6月29日最高价18.05元，4月29日最低价8.17元。1999年每股收益0.2700元。上行欲望不强，仍有整理。

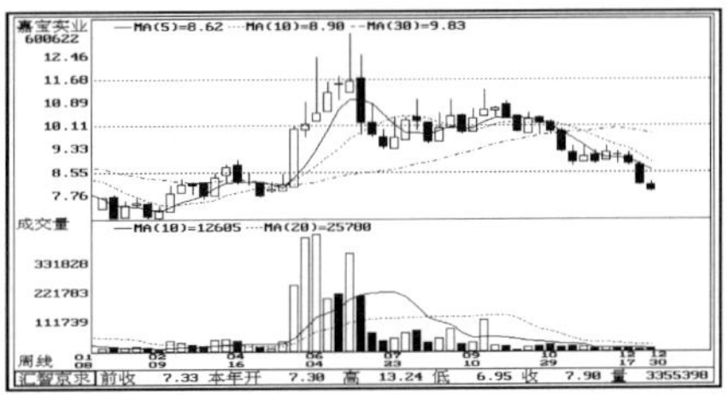

600622　嘉宝实业：流通股本6682万，主营照明电器家用电器。6月23日最高价13.24元，2月8日最低价6.95元。1999年每股收益0.0130元。有获利盘减持迹象，暂不介入。

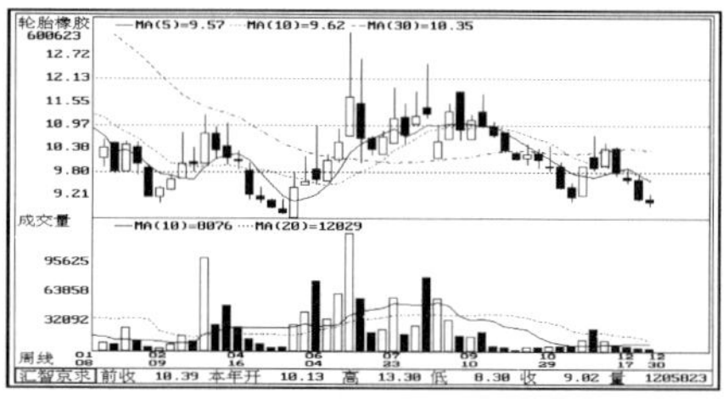

600623 轮胎橡胶：流通股本 2288 万，主营轮胎。6 月 24 日最高价 13.30 元，5 月 19 日最低价 8.30 元。1999 年每股收益 0.0030 元。上行欲望不强，仍有整理。

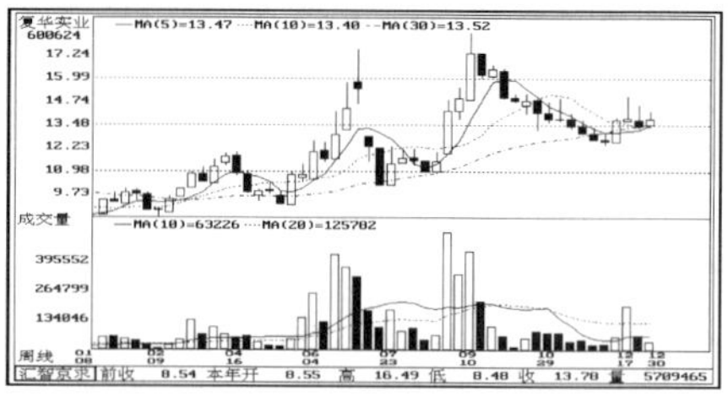

600624 复华实业：流通股本 12440 万，主营电脑系统及电源、通信设备、生物技术。9 月 10 日最高价 18.49 元，2 月 9 日最低价 8.48 元。1999 年每股收益 0.0930 元。下档均线有支持，需整理。

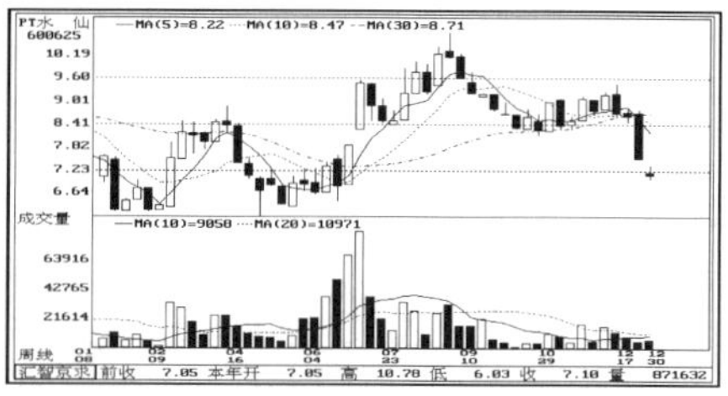

600625 PT 水仙：流通股本 1755 万，主营洗衣机、燃气热水器的出口及内销。8 月 24 日最高价 10.78 元，1 月 18 日最低价 6.03 元。1999 年每股收益 -0.834 元。上行欲望不强，仍有整理。

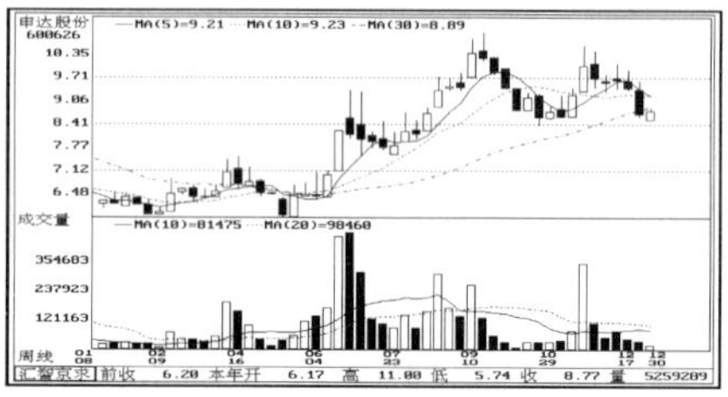

600626 申达股份：流通股本 10034 万，主营纺织印染服装进出口业务。9 月 14 日最高价 11.00 元，5 月 17 日最低价 5.74 元。1999 年每股收益 0.3790 元。上行欲望不强，仍有整理。

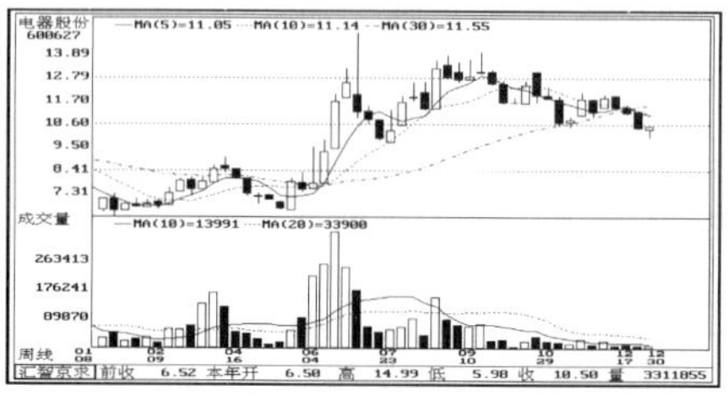

600627 电器股份：流通股本 5100 万，主营电器材料、电子相关产品。6 月 29 日最高价 14.99 元，1 月 5 日最低价 5.98 元。1999 年每股收益 0.0600 元。回落空间有限，继续持有。

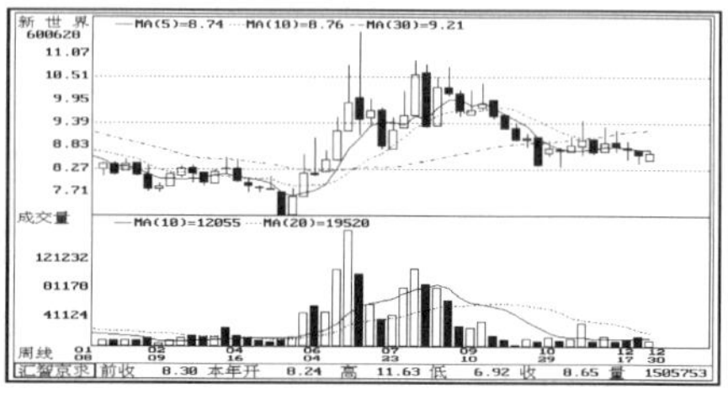

600628 新世界：流通股本 7745 万，主营日用百货、食品、旅游商品。6 月 30 日最高价 11.63 元，5 月 19 日最低价 6.92 元。1999 年每股收益 0.2790 元。短线有回调补缺口要求。

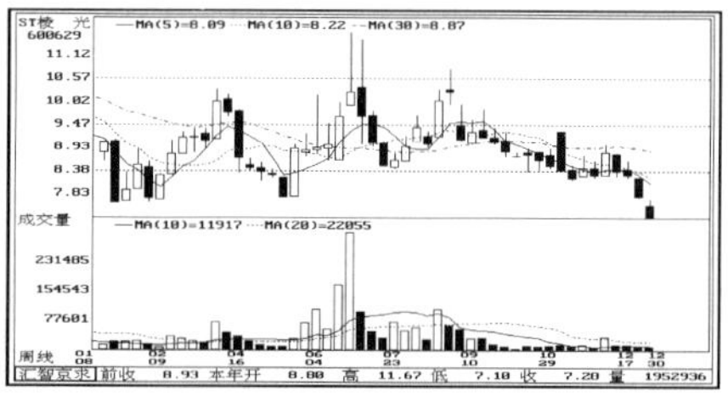

600629 ST 棱光：流通股本 4927 万，主营硅单晶、石英玻璃、工业气体。6 月 25 日最高价 11.67 元，12 月 27 日最低价 7.10 元。1999 年每股收益 -0.248 元。均线反压大，不宜介入。

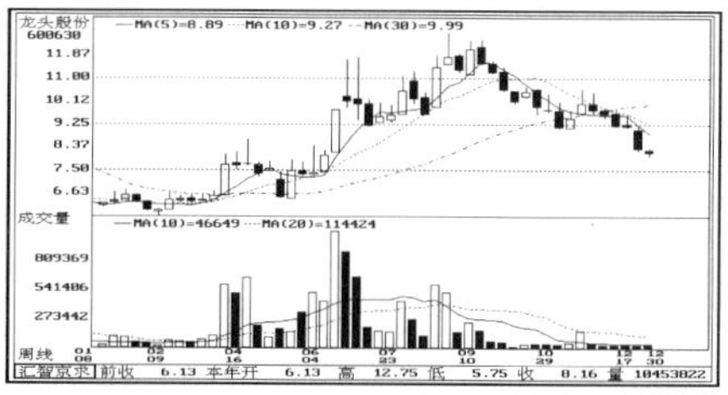

600630 龙头股份：流通股本 14700 万，主营棉纺、棉针织品、针织内衣。8 月 27 日最高价 12.75 元，2 月 9 日最低价 5.75 元。1999 年每股收益 0.3170 元。成交趋于活跃，仍有上升空间。

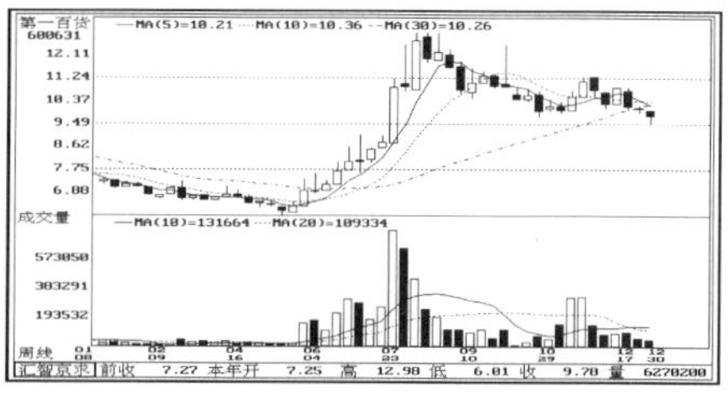

600631 第一百货：流通股本 14628 万，主营日用百货、针纺织品、服装、五金。8 月 20 日最高价 12.98 元，5 月 19 日最低价 6.01 元。1999 年每股收益 0.2400 元。需继续在低位震荡筑底。

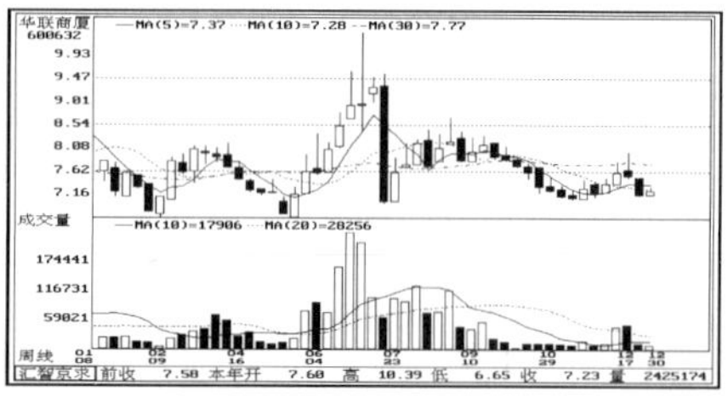

600632 华联商厦：流通股本 9574 万，主营日用百货、五金交电、家用电器。6 月 29 日最高价 10.39 元，5 月 17 日最低价 6.65 元。1999 年每股收益 0.2470 元。有获利盘减持迹象，暂不介入。

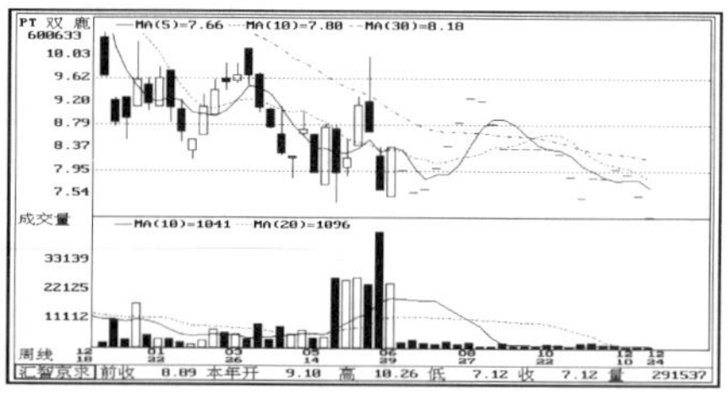

600633 PT 双鹿：流通股本 1320 万，主营经销百货、五金交电、家具等。1 月 6 日最高价 10.26 元，12 月 24 日最低价 7.12 元。1999 年每股收益 -0.303 元。走势未明，后市关注。

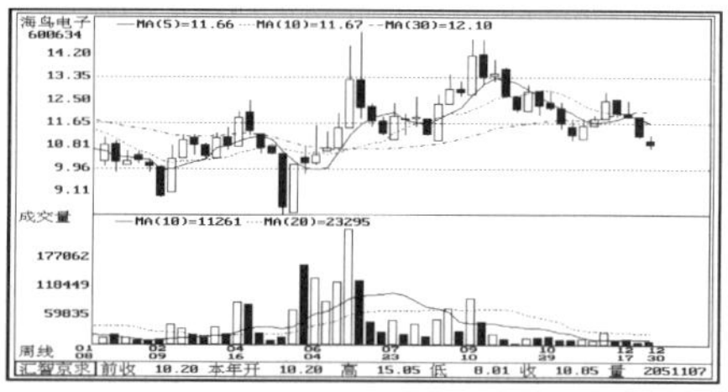

600634 海鸟电子：流通股本 3981 万，主营激光电子产品、可变电容、机芯。6 月 29 日最高价 15.05 元，5 月 17 日最低价 8.01 元。1999 年每股收益 0.0700 元。大幅回调，短线仍有整理。

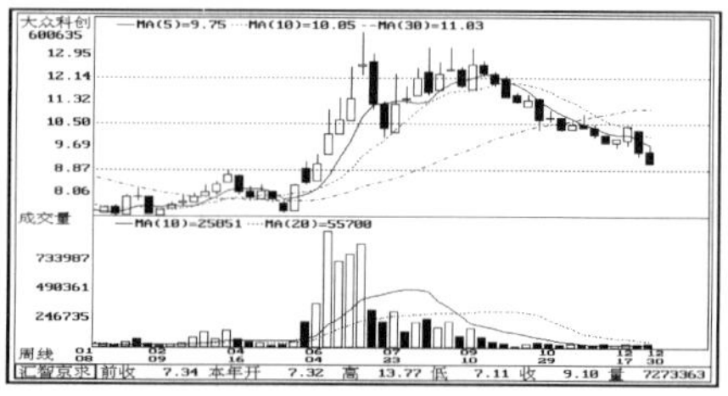

600635 大众科创：流通股本 20717 万，主营交通运输、汽车出租、海洋生物及医药。7 月 1 日最高价 13.77 元，2 月 8 日最低价 7.11 元。1999 年每股收益 0.2630 元。短线有一定的压力，正在调整。

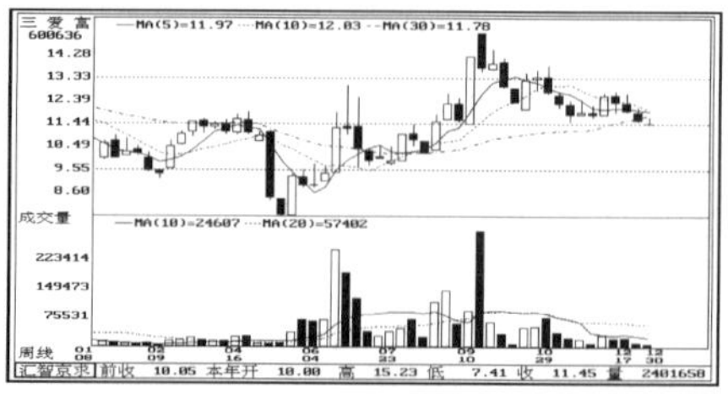

600636 三爱富：流通股本 4493 万，主营有机氟材料及其制品、化工产品。9 月 13 日最高价 15.23 元，5 月 17 日最低价 7.41 元。1999 年每股收益 0.2020 元。成交淡静，短线压力需消化。

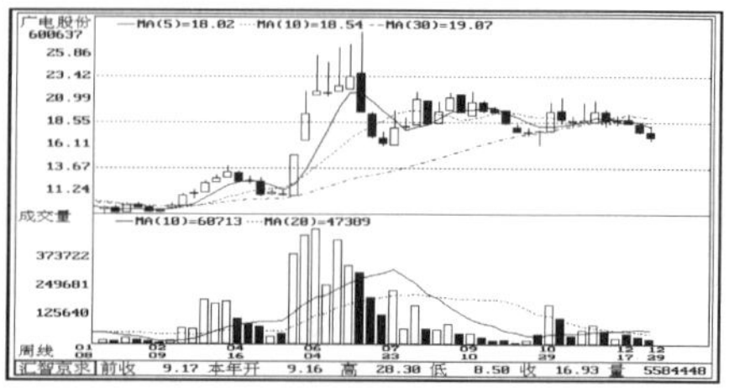

600637 广电股份：流通股本 5528 万，主营电子电器产品、雷达、通讯设备。6 月 29 日最高价 28.30 元，1 月 6 日最低价 8.50 元。1999 年每股收益 0.1920 元。走势未明，后市关注。

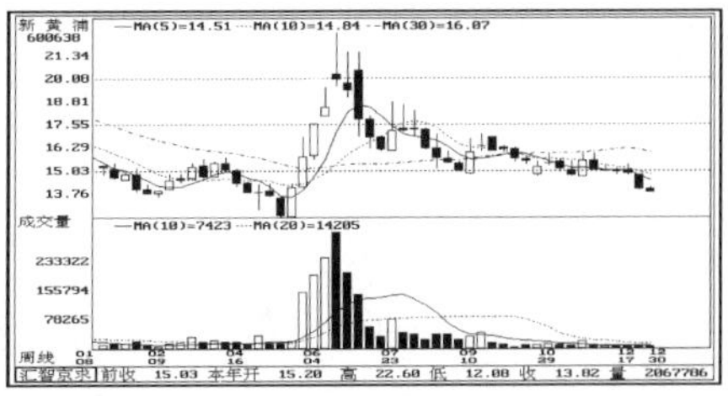

600638　新黄浦：流通股本 8223 万，主营危旧房改造、建筑施工、房地产开发。6 月 16 日最高价 22.60 元，4 月 28 日最低价 12.08 元。1999 年每股收益 0.1844 元。需继续在低位震荡筑底。

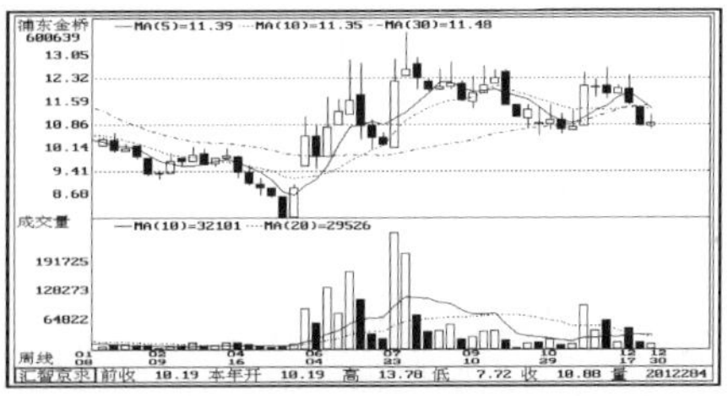

600639　浦东金桥：流通股本 9750 万，主营房地产经营销售、出租和中介。7 月 27 日最高价 13.78 元，5 月 17 日最低价 7.72 元。1999 年每股收益 0.0750 元。已探明底部，回落空间有限。

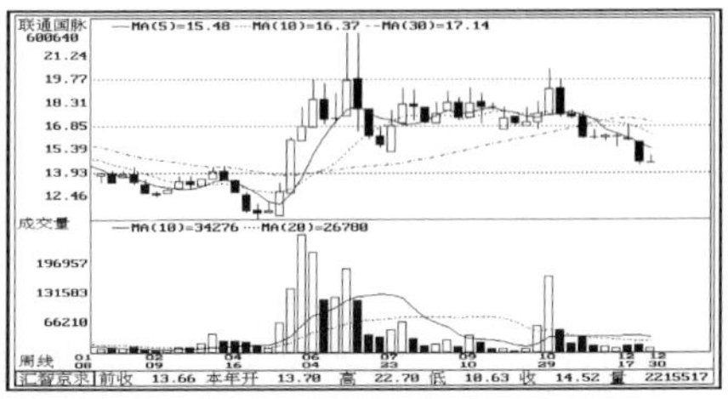

600640　联通国脉：流通股本 4266 万，主营无线通信图像、数据。6 月 30 日最高价 22.70 元，4 月 27 日最低价 10.63 元。1999 年每股收益 0.3400 元。均线反压大，不宜介入。

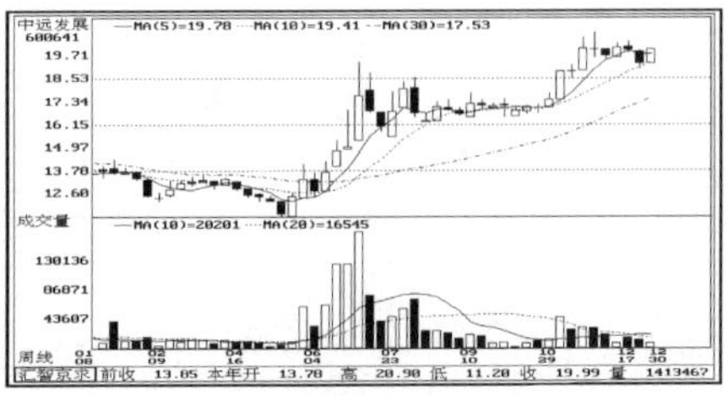

600641　中远发展：流通股本 6600 万，主营实业投资、资产经营。11 月 23 日最高价 20.90 元，5 月 17 日最低价 11.20 元。1999 年每股收益 0.6000 元。短线调整未结束，持币。

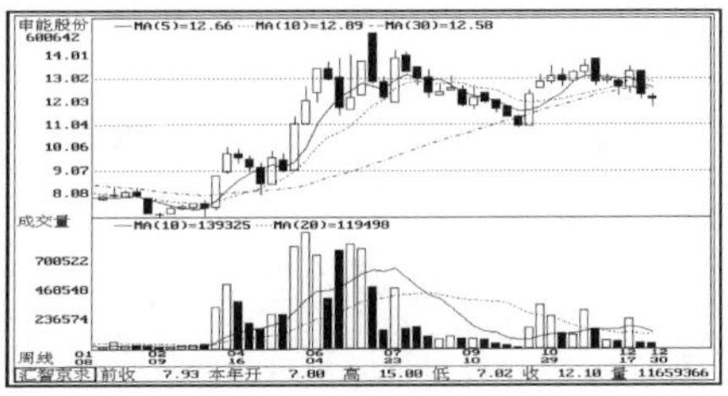

600642　申能股份：流通股本 16135 万，主营电力建设、能源、节能资源综合利用。7 月 5 日最高价 15.00 元，3 月 25 日最低价 7.02 元。1999 年每股收益 0.5080 元。上行欲望不强，仍有整理。

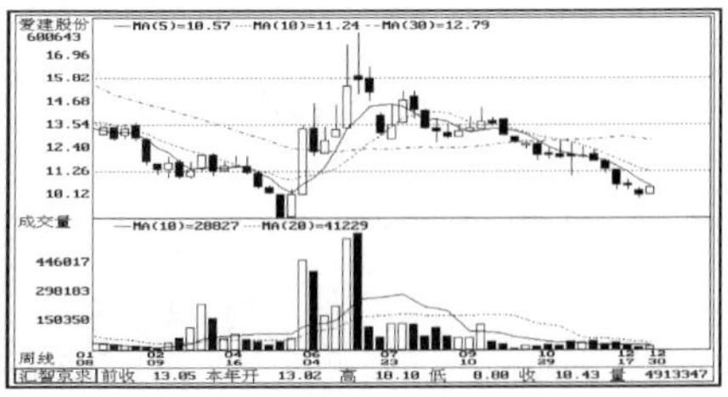

600643　爱建股份：流通股本 28010 万，主营房地产、对外贸易、金融信托。6 月 30 日最高价 18.10 元，5 月 17 日最低价 8.80 元。1999 年每股收益 0.2980 元。超跌明显，仍有反弹空间。

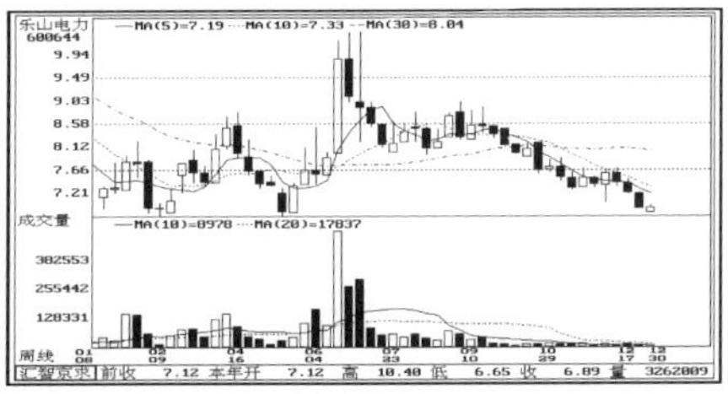

600644　乐山电力：流通股本 8048 万，主营电力开发、生产、经营和电力调度。6 月 29 日最高价 10.40 元，5 月 19 日最低价 6.65 元。1999 年每股收益 0.1900 元。有获利盘减持迹象，暂不介入。

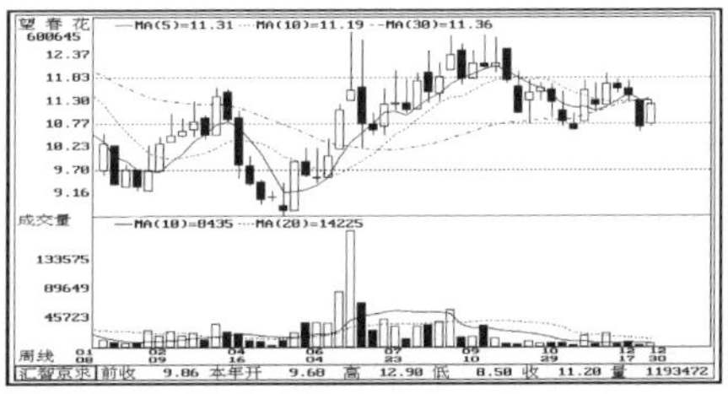

600645　望春花：流通股本 6134 万，主营平绒系列品、工业用布及制品、服装。6 月 22 日最高价 12.90 元，5 月 12 日最低价 8.50 元。1999 年每股收益 0.1640 元。走势不明朗，暂不介入。

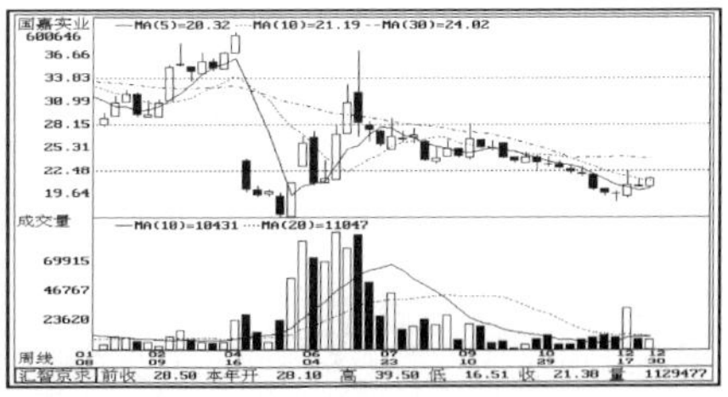

600646　国嘉实业：流通股本 3038 万，主营激光、光电精密机械、网络技术的开发。4 月 16 日最高价 39.50 元，5 月 17 日最低价 16.51 元。1999 年每股收益 0.4080 元。短线仍有上攻潜力，仍可持股。

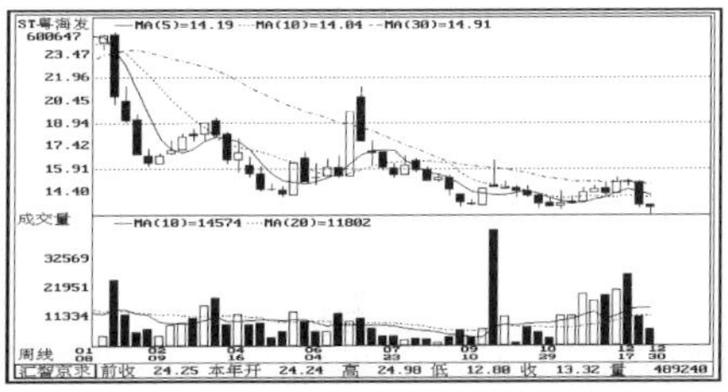

600647　ST 粤海发：流通股本 2100 万，主营实业投资及管理、国内贸易、房地产。1 月 11 日最高价 24.98 元，11 月 11 日最低价 12.80 元。1999 年每股收益 0.1100 元。回抽确认，面临均线支撑。

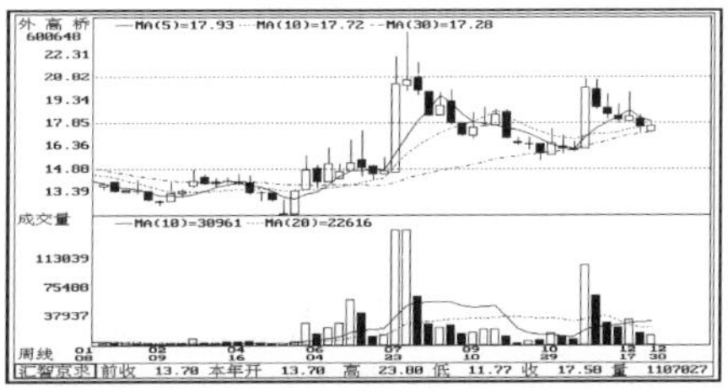

600648　外高桥：流通股本 5000 万，主营房地产业、工程承包、综合性商业。7 月 27 日最高价 23.80 元，5 月 10 日最低价 11.77 元。1999 年每股收益 0.0450 元。筑底回升走势，持股观望。

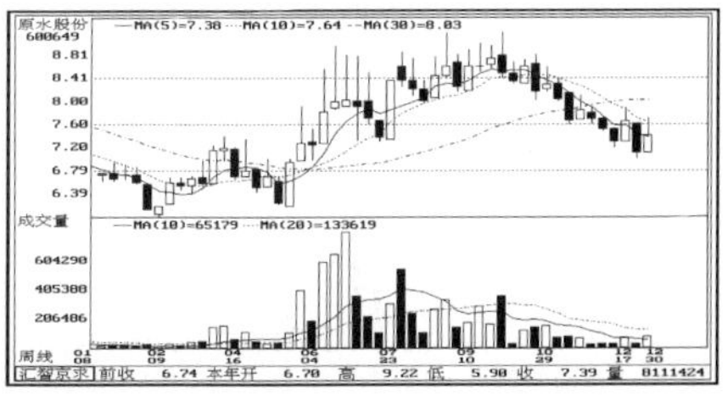

600649　原水股份：流通股本 25561 万，主营原水供应、自来水开发。9 月 28 日最高价 9.22 元，2 月 8 日最低价 5.90 元。1999 年每股收益 0.2569 元。短线调整未结束，持币。

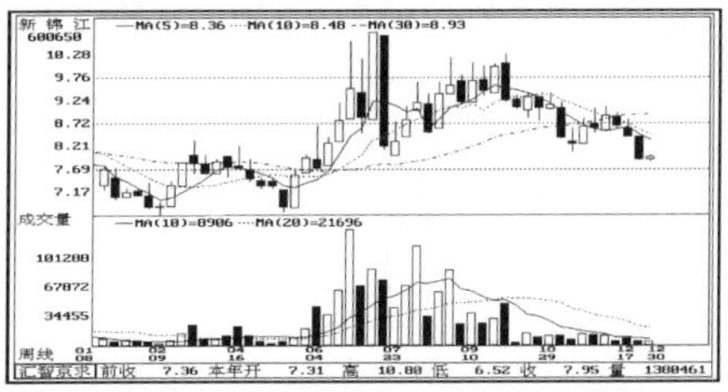

600650　新锦江：流通股本 3802 万，主营客房、餐饮服务。7 月 9 日最高价 10.80 元，5 月 17 日最低价 6.52 元。1999 年每股收益 0.00029 元。回抽确认，面临均线支撑。

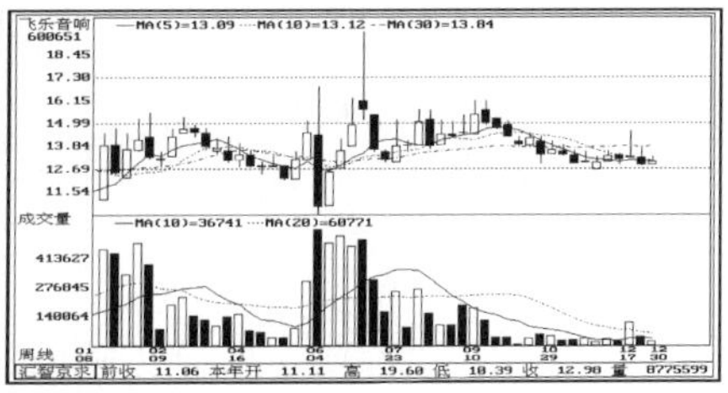

600651　飞乐音响：流通股本 14764 万，主营音响设备、乐器、电子系统、工程设计。6 月 30 日最高价 19.60 元，6 月 4 日最低价 10.39 元。1999 年每股收益 0.1230 元。回抽确认，面临均线支撑。

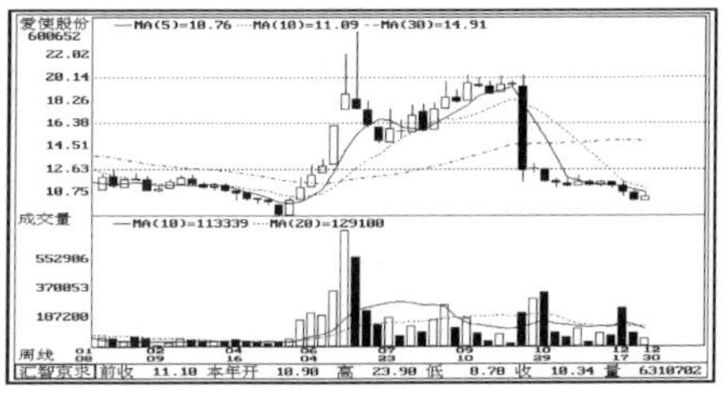

600652　爱使股份：流通股本 23000 万，主营机电产品、房地产开发、客运。6 月 30 日最高价 23.90 元，5 月 18 日最低价 8.78 元。1999 年每股收益 0.1250 元。短线已见底，反弹空间仍存。

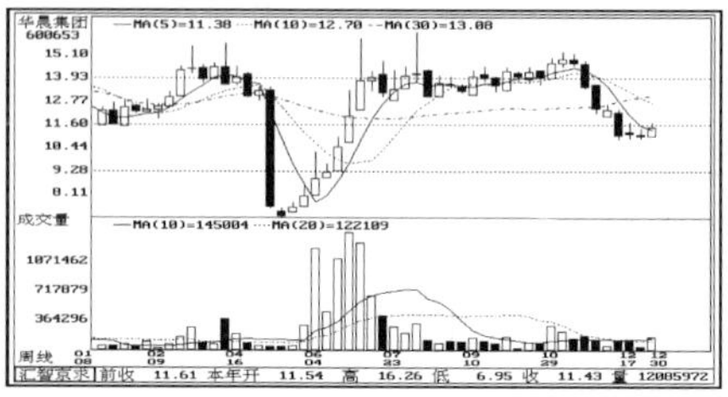

600653　华晨集团：流通股本 54770 万，主营客运出租业、物业、房地产业。8 月 4 日最高价 16.26 元，5 月 17 日最低价 6.95 元。1999 年每股收益 0.3430 元。小 V 型反转，中线可持。

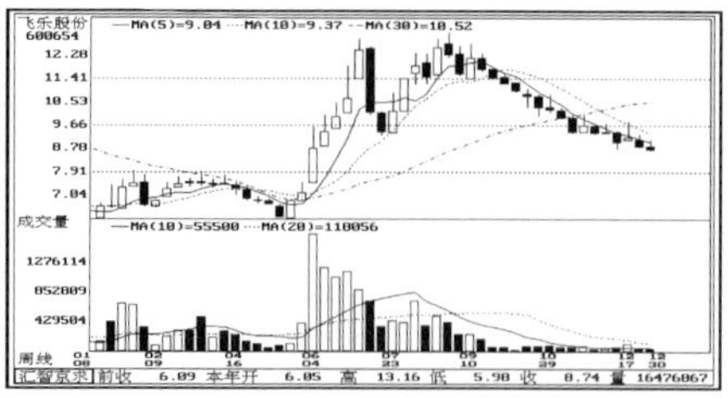

600654　飞乐股份：流通股本 27751 万，主营成套音响设备、通信设备。8 月 24 日最高价 13.16 元，1 月 4 日最低价 5.98 元。1999 年每股收益 0.2000 元。均线系统有压力，观望。

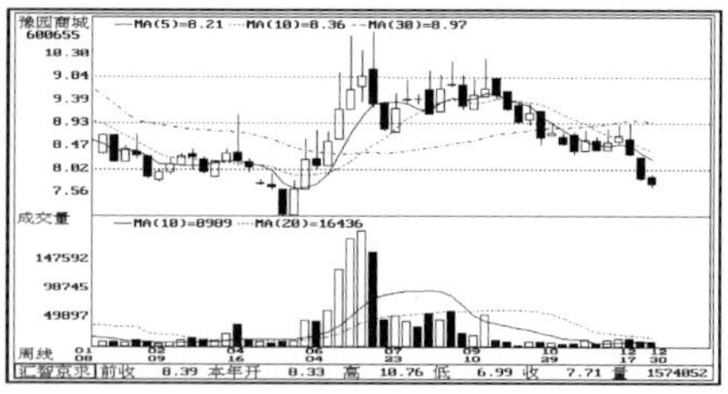

600655　豫园商城：流通股本 10378 万，主营商业、餐饮业、旅游业、服务业。7 月 5 日最高价 10.76 元，5 月 17 日最低价 6.99 元。1999 年每股收益 0.2070 元。有获利盘减持迹象，暂不介入。

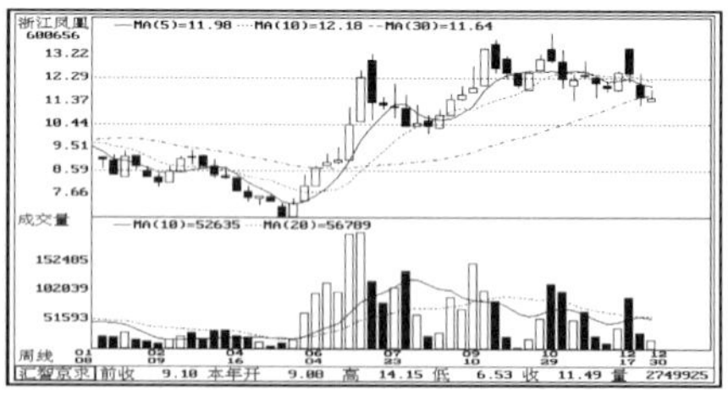

600656　浙江凤凰：流通股本 5100 万，主营日用化学产品、碱产品、纸箱包装。10 月 29 日最高价 14.15 元，5 月 19 日最低价 6.53 元。1999 年每股收益 0.1180 元。短线有减持迹象，暂不介入。

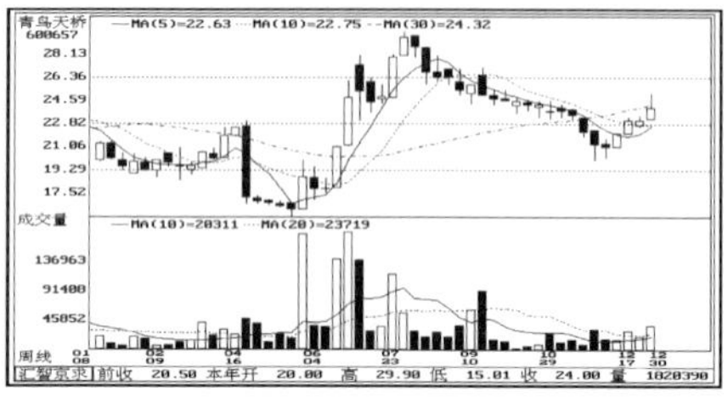

600657　青岛天桥：流通股本 6094 万，主营批零百货、电器设备、软件开发等。7 月 29 日最高价 29.90 元，5 月 19 日最低价 15.01 元。1999 年每股收益 0.4000 元。短线有回调补缺口要求。

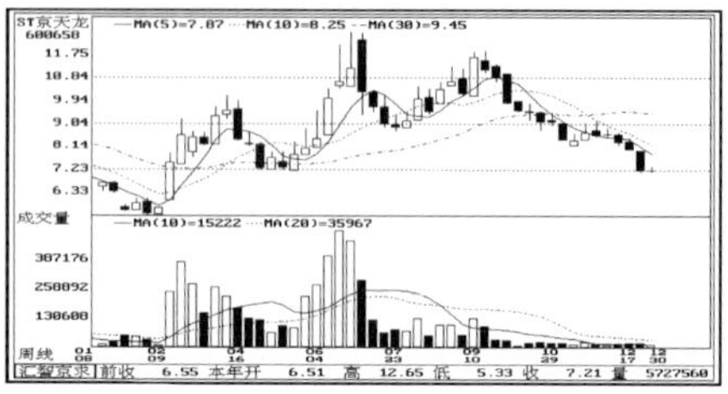

600658　ST 京天龙：流通股本 9032 万，主营有色金属，稀贵金属。6 月 25 日最高价 12.65 元，1 月 19 日最低价 5.33 元。1999 年每股收益 -0.4090 元。上行欲望不强，仍有整理。

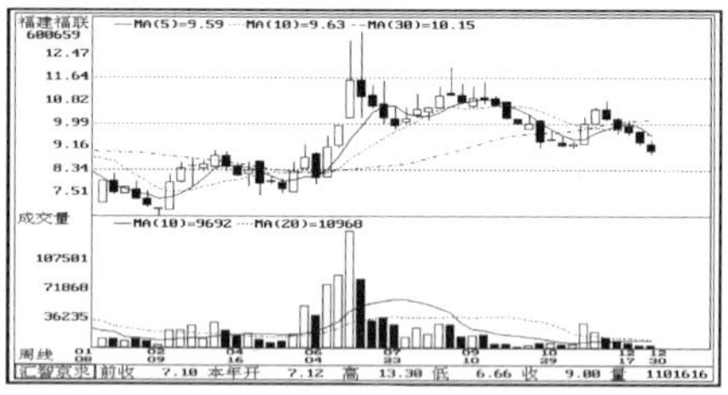

600659　福建福联：流通股本 3184 万，主营纺织原辅材料、纺织机械、染料。6 月 30 日最高价 13.30 元，2 月 8 日最低价 6.66 元。1999 年每股收益 0.2000 元。已探明底部，回落空间有限。

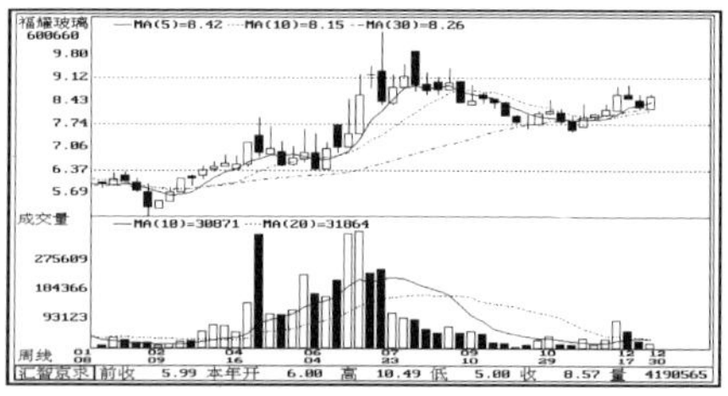

600660　福耀玻璃：流通股本 8136 万，主营汽车用安全玻璃、建筑用安全玻璃。7 月 14 日最高价 10.49 元，2 月 5 日最低价 5.00 元。1999 年每股收益 0.2800 元。走势未明，后市关注。

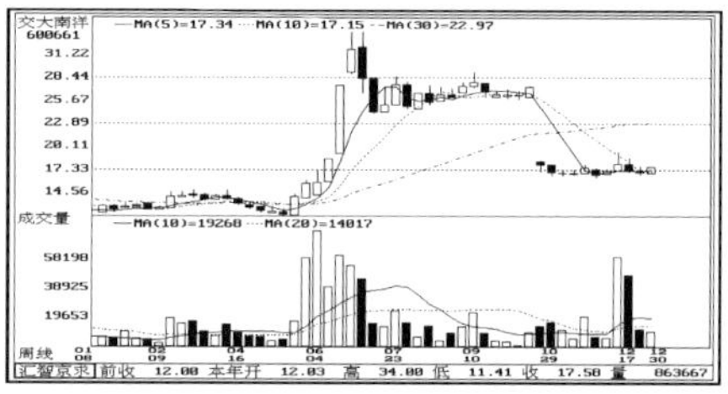

600661　交大南洋：流通股本 2546 万，主营高新技术产品的生产和销售。6 月 28 日最高价 34.00 元，5 月 10 日最低价 11.41 元。1999 年每股收益 0.1700 元。短线有回调补缺口要求。

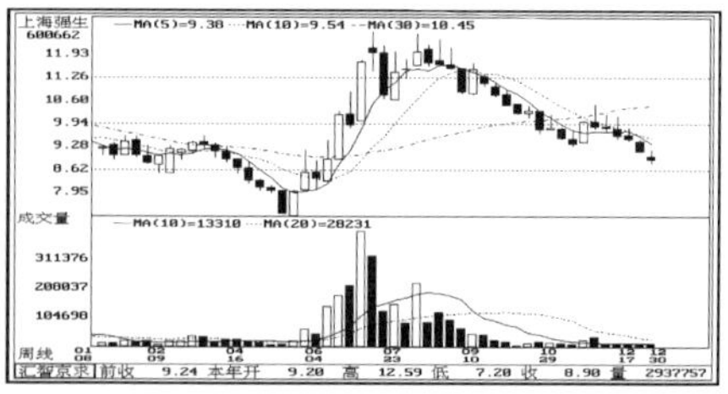

600662　上海强生：流通股本 15000 万，主营汽车出租、小公共汽车、五金。7 月 5 日最高价 12.59 元，5 月 17 日最低价 7.20 元。1999 年每股收益 0.3200 元。短线回吐，仍可谨慎持股。

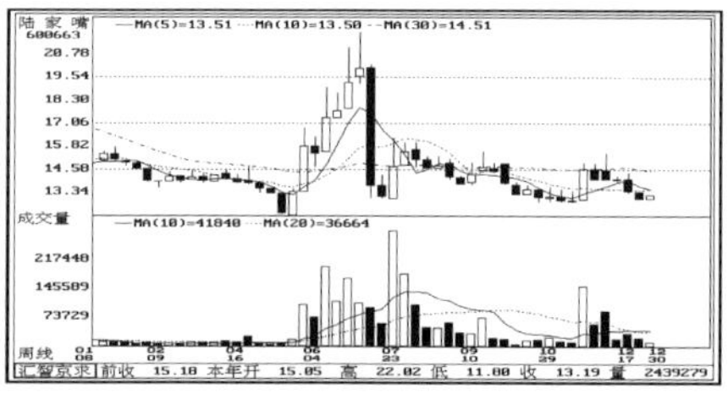

600663　陆家嘴：流通股本 16052 万，主营房地产经营、市政公用基础设施。7 月 2 日最高价 22.02 元，5 月 17 日最低价 11.80 元。1999 年每股收益 0.0140 元。短线有回调补缺口要求。

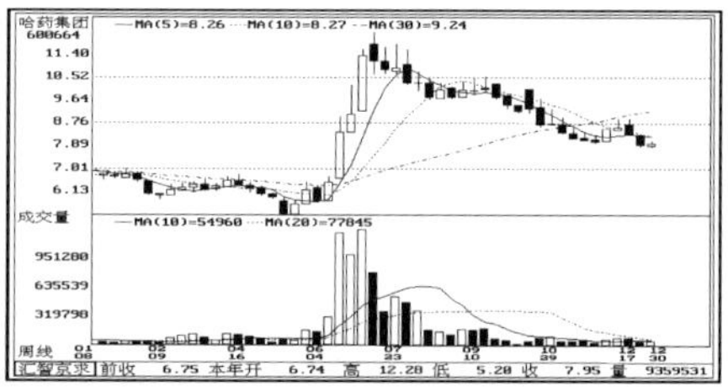

600664　哈药集团：流通股本 24321 万，主营医药、医药器械、制药机械制造。7 月 5 日最高价 12.28 元，5 月 17 日最低价 5.20 元。1999 年每股收益 0.3500 元。上行欲望不强，仍有整理。

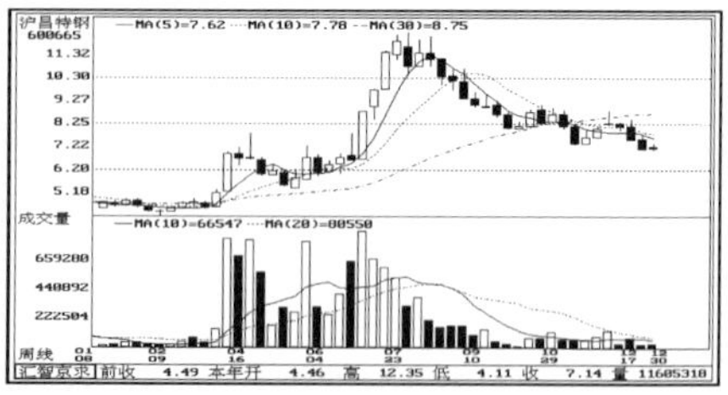

600665　沪昌特钢：流通股本 11025 万，主营钢材及延伸制品，7 月 27 日最高价 12.35 元，2 月 8 日最低价 4.11 元。1999 年每股收益 0.0150 元。上行欲望不强，仍有整理。

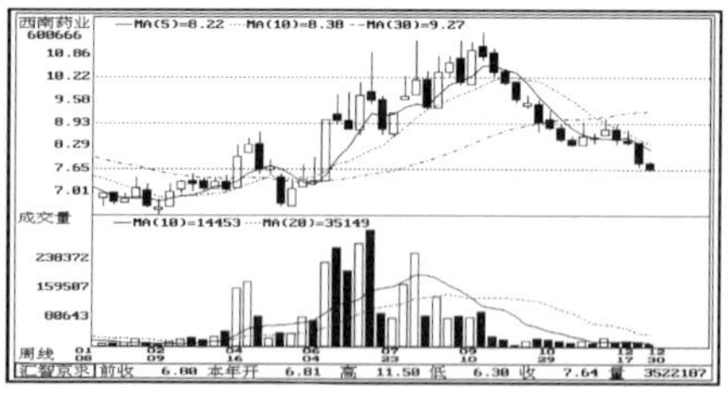

600666　西南药业：流通股本 5779 万，主营原料药、中西药制剂加工销售。9 月 13 日最高价 11.50 元，2 月 8 日最低价 6.30 元。1999 年每股收益 0.1200 元。成交淡静，短线压力需消化。

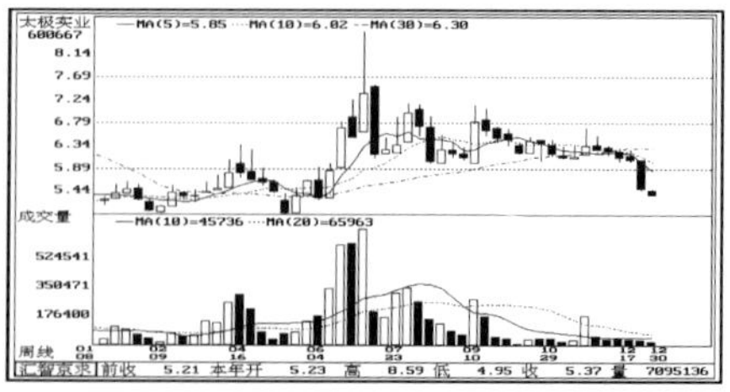

600667　太极实业：流通股本 18964 万，主营化纤产品。6 月 30 日最高价 8.59 元，5 月 10 日最低价 4.95 元。1999 年每股收益 0.0520 元。有获利盘减持迹象，暂不介入。

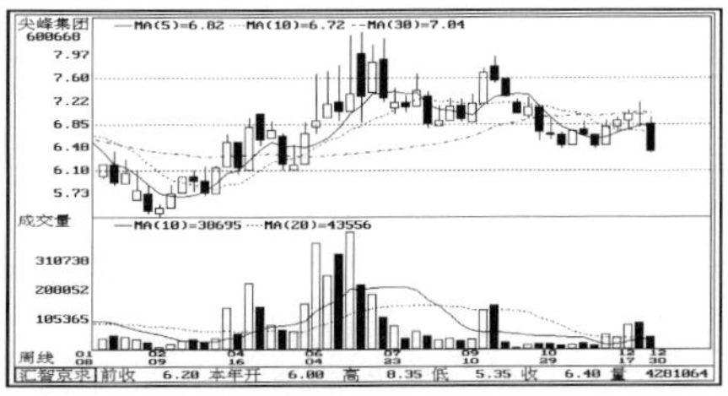

600668　尖峰集团:流通股本 10570 万,主营水泥制造、建筑化工材料。6 月 30 日最高价 8.35 元,2 月 9 日最低价 5.35 元。1999 年每股收益 0.1100 元。主力顺势洗盘,暂不介入。

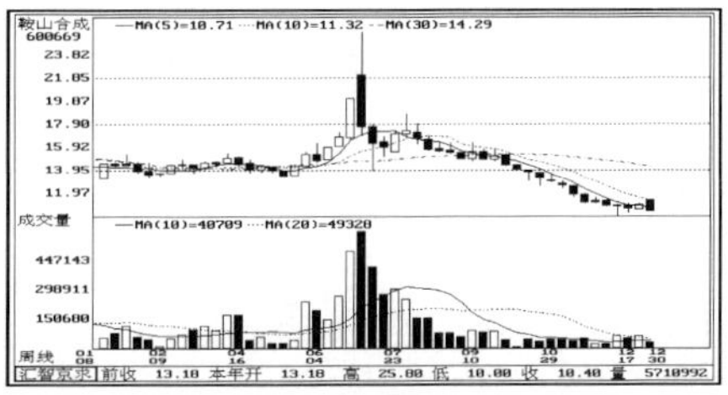

600669　鞍山合成:流通股本 14865 万,主营涤纶长丝、涤纶短纤维。7 月 1 日最高价 25.80 元,12 月 10 日最低价 10.00 元。1999 年每股收益 0.1700 元。短线有回调补缺口要求。

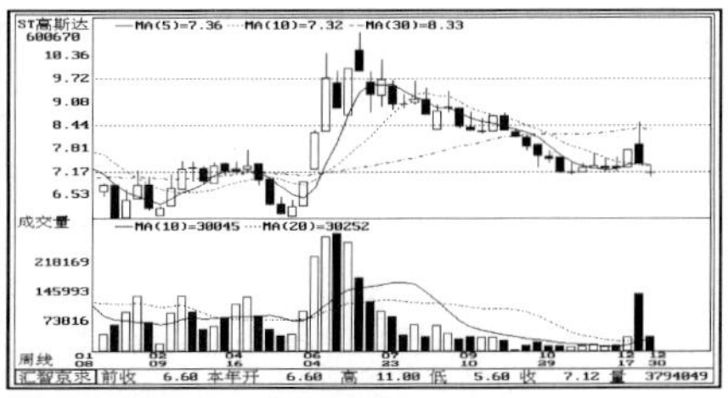

600670　ST 高斯达:流通股本 8050 万,主营百货、工艺美术品、仪器、食品等。7 月 1 日最高价 11.00 元,1 月 18 日最低价 5.60 元。1999 年每股收益 0.1480 元。超跌反弹走势,可看高一线。

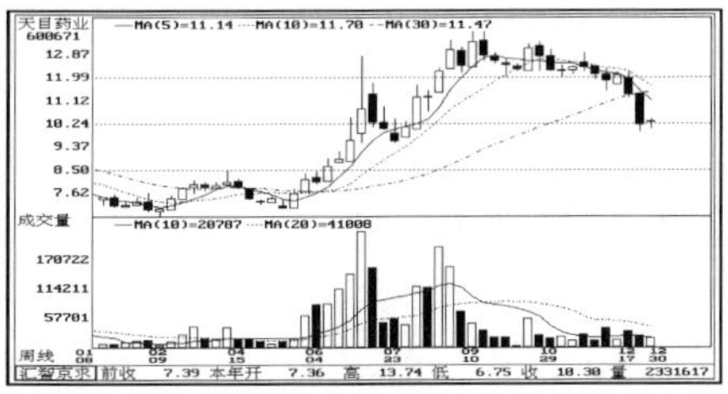

600671　天目药业:流通股本 6270 万,主营中成药、中药、西药、西药原料。9 月 10 日最高价 13.74 元,2 月 9 日最低价 6.75 元。1999 年每股收益 0.1200 元。有获利盘减持迹象,暂不介入。

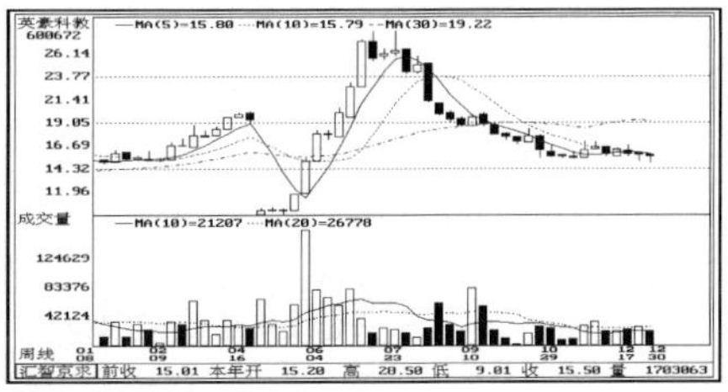

600672　英豪科教:流通股本 25600 万,主营涤纶纤维制造。7 月 5 日最高价 28.50 元,4 月 27 日最低价 9.01 元。1999 年每股收益 0.5500 元。短线调整未结束,持币。

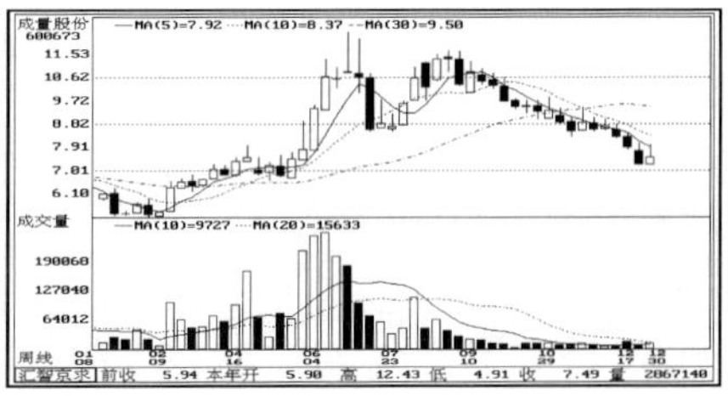

600673　成量股份:流通股本 4554 万,主营生产销售量具、刃具、仪器。6 月 24 日最高价 12.43 元,1 月 18 日最低价 4.91 元。1999 年每股收益 0.0200 元。受阻回调,形态仍需整固。

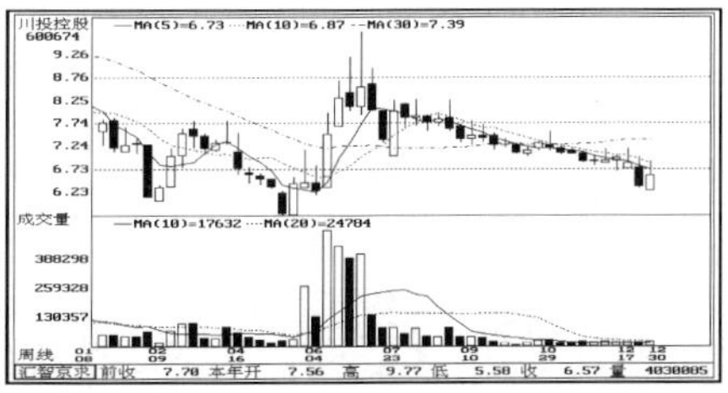

600674　川投控股:流通股本 9671 万,主营铁合金产品、有色金属加工产品。6 月 30 日最高价 9.77 元,5 月 17 日最低价 5.58 元。1999 年每股收益 0.1400 元。低位箱形整理,无成交量配合。

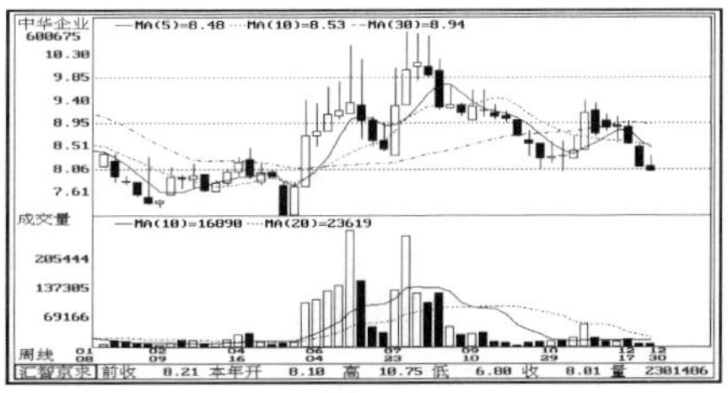

600675　中华企业:流通股本 11908 万,主营房地产开发经营及危旧房改造。7 月 27 日最高价 10.75 元,5 月 17 日最低价 6.80 元。1999 年每股收益 0.3000 元。均线反压,短线趋势仍淡。

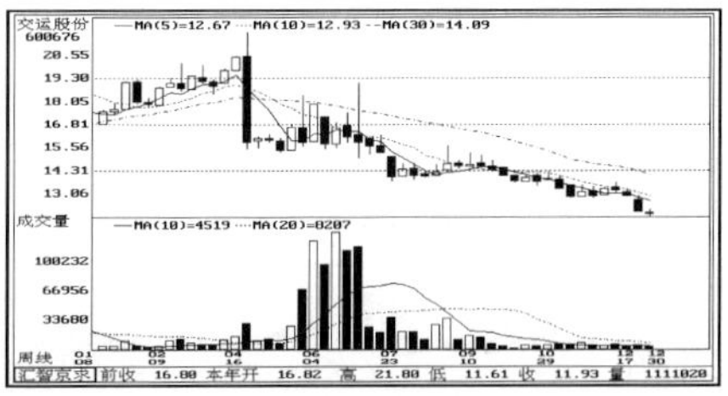

600676　交运股份:流通股本 2340 万,主营汽车货物装卸、运输。4 月 21 日最高价 21.80 元,12 月 27 日最低价 11.61 元。1999 年每股收益 0.3419 元。已探明底部,回落空间有限。

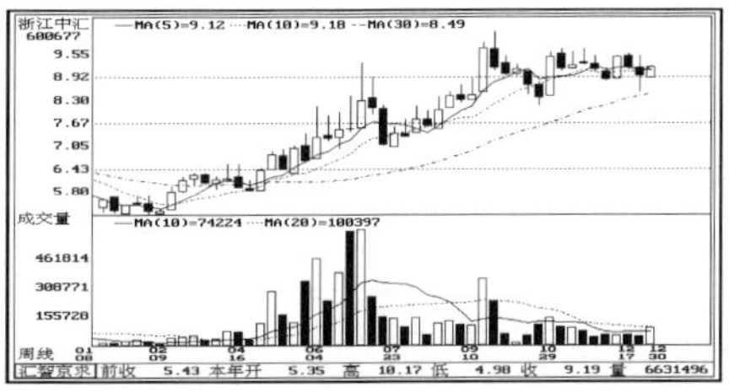

600677　浙江中汇:流通股本 10671 万,主营轻纺产品及原辅材料、轻纺机械。9 月 20 日最高价 10.17 元,1 月 18 日最低价 4.98 元。1999 年每股收益 0.2570 元。走势不明朗,暂不介入。

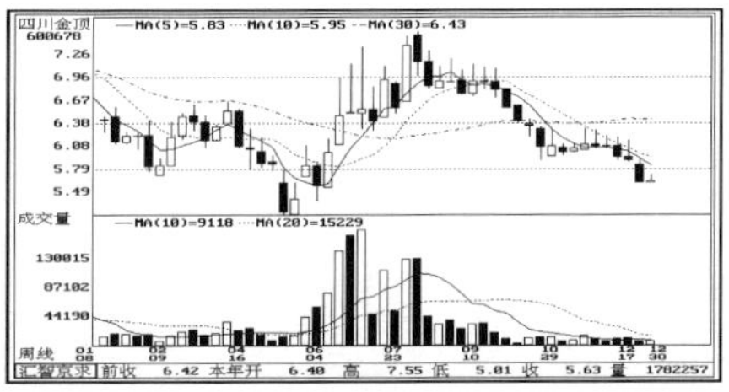

600678　四川金顶:流通股本 9600 万,主营水泥、矿泉水、房地产。8 月 2 日最高价 7.55 元,5 月 17 日最低价 5.01 元。1999 年每股收益 0.0390 元。有获利盘减持迹象,暂不介入。

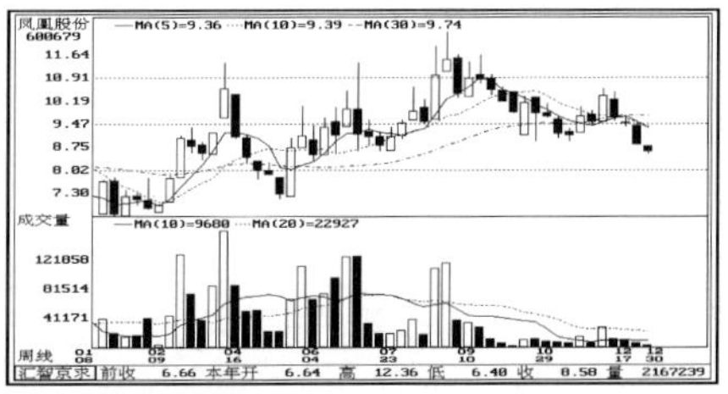

600679　凤凰股份:流通股本 2640 万,主营自行车制造、销售。8 月 24 日最高价 12.36 元,1 月 5 日最低价 6.40 元。1999 年每股收益 0.0120 元。短线有减持迹象,暂不介入。

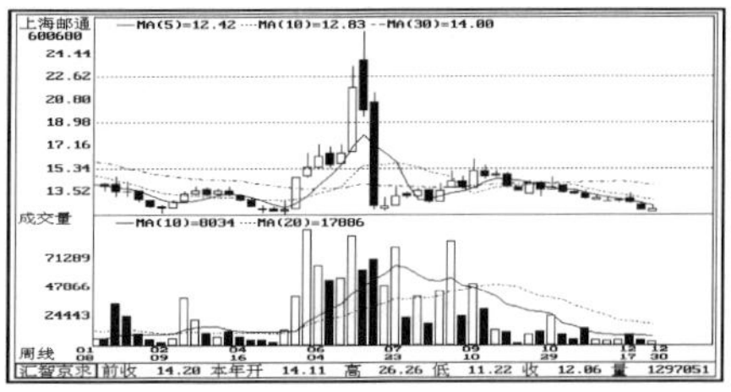

600680　上海邮通:流通股本 2704 万,主营电传打字机、载波机、数字通讯设备。6 月 30 日最高价 26.26 元,5 月 10 日最低价 11.22 元。1999 年每股收益 0.0400 元。上行欲望不强,仍有整理。

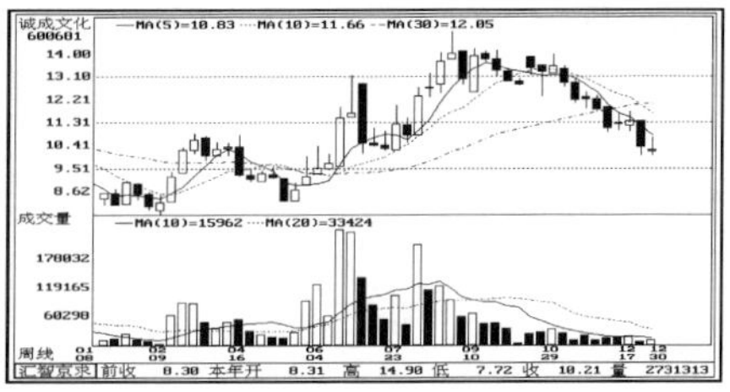

600681　诚成文化:流通股本 10852 万,主营包装、印刷。8 月 24 日最高价 14.90 元,2 月 9 日最低价 7.72 元。1999 年每股收益 0.3600 元。低位箱形整理,无成交量配合。

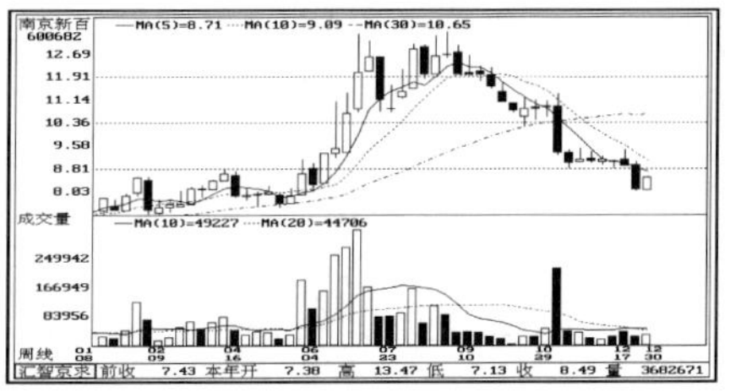

600682　南京新百:流通股本 11800 万,主营百货、针纺织品。8 月 24 日最高价 13.47 元,1 月 4 日最低价 7.13 元。1999 年每股收益 0.3000 元。长期调整充分,小 V 型反转。

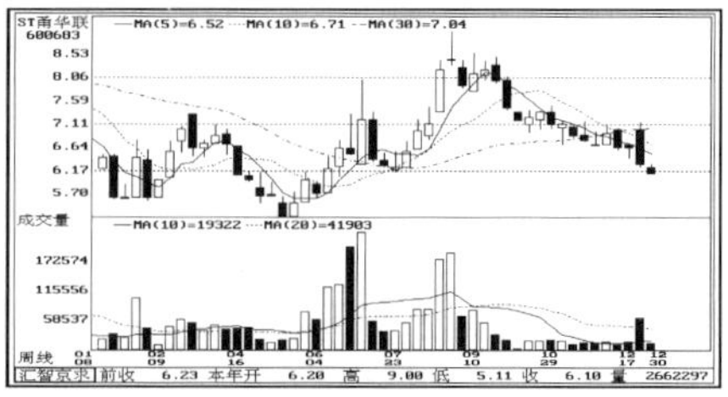

600683　ST 甬华联：流通股本 6874 万，主营商业、内贸、外贸。8 月 23 日最高价 9.00 元，5 月 19 日最低价 5.11 元。1999 年每股收益 -1.5500 元。均线反压大，不宜介入。

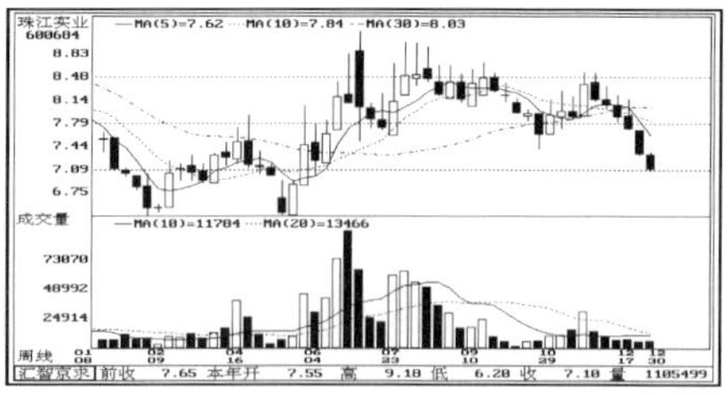

600684　珠江实业：流通股本 10000 万，主营土地开发、建设、销售、租赁商品房。6 月 30 日最高价 9.18 元，5 月 18 日最低价 6.20 元。1999 年每股收益 0.1100 元。需继续在低位震荡筑底。

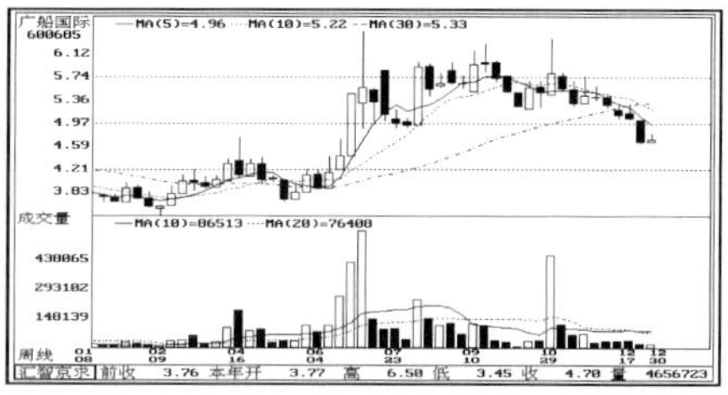

600685　广船国际：流通股本 12648 万，主营船舶制造、加工及安装、集装箱。6 月 30 日最高价 6.50 元，2 月 9 日最低价 3.45 元。1999 年每股收益 0.0020 元。振荡整理，快进快出。

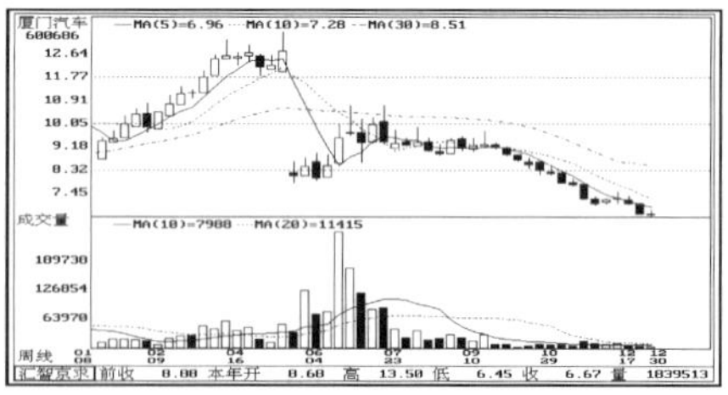

600686　厦门汽车：流通股本 5760 万，主营大中型客车、轻型汽车零部件。5 月 13 日最高价 13.50 元，12 月 27 日最低价 6.45 元。1999 年每股收益 0.2100 元。筑底回升走势，持股观望。

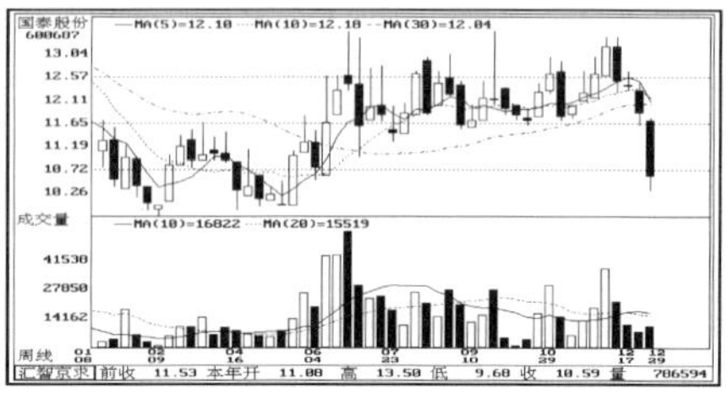

600687　国泰股份：流通股本 2435 万，主营仓储、运输、进出口贸易、旅游服务。9 月 21 日最高价 13.50 元，4 月 22 日最低价 9.68 元。1999 年每股收益 0.1700 元。走势未明，后市关注。

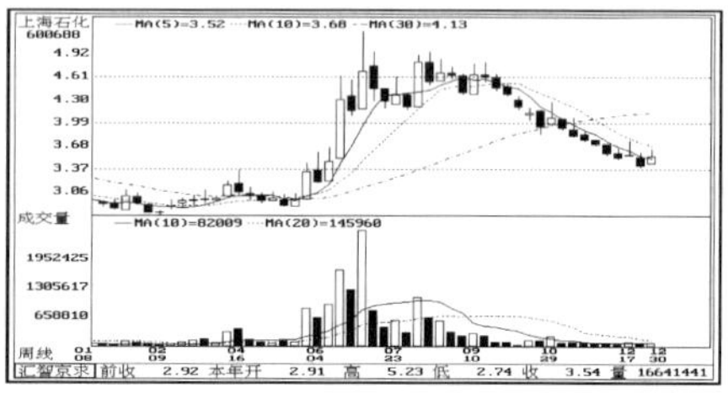

600688　上海石化：流通股本 72000 万，主营原油加工、化工原料、合成纤维。6 月 30 日最高价 5.23 元，2 月 8 日最低价 2.74 元。1999 年每股收益 0.1020 元。整理走势，短线有一定压力。

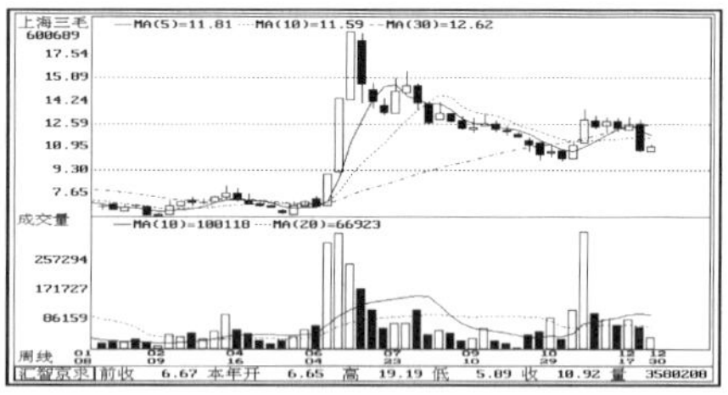

600689　上海三毛：流通股本 5100 万，主营毛条、毛纱、毛纺织品及服装。6 月 25 日最高价 19.19 元，2 月 8 日最低价 5.89 元。1999 年每股收益 0.2730 元。上行欲望不强，仍有整理。

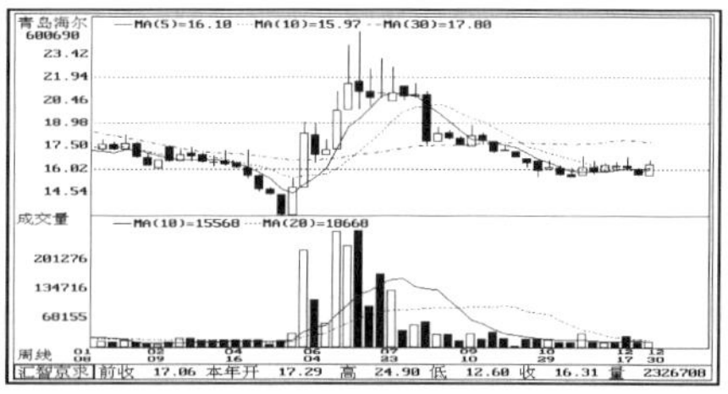

600690　青岛海尔：流通股本 24330 万，主营电冰箱（柜）、微波灶、真空包装机。6 月 29 日最高价 24.90 元，5 月 17 日最低价 12.60 元。1999 年每股收益 0.6600 元。整理走势，短线有一定压力。

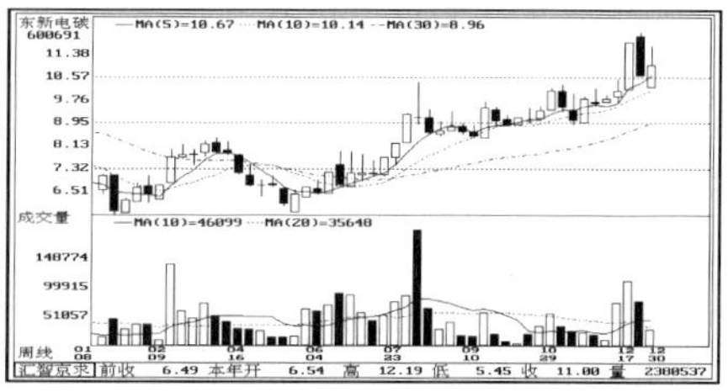

600691　东新电碳：流通股本 3322 万，主营电石灰制品、机械密封、粉末冶金。12 月 21 日最高价 12.19 元，1 月 18 日最低价 5.45 元。1999 年每股收益 0.0590 元。下档均线有支持，需整理。

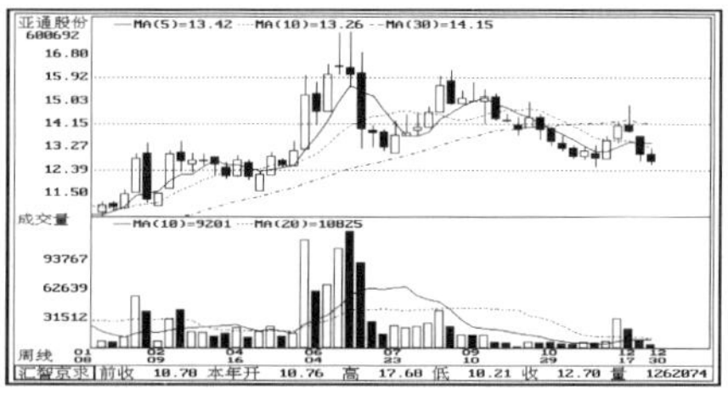

600692　亚通股份：流通股本 2520 万，主营内河客货运输。6 月 24 日最高价 17.68 元，1 月 5 日最低价 10.21 元。1999 年每股收益 0.1500 元。需继续在低位震荡筑底。

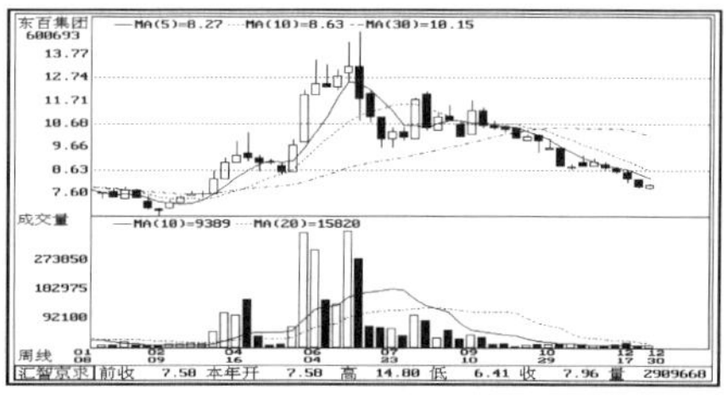

600693　东百集团：流通股本 7200 万，主营国内贸易、机械电器设备。6 月 29 日最高价 14.80 元，2 月 8 日最低价 6.41 元。1999 年每股收益 0.0900 元。整理走势，短线有一定压力。

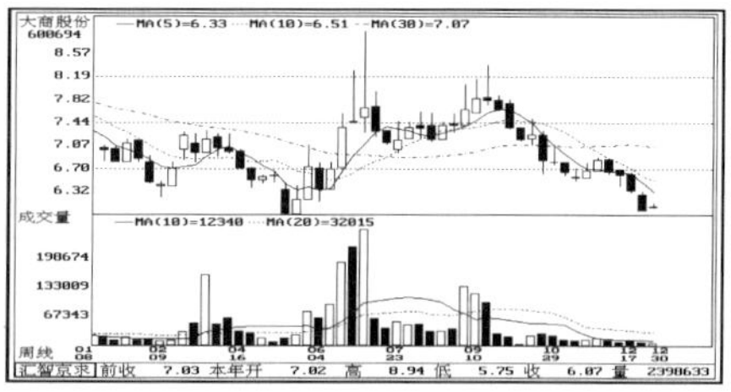

600694　大商股份：流通股本 11830 万，主营水产品、肉蛋禽、食品、家电等。6 月 30 日最高价 8.94 元，5 月 19 日最低价 5.75 元。1999 年每股收益 0.2400 元。有获利盘减持迹象，暂不介入。

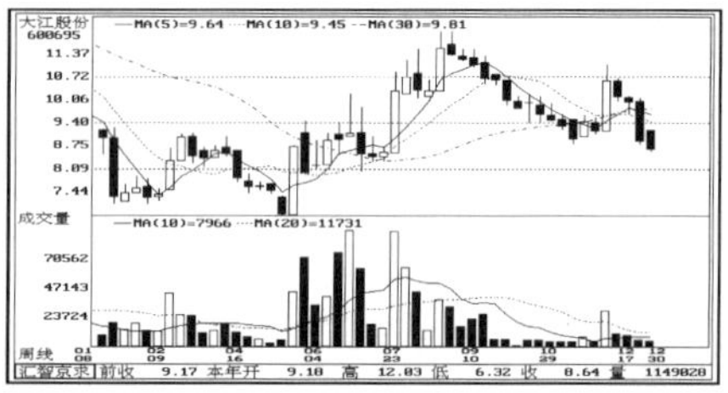

600695　大江股份：流通股本 2574 万，主营家禽、水产的饲料及添加剂。8 月 24 日最高价 12.03 元，5 月 17 日最低价 6.32 元。1999 年每股收益 0.0100 元。均线系统有压力，观望。

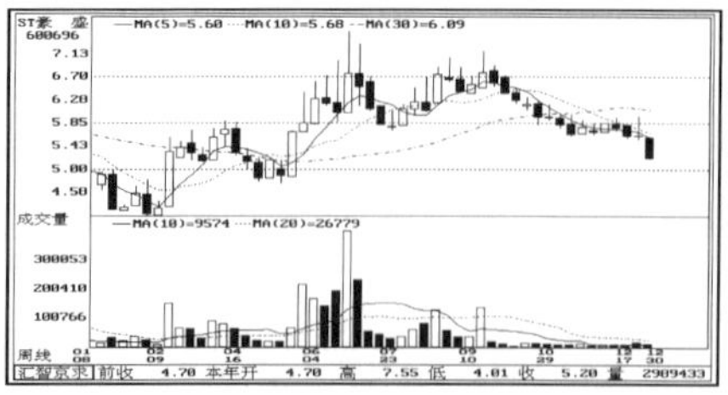

600696　ST 豪盛：流通股本 7350 万，主营高级釉面砖、马塞克及其原料。6 月 24 日最高价 7.55 元，1 月 18 日最低价 4.01 元。1999 年每股收益 -0.3668 元。成交淡静，短线压力需消化。

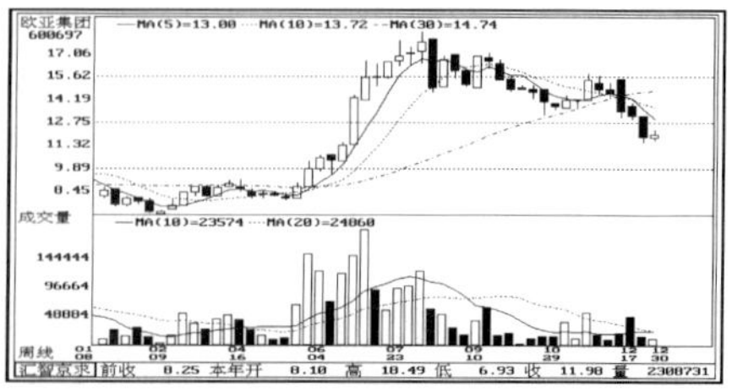

600697　欧亚集团：流通股本 5880 万，主营百货、五金交电、化工产品。8 月 5 日最高价 18.49 元，2 月 8 日最低价 6.93 元。1999 年每股收益 0.2730 元。上行欲望不强，仍有整理。

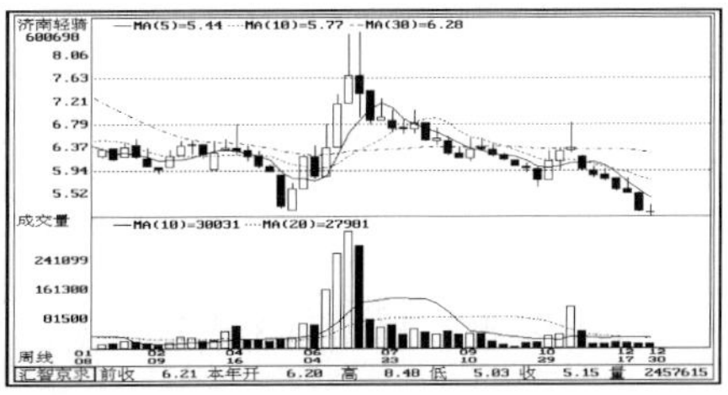

600698 济南轻骑:流通股本 22973 万,主营摩托车及零配件设计、开发、生产、销售。6 月 30 日最高价 8.48 元,12 月 27 日最低价 5.03 元。1999 年每股收益 0.0200 元。低位箱形整理,无成交量配合。

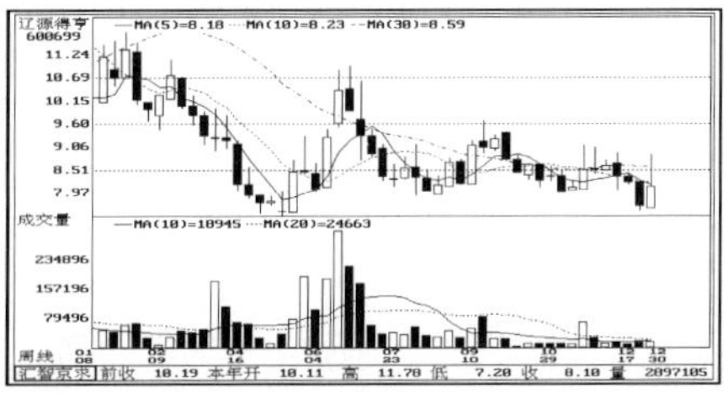

600699 辽源得亨:流通股本 5999 万,主营纺织化纤产品、包装品制造、加工、经销。1 月 20 日最高价 11.78 元,5 月 10 日最低价 7.20 元。1999 年每股收益 0.1570 元。突破短期平台,有再来一波迹象。

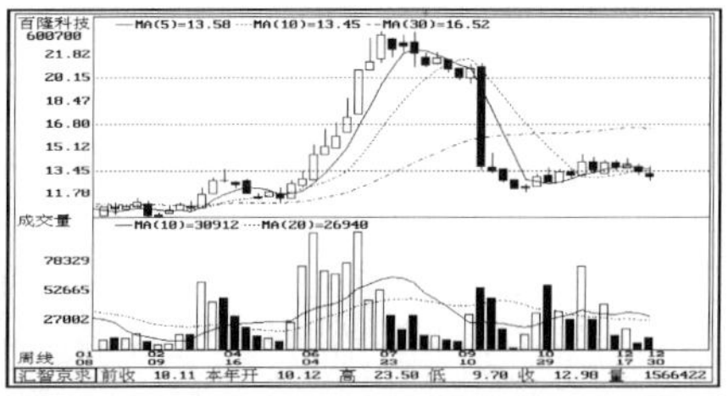

600700 百隆科技:流通股本 5140 万,主营针织服装、五金交电、百货、劳保用品。7 月 16 日最高价 23.50 元,2 月 8 日最低价 9.70 元。1999 年每股收益 0.3500 元。回抽确认,面临均线支撑。

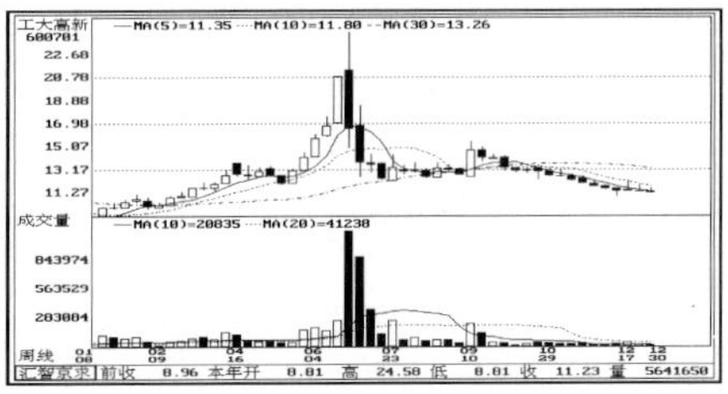

600701 工大高新:流通股本 15210 万,主营高新技术及产品开发、生产、销售。6 月 22 日最高价 24.58 元,1 月 4 日最低价 8.81 元。1999 年每股收益 0.1810 元。大幅回调,短线仍有整理。

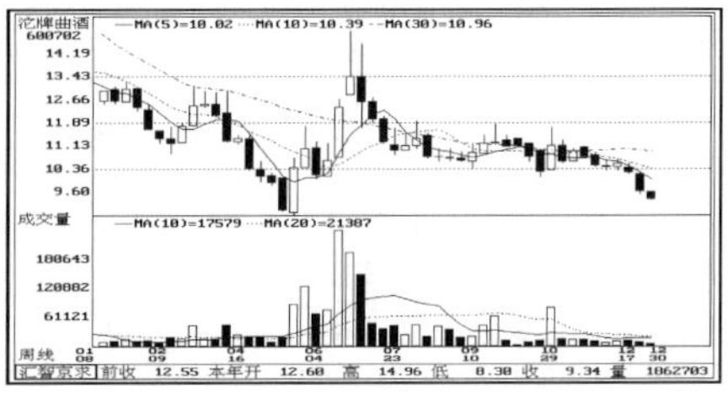

600702 沱牌曲酒:流通股本 11432 万,主营酒类、饮料及包装物。6 月 25 日最高价 14.96 元,5 月 19 日最低价 8.30 元。1999 年每股收益 0.3410 元。有获利盘减持迹象,暂不介入。

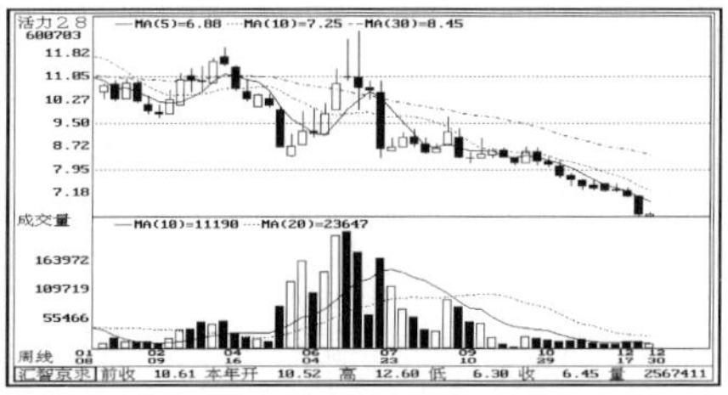

600703 活力 28:流通股本 5793 万,主营日用化工产品。6 月 29 日最高价 12.60 元,12 月 28 日最低价 6.30 元。1999 年每股收益 -0.9800 元。低位箱形整理,无成交量配合。

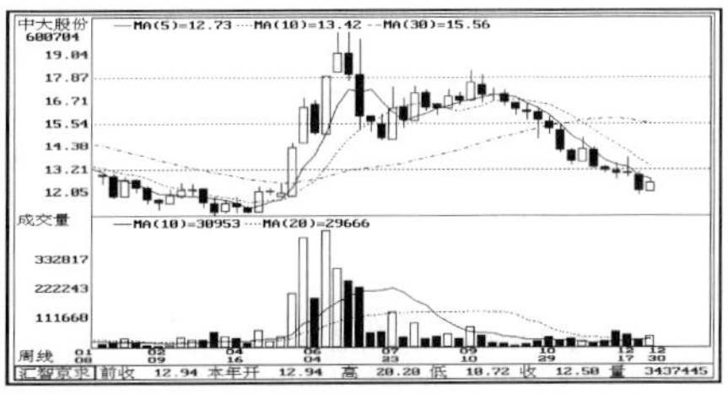

600704 中大股份:流通股本 8550 万,主营进出口贸易。6 月 24 日最高价 20.20 元,4 月 5 日最低价 10.72 元。1999 年每股收益 0.3960 元。小幅盘上,仍有上行空间。

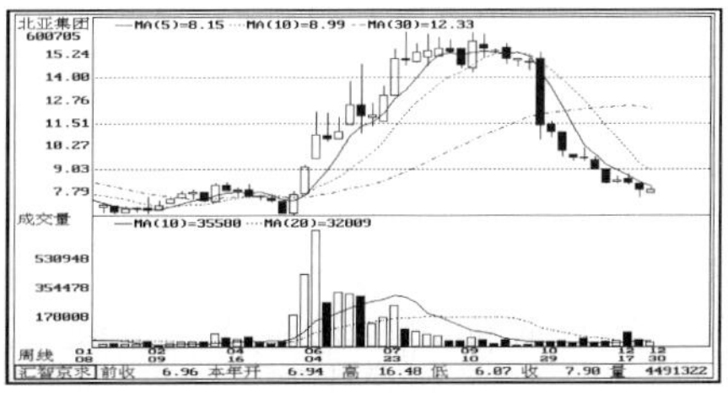

600705 北亚集团:流通股本 13928 万,主营高新技术产品开发、生产、销售。7 月 28 日最高价 16.48 元,5 月 18 日最低价 6.07 元。1999 年每股收益 0.2470 元。重归 10 日均线下,继续振荡。

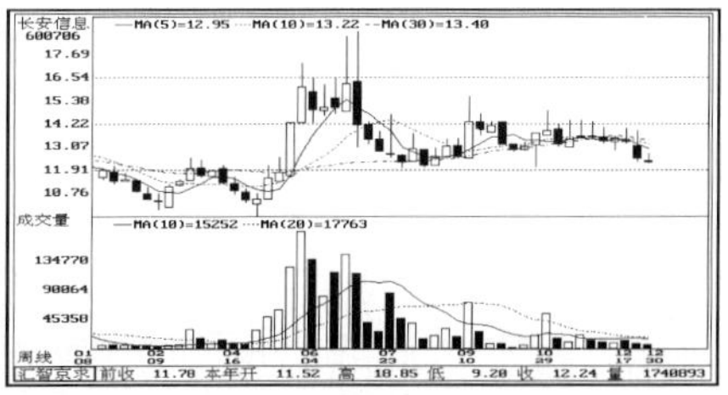

600706 长安信息:流通股本 2292 万,主营计算机、移动通信。6 月 29 日最高价 18.85 元,4 月 28 日最低价 9.20 元。1999 年每股收益 -1.1510 元。均线反压,短线趋势仍淡。

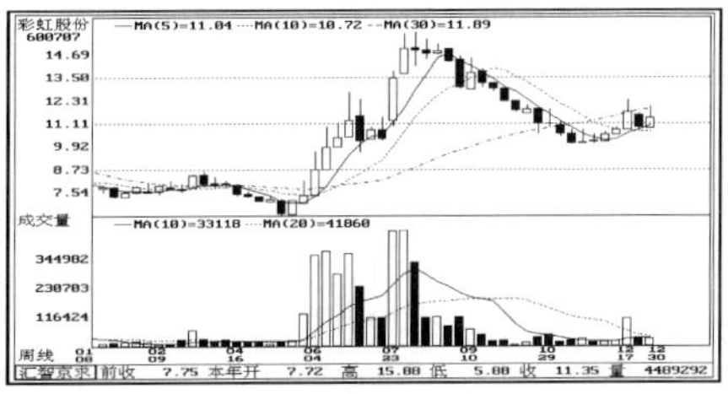

600707 彩虹股份:流通股本 14400 万,主营彩色显示器、电子产品及零部件。8 月 2 日最高价 15.88 元,5 月 19 日最低价 5.88 元。1999 年每股收益 0.4140 元。走势未明,后市关注。

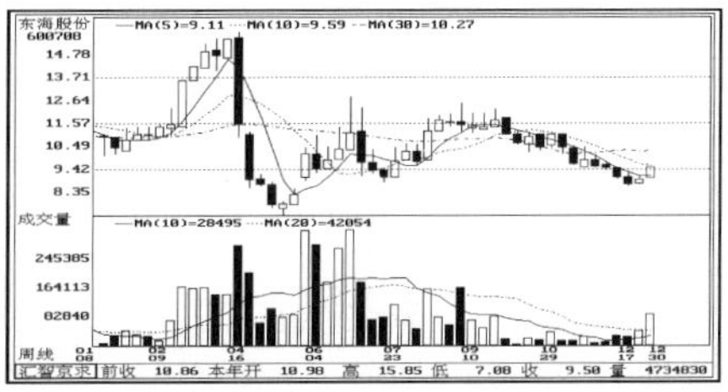

600708 东海股份:流通股本 8659 万,主营工业品、有色金属加工。4 月 12 日最高价 15.85 元,5 月 10 日最低价 7.08 元。1999 年每股收益 -0.2570 元。走势未明,后市关注。

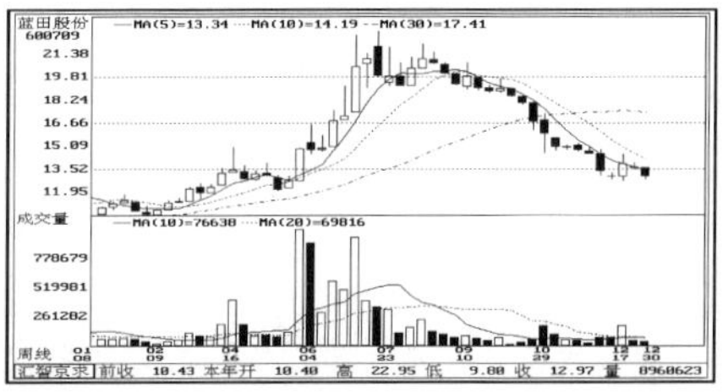

600709 蓝田股份:流通股本 19975 万,主营农副水产品的种养、加工和销售。7 月 12 日最高价 22.95 元,1 月 5 日最低价 9.80 元。1999 年每股收益 1.1500 元。均线反压,短线趋势仍淡。

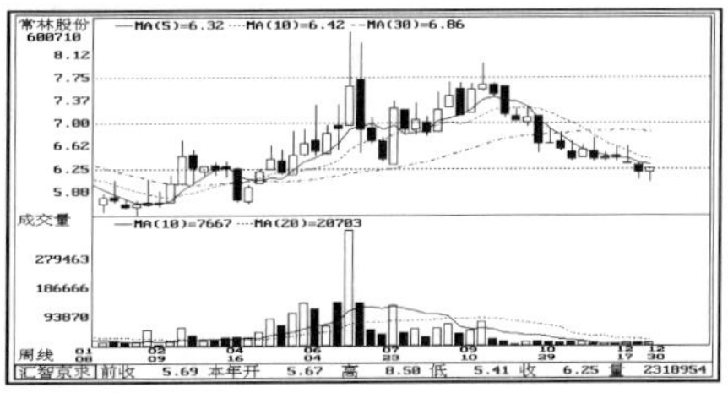

600710 常林股份:流通股本 6000 万,主营工程机械、挖掘机和装载机。6 月 25 日最高价 8.50 元,1 月 5 日最低价 5.41 元。1999 年每股收益 0.0380 元。整理走势,短线有一定压力。

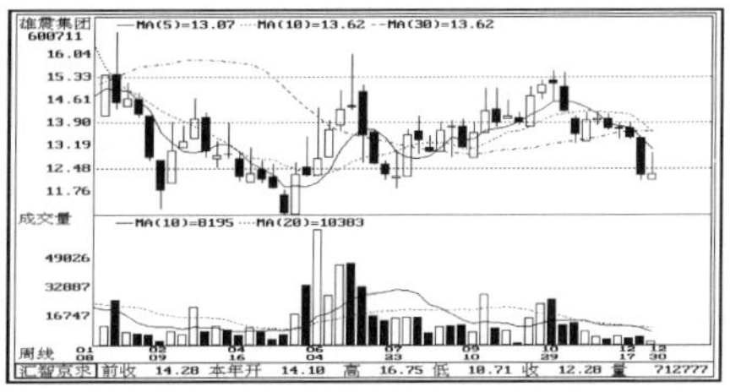

600711 雄震集团:流通股本 1512 万,主营电热水器、防盗门的生产。1 月 12 日最高价 16.75 元,5 月 19 日最低价 10.71 元。1999 年每股收益 0.0100 元。回抽确认,面临均线支撑。

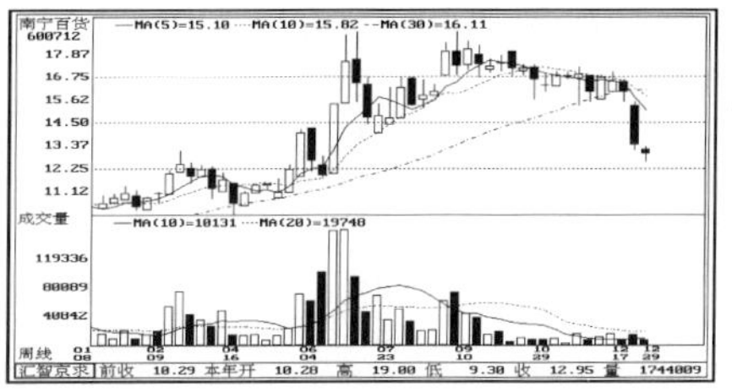

600712 南宁百货:流通股本 3954 万,主营商品零售与批发。8 月 30 日最高价 19.00 元,1 月 5 日最低价 9.30 元。1999 年每股收益 0.1930 元。走势未明,后市关注。

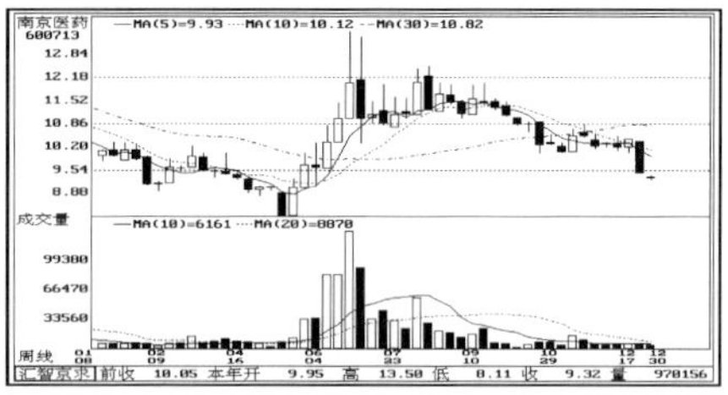

600713　南京医药：流通股本 5209 万，主营化学原料药及制剂、生物制品。6 月 25 日最高价 13.50 元，5 月 17 日最低价 8.11 元。1999 年每股收益 0.3810 元。上行欲望不强，仍有整理。

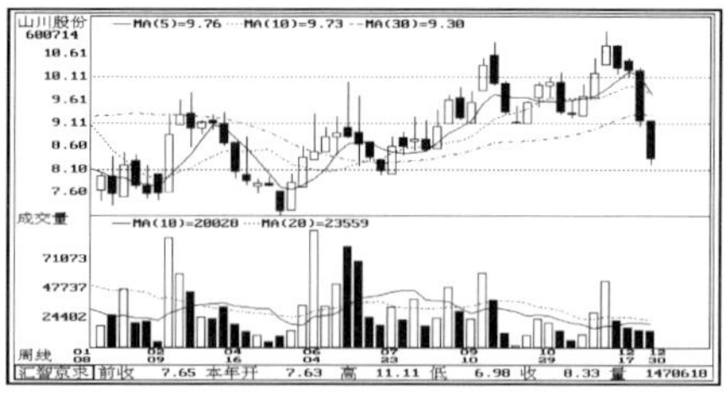

600714　山川股份：流通股本 2500 万，主营铁合铬系列产品开发、生产、销售。12 月 3 日最高价 11.11 元，5 月 17 日最低价 6.98 元。1999 年每股收益 0.2000 元。需继续在低位震荡筑底。

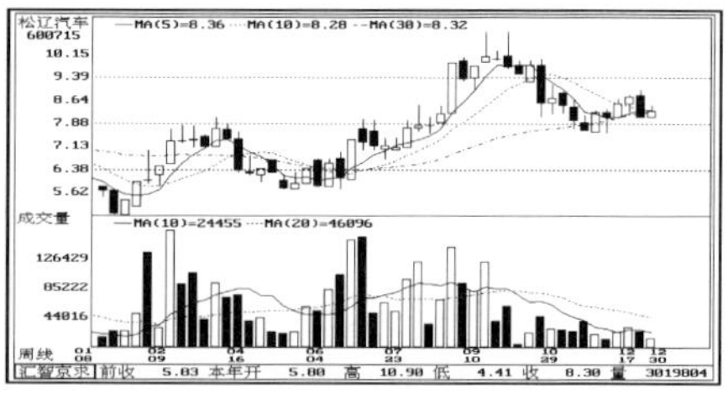

600715　松辽汽车：流通股本 6336 万，主营轻型客车、越野车开发、生产、销售。9 月 16 日最高价 10.90 元，1 月 18 日最低价 4.41 元。1999 年每股收益 0.1470 元。反弹夭折，继续弱势整固。

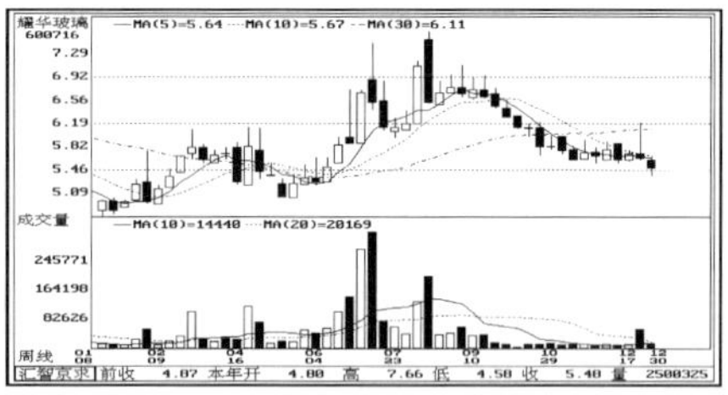

600716　耀华玻璃：流通股本 8100 万，主营浮法玻璃及深加工产品的生产、加工。8 月 9 日最高价 7.66 元，1 月 5 日最低价 4.58 元。1999 年每股收益 0.0530 元。上行欲望不强，仍有整理。

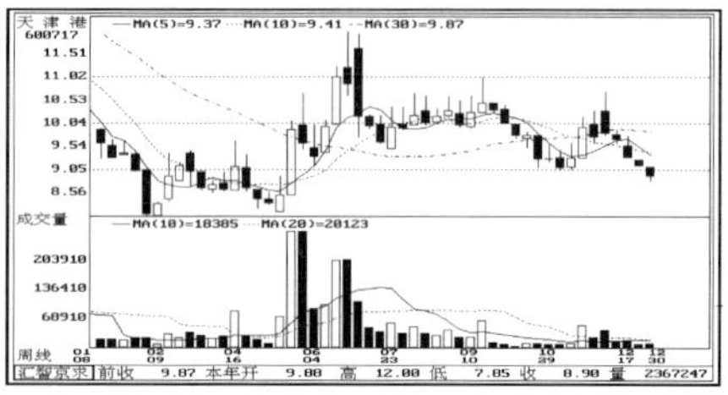

600717　天津港：流通股本 12000 万，主营商品储存、中转联运、汽车运输。6 月 24 日最高价 12.00 元，2 月 8 日最低价 7.85 元。1999 年每股收益 0.3340 元。回抽确认，面临均线支撑。

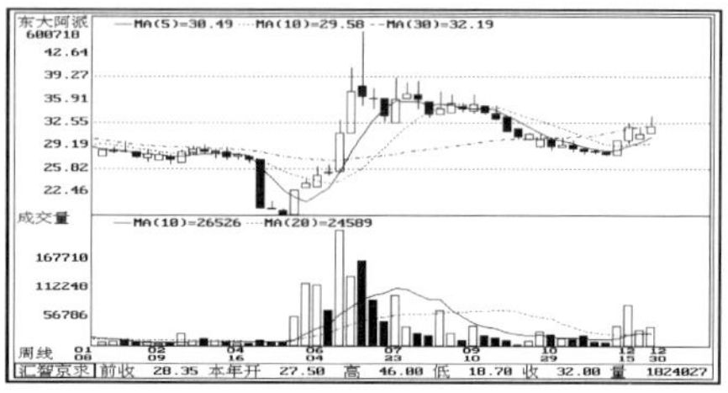

600718　东大阿派：流通股本 11000 万，主营大型应用软件系统。6 月 30 日最高价 46.00 元，5 月 17 日最低价 18.70 元。1999 年每股收益 0.4460 元。上攻中继形态，适时介入。

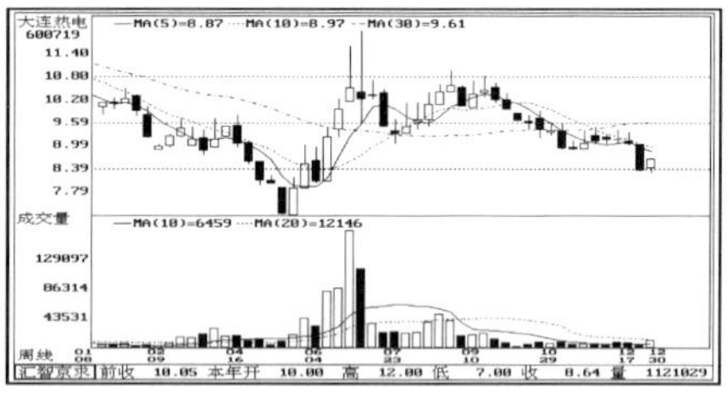

600719　大连热电：流通股本 7605 万，主营电力生产、供热、供电。6 月 30 日最高价 12.00 元，5 月 17 日最低价 7.00 元。1999 年每股收益 0.2100 元。短线调整未结束，持币。

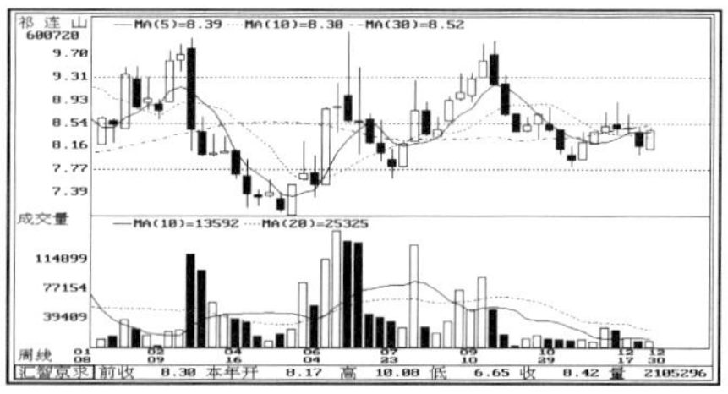

600720　祁连山：流通股本 4860 万，主营生产和销售水泥及系列产品。6 月 23 日最高价 10.08 元，5 月 19 日最低价 6.65 元。1999 年每股收益 0.3300 元。整理走势，短线有一定压力。

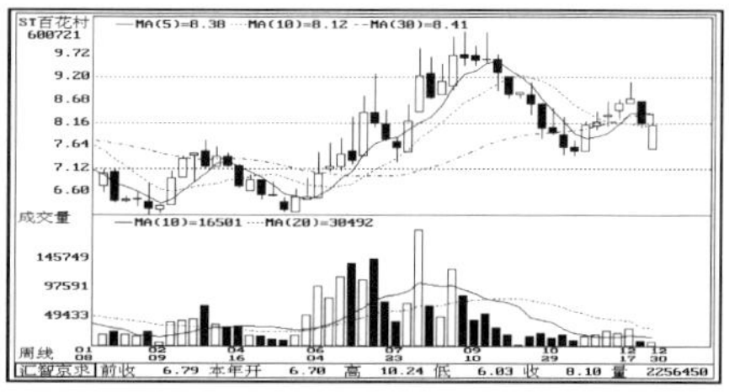

600721　ST 百花村：流通股本 4650 万，主营商业饮食服务业、内贸和外贸进出口。8 月 31 日最高价 10.24 元，5 月 17 日最低价 6.03 元。1999 年每股收益 -0.4200 元。上行欲望不强，仍有整理。

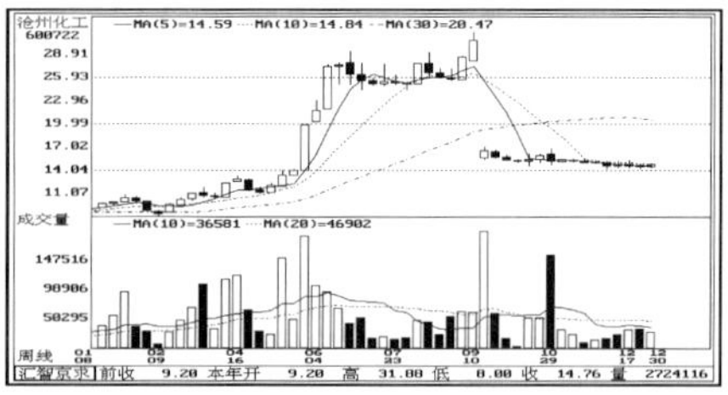

600722　沧州化工：流通股本 11500 万，主营化工原料、塑料制品、建筑材料、压力计。9 月 10 日最高价 31.88 元，2 月 8 日最低价 8.00 元。1999 年每股收益 0.3520 元。整理走势，短线有一定压力。

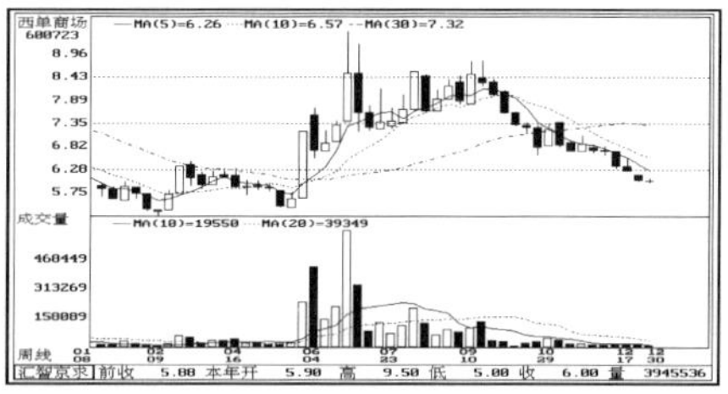

600723　西单商场：流通股本 14301 万，主营商业、零售服务业、超级市场。6 月 25 日最高价 9.50 元，5 月 19 日最低价 5.00 元。1999 年每股收益 0.2000 元。上行欲望不强，仍有整理。

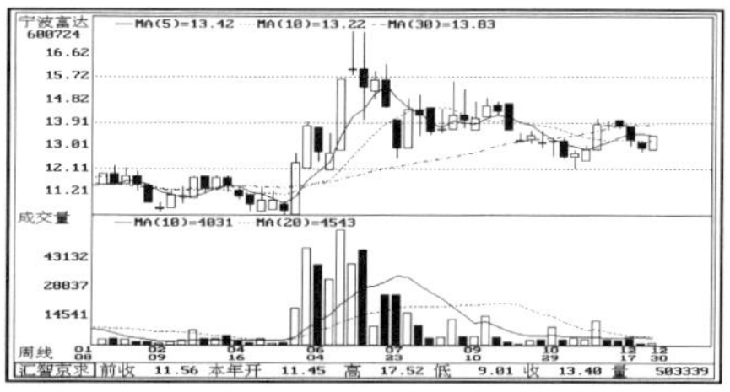

600724　宁波富达：流通股本 5802 万，主营吸尘器、电机、工业用通风设备。6 月 25 日最高价 17.52 元，5 月 18 日最低价 9.01 元。1999 年每股收益 0.1300 元。走势不明朗，暂不介入。

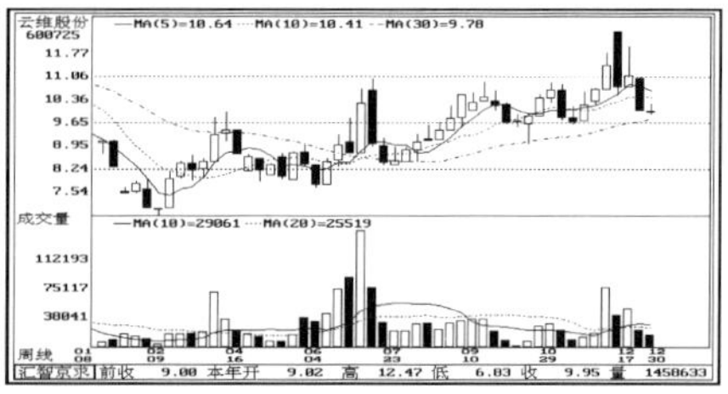

600725　云维股份：流通股本 3750 万，主营化工、建材产品。12 月 6 日最高价 12.47 元，2 月 9 日最低价 6.83 元。1999 年每股收益 0.0300 元。短线有减持迹象，暂不介入。

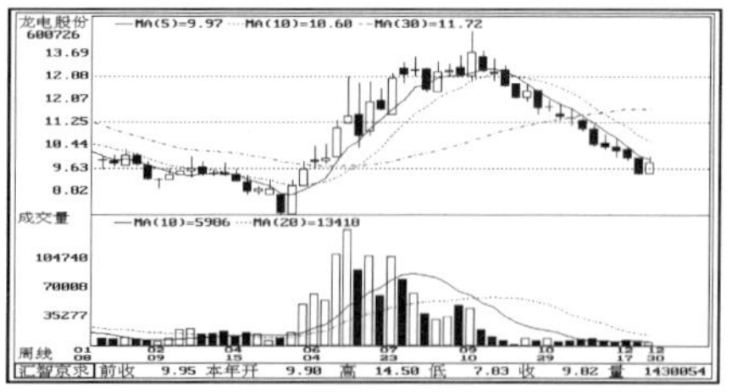

600726　龙电股份：流通股本 6000 万，主营电力、热力。9 月 10 日最高价 14.50 元，5 月 17 日最低价 7.83 元。1999 年每股收益 0.3100 元。走势不明朗，暂不介入。

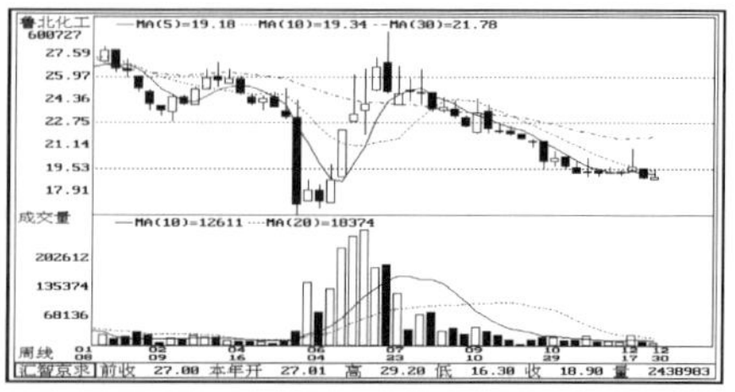

600727　鲁北化工：流通股本 11700 万，主营磷铵、水泥、硫酸、溴素。7 月 12 日最高价 29.20 元，5 月 21 日最低价 16.30 元。1999 年每股收益 0.8300 元。短线有一定的压力，正在调整。

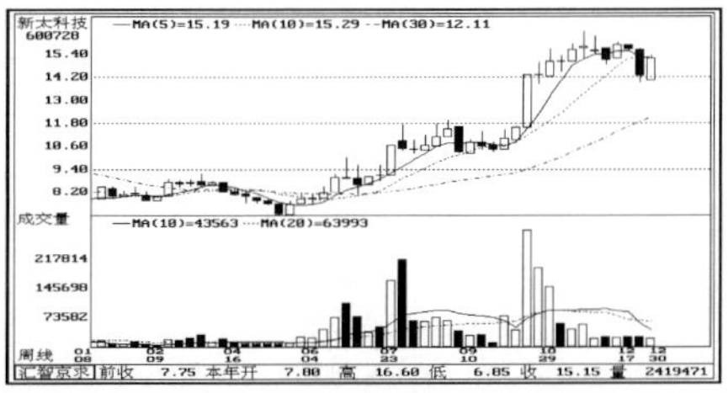

600728　新太科技：流通股本 6240 万，主营海洋水产品捕捞、收购、加工、销售。11 月 18 日最高价 16.60 元，5 月 17 日最低价 6.85 元。1999 年每股收益 0.2490 元。走势不明朗，暂不介入。

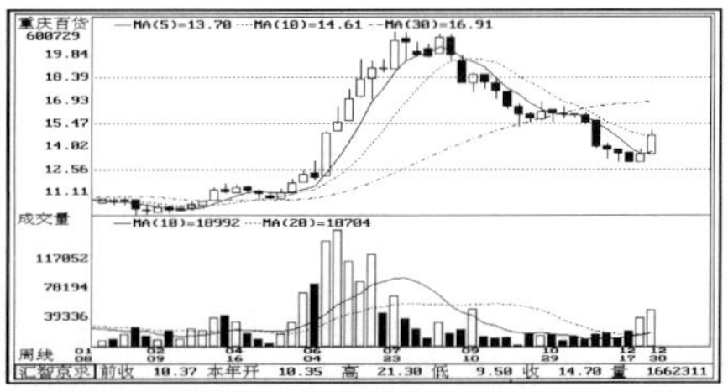

600729　重庆百货：流通股本 5100 万，主营百货、家俱、劳保用品、工艺美术品。7 月 22 日最高价 21.30 元，3 月 1 日最低价 9.50 元。1999 年每股收益 0.3570 元。短线调整未结束，持币。

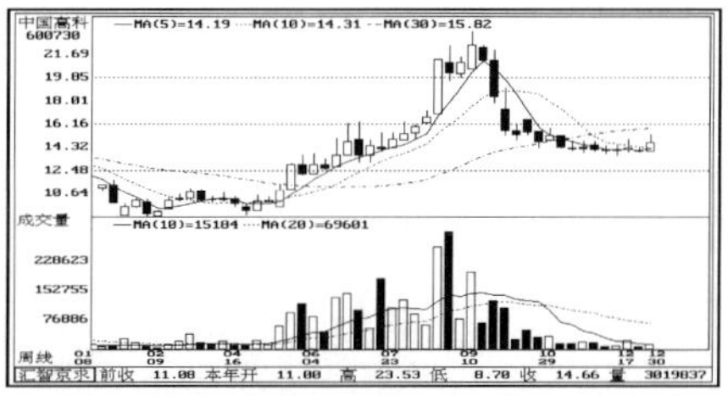

600730　中国高科：流通股本 5460 万，主营高新技术产业及系统内投资入股。9 月 10 日最高价 23.53 元，2 月 8 日最低价 8.70 元。1999 年每股收益 0.0240 元。高位横盘整理，仍可持股。

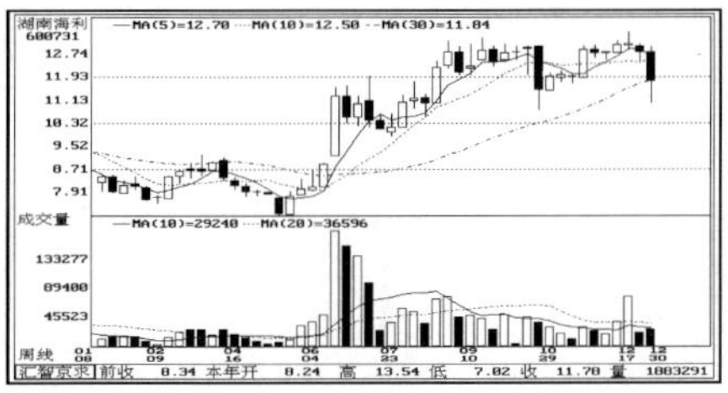

600731　湖南海利：流通股本 4942 万，主营农药及化工产品开发、生产、销售。12 月 17 日最高价 13.54 元，5 月 17 日最低价 7.02 元。1999 年每股收益 0.1870 元。短线有一定的压力，正在调整。

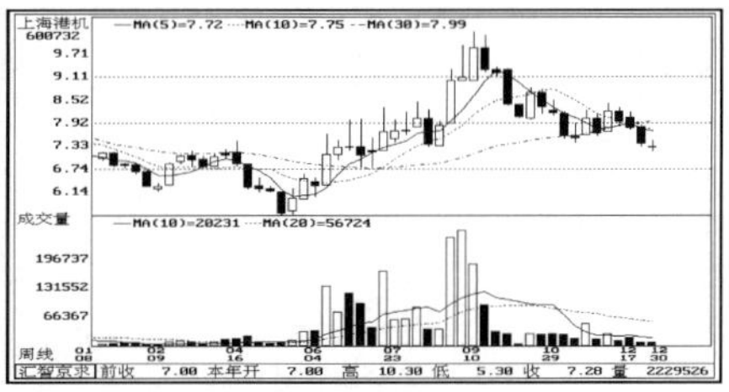

600732　上海港机：流通股本 6380 万，主营生产门座式起重机械、散货装卸机械。9 月 10 日最高价 10.30 元，5 月 19 日最低价 5.30 元。1999 年每股收益 0.0550 元。上行欲望不强，仍有整理。

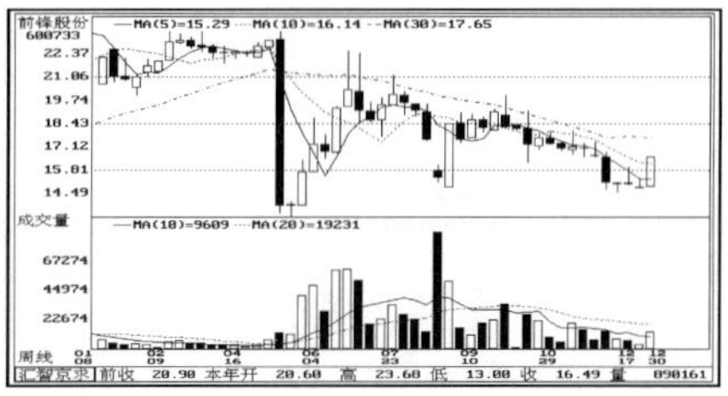

600733　前锋股份：流通股本 7560 万，主营电子仪器、燃气具系列产品、医用仪器。5 月 11 日最高价 23.68 元，5 月 12 日最低价 13.00 元。1999 年每股收益 0.1330 元。延续上攻行情，仍可持股。

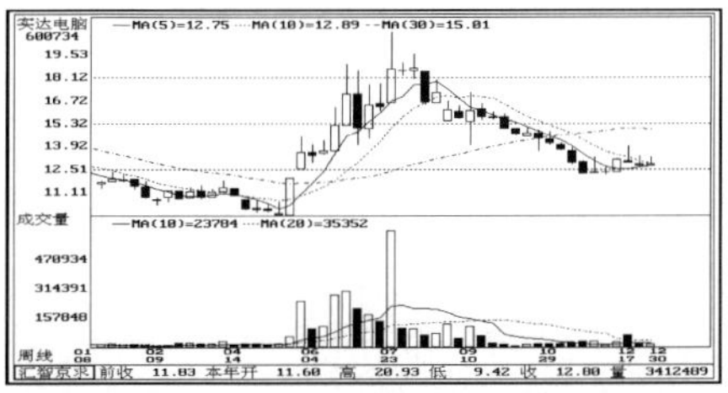

600734　实达电脑：流通股本 10958 万，主营计算机及其外部设备、仪器仪表。7 月 21 日最高价 20.93 元，4 月 27 日最低价 9.42 元。1999 年每股收益 -0.1560 元。短线仍以反复整理筑底为主。

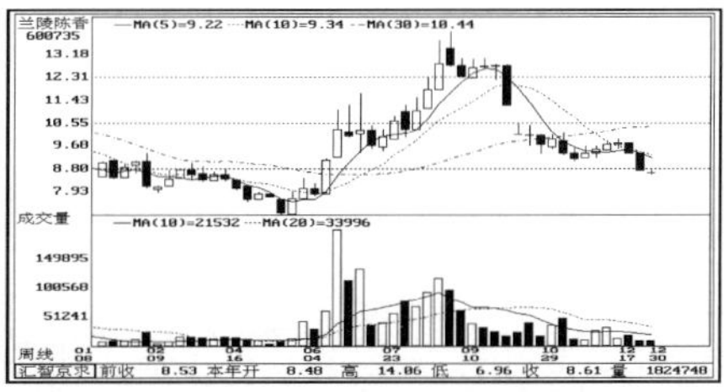

600735　兰陵陈香：流通股本 4212 万，主营酒、饮料的生产和销售。8 月 23 日最高价 14.06 元，5 月 19 日最低价 6.96 元。1999 年每股收益 0.2540 元。有获利盘减持迹象，暂不介入。

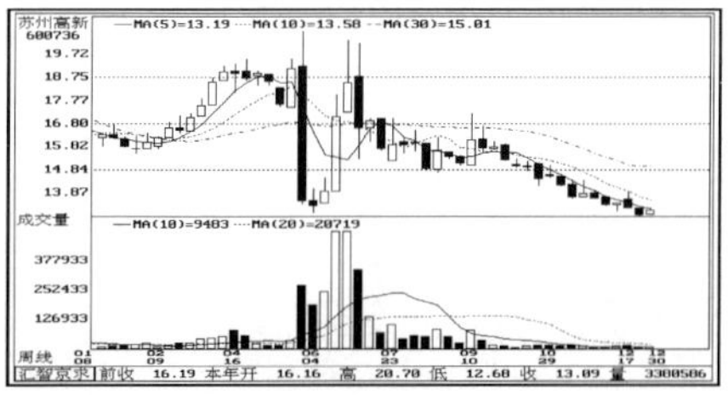

600736　苏州高新：流通股本 11610 万，主营工业区开发、燃气供应、断路器。5 月 26 日最高价 20.70 元，6 月 3 日最低价 12.68 元。1999 年每股收益 0.3530 元。短线有回调补缺口要求。

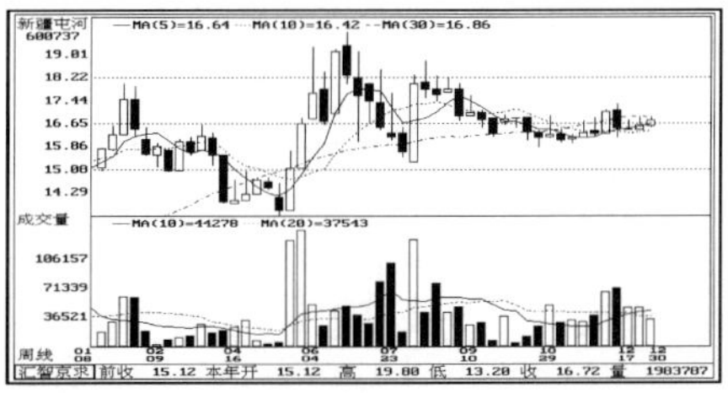

600737　新疆屯河：流通股本 8500 万，主营水泥、活性石灰、液体合成洗涤剂。6 月 25 日最高价 19.80 元，4 月 12 日最低价 13.20 元。1999 年每股收益 0.4730 元。走势未明，后市关注。

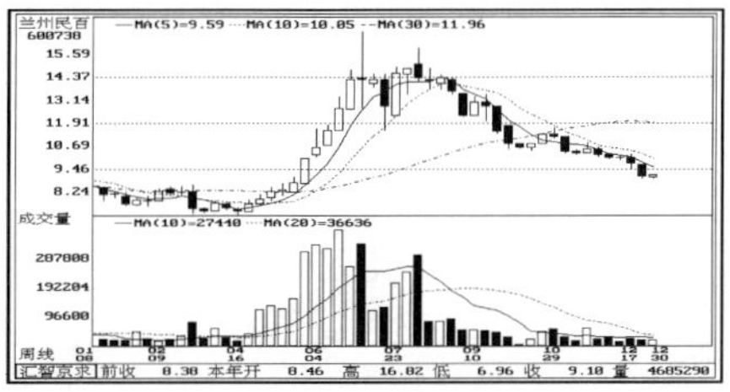

600738　兰州民百：流通股本 6563 万，主营百货、副食品、针纺织品、照相器材。6 月 30 日最高价 16.82 元，3 月 31 日最低价 6.96 元。1999 年每股收益 0.1820 元。上行欲望不强，仍有整理。

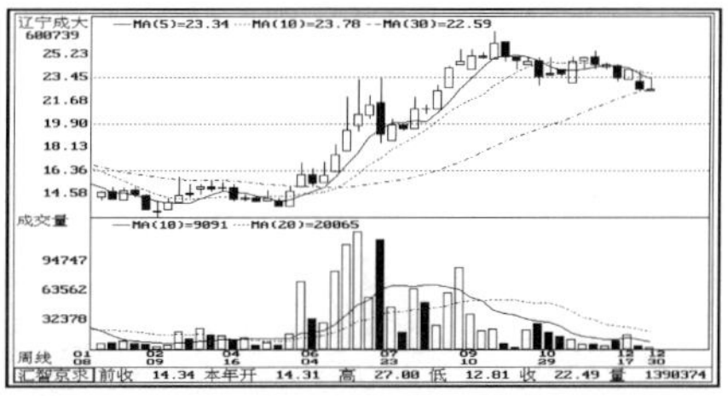

600739　辽宁成大：流通股本 9781 万，主营棉、毛针织品、家用纺织品、服装。9 月 23 日最高价 27.00 元，2 月 9 日最低价 12.81 元。1999 年每股收益 1.0600 元。上行欲望不强，仍有整理。

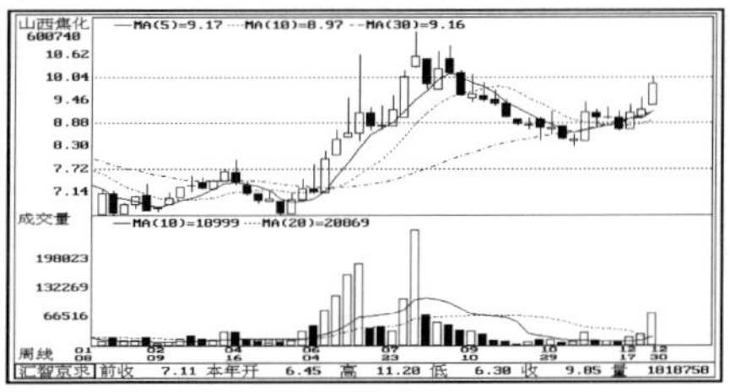

600740　山西焦化：流通股本 6500 万，主营焦碳、硫酸、硫酸铵、焦油、沥青。8 月 4 日最高价 11.20 元，5 月 17 日最低价 6.30 元。1999 年每股收益 0.2460 元。继续放量上攻，反抽可介入。

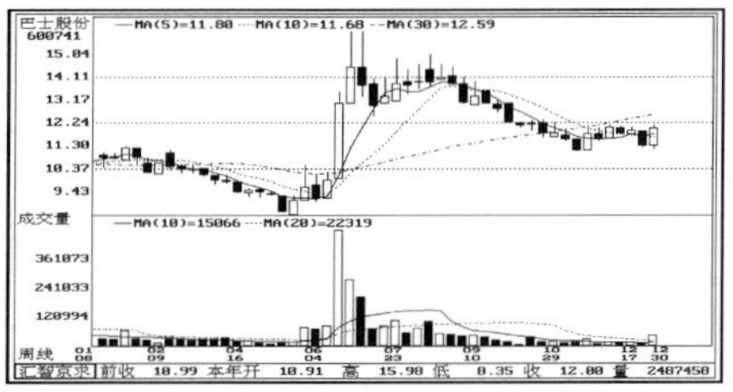

600741　巴士股份：流通股本 18000 万，主营市区、郊县及埠际公共交通客运。6 月 30 日最高价 15.98 元，5 月 17 日最低价 8.35 元。1999 年每股收益 0.3070 元。长期调整充分，小 V 型反转。

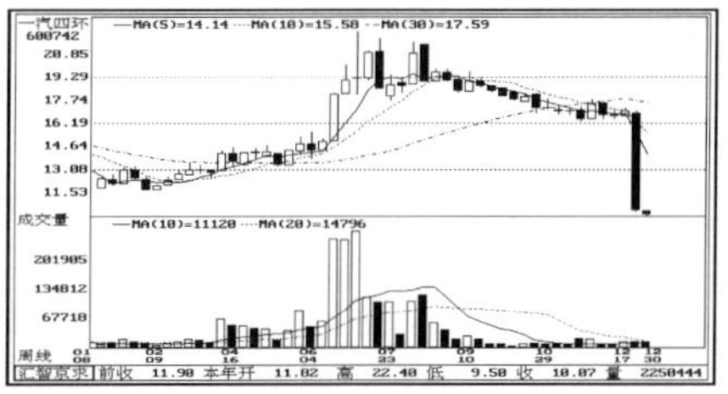

600742　一汽四环：流通股本 8600 万，主营汽车改装、制造汽车零部件、汽车修理。6 月 30 日最高价 22.40 元，12 月 29 日最低价 9.50 元。1999 年每股收益 0.5850 元。回抽确认，面临均线支撑。

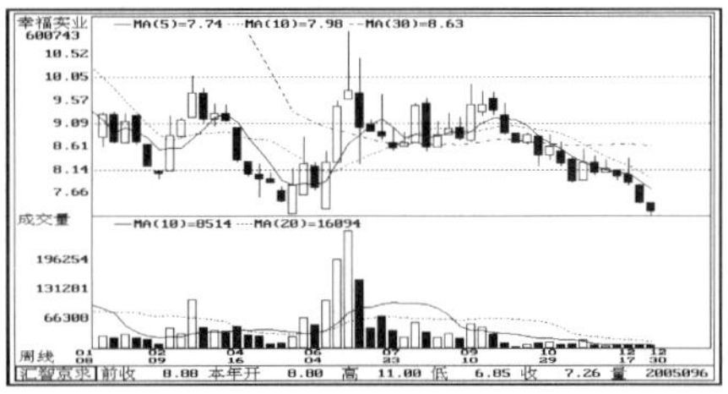

600743　幸福实业:流通股本 7820 万,主营服装。6 月 24 日最高价 11.00 元,5 月 17 日最低价 6.85 元。1999 年每股收益 -0.2110 元。上档压力较大,不介入。

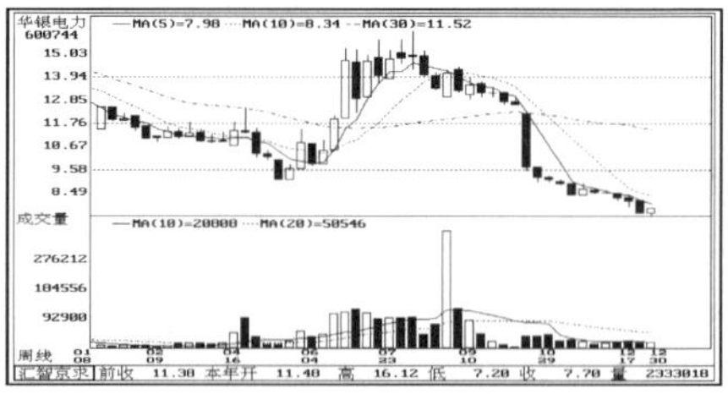

600744　华银电力:流通股本 22176 万,主营新建、扩建电厂。8 月 5 日最高价 16.12 元,12 月 27 日最低价 7.20 元。1999 年每股收益 0.3070 元。有获利盘减持迹象,暂不介入。

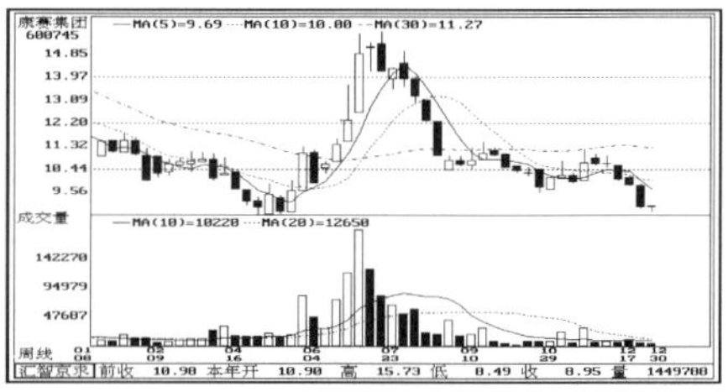

600745　康赛集团:流通股本 4676 万,主营服装、鞋帽、领带和皮革的设计、制造。7 月 12 日最高价 15.73 元,4 月 28 日最低价 8.49 元。1999 年每股收益 -0.5100 元。有获利盘减持迹象,暂不介入。

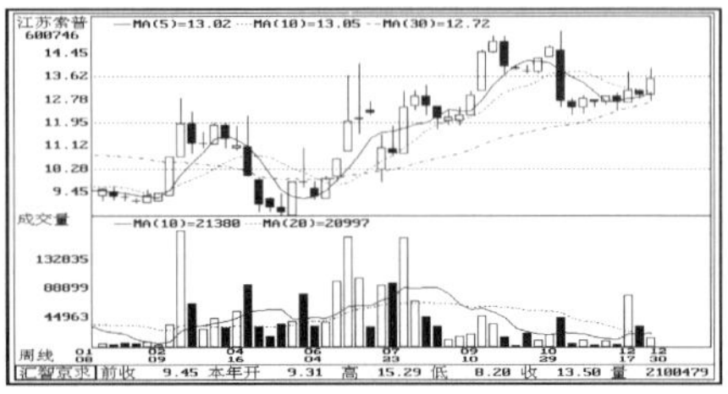

600746　江苏索普:流通股本 4900 万,主营液碱、固碱、液氯、盐酸、压缩氢气。11 月 2 日最高价 15.29 元,5 月 17 日最低价 8.20 元。1999 年每股收益 0.1110 元。短线调整未结束,持币。

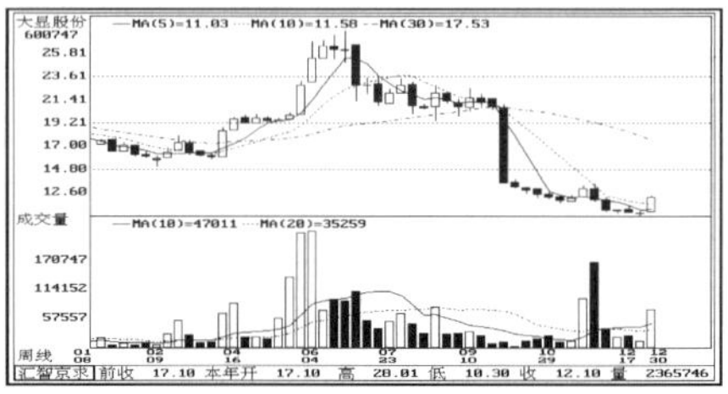

600747　大显股份:流通股本 9851 万,主营显像管及彩色电子枪、金属零件等。6 月 24 日最高价 28.01 元,12 月 23 日最低价 10.30 元。1999 年每股收益 0.3400 元。成交不断放大,短线有冲高机会。

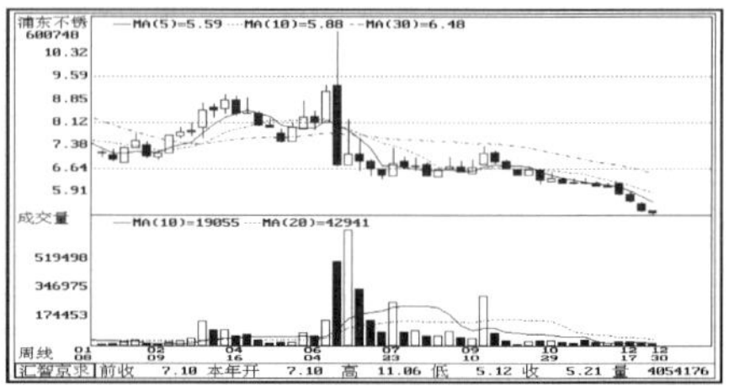

600748　浦东不锈:流通股本 15697 万,主营热轧薄板及冷轧不锈钢薄板。6 月 17 日最高价 11.06 元,12 月 27 日最低价 5.12 元。1999 年每股收益 0.0410 元。上行欲望不强,仍有整理。

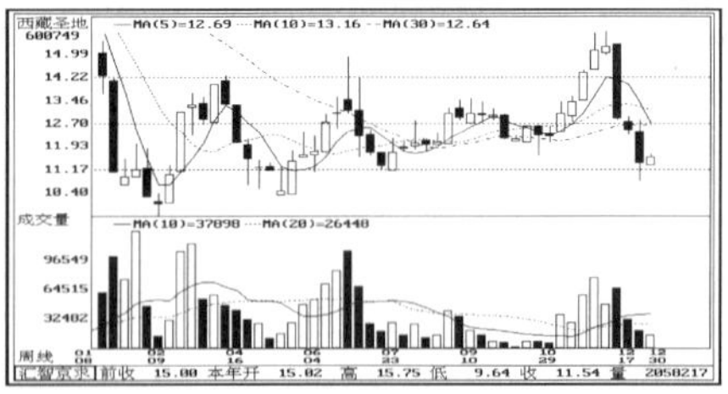

600749　西藏圣地:流通股本 2400 万,主营矿泉水、旅游及酒店服务业。12 月 2 日最高价 15.75 元,2 月 9 日最低价 9.64 元。1999 年每股收益 0.0110 元。有获利盘减持迹象,暂不介入。

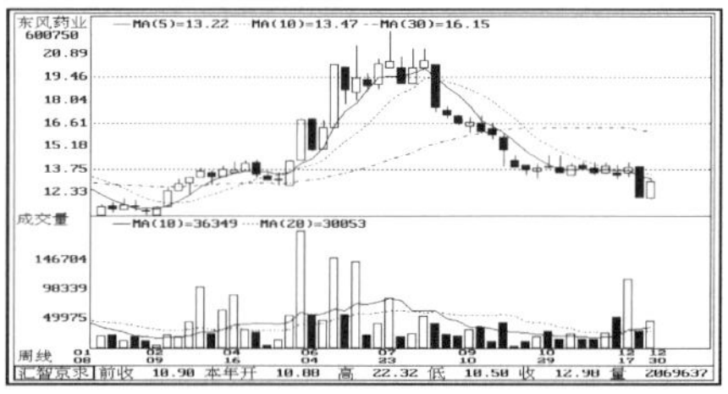

600750　东风药业:流通股本 6240 万,主营抗生素原料药、半合成抗生素。7 月 21 日最高价 22.32 元,2 月 4 日最低价 10.50 元。1999 年每股收益 0.2560 元。整理蓄势,持股或低吸。

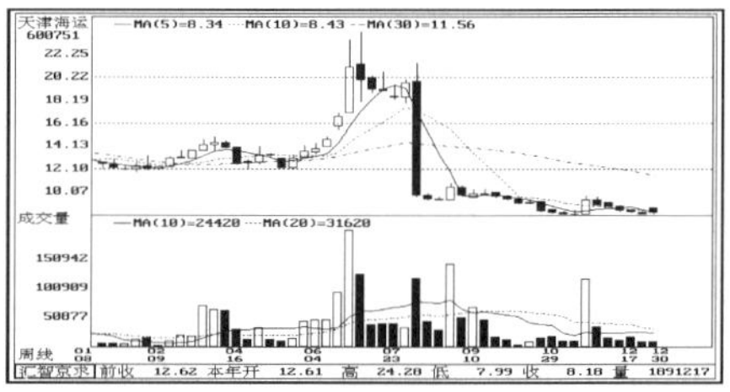

600751　天津海运:流通股本 7965 万,主营经营天津港口的近洋货物运输。6 月 29 日最高价 24.28 元,11 月 15 日最低价 7.99 元。1999 年每股收益 0.1060 元。走势未明,后市关注。

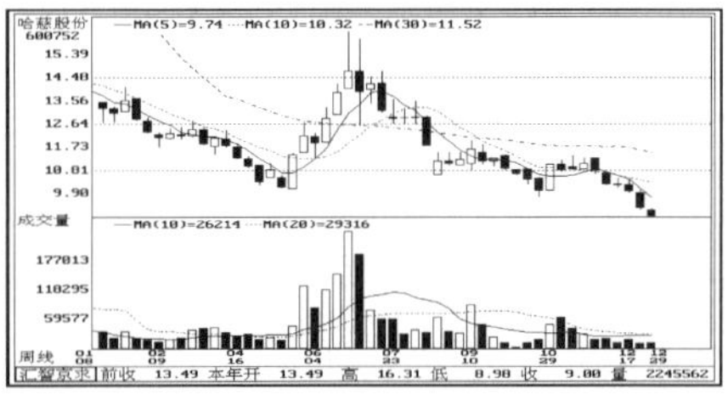

600752　哈慈股份:流通股本 12372 万,主营医疗保健专利产品的开发、制造和销售。6 月 25 日最高价 16.31 元,12 月 29 日最低价 8.98 元。1999 年每股收益 0.2300 元。走势未明,后市关注。

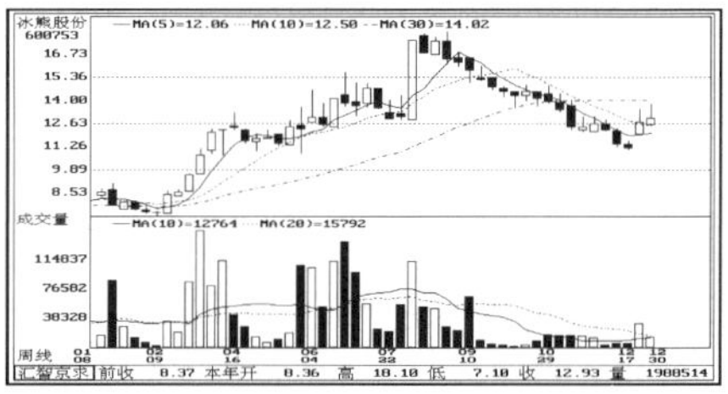

600753　冰熊股份:流通股本 3200 万,主营卧式冷柜及制冷保鲜设备。8 月 23 日最高价 18.10 元,1 月 18 日最低价 7.10 元。1999 年每股收益 0.0050 元。前期主力未出,短线可看高一线。

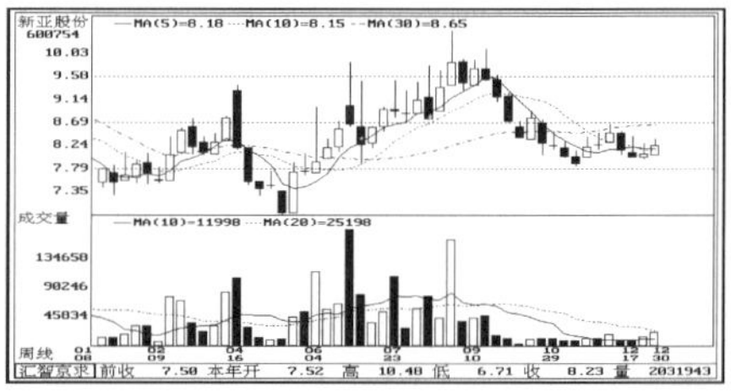

600754　新亚股份:流通股本 4836 万,主营酒店、餐饮。8 月 24 日最高价 10.48 元,5 月 17 日最低价 6.71 元。1999 年每股收益 0.2130 元。走势未明,后市关注。

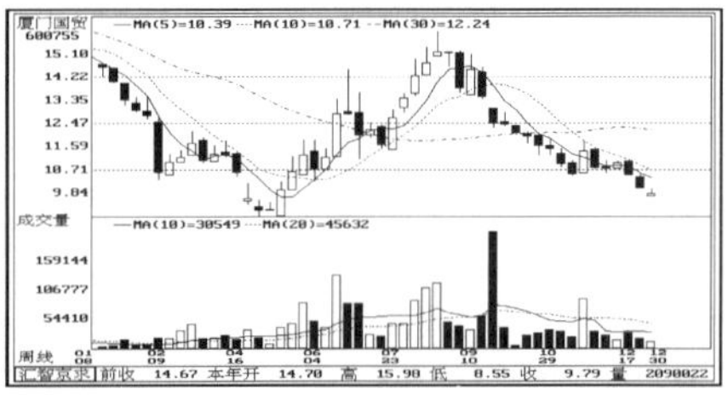

600755　厦门国贸:流通股本 12700 万,主营进出口及代理进出口贸易。8 月 19 日最高价 15.98 元,4 月 27 日最低价 8.55 元。1999 年每股收益 0.2880 元。上行欲望不强,仍有整理。

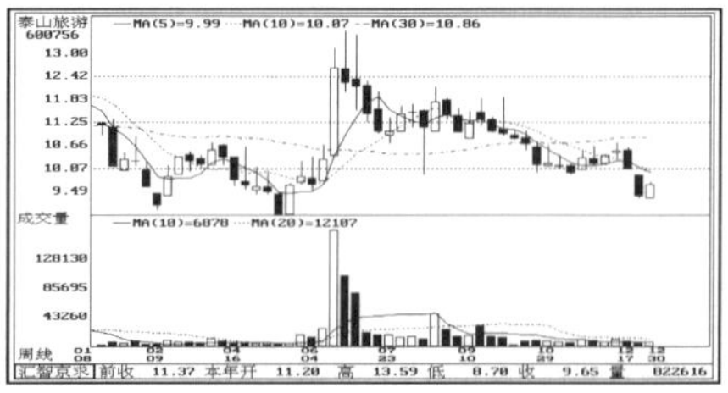

600756　泰山旅游:流通股本 4580 万,主营泰山旅游索道的客运业务。6 月 24 日最高价 13.59 元,4 月 26 日最低价 8.70 元。1999 年每股收益 0.2600 元。有获利盘减持迹象,暂不介入。

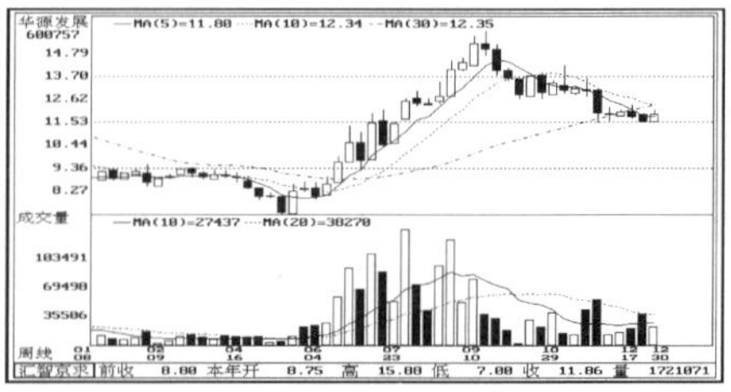

600757　华源发展:流通股本 7605 万,主营床单秀品、服装销售、出口贸易。9 月 13 日最高价 15.88 元,5 月 19 日最低价 7.00 元。1999 年每股收益 0.3400 元。短线有回调补缺口要求。

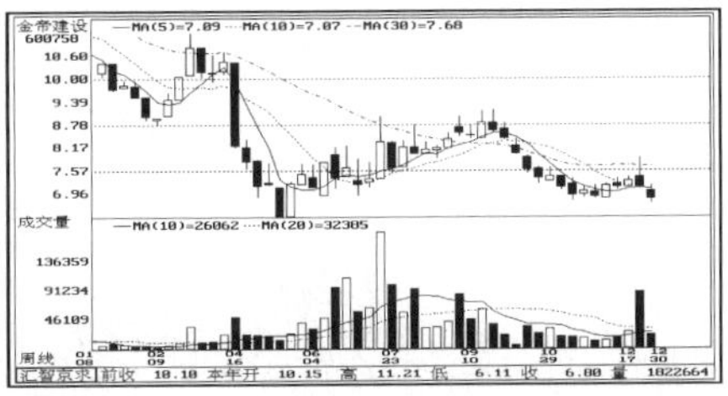

600758　金帝建设:流通股本 6153 万,主营土木建设工程及线路、管道。3 月 18 日最高价 11.21 元,5 月 17 日最低价 6.11 元。1999 年每股收益 0.0740 元。冲高后回调,仍有整理。

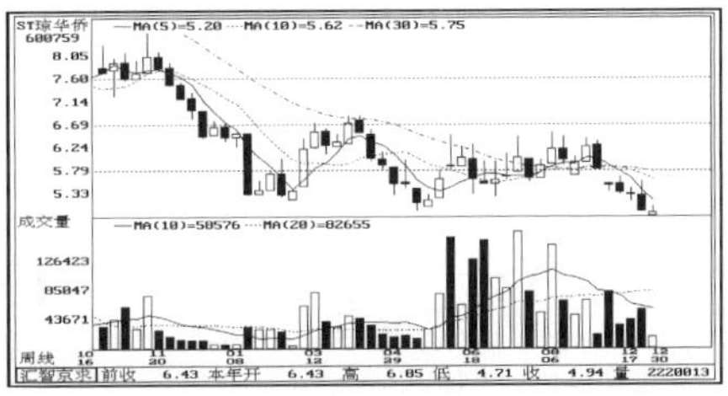

600759　ST 琼华侨:流通股本 6916 万,主营工业及高科技产品开发、旅游业。4 月 8 日最高价 6.85 元,5 月 18 日最低价 4.71 元。1999 年每股收益 -0.73 元。有获利盘减持迹象,暂不介入。

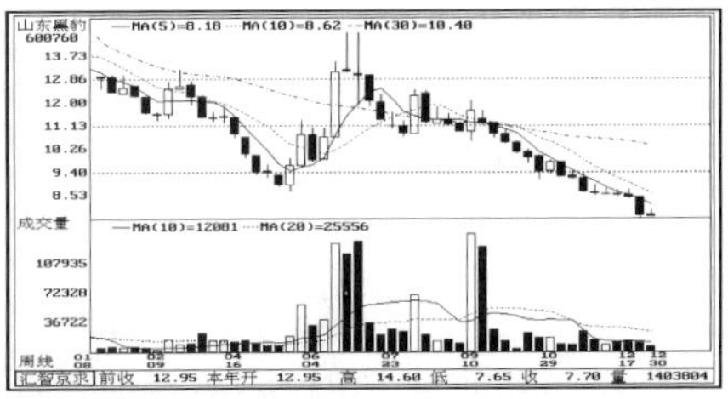

600760　山东黑豹:流通股本 13200 万,主营农用车制造。6 月 30 日最高价 14.60 元,12 月 29 日最低价 7.65 元。1999 年每股收益 0.1810 元。均线反压大,不宜介入。

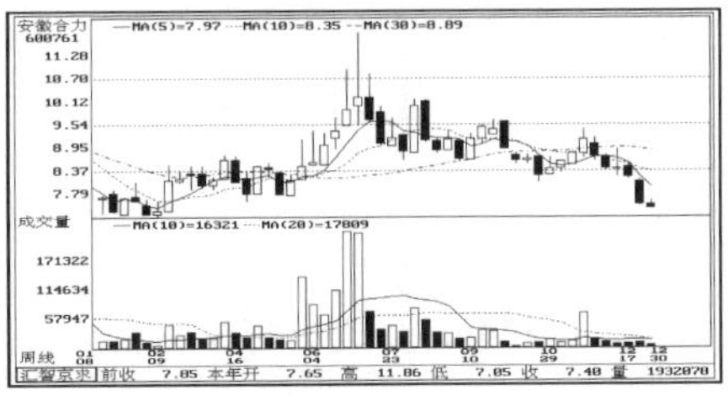

600761　安徽合力:流通股本 9921 万,主营叉车、工程机械、矿山起重机械。6 月 30 日最高价 11.86 元,1 月 7 日最低价 7.05 元。1999 年每股收益 0.2200 元。筑底回升走势,持股观望。

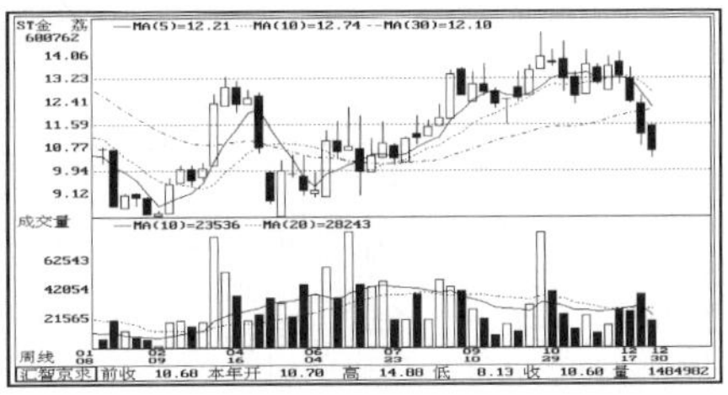

600762　ST 金荔:流通股本 2704 万,主营水泥产销、炼钢轧材、废旧物资。10 月 21 日最高价 14.88 元,1 月 18 日最低价 8.13 元。1999 年每股收益 -0.8260 元。成交淡静,短线压力需消化。

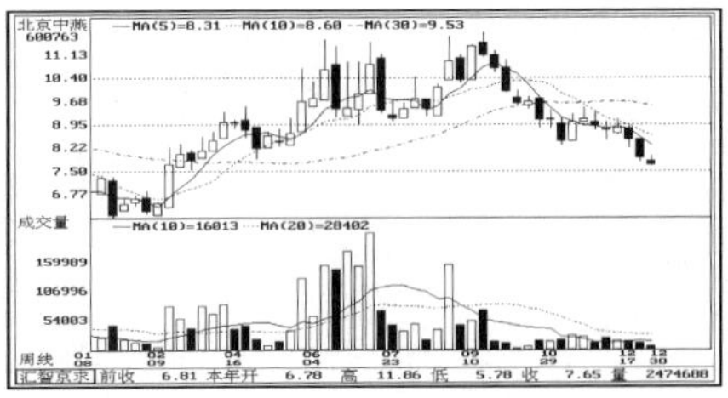

600763　北京中燕:流通股本 4032 万,主营羽毛、羽绒产品、皮革制品、针纺制品。9 月 14 日最高价 11.86 元,1 月 14 日最低价 5.78 元。1999 年每股收益 0.1030 元。成交淡静,短线压力需消化。

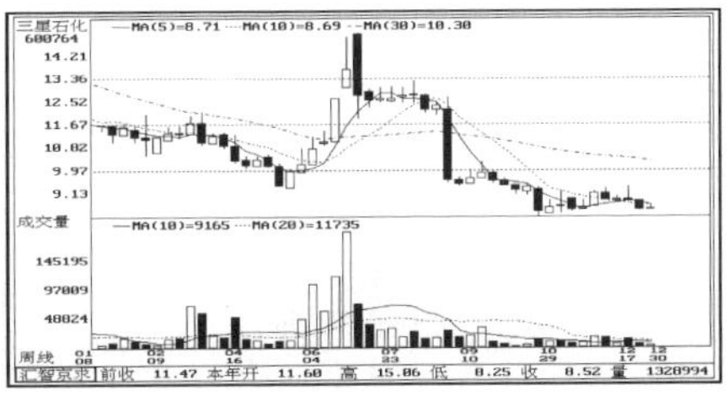

600764　三星石化:流通股本 5869 万,主营石油化工、精细化工产品研制。6 月 29 日最高价 15.06 元,10 月 21 日最低价 8.25 元。1999 年每股收益 0.1620 元。短线有回调补缺口要求。

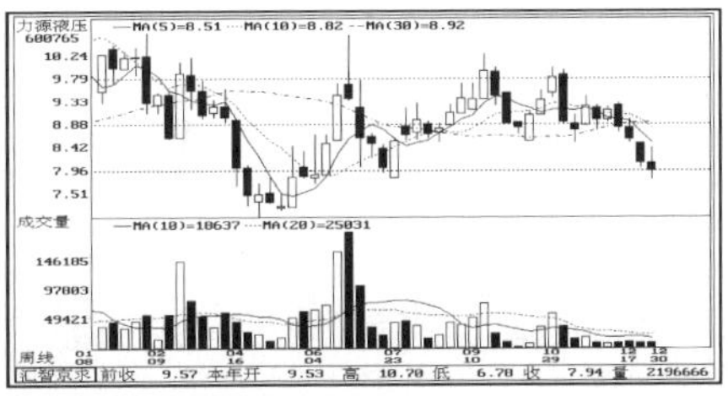

600765　力源液压:流通股本 3450 万,主营工程机械配套用高压柱塞液压泵。2 月 1 日最高价 10.70 元,4 月 28 日最低价 6.78 元。1999 年每股收益 -0.0670 元。回抽确认,面临均线支撑。

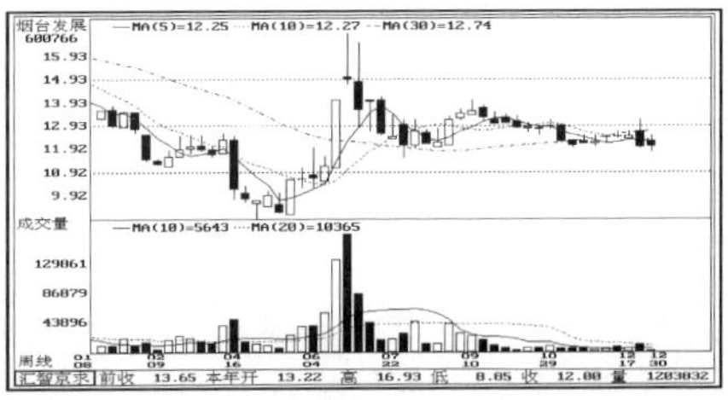

600766　烟台发展:流通股本 3345 万,主营日用百货、服装鞋帽、五金交电。6 月 22 日最高价 16.93 元,4 月 27 日最低价 8.85 元。1999 年每股收益 0.1980 元。上升动力不足,谨慎持有。

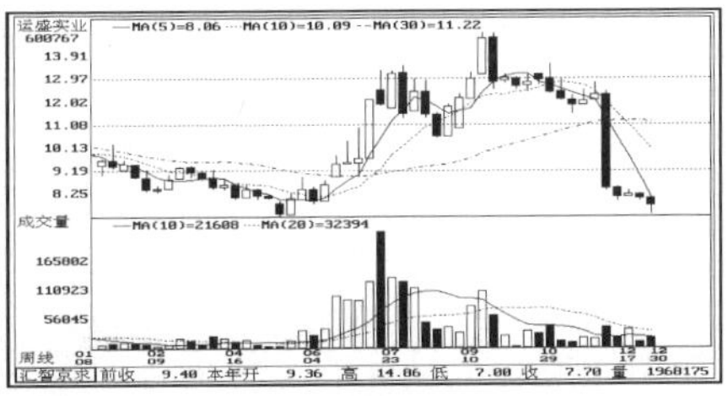

600767　运盛实业:流通股本 9675 万,主营城市基础设施项目开发及其配套服务。9 月 17 日最高价 14.86 元,5 月 17 日最低价 7.00 元。1999 年每股收益 0.0600 元。上行欲望不强,仍有整理。

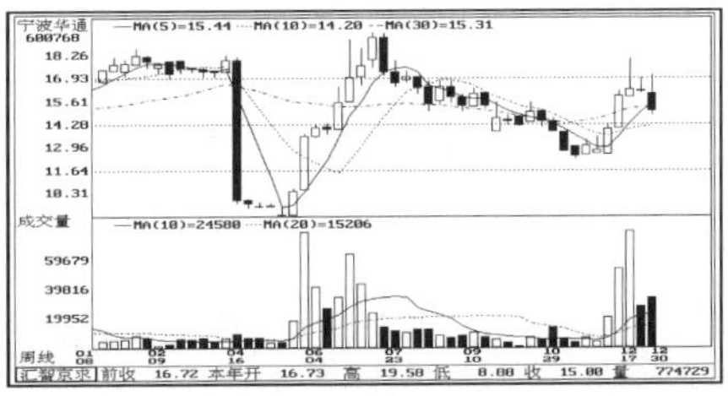

600768　宁波华通:流通股本 2676 万,主营物资运输、仓储及铁路、公路。7 月 8 日最高价 19.58 元,5 月 10 日最低价 8.88 元。1999 年每股收益 0.1000 元。回抽确认,面临均线支撑。

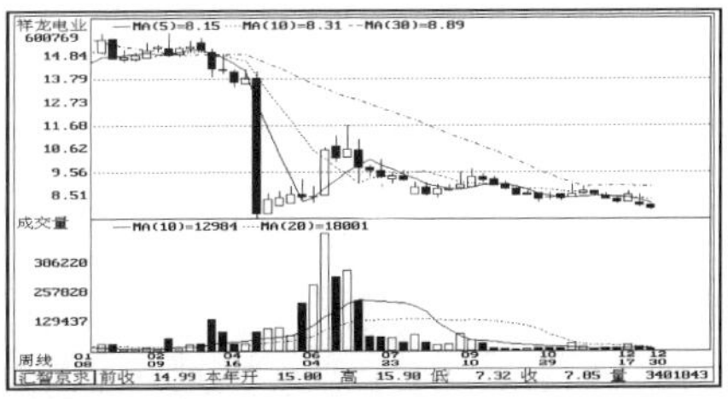

600769　祥龙电业:流通股本 8736 万,主营发电、供热。1 月 8 日最高价 15.90 元,4 月 28 日最低价 7.32 元。1999 年每股收益 0.1600 元。有获利盘减持迹象,暂不介入。

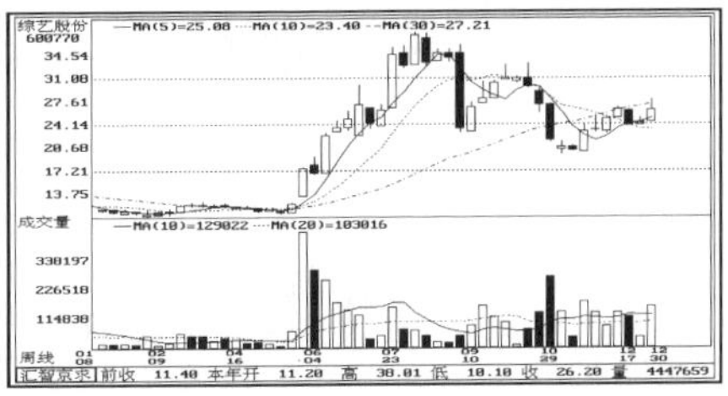

600770　综艺股份:流通股本 9900 万,主营制造、加工和销售集装箱底板、胶合板。8 月 6 日最高价 38.01 元,2 月 8 日最低价 10.10 元。1999 年每股收益 0.3230 元。横盘多时,有望展开拉升。

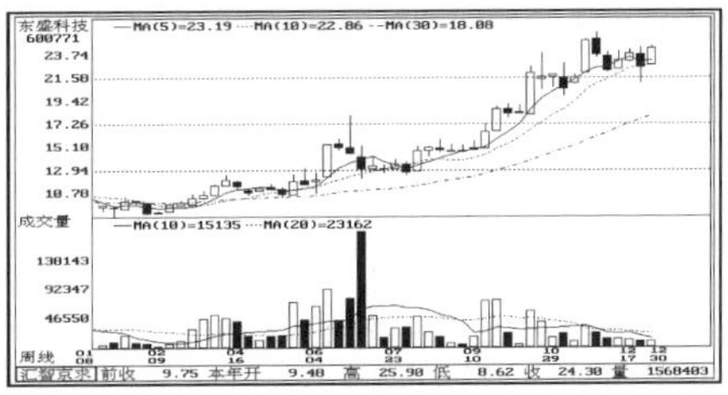

600771　东盛科技:流通股本 4950 万,主营铝冶炼、铝材加工及销售、电解铝。11 月 23 日最高价 25.90 元,1 月 15 日最低价 8.62 元。1999 年每股收益 0.1560 元。成交趋于活跃,仍有上升空间。

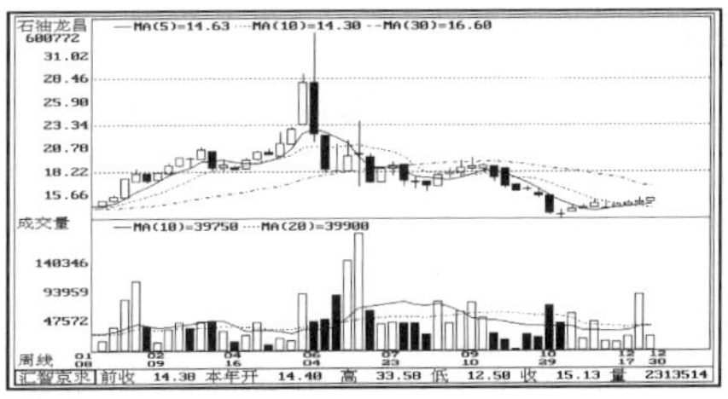

600772　石油龙昌:流通股本 6318 万,主营石油天然气管道运输、改造、勘察。6 月 2 日最高价 33.58 元,11 月 3 日最低价 12.50 元。1999 年每股收益 0.2880 元。超跌明显,仍有反弹空间。

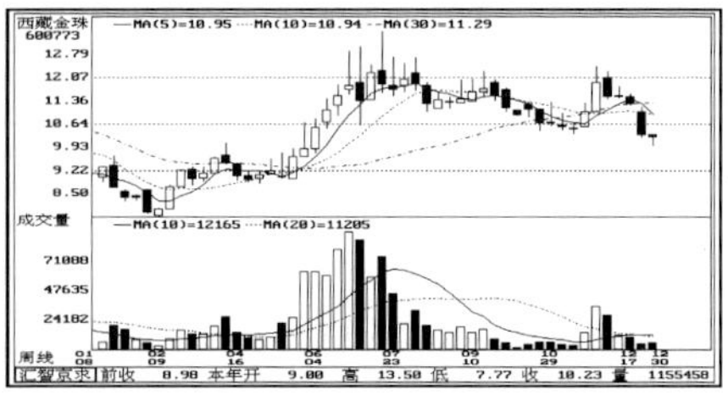

600773　西藏金珠：流通股本 2886 万，主营进出口和国内贸易、出口商品。7 月 14 日最高价 13.50 元，2 月 8 日最低价 7.77 元。1999 年每股收益 0.2100 元。上升动力不足，谨慎持有。

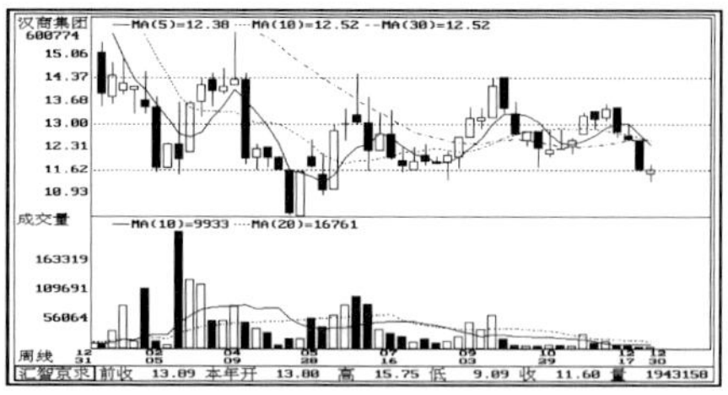

600774　汉商集团：流通股本 2662 万，主营百货、五金、化工原料、中西药。4 月 7 日最高价 15.75 元，5 月 18 日最低价 9.09 元。1999 年每股收益 0.3000 元。上行欲望不强，仍有整理。

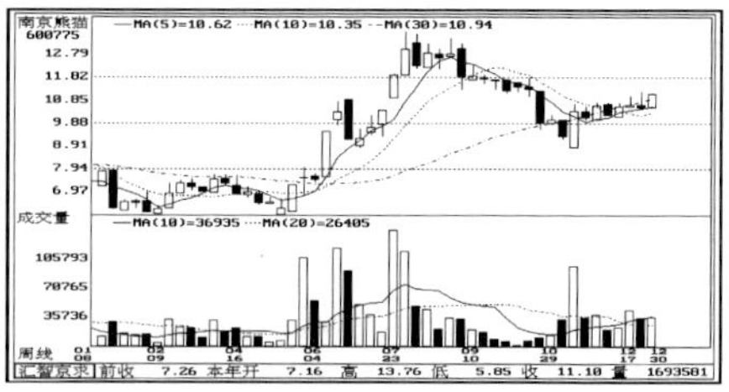

600775　南京熊猫：流通股本 5787 万，主营电信产品、电视机、卫星通信系统。7 月 28 日最高价 13.76 元，5 月 10 日最低价 5.85 元。1999 年每股收益 0.0800 元。上攻中继形态，适时介入。

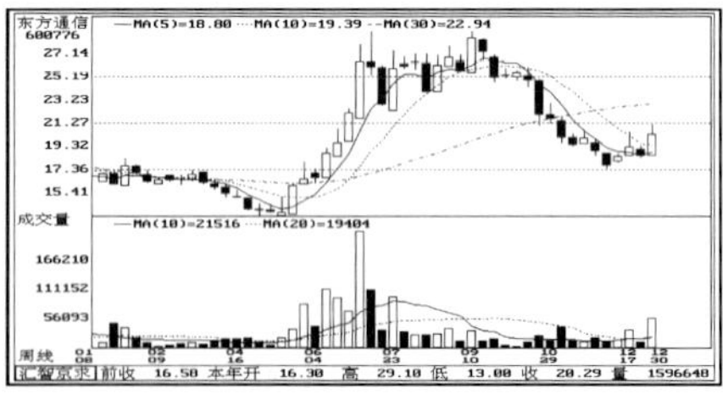

600776　东方通信：流通股本 6000 万，主营移动通信、程控交换、光电传输。9 月 10 日最高价 29.10 元，5 月 10 日最低价 13.00 元。1999 年每股收益 0.5000 元。整理走势，短线有一定压力。

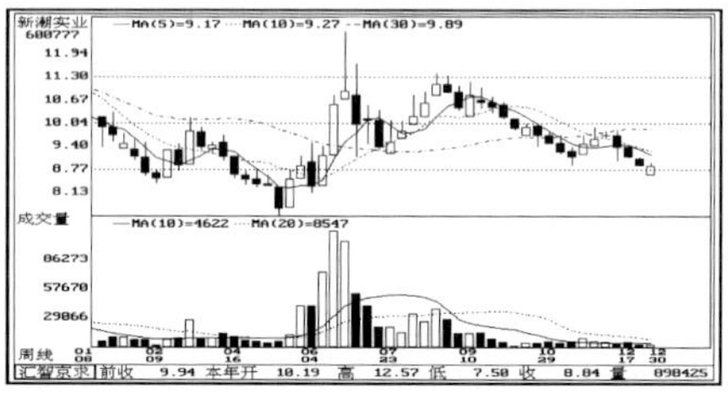

600777　新潮实业：流通股本 4024 万，主营毛棉产品生产。6 月 24 日最高价 12.57 元，5 月 14 日最低价 7.50 元。1999 年每股收益 0.3090 元。短线回吐，仍可谨慎持股。

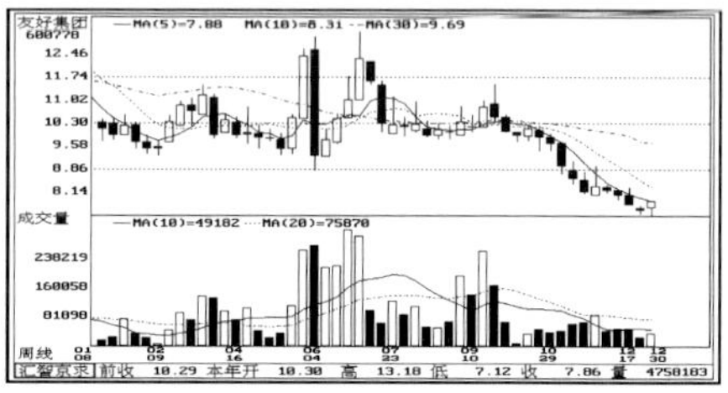

600778　友好集团：流通股本 10307 万，主营商业综合经营。6 月 30 日最高价 13.18 元，12 月 29 日最低价 7.12 元。1999 年每股收益 0.2100 元。成交趋于活跃，仍有上升空间。

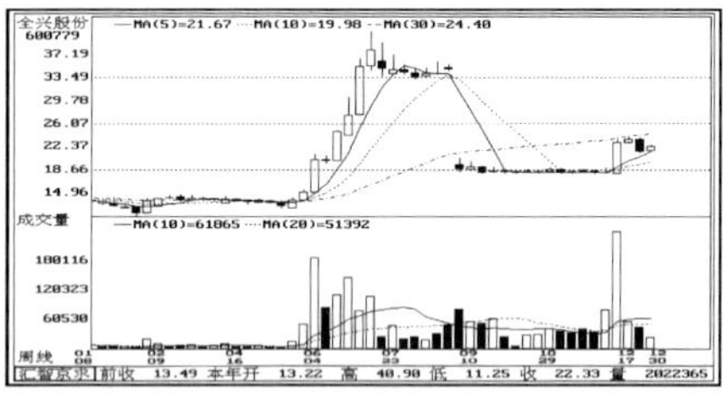

600779　全兴股份：流通股本 8900 万，主营抗生素原料药及各种制剂。7 月 9 日最高价 40.90 元，1 月 29 日最低价 11.25 元。1999 年每股收益 0.8410 元。上升动力不足，谨慎持有。

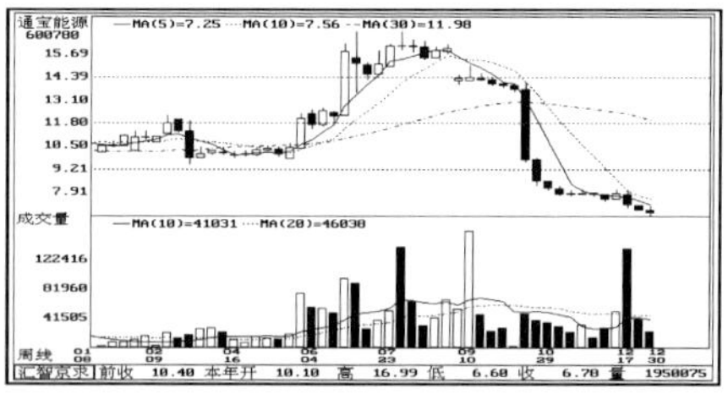

600780　通宝能源：流通股本 9355 万，主营煤炭开采、加工、销售、火力发电。6 月 28 日最高价 16.99 元，12 月 29 日最低价 6.60 元。1999 年每股收益 0.2800 元。短线已见底，反弹空间仍存。

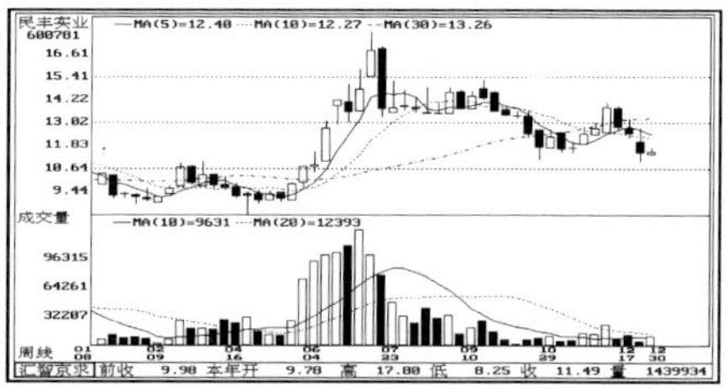

600781　民丰实业：流通股本 3375 万，主营印染、仓储、贸易、纺织品出口。7 月 9 日最高价 17.80 元，4 月 23 日最低价 8.25 元。1999 年每股收益 0.0200 元。回抽确认，面临均线支撑。

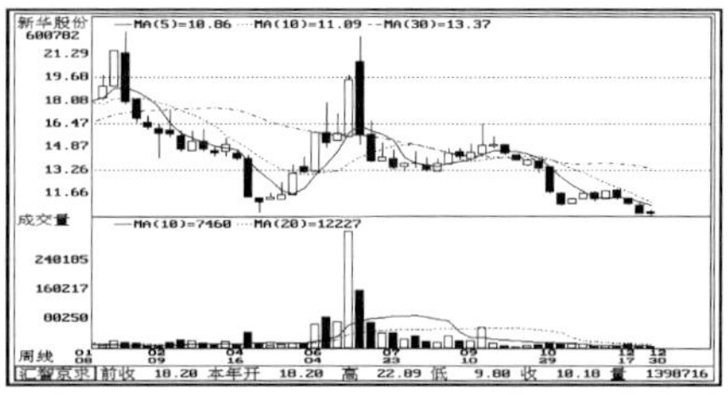

600782　新华股份：流通股本 3510 万，主营生产销售预应力钢丝、钢绞线。1 月 18 日最高价 22.89 元，12 月 28 日最低价 9.80 元。1999 年每股收益 0.1230 元。回抽确认，面临均线支撑。

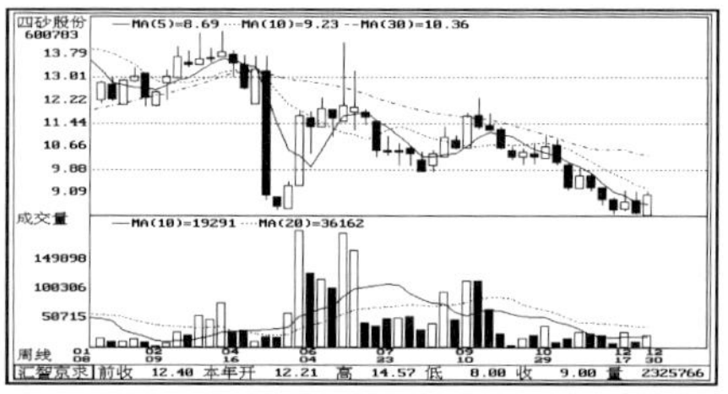

600783　四砂股份：流通股本 6490 万，主营生产磨料、磨具、硅碳棒制品。4 月 7 日最高价 14.57 元，12 月 29 日最低价 8.00 元。1999 年每股收益 0.1130 元。走势未明，后市关注。

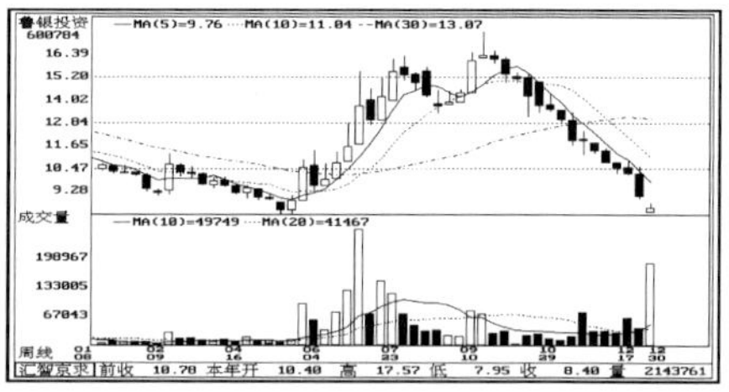

600784　鲁银投资：流通股本 15621 万，主营通信电缆。9 月 14 日最高价 17.57 元，12 月 28 日最低价 7.95 元。1999 年每股收益 0.2320 元。均线反压大，不宜介入。

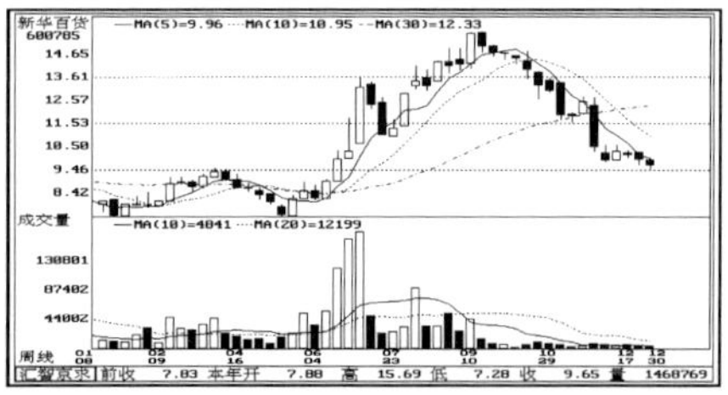

600785　新华百货：流通股本 4972 万，主营百货零售业。9 月 13 日最高价 15.69 元，5 月 17 日最低价 7.28 元。1999 年每股收益 0.2400 元。均线反压，短线趋势仍淡。

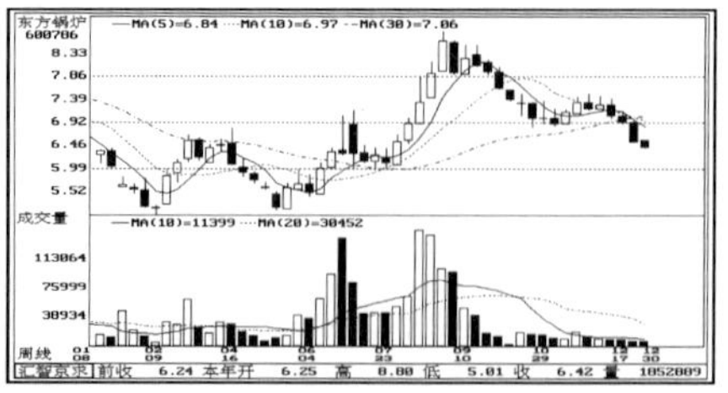

600786　东方锅炉：流通股本 5400 万，主营电站锅炉、辅机、石油化工容器。8 月 25 日最高价 8.80 元，2 月 8 日最低价 5.01 元。1999 年每股收益 0.0320 元。上档压力仍重，需进一步整理。

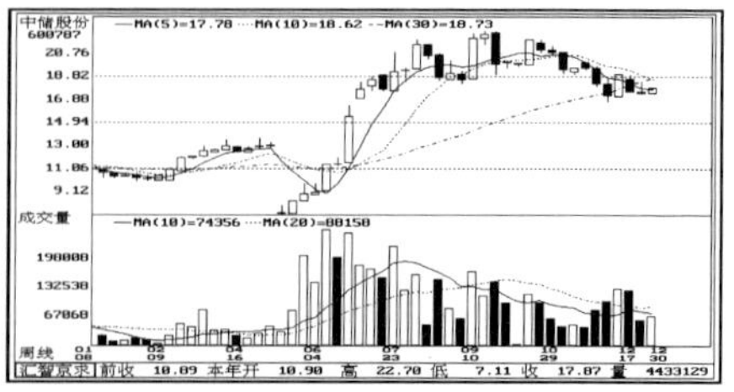

600787　中储股份：流通股本 10500 万，主营储运、经销、货运。9 月 17 日最高价 22.70 元，5 月 10 日最低价 7.11 元。1999 年每股收益 0.7100 元。短线大幅震仓，仍可持股。

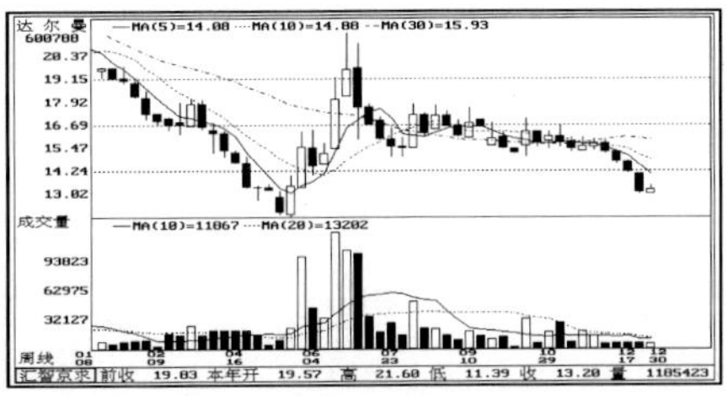

600788　达尔曼：流通股本 8100 万，主营珠宝、玉器、工艺美术、机械设备。6 月 25 日最高价 21.60 元，5 月 19 日最低价 11.39 元。1999 年每股收益 0.5170 元。回抽确认，面临均线支撑。

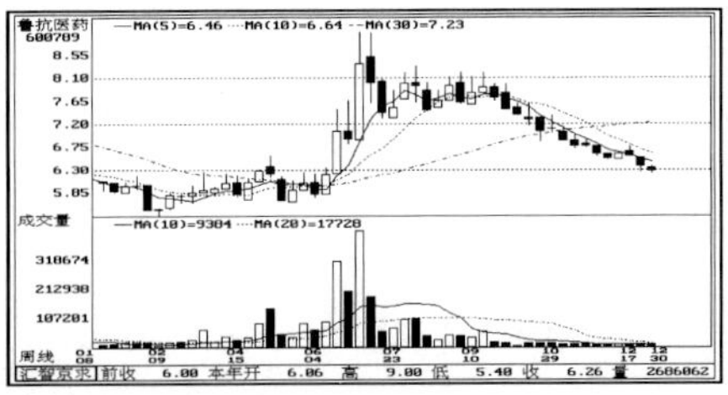

600789　鲁抗医药：流通股本 15800 万，主营抗生素原料药、半合成抗生素原料药。6 月 30 日最高价 9.00 元，2 月 9 日最低价 5.40 元。1999 年每股收益 0.1300 元。上行欲望不强，仍有整理。

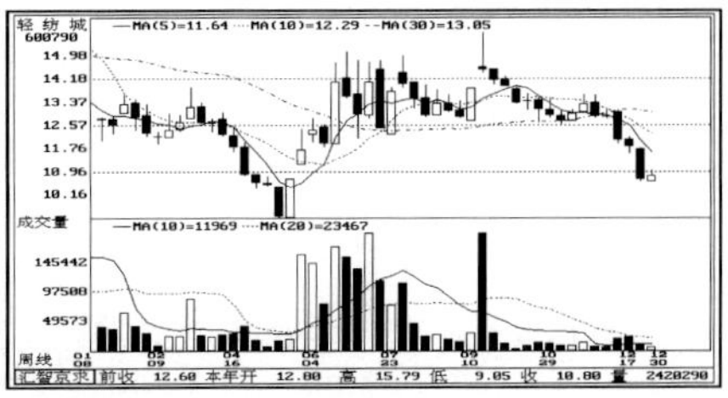

600790　轻纺城：流通股本 12114 万，主营纺织、化工原料、日用百货。9 月 14 日最高价 15.79 元，5 月 17 日最低价 9.05 元。1999 年每股收益 0.4060 元。走势未明，后市关注。

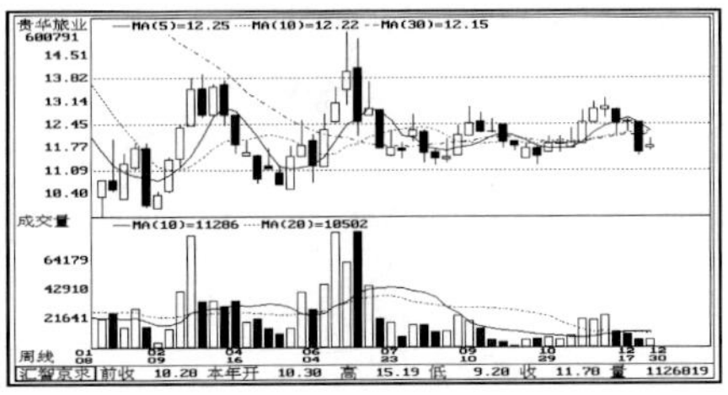

600791　贵华旅业：流通股本 3300 万，主营商场、连锁店、酒店。6 月 25 日最高价 15.19 元，1 月 5 日最低价 9.20 元。1999 年每股收益 0.1740 元。短线有减持迹象，暂不介入。

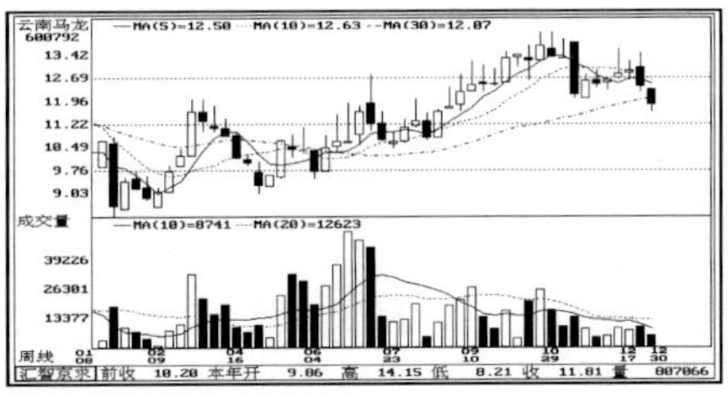

600792　云南马龙：流通股本 1500 万，主营黄磷、磷酸等磷化工产品，水泥。10 月 25 日最高价 14.15 元，1 月 18 日最低价 8.21 元。1999 年每股收益 0.1460 元。均线反压，短线趋势仍淡。

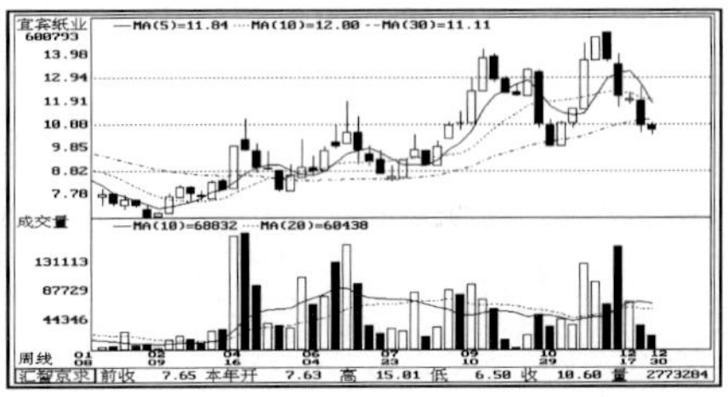

600793　宜宾纸业：流通股本 3354 万，主营制造、销售纸制品。11 月 29 日最高价 15.01 元，1 月 19 日最低价 6.50 元。1999 年每股收益 0.1220 元。回抽确认，面临均线支撑。

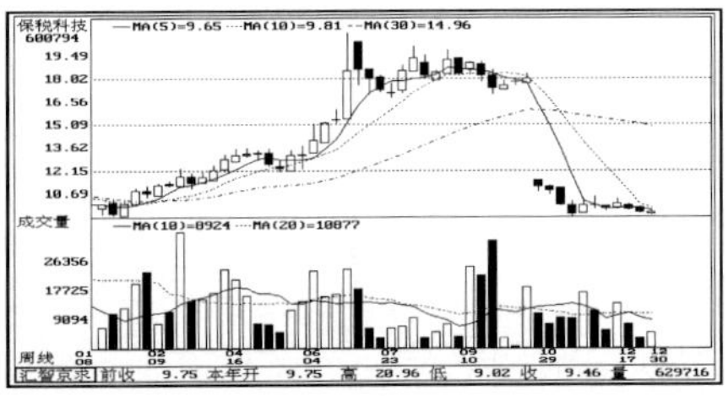

600794　保税科技：流通股本 3900 万，主营机制纸及纸板系列产品的制造和销售。6 月 25 日最高价 20.96 元，1 月 6 日最低价 9.02 元。1999 年每股收益 0.1770 元。上行欲望不强，仍有整理。

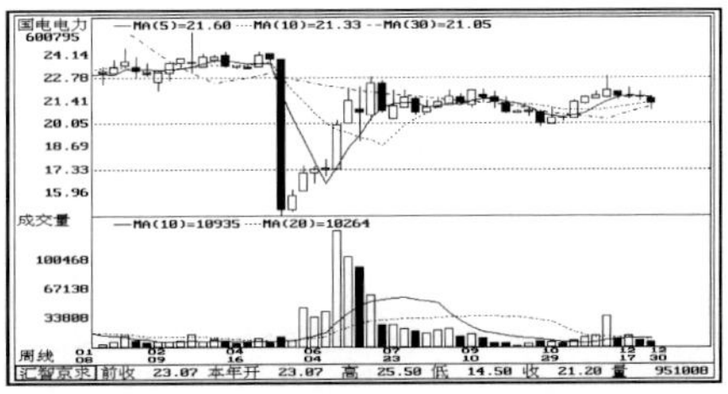

600795　国电电力：流通股本 6390 万，主营火力发电、蒸汽、热力生产。3 月 15 日最高价 25.50 元，5 月 19 日最低价 14.50 元。1999 年每股收益 0.8650 元。上行欲望不强，仍有整理。

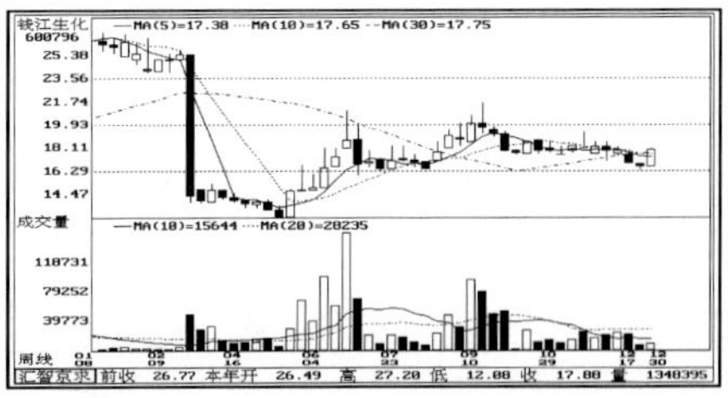

600796　钱江生化：流通股本 3200 万，主营生物农药、酶制剂、赤霉素、柠檬酸。1 月 7 日最高价 27.20 元，5 月 18 日最低价 12.08 元。1999 年每股收益 0.3510 元。长期调整充分，小 V 型反转。

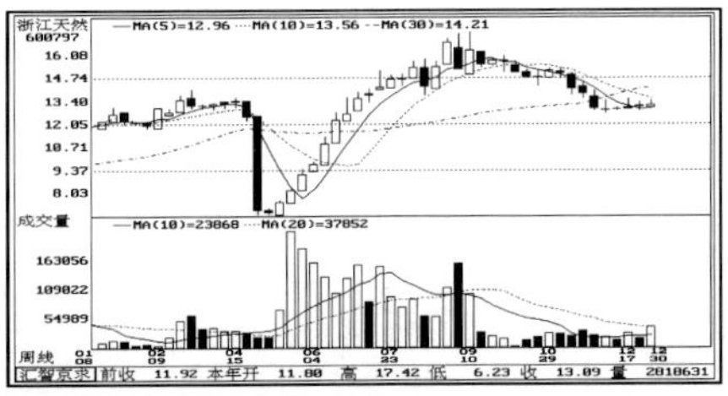

600797　浙江天然：流通股本 10100 万，主营羽绒、针织用品生产及加工业务。9 月 10 日最高价 17.42 元，5 月 13 日最低价 6.23 元。1999 年每股收益 0.2530 元。小 V 型反转，中线可持。

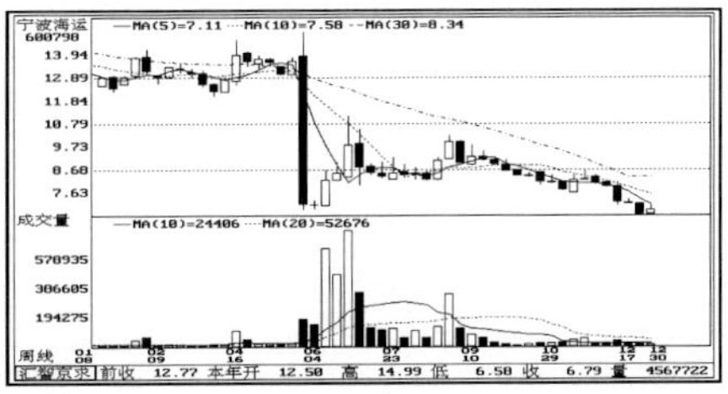

600798　宁波海运：流通股本 14145 万，主营沿海、内河（长江）货物运输。5 月 25 日最高价 14.99 元，12 月 27 日最低价 6.58 元。1999 年每股收益 0.2100 元。短线有减持迹象，暂不介入。

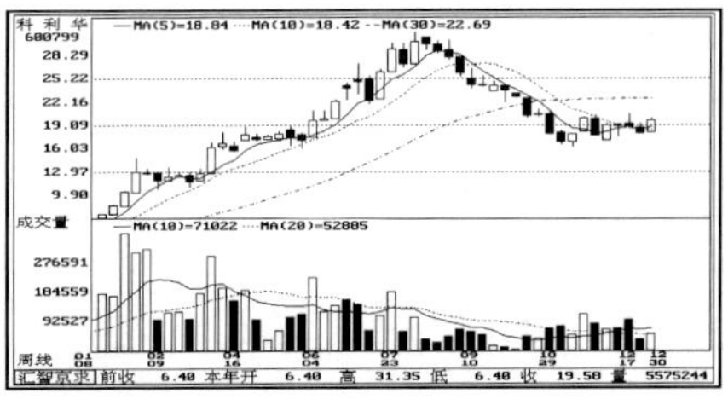

600799　科利华：流通股本 17900 万，主营钢的冶炼与轧制、软件产品的开发。8 月 6 日最高价 31.35 元，1 月 4 日最低价 6.40 元。1999 年每股收益 0.3010 元。短线大幅震仓，仍可持股。

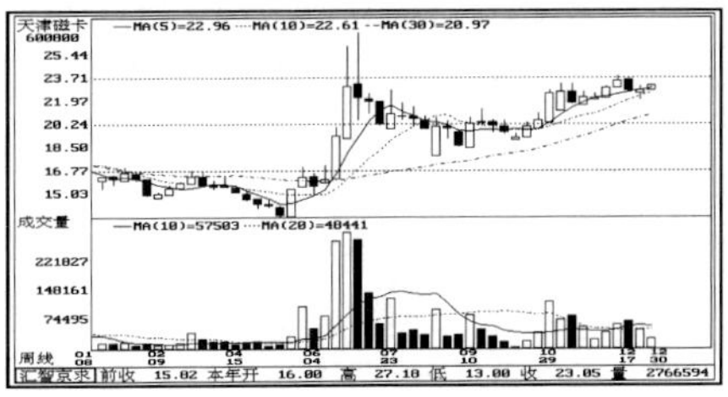

600800　天津磁卡：流通股本 13700 万，主营信用卡、印刷金融票据样本、彩色板。6 月 29 日最高价 27.18 元，5 月 17 日最低价 13.00 元。1999 年每股收益 0.6010 元。上攻中继形态，适时介入。

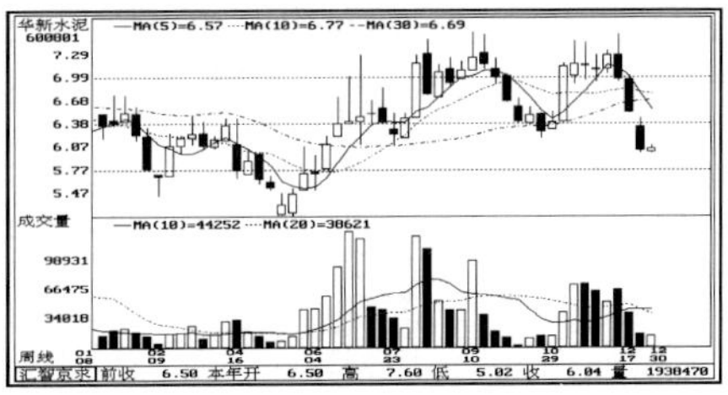

600801　华新水泥：流通股本 4800 万，主营水泥及其深加工产品。9 月 9 日最高价 7.60 元，5 月 17 日最低价 5.02 元。1999 年每股收益 0.0130 元。有获利盘减持迹象，暂不介入。

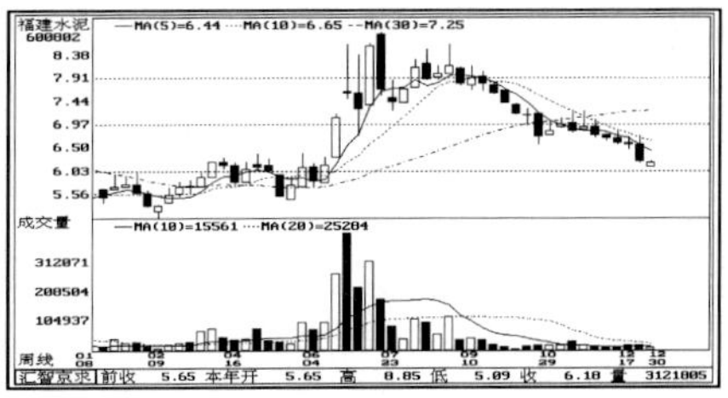

600802　福建水泥：流通股本 9625 万，主营水泥、新型建材、科技产品。7 月 12 日最高价 8.85 元，2 月 9 日最低价 5.09 元。1999 年每股收益 0.2920 元。有获利盘减持迹象，暂不介入。

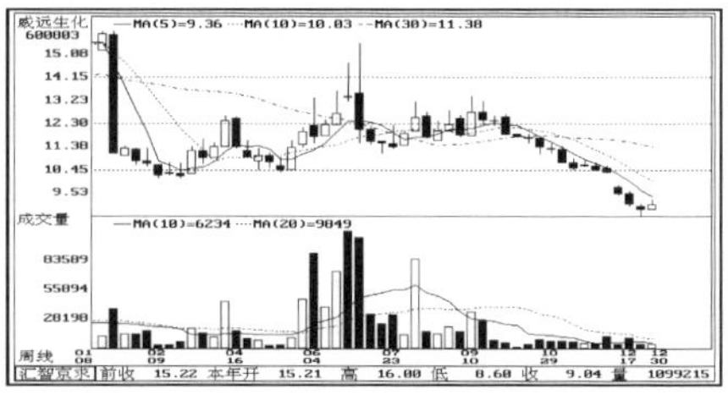

600803　威远生化：流通股本6610万，主营水泥建材和高压电器。1月11日最高价16.00元，12月24日最低价8.60元。1999年每股收益0.1800元。短线调整未结束，持币。

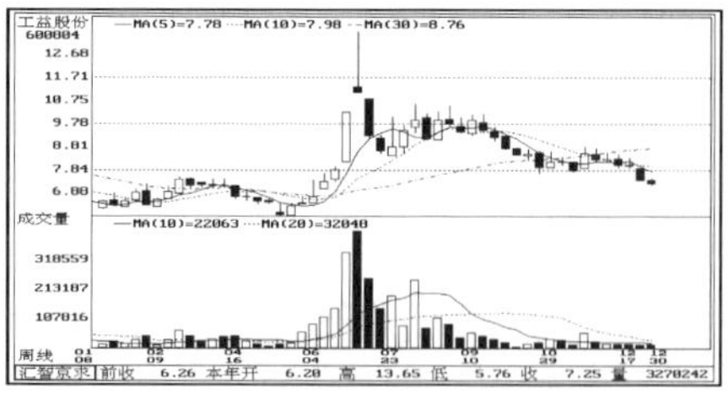

600804　工益股份：流通股本7196万，主营钢锭及锻钢件、精密铸造件。7月1日最高价13.65元，5月17日最低价5.76元。1999年每股收益0.0070元。上行欲望不强，仍有整理。

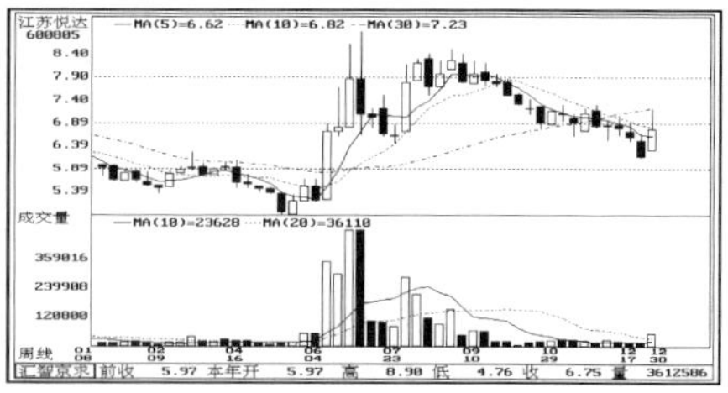

600805　江苏悦达：流通股本28900万，主营拖拉机、农机具、工程机械、面包车。6月30日最高价8.90元，5月17日最低价4.76元。1999年每股收益0.2700元。整理走势，短线有一定压力。

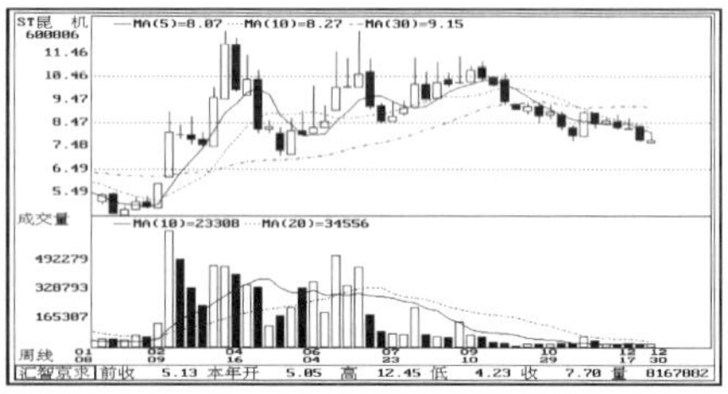

600806　ST昆机：流通股本6000万，主营机床、精密测量设备、精密位移传感器。6月30日最高价12.45元，1月18日最低价4.23元。1999年每股收益-0.1900元。短线已见底，反弹空间仍存。

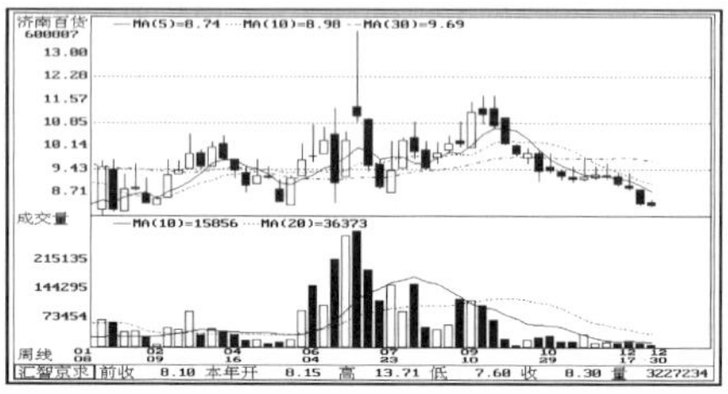

600807　济南百货：流通股本6435万，主营商业零售、批发。6月30日最高价13.71元，6月15日最低价7.60元。1999年每股收益0.2260元。上行欲望不强，仍有整理。

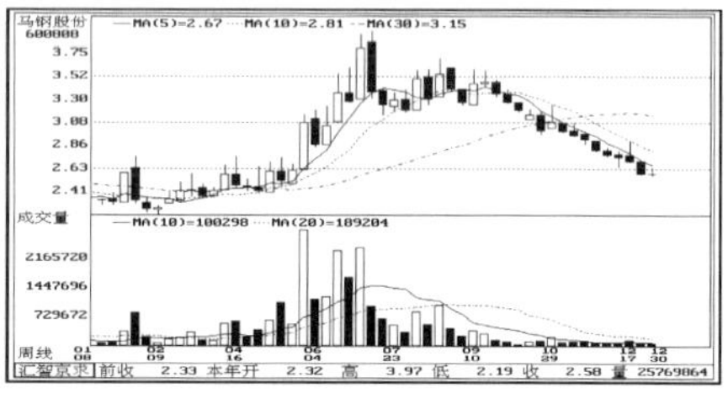

600808　马钢股份：流通股本60000万，主营黑色金属冶炼、加工机电设备。7月5日最高价3.97元，2月9日最低价2.19元。1999年每股收益0.0020元。中线已趋淡，趁反弹减磅。

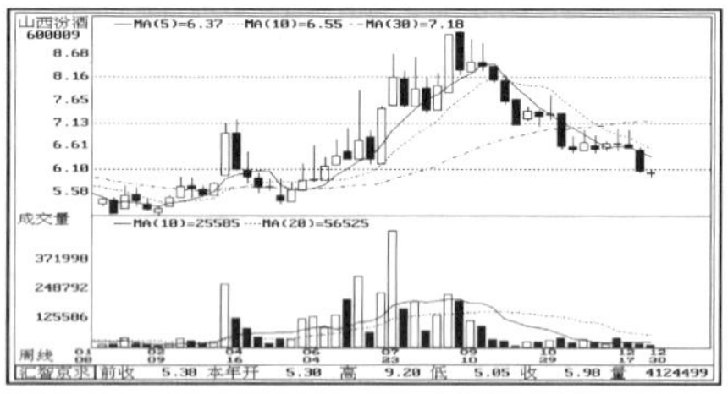

600809　山西汾酒：流通股本7150万，主营酿酒。8月30日最高价9.20元，2月8日最低价5.05元。1999年每股收益0.0090元。回抽确认，面临均线支撑。

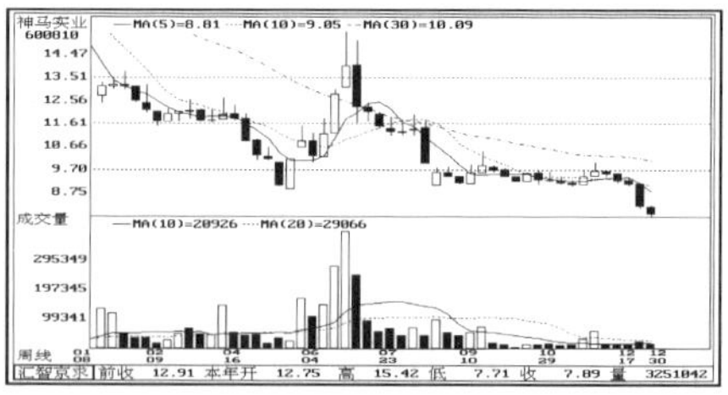

600810　神马实业：流通股本12870万，主营帘子布、工业用布、化学纤维。6月25日最高价15.42元，12月27日最低价7.71元。1999年每股收益0.2060元。上行欲望不强，仍有整理。

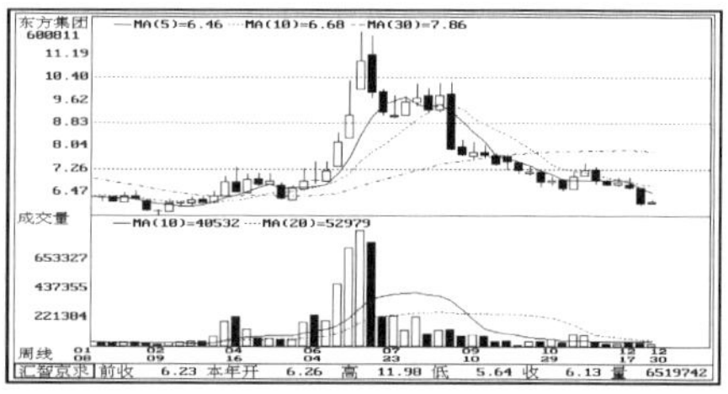

600811　东方集团：流通股本29222万，主营经济技术合作开发、进出口业务及代理。7月1日最高价11.98元，2月8日最低价5.64元。1999年每股收益0.3700元。上行欲望不强，仍有整理。

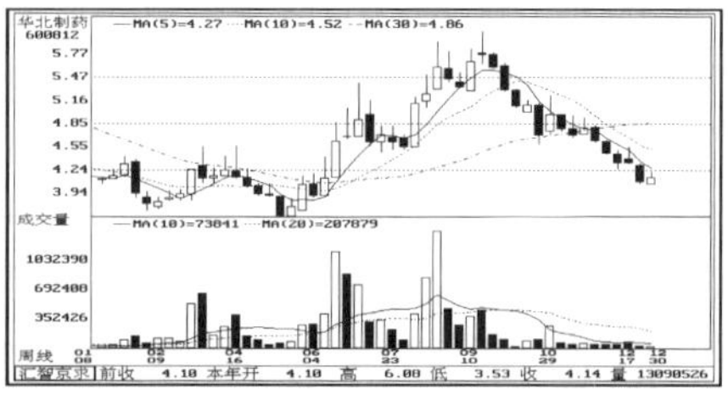

600812　华北制药：流通股本46926万，主营医药化工产品的生产、销售。9月13日最高价6.08元，5月19日最低价3.53元。1999年每股收益0.0900元。短线有减持迹象，暂不介入。

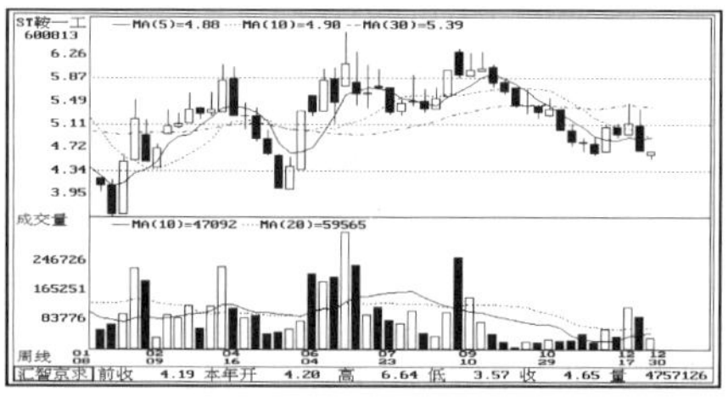

600813　ST鞍一工：流通股本9960万，主营工程机械、拖拉机。6月24日最高价6.64元，1月15日最低价3.57元。1999年每股收益-0.0280元。有获利盘减持迹象，暂不介入。

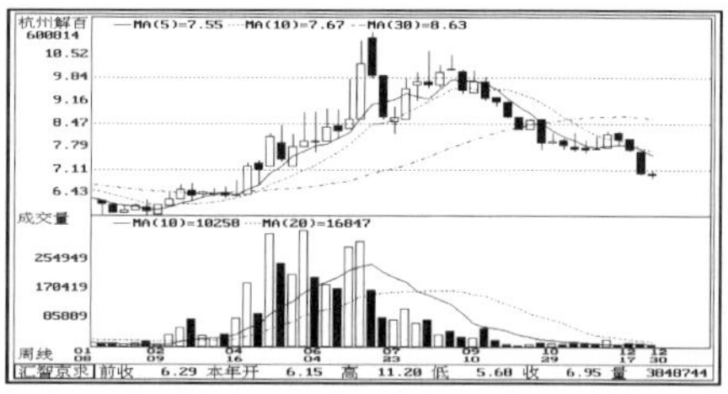

600814　杭州解百：流通股本9459万，主营百货、日用杂货、工艺美术品、装饰材料。7月5日最高价11.20元，2月8日最低价5.68元。1999年每股收益0.1080元。有获利盘减持迹象，暂不介入。

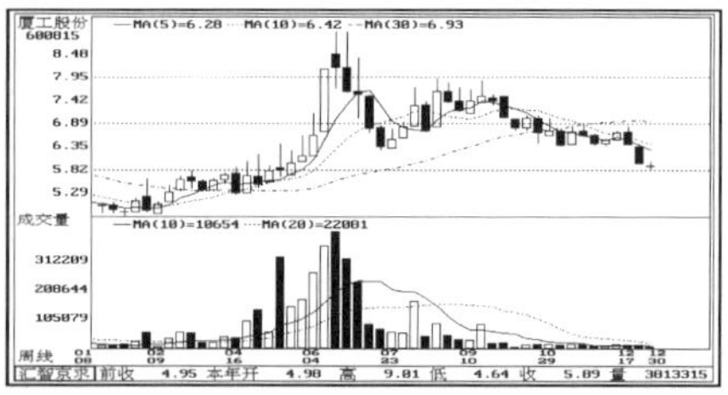

600815　厦工股份：流通股本7980万，主营工程机械产品及其配件。6月15日最高价9.01元，1月18日最低价4.64元。1999年每股收益0.0930元。中线已趋淡，趁反弹减磅。

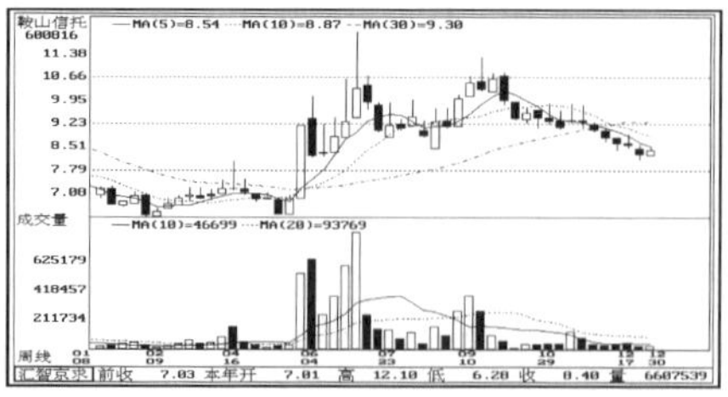

600816　鞍山信托：流通股本19058万，主营委托信托存款、投资、金融。6月30日最高价12.10元，2月8日最低价6.28元。1999年每股收益0.2400元。超跌反弹走势，可看高一线。

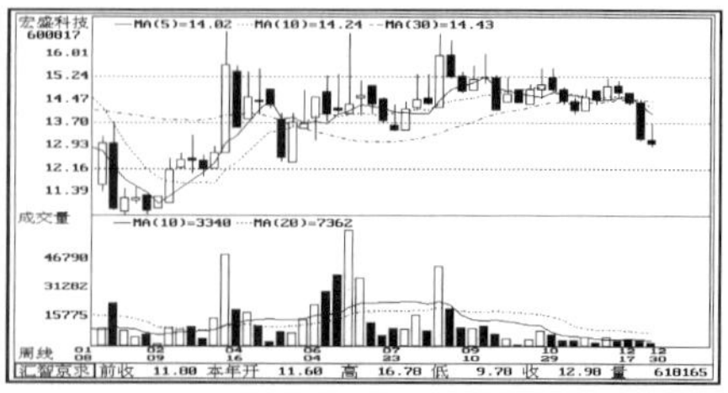

600817　宏盛科技：流通股本1124万，主营粮油、仓储。4月9日最高价16.78元，1月18日最低价9.78元。1999年每股收益0.0710元。需继续在低位震荡筑底。

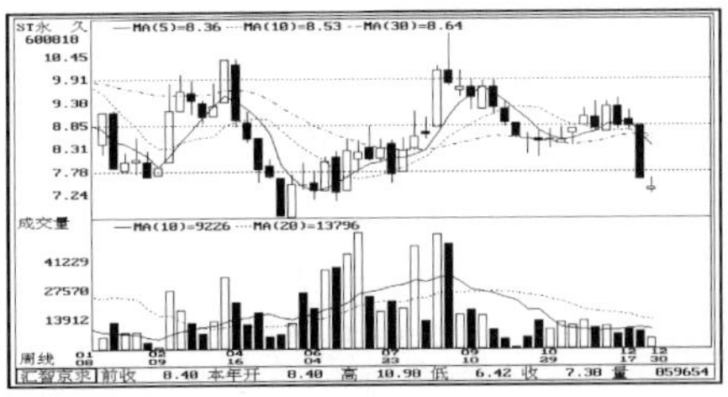

600818　ST 永久:流通股本 1495 万,主营自行车、童车、助动车及零部件。8 月 24 日最高价 10.98 元,5 月 17 日最低价 6.42 元。1999 年每股收益 -1.28 元。筑底回升走势,持股观望。

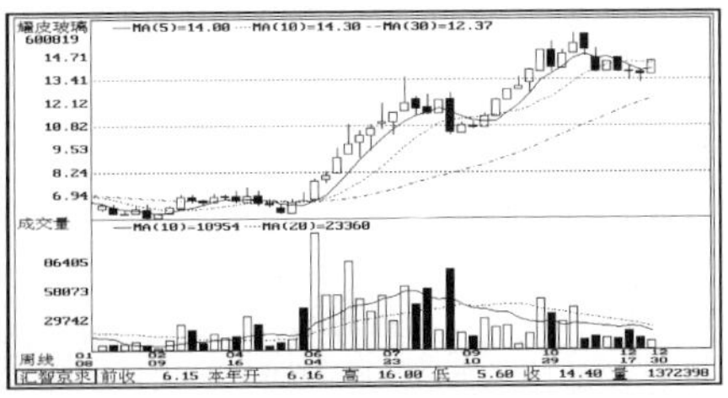

600819　耀皮玻璃:流通股本 3125 万,主营浮法玻璃、本体着色玻璃及其深加工。11 月 11 日最高价 16.00 元,2 月 8 日最低价 5.60 元。1999 年每股收益 0.1930 元。整理走势,短线有一定压力。

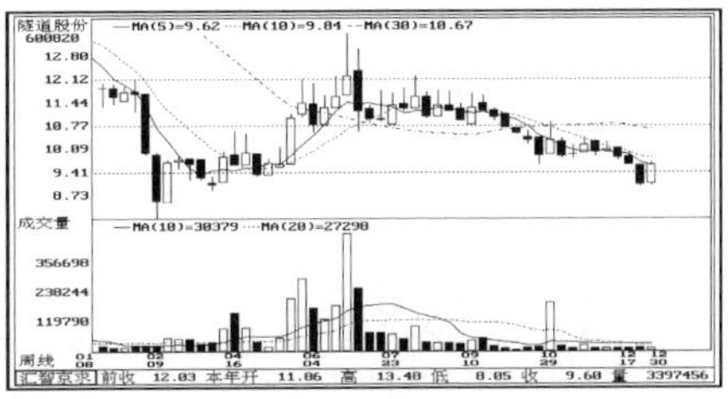

600820　隧道股份:流通股本 9896 万,主营建筑施工、房地产。6 月 25 日最高价 13.48 元,2 月 9 日最低价 8.05 元。1999 年每股收益 0.2520 元。长期调整充分,小 V 型反转。

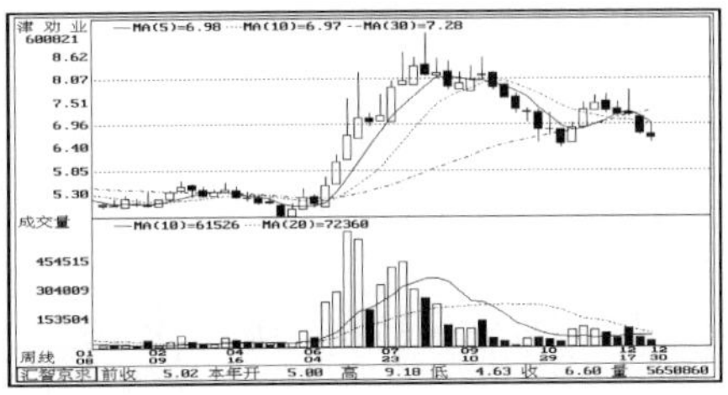

600821　津劝业:流通股本 14178 万,主营零售批发、国内贸易。8 月 9 日最高价 9.18 元,5 月 19 日最低价 4.63 元。1999 年每股收益 0.1100 元。均线反压,短线趋势仍淡。

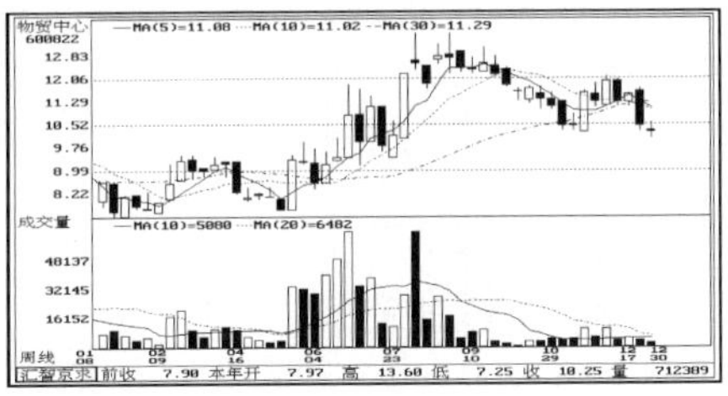

600822　物贸中心:流通股本 1331 万,主营场地出租。8 月 24 日最高价 13.60 元,1 月 18 日最低价 7.25 元。1999 年每股收益 -0.0380 元。上行欲望不强,仍有整理。

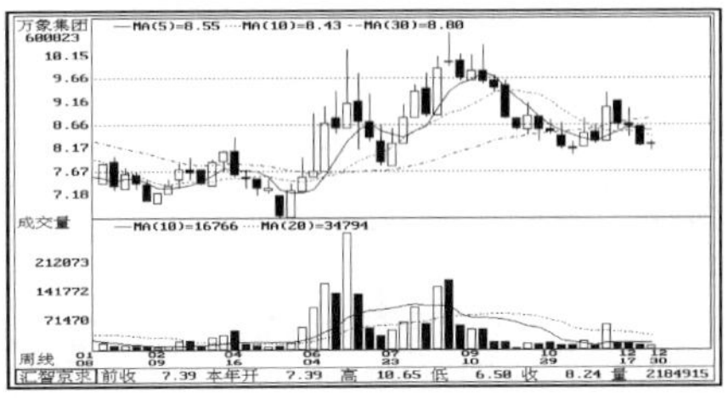

600823　万象集团:流通股本 9052 万,主营针纺织品、服装鞋帽、皮革制品。8 月 24 日最高价 10.65 元,5 月 17 日最低价 6.50 元。1999 年每股收益 0.3600 元。上行欲望不强,仍有整理。

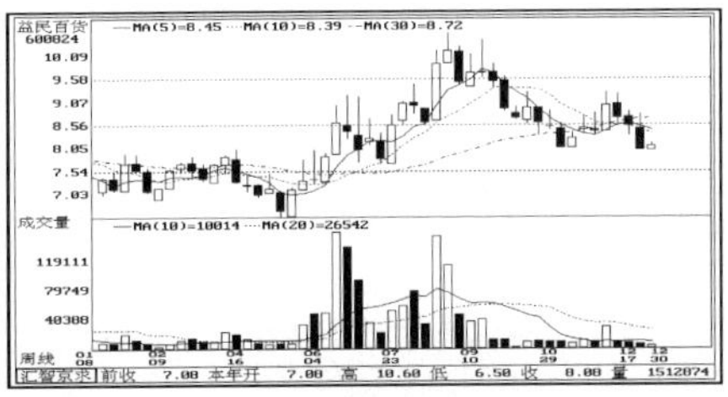

600824　益民百货:流通股本 4287 万,主营百货、五金交电、计算机及零部件。8 月 27 日最高价 10.60 元,5 月 18 日最低价 6.50 元。1999 年每股收益 0.2280 元。回抽确认,面临均线支撑。

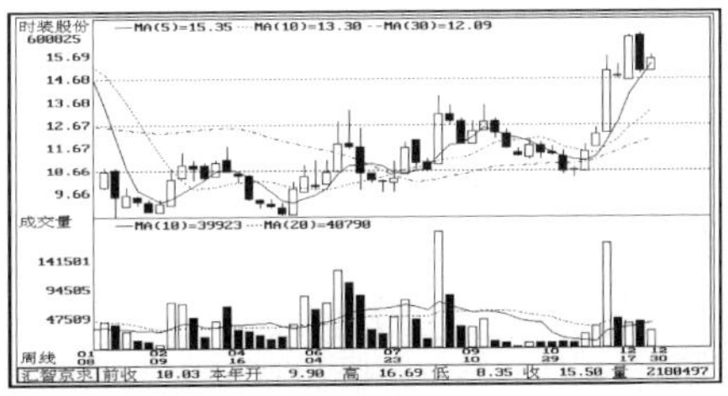

600825　时装股份:流通股本 2571 万,主营服装鞋帽、服饰系列、工艺美术品。12 月 21 日最高价 16.69 元,5 月 17 日最低价 8.35 元。1999 年每股收益 0.1200 元。走势趋活,仍有小幅走高机会。

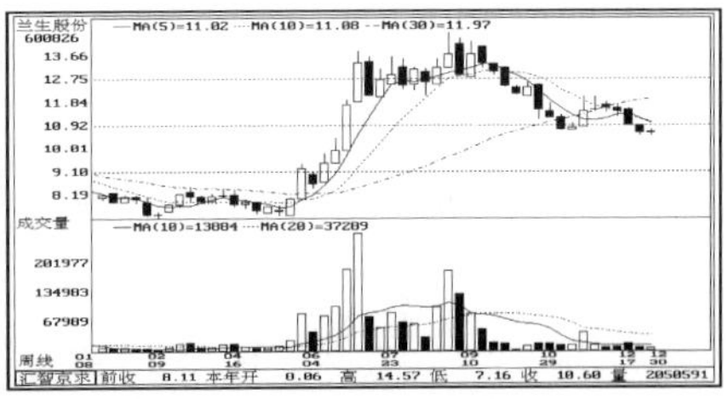

600826　兰生股份:流通股本 7029 万,主营轻工业品。8 月 25 日最高价 14.57 元,5 月 10 日最低价 7.16 元。1999 年每股收益 0.2700 元。中线已趋淡,趁反弹减磅。

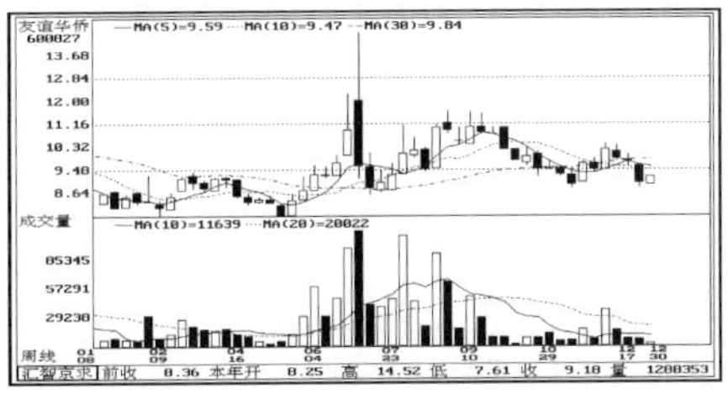

600827　友谊华侨:流通股本 3400 万,主营工艺品、旅游纪念品、百货针纺织品。6 月 30 日最高价 14.52 元,5 月 19 日最低价 7.61 元。1999 年每股收益 0.1630 元。回抽确认,面临均线支撑。

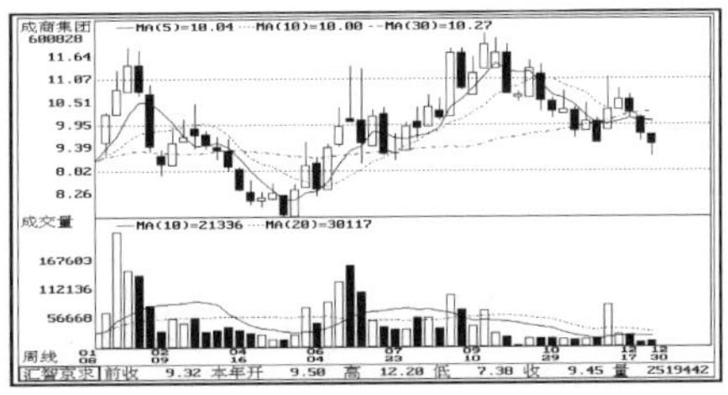

600828　成商集团:流通股本 4257 万,主营百货等。9 月 16 日最高价 12.20 元,5 月 19 日最低价 7.38 元。1999 年每股收益 0.2100 元。回抽确认,面临均线支撑。

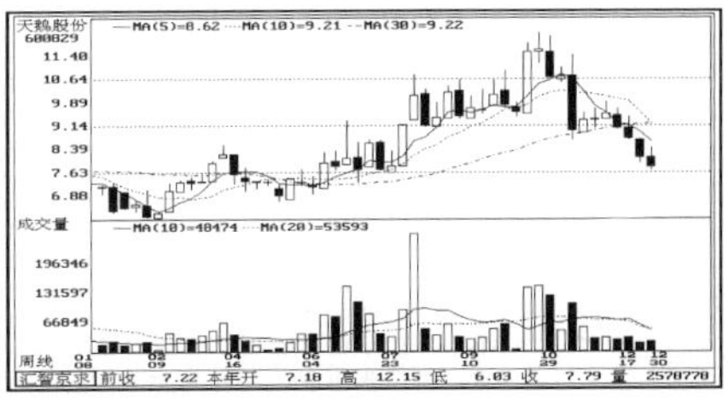

600829　天鹅股份:流通股本 3328 万,主营水泥、装饰装修材料、建材机械。10 月 21 日最高价 12.15 元,2 月 8 日最低价 6.03 元。1999 年每股收益 0.0180 元。大幅回调,短线仍有整理。

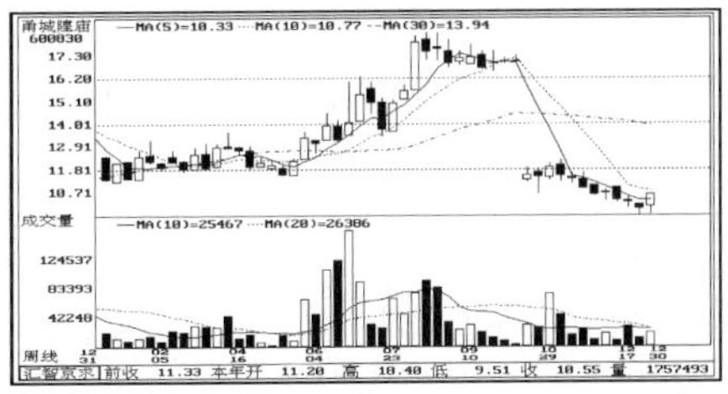

600830　甬城隍庙:流通股本 8552 万,主营商贸、旅游业。8 月 9 日最高价 18.40 元,12 月 28 日最低价 9.51 元。1999 年每股收益 0.2110 元。走势趋活,仍有小幅走高机会。

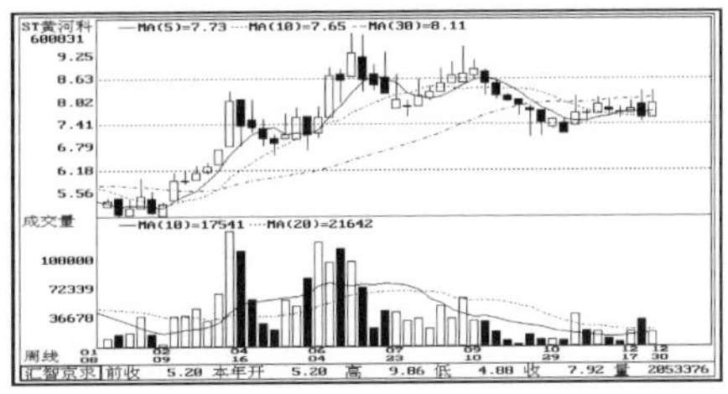

600831　ST 黄河科:流通股本 4635 万,主营家电、电子器件、仪器仪表、通讯设备。6 月 23 日最高价 9.86 元,1 月 18 日最低价 4.88 元。1999 年每股收益 -0.35 元。大幅震仓,可持股不动。

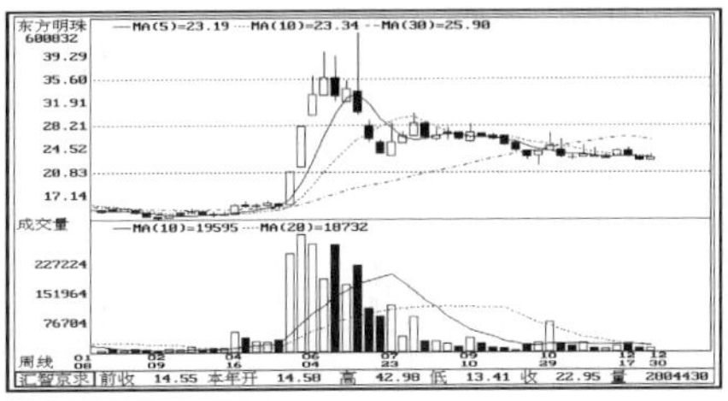

600832　东方明珠:流通股本 12100 万,主营广播电视传播、娱乐、租赁、日用百货。6 月 30 日最高价 42.98 元,2 月 8 日最低价 13.41 元。1999 年每股收益 0.2890 元。短线有回调补缺口要求。

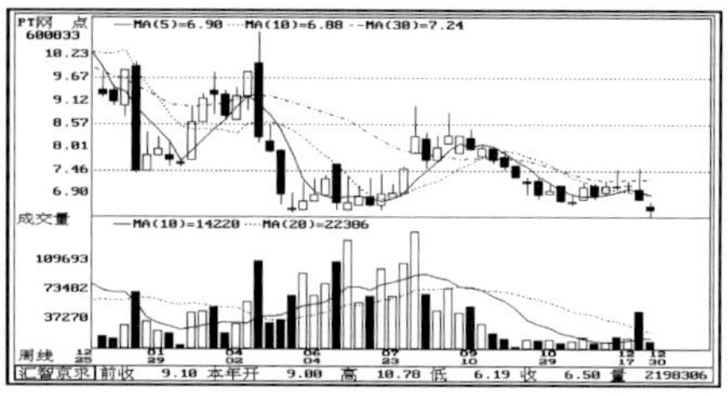

600833　PT 网点：流通股本 3486 万，主营商业网点用户开发、建设、利用。4 月 12 日最高价 10.78 元，7 月 13 日最低价 6.19 元。1999 年每股收益 -1.18 元。上行欲望不强，仍有整理。

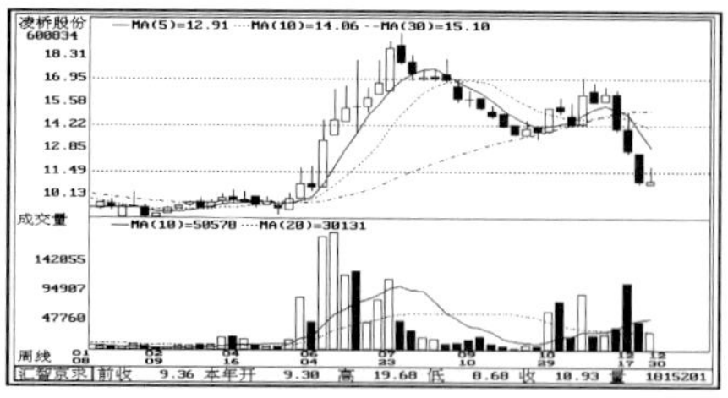

600834　凌桥股份：流通股本 3120 万，主营自来水供应。7 月 26 日最高价 19.68 元，2 月 8 日最低价 8.68 元。1999 年每股收益 0.1900 元。短线横盘整理，可适当持股。

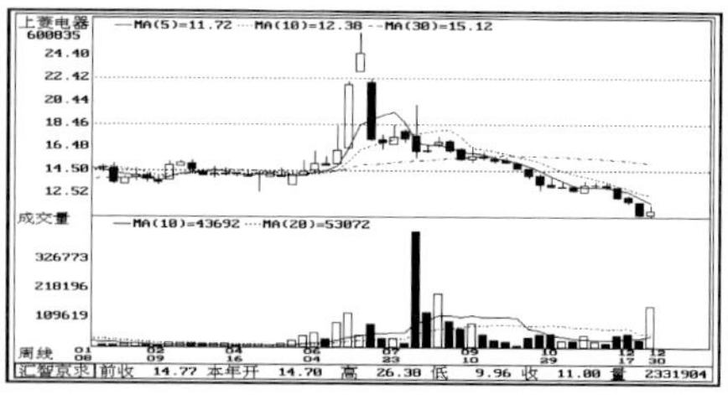

600835　上菱电器：流通股本 14160 万，主营电冰箱。6 月 29 日最高价 26.38 元，12 月 29 日最低价 9.96 元。1999 年每股收益 0.5450 元。短线走强，中线仍需观察。

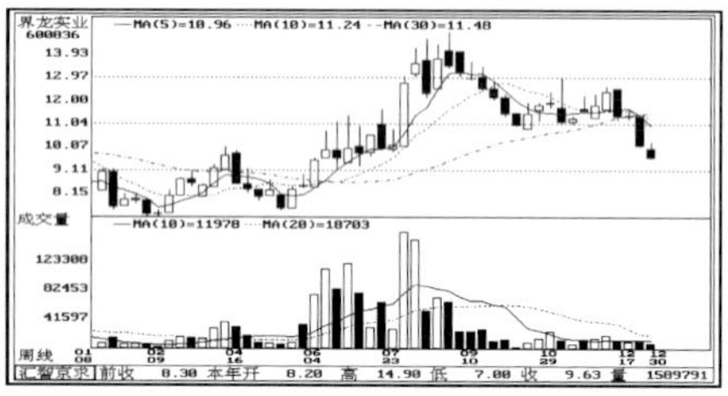

600836　界龙实业：流通股本 2875 万，主营包装印刷、印刷物资及器材。8 月 24 日最高价 14.90 元，2 月 3 日最低价 7.00 元。1999 年每股收益 0.0360 元。已探明底部，中线可持股。

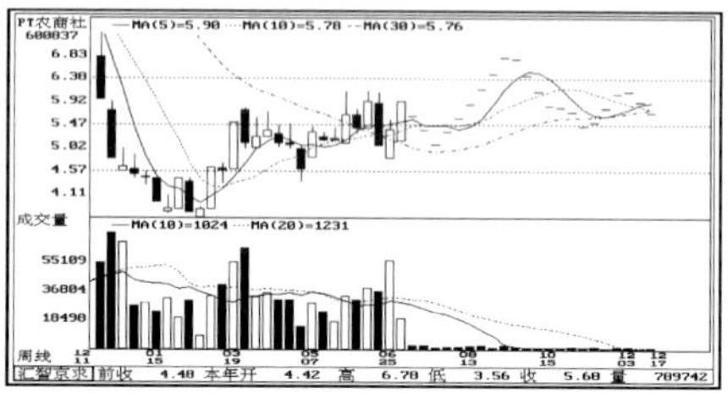

600837　PT 农商社：流通股本 1638 万，主营商业贸易。9 月 3 日最高价 6.78 元，1 月 19 日最低价 3.56 元。1999 年每股收益 -6.17 元。走势未明，后市关注。

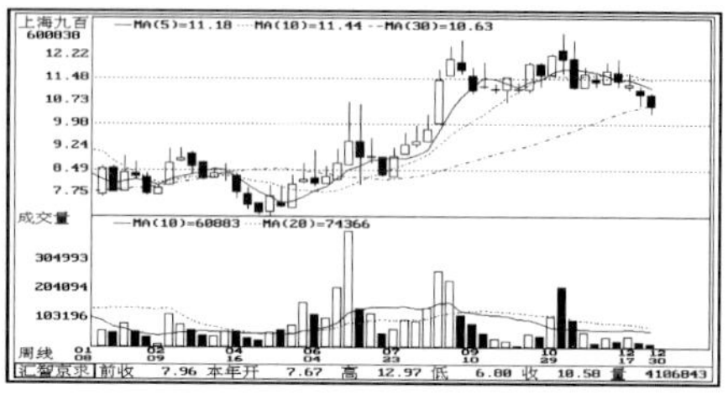

600838　上海九百：流通股本 5985 万，主营百货、针织纺品、五金交电。11 月 2 日最高价 12.97 元，4 月 29 日最低价 6.80 元。1999 年每股收益 0.1170 元。成交淡静，短线压力需消化。

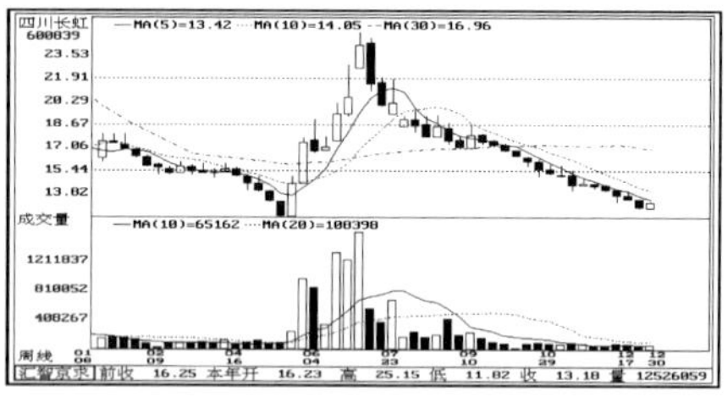

600839　四川长虹：流通股本 75190 万，主营视频产品制造销售。7 月 2 日最高价 25.15 元，5 月 17 日最低价 11.82 元。1999 年每股收益 0.2430 元。走势不明朗，暂不介入。

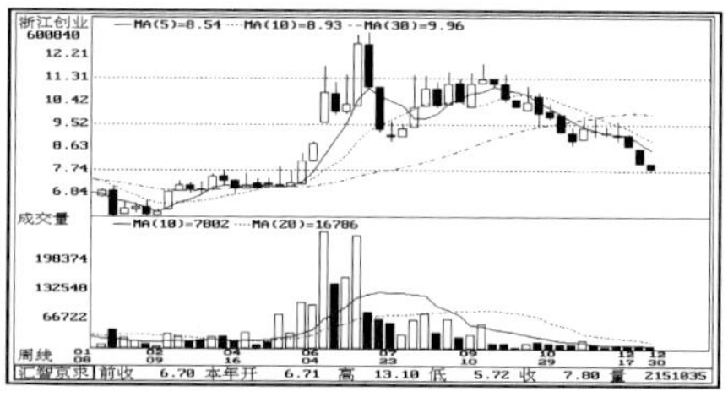

600840　浙江创业：流通股本 6437 万，主营商业批发、零售、宾馆旅游服务。7 月 5 日最高价 13.10 元，1 月 19 日最低价 5.72 元。1999 年每股收益 0.0640 元。有获利盘减持迹象，暂不介入。

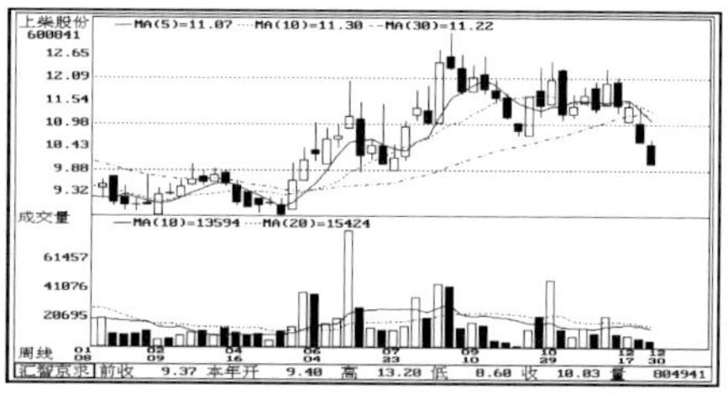

600841　上柴股份：流通股本 2160 万，主营柴油机、工程机械、油泵及配件。8 月 23 日最高价 13.20 元，4 月 27 日最低价 8.60 元。1999 年每股收益 0.1580 元。大幅回调，短线仍有整理。

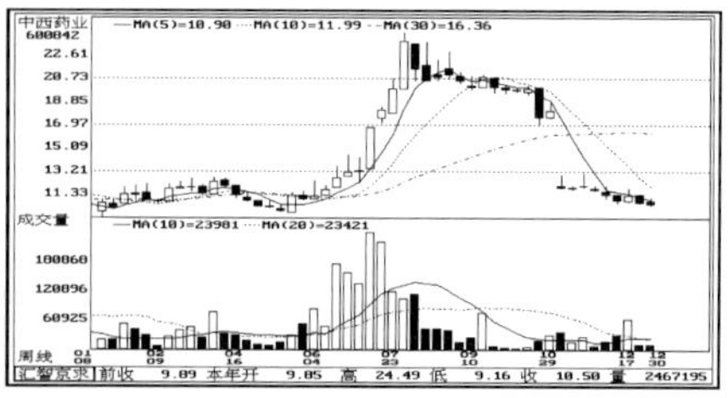

600842　中西药业：流通股本 5631 万，主营医药、农药。7 月 30 日最高价 24.49 元，1 月 5 日最低价 9.16 元。1999 年每股收益 0.2150 元。短线有一定的压力，正在调整。

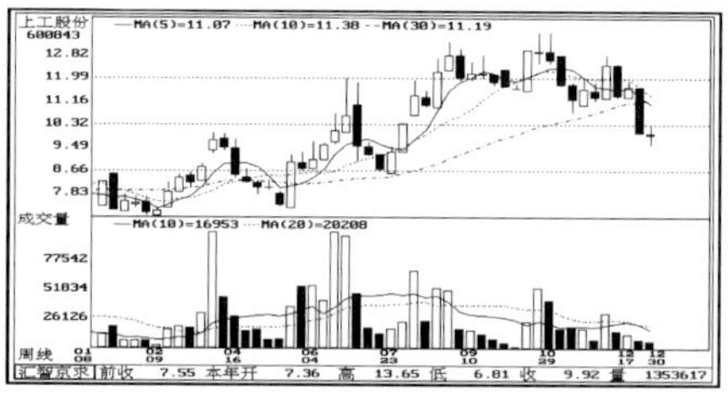

600843　上工股份：流通股本 1560 万，主营缝纫机及相关技术的进出口及内销。10 月 27 日最高价 13.65 元，1 月 18 日最低价 6.81 元。1999 年每股收益 0.0230 元。有获利盘减持迹象，暂不介入。

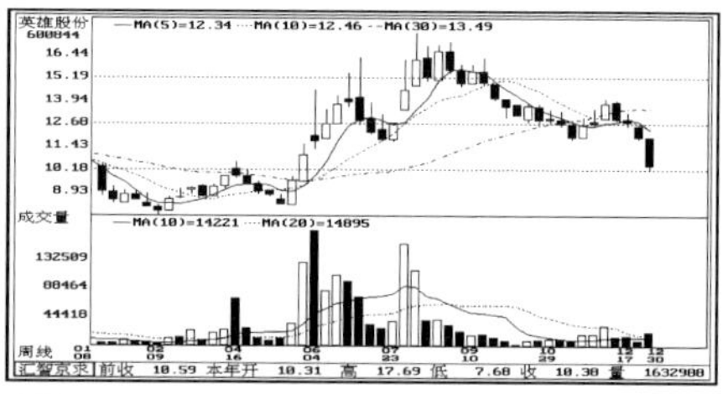

600844　英雄股份：流通股本 2768 万，主营礼品套笔、工艺美术品、玩具。8 月 5 日最高价 17.69 元，2 月 9 日最低价 7.68 元。1999 年每股收益 0.0430 元。需继续在低位震荡筑底。

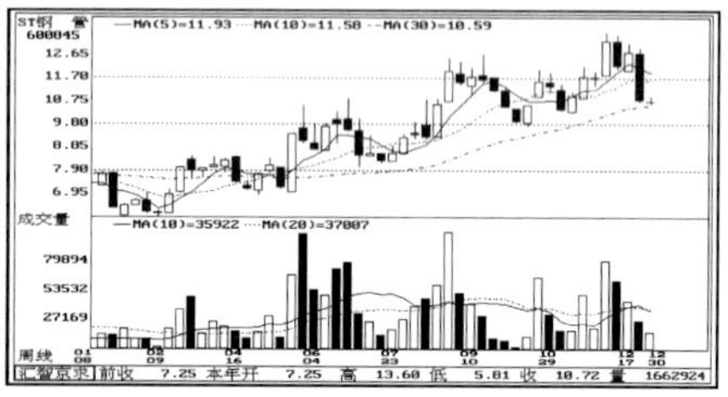

600845　ST 钢管：流通股本 1320 万，主营无缝钢管、焊接钢管、镀锌管的生产。12 月 3 日最高价 13.60 元，1 月 18 日最低价 5.81 元。1999 年每股收益 -0.7 元。整理走势，短线有一定压力。

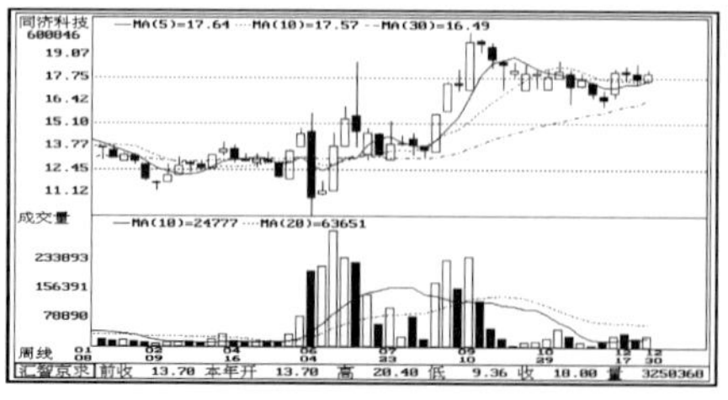

600846　同济科技：流通股本 7796 万，主营工程总承包、建筑设计、施工。9 月 10 日最高价 20.40 元，6 月 3 日最低价 9.36 元。1999 年每股收益 0.2290 元。走势不明朗，暂不介入。

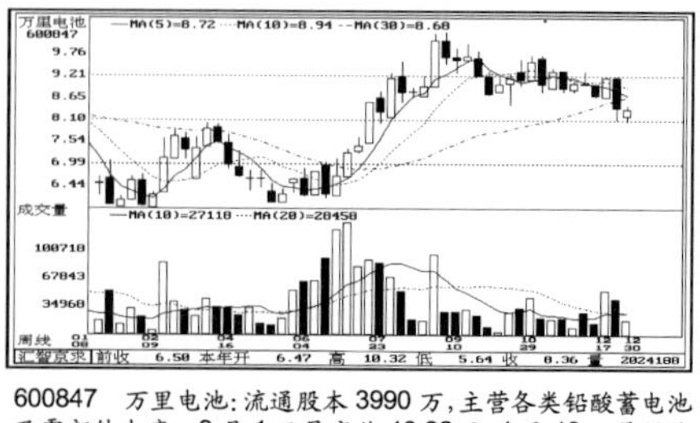

600847　万里电池：流通股本 3990 万，主营各类铅酸蓄电池及零部件生产。9 月 1 日最高价 10.32 元，1 月 18 日最低价 5.64 元。1999 年每股收益 0.0660 元。回抽确认，面临均线支撑。

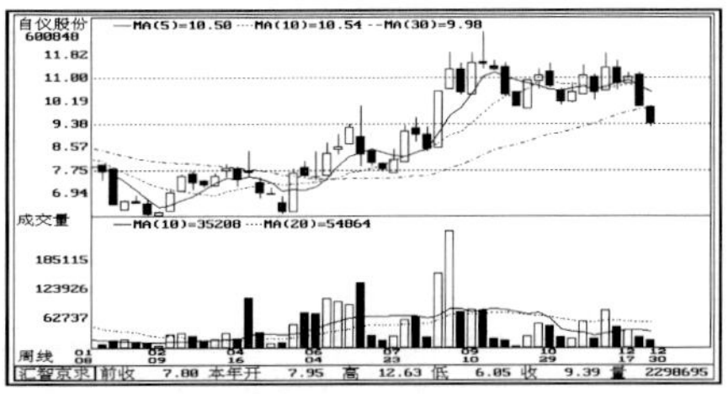

600848 自仪股份:流通股本3367万,主营自动化仪表及控制系统。9月13日最高价12.63元,1月18日最低价6.05元。1999年每股收益-0.3510元。成交淡静,短线压力需消化。

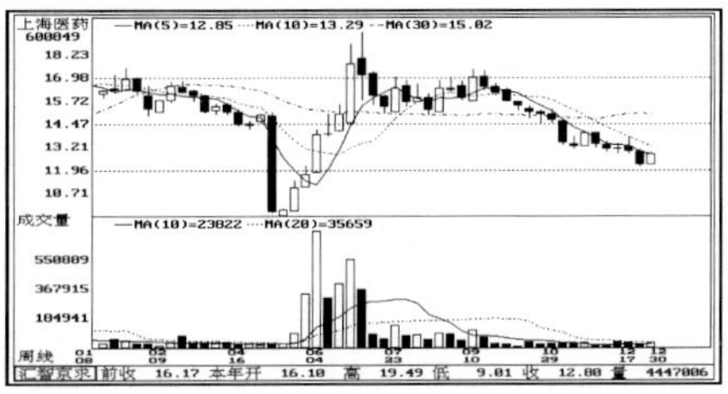

600849 上海医药:流通股本10388万,主营现代生物医药、药品制剂、化学药物。6月29日最高价19.49元,5月10日最低价9.01元。1999年每股收益0.4100元。主力高位护盘,但不宜介入。

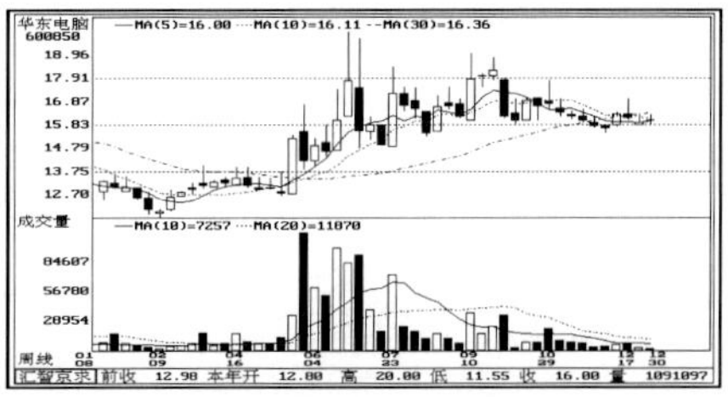

600850 华东电脑:流通股本2700万,主营计算机、软件和系统集成。6月25日最高价20.00元,2月8日最低价11.55元。1999年每股收益0.1530元。回抽确认,面临均线支撑。

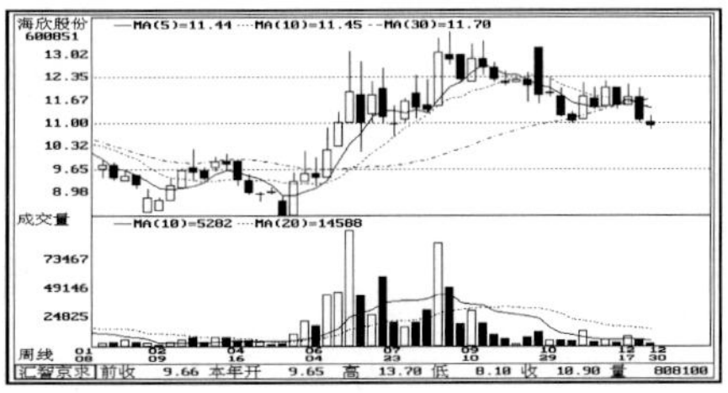

600851 海欣股份:流通股本2145万,主营人造毛绒、毛皮面料、涤纶长丝。8月24日最高价13.70元,5月17日最低价8.10元。1999年每股收益0.3430元。均线反压,短线趋势仍淡。

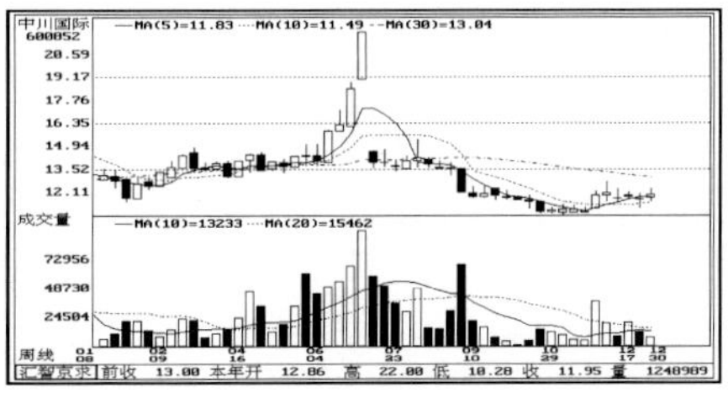

600852 中川国际:流通股本4350万,主营承包国内外工程建设项目。7月2日最高价22.00元,11月3日最低价10.28元。1999年每股收益0.1100元。短线横盘整理,可适当持股。

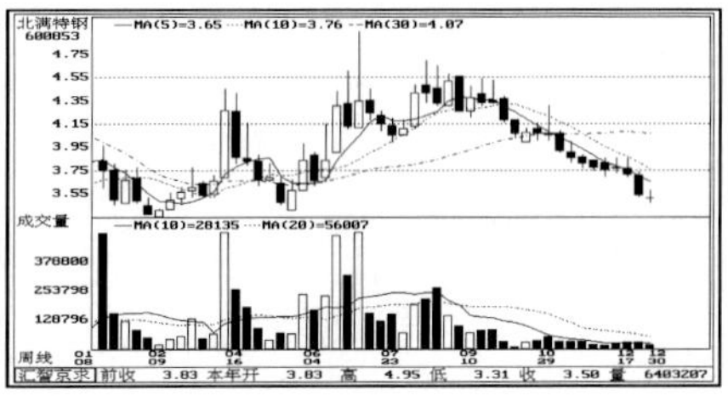

600853 北满特钢:流通股本16456万,主营冷拔材、退火材、特殊钢轧材。6月30日最高价4.95元,2月8日最低价3.31元。1999年每股收益-0.2700元。上行欲望不强,仍有整理。

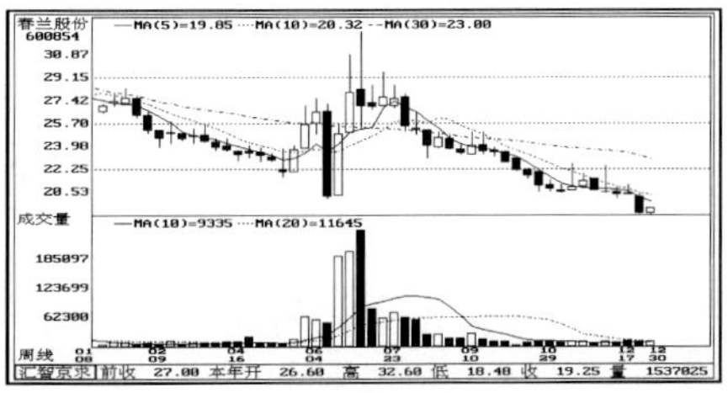

600854 春兰股份:流通股本7979万,主营设计制造空调制冷产品。6月29日最高价32.60元,12月28日最低价18.48元。1999年每股收益0.8650元。有获利盘减持迹象,暂不介入。

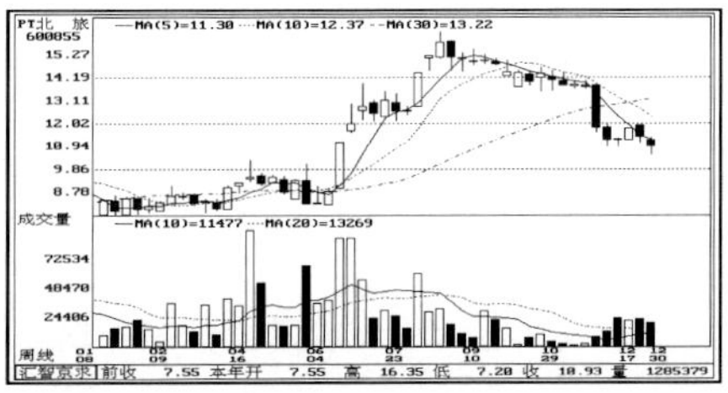

600855 PT北旅:流通股本5299万,主营轻型客车、改装车、汽车生产。8月18日最高价16.35元,1月4日最低价7.20元。1999年每股收益-0.3700元。成交淡静,短线压力需消化。

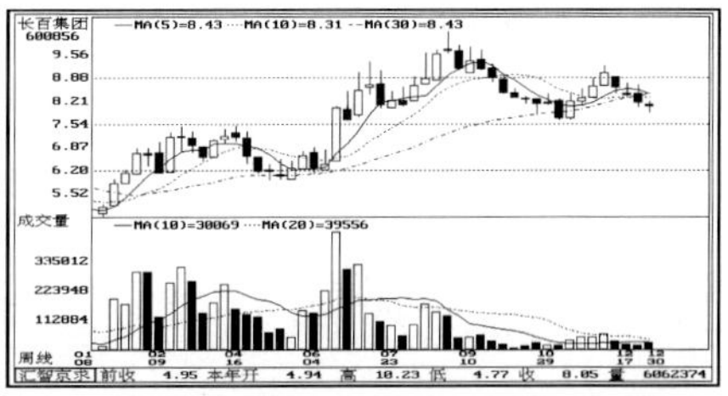

600856 长百集团:流通股本8408万,主营各种百货商品的零售及批发。8月23日最高价10.23元,1月5日最低价4.77元。1999年每股收益0.3100元。上行欲望不强,仍有整理。

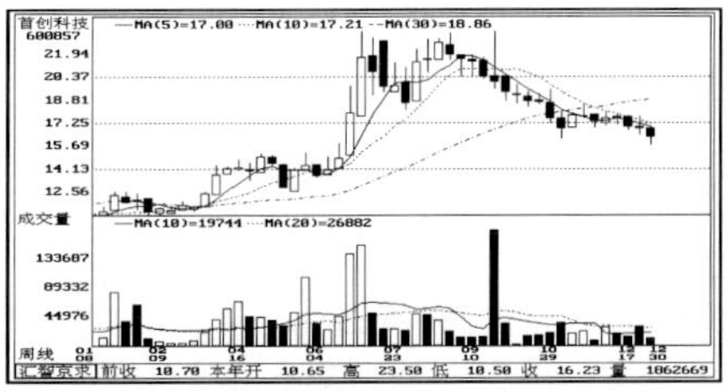

600857 首创科技:流通股本6742万,主营百货、针纺织品、五金交电。7月1日最高价23.50元,1月4日最低价10.50元。1999年每股收益0.2620元。均线系统有压力,观望。

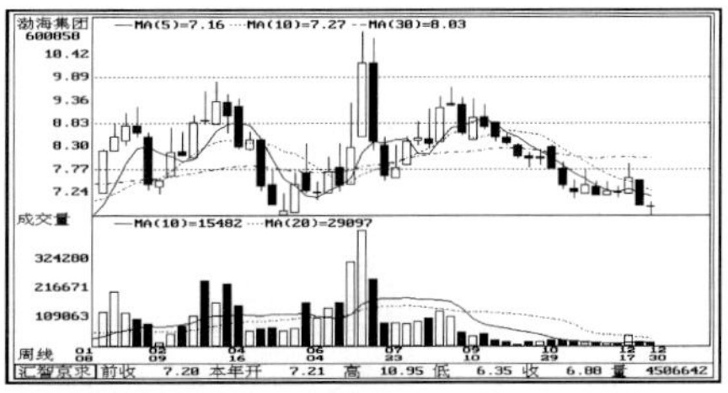

600858 渤海集团:流通股本6795万,主营广告、第三产业、热电、盐化、石材。7月1日最高价10.95元,5月10日最低价6.35元。1999年每股收益0.0400元。上行欲望不强,仍有整理。

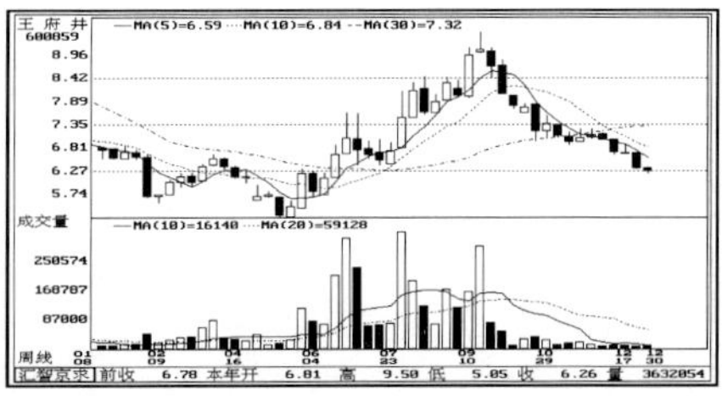

600859 王府井:流通股本17754万,主营百货、针纺织品、五金交电、化工。9月13日最高价9.50元,5月17日最低价5.05元。1999年每股收益0.0110元。回抽确认,面临均线支撑。

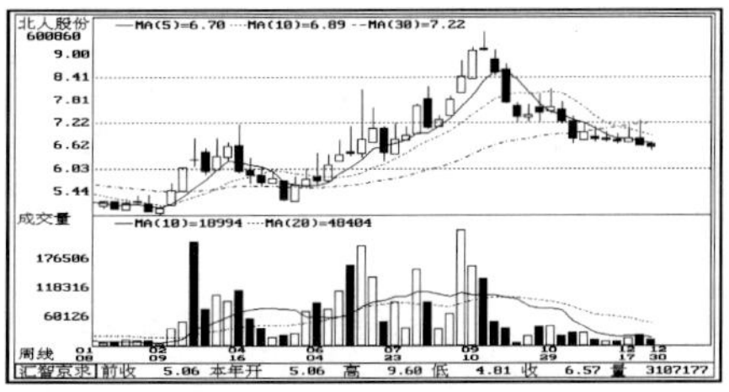

600860 北人股份:流通股本5000万,主营印刷机械、锻压设备、包装机械。9月13日最高价9.60元,2月8日最低价4.81元。1999年每股收益0.1220元。回抽确认,面临均线支撑。

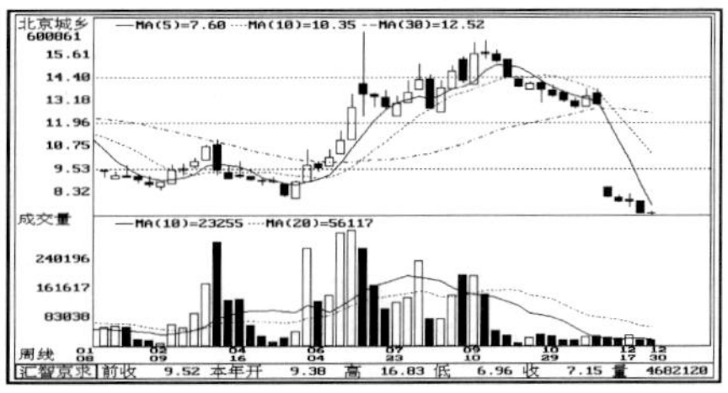

600861 北京城乡:流通股本16731万,主营商业、公共餐饮业、物资供销、仓储。6月30日最高价16.83元,12月27日最低价6.96元。1999年每股收益0.2900元。有获利盘减持迹象,暂不介入。

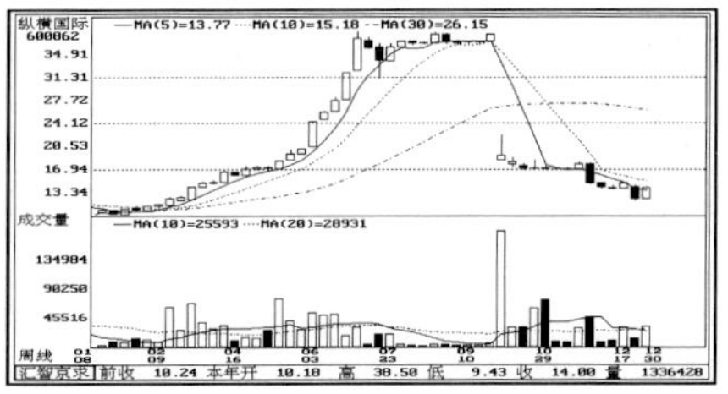

600862 纵横国际:流通股本9197万,主营机床系列品种生产、出口。7月1日最高价38.50元,1月18日最低价9.43元。1999年每股收益0.4180元。走势未明,后市关注。

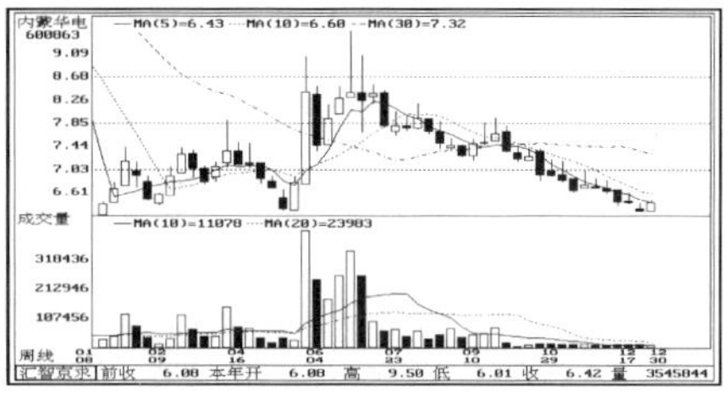

600863　内蒙华电：流通股本15210万，主营火力发电、供热。6月23日最高价9.50元，1月4日最低价6.01元。1999年每股收益0.2130元。短线有回调补缺口要求。

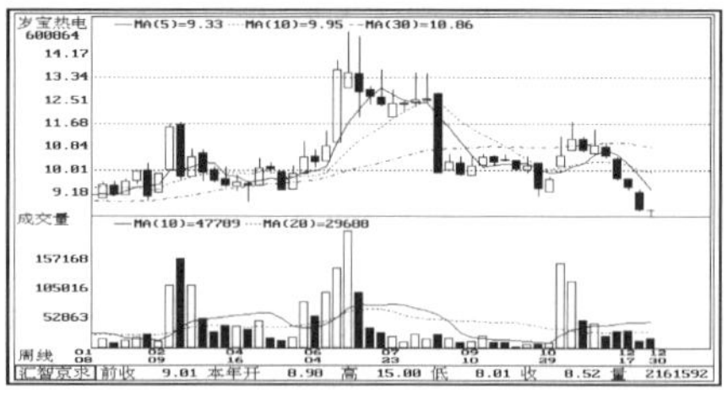

600864　岁宝热电：流通股本4538万，主营热电电力及电网、线路等配套工程。6月24日最高价15.00元，12月28日最低价8.01元。1999年每股收益0.1720元。上行欲望不强，仍有整理。

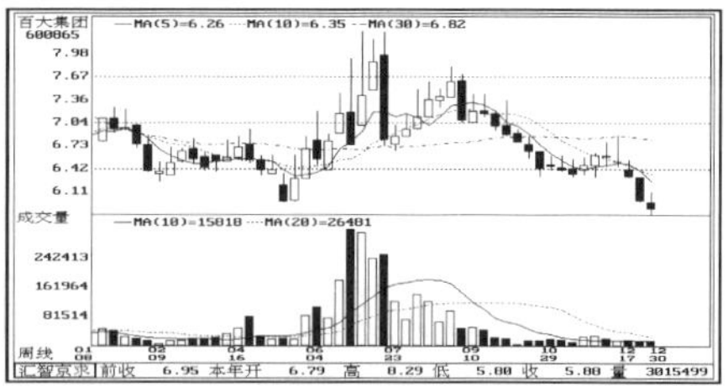

600865　百大集团：流通股本10113万，主营百货业、酒店餐饮业、进出口贸易。6月30日最高价8.29元，12月30日最低价5.80元。1999年每股收益0.1800元。上档压力较大，不介入。

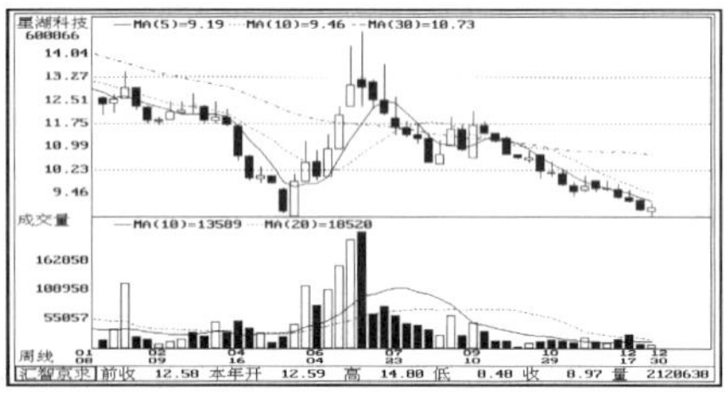

600866　星湖科技：流通股本11502万，主营生物工程、微生物发酵。6月29日最高价14.80元，5月17日最低价8.48元。1999年每股收益0.3660元。上行欲望不强，仍有整理。

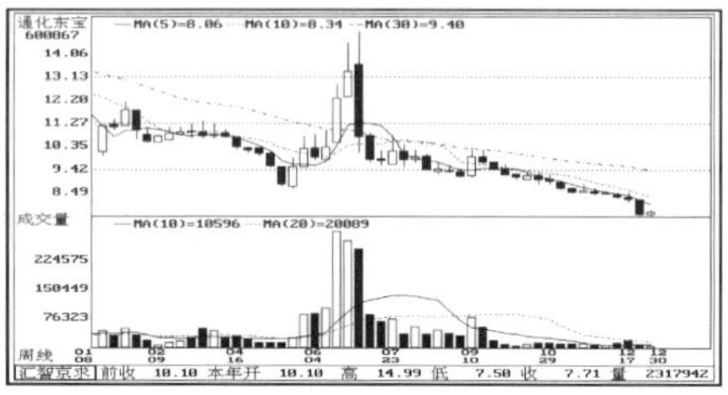

600867　通化东宝：流通股本15769万，主营中西药生产、加工和经营、科研、开发。6月29日最高价14.99元，12月27日最低价7.50元。1999年每股收益0.2080元。短线大幅震仓，仍可持股。

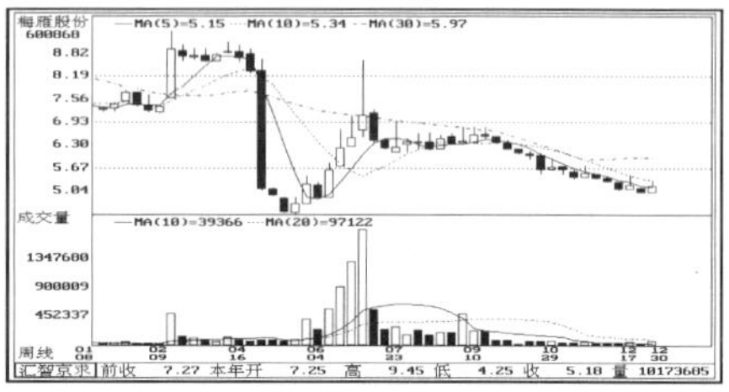

600868　梅雁股份：流通股本49759万，主营土木建筑、商场、宾馆服务、汽车客运。3月4日最高价9.45元，5月19日最低价4.25元。1999年每股收益0.2700元。小V型反转，中线可持。

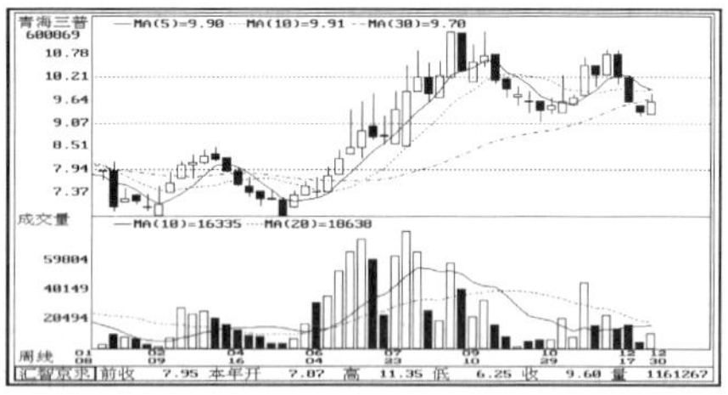

600869　青海三普：流通股本3000万，主营中西药、藏药、保健品、中药材。8月27日最高价11.35元，5月18日最低价6.25元。1999年每股收益0.0490元。延续上攻行情，暂宜持币观望。

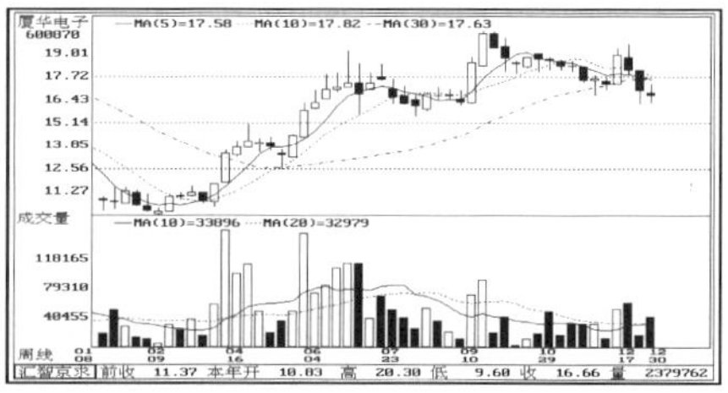

600870　厦华电子：流通股本10101万，主营视听设备、彩色电视机、通讯设备。9月17日最高价20.30元，1月7日最低价9.60元。1999年每股收益0.2800元。需继续在低位震荡筑底。

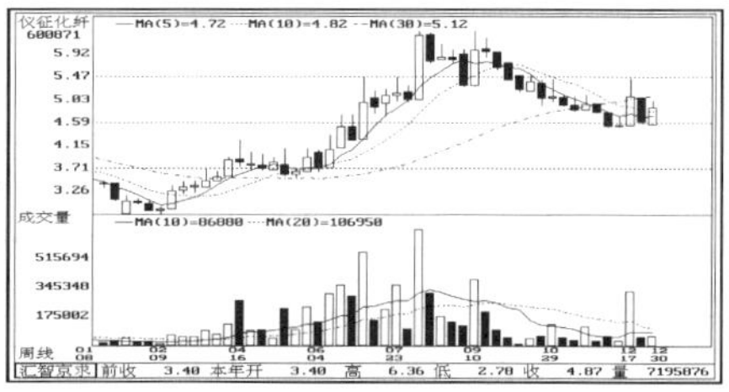

600871　仪征化纤：流通股本20000万，主营化纤产品和涤纶纤维及原材料。8月6日最高价6.36元，1月18日最低价2.78元。1999年每股收益0.1890元。下档均线有支持，需整理。

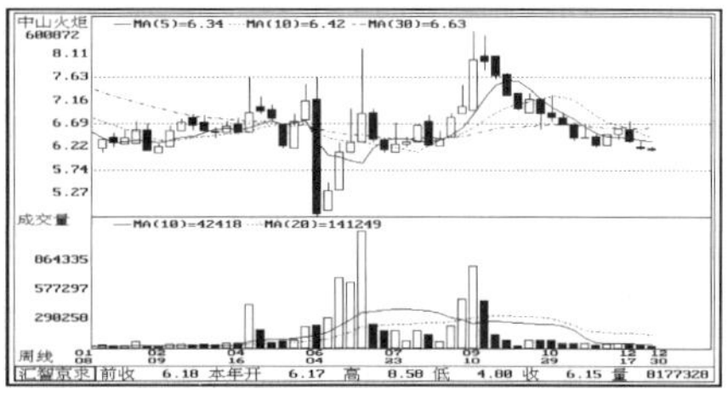

600872　中山火炬：流通股本24924万，主营高新技术及工业产品、商业物资。9月10日最高价8.58元，6月4日最低价4.80元。1999年每股收益0.2300元。有获利盘减持迹象，暂不介入。

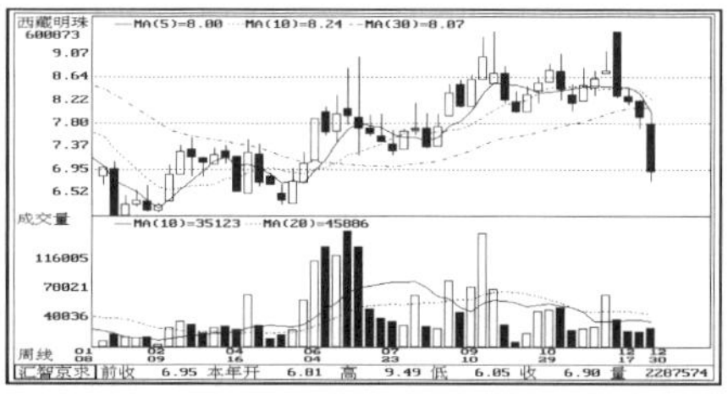

600873　西藏明珠：流通股本5070万，主营旅游饭店业、旅游运输业。9月20日最高价9.49元，1月18日最低价6.05元。1999年每股收益-0.4230元。需继续在低位震荡筑底。

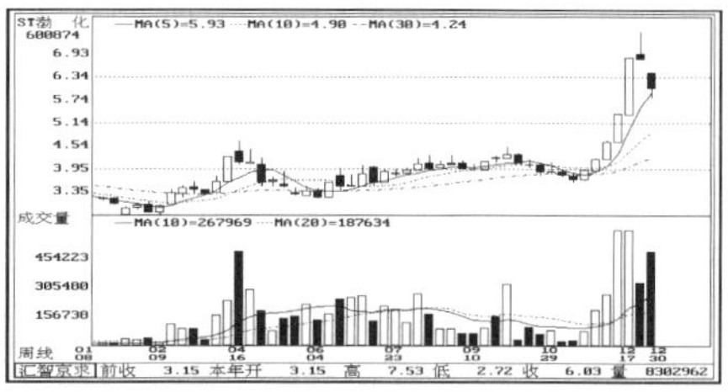

600874　ST渤化：流通股本11250万，主营纯碱、烧碱、聚氯乙烯、化肥。12月22日最高价7.53元，1月18日最低价2.72元。1999年每股收益-0.2800元。反转向上，及时介入。

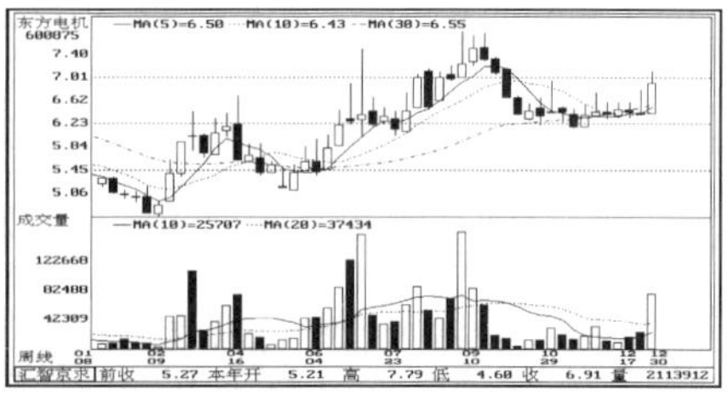

600875　东方电机：流通股本6000万，主营水利发电设备、汽轮发电机。9月2日最高价7.79元，2月8日最低价4.60元。1999年每股收益0.0140元。短线仍有上攻潜力，仍可持股。

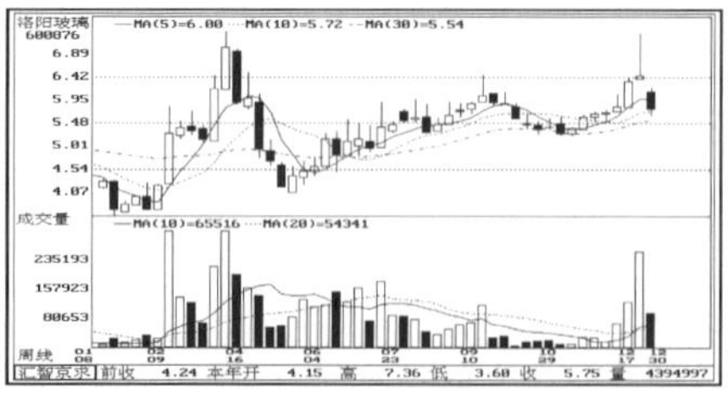

600876　洛阳玻璃：流通股本5000万，主营浮法玻璃（建筑、汽车）、陶瓷。4月9日最高价7.36元，1月18日最低价3.60元。1999年每股收益0.0740元。短线调整未结束，持币。

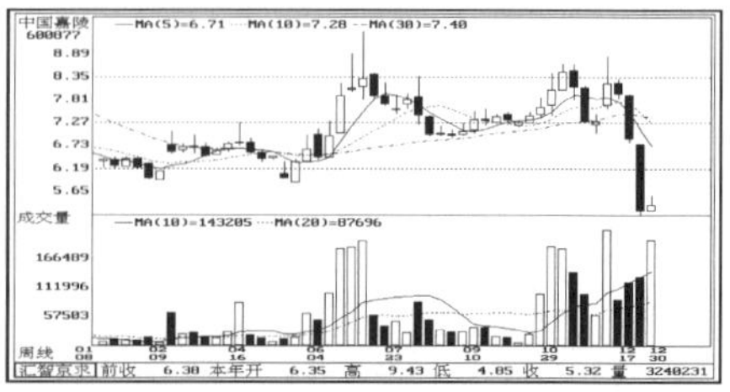

600877　中国嘉陵：流通股本21960万，主营摩托车及摩托车元件、发动机。6月30日最高价9.43元，12月28日最低价4.85元。1999年每股收益0.1100元。中线已趋淡，趁反弹减磅。

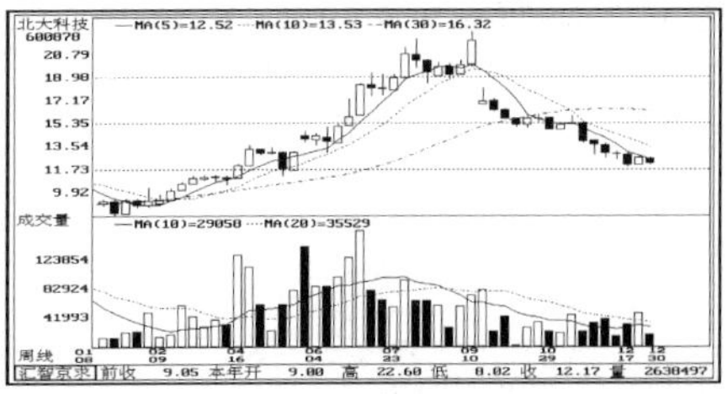

600878 北大科技:流通股本 8254 万,主营一级机动车辆修配、海产品养殖加工。9 月 10 日最高价 22.60 元,1 月 18 日最低价 8.02 元。1999 年每股收益 0.4230 元。有获利盘减持迹象,暂不介入。

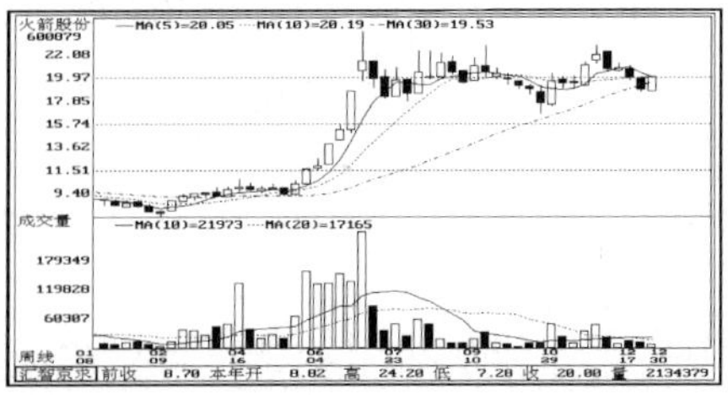

600879 火箭股份:流通股本 7875 万,主营电线电缆、铝加工、电缆设备制造安装。6 月 30 日最高价 24.20 元,2 月 9 日最低价 7.28 元。1999 年每股收益 0.3300 元。短线调整未结束,持币。

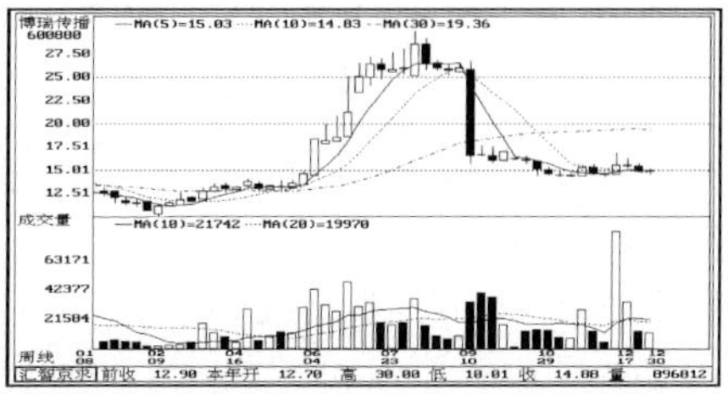

600880 博瑞传播:流通股本 3744 万,主营高低压电器开关、成套设备、电子产品。8 月 6 日最高价 30.00 元,2 月 9 日最低价 10.01 元。1999 年每股收益 0.1800 元。回抽确认,面临均线支撑。

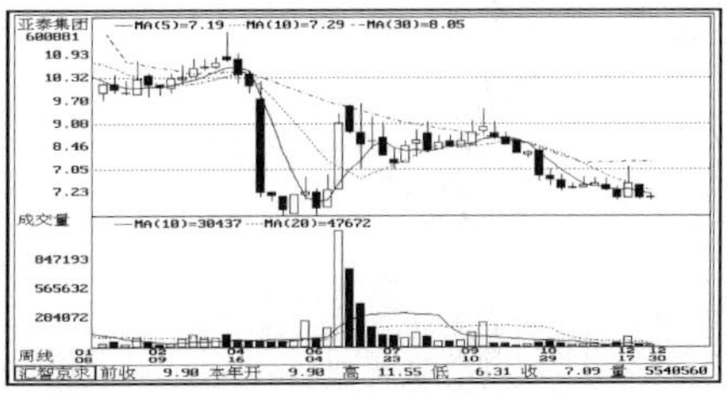

600881 亚泰集团:流通股本 17920 万,主营房地产开发、茶叶深加工、建筑施工。4 月 8 日最高价 11.55 元,5 月 19 日最低价 6.31 元。1999 年每股收益 0.3000 元。上行欲望不强,仍有整理。

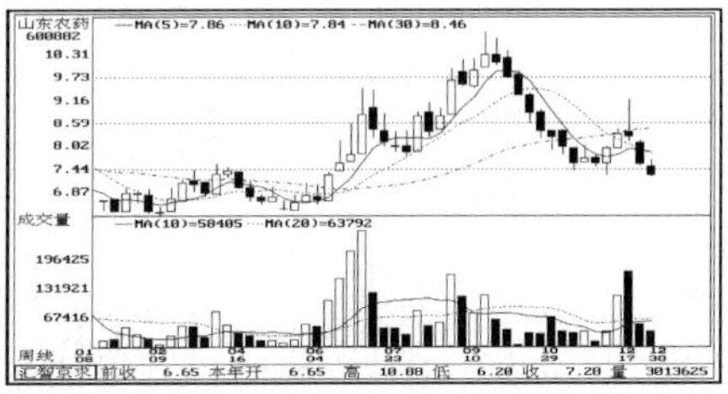

600882 山东农药:流通股本 9331 万,主营化学农药、化工产品的生产和销售。9 月 13 日最高价 10.88 元,1 月 5 日最低价 6.20 元。1999 年每股收益 0.1700 元。短线大幅震仓,仍可持股。

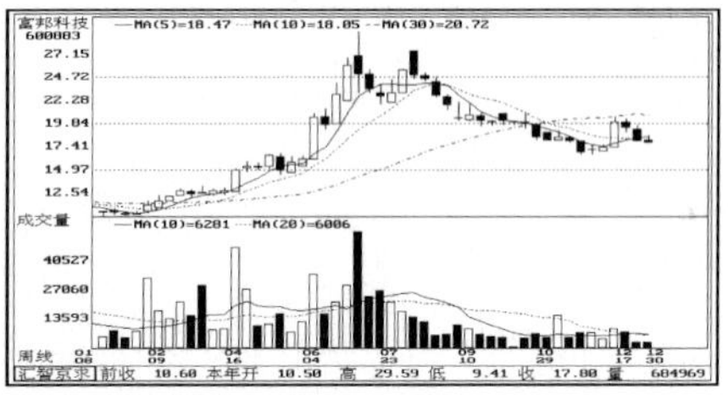

600883 富邦科技:流通股本 2700 万,主营硅酸盐水泥、石灰、白蜡石。6 月 29 日最高价 29.59 元,2 月 2 日最低价 9.41 元。1999 年每股收益 0.2010 元。整理走势,短线有一定压力。

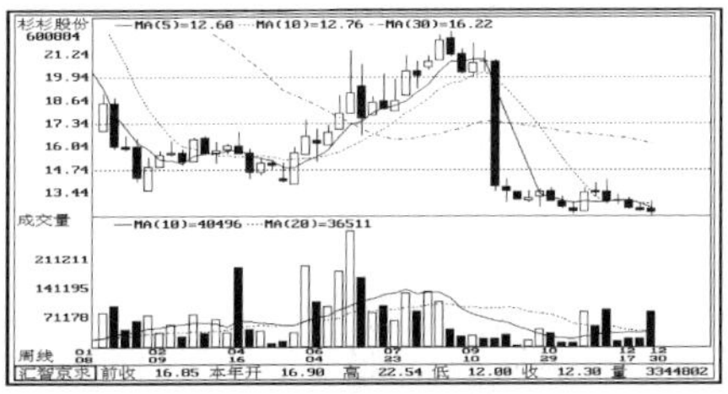

600884 杉杉股份:流通股本 9704 万,主营服装。8 月 23 日最高价 22.54 元,12 月 27 日最低价 12.00 元。1999 年每股收益 0.3680 元。回抽确认,面临均线支撑。

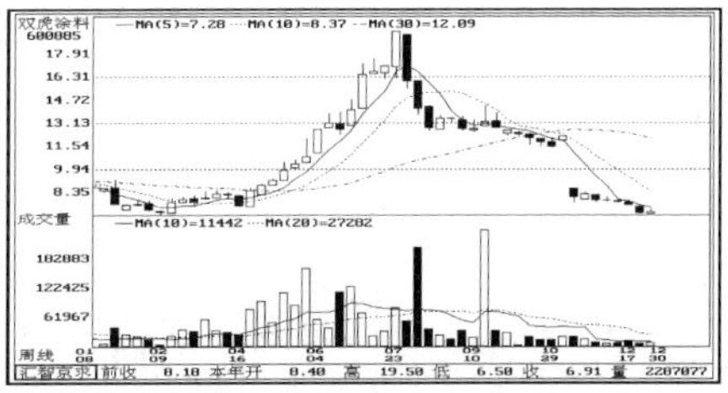

600885 双虎涂料:流通股本 5000 万,主营双虎牌油漆和精细化工产品。7 月 23 日最高价 19.50 元,12 月 29 日最低价 6.50 元。1999 年每股收益 0.0120 元。回抽确认,面临均线支撑。

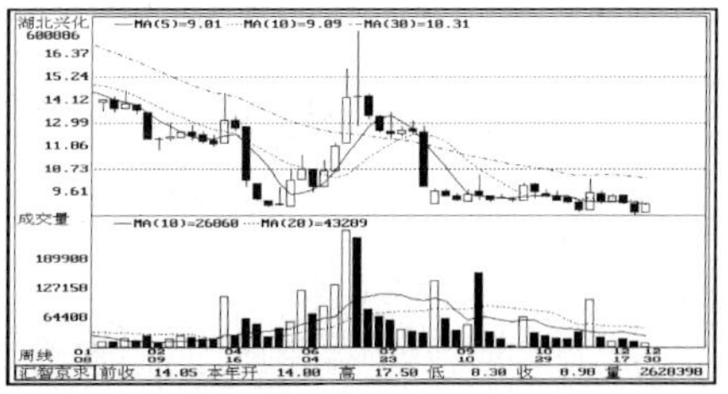

600886 湖北兴化:流通股本 10732 万,主营石油化工产品的生产。6 月 30 日最高价 17.50 元,11 月 17 日最低价 8.30 元。1999 年每股收益 -0.1830 元。走势未明,后市关注。

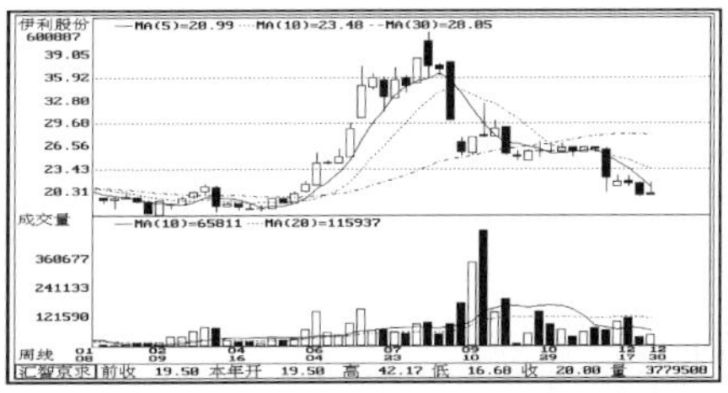

600887 伊利股份:流通股本 6958 万,主营农畜产品加工业、畜牧业。8 月 9 日最高价 42.17 元,3 月 2 日最低价 16.68 元。1999 年每股收益 0.6100 元。短线有减持迹象,暂不介入。

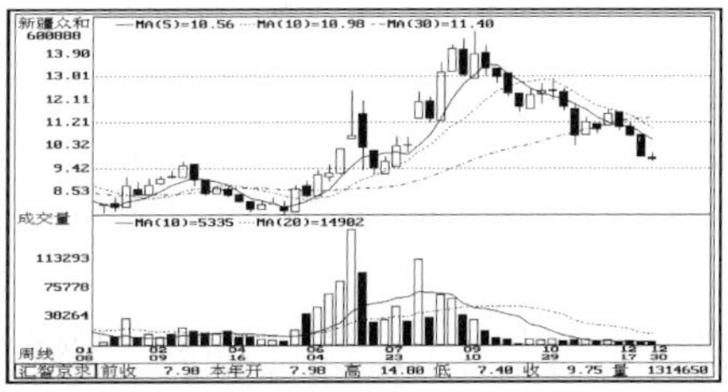

600888 新疆众和:流通股本 2925 万,主营铝及相关业务、炭素及相关业务。9 月 10 日最高价 14.80 元,1 月 5 日最低价 7.40 元。1999 年每股收益 0.0450 元。反弹潜力欠佳,仍可持股。

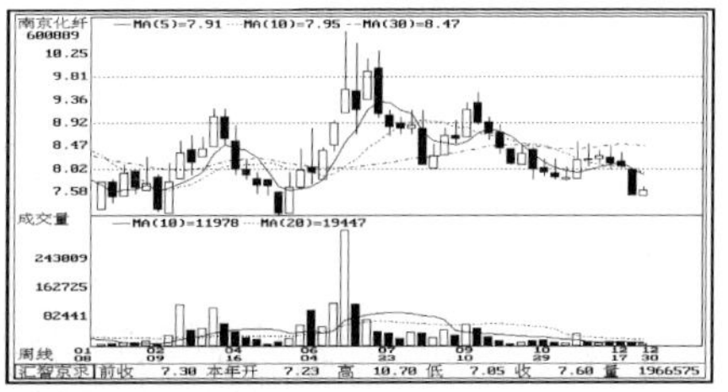

600889 南京化纤:流通股本 6700 万,主营化工、化纤制品、化纤用浆粕。6 月 22 日最高价 10.70 元,1 月 5 日最低价 7.05 元。1999 年每股收益 0.2960 元。有获利盘减持迹象,暂不介入。

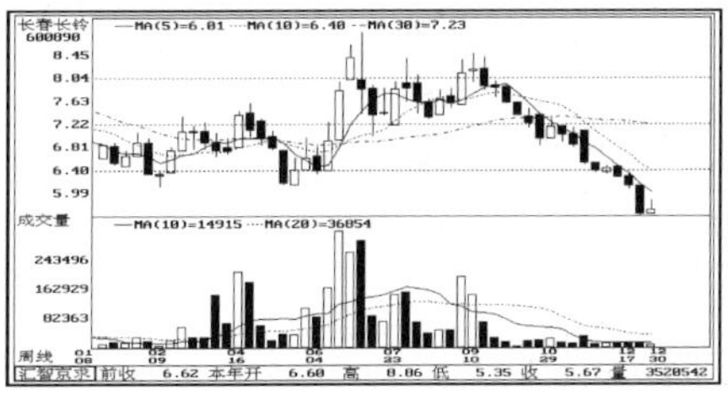

600890 长春长铃:流通股本 11993 万,主营摩托车、发动机制造。6 月 30 日最高价 8.86 元,12 月 23 日最低价 5.35 元。1999 年每股收益 0.2100 元。振荡整理,快进快出。

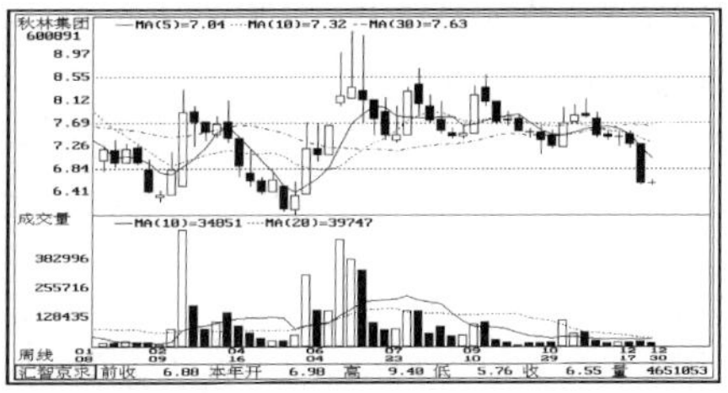

600891 秋林集团:流通股本 10387 万,主营百货零售。6 月 24 日最高价 9.40 元,5 月 19 日最低价 5.76 元。1999 年每股收益 0.0200 元。回抽确认,面临均线支撑。

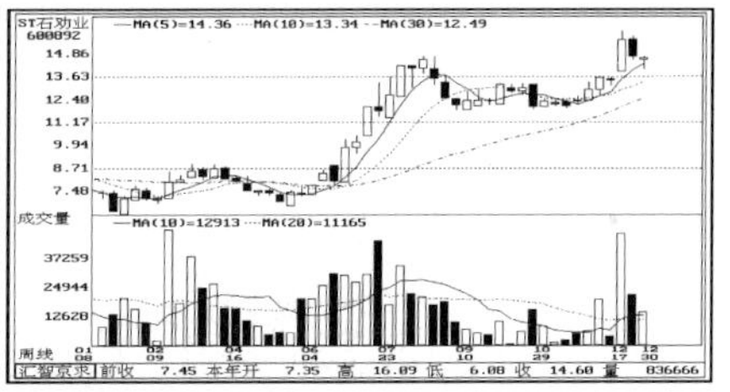

600892 ST 石劝业:流通股本 1531 万,主营百货、五金、交电、针纺织品。12 月 17 日最高价 16.09 元,1 月 18 日最低价 6.08 元。1999 年每股收益 0.0360 元。短线大幅震仓,仍可持股。

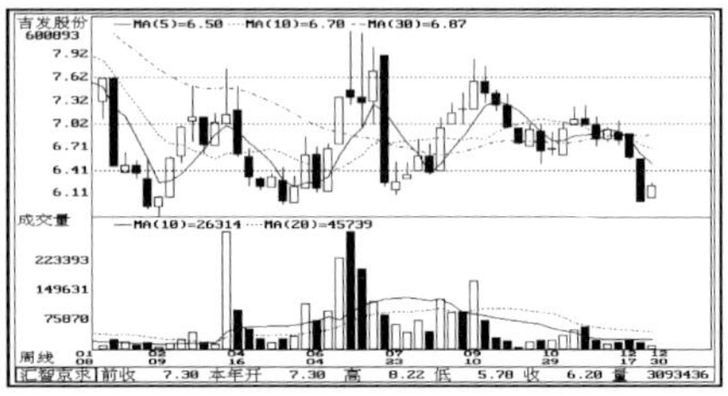

600893　吉发股份:流通股本 11399 万,主营玉米淀粉、变性淀粉、精制玉米油。6 月 23 日最高价 8.22 元,2 月 8 日最低价 5.78 元。1999 年每股收益 0.0210 元。回抽确认,面临均线支撑。

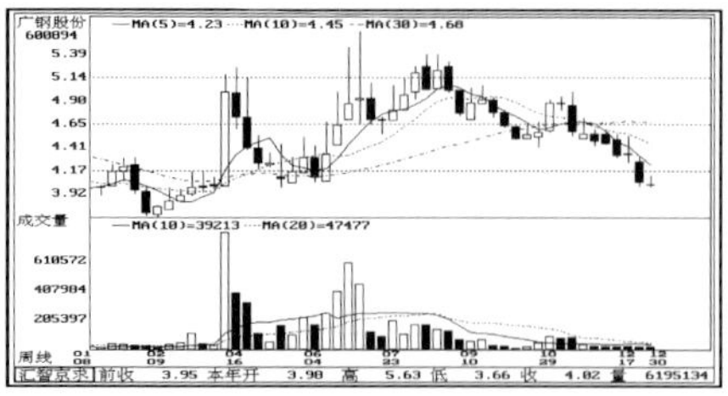

600894　广钢股份:流通股本 15944 万,主营钢材。6 月 29 日最高价 5.63 元,2 月 8 日最低价 3.66 元。1999 年每股收益 0.0550 元。上行欲望不强,仍有整理。

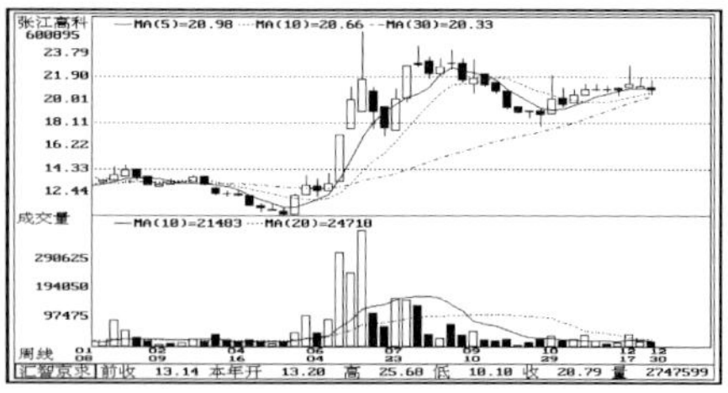

600895　张江高科:流通股本 6000 万,主营土地开发及使用权经营、基础设施建设。6 月 30 日最高价 25.68 元,5 月 10 日最低价 10.10 元。1999 年每股收益 0.2700 元。冲高后回调,仍有整理。

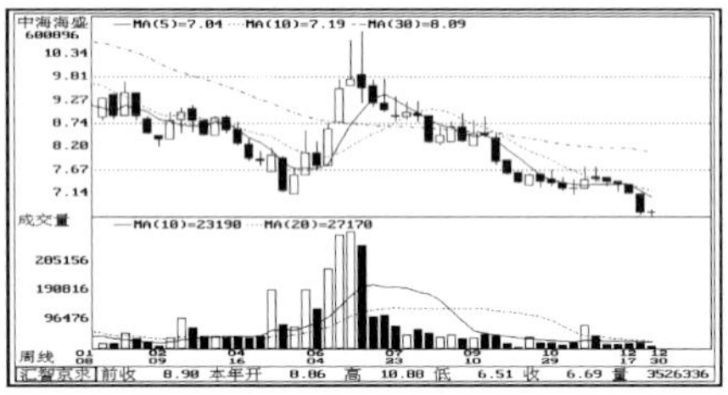

600896　中海海盛:流通股本 15608 万,主营货运、近洋国际船运、船务代理。6 月 30 日最高价 10.88 元,12 月 29 日最低价 6.51 元。1999 年每股收益 0.2030 元。上行欲望不强,仍有整理。

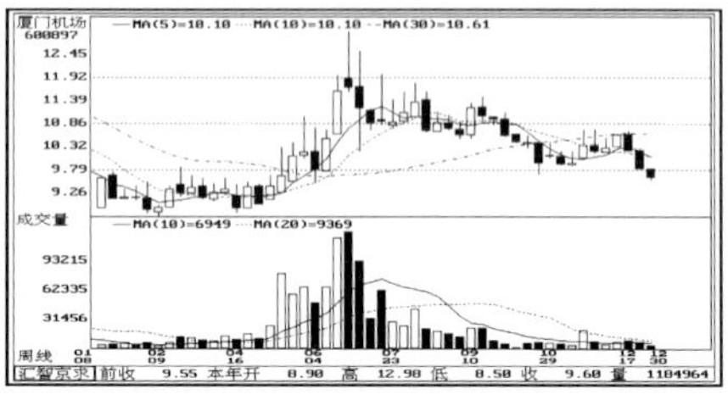

600897　厦门机场:流通股本 6750 万,主营候机楼设施的使用和服务。6 月 24 日最高价 12.98 元,4 月 22 日最低价 8.50 元。1999 年每股收益 0.1890 元。筑底回升走势,持股观望。

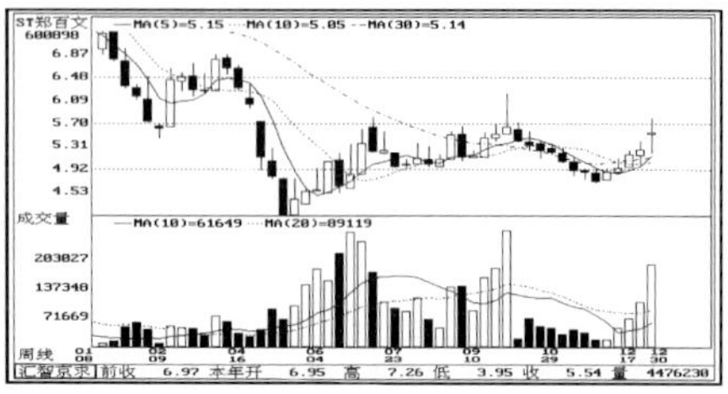

600898　ST 郑百文:流通股本 10710 万,主营文化用品、五金交电、油墨。1 月 8 日最高价 7.26 元,5 月 17 日最低价 3.95 元。1999 年每股收益 -4.8400 元。短线仍有上攻潜力,仍可持股。

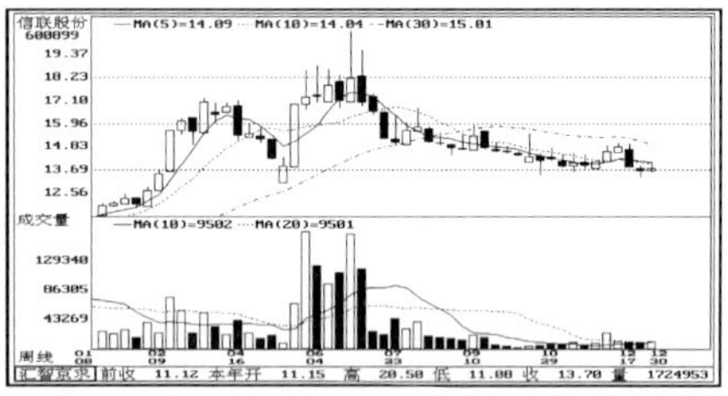

600899　信联股份:流通股本 5400 万,主营二轻新产品、基建技改、原材料基地。6 月 24 日最高价 20.50 元,1 月 4 日最低价 11.08 元。1999 年每股收益 0.2100 元。有获利盘减持迹象,暂不介入。

表 37 1999 年深交所上市股份公司股票走势图

个股点评
统计制作 北京汇智科贸公司信息部

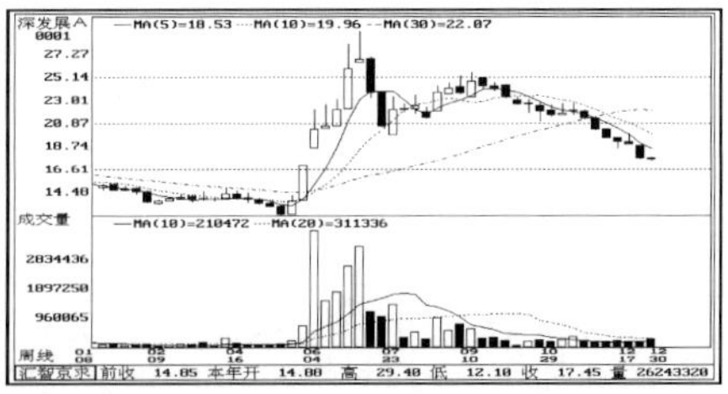

0001 深发展 A:流通股本 107163 万,主营银行业务、房地产。6 月 29 日最高价 29.40 元,5 月 17 日最低价 12.10 元。1999 年每股收益 0.3570 元。回抽确认,面临均线支撑。

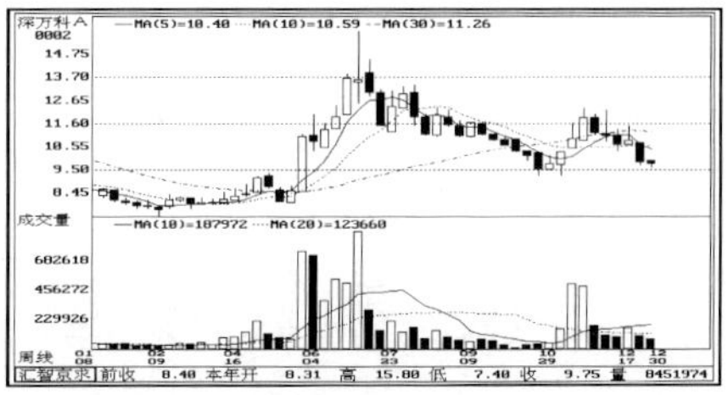

0002 深万科 A:流通股本 39900 万,主营房地产。6 月 29 日最高价 15.80 元,2 月 9 日最低价 7.40 元。1999 年每股收益 0.3980 元。上行欲望不强,仍有整理。

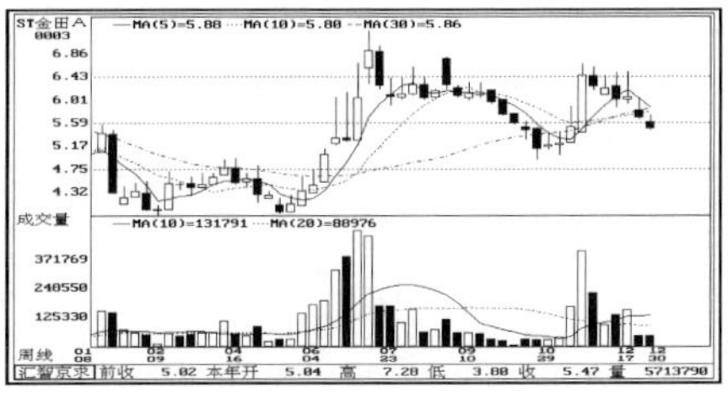

0003 ST 金田 A:流通股本 19150 万,主营房地产、工贸、高科技和综合服务业。7 月 6 日最高价 7.28 元,5 月 19 日最低价 3.80 元。1999 年每股收益 -0.546 元。大幅回调,短线仍有整理。

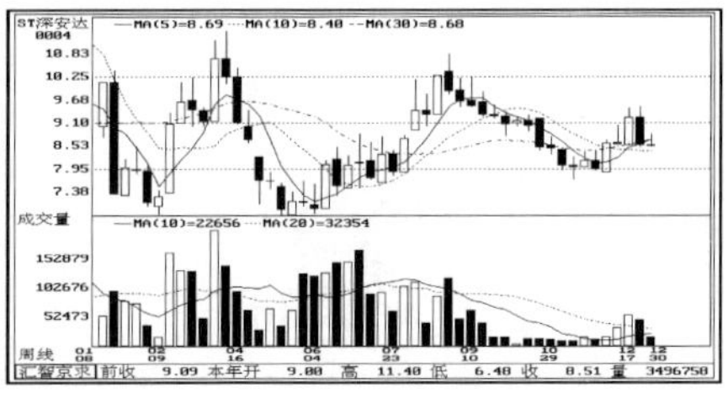

0004 ST 深安达:流通股本 4165 万,主营运输、交通、修理、仓储。4 月 7 日最高价 11.40 元,5 月 18 日最低价 6.48 元。1999 年每股收益 0.0780 元。仍有调整,可趁反弹出局。

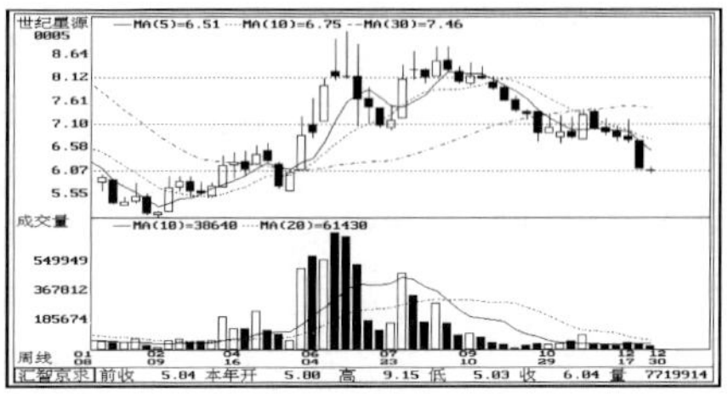

0005 世纪星源:流通股本 24563 万,主营房地产开发、交通运输、酒店管理。6 月 25 日最高价 9.15 元,2 月 8 日最低价 5.03 元。1999 年每股收益 0.2300 元。回抽确认,面临均线支撑。

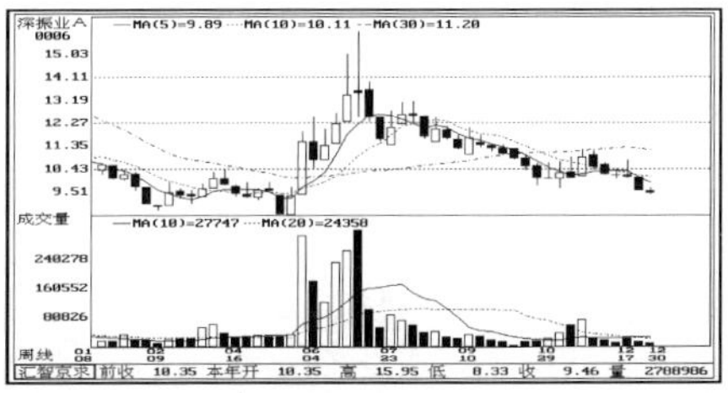

0006 深振业 A:流通股本 15780 万,主营房地产开发。6 月 30 日最高价 15.95 元,5 月 18 日最低价 8.33 元。1999 年每股收益 0.3690 元。已探明底部,中线可持股。

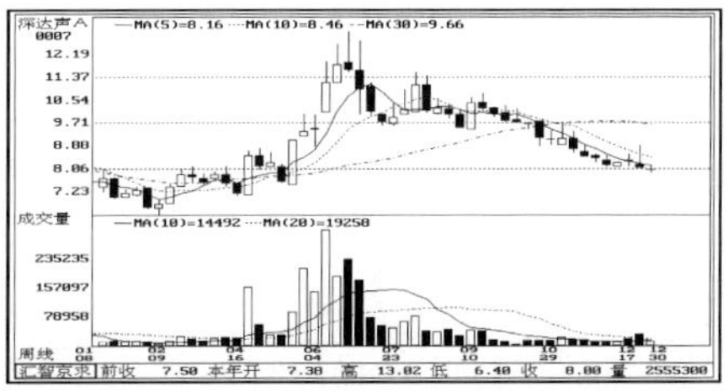

0007 深达声 A:流通股本 7956 万,主营激光唱机、旅游服务业。6 月 24 日最高价 13.02 元,2 月 9 日最低价 6.40 元。1999 年每股收益 0.0100 元。有获利盘减持迹象,暂不介入。

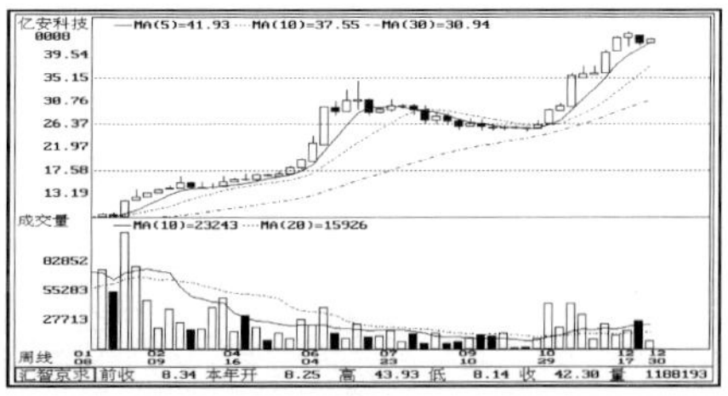

0008 亿安科技:流通股本 3529 万,主营仓储、贸易、房地产。12 月 17 日最高价 43.93 元,1 月 4 日最低价 8.14 元。1999 年每股收益 0.2550 元。短线调整未结束,持币。

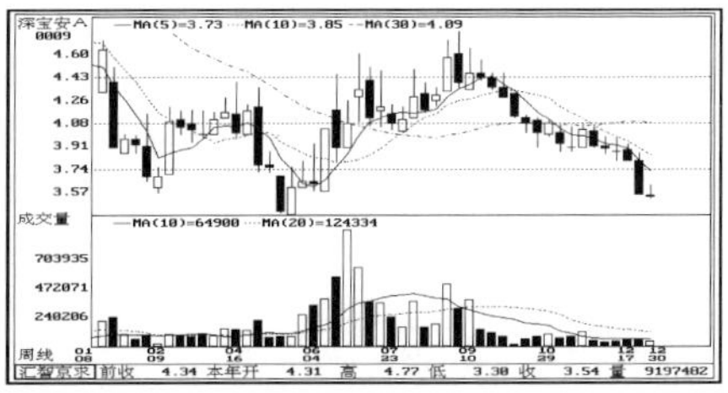

0009 深宝安 A:流通股本 57941 万,主营房地产、工业区开发、工业、农业。8 月 30 日最高价 4.77 元,5 月 19 日最低价 3.30 元。1999 年每股收益 0.0320 元。上行欲望不强,仍有整理。

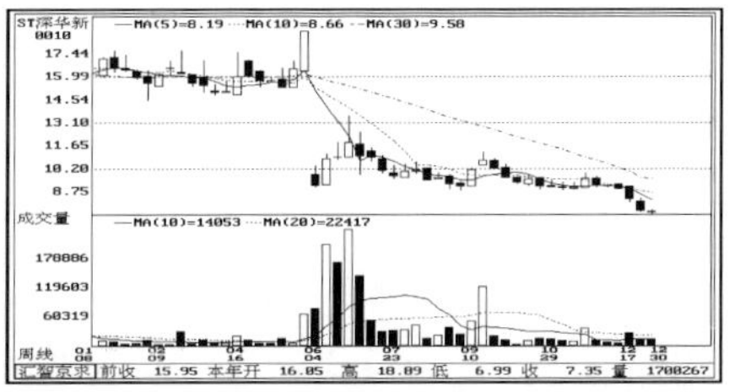

0010 ST 深华新:流通股本 4949 万,主营投资兴办实业、国内商业、进出口项目。5 月 28 日最高价 18.89 元,12 月 27 日最低价 6.99 元。1999 年每股收益 -0.4500 元。上行欲望不强,仍有整理。

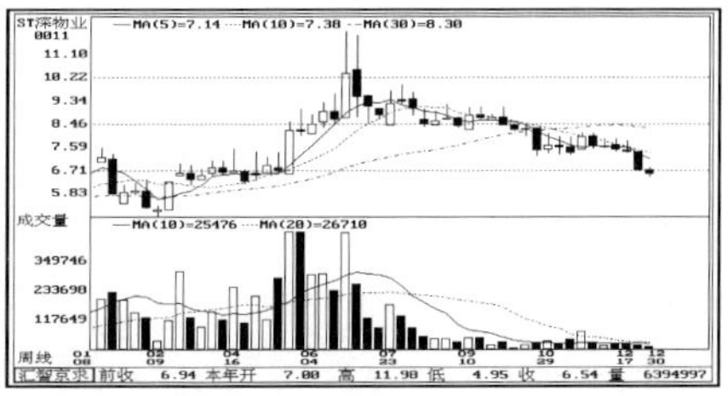

0011 ST 深物业:流通股本 9136 万,主营房地产、商贸、饮食服务。6 月 25 日最高价 11.98 元,2 月 9 日最低价 4.95 元。1999 年每股收益 0.0790 元。短线横盘整理,仍可观望。

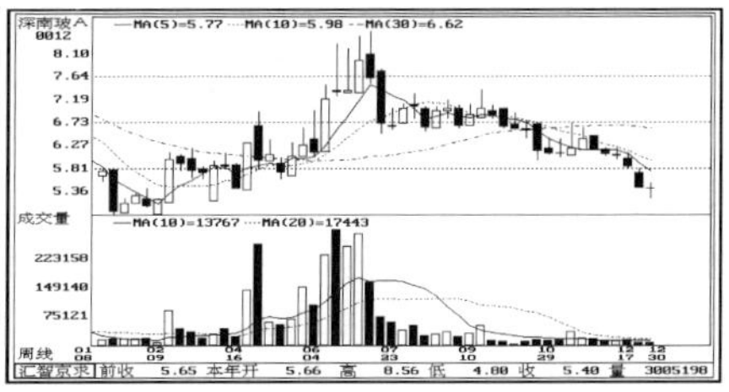

0012 深南玻 A:流通股本 10717 万,主营玻璃陶瓷、房地产、建筑装饰。7 月 5 日最高价 8.56 元,2 月 8 日最低价 4.80 元。1999 年每股收益 -0.2500 元。上行欲望不强,仍有整理。

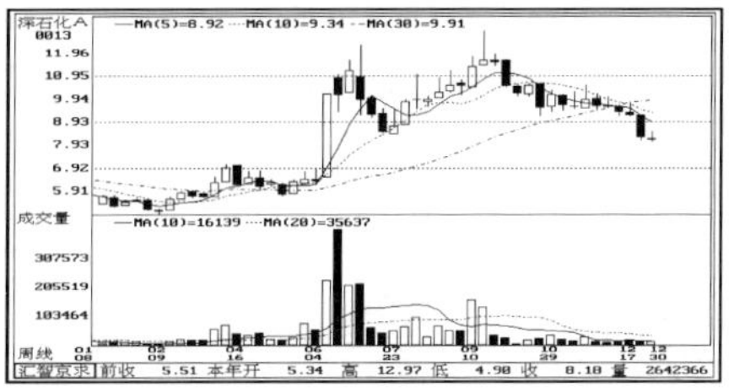

0013 深石化 A:流通股本 5124 万,主营石化产品的流通、期货交易。9 月 14 日最高价 12.97 元,2 月 9 日最低价 4.90 元。1999 年每股收益 0.0330 元。有获利盘减持迹象,暂不介入。

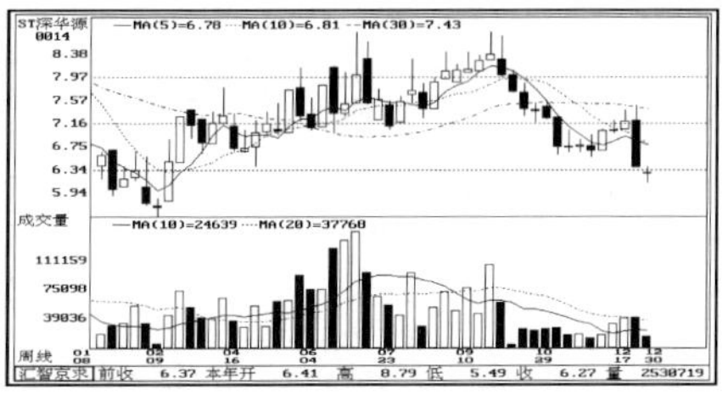

0014 ST 深华源:流通股本 4522 万,主营电脑磁盘、磁记录品、电脑设备光盘。9 月 24 日最高价 8.79 元,2 月 8 日最低价 5.49 元。1999 年每股收益 -0.8400 元。有获利盘减持迹象,暂不介入。

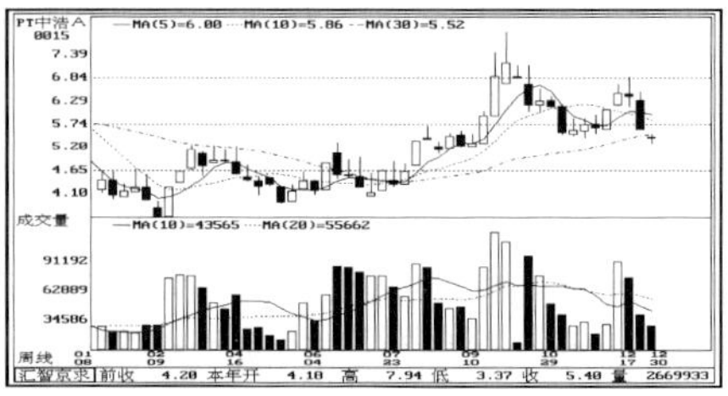

0015　PT 中浩 A：流通股本 2624 万，主营房地产、饮料、化工。9 月 29 日最高价 7.94 元，3 月 1 日最低价 3.37 元。1999 年每股收益 -0.820 元。需继续在低位震荡筑底。

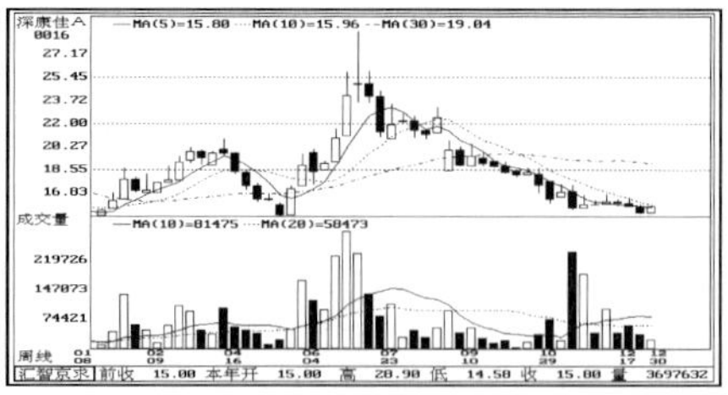

0016　深康佳 A：流通股本 20381 万，主营彩电、音响、传真机、对讲机。6 月 29 日最高价 28.90 元，1 月 5 日最低价 14.58 元。1999 年每股收益 0.9090 元。短线有回调补缺口要求。

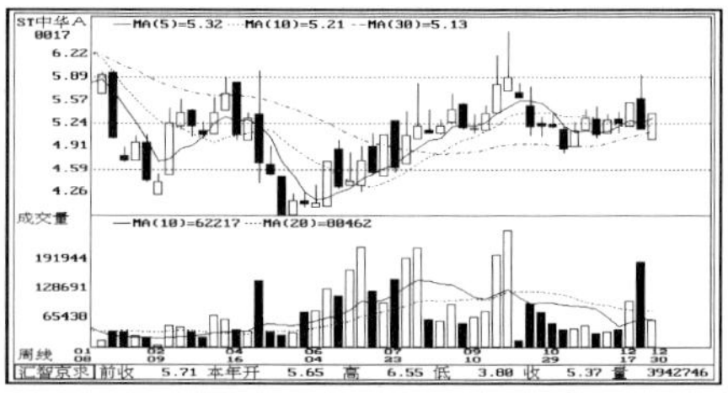

0017　ST 中华 A：流通股本 7638 万，主营自行车生产制造。9 月 29 日最高价 6.55 元，5 月 17 日最低价 3.80 元。1999 年每股收益 0.4170 元。短线有回调补缺口要求。

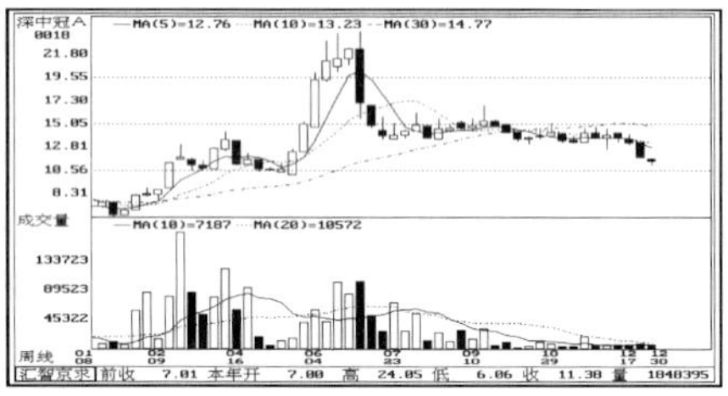

0018　深中冠 A：流通股本 2023 万，主营纺织印染、制衣、色织、针织。6 月 28 日最高价 24.05 元，1 月 15 日最低价 6.06 元。1999 年每股收益 0.0600 元。有获利盘减持迹象，暂不介入。

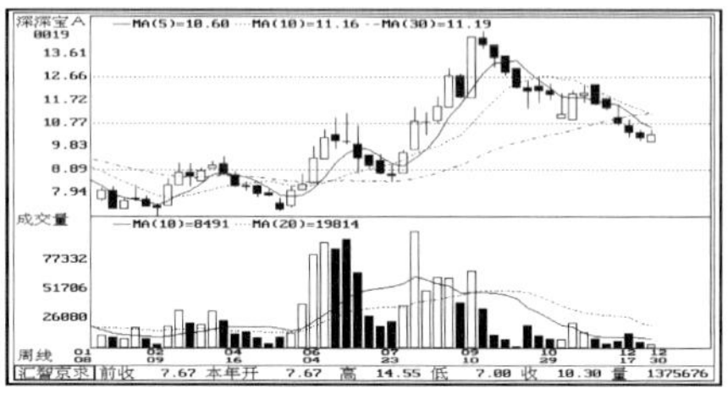

0019　深深宝 A：流通股本 3072 万，主营饮料。9 月 16 日最高价 14.55 元，2 月 9 日最低价 7.00 元。1999 年每股收益 0.1810 元。短线有回调补缺口要求。

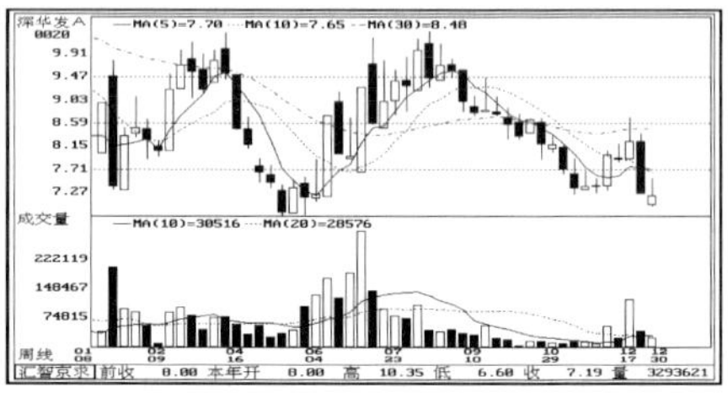

0020　深华发 A：流通股本 4985 万，主营彩电、印刷板电路、注塑件。8 月 9 日最高价 10.35 元，5 月 17 日最低价 6.60 元。1999 年每股收益 0.0350 元。上行欲望不强，仍有整理。

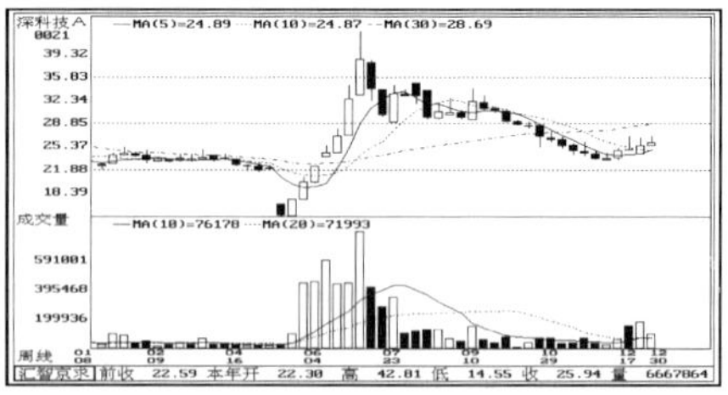

0021　深科技 A：流通股本 18333 万，主营磁头、磁头技术扩展产品、盘基片。6 月 30 日最高价 42.81 元，5 月 17 日最低价 14.55 元。1999 年每股收益 0.4270 元。主力未能全身而退，有反复机会。

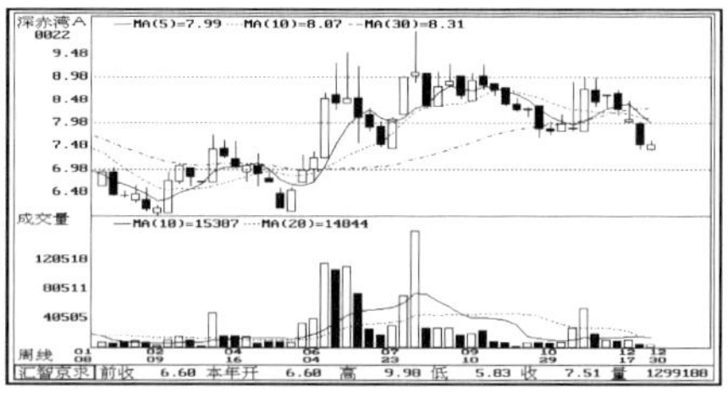

0022　深赤湾 A：流通股本 5040 万，主营建材、装饰材料、机电设备。8 月 3 日最高价 9.98 元，3 月 1 日最低价 5.83 元。1999 年每股收益 0.1900 元。有获利盘减持迹象，暂不介入。

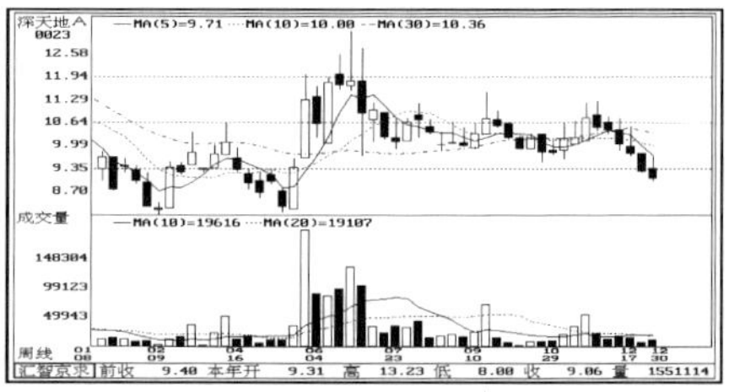

0023　深天地 A：流通股本 4619 万，主营兴办实业、进出口业务、国内商业。6 月 25 日最高价 13.23 元，2 月 8 日最低价 8.00 元。1999 年每股收益 0.1840 元。均线反压大，不宜介入。

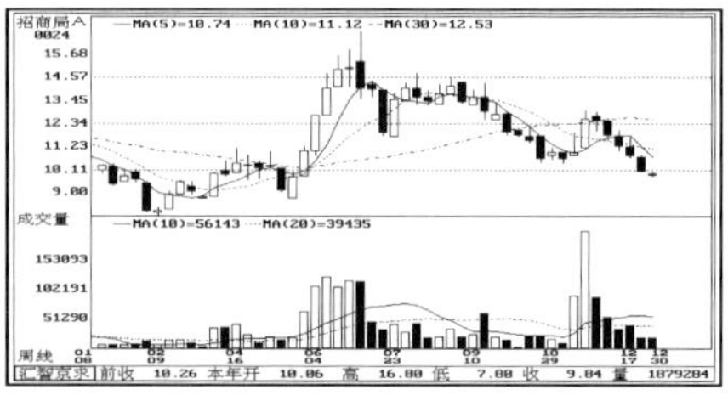

0024　招商局 A：流通股本 14700 万，主营蛇口港的经营、管理、开发。6 月 29 日最高价 16.80 元，2 月 8 日最低价 7.80 元。1999 年每股收益 0.3730 元。上行欲望不强，仍有整理。

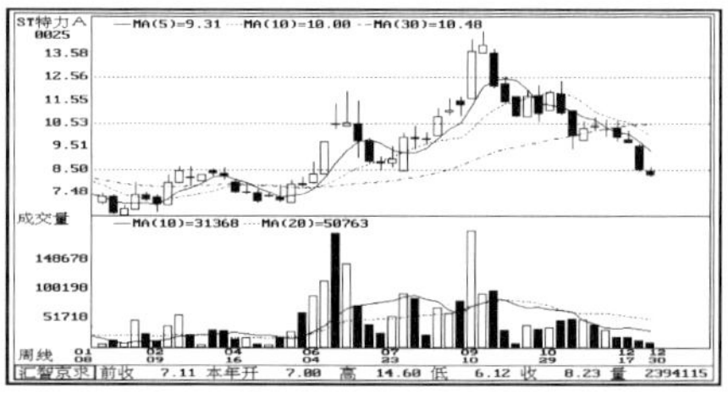

0025　ST 特力 A：流通股本 3429 万，主营工业、房地产开发、进出口贸易。9 月 16 日最高价 14.60 元，1 月 18 日最低价 6.12 元。1999 年每股收益 -0.4700 元。短线横盘整理，仍可观望。

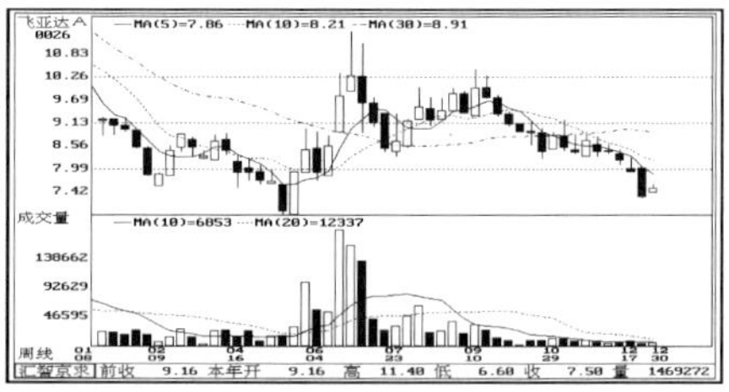

0026　飞亚达 A：流通股本 6100 万，主营各类中高档钟表及配件的设计。6 月 24 日最高价 11.40 元，5 月 19 日最低价 6.60 元。1999 年每股收益 0.1330 元。筑底回升走势，持股观望。

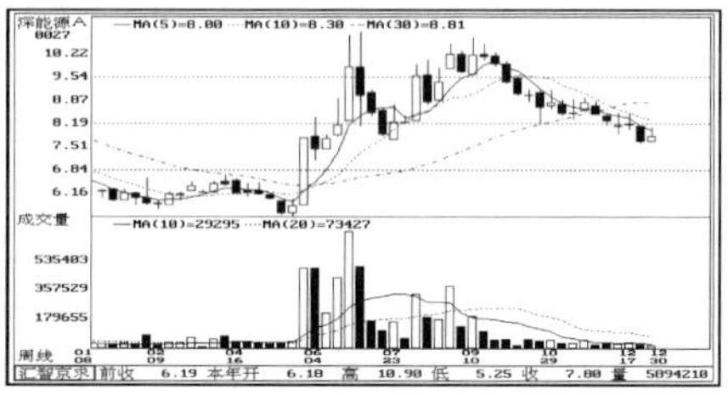

0027　深能源 A：流通股本 29207 万，主营能源和新能源的投资、开发、生产。6 月 29 日最高价 10.90 元，5 月 19 日最低价 5.25 元。1999 年每股收益 0.3200 元。低位箱形整理，无成交量配合。

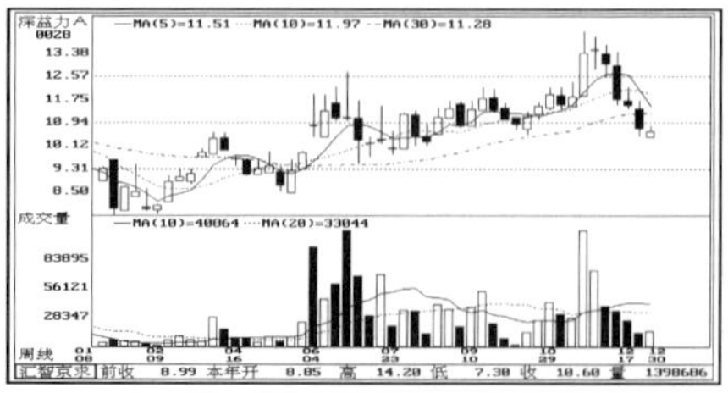

0028　深益力 A：流通股本 3049 万，主营矿泉水生产经营及系列饮品。11 月 19 日最高价 14.20 元，1 月 18 日最低价 7.30 元。1999 年每股收益 0.1290 元。上行欲望不强，仍有整理。

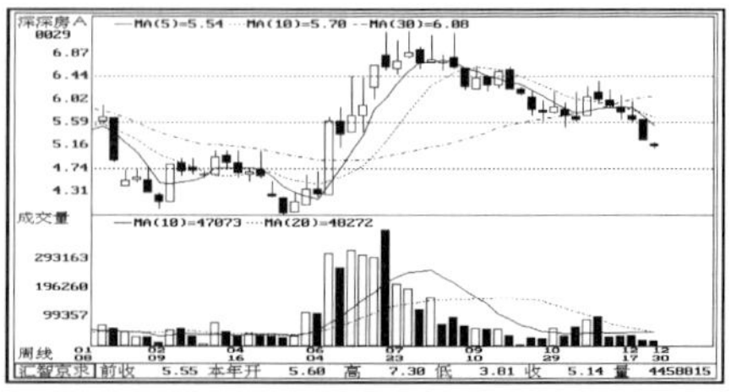

0029　深深房 A：流通股本 14784 万，主营房地产、建筑安装、出租物业、服务业等。7 月 27 日最高价 7.30 元，5 月 17 日最低价 3.81 元。1999 年每股收益 0.1000 元。上行欲望不强，仍有整理。

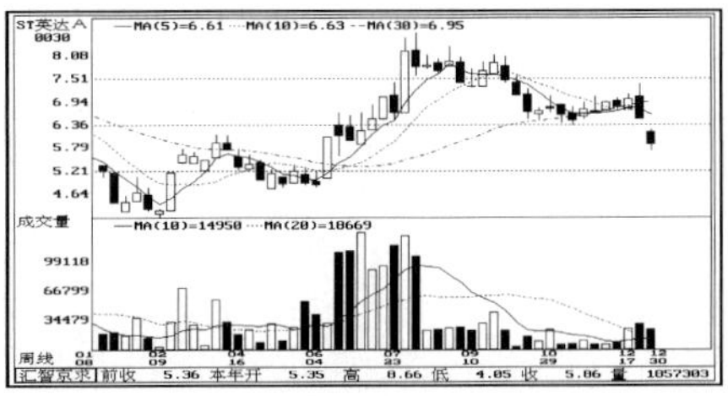

0030　ST 英达 A：流通股本 4026 万，主营胶合板、啤酒、自行车。8 月 4 日最高价 8.66 元，2 月 8 日最低价 4.05 元。1999 年每股收益 0.1700 元。股价明显趋跌，仍有反弹空间。

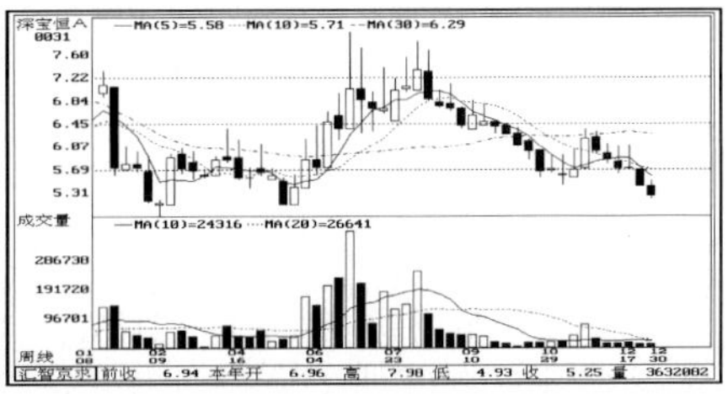

0031　深宝恒 A：流通股本 14066 万，主营房地产、建材。6 月 25 日最高价 7.98 元，2 月 9 日最低价 4.93 元。1999 年每股收益 -0.2500 元。回抽确认，面临均线支撑。

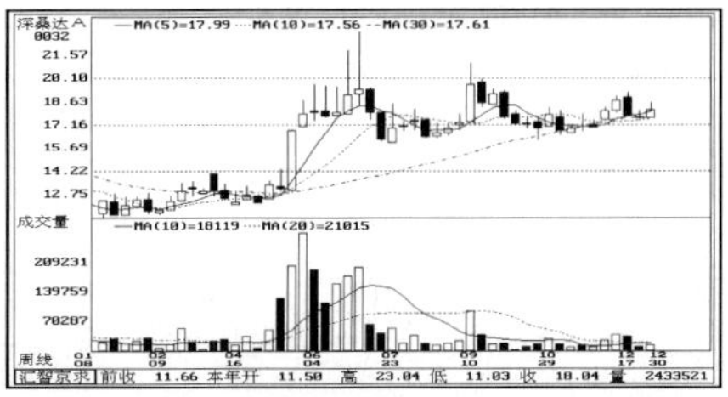

0032　深桑达 A：流通股本 3630 万，主营通讯设备、计算机及外部设备、软件。6 月 30 日最高价 23.04 元，1 月 5 日最低价 11.03 元。1999 年每股收益 0.2370 元。短线仍有上攻潜力，仍可持股。

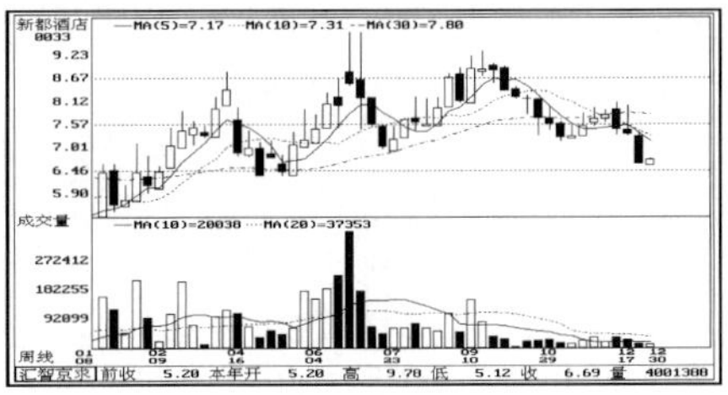

0033　新都酒店：流通股本 5733 万，主营酒店、商场。6 月 23 日最高价 9.78 元，1 月 4 日最低价 5.12 元。1999 年每股收益 -0.0100 元。已探明底部，中线可持股。

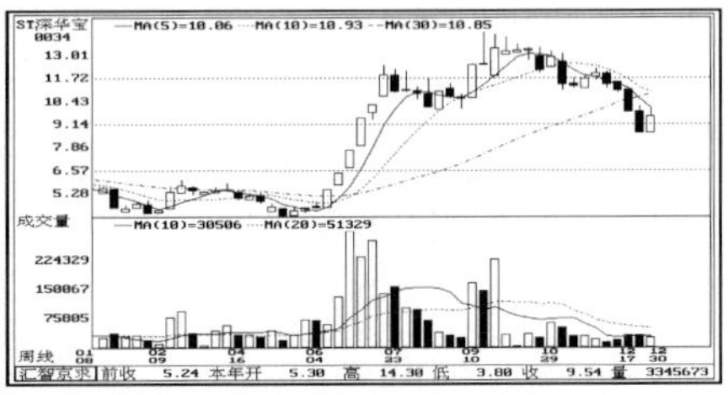

0034　ST 深华宝：流通股本 8447 万，主营畜牧业、种植业、饲料工业、食品。9 月 16 日最高价 14.30 元，5 月 18 日最低价 3.80 元。1999 年每股收益 0.1220 元。短线调整未结束，持币。

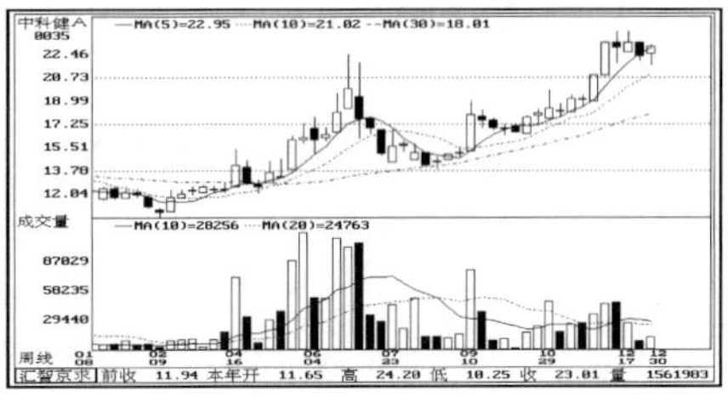

0035　中科健 A：流通股本 4253 万，主营电子信息、医疗设备、高新材料。12 月 17 日最高价 24.20 元，2 月 8 日最低价 10.25 元。1999 年每股收益 0.4060 元。小 V 型反转，中线可持。

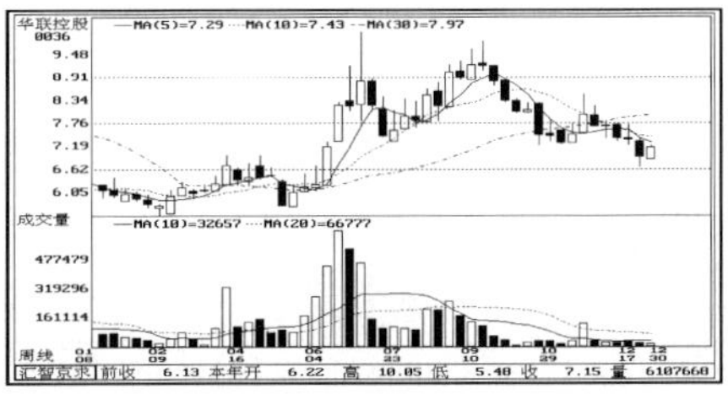

0036　华联控股：流通股本 11806 万，主营化纤产品、塑胶产品、化纤机械。6 月 30 日最高价 10.05 元，2 月 9 日最低价 5.48 元。1999 年每股收益 0.3380 元。走势未明，后市关注。

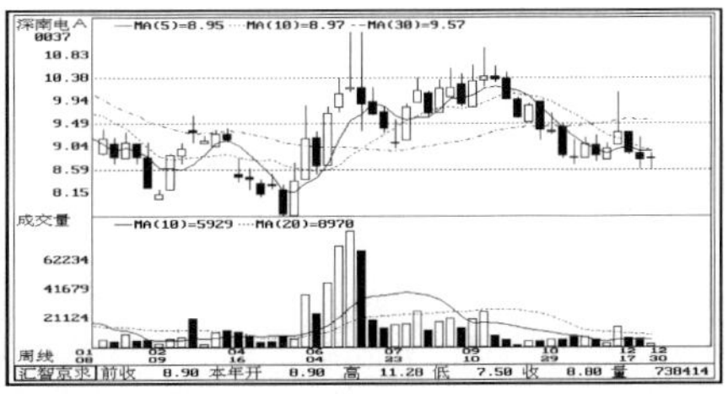

0037　深南电 A：流通股本 3366 万，主营供电、供热、从事发电的建设工程承包。6 月 25 日最高价 11.28 元，5 月 17 日最低价 7.50 元。1999 年每股收益 0.3300 元。短线大幅震仓，仍可持股。

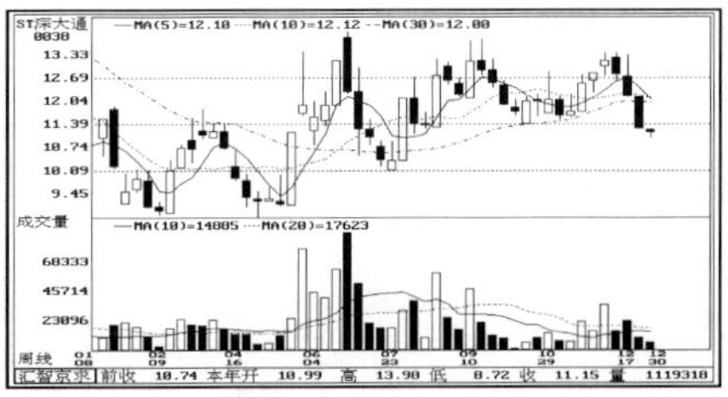

0038　ST 深大通：流通股本 1914 万，主营积层陶瓷电容器、中高压等多种电容器。6 月 21 日最高价 13.98 元，1 月 19 日最低价 8.72 元。1999 年每股收益 -0.4320 元。上行欲望不强，仍有整理。

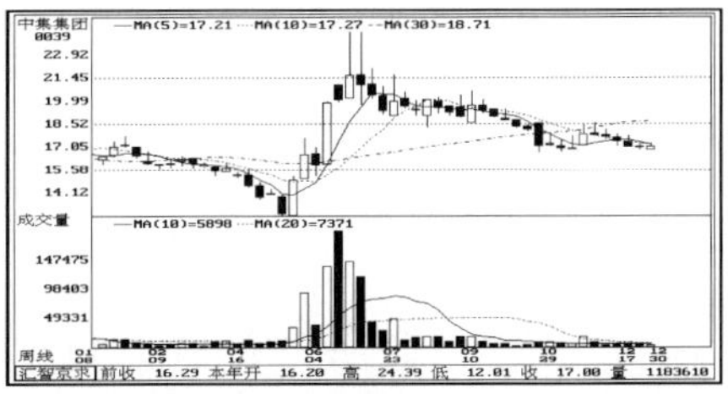

0039　中集集团：流通股本 4599 万，主营干货集装箱以及旅客登机桥、货运站。6 月 25 日最高价 24.39 元，5 月 18 日最低价 12.01 元。1999 年每股收益 0.7570 元。走势不明朗，暂不介入。

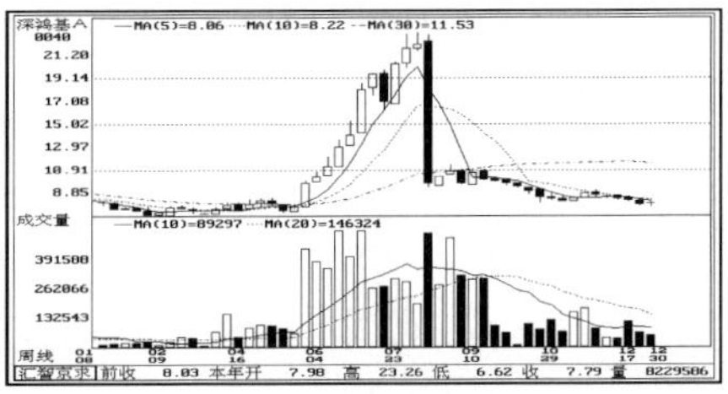

0040　深鸿基 A：流通股本 28680 万，主营交通、运输、工商贸、房地产开发。8 月 5 日最高价 23.26 元，2 月 8 日最低价 6.62 元。1999 年每股收益 0.2570 元。回抽确认，面临均线支撑。

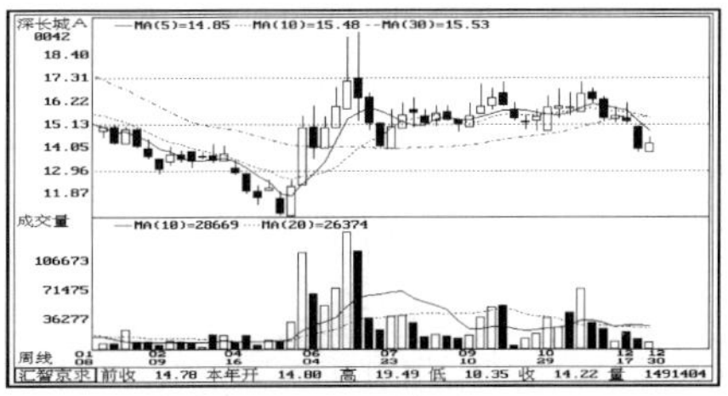

0042　深长城 A：流通股本 6932 万，主营房地产综合开发。6 月 29 日最高价 19.49 元，5 月 19 日最低价 10.35 元。1999 年每股收益 0.4400 元。有获利盘减持迹象，暂不介入。

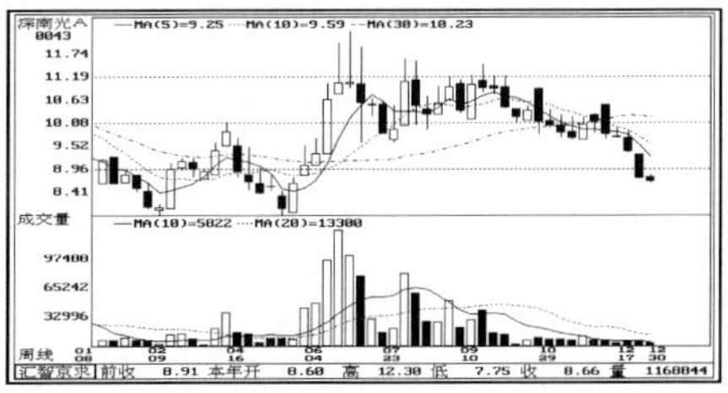

0043　深南光 A：流通股本 3672 万，主营旅游业务、物业租赁、房地产经营。6 月 24 日最高价 12.30 元，5 月 17 日最低价 7.75 元。1999 年每股收益 0.1200 元。上行欲望不强，仍有整理。

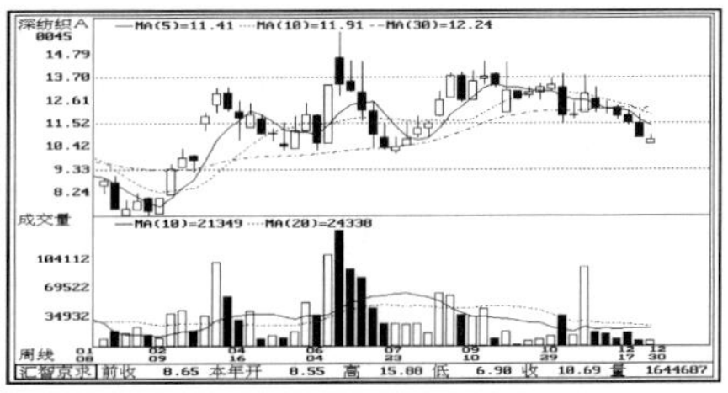

0045　深纺织 A：流通股本 2200 万，主营纺织品、针织品、服装、装饰品。6 月 15 日最高价 15.88 元，1 月 18 日最低价 6.90 元。1999 年每股收益 0.1270 元。有获利盘减持迹象，暂不介入。

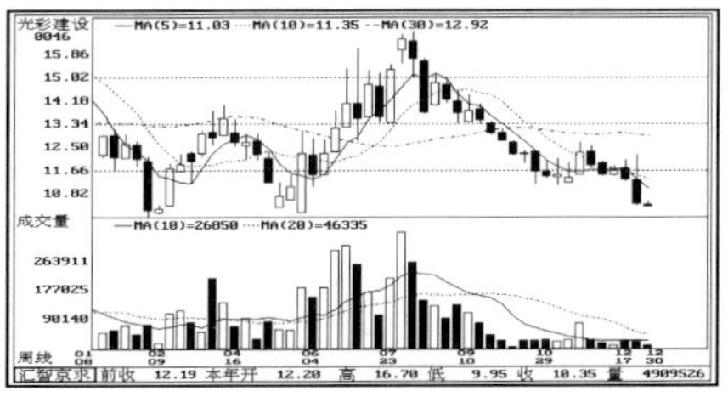

0046　光彩建设：流通股本 9732 万，主营房地产开发、经营。8 月 3 日最高价 16.70 元，2 月 8 日最低价 9.95 元。1999 年每股收益 0.4710 元。有获利盘减持迹象，暂不介入。

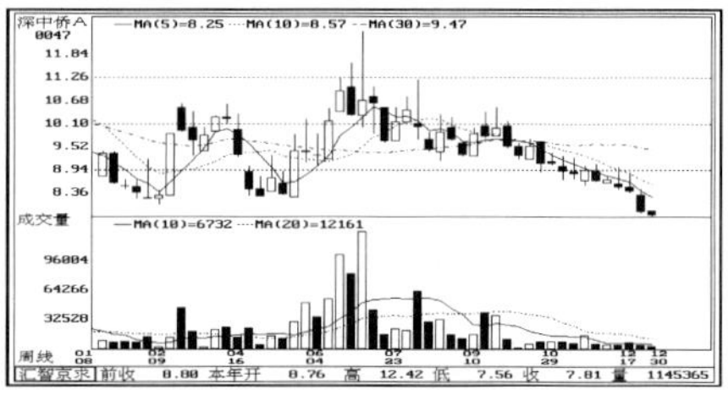

0047 深中侨A:流通股本3166万,主营房地产开发、经营、工业投资。6月29日最高价12.42元,12月27日最低价7.56元。1999年每股收益-1.2000元。已探明底部,中线可持股。

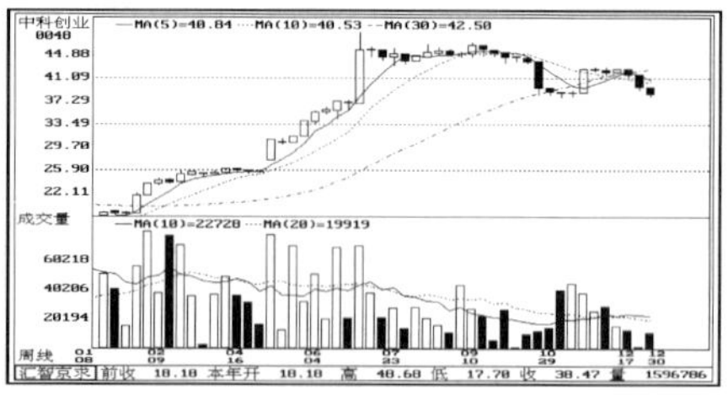

0048 中科创业:流通股本10300万,主营活鸡、鸡苗、饲料添加剂、食品。7月1日最高价48.68元,1月12日最低价17.70元。1999年每股收益0.1520元。已探明底部,回落空间有限。

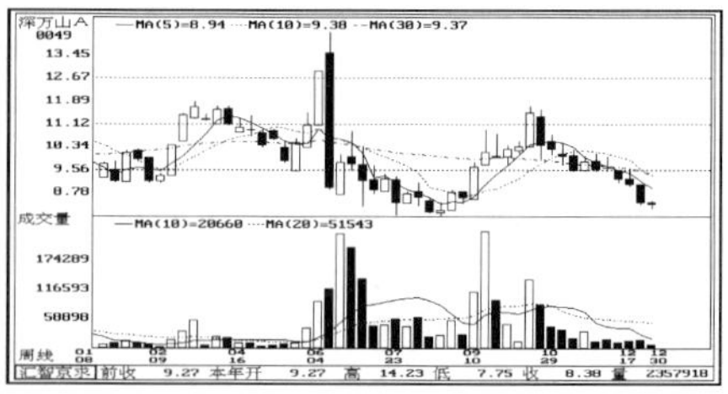

0049 深万山A:流通股本4472万,主营房地产。6月8日最高价14.23元,8月18日最低价7.75元。1999年每股收益0.1440元。上行欲望不强,仍有整理。

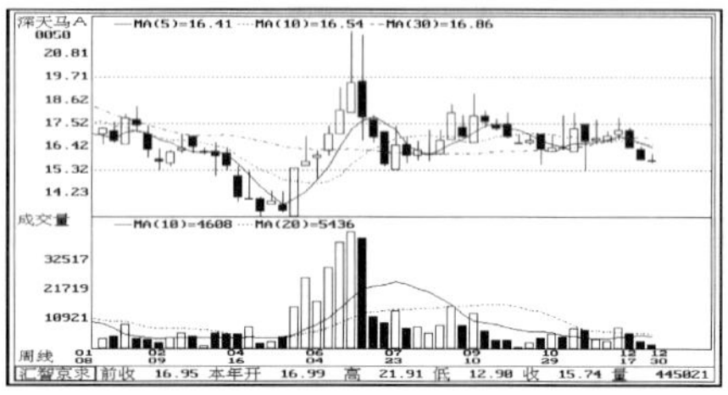

0050 深天马A:流通股本1694万,主营各类液晶显示器及相关材料。6月25日最高价21.91元,5月17日最低价12.90元。1999年每股收益0.1890元。振荡整理,快进快出。

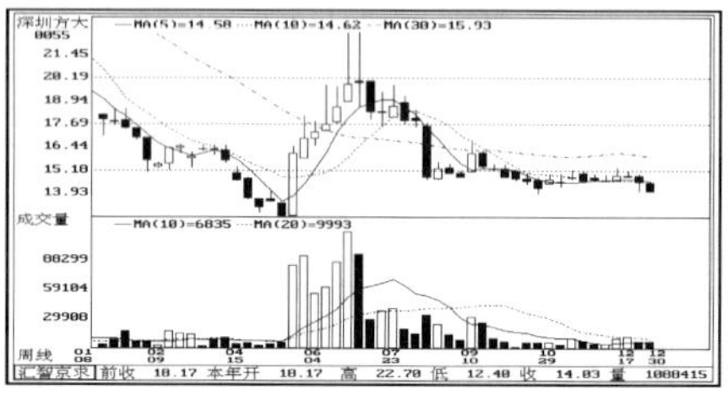

0055 深圳方大:流通股本4200万,主营新型建材、金属制品及金属材料。6月30日最高价22.70元,5月17日最低价12.40元。1999年每股收益0.2240元。成交淡静,短线压力需消化。

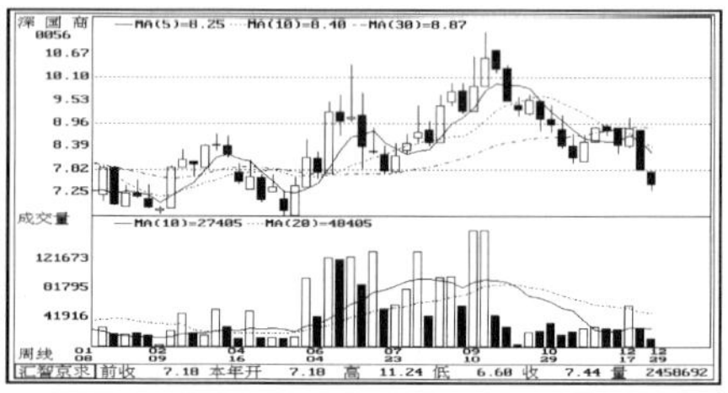

0056 深国商:流通股本5471万,主营商业批零、连锁商业、进出口贸易。9月16日最高价11.24元,2月8日最低价6.60元。1999年每股收益0.1370元。走势未明,后市关注。

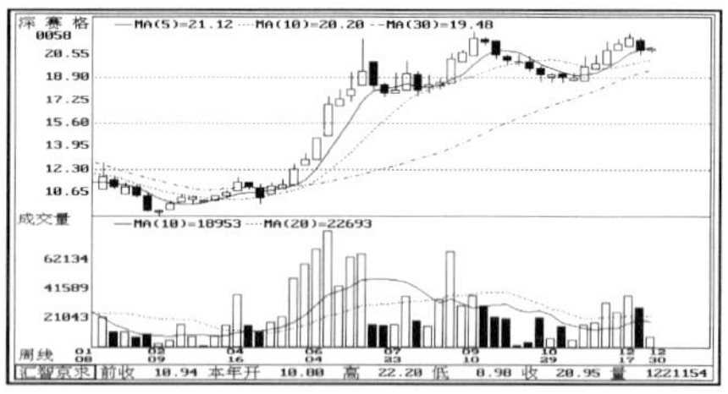

0058 深赛格:流通股本7900万,主营电子产品、涉外运输保税仓储业务。9月10日最高价22.20元,2月8日最低价8.98元。1999年每股收益0.2170元。回抽确认,面临均线支撑。

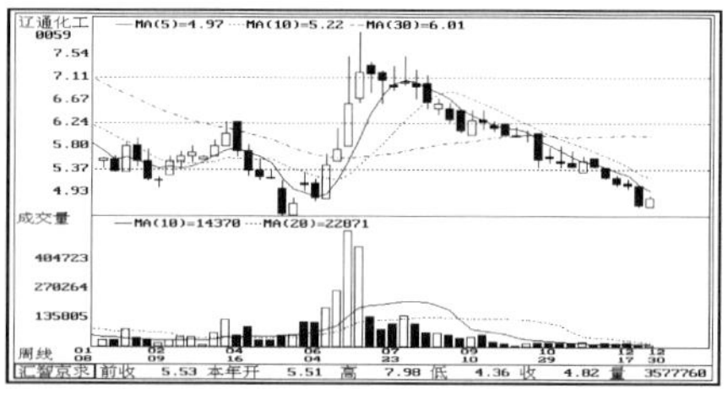

0059 辽通化工:流通股本16900万,主营化学肥料、化工产品加工、制造、销售。6月30日最高价7.98元,5月19日最低价4.36元。1999年每股收益0.1500元。上行欲望不强,仍有整理。

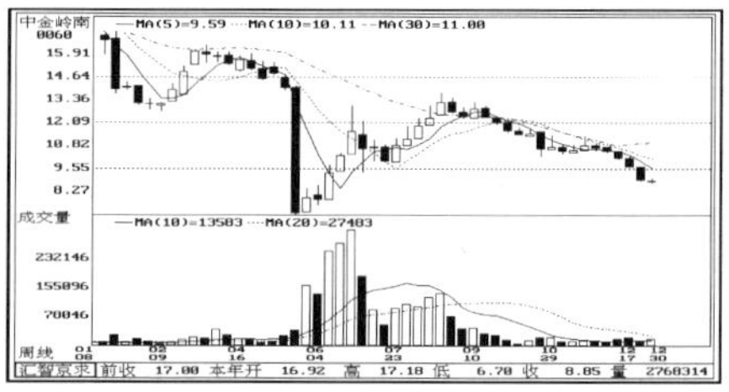

0060 中金岭南:流通股本20500万,主营有色金属及其产品的国内外贸易。1月12日最高价17.18元,5月19日最低价6.70元。1999年每股收益0.4370元。有获利盘减持迹象,暂不介入。

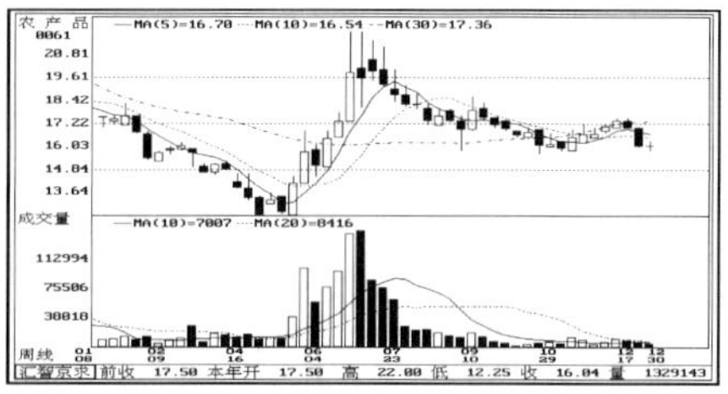

0061 农产品:流通股本7962万,主营农产品市场批发管理。6月29日最高价22.00元,5月17日最低价12.25元。1999年每股收益0.5420元。上行欲望不强,仍有整理。

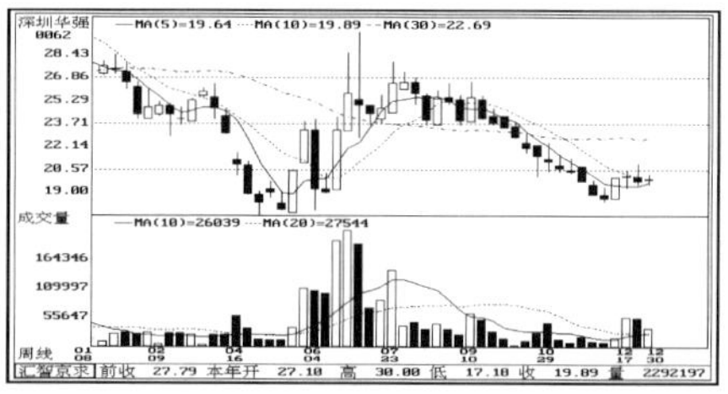

0062 深圳华强:流通股本12800万,主营激光头及应用产品、计算机软硬件等。6月30日最高价30.00元,5月17日最低价17.18元。1999年每股收益0.4200元。上行欲望不强,仍有整理。

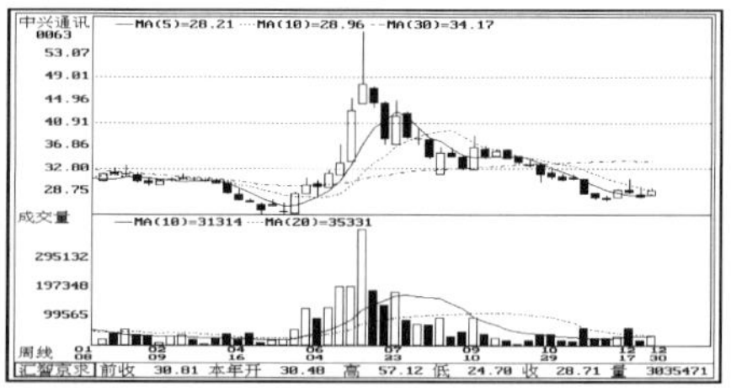

0063 中兴通讯:流通股本12480万,主营程控交换系统、多媒体通讯系统。6月30日最高价57.12元,4月27日最低价24.70元。1999年每股收益0.6100元。小V型反转,中线可持。

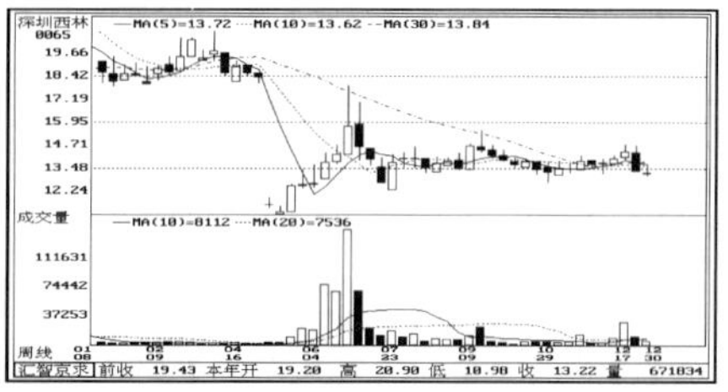

0065 深圳西林:流通股本2000万,主营铝制品、铝型材、铝门窗的制造。4月2日最高价20.90元,5月17日最低价10.98元。1999年每股收益0.2060元。上升动力不足,谨慎持有。

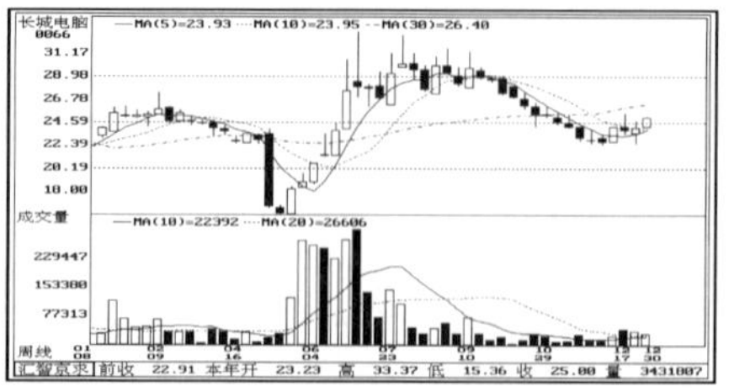

0066 长城电脑:流通股本12100万,主营计算机硬、软件产品。6月29日最高价33.37元,5月19日最低价15.36元。1999年每股收益0.7670元。整理走势,短线有一定压力。

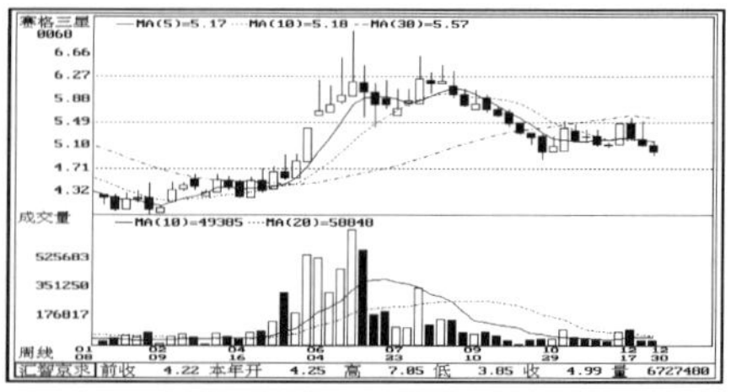

0068 赛格三星:流通股本22500万,主营彩色显示像管、彩色显示玻壳的生产销售。6月24日最高价7.05元,1月18日最低价3.85元。1999年每股收益0.0070元。振荡收阳,可介入持有。

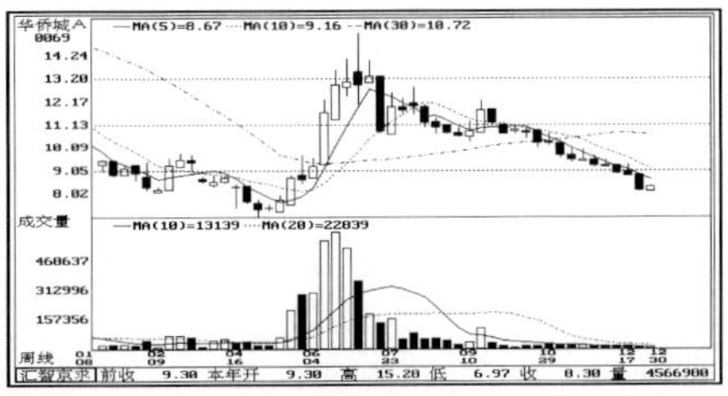

0069　华侨城 A:流通股本 9000 万,主营旅游业及旅游配套的供水、供电。6 月 29 日最高价 15.28 元,5 月 10 日最低价 6.97 元。1999 年每股收益 0.1510 元。回抽确认,面临均线支撑。

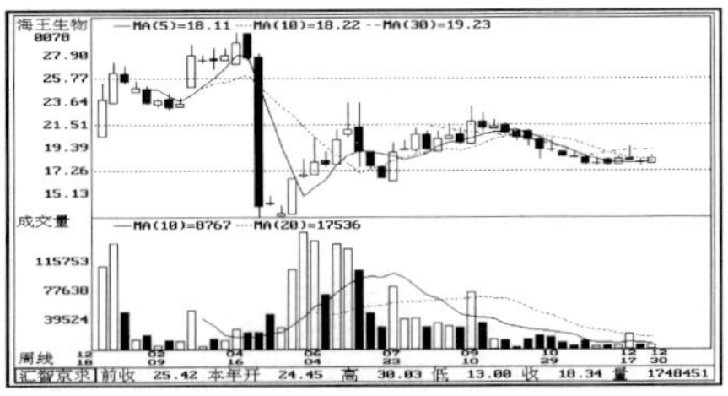

0078　海王生物:流通股本 3820 万,主营生产、经营生物化学原料、制品。4 月 16 日最高价 30.03 元,4 月 27 日最低价 13.00 元。1999 年每股收益 0.2000 元。走势不明朗,暂不介入。

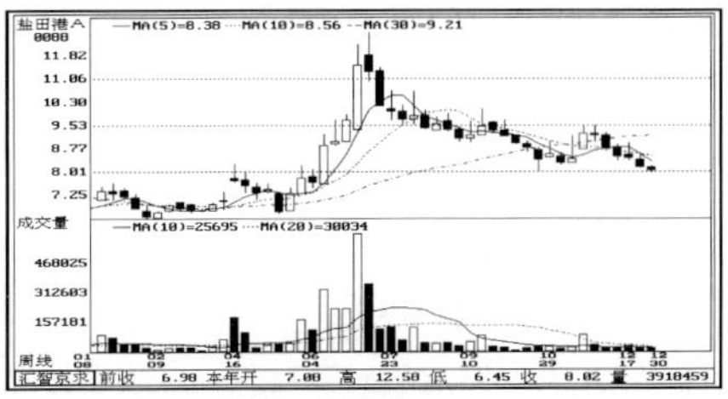

0088　盐田港 A:流通股本 12500 万,主营码头开发经营、货物装卸运输。7 月 5 日最高价 12.58 元,2 月 8 日最低价 6.45 元。1999 年每股收益 0.1490 元。上行欲望不强,仍有整理。

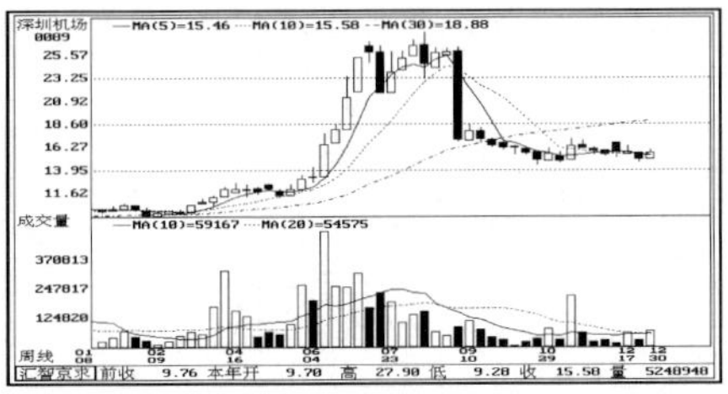

0089　深圳机场:流通股本 15000 万,主营航空客货地面运输及过港保障与服务。8 月 11 日最高价 27.90 元,2 月 8 日最低价 9.28 元。1999 年每股收益 0.5670 元。成交趋于活跃,仍有上升空间。

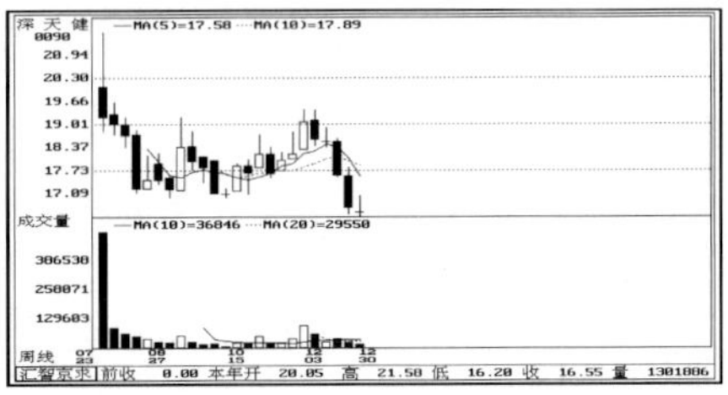

0090　深天健:流通股本 5800 万,主营施工、房屋建筑物、地基的建筑施工。7 月 21 日最高价 21.58 元,12 月 29 日最低价 16.20 元。1999 年每股收益 0.4660 元。短线横盘整理,可适当持股。

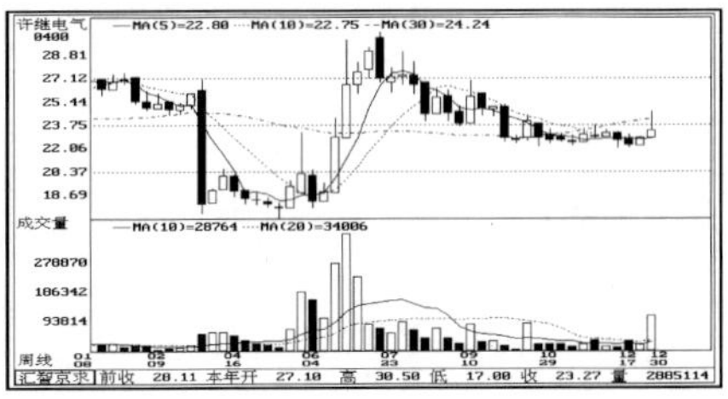

0400　许继电气:流通股本 19400 万,主营继电器、控制保护屏幕及综合自动化装置。7 月 12 日最高价 30.50 元,5 月 14 日最低价 17.00 元。1999 年每股收益 0.5120 元。超跌反弹走势,可看高一线。

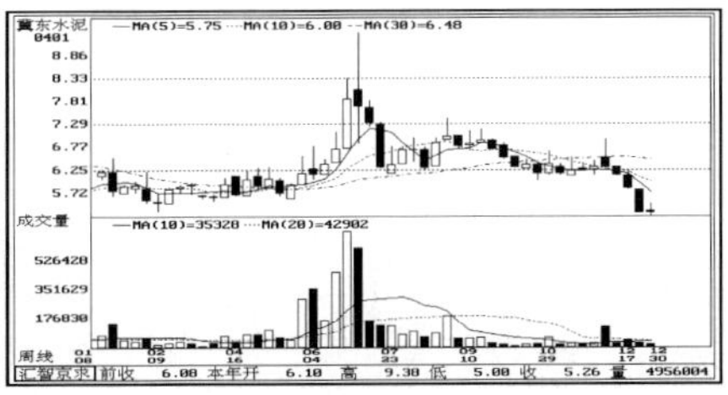

0401　冀东水泥:流通股本 15905 万,主营硅酸盐水泥制造。6 月 29 日最高价 9.38 元,12 月 27 日最低价 5.00 元。1999 年每股收益 0.1270 元。已探明底部,回落空间有限。

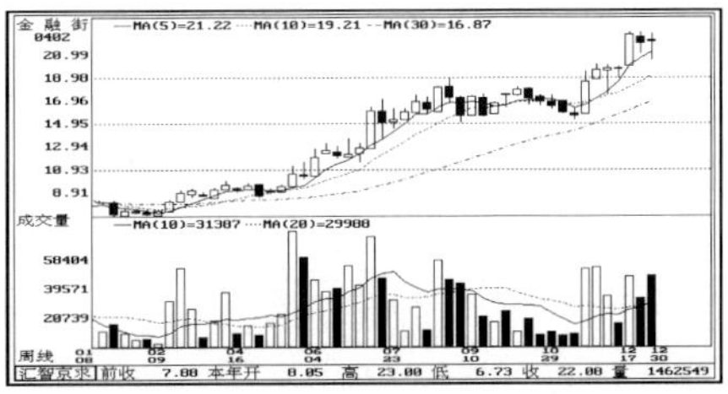

0402　金融街:流通股本 4800 万,主营制造、加工、自销纸包装制品。12 月 17 日最高价 23.00 元,1 月 18 日最低价 6.73 元。1999 年每股收益 0.1500 元。走势不明朗,暂不介入。

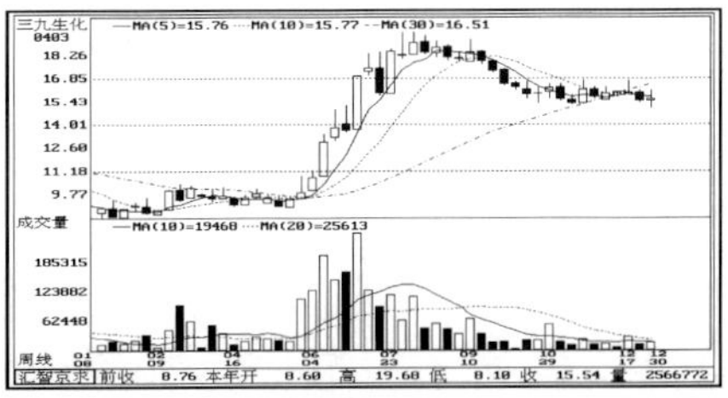

0403　三九生化:流通股本 6175 万,主营装载机产品开发、生产、销售。8 月 6 日最高价 19.68 元,1 月 5 日最低价 8.10 元。1999 年每股收益 0.6100 元。有获利盘减持迹象,暂不介入。

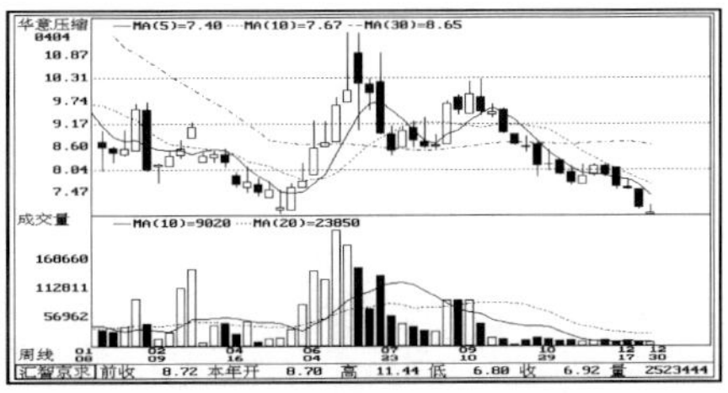

0404　华意压缩:流通股本 7100 万,主营无氟压缩机及零部件、无氟电冰箱。6 月 23 日最高价 11.44 元,5 月 17 日最低价 6.80 元。1999 年每股收益 0.1430 元。均线反压大,不宜介入。

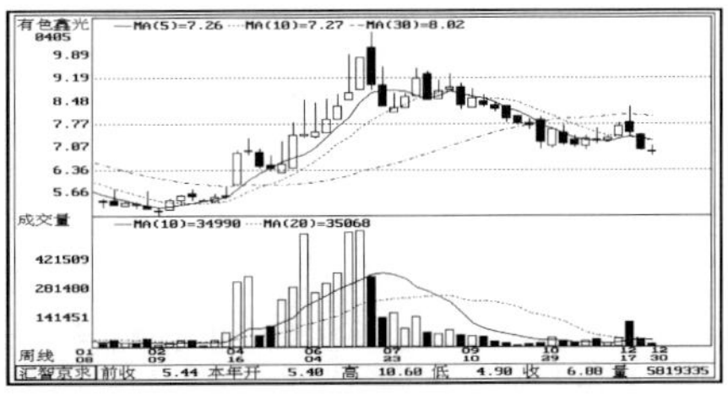

0405　有色鑫光:流通股本 11000 万,主营电解铝生产与经营、稀士稀有金属生产。7 月 5 日最高价 10.60 元,3 月 1 日最低价 4.90 元。1999 年每股收益 0.2343 元。有获利盘减持迹象,暂不介入。

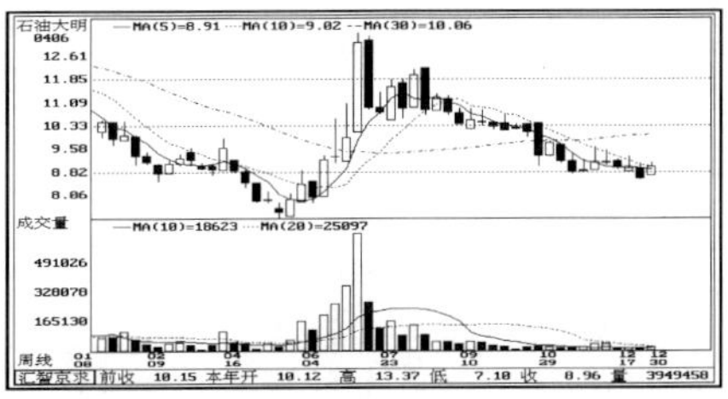

0406　石油大明:流通股本 22200 万,主营原油、润滑油、石油化工注剂。7 月 2 日最高价 13.37 元,5 月 19 日最低价 7.10 元。1999 年每股收益 0.2210 元。长期调整充分,小 V 型反转。

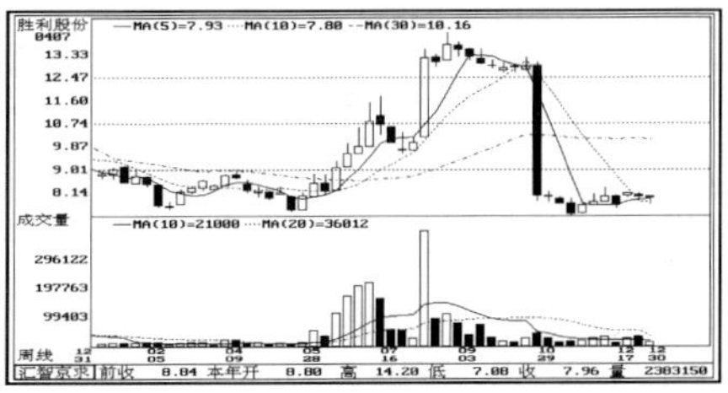

0407　胜利股份:流通股本 12400 万,主营塑胶工业、国际贸易、国内贸易。8 月 19 日最高价 14.20 元,11 月 17 日最低价 7.08 元。1999 年每股收益 0.2490 元。短线调整未结束,持币。

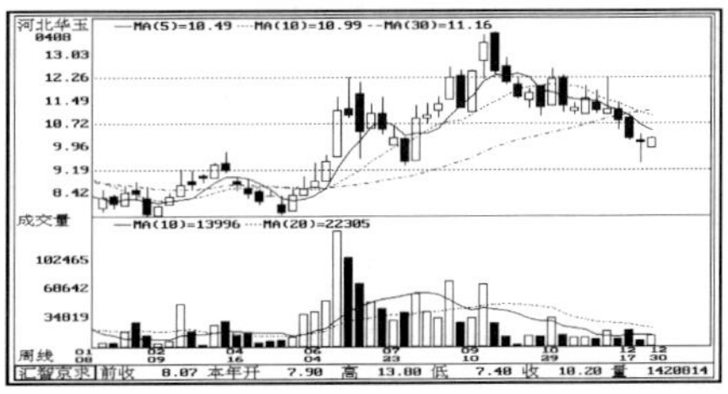

0408　河北华玉:流通股本 3090 万,主营陶瓷产品生产、销售、研制和开发。9 月 21 日最高价 13.80 元,1 月 5 日最低价 7.40 元。1999 年每股收益 0.3300 元。短线有回调补缺口要求。

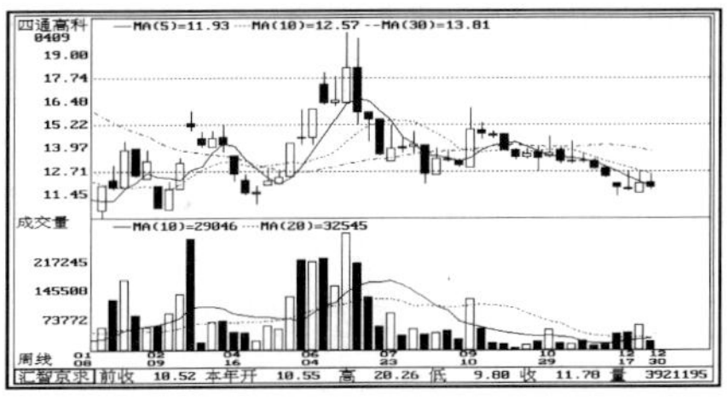

0409　四通高科:流通股本 7500 万,主营石化设备、化机节能设备。6 月 25 日最高价 20.26 元,1 月 5 日最低价 9.80 元。1999 年每股收益 -0.1090 元。短线有减持迹象,暂不介入。

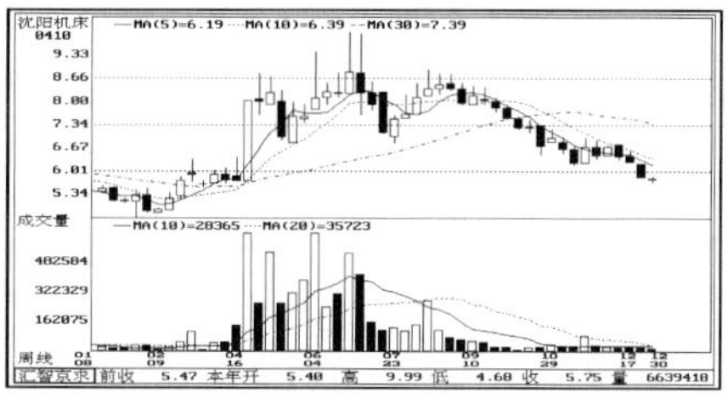

0410　沈阳机床：流通股本 13537 万，主营金属切削机床制造、进出口贸易。6 月 24 日最高价 9.99 元，1 月 29 日最低价 4.68 元。1999 年每股收益 0.0680 元。有获利盘减持迹象，暂不介入。

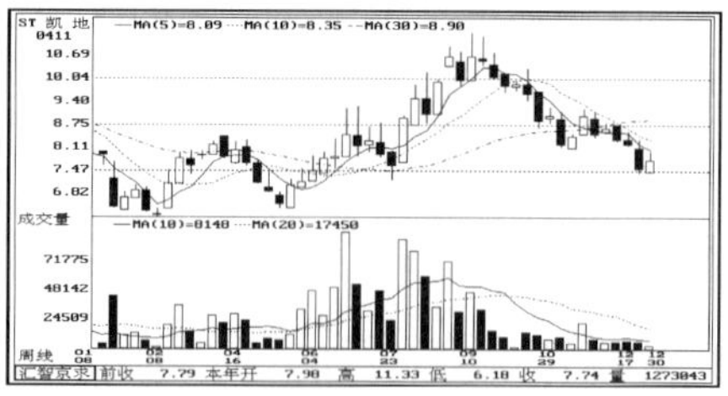

0411　ST 凯地：流通股本 3153 万，主营印染丝绸及服装两大系列产品的生产。9 月 9 日最高价 11.33 元，2 月 8 日最低价 6.18 元。1999 年每股收益 -0.5990 元。回抽确认，面临均线支撑。

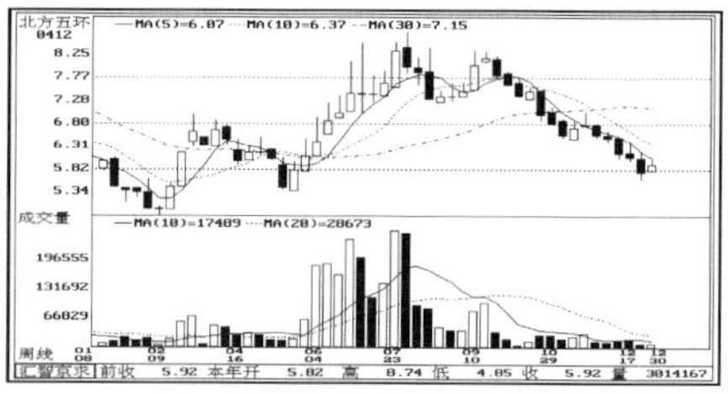

0412　北方五环：流通股本 10632 万，主营体育休闲产品、医疗保健品。7 月 26 日最高价 8.74 元，2 月 9 日最低价 4.85 元。1999 年每股收益 0.1210 元。有获利盘减持迹象，暂不介入。

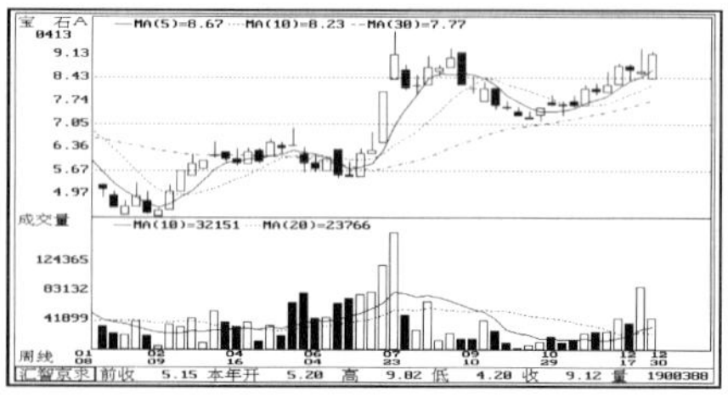

0413　宝石 A：流通股本 4509 万，主营黑白显像管、黑白玻壳的生产与销售。7 月 23 日最高价 9.82 元，2 月 8 日最低价 4.20 元。1999 年每股收益 0.0970 元。继续放量上攻，反抽可介入。

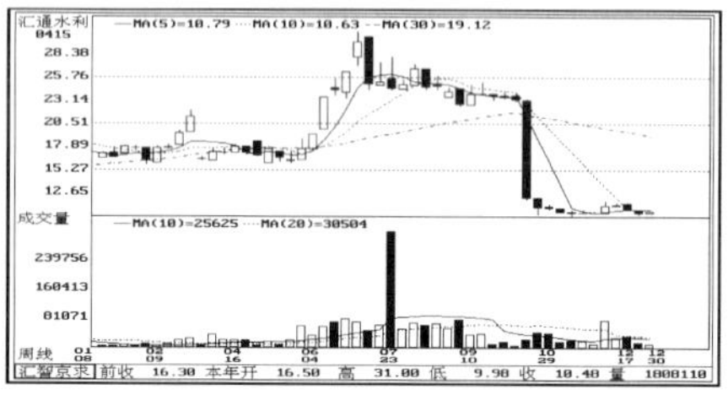

0415　汇通水利：流通股本 9543 万，主营大中型水电站、火车站、水利通讯工程。6 月 29 日最高价 31.00 元，11 月 11 日最低价 9.98 元。1999 年每股收益 0.3010 元。回抽确认，面临均线支撑。

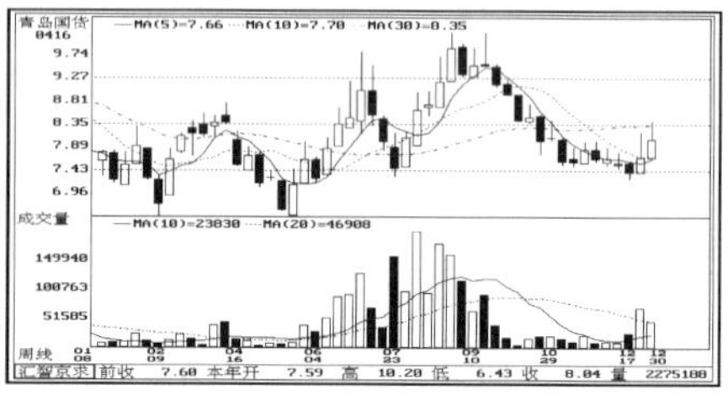

0416　青岛国货：流通股本 6242 万，主营百货、五金交电、音像制品、照明器材。9 月 15 日最高价 10.20 元，5 月 17 日最低价 6.43 元。1999 年每股收益 -0.3620 元。短线有回调补缺口要求。

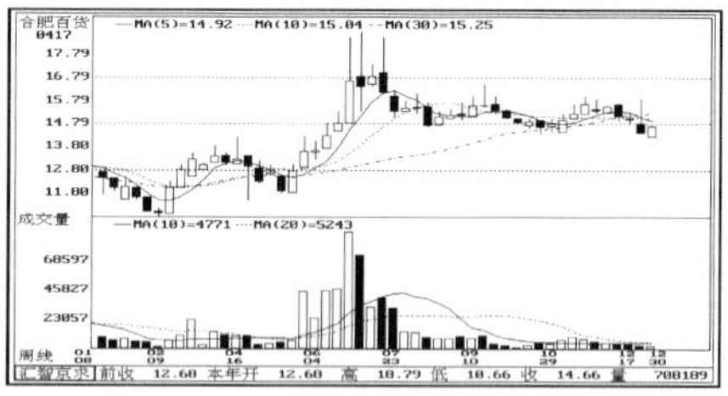

0417　合肥百货：流通股本 2340 万，主营百货、五金交电、化工、针纺织品。6 月 29 日最高价 18.79 元，2 月 8 日最低价 10.66 元。1999 年每股收益 0.5640 元。短线调整未结束，持币。

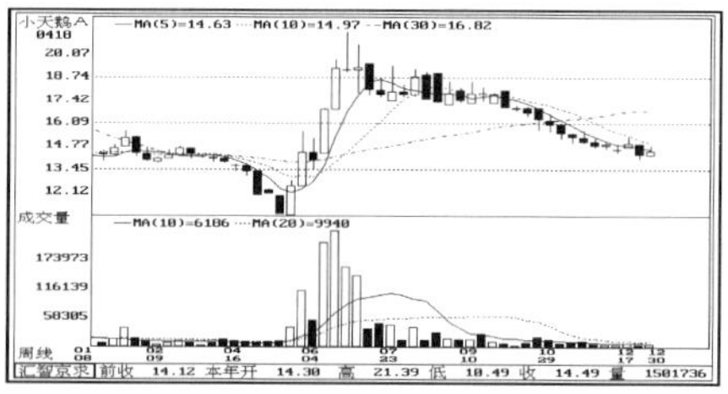

0418　小天鹅 A：流通股本 7200 万，主营家用电器专业。6 月 25 日最高价 21.39 元，5 月 19 日最低价 10.49 元。1999 年每股收益 0.5740 元。小 V 型反转，中线可持。

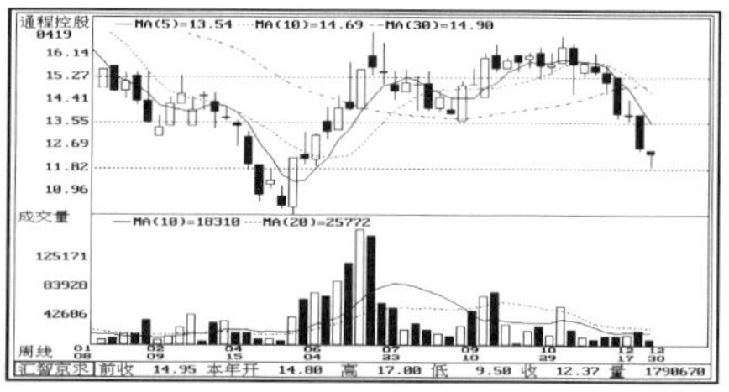

0419　通程控股：流通股本 5850 万，主营日用百货、文体用品、物业管理。7 月 5 日最高价 17.00 元，5 月 18 日最低价 9.50 元。1999 年每股收益 0.2380 元。上行欲望不强，仍有整理。

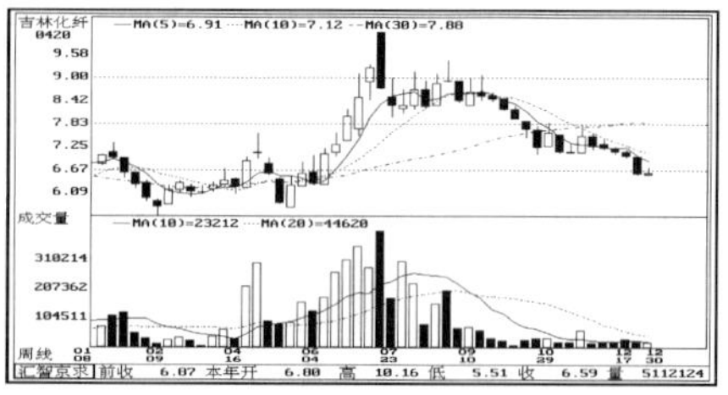

0420　吉林化纤：流通股本 19424 万，主营生产销售粘胶纤维、合成纤维。7 月 12 日最高价 10.16 元，2 月 9 日最低价 5.51 元。1999 年每股收益 0.2770 元。短线有减持迹象，暂不介入。

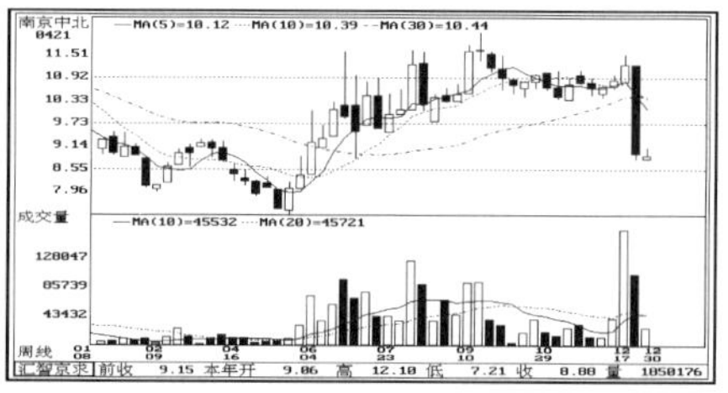

0421　南京中北：流通股本 6208 万，主营客运交通、汽车维修、汽配销售。9 月 13 日最高价 12.10 元，5 月 19 日最低价 7.21 元。1999 年每股收益 0.1380 元。重归 10 日均线下，继续振荡。

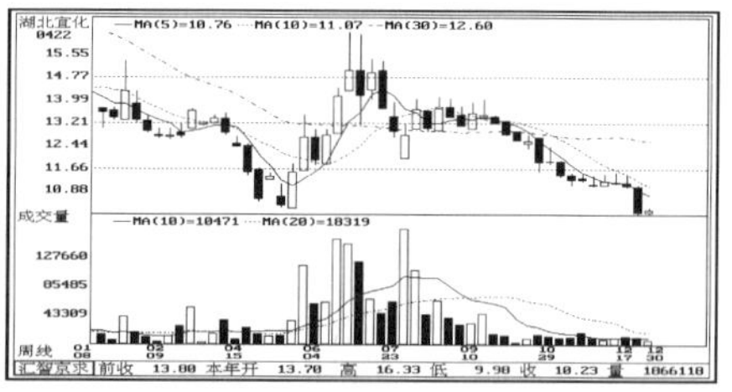

0422　湖北宜化：流通股本 8373 万，主营化肥、化工产品制造、销售。6 月 25 日最高价 16.33 元，12 月 27 日最低价 9.98 元。1999 年每股收益 0.3970 元。振荡收阳，可介入持有。

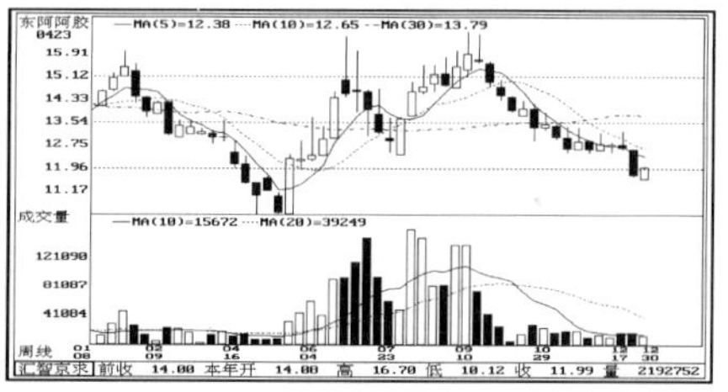

0423　东阿阿胶：流通股本 11800 万，主营生产经营医药、保健品。9 月 10 日最高价 16.70 元，5 月 17 日最低价 10.12 元。1999 年每股收益 0.2630 元。有获利盘减持迹象，暂不介入。

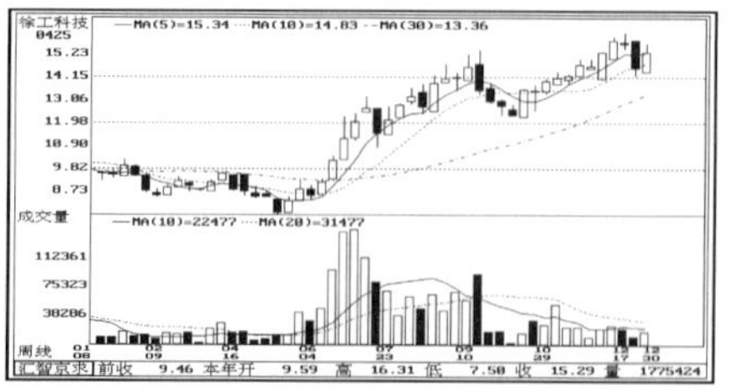

0425　徐工科技：流通股本 12100 万，主营工程、建筑工程机械。12 月 16 日最高价 16.31 元，5 月 17 日最低价 7.50 元。1999 年每股收益 0.2270 元。短线有回调补缺口要求。

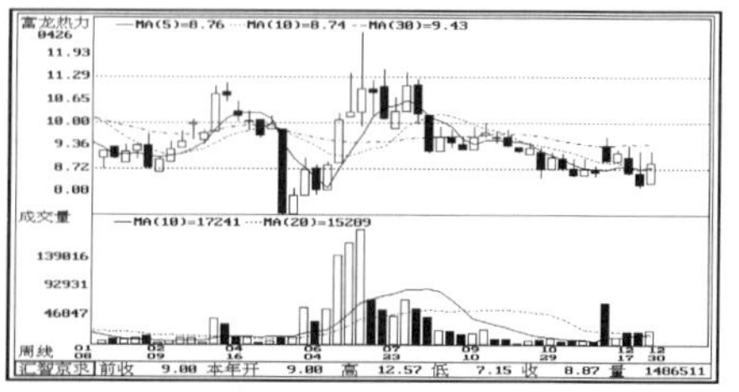

0426　富龙热力：流通股本 5104 万，主营热力、电力产品生产、供气、发电。6 月 30 日最高价 12.57 元，5 月 17 日最低价 7.15 元。1999 年每股收益 0.3710 元。走势不明朗，暂不介入。

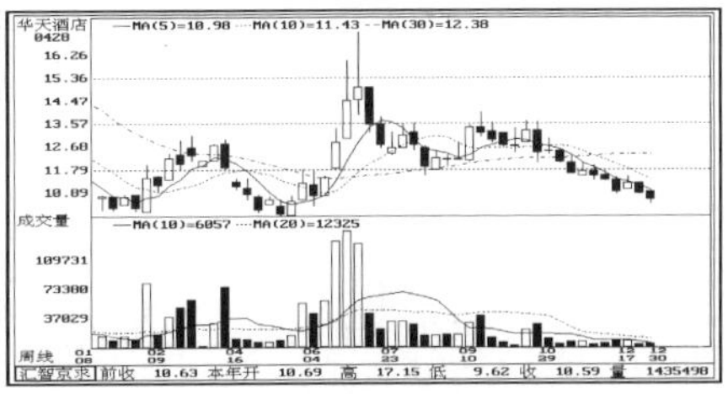

0428　华天酒店：流通股本4680万，主营客房、餐饮、娱乐。6月30日最高价17.15元，5月19日最低价9.62元。1999年每股收益0.2170元。上行欲望不强，仍有整理。

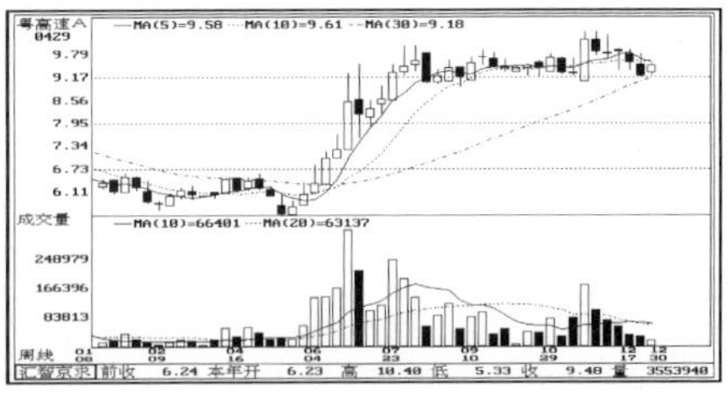

0429　粤高速A：流通股本10000万，主营高速公路、汽车专用公路。11月23日最高价10.40元，5月17日最低价5.33元。1999年每股收益0.3800元。短线调整未结束，持币。

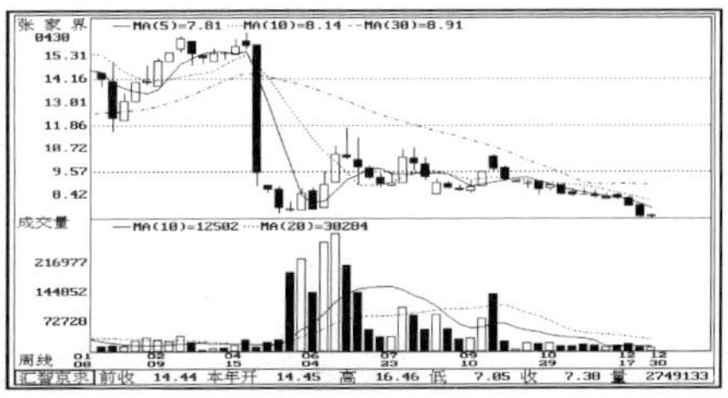

0430　张家界：流通股本7436万，主营旅游资源开发、旅游基础建设。4月21日最高价16.46元，12月28日最低价7.05元。1999年每股收益0.0080元。中线已趋淡，趁反弹减磅。

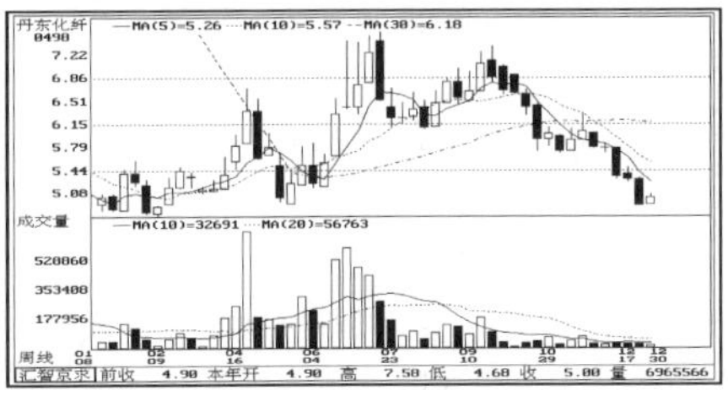

0498　丹东化纤：流通股本17400万，主营粘胶短纤维、长丝、涤纶长线、短丝。7月12日最高价7.58元，2月8日最低价4.68元。1999年每股收益0.0920元。上行欲望不强，仍有整理。

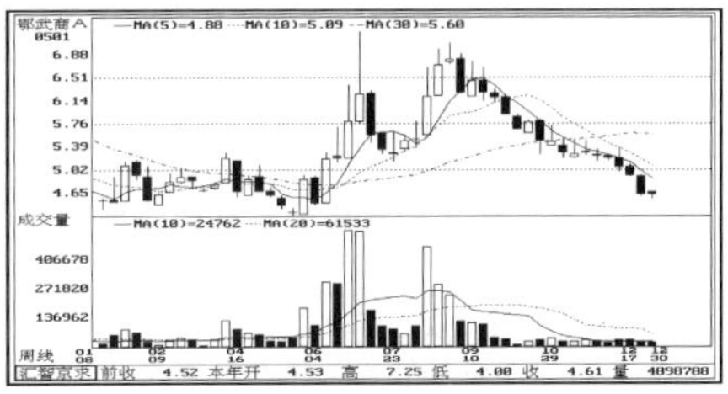

0501　鄂武商A：流通股本20252万，主营制衣、快餐、房地产、游乐中心。6月30日最高价7.25元，5月17日最低价4.00元。1999年每股收益0.0600元。筑底回升走势，持股观望。

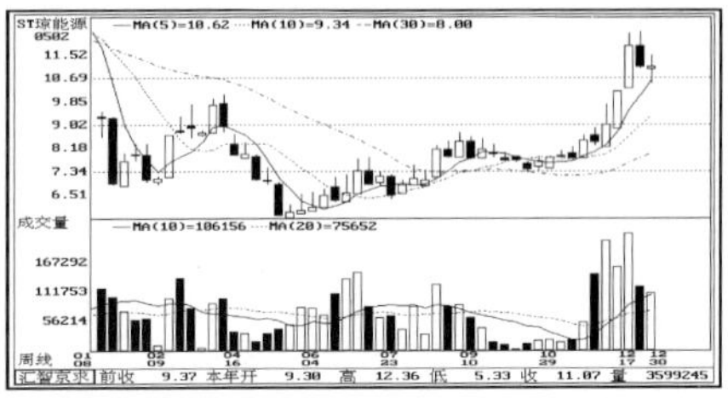

0502　ST琼能源：流通股本5715万，主营房地产开发、旅游业、商业贸易。12月23日最高价12.36元，5月18日最低价5.33元。1999年每股收益0.2370元。回抽确认，面临均线支撑。

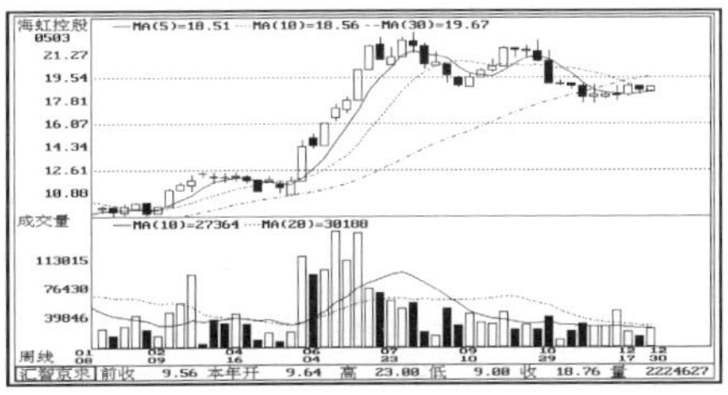

0503　海虹控股：流通股本6976万，主营资产管理、投资策划咨询服务。8月6日最高价23.00元，1月21日最低价9.00元。1999年每股收益0.4090元。指标背离，不宜追涨。

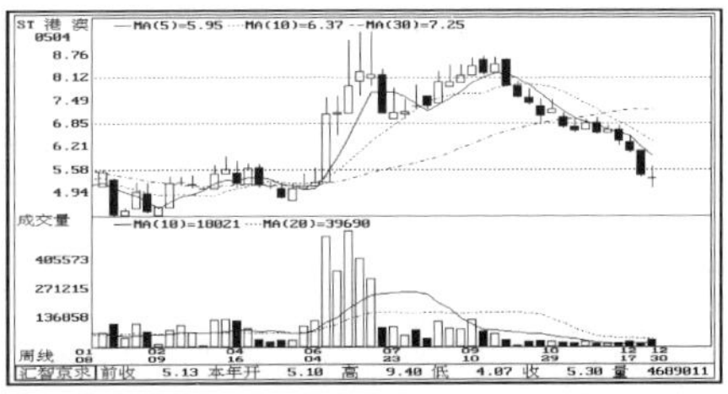

0504　ST港澳：流通股本8617万，主营房地产开发、旅游酒店经营。6月29日最高价9.40元，1月18日最低价4.07元。1999年每股收益-0.1800元。短线有一定的压力，正在调整。

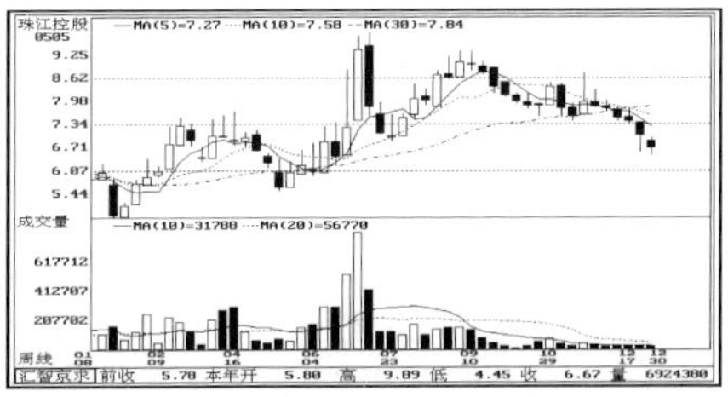

0505　珠江控股：流通股本11341万，主营房地产、旅游业、工业。7月5日最高价9.89元，1月18日最低价4.45元。1999年每股收益0.0700元。需继续在低位震荡筑底。

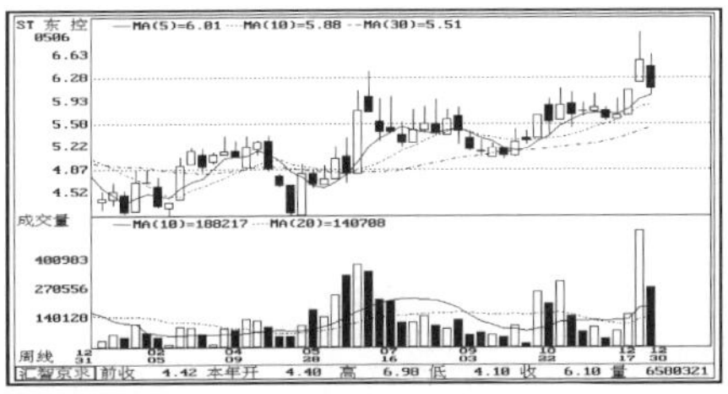

0506　ST东控：流通股本14425万，主营制盐、制碱、水泥。12月24日最高价6.98元，5月17日最低价4.10元。1999年每股收益0.0970元。走势不明朗，暂不介入。

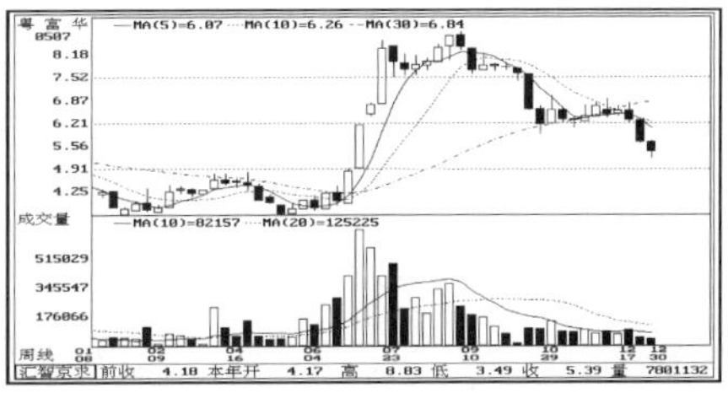

0507　粤富华：流通股本19556万，主营港口交通运输及房地产开发。9月1日最高价8.83元，1月18日最低价3.49元。1999年每股收益0.1180元。短线已见底，反弹空间仍存。

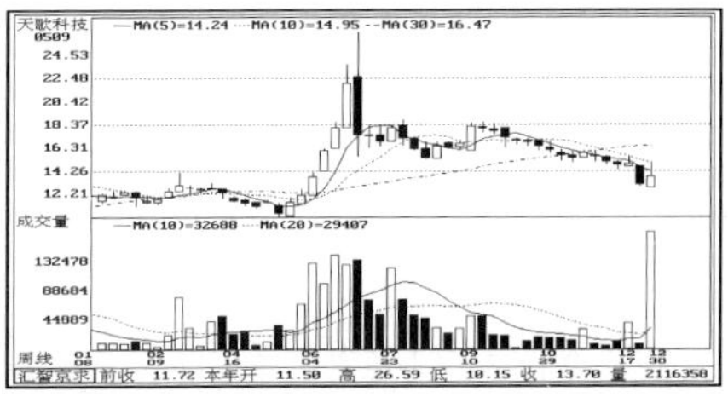

0509　天歌科技：流通股本11608万，主营羽绒、羽毛制品、服装、粮食加工。6月30日最高价26.59元，5月14日最低价10.15元。1999年每股收益0.1300元。成交不断放大，短线有冲高机会。

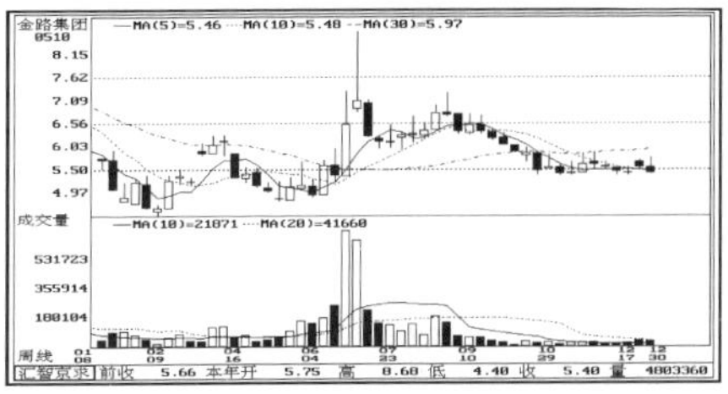

0510　金路集团：流通股本19319万，主营氯碱化工产品、钾碱、烧碱。6月30日最高价8.68元，2月8日最低价4.40元。1999年每股收益0.0070元。整理走势，短线有一定压力。

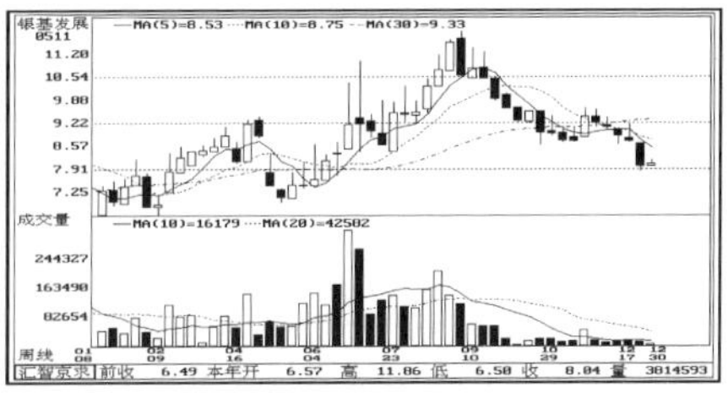

0511　银基发展：流通股本8200万，主营旅游服务、餐饮娱乐等。8月30日最高价11.86元，2月8日最低价6.50元。1999年每股收益0.1780元。上行欲望不强，仍有整理。

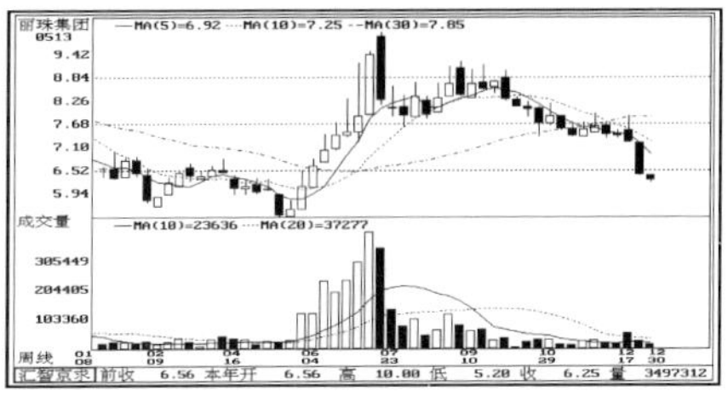

0513　丽珠集团：流通股本21089万，主营医药产品生产、研制、销售。7月12日最高价10.00元，5月19日最低价5.20元。1999年每股收益0.0050元。有获利盘减持迹象，暂不介入。

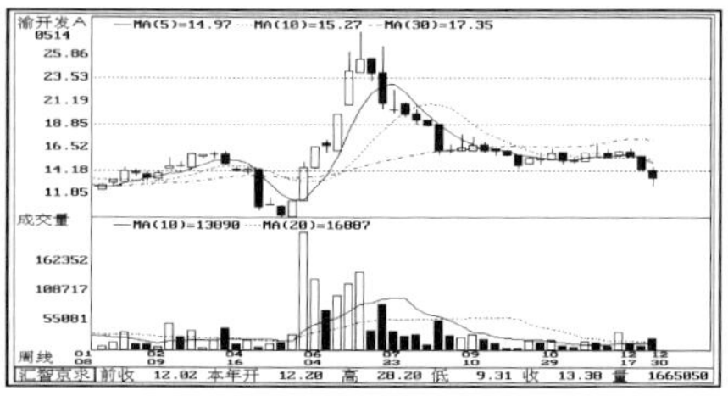

0514　渝开发 A：流通股本 4324 万，主营房地产开发。6 月 29 日最高价 28.20 元，5 月 17 日最低价 9.31 元。1999 年每股收益 0.1040 元。长期调整充分，有望曲折向上。

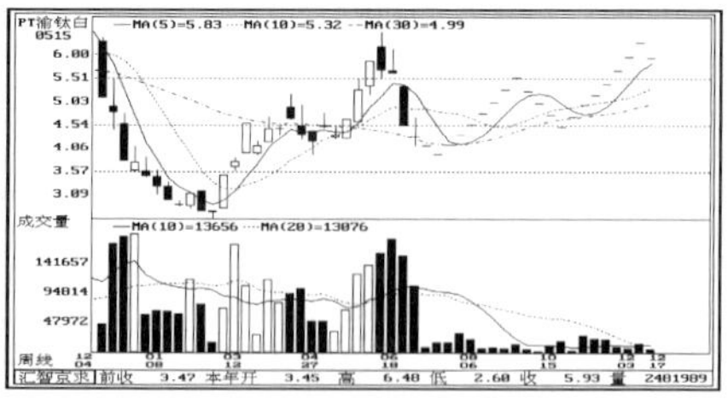

0515　PT 渝钛白：流通股本 5543 万，主营钛白粉、工业硫酸和硫酸二甲酯。6 月 9 日最高价 6.48 元，2 月 9 日最低价 2.60 元。1999 年每股收益 -1.1900 元。走势未明，后市关注。

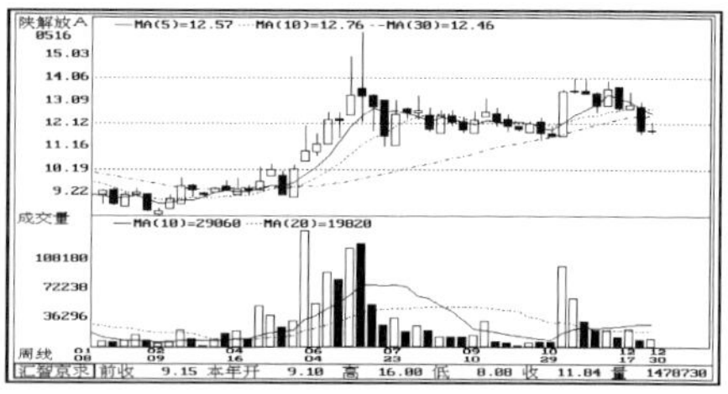

0516　陕解放 A：流通股本 3342 万，主营百货的零售与批发。6 月 30 日最高价 16.00 元，2 月 8 日最低价 8.08 元。1999 年每股收益 0.2200 元。上行欲望不强，仍有整理。

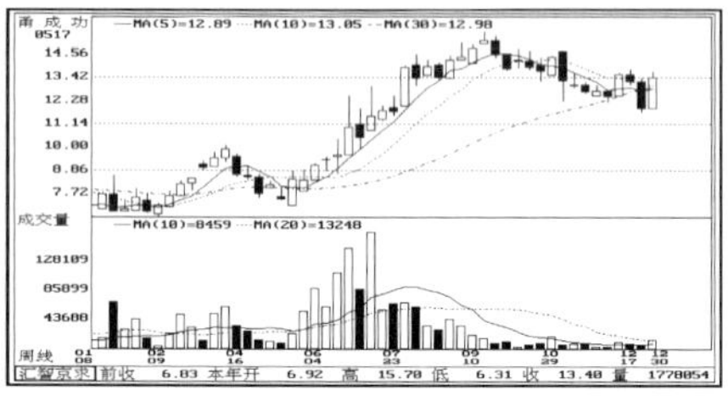

0517　甬成功：流通股本 2780 万，主营通信设备和网络产品的开发、生产、销售、系统集成。5 月 14 日最高价 13.08 元，9 月 23 日最低价 5.66 元。1999 年每股收益 0.3230 元。延续上攻行情，仍可持股。

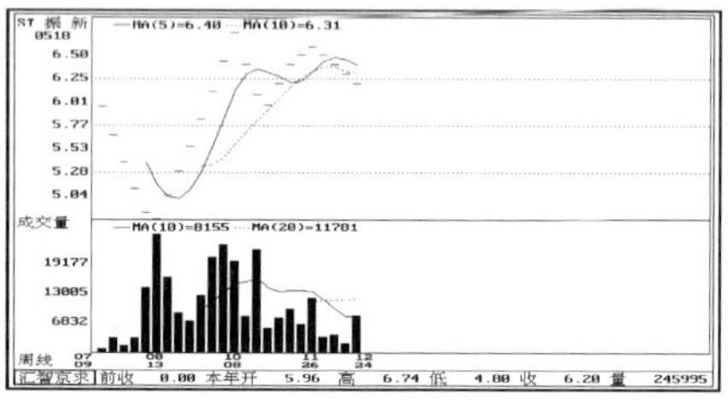

0518　ST 振新：流通股本 7590 万，主营纺织品、化纤产品等。10 月 8 日最高价 6.74 元，8 月 13 日最低价 4.80 元。1999 年每股收益 0.2900 元。走势未明，后市关注。

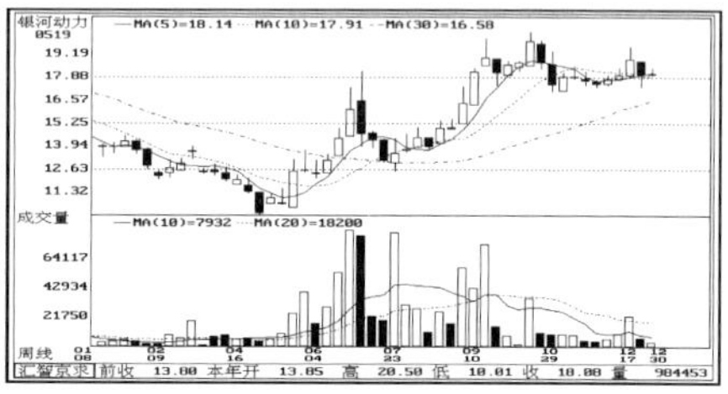

0519　银河动力：流通股本 5000 万，主营各型内燃机的关键基础件、气缸套、铝活塞的生产与销售。10 月 15 日最高价 20.50 元，4 月 27 日最低价 10.01 元。1999 年每股收益 0.2300 元。有获利盘减持迹象，暂不介入。

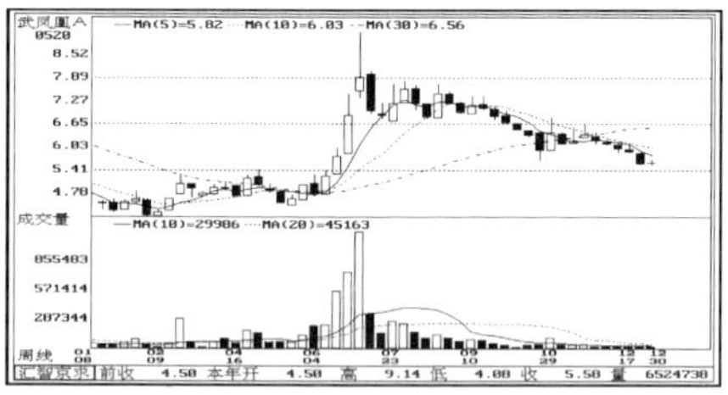

0520　武凤凰 A：流通股本 26356 万，主营石化产品及其原材料。6 月 30 日最高价 9.14 元，1 月 18 日最低价 4.08 元。1999 年每股收益 0.2000 元。低位箱形整理，无成交量配合。

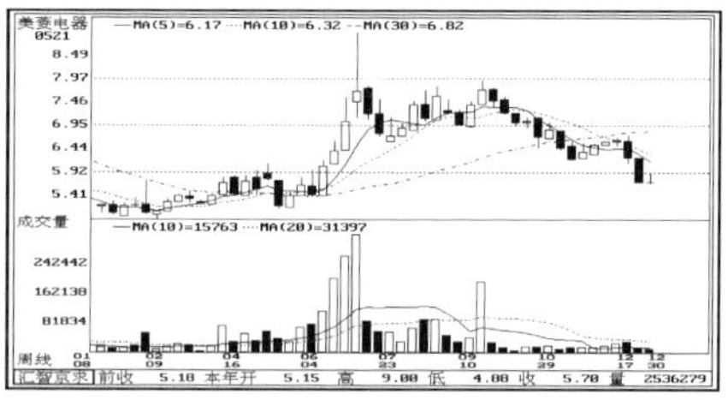

0521　美菱电器：流通股本 13800 万，主营设计、开发、制造及销售家用电器。6 月 30 日最高价 9.00 元，1 月 5 日最低价 4.88 元。1999 年每股收益 0.1650 元。中线已趋淡，趁反弹减磅。

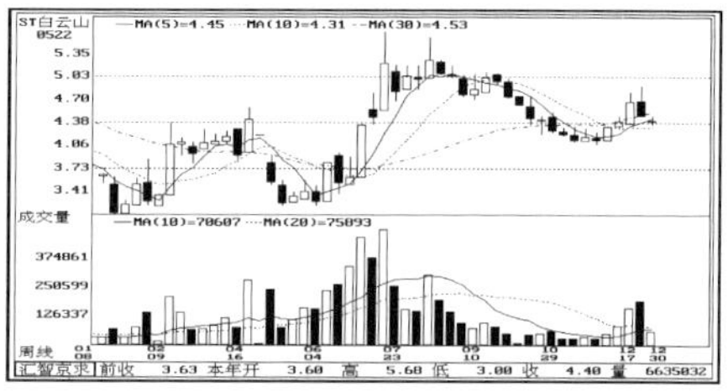

0522　ST 白云山：流通股本 15028 万，主营医药及相关业务。7 月 16 日最高价 5.68 元，1 月 18 日最低价 3.00 元。1999 年每股收益 0.1500 元。反弹失败，后市仍有整理。

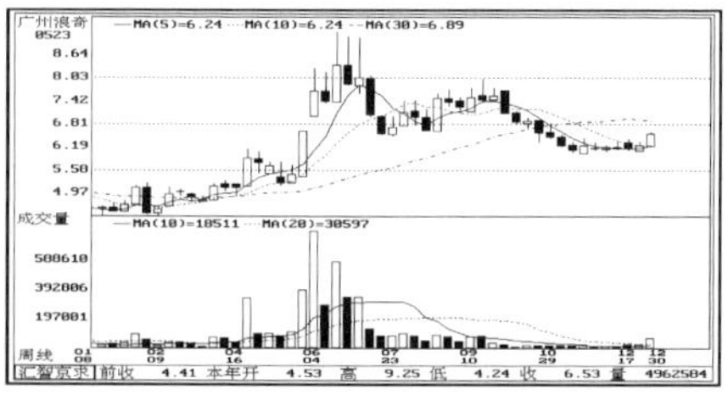

0523　广州浪奇：流通股本 9413 万，主营洗涤用品、工业清洁剂等。6 月 17 日最高价 9.25 元，1 月 5 日最低价 4.24 元。1999 年每股收益 0.0900 元。走势不明朗，暂不介入。

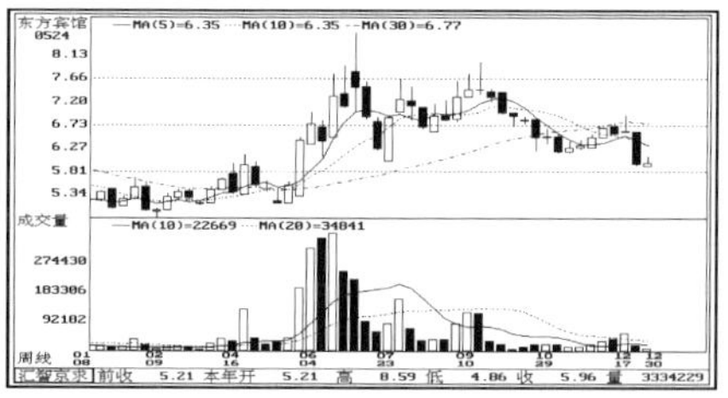

0524　东方宾馆：流通股本 9898 万，主营酒店、场地出租及旅游业务。6 月 30 日最高价 8.59 元，2 月 8 日最低价 4.86 元。1999 年每股收益 0.0900 元。有获利盘减持迹象，暂不介入。

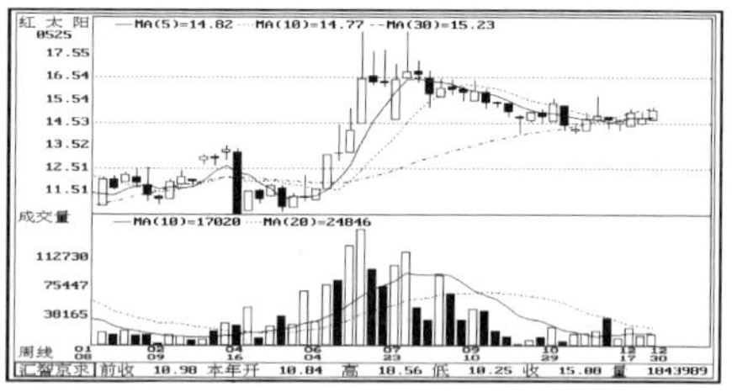

0525　红太阳：流通股本 6086 万，主营制造、销售油漆、涂料。6 月 30 日最高价 18.56 元，5 月 24 日最低价 10.25 元。1999 年每股收益 0.3730 元。小 V 型反转，中线可持。

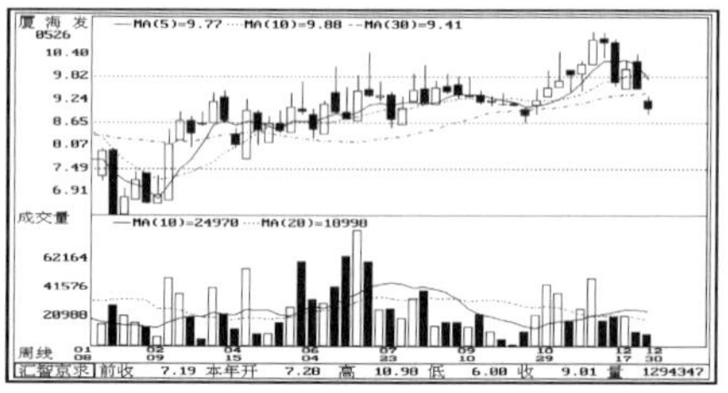

0526　厦海发：流通股本 2283 万，主营海水动物捕捞及养殖加工等。11 月 26 日最高价 10.98 元，1 月 18 日最低价 6.00 元。1999 年每股收益 0.1120 元。成交淡静，短线压力需消化。

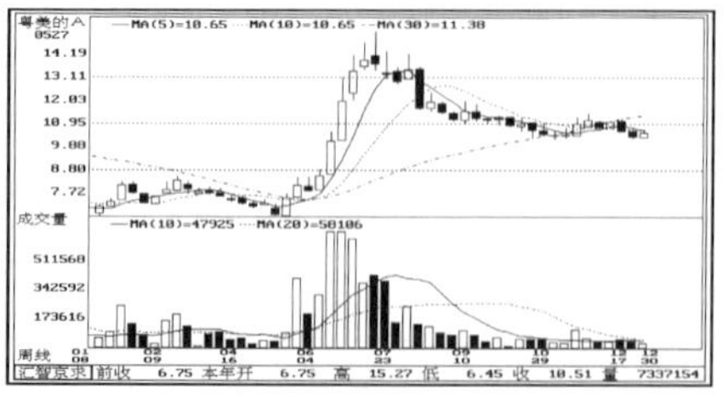

0527　粤美的 A：流通股本 29155 万，主营家用电器的制造和销售。7 月 16 日最高价 15.27 元，1 月 5 日最低价 6.45 元。1999 年每股收益 0.6100 元。走势未明，后市关注。

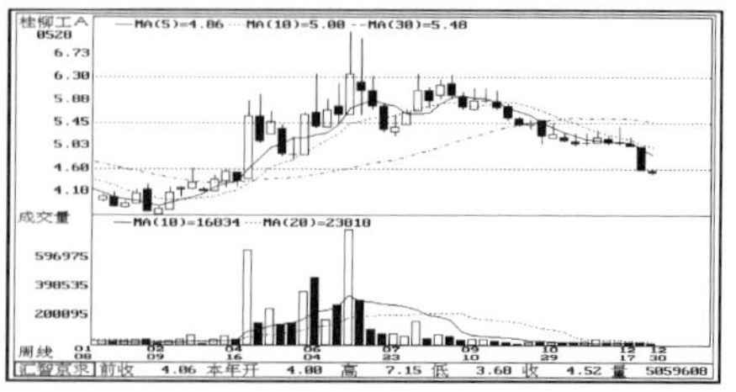

0528　桂柳工 A：流通股本 10873 万，主营装载机、挖掘机、推土机及配件的生产、销售。6 月 24 日最高价 7.15 元，1 月 18 日最低价 3.68 元。1999 年每股收益 0.0080 元。回抽确认，面临均线支撑。

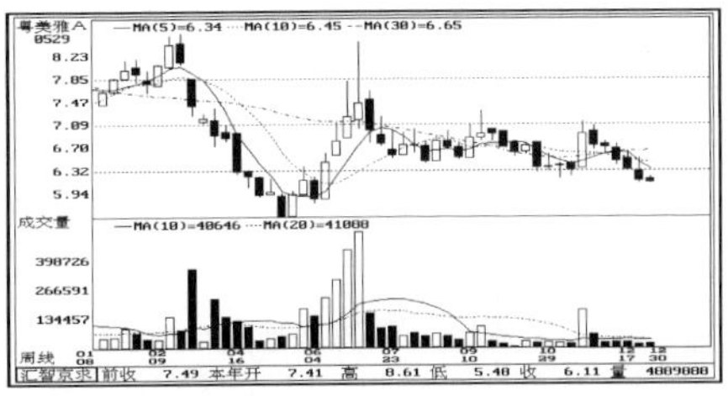

0529 粤美雅A:流通股本21605万,主营拉舍尔毛毯及纺织业务。3月8日最高价8.61元,5月18日最低价5.48元。1999年每股收益-0.7500元。有获利盘减持迹象,暂不介入。

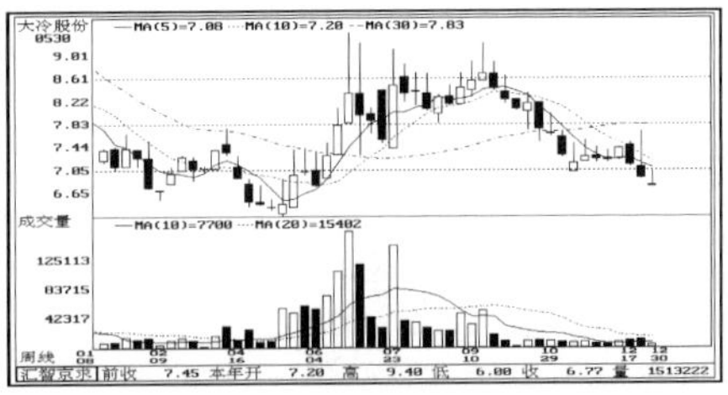

0530 大冷股份:流通股本9800万,主营热力、制冷设备及配套业务。6月25日最高价9.40元,5月10日最低价6.00元。1999年每股收益0.2030元。回抽确认,面临均线支撑。

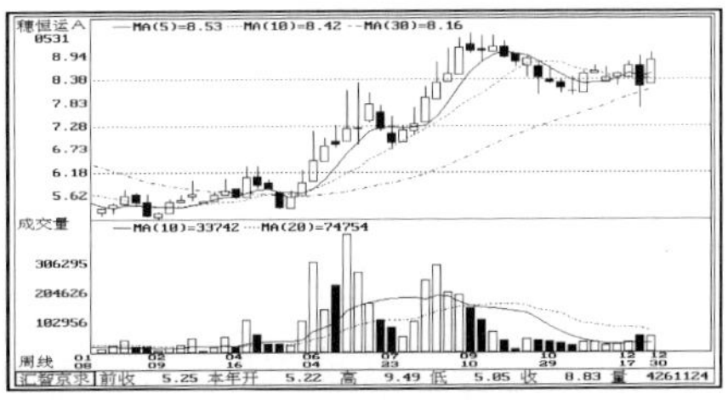

0531 穗恒运A:流通股本10779万,主营电力生产。9月10日最高价9.49元,2月8日最低价5.05元。1999年每股收益0.2580元。走势不明朗,暂不介入。

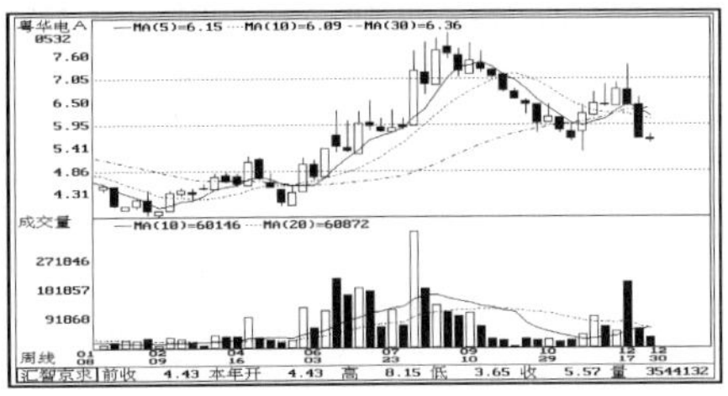

0532 粤华电A:流通股本9400万,主营电力生产及相关设备。8月24日最高价8.15元,1月18日最低价3.65元。1999年每股收益0.0090元。回抽确认,面临均线支撑。

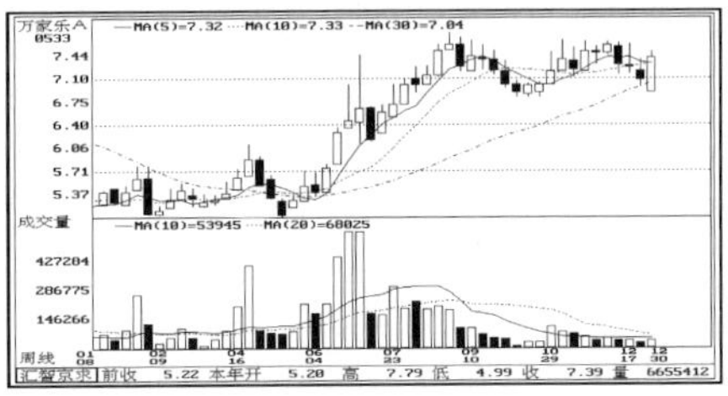

0533 万家乐A:流通股本20371万,主营特种变压器、燃气用具等的生产和销售。8月24日最高价7.79元,2月8日最低价4.99元。1999年每股收益0.2700元。主力高位护盘,但不宜介入。

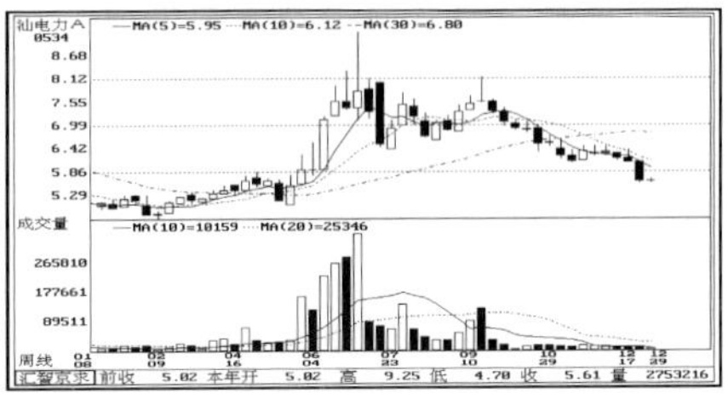

0534 汕电力A:流通股本8820万,主营电力建设、电力供应、蒸汽热供应。6月30日最高价9.25元,2月8日最低价4.70元。1999年每股收益0.0180元。走势未明,后市关注。

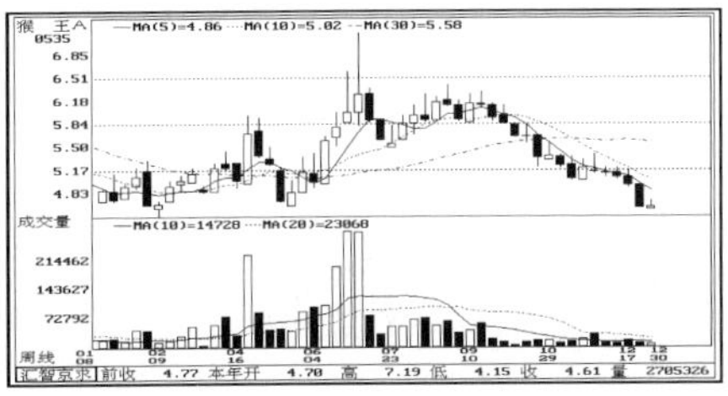

0535 猴王A:流通股本17000万,主营焊接材料及设备。6月30日最高价7.19元,1月5日最低价4.15元。1999年每股收益-0.2200元。低位箱形整理,无成交量配合。

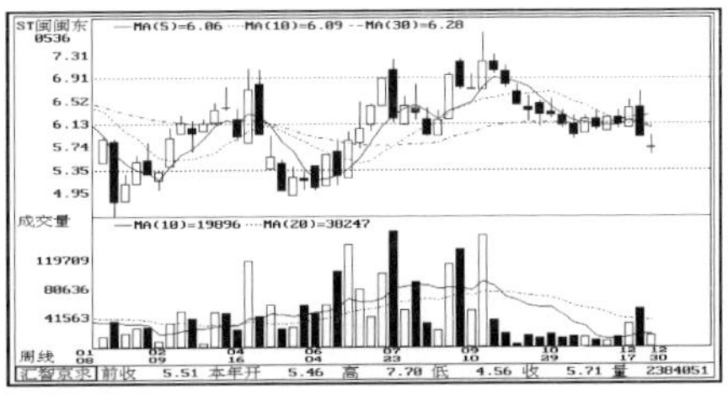

0536 ST闽闽东:流通股本4257万,主营电机系列产品、家电、医疗器械产品。9月16日最高价7.70元,1月15日最低价4.56元。1999年每股收益-0.4200元。均线反压,短线趋势仍淡。

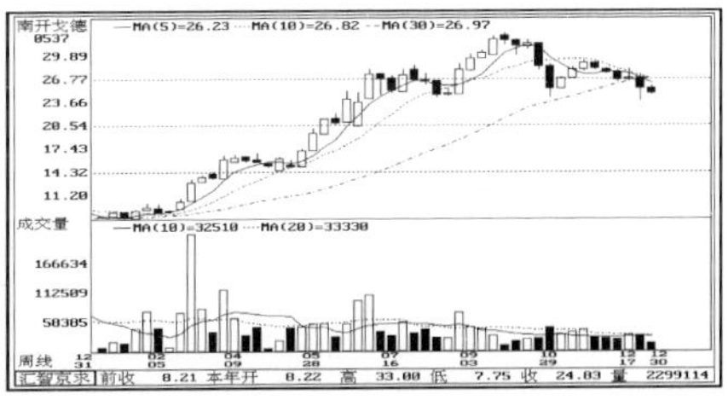

0537 南开戈德:流通股本7240万,主营国内贸易、软件技术的开发、销售;计算机相关产品的生产和销售。9月20日最高价33.00元,1月18日最低价7.75元。1999年每股收益0.4830元。均线反压,短线趋势仍淡。

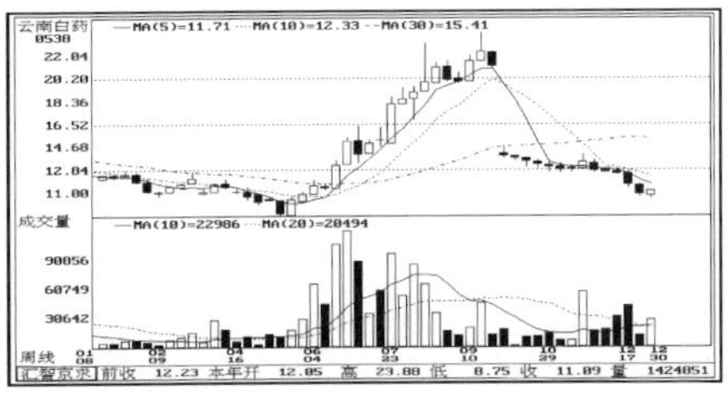

0538 云南白药:流通股本5800万,主营中西药品、保健饮品、生物制品。9月16日最高价23.88元,5月18日最低价8.75元。1999年每股收益0.1800元。延续上攻行情,暂宜持币观望。

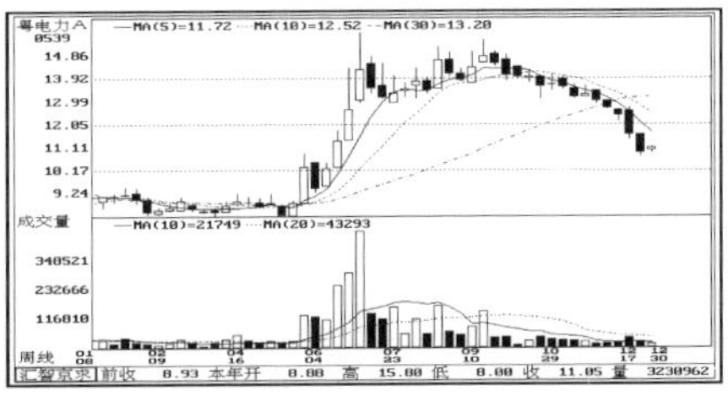

0539 粤电力A:流通股本15374万,主营建设、经营电站输变电工程。6月30日最高价15.80元,5月18日最低价8.00元。1999年每股收益0.6480元。回抽确认,面临均线支撑。

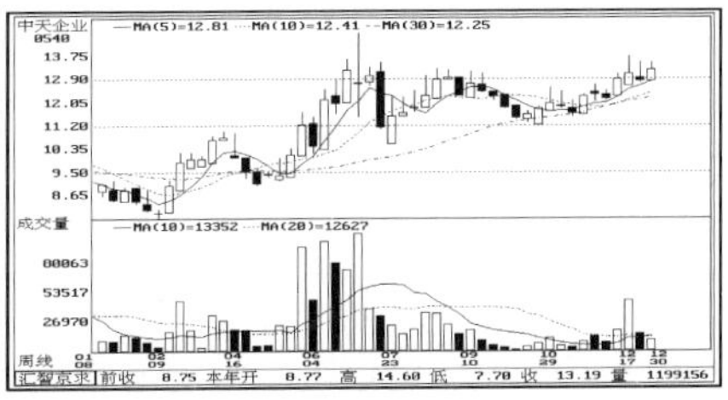

0540 中天企业:流通股本12561万,主营房地产开发、有线电视工程设计。6月29日最高价14.60元,2月8日最低价7.70元。1999年每股收益0.2900元。走势不明朗,暂不介入。

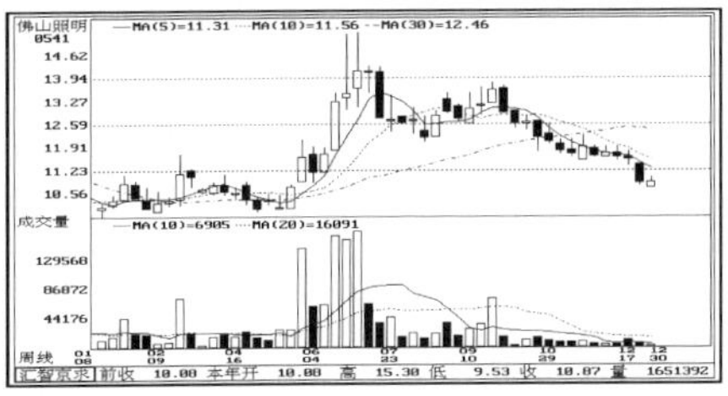

0541 佛山照明:流通股本9184万,主营普通灯泡、钨灯、高压钠灯。6月29日最高价15.30元,1月5日最低价9.53元。1999年每股收益0.5740元。短线大幅震仓,仍可持股。

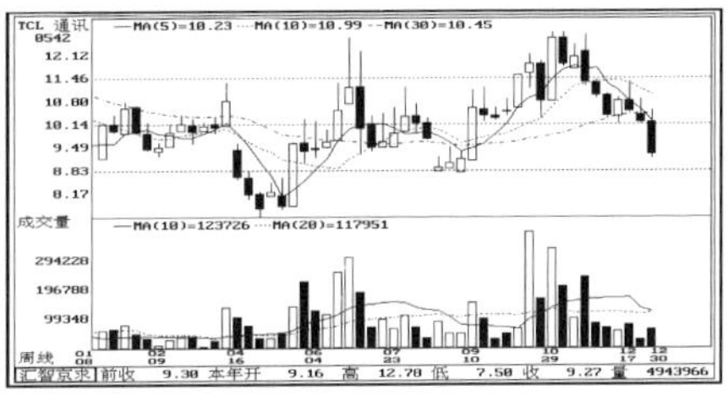

0542 TCL通讯:流通股本8145万,主营生产、经营通讯产品及设备。11月1日最高价12.78元,4月26日最低价7.50元。1999年每股收益-0.9560元。需继续在低位震荡筑底。

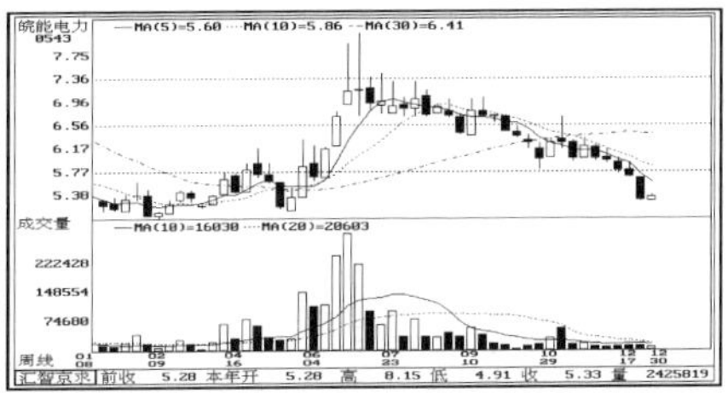

0543 皖能电力:流通股本13013万,主营电力、节能及相关项目投资。6月30日最高价8.15元,2月8日最低价4.91元。1999年每股收益0.2365元。筑底回升走势,持股观望。

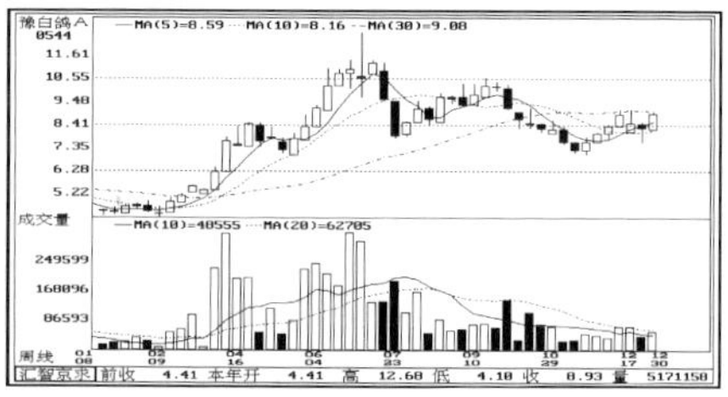

0544 豫白鸽A：流通股本10519万，主营磨料磨具生产、销售。6月29日最高价12.68元，1月7日最低价4.10元。1999年每股收益-0.3000元。长期调整充分，小V型反转。

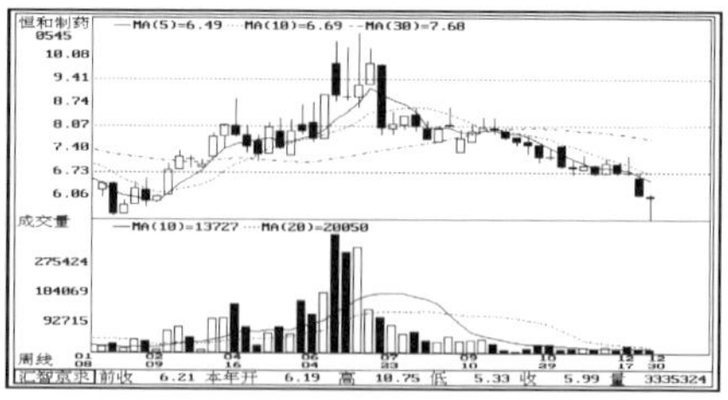

0545 恒和制药：流通股本6802万，主营原料药、医药中间体、中西药制剂。6月30日最高价10.75元，1月18日最低价5.33元。1999年每股收益-0.7300元。上行欲望不强，仍有整理。

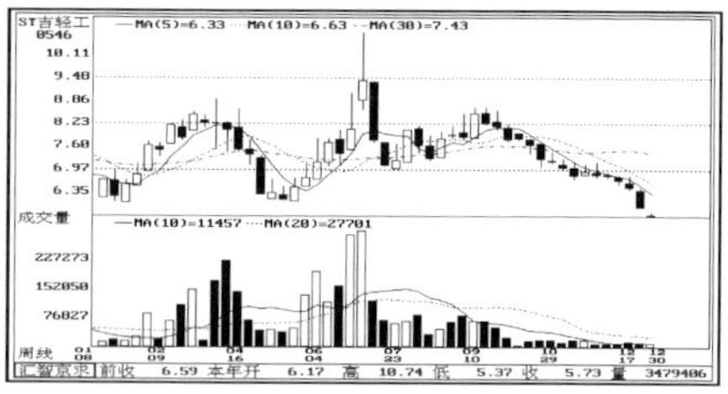

0546 ST吉轻工：流通股本6774万，主营不锈钢制品、核辐照技术开发与应用。6月30日最高价10.74元，12月28日最低价5.37元。1999年每股收益-0.9970元。成交淡静，短线压力需消化。

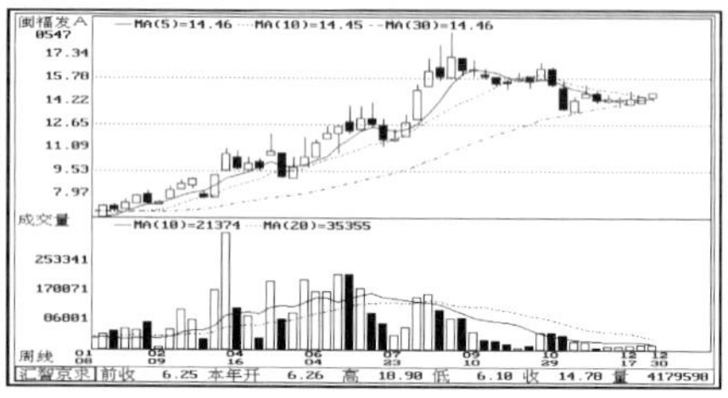

0547 闽福发A：流通股本7400万，主营发电设备及配件的制造与销售。8月27日最高价18.90元，1月4日最低价6.10元。1999年每股收益0.5190元。短线仍有上攻潜力，仍可持股。

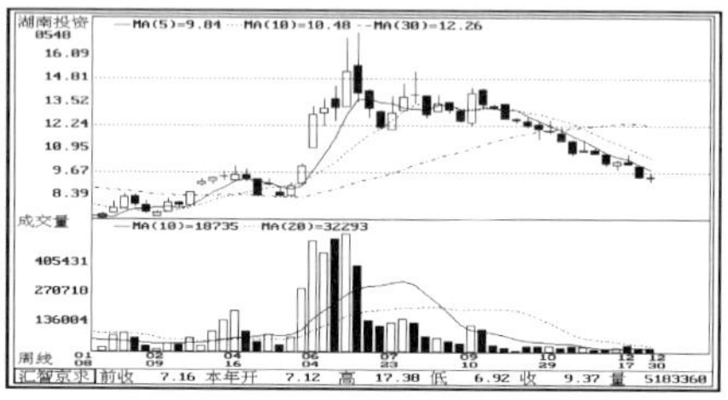

0548 湖南投资：流通股本12383万，主营城市基础建设、网络产品开发。6月30日最高价17.38元，1月5日最低价6.92元。1999年每股收益0.2160元。有获利盘减持迹象，暂不介入。

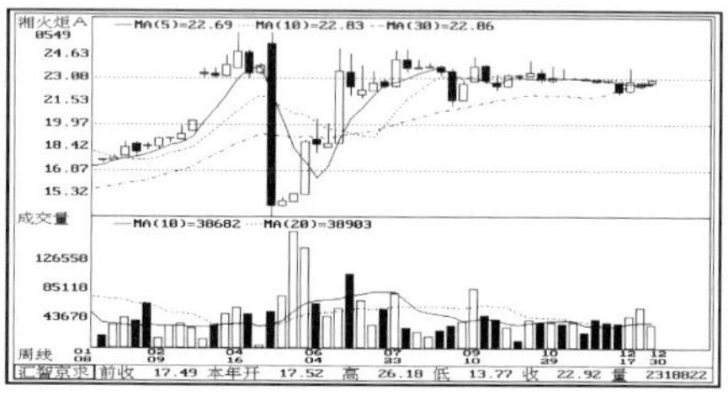

0549 湘火炬A：流通股本12791万，主营火花塞、电热塞机械密封件。4月14日最高价26.18元，5月7日最低价13.77元。1999年每股收益0.2580元。底部重心抬高，可适量介入。

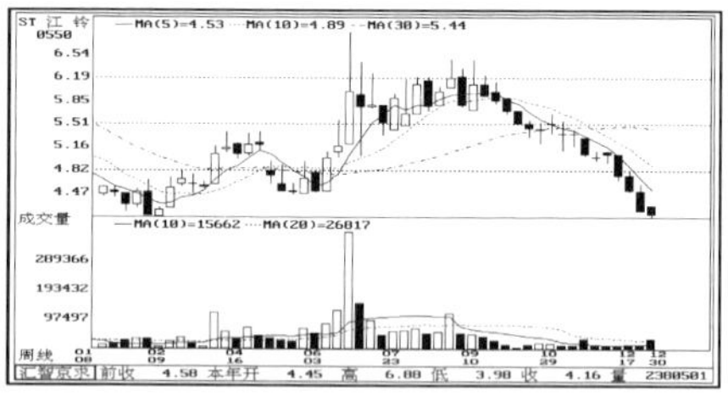

0550 ST江铃：流通股本11760万，主营汽车总成、零部件、发动机。6月24日最高价6.88元，12月29日最低价3.98元。1999年每股收益0.0000元。低位箱形整理，无成交量配合。

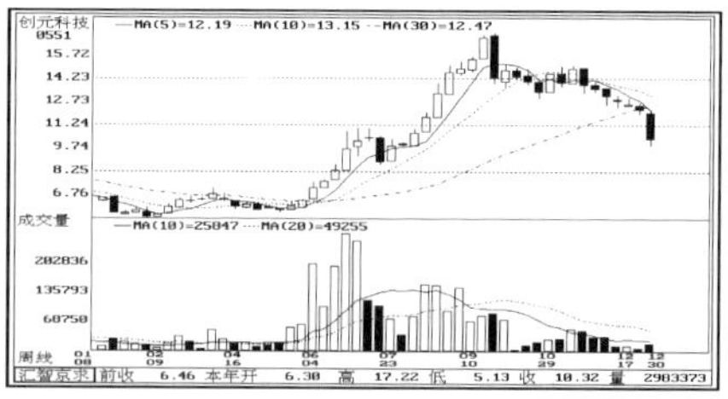

0551 创元科技：流通股本11039万，主营商业贸易、电度表和轴承等生产、销售。9月20日最高价17.22元，1月18日最低价5.13元。1999年每股收益0.2000元。上行欲望不强，仍有整理。

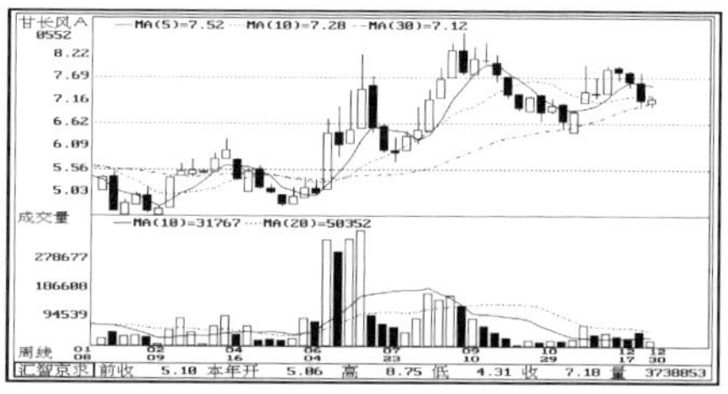

0552 甘长风A：流通股本6676万，主营家用电器、视像产品。8月30日最高价8.75元，1月18日最低价4.31元。1999年每股收益0.0900元。上行欲望不强，仍有整理。

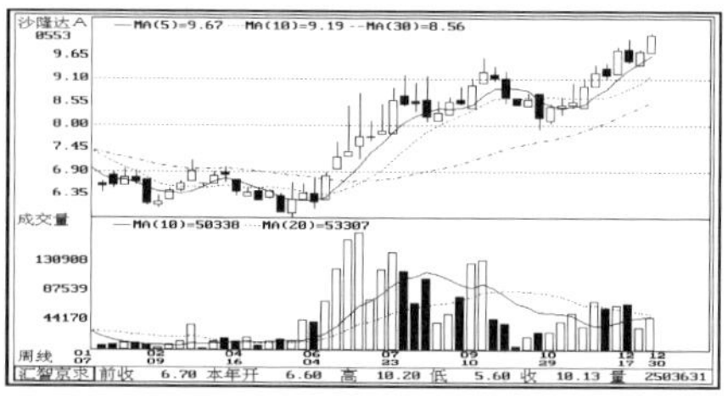

0553 沙隆达A：流通股本9180万，主营农药、化工产品、医药。12月30日最高价10.20元，5月18日最低价5.60元。1999年每股收益0.2100元。短线有回调补缺口要求。

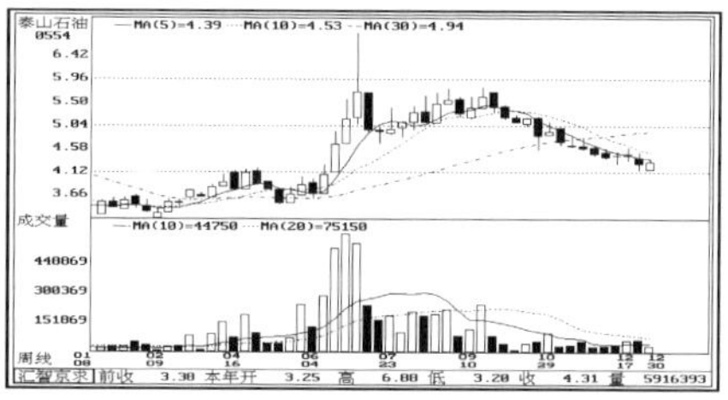

0554 泰山石油：流通股本19656万，主营石油产品的购销及房地产开发。6月30日最高价6.88元，2月9日最低价3.20元。1999年每股收益0.0920元。走势不明朗，暂不介入。

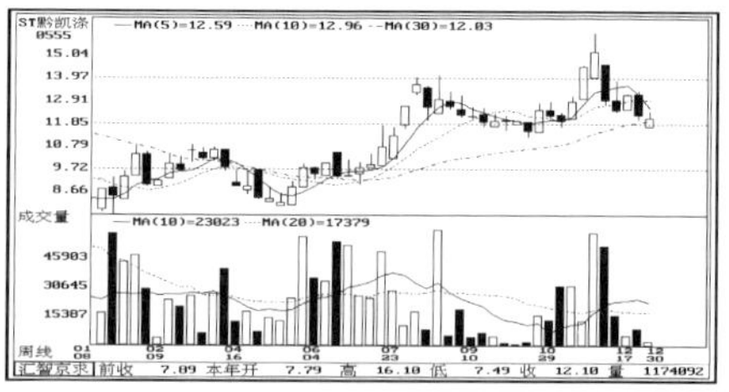

0555 ST黔凯涤：流通股本2187万，主营涤纶长丝系列产品、织物印染。11月25日最高价16.10元，1月5日最低价7.49元。1999年每股收益-0.1400元。有获利盘减持迹象，暂不介入。

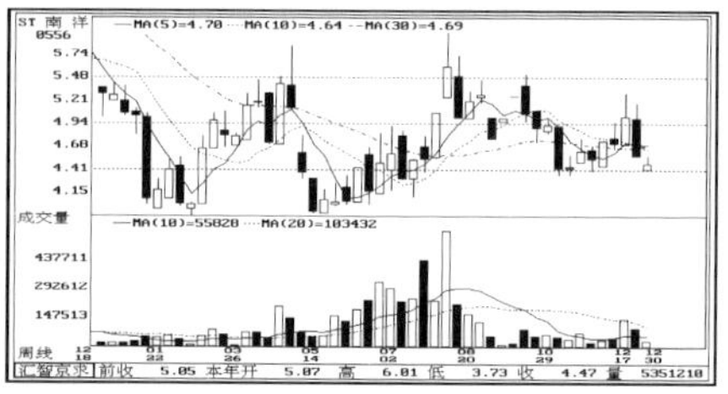

0556 ST南洋：流通股本11571万，主营海上运输、船务、货运代理。8月6日最高价6.01元，1月18日最低价3.73元。1999年每股收益-1.1500元。上行欲望不强，仍有整理。

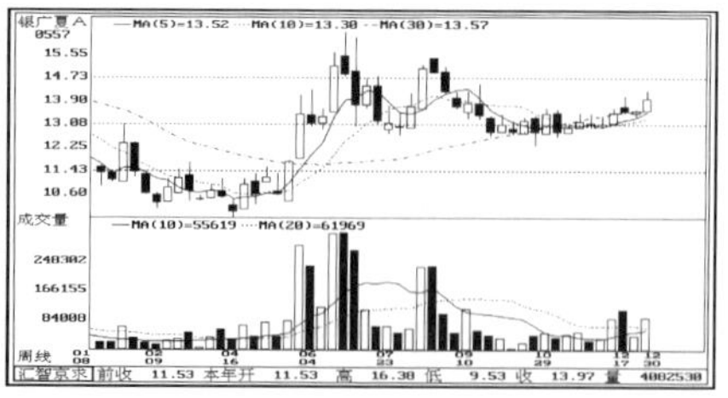

0557 银广夏A：流通股本28100万，主营资源开发、农产品及中草药萃取。6月25日最高价16.38元，4月22日最低价9.53元。1999年每股收益0.2550元。短线有回调补缺口要求。

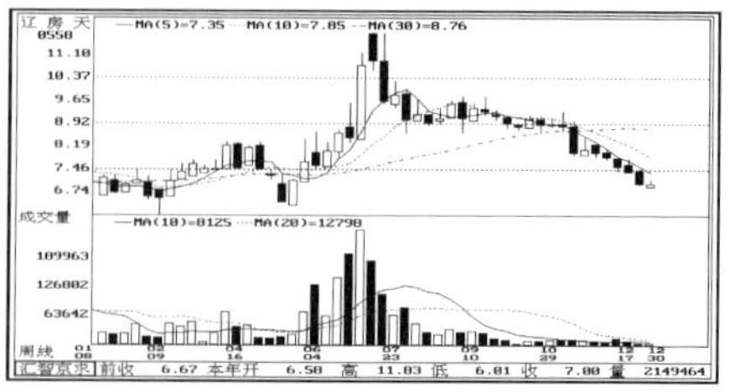

0558 辽房天：流通股本5041万，主营城市物业管理、供热供水、旧城改造。7月5日最高价11.83元，2月9日最低价6.01元。1999年每股收益0.0900元。回抽确认，面临均线支撑。

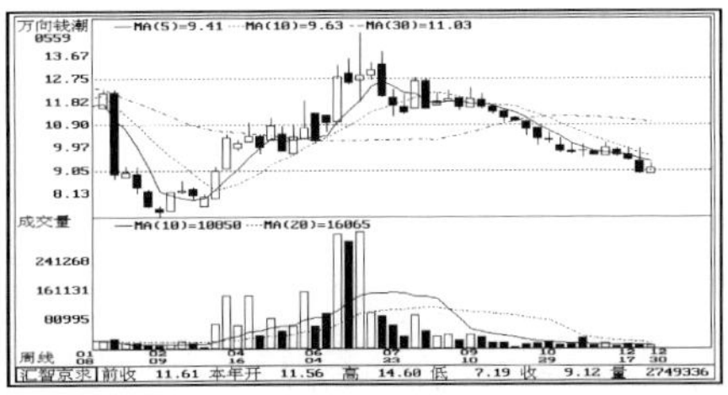

0559　万向钱潮:流通股本 8833 万,主营汽车零部件及总成、摩托车零附件。6 月 30 日最高价 14.60 元,2 月 8 日最低价 7.19 元。1999 年每股收益 0.4120 元。上行欲望不强,仍有整理。

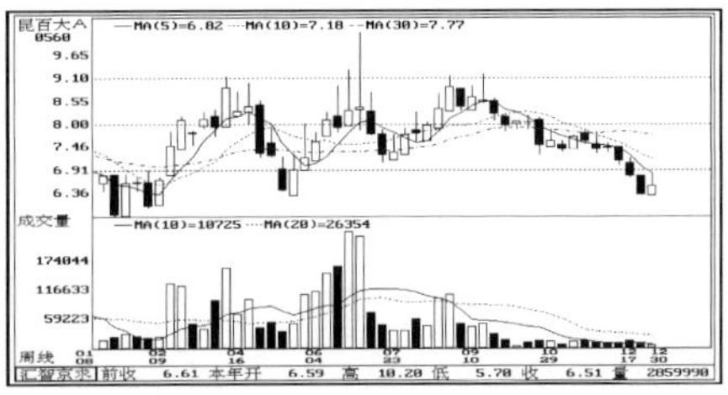

0560　昆百大 A:流通股本 6240 万,主营百货、针纺织品、五金交电、化工原料。6 月 30 日最高价 10.20 元,1 月 18 日最低价 5.70 元。1999 年每股收益 0.0100 元。高位大幅震仓,可持股不动。

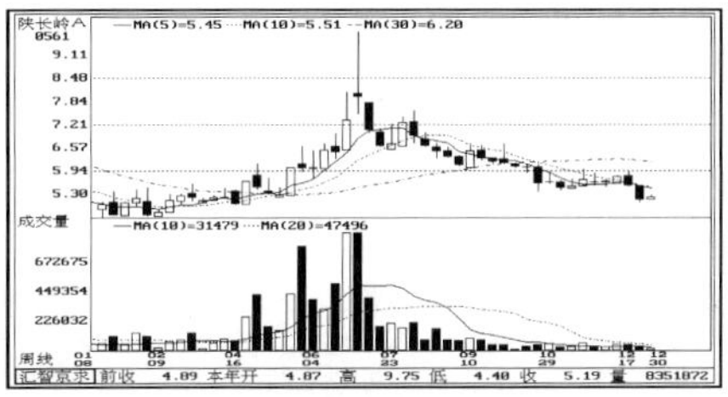

0561　陕长岭 A:流通股本 23948 万,主营家用电器、电子通讯、医疗电子产品。6 月 30 日最高价 9.75 元,1 月 5 日最低价 4.40 元。1999 年每股收益 -0.4580 元。有获利盘减持迹象,暂不介入。

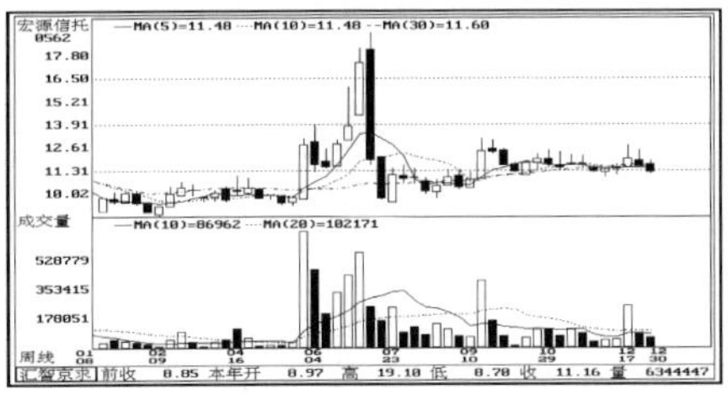

0562　宏源信托:流通股本 15220 万,主营信托存款、委托存贷款、投资、金融租赁。7 月 5 日最高价 19.10 元,1 月 4 日最低价 8.70 元。1999 年每股收益 0.1030 元。冲高后回调,仍有整理。

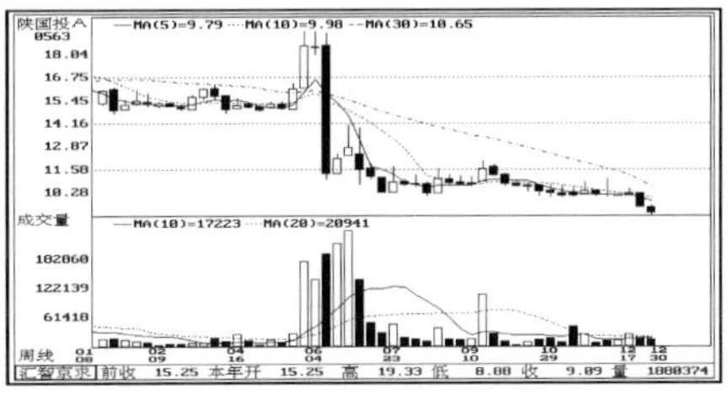

0563　陕国投 A:流通股本 12636 万,主营信托存贷款、房地产、证券业务。5 月 27 日最高价 19.33 元,12 月 29 日最低价 8.88 元。1999 年每股收益 0.1360 元。短线有减持迹象,暂不介入。

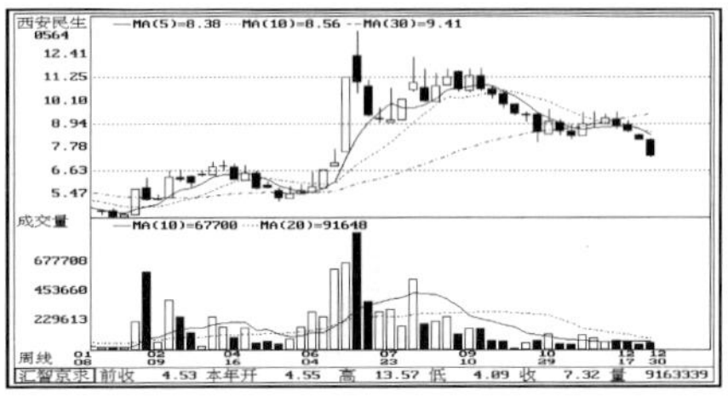

0564　西安民生:流通股本 12762 万,主营各种百货的零售、批发。6 月 29 日最高价 13.57 元,1 月 18 日最低价 4.09 元。1999 年每股收益 0.0630 元。需继续在低位震荡筑底。

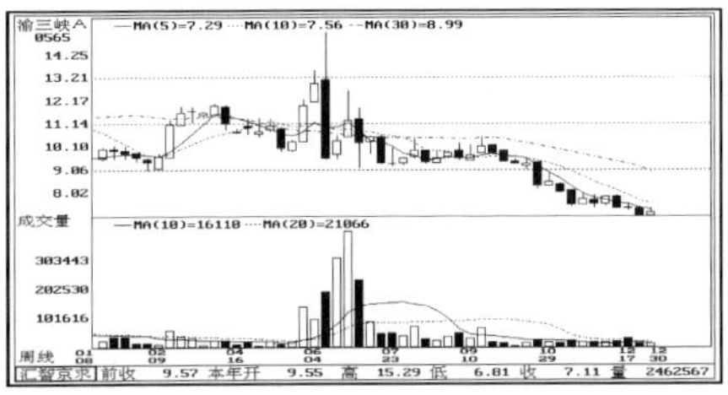

0565　渝三峡 A:流通股本 8741 万,主营油漆、合成树脂。6 月 10 日最高价 15.29 元,12 月 27 日最低价 6.81 元。1999 年每股收益 0.1000 元。走势未明,后市关注。

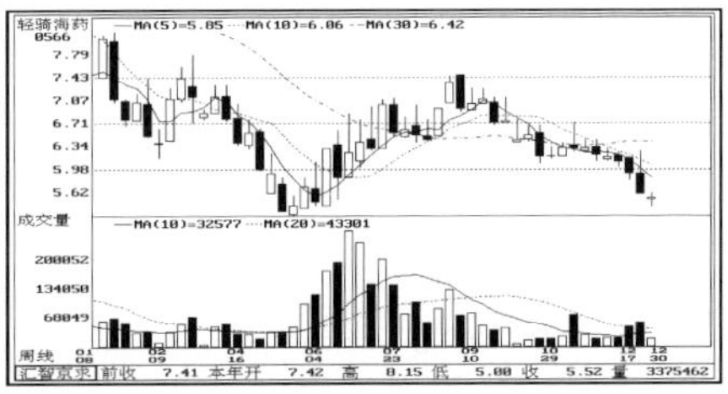

0566　轻骑海药:流通股本 8316 万,主营精细化工品、中西成药、保健品。1 月 12 日最高价 8.15 元,5 月 18 日最低价 5.00 元。1999 年每股收益 0.0270 元。上行欲望不强,仍有整理。

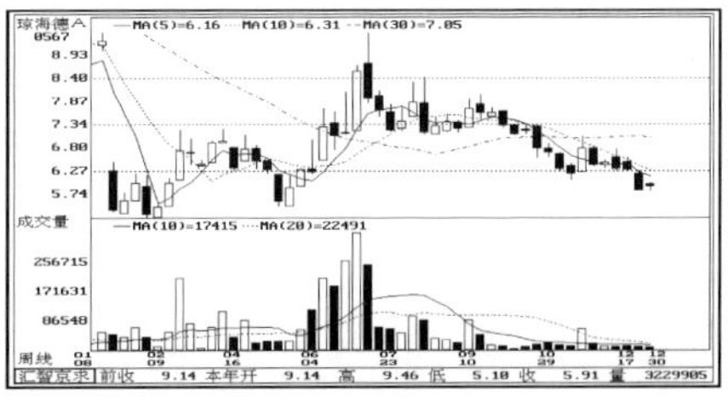

0567　琼海德 A:流通股本 6048 万,主营涤纶丝生产销售。1 月 4 日最高价 9.46 元,1 月 18 日最低价 5.10 元。1999 年每股收益 0.1500 元。有获利盘减持迹象,暂不介入。

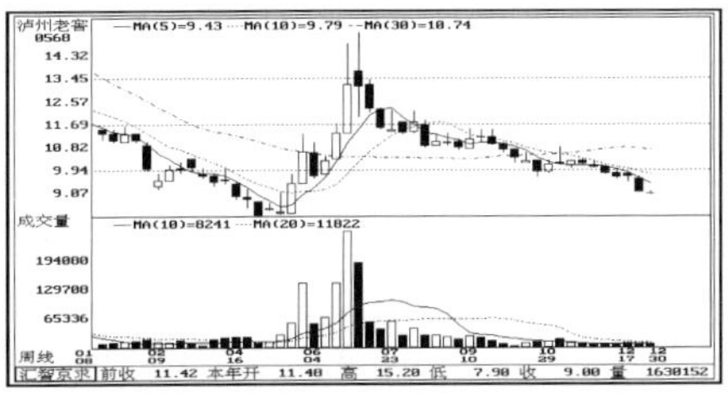

0568　泸州老窖:流通股本 12313 万,主营泸州老窖系列酒类的生产、销售。6 月 29 日最高价 15.20 元,5 月 10 日最低价 7.90 元。1999 年每股收益 0.2570 元。延续上攻行情,暂宜持币观望。

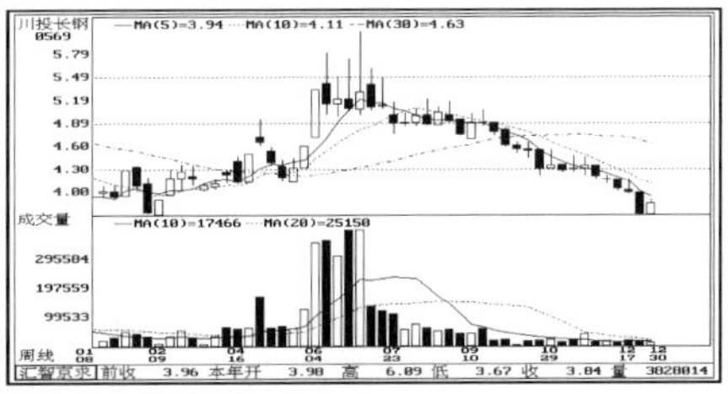

0569　川投长钢:流通股本 12991 万,主营钢铁冶炼、钢压延加工。6 月 30 日最高价 6.09 元,12 月 27 日最低价 3.67 元。1999 年每股收益 0.1070 元。短线调整未结束,持币。

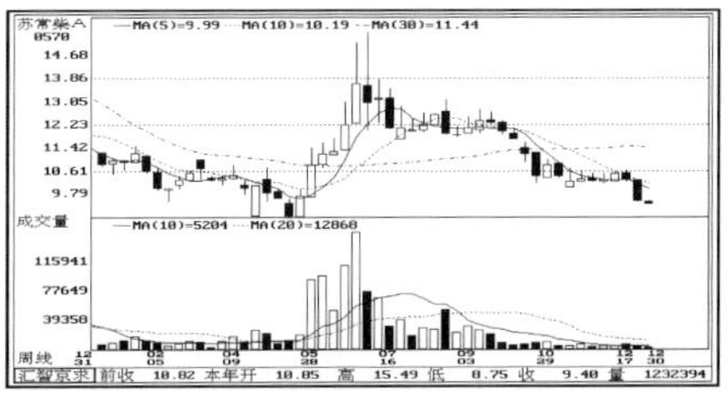

0570　苏常柴 A:流通股本 8190 万,主营柴油机产品及配件等。6 月 30 日最高价 15.49 元,5 月 19 日最低价 8.75 元。1999 年每股收益 0.2720 元。已探明底部,回落空间有限。

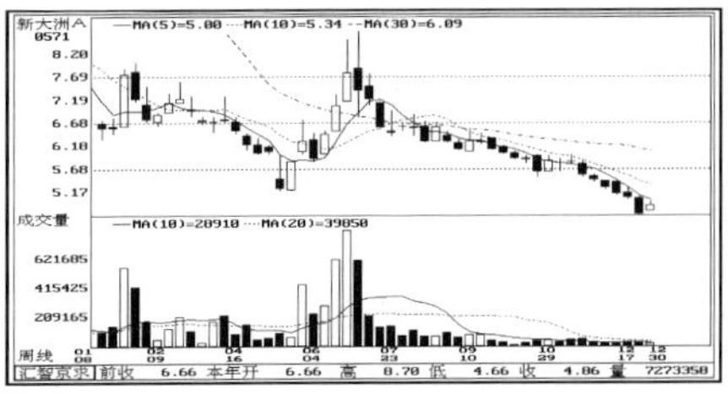

0571　新大洲 A:流通股本 29442 万,主营摩托车及配件。6 月 29 日最高价 8.70 元,12 月 29 日最低价 4.66 元。1999 年每股收益 0.0210 元。短线调整未结束,持币。

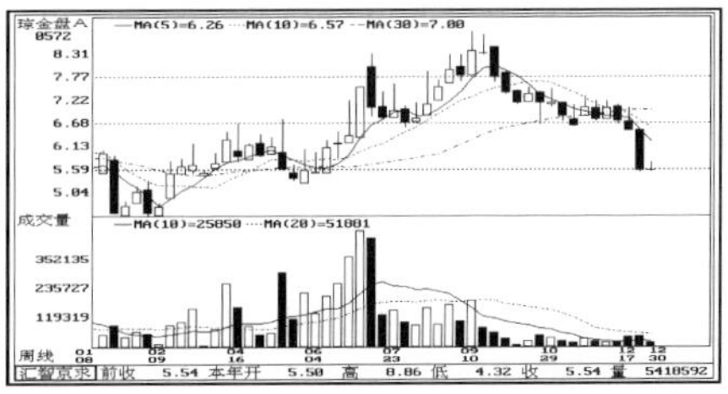

0572　琼金盘 A:流通股本 8658 万,主营矿泉水、墙地砖、红砖、房地产。9 月 9 日最高价 8.86 元,1 月 18 日最低价 4.32 元。1999 年每股收益 0.0060 元。短线大幅震仓,仍可持股。

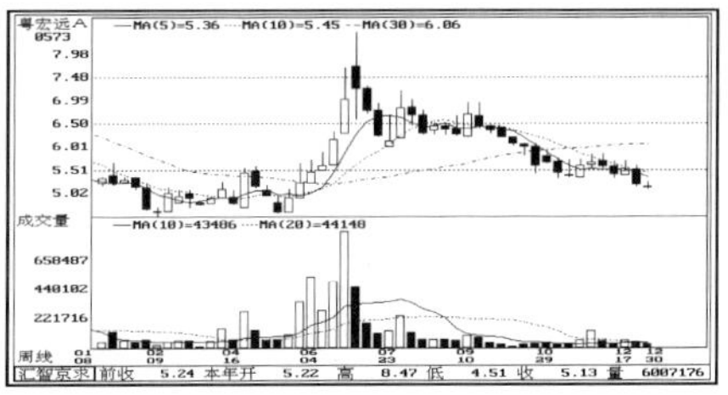

0573　粤宏远 A:流通股本 29200 万,主营开发区建设的内引外联、开办业务。6 月 30 日最高价 8.47 元,5 月 17 日最低价 4.51 元。1999 年每股收益 0.0210 元。上行欲望不强,仍有整理。

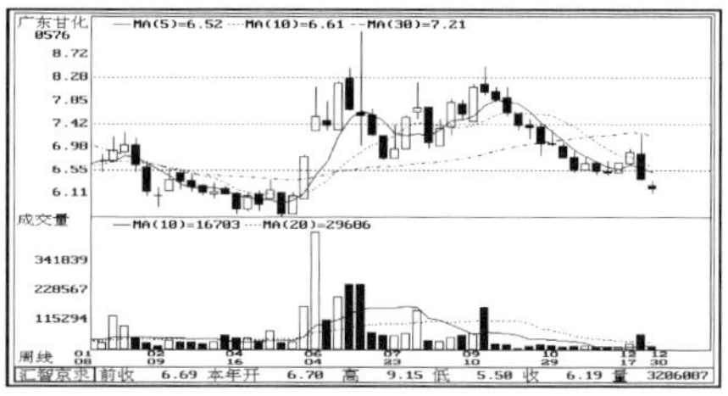

0576 广东甘化:流通股本 10310 万,主营制纸浆板、机制纸、食糖、药用酵母。3 月 30 日最高价 9.65 元,1 月 13 日最低价 8.11 元。1999 年每股收益 0.0700 元。大幅回调,短线仍有整理。

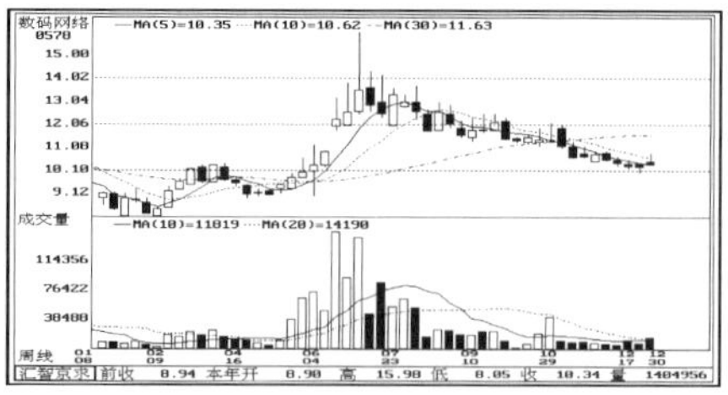

0578 数码网络:流通股本 6900 万,主营商业批发、零售业务、仓储运输。5 月 25 日最高价 13.60 元,8 月 31 日最低价 7.90 元。1999 年每股收益 0.1000 元。走势未明,后市关注。

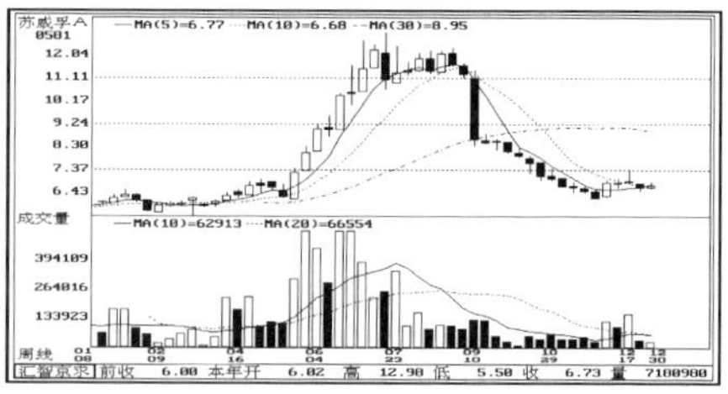

0581 苏威孚 A:流通股本 15600 万,主营内燃机燃油系列产品、测试仪器。7 月 12 日最高价 12.98 元,3 月 19 日最低价 5.50 元。1999 年每股收益 0.2700 元。短线调整未结束,持币。

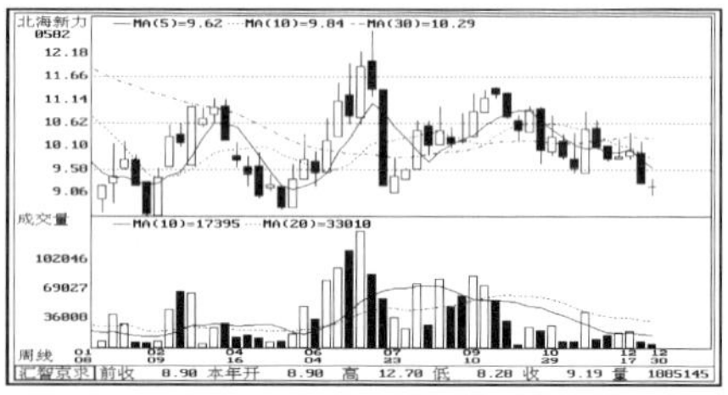

0582 北海新力:流通股本 5720 万,主营装卸、外轮代理、仓储、货运。7 月 5 日最高价 12.70 元,1 月 5 日最低价 8.28 元。1999 年每股收益 0.1790 元。回抽确认,面临均线支撑。

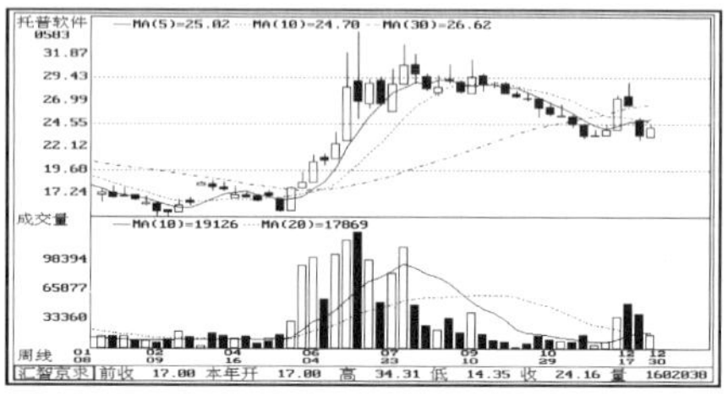

0583 托普软件:流通股本 6900 万,主营软件产品开发、金属加工机械制造。6 月 29 日最高价 34.31 元,3 月 2 日最低价 14.35 元。1999 年每股收益 0.6530 元。短线有回调补缺口要求。

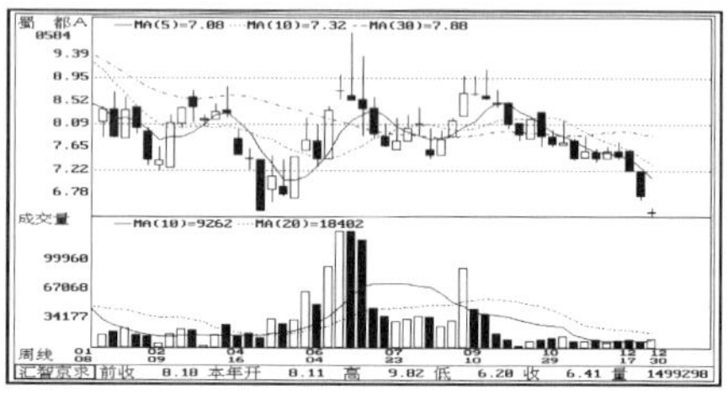

0584 蜀都 A:流通股本 5056 万,主营电子产品、通信设备、石油、生物制品。6 月 22 日最高价 9.82 元,12 月 28 日最低价 6.20 元。1999 年每股收益 -0.6970 元。需继续在低位震荡筑底。

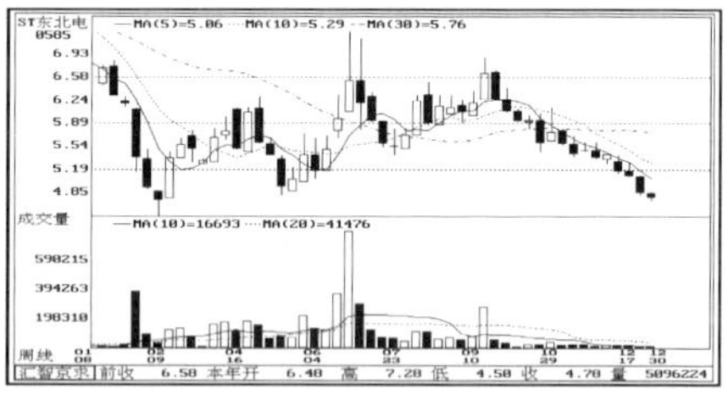

0585 ST 东北电:流通股本 14360 万,主营制造和销售成套输变电设备或输变电设备单件产品。6 月 25 日最高价 7.28 元,2 月 9 日最低价 4.50 元。1999 年每股收益 -0.1910 元。回抽确认,面临均线支撑。

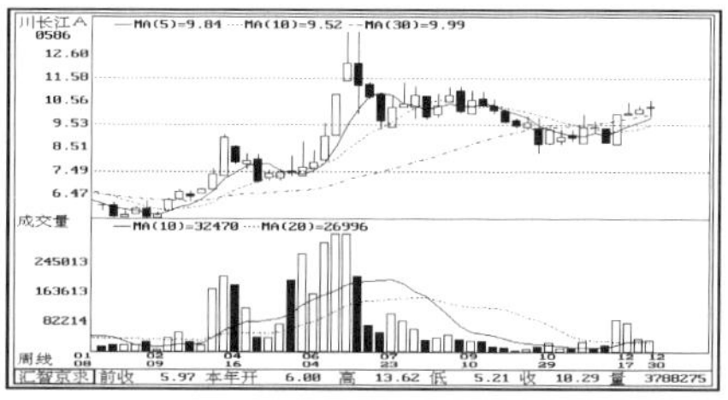

0586 川长江 A:流通股本 6084 万,主营进出口贸易、技术交流。6 月 25 日最高价 13.62 元,1 月 18 日最低价 5.21 元。1999 年每股收益 0.0200 元。短线调整未结束,持币。

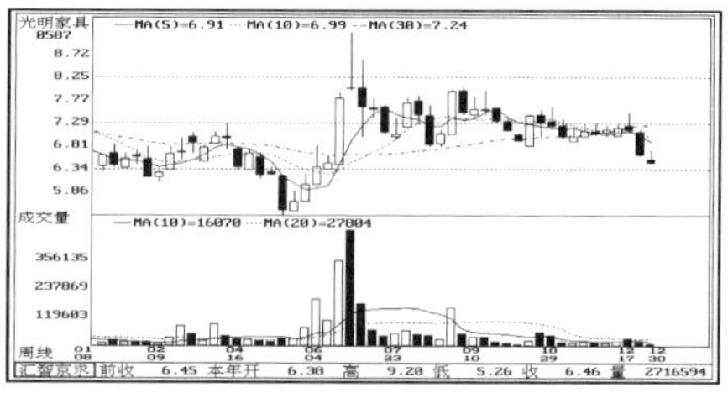

0587 光明家具:流通股本 8268 万,主营家具制造、木制品及半成品和原辅材料。6 月 24 日最高价 9.20 元,5 月 19 日最低价 5.26 元。1999 年每股收益 0.2090 元。筑底回升走势,持股观望。

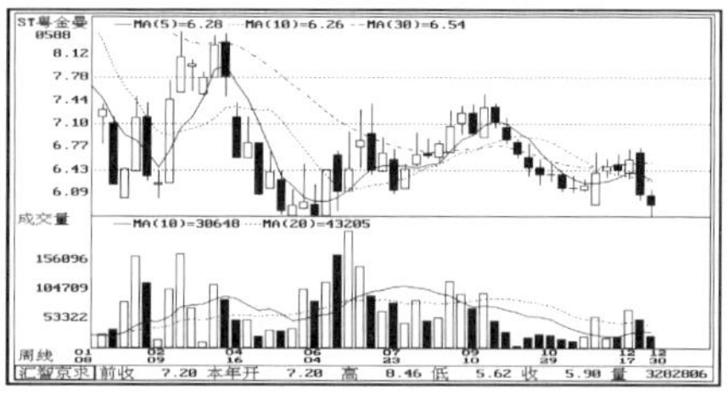

0588 ST 粤金曼:流通股本 6215 万,主营食品粮油的出口、开展转口贸易。3 月 11 日最高价 8.46 元,5 月 17 日最低价 5.62 元。1999 年每股收益 -1.6400 元。上行欲望不强,仍有整理。

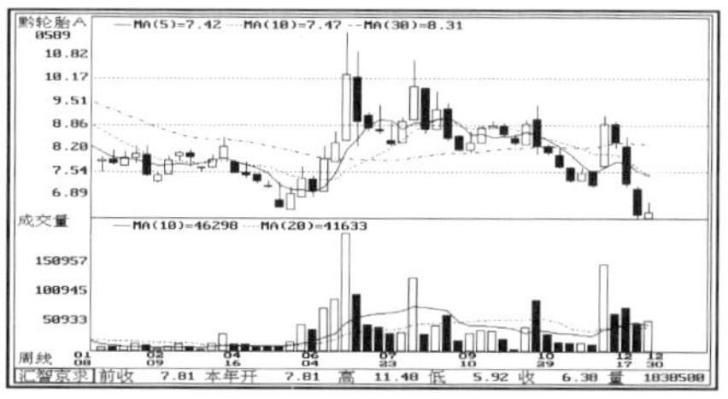

0589 黔轮胎 A:流通股本 12111 万,主营轮胎制造和销售。6 月 25 日最高价 11.48 元,12 月 28 日最低价 5.92 元。1999 年每股收益 0.0470 元。振荡整理,快进快出。

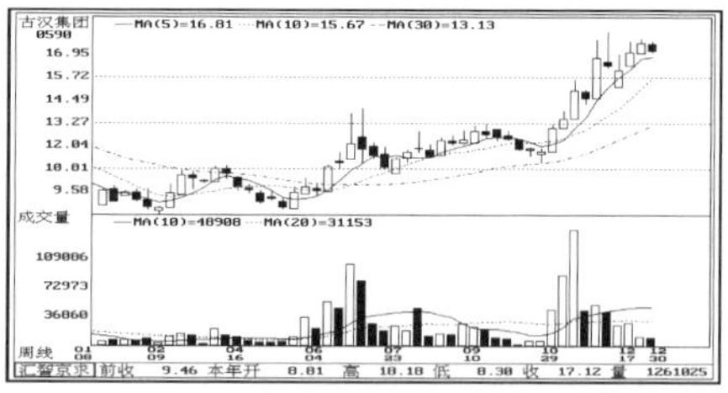

0590 古汉集团:流通股本 6300 万,主营研究、开发、生产古汉养生精系列产品。12 月 1 日最高价 18.18 元,2 月 8 日最低价 8.30 元。1999 年每股收益 0.0610 元。主力无意拉抬,先出局为上。

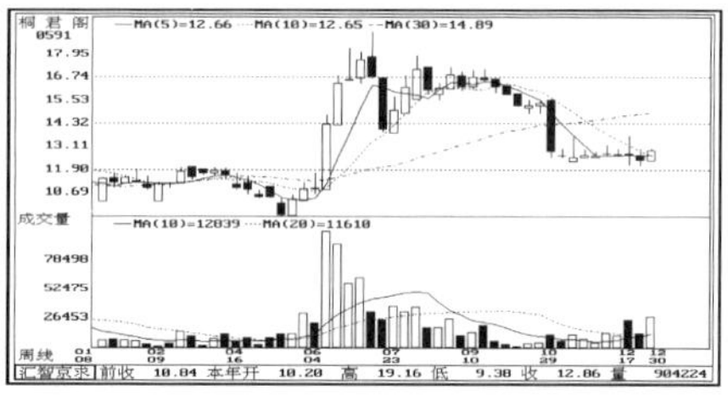

0591 桐君阁:流通股本 3500 万,主营中成药制造、中药饮片加工。7 月 5 日最高价 19.16 元,5 月 19 日最低价 9.38 元。1999 年每股收益 0.1960 元。小 V 型反转,中线可持。

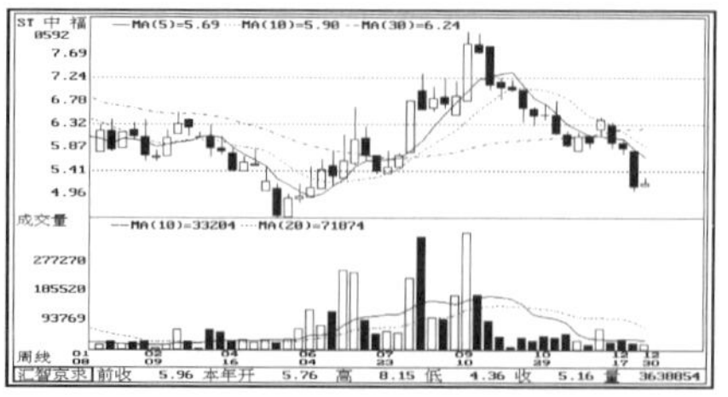

0592 ST 中福:流通股本 8681 万,主营工程承包、置业发展、工程建筑。9 月 10 日最高价 8.15 元,5 月 17 日最低价 4.36 元。1999 年每股收益 -0.5500 元。振荡整理,快进快出。

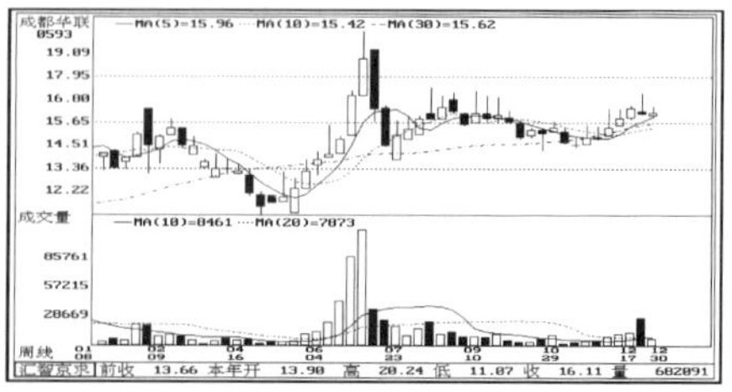

0593 成都华联:流通股本 2366 万,主营百货、批零兼营、零售为主。6 月 30 日最高价 20.24 元,4 月 27 日最低价 11.07 元。1999 年每股收益 0.3360 元。下档均线有支持,需整理。

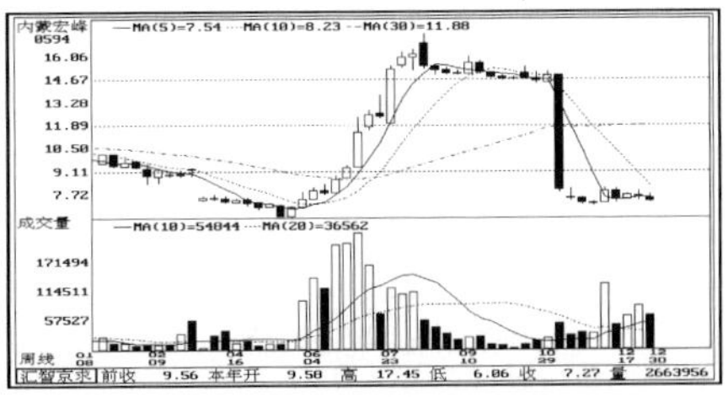

0594　内蒙宏峰：流通股本 12973 万，主营黄金生产、白银生产、白糖。8 月 9 日最高价 17.45 元，5 月 19 日最低价 6.06 元。1999 年每股收益 0.1690 元。主力顺势洗盘，暂不介入。

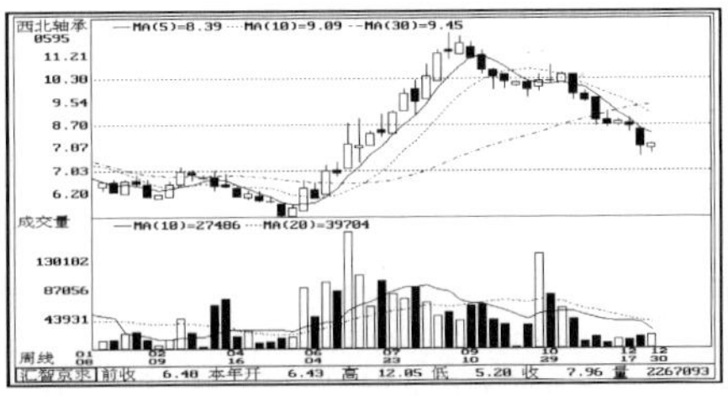

0595　西北轴承：流通股本 5400 万，主营各类滚动轴承生产和销售。8 月 24 日最高价 12.05 元，5 月 25 日最低价 5.20 元。1999 年每股收益 0.0400 元。上行欲望不强，仍有整理。

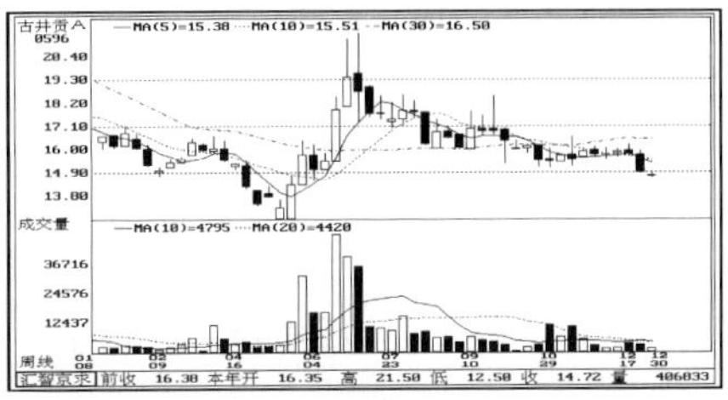

0596　古井贡 A：流通股本 2000 万，主营酿制和销售古井贡酒。6 月 29 日最高价 21.50 元，5 月 18 日最低价 12.50 元。1999 年每股收益 0.6300 元。回抽确认，面临均线支撑。

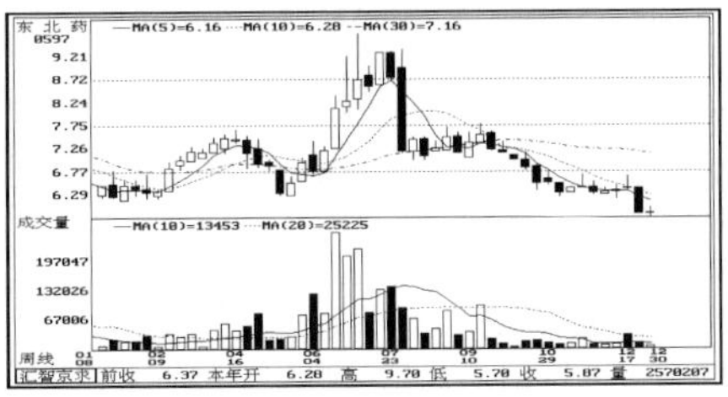

0597　东北药：流通股本 10881 万，主营化学生物制剂、原料药品、卫生材料。6 月 29 日最高价 9.70 元，12 月 28 日最低价 5.70 元。1999 年每股收益 0.1400 元。振荡收阳，可介入持有。

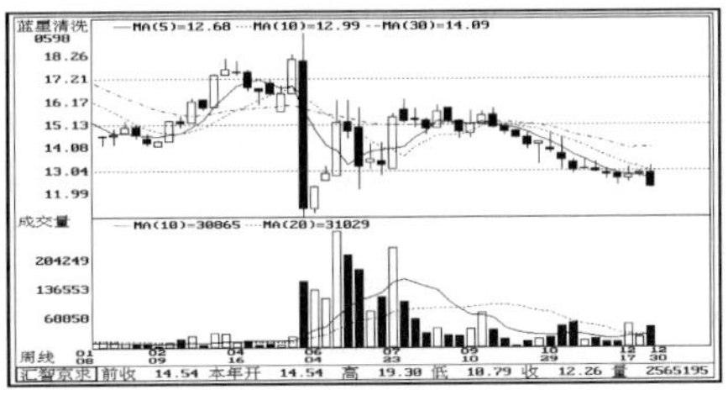

0598　蓝星清洗：流通股本 7605 万，主营蓝星系列工业、民用清洗剂。5 月 24 日最高价 19.30 元，5 月 31 日最低价 10.79 元。1999 年每股收益 0.3400 元。均线反压，短线趋势仍淡。

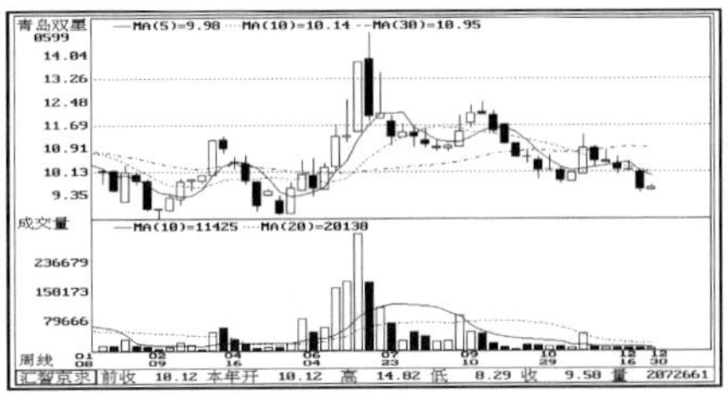

0599　青岛双星：流通股本 4800 万，主营鞋类的生产制造及经营。7 月 5 日最高价 14.82 元，2 月 8 日最低价 8.29 元。1999 年每股收益 0.3660 元。上行欲望不强，仍有整理。

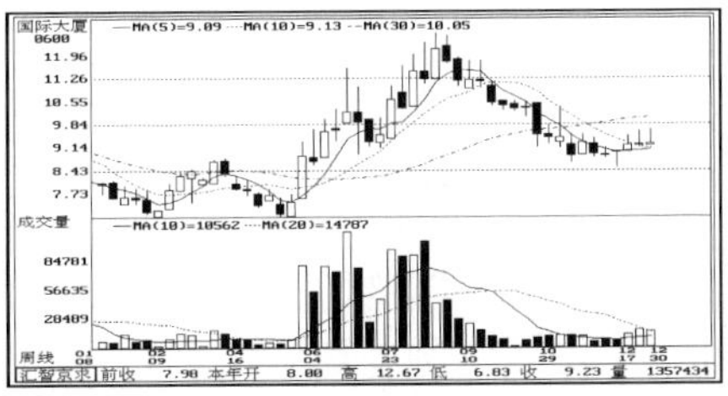

0600　国际大厦：流通股本 3906 万，主营酒店、商贸、出租写字楼、经营中西餐。8 月 20 日最高价 12.67 元，5 月 17 日最低价 6.83 元。1999 年每股收益 0.1200 元。短线有回调补缺口要求。

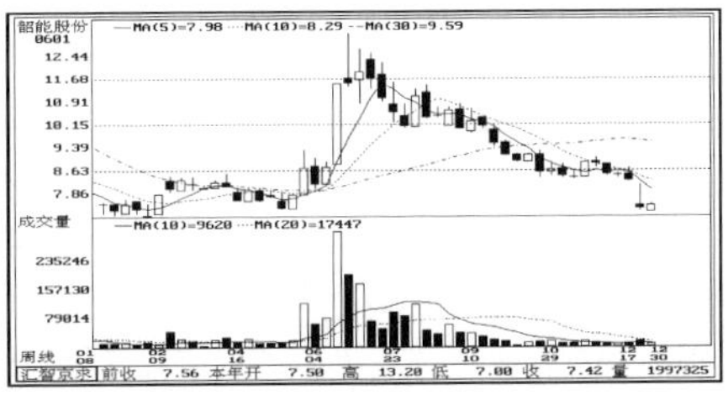

0601　韶能股份：流通股本 9536 万，主营能源投资开发、公路工程。6 月 24 日最高价 13.20 元，2 月 8 日最低价 7.00 元。1999 年每股收益 0.4100 元。有获利盘减持迹象，暂不介入。

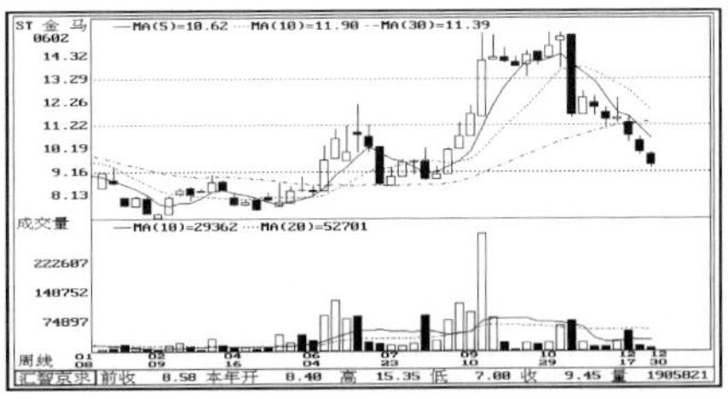

0602　ST 金马：流通股本 4367 万，主营旅游、酒店经营、旅游产品销售。10 月 27 日最高价 15.35 元，3 月 1 日最低价 7.00 元。1999 年每股收益 -0.5700 元。已探明底部，回落空间有限。

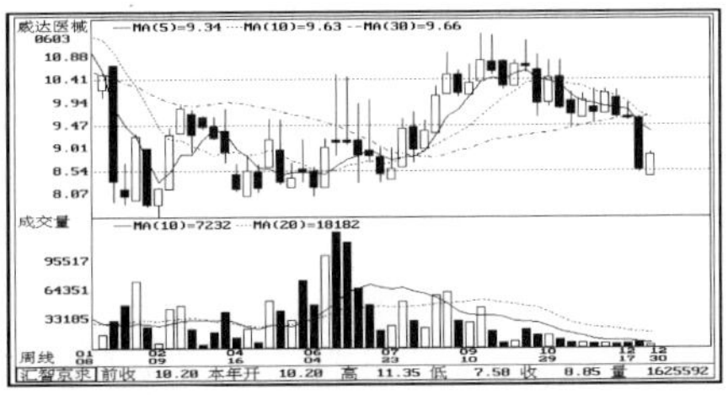

0603　威达医械：流通股本 2850 万，主营医疗器械产品开发、生产、销售。9 月 16 日最高价 11.35 元，2 月 8 日最低价 7.58 元。1999 年每股收益 0.0110 元。上行欲望不强，仍有整理。

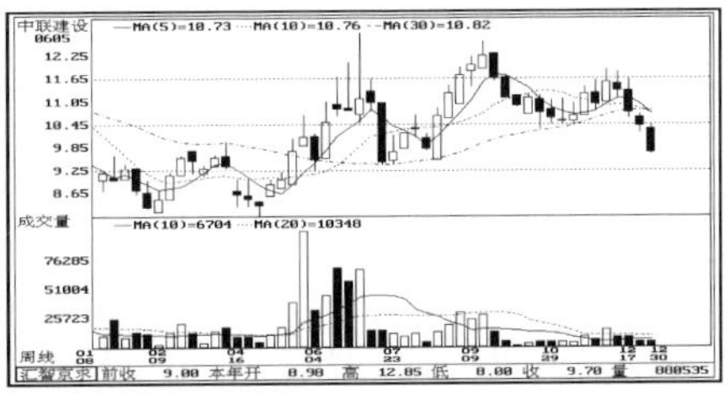

0605　中联建设：流通股本 2062 万，主营大型门式、桥式等通用机械设备制造。6 月 30 日最高价 12.85 元，1 月 5 日最低价 8.00 元。1999 年每股收益 -0.2170 元。上行欲望不强，仍有整理。

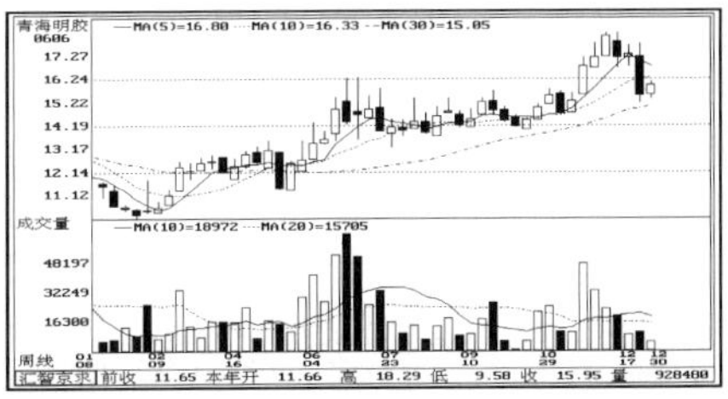

0606　青海明胶：流通股本 1950 万，主营明胶系列产品、高磷骨粉。12 月 6 日最高价 18.29 元，1 月 18 日最低价 9.58 元。1999 年每股收益 0.3050 元。回抽确认，面临均线支撑。

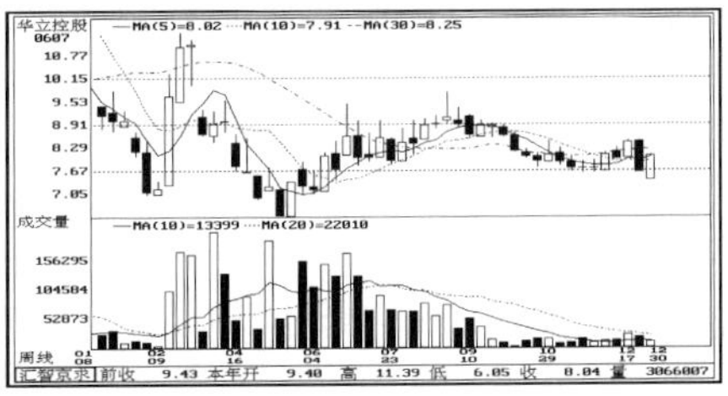

0607　华立控股：流通股本 4500 万，主营仪器仪表制造、仪器仪表工艺设计。3 月 11 日最高价 11.39 元，5 月 18 日最低价 6.05 元。1999 年每股收益 0.1000 元。已见底反转，持股或低吸。

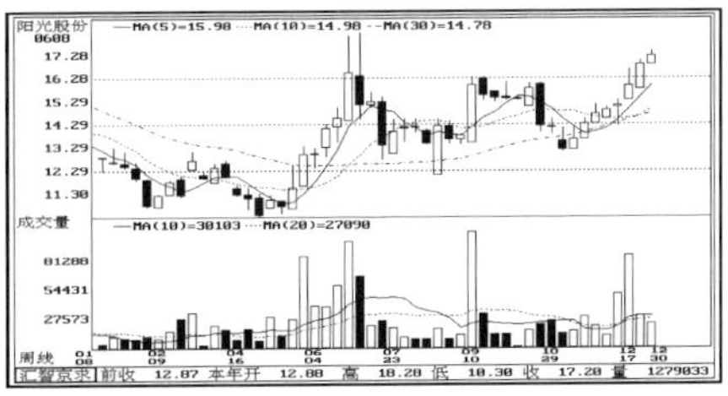

0608　阳光股份：流通股本 9800 万，主营基础设施投资、房地产综合开发建设。6 月 29 日最高价 18.28 元，4 月 27 日最低价 10.30 元。1999 年每股收益 0.2400 元。上攻中继形态，适时介入。

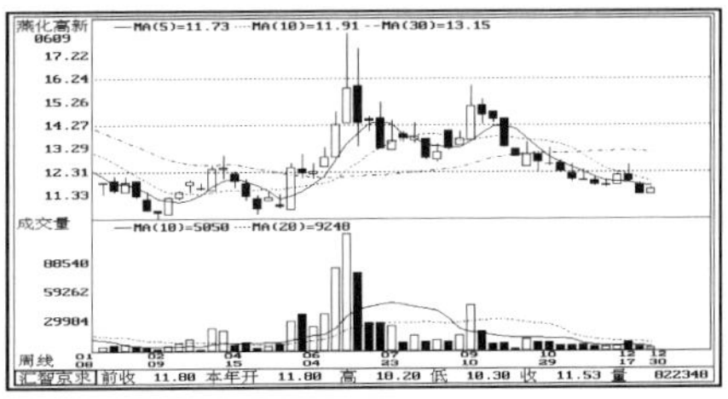

0609　燕化高新：流通股本 4906 万，主营开发、生产、销售石油化工催化剂。6 月 25 日最高价 18.20 元，2 月 8 日最低价 10.30 元。1999 年每股收益 0.2860 元。有获利盘减持迹象，暂不介入。

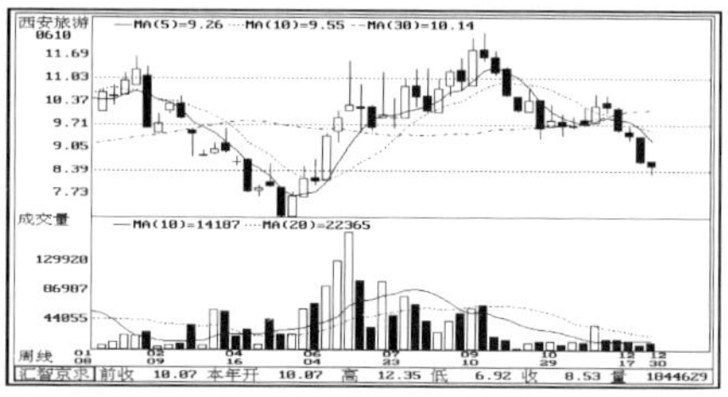

0610 西安旅游:流通股本 5300 万,主营旅游服务业。9月15日最高价 12.35 元,5月18日最低价 6.92 元。1999 年每股收益 0.0960 元。有获利盘减持迹象,暂不介入。

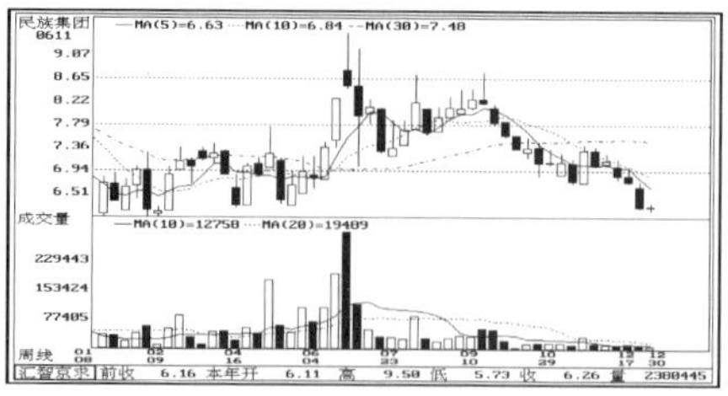

0611 民族集团:流通股本 7530 万,主营家用电器、日用百货、家俱、金银饰品。6月24日最高价 9.50 元,1月5日最低价 5.73 元。1999 年每股收益 0.0030 元。有获利盘减持迹象,暂不介入。

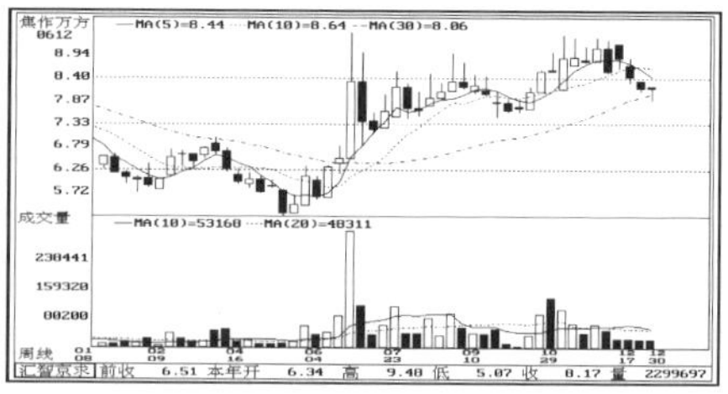

0612 焦作万方:流通股本 10200 万,主营铝锭、铝制品。6月25日最高价 9.48 元,5月17日最低价 5.07 元。1999 年每股收益 0.3620 元。上行欲望不强,仍有整理。

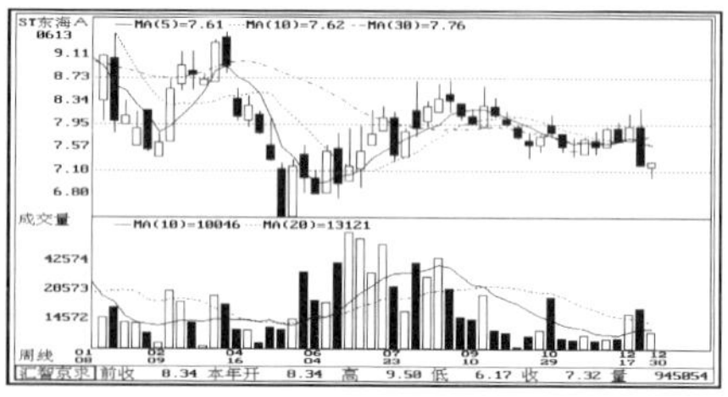

0613 ST 东海 A:流通股本 4503 万,主营酒店业、房地产、旅游服务、汽车客运。4月5日最高价 9.50 元,5月17日最低价 6.17 元。1999 年每股收益 -0.1400 元。有获利盘减持迹象,暂不介入。

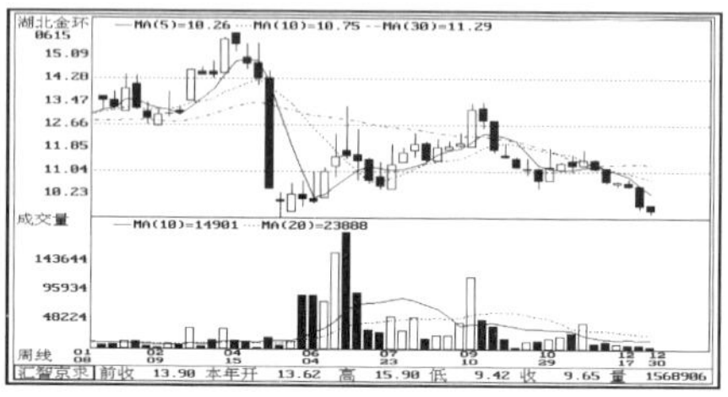

0615 湖北金环:流通股本 5351 万,主营粘胶纤维制造销售、纺织机械设计制造。4月13日最高价 15.90 元,5月14日最低价 9.42 元。1999 年每股收益 0.3680 元。需继续在低位震荡筑底。

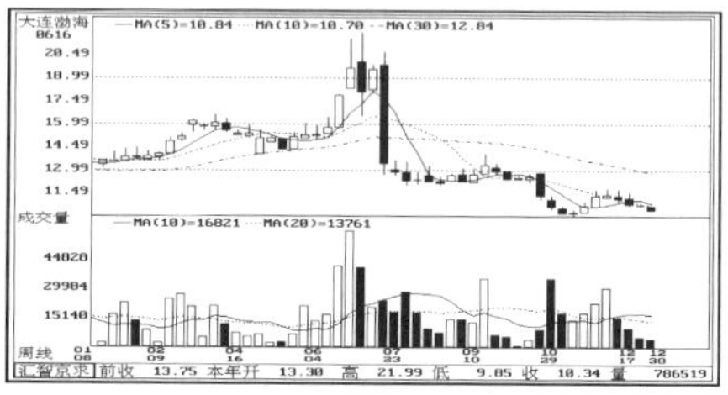

0616 大连渤海:流通股本 3380 万,主营饮食服务业。6月29日最高价 21.99 元,11月11日最低价 9.85 元。1999 年每股收益 0.2790 元。均线反压大,不宜介入。

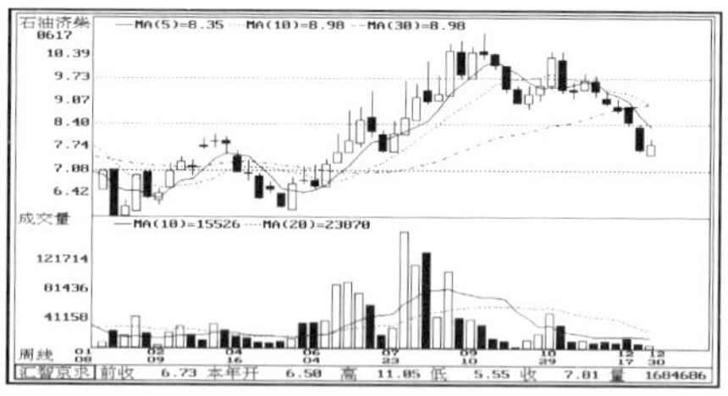

0617 石油济柴:流通股本 3250 万,主营柴油机、柴油发电机组、气体发动机。9月13日最高价 11.05 元,1月18日最低价 5.55 元。1999 年每股收益 0.0070 元。回抽确认,面临均线支撑。

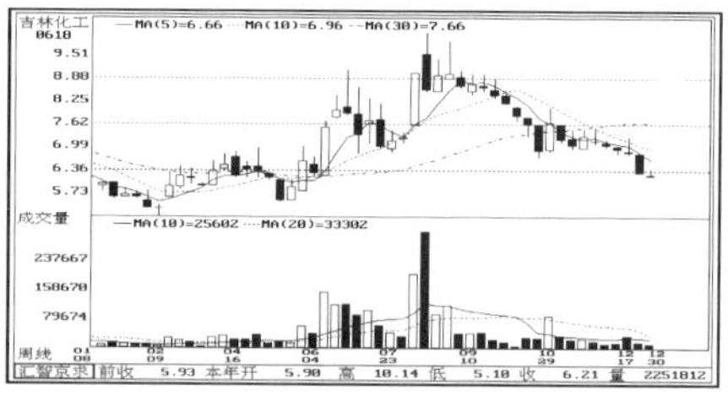

0618 吉林化工:流通股本 20000 万,主营石油产品、石化及有机化工产品。8月10日最高价 10.14 元,2月9日最低价 5.10 元。1999 年每股收益 0.0280 元。已探明底部,中线可持股。

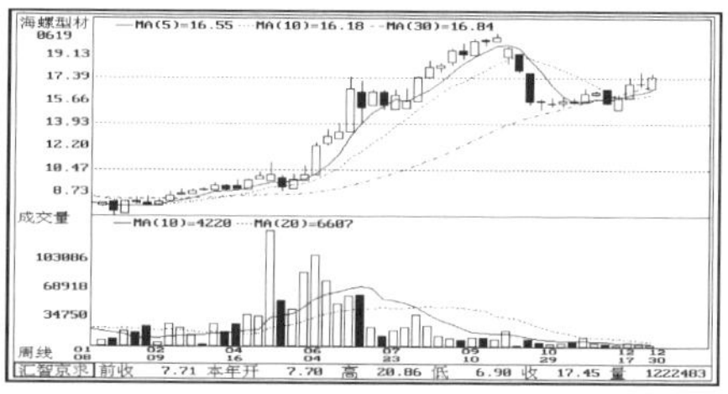

0619 海螺型材:流通股本 2550 万,主营生产、销售建筑材料。9月21日最高价 20.86 元,1月18日最低价 6.90 元。1999 年每股收益 0.1400 元。高位震荡,上升空间有限。

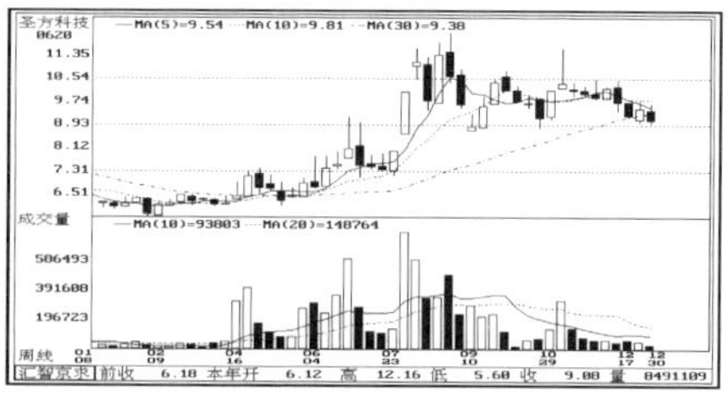

0620 圣方科技:流通股本 15048 万,主营原油加工及有机化工。8月24日最高价 12.16 元,2月8日最低价 5.60 元。1999 年每股收益 0.3700 元。短线有回调补缺口要求。

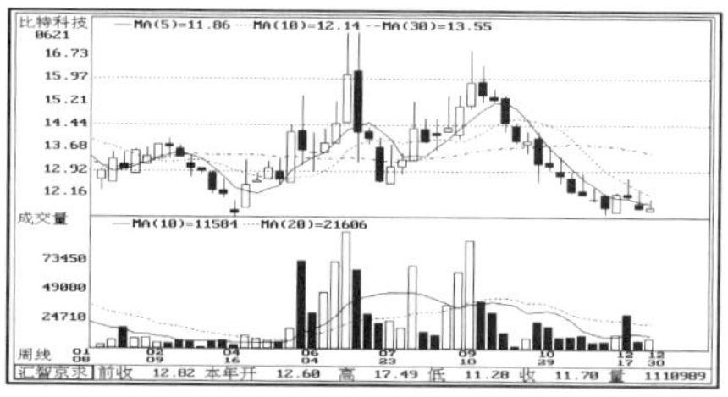

0621 比特科技:流通股本 5567 万,主营除湿设备、光纤网络、金长城电脑等。6月29日最高价 17.49 元,7月20日最低价 11.28 元。1999 年每股收益 0.2370 元。回抽确认,面临均线支撑。

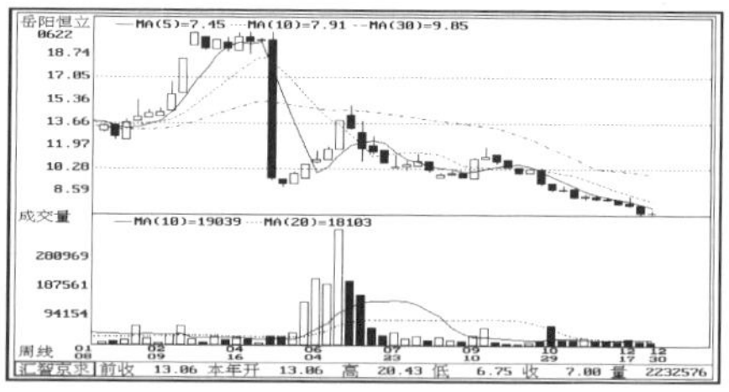

0622 岳阳恒立:流通股本 6580 万,主营制冷空调设备制造、安装、维修、销售。4月19日最高价 20.43 元,12月29日最低价 6.75 元。1999 年每股收益 0.1320 元。回抽确认,面临均线支撑。

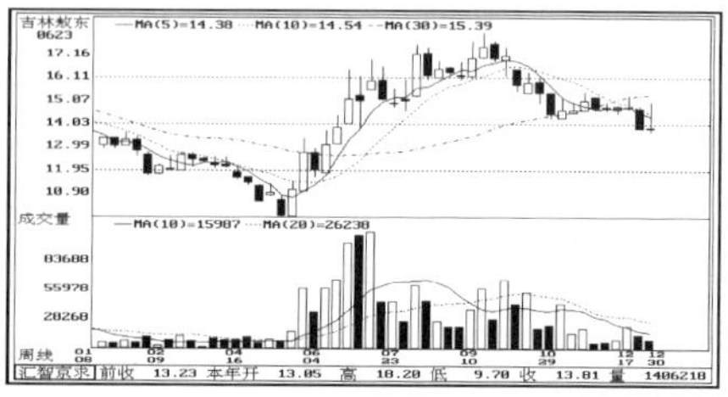

0623 吉林敖东:流通股本 8523 万,主营生产销售中成药。9月17日最高价 18.20 元,5月17日最低价 9.70 元。1999 年每股收益 0.5130 元。上行欲望不强,仍有整理。

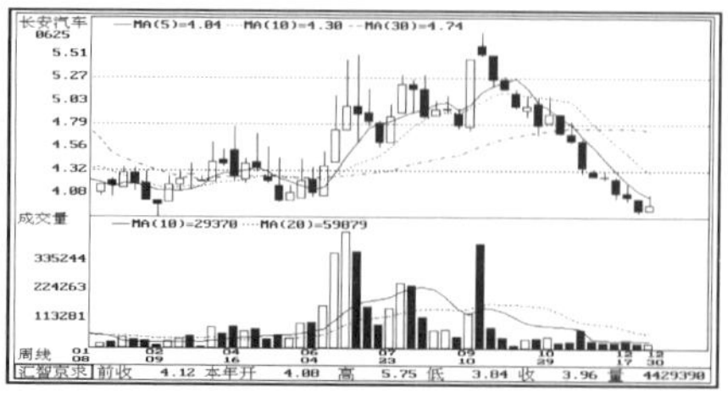

0625 长安汽车:流通股本 16800 万,主营汽车、发动机、配套零部件。9月16日最高价 5.75 元,2月9日最低价 3.84 元。1999 年每股收益 0.0440 元。短线有回调补缺口要求。

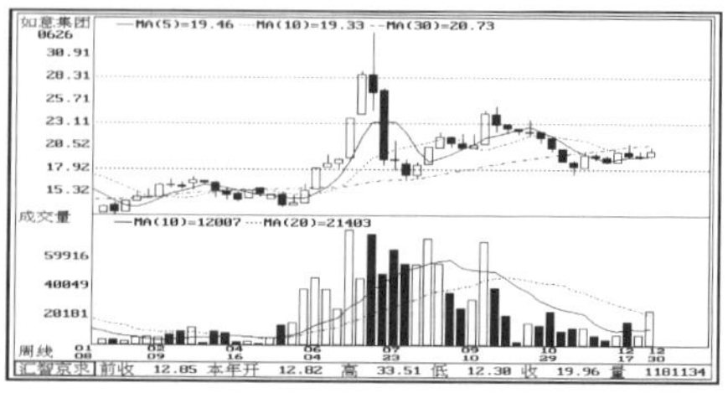

0626 如意集团:流通股本 3400 万,主营农副产品的种植、加工、销售。7月7日最高价 33.51 元,1月18日最低价 12.30 元。1999 年每股收益 0.1810 元。多空激烈争斗,持股等待。

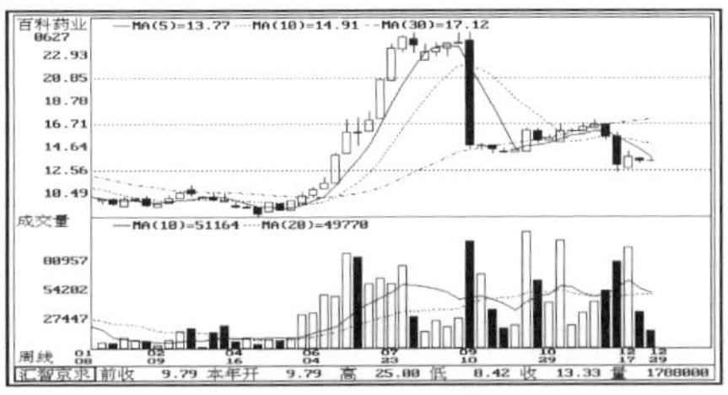

0627　百科药业:流通股本7300万,主营化工产品的生产、销售;医药原料药、医用氧气、外用药的生产与销售。9月6日最高价25.00元,4月27日最低价8.42元。1999年每股收益0.1130元。走势未明,后市关注。

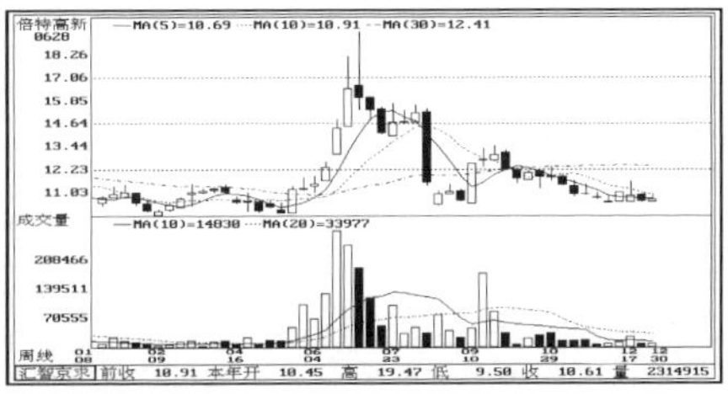

0628　倍特高新:流通股本8640万,主营药品、厨柜、多媒体、科技园区开发。6月29日最高价19.47元,8月17日最低价9.50元。1999年每股收益0.0760元。回抽确认,面临均线支撑。

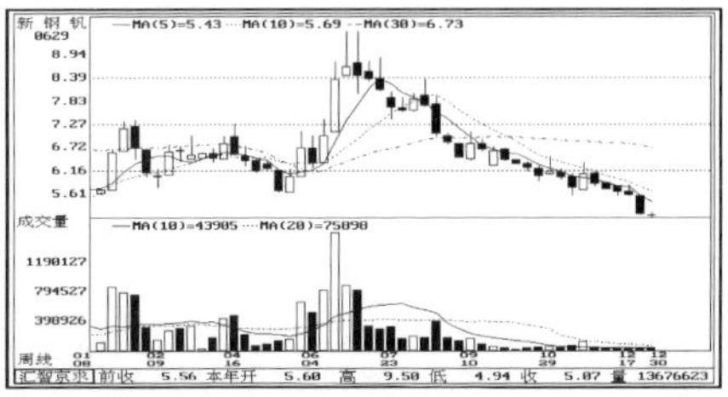

0629　新钢钒:流通股本29800万,主营钢板冶炼及加工、钢压延加工。6月29日最高价9.50元,12月29日最低价4.94元。1999年每股收益0.3110元。有获利盘减持迹象,暂不介入。

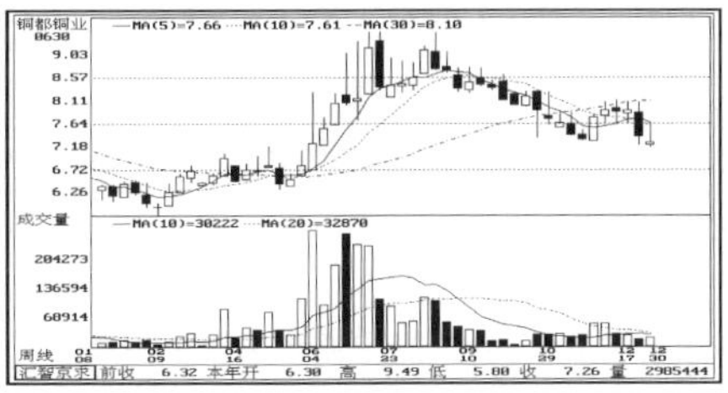

0630　铜都铜业:流通股本10138万,主营铜及金、银的冶炼、硫酸、铝型材。7月12日最高价9.49元,2月9日最低价5.80元。1999年每股收益0.3600元。需继续在低位震荡筑底。

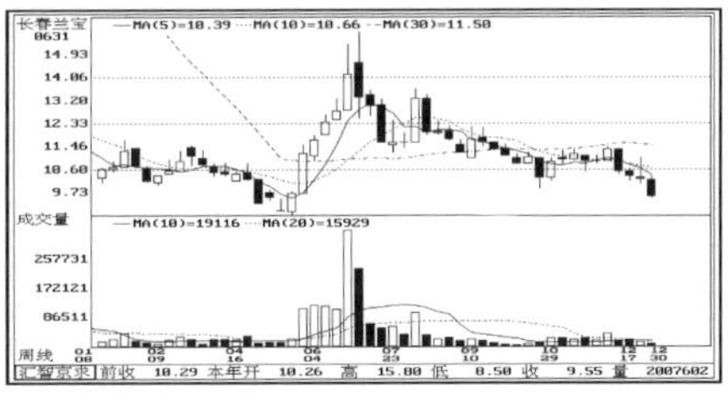

0631　长春兰宝:流通股本6300万,主营生产和销售轿车塑料保险杠。6月29日最高价15.80元,5月18日最低价8.50元。1999年每股收益0.3320元。成交淡静,短线压力需消化。

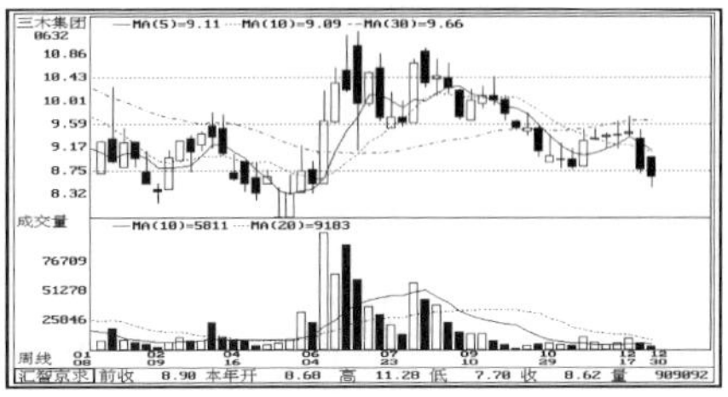

0632　三木集团:流通股本4080万,主营基础设施建设施工、土地连片开发。6月30日最高价11.28元,5月17日最低价7.70元。1999年每股收益0.2920元。重归10日均线下,继续振荡。

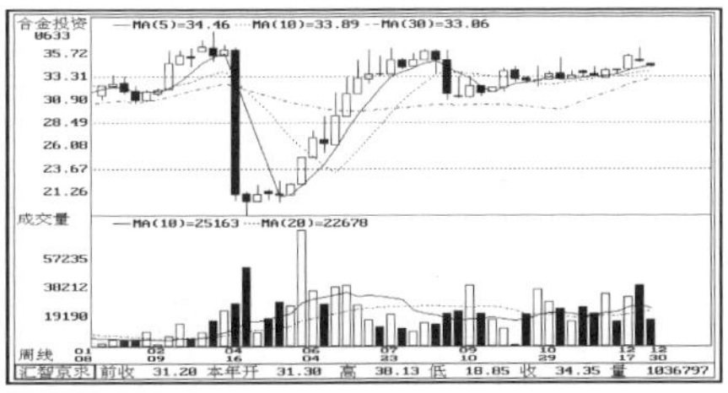

0633　合金投资:流通股本8692万,主营铜、镍合金材料、金属测温材料。3月30日最高价38.13元,4月23日最低价18.85元。1999年每股收益0.5540元。上升动力不足,谨慎持有。

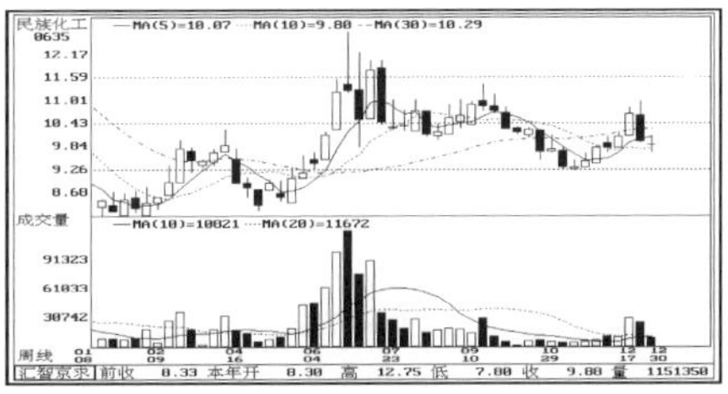

0635　民族化工:流通股本4000万,主营电石、石灰氮、双氰胺、硝酸胍。6月24日最高价12.75元,1月18日最低价7.80元。1999年每股收益0.2870元。冲高后回调,仍有整理。

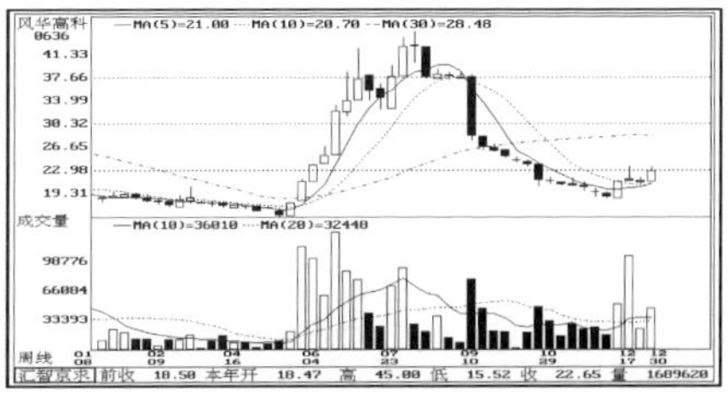

0636　风华高科:流通股本12400万,主营新型元器件的生产与销售。8月6日最高价45.00元,5月13日最低价15.52元。1999年每股收益0.7050元。短线仍有上攻潜力,仍可持股。

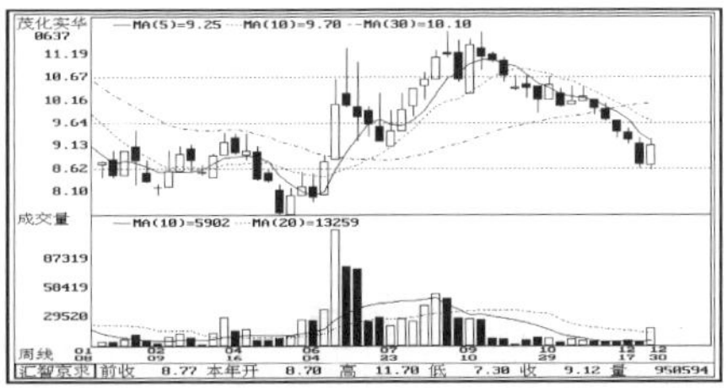

0637　茂化实华:流通股本5504万,主营聚丙烯及其制品、石油化工产品。8月24日最高价11.70元,5月18日最低价7.30元。1999年每股收益0.4620元。长期调整充分,小V型反转。

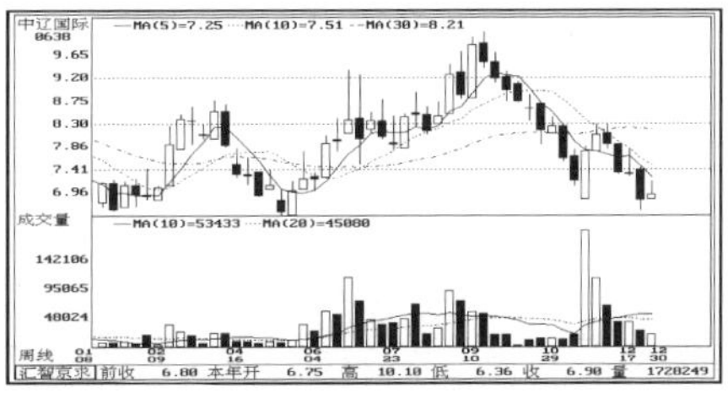

0638　中辽国际:流通股本8870万,主营高科技工业、商业、免税品销售。9月14日最高价10.10元,5月19日最低价6.36元。1999年每股收益-0.6700元。短线有减持迹象,暂不介入。

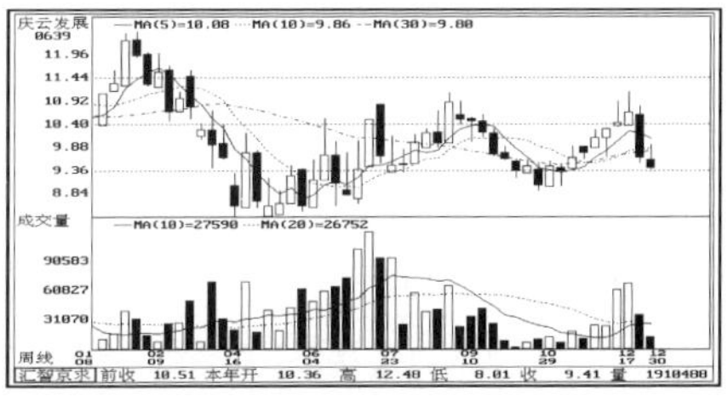

0639　庆云发展:流通股本3281万,主营住宿、饮食、旅游、文化娱乐。1月25日最高价12.48元,5月3日最低价8.01元。1999年每股收益0.1190元。上档压力较大,不介入。

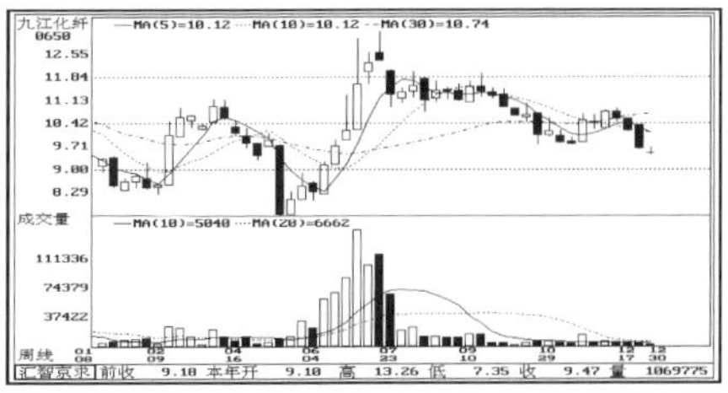

0650　九江化纤:流通股本2808万,主营粘胶、纤维的生产和经营。7月16日最高价13.26元,5月17日最低价7.35元。1999年每股收益0.2700元。上行欲望不强,仍有整理。

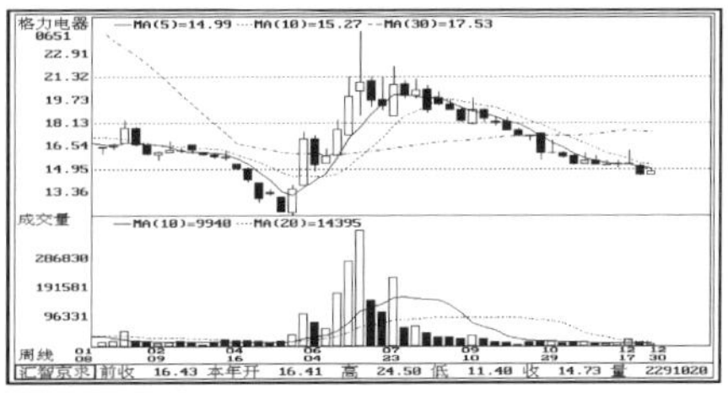

0651　格力电器:流通股本10920万,主营家用空调器、家用电风扇。6月30日最高价24.50元,5月17日最低价11.40元。1999年每股收益0.7050元。回抽确认,面临均线支撑。

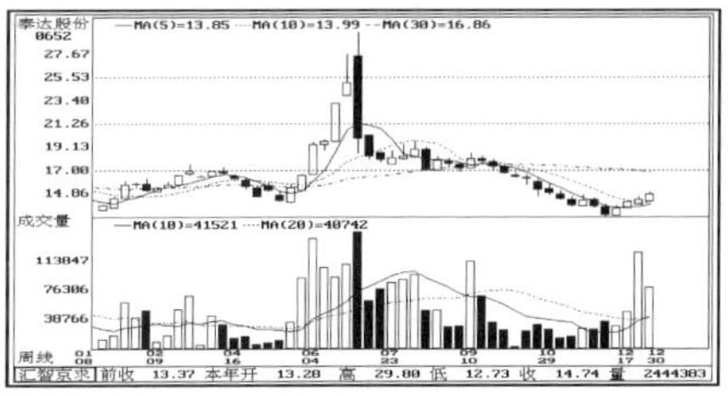

0652　泰达股份:流通股本10600万,主营交通、能源、化纤、高科技工业投资。6月29日最高价29.80元,12月3日最低价12.73元。1999年每股收益0.6310元。高位震荡,上升空间有限。

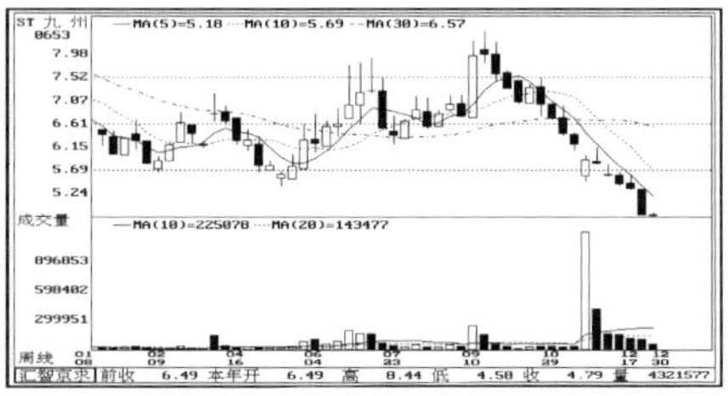

0653 ST九州:流通股本21676万,主营进出口贸易、房地产开发。9月13日最高价8.44元,12月27日最低价4.58元。1999年每股收益-1.4000元。反弹乏力,需调整,观望为宜。

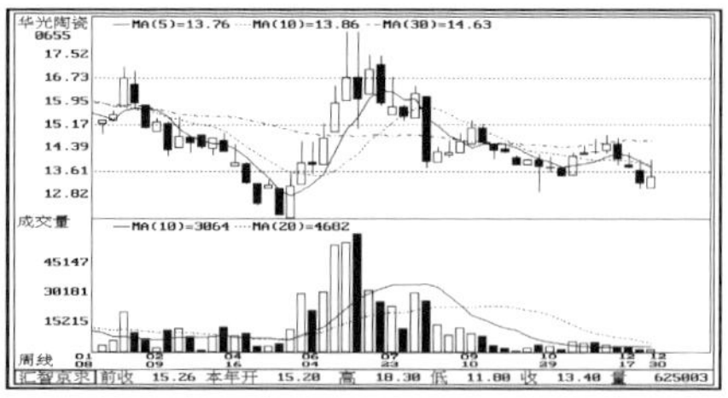

0655 华光陶瓷:流通股本3500万,主营陶瓷、纸业及化工产品。6月29日最高价18.30元,5月17日最低价11.80元。1999年每股收益0.1680元。回抽确认,面临均线支撑。

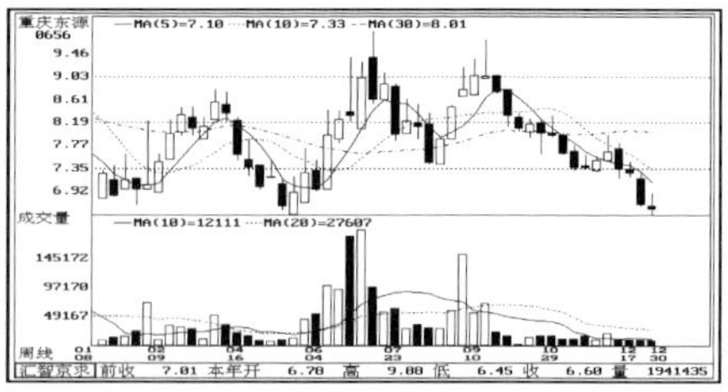

0656 重庆东源:流通股本7370万,主营钢板、钢带、硅钢片等钢压延加工。7月5日最高价9.88元,5月17日最低价6.45元。1999年每股收益-0.1000元。大幅回调,短线仍有整理。

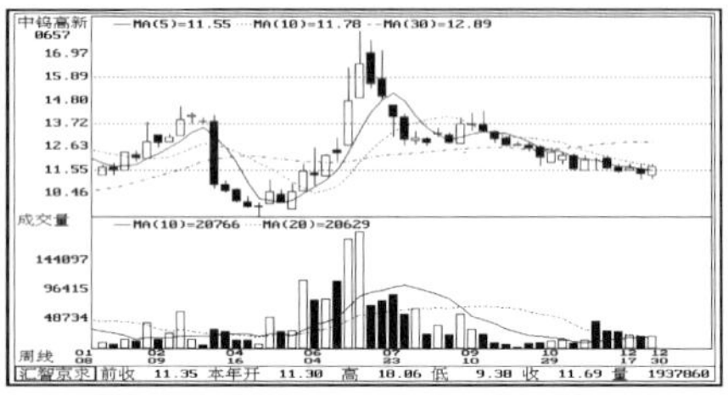

0657 中钨高新:流通股本7452万,主营有色金属、稀有金属、钢材、贵金属。6月30日最高价18.06元,4月27日最低价9.38元。1999年每股收益0.3000元。突破短期平台,有再来一波迹象。

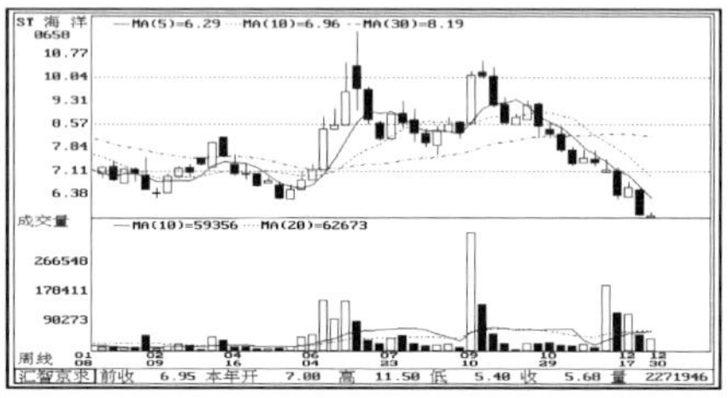

0658 ST海洋:流通股本10000万,主营远洋渔业、食品加工、进出口贸易等。6月30日最高价11.50元,12月27日最低价5.40元。1999年每股收益-0.2970元。走势未明,持币观望。

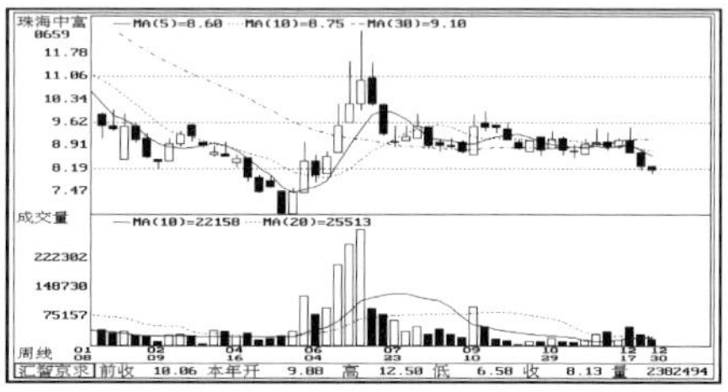

0659 珠海中富:流通股本13152万,主营饮料容器和瓶坯制造。6月30日最高价12.50元,5月17日最低价6.58元。1999年每股收益0.4410元。回抽确认,面临均线支撑。

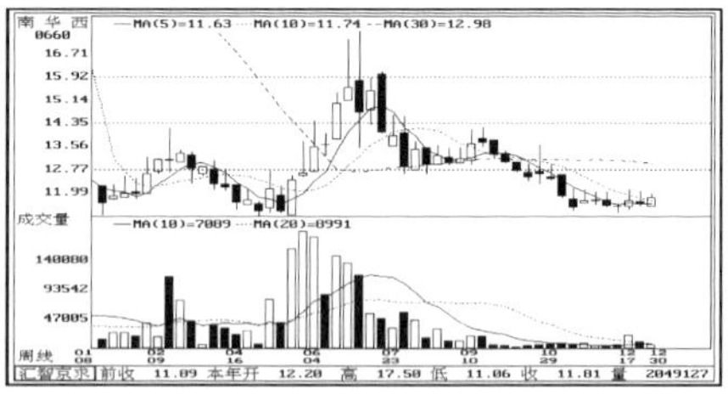

0660 南华西:流通股本3919万,主营干式变压器、中央空调设备。6月29日最高价17.50元,1月5日最低价11.06元。1999年每股收益0.2100元。走势不明朗,暂不介入。

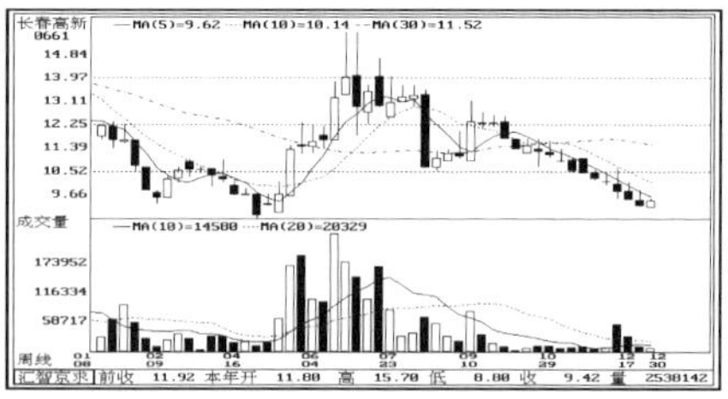

0661 长春高新:流通股本7979万,主营高新技术产品的开发、生产、销售。6月29日最高价15.70元,4月27日最低价8.80元。1999年每股收益0.0690元。走势未明,后市关注。

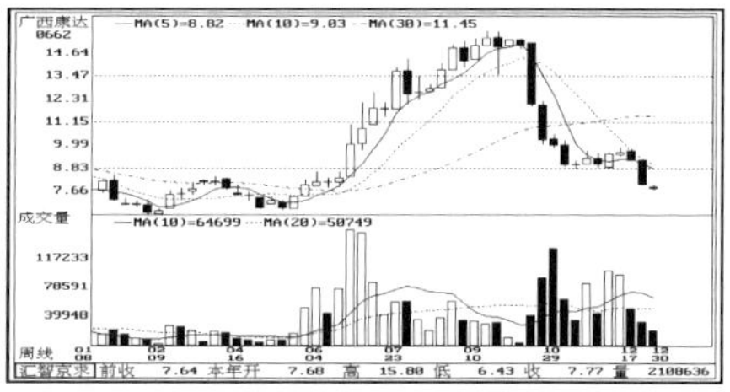

0662 广西康达:流通股本3855万,主营进出口贸易、冷轧钢带及深加工产品。9月13日最高价15.80元,2月8日最低价6.43元。1999年每股收益-0.2700元。上档压力仍重,需进一步整理。

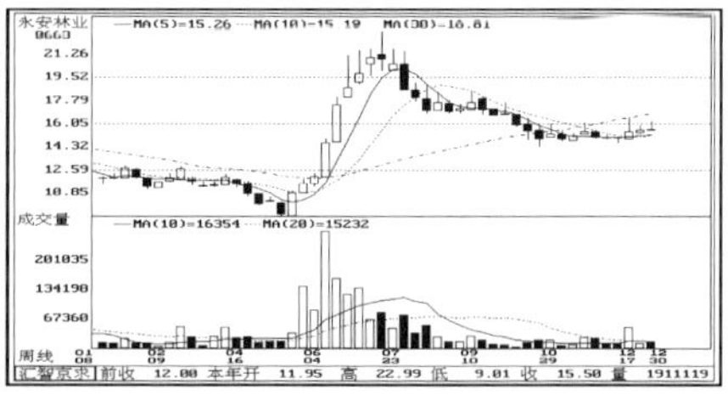

0663 永安林业:流通股本5900万,主营木材采运、加工、家俱、食品。7月12日最高价22.99元,5月17日最低价9.01元。1999年每股收益0.2930元。短线调整未结束,持币。

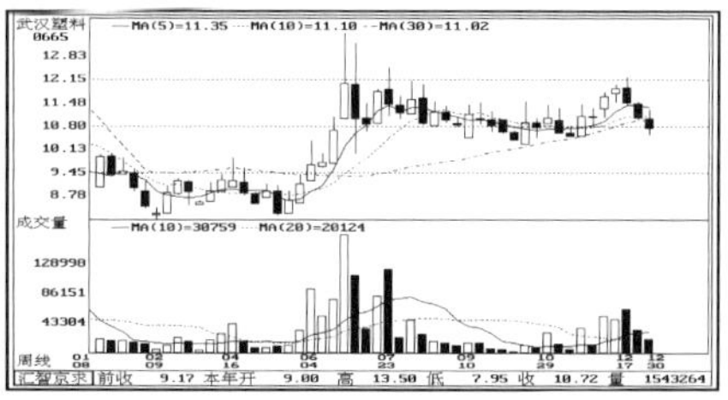

0665 武汉塑料:流通股本3847万,主营高新科技工程塑料制品。6月24日最高价13.50元,5月17日最低价7.95元。1999年每股收益0.2100元。上行欲望不强,仍有整理。

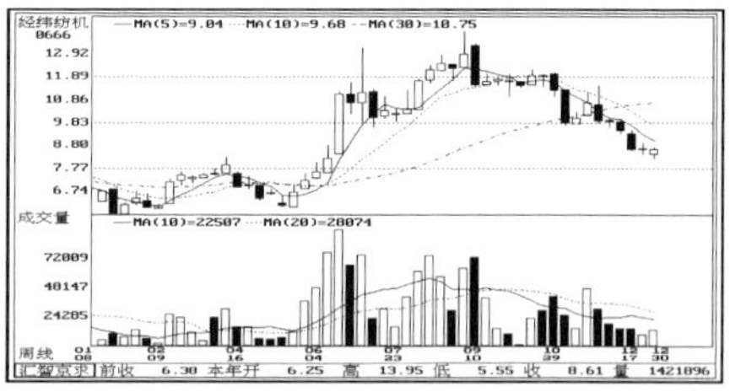

0666 经纬纺机:流通股本20296万,主营开发生产销售纺织机械产品。9月3日最高价13.95元,1月18日最低价5.55元。1999年每股收益0.2100元。长期调整充分,小V型反转。

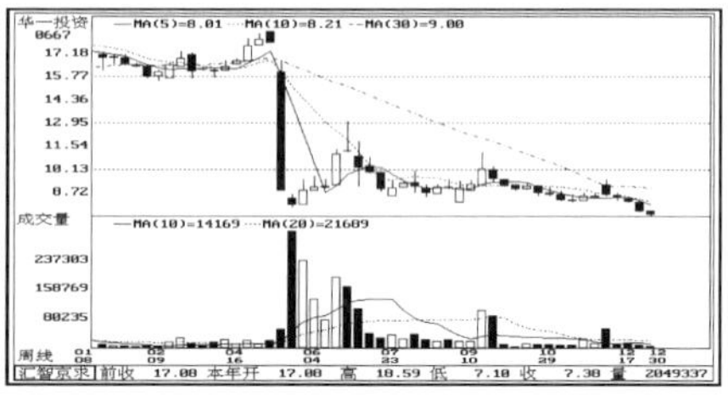

0667 华一投资:流通股本6400万,主营产权管理、股权、产权投资转让。5月5日最高价18.59元,12月29日最低价7.10元。1999年每股收益0.0400元。回抽确认,面临均线支撑。

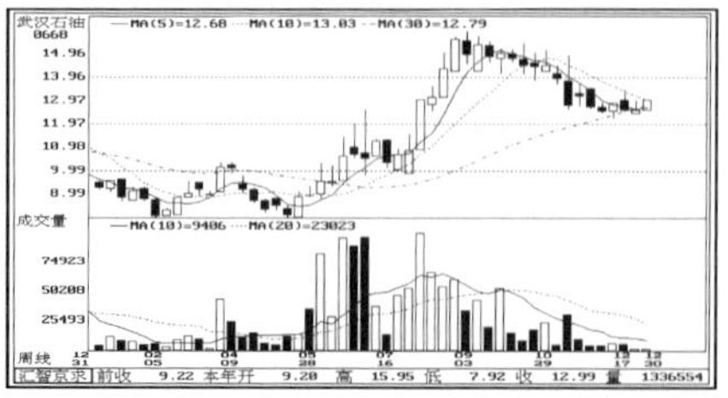

0668 武汉石油:流通股本4200万,主营石油制品、石油设备及器材、化工产品。8月30日最高价15.95元,2月8日最低价7.92元。1999年每股收益0.2690元。小V型反转,中线可持。

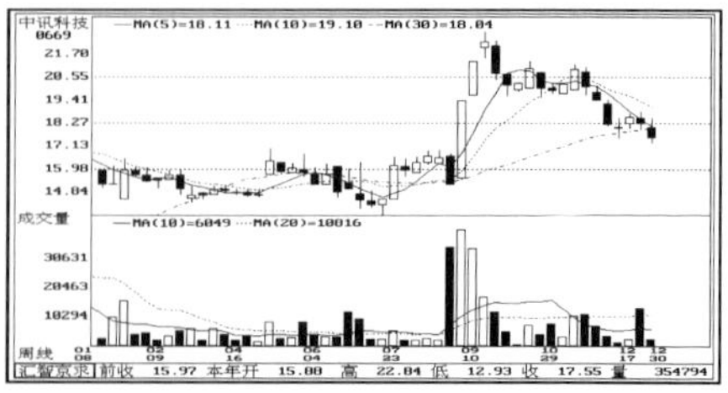

0669 中讯科技:流通股本2300万,主营通讯类、网络信息类产品的开发、生产、销售及服务。9月17日最高价22.84元,7月15日最低价12.93元。1999年每股收益0.6410元。上行欲望不强,仍有整理。

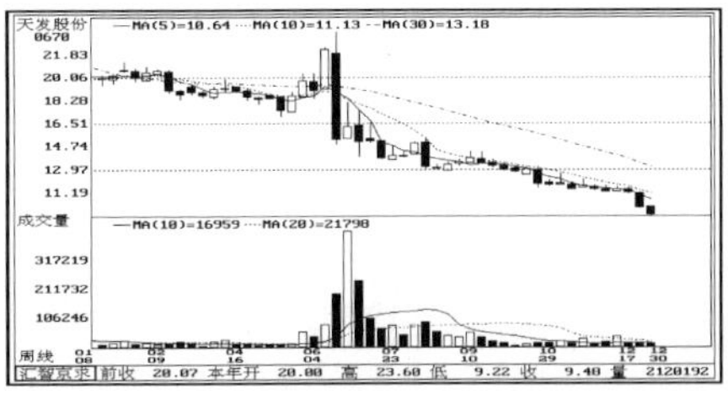

0670　天发股份:流通股本 11898 万,主营石油液化气和油品的储运、经营。6 月 15 日最高价 23.60 元,12 月 29 日最低价 9.22 元。1999 年每股收益 0.3300 元。上档压力较大,不介入。

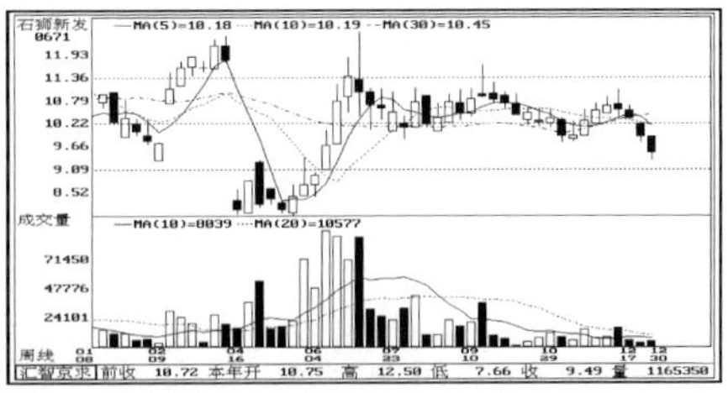

0671　石狮新发:流通股本 2910 万,主营基础设施开发、电子产品。6 月 28 日最高价 12.50 元,5 月 19 日最低价 7.66 元。1999 年每股收益 0.1400 元。需继续在低位震荡筑底。

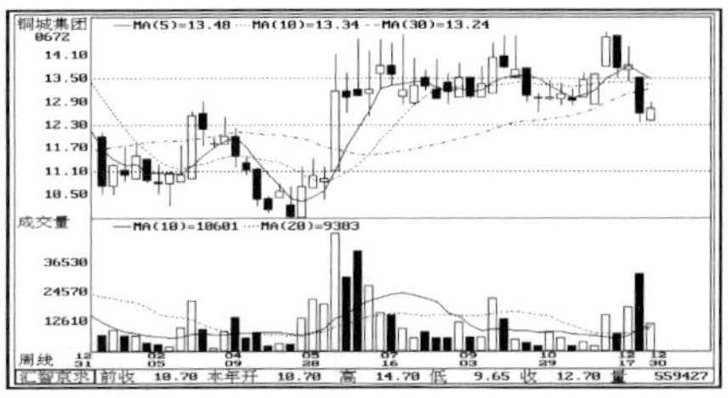

0672　铜城集团:流通股本 2599 万,主营农副产品、建材、金属、化工。12 月 2 日最高价 14.70 元,5 月 18 日最低价 9.65 元。1999 年每股收益 0.2150 元。上行欲望不强,仍有整理。

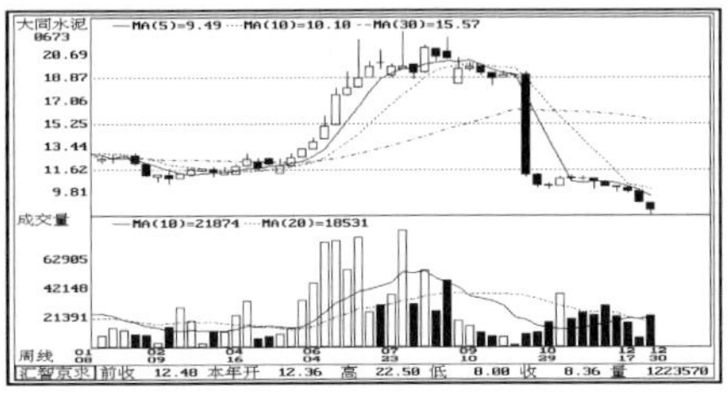

0673　大同水泥:流通股本 5100 万,主营熟料及硅酸盐水泥的制造及销售。7 月 30 日最高价 22.50 元,12 月 30 日最低价 8.00 元。1999 年每股收益 0.2300 元。指标发出买入信号,回档跟进。

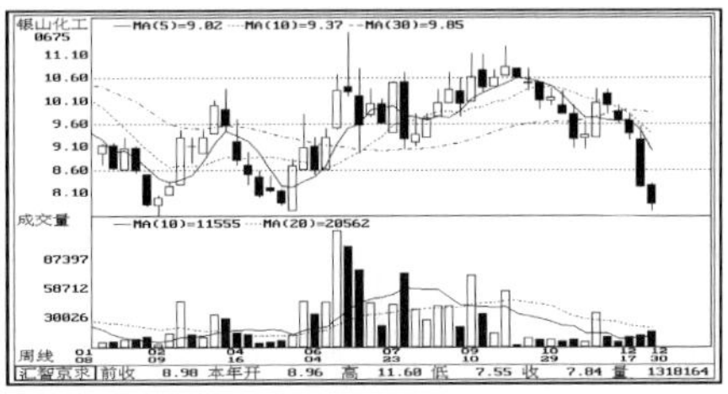

0675　银山化工:流通股本 3315 万,主营磷酸铵、工业硫酸、过磷酸钙、水泥。6 月 24 日最高价 11.60 元,12 月 28 日最低价 7.55 元。1999 年每股收益 -0.4100 元。回抽确认,面临均线支撑。

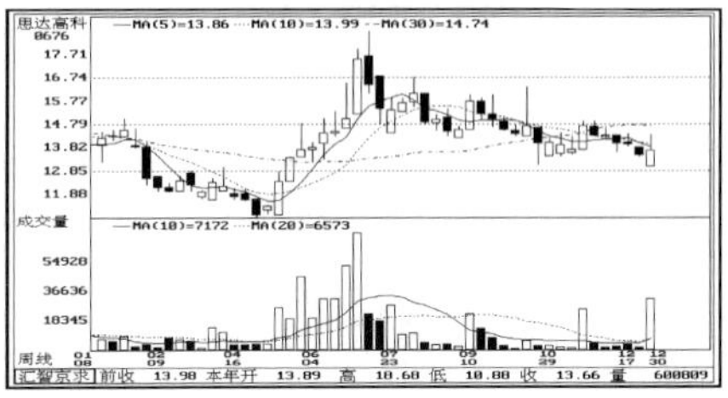

0676　思达高科:流通股本 2500 万,主营电力系统配套设备的生产与销售。7 月 5 日最高价 18.68 元,5 月 5 日最低价 10.88 元。1999 年每股收益 0.2400 元。指标背离,不宜追涨。

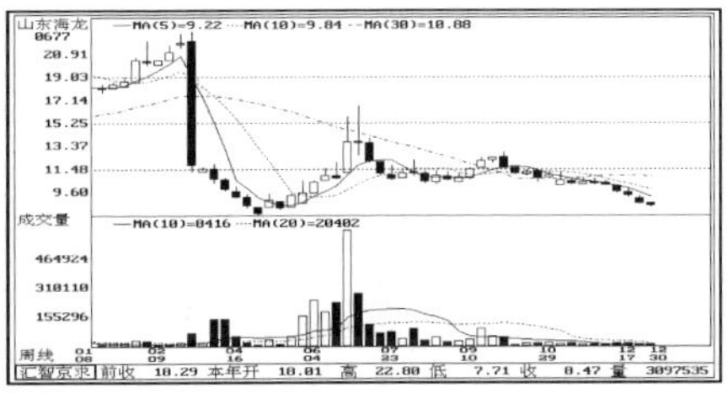

0677　山东海龙:流通股本 5054 万,主营制盐、化纤用浆粕、水产加工、冷藏。3 月 16 日最高价 22.80 元,4 月 27 日最低价 7.71 元。1999 年每股收益 0.1600 元。回抽确认,面临均线支撑。

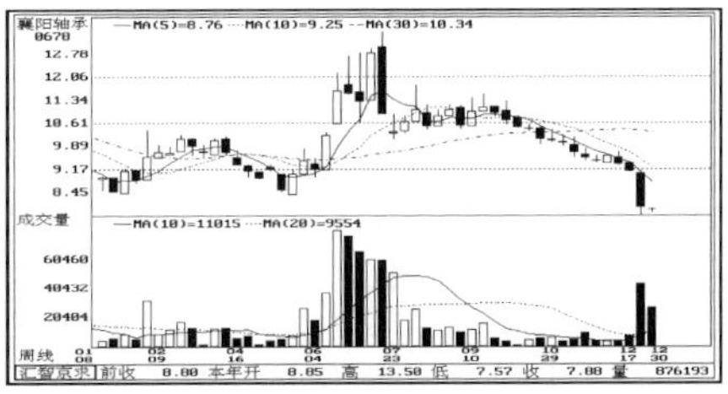

0678　襄阳轴承:流通股本 7900 万,主营轴承及零部件、汽车零部件、机电设备。7 月 12 日最高价 13.50 元,12 月 27 日最低价 7.57 元。1999 年每股收益 0.2190 元。上行欲望不强,仍有整理。

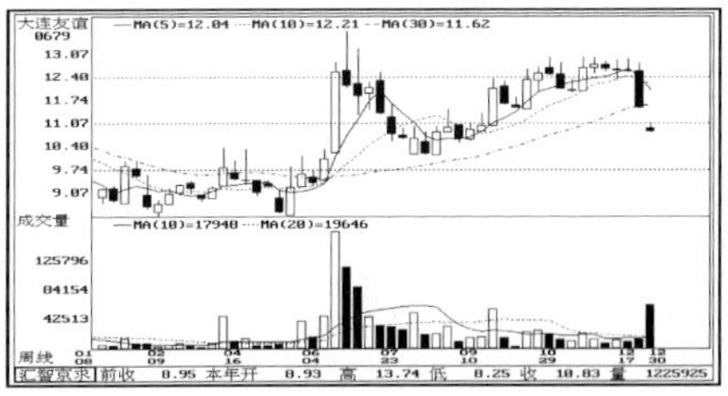

0679　大连友谊:流通股本 10800 万,主营商品零售、酒店、外轮供应。6 月 25 日最高价 13.74 元,2 月 8 日最低价 8.25 元。1999 年每股收益 0.2430 元。短线有一定的压力,正在调整。

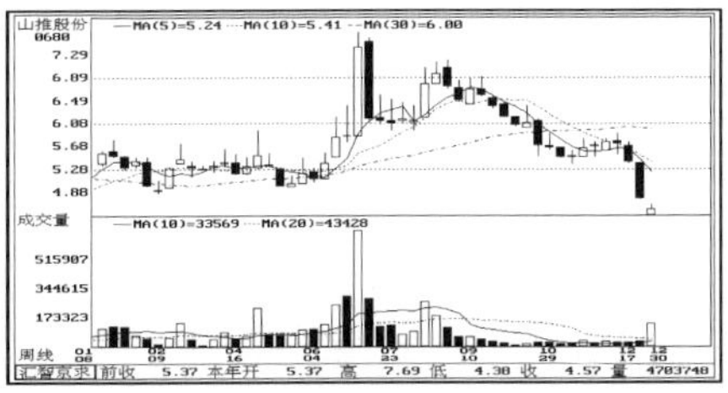

0680　山推股份:流通股本 18117 万,主营推土机、装载机、压路机、吊管机。7 月 2 日最高价 7.69 元,12 月 29 日最低价 4.38 元。1999 年每股收益 0.0690 元。上行欲望不强,仍有整理。

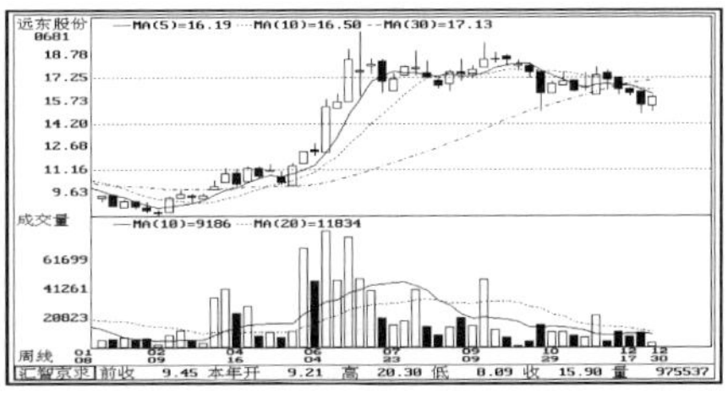

0681　远东股份:流通股本 3125 万,主营生产销售服装、床上用品、鞋帽。6 月 29 日最高价 20.30 元,2 月 8 日最低价 8.09 元。1999 年每股收益 0.2190 元。走势不明朗,暂不介入。

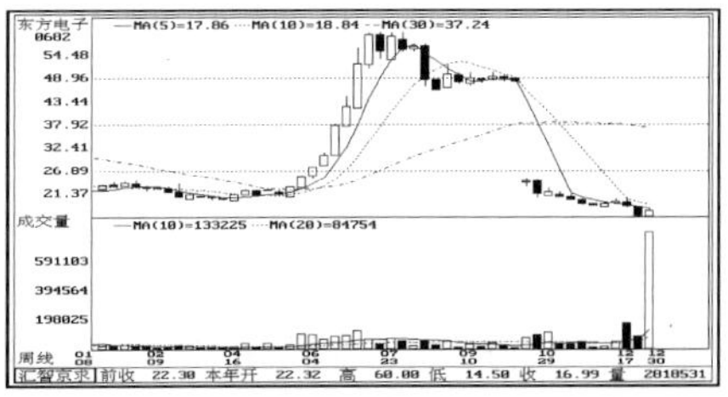

0682　东方电子:流通股本 60200 万,主营微型计算机、计算机外部设备。7 月 26 日最高价 60.00 元,12 月 27 日最低价 14.50 元。1999 年每股收益 0.5300 元。有获利盘减持迹象,暂不介入。

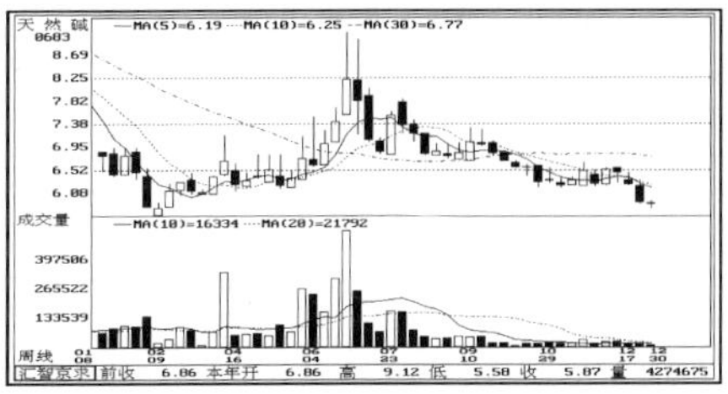

0683　天然碱:流通股本 16900 万,主营开采、生产、销售天然碱。6 月 25 日最高价 9.12 元,2 月 8 日最低价 5.58 元。1999 年每股收益 0.0470 元。有获利盘减持迹象,暂不介入。

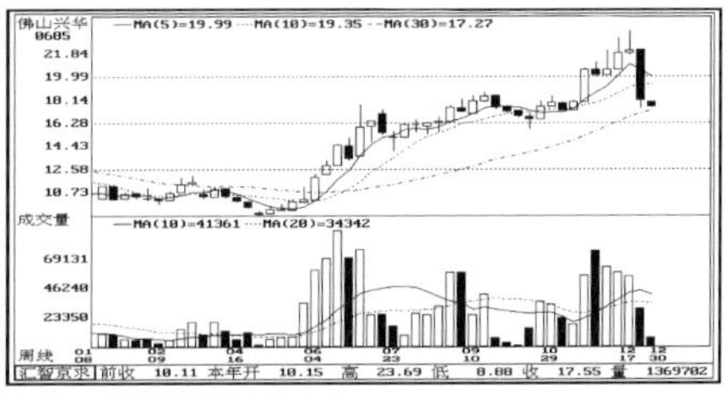

0685　佛山兴华:流通股本 5600 万,主营百货零售及批发代理。12 月 17 日最高价 23.69 元,4 月 27 日最低价 8.88 元。1999 年每股收益 0.0570 元。短线有减持迹象,暂不介入。

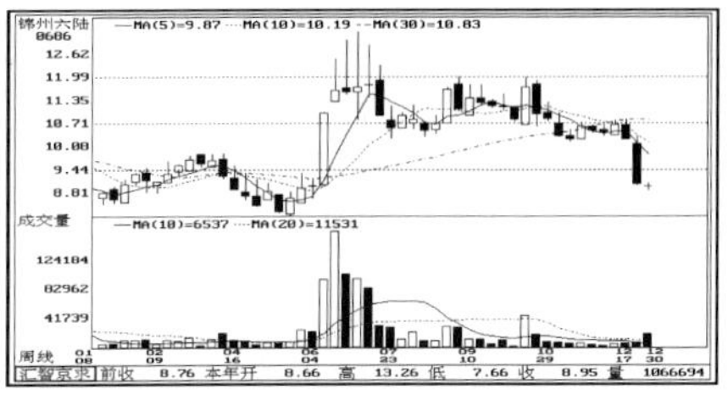

0686　锦州六陆:流通股本 4093 万,主营石油、石油制品、五金交电。6 月 30 日最高价 13.26 元,5 月 17 日最低价 7.66 元。1999 年每股收益 0.3500 元。上行欲望不强,仍有整理。

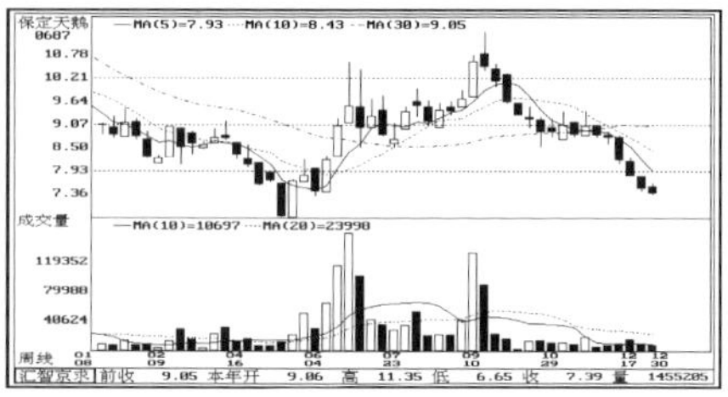

0687　保定天鹅:流通股本 9800 万,主营粘胶纤维制造、销售。9 月 13 日最高价 11.35 元,5 月 17 日最低价 6.65 元。1999 年每股收益 0.2940 元。有获利盘减持迹象,暂不介入。

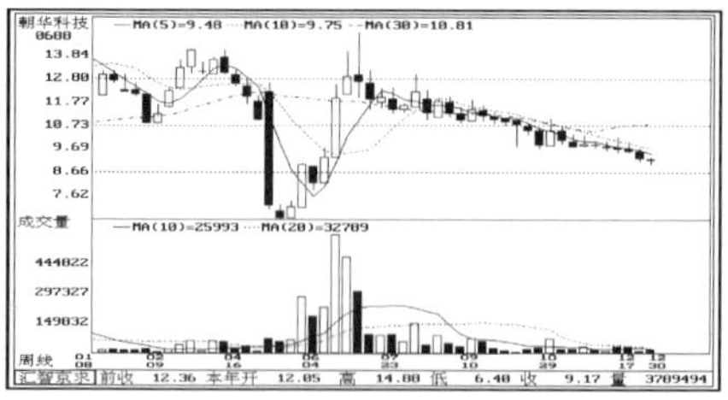

0688　朝华科技:流通股本 10059 万,主营各种陶瓷制品、贴胶模具。6 月 30 日最高价 14.88 元,5 月 18 日最低价 6.40 元。1999 年每股收益 0.2150 元。回抽确认,面临均线支撑。

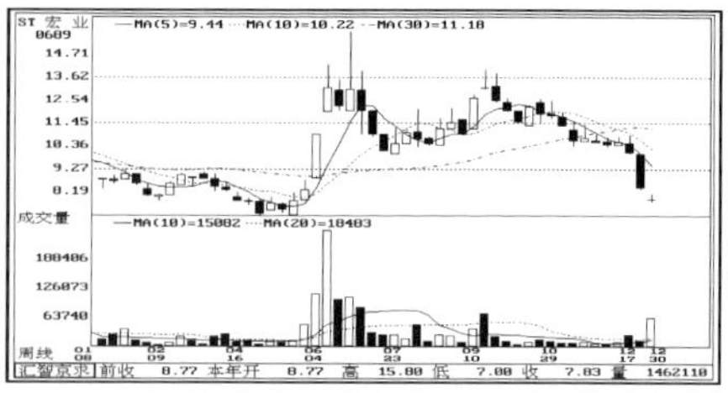

0689　ST 宏业:流通股本 4888 万,主营建筑材料、金刚石。6 月 25 日最高价 15.80 元,5 月 19 日最低价 7.00 元。1999 年每股收益 -0.8110 元。短线已见底,反弹空间仍存。

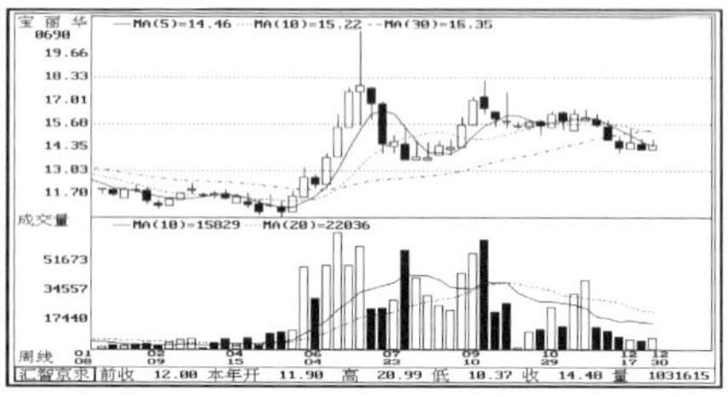

0690　宝丽华:流通股本 3250 万,主营衬衫、西服等服装;公用设施工程。6 月 29 日最高价 20.99 元,5 月 14 日最低价 10.37 元。1999 年每股收益 0.3940 元。走势未明,后市关注。

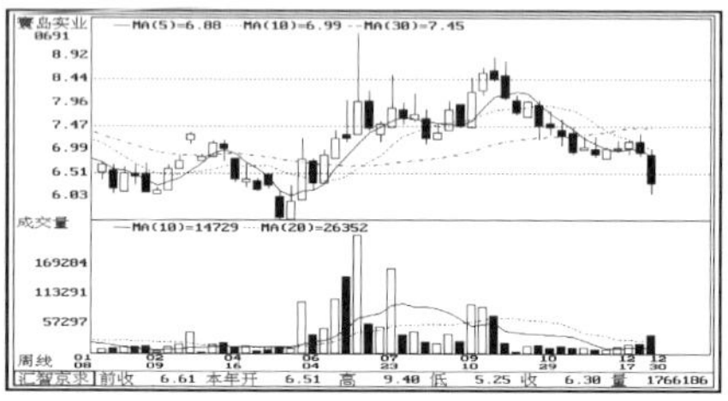

0691　寰岛实业:流通股本 13000 万,主营旅游酒店业开发、经营、娱乐及餐饮业。6 月 30 日最高价 9.40 元,5 月 17 日最低价 5.25 元。1999 年每股收益 0.1730 元。需继续在低位震荡筑底。

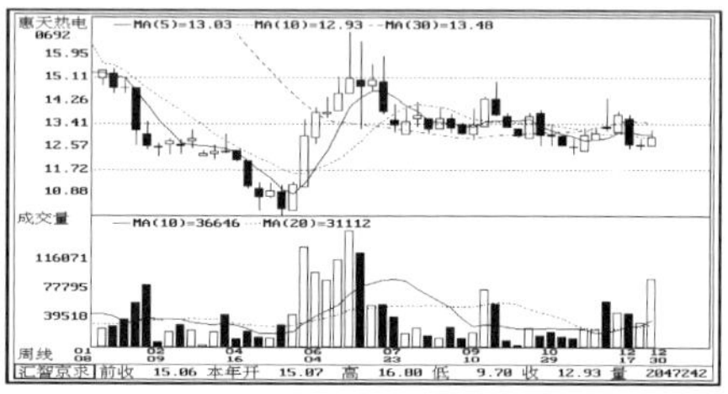

0692　惠天热电:流通股本 8700 万,主营供热管理、甲级市政热力工程设计。6 月 25 日最高价 16.80 元,5 月 19 日最低价 9.70 元。1999 年每股收益 0.3980 元。短线调整未结束,持币。

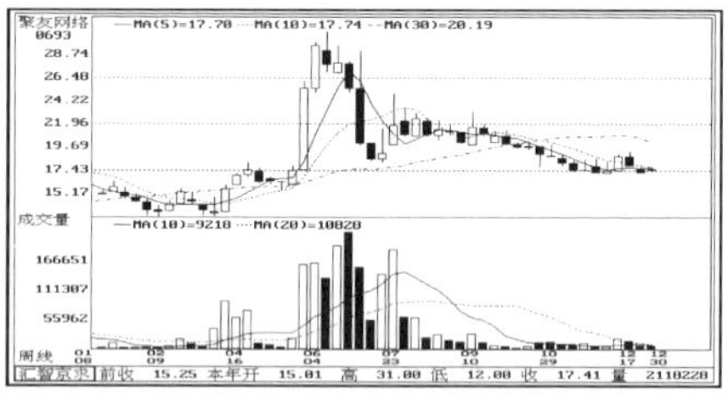

0693　聚友网络:流通股本 3003 万,主营涤纶长丝、有色丝、网络丝。6 月 9 日最高价 31.00 元,4 月 5 日最低价 12.00 元。1999 年每股收益 0.2760 元。低位箱形整理,无成交量配合。

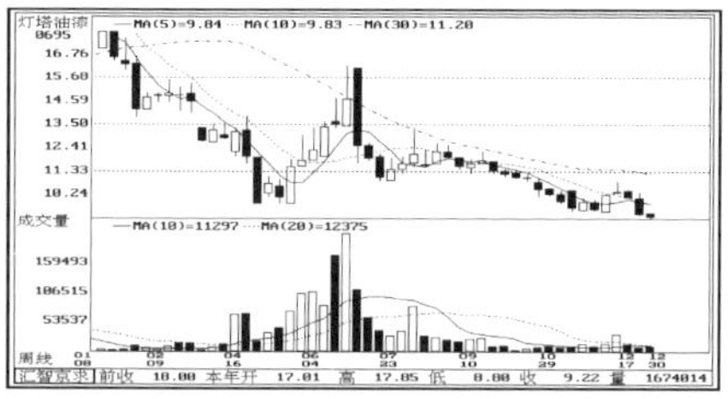

0695　灯塔油漆:流通股本 5938 万,主营涂料及颜料的制造。1 月 11 日最高价 17.85 元,12 月 27 日最低价 8.80 元。1999 年每股收益 0.1580 元。短线有减持迹象,暂不介入。

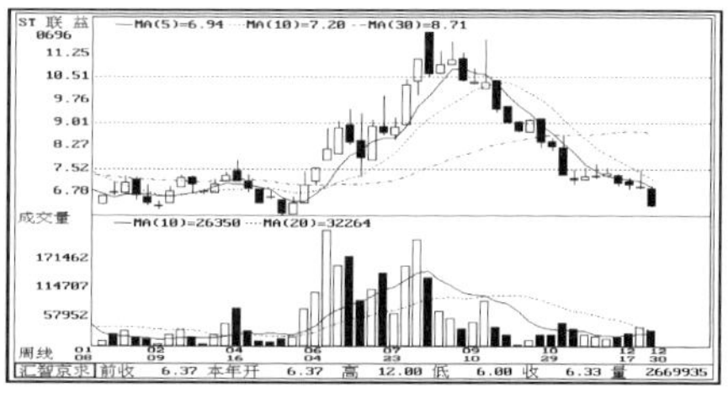

0696　ST 联益:流通股本 5158 万,主营冶金和内河运输。8 月 9 日最高价 12.00 元,5 月 19 日最低价 6.00 元。1999 年每股收益 -0.8290 元。均线反压,短线趋势仍淡。

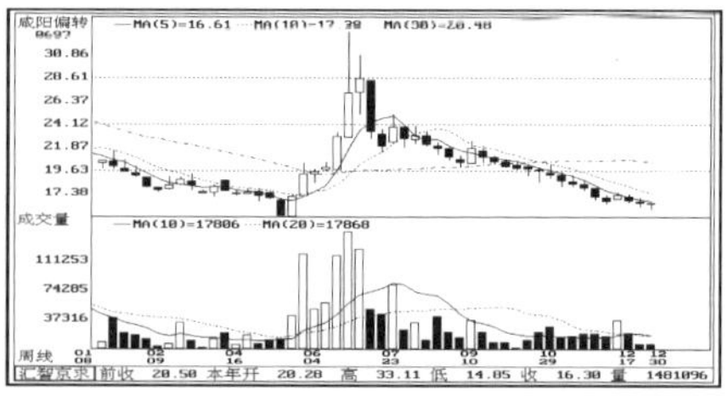

0697　咸阳偏转:流通股本 7700 万,主营彩色显像管用偏转线圈及其配套产品。6 月 25 日最高价 33.11 元,5 月 19 日最低价 14.85 元。1999 年每股收益 0.3700 元。回抽确认,面临均线支撑。

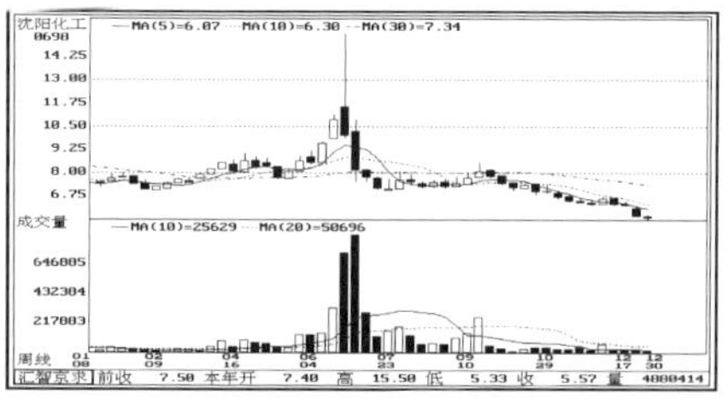

0698　沈阳化工:流通股本 18700 万,主营以氯碱化工为主的基础化工原料。6 月 24 日最高价 15.50 元,12 月 28 日最低价 5.33 元。1999 年每股收益 0.2700 元。中线已趋淡,趁反弹减磅。

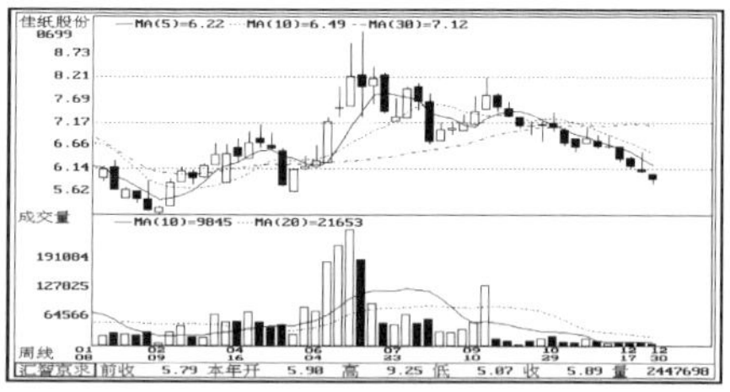

0699　佳纸股份:流通股本 9400 万,主营造纸机械设备、制造各种纸张。6 月 29 日最高价 9.25 元,2 月 8 日最低价 5.07 元。1999 年每股收益 0.0630 元。有获利盘减持迹象,暂不介入。

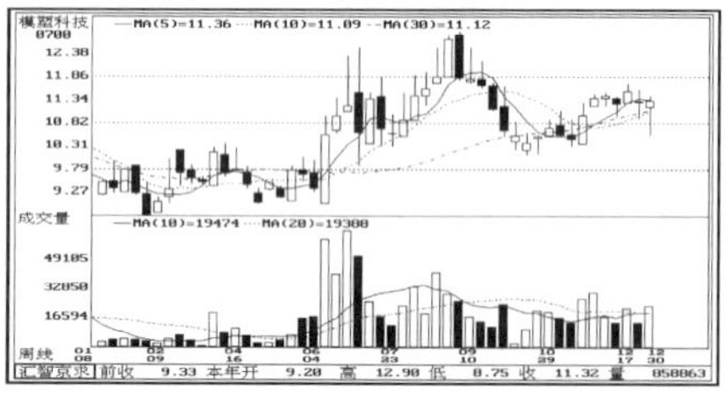

0700　模塑科技:流通股本 3853 万,主营塑料制品、汽车零部件、模具、塑钢门窗、模塑高科技产品的开发。8 月 30 日最高价 12.90 元,2 月 5 日最低价 8.75 元。1999 年每股收益 0.2640 元。小 V 型反转,中线可持。

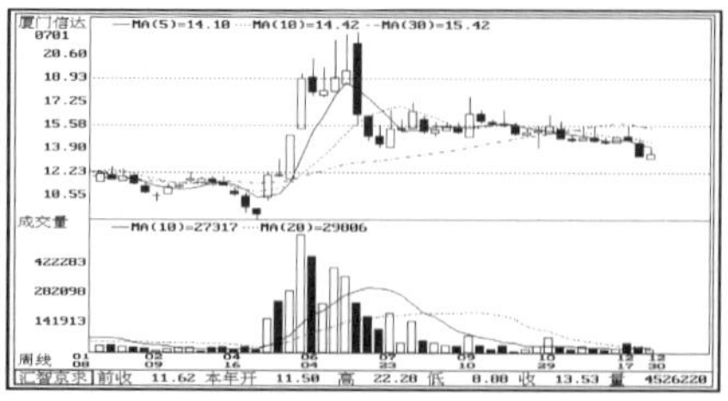

0701　厦门信达:流通股本 11500 万,主营信息科技产品生产、经营。6 月 30 日最高价 22.28 元,4 月 27 日最低价 8.88 元。1999 年每股收益 0.0480 元。回抽确认,面临均线支撑。

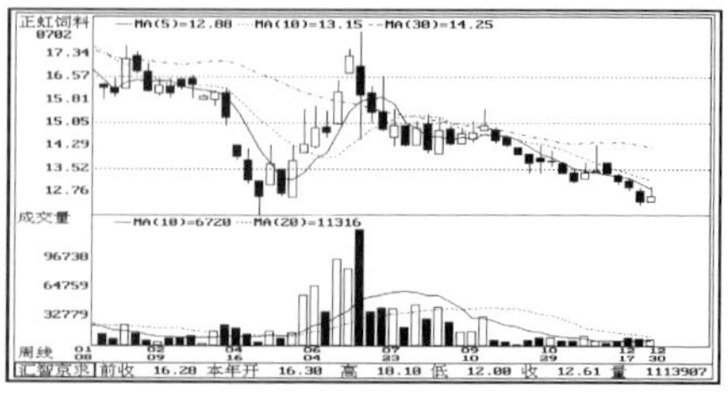

0702　正虹饲料:流通股本 6498 万,主营饲料及添加剂的制造、批发、饲养家畜。6 月 29 日最高价 18.10 元,4 月 27 日最低价 12.00 元。1999 年每股收益 0.3840 元。整理走势,短线有一定压力。

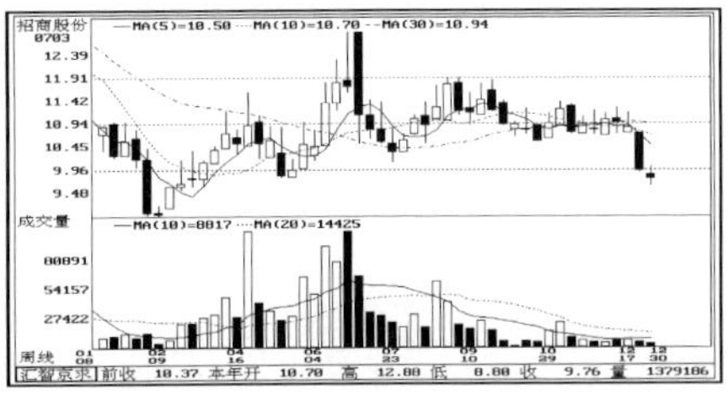

0703　招商股份：流通股本4680万，主营房地产开发、轻工机械、电子产品。6月23日最高价12.88元，2月8日最低价8.80元。1999年每股收益0.2120元。有获利盘减持迹象，暂不介入。

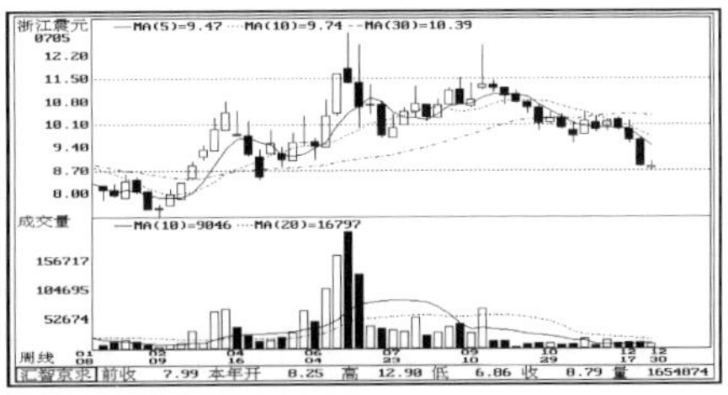

0705　浙江震元：流通股本6200万，主营中药材生产、中药饮片、中成药。6月24日最高价12.90元，3月3日最低价6.86元。1999年每股收益0.2170元。回抽确认，面临均线支撑。

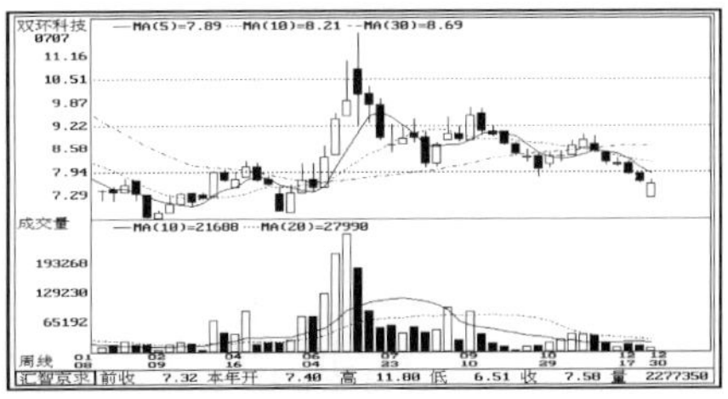

0707　双环科技：流通股本13300万，主营纯碱、氯化铵、烧碱、盐及盐化工系列。6月30日最高价11.80元，2月8日最低价6.51元。1999年每股收益0.2800元。有获利盘减持迹象，暂不介入。

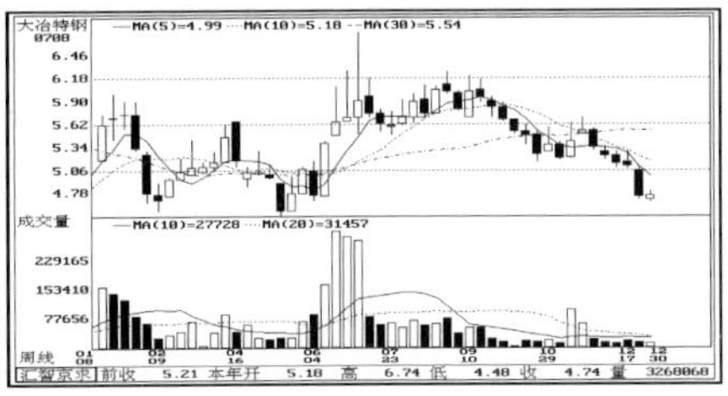

0708　大冶特钢：流通股本16700万，主营钢铁冶炼钢材轧制、金属改制。6月30日最高价6.74元，2月8日最低价4.48元。1999年每股收益0.0610元。回抽确认，面临均线支撑。

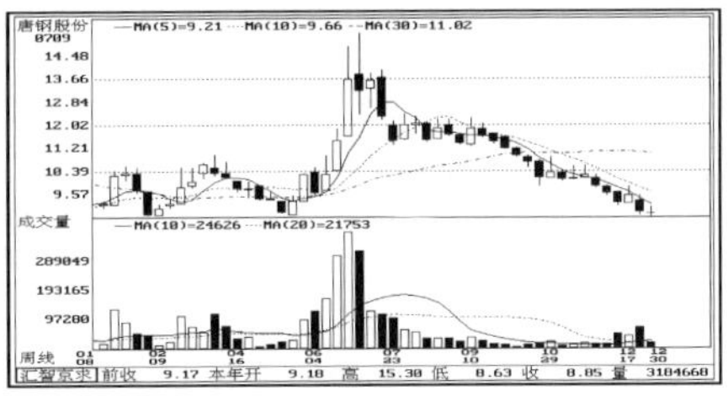

0709　唐钢股份：流通股本28480万，主营钢铁冶炼、轧制、黑色金属冶炼。6月29日最高价15.30元，5月18日最低价8.63元。1999年每股收益0.6300元。筑底回升走势，持股观望。

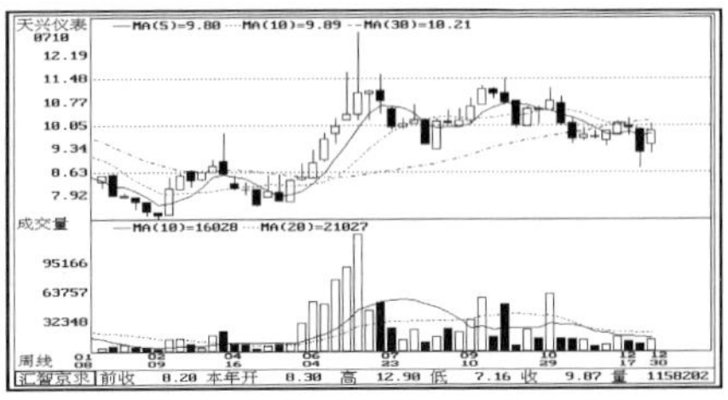

0710　天兴仪表：流通股本3150万，主营摩托车与汽车用系列仪表的开发销售。6月30日最高价12.90元，2月8日最低价7.16元。1999年每股收益0.1270元。小V型反转，中线可持股。

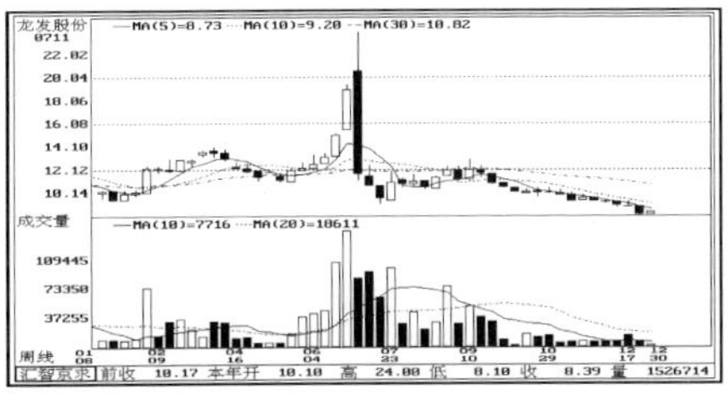

0711　龙发股份：流通股本5111万，主营高新技术产品的开发、研制、旅游项目。6月30日最高价24.00元，12月29日最低价8.10元。1999年每股收益0.1400元。回抽确认，面临均线支撑。

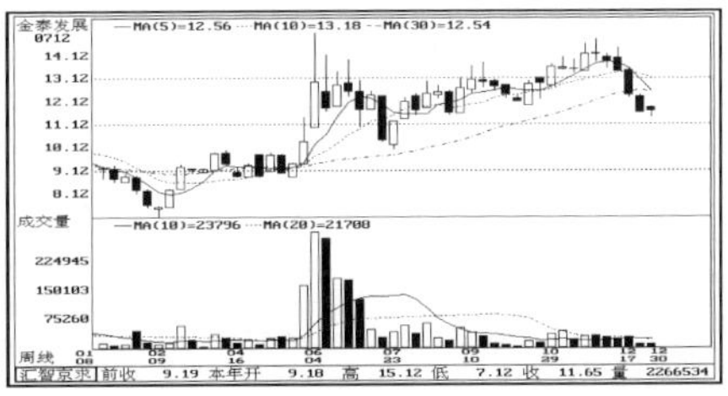

0712　金泰发展：流通股本3809万，主营织布、漂染、制衣、织袜、化纤、长丝。6月3日最高价15.12元，2月9日最低价7.12元。1999年每股收益0.1470元。上行欲望不强，仍有整理。

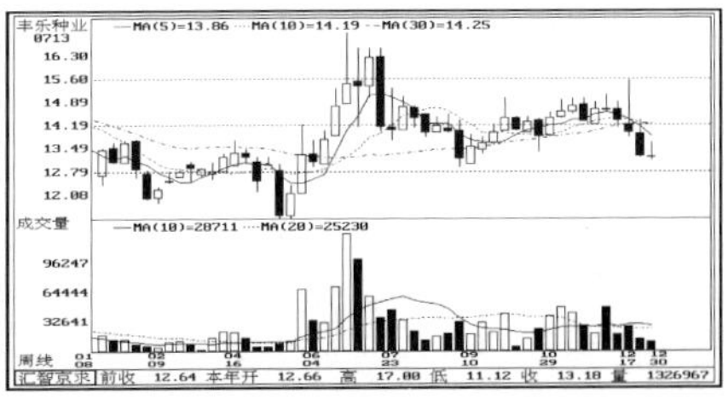

0713　丰乐种业：流通股本10500万，主营粮油、棉、麻等各类种苗、除草剂。6月24日最高价17.00元，5月18日最低价11.12元。1999年每股收益0.4400元。大幅回调，短线仍有整理。

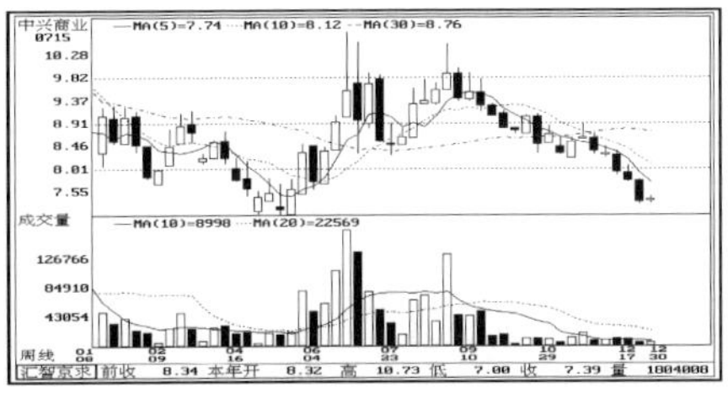

0715　中兴商业：流通股本5700万，主营商贸、食品、烟酒、粮油、水产品。6月25日最高价10.73元，5月17日最低价7.00元。1999年每股收益0.1200元。上行欲望不强，仍有整理。

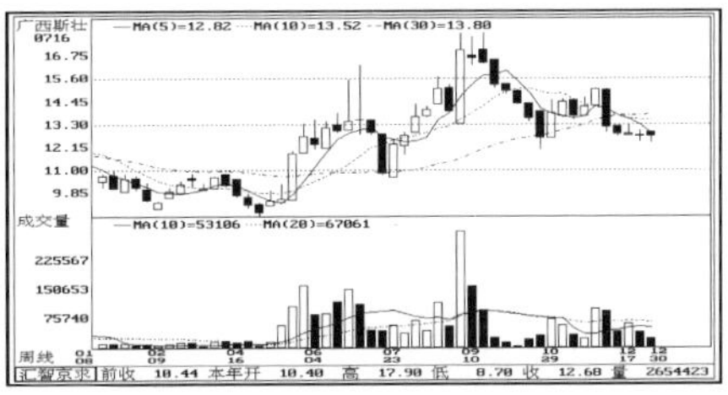

0716　广西斯壮：流通股本7800万，主营寻呼服务、航空服务、旅游等。9月14日最高价17.90元，4月27日最低价8.70元。1999年每股收益0.1150元。短线横盘整理，可适当持股。

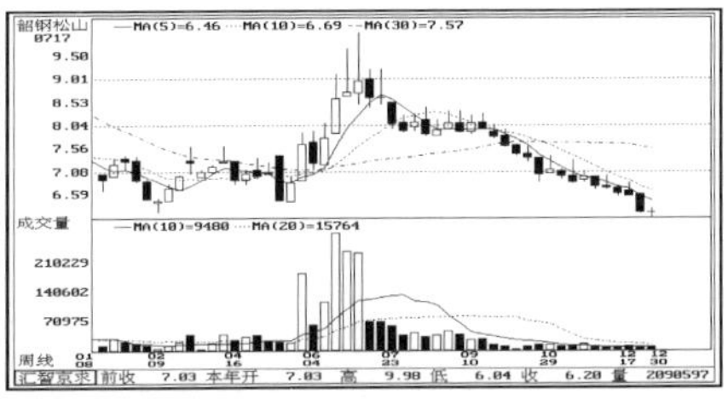

0717　韶钢松山：流通股本13520万，主营黑色金属冷炼加工、金属制品、焦炭。6月30日最高价9.98元，12月29日最低价6.04元。1999年每股收益0.4290元。上行欲望不强，仍有整理。

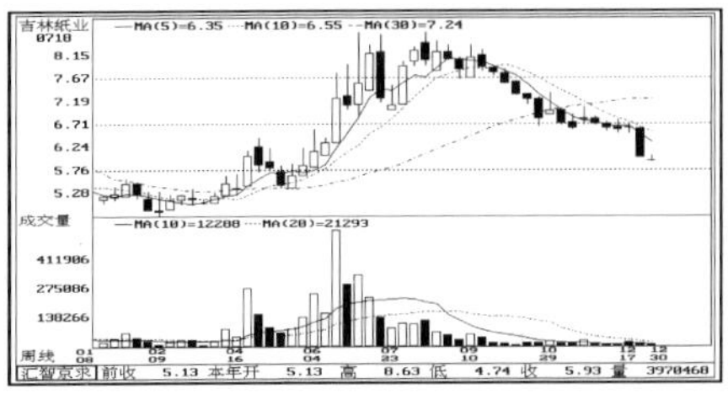

0718　吉林纸业：流通股本14506万，主营机制纸、纸板、胶带、纸制品制造。8月9日最高价8.63元，2月8日最低价4.74元。1999年每股收益0.3300元。回抽确认，面临均线支撑。

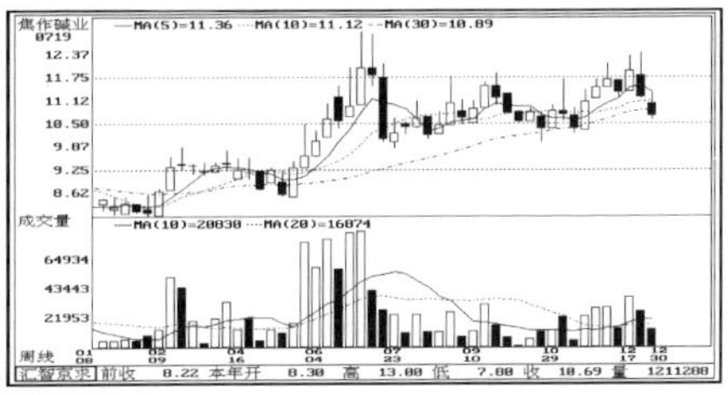

0719　焦作碱业：流通股本2364万，主营纯碱的生产与销售。7月1日最高价13.00元，1月5日最低价7.80元。1999年每股收益0.2570元。均线反压，短线趋势仍淡。

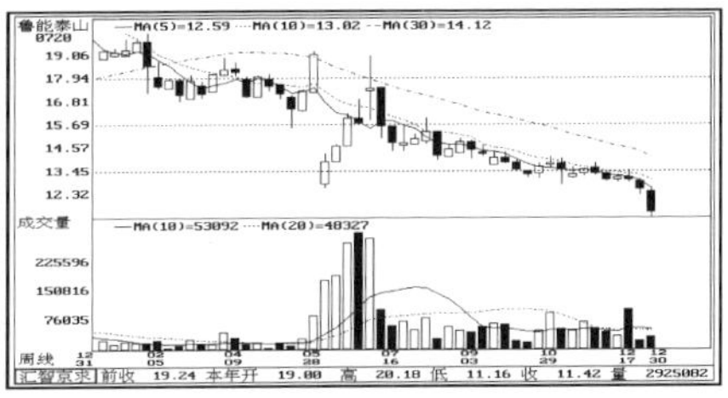

0720　鲁能泰山：流通股本18500万，主营电缆及电线产品、电子器件及电器设备。1月25日最高价20.18元，12月29日最低价11.16元。1999年每股收益0.3500元。上行欲望不强，仍有整理。

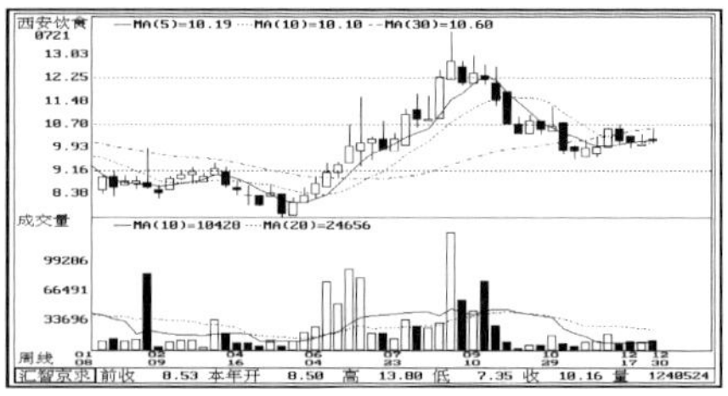

0721　西安饮食：流通股本 4000 万，主营饮食供应业、服务业、副食品、酒。8 月 27 日最高价 13.80 元，5 月 19 日最低价 7.35 元。1999 年每股收益 0.0120 元。整理走势，短线有一定压力。

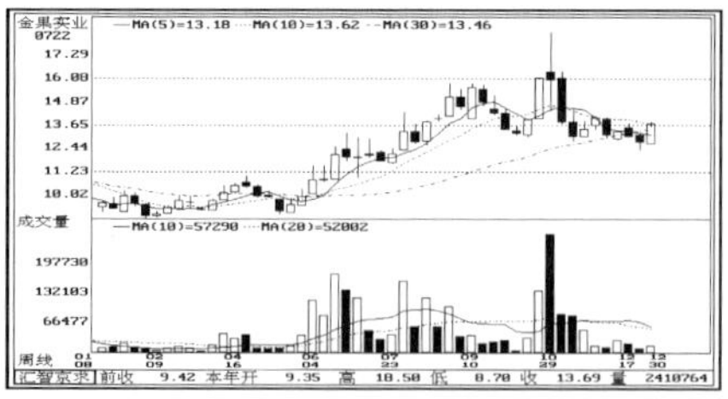

0722　金果实业：流通股本 10600 万，主营农产品、干鲜果品、水产品、副食品。10 月 28 日最高价 18.50 元，2 月 8 日最低价 8.70 元。1999 年每股收益 0.3000 元。长期调整充分，小 V 型反转。

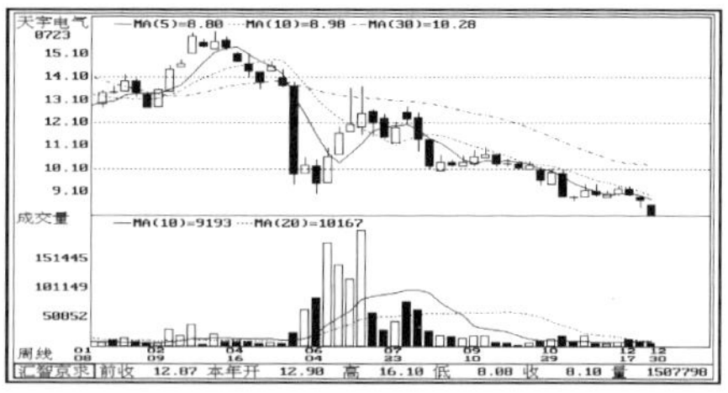

0723　天宇电气：流通股本 7000 万，主营电器机械及器材、普通机械、各种电气。3 月 30 日最高价 16.10 元，12 月 29 日最低价 8.08 元。1999 年每股收益 0.0320 元。筑底回升走势，持股观望。

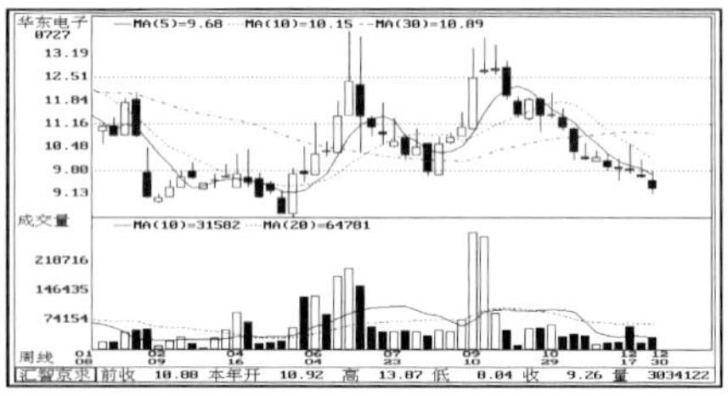

0727　华东电子：流通股本 10600 万，主营真空电子器件、电源产品、计算机。6 月 25 日最高价 13.87 元，5 月 19 日最低价 8.04 元。1999 年每股收益 0.1850 元。筑底回升走势，持股观望。

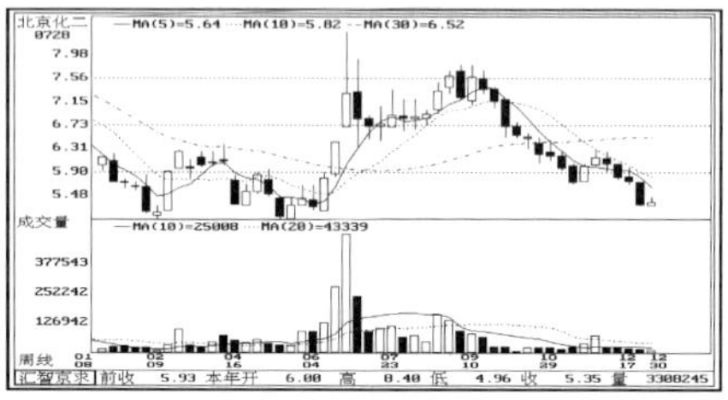

0728　北京化二：流通股本 10400 万，主营聚氯乙烯、烧碱、盐酸、次氯酸钠。6 月 25 日最高价 8.40 元，5 月 17 日最低价 4.96 元。1999 年每股收益 0.0170 元。有获利盘减持迹象，暂不介入。

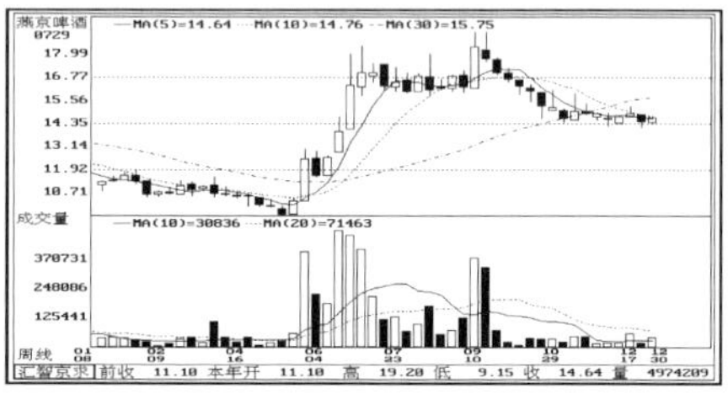

0729　燕京啤酒：流通股本 18720 万，主营啤酒、矿泉水、啤酒原料、饲料、酵母。9 月 13 日最高价 19.20 元，5 月 18 日最低价 9.15 元。1999 年每股收益 0.5190 元。延续上攻行情，仍可持股。

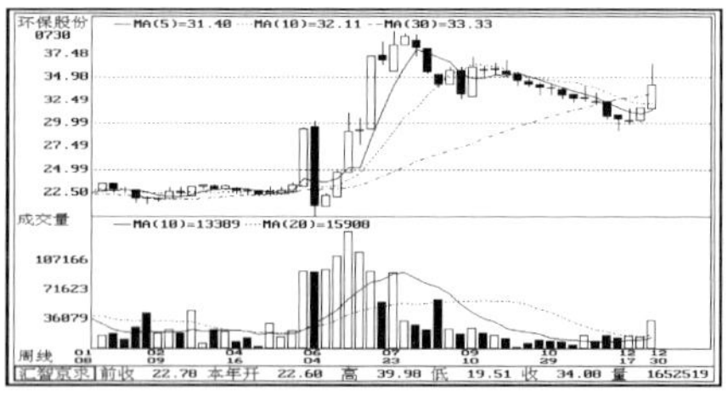

0730　环保股份：流通股本 19333 万，主营环保系列设备、电线制造、中医药制剂。7 月 21 日最高价 39.98 元，6 月 3 日最低价 19.51 元。1999 年每股收益 0.4920 元。高位震荡，上升空间有限。

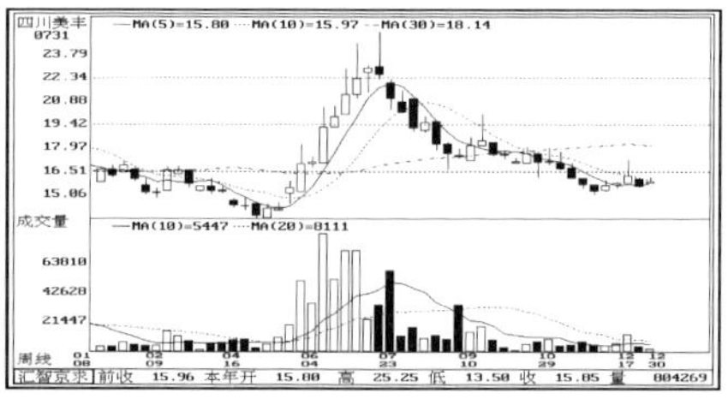

0731　四川美丰：流通股本 7800 万，主营合成氨、碳氢铵、尿素、复合肥。7 月 12 日最高价 25.25 元，5 月 3 日最低价 13.50 元。1999 年每股收益 0.2750 元。主力无意拉抬，先出局为上。

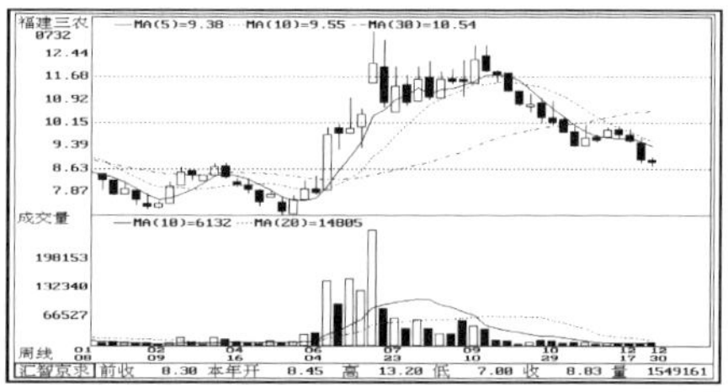

0732　福建三农：流通股本 5600 万，主营化学农药、化工产品、化工原料。7 月 8 日最高价 13.20 元，5 月 18 日最低价 7.00 元。1999 年每股收益 0.2800 元。长期调整充分，有望曲折向上。

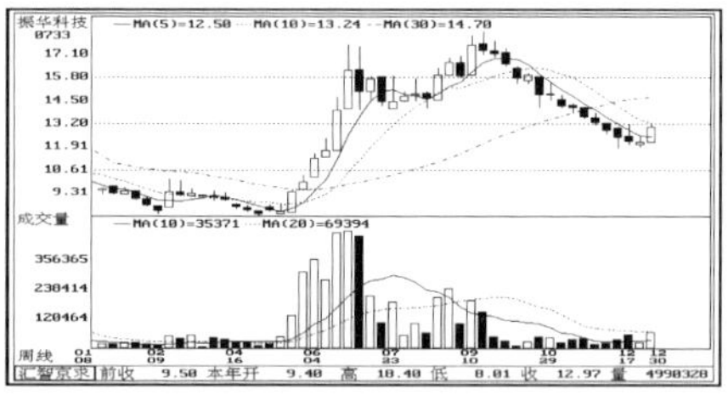

0733　振华科技：流通股本 13300 万，主营电子、机械产品、贸易、建筑信息。9 月 15 日最高价 18.40 元，4 月 27 日最低价 8.01 元。1999 年每股收益 0.2300 元。长期调整充分，小 V 型反转。

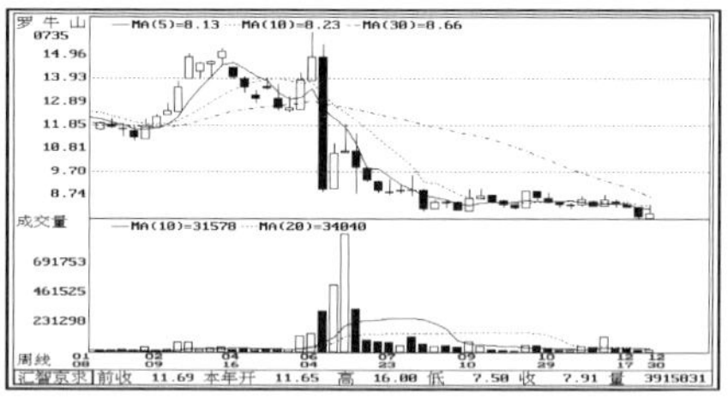

0735　罗牛山：流通股本 13300 万，主营种养业、兴办工业、旅游业、房地产。6 月 2 日最高价 16.00 元，12 月 27 日最低价 7.50 元。1999 年每股收益 0.1600 元。延续上攻行情，暂宜持币观望。

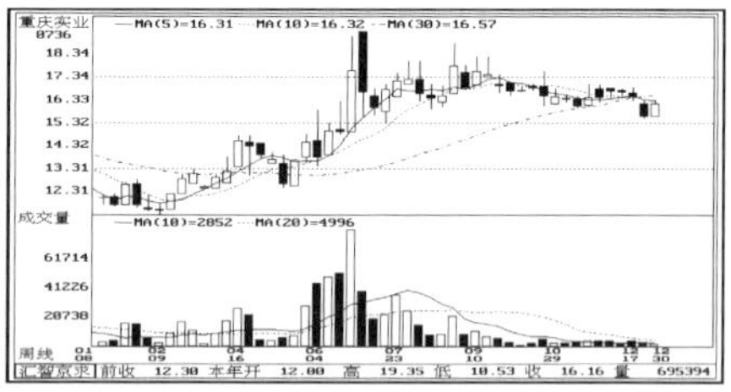

0736　重庆实业：流通股本 2000 万，主营实业投资、利用外资投资、高科技开发。6 月 30 日最高价 19.35 元，3 月 4 日最低价 10.53 元。1999 年每股收益 0.3500 元。短线横盘整理，可适当持股。

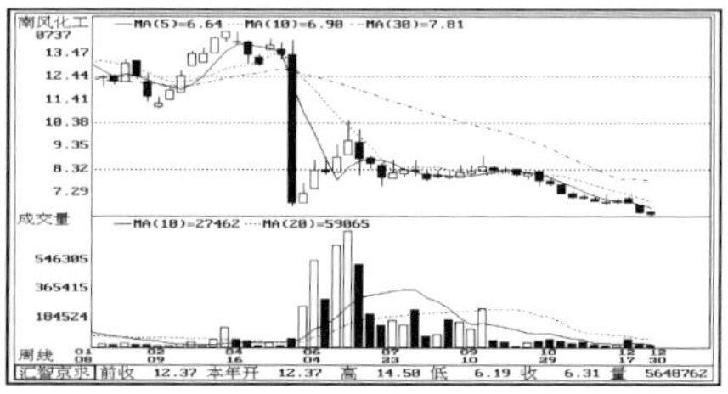

0737　南风化工：流通股本 16120 万，主营无机盐化工原料、化肥和日用化工。4 月 9 日最高价 14.50 元，12 月 29 日最低价 6.19 元。1999 年每股收益 0.2310 元。有获利盘减持迹象，暂不介入。

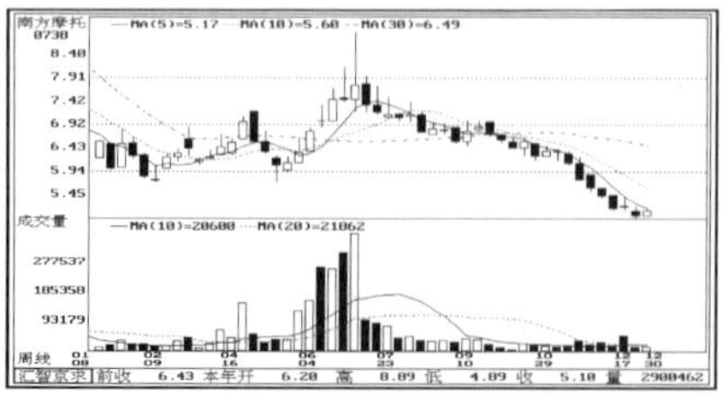

0738　南方摩托：流通股本 13600 万，主营摩托车及其发动机的研究、设计。6 月 30 日最高价 8.89 元，12 月 28 日最低价 4.89 元。1999 年每股收益 0.0750 元。短线调整未结束，持币。

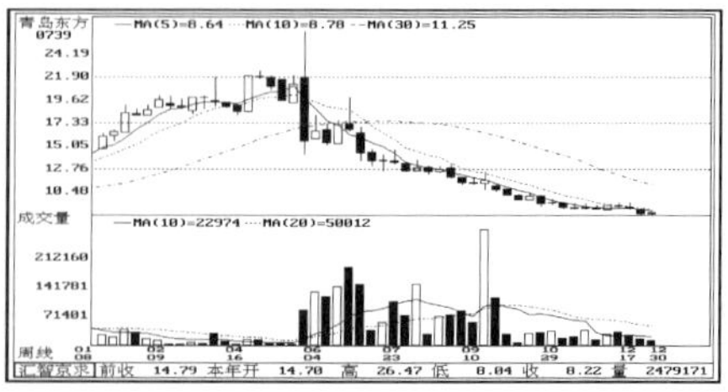

0739　青岛东方：流通股本 7380 万，主营烟酒食品、日用百货、服装鞋帽。5 月 27 日最高价 26.47 元，12 月 27 日最低价 8.04 元。1999 年每股收益 0.0500 元。回抽确认，面临均线支撑。

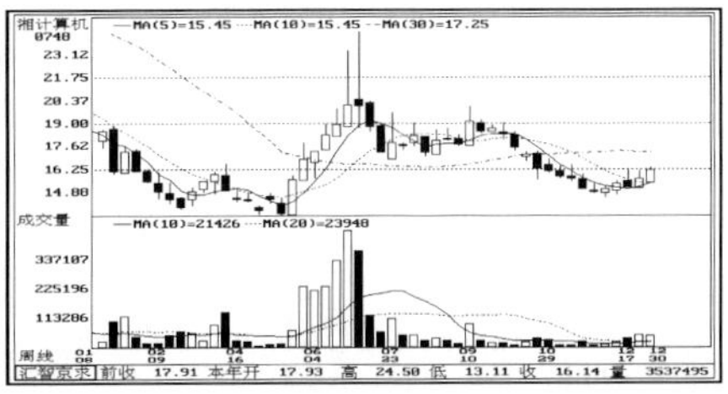

0748　湘计算机：流通股本 9000 万，主营中西文字符、图形终端、网络终端。6 月 30 日最高价 24.50 元，3 月 3 日最低价 13.11 元。1999 年每股收益 0.1890 元。短线仍有上攻潜力，仍可持股。

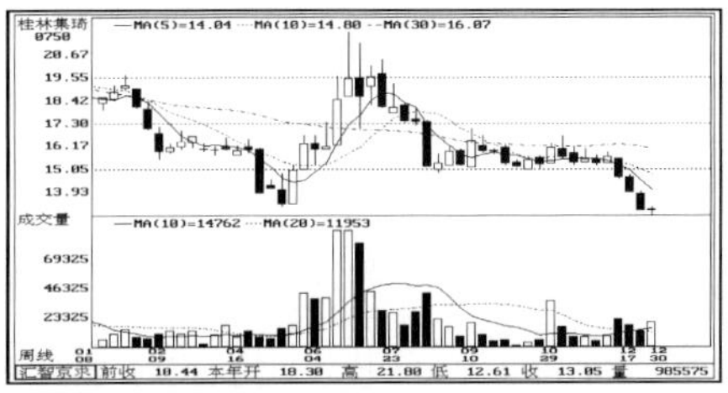

0750　桂林集琦：流通股本 5200 万，主营化学原料药、中成药及制剂。6 月 25 日最高价 21.80 元，12 月 29 日最低价 12.61 元。1999 年每股收益 0.1450 元。回抽确认，面临均线支撑。

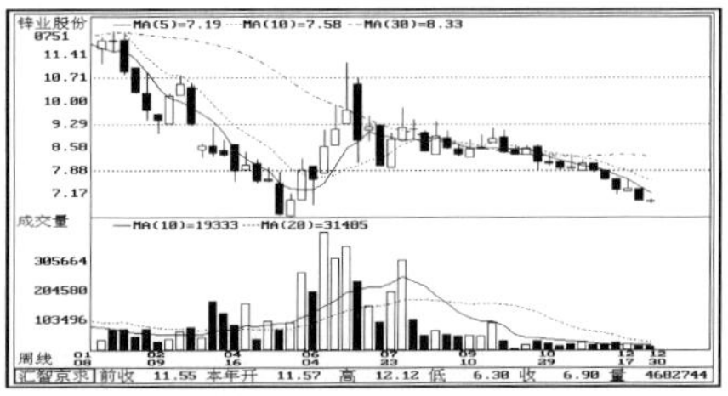

0751　锌业股份：流通股本 22207 万，主营锌、锌深加工产品及硫酸、铟。1 月 14 日最高价 12.12 元，5 月 18 日最低价 6.30 元。1999 年每股收益 0.4250 元。有获利盘减持迹象，暂不介入。

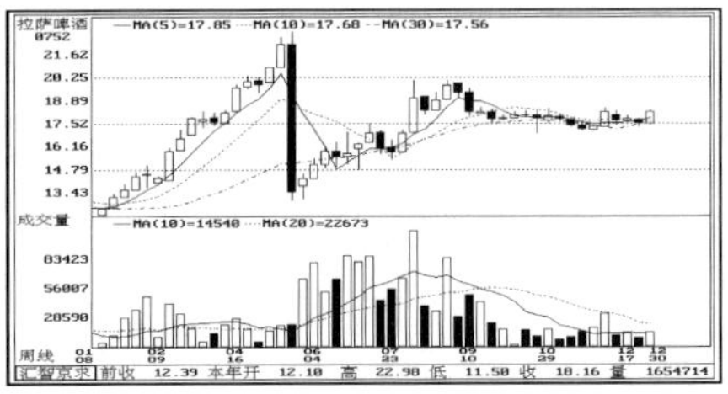

0752　拉萨啤酒：流通股本 7337 万，主营啤酒、饮料、饲料、养殖业、娱乐服务。5 月 20 日最高价 22.98 元，1 月 5 日最低价 11.50 元。1999 年每股收益 0.4140 元。延续上攻行情，仍可持股。

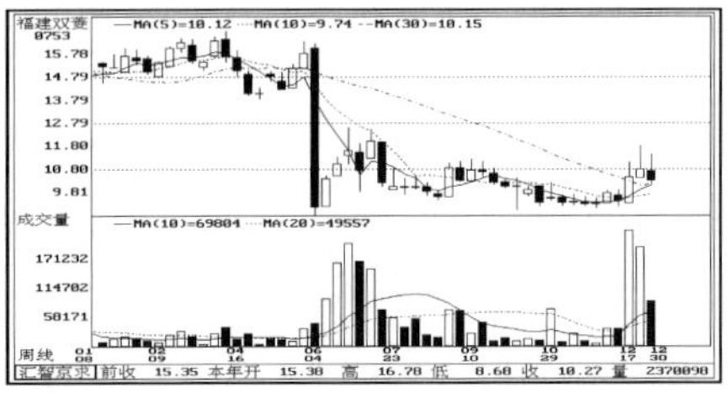

0753　福建双菱：流通股本 7100 万，主营普通陶瓷制品、纸制品、塑料制品。4 月 5 日最高价 16.78 元，8 月 25 日最低价 8.68 元。1999 年每股收益 0.2900 元。回抽确认，面临均线支撑。

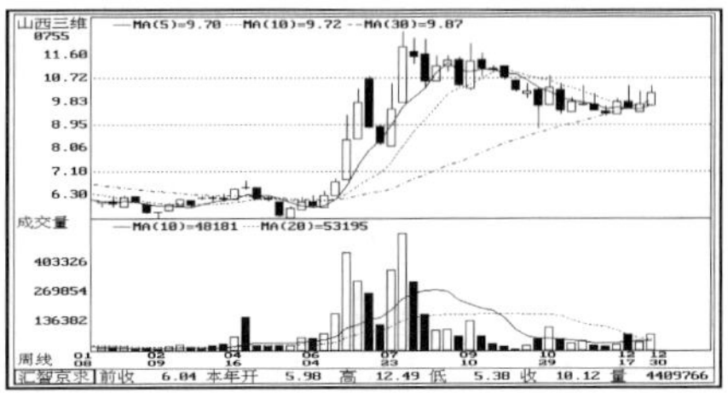

0755　山西三维：流通股本 10900 万，主营化工及化纤产品的产销，焦碳运销。7 月 30 日最高价 12.49 元，5 月 17 日最低价 5.38 元。1999 年每股收益 0.1750 元。走势未明，后市关注。

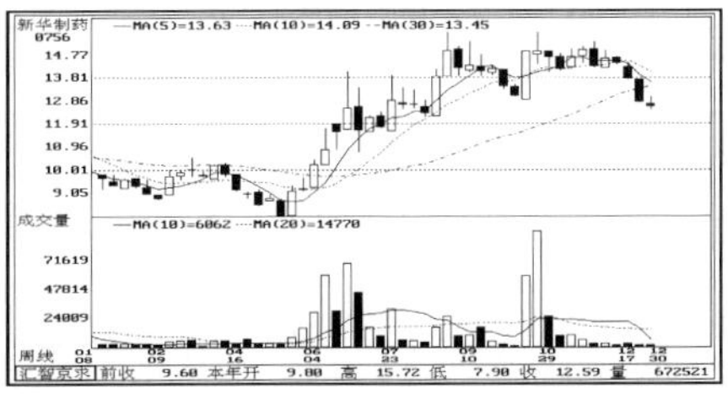

0756　新华制药：流通股本 1250 万，主营西药、化工原料、制药设备。10 月 20 日最高价 15.72 元，5 月 17 日最低价 7.90 元。1999 年每股收益 0.1490 元。有获利盘减持迹象，暂不介入。

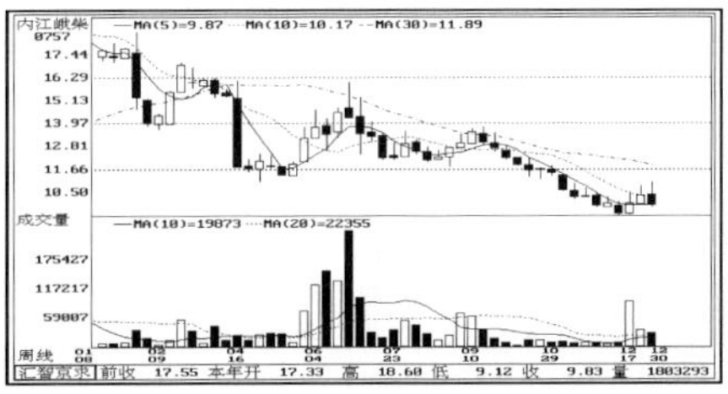

0757　内江峨柴：流通股本 5190 万，主营柴油机、三轮车、柴油发电机组。1 月 26 日最高价 18.60 元，11 月 17 日最低价 9.12 元。1999 年每股收益 0.2000 元。走势不明朗，暂不介入。

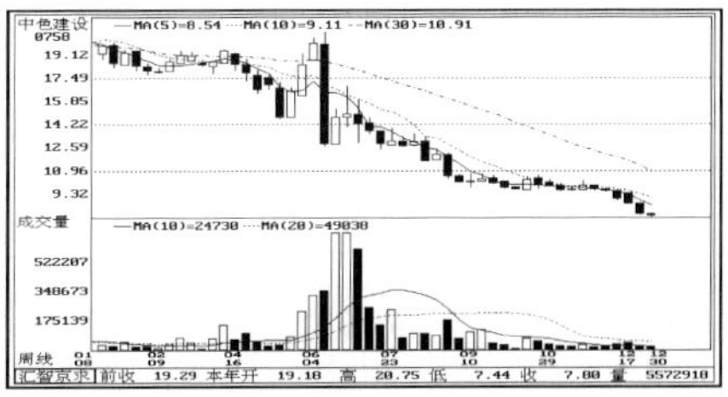

0758　中色建设：流通股本 15360 万，主营本行业国外工程及境内外资工程承包。6 月 8 日最高价 20.75 元，12 月 28 日最低价 7.44 元。1999 年每股收益 0.2000 元。上行欲望不强，仍有整理。

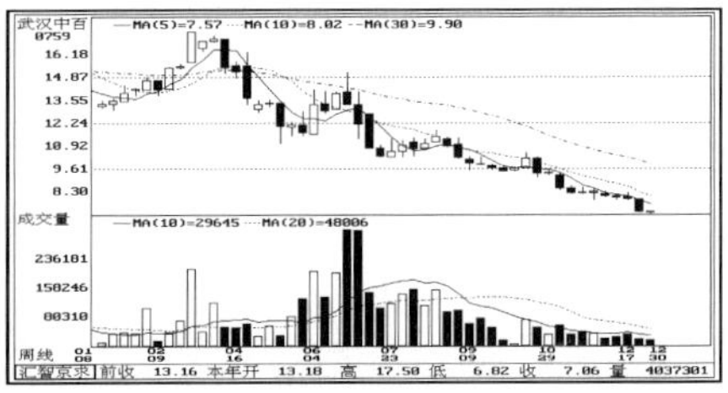

0759　武汉中百：流通股本 11283 万，主营百货、针纺织品、五金交电、副食品零售。3 月 19 日最高价 17.50 元，12 月 28 日最低价 6.82 元。1999 年每股收益 0.1780 元。有获利盘减持迹象，暂不介入。

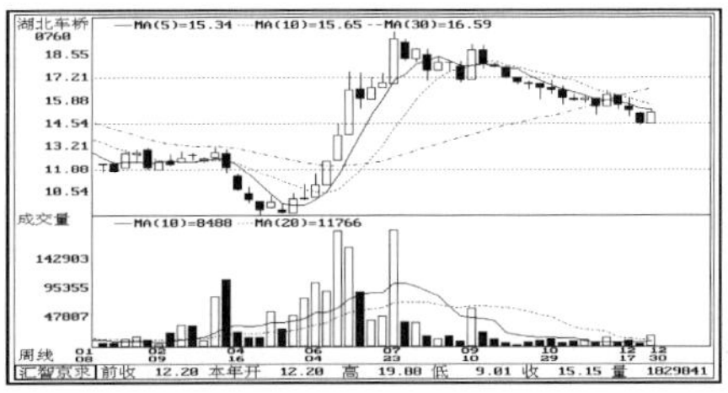

0760　湖北车桥：流通股本 5183 万，主营汽车配件、汽车改装、农用运输车制造。7 月 23 日最高价 19.88 元，5 月 10 日最低价 9.01 元。1999 年每股收益 0.2100 元。成交趋于活跃，仍有潜力。

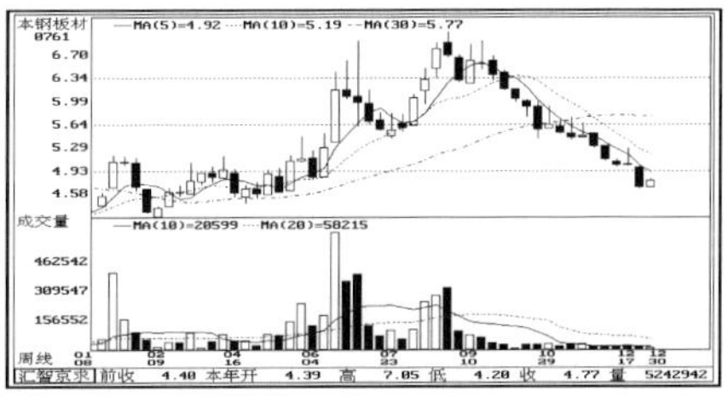

0761　本钢板材：流通股本 12000 万，主营钢铁冶炼、压延加工。8 月 23 日最高价 7.05 元，2 月 8 日最低价 4.20 元。1999 年每股收益 0.2930 元。短线横盘整理，仍可观望。

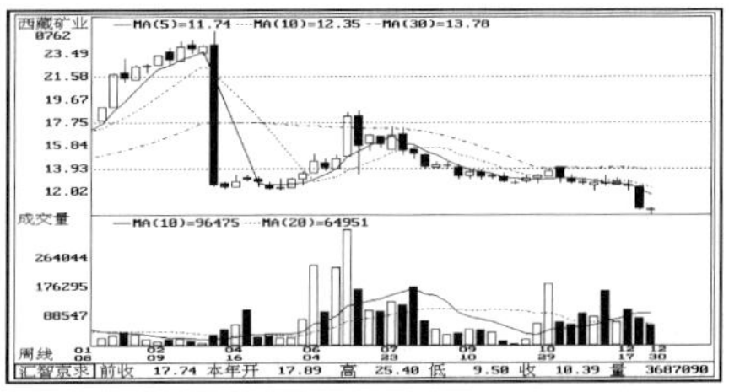

0762　西藏矿业：流通股本 7700 万，主营铬矿、硼矿、铅锌矿、锡矿、高岭土。3 月 31 日最高价 25.40 元，12 月 28 日最低价 9.50 元。1999 年每股收益 0.1370 元。振荡整理，快进快出。

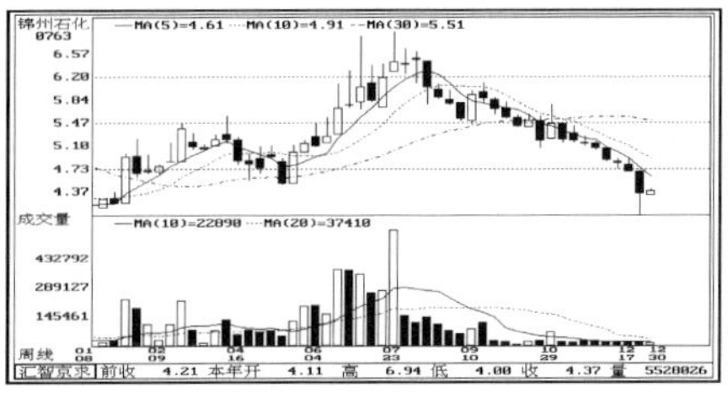

0763　锦州石化：流通股本 15000 万，主营石化产品的生产和销售。7 月 21 日最高价 6.94 元，12 月 24 日最低价 4.00 元。1999 年每股收益 0.0060 元。上行欲望不强，仍有整理。

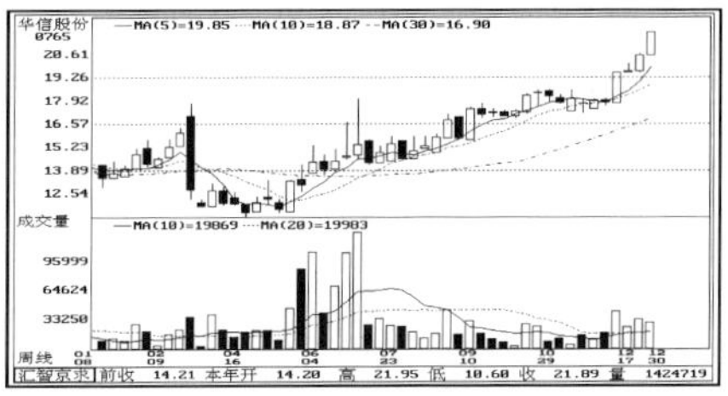

0765　华信股份：流通股本 3700 万，主营百货、五金交电、针纺织品、金银饰品。12 月 30 日最高价 21.95 元，4 月 22 日最低价 10.60 元。1999 年每股收益 0.2930 元。高位震荡，上升空间有限。

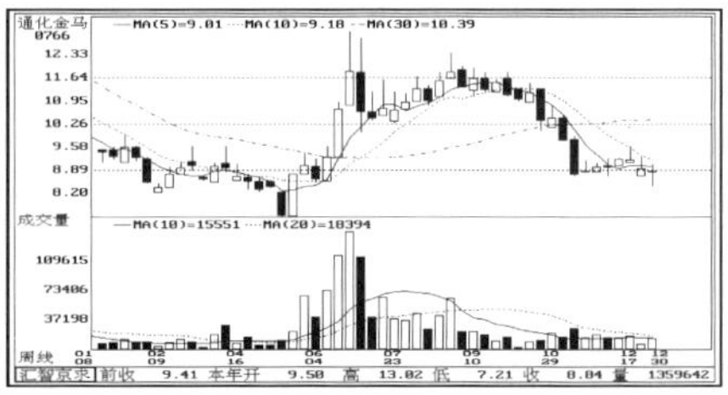

0766　通化金马：流通股本 19000 万，主营生产经营中西成药、生化制剂。6 月 25 日最高价 13.02 元，5 月 17 日最低价 7.21 元。1999 年每股收益 0.2710 元。上档压力较大，不介入。

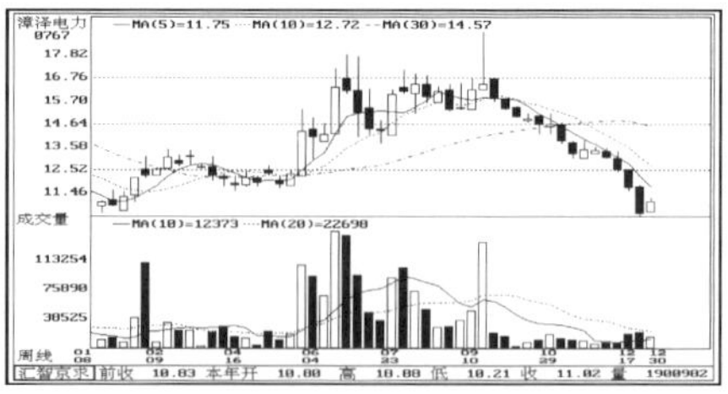

0767　漳泽电力：流通股本 12000 万，主营电力的生产销售、燃材料。9 月 14 日最高价 18.88 元，1 月 6 日最低价 10.21 元。1999 年每股收益 0.5100 元。有获利盘减持迹象，暂不介入。

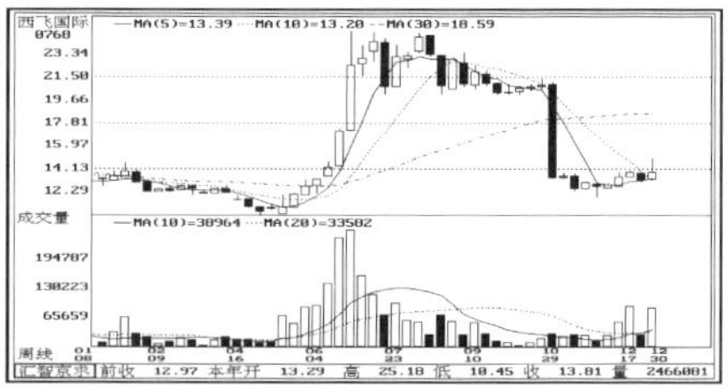

0768　西飞国际：流通股本 11700 万，主营飞机航空零部件设计、试验、生产。6 月 25 日最高价 25.18 元，4 月 27 日最低价 10.45 元。1999 年每股收益 0.1400 元。上升通道完好，有望再创新高。

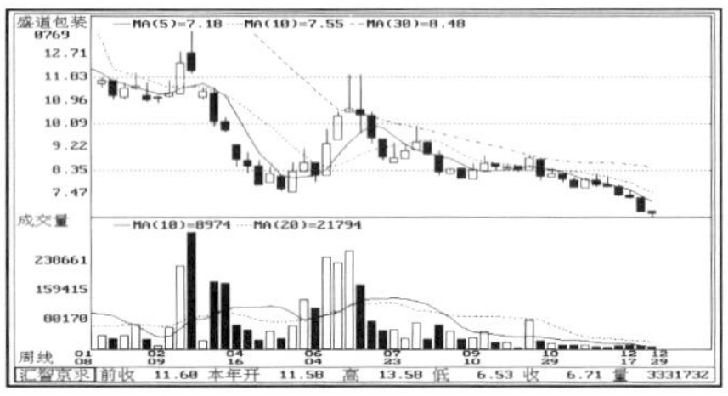

0769　盛道包装：流通股本 8100 万，主营塑料彩印包装制品、凹印版辊。3 月 18 日最高价 13.58 元，12 月 28 日最低价 6.53 元。1999 年每股收益 0.0440 元。走势未明，后市关注。

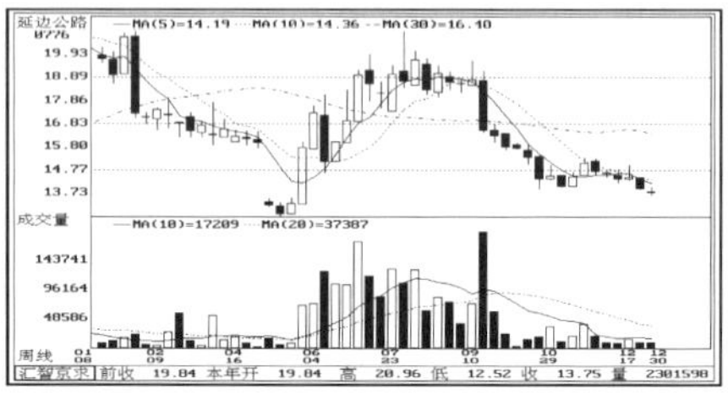

0776　延边公路：流通股本 9314 万，主营公路、桥梁、隧道的建设。7 月 27 日最高价 20.96 元，5 月 10 日最低价 12.52 元。1999 年每股收益 0.4430 元。回抽确认，面临均线支撑。

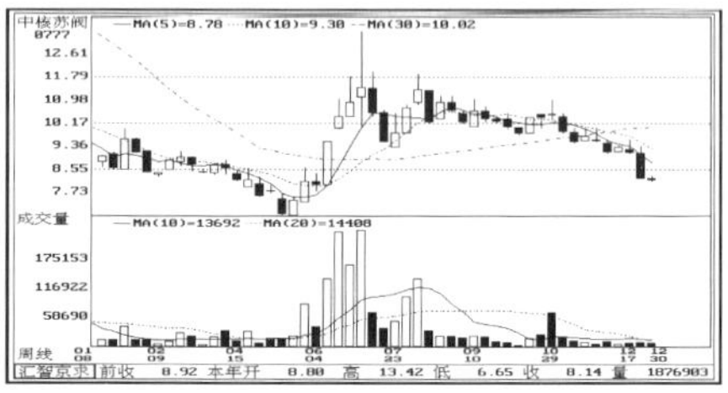

0777　中核苏阀：流通股本 4800 万，主营工业用阀门设计、制造、销售。6 月 30 日最高价 13.42 元，5 月 17 日最低价 6.65 元。1999 年每股收益 0.2100 元。上行欲望不强，仍有整理。

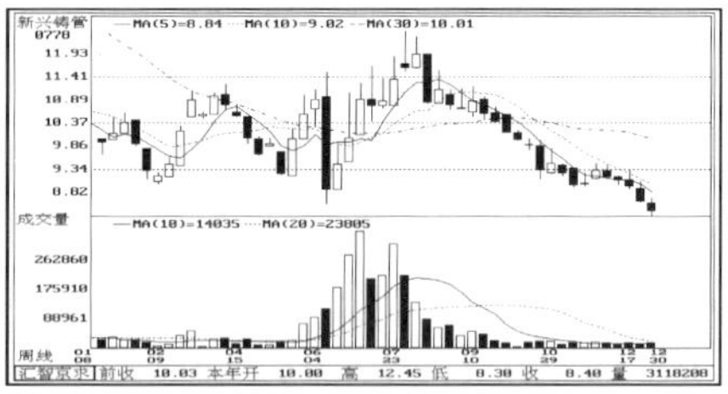

0778　新兴铸管：流通股本 13000 万，主营离心球墨铸铁管及配套管件。7 月 26 日最高价 12.45 元，12 月 30 日最低价 8.30 元。1999 年每股收益 0.5320 元。高位大幅震仓，可持股不动。

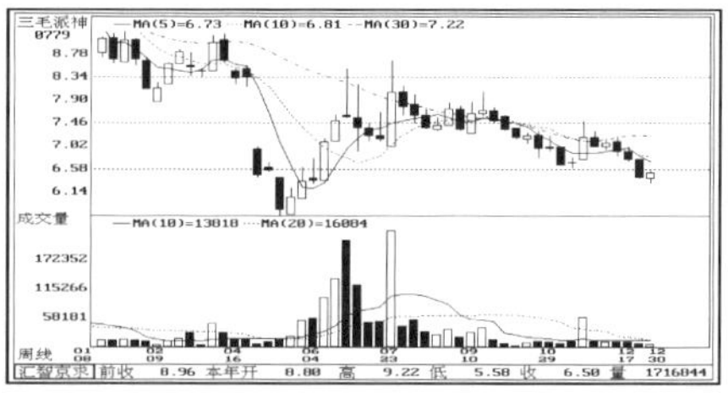

0779　三毛派神：流通股本 8100 万，主营精纺呢绒系列产品。1 月 19 日最高价 9.22 元，5 月 18 日最低价 5.58 元。1999 年每股收益 0.4000 元。上行欲望不强，仍有整理。

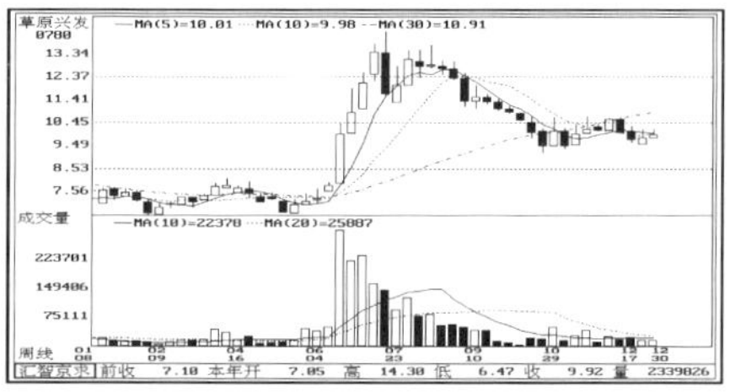

0780　草原兴发：流通股本 10900 万，主营饲养、繁育种鸡、鸡雏。7 月 12 日最高价 14.30 元，5 月 17 日最低价 6.47 元。1999 年每股收益 0.3350 元。前期主力未出，短线可看高一线。

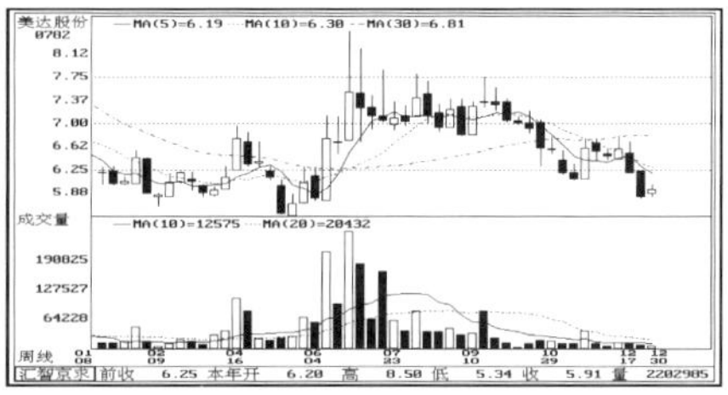

0782　美达股份：流通股本 12750 万，主营锦纶 6 聚合、纺丝及尼龙绸的织造。6 月 25 日最高价 8.50 元，5 月 18 日最低价 5.34 元。1999 年每股收益 0.0700 元。受阻回调，形态仍需整固。

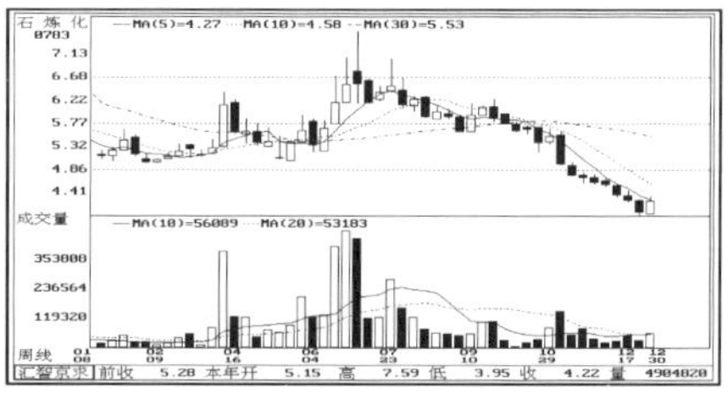

0783　石炼化：流通股本 23400 万，主营汽油、煤油、柴油、液化汽、聚丙烯。6 月 29 日最高价 7.59 元，12 月 24 日最低价 3.95 元。1999 年每股收益 0.0840 元。短线有回调补缺口要求。

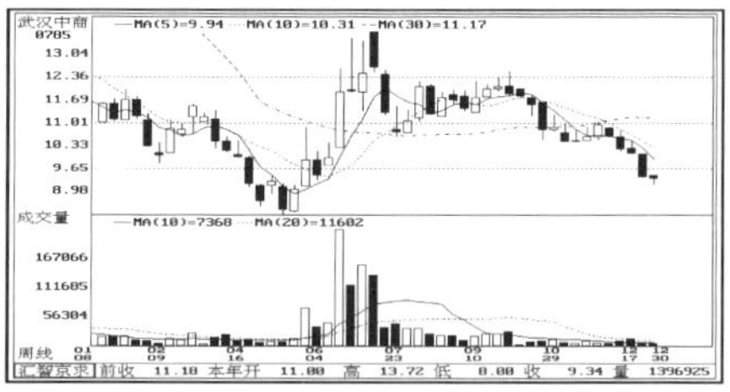

0785　武汉中商：流通股本 5094 万，主营针纺织品、百货、西药、中药。7 月 5 日最高价 13.72 元，5 月 19 日最低价 8.00 元。1999 年每股收益 0.3100 元。短线横盘整理，仍可观望。

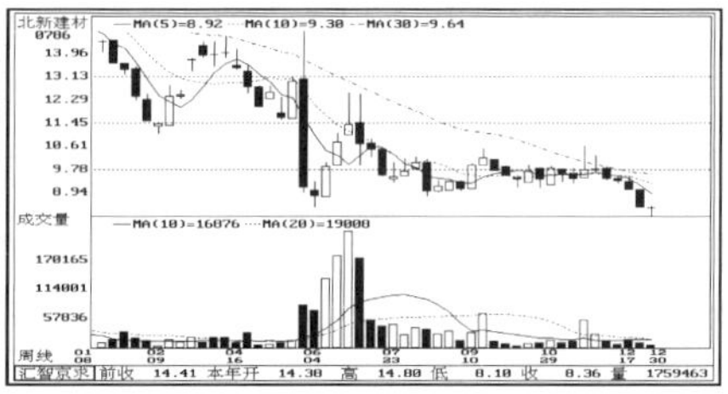

0786　北新建材：流通股本 8775 万，主营新型建材、装饰材料及配套产品。5 月 25 日最高价 14.80 元，12 月 30 日最低价 8.10 元。1999 年每股收益 0.2460 元。筑底回升走势，持股观望。

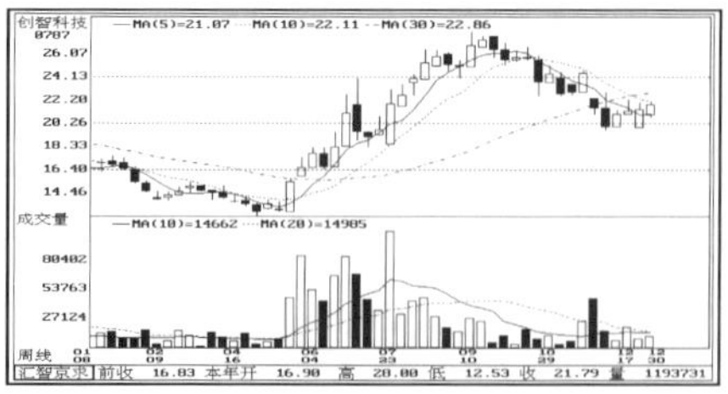

0787　创智科技：流通股本 6500 万，主营办公用品、软件开发等。9 月 9 日最高价 28.00 元，4 月 27 日最低价 12.53 元。1999 年每股收益 0.2050 元。小 V 型反转，中线可持。

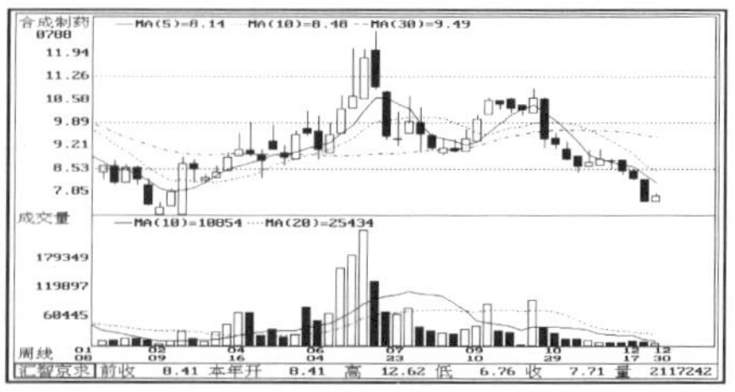

0788　合成制药：流通股本 4950 万，主营原料药及制剂、五金、交电化工产品。7 月 5 日最高价 12.62 元，2 月 8 日最低价 6.76 元。1999 年每股收益 -0.2600 元。回抽确认，面临均线支撑。

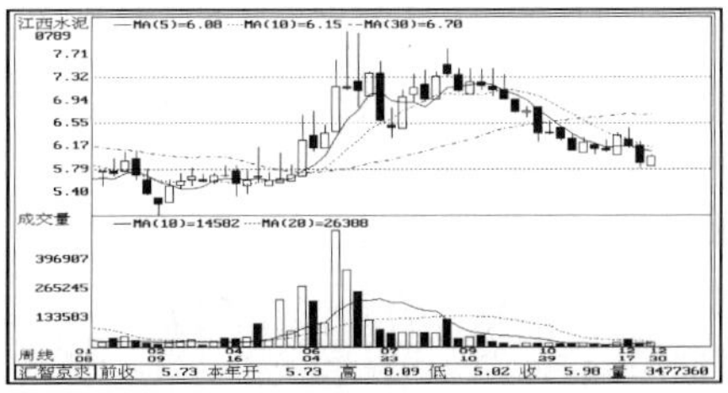

0789 江西水泥：流通股本 11100 万，主营硅酸盐水泥、普通硅酸盐水泥、矿渣。6 月 25 日最高价 8.09 元，2 月 9 日最低价 5.02 元。1999 年每股收益 0.1350 元。上行欲望不强，仍有整理。

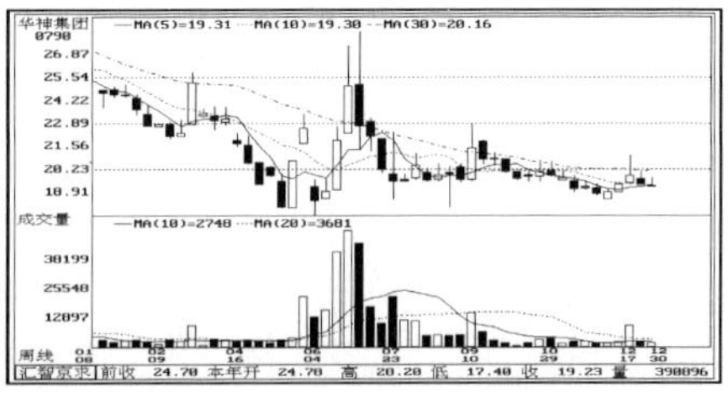

0790 华神集团：流通股本 2040 万，主营高科技技术产品开发生产和经营。6 月 29 日最高价 28.20 元，6 月 3 日最低价 17.40 元。1999 年每股收益 0.2770 元。有获利盘减持迹象，暂不介入。

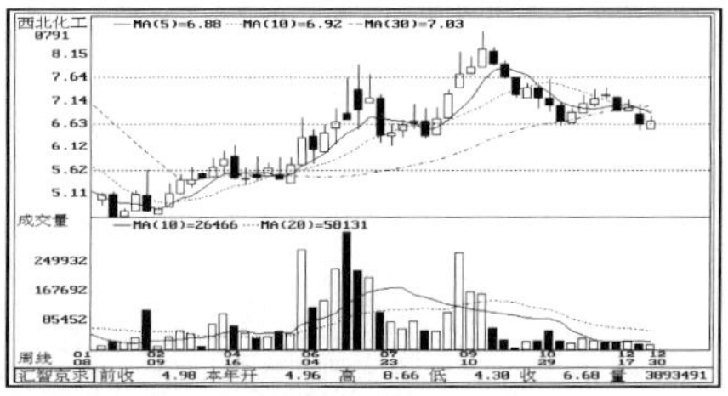

0791 西北化工：流通股本 7907 万，主营涂料产品的生产、销售、研制。9 月 14 日最高价 8.66 元，1 月 18 日最低价 4.30 元。1999 年每股收益 0.0190 元。上升动力不足，谨慎持有。

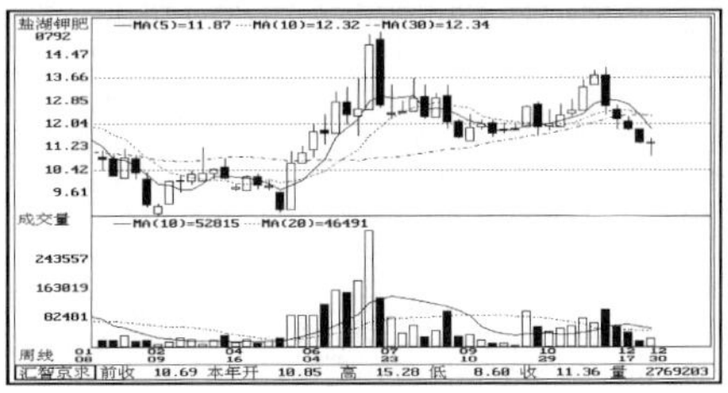

0792 盐湖钾肥：流通股本 6500 万，主营氯化钾、氯化镁、硫酸钾制造和销售。7 月 12 日最高价 15.28 元，3 月 1 日最低价 8.60 元。1999 年每股收益 0.2870 元。整理蓄势，仍有上行动力。

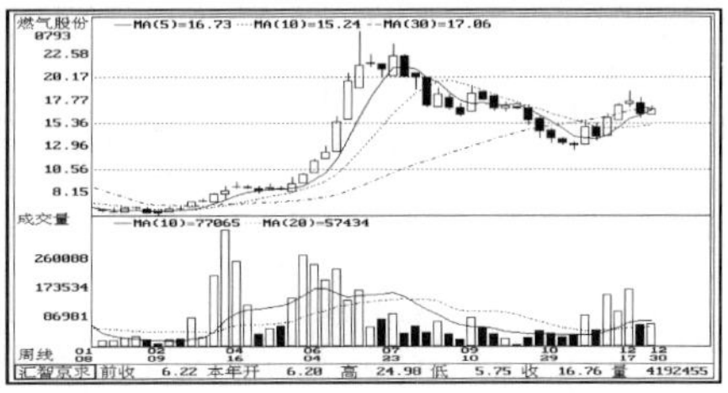

0793 燃气股份：流通股本 13000 万，主营城市管道燃气的设计、开发、施工。6 月 30 日最高价 24.98 元，2 月 9 日最低价 5.75 元。1999 年每股收益 0.1680 元。回抽确认，面临均线支撑。

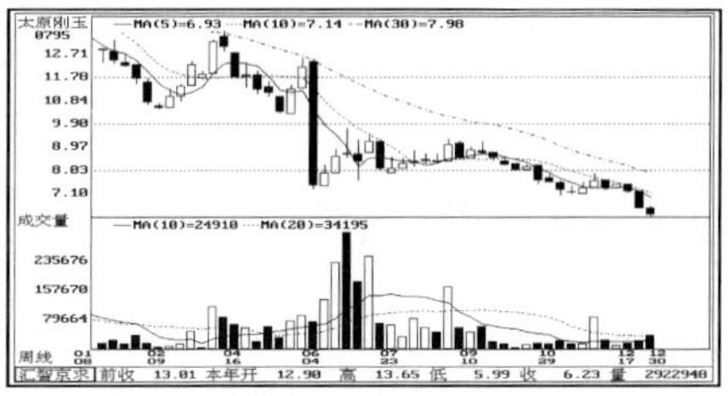

0795 太原刚玉：流通股本 8794 万，主营棕刚玉系列产品、自动化立体仓库。4 月 5 日最高价 13.65 元，12 月 29 日最低价 5.99 元。1999 年每股收益 0.2010 元。均线系统有压力，观望。

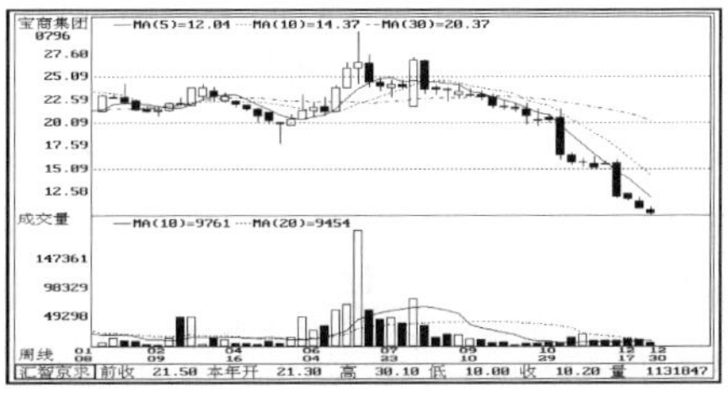

0796 宝商集团：流通股本 8097 万，主营百货、纺织品、摩托车、普通机械。6 月 30 日最高价 30.10 元，12 月 27 日最低价 10.00 元。1999 年每股收益 0.3510 元。反弹潜力欠佳，仍可持股。

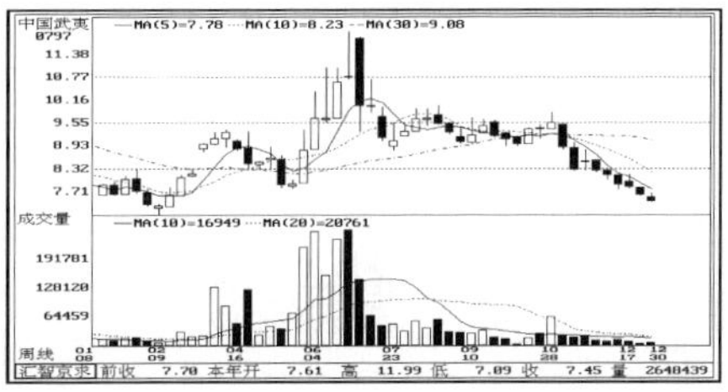

0797 中国武夷：流通股本 10010 万，主营承包国内外工业民用工程、劳务输出。6 月 24 日最高价 11.99 元，2 月 8 日最低价 7.09 元。1999 年每股收益 0.3110 元。短线有减持迹象，暂不介入。

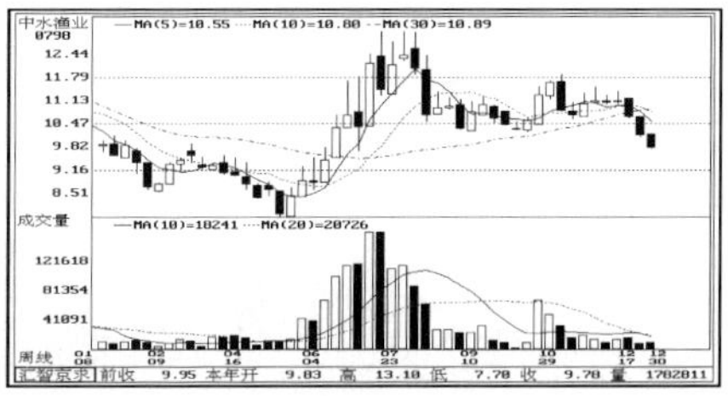

0798 中水渔业：流通股本 6300 万，主营海洋捕捞、水产品的加工、销售。7 月 12 日最高价 13.10 元，5 月 17 日最低价 7.70 元。1999 年每股收益 0.3400 元。有获利盘减持迹象，暂不介入。

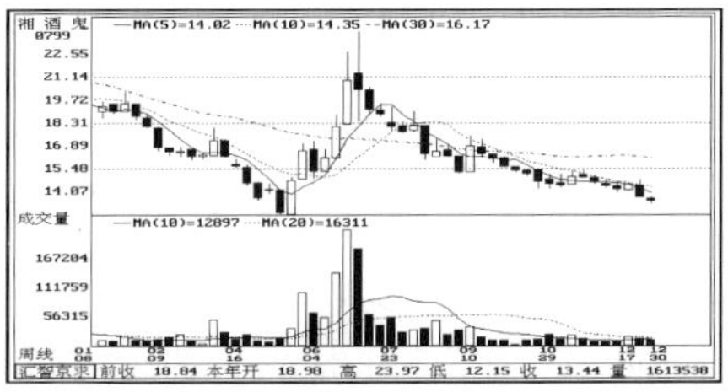

0799 湘酒鬼：流通股本 10725 万，主营系列曲酒、陶瓷包装物、纸箱。6 月 29 日最高价 23.97 元，5 月 17 日最低价 12.15 元。1999 年每股收益 0.5030 元。有获利盘减持迹象，暂不介入。

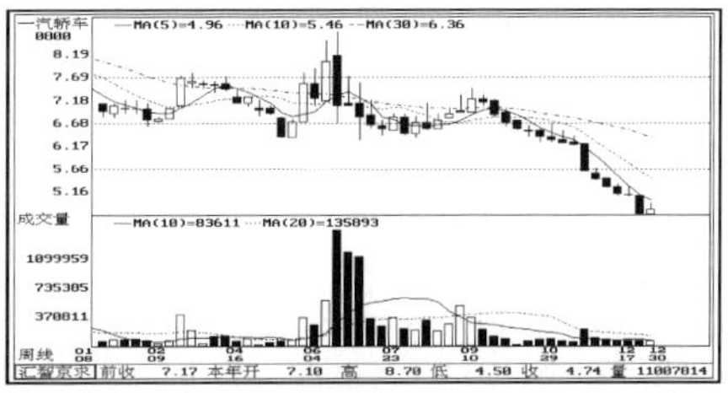

0800 一汽轿车：流通股本 54600 万，主营轿车、旅游车。6 月 14 日最高价 8.70 元，12 月 28 日最低价 4.50 元。1999 年每股收益 0.3210 元。上行欲望不强，仍有整理。

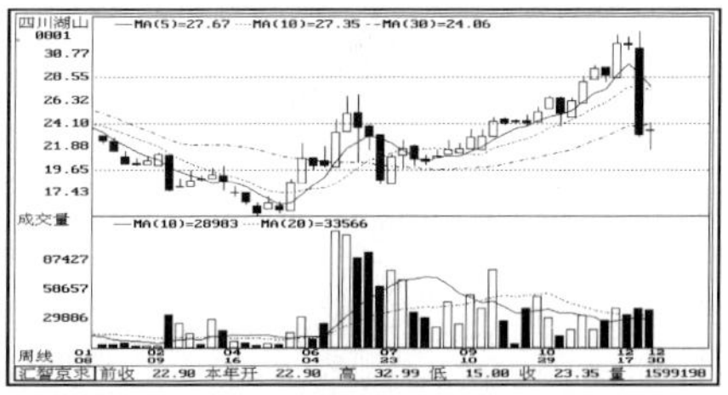

0801 四川湖山：流通股本 3024 万，主营电子音响设备、卫星电视接收机系统。12 月 23 日最高价 32.99 元，4 月 26 日最低价 15.00 元。1999 年每股收益 0.4050 元。上行欲望不强，仍有整理。

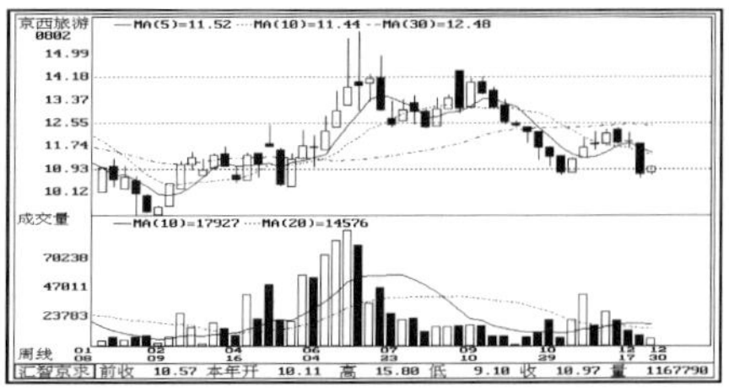

0802 京西旅游：流通股本 3900 万，主营旅游、文化娱乐、饮食服务等。6 月 29 日最高价 15.80 元，2 月 8 日最低价 9.10 元。1999 年每股收益 0.2640 元。回抽确认，面临均线支撑。

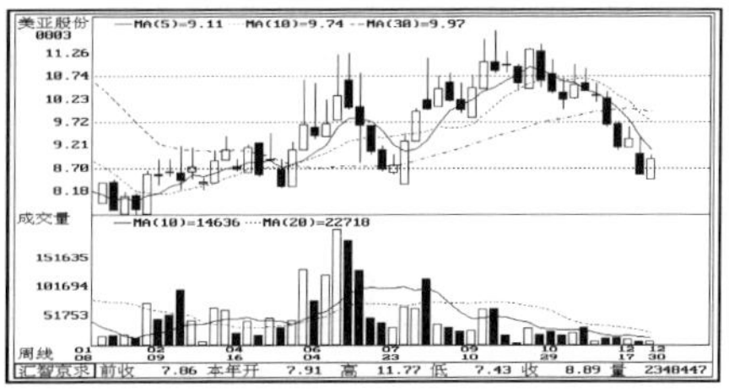

0803 美亚股份：流通股本 3900 万，主营丝织品炼、印、染、丝织品制造等。9 月 21 日最高价 11.77 元，1 月 18 日最低价 7.43 元。1999 年每股收益 0.0180 元。回落空间有限，继续持有。

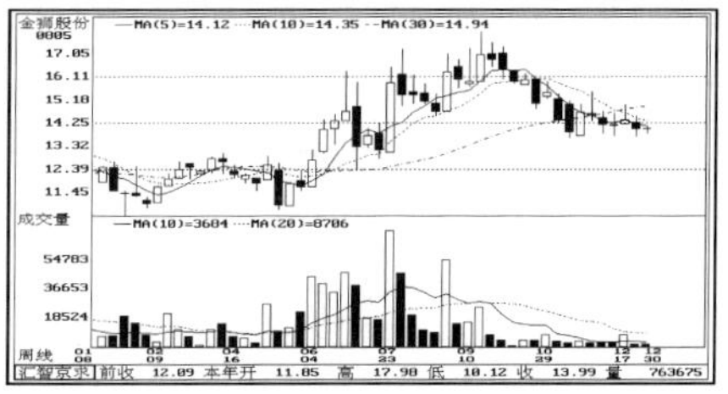

0805 金狮股份：流通股本 1440 万，主营自行车及零部件、助力车、摩托车。9 月 16 日最高价 17.98 元，1 月 19 日最低价 10.12 元。1999 年每股收益 -0.2690 元。有获利盘减持迹象，暂不介入。

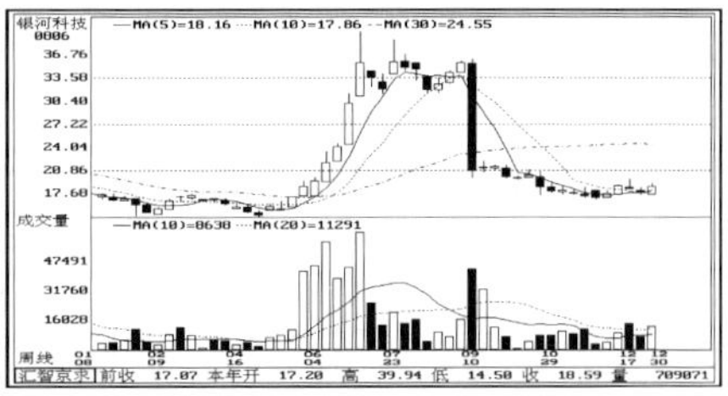

0806　银河科技:流通股本 5405 万,主营科技产品开发、养殖业。6 月 30 日最高价 39.94 元,4 月 27 日最低价 14.50 元。1999 年每股收益 0.3000 元。走势不明朗,暂不介入。

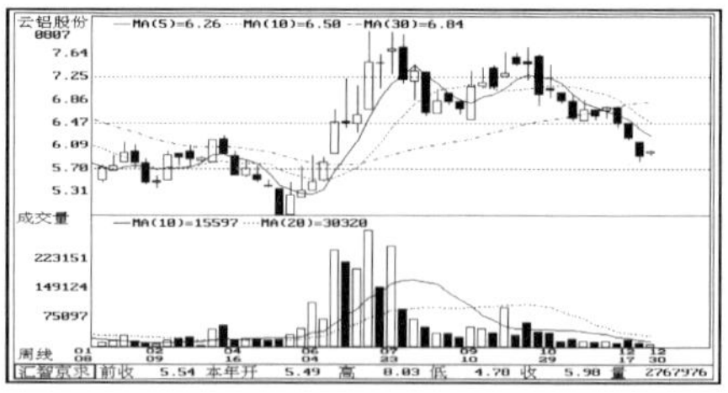

0807　云铝股份:流通股本 7991 万,主营重熔用铝锭、铝铸轧卷、挤压铝型材。7 月 9 日最高价 8.03 元,5 月 19 日最低价 4.78 元。1999 年每股收益 0.2050 元。上行欲望不强,仍有整理。

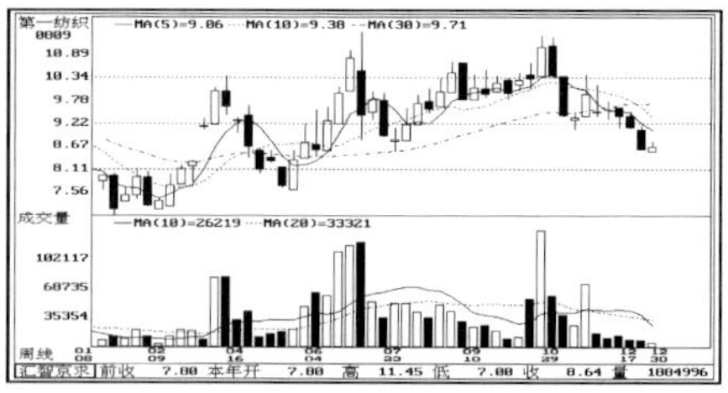

0809　第一纺织:流通股本 3500 万,主营制造、销售纺织品、针纺工业专用器材。6 月 28 日最高价 11.45 元,1 月 15 日最低价 7.00 元。1999 年每股收益 0.2600 元。回抽确认,面临均线支撑。

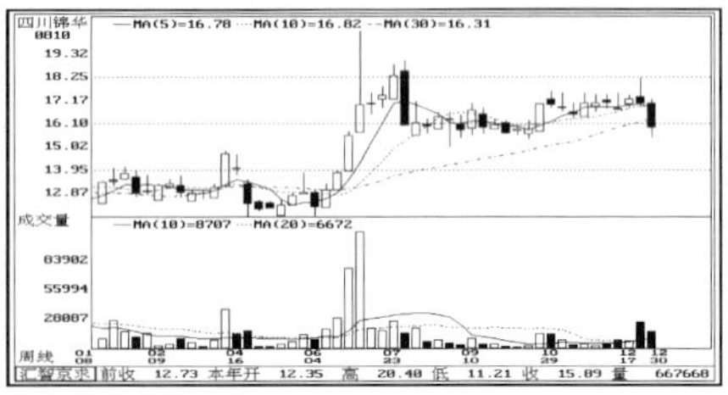

0810　四川锦华:流通股本 2000 万,主营纺纱、织布、纺织品制造。6 月 30 日最高价 20.40 元,5 月 11 日最低价 11.21 元。1999 年每股收益 -0.2400 元。均线反压,短线趋势仍淡。

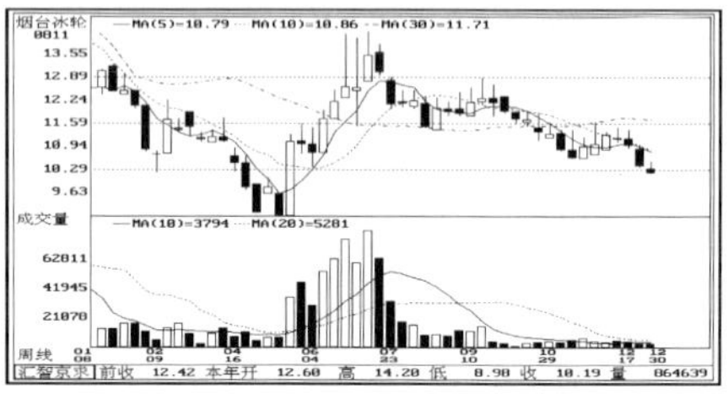

0811　烟台冰轮:流通股本 3700 万,主营制冷空调设备的制造、工程设计。7 月 9 日最高价 14.20 元,5 月 17 日最低价 8.98 元。1999 年每股收益 0.2300 元。上行欲望不强,仍有整理。

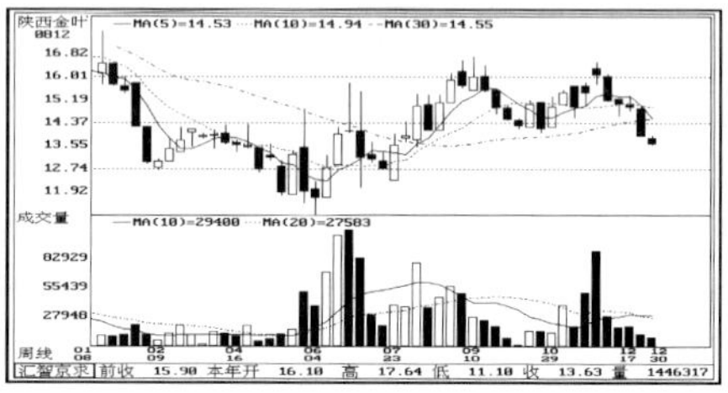

0812　陕西金叶:流通股本 4800 万,主营印刷服务及高科技开发、印刷物资。1 月 8 日最高价 17.64 元,6 月 4 日最低价 11.10 元。1999 年每股收益 0.2420 元。成交淡静,短线压力需消化。

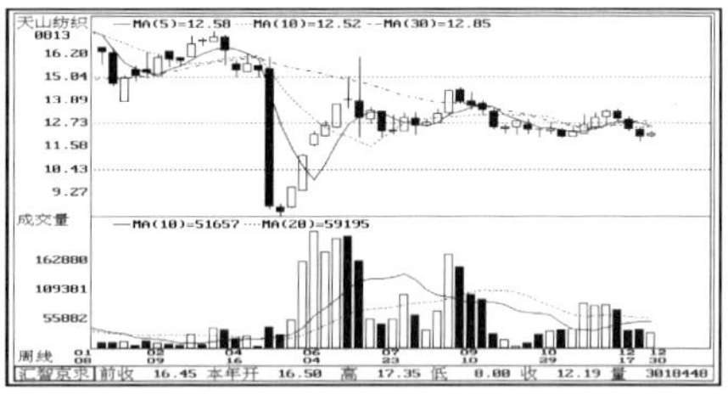

0813　天山纺织:流通股本 8460 万,主营纺织、服装生产与销售。4 月 1 日最高价 17.35 元,5 月 13 日最低价 8.00 元。1999 年每股收益 0.2070 元。小 V 型反转,中线可持。

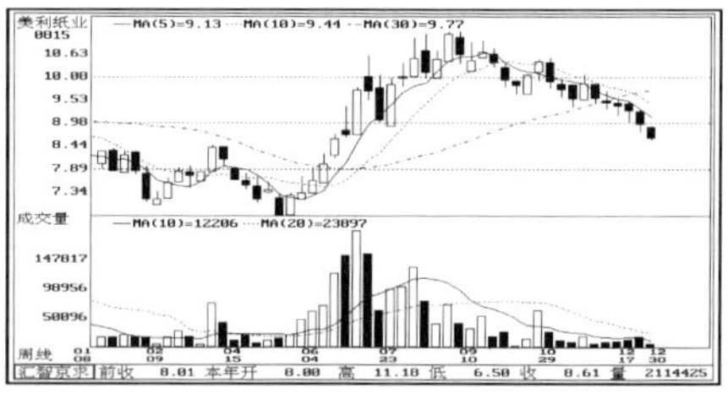

0815　美利纸业:流通股本 5000 万,主营各类高、中、低档机制纸、纸板。8 月 30 日最高价 11.18 元,5 月 19 日最低价 6.50 元。1999 年每股收益 0.3580 元。仍需整理蓄势,持股观望。

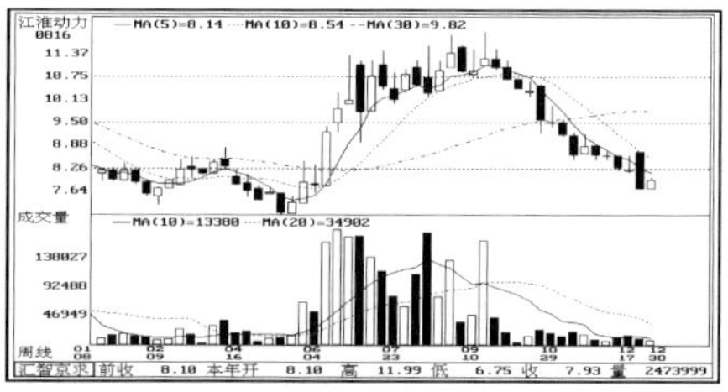

0816　江淮动力:流通股本 11427 万,主营单、多缸柴油机的制造和销售。9 月 16 日最高价 11.99 元,5 月 17 日最低价 6.75 元。1999 年每股收益 0.3580 元。回抽确认,面临均线支撑。

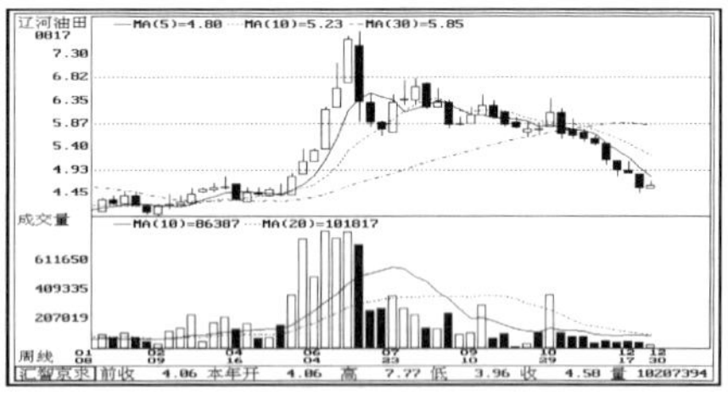

0817　辽河油田:流通股本 20000 万,主营石油、天然气的勘探、开发、销售。6 月 28 日最高价 7.77 元,2 月 8 日最低价 3.96 元。1999 年每股收益 0.1500 元。回抽确认,面临均线支撑。

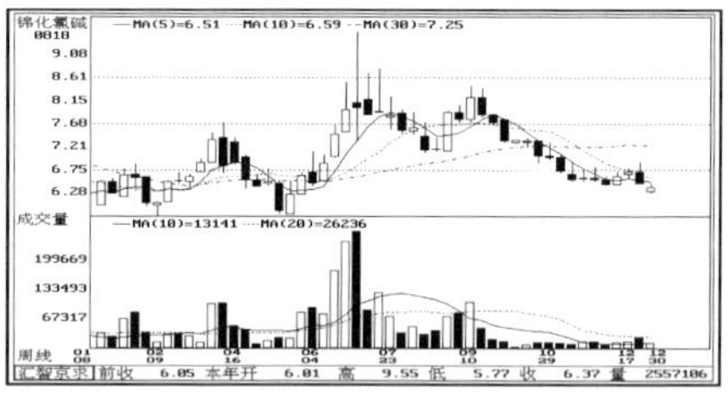

0818　锦化氯碱:流通股本 9000 万,主营烧碱、聚氯乙烯、氯化苯、三氯乙烯。6 月 29 日最高价 9.55 元,5 月 17 日最低价 5.77 元。1999 年每股收益 0.1380 元。有获利盘减持迹象,暂不介入。

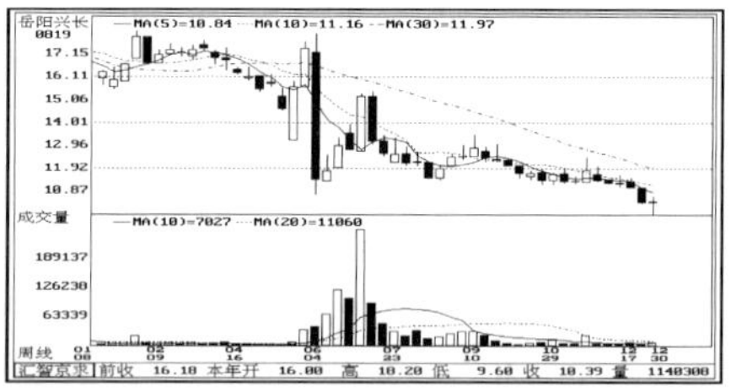

0819　岳阳兴长:流通股本 5210 万,主营聚丙烯、甲醇、甜蜜素。1 月 26 日最高价 18.20 元,12 月 29 日最低价 9.60 元。1999 年每股收益 0.2220 元。上行欲望不强,仍有整理。

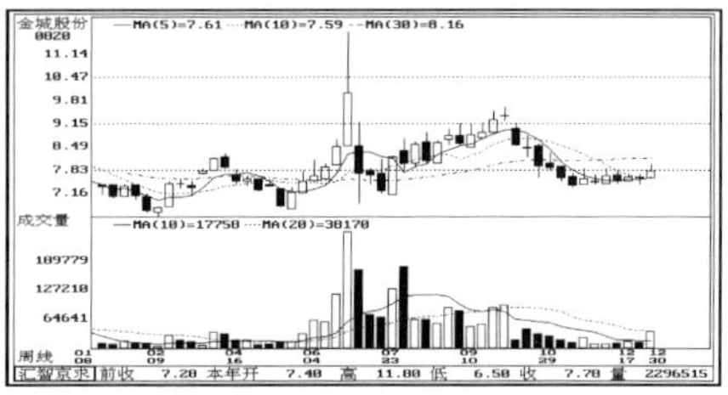

0820　金城股份:流通股本 5400 万,主营机制纸浆、机制纸及纸板、粘合剂。6 月 25 日最高价 11.80 元,2 月 9 日最低价 6.50 元。1999 年每股收益 0.2160 元。走势未明,后市关注。

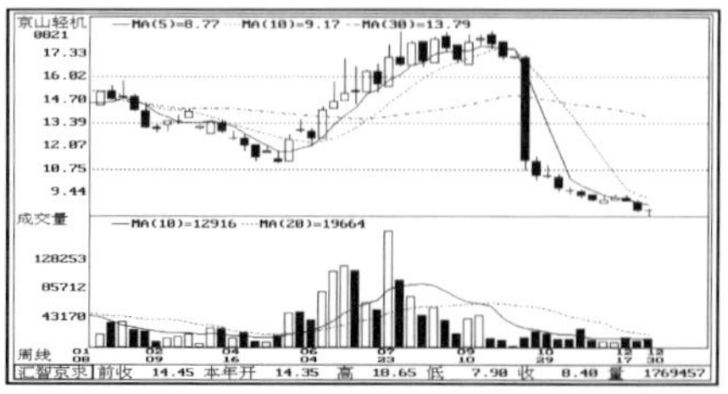

0821　京山轻机:流通股本 8250 万,主营纸箱、纸盒包装机械。7 月 27 日最高价 18.65 元,12 月 29 日最低价 7.90 元。1999 年每股收益 0.3000 元。上行欲望不强,仍有整理。

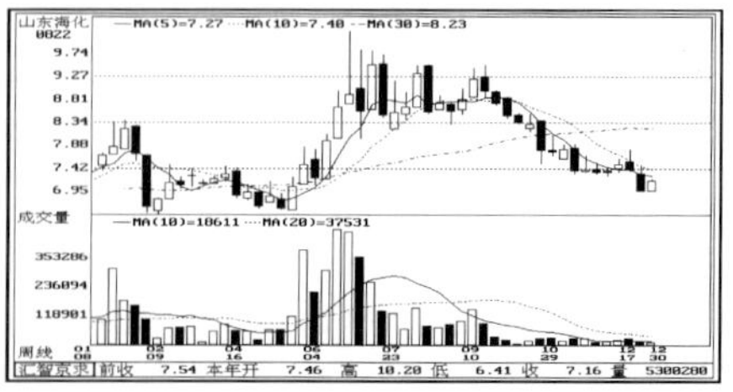

0822　山东海化:流通股本 10800 万,主营制造和销售纯碱、溴素、苦卤系列产品。6 月 25 日最高价 10.20 元,2 月 8 日最低价 6.41 元。1999 年每股收益 0.2700 元。走势不明朗,暂不介入。

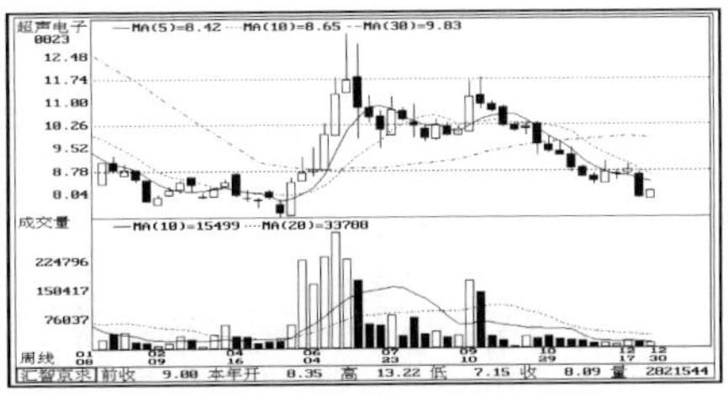

0823　超声电子：流通股本13500万，主营超声电子仪器、液晶显示器。6月24日最高价13.22元，5月17日最低价7.15元。1999年每股收益0.1940元。上行欲望不强，仍有整理。

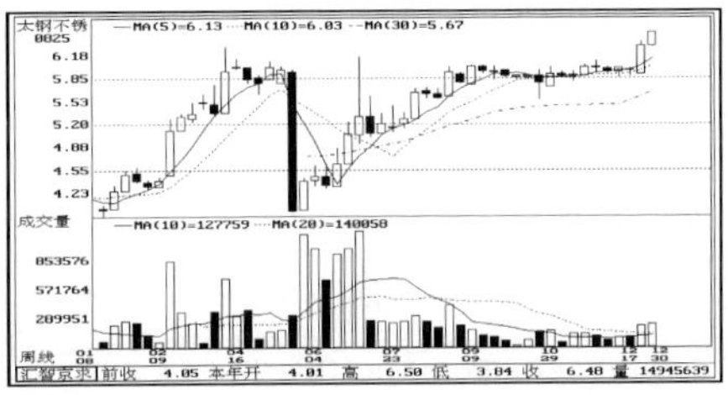

0825　太钢不锈：流通股本37500万，主营黑色金属冶炼及压延加工、不锈钢。12月30日最高价6.50元，1月5日最低价3.84元。1999年每股收益0.3010元。仍有上攻，可继续守仓不动。

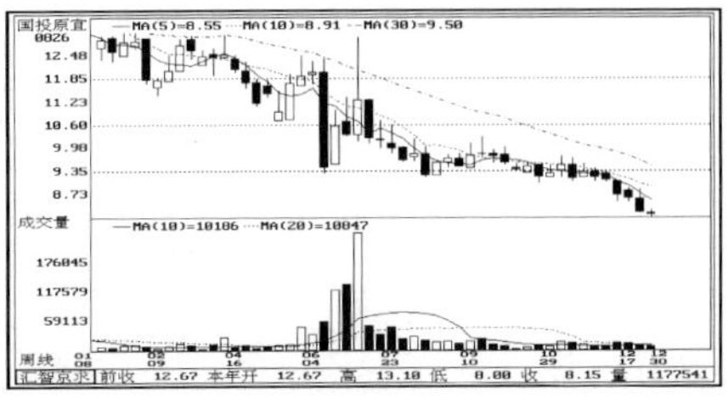

0826　国投原宜：流通股本4550万，主营工业原材料、化工、建材、塑胶。1月28日最高价13.10元，12月29日最低价8.00元。1999年每股收益0.2800元。上行欲望不强，仍有整理。

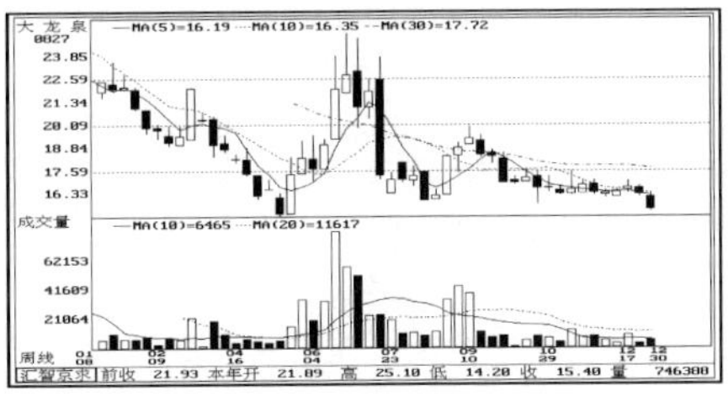

0827　大龙泉：流通股本2246万，主营酒及饮料的研制、开发、生产和销售。6月25日最高价25.10元，5月19日最低价14.20元。1999年每股收益0.2620元。短线有减持迹象，暂不介入。

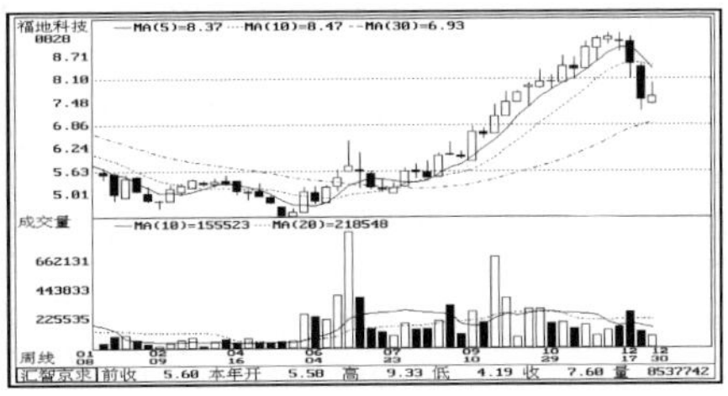

0828　福地科技：流通股本20640万，主营各种规格彩色显示器及其配件的设计。12月3日最高价9.33元，5月19日最低价4.19元。1999年每股收益0.4860元。振荡整理，快进快出。

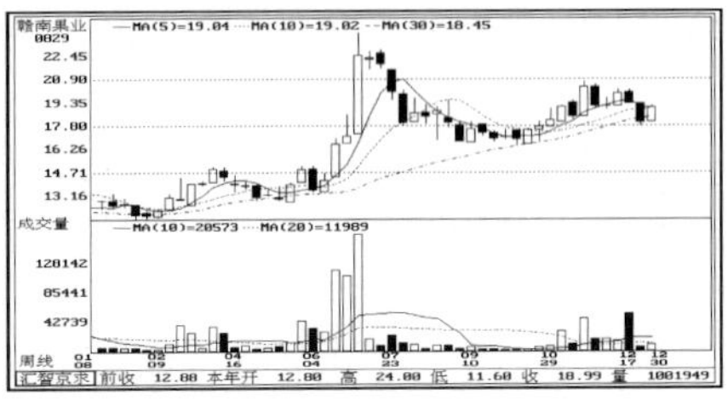

0829　赣南果业：流通股本6600万，主营水果种植、加工、综合开发。7月1日最高价24.00元，2月1日最低价11.60元。1999年每股收益0.2350元。短线有回调补缺口要求。

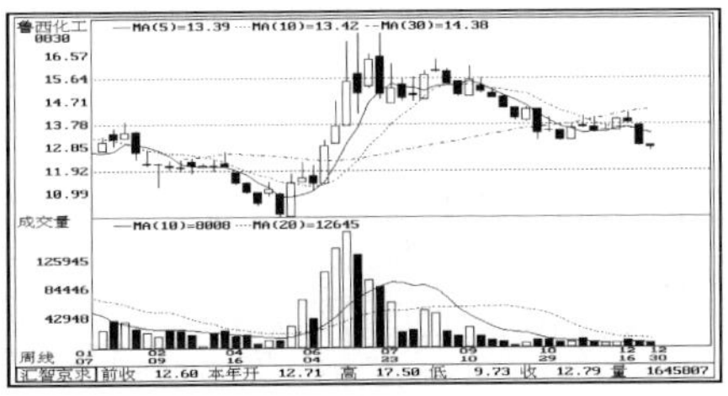

0830　鲁西化工：流通股本5000万，主营尿素、碳酸氢氨等化肥的生产及销售。7月12日最高价17.50元，5月17日最低价9.73元。1999年每股收益0.4511元。回抽确认，面临均线支撑。

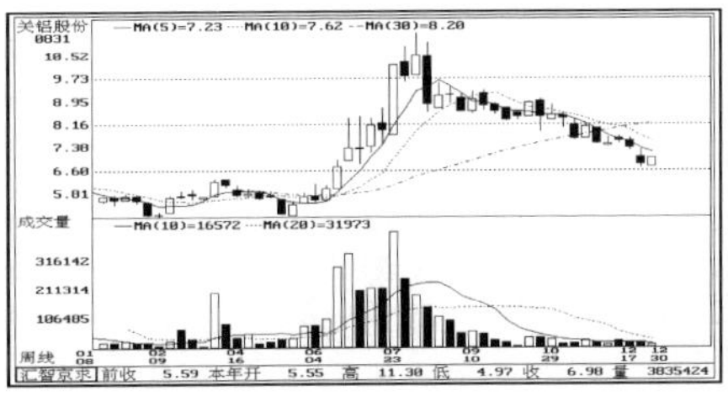

0831　关铝股份：流通股本7500万，主营铝锭、铝材等铝制品及有色金属。8月6日最高价11.30元，2月8日最低价4.97元。1999年每股收益0.2910元。走势不明朗，暂不介入。

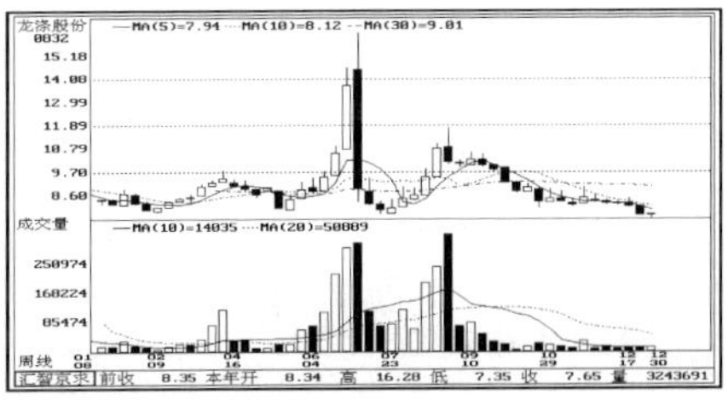

0832　龙涤股份：流通股本8400万，主营聚酯切片、化学纤维系列产品、纺织品。6月29日最高价16.28元，12月28日最低价7.35元。1999年每股收益0.3000元。有获利盘减持迹象，暂不介入。

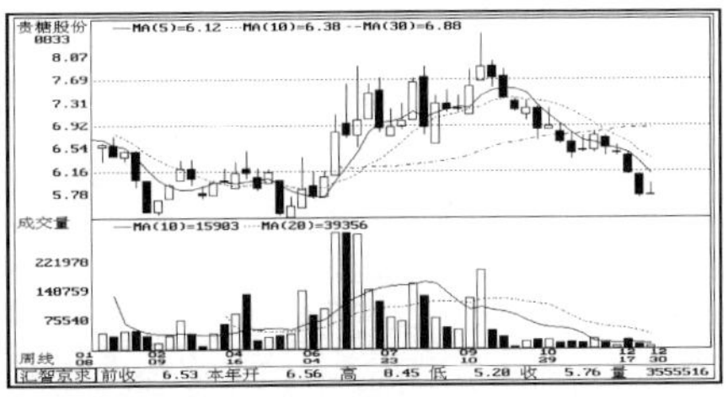

0833　贵糖股份：流通股本8000万，主营生产及销售食糖、纸、酒精、碳酸钙。9月14日最高价8.45元，5月17日最低价5.20元。1999年每股收益0.0110元。筑底回升走势，持股观望。

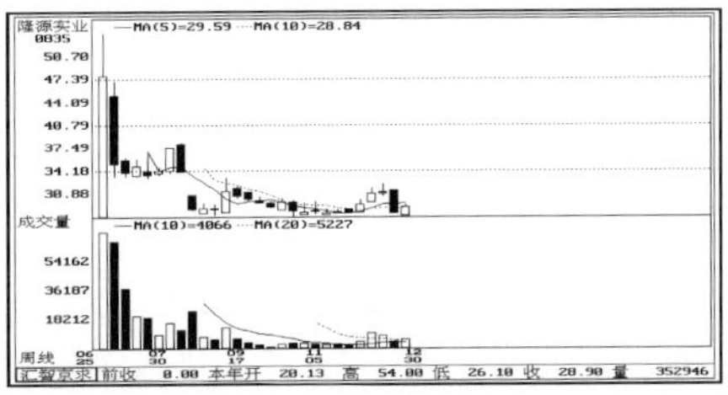

0835　隆源实业：流通股本1304万，主营计算机软件硬件及工程机械、通信设备。6月25日最高价54.00元，10月19日最低价26.10元。1999年每股收益0.2700元。有获利盘减持迹象，暂不介入。

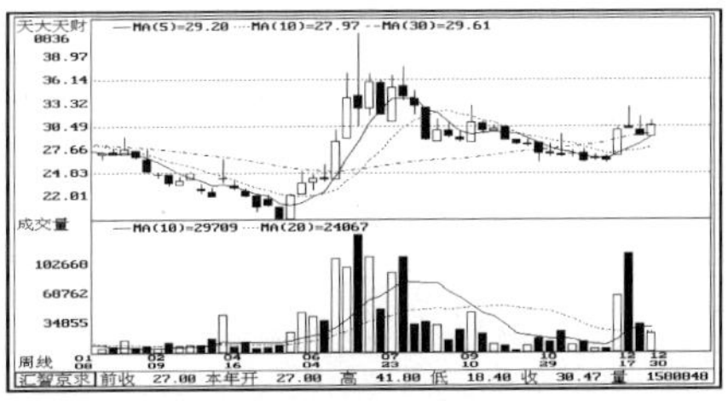

0836　天大天财：流通股本3900万，主营计算机软件、硬件、信息及集成。6月30日最高价41.80元，5月19日最低价18.40元。1999年每股收益0.4800元。短线调整未结束，持币。

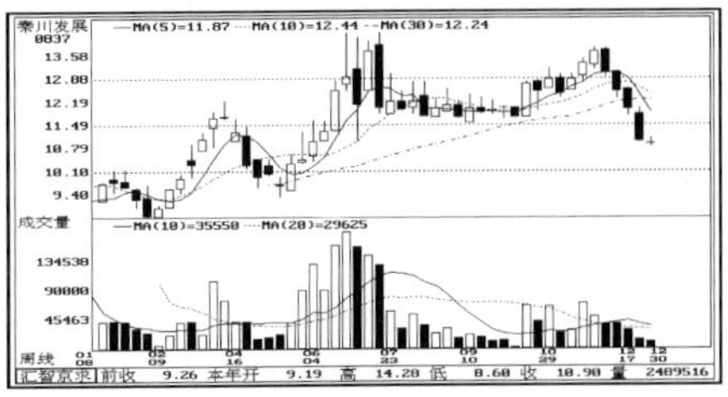

0837　秦川发展：流通股本6600万，主营机床机械、液压系统、汽车部件。7月12日最高价14.28元，2月8日最低价8.60元。1999年每股收益0.2720元。上行欲望不强，仍有整理。

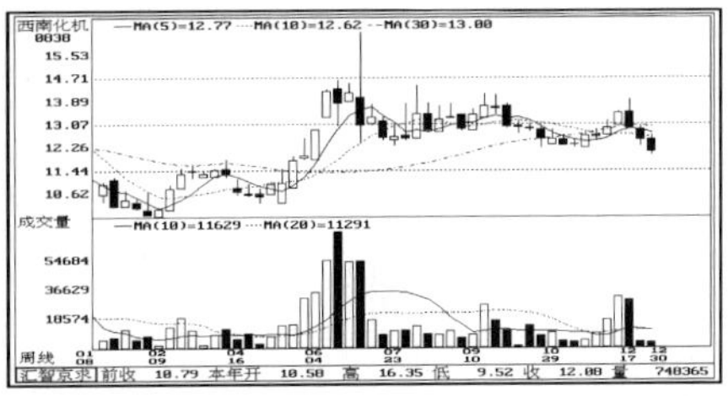

0838　西南化机：流通股本1755万，主营化工压力容器、特钢件、球形储罐。6月29日最高价16.35元，1月18日最低价9.52元。1999年每股收益-0.1350元。成交淡静，短线压力需消化。

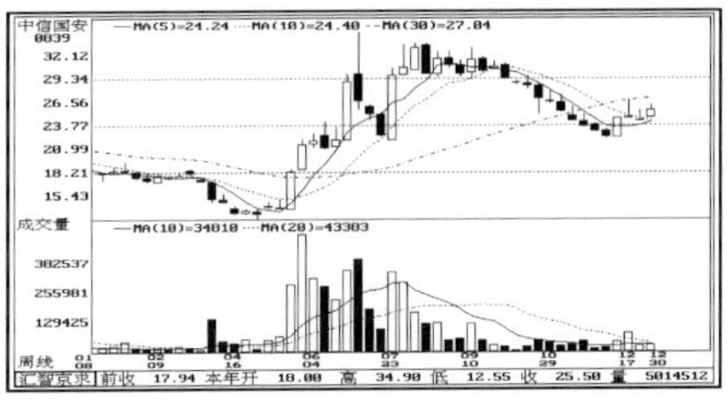

0839　中信国安：流通股本17800万，主营卫星通讯、网络工程、信息传输。6月30日最高价34.90元，4月22日最低价12.55元。1999年每股收益0.4800元。继续放量上攻，反抽可介入。

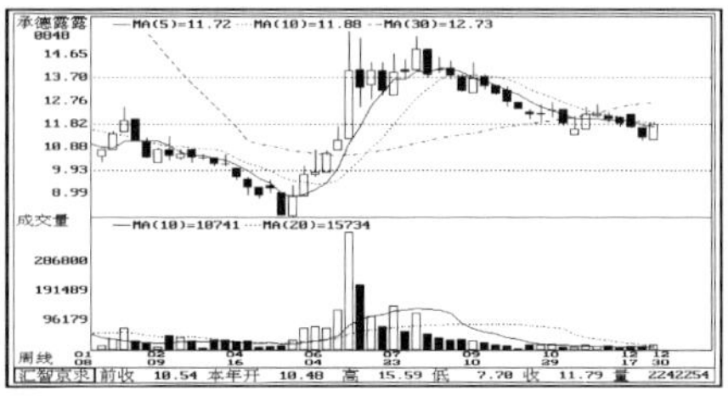

0848 承德露露:流通股本7000万,主营饮料、罐头、仪器的开发、生产。6月25日最高价15.59元,5月17日最低价7.70元。1999年每股收益0.4270元。长期调整充分,小V型反转。

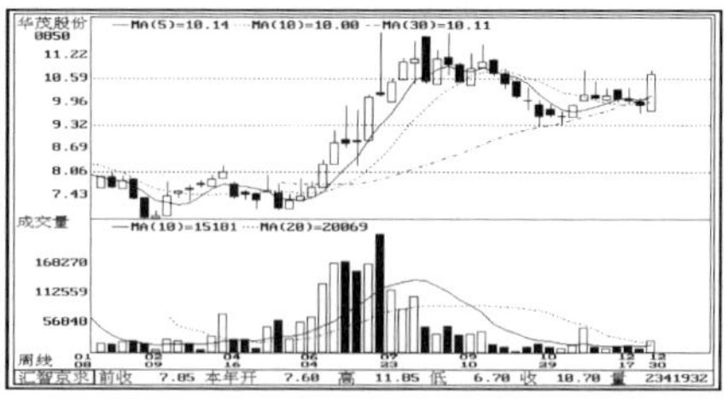

0850 华茂股份:流通股本5000万,主营纯棉、毛、麻、丝和人造纤维。7月16日最高价11.85元,2月8日最低价6.70元。1999年每股收益0.3660元。长期调整充分,小V型反转。

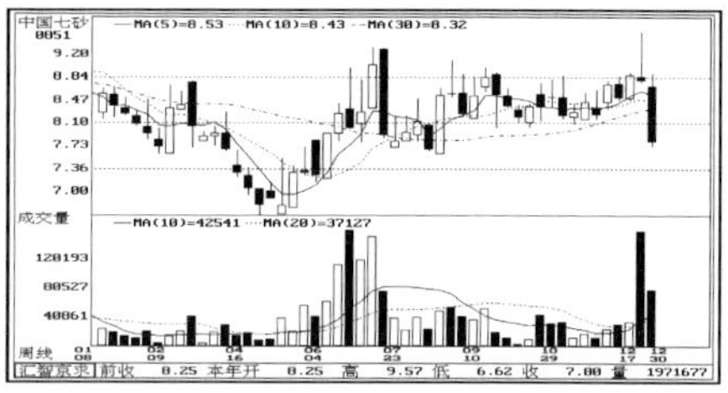

0851 中国七砂:流通股本5850万,主营磨料、耐火材料;进出口贸易业务。12月22日最高价9.57元,5月10日最低价6.62元。1999年每股收益0.0200元。冲高后回调,仍有整理。

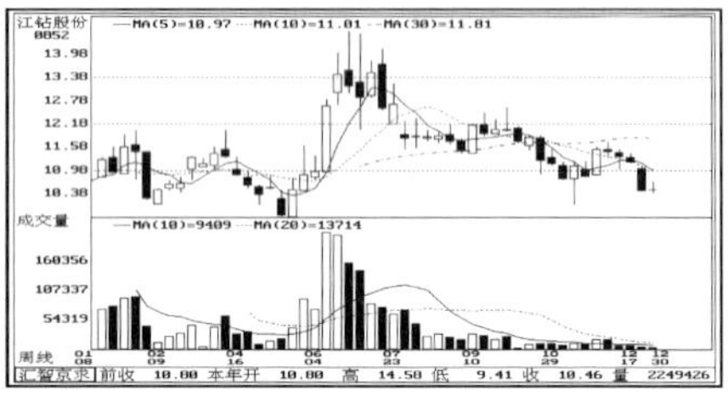

0852 江钻股份:流通股本4991万,主营石油天然气及各类地矿用钻头、超硬质材料制品。6月25日最高价14.58元,5月17日最低价9.41元。1999年每股收益0.2810元。有获利盘减持迹象,暂不介入。

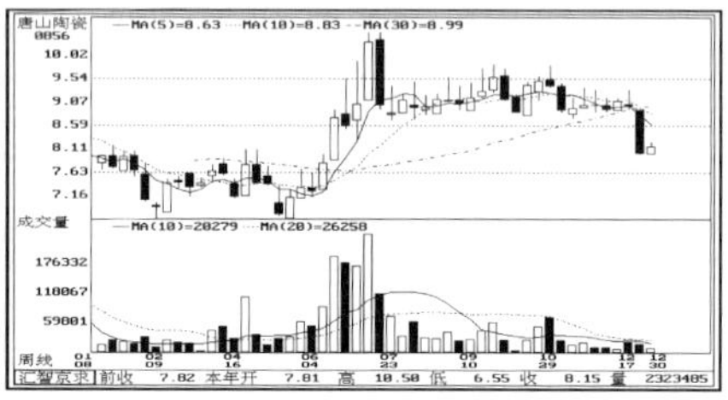

0856 唐山陶瓷:流通股本5000万,主营各种陶瓷、墙地砖及相关产品。7月12日最高价10.50元,5月19日最低价6.55元。1999年每股收益0.2900元。有获利盘减持迹象,暂不介入。

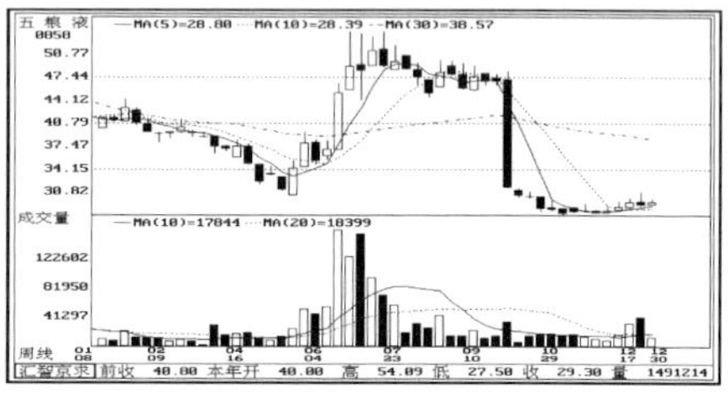

0858 五粮液:流通股本12000万,主营酒类及相关辅助产品(瓶盖、商标、标识)。6月25日最高价54.09元,11月5日最低价27.50元。1999年每股收益1.3520元。短线有减持迹象,暂不介入。

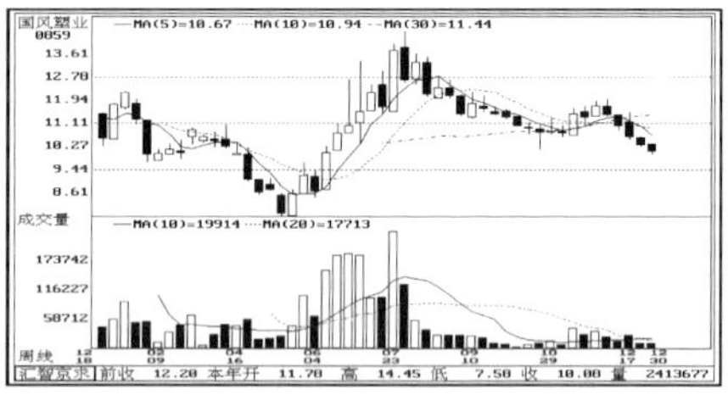

0859 国风塑业:流通股本8640万,主营塑胶建材、塑胶门窗。7月26日最高价14.45元,5月17日最低价7.58元。1999年每股收益0.2750元。成交淡静,短线压力需消化。

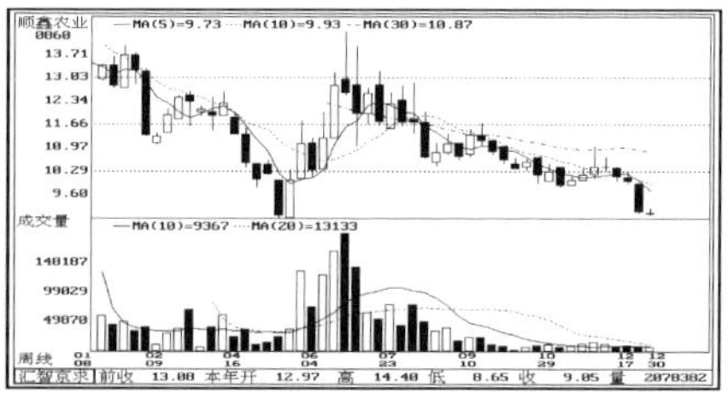

0860 顺鑫农业:流通股本7000万,主营白酒生产与销售、肉食品加工与销售。6月25日最高价14.40元,5月17日最低价8.65元。1999年每股收益0.2760元。回抽确认,面临均线支撑。

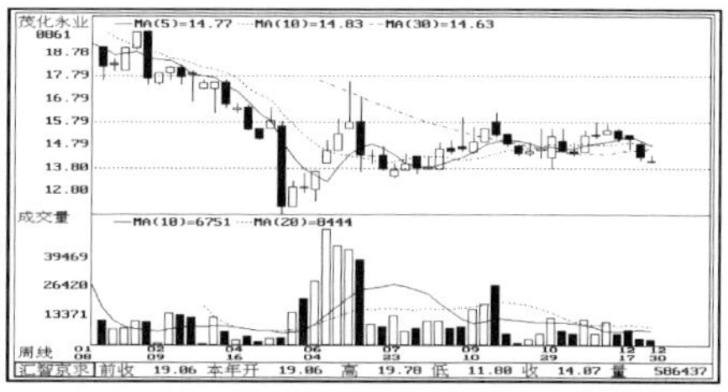

0861 茂化永业:流通股本1625万,主营炭黑、轻化系列产品。2月1日最高价19.78元,5月14日最低价11.80元。1999年每股收益0.2500元。上档压力较大,不介入。

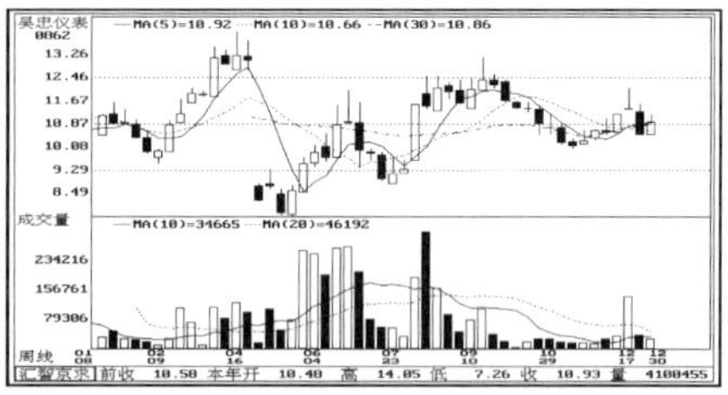

0862 吴忠仪表:流通股本9000万,主营工业自动化仪表及附件、农机产品。4月15日最高价14.05元,5月18日最低价7.26元。1999年每股收益0.2500元。上档阻力重,暂宜减仓出局。

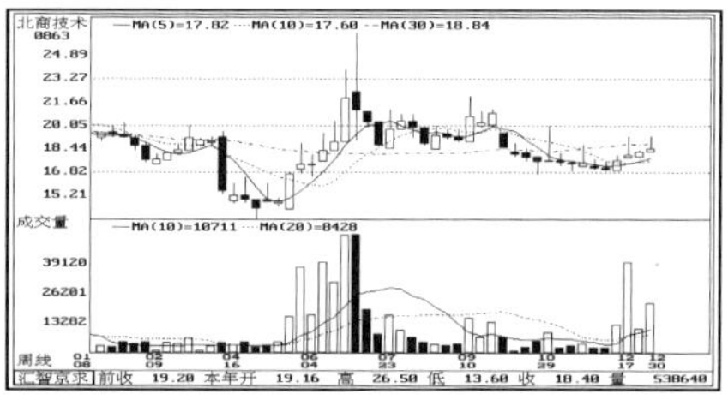

0863 北商技术:流通股本1950万,主营电子商用技术开发、电子商用设备生产。6月29日最高价26.50元,4月27日最低价13.60元。1999年每股收益0.2510元。横盘多时,有望展开拉升。

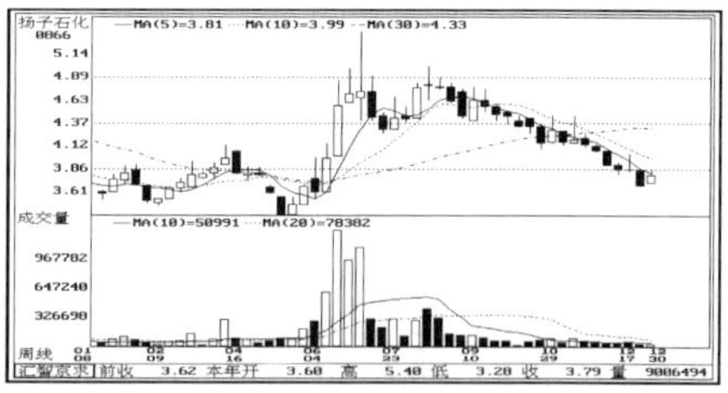

0866 扬子石化:流通股本35000万,主营原油加工、石油制品、化学原料。6月30日最高价5.40元,5月17日最低价3.28元。1999年每股收益0.2100元。短线有回调补缺口要求。

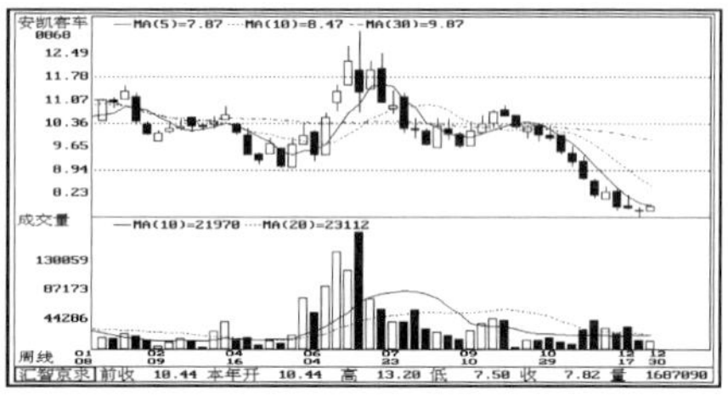

0868 安凯客车:流通股本7800万,主营客车、底盘的生产与销售、汽车配件。6月29日最高价13.20元,12月23日最低价7.50元。1999年每股收益0.1440元。走势不明朗,暂不介入。

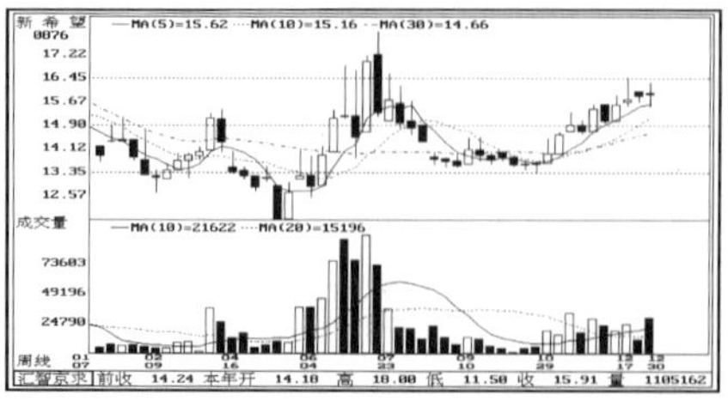

0876 新希望:流通股本5200万,主营饲料及原材料、饲料添加剂、畜禽药械。7月12日最高价18.00元,5月19日最低价11.50元。1999年每股收益0.4560元。短线调整未结束,持币。

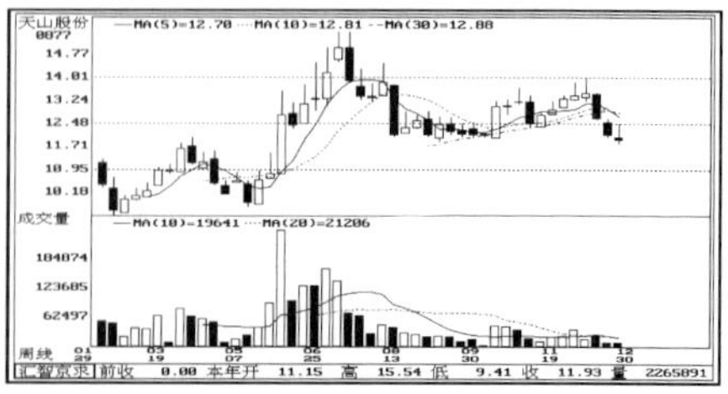

0877 天山股份:流通股本5000万,主营水泥及相关产品的生产、开发、销售。7月5日最高价15.54元,3月1日最低价9.41元。1999年每股收益0.3600元。需继续在低位震荡筑底。

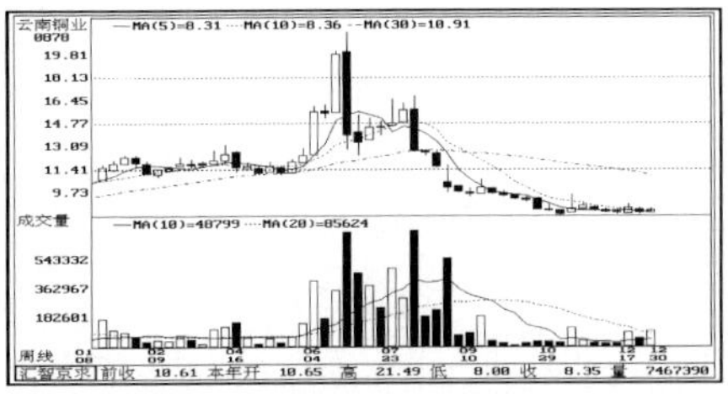

0878　云南铜业:流通股本21600万,主营生产和销售有色金属、贵金属、加工及设计、施工。6月21日最高价21.49元,11月4日最低价8.00元。1999年每股收益0.1920元。主力高位护盘,但不宜介入。

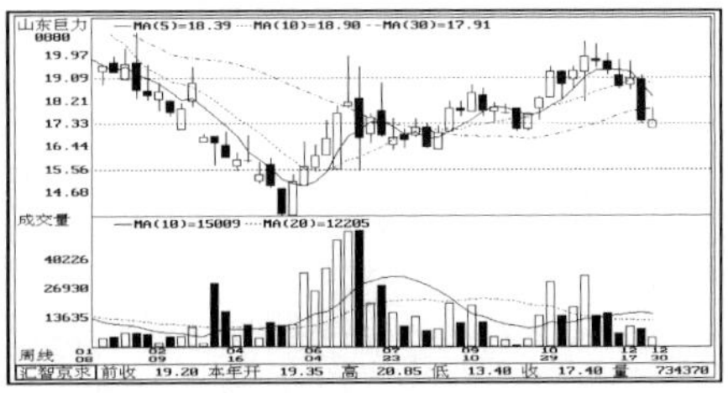

0880　山东巨力:流通股本5000万,主营农用三轮运输车、农用四轮运输车。1月26日最高价20.85元,5月17日最低价13.40元。1999年每股收益0.3940元。回抽确认,面临均线支撑。

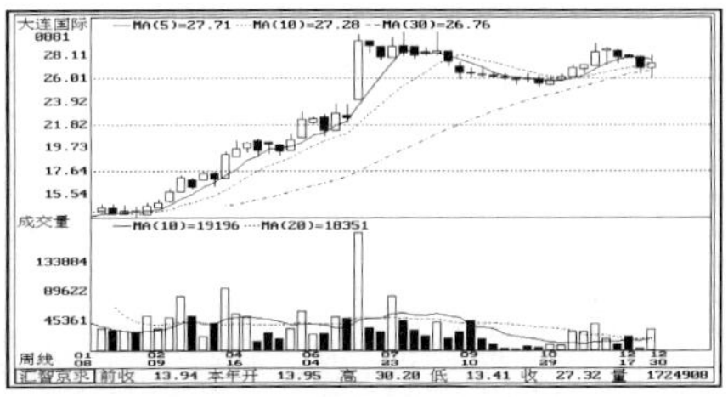

0881　大连国际:流通股本3500万,主营工程承包、远洋运输、捕鱼。7月30日最高价30.20元,1月28日最低价13.41元。1999年每股收益0.4800元。小V型反转,中线可持。

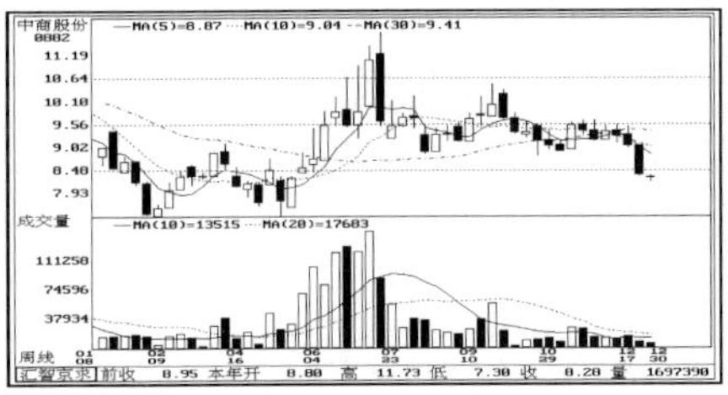

0882　中商股份:流通股本4500万,主营商品批发、零售、进出口贸易。7月12日最高价11.73元,2月8日最低价7.30元。1999年每股收益0.2200元。上行欲望不强,仍有整理。

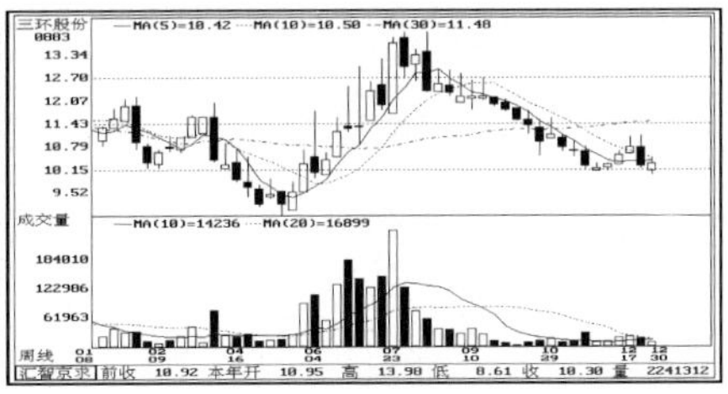

0883　三环股份:流通股本6600万,主营机械、机电设备制造、销售。7月26日最高价13.98元,5月13日最低价8.61元。1999年每股收益0.3490元。有获利盘减持迹象,暂不介入。

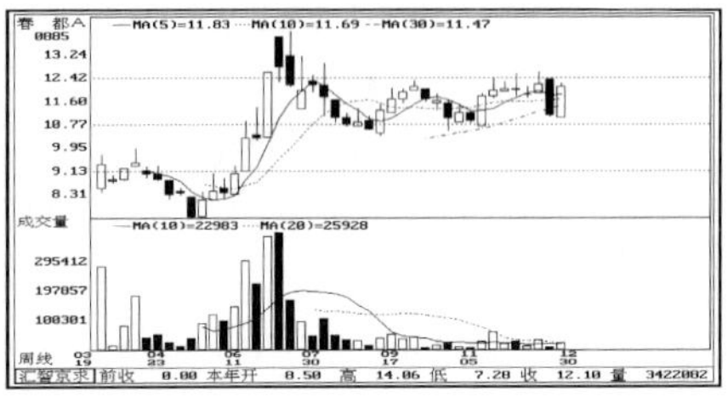

0885　春都A:流通股本6000万,主营中式肉制品、中西式灌肠等。7月12日最高价14.06元,5月19日最低价7.28元。1999年每股收益0.1510元。长期调整充分,小V型反转。

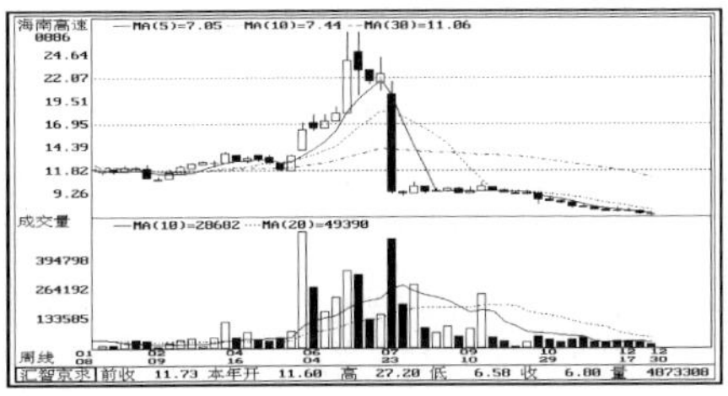

0886　海南高速:流通股本15400万,主营高等级公路勘测设计、施工。6月29日最高价27.20元,12月28日最低价6.58元。1999年每股收益0.1270元。有获利盘减持迹象,暂不介入。

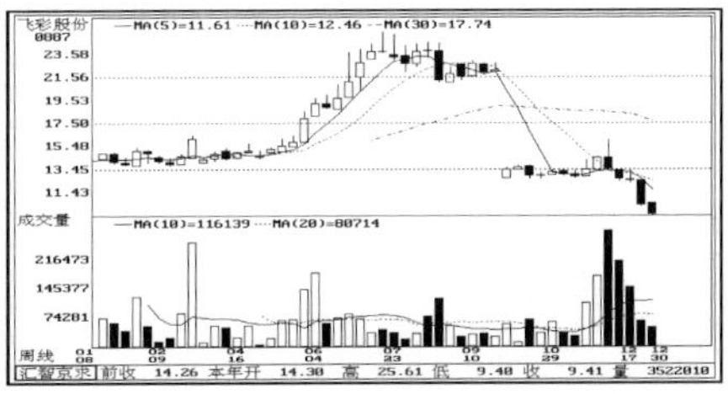

0887　飞彩股份:流通股本7000万,主营农用机动运输车、链条、汽车覆盖件。7月14日最高价25.61元,12月30日最低价9.40元。1999年每股收益0.2200元。短线有一定的压力,正在调整。

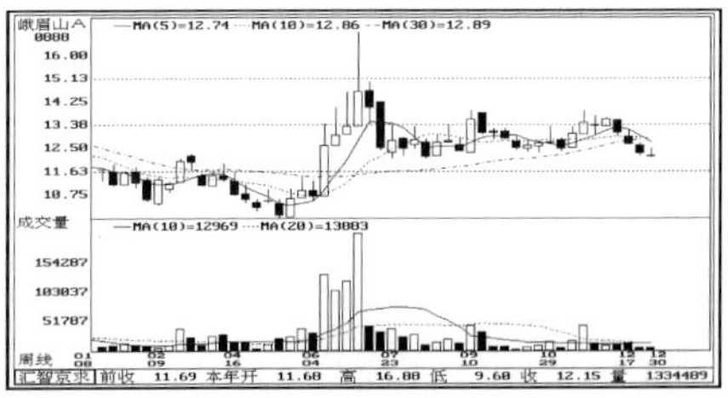

0888　峨眉山A:流通股本4000万,主营风景区游山票及园林业务、索道客运。6月30日最高价16.88元,5月10日最低价9.60元。1999年每股收益0.2200元。上行欲望不强,仍有整理。

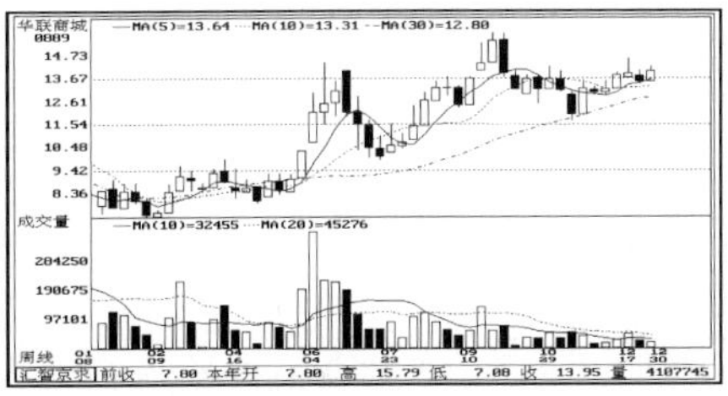

0889　华联商城:流通股本7020万,主营针纺织品、日用百货、土产杂品。9月24日最高价15.79元,1月5日最低价7.08元。1999年每股收益0.3000元。走势不明朗,暂不介入。

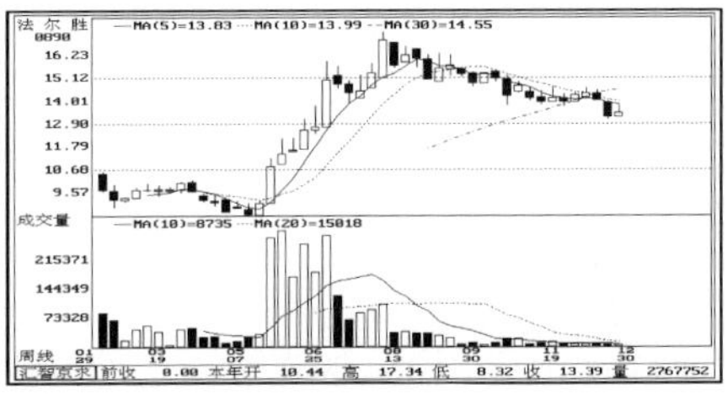

0890　法尔胜:流通股本6000万,主营钢丝、钢丝绳、普通机械、电线电缆。8月5日最高价17.34元,5月11日最低价8.32元。1999年每股收益0.4100元。上行欲望不强,仍有整理。

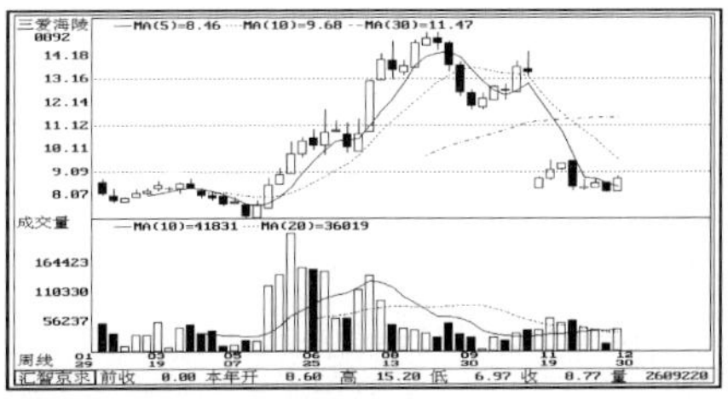

0892　三爱海陵:流通股本8000万,主营汽车、摩托车、内燃机的化油器、磁电机。8月31日最高价15.20元,5月17日最低价6.97元。1999年每股收益0.2300元。延续上攻行情,暂宜持币观望。

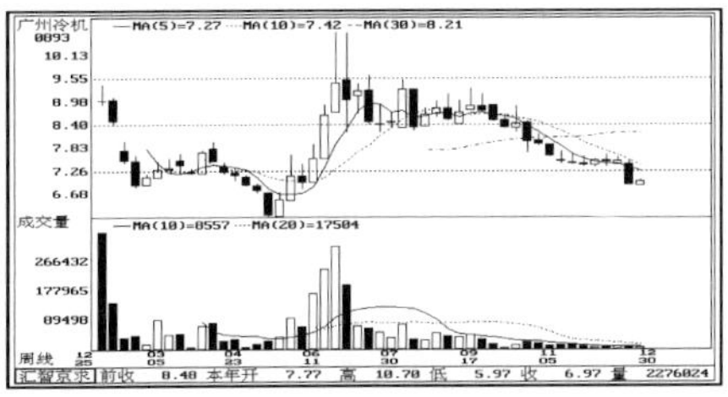

0893　广州冷机:流通股本5700万,主营制冷压缩机、制冷设备、中央空调。6月25日最高价10.70元,5月19日最低价5.97元。1999年每股收益0.0640元。上行欲望不强,仍有整理。

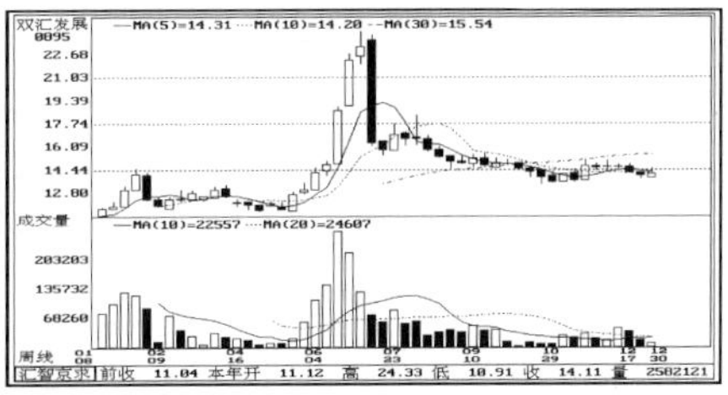

0895　双汇发展:流通股本8433万,主营食品加工及销售、生化制药、畜牧养殖。6月30日最高价24.33元,1月4日最低价10.91元。1999年每股收益0.5170元。短线有回调补缺口要求。

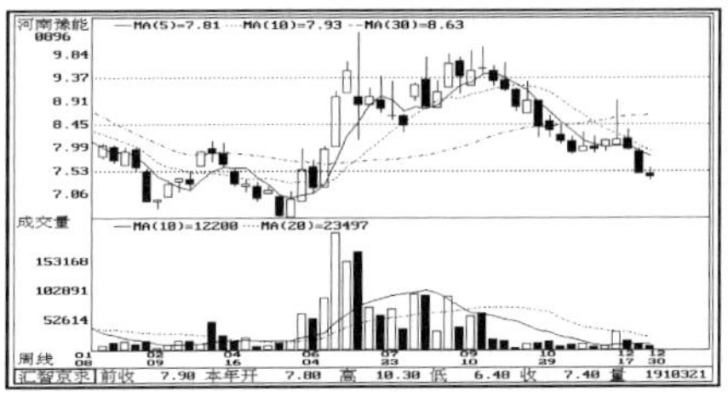

0896　河南豫能:流通股本8000万,主营火力发电、燃料、材料、电力高科技。6月29日最高价10.30元,5月17日最低价6.48元。1999年每股收益0.2780元。有获利盘减持迹象,暂不介入。

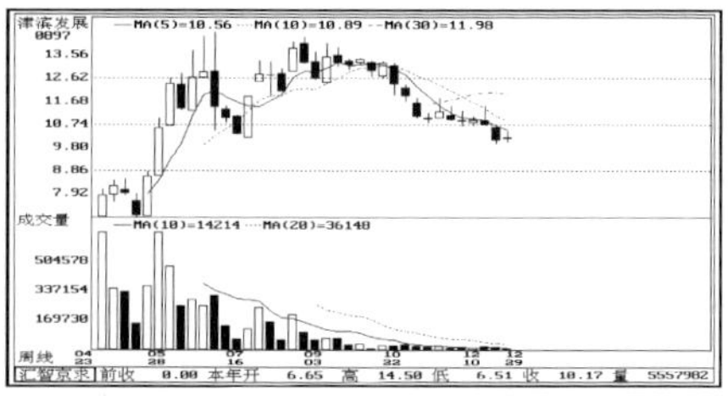

0897　津滨发展：流通股本 7000 万，主营建筑材料、道路、厂房的施工。6 月 29 日最高价 14.50 元，4 月 22 日最低价 6.51 元。1999 年每股收益 0.2340 元。走势未明，后市关注。

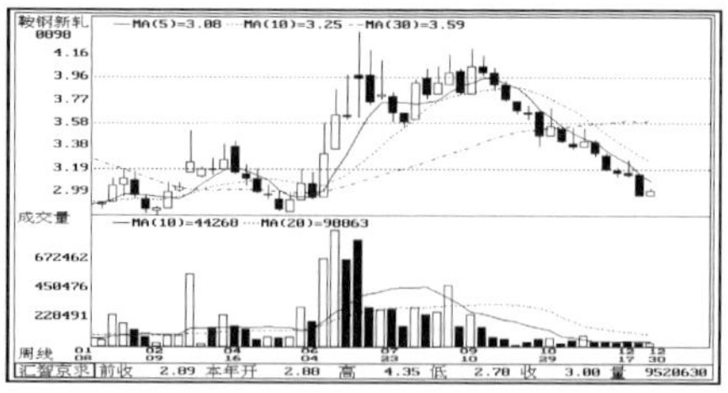

0898　鞍钢新轧：流通股本 30000 万，主营生产、销售冷轧薄板、线材及宽原板。6 月 30 日最高价 4.35 元，1 月 5 日最低价 2.78 元。1999 年每股收益 0.1200 元。回抽确认，面临均线支撑。

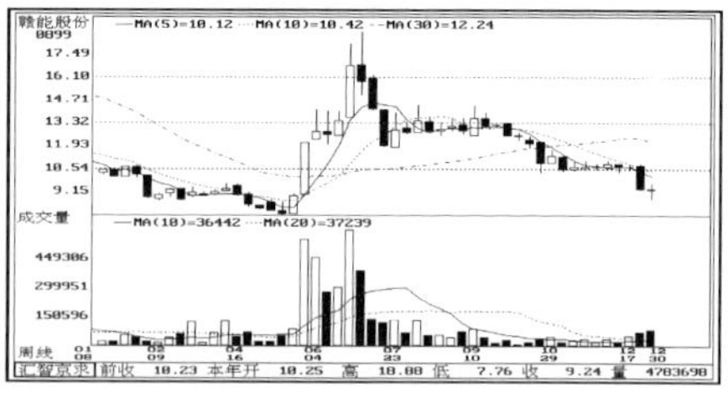

0899　赣能股份：流通股本 13748 万，主营火力发电、节能项目开发。6 月 30 日最高价 18.88 元，5 月 14 日最低价 7.76 元。1999 年每股收益 0.2580 元。有获利盘减持迹象，暂不介入。

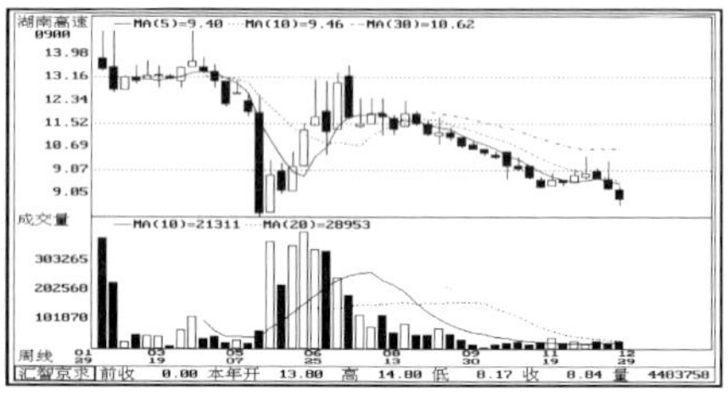

0900　湖南高速：流通股本 12000 万，主营高等级公路建设、收费与维护。1 月 28 日最高价 14.80 元，5 月 20 日最低价 8.17 元。1999 年每股收益 0.4600 元。走势未明，后市关注。

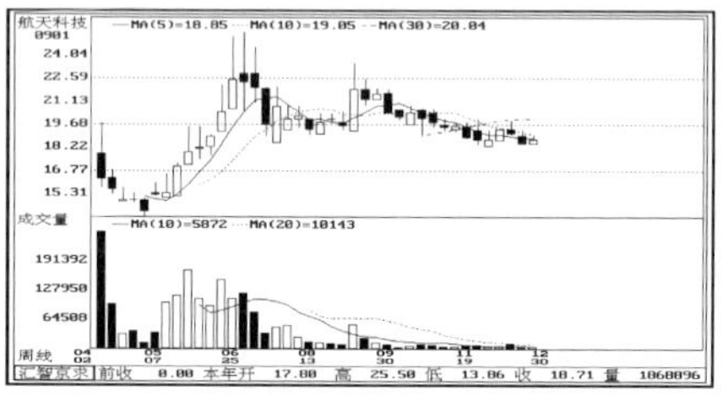

0901　航天科技：流通股本 3000 万，主营离子数控切割机、电子产品。6 月 29 日最高价 25.50 元，4 月 27 日最低价 13.86 元。1999 年每股收益 0.1820 元。回抽确认，面临均线支撑。

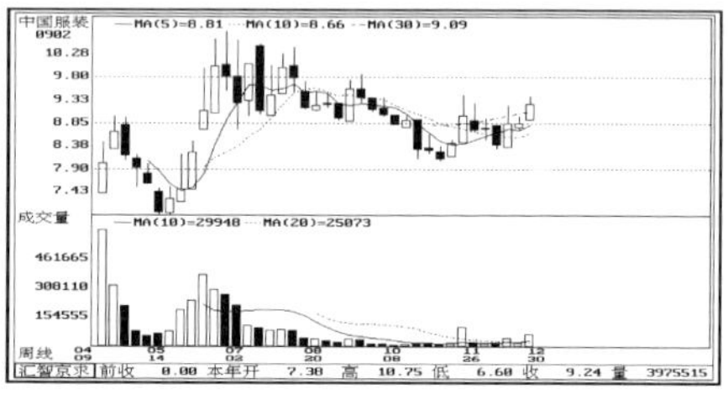

0902　中国服装：流通股本 6500 万，主营服装、服饰、鞋帽及皮棉制品等。6 月 23 日最高价 10.75 元，5 月 19 日最低价 6.60 元。1999 年每股收益 0.1500 元。短线仍有上攻潜力，仍可持股。

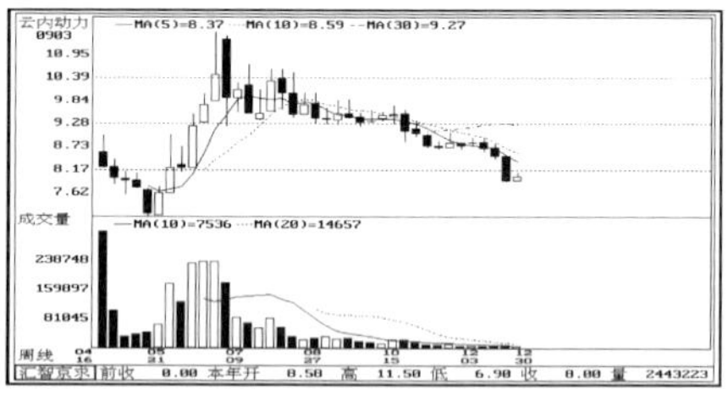

0903　云内动力：流通股本 6000 万，主营柴油机及机组、零配件等。6 月 24 日最高价 11.50 元，5 月 19 日最低价 6.90 元。1999 年每股收益 0.3000 元。上行欲望不强，仍有整理。

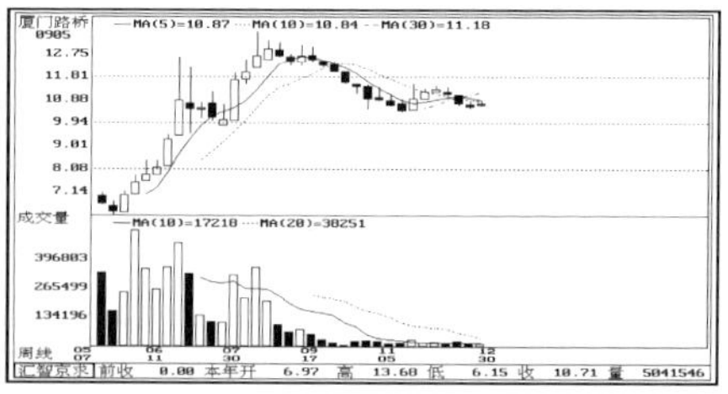

0905　厦门路桥：流通股本 9500 万，主营厦门、海沧大桥的经营与维护。8 月 13 日最高价 13.68 元，5 月 17 日最低价 6.15 元。1999 年每股收益 0.6200 元。走势不明朗，暂不介入。

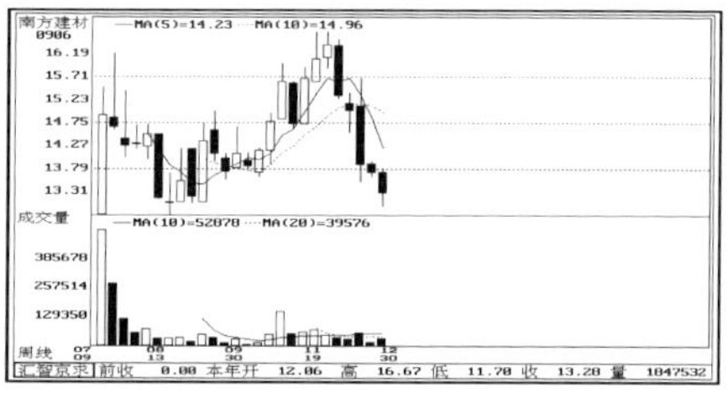

0906　南方建材：流通股本 3500 万，主营建筑材料及其制品的生产与销售。11 月 23 日最高价 16.67 元，7 月 7 日最低价 11.70 元。1999 年每股收益 0.2380 元。低位箱形整理，无成交量配合。

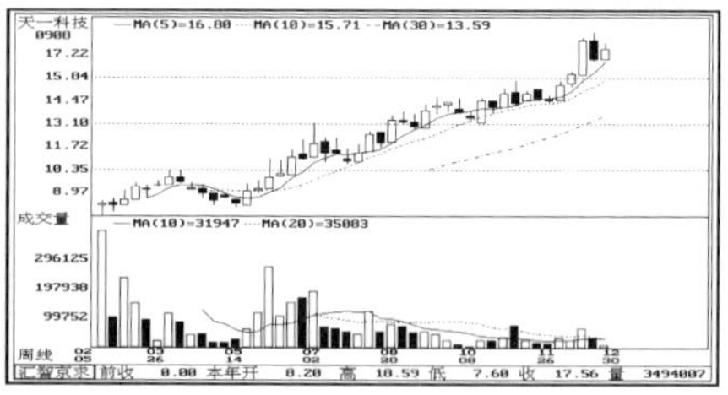

0908　天一科技：流通股本 9000 万，主营生产销售稠油泵、油气混输泵等泵类。12 月 22 日最高价 18.59 元，2 月 5 日最低价 7.60 元。1999 年每股收益 0.2034 元。主力无意拉抬，先出局为上。

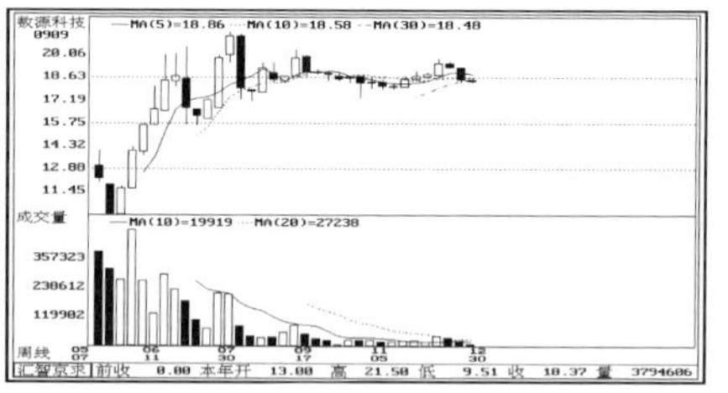

0909　数源科技：流通股本 6000 万，主营彩色电视机、数字视频产品。7 月 30 日最高价 21.50 元，5 月 17 日最低价 9.51 元。1999 年每股收益 0.2500 元。成交淡静，短线压力需消化。

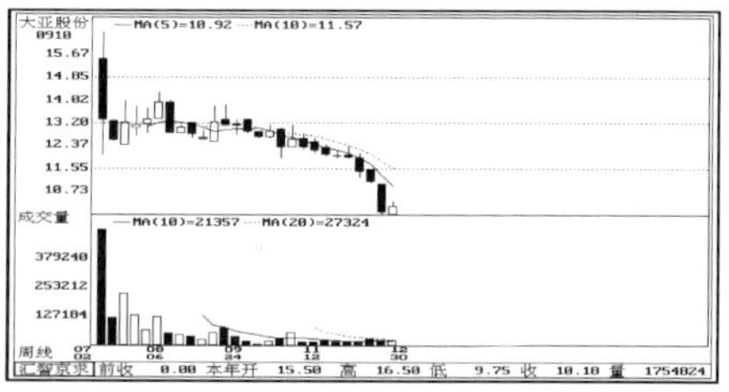

0910　大亚股份：流通股本 8000 万，主营铝纸复合材料、铝塑复合材料等。6 月 30 日最高价 16.50 元，12 月 29 日最低价 9.75 元。1999 年每股收益 0.2950 元。短线有减持迹象，暂不介入。

0911　南宁糖业：流通股本 5600 万，主营糖、酒精、文化用纸等。6 月 23 日最高价 9.21 元，5 月 31 日最低价 6.63 元。1999 年每股收益 0.1900 元。上行欲望不强，仍有整理。

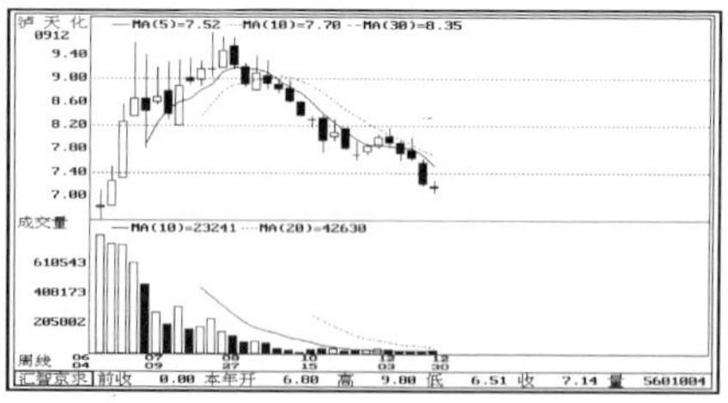

0912　泸天化：流通股本 15000 万，主营化肥、化工原料及日用化妆品等。8 月 9 日最高价 9.80 元，6 月 3 日最低价 6.51 元。1999 年每股收益 0.3460 元。有获利盘减持迹象，暂不介入。

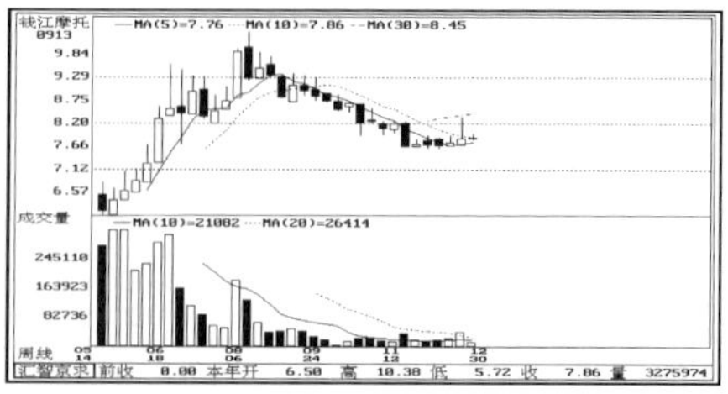

0913　钱江摩托：流通股本 6500 万，主营摩托车及配件的生产与销售。8 月 9 日最高价 10.38 元，5 月 17 日最低价 5.72 元。1999 年每股收益 0.4200 元。短线调整未结束，持币。

0915 声乐股份:流通股本3000万,主营鞋、革及配套材料、包装材料。10月29日最高价16.78元,6月9日最低价10.99元。1999年每股收益0.2019元。主力高位护盘,但不宜介入。

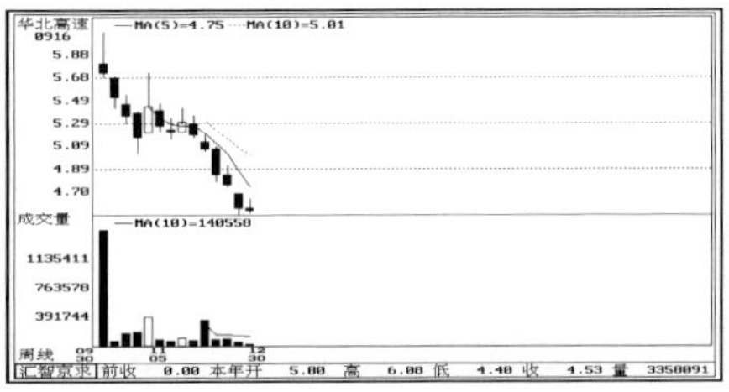

0916 华北高速:流通股本34000万,主营建设、经营收费公路。9月27日最高价6.08元,12月29日最低价4.40元。1999年每股收益0.1510元。均线反压,短线趋势仍淡。

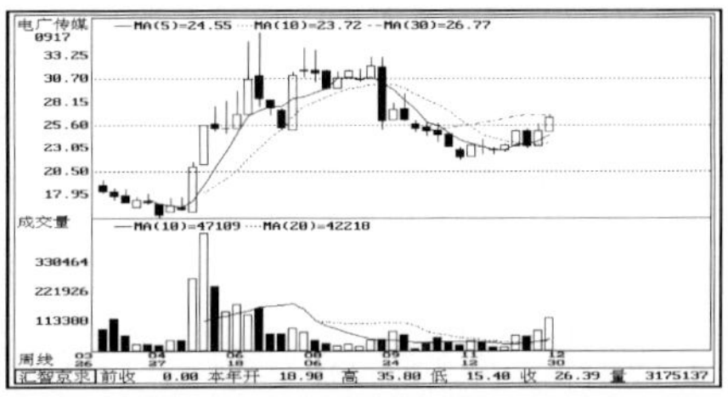

0917 电广传媒:流通股本6500万,主营影视节目制作、广告业务、旅游业等。6月29日最高价35.80元,4月27日最低价15.40元。1999年每股收益0.4100元。走势不明朗,暂不介入。

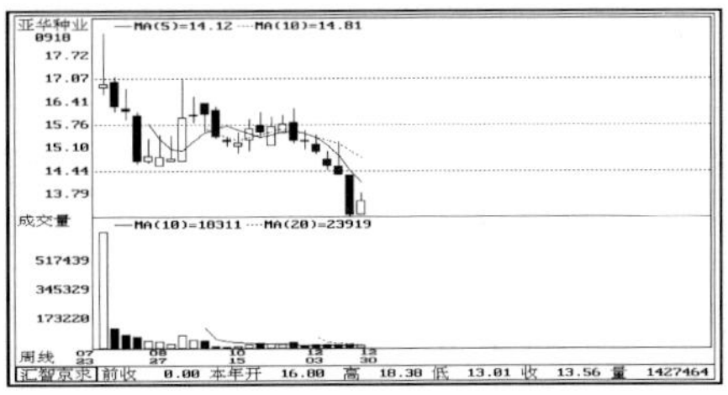

0918 亚华种业:流通股本6000万,主营杂交水稻、杂交棉、蔬菜。7月20日最高价18.38元,12月27日最低价13.01元。1999年每股收益0.2920元。上行欲望不强,仍有整理。

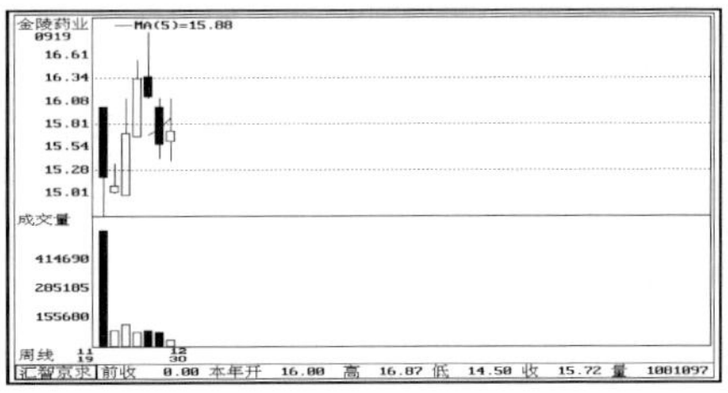

0919 金陵药业:流通股本8000万,主营中西药原料和制剂、生化制品等。12月15日最高价16.87元,11月18日最低价14.50元。1999年每股收益0.4020元。拉抬空间有限,持币。

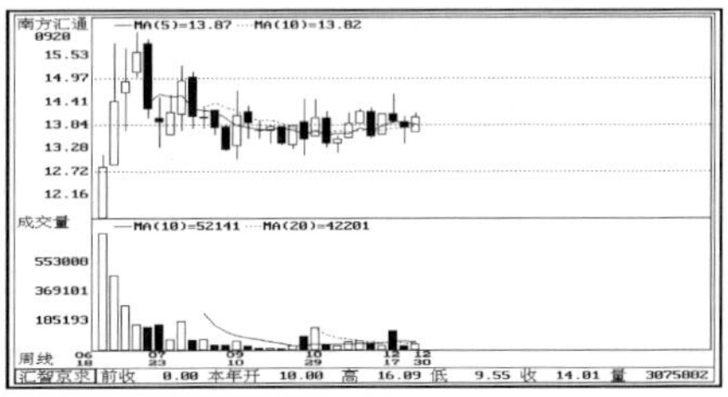

0920 南方汇通:流通股本7000万,主营铁路运输设备的开发、生产。7月9日最高价16.09元,6月16日最低价9.55元。1999年每股收益0.3000元。走势不明朗,暂不介入。

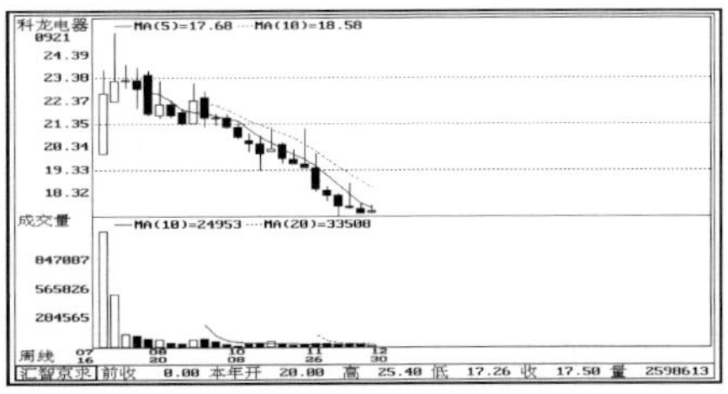

0921 科龙电器:流通股本11000万,主营开发、制造电冰箱、空调、冷柜等电器产品及相应配件业务。7月20日最高价25.40元,12月22日最低价17.26元。1999年每股收益0.6500元。走势不明朗,暂不介入。

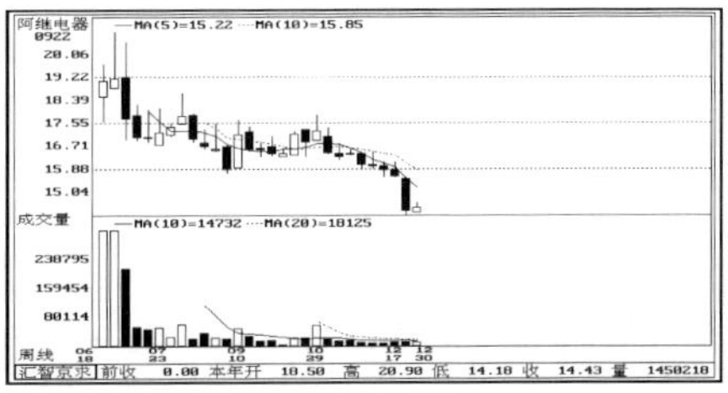

0922 阿继电器:流通股本5500万,主营继电器及继电保护设备。6月25日最高价20.90元,12月27日最低价14.18元。1999年每股收益0.1900元。短线大幅震仓,仍可持股。

0923 河北宣工:流通股本5500万,主营推土机、装载机、压路机。10月27日最高价10.70元,12月29日最低价7.98元。1999年每股收益0.1700元。上行欲望不强,仍有整理。

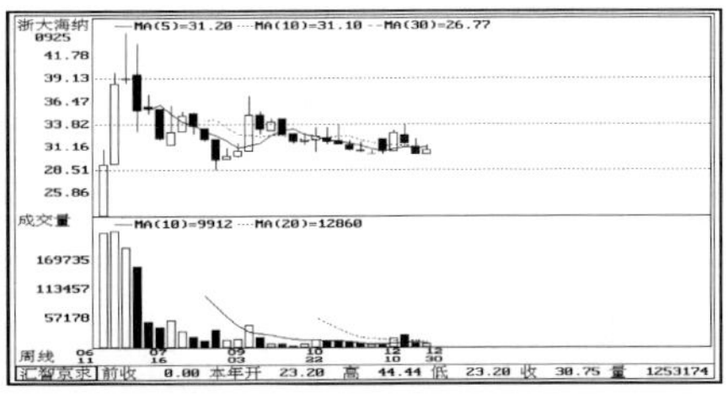

0925 浙大海纳:流通股本3000万,主营单晶硅及其制品、半导体元器件。6月25日最高价44.44元,6月11日最低价23.20元。1999年每股收益0.3200元。回抽确认,面临均线支撑。

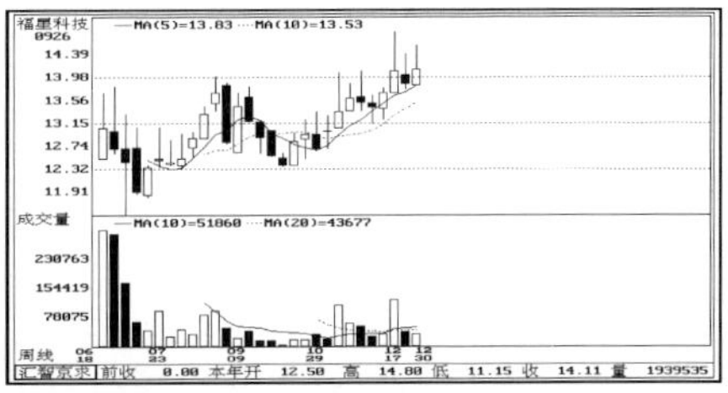

0926 福星科技:流通股本5500万,主营钢丝绳及其他金属制品。12月15日最高价14.80元,7月1日最低价11.15元。1999年每股收益0.2800元。短线调整未结束,持币。

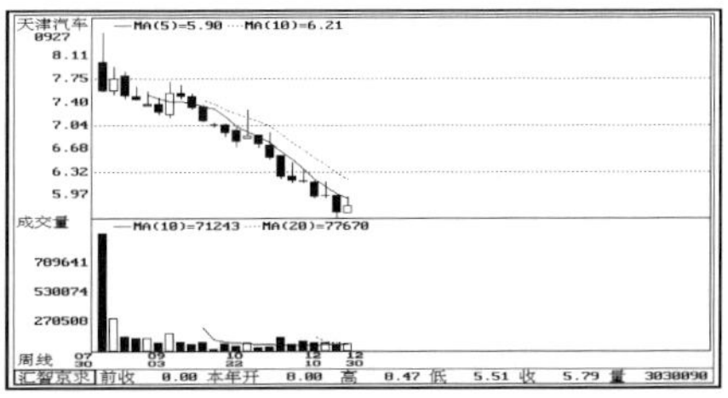

0927 天津汽车:流通股本21800万,主营制作夏利牌系列轿车、系列汽油发动机。7月27日最高价8.47元,12月23日最低价5.51元。1999年每股收益0.3140元。短线调整未结束,持币。

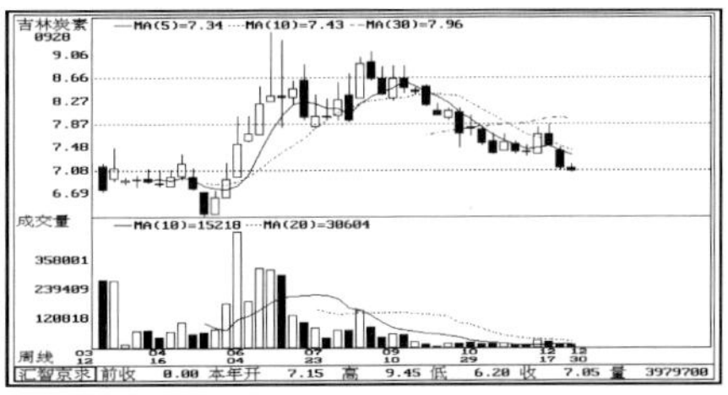

0928 吉林炭素:流通股本9000万,主营炭素及石墨制品。6月24日最高价9.45元,5月17日最低价6.20元。1999年每股收益0.2400元。上档压力仍重,需进一步整理。

0929 兰州黄河:流通股本5400万,主营啤酒、饲料、针织品。6月23日最高价19.80元,12月24日最低价15.20元。1999年每股收益0.3330元。已探明底部,中线可持股。

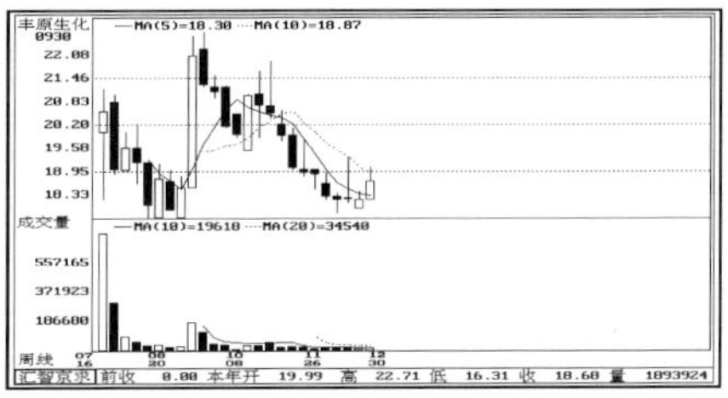

0930 丰原生化:流通股本6000万,主营柠檬酸的生产与销售。9月13日最高价22.71元,7月13日最低价16.31元。1999年每股收益0.2770元。短线调整未结束,持币。

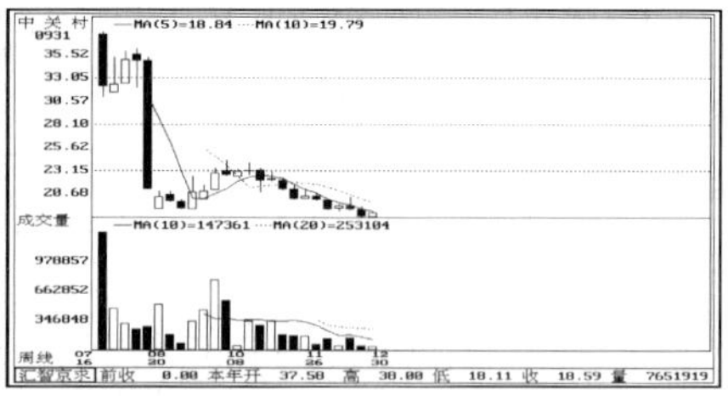

0931　中关村：流通股本 37485 万，主营高新技术园区开发、房地产业务。7 月 12 日最高价 38.00 元，12 月 27 日最低价 18.11 元。1999 年每股收益 0.2600 元。回抽确认，面临均线支撑。

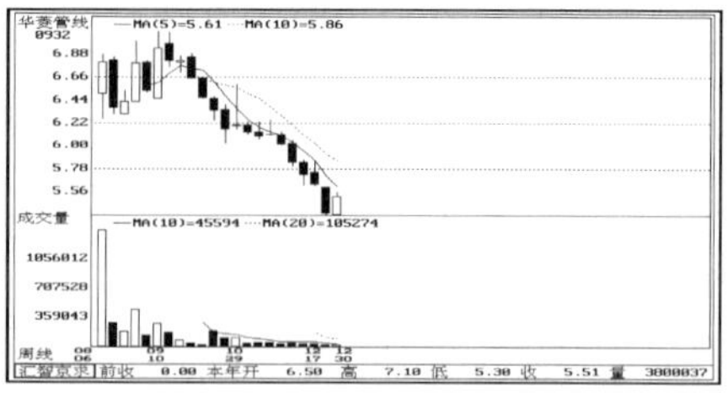

0932　华菱管线：流通股本 20000 万，主营钢坯、无缝钢管、线材生产等。9 月 10 日最高价 7.10 元，12 月 27 日最低价 5.30 元。1999 年每股收益 0.2490 元。受阻回调，形态仍需整固。

0933　神火股份：流通股本 7000 万，主营煤炭、发电、供电等。8 月 31 日最高价 13.00 元，12 月 29 日最低价 10.30 元。1999 年每股收益 0.3390 元。走势较滞重，上升空间有限。

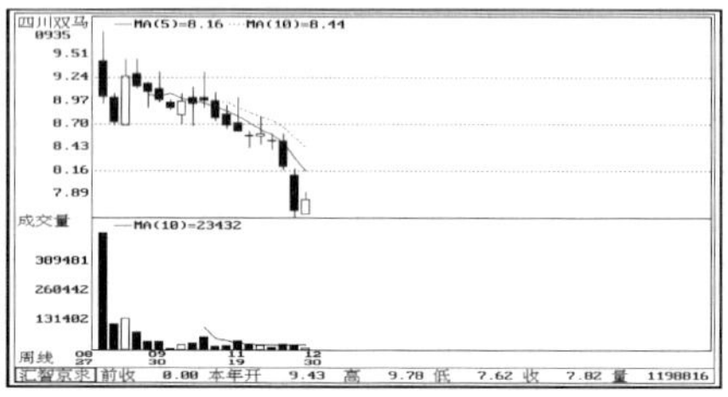

0935　四川双马：流通股本 5800 万，主营水泥制造、销售、建材技术咨询。8 月 24 日最高价 9.78 元，12 月 24 日最低价 7.62 元。1999 年每股收益 0.2290 元。有获利盘减持迹象，暂不介入。

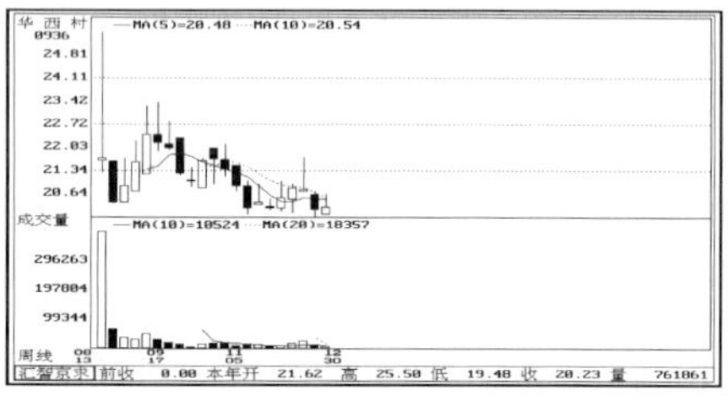

0936　华西村：流通股本 3500 万，主营纺织品、服装制造、国内贸易。8 月 10 日最高价 25.50 元，8 月 18 日最低价 19.48 元。1999 年每股收益 0.3900 元。需继续在低位震荡筑底。

0937　金牛能源：流通股本 10000 万，主营煤炭开采与经营。9 月 10 日最高价 12.20 元，12 月 29 日最低价 10.00 元。1999 年每股收益 0.3290 元。无量反弹，短线可卖出。

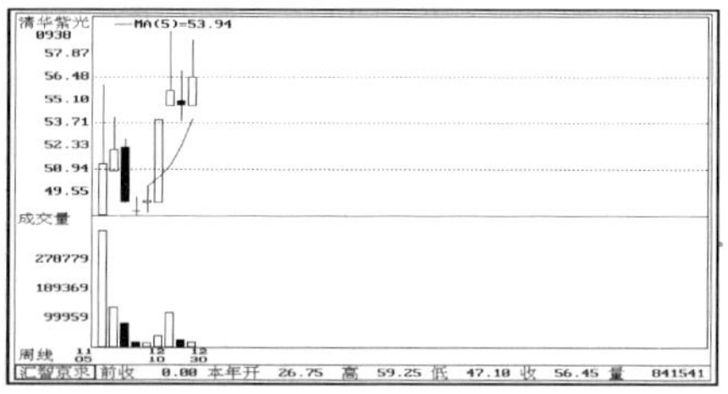

0938　清华紫光：流通股本 6400 万，主营电子信息与环保产品。12 月 17 日最高价 59.25 元，11 月 30 日最低价 47.10 元。1999 年每股收益 0.2710 元。超跌反弹走势，可看高一线。

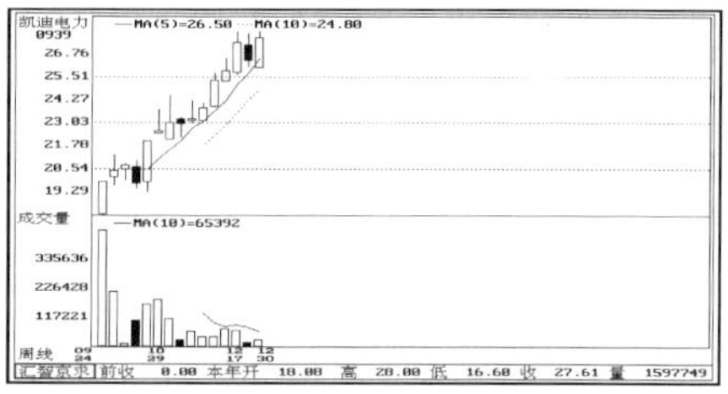

0939　凯迪电力：流通股本 6300 万，主营电力、新能源。12 月 30 日最高价 28.00 元，9 月 23 日最低价 16.60 元。1999 年每股收益 0.1860 元。主力高位护盘，但不宜介入。

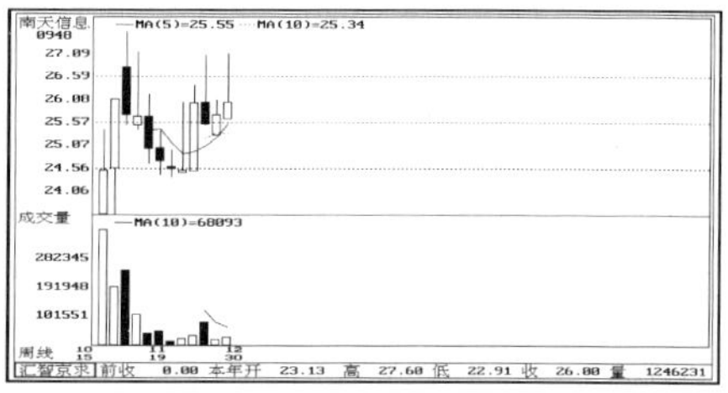

0948　南天信息：流通股本 4000 万，主营计算机软硬件、外围设备。10 月 26 日最高价 27.60 元，10 月 19 日最低价 22.91 元。1999 年每股收益 0.3400 元。横盘多时，有望展开拉升。

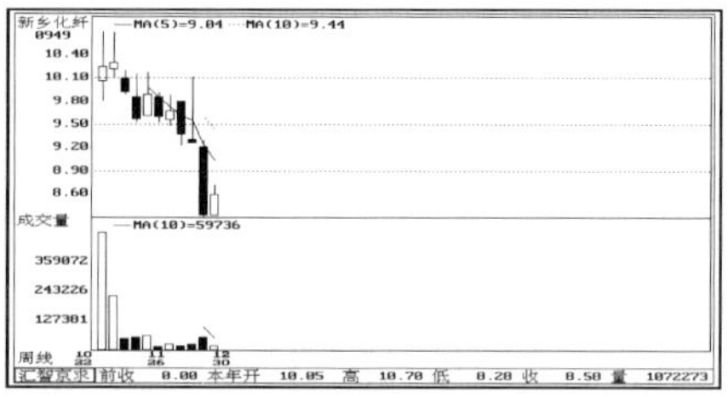

0949　新乡化纤：流通股本 7500 万，主营粘胶纤维、合成纤维、硫酸钠。10 月 21 日最高价 10.70 元，12 月 27 日最低价 8.28 元。1999 年每股收益 0.3600 元。上行欲望不强，仍有整理。

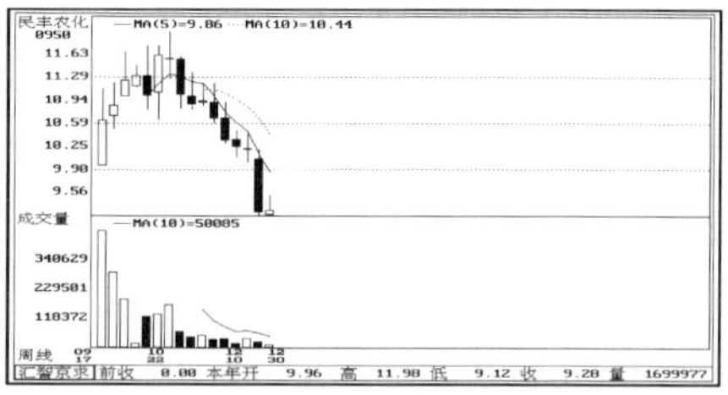

0950　民丰农化：流通股本 5500 万，主营农药、化工原料等。10 月 27 日最高价 11.98 元，12 月 29 日最低价 9.12 元。1999 年每股收益 0.1910 元。回抽确认，面临均线支撑。

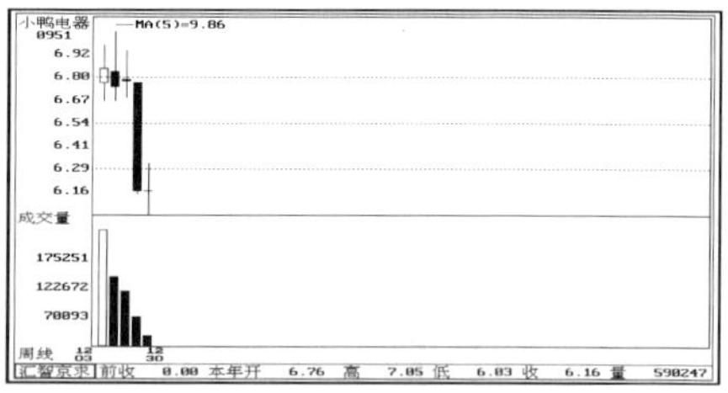

0951　小鸭电器：流通股本 9000 万，主营家用洗衣机等。12 月 6 日最高价 7.05 元，12 月 30 日最低价 6.03 元。1999 年每股收益 0.1490 元。重归 10 日均线下，继续振荡。

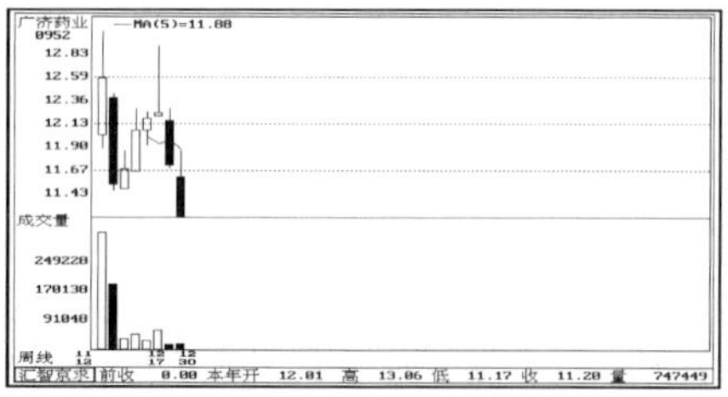

0952　广济药业：流通股本 5000 万，主营医药、兽药原料药、医药制剂。11 月 12 日最高价 13.06 元，11 月 17 日最低价 11.17 元。1999 年每股收益 0.1800 元。均线反压大，不宜介入。

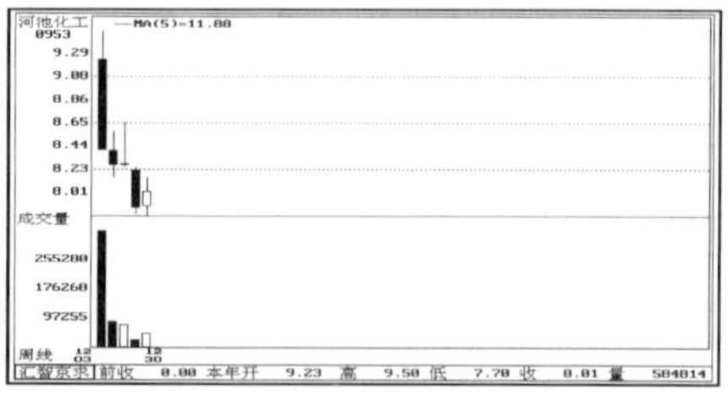

0953　河池化工：流通股本 6000 万，主营尿素、化肥等。12 月 2 日最高价 9.50 元，12 月 29 日最低价 7.70 元。1999 年每股收益 0.1420 元。长期调整充分，小 V 型反转。

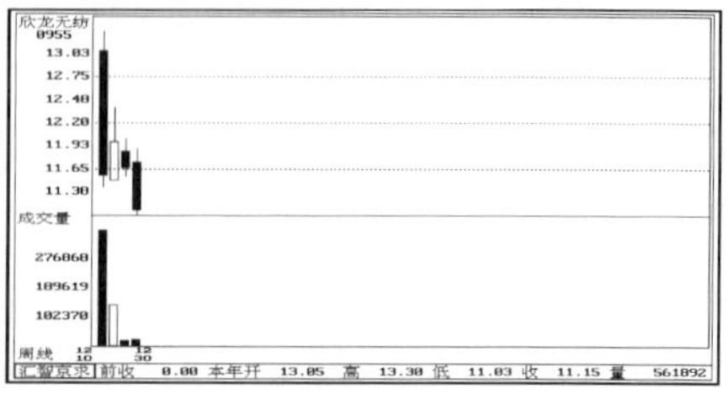

0955　欣龙无纺：流通股本 5500 万，主营无纺布。12 月 9 日最高价 13.30 元，12 月 29 日最低价 11.03 元。1999 年每股收益 0.2260 元。走势未明，后市关注。

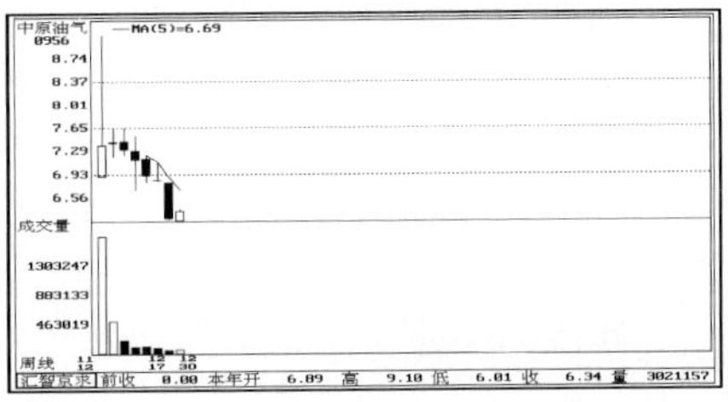

0956 中原油气:流通股本 17000 万,主营石油天然气的勘探开发等。11 月 10 日最高价 9.10 元,12 月 29 日最低价 6.01 元。1999 年每股收益 0.3760 元。上行欲望不强,仍有整理。

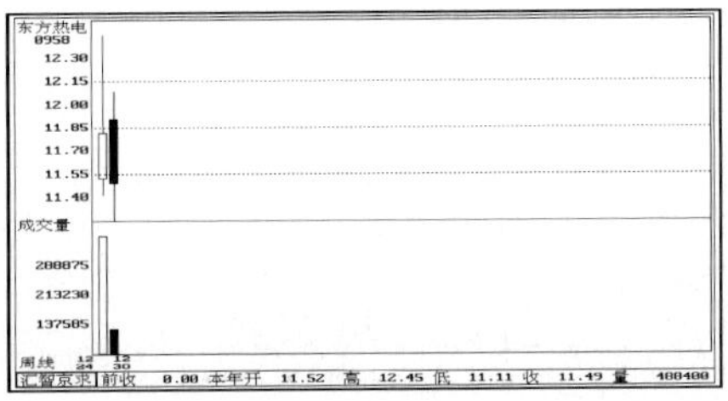

0958 东方热电:流通股本 4500 万,主营热力、电力的生产与销售。12 月 23 日最高价 12.45 元,12 月 29 日最低价 11.11 元。1999 年每股收益 0.2600 元。走势不明朗,暂不介入。

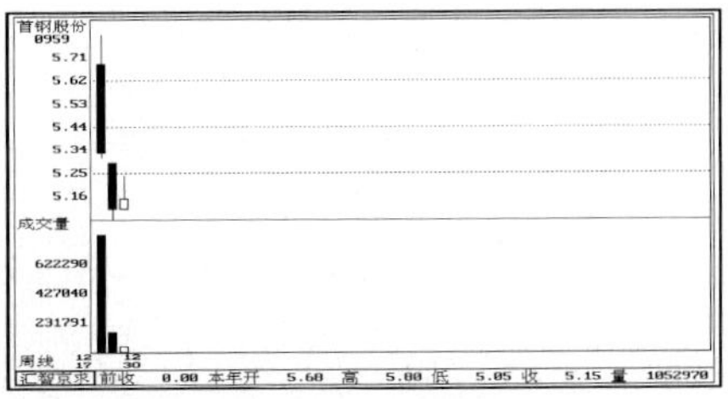

0959 首钢股份:流通股本 35000 万,主营钢铁冶炼、加工等。12 月 16 日最高价 5.80 元,12 月 23 日最低价 5.05 元。1999 年每股收益 0.3100 元。短线有回调补缺口要求。

表 38 1999 年上市基金走势图

个股点评
统计制作 北京汇智科贸公司信息部

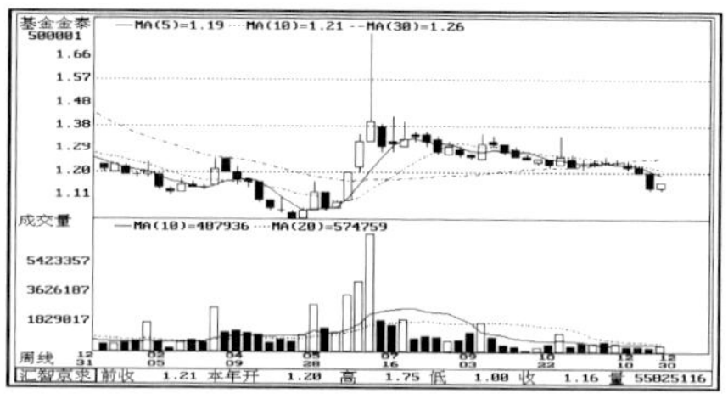

500001 基金金泰：流通股本 197000 万，6 月 30 日最高价 1.75 元，5 月 19 日最低价 1.00 元。1999 年末期收益 0.1806 元。已探明底部，中线可持股。

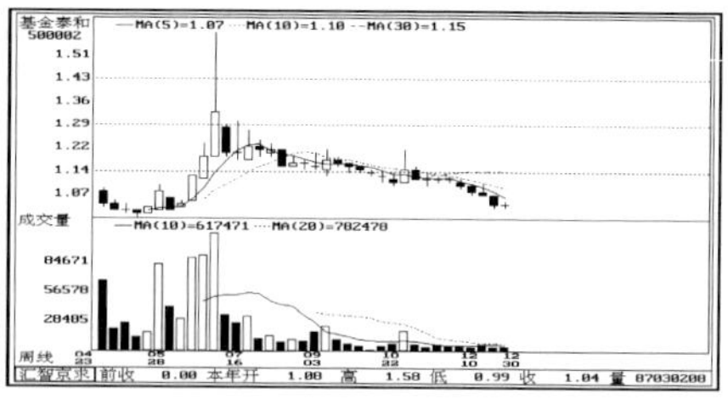

500002 基金泰和：流通股本 194000 万，6 月 30 日最高价 1.58 元，5 月 19 日最低价 0.99 元。1999 年末期收益 0.0220 元。短线横盘整理，可适当持股。

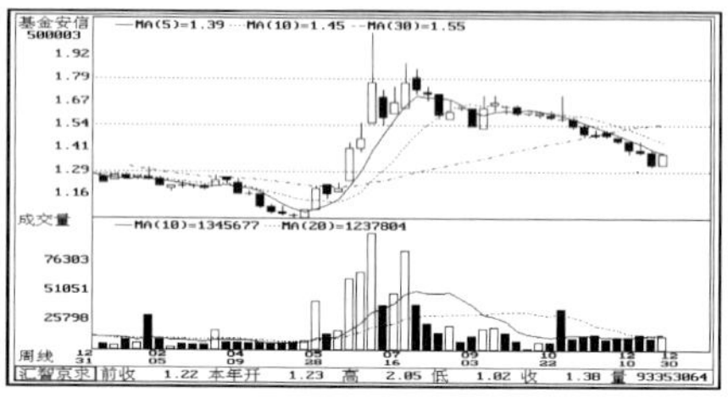

500003 基金安信：流通股本 194000 万，7 月 1 日最高价 2.05 元，5 月 19 日最低价 1.02 元。1999 年末期收益 0.3212 元。小 V 型反转，中线可持。

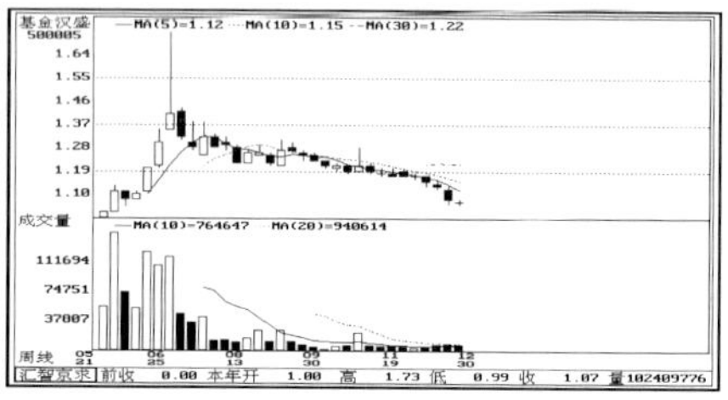

500005 基金汉盛：流通股本 194000 万，6 月 30 日最高价 1.73 元，5 月 19 日最低价 0.99 元。1999 年末期收益 0.15840 元。已探明底部，中线可持股。

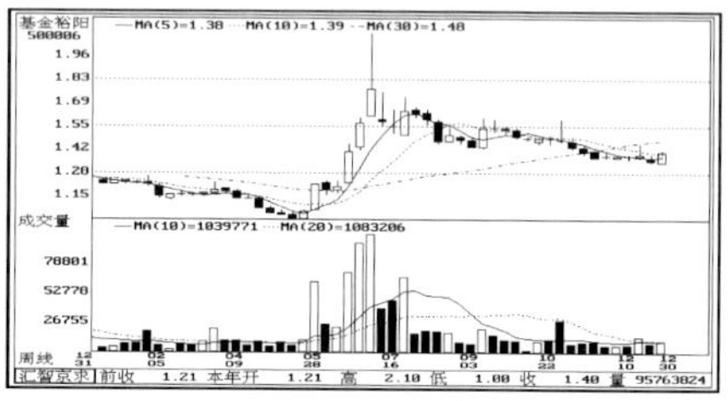

500006 基金裕阳：流通股本 194000 万，7 月 1 日最高价 2.10 元，5 月 19 日最低价 1.00 元。1999 年末期收益 0.3946 元。成交趋于活跃，仍有上升空间。

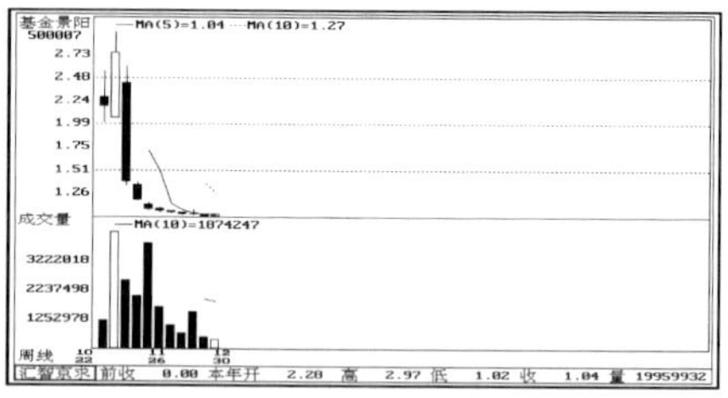

500007 基金景阳：流通股本 97000 万，10 月 29 日最高价 2.97 元，12 月 29 日最低价 1.02 元。1999 年末期收益 0.03610 元。短线有回调补缺口要求。

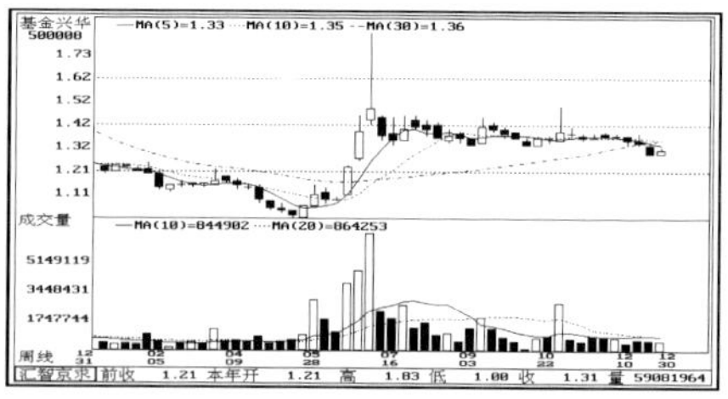

500008 基金兴华：流通股本 197000 万，6 月 30 日最高价 1.83 元，5 月 10 日最低价 1.00 元。1999 年末期收益 0.4068 元。延续上攻行情，暂宜持币观望。

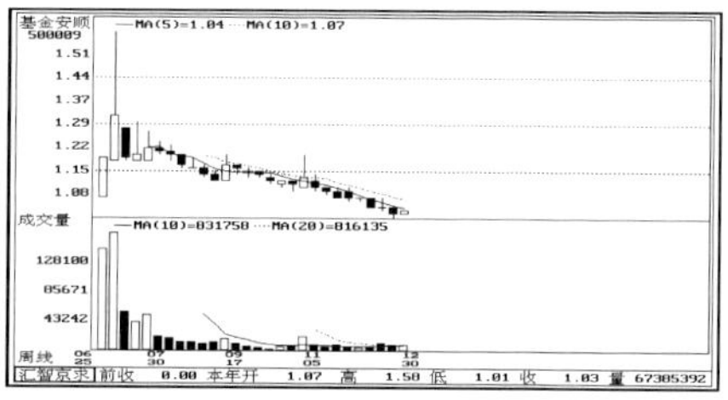

500009 基金安顺：流通股本 297000 万，7 月 1 日最高价 1.58 元，12 月 28 日最低价 1.01 元。1999 年末期收益 0.03700 元。整理走势，短线有一定压力。

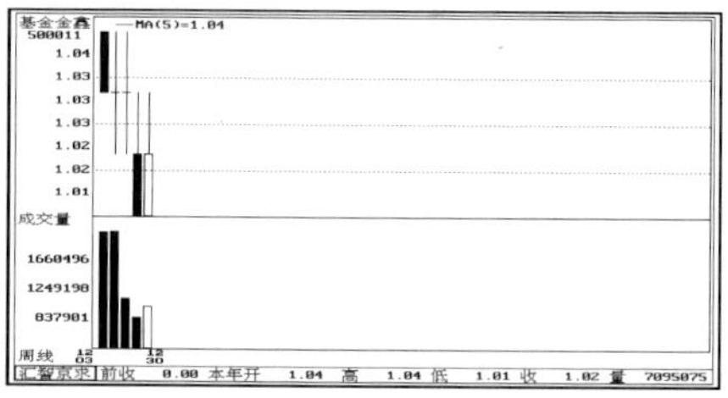

500011 基金金鑫：流通股本 297000 万，12 月 16 日最高价 1.04 元，12 月 30 日最低价 1.01 元。1999 年末期收益 0.00580 元。走势不明朗，暂不介入。

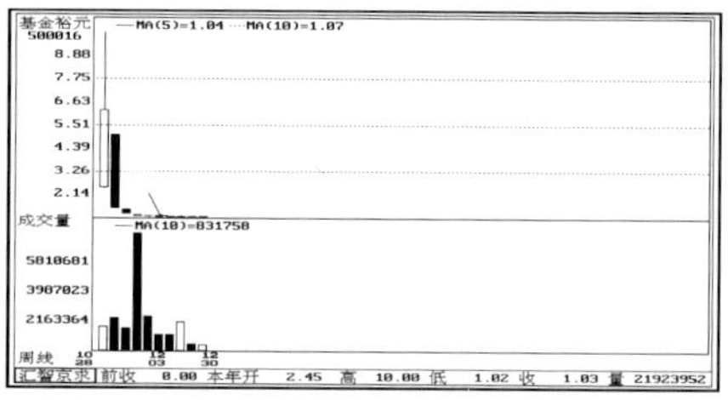

500016 基金裕元：流通股本 147000 万，10 月 28 日最高价 10.00 元，12 月 30 日最低价 1.02 元。1999 年末期收益 0.00120 元。均线反压，短线趋势仍淡。

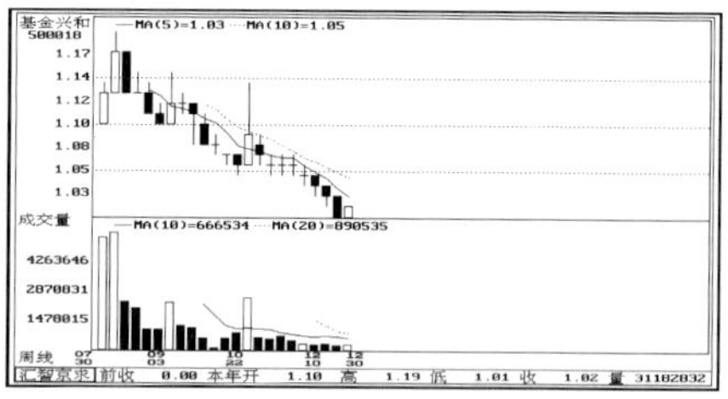

500018 基金兴和：流通股本 297000 万，8 月 6 日最高价 1.19 元，12 月 30 日最低价 1.01 元。1999 年末期收益 -0.01300 元。短线调整未结束，持币。

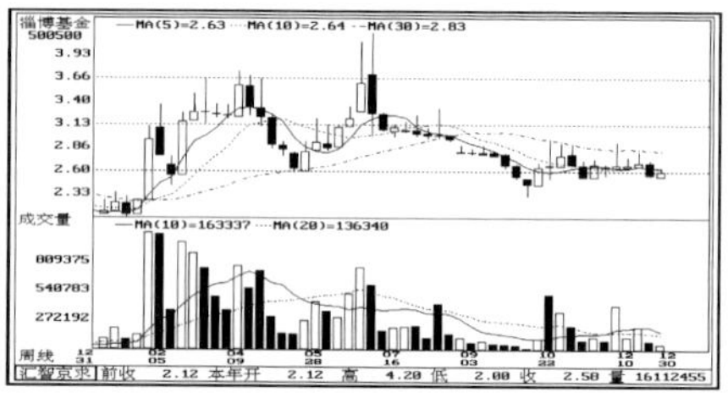

500500 淄博基金：流通股本 10000 万，6 月 30 日最高价 4.20 元，1 月 18 日最低价 2.00 元。1999 年末期收益 -0.04000 元。走势未明，后市关注。

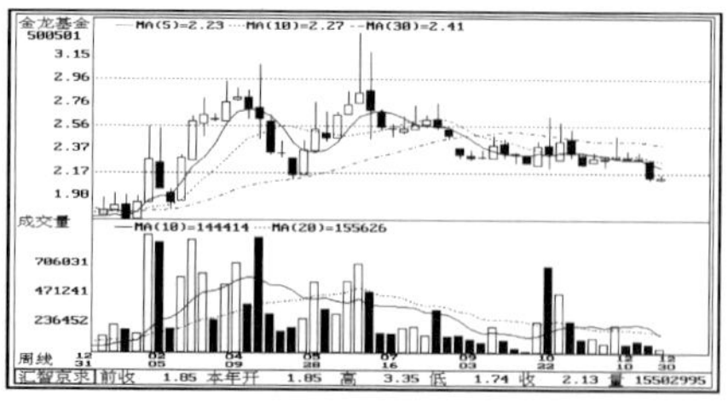

500501 金龙基金：流通股本 10000 万，6 月 25 日最高价 3.35 元，1 月 18 日最低价 1.74 元。1999 年末期收益 -0.08360 元。走势不明朗，暂不介入。

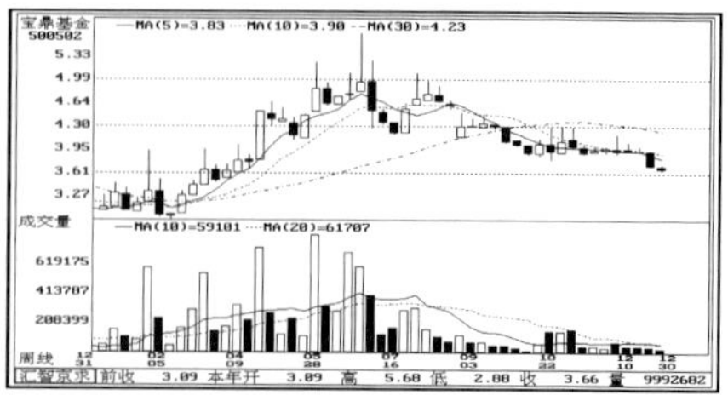

500502 宝鼎基金：流通股本 10000 万，6 月 25 日最高价 5.68 元，2 月 8 日最低价 2.88 元。1999 年末期收益 0.4900 元。短线调整未结束，持币。

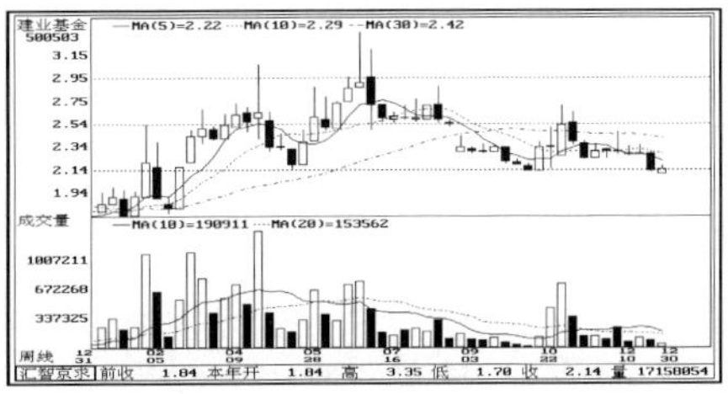

500503 建业基金：流通股本10000万，6月25日最高价3.35元，1月18日最低价1.70元。1999年末期收益-0.0285元。走势未明，暂不介入。

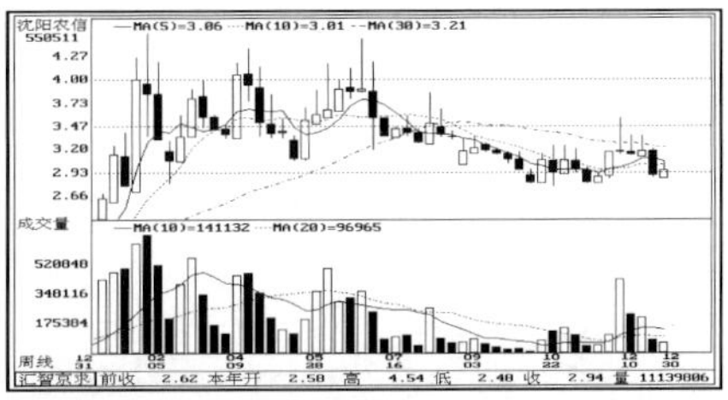

550511 沈阳农信：流通股本3861万，1月27日最高价4.54元，1月5日最低价2.48元。1999年末期收益-0.01860元。短线调整未结束，持币。

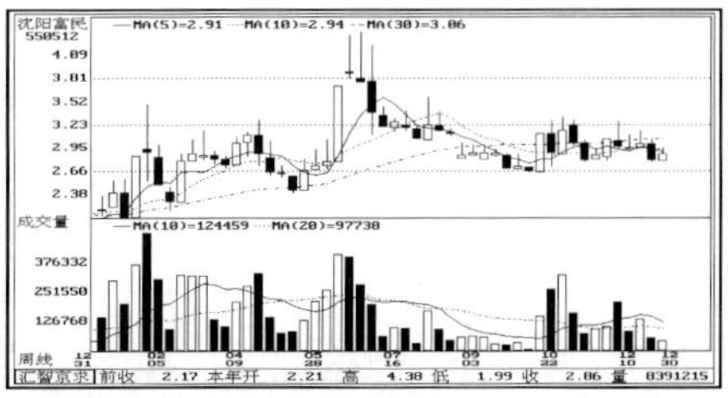

550512 沈阳富民：流通股本3150万，6月25日最高价4.38元，1月18日最低价1.99元。1999年末期收益0.0300元。短线有回调补缺口要求。

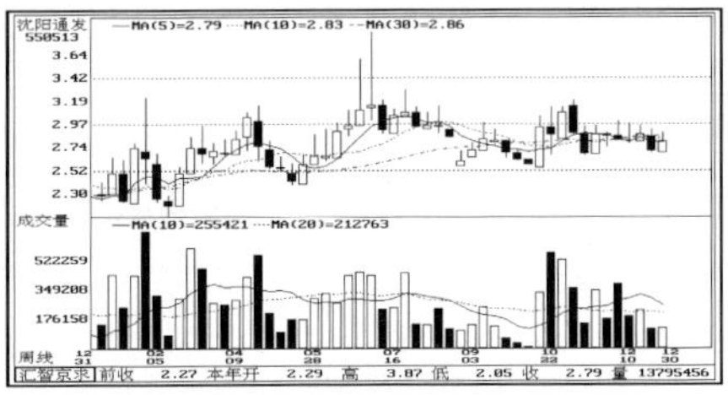

550513 沈阳通发：流通股本5850万，6月30日最高价3.87元，2月8日最低价2.05元。1999年末期收益0.063元。走势未明，后市关注。

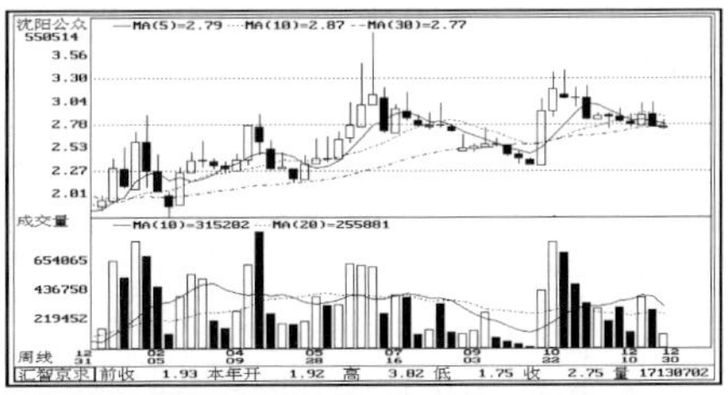

550514 沈阳公众：流通股本5950万，6月30日最高价3.82元，2月9日最低价1.75元。1999年末期收益0.006元。走势未明，暂不介入。

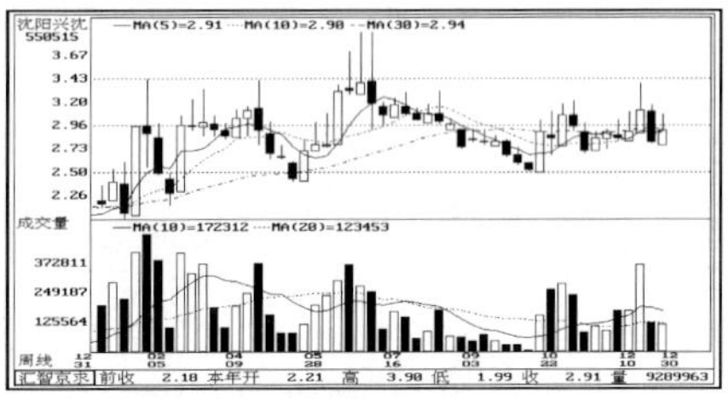

550515 沈阳兴沈：流通股本3510万，6月30日最高价3.90元，1月18日最低价1.99元。1999年末期收益-0.015元。振荡整理，快进快出。

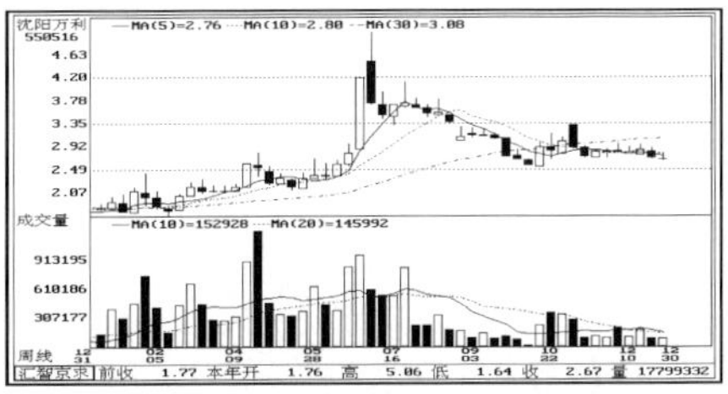

550516 沈阳万利：流通股本7320万，6月29日最高价5.06元，2月9日最低价1.64元。1999年末期收益-0.0003元。走势不明朗，暂不介入。

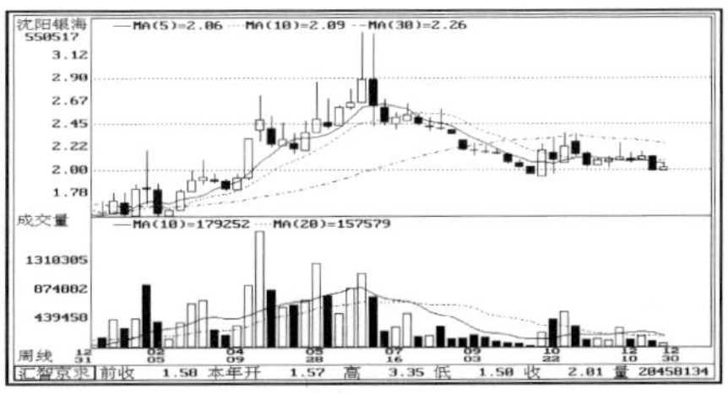

550517 沈阳银海：流通股本10125万，6月25日最高价3.35元，2月8日最低价1.50元。1999年末期收益-0.2068元。短线有回调补缺口要求。

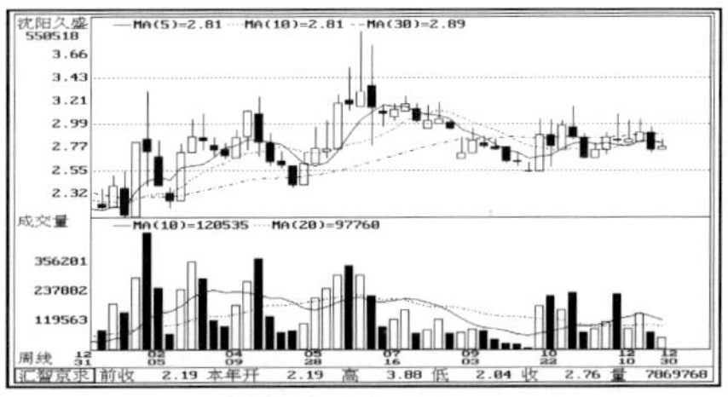

550518 沈阳久盛：流通股本3219万，6月25日最高价3.88元，1月18日最低价2.04元。1999年末期收益-0.0058元。已探明底部，中线可持股。

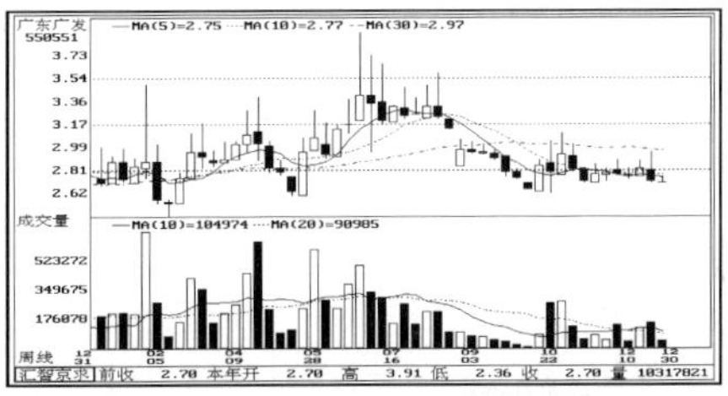

550551 广东广发：流通股本6000万，6月25日最高价3.91元，2月8日最低价2.36元。1999年末期收益0.1400元。短线调整未结束，持币。

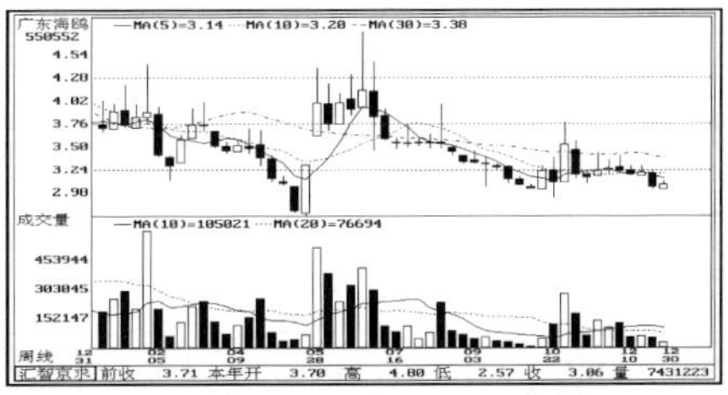

550552 广东海鸥：流通股本5000万，6月25日最高价4.80元，5月19日最低价2.57元。1999年末期收益-0.0100元。走势未明，后市关注。

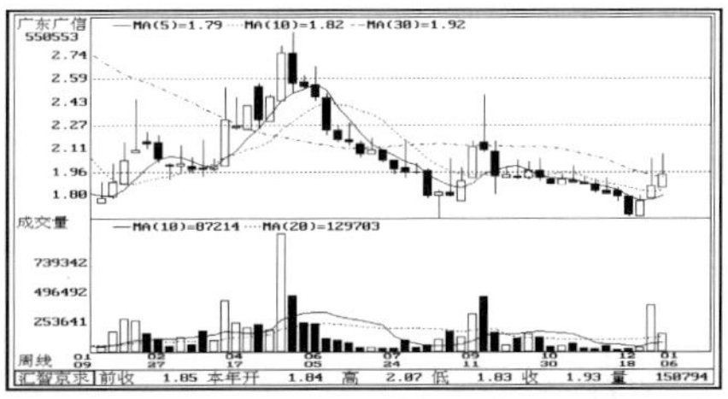

550553 广东广信：流通股本11875万，1月6日最高价2.07元，1月5日最低价1.83元。1999年末期收益-0.2921元。短线调整未结束，持币。

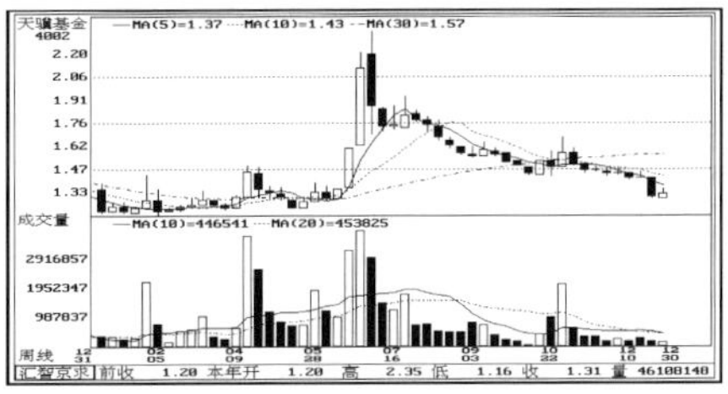

4002 天骥基金：流通股本58148万，6月29日最高价2.35元，3月1日最低价1.16元。1999年末期收益0.0635元。走势不明朗，暂不介入。

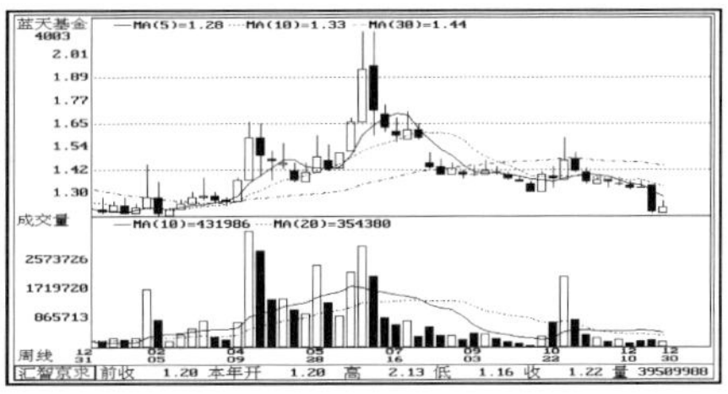

4003 蓝天基金：流通股本37916万，6月29日最高价2.13元，2月8日最低价1.16元。1999年末期收益-0.0400元。短线有回调补缺口要求。

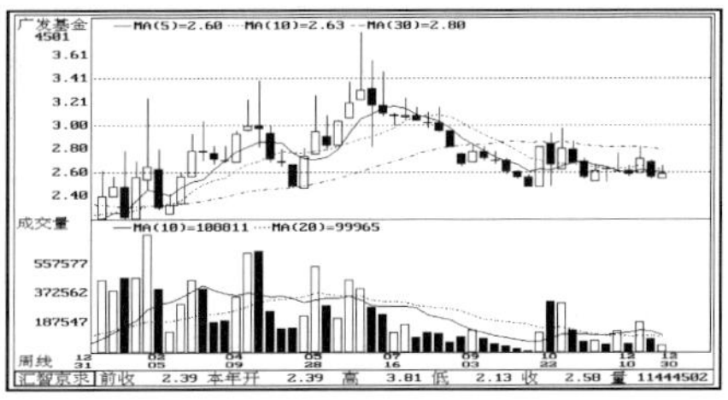

4501 广发基金：流通股本4770万，6月25日最高价3.81元，2月8日最低价2.13元。1999年末期收益0.04000元。走势不明朗，暂不介入。

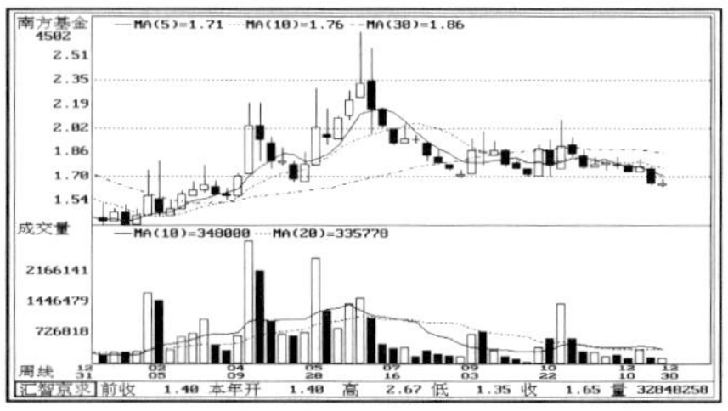

4502 南方基金：流通股本 20630 万，6 月 25 日最高价 2.67 元，1 月 18 日最低价 1.35 元。1999 年末期收益 0.0240 元。走势不明朗，暂不介入。

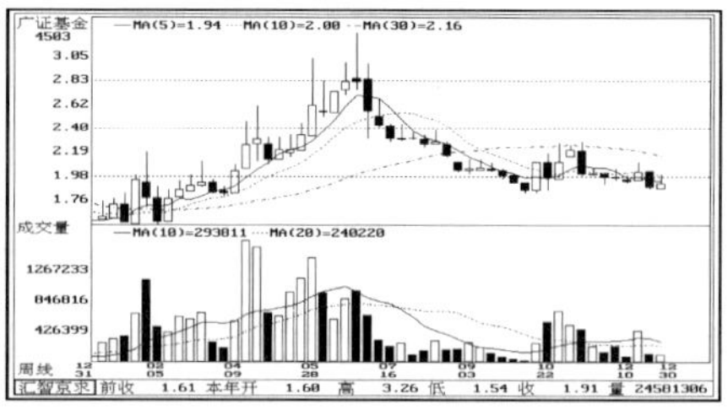

4503 广证基金：流通股本 10700 万，6 月 25 日最高价 3.26 元，2 月 8 日最低价 1.54 元。1999 年末期收益 0.0210 元。短线调整未结束，持币。

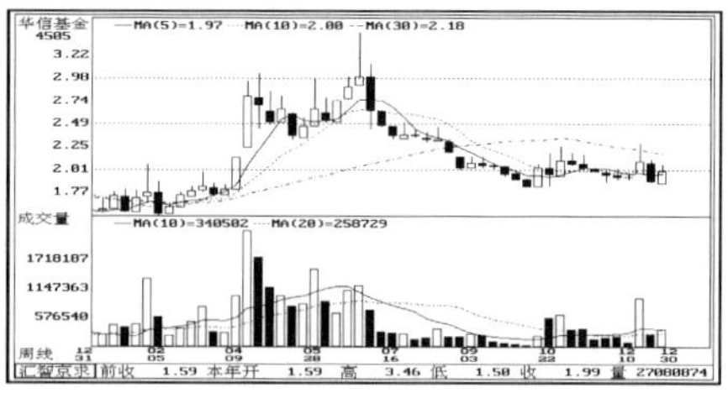

4505 华信基金：流通股本 12502 万，6 月 25 日最高价 3.46 元，2 月 8 日最低价 1.50 元。1999 年末期收益 0.0030 元。整理走势，短线有一定压力。

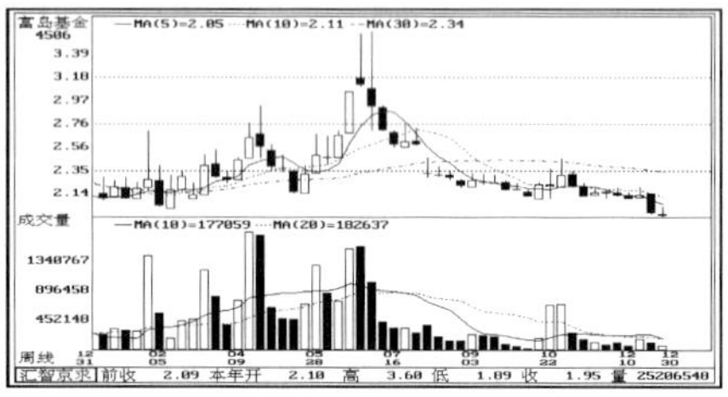

4506 富岛基金：流通股本 16000 万，6 月 30 日最高价 3.60 元，12 月 27 日最低价 1.89 元。1999 年末期收益 -0.0360 元。中线已趋淡，趁反弹减磅。

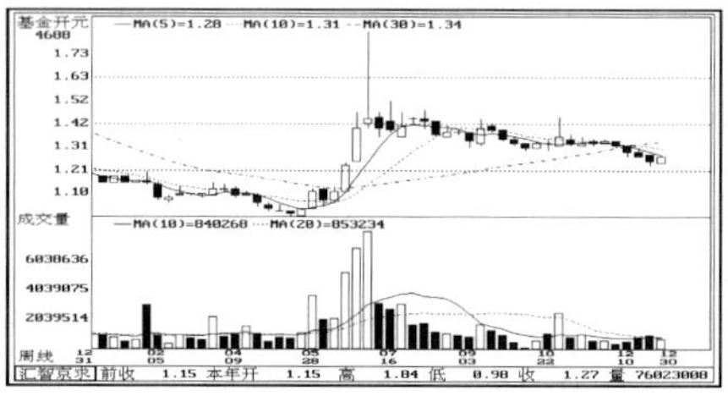

4688 基金开元：流通股本 197000 万，6 月 30 日最高价 1.84 元，5 月 19 日最低价 0.98 元。1999 年末期收益 0.2760 元。短线调整未结束，持币。

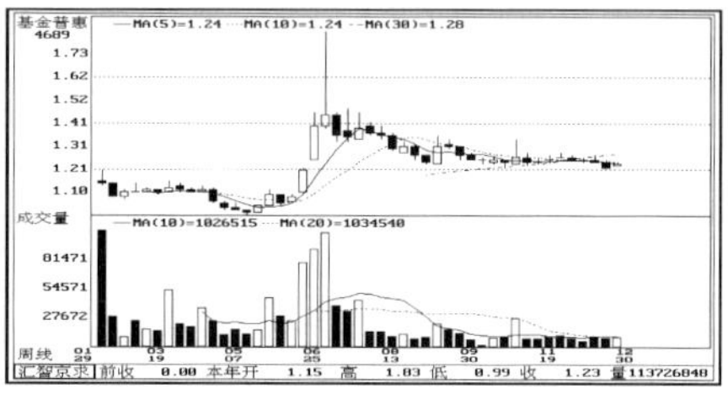

4689 基金普惠：流通股本 194000 万，6 月 30 日最高价 1.83 元，5 月 19 日最低价 0.99 元。1999 年末期收益 0.25680 元。延续上攻行情，暂宜持币观望。

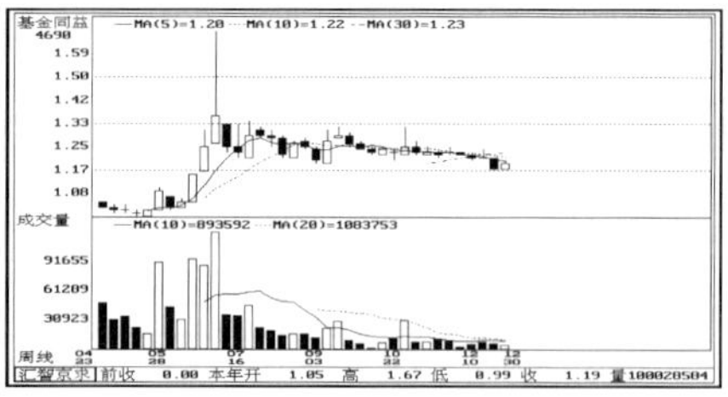

4690 基金同益：流通股本 194000 万，6 月 30 日最高价 1.67 元，5 月 19 日最低价 0.99 元。1999 年末期收益 0.18540 元。短线调整未结束，持币。

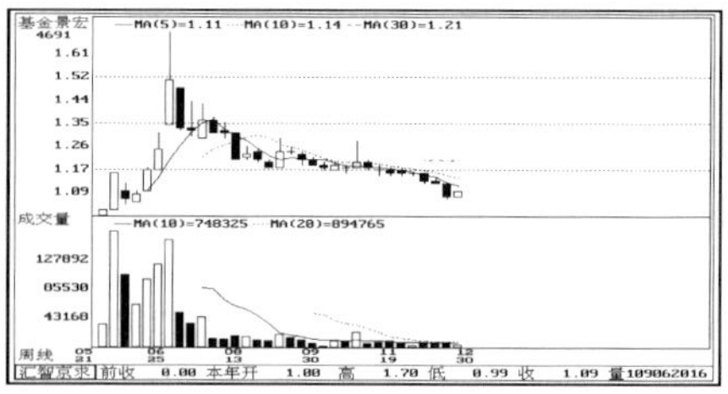

4691 基金景宏：流通股本 194000 万，7 月 1 日最高价 1.70 元，5 月 19 日最低价 0.99 元。1999 年末期收益 0.19290 元。短线调整未结束，持币。

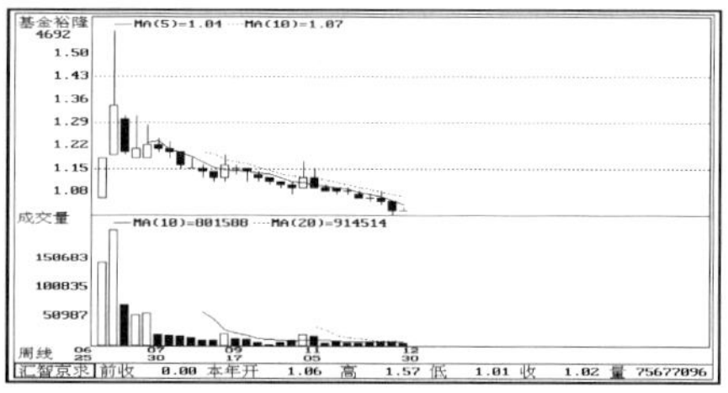

4692 基金裕隆：流通股本 297000 万，7 月 1 日最高价 1.57 元，12 月 28 日最低价 1.01 元。1999 年末期收益 0.05250 元。已探明底部，中线可持股。

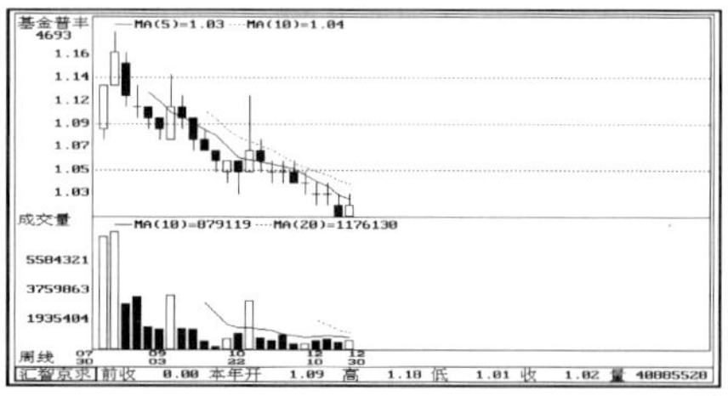

4693 基金普丰：流通股本 297000 万，8 月 6 日最高价 1.18 元，12 月 30 日最低价 1.01 元。1999 年末期收益 0.00096 元。短线调整未结束，持币。

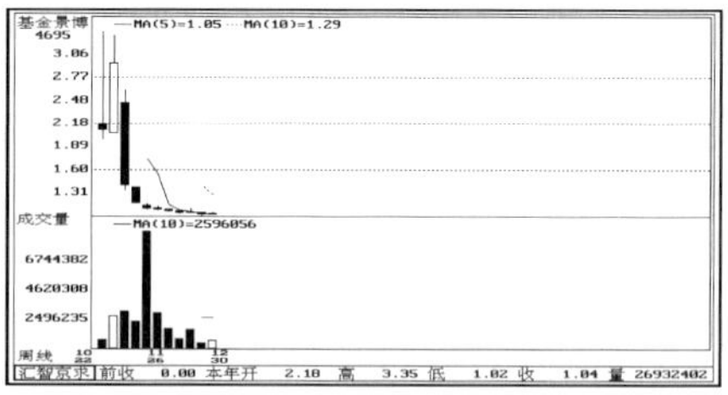

4695 基金景博：流通股本 96007 万，10 月 22 日最高价 3.35 元，12 月 29 日最低价 1.02 元。1999 年末期收益 0.06680 元。中线已趋淡，趁反弹减磅。

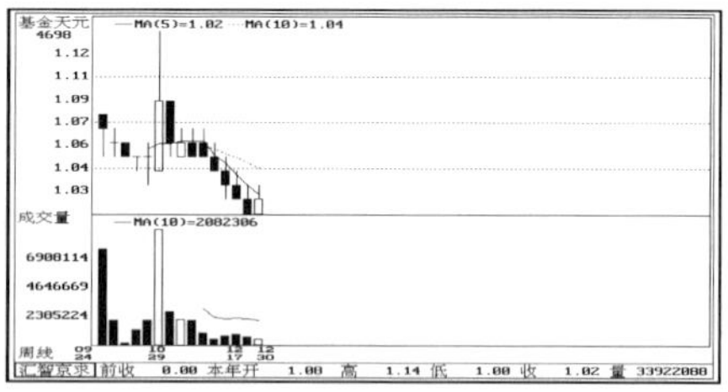

4698 基金天元：流通股本 297000 万，10 月 27 日最高价 1.14 元，12 月 27 日最低价 1.00 元。1999 年末期收益 -0.00600 元。短线有回调补缺口要求。

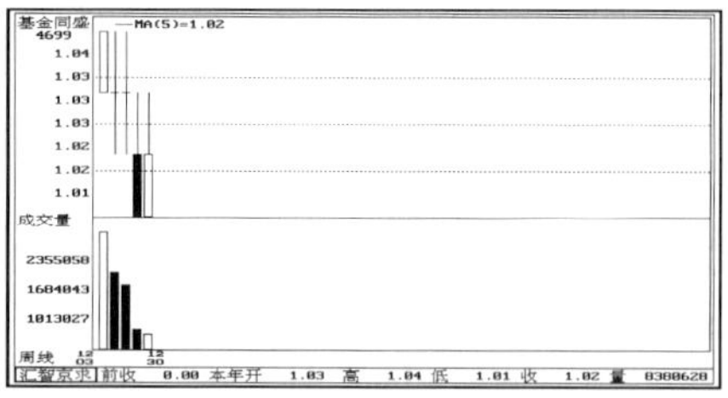

4699 基金同盛：流通股本 297000 万，12 月 16 日最高价 1.04 元，12 月 30 日最低价 1.01 元。1999 年末期收益 0.0000 元。已探明底部，中线可持股。

浙江省国际信托投资公司
证券管理总部

证券管理总部总经理：沈强

■经 纪 业 务

■投 资 银 行 业 务

■证 券 投 资 业 务

■资 金 运 作 业 务

■研 究 和 市 场 开 发

浙江省国际信托投资公司证券管理总部1991年成立，起步虽晚，但发展较快。1993年底只有2个证券营业部，2个债券柜台。到目前已搭起了证券公司的框架，拥有19家营业网点，形成了覆盖全国的证券经营网络；下设投资银行、网点管理、证券投资、证券研究、计划财务、技术保障、人事行政等7个业务完整、机构健全的职能部门；已有经纪业务、投资银行业务、证券投资业务、资金运作业务、研究和市场开发等五大体系，并形成代理、自营、承销、并购、研究咨询齐头并进的局面。2000年上半年，公司实现总交易量1000.05亿元，接近去年全年的交易总量1052亿元，创造了半年交易量千亿的新纪录，在上交所上半年排名14位。投资银行业务是公司上档次的标志，1995年公司开始招兵买马，培养人才，积蓄力量；1996年进入市场，以积累经验为主，参加了6只股票的承销，并取得全国首批股票主承销商资格、B股主承销商资格；1997年，我们进一步扩大市场，承销股票23只，承销金额8.8581亿元，在信托公司中排名第4；1998年我们占领了相当一部分市场，在浙江省7只拟上市企业中，取得了3家主承销商资格，4家副主承销商资格，承销数量7200万股，承销总市值4.6亿元，在全国所有券商中排名第15，实现了投资银行业务上台阶，赢得了良好的信誉。1999年，在信证分业的严峻形势下，我们完成股票发行主承销项目3家，副主承销4家，担任上市推荐人4家，主承销及上市推荐股票数量在全国排名第9位，配股主承销在全国排名第10位，使投资银行业务又上了一个新台阶。下一步我们要走出浙江，占领省外市场，在努力扩大承销份额的同时，积极拓展B股、H股、N股等境外上市业务，拓展资产购并、重组、财务顾问等新领域。

证券管理总部总经理：沈强

地址：杭州市延安路515号浙信大厦3楼

邮编：310006

电话：(0571)5069375

吉林省国际信托投资有限责任公司
深圳证券营业部

个股行情

小盘自助委托

柜台委托

电话委托

证券部总经理：周艳清

全 稳定 快捷 方便

吉林省国际信托投资有限责任公司是经中国人民银行批准的地方非银行金融机构，是集从事信托、证券、金融实体、实业投资为一体的多元化、多功能的企业集团。深圳证券营业部是吉林省国际信托投资有限责任公司设立的证券经营机构之一，深圳证券营业部成立于1995年7月，证券部总经理：周艳清。

营业部地处深圳市文锦北路洪湖二街新南迪大厦，环境优美，营业面积2200平方米，设有中央空调，宽敞舒适。营业部500余平方米的散户大厅，个股行情清晰明快，小盘自助委托、柜台委托、电话委托方便快捷。1100余平方米的中大户、350位中户席、28间豪华大户室。营业部电脑设备先进、安全、畅通，通信系统采用单、双向卫星及DDN通讯，互为备份，多重保险，确保交易安全、稳定、快捷、方便。“钱龙”、“宏汇”两套行情分析系统，信息资讯灵通，相关信息丰富，是广大投资者理想的交易场所。

地址：深圳市文锦北路洪湖二街新南迪大厦三楼

电话：(0755)5530200

邮编：518020

北京汇智科贸有限公司

汇智京求

“勤奮敬業、誠實守信”

是汇智人奉行的一贯精神

“創一流事業、創一流服務”

是汇智的一贯宗旨

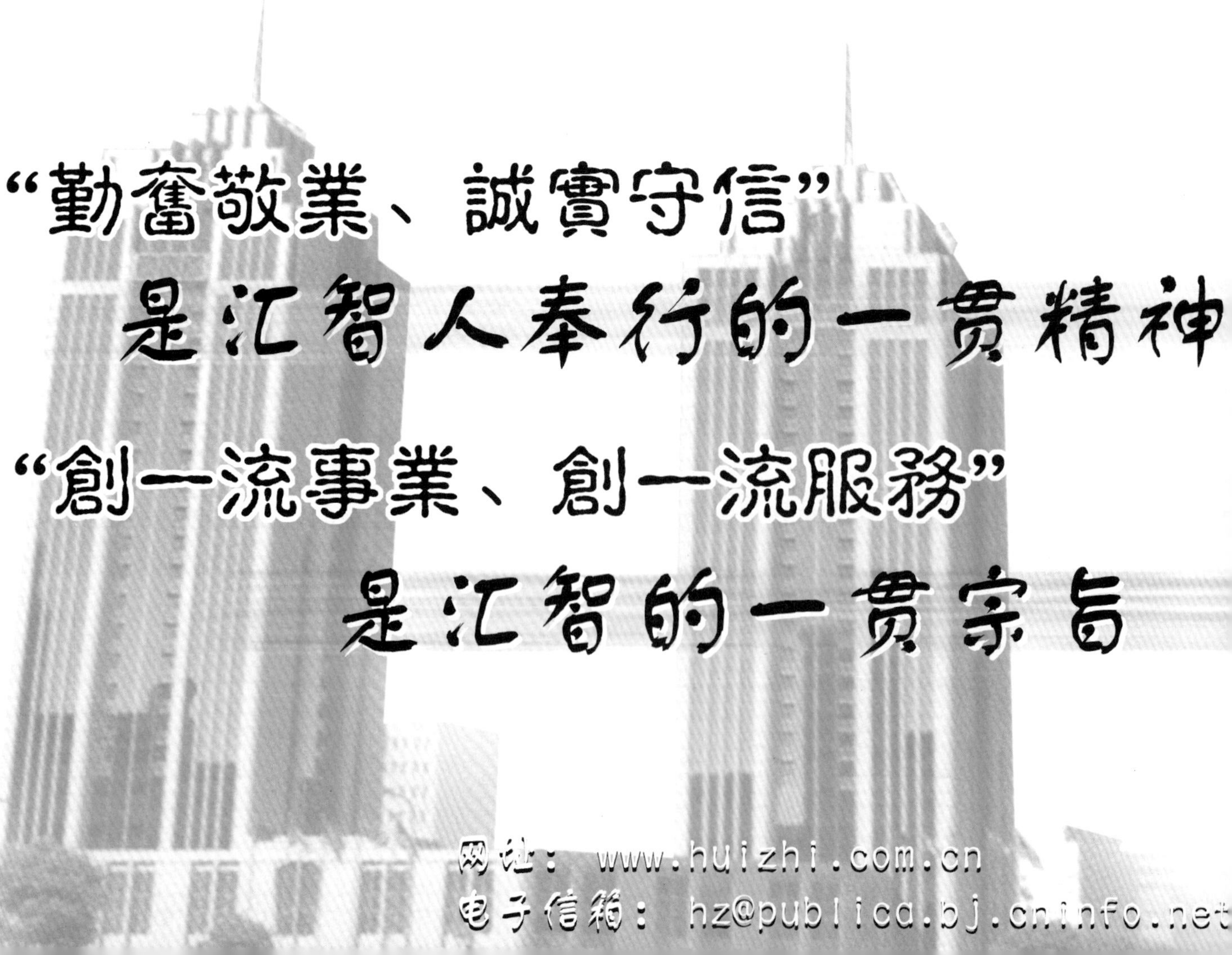

网址：www.huizhi.com.cn

电子信箱：hz@publica.bj.cninfo.net

第二十一编

政策与法规

1976/2108

国家政策法规

中华人民共和国公司法

目　录

第一章　总　则

第一条　为了适应建立现代企业制度的需要，规范公司的组织和行为，保护公司、股东和债权人的合法权益，维护社会经济秩序，促进社会主义市场经济的发展，根据宪法，制定本法。

第二条　本法所称公司是指依照本法在中国境内设立的有限责任公司和股份有限公司

第三条　有限责任公司和股份有限公司是企业法人。

有限责任公司，股东以其出资额为限对公司承担责任，公司以其全部资产对公司的债务承担责任。

股份有限公司，其全部资本分为等额股份，股东以其所持股份为限对公司承担责任，公司以其全部资产对公司的债务承担责任。

第四条　公司股东作为出资者按投入公司的资本额享有所有者的资产受益、重大决策和选择管理者等权利。

公司享有由股东投资形成的全部法人财产权，依法享有民事权利，承担民事责任。

公司中的国有资产所有权属于国家。

第五条　公司以其全部法人财产，依法自主经营，自负盈亏。

公司在国家宏观调控下，按照市场需求自主组织生产经营，以提高经济效益、劳动生产率和实现资产保值增值为目的。

第六条　公司实行权责分明、管理科学、激励和约束相结合的内部管理体制。

第七条　国有企业改建为公司，必须依照法律、行政法规规定的条件和要求，转换经营机制，有步骤地清产核资，界定产权，清理债权债务，评估资产，建立规范的内部管理机构。

第八条　设立有限责任公司、股份有限公司，必须符合本法规定的条件。符合本法规定的条件的，登记为有限责任公司或者股份有限公司；不符合本法规定的条件的，不得登记为有限责任公司或者股份有限公司。

法律、行政法规对设立公司规定必须报经审批的，在公司登记前依法办理审批手续。

第九条　依照本法设立的有限责任公司，必须在公司名称中标明有限责任公司字样。

依照本法设立的股份有限公司，必须在公司名称中标明股份有限公司字样。

第十条　公司以其主要办事机构所在地为住所。

第十一条　设立公司必须依照本法制定公司章程。公司章程对公司、股东、董事、监事、经理具有约束力。

公司的经营范围由公司章程规定，并依法登记。公司的经营范围中属于法律、行政法规限制的项目，应当依法经过批准。

公司应当在登记的经营范围内从事经营活动。公司依照法定程序修改公司章程并经公司登记机关变更登记，可以变更其经营范围。

第十二条　公司可以向其他有限责任公司、股份有限公司投资，并以该出资额为限对所投资公司承担责任。

公司向其他有限责任公司、股份有限公司投资的，除国务院规定的投资公司和控股公司外，所累计投资额不得超过本公司净资产的百分之五十，在投资后，接受被投资公司以利润转增的资本，其增加额不包括在内。

第十三条　公司可以设立分公司，分公司不具有企业法人资格，其民事责任由公司承担。

公司可以设立子公司，子公司具有企业法人资格，依法独立承担民事责任。

第十四条　公司从事经营活动，必须遵守法律，遵守职业道德，加强社会主义精神文明建设，接受政府和社会公众的监督。

公司的合法权益受法律保护，不受侵犯。

第十五条　公司必须保护职工的合法权益，加强劳动保护，实现安全生产。

公司采用多种形式，加强公司职工的职业教育和岗位培训，提高职工素质。

第十六条　公司职工依法组织工会，开展工会活动，维护职工的合法权益。公司应当为本公司工会提供必要的活动条件。

国有独资公司和两个以上的国有企业或者其他两个以上的国有投资主体投资设立的有限责任公司，依照宪法和有关法律的规定，通过职工代表大会和其他形式，实行民主管理。

第十七条　公司中中国共产党基层组织的活动，依照中国共产党章程办理。

第十八条　外商投资的有限责任公司适用本法，有关中外合资经营企业、中外合作经营企业、外资企业的法律另有规定的，适用其规定。

第二章　有限责任公司的设立和组织机构

第一节　设立

第十九条　设立有限责任公司，应当具备下列条件：

（一）股东符合法定人数；

（二）股东出资达到法定资本最低限额；

（三）股东共同制定公司章程；

（四）有公司名称，建立符合有限责任公司要求的组织机构；

（五）有固定的生产经营场所和必要的生产经营条件。

第二十条　有限责任公司由二个以上五十个以下股东共同出资设立。

国家授权投资的机构或者国家授权的部门可以单独投资设立国有独资的有限责任公司

第二十一条　本法施行前已设立的国有企业，符合本法规定设立有限责任公司条件的，单一投资主体的，可以依照本法改建为国有独资的有限责任公司；多个投资主体的，可以改建为前条第一款规定的有限责任公司。

国有企业改建为公司的实施步骤和具体办法，由国务院另行规定。

第二十二条　有限责任公司章程应当载明下列事项：

（一）公司名称和住所；

（二）公司经营范围；

（三）公司注册资本；
（四）股东的姓名或者名称；
（五）股东的权利和义务；
（六）股东的出资方式和出资额；
（七）股东转让出资的条件；
（八）公司的机构及其产生办法、职权、议事规则；
（九）公司的法定代表人；
（十）公司的解散事由与清算办法；
（十一）股东认为需要规定的其他事项。

股东应当在公司章程上签名、盖章。

第二十三条 有限责任公司的注册资本为在公司登记机关登记的全体股东实缴的出资

有限责任公司的注册资本不得少于下列最低限额：
（一）以生产经营为主的公司人民币五十万元；
（二）以商品批发为主的公司人民币五十万元；
（三）以商业零售为主的公司人民币三十万元；
（四）科技开发、咨询、服务性公司人民币十万元。

特定行业的有限责任公司注册资本最低限额需高于前款所定限额的，由法律、行政法规另行规定。

第二十四条 股东可以用货币出资，也可以用实物、工业产权、非专利技术、土地使用权作价出资。对作为出资的实物、工业产权、非专利技术或者土地使用权，必须进行评估作价，核实财产，不得高估或者低估作价。土地使用权的评估作价，依照法律、行政法规的规定办理。

以工业产权、非专利技术作价出资的金额不得超过有限责任公司注册资本的百分之二十，国家对采用高新技术成果有特别规定的除外。

第二十五条 股东应当足额缴纳公司章程中规定的各自所认缴的出资额。股东以货币出资的，应当将货币出资足额存入准备设立的有限责任公司在银行开设的临时帐户；以实物、工业产权、非专利技术或者土地使用权出资的，应当依法办理其财产权的转移手续。

股东不按照前款规定缴纳所认缴的出资，应当向已足额缴纳出资的股东承担违约责任

第二十六条 股东全部缴纳出资后，必须经法定的验资机构验资并出具证明。

第二十七条 股东的全部出资经法定的验资机构验资后，由全体股东指定的代表或者共同委托的代理人向公司登记机关申请设立登记，提交公司登记申请书、公司章程、验资证明等文件。

法律、行政法规规定需要经有关部门审批的，应当在申请设立登记时提交批准文件。

公司登记机关对符合本法规定条件的，予以登记，发给公司营业执照；对不符合本法规定条件的，不予登记。

公司营业执照签发日期，为有限责任公司成立日期。

第二十八条 有限责任公司成立后，发现作为出资的实物、工业产权、非专利技术、土地使用权的实际价额显著低于公司章程所定价额的，应当由交付该出资的股东补交其差额，公司设立时的其他股东对其承担连带责任。

第二十九条 设立有限责任公司的同时设立分公司的，应当就所设分公司向公司登记机关申请登记，领取营业执照。

有限责任公司成立后设立分公司，应当由公司法定代表人向公司登记机关申请登记，领取营业执照。

第三十条 有限责任公司成立后，应当向股东签发出资证明书。

出资证明书应当载明下列事项：
（一）公司名称；
（二）公司登记日期；
（三）公司注册资本；
（四）股东的姓名或者名称、缴纳的出资额和出资日期；
（五）出资证明书的编号和核发日期。

出资证明书由公司盖章。

第三十一条 有限责任公司应当置备股东名册，记载下列事项：
（一）股东的姓名或者名称及住所；
（二）股东的出资额；
（三）出资证明书编号。

第三十二条 股东有权查阅股东会会议记录和公司财务会计报告。

第三十三条 股东按照出资比例分取红利。公司新增资本时，股东可以优先认缴出资。

第三十四条 股东在公司登记后，不得抽回出资。

第三十五条 股东之间可以相互转让其全部出资或者部分出资。

股东向股东以外的人转让其出资时，必须经全体股东过半数同意；不同意转让的股东应当购买该转让的出资，如果不购买该转让的出资，视为同意转让。

经股东同意转让的出资，在同等条件下，其他股东对该出资有优先购买权。

第三十六条 股东依法转让其出资后，由公司将受让人的姓名或者名称、住所以及受让的出资额记载于股东名册。

第二节 组织机构

第三十七条 有限责任公司股东会由全体股东组成，股东会是公司的权力机构，依照本法行使职权。

第三十八条 股东会行使下列职权：
（一）决定公司的经营方针和投资计划；
（二）选举和更换董事，决定有关董事的报酬事项；
（三）选举和更换由股东代表出任的监事，决定有关监事的报酬事项；
（四）审议批准董事会的报告；
（五）审议批准监事会或者监事的报告；
（六）审议批准公司的年度财务预算方案、决算方案；
（七）审议批准公司的利润分配方案和弥补亏损方案；
（八）对公司增加或者减少注册资本作出决议；
（九）对发行公司债券作出决议；
（十）对股东向股东以外的人转让出资作出决议；
（十一）对公司合并、分立、变更公司形式、解散和清算等事项作出决议；
（十二）修改公司章程。

第三十九条 股东会的议事方式和表决程序，除本法有规定的以外，由公司章程规

股东会对公司增加或者减少注册资本、分立、合并、解散或者变更公司形式作出决议，必须经代表三分之二以上表决权的股东通过。

第四十条 公司可以修改章程。修改公司章程的决议，必须经代表三分之二以上表决权的股东通过。

第四十一条 股东会会议由股东按照出资比例行使表决权。

第四十二条 股东会的首次会议由出资最多的股东召集和主持，依照本法规定行使职权。

第四十三条 股东会会议分为定期会议和临时会议。

定期会议应当按照公司章程的规定按时召开。代表四分之一以上表决权的股东，三分之一以上董事，或者监事，可以提议召开临时会议。

有限责任公司设立董事会的，股东会会议由董事会召集，董事长主持，董事长因特殊原因不能履行职务时，由董事长指定的副董事长或者其他董事主持。

第四十四条 召开股东会会议，应当于会议召开十五日以前通知全体股东。

股东会应当对所议事项的决定作成会议记录，出席会议的股东应当在会议记录上签名。

第四十五条 有限责任公司设董事会，其成员为三人至十三人。

两个以上的国有企业或者其他两个以上的国有投资主体投资设立的有限责任公司，其董事会成员中应当有公司职工代表。董事会中的职工代表由公司职工民主选举产生。

董事会设董事长一人，可以设副董事长一至二人。董事长、副董事长的产生办法由公司章程规定。

董事长为公司的法定代表人。

第四十六条 董事会对股东会负责，行使下列职权：
（一）负责召集股东会，并向股东会报告工作；
（二）执行股东会的决议；
（三）决定公司的经营计划和投资方案；
（四）制订公司的年度财务预算方案、决算方案；
（五）制订公司的利润分配方案和弥补亏损方案；
（六）制订公司增加或者减少注册资本的方案；
（七）拟订公司合并、分立、变更公司形式、解散的方案；
（八）决定公司内部管理机构的设置；
（九）聘任或者解聘公司经理（总经理）（以下简称经理），根据经理的提名，聘任或者解聘公司副经理、财务负责人，决定其报酬事项；
（十）制定公司的基本管理制度。

第四十七条 董事任期由公司章程规定，但每届任期不得超过三年。董事任期届满，连选可以连任。

董事在任期届满前，股东会不得无故解除其职务。

第四十八条 董事会会议由董事长召集和主持；董事长因特殊原因不能履行职务时，由董事长指定副董事长或者其他董事召集和主持。三分之一以上董事可以提议召开董事会会议。

第四十九条 董事会的议事方式和表决程序，除本法有规定的以外，由公司章程规定。

召开董事会会议，应当于会议召开十日以前通知全体董事。

董事会应当对所议事项的决定作成会议记录，出席会议的董事应当在会议记录上签名。

第五十条 有限责任公司设经理，由董事会聘任或者解聘。经理对董事会负责，行使下列职权：

（一）主持公司的生产经营管理工作，组织实施董事会决议；

（二）组织实施公司年度经营计划和投资方案；

（三）拟订公司内部管理机构设置方案；

（四）拟订公司的基本管理制度；

（五）制定公司的具体规章；

（六）提请聘任或者解聘公司副经理、财务负责人；

（七）聘任或者解聘除应由董事会聘任或者解聘以外的负责管理人员；

（八）公司章程和董事会授予的其他职权。

经理列席董事会会议。

第五十一条 有限责任公司，股东人数较少和规模较小的，可以设一名执行董事，不设立董事会。执行董事可以兼任公司经理。

执行董事的职权，应当参照本法第四十六条规定，由公司章程规定。

有限责任公司不设董事会的，执行董事为公司的法定代表人。

第五十二条 有限责任公司，经营规模较大的，设立监事会，其成员不得少于三人。监事会应在其组成人员中推选一名召集人。

监事会由股东代表和适当比例的公司职工代表组成，具体比例由公司章程规定。监事会中的职工代表由公司职工民主选举产生。

有限责任公司，股东人数较少和规模较小的，可以设一至二名监事。

董事、经理及财务负责人不得兼任监事。

第五十三条 监事的任期每届为三年。监事任期届满，连选可以连任。

第五十四条 监事会或者监事行使下列职权：

（一）检查公司财务；

（二）对董事、经理执行公司职务时违反法律、法规或者公司章程的行为进行监督；

（三）当董事和经理的行为损害公司的利益时，要求董事和经理予以纠正；

（四）提议召开临时股东会；

（五）公司章程规定的其他职权。

监事列席董事会会议。

第五十五条 公司研究决定有关职工工资、福利、安全生产以及劳动保护、劳动保险等涉及职工切身利益的问题，应当事先听取公司工会和职工的意见，并邀请工会或者职工代表列席有关会议。

第五十六条 公司研究决定生产经营的重大问题、制定重要的规章制度时，应当听取公司工会和职工的意见和建议。

第五十七条 有下列情形之一的，不得担任公司的董事、监事、经理：

（一）无民事行为能力或者限制民事行为能力；

（二）因犯有贪污、贿赂、侵占财产、挪用财产罪或者破坏社会经济秩序罪，被判处刑罚，执行期满未逾五年，或者因犯罪被剥夺政治权利，执行期满未逾五年；

（三）担任因经营不善破产清算的公司、企业的董事或者厂长、经理，并对该公司、企业的破产负有个人责任的，自该公司、企业破产清算完结之日起未逾三年；

（四）担任因违法被吊销营业执照的公司、企业的法定代表人，并负有个人责任的，自该公司、企业被吊销营业执照之日起未逾三年；

（五）个人所负数额较大的债务到期未清偿。

公司违反前款规定选举、委派董事、监事或者聘任经理的，该选举、委派或者聘任无效。

第五十八条 国家公务员不得兼任公司的董事、监事、经理。

第五十九条 董事、监事、经理应当遵守公司章程，忠实履行职务，维护公司利益，不得利用在公司的地位和职权为自己谋取私利。

董事、监事、经理不得利用职权收受贿赂或者其他非法收入，不得侵占公司的财产。

第六十条 董事、经理不得挪用公司资金或者将公司资金借贷给他人。

董事、经理不得将公司资产以其个人名义或者以其他个人名义开立帐户存储。

董事、经理不得以公司资产为本公司的股东或者其他个人债务提供担保。

第六十一条 董事、经理不得自营或者为他人经营与其所任职公司同类的营业或者从事损害本公司利益的活动。从事上述营业或者活动的，所得收入应当归公司所有。

董事、经理除公司章程规定或者股东会同意外，不得同本公司订立合同或者进行交易。

第六十二条 董事、监事、经理除依照法律规定或者经股东会同意外，不得泄露公司秘密。

第六十三条 董事、监事、经理执行公司职务时违反法律、行政法规或者公司章程的规定，给公司造成损害的，应当承担赔偿责任。

第三节　国有独资公司

第六十四条 本法所称国有独资公司是指国家授权投资的机构或者国家授权的部门单独投资设立的有限责任公司。

国务院确定的生产特殊产品的公司或者属于特定行业的公司，应当采取国有独资公司形式。

第六十五条 国有独资公司的公司章程由国家授权投资的机构或者国家授权的部门依照本法制定，或者由董事会制订，报国家授权投资的机构或者国家授权的部门批准。

第六十六条 国有独资公司不设股东会，由国家授权投资的机构或者国家授权的部门，授权公司董事会行使股东会的部分职权，决定公司的重大事项，但公司的合并、分立、解散、增减资本和发行公司债券，必须由国家授权投资的机构或者国家授权的部门决定。

第六十七条 国有独资公司监事会主要由国务院或者国务院授权的机构、部门委派的人员组成，并有公司职工代表参加。监事会的成员不得少于三人。监事会行使本法第五十四条第一款第（一）、（二）项规定的职权和国务院规定的其他职权。

监事列席董事会会议。

董事、经理及财务负责人不得兼任监事。

第六十八条 国有独资公司设立董事会，依照本法第四十六条、第六十六条规定行使职权。董事会每届任期为三年。

公司董事会成员为三人至九人，由国家授权投资的机构或者国家授权的部门按照董事会的任期委派或者更换。董事会成员中应当有公司职工代表。董事会中的职工代表由公司职工民主选举产生。

董事会设董事长一人，可以视需要设副董事长。董事长、副董事长，由国家授权投资的机构或者国家授权的部门从董事会成员中指定。

董事长为公司的法定代表人。

第六十九条 国有独资公司设经理，由董事会聘任或者解聘。经理依照本法第五十条规定行使职权。

经国家授权投资的机构或者国家授权的部门同意，董事会成员可以兼任经理。

第七十条 国有独资公司的董事长、副董事长、董事、经理，未经国家授权投资的机构或者国家授权的部门同意，不得兼任其他有限责任公司、股份有限公司或者其他经营组织的负责人。

第七十一条 国有独资公司的资产转让，依照法律、行政法规的规定，由国家授权投资的机构或者国家授权的部门办理审批和财产权转移手续。

第七十二条 经营管理制度健全、经营状况较好的大型的国有独资公司，可以由国务院授权行使资产所有者的权利。

第三章 股份有限公司的设立和组织机构

第一节 设立

第七十三条 设立股份有限公司，应当具备下列条件：

（一）发起人符合法定人数；

（二）发起人认缴和社会公开募集的股本达到法定资本最低限额；

（三）股份发行、筹办事项符合法律规定；

（四）发起人制订公司章程，并经创立大会通过；

（五）有公司名称，建立符合股份有限公司要求的组织机构；

（六）有固定的生产经营场所和必要的生产经营条件。

第七十四条 股份有限公司的设立，可以采取发起设立或者募集设立的方式。

发起设立，是指由发起人认购公司应发行的全部股份而设立公司。

募集设立，是指由发起人认购公司应发行股份的一部分，其余部分向社会公开募集而设立公司。

第七十五条　设立股份有限公司，应当有五人以上为发起人，其中须有过半数的发起人在中国境内有住所。

国有企业改建为股份有限公司的，发起人可以少于五人，但应当采取募集设立方式。

第七十六条　股份有限公司发起人，必须按照本法规定认购其应认购的股份，并承担公司筹办事务。

第七十七条　股份有限公司的设立，必须经过国务院授权的部门或者省级人民政府批准。

第七十八条　股份有限公司的注册资本为在公司登记机关登记的实收股本总额。

股份有限公司注册资本的最低限额为人民币一千万元。股份有限公司注册资本最低限额需高于上述所定限额的，由法律、行政法规另行规定。

第七十九条　股份有限公司章程应当载明下列事项：

(一)公司名称和住所；

(二)公司经营范围；

(三)公司设立方式；

(四)公司股份总数、每股金额和注册资本；

(五)发起人的姓名或者名称、认购的股份数；

(六)股东的权利和义务；

(七)董事会的组成、职权、任期和议事规则；

(八)公司法定代表人；

(九)监事会的组成、职权、任期和议事规则；

(十)公司利润分配办法；

(十一)公司的解散事由与清算办法；

(十二)公司的通知和公告办法；

(十三)股东大会认为需要规定的其他事项。

第八十条　发起人可以用货币出资，也可以用实物、工业产权、非专利技术、土地使用权作价出资。对作为出资的实物、工业产权、非专利技术或者土地使用权，必须进行评估作价，核实财产，并折合为股份。不得高估或者低估作价。土地使用权的评估作价，依照法律、行政法规的规定办理。

发起人以工业产权、非专利技术作价出资的金额不得超过股份有限公司注册资本的百分之二十。

第八十一条　国有企业改建为股份有限公司时，严禁将国有资产低价折股、低价出售或者无偿分给个人。

第八十二条　以发起设立方式设立股份有限公司的，发起人以书面认足公司章程规定发行的股份后，应即缴纳全部股款；以实物、工业产权、非专利技术或者土地使用权抵作股款的，应当依法办理其财产权的转移手续。

发起人交付全部出资后，应当选举董事会和监事会，由董事会向公司登记机关报送设立公司的批准文件、公司章程、验资证明等文件，申请设立登记。

第八十三条　以募集设立方式设立股份有限公司的，发起人认购的股份不得少于公司股份总数的百分之三十五，其余股份应当向社会公开募集。

第八十四条　发起人向社会公开募集股份时，必须向国务院证券管理部门递交募股申请，并报送下列主要文件：

(一)批准设立公司的文件；

(二)公司章程；

(三)经营估算书；

(四)发起人姓名或者名称，发起人认购的股份数、出资种类及验资证明；

(五)招股说明书；

(六)代收股款银行的名称及地址；

(七)承销机构名称及有关的协议。

未经国务院证券管理部门批准，发起人不得向社会公开募集股份。

第八十五条　经国务院证券管理部门批准，股份有限公司可以向境外公开募集股份，具体办法由国务院作出特别规定。

第八十六条　国务院证券管理部门对符合本法规定条件的募股申请，予以批准；对不符合本法规定的募股申请，不予批准。

对已作出的批准如发现不符合本法规定的，应予撤销。尚未募集股份的，停止募集；已经募集的，认股人可以按照所缴股款并加算银行同期存款利息，要求发起人返还。

第八十七条　招股说明书应当附有发起人制订的公司章程，并载明下列事项：

(一)发起人认购的股份数；

(二)每股的票面金额和发行价格；

(三)无记名股票的发行总数；

(四)认股人的权利、义务；

(五)本次募股的起止期限及逾期未募足时认股人可撤回所认股份的说明。

第八十八条　发起人向社会公开募集股份，必须公告招股说明书，并制作认股书。认股书应当载明前条所列事项，由认股人填写所认股数、金额、住所，并签名、盖章。认股人按照所认股数缴纳股款。

第八十九条　发起人向社会公开募集股份，应当由依法设立的证券经营机构承销，签订承销协议。

第九十条　发起人向社会公开募集股份，应当同银行签订代收股款协议。

代收股款的银行应当按照协议代收和保存股款，向缴纳股款的认股人出具收款单据，并负有向有关部门出具收款证明的义务。

第九十一条　发行股份的股款缴足后，必须经法定的验资机构验资并出具证明。发起人应当在三十日内主持召开公司创立大会。创立大会由认股人组成。

发行的股份超过招股说明书规定的截止期限尚未募足的，或者发行股份的股款缴足后，发起人在三十日内未召开创立大会的，认股人可以按照所缴股款并加算银行同期存款利息，要求发起人返还。

第九十二条　发起人应当在创立大会召开十五日前将会议日期通知各认股人或者予以公告。创立大会应有代表股份总数二分之一以上的认股人出席，方可举行。

创立大会行使下列职权：

(一)审议发起人关于公司筹办情况的报告；

(二)通过公司章程；

(三)选举董事会成员；

(四)选举监事会成员；

(五)对公司的设立费用进行审核；

(六)对发起人用于抵作股款的财产的作价进行审核；

(七)发生不可抗力或者经营条件发生重大变化直接影响公司设立的，可以作出不设立公司的决议。

创立大会对前款所列事项作出决议，必须经出席会议的认股人所持表决权的半数以上通过。

第九十三条　发起人、认股人缴纳股款或者交付抵作股款的出资后，除未按期募足股份、发起人未按期召开创立大会或者创立大会决议不设立公司的情形外，不得抽回其股本。

第九十四条　董事会应于创立大会结束后三十日内，向公司登记机关报送下列文件，申请设立登记：

(一)有关主管部门的批准文件；

(二)创立大会的会议记录；

(三)公司章程；

(四)筹办公司的财务审计报告；

(五)验资证明；

(六)董事会、监事会成员姓名及住所；

(七)法定代表人的姓名、住所。

第九十五条　公司登记机关自接到股份有限公司设立登记申请之日起三十日内作出是否予以登记的决定。对符合本法规定条件的，予以登记，发给公司营业执照；对不符合本法规定条件的，不予登记。

公司营业执照签发日期，为公司成立日期。公司成立后，应当进行公告。

股份有限公司经登记成立后，采取募集设立方式的，应当将募集股份情况报国务院证券管理部门备案。

第九十六条　设立股份有限公司的同时设立分公司的，应当就所设分公司向公司登记机关申请登记，领取营业执照。

股份有限公司成立后设立分公司，应当由公司法定代表人向公司登记机关申请登记，领取营业执照。

第九十七条　股份有限公司的发起人应当承担下列责任：

(一)公司不能成立时，对设立行为所产生的债务和费用负连带责任；

(二)公司不能成立时，对认股人已缴纳的股款，负返还股款并加算银行同期存款利息的连带责任；

(三)在公司设立过程中，由于发起人的过失致使公司利益受到损害的，应当对公司承担赔偿责任。

第九十八条　有限责任公司变更为股份有限公司，应当符合本法规定的股份有限公司的条件，并依照本法有关设立股份有限公司的程序办理。

第九十九条 有限责任公司依法经批准变更为股份有限公司时，折合的股份总额应当相等于公司净资产额。有限责任公司依法经批准变更为股份有限公司，为增加资本向社会公开募集股份时，应当依照本法有关向社会公开募集股份的规定办理。

第一百条 有限责任公司依法变更为股份有限公司的，原有限责任公司的债权、债务由变更后的股份有限公司承继。

第一百零一条 股份有限公司应当将公司章程、股东名册、股东大会会议记录、财务会计报告置备于本公司。

第二节 股东大会

第一百零二条 股份有限公司由股东组成股东大会。股东大会是公司的权力机构，依照本法行使职权。

第一百零三条 股东大会行使下列职权：

（一）决定公司的经营方针和投资计划；

（二）选举和更换董事，决定有关董事的报酬事项；

（三）选举和更换由股东代表出任的监事，决定有关监事的报酬事项；

（四）审议批准董事会的报告；

（五）审议批准监事会的报告；

（六）审议批准公司的年度财务预算方案、决算方案；

（七）审议批准公司的利润分配方案和弥补亏损方案；

（八）对公司增加或者减少注册资本作出决议；

（九）对发行公司债券作出决议；

（十）对公司合并、分立、解散和清算等事项作出决议；

（十一）修改公司章程。

第一百零四条 股东大会应当每年召开一次年会。有下列情形之一的，应当在二个月内召开临时股东大会：

（一）董事人数不足本法规定的人数或者公司章程所定人数的三分之二时；

（二）公司未弥补的亏损达股本总额三分之一时；

（三）持有公司股份百分之十以上的股东请求时；

（四）董事会认为必要时；

（五）监事会提议召开时。

第一百零五条 股东大会会议由董事会依照本法规定负责召集，由董事长主持。董事长因特殊原因不能履行职务时，由董事长指定的副董事长或者其他董事主持。召开股东大会，应当将会议审议的事项于会议召开三十日以前通知各股东。临时股东大会不得对通知中未列明的事项作出决议。

发行无记名股票的，应当于会议召开四十五日以前就前款事项作出公告。

无记名股票持有人出席股东大会的，应当于会议召开五日以前至股东大会闭会时止将股票交存于公司。

第一百零六条 股东出席股东大会，所持每一股份有一表决权。

股东大会作出决议，必须经出席会议的股东所持表决权的半数以上通过。股东大会对公司合并、分立或者解散公司作出决议，必须经出席会议的股东所持表决权的三分之二以上通过。

第一百零七条 修改公司章程必须经出席股东大会的股东所持表决权的三分之二以上通过。

第一百零八条 股东可以委托代理人出席股东大会，代理人应当向公司提交股东授权委托书，并在授权范围内行使表决权。

第一百零九条 股东大会应当对所议事项的决定作成会议记录，由出席会议的董事签名。会议记录应当与出席股东的签名册及代理出席的委托书一并保存。

第一百一十条 股东有权查阅公司章程、股东大会会议记录和财务会计报告，对公司的经营提出建议或者质询。

第一百一十一条 股东大会、董事会的决议违反法律、行政法规，侵犯股东合法权益的，股东有权向人民法院提起要求停止该违法行为和侵害行为的诉讼。

第三节 董事会、经理

第一百一十二条 股份有限公司设董事会，其成员为五人至十九人。

董事会对股东大会负责，行使下列职权：

（一）负责召集股东大会，并向股东大会报告工作；

（二）执行股东大会的决议；

（三）决定公司的经营计划和投资方案；

（四）制订公司的年度财务预算方案、决算方案；

（五）制订公司的利润分配方案和弥补亏损方案；

（六）制订公司增加或者减少注册资本的方案以及发行公司债券的方案

（七）拟订公司合并、分立、解散的方案；

（八）决定公司内部管理机构的设置；

（九）聘任或者解聘公司经理，根据经理的提名，聘任或者解聘公司副经理、财务负责人，决定其报酬事项

（十）制定公司的基本管理制度。

第一百一十三条 董事会设董事长一人，可以设副董事长一至二人。董事长和副董事长由董事会以全体董事的过半数选举产生。

董事长为公司的法定代表人。

第一百一十四条 董事长行使下列职权：

（一）主持股东大会和召集、主持董事会会议；

（二）检查董事会决议的实施情况；

（三）签署公司股票、公司债券。

副董事长协助董事长工作，董事长不能履行职权时，由董事长指定的副董事长代行其职权。

第一百一十五条 董事任期由公司章程规定，但每届任期不得超过三年。董事任期届满，连选可以连任。

董事在任期届满前，股东大会不得无故解除其职务。

第一百一十六条 董事会每年度至少召开二次会议，每次会议应当于会议召开十日以前通知全体董事。

董事会召开临时会议，可以另定召集董事会的通知方式和通知时限。

第一百一十七条 董事会会议应由二分之一以上的董事出席方可举行。董事会作出决议，必须经全体董事的过半数通过。

第一百一十八条 董事会会议，应由董事本人出席。董事因故不能出席，可以书面委托其他董事代为出席董事会，委托书中应载明授权范围。

董事会应当对会议所议事项的决定作成会议记录，出席会议的董事和记录员在会议记录上签名。

董事应当对董事会的决议承担责任。董事会的决议违反法律、行政法规或者公司章程，致使公司遭受严重损失的，参与决议的董事对公司负赔偿责任。但经证明在表决时曾表明异议并记载于会议记录的，该董事可以免除责任。

第一百一十九条 股份有限公司设经理，由董事会聘任或者解聘。经理对董事会负责，行使下列职权：

（一）主持公司的生产经营管理工作，组织实施董事会决议；

（二）组织实施公司年度经营计划和投资方案；

（三）拟订公司内部管理机构设置方案；

（四）拟订公司的基本管理制度；

（五）制定公司的具体规章；

（六）提请聘任或者解聘公司副经理、财务负责人；

（七）聘任或者解聘除应由董事会聘任或者解聘以外的负责管理人员；

（八）公司章程和董事会授予的其他职权。

经理列席董事会会议。

第一百二十条 公司根据需要，可以由董事会授权董事长在董事会闭会期间，行使董事会的部分职权。

公司董事会可以决定，由董事会成员兼任经理。

第一百二十一条 公司研究决定有关职工工资、福利、安全生产以及劳动保护、劳动保险等涉及职工切身利益的问题，应当事先听取公司工会和职工的意见，并邀请工会或者职工代表列席有关会议。

第一百二十二条 公司研究决定生产经营的重大问题、制定重要的规章制度时，应当听取公司工会和职工的意见和建议。

第一百二十三条 董事、经理应当遵守公司章程，忠实履行职务，维护公司利益，不得利用在公司的地位和职权为自己谋取私利。

本法第五十七条至第六十三条有关不得担任董事、经理的规定以及董事、经理义务、责任的规定，适用于股份有限公司的董事、经理。

第四节 监事会

第一百二十四条 股份有限公司设监事会，其成员不得少于三人。监事会应在其组成人员中推选一名召集人。

监事会由股东代表和适当比例的公司职工代表组成，具体比例由公司章程规定。监事会中的职工代表由公司职工民主选举产生。

董事、经理及财务负责人不得兼任监事。

第一百二十五条 监事的任期每届为三年。监事任期届满，连选可以连任。

第一百二十六条 监事会行使下列职权：

（一）检查公司的财务；

（二）对董事、经理执行公司职务时违反法律、法规或者公司章程的行为进行监督；

（三）当董事和经理的行为损害公司的利益时，要求董事和经理予以纠正；

（四）提议召开临时股东大会；

（五）公司章程规定的其他职权。

监事列席董事会会议。

第一百二十七条 监事会的议事方式和表决程序由公司章程规定。

第一百二十八条 监事应当依照法律、行政法规、公司章程，忠实履行监督职责。

本法第五十七条至第五十九条、第六十二条至第六十三条有关不得担任监事的规定以及监事义务、责任的规定，适用于股份有限公司的监事。

第四章 股份有限公司的股份发行和转让

第一节 股份发行

第一百二十九条 股份有限公司的资本划分为股份，每一股的金额相等。

公司的股份采取股票的形式。股票是公司签发的证明股东所持股份的凭证。

第一百三十条 股份的发行，实行公开、公平、公正的原则，必须同股同权，同股同利。

同次发行的股票，每股的发行条件和价格应当相同。任何单位或者个人所认购的股份，每股应当支付相同价额。

第一百三十一条 股票发行价格可以按票面金额，也可以超过票面金额，但不得低于票面金额。

以超过票面金额为股票发行价格的，须经国务院证券管理部门批准。

以超过票面金额发行股票所得溢价款列入公司资本公积金。

股票溢价发行的具体管理办法由国务院另行规定。

第一百三十二条 股票采用纸面形式或者国务院证券管理部门规定的其他形式。

股票应当载明下列主要事项：

（一）公司名称；

（二）公司登记成立的日期；

（三）股票种类、票面金额及代表的股份数；

（四）股票的编号。

股票由董事长签名，公司盖章。

发起人的股票，应当标明发起人股票字样。

第一百三十三条 公司向发起人、国家授权投资的机构、法人发行的股票，应当为记名股票，并应当记载该发起人、机构或者法人的名称，不得另立户名或者以代表人姓名记名。

对社会公众发行的股票，可以为记名股票，也可以为无记名股票。

第一百三十四条 公司发行记名股票的，应当置备股东名册，记载下列事项：

（一）股东的姓名或者名称及住所；

（二）各股东所持股份数；

（三）各股东所持股票的编号；

（四）各股东取得其股份的日期。

发行无记名股票的，公司应当记载其股票数量、编号及发行日期。

第一百三十五条 国务院可以对公司发行本法规定的股票以外的其他种类的股票，另行作出规定。

第一百三十六条 股份有限公司登记成立后，即向股东正式交付股票。公司登记成立前不得向股东交付股票。

第一百三十七条 公司发行新股，必须具备下列条件：

（一）前一次发行的股份已募足，并间隔一年以上；

（二）公司在最近三年内连续盈利，并可向股东支付股利；

（三）公司在最近三年内财务会计文件无虚假记载；

（四）公司预期利润率可达同期银行存款利率。

公司以当年利润分派新股，不受前款第（二）项限制。

第一百三十八条 公司发行新股，股东大会应当对下列事项作出决议：

（一）新股种类及数额；

（二）新股发行价格；

（三）新股发行的起止日期；

（四）向原有股东发行新股的种类及数额。

第一百三十九条 股东大会作出发行新股的决议后，董事会必须向国务院授权的部门或者省级人民政府申请批准。属于向社会公开募集的，须经国务院证券管理部门批准。

第一百四十条 公司经批准向社会公开发行新股时，必须公告新股招股说明书和财务会计报表及附属明细表，并制作认股书。ba公司向社会公开发行新股，应当由依法设立的证券经营机构承销，签订承销协议。

第一百四十一条 公司发行新股，可根据公司连续盈利情况和财产增值情况，确定其作价方案。

第一百四十二条 公司发行新股募足股款后，必须向公司登记机关办理变更登记，并公告。

第二节 股份转让

第一百四十三条 股东持有的股份可以依法转让。

第一百四十四条 股东转让其股份，必须在依法设立的证券交易场所进行。

第一百四十五条 记名股票，由股东以背书方式或者法律、行政法规规定的其他方式转让。

记名股票的转让，由公司将受让人的姓名或者名称及住所记载于股东名册。

股东大会召开前三十日内或者公司决定分配股利的基准日前五日内，不得进行前款规定的股东名册的变更登记。

第一百四十六条 无记名股票的转让，由股东在依法设立的证券交易场所将该股票交付给受让人后即发生转让的效力。

第一百四十七条 发起人持有的本公司股份，自公司成立之日起三年内不得转让。

公司董事、监事、经理应当向公司申报所持有的本公司的股份，并在任职期间内不得转让。

第一百四十八条 国家授权投资的机构可以依法转让其持有的股份，也可以购买其他股东持有的股份。转让或者购买股份的审批权限、管理办法，由法律、行政法规另行规定。

第一百四十九条 公司不得收购本公司的股票，但为减少公司资本而注销股份或者与持有本公司股票的其他公司合并时除外。ba公司依照前款规定收购本公司的股票后，必须在十日内注销该部分股份，依照法律、行政法规办理变更登记，并公告。

公司不得接受本公司的股票作为抵押权的标的。

第一百五十条 记名股票被盗、遗失或者灭失，股东可以依照民事诉讼法规定的公示催告程序，请求人民法院宣告该股票失效。

依照公示催告程序，人民法院宣告该股票失效后，股东可以向公司申请补发股票。

第三节 上市公司

第一百五十一条 本法所称上市公司是指所发行的股票经国务院或者国务院授权证券管理部门批准在证券交易所上市交易的股份有限公司。

第一百五十二条 股份有限公司申请其股票上市必须符合下列条件：

（一）股票经国务院证券管理部门批准已向社会公开发行；

（二）公司股本总额不少于人民币五千万元；

（三）开业时间在三年以上，最近三年连续盈利；原国有企业依法改建而设立的，或者本法实施后新组建成立，其主要发起人为国有大中型企业的，可连续计算；

（四）持有股票面值达人民币一千元以上的股东人数不少于一千人，向社会公开发行的股份达公司股份总数的百分之二十五以上；公司股本总额超过人民币四亿元的，其向社会公开发行股份的比例为百分之十五以上；

（五）公司在最近三年内无重大违法行为，财务会计报告无虚假记载；

（六）国务院规定的其他条件。

第一百五十三条 股份有限公司申请其股票上市交易，应当报经国务院或者国务院授权证券管理部门批准，依照有关法律、行政法规的规定报送有关文件。

国务院或者国务院授权证券管理部门对符合本法规定条件的股票上市交易申请，予以批准；对不符合本法规定条件的，不予批准。

股票上市交易申请经批准后，被批准的上市公司必须公告其股票上市报告，并将其申请文件存放在指定的地点供公众查阅。

第一百五十四条 经批准的上市公司的股份，依照有关法律、行政法规上市交易。

第一百五十五条 经国务院证券管理部门批准，公司股票可以到境外上市，具体办法由国务院作出特别规定。

第一百五十六条 上市公司必须按照法律、行政法规的规定，定期公开其财务状况和经营情况，在每会计年度内半年公布一次财务会计报告。

第一百五十七条 上市公司有下列情形之一的，由国务院证券管理部门决定暂停其股票上市：

（一）公司股本总额、股权分布等发生变化不再具备上市条件；a

（二）公司不按规定公开其财务状况，或者对财务会计报告作虚假记载；

（三）公司有重大违法行为；

（四）公司最近三年连续亏损。

第一百五十八条 上市公司有前条第（二）项、第（三）项所列情形之一经查实后果严重的，或者有前条第（一）项、第（四）项所列情形之一，在限期内未能消除，不具备上市条件的，由国务院证券管理部门决定终止其股票上市。

公司决议解散、被行政主管部门依法责令关闭或者被宣告破产的，由国务院证券管理部门决定终止其股票上市。

第五章 公司债券

第一百五十九条 股份有限公司、国有独资公司和两个以上的国有企业或者其他两个以上的国有投资主体投资设立的有限责任公司，为筹集生产经营资金，可以依照本法发行公司债券。

第一百六十条 本法所称公司债券是指公司依照法定程序发行的、约定在一定期限还本付息的有价证券。

第一百六十一条 发行公司债券，必须符合下列条件：

（一）股份有限公司的净资产额不低于人民币三千万元，有限责任公司的净资产额不低于人民币六千万元；

（二）累计债券总额不超过公司净资产额的百分之四十；

（三）最近三年平均可分配利润足以支付公司债券一年的利息；

（四）筹集的资金投向符合国家产业政策；

（五）债券的利率不得超过国务院限定的利率水平；

（六）国务院规定的其他条件。

发行公司债券筹集的资金，必须用于审批机关批准的用途，不得用于弥补亏损和非生产性支出。

第一百六十二条 凡有下列情形之一的，不得再次发行公司债券：

（一）前一次发行的公司债券尚未募足的；

（二）对已发行的公司债券或者其债务有违约或者延迟支付本息的事实，且仍处于继续状态的。

第一百六十三条 股份有限公司、有限责任公司发行公司债券，由董事会制订方案，股东会作出决议。

国有独资公司发行公司债券，应由国家授权投资的机构或者国家授权的部门作出决定。依照前二款规定作出决议或者决定后，公司应当向国务院证券管理部门报请批准。

第一百六十四条 公司债券的发行规模由国务院确定。国务院证券管理部门审批公司债券的发行，不得超过国务院确定的规模。

国务院证券管理部门对符合本法规定的发行公司债券的申请，予以批准；对不符合本法规定的申请，不予批准。

对已作出的批准如发现不符合本法规定的，应予撤销。尚未发行公司债券的，停止发行；已经发行公司债券的，发行的公司应当向认购人退还所缴款项并加算银行同期存款利息。

第一百六十五条 公司向国务院证券管理部门申请批准发行公司债券，应当提交下列文件：

（一）公司登记证明；

（二）公司章程；

（三）公司债券募集办法；

（四）资产评估报告和验资报告。

第一百六十六条 发行公司债券的申请经批准后，应当公告公司债券募集办法。

公司债券募集办法中应当载明下列主要事项：

（一）公司名称；

（二）债券总额和债券的票面金额；

（三）债券的利率；

（四）还本付息的期限和方式；

（五）债券发行的起止日期；

（六）公司净资产额；

（七）已发行的尚未到期的公司债券总额；

（八）公司债券的承销机构。

第一百六十七条 公司发行公司债券，必须在债券上载明公司名称、债券票面金额、利率、偿还期限等事项，并由董事长签名，公司盖章。

第一百六十八条 公司债券可分为记名债券和无记名债券。

第一百六十九条 公司发行公司债券应当置备公司债券存根簿。

发行记名公司债券的，应当在公司债券存根簿上载明下列事项：

（一）债券持有人的姓名或者名称及住所；

（二）债券持有人取得债券的日期及债券的编号；

（三）债券总额，债券的票面金额，债券的利率，债券的还本付息的期限和方式；

（四）债券的发行日期。

发行无记名公司债券的，应当在公司债券存根簿上载明债券总额、利率、偿还期限和方式、发行日期及债券的编号。

第一百七十条 公司债券可以转让。转让公司债券应当在依法设立的证券交易场所进行。

公司债券的转让价格由转让人与受让人约定。

第一百七十一条 记名债券，由债券持有人以背书方式或者法律、行政法规规定的其他方式转让。

记名债券的转让，由公司将受让人的姓名或者名称及住所记载于公司债券存根簿。

无记名债券，由债券持有人在依法设立的证券交易场所将该债券交付给受让人后即发生转让的效力。

第一百七十二条 上市公司经股东大会决议可以发行可转换为股票的公司债券，并在公司债券募集办法中规定具体的转换办法。

发行可转换为股票的公司债券，应当报请国务院证券管理部门批准。公司债券可转换为股票的，除具备发行公司债券的条件外，还应当符合股票发行的条件。

发行可转换为股票的公司债券，应当在债券上标明可转换公司债券字样，并在公司债券存根簿上载明可转换公司债券的数额。ba 第一百七十三条 发行可转换为股票的公司债券的，公司应当按照其转换办法向债券持有人换发股票，但债券持有人对转换股票或者不转换股票有选择权。

第六章 公司财务、会计

第一百七十四条 公司应当依照法律、行政法规和国务院财政主管部门的规定建立本公司的财务、会计制度。

第一百七十五条 公司应当在每一会计年度终了时制作财务会计报告，并依法经审查验证。

财务会计报告应当包括下列财务会计报表及附属明细表：

（一）资产负债表；

（二）损益表；

（三）财务状况变动表；

（四）财务情况说明书；

（五）利润分配表。

第一百七十六条 有限责任公司应当按照公司章程规定的期限将财务会计报告送交各股东。

股份有限公司的财务会计报告应当在召开股东大会年会的二十日以前置备于本公司，供股东查阅。

以募集设立方式成立的股份有限公司必须公告其财务会计报告。

第一百七十七条 公司分配当年税后利润时，应当提取利润的百分之十列入公司法定公积金，并提取利润的百分之五至百分之十列入公司法定公益金。公司法定公积金累计额为公司注册资本的百分之五十以上的，可不再提取。

公司的法定公积金不足以弥补上一年度公司亏损的，在依照前款规定提取法定公积金和法定公益金之前，应当先用当年利润弥补亏损。

公司在从税后利润中提取法定公积金后，经股东会决议，可以提取任意公积金。

公司弥补亏损和提取公积金、法定公益金后所余利润，有限责任公司按照股东的出资比例分配，股份有限公司按照股东持有的股份比例分配。

股东会或者董事会违反前款规定，在公司弥补亏损和提取法定公积金、法定公益金之前向股东分配利润的，必须将违反规定分配的利润退还公司。

第一百七十八条 股份有限公司依照本法规定，以超过股票票面金额的发行价格发行股份所得的溢价款以及国务院财政主管部门规定列入资本公积金的其他收入，应当列为公司资本公积金。

第一百七十九条 公司的公积金用于弥补公司的亏损，扩大公司生产经营或者转为增加公司资本。

股份有限公司经股东大会决议将公积金转为资本时，按股东原有股份比例派送新股或者增加每股面值。但法定公积金转为资本时，所留存的该项公积金不得少于注册资本的百分之二十五。

第一百八十条　公司提取的法定公益金用于本公司职工的集体福利。

第一百八十一条　公司除法定的会计帐册外，不得另立会计帐册。对公司资产，不得以任何个人名义开立帐户存储。

第七章　公司合并、分立

第一百八十二条　公司合并或者分立，应当由公司的股东会作出决议。

第一百八十三条　股份有限公司合并或者分立，必须经国务院授权的部门或者省级人民政府批准。

第一百八十四条　公司合并可以采取吸收合并和新设合并两种形式。

一个公司吸收其他公司为吸收合并，被吸收的公司解散。二个以上公司合并设立一个新的公司为新设合并，合并各方解散。

公司合并，应当由合并各方签订合并协议，并编制资产负债表及财产清单。公司应当自作出合并决议之日起十日内通知债权人，并于三十日内在报纸上至少公告三次。债权人自接到通知书之日起三十日内，未接到通知书的自第一次公告之日起九十日内，有权要求公司清偿债务或者提供相应的担保。不清偿债务或者不提供相应的担保的，公司不得合并。

公司合并时，合并各方的债权、债务，应当由合并后存续的公司或者新设的公司承继。

第一百八十五条　公司分立，其财产作相应的分割。

公司分立时，应当编制资产负债表及财产清单。公司应当自作出分立决议之日起十日内通知债权人，并于三十日内在报纸上至少公告三次。债权人自接到通知书之日起三十日内，未接到通知书的自第一次公告之日起九十日内，有权要求公司清偿债务或者提供相应的担保。不清偿债务或者不提供相应的担保的，公司不得分立。

公司分立前的债务按所达成的协议由分立后的公司承担。

第一百八十六条　公司需要减少注册资本时，必须编制资产负债表及财产清单。

公司应当自作出减少注册资本决议之日起十日内通知债权人，并于三十日内在报纸上至少公告三次。债权人自接到通知书之日起三十日内，未接到通知书的自第一次公告之日起九十日内，有权要求公司清偿债务或者提供相应的担保。

公司减少资本后的注册资本不得低于法定的最低限额。

第一百八十七条　有限责任公司增加注册资本时，股东认缴新增资本的出资，按照本法设立有限责任公司缴纳出资的有关规定执行。

股份有限公司为增加注册资本发行新股时，股东认购新股应当按照本法设立股份有限公司缴纳股款的有关规定执行。

第一百八十八条　公司合并或者分立，登记事项发生变更的，应当依法向公司登记机关办理变更登记；公司解散的，应当依法办理公司注销登记；设立新公司的，应当依法办理公司设立登记。

公司增加或者减少注册资本，应当依法向公司登记机关办理变更登记。

第八章　公司破产、解散和清算

第一百八十九条　公司因不能清偿到期债务，被依法宣告破产的，由人民法院依照有关法律的规定，组织股东、有关机关及有关专业人员成立清算组，对公司进行破产清算。

第一百九十条　公司有下列情形之一的，可以解散：

（一）公司章程规定的营业期限届满或者公司章程规定的其他解散事由出现时；

（二）股东会决议解散；

（三）因公司合并或者分立需要解散的。

第一百九十一条　公司依照前条第（一）项、第（二）项规定解散的，应当在十五日内成立清算组，有限责任公司的清算组由股东组成，股份有限公司的清算组由股东大会确定其人选；逾期不成立清算组进行清算的，债权人可以申请人民法院指定有关人员组成清算组，进行清算。人民法院应当受理该申请，并及时指定清算组成员，进行清算。

第一百九十二条　公司违反法律、行政法规被依法责令关闭的，应当解散，由有关主管机关组织股东、有关机关及有关专业人员成立清算组，进行清算。

第一百九十三条　清算组在清算期间行使下列职权：

（一）清理公司财产，分别编制资产负债表和财产清单；

（二）通知或者公告债权人；

（三）处理与清算有关的公司未了结的业务；

（四）清缴所欠税款；

（五）清理债权、债务；

（六）处理公司清偿债务后的剩余财产；

（七）代表公司参与民事诉讼活动。

第一百九十四条　清算组应当自成立之日起十日内通知债权人，并于六十日内在报纸上至少公告三次。债权人应当自接到通知书之日起三十日内，未接到通知书的自第一次公告之日起九十日内，向清算组申报其债权。

债权人申报其债权，应当说明债权的有关事项，并提供证明材料。清算组应当对债权进行登记。

第一百九十五条　清算组在清理公司财产、编制资产负债表和财产清单后，应当制定清算方案，并报股东会或者有关主管机关确认。

公司财产能够清偿公司债务的，分别支付清算费用、职工工资和劳动保险费用，缴纳所欠税款，清偿公司债务。

公司财产按前款规定清偿后的剩余财产，有限责任公司按照股东的出资比例分配，股份有限公司按照股东持有的股份比例分配。

清算期间，公司不得开展新的经营活动。公司财产在未按第二款的规定清偿前，不得分配给股东。

第一百九十六条　因公司解散而清算，清算组在清理公司财产、编制资产负债表和财产清单后，发现公司财产不足清偿债务的，应当立即向人民法院申请宣告破产。

公司经人民法院裁定宣告破产后，清算组应当将清算事务移交给人民法院。

第一百九十七条　公司清算结束后，清算组应当制作清算报告，报股东会或者有关主管机关确认，并报送公司登记机关，申请注销公司登记，公告公司终止。不申请注销公司登记的，由公司登记机关吊销其公司营业执照，并予以公告。

第一百九十八条　清算组成员应当忠于职守，依法履行清算义务。

清算组成员不得利用职权收受贿赂或者其他非法收入，不得侵占公司财产。

清算组成员因故意或者重大过失给公司或者债权人造成损失的，应当承担赔偿责任。

第九章　外国公司的分支机构

第一百九十九条　外国公司依照本法规定可以在中国境内设立分支机构，从事生产经营活动。

本法所称外国公司是指依照外国法律在中国境外登记成立的公司。

第二百条　外国公司在中国境内设立分支机构，必须向中国主管机关提出申请，并提交其公司章程、所属国的公司登记证书等有关文件，经批准后，向公司登记机关依法办理登记，领取营业执照。

外国公司分支机构的审批办法由国务院另行规定。

第二百零一条　外国公司在中国境内设立分支机构，必须在中国境内指定负责该分支机构的代表人或者代理人，并向该分支机构拨付与其所从事的经营活动相适应的资金。

对外国公司分支机构的经营资金需要规定最低限额的，由国务院另行规定。

第二百零二条　外国公司的分支机构应当在其名称中标明该外国公司的国籍及责任形式。

外国公司的分支机构应当在本机构中置备该外国公司章程。

第二百零三条　外国公司属于外国法人，其在中国境内设立的分支机构不具有中国法人资格。

外国公司对其分支机构在中国境内进行经营活动承担民事责任。

第二百零四条　经批准设立的外国公司分支机构，在中国境内从事业务活动，必须遵守中国的法律，不得损害中国的社会公共利益，其合法权益受中国法律保护。

第二百零五条　外国公司撤销其在中国境内的分支机构时，必须依法清偿债务，按照本法有关公司清算程序的规定进行清算。未清偿债务之前，不得将其分支机构的财产移至中国境外。

第十章　法律责任

第二百零六条　违反本法规定，办理公司登记时虚报注册资本、提交虚假证明文件或者采取其他欺诈手段隐瞒重要事实取得公司登记的，责令改正，对虚报注册资本的公司，处以虚报注册资本金额百分之五以上百分之十以下的罚款；对提交虚假证明文件或者采取其他欺诈手段隐瞒重要事实的公司，处以一万元以上十万元以下的罚款；情节严重的，撤销公司登记。构成犯罪的，依法追究刑事责任。

第二百零七条　制作虚假的招股说明书、认股书、公司债券募集办法发行股票或者公司债券的，责令停止发行，退还所募资金及其利息，处以非法募集资金金额百分之一以上百分之五以下的罚款。构成犯罪的，依法追究刑事责任。

第二百零八条 公司的发起人、股东未交付货币、实物或者未转移财产权，虚假出资，欺骗债权

人和社会公众的，责令改正，处以虚假出资金额百分之五以上百分之十以下的罚款。构成犯罪的，依法追究刑事责任。

第二百零九条 公司的发起人、股东在公司成立后，抽逃其出资的，责令改正，处以所抽逃出资金额百分之五以上百分之十以下的罚款。构成犯罪的，依法追究刑事责任。

第二百一十条 未经本法规定的有关主管部门的批准，擅自发行股票或者公司债券的，责令停止发行，退还所募资金及其利息，处以非法所募资金金额百分之一以上百分之五以下的罚款。构成犯罪的，依法追究刑事责任。

第二百一十一条 公司违反本法规定，在法定的会计帐册以外另立会计帐册的，责令改正，处以一万元以上十万元以下的罚款。构成犯罪的，依法追究刑事责任。

将公司资产以任何个人名义开立帐户存储的，没收违法所得，并处以违法所得一倍以上五倍以下的罚款。构成犯罪的，依法追究刑事责任。

第二百一十二条 公司向股东和社会公众提供虚假的或者隐瞒重要事实的财务会计报告的，对直接负责的主管人员和其他直接责任人员处以一万元以上十万元以下的罚款。构成犯罪的，依法追究刑事责任。

第二百一十三条 违反本法规定，将国有资产低价折股、低价出售或者无偿分给个人的，对直接负责的主管人员和其他直接责任人员依法给予行政处分。构成犯罪的，依法追究刑事责任。

第二百一十四条 董事、监事、经理利用职权收受贿赂、其他非法收入或者侵占公司财产的，没收违法所得，责令退还公司财产，由公司给予处分。构成犯罪的，依法追究刑事责任。

董事、经理挪用公司资金或者将公司资金借贷给他人的，责令退还公司的资金，由公司给予处分，将其所得收入归公司所有。构成犯罪的，依法追究刑事责任。

董事、经理违反本法规定，以公司资产为本公司的股东或者其他个人债务提供担保的，责令取消担保，并依法承担赔偿责任，将违法提供担保取得的收入归公司所有。情节严重的，由公司给予处分。

第二百一十五条 董事、经理违反本法规定自营或者为他人经营与其所任职公司同类的营业的，除将其所得收入归公司所有外，并可由公司给予处分。

第二百一十六条 公司不按照本法规定提取法定公积金、法定公益金的，责令如数补足应当提取的金额，并可对公司处以一万元以上十万元以下的罚款。

第二百一十七条 公司在合并、分立、减少注册资本或者进行清算时，不按照本法规定通知或者公告债权人的，责令改正，对公司处以一万元以上十万元以下的罚款。

公司在进行清算时，隐匿财产，对资产负债表或者财产清单作虚伪记载或者未清偿债务前分配公司财产的，责令改正，对公司处以隐匿财产或者未清偿债务前分配公司财产金额百分之一以上百分之五以下的罚款。对直接负责的主管人员和其他直接责任人员处以一万元以上十万元以下的罚款。构成犯罪的，依法追究刑事责任。

第二百一十八条 清算组不按照本法规定向公司登记机关报送清算报告，或者报送清算报告隐瞒重要事实或者有重大遗漏的，责令改正。

清算组成员利用职权徇私舞弊、谋取非法收入或者侵占公司财产的，责令退还公司财产，没收违法所得，并可处以违法所得一倍以上五倍以下的罚款。构成犯罪的，依法追究刑事责任。

第二百一十九条 承担资产评估、验资或者验证的机构提供虚假证明文件的，没收违法所得，处以违法所得一倍以上五倍以下的罚款，并可由有关主管部门依法责令该机构停业，吊销直接责任人员的资格证书。构成犯罪的，依法追究刑事责任。

承担资产评估、验资或者验证的机构因过失提供有重大遗漏的报告的，责令改正，情节较重的，处以所得收入一倍以上三倍以下的罚款，并可由有关主管部门依法责令该机构停业，吊销直接责任人员的资格证书。

第二百二十条 国务院授权的有关主管部门，对不符合本法规定条件的设立公司的申请予以批准，或者对不符合本法规定条件的股份发行的申请予以批准，情节严重的，对直接负责的主管人员和其他直接责任人员，依法给予行政处分。构成犯罪的，依法追究刑事责任。

第二百二十一条 国务院证券管理部门对不符合本法规定条件的募集股份、股票上市和债券发行的申请予以批准，情节严重的，对直接负责的主管人员和其他直接责任人员，依法给予行政处分。构成犯罪的，依法追究刑事责任。

第二百二十二条 公司登记机关对不符合本法规定条件的登记申请予以登记，情节严重的，对直接负责的主管人员和其他直接责任人员，依法给予行政处分。构成犯罪的，依法追究刑事责任。

第二百二十三条 公司登记机关的上级部门强令公司登记机关对不符合本法规定条件的登记申请予以登记的，或者对违法登记进行包庇的，对直接负责的主管人员和其他直接责任人员依法给予行政处分。构成犯罪的，依法追究刑事责任。

第二百二十四条 未依法登记为有限责任公司或者股份有限公司，而冒用有限责任公司或者股份有限公司名义的，责令改正或者予以取缔，并可处以一万元以上十万元以下的罚款。构成犯罪的，依法追究刑事责任。

第二百二十五条 公司成立后无正当理由超过六个月未开业的，或者开业后自行停业连续六个月以上的，由公司登记机关吊销其公司营业执照。

公司登记事项发生变更时，未按照本法规定办理有关变更登记的，责令限期登记，逾期不登记的，处以一万元以上十万元以下的罚款。

第二百二十六条 外国公司违反本法规定，擅自在中国境内设立分支机构的，责令改正或者关闭，并可处以一万元以上十万元以下的罚款。

第二百二十七条 依照本法履行审批职责的有关主管部门，对符合法定条件的申请，不予批准的，或者公司登记机关对符合法定条件的申请，不予登记的，当事人可以依法申请复议或者提起行政诉讼。

第二百二十八条 公司违反本法规定，应当承担民事赔偿责任和缴纳罚款、罚金的，其财产不足以支付时，先承担民事赔偿责任。

第十一章 附 则

第二百二十九条 本法施行前依照法律、行政法规、地方性法规和国务院有关主管部门制定的《有限责任公司规范意见》、《股份有限公司规范意见》登记成立的公司，继续保留，其中不完全具备本法规定的条件的，应当在规定的限期内达到本法规定的条件。具体实施办法，由国务院另行规定。

属于高新技术的股份有限公司，发起人以工业产权和非专利技术作价出资的金额占公司注册资本的比例，公司发行新股、申请股票上市的条件，由国务院另行规定。

第二百三十条 本法自 1994 年 7 月 1 日起施行。

中华人民共和国第九届全国人民代表大会
常务委员会第十三次会议修正
一九九九年十二月二十五日

附：

全国人民代表大会常务委员会关于修改《中华人民共和国公司法》的决定

第九届全国人民代表大会常务委员会第十三次会议审议了国务院关于《中华人民共和国公司法修正案（草案）》的议案，决定对《中华人民共和国公司法》作如下修改：

一、第六十七条修改为："国有独资公司监事会主要由国务院或者国务院授权的机构、部门委派的人员组成，并有公司职工代表参加。监事会的成员不得少于三人。监事会行使本法第五十四条第一款第（一）、（二）项规定的职权和国务院规定的其他职权。""监事列席董事会会议。""董事、经理及财务负责人不得兼任监事。"

二、第二百二十九条增加一款作为第二款："属于高新技术的股份有限公司，发起人以工业产权和非专利技术作价出资的金额占公司注册资本的比例，公司发行新股、申请股票上市的条件，由国务院另行规定。"

《中华人民共和国公司法》根据本决定作相应的修改，重新公布。

支持有条件的高新技术股份有限公司进入证券市场直接融资，有利于高新技术产业发展。对高新技术的股份有限公司运用资本市场筹集发展资金，要坚持国家产业政策，符合高新技术要求。根据高新技术股份有限公司的特点，其上市交易的股票在现有的证券交易所内单独组织交易系统，进行交易。鉴于此项工作还缺乏经验，加之风险较大，应当有计划、有步骤、积极稳妥地进行。

本决定自公布之日起施行。

第九届全国人民代表大会常务委员会第十三次会议通过

一九九九年十二月二十五日

中华人民共和国会计法

目　录

第一章　总　则

第一条　为了规范会计行为，保证会计资料真实、完整，加强经济管理和财务管理，提高经济效益，维护社会主义市场经济秩序，制定本法。

第二条　国家机关、社会团体、公司、企业、事业单位和其他组织（以下统称单位）必须依照本法办理会计事务。

第三条　各单位必须依法设置会计帐簿，并保证其真实、完整。

第四条　单位负责人对本单位的会计工作和会计资料的真实性、完整性负责。

第五条　会计机构、会计人员依照本法规定进行会计核算，实行会计监督。

任何单位或者个人不得以任何方式授意、指使、强令会计机构、会计人员伪造、变造会计凭证、会计帐簿和其他会计资料，提供虚假财务会计报告。

任何单位或者个人不得对依法履行职责、抵制违反本法规定行为的会计人员实行打击报复。

第六条　对认真执行本法，忠于职守，坚持原则，做出显著成绩的会计人员，给予精神的或者物质的奖励。

第七条　国务院财政部门主管全国的会计工作。

县级以上地方各级人民政府财政部门管理本行政区域内的会计工作。

第八条　国家实行统一的会计制度。国家统一的会计制度由国务院财政部门根据本法制定并公布。

国务院有关部门可以依照本法和国家统一的会计制度制定对会计核算和会计监督有特殊要求的行业实施国家统一的会计制度的具体办法或者补充规定，报国务院财政部门审核批准。

中国人民解放军总后勤部可以依照本法和国家统一的会计制度制定军队实施国家统一的会计制度的具体办法，报国务院财政部门备案。

第二章　会计核算

第九条　各单位必须根据实际发生的经济业务事项进行会计核算，填制会计凭证，登记会计帐簿，编制财务会计报告。

任何单位不得以虚假的经济业务事项或者资料进行会计核算。

第十条　下列经济业务事项，应当办理会计手续，进行会计核算：

（一）款项和有价证券的收付；

（二）财物的收发、增减和使用；

（三）债权债务的发生和结算；

（四）资本、基金的增减；

（五）收入、支出、费用、成本的计算；

（六）财务成果的计算和处理；

（七）需要办理会计手续、进行会计核算的其他事项。

第十一条　会计年度自公历1月1日起至12月31日止。

第十二条　会计核算以人民币为记帐本位币。

业务收支以人民币以外的货币为主的单位，可以选定其中一种货币作为记帐本位币，但是编报的财务会计报告应当折算为人民币。

第十三条　会计凭证、会计帐簿、财务会计报告和其他会计资料，必须符合国家统一的会计制度的规定。

使用电子计算机进行会计核算的，其软件及其生成的会计凭证、会计帐簿、财务会计报告和其他会计资料，也必须符合国家统一的会计制度的规定。

任何单位和个人不得伪造、变造会计凭证、会计帐簿及其他会计资料，不得提供虚假的财务会计报告。

第十四条　会计凭证包括原始凭证和记帐凭证。

办理本法第十条所列的经济业务事项，必须填制或者取得原始凭证并及时送交会计机构。

会计机构、会计人员必须按照国家统一的会计制度的规定对原始凭证进行审核，对不真实、不合法的原始凭证有权不予接受，并向单位负责人报告；对记载不准确、不完整的原始凭证予以退回，并要求按照国家统一的会计制度的规定更正、补充。

原始凭证记载的各项内容均不得涂改；原始凭证有错误的，应当由出具单位重开或者更正，更正处应当加盖出具单位印章。原始凭证金额有错误的，应当由出具单位重开，不得在原始凭证上更正。

记帐凭证应当根据经过审核的原始凭证及有关资料编制。

第十五条　会计帐簿登记，必须以经过审核的会计凭证为依据，并符合有关法律、行政法规和国家统一的会计制度的规定。会计帐簿包括总帐、明细帐、日记帐和其他辅助性帐簿。

会计帐簿应当按照连续编号的页码顺序登记。会计帐簿记录发生错误或者隔页、缺号、跳行的，应当按照国家统一的会计制度规定的方法更正，并由会计人员和会计机构负责人（会计主管人员）在更正处盖章。

使用电子计算机进行会计核算的，其会计帐簿的登记、更正，应当符合国家统一的会计制度的规定。

第十六条　各单位发生的各项经济业务事项应当在依法设置的会计帐簿上统一登记、核算，不得违反本法和国家统一的会计制度的规定私设会计帐簿登记、核算。

第十七条　各单位应当定期将会计帐簿记录与实物、款项及有关资料相互核对，保证会计帐簿记录与实物及款项的实有数额相符、会计帐簿记录与会计凭证的有关内容相符、会计帐簿之间相对应的记录相符、会计帐簿记录与会计报表的有关内容相符。

第十八条　各单位采用的会计处理方法，前后各期应当一致，不得随意变更；确有必要变更的，应当按照国家统一的会计制度的规定变更，并将变更的原因、情况及影响在财务会计报告中说明。

第十九条　单位提供的担保、未决诉讼等或有事项，应当按照国家统一的会计制度的规定，在财务会计报告中予以说明。

第二十条　财务会计报告应当根据经过审核的会计帐簿记录和有关资料编制，并符合本法和国家统一的会计制度关于财务会计报告的编制要求、提供对象和提供期限的规定；其他法律、行政法规另有规定的，从其规定。

财务会计报告由会计报表、会计报表附注和财务情况说明书组成。向不同的会计资料使用者提供的财务会计报告，其编制依据应当一致。有关法律、行政法规规定会计报表、会计报表附注和财务情况说明书须经注册会计师审计的，注册会计师及其所在的会计师事务所出具的审计报告应当随同财务会计报告一并提供。

第二十一条　财务会计报告应当由单位负责人和主管会计工作的负责人、会计机构负责人（会计主管人员）签名并盖章；设置总会计师的单位，还须由总会计师签名并盖章。

单位负责人应当保证财务会计报告真实、完整。

第二十二条　会计记录的文字应当使用中文。在民族自治地方，会计记录可以同时使用当地通用的一种民族文字。在中华人民共和国境内的外商投资企业、外国企业和其他外国组织的会计记录可以同时使用一种外国文字。

第二十三条　各单位对会计凭证、会计帐簿、财务会计报告和其他会计资料应当建立档案，妥善保管。会计档案的保管期限和销毁办法，由国务院财政部门会同有关部门制定。

第三章　公司、企业会计核算的特别规定

第二十四条　公司、企业进行会计核算，除应当遵守本法第二章的规定外，还应当遵守本章规定。

第二十五条　公司、企业必须根据实际发生的经济业务事项，按照国家统一的会计制度的规定确认、计量和记录资产、负债、所有者权益、收入、费用、成本和利润。

第二十六条　公司、企业进行会计核算不得有下列行为：

(一)随意改变资产、负债、所有者权益的确认标准或者计量方法,虚列、多列、不列或者少列资产、负债、所有者权益;

(二)虚列或者隐瞒收入,推迟或者提前确认收入;

(三)随意改变费用、成本的确认标准或者计量方法,虚列、多列、不列或者少列费用、成本;

(四)随意调整利润的计算、分配方法,编造虚假利润或者隐瞒利润;

(五)违反国家统一的会计制度规定的其他行为。

第四章　会计监督

第二十七条　各单位应当建立、健全本单位内部会计监督制度。单位内部会计监督制度应当符合下列要求:

(一)记帐人员与经济业务事项和会计事项的审批人员、经办人员、财物保管人员的职责权限应当明确,并相互分离、相互制约;

(二)重大对外投资、资产处置、资金调度和其他重要经济业务事项的决策和执行的相互监督、相互制约程序应当明确;

(三)财产清查的范围、期限和组织程序应当明确;

(四)对会计资料定期进行内部审计的办法和程序应当明确。

第二十八条　单位负责人应当保证会计机构、会计人员依法履行职责,不得授意、指使、强令会计机构、会计人员违法办理会计事项。

会计机构、会计人员对违反本法和国家统一的会计制度规定的会计事项,有权拒绝办理或者按照职权予以纠正。

第二十九条　会计机构、会计人员发现会计帐簿记录与实物、款项及有关资料不相符的,按照国家统一的会计制度的规定有权自行处理的,应当及时处理;无权处理的,应当立即向单位负责人报告,请求查明原因,作出处理。

第三十条　任何单位和个人对违反本法和国家统一的会计制度规定的行为,有权检举。收到检举的部门有权处理的,应当依法按照职责分工及时处理;无权处理的,应当及时移送有权处理的部门处理。收到检举的部门、负责处理的部门应当为检举人保密,不得将检举人姓名和检举材料转给被检举单位和被检举人个人。

第三十一条　有关法律、行政法规规定,须经注册会计师进行审计的单位,应当向受委托的会计师事务所如实提供会计凭证、会计帐簿、财务会计报告和其他会计资料以及有关情况。

任何单位或者个人不得以任何方式要求或者示意注册会计师及其所在的会计师事务所出具不实或者不当的审计报告。

财政部门有权对会计师事务所出具审计报告的程序和内容进行监督。

第三十二条　财政部门对各单位的下列情况实施监督:

(一)是否依法设置会计帐簿;

(二)会计凭证、会计帐簿、财务会计报告和其他会计资料是否真实、完整;

(三)会计核算是否符合本法和国家统一的会计制度的规定;

(四)从事会计工作的人员是否具备从业资格。

在对前款第(二)项所列事项实施监督,发现重大违法嫌疑时,国务院财政部门及其派出机构可以向与被监督单位有经济业务往来的单位和被监督单位开立帐户的金融机构查询有关情况,有关单位和金融机构应当给予支持。

第三十三条　财政、审计、税务、人民银行、证券监管、保险监管等部门应当依照有关法律、行政法规规定的职责,对有关单位的会计资料实施监督检查。

前款所列监督检查部门对有关单位的会计资料依法实施监督检查后,应当出具检查结论。有关监督检查部门已经作出的检查结论能够满足其他监督检查部门履行本部门职责需要的,其他监督检查部门应当加以利用,避免重复查帐。

第三十四条　依法对有关单位的会计资料实施监督检查的部门及其工作人员对在监督检查中知悉的国家秘密和商业秘密负有保密义务。

第三十五条　各单位必须依照有关法律、行政法规的规定,接受有关监督检查部门依法实施的监督检查,如实提供会计凭证、会计帐簿、财务会计报告和其他会计资料以及有关情况,不得拒绝、隐匿、谎报。

第五章　会计机构和会计人员

第三十六条　各单位应当根据会计业务的需要,设置会计机构,或者在有关机构中设置会计人员并指定会计主管人员;不具备设置条件的,应当委托经批准设立从事会计代理记帐业务的中介机构代理记帐。

国有的和国有资产占控股地位或者主导地位的大、中型企业必须设置总会计师。总会计师的任职资格、任免程序、职责权限由国务院规定。

第三十七条　会计机构内部应当建立稽核制度。

出纳人员不得兼任稽核、会计档案保管和收入、支出、费用、债权债务帐目的登记工作。

第三十八条　从事会计工作的人员,必须取得会计从业资格证书。

担任单位会计机构负责人(会计主管人员)的,除取得会计从业资格证书外,还应当具备会计师以上专业技术职务资格或者从事会计工作三年以上经历。

会计人员从业资格管理办法由国务院财政部门规定。

第三十九条　会计人员应当遵守职业道德,提高业务素质。对会计人员的教育和培训工作应当加强。

第四十条　因有提供虚假财务会计报告,做假帐,隐匿或者故意销毁会计凭证、会计帐簿、财务会计报告,贪污,挪用公款,职务侵占等与会计职务有关的违法行为被依法追究刑事责任的人员,不得取得或者重新取得会计从业资格证书。

除前款规定的人员外,因违法违纪行为被吊销会计从业资格证书的人员,自被吊销会计从业资格证书之日起五年内,不得重新取得会计从业资格证书。

第四十一条　会计人员调动工作或者离职,必须与接管人员办清交接手续。

一般会计人员办理交接手续,由会计机构负责人(会计主管人员)监交;会计机构负责人(会计主管人员)办理交接手续,由单位负责人监交,必要时主管单位可以派人会同监交。

第六章　法律责任

第四十二条　违反本法规定,有下列行为之一的,由县级以上人民政府财政部门责令限期改正,可以对单位并处三千元以上五万元以下的罚款;对其直接负责的主管人员和其他直接责任人员,可以处二千元以上二万元以下的罚款;属于国家工作人员的,还应当由其所在单位或者有关单位依法给予行政处分:

(一)不依法设置会计帐簿的;

(二)私设会计帐簿的;

(三)未按照规定填制、取得原始凭证或者填制、取得的原始凭证不符合规定的;

(四)以未经审核的会计凭证为依据登记会计帐簿或者登记会计帐簿不符合规定的;

(五)随意变更会计处理方法的;

(六)向不同的会计资料使用者提供的财务会计报告编制依据不一致的;

(七)未按照规定使用会计记录文字或者记帐本位币的;

(八)未按照规定保管会计资料,致使会计资料毁损、灭失的;

(九)未按照规定建立并实施单位内部会计监督制度或者拒绝依法实施的监督或者不如实提供有关会计资料及有关情况的;

(十)任用会计人员不符合本法规定的。

有前款所列行为之一,构成犯罪的,依法追究刑事责任。

会计人员有第一款所列行为之一,情节严重的,由县级以上人民政府财政部门吊销会计从业资格证书。

有关法律对第一款所列行为的处罚另有规定的,依照有关法律的规定办理。

第四十三条　伪造、变造会计凭证、会计帐簿,编制虚假财务会计报告,构成犯罪的,依法追究刑事责任。

有前款行为,尚不构成犯罪的,由县级以上人民政府财政部门予以通报,可以对单位并处五千元以上十万元以下的罚款;对其直接负责的主管人员和其他直接责任人员,可以处三千元以上五万元以下的罚款;属于国家工作人员的,还应当由其所在单位或者有关单位依法给予撤职直至开除的行政处分;对其中的会计人员,并由县级以上人民政府财政部门吊销会计从业资格证书。

第四十四条　隐匿或者故意销毁依法应当保存的会计凭证、会计帐簿、财务会计报告,构成犯罪的,依法追究刑事责任。

有前款行为,尚不构成犯罪的,由县级以上人民政府财政部门予以通报,可以对单位并处五千元以上十万元以下的罚款;对其直接负责的主管人员和其他直接责任人员,可以处三千元以上五万元以下的罚款;属于国家工作人员的,还应当由其所在单位或者有关单位依法给予撤职直至开除的行政处分;对其中的会计人员,并由县级以上人民政府财政部门吊销会计从业资格证书。

第四十五条 授意、指使、强令会计机构、会计人员及其他人员伪造、变造会计凭证、会计帐簿，编制虚假财务会计报告或者隐匿、故意销毁依法应当保存的会计凭证、会计帐簿、财务会计报告，构成犯罪的，依法追究刑事责任；尚不构成犯罪的，可以处五千元以上五万元以下的罚款；属于国家工作人员的，还应当由其所在单位或者有关单位依法给予降级、撤职、开除的行政处分。

第四十六条 单位负责人对依法履行职责、抵制违反本法规定行为的会计人员以降级、撤职、调离工作岗位、解聘或者开除等方式实行打击报复，构成犯罪的，依法追究刑事责任；尚不构成犯罪的，由其所在单位或者有关单位依法给予行政处分。对受打击报复的会计人员，应当恢复其名誉和原有职务、级别。

第四十七条 财政部门及有关行政部门的工作人员在实施监督管理中滥用职权、玩忽职守、徇私舞弊或者泄露国家秘密、商业秘密，构成犯罪的，依法追究刑事责任；尚不构成犯罪的，依法给予行政处分。

第四十八条 违反本法第三十条规定，将检举人姓名和检举材料转给被检举单位和被检举人个人的，由所在单位或者有关单位依法给予行政处分。

第四十九条 违反本法规定，同时违反其他法律规定的，有关部门在各自职权范围内依法进行处罚。

第七章 附 则

第五十条 本法下列用语的含义：

单位负责人，是指单位法定代表人或者法律、行政法规规定代表单位行使职权的主要负责人。

国家统一的会计制度，是指国务院财政部门根据本法制定的关于会计核算、会计监督、会计机构和会计人员以及会计工作管理的制度。

第五十一条 个体工商户会计管理的具体办法，由国务院财政部门根据本法的原则另行规定。

第五十二条 本法自 2000 年 7 月 1 日起施行。

中华人民共和国第九届全国人民代表大会
常务委员会第十二次会议通过
一九九九年十月三十一日

个人存款账户实名制规定

第一条 为了保证个人存款账户的真实性，维护存款人的合法权益，制定本规定。

第二条 中华人民共和国境内的金融机构和在金融机构开立个人存款账户的个人，应当遵守本规定。

第三条 本规定所称金融机构，是指在境内依法设立和经营个人存款业务的机构。

第四条 本规定所称个人存款账户，是指个人在金融机构开立的人民币、外币存款账户，包括活期存款账户、定期存款账户、定活两便存款账户、通知存款账户以及其他形式的个人存款账户。

第五条 本规定所称实名，是指符合法律、行政法规和国家有关规定的身份证件上使用的姓名。

下列身份证件为实名证件：

（一）居住在境内的中国公民，为居民身份证或者临时居民身份证；

（二）居住在境内的 16 周岁以下的中国公民，为户口簿；

（三）中国人民解放军军人，为军人身份证件；中国人民武装警察，为武装警察身份证件；

（四）香港、澳门居民，为港澳居民往来内地通行证；台湾居民，为台湾居民来往大陆通行证或者其他有效旅行证件；

（五）外国公民，为护照。

前款未作规定的，依照有关法律、行政法规和国家有关规定执行。

第六条 个人在金融机构开立个人存款账户时，应当出示本人身份证件，使用实名。

代理他人在金融机构开立个人存款账户的，代理人应当出示被代理人和代理人的身份证件。

第七条 在金融机构开立个人存款账户的，金融机构应当要求其出示本人身份证件，进行核对，并登记其身份证件上的姓名和号码。代理他人在金融机构开立个人存款账户的，金融机构应当要求其出示被代理人和代理人的身份证件，进行核对，并登记被代理人和代理人的身份证件上的姓名和号码。

不出示本人身份证件或者不使用本人身份证件上的姓名的，金融机构不得为其开立个人存款账户。

第八条 金融机构及其工作人员负有为个人存款账户的情况保守秘密的责任。

金融机构不得向任何单位或者个人提供有关个人存款账户的情况，并有权拒绝任何单位或者个人查询、冻结、扣划个人在金融机构的款项；但是，法律另有规定的除外。

第九条 金融机构违反本规定第七条规定的，由中国人民银行给予警告，可以处 1000 元以上 5000 元以下的罚款；情节严重的，可以并处责令停业整顿，对直接负责的主管人员和其他直接责任人员依法给予纪律处分；构成犯罪的，依法追究刑事责任。

第十条 本规定施行前，已经在金融机构开立的个人存款账户，按照本规定施行前国家有关规定执行；本规定施行后，在原账户办理第一笔个人存款时，原账户没有使用实名的，应当依照本规定使用实名。

第十一条 本规定由中国人民银行组织实施。

第十二条 本规定自 2000 年 4 月 1 日起施行。

中华人民共和国国务院
二〇〇〇年三月二十日

关于建立风险投资机制的若干意见

为贯彻《中共中央、国务院关于加强技术创新，发展高科技，实现产业化的决定》（中发[1999]14 号）中"要培育有利于高新技术产业发展的资本市场，逐步建立风险投资机制"的精神，指导、规范风险投资活动，推动风险投资事业的健康发展，现就建立风险投资机制提出以下意见：

一、建立风险投资机制的意义

（一）创新是一个民族进步的灵魂，是国家兴旺发达的不竭动力。技术创新，既是经济可持续发展的根本推动力量，也是提高国际竞争力和实现经济安全的根本保障。要使知识有效地转化为高新技术，高新技术有效地实现产业化，需要建立一个能有效地动员和集中创业资本、促进知识向高新技术转化、加速高新技术成果商品化和产业化进程的风险投资机制。建立规范的风险投资机制，对于推进国家技术创新体系建设，提高国民经济整体素质和综合国力，实现跨越式发展具有重要意义。建立有效的风险投资机制，对于高新技术的开发及其成果的产业化，具有重要作用。

（二）近几年，我国科学技术的发展支持了国民经济的建设，技术进步对经济增长的贡献率有所提高。但是，科技向现实生产力转化能力薄弱，高新技术产业化程度低，具有自主知识产权的高新技术企业少的状况还未根本改变。在国际市场竞争日趋激烈的条件下，缺乏自主的技术创新能力，难以保证国民经济的可持续发展和国家经济安全。建立风险投资机制，促进高新技术产业的发展，是实施科教兴国战略的要求。

（三）风险投资（又称创业投资）是指向主要属于科技型的高成长性创业企业提供股权资本，并为其提供经营管理和咨询服务，以期在被投资企业发展成熟后，通过股权转让获取中长期资本增值收益的投资行为。建立风险投资机制要创造良好的外部环境和改革制度，培育适应社会主义市场经济规律的，有利于加速技术创新和成果转化的，能将经济部门推进技术进步与金融部门保障支持有机结合的经济运行体系。其主要内容包括：投资主体、投资对象、撤出渠道、中介服务机构、监管系统等。

（四）建立风险投资机制的目的，是促进高新技术成果走向市场、实现产业化，提高科技进步对经济增长的贡献率，通过创造良好的外部环境，促使企业积极参与技术创新和科技创业活动，推动产业、产品结构的调整和升级形成良性循环。

二、建立风险投资机制的基本原则

（五）按照社会主义市场经济规律建立风险投资机制。要面向市场，拓展创业资本来源；运用市场机制，强化风险投资主体内部的责任约束和利益激励；按照规范、有序的原则培育服务于风险投资市场的中介服务机构;根据我国的实际情况,有步骤地培育有利于风险投资撤出和高新技术产业发展的资本市场体系;建立风险投资的风险防范、信息披露和监管系统;制定相应法规为国际创业资本的进入和撤出提供便利条件,逐步与国际风险投资市场接轨。

(六)充分发挥各级人民政府和社会力量的积极性,加快风险投资体系的建设。国家按照"制定政策、创造环境、加强监管、控制风险"的原则,推进风险投资体系的建设;鼓励地方、企业、金融机构、个人、外商等各类投资者积极推动和参与风险投资事业的发展;拓宽市场准入渠道,对风险投资活动以及各类机构和个人对风险投资机构的投资,给予必要的扶持政策;制定与风险投资有关的一系列法规和制度,建立相关的监管标准和监管系统;在推进风险投资机制建设中,要重视发挥科技创业服务中心、高新技术开发区、高等学校科技团区及其他机构的作用。

三、培育风险投资主体

(七)风险投资公司和风险投资基金,是风险投资主体中的主导性机构。其主要服务对象是高新技术企业及科技型中小企业;主要功能是吸收各类投资者的创业资本,为高新技术产业化,提供资本金、经营管理及其他方面的支持;主要成员是专门从事风险投资的专家型人才;资本运作的主要方式是"战略投资"方式,还可以采用股权投资、可转换证券等多种方式进行投资。

(八)风险投资公司是以风险投资为主要经营活动的非金融性企业,其主营业务是向高新技术企业及科技型中小企业进行投资,转让由投资所形成的股权,为高新技术企业提供融资咨询,参与被投资企业的经营管理等。风险投资公司设立时要注意政企分开,鼓励非国有企业、个人、外商及其他机构投资入股。风险投资公司采取有限责任公司、股份有限公司等形式并积极探索新的运作模式。允许风险投资公司运用全额资本金进行投资。

(九)风险投资基金是专门从事风险投资以促进科技型中小企业发展的一种投资基金。为适应风险投资的特点,风险投资基金应采取私募方式,向确定的投资者发行基金份额。其募集对象可以是个人、企业、机构投资者、境外投资者,应拓宽民间资本来源,同时,对投资者的风险承受能力应有一定要求。投资者所承诺的资金可以分期到位。

风险投资基金应按封闭式设立,即事先确定发行总额和存续期限,在存续期限内基金份额不得赎回。

(十)风险投资公司和风险投资基金的实收货币资本必须充足。风险投资公司和风险投资基金对高新技术企业的投资额应占其实收资本的较大比重。为规避风险,对特定企业或单一项目投资比例不宜过高。

(十一)风险投资机构的主要管理人员应具备懂技术、会管理、无不良记录、诚实申报个人财产并愿意为业务损失承担相关责任等条件。

(十二)风险投资机构要建立完善的内部激励机制和约束机制。按照允许和鼓励资本、技术等生产要素参与收益分配的原则,可以采取经营管理人员持有股份等形式调动其积极性;通过出资人与经营管理人员间的契约,根据经营绩效约定股份期权的类型、数量、赠与条件、约束条件、执行办法等,同时明确高层管理人员对渎职、重大失误等行为承担的责任。

风险投资公司和风险投资基金的成立和审批,必须按照国务院有关部门制定的办法和程序进行。

四、建立风险投资撤出机制

(十三)建立和拓宽撤出渠道,推动风险投资的发展。"撤出"是指风险投资通过转让股权获取回报的经营行为。要遵循资本运作的客观规律,创造顺畅的撤出渠道,以便有效吸引社会资金进入风险投资领域,保障风险投资的良性循环,解决创业资本的股权流动、风险分散、价值评价等问题。

风险投资的主要撤出方式:企业购并、股权回购、股票市场上市等。

(十四)企业购并是指高新技术企业在未上市前,将部分股权或全部股权向其他企业或个人转让的行为。允许和鼓励非银行金融机构、上市公司、产业投资基金和其他公司及个人参与对高新技术企业的购并活动。

(十五)股权回购是指企业购回风险投资机构在本企业所持股权的行为。金融机构、中小企业信贷担保基金及其他各类担保机构,要积极支持高新技术企业的股权回购活动。

(十六)条件成熟时,在现有的上海、深圳证券交易所专门设立高新技术企业板块,为高新技术企业特别是科技型中小企业上市和交易服务,这既能充分利用现有设施和监管资源,有利于证券市场的集中统一监管,又能较快地拓宽和完善风险投资撤出渠道。其发行上市、交易的具体办法,由证监会制定。

(十七)境外创业板块股票市场也是可利用的风险投资撤出渠道之一,如美国的那斯达克(NASDAQ)市场和香港联合证券交易所设立的创业板块等。在政策上向高新技术企业境外上市倾斜,有利于利用国际资本发展我国高新技术产业,有利于吸引境外创业资本进入我国风险投资市场,有利于高新技术企业走向国际市场。上市、交易的具体办法,由证监会制定。

五、完善中介服务机构体系

(十八)充分发挥中介服务机构在咨询、监督、评估等方面的重要作用。风险投资要求目前已有的中介服务机构为其提供服务,还要求针对其特殊性和专门需要,设立包括行业协会、科技项目评估机构、技术经纪机构、风险投资咨询顾问机构等专门的中介服务机构。

(十九)中介服务机构的设立要严格执行政企分开的原则,使之成为自创信誉、自负盈亏、自担经济法律责任的法人实体。按诚信、公正、科学的原则,依法开展经营活动。

(二十)经审批成立的风险投资行业协会,作为风险投资主体、高新技术企业、有关中介服务机构等的行业自律组织,开展行业规范和服务标准的制定工作,对其成员的执业情况进行评定,形成自律机载;开展风险投资人才培训和民间国际交流活动等。

六、建立健全鼓励和引导风险投资的政策和法规体系

(二十一)为推进规范的风险投资机制的建立,根据本意见,国务院有关部门将制定建立风险投资公司和风险投资基金的申请、审批、管理等具体实施办法;研究制定有利于风险投资发展的财税、金融扶持政策和鼓励境外创业资本进入风险投资市场的政策;研究制定在上海、深圳证券交易所设立"高新技术企业板块"的实施方案,研究制定科技型中小企业股票发行、上市、交易的有关政策和法规;研究制定科技型中小企业到境外创业板市场发行证券和上市的有关政策;研究制定建立风险投资行业协会的审批、管理办法。

(二十二)国务院有关部门将根据国家产业政策、技术政策和产业、产品结构调整战略目标,定期制定颁布风险投资项目(领域)指南,引导创业资本投向。

风险投资是一项投资周期长、风险程度高、竞争性强的特殊资本运作方式。各地在推动建立风险投资机制时应注意防范风险,依法有序发展,避免一哄而起,避免出现单纯依靠或主要依靠政府出资建立风险投资机构的现象。应当鼓励以民间资本为主,政府以引导、扶持和有限参与为基本原则。各省、自治区、直辖市人民政府应根据本地区科技、经济和市场发展水平,坚持近期目标和长远目标相结合,采取切实可行的措施,着重在创造环境、完善市场机制、吸引国内外创业资本方面发挥作用,积极稳妥地推进风险投资事业的发展。

国务院办公厅

一九九九年十二月三十日

国有企业监事会暂行条例

第一条 为了健全国有企业监督机制,加强对国有企业的监督,制定本条例。

第二条 国有重点大型企业监事会(以下简称监事会)由国务院派出,对国务院负责,代表国家对国有重点大型企业(以下简称企业)的国有资产保值增值状况实施监督。

国务院派出监事会的企业名单,由国有企业监事会管理机构(以下简称监事会管理机构)提出建议,报国务院决定。

第三条 监事会以财务监督为核心,根据有关法律、行政法规和财政部的有关规定,对企业的财务活动及企业负责人的经营管理行为进行监督,确保国有资产及其权益不受侵犯。

监事会与企业是监督与被监督的关系,监事会不参与、不干预企业的经营决策和经营管理活动。

第四条 监事会管理机构负责监事会的日常管理工作,协调监事会与国务院有关部门和有关地方的联系,承办国务院交办的事项。

第五条 监事会履行下列职责:

(一)检查企业贯彻执行有关法律、行政法规和规章制度的情况;

(二)检查企业财务,查阅企业的财务会计资料及与企业经营管理活动有关的其他资料,验证企业财务会计报告的真实性、合法性;

(三)检查企业的经营效益、利润分配、国有资产保值增值、资产运营等情况;

（四）检查企业负责人的经营行为，并对其经营管理业绩进行评价，提出奖惩、任免建议。

第六条 监事会一般每年对企业定期检查1至2次，并可以根据实际需要不定期地对企业进行专项检查。

第七条 监事会开展监督检查，可以采取下列方式：

（一）听取企业负责人有关财务、资产状况和经营管理情况的汇报，在企业召开与监督检查事项有关的会议；

（二）查阅企业的财务会计报告、会计凭证、会计账簿等财务会计资料以及与经营管理活动有关的其他资料；

（三）核查企业的财务、资产状况，向职工了解情况、听取意见，必要时要求企业负责人作出说明；

（四）向财政、工商、税务、审计、海关等有关部门和银行调查了解企业的财务状况和经营管理情况。

监事会主席根据监督检查的需要，可以列席或者委派监事会其他成员列席企业有关会议。

第八条 国务院有关部门和地方人民政府有关部门应当支持、配合监事会的工作，向监事会提供有关情况和资料。

第九条 监事会每次对企业进行检查结束后，应当及时作出检查报告。

检查报告的内容包括：企业财务以及经营管理情况评价；企业负责人的经营管理业绩评价以及奖惩、任免建议；企业存在问题的处理建议；国务院要求报告或者监事会认为需要报告的其他事项。

监事会不得向企业透露前款所列检查报告内容。

第十条 检查报告经监事会成员讨论，由监事会主席签署，经监事会管理机构报国务院；检查报告经国务院批复后，抄送国家经济贸易委员会、财政部等有关部门。

监事对检查报告有原则性不同意见的，应当在检查报告中说明。

第十一条 监事会在监督检查中发现企业经营行为有可能危及国有资产安全、造成国有资产流失或者侵害国有资产所有者权益以及监事会认为应当立即报告的其他紧急情况，应当及时向监事会管理机构提出专项报告，也可以直接向国务院报告。

监事会管理机构应当加强同国家经济贸易委员会、财政部等有关部门的联系，相互通报有关情况。

第十二条 企业应当定期、如实向监事会报送财务会计报告，并及时报告重大经营管理活动情况，不得拒绝、隐匿、伪报。

第十三条 监事会根据对企业实施监督检查的需要，必要时，经监事会管理机构同意，可以聘请注册会计师事务所对企业进行审计。

监事会根据对企业进行监督检查的情况，可以建议国务院责成国家审计机关依法对企业进行审计。

第十四条 监事会由主席一人、监事若干人组成。监事会成员不少于3人。

监事分为专职监事和兼职监事：从有关部门和单位选任的监事，为专职；监事会中国务院有关部门、单位派出代表和企业职工代表担任的监事，为兼职。

监事会可以聘请必要的工作人员。

第十五条 监事会主席人选按照规定程序确定，由国务院任命。监事会主席由副部级国家工作人员担任，为专职，年龄一般在60周岁以下。

专职监事由监事会管理机构任命。专职监事由司（局）、处级国家工作人员担任，年龄一般在55周岁以下。

监事会中的企业职工代表由企业职工代表大会民主选举产生，报监事会管理机构批准。企业负责人不得担任监事会中的企业职工代表。

第十六条 监事会成员每届任期3年，其中监事会主席和专职监事、派出监事不得在同一企业连任。

监事会主席和专职监事、派出监事可以担任1至3家企业监事会的相应职务。

第十七条 监事会主席应当具有较高的政策水平，坚持原则，廉洁自持，熟悉经济工作。

监事会主席履行下列职责：

（一）召集、主持监事会会议；

（二）负责监事会的日常工作；

（三）审定、签署监事会的报告和其他重要文件；

（四）应当由监事会主席履行的其他职责。

第十八条 监事应当具备下列条件：

（一）熟悉并能够贯彻执行国家有关法律、行政法规和规章制度；

（二）具有财务、会计、审计或者宏观经济等方面的专业知识，比较熟悉企业经营管理工作；

（三）坚持原则，廉洁自持，忠于职守；

（四）具有较强的综合分析、判断和文字撰写能力，并具备独立工作能力。

第十九条 监事会主席和专职监事、派出监事实行回避原则，不得在其曾经管辖的行业、曾经工作过的企业或者其近亲属担任高级管理职务的企业的监事会中任职。

第二十条 监事会开展监督检查工作所需费用由国家财政拨付，由监事会管理机构统一列支。

第二十一条 监事会成员不得接受企业的任何馈赠，不得参加由企业安排、组织或者支付费用的宴请、娱乐、旅游、出访等活动，不得在企业中为自己、亲友或者其他人谋取私利。

监事会主席和专职监事、派出监事不得接受企业的任何报酬、福利待遇，不得在企业报销任何费用。

第二十二条 监事会成员必须对检查报告内容保密，并不得泄露企业的商业秘密。

第二十三条 监事会成员在监督检查中成绩突出，为维护国家利益做出重要贡献的，给予奖励。

第二十四条 监事会成员有下列行为之一的，依法给予行政处分或者纪律处分，直至撤销监事职务；构成犯罪的，依法追究刑事责任：

（一）对企业的重大违法违纪问题隐匿不报或者严重失职的；

（二）与企业串通编造虚假检查报告的；

（三）有违反本条例第二十一条、第二十二条所列行为的。

第二十五条 企业有下列行为之一的，对直接负责的主管人员和其他直接责任人员，依法给予纪律处分，直至撤销职务；构成犯罪的，依法追究刑事责任：

（一）拒绝、阻碍监事会依法履行职责的；

（二）拒绝、无故拖延向监事会提供财务状况和经营管理情况等有关资料的；

（三）隐匿、篡改、伪报重要情况和有关资料的；

（四）有阻碍监事会监督检查的其他行为的。

第二十六条 企业发现监事会成员有违反本条例第二十一条、第二十二条所列行为时，有权向监事会管理机构报告，也可以直接向国务院报告。

第二十七条 对国务院不派出监事会的国有企业，由省、自治区、直辖市人民政府参照本条例的规定，决定派出监事会。

第二十八条 国务院向国有重点金融机构派出的监事会，依照《国有重点金融机构监事会暂行条例》执行。

第二十九条 本条例自发布之日起施行。1994年7月24日国务院发布的《国有企业财产监督管理条例》同时废止。

中华人民共和国国务院

二〇〇〇年三月十五日

国有重点金融机构监事会暂行条例

第一条 为了健全国有重点金融机构监督机制，加强对国有重点金融机构的监督，根据《中华人民共和国商业银行法》、《中华人民共和国保险法》等有关法律的规定，制定本条例。

第二条 本条例所称国有重点金融机构，是指国务院派出监事会的国有政策性银行、商业银行、金融资产管理公司、证券公司、保险公司等（以下简称国有金融机构）。

国务院派出监事会的国有金融机构名单，由国有金融机构监事会管理机构（以下简称监事会管理机构）提出建议，报国务院决定。

第三条 国有金融机构监事会（以下简称监事会）由国务院派出，对国务院负责，代表国家对国有金融机构的资产质量及国有资产保值增值状况实施监督。

第四条 监事会的日常管理工作由监事会管理机构负责。

第五条 监事会以财务监督为核心，根据有关法律、行政法规和财政部的有关规定，对国有金融机构的财务活动及董事、行长（经理）等主要负责人的经营管理行为进行监督，确保国有资产及其权益不受侵犯。

监事会与国有金融机构是监督与被监督的关系，不参与、不干预国有金融机构的经营决策和经营管理活动。

第六条 监事会履行下列职责：

（一）检查国有金融机构贯彻执行国家有关金融、经济的法律、行政法规和规章制度的情况；

（二）检查国有金融机构的财务，查阅其财务会计资料及与其经营管理活动有关的其他资料，验证其财务报告、资金营运报告的真实性、合法性；

（三）检查国有金融机构的经营效益、利润分配、国有资产保值增值、资金营运等情况；

（四）检查国有金融机构的董事、行长（经理）等主要负责人的经营行为，并对其经营管理业绩进行评价，提出奖惩、任免建议。

第七条 监事会一般每年对国有金融机构定期检查两次，并可以根据实际需要不定期地对国有金融机构进行专项检查。

第八条 监事会开展监督检查，可以采取下列方式：

（一）听取国有金融机构主要负责人有关财务、资金状况和经营管理情况的汇报，在国有金融机构召开有关监督检查事项的会议；

（二）查阅国有金融机构的财务报告、会计凭证、会计账簿等财务会计资料以及与经营管理活动有关的其他资料；

（三）核查国有金融机构的财务、资金状况，向职工了解情况、听取意见，必要时要求国有金融机构主要负责人作出说明；

（四）向财政、工商、税务、审计、金融监管等有关部门调查了解国有金融机构的财务状况和经营管理情况。

监事会主席根据监督检查的需要，可以列席或者委派监事会其他成员列席国有金融机构董事会会议和其他有关会议。

第九条 监事会指导国有金融机构的内部审计、稽核、监察等内部监督部门的工作，国有金融机构内部监督部门应当协助监事会履行监督检查职责。

第十条 监事会每次对国有金融机构进行检查后，应当及时作出检查报告。

检查报告的内容包括：财务、资金分析以及经营管理评价；主要负责人的经营管理业绩评价以及奖惩、任免建议；存在问题的处理建议；国务院要求报告或者监事会认为需要报告的其他事项。

监事会不得向国有金融机构透露前款所列检查报告内容。

第十一条 检查报告经监事会成员审核，并征求有关部门意见后，由监事会主席签署，经监事会管理机构报国务院。

监事会成员对检查报告有原则性不同意见的，应当在检查报告中说明。

第十二条 监事会在监督检查中发现国有金融机构的经营行为有可能危及金融安全、造成国有资产流失或者侵害国有资产所有者权益以及监事会认为应当立即报告的其他紧急情况，应当及时向监事会管理机构提出专项报告，也可以直接向国务院报告。

第十三条 国有金融机构应当定期、如实向监事会报送财务报告、资金营运报告，并及时报告重大业务经营活动情况，不得拒绝、隐匿、伪报。

第十四条 监事会根据对国有金融机构进行监督检查的情况，可以建议国务院责成审计署和财政部、中国人民银行、中国证券监督管理委员会、中国保险监督管理委员会依据各自的职权依法对国有金融机构进行审计或者检查。

监事会应当加强同财政部、中国人民银行、中国证券监督管理委员会、中国保险监督管理委员会的联系，相互通报有关情况。

第十五条 监事会由主席一人、监事若干人组成。

监事分为专职监事与兼职监事：从有关部门和单位选任的监事，为专职；监事会中财政部和中国人民银行、中国证券监督管理委员会、中国保险监督管理委员会等派出代表担任的监事，监事会管理机构聘请的经过资格认证的专业会计公司的专家和国有金融机构工作人员的代表担任的监事，为兼职。

监事会可以聘请必要的工作人员。

第十六条 监事会主席人选按照规定程序确定，由国务院任命。监事会主席由副部级国家工作人员担任，为专职，年龄一般在60周岁以下。

专职监事由监事会管理机构任命。专职监事由司（局）、处级国家工作人员担任，年龄一般在55周岁以下。

监事会成员每届任期3年，其中监事会主席和专职监事、派出监事不得在同一国有金融机构监事会连任。

第十七条 监事会主席应当具有较高的政策水平，坚持原则，廉洁自持，熟悉金融工作或者经济工作。

监事会主席履行下列职责：

（一）召集、主持监事会会议；

（二）负责监事会的日常工作；

（三）审定、签署监事会的报告和其他主要文件；

（四）应当由监事会主席履行的其他职责。

第十八条 监事应当具备下列条件：

（一）熟悉并能贯彻执行国家有关金融、经济的法律、行政法规和规章制度；

（二）具有财务、金融、审计或者宏观经济等方面的专业知识，比较熟悉金融机构经营管理工作；

（三）坚持原则，廉洁自持，忠于职守；

（四）具有较强的综合分析和判断能力，并具备独立工作能力。

第十九条 监事会主席和专职监事、派出监事、专家监事实行回避原则，不得在其曾经工作过的或者其近亲属担任高级管理职务的国有金融机构的监事会中任职。

第二十条 监事会开展监督检查工作所需费用由国家财政拨付，由监事会管理机构统一列支。

第二十一条 监事会成员不得接受国有金融机构的任何馈赠，不得参加国有金融机构安排、组织或者支付费用的宴请、娱乐、旅游、出访等活动，不得在国有金融机构中为自己、亲友或者其他人谋取私利。

监事会主席和专职监事、派出监事、专家监事不得接受国有金融机构的任何报酬或者福利待遇，不得在国有金融机构报销任何费用。

第二十二条 监事会成员必须对检查报告内容保密，并不得泄露国有金融机构的商业秘密。

第二十三条 监事会成员在监督检查工作中成绩突出，为维护国家利益做出重要贡献的，给予奖励。

第二十四条 监事会成员有下列行为之一的，依法给予行政处分或者纪律处分；构成犯罪的，依法追究刑事责任：

（一）对国有金融机构的重大违法违纪问题隐匿不报或者严重失职的；

（二）与国有金融机构串通编造虚假报告的；

（三）有违反本条例第二十一条、第二十二条所列行为的。

第二十五条 国有金融机构有下列行为之一的，对直接负责的主管人员和其他直接责任人员依法给予纪律处分，直至撤销职务；构成犯罪的，依法追究刑事责任：

（一）拒绝、阻碍监事会依法履行职责的；

（二）拒绝、无故拖延向监事会提供财务状况和经营管理情况等有关资料的；

（三）隐匿、伪报有关资料的；

（四）有阻碍监事会监督检查的其他行为的。

第二十六条 国有金融机构发现监事会成员有违反本条例第二十一条、第二十二条所列行为时，有权向监事会管理机构报告，也可以直接向国务院报告。

第二十七条 本条例自发布之日起施行。1997年10月20日国务院批准、1997年11月12日中国人民银行发布的《国有独资商业银行监事会暂行规定》同时废止。

中华人民共和国国务院

二〇〇〇年三月十五日

企业财务会计报告条例

第一章　总　则

第一条 为了规范企业财务会计报告，保证财务会计报告的真实、完整，根据《中华人民共和国会计法》，制定本条例。

第二条 企业（包括公司，下同）编制和对外提供财务会计报告，应当遵守本条例。

本条例所称财务会计报告，是指企业对外提供的反映企业某一特定日期财务状况和某一会计期间经营成果、现金流量的文件。

第三条 企业不得编制和对外提供虚假的或者隐瞒重要事实的财务会计报告。企业负责人对本企业财务会计报告的真实性、完整性负责。

第四条 任何组织或者个人不得授意、指使、强令企业编制和对外提供虚假的或者隐瞒重要事实的财务会计报告。

第五条 注册会计师、会计师事务所审计企业财务会计报告，应当依照有关法律、行政法规以及注册会计师执业规则的规定进行，并对所出具的审计报告负责。

第二章 财务会计报告的构成

第六条 财务会计报告分为年度、半年度、季度和月度财务会计报告。

第七条 年度、半年度财务会计报告应当包括：

（一）会计报表；

（二）会计报表附注；

（三）财务情况说明书。

会计报表应当包括资产负债表、利润表、现金流量表及相关附表。

第八条 季度、月度财务会计报告通常仅指会计报表，会计报表至少应当包括资产负债表和利润表。国家统一的会计制度规定季度、月度财务会计报告需要编制会计报表附注的，从其规定。

第九条 资产负债表是反映企业在某一特定日期财务状况的报表。资产负债表应当按照资产、负债和所有者权益（或者股东权益，下同）分类分项列示。其中，资产、负债和所有者权益的定义及列示应当遵循下列规定：

（一）资产，是指过去的交易、事项形成并由企业拥有或者控制的资源，该资源预期会给企业带来经济利益。在资产负债表上，资产应当按照其流动性分类分项列示，包括流动资产、长期投资、固定资产、无形资产及其他资产。银行、保险公司和非银行金融机构的各项资产有特殊性的，按照其性质分类分项列示。

（二）负债，是指过去的交易、事项形成的现时义务，履行该义务预期会导致经济利益流出企业。在资产负债表上，负债应当按照其流动性分类分项列示，包括流动负债、长期负债等。银行、保险公司和非银行金融机构的各项负债有特殊性的，按照其性质分类分项列示。

（三）所有者权益，是指所有者在企业资产中享有的经济利益，其金额为资产减去负债后的余额。在资产负债表上，所有者权益应当按照实收资本（或者股本）、资本公积、盈余公积、未分配利润等项目分项列示。

第十条 利润表是反映企业在一定会计期间经营成果的报表。利润表应当按照各项收入、费用以及构成利润的各个项目分类分项列示。其中，收入、费用和利润的定义及列示应当遵循下列规定：

（一）收入，是指企业在销售商品、提供劳务及让渡资产使用权等日常活动中所形成的经济利益的总流入。收入不包括为第三方或者客户代收的款项。在利润表上，收入应当按照其重要性分项列示。

（二）费用，是指企业为销售商品、提供劳务等日常活动所发生的经济利益的流出。在利润表上，费用应当按照其性质分项列示。

（三）利润，是指企业在一定会计期间的经营成果。在利润表上，利润应当按照营业利润、利润总额和净利润等利润的构成分类分项列示。

第十一条 现金流量表是反映企业一定会计期间现金和现金等价物（以下简称现金）流入和流出的报表。现金流量表应当按照经营活动、投资活动和筹资活动的现金流量分类分项列示。其中，经营活动、投资活动和筹资活动的定义及列示应当遵循下列规定：

（一）经营活动，是指企业投资活动和筹资活动以外的所有交易和事项。在现金流量表上，经营活动的现金流量应当按照其经营活动的现金流入和流出的性质分项列示；银行、保险公司和非银行金融机构的经营活动按照其经营活动特点分项列示。

（二）投资活动，是指企业长期资产的购建和不包括在现金等价物范围内的投资及其处置活动。在现金流量表上，投资活动的现金流量应当按照其投资活动的现金流入和流出的性质分项列示。

（三）筹资活动，是指导致企业资本及债务规模和构成发生变化的活动。在现金流量表上，筹资活动的现金流量应当按照其筹资活动的现金流入和流出的性质分项列示。

第十二条 相关附表是反映企业财务状况、经营成果和现金流量的补充报表，主要包括利润分配表以及国家统一的会计制度规定的其他附表。

利润分配表是反映企业一定会计期间对实现净利润以及以前年度未分配利润的分配或者亏损弥补的报表。利润分配表应当按照利润分配各个项目分类分项列示。

第十三条 年度、半年度会计报表至少应当反映两个年度或者相关两个期间的比较数据。

第十四条 会计报表附注是为便于会计报表使用者理解会计报表的内容而对会计报表的编制基础、编制依据、编制原则和方法及主要项目等所作的解释。会计报表附注至少应当包括下列内容：

（一）不符合基本会计假设的说明；

（二）重要会计政策和会计估计及其变更情况、变更原因及其对财务状况和经营成果的影响；

（三）或有事项和资产负债表日后事项的说明；

（四）关联方关系及其交易的说明；

（五）重要资产转让及其出售情况；

（六）企业合并、分立；

（七）重大投资、融资活动；

（八）会计报表中重要项目的明细资料；

（九）有助于理解和分析会计报表需要说明的其他事项。

第十五条 财务情况说明书至少应当对下列情况作出说明：

（一）企业生产经营的基本情况；

（二）利润实现和分配情况；

（三）资金增减和周转情况；

（四）对企业财务状况、经营成果和现金流量有重大影响的其他事项。

第三章 财务会计报告的编制

第十六条 企业应当于年度终了编报年度财务会计报告。国家统一的会计制度规定企业应当编报半年度、季度和月度财务会计报告的，从其规定。

第十七条 企业编制财务会计报告，应当根据真实的交易、事项以及完整、准确的账簿记录等资料，并按照国家统一的会计制度规定的编制基础、编制依据、编制原则和方法。

企业不得违反本条例和国家统一的会计制度规定，随意改变财务会计报告的编制基础、编制依据、编制原则和方法。

任何组织或者个人不得授意、指使、强令企业违反本条例和国家统一的会计制度规定，改变财务会计报告的编制基础、编制依据、编制原则和方法。

第十八条 企业应当依照本条例和国家统一的会计制度规定，对会计报表中各项会计要素进行合理的确认和计量，不得随意改变会计要素的确认和计量标准。

第十九条 企业应当依照有关法律、行政法规和本条例规定的结账日进行结账，不得提前或者延迟。年度结账日为公历年度每年的12月31日；半年度、季度、月度结账日分别为公历年度每半年、每季、每月的最后一天。

第二十条 企业在编制年度财务会计报告前，应当按照下列规定，全面清查资产、核实债务：

（一）结算款项，包括应收款项、应付款项、应交税金等是否存在，与债务、债权单位的相应债务、债权金额是否一致；

（二）原材料、在产品、自制半成品、库存商品等各项存货的实存数量与账面数量是否一致，是否有报废损失和积压物资等；

（三）各项投资是否存在，投资收益是否按照国家统一的会计制度规定进行确认和计量；

（四）房屋建筑物、机器设备、运输工具等各项固定资产的实存数量与账面数量是否一致；

（五）在建工程的实际发生额与账面记录是否一致；

（六）需要清查、核实的其他内容。

企业通过前款规定的清查、核实，查明财产物资的实存数量与账面数量是否一致、各项结算款项的拖欠情况及其原因、材料物资的实际储备情况、各项投资是否达到预期目的、固定资产的使用情况及其完好程度等。企业清查、核实后，应当将清查、核实的结果及其处理办法向企业的董事会或者相应机构报告，并根据国家统一的会计制度的规定进行相应的会计处理。

企业应当在年度中间根据具体情况，对各项财产物资和结算款项进行重点抽查、轮流清查或者定期清查。

第二十一条 企业在编制财务会计报告前，除应当全面清查资产、核实债务外，还应当完成下列工作：

（一）核对各会计账簿记录与会计凭证的内容、金额等是否一致，记账方向是否相符；

（二）依照本条例规定的结账日进行结账，结出有关会计账簿的余额和发生额，并核对各会计账簿之间的余额；

（三）检查相关的会计核算是否按照国家统一的会计制度的规定进行；

（四）对于国家统一的会计制度没有规定统一核算方法的交易、事项，检查其是否按照会计核算的一般原则进行确认和计量以及相关账务处理是否合理；

（五）检查是否存在因会计差错、会计政策变更等原因需要调整前期或者本期相关项目。

在前款规定工作中发现问题的，应当按照国家统一的会计制度的规定进行处理。

第二十二条 企业编制年度和半年度财务会计报告时，对经查实后的资产、负债有变动的，应当按照资产、负债的确认和计量标准进行确认和计量，并按照国家统一的会计制度的规定进行相应的会计处理。

第二十三条 企业应当按照国家统一的会计制度规定的会计报表格式和内容，根据登记完整、核对无误的会计账簿记录和其他有关资料编制会计报表，做到内容完整、数字真实、计算准确，不得漏报或者任意取舍。

第二十四条 会计报表之间、会计报表各项目之间，凡有对应关系的数字，应当相互一致；会计报表中本期与上期的有关数字应当相互衔接。

第二十五条 会计报表附注和财务情况说明书应当按照本条例和国家统一的会计制度的规定，对会计报表中需要说明的事项作出真实、完整、清楚的说明。

第二十六条 企业发生合并、分立情形的，应当按照国家统一的会计制度的规定编制相应的财务会计报告。

第二十七条 企业终止营业的，应当在终止营业时按照编制年度财务会计报告的要求全面清查资产、核实债务、进行结账，并编制财务会计报告；在清算期间，应当按照国家统一的会计制度的规定编制清算期间的财务会计报告。

第二十八条 按照国家统一的会计制度的规定，需要编制合并会计报表的企业集团，母公司除编制其个别会计报表外，还应当编制企业集团的合并会计报表。

企业集团合并会计报表，是指反映企业集团整体财务状况、经营成果和现金流量的会计报表。

第四章 财务会计报告的对外提供

第二十九条 对外提供的财务会计报告反映的会计信息应当真实、完整。

第三十条 企业应当依照法律、行政法规和国家统一的会计制度有关财务会计报告提供期限的规定，及时对外提供财务会计报告。

第三十一条 企业对外提供的财务会计报告应当依次编定页数，加具封面，装订成册，加盖公章。封面上应当注明：企业名称、企业统一代码、组织形式、地址、报表所属年度或者月份、报出日期，并由企业负责人和主管会计工作的负责人、会计机构负责人（会计主管人员）签名并盖章；设置总会计师的企业，还应当由总会计师签名并盖章。

第三十二条 企业应当依照企业章程的规定，向投资者提供财务会计报告。

国务院派出监事会的国有重点大型企业、国有重点金融机构和省、自治区、直辖市人民政府派出监事会的国有企业，应当依法定期向监事会提供财务会计报告。

第三十三条 有关部门或者机构依照法律、行政法规或者国务院的规定，要求企业提供部分或者全部财务会计报告及其有关数据的，应当向企业出示依据，并不得要求企业改变财务会计报告有关数据的会计口径。

第三十四条 非依照法律、行政法规或者国务院的规定，任何组织或者个人不得要求企业提供部分或者全部财务会计报告及其有关数据。

违反本条例规定，要求企业提供部分或者全部财务会计报告及其有关数据的，企业有权拒绝。

第三十五条 国有企业、国有控股的或者占主导地位的企业，应当至少每年一次向本企业的职工代表大会公布财务会计报告，并重点说明下列事项：

（一）反映与职工利益密切相关的信息，包括：管理费用的构成情况，企业管理人员工资、福利和职工工资、福利费用的发放、使用和结余情况，公益金的提取及使用情况，利润分配的情况以及其他与职工利益相关的信息；

（二）内部审计发现的问题及纠正情况；

（三）注册会计师审计的情况；

（四）国家审计机关发现的问题及纠正情况；

（五）重大的投资、融资和资产处置决策及其原因的说明；

（六）需要说明的其他重要事项。

第三十六条 企业依照本条例规定向有关各方提供的财务会计报告，其编制基础、编制依据、编制原则和方法应当一致，不得提供编制基础、编制依据、编制原则和方法不同的财务会计报告。

第三十七条 财务会计报告须经注册会计师审计的，企业应当将注册会计师及其会计师事务所出具的审计报告随同财务会计报告一并对外提供。

第三十八条 接受企业财务会计报告的组织或者个人，在企业财务会计报告未正式对外披露前，应当对其内容保密。

第五章 法律责任

第三十九条 违反本条例规定，有下列行为之一的，由县级以上人民政府财政部门责令限期改正，对企业可以处3000元以上5万元以下的罚款；对直接负责的主管人员和其他直接责任人员，可以处2000元以上2万元以下的罚款；属于国家工作人员的，并依法给予行政处分或者纪律处分：

（一）随意改变会计要素的确认和计量标准的；

（二）随意改变财务会计报告的编制基础、编制依据、编制原则和方法的；

（三）提前或者延迟结账日结账的；

（四）在编制年度财务会计报告前，未按照本条例规定全面清查资产、核实债务的；

（五）拒绝财政部门和其他有关部门对财务会计报告依法进行的监督检查，或者不如实提供有关情况的。

会计人员有前款所列行为之一，情节严重的，由县级以上人民政府财政部门吊销会计从业资格证书。

第四十条 企业编制、对外提供虚假的或者隐瞒重要事实的财务会计报告，构成犯罪的，依法追究刑事责任。

有前款行为，尚不构成犯罪的，由县级以上人民政府财政部门予以通报，对企业可以处5000元以上10万元以下的罚款；对直接负责的主管人员和其他直接责任人员，可以处3000元以上5万元以下的罚款；属于国家工作人员的，并依法给予撤职直至开除的行政处分或者纪律处分；对其中的会计人员，情节严重的，并由县级以上人民政府财政部门吊销会计从业资格证书。

第四十一条 授意、指使、强令会计机构、会计人员及其他人员编制、对外提供虚假的或者隐瞒重要事实的财务会计报告，或者隐匿、故意销毁依法应当保存的财务会计报告，构成犯罪的，依法追究刑事责任；尚不构成犯罪的，可以处5000元以上5万元以下的罚款；属于国家工作人员的，并依法给予降级、撤职、开除的行政处分或者纪律处分。

第四十二条 违反本条例的规定，要求企业向其提供部分或者全部财务会计报告及其有关数据的，由县级以上人民政府责令改正。

第四十三条 违反本条例规定，同时违反其他法律、行政法规规定的，由有关部门在各自的职权范围内依法给予处罚。

第六章 附则

第四十四条 国务院财政部门可以根据本条例的规定，制定财务会计报告的具体编报办法。

第四十五条 不对外筹集资金、经营规模较小的企业编制和对外提供财务会计报告的办法，由国务院财政部门根据本条例的原则另行规定。

第四十六条 本条例自2001年1月1日起施行。

中华人民共和国国务院

二〇〇〇年六月二十一日

企业会计准则—或有事项

引 言

1.本准则规范或有事项的会计核算及相关信息的披露。

2.本准则不涉及债务重组、建造合同、所得税、保险合同、终止营业、租赁、企业重组、环境污染整治等项目引起并由其他会计准则规范的或有事项。

定 义

3.本准则使用的下列术语，其定义为：

（1）或有事项，指过去的交易或事项形成的一种状况，其结果须通过未来不确定事项的发生或不发生予以证实。

（2）负债，指过去的交易或事项形成的现时义务，履行该义务预期会导致经济利益流出企业。

（3）资产，指过去的交易或事项形成并由企业拥有或者控制的资源，该资源预期会给企业带来经济利益。

（4）或有负债，指过去的交易或事项形成的潜在义务，其存在须通过未来不确定事项的发生或不发生予以证实；或过去的交易或事项形成的现时义务，履行该义务不是很可能导致经济利益流出企业或该义务的金额不能可靠地计量。

（5）或有资产，指过去的交易或事项形成的潜在资产，其存在须通过未来不确定事项的发生或不发生予以证实。

或有事项的确认和计量

4. 如果与或有事项相关的义务同时符合以下条件，企业应将其确认为负债：

（1）该义务是企业承担的现时义务；

（2）该义务的履行很可能导致经济利益流出企业；

（3）该义务的金额能够可靠地计量。

5. 按本准则第4条确认的负债，其金额应是清偿该负债所需支出的最佳估计数。如果所需支出存在一个金额范围，则最佳估计数应按该范围的上、下限金额的平均数确定；如果所需支出不存在一个金额范围，则最佳估计数应按如下方法确定：

（1）或有事项涉及单个项目时，最佳估计数按最可能发生金额确定；

（2）或有事项涉及多个项目时，最佳估计数按各种可能发生额及其发生概率计算确定。

6. 如果清偿按本准则第4条确认的负债所需支出全部或部分预期由第三方或其他方补偿，则补偿金额只能在基本确定能收到时，作为资产单独确认。确认的补偿金额不应超过所确认负债的账面价值。

或有事项的披露

7. 企业不应确认或有负债和或有资产。

8. 按本准则第4条确认的负债，应在资产负债表中单列项目反映，并在会计报表附注中作相应披露；与所确认负债有关的费用或支出应在扣除确认的补偿金额后，在利润表中反映。

9. 企业应在会计报表附注中按本准则第10条披露如下或有负债：

（1）已贴现商业承兑汇票形成的或有负债；

（2）未决诉讼、仲裁形成的或有负债；

（3）为其他单位提供债务担保形成的或有负债；

（4）其他或有负债（不包括极小可能导致经济利益流出企业的或有负债）。

10. 对于应予披露的或有负债，企业应分类披露如下内容：

（1）或有负债形成的原因；

（2）或有负债预计产生的财务影响（如无法预计，应说明理由）；

（3）获得补偿的可能性。

11. 或有资产一般不应在会计报表附注中披露。但或有资产很可能会给企业带来经济利益时，则应在会计报表附注中披露其形成的原因；如果能够预计其产生的财务影响，还应作相应披露。

12. 在涉及未决诉讼、仲裁的情况下，如果按本准则第10条披露全部或部分信息预期会对企业造成重大不利影响，则企业无须披露这些信息，但应披露该未决诉讼、仲裁的形成原因。

附　则

13. 本准则由财政部负责解释。

14. 本准则自2000年7月1日起施行。

中华人民共和国财政部
二〇〇〇年四月二十七日

对个人储蓄存款利息所得征收个人所得税的实施办法

第一条　根据《中华人民共和国个人所得税法》第十二条的规定，制定本办法。

第二条　从中华人民共和国境内的储蓄机构取得人民币、外币储蓄存款利息所得的个人，应当依照本办法缴纳个人所得税。

第三条　对储蓄存款利息所得征收个人所得税的计税依据为纳税人取得的人民币、外币储蓄存款利息。

第四条　对储蓄存款利息所得征收个人所得税，适用百分之二十的比例税率。

第五条　对个人取得的教育储蓄存款利息所得以及国务院财政部门确定的其他专项储蓄存款或者储蓄性专项基金存款的利息所得，免征个人所得税。

前款所称教育储蓄是指个人按照国家有关规定在指定银行开户、存入规定数额资金、用于教育目的的专项储蓄。

第六条　对储蓄存款利息所得，按照每次取得的利息所得额计征个人所得税。

第七条　对储蓄存款利息所得征收个人所得税，以结付利息的储蓄机构为扣缴义务人，实行代扣代缴。

第八条　扣缴义务人在向储户支付利息或者办理储蓄存款自动转存业务时，依法代扣代缴税款。

扣缴义务人代扣税款，应当在给储户的利息结付单上注明。

第九条　扣缴义务人每月所扣的税款，应当在次月7日内缴入中央国库，并向当地主管税务机关报送代扣代缴税款报告表；所扣税款为外币的，应当按照缴款上一月最后一日中国人民银行公布的人民币基准汇价折算成人民币，以人民币缴入中央国库。

第十条　对扣缴义务人按照所扣缴的税款，付给百分之二的手续费。

第十一条　税务机关应当加强对扣缴义务人代扣代缴税款情况的监督和检查，扣缴义务人应当积极予以配合，如实反映情况，提供有关资料，不得拒绝、隐瞒。

第十二条　对储蓄存款利息所得征收的个人所得税，由国家税务局依照《中华人民共和国税收征收管理法》、《中华人民共和国个人所得税法》及本办法的规定负责征收管理。

第十三条　本办法所称储蓄机构，是指经中国人民银行及其分支机构批准的商业银行、城市信用合作社和农村信用合作社办理储蓄业务的机构以及邮政企业依法办理储蓄业务的机构。

第十四条　储蓄存款在1999年10月31日前孳生的利息所得，不征收个人所得税；储蓄存款在1999年11月1日后孳生的利息所得，应当依照本办法征收个人所得税。

第十五条　本办法自1999年11月1日起施行。

中华人民共和国国务院
一九九九年九月三十日

储蓄存款利息所得个人所得税征收管理办法

第一条　根据《中华人民共和国个人所得税法》、《中华人民共和国税收征收管理法》和国务院关于《对个人储蓄存款利息所得征收个人所得税的实施办法》（以下简称《实施办法》）的有关规定，特制定本办法。

第二条　储蓄存款利息所得个人所得税以取得储蓄存款利息所得的个人为纳税义务人，以办理结付个人储蓄存款利息的储蓄机构为扣缴义务人。扣缴义务人区分不同情况具体规定如下：

一、内资商业银行以支行或相当于支行的储蓄机构为扣缴义务人。经各省、自治区、直辖市和计划单列市国家税务局批准，扣缴义务人所扣税款可由其上一级机构汇总向其所在地主管税务机关申报缴纳。

二、城市信用社和农村信用社以独立核算的法人单位为扣缴义务人。

三、外资银行以设在中国境内的分行为扣缴义务人。

四、邮政储蓄机构以县级邮政局为扣缴义务人。

根据上述规定难以认定扣缴义务人的，由省、自治区、直辖市和计划单列市国家税务局依据便于扣缴义务人操作和税务机关征收管理、有利于明确扣缴义务人法律责任的原则进行认定。

第三条 凡办理个人储蓄业务的储蓄机构，在向个人结付储蓄存款利息时，应依法代扣代缴其应缴纳的个人所得税税款。

前款所称结付储蓄存款利息，是指向个人储户支付利息、结息日和办理存款自动转存业务时结息。

第四条 扣缴义务人应指定财务会计部门或其他有关部门的专门人员，具体负责扣缴税款的纳税申报及有关事宜。人员发生变动时，应将名单及时报告主管税务机关。

第五条 扣缴义务人在代扣税款时，应当在给储户的利息清单上注明已扣税款的数额。注明已扣税款的利息清单视同完税证明，除另有规定者外，不再开具代扣代收税款凭证。

第六条 扣缴义务人应扣未扣税款的，由扣缴义务人缴纳应扣未扣税款以及相应的滞纳金。其应纳税款按下列公式计算：

应纳税所得额＝结付的利息额÷(1－税率)

应纳税额＝应纳税所得额×适用税率

第七条 扣缴义务人每月所扣的税款，应当在次月7日内缴入中央金库，并向主管税务机关报送《储蓄存款利息所得扣缴个人所得税报告表》和主管税务机关要求报送的其他有关资料；所扣税款为外币的，应当按照缴款上一月最后一日中国人民银行公布的人民币基准汇价折算成人民币，以人民币缴入国库。

第八条 现有储蓄机构，符合本办法第二条规定的，应于《实施办法》公布后至11月1日前到当地主管税务机关办理扣缴税款登记；11月1日后成立的储蓄机构，凡符合本办法第二条规定的，应自中国人民银行批准开业之日起30日内，到当地主管税务机关办理扣缴税款登记。

第九条 税务机关应依法对扣缴义务人的代扣代缴税款情况进行检查，扣缴义务人必须如实反映有关情况，提供有关资料，不得拒绝或隐瞒。

税务机关在依法检查中了解的情况，应依照《中华人民共和国商业银行法》的有关规定，为储户保密。

第十条 主管税务机关应对扣缴义务人登记建档，建立收入统计台账，及时对征收情况进行总结、分析和预测。

第十一条 其他征管事项，依照《中华人民共和国个人所得税法》及其实施条例、《中华人民共和国税收征收管理法》及其实施细则和《个人所得税代扣代缴暂行办法》的有关规定执行。

第十二条 各省、自治区、直辖市国家税务局可以根据本办法规定的原则，结合本地实际，制定具体实施办法，并报国家税务总局备案。

第十三条 本办法由国家税务总局负责解释。

第十四条 本办法自发布之日起执行。

国家税务总局

一九九九年十月八日

外币清算业务操作细则

第一条 为加强外币清算资金管理、防范风险，根据中国人民银行、国家外汇管理局下发的银发[1999]240号文《关于规范外币清算业务的通知》，特制订本细则。

第二条 各地外币清算业务由国家外汇管理局各分局(以下简称分局)负责管理、组织和实施。

第三条 各分局提供的外币清算服务包括同城外币票据清算和异地外币清算两种方式。

第四条 外币清算业务的内容包括：

会员之间的外币资金头寸调拨清算；

会员的外币清算资金管理；

外币清算业务的统计监测；

经国家外汇管理局批准的其他业务事项。

第五条 分局为外币清算业务提供固定的场所，采取集中交换的方式，国家法定节假日不开场。

第六条 外币清算业务实行会员制，经批准从事外汇业务的金融机构(含经营外币信用卡的网络机构)须向当地分局提出申请并经批准后方可成为外币清算会员，并由分局统一印发清算会员编号。

第七条 经批准从事外汇业务的金融机构(含经营外币信用卡的网络机构)在向当地分局提出申请成为外币清算会员时，须提供：

申请书；

经营外汇业务许可证；

部门及主管人员的预留印鉴；

会员对清算人员的授权书。

第八条 外币清算业务遵循"风险自担"的原则。参与外币清算业务的会员须缴纳一定金额的保证金，由分局设立专户存放；缴纳金额按上年度月平均清算金额的0.5%－2%计收，但不得低于5万美元。分局定期对各会员的清算信用状况进行评估考核，并依据考核结果和上年清算业务量情况每年调整一次会员的清算保证金缴纳额。

第九条 清算保证金所有权属会员，但使用时须经分局同意并只可用于清算头寸的临时性弥补。

第十条 外币清算业务系代收代付性质，分局原则上不垫付资金头寸。会员在票据交换后清算帐户上的余额不足支付时，可采取下列方式弥补：

于当日下午三点前将资金从境内或境外调入补足头寸。

若头寸未能及时调入，将从会员的清算保证金中先行支付，如保证金仍不足支付时，分局应对不足部分进行退票处理，后果由会员自负。会员须在下一个工作日之前将清算保证金补足，在清算保证金补足前，已动用的保证金不予计息，同时分局停止接受其提出票据。

第十一条 会员帐户最终出现不足支付时，将按LIBOR＋4%予以罚息，并须于下一个工作日之前补足头寸。在会员的帐户资金补足前，分局有权停止接受其提出票据。

第十二条 会员当日通过电汇证实书划入的金额不得用支取凭条划出，除非此金额已事先入帐。如会员银行在提供电汇证实书后，资金实际到达我境外帐户的日期迟于应到帐起息日，则参照同业赔付规则向其计收倒起息。若当日会员在存款帐户上出现头寸不足，不足部分以LIBOR＋4%计收罚息。

第十三条 外币清算项下境外资金起息时间按照国际惯例执行。

第十四条 分局每月向会员发送对帐单，会员须在5个工作日内反馈经确认的对帐情况。

第十五条 分局对各会员的帐户资金每半年按总局规定的利率计付一次利息。

第十六条 会员退出清算时，须提前一个月通知分局。分局在帐务核对无误后将全额退还该会员包括清算保证金在内的外币清算资金。

第十七条 本细则其他未尽事项按照中国人民银行和国家外汇管理局银发[1999]240号文的有关规定执行。

国家外汇管理局

二〇〇〇年一月三日

保险公司管理规定

目　录

第一章　总　则

第一条 为加强对保险公司的监督管理，维护保险市场的正常秩序，保护被保险人的合法权益，促进保险事业健康发展，根据《中华人民共和国保险法》(以下简称《保险法》)、《中华人民共和国公司法》(以下简称《公司法》)等法律、法规，制定本规定。

第二条 中国保险监督管理委员会(以下简称中国保监会)是全国商业保险的主管部门,根据国务院授权,依法对保险公司履行监管职责。

第三条 保险公司依法开展保险业务活动,不受各级政府部门、社会团体和个人的干预。

第四条 本规定所称保险公司是指经保险监管部门批准设立,并依法登记注册的各类商业保险公司。

本规定所称保险公司的分支机构是指保险公司申请设立,依法经营保险业务的分公司、支公司、营业部。除经中国保监会批准外,保险公司的分支机构不得为其他形式。

本规定所称保险机构是指保险公司及其分支机构。

第二章 保险机构

第五条 设立保险公司或保险公司设立分支机构必须经中国保监会批准。

非经中国保监会批准,任何单位、个人不得在中华人民共和国境内经营或变相经营商业保险业务。

第六条 设立保险公司应符合下列原则:

(一)遵守保险法律、法规和行政规章;

(二)有利于我国保险市场和金融体系的稳定;

(三)保险与银行、证券分业经营;财产保险业务与人身保险业务分业经营;

(四)合理布局、公平竞争。

第七条 申请设立保险公司应具备以下条件:

(一)在全国范围内经营保险业务的保险公司,实收货币资本金不低于人民币五亿元;在特定区域内经营业务的保险公司,实收货币资本金不低于人民币二亿元;

(二)保险公司的高级管理人员必须符合中国保监会规定的任职资格;

(三)经营寿险业务的全国性保险公司,至少要有三名经中国保监会认可的精算人员;经营寿险业务的区域性保险公司,至少要有一名经中国保监会认可的精算人员;

(四)具有与其业务规模和人员数量相适应的营业场所、办公设备;

(五)保险股份有限公司的股东应为企业法人或国家允许投资的其他组织;股东资格应符合中国保监会的有关规定;

(六)中国保监会要求具备的其他条件。

第八条 申请筹建保险公司应报送下列文件一式三份:

(一)筹建申请报告;

(二)可行性报告;

(三)筹建方案;

(四)投资人股份认购意向书及其背景资料,包括机构性质、组织形式、成立时间、审批部门、法定代表人、注册资本;

(五)筹建负责人和拟担任保险公司董事长、总经理的简历及本人认可证明;

(六)中国保监会要求提交的其他材料。

第九条 中国保监会自收到筹建保险公司申请文件之日起,六个月内作出批准或不批准的决定;逾期未答复的,视为不批准。

申请未获批准的,申请人一年内不得再次提出同样的申请。

第十条 经中国保监会批准筹建保险公司的,应在六个月内完成筹建工作;逾期未完成筹建工作的,原批准筹建文件自动失效。经筹建人申请,中国保监会批准,筹建期可延长六个月。

筹建机构在筹建期间不得从事任何保险业务经营活动。

第十一条 筹建完成后,保险公司可以提出开业申请,并向中国保监会提交下列文件一式三份:

(一)开业申请报告;

(二)中国保监会认可的验资机构出具的验资证明,资本金入账原始凭证复印件;

(三)拟任公司高级管理人员简历、公司部门设置及人员基本构成情况;

(四)营业场地所有权或使用权的证明文件;

(五)公司章程(草案);

(六)三年经营规划和分保方案;

(七)拟经营险种的保险条款和保险费率;

(八)计算机设备、软件配置情况的报告;

(九)中国保监会要求提交的其他材料。

第十二条 保险公司可以根据业务发展需要申请设立分支机构。分支机构应采取分公司、(中心)支公司、营业部的形式。

保险公司总公司营业总部负责管辖总公司所在城市的支公司、营业部、总公司所在地不再设立分公司。

第十三条 保险公司以本规定第七条第(一)项规定的最低资本金额设立的,全国性公司可以申请设立三家分公司,区域性公司可以申请设立两家分公司;此外,每申请增设一家分公司或省级以上分支机构,应当增加资本金至少人民币五千万元。

申请增设分支机构时,保险公司资本金额已达到前款规定的要求的,可不再增加相应的资本金。

全国性保险公司资本金达到人民币十五亿元,区域性保险公司资本金达到人民币五亿元,在偿付能力充足的情况下,增设分支机构可不再增加资本金。

第十四条 保险公司设立分支机构由其总公司统一向中国保监会提出申请。

第十五条 保险公司申请设立分支机构,应具备以下条件:

(一)有利于当地保险市场发展;

(二)总公司开业一年以上,且资本金符合本规定第十三条的要求;

(三)内控制度健全、机构运转正常、偿付能力充足;

(四)最近二年无严重违法、违规行为,拟设分支机构的上级机构年检合格;

(五)具有符合中国保监会规定任职资格的分支机构高级管理人员;

(六)上次批设的分支机构筹建成功,运转正常;

(七)中国保监会要求具备的其他条件。

第十六条 保险公司申请设立分支机构,应提交正式申请报告。申请报告内容包括:业务经营范围、三年业务发展规划和市场分析、筹建负责人、计算机设备方案及拟订的办公地点等。

第十七条 中国保监会根据市场发展需要并结合保险公司保费收入规模、偿付能力、经营效益、经营管理水平、内控制度建设、已有分支机构的分布和数量等情况对保险公司申请设立分支机构予以审批。

第十八条 中国保监会收到设立分支机构的申请后,三个月内作出批准或不批准的决定;逾期未答复的,视为不批准。

申请未被批准的,保险公司六个月内不得再次提出同样内容的申请。

申请被批准后,保险公司应当进行分支机构的筹建。筹建期一般不超过六个月;逾期未完成筹建工作的,原批准文件自动失效。经保险公司申请,中国保监会批准,筹建期可延长三个月。

第十九条 分支机构筹建工作完成后,保险公司应向中国保监会提交开业申请报告,申请领取《经营保险业务许可证》。

开业申请报告应包括:筹建工作完成情况,业务经营范围,机构负责人,办公场所及有关证明,计算机设备配置情况,内部机构设置及从业人员情况等。

第二十条 保险公司下列事项变更应报中国保监会批准:

(一)修改章程;

(二)变更地址;

(三)增加或减少注册资本金;

(四)股权转让;

(五)改变组织形式;

(六)调整业务范围;

(七)变更公司名称;

(八)分立、合并;

(九)中国保监会认为须报经批准的其他变更事项。

第二十一条 保险股份有限公司单个股东(包括其关联公司或以其他人名义)持有保险公司股份总额超过保险公司资本金百分之十的,须经中国保监会批准。

第二十二条 保险公司的董事会决议,应自董事会结束之日起十五日内报中国保监会备案。

第二十三条 保险公司分支机构下列变更事项应报中国保监会批准:

(一)机构的撤销、合并;

(二)变更机构名称;

(三)调整业务范围;

(四)变更营业地址;

(五)中国保监会认为须报经批准的其他变更事项。

第二十四条 保险机构高级管理人员的任职资格审查与管理,按照中国保监会颁布的有关规定执行。

第二十五条 保险公司应当设立专门的客户服务机构或咨询投诉部门,公开投诉电话。

第二十六条 保险股份有限公司向社会公开发行新股，应当遵守《公司法》及国家证券监管的有关规定，但有下列情形之一的，不得向社会公开发行新股：

（一）公司最近三年有重大违法、违规经营行为；

（二）公司前一次发行股份未募足，且未满二年。

发行的新股由原股东全部认购、以利润转增新股或以公积金派送新股，不受前款规定的限制。

第二十七条 保险许可证是保险机构经营保险业务的法定证明文件。保险许可证分为《保险机构法人许可证》和《经营保险业务许可证》，《保险机构法人许可证》是保险公司依法经营保险业务的证明文件，《经营保险业务许可证》是保险公司分支机构依法经营保险业务的证明文件。

第二十八条 经批准设立的保险公司，由中国保监会颁发《保险机构法人许可证》；经批准设立的保险公司分支机构，由中国保监会颁发《经营保险业务许可证》。保险公司、保险公司分支机构应持批准文件及许可证，向工商行政管理部门办理登记注册手续，领取营业执照后始得营业。

保险机构经批准办理有关变更事项，须持有关批文和许可证正、副本原件到中国保监会更换其许可证。

第二十九条 中国保监会依法统一设计、印制、颁发、扣缴、注销或吊销保险许可证。其他任何单位和个人均不得设计、印制、发放、收缴、扣押保险许可证。

第三十条 保险公司及其分支机构应将保险许可证正本放置营业场所显著位置，并妥善保管许可证副本，以备查验。

第三十一条 保险许可证每三年更换一次。如有丢失，应于发现之日起十五日内在中国保监会指定的报纸上声明作废，并书面说明情况向原发证机关重新申领。

第三十二条 保险机构不得伪造、涂改、出租、转借、转让、出卖保险许可证。

第三十三条 中国保监会对领取或更换保险许可证的保险机构，按规定收取费用。

第三十四条 保险公司在境外设立独资、合资公司或分支机构，应当报经中国保监会批准。

第三十五条 保险公司撤销本规定第三十四条规定的境外机构，应当报经中国保监会批准；保险公司境外机构被境外监管当局吊销营业许可证或被宣告破产，应当及时报中国保监会备案。

第三十六条 经中国保监会批准，保险公司可以设立代表处。代表处负责办理保险公司有关事项的咨询、联络、协调，但不得从事保险业务经营活动。

保险公司在境外设立代表处，须经中国保监会批准。

第三十七条 保险公司依法解散、被依法撤销或被依法宣告破产的，清算组应当自成立之日起十日内通知债权人，并在中国保监会指定的报纸上至少公告三次。

第三十八条 保险公司根据章程或股东会决议解散，应当向中国保监会提出申请，并报送下列文件一式三份：

（一）解散申请报告；

（二）股东会决议；

（三）清算程序；

（四）债权债务安排方案；

（五）清算组组织及其负责人；

（六）资产分配计划；

（七）中国保监会要求提交的其他文件。

第三十九条 保险公司依法解散或被依法撤销的，应当立即停止接受新业务，依法上缴保险许可证。

第四十条 保险公司依法解散或被依法撤销的，应当成立清算组。清算组应当委托中国保监会认可的会计师事务所、精算师事务所、律师事务所，对公司债权债务和资产进行评估。

中国保监会可以监督、指导清算工作。

第四十一条 保险公司依法解散或被依法撤销的，其资产处分应当采取公开拍卖或招标的方式；协议转让的，应当报中国保监会备案。

第四十二条 保险公司依法解散或被宣告破产，保险合同转让方案应当报中国保监会批准。

保险合同根据前款规定转让的，对长期人身保险条款的预定利率，中国保监会可以进行调整。

第四十三条 保险公司依法解散，在保险合同责任清算完毕之前，公司股东不得分配公司资产，或从公司取得任何利益。

第四十四条 保险公司依法解散，在清算中发现已资不抵债的，应提出破产申请，其财产清算与债权债务处理，按照保险公司破产程序进行，法律、法规或行政规章另有规定的除外。

第三章　保险经营

第四十五条 经中国保监会批准，财产保险公司可以经营下列全部或部分业务：

（一）企业财产损失保险；

（二）家庭财产损失保险；

（三）建筑工程保险；

（四）安装工程保险；

（五）货物运输保险；

（六）机动车辆保险；

（七）船舶保险；

（八）飞机保险；

（九）航天保险；

（十）核电站保险；

（十一）能源保险；

（十二）法定责任保险；

（十三）一般责任保险；

（十四）保证保险；

（十五）信用保险；

（十六）种植业保险；

（十七）养殖业保险；

（十八）经中国保监会批准的其他财产保险业务；

（十九）上述保险业务的再保险业务。

第四十六条 经中国保监会批准，人身保险公司可以经营下列全部或部分业务：

（一）个人意外伤害保险；

（二）个人定期死亡保险；

（三）个人两全寿险；

（四）个人终身寿险；

（五）个人年金保险；

（六）个人短期健康保险；

（七）个人长期健康保险；

（八）团体意外伤害保险；

（九）团体定期寿险；

（十）团体终身保险；

（十一）团体年金保险；

（十二）团体短期健康保险；

（十三）团体长期健康保险；

（十四）经中国保监会批准的其他人身保险业务；

（十五）上述保险业务的再保险业务。

第四十七条 经中国保监会批准，再保险公司可以经营下列全部或部分业务：

（一）接受财产保险公司的再保险分出业务；

（二）接受人身保险公司的再保险分出业务；

（三）经中国保监会批准接受境内保险公司的法定分保业务；

（四）办理转分保业务；

（五）经营国际再保险业务。

第四十八条 保险公司申请增加业务经营范围的，其资本金、经营年限、经营业绩等应符合中国保监会的有关要求。

第四十九条 经中国保监会和国家外汇管理部门批准，保险公司可以经营外汇业务的，其范围仅限于总公司。保险公司分支机构如需经营外汇业务，应当另行报批。

第五十条 经中国保监会批准，保险公司分支机构可以经营其总公司业务范围内的全部或部分保险业务。

第五十一条 保险机构应当在保险许可证规定的区域范围内经营保险业务。

保险公司在大中城市开展业务，应当设立相应的分支机构。

第五十二条 两家或两家以上保险公司参与大型工程、卫星等特殊风险对同一保险标的共保，或其中至少一家保险公司已取得保险标的所在地经营保险业务许可的共保，可以不受经营区域范围限制。

第五十三条 对符合下列条件之一的大型工商企业或大型工程项目，保险公司可以异地承保：

（一）该企业或工程的各项财产保险的保险金额总和超过人民币五亿元。

（二）前项所列保险的保险费收入总和超过人民币一百万元。

第五十四条 符合下列条件之一的，保险公司可以以统括保单的形式承保异地业务：

(一)对国家重点工程建设项目,投资单位法人所在地的保险机构,可以采用统括保单形式,承保有关异地保险业务。

(二)投保人的法人机构和主要保险标的(保险金额的百分之五十以上)所在地在保险机构经营区域范围内,但部分项目或不独立核算的部分业务在异地的,该保险机构可以在承保当地业务时,以统括保单形式一并承保上述异地业务。

第五十五条 投保人可以自愿选择保险公司投保。保险公司不得以任何方式强制或变相强制投保人投保,法律、法规另有规定的除外。

第五十六条 保险公司不得委托未经中国保监会认可的保险代理人为其展业;不得接受未经中国保监会认可的保险经纪人介绍的保险业务;不得向任何非法中介机构支付保险手续费、保险佣金或类似的费用。

第五十七条 保险公司不得以排挤竞争对手为目的,非正常降低保险费率或扩大保险责任范围开展保险业务,进行恶性价格竞争。

第五十八条 保险公司不得伪造、散布虚假事实,损害其他保险公司的信誉、声誉。

保险公司不得利用中国保监会、其他政府部门或法院的判决、处罚决定,攻击竞争对手,牟取商业利益。

第五十九条 保险公司不得以抢占市场为目的,劝诱投保人或被保险人解除与其他保险人的保险合同。

第六十条 保险公司不得利用政府部门、其他国家权力机关、垄断性行业、部门或企业,非法排挤、阻碍其他保险公司正常开展保险业务活动。

第六十一条 保险公司及其职员不得向投保人、被保险人、受益人提供保险费回扣或违法、违规的其他利益;也不得超范围、超标准向保险代理人支付佣金或手续费。

第六十二条 保险公司的保险业务宣传资料应当全面、客观、完整、真实。保险公司不得利用广告宣传或其他方式,对其保险条款内容、服务质量等作引人误解的虚假宣传。

第六十三条 保险公司的保险业务宣传资料应当载有保险公司的名称、咨询投诉电话及地址。

保险公司的保险业务宣传资料不得预测公司的盈利或红利以及保单分红、利差返还等不确定的保单利益;对保险产品的宣传不得夸大或变相夸大保险责任。

第六十四条 保险公司对保险合同中的除外责任条款,退保、退费条款应当采取合理的方式特别提示。

保险公司不得将其保险条款、保险费率与其他保险公司或金融机构的类似保险条款、保险费率或利率进行部分或片面的比较。

第六十五条 保险公司应当对其保险代理人的展业行为进行监督管理,发现保险代理人有违法、违规行为,应立即予以制止或纠正。

第六十六条 保险公司的关联交易应当报中国保监会批准。

前款规定的关联交易是指:

(一)关联公司之间的保险、再保险业务;

(二)关联公司之间的资产管理、担保和代理业务;

(三)关联公司之间的固定资产买卖或债权债务转移。

保险公司董事长、总经理本人或其直系亲属任职的其他法人机构与保险公司进行交易应报中国保监会备案。

第四章　保险条款和保险费率

第六十七条 《保险法》第一百零六条规定的"商业保险的主要险种"的范围由中国保监会认定。中国保监会可以根据市场情况对主要险种范围进行调整。

中国保监会制定和修订主要险种的基本保险条款和保险费率;中国保监会可以委托保险行业协会或保险公司拟订主要险种的基本保险条款和保险费率。

第六十八条 保险公司拟订的其他险种的保险条款和保险费率,应由总公司报中国保监会备案。中国保监会对报备的条款和费率自收到备案申请文件之日起三十日内未提出异议的,保险公司可以使用该条款、费率。

未经总公司授权,保险公司分支机构不得自行拟订保险条款和保险费率。

第六十九条 保险公司报备的保险条款和保险费率有下列情形之一的,中国保监会可以要求保险公司对其进行修改,也可以要求保险公司停止使用:

(一)违反法律、法规或行政规章的禁止性规定;

(二)违反国家有关财政政策;

(三)损害社会公共利益;

(四)内容显失公平或价格垄断,侵害投保人、被保险人或受益人的合法权益;

(五)保险费率低于成本价格构成不正当竞争;

(六)条款设计或厘定费率、预订利率不当,可能危及保险公司偿付能力;

(七)中国保监会认定的其他事由。

第七十条 中国保监会可以颁布财产保险或人身保险条款范本。

第七十一条 人身保险公司拟订的长期人身保险条款保单预定利率不得高于中国保监会制定的相关标准。

人身保险公司使用的生命表应当经过中国保监会批准。

第七十二条 保险公司对同一险种应当执行统一的保险条款。

保险公司根据各地实际情况,可以制订当地保险费率,报经中国保监会批准后执行。中国保监会也可以根据实际情况,规定标准保险费率或保险费率浮动的幅度。

第七十三条 保险公司申报、修改或调整备案的财产保险条款和保险费率时,应提交下列文件:

(一)保险条款和保险费率备案文本一式三份;

(二)保险产品的市场预测,保险标的最近三年的损失率、预定保险赔付率、预定各项管理费用及预定利润率;

(三)保险费率的计算公式及确定依据;

(四)该险种的业务宣传材料;

(五)中国保监会要求申报的其他材料。

第七十四条 保险公司申报、修改或调整备案的人身保险条款和保险费率时,应提交下列文件:

(一)保险条款和保险费率备案文本一式三份;

(二)保险产品的市场预测,预定利息率、预定费用率及使用的生命表;

(三)保险费率、保险责任准备金、保单现金价值的计算公式及方法;

(四)该险种的业务宣传材料;

(五)中国保监会要求申报的其他材料。

第五章　保险资金管理及运用

第七十五条 保险公司应当依法提取保证金。

经中国保监会批准,保险公司可以以中国保监会认可的有价证券缴存保证金。

第七十六条 保险公司提存的各项保险责任准备金必须真实、充足。

第七十七条 保险公司应当按照已经提出的保险赔偿或者给付金额提取未决赔款准备金;对已经发生保险事故但尚未提出的保险赔偿或者给付应当提取已发生未报告赔款准备金,其提取金额按不超过当年实际赔款支出额的百分之四计提。

第七十八条 保险公司的公积金用于弥补公司亏损,或者转为增加公司资本金。

保险公司经股东会决议将公积金转为资本金时,按股东原有股份比例派送新股或增加每股面值。但法定公积金转为资本金时,所留存的该公积金不得少于注册资本金的百分之二十五。

第七十九条 除经中国保监会批准,保险公司的资本金、公积金、各项保险责任准备金,应当在中国境内运用。

第八十条 保险资金运用限于:

(一)银行存款;

(二)买卖政府债券;

(三)买卖金融债券;

(四)买卖中国保监会指定的中央企业债券;

(五)国务院规定的其他资金运用方式。

保险公司的资金运用应当遵守法律、法规以及中国保监会的有关规定。

第六章　保险公司偿付能力

第八十一条 保险公司应具有与其业务规模相适应的最低偿付能力。

第八十二条 保险公司的实际偿付能力为其会计年度末实际资产价值减去实际负债的差额。

前款所指的实际资产种类及其认可比率由中国保监会规定,实际资产价值为各项认可资产认可价值之和。

第八十三条 财产保险、短期人身保险业务的最低偿付能力额度为下述两项中较大的一项:

(一)本会计年度自留保费减保费税收后人民币一亿元以下部分的百分之十八和一亿元以上部分的百分之十六。

（二）最近三年年平均赔付金额人民币七千万元以下部分的百分之二十六和七千万元以上部分的百分之二十三。

对于经营期间不满三年的保险公司，采用第（一）项规定的标准。

第八十四条 长期人身保险业务的最低偿付能力额度为下述两项之和：

（一）一般寿险业务会计年度末寿险责任准备金的百分之四和投资连结类业务会计年度末寿险责任准备金的百分之一。

（二）保险期间小于三年的定期死亡保险风险保额的百分之零点一，保险期间为三年到五年的定期死亡保险风险保额的百分之零点一五，保险期间超过五年的定期死亡保险和其他险种风险保额的百分之零点三。

在统计中未对定期死亡保险区分保险期间的，统一按风险保额的百分之零点三计算。

第八十五条 保险公司实际偿付能力低于本规定标准的，按下列方式处理：

（一）实际偿付能力额度低于最低偿付能力额度的，保险公司应当采取有效措施，使其偿付能力达到最低偿付能力标准，并向中国保监会作出说明。

（二）实际偿付能力额度低于最低偿付能力额度的百分之五十的，或实际偿付能力额度连续三年低于最低偿付能力额度的，中国保监会可将该公司列为重点监督检查对象。

保险公司被列为重点监督检查对象期间，不得申请设立分支机构或支付任何红利；分红，中国保监会可以责令其采取办理再保险、业务转让、停止接受新业务、增资扩股、调整资产结构等方式改善其偿付能力状况。

（三）实际偿付能力额度低于最低偿付能力额度的百分之三十的，或被列为重点监督检查对象的保险公司财务状况继续恶化，可能或已经危及被保险人和社会公众利益的，中国保监会可以对该保险公司实行接管。

第七章 再保险

第八十六条 除人寿保险业务外，保险公司必须将其承保的每笔保险业务的百分之二十向中国保监会指定的再保险公司办理法定分保。

第八十七条 保险公司应于每年十一月一日以前将下一年度的分保方案报中国保监会批准；分保方案如需调整，也须报经中国保监会批准。

保险公司的分保方案应包括合同分保、用汇计划、保费自留额及临分方案等内容。

第八十八条 保险公司需要办理再保险分出业务的，应优先向中华人民共和国境内的保险公司办理；但国外保险公司分保条件明显优惠的，可向境外保险公司办理。

在同等条件下，再保险分入公司应优先接受境内保险公司的分出业务；再保险分入公司接受的再保险业务需要办理转分保时，应优先向境内的保险公司办理。

第八十九条 关联保险公司之间进行的再保险分出或分入业务应当报中国保监会批准。

第八章 监督检查

第九十条 中国保监会对保险业的监督管理遵循市场行为监管与偿付能力监管并重的原则。

保险公司应当依法接受中国保监会的监督检查。

第九十一条 中国保监会对保险机构的监督检查采取现场监管与非现场监管相结合的方式。

第九十二条 中国保监会对保险机构实行日常和年度检查制度。保险机构年检及日常检查包括以下全部或部分内容：

（一）机构设立或变更事项的审批手续是否完备；

（二）申报材料的内容与实际情况是否相符；

（三）资本金、公积金、各项准备金是否真实、充足；

（四）偿付能力是否符合要求；

（五）业务经营和财务情况是否良好，报表是否齐全、真实；

（六）是否超范围或跨区域开办业务；

（七）是否按规定执行保险条款和保险费率；

（八）机构负责人的任用或变更手续是否完备；

（九）营业场所和安全设施是否符合要求；

（十）中国保监会认为需要检查的其他事项。

第九十三条 保险机构应在接到年检通知书后十五日内，向中国保监会或其派出机构报送下列材料：

（一）年检报告书；

（二）资产负债表和利润表；

（三）《保险机构法人许可证》和《经营保险业务许可证》副本；

（四）中国保监会要求申报的其他材料。

第九十四条 年检合格的，由中国保监会在其许可证副本上加盖公章；不合格的，责令其限期改正。

第九十五条 保险机构有下列情形之一的，中国保监会可将其列为重点检查对象：

（一）有严重违法、违规行为的；

（二）财务状况异常的；

（三）未按规定报送各项报表的；

（四）未执行中国保监会批准或审核的保险条款、费率以及分保方案或其他计划、方案；

（五）中国保监会认为需要重点检查的其他事由。

第九十六条 中国保监会可以随时对保险机构进行检查。保险机构必须予以配合，并按中国保监会要求提供有关文件、材料。

第九十七条 中国保监会工作人员检查工作时，应当出示证件；中国保监会委托会计师事务所、审计师事务所代其检查时，应当采用书面委托的形式。

第九十八条 保险公司应按规定及时向中国保监会报送营业报告、精算报告、财务会计报告和有关业务监管报表。

第九十九条 保险公司向中国保监会报送的各类报表、业务报告应当完整、真实、准确。

第一百条 保险公司的营业报告、财务会计报告和有关报表应当有公司法定代表人或总经理和中国保监会认可的注册会计师签名。寿险公司的精算报告应有中国保监会认可的精算人员的签名。保险公司分支机构的报告和报表应有上级公司授权的机构负责人签名和公司签章。

第九章 罚则

第一百零一条 违反保险法律、法规及本规定，从事保险业务活动的，中国保监会依法对保险机构或有关负责人员给予以下行政处罚：

（一）警告、责令改正；

（二）没收非法所得；

（三）罚款；

（四）取消高级管理人员任职资格；

（五）限制业务范围、责令停止接受新业务；

（六）责令停业整顿；

（七）吊销保险许可证、予以取缔。

第一百零二条 违反本规定第五条的规定，擅自设立保险公司或者非法从事商业保险业务活动的，依法追究刑事责任，并予以取缔。不构成犯罪的，没收非法所得，并处以违法所得一倍以上五倍以下的罚款；没有违法所得的，处以十万元以上五十万元以下的罚款。

第一百零三条 违反本规定第五条、第三十六条的规定，未经批准，保险公司擅自设立分支机构或代表处的，责令改正，对非法设立的分支机构或代表处，予以取缔，并处以五万元以上三十万元以下的罚款；情节严重的，可以限制业务范围、责令停止接受新业务或吊销保险许可证。

违反本规定第三十四条、第三十五条规定，未按规定报批、备案，擅自设立或者撤销境外机构的，给予警告，并处以五万元以上三十万元以下的罚款；情节严重的，可以限制业务范围、责令停止接受新业务或吊销保险许可证。

第一百零四条 违反本规定第二十条、第二十三条规定的，责令改正，逾期未改正的，给予警告，并处以一万元以上十万元以下的罚款。

第一百零五条 违反本规定第四十五条、第四十六条、第四十七条、第四十八条、第五十条及第五十一条的规定，超出核定的业务范围从事保险业务或擅自在规定的经营区域范围外开展保险业务的，给予警告，责令改正；有违法所得的，没收违法所得，并处以违法所得一倍以上五倍以下的罚款；没有违法所得的，处以十万元以上五十万元以下的罚款；逾期不改正或者造成严重后果的，可以责令停业整顿或者吊销保险许可证。

第一百零六条 违反本规定第五十五条的规定，以非法方式强制或变相强制投保人投保的，给予警告，责令改正，没收违法所得；情节严重的，处以违法所得一倍以上三倍以下的罚款，没有违法所得的，处以五千元以上三万元以下的罚款。

第一百零七条 违反本规定第五十七条、第六十条的规定，进行不正当竞争的，给予警告，有违法所得的，没收违法所得，并可处以违法所得一倍以上五倍以下的罚款；没有违法所得的，处以五万元以上二十万元以下的罚；情节严重的，可以责令停业整顿或吊销保险许可证。

保险公司进行关联交易，损害其他保险公司的正常经营的，视为不正当竞争行为，根据上款规定处罚。

第一百零八条 违反本规定第五十八条、第五十九条、第六十二条及第六十四条第二款规定的，责令改正、消除影响，并处以一万元以上二十万元以下的罚款。

第一百零九条 违反本规定第五十六条规定的，给予警告，责令改正，并处以其所支付报酬金额一至三倍的罚款。

第一百一十条 违反本规定第六十一条规定的，给予警告，责令收回所支付的回扣、佣金、手续费或其他利益，并处以等额罚款。

第一百一十一条 违反本规定第七十五条、第七十六条、第七十七条、第八十条、第八十六条、第八十七条及第八十八条规定的，责令改正，并处以五万元以上三十万元以下的罚款；情节严重的，可以限制业务范围、责令停止接受新业务或吊销保险许可证。

第一百一十二条 违反本规定，有下列行为之一的责令改正，逾期不改正的，给予警告，并处以一万元以上十万元以下的罚款：

（一）未按照规定报送有关报告、报表、文件和资料的；

（二）未按照规定将拟订的保险条款和保险费率报送备案的；

（三）关联交易未经批准的。

第一百一十三条 违反本规定，有下列行为之一的，责令改正，逾期不改正的，给予警告，并处以十万元以上五十万元以下的罚款：

（一）提供虚假的报告、报表、文件和资料的；

（二）拒绝或妨碍依法检查监督的。

第一百一十四条 对违反本规定的行为负有直接责任的保险机构高级管理人员和其他直接责任人员，中国保监会根据情节轻重，分别处以警告、取消其高级管理人员任职资格，单处或并处以五千元以上三万元以下的罚款。

第十章　附　则

第一百一十五条 对外资保险公司的管理，除法律、法规或中国保监会另有规定外，适用本规定。

外国保险公司经批准在中国设立的分公司的保险业务经营活动，法律、法规另有规定的，适用其规定；没有规定的，适用本规定。

第一百一十六条 保险公司向中国保监会报送的各项报表、材料，应当用中文书写。原件为外文的，应当附中文译本；当中文与外文意思不一致时，以中文表述为准。

第一百一十七条 中国保监会的派出机构，在其授权范围内，代表中国保监会行使职权。

第一百一十八条 本规定由中国保监会解释。

第一百一十九条 本规定自2000年3月1日起施行。

中国保险监督管理委员会
二〇〇〇年一月十三日

金融资产管理公司条例

第一章　总　则

第一条 为了规范金融资产管理公司的活动，依法处理国有银行不良贷款，促进国有银行和国有企业的改革和发展，制定本条例。

第二条 金融资产管理公司，是指经国务院决定设立的收购国有银行不良贷款，管理和处置因收购国有银行不良贷款形成的资产的国有独资非银行金融机构。

第三条 金融资产管理公司以最大限度保全资产、减少损失为主要经营目标，依法独立承担民事责任。

第四条 中国人民银行、财政部和中国证券监督管理委员会依据各自的法定职责对金融资产管理公司实施监督管理。

第二章　公司的设立和业务范围

第五条 金融资产管理公司的注册资本为人民币100亿元，由财政部核拨。

第六条 金融资产管理公司由中国人民银行颁发《金融机构法人许可证》，并向工商行政管理部门依法办理登记。

第七条 金融资产管理公司设立分支机构，须经财政部同意，并报中国人民银行批准，由中国人民银行颁发《金融机构营业许可证》，并向工商行政管理部门依法办理登记。

第八条 金融资产管理公司设总裁1人、副总裁若干人。总裁、副总裁由国务院任命。总裁对外代表金融资产管理公司行使职权，负责金融资产管理公司的经营管理。

金融资产管理公司的高级管理人员须经中国人民银行审查任职资格。

第九条 金融资产管理公司监事会的组成、职责和工作程序，依照《国有重点金融机构监事会暂行条例》执行。

第十条 金融资产管理公司在其收购的国有银行不良贷款范围内，管理和处置因收购国有银行不良贷款形成的资产时，可以从事下列业务活动：

（一）追偿债务；

（二）对所收购的不良贷款形成的资产进行租赁或者以其他形式转让、重组；

（三）债权转股权，并对企业阶段性持股；

（四）资产管理范围内公司的上市推荐及债券、股票承销；

（五）发行金融债券，向金融机构借款；

（六）财务及法律咨询，资产及项目评估；

（七）中国人民银行、中国证券监督管理委员会批准的其他业务活动。

金融资产管理公司可以向中国人民银行申请再贷款。

第三章　收购不良贷款的范围、额度及资金来源

第十一条 金融资产管理公司按照国务院确定的范围和额度收购国有银行不良贷款；超出确定的范围或者额度收购的，须经国务院专项审批。

第十二条 在国务院确定的额度内，金融资产管理公司按照账面价值收购有关贷款本金和相对应的计入损益的应收未收利息；对未计入损益的应收未收利息，实行无偿划转。

第十三条 金融资产管理公司收购不良贷款后，即取得原债权人对债务人的各项权利。原借款合同的债务人、担保人及有关当事人应当继续履行合同规定的义务。

第十四条 金融资产管理公司收购不良贷款的资金来源包括：

（一）划转中国人民银行发放给国有独资商业银行的部分再贷款；

（二）发行金融债券。

中国人民银行发放给国有独资商业银行的再贷款划转给金融资产管理公司，实行固定利率，年利率为2.25%。

第十五条 金融资产管理公司发行金融债券，由中国人民银行会同财政部审批。

第四章　债权转股权

第十六条 金融资产管理公司可以将收购国有银行不良贷款取得的债权转为对借款企业的股权。

金融资产管理公司持有的股权，不受本公司净资产额或者注册资本的比例限制。

第十七条 实施债权转股权，应当贯彻国家产业政策，有利于优化经济结构，促进有关企业的技术进步和产品升级。

第十八条 实施债权转股权的企业，由国家经济贸易委员会向金融资产管理公司推荐。金融资产管理公司对被推荐的企业进行独立评审，制定企业债权转股权的方案并与企业签订债权转股权协议。债权转股权的方案和协议由国家经济贸易委员会会同财政部、中国人民银行审核，报国务院批准后实施。

第十九条 实施债权转股权的企业，应当按照现代企业制度的要求，转换经营机制，建立规范的公司法人治理结构，加强企业管理。有关地方人民政府应当帮助企业减员增效、下岗分流，分离企业办社会的职能。

第二十条 金融资产管理公司的债权转股权后，作为企业的股东，可以派员参加企业董事会、监事会，依法行使股东权利。

第二十一条 金融资产管理公司持有的企业股权，可以按照国家有关规定向境内外投资者转让，也可以由债权转股权企业依法回购。

第二十二条 企业实施债权转股权后，应当按照国家有关规定办

理企业产权变更等有关登记。

第二十三条 国家经济贸易委员会负责组织、指导、协调企业债权转股权工作。

第五章 公司的经营和管理

第二十四条 金融资产管理公司实行经营目标责任制。

财政部根据不良贷款质量的情况，确定金融资产管理公司处置不良贷款的经营目标，并进行考核和监督。

第二十五条 金融资产管理公司应当根据不良贷款的特点，制定经营方针和有关措施，完善内部治理结构，建立内部约束机制和激励机制。

第二十六条 金融资产管理公司管理、处置因收购国有银行不良贷款形成的资产，应当按照公开、竞争、择优的原则运作。

金融资产管理公司转让资产，主要采取招标、拍卖等方式。

金融资产管理公司的债权因债务人破产等原因得不到清偿的，按照国务院的规定处理。

金融资产管理公司资产处置管理办法由财政部制定。

第二十七条 金融资产管理公司根据业务需要，可以聘请具有会计、资产评估和法律服务等资格的中介机构协助开展业务。

第二十八条 金融资产管理公司免交在收购国有银行不良贷款和承接、处置因收购国有银行不良贷款形成的资产的业务活动中的税收。具体办法由财政部会同国家税务总局制定。

金融资产管理公司免交工商登记注册费等行政性收费。

第二十九条 金融资产管理公司应当按照中国人民银行、财政部和中国证券监督管理委员会等有关部门的要求，报送财务、统计报表和其他有关材料。

第三十条 金融资产管理公司应当依法接受审计机关的审计监督。

金融资产管理公司应当聘请财政部认可的注册会计师对其财务状况进行年度审计，并将审计报告及时报送各有关监督管理部门。

第六章 公司的终止和清算

第三十一条 金融资产管理公司终止时，由财政部组织清算组，进行清算。

第三十二条 金融资产管理公司处置不良贷款形成的最终损失，由财政部提出解决方案，报国务院批准执行。

第七章 附 则

第三十三条 金融资产管理公司违反金融法律、行政法规的，由中国人民银行依照有关法律和《金融违法行为处罚办法》给予处罚；违反其他有关法律、行政法规的，由有关部门依法给予处罚；构成犯罪的，依法追究刑事责任。

第三十四条 本条例自公布之日起施行。

中国证监会股票发行核准程序

为进一步提高股票发行核准工作的透明度，根据《中华人民共和国证券法》的有关规定，现将修订后的股票发行核准程序公告如下：

一、受理申请文件

发行人按照中国证监会颁布的《公司公开发行股票申请文件标准格式》制作申请文件，经省级人民政府或国务院有关部门同意后，由主承销商推荐并向中国证监会申报。

中国证监会收到申请文件后在5个工作日内作出是否受理的决定。未按规定要求制作申请文件的，不予受理。同意受理的，根据国家有关规定收取审核费人民币3万元。

为不断提高股票发行工作水平，主承销商在报送申请文件前，应对发行人辅导一年，并出具承诺函。

在辅导期间，主承销商应对发行人的董事、监事和高级管理人员进行《公司法》、《证券法》等法律法规考试。如发行人属1997年股票发行计划指标内的企业，在提交发行审核委员会审核前，中国证监会对发行人的董事、监事和高级管理人员进行《公司法》、《证券法》等法律法规考试。应考人员必须80%以上考试合格。

如发行人申请作为高新技术企业公开发行股票，由主承销商向中国证监会报送推荐材料。中国证监会收到推荐材料后，在5个工作日内委托科学技术部和中国科学院对企业进行论证，科学技术部和中国科学院收到材料后在40个工作日内将论证结果函告中国证监会。经确认的高新技术企业，中国证监会将通知该企业及其主承销商按照《公司公开发行股票申请文件标准格式》制作申请文件，并予以优先审核。

二、初审

中国证监会受理申请文件后，对发行人申请文件的合规性进行初审，并在30日内将初审意见函告发行人及其主承销商。

主承销商自收到初审意见之日起10日内将补充完善的申请文件报至中国证监会。

中国证监会在初审过程中，将就发行人投资项目是否符合国家产业政策征求国家发展计划委员会和国家经济贸易委员会意见，两委自收到文件后在15个工作日内，将有关意见函告中国证监会。

三、发行审核委员会审核

中国证监会对按初审意见补充完善的申请文件进一步审核，并在受理申请文件后60日内，将初审报告和申请文件提交发行审核委员会审核。

发行审核委员会按照国务院批准的工作程序开展审核工作。委员会进行充分讨论后，以投票方式对股票发行申请进行表决，提出审核意见。

四、核准发行

依据发行审核委员会的审核意见，中国证监会对发行人的发行申请作出核准或不予核准的决定。予以核准的，出具核准公开发行的文件。不予核准的，出具书面意见，说明不予核准的理由。

中国证监会自受理申请文件到作出决定的期限为3个月。

五、复议

发行申请未被核准的企业，接到中国证监会书面决定之日起60日内，可提出复议申请。中国证监会收到复议申请后60日内，对复议申请作出决定。

中国证券监督管理委员会

二〇〇〇年三月十六日

中国证券监督管理委员会股票发行审核委员会条例

第一章 总 则

第一条 为了保证股票发行审核工作的公开、公平、公正，提高发行审核工作的质量和透明度，根据《中华人民共和国证券法》第十四条的规定，制定本条例。

第二条 中国证券监督管理委员会设立股票发行审核委员会（以下简称：发审委），依照法定条件审核股票发行申请，以投方式对股票票发行申请进行表决，提出审核意见。

中国证券监督管理委员会根据发审委提出的审核意见，依照法定条件核准股票发行申请。核准程序应当公开，依法接受监督。

第三条 发审委通过发审委会议履行职责。

第二章 组成办法

第四条 发审委由中国证券监督管理委员会的专业人员和所聘请的中国证券监督管理委员会以外的有关专家以及社会知名人士组成。

发审委当然委员为：

中国证券监督管理委员会首席稽查；

中国证券监督管理委员会首席律师；

中国证券监督管理委员会首席会计师；

上海证券交易所总经理；

深圳证券交易所总经理。

发审委其他委员为：

国家宏观调控部门的专家8名；

专业经济管理部门及其他有关部门的专家8名；

中国证券监督管理委员会的专业人员15名；

证券交易所的专家6名；

国有银行的专家5名；

中华全国工商业联合会的专家 1 名；

中国科学院、中国社会科学院等科研单位的专家 5 名；

中国证券业协会、中国注册会计师协会、中国律师协会和其他有关专业社会团体的专家 8 名；

证券业内专家 8 名；

大学教授 6 名；

社会知名人士 5 名。

第五条 发审委委员应当具备下列条件：

（一）年龄一般在 65 周岁以下，并具有中华人民共和国国籍；

（二）熟悉宏观经济政策和有关法律、法规，了解证券业务；

（三）未在上市公司、拟上市公司担任职务，并且未从事与发行审核事项有利害关系的其他工作；

（四）坚持原则，公正廉洁，忠于职守，严格遵守国家法律、法规。

第六条 发审委除当然委员外，其他委员由中国证券监督管理委员会聘任或者由中国证券监督管理委员会商有关部门、单位后聘任。

发审委除当然委员外，其他委员每届任期 2 年，可以连任；但是，每次换届时应当至少更换 1/3 的委员，每个委员连续任期最长不超过 3 届。

第七条 发审委委员有下列情形之一的，由中国证券监督管理委员会予以解聘：

（一）本人提出书面辞职申请的；

（二）任期内因职务变动而不宜继续担任发审委委员的；

（三）2 次无故不出席或者连续次不能出席发审委会议的；

（四）任期内严重渎职或者违反法律、法规和发行审核工作纪律的；

（五）不适合担任发审委委员的其他情形。

第八条 中国证券监督管理委员会发行监管部门同时作为发审委的办事机构，负责安排发审委会议、送达有关审核材料、起草发审委会议纪要、保管档案等具体工作。

发审委审核工作所需费用，由中国证券监督管理委员会支付。

第三章　委员的职责、权利与义务

第九条 发审委委员的职责是：根据国家有关法律、法规和规章，审核申请公开发行股票的公司的资格、条件等，审核证券经营机构、会计师事务所、律师事务所、资产评估机构等证券中介机构及相关人员为股票发行所编制和出具的有关材料及意见书，审查中国证券监督管理委员会职能部门对股票发行申请的初审报告。

第十条 发审委委员依法履行职责，独立发表审核意见并享有表决权，不受任何单位和个人的干涉。

第十一条 发审委委员有权通过中国证券监督管理委员会调阅履行职责所必需的发行申请单位的有关材料。

第十二条 发审委委员不得接受发行申请单位、与发行有关的中介机构或者有关人员的馈赠，不得私下与上述单位或者人员进行接触。发审委委员有义务向中国证券监督管理委员会举报任何上述单位或者个人试图给予馈赠或者与之进行接触的情况。

发审委委员不得利用所得到的非公开信息为本人或者他人直接或者间接谋取利益，不得为任何机构和个人提供有关证券买卖的咨询。

第十三条 发审委委员审核股票发行申请时，遇有下列利害关系的，应当回避：

（一）发审委委员的亲属为发行申请单位或者担任主承销商的证券经营机构的高级管理人员的；

（二）发审委委员或者其亲属持有发行申请单位发选择股票的；

（三）发审委委员的亲属担任高级管理人员的公司与发行申请单位或者担任主承销商的证券经营机构有行业竞争关系，可能影响其公正属行职责的；

（四）发审委委员为发行申请单位提供过有关发行业务的咨询，可能妨碍其公正属行职责的；

（五）中国证券监督管理委员会认定的可能产生利害冲突的其他利害关系。

前款第（一）、（二）（三）项所称亲属，是指配偶、直系血亲、三代以内旁系血亲以及近姻亲。

第十四条 发审委除当然委员外，其他委员的身份应当保密。发审委委员不得在发审委会议以外的场合公开其发审委委员身份，不得以发审委委员的名义参加中国证券监督管理委员会以外的部门、单位组织的活动，不得泄露发审委委员名单。

第十五条 发审委委员应当保 6 守国家秘密和发行申请单位的商业秘密。

发审是在发审委会议以外的场合适露发审委会议议程、出席会议的人员、讨论内容、表决结果以及其他有关情况。

第十六条 发审委委员应当接受中国证券监督管理委员会的考核、监督。

第四章　工作程序

第十七条 发审委审核工作会议以分组会议形式轮流召开。

发审委委员分为 8 个组，每组 10 名委员。各组设组长 1 名，由各组委员选举产生。

发审委审核工作会议由各组组长召集。组长不能出席时，可以委托本组其他委员召集。出席会议的委员人数应当不少于 8 人。

第十八条 发审委办事机构应当在发审委审核工作会议召开的 5 个工作日前，将会议通知及发行申请材料送达与会委员。

第十九条 发审委委员以个人身份出席会议。发审委委员应当以审慎的态度发表意见，并对发行申请进行表决。

第二十条 发审委委员认为发行申请单位存在尚待调查的问题，经出席会议的半数以上的委员同意，可以对其发行申请暂缓表决。

第二十一条 发审委审核工作会议对发行申请采取无记名投票方式表决。发审委委员可以投同意票、反票或者弃权票。

同意票数达到出席会议委员人数的 2/3 即为通过。

第二十二条 对未通过的发行申请，发行申请单位可以向中国证券监督管理委员会申请复审。经中国证券监督管理委员会同意，由发审委另外一组进行复审。复审申请只能提出 1 次。

第二十三条 发审委根据审核工作需要，可以邀请委员以外的专家到会提供专业咨询意见。发审委委员以外的专家没有表决权。

第二十四条 发审委每年应当至少召开 1 次全体会议，对审核工作进行总结，并将形成的原则性指导意见以规范的形式适时向社会公布。

第五章　附　则

第二十五条 可转换公司债券的发行审核，适用本条例。

第二十六条 本条例自发布之日起施行。

中国证券监督管理委员会

一九九九年九月十六日

关于成立证券发行内核小组的通知

各具有主承销资格的证券公司：

为进一步提高证券发行工作的质量，防范证券发行风险，促进证券公司更好地履行勤勉尽责的义务，根据《公司法》、《证券法》等有关法律、法规的精神，拟在具有主承销业务资格的证券公司内部成立证券发行内核小组，现将有关问题通知如下：

一、关于公司内核小组的职责

内核小组是公司参与证券发行市场的内控机构，其职责是：负责对拟向中国证监会报送的发行申请材料的核查，确保证券发行不存在重大法律和政策障碍；负责填制《证券发行申请材料核对表》，确保发行申请材料具有较高的质量；负责代表发行人和公司与中国证监会发行监管部进行工作联系，组织对有关反馈意见的处理等。

二、关于内核小组的组成

公司内核小组主要由证券业专业人士组成，公司应从实际出发，参照下列要求确定具体人选，并保持成员的相对稳定。（1）公司内核小组由 8—15 名专业人士组成；（2）公司主管投资银行业务的负责人及投资银行部门的负责人是内核小组的当然成员；（3）公司内核小组成员中应有熟悉法律、财务的专业人员；（4）公司内核小组中应有至少 2 名从事过 3 家以上公司发行上市工作的人员；（5）公司内核小组可聘请本单位之外的专业人士，如律师、会计师、评估师等专业人士辅助其审核工作。

三、其他有关要求

（一）公司须结合实际制定内核小组工作规则，工作规则应载明内核小组的宗旨、职责、人员分工和自律要求，以及内核小组的决策程序及工作流程。

（二）公司内核小组应定期对内核小组成员、公司其他参与证券发行的人员以及发行人的有关人员进行风险教育，并开展法律、法规以及专业知识的培训，不断提高公司执业水平。

（三）公司内核小组要同参与证券发行的其他有关中介机构及发行人保持业务沟通，做好协调工作。

（四）凡报送中国证监会发行监管部的发行人申请材料及有关书面意见，须经内核小组三分之二以上成员集体讨论，并经参加讨论的三分之二以上成员同意。除遵从有关法律、法规的具体要求外，具体经办人员、内核小组组长及公司法定代表人应签字或签署意见，并加盖公司印章。

（五）内核小组应配合中国证监会对证券发行主承销商执业情况进行考评，并针对存在的问题切实搞好整改工作。

（六）内核小组是各公司与中国证监会发行监管部的直接联系机构，中国证监会发行监管部原则上不接待没有公司内核小组成员参加的中介机构及发行人来访。

（七）各公司应自本通知下发之日起立即着手筹建证券发行内核小组，并于1999年12月20日之前将公司内核小组工作规则、内核小组成员名单和个人简历报中国证监会发行监管部备案。凡涉及内核小组的人员调整和工作规则的修改，应及时报中国证监会发行监管部备案。

中国证券监督管理委员会

一九九九年十二月二日

关于建立证券发行申请材料主承销商核对制度的通知

各具有主承销资格的证券公司：

为督促具有主承销资格的证券公司（以下简称公司）切实履行《证券法》等有关法律法规赋予的对证券发行申请材料的核查职责，提高证券发行申请材料的质量，现就建立证券发行申请材料主承销商核对制度的有关问题规定如下，请遵照执行，并将实施中的新情况和新问题及时报告我会。

一、公司在承销证券的过程中，应按照《证券法》及其他有关法律、法规和政策要求，在做好尽职调查的基础上对拟报送的证券发行申请材料及其他有关文件进行核对。

二、公司应按要求填报《证券发行申请材料核对表》（以下简称《核对表》），对证券发行申请材料进行严格的质量控制。公司填报《核对表》应当符合以下要求：

（一）公司应对每家发行人拟报送的申请材料按要求的内容和格式填制《核对表》。《核对表》的份数应与申请材料的份数一致，并单独装订，与发行人的申报材料一同报送。

（二）发行上市可转换债券、公司债券等其他证券，参照股票发行填报《核对表》。

（三）公司对发行人申请材料的核对意见应按要求经内核小组集体讨论通过。内核小组对《核对表》的讨论意见应制作书面记录，并归档保存和备查。

（四）《核对表》由公司内核小组指定专人按内核小组的讨论意见填列，填写应使用蓝色或黑色钢笔或毛笔。

（五）填表人员、公司内核小组组长及公司法人代表（或其授权代表）应按要求对《核对表》签署意见，并由公司加盖印章。

（六）对未按要求制作和填报《核对表》的，中国证监会发行监管部将不受理其发行申请材料。

（七）公司对发行人申请材料中应予核对的、《核对表》中未列出的其他重大问题和事实也应依法进行核对，并填入"其他重大事项"栏内。

（八）公司填报《核对表》时，若发现有关栏目不适用或存在其他需要说明的事项，可在备注栏中作出说明。备注栏不足填写的，可加附页说明。

三、公司对填报的《核对表》负有直接责任，证券发行人及有关中介机构应当积极配合公司的核对工作，并按公司的要求及时提供必要的补充资料、解释或说明。

四、公司对《核对表》的核对意见是发行审核工作的重要内容，中国证监会将根据公司组织实施核对工作的质量考评主承销商的执业质量。

五、自本通知下发之日起，公司应对已报送的尚未收到我会正式反馈意见的发行人申请材料补充填报《核对表》。同时公司还应对已报送的发行人申请材料进行审核清理。对存在问题的申请材料，要主动补充完善；对存在较大风险隐患的发行人申请材料，要主动撤回。

中国证券监督管理委员会

一九九九年十二月六日

附件：

一、＊＊＊＊＊＊证券有限责任公司关于＊＊＊＊＊＊股份有限公司证券发行申请材料的核对意见

二、证券发行申请材料核对表（1）

三、证券发行申请材料核对表（2）

附录一

＊＊＊＊＊＊证券有限责任公司关于＊＊＊＊＊＊股份有限公司证券发行申请材料的核对意见 中国证监会：

我公司证券发行内核小组已核查了由我公司作为主承销商的＊＊＊＊＊＊股份有限公司股票发行申请材料，并对申请材料进行了严格的质量控制和检查。我公司内核小组由＊＊＊＊＊＊人组成，本次参与内核工作的有＊＊＊＊＊＊人，其中＊＊＊＊＊＊人认为发行申请材料已基本达到有关法律法规的要求，未发现虚假、严重误导性陈述或重大遗漏。本公司内核小组认真填列了《证券发行申请材料核对表》，有关保留意见已在"备注"栏说明；对《核对表》之外的重要问题和事实也作了必要的核对，并填入"其他重大事项"栏内，认为不存在重大法律和政策障碍。

特报上内核小组的核对意见及发行人的申请材料，请予核准。

同意的内核小组成员签字：

不同意的内核小组成员签字：

内核小组组长签字：

公司法人代表或授权代表签字：

公司印章

附录二：

证券发行申请材料核对表（1）

发行人名称：

发行人法人代表：

主承销商：

主承销商投资银行部负责人：

主承销商主管领导：

律师事务所：

经办律师：

会计师事务所：

经办审计师：

填表人：　　　　填表时间：

核对要点　　　　是或否　备注　复核意见

一、发行人的申请材料是否完整？

1.证券发行申请材料是否按照证监发[1999]14号文要求制作？

2.是否提供了一套按要求签署的申请材料原件？

（其中企业法人营业执照与土地使用证可提供经发证机关盖章确认的副本复印件。）

3.是否发行人全体董事阅读了申请材料？

4.是否提供了省级人民政府或国务院有关部门推荐（或同意）企业申请发行证券的文件？

5.是否提供了省级人民政府或国务院有关部门批准设立的文件？

6.是否提供了有企业法人营业执照发证机关加盖红章的发起人营业执照及股份有限公司营业执照？

7.是否提供了有出席会议董事签字的关于批准本次发行、募集资金使用、修改章程、未分配利润等的股东大会决议？

8.是否提供了加盖发行人公章的章程修改草案？

9.是否提供了由公司全体董事及主承销商项目负责人、法定代表人或授权代表签署意见并签字盖章的招股说明书及其概要？

10.是否提供了由相关机构及人员签字盖章的审计报告、盈利预测审核报告？

11.是否提供了由相关机构及人员签字盖章的资产评估报告？

12.是否提供了由会计师事务所和承办会计师签字盖章的历次验资报告？

13.是否提供了由经办律师及律师事务所签字盖章的法律意见书？

14.是否提供了经全体董事署名的较为详尽的募集资金运用的可

行性分析报告？

15.是否提供了拟投资项目的立项批文原件或公司盖章、律师见证的复印件？

16.是否提供了由公司和主承销商盖章的发行方案及发行定价分析报告？

17.是否提供了加盖发行人公章的关于公司改制方案、非经营性资产处理及离退休人员安置、关联关系及其交易情况的说明？

18.设立不满三年的股份有限公司，其设立以前年份的原企业会计报表是否有相关负责人签字并加盖了公司印章？

19.设立不满三年的股份有限公司，其设立以前年份的原企业会计报表与申报会计报表各项目数据及主要财务指标的差异比较表是否有相关负责人签字并加盖了公司印章？

20.设立不满三年的股份有限公司提供的设立以前年份的资产负债表各项目的剥离标准和损益表各项目的确认方法的说明文件是否已有负责人签字并加盖了公司印章？

21.前三年及最近一期的纳税资料是否加盖了公司印章？

实行减免税的公司是否提供了有权部门的批准文件？

22.原定向募集公司是否提供了全体董事签字并加盖公司公章的定向募股发行情况的报告？

是否提供了由托管机构出具并加盖了公司印章的定向募集公司的股票托管情况报告？

是否提供了有全体董事签字及公司印章的股本变动情况的说明及有关法律文件？

是否提供了省级人民政府或国务院有关部门关于股票托管情况的确认文件？

是否提供省级人民政府或国务院有关部门关于公司内部职工股清理情况的文件？

23.是否提供了由发证机关盖章确认的土地使用证复印件？

24.租赁使用土地的公司是否提供了租赁合同原件和出租方土地使用证复印件？

25.是否提供了国有资产管理部门关于国有资产评估的确认文件？

26.是否提供了由地方或者国家土地管理部门关于土地评估结果的确认文件(如果土地单独评估)？

27.是否提供了有全体董事的签字及公司印章的历年发放股利情况的说明及相关法律文件？

28.是否提供了重要关联交易合同？

29.是否提供了承销协议？承销商是否具备承销资格？

主承销商和副主承销商与发行人之间是否不存在持有对方7%以上股权或为前五名大股东的情况？

30.会计师事务所、评估机构、律师事务所及其经办人员是否具有证券从业资格？

31.上述机构近三年是否有受到处罚的违法违规行为？

32.是否提供了各中介机构及其签字人员的证券从业资格证书的复印件？

33.主承销商是否按照《证券法》的要求对公开发行募集文件的真实性、准确性、完整性进行了核查？

二、关于招股说明书及其概要

1.招股说明书是否按照证监[1997]2号文件规定的内容和格式制作？

2.招股说明书是否充分披露了对投资者做出投资决策有重大影响的信息(无论准则是否有规定)？

3.招股说明书是否披露了发行人或主发起人前三年的重要情况？

4.招股说明书是否存在误导投资者的信息及言词？

5.招股说明书是否存在任何个人、机构或企业的题字，任何有祝贺性、恭维性或推荐性的词句，以及任何广告、宣传性的用语？

6.公司全体董事是否仔细阅读并讨论通过了招股说明书并按要求签署了意见？

7.主承销商是否对招股说明书披露的内容进行了尽职调查？是否核查了相关内容并按要求签署了意见？

8.招股说明书引用重要法律意见是否经律师核阅？

9.招股说明书引用的财务报表及其附注、审计报告、资产评估报告、盈利预测审核报告等是否经经办审计师、评估师、会计师核阅？

10.招股说明书封面是否符合规范要求？

11.招股说明书的目录是否符合规范要求并与正文一致？

12.是否对招股说明书中具有特定含意的词汇作出明确的定义、解释和说明？

13.发行人董事会成员是否对招股说明书的真实性、准确性、完整性做出声明？

14.是否说明了编写招股说明书所依据的法律法规？

15.是否声明新发行的股票是根据本说明书所载明的资料申请发行的并对招股说明书的解释权做出说明？

16.是否已提醒投资人自行承担买卖发行人股票所应支付的税款？

17.是否对本次发行有关当事人的名称、所在地、电话、传真及联系人的姓名做出披露？

18."主要资料"一节是否按要求摘录并与正文内容一致？

"主要资料"是否标明："以下资料节录自本招股说明书，欲购买本次发行股票的投资者，在做出投资决策前，应该认真阅读招股说明书全文"？

19.发行人是否按《招股说明书的内容与格式》要求全面披露了须予披露的风险因素？

20.是否对募股资金的计划用途、投资项目的立项审批情况做了披露？

发行人募股资金投向的项目决策是否履行规范的程序？

发行人是否用募股资金收购兼并存量资产？

发行人募股资金投资项目是否存在重大限制性因素？(如合作方资金不到位、未办妥项目审批、存在重大市场和资源约束等)？

是否对拟投资项目或拟收购项目或新建企业的情况做了披露？

是否对资金使用的计划时间表、项目效益的产生时间、投资回收期做了披露？

如果资金用途超过一项，是否对项目的轻重缓急做了披露？

如果募股资金不能满足计划要求，是否对资金缺口的来源及落实情况做了披露？

若以前发行过股票，是否对前次募股资金的运用情况做了披露？

21.是否对发行人股利分配的一般政策做了披露？

是否对发行后第一个盈利年度的股利派发问题做了披露？

若发行不同类别的股票，是否披露了不同类别的股票在股利分配方面的权益？

若不派发股利，是否已简要说明原因？

是否披露了新股东是否享有以前年度的滚存利润？

若发行人属于已存续的股份有限公司，是否已披露了历年分红派息的情况？

22.是否按要求对发行人的历次验资报告做了披露？

23.是否对承销方式、承销期、发行方式、发行地区、发行对象、发行股票的种类、面值数量、发行价格及其确定价格的方法、本次发行预计实收金额做了全面披露？

24.是否对全部承销机构的名称及承销量做了披露？

25.是否披露了发行费用按规定的项目列支的情况？

26.是否按要求全面披露了"发行人情况"？

是否充分披露了发行人的组织结构和内部管理结构？

是否披露了关联企业以及发行人对其他企业的持股情况？

是否披露了对发行人业务有重要意义的工业产权和其他无形资产的有关情况？

是否披露了新产品、新项目研究开发的有关情况？

是否充分披露了关联方关系及关联交易？

是否充分披露了与控股股东之间的关系？

是否充分披露了发行人控股或参股单位的情况？

是否披露了存在的同业竞争？

27.在"发行人情况"中是否充分披露了发行人在过去三年内的重大改组、变更、收购、兼并、分立、清理整顿行为以及重大投资、资产处置行为？

28.是否按要求摘录了发行人公司章程草案？

摘录的发行人公司章程草案内容是否不存在与全文不一致的地方？

发行人公司章程草案与《上市公司章程指引》规定的内容是否没有重大不一致的地方？

29.是否按要求披露了董事、监事、高级管理人员及重要职员的简单情况？

发行人上述人员存在的兼职情况是否做了披露？

30.是否披露了发行人在过去至少三年中的经营业绩？

31.是否按要求充分披露了公司股本情况及其演变情况？

定向募集公司是否对发起人股、募集法人股、内部职工股的情况做了充分披露？

是否对内部职工股的范围、比例、托管及确认情况做了充分披露？

是否充分披露了对董事、监事、高级管理人员及重要职员持有股份数额及比例？

是否披露了发行后的股份结构？

32.是否对发行人的"债项"做了充分披露？

是否披露了发行人的或有负债及主要合同承诺？

33.是否按要求披露了发行人"主要固定资产"？

是否披露了房产情况？

是否充分披露了非经营性资产的剥离情况？

是否充分披露了土地使用权的处置情况？

34."财务会计资料"是否全文引用了有证券从业资格的会计师事务所出具的审计报告、发行人编制的财务报表及附注？

是否不存在与招股说明书"主要资料"中"主要会计资料"及附录有关资料不一致的地方？

35.是否按要求披露了资产评估的情况？

增资发行的公司是否披露了本次发行前历次法定资产评估及调帐的有关情况？

36.是否按要求披露了发行人盈利预测？

是否全面披露了盈利预测的假设基准？

盈利预测是否反映了审慎的原则？

37.是否披露了"公司发展规划"？

"公司发展规划"是否有充分的依据，且切实可行？

38.招股说明书是否没有遗漏重要合同？

39.招股说明书是否没有遗漏重大诉讼事项？

40.全体董事会成员及承销团成员是否按要求签署了意见？

41.招股说明书是否包括了至少应予包括的8项附录？

42.招股说明书是否包括了至少应予包括的8项备查文件？

招股说明书是否说明了备查文件的具体备查期间和地点？

43.发行人及券商是否利用刊登招股说明书以外的方式进行推介宣传？

如有，是否与招股说明书一致？

44.是否按要求编写了《招股说明书概要》？

《概要》是否载明："本次招股说明书概要的目的仅为招股说明书全文为本次发售股票的正式法律文件。投资人在做出认购本股票的决定之前，应仔细阅读招股说明书全文，并以全文作为投资决定的依据"？

招股说明书概要摘录的内容是否与招股说明书一致？

45.招股说明书及其概要是否不存在虚假、重大误导性陈述或重大遗漏？

三、关于法律意见书

1.法律意见书是否按证监法律字[1999]2号文件规定的内容和格式制作？

2.经办律师及其所在事务所是否具有证券从业资格？

3.律师是否已对法律意见所依据的事实及适用的法律进行认真核查验证并在法律意见书中说明得出每一法律意见的充足理由？

4.律师是否在引言段按照《法律意见书的内容与格式准则》的要求做出了五项声明？

5.法律意见书引言的结束段是否载明了《法律意见书的内容与格式》所要求的文字？

6.若属发起设立的股份公司增资发行律师是否对发行人重组行为的合法性、规范性进行核查验证并发表法律意见？

7.律师是否已对发起人作为一方当事人的合同、协议及其他使其财产或者行为受约束的文件进行核查验证并就公司的设立行为是否存在潜在纠纷发表法律意见？

8.律师是否已对投入股份公司的资产的产权隶属关系进行核查验证并就将上述资产投入股份公司是否存在潜在纠纷发表法律意见？

9.若发起人以其全资附属企业的资产折价入股的，律师是否已通过履行必要的法律程序取得了上述资产的所有权进行核查验证，并就发起人是否有权将上述资产折价入股及上述折价入股行为是否有损债权人的利益并因此存在潜在纠纷发表法律意见？

全资附属企业解散的，律师是否对原有债务处置的合法性做了说明？

10.若发起人以其在其他有限责任公司、合资企业、联营企业中的权益折价入股的，律师是否已对相关的合同、章程进行审查，并就折价入股行为是否已征得其他出资人的同意并履行相关法律程序发表法律意见？

11.律师是否已对因发行人的设立而引起的原企业债务的处理进行核查验证，并就上述债务的处理是否已征得大额债权人的同意，是否存在金额较大的潜在债务纠纷发表法律意见？

12.律师是否已对投入股份公司财产的所有权、使用权的合法性、有效性发表法律意见？若属原定向募集公司增资发行

13.律师是否已对发行人的设立是否符合当时法律、法规和规范性文件的规定及是否已依据《公司法》进行规范进行核查验证并发表法律意见？

14.律师是否已对发行人作为一方当事人的合同、协议及其他使其财产或者行为受约束的文件进行核查验证并就上述文件是否有导致发行人无法增资扩股的法律障碍发表法律意见？

15.律师是否已对发行人设立至今有无合并、分立、重大资产处置、增资扩股、减少注册资本、收购兼并等行为进行核查验证并对上述行为的合法性、规范性及是否已履行正当法律程序发表法律意见？

16.律师是否已对发行人存续的合法性、有效性进行核查验证并发表法律意见？若属有限责任公司变更为股份公司公开增资发行

17.律师是否已对有限责任公司的设立进行核查验证并就其合法性发表法律意见？

18.律师是否已对有限责任公司的章程及作为一方当事人的合同、协议及其他使其财产或行为受约束的文件进行核查验证并就上述文件是否可能导致变更行为无效或使变更行为存在潜在纠纷发表法律意见？

19.律师是否已对有限责任公司及发行人设立至今有无合并、分立、增加或减少注册资本、重大资产处置、收购兼并等行为进行核查验证并就上述行为的合法性、规范性及是否已履行正当法律程序发表法律意见？

20.律师是否已对发行人存续的合法性、有效性进行核查验证并发表法律意见？

21.若股份有限公司的生产经营涉及特许经营权的，律师是否已对上述权利的取得情况进行核查验证并发表法律意见？

22.律师是否已对发行人具备本次发行的主体资格发表法律意见？

23.律师是否已对发行人股东大会召开的程序进行核查验证并对股东大会召开的合法性发表法律意见？

24.律师是否已对股东大会的内容进行核查验证并对股东大会做出的批准发行、上市及有关问题作出的决议的合法性和有效性发表法律意见？

25.如果股东大会授权董事会或筹委会办理有关发行上市的事宜，律师是否已对上述授权的合法性、有效性进行核查验证并发表法律意见？

26.律师是否已依据《证券法》、《公司法》、《股票条例》及其他规范性文件对发行人本次发行、上市的实质条件进行核查验证并发表法律意见？

27.律师是否已对发行人股东大会是否已通过修改公司章程的决议进行核查验证并发表法律意见？

28.律师是否已对发行人章程草案内容的合法性进行核查验证并发表法律意见？

29.律师是否已依据《上市公司章程指引》对公司章程草案进行审查？

30.是否未发现公司章程草案中存在与《上市公司章程指引》重大不一致等条款？

31.发行人已在香港或境外上市的，律师是否已依据《到境外上市公司章程必备条款》的有关规定对公司章程或章程草案进行审查并发表法律意见？

32.律师是否已对发行人有哪些关联企业(包括但不限于发行人的母公司、子公司以及其他具有20%以上股权关系的企业、发行人董事、高级管理人员在其中任主要职务的企业等)及发行人与关联企业间的关联关系进行核查验证并发表法律意见？

33.律师是否已对发行人与关联企业间的关联交易进行核查验证并发表法律意见？

34.律师是否已对关联交易的内容进行核查验证并对关联交易是否存在损害发行人利益问题发表法律意见？

35.若关联交易的一方是公司大股东，律师是否已对关联交易的决策过程进行核查验证并对是否已采取必要措施保护其他股东的利益发表法律意见？

36.律师是否已对发行人与关联企业间的同业竞争问题进行核查验证并发表法律意见，若存在同业竞争，是否已对解决同业竞争的措施进行核查验证并发表法律意见？

37.律师是否已对关联交易和同业竞争的合法性及披露的充分性进行核查验证并发表法律意见？

38.律师是否已对发行人拥有的房产、土地使用权、知识产权及其他无形资产的数量及上述财产是否存在产权纠纷进行核查验证并发

表法律意见？

39.律师是否已对发行人取得上述财产的方式及权属证书的取得情况进行核查验证并发表法律意见？

40.律师是否已对发行人主要财产存在的抵押、其他担保物权、债务关系或其他对所有权或使用权行使的限制问题进行核查验证并发表法律意见？

41.律师是否已对发行人将要履行、正在履行以及虽已履行完毕但可能存在潜在纠纷的重大合同的主要内容进行核查验证并发表法律意见？

42.律师是否已对上述合同的合法性、有效性及是否存在潜在纠纷问题进行核查验证并发表法律意见？

43.律师是否已对上述合同主体的变更问题进行核查验证并发表法律意见？

44.律师是否已对发行人有无因环境保护、知识产权、产品质量、劳动安全、人身权等原因产生的侵权之债进行核查验证并发表法律意见？

45.律师是否已对发行人与股东之间的重大债权债务关系及相互提供担保问题进行核查验证并发表法律意见？

46.律师是否已对发行人金额较大的其他应收款、应付款是否因正常的生产经营活动而产生进行核查验证并发表法律意见？

47.律师是否已对发行人近三年来及拟投资项目的环境保护达标文件进行核查验证并发表法律意见？

48.律师是否已对发行人近三年来的产品质量和技术标准达标证书进行核查验证并发表法律意见？

49.律师是否已对发行人董事、监事、高级管理人员的任职资格进行核查验证并发表法律意见？

50.律师是否已对发行人及其发起人的涉讼情况进行核查验证并发表法律意见？

51.如上述案件存在，是否已对案件有关情况进行核查验证并就上述案件对本次发行、上市的影响发表法律意见？

52.律师是否已对发行人执行的税种、税率的合法性进行核查验证并发表法律意见？

53.律师是否已对发行人近三年是否依法纳税及是否曾被税务部门处罚进行核查验证并发表法律意见？

54.若上述项目涉及与他人进行合作的，律师是否已对合作方式、合作合同及有关部门的批准情况（若需要批准）进行核查验证并发表法律意见？

55.如发行人属于增资发行，律师是否已对前次募集资金使用是否与原募集计划一致进行核查验证并发表法律意见？

56.律师是否已对发行人的收购兼并情况进行核查验证并发表法律意见？

57.若进行收购兼并，律师是否已对收购兼并的方式及是否已经履行必要的法律手续进行核查验证并发表法律意见？

58.若存在其他对发行上市有重大影响的法律问题，律师是否已进行核查验证并发表法律意见？

59.律师是否已概括说明对本次股票发行、上市的法律意见？

60.律师及事务所是否已签署法律意见书并注明签署日期？

61.是否已注明法律意见书的正、副本份数

62.律师是否遵循了律师行业公认的业务标准、道德规范和勤勉尽责精神？

63.法律意见书中是否不存在虚假、严重误导性陈述或重大遗漏？

四、关于公司的设立和运作

1.公司设立是否不存在违法违规或重大不规范行为？

发起人认缴的股本是否达到法定资本最低限额？

商标、专利、专有技术等是否随产品进入股份有限公司？

发起人是否符合法定人数？

发起人是否具备法定资格？

是否依法履行了工商登记，取得法人营业执照？

是否不存在公司股份持有人不享有同等权利的地方？

2.如属定向募集公司，其设立行为是否符合当时法律、法规及有关政策文件的规定？

3.如属有限责任公司变更为股份有限公司，是否符合《公司法》规定的条件？

4.由原外商投资企业改组为股份有限公司的，是否已对原合同、章程进行修改并经有关部门批准？

5.公司设立后是否存在股权变化？

如存在，是否履行了法定程序？

是否不存在重大纠纷？

6.公司的改制和重组行为是否符合现行法律、法规？

是否不存在侵害股东和债权人利益的情况？

是否不存在纠纷或潜在纠纷？

7.公司向其他企业累计投资额（包括发行前和发行后两种情况）是否超过公司净资产的50%？

按母公司报表计算

按合并报表计算

8.发行人设立至今有无合并、分立、增资扩股、重大资产处置、减少注册资本等行为？

若有，是否符合有关规定并履行必要的法律程序？

9.公司在申请发行前一年中是否进行过资产重组？

如资产重组后主营业务发生变化的，是否运行满一个会计年度？

10.公司分公司、子公司的设立是否符合《公司法》的要求？

11.公司是否按《公司法》要求建立了董事会、监事会？

是否形成完善的股东会、董事会、监事会议事规则？

12.公司是否做到了在资产、人员、财务方面与控股单位分开？

如属生产性企业，是否有独立完整的生产、供应、销售系统？

13.公司章程（草案）是否存在与现行法律、法规、政策相抵触的地方？

公司章程（草案）的制定和修改是否履行了法定的程序？

公司章程（草案）是否不存在歧视或限制小股东权利条款？

14.法定代表人是否具备法定的任职资格？

公司董事长、副董事长、董事是否兼任其他职务？

公司总经理、副总经理、财务负责人、董事会秘书是否兼任其他职务？

15.公司是否存在持续生产经营的重大困难？

是否独立建帐？

公司是否进行了税务登记？

公司是否存在拖欠税金的行为？

公司执行的所得税政策是否符合国家有关规定？

公司是否享受所得税优惠政策？

若有，该优惠政策文件是否有效、齐备？

公司目前是否有重大诉讼事项？

公司是否存在由于担保、诉讼等事项引起的或有负债？

公司生产经营的主要设备是否存在报废等重大风险？

公司生产经营及拟投资项目是否符合国家关于环境保护的要求？

如生产经营涉及环境保护问题，是否有相关环保部门出具的污染排放达标证明？

16.公司是否存在重大关联交易？

17.如存在，是否履行了必要的决策程序并提供了相关协议？

18.公司与控股股东、其他关联企业之间是否不存在同业竞争？

五、与发行上市有关的重大问题

1.公司或其主要发起人近三年是否连续盈利并可向股东支付股利？

公司及其主要发起人近三年内财务会计资料是否存在虚假记载？

2.是否公司发行后的社会公众股占总股本的比例不低于25%？

股本总额超过4亿元的，是否该比例不低于15%？

是否本次发行后公司股本总额不少于人民币5000万元？

3.是否公司发行前一年末净资产占总资产比例不低于30%？

是否无形资产（不含土地使用权）占净资产的比例不高于20%？

4.是否公司前一次发行的股份已募足，并间隔一年以上？

5.是否发行人不存在未经批准发行或变相发行股票的行为？

如属定向募集公司，其内部职工股的发行是否合法、合规？

是否存在超比例、超范围发行内部职工股的问题？

如属定向募集公司，是否对其内部职工股进行了清理和托管？

是否不存在向内部职工转让法人股的情况？

是否不存在变相内部职工股的情况？

6.是否公司预期利润率不低于银行同期存款利率？

7.是否公司的生产经营符合国家产业政策？

8.公司及其发起人近三年是否不存在重大违法行为？

9.是否公司募股资金投向不存在特别重大的风险？

是否公司有明确的募股资金投向？

资金投入项目是否有符合要求的立项批文？

10.是否公司发起人不存在出资不实及重大出资财产争议的情况？

公司是否办妥有关房产、土地使用权、经营特许权及工业产权等资产权属证书的取得或变更登记手续？

公司土地使用权的处置是否符合有关规定？

发起人以其全资附属企业的资产折价入股的，是否已履行了相关的财产所有权转移手续？

若折价入股行为导致全资附属企业解散的，对原有债务的处置是否合法合规？

发起人以其在有限责任公司、合资或联营等企业的权益折价入股的，是否已征得该企业其他出资人的同意？

公司用非现金形式出资，是否提供了符合要求的验资手续？

设立时对原企业债务的处理是否已征得大额债权人的同意，是否不存在金额较大的(如100万元以上)潜在债务纠纷？

有限责任公司变更为股份有限公司的，折合的股份总额是否相等于公司的净资产额？

11.发行人有无异常的财务指标？

如存在，是否做了充分披露？

12.公司是否不存在未予披露的重大风险隐患？

六、其他重大事项

填表人签字、签字时间：

主承销商投资银行部负责人签字、签字时间：

主承销商内核小组其他成员签字：

主承销商内核小组组长签字、签字时间：

公司法定代表人或授权代表签字：

公司印章

附录三：

证券发行申请材料核对表(2)

填表人：　　　　填表时间：

核对要点　　　　是或否　备注　复核意见

一、关于审计报告

1、标题是否为"审计报告"？

2、收件人是否为XX股份有限公司全体股东？

3、范围段中审计范围的表述是否与独立审计准则的要求一致？

4、范围段中会计责任与审计责任的表述是否与独立审计准则的要求一致？

5、范围段中审计依据的表述是否为"中国注册会计师独立审计准则"？

6、范围段中已实施的主要审计程序的表述是否与独立审计准则的要求一致？

7、审计意见是否为无保留意见？

8、若为无保留意见的审计报告，是否不含说明段？

9、在意见段中是否明确表示会计报表符合《企业会计准则》和《股份有限公司会计制度》？

10、在意见段中是否明确表示会计报表在所有重大方面符合公允性原则？

11、在意见段中是否明确表示会计处理方法的选用符合一贯性原则？

12、是否已经两名或两名以上注册会计师签字及盖章？

13、是否已经会计师事务所盖章？

14、是否注明了会计师事务所地址？

15、是否签署了报告日期？

二、关于会计报表

1、是否已经提供母公司会计报表？

2、是否已经提供合并会计报表？

3、是否提供了不少于最近三个会计年度的利润表及利润分配表、不少于最近两个会计年度末的资产负债表以及不少于最近一个会计年度的现金流量表？

4、报表名称是否符合《股份有限公司会计制度》的规定？

5、报表编制单位是否盖章？

6、报表是否有编制人、财务负责人、公司负责人签字及盖章？

7、报表金额单位是否为元或千元？

8、资产负债表是否为帐户式？

9、利润表是否为多步式？

10、报表项目是否与《股份有限公司会计制度》的规定一致？

11、报表重要项目是否均有附注标号？

12、报表附注标号是否与报表附注一致？

13、会计报表数据是否按从左到右、最左侧为最近一期数据的顺序排列？

14、资产总计、负债合计、所有者权益合计是否正确？

15、资产负债表项目之间的勾稽关系是否正确？

16、利润表项目之间的勾稽关系是否正确？

17、利润分配表项目之间的勾稽关系及与利润表、资产负债表、现金流量表之间的勾稽关系是否正确？

18、现金流量表项目之间的勾稽关系及与资产负债表、利润表、利润分配表之间的勾稽关系是否正确？

三、关于会计报表附注

1、是否已按规定披露公司的基本情况？

2、在编制基准中，对运行不足三年的股份有限公司，是否已说明编制设立以前年份会计报表的会计主体是以改制方案确定的公司架构为前提，按报告期各年实际存在的该公司架构各构成实体进行编制？

3、在编制基准中，对运行不足三年的股份有限公司，如果在报告期内发生新设合并的，是否已说明设立以前年份会计报表是按合并后公司架构进行编制的？

4、在编制基准中，对运行不足三年的股份有限公司，如果在报告期内发生吸收合并的，是否已说明设立以前年份会计报表在合并基准日前按原公司架构编制、在合并基准日后按合并后公司架构进行编制的？

5、在编制基准中，对编制合并会计报表的公司，是否已说明报告期纳入合并范围的子公司名称、业务性质、注册资本、实际投资额、母公司所持有的各种股权的比例及合并期间？

6、在编制基准中，对编制合并会计报表的公司，报告期纳入合并范围的子公司有增减变动的，是否已说明增减变动的情况以及合并范围变动的基准日？

7、在编制基准中，对纳入合并范围但母公司持股未达到50%以上的子公司，是否已说明纳入合并范围的原因？对不纳入合并范围但母公司持股达到50%以上的子公司，是否已说明不纳入合并范围的原因？

8、以下主要会计政策是否已经充分披露？

公司执行的会计制度

会计年度

记帐本位币

记帐基础及计价原则

外币业务的折算

外币会计报表的折算

现金等价物的确定标准

合并会计报表编制方法

短期投资跌价准备的核算方法

坏帐准备的核算方法

存货计价方法

存货跌价准备的核算方法

长期股权投资的核算方法

长期债权投资的核算方法

长期投资减值准备的核算方法

固定资产计价与折旧政策

无形资产计价及摊销政策

开办费、长期待摊费用摊销政策

借款费用的核算方法

应付债券的核算方法

收入确认的方法

所得税的核算方法

报告期公司选用的会计

股票发行上市辅导工作暂行办法

一、为了促进企业转换经营机制，发挥现代企业制度功能，提高上市公司质量，根据《中国证监会股票发行核准程序》，制定本办法。

二、拟公开发行股票(A、B股)的股份有限公司(以下称拟发行公司)应符合《公司法》的各项规定，在向中国证监会提出股票发行申请前，均须具有主承销资格的证券公司(以下称辅导机构)辅导，辅导期限为一年。

三、辅导机构应严格按照《公司法》、《证券法》等法律法规的要求，勤勉尽责，诚实信用，做好辅导工作。拟发行公司应积极配合辅导机构做好工作，按要求提供企业的有关情况，并对所提供资料的真实性负责。

四、中国证监会派出机构（以下简称派出机构）负责辖区内拟发行公司辅导工作的监督管理。

五、辅导内容主要包括以下方面：

1、股份有限公司设立及其历次演变的合法性、有效性。

2、股份有限公司人事、财务、资产及供、产、销系统独立完整性。

3、对公司董事、监事、高级管理人员及持有5%以上（含5%）股份的股东（或其法人代表）进行《公司法》、《证券法》等有关法律法规的培训。

4、建立健全股东大会、董事会、监事会等组织机构，并实现规范运行。

5、依照股份公司会计制度建立健全公司财务会计制度。

6、建立健全公司决策制度和内部控制制度，实现有效运作。

7、建立健全符合上市公司要求的信息披露制度。

8、规范股份公司和控股股东及其他关联方的关系。

9、公司董事、监事、高级管理人员及持有5%以上（含5%）股份的股东持股变动情况是否合规。

六、辅导机构对拟发行公司进行辅导时应配置三名以上辅导人员，授权其代表辅导机构从事辅导工作。辅导人员必须是有主承销资格的证券公司正式从业人员、并从事证券承销业务两年以上。辅导人员中，至少有两人具有辅导两家以上企业股票发行上市经验。辅导机构可以聘请有证券从业资格的注册会计师、律师等协助辅导人员做好辅导工作。辅导报告由辅导人员完成，并签字负责。辅导机构、辅导人员及其所聘请的注册会计师、律师等视为内幕人员，应当遵守有关内幕人员的法律规定。

七、辅导工作开始前十个工作日内，辅导机构应当向派出机构提交下列材料：

1、辅导机构及辅导人员的资格证明文件（复印件）；

2、辅导协议；

3、辅导计划；

4、拟发行公司基本情况资料表；

5、最近两年经审计的财务报告（资产负债表、损益表、现金流量表等）。

八、辅导协议应明确双方的责任和义务。辅导费用由辅导双方本着公开、合理的原则协商确定，并在辅导协议中列明，辅导双方均不得以保证公司股票发行上市为条件。辅导计划应包括辅导的目的、内容、方式、步骤、要求等内容，辅导计划要切实可行。

九、从辅导之日起，辅导机构每两个月向派出机构报送一次《股票发行上市辅导报告》。辅导机构每一次报送的报告，都要按照报告中列示的各项内容如实填报，并根据有关法律法规的要求逐项评估。在此基础上，针对公司存在的问题会同拟发行公司董事、监事或有关管理人员认真研究整改方案，跟踪辅导，督促整改，并在下一次报告时说明整改情况。若拟发行公司对辅导意见有异议，辅导机构应于下一次报告时书面报告派出机构。

十、辅导机构报送的《股票发行上市辅导报告》由派出机构存档备查。辅导期满后15个工作日内，辅导机构向派出机构报送《发行上市辅导汇总报告》，该报告同时作为拟发行公司股票发行申请文件的必备材料。

十一、辅导机构在辅导过程中应将有关资料及重要情况汇总，建立"辅导工作底稿"，存档备查。

十二、辅导机构委派的辅导人员发生变动时，应于变动后十个工作日内报告派出机构，接替人员承诺完全接受前任工作。拟发行公司更换辅导机构时，原辅导机构应向派出机构书面报告解约的原因，继任辅导机构应于变更后十个工作日内向派出机构提交第七条1、2、3之规定资料，同时对原辅导机构的解约原因发表意见。继任辅导机构表示完全同意前任辅导意见的，辅导期可以连续计算；否则，辅导期从继任辅导机构开始辅导起重新开始计算。十三、派出机构应对辅导机构按第七条规定报送的资料进行审查，如有异议应于15个工作日内书面反馈给辅导机构。过期不予反馈的，视为无异议。辅导期间，派出机构可以根据辅导报告所发现的问题对辅导情况进行抽查。

十四、辅导有效期为三年。即本次辅导期满后三年内，拟发行公司可以由主承销机构提出股票发行上市申请；超过三年，则须按本办法规定的程序和要求重新聘请辅导机构进行辅导。

十五、经辅导机构申请，派出机构对拟发行公司的改制、运行情况及辅导内容、辅导效果进行评估和调查，并出具调查报告。

十六、辅导机构对拟发行公司的辅导情况作为评选"信誉主承销商"的重要内容，中国证监会优先受理"信誉主承销商"推荐的企业股票发行申请。中国证监会在核准过程中发现辅导不合格的，将视情节轻重对辅导机构依法作出处理。

十七、有以下情况之一的，中国证监会将认定该辅导不合格：

1、拟发行公司存在重大法律障碍，不能实现规范运作；

2、辅导报告或汇总报告内容存在重大虚假；

3、中国证监会认定的其他情况。

十八、本办法自公布之日起执行。《关于对公开发行股票进行辅导的通知》（证监发［1995］138号）同时废止。

十九、本办法由中国证监会负责解释。

中国证券监督管理委员会

二○○○年三月十六日

关于修改《关于进一步完善股票发行方式的通知》有关规定的通知

各拟公开发行股票公司、各证券公司：

1999年7月28日，中国证券监督管理委员会发布了《关于进一步完善股票发行方式的通知》（证监发行字［1999］94号）（以下简称《通知》），并成功地进行了首钢等四家公司股票发行的试点。为进一步扩大对一般投资者上网发行和对法人配售相结合发行方式的适用范围，使发行股票公司能够根据市场情况和自身条件选择适当的发行方式，现决定对《通知》中的有关规定做如下修改：

一、取消《通知》中发行后总股本在4亿元以上的公司方可采用对一般投资者上网发行和对法人配售相结合的方式发行股票的限制。发行后总股本在4亿元以下的公司亦可采用上述方式发行股票。

二、取消《通知》中用于法人配售部分的股票不得少于公开发行量的25%、不得多于公开发行量的75%的限制。发行人和主承销商在充分考虑上市后该股票流动性等因素的基础上，自主确定对法人配售和对一般投资者上网发行的比例。

本通知自发布之日起实施。

中国证券监督管理委员会

二○○○年四月四日

关于法人配售股票有关问题的通知

1999年7月29日，中国证券监督管理委员会（以下简称"证监会"）发布了《关于进一步完善股票发行方式的通知》（证监发行字［1999］94号，以下简称《通知》），现就法人配售股票有关问题通知如下：

一、国有企业、国有资产控股企业、上市公司所开立的股票帐户，可用于配售股票，也可用于投资二级市场的股票。但在二级市场买入又卖出或卖出又买入同一种股票的时间间隔不得少于6个月。

二、参加配售的国有企业、国有资产控股企业、上市公司及其他法人机构，其用于申购本领股票的资金来源必须符合《通知》第17条的规定。国有企业、国有资产控股企业不得使用从银行及其他金融机构取得的各类长短期贷款、外国政府贷款、外国商业贷款和财政周转金购买配售的股票；上市公司不得使用募股资金和从银行及其他金融机构取得的各类长短期贷款、外国政府贷款外国商业贷款购买配售的股票；不得非法利用他人帐户或资金进行申购，也不得违规融资或帮助他们违规融资申购。

三、公司注册登记在半年以上的法人方具有参加配售的资格。

四、对违反上述规定的法人，证监会将依据《证券法》等有关法律、法规的规定，对其处以没收非法所得

、罚款及追究法定代表人责任等处罚。

五、本规定自发布之日起实施。

中国证券监督管理委员会

一九九九年九月八日

法人配售发行方式指引

一、发行人和主承销商事先确定发行量和发行底价，通过向法人投资者询价，并根据法人投资者的预约申购情况确定最终发行价格，以同一价格向法人投资者配售和对一般投资者上网发行。

二、发行量在8000万股以下的，在目前市场条件下，原则上不建议使用该发行方式。若发行人和主承销商坚持使用该方式发行，则应当采取“回拨机制”，即根据一般投资者的超额认购倍数，确定对法人的配售量。具体操作规程详见附件。

三、发行量在8000万股以上的，对法人的配售比例原则上不应超过发行量的50%。发行量在20000万股以上的，可根据市场情况适当提高对法人配售的比例。

四、发行人可参与对战略投资者的选择，但不应参与对一般法人投资者的选择。主承销商根据公开募集文件中规定的分配原则和方法，确定一般法人投资者。

五、发行人在招股意向书中必须细化和明确战略投资者的定义，使之充分体现出战略投资的意义。战略投资者的家数原则上不超过2家，特大型公司发行时，可适当增加战略投资者的家数。

六、战略投资者的持股时间不少于6个月。发行人应保证使其股票发行1年后，可随时流通的股票不少于公司总股本的25%，总股本在4亿股以上的不少于15%。

七、中国证券业协会内部设立“法人配售审核小组”，负责对法人配售对象的资格审查。

八、主承销商内部应有专人负责组织法人配售发行工作。主承销商应将其名单报“法人配售审核小组”及中国证监会备案。

九、发行前，发行人应将可能成为其战略投资者的法人单位的具体情况报“法人配售审核小组”审查并报中国证监会备案。

十、发行前，发行人的全体董事和主承销商配售负责人分别签署承诺书。发行人的全体董事保证战略投资者的选择不存在违法行为和黑箱操作；主承销商保证对配售对象的选择和整个配售过程不存在违法行为和黑箱操作。

十一、法人配售过程应有公证机构人员在场，并由公证机构人员对配售过程的公正性出据公证文书。

十二、发行人和主承销商应在法人配售结果公告前，将法人投资者的申购数量、申购家数、申购价格的具体分布情况报“法人配售审核小组”审查并报中国证监会备案。

十三、在法人配售结果公告中，发行人和主承销商应详细披露法人投资者的申购情况及战略投资者与发行人之间的关系，具体解释价格确定过程和依据。

十四、证券投资基金可以比照战略投资者或一般法人参加预约申购。已获配的法人投资者和证券投资基金不得同时参加上网申购。

中国证券监督管理委员会

二〇〇〇年八月二十一日

附件

“回拨机制”的操作方案

一、发行量在8000万股以下又坚持使用法人配售发行方式的，发行人和主承销商必须设计并采取“回拨机制”。

二、“回拨机制”指通过向法人投资者询价并确定价格，对一般投资者上网发行。根据一般投资者的申购情况，最终确定对法人投资者和对一般投资者的股票分配量。

三、发行人和主承销商在招股意向书中，规定拟向法人配售的比例，同时规定当一般投资者上网申购的超额认购倍数达到不同倍数时对法人投资者和对一般投资者相应的股票分配量。对法人投资者的配售量最低可调减至0股。

四、一般投资者上网申购超额认购倍数及股票分配比例，由发行人和主承销商在充分分析市场情况的基础上确定并报中国证监会核准。

关于向二级市场投资者配售新股有关问题的通知

上海、深圳证券交易所，各证券公司：

为了进一步完善股票发行方式，促进证券市场的稳定健康发展，今后将在新股发行中试行向二级市场投资者配售新股的办法。现就有关问题通知如下：

一、基本规则

（一）向二级市场投资者配售新股，是指在新股发行时，将一定比例的新股由上网公开发行改为向二级市场投资者配售，投资者根据其持有上市流通证券的市值和折算的申购限量，自愿申购新股。

（二）投资者持有上市流通证券的市值，是按招股说明书概要刊登前一个交易日收盘价计算的上市流通股票、证券投资基金和可转换债券市值的总和（不含其它品种的流通证券及未挂牌的可流通证券），其中包含已流通但被冻结的高级管理人员持股。

（三）投资者每持有上市流通证券市值10000元限申购新股1000股，申购新股的数量应为1000股的整数倍，投资者持有上市流通证券市值不足10000元的部分，不赋予申购权；每一股票帐户最高申购量不得超过发行公司公开发行总量的千分之一；每一股票帐户只能申购一次，重复的申购视为无效申购。投资者申购新股时，无需预先缴纳申购款，但申购一经确认，不得撤销。

（四）证券投资基金按现行有关规定优先配售新股后，不再按其持有上市流通证券的市值配售新股。

（五）证券交易所负责确认投资者的有效申购，并对超额申购、重复申购等无效申购予以剔除。

（六）有效申购量确认后，按以下办法配售新股：

1、当有效申购总量等于拟向二级市场投资者配售的总量时，按投资者的实际申购量配售；

2、当有效申购总量小于拟向二级市场投资者配售的总量时，按投资者实际申购量配售后，余额按照承销协议由承销商包销；

3、当有效申购总量大于拟向二级市场投资者配售的总量时，证券交易所按1000股有效申购量配一个号的规则，对有效申购量连续配号。主承销商组织摇号抽签，投资者每中签一个号配售新股1000股。

（七）中签的投资者认购新股应缴纳的股款，由证券营业部直接从其资金帐户中扣缴。因投资者认购资金不足，不能认购的新股，视同放弃认购，由主承销商包销，证券营业部或其它投资者不得代为认购。

二、操作程序

（一）T－2 刊登招股书概要

发行公司披露新股发行价格、发行方式和拟上市证券交易所。

发行公司拟上市证券交易所根据前一个交易日的收盘价，统计各投资者持有本所上市流通证券的市值。

（二）T－1 刊登发行公告

说明按规定向证券投资基金优先配售后，拟向二级市场投资者配售及上网公开发行新股的数量。证券交易所计算各投资者可申购新股的数量。

（三）T＋0 自愿申购

投资者按照其可申购新股的数量，自主委托申购新股。

证券交易所确认有效申购，剔除无效申购，并按有效申购量连续配号后，将配号结果传输给各证券营业部。

（四）T＋1 摇号抽签

证券营业部在交易场所的显著位置向投资者公布配号结果。

主承销商在中国证券监督管理委员会（以下简称中国证监会）指定报纸上公布中签率，并在公证机关的监督下组织摇号抽签。

证券交易所将中签号码分别传送给登记公司和证券营业部。

（五）T＋2 公布中签结果

证券营业部在交易场所的显著位置张贴中签结果公告。

主承销商在中国证监会指定报纸上公布抽签结果。

（六）T＋3 收缴股款

各证券营业部向中签投资者收取新股认购款，将股款集中划入证券交易所的指定帐户，并将投资者认购新股的明细数据报证券交易所。

（七）T＋4 交割

证券交易所登记公司进行清算交割和股东登记，并将募集资金划入主承销商指定的帐户。投资者放弃认购的新股，由主承销商包销。

（八）T＋5 划款

承销商将募集资金划入发行公司指定帐户。

三、附加说明

(一)向二级市场投资者配售新股的比例，目前暂定为向证券投资基金优先配售后所余发行量的50%，今后根据市场情况调整。

采用向二级市场投资者配售部分新股的办法发行股票时，向二级市场配售与上网公开发行应同时进行(流程见附件)。

(二)投资者同时持有上海、深圳证券交易所上市流通证券的，分别计算市值；各证券交易所的交易系统只根据持有本所上市流通证券的市值配售新股。

(三)证券交易所及其会员单位应抓紧做好技术准备及有关宣传工作，帮助投资者熟悉新的发行方式。要切实维护投资者的合法权益。对在新股申购中侵害投资者权益的行为，中国证监会将依法查处。

(四)本通知自二月二十二日实施。

中国证券监督管理委员会

二〇〇〇年二月十三日

附件：

新股同时向二级市场配售和上网公开发行的流程

日期	向二级市场投资者配售	上网公开发行
T－2	刊登招股书概要交易所计算市值	
T－1	刊登发行公告	
T＋0	投资者自主申购，无需缴款 交易所确认有效申购、配号	投资者自主申购，预先缴款
T＋1	公布配号结果 摇号抽签	冻结资金
T＋2	公布中签结果	验资 确认有效申购、配号
T＋3	收缴股款	公布配号结果 摇号抽签
T＋4	清算、登记、划款	公布中签结果 清算、登记、划款
T＋5	主承销商将募集资金 划入发行公司帐户	主承销商将募集资金 划入发行公司帐户

关于实施向二级市场投资者配售新股有关事项的通知

各会员单位：

根据中国证监会《关于向二级市场投资者配售新股有关问题的通知》(证监发行字[2000]5号)，现将向二级市场投资者配售新股的有关事项通知如下：

一、请各会员单位务必认真学习中国证监会《关于向二级市场投资者配售新股有关问题的通知》的规定，并按规定要求于2月22日前做好各项技术准备工作。

二、请各会员单位设立专门窗口，做好向投资者的宣传工作，帮助投资者理解和熟悉新的发行方式，切实维护投资者的合法权益。

三、关于上网定价发行部分的有关事项，仍按原来的有关规定办理。

四、凡遇按投资者持有上市流通证券市值配售新股(以下简称按值配售)时，本所将按规定计算各投资者可申购新股的数量，作为确认投资者有效申购的依据，并于申购日前两日(T－2)通过ZQY?????.DBF(代码为737XXX)数据文件传送至各会员单位；如果每一股票帐户计算出可申购新股的数量大于规定的申购上限，可申购新股的数量则按规定的申购上限表示。

五、新股申购当日(T＋0)，按值配售新股的申购代码为737XXX，申购方法同上网定价发行，但按规定申购该部分新股时不进行扣款和冻结资金。

六、申购当日闭市后，本所按规定对投资者的按值配售新股申购进行确认，对每一股票帐户的有效申购量进行连续配号，配号代码为747XXX，并将配号结果通过GH?????.DBF数据文件传送至各会员单位，方法同上网定价发行。

七、新股申购(T＋1)日闭市后，本所根据按值配售新股摇号抽签结果确认中签投资者，并将中签投资者的数据通过GH?????.DBF数据文件传送至各会员单位(代码为737XXX)，各会员单位据此按规定收缴股款。

八、各会员单位须组织好按值配售新股的收缴股款工作，上海证券中央登记结算公司(以下简称登记公司)将于T＋3日对采用不同发行方式的同一新股的认购统一进行清算。

九、如有中签投资者认购资金不足，按规定视同放弃认购，各会员单位须将放弃认购的相关数据于T＋3日14时前按规定的数据格式，通过参与人远程操作平台(PROP)报送登记公司。

十、有关按值配售新股的费用及划帐方法同上网定价发行。

十一、在向二级市场投资者配售新股的新方式实施过程中，各会员单位如有问题，可直接咨询本所交易运行部(联系电话：021－68809608；021－68803332)。

上海证券交易所

二〇〇〇年二月十四日

关于向二级市场投资者配售新股业务有关问题的说明

各会员单位、证券营业部：

根据部分会员单位及投资者对2月14日中国证监会《关于向二级市场投资者配售新股有关问题的通知》的反馈意见，本所对向二级市场投资者配售新股业务的有关问题说明如下：

一、鉴于新股发行中，配售方式与上网定价方式并行，因此同一新股的不同发行方式将使用不同的申购代码，请投资者及各证券营业部仔细阅读新股发行公告，并在具体操作时注意区分。

二、投资者在申购配售新股时，只需根据发行公告中公布的申购上限(即公开发行量的千分之一)自愿申报，本所主机将自动核准投资者的可配售新股数量，剔除超额部分，保留有效申购。

三、如投资者使用同一证券帐户在多个证券营业部开户，可以任选其中一个营业部进行配售申购，并在该营业部查询配号、中签结果并缴纳股款。

四、中签的投资者应于T＋3日前，将足额中签新股认购款存入资金帐户，以便证券营业部在T＋3日收缴。如帐户资金不足额，则按实有金额扣缴，其余部分视为放弃认购。

五、证券营业部应于T＋3日收市前，将投资者认购新股的明细数据通过交易系统传至本所。本所将于当日收市后返回确认数据。

六、为使各会员单位、证券营业部切实做好柜台系统的修改工作，本所将于2月19日(星期六)、20日(星期日)进行全网测试，测试方案已通过交易网络下发至各营业部，请注意查收。

深圳证券交易所

二〇〇〇年二月十五日

信誉主承销商考评试行办法

为促进证券公司提高证券承销执业水平，鼓励和引导证券公司在证券发行市场开展积极、规范、健康的业务竞争，培育资质高的主承销商队伍，制定本办法。

一、考评的对象

"信誉主承销商"的考评对象是经中国证监会确认具有主承销商资格的证券公司。

二、考评的原则及基本要求

考评要坚持客观、公正、公开的原则；要充分征求业内意见，做到简便易行；要有利于形成积极、规范、健康的竞争。

基本要求如下：

1、所承销的企业推荐成功，市场表现良好。

2、具有丰富的承销经验和较强的承销业务技能与分析研究能力，积极开展业务创新。

3、要按照《股票发行上市辅导工作暂行办法》认真履行辅导职责，辅导效果明显。

4、没有重大违法违规行为。

5、具有完善的内部控制制度。

6、遵守行业规范，实行行业自律。

三、考评的办法和程序

1、"信誉主承销商"的考评采取信誉积分办法，由证券发行人、证券投资基金管理公司、证券公司、会计师事务所、律师事务所以及中国证监会按统一的考评标准进行考评打分。信誉总积分在前8位、且符合本办法规定的基本要求的证券公司即为"信誉主承销商"。

2、各考评主体应在对考评对象充分评议的基础上进行考评打分。

3、参与考评的有关方面应在规定的时限将各自的考评结果提供给中国证券业协会。

4、中国证券业协会汇总考评结果，并公布评定结果。

5、考评工作定期进行。

四、考评的组织工作

1、中国证券业协会负责考评的具体组织和协调工作。

2、中国证券业协会在本办法公布后，将组织制定并公布《信誉主承销商信誉积分规则》，作为各考评主体进行考评的标准。

3、各考评主体应根据本办法和《信誉主承销商信誉积分规则》，制定各自的具体实施办法，并报中国证券业协会备案。

4、中国证券业协会负责组织对上述有关办法的修订。

五、考评的结果

1、对入选"信誉主承销商"的证券公司，中国证券业协会颁布证书。

2、"信誉主承销商"有违法违规行为或不符合本办法规定的基本要求，中国证券业协会将取消其"信誉主承销商"称号。

3、信誉主承销商一经入选，中国证券业协会可向中国证监会推荐，中国证监会对信誉主承销商的发行承销业务给予优先受理。

中国证券业协会

二〇〇〇年三月十六日

中国证券业协会关于发布《信誉主承销商信誉积分规则》的公告

根据《信誉主承销商考评试行办法》(中证协字[2000]21号)，经广泛征求业内意见，现发布《信誉主承销商信誉积分规则》(见附件)。有关事项说明如下：

一、考评积分办法

各考评主体在信誉基准分100分的基础上，按照统一的积分因素对各考评对象进行加分或减分，算出各自部分的信誉积分，然后乘以相应部分的权重，得出各考评部分的信誉积分净值。

各主承销商信誉总积分等于各考评部分信誉积分净值之和。

各个考评部分信誉积分在信誉总积分中的权重分别为：中国证监会考评部分占20%；发行人考评部分占20%；基金管理公司考评部分占10%；律师事务所考评部分占15%；会计师事务所考评部分占15%；证券公司考评部分占20%。

信誉积分计算公式为：

主承销商信誉总积分＝中国证监会考评部分信誉积分×20%＋发行人考评部分信誉积分×20%＋基金管理公司考评部分信誉积分×10%＋律师事务所考评部分信誉积分×15%＋会计师事务所考评部分信誉积分×15%＋证券公司考评部分信誉积分×20%

中国证监会考评部分信誉积分＝中国证监会对每个考评对象的评分

发行人考评部分信誉积分＝考评主体的评分之和÷考评主体的家数

基金管理公司考评部分信誉积分＝考评主体的评分之和÷考评主体的家数

律师事务所考评部分信誉积分＝考评主体的评分之和÷考评主体的家数

会计师事务所考评部分信誉积分＝考评主体的评分之和÷考评主体的家数

证券公司考评部分信誉积分＝考评主体的评分之和÷考评主体的家数

二、考评组织方式

各考评主体根据《信誉主承销商考评试行办法》和《信誉主承销商信誉积分规则》自行制定切实可行的考评组织实施办法。《信誉主承销商信誉积分规则》公布后，中国证券业协会将对2000年度及此后各年度的具体考评工作作出安排。

三、对考评工作的基本要求

1、各考评主体应根据所有公开的信息(如招股说明书、公司定期报告等)及各自掌握的资料进行考评。

2、严格按照《信誉主承销商考评试行办法》、《信誉主承销商信誉积分规则》和中国证券业协会组织制定的各相关办法，进行加分或减分。

3、尽可能建立日常考评记录以备核查。

4、遵循客观、公正的原则，加减信誉积分要有充分的依据。

5、领导要高度重视，并指定专门人员负责考评。

中国证券业协会

二〇〇〇年七月十三日

附：

信誉主承销商信誉积分规则

中国证监会考评部分

1、每承销一家加10分，承销家数为0的，将自动丧失信誉主承销商资格。

2、正式申报所辅导的发行人申请材料后，被证监会认定其不合格并不予受理的，每出现一家减40分。

3、负责填列的《证券发行申请材料核对表》经复核不存在错误的，每一家加10分；经复核存在错误的，每出现一个错误减2分。

4、发行申请材料上报证监会后，随意增补材料的，每出现一次减5—10分。

5、申报材料内容存在前后不一致的，每出现一次减10—20分。

6、申请材料存在重大遗漏，经认定属故意隐瞒事实的，每出现一次减20—50分。若经认定所隐瞒事项会对发行上市构成障碍的，将自动丧失信誉主承销商资格。

7、发行申请材料有虚假记载的，每出现一次减30—50分；若经认定该项虚假记载涉及发行上市重要财务或法律问题的，将自动丧失信誉主承销商资格。

8、发行申请材料有明显误导性陈述的，每出现一次减10—50分。

9、未按要求履行内核工作程序、召开内核工作会议的，每出现一次减10—50分。

10、经认定以不当行为干扰发行审核工作的，每出现一次减20—50分。

11、在证券发行承销方面受到证监会批评且记录在案的，每出现一次减10—30分。

12、所辅导公司的发行申请材料受到发审委的表扬并记录在案的，每一次加10分；受到批评并记录在案的，每出现一次减10—20分。

13、所承销公司的发行申请一次性通过发审委审核的，每一家加20分；首次未通过但复议通过的，每一家减5分；首次未通过且复议未通过的，每一家减20分。

14、股票发行估值研究工作认真，询价区间范围较小，最后定价在此区间内，且公司股票上市后一个月内升幅恰当的，每一家加10—20分；否则每一家减10—20分。

15、所承销的公司实际经营结果未达到盈利预测80%的，每出现一家减10分；均达到盈利预测80%的，加20分。

16、所承销公司未履行法定程序，擅自改变募集资金投向的，每出现一次减20—40分；虽履行法定程序，但在发行后一年内改变募集资金投向的，每出现一次减10—30分。

17、所承销公司发行后第二年发生亏损的，每出现一家减10分；发行当年发生亏损的，将自动丧失信誉主承销商资格。

18、开展承销业务，按有关要求建立了内部"隔离墙"的，加10分；没有建立的，减10—30分。

19、按规定报送承销商备案材料、承销工作报告和年度承销报告的，加10—20分；未按规定报送的，每出现一次减5—10分。

20、有突出的业务创新表现，加10—30分。

21、向证监会提供有关证券发行制度的建设性建议并被采纳的，每一项加10—20分。发行人考评部分

1、针对发行人的实际，充分考虑证券市场的特点设计良好的发行方案，加5—20分；差的，减5—20分。

2、掌握股票发行上市法规和政策，熟悉相关工作程序和监管要

求,加5—20分;差的,减5—15分。

3、积极帮助发行人确立未来的经营战略和发展方向,提供财务顾问服务,加5—10分;差的,减5—10分。

4、组织协调其他中介机构能力突出的,加5—10分,差的,减5—10分。

5、改制辅导工作效果显著的,加5—20分;差的,减5—10分。

6、业务人员工作态度端正,有敬业精神,勤勉尽职,遵守职业道德的,加5—15分;差的,减5—15分。

7、认真协助发行人制作申报材料的,加5—20分;差的,减5—20分。

8、全面履行承销协议所规定的承销义务,并且资金如期到位的,加5—10分;差的,减5—10分。

基金管理公司考评部分

1、所推荐的发行人质量高的,加5—20分;差的,减5—20分。

2、为发行人设计的股本结构、发行方案及定价合理的,加10—20分;差的,减10—20分。

3、承销新股发行时,向投资者提供的资料真实、准确、完整、及时,加5—10分;差的,减10—20分。

4、业务人员工作态度端正,有敬业精神,勤勉尽职,遵守职业道德的,加5—10分;差的,减5—10分。

5、在发行方案设计、新品种开发方面有创新的,加5—20分。

6、在发行人上市后,能继续认真履行主承销商职责,督促发行人严格履行信息披露义务的,加5—40分;差的,减5—20分。

7、所承销公司实际经营结果未达到盈利预测的,每出现一家减5—20分;均达到盈利预测的,加20分。

8、所承销公司未履行法定程序,擅自改变募集资金投向的,每出现一次减10—40分;无此情况的,加10分。

9、所承销公司发行后第二年发生亏损的,每出现一家减10分;发行当年发生亏损的,将自动丧失信誉主承销商资格。

律师事务所考评部分

1、掌握股票发行上市法规和政策,熟悉相关工作程序和监管要求,加5—10分;差的,减5—10分。

2、在与发行人及有关中介机构的合作中,综合协调能力强的,加5—10分;差的,减5—10分。

3、业务人员工作态度端正,有敬业精神,勤勉尽职,遵守职业道德的,加5—10分;差的,减5—10分。

4、在帮助发行人改制的过程中能遵规守法的,加5—20分;差的,减5—20分。

5、对发行人进行的法律辅导效果显著的,加5—10分;差的,减5—10分。

6、尊重律师事务所的独立法律意见的,加5—10分;不尊重的,减5—40分。

7、故意刁难、阻碍律师事务所出具独立法律意见,或者向律师事务所提供或协助提供虚假、不实的文件和资料的,每出现一次减20分;造成严重后果的,每出现一次减40分。

8、与发行人签订的承销协议有违法违规内容,且不听取律师事务所的纠正意见的,每出现一次减20分。

9、对律师事务所出具的专业意见因片面摘录或出现摘录错误而导致发行人信息披露不符合要求的,每出现一次减10—20分;无此行为的,加10分。

10、公开发布或披露的内容或信息应当经过但实际上未经过律师事务所确认的,每出现一次减5—10分;造成严重后果的,每出现一次减40分。

会计师事务所考评部分

1、掌握股票发行上市法规和政策,熟悉相关工作程序和监管要求,加5—10分;差的,减5—10分。

2、业务人员熟悉财务会计法规和相关知识的,加5—10分;不熟悉的,减5—10分。

3、在与发行人及有关中介机构的合作中,综合协调能力强的,加5—10分;差的,减5—10分。

4、业务人员工作态度端正,有敬业精神,勤勉尽职,遵守职业道德的,加5—10分;差的,减5—10分。

5、在帮助发行人改制的过程中能遵规守法的,加5—20分;差的,减5—20分。

6、尊重会计师事务所专业意见的,加5—10分;不尊重的,减5—40分。

7、与发行人共同作弊、伪造、变造证券发行、上市财务资料及相关文件,给注册会计师审计预设障碍者,每出现一次减20—40分。

8、要求或通过发行人要求会计师事务所出具不实审计报告的,每出现一次减40分;要求会计师事务所出具含有重大遗漏的审计报告的,每出现一次减30—40分。

9、对会计师事务所出具的审计报告因片面摘录或出现摘录错误导致发行人信息披露不符合要求的,每出现一次减10—20分,无此行为的,加10分。

10、故意刁难、阻碍会计师事务所出具真实报告,或者向会计师事务所提供或协助提供虚假、不实的文件和资料的,每出现一次减20分;造成重大后果的,每出现一次减40分。

11、与发行人签定的承销协议有违法违规内容,且不听取会计师事务所的纠正意见的,每出现一次减20分。

证券公司考评部分

1、在承销过程中能遵守行业自律规则,且无不正当竞争行为的,加10分;违反行业自律规则或有不正当竞争行为的,每出现一次减10—50分。

2、承销组织协调能力强的,加5—10分;差的,减5—10分。

3、能严格履行承销协议的,加5—10分;差的,减5—10分。

4、每承销一家加10分;承销家数为0的,将自动丧失信誉主承销商资格;承销股数在2亿以上的,每承销一家另加10分。

5、所承销的公司分布于5个(含5个)以上省、自治区、直辖市和计划单列市的,加5分。

6、除配股外,在规定的承销期内售出股票不足本次公开发行总数的,每出现一家减5—20分;无此情况的,加10分。

7、所承销公司的净资产收益率连续两年增长10%以上,每出现一家加10分。

8、业务创新能力强的,加5—10分。

9、研究能力强的,加5—10分。

10、所承销公司的高级管理人员受到中国证监会的处罚,且其行为发生在辅导期及申报期内,每出现一家减5分;无此情况的,加10分。

说明:上述"承销"均指"主承销"

关于禁止股票承销业务中融资和变相融资行为的行业公约

股票承销过程中的融资和变相融资行为属于一种不正当竞争行为,它不仅直接导致了一级市场的无序竞争,而且加剧了券商与企业间的经济纠纷,更重要的是它超出了目前我国券商的经济承受能力,增大了券商的经营风险,已严重危害了我国证券市场的健康发展。

为维护行业整体利益,减少一级市场的不正当竞争,根据中国证监会《关于禁止股票发行中不当行为的通知》的有关精神,特制定本行业公约。内容如下:

一、本公约适用于中国境内有股票主承销资格的所有会员单位。

二、股票承销过程中的融资和变相融资行为是指券商为争取新股、配股、增发新股等股票承销项目而为企业提供的融资行为,它包括但不限于下列行为:直接贷款,代垫资金,预付股款,提供贷款担保。

三、在本公约颁布生效之日前,证券公司与企业之间已经发生的融资和变相融资行为,由其自行负责清理。

四、对违反本公约的会员,本会经举报查实后,除要求其他会员抵制参加由其发起的承销团外,还将视其情节轻重予以下列纪律处分:

(1)公开谴责;

(2)根据协会有关规定对有关机构和直接责任人予以纪律处分。

五、会员对其处罚如有不服,可在一个月内向本会监事会申请要求复议;对复议不服者,可在一个月内向中国证监会申诉。

六、本公约未尽事项,除参照有关规定执行外,本会将另制订实施细则。

七、本公约的解释权属于本会理事会。

八、本公约经本会常务理事会通过,报中国证监会批准后,由有股票主承销资格的会员单位、法人代表签字后颁布生效,有效期两年。

中国证券业协会

二〇〇〇年三月十五日

上海证券交易所股票上市规则(2000年修订本)

第一章　总　则

1.1　为规范股票上市行为,维护证券市场秩序,保护投资者和股票发行人的合法权益,根据《中华人民共和国公司法》(以下简称《公司法》)、《中华人民共和国证券法》(以下简称《证券法》)、《股票发行与交易管理暂行条例》(以下简称《股票条例》)、《证券交易所管理办法》等国家有关法律、法规、规章及《上海证券交易所章程》,制定本规则。

1.2　股票及其衍生品种在上海证券交易所(以下简称"本所")上市,适用本规则的规定。

1.3　经中国证券监督管理委员会(以下简称"中国证监会")核准股票公开发行、上市的公司申请在本所上市,由本所审查同意后安排上市。

1.4　本所依据国家有关法律、法规和本规则及中国证监会的授权对上市公司及其董事、监事、高级管理人员、有信息披露义务的投资人及上市推荐人进行监管。

第二章　股票上市协议董事、监事承诺和备案上市推荐人

第一节　股票上市协议

2.1.1　发行人在股票首次上市前应当向本所申请上市,与本所签署股票上市协议。

2.1.2　股票上市协议主要包括以下内容:

(一)上市公司章程的内容及其制定与修订程序符合《公司法》、有关法规和中国证监会规定的相关条款;

(二)上市费用及其交纳方式;

(三)双方的权利与义务;

(四)董事会秘书和董事会证券事务代表;

(五)定期报告、临时报告的报告程序及上市公司回复本所质询的具体规定;

(六)股票停牌事宜;

(七)违约责任;

(八)仲裁条款;

(九)本所认为需要规定的其他内容。

2.1.3　上市公司逾期缴纳上市费用,本所按日欠费金额的0.03%收取滞纳金。a

第二节　董事、监事承诺和备案

2.2.1　新上市公司的所有董事、监事应在股票上市后两个月内,上市公司新任董事、监事应在股东大会通过其任命后两个月内,分别签署《董事声明及承诺书》、《监事声明及承诺书》并送达本所。董事、监事签署该文件时必须由一名有证券从业资格的律师向董事、监事解释《董事声明及承诺书》、《监事声明及承诺书》的内容,董事、监事在充分理解后签字,并由律师见证。

2.2.2　董事应在《董事声明及承诺书》中就以下事项作出承诺:

(一)遵守国家有关法律法规,履行诚信勤勉义务;

(二)遵守公司章程;

(三)遵守本规则,接受本所监管;

(四)本所认为应当由董事承诺的其他事项;

监事除应当在《监事声明及承诺书》中承诺上述事项外,还须承诺促使上市公司董事遵守承诺。

董事、监事应当在《董事声明及承诺书》、《监事声明及承诺书》中就以下事项作出声明:

(一)持有所在公司股票的情况;

(二)违反法律、法规受到查处的情况;

(三)参加证券业务培训的情况;

(四)其他任职情况;

(五)拥有其他国家或地区的国籍、长期居留权的情况;

(六)本所认为应当说明的其他情况。

2.2.3　《董事声明及承诺书》、《监事声明及承诺书》中声明的事项发生变化时,董事、监事应当在该等情况发生变化之日起两个月内向本所提交有关最新资料备案,并保证资料的真实与完整。

第三节　上市推荐人

2.3.1　本所实行股票上市推荐人制度。公司在本所申请股票上市,必须由一至二个本所认可的机构推荐。

2.3.2　上市推荐人应当符合下列条件:

(一)具有本所会员资格;

(二)从事股票承销工作或具有本所认可的其他资格一年以上,且信誉良好;

(三)最近一年内无重大违法违规行为;

(四)负责推荐工作的主要业务人员熟悉本所有关上市的业务规则。

2.3.3　符合2.3.2条的会员应当每年向本所提出资格申请,经本所审查确认后,取得上市推荐人资格。会员受到中国证监会暂停或取消股票承销业务的处分,本所相应暂停或取消其上市推荐人资格。

2.3.4　会员向本所申请上市推荐人资格时,应当提交以下文件:

(一)申请书;

(二)会员资格证书;

(三)承销或本所认可的其他资格证书;

(四)主要业务人员的简历;

(五)最近一年上市推荐业务的情况;

(六)上市推荐协议书;

(七)本所要求提供的其他文件。

2.3.5　上市推荐人应当与发行人签订股票上市推荐协议,规定双方在申请上市期间及上市后一年内的权利和义务,股票上市推荐协议应

当符合本规则和股票上市协议的有关规定。

2.3.6　上市推荐人应当履行下列义务:

(一)确认发行人符合上市条件;

(二)确保发行人的董事了解法律、法规、本规则及股票上市协议规定的董事的义务与责任;

(三)协助发行人申请股票上市并办理与股票上市相关的事宜;

(四)提交股票上市推荐书并附向中国证监会提交的发行人情况调查表;

(五)对股票上市文件所载的资料进行核实,确保股票上市文件真实、准确、完整,符合规定要求;

(六)协助发行人健全法人治理结构;

(七)协助发行人制定严格的信息披露制度与保密制度;

(八)本所规定的上市推荐人的其他义务。

2.3.7　《上市推荐书》应当包括下列内容:

(一)发行人的概况;

(二)申请上市股票的发行情况;

(三)发行人与上市推荐人是否存在关联关系及存在何种关联关系;

(四)公司章程符合《公司法》等有关法律、法规和中国证监会的规定以及发行人符合上市条件的说明;

(五)上市推荐人认为发行人需要说明的重要事项和存在的问题;

(六)上市推荐人需要说明的其他内容。

2.3.8　上市推荐人应当保证发行人的上市申请材料、上市公告书没有虚假、严重误导性陈述或者重大遗漏,并保证对其承担连带责任。

2.3.9　上市推荐人不得利用其在上市推荐过程获得的内幕信息进行内幕交易,为自己或他人谋取利益。

第三章　股票上市的申请、审查与信息披露

第一节　首次公开发行的股票上市

3.1.1　发行人在其股票上市申请报经中国证监会核准后,方可向本所申请其股票上市。

3.1.2　发行人申请其首次公开发行的股票上市,应当按中国证监会《公开发行股票公司信息披露的内容与格式准则》第七号《上市公告书的内容与格式》编制上市公告书。

3.1.3　发行人提出上市申请时,应当向本所提交以下申请文件:

(一)上市申请书;

(二)中国证监会核准其股票发行的文件及经中国证监会核准的发行、上市申报材料;

(三)上市推荐人出具的股票上市推荐书;

(四)具有从事证券业务资格的会计师事务所出具的对全部资本的验资报告(包括实物资产所有权已转移至上市公司的证明文件);

（五）股票发行后按规定新增的财务资料；

（六）历次股东大会决议；

（七）股票发行后公司设立或变更的营业执照复印件；

（八）上市公告书；

（九）发行人拟聘任或已聘任为公司董事会秘书人选的有关资料；

（十）公司董事、监事和高级管理人员持股情况的报告；

（十一）确定公司股票挂牌简称的函；

（十二）公司全部股票已托管的证明文件；

（十三）本所要求的其他文件。

3.1.4 发行人应当保证向本所提交的文件没有虚假陈述或者重大遗漏。

3.1.5 发行人向本所提出上市申请时，其第一大股东应当向本所承诺，自发行人股票上市之日起12个月内，第一大股东不转让其持有的发行人股份，也不由上市公司回购其持有的股份。

本条所指股份不包括在此期间新增的股份。

3.1.6 发行人在其股票挂牌交易首日的五日前，至少应在一种中国证监会指定的上市公司信息披露的全国性报纸（以下简称指定报纸）上，刊登简要上市公告书全文或不超过一万字的上市公告书概要，并将上市公告书备置于指定场所，供公众查阅。

发行人在提出上市申请期间，未经本所同意，不得擅自披露有关信息。

第二节 配股或增发新股上市

3.2.1 上市公司配股或增发新股完成后，可申请配股或增发新股的可流通股份上市。

3.2.2 上市公司申请其配股或增发新股的可流通股份上市，应当向本所提交以下申请文件：

（一）上市申请书；

（二）中国证监会的核准文件；

（三）经中国证监会审核的配股或增发新股的全部申报材料；

（四）配股或增发新股完成后由具有从事证券业务资格的会计师事务所出具的验资报告；有实物资产配股或增发新股的，提供资产所有权已转移至上市公司的证明文件；

（五）董事、监事和高级管理人员持股情况变动的报告；

（六）股份变动报告或上市公告书；

（七）股份登记机构对新增股份登记托管的书面确认；

（八）本所要求的其他文件。

3.2.3 本所对上市公司配股或增发新股的可流通股份的上市申请文件审查后，安排其符合条件的股份上市。公司应当在配股或增发新股的可流通股份上市前三个工作日内在指定报纸刊登《股份变动报告》或上市公告书，并公布配股或增发新股的可流通股份上市日。

3.2.4 其他股份经核准需上市流通的，参照3.2.2条和3.2.3条的规定执行。

第三节 派发股份股利与公积金转增股本

3.3.1 上市公司在派发股份股利、公积金转增股本前，应当向本所提供下列文件：

（一）股东大会关于派发股份股利、公积金转增股本的决议；

（二）公司实施派发股份股利、公积金转增股本公告；

（三）本所要求的其他文件。

3.3.2 经本所审查后，上市公司应当于派发股份股利、公积金转增股本股权登记日前三至五个工作日在指定报纸上刊登派发股份股利、公积金转增股本公告。

3.3.3 派发股份股利、公积金转增股本公告应当符合中国证监会的有关规定，并且包括以下内容：

（一）通过派发股份股利、公积金转增股本方案的股东大会的届次和日期；

（二）派发股份股利、公积金转增股本的比例（以每10股表述）、实施的股本基数（按实施前实际股本）、是否含税以及扣税情况等；

（三）股权登记日、除权日、新增可流通股份上市日；

（四）实施办法；

（五）股本变动结构表（按变动前股本、本次派发红股、本次转增股本、变动后股本、股份比例等项目列示）；

（六）派发股份股利、公积金转增股本后，按新股本摊薄计算的上年度每股净收益或本年度中期每股净收益；

（七）有关咨询办法。

第四节 公司职工股或内部职工股上市

3.4.1 上市公司申请其公司职工股或内部职工股上市，应当向本所提交以下申请文件：

（一）上市申请书；

（二）中国证监会关于其公司职工股或内部职工股上市时间的批文；

（三）有关公司职工股或内部职工股的持股情况说明；

（四）有关公司董事、监事、高级管理人员持股情况说明；

（五）公司职工股或内部职工股上市提示公告；

（六）本所要求的其他文件。

3.4.2 经本所审查同意后，上市公司应当在公司职工股或内部职工股上市前三个工作日内在指定报纸刊登上市提示公告。

3.4.3 上市提示公告应当包括以下内容：

（一）上市日期、上市股份数量、冻结数量；

（二）发行价格；

（三）历次送配情况；

（四）持股人数。

第五节 董事、监事、高级管理人员所持股份上市

3.5.1 上市公司董事、监事、高级管理人员在任期内应当按照规定向本所申报持股变动情况，不得转让其所持有的本公司股份，包括因公司派发股份股利、公积金转增股本、配股、购入（受让）等新增股份。

3.5.2 上市公司的董事、监事、高级管理人员离职半年后，可以申请其所持本公司股份上市流通。

3.5.3 上市公司原董事、监事、高级管理人员申请将其所持本公司股份上市流通，应当向本所提交以下文件：

（一）上市申请书；

（二）关于免去相关董事、监事、高级管理人员的决议或董事、监事、高级管理人员的辞职书及董事会出具的离职证明。

第六节 向证券投资基金配售的股份上市

3.6.1 上市公司申请其向证券投资基金配售的股份上市，应当向本所提交以下申请文件：

（一）上市申请书；

（二）有关向基金配售的股份说明；

（三）上市提示公告；

（四）本所要求的其他文件。

3.6.2 经本所批准后，上市公司应当在向证券投资基金配售的股份上市前三个工作日内在指定报纸刊登上市提示公告。

3.6.3 上市提示公告应当包括以下内容：

（一）上市时间；

（二）上市股份数量；

（三）发行价格；

（四）历次送配情况。

第七节 向法人、战略投资者定向配售的股份上市

3.7.1 上市公司申请其向法人、战略投资者定向配售的股份上市，应当向本所提交以下申请文件：

（一）上市申请书；

（二）有关向法人、战略投资者定向配售股份的说明；

（三）上市提示公告；

（四）本所要求的其他文件。

3.7.2 经本所批准后，上市公司应当在向法人、战略投资者定向配售的股份上市前三个工作日内在指定报纸刊登上市提示公告。

3.7.3 上市提示公告应当包括以下内容：

（一）上市时间；

（二）上市股份数量；

（三）发行价格；

（四）历次送配情况。

第四章 信息披露的基本原则

4.1 上市公司应当履行以下信息披露的基本义务：

（一）及时披露所有对上市公司股票价格可能产生重大影响的信息；

（二）确保信息披露的内容真实、准确、完整而没有虚假、严重误导性陈述或重大遗漏。

上市公司对履行以上基本义务以及本规则其他具体要求有疑问的，可向本所咨询。

4.2 上市公司董事会全体成员必须保证信息披露内容真实、准确、完整，没有虚假、严重误导性陈述或重大遗漏，并就其保证承担连带赔偿责任。

在公司重要公告中必须作出特别提示：本公司及董事会成员保证公告内容的真实、准确和完整，对公告的虚假记载、误导性陈述或者重

大遗漏负个别及连带责任。

4.3　上市公司及其董事、监事、高级管理人员等不得利用内幕信息进行内幕交易或配合他人操纵证券交易价格。

4.4　上市公司应当披露的信息包括定期报告和临时报告。定期报告包括年度报告和中期报告,其他报告为临时报告。

4.5　上市公司公开披露的信息必须在第一时间报送本所。

4.6　本所根据有关法律、法规、规章对上市公司披露的信息进行形式审查,对其内容不承担责任。

本所对定期报告实行事后审查,对临时报告实行事前审查。

4.7　上市公司董事会及其成员及其他知情人员在公司的信息公开披露前,应当将信息的知情者控制在最小范围内。

4.8　上市公司公开披露的信息应当在至少一种指定报纸上公告,在其他公共传媒披露的信息不得先于指定报纸。上市公司不能以新闻发 布或答记者问等形式代替公司的正式公告。

4.9　上市公司有充分理由认为披露某一信息会损害上市公司的利益,且该信息对其股票价格不会产生重大影响,经本所同意,可以免予披露。

4.10　上市公司认为拟披露的内容可能导致其违反国家有关法规的,应当向本所报告并陈述不宜披露的内容及理由;确有法律依据的,经本所同意,可以免予披露。

4.11　上市公司对没有达到本规则披露要求的事项,可以免除公告义务,但必须报告本所。若本所认为有必要披露的,上市公司应当比照本规则的规定办理。

上市公司在无法确定某项信息是否应当披露时,应当征询本所意见。

第五章　董事会秘书、股权管理与信息披露事务

第一节　董事会秘书

5.1.1　上市公司应当设立董事会秘书,董事会秘书为上市公司的高级管理人员,对董事会负责。

5.1.2　董事会秘书的任职资格:

(一)具有大学专科以上学历,从事秘书、管理、股权事务等工作三年以上;

(二)有一定财务、税收、法律、金融、企业管理、计算机应用等方面知识,具有良好的个人品质和职业道德,严格遵守有关法律、法规和规章,能够忠诚地履行职责;

(三)上市公司董事可以兼任董事会秘书,但监事不得兼任;

(四)有《公司法》第57条规定情形之一的人士不得担任董事会秘书;

(五)上市公司聘任的会计师事务所的会计师和律师事务所的律师不得兼任董事会秘书。

5.1.3　董事会秘书应当遵守公司章程,承担高级管理人员的有关法律责任,对公司负有诚信和勤勉义务,不得利用职权为自己或他人谋取利益。

5.1.4　董事会秘书的职权范围:

(一)董事会秘书为公司与本所的指定联络人,负责准备和递交本所要求的文件,组织完成监管机构布置的任务;

(二)准备和递交董事会和股东大会的报告和文件;

(三)按法定程序筹备董事会会议和股东大会,列席董事会会议并作记录,保证记录的准确性,并在会议记录上签字,负责保管会议文件和记录;

(四)协调和组织上市公司信息披露事宜,包括健全信息披露的制度、接待来访、负责与新闻媒体及投资者的联系、回答社会公众的咨询、联系股东,向符合资格的投资者及时提供公司公开披露过的资料,保证上市公司信息披露的及时性、合法性、真实性和完整性;

(五)列席涉及信息披露的有关会议。上市公司有关部门应当向董事会秘书提供信息披露所需要的资料和信息。公司在作出重大决定之前,应当从信息披露角度征询董事会秘书的意见;

(六)负责信息的保密工作,制订保密措施。内幕信息泄露时,及时采取补救措施加以解释和澄清,并报告本所和中国证监会;

(七)负责保管上市公司股东名册资料、董事和董事会秘书名册、大股东及董事持股资料以及董事会印章;

(八)帮助上市公司董事、监事、高级管理人员了解法律法规、公司章程、本规则及股票上市协议对其设定的责任;

(九)协助董事会依法行使职权,在董事会决议违反法律法规、公司章程及本所有关规定时,把情况记录在会议纪要上,并将会议纪要立即提交上市公司全体董事和监事;

(十)为上市公司重大决策提供咨询和建议;

(十一)本所要求履行的其他职责。

5.1.5　董事会秘书须经过本所组织的专业培训和资格考核并取得合格证书,由董事会聘任,报本所备案并公告;对于没有合格证书的,须经本所认可后由董事会聘任。

5.1.6　公司应当在股票上市后三个月内或原任董事会秘书离职后三个月内正式聘任董事会秘书。在此之前,公司应当临时指定人选代行董事会秘书的工作。

5.1.7　公司董事会聘任董事会秘书应当向本所提交以下文件:

(一)董事会推荐书,内容包括被推荐人的职务、工作表现及个人品德等;

(二)被推荐人的个人简历、学历证明(复印件);

(三)被推荐人取得的董事会秘书考试合格证书;

(四)董事会的聘任书;

(五)董事会秘书的通讯方式,包括办公电话、住宅电话、移动电话、传真、通信地址及专用电子邮件信箱地址等;

(六)公司法定代表人的通讯方式,包括办公电话、住宅电话、移动电话、传真及通信地址等。

5.1.8　董事会秘书有下列情形之一的,公司董事会应接受本所提出的终止对该董事会秘书聘任的建议:

(一)在执行职务时出现重大错误或疏漏,给上市公司或投资者造成重大损失;

(二)违反国家法律法规、公司章程和本所有关规定,给上市公司或投资者造成重大损失;

(三)本所认为不宜担任董事会秘书的其他情形。

5.1.9　上市公司董事会解聘董事会秘书应当具有充分理由,解聘董事会秘书或董事会秘书辞职时,公司董事会应当向本所报告、说明原因并公告。

5.1.10　董事会秘书离任前,应当接受董事会、监事会的离任审查,将有关档案文件、正在办理及其他待办理事项,在公司监事会的监督下移交。公司在董事会秘书聘任时应当与其签订保密协议,要求其承诺一旦在离任后持续履行保密义务直至有关信息公开披露为止。

5.1.11　上市公司董事会在聘任董事会秘书的同时,应当另外委任一名董事会证券事务代表,在董事会秘书不能履行其职责时,代行董事会秘书的职责。证券事务代表应当具有董事会秘书的任职资格,经过本所组织的专业培训和资格考核并取得合格证书。

对董事会秘书的规定适用于对证券事务代表的管理。

第二节　股权管理与信息披露事务

5.2.1　本所接受董事会秘书或证券事务代表代表上市公司办理的股权管理与信息披露事务。

5.2.2　上市公司在信息公开披露前应当将公告文稿报送本所,文稿为中文打印件并有签字盖章。文稿上应当写明拟公告的日期及报纸。经本所同意披露后,上市公司应当自行联系公告事宜。不能按预定日期公告的,应当及时报告本所。

5.2.3　上市公司的公告若有任何错误、遗漏或误导的,公司应按本所要求作出说明并作出更正、补充公告。

5.2.4　上市公司应当将信息披露文件在公告的同时备置于指定场所,供公众查阅。

5.2.5　上市公司应当至少选定一家信息披露的指定报纸;在选定或变更指定报纸后,在二个工作日内报告本所。

第六章　定期报告

6.1　上市公司应当在每个会计年度结束之日起四个月内编制完成年度报告,在指定报纸披露年度报告摘要,同时在中国证监会指定的网站上披露其全文。本所在规定的期限内安排各上市公司披露的时间顺序。

6.2　年度报告应当制成正本和摘要两种形式,其格式和内容按中国证监会《公开发行股票公司信息披露的内容与格式准则第二号＜年度报告的内容与格式＞》的规定编制。上述规定如有修订,按修订后的规定执行。若本所在上述规定基础上对年度报告披露有进一步要求的,公司应按本所要求办理。

6.3　本所对上市公司年度报告实行事前登记、事后审查。

6.4　上市公司在年度报告经董事会批准后,应当分别向中国证监会和本所报送年度报告正本,经本所登记后,在至少一种指定报纸上刊登年度报告摘要。

6.5　上市公司在办理年度报告披露手续时,应向本所报送以下文件:

(一)审计报告;
(二)年度报告正本及其摘要;
(三)董事会决议及其公告文稿;
(四)上述文件的电子文件;
(五)停牌申请;
(六)本所要求的其他文件。
6.6 上市公司出现本规则9.2.1条所述财务状况异常的情形时,应当在收到年度审计报告后两个工作日内报送本所。
6.7 本所的事后审查是指对年度报告摘要、正本在形式上的审查。上市公司应当认真、及时地答复本所的审查意见,并按本所要求对年度报告有关内容作出解释说明、刊登补充公告。
6.8 本所在年度报告审查结束后公布审查结果。
6.9 上市公司应当于每个会计年度的上半年结束之日起二个月内编制完成中期报告并在指定报纸披露。
6.10 中期报告的格式和内容按中国证监会《公开发行股票公司信息披露内容与格式准则第三号<中期报告的内容与格式>》以及有关通知的规定编制。上述规定如有修订,按修订后的规定执行。本所在上述规定基础上对中期报告的披露提出进一步要求的,公司还应按本所要求办理。aa6.11 上市公司的中期财务报告可以不经会计师事务所审计,但有下列情形之一的,必须经会计师事务所审计(中国证监会另有规定的除外):
(一)公司拟在下半年申报配股的;
(二)中国证监会或本所认为应当进行审计的其他情形。
6.12 中期报告的报送、公告和审查参照年度报告的有关规定。
6.13 上市公司无法在最后期限内披露年度报告或中期报告的,应当在最后期限十五日之前向本所提出延期申请,延期最长不得超过六十日。延期申请经本所批准后,公司应当在指定报纸上公布延期披露的原因和预定的披露日期。

第七章 临时报告

第一节 董事会、监事会、股东大会决议

7.1.1 上市公司召开董事会会议,应当在会后两个工作日内将董事会决议和会议纪要报送本所备案。
7.1.2 上市公司董事会决议涉及须经股东大会表决的事项和本章第二、三、四节有关事项的,必须公告;其他事项,本所认为有必要的,也应当公告。
7.1.3 上市公司召开监事会会议,应当在会后两个工作日内将监事会决议和会议纪要报送本所备案,经本所审查后,在指定报纸上公布。
7.1.4 上市公司在股东大会结束后,应当在两个工作日内将股东大会决议公告文稿、会议记录和全套会议文件报送本所,经本所审查后在指定报纸上刊登决议公告。
7.1.5 股东大会因故延期或取消,应当在原定股东大会召开日期五个工作日之前发布通知。如属延期,通知中应当说明原因并公布延期后的召开日期。
7.1.6 股东大会对董事会预案作出修改,或对董事会预案以外的事项作出决议,或会议期间发生突发事件导致会议不能正常召开的,上市公司应当向本所说明原因并公告。
7.1.7 股东大会决议公告应当写明出席会议的股东人数、所持股份及占上市公司有表决权总股本的比例,以及每项议案的表决方式和表决统计结果。对股东提案作出决议的,应当列明提案股东的名称或姓名、持股比例和提案内容。
发行B股的上市公司还应当在公告中说明股东会议通知情况、上市公司A股股东和B股股东出席会议及表决情况。
7.1.8 股东大会上以会议文件等形式向股东通报的重要内容,如未公开披露过的,应当在股东大会决议公告中披露。

第二节 收购、出售资产

7.2.1 本节所称收购、出售资产是指上市公司收购、出售企业所有者权益、实物资产或其他财产权利的行为。
7.2.2 上市公司拟收购、出售资产达到以下标准之一时,经董事会批准后,应在两个工作日内向本所报告并公告:
(一)收购、出售资产的资产总额(按最近一期经审计的财务报表或评估报告)占上市公司最近经审计的总资产的10%以上;
(二)收购、出售资产相关的净利润或亏损的绝对值(按最近一期经审计的财务报告)占上市公司最近经审计的净利润或亏损绝对值的10%以上,且绝对金额在100万元以上;
被收购、出售资产的净利润或亏损无法计算的,不适用本款;被收购、出售资产系整体企业的部分所有者权益,被收购、出售资产的净利润或亏损以与这部分产权相关的净利润或亏损计算;
(三)收购、出售资产的交易金额(承担债务、费用等一并计算)占上市公司最近经审计的净资产总额10%以上。
7.2.3 上市公司进行上述交易时,应当及时披露有关情况:
(一)上市公司已与有关当事人进行实质性接触并且市场已有传闻,公司股票价格已明显发生异常波动时,公司应当立即披露有关事宜的进展情况或澄清传闻。
(二)上市公司与有关当事人一旦签署有约束力的协议,无论协议中是否包含附加条件,上市公司必须在之后的两个工作日内向本所报告,并且根据7.2.10的规定公布交易公告。交易公告公布后,如果协议条款发生重大变化或协议终止的,上市公司必须立即报告本所并及时披露有关情况。
(三)交易事项获有关部门批准的,公司应当立即披露;已公告的交易事项未获批准的,公司也应当披露并说明原因。
7.2.4 上市公司拟收购、出售资产按7.2.2条第(一)、(三)所述标准计算所得的相对数字占50%以上的;或按7.2.2条第(二)所述标准计算所得的相对数字占50%以上,且收购、出售资产相关的净利润或亏损绝对金额在500万元以上的,除须经董事会批准,报告本所并公告外,交易实施前必须经上市公司股东大会批准。
上市公司还必须聘请有证券从业资格的会计师事务所或资产评估机构对拟收购、出售的资产进行审计或评估,审计基准日距协议生效日不得超过6个月。若因特殊情况不能审计的,必须在股东大会上说明原因。
中国证监会对收购、出售资产另有规定的,上市公司必须按规定办理。
7.2.5 上市公司在连续十二个月内对同一或相关资产分次进行收购、出售的,以其在此期间交易的累计数量计算。
7.2.6 上市公司持股比例超过50%的子公司收购、出售资产,比照上市公司的标准披露。上市公司的参股公司(持股50%以下)收购、出售资产,交易标的有关金额指标乘以参股比例后,适用本规则规定。
7.2.7 上市公司因收购、出售其他上市公司的股份,需履行股东披露义务或要约义务的,应当同时按中国证监会和本所的有关规定执行。
7.2.8 上市公司自收购、出售资产协议生效之日起三个月内,必须公告交易实施情况(包括所有必须的产权变更或登记过户手续完成情况),同时,提供相关证明文件。
7.2.9 上市公司披露上述收购、出售资产事项,应当向本所提交以下文件:
(一)交易公告文稿;
(二)收购、出售资产的协议书;
(三)董事会决议及公告(如有);
(四)收购、出售资产涉及的政府批准文件(如有);
(五)被收购、出售资产的财务报表;
(六)中介机构对被收购、出售资产的意见书(评估报告或审计报告);
(七)本所要求的其他文件。
7.2.10 上市公司收购、出售资产的公告应当包括但不限于以下内容:
(一)交易概述及协议生效时间;
(二)协议有关各方的基本情况,包括企业名称、工商登记类型、注册地点、法定代表人、主营业务等;
(三)被收购、出售资产的基本情况,包括该资产的名称、中介机构名称、资产帐面值及评估值、资产运营情况、资产质押、抵押以及
在该资产上设立的其他财产权利的情况、涉及该财产的重大争议的情况。被收购、出售的资产系企业所有者权益的,还应当介绍公司(或企业)的基本情况和最近一期经审计的财务报告中的财务数据(至少包括资产总额、负债总额、所有者权益、主营收入、净利润等),并附收购、出售基准日资产负债表和损益表(如果基准日不是年底,还需披露上一年度损益表)。
收购、出售资产达到7.2.4条所规定标准的,除披露上述内容外,还应披露该等资产的历史情况;被收购出售的资产系企业所有者权益,且占被收购企业所有者权益的50%以上,另应披露该企业近三年的资产负债表、损益表及现金流量表(若有)或公司成立之日起至收购、出售资产合同签署日期间的资产负债表和损益表及现金流量表(若有)。
(四)上市公司预计从该交易获得的利益及该交易对上市公司未来经营的影响;
(五)交易金额(包括确定基准)及支付方式(现金、股权、资产置换

等，还包括有关分期付款安排的条款）；

（六）该交易涉及的人员安置、土地租赁、债务重组等情况；

（七）出售资产的，说明出售所得款项的用途；

（八）收购资产的，说明是否与招股说明书、配股说明书或其他募集资金说明书中列示的项目相关及交易的资金来源；

（九）须经股东大会或有权部门批准的事项，应当明确说明需履行的合法程序和进展情况；

（十）如果收购资产后，可能产生关联交易，应披露有关情况；

（十一）如果收购资产后，可能与关联人产生同业竞争的，应披露规避的方法或其他安排（包括有关协议或承诺等）；

（十二）收购资产后，上市公司与控股股东在人员、资产、财务上分开的安排与计划；

（十三）本所要求的其他内容。

第三节　关联交易

7.3.1　上市公司关联交易是指上市公司及其附属公司与其关联人交换资源、资产，相互提供产品或者劳务的交易行为。

上市公司关联人包括关联法人、关联自然人和潜在关联人。

上市公司附属公司是指上市公司为第一大股东，或者基于股权比例、公司章程或经营协议的规定，上市公司能够控制其董事会组成的公司。

7.3.2　上市公司的关联交易应当遵循以下基本原则：

（一）符合诚实信用的原则；

（二）关联方如享有股东大会表决权，除特殊情况外，应当回避表决；

（三）与关联方有任何利害关系的董事，在董事会就该事项进行表决时，应当回避；

（四）公司董事会应当根据客观标准判断该关联交易是否对公司有利，必要时应当聘请专业评估师、独立财务顾问。

7.3.3　具有下列情形之一的法人，视为上市公司的关联法人：

（一）直接或间接控制上市公司的第一大股东，或者基于股权比例、公司章程或经营协议的规定能够控制上市公司董事会组成的法人股东；

（二）本条第一项所列股东的子公司，以及该等股东有权决定半数以上董事人选或法定代表人人选的企业。

（三）7.3.4条所列的关联自然人担任法定代表人的法人；

（四）按照国家有关法律、法规确定的与上市公司具有关联关系的法人。

7.3.4　具有下列情形之一的人士，为上市公司的关联自然人：

（一）上市公司的董事、监事及高级管理人员；上述人士的父母、配偶、年满18周岁并具有民事行为能力的子女；

（二）7.3.3条第（一）、（二）款所列示的关联法人中担任董事、监事、法定代表人、经理的人士。

7.3.5　因与上市公司关联法人签署协议或作出安排，在协议生效后符合7.3.3条和7.3.4条第一款规定的，为上市公司潜在关联人。

7.3.6　上市公司关联人与上市公司签署涉及关联交易的协议，应当采取必要的回避措施：

（一）任何个人只能代表一方签署协议；

（二）关联人不得以任何方式干预上市公司的决定；

（三）上市公司董事会就关联交易表决时，有利害关系的当事人属下列情形的，也不得参与表决：

(1)与董事个人利益有关的关联交易；

(2)董事个人在关联企业任职或对关联企业有控股权的，该等企业与上市公司的关联交易；

(3)按国家有关法律、法规和公司章程规定应当回避的。

（四）上市公司股东大会就关联交易进行表决时，关联股东不应当参加表决。关联股东有特殊情况无法回避时，在上市公司征得有权部门同意后，可以参加表决。公司应当在股东大会决议中对此作出详细说明，对非关联方的股东投票情况进行专门统计，并在决议公告中披露。

7.3.7　上市公司与其关联人达成的关联交易总额低于300万元，且低于上市公司最近经审计净资产值的0.5%的，不适用本节规定。

7.3.8　上市公司与其关联人达成的关联交易总额在300万元至3000万元之间或占上市公司最近经审计净资产值的0.5%至5%之间的，上市公司应在交易完成后按7.3.10条的规定立即披露，并在下次定期报告中披露有关交易的详细资料。

7.3.9　上市公司披露关联交易，应当按照7.2.4条的规定向本所提交文件。

7.3.10　上市公司就关联交易发布的临时报告应当包括但不限于以下内容：

（一）交易日期、交易地点；

（二）有关各方的关联关系；

（三）有关交易及其目的的简要说明；

（四）交易的标的、价格及定价政策；

（五）关联人在交易中所占权益的性质及比重；

（六）关联交易涉及收购或者出售某一公司权益的，应当说明该公司的实际持有人的详细情况，包括实际持有人的名称及其业务状况；

（七）本次关联交易对上市公司是否有利；

（八）本所和中国证监会要求的其他内容。

7.3.11　上市公司拟与关联人达成的关联交易总额高于3000万元或上市公司最近经审计净资产值的5%以上的，公司董事会必须在作出决议后二个工作日内予以公告。公告的内容须符合7.3.10条的规定。该关联交易在获得公司股东大会批准后方可实施，任何与该关联交易有利益关系的关联人在股东大会上应当放弃对该议案的投票权。公司应当在关联交易的公告中特别载明："此项交易需经股东大会批准，与该关联交易有利害关系的关联人放弃在股东大会上对该议案的投票权"。

对于此类关联交易，上市公司董事会应当对该交易是否对公司有利发表意见，同时上市公司应当聘请独立财务顾问就该关联交易对全体股东是否公平、合理发表意见，并说明理由、主要假设及考虑因素。上市公司应当在下次定期报告中披露有关交易的详细资料。

7.3.12　上市公司与关联人就同一标的在12个月内连续达成的关联交易累计金额达到本规则7.3.8条所述标准的，上市公司须按7.3.8条的规定披露。

7.3.13　上市公司与关联人就同一标的在连续12个月内达成的关联交易累计金额达到7.3.11条所述条件的，上市公司须按7.3.11条的规定披露。

7.3.14　上市公司与关联人之间签署的关联交易协议，包括产品供销协议、服务协议、土地租赁协议等在招股说明书、上市公告书或前一个定期报告中已经披露过，协议主要内容（如价格、数量及付款方式等）在下一个定期报告之前未发生显著变化的，上市公司可豁免执行本节上述条款，但是应当在定期报告及其相应的财务报告附注中就该定期报告期限内协议的执行情况作出说明。

7.3.15　上市公司与关联人达成以下的关联交易，可免予披露：

（一）关联人按照上市公司的招股说明书、配股说明书或增发新股说明书以现金方式缴纳应当认购的股份；

（二）关联人依据股东大会决议领取股息或者红利；

（三）关联人购买上市公司发行的企业债券；

（四）上市公司与其控股子公司发生的关联交易。

7.3.16　在关联交易谈判期间，如果上市公司股票价格因市场对该关联交易的传闻或报道而发生较大波动，上市公司应当立即向本所和中国证监会报告并发布公告。

第四节　其他重大事件

7.4.1　上市公司在会计年度结束时预计出现亏损的，应当依据有关法规及时履行信息披露义务，在披露年度报告前发布提示公告。

7.4.2　上市公司发生重大诉讼、仲裁事项，按以下要求进行披露：

（一）诉讼、仲裁事项涉及的金额或12个月内累计金额占公司最近经审计的净资产值10%以上的，上市公司应当在知悉该事件后及时报告并公告；

（二）上市公司根据第（一）项规定披露信息前，应当向本所报送有关法律文书的复印件；

（三）对诉讼、仲裁事件的披露，应当说明诉讼、仲裁受理日期，诉讼、仲裁各方当事人、代理人及其所在单位的姓名或名称，受理法院或仲裁机构的名称和所在地，诉讼或仲裁的原因、依据及请求，判决或仲裁的日期、结果以及各方当事人对结果的意见等。

7.4.3　上市公司发生重大担保事项，应当按以下要求予以披露：

（一）上市公司不得为股东提供担保，为股东以外的法人或者个人提供担保，涉及的金额或12个月内累计金额占上市公司最近经审计净

资产值的10%以上的，应当及时报告并公告；

（二）上市公司根据第（一）项规定披露信息前，应当向本所报送相关协议的复印件；

（三）对担保事项的披露，应当说明担保协议签署及生效日期，被担保人基本情况：被担保人为法人的，应当包括企业名称、注册地点、

法定代表人、经营范围、与上市公司的关联关系或其他关系；被担保人为个人的，应当包括姓名、与上市公司的关联关系或其他关系，债权人名称，担保的方式、期限、金额，担保协议中的其他重要条款等；

（四）根据第（一）项披露的担保事项，如被担保人于债务到期后十五个工作日内未履行还款义务的，上市公司应当及时报告并公告；

（五）根据第（一）项应当披露的担保事项，被担保人出现破产、清算及其他可能严重影响其还款能力的事件，上市公司知悉后应当及时报告并公告。

7.4.4 上市公司出现以下情况且所涉及的数额达到7.2.2所规定标准的，比照本章第二节的规定披露。

（一）重要合同（借贷、委托经营、受托经营、委托理财、赠与、承包、租赁等）的订立、变更和终止；

（二）大额银行退票；

（三）重大经营性或非经营性亏损；

（四）遭受重大损失；

（五）重大投资行为；

（六）可能依法承担的赔偿责任；

（七）重大行政处罚；

（八）本所认为需披露的其他事项。

7.4.5 上市公司出现以下情况，应当自该事实发生之日起两个工作日内向本所报告并公告：

（一）公司章程、注册资金、注册地址、名称的变更；

（二）经营方针和经营范围的重大变化；

（三）订立7.4.4条第（一）项以外的重要合同，可能对上市公司的资产、负债、权益和经营成果产生重大影响；

（四）发生重大债务或未清偿到期重大债务；

（五）变更发行募集资金用途；

（六）直接或间接持有另一上市公司发行在外的普通股5%以上；

（七）持有上市公司5%以上股份的股东，其持有股份增减变化达5%以上；

（八）董事长、三分之一以上董事或经理发生变动；

（九）生产经营环境发生重要变化，如全部或主要业务停顿，或者生产资源取得、产品销售方式或渠道发生重要变化等；

（十）减资、合并、分立、解散或申请破产的决定；

（十一）新的法律、法规、规章、政策可能对公司的经营有显著影响；

（十二）更换为其审计的会计师事务所；

（十三）股东大会、董事会的决议被法院依法撤销；

（十四）法院作出裁定，禁止对上市公司有控制权的大股东转让其股份；

（十五）上市公司进入破产、清算状态；

（十六）上市公司预计出现资不抵债；

（十七）因涉嫌违反证券法规，正在被中国证监会调查或正受到中国证监会处罚的。公司在作出有关违规事项的公告时，应当事先报告中国证监会；

（十八）本所认为需要披露的其他事项。

7.4.6 董事会预计上市公司业绩与其披露过的盈利预测有重大差异，而且导致该差异的因素尚未披露的，应当及时公告，说明有关因素及其对业绩的影响。上市公司董事会在向本所提交公告文稿时，应当提交以下资料：

（一）预计的业绩变化详情和造成变化的原因；

（二）董事会确认预计的依据及过程是适当和审慎的函件；上市公司聘有财务顾问的，同时提交财务顾问确认上市公司董事会作出该预计的依据及过程是适当和审慎的函件。

7.4.7 上市公司不能确定有关事件是否必须及时披露的，应当报告本所，由本所审查后决定披露的时间和方式。

第五节 股票交易异常波动

7.5.1 上市公司应当关注本公司股票的交易以及传播媒介对本公司的报道。

7.5.2 发生下列情况之一的，上市公司应当及时报告并公告：

（一）股票交易发生异常波动；

（二）公共媒介传播的消息可能对公司的股票交易产生影响。

7.5.3 股票出现以下情况之一时，本所将根据市场情形，认定其是否属股票交易异常波动：

（一）某只股票的价格连续三个交易日达到涨幅限制或跌幅限制；

（二）某只股票连续五个交易日列入"股票、基金公开信息"；

（三）某只股票价格的振幅连续三个交易日达到15%；

（四）某只股票的日均成交金额连续五个交易日逐日增加50%；

（五）本所或中国证监会认为属于异常波动的其他情况。

出现前款（一）至（四）项情形之一被认定为异常波动的股票，其异常波动的计算从公告之日起重新开始。上市公司因召开股东大会、公布定期报告等例行停牌时，其异常波动的计算从股票复牌之日起重新开始。

7.5.4 上市公司针对有关传闻发布公告，应当向本所报送公告文稿及传闻在公共传播媒介中传播的证据。

7.5.5 本所发现7.5.1条所述的情况时，上市公司应按本所要求发布公告。

7.5.6 上市公司对有关传闻的公告应当包括以下内容：

（一）传闻及其来源；

（二）公司的真实情况；

（三）经本所同意的其他内容。

7.5.7 上市公司认为股票交易的异常波动与上市公司（包括上市公司内外部环境的变化）无关，应当在公告中作出说明；若与本公司有关，则应当披露可能影响其股票价格的信息。

第六节 公司的合并、分立

7.6.1 上市公司的合并、分立应当符合《公司法》和国家现行法规的有关规定。

7.6.2 涉及上市公司股份变动的合并、分立方案应当报中国证监会批准并抄报本所。

7.6.3 涉及上市公司股份变动的合并、分立方案未经中国证监会批准的，本所对有关的公告文稿不予审查，并报告中国证监会。

7.6.4 上市公司合并、分立方案实施过程中涉及上市公司信息披露和股份变更登记等事务的，按中国证监会和本所的规定办理。

第八章 停牌、复牌

8.1 上市公司可以向本所申请停牌与复牌。

8.2 本所可根据实际情况或中国证监会的要求，决定公司股票及其衍生品种的停牌与复牌。

8.3 出现以下情况之一的，上市公司董事会应当向本所申请对其股票及其衍生品种例行停牌与复牌：

（一）上市公司于交易日公布中期报告摘要或年度报告摘要，当日上午停牌，下午开市时复牌；

（二）公司召开股东大会，会议期间为本所开市时间，自股东大会召开当日起实施停牌，直至股东大会决议公告的当日下午开市时复牌；公告日为非交易日，则公告后第一个交易日复牌；

（三）公司于交易日公布董事会关于权益分派、配股、公积金转增股本等决议，当日上午停牌，下午开市时复牌；

（四）公司于交易日刊登获得中国证监会核准配股或增发新股的提示公告，当日上午停牌，下午开市时复牌。

8.4 上市公司出现以下情况之一，本所对其股票及其衍生品种予以停牌与复牌：

（一）在公共传播媒介中出现上市公司尚未披露的消息，可能对公司股票及其衍生品种的交易产生较大影响，本所对该股票及其衍生品种实施停牌，直至上市公司对该消息作出公告的当日下午开市时复牌；

（二）股票交易出现异常波动，本所可以对其停牌，直至有披露义务的当事人作出公告的当日下午开市时复牌。

8.5 上市公司于交易日公布临时报告的，应当向本所申请停牌，本所根据具体情况决定停牌与复牌时间。

8.6 临时报告披露不够充分、完整或可能误导公众，上市公司拒不按本所要求作出修改的，本所可以对该公司股票及其衍生品种停牌，直至上市公司作出补充或更正公告的当日下午开市时复牌。

8.7 本所审查上市公司定期报告时，要求公司就有关内容进行解释说明或补充公告，上市公司不按本所要求办理的，本所可以视具体情况对其股票及其衍生品种实施停牌，直至公司作出解释说明或补充公告的当日下午开市时复牌。

8.8 上市公司未向本所申请并获批准延迟公布定期报告的，本所对其股票及其衍生品种停牌，直至其定期报告披露的当日下午开市时复牌；公告日为非交易日，则公告后第一个交易日上午复牌。

8.9 上市公司在公司运作和信息披露方面涉嫌违反法律、法规、规章及本所业务规则，情节严重，在被有关部门调查期间，经中国证监会批准，本所对公司股票及其衍生品种停牌，待有关处理决定公告后另行决定复牌时间。

8.10 上市公司监事会按《公司法》第一百二十六条规定职权所作出的可能对股票的交易产生较大影响的决议于交易日公告，其股票及其衍生品种当日上午停牌，下午开市时复牌；情节严重的，根据具体情况决定停牌与复牌时间。

8.11　上市公司因某种原因使本所失去有效信息来源时，本所可以对该公司的股票及其衍生品种停牌，直至本所恢复有效信息来源后复牌。

8.12　上市公司可以以本所认为合理的理由向本所申请停牌与复牌。

8.13　上市公司出现以下情况之一的，本所对其股票及其衍生品种停牌，直至导致停牌的原因消除后复牌：

（一）投资者发出收购该上市公司股票的公开要约；

（二）中国证监会依法作出暂停股票交易的决定；

（三）本所认为必要时。

8.14　上市公司出现异常状况，本所对其股票交易实行特别处理的，该公司股票及其衍生品种按第九章的规定停牌。

8.15　上市公司出现10.1.1条规定的情况之一或发生重大事件而影响公司上市资格的，本所按第十章的规定对该公司的股票及其衍生品种停牌。

第九章　特别处理

第一节　基本原则

9.1.1　上市公司出现财务状况或其他状况异常，导致投资者难于判断公司前景，权益可能受到损害的，本所将对公司股票交易实行特别处理。

9.1.2　本章所称特别处理包括以下措施：

（一）在公司股票及其衍生品种的证券简称前冠以"ST"字样；

（二）股票报价的日涨跌幅限制为5%。

9.1.3　本规则所规定的特别处理不属于对上市公司的处罚，上市公司在特别处理期间的权利和义务不变。

第二节　财务状况异常的特别处理

9.2.1　上市公司出现以下情形之一的，为财务状况异常：

（一）最近两个会计年度的审计结果显示的净利润均为负值；

（二）最近一个会计年度的审计结果显示其股东权益低于注册资本，即每股净资产低于股票面值；

（三）最近一个会计年度的财务报告被注册会计师出具无法表示意见或否定意见的审计报告；

（四）最近一个会计年度经审计的股东权益扣除注册会计师、有关部门不予确认的部分，低于注册资本；

（五）最近一份经审计的财务报告对上年度利润进行调整，导致连续两个会计年度亏损；

（六）经本所或中国证监会认定为财务状况异常的。

9.2.2　上市公司出现9.2.1条所列情形之一的，应当在收到审计报告之日起两个工作日内向本所报告，并提交上市公司董事会的书面意见。

9.2.3　本所收到上市公司上述报告后五个工作日内，或者在报请中国证监会认可的期限内，决定是否对该公司股票实行特别处理。决定实行特别处理的，本所公布有关决定。

上市公司应当按照本所的要求在实行特别处理之前的交易日作出公告，公告日其股票及衍生品种停牌，公告后第一个交易日复牌。自复牌之日起公司股票实行特别处理。

9.2.4　上市公司最近年度财务状况恢复正常、审计结果表明9.2.1条所列情形已消除的，公司自收到最近年度审计报告之日起二个工作日内向本所报告并提交年度报告，同时可向本所申请撤销特别处理。

9.2.5　本所根据该公司的实际改善程度，决定是否撤销特别处理。在撤消特别处理前，上市公司应当按照本所要求于交易日作出公告，公告日其股票及衍生品种停牌，公告后第一个交易日复牌。自复牌之日起撤销特别处理。

第三节其他状况异常的特别处理

9.3.1　上市公司出现以下异常状况之一，本所对其股票交易实行特别处理：

（一）由于自然灾害、重大事故等导致上市公司主要经营设施遭受损失，公司生产经营活动基本中止，在三个月以内不能恢复的；

（二）公司涉及其可能负有赔偿责任的诉讼或仲裁案件，并已收到法院或仲裁机构的法律文书且可能涉及的赔偿金额累计超过上市公司最近年度报告中列示的净资产的50%的；

（三）公司主要银行帐号被冻结，影响上市公司正常经营活动的；

（四）公司出现其他异常情况，董事会认为有必要实行特别处理并作出决定的；

（五）人民法院受理公司破产案件，可能依法宣告上市公司破产的；

（六）公司股票被暂停上市，经中国证监会批准恢复上市的；

（七）经本所或中国证监会认定为状况异常的其他情形。

9.3.2　上市公司出现9.3.1条第（一）至（四）项情形的，应当在二个工作日内向本所提交报告。本所收到上述报告后，参照9.2.4条处理。

9.3.3　上市公司认为9.3.1条第（一）至（五）项所列的异常状况已经消除，可以向本所申请撤销特别处理，本所将参照9.2.6的规定，决定是否取消特别处理。

9.3.4　因法院受理破产案件，上市公司可能被宣告破产而被实施特别处理的，公司股票在每个交易日上午交易。

9.3.5　自法院发布受理上市公司破产案件的公告当日起，本所对进入破产程序公司的股票实施停牌。

公司应当在收到法院有关法律文书的当日，立即向本所报告，经本所审查后公告。公告日后的第一个交易日公司股票复牌，并实施特别处理。

9.3.6　上市公司在进入破产程序后，公司或其他有信息披露义务的主体应当依法于第一时间向本所报告债权申报情况、债权人会议情况、和解和整顿等重大情况并公告。公司刊登上述公告当日，其股票停牌一天。

9.3.7　上市公司与债权人会议达成和解协议，并且能够按照和解协议清偿债务，经法院裁定终结破产程序的，本所自法院发布公告的当日起对公司股票实施停牌。

上市公司应当在收到有关法律文书后立即向本所报告，经本所审查后公告，公告日后的第一个交易日公司股票复牌。

9.3.8　法院依法宣告上市公司破产的，自法院发布公告日起，本所对该公司股票停牌。上市公司应当在收到有关法律文书后立即向本所报告，经本所审查后公告。

第十章　暂停上市、终止上市

第一节　暂停上市

10.1.1　根据《公司法》第一百五十七条的规定，本节所称的暂停上市有以下四种情形：

（一）上市公司股本总额、股权分布等发生变化不再具备上市条件；

（二）上市公司不按规定公开其财务状况，或者对财务会计报告作虚假记载；

（三）上市公司有重大违法行为；

（四）上市公司最近三年连续亏损。

10.1.2　上市公司出现10.1.1条第（一）、（二）、（三）项所列情形之一的，本所根据中国证监会的决定暂停其股票上市。

10.1.3　上市公司出现10.1.1条第（四）项所列情形，即最近三年连续亏损的，本所决定暂停其股票上市。

10.1.4　上市公司在年度决算结束后出现最近三年连续亏损的，董事会应当在披露年报前至少发布三次提示性公告，提醒投资者注意投

资风险。

10.1.5　上市公司董事会应当在收到其连续第三年亏损的年度审计报告后二个工作日内，向本所和中国证监会报告并公告。

10.1.6　自上市公司公布年度报告之日起，本所对其股票实施停牌，并在停牌后三个工作日内就该公司股票是否暂停上市作出决定，报中国证监会备案。

10.1.7　上市公司应当根据本所或中国证监会所作的暂停上市决定，在指定报纸上刊登《暂停股票上市公告书》。自公司公告当日起，本所停止其股票逐日持续交易。

《暂停股票上市公告书》应当包括以下内容：

（一）暂停上市股票的种类及其简称、证券代码以及暂停上市起始日；

（二）公司董事会对改善公司现状以恢复股票上市的办法和措施；

（三）本所要求的其他内容。

10.1.8　上市公司在其股票暂停上市期间，仍然应当依法履行上市公司的有关义务。

10.1.9　在上市公司股票暂停上市期间，本所为投资者提供股票"特别转让"服务，股票"特别转让"依照本所1999年7月2日公布的《股票暂停上市相关事项的处理规则》的规定办理。

10.1.10　因10.1.1条第（一）、（二）、（三）项的情形股票被暂停上市的公司重新具备上市条件后，可以向本所提出恢复上市的申请。

本所自收到申请后三个工作日内提出意见，报中国证监会批准后恢复该公司股票上市。

10.1.11 因10.1.1条第(四)项的情形股票被暂停上市的公司，在暂停上市后三年内的任何一年有盈余的，可向本所提出恢复上市的申请，本所收到申请后三个工作日内提出意见，报中国证监会批准后恢复该公司股票上市。

10.1.12 恢复股票上市的公司，其股票交易按照本规则第九章第三节的规定实施特别处理。

10.1.13 上市公司在接到中国证监会恢复公司股票上市决定后，应当在指定报纸上刊登《恢复股票上市公告书》。该公告应当包括以下内容：

(一)恢复上市股票的种类、简称、证券代码及恢复上市的日期；

(二)中国证监会有关恢复股票上市的决定；

(三)中国证监会要求载明的其他内容；

(四)本所要求载明的其他内容。

第二节 终止上市

10.2.1 本章所称的终止上市是指上市公司出现《公司法》第一百五十八条所列情况，中国证监会决定终止其上市。

10.2.2 在限期内未能消除10.1.1条第(一)项所列情形而不具备上市条件的，本所收到中国证监会终止其上市的决定后，终止该公司股票上市。

10.2.3 上市公司因10.1.1条第(二)、(三)项所列情形，经查实后果严重的，本所收到中国证监会对其终止上市的决定后终止该公司股票上市。

10.2.4 上市公司决议解散的，公司董事会须在股东大会形成决议后立即向本所和中国证监会报告，本所收到报告后三个工作日内提出意见，报中国证监会批准后终止该公司股票上市。

10.2.5 行政主管部门依法责令上市公司关闭或者法院宣告上市公司破产的，本所在收到公司报告之日起三个工作日内提出意见，报中国证监会批准后终止该公司股票上市。

10.2.6 上市公司在接到中国证监会终止股票上市决定的通知后，应当在指定报纸发布《终止股票上市公告书》。《终止股票上市公告书》应当载明以下内容：

(一)终止上市股票的种类、简称、证券代码以及终止上市的日期；

(二)中国证监会终止股票上市的决定；

(三)中国证监会要求的其他内容；

(四)本所认为有必要的其他内容。

10.2.7 本所协助终止上市的公司(或清算组)处理有关股份事务。

第十一章 境内外上市事务的协调

11.1 在本所上市的公司同时有证券在其他证券交易所上市的，其他证券交易所要求公开披露的信息，上市公司必须同时向本所报告，经本所审查后同时公告。

11.2 上市公司就同一事件向其他交易所提供的报告和公告应当与向本所提供的报告和公告内容一致，出现重大差异时，上市公司必须向本所说明，并按本所要求补充公告。

11.3 本章未尽事宜，适用本所其他有关业务规则以及本所与其他证券交易所签署的监管合作备忘录的规定。

第十二章 违反本规则的处理

12.1 上市公司违反本规则规定，本所视情节轻重给予以下处分：

(一)责令改正；

(二)内部批评；

(三)在指定报纸上公开谴责；

(四)要求上市公司支付3万元以上30万元以下的惩罚性违约金；

(五)报中国证监会查处。

以上处分可以单处或并处。

12.2 上市公司董事、监事违反本规则规定和董事、监事承诺，本所视情节轻重给予以下处分：

(一)责令改正；

(二)内部批评；

(三)在指定报纸上公开谴责；

(四)要求该等董事、监事支付3万元以上30万元以下的惩罚性违约金；

(五)公开认定其不适合担任上市公司董事；

(六)报中国证监会查处。

以上处分可以单处或并处。

12.3 上市推荐人违反本规则规定，本所视情节轻重给予以下处分：

(一)责令改正；

(二)内部批评；

(三)在指定报纸上公开谴责；

(四)取消上市推荐人资格；

(五)报中国证监会查处。

12.4 上市公司董事会秘书违反本规则规定，本所视情节轻重给予以下处分：

(一)责令改正；

(二)内部批评；

(三)在指定报纸上公开谴责；

(四)建议上市公司更换董事会秘书。

第十三章 释 义

13.1 释义：

上市：指股票及其衍生品种经审查同意在本所挂牌交易。

股票：包括人民币普通股(简称A股)和境内上市外资股(简称B股)。

衍生品种：指B股配股权证及其他股票衍生产品。

公司职工股：指采取募集方式设立的股份有限公司内部职工按不超过社会公众股百分之十的比例认购的股票。

内部职工股：指原定向募集股份有限公司的内部职工认购的股票。

高级管理人员：指公司经理、副经理、财务负责人、董事会秘书及公司认定的其他人员。

独立财务顾问：指有证券从业资格的会计师事务所、证券咨询机构、综合类证券公司。

13.2 本规则未作定义的用语的含义，依照国家有关法律、法规、规章及本所有关业务规则确定。

13.3 本规则所称"以上"、"以内"、"以前"都含本数，"少于"不含本数。

第十四章 附 则

14.1 本规则经本所理事会通过并报中国证监会批准后生效，修改时亦同。

14.2 本规则由本所解释。

14.3 本规则自2000年5月1日起施行。

上海证券交易所

二〇〇〇年四月二十八日

附件1：

董事声明及承诺书

第一部分 声明

1.请填报：

1)上市公司名称

2)姓名

3)别名

4)曾用名

5)出生日期

6)住址

7)国籍

8)哪些国家或地区的长期居留权(如有)

9)专业资格(如有)

10)身份证号码

11)护照号码(如有)

12)配偶及下列亲属的姓名、身份证号码：

配偶：

父母：

年满18岁具有民事行为能力的子女及其配偶：

兄弟姐妹及其配偶：

同时注明该等亲属是否担任本公司董事、监事、高级管理人员。

2.是否在其他公司任职？

是□否□

如是，请填报各公司的名称、注册资本、经营范围、以及您在该公司任职的情况。

3.是否负有数额较大的到期未清偿债务，或者未偿还经法院裁定应当偿付的债务，或者被法院采取强制措施，或者受到仍然有效的法院判决、裁定所限制？

是□否□

如是，请详细说明。

4.是否曾担任因经营不善破产清算、关停并转或曾有类似情况的公司、企业的董事、监事或者厂长、经理？

是□否□

5.是否曾担任因违法而被吊销营业执照的公司、企业的法定代表人？

是□否□

6.是否曾因违反刑法，尤其是犯有贪污贿赂罪、侵犯财产罪或者破坏社会主义经济秩序罪等而受到刑事处罚？

是□否□

7.是否曾因违反《证券法》、《禁止证券欺诈行为暂行办法》和《证券市场禁入暂行规定》受到行政处罚？

是□否□

如是，请详细说明。

8.除第6、7条以外，您是否曾违反其他法律、法规被判处刑罚或受到行政处罚？

是□否□

如是，请详细说明。

9.是否因涉嫌违反法律、法规的规定正受到中国证监会的调查或涉及有关诉讼、仲裁？

是□否□

如是，请详细说明。

10.本人及配偶、父母、子女及子女的配偶是否持有本人所在上市公司股票及其衍生品种？

是□否□

如是，请详细说明。

11.请说明在上市公司或附属公司业务中，过去或现在是否拥有除前条以外的任何利益？

是□否□

如是，请详细说明。

12.是否参加过中国证监会和上海证券交易所组织或认可的证券业务的培训？a 是□否□

如是，请详细说明。

13.除上述问题所涉及的信息外，您是否知悉任何其他事项，而不声明该等事项可能影响您对上述问题回答的真实性、完整性或准确性？

是□否□

如是，请详细说明。

本人

（正楷体）郑重声明，上述回答是真实、完整和准确的，保证不存在任何虚假陈述、遗漏或误导成份，本人完全明白作出虚假声明

可能导致的后果，而且上海证券交易所可依据上述回答所提供的资料，评估本人是否适宜担任上市公司的董事。

声明人（签名）：

此项声明于　年　月　日在　（地点）作出。

见证律师：

日期：

第二部分　承诺

本人　（正楷体）向上海证券交易所承诺：

1.本人在履行上市公司董事的职责时，将遵守国家有关法律、法规、规章等有关规定，履行诚信、勤勉义务；

2.本人在履行上市公司董事的职责时，将遵守中国证监会发布的规章、规定和通知的要求，并促使上市公司遵守；

3.本人在履行上市公司董事的职责时，将遵守《上海证券交易所股票上市规则》等上海证券交易所发布的规章、规定、通知的要求，并促使上市公司及本人的授权人遵守；

4.本人在履行上市公司董事的职责时，将遵守《公司章程》；

5.本人接受上海证券交易所的监管，包括及时、坦白地答复上海证券交易所向本人提出的任何问题，及时提供《股票上市规则》规定应当报送的资料及其他要求提供的文件的正本或副本，并出席本人被要求出席的任何会议。

6.本人授权上海证券交易所将本人提供的承诺与声明的资料向中国证监会报告。

7.本人如违反上述义务，愿意承担由此引起的一切法律责任。

8.本人在执行职务过程中，如与上海证券交易所发生争议提起诉讼时，由上海证券交易所住所地法院管辖。

承诺人：（签署）

此项承诺于　年　月　日在　（地点）的作出。

见证律师：

日期：

附件2：

监事声明及承诺书

第一部分　声　明

1.请填报：

1）上市公司名称

2）姓名

3）别名

4）曾用名

5）出生日期

6）住址

7）国籍

8）哪些国家或地区的长期居留权（如有）

9）专业资格（如有）

10）身份证号码

11）护照号码（如有）

12）配偶及下列亲属的姓名、身份证号码：

配偶：

父母：

年满18岁具有民事行为能力的子女及其配偶：

兄弟姐妹及其配偶：

同时注明该等亲属是否担任本公司董事、监事、高级管理人员。

2.是否在其他公司任职？

是□否□

如是，请填报各公司的名称、注册资本、经营范围、以及您在该公司任职的情况。

3.是否负有数额较大的到期未清偿债务，或者未偿还经法院裁定应当偿付的债务，或者被法院采取强制措施，或者受到仍然有效的法院判决、裁定所限制？

是□否□

如是，请详细说明。

4.是否曾担任因经营不善破产清算、关停并转或曾有类似情况的公司、企业的董事、监事或者厂长、经理？

是□否□

5.是否曾担任因违法而被吊销营业执照的公司、企业的法定代表人？

是□否□

6.是否曾因违反刑法，尤其是犯有贪污贿赂罪、侵犯财产罪或者破坏社会主义经济秩序罪等而受到刑事处罚？

是□否□

7.是否曾因违反《证券法》、《禁止证券欺诈行为暂行办法》和《证券市场禁入暂行规定》受到行政处罚？

是□否□

如是，请详细说明。

8.除第6、7条以外，您是否曾违反其他法律、法规被判处刑罚或受到行政处罚？

是□否□

如是，请详细说明。

9.是否因涉嫌违反法律、法规的规定正受到中国证监会的调查或涉及有关诉讼、仲裁？

是□否□

如是，请详细说明。

10.本人及配偶、父母、子女及子女的配偶是否持有本人所在上市公司股票及其衍生品种？

是□否□

如是，请详细说明。

11.请说明在上市公司或附属公司业务中，过去或现在是否拥有除前条以外的任何利益？

是□否□

如是，请详细说明。

12.是否参加过中国证监会和上海证券交易所组织或认可的证券业务的培训？

是□否□

如是，请详细说明。

13.除上述问题所涉及的信息外，您是否知悉任何其他事项，而不声明该等事项可能影响您对上述问题回答的真实性、完整性或准确性？

是□否□

如是，请详细说明。

本人

（正楷体）郑重声明，上述回答是真实、完整和准确的，保证不存在任何虚假陈述、遗漏或误导成份，本人完全明白作出虚假声明可能导致的后果，而且上海证券交易所可依据上述回答所提供的资料，评估本人是否适宜担任上市公司的监事。

声明人（签名）：

此项声明于　年　月　日在　（地点）作出。

见证律师：

日期：

第二部分　承　诺

本人　（正楷体）向上海证券交易所承诺：

1.本人在履行上市公司监事的职责时，将遵守国家有关法律、法规、规章等有关规定，履行诚信、勤勉义务；

2.本人在履行上市公司监事的职责时，将遵守中国证监会发布的规章、规定和通知的要求，并促使上市公司及其董事遵守；

3.本人在履行上市公司董事的职责时，将遵守《上海证券交易所股票上市规则》等上海证券交易所发布的规章、规定、通知的要求，并促使上市公司及其董事遵守；

4.本人在履行上市公司监事的职责时，将遵守《公司章程》，并促使上市公司及其董事遵守；

5.本人接受上海证券交易所的监管，包括及时、坦白地答复上海证券交易所向本人提出的任何问题，并促使上市公司董事及时提供《股票上市规则》规定应当报送的资料及其他要求提供的文件的正本或副本，并出席本人被要求出席的任何会议。

6.本人授权上海证券交易所将本人提供的承诺与声明的资料向中国证监会报告。

7.本人如违反上述义务，愿意承担由此引起的一切法律责任。

8.本人在执行职务过程中，如与上海证券交易所发生争议提起诉讼时，由上海证券交易所住所地法院管辖。

承诺人：（签署）

此项承诺于

年

月

日在

（地点）的作出。

见证律师：

日期：

说明：

1、按《上海证券交易所股票上市规则》的规定必须向本所呈报董事、监事声明与承诺书的人士，均必须填写第一部分声明和第二部分承

诺。

2、请回答所有的问题，若回答问题的空格不够填写，请另附纸填写，并装订在后。

3、若没有真实、完整、准确、及时填写声明部分，或没有填写承诺部分，或没有遵守承诺，则属违反《上海证券交易所股票上市规则》，本所根据《上海证券交易所股票上市规则》予以处理。

4、若对填写事项有疑问，请咨询律师。

深圳证券交易所股票上市规则（2000年修订本）

第一章　总　则

1.1　为规范股票上市行为，维护证券市场秩序，保护投资者和股票发行人的合法权益，根据《中华人民共和国公司法》（以下简称"《公司法》"）、《中华人民共和国证券法》（以下简称"《证券法》"）、《股票发行与交易管理暂行条例》（以下简称"《股票条例》"）、《证券交易所管理办法》等法律、法规、规章及《深圳证券交易所章程》，制定本规则。

1.2　股票及其衍生品种在深圳证券交易所（以下简称"本所"）上市，适用本规则的规定。

1.3　公司申请经中国证券监督管理委员会（以下简称"中国证监会"）核准发行的股票在本所上市，由本所审查同意后安排上市。

1.4　本所依据法律、法规和本规则及中国证监会的授权对上市公司及其董事、监事、高级管理人员、有信息披露义务的投资人及上市推荐人进行监管。

第二章　股票上市协议、董事、监事承诺和董事、监事备案、上市推荐人

第一节　股票上市协议

2.1.1　公司在股票首次上市之前应当向本所申请并签署股票上市协议。

2.1.2　股票上市协议应当包括以下内容：

（一）上市公司章程的内容及制定、修订程序符合《公司法》、有关法规和中国证监会规定的条款；

（二）上市费用以及交纳方式；

（三）双方的权利与义务；

（四）董事会秘书和董事会证券事务代表；

（五）定期报告、临时报告的报告程序及上市公司回复交易所质询的规定；

（六）股票停牌事项；

（七）违约责任；

（八）仲裁条款；

（九）本所认为需要规定的其他内容。

第二节　董事、监事承诺和董事、监事备案

2.2.1　新上市公司的全体董事、监事应当在股票上市后两个月内，新任董事、监事应当在股东大会通过其任命后两个月内，签署《董事（监事）声明及承诺书》并送达本所备案。董事、监事签署该文件时必须由一名有证券从业资格的律师向董事、监事解释《董事（监事）声明及承诺书》的内容，董事、监事在充分理解后签字。

2.2.2　董事应当在《董事声明及承诺书》中承诺：

（一）遵守国家有关法律法规，履行诚信勤勉义务；

（二）遵守公司章程；

（三）遵守本规则，接受本所监管；

（四）本所认为应当承诺的其他事项。监事除应当在《监事声明及承诺书》中承诺上述事项外，还必须承诺促使上市公司董事遵守承诺。董事、监事应当在《董事（监事）声明及承诺书》中声明：

（一）持有所在公司股票的情况；

（二）违反法律法规受查处情况；

（三）参加证券业务培训的情况；

（四）其他任职情况；

（五）拥有其他国家或地区的国籍、长期居留权的情况；

（六）本所认为应当说明的其他情况。

2.2.3　《董事（监事）声明及承诺书》中声明的事项发生变化时，董事、监事应当在该情况发生之日起两个月内向本所提交有关最新资料备案，并保证该资料的准确与完整。

第三节　上市推荐人

2.3.1　本所实行股票上市推荐人制度。公司在本所申请股票上市，必须由一至二个本所认可的机构推荐。

2.3.2　上市推荐人应当符合以下条件：

（一）具有本所会员资格；

（二）从事股票承销工作或本所认可的其他资格一年以上且信誉良好；

（三）最近一年内无重大违法违规行为；

（四）负责推荐工作的主要业务人员熟悉本所有关上市的业务规则。

2.3.3　符合2.3.2条的会员应当每年向本所提出资格申请，经本所审查确认后，取得上市推荐人资格。会员受到中国证监会暂停或

取消发行上市业务的处分，本所相应暂停或取消其上市推荐人资格。

2.3.4　会员申请上市推荐人资格应当提交以下文件：

（一）申请书；

（二）会员证书；

（三）承销或本所认可的其他资格证书；

（四）主要业务人员简历；

（五）最近一年上市推荐业务的情况；

（六）上市推荐协议书，并附有向中国证监会提交的发行人情况调查表；

（七）本所要求提供的其他文件。

2.3.5　上市推荐人应当与发行人签订股票上市推荐协议，规定双方在申请上市期间及上市后一年内的权利义务，股票上市推荐协议应当符合本规则和股票上市协议的有关规定。

2.3.6　上市推荐人应当履行以下义务：

（一）确认发行人符合上市条件；

（二）确保发行人的董事了解法律、法规、本规则及股票上市协议规定的责任；

（三）协助发行人申请股票上市；

（四）提交股票上市推荐书；

（五）对股票上市文件所载的资料进行核实，保证文件真实、准确、完整，符合规定要求；

（六）协助发行人健全法人治理结构；

（七）协助发行人制定严格的信息披露和保密制度；

（八）本所规定上市推荐人的其他义务。

2.3.7　上市推荐书应当包括以下内容：

（一）发行人的概况；

（二）申请上市股票的发行情况；

（三）发行人与上市推荐人是否存在关联关系及存在何种关联关系；

（四）公司章程符合《公司法》等法律法规和中国证监会规定以及发行人符合上市条件的说明；

（五）上市推荐人认为发行人需要说明的重要事项和存在的问题；

（六）上市推荐人需要说明的其他事项。

2.3.8　上市推荐人应当保证发行人的上市申请文件、上市公告书没有虚假、严重误导性陈述或者重大遗漏，并保证对其承担连带责任。

2.3.9　上市推荐人不得利用其在股票发行上市过程中获得的内幕信息为自己或他人谋取利益。

第三章　股票上市的申请、审查与信息披露

第一节　首次公开发行的股票上市

3.1.1　发行人必须经中国证监会核准后，方可向本所申请其股票上市。

3.1.2　发行人申请其首次公开发行的股票上市，应当按照中国证监会《公开发行股票公司信息披露的内容与格式准则》第七号《上市公告书的内容与格式》编制上市公告书。

3.1.3　发行人提出上市申请时应当向本所提交以下文件：

（一）上市申请书；

（二）中国证监会核准其股票发行的文件及经中国证监会核准的发行、上市申报文件；

（三）上市推荐人出具的上市推荐书；

（四）经具有从事证券业务资格的会计师事务所出具的对全部资本的验资报告（包括实物资产所有权已转移至上市公司的证明文件）；

（五）股票发行后按照规定新增的财务资料；

（六）历次股东大会决议；

（七）股票发行后公司设立或变更的营业执照复印件；

（八）上市公告书；

（九）发行人拟聘任或已聘任的公司董事会秘书人选的资料；

（十）公司董事、监事和高级管理人员持股情况的报告；

（十一）确定公司股票挂牌简称的函；

（十二）公司全部股票已托管的证明文件；

（十三）本所要求的其他文件。

3.1.4　发行人应当保证向本所提交的文件没有虚假性陈述或重大遗漏。

3.1.5　发行人向本所提出上市申请时，其第一大股东应当承诺，自发行人股票上市之日起12个月内，第一大股东不转让其持有的发行人股份，也不由上市公司回购其持有的股份。本条所指股份不包括在此期间新增的股份。

3.1.6　发行人应当于其股票挂牌交易日的五日之前在至少一种中国证监会指定的上市公司信息披露报纸（以下简称"指定报纸"）上刊登简要上市公告书全文或不超过一万字的上市公告书概要，并将上市公告书备置于指定场所，供公众查阅。

发行人在提出上市申请期间，未经本所同意，不得擅自披露有关信息。

第二节　配股或增发新股上市

3.2.1　上市公司配股或增发新股完成后，可以申请配股或增发新股的可流通股份上市。

3.2.2　上市公司申请其配股或增发新股的可流通股份上市，应当向本所提交以下文件：

（一）上市申请书；

（二）中国证监会的核准文件；

（三）经中国证监会审核的全部配股或增发新股的申请文件；

（四）配股或增发新股完成后经具有从事证券业务资格的会计师事务所出具的验资报告；有实物资产配股或增发新股的，提供资产所有权已转移至上市公司的证明文件；

（五）董事、监事和高级管理人员持股情况变动的报告；

（六）股份变动报告或上市公告书；

（七）股份登记机构对新增股份登记托管的书面证明；

（八）本所要求的其他文件。

3.2.3　本所对上市公司配股或增发新股的可流通股份的上市申请审查后，安排符合条件的股份上市流通。公司应当在配股或增发新股的可流通股份上市前三个工作日内在指定报纸刊登《股份变动报告》或上市公告书，并公布配股或增发新股的可流通股份上市日。

3.2.4　其他股份经核准上市流通，比照3.2.2条和3.2.3条的规定执行。

第三节　派发股份股利与公积金转增股本

3.3.1　上市公司在派发股份股利、公积金转增股本前，应当向本所提供以下文件：

（一）股东大会关于派发股份股利、公积金转增股本的决议；

（二）公司实施派发股份股利、公积金转增股本公告书；

（三）本所要求的其他文件。

3.3.2　经本所审查后，上市公司应当于派发股份股利、公积金转增股本股权登记日前三至五个工作日在指定报纸刊登派发股份股利、公积金转增股本公告书。

3.3.3　派发股份股利、公积金转增股本公告书应当符合中国证监会的有关规定，并且包括以下内容：

（一）通过派发股份股利、公积金转增股本方案的股东大会的届次和日期；

（二）派发股份股利、公积金转增股本的比例（以每10股表述）、股本基数（按实施前实际股本）、是否含税以及扣税情况等；

（三）股权登记日、除权日、新增可流通股份上市日；

（四）实施办法；

（五）股本变动结构表（按变动前股本、本次送红股、本次转增股本、变动后股本、股份比例等项目列示）；

（六）派发股份股利、公积金转增股本后，按新股本摊薄计算的上年度每股净收益或本年度中期每股净收益；

（七）有关咨询办法。

第四节　公司职工股或内部职工股上市

3.4.1　上市公司申请其公司职工股或内部职工股上市，应当向本所提交以下文件：

（一）上市申请书；

（二）中国证监会关于其公司职工股或内部职工股上市时间的批文；

（三）有关公司职工股或内部职工股的持股情况说明；

（四）有关公司董事、监事、高级管理人员持股情况说明；

（五）公司职工股或内部职工股上市提示公告；

（六）本所要求的其他文件。

3.4.2　经本所审查同意后，上市公司应当在公司职工股或内部职工股上市前三个工作日内在指定报纸刊登上市提示公告。

3.4.3　上市提示公告应当包括以下内容：

（一）上市日期、上市股份数量、冻结数量；

（二）发行价格；

（三）历次送配情况；

（四）持股人数。

第五节　董事、监事、高级管理人员所持股份上市

3.5.1　上市公司董事、监事、高级管理人员在任期内应当按照规定向本所申报持股变动情况，不得转让其所持有的本公司股份，包括因公司派发股份股利、公积金转增股本、配股、购入(受让)新增的股份。

3.5.2　上市公司的董事、监事、高级管理人员离职半年后，可以申请其所持股份上市流通。

3.5.3　上市公司原董事、监事、高级管理人员申请所持股份上市流通，应当向本所提交以下文件：

(一)上市申请书；

(二)关于免去董事、监事、高级管理人员的决议或董事、监事、高级管理人员的辞职书以及董事会出具的离职证明。

第六节　向证券投资基金配售的股份上市

3.6.1　上市公司申请其向证券投资基金配售的股份上市，应当向本所提交以下文件：

(一)上市申请书；

(二)有关向基金配售的股份说明；

(三)上市提示公告；

(四)本所要求的其他文件。

3.6.2　经本所批准后，上市公司应当在配售的股份上市前三个工作日内在指定报纸上刊登上市提示公告。

3.6.3　上市提示公告应当包括以下内容：

(一)上市时间；

(二)上市股份数量；

(三)发行价格；

(四)历次送配情况。

第七节　向法人、战略投资者配售的股份上市

3.7.1　上市公司申请其向法人、战略投资者配售的股份上市，应当向本所提交以下文件：

(一)上市申请书；

(二)有关向法人、战略投资者定向配售股份的说明；

(三)上市提示公告；

(四)本所要求的其他文件。

3.7.2　经本所批准后，上市公司应当在配售的股份上市前三个工作日内在指定报纸上刊登上市提示公告。

3.7.3　上市提示公告应当包括以下内容：

(一)上市时间；

(二)上市股份数量；

(三)发行价格；

(四)历次送配情况。

第四章　信息披露的基本原则

4.1　上市公司应当履行以下信息披露的基本义务：

(一)及时披露所有对上市公司股票价格能产生重大影响的信息。

(二)确保信息披露内容真实、准确、完整而没有虚假、严重误导性陈述或重大遗漏。上市公司对履行以上基本义务以及本规则规定的具体要求有任何疑问的，可向本所咨询。

4.2　上市公司董事会全体成员必须保证信息披露内容真实、准确、完整，没有虚假、严重误导性陈述或重大遗漏，并就其保证承担连带赔偿责任。上市公司应当将以上内容作为重要提示在公告中陈述。

4.3　上市公司及其董事、监事、高级管理人员不得泄露内幕消息，不得进行内幕交易或配合他人操纵证券交易价格。

4.4　上市公司应当公开披露的信息包括定期报告和临时报告。年度报告和中期报告为定期报告，其他报告为临时报告。

4.5　上市公司公开披露的信息必须在第一时间报送本所。

4.6　本所根据有关法律、法规、规章对上市公司公开披露的信息进行形式审查，对其内容的真实性不承担责任。

本所对定期报告实行事后审查，对临时报告实行事前审查。

4.7　上市公司董事会及董事在公司的信息公开披露前应当将该信息的知情者控制在最小范围内。

4.8　上市公司公开披露的信息应当在至少一种指定报纸(定期报告还应当在指定网站)上公告，在其他公共传媒披露信息不得先于指定报纸和指定网站。上市公司不得以新闻发布或答记者问等形式代替公司的正式公告。

4.9　上市公司有充分理由认为披露某一信息会损害公司的利益，且该信息对其股票价格不会产生重大影响，经本所同意，可以免予披露。

4.10　上市公司认为拟披露的信息可能导致其违反国家有关法规的，应当向本所报告并陈述不宜披露的理由；确有法律依据的，经本所同意，可以免予披露。

4.11　上市公司发生的事项达不到本规则披露要求的，可以免予披露。但本所认为必要的，上市公司应当比照本规则的规定披露。

第五章　董事会秘书、股权管理与信息披露事务

第一节　董事会秘书

5.1.1　上市公司必须设立一名董事会秘书。董事会秘书为上市公司的高级管理人员，对董事会负责。

5.1.2　董事会秘书的任职资格：

(一)具有大学专科以上学历，从事秘书、管理、股权事务等工作三年以上；

(二)有一定财务、税收、法律、金融、企业管理、计算机应用等方面知识，具有良好的个人品质和职业道德，严格遵守有关法律、法规和规章，能够忠诚地履行职责；

(三)上市公司董事可以兼任董事会秘书，但是监事不得兼任；

(四)有《公司法》第五十七条规定情形之一的人士不得担任董事会秘书；

(五)上市公司聘任的会计师事务所的会计师和律师事务所的律师不得兼任董事会秘书。

5.1.3　董事会秘书应当遵守公司章程，承担公司高级管理人员的有关法律责任，对公司负有诚信和勤勉义务，不得利用职权为自己或他人谋取利益。

5.1.4　董事会秘书的职责：

(一)董事会秘书为公司与本所的指定联络人，负责准备和提交本所要求的文件，组织完成监管机构布置的任务；

(二)准备和提交董事会和股东大会的报告和文件；

(三)按照法定程序筹备董事会会议和股东大会，列席董事会会议并作记录，并应当在会议纪要上签字，保证其准确性。负责保管会议文件和记录；

(四)协调和组织上市公司信息披露事项，包括建立信息披露的制度、接待来访、回答咨询、联系股东，向投资者提供公司公开披露的资料，保证上市公司信息披露的及时性、合法性、真实性和完整性；

(五)列席涉及信息披露的有关会议，上市公司有关部门应当向董事会秘书提供信息披露所需要的资料和信息。公司作出重大决定之前，应当从信息披露角度征询董事会秘书的意见；

(六)负责信息的保密工作，制订保密措施。内幕信息泄露时，及时采取补救措施加以解释和澄清，并报告本所和中国证监会；

(七)负责保管上市公司股东名册资料、董事名册、大股东及董事持股资料以及董事会印章；

(八)帮助公司董事、监事、高级管理人员了解法律法规、公司章程、本规则及股票上市协议对其设定的责任；

(九)协助董事会依法行使职权，在董事会违反法律法规、公司章程及本所有关规定作出决议时，及时提出异议，如董事会坚持作出上述决议，应当把情况记载在会议纪要上，并将该会议纪要马上提交上市公司全体董事和监事；

(十)为上市公司重大决策提供咨询和建议；

(十一)本所要求履行的其他职责。

5.1.5　董事会秘书必须经过本所的专业培训和资格考核并取得合格证书，由董事会聘任，报本所备案并公告；对于没有合格证书的，经本所认可后由董事会聘任。

5.1.6　公司应当在股票上市后三个月内或原任董事会秘书离职后三个月内正式聘任董事会秘书。在此之前，公司应当临时指定人选代行董事会秘书的职责。

5.1.7　公司董事会聘任董事会秘书应当向本所提交以下文件：

(一)董事会推荐书，包括被推荐人的职务，工作表现及个人品德等内容；

(二)被推荐人的个人简历，学历证明(复印件)；

(三)被推荐人的考试合格证书；

(四)董事会的聘任书；

(五)董事会秘书的通讯方式，包括办公电话、住宅电话、移动电话、传真、通信地址及专用电子邮件信箱地址等；

(六)公司法定代表人的通讯方式，包括办公电话、住宅电话、移动电话、传真及通信地址等。

5.1.8　董事会秘书出现以下情形之一的，本所可以建议上市公

司董事会终止对其的聘任：

(一)在执行职务时出现重大错误或疏漏，给上市公司或投资者造成重大损失；

(二)有违反国家法律法规、公司章程、本所有关规定的行为，给上市公司或投资者造成重大损失；

(三)本所认为不应当继续担任董事会秘书的其他情形。

5.1.9　上市公司董事会解聘董事会秘书应当具有充足理由，解聘董事会秘书或董事会秘书辞职时，公司董事会应当向本所报告，说明原因并公告。

5.1.10　董事会秘书离任前，应当接受董事会、监事会的离任审查，将有关档案文件、正在办理或待办理事项，在公司监事会的监督下移交。公司应当在聘任董事会秘书时与其签订保密协议，要求其承诺一旦在离任后持续履行保密义务直至有关信息公开披露为止。

5.1.11　上市公司董事会在聘任董事会秘书的同时，应当另外委任一名董事会证券事务代表，在董事会秘书不能履行职责时，代行董事会秘书的职责。证券事务代表应当具有董事会秘书的任职资格，经过本所的专业培训和资格考核并取得合格证书。

第二节　股权管理与信息披露事务

5.2.1　本所接受董事会秘书或证券事务代表办理上市公司的股权管理与信息披露事务；

5.2.2　上市公司应当在信息披露前将公告文稿及相关材料报送本所。文稿为中文打印件并且签字盖章，文稿上应当写明拟公告的日期及报纸。经本所同意后，上市公司自行联系公告事项。不能按预定日期公告的，应当及时报告本所。

5.2.3　上市公司公告出现任何错误、遗漏或误导，本所可以要求上市公司作出说明并予以补充公告。

5.2.4　上市公司应当将信息披露文件在公告的同时备置于指定场所，供公众查阅。

5.2.5　上市公司应当在选定或变更指定报纸后，在两个工作日内报告本所。

第六章　定期报告

6.1　上市公司应当在每个会计年度结束之日起四个月内编制完成年度报告并在指定报纸披露年度报告摘要，同时，其年度报告在网上披露。本所在规定的期限内安排各上市公司披露年度报告的时间顺序。

6.2　上市公司应当按照中国证监会《公开发行股票公司信息披露的内容与格式准则第二号〈年度报告的内容与格式〉》的规定编制年度报告及年度报告摘要。上述标准如有修订，按修订后的规定执行。本所可以在上述标准基础上对年度报告的编制和披露提出进一步的要求。

6.3　本所对上市公司年度报告实行事前登记、事后审查。

6.4　上市公司应当在年度报告经董事会批准后两个工作日内向本所报送年度报告，经本所登记后，在至少一种指定报纸刊登年度报告摘要，同时，在指定网站上披露年度报告。

6.5　上市公司向本所报送年度报告的同时，还应当报送以下文件：

(一)审计报告；

(二)年度报告摘要；

(三)董事会决议及其公告文稿；

(四)载有年度报告及财务数据的电子文件；

(五)停牌申请；

(六)本所要求的其他文件。

6.6　上市公司出现9.2.1所述情形时，应当在收到年度审计报告后两个工作日内报送本所。

6.7　本所的事后审查是指对年度报告及其摘要在形式上的审查。本所可以要求上市公司对年度报告有关内容进行解释说明。上市公司应当认真、及时的答复本所的审查意见，并按照本所的要求刊登补充公告。

6.8　本所在年度报告审查结束后公布审查结果，对有关上市公司分别给予表扬和批评。

6.9　上市公司应当于每个会计年度的上半年结束之日起两个月内编制完成中期报告并公告。

6.10　上市公司应当按照中国证监会《公开发行股票公司信息披露内容与格式准则第三号〈中期报告的内容与格式〉》以及有关通知的规定编制中期报告。上述标准如有修订，按修订后的规定执行。本所可以在标准的基础上对中期报告的编制和披露提出进一步的要求。

6.11　上市公司的中期财务报告可以不经会计师事务所审计，但如属中国证监会或本所认为应当进行审计情形的，必须经会计师事务所审计。

6.12　年度报告的有关报送、公告和审查的规定适用于中期报告。

6.13　上市公司无法在最后期限内披露年度报告或中期报告的，应当在最后期限十五日之前向本所提出延期申请，延期最长不得超过六十日。延期申请经本所批准后，上市公司应当在指定报纸上公布延期披露的原因和预定的披露日期。

第七章　临时报告

第一节　董事会、监事会、股东大会决议

7.1.1　上市公司召开董事会会议，应当在会议结束后两个工作日内将董事会决议和会议纪要报送本所备案。

7.1.2　上市公司董事会决议涉及需要经股东大会表决的事项和本章第二、三、四节的事项的，必须公告；其他事项，本所认为有必要的，也应当公告。

7.1.3　上市公司召开监事会会议，应当在会议结束后两个工作日内将监事会决议和会议纪要报送本所备案，经本所审查后，在指定报纸上公布。

7.1.4　上市公司应当在股东大会结束后当日将股东大会决议公告文稿、会议记录和全套会议文件报送本所，经本所审查后在指定报纸刊登决议公告。

7.1.5　股东大会因故延期或取消，应当在原定股东大会日期五个工作日之前发布通知，通知中应当说明延期或取消的具体原因。如属延期，应当公布延期后的召开日期。

7.1.6　股东大会对董事会预案作出修改，或对董事会预案以外的事项作出决议，或会议期间因突发事件致使会议不能正常召开的，上市公司应当向本所说明原因并公告。

7.1.7　股东大会决议公告应当写明出席会议的股东人数、所持股份及占上市公司有表决权总股本的比例，以及每项议案的表决方式及表决统计结果。对股东提案作出决议的，应当列明提案股东的名称或姓名、持股比例和提案内容。发行B股的上市公司还应当在公告中说明股东会议通知情况、上市公司A股股东和B股股东出席会议及表决情况。

7.1.8　股东大会以会议文件等形式向股东通报的重要内容，如未公开披露的，应当在股东大会决议公告中披露。

第二节　收购、出售资产

7.2.1　本节所称收购、出售资产是指上市公司收购、出售企业所有者权益、实物资产或其他财产权利的行为。

7.2.2　上市公司拟收购、出售资产达到以下标准之一时，经董事会批准后两个工作日内，向本所报告并公告：

(一)按照最近一期经审计的财务报告或评估报告，收购、出售资产的资产总额占上市公司最近一期经审计的总资产的10%以上；

(二)按照最近一期经审计的财务报告，收购、出售资产相关的净利润或亏损的绝对值占上市公司最近经审计净利润或亏损的绝对值的10%以上，且绝对金额在100万元以上；

被收购、出售资产的净利润或亏损无法计算的，不适用本款；被收购、出售资产系整体企业的部分所有者权益，被收购、出售资产的净利润或亏损以与这部分产权相关的净利润或亏损计算；

(三)收购、出售资产的交易金额(承担债务、费用等，应一并加总计算)占上市公司最近一期经审计的净资产总额10%以上。

7.2.3　上市公司进行上述交易时，应当及时披露进展情况。

(一)上市公司与有关当事人进行实质性接触并且市场已有传闻，公司股票价格已明显发生异常波动时，公司应当立即披露有关事宜的进展或澄清传闻。

(二)上市公司与有关当事人一旦签署有约束力的协议，无论协议中是否包含附加条件，上市公司必须在之后的两个工作日内向本所报告，并且根据7.2.10的规定公布交易公告。交易公告公布后，如果协议条款发生重大变化或协议终止的，上市公司必须立即报告本所并及时披露有关情况。

(三)交易事项获政府有关部门批准的，公司应当立即披露；已公告的交易事项未获批准的，公司也应当立即披露并说明原因。

7.2.4　上市公司收购、出售资产按照7.2.2条第(一)款、第(三)款所述标准计算所得的任一相对数字达50%以上的，或按照7.2.2条第(二)款所述标准计算所得的相对数字达到50%以上，且收购、出售资产的相关净利润或亏损绝对金额在500万元以上的，除须经董事会批准，报告本所及公告外，必须经上市公司股东大会批准。

上市公司还必须聘请有证券从业资格的会计师事务所或资产评

估机构对拟收购、出售的资产进行审计或评估，审计或评估基准日距协议生效日不得超过6个月。如因特殊原因无法实施审计或评估的，必须在股东大会上说明原因。

7.2.5 上市公司在十二个月内连续对同一或相关资产分次进行收购、出售的，以其在此期间交易的累计数量确定是否公告。

7.2.6 上市公司持股比例超过50%的子公司收购、出售资产，比照上市公司的标准披露。上市公司的参股公司(持股50%以下)收购、出售资产，交易标的有关金额指标乘以参股比例后，适用本规则规定。

7.2.7 上市公司因收购、出售其他上市公司的股份，需要履行股东披露义务或要约义务的，应当同时按照中国证监会和本所的有关规定执行。

7.2.8 上市公司必须在收购、出售资产协议生效之日起三个月内公告交易实施情况(包括所有必需的产权变更或登记过户手续完成情况)，同时提供相关证明文件。

7.2.9 上市公司披露上述收购、出售资产事项，应当向本所提交以下文件：

(一)交易公告文稿；

(二)收购、出售资产的协议书；

(三)董事会决议及公告(如有)；

(四)被收购、出售资产涉及的政府批文(如有)；

(五)被收购、出售资产的财务报告；

(六)中介机构关于被收购、出售资产的意见书(评估报告或审计报告)；

(七)本所要求的其他文件。

7.2.10 上市公司收购、出售资产的公告应当包括以下内容：

(一)交易概述及协议生效时间；

(二)协议有关各方的基本情况，包括企业名称、工商登记类型、注册地点、法定代表人、主营业务等；

(三)被收购、出售资产的基本情况，包括该资产名称、中介机构名称、资产的帐面值及评估值、资产运营情况、资产质押、抵押以及在该资产上设立的其他财产权利的情况、涉及该财产的重大争议的情况。被收购、出售的资产系企业所有者权益，还应当介绍公司(或企业)的基本情况和最近一期经审计的财务报告中的财务数据，包括资产总额、负债总额、所有者权益、主营收入、净利润等，并附收购、出售基准日资产负债表和损益表(如果基准日不是年底，还需披露上一年度损益表)；

收购、出售资产达到7.2.4条所规定标准的，除披露上述内容外，另应披露该等资产的历史情况；被收购出售的资产系企业所有者权益，且占被收购企业所有者权益的50%以上，另应披露该企业近三年的资产负债表、损益表及现金流量表或公司成立之日起至收购、出售资产合同签署日期间的资产负债表和损益表及现金流量表；

(四)上市公司预计从该项交易中获得的利益及该交易对上市公司未来经营的影响；

(五)交易金额(包括确定基准)及支付方式(现金、股权、资产置换等，还包括有关分期付款安排的条款)；

(六)该交易所涉及的人员安置、土地租赁、债务重组等情况；

(七)出售资产的，说明出售所得款项的用途；

(八)收购资产的，说明是否与招股说明书、配股说明书或其他募集资金说明书中列示的项目相关及交易的资金来源；

(九)需要经股东大会或有权部门批准的事项，应当说明需履行的合法程序和进展情况；

(十)如果收购资产后，可能产生关联交易，应披露有关情况；

(十一)如果收购资产后，可能产生关联人同业竞争，应披露规避的方法或其他安排(包括有关协议或承诺等)；

(十二)收购资产后，上市公司与控股股东在人员、资产、财务上分开的安排计划；

(十三)本所要求的其他内容。

第三节 关联交易

7.3.1 上市公司关联交易是指上市公司及其附属公司与其关联人交换资源、资产，相互提供产品或者劳务的交易行为。

上市公司关联人包括关联法人、关联自然人和潜在关联人。

上市公司附属公司是指上市公司为第一大股东，或者按照股权比例、公司章程或经营协议，上市公司能够控制董事会组成的公司。

7.3.2 上市公司关联交易应当履行以下基本原则：

(一)符合诚实信用的原则；

(二)关联方如享有上市公司股东大会表决权，除特殊情况外，应当回避行使表决权；

(三)与关联方有任何利害关系的董事，在董事会对该事项进行表决时，应当予以回避；

(四)上市公司董事会应当根据客观标准判断该关联交易是否对上市公司有利。必要时应当聘请独立财务顾问或专业评估师。

7.3.3 具有以下情形之一的法人，视为上市公司的关联法人：

(一)直接或间接持有上市公司股份的第一大股东，或者按照股权比例、公司章程或经营协议能够控制上市公司董事会组成的法人股东；

(二)第(一)项所列股东的子公司或者该股东有权决定半数以上董事人选的公司或有权决定法定代表人人选的企业。

(三)7.3.4条所列的关联自然人担任法定代表人的法人；

(四)按照法律、法规确定的与上市公司具有关联关系的法人。

7.3.4 具有以下情形之一的人士，为上市公司的关联自然人：

(一)上市公司的董事、监事及高级管理人员；上述人士的父母，配偶，年满18周岁、具有民事行为能力的子女；

(二)7.3.3条第(一)、(二)项所列示的关联法人中担任董事、监事、法定代表人、经理。

7.3.5 因与上市公司关联法人签署协议或作出安排，在协议生效后符合7.3.3条和7.3.4条第(一)项规定的，为上市公司潜在关联人。

7.3.6 上市公司关联人与上市公司签署涉及关联交易的协议，应当采取必要的回避措施：

(一)任何个人只能代表一方签署协议；

(二)关联人不得以任何方式干预上市公司的决定；

(三)上市公司董事会就关联交易表决时，有利害关系的当事人属以下情形的，不得参与表决：

1)董事个人与上市公司的关联交易；

2)董事个人在关联企业任职或拥有关联企业的控股权，该关联企业与上市公司的关联交易；

3)按法律、法规和公司章程规定应当回避的。

(四)上市公司股东大会就关联交易进行表决时，关联股东不得参加表决。关联股东因特殊情况无法回避时，在上市公司征得有权部门同意后，可以参加表决。公司应当在股东大会决议中作出详细说明，同时对非关联方的股东投票情况进行专门统计，并在决议公告中予以披露。

7.3.7 上市公司与其关联人达成的关联交易总额低于300万元且低于上市公司最近经审计净资产值的0.5%的，不适用本节规定。

7.3.8 上市公司与其关联人达成的关联交易总额在300万元至3000万元之间或占上市公司最近经审计净资产值的0.5%至5%之间的，上市公司应当在交易完成后两个工作日内按照7.3.10条的规定进行公告，并在下次定期报告中披露有关交易的详细资料。

7.3.9 上市公司披露关联交易，应当比照7.2.9条规定向本所提交文件。

7.3.10 上市公司就关联交易发布的临时报告应当包括以下内容：

(一)交易日期、交易地点；

(二)有关各方的关联关系；

(三)交易及其目的的简要说明；

(四)交易的标的、价格及定价政策；

(五)关联人在交易中所占权益的性质及比重；

(六)关联交易涉及收购或出售某一公司权益的，应当说明该公司的实际持有人的详细情况，包括实际持有人的名称及其业务状况；

(七)董事会关于本次关联交易对上市公司影响的意见；

(八)所有评估及财务顾问意见；

(九)本所和中国证监会要求的其他内容。

7.3.11 上市公司拟与其关联人达成的关联交易总额高于3000万元或高于上市公司最近经审计净资产值的5%的，公司董事会必须在作出决议后两个工作日内报送本所并公告。公告的内容应当符合7.3.10条的规定。关联交易在获得公司股东大会批准后实施，任何与该关联交易有利害关系的关联人应当在股东大会上放弃对该议案的投票权。公司应当在有关关联交易的公告中特别载明："此项交易需经股东大会批准，与该关联交易有利害关系的关联人放弃在股东大会上对该议案的投票权"。

对于此类关联交易，上市公司董事会应当对该交易是否对上市公司有利发表意见，同时上市公司应当聘请独立的财务顾问就该关联交易对全体股东是否公平、合理发表意见，并说明理由、主要假设及考虑因素。上市公司应当在下次定期报告中披露有关交易的详细资料。

7.3.12 上市公司与关联人就同一标的在12个月内达成的关联交易累计金额达到7.3.8条所述标准的，上市公司应当按7.3.8条的规定予以披露。

7.3.13　上市公司与关联人就同一标的在12个月内达成的关联交易累计金额达到7.3.11条所述标准的，上市公司应当按7.3.11条的规定予以披露。

7.3.14　上市公司与关联人之间签署的涉及关联交易的协议，包括产品供销协议、服务协议、土地租赁协议等已经在招股说明书、上市公告书或上一次定期报告中披露，协议主要内容（如价格、数量及付款方式等）在下一次定期报告之前未发生显著变化的，上市公司可豁免执行本节上述条款的规定，但是应当在定期报告及其相应的财务报告附注中就年度内协议的执行情况予以必要说明。

7.3.15　上市公司与关联人达成的以下关联交易可以免予披露：

（一）关联人按照上市公司的招股说明书、配股说明书或增发新股说明书以现金方式缴纳应当认购的股份；

（二）关联人依据股东大会决议领取股息或者红利；

（三）关联人购买上市公司发行的企业债券；

（四）上市公司与其控股子公司发生的关联交易。

7.3.16　关联交易谈判期间，上市公司股票价格因市场对该项交易的传闻或报道而出现异常波动，上市公司应当立即向本所和中国证监会报告并予以公告。

第四节　其他重大事件

7.4.1　上市公司会计年度结束时，预计出现亏损的，应当依据有关法规及时履行信息披露义务，在披露年度报告前至少发布一次提示性公告。

7.4.2　上市公司发生重大诉讼、仲裁事项，按照以下要求予以披露：

（一）诉讼或仲裁事项涉及的金额或12个月内累计金额占公司最近经审计的净资产值10%以上的，上市公司应当在知悉该事件后及时报告和公告；

（二）上市公司根据第（一）项规定披露信息前，应当向本所报送有关法律文书的复印件；

（三）对诉讼或仲裁事件的披露，应当说明诉讼或仲裁受理日期，诉讼或仲裁各方当事人、代理人及其所在单位的姓名或名称，受理法院或仲裁机构的名称及所在地，诉讼或仲裁的原因、依据和诉讼、仲裁的请求，判决、仲裁的日期，判决、仲裁的结果以及各方当事人对结果的意见等。

7.4.3　上市公司发生重大担保事项，应当按照以下要求予以披露：

（一）上市公司不得为股东提供担保，为股东以外的法人或者个人提供担保，涉及的金额或12个月内累计金额占上市公司最近经审计的净资产值的10%以上的，应当及时报告和公告；

（二）上市公司根据第（一）项规定披露信息前，应当向本所报送相关协议的复印件；

（三）对担保事项的披露，应当说明担保协议签署及生效日期，被担保人基本情况；被担保人为法人，包括企业名称、注册地点、法定代表人、经营范围、与上市公司的关联关系或其他关系；被担保人为个人，包括姓名、与上市公司的关联关系或其他关系，债权人名称，担保的方式、期限、金额，担保协议中的其他重要条款等；

（四）根据第（一）项披露的担保事项，被担保人于债务到期后十五个工作日内未履行还款义务的，上市公司应当及时报告和公告；

（五）根据第（一）项披露的担保事项，被担保人出现破产、清算及其他严重影响还款能力的事件，上市公司知悉后应当及时报告和公告。

7.4.4　上市公司出现以下情况所涉及的数额达到7.2.2条所述标准的，比照本章第二节的规定予以披露。

（一）重要合同（借贷、委托经营、受托经营、委托理财、赠与、承包、租赁等）的订立、变更和终止；

（二）大额银行退票；

（三）重大经营性或非经营性亏损；

（四）遭受重大损失；

（五）重大投资行为；

（六）可能依法承担的赔偿责任；

（七）重大行政处罚；

（八）本所认为需披露的其他事项。

7.4.5　上市公司出现以下情况，应当自事实发生之日起两个工作日内向本所报告并公告：

（一）公司章程、注册资金、注册地址、名称的变更；

（二）经营方针和经营范围的重大变化；

（三）订立7.4.4条第（一）项之外的重要合同，可能对上市公司的资产、负债、权益和经营成果产生重大影响；

（四）发生重大债务或未清偿到期重大债务；

（五）变更募集资金用途；

（六）直接或间接持有另一上市公司发行在外的普通股百分之五以上；

（七）持有上市公司百分之五以上股份的股东，其持有股份增减变化为百分之五以上；

（八）董事长、三分之一以上董事或经理发生变动；

（九）生产经营环境发生重大变化，包括全部或主要业务停顿、生产资料采购、产品销售发生重大变化；

（十）减资、合并、分立、解散或申请破产的决定；

（十一）新的法律法规、规章、政策可能对公司的经营产生显著影响；

（十二）更换为其审计的会计师事务所；

（十三）股东大会、董事会的决议被法院依法撤销；

（十四）法院裁定禁止上市公司有控制权的大股东转让其股份；

（十五）上市公司主要股东持有的股份被质押；

（十六）进入破产、清算状态；

（十七）预计出现资不抵债的情形；

（十八）因涉嫌违反证券法规被中国证监会调查或正受到中国证监会处罚的。公司就违规事项公告时，应当事先报告中国证监会；

（十九）本所认为需要披露的其他事项。

7.4.6　董事会预计上市公司业绩与已经披露的盈利预测有重大差异，而且导致该差异的因素尚未向市场披露的，应当及时予以公告，说明有关因素及其对业绩的影响。上市公司董事会应当在向本所提交公告文稿时提交以下资料：

（一）预计的业绩变化及造成变化的原因；

（二）董事会确认预计的依据及过程是适当和审慎的函件；上市公司聘有财务顾问的，提交财务顾问确认上市公司董事会作出该预计的依据及过程是适当和审慎的函件。

第五节　股票交易异常波动

7.5.1　上市公司应当关注本公司股票的交易以及新闻媒介关于本公司的报道。

7.5.2　出现以下情况之一的，上市公司应当及时报告并公告：

（一）股票交易发生异常波动；

（二）新闻媒介传播的消息可能对公司的股票交易产生影响。

7.5.3　股票交易出现以下情况之一时，本所根据市场情况，认定是否属股票交易异常波动：

（一）某只股票的价格连续三个交易日达到涨幅或跌幅限制；

（二）某只股票连续五个交易日列入"股票、基金公开信息"；

（三）某只股票价格的振幅连续三个交易日达到15%；

（四）某只股票的日均成交金额连续五个交易日逐日增加50%；

（五）本所或中国证监会认为属于异常波动的其他情况。

出现（一）至（四）项的情形被认定为异常波动的股票，其异常波动的计算从公告之日起重新开始。上市公司因召开股东大会、公布年报和中报等例行停牌，其异常波动的计算从股票复牌之日起开始。

7.5.4　上市公司针对有关传闻发布公告，应当向本所报送公告文稿以及传闻在新闻媒介传播的证明。

7.5.5　本所发现7.5.2条所述的情况时，可以要求上市公司公告。

7.5.6　上市公司针对有关传闻的公告应当包括以下内容：

（一）传闻内容及其来源；

（二）公司的真实情况；

（三）经本所同意的其他内容。

7.5.7　上市公司认为股票交易的异常波动与公司无关，应当在公告中作出说明；认为与公司有关，应当披露可能影响其股票价格的信息。

第六节　公司的合并、分立

7.6.1　上市公司的合并、分立必须符合《中华人民共和国公司法》和国家现行法规的有关规定。

7.6.2　涉及上市公司股份变动的合并、分立方案应当报中国证监会批准并抄报本所。

7.6.3　涉及上市公司股份变动的合并、分立方案未经中国证监会批准的，本所不受理有关的公告文稿，并报告中国证监会。

7.6.4　上市公司合并、分立方案实施过程中涉及的信息披露和股份变更登记等事项，按照中国证监会和本所的规定办理。

第八章　停牌、复牌

8.1　上市公司可以以本所认为合理的理由向本所申请停牌与复

牌。

8.2 本所可以根据实际情况或中国证监会的要求，决定股票及其衍生品种的停牌与复牌。

8.3 出现以下情况之一的，上市公司董事会应当向本所申请对其股票及其衍生品种例行停牌与复牌：

(一)公司于交易日公布中期报告或年度报告，当日上午停牌，下午开市时复牌；

(二)公司召开股东大会，会议期间为本所开市时间，自股东大会召开当日起停牌，直至公告股东大会决议当日下午开市时复牌；公告日为非交易日，则公告后第一个交易日复牌；

(三)公司于交易日公布董事会关于权益分派、配股、公积金转增股本等决议，当日上午停牌，下午开市时复牌；

(四)公司于交易日刊登获得中国证监会核准配股或增发新股的提示性公告，当日上午停牌，下午开市时复牌。

8.4 上市公司出现以下情况之一的，本所对其股票及其衍生品种停牌与复牌：

(一)在新闻媒介中出现上市公司尚未披露的信息，可能对公司股票及其衍生品种的交易产生较大影响，本所对该股票及其衍生品种停牌，直至上市公司对该消息作出公告的当日下午开市时复牌；

(二)股票交易出现异常波动，本所可以对其停牌，直至有披露义务的当事人作出公告的当日下午开市时复牌。

8.5 上市公司于交易日公布临时报告的，应当向本所申请停牌，本所根据情况决定停牌与复牌时间。

8.6 临时报告披露不充分、不完整或可能误导公众，上市公司拒不按照本所要求作出修改的，本所可以对该公司股票及其衍生品种停牌，直至上市公司作出补充或更正公告的当日下午开市时复牌。

8.7 本所审查上市公司定期报告时，可以要求上市公司就有关内容解释说明或补充公告，公司不按照本所要求办理的，本所可以根据情况对其股票及其衍生品种停牌，直至公司作出解释说明或补充公告的当日下午开市时复牌。

8.8 上市公司未向本所申请并获批准而延迟公布定期报告，本所对其股票及其衍生品种停牌，直至定期报告公告的当日下午开市时复牌，公告日为非交易日，则公告后第一个交易日复牌。

8.9 上市公司在公司运作和信息披露方面涉嫌违反法律法规、规章及本所业务规则，情节严重的，在被有关部门调查期间，经中国证监会批准，本所对公司的股票及其衍生品种停牌，待有关处理决定公告后另行决定复牌时间。

8.10 上市公司监事会按照《公司法》第一百二十六条规定作出的可能对股票交易产生较大影响的决议于交易日公布的，其股票及其衍生品种当日上午停牌，下午开市时复牌；情节严重的，根据情况决定停牌与复牌时间。

8.11 上市公司因某种原因使本所失去有效信息来源时，本所可以对该公司的股票及其衍生品种停牌，直至本所恢复有效信息来源后复牌。

8.12 上市公司出现以下情况之一的，本所对其股票及其衍生品种停牌，直至导致停牌的因素消除后复牌：

(一)投资者发出收购该上市公司股票的公开要约；

(二)中国证监会依法作出暂停股票交易的决定；(三)本所认为必要的。

8.13 上市公司出现异常状况，本所对其股票交易实行特别处理的，该公司股票及其衍生品种按本规则第九章的规定停牌。

8.14 上市公司出现10.1.1条所列的情况之一或者发生重大事件而影响公司上市条件的，本所按照本规则第十章的规定对该公司的股票及其衍生品种停牌。

第九章 特别处理

第一节 基本原则

9.1.1 上市公司出现财务状况或其他状况异常，投资者难以判定公司前景，权益可能受到损害，本所对公司股票交易实行特别处理。

9.1.2 本章所称特别处理包括以下措施：

(一)在公司股票简称前冠以"ST"字样，以区别于其他股票；

(二)股票报价的日涨跌幅限制为5%。

9.1.3 本规则所规定的特别处理不属于对上市公司的处罚，上市公司在特别处理期间的权利和义务不变。

第二节 财务状况异常的特别处理

9.2.1 上市公司出现以下情况之一的，为财务状况异常：

(一)最近两个会计年度审计结果显示的净利润均为负值；

(二)最近一个会计年度审计结果显示其股东权益低于注册资本，即每股净资产低于股票面值；

(三)注册会计师对最近一个会计年度的财务报告出具无法表示意见或否定意见的审计报告；

(四)最近一个会计年度经审计的股东权益扣除注册会计师、有关部门不予确认的部分，低于注册资本；

(五)最近一份经审计的财务报告对上年度利润进行调整，导致连续两个会计年度亏损；

(六)经本所或中国证监会认定为财务状况异常的。

9.2.2 上市公司出现9.2.1条所列情形之一的，应当在收到审计报告之日起两个工作日内向本所报告，并提交上市公司董事会书面意见。

9.2.3 本所收到上市公司上述报告后五个工作日内，或者在报请中国证监会认可的期限内，决定是否对该公司股票交易实行特别处理。

上市公司应当按照本所的要求在股票交易实行特别处理之前一交易日作出公告，公告日其股票及衍生品种停牌一天，自复牌之日起公司股票实行特别处理。

9.2.4 上市公司最近年度财务状况恢复正常、审计结果表明9.2.1条所列情形已消除，应当自收到最近年度审计报告之日起二个工作日内向本所报告并提交年度报告，同时可以向本所申请撤销特别处理。

9.2.5 本所根据公司的实际情况，决定是否撤销特别处理。上市公司应当按照本所要求在撤销特别处理前一交易日作出公告，公告日其股票及衍生品种停牌一天，自复牌之日起撤销特别处理。

第三节 其他状况异常的特别处理

9.3.1 上市公司出现以下异常状况之一的，本所对其股票交易实行特别处理：

(一)因自然灾害、重大事故等原因导致公司主要经营设施遭受损失，公司生产经营活动基本中止，在三个月以内不能恢复的；

(二)公司涉及其可能负有赔偿责任的诉讼或仲裁案件，依照法院或仲裁机构的判决或裁定的赔偿金额累计超过公司最近经审计的净资产的50%的；

(三)公司主要银行帐号被冻结，影响公司正常经营活动的；

(四)公司出现其他异常情况，董事会决定认为需要对其股票交易实行特别处理的；

(五)人民法院受理公司破产案件，可能依法宣告公司破产的；

(六)公司股票暂停上市后，经中国证监会批准恢复上市的；

(七)经本所或中国证监会认定为状况异常的其他情形。

9.3.2 上市公司出现9.3.1条第(一)至(四)项情形的，应当在二个工作日内向本所提交报告，本所比照9.2.3条规定处理。

9.3.3 上市公司认为9.3.1条第(一)至(五)项所列的异常状况已经消除，可以向本所申请撤销股票交易特别处理，本所比照9.2.5条的规定，决定是否撤销特别处理。

9.3.4 因上市公司破产案件实行特别处理的，公司股票于每个交易日上午交易。

9.3.5 自法院发布受理上市公司破产案件的公告当日起，本所对进入破产程序公司的股票停牌。

公司应当在收到法院有关法律文书的当日，立即向本所报告，经本所审查后公告。公告次日公司股票复牌，并实行特别处理。

9.3.6 上市公司进入破产程序后，公司或其他有信息披露义务的主体应当于第一时间向本所报告债权申报情况、债权人会议情况、和解和整顿等重大情况并公告。

公司刊登上述公告当日，其股票停牌一天。

9.3.7 上市公司与债权人会议达成和解协议，并且能够按照和解协议清偿债务，经法院裁定终结破产程序的，本所自法院发布公告的当日起对公司股票停牌。

公司应当在收到有关法律文书后立即向本所报告，经本所审查后公告，公告次日公司股票复牌。

9.3.8 法院依法宣告上市公司破产，自法院发布公告之日起，本所对公司股票停牌。公司应当在收到有关法律文书后立即向本所报告，经本所审查后公告。

第十章 暂停上市、终止上市

第一节 暂停上市

10.1.1 根据《公司法》第一百五十七条的规定，本节所称的暂停上市有以下四种情形：

(一)上市公司股本总额、股权分布等发生变化不再具备上市条件；

（二）上市公司不按规定公开其财务状况，或者对财务会计报告作虚假记载；

（三）上市公司有重大违法行为；

（四）上市公司最近三年连续亏损。

10.1.2　对上市公司出现10.1.1条第（一）、（二）、（三）项所列情形之一的，本所根据中国证监会的决定暂停其股票上市。

10.1.3　对上市公司出现10.1.1条第（四）项所列情形，即最近三年连续亏损的，本所决定暂停其股票上市。

10.1.4　上市公司在年度决算结束后出现最近三年连续亏损的，董事会应当在披露年报前至少发布三次提示性公告，提醒投资者注意风险。

10.1.5　上市公司董事会应当在收到其连续第三年亏损的年度审计报告后二个工作日内向本所和中国证监会报告并公告。

10.1.6　自上市公司公布年度报告之日起，本所对其股票停牌，并在停牌后三个工作日内就该公司股票是否暂停上市作出决定，报中国证监会备案。

10.1.7　上市公司应当根据本所或中国证监会暂停上市的决定，在指定报纸刊登《暂停股票上市公告书》。自公司公告当日起，本所停止其股票逐日持续交易。

《暂停股票上市公告书》应当包括以下内容：

（一）暂停上市股票的种类及其简称、证券代码以及暂停上市起始日；

（二）公司董事会对改善公司现状以恢复股票上市的办法和措施；

（三）本所要求的其他内容。

10.1.8　上市公司在其股票暂停上市期间，仍然应当依法履行上市公司的有关义务。

10.1.9　在上市公司股票暂停上市期间，本所为投资者提供特别转让服务，股票特别转让依照本所《上市公司股票暂停上市处理规则》的具体规定处理。

10.1.10　因10.1.1条第（一）、（二）、（三）项股票被暂停上市的公司重新具备上市条件后，可以向本所提出恢复上市的申请。本所自收到申请后三个工作日内提出意见，报中国证监会批准后恢复该公司股票上市。

10.1.11　因10.1.1条第（四）项股票被暂停上市的公司，暂停上市后三年内的任何一年有盈余的，可以向本所提出恢复上市的申请，本所收到申请后三个工作日内提出意见，报中国证监会批准后恢复该公司股票上市。

10.1.12　恢复股票上市的公司，其股票交易按照本规则第九章第三节的规定实行特别处理。

10.1.13　上市公司在接到中国证监会恢复公司股票上市的决定后，应当在指定报纸刊登《恢复股票上市公告书》。该公告应当包括以下内容：

（一）恢复上市股票的种类、简称、证券代码及恢复上市的日期；

（二）中国证监会恢复股票上市的决定；

（三）中国证监会要求的其他内容；

（四）本所要求的其他内容。

第二节　终止上市

10.2.1　本章所称的终止上市是指上市公司出现《公司法》第一百五十八条所列情况，中国证监会决定终止其上市。

10.2.2　在限期内未能消除10.1.1条第（一）项所列情形而不具备上市条件的，本所收到中国证监会终止其上市的决定后，终止该公司股票上市。

10.2.3　上市公司因10.1.1条第（二）、（三）项所列情形，经查实后果严重的，本所收到中国证监会对终止其上市的决定后，终止该公司股票上市。

10.2.4　上市公司决议解散的，公司董事会应当在股东大会作出决议后立即向本所和中国证监会报告，本所收到报告后三个工作日内提出意见，报中国证监会批准后终止该公司股票上市。

10.2.5　行政主管部门依法责令上市公司关闭或者法院宣告上市公司破产的，本所在收到公司的报告之日起三个工作日内提出意见，报中国证监会批准后终止该公司股票上市。

10.2.6　上市公司接到中国证监会终止股票上市决定的通知后，应当在指定报纸发布《终止股票上市公告书》。

《终止股票上市公告书》应当包括以下内容：

（一）终止上市股票的种类、简称、证券代码以及终止上市的日期；

（二）中国证监会终止股票上市的决定；

（三）中国证监会要求的其他内容；

（四）本所要求的其他内容。

10.2.7　本所协助终止上市的公司（或清算组）处理有关股份事务。

第十一章　境内外上市事务的协调

11.1　在本所上市的公司同时有证券在其他证券交易所上市的，其他证券交易所要求公开披露的信息，上市公司必须同时向本所报告，经本所审查后同时公告。

11.2　上市公司就同一事件向其他交易所提供的报告和公告应当与向本所提供的报告和公告内容一致，出现重大差异时，上市公司必须向本所说明并按照本所要求补充公告。

11.3　本章未尽事项，适用本所其他有关业务规则以及本所与其他证券交易所签署的监管合作备忘录的规定。

第十二章　罚　则

12.1　上市公司违反本规则规定，本所视情节轻重给予以下处分：

（一）责令改正；

（二）内部批评；

（三）在指定报纸上公开谴责；

（四）要求上市公司支付3万元以上30万元以下的惩罚性违约金；

（五）报中国证监会查处。

（六）上市公司逾期交纳上市费用，本所除给予以上处分外，还可以每日按欠费金额的0.03%收取滞纳金。以上处分可以单处或并处。

12.2　上市公司董事、监事违反本规则规定和董事、监事承诺，本所视情节轻重给予以下处分：

（一）责令改正；

（二）内部批评；

（三）在指定报纸上公开谴责；

（四）要求上市公司董事、监事支付3万元以上30万元以下的惩罚性违约金；

（五）公开认定其不适合担任上市公司董事、监事；

（六）报中国证监会查处。以上处分可以单处或并处。

12.3　上市推荐人违反本规则规定，本所视情节给予以下处分：

（一）责令改正；

（二）内部批评；

（三）在指定报纸上公开谴责；

（四）取消上市推荐人资格；

（五）报中国证监会查处。

12.4　上市公司董事会秘书违反本规则规定，本所视情节给予以下处分：

（一）责令改正；

（二）内部批评；

（三）在指定报纸上公开谴责；

（四）建议上市公司更换董事会秘书。

第十三章　释　义

13.1　释义：

上市：指股票及其衍生品种经审查同意在本所挂牌交易。

股票：包括人民币普通股（本规则中简称A股）和境内上市外资股（本规则中简称B股）。

衍生品种：指B股配股权证或其他股票衍生产品。

公司职工股：指采取募集方式设立的股份有限公司内部职工以不超过社会公众股10%的比例认购的股票。

内部职工股：指原定向募集股份有限公司的内部职工认购的股票。

高级管理人员：指公司经理、副经理、财务负责人、董事会秘书及公司认定的其他人员。

独立财务顾问：指有证券从业资格的会计师事务所、证券咨询机构、综合类证券公司。

13.2　本规则未定义的用语的含义，依照法律、法规、规章及本所有关业务规则确定。

13.3　本规则所称"以上"、"以内"、"以前"都含本数，"少于"不含本数。

第十四章　附　则

14.1　本规则经本所理事会通过并报中国证监会批准后生效，修改时亦同。

14.2 本规则由本所解释。

14.3 本规则自2000年5月1日起施行。

深圳证券交易所

二〇〇〇年四月二十八日

附1：

董事声明及承诺

第一部分 声 明

一、基本情况

1.上市公司名称

2.姓名

3.别名

4.曾用名

5.出生日期

6.住址

7.国籍

8.拥有哪些国家或地区的长期居留权(如有)

9.专业资格(如有)

10.身份证号码

11.护照号码(如有)

12.近亲属的姓名、身份证号码：

配偶：

父母：

年满18岁具有民事行为能力的子女：

兄弟姐妹：

二、是否有配偶、父母、年满18岁具有民事行为能力的子女及配偶、兄弟姐妹及配偶同时任此上市公司董事？

是□否□

如是，请详细说明。

三、是否在其他公司任职？

是□否□

如是，请填报各公司的名称、注册资本、经营范围、以及您在该公司任职的情况。

四、是否负有数额较大的到期未清偿债务，或者未偿还经法院裁定应当偿付的债务，或者被法院采取强制执行措施？

是□否□

如是，请详细说明。

五、是否曾担任因经营不善破产清算、关停并转或曾有类似情况的公司、企业的董事、监事或者厂长、经理？

是□否□

六、是否曾担任因违法而被吊销营业执照的公司、企业的法定代表人？

是□否□

七、是否曾因违反刑法，尤其是犯有贪污贿赂罪、侵犯财产罪或者破坏社会主义经济秩序罪等而受到刑事处罚？

是□否□

八、是否曾因违反《证券法》、《禁止证券欺诈行为暂行办法》和《证券市场禁入暂行规定》受到行政处罚？

是□否□

如是，请详细说明。

九、除第六、七条以外，您是否曾违反其他法律、法规而受到行政处罚？

是□否□

如是，请详细说明。

十、是否因涉嫌违反法律、法规的规定正受到中国证监会的调查或者涉及诉讼、仲裁事项？

是□否□

如是，请详细说明。

十一、本人及配偶、父母、子女是否持有本人所在上市公司股票及其衍生品种？

是□否□

如是，请详细说明。

十二、请说明在上市公司或附属公司业务中，过去或现在是否拥有除前条以外的任何利益？

是□否□

如是，请详细说明。

十三、是否参加过中国证监会和深圳证券交易所组织或者认可的证券业务的培训？

是□否□

如是，请详细说明。

十四、除上述披露的信息外，是否知悉其他不披露可能影响上述信息的真实性、完整性或准确性的事项？ 是□否□

如是，请详细说明。

本人

(正楷体)郑重声明，上述回答是真实、完整和准确的，保证不存在任何遗漏、虚假陈述或误导成份。本人完全明白作出虚假声明可能导致的后果。深圳证券交易所可依据上述回答所提供的资料，评估本人是否适宜担任上市公司的董事。

声明人：(签署)

此项声明于 年 月 日在 (地点)作出。

见证律师：

日期：

第二部分

承诺

本人 (正楷体)向深圳证券交易所承诺：

一、本人在履行董事的职责时，将遵守国家有关法律、法规、规章等有关规定，履行诚实信用、勤勉尽责的义务。

二、本人在履行上市公司董事的职责时，将遵守中国证监会发布的规章、规定、通知的要求，并尽力促使上市公司遵守。

三、本人在履行上市公司董事的职责时，将遵守《深圳证券交易所股票上市规则》等深圳证券交易所发布的规章、规定、通知的要求，并促使上市公司及本人的授权人遵守。

四、本人在履行上市公司董事的职责时，将遵守《公司章程》。

五、本人接受深圳证券交易所的监管，包括及时、坦白地回答深圳证券交易所向本人提出的任何问题，及时提供《上市规则》规定应当报送的资料和其他要求提供的文件的正本或副本，并出席本人被要求出席的任何会议。

六、本人授权深圳证券交易所将本人提供的承诺与声明的资料向中国证监会报告。

七、本人如果违反上述义务，愿意承担由此引起的一切法律责任。

八、本人在执行职务过程中，如果与深圳证券交易所发生争议提起诉讼时，由深圳证券交易所住所地人民法院管辖。

承诺人：(签署)

此项承诺于 年 月 日在 (地点)作出。

见证律师：

日期：

附2：

监事声明及承诺

第一部分 声 明

一、基本情况

1.上市公司名称

2.姓名

3.别名

4.曾用名

5.出生日期

6.住址

7.国籍

8.拥有哪些国家或地区的长期居留权(如有)

9.专业资格(如有)

10.身份证号码

11.护照号码(如有)

12.近亲属的姓名、身份证号码：

配偶：

父母：

年满18岁具有民事行为能力的子女：

兄弟姐妹：

二、是否有配偶、父母、年满18岁具有民事行为能力的子女及配偶、兄弟姐妹及配偶同时任此上市公司董事？

是□否□

如是 ，请详细说明。

三、是否在其他公司任职？

是□否□

如是，请填报各公司的名称、注册资本、经营范围、以及您在该公司任职的情况。

四、是否负有数额较大的到期未清偿债务，或者未偿还经法院裁定应当偿付的债务，或者被法院采取强制执行措施？

是□否□

如是，请详细说明。

五、是否曾担任因经营不善破产清算、关停并转或曾有类似情况的公司、企业的董事、监事或者厂长、经理？

是□否□

六、是否曾担任因违法而被吊销营业执照的公司、企业的法定代表人？

是□否□

七、是否曾因违反刑法，尤其是犯有贪污贿赂罪、侵犯财产罪或者破坏社会主义经济秩序罪等而受到刑事处罚？

是□否□

八、是否曾因违反《证券法》、《禁止证券欺诈行为暂行办法》和《证券市场禁入暂行规定》受到行政处罚？

是□否□

如是，请详细说明。

九、除第六、七条以外，您是否曾违反其他法律、法规而受到行政处罚？

是□否□

如是，请详细说明。

十、是否因涉嫌违反法律、法规的规定正受到中国证监会的调查或者涉及诉讼、仲裁事项？

是□否□

如是，请详细说明。

十一、本人及配偶、父母、子女是否持有本人所在上市公司股票及其衍生品种？

是□否□

如是，请详细说明。

十二、请说明在上市公司或附属公司业务中，过去或现在是否拥有除前条以外的任何利益？

是□否□

如是，请详细说明。

十三、是否参加过中国证监会和深圳证券交易所组织或者认可的证券业务的培训？

是□否□

如是，请详细说明。

十四、除上述披露的信息外，是否知悉其他不披露可能影响上述信息的真实性、完整性或准确性的事项？

是□否□

如是，请详细说明。

本人

（正楷体）郑重声明，上述回答是真实、完整和准确的，保证不存在任何遗漏、虚假陈述或误导成份。本人完全明白作出虚假声明可能导致的后果。深圳证券交易所可依据上述回答所提供的资料，评估本人是否适宜担任上市公司的董事。

声明人：（签署）

此项声明于　年　月　日在　　（地点）作出。

见证律师：

日期：

第二部分　承　诺

本人　　（正楷体）向深圳证券交易所承诺：

一、本人在履行监事的职责时，将遵守国家有关法律、法规、规章等有关规定，履行诚实信用、勤勉尽责的义务。

二、本人在履行上市公司监事的职责时，将遵守中国证监会发布的规章、规定、通知的要求，并尽力促使上市公司及其董事遵守。

三、本人在履行上市公司监事的职责时，将遵守《深圳证券交易所股票上市规则》等深圳证券交易所发布的规章、规定、通知的要求，并促使上市公司及其董事遵守。

四、本人在履行上市公司监事的职责时，将遵守《公司章程》，并促使上市公司及其董事遵守。

五、本人接受深圳证券交易所的监管，包括及时、坦白地回答深圳证券交易所向本人提出的任何问题，并促使上市公司董事及时提供《上市规则》规定应当报送的资料和其他要求提供的文件的正本或副本，并出席本人被要求出席的任何会议。

六、本人授权深圳证券交易所将本人提供的承诺与声明的资料向中国证监会报告。

七、本人如果违反上述义务，愿意承担由此引起的一切法律责任。

八、本人在执行职务过程中，如果与深圳证券交易所发生争议提起诉讼时，由深圳证券交易所住所地人民法院管辖。

承诺人：（签署）

此项承诺于　年　月　日在　　（地点）作出。

见证律师：

日期：

说明：

1. 按《深圳证券交易所股票上市规则》的规定必须向本所呈报董事（监事）声明与承诺的人士，均必须填写第一和第二部分。

2. 请回答所有的问题，若回答问题的空格不够填写，请另附纸填写，并装订在后。

3. 若没有真实、完整、准确、及时填写声明部分，或没有填写承诺部分，或没有遵守承诺，则属违反《深圳证券交易所股票上市规则》，本所有权根据《深圳证券交易所股票上市规则》予以处理。

4. 若对填写事项有疑问，请咨询律师。

关于取消 PT 股票特别转让跌幅控制的公告

根据中国证监会证监市场字[2000]10 号文的批复和本所《股票暂停上市相关事项的处理规则》（修订稿）的规定，自 6 月 23 日起，将取消 PT 股票特别转让价格 5%的跌幅控制，即 PT 股票申报价格将不设下限，价格跌幅也没有限制，但涨幅限制仍为 5%。特提请证券经营机构和投资者注意。

上海证券交易所

二〇〇〇年六月十七日

上市公司股票暂停上市处理规则（修订稿）

第一条　为维护证券市场的交易秩序，保护投资者的合法权益，根据《公司法》、《证券法》和《深圳证券交易所股票上市规则》的有关规定，制定本规则。

第二条　上市公司出现《公司法》第一百五十七条第（四）款规定的情形，即最近三年连续亏损的，由本所决定暂停其股票上市。

第三条　上市公司在会计年度结束后，预计可能出现最近三年连续亏损的，公司董事会应当在正式披露年报前至少发布三次警示性公告，提醒投资者注意投资风险。

第四条　上市公司董事会应当在收到反映其连续第三年亏损的年度财务审计报告后 2 个工作日内，向本所和中国证监会报告。

第五条　自上市公司公布年度报告之日起，本所对其股票实施停牌，并在停牌后 3 个交易日内就公司股票是否暂停上市作出决定，报中国证监会备案。

第六条　上市公司根据本所的决定，在指定报刊刊登《暂停股票上市公告书》。自公告当日起，本所停止其股票的逐日持续交易。

第七条　上市公司有《公司法》第一百五十七条第（一）、（二）、（三）款规定情形之一的，本所根据中国证监会的决定暂停其股票上市。

第八条　公司股票暂停上市期间，本所为投资者提供"特别转让服务"。

第九条　前条所称的"特别转让服务"是指：

（一）公司股票简称前冠以"PT"字样（PT 为 Particular Transfer 的缩写，即"特别转让"）；

（二）投资者在每周星期五（法定节假日除外）开市时间内申报转让委托；

（三）申报价格的涨幅不得超过上一次转让价格的 5%（含 5%）（上一次转让价格显示在行情系统中的昨日收盘价栏目中），不设跌幅限制；

（四）每周星期五收市后对有效申报按集合竞价方法进行撮合成交，并向本所会员发出成交回报；

（五）转让信息不在交易行情中显示，由指定报刊在次日公告；

（六）成交数据不计入指数计算和市场统计。

第十条 公司股票暂停上市期间，非流通股的协议转让及流通股的定价收购，按照本所的有关规定办理。

第十一条 公司股票暂停上市期间，公司其他权利义务不变。

第十二条 公司在股票暂停上市后，达到上市条件，申请恢复上市的，按照中国证监会的有关规定办理。

第十三条 本规则自发布之日起实行。

深圳证券交易所

二〇〇〇年六月十六日

证券公司财务制度

第一章 总 则

第一条 为了适应社会主义市场经济发展的需要，规范证券公司的财务行为，维护所有者和债权人的合法权益，促进证券公司公平竞争和证券市场的健康发展，根据《中华人民共和国证券法》、《中华人民共和国公司法》和《企业财务通则》以及国家有关法律、法规，按照分业经营、分业管理的原则，制定本制度。

第二条 本制度适用于在中华人民共和国境内设立的，经依法注册登记，持有证券经营业务许可证，具有法人地位从事证券业务的公司（以下简称公司），包括综合类证券公司和经纪类证券公司。综合类证券公司的自营业务和经纪业务必须分类管理、分别核算。

第三条 公司应当在办理工商登记之日起30日内，向主管财政机关提交公司设立批准证书、营业执照、章程等文件的复制件。公司发生迁移、合并、分立以及其他变更登记事项，在依法办理变更手续之日起30日内，向主管财政机关提交有关变更文件的复制件。公司终止清算后，应向主管财政机关提供注销手续的复制件。

第四条 公司以权责发生制的原则进行财务核算；要以提高效益为中心，建立健全内部财务管理制度，防范经营风险；如实反映经营状况，依法计算和缴纳国家税收，保障所有者和债权人的合法权益，并接受主管财政机关的监督检查。

第五条 公司财务部门必须履行财务管理职责，做好各项财务收支预测、计划、控制、核算、分析和考核工作。

第二章 所有者权益和负债

第六条 所有者权益包括实收资本（股本）、资本公积、一般风险准备、盈余公积、未分配利润等。负债包括流动负债和长期负债。

第七条 实收资本（股本）是指公司投资者按出资合同、协议规定实缴的出资额及公司设立后按法定程序转增和新增部分。公司收到的投资者的出资，必须聘请中国注册会计师验资，并出具验资报告，由公司据此发给投资者出资证明。

第八条 公司根据国家法律法规，可以采取发行股票等方式筹集资本。采取发行股票方式筹集的资本，按照股票面值计价。公司不得吸收投资者已设立有担保物权及租赁资产的出资。

第九条 公司的投资各方必须按合同、章程和国家有关规定及时足额地缴付资本。投资者未按投资合同、协议的约定履行出资义务的，公司及其他投资者应依法追究其违约责任。

第十条 公司对实收资本依法享有经营权。在经营期间，投资者对投入公司的资本，除依法转让、减资外，不得以任何方式抽走。投资者按其出资的比例对公司的净资产享有所有权，并按其出资的比例分享公司的利润，承担相应的风险和亏损。

第十一条 公司的资本公积包括：在筹集资本过程中，投资者缴付的出资额超出其认缴资本（股本）的差额（包括股份有限公司发行股票的溢价净收入及可转换债券转换为股本的溢价净收入等）；资本（股本）投入时汇率折算差额；公司发生分立、合并、变更等事宜时资产评估或者合同、协议约定的资产价值与原账面净值的差额；接受损赠的资产；按国家规定应计入资本公积的其他款项。一般风险准备从公司税后利润中提取，用于先于盈余公积之前弥补亏损。盈余公积包括公司从税后利润中提取的法定盈余公积、任意盈余公积等。资本公积可按法定程序转增实收资本（股本）。但资产评估增值、接收捐赠资产在该笔资产处置之前其相 应的资本公积不得转增实收资本（股本）。法定盈余公积可用于弥补公司亏损或转增实收资本（股本），但转增实收资本（股本）时，以转增后留存公司的法定盈余公积不少于增资前注册资本的25%为限。

第十二条 负债包括流动负债和长期负债。流动负债包括1年（含1年）以下的各项拆入资金、卖出回购证券款、代买卖证券款、代发行证券款、代兑付证券款、各种应付及预收款项、预提费用、短期债券和其他短期负债。长期负债包括1年（不含1年）以上的长期债券、长期应付款（包括融资租入固定资产应付款）和其他长期负债。

第十三条 各项负债按实际发生额计价。发行债券按债券面值计价，实际发行价格超过或低于债券面值的差额，存续期间分期的摊销。发行债券发生的各种费用，计入当期营业费用。

第十四条 以负债形式筹集的资金，按负债的实际利率分档次按月计提应付利息，计入成本，实际支付给债权人的利息，冲减应付利息。

第三章 流动资产和长期投资

第十五条 流动资产包括货币资金、自营证券、应收利息、应收股利、应收款项、拆出资金、买入返售证券、存放证券交易所的交易保证金、低值易耗品、代发行证券、代兑付证券款、待摊费用等。

第十六条 货币资金包括库存现金、银行存款、存放证券清算代理机构的清算备付金，以及其他形式的货币资金。客户的交易结算资金必须全额存入商业银行，单独立户管理，严禁挪用客户交易结算资金。

第十七条 应收款项是指公司在业务经营过程中发生除应收利息和应收股利以外的各种应收及暂付款项 ，包括应收清算款项、应收手续费以及其他应收暂付款项等。应收款项按实际发生额计价。

第十八条 自营证券是指公司购入的各种能随时变现，以获取买卖差价收入为目的的经营性或下市证券，包括自营股票、自营债券、自营基金等。

第十九条 长期投资是指公司投出的期限在1年以上（含1年）或不准备在1年内变现的各种投资，包括长期股权投资（含长期基金投资）、长期债券投资和其他长期投资。

第二十条 公司自营证券和长期投资按购买或投资时实际支付的金额（包括有关费用）或经评估确认的价值计价。

公司购买股票和债券的价格中包含已宣告发放但未领取的现金股利和债券利息，应冲减自营证券和长期投资的成本。

第二十一条 配股以配股价及支付的相关费用为实际成本，自营证券的配股按实际成本计入自营证券，长期投资的配股按实际成本计入长期投资。

第二十二条 自营证券和长期投资的送股即股票股利，分别作为增加自营证券和长期投资的数量核算，即只登记数量，不确认收入。

第二十三条 公司出售自营证券可以采用先进先出法、加权平均法、移动平均法等确定其实际成本。方法一经确定，不得随意变更。

公司出售自营证券实际收到的价款与账面价值的差额，计入当期损益。

第二十四条 公司对其他单位的投资占该单位有表决权资本总额20%或20%以上，或虽投资不足20%但有重大影响，应采用权益法核算；公司对其他单位的投资占该单位有表决权资本总额20%以下，或对其他单位的投资虽占该单位有表决权资本总额的20%或20%以上，但不具有重大影响，应采用成本法核算。

第二十五条 公司持有的长期债券投资按债券面值和规定利率计算应收利息，分期计入投资收益。

第二十六条 公司购入折价或溢价发行的债券，购买价格与票面价值的差额，应在债券存续期内，确认相关利息收入时摊销。

第四章 固定资产

第二十七条 固定资产是指使用年限在1年（不含1年）以上，单位价值在2000元（含2000元）以上，并在使用过程中保持原有物质形态的资产，包括房屋及建筑物、机器设备、交通运输设备等。

当一项固定资产的某组成部分在使用效能上与该项资产相对独立，并且具有不同使用年限，同时该组成部分符合固定资产条件时，应将该组成部分单独确认为固定资产。

经营用固定资产和非经营用固定资产应当分类管理。

不符合固定资产条件，单位价值在500元（含500元）以上的物品，作为低值易耗品。低值易耗品可一次或分期摊入费用。

单位价值在500元(不含500元)以下的物品，作为费用列支。

第二十八条 固定资产按下列原则计价：

(一)自行建造的固定资产，按建造过程中实际发生的全部支出计价。

(二)购入的固定资产，以买价加上支付的运输费、途中保险费、包装费、安装费和缴纳的税金等计价。

公司用借款和发行债券购建固定资产时，在购建期间发生的利息支出和外币折合差额，计入固定资产价值。

(三)融资租入的固定资产，按租赁合同或协议确定的价款加上支付的运输费、途中保险费、包装费、安装费等计价。

(四)投资者投入的固定资产，按评估确认的净值计价。

(五)在原有固定资产基础上改建、扩建的固定资产，按原固定资产的净值加上改建、扩建发生的实际支出，扣除改建、扩建过程中产生的变价收入后的金额计价。

改建、扩建形成的固定资产按可使用年限计提折旧。

(六)接受捐赠的固定资产，按所附票据或资产验收清单所列金额加上由公司负担的运输、保险、安装等费用计价。无发票帐单的根据同类固定资产的市价计价。

(七)盘盈的固定资产，按照同类固定资产的重置完全价值计价。

公司购建固定资产交纳的增值税、固定资产投资方向调节税、耕地占用税计入固定资产价值。

第二十九条 公司已经入帐的固定资产，除发生下列情况外，不得任意变动其价值：

(一)根据国家规定对固定资产价值重新评估。

(二)增加补充设备或改良装置。

(三)将固定资产的一部分拆除。

(四)根据实际价值调整原来的暂估价值。

(五)原固定资产价值计价错误。

第三十条 公司的在建工程包括施工前期准备、正在施工中和虽已完工但尚未交付使用的建筑工程和安装工程。在建工程按实际成本计价。

第三十一条 虽已交付使用但尚未办理竣工决算的工程，自交付使用之日起，按照工程预算、造价或者工程成本等资料，估价转入固定资产，并按规定计提折旧。竣工决算办理完毕后，按照决算数调整估价和已计提的折旧。

第三十二条 公司的固定资产按照国家规定采用个别或分类折旧办法计提折旧，提取的折旧计入成本。

第三十三条 公司的下列固定资产提取折旧：

(一)房屋和建筑物。

(二)在用各类设备。

(三)修理停用的设备。

(四)以融资租赁方式租入和以经营租赁方式租出的固定资产。

第三十四条 下列固定资产不计提折旧：

(一)已估计单独入账的土地。

(二)建设工程交付使用前的固定资产。

(三)以经营租赁方式租入的固定资产。

(四)已提足折旧继续使用的固定资产。

(五)提前报废和淘汰的固定资产。

(六)破产、关闭公司的固定资产。

(七)国家规定其他不计提折旧的固定资产。

第三十五条 公司投入使用的固定资产，从投入使用月份的次月起计提折旧；停止使用的固定资产，从停用月份的次月起停止计提折旧。

第三十六条 公司按月计提折旧，固定资产的折旧率按固定资产原值、预计净残值率和个别或分类折旧年限计算确定。

净残值率按不超过固定资产原值的5%确定。

公司可根据实际情况，在规定的固定资产分类折旧年限(见附表)基础上，确定具体的固定资产折旧年限。按个别折旧率计提折旧的公司，可参照分类折旧的年限范围选择适合的折旧年限，或根据该项固定资产预计使用年限，合理确定折旧年限。

第三十七条 固定资产的折旧一般采用年限法和工作量法。技术进步较快或工作环境对使用寿命影响较大的电子设备和通讯设备等固定资产，经主管财政部门批准，可采用双倍余额递减法或年数总和法。具体计算方法如下：

(一)平均年限法的计算公式

$$年折旧率=\frac{1-预计净残值率}{固定资产折旧年限}\times 100\%$$

$$月折旧率=\frac{原值x年折旧率}{12}$$

(二)工作量法的计算公式

$$1、单位里程折旧额=\frac{原值X(1-预计净残值率)}{规定的总行驶里程}$$

$$2、每工作小时折旧额=\frac{原值X(1-预计净残值率)}{规定的工作小时数}$$

(三)双倍余额递减法的计算公式

$$年折旧率=\frac{2}{折旧年限}X100\%$$

$$月折旧额=\frac{净值X年折旧率}{12}$$

实行双倍余额递减法的固定资产，公司在其折旧年限到期前1年内，将净值平均摊销。

(四)年数总和法的计算公式

$$年折旧率=\frac{2X(折旧年限-已使用年数)}{折旧年限X(折旧年限+1)}X100\%$$

$$月折旧额=\frac{原值X(1-预计净残值率)X年折旧率}{12}$$

折旧方法和折旧年限一经确定，不得随意变更。如确有必要变更，将变更的情况、变更的原因及其对公司财务状况和经营成果的影响，在财务报告中说明。

第三十八条 公司固定资产应定期或不定期进行盘点清查，年度终了前必须进行一次全面的盘点清查。

盘盈、盘亏及毁损的固定资产，应核实情况，查明原因，及时处理。

公司固定资产转让、报废、清理和盘盈、盘亏、毁损的净收益或净损失，计入营业外收入或营业外支出。

第三十九条 公司发生的固定资产修理费支出，计入当期成本。修理费用发生不均衡的，可以采用预提或待摊的办法。

第五章 无形资产及其他资产

第四十条 无形资产包括专利权、土地使用权、商誉、非专利技术、交易所席位费、经营房屋使用权等。

第四十一条 无形资产按取得时的实际成本计价：

(一)投资者投入的无形资产，按评估确认的价值计价。

(二)购入的无形资产按实际支付的价款计价。

(三)接受捐赠的无形资产，按所附单据或参照同类无形资产市场价格计价。

(四)自行开发并按法律程序取得的无形资产，按依法取得时发生的注册费、律师费等费用的计价。

除公司合并外，商誉不得作价入账。在公司合并过程中，购买公司实际支付的价款与被收购公司净资产的差额为商誉。

第四十二条 无形资产自开始使用之日起在有效使用期限内平均摊入成本。无形资产的有效使用期限按下列原则确定：

(一)法律和合同或公司申请书中分别规定有法定有效期限和受益期限的，按法定有效期限与受益期限孰短的原则确定。

(二)法律未规定有效期限，公司合同或申请书中规定有受益期限的，按规定的受益期限确定。

(三)法律、合同或公司申请书均未规定法定有效期限和受益期限的，按公司预计的受益期限确定。

(四)受益期限难以预计的，按10年摊销。交易所席位费按10年摊销。席位费实行附属台账登记，直至转让收回。

第四十三条 其他资产包括开办费、以经营租赁方式租入的固定资产改良支出、摊销期超过1年(不含1年)的其他待摊费用，以及被冻结存在、被冻结物资、涉及法律诉讼的财产等。

开办费是指公司及其设立的分支机构在筹建期间发生的费用，包括筹建期间工作人员的工资、办公费、差旅费、培训费、印刷费、律师费、注册登记费以及不计入固定资产和无形资产购建成本的汇兑净损失等支出。

公司筹建期间的下列费用不得计入开办费：应当由投资者负担的费用；为取得固定资产、无形资产所发生的支出；筹建期间应当计入工程成本的汇兑损益、利息支出等。

开办费自营业之日起分5年平均摊入营业费用。

以经营租赁方式租入的固定资产改良支出(含装修装璜支出)，按有效租赁期限或5年两者孰短的期限分期摊销。

摊销期超过1年(不含1年)的其他待摊费用应按费用项目的受益期限平均摊销。

第六章 成本费用

第四十四条 公司成本费用包括营业支出、营业税及附加和营业外支出。

第四十五条 营业支出包括利息支出、金融机构往来利息支出、卖出回购证券差价支出、手续费支出、营业费用、自营证券跌价损失、汇兑损失、其他业务支出等。

(一)利息支出。指对各项负债及客户结算资金按规定的适用利率支付的利息支出,包括提取的应付利息支出及国家政策允许列支的其他利息支出,不包括金融机构往来利息支出。

(二)金融机构往来利息支出。指公司与银行及其他证券、金融机构之间资金往来(包括公司进入银行间同业市场拆出资金)所发生的利息支出。

(三)卖出回购证券差价支出。指公司与其他企业以合同或协议的方式,按一定价格卖出证券,到期日再按合同规定的价格买回该批证券,回购价与卖出价的差价支出。

(四)手续费支出。指公司委托其他单位代办业务等支付的手续费。

(五)营业费用。包括业务宣传费、业务招待费、固定资产折旧费、投资风险准备、坏账准备、职工工资、职工福利费、住房公积金、工会经费、职工教育经费、待业保险费、劳动保险费、劳动保护费、取暖降温费、电子设备运转费、钞币运送费、安全防卫费、机动车辆运营费、财产保险费、邮电通讯费、外事费、印刷费、公杂费、低值易耗品摊销、会议费、差旅费、水电费、租赁费(不包括融资租赁费)、修理费、税金、诉讼费、公证费、咨询费、无形资产摊销、其他资产摊销、审计费、技术转让费、研究开发费、绿化费、董事会费、交易所会员年费、交易所设施使用费、上交管理费及其他费用。

职工工资是指所有在职职工的工资、奖金、津贴、补贴,包括公司支付工资的聘用人员工资、国家规定特殊工作岗位的职工保健津贴等。

职工福利费按照公司职工工资总额的14%提取,用于职工集体福利方面的开支。国家另有规定的,从其规定。

工会经费按照职工工资总额的2%计提,拨交工会使用。

职工教育经费按照公司职工工资总额的1.5%计提,用于职工教育方面的开支。

待业保险费是指公司按照国家规定缴纳的待业保险基金。

劳动保险费是指离退休职工的退休金、价格补贴、医药费(含离退休人员参加医疗保险的医疗保险基金)、易地安家补助费、职工退职金、六个月以上病假人员工资、职工死亡葬丧补助费、抚恤费、按规定支付给

离退休干部的各项经费以及实行社会统筹办法的公司按规定提取的养老统筹基金。

劳动保护费是指用于职工劳动保护方面的费用支出。

安全防卫费是指公司用于安全防范所购置的不符合固定资产和低值易耗品条件的安全保卫器械支出及其他支出。

邮电通讯费是指办理各项业务支付的邮费、电报费、电话费、电话初装费、电传及传真设备安装、使用费和线路租用等费用。

印刷费是指印刷各种账表、凭证、资料及其包装运送费、刻制图章等支出。

差旅费标准由公司参照当地政府规定的标准,结合公司的具体情况自行确定。

租赁费是指公司租赁营业和办公房屋、车辆、电子设备等所发生的支出。

税金是指房产税、车船使用税、土地使用税和印花税等在费用中列支的税金。

审计费是指公司聘请中国注册会计师进行查账验资以及进行资产评估等发生的各项费用。

咨询费是指公司聘请经济技术顾问、法律顾问等支付的费用。

绿化费是指公司用于绿化方面的支出。

董事会费是指公司最高权力机构(如董事会)及其成员执行职能而发生的各项费用,包括差旅费、会议费等。

上交管理费是指分支机构向总公司上交的管理费。总公司向分支机构收取的管理费冲减总公司的营业费用

(六)自营证券跌价损失。指公司自营证券市价低于成本,使自营证券成本不可回收而产生的损失。

(七)汇兑损失。指公司在经营过程中进行外汇业务发生的汇兑损失。

(八)其他业务支出。指上述项目以外的业务支出。

第四十六条 业务宣传费指公司开展业务宣传活动所支付的费用。业务宣传费在营业收入(扣除金融机构往来利息收入)的5‰以内掌握使用,超过部分作纳税调整。

第四十七条 业务招待费指公司为业务经营的合理需要而支付的业务交际费用。业务招待费在下列比例限额内掌握使用:全年营业收入(扣除金融机构往来利息收入,下同)在1500万元(含1500万元)以内的,不超过5‰;全年营业收入超过1500万元,不足5000万元(含5000万元)的,不超过该部分的3‰;全年营业收入超过5000万元,不足1亿元(含1亿元)的,不超过该部分的2‰;全年营业收入超过1亿元的,不超过该部分的1‰。超过部分作纳税调整。

第四十八条 公司的业务宣传费、业务招待费一律据实列支,不得预提。

第四十九条 从事长期投资业务的公司,每年按年末长期投资余额的1%差额提取投资风险准备,用于核销公司长期投资的损失。

第五十条 坏账准备按每年年末应收账款余额的3‰差额提取,用于核销公司应收账款的坏账损失。

公司的坏账损失是指因债务人破产或死亡,以其破产财产或遗产清偿后,仍然不能收回的应收账款,或者因债务人逾期未履行偿债义务超过3年仍然不能收回的应收账款。

公司发生的坏账损失,超过当年坏账准备余额部分,计入当期成本;收回已确认核销的坏账损失,增加坏账准备。对核销的坏账损失,保留追索权。

不计提坏账准备的公司,发生的坏账损失,计入公司营业费用。

第五十一条 自营证券跌价准备按季提取和清算。季度终了,将当季末自营证券的总市价与其总成本进行比较,如总市价低于总成本的,按其差额提取自营证券跌价准备。下一季度终了,按当季末自营证券的总市价与其总成本的差额调整自营证券跌价准备,即如上季末提取的自营证券跌价准备不足弥补当季自营证券总市价低于其总成本差额的,按不足部分补提;如总市价高于或等于总成本,全额冲回已提取的自营证券跌价准备。

第五十二条 营业税及附加指公司缴纳的营业税、城市维护建设税及教育费附加等。

第五十三条 营业外支出是指与本公司经营无直接关系的各项支出。包括:固定资产盘亏、毁损、报废和出售而发生的净损失、证券交易差错损失、非常损失、违约和赔偿支出、捐赠支出等。

非常损失指因发生自然灾害等各种不可抗拒的原因造成的各项资产净损失(扣除有赔偿的部分)。

违约和赔偿支出指公司违反合同、协议或结算、清算制度等发生的支出。

第五十四条 公司需要待摊和预提的费用,由公司根据权责发生制和成本与收入配比的原则,结合具体情况确定。待摊费用的摊销期一般不超过1年。

第五十五条 公司的下列开支不得计入成本:

(一)购置和建造固定资产、无形资产和其他资产等资本性支出。

(二)对外投资支出及分配给投资者的利润,包括支付的优先股股利和普通股股利。

(三)违法经营的罚款和被没收财物的损失。

(四)各项税收的滞纳金、罚金和罚款。

(五)超过国家规定允许扣除的公益、救济性的捐赠,以及非公益、救济性的捐赠。

(六)各种赞助支出。

(七)国家法律、法规规定以外的各种付费。

(八)国家规定不得在成本中开支的其他支出。

第五十六条 公司的成本核算,要严格区分本期成本与下期成本的界限、营业支出与营业外支出的界限、收益性支出与资本性支出的界限。

第五十七条 公司的成本核算,以月、年为计算期。同一计算期内的成本与收入核算的起讫日期、计算范围和口径必须一致。

第七章 收入利润及分配

第五十八条 公司收入包括营业收入、投资收益和营业外收入。

第五十九条 公司营业收入主要包括利息收入、金融机构往来利息收入、手续费收入、证券发行收入、证券自营收入、买入返售证券收入、汇兑收益、其他业务收入。

(一)利息收入。指公司存放银行和清算机构款项的利息收入等,不包括金融机构往来利息收入。

(二)金融机构往来利息收入。指公司与银行及其他证券、金融机构之间资金往来(包括公司进入银行间同业市场拆入资金)所发生的利息收入。

(三)证券发行收入。指证券发行差价收入和手续费收入。证券发行差价收入指公司采用全额承购包销方式代理客户发行证券时,承购

价与包销价之间的差价收入。证券发行手续费收入指采用代销和包销方式发行证券时收取的手续费收入。

（四）证券自营收入。指公司自营证券买卖业务，买入证券与卖出证券的差价收入。

（五）买入返售证券收入。指公司与其他企业以合同或协议的方式，按一定价格买入证券，到期日再按合同规定的价格将该批证券返售给其他企业，返售价与买入价的差价收入。

（六）手续费收入。指公司为客户办理各种业务收取的手续费收入，包括代买卖证券手续收入、代兑付证券手续费收入、代保管证券手续费收入等。不包括以代销和余额包销方式发行证券手续费收入。

（七）汇兑收益。指公司在经营过程中进行外汇业务发生的汇兑收益。

（八）其他业务收入。包括租赁收入、咨询收入、担保收入、无形资产转让收入、资产管理收入等。

第六十条 公司应在各项业务合同签订以后，在规定的计算期内按应计的数额确认营业收入的实现，或者在劳务已经提供，同时收讫价款或取得收取价款权利的凭证时确认营业收入的实现。

第六十一条 投资收益包括公司按照现行的法律法规进行长期投资获得的利润、股利和利息，公司的长期投资到期收回或中途转让获得的款额高于或低于实际投资数额或账面价值及应收股利、应收利息的差额，

按权益法核算的长期股权投资在被投资单位的净利润（或亏损）中所拥有的数额等。

第六十二条 公司取得投资收益依法交纳或者补交所得税。

第六十三条 公司依据合同、协议的规定到期收回或因被投资企业清算而收回的投资额与账面价值的差额，如为净收益，计入投资收益；如为净损失，冲减投资风险准备金，不足冲减部分，计入当期损益。

第六十四条 营业外收入是指与本公司经营无直接关系的各项收入。包括：固定资产转让、盘盈、清理净收入、罚款收入、罚没收入、出纳长款收入、证券交易差错收入、因债权人的特殊原因确实无法支付的应付款项等。

第六十五条 公司的利润总额包括营业利润、投资收益以及营业外收支净额。按下列公式计算：

净利润＝利润总额－所得税

利润总额＝营业利润＋投资收益＋营业收收入－营业外支出

营业利润＝营业收入－营业支出－营业税金及附加

第六十六条 公司发行的年度亏损，可用下一年度的利润在所得税前弥补。下一年度利润不足弥补的，可以在5年内延续弥补。5年内不足弥补的，用税后利润弥补。

第六十七条 利润总额按国家有关规定作相应调整后，依法缴纳所得税。

第六十八条 缴纳所得税后的利润，除国家另有规定外，按照下列顺序分配：

（一）弥补公司以前年度亏损。

（二）提取一般风险准备。一般风险准备按不低于税后利润（减一项）10％的比例提取。累计达到注册资本的50％时，可不再提取。

（三）提取法定盈余公积。法定盈余公积按税后利润（减一项）10％的比例提取。法定盈余公积累计达到注册资本的50％时，可不再提取。

（四）提取公益金。公益金按税后利润（减一项）5－10％的比例提取，用于公司职工集体福利设施支出。

（五）向投资者分配利润。公司以前年度未分配的利润，可以并入本年度向投资者分配。在向投资者分配利润前，公司可以提取任意盈余公积。任意盈余公积按照公司章程或股东会议的决议提取和使用。

第六十九条 公司当年无利润时，不得向投资者分配利润。

第八章　外币业务

第七十条 外币（人民币以外的货币）业务量较大的公司应实行外币分账制，平时以外币记账，每期终了将有关外币金额折合为记账本位币金额；不实行外币分账制的公司，应随外币业务的发生将有关外币金额折合为记账本位币金额。

第七十一条 不实行外币分账制的，各种外币金额可采用业务发生时的汇率，也可采用业务发生当月月初的汇率折合。

月份终了，不论实行外币分账制还是不实行外币分账制的，各种外币账户的月末余额，应当按照月末汇率折合为人民币。

第七十二条 外币汇率，以中国人民银行公布的人民币对外币的基准汇价为准；没有中国人民银行公布的人民币对外币的基准汇价的，根据美元对人民币的基准汇价和国家外汇管理局提供的纽约外汇市场美元对主要货币的汇价进行套算。套算公式为：

$$某种货币对人民币汇价=\frac{美元对人民币在准汇价}{纽约外汇市场美元对该种货币汇价}$$

第七十三条 公司办理外汇买卖业务发生的外汇买卖差价，计入当期损益。

第七十四条 公司收到投资者的外币投资，因汇率变动而产生的折合记账本位币金额与按公司章程、合同约定投入时的外汇汇率折合记账本位币金额的差额计入资本公积。

第七十五条 公司发生的与购建固定资产直接有关的汇兑损益，在资产交付使用前，计入资产的价值；在资产交付使用后计入当期损益。

第七十六条 公司筹建期间发生的汇兑损失与汇兑收益相抵后，计入公司的开办费。

第七十七条 公司各种外币账户的期末余额，按照期末汇率折合的记账本位币金额与账面记账本位币金额之间的差额，作为汇兑损益，计入当期损益。

第九章　财务报告与财务评价

第七十八条 财务报告是反映公司财务状况和经营成果的总结性书面文件，包括财务报表和财务情况说明书。

第七十九条 财务报表包括资产负债表、利润表、现金流量表及其他附表。公司按月编制资产负债表、利润表。

资产负债表列示公司在报表日所有的各项资产、负债及所有者权益的类别和金额。资产负债表必须符合资产总额等于负债总额加所有者权益的平衡关系。

利润表应当充分揭示公司经营活动所获得的收益，提供营业收入、成本费用、营业外收支、投资收益、税款等数据。

现金流量表应当充分揭示公司经营活动、投资活动、筹资活动等方面的现金流入和流出状况。

其他附表主要包括：损益明细表、利润分配表、固定资产明细表、资本及各项准备金情况表、业务量、机构、人员情况表、税利解缴情况表等。其他附表应按国家有关规定及公司的实际需要设置和编制。

公司合并或汇总编制的财务报表一律按人民币进行折算编制，外币报表作为附表。

第八十条 财务情况说明书主要包括以下内容：

（一）资产负债情况。本会计期间资产负债总量、增（减）量、结构、质量情况、增减变化原因。

（二）财务收支情况。本会计期间各项收入、成本、费用等增减变动情况及原因。

（三）经营效益情况。本会计期间资产收益、负债成本情况及原因。

（四）利润的实现及分配和税金的缴纳情况。

（五）某些主要项目采用的财务会计方法及其变动情况和原因；对本期或下期财务状况发生重大影响的事项；资产负债表日后至报出期内发生的对公司财务状况有重大影响的事项；为便于正确理解财务报告需要说明的其他事项。

（六）重大案件、重大差错、重大损失情况。

第八十一条 公司应当建立健全财务报告制度。按月、季、年向主管财政机关及公司主要投资者等提供财务报告。公司年度财务报告于年度终了后按规定期限，连同中国注册会计师的查账报告一并报送主管财政机关。

第八十二条 公司应对经营状况和经营成果进行总结、评价和考核。

（一）经营状况指标。

$$资产负债率=\frac{负债期末余额}{资产期末余额}\times 100\%$$

$$权益负债率=\frac{所有者权益期末余额}{负债期末余额}\times 100\%$$

$$流动比率=\frac{流动资产期末余额}{流动负债期末余额}\times 100\%$$

$$自营证券比例=\frac{自营证券期末余额}{所有者权益期末余额}\times 100\%$$

$$长期投资比例=\frac{长期投资期末余额}{所有者权益期末余额}\times 100\%$$

$$固定资本比例=\frac{固定资产期末净值+期末在建工程}{实收资本}\times 100\%$$

（二）经营成果指标。

$$净资产收益率=\frac{净利润}{净资产平均余额}\times 100\%$$

$$资产利润率=\frac{净利润}{(资产期初余额+资产期末余额)/2}\times 100\%$$

$$人均利润=\frac{净利润}{年平均人数}$$

费用率$=\frac{营业费用}{收入}\times 100\%$

成本率$=\frac{成本}{收入}\times 100\%$

利润率$=\frac{净利润}{收入}\times 100\%$

第十章 公司清算

第八十三条 公司按照章程规定解散或者破产以及其他原因宣布终止时，应当成立清算机构。清算机构在清算期间负责制定清算方案，清理公司财产；编制资产负债表和财产清单；处理公司的债权、债务；向投资者收取已认缴而未缴的出资；清结纳税事宜以及处置公司剩余财产等。

第八十四条 被清算公司的财产包括宣布终止时公司的全部财产以及清算期间取得的财产。

已作为担保物的财产相当于担保债务的部分，不属于清算财产，担保物的价款超过所担保的债务数额的部分，属于清算财产。

清算期间，未经清算机构同意，不得处置公司财产。

第八十五条 清算财产的作价一般以帐面净值为依据，也可以重估价值或变现收入为依据。

第八十六条 清算中发生的财产盘盈、盘亏、变卖、无力归还的债务或者无法收回的债权，以及清算期间的经营收益或损失等，计入公司清算损益。

第八十七条 公司在宣布终止前6个月至终止之日的期间内，下列行为无效：

(一)隐匿、私分或者无偿转让财产。

(二)非正常压价处理财产。

(三)对原来没有财产担保的债务提供财产担保。

(四)对未到期债务提前清偿。

(五)放弃自己的债权。

如发生上述行为，清算机构有权追回公司财产，作为清算财产入账。

第八十八条 清算期间发生的清算机构的人员工资、办公费、差旅费、公告费、诉讼费以及清算过程中所必须的其他支出，计入清算费用，从现有财产中优先支付。

第八十九条 清算财产支付清算费用后，按下列顺序清偿债务；

(一)应付未付的职工工资、劳动保险费。

(二)应缴未缴国家的税金及其他款项。

(三)尚未偿付的债务。

不足以清偿同一顺序债务的，按比例清偿。

第九十条 公司清算终了，清算收益大于清算损失、清算费用的部分，依法缴纳所得税。

第九十一条 公司清算终了后的剩余财产，按照下列原则处理：

(一)国有独资有限责任公司的剩余财产全部上缴国家财政。

(二)有限责任公司的剩余财产按照股东的出资比例分配。

(三)股份有限公司的剩余财产按照股东的持股比例分配。

第九十二条 清算完毕，清算机构应当提出清算报告，并编制清算期内收支报表。清算报告和收支报表必须经中国注册会计师验证，并报主管财政机关。

第十一章 附 则

第九十三条 本制度自实施之日起，财政机关和其他部门以前制定的各种规章制度，与本制度有抵触的，以本制度为准。

第九十四条 本制度由财政部负责修订和解释。

第九十五条 公司可根据本制度的规定，结合公司的实际情况制定内部财务管理办法，并报主管财政机关备案。

第九十六条 本制度自2000年1月1日起施行。

附表：

证券公司固定资产分类折旧年限表

一、房屋及建筑物

1.营业用房 30—40年

非营业用房 35—45年

简易房 5—10年

2.建筑物 15—25年

二、机器设备

1.机械设备 10—14年

2.动力设备 11—18年

3.通讯设备 5—10年

4.电子设备 2—10年

5.电器设备 5—10年

6.安全防卫设备 5—10年

7.办公设备 5—8年

三、交通运输设备

1.专用运钞车 4—7年

2.其他运输设备 6—12年

中华人民共和国财政部

一九九九年十一月二十五日

证券交易所风险基金管理暂行办法

第一条 为保障证券交易系统的安全运转，妥善管理和使用证券交易所风险基金，根据《中华人民共和国证券法》第一百一十一条、一百一十二条规定，制定本办法。

第二条 本办法所称证券交易所风险基金(以下简称"本基金")是指用于弥补证券交易所重大经济损失，防范与证券交易所业务活动有关的重大风险事故，以保证证券交易活动正常进行而设立的专项基金。

第三条 本基金来源：

(一)按证券交易所收取交易经手费的百分之二十提取，作为风险基金单独列帐；

(二)按证券交易所收取席位年费的百分之十提取，作为风险基金单独列帐；

(三)按证券交易所收取会员费百分之十的比例一次性提取，作为风险基金单独列帐；

(四)按本办法施行之日新股申购冻结资金利差帐面余额的百分之十五，一次性提取；

(五)对违规会员的罚款、罚息收入。

第四条 每一个财政年度终了，本基金净资产达到或超过十亿元后，下一年度不再根据本办法第三条第(一)、(二)项提取资金。

第五条 每一个财政年度终了，本基金净资产不足十亿元，下一年度应按本办法第三条第(一)、(二)项规定继续提取资金。

第六条 中国证券监督管理委员会(以下简称"证监会")会同财政部可以根据市场风险情况，适当调整本基金规模、资金提取和交纳方式、比例。

第七条 本基金由证券交易所理事会管理。理事会应当指定机构，负责本基金的日常管理和使用。

第八条 本基金应当以专户方式全部存入国有商业银行，存款利息全部转入基金专户。

第九条 本基金资产与证券交易所资产分开列帐。本基金应当下设分类帐，分别记录按本办法第三条各项所形成的本基金资产、利息收入及对应的资产本息使用情况。

第十条 本基金最低支付限额2000万元。证券交易所动用本基金时，必须报经证监会商财政部后批准。

第十一条 按本办法第三条第(四)项所提取的资金，应当在该条其他项资金支付完毕后才能动用。

第十二条 证券交易所应当按照有关法律、法规的规定，建立和完善业务规则、内部管理制度及会员监管制度，最大限度地避免风险事故发生。

第十三条 动用本基金后，证券交易所应当向有关责任方追偿，追偿款转入本基金；同时，应及时修订和完善业务规则、内部管理制度及会员监管制度。

第十四条 经证监会批准，本基金作相应变更、清算时，由证监会会同财政部另行决定本基金剩余资产中应当上交财政和退还有关出资人的比例和数额。

第十五条 本基金的财务核算与管理办法由财政部制定。

第十六条 本办法由证监会负责解释。

第十七条 本办法由颁布之日起施行。

中国证券监督管理委员会

中华人民共和国财政部

二〇〇〇年四月四日

证券结算风险基金管理暂行办法

第一条 为了防范和化解证券市场风险，保障证券登记结算系统安全运行，妥善管理和使用证券结算风险基金，根据《中华人民共和国证券法》第一百五十四条、一百五十五条规定，制定本办法。

第二条 本办法所称证券结算风险基金（以下简称"本基金"）是指用于弥补证券登记结算公司（以下简称"登记公司"）因技术故障、操作失误、不可抗力导致的重大经济损失，以及防范与证券结算业务相关的重大风险事故而设立的专项基金。

第三条 本基金来源：

（一）按登记公司业务收入、收益的百分之二十分别提取；

（二）结算会员按人民币普通股和基金成交金额的十万分之三、国债现货和回购成交金额的十万分之一逐日交纳；

（三）按本办法施行之日新股申购冻结资金利差帐面余额的百分之三十，一次性提取；

（四）对违规结算会员的罚款、罚息收入；

（五）中国证券监督管理委员会（以下简称"证监会"）和财政部规定的其他来源。

第四条 每一财政年度终了，本基金净资产达到或超过三十亿元后，下一年度不再根据本办法第三条第（一）项规定提取资金，结算会员不再根据本办法第三条第（二）项规定交纳，但每个结算会员加入结算系统后按本办法第三条第（二）项交纳资金的时间不得少于一年。

第五条 每个财政年度终了，本基金净资产不足三十亿元，下一年度应按本办法第三条第（一）项规定继续提取资金，结算会员应按本办法第三条第（二）项规定继续交纳。

第六条 证监会会同财政部可以根据市场风险情况，适当调整本基金规模、资金提取和交纳方式、比例。

第七条 登记公司应当指定机构，负责本基金的日常管理和使用。

第八条 本基金应当以专户方式全部存入国有商业银行、存款利息全部转入基金专户。

第九条 本基金资产与登记公司资产分开列帐。本基金应当下设分类帐，分别记录按本办法第三条各项所形成的本基金资产、利息收入及对应的资产本息使用情况。

第十条 本基金最低支付限额2000万元。登记公司动用本基金时，必须报经证监会商财政部后批准。

第十一条 因结算会员违约导致出现第二条所列情形时，应当按以下次序动用本基金：

（一）违约结算会员按本办法第三条第（二）项所交纳的资金；

（二）其他结算会员按本办法第三条第（二）项所交纳的资金；

（三）本办法第三条第（一）、（四）、（五）项所提取的资金；

（四）本办法第三条第（三）项所提取的资金。

第十二条 登记公司应当按照有关法律、法规的规定，建立和完善业务规则、内部管理制度及结算会员监管制度，最大限度地避免风险事故发生。

第十三条 动用本基金后，登记公司应当向有关责任方追偿，追偿款转入本基金；同时，应及时修订和完善业务规则、内部管理制度及结算会员监管制度。

第十四条 经证监会批准，本基金作相应变更、清算时，由证监会会同财政部另行决定本基金剩余资产中应当上交财政和退还有关出资人的比例和数额。

第十五条 本基金的财务核算与管理办法由财政部制定。

第十六条 本办法由证监会负责解释。

第十七条 本办法自颁布之日起施行。

中国证券监督管理委员会
中华人民共和国财政部
二〇〇〇年四月四日

证券公司进入银行间同业市场管理规定

第一条 为进一步发展货币市场，适当拓宽证券公司的融资渠道，促进货币市场与资本市场的协调发展，根据《中国人民银行法》、《中华人民共和国证券法》，特制定本规定。

第二条 本规定适用对象是指经中国人民银行批准成为全国银行间同业市场成员的证券公司。

第三条 证券公司在全国银行间同业市场的交易、结算活动接受中国人民银行的监管和动态检查。

第四条 证券公司以法人为单位申请成为全国银行间同业市场成员，其分支机构不得进行交易。

第五条 根据中国人民银行对全国银行间同业市场管理的有关规定，凡申请进入全国银行间同业市场的证券公司，须经中国证券监督管理委员会（以下简称证监会）推荐。

第六条 凡申请进入全国银行间同业市场的证券公司须符合以下基本标准：

1、资本充足率达到法定标准；

2、符合《证券法》要求，达到证监会提出的不挪用客户保证金标准；

3．业务经营规范、正常，按会计准则核算，实际资产大于实际债务；

4．内部管理制度完善，未出现严重违规行为。

第七条 凡已被证监会推荐成为全国银行间同业市场成员的证券公司，须向中国人民银行提交以下申请材料：

1．进入全国银行间同业市场的申请；

2．《经营证券业务法人许可证》（副本复印件）；

3．《法人营业执照》（副本复印件）；

4．公司章程；

5．经具有从事证券相关业务资格的会计师事务所及其会计师审计的最近三年的财务报表、审计报告和验资报告；

6．以法人为单位持有的全部债券的明细情况；

7．以法人为单位的同业拆借未到期余额、明细情况、逾期情况；

8．公司的资金、债券管理内控制度；

9．公司负责资金和债券运作的部门和人员情况；

10．中国人民银行要求提供的其他材料。

第八条 中国人民银行根据有关标准和规定，对证券公司的申请材料进行审查，对其中符合条件的证券公司发文批准入市并公告。

第九条 凡经批准成为全国银行间同业市场成员的证券公司，必须通过全国银行间同业拆借中心提供的交易系统进行同业拆借、债券交易业务。

第十条 成为全国银行间同业市场成员的证券公司的拆入资金最长期限为7天，拆出资金期限不得超过对手方的由人民银行规定的拆入资金最长期限；债券回购的最长期限为1年。同业拆借和债券回购到期后不得展期。

第十一条 成为全国银行间同业市场成员的证券公司拆入、拆出资金余额均不得超过实收资本金的80%，债券回购资金余额不得超过实收资本金的80%。

第十二条 成为全国银行间同业市场成员并进行拆借业务的证券公司必须达到以下要求：

1．在任何时点上其流动比率不得低于5%。

流动比率＝流动资本/公司总负债×100%

流动资本包括国债、可在全国银行间同业市场流通的其他债券、自营股票、银行存款和现金（含交易清算资金）；已被用于回购融资的国债和其他债券不得计入流动资本。

公司总负债取其前12个月末的负债额的平均值。

2．公司净资本不得低于2亿元。

净资本＝净资产－（固定资产净值＋长期投资）×30%－无形及递延资产－提取的损失准备金－证监会认定的其他长期性或高风险资产

3．负债总额（不包括客户存放的交易结算金）不得超过净资产的8倍；

4．达到证监会关于证券经营机构自营业务风险管理规定的其他有关标准。

第十三条 未成为全国银行间同业市场成员的证券公司，仍按原规定，由其总部进行一天的同业拆借业务，在双方交易前须报所在地人民银行分支行备案，否则按违规处理。

第十四条 对经批准入市的证券公司，由全国银行间同业拆借中心根据中国人民银行的通知负责其与交易系统联网，并根据中国人民银行的规定在交易系统设定每家证券公司的最高拆借和债券回购限额。

第十五条 对经批准入市的证券公司,中央国债登记结算有限责任公司(以下简称中央结算公司)负责其与结算系统的联网,为证券公司开立债券托管帐户。

第十六条 证券公司在全国银行间同业市场交易的债券必须在中央结算公司托管和结算,不得转托管到证券交易所。

第十七条 证券公司在全国银行间同业市场进行交易的资金清算方式由双方自行商定,但本金和利息的支付都必须以转帐方式进行,不得收付现金。

第十八条 经批准进入全国银行间同业市场的证券公司应向市场披露必要的信息,包括公司的基本情况、财务状况、股东情况和投资参股情况。证券公司应披露真实信息。

第十九条 证券公司在全国银行间同业市场的交易、结算活动除遵守本规定外,还必须按照中国人民银行制定的同业拆借有关规定和中国人民银行公布的《银行间债券回购业务暂行规定》、《银行间债券交易规则》、《银行间债券交易结算规则》等债券交易有关规定进行,签署债券回购主协议等协议文件。

第二十条 进入全国银行间同业市场的证券公司如违反本规定和全国银行间同业市场的其他管理规定,中国人民银行将视情况给予警告、通报、暂停其在银行间同业市场的业务、取消其全国银行间同业市场成员资格等处罚,同时通报证监会。

第二十一条 本规定由中国人民银行制定并解释。

第二十二条 本规定自发布之日起执行。

中国证券监督管理委员会
一九九九年八月二十七日

网上证券委托暂行管理办法

第一　总　则

第一条 为切实保护投资者利益,防范风险,加强网上证券委托(以下简称"网上委托")的管理,保证我国证券市场健康发展,制定本办法。

第二条 网上委托是指证券公司通过互联网,向在本机构开户的投资者提供用于下达证券交易指令、获取成交结果的一种服务方式。

第三条 本办法中的互联网是指因特网或其他类似技术形式的通用性公共计算机通信网络,不包括证券公司租用公共通信设施建设的专门用于委托业务的电话拨号网或其他形式的计算机网络。

第四条 网上委托的证券为上海证券交易所、深圳证券交易所挂牌的证券。

第五条 网上委托应遵循公开、公平、公正和诚实信用、安全高效的原则。

第二章　业务规范

第六条 在证券公司合法营业场所依法开户的投资者,经本人申请办理相关手续后,方能进行网上委托。

证券公司在为投资者办理网上委托相关手续时,应要求投资者提供身份证明原件,并向投资者提供证实证券公司身份、资格的证明材料。禁止代理办理网上委托相关手续。

第七条 证券公司应制定专门的业务工作程序,规范网上委托,并与客户本人签订专门的书面协议,协议应明确双方的法律责任,并以《风险揭示书》的形式,向投资者解释相关风险。

第八条 开展网上委托的证券公司,必须为网上委托客户提供必要的替代交易方式。

第九条 证券公司应定期向进行网上委托的投资者提供书面对帐单。

第十条 开展网上委托业务的证券公司禁止直接向客户提供计算机网络及电话形式的资金转帐服务。禁止开展网上证券转托管业务。

第三章　技术规范

第十一条 证券公司必须自主决策网上委托系统的建设、管理和维护。有关投资者资金帐户、股票帐户、身份识别等数据的程序或系统不得托管在证券公司的合法营业场所之外。

第十二条 证券公司应采取严格、完善的技术措施,确保网上委托系统和其他业务系统在技术上隔离。禁止通过网上委托系统直接访问任何证券公司的内部业务系统。

第十三条 证券公司必须将未申请网上委托的投资者的所有资料与网上委托系统进行技术隔离。

第十四条 网上委托系统应有完善的系统安全、数据备份和故障恢复手段。在技术和管理上要确保客户交易数据的安全、完整与准确。客户交易指令数据至少应保存15年(允许使用能长期保存的、一次性写入的电子介质)。

第十五条 证券公司应安排本单位专业人员负责管理、监督网上委托系统的运行,并建立完善的技术管理制度和内部制约制度。

第十六条 网上委托系统应包含实时监控和防范非法访问的功能或设施;应妥善存储网上委托系统的关键软件(如网络操作系统、数据库管理系统、网络监控系统)的日志文件、审计记录。

第十七条 在互联网上传输的过程中,必须对网上委托的客户信息、交易指令及其他敏感信息进行可靠的加密。

第十八条 证券公司应采用可靠的技术或管理措施,正确识别网上投资者的身份,防止仿冒客户身份或证券公司身份;必须有防止事后否认的技术或措施。

第十九条 证券公司应根据本公司的具体情况,采取技术和管理措施,限制每位投资者通过网上委托的单笔委托最大金额、单个交易日最大成交总金额。

第二十条 网上委托系统中有关数据传输安全、身份识别等关键技术产品应通过国家权威机构的安全性测评;网上委托系统及维护管理制度应通过国家权威机构的安全性认证;涉及系统安全及核心业务的软件应由第三方公证机构(或双方认可的机构)托管程序源代码及必要的编译环境。

第四章　信息披露

第二十一条 证券公司应提供一个固定的互联网站点,作为网上委托的入口网站。

第二十二条 证券公司应在入口网站和客户终端软件上进行风险揭示。揭示的风险至少应包括:

因在互联网上传输原因,交易指令可能会出现中断、停顿、延迟、数据错误等情况;

机构或投资者的身份可能会被仿冒;

行情信息及其他证券信息,有可能出现错误或误导;

证券监管机关认为需要披露的其他风险。

第二十三条 证券公司开展网上委托业务的同时,如向客户提供证券交易的行情信息,应标识行情的发布时间或滞后时间;如向客户提供证券信息,应说明信息来源。并应提示投资者对行情信息及证券信息等进行核实。

第五章　资格申请

第二十四条 获得中国证监会颁发的《经营证券业务许可证》的证券公司,可向中国证监会申请开展网上委托业务。未经中国证监会批准,任何机构不得开展网上委托业务。

第二十五条 获得网上委托业务资格的证券公司可在其达到《证券经营机构营业部信息系统技术管理规范》要求的证券营业部开展网上委托业务。

第二十六条 证券公司以外的其他机构,不得开展或变相开展网上委托业务。证券公司不得以支付或变相支付交易手续费的方式与提供技术服务或信息服务的非证券公司合作开展网上委托业务。

第二十七条 证券公司申请开展网上委托业务,需具备以下条件:

1、建立了规范的内部业务与信息系统管理制度;

2、具有一定的公司级的技术风险控制能力;

3、建立了一支稳定的、高素质的技术管理队伍;

4、在过去两年内未发生重大技术事故。

第二十八条 证券公司申请网上委托业务,应向中国证监会提交下列材料:

1、开展网上委托业务的申请书(需加盖公章);

2、《经营证券业务许可证》复印件;

3、(公司级)分管技术的负责人的简历;

4、网上委托系统专职管理维护人员名单及简历；

5、执行《证券经营机构营业部信息系统技术管理规范》的情况汇报；

6、网上委托业务的管理制度；

7、计划开展网上委托业务的分支机构名单，内容主要包括通信地址、负责人姓名、联系方式、在证券交易所的会员代码及开展网上委托业务的席位（分支席位）代码等；

8、与客户签订网上委托协议范本、《风险揭示书》范本及向客户提供的其他有关网上委托的所有资料；

9、网上委托系统的简要系统分析报告和系统设计报告，其内容主要包括：网络结构、实时监控、身份识别、传输加密、数字签名、网络隔离、风险防范等方面遵循的技术标准及技术实现策略、网络通信方式及网络接入方式等，并提供简要的网络结构和功能图；

10、系统测试报告，包括系统峰值容量、响应与延迟指标、容错能力、可靠性及有关系统配置的重要数据等；

11、系统故障时的应急方案，包括信息传播及转移委托方式、数据及系统恢复措施等；

12、国家权威机构提供的系统、有关产品、管理维护制度的安全性测评认证证书或其他有关质量监督部门的证书（复印件）；

13、公司开展网上委托业务的互联网入口站点地址；

14、公司开展网上委托业务的风险控制方案，包括控制网上委托有关风险的技术、管理、业务等方面的措施，如公司自定的网上单笔委托限额及单个交易日成交限额等；

15、网络接入提供商、系统集成商、硬件和软件提供商名单及其他关联企业名单；

16、网上委托系统中主要硬件及软件的规格型号及版本；

上述材料一式三份报送中国证监会。

第二十九条 中国证监会自受理申报材料之日起最长三个月内作出决定。

第三十条 获准开展网上委托业务资格的证券公司，采用相同的技术系统和业务规则，在原未开展网上委托业务的分支机构增加此业务时，应由证券公司总部将上述材料中与该分支机构有关的部分报送中国证监会备案。

第三十一条 获准开展网上委托业务的证券公司，对正在运行的网上委托技术系统进行重大升级或对业务管理制度作出重大修订时，应将上述材料中有关变化的部分报送中国证监会备案。

第六章　附　则

第三十二条 获准开展网上委托业务的证券公司，应于每年一月底前向中国证监会报送本公司开展网上委托业务的工作总结。

第三十三条 证券公司违反本办法有关规定的，中国证监会将视情节轻重，处以警告、没收违法所得、罚款、暂停网上委托业务等处罚，情节严重的，吊销网上委托业务许可。

第三十四条 证券公司执行本办法的有关情况纳入证监会对证券公司的年检范围。

第三十五条 本办法自发布之日起施行。

中国证券监督管理委员会

二〇〇〇年三月三十日

证券公司网上委托业务核准程序

为了规范网上委托业务的开展，根据《网上证券委托暂行管理办法》（以下简称《办法》）的规定，制订本核准程序。

一、申请受理

拟申请网上委托业务的证券公司（以下简称"申请公司"），应根据《办法》的要求，准备申请文件一式三份，分别报送中国证监会机构监管部和信息中心，并送当地派出机构备案。

中国证监会收到申请文件后，在5个工作日内作出是否受理申请的决定。未按规定要求制作申请文件的，不予受理。

二、初审

中国证监会受理申请文件后，对申请文件的合规性进行初审，并在30日内将初审意见函告申请公司。

中国证监会对按照初审意见修改完善的申请文件进一步审核，形成初审报告。

三、专家审核

证监会聘请专家组成审核委员会，对申请文件中的有关事宜和技术应用方案进行审核。申请公司应派技术及相关业务负责人到场答辩。必要时，证监会可要求申请公司主要技术合作方参加。审核委员会进行充分讨论后，采用投票方式表决，提出审核意见。

四、核准决定

依据公司基本情况和专家审核意见，中国证监会对申请作出是否核准的决定。予以核准的，出具同意开展网上委托业务的文件；不予核准的，出具书面意见说明理由。

因重大违规事件、重大技术事故等因素导致整体质量差、风险隐患大的公司，不予核准开展网上委托业务。

中国证监会自受理申请文件到作出决定的期限为3个月。

五、复议

申请未被核准的公司，可在接到中国证监会书面决定之日起60日内提出复议申请。中国证监会在收到复议申请60日内，对复议申请作出决定。

经复议仍未被核准的公司，自收到中国证监会书面决定起，一年内不得再次提出申请。

中国证券监督管理委员会

二〇〇〇年四月二十九日

上市公司章程指引

目　录

第一章　总　则

第一条 为维护公司、股东和债权人的合法权益，规范公司的组织和行为，根据《中华人民共和国公司法》（以下简称《公司法》）和其他有关规定，制订本章程。

第二条 公司系依照[法规名称]和其他有关规定成立的股份有限公司(以下简称"公司")。公司经[批准机关和准批文件名称]批准，以[设立方式]设立；在[公司登记机关所在地名]工商行政管理局注册登记，取得营业执照。

注释：《公司法》实施以前成立的公司，除具体表述公司成立所依据的法律或者行政法规外，还应当在章程中说明公司是否已按照有关规定，对照《公司法》进行了规范，并依法履行了重新登记手续。

第三条 公司于[批准日期]经[批准机关全称]批准，首次向社会公众发行人民币普通股[股份数额]股。其中，公司向境内投资人发行的以人民币认购的内资股为[股份数额]，于[上市日期]在[证券交易所全称]上市；公司向境外投资人发行的以外币认购并且在境内上市的境内上市外资股为[股份数额]，于[上市日期]在[证券交易所全称]上市。

注释：没有发行(或拟发行)境内上市外资股的公司，无需就本条有关境内上市外资股的内容作出说明。以下同。

第四条 公司注册名称：[中文全称]

[英文全称]

第五条 公司住所：[公司住所地址全称，邮政编码]。

第六条 公司注册资本为人民币[注册资本数额]元。

注释：公司因增加或者减少注册资本而导致注册资本总额变更的，可以在股东大会通过同意增加或减少注册资本决议后，再就因此而需要修改公司章程的事项通过一项决议，并说明授权董事会具体办理注册资本的变更登记手续。

第七条 公司营业期限为[年数]或者[公司为永久存续的股份有限公司]。

第八条 董事长为公司的法定代表人。

第九条 公司全部资产分为等额股份，股东以其所持股份为限对公司承担责任，公司以其全部资产对公司的债务承担责任。

第十条 本公司章程自生效之日起，即成为规范公司的组织与行为、公司与股东、股东与股东之间权利义务关系的，具有法律约束力的文件。股东可以依据公司章程起诉公司；公司可以依据公司章程起诉股东、董事、监事、经理和其他高级管理人员；股东可以依据公司章程起诉股东；股东可以依据公司章程起诉公司的董事、监事、经理和其他高级管理人员。

第十一条 本章程所称其他高级管理人员是指公司的董事会秘书、财务负责人。

注释：公司可以根据实际情况，在章程中确定属于公司高级管理人员的人员。

第二章　经营宗旨和范围

第十二条 公司的经营宗旨：[宗旨内容]

第十三条 经公司登记机关核准，公司经营范围是：[经营范围内容]

第三章　股　份

第一节　股份发行

第十四条 公司的股份采取股票的形式。

第十五条 公司发行的所有股份均为普通股。

第十六条 公司股份的发行，实行公开、公平、公正的原则，同股同权，同股同利。

第十七条 公司发行的股票，以人民币标明面值。

第十八条 公司的内资股，在[证券登记机构名称]集中托管；公司的境内上市外资股，在[证券登记机构名称]集中托管。

第十九条 公司经批准发行的普通股总数为[股份数额]，成立时向发起人[各发起人姓名或者名称]发行[股份数额]，占公司可发行普通股总数的百分之[百分比数]。

第二十条 公司的股本结构为：普通股[数额]股，其中发起人持有[股份数额]，其他内资股股东持有[股份数额]，境内上市外资股股东持有[股份数额]。

注释：已成立3年或3年以上的公司，发起人已将所持股份转让的，无需填入发起人的持股数额。

第二十一条 公司或公司的子公司(包括公司的附属企业)不以赠与、垫资、担保、补偿或贷款等形式，对购买或者拟购买公司股份的人提供任何资助。

第二节　股份增减和回购

第二十二条 公司根据经营和发展的需要，依照法律、法规的规定，经股东大会分别作出决议，可以采用下列方式增加资本：

(一)向社会公众发行股份；

(二)向现有股东配售股份；

(三)向现有股东派送红股；

(四)以公积金转增股本；

(五)法律、行政法规规定以及国务院证券主管部门批准的其他方式。

注释：发行可转换公司债的公司，还应当在章程中对可转换公司债的发行、转股程序和安排以及转股所导致的公司股本变更等事项作出具体规定。

第二十三条 根据公司章程的规定，公司可以减少注册资本。公司减少注册资本，按照《公司法》以及其他有关规定和公司章程规定的程序办理。

第二十四条 公司在下列情况下，经公司章程规定的程序通过，并报国家有关主管机构批准后，可以购回本公司的股票；

(一)为减少公司资本而注销股份；

(二)与持有本公司股票的其他公司合并。

除上述情形外，公司不进行买卖本公司股票的活动。

第二十五条 公司购回股份，可以下列方式之一进行：

(一)向全体股东按照相同比例发出购回要约；

(二)通过公开交易方式购回；

(三)法律、行政法规规定和国务院证券主管部门批准的其它情形。

第二十六条 公司购回本公司股票后，自完成回购之日起十日内注销该部分股份，并向工商行政管理部门申请办理注册资本的变更登记。

第三节　股份转让

第二十七条 公司的股份可以依法转让。

第二十八条 公司不接受本公司的股票作为质押权的标的。

第二十九条 发起人持有的公司股票，自公司成立之日起三年以内不得转让。

董事、监事、经理以及其他高级管理人员应当在其任职其间内，定期向公司申报其所持有的本公司股份；在其任职期间以及离职后六个月内不得转让其所持有的本公司的股份。

第三十条 持有公司5%以上有表决权的股份的股东，将其所持有的公司股票在买入之日起六个月以内卖出，或者在卖出之日起六个月以内又买入的，由此获得的利润归公司所有。

前款规定适用于持有公司5%以上有表决权股份的法人股东的董事、监事、经理和其他高级管理人员。

第四章　股东和股东大会

第一节　股　东

第三十一条 公司股东为依法持有公司股份的人。

股东按其所持有股份的种类享有权利，承担义务；持有同一种类股份的股东，享有同等权利，承担同种义务。

第三十二条 股东名册是证明股东持有公司股份的充分证据。

第三十三条 公司依据证券登记机构提供的凭证建立股东名册。

注释：公司应当与证券登记机构签订股份保管协议，定期查询主要股东资料以及主要股东的持股变更(包括股权的出质)情况，及时掌握公司的股权结构。

第三十四条 公司召开股东大会、分配股利、清算及从事其他需要确认股权的行为时，由董事会决定某一日为股权登记日，股权登记日结束时的在册股东为公司股东。

第三十五条 公司股东享有下列权利：

(一)依照其所持有的股份份额获得股利和其他形式的利益分配；

(二)参加或者委派股东代理人参加股东会议；

(三)依照其所持有的股份份额行使表决权；

(四)对公司的经营行为进行监督，提出建议或者质询；

(五)依照法律、行政法规及公司章程的规定转让、赠与或质押其所持有的股份；

(六)依照法律、公司章程的规定获得有关信息，包括：

1.缴付成本费用后得到公司章程；

2.缴付合理费用后有权查阅和复印；

(1)本人持股资料；

(2)股东大会会议记录；

(3)中期报告和年度报告；

(4)公司股本总额、股本结构。

(七)公司终止或者清算时，按其所持有的股份份额参加公司剩余财产的分配；

（八）法律、行政法规及公司章程所赋予的其他权利。

第三十六条 股东提出查阅前条所述有关信息或者索取资料的，应当向公司提供证明其持有公司股份的种类以及持股数量的书面文件，公司经核实股东身份后按照股东的要求予以提供。

第三十七条 股东大会、董事会的决议违反法律、行政法规，侵犯股东合法权益的，股东有权向人民法院提起要求停止该违法行为和侵害行为的诉讼。

第三十八条 公司股东承担下列义务：

（一）遵守公司章程；

（二）依其所认购的股份和入股方式缴纳股金；

（三）除法律、法规规定的情形外，不得退股；

（四）法律、行政法规及公司章程规定应当承担的其他义务。

第三十九条 持有公司5%以上有表决权股份的股东，将其持有的股份进行质押的，应当自该事实发生之日起三个工作日内，向公司作出书面报告。

第四十条 公司的控股股东在行使表决权时，不得作出有损于公司和其他股东合法权益的决定。

第四十一条 本章程所称"控股股东"是指具备下列条件之一的股东：

（一）此人单独或者与他人一致行动时，可以选出半数以上的董事；

（二）此人单独或者与他人一致行动时，可以行使公司30%以上的表决权或者可以控制公司30%以上表决权的行使；

（三）此人单独或者与他人一致行动时，持有公司30%以上的股份；

（四）此人单独或者与他人一致行动时，可以以其它方式在事实上控制公司。

本条所称"一致行动"是指两个或者两个以上的人以协议的方式（不论口头或者书面）达成一致，通过其中任何一人取得对公司的投票权，以达到或者巩固控制公司的目的的行为。

第二节 股东大会

第四十二条 股东大会是公司的权力机构，依法行使下列职权：

（一）决定公司经营方针和投资计划；

（二）选举和更换董事，决定有关董事的报酬事项；

（三）选举和更换由股东代表出任的监事，决定有关监事的报酬事项；

（四）审议批准董事会的报告；

（五）审议批准监事会的报告；

（六）审议批准公司的年度财务预算方案、决算方案；

（七）审议批准公司的利润分配方案和弥补亏损方案；

（八）对公司增加或者减少注册资本作出决议；

（九）对发行公司债券作出决议；

（十）对公司合并、分立、解散和清算等事项作出决议；

（十一）修改公司章程；

（十二）对公司聘用、解聘会计师事务所作出决议；

（十三）审议代表公司发行在外有表决权股份总数的5%以上的股东的提案；

（十四）审议法律、法规和公司章程规定应当由股东大会决定的其他事项。

第四十三条 股东大会分为股东年会和临时股东大会。股东年会每年召开一次，并应于上一个会计年度完结之后的六个月之内举行。

第四十四条 有下列情形之一的，公司在事实发生之日起两个月以内召开临时股东大会：

（一）董事人数不足《公司法》规定的法定最低人数，或者少于章程所定人数的2/3时；

（二）公司未弥补的亏损达股本总额的1/3时；

（三）单独或者合并持有公司有表决权股份总数10%（不含投票代理权）以上的股东书面请求时；

（四）董事会认为必要时；

（五）监事会提议召开时；

（六）公司章程规定的其他情形。

前述第（三）项持股股数按股东提出书面要求日计算。

注释：公司应当在章程中确定本条第（一）项的具体人数。

第四十五条 临时股东大会只对通知中列明的事项作出决议。

第四十六条 股东大会会议由董事会依法召集，由董事长主持。董事长因故不能履行职务时，由董事长指定的副董事长或其它董事主持；董事长和副董事长均不能出席会议，董事长也未指定人选的，由董事会指定一名董事主持会议；董事会未指定会议主持人的，由出席会议的股东共同推举一名股东主持会议；如果因任何理由，股东无法主持会议，应当由出席会议的持的最多表决权股份的股东（或股东代理人）主持。

第四十七条 公司召开股东大会，董事会应当在会议召开30日以前通知登记公司股东。

注释：公司在计算30日的起始期限时，不应当包括会议召开当日。

注释：为了保证公司召开股东大会所作出决议的有效性和公平性，在《到境外上市公司章程必备条款》中规定了公司召开股东大会的催告程序，具体表述如下："拟出席股东大会的股东，应当于会议召开20日前，将出席会议的书面回复送达公司。公司根据股东大会召开前20日时收到的书面回复，计算拟出席会议的股东所代表的有表决权的股份数。拟出席会议的股东所代表的有表决权的股份数达到公司有表决权的股份总数1/2以上的，公司可以召开股东大会；达不到的，公司在5日内将会议拟审议的事项，开会日期和地点以公告形式再次通知股东，经公告通知，公司可以召开股东大会。"公司可以根据实际情况，决定是否在章程中规定这一程序。

第四十八条 股东会议的通知包括以下内容：

（一）会议的日期、地点和会议期限；

（二）提交会议审议的事项；

（三）以明显的文字说明：全体股东均有权出席股东大会，并可以委托代理人出席会议和参加表决，该股东代理人不必是公司的股东；

（四）有权出席股东大会股东的股权登记日；

（五）投票代理委托书的送达时间和地点；

（六）会务常设联系人姓名，电话号码。

第四十九条 股东可以亲自出席股东大会，也可以委托代理人代为出席和表决。

股东应当以书面形式委托代理人，由委托人签署或者由其以书面形式委托的代理人签署；委托人为法人的，应当加盖法人印章或者由其正式委任的代理人签署。

第五十条 个人股东亲自出席会议的，应出示本人身份证和持股凭证；委托代理他人出席会议的，应出示本人身份证、代理委托书和持股凭证。

法人股东应由法定代表人或者法定代表人委托的代理人出席会议。法定代表人出席会议的，应出示本人身份证、能证明其具有法定代表人资格的有效证明和持股凭证；委托代理人出席会议的，代理人应出示本人身份证、法人股东单位的法定代表人依法出具的书面委托书和持股凭证。

第五十一条 股东出具的委托他人出席股东大会的授权委托书应当载明下列内容：

（一）代理人的姓名；

（二）是否具有表决权；

（三）分别对列入股东大会议程的每一审议事项投赞成、反对或弃权票的指示；

（四）对可能纳入股东大会议程的临时提案是否有表权，如果有表决权应行使何种表决权的具体指示；

（五）委托书签发日期和有效期限；

（六）委托人签名（或盖章）。委托人为法人股东的，应加盖法人单位印章。

委托书应当注明如果股东不作具体指示，股东代理人是否可以按自己的意思表决。

第五十二条 投票代理委托书至少应当在有关会议召开前24小时备置于公司住所，或者召集会议的通知中指定的其他地方。委托书由委托人授权他人签署的，授权签署的授权书或者其他授权文件应当经过公证。经公证的授权书或者其他授权文件，和投票代理委托书均需备置于公司住所或者召集会议的通知中指定的其他地方。

委托人为法人的，由其法定代表人或者董事会、其他决策机构决议授权的人作为代表出席公司的股东会议。

第五十三条 出席会议人员的签名册由公司负责制作。签名册载明参加会议人员姓名（或单位名称）、身份证号码、住所地址、持有或者代表有表决权的股份数额、被代理人姓名（或单位名称）等事项。

第五十四条 监事会或者股东要求召集临时股东大会的，应当按照下列程序办理：

（一）签署一份或者数份同样格式内容的书面要求，提请董事会召集临时股东大会，并阐明会议议题。董事会在收到前述书面要求后，应当尽快发出召集临时股东大会的通知。

(二)如果董事会在收到前述书面要求后三十日内没有发出召集会议的通告,提出召集会议的监事会或者股东在报经上市公司所在地的地方证券主管机关同意后,可以在董事会收到该要求后三个月内自行召集临时股东大会。召集的程序应当尽可能与董事会召集股东会议的程序相同。

监事会或者股东因董事会未应前述要求举行会议而自行召集并举行会议的,由公司给予监事会或者股东必要协助,并承担会议费用。

第五十五条 股东大会召开的会议通知发出后,除有不可抗力或者其它意外事件等原因,董事会不得变更股东大会召开的时间;因不可抗力确需变更股东大会召开时间的,不应因此而变更股权登记日。

第五十六条 董事会人数不足《公司法》规定的法定最低人数,或者少于章程规定人数的三分之二,或者公司未弥补亏损额达到股本总额的三分之一,董事会未在规定期限内召集临时股东大会的,监事会或者股东可以按照本章第五十四条规定的程序自行召集临时股东大会。

第三节 股东大会提案

第五十七条 公司召开股东大会,持有或者合并持有公司发行在外有表决权股份总数的百分之五以上的股东,有权向公司提出新的提案。

第五十八条 股东大会提案应当符合下列条件:

(一)内容与法律、法规和章程的规定不相抵触,并且属于公司经营范围和股东大会职责范围;

(二)有明确议题和具体决议事项;

(三)以书面形式提交或送达董事会。

第五十九条 公司董事会应当以公司和股东的最大利益为行为准则,按照本节第五十八条的规定对股东大会提案进行审查。

第六十条 董事会决定不将股东大会提案列入会议议程的,应当在该次股东大会上进行解释和说明,并将提案内容和董事会的说明在股东大会结束后与股东大会决议一并公告。

第六十一条 提出提案的股东对董事会不将其提案列入股东大会会议议程的决定持有异议的,可以按照本章程第五十四条的规定程序要求召集临时股东大会。

第四节 股东大会决议

第六十二条 股东(包括股东代理人)以其所代表的有表决权的股份数额行使表决权,每一股份享有一票表决权。

第六十三条 股东大会决议分为普通决议和特别决议。

股东大会作出普通决议,应当由出席股东大会的股东(包括股东代理人)所持表决权的二分之一以上通过。

股东大会作出特别决议,应当由出席股东大会的股东(包括股东代理人)所持表决权的三分之二以上通过。

第六十四条 下列事项由股东大会以普通决议通过:

(一)董事会和监事会的工作报告;

(二)董事会拟定的利润分配方案和弥补亏损方案;

(三)董事会和监事会成员的任免及其报酬和支付方法;

(四)公司年度预算方案、决算方案;

(五)公司年度报告;

(六)除法律、行政法规规定或者公司章程规定应当以特别决议通过以外的其他事项。

第六十五条 下列事项由股东大会以特别决议通过:

(一)公司增加或者减少注册资本;

(二)发行公司债券;

(三)公司的分立、合并、解散和清算;

(四)公司章程的修改;

(五)回购本公司股票;

(六)公司章程规定和股东大会以普通决议认定会对公司产生重大影响的、需要以特别决议通过的其他事项。

第六十六条 非经股东大会以特别决议批准,公司不得与董事、经理和其它高级管理人员以外的人订立将公司全部或者重要业务的管理交予该人负责的合同。

第六十七条 董事、监事候选人名单以提案的方式提请股东大会决议。

董事会应当向股东提供候选董事、监事的简历和基本情况。

注释:公司应当在章程中规定董事、监事提名的方式和程序。

第六十八条 股东大会采取记名方式投票表决。

第六十九条 每一审议事项的表决投票,应当至少有两名股东代表和一名监事参加清点,并由清点人代表当场公布表决结果。

第七十条 会议主持人根据表决结果决定股东大会的决议是否通过,并应当在会上宣布表决结果。决议的表决结果载入会议记录。

第七十一条 会议主持人如果对提交表决的决议结果有任何怀疑,可以对所投票数进行点算;如果会议主持人未进行点票,出席会议的股东或者股东代理人对会议主持人宣布结果有异议的,有权在宣布表决结果后立即要求点票,会议主持人应当即时点票。

第七十二条 股东大会审议有关关联交易事项时,关联股东不应当参与投票表决,其所代表的有表决权的股份数不计入有效表决总数;股东大会决议的公告应当充分披露非关联股东的表决情况。如有特殊情况关联股东无法回避时,公司在征得有权部门的同意后,可以按照正常程序进行表决,并在股东大会决议公告中作出详细说明。

注释:公司应当根据具体情况,在章程中制订有关联关系股东的回避和表决程序。

第七十三条 除涉及公司商业秘密不能在股东大会上公开外,董事会和监事会应当对股东的质询和建议作出答复或说明。

第七十四条 股东大会应有会议记录。会议记录记载以下内容:

(一)出席股东大会的有表决权的股份数,占公司总股份的比例;

(二)召开会议的日期、地点;

(三)会议主持人姓名、会议议程;

(四)各发言人对每个审议事项的发言要点;

(五)每一表决事项的表决结果;

(六)股东的质询意见、建议及董事会、监事会的答复或说明等内容;

(七)股东大会认为和公司章程规定应当载入会议记录的其他内容。

注释:既发行内资股又发行境内上市外资股的公司,会议记录的内容还应当包括:(1)出席股东大会的内资股股东(包括股东代理人)和境内上市外资股股东(包括股东代理人)所持有表决权的股份数,各占公司总股份的比例;(2)在记载表决结果时,还应当记载内资股股东和境内上市外资股股东对每一决议事项的表决情况。公司应当根据实际情况,在章程中规定股东大会会议记录需要记载的其他内容。

第七十五条 股东大会记录由出席会议的董事和记录员签名,并作为公司档案由董事会秘书保存。

注释:公司应当根据具体情况,在章程中规定股东大会会议记录的保管期限。

第七十六条 对股东大会到会人数、参会股东持有的股份数额、授权委托书、每一表决事项的表决结果、会议记录、会议程序的合法性等事项,可以进行公证。

第五章 董事会

第一节 董 事

第七十七条 公司董事为自然人。董事无需持有公司股份。

第七十八条 《公司法》第57条、第58条规定的情形以及被中国证监会确定为市场禁入者,并且禁入尚未解除的人员,不得担任公司的董事。

第七十九条 董事由股东大会选举或更换,任期[年数]。董事任期届满,可连选连任。董事在任期届满以前,股东大会不得无故解除其职务。

董事任期从股东大会决议通过之日起计算,至本届董事会任期届满时为止。

第八十条 董事应当遵守法律、法规和公司章程的规定,忠实履行职责,维护公司利益。当其自身的利益与公司和股东的利益相冲突时,应当以公司和股东的最大利益为行为准则,并保证:

(一)在其职责范围内行使权利,不得越权;

(二)除经公司章程规定或者股东大会在知情的情况下批准,不得同本公司订立合同或者进行交易;

(三)不得利用内幕信息为自己或他人谋取利益;

(四)不得自营或者为他人经营与公司同类的营业或者从事损害本公司利益的活动;

(五)不得利用职权收受贿赂或者其他非法收入,不得侵占公司的财产;

(六)不得挪用资金或者将公司资金借贷给他人;

(七)不得利用职务便利为自己或他人侵占或者接受本属于公司的商业机会;(八)未经股东大会在知情的情况下批准,不得接受与公司交易有关的佣金;(九)不得将公司资产以其个人名义或者以其他个人名义开立帐户储存;(十)不得以公司资产为本公司的股东或者其他个人债务提供担保;

(十一)未经股东大会在知情的情况下同意,不得泄漏在任职期间所获得的涉及本公司的机密信息;但在下列情形下,可以向法院或者其他政府主管机关披露该信息：

1．法律有规定；

2．公众利益有要求；

3．该董事本身的合法利益有要求。

注释：除以上各项义务要求外，公司可以根据具体情况，在章程中增加对本公司董事其他义务的要求。

第八十一条 董事应当谨慎、认真、勤勉地行使公司所赋予的权利，以保证：

（一）公司的商业行为符合国家的法律、行政法规以及国家各项经济政策的要求，商业活动不超越营业执照规定的业务范围；

（二）公平对待所有股东；

（三）认真阅读上市公司的各项商务、财务报告，及时了解公司业务经营管理状况；

（四）亲自行使被合法赋予的公司管理处置权，不得受他人操纵；非经法律、行政法规允许或者得到股东大会在知情的情况下批准，不得将其处置权转授他人行使；

（五）接受监事会对其履行职责的合法监督和合理建议。

第八十二条 未经公司章程规定或者董事会的合法授权，任何董事不得以个人名义代表公司或者董事会行事。董事以其个人名义行事时，在第三方会合理地认为该董事在代表公司或者董事会行事的情况下，该董事应当事先声明其立场和身份。

第八十三条 董事个人或者其所任职的其他企业直接或者间接与公司已有的或者计划中的合同、交易、安排有关联关系时（聘任合同除外），不论有关事项在一般情况下是否需要董事会批准同意，均应当忙向董事会披露其关联关系的性质和程度。

除非有关联关系的董事按照本条前款的要求向董事会作了披露，并且董事会在不将其计入法定人数，该董事亦未参加表决的会议上批准了该事项，公司有权撤销该合同、交易或者安排，但在对方是善意第三人的情况下除外。

注释：公司应当根据自身情况，在章程中制订有关联关系的董事回避和表决的具体程序。

第八十四条 如果公司董事在公司首次考虑订立有关合同、交易、安排前以书面形式通知董事会，声明由于通知所列的内容，公司日后达成的合同、交易、安排与其有利益关系，则在通知阐明的范围内，有关董事视为做了本章前条所规定的披露。

第八十五条 董事连续二次未能亲自出席，也不委托其他董事出席董事会会议，视为不能履行职责，董事会应当建议股东大会予以撤换。

第八十六条 董事可以在任期届满以前提出辞职。董事辞职应当向董事会提交书面辞职报告。

第八十七条 如因董事的辞职导致公司董事会低于法定最低人数时，该董事的辞职报告应当在下任董事填补因其辞职产生的缺额后方能生效。

余任董事会应当尽快召集临时股东大会，选举董事填补因董事辞职产生的空缺。在股东大会未就董事选举作出决议以前，该提出辞职的董事以及余任董事会的职权应当受到合理的限制。

第八十八条 董事提出辞职或者任期届满，其对公司和股东负有的义务在辞职报告尚未生效或者生效后的合理期间内，以及任期结束后的合理期间内并不当然解除，其对公司商业秘密保密的义务在其任职结束后仍然有效，直至该秘密成为公开信息。其他义务的持续期间应当根据公平的原则决定，视事件发生与离任之间时间的长短，以及与公司的关系在何种情况和条件下结束而定。

第八十九条 任职尚未结束的董事，对因其擅自离职使公司造成的损失，应当承担赔偿责任。

第九十条 公司不以任何形式为董事纳税。

第九十一条 本节有关董事义务的规定，适用于公司监事、经理和其他高级管理人员。

第二节 董事会

第九十二条 公司设董事会，对股东大会负责。

第九十三条 董事会由[人数]名董事组成，设董事长一人，副董事长[人数]人。

注释：公司应当在章程中确定董事会人数。

第九十四条 董事会行使下列职权：

（一）负责召集股东大会，并向大会报告工作；

（二）执行股东大会的决议；

（三）决定公司的经营计划和投资方案；

（四）制订公司的年度财务预算方案、决算方案；

（五）制订公司的利润分配方案和弥补亏损方案；

（六）制订公司增加或者减少注册资本、发行债券或其他证券及上市方案；

（七）拟订公司重大收购、回购本公司股票或者合并、分立和解散方案；

（八）在股东大会授权范围内，决定公司的风险投资、资产抵押及其他担保；

（九）决定公司内部管理机构的设置；

（十）聘任或者解聘公司经理、董事会秘书；根据经理的提名，聘任或者解聘公司副经理、财务负责人等高级管理人员，并决定其报酬事项和奖惩事项；

（十一）制订公司的基本管理制度；

（十二）制订公司章程的修改方案；

（十三）管理公司信息披露事项；

（十四）向股东大会提请聘请或更换为公司审计的会计师事务所；

（十五）听取公司经理的工作汇报并检查经理的工作；

（十六）法律、法规或公司章程规定，以及股东大会授予的其他职权。

第九十五条 公司董事会应当就注册会计师对公司财务报告出具的有保留意见的审计报告向股东大会作出说明。

第九十六条 董事会制定董事会议事规则，以确保董事会的工作效率和科学决策。

第九十七条 董事会应当确定其运用公司资产所作出的风险投资权限，建立严格的审查和决策程序；重大投资项目应当组织有关专家、专业人员进行评审，并报股东大会批准。

注释：公司董事会应当根据实际情况，在章程中确定符合公司具体要求的风险投资范围，以及投资运用资金占公司资产的具体比例。

第九十八条 董事长和副董事长由公司董事担任，以全体董事中的过半数选举产生和罢免。

第九十九条 董事长行使下列职权：

（一）主持股东大会和召集、主持董事会会议；

（二）督促、检查董事会决议的执行；

（三）签署公司股票、公司债券及其他有价证券；

（四）签署董事会重要文件和其他应由公司法定代表人签署的其他文件；

（五）行使法定代表人的职权；

（六）在发生特大自然灾害等不可抗力的紧急情况下，对公司事务行使符合法律规定和公司利益的特别处置权，并在事后向公司董事会和股东大会报告；

（七）董事会授予的其他职权。

第一百条 董事长不能履行职权时，董事长应当指定副董事长代行其职权。

第一百零一条 董事会每年至少召开两次会议，由董事长召集，于会议召开十日以前书面通知全体董事。

第一百零二条 有下列情形之一的，董事长应在[]个工作日内召集临时董事会会议：

（一）董事长认为必要时；

（二）1/3 以上董事联名提议时；

（三）监事会提议时；

（四）经理提议时。

第一百零三条 董事会召开临时董事会会议的通知方式为：[具体通知方式]；通知时限为：[具体通知时限]

如有本章第一百零二条第（二）、（三）、（四）规定的情形，董事长不能履行职责时，应当指定一名副董事长或者一名董事代其召集临时董事会会议；董事长无故不履行职责，亦未指定具体人员代其行使职责的，可由副董事长或者 1/2 以上的董事共同推举一名董事负责召集会议。

第一百零四条 董事会会议通知包括以下内容：

（一）会议日期和地点；

（二）会议期限；

（三）事由及议题；

（四）发出通知的日期。

第一百零五条 董事会会议应当由 1/2 以上的董事出席方可举行。每一董事享有一票表决权。董事会作出决议，必须经全体董事的过半数通过。

第一百零六条 董事会临时会议在保障董事充分表达意见的前提下，可以用传真方式进行并作出决议，并由参会董事签字。

注释：此项为选择性条款，公司可自行决定是否在其章程中予以采纳。

第一百零七条 董事会会议应当由董事本人出席，董事因故不能出席的，可以书面委托其他董事代为出席。

委托书应当载明代理人的姓名，代理事项、权限和有效期限，并由委托人签名或盖章。

代为出席会议的董事应当在授权范围内行使董事的权利。董事未出席董事会会议，亦未委托代表出席的，视为放弃在该次会议上的投票权。

第一百零八条 董事会决议表决方式为：[具体表决方式]。每名董事有一票表决权。

第一百零九条 董事会会议应当有记录，出席会议的董事和记录人，应当在会议记录上签名。出席会议的董事有权要求在记录上对其在会议上的发言作出说明性记载。董事会会议记录作为公司档案由董事会秘书保存。

注释：公司应当根据具体情况，在章程中规定会议记录的保管期限。

第一百一十条 董事会会议记录包括以下内容：

（一）会议召开的日期、地点和召集人姓名；

（二）出席董事的姓名以及受他人委托出席董事会的董事（代理人）姓名；

（三）会议议程；

（四）董事发言要点；

（五）每一决议事项的表决方式和结果（表决结果应载明赞成、反对或弃权的票数）。

第一百一十一条 董事应当在董事会决议上签字并对董事会的决议承担责任。董事会决议违反法律、法规或者章程，致使公司遭受损失的，参与决议的董事对公司负赔偿责任。但经证明在表决时曾表明异议并记载于会议记录的，该董事可以免除责任。

第一百一十二条 公司根据需要，可以设独立董事。独立董事不得由下列人员担任：

（一）公司股东或股东单位的任职人员；

（二）公司的内部人员（如公司的经理或公司雇员）；

（三）与公司关联人或公司管理层有利益关系的人员。

注释：此条款为选择性条款，公司可以根据实际需要，在章程中制订独立董事的职责。

第三节　董事会秘书

第一百一十三条 董事会设董事会秘书。董事会秘书是公司高级管理人员，对董事会负责。

第一百一十四条 董事会秘书应当具有必备的专业知识和经验，由董事会委任。

本章程第七十八条规定不得担任公司董事的情形适用于董事会秘书。

第一百一十五条 董事会秘书的主要职责是：

（一）准备和递交国家有关部门要求的董事会和股东大会出具的报告和文件；

（二）筹备董事会会议和股东大会，并负责会议的记录和会议文件、记录的保管；

（三）负责公司信息披露事务，保证公司信息披露的及时、准确、合法、真实和完整；

（四）保证有权得到公司有关记录和文件的人及时得到有关文件和记录。

（五）公司章程和公司股票上市的证券交易所上市规则所规定的其他职责。

第一百一十六条 公司董事或者其他高级管理人员可以兼任公司董事会秘书。公司聘请的会计师事务所的注册会计师和律师事务所的律师不得兼任公司董事会秘书。

第一百一十七条 董事会秘书由董事长提名，经董事会聘任或者解聘。董事兼任董事会秘书的，如某一行为需由董事、董事会秘书分别作出时，则该兼任董事及公司董事会秘书的人不得以双重身份作出。

注释：除本指引规定外，公司还应当按照股票上市的证券交易所上市规则中关于董事会秘书的规定，在章程中对董事会秘书的任职资格、职责等事项作出具体规定。

第六章　经　理

第一百一十八条 公司设经理一名，由董事会聘任或解聘。董事可受聘兼任经理、副经理或者其他高级管理人员，但兼任经理、副经理或者其他高级管理人员职务的董事不得超过公司董事总数的1/2。

第一百一十九条 《公司法》第57条、第58条规定的情形以及被中国证监会确定为市场禁入者，并且禁入尚未解除的人员，不得担任公司的经理。

第一百二十条 经理每届任期[年数]年，经理连聘可以连任。

第一百二十一条 经理对董事会负责，行使下列职权：

（一）主持公司的生产经营管理工作，并向董事会报告工作；

（二）组织实施董事会决议、公司年度计划和投资方案；

（三）拟订公司内部管理机构设置方案；

（四）拟订公司的基本管理制度；

（五）制订公司的具体规章；

（六）提请董事会聘任或者解聘公司副经理、财务负责人；

（七）聘任或者解聘除应由董事会聘任或者解聘以外的管理人员；

（八）拟定公司职工的工资、福利、奖惩，决定公司职工的聘用和解聘；

（九）提议召开董事会临时会议；

（十）公司章程或董事会授予的其他职权。

第一百二十二条 经理列席董事会会议，非董事经理在董事会上没有表决权。

第一百二十三条 经理应当根据董事会或者监事会的要求，向董事会或者监事会报告公司重大合同的签订、执行情况，资金运用情况和盈亏情况。经理必须保证该报告的真实性。

注释：公司应当根据自身情况，在章程中制订符合公司实际要求的经理的职权和具体实施办法。

第一百二十四条 经理拟定有关职工工资、福利、安全生产以及劳动保护、劳动保险、解聘（或开除）公司职工等涉及职工切身利益的问题时，应当事先听取工会和职代会的意见。

第一百二十五条 经理应制订经理工作细则，报董事会批准后实施。

第一百二十六条 经理工作细则包括下列内容：

（一）经理会议召开的条件、程序和参加的人员；

（二）经理、副经理及其他高级管理人员各自具体的职责及其分工；

（三）公司资金、资产运用，签订重大合同的权限，以及向董事会、监事会的报告制度；

（四）董事会认为必要的其他事项。

第一百二十七条 公司经理应当遵守法律、行政法规和公司章程的规定，履行诚信和勤勉的义务。

第一百二十八条 经理可以在任期届满以前提出辞职。有关经理辞职的具体程序和办法由经理与公司之间的劳务合同规定。

第七章　监事会

第一节　监　事

第一百二十九条 监事由股东代表和公司职工代表担任。公司职工代表担任的监事不得少于监事人数的1/3。

第一百三十条 《公司法》第57条、第58条规定的情形以及被中国证监会确定为市场禁入者，并且禁入尚未解除的，不得担任公司的监事。

董事、经理和其他高级管理人员不得兼任监事。

第一百三十一条 监事每届任期[具体年数]。股东担任的监事由股东大会选举或更换，职工担任的监事由公司职工民主选举产生或更换，监事连选可以连任。

第一百三十二条 监事连续二次不能亲自出席监事会会议的，视为不能履行职责，股东大会或职工代表大会应当予以撤换。

第一百三十三条 监事可以在任期届满以前提出辞职，章程第五章有关董事辞职的规定，适用于监事。

第一百三十四条 监事应当遵守法律、行政法规和公司章程的规定，履行诚信和勤勉的义务。

第二节　监事会

第一百三十五条 公司设监事会。监事会由[]名监事组成，设监事会召集人一名。监事会召集人不能履行职权时，由该召集人指定一名监事代行其职权。

第一百三十六条 监事会行使下列职权：

（一）检查公司的财务；

（二）对董事、经理和其他高级管理人员执行公司职务时违反法律、法规或者章程的行为进行监督；

（三）当董事、经理和其他高级管理人员的行为损害公司的利益时，要求其予以纠正，必要时向股东大会或国家有关主管机关报告；

（四）提议召开临时股东大会；

（五）列席董事会会议；

（六）公司章程规定或股东大会授予的其他职权。

第一百三十七条 监事会行使职权时，必要时可以聘请律师事务所、会计师事务所等专业性机构给予帮助，由此发生的费用由公司承担。

第一百三十八条 监事会每年至少召开[]会议。会议通知应当在会议召开十日以前书面送达全体监事。

第一百三十九条 监事会会议通知包括以下内容：举行会议的日期、地点和会议期限，事由及议题，发出通知的日期。

第三节 监事会决议

第一百四十条 监事会的议事方式为：

第一百四十一条 监事会的表决程序为：

第一百四十二条 监事会会议应有记录，出席会议的监事和记录人，应当在会议记录上签名。监事有权要求在记录上对其在会议上的发言作出某种说明性记载。监事会会议记录作为公司档案由董事会秘书保存。

注释：公司应当根据具体情况，在章程中规定会议记录的保管期限。

第八章 财务会议制度、利润分配和审计

第一节 财务会计制度

第一百四十三条 公司依照法律、行政法规和国家有关部门的规定，制定公司的财务会计制度。

第一百四十四条 公司在每一会计年度前六个月结束后六十日以内编制公司的中期财务报告；在每一会计年度结束后一百二十日以内编制公司年度财务报告。

第一百四十五条 公司年度财务报告以及进行中期利润分配的中期财务报告，包括下列内容：

(1)资产负债表；

(2)利润表；

(3)利润分配表；

(4)财务状况变动表(或现金流量表)；

(5)会计报表附注；

公司不进行中期利润分配的，中期财务报告包括上款除第(3)项以外的会计报表及附注。

第一百四十六条 中期财务报告和年度财务报告按照有关法律、法规的规定进行编制。

第一百四十七条 公司除法定的会计帐册外，不另立会计帐册。公司的资产，不以任何个人名义开立帐户存储。

第一百四十八条 公司交纳所得税后的利润，按下列顺序分配：

(1)弥补上一年度的亏损；

(2)提取法定公积金10%；

(3)提取法定公益金；

(4)提取任意公积金；

(5)支付股东股利。

公司法定公积金累计额为公司注册资本的50%以上的，可以不再提取。提取法定公积金、公益金后，是否提取任意公积金由股东大会决定。公司不在弥补公司亏损和提取法定公积金、公益金之前向股东分配利润。

第一百四十九条 股东大会决议将公积金转为股本时，按股东原有股份比例派送新股。但法定公积金转为股本时，所留存的该项公积金不得少于注册资本的25%。

第一百五十条 公司股东大会对利润分配方案作出决议后，公司董事会须在股东大会召开后两个月内完成股利(或股份)的派发事项。

第一百五十一条 公司可以采取现金或者股票方式分配股利。

注释：发行境内上市外资股的公司应当按照《境内上市外资股规定实施细则》中的有关规定补充本节的内容。

第二节 内部审计

第一百五十二条 公司实行内部审计制度，配备专职审计人员，对公司财务收支和经济活动进行内部审计监督。

第一百五十三条 公司内部审计制度和审计人员的职责，应当经董事会批准后实施。审计负责人向董事会负责并报告工作。

第三节 会计师事务所的聘任

第一百五十四条 公司聘用取得"从事证券相关业务资格"的会计师事务所进行会计报表审计、净资产验证及其他相关的咨询服务等业务，聘期一年，可以续聘。

第一百五十五条 公司聘用会计师事务所由股东大会决定。

第一百五十六条 经公司聘用的会计师事务所享有下列权利：

(一)查阅公司财务报表、记录和凭证，并有权要求公司的董事、经理或者其他高级管理人员提供有关的资料和说明；

(二)要求公司提供为会计师事务所履行职务所必需的其子公司的资料和说明；

(三)列席股东大会，获得股东大会的通知或者与股东大会有关的其他信息，在股东大会上就涉及其作为公司聘用的会计师事务所的事宜发言。

第一百五十七条 如果会计师事务所职位出现空缺，董事会在股东大会召开前，可以委任会计师事务所填补该空缺。

第一百五十八条 会计师事务所的报酬由股东大会决定。董事会委任填补空缺的会计师事务所的报酬，由董事会确定，报股东大会批准。

第一百五十九条 公司解聘或者续聘会计师事务所由股东大会作出决定，并在有关的报刊上予以披露，必要时说明更换原因，并报中国证监会和中国注册会计师协会备案。

第一百六十条 公司解聘或者不再续聘会计师事务所时，提前[]天事先通知会计师事务所，会计师事务所有权向股东大会陈述意见。会计师事务所认为公司对其解聘或者不再续聘理由不当的，可以向中国证监会和中国注册会计师协会提出申诉。会计师事务所提出辞聘的，应当向股东大会说明公司有无不当情事。

第九章 通知和公告

第一节 通 知

第一百六十一条 公司的通知以下列形式发出：

(一)以专人送出；

(二)以邮件方式送出；

(三)以公告方式进行；

(四)公司章程规定的其他形式。

第一百六十二条 公司发出的通知，以公告方式进行的，一经公告，视为所有相关人员收到通知。

第一百六十三条 公司召开股东大会的会议通知，以[具体通知方式]进行。

第一百六十四条 公司召开董事会的会议通知，以[具体通知方式]进行。

第一百六十五条 公司召开监事会的会议通知，以[具体通知方式]进行。

注释：公司应当根据实际情况，在章程中确定公司各种会议的具体通知方式。

第一百六十六条 公司通知以专人送出的，由被送达人在送达回执上签名(或盖章)，被送达人签收日期为送达日期；公司通知以邮件送出的，自交付邮局之日起第＝V工作日为送达日期；公司通知以公告方式送出的，第一次公告刊登日为送达日期。

第一百六十七条 因意外遗漏未向某有权得到通知的人送出会议通知或者该等人没有收到会议通知，会议及会议作出的决议并不因此无效。

第二节 公 告

第一百六十八条 公司指定刊登公司公告和其他需要披露信息的报刊。

注释：公司应当在中国证监会指定的报刊范围内，在章程中确定一份或者多份报纸或期刊作为公司刊登股东大会通知和披露其他信息的固定报刊。

第十章 合并、分立、解散和清算

第一节 合并或分立

第一百六十九条 公司可以依法进行合并或者分立。

公司合并可以采取吸收合并和新设合并两种形式。

第一百七十条 公司合并或者分立，按照下列程序办理：

(一)董事会拟订合并或者分立方案；

(二)股东大会依照章程的规定作出决议；

(三)各方当事人签订合并或者分立合同；

(四)依法办理有关审批手续；

(五)处理债权、债务等各项合并或者分立事宜；

(六)办理解散登记或者变更登记。

第一百七十一条 公司合并或者分立，合并或者分立各方应当编制资产负债表和财产清单。公司自股东大会作出合并或者分立决议之日起十日内通知债权人，并于三十日内在[]上公告三次。

第一百七十二条 债权人自接到通知书之日起三十日内，未接到通知书的自第一次公告之日起九十日内，有权要求公司清偿债务或者

提供相应的担保。公司不能清偿债务或者提供相应担保的，不进行合并或者分立。

第一百七十三条 公司合并或者分立时，公司董事会应当采取必要的措施保护反对公司合并或者分立的股东的合法权益。

第一百七十四条 公司合并或者分立各方的资产、债权、债务的处理，通过签订合同加以明确规定。

公司合并后，合并各方的债权、债务，由合并后存续的公司或者新设的公司承继。

公司分立前的债务按所达成的协议由分立后的公司承担。

第一百七十五条 公司合并或者分立，登记事项发生变更的，依法向公司登记机关办理变更登记；公司解散的，依法办理公司注销登记；设立新公司的，依法办理公司设立登记。

第二节 解散和清算

第一百七十六条 有下列情形之一的，公司应当解散并依法进行清算：

（一）营业期限届满；

（二）股东大会决议解散；

（三）因合并或者分立而解散；

（四）不能清偿到期债务依法宣告破产；

（五）违反法律、法规被依法责令关闭。

第一百七十七条 公司因有本节前条第（一）、（二）项情形而解散的，应当在十五日内成立清算组。清算组人员由股东大会以普通决议的方式选定。

公司因有本节前条（三）项情形而解散的，清算工作由合并或者分立各方当事人依照合并或者分立时签订的合同办理。

公司因有本节前条（四）项情形而解散的，由人民法院依照有关法律的规定，组织股东、有关机关及专业人员成立清算组进行清算。

公司因有本节前条（五）项情形而解散的，由有关主管机关组织股东，有关机关及专业人员成立清算组进行清算。

第一百七十八条 清算组成立后，董事会、经理的职权立即停止。清算期间，公司不得开展新的经营活动。

第一百七十九条 清算组在清算期间行使下列职权：

（一）通知或者公告债权人；

（二）清理公司财产、编制资产负债表和财产清单；

（三）处理公司未了结的业务；

（四）清缴所欠税款；

（五）清理债权、债务；

（六）处理公司清偿债务后的剩余财产；

（七）代表公司参与民事诉讼活动。

第一百八十条 清算组应当自成立之日起十日内通知债权人，并于六十日内在至少一种中国证监会指定报刊上公告三次。

第一百八十一条 债权人应当在章程规定的期限内向清算组申报其债权。债权人申报债权时，应当说明债权的有关事项，并提供证明材料。清算组应当对债权进行登记。

第一百八十二条 清算组在清理公司财产、编制资产负债表和财产清单后，应当制定清算方案，并报股东大会或者有关主管机关确认。

第一百八十三条 公司财产按下列顺序清偿：

（一）支付清算费用；

（二）支付公司职工工资和劳动保险费用；

（三）交纳所欠税款；

（四）清偿公司债务；

（五）按股东持有的股份比例进行分配。

公司财产未按前款第（一）至（四）项规定清偿前，不分配给股东。

第一百八十四条 清算组在清理公司财产、编制资产负债表和财产清单后，认为公司财产不足清偿债务的，应当向人民法院申请宣告破产。公司经人民法院宣告破产后，清算组应当将清算事务移交给人民法院。

第一百八十五条 清算结束后，清算组应当制作清算报告，以及清算期间收支报表和财务帐册，报股东大会或者有关主管机关确认。

清算组应当自股东大会或者有关主管机关对清算报告确认之日起三十日内，依法向公司登记机关办理注销公司登记，并公告公司终止。

第一百八十六条 清算组人员应当忠于职守，依法履行清算义务，不得利用职权收受贿赂或者其他非法收入，不得侵占公司财产。

清算组人员因故意或者重大过失给公司或者债权人造成损失的，应当承担赔偿责任。

第十一章 修改章程

第一百八十七条 有下列情形之一的，公司应当修改章程：

（一）《公司法》或有关法律、行政法规修改后，章程规定的事项与修改后的法律、行政法规的规定相抵触；

（二）公司的情况发生变化，与章程记载的事项不一致；

（三）股东大会决定修改章程。

第一百八十八条 股东大会决议通过的章程修改事项应经主管机关审批的，须报原审批的主管机关批准；涉及公司登记事项的，依法办理变更登记。

第一百八十九条 董事会依照股东大会修改章程的决议和有关主管机关的审批意见修改公司章程。

第一百九十条 章程修改事项属于法律、法规要求披露的信息，按规定予以公告。

第十二章 附 则

第一百九十一条 董事会可依照章程的规定，制订章程细则。章程细则不得与章程的规定相抵触。

第一百九十二条 本章程以中文书写，其他任何语种或不同版本的章程与本章程有歧义时，以在[全称]登记机关最近一次核准登记后的中文版章程为准。

第一百九十三条 本章程所称"以上"、"以内"、"以下"，都含本数；"不满"、"以外"不含本数。

第一百九十四条 章程由公司董事会负责解释。

中国证券监督管理委员会
一九九九年九月十六日

上市公司股东大会规范意见（2000年修订）

一、一般规定

第一条 为规范上市公司行为，保证上市公司股东大会能够依法行使职权，根据《中华人民共和国公司法》（以下简称《公司法》），《中华人民共和国证券法》（以下简称《证券法》）的规定，制定本规范意见。

第二条 董事会应严格遵守《公司法》及其他法律法规关于召开股东大会的各项规定，认真、按时组织好股东大会。上市公司全体董事对于股东大会的正常召开负有诚信责任，不得阻碍股东大会依法履行职权。

第三条 股东大会分为年度股东大会和临时股东大会。年度股东大会每年召开一次，应当于上一会计年度结束后的六个月内举行。

公司在上述期限内因故不能召开年度股东大会的，应当报告证券交易所，说明原因并公告。

在上述期限内，公司无正当理由不召开年度股东大会的，证券交易所应当依据有关规定，对该公司挂牌交易的股票予以停牌，并要求公司董事会做出解释并公告。董事会应当承担相应的责任。

第四条 股东大会应当在《公司法》规定的范围内行使职权，不得干涉股东对自身权利的处分。

股东大会讨论和决定的事项，应当按照《公司法》和《公司章程》的规定确定，年度股东大会可以讨论《公司章程》规定的任何事项。

第五条 公司召开股东大会，董事会应当在会议召开三十日以前以公告方式通知各股东。

第六条 年度股东大会和应股东或监事会的要求提议召开的股东大会不得采取通讯表决方式；临时股东大会审议下列事项时，不得采取通讯表决方式：

（一）公司增加或者减少注册资本；

（二）发行公司债券；

（三）公司的分立、合并、解散和清算；

（四）《公司章程》的修改；

（五）利润分配方案和弥补亏损方案；

（六）董事会和监事会成员的任免；

（七）变更募股资金投向；

（八）需股东大会审议的关联交易；

（九）需股东大会审议的收购或出售资产事项；

（十）变更会计师事务所；

（十一）《公司章程》规定的不得通讯表决的其他事项。

第七条 公司董事会应当聘请有证券从业资格的律师出席股东大会，对以下问题出具意见并公告：

（一）股东大会的召集、召开程序是否符合法律法规的规定，是否符合《公司章程》；

（二）验证出席会议人员资格的合法有效性；

（三）验证年度股东大会提出新提案的股东的资格；

（四）股东大会的表决程序是否合法有效；

（五）应公司要求对其他问题出具的法律意见。

公司董事会也可同时聘请公证人员出席股东大会。

第八条 董事会发布召开股东大会的通知后，股东大会不得无故延期。公司因特殊原因必须延期召开股东大会的，应在原定股东大会召开日前至少五个工作日发布延期通知。董事会在延期召开通知中应说明原因并公布延期后的召开日期。

公司延期召开股东大会的，不得变更原通知规定的有权出席股东大会股东的股权登记日。

二、股东大会讨论的事项与提案

第九条 股东大会的提案是针对应当由股东大会讨论的事项所提出的具体议案，股东大会应当对具体的提案作出决议。

第十条 董事会在召开股东大会的通知中应列出本次股东大会讨论的事项，并将董事会提出的所有提案的内容充分披露。需要变更前次股东大会决议涉及的事项的，提案内容应当完整，不能只列出变更的内容。

列入"其他事项"但未明确具体内容的，不能视为提案，股东大会不得进行表决。

第十一条 会议通知发出后，董事会不得再提出会议通知中未列出事项的新提案，对原有提案的修改应当在股东大会召开的前十五天公告。否则，会议召开日期应当顺延，保证至少有十五天的间隔期。

第十二条 年度股东大会，单独持有或者合并持有公司有表决权总数百分之五以上的股东或者监事会可以提出临时提案。

临时提案如果属于董事会会议通知中未列出的新事项，同时这些事项是属于本规范意见第六条所列事项的，提案人应当在股东大会召开前十天将提案递交董事会并由董事会审核后公告。

第一大股东提出新的分配提案时，应当在年度股东大会召开的前十天提交董事会并由董事会公告，不足十天的，第一大股东不得在本次年度股东大会提出新的分配提案。

除此以外的提案，提案人可以提前将提案递交董事会并由董事会公告，也可以直接在年度股东大会上提出。

第十三条 对于前条所述的年度股东大会临时提案，董事会按以下原则对提案进行审核：

（一）关联性。董事会对股东提案进行审核，对于股东提案涉及事项与公司有直接关系，并且不超出法律、法规和《公司章程》规定的股东大会职权范围的，应提交股东大会讨论。对于不符合上述要求的，不提交股东大会讨论。如果董事会决定不将股东提案提交股东大会表决，应当在该次股东大会上进行解释和说明。

（二）程序性。董事会可以对股东提案涉及的程序性问题做出决定。如将提案进行分拆或合并表决，需征得原提案人同意；原提案人不同意变更的，股东大会会议主持人可就程序性问题提请股东大会做出决定，并按照股东大会决定的程序进行讨论。

第十四条 提出涉及投资、财产处置和收购兼并等提案的，应当充分说明该事项的详情，包括：涉及金额、价格（或计价方法）、资产的账面值、对公司的影响、审批情况等。如果按照有关规定需进行资产评估、审计或出具独立财务顾问报告的，董事会应当在股东大会召开前至少五个工作日公布资产评估情况、审计结果或独立财务顾问报告。

第十五条 董事会提出改变募股资金用途提案的，应在召开股东大会的通知中说明改变募股资金用途的原因、新项目的概况及对公司未来的影响。

第十六条 涉及公开发行股票等需要报送中国证监会核准的事项，应当作为专项提案提出。

第十七条 董事会审议通过年度报告后，应当对利润分配方案做出决议，并作为年度股东大会的提案。董事会在提出资本公积转增股本方案时，需详细说明转增原因，并在公告中披露。董事会在公告股份派送或资本公积转增方案时，应披露送转前后对比的每股收益和每股净资产，以及对公司今后发展的影响。

第十八条 会计师事务所的聘任，由董事会提出提案，股东大会表决通过。董事会提出解聘或不再续聘会计师事务所的提案时，应事先通知该会计师事务所，并向股东大会说明原因。会计师事务所有权向股东大会陈述意见。

非会议期间，董事会因正当理由解聘会计师事务所的，可临时聘请其他会计师事务所，但必须在下一次股东大会上追认通过。

会计师事务所提出辞聘的，董事会应在下一次股东大会说明原因。辞聘的会计师事务所有责任以书面形式或派人出席股东大会，向股东大会说明公司有无不当。

三、股东或监事会提议召开临时股东大会

第十九条 单独或者合并持有公司有表决权总数百分之十以上的股东（下称"提议股东"）或者监事会提议董事会召开临时股东大会时，应以书面形式向董事会提出会议议题和内容完整的提案。书面提案应当报所在地中国证监会派出机构和证券交易所备案。提议股东或者监事会应当保证提案内容符合法律、法规和《公司章程》的规定。

第二十条 董事会在收到监事会的书面提议后应当在十五日内发出召开股东大会的通知，召开程序应符合本规范意见相关条款的规定。

第二十一条 对于提议股东要求召开股东大会的书面提案，董事会应当依据法律、法规和《公司章程》决定是否召开股东大会。董事会决议应当在收到前述书面提议后十五日内反馈给提议股东并报告所在地中国证监会派出机构和证券交易所。

第二十二条 董事会做出同意召开股东大会决定的，应当发出召开股东大会的通知，通知中对原提案的变更应当征得提议股东的同意。通知发出后，董事会不得再提出新的提案，未征得提议股东的同意也不得再对股东大会召开的时间进行变更或推迟。

第二十三条 董事会认为提议股东的提案违反法律、法规和《公司章程》的规定，应当做出不同意召开股东大会的决定，并将反馈意见通知提议股东。提议股东可在收到通知之日起十五日内决定放弃召开临时股东大会，或者自行发出召开临时股东大会的通知。

提议股东决定放弃召开临时股东大会的，应当报告所在地中国证监会派出机构和证券交易所。

第二十四条 提议股东决定自行召开临时股东大会的，应当书面通知董事会，报公司所在地中国证监会派出机构和证券交易所备案后，发出召开临时股东大会的通知，通知的内容应当符合以下规定：

（一）提案内容不得增加新的内容，否则提议股东应按上述程序重新向董事会提出召开股东大会的请求；

（二）会议地点应当为公司所在地。

第二十五条 对于提议股东决定自行召开的临时股东大会，董事会及董事会秘书应切实履行职责。董事会应当保证会议的正常秩序，会议费用的合理开支由公司承担。会议召开程序应当符合以下规定：

（一）会议由董事会负责召集，董事会秘书必须出席会议，董事、监事应当出席会议；董事长负责主持会议，董事长因特殊原因不能履行职务时，由副董事长或者其他董事主持；

（二）董事会应当聘请有证券从业资格的律师，按照本规范意见第七条的规定，出具法律意见；

（三）召开程序应当符合本规范意见相关条款的规定。

第二十六条 董事会未能指定董事主持股东大会的，提议股东在报所在地中国证监会派出机构备案后会议由提议股东主持；提议股东应当聘请有证券从业资格的律师，按照本规范意见第七条的规定出具法律意见，律师费用由提议股东自行承担；董事会秘书应切实履行职责，其余召开程序应当符合本规范意见相关条款的规定。

四、股东大会的召开

第二十七条 公司召开股东大会应坚持朴素从简的原则，不得给予出席会议的股东（或代理人）额外的经济利益。

第二十八条 公司董事会、监事会应当采取必要的措施，保证股东大会的严肃性和正常秩序，除出席会议的股东（或代理人）、董事、监事、董事会秘书、高级管理人员、聘任律师及董事会邀请的人员以外，公司有权依法拒绝其他人士入场，对于干扰股东大会秩序、寻衅滋事和侵犯其他股东合法权益的行为，公司应当采取措施加以制止并及时报告有关部门查处。

第二十九条 在年度股东大会上，董事会应当就前次年度股东大会以来股东大会决议中应由董事会办理的各事项的执行情况向股东大会做出报告并公告。

第三十条 在年度股东大会上，监事会应当宣读有关公司过去一年的监督专项报告，内容包括：

（一）公司财务的检查情况；

（二）董事、高层管理人员执行公司职务时的尽职情况及对有关法律、法规、《公司章程》及股东大会决议的执行情况；

（三）监事会认为应当向股东大会报告的其他重大事件。

监事会认为有必要时，还可以对股东大会审议的提案出具意见，并提交独立报告。

第三十一条 注册会计师对公司财务报告出具解释性说明、保留意见、无法表示意见或否定意见的审计报告的，公司董事会应当将导致会计师出具上述意见的有关事项及对公司财务状况和经营状况的影响向股东大会做出说明。如果该事项对当期利润有直接影响，公司董事会应当根据孰低原则确定利润分配预案或者公积金转增股本预案。

第三十二条 股东大会对所有列入议事日程的提案应当进行逐项表决，不得以任何理由搁置或不予表决。年度股东大会对同一事项有不同提案的，应以提案提出的时间顺序进行表决，对事项作出决议。

第三十三条 临时股东大会不得对召开股东大会的通知中未列明的事项进行表决。临时股东大会审议通知中列明的提案内容时，对涉及本规范意见第六条所列事项的提案内容不得进行变更；任何变更都应视为另一个新的提案，不得在本次股东大会上进行表决。

第三十四条 股东大会就关联交易进行表决时，涉及关联交易的各股东，应当回避表决，上述股东所持表决权不应计入出席股东大会有表决权的股份总数。

第三十五条 股东大会审议董事、监事选举的提案，应当对每一个董事、监事候选人逐个进行表决。改选董事、监事提案获得通过的，新任董事、监事在会议结束之后立即就任。

第三十六条 公司股票应当在股东大会召开期间停牌。公司董事会应当保证股东大会在合理的工作时间内连续举行，直至形成最终决议。因不可抗力或其他异常原因导致股东大会不能正常召开或未能做出任何决议的，公司董事会应向证券交易所说明原因并公告，公司董事会有义务采取必要措施尽快恢复召开股东大会。

第三十七条 会议提案未获通过，或者本次股东大会变更前次股东大会决议的，董事会应在股东大会决议公告中做出说明。

第三十八条 股东大会各项决议的内容应当符合法律和《公司章程》的规定。出席会议的董事应当忠实履行职责，保证决议内容的真实、准确和完整，不得使用容易引起歧义的表述。

股东大会的决议违反法律、行政法规，侵犯股东合法权益的，股东有权依法向人民法院提起民事诉讼。

第三十九条 股东大会决议公告应注明出席会议的股东（和代理人）人数、所持（代理）股份总数及占公司有表决权总股份的比例，表决方式以及每项提案表决结果。对股东提案做出的决议，应列明提案股东的姓名或名称、持股比例和提案内容。

发行境内上市外资股的公司，应当对内资股股东和外资股股东出席会议及表决情况分别做出统计并公告。

第四十条 利润分配方案、公积金转增股本方案经公司股东大会批准后，公司董事会应当在股东大会召开后两个月内完成股利（或股份）的派发（或转增）事项。

五、其　他

第四十一条 召集、召开股东大会的方式和股东大会决议内容不符合《公司法》、本规范意见和《公司章程》要求的，中国证监会除责令公司限期纠正外，将给予通报批评；拒不纠正的，自该事实发生之日起十二个月内，不受理该公司从证券市场筹资的申请。

任何单位和个人利用召开股东大会之机，从事内幕交易、操纵市场等违法活动的，中国证监会将依法查处。

第四十二条 对股东大会的召集、召开、表决程序及决议的合法有效性发生争议又无法协调的，有关当事人可以向人民法院提起诉讼。

第四十三条 发行外资股的上市公司国家另有规定的，从其规定。

第四十四条 本规范意见自公布之日起施行。1998年2月23日中国证监会发布的《上市公司股东大会规范意见》（证监[1998]4号）同时废止。

中国证券监督管理委员会
二〇〇〇年五月十八日

关于上市公司为他人提供担保有关问题的通知

各上市公司：

为了保护投资者的合法权益和上市公司财产安全，防范证券市场风险，现就上市公司为他人提供担保的有关问题通知如下：

一、上市公司为他人提供担保应当遵守《中华人民共和国公司法》、《中华人民共和国担保法》和其它相关法律、法规的规定。并按照《中华人民共和国证券法》和《证券交易所股票上市规则》的有关规定披露信息。

二、上市公司不得以公司资产为本公司的股东、股东的控股子公司、股东的附属企业或者个人债务提供担保。

三、上市公司为他人提供担保应当遵循平等、自愿、公平、诚信、互利的原则。任何单位和个人不得强令上市公司为他人提供担保，上市公司对强令其为他人提供担保的行为有权拒绝。

四、上市公司为他人提供担保，应当采用反担保等必要措施防范风险。

五、上市公司为他人提供担保必须经董事会或股东大会批准。董事会应当比照公司章程有关董事会投资权限的规定，行使对外担保权。超过公司章程规定权限的，董事会应当提出预案，并报股东大会批准。上市公司董事会在决定为他人提供担保之前（或提交股东大会表决前），应当掌握债务人的资信状况，对该担保事项的利益和风险进行充分分析，并在董事会有关公告中详尽披露。

股东大会或者董事会对担保事项做出决议时，与该担保事项有利害关系的股东或者董事应当回避表决。

董事会秘书应当详细记录有关董事会会议和股东大会的讨论和表决情况。有关的董事会、股东大会的决议应当公告。

六、当出现被担保人债务到期后十五个工作日内未履行还款义务，或是被担保人破产、清算、债权人主张担保人履行担保义务等情况时，上市公司有义务及时了解被担保人的债务偿还情况，并在知悉后及时披露相关信息。

七、上市公司应当完善内部控制制度，未经公司股东大会或者董事会决议通过，董事、经理以及公司的分支机构不得擅自代表公司签订担保合同。

八、上市公司应当加强担保合同的管理。为他人担保，应当订立书面合同。担保合同应当按照公司内部管理规定妥善保管，并及时通报监事会、董事会秘书和财务部门。

九、上市公司为债务人履行担保义务后，应当采取有效措施向债务人追偿，并将追偿情况及时披露。

十、上市公司董事、经理及其它管理人员未按规定程序擅自越权签订担保合同，对上市公司造成损害的，上市公司应当追究当事人的责任。

上市公司为他人提供担保未按照《证券交易所股票上市规则》的要求履行信息披露义务的，证券交易所应当根据《证券交易所股票上市规则》视情节轻重对有关上市公司及责任人给予相应的处分。

上市公司对担保事项的信息披露违反《中华人民共和国证券法》和本通知规定的，中国证监会依法对有关上市公司及责任人给予处罚。

中国证券监督管理委员会
二〇〇〇年六月六日

关于规范上市公司重大购买或出售资产行为的通知

各证券监管办公室、办事处、特派员办事处，上海、深圳证券交易所，各上市公司：

为规范上市公司重组行为，支持上市公司通过重组提高资产质量，维护投资者合法权益，现就规范上市公司重大购买或出售资产行为的有关问题通知如下：

一、上市公司实施重大购买或出售资产的行为，应当遵守本通知和证券交易所上市规则的有关规定。

二、本通知所称"上市公司重大购买或出售资产的行为"，是指上市公司购买、出售或置换资产达到下列标准之一的情形：

（一）收购或出售的资产总额占上市公司最近经审计后总资产的50%以上；

（二）收购或出售的资产净额占上市公司最近经审计后净资产的

50%以上；

(三)收购或出售资产相关的利润占上市公司最近经审计后利润的50%以上。

三、上市公司实施重大购买或出售资产的行为，应履行下列程序：

(一)上市公司董事会对有关事宜进行可行性研究，并按照法律、法规和证券交易所股票上市规则的要求履行信息披露义务；

(二)上市公司董事会聘请具有证券从业资格的会计师事务所、律师事务所和财务顾问对有关事宜进行认证并出具意见；

(三)董事会就有关事宜进行审议并形成决议；监事会对董事会履行诚信义务情况进行监督并发表意见；

(四)董事会应当在形成决议后两个工作日内向证券交易所报告，并将该决议及中介机构和监事会的意见一并公告。同时，按照本通知附件的要求，向中国证监会及上市公司所在地的中国证监会派出机构报送备案材料。监管机构要求补充有关材料的，董事会应在召开股东大会前及时补充并作出公告；

(五)股东大会就有关事宜进行审议并形成决议。董事会应就上市公司重组后是否产生关联交易或形成同业竞争等问题向股东大会提交单独议案。上市公司应当聘请具有证券从业资格的律师，对股东大会的合法有效性出具意见；

(六)股东大会审议通过后，上市公司实施有关购买或出售资产的计划；

(七)有关购买或出售资产过户手续完成后，上市公司应聘请具有证券从业资格的律师事务所对实施结果出具法律意见，并将该法律意见与过户手续完成情况一并及时公告。该法律意见书应当与其他相关文件共同备置于公司，供投资者查阅；

(八)上市公司在股东大会作出有关购买或出售资产决议九十日后仍未完成有关手续的，应立即将实施情况报告证券交易所并公告。此后每三十日应当公告一次，直至完成有关购买或出售资产过户手续。

四、上市公司进行重大购买或出售资产交易时，如交易对方已与上市公司控股股东就直接或间接受让上市公司股权事宜或向上市公司推荐董事事宜达成默契，则上市公司所实施的该项购买或出售资产的交易属于关联交易，应执行有关法律、法规或者规则中关于关联交易的规定。同时，交易对方在与上市公司达成购买或出售资产的协议时，应立即向中国证监会和证券交易所报告其拟受让股权的情况并公告。

五、上市公司实施重大购买或出售资产的行为后，应当保证上市公司的持续经营能力，保证上市公司与控股股东在人员、资产、财务上分开。在资产重组完成后六个月内，上市公司应当按照中国证监会《关于对拟发行上市企业改制情况进行调查的通知》(证监发[1999]4号)第(二)至(四)项的要求，向中国证监会及上市公司所在地派出机构报送规范运作情况的报告。

六、上市公司购买或出售的资产占上市公司总资产70%以上，应当聘请具有主承销商资格的证券公司进行辅导，辅导的内容和报告程序应当参照中国证监会对公开发行股票公司进行辅导的规定执行。前述上市公司重组效果良好，运作规范的，可以在重组完成一年以后提出配股或增发新股的申请，其重组前的业绩可以模拟计算。经中国证监会同意，前述重组后申请增发或配股的期限也可以少于一年。对不符合本通知规定的，中国证监会将不受理其配股或增发新股的申请。

七、上市公司重组后不符合上市条件的，中国证监会将按照有关法律法规的规定作出暂停或终止上市的决定。

八、本通知自发布之日起执行，中国证监会《关于上市公司置换资产变更主营业务若干问题的通知》(证监上字[1998]26号)同时废止。

中国证券监督管理委员会

二〇〇〇年六月二十六日

附件：

上市公司购买或出售资产报备材料目录

1、上市公司董事会购买或出售资产事宜的书面报告。包括事件的经过、交易各方情况介绍、交易内容、价格及定价依据、金额、支付方式、对上市公司的影响等；

2、上市公司董事会关于与控股股东在人员、资产、财务上分开的承诺和具体实施方案；

3、董事会决议副本。董事会决议应就该项购买或出售资产事项是否有利于上市公司长远发展，是否有利于全体股东的利益表明意见，并说明董事投票情况，董事投反对票的情况应单独加以说明；

4、上市公司购买或出售资产交易公告副本；

5、购买或出售资产协议或协议草案；

6、控股股东或上市公司股份收购人关于准备长期持有上市公司股份的声明；

7、会计师事务所对上市公司拟购买或出售的资产连续两个会计年度的财务状况和经营业绩出具的审计报告；

8、律师事务所出具的法律意见书。该法律意见书应包括购买或出售资产行为是否合法，是否符合本通知及相关法律、法规、规章或规则的规定，交易完成后上市公司是否符合上市条件，以及本次购买或出售是否有应披露而未披露的合同、协议、安排等内容；

9、财务顾问报告。该报告应包括上市公司购买或出售资产后是否具有持续经营能力，上市公司与控股股东是否在资产、人员、财务方面实现了三分开、是否存在同业竞争和关联交易，以及该交易是否符合全体股东的利益等内容；

10、中国证监会要求的其他文件。

上市公司向社会公开募集股份暂行办法

第一条 为规范上市公司以向社会公开募集方式增资发行股份(以下简称"公募增发")的行为，建立市场约束机制，保护投资者的合法权益，根据有关法律、法规的规定，制定本暂行办法。

第二条 上市公司公募增发必须依法报经中国证券监督管理委员会(以下简称"中国证监会")核准。

第三条 申请公募增发的上市公司原则上限于以下范围：

(一)符合上市公司重大资产重组有关规定的公司；

(二)具有自主开发核心技术能力、在行业中具有竞争优势、未来发展有潜力的公司；

(三)向社会公开发行股份的比例小于总股本25%或15%(总股本为4亿股以上时)的公司；

(四)既发行境内上市内资股，又发行境内或境外上市外资股的公司。

第四条 上市公司公募增发，必须具备以下条件：

(一)上市公司必须与控股股东在人员、资产、财务上分开，保证上市公司的人员独立、资产完整和财务独立。

(二)前一次发行的股份已经募足，募集资金的使用与招股(或配股)说明书所述的用途相符，或变更募集资金用途已履行法定程序，资金使用效果良好，本次发行距前次发行股票的时间间隔不少于《公司法》的相应规定。

(三)公司在最近三年内连续盈利，本次发行完成当年的净资产收益率不低于同期银行存款利率水平；且预测本次发行当年加权计算的净资产收益率不低于配股规定的净资产收益率平均水平，或与增发前基本相当。属于本办法第三条第一项进行重大资产重组的上市公司，重组前的业绩可以模拟计算，重组后一般应运营12个月以上。

(四)公司章程符合《公司法》和《上市公司章程指引》的规定。

(五)股东大会的通知、召开方式、表决方式和决议内容符合《公司法》及有关规定。

(六)本次发行募集资金用途符合国家产业政策的规定。

(七)公司申报材料无虚假陈述，在最近三年内财务会计资料无虚假记载，属于本办法第三条第一项的公司应保证重组后的财务会计资料无虚假记载。

(八)公司不存在资金、资产被控股股东占用，或有明显损害公司利益的重大关联交易。

第五条 上市公司申请公募增发，必须由具有主承销商资格的证券公司向中国证监会报送推荐意见，并同时抄报上市公司所在地的中国证监会派出机构。证券公司内核小组应按规定对该发行项目进行评审，并同意推荐。担任主承销商的证券公司负责向中国证监会报送上市公司公募增发申报材料。

第六条 上市公司应按下列程序申请核准公募增发：

(一)上市公司的发行申请及证券公司的推荐意见自报送中国证监会备案之日起20个工作日之后，中国证监会未提出异议的，董事会可就本次发行的有关事宜作出决议，发出召开股东大会的通知。涉及股东利益协调问题，须提请股东大会表决。有关前次募集资金使用情况的专项报告，应与股东大会通知一并公告。

(二)股东大会须就本次发行的数量、发行定价方式、发行对象、募集资金用途、决议的有效期、对董事会办理本次发行具体事宜的授权等事项进行逐项表决，上市公司应当按规定公布股东大会决议。股东大会批准后，报中国证监会审核。

(三)经中国证监会核准后，上市公司择定时间刊登招股意向书及发售办法。核准后的招股意向书有修改时，应事先征得中国证监会同意。

(四)发行价格确定后，上市公司应编制招股说明书，并刊登发行公告，其中注明招股说明书的放置地点及互联网网址，供投资者查询，招股说明书应同时报中国证监会备案。a(五)募集资金转入上市公司帐户，经注册会计师验资后，上市公司发布股份变动公告，并公布新股上市时间。

第七条 上市公司应审慎地作出发行当年的盈利预测，并经过具有证券从业资格的注册会计师审核，如存在影响盈利预测的不确定因素，应作出敏感性分析与说明。如果上市公司不能作出预测，则应在招股意向书、发行公告和招股说明书的显要位置作出风险警示。

第八条 上市公司公募增发应按照《上市公司向社会公开募集股份操作指引(试行)》的有关规定实施。

第九条 担任本次发行主承销商的证券公司应参照《证券公司承销配股尽职调查报告指引(试行)》编制尽职调查报告。主承销商及上市公司应保证在有关本次发行的信息公开前保守秘密，不向参加配售的机构提供任何财务资助和补偿，并向中国证监会报送承诺函。

第十条 在获准发行后，上市公司与主承销商应组织市场推介活动，在不超越招股意向书的范围内向投资者介绍公司的情况。主承销商应组织承销团成员为本次发行出具研究分析报告，并应遵循《证券期货投资咨询管 理暂行办法》的有关规定。

第十一条 上市公司公募增发后，凡不属于公司管理层事前无法预测且事后无法控制的原因，利润实现数未达到盈利预测的，上市公司董事长及其聘任的注册会计师、担任主承销商的证券公司法定代表人和项目负责人应在股东大会及指定报刊上公开作出解释；利润实现数未达到盈利预测 80%的，如无合理解释，上市公司董事长及其聘任的注册会计师、担任主承销商的证券公司法定代表人和项目负责人应在指定报刊公开道歉。中国证监会实行事后审查，如发现上市公司有意出具虚假盈利预测报告误导投资者的，将予以查处；如发现注册会计师违规，存在重大疏忽、遗漏或弄虚作假的，将依法予以处罚。

第十二条 本办法自发布之日起施行

中国证券监督管理委员会
二○○○年四月三十日

关于做好上市公司公募增发工作的意见

各具有主承销商资格的证券公司：

为规范上市公司向社会公开募集股票(以下简称"公募增发")工作，加大市场约束力，现对各具有主承销商资格的证券公司提出以下要求：

1、证券公司应认真履行尽职调查的义务，为上市公司再融资提供良好的财务顾问服务，推荐内部管理良好、未来有发展潜力的上市公司进行增发(推荐意见的内容要求见附件)。

2、证券公司推荐上市公司公募增发，应通过内部评审程序，经内核小组集体审议作出决议。

3、证券公司应建立内部隔离墙和良好的内部控制制度，使内部的投资银行部门与研究部门、经纪部门、自营部门在信息、人员、办公地点等方面隔离，防止内幕交易和操纵市场的行为发生。在发行完成后，担任主承销商的证券公司应向中国证监会报送上述运作情况的监察报告。

4、证券公司应认真学习市场化发行的要求，注意发行定价的合理性，研究公募增发定价如何与二级市场股价相衔接的问题。

5、证券公司应加强研究队伍的建设，认真做好上市公司投资价值研究分析报告。

6、证券公司应注意培养自己的销售队伍，组织好发行宣传和推介工作。

7、主承销商的法定代表人或授权代表除应在推荐上市公司公募增发的意见上签字外，还应在准备发行前致函中国证监会，说明所有发行准备工作就绪。

中国证券监督管理委员会(以下简称"中国证监会")优先受理具有良好信誉的主承销商所推荐的上市公司公募增发申报材料，其后，按材料报送的时间顺序和上市公司的效益情况排序，安排受理事项。各证券公司推荐的上市公司必须在公募增发全部完成后，方可推荐第二家上市公司报送增发申报材料。

我们希望通过建立上市公司公募增发的市场化机制，充分发挥证券公司的作用，提高各证券公司的专业素质和水平，以迎接中国加入 WTO 的挑战。

中国证券监督管理委员会
二○○○年四月三十日

附件

证券公司对上市公司公募增发推荐意见的必备内容

推荐意见是上市公司公募增发的必要文件，是申报材料的组成部分。推荐意见至少应包括以下内容：

1、上市公司发行股票的合规性；

2、上市公司本次发行股票的市场适销性；

3、发行方案及其有关考虑因素的说明；

4、本次增资发行后，对发行人经营状况和财务状况的影响(包括业务、资产、利润、每股盈利、发行人可持续增长的能力等)；

5、证券公司内核小组集体审议的情况简介；

6、说明是否能保证调配足够有经验的业务人员完成此项目，列明参与此项目的负责人、工作人员及其业务经验。

推荐意见须由证券公司法定代表人或授权代表人签字，加盖证券公司公章，注明签署日期。

上市公司申请向社会公开募集股份报送材料标准格式(试行)

一、发行申请材料的纸张、封面及份数

(一)纸张 A4 纸张规格

(二)封面

1、标有"上市公司向社会公开募集股份申请材料"字样；

2、发行人名称；材料侧面须标注公司名称，正本需注明。

(三)份数

申请材料首次报送三份，其中一份为原件。提交发行审核委员会(以下简称"发审会")审核之前，补报九份材料。发审会通过后，除原件留中国证券监督管理委员会存档外，其余申请材料退发行人。

二、向社会公开募集股份(以下简称"公募增发")申请材料目录

第一章　发行人公募增发的申请 1－1 发行人公募增发的申请

1－2 主承销商对发行人申请公募增发的推荐意见

第二章　有关本次发行的授权文件

2－1 董事会决议公告及股东大会通知公告(公告复印件)

2－2 股东大会决议 2－3 股东大会的决议公告(公告复印件)

2－4 发行人最近一次股份变动公告(公告复印件)

2－5 发行人营业执照(复印件)

第三章　招股文件

3－1 招股意向书

3－2 发行公告

3－3 发行方案

第四章　有关本次募集资金运用的文件

4－1 有全体董事签字的募集资金运用可行性分析

4－2 政府有关部门同意投资立项(包括固定资产、技改项目等)的批准文件

4－3 资产评估报告和/或审计报告(涉及收购资产或股权)

注：4－2 为参考文件

第五章　发行申请材料的附件

5－1 发行人最近三年经审计的财务报告(在下半年申报发行申请材料的，应附上经审计的当年中期财务报告)

5－2 经注册会计师审核的盈利预测报告(如有)

5－3 法律意见书

5—4 会计师事务所关于前次募集资金使用情况专项报告

5—5 全体董事签字的关于前次募集资金使用情况说明

5—6 主承销商尽职调查报告

5—7 承销协议

5—8 发行人承诺函

5—9 主承销商承诺函

5—10 注册会计师对发行人内部控制制度的完整性、合理性和有效性进行评价的管理建议书

5—11 一年来信息披露情况简介

5—12 近一年股价走势

5—13 验证笔录

5—14 各中介机构及签字人员的证券从业资格证书

注:1、每一页的页码必须与目录中的页码相符

2、页码标注的举例说明

例如:第四章 4—1 的页码标注应为:4—1—1,4—1—2,4—1—3,……4—1—n。

中国证券监督管理委员会

二〇〇〇年四月三十日

上市公司向社会公开募集股份操作指引(试行)

一、上市公司向社会公开募集股份(以下简称"公募增发")定价可以采取市价折扣或市盈率定价等方法。

二、上市公司公募增发可以采用对公众投资者上网发行和对机构投资者配售相结合的方式,原则上,应预留一定比例的股份向机构投资者配售,上网发行部分和配售部分可以根据投资者认购情况相互进行回拨。具体实施可以选择以下形式:

(一)按机构投资者网下累计投标询价结果定价并配售,对公众投资者上网定价发行:承销期开始前,可以不确定发行定价和上网发行量(也可以确定上网发行量),发行人在指定报刊刊登招股意向书后,向机构投资者进行推介,根据机构投资者累计投标询价的结果,来确定发行价格及向机构配售的数量,其余部分向公众投资者(包括股权登记日登记在册的流通股股东)上网定价发行。

(二)网下对机构投资者累计投标询价与网上对公众投资者累计投标询价同步进行:经发行人股票上市的证券交易所(以下简称"交易所")同意,发行人和主承销商可以在定价底限之上(包括定价区间),采取机构投资者网下累计投标询价和公众投资者网上累计投标询价同时进行的方式,通过累计计算对应不同价格的公众投资者和机构投资者的申购数量之和,按总申购量超过发行量的一定倍数,来确定发行价格以及配售与公开发行的数量。

(三)经中国证券监督管理委员会(以下简称"中国证监会")认可的其他形式。

三、在配售中,发行人和主承销商应向机构投资者(包括战略投资者)和发行人股东说明新股申购及分配的方法。

四、配售中,申购数量高于配售上限时,可以采取等比例配售等方法进行。对于按某一标准将机构投资者分为不同类型,且不同类型按不同比例配售的,主承销商应披露有关标准。向机构投资者和股权登记日登记在册的股东以外的投资者发行新股,如有超额认购,可以按有效申购数量采取等比例分配、抽签等方法。

五、战略投资者应向发行人以书面方式表达认购意向。发行人选择的战略投资者应对其业务产生协同效应,符合其长期商业利益。有关战略投资者的认购情况应在招股意向书或发行公告中予以披露。

六、主承销商和发行人可以与机构投资者商定,就配售部分的上市流通时间作出限制,并报告交易所,交易所应就有关配售股份的锁定作出相应安排。

七、投资者申购本次发行的股票后,持有发行人股份达到发行人股本总额5%以上的(包括5%),主承销商应当提醒发行人和该投资者及时履行信息披露义务。

八、经中国证监会同意,发行人可以与主承销商在承销协议中约定授予主承销商超额配售选择权,在包销数额之外预留不超过本次拟发行股份数额15%的股份,预留股份应在发行人股东大会批准的本次发行股票的数量之内,为本次发行的一部分。

九、发行人在发行前,应与交易所协商,作出上网询价、停牌、复牌和新股上市等有关安排。

十、发行完成后,主承销商和发行人应当在15个工作日内,向中国证监会报送发行承销报告,并将配售的详细情况备案。

十一、释义

(一)累计投标询价:在发行中,根据不同价格下投资者认购意愿确定发行价格的一种方法。通常,证券公司将发行价格确定在一定的区间内,投资者在此区间内按照不同的发行价格申报认购数量,证券公司将所有投资者在同一价格之上的申购量累计计算,得出一系列在不同价格之上的总申购量;最后,按照总申购量超过发行量的一定倍数(即超额认购倍数),确定发行价格。

(二)超额配售选择权:俗称绿鞋。是指发行人授予主承销商的一项选择权,获此授权的主承销商可以根据市场认购情况,在股票发行上市后的一个月内,按同一发行价格超额发售一定比例的股份(通常在15%以内),即主承销商按不超过包销额115%的股份向投资者发售,发行人取得按包销额发售股份所募集的资金。新股上市后的一个月内,如果市价跌破发行价,主承销商用超额发售股份取得的资金从二级市场购回股票,分配给提出申购的投资者;如果市价高于发行价,主承销商可以要求发行人增发这部分股份,分配给提出申购的投资者,发行人取得增发这部分股份所募集的资金。这样,主承销商在未动用自有资金的情况下,通过行使超额配售选择权,以平衡市场对某只股票的供求,起到稳定市价的作用。

中国证券监督管理委员会

二〇〇〇年四月三十日

向社会公开募集股份招股意向书的内容与格式(试行)

说　明

(一)上市公司向社会公开募集股份(以下简称"公募增发"),应按照本规定编制招股意向书。

招股意向书是上市公司向中国证券监督管理委员会(以下简称"中国证监会")申请公开发行股票申报材料的必备文件。

(二)招股意向书的内容与格式包括:1、封面;2、目录;3、正文;4、附录;5、备查文件。

本规定适用于上市公司编制向投资者及证券监督管理机构、证券交易所报送的招股意向书文本的内容和格式,其中,本规定第一部分封面中的重要提示和第三部分正文应当在中国证监会指定的全国性报刊上公布,并同时公布本规定第三部分附录和第四部分备查文件中的全部文件的索引。

(三)上市公司对本规定列举的各项内容应当进行披露,但是本规定某些具体要求对上市公司确实不适用的,上市公司可根据实际情况作出适当修改,同时予以说明。但凡对投资者做出投资决策有重大影响的信息,不论有无规定,上市公司均应予以披露。

(四)本规定适用于上市公司在公募增发境内上市内资股(A股)时编制的招股意向书。

(五)有关本次公募增发的招股说明书原则上应按照本招股意向书内容与格式的要求编制,在本招股意向书中本次发行方案的有关内容最终确定后,应在招股说明书中作出相应的披露。

(六)本规定自公布之日起实施。

一、封面

招股意向书的封面应载明下列事项:

(一)发行人股票上市的证券交易所名称、股票简称和代码;

(二)"招股意向书"字样,未正式定稿前,必须标有"未定稿"字样;

(三)发行人的正式名称和注册地;

(四)公募增发股票的类型(例如普通股、优先股)、每股面值、公开发行的股票数量(其中,机构投资者可认购数量、股权登记日登记在册的股东可认购数量、其他社会公众投资者可认购数量)、定价方法或每股发行价(如已确定);

(五)发行方式及发行期;

(六)本次发行的主承销商;

(七)发行人聘请的律师事务所;

(八)重要提示,发行人应按照下列文字陈述:"本公司全体董事保证本招股意向书的内容真实、准确、完整,国家证券监督管理机构对本次公开发行股票所作出的任何决定,均不表明其对发行人所公开发行股票的价值或者投资人的收益作出实质性判断或者保证,任何与此相反的声明均属虚假不实陈述。"招股意向书所用纸张规格应为A4纸。

二、目　录(略)

三、正　文

(一)绪言

在绪言中应当载明:

1、本招股意向书编写所依据的法规,核准本次公募增发股票方案的部门;

2、声明公司董事会全体成员确信该招股意向书中不存在任何重大遗漏或者误导,并对其内容的真实性、准确性、完整性负个别和连带的责任。

3、下列文字必须载入绪言:

"本次公开发行的股票是根据本招股意向书所载明的资料申请发行的。除本公司董事会和主承销商外,没有委托或授权任何其他人提供未在本招股意向书中列载的信息和对本意向书作任何解释或者说明。"

(二)本次发行的有关机构本节应列出以下有关机构的名称、所在地、电话、传真以及这些机构中与本次公募增发有关的联系人姓名:

1、发行人股票上市的证券交易所;

2、发行人及其法定代表人;

3、主承销商;

4、发行人聘请的会计师事务所;

5、发行人聘请的律师事务所;

6、主承销商聘请的律师事务所;

7、股份登记机构;

8、其他。

(三)本次发行的方案

1、公开发行股票的类型、每股面值、股份数量;

2、发行定价方法或定价区间;

3、发行对象:向机构投资者、股权登记日登记在册的股东及其他社会公众投资者发售股份的比例和数量;如配售中涉及战略投资者,且在招股意向书公布前已明确认购意向,应披露战略投资者的身份、与发行人的关系及配售的数量;

4、预计募集资金总额(含发行费用)(不确定的,可在发行公告中披露);

5、股权登记日和除权日;

6、本次发行中的停牌、复牌及新股上市的时间安排(不能确定具体时间的,以上网发行时间为基准点计算);

7、本次发行股份的上市流通。

(四)承销

本节说明与本次承销和发行有关的事项,包括(但不限于)下列项目:

1、承销方式(包销或代销);

2、承销期的起止时间(注明如何计算起止时间,可不确定具体日期);

3、全部承销机构的名称及其承销量;

4、发行费用,包括承销费用、中介机构费用、其他费用等(不确定的,可在发行公告中披露)。

(五)风险因素

发行人应参照公开发行股票公司信息披露的内容与格式准则第一号《招股说明书的内容与格式》正文第五节"风险因素"的内容予以披露。

(六)本次募集资金的使用计划发行人应参照公开发行股票公司信息披露的内容与格式准则第四号《配股说明书的内容与格式》(1999年修订)正文第十款"募集资金的使用计划"的内容予以披露。

(七)前次募集资金使用情况的说明

发行人应参照公开发行股票公司信息披露的内容与格式准则第四号《配股说明书的内容与格式》(1999年修订)正文第六款"前次募集资金的运用情况说明"的内容予以披露。涉及前次以实物资产配股的,还应说明实物资产到位的情况。

(八)股利分配政策

本节叙述发行人关于股利分配的各项政策:

1、发行人股利分配的一般政策;如公司已发行了外资股,应明确未分配利润按中国有关会计制度与国际会计准则确定的累计未分配利润数字中较低者为最大限额来进行分配;如果暂时不准备派发股利,简要说明原因;

2、新股东是否享有公司本次股票发行完成前的滚存利润;

3、其他应说明的股利分配政策。

(九)发行人基本情况

本节简要介绍发行人的全面情况,包括(但不限于)下列内容:

1、发行人的名称、发行人成立的日期、发行人住所;

2、以方框图的形式披露发行人的组织结构和内部管理结构、关联企业以及发行人对其他企业的持股情况,并以文字简要介绍主要股东及其他关联企业的基本情况;

3、发行人的业务经营范围及实际从事的主要业务;

4、发行人的主要产品品种、生产能力、主要市场及其市场占有情况和销售额、销售方式等(包括海外市场);

5、主要原材料的供应、自然资源的耗用情况,如果涉及外汇平衡问题,还应予以说明;

6、对发行人业务有重要意义的工业产权和其它类似无形资产的有关情况;

7、新产品、新项目研究开发的有关情况;

8、正在进行或计划进行的投资项目、技术改造、产品更新的一般情况,包括对机器设备、土地、厂房及研究开发项目的投资;

9、国家的政策、法规、制度等对发行人的生产经营条件是否有任何限制或优惠;

10、发行人在过去三年内如果发生过重大改组、变更、收购、兼并、清理整顿行为以及重大投资行为,需予以详细说明,并说明上述行为对发行人财务状况和经营情况的影响;

11、关联交易,说明发行人与其关联企业、董事、监事、高级管理人员之间的关联交易———供、产、销、服务、管理、资金融通等方面的情况;

12、如控股股东有放弃竞争和避免利益冲突的承诺,应予以披露。

本节内容中的某些部分如果属于发行人的重要商业秘密,可适当简化。

(十)本次发行前后的股权结构变化

(十一)发行人的主要会计资料

披露发行人最近三年并当年中期(如下半年申请发行)经审计的会计报表主要数据,包括资产总额、负债总额、股东权益、主营业务收入、主营业务利润、营业利润、利润总额、净利润。

须提示投资者刊登公司最近三年并当年中期财务会计报告的报刊名称、刊登时间。

本节还应当提供以下信息:

1、计算以下各项财务指标:流动比率、速动比率、资产负债率、应收帐款周转率、存货周转率、净资产收益率、每股净利润;

2、说明发行人在上市后的最近三年中资产流动性的情况及变化趋势,包括营运资金和流动性比率的增减变动及其原因;

3、说明发行人在上市后最近三年中利润构成、盈利水平变化趋势及原因。

(十二)盈利预测(如有)

发行人可在招股意向书中提供经注册会计师审核的盈利预测数据。发行人应提醒投资者,鉴于盈利预测所依据的种种假设的不确定性,进行投资判断时不应过于依赖该项资料。

预测的数据(合并会计报表)至少应包括会计年度营业收入、利润总额、净利润、每股盈利。发行人如果享有优惠税率,应披露其依据及批准机关。

预测应是在对一般经济条件、营业环境、市场情况、发行人生产经营条件和财务状况等进行合理假设的基础上,按照发行人正常的发展速度、本着审慎的原则做出的。盈利预测表后应附有与本预测相关的背景及分析资料。

预测期间的确定:

1、如果预测是在发行人会计年度的前六个月做出,则为自预测时起至该会计年度结束时止的期间。

2、如果预测是在发行人会计年度的后六个月做出,则为自预测时起至不超过下一个会计年度结束时止的期间。

盈利预测所采用的各项假设必须加以说明。注册会计师必须对盈利预测依据的假设基准的合理性、基础数据的真实性、所采用的会计政策和计算方法及其与招股意向书所载财务报表所采用的会计政策的一致性进行审核并做出报告。

(十三)公司发展规划

本节介绍发行人已经制定的、有一定依据、比较切实可行的发展计划与安排，包括(但不限于)以下内容：

1、发行人的生产经营发展战略；

2、发行人的发展目标和规模；

3、发行人的市场发展计划；

4、发行人的销售计划；

5、发行人的生产经营计划；

6、发行人的固定资产投资计划及设备更新计划；

7、发行人的人员扩充计划；

8、发行人的资金筹措和运用计划，等等。

(十四)重要合同及重大诉讼事项

本节简要介绍发行人已签订的重要合同和作为一方当事人的尚未做出判决的重大诉讼事项。

(十五)其他重要事项

本节披露发行人认为对投资者作出投资判断有重大影响的其他事项。

(十六)与本次发行有关的中介机构的意见

1、发行人聘请的律师出具的法律意见书的结论性意见

2、担任本次发行主承销商的证券公司出具的尽职调查报告的结论性意见

3、注册会计师就发行人内部控制制度的完整性、合理性和有效性出具的管理建议书的结论性意见

(十七)董事会成员及承销团成员签署意见

四、附　录

附录至少应包括以下各项：

(一)股东大会关于本次发行的决议(摘要)；

(二)公司章程修改内容简述；

(三)刊载发行人最近的董事会决议公告和股东大会决议公告的报刊名称、日期；

(四)近三年及发行当年中期(如下半年申请发行)审计报告、会计报表及附注。

五、备查文件

备查文件至少应当包括以下各项：

1、修改后的公司章程正本；

2、最近年度报告或中期报告正本；

3、中国证监会核准发行的文件；

4、承销协议；

5、前次募集资金运用情况的专项报告；

6、法律意见书；

7、主承销商律师的验证笔录；

8、注册会计师的管理建议书；

9、重要合同；

10、中国证监会要求的其他文件。

同时还应当说明备查文件的查阅期间(不应短于发行期间)和查阅地点。这些地点应当是投资者较易达到的地点，例如发行人、承销商、证券交易所等。

中国证券监督管理委员会

二〇〇〇年四月三十日

关于上市公司做好各项资产减值准备等有关事项的通知

各上市公司：

为规范上市公司运作，督促上市公司根据实际情况合理地做好各项资产减值准备提取、核销等工作，依照《股份有限公司会计制度有关会计处理问题补充规定》(财会字[1999]35号)的精神，现将有关上市公司监管的具体事项通知如下：

一、公司应建立健全有关提取坏账准备、短期投资跌价准备、存货跌价准备和长期投资减值准备等各项资产减值准备和损失处理的内部控制制度(以下简称"内部控制制度")。公司应本着审慎经营、有效防范化解资产损失风险的原则责成相关部门拟定(或修订)内部控制制度，经公司董事会审议通过后正式实施。公司董事会在审议拟定(或修订)的内部控制制度时，公司监事应列席会议。

二、公司经理应按董事会的要求提交计提资产减值准备的书面报告。公司经理书面报告应详细说明提取减值准备的依据、方法、比例和数额，对公司财务状况和经营成果的影响等。董事会应就公司经理报告中的各项内容逐项表决通过后实施，同时对计提资产减值准备是否符合公司实际情况作出评价。

三、已提取减值准备的资产确需核销时，公司经理应向董事会提交拟核销资产减值准备的书面报告。公司经理书面报告经董事会逐项表决通过后实施。公司经理书面报告至少包括下列内容：1、核销数额和相应的书面证据；2、形成的过程及原因；3、追踪催讨和改进措施；4、对公司财务状况和经营成果的影响；5、涉及的有关责任人员处理意见；6、董事会认为必要的其他书面材料。

四、核销和计提资产减值准备金额巨大的、或涉及关联交易的，在召开年度股东大会时，公司董事会应提交核销和计提资产减值准备书面报告，书面报告至少包括下列内容：1、核销和计提数额；2、核销资产形成的过程及原因；3、追踪催讨和改进措施；4、对公司财务状况和经营成果的影响；5、对涉及的有关责任人员处理结果或意见；6、核销和计提资产减值准备涉及的关联方偿付能力以及是否会损害其他股东利益的说明。

五、监事会对内部控制制度制定和执行情况进行监督(必要时可聘请具有证券从业资格的注册会计师)，并列席董事会审议核销和计提资产减值准备的会议。必要时还可以要求内部审计部门就内部控制制度执行情况、核销和计提资产减值准备情况提供书面报告。监事会应对董事会有关核销和计提资产减值准备的决议程序是否合法、依据是否充分等方面提出书面意见，并形成决议向股东大会报告。

六、公司应在定期报告中披露各项资产减值准备的计提方法、比例和提取金额。如已提准备的资产在减值准备提取后，其价值又有较大变动，且对公司财务状况及经营业绩有重大影响，公司应及时作出公告。

七、证券监管部门将对上市公司内部控制制度的建立、健全和执行情况，以及董事会和监事会履行相关职责情况进行重点检查。对操纵利润和提供虚假财务信息的公司及其负有相关责任的公司董事、监事，将视检查情况依法做出处罚。

八、公司应严格执行财政部发布的《股份有限公司会计制度有关会计处理问题补充规定》(财会字[1999]35号)，并于董事会通过1999年年度报告前建立健全内部控制制度。

中国证券监督管理委员会

一九九九年十二月二日

年度报告的内容与格式

一、总　则

(一)根据《中华人民共和国证券法》(以下简称《证券法》)、《中华人民共和国公司法》(以下简称《公司法》)、《股票发行与交易管理暂行条例》(以下简称《股票条例》)和《公开发行股票公司信息披露实施细则(试行)》(以下简称《信息细则》)制订本准则。

(二)凡根据《证券法》、《公司法》、《股票条例》在中华人民共和国境内公开发行股票并在证券交易所上市的股份有限公司(以下简称"公司")应当按照本准则的规定编制年度报告。已发行境内上市外资股及其衍生证券并在证券交易所上市的公司原则上执行本准则，国家另有规定的，从其规定。

(三)公司董事会必须保证年度报告内容的真实、准确、完整，并就其保证承担连带责任。

(四)公司应当披露本准则列举的各项内容。但是本准则某些具体要求对公司确实不适用的，公司可根据实际情况在不影响披露内容完整性的前提下做出适当修改，同时予以说明。如公司作出修改致使披露内容减少，应经证券交易所批准并报中国证券监督管理委员会(以下简称"中国证监会")备案。已发行境内上市外资股及其衍生证券并在证券交易所上市的公司，应同时编制年度报告外文译本。公司应努力保证两种文本内容的一致性，并在外文文本上注明："本报告分别以中、英(或日、法等)文两种文字编制，在对两种文本的理解上发生歧义

时，以中文文本为准。"在境内并在境外证券市场上市的公司，如果境外证券监管部门要求的年度报告的内容与本准则不同，应遵循报告内容从多不从少，报告要求从严不从宽的原则，并应在同一日公布年度报告。

（五）公司应当在每个会计年度结束后四个月内编制完成年度报告，并将年度报告登载于中国证监会指定的国际互联网网站上。同时，公司应将年度报告摘要刊登在至少一种由中国证监会指定的全国性报纸上，其内容和格式遵从本准则第三部分《年度报告摘要》的要求，刊登的摘要字号应不小于六号字。登载于国际互联网网站的年度报告财务数据应精确到人民币元。公司应在 6 月 30 日前将年度报告各两份分别报送中国证监会、证券交易所和公司所在地的证券监管派出机构。

（六）如果公司确有困难，无法在报告会计年度结束后四个月内编制完成年度报告并在指定报纸刊登年度报告摘要，应当在刊登年度报告摘要最后期限到期前至少十五日，向其股票挂牌交易的证券交易所提出延期刊登年度报告摘要申请，延期最长不得超过两个月。经证券交易所批准延期后，公司应在指定报纸上公布延期刊登年度报告摘要的原因及最后期限。

（七）年度报告应采用质地良好的纸张印刷，幅面应为 209×295 毫米（相当于标准的 A4 纸规格）。年度报告的封面应载明公司的法定名称、"年度报告"字样和报告期年份，并可以载有公司的外文名称以及公司徽章或其它标记的图案。目录应排印在显著位置。年度报告可以刊载宣传本公司的照片、图表等，但不得有误导和欺诈行为。

（八）公司应将年度报告文本、摘要及备查文件备置于公司办公地点，将年度报告文本备置于证券交易所、有关证券经营机构营业网点，以供股东和投资者查阅。

（九）本准则自公布之日起实施，中国证监会此前发布的《公开发行股票公司信息披露的内容与格式准则第二号＜年度报告的内容与格式＞（1998 年修订稿）》同时废止。

（十）本准则由中国证监会负责解释。

二、年度报告正文

重要提示：本公司董事会保证本报告所载资料不存在任何虚假记载、误导性陈述或者重大遗漏，并对其内容的真实性、准确性和完整性负个别及连带责任。

如果执行审计的会计师事务所对公司出具了有解释性说明、保留意见、拒绝表示意见或否定意见的审计报告，重要提示中应增加以下陈述：

××会计师事务所为本公司出具了有解释性说明（或保留意见、拒绝表示意见、否定意见）的审计报告，本公司董事会、监事会对相关事项亦有详细说明，请投资者注意阅读。

（一）公司简介

1、公司的法定中、英文名称及缩写。

2、公司法定代表人。

3、公司董事会秘书及其授权代表的姓名、联系地址、电话、传真、电子信箱。

4、公司注册地址，公司办公地址及其邮政编码，公司国际互联网网址、电子信箱。

5、公司选定的信息披露报纸名称，登载公司年度报告的中国证监会指定国际互联网网址，公司年度报告备置地点。

6、公司股票上市交易所、股票简称和股票代码。

（二）会计数据和业务数据摘要

1、列示公司本年度实现的利润总额、净利润、扣除非经常性损益后的净利润、主营业务利润、其他业务利润、营业利润、投资收益、补贴收入、营业外收支净额、经营活动产生的现金流量净额、现金及现金等价物净增加额。

已发行人民币普通股（指 A 股），又发行境内上市外资股或境外上市外资股的公司，应披露按不同会计准则、制度计算的净利润并说明其差异。

注：非经常性损益是指公司正常经营损益之外的、一次性或偶发性损益，例如资产处置损益、临时性获得的补贴收入、新股申购冻结资金利息、合并价差摊入等。

公司在披露"扣除非经常性损益后的净利润"指标时，还应同时说明扣除的项目、涉及金额。

2、采用数据列表方式（可以附有图形表），提供截至报告期末公司前三年的主要会计数据和财务指标，包括以下各项：主营业务收入、净利润、总资产、股东权益（不含少数股东权益）、每股收益、每股净资产、调整后的每股净资产、每股经营活动产生的现金流量净额、净资产收益率等。每股收益、每股净资产、调整后的每股净资产、每股经营活动产生的现金流量净额和净资产收益率等财务指标的计算公式如下：

每股收益＝净利润/年度末普通股股份总数

每股净资产＝年度末股东权益/年度末普通股股份总数

调整后的每股净资产＝（年度末股东权益－三年以上的应收款项净额－待摊费用－待处理（流动、固定）资产净损失－开办费－长期待摊费用－住房周转金负数余额）/年度末普通股股份总数

每股经营活动产生的现金流量净额＝经营活动产生的现金流量净额/年度末普通股股份总数

净资产收益率＝净利润/年度末股东权益×100％

注 1、公司还应同时披露以按月平均加权法计算的每股收益，扣除非经常性损益后的每股收益。

注 2、编制合并会计报表的公司应以合并会计报表数填列或计算以上数据和指标。

注 3、公司因会计政策、会计估计变更、以及会计差错更正追溯调整以前年度会计数据的，应在列表中同时披露调整前后的主要会计数据和财务指标。

注 4、报告期末至摘要披露日，公司股本发生变化的，还应披露变化后的每股收益。

注 5、"应收款项"包括应收帐款、其他应收款、预付帐款、应收股利、应收利息、应收补贴款。

除会计数据和财务指标外，公司也可以采用数据列表方式或图形表方式，提供与上述会计数据相同期间的其它业务数据和指标，例如，产品销售量、市场份额（需注明资料来源）等。

数据的排列应该从左到右，左边起是报告期的数据。

3、按下表列示报告期内股东权益变动情况，并逐项说明变化原因。

项目	股本	资本公积	盈余公积	法定公益金	未分配利润	股东权益合计
期初数						
本期增加						
本期减少						
期末数						
变动原因						

（三）股本变动及股东情况

1、股本变动情况

（1）股份变动情况表（依照附件二的格式进行披露）

（2）股票发行与上市情况

①介绍到报告期末为止的前三年历次股票发行情况，包括股票及衍生证券的种类、发行日期、发行价格、发行数量、上市日期、获准上市交易数量、交易终止日期等。

②对报告期内因送股、转增股本、配股、增发新股、吸收合并、可转换公司债券转股、减资、内部职工股或公司职工股上市或其他原因引起公司股份总数及结构的变动，应予以说明。

③介绍现存的内部职工股的发行日期、发行价格、发行数量等。

2、股东情况介绍

（1）报告期末股东总数。

（2）持有本公司 5％以上（含 5％）股份的股东的名称、年度内股份增减变动的情况、年末持股数量及所持股份的质押或冻结的情况。若持股 5％以上（含 5％）的股东少于 10 人，则应列出至少前 10 名股东的持股情况。如所持股份中包括已上市流通股份和未上市流通股份，应分别披露其数额。

如前 10 名股东之间存在关联关系，应予以说明。

如果有战略投资者或一般法人因配售新股成为前 10 名股东的，应予以注明，并披露约定持股期间的起止日期。

以上列出的股东情况中应注明代表国家持有股份的单位，外资股东，中国证监会批准豁免的情况除外。

（3）对持股 10％（含 10％）以上的法人股东，应介绍股东单位的法定代表人、经营范围。

（4）报告期内控股股东的变更情况，披露相关信息的指定报纸及日期。

（四）股东大会简介

报告期内召开的年度股东大会和临时股东大会的有关情况，包括：

1、股东大会的通知、召集、召开情况。

2、股东大会通过或否决的决议，决议刊登的信息披露报纸及披露日期。

3、选举、更换公司董事、监事情况。

（五）董事会报告

1、公司经营情况

（1）介绍公司所处的行业以及公司在本行业中的地位，如按销售

额排列的名次(应注明资料来源)。

(2)公司主营业务的范围及其经营状况

①分别按行业、产品、地区说明报告期内公司主营业务收入、主营业务利润的构成情况。

②对占公司主营业务收入或主营业务利润10%以上的业务经营活动及其所属行业,以及占主营业务收入或主营业务利润总额10%以上的主要产品应予介绍。主营业务及其结构较前一报告期发生较大变化的,应予以说明。

(3)公司主要全资附属企业及控股子公司的经营情况及业绩

(4)在经营中出现的问题与困难及解决方案

(5)公司报告期利润实现数若较利润预测数低10%以上或较利润预测数高20%以上,应详细说明造成差异的原因。

2、公司财务状况

(1)分析公司财务状况,至少包括报告期内总资产、长期负债、股东权益、主营业务利润、净利润比上年增减变动的主要原因。

(2)对会计师事务所出具的有解释性说明、保留意见、拒绝表示意见或否定意见的审计报告所涉及事项的说明。

3、公司投资情况

分析报告期内公司投资额比上年的增减变动数及增减幅度,被投资的公司名称、主要经营活动、占被投资公司权益的比例等。

(1)在报告期内募集资金或报告期之前募集资金的使用延续到报告期内的,公司应就以下几方面对资金的运用和结果加以说明:

①列表说明募集资金时承诺投资项目与实际投资项目的异同(尚未使用的募集资金,应说明资金去向)。

②实际投资项目没有变更,公司应介绍项目资金的投入情况、项目的进度及预计收益;若项目已产生收益,应说明收益情况;未达到计划进度和收益的,应当解释原因。

③实际投资项目如有变更,公司应介绍项目变更原因、变更程序及其披露情况,项目资金的投入情况,项目的进度及预计收益;若项目已产生收益,应说明收益情况;未达到计划进度和收益的,应说明原因。同时还需说明原项目的预计收益情况。

(2)对报告期内非募集资金投资的重大项目、项目进度及收益情况进行说明。

4、如果生产经营环境以及宏观政策、法规发生了重大变化,已经、正在或将要对公司的财务状况和经营成果产生重要影响,须明确说明。

5、新年度的业务发展计划,其中包括新建及在建项目的预期进度。年度报告不要求公司编制新年度的利润预测,凡公司在年度报告中提供新一年度利润预测的,该利润预测必须经过具有从事证券相关业务资格的注册会计师审核并发表意见。

6、董事会日常工作情况

(1)报告期内董事会的会议情况及决议内容。

(2)董事会对股东大会决议的执行情况(包括董事会对股东大会授权事项的执行情况,报告期内公司利润分配方案、公积金转增股本方案执行情况,报告期内配股、增发新股等方案的实施情况)。

7、公司管理层及员工情况

(1)董事、监事、高级管理人员现任董事、监事、高级管理人员的姓名、性别、年龄、任期起止日期、年初和年末持股数量、年度内股份增减变动量及增减变动的原因、年度报酬总额。

公司应按自己的实际情况划分年度报酬数额区间,披露董事、监事、高级管理人员在每个区间的人数,并列明不在公司领取报酬的董事、监事、高级管理人员的姓名。

在报告期内离任的董事、监事、高级管理人员姓名及离任原因。聘任或解聘公司经理、董事会秘书的情况。

(2)公司员工的数量、专业构成(如生产人员、销售人员、技术人员、财务人员、行政人员)、教育程度及退休职工人数情况。

8、本次利润分配预案或资本公积金转增股本预案。

9、其他报告事项,如其他需要披露的业务事项,选定信息披露报纸的变更等。

(六)监事会报告

报告期内监事会的工作情况,包括召开会议的次数,各次会议的议题等。监事会应对下列事项发表独立意见:

1、公司依法运作情况。公司决策程序是否合法,是否建立完善的内部控制制度,公司董事、经理执行公司职务时有无违反法律、法规、公司章程或损害公司利益的行为。

2、检查公司财务的情况。监事会应对会计师事务所出具的审计意见及所涉及事项作出评价,明确说明财务报告是否真实反映公司的财务状况和经营成果。

3、公司最近一次募集资金实际投入项目是否和承诺投入项目一致,实际投资项目如有变更,变更程序是否合法。

4、公司收购、出售资产交易价格是否合理,有无发现内幕交易,有无损害部分股东的权益或造成公司资产流失。

5、关联交易是否公平,有无损害上市公司利益。

6、如果会计师事务所出具了有解释性说明、保留意见、拒绝表示意见或否定意见的审计报告的,或者公司报告期利润实现数较利润预测数低10%以上或较利润预测数高20%以上的,监事会应就董事会对上述事项的说明明确表示意见。

(七)重要事项

1、重大诉讼、仲裁事项应披露以下内容:

(1)发生在编制本年度中期报告之后的涉及公司的重大诉讼、仲裁事项,应陈述该事项基本情况、涉及金额。已在本年度中期报告中披露,但尚未结案的重大诉讼、仲裁事项,应陈述其进展情况或审理结果及影响。

(2)如报告期内公司无重大诉讼、仲裁事项,应明确陈述"本年度公司无重大诉讼、仲裁事项"。

2、报告期内公司、公司董事及高级管理人员受监管部门处罚的情况。

3、报告期内公司控股股东变更,公司董事会换届、改选或半数以上成员变动,公司总经理变更,公司解聘、新聘董事会秘书的情况。

4、报告期内公司收购及出售资产、吸收合并事项的简要情况及进程,说明上述事项对公司财务状况和经营成果的影响,说明所涉及的金额及其占利润总额的比例。

5、重大关联交易事项

报告期内发生的关联交易,若对于某一关联方,报告期内累计交易总额高于3000万元或占上市公司最近一期经审计净资产值5%以上或占本期净利润的10%以上的,须披露详细情况。如果发生的交易属不同类型,应按以下要求分别披露:

(1)购销商品、提供劳务发生的关联交易,至少应披露以下内容:关联交易方、交易内容、定价原则、交易价格、交易金额、占同类交易金额的比例、结算方式及关联交易事项对公司利润的影响。可以获得同类交易市场价格的,应披露市场参考价格,实际交易价格与市场参考价格差异较大的,应说明原因。大额销货退回需披露详细情况。公司还应对关联交易的必要性和持续性作出说明。

(2)资产、股权转让发生的关联交易,至少应披露以下内容:关联交易方、交易内容、定价原则、资产的帐面价值、评估价值、转让价格、结算方式及获得的转让收益,转让价格与帐面价值或评估价值差异较大的,应说明原因。

(3)公司与关联方(包括未纳入合并范围的子公司)存在债权、债务往来、担保等事项的,应披露形成的原因及其对公司的影响。

(4)其他重大关联交易。

6、上市公司与控股股东在人员、资产、财务上的"三分开"情况,即明确说明上市公司相对于其控股股东是否人员独立、资产完整、财务独立。

7、若发生托管、承包、租赁其他公司资产或其他公司托管、承包、租赁上市公司资产的事项,且该事项为上市公司带来的利润达到上市公司当年利润总额的10%以上(含10%)时,公司应详细披露有关合同的主要内容,如有关资产的情况、涉及的金额和期限、收益及其确定依据等。同时还应披露该收益对上市公司的影响。

8、聘任、解聘会计师事务所情况。

9、其它重大合同(含担保等)及其履行情况。

10、公司报告期内更改名称或股票简称的情况。

11、其它在报告期内发生的《证券法》第六十二条、《股票条例》第六十条和《信息细则》第十七条所列举的重大事件,以及公司董事会判断为重大事件的事项。

注:对上述重要事项的披露情况(信息披露报纸及披露日期)应予说明。

(八)财务会计报告

1、审计报告

审计报告必须由具有从事证券相关业务资格的会计师事务所和其两名有从事证券相关业务资格的注册会计师出具。注册会计师应当遵照《中国注册会计师独立审计准则》的规定出具审计报告。

2、会计报表

会计报表的编制应遵守国家有关政策法规、规章制度。

凡编制合并会计报表的公司,除提供合并会计报表之外,还应提供母公司已审计的会计报表以及未予合并的特殊行业子公司的已审计的会计报表。被合并企业的会计报表必须经有从事证券相关业务资格的注册会计师审计。

会计报表包括公司报告期末及其前一个年度末的比较式资产负债表、该两年度的比较式利润表及利润分配表、该年度的现金流量表。

3、会计报表附注

会计报表附注是财务会计报告中不可缺少的一个组成部分，它应对比较式报表的两个日期或期间的数据均作出说明。

会计报表附注按照附件一《会计报表附注指引》进行编制。

（九）公司的其他有关资料

包括下列各项：

1、公司首次注册或变更注册登记日期、地点。

2、企业法人营业执照注册号。

3、税务登记号码。

4、公司未流通股票的托管机构名称。

5、公司报告期内证券主承销机构名称。

6、公司聘请的会计师事务所名称、办公地址。

（十）备查文件目录

包括下列文件：

1、载有法定代表人、主管会计工作负责人（如设置总会计师，须为总会计师）、会计机构负责人（会计主管人员）签名并盖章的会计报表。

2、载有会计师事务所盖章、注册会计师签名并盖章的审计报告原件。

3、报告期内在中国证监会指定报纸上公开披露过的所有公司文件的正本及公告的原稿。

4、在其它证券市场公布的年度报告。

上述备查文件在中国证监会、证券交易所要求提供时和股东依据法规或公司章程要求查阅时，公司应及时提供。

三、年度报告摘要

重要提示：本公司董事会保证本报告所载资料不存在任何虚假记载、误导性陈述或者重大遗漏，并对其内容的真实性、准确性和完整性负个别及连带责任。本年度报告摘要摘自年度报告，投资者欲了解详细内容，应阅读年度报告。

如果执行审计的会计师事务所对公司出具了有解释性说明、保留意见、拒绝表示意见或否定意见的审计报告，重要提示中应增加以下陈述：

××会计师事务所为本公司出具了有解释性说明（或保留意见、拒绝表示意见、否定意见）的审计报告，本公司董事会、监事会对相关事项亦有详细说明，请投资者注意阅读。

（一）公司简介

1、公司的法定中、英文名称及缩写。

2、公司法定代表人。

3、公司董事会秘书及其授权代表的姓名、联系地址、电话、传真、电子信箱。

4、公司注册地址，公司办公地址及其邮政编码，公司国际互联网网址、电子信箱。

5、公司选定的信息披露报纸名称，登载公司年度报告的中国证监会指定国际互联网网址，公司年度报告备置地点。

6、公司股票上市交易所、股票简称和股票代码。

（二）会计数据和业务数据摘要

1、列示公司本年度实现的利润总额、净利润、扣除非经常性损益的净利润、主营业务利润、其他业务利润、营业利润、投资收益、补贴收入、营业外收支净额、经营活动产生的现金流量净额、现金及现金等价物净增加额。

已发行人民币普通股（指A股），又发行境内上市外资股或境外上市外资股的公司，应披露按不同会计准则、制度计算的净利润并说明其差异。

注：非经常性损益是指公司正常经营损益之外的、一次性或偶发性损益，例如资产处置损益、临时性获得的补贴收入、新股申购冻结资金利息、合并价差摊入等。公司在披露"扣除非经常性损益后的净利润"指标时，还应同时说明所扣除的项目、涉及金额。

2、采用数据列表方式（可以附有图形表），提供截至报告期末公司前三年的主要会计数据和财务指标，包括以下各项：主营业务收入、净利润、总资产、股东权益（不含少数股东权益）、每股收益、每股净资产、调整后的每股净资产、每股经营活动产生的现金流量净额、净资产收益率等。每股收益、每股净资产、调整后的每股净资产、每股经营活动产生的现金流量净额和净资产收益率等财务指标的计算公式如下：

每股收益＝净利润/年度末普通股股份总数

每股净资产＝年度末股东权益/年度末普通股股份总数

调整后的每股净资产＝（年度末股东权益－三年以上的应收款项净额－待摊费用－待处理（流动、固定）资产净损失－开办费－长期待摊费用－住房周转金负数余额）/年度末普通股股份总数

每股经营活动产生的现金流量净额＝经营活动产生的现金流量净额/年度末普通股股份总数

净资产收益率＝净利润/年度末股东权益×100%

注1、公司还应同时披露以按月平均加权法计算的每股收益，扣除非经常性损益后的每股收益。

注2、编制合并会计报表的公司应以合并会计报表数填列或计算以上数据和指标。

注3、公司因会计政策、会计估计变更、以及会计差错更正追溯调整以前年度会计数据的，应在列表中同时披露调整前后的主要会计数据和财务指标。

注4、报告期末至摘要披露日，公司股本发生变化的，还应披露变化后的每股收益。

注5、"应收款项"包括应收帐款、其他应收款、预付帐款、应收股利、应收利息、应收补贴款。除会计数据和财务指标外，公司也可以采用数据列表方式或图形表方式，提供与上述会计数据相同期间的其它业务数据和指标，例如，产品销售量、市场份额（需注明资料来源）等。

数据的排列应该从左到右，左边起是报告期的数据。

3、按下表列示报告期内股东权益变动情况，并逐项说明变化原因。

项目	股本	资本公积	盈余公积	法定公益金	未分配利润	股东权益合计
期初数						
本期增加						
本期减少						
期末数						
变动原因						

（三）股东情况介绍

（1）报告期末股东总数。

（2）持有本公司5%以上（含5%）股份的股东的名称、年度内股份增减变动的情况、年末持股数量及所持股份的质押或冻结的情况。若持股5%以上（含5%）的股东少于10人，则应列出至少前10名股东的持股情况。如所持股份中包括已上市流通股份和未上市流通股份，应分别说明其数额。

如前10名股东之间存在关联关系，应予以说明。

如果有战略投资者或一般法人因配售新股成为前10名股东的，应予以注明，并披露约定持股期间的起止日期。

以上列出的股东情况中应注明代表国家持有股份的单位，外资股东，中国证监会批准豁免的情况除外。

（四）股东大会简介

报告期内召开的年度股东大会和临时股东大会的召开时间，通过或否决的重要决议刊登的信息披露报纸及披露日期。

（五）董事会报告

1、公司经营情况

（1）介绍公司所处的行业以及公司在本行业中的地位，如按销售额排列的名次（应注明资料来源）。

（2）公司主营业务的范围及其经营状况

①分别按行业、产品、地区说明报告期内公司主营业务收入、主营业务利润的构成情况。

②对占公司主营业务收入或主营业务利润10%以上的业务经营活动及其所属行业，以及占主营业务收入或主营业务利润总额10%以上的主要产品应予介绍。主营业务及其结构较前一报告期发生较大变化的，应予以说明。

（3）在经营中出现的问题与困难及解决方案。

（4）公司报告期利润实现数若较利润预测数低10%以上或较利润预测数高20%以上，应详细说明造成差异的原因。

2、公司财务状况

（1）分析公司财务状况，至少包括报告期内总资产、长期负债、股东权益、主营业务利润、净利润比上年增减变动的主要原因。

（2）对会计师事务所出具的有解释性说明、保留意见、拒绝表示意见或否定意见的审计报告所涉及事项的说明。

3、公司投资情况

分析报告期内公司投资额比上年的增减变动数及增减幅度，被投资的公司名称、主要经营活动、占被投资公司权益的比例等。

（1）在报告期内募集资金或报告期之前募集资金的使用延续到报告期内的，公司应就以下几方面对资金的运用和结果加以说明：

①列表说明募集资金时承诺投资项目与实际投资项目的异同（尚未使用的募集资金，应说明资金去向）。

②实际投资项目没有变更，公司应介绍项目资金的投入情况、项

目的进度及预计收益；若项目已产生收益，应说明收益情况；未达到计划进度和收益的，应当解释原因。

③实际投资项目如有变更，公司应介绍项目变更原因、变更程序及其披露情况，项目资金的投入情况，项目的进度及预计收益；若项目已产生收益，应说明收益情况；未达到计划进度和收益的，应说明原因。同时还需说明原项目的预计收益情况。

(2)对报告期内非募集资金投资的重大项目、项目进度及收益情况进行说明。

4、如果生产经营环境以及宏观政策、法规发生了重大变化，已经、正在或将要对公司的财务状况和经营成果产生重要影响，须明确说明。

5、新年度的业务发展计划，其中包括新建及在建项目的预期进度。

6、董事会日常工作情况

(1)报告期内董事会会议的召开时间，重要决议及其刊登的信息披露报纸及披露日期。

(2)报告期内公司利润分配方案、公积金转增股本方案执行情况。报告期内配股、增发新股等方案的实施情况。

7、董事、监事、高级管理人员

现任董事、监事、高级管理人员的姓名、性别、年龄、任期起止日期、年初和年末持股数量、年度内股份增减变动量及增减变动的原因、年度报酬总额。

公司应按自己的实际情况划分年度报酬数额区间，披露董事、监事、高级管理人员在每个区间的人数，并列明不在公司领取报酬的董事、监事、高级管理人员的姓名。

在报告期内离任的董事、监事、高级管理人员姓名及离任原因。

聘任或解聘公司经理、董事会秘书的情况。

8、本次利润分配预案或资本公积金转增股本预案。

9、其他报告事项。

(六)监事会报告

1、报告期内监事会会议的重要决议刊登的信息披露报纸及披露日期。

2、公司依法运作情况。公司决策程序是否合法，是否建立完善的内部控制制度，公司董事、经理执行公司职务时有无违反法律、法规、公司章程或损害公司利益的行为。(如果监事会认为公司决策程序合法，建立完善的内部控制制度，公司董事、经理执行公司职务时无违反法律、法规、公司章程或损害公司利益的行为，本条可免于披露。)

3、检查公司财务的情况。监事会应对会计师事务所出具的审计意见及所涉及事项作出评价，明确说明财务报告是否真实反映公司的财务状况和经营成果。(如果监事会认为财务报告真实反映公司的财务状况和经营成果，本条可免于披露。)

4、公司最近一次募集资金实际投入项目是否和承诺投入项目一致，实际投资项目如有变更，变更程序是否合法。(如果监事会认为公司最近一次募集资金实际投入项目和承诺投入项目一致，以及实际投资项目有变更时，变更程序合法，本条可免于披露。)

5、公司收购、出售资产交易价格是否合理，有无发现内幕交易，有无损害部分股东的权益或造成公司资产流失。(如果监事会认为公司收购、出售资产交易价格合理，未发现内幕交易，未损害部分股东的权益或造成公司资产流失，本条可免于披露。)

6、关联交易是否公平，有无损害上市公司利益。(如果监事会认为关联交易公平，未损害上市公司利益，本条可免于披露。)7、如果会计师事务所出具了有解释性说明、保留意见、拒绝表示意见或否定意见的审计报告的，或者公司报告期利润实现数较利润预测数低10%以上或较利润预测数高20%以上的，监事会应就董事会对上述事项的说明明确表示意见。

(七)重要事项

1、重大诉讼、仲裁事项应披露以下内容：

(1)发生在编制本年度中期报告之后的涉及公司的重大诉讼、仲裁事项，应陈述该事项基本情况、涉及金额。已在本年度中期报告中披露，但当时尚未结案的重大诉讼、仲裁事项，应陈述其进展情况或审理结果及影响。

(2)如报告期内公司无重大诉讼、仲裁事项，应明确陈述"本年度公司无重大诉讼、仲裁事项"。

2、报告期内公司、公司董事及高级管理人员受监管部门处罚的情况。

3、报告期内公司控股股东变更，公司董事会换届、改选或半数以上成员变动，公司总经理变更，公司解聘、新聘董事会秘书情况。

4、报告期内公司收购及出售资产、吸收合并事项的简要情况及进程，说明上述事项对公司财务状况和经营成果的影响，并应说明所涉及的金额及其占利润总额的比例。

5、重大关联交易事项

报告期内发生的关联交易，若对于某一关联方，报告期内累计交易总额高于3000万元或占上市公司最近一期经审计净资产值5%以上或占本期净利润的10%以上的，须披露详细情况。如果发生的交易属不同类型，应按以下要求分别披露：

(1)购销商品、提供劳务发生的关联交易，至少应披露以下内容：关联交易方、交易内容、定价原则、交易价格、交易金额、占同类交易金额的比例、结算方式及关联交易事项对公司利润的影响。可以获得同类交易市场价格的，应披露市场参考价格，实际交易价格与市场参考价格差异较大的，应说明原因。大额销货退回需披露详细情况。公司还应对关联交易的必要性和持续性作出说明。

(2)资产、股权转让发生的关联交易，至少应披露以下内容：关联交易方、交易内容、定价原则、资产的帐面价值、评估价值、转让价格、结算方式及获得的转让收益，转让价格与帐面价值或评估价值差异较大的，应说明原因。

(3)公司与关联方(包括未纳入合并范围的子公司)存在债权、债务往来、担保等事项的，应披露形成的原因及其对公司的影响。

(4)其他重大关联交易。

6、上市公司与控股股东在人员、资产、财务上的"三分开"情况，即明确说明上市公司相对于其控股股东是否人员独立、资产完整、财务独立。

7、若发生托管、承包、租赁其他公司资产或其他公司托管、承包、租赁上市公司资产的事项，且该事项为上市公司带来的利润达到上市公司当年利润总额的10%以上(含10%)时，公司应详细披露有关合同的主要内容，如有关资产的情况、涉及的金额和期限、收益及其确定依据等。同时还应披露该收益对上市公司的影响。

8、聘任、解聘会计师事务所情况。

9、其它重大合同(含担保等)及其履行情况。

10、公司报告期内更改名称或股票简称的情况。

11、其它在报告期内发生的《证券法》第六十二条、《股票条例》第六十条和《信息细则》第十七条所列举的重大事件，以及公司董事会判断为重大事件的事项。

注：对上述重要事项的披露情况(信息披露报纸及披露日期)应予说明。

(八)财务会计报告

如果上市公司被出具了拒绝表示意见或否定意见的审计报告，则在披露年度报告摘要时须公布完整审计报告、会计报表及报表附注全文。如果上市公司被出具了有解释性说明或保留意见的审计报告，应当披露完整审计报告、会计报表及解释性说明或保留意见涉及事项的有关附注。

1、审计报告

2、会计报表，包括合并会计报表和母公司会计报表

(1)比较式资产负债表。

(2)比较式利润表及利润分配表。

(3)现金流量表。

3、会计报表附注

会计报表附注按照附件一《会计报表附注指引》进行编制。

至少应包括以下内容：

(1)外币会计报表核算方法；

(2)坏帐核算方法。说明坏帐的确认标准，坏帐损失的核算方法，以及坏帐准备的确认标准、计提方法和计提比例；

(3)存货核算方法。说明存货分类、取得和发出的计价方法以及低值易耗品和包装物的摊销方法、存货跌价准备的确认标准、计提方法；

(4)短期投资核算方法。说明短期投资计价及收益确认方法，短期投资跌价准备的确认标准、计提方法；

(5)长期投资核算方法。对于长期股权投资，应说明其计价及收益确认方法，股权投资差额的摊销方法；对于长期债权投资，应说明其计价及收益确认方法，债券投资溢价和折价的摊销方法；长期投资减值准备的确认标准、计提方法；

(6)固定资产计价和折旧方法。说明固定资产的标准、分类、计价方法和折旧方法，各类固定资产的估计经济使用年限、预计净残值率和折旧率；

(7)收入确认原则。说明公司销售商品、提供劳务及他人使用本公司资产等取得的收入所采用的确认方法；

(8)所得税的会计处理方法。说明所得税的会计处理是采用应付税款法，还是纳税影响会计法；如果采用纳税影响会计法，应说明是采

用递延法还是债务法；

(9)合并会计报表的编制方法。说明合并范围的确定原则，并简要说明合并所采用的会计方法。

本年度如发生会计政策、会计估计变更，公司应当披露变更的内容、理由和变更对公司财务状况、经营成果的影响数；因会计制度改变而发生的变更，应披露变更的内容、变更影响数以及累计影响数，如累计影响数不能合理确定或不易确定，应说明理由。

(10)控股子公司及合营企业

①公司应披露其所控制的境内外所有子公司及合营企业的全称、注册资本、经营范围以及本公司对其投资额和所占权益比例等。未纳入合并会计报表范围的子公司，应明确说明原因及对财务状况的影响。

②合并报表范围如发生变更，应当披露变更内容、原因。按照比例合并方法进行合并的公司，应特别注明。

③公司报告期内若发生购买股权而增加控股子公司、合营企业的情况，应说明每个新增企业的购买日及其确定方法。

(11)公司承诺事项、或有事项，应详细披露。

(九)中国证监会、证券交易所和公司认为需要披露的其它事项。

中国证券监督管理委员会

一九九九年十二月八日

附件一：

会计报表附注指引

会计报表附注是财务报告必不可少的组成部分，它应对比较式会计报表两个期间的数据均作出说明。会计报表附注包括在会计报表表内未提供的、与公司财务状况、经营成果和现金流量有关的、有助于报表使用者更好地了解会计报表且可以公开的重要信息，至少应有以下方面内容：

(一)公司简介

至少应简述公司历史沿革、所处行业、经营范围、主要产品或提供的劳务、生产经营概况等。若公司在报告年度内因收购、出售资产或吸收合并等引起公司主营业务发生变更，应予以说明。

(二)公司主要会计政策、会计估计和合并会计报表的编制方法

1、会计制度；

2、会计年度；

3、记帐本位币；

4、记帐基础和计价原则；

5、外币业务核算方法。说明发生外币业务时采用的折算汇率、期末对外币帐户的外币余额进行折算所采用的汇率，以及汇兑损益的处理方法；

6、外币会计报表的折算方法；

7、现金等价物的确定标准。说明公司在编制现金流量表时确定现金等价物的具体标准；

8、坏帐核算方法。说明坏帐的确认标准，坏帐损失的核算方法，以及坏帐准备的确认标准、计提方法和计提比例；

9、存货核算方法。说明存货分类、取得和发出的计价方法以及低值易耗品和包装物的摊销方法、存货跌价准备的确认标准、计提方法；

10、短期投资核算方法。说明短期投资计价及收益确认方法，短期投资跌价准备的确认标准、计提方法；

11、长期投资核算方法。对于长期股权投资，应说明其计价及收益确认方法，股权投资差额的摊销方法；对于长期债权投资，应说明其计价及收益确认方法，债券投资溢价和折价的摊销方法；长期投资减值准备的确认标准、计提方法；

12、固定资产计价和折旧方法。说明固定资产的标准、分类、计价方法和折旧方法，各类固定资产的估计经济使用年限、预计净残值率和折旧率；

13、在建工程核算方法，包括利息资本化的计算方法和在建工程结转为固定资产的时点；

14、无形资产计价和摊销方法；

15、开办费、长期待摊费用摊销方法；

16、收入确认原则。说明公司销售商品、提供劳务及他人使用本公司资产等取得的收入所采用的确认方法；

17、所得税的会计处理方法。说明所得税的会计处理是采用应付税款法，还是纳税影响会计法；如果采用纳税影响会计法，应说明是采用递延法还是债务法；

18、合并会计报表的编制方法。说明合并范围的确定原则，并简要说明合并所采用的会计方法。

本年度如发生会计政策、会计估计变更，公司应当披露变更的内容、理由和变更对公司财务状况、经营成果的影响数；因会计制度改变而发生的变更，应披露变更的内容、变更影响数以及累计影响数，如累计影响数不能合理确定或不易确定，应说明理由。

(三)税项

应披露主要税种和税率，如增值税、所得税等；若有税负减免的，应说明批准机关、文号、减免幅度及有效期限。

(四)控股子公司及合营企业

1、公司应披露其所控制的境内外所有子公司及合营企业的全称、注册资本、经营范围以及本公司对其投资额和所占权益比例等。未纳入合并会计报表范围的子公司，应明确说明原因及对财务状况的影响。

2、合并报表范围如发生变更，应当披露变更内容、原因。按照比例合并方法进行合并的公司，应特别说明。

3、公司报告期内若发生购买股权而增加控股子公司、合营企业的情况，应说明每个新增企业的购买日及其确定方法。

(五)会计报表主要项目注释

公司至少应披露如下比较合并会计报表项目注释：

如两个期间的数据变动幅度达30%(含30%)以上，且占公司报表日资产总额5%(含5%)或报告期利润总额10%(含10%)以上的，应在该项目下明确说明原因。

1、货币资金，应按下列格式披露：

项目	期初数	期末数
现金银行		
存款		
其他货币资金		
合计		

若有外币的，应同时披露外币金额和折算汇率。

2、短期投资和短期投资跌价准备，应按下列格式披露：

项目	期初数		期末数	
	投资金额	跌价准备	投资金额	跌价准备
股票投资				
债券投资				
其他投资				
合计				

按投资总额计提跌价准备的，可不分类列示跌价准备数额。上述投资有市价的，应披露报表日市价总额及资料来源(若报表日是法定公休日，应披露报表日最近一个交易日市价，下同)；其他投资项下对某一投资对象的投资额占短期投资总额10%(含10%)以上的，还应分别披露资金投入时间和所得收益等。短期投资中若包括在金融机构中的委托贷款，应披露详细内容，逾期未归还的，应说明原因及对公司的影响。

3、应收帐款、应收票据、预付帐款、其他应收款、应收补贴款、应收利息和应收股利，应按下列要求披露：

(1)应收帐款、其他应收款：

帐龄	期初数			期末数		
	金额	比例(%)	坏帐准备	金额	比例(%)	坏帐准备
1年以内						
1－2年						
2－3年						
3年以上						
合计						

公司还应就应收帐款、其他应收款、预付帐款项目分别列示欠款金额前五名的单位名称、所欠金额、欠款时间和欠款原因。

应收款项中如有持本公司5%(含5%)以上股份的股东单位的欠款，应在本附注(八)中披露，并在本项目附注予以注明；

对重大的已核销的应收款项应说明涉及的项目及催讨情况。

(2)应收票据如有贴现、抵押的应按下列格式披露，并予以说明：

出票单位	出票日期	到期日	金额	备注

(3)应收股利、应收利息、应收补贴款

分项列示各该项目的金额，对其中金额较大的，应说明其性质和内容。应收补贴款，还应说明有关批准文件。

4、存货及存货跌价准备，应按下列格式披露：

项目	期初数		期末数	
	金额	跌价准备	金额	跌价准备
在途物资				
原材料				
库存商品				
低值易耗品				

……
合计

按照存货公允价值或可变现净值计提存货跌价准备的，还应说明其确定依据。

5、待摊费用，应分类别按下列格式披露：

类别　期初数　本期增加　本期摊销　期末数
合计

6、待处理流动资产净损失和待处理固定资产净损失，应分类别按下列格式披露：

类别　余额
合计

对于金额较大或挂帐一年以上的的待处理流动资产净损失和待处理固定资产净损失，应说明其内容和形成原因。

7、长期投资，应按下列格式披露：

(1)项目	期初数		本期增加	本期减少	期末数	
	金额	减值准备			金额	减值准备
长期股权投资						
长期债权投资						
合计						

(2)长期股权投资，应分以下项目披露：

①股票投资，应按以下格式披露：

被投资公司名称　股份性质　股票数量　占被投资公司注册资本比例　投资金额　减值准备　备注

若有市价，还应列示报表日市价；若采用权益法核算，还应列示初始投资额、追加投资额、被投资单位权益增减额、分得的现金红利额和累计增减额，被投资单位与公司会计政策的重大差异，投资变现及投资收益汇回的重大限制等。

②其他股权投资，应按以下格式披露：

被投资单位名称　投资起止期　投资金额　占被投资单位注册资本的比例　减值准备　备注

若实际投资比例与注册资本比例不一致，应予以披露并说明原因。若其他投资采用权益法核算，还应列示本期权益增减额和累计增减额。

对股权投资差额应按被投资单位列示初始金额及形成原因、摊销期限、本期摊销额、摊余金额。

(3)长期债权投资，应分以下项目披露：

①债券投资，应按以下格式披露：

债券种类　面值　年利率　购入金额　到期日　期初应收利息　本期利息　期末应收利息　减值准备　备注

②其他债权投资，应按以下格式披露：

借款单位　本金　年限　年利率　到期日　期初应收利息　本期利息　期末应收利息　减值准备　备注

长期投资减值准备应列示计提原因。

8、固定资产及折旧，应根据有关财务制度规定的分类，按下列格式披露：

项目期初数　本期增加　本年减少　期末数　备注
原值
……
……
合计
累计折旧
……
……
合计
净值

固定资产若有在建工程转入、出售、置换、抵押和担保等情况的，应明确说明。

9、工程物资，应分项列示各类工程物资的期初、期末余额。

10、在建工程，应按下列格式披露：

工程项目名称	期初数(其中：利息资本化金额	本期增加(其中：利息资本化金额	本期转入固定资产数(其中：利息资本化金额)	其他减少数(其中：利息资本化金额)	期末数(其中：利息资本化金额)	资金来源	进度

资金来源应区分募股资金、金融机构贷款和其他来源等。

11、无形资产，应按下列格式披露：

类别　原始金额　期初数　本期增加　本期转出　本期摊销　期末数剩　余摊销期限

12、开办费、长期待摊费用，应分别按下列格式披露：

类别　期初数　本期增加　本期摊销　期末数

如报告期末仍有未摊完的94年税制改革、汇率并轨时发生的汇兑损益和期初进项税，应说明所涉及金额及原因。

13、短期借款、一年内到期的长期借款，应分别按下列格式披露：

借款类别　期初数　期末数　备注
抵押借款
担保借款
信用借款
合计

若有逾期借款，应逐笔说明借款金额、逾期原因。

14、应付款项，包括应付帐款、应付票据、预收帐款和其他应付款等，说明有无欠持本公司5%(含5%)以上股份的股东单位的款项。若有，应在本附注(八)中披露，并在本项目附注注明。

15、应付股利，应按主要投资者列示欠付股利金额并说明原因。

16、应交税金，应按税种分项列示欠交的税额。

17、预提费用，应按费用类别披露年末结存余额的原因和各项费用的期初数、期末数。

18、长期借款，应按下列格式披露：

借款单位　金额　借款期限　年利率　借款条件

如为外币借款，应披露外币金额和按报表日汇率折算的人民币金额。

19、应付债券，应按下列格式披露：

债券名称	面值	发行日期	发行金额	债券期限	期初应付利息	本期应计利息	本期已付利息	期末应付利息
合计								

20、股本，应按附件二格式披露。

21、资本公积，应按下列格式披露：

项目期初数
本期增加数
本期减少数
期末数
股本溢价
接收捐赠资产准备
住房周转金转入
资产评估增值准备
股权投资准备
被投资单位接受捐赠准备
被投资单位评估增值准备
被投资单位股权投资准备
被投资单位外币指标折算差额
其他资本公积转入
合计

若资本公积发生增减变动，应说明原因及依据；若用资本公积转增股本等，应说明有关决议。

22、盈余公积，应按下列格式披露：

项目期初数　本期增加　本期减少　期末数
法定盈余公积
公益金
任意盈余公积
合计

如用盈余公积弥补亏损、转增股本和分配股利，应说明有关决议。

23、未分配利润，说明报告期利润分配比例以及未分配利润的增减变动情况。

若有对以前年度损益调整致使期初未分配利润变动的情况，应对变动内容、变动原因、依据和影响作出说明。

24、财务费用，应按下列格式披露：

类别　本年发生数　上年发生数
利息支出
减：利息收入
汇兑损失
减：汇兑收益
其他
合计

25、其他业务利润，如占报告期利润总额10%(含10%)以上的，应分业务种类披露收入数和成本数。

26、投资收益，应分股权投资收益、债权投资收益、联营或合营公司分配来的利润、年末调整的被投资公司所有者权益净增减的金额等项目进行列示，若某项业务活动所获得的收益占报告当期利润总额的10%(含10%)以上的，应对该项业务内容、相关成本、交易金额等作出说明。

27、补贴收入，应分项列示报告期补贴收入的金额，并说明取得收入的来源和依据。

28、营业外收入、支出，如营业外收入或支出总额占报告期利润总额10%（含10%）以上的，应披露主要项目类别、内容和金额。

29、支付的其他与经营活动有关的现金，对于其中价值较大的应分项单独列示。

30、支付的其他与筹资活动有关的现金，对于其中价值较大的应分项单独列示。

31、支付的其他与投资活动有关的现金，对于其中价值较大的应分项单独列示。

公司还应简要披露以下比较式母公司会计报表主要项目注释，如：应收帐款、长期投资、投资收益、主营业务收入和主营业务成本。应收帐款、长期投资可比照合并报表附注形式披露。主营业务收入、成本，应按主营业务种类分别披露。

（六）其他报表项目

少见的报表项目、报表项目的名称反映不出项目的性质、报表项目金额异常的（例如递延税款余额为负数），应披露项目名称、金额和形成原因。

（七）分行业资料

公司的经营涉及到不同行业的业务，若行业收入占主营业务收入10%（含10%）以上的，则应按行业类别披露有关数据。格式如下所示：

行业	营业收入		营业成本		营业毛利……	
	上年数	本年数	上年数	本年数	上年数	本年数
公司内行业间相互抵减						
合计						

（八）关联方关系及其交易

凡涉及关联方关系及其交易，应按财政部《企业会计准则k 关联方关系及其交易的披露》及其指南披露。

（九）或有事项

对于资产负债表日存在的或有事项，应在会计报表附注中说明项目的性质、金额及对报告期和报告期后公司财务状况、经营成果和现金流量的影响。如果公司没有需要说明的或有事项，也应明确注明。

（十）承诺事项

对于资产负债表日存在的重大承诺事项，应在会计报表附注中说明其内容、金额及其影响。如果公司没有需要说明的承诺事项，也应明确注明。

（十一）资产负债表日后事项中的非调整事项凡涉及资产负债表日后事项中的非调整事项，如股票和债券的发行、对一个企业的巨额投资、自然灾害导致的资产损失和外汇汇率发生较大变动等，应说明其内容及其对财务状况、经营成果的影响；如无法说明影响，应说明原因。

（十二）债务重组事项

凡涉及债务重组事项，债务人应披露债务重组方式、债务重组收益总额、将债务转为资本所导致的股本增加额、或有支出；债权人应披露债务重组方式、债务重组损失总额、债权转为股权所导致的长期投资增加额、长期投资占债务人股权的比例及或有收益。

（十三）其他重要事项

中期报告的内容与格式

一、总　则

（一）根据《中华人民共和国证券法》（以下简称《证券法》）、《中华人民共和国公司法》（以下简称《公司法》）、《股票发行与交易管理暂行条例》（以下简称《股票条例》）和《公开发行股票公司信息披露实施细则》（以下简称《信息细则》）制订本准则。

（二）凡根据《证券法》、《公司法》、《股票条例》在中华人民共和国境内公开发行股票并在证券交易所上市的股份有限公司（以下简称"公司"）应当按照本准则的规定编制中期报告。

（三）公司应当披露本准则列举的各项内容。但是本准则某些具体要求对公司确实不适用的，公司可根据实际情况在不影响披露内容完整性的前提下做出适当修改，同时予以说明。如公司做出修改致使披露内容减少，应经证券交易所批准并报中国证券监督管理委员会（以下简称"中国证监会"）备案。公司还可根据其自身的实际情况，增加其他内容。

已发行境内上市外资股及其衍生证券并在证券交易所上市的公司，应同时编制中期报告外文译本。公司应保证两种文本内容的一致性，并在外文文本上注明："本报告分别以中、英（或日、法文等）文两种文字编制，在对两种文本的理解发生歧义时，以中文文本为准。"

在境内并在境外证券市场上市的公司，如果境外证券监管部门要求的中期报告的内容与本准则不一致，应遵循报告内容从多不从少，报告披露时限从短不从长，报告要求从严不从宽的原则办理。并应在同一时间公布中期报告。

（四）公司董事会必须保证中期报告内容的真实、准确、完整，并就其保证承担连带责任。

（五）公司应当在每个会计年度的前六个月结束后二个月内编制完成中期报告，并将中期报告登载于中国证监会指定的国际互联网网站上。登载于国际互联网网站的中期报告财务数据应精确到人民币元。上交所上市公司指定披露的网址为：http://www.sse.com.cn；深交所上市公司指定披露的网址为：http://www.cninfo.com.cn。同时，公司应将中期报告摘要刊登在至少一种由中国证监会指定的全国性报纸上，刊登中期报告摘要的字号应不小于六号字。

公司应在8月31日前将中期报告各两份分别报送中国证监会、当地证券监管派出机构和证券交易所。

上市公司可以将中期报告正文登载于公司自己的国际互联网网站上，但其披露时间不得早于中期报告正文在中国证监会指定的国际互联网网站上的披露时间。

（六）如果公司确有困难，无法在规定时间内编制完成中期报告并在指定报纸和指定网站上刊登、登载，公司应当在中期报告披露最后期限到期前至少十日，向其股票挂牌交易的证券交易所提出延期披露中期报告申请，说明延期的原因及预计披露的最后期限，并同时报告中国证监会。延长期限不得超过三十日。经证券交易所批准延期后，公司应在指定报刊上公告延期披露中期报告的原因及披露的最后期限。

（七）中期报告应采用良好的纸张印刷，幅面应为209毫米×295毫米（相当于标准的A4纸规格）。中期报告的封面应载明公司法定名称、"中期报告"字样和报告期年份。

（八）已发行境内上市外资股及其衍生证券并在证券交易所上市的公司原则上执行本准则，国家另有规定的，从其规定。（九本准则自公布之日起实施，中国证监会此前发布的《公开发行股票公司信息披露的内容与格式准则第三号＜中期报告的内容与格式＞（1998年修订稿）》同时废止。

（十）本准则由中国证监会负责解释。

二、中期报告正文

重要提示：本公司董事会保证本报告所载资料不存在任何虚假记载、误导性陈述或者重大遗漏，并对其内容的真实性、准确性和完整性负个别及连带责任。如果公司财务会计报告未经会计师事务所审计，公司应明确表述"公司中期财务会计报告未经审计"。

如果公司财务会计报告已经审计并被会计师事务所出具标准无保留意见的审计报告，公司应明确表述"公司中期财务会计报告已经××会计师事务所审计并出具无保留意见的审计报告"。

如果公司中期财务会计报告已经审计并被出具了有解释性说明、保留意见、拒绝表示意见或否定意见的审计报告，应做出以下陈述：

"公司财务会计报告已经××会计师事务所审计并出具了有解释性说明（或保留意见、否定意见、拒绝表示意见）的审计报告，本公司董事会、监事会对相关事项亦有详细说明，请投资者注意阅读"。

（一）公司简介

1、公司的法定中、英文名称及缩写。

2、公司注册地址、办公地址及其邮政编码，公司国际互联网网址、电子信箱。

3、公司法定代表人。

4、公司董事会秘书及董事会证券事务代表的姓名、联系地址、电话、传真、电子信箱。

5、公司选定的中国证监会指定报纸名称，中国证监会指定国际互联网网址，公司中期报告备置地点。

6、公司股票上市交易所、股票简称和股票代码。

（二）主要财务数据和指标

1、采用数据列表方式，提供报告期末和上年末（或报告期内和上年相同期间）主要财务指标，包括以下各项：净利润、扣除非经常性损益后的净利润、总资产、资产负债率、股东权益（不包含少数股东权益）、每股收益、净资产收益率、每股净资产和调整后的每股净资产。

2、如公司在报告期末至中期报告披露日之间因发行新股、送股、配股、转增股本、可转换公司债券转股、减资或其他原因引起公司股份总数发生变动，还应列示变动后的每股收益和每股净资产。

主要财务指标计算公式如下：

每股收益＝净利润/报告期末普通股股份总数

净资产收益率＝净利润/报告期末股东权益×100％

每股净资产＝报告期末股东权益/报告期末普通股股份总数

调整后每股净资产＝（报告期末股东权益－三年以上的应收款项－待摊费用－待处理（流动、固定）资产净损失－开办费－长期待摊费用－住房周转金负数余额）/报告期末普通股股份总数

注：编制合并会计报表的公司应以合并报表数填列或计算以上数据和指标。

非经常性损益是指公司正常经营损益之外的、一次性或偶发性损益，例如资产处置损益、临时性获得的补贴收入、新股申购冻结资金利息、合并价差摊入等。

公司在披露"扣除非经常性损益后的净利润"指标时，还应同时说明所扣除的项目、涉及金额。

（三）股本变动和主要股东持股情况

1、股本变动情况

依照《公开发行股票公司信息披露的内容与格式准则第二号<年度报告的内容与格式>（1999年修订稿）》附件二《公司股份变动情况表》要求的格式披露。

如报告期内因发行新股、送股、配股、转增股本、可转换公司债券转股、减资、内部职工股上市或其他原因引起公司股份总数及结构的变动，应予以说明。

2、主要股东持股情况：持有本公司5％（含5％）以上股份的股东的名称、报告期内股份增减变动情况、报告期末持股数量等。若持股5％（含5％）以上的股东少于10人，则应列出至少10名最大股东的持股情况。如前10名股东之间存在关联关系，应予以说明。

持股5％（含5％）以上的法人股东所持股份发生质押、冻结等情况，公司应予以披露。

如果有战略投资者或一般法人因配售新股成为前10名股东的应予以注明，并披露约定持股期间的起止日期。

（四）经营情况的回顾与展望

简要介绍公司在报告期内的经营情况及下半年计划，包括（但不限于）以下内容：

1、公司报告期内主要经营情况

（1）公司主营业务的范围及其经营状况，如果公司经营业务涉及不同行业，则应对占公司主营业务收入10％（含10％）以上的经营活动及所在行业分别进行介绍。

（2）对公司利润产生重大影响的其他业务经营活动。

2、公司投资情况

（1）募集资金使用情况

对于前一次招股说明书、配股说明书中承诺的募集资金投资项目，如在报告期内完成或在报告期内继续使用的，公司应介绍项目的投入情况、项目进度及收益情况；未达到所承诺进度的，应当解释原因；募集资金用途改变的，应当说明变更原因、变更程序及其披露情况。

（2）其他投资情况

对报告期内非募集资金投资的项目应说明投资项目、项目进度及收益情况等。

3、如果生产经营环境以及宏观政策、法规发生了重大变化，已经、正在或将要对公司的财务状况和经营成果产生重要影响的，须明确说明。

4、下半年计划包括（但不限于）下列各项：

（1）公司针对宏观经济环境的变化和国家有关政策的要求所要着重进行的工作。

（2）公司针对上半年生产经营过程中存在的问题拟采取的措施和对策。

（五）重要事项

应披露以下内容：

1、公司中期拟定的利润分配预案、公积金转增股本预案。

2、公司上年度利润分配方案、公积金转增股本方案及其执行情况。报告期内配股方案的实施情况。

3、重大诉讼、仲裁事项，应披露以下内容：

（1）公司在报告期内发生的涉及公司的重大诉讼、仲裁事项。

（2）已在上一年度的年度报告中披露过但当时尚未结案的重大诉讼、仲裁事项，应陈述进展情况或审理结果及影响。

（3）如报告期内无重大诉讼、仲裁事项，应明确陈述"本报告期内公司无重大诉讼、仲裁事项"。

4、报告期内公司收购兼并、资产重组事项的简要情况及进程，说明上述事项对公司财务状况和经营成果的影响，说明所涉及的金额及其占利润总额的比例。

5、重大关联交易事项

报告期内发生的关联交易，若对于某一关联方，报告期内累计交易总额高于3000万元或占上市公司最近一期经审计净资产值5％以上或占本期净利润的10％以上的，须披露详细情况。如果发生的交易属不同类型，应按以下要求分别披露：

（1）购销商品、提供劳务发生的关联交易，至少应披露以下内容：关联交易方、交易内容、定价原则、交易价格、交易金额、占同类交易金额的比例、结算方式及关联交易事项对公司利润的影响。可以获得同类交易市场价格的，应披露市场参考价格，实际交易价格与市场参考价格差异较大的，应说明原因。大额销货退回需披露详细情况。公司还应对关联交易的必要性和持续性作出说明。

（2）资产、股权转让发生的关联交易，至少应披露以下内容：关联交易方、交易内容、定价原则、资产的帐面价值、评估价值、转让价格、结算方式及获得的转让收益，转让价格与帐面价值或评估价值差异较大的，应说明原因。

（3）公司与关联方（包括未纳入合并范围的子公司）存在债权、债务往来等事项的，应披露形成的原因及其对公司的影响。

（4）其他重大关联交易。

6、上市公司与控股股东在人员、资产、财务上的"三分开"情况，即明确说明上市公司相对于其控股股东是否人员独立、资产完整、财务独立。如目前"三分开"还存在问题，公司董事会应说明整改措施和预计所需的时间。

7、若发生托管、承包、租赁其他公司资产或其他公司托管、承包、租赁上市公司资产的事项，且该事项为上市公司带来的利润达到上市公司当年利润总额的10％以上（含10％）时，公司应详细披露有关合同的主要内容，如有关资产的情况、涉及的金额和期限、收益及其确定依据等。同时还应披露该收益对上市公司的影响。

8、聘任、解聘会计师事务所情况。

9、其他重大合同及其履行情况。

10、公司对外担保事项应遵照《关于上市公司为他人提供担保有关问题的通知》（证监公司字［2000］61号）的规定执行，并详细披露报告期内发生的担保事项。

11、公司报告期内更改名称或股票简称的情况。

12、董事会、监事会应分别对会计师事务所出具的保留意见、否定意见、拒绝表示意见或有解释性说明的中期审计报告所涉及事项进行说明。

13、其他在报告期内发生《证券法》第六十二条、《股票条例》第六十条及《信息细则》第十七条所列举的重大事件，以及公司董事会判断为重大事件的事项。

注：对上述重要事项的披露情况（信息披露报纸及披露日期）应予说明。

（六）财务会计报告

1、会计报表

会计报表的编制应遵守国家有关政策法规、规章制度。

公司应当编制、披露、报送完整的中期会计报表。会计报表应包括资产负债表、利润表及利润分配表、现金流量表。

资产负债表的报告日为公司本会计年度前六个月的最后一天和上个会计年度的最后一天。利润表及利润分配表的报告期间为本会计年度前六个月和上年的相同期间。现金流量表的报告期间为本会计年度前六个月。

公司应按照有关规定编制合并会计报表，并同时披露合并会计报表及母公司报表。对应纳入合并范围而未予合并的子公司应明确列示该公司名称及其总资产、净资产、净利润，并说明未合并原因。

2、会计报表附注至少应包括下列内容：

（1）如果与最近一期年度报告相比，会计政策、会计估计或核算方法发生了变化，应予以说明。

（2）如果与最近一期年度报告相比，合并范围发生了变化，应予以说明。

(3)关联方关系及关联交易、非货币性交易及或有事项等应按财政部《企业会计准则一关联方关系及其交易的披露》、《企业会计准则一非货币性交易》、《企业会计准则一或有事项》等准则的要求披露。(4)季节性、周期性收入的说明。(5)会计报表主要项目注释应按照《公开发行股票公司信息披露的内容与格式准则第二号<年度报告的内容与格式>(1999年修订稿)》附件一《会计报表附注指引》的要求披露,至少应包括以下各项:短期投资、应收帐款、其他应收款、坏帐准备、待摊费用、存货、长期投资、在建工程、长期待摊费用、财务费用、其他业务利润、投资收益、营业外收支净额等。

3、上市公司的中期财务会计报告可以不经过审计,但下列情形除外:

(1)公司拟在下半年办理配股和公募增发申报事宜的。

(2)在中期拟定分红预案或公积金转增股本预案,并将在下半年实施的。

(3)中国证监会或证券交易所认为应当进行审计的其它情形。

凡未经审计的中期财务会计报告,应注明"未经审计"字样。如果中期财务会计报告经过审计,公司应当披露完整的审计意见(若注册会计师出具的审计意见为无保留意见,且在审计报告中无其他说明,本条可省略,但应明确陈述注册会计师出具"无保留意见的审计报告"字样;若为保留意见、否定意见、拒绝表示意见或有解释性说明的审计报告,则应登载审计报告全文及相关报表项目的注释)。(七)备查文件目录

包括下列文件:

1、载有董事长亲笔签名的中期报告文本;

2、载有法定代表人、主管会计工作负责人(如设置总会计师,须为总会计师)、会计机构负责人(会计主管人员)签名并盖章的会计报表;

3、如经审计,载有会计师事务所盖章、注册会计师亲笔签字并盖章的审计报告正本;

4、报告期内在中国证监会指定报刊上公开披露过的所有公司文件的正本及公告原稿;

5、公司章程;

6、在其它证券市场公布的中期报告文本。公司应将上述备查文件备置于公司办公地点,在中国证监会、证券交易所要求提供时和股东依据法规或公司章程要求查阅时,公司应及时提供。

三、中期报告摘要

重要提示:本公司董事会保证本报告所载资料不存在任何虚假记载、误导性陈述或者重大遗漏,并对其内容的真实性、准确性和完整性负个别及连带责任。

如果公司财务会计报告未经会计师事务所审计,公司应明确表述"公司中期财务会计报告未经审计"。如果公司财务会计报告已经审计并被会计师事务所出具标准无保留意见的审计报告,公司应明确表述"公司中期财务会计报告已经××会计师事务所审计并出具无保留意见的审计报告"。

如果公司中期财务会计报告已经审计并被出具了有解释性说明、保留意见、拒绝表示意见或否定意见的审计报告,应做出以下陈述:

"公司财务会计报告已经××会计师事务所审计并出具了有解释性说明(或保留意见、否定意见、拒绝表示意见)的审计报告,本公司董事会、监事会对相关事项亦有详细说明,请投资者注意阅读"。

(一)公司简介

2、公司注册地址、办公地址及其邮政编码,公司国际互联网网址、电子信箱。

3、公司法定代表人。

4、公司董事会秘书及和董事会证券事务代表的姓名、联系地址、电话、传真、电子信箱。

5、公司选定的中国证监会指定报纸名称,中国证监会指定国际互联网网址,公司中期报告备置地点。

6、公司股票上市交易所、股票简称和股票代码。

(二)主要财务数据和指标

1、采用数据列表方式,提供报告期末和上年末(或报告期内和上年相同期间)主要财务指标,包括以下各项:净利润、扣除非经常性损益后的净利润、总资产、资产负债率、股东权益(不包含少数股东权益)、每股收益、净资产收益率、每股净资产和调整后的每股净资产。

2、如公司在报告期末至中期报告披露日之间因发行新股、送股、配股、转增股本、可转换公司债券转股、减资或其他原因引起公司股份总数发生变动,还应列示变动后的每股收益和每股净资产。

注:公司在披露"扣除非经常性损益后的净利润"指标时,应说明所扣除的项目、涉及金额。

(三)股本变动和主要股东持股情况

1、股本变动情况

依照《公开发行股票公司信息披露的内容与格式准则第二号<年度报告的内容与格式>(1999年修订稿)》附件二《公司股份变动情况表》要求的格式披露。

如报告期内因发行新股、送股、配股、转增股本、可转换公司债券转股、减资、内部职工股上市或其他原因引起公司股份总数及结构的变动,应予以说明。

2、主要股东持股情况:持有本公司5%(含5%)以上股份的股东的名称、报告期内股份增减变动情况、报告期末持股数量等。若持股5%(含5%)以上的股东少于10人,则应列出至少10名最大股东的持股情况。如前10名股东之间存在关联关系,应予以说明。

持股5%(含5%)以上的法人股东所持股份发生质押、冻结等情况,公司应如实披露。

如果有战略投资者或一般法人因配售新股成为前10名股东的应予以注明,并披露约定持股期间的起止日期。

注:如报告期内股本及主要股东持股、质押、冻结等情况没有发生变化,上述内容可免予披露,但公司应明确表述"报告期内本公司股本和主要股东持股情况没有变动"。

(四)经营情况的回顾与展望

简要介绍公司在报告期内的经营情况及下半年计划,包括(但不限于)以下内容:

1、公司报告期内主要经营情况。

(1)公司主营业务的范围及其经营状况,如果公司经营业务涉及不同行业,则应对占公司主营业务收入10%(含10%)以上的经营活动及所在行业分别进行介绍。

(2)对公司利润产生重大影响的其他业务经营活动。

2、公司投资情况

(1)募集资金使用情况

对于前一次招股说明书、配股说明书中承诺的募集资金投资项目,如在报告期内完成或在报告期内继续使用的,公司应介绍项目的投入情况、项目进度及收益情况;未达到所承诺的进度的,应当解释原因;募集资金用途改变的,应当说明变更原因、变更程序以其披露情况;

(2)其他投资情况

对报告期内非募集资金投资的项目应说明投资项目、项目进度及收益情况等。

3、公司财务状况

分析公司财务状况,至少包括报告期内总资产、应收款项、存货、长期投资、固定资产、长期负债、股东权益、主营业务利润、净利润的期末数或期间数,同时说明比较式会计报表相同报表项目之间增减变动的主要原因。

除上述报表项目外,仅须披露比较式会计报表中相同报表项目之间变化幅度超过30%的其他会计报表项目注释及变动原因。公司会计报表中如有少见的报表项目、报表项目的名称反映不出项目的性质和报表项目金额异常的,公司应予以披露。

4、如果生产经营环境以及宏观政策、法规发生了重大变化,如已经、正在或将要对公司的财务状况和经营成果产生重要影响,须明确说明。

5、下半年计划包括(但不限于)下列各项:

(1)公司针对宏观经济环境的变化和国家有关政策的要求所要着重进行的工作。

(2)公司针对上半年生产经营过程中存在的问题拟采取的措施和对策。

(五)重要事项

公司的重要事项应当按照本准则第二节"中期报告正文"第五条"重要事项"中的规定进行披露,公司只须注明信息披露报纸及披露日期。

(六)财务会计报告

1、会计报表

公司中期会计报表至少应当包括母公司和合并利润表。利润表的报告期间为本会计年度前六个月和上年的相同期间。

2、会计报表附注至少应包括下列内容:

(1)如果与最近一期年度报告相比,会计政策、会计估计或核算方法发生了变化,应予以说明。

(2)如果与最近一期年度报告相比,合并范围发生了变化,应予以说明。

3、凡未经审计的中期财务会计报告,应注明"未经审计"字样。如

果中期财务会计报告经过审计，公司应当披露完整的审计意见(若注册会计师出具的审计意见为无保留意见，且在审计报告中无其他说明，本条可省略，但应明确陈述注册会计师出具"无保留意见的审计报告"字样；若为保留意见、否定意见、拒绝表示意见或解释性说明的审计报告，则应刊登审计报告全文、完整的会计报表及相关报表项目的注释)。

中国证券监督管理委员会
二〇〇〇年六月十五日

关于涉及境内权益的境外公司在境外发行股票和上市有关问题的通知

各律师事务所：

最近一个时期，一些涉及境内权益的境外公司(以下简称境外公司)在香港创业板、美国那斯达克等境外市场发行股票和上市。针对境内律师就上述股票发行和上市事宜向我会进行的查询或报送的法律意见书，现将有关问题通知如下：

一、如有关境外发行股票和上市事宜属于《国务院关于进一步加强在境外发行股票和上市管理的通知》(国发[1997]21号)规定的情形，则依照该通知执行。

二、如上述事宜不属于国发[1997]21号文件规定的情形，律师就该境外发行股票和上市事宜出具的法律意见书应包括(但不限于)以下内容：

1、境外公司的基本情况：设立时间、注册地点、股权结构(附框图)及其股东背景(最终权益持有人)、拟上市资产构成(附框图)、从事业务等；

2、本次发行的基本情况：主承销商及保荐人、拟上市地、预计筹资规模及用途等；

3、如果中国境内机构或公民直接或间接持有该境外公司的股权，应详细说明该权益的形成及其演变过程，并对其合法有效性发表意见；

4、境外公司上市资产中，如果直接或间接涉及境内权益，应详细说明该权益的形成过程，并对其合法有效性发表意见；

5、说明境外公司直接或间接持有权益的境内企业所从事的业务，并对其是否符合外商投资产业政策及其他相关法律法规发表意见。

三、中国证监会发行监管部负责受理法律意见书，并按以下程序办理：

1、如认为法律意见书陈述的事实不清楚或发表了不恰当的法律意见，将对律师进行书面查询，律师应及时作出修改补充；

2、证监会可就有关外商投资涉及的法律、法规及政策问题征求国务院有关主管部门的意见；

3、如没有进一步意见，则在收到法律意见书之日起15个工作日内提出处理意见，由法律部函复律师事务所。

四、对于出具虚假、误导性法律意见或有重大遗漏的法律意见书的律师和律师事务所，证监会将依照有关法律法规予以查处。

中国证券监督管理委员会
二〇〇〇年六月九日

境内企业申请到香港创业板上市审批与监管指引

为确保境内企业到香港创业板上市有序进行，凡符合本指引所列条件的国有企业、集体企业及其他所有制形式的企业，在依法设立股份有限公司后，均可自愿由上市保荐人代表其向中国证券监督管理委员会(以下简称"证监会")提交申请，证监会依法按程序审批，成熟一家，批准一家。

一、境内企业申请到香港创业板上市的条件

(一)经省级人民政府或国家经贸委批准、依法设立并规范运作的股份有限公司(以下简称"公司")；

(二)公司及其主要发起人符合国家有关法规和政策，在最近二年内没有重大违法违规行为；

(三)符合香港创业板上市规则规定的条件；

(四)上市保荐人认为公司具备发行上市可行性并依照规定承担保荐责任；

(五)国家科技部认证的高新技术企业优先批准。

二、境内企业申请到香港创业板上市须向证监会提交的文件

境内企业申请到香港创业板上市须向证监会提交下列文件：

(一)公司申请报告。内容应包括：公司沿革及概况、股本结构、筹资用途及经营风险分析、业务发展目标、筹资成本分析等；

(二)上市保荐人对公司发行上市可行性出具的分析意见及承销商向报告；

(三)公司设立批准文件；

(四)具有证券从业资格的境内律师事务所就公司及其主要发起人是否符合国家有关法规和政策以及在最近二年内是否有重在违法违规行为出具的法律意见书(参照《公开发行股票公司信息披露的内容与格式准则第六号<法律意见书的内容与格式>》制作)；

(五)会计师事务所对公司按照中国会计准则、股份有限公司会计制度编制和按照国际会计准则调整的会计报表出具的审计报告；

(六)凡有国有股权的公司，须出具国有资产管理部门关于国有股权管理的批复文件；

(七)较完备的招股说明书；

(八)证监会要求的其他文件。

三、境内企业申请到香港创业板上市的审批程序

(一)在向香港联交所提交上市申请3个月前，保荐人须同证监会交本指引第二部分(一)至(三)项文件(一式四份，其中一份为原件)，同时抄报有关省级人民政府和国务院有关部门。如有关政府部门对公司的申请有异议，可自收到公司申请文件起15个工作日内将意见书面通知证监会。

(二)证监会就公司是否符合国家产业政策、利用外资政策以及其他有关规定会商国家经贸委。

(三)经初步审核，证监会发行监管部自收到公司的上述申请文件之日起20个工作日内，就是否同意正式受理其申请函告公司，抄送财政部、外经贸部和外汇局；不同意受理的，说明理由。

(四)证监会同意正式受理其申请的公司，须向证监会提交本指引第二部分(四)至(八)项文件(一式二份，其中一份为原件)；申请文件齐备，经审核合规，而且在正式受理期间外经贸部、外汇局和财政部(如涉及国有股权)等部门未提出书面反对意见的，证监会在10个工作日内予以批准；不予批准的，说明理由。经批准后，公司方可向香港联交所提交创业板上市申请。

四、上市后监管事宜

公司在香港创业板上市后，证监会将根据监管合作备序录及与香港证监会签署的补充条款的要求进行监管。

五、其他有关事宜

(一)香港联交所认可的创业板上市保荐人方可担任境内企业到创业板上市的保荐人。如何荐人有违规行为或其他不适当行为，证监会可视情节轻重，决定是否受理该保荐人代表公司提出的上市申请。

(二)证监会同意正式受理其申请的公司，须在境内外中介机构确定后，将有关机构名单报证监会备案；

(三)公司须在上事15个工作日内，将与本次发行上市有关的公开信息披露文件及发行上市情况总结报证监会备案。

(四)公司须遵守国家外汇管理的有关规定。

中国证券监督管理委员会
一九九九年九月二十一日

关于证券从业律师事务所从事涉及境内权益的境外公司相关业务资格认可有关问题的通告

为了加强证券从业律师事务所从事涉及境内权益的境外公司在境外发行股票及上市法律业务的管理，更好地执行《关于涉及境内权益的境外公司在境外发行股票和上市有关问题的通知》（证监发行字[2000]72 号），现就证券从业律师事务所从事涉及境内权益的境外公司在境外发行股票及上市业务资格认可的有关问题通告如下：

一、从事涉及境内权益的境外公司在境外发行股票及上市法律业务的律师事务所必须具有司法部、中国证监会确认的证券从业资格。同时，每家律师事务所至少须有 4 名具有证券从业资格的执业律师，其中不少于 3 名律师分别承办过涉及境外股票发行、上市（不包括 B 股）的法律业务。

二、符合上述条件的律师事务所须于 2000 年 8 月 1 日前向中国证监会法律部报送下列材料：

1. 律师事务所名称、办公地址及邮编、联系电话及传真；

2. 律师事务所主要负责人、具有证券从业资格的律师姓名及简历；

3. 律师事务所及具有证券法律业务资格律师的执业证和证券从业资格证书复印件；

4. 列举有证券从业资格的律师承办过的涉及境外发行股票、上市法律业务的主要个案及所办业务简况，并提供必要的证明资料和查询信息（客户名称、联系人、电话及传真等）；

5. 说明律师事务所及有证券从业资格的律师最近两年内是否受到有关主管部门的纪律处分或行政处罚。

三、中国证监会法律部将对律师事务所报送的材料进行审查，认可可以从事涉及境内权益的境外公司在境外发行股票和上市法律业务的律师事务所名单并在报纸上公布。名单公布后，中国证监会有关部门不再受理其他律师事务所就上述法律事务出具的法律文件。

四、律师事务所出具的法律意见书须由两名有证券从业资格的律师签署，并加盖律师事务所公章。

报送材料请寄：北京市西城区金融大街 16 号中国证监会法律部综合处 邮编：100032

中国证监会法律部

二〇〇〇年七月十七日

关于法规、规章解释权限和程序问题的通知

各证券监管办公室（直属办）、证券监管特派员办事处，各证券、期货交易所，会内各部门：

1999 年 5 月 10 日，国务院办公厅下发了《国务院办公厅关于行政法规解释权限和程序问题的通知》（国办发[1999]43 号）（以下简称《通知》），就行政法规的解释权限和程序作出了明确规定。根据该《通知》的精神，现就做好我会法律法规和部门规章解释工作的有关问题通知如下：

一、凡属于法律和行政法规条文本身需要进一步明确界限或者作出补充规定的问题，以及属于国务院、国务院办公厅有关贯彻实施法律、行政法规的规范性文件的解释问题，各部门均无权作出解释；须统一由法律部汇总，经会领导同意后，报全国人大法制工作委员会或国务院法制办公室，按照法律规定的程序作出解释。

二、凡属于我会工作中具体应用法律和行政法规的问题，我会在职权范围内能够解释的，统一由法律部提出解释性意见，报会领导同意后作出解释。

三、凡属于我会部门规章条文本身需要进一步明确界限或者作出补充规定的问题，由相关部门提出草案，经法律部按照我会部门规章审查程序提出意见，报会领导同意后，以我会名义发布或作出解释。

四、凡属于工作中具体适用我会部门规章的问题，相关部门在职权范围内能够解释的，由其负责解释；有关部门解释有困难或者其他部门对其作出的解释有不同意见，由法律部作出解释，其中涉及重大问题的，由法律部提出意见，报会领导同意后作出解释。

五、未依照前述规定作出的解释一律无效，由有关部门承担相应责任。

中国证券监督管理委员会

一九九九年九月十日

关于清理整顿经济鉴证类社会中介机构的通知

各省、自治区、直辖市人民政府，国务院各部委、各直属机构：

改革开放以来，我国各种经济鉴证类社会中介机构发展迅速，在服务社会主义经济建设，维护正常的经济秩序，适应政府职能转变等方面发挥了重要作用。但是，经济鉴证类社会中介机构在发展过程中也存在着"乱办、乱管、乱执业"等突出问题，背离了独立、客观、公正的行业特性，严重影响了其作用的发挥，甚至干扰了正常的社会经济秩序，如不及时加以整改，必将影响社会主义市场经济体制的健康运行。为了促进经济鉴证类社会中介机构健康发展，充分发挥其维护市场经济秩序的积极作用，经国务院批准，决定对经济鉴证类社会中介机构进行清理整顿。现将有关事项通知如下：

一、清理整顿的指导思想和目标

党的十四届三中全会通过的《中共中央关于建立社会主义市场经济体制若干问题的决定》指出："中介组织要依法通过资格认定，依据市场规则，建立自律性运行机制，承担相应的法律和经济责任，并接受政府有关部门的管理和监督。"这次清理整顿工作要以此为指导思想，通过清理整顿实现以下目标：

第一，规范经济鉴证类社会中介机构的资格认定；

第二，依据市场规则进行经济鉴证类社会中介机构的脱钩改制，建立自律性运行机制；

第三，依法规范政府部门和行业协会对经济鉴证类社会中介机构的监督、指导和管理。

二、清理整顿的范围

清理整顿的范围是：与市场经济运行和市场经济活动有着密切关系、对维护市场秩序具有重要作用，并依靠专业知识和技能向社会提供经济鉴证服务的经济鉴证类社会中介机构（包括实行企业化经营或者从事经营活动的事业单位）及其行业管理组织，如会计师（审计）事务所、财会咨询公司、税务师事务所、律师事务所，各种资产评估、价格鉴证、工程造价审计（审核、咨询）等经济鉴证类社会中介机构以及相关的行业管理协会、公会、管理中心等。

三、清理整顿的政策要求

（一）凡没有法律依据或未经国务院批准自行设立的经济鉴证类社会中介机构，均需重新申报，经清理整顿后，符合条件的经批准继续执业；不符合条件的予以合并撤销。

（二）经清理整顿后，经济鉴证类社会中介机构一律实行脱钩改制，任何政府部门不得举办经济鉴证类社会中介机构。

四、清理整顿的步骤

第一步，1999 年年底前，对经济鉴证类社会中介机构进行集中清理统计，分类处理。凡依法设立、定位准确、管理体系健全、运作规范的中介机构拟予保留；凡重复设置、业务交叉的中介机构拟予归类合并；凡设置不合理、管理混乱的中介机构拟予撤销。具体办法另行制定。

第二步，拟保留、归类合并的经济鉴证类社会中介机构，必须在 2000 年第一季度内与挂靠单位在人、财、物等方面彻底脱钩，不再承担政府行政管理职能；脱钩后，其名称不得冠有原挂靠单位名称字样或痕迹，未经批准也不得冠有"全国"、"中华"、"中国"字样。

第三步，2000 年上半年内，规范对经济鉴证类社会中介机构的管理，包括健全资格认定和管理法规，统一行业管理组织，明确政府主管部门，建立健全内部管理和执业质量保障机制等。

五、清理整顿工作的组织领导

为了加强领导，便于协调，统筹安排，统一行动，保证清理整顿工

作的顺利进行，国务院成立清理整顿经济鉴证类社会中介机构领导小组（以下简称：领导小组），负责组织领导具体的清理整顿工作，并处理有关问题。领导小组组成人员如下：

组长　项怀诚（财政部部长）

副组长　张佑才（财政部副部长）

李剑阁（国务院体改办副主任）

成员：王春正（国家计委副主任）

张志刚（国家经贸委副主任）

干以胜（监察部副部长）

徐瑞新（民政部副部长）

寿嘉华（国土资源部副部长）

叶如棠（建设部副部长）

韩新民（国家工商行政管理局副局长）

宋大涵（国务院法制办副主任）

领导小组下设办公室，负责处理日常工作。

主任：张佑才（兼）

副主任：李勇（中国注册会计师协会秘书长）

李克平（国务院体改办宏观司副司长）

吴浩（国务院法制办财政金融法制司副司长）

各地区、各部门要把清理整顿经济鉴证类社会中介机构作为一项严肃的政治任务，严格按照国务院的统一部署，依照国家法律、法规和本通知精神，齐心协力，扎扎实实地抓好落实，确保按时完成对经济鉴证类社会中介机构的清理整顿工作。

国务院办公厅

一九九九年十月三十一日

关于不得限制中介机构跨地区执行证券相关业务的通知

各证券监管办公室、办事处、特派员办事处：

近来个别派出机构与当地政府有关部门联合发文，规定外地会计师事务所到该地执业须经批准，而且每一笔业务都必须单独报批。这种体现地区封锁的规定与发展全国统一证券市场的政策极不相称，也不符合市场的原则，应予纠正制止，各派出机构要依照法律法规，加强对证券公司、执行证券业务的会计师事务所、评估机构和律师事务所等中介机构的监管，维护市场原则，不得下发，或联合下发限制中介机构跨地区执行证券相关业务的文件。也不得以口头或其他方式限制中介机构的合规经营业务。实践中遇到新的情况和问题要及时报告。

中国证券监督管理委员会

一九九九年十一月十六日

关于对证券经营机构及其营业部从事证券咨询及证券信息传播业务加强管理的通知

各证券监管办公室、办事处、特派员办事处：

近一时期，一些证券经营机构及其营业部通过股评报告会、内部刊物、内部信息网等方式传播虚假信息，甚至传播政治谣言，有的通过与他人合办"理财工作室"从事代客理财等非未能业务，严重违反了《证券法》、《证券、期货投资咨询管理暂行办法》和《关于加强证券期货信息传播管理的若干规定》（证监[1997]17号），扰乱了正常的市场秩序。为维护证券市场的稳定，保护投资者利益，现就证券经营机构及其营业部从事证券交易及证券信息传播业务的有关事宜规定如下：

一、集会性证券投资咨询活动的管理

（一）集会怀证券投资咨询活动主要指股评报告会、讲评会、沙龙、研讨会等涉及证券投资咨询业务的集会活动。

（二）在公众场所举办此类活动、在媒体上刊登此类活动广告均须经拟办活动所在地的中国证监会派出机构审批。主办者必须是有证券投资咨询业务资格的机构，演讲人须为有证券投资咨询执业资格的人员，广告中须注明"本次活动经×××证券监管办公室（办事处、特派员办事处）批准"字样。如依据有关规定需报当地公安部门批准的，应履行相应报批手续。

（三）证券营业部在营业时间、营业场所内由本公司总部或营业咨询人员为本营业部客户进行内部资询服务，不需报批，但不得以任何形式对外做广告宣传，不得引用、传播虚假信息、内幕信息、市场传言。如聘请本公司以外咨询人员在本营业部举办此类活动，需按规定程序报批。

二、证券经营机构与咨询机构合办"理财顾问工作室"的管理

（一）证券经营机构及其营业部与证券咨询机构合办的"理财顾问工作室"属经营机构及其营业部聘请咨询机构为其特定客户提供特别证券咨询服务的一种形式，不是独立的经济实体。"理财顾问工作室"须设在证券营业部内。

（二）证券经营机构及其营业部与咨询机构需按有关规定签订合办"理财顾问工作室"合同，并报证券交易机构所在地与"理财顾问工作室"的协议。

（三）证券咨询机构及人员受证券经营机构及其营业部聘请为投资者提供咨询服务，由证券经营机构对投资者负责。咨询机构及人员只地经营机构负责，并不得从投资者处直接或间接收取任何费用，也不得通过手续费分成、客戾利润分成方式从证券经营机构及营业部获取咨询业务收入。

（四）受聘的咨询机构及人员在服务时，不得对投资值得做任何收益承诺，不得为投资者代理操作，不得强行要求投资者买卖股票，不得向投资者散布虚假信息、内幕信息、市场传言。如在该类工作室工作的咨询机构及人员违规从业损害投资者利益，除咨询机构、咨询人员负直接责任外，证券经营机构应承担相应责任。

三、证券经营机构及营业部信息资料的管理

（一）证券公司及其营业部必须加强内部信息资料的管理，内部刊物、信息简报、动态、快报、内部信息网络等内部信息资料不利刊载虚假信息、内幕信息、市场传言，不得变相传播谣言，不得在调研报告中传播上市公司未披露的业绩、发展计划、资本运作方案等内幕信息。

（二）证券经营机构及其营业部需加强对外来信息、资料的审查，对本机构订购及通过其他方式得到的刊载有虚假信息、内幕信息、市场传言的报刊、证券分析软件、股评传真件等须妥善管理，不得以任何形式对投资者传播这些信息。张贴的证券投资咨询报告须由具有证券投资咨询业务资格的机构撰写。

请各派出机构将本通知转发辖区内证券经营机构、咨询机构，并督促上证券经营机构、咨询机构加强内部管理，严格按《证券法》、《证券、期货投资咨询管理暂行办法》和《关于加强证券期货信息传播管理的若干规定》规范证券咨询和证券信息传播活动。对证券经营机构及其营业部制造、传播虚假信息、内幕信息的行为，我会将按有关法规进行查处，并按法人负责制的原则，追究法人单位及领导人责任。对情节严重的，我会将在三年内不受理该机构证券投资咨询业务资格的申请；已取得资格的予以撤销。

中国证券监督管理委员会

一九九九年九月二十一日

全国银行间债券市场债券交易管理办法

第一章　总　则

第一条　为规范全国银行间债券市场债券交易行为，防范交易风险，维护交易各方合法权益，促进全国银行间债券市场健康发展，根据国家有关法律法规，制定本办法。

第二条　本办法所指全国银行间债券市场债券交易（以下称债券交易）是指以商业银行等金融机构为主的机构投资者之间以询价方式进行的债券交易行为。

第三条　债券交易品种包括回购和现券买卖两种。

回购是交易双方进行的以债券为权利质押的一种短期资金融通业务，指资金融入方（正回购方）在将债券出质给资金融出方（逆回购方)融入资金的同时,双方约定在将来某一日期由正回购方按约定回购利率计算的资金额向逆回购方返还资金,逆回购方向正回购方返还原出质债券的融资行为。

现券买卖是指交易双方以约定的价格转让债券所有权的交易行为。

第四条 本办法所称债券是指经中国人民银行批准可用于在全国银行间债券市场进行交易的政府债券、中央银行债券和金融债券等记帐式债券。

第五条 债券交易应遵循公平、诚信、自律的原则。

第六条 中央国债登记结算有限责任公司(简称中央结算公司)为中国人民银行指定的办理债券的登记、托管与结算机构。

第七条 中国人民银行是全国银行间债券市场的主管部门。中国人民银行各分支机构对辖内金融机构的债券交易活动进行日常监督。

第二章 参与者与中介服务机构

第八条 下列机构可成为全国银行间债券市场参与者,从事债券交易业务:

(一)在中国境内具有法人资格的商业银行及其授权分支机构;

(二)在中国境内具有法人资格的非银行金融机构和非金融机构;

(三)经中国人民银行批准经营人民币业务的外国银行分行。

第九条 上述机构进入全国银行间债券市场,应签署债券回购主协议。

第十条 金融机构可直接进行债券交易和结算,也可委托结算代理人进行债券交易和结算;非金融机构应委托结算代理人进行债券交易和结算。

第十一条 结算代理人系指经中国人民银行批准代理其他参与者办理债券交易、结算等业务的金融机构。其有关规定由中国人民银行另行制定。

第十二条 双边报价商系指经中国人民银行批准的,在进行债券交易时同时连续报出现券买、卖双边价格,承担维持市场流动性等有关义务的金融机构。双边报价商有关规定由中国人民银行另行制定。

第十三条 全国银行间同业拆借中心(简称同业中心)为参与者的报价、交易提供中介及信息服务,中央结算公司为参与者提供托管、结算和信息服务。

经中国人民银行授权,同业中心和中央结算公司可披露市场有关信息。

第十四条 债券交易的资金清算银行为参与者提供资金清算服务。

第三章 债券交易

第十五条 债券交易以询价方式进行,自主谈判,逐笔成交。

第十六条 进行债券交易,应订立书面形式的合同。合同应对交易日期、交易方向、债券品种、债券数量、交易价格或利率、帐户与结算方式、交割金额和交割时间等要素作出明确的约定,其书面形式包括同业中心交易系统生成的成交单、电报、电传、传真、合同书和信件等。

债券回购主协议和上述书面形式的回购合同构成回购交易的完整合同。

第十七条 以债券为质押进行回购交易,应办理登记;回购合同在办理质押登记后生效。

第十八条 合同一经成立,交易双方应全面履行合同规定的义务,不得擅自变更或解除合同。

第十九条 债券交易现券买卖价格或回购利率由交易双方自行确定。

第二十条 参与者进行债券交易不得在合同约定的价款或利息之外收取未经批准的其他费用。

第二十一条 回购期间,交易双方不得动用质押的债券。

第二十二条 回购期限最长为365天。回购到期应按照合同约定全额返还回购项下的资金,并解除质押关系,不得以任何方式展期。

第二十三条 参与者不得从事借券、租券等融券业务。

第二十四条 金融机构应每季定期以书面形式向人民银行当地分支行报告其在全国银行间债券市场的活动情况。

第二十五条 同业中心和中央结算公司应定期向中国人民银行报告债券交易、交割有关情况。

第四章 托管与结算

第二十六条 参与者应在中央结算公司开立债券托管帐户,并将持有的债券托管于其帐户。

第二十七条 债券托管帐户按功能实行分类管理,其管理规定另行制定。

第二十八条 债券交易的债券结算通过中央结算公司的中央债券簿记系统进行。

第二十九条 债券交易的资金结算以转帐方式进行。

商业银行应通过其准备金存款帐户和人民银行资金划拨清算系统进行债券交易的资金结算,商业银行与其他参与者、其他参与者之间债券交易的资金结算途径由双方自行商定。

第三十条 债券交易结算方式包括券款对付、见款付券、见券付款和纯券过户四种。具体方式由交易双方协商选择。

第三十一条 交易双方应按合同约定及时发送债券和资金的交割指令,在约定交割日有用于交割的足额债券和资金,不得买空或卖空。

第三十二条 中央结算公司应按照交易双方发送的诸要素相匹配的指令按时办理债券交割。

资金清算银行应及时为参与者办理债券交易的资金划拨和转帐。

第三十三条 中央结算公司应定期向中国人民银行报告债券托管、结算有关情况,及时为参与者提供债券托管、债券结算、本息兑付和帐务查询等服务;应建立严格的内部稽核制度,对债券帐务数据的真实性、准确性和完整性负责,并为帐户所有人保密。

第五章 罚 则

第三十四条 参与者有下列行为之一的,由中国人民银行给予警告,并可处三万元人民币以下的罚款,可暂停或取消其债券交易业务资格;对直接负责的主管人员和直接责任人员由其主管部门给予纪律处分;违反中国人民银行有关金融机构高级管理人员任职资格管理规定的,按其规定处理。

(一)擅自从事借券、租券等融券业务;

(二)擅自交易未经批准上市债券;

(三)制造并提供虚假资料和交易信息;

(四)恶意操纵债券交易价格,或制造债券虚假价格;

(五)不遵守有关规则或协议并造成严重后果;

(六)违规操作对交易系统和债券簿记系统造成破坏;

(七)其他违反本办法的行为。

第三十五条 结算代理人和双边报价商违反规定的,按中国人民银行的有关规定处理。

第三十六条 同业中心和中央结算公司有下列行为之一的,由中国人民银行给予警告,并可处三万元人民币以下的罚款;对直接负责的主管人员和直接责任人员由其主管部门给予纪律处分。

(一)工作失职,给参与者造成严重损失;

(二)发布虚假信息或泄露非公开信息;

(三)欺诈或误导参与者,并造成损失;

(四)为参与者恶意操纵市场和融券等违规行为提供便利;

(五)其他违反本办法的行为。

第三十七条 债券交易的资金清算银行不及时为参与者划拨资金和转帐,给参与者造成损失的,应承担相应的民事责任。

第六章 附 则

第三十八条 同业中心和中央结算公司应依据本办法制订相应的业务规则和实施细则,报中国人民银行批准或备案,并组织实施。

第三十九条 本办法施行前制定的有关规定,与本办法相抵触的,以本办法为准。

第四十条 本办法由中国人民银行负责解释。

第四十一条 本办法自发布之日起施行。

中国人民银行

二〇〇〇年五月八日

商业银行招股说明书内容与格式特别规定

第一条 为规范公开发行股票商业银行(以下简称商业银行)的信息披露行为,保护投资者的合法权益,依据《中华人民共和国公司法》、《中华人民共和国证券法》等法律法规,制订本规定。

第二条 商业银行为首次发行股票而编制招股说明书时,除应遵循中国证券监督管理委员会(以下简称中国证监会)有关招股说明书内容与格式准则的一般规定外，还应遵循本规定的要求。

第三条 商业银行应披露不少于最近三年的如下主要财务数据：总负债、存款总额、长期存款及同业拆入总额、贷款总额、正常贷款、逾期贷款、呆滞贷款、呆账贷款。

必要时，还应提供自最后一个会计年度终止后到编制招股说明书之前最近可行的月份终了的上述财务数据。

第四条 商业银行应披露下列各种风险因素。对这些风险因素能够作出定量分析的，应进行定量分析；不能作出定量分析的，应进行定性描述。

(一)分析可能存在的信贷风险，尤其要分析目前的贷款组合、客户集中性风险、银行的贷款准备金制度及目前准备金水平。

(二)分析可能存在的流动性风险，包括：

1、说明此风险的存在对银行可能造成的后果，以及银行管理层对此的明确政策；说明银行是否建立用于监控此风险的管理信息系统和其他内部控制制度；说明对银行流动性风险管理水平的评估情况。

2、分析自身的规模和所处的经营环境，结合财务报表及其附注，说明流动性如何受到不利因素的影响，这些不利影响因素包括(但不限于)：信贷需求的大幅度增长、大量履行各种贷款的承诺、存款水平剧减、国内或国外利率的急剧变化等。

3、分析银行的流动性对某一类资金来源的依赖程度，银行短期可兑现的流动资产、短期融资能力和成本，银行在货币市场上的信誉，同时应披露银行是否有紧急融资计划来处理突发事件。

4、分析资本充足率的现状。

(三)披露因汇率变化而产生的风险，如汇率变化对外汇交易、对持有外币资产和负债的影响等。

(四)披露因市场利率变动而产生的风险，如银行所采用的利率政策、利率的变动对银行获利能力和财务状况的影响，并对此种影响进行敏感性分析。

(五)披露技术和人为因素而产生的风险，如电脑系统不可靠、舞弊、欺诈行为和资产保全措施不得当等产生的风险。

(六)披露因国家法律、法规、政策的变化而产生的风险，如税收制度、经营许可制度、外汇制度等的变化对银行的影响。

(七)其他风险，如我国加入世界贸易组织后，更多的外资商业银行被允许进入中国信贷市场等所产生的风险。

第五条 商业银行应建立健全内部控制制度，并在招股说明书正文中专设一部分，对其内部控制制度的完整性、合理性和有效性作出说明。

商业银行还应委托所聘请的会计师事务所对其内部控制制度及风险管理系统的完整性、合理性和有效性进行评价，提出改进建议，并以内部控制评价报告的形式作出报告。内部控制评价报告随招股说明书一并呈报中国证监会。

所聘请的会计师事务所指出以上三性存在严重缺陷的，商业银行应予披露，并说明准备采取的改进措施。

第六条 商业银行计划将所募集资金用于增设分支机构的，应披露所需资金数额、拟设地点等内容；募集资金仅用于增加资本的，可不必说明其具体投向；募集资金用于更新设备、收购兼并等其他用途时，需详细披露募集资金投向。

第七条 商业银行应在介绍发行人情况时详细披露其所属分行各自的名称、地点、职员数和资产规模以及各支行、储蓄所数量及地区分布等基本情况。

第八条 商业银行在申请公开发行股票前，应根据资产的潜在损失可能，提足各项损失准备或核销不良资产，据以确定原股东投入的净资产，并披露为解决不良资产问题已采取或拟采取的措施。此外，还应披露如下内容：

(一)最近三年年末贷款的"五级"分类情况，各级贷款呆账准备金计提比例、呆账核销政策和程序；

(二)应收利息和其他应收款项准备金的提取情况，坏帐核销程序与政策。

第九条 商业银行应披露前三年主要贷款类别按月度计算的年平均余额及年平均贷款利率。

第十条 商业银行还应就其所持政府债券和贷款披露如下内容：

(一)持有金额重大的政府债券的有关情况，包括面值、利率、到期日；

(二)重组贷款金额及其中逾期部分金额；

(三)贷款的集中度，即贷款量列前十名的客户贷款金额占贷款总额的比例；

(四)贴现贷款占贷款总额比例超过20%(含20%)的，披露其金额及重要构成。

第十一条 商业银行应披露前三年主要存款类别按月度计算的年平均余额及年平均存款利率。

第十二条 商业银行存在逾期未偿付债务的，应对其金额、利率、存款人或拆入人、未按期偿还的原因、预计还款期等作详细说明。

第十三条 商业银行应披露最近三年每年年末和按月平均计算的年平均如下财务指标(必要时提供最近一期的财务指标)：资本充足率、贷款质量比例、存贷款比例、短期资产流动性比例、拆借资金比例、中长期贷款比例、国际商业借款比例、利息回收率等，其中1—7项指标需列出简要的计算过程。

对以上各指标在最近三年的变化趋势、原因以及其他有关情况，还应作出分析。

第十四条 商业银行应披露可能影响其财务状况和经营成果的主要表外项目的总额及其重要情况，这些表外项目包括银行承兑汇票、融资保函、非融资保函、开出即期信用证、开出远期信用证、贷款承诺、外汇合约、有追索权的资产销售、重要的空白凭证等。

第十五条 商业银行应聘请有商业银行审计经验的、具有执行证券期货相关业务资格的会计师事务所，按中国独立审计准则对其依据中国会计和信息披露准则和制度编制的法定财务报告进行审计。此外，应增加审计内容，聘请获中国证监会和财政部特别许可的国际会计师事务所，按国际通行的审计准则，对其按国际通行的会计和信息披露准则编制的补充财务报告进行审计。

增加审计时需关注的内容包括：损失准备的提取及不良资产的的处置情况；重大表外项目及其对财务状况和经营成果的影响；不同服务对象、经营项目及经营区域的资产质量、获利能力和经营风险；法定财务报告与补充财务报告之间的主要差异等。

招股说明书正文中的财务资料均应摘自法定财务报告。补充财务报告作为招股说明书附录披露，供投资者判断商业银行财务状况和投资风险时参考。

第十六条 本规定由中国证监会负责解释。

第十七条 本规定自发布之日起施行。

商业银行财务报表附注特别规定

第一条 为规范公开发行证券商业银行以下简称商业银行的信息披露行为，保护投资者的合法权益，依据《中华人民共和国公司法》、《中华人民共和国证券法》等法律法规，制定本规定。

第二条 商业银行编制财务报表附注时，除应遵循中国证券监督管理委员会(以下简称中国证监会)有关财务报表附注的一般规定外，还应遵循本规定的要求。

第三条 商业银行应在主要会计政策中披露如下内容：

(一)说明贷款的种类和范围，应计贷款转为非应计贷款的标准，及非应计贷款的帐务处理方法。

(二)说明计提呆帐准备的范围和方法。根据余额一定比率计提的一般准备，应说明该比率是如何确定的；根据个别款项的实际情况认定的特别准备，应说明认定的依据，如根据对借款人还款能力、财务状况、抵押担保充分性等的评价。

(三)说明回售证券的计价方法、收益确认方法。

(四)对于外汇交易合约、利率期货、远期汇率合约、货币和利率套期、货币和利率期权等衍生金融工具，应说明其计价方法。采用公允价值的，还应说明公允价值取得方法，如市场比价、未来现金流量等。

对于投机活动的衍生金融工具及用于套期保值目的的其他衍生金融工具，应说明损益的确认方法，及将衍生金融工具确认为套期保值的标准。

第四条 商业银行在会计报表主要项目注释中应披露：

(一)按性质如准备金、备付金等分类列示存放中央银行款项，披露计算依据。

(二)按存放境内、境外同业披露存放同业款项。

(三)按拆放境内、境外同业列示拆放同业款项。

(四)按贷款性质(如信用、保证、抵押、质押等)列示短期贷款。

(五)应按如下格式披露应收利息及其坏帐准备：

帐龄	期初			期末		
	金额	比例	坏帐准备	金额	比例	坏帐准备
合计						

应收利息应按表内应收利息和表外应收利息分别披露。

（六）应按性质（如国债、金融债券回购）披露回售证券。

（七）应按下列格式披露中长期贷款：

性质	期初数			期末数		
	合计	1—3年	3年以上	合计	1—3年	3年以上
信用贷款						
保证贷款						
抵押贷款						
质押贷款						
合计						

（八）应按下列格式披露逾期贷款：

性质	期初数	期末数
信用贷款		
保证贷款		
抵押贷款		
质押贷款		
合计		

（九）应按下列格式披露呆滞贷款：

性质	期初数				期末数			
	合计	1—2年	2—3年	3年以上	合计	1—2年	2—3年	3年以上
信用贷款								
保证贷款								
抵押贷款								
质押贷款								
合计								

（十）应按性质如信用，保证，抵押和质押分类披露呆帐贷款。

以上第四款、第五款、第七款、第八款、第九款、第十款中如有持本公司5%以上（含5%）股份的股东单位贷款，应在各项目注释中说明。

（十一）应按下列格式披露呆帐准备情况：

类别	期初数	本期计提	本期转回	本期核销	期末数
一般准备					
特别准备					

1、若本期某些款项计提呆帐准备的比例或金额较大，应说明计提的标准和理由。

2、说明对某些金额较大且逾期帐龄较长的款项不计提或计提呆帐准备比例较低的理由。

3、以前年度计提呆帐准备的比例或金额较大的款项，如在本期全额或部分收回，应说明原确定计提比例的理由及现收回的原因。

4、如已批准核销呆帐的款项金额较大，应说明其性质和金额。若实际核销的款项涉及关联方款项，还应单独披露。

（十二）应按下列格式披露同业拆入：

拆入性质	期初数	期末数
境内同业拆入		
境外同业拆入		
合计		

（十三）应按下列格式披露存入承兑汇票保证金、信用证开证保证金、外汇买卖交易保证金等短期保证金：

款项内容	期初数	期末数
合计		

（十四）应按下列格式披露发行的短期债券：

债券名称	面值	发行日期	到期日	发行金额

（十五）应按性质披露银行承兑汇票、融资保函、非融资保函、贷款承诺、开出即期信用证、开出远期信用证、外汇合约、有追索权的资产销售等表外负债，包括它们的年末余额及其他具体情况。

（十六）披露比较式母公司会计报表中下列项目注释：短期贷款、中长期贷款、逾期贷款、呆滞贷款、呆账贷款总额、短期存款、长期存款总额、利息收入、利息支出、投资收益。

第五条 商业银行应按下列格式披露按币种列示的资产负债情况：

项目	人民币	美元	港币	其他币种合计	折合人民币合计
资产项目：					
负债项目：					
资产负债净头寸					
表外项目净头寸					
贷款承诺					

第六条 商业银行应按如下格式披露贷款分布情况：

1、按行业分类的贷款情况

行业	年初	年末数
合计		
减呆帐准备金		
贷款净余额		

2、按地区分类的贷款情况

地区	年初数	年末数
合计		
减呆帐准备金		
贷款净余额		

第七条 商业银行应按以下格式披露资产流动性情况：

项目	已逾期	即时偿还	3个月内	3个月至1年	1至5年	5年以上	总额
资产：							
现金							
存放中央银行及存放同业							
贷款							
拆放							
债券投资							
其他资产							
资产合计							
负债：							
存款							
同业存放							
其他负债							
负债合计							
表外头寸流动性							
流动性净额							

第八条 本规定由中国证监会负责解释。

第九条 本规定自发布之日起施行。

保险公司招股说明书内容与格式特别规定

第一条 为规范公开发行股票保险公司（以下简称保险公司）的信息披露行为，保护投资者的合法权益，依据《中华人民共和国公司法》、《中华人民共和国证券法》等法律法规，制定本规定。

第二条 保险公司为首次公开发行股票编制招股说明书时，除应遵循中国证券监督管理委员会（以下简称中国证监会）有关招股说明书内容与格式准则的一般规定外，还应遵循本规定的要求。

第三条 保险公司应披露下述财务资料以及相关计算方法与依据：

（一）前两年末经调整内在价值倍数；

（二）前两年内在价值增长情况；

（三）前一年末保险公司内在价值总额、每股内在价值，以及经调整的发行后每股内在价值；

（四）前一年末保险公司估值总额、经调整的保险公司估值总额、经调整估值折让。

第四条 保险公司应披露聘请的精算师事务所和经办精算师，以及精算师费用。

第五条 保险公司应披露各种行业风险和公司自身风险。对这些风险因素能作出定量分析的，应进行定量分析；不能作出定量分析的，应进行定性描述。

（一）在行业风险方面，应披露的内容包括：

1、利率风险，即市场利率变动的风险；

2、欺诈风险，即投保人、被保险人、保险代理人不遵循最大诚信原则，违反法定义务，向保险公司隐瞒重要事实等的风险；

3、政策性风险，即因国家政策、法律、法规变化而产生的风险，如因税收、政府监管等方面政策的变化而产生的风险；

4、其他风险，即上述因素之外的行业风险，如经济环境的变化、加入世界贸易组织、其他金融服务业的竞争给保险业带来的风险等。

（二）在公司自身风险方面，应披露的内容包括：

1、假设风险，即保险公司产品定价、计提各项责任准备金、计算内在价值与估值采用的利率假设等与实际不相符合，导致定价不充分、准备金计提不足等的风险。应分析厘定保险费率时采用的预定利率、预定附加费率等，计提各项责任准备金时采用的评估利率等，以及计算内在价值、估值时采用的贴现率、投资回报率等的依据是否充分、合理；

2、资产风险，即保险公司资产价值下降或未产生预期盈利能力的风险，尤其应分析资产风险的关键因素；

3、资产与负债匹配风险，即保险公司资产与负债在结构上不相匹配，对最低偿付能力造成不利影响的风险；

4、再保险安排风险，即再保险安排不适当的风险；

5、人力资源风险，即重要人才缺失的风险；

6、其他风险，即在上述风险因素之外自身存在的风险，如巨灾风险、资本充足率风险、政策性风险与保险产品条款设计风险等。

第六条 保险公司应建立健全内部控制制度，并在招股说明书正文中专设一部分，对其内部控制制度的完整性、合理性和有效性作出说明。

保险公司还应委托所聘请的会计师事务所对其内部控制制度及风险管理系统的完整性、合理性和有效性进行评价，提出改进建议，并以内部控制评价报告的形式作出报告。内部控制评价报告随招股说明书一并呈报中国证监会。

所聘请的会计师事务所指出以上三性存在严重缺陷的，保险公司应予披露，并说明准备采取的改进措施。

第七条 保险公司募集资金中计划用于增设分支机构的部分，应披露相关计划、所需资金数额、拟设地点等内容。仅用以增加资本的募集资金，可不必说明其具体投向。

第八条 保险公司应披露公司下述情况：

(一)在行业概览及背景方面，应披露的内容包括：

1、中国保险业概览；

2、与保险公司有关的各大类保险险种的市场状况；

3、保险业监管架构。

(二)在保险公司自身情况方面，应披露的内容包括：

1、保险公司在市场竞争中的主要优势和劣势；

2、各分支机构的分布状况，包括总公司、分公司数量(分别介绍一、二级分公司数量)及分布地区；

3、主要保险产品的市场占有情况；

4、自身展业制度、营销人员及网络，以及保险代理人制度、保险代理人数等；

5、投资理念、较具体的投资策略以及最近三年末、最近一期末(若需要，下同)的投资组合概述；

6、保险产品的研究开发情况，包括研究开发能力，新保险产品研究开发进展等；

7、最近三年、最近一期(若需要，下同)内因国家利率政策调整，对其偿付能力和经营成果等的影响；

8、保险公司与其关联方之间的关联交易，例如保险、再保险、资产管理、担保和代理业务等的有关情况，包括：主要交易方、业务性质、定价政策等。

第九条 保险公司应披露最近三年、最近一期原保险业务收入、费用与利润的有关情况(可采取列表式)，包括按险种大类划分的保费收入、分出保费、计提的未到期责任准备金、赔款支出、给付支出、退保金与手续费支出等。

保险公司如果是财产保险公司，还应说明本年已到结算损益年度长期保险业务、分入再保险业务长期责任准备金的转回数；按未到期时间长短，说明未到结算损益年度长期保险业务、再保险业务的保费收入、提存的长期责任准备金。

第十条 保险公司应扼要披露各主要险种保险费率的厘定依据与方法，包括预定利率、预定给付率与预定附加费率(人身保险)，预定赔付率、预定附加费率(财产保险)等的确定情况等。

第十一条 保险公司应披露最近三年末、最近一期末各主要险种责任准备金的计提方法与依据。提存数与法定提存数存在重大差异的，应披露差异情况及其形成原因。

财产保险公司还应披露前一年、最近一期前期未决、当期已决赔款的金额与已相应提取准备金的重大差异，并说明差异形成原因。

人身保险公司还应披露前一年末不同预定利率保单责任准备金的计提情况，包括准备金提存数(若提存数与法定提存数存在差异，应同时披露法定提存数)以及按合理利率计算的准备金调整数(若存在)。外部精算师应核实这一计算过程，并出具意见。外部精算师对此存在重大异议的，保险公司应予披露，并作出相应说明。

第十二条 保险公司应披露前一年末的实际资产、实际负债与实际偿付能力，以及法定最低偿付能力。当实际偿付能力较低时，应披露其原因，已采取及拟采取的措施。

保险业监管部门最近三年、最近一期对其偿付能力提出过异议的，保险公司应予披露，并作出相应说明。

第十三条 保险公司应披露最近一年末、最近一期末承担保险责任列前十位的保单保险责任，并披露相应采取的风险防范措施等。

第十四条 保险公司应披露尚处有效期的重大分保事项的有关情况。

第十五条 保险公司应按如下格式披露最近一年末经调整的净资产以及内在价值：

金额

合并报表净资产额

加：预计发行新股所得款项额

加或减：对资产所作的市价调整：

对资产一所作的市价调整

对资产二所作的市价调整

…

减：最低偿付能力要求

减：责任准备金增提(如果存在准备金不足)

经调整的净资产

加：有效保单价值

经调整的内在价值

经调整的每股内在价值

第十六条 保险公司应披露最近三年、最近一期重要资金运用项目的有关情况(可采用列表式)，包括投资于银行存款、买卖政府债券、买卖企业债券、投资证券基金与拆出资金等项目的期末余额与各期收益率等。

第十七条 保险公司应披露最近三年、最近一期下述财务指标：自留保费与所有者权益之比，自留保费增长率，分保比率，速动比率，保险业务成本率(财产保险)，保单负债综合成本(人身保险)，承保利润与投资收益两年平均比率，利润总额与所有者权益之比，准备金、权益与自留保费之比，准备金与权益之比，赔付率(财产保险)，给付率(人身保险)与退保率(人身保险)。

保险公司应说明以上指标在最近三年、最近一期的变化趋势、原因以及其他有关情况。

第十八条 保险公司在申请公开发行股票前，应根据现存的重大潜亏，包括潜在利差损与不良贷款等，提足各项损失准备或予以剥离等，据此确定原股东投入的净资产，并披露为这类问题已采取、拟采取的措施。

第十九条 保险公司应聘请有保险公司审计经验的、具有执行证券期货相关业务资格的会计师事务所，按中国独立审计准则对其依据中国会计和信息披露准则和制度编制的法定财务报告进行审计。此外，应增加审计内容，聘请获中国证监会和财政部特别许可的国际会计师事务所，按国际通行的审计准则，对其按国际通行的会计和信息披露准则编制的补充财务报告进行审计。

增加审计时需关注的内容包括：损失准备的提取及不良资产的的处置情况；重大表外项目及其对财务状况和经营成果的影响；不同服务对象、经营项目及经营区域的资产质量、获利能力和经营风险；法定财务报告与补充财务报告之间的主要差异等。

招股说明书正文中的财务资料均应摘自法定财务报告。补充财务报告作为招股说明书附录披露，供投资者判断保险公司财务状况和投资风险时参考。

第二十条 保险公司应将精算师评估报告作为招股说明书附录予以披露。

第二十一条 本规定由中国证监会负责解释。

第二十二条 本规定自发布之日起施行。

保险公司财务报表附注特别规定

第一条 为规范公开发行证券保险公司(以下简称保险公司)的信息披露行为，保护投资者的合法权益，依据《中华人民共和国公司法》、《中华人民共和国证券法》等法律法规，制定本规定。

第二条 保险公司编制财务报表附注，除应遵循中国证券监督管理委员会(以下简称中国证监会)有关财务报表附注的一般规定外，还应遵循本规定的要求。

第三条 保险公司应在主要会计政策中披露如下内容：

(一)买入返售证券的计价方法和收益确认方法；

(二)未决赔款准备金的计提方法和计提比例；

(三)未到期责任准备金的计提方法和计提比例；

（四）长期责任准备金的计提方法；
（五）寿险责任准备金的计提方法；
（六）长期健康险责任准备金的计提方法；
（七）总准备金的计提比例；
（八）各类保费业务收入采用的确认方法。

第四条 保险公司应在财务报表主要项目注释中披露如下内容：

（一）按下列格式披露短期投资：

项目	期初数		期末数	
	投资金额	减值准备	投资金额	减值准备
国债投资				
金融债券投资				
企业债券投资				
证券基金投资				
其他				
合计				

按投资总额计提跌价准备的，可不分类列示跌价准备数额。上述投资有市价的，应披露报表日市价总额及资料来源（若报表截止日是法定公休日，应披露报表截止日最近一个交易日市价，下同）。

（二）分境内、境外同业列示拆出资金的期初数与期末数。

（三）按下列要求披露应收保费：

1、按帐龄分类的应收保费

帐龄	期初数			期末数		
	金额	比例	坏帐准备	金额	比例	坏帐准备
合计						

2、按险种分类的应收保费

险种大类	期初数			期末数		
	金额	比例	坏帐准备	金额	比例	坏帐准备
合计						

应收保费中如有持本公司5%（含5%）以上股份的股东单位欠款，应在本项目注释中说明。

（四）按分保公司、帐龄披露应收分保帐款期初数与期末数。

应收分保帐款中如有持本公司5%（含5%）以上股份的股东单位欠款，应在本项目注释中说明。

（五）按类别、期限披露买入返售证券期初数与期末数。

（六）按下列格式披露投资额列前十位的长期股权投资：

被投资单位	期初数			期末数		
	帐面价值	减值准备	占股权比例	帐面价值	减值准备	占股权比例
合计						

上述投资有市价的，应披露报表日市价及资料来源。

（七）按下列格式披露长期债券投资：

债券种类	面值	应计利息	未摊销的折价及溢价	合计	年利率	减值准备
国债上市期初数						
期末数						
非上市期初数						
期末数						
其他债券上市期初数						
期末数						
非上市期初数						
期末数						
合计期初数						
期末数						
减：一年内到期期初数						
的长期债券期末数						
长期债券投资期初数						
期末数						

上述投资有市价的，应披露报表日市价及资料来源。

（八）按下列格式披露待处理抵债物资和其他长期资产：

类别	期初数		期末数	
	帐面价值	减值准备	帐面价值	减值准备
合计				

上述资产有市价的，应披露报表日市价及资料来源。

（九）披露境内、境外同业拆入资金期初数与期末数。

（十）披露未逾期其他应付款期初数与期末数，并按下列格式披露逾期其他应付款：

类别	逾期时间	期初数	期末数
一	小计		
类别	逾期时间	期初数	期末数
二	小计		
合计			

（十一）披露未逾期应付保户利差的期初数与期末数，并按下列格式披露逾期应付保户利差：

逾期时间	期初数	期末数
合计		

（十二）按类别、期限披露卖出回购证券款期初数与期末数。

（十三）按如下格式披露未决赔款准备金：

期初提存数　前期未决、本期已决赔款准备金转回数　期末提存数

（十四）按如下格式披露未到期责任准备金：

类别	期初提存数	期末提存数
合计		

（十五）按如下格式披露长期责任准备金：

类别	期初提存数	本期已到结算损益年度业务转回数	期末提存数	
			前期业务提存数	本期新增业务提存数
合计				

（十六）按如下格式披露寿险责任准备金：

类别	期初提存数	期末提存数	
		前期业务提存数	本期新增业务提存数
合计			

（十七）按如下格式披露长期健康险责任准备金：

类别	期初提存数	期末提存数	
		前期业务提存数	本期新增业务提存数
合计			

（十八）披露独立承保业务、共保业务的保费收入；有异地承保业务的，披露异地承保业务的保费收入。

人身保险公司还应披露团体保险、个人保险业务的保费收入。

（十九）披露与追偿款收入相关的赔款事故发生时间等重要事项。

（二十）披露法定分保业务、非法定分保业务的分出保费、分保费用支出。

（二十一）按下列格式披露投资收益：

项目内容	债券投资收益	股权投资收益（成本法）	股权投资收益（权益法）	股权转让收益	其他投资收益	合计
短期投资						
长期投资						
上年度合计						
短期投资						
长期投资						
本年度合计						

第五条 保险公司应按业务类别（如原保险、再保险业务）、业务所在地理区域等披露保费收入的来源情况。

第六条 保险公司应按以下格式披露偿付能力的有关情况：

	帐面资产	实际资产	帐面负债	实际负债
流动性项目期初数				
期末数				
非流动性项目期初数				
期末数				
合计期初数				
期末数				
实际偿付能力期初数				
期末数				

第七条 保险公司如存在尚未收回的贷款，应按《公开发行证券公司信息披露编报规则第二号———商业银行财务报表附注特别规定》的有关要求，对此编制相应的财务报表附注。

第八条 本规定由中国证监会负责解释。

第九条 本规定自发布之日起施行。

证券公司招股说明书内容与格式特别规定

第一条 为规范公开发行股票证券公司（以下简称证券公司）信息披露行为，保护投资者的合法权益，依据《中华人民共和国公司法》、《中华人民共和国证券法》等法律法规，制定本规定。

第二条 证券公司为首次公开发行股票而编制招股说明书时，除应遵循中国证券监督管理委员会（以下简称中国证监会）有关招股说明书内容与格式准则的一般规定外，还应遵循本规定的要求。

第三条 证券公司应披露不少于最近三年年末或各该年度的如下主要会计数据：资产总额、股东权益、自营证券、应收款项、流动资产、代买卖证券款、受托资金、流动负债、长期负债、营业收入、手续费收入、自营证券差价收入、证券发行收入、营业支出、营业费用、利润总额和净利润。

第四条 证券公司应披露下述各种风险因素。对这些风险因素能作出定量分析的，应进行定量分析；不能作出定量分析的，应进行定性描述。

（一）分析可能存在的证券经纪风险，如因证券营业部地理分布不合理和投资者的投资观念、证券交易技术等发生变化而对证券经纪业务产生的影响。

（二）分析可能存在的证券承销风险，如因市场发育程度、发行方式、承销承诺、市场判断等因素发生变化而对证券承销业务产生的影响。

（三）分析可能存在的证券自营风险，如因投资产品本身内含风险、证券市场价格异常波动、投资决策不当等因素而对证券自营业务产生的影响。

（四）分析可能存在的资产管理风险，如因资产管理措施不恰当、风险对冲机制不健全等原因而对资产管理业务产生的影响。

（五）分析其他证券经营业务可能存在的风险，如金融新业务、新产品的开发对证券公司产生的影响。

（六）分析人为因素产生的管理风险，如因内部控制不健全、自身操作不当、职员道德水准不高等可能对公司产生直接和间接的经济损失。

（七）分析由于资产结构和财务结构不合理而形成的财务风险，如因整体业务结构和规模设计不合理（如自营规模过大、长期投资权重过高等）、对外担保等而导致公司整体变现能力差等流动性风险。

（八）分析因技术因素而产生的操作风险，如因电脑系统不可靠、网络技术不完善、电子技术创新等而产生的风险。

（九）分析因同业竞争而产生的风险，如经营许可证制度变化、市场竞争（包括外资证券公司被允许进入中国证券市场）等对我国证券公司的影响。

（十）分析因国家法律、法规、政策的可能变化而产生的政策性风险，如因税收制度、经营许可制度、外汇制度、利率政策、收费标准等发生变化而对证券公司的影响。

第五条 证券公司应建立健全的内部控制制度，并在招股说明书正文中专设一部分，对其内部控制制度的完整性、合理性和有效性作出说明。

证券公司还应委托所聘请的会计师事务所对其内部控制制度及风险管理系统的完整性、合理性和有效性进行评价，提出改进建议，并以内部控制评价报告的形式作出报告。内部控制评价报告随招股说明书一并呈报中国证监会。

所聘请的会计师事务所指出以上三性存在缺陷的，证券公司应予披露，并说明准备采取的改进措施。

第六条 证券公司募集资金计划投向需经有关部门批准的，应作出特别说明，并披露有关部门的批准文号、所需资金额等内容。

募集资金用于风险投资项目的，应当披露项目概况、存在的主要风险及可能给公司带来的收益等。

募集资金仅为了增加资本的或用于补充公司流动资金的，可不必说明募集资金具体投向。

第七条 证券公司应在介绍发行人情况时详细披露经核准的业务范围，管理总部、分公司的名称、地点、职员数，以及营业部的数量、职员总数、总营运资金和分布等基本情况。

证券公司还应专设一部分披露其研究情况，包括研究经费、研究人员总数、研究人员结构（年龄、学历、技术职称等构成）、主要研究成果及这些研究成果对公司开展业务的积极影响等。

第八条 证券公司在申请公开发行股票前，应根据资产的潜在损失可能，提足各项损失准备或核销不良资产，据以确定原股东投入的净资产，并披露为解决不良资产问题已采取或拟采取的措施。

第九条 证券公司应按下列要求披露前三年或前三年加最近一期的主要经营业绩：

（一）在证券经纪业务方面，应披露的内容包括：

1、按证券种类（如股票、基金、国债、企业债券和其他证券等）披露各期代理买卖证券的金额和市场份额。

2、按债券的种类（如国债、企业债券等）披露各期代理的已兑付债券金额。

（二）在证券承销业务方面，应披露的内容包括：

1、按发行类别（如首次发行、公募增发、配股、债券发行等）分别披露各期担任主承销的次数、承销金额和相应的承销收入。

2、各期副主承销次数、承销金额及承销收入。

3、各期分销次数及分销金额。

（三）按自营证券种类披露各期自营证券的规模、自营证券差价收入和自营证券收益率。

（四）披露有关资产管理业务的各期平均受托管理资金、受托资金总体损益和平均受托资产管理收益率。

（五）其他业务利润较大的，分别按业务类别披露各期收益情况。

第十条 证券公司应披露不少于最近三年每年年末或各该年度的如下财务指标：净资产负债率、流动比率、净资本、自营证券比率、长期投资比率、固定资本比率、净资产收益率、总资产利润率、营业费用率、利润总额、净利润以及每股收益等。

分析以上各项指标在最近三年的变化趋势、原因以及其他有关情况。

第十一条 证券公司应披露前三年各项准备（包括自营证券跌价准备、坏帐准备、长期投资减值准备和一般风险准备等）的计提方法与依据。某期准备金冲销金额较大的，应披露冲销的金额、原因和依据。

第十二条 证券公司应披露可能影响其财务状况和经营成果的主要表外项目（如代保管证券、融资合约、重要的承销合同、担保、抵押、质押等）的总额及有关情况。

第十三条 证券公司应聘请有证券公司审计经验的、具有执行证券期货相关业务资格的会计师事务所，按中国审计准则对其依中国会计和信息披露准则和制度编制的法定财务报告进行审计。此外，应增加审计内容，聘请获中国证监会和财政部特别许可的国际会计师事务所，按国际通行的审计准则，对其按国际通行的会计和信息披露准则编制的补充财务报告进行审计。

增加审计时需关注的内容包括：损失准备的提取及不良资产的处置情况；重大表外项目及其对财务状况和经营成果的影响；不同经营业务及经营区域的资产质量、获利能力和经营风险；法定财务报告与补充财务报告之间的主要差异。

招股说明书正文中的财务资料均应摘自法定财务报告。补充财务报告作为招股说明书附录披露，供投资者判断证券公司财务状况和投资风险时参考。

第十四条 本规定由中国证监会负责解释。

第十五条 本规定自发布之日起施行。

证券公司财务报表附注特别规定

第一条 为规范公开发行证券的证券公司（以下简称证券公司）的信息披露行为，保护投资者的合法权益，依据《中华人民共和国公司法》、《中华人民共和国证券法》等法律法规，制定本规定。

第二条 证券公司编制财务报表附注时，除应遵循中国证券监督管理委员会（以下简称中国证监会）有关财务报表附注的一般规定外，还应遵循本规定的要求。

第三条 证券公司应在主要会计政策中披露如下内容：

（一）客户交易结算资金会计核算办法；

（二）自营证券分类、计价依据、成本结转方法，以及自营证券跌价准备的计提方法；

（三）代理发行证券业务会计核算办法；

（四）代理兑付债券业务会计核算办法；

（五）资产管理业务会计核算办法；

（六）交易席位费的摊销方法；

（七）各项业务收入的确认方法；

（八）一般风险准备的计提标准和管理办法。

第四条 证券公司至少应披露比较式母公司财务报表（汇总分公司和营业部以后的财务报表）的如下主要项目注释：

（一）按代理买卖证券客户、委托管理资产客户和公司分别披露银行存款、清算备付金的期初数和期末数。

（二）按交易场所披露交易保证金的期初数和期末数。

（三）按下列格式披露自营证券：

证券种类	期初数			期末数		
	投资成本	市值	被质押数	投资成本	市值	被质押数
股票						
基金						

国债
企业债券
其他
合计

自营证券中有未流通的，应按成本和参考市价分别披露未流通证券的期初数和期末数。

（四）披露自营证券跌价准备的期初数、本期计提、本期冲转和期末数。本期某类自营证券跌价准备计提比例较大的，应解释其原因。

（五）披露期末金额较大的前五笔拆出资金的单位名称、金额和期限。有拆放境外资金的，须单独列示单位名称、性质、金额和期限。

（六）按交易场所和交易品种披露买入返售证券的期初数和期末数。

（七）披露应收款项如下情况：

1、按性质归类的各种应收款项（如应收认购新股占用款、其他应收款、逾期应收款项等）的期初数和期末数。

2、按逾期帐龄归类的期初和期末各类逾期应收款项（包括逾期拆出资金、逾期买入返售证券、逾期应收股利、逾期应收利息等）的金额和比例。

3、期末应收款项中如有持本公司5%（含5%）以上股份的股东单位的欠款，应单独予以说明。

（八）披露坏帐准备的如下情况：

1、披露坏帐准备的期初数、本期计提、本期收回已转销数、本期核销和期末数。

2、本期某些款项计提坏帐准备的比例或金额较大的，应说明计提的标准和理由。

3、说明对某些金额较大且逾期帐龄较长的应收款项不计提或计提坏帐比例较低的理由。

4、以前年度计提坏帐准备比例或金额较大的款项，在本期又全额或部分收回的，应说明原估计计提比例的理由及现收回的原因。

5、已批准转为坏帐损失的应收款项金额较大的，应说明此笔应收款项的性质和金额。实际冲销的款项中有应收关联方款项的，还应单独披露。

（九）按承销方式披露代发行证券的期初数和期末数。

（十）按兑付债券的方式披露代兑付债券的期初数和期末数。

（十一）按下列格式披露受托资产：

受托资产形态	期初数		期末数	
	帐面值	市值	帐面值	市值
股票				
基金				
债券				
其他				
合计				

期末受托管理的资产（包括股票、债券、基金等）市值低于其成本的10%的，应说明原因。

（十二）披露长期股权投资如下情况：

1、按下列格式披露全资子公司：

被投资公司名称　行业　初始投资额　投资成本增减额　累计权益增减额　期末数

2、按下列格式披露控股子公司：

行业类别　被投资公司数　初始投资额　投资成本增减额　累计权益调整增减额　期末数

工业
商业
金融
房地产
其他
合计

有控股基金管理公司的，须单独披露公司名称和当期收益情况。

3、按行业列示期末联营投资或参股投资的投资项目数和金额。

4、对于长期股权投资中的证券投资，应按类别（如发起法人股、募集法人股、转配法人股、基金投资、其他证券投资等）分别披露期初数和期末数。

期末长期证券投资中有被质押或冻结情况的，应注明其金额和原因。

5、被投资单位不能持续经营、发生重大亏损、净资产为负数等的，应列示被投资单位的名称、期末净资产和公司的投资金额、投资比例、可能或已承担的投资损失等。

（十三）披露长期投资减值准备的期初数、本期计提、本期冲销和期末数，并说明本期投资减值准备的计提方法和比例。本期冲销投资减值准备金额较大的，须披露具体投资项目、金额和动用依据。

（十四）按交易场所披露交易席位费的原始金额、累计摊销或转出数、期末数。

（十五）披露期末金额较大的前五笔质押借款的借出单位名称、本金、利率和期限，并注明被质押证券的种类、帐面成本和来源。

（十六）披露期末金额较大的前五笔拆入资金的单位名称、金额和期限，并注明有无境外单位拆入资金。

（十七）分别按交易场所和交易品种披露卖出回购证券款的期初数和期末数。

（十八）披露应付款项的如下情况：

1、按应付款项类别（如应付交易所配股款、应付承销费、逾期应付款项等）分别列示应付款项的期初数和期末数。

2、期末应付款项中如有欠持本公司5%（含5%）以上股份的股东单位的款项，应披露股东单位名称、金额和款项性质。

3、期末应付款项中如有金额较大的应付拟上市或已上市公司款项，应披露该公司名称、款项性质与金额，并注明是否逾期。

（十九）分别按个人客户和法人客户披露代买卖证券款的期初数和期末数。

（二十）按承销方式分别披露代发行证券款的期初数和期末数。

（二十一）按债券种类披露代兑付债券款的期初数和期末数。

（二十二）按委托资产管理个人客户和法人客户分别披露受托资金的期初数和期末数。如已实现但尚未结算的资产管理利润超过受托资金的10%，须单独披露，并说明公司可能获得的资产管理业绩报酬。

（二十三）分别披露一般风险准备的期初数、本期增加数、本期减少数和期末数。一般风险准备本期减少金额较大的，应说明减少的原因或依据。

（二十四）按代理买卖证券手续费收入、代理兑付债券手续费收入、代理保管证券手续费收入和其他手续费收入分别披露手续费收入的本期数和上期数。

证券公司还应按地理区域披露证券营业部家数以及各区域代理买卖证券业务手续费收入情况。

（二十五）按证券类别披露自营证券差价收入的构成：

项目	本期数	上期数
自营股票差价收入		
自营基金差价收入		
自营国债差价收入		
自营公司债券差价收入		
自营其他证券差价收入		
合计		

（二十六）按下列格式披露证券发行收入：

项目	本期数	上期数
股票发行收入		
A股		
B股		
国债发行收入		
企业债券发行收入		
其他证券发行收入		
合计		

（二十七）按下列格式披露投资收益：

项目	本期数	上期数
股权投资收益　成本法		
权益法		
股权转让收益		
基金投资收益		
债权投资收益		
其他投资收益		
合计		

本期某项投资活动所获取的收益占报告期净利润超过10%（含10%）的，应对该项业务的内容和交易金额等作出说明。

第五条　证券公司专为招股说明书而编制财务报表附注时，应比照本规定，披露至少最近三年比较式利润表和最近三年年末比较式资产负债表重要项目的注释。

第六条　本规定由中国证监会负责解释。

第七条　本规定自发布之日起施行。

创业企业股票发行上市审核规则(征求意见稿)

第一条 为提高创业企业股票发行上市审核工作的透明度，保证审核工作按照公开、公平、公正的原则进行，加强对创业企业股票发行上市行为的监管，保护投资者利益，根据《创业企业股票发行上市条例》的规定，制定本审核规则。

第二条 创业企业股票发行审核委员会(以下简称"发行审核委员会")从事创业企业股票发行上市审核工作，应当遵守本审核规则的规定。

发行审核委员会的组成办法、职责、工作程序及委员的权利、义务另行规定。

第三条 中国证券监督管理委员会(以下简称"中国证监会")依据发行审核委员会的审核意见对申请人的发行上市申请作出核准或不予核准的决定。

中国证监会对创业企业股票发行上市的核准，不表明其对创业企业所发行的股票的价值或者投资人的收益作出实质性判断或者保证。

第四条 申请公开发行股票并在创业板市场上市的企业(以下简称"申请人")应当是合法存续的股份有限公司。

非公司制企业应当先改制设立股份有限公司。

有限责任公司可以改制设立股份有限公司，也可以依法变更为股份有限公司。

第五条 判断申请人是否符合"在同一管理层下，持续经营二年以上"的发行条件时，应当考虑下列因素：

(一)申请人在提出发行申请时，开业时间是否在二十四个月以上；

(二)申请人是否符合管理层稳定的要求，即法定代表人、董事、高级管理人员、核心技术人员以及控股股东，在提出发行申请前二十四个月内是否曾发生重大变化。

(三)申请人是否符合主业突出和持续经营的要求，即在提出发行申请前二十四个月内，是否不间断地从事一种主营业务，该种主营业务是否有实质进展。

前款所称高层管理人员是指公司的经理、副经理、财务负责人、董事会秘书。

前款所称控股股东是指在行使表决权时，可以推荐半数以上的董事或者主要负责人的股东；或可以行使或者控制有表决权股份的数量超过公司股东名册上所列的第一大股东在名义上所持有的有表决权股份的数量的股东；或以其他方式事实控制公司的股东。

第六条 判断原企业是否属于整体改制，是否可以连续计算营业记录时，应当考虑下列因素：

(一)是否进行过经营性资产的剥离；

(二)发起人的出资方式、出资金额对营业纪录可比性的影响；

(三)是否按照资产评估结果进行帐务调整，并按照调整后的资产值折股。

前款所称原企业包括非公司制企业和有限责任公司。

第七条 判断有限责任公司变更为股份有限公司后，是否可以连续计算营业记录时，应当考虑下列因素：

(一)是否进行过资产剥离；

(二)是否以经审计的净资产额作为折股依据；

第八条 判断申请人是否符合"在最近二年内无重大违法违规行为，财务会计文件无虚假记载"的发行条件时，应当考虑下列因素：

(一)在提出发行申请前二十四个月内，是否曾严重违反国家法律、法规；

(二)在提出发行申请前二十四个月内，财务会计文件中是否有虚假记载。

第九条 判断申请人是否符合《创业企业股票发行上市条例》规定的上市条件时，应当考虑下列因素：

(一)首次公开发行新股后，股本总额是否达到人民币二千万元；

(二)首次公开发行新股后，持有股票面值达人民币一千元以上的股东是否达到二百人；

(三)首次公开发行新股后，公开发行的股份是否达到公司股份总数的百分之二十五以上；

(四)首次公开发行新股后，本次发行前的股东持有的股份是否达到公司股份总数的百分之三十五以上。

第十条 判断申请人是否符合发行上市条件时，还应当考虑下列因素：

(一)在申请股票发行时的审计基准日，其经审计的有形净资产是否达到人民币八百万元；

(二)最近二个会计年度经审计的主营业务收入净额合计是否达到人民币五百万元，最近一个会计年度经审计的主营业务收入净额是否达到人民币三百万元；

(三)在申请股票发行时的审计基准日，资产负债率是否不高于百分之七十。

(四)招股说明书、上市公告书是否符合《中华人民共和国公司法》、《中华人民共和国证券法》等法律、法规、规范性文件关于信息披露的规定；

(五)是否已聘请主承销商进行辅导；

(六)是否已聘请保荐人。

前款所有有形净资产是指总资产减去总负债减去无形资产(不包括土地使用权)后的净值。

前款所称主营业务收入净额是指主营业务收入减去折扣与折让后的净额。

第十一条 判断申请人是否符合发行上市条件时，还应当关注下列因素：

(一)申请人产品的科技含量；

(二)申请人的发展潜力和成长性；

(三)全部或大部分资产是否为现金、短期投资或长期投资；

(四)在提出发行申请前十二个月内，是否进行过合并、分立、资产置换、资产剥离等重大资产重组行为；

(五)在提出发行申请前十二个月内，是否进行过增资扩股；

(六)主营业务收入是否主要来自关联交易；

(七)是否与控股股东或并行子公司存在同业竞争；

(八)是否已按照《中华人民共和国公司法》的有关规定，建立和健全组织机构；

(九)是否已按照《创业企业股票发行上市条例》的规定设立独立董事，强化法人治理结构；

(十)发起人的数量；

(十一)认股权或股票期权的设置；

(十二)会计师出具的审计报告是否为非标准无保留审计意见。

第十二条 判断独立董事是否符合要求时，应当关注下列因素：

(一)董事会中的独立董事是否达到二名；

(二)独立董事是否具备相应的任职能力和独立性。

第十三条 本审核规则自公布之日起施行。

创业企业股票发行核准程序(征求意见稿)

为提高创业企业股票发行核准工作的透明度，根据《中华人民共和国证券法》、《创业企业股票发行上市条例》的有关规定，现将创业企业股票发行核准程序公告如下：

一、审阅申请文件草稿

发行人按照中国证监会颁布的《创业企业公开发行股票申请文件标准格式》制作申请文件草稿，由主承销商推荐并向深圳证券交易所报送。

主承销商在报送申请文件草稿前，参照《股票发行上市辅导工作暂行办法》对发行人进行辅导，并出具辅导总结报告。

主承销商在报送申请文件草稿前，深圳证券交易所组织对发行人的董事、监事和高级管理人员进行《公司法》、《证券法》等法律法规考试。

深圳证券交易所审阅发行人申请文件草稿，并将审阅意见函告发行人及其主承销商。

二、受理申请文件

深圳证券交易所收到创业企业正式申请文件后 5 个工作日内作出是否受理的决定。同意受理的，根据国家有关规定收取审核费人民币 3 万元。不同意受理的，说明不予受理的理由。

三、创业企业股票发行审核委员会审核

深圳证券交易所对正式申请文件进一步审核，并在受理后 45 日内,将初审报告和正式申请文件提交创业企业股票发行审核委员会审核。

创业企业股票发行审核委员会按照规定程序开展审核工作,委员会进行充分讨论后,提出审核意见。

四、征求意见

创业企业通过发行审核委员会审核后,中国证监会征求省级人民政府或国务院有关部门的意见,省级人民政府或国务院有关部门在7个工作日内未表示意见的,视作无异议处理。

五、核准发行

依据创业企业股票发行审核委员会的审核意见,中国证监会对发行人的发行申请作出核准或不予核准的决定。核准的,出具核准公开发行的文件。不予核准的,出具书面意见,说明不予核准的理由。

自深圳证券交易所受理申请文件到中国证监会作出决定的期限为3个月。

未被核准的创业企业,在1年内不得再次提出在创业板市场发行股票的申请。

六、复议

发行申请未被核准的企业,接到中国证监会书面决定之日起60日内,可提出复议申请。中国证监会收到复议申请后60日内,对复议申请作出决定。

创业企业公开发行股票申请文件标准格式(征求意见稿)

一、发行申请文件的纸张、封面及份数

(一)纸张

采用幅面为209×295毫米规格的纸张(相当于A4纸张规格)

(二)封面、侧面标识

1、标有"创业企业发行股票申请文件"字样

2、申请企业名称

封面后附发行人及有关中介机构联系表

侧面标注发行人名称

(三)份数

1、申请文件报送五份,其中一份为原件。

2、申请文件经补充、修改后,发审会之前根据中国证监会授权单位要求的份数补报材料。发审会通过后,除原件存档外,其余申请文件退发行人。

二、发行申请文件目录

第一章发行人主承销商出具的有关文件

1—1 推荐意见书

1—2 辅导总结报告

1—3 承诺函(申请文件真实、准确、完整)

1—4 发行申请文件核对表

第二章发行授权文件

2—1 发行人发行申请报告

2—2 发行人股东大会同意公开发行股票的决议

第三章设立股份有限公司的文件

3—1 批准公司设立的文件

3—2 发行人营业执照

3—3 发起人的营业执照或其他身份证明文件

第四章公司章程

4—1 公司章程(草案)

4—2 股东大会批准修改公司章程的决议

第五章招股说明书

5—1 招股说明书

5—2 招股说明书概要

5—3 招股说明书附件

5—3—1 审计报告、会计报表及附注

5—3—2 盈利预测报告(如有)

5—3—3 资产评估报告(如有)

5—3—4 法律意见书

5—3—5 验资报告

第六章资金运用的可行性分析

6—1 全体董事签字的募集资金运用可行性分析

6—2 股东大会关于募集资金运用的决议

6—3 需要立项审批的固定资产投资项目,应提供有关部门同意立项的批准文件

第七章发行方案

7—1 发行方案

7—2 发行公告

7—3 发行定价分析报告

第八章定向募集公司申请公开发行股票还须提交的文件

8—1 定向募股书或募股通函

8—2 前次发行募集资金的使用情况说明

8—3 股本演变情况的说明及有关法律文件

8—4 托管机构出具的托管证明文件

8—5 省级人民政府或国务院有关部门关于该公司内部职工股清理情况及股票托管情况的确认文件

8—6 主承销商和发行人律师关于公司股本形成及演变情况的核查文件

第九章发行申请文件的附件

9—1 土地使用证或土地使用权处置方案(如有)

9—2 资产评估的确认文件(如有)

9—3 历年股利发放情况的说明及有关法律文件

9—4 承销协议

9—5 保荐协议

9—6 知识产权或其它技术成果证明文件

9—7 重大关联交易合同

9—8 各中介机构及有关人员的证券从业资格证书

注:1.文件中的页码必须与目录中的页码相符

2.页码标注的举例说明

例如:第四章4—1的页码标注为:4—1—1,4—1—2,4—1—3,......4—1—n。

创业企业股票发行上市保荐制度暂行办法(征求意见稿)

第一章　总　则

第一条　为建立创业企业股票发行上市保荐制度,防范和化解创业板市场的风险,保护投资者合法权益,根据《创业企业股票发行上市条例》第九条的规定,制定本暂行办法。

第二条　证券公司担任创业企业股票发行上市申请人(以下简称"被保荐人")的保荐人,从事创业企业保荐工作,适用本暂行办法。

第二章　保荐人资格

第三条　保荐人必须是具有股票主承销商资格的证券公司或中国证券监督管理委员会(以下简称"中国证监会")认定的其他机构。

第四条　具有股票主承销商资格的证券公司自动取得创业企业保荐人资格,无需再向中国证监会提出取得资格的申请。

第五条　保荐人可以由发行人的主承销商担任,也可以由其他具有保荐人资格的机构担任。

第三章　保荐责任

第六条　保荐期限为股票发行上市期间、股票上市当年的余下时间及其后的二个会计年度。

第七条　保荐人在被保荐人股票发行上市期间应承担下列保荐责任:

(一)按照本行业公认的业务标准、道德规范和勤勉尽责精神,为被保荐人提供股票发行上市的专业指导意见;

(二)核查被保荐人的基本情况,确信其具备《创业企业股票发行上市条例》及其他相关法律、法规、规范性文件规定的发行上市条件;

（三）指导被保荐人按照规范要求制作股票发行上市申请文件，并对股票发行上市申请文件的真实性、准确性、完整性承担连带责任；

（四）指导被保荐人建立规范的法人治理结构；

（五）确信被保荐人的全体董事具备担任董事职务所需的专业技能及经验，确信被保荐人的全体董事充分了解其作为创业板上市公司董事应遵循的法律、法规及相关责任；

（六）代表被保荐人报送股票发行上市申请文件并负责与中国证监会和交易所进行沟通；

（七）中国证监会规定的其他保荐责任。

第八条 保荐人在被保荐人股票上市当年的余下时间及其后的二个会计年度内应承担下列保荐责任：

（一）按照本行业公认的业务标准、道德规范和勤勉尽责精神，为被保荐人持续提供遵守相关法律、法规及交易所相关规则的专业指导意见并指导其规范运作；

（二）督促被保荐人严格履行公开披露文件中承诺的业务发展目标、募集资金使用及其他各项义务；

（三）督促并指导被保荐人按照相关法律、法规及交易所上市规则的规定，真实、准确、完整、及时地披露信息。

（四）认真审核被保荐人拟公告的所有公开披露文件，确信其符合有关信息披露规则的规定；

（五）对被保荐人公开披露文件的真实性、准确性、完整性有疑义时，应当向被保荐人指出并进行核实。发现重大问题时，及时向中国证监会和交易所报告。

（六）代表被保荐人与中国证监会和交易所进行沟通，参加被保荐人与中国证监会和交易所进行的所有正式会谈；

（七）中国证监会规定的其他保荐责任。

第九条 为明确保荐人和被保荐人间的权利义务，双方应就保荐问题订立相关协议，对双方的权利义务及保荐费用作出约定。

第十条 保荐人应至少指定二名有三年以上证券从业经验的业务人员从事某一企业的保荐工作。

保荐人应当建立适当的内控制度，确保业务人员相对稳定、勤勉尽责。

保荐人应当在公司内部建立保密制度，确保从事保荐业务的部门与其他部门之间的信息隔离。

第十一条 证券公司在下列情况下不得接受被保荐人的聘请，从事保荐工作：

（一）证券公司持有被保荐人百分之七以上的股份，或是其前五名股东之一；

（二）被保荐人持有证券公司百分之七以上的股份，或是其前五名股东之一；

（三）证券公司与被保荐人之间具有其他有重大影响的关联关系。

第十二条 保荐人应当建立保荐工作档案，保留时间为五年，自保荐工作完成之日起计算，中国证监会可随时调阅保荐工作档案。

第十三条 被保荐人的公开披露文件依法公开前，保荐人不得公开或泄露有关文件的内容。

保荐人不得利用被保荐人的有关信息直接或间接地为本公司或他人谋取利益。

保荐人及其业务人员在保荐期限内买卖被保荐人股票的，应当自买卖之日起三日内向中国证监会和交易所报告并公告。

第十四条 在本暂行办法规定的期限内，保荐人和被保荐人不得解除保荐协议，但有特殊理由的除外。

自保荐协议解除之日起三日内，被保荐人应当在中国证监会指定的报刊上公开披露有关信息，并说明解除保荐协议的理由，同时报中国证监会和交易所备案。

第十五条 被保荐人必须在保荐协议解除后三个月内聘请新的保荐人，否则将暂停其股票上市。

新的保荐人从继任之日起承担保荐责任。

第十六条 保荐人在规定期限内违反本规定的，中国证监会将根据情节轻重采取如下处罚措施：

（一）通报批评；

（二）公开批评；

（三）警告；

（四）没收非法所得；

（五）罚款；

（六）暂停其保荐人资格；

（七）取消其保荐人资格。

第十七条 保荐人在被暂停保荐人资格期间，不得再开展新的保荐业务，但仍可以从事股票承销业务。

保荐人被取消保荐人资格的，必须停止所有创业企业的保荐业务，但仍可以从事股票承销业务。

第四章　其　他

第十八条 本暂行办法由中国证监会负责解释。

第十九条 本暂行办法自公布之日起施行。

创业企业股票发行审核委员会暂行办法（征求意见稿）

第一章　总则

第一条 为保证创业企业股票发行审核工作的公开、公平、公正，提高发行审核工作的质量和透明度，根据《中华人民共和国证券法》、《创业企业股票发行上市条例》等有关法律、法规的要求，制定本办法。

第二条 中国证券监督管理委员会（以下简称"中国证监会"）创业企业股票发行审核委员会（以下简称"发审委"）依照法定条件审核创业企业股票发行上市申请，提出审核意见。中国证监会根据审核意见，对股票发行申请作出核准或不予核准的决定。

第三条 发审委通过审核工作会议履行职责。

第二章　组成办法

第四条 发审委由中国证监会聘请的50专家组成。发审委员会从证券交易所、证券公司、取得证券法律业务从业资格的律师事务所、取得证券业务从业资格的会计师事务所、证券投资基金管理公司、及其他机构中产生，由中国证监会授权机构提出人选，报中国证监会批准。委员所在单位应当违委员履行职责提供便利，保证委员能够出席会议。

第五条 发审委根据审核工作需要，可以邀请委员以外的专家到会提供专业咨询意见。发审委委员以外的专家没有表决权。

第六条 发审委委员应具备以下条件：

（一）坚持原则，公正廉洁，勤勉尽责；

（二）熟悉有关法律、法规；

（三）身体健康；

（四）在业内有良好声誉。

第七条 发审委委员每届任期1年，可以连任；但每次换届至少更换1/3的委员，每个委员连续任期最长不超过3届。

第八条 发审委委员有下列情况之一的，由中国证监会予以解聘，并向社会公布：

（一）任期内严重失职或者违反法律、法规和发行审核纪律的；

（二）2次无故不出席或3次不能出席发审委会议的；

（三）任期内因工作变动而不宜继续担任委员的；

（四）不适合担任委员的其他情况。

（五）不适合担任委员的其他情况。

第九条 中国证监会授权机构应当设立发审委工作机构，负责安排发审委会议、送达有关审核材料、起草发审委员会议纪要、保管档案等具体工作。发审委工作所需费用，由中国证监会授权机构支付。

第十条 发审委委员的聘任及变动情况，应当及时在中国证监会指定的报刊上公布，接受社会监督。

第三章　委员的职责、权利与义务

第十一条 发审委员会的职责是：根据国家有关法律、法规和规范性文件，对创业企业的股票发行资格、条件等独立发表审核意见。

第十二条 发审委委员依法履行职责时，享有下列权利：

（一）以个人身份出席会议，独立发表审核意见，不受任何单位和个人干涉；

（二）通过中国证监会及其授权机构调阅履行职责所必需的申请人的有关材料。

第十三条 发审委委员在履行职责时，应当遵守下列规定：

（一）认真审阅股票发行申请文件，按时出席会议，客观公正地发表审核意见；

（二）不得利用所得到地非公开信息为本人或者他人直接或者间

接谋取利益；

（三）不得以委员身份从事商业活动；

（四）保守国家秘密和申请人的商业秘密；

（五）不得透露发审委会议议程、出席会议地人员、讨论内容、表决情况以及其他有关情况；

第十四条 发审委委员在下列情况下，应当回避：

（一）委员或其亲属担任申请人或相关中介机构地董事、监事、高级管理人员的；

（二）委员或其亲属持有申请人股权的；

（三）委员或其情书担任董事、监事、高级管理人员的公司与申请人有业务竞争或业务关系，可能影响其公正履行职责的；

（四）有其他利害关系，可能影响其公正履行职责的。

前款第（一）、（二）、（三）项所称亲属，是指配偶、直系血亲、三代以内旁系血亲以及近姻亲。

第四章 工作程序

第十五条 发审委委员分为2组，每组由25人组成。

第十六条 发审委每组设立2名召集人，由中国证监会指派。

第十七条 召集人行使下列职权：

（一）召集发审委审核工作会议；

（二）为发审委委员提供有关发行上市制度的咨询；

（三）组织起草发审委指导意见。

第十八条 发审委审核工作会议的法定人数为7人，参会委员由发审委工作机构按照专业结构合理的原则从一组中随即确定。

第十九条 发审委审核工作会议可采用"分别审阅，集中讨论"和"集中审阅，集中讨论"两种方式。

采用"分别审阅，集中讨论"方式时，发审委工作机构应当在发审委会议召开的5个工作日前，将会议通知及发行申请材料送达与会委员。

采用"集中审阅，集中讨论"方式时，所有委员提前两个工作日到指定地点集中审阅材料。

第二十条 发审委在对发行申请进行审核时，可以要求申请人的董事人的董事长或其授权代表到会进行陈诉和答辩。

第二十一条 发审委在充分讨论的基础上，对申请人的股票发行申请提出审核意见。

第二十二条 审核工作会议不能形成审核意见的，应当由同一组委员再次审核。经过三次讨论仍不能形成审核意见的，申请人应当撤回股票发行申请。申请人自撤回申请之日起六月后，可重新提出股票发行申请。

第二十三条 审核工作会议无法对某一重大事项形成一致意见时，可进行无记名投票表决，表决结果采用简单多数通过的原则。

第二十四条 审核工作会议后，申请人出现可能影响其股票发行的重大事项或有关文件已失效的，中国证监会授权机构应当将其发行申请重新提交发审委讨论。

第二十五条 发审委应建立定期沟通制度，对审核工作进行总结，并将形成的原则性指导意见以规范的形式向社会公布。

第五章 附 则

第二十六条 本办法由中国证监会解释，自发布之日起施行。

创业板公司招股说明书

关于公开发行证券公司信息披露内容与格式准则第9号创业板公司招股说明书（2000年9年15日征求意见稿）

目录

第一章 总则

第一条 为规范创业板公司股票发行的信息披露行为，保护投资者利益，根据《中华人民共和国公司法》（以下简称"《公司法》"）、《中华人民共和国证券法》（以下简称"《证券法》"）、《创业板公司股票发行上市条例》（以下简称"《发行上市条例》"）和《创业板公司信息披露管理办法》等法规，制定本准则。

第二条 根据《公司法》、《证券法》和《发行上市条例》，申请在中华人民共和国境内公开发行股票并在创业板上市的公司（以下简称"发行人"）应当按照本准则编制招股说明书。

第三条 本准则的规定是对发行人招股说明书披露信息的最低要求。凡对投资者投资决策有重大影响的信息，不论本准则是否有明确规定，均应披露。本准则某些具体要求对发行人确实不适用的，发行人可根据实际情况在不影响披露内容完整性的前提下做出适当修改，同时向证券交易所予以说明。

由于商业秘密（如核心技术、涉及主要客户的重大合同等）致使某些信息确实无法披露的，可向证券交易所申请豁免。

第四条 发行人应当在招股说明书有关部分充分披露发行人及所属行业在科技含量、初创性与成长性、业务与盈利能力的稳定性以及市场竞争等方面的现状与前景，并向投资者重申相关的风险。

第五条 发行人应当在招股说明书中至少披露最近二十四个月的经营业绩及相关财务资料。发行人设立时间不足二十四个月的，应当披露其可以连续计算的经营业绩及相关财务资料。所引用的财务报告资料必须经具有执行证券期货相关业务资格的注册会计师审计。

第六条 招股说明书的有效期为三个月，自中国证监会下发核准通知之日起计算，招股说明书在披露之日所引用经审计财务资料的截止日应在最近六个月以内。发行人在招股说明书有效期内未能发行股票，或招股说明书中包含的财务资料已过期的，应重新修订或补充招股说明书，并将有关修改部分提交证券交易所审核。经审核后，如果证券交易所认为该等修订或补充已经对发行人公开发行申请构成实质修改，则应重新履行核准程序。

第七条 招股说明书是发行人向中国证监会申请公开发行股票时申报材料的必备部分。发行人披露的招股说明书应当经中国证监会核准。招股说明书经核准之日起至披露前，发生与申报材料不一致或应予补充披露的事项时，如取得新的重大专利或特许权、管理层发生重大变动、重大税收政策变化以及新的重大投资与融资行为等，应当及时修改招股说明书，并将有关修改部分提交证券交易所审核。经审核后，如果证券交易所认为该等修订或补充已经对发行人公开发行申请构成实质修改，则应重新履行核准程序。

第八条 招股说明书披露后至承销期结束期间，又发生第七条规定的变化，发行人也应及时履行信息披露义务，公告该等变化。

第九条 发行人在编制招股说明书时还应当遵循如下一般要求：

（一）招股说明书引用的数据应当注明资料来源，事实应当有充分、客观、公正的依据；

（二）招股说明书引用的数字应采用阿拉伯数字，有关金额的资料除特别说明之外，应指人民币金额，并以元、千元或万元为单位；

（三）发行人可根据有关规定或其他需求，编制招股说明书外文译本，但应保证中外文文本的一致性，并在外文文本上注明："本招股说明书分别以中、英（或日、法等）文编制，在对中外文本的理解上发生歧义时，以中文文本为准。"

（四）招股说明书全文文本应采用质地良好的纸张印刷，幅面为209X295毫米（相当于标准的A4纸规格）；

（五）招股说明书不得刊载任何个人、机构的题字，任何有祝贺性、恭维性或推荐性的词句，以及任何广告、宣传性用语。

第十条 发行人及其承销商应当在承销开始前二至五个工作日内将招股说明书摘要刊登在中国证监会指定的至少一种报刊上，将招股说明书全文刊登在中国证监会指定的网站上，并将正式印刷的招股说明书全文文本置备于发行人住所、拟上市证券交易所、主承销商、保荐人和其他承销机构办公场所及其发售网点，以备公众查阅。

招股说明书全文文本按本准则第二章至第二十章的要求编制。招股说明书摘要按本准则第二十一章的要求编制。在指定报刊刊登的招股说明书摘要最小字号为标准6号字。

第十一条 发行人可以将招股说明书全文及摘要刊登在其他网站和报刊上，但其披露时间不得早于披露在中国证监会指定网站和报刊上的时间。

第十二条 在招股说明书披露前，任何当事人不得泄露有关的信息。

第十三条 发行人应在披露招股说明书后十天内将正式印刷的招股说明书全文文本一式五份分别报送证券交易所及其在发行人所在地的派出机构。

第十四条 发行人董事会必须保证招股说明书内容的真实性、准确性、完整性，发表同意意见的董事会成员应就其保证承担连带的法律责任。

第二章 封面、书脊、扉页、目录、释义

第十五条 招股说明书全文文本封面应当标有"＊＊＊公司公开发行股票并拟在创业板上市招股说明书"字样，并应载明发行人住所及招股说明书公告时间。

第十六条 招股说明书全文文本书脊应当标明（若可能）"＊＊＊公司公开发行股票并拟在创业板市场上市招股说明书"字样。

第十七条 招股说明书全文文本扉页应当刊登如下内容：发行股票类型、预计发行量、每股面值、发行方式、发行价格、预计发行日期、申请上市证券交易所、主承销商及保荐人等。

第十八条 扉页应当刊登发行人董事如下声明：

"发行人全体董事已批准本招股说明书（如个别董事有不同意见，应披露其姓名及不同意见），确认遵循有关法规的规定，不存在虚假、误导性内容或重大遗漏，并保证对其真实性、准确性、完整性承担连带责任。"

"根据《公司法》、《证券法》等法律法规，发行人董事、高级管理人员依法负有诚信和勤勉尽责的义务和责任，若有违反之情形，任何当事人皆可依现行有效法律采取法律行动。"

"证券监督管理机构及其他政府部门对本次发行所做出的任何批准或认可，均不表明其对发行人所发行股票的价值或者投资人的收益作出实质性判断或者保证。任何与之相反的声明均属虚假不实陈述。"

"根据《证券法》等法律规定，股票依法发行后，发行人经营与收益的变化，由发行人自行负责，由此变化引致的投资风险，由投资者自行负责。"

第十九条 会计师事务所对发行人财务报告出具非标准无保留意见审计报告的，发行人还应当作如下提示：

"××会计师事务所对本发行人财务报告出具了有解释性说明段的无保留意见（或保留意见等）审计报告，请投资者注意阅读该审计意见全文及相关财务报表附注。发行人董事会、监事会对相关事项已作详细说明，也请投资者注意阅读。"

第二十条 招股说明书目录应当标明各章、节的标题及相应的页码。

第二十一条 招股说明书释义应在目录次页排印，对招股说明书中具有特定含意的术语明确作出解释。

第三章 概 览

第二十二条 发行人应当在本部分起首声明"本节资料摘录自招股说明书全文。投资者作出投资决策前，应该认真阅读招股说明书全文。"

第二十三条 发行人应当在本部分摘录招股说明书的主要内容，包括发行人简介，发展规划，最近二十四个月的主要财务数据，主要风险因素与募集资金主要用途等。其中，主要财务数据应包括经审计财务报告中的期初、期末资产总额、负债总额、股东权益总额，以及每一期间的主营业务收入、主营业务利润、其他业务利润、营业利润、投资收益与利润总额等。

第四章 本次发行概况

第二十四条 发行人应当披露本次发行的基本情况，主要包括：股票种类、每股面值、预计发行股数及占发行后总股本的比例、预计每股发行价、预测盈利总额（如有）及发行后每股盈利、发行前和发行后每股净资产、拟发行方式与发行对象、承销方式、本次发行预计实收募股资金和发行费用。

上述发行费用包括承销费用、审计费用、验资费用、评估费用、律师费用、印刷费用、上网发行费用及其他费用。其中，其他费用应当列出主要的明细项目。

第二十五条 发行人应当披露下列当事人的名称、法定代表人、办公地点、电话、传真以及本次发售有关事项负责人的姓名：

（一）发行人及其董事会秘书；

（二）主承销商及承销团成员，保荐人；

（三）律师事务所和签字律师；

（四）会计师事务所和签字注册会计师；

（五）资产评估机构和签字注册资产评估师（若有）；

（六）股票登记机构、收款银行；

（七）其他与本次发售股票有密切关系的机构和个人。

发行人若与中介机构以及该中介机构的董事、监事和高级管理人员之间直接或间接存在股权关系的，应予披露。

第二十六条 发行人应当根据不同的发行方式，披露至上市以前的各个重要日期，包括：招股说明书公布日期、发行公告刊登日期、申购期、资金冻结日期、定价日、摇号日期、摇号结果公布日期、划款期等。

第五章 风险因素

第一节 披露的基本要求

第二十七条

发行人应当充分、具体地披露有关业务、市场营销、技术、财务、法律、募股资金投向等方面存在的重大不确定性因素。对这些风险因素能进行定量分析的，应进行定量分析；无法进行定量分析的，应作出定性描述。

发行人如在最近二十四个月内曾由于上述重大不确定性因素导致经营受到重大影响的，应当披露该影响的事项及金额（如有）。

第二十八条 发行人可以针对所披露的风险因素，说明已采取或准备采取的具体措施。

第二十九条 发行人可以将所披露的风险因素区分为行业风险（即发行人自己不能控制的风险）与发行人经营管理风险两类进行披露。

第三十条 发行人可以不按照本规定所列示的顺序，而应针对自身实际情况，根据重要性原则披露风险因素。

第二节 可披露风险因素

第三十一条 对技术风险，应当重点说明发行人存在的技术不成熟及技术市场化、产业化和经营规模化方面的风险，过度依赖核心技术人员、管理人员的风险，过度依赖某一特定的知识产权、非专利技术的风险，发行人核心技术依赖他人和核心技术保护期短或容易失秘的风险，产品或技术存在被淘汰的风险，以及新产品开发、试制方面的风险等。

第三十二条 对市场风险，应当重点说明发行人存在的受商业周期或产品生命周期影响的风险，市场竞争力，市场饱和或市场分割的

风险,过度依赖单一产品或市场的风险以及国际市场影响等。

第三十三条 对经营风险,应当说明过度依赖某一重要原材料、自然资源或供货渠道的风险,主营业务变更的风险,主营业务单一的风险,经营场所过度分散的风险,以及所从事行业不景气的风险等。

第三十四条 对政策性风险,应当说明国家政策、法规变化的风险,包括由于税收及财政补贴政策、产业政策、行业管理政策,环保政策的限制或变化等可能导致的不利影响等。

第三十五条 对财务风险,应当说明对外投资收益不确定的风险,资产流动性风险,存在担保、质押等或有负债的风险,债务结构不合理的风险,应收款项呆坏帐的风险,难以持续融资的风险,以及对外控股、参股单位财务失控的风险等。

第三十六条 对募股资金投向风险,应当说明投资项目因市场、技术、环保、财务等因素导致的风险,特定收购兼并项目上的风险,股权投资及与他人合作的风险,以及项目组织实施的风险等。

第三十七条 对管理风险,应当说明组织模式和管理制度存在局限引致的风险,与控股股东及其他重要关联人存在同业竞争及重大关联交易引起的风险,发行后大股东可能变更或通过二级市场减持股份等因素引起管理层和管理政策不稳定的风险,以及公司内部激励机制和约束机制不健全的风险等。

第三十八条 对其他风险,应当说明存在的法律诉讼和仲裁的风险,因安全隐患和自然灾害引起的风险以及因涉及外汇收支而形成的外汇风险等。对我国加入世界贸易组织后受影响较大的行业,还应说明如我国加入世界贸易组织将对发行人造成的风险等。

第六章　发行人基本情况

第一节　发行人基本资料

第三十九条 发行人应披露注册中、英文(如有)名称及缩写,法定代表人,成立(工商注册)日期,注册地址、办公地址及其邮政编码,电话、传真号码,互联网网址,电子信箱等。

第四十条 发行人应披露历史沿革及经历的改制与重组情况,包括其设立方式,发起人或股东出资情况,资产评估,验资和财产产权的变更情况等。如是无形资产出资或折股的,应详细披露无形资产的内容、出资或折股的方式和比例、评估的具体情况等。

第四十一条 发行人应简要介绍职工情况,包括职工人数及变化情况、专业结构、受教育程度、年龄分布、公司执行社会保险制度、劳动合同制度的情况。

第四十二条 发行人应披露供应、生产和销售组织情况,说明发行人是否具有独立完整的生产经营能力,是否在人财物方面已与控股股东做到完全独立。

第二节　控股股东与其他主要股东的情况

第四十三条 发行人应当披露其控股股东与其他主要股东或有实质控制权股东的基本情况。如是自然人的,应披露该自然人的姓名及简要背景,如是法人股东,应披露:

(一)名称及其股权的构成情况;

(二)成立日期、主要业务、注册资本、上一年末总资产与净资产、主营业务收入、净利润、主要负债、管理层主要成员;

(三)所持有的发行人股票被质押的情况。

对有实质控制权的股东,还应依照本条第一款的规定向上披露其上一层股东的情况。

第四十四条 对发行人控股股东的分公司、子公司和参股企业、联营企业,应用方框图列示其结构和关系。

第三节　发行人的内部组织结构

第四十五条 发行人应当用方框图形式披露权益投资情况,包括各直接或间接控股的子公司及参股公司,向下披露至对发行人财务状况和经营成果等有实质影响的其他下属公司。

第四十六条 发行人应当披露各直接或间接控股的子公司、参股公司及其下属公司的主要业务、基本财务状况、主要管理层以及其控股和参股单位等情况。

第四十七条 发行人应当披露内部组织机构情况,包括各主要职能部门、拥有的各个分公司或生产车间的情况。

第七章　股本和关联关系股东、管理层持股及其承诺

第一节　股本

第四十八条 发行人应当披露下列有关股本的情况:

(一)发行人股权结构的历次变动情况;

(二)外资股份(若有)持有人的有关情况;

(三)持股量列前十名自然人的姓名,是否在发行人单位任职;

(四)股东中的风险投资或战略投资者持股及其简况;

(五)本次拟发行的股份,本次发行后公司股本结构;

(六)本次发行前持有发行人5%以上(含)股权的股东名单及其简要情况。如果股东总数超过10名,但持股5%以上的股东不足10名时,则应提供按持股比例排列的前10名股东的名单及简要情况。

第二节　关联关系股东、管理层持股及其承诺

第四十九条 发行人应根据充分披露原则和重要性原则,以关联图或其他必要的图示的形式,披露发行人各股东的持股比例和它们相互间的关联关系。

第五十条 发行人的董事、监事、高级管理人员和核心技术人员直接或间接持有发行人股份的,应按以下类别披露上述人员拥有发行人股份的情况:

(一)个人持股一即以董事、监事、高级管理人员和核心技术人员的名义持有的股份,或由其授权或指示他人代其持有的股份;

(二)家属持股一即董事、监事、高级管理人员和核心技术人员的亲属持有的股份;

(三)公司持股一即董事、监事、高级管理人员和核心技术人员通过其能够直接或间接控制的公司持有的股份。

对以上权益应具体列出持有人名称,所持股份的获得方式,前两年内股份增减变动情况,前两年末持股数量与所占比例,本次发行后所占比例。

第五十一条 发行人应当披露主要股东、管理层股东作出的重要承诺,包括所持股份自愿锁定、质押方面的承诺等。

第八章　业务记录

第一节　所处行业有关情况

第五十二条 发行人应当披露所处行业国内外基本情况,包括行业管理体制、行业竞争状况、市场容量、投入与产出、技术水平以及以上因素的发展趋势等。

第五十三条 发行人应当披露影响本行业发展的有利和不利因素,如产业政策、产品特性、技术替代、消费趋向、购买力与国际市场冲击等因素,说明进入本行业的主要障碍等。

第五十四条 发行人应当披露面临的主要竞争状况,包括自身的竞争优势及劣势、市场份额变动的情况及趋势,同行业竞争的情况等。

第二节　主要业务

第五十五条 发行人应当披露可以连续计算的至少二十四个月的业务发展情况,包括:

(一)主要产品或服务的研究开发简要历程;

(二)主要产品或服务的性能、质量水平、核心技术的取得方式;

(三)市场开发和拓展情况;

(四)主要产品或服务的销售方式;

(五)占主营业务收入总额10%以上的主要业务、产品收入额及在主营业务收入总额中所占的份额;

(六)如跨国经营,且境外产品收入额占主营业务收入总额10%以上的,应按国家或地区披露主要业务、产品收入额及所占比例;

(七)投资收益占发行人利润总额10%且金额在100万元以上的对外投资情况,包括被投资企业前二十四个月的主营业务内容及收入、核心技术、主要资产、主要负责人等;

(八)与他人合作业务的合作方及合作条件。

第五十六条 发行人应当披露前二十四个月内的活跃业务记录,包括盈利或亏损情况,在研究及发展新产品及新工艺方面所采取的措施,主要业务实质性进展情况,经历过的任何重大挫折,未来发展的潜力等。

第五十七条 发行人应当披露特许经营权(若有)情况,包括对发行人持续生产经营的影响,特许经营权的取得或租用的情况,特许经营权的期限、费用标准等。

第五十八条 发行人应当披露合营、联营合同事项或类似业务安排(若有)。

第五十九条 发行人若在中华人民共和国境外地区进行经营,应对有关业务活动进行地域性分析。若发行人在境外拥有资产,须详细披露该资产的金额、所在地、形成过程、对其的经营管理以及获利情况等。

第六十条 发行人应当披露主要产品和服务的质量控制情况,包括质量控制标准、质量控制措施、是否出现过产品质量责任纠纷等。发行人在境外有产品销售或提供服务的,还应预估并披露如发生质量责

任纠纷可能带来的赔偿责任及数额。

第六十一条 发行人应当披露主要客户及供应商如下资料：

(一)前5大供应商所占的采购百分比；

(二)前5大客户所占的营业额或销售百分比；

(三)发行人董事、监事、高级管理人员和核心技术人员及其关联方或持有发行人5%以上股份的股东在上述供应商或客户中所占权益。若无，亦应说明。

第六十二条 发行人若在发行前进行过业务和资产重组，应重点披露相关情况。发行人属于改组或分拆组建的，应说明业务重组或分拆的情况。

第九章 技 术

第六十三条 发行人应当披露主要技术指标和技术先进性情况。发行人的名称及股票简称中带有"科技"或"高新技术"之类字句的，应说明冠名的依据。对于高成长性公司的，则应着重说明其经营创新情况，包括特有的经营模式、经营专长及在管理营销等方面的优势。

第六十四条 发行人应当披露核心技术的来源，说明是否拥有核心技术的所有权。对核心技术没有独立产权的，则应详细披露核心技术的取得渠道、方式及其成本。说明核心技术在国内外同行业的先进性。

第六十五条 发行人应当披露主导产品或业务、拟投资项目的技术水平，或者所采取的先进生产工艺或技术诀窍、运用的新材料及新的生产手段、节能技术、新的生产组织方式等。

第六十六条 发行人应当披露对其有重大影响的知识产权、非专利技术情况，包括：

(一)发行人所有或使用的知识产权、非专利技术的名称、用途、价值、占发行人总资产和净资产的比例；

(二)发行人所有或使用的知识产权的保护状况，如发明、实用新型、外观设计是否已申请专利；

(三)发行人所有或使用的知识产权的剩余保护年限。

发行人允许他人使用自己所有的知识产权、非专利技术，或作为被许可方使用他人的知识产权、非专利技术的，应对许可合同的主要内容予以说明，包括许可人、被许可人、许可方式、许可年限、使用费等。

第六十七条 发行人应当披露产品生产技术所处的阶段，即处于基础研究、中试、小批量生产或大批量生产等阶段，已有产品或服务的市场占有率。

第六十八条 发行人应当披露研究开发情况，包括研究开发机构的设置，研究人员的构成，正在从事的项目及进展情况、拟达成的目标，研发费用占销售收入的比重等。与其他单位共同进行研究的，还需说明合作协议的主要内容、研究成果的分配方案及采取的保密措施等。

第六十九条 发行人应当披露保持技术不断创新的机制和进一步开发的能力，包括技术储备及创新的安排、企业文化建设等。

第七十条 发行人所有或使用的知识产权、非专利技术存在纠纷或潜在纠纷的，应明确提示。

第十章 关联关系与关联交易

第七十一条 发行人除按《企业会计准则—关联方关系及其交易的披露》披露关联方有关情况外，还应当披露核心技术人员关联方的有关情况。应披露发行人与关联方存在的主要关联关系，包括与关联方存在的股权关系、人事关系、管理关系及商业利益关系。应披露的关联关系，关键是由发行人董事判断其关系的实质，而不仅仅是法律形式。

第七十二条 发行人应当披露关联交易在营业收入或营业成本中的比例，关联交易产生的损益。

第七十三条 发行人应当披露对企业的财务状况和经营成果有重大影响的关联交易。发行人在会计期间内向关联方内累计购买量占其总采购量5%且金额达到人民币100万元的，或向关联方销售收入占其总销售收入5%且金额达到人民币100万元以上的，均需详细披露该关联交易的名称、数量、单价、总金额、占同一业务的比例、定价政策及其决策依据，说明独立董事及监事会对关联交易公允性的意见。

第七十四条 发行人应当披露与各关联方签订的目前仍然有效的合同事项，并对这类协议或合同是否还会续签作出说明。

第七十五条 发行人募股资金投向与关联方合资的项目，或募股资金投入后与关联方发生交易的，应披露关联方及关联交易的有关情况。

第七十六条 发行人应当披露公司章程对关联交易决策权限与程序的规定。披露已发生关联交易的决策过程是否与章程相符，定价是否遵循了市场原则，关联股东在审议时是否回避，以及独立董事和监事会是否发表不同意见等。

第七十七条 发行人应当披露为避免与主要股东间的同业竞争已采取及拟采取的措施。

第十一章 高级管理人员与核心技术人员

第七十八条 发行人应当披露董事、监事及总经理、副总经理、财务负责人、技术负责人和董事会秘书等高级管理人员，核心技术人员的姓名、性别、国籍和是否有在境外的永久居留权，年龄、学历、职称，曾经担任的重要职务及任期，主要工作简历及在发行人的现任职务和兼任其他单位的职务。对核心技术人员还应披露其主要成果及获得的奖项。

第七十九条 发行人应当披露与第七十八条所述人员签定的协议，如借款、担保协议等的情况。

第八十条 发行人应当按5万元以下、5到10万元、10万元以上等收入区间披露第七十八条所述人员的年薪收入情况。若发行人对所述人员有奖金津贴、其他物质鼓励政策和退休金计划，所享有的认股权情况等。

第八十一条 发行人应当披露第七十八条所述人员在第七十一条披露的关联方单位及同行业其他法人单位担任职务的情况，或不在上述单位兼职的声明。

第八十二条 发行人除按第七十八条至八十一条，披露第七十八条所述人士的一般资料外，还应当重点披露董事长、总经理、财务负责人、技术负责人、核心技术人员以及独立董事的其他情况，包括这些人士聘用合同中有关任职年限、任职特殊责任与义务、辞职规定以及离职后持续义务等方面的内容。

第八十三条 发行人应当披露领取工薪收入前十名的人员，包括姓名、年龄、在发行人或集团其他成员公司中的职位、服务年限、特殊能力或者具有实质意义的特殊人事关系。

第八十四条 发行人应当披露各收入区间的职工人数。

第八十五条 发行人董事、监事、高级管理人员、核心技术人员之间如存在直系、配偶、三代以内旁系亲属关系的，应当披露。

第八十六条 发行人应当披露关联公司在上一个完整的会计年度支付给发行人高级管理人员及核心技术人员的酬金及以实物方式给予利益的总额，以及根据招股说明书发布时仍然有效的安排，预计给予这些人士的酬金及物质待遇。

第八十七条 发行人应当披露执行董事和独立董事的酬金及其他报酬、福利政策。

第八十八条 发行人实施认股权计划的，应当披露认股权计划的主要内容、执行情况，已发放认股权的行权情况等。

第八十九条 发行人应当披露董事、监事、高级管理人员和核心技术人员所持股份锁定的情况及契约性安排，以及这些人员自愿锁定所持股份声明的主要内容。

第十二章 公司治理结构

第九十条 发行人应当披露引进独立董事的情况，包括独立董事的人数及占董事总数的比重，独立董事发挥作用的制度安排以及实际发挥作用的情况等。

第九十一条 发行人董事长、监事会主席及总经理、技术负责人在最近二十四个月内曾发生变动的，应披露变动的经过及原因。

第九十二条 发行人应当披露对董事、监事、高级管理人员和核心技术人员诚信义务的限制性规定。

第九十三条 发行人应当披露股东权利、义务，股东大会的职权、议事规则，关于小股东权益保护的规定及其实际执行情况等。

第九十四条 发行人应当披露公司章程关于董事会、监事会的构成和议事规则，经营管理机构的组成、职权和议事规则。

第九十五条 发行人应重点披露重大生产经营决策程序与规则，重大投资(包括对外投资参股、控股)决策程序和规则，其他重要财务决策程序和规则，利用外部决策咨询的情况。

第九十六条 发行人应当披露对内部控制制度完整性、合理性及有效性作出的说明。注册会计师应对发行人的内部控制制度进行审核，出具评价意见。发行人应披露注册会计师的评价意见。

第十三章 财务信息

第一节 财务资料

第九十七条 发行人按以下要求披露的财务信息，如未作特别说明，应当摘自经具有执行证券期货相关业务资格的会计师事务所审计的财务报告。财务报告被出具非标准无保留意见审计报告的，则应披露审计意见全文、相关事项的财务报表附注以及董事会、监事会对此的详细说明。

第九十八条 发行人应当披露本次发行前至少24个月的经审计的简要合并财务报表，以及前次审计后至本招股说明书公布日前一季度的未经审计的简要合并财务报表(若有)。简要合并财务报表包括资产负债表与利润表。

简要合并资产负债表项目应包括流动资产总额、长期投资总额、固定资产总额、无形资产总额、递延资产总额、流动负债总额、长期负债总额、少数股东权益总额与股东权益总额等。简要合并利润表项目应包括主营业务收入、主营业务成本、主营业务利润、其他业务利润、销售费用、管理费用、财务费用、营业利润、投资收益、补贴收入、营业外收支净额、利润总额与净利润等。

第九十九条 发行人应当披露主要固定资产，主要知识产权及非专利技术的种类、期末余额、确认计量及摊销方法；主要对外投资的初始投资额、期末余额及占净资产的比例、占被投资方的股权比例及权益核算方法；最近一期末的有形资产净值；研发费用的会计处理方法等。

第一百条 发行人应重点披露无形资产的情况，对于单项价值在100万元以上的无形资产，若该资产原始价值是以评估值作为入帐依据，应披露评估事务所、评估计算方法及截止最近一期末评估计算方法中相应估值数据的实现情况。

第一百零一条 发行人应当披露最近一期末的主要债项，包括主要的银行借款，对内部人员和关联企业的负债，主要合同承诺的金额、期限、成本，票据贴现、质押及担保等形成的或有负债情况。有逾期未偿还债务的，应当说明其金额、利率、贷款资金用途、未按期偿还的原因、预计还款期等。

第一百零二条 发行人应当披露本次发行前至少二十四个月的经营业绩，包括生产经营的一般情况，销售收入总额和利润总额、变动趋势及原因，利润的主要来源，业务收入的主要构成，重大投资收益或非经常性损益，适用的所得税税率，享受的主要优惠政策(如税收优惠、财政补贴、政府采购项目等)及变化趋势、针对创业板公司业务特点的收入确认方法等。

第一百零三条 发行人应当披露本次发行前至少24个月经营活动现金流量、投资活动现金流量、筹资活动现金流量的基本情况，说明现金流量大幅变动的原因。

第二节 财务指标

第一百零四条 发行人应当披露根据合并财务报表数据计算的下述财务指标：

流动比率＝流动资产/流动负债

速动比率＝(流动资产－存货)/流动负债

应收帐款周转率＝主营业务收入/应收帐款平均余额

知识产权与非专利技术占总资产比例＝(知识产权＋非专利技术)/总资产

资产负债率＝负债总额/资产总额

每股净资产＝净资产/期末股本总额

研发费用占销售收入比例＝研究发展费用/销售收入

净资产收益率＝净利润/期末净资产总额

每股收益＝净利润/期末股本总额

发行人还应披露按加权平均法计算的净资产收益率和每股收益。

第三节 财务分析

第一百零五条 发行人应当披露所作的财务分析，包括资产质量的优劣程度，资产负债结构、股权结构及现金流量的合理性，以及偿债能力的强弱等。还应围绕过去两年活跃业务记录、未来业务目标及盈利能力，说明发行人主要财务优势及困难等，分析营业收入和盈利能力等的连续性、稳定性。

未经审计财务报告如反映发行人的财务状况、经营成果与前期相比，已发生重大变化，发行人应对此予以说明。

第十四章 业务发展目标

第一百零六条 发行人应当以半年为单位，介绍未来两年内不包括发行当年的发展计划，包括：发展战略，整体经营目标及主营业务的经营目标，产品开发计划，人员扩充计划，技术开发与创新计划，市场开发与营销网络建设计划，再融资计划，收购兼并及对外扩充计划，深化改革和组织结构调整的规划，国际化经营的规划等。

发行人应当说明拟定上述计划所依据的假设条件，实施上述计划将面临的主要困难。

第一百零七条 发行人应披露实现第一百零六条所述业务目标的主要经营理念或模式。

第一百零八条 发行人应当披露第一百零六条所述业务发展计划与现有业务的关系。实现计划涉及与他人合作的，应对合作方及合作条件予以说明。

第一百零九条 发行人应当说明本次募股对实现第一百零六条所述业务目标的作用。

第一百一十条 发行人可对其产品、服务或者业务进行发展趋势预测，但应采取审慎态度，并披露所依据的假设等。

第一百一十一条 发行人可披露确信有能力预测并且承诺能够兑实现的盈利预测数据，以利于投资人做出正确判断。发行人可以对当年的盈利做出预测。盈利预测的数据包括预测会计年度营业收入、利润总额、净利润等。如披露盈利预测，应详细说明所依据的假设、编制基准及其合理性、与盈利预测数据相关的背景资料等。盈利预测数据包含了特定的优惠政策或非常的收支项目的，应特别说明。

第一百一十二条 发行人应聘请具有执行证券期货相关业务资格的会计师事务所对盈利预测依据的假设基准的合理性、所采用的会计政策与招股说明书所载财务报表所采用的会计政策的一致性进行审核并出具报告。审核报告需经两名具有执行证券期货相关业务资格的注册会计师签署。发行人应披露注册会计师的审核意见。

第十五章 募集资金运用

第一节 一般要求

第一百一十三条 发行人应当披露：

(一)预计通过本次发行筹集资金的总量及其依据；

(二)经董事会讨论并同意的可行性研究报告中对投资者做出投资决策有实质性影响的信息；

(三)募集资金投入对经营及财务状况的影响，包括对净资产、每股净资产、净资产收益率、营业收入、资产结构及资本结构等的影响。

第一百一十四条 发行人应当充分考虑实际募集资金量不足或超过所申报资金需求量的可能。所筹资金尚不能满足规划中项目资金需求的，应详细说明其缺口部分的来源及落实情况；所筹资金超过了规划中项目资金需求的，应披露追加投资的大体安排。

第二节 各种用途的披露要求

第一百一十五条 如属直接投资于固定资产项目的，发行人应当披露以下内容：

(一)投资概算，预计投资规模，募集资金的具体用项及其依据，包括用于购置设备、土地使用权、技术以及补充流动资金等方面的具体支出；

(二)各投资项目的轻重缓急；

(三)所投资项目的技术含量，包括产品的质量标准和技术水平，生产方法、工艺流程和生产技术选择，主要设备选择，主要技术人员，研究与开发，核心技术的取得方式，技术专有权的取得情况等；

(四)主要原材料、辅助材料及燃料等的供应情况；

(五)投资项目的市场分析，包括产品现有和潜在生产能力、投资项目的产量、价格及产销率、替代产品、产品出口或进口替代预计、产品销售方式及营销措施等；

(六)投资项目可能存在的环保问题及采取的措施；

(七)闲置资金(若存在)的利用计划，或资金缺口(若存在)的补充来源；

(八)投资项目的地址，拟占用土地的面积、取得及处置方式；

(九)投资项目的效益分析，包括现金流、内部收益率、达产期、回收期和项目的市场生命周期等；

(十)项目的组织与建设实施情况，项目的目前进展情况。

第一百一十六条 对外投资、与他人合资进行固定资产项目投资的，除相应披露第一百一十五条具体内容外，还应披露以下几个方面的内容：

(一)合资方的基本情况，包括法定名称、法定代表人、法定住址、注册资本、主要股东单位、主要业务，与发行人是否存在关联关系等；

(二)投资规模、各方投资比例及收益分配的条款；

(三)合资方的投资方式和资金来源；

(四)合资协议中有关可能给发行人造成损失及损失处理的条款，如发行人若不能按时投资，可能给发行人造成的损失以及损失的补偿方式等。

第一百一十七条 对外股权投资组建企业法人或其他法人的，应披露以下内容：

(一)拟组建企业法人或其他法人的基本情况，包括设立、注册资本、主要业务等；

（二）投资规模、各方投资比例、对被投资企业生产经营施加影响的程度，如果是参股的，应披露不能实施有效控制所带来的参股风险；

（三）法人的组织及管理情况；

（四）合作方的基本情况及与发行人是否存在关联关系；

（五）合资协议中有关可能给发行人造成损失及损失处理的条款，如发行人若不能按时投资，可能给发行人造成的损失以及损失的补偿方式等。

第一百一十八条 拟用于收购在建工程的，则应披露在建工程的已投资情况、投资资金来源、还需投资的金额、负债情况、建设进度、计划完成时间、收购价格的确定方式等。涉及关联交易的，还应披露股东大会的表决情况等。

第一百一十九条 发行后收购兼并其他法人股份或资产的，应披露以下内容：

（一）收购股份或资产的内容；

（二）所收购股份或资产的评估、定价等情况；

（三）所收购股份或资产的评估报告和注册会计师审计报告；

（四）收购兼并后参股、控股的比例及其控制能力。

收购关联企业股份或资产的，还必须详细披露所涉及的关联关系及关联交易，定价依据，决策过程等。

第一百二十条 拟用于购买或研究开发某项技术或专有权的，应摘要披露第章的相关内容。拟用于投入人力资源的，应详细披露人力资源的购买或开发计划，以及对公司未来的影响。投入其他用途的，应披露具体的用途，以及对发行人经营和财务的影响，包括对发行人财务结构、盈利预测、净资产收益率、股东利益等的影响。

第十六章 发行定价及股利分配政策

第一百二十一条 发行人应当披露确定本次股票发行价时考虑的主要因素、定价过程、定价方法与最终商定的发行价格。

第一百二十二条 发行人应当披露发行前后的股利政策，说明有无变化。

第一百二十三条 发行人应当披露设立以来历年股利分配政策和实际股利分派情况，说明历次分配是否符合有关法规规定。

第一百二十四条 发行人应当披露本次股票发行完成前滚存利润分配或资产损失负担政策。

第一百二十五条 发行人应当披露本次股票发行后第一个盈利年度派发股利计划，包括次数、时间或不准备派发股利的原因。

第一百二十六条 发行人拟发行或已发行境内或境外上市外资股的，应明确股利分配的上限为按中国会计准则与国际会计准则确定的累计未分配利润数字中较低者。

第十七章 其他重要事项

第一百二十七条 应披露建立严格信息披露的制度及为投资人服务的详细计划，披露附则信息披露和投资者关系的部门，公司主管负责人，对外咨询电话，基本制度安排。

第一百二十八条 发行人应当披露价款或报酬在500万元以上或虽未达到500万元但对生产经营活动、未来发展或财务状况具有重要影响的合同事项，包括：标的，数量，价款或者报酬，对发行人经营有重大影响的附带条款和限制条件（若有）等。

第一百二十九条 简要披露中介机构的持续责任和义务，特别是保荐人的义务。

第一百三十条 发行人应当披露对财务状况、经营成果、声誉、业务活动、未来前景等可能产生较大影响的诉讼或仲裁事项，包括：受理该诉讼或仲裁的法院或仲裁机构的名称，提起诉讼或仲裁的日期，诉讼或仲裁的当事人和代理人，提起诉讼或仲裁的原因，诉讼或仲裁请求，可能出现的处理结果或已生效法律文书的执行情况。

第一百三十一条 发行人应当披露持有发行人20%以上（含20%）的主要股东、控股子公司、参股公司，董事、监事、高级管理人员作为一方当事人的重大诉讼或仲裁事项。

第一百三十二条 发行人应当披露董事、监事、其他高级管理人员和核心技术人员受到刑事起诉（若有）的情况。

第十八章 董事及主承销商声明

第一百三十三条 发行人全体董事应当在招股说明书全文的尾页声明：″本发行人董事已仔细阅读本招股说明书全文，保证不存在任何虚假、误导性内容或重大遗漏，并对其真实性、准确性、完整性负个别和连带的法律责任。″声明应有全体董事的签字及发行人的公章。

个别董事有不同意见的，应披露其姓名，并披露其不同意见。

第一百三十四条 发行人主承销商应在上述声明后声明：″本公司已仔细阅读了＊＊＊公司招股说明书全文，对招股说明书的真实性、准确性、完整性进行了核查，未发现虚假、误导性内容或者重大遗漏，本公司对此承担相应的法律责任。″声明应有项目负责人、法定代表人或其授权代表的签字及单位公章。

第十九章 附 录

第一百三十五条 招股说明书的附录是招股说明书不可分割的部分。招股说明书附录包括：

（一）审计报告全文；

（二）未经审计的财务报告（如有）；

（三）注册会计师的盈利预测审核报告及发行人编制的盈利预测报告（如有）；

（四）注册会计师的内部控制制度评价报告。

第二十章 备查文件

第一百三十六条 发行人应声明：″除本招股说明书所披露的资料外，本公司按中国证监会的要求申报了有关文件，本招股说明书列出了有关备查文件目录″。备查文件可不披露，但应告知投资人查阅的时间、地点、电话和联系人，并有义务应投资者要求提供这些文件。备查文件上网的，应披露网址。

第一百三十七条 发行人可列示备查文件目录，包括：

（一）发行人成立的批准和注册登记文件；

（二）发行人的公司章程及其他有关内部规定；

（三）发行人的营业执照；

（四）发行人的发起人协议（如有）；

（五）关于本次发行事宜的股东大会决议；

（六）与本次发行有关的重大合同，包括发起人、高级管理人员、核心技术人员的股份锁定协议及声明等；

（七）政府部门和证券监管机构对本次发行有关的文件；

（八）本次承销的有关协议；

（九）为本次发行而编制的财务报告及审计报告原件；

（十）由于中国会计准则与国际会计准则的不同导致的财务报表差异调节表（如适用）；

（十一）发行人律师对本次股票发行的法律意见书及其他有关法律意见；

（十二）盈利预测报告及其审核报告的原件（如有）；

（十三）发行人历次验资报告；

（十四）历次资产评估报告及有关确认文件（如有）；

（十五）有关增资或资产重组的法律文件；

（十六）历次股利分配的决议及记录；

（十七）有关关联交易协议。

第二十一章 招股说明书摘要

第一百三十八条 发行人可以根据实际情况编制招股说明书摘要。招股说明书摘要应包括审计报告、未经审计财务报告全文等招股说明书全文各部分的重要内容，并不得出现在内容上不一致，因遗漏重要信息而误导投资者的情况。

第一百三十九条 发行人应当在招股说明书摘要的显著位置声明：″本招股说明书摘要准确地反映了全文的主要内容，不存在任何与全文矛盾之处，全文同时刊载于＊＊＊＊＊＊。″

第二十二章 附 则

第一百四十条 本准则由中国证监会负责解释。

第一百四十一条 本准则自颁布之日起施行。

创业板公司上市公告书

目录

第一章　总　则

第一条　为了规范创业板公司信息披露行为，保护投资者合法权益，根据《中华人民共和国公司法》以下简称"《公司法》"、《中华人民共和国证券法》以下简称"《证券法》"、《创业板公司股票发行上市条例》以下简称"《发行上市条例》"、《创业板公司信息披露管理办法》等法规，制定本准则。

第二条　根据《公司法》、《证券法》、《发行上市条例》在中华人民共和国境内公开发行股票并申请在创业板上市的公司以下简称"公司"，在股票上市前，应当按照本准则编制上市公告书。本准则的规定是对公司上市公告书披露信息的最低要求。凡在招股说明书公告日至本上市公告书编制日期间所发生的对投资者投资决策有重大影响的信息，不论本准则是否有明确规定，均应披露。本准则某些具体要求对公司不适用的，公司可根据实际情况做出适当修改，同时予以说明。公司作出修改致使披露内容较本准则规定为少的，应经证券交易所批准并报中国证监会备案。

第四条　公司应尽可能在上市公告书有关部分充分披露发行人及所属行业在科技含量、初创性和成长性、业务和盈利的稳定性、及市场竞争等方面的现状及前景，并向投资者重申相关的风险。

第五条　上市公告书所刊载的财务报告均需经具有执行证券期货相关业务资格的注册会计师审计，截止日距上市日不得超过六个月，上市日至盈利预测若有期间终止日，不得少于三个月。

第六条　公司在编制上市公告书时还应遵循如下一般要求：

一上市公告书中的数字应当采用阿拉伯数字，有关货币金额的资料除特别说明之外，指人民币金额，并以元、千元、或万元为单位。

二公司可根据有关规定或其他需求，编制上市公告书外文译本，但应努力保证中外文文本的一致性，并在外文文本上注明："本公告书分别以中、英或日、法等文编制，在对中外文本的理解上发行歧义时，以中文文本为准。"

三上市公告书应采用质地良好的纸张印刷，幅面为 209X295＃毫米相当于标准的 A4 约规格。上市公告书封面应载明公司的名称、上市公告书、公告日期等，可以载有公司的外文名称、徽章或其他标记、图案等。

四上市公告书不得刊登任何个人、机构或企业的题字或任何祝贺性、恭维性或推荐性的词句。

第七条　公司应当在其股票上市前至少三个工作日，将上市公告书全文刊载在至少一种由中国证监会指定的全国性报刊及中国证监会指定的网站上，并将上市公告书文本备置于公司所在地、拟上市的证券交易所、有关证券经营机构及其网点，以供公众查阅。在指定报刊刊登的上市公告书最小字号为标准 6 号字，最小行距为 0.02。

第八条　公司可以将上市公告书分别刊载于其他报刊和网站，但其披露时间不得早于披露在中国证监会指定报刊和网站的时间。

第九条　上市公告书在披露前，任何当事人不得泄露有关的信息。

第十条　公司应在披露上市公告书后十天内将上市公告书文本一式五份分别报送中国证监会及其在公司所在地的派出机构。

第十一条　公司全体董事必须保证上市公告书的真实性、准确性、完整性，并就其保证承担连带的法律责任。

第二章　正　文

第一节　重要声明与提示

第十二条　公司董事会应在上市公告书显要位置作如下重要声明与提示：

"本公司董事会保证本上市公告书不存在虚假、误导性内容或重大遗漏，并保证对其真实性、准确性、完整性，本公司董事对此保证负个别和连带的法律责任"。

"根据《公司法》、《证券法》等法律法规，发行人董事、高级管理人员依法负有诚信和勤勉尽责的义务和责任，若有违反之情形，任何当事人皆可依现行有效法律采取法律行动。"

"证券交易所对本公司股票上市及有关事项的审查，均不表明对本公司的任何保证。"

"本公司提醒广大投资者注意，凡本公告书未涉及的有关内容，请投资者查阅 XX 年 XX 月 XX 日刊载于 XX 报刊的本公司招股说明书摘要，及刊载于 XX 网站的本公司招股说明书全文。"

第十三条　会计师事务所对公司财务报告出具了非标准无保留意见审计报告的，公司应作如下重要提示：

"XX 会计师事务所对本公司财务报告出具了有解释性说明段的无保留意见或保留意见等

审计报告，请投资者注意阅读该审计意见及相关财务报表附注。本公司董事会、监事会对相关事项有详细说明，也请投资者注意阅读。"

第二节　概　览

第十四条　公司应当在上市公告书设一概览，提示性地说明本公告书的关键内容。

概览部分包括的内容如下：股票简称、股票代码、总股本、可流通股本、本次上市流通股本、对公司发行前股东所持股份的流通限制及期限、公司发行前股东对所持股份自愿锁定的承诺声明、上市地点、上市时间、股票登记机构、上市保荐人等。

第三节　绪　言

第十五条　公司应当在绪言部分披露如下内容：

一编制上市公告书依据的法规；

二股票发行核准部门和文号、发行数量、价格和方式等；

三股票上市的批准单位和文号、上市地点、股票简称和代码等；

四本公告书与招股说明书所刊载内容的关系。

第四节　公司概况

第十六条　公司应当在公司概况部分说明以下内容：

(一)公司的基本情况，包括公司中英文名称、注册资本、法定代表人、成立日期、营业执照号、主营业务、所属行业、住所、电话、传真、电子邮箱、董事会秘书或其授权代表等；

(二)公司沿革，包括公司设立、历次股权变动情况等；

(三)公司经营概况，包括公司在产品、技术、人才等方面的优势和劣势，公司主要产品的财务指标如营业收入、毛利率等，公司拥有的知识产权、特许经营权和非专有技术，公司享有的税收优惠政策，公司的环保情况等。

第五节　股票发行及股本结构

第十七条　公司应当披露本次股票上市前公开发行股票的情况，包括：发行数量、发行价格、募集资金总额、发行方式、配售比例(如有)、配售户数(如有)、发行费用总额、每股发行费用等。

第十八条　公司应当披露本次股票上市前公开发行股票的承销情况，包括社会公众认购股票后由承销商包销股票的数量，主承销商及承销团成员分销比例及数量等。

第十九条　公司应当披露注册会计师对本次上市前公开发行股票所募集资金的验资报告，以及募集资金入帐情况，包括入帐时间、入帐金额、入帐帐号与开户银行。

第二十条　公司应当披露上市前股权结构及各类股东的持股情况，包括：

(一)按发起人股、社会公众股等披露股权结构；

(二)披露前十位股东的名称、持股数、持股比例等。

第六节　高级管理人员与核心技术人员

第二十一条　公司应当披露董事、监事、其他高级管理人员与核心技术人员的简介，包括姓名、性别、国籍和是否有在境外的永久居留权，年龄、学历、职称、主要经历、在本公司的职位等。

以上人员在招股说明书公告日至上市公告书编制日间有变动的，应特别注明。

第二十二条　公司应当按《公开发行证券公司信息披露的内容与格式准则第 10 号－创业板公司招股说明书》第五十条的规定分别披露个人持股、家属持股、公司持股等类别披露董事、监事、高级管理人员和核心技术人员的持有本公司股份的情况。

第二十三条 公司有认股权计划的，应当披露认股权计划的概况。

第七节 关联方关系与关联交易

第二十四条 公司应按《企业会计准则：关联关系及其交易的披露》，披露招股说明书编制日至上市公告书编制日新产生的关联方及关联关系，以及新发生的关联交易。

第二十五条 公司核心技术人员与其关联方发生关联交易的，应披露其关联方及关联关系，及由此而产生的关联交易。

第八节 财务资料

第二十六条 公司应当转载已在招股说明书中披露的经审计的合并财务报表及主要报表附注。

第二十七条 招股说明书中披露之财务报告有效期已过的，公司应补充一定期限的经审计财务报告。

第二十八条 会计师事务所对公司财务报告出具标准无保留意见审计报告的，公司应在上市公告书中说明；出具非标准无保留意见审计报告的，公司应披露审计意见的全文，并披露与审计意见直接相关的报表附注，公司董事会及监事会对该审计意见涉及事项的说明。

第二十九条 公司应转载在招股说明书中已披露过的如下财务指标：流动比率、速动比率、应收帐款周转率、研发费用占主营业务收入的比例、知识产权和非专利技术占总资产的比例、资产负债率、净资产收益率、每股收益。

以上财务指标均根据合并财务报表数计算。其中净资产收益率和每股收益指标需披露全面摊薄和按月加权平均计算的数据。

公司补充一定期限经审计财务报告的，应补充披露该期上述财务指标。

第三十条 在招股说明书中披露之盈利预测若有的有效期已过的，公司可以补充披露一定期限经注册会计师审核的盈利预测资料。不补充披露盈利预测资料的，应声明之。

第九节 其他重要事项

第三十一条 公司应当披露股票公开发行后至上市公告书公告前已发生之可能对公司财务状况、经营成果及股票价格有较大影响的其他重要事项，包括：

（一）主要业务发展目标的进展；
（二）研究开发项目的进展及知识产权的申报；
（三）所处行业的技术进步；
（四）主要投入、产出物供求及价格的变化；
（五）主要生产协作关系变化；
（六）重大投资；
（七）重大收购、兼并、资产重组；
（八）公司迁移；
（九）重大法律诉讼、仲裁案件；
（十）重大会计政策的变动；
（十一）会计师事务所的变更；
（十二）重大负债；
（十三）其他事项。

第十节 董事会上市承诺

第三十二条 公司应披露全体董事就如下事项所作出的承诺：定期报告、重要事项公告、澄清性公告、不从事内幕交易、没有无记录负债等。

第十一节 保荐人及其意见

第三十三条 公司应当披露保荐人的有关情况，包括名称、法定代表人、注册地址、联系电话、传真、联系人等。

第三十四条 公司应当披露保荐人的保荐意见。

第十二节 备查文件

第三十五条 除以上资料外，公司应当在办公场所备置必要的文件的原件，当中国证监会、证券交易所要求提供时，或股东依法或公司章程要求查阅时，公司应及时提供。

第三十六条 公司应当披露备查文件的目录，包括：

（一）最近一次的招股说明书全文文本；
（二）最近一次招股后的验资报告；
（三）本次股票上市的上市公告书；
（四）申请上市的股东大会决议；
（五）交易所核准公司股票上市的文件；
（六）因有效期已过而补充提供的一定期限的财务报告及其审计报告；
（七）因有效期已过而补充提供的一定期限的盈利预测报告及注册会计师的审核意见（若有）；
（八）全体董事的上市承诺书；
（九）保荐人意见；
（十）中国证监会或证券交易所要求，及公司认为有必要备置的其他文件。

第三章 附 则

第三十七条 本准则由中国证监会负责解释。

第三十八条 本准则自公布之日起实施。

深圳证券交易所创业板交易规则（送审稿）

目录

第一章 总 则

1.1 为规范创业板市场交易行为，维护证券市场秩序，保护投资者的合法权益，根据《中华人民共和国证券法》、《证券交易所管理办法》、《国务院关于设立创业板市场的决定》等国家有关法律法规的规定，制定本规则。

1.2 深圳证券交易所以下简称"本所"创业板上市证券（以下简称"证券"）的交易，适用本规则。

本规则未作规定的，适用本所其他有关规定。

创业板上市债券和债券回购的交易规则，本所另行规定。

1.3 创业板市场交易活动，遵循公开、公平、公正的原则。

1.4 创业板市场采用无纸化的电脑集中竞价交易方式。

第二章 交易市场

第一节 交易场所

2.1.1 创业板交易场所，由交易主机、交易席位及相关的通信系统组成。

2.1.2　交易主机接受申报指令进行撮合，并将成交结果发送给会员。

第二节　交易席位

2.2.1　交易席位以下简称"席位"是会员在本所进行证券交易的通道。

2.2.2　席位的交易品种和买卖权限由本所规定。

2.2.3　每个席位应当具备至少一种通信备份手段，以保证交易的正常进行。

2.2.4　会员在本所办理席位开通手续后，方能进行证券交易。

2.2.5　经本所同意，席位可以在会员之间转让。

未经本所许可，禁止会员将席位以出租或承包等形式交由他人使用。

2.2.6　本所可以根据市场需要设置创业板专用席位。

专用席位只能由持有人自用，不得用于代理其他投资者买卖证券。

专用席位持有人应当遵守本规则关于会员的规定。

第三节　交易品种

2.3.1　在创业板市场交易的证券品种包括：

(一)股票；

(二)投资基金；

(三)债券(含企业债券、公司债券、可转换公司债券、金融债券及政府债券等)；

(四)债券回购；

(五)经中国证券监督管理委员会(以下简称"证监会")批准可在创业板市场交易的其他交易品种。

第四节　交易时间

2.4.1　创业板市场交易日为每周一至周五。

每交易日上午9:00至9:25为集合竞价时间；上午9:30至11:30、下午1:00至3:00为连续竞价时间。

遇国家法定假日及本所公告的休市时间，创业板市场休市。

本所认为必要时，经证监会批准，可以变更创业板市场交易时间。

2.4.2　交易时间内因故停市，交易时间不作顺延。

第五节　交易主体

2.5.1　开立《深圳证券交易所证券帐户》的自然人、法人及证券投资基金，可以参与创业板市场交易。

2.5.2　会员应当根据证监会批准的经营范围，在创业板市场从事证券代理买卖业务或证券自营买卖业务。

2.5.3　投资者参与创业板市场交易，应当委托会员代理。

2.5.4　本所可以依法限制投资者的证券交易及其范围。

第三章　证券买卖

第一节　交易单位、报价单位

3.1.1　创业板股票的交易单位为"股"，投资基金的交易单位为"份"。申报买入证券，数量应当为100股(份)或其整数倍。不足100股(份)的证券，可以一次性申报卖出。

3.1.2　证券的报价单位为"每股(份)价格"。

"每股(份)价格"的最小变动单位为人民币0.01元。

第二节　价格涨跌幅限制

3.2.1　本所对证券实行价格涨跌幅限制，涨跌幅限制比例为20%。涨跌幅的价格计算公式为：

涨跌幅限制价格＝1±涨跌幅比例×前一交易日收盘价。

计算结果四舍五入至人民币0.01元。

3.2.2　证券上市首日不设涨跌幅限制。

3.2.3　本所认为必要时，可以调整创业板全部、某类或某只证券的价格涨跌幅限制比例。

第三节　委　托

3.3.1　会员代理投资者买卖证券，必须与投资者签订证券买卖代理协议。协议应当包括但不限于下列事项：

一、会员与投资者遵守本所业务规则的承诺；

二、会员应当在协议中向投资者提示证券买卖的各类风险，包括不同委托买卖方式的风险；

三、投资者表明会员已向其说明证券买卖的各类风险；

四、会员代理业务的范围和权限；

五、投资者开户所需证件及其有效性的确认方式和程序；

六、委托、交割的方式、时间、内容和要求；

七、投资者保证金及证券管理的有关事项；

八、交易费用及其他收费说明；

九、会员对投资者委托事项的保密责任；

十、投资者应当履行的交收责任；

十一、违约责任及免责条款；

十二

争议解决办法。

3.3.2　投资者买卖证券，可以采取柜台委托方式，也可以采取电话委托、互联网上委托等自助委托方式。

3.3.3　本所认为必要时，经证监会批准，可以实行其他交易方式。

3.3.4　柜台委托应当填写委托单。

3.3.5　提供自助委托的，会员应当与投资者签订自助委托协议。

3.3.6　会员可以接受投资者的限价委托或市价委托，在经纪业务中不得接受全权委托。

限价委托是指投资者限定价格，要求会员以限价或低于限价买入证券、以限价或高于限价卖出证券的委托。

市价委托是指投资者不限定价格，要求会员以市场价格买卖证券的委托。

3.3.7　投资者委托会员买卖证券，应当逐笔说明下列内容：

一投资者证券帐户号码；

二委托买卖证券的编码和简称；

三限价委托或市价委托；

四买卖方向；

五委托数量；

六委托价格(市价委托除外)；

七本所及会员要求说明的其他内容。

3.3.8　会员接受投资者委托或者自营，当日买入的证券，不得在当日再行卖出。

3.3.9　投资者委托卖出的证券必须是其证券帐户上实有的证券。会员不得为投资者融券交易。

3.3.10　投资者委托买入证券必须以其资金帐户上实有的资金支付。会员不得为投资者融资交易。

3.3.11　会员及其工作人员不得私自买卖或者假借投资者名义买卖投资者帐户上的证券，或者为牟取佣金收入诱使投资者进行不必要的证券买卖。

3.3.12　会员对委托记录应当按有关规定妥善保管。

3.3.13　会员对投资者资金和证券的变动应当有详实的记录和凭证，按户分帐管理，不得挪用。

3.3.14　对已撤销或失效的委托，会员确认后应当及时向投资者返还资金或证券

第四节　申　报

3.4.1　本所只接受会员的限价申报。

3.4.2　会员应当按接受投资者委托的时间顺序向本所申报。

3.4.3　申报指令应当包括以下内容：席位号、合同序号、申报类别、投资者证券帐户号码、证券编码、申报价格、数量、买卖方向等，并按本所规定的格式传送。

本所认为必要时，可以对申报内容进行调整。

3.4.4　每笔申报的数量不得超过100万股(份)。

3.4.5　超过涨跌幅限制的申报为无效申报，本所按自动撤销处理。

3.4.6　申报当日有效。申报不能一次全部成交的，未成交部分继续参加当日竞价。

3.4.7　没有成交的申报或没有全部成交的申报的未成交部分，可以一次性撤销。

第五节　竞价与成交

3.5.1　集中交易采用电脑自动竞价，按"价格优先、时间优先"的原则撮合成交。

成交时价格优先的原则是指：较高价格买进的申报优先于较低价格买进的申报，较低价格卖出的申报优先于较高价格卖出的申报。

成交时时间优先的原则是指：同一方向申报价格相同，先申报者优先于后申报者。先后顺序按本所电脑交易主机接受申报的时间确定。

3.5.2　竞价分为集合竞价和连续竞价两种。

集合竞价是指：对一段时间内所接受的买卖申报一次性集中撮合的竞价方式。

连续竞价是指：对所接受的买卖申报逐笔连续撮合的竞价方式。

3.5.3　证券在上市首日集合竞价的有效竞价范围为发行价的上下150元，连续竞价的有效竞价范围为最近成交价的上下15元。

证券在非上市首日集合竞价与连续竞价的有效竞价范围为涨跌

幅限制的价格范围。

3.5.4　超过有效竞价范围的申报不能即时参加竞价，暂存于交易主机；当成交价格波动使其进入有效竞价范围时，交易主机自动取出，参加买卖竞价。

3.5.5　集合竞价确定成交价格的规则依次是：

一在有效竞价范围内能实现最大成交量的价位；

二如果有两个以上价位满足前项条件，则选取符合下列条件之一的价位：

1 高于该价位的买入申报与低于该价位的卖出申报全部成交；

2 与该价位相同的一方买方或卖方的申报全部成交。

三如果有两个以上价位满足前项条件，则选取距前一交易日收盘价最近的价位。

集合竞价所有成交以同一价格成交。

3.5.6　证券在上市首日集合竞价期间没有产生成交的，按下列办法调整有效竞价范围：

(一)有效竞价范围内的最高叫买价高于发行价的，以最高叫买价为基准调整有效竞价范围。

(二)有效竞价范围内的最低叫卖价低于发行价的，以最低叫卖价为基准调整有效竞价范围。

3.5.7　集合竞价没有成交或没有全部成交的申报，自动进入连续竞价。

3.5.8　连续竞价期间，按以下规则确定成交价格：

(一)买入申报价格高于或等于即时揭示的最低卖出申报价格的，以即时揭示的最低卖出申报价格为成交价格。

(二)卖出申报价格低于或等于即时揭示的最高买入申报价格的，以即时揭示的最高买入申报价格为成交价格。

3.5.9　本所通过通信系统将成交回报即时发送至各会员，但成交结果以本所结算数据为准。

3.5.10　本所成交回报信息包括以下内容：席位代号、合同序号、投资者证券帐户号码、证券编码、成交数量、成交价格、买卖方向及成交时间等。

以上内容，本所可视需要增减。

3.5.11　按照本规则进行的证券交易，经交易主机确认，买卖即告成立，其交易结果不得改变。

3.5.12　会员应当在成交后的第一个交易日开市前为投资者完成结算交收手续，并在营业时间内为投资者提供查询服务。

3.5.13　违反本规则，严重破坏证券市场正常运行的交易，经证监会批准，本所有权宣布取消交易。由此造成的损失由违规交易者承担。

3.5.14　本所认为必要时，有权调整某只或某类证券的竞价方式。

第四章　其他交易事项

第一节　开盘与收盘

4.1.1　每个交易日开市后，每只证券的第一笔成交价为该证券的开盘价。

4.1.2　每个交易日闭市前，每只证券当日有成交的最后一分钟内所有成交价格以成交量加权的平均价为该证券的收盘价。

当日无成交的，以前一交易日收盘价为该交易日的收盘价。

第二节　挂牌、摘牌、停牌与复牌

4.2.1　证券上市，本所对其实施挂牌，上市首日证券行情显示的前一交易日收盘价为其发行价。

4.2.2　证券上市期届满，或者本所根据有关法律、法规规定或证监会的决定暂停或终止某只证券上市，本所对该证券实施摘牌。

4.2.3　本所根据中国证监会和本所业务规则的规定，对上市证券实施停牌或复牌。

4.2.4　证券停牌时，本所发布的行情中包括该证券的信息；证券摘牌后，本所发布的行情中不包括该证券的信息。

4.2.5　停牌证券在当日复牌的，停牌期间可以继续申报或撤销申报；该证券复牌时，本所对复牌前接收的所有申报进行集合竞价。

4.2.6　证券挂牌、摘牌、停牌、复牌，本所予以公告。

第三节　除权除息

4.3.1　上市证券发生权益分派、配股等情况，本所根据证券发行人的申请在股权登记日的次一交易日对该证券作除权除息处理。

4.3.2　除权(息)参考价计算公式为：除权(息)参考价＝〔(前一交易日收盘价－现金红利)×除权前总股本＋认购价格×新增股本〕÷(除权后总股本)。

证券发行人认为调整前款计算公式有利于保护投资人合法权益的，可以向本所提出申请并说明理由。本所采纳的，证券发行人应当在指定信息披露媒体上公告并说明理由。

4.3.3　本所在除权息日开市前将该证券的"前一交易日收盘价"修改为该证券的除权息参考价。

第四节　大宗交易

4.4.1　本所可以根据市场需要开设创业板大宗交易。

创业板大宗交易的交易规则本所另行规定。

第五章　交易信息

第一节　交易信息管理权

5.1.1　创业板市场产生的证券交易信息，由本所统一管理和发布。

未经本所许可，任何机构和个人不得以营利为目的擅自使用和传播。

5.1.2　即时行情信息发布后超过 15 分钟的，本所视为公共信息。

第二节　行情揭示

5.2.1　本所每交易日发布创业板即时行情。

创业板即时行情发布内容为：证券代码、证券简称、前一交易日收盘价、最近成交价、当日最高价、当日最低价、当日累计成交数量、当日累计成交金额、即时最高买入申报价、即时最低卖出申报价、围绕最近一次成交价上下三个申报价位的所有买卖量等。

5.2.2　会员应当在营业场所独立揭示创业板行情。

5.2.3　每交易日上午开盘集合竞价期间，自确定开盘价前十分钟起，每分钟揭示一次可能开盘价。

可能开盘价是指对截止揭示时所有申报按照集合竞价规则形成的价格。

5.2.4　证券交易即时行情通过通信系统传送至各会员，会员必须在营业场所单独揭示。

5.2.5　本所根据市场需要，可调整证券即时行情发布的方式和内容。

5.2.6　本所编制反映市场成交情况的各类日报表、周报表、月报表和年报表，并及时向社会公布。

第三节　股价指数

5.3.1　本所编制创业板指数以反映创业板股票总体价格或某类证券价格变动和走势，随即时行情一起发布。

5.3.2　指数采用"派氏加权法"计算，具体公式为：

当日即时指数＝前一交易日收盘指数×当日即时指数证券总市值/经调整前一交易日指数证券收市总市值

5.3.3　本所根据市场情况，可对创业板指数设置和编制方法进行调整。

第四节　公开信息制度

5.4.1　本所对创业板股票交易实行公开信息制度，即对每日涨跌幅比例超过 10％的前 5 只证券，公布其成交金额最大的 5 家会员营业部或席位的名称及成交金额；如果涨幅(或跌幅)出现相同，则依次按成交量和成交金额选取证券。证券投资基金专用席位除外。

第六章　交易异常情况

6.1　发生下列交易异常情况之一，导致创业板市场部分或全部交易不能进行的的，本所可以决定临时停市或停牌：

一不可抗力；

二意外事故；

三技术故障；

四非本所所能控制的其他异常情况。

6.2　出现无法进行买卖申报的交易席位数量超过本所已开通席位总数的 10％以上，或者中断行情传输的用户数量超过本所行情用户总数的 10％以上的交易异常情况的，本所实行临时停市。

6.3　本所认为可能发生第 6.1 条、第 6.2 条规定的交易异常情况，并严重影响交易正常进行的，可以决定临时停市或停牌。

6.4　创业板指数在交易日上午 10:45、下午 2:15 之前较前一交易日收盘指数下跌幅度达到 10％，创业板临时停市 30 分钟。

前款临时停市措施一个交易日内只执行一次。

6.5　创业板指数较前一交易日收盘指数下跌幅度达到 15％，创业板当日停市。

6.6　本所对因交易异常情况导致的创业板停市或停牌予以公告，并及时报告证监会。

6.7 当日停市或停牌原因消除后，本所可以决定恢复交易。

除本所认定的特殊情况之外，恢复交易前交易主机已经接收的申报有效，本所在恢复交易时进行集合竞价。

6.8 因交易异常情况及本所采取的应对措施造成的损失，本所不承担责任。

第七章 交易纠纷

7.1 会员之间、会员与投资者之间发生交易纠纷，相关会员应当记录有关情况，以备本所查阅。交易纠纷影响正常交易的，会员应当及时向本所报告。

7.2 会员之间、会员与投资者之间发生交易纠纷，本所可以按有关规定，提供必要的交易数据。

第八章 交易费用

8.1 会员代理投资者买卖证券成交的，应当按规定向投资者收取佣金。

8.2 投资者委托会员买卖证券成交的，应当按与会员的约定交纳佣金。

8.3 会员自营或代理投资者买卖创业板上市证券，应当按规定向本所交纳交易经手费及其他相关费用。

第九章 罚 则

9.1 会员违反本规则的，本所可责令其改正，并视情节轻重单处或并处：

一罚款；

二会员范围内通报批评；

三在证监会指定报刊公开批评；

四警告；

五限制交易；

六暂停证券自营业务或证券代理买卖业务；

七取消会籍。

9.2 会员对第9.1条(四)、(五)、(六)、(七)项处罚有异议的，可自接到处罚通知之日起15天内向本所理事会申请复议；复议期间该处罚继续执行。

第十章 附 则

10.1 释义：

一创业板，是指本所设立的创业板证券集中交易市场。

二上市，是指证券在创业板市场挂牌交易。

三《深圳证券交易所证券帐户》，是指投资者在本所证券登记结算机构开立的A股证券帐户卡。

四委托，是指投资者向会员进行具体授权买卖证券的行为。

五申报，是指会员向本所电脑交易主机发送证券买卖指令的行为。

(六)停市，是指创业板市场所有证券暂停交易。

10.2 本规则第5.2.3条、第6.4条、第6.5条规定待本所完成有关技术准备工作后实施，实施时间本所另行通知。

10.3 本规则经本所理事会通过，报证监会批准后生效。修改时亦同。

10.4 本规则由本所负责解释。

10.5 本规则自2000年 月 日起施行。

深圳证券交易所创业板股票上市规则

目录

第一章 总 则

1.1 为规范创业板公司股票上市行为，维护证券市场秩序，保护投资者的合法权益，根据《中华人民共和国公司法》(以下简称"《公司法》")、《中华人民共和国证券法》(以下简称"《证券法》")、《创业企业股票发行上市条例》、《证券交易所管理办法》等法律、法规、规章和《深圳证券交易所章程》，制定本规则。

1.2 公司依据《创业企业股票发行上市条例》发行的股票在深圳证券交易所(以下简称"本所")创业板上市，适用本规则的规定。

1.3 本所依据法律、法规、本规则和中国证监会的授权对下列人员实施监管：

(一)上市公司及其发起人、董事、监事、高级管理人员；

(二)保荐人；

(三)其他信息披露义务人。

1.4 本所创业板上市公司章程应当符合本规则附件一《创业板上市公司章程指引》的要求。

第二章 董事、监事

第一节 董事、监事的责任与义务

2.1.1 上市公司董事、监事应当遵守国家法律、法规和《公司章程》的规定，诚实信用，勤勉尽责。

2.1.2 董事在履行职责时，必须符合下列要求：

(一)以公司的整体利益为前提行事；

(二)避免实际及潜在利益与职务冲突；

(三)全面和公正地披露其与公司订立的合同中的权益；

(四)以适当的知识、经验和应有的技能，谨慎勤勉地履行职务。

2.1.3 监事应当忠实履行监督职责。

2.1.4 上市公司董事、监事应当熟悉国家法律、法规、本规则和《公司章程》规定的董事、监事的责任和义务。

2.1.5 上市公司董事、监事必须遵守本规则，接受本所监管，及时、有效地回复本所的质询。

第二节 独立董事

2.2.1 上市公司董事会必须包括两名以上独立董事。

独立董事应当由公司股东大会选举产生，不得由董事会指定。

2.2.2 独立董事应当具有五年以上的经营管理、法律或财务工作经验，并确保有足够的时间和精力履行公司董事职责。

2.2.3 下列人员不得担任独立董事：

(一)上市公司的雇员；

(二)最近一年内曾在上市公司任职的人员；

(三)上市公司股东或股东的雇员；

（四）其他与上市公司、上市公司管理层或关联人有利害关系的人员；

（五）《公司法》第五十七条、五十八条规定不得担任公司董事的人员

（六）被中国证监会确定为市场禁入的人员。

2.2.4 独立董事在上市公司董事会、股东大会发表的意见，上市公司的公开披露文件中应当予以列明。

2.2.5 独立董事离职，该独立董事与上市公司应当及时通知本所，说明原因并公开披露。

第三节 董事、监事声明与承诺

2.3.1 上市公司董事、监事应当在公司股票首次上市之日起一个月内，新任董事、监事应当在股东大会任命之日起一个月内，按照本规则附件二、附件三规定的格式，签署《董事声明与承诺》、《监事声明与承诺》并送达本所备案。上市公司应当聘请一名有证券从业资格的律师，为董事、监事解释前款所述文件的内容，董事、监事在充分理解后签字。

2.3.2 前条所述文件中声明的事项发生变化的，董事、监事应当在事实发生之日起一个月内向本所提交有关最新资料备案，并保证该资料的准确与完整。

第三章 保荐人

第一节 保荐人资格与聘任

3.1.1 公司申请股票首次在本所创业板上市，应当聘任至少一名保荐人。

3.1.2 保荐人的任期自聘任之日起，应当至少包括公司股票上市时该会计年度的其余时间以及公司股票上市后至少两个完整的会计年度。

3.1.3 保荐人应当具有中国证监会认定的保荐人资格。

3.1.4 公司聘请保荐人，应当与保荐人签订保荐协议。保荐协议应当符合本规则的规定。

上市公司聘请的保荐人不得为上市公司前五名股东或持股7%以上的股东，不得与上市公司有其他重大关联关系。

3.1.5 在第3.1.2条所述的期限内，保荐人出现无法履行其责任的情况，或者上市公司要求终止保荐协议的，上市公司和保荐人应当及时通知本所，说明理由，方可解除保荐协议。

3.1.6 保荐人丧失中国证监会认定的保荐人资格时，保荐人与上市公司应在事实发生后五个工作日内解除原有的保荐协议。

3.1.7 上市公司和保荐人应当在保荐协议解除后两个工作日内刊登公告，说明协议终止的原因。

上市公司应当自保荐协议解除之日起三个月内聘请新的保荐人。新任保荐人从继任之日起承担保荐责任，保荐期为该上市公司的剩余保荐期加上该公司保荐期的中断期间。

3.1.8 上市公司在第3.1.2条所述的期限内出现无保荐人的情形，应当在所有信息披露公告的重要提示中予以注明。

第二节 保荐人职责

3.2.1 在3.1.2条所述的期限内，保荐人应当履行下列职责：

（一）确认公司符合本所创业板的股票上市条件，并在公司上市后就其是否持续符合该条件向董事会提供意见；

（二）在公司申请股票首次上市时，协助公司处理股票上市事宜，确认所有上市申报文件符合本规则，并向本所提交《上市保荐书》；

（三）辅导和督促公司的董事、监事和高级管理人员了解并遵守相关的法律、法规和本规则的规定，及时、准确回复公司及其董事、监事、高级管理人员关于本规则的咨询；

（四）辅导和督促公司按照法律、法规和本规则的规定履行信息披露义务，及时审阅、核对公司拟公告的信息披露文件并书面确认；

（五）及时回复本所的质询；

（六）辅导和督促公司履行股票上市协议规定的义务；

（七）在上市公司年度报告披露后的十五个工作日内向本所提交《保荐人年度尽职调查报告》；

（八）协助公司建立、健全符合法律、法规和本规则规定的公司治理结构。

（九）确保有足够和合适的人员专门从事保荐业务；

（十）本所规定的其他责任。

3.2.2 《上市保荐书》应当包括下列内容：

（一）公司概况；

（二）公司股票的发行情况；

（三）与公司不存在关联关系的声明；

（四）确认公司符合本所创业板上市条件；

（五）确认公司提交的上市申请文件符合本规则，所载资料真实、准确、完整；

（六）说明已经履行第3.2.1条规定职责的情况，承诺在其任期内继续履行职责；

（七）保荐人需要说明的其他重要事项。

3.2.3 《保荐人年度尽职调查报告》应当包括下列内容：

（一）履行第3.2.1条规定职责的情况；

（二）公司有无违反法律、法规和本规则等行为以及保荐人在知悉后所采取的行为；

（三）保荐人曾经向公司提出的建议、意见；

（四）对公司报告期内运作情况的总体评价；

（五）保荐人履行保荐义务的自我评价。

3.2.4 保荐人应当忠实履行其职责，保证上市公司信息披露的真实性、准确性、完整性和及时性。

3.2.5 保荐人应当在签署保荐协议时至少指定两名人员作为保荐业务主管，专职负责上市公司的保荐业务。

3.2.6 保荐业务主管应当具备下列条件：

（一）具有大学本科以上学历；

（二）具有两年以上的投资银行从业经验；

（三）具备中国证监会认定的证券业从业人员资格，熟悉本规则及《创业板股票上市协议》；

（四）最近三年无违法、违规行为，无被证券主管机关处罚的记录。

3.2.7 保荐业务主管应当在保荐协议生效后两个工作日内将其联系方式包括办公电话、住宅电话、移动电话、传真、通讯地址及专用电子邮件地址报本所备案。

3.2.8 保荐业务主管因特殊原因不能履行职责时，保荐人应当立即指定新的保荐业务主管，新的保荐业务主管应当在两个工作日内将前条所述联系方式报本所备案。

3.2.9 保荐人应当书面记录其履行职责的情况，并由公司有关人员签字确认。保荐人应当妥善保存上述记录，保存期至少为五年。

3.2.10 保荐人不得泄露公司未披露的信息，不得利用内幕信息为自己或他人谋取利益。

3.2.11 保荐人及保荐业务主管应当在每月前五个工作日内披露其上月买卖该上市公司股票的情况。

第四章 股票上市

第一节 股票首次上市

4.1.1 公司符合《创业企业股票发行上市条例》规定的上市条件，经中国证监会核准后，方可向本所申请其股票在创业板上市。

4.1.2 公司申请股票首次上市，应当向本所提交下列文件：

（一）上市申请书；

（二）中国证监会核准其股票发行的文件；

（三）公司向中国证监会提交的全部发行申报文件；

（四）上市公告书；

（五）上市保荐书；

（六）保荐协议；

（七）股票公开发行后新增的审计报告；

（八）具有从事证券业务资格的会计师事务所出具的验资报告；

（九）股票公开发行后公司设立或变更的营业执照复印件；

（十）公司董事会秘书和证券事务授权代表的简历及联系方式；

（十一）公司董事、
监事和高级管理人员持股情况；

（十二）关于公司股票简称的申请；

（十三）公司全部股票已托管的证明文件；

（十四）股份限制出售的股东关于持股期限的承诺；

（十五）本所要求的其他文件。

4.1.3 经本所审查同意，公司应当与本所签署附件四的《创业板股票上市协议》，并由本所安排其股票上市。

4.1.4 公司应当在其股票上市前至少三个工作日刊登上市公告书全文，并将上市公告书文本备置于指定场所供公众查阅。

4.1.5 公司在股票公开发行后未经本所同意，不得擅自披露有关信息。

第二节 上市公司配售、公募增发股票发行和上市

4.2.1 上市公司完成配售、公募增发股票后，应当申请配售、公募增发股票上市。

4.2.2 上市公司申请配售、公募增发股票上市，应当向本所提交下列文件：

(一)上市申请书;

(二)配售、公募增发股票完成后经具有从事证券业务资格的会计师事务所出具的验资报告;

(三)证券登记结算机构对新增股份登记托管的书面证明;

(四)董事、监事和高级管理人员持股情况;

(五)股份变动及新增股份上市公告书;

(六)本所要求的其他文件。

4.2.3 本所审核同意后,安排上述新增股份上市。

4.2.4 上市公司应当在新增股份上市前至少三个工作日刊登股份变动及新增股份上市公告书。

4.2.5 上市公司认股权行权股票等其他股票经核准上市流通,比照本节规定执行。

第五章 股票购买、出售的限制

5.1 除下列情况外,上市公司不得以任何形式买卖本公司股票:

(一)为减少公司注册资本而注销股份;

(二)与持有本公司股票的其他公司合并;

(三)国务院证券管理部门规定的其他情况。

5.2 当投资者持有上市公司股票数量与按照《证券法》第七十九条、第八十一条规定应当履行的法定披露义务或要约义务的持股数量相比差距100股时,投资者应当停止买卖该上市公司股票,立即向本所和中国证监会报告并公告,公告后二日内,不得再行买卖该上市公司股票。

5.3 上市公司董事、监事、高级管理人员在其任职期内不得出售其所持该上市公司股份,包括由于公司送配股而增加的股份。

上市公司董事、监事、高级管理人员在购买该上市公司股份后两个工作日内报告本所并申请冻结。

上市公司董事、监事、高级管理人员在离职六个月后方可出售其所持有的该上市公司股份。

5.4 上市公司公开发行前的所有股东自公司股票上市之日起一年内不得出售其所持该公司股份。

5.5 股东预计持股期限超过上述期限的,该股东可以在公司申请股票首次上市时,向本所承诺其持股期限并予以公告,本所根据承诺对其所持股份予以冻结,在承诺期限内该股份不得转让.

5.65.5 第5.4条规定的限制出售期限或其承诺的持股期限届满前至少三个工作日,上市公司应当刊登股份解除冻结提示公告。

5.6 股份解除冻结提示公告应当包括下列内容:

(一)股份冻结和解除冻结原因;

(二)解除冻结时间;

(三)解除冻结的股份数量及变动情况。

5.7 第5.4条所述股东在出售其解冻的股份累计达上市公司股份总额的25%时,应当及时通知本所并公告。

第六章 持续信息公开

第一节 一般规定

6.1.1 上市公司应当履行下列信息披露义务:

(一)及时披露投资者评估上市公司状况需要的信息;

(二)及时披露所有可能对上市公司股票价格产生重大影响的信息;

(三)及时澄清与上市公司有关的不实信息;

(四)保证信息披露内容真实、准确、完整,没有虚假记载、误导性陈述或者重大遗漏。

上市公司对履行上述信息披露义务有任何疑问的,可以向本所咨询。

6.1.2 上市公司公开披露的信息包括定期报告和临时报告。年度报告、中期报告和季度报告为定期报告,其他报告为临时报告。

6.1.3 上市公司董事会全体成员必须保证信息披露内容真实、准确、完整,没有虚假记载、误导性陈述或者重大遗漏,并就其保证承担连带责任。

6.1.4 上市公司董事及其它当事人应当尽可能缩小应披露而未披露信息的知情范围。

6.1.5 上市公司存在正在筹划或进行中的本规则第八章第二、三、四、五节所述的重大事件,在该事件尚未披露前,董事和有关当事人应当确保有关信息绝对保密;如果该信息已经泄露,或者上市公司认为无法确保该信息绝对保密,上市公司应当及时予以披露。

6.1.6 上市公司就第6.1.5条所述重大事件与有关当事人签署协议,无论协议是否附条件或者附期限,上市公司应当及时予以披露。前款协议发生重大变更、中止或者取消,上市公司应当及时予以披露,说明协议变更、中止或者取消的情况和原因。

6.1.7 上市公司第6.1.5条所述重大事件获得有关部门批准,或者已披露的重大事件被有关部门否决,上市公司应当及时予以披露。

6.1.8 新闻报道、市场传闻等涉及上市公司的内容不符合实际情况,已经或者可能对上市公司股票价格产生重大影响,上市公司应当予以澄清。

6.1.9 上市公司应当在第一时间将拟公告的信息披露文件报送本所。

上市公司根据国家有关法律、法规向有关部门报送涉及未披露信息的文件时,应当向其声明该文件涉及尚未公开的信息,同时报告本所。除此以外,上市公司不得将上述文件送交其他人。

上市公司聘任保荐人期间,应当将拟公告的信息披露文件送交保荐人审阅,并在第一时间将经保荐人审阅确认的信息披露文件报送本所。

6.1.10 上市公司报送本所的信息披露文件应当为经签字盖章的中文打印件。

上市公司应当按本所要求的格式同时报送拟刊登公告文稿的电子文件,电子文件与中文打印件的内容应当一致。

6.1.11 上市公司应当在拟刊登公告文稿上写明拟披露的时间。上市公司未按预定日期刊登信息披露公告的,应当及时报告本所。

6.1.12 本所对上市公司的信息披露公告实行事前登记、事后审查制度。在下列情形下,本所实行事前审查:

(一)涉及配股、公募增发股票及其他衍生证券的发行与上市事项;涉及《证券法》第四章规定的上市公司收购事项;

(二)上市公司实施分红派息、转增股本事项;

(三)第5.6条所述的上市公司限制出售股票的解冻公告;

(四)涉及上市公司暂停上市、恢复上市和终止上市的事项;

(五)上市公司根据本所要求刊登补充或更正公告;

(六)中国证监会或者本所认为需要的其他情形。

6.1.13 上市公司应当及时回复本所的质询,及时提供本所要求的有关文件。

6.1.14 上市公司的信息披露公告存在任何错误、误导或遗漏,上市公司应当主动或应本所要求及时予以公开更正、说明或补充。

6.1.15 上市公司有充分理由认为披露某一信息会损害公司的利益、或者会导致公司违反国家有关法律、法规、规章,且该信息对上市公司股票价格未产生重大影响,上市公司应当向本所申请免予披露,陈述理由,并保证不泄露该信息。经本所同意,上市公司可以免予披露该信息。

6.1.16 上市公司的有关事项未达到本规则规定的披露标准,但新闻报道、市场传闻涉及到该事项,已经或者可能对上市公司股票价格产生重大影响的;或者本所认为应予披露的,上市公司应当比照本规则规定予以披露。

6.1.17 上市公司根据本规则披露信息时,应当在信息公告的显要位置载明以下声明和提示:

"深圳证券交易所对本公告内容概不负责,对其准确性或完整性亦不发表任何意见,对依据本公告内容作出判断而产生的损失不承担任何责任。"

"本公司为深圳证券交易所创业板上市公司,本公司董事会保证本公告所载资料不存在任何虚假记载、误导性陈述或者重大遗漏,并对其内容的真实性、准确性和完整性负个别及连带责任。"

6.1.18 其他信息披露义务人应当比照本规则的规定履行信息披露义务。

6.1.19 在本所上市的公司同时有证券在其他证券交易所上市的,其他证券交易所要求公开披露的信息,上市公司必须同时向本所报告,经本所审查后同时公告。

上市公司向本所提供的报告和公告应当至少包括其就同一事项向其他交易所提供的报告和公告内容,否则上市公司应当向本所说明,本所认为有必要时,上市公司应当刊登补充公告。

6.1.20 上市公司的信息披露公告应当同时刊登于指定网站和指定报刊。上市公司在其他传媒上刊登该公告不得先于指定网站和指定报刊。

上市公司不得以新闻发布会、答记者问、股东大会会议文件等形式代替公司的信息披露公告。

第二节 董事会秘书

6.2.1 上市公司应当聘任一名董事会秘书。

董事会秘书是上市公司与本所之间的指定联络人,对董事会负责。

6.2.2　董事会秘书应当具备下列资格：

(一)该公司的非独立董事或者高级管理人员；

(二)具有良好的个人品质和职业道德，无违法犯罪记录；

(三)具有大学本科以上学历，有足够的财务、法律、金融、企业管理、计算机应用等专业知识；

(四)从事财务、法律、金融、企业管理等工作三年以上；

(五)经过本所专业培训并取得本所颁发的《董事会秘书资格证书》。

6.2.3　董事会秘书应当遵守有关法律、法规、规章和公司章程，对上市公司董事会负有诚信和勤勉义务，不得利用职权为自己或他人谋取利益。

6.2.4　董事会秘书应当履行下列职责：

(一)协调和组织上市公司信息披露事务，准备和提交本所要求的信息披露文件，保证上市公司信息披露符合本规则的要求；

(二)按照法定程序筹备董事会会议和股东大会，准备和提交董事会和股东大会的有关报告和文件，列席董事会会议和股东大会，完整和准确地记录会议情况，并在会议记录上签字；

(三)协助上市公司董事、监事、高级管理人员了解法律、法规、公司章程和本规则对其责任的规定；

(四)建立信息披露内部制度，接待来访，回答咨询，联系股东，向投资者提供上市公司已披露信息的备查文件；

(五)负责须披露信息的保密工作，制订保密措施，内幕信息泄露时，及时报告本所和中国证监会并公告；

(六)负责保管上市公司董事会会议和股东大会会议记录和文件、信息披露文件、股东名册资料、董事名册、股东及董事持股资料；

(七)在董事会可能作出违反法律、法规、公司章程及本规则的决议时，应当及时提出异议。如董事会坚持作出上述决议，应当将其异议记载于会议纪录上；

(八)承担上市公司与保荐人的联络事项；

(九)本所要求履行的其他职责。

6.2.5　上市公司应当向董事会秘书提供信息披露所需要的资料和信息。上市公司作出重大决定或公开有关资料之前，应当征询董事会秘书的意见。

6.2.6　上市公司应当在股票首次上市后三个月内或原任董事会秘书离职后三个月内聘任董事会秘书。

6.2.7　上市公司聘任董事会秘书，应当向本所提交下列文件：

(一)董事会出具的聘任书；

(二)董事会确认董事会秘书符合本规则规定资格的书面文件；

(三)董事会秘书的个人简历、学历证明(复印件)；

(四)董事会秘书的联系方式，包括办公电话、住宅电话、移动电话、传真、通讯地址及专用电子邮件信箱地址等。

6.2.8　董事会秘书出现下列情形之一的，本所可以建议上市公司对其终止聘任：

(一)在执行职务时出现重大错误或疏漏，给上市公司或投资者造成重大损失；

(二)有违反法律、法规、规章、公司章程、本规则有关规定的行为，给上市公司或投资者造成重大损失；

(三)被中国证监会认定为市场禁入者，或者受到本所的公开谴责；

(四)本所认为不适合继续担任董事会秘书的其他情形。

6.2.9　董事会秘书离任前，上市公司应当要求该董事会秘书承诺在离任后持续履行保密义务直至有关信息公开披露为止，并在监事会的监督下移交有关档案、文件、正在办理或待办理事项。

6.2.10　上市公司解聘董事会秘书或者董事会秘书辞职时，上市公司董事会应当向本所报告，说明原因并公告。

6.2.11　上市公司董事会在聘任董事会秘书的同时，应当聘任一名董事会证券事务代表。

证券事务代表在董事会秘书不能履行职责时，代行董事会秘书的职责。

6.2.12　证券事务代表应当具有董事会秘书的任职资格。本规则对董事会秘书的规定适用证券事务代表。

6.2.13　当上市公司尚未聘任董事会秘书和证券事务代表，或董事会秘书和证券事务代表均不能履行职责时，上市公司应当立即指定一名董事或高级管理人员代为履行董事会秘书的职责并将其联系方式报告本所。

6.2.14　本所仅接受董事会秘书或证券事务代表办理上市公司的股权管理与信息披露事务。但是前条规定的情形除外。

第七章　定期报告

7.1　上市公司应当在每个会计年度结束之日起三个月内编制完成并披露年度报告。

7.2　上市公司应当在每个会计年度的前六个月结束之日起四十五日内编制完成并披露中期报告。

7.3　上市公司应当在每个会计年度的前三个月、九个月结束之日起四十五日内编制完成并披露季度报告。

7.4　上市公司年度报告的财务报告必须经会计师事务所审计；中期报告和季度报告的财务报告可以不经会计师事务所审计，但中国证监会和本所另有规定的除外。

7.5　上市公司应当按照中国证监会颁布的《公开发行证券创业板公司信息披露的内容与格式准则》的规定编制定期报告。

本所可以在上述规定的基础上对定期报告的编制和披露提出进一步的要求。

7.6　上市公司应当在董事会审议通过定期报告之日起两个工作日内向本所报送下列文件，经本所登记后公告：

(一)定期报告；

(二)审计报告或财务报告；

(三)董事会决议及其公告文稿；

(四)按本所要求载有上述文件的电子文件；

(五)本所要求的其他文件。

7.7　上市公司无法在最后期限内披露定期报告的，应当在最后期限十五日之前向本所提出延期申请。

延期申请经本所批准后，上市公司应当公布延期披露的原因和预计披露日期。

第八章　临时报告

第一节　董事会决议、监事会决议、股东大会决议

8.1.1　上市公司召开董事会会议，应当在会议结束后立即将董事会决议报送本所。

本所认为必要时，上市公司应当同时将董事会会议记录报送本所。

上市公司董事会决议涉及需要经股东大会表决事项或者本章第二、三、四、五节所述事项的，上市公司应当在会议结束后两个工作日内予以披露。

8.1.2　上市公司召开监事会会议，应当在会议结束后两个工作日内将监事会决议报送本所并公告。

8.1.3　上市公司应当在股东大会召开三十日前刊登股东大会通知，该通知应当包括会议时间、地点、方式、参加人员、提案等重要内容。

上市公司延期或取消召开股东大会，应当在原定股东大会召开日的五个工作日前刊登公告，说明延期或取消的原因，延期公告还应当列明延期后的召开日期。

8.1.4　上市公司股东大会在召开期间，增加新的会议提案，上市公司应当立即报告本所，说明原因。

上市公司股东大会因不可抗力或其他异常原因不能正常召开或未能作出任何决议，上市公司应当立即报告本所，说明原因并公告。

8.1.5　上市公司应当在股东大会结束当日将股东大会决议公告文稿、会议记录和全部会议文件报送本所，经本所登记后立即公告。

8.1.6　上市公司股东大会决议公告应当包括下列内容：

(一)出席会议的股东人数、所持股份及占上市公司有表决权总股份的比例；

(二)关联交易股东回避表决的情况；

(三)每项提案的表决结果，包括赞成、反对和弃权的股份、占出席会议有表决权股份的比例；

(四)董事会聘请出席股东大会的律师的意见。

上市公司股东大会出现第8.1.4条第一款所述情形，股东大会决议公告还应当列明提出新会议提案的股东的名称或姓名、持股数量和比例、提案内容。

第二节　应披露的交易

8.2.1　本节所称交易包括下列事项：

(一)收购、出售资产，包括上市公司收购、出售股权、实物资产、无形资产或者其他财产权利；

(二)对外投资；

(三)借贷；

(四)担保；

（五）委托经营或承包；
（六）赠与；
（七）租赁；
（八）债务重组；
（九）本所认为应当属于交易的其他事项。

8.2.2 上市公司的交易达到下列指标之一时，该交易为应披露的交易：

（一）按照最近经审计的财务报告或评估报告，交易标的的价值占上市公司最近经审计总资产的10%以上；

（二）按照最近经审计的财务报告，交易标的应占损益的绝对值占上市公司最近一年损益的绝对值的10%以上，并且绝对金额在50万元以上；

（三）交易的成交金额占上市公司最近经审计净资产总额的10%以上；

（四）交易产生的损益的绝对值占上市公司最近一年经审计损益绝对值的10%以上，并且绝对金额在50万元以上。

8.2.3 上市公司应披露的交易按第8.2.2条第（一）、（三）款所述标准计算所得的任一相对数字达50%以上的，或按照第8.2.2条第（二）、（四）款所述标准计算所得的任一相对数字达50%以上的，且绝对金额在500万元以上的，除应当报告本所及公告外，应当经上市公司股东大会批准。

上市公司还应当聘请有证券从业资格的会计师事务所或资产评估机构对交易标的进行审计或评估，如因特殊原因无法实施审计或评估的，应当在股东大会上说明原因。

8.2.4 上市公司应当按照所有未披露的同类交易累计金额计算第8.2.2条所述指标，确定上述交易是否应当公告。

上市公司应当按照所有未披露的与同一交易当事人进行的交易累计金额计算第8.2.2条所述指标，确定上述交易是否公告。交易当事人属于关联人的应当合并计算。

8.2.5 上市公司持股50%以上的子公司的交易，视为上市公司本身的交易。

上市公司持股50%以下的公司的交易，以交易有关金额乘以持股比例后计算第8.2.2条所述指标。

8.2.6 上市公司应当在董事会批准应披露的交易事项之日起二个工作日内报告本所并披露。

上市公司出现第6.1.5、6.1.6、6.1.7条规定情形的，从其规定。

8.2.7 上市公司披露交易事项，应当向本所提交下列文件：

（一）公告文稿；
（二）有关交易的协议文本；
（三）董事会决议；
（四）有关政府批文；
（五）关于交易标的的财务报告；
（六）中介机构出具的关于交易标的或者交易的评估报告、审计报告或者法律意见书、财务顾问意见书等；
（七）本所要求的其他文件。

8.2.8 上市公司披露交易事项，应当在公告中列明下列内容：

（一）交易概述；

（二）交易各方的基本情况，包括姓名或名称、住所、企业类型、法定代表人、注册资本、主营业务及相互关系等；

（三）交易标的的基本情况，包括名称、帐面价值及评估价值、运营情况、设定担保等其他财产权利的情况、涉及该标的的诉讼、仲裁事项。

交易标的为公司股权的，还应当包括该公司的基本情况和最近一期经审计的资产总额、负债总额、净资产、主营业务收入、净利润等财务数据，并附有交易基准日资产负债表和年初至交易基准日损益表；

（四）上市公司预计从该项交易中获得的利益及该项交易对上市公司未来经营的影响；

（五）交易定价政策、成交金额、支付方式、所得款项的用途或支出款项的资金来源；

（六）该项交易涉及的人员安置、土地租赁、债务重组等情况；

（七）协议生效和交易标的的交付或过户时间；需要经股东大会或有权部门批准的事项，应当说明需履行的合法程序和进展情况；

（八）交易完成后可能产生关联交易的说明；

（九）交易完成后可能产生关联人同业竞争的说明，以及回避的措施；

（十）中介机构名称及为该交易事项出具的意见；

（十一）本所要求的其他内容。

8.2.9 上市公司因收购、出售其他上市公司的股份，需履行股东披露义务或要约收购义务的，应当同时按中国证监会和本所的有关规定执行。

8.2.10 应披露交易的交易标的交付或过户手续完成后，上市公司应当在两个工作日内予以披露；未能按期完成的，上市公司应当及时说明原因并披露拟完成的时间。

8.2.11 上市公司已披露的担保事项中，被担保人于债务到期后十五个工作日内未履行还款义务的，或者被担保人出现破产、清算及其他严重影响还款能力情形的，上市公司应当及时予以披露。

第三节 关联交易

8.3.1 关联交易是指上市公司及其附属公司与其关联人进行的第8.2.1条所述的交换资产，相互提供产品或者劳务等的交易行为。

上市公司附属公司是指上市公司为第一大股东，或者按照股权比例、公司章程或经营协议，上市公司能够控制其董事会组成的公司。

关联人包括关联法人、关联自然人和潜在关联人。

8.3.2 具有下列情形之一的法人，为上市公司的关联法人：

（一）上市公司的第一大股东，或者按照股权比例、公司章程或经营协议能够控制上市公司董事会组成的法人股东；

（二）前款所列股东的子公司或者该股东有权决定半数以上董事人选的公司或有权决定法定代表人人选的企业；

（三）第8.3.3条所述的关联自然人担任法定代表人的法人；

（四）按照法律、法规规定认定为与上市公司具有关联关系的法人。

8.3.3 具有下列情形之一的人士，为上市公司的关联自然人：

（一）上市公司的董事、监事及高级管理人员；上述人士的父母、配偶、年满18周岁、具有民事行为能力的子女；

（二）在第8.3.2条第一、二、三项所列示的关联法人中担任董事、监事、法定代表人、经理。

8.3.4 因与上市公司关联人签署协议或作出安排，在协议生效后符合第8.3.2条和第8.3.3条第一项规定的，为上市公司潜在关联人。

8.3.5 关联交易应当符合下列基本原则：

（一）诚实信用、平等自愿；

（二）关联人不得以任何方式干预上市公司的决定；

（三）公司董事会应当根据客观标准判断该关联交易是否对公司有利，必要时应当聘请中介机构就交易对全体股东是否公平出具意见。

8.3.6 上市公司董事会就关联交易表决时，存在下列情形的董事不得参与表决：

（一）董事个人为该次关联交易的一方；

（二）董事个人在关联企业任职或拥有关联企业的控股权，该关联企业为该次关联交易的一方；

（三）按法律、法规和公司章程规定应当回避的其他情形。

8.3.7 上市公司股东大会就关联交易进行表决时，涉及关联交易的股东不得参加表决。该股东因特殊情况无法回避时，在上市公司征得有权部门同意后，可以参加表决。公司应当在股东大会决议中作出详细说明，同时对其他股东投票情况进行专门统计，并在决议公告中予以披露。

8.3.8 上市公司与关联人签署关联交易的协议，任何个人只能代表交易一方签署协议。

8.3.9 上市公司与其关联人达成的关联交易的成交金额或交易标的价值在100万元以上或占上市公司最近经审计净资产值的0.5%以上的，上市公司应当按照第8.3.11条规定予以披露。

8.3.10 上市公司披露关联交易，应当比照8.2.6条的规定向本所提交文件。

8.3.11 关联交易的信息披露公告除包括第8.2.7条规定的内容外，还应当包括下列内容：

（一）有关各方的关联关系；

（二）关联人在交易中所占权益的性质及比重；

（三）关联交易涉及收购或出售某一公司股权的，应当说明该公司的实际持有人的详细情况，包括实际持有人的名称及其业务状况；

（四）董事会关于本次关联交易对上市公司影响的意见；

（五）独立董事关于关联交易表决程序及公平性的意见；

8.3.12 上市公司拟与其关联人达成的关联交易总额或涉及的资产总额高于1000万元或占上市公司最近经审计净资产值的5%以上的，应当提交股东大会批准。

属于前款情形的，且为日常业务中持续或经常进行的，应当每年获得股东大会批准方可进行，有关该事项的提案应当包括该项关联交易的最高全年总额、或者占同类交易比例的最高限额。

属于上述两款情形的，上市公司应当聘请独立财务顾问就该关联交易对全体股东是否公平、合理出具书面意见，该意见还应当包括理由、主要假设及考虑因素并在股东大会召开通知中列明。

8.3.13　上市公司所有未披露的同类关联交易或者与同一关联人的交易累计金额达到8.3.9条所述标准的，上市公司应当按8.3.11条的规定予以披露。

8.3.14　上市公司与关联人达成的下列关联交易可以免予披露：

(一)关联人按照上市公司的招股说明书、配股说明书或增发新股说明书以现金方式缴纳应当认购的股份；

(二)关联人依据股东大会决议领取股息或者红利；

(三)关联人购买上市公司发行的企业债券；

(四)上市公司与其控股子公司发生的关联交易。

第四节　涉及技术的重大事件

8.4.1　上市公司应当建立配套的技术保密制度和涉密人员管理制度，以确保其开发、研究的高新技术成果资料的安全保管和保密。

8.4.2　上市公司的高新技术是指对公司产品或服务质量提高、利润增长或对公司的生存与发展有重要影响的技术，包括公司自主开发的技术和通过协议取得或转让的技术、工艺、操作流程等。

8.4.3　上市公司独立或与第三方合作研究、开发新技术、新产品、新的服务或对现有技术进行改造，取得重要进展或有重大突破，该等进展或突破将有利于公司提高竞争力的，公司应当在两个工作日内报告并公告，并说明其对公司的影响。

8.4.4　上市公司以协议方式向第三方出售或受让技术，该等技术对公司盈利或未来发展有重要影响的，公司应当分别在董事会决议批准日、协议签署日、协议履行完毕之日后的二个工作日内报告并公告。

8.4.5　以协议方式向第三方出售或受让的技术，包括有完整自主知识产权的技术、处于国内或世界先进水平的公知技术、专有技术(know－how)，以特许权许可方式受让或出售上述的技术。

8.4.6　上市公司在出售、受让或自主研究获得生产主要产品的核心技术时必须及时披露，说明该等技术对公司盈利和未来发展的影响，并应当在下次定期报告中详细披露对业绩或业务的影响程度。

8.4.7　上市公司应将其高新技术项目主要管理人员、开发人员报本所备案；若该等人员发生变动且对公司的核心技术有影响的，公司除应向向本所报告并公告该等人员变动外，还应说明其变动对公司高新技术本身和公司发展的影响。

8.4.8　若上市公司所处行业涉及的核心技术发生重大变化，对上市公司现有技术有重要影响的，不论这种影响是积极的或消极的，上市公司在知悉后都应及时报告本所并公告，说明该技术对上市公司本身技术的影响及公司的对策。

8.4.9　与高新技术有关事项的披露若有损公司的商业利益，公司在向本所报告的同时，可向本所申请豁免。本所将考虑公司豁免申请的合理性并作出决定，公司应按本所的决定办理。

第五节　其他重大事件

8.5.1　董事会预计或知悉上市公司当年业绩高于盈利预测20%或低于盈利预测10%的以上、或者上市公司业务进展情况与已披露的业务计划发生或可能发生重大差异，上市公司应当在二个工作日内报告本所并予以披露。

公告内容应当包括：

(一)上述业绩或业务进展差异的详情和造成差异的原因；

(二)董事会关于该预计的依据及过程是适当和审慎的说明；

(三)上市公司聘请财务顾问的，还应当包括财务顾问关于确认上市公司董事会作出该预计的依据及过程是适当和审慎的意见。

8.5.2　上市公司所有未披露的诉讼或仲裁事项涉及的金额累计占公司最近经审计的净资产10%以上，上市公司应当在知悉该事项后两个工作日内披露下列内容：

(一)受理法院或仲裁机构的名称及所在地；

(二)诉讼或仲裁受理日期；

(三)诉讼或仲裁各方当事人、代理人及其所在单位的姓名或名称；

(四)诉讼或仲裁的请求；

(五)判决、裁决的结果和日期；

(六)各方当事人拟采取的进一步的法律行动。

8.5.3　上市公司收到法院发出的破产案件受理通知书，应当立即报告本所并公告。

上市公司进入破产程序后，上市公司或者其他信息披露义务人应当立即向本所报告债权申报情况、债权人会议情况、和解和整顿等重大事项并公告。

上市公司与债权人会议达成和解协议，并且能够按照和解协议清偿债务，经法院裁定终结破产程序的，上市公司应当在收到裁定书后立即向本所报告并公告。

8.5.4　上市公司出现下列情况，应当自事实发生之日起两个工作日内予以披露：

(一)公司章程的变更，以及经营方针和经营范围的重大变化；

(二)涉及金额占公司最近经审计净资产10%以上的重大债务或未清偿的到期重大债务；

(三)订立第8.2.2条以外的重要合同，可能对上市公司的资产、负债和经营成果产生重大影响；

(四)涉及金额占公司最近经审计净资产10%以上的重大损失；

(五)银行退票涉及金额为上市公司净资产的10%以上；

(六)公司生产经营外部条件发生重大变化，导致上市公司全部或主要业务停顿、生产资料采购和产品销售发生重大变化；

(七)新的法律、法规、规章、政策可能对上市公司的经营产生重大影响；

(八)董事长、经理或三分之一以上董事发生变动；

(九)投资者持有上市公司股份增减变化为上市公司总股份的5%以上，或者被冻结股份增减变化为上市公司总股份的5%以上；

(十)涉及配股、公募增发股票及其他衍生证券的发行与上市事项；

(十一)分红派息、转增股本事项；

(十二)变更股票募集资金用途；

(十三)公司第一大股东发生变更；

(十四)减资、合并、分立、解散或申请破产的决定；

(十五)股东大会、董事会的决议被法院依法撤销；

(十六)上市公司因涉嫌违反法律、法规被有关部门调查，或者受到重大行政处罚；

(十七)预计出现资不抵债的情形；

(十八)出现第10.1.1条所列情形的；

(十九)更换为其审计的会计师事务所；

(二十)终止保荐协议或者更换保荐人；

(二十一)本规则规定或者本所认为需要披露的其他事项；

8.5.5　上市公司实施分红派息、转增股本或配股方案时，应当在股权登记日收市后计算除权参考价并通知本所，本所于除权日在行情揭示系统中发布。

除权参考价计算公式为：

除权参考价＝(除权前总股本　收市价　派息金额　认购价格　预计认购数量)/除权后总股本

第六节　澄清与风险提示

8.6.1　上市公司应当关注与本公司有关的新闻报道和市场传闻，有关内容不符合实际情况的，上市公司知悉后应当及时向本所提交有关该报道或传闻的证据材料，并刊登澄清公告。

8.6.2　本所认定上市公司股票交易为异常波动的，上市公司应当及时刊登股票交易异常波动提示公告。

股票交易异常波动包括下列情形：

(一)公司股票的价格连续三个交易日达到涨幅或跌幅限制；

(二)公司股票连续五个交易日列入"股票、基金公开信息"；

(三)公司股票价格的振幅连续三个交易日达到15%；

(四)公司股票的日均成交金额连续五个交易日逐日增加50%；

(五)本所或中国证监会认为属于异常波动的其他情况。

8.6.3　上市公司认为股票交易的异常波动与公司未披露的信息有关，应当披露有关事项；上市公司认为没有应披露的信息，应当刊登公告予以说明。

8.6.4　上市公司董事会预计该公司净资产为负值，上市公司应当及时公告，并在公告后一个月内刊登两次提示公告。同时应当尽快聘请会计师事务所进行审计。

会计年度结束后，上市公司董事会预计该年度公司出现亏损的，上市公司应当在该会计年度结束后一个月内刊登预亏提示公告。

上市公司董事会预计公司可能出现最近三年连续亏损的，上市公司应当在该会计年度结束后一个月内刊登两次风险提示公告。

8.6.5　上市公司出现下列情形之一，应当作出风险提示：

(一)最近两个会计年度经审计的净利润均为负值，或者最近经审计财务报告对上年度利润进行调整，导致连续两个会计年度的净利润均为负值；

(二)扣除注册会计师、有关部门不予确认的部分，最近经审计的股东权益低于股本；

(三)最近一期财务报告被注册会计师出具无法表示意见或否定

意见的审计报告；

（四）由于不可抗力、重大事故等导致上市公司主要经营设施遭受重大损失，生产经营活动基本中止，在三个月以内不能恢复；

（五）公司涉及重大诉讼、仲裁、行政处罚事项，依照判决、裁决或者处罚决定，公司承担法律责任涉及的金额累计超过最近经审计净资产的50%；

（六）主要银行帐户被冻结，影响上市公司正常经营活动；

（七）法院受理对上市公司的破产申请；

（八）经中国证监会批准恢复上市后一年内；

（九）公司出现其他异常情况，董事会或者监事会认为有必要作出风险提示公告的；

（十）经本所或中国证监会认定为上市公司出现异常状况的其他情形。

8.6.6　上市公司出现第8.6.5条所列情形之一的，应当在两个工作日内及时向本所报告并刊登风险提示公告。上市公司还应当在每个月的前五个工作日内刊登一次风险提示公告，直至该情形消除。

8.6.7　第8.6.5条所列情形已经消除的，上市公司应当就该情形消除的事实作出公告。

第九章　停牌、复牌

9.1　上市公司于交易日披露定期报告和可能对股票价格产生重大影响的临时报告，应当在提交公告文稿的同时向本所申请其股票例行停牌与复牌。

上市公司股票自公告当日上午开市时起停牌半天，下午开市时复牌。

9.2　上市公司出现下列情形之一的，公司应当申请其股票特别停牌，停牌时间直至上市公司履行相关信息披露义务：

（一）上市公司知悉有关公司的新闻报道、市场传闻，该报道或传闻已经或者可能对公司股票价格产生重大影响，上市公司尚未履行信息披露义务的；

（二）上市公司出现股票交易异常波动，尚未履行信息披露义务的；

（三）上市公司股东大会已经结束，但股东大会决议未能如期刊登的。

上市公司股东大会会议期间为本所开市时间，股东大会否决提案、增加未在通知中列明的提案或者出现异常情况，股东大会决议尚未刊登的；

（四）上市公司刊登的信息披露公告存在错误、误导或遗漏，上市公司未按本所要求进行更正、说明或补充公告的；

（五）未经本所批准，上市公司延迟披露定期报告的；

（六）上市公司监事会按照《公司法》第一百二十六条规定作出的可能对公司股票价格产生重大影响的决议。

9.3　法院受理上市公司破产案件，本所自知悉之日起，对该公司股票停牌，直至该公司发布有关公告。

9.4　法院发布裁定终结破产程序的公告且上市公司尚未披露的，本所自知悉之日起对该公司股票停牌，直至该公司发布有关公告。

9.5　除上述情形外，上市公司还可以以本所认为合理的理由向本所申请其股票停牌与复牌。

9.6　本所可以根据实际情况或中国证监会的要求，决定上市公司股票的停牌与复牌。

9.7　上市公司因某种原因使本所失去有效信息来源时，本所可以对其股票停牌，直至本所恢复有效信息来源后复牌。

9.8　上市公司出现第10.1.1、10.2.2条所列的情况之一的，本所按照本规则第十章的规定对其股票停牌。

第十章　暂停上市、终止上市

第一节　暂停上市

10.1.1　上市公司出现下列情形之一，本所根据中国证监会的决定，暂停其股票上市：

（一）公司股本总额、股权分布等发生变化不再具备上市条件；

（二）公司不按规定公开其财务状况，或者对财务会计报告作虚假记载；

（三）公司有重大违法行为；

（四）公司最近三年连续亏损；

（五）中国证监会认为应当暂停上市的其他情形。

10.1.2　上市公司出现下列情形之一，根据《创业板上市协议》的约定，本所决定其股票暂停上市：

（一）公司最近经审计净资产为负值；

（二）保荐期内公司在保荐协议解除之日起三个月内未能聘请新保荐人；

（三）公司失去持续经营能力；

（四）本所认为应当暂停上市的其他情形。

10.1.3　前条第（三）项所称公司失去持续经营能力是指下列情形：

（一）注册会计师对公司持续经营假设的合理性提出质疑，出具否定意见的审计报告；

（二）公司主要经营性资产被冻结或受到其他限制，严重影响公司的持续经营活动，在六个月内未能恢复；

（三）公司因国家政策、市场或者其他原因导致主要经营活动全部或者基本停顿，在六个月内未能恢复。

10.1.4　上市公司出现第10.1.1条第（一）项所述情形的，应当在知悉该事实之日起立即刊登公告。

上述情形在四十五日之内仍不能消除的，上市公司应当立即公告并申请特别停牌。本所自中国证监会作出决定之日起，暂停其股票上市。

10.1.5　上市公司出现第10.1.1条第（二）、（三）项所述情形的，应当在事实被认定之日起立即刊登公告并申请其股票停牌。

本所自中国证监会作出决定之日起，暂停其股票上市。

10.1.6　上市公司出现第10.1.1条第（四）项所述情形的，应当在收到审计报告两个工作日内向本所报告并公告，同时申请股票特别停牌。本所自中国证监会作出决定之日起，暂停其股票上市。

10.1.7　上市公司出现第10.1.2条第（一）项所述情形的，应当在收到审计报告两个工作日内向本所报告并公告，同时申请股票特别停牌。本所在公司公告后三个工作日内就是否暂停其股票上市作出决定，报中国证监会备案。

10.1.8　上市公司出现第10.1.2条第（二）项所述情形的，应当在该事实发生之日起申请股票特别停牌并刊登公告。本所在公司公告后三个工作日内就是否暂停其股票上市作出决定，报中国证监会备案。

10.1.9　上市公司出现第10.1.3条第（一）项所述情形的，应当在收到审计报告两个工作日内向本所报告并公告，同时申请股票特别停牌。本所在公司公告后三个工作日内就是否暂停其股票上市作出决定，报中国证监会备案。

10.1.10　上市公司出现第10.1.3条第（二）、（三）项所述情形的，应当在该事实发生之日起申请股票特别停牌并公告。本所在公司公告后三个工作日内就是否暂停其股票上市作出决定，报中国证监会备案。

10.1.11　上市公司应当在中国证监会或者本所作出暂停其股票上市决定的次日，刊登《股票暂停上市公告书》，同时本所停止其股票交易，行情揭示系统中不再显示其股票名称。

《股票暂停上市公告书》应当包括下列内容：

（一）暂停上市股票的种类及其简称、证券代码以及暂停上市起始日；

（二）公司股票暂停上市的原因；

（三）公司董事会对改善公司现状以恢复股票上市的办法、措施和期限；

（四）本所要求的其他内容。

10.1.12　上市公司在其股票暂停上市期间，仍然应当遵守本规则，履行上市公司的有关义务，并应当在定期报告中就整改计划的落实情况作出说明。

上市公司股东可以通过其他方式转让股份，具体办法另行规定。

10.1.13　因出现第10.1.1条所述情形被暂停上市的公司，在中国证监会规定的限期内情形消除的，可以向本所提出恢复上市的申请。本所自收到申请起三个工作日内提出意见，并报中国证监会批准后恢复该公司股票上市。

10.1.14　因出现第10.1.2条第（一）项所述情形被暂停上市的公司，在十八个月内经审计的净资产为正，可以向本所提出恢复上市的申请。本所自收到申请起三个工作日内就是否恢复其公司股票上市作出决定。

10.1.15　因出现第10.1.2条第（二）项所述情形被暂停上市的公司，在六个月内聘请新保荐人的，可以向本所提出恢复上市的申请。本所自收到申请起三个工作日内就是否恢复其公司股票上市作出决定。

10.1.16　因出现第10.1.3条第（一）项所述情形被暂停上市的公司，在十二个月内注册会计师不再对公司持续经营假设的合理性提出质疑，可以向本所提出恢复上市的申请。本所自收到申请起三个工作日内就是否恢复其公司股票上市作出决定。

10.1.17 因出现第10.1.3条第（二）、（三）项所述情形被暂停上市的公司，在十二个月内情形消除并恢复正常经营达三个月以上的，可以向本所提出恢复上市的申请。本所自收到申请起三个工作日内就是否恢复其公司股票上市作出决定。

10.1.18 上市公司在接到中国证监会或本所同意恢复公司股票上市的决定后，应当刊登《股票恢复上市公告书》。

《股票恢复上市公告书》应当包括下列内容：

（一）恢复上市股票的种类、简称、证券代码及恢复上市的日期；

（二）中国证监会或本所恢复股票上市的决定；

（三）中国证监会或本所要求的其他内容。

第二节 终止上市

10.2.1 上市公司因出现第10.1.1、10.1.2条所述情形被暂停上市的，在中国证监会或本所规定的限期内未能消除暂停上市的事由，或者经查实后果严重的，本所就终止其股票上市提出意见，提交中国证监会发行审核委员会审议通过，并报中国证监会核准。

10.2.2 上市公司股东大会决议公司解散、行政主管部门依法责令公司关闭、或者法院宣告公司破产的，上市公司应当及时向本所报告，申请公司股票停牌并公告，本所就终止其股票上市提出意见，提交中国证监会发行审核委员会审议通过，并报中国证监会核准。

10.2.3 上市公司接到终止股票上市决定的通知后，应当刊登《终止股票上市公告书》。

《终止股票上市公告书》应当包括下列内容：

（一）终止上市股票的种类、简称、证券代码以及终止上市的日期；

（二）中国证监会终止股票上市的决定；

（三）中国证监会要求的其他内容。

10.2.4 公司股票终止上市后，本所协助终止上市的公司（或清算组）处理有关股份事务。

股票终止上市后，公司股份转让办法另行规定。

第十一章 罚 则

11.1 上市公司及其董事、监事、董事会秘书违反本规则的有关规定，本所视情节轻重给予相应处分：

（一）责令改正；

（二）内部批评；

（三）通报批评或公开谴责；

（四）收取3万元以上30万元以下的惩罚性违约金；

（五）公开认定其不适合担任有关职务；

（六）取消相应资格；

以上处分可以单处或并处。

11.2 上市公司逾期交纳上市费用，本所除给予以上处分外，还可以每日按欠费金额的0.03%收取滞纳金。

11.3 保荐人和保荐业务主管违反本规则的有关规定，本所视情节轻重给予相应处分：

（一）责令改正；

（二）内部批评；

（三）通报批评或公开谴责；

（四）收取3万元以上30万元以下的惩罚性违约金；

（五）公开认定其不适合担任有关职务；

以上处分可以单处或并处。

对保荐人除给予以上述处分外，本所还可以提请中国证监会暂停或取消其保荐人资格。

11.4 上市公司及其董事、监事、董事会秘书、保荐人和保荐业务主管违反本规则规定，本所除给予上述处分外，还可以提请中国证监会查处。

给他人造成损害的，应当承担相应的民事责任；情节严重涉嫌犯罪的，可以提请有关司法机关予以查处。

第十二章 附 则

12.1 在本规则中，下列词语具有如下含义：

股票：指人民币普通股。

衍生品种：指认股权、备兑权证及其他股票衍生产品。

上市：指股票及其衍生品种经审查同意后，在本所挂牌交易。

停牌：指上市公司的股票暂停交易.

复牌：指上市公司的股票被停牌后，消除了有关停牌事由后，恢复交易.

刊登、公布、披露：在中国证监会指定的国际互联网站和指定报刊上刊登、公布和披露上市公司公告。

高级管理人员：指公司经理、副经理、财务负责人、董事会秘书及公司认定的其他人员。

独立财务顾问：指有证券从业资格的会计师事务所、证券咨询机构、综合类证券公司。

12.2 本规则未定义的用语的含义，依照法律、法规、规章及本所有关业务规则确定。

12.3 本规则所称"以上"、"以内"均含本数，"少于"不含本数。

12.4 本规则经本所理事会通过并报中国证监会批准后生效，修改时亦同。

12.5 本规则由本所解释。

12.6 本规则自2000年月日起施行。

（送审稿）2000年9月

附件一：创业板上市公司章程指引

目录

第一章 总 则

第1.01条 为维护公司、股东和债权人的合法权益，规范公司的组织和行为，根据《中华人民共和国公司法》（以下简称《公司法》）和其他有关规定，制订本章程。

第1.02条 公司系依照———[法规名称]和其他有关规定成立的股份有限公司（以下简称"公司"）。

公司经[批准机关和准批文件名称]批准，以[设立方式]设立；在[公司登记机关所在地名]工商行政管理局注册登记，取得营业执照。

注释：《公司法》实施以前成立的公司，除具体表述公司成立所依据的法律或者行政法规外，还应当在章程中说明公司是否已按照有关规定，对照《公司法》进行了规范，并依法履行了重新登记手续。

第 1.03 条 公司于[批准日期]经[批准机关全称]批准，首次向社会公众发行人民币普通股[股份数额]股。其中，公司向境内投资人发行的以人民币认购的内资股为[股份数额]，于[上市日期]在[证券交易所全称]上市；公司向境外投资人发行的以外币认购并且在境内上市的境内上市外资股为[股份数额]，于[上市日期]在[证券交易所全称]上市。

注释：没有发行（或拟发行）境内上市外资股的公司，无需就本条有关境内上市外资股的内容作出说明。以下同。

第 1.04 条 公司注册名称：[中文全称]

[英文全称]

第 1.05 条 公司住所：[公司住所地址全称，邮政编码]。

第 1.06 条 公司注册资本为人民币[注册资本数额]元。

注释：公司因增加或者减少注册资本而导致注册资本总额变更的，可以在股东大会通过同意增加或减少注册资本决议后，再就因此而需要修改公司章程的事项通过一项决议，并说明授权董事会具体办理注册资本的变更登记手续。

第 1.07 条 公司营业期限为[年数]或者[公司为永久存续的股份有限公司。]

第 1.08 条 董事长为公司的法定代表人。

第 1.09 条 公司全部资产分为等额股份，股东以其所持股份为限对公司承担责任，公司以其全部资产对公司的债务承担责任。

第 1.10 条 本公司章程自生效之日起，即成为规范公司的组织与行为、公司与股东、股东与股东之间权利义务关系的，具有法律约束力的文件。

股东可以依据公司章程起诉公司；公司可以依据公司章程起诉股东、董事、监事、经理和其他高级管理人员；股东可以依据公司章程起诉股东；股东可以依据公司章程起诉公司的董事、监事、经理和其他高级管理人员。

第 1.11 条 本章程所称其他高级管理人员是指公司的董事会秘书、财务负责人。

注释：公司可以根据实际情况，在章程中确定属于公司高级管理人员的人员。

第二章　经营宗旨和范围

第 2.01 条 公司的经营宗旨：[宗旨内容]

第 2.02 条 经公司登记机关核准，公司经营范围是：[经营范围内容]

第三章　股　份

第一节　股份发行

第 3.01 条 公司的股份采取股票的形式。

第 3.02 条 公司发行的所有股份均为普通股。

第 3.03 条 公司股份的发行，实行公开、公平、公正的原则，同股同权，同股同利。

第 3.04 条 公司发行的股票，以人民币标明面值。

第 3.05 条 公司的内资股，在[证券登记机构名称]集中托管；公司的境内上市外资股，在[证券登记机构名称]集中托管。

第 3.06 条 公司经批准发行的普通股总数为[股份数额]，成立时向发起人[各发起人姓名或者名称]发行[股份数额]，占公司可发行普通股总数的百分之[百分比数]。

第 3.07 条 公司的股本结构为：普通股[数额]股，其中发起人持有[股份数额]，其他内资股股东持有[股份数额]，境内上市外资股股东持有[股份数额]。

注释：已成立三年或三年以上的公司，发起人已将所持股份转让的，无需填入发起人的持股数额。

第 3.08 条 公司或公司的子公司（包括公司的附属企业）不以赠与、垫资、担保、补偿或贷款等形式，对购买或者拟购买公司股份的人提供任何资助。

第二节　股份增减和回购

第 3.09 条 公司根据经营和发展的需要，依照法律、法规的规定，经股东大会分别作出决议，可以采用下列方式增加资本：

（一）向社会公众发行股份；

（二）向现有股东配售股份；

（三）向现有股东派送红股；

（四）以公积金转增股本；

（五）法律、行政法规规定以及国务院证券主管部门批准的其他方式。

注释：发行可转换公司债的公司，还应当在章程中对可转换公司债的发行、转股程序和安排以及转股所导致的公司股本变更等事项作出具体规定。

第 3.10 条 根据公司章程的规定，公司可以减少注册资本。公司减少注册资本，按照《公司法》以及其他有关规定和公司章程规定的程序办理。

第 3.11 条 公司在下列情况下，经公司章程规定的程序通过，并报国家有关主管机构批准后，可以购回本公司的股票：

（一）为减少公司资本而注销股份；

（二）与持有本公司股票的其他公司合并。

除上述情形外，公司不进行买卖本公司股票的活动。

第 3.12 条 公司购回股份，可以下列方式之一进行：

（一）向全体股东按照相同比例发出购回要约；

（二）通过公开交易方式购回；

（三）法律、行政法规规定和国务院证券主管部门批准的其它情形。

第 3.13 条 公司购回本公司股票后，自完成回购之日起十日内注销该部份股份，并向工商行政管理部门申请办理注册资本的变更登记。

第三节　股份转让

第 3.14 条 公司的股份可以依法转让。

第 3.15 条 公司不接受本公司的股票作为质押权的标的。

第 3.16 条 发起人持有的公司股票，自公司成立之日起三年以内不得转让。

公司董事、监事、高级管理人员在买卖本公司股票之前，应当通知董事长或董事会特别委任的其他董事并获得其书面确认。

第 3.17 条 持有公司百分之五以上有表决权的股份的股东，将其所持有的公司股票在买入之日起六个月以内卖出，或者在卖出之日起六个月以内又买入的，由此获得的利润归公司所有。

前款规定适用于持有公司百分之五以上有表决权股份股东的董事、监事、经理和其他高级管理人员。

第四章　股东和股东大会

第一节　股　东

第 4.01 条 公司股东为依法持有公司股份的人。

股东按其所持有股份的种类享有权利，承担义务；持有同一种类股份的股东，享有同等权利，承担同种义务。

第 4.02 条 股东名册是证明股东持有公司股份的充分证据。

第 4.03 条 公司依据证券登记机构提供的凭证建立股东名册。

注释：公司应当与证券登记机构签订股份保管协议，定期查询主要股东资料以及主要股东的持股变更（包括股权的出质）情况，及时掌握公司的股权结构。

第 4.04 条 公司股东享有下列权利：

（一）依照其所持有的股份份额获得股利和其他形式的利益分配；

（二）参加或者委派股东代理人参加股东会议；

（三）依照其所持有的股份份额行使表决权；

（四）对公司的经营行为进行监督，提出建议或者质询；

（五）依照法律、行政法规及公司章程的规定转让、赠与或质押其所持有的股份；

（六）依照法律、公司章程的规定获得有关信息，包括：

1、缴付成本费用后得到公司章程；

2、缴付合理费用后有权查阅和复印：

（1）本人持股资料；

（2）股东大会会议记录；

（3）中期报告和年度报告；

（4）公司股本总额、股本结构。

（七）公司终止或者清算时，按其所持有的股份份额参加公司剩余财产的分配；

（八）法律、行政法规及公司章程所赋予的其他权利。

第 4.05 条 股东提出查阅前条所述有关信息或者索取资料的，应当向公司提供证明其持有公司股份的种类以及持股数量的书面文件，公司经核实股东身份后按照股东的要求予以提供。

第 4.06 条 公司召开股东大会、分配股利、清算及从事其他需要确认股权的行为时，由董事会决定某一日为股权登记日，股权登记日的在册股东享有相应的权利。

第 4.07 条 股东大会、董事会的决议违反法律、行政法规，侵犯股东合法权益的，股东有权向人民法院提起要求停止该违法行为和侵害行为的诉讼。

第 4.08 条　公司股东承担下列义务：

(一)遵守公司章程；

(二)依其所认购的股份和入股方式缴纳股金；

(三)除法律、法规规定的情形外，不得退股；

(四)法律、行政法规及公司章程规定应当承担的其他义务。

第 4.09 条　持有公司百分之五以上有表决权股份的股东，将其持有的股份进行质押的，应当自该事实发生之日起二个工作日内，向公司作出书面报告。

第 4.10 条　公司的控股股东在行使表决权时，不得作出有损于公司和其他股东合法权益的决定。

第 4.11 条　本章程所称"控股股东"是指具备下列条件之一的股东：

(一)此人单独或者与他人一致行动时，可以选出半数以上的董事；

(二)此人单独或者与他人一致行动时，可以行使公司百分之三十以上的表决权或者可以控制公司百分之三十以上表决权的行使；

(三)此人单独或者与他人一致行动时，持有公司百分之三十以上的股份；

(四)此人单独或者与他人一致行动时，可以以其它方式在事实上控制公司。

本条所称"一致行动"是指两个或者两个以上的人以协议的方式(不论口头或者书面)达成一致，通过其中任何一人取得对公司的投票权，以达到或者巩固控制公司的目的的行为。

第二节　股东大会

第 4.12 条　股东大会是公司的权力机构，依法行使下列职权：

(一)决定公司经营方针和投资计划；

(二)选举和更换董事，决定有关董事的报酬事项；

(三)选举和更换由股东代表出任的监事，决定有关监事的报酬事项；

(四)审议批准董事会的报告；

(五)审议批准监事会的报告；

(六)审议批准公司的年度财务预算方案、决算方案；

(七)审议批准公司的利润分配方案和弥补亏损方案；

(八)对公司增加或者减少注册资本作出决议；

(九)对发行公司债券作出决议；

(十)对公司合并、分立、解散和清算等事项作出决议；

(十一)修改公司章程；

(十二)对公司聘用、解聘会计师事务所作出决议；

(十三)审议代表公司发行在外有表决权股份总数的百分之五以上的股东的提案；

(十四)审议法律、法规和公司章程规定应当由股东大会决定的其他事项。

第 4.13 条　股东大会分为股东年会和临时股东大会。股东年会每年至少召开一次，并应当于上一个会计年度结束之后的六个月之内举行。

年度股东大会可以讨论《公司章程》规定的任何事项。

第 4.14 条　有下列情形之一的，公司在事实发生之日起两个月以内召开临时股东大会：

(一)董事人数不足《公司法》规定的法定最低人数，或者少于章程所定人数的三分之二时；

(二)公司未弥补的亏损达股本总额的三分之一时；

(三)单独或者合并持有公司有表决权股份总数百分之十(不含投票代理权)以上的股东书面请求时；

(四)董事会认为必要时；

(五)监事会提议召开时；

(六)公司章程规定的其他情形。

前述第(三)项持股股数按股东提出书面要求日计算。

注释：公司应当在章程中确定本条第(一)项的具体人数。

第 4.15 条　临时股东大会只对通知中列明的事项作出决议。

第 4.16 条　股东大会会议由董事会依法召集，由董事长主持。董事长因故不能履行职务时，由董事长指定的副董事长或其它董事主持；董事长和副董事长均不能出席会议，董事长也未指定人选的，由董事会指定一名董事主持会议；董事会未指定会议主持人的，由出席会议的股东共同推举一名股东主持会议；如果因任何理由，股东无法主持会议，应当由出席会议的持有最多表决权股份的股东(或股东代理人)主持。

第 4.17 条　公司召开股东大会，董事会应当在会议召开三十日以前以公告方式通知股东。

注释：公司在计算三十日的起始期限时，不应当包括会议召开当日。

为了保证公司召开股东大会所作出决议的有效性和公平性，在《到境外上市公司章程必备条款》中规定了公司召开股东大会的催告程序，具体表述如下："拟出席股东大会的股东，应当于会议召开二十日前，将出席会议的书面回复送达公司。公司根据股东大会召开前二十日时收到的书面回复，计算拟出席会议的股东所代表的有表决权的股份数。拟出席会议的股东所代表的有表决权的股份数达到公司有表决权的股份总数二分之一以上的，公司可以召开股东大会；达不到的，公司在五日内将会议拟审议的事项，开会日期和地点以公告形式再次通知股东，经公告通知，公司可以召开股东大会。"

公司可以根据实际情况，决定是否在章程中规定这一程序。

第 4.18 条　年度股东大会和应股东或监事会的要求提议召开的股东大会不得采取通讯表决方式；临时股东大会审议下列事项时，不得采取通讯表决方式：

(一)公司增加或者减少注册资本；

(二)发行公司债券；

(三)公司的分立、合并、解散和清算；

(四)《公司章程》的修改；

(五)利润分配方案和弥补亏损方案；

(六)董事会和监事会成员的任免；

(七)变更募股资金投向；

(八)需股东大会审议的关联交易；

(九)需股东大会审议的收购或出售资产事项；

(十)变更会计师事务所；

第 4.19 条　股东大会会议通知包括以下内容：

(一)会议的日期、地点和会议召开方式及期限；

(二)提交会议审议的事项；

(三)以明显的文字说明：全体股东均有权出席股东大会，并可以委托代理人出席会议和参加表决，该股东代理人不必是公司的股东；

(四)有权出席股东大会股东的股权登记日；

(五)投票代理委托书的送达时间和地点；

(六)会务常设联系人姓名，电话号码。

第 4.20 条　单独或者合并持有公司有表决权总数百分之十以上的股东(下称"提议股东")或者监事会提议董事会召开临时股东大会时，应以书面形式向董事会提出会议议题和内容完整的提案。书面提案应当报所在地中国证监会派出机构和证券交易所备案。提议股东或者监事会应当保证提案内容符合法律、法规和《公司章程》的规定。董事会在收到监事会的书面提议后应当在十五日内发出召开股东大会的通知，召开程序应符合公司章程的规定。

第 4.21 条　对于提议股东要求召开股东大会的书面提案，董事会应当依据法律、法规和《公司章程》决定是否召开股东大会。董事会决议应当在收到前述书面提议后十五日内反馈给提议股东并报告所在地中国证监会派出机构和证券交易所。

第 4.22 条　董事会做出同意召开股东大会决定的，应当发出召开股东大会的通知，通知中对原提案的变更应当征得提议股东的同意。通知发出后，董事会不得再提出新的提案，未征得提议股东的同意也不得再对股东大会召开的时间进行变更或推迟。

第 4.23 条　董事会认为提议股东的提案违反法律、法规和《公司章程》的规定，应当做出不同意召开股东大会的决定，并将反馈意见通知提议股东。提议股东可在收到通知之日起十五日内决定放弃召开临时股东大会，或者自行发出召开临时股东大会的通知。

提议股东决定放弃召开临时股东大会的，应当报告所在地中国证监会派出机构和证券交易所。

第 4.24 条　提议股东决定自行召开临时股东大会的，应当书面通知董事会，报公司所在地中国证监会派出机构和证券交易所备案后，发出召开临时股东大会的通知，通知的内容应当符合以下规定：

(一)提案内容不得增加新的内容，否则提议股东应按上述程序重新向董事会提出召开股东大会的请求；

(二)会议地点应当为公司所在地。

第 4.25 条　对于提议股东决定自行召开的临时股东大会，董事会及董事会秘书应切实履行职责。董事会应当保证会议的正常秩序，会议费用的合理开支由公司承担。会议召开程序应当符合以下规定：

(一)会议由董事会负责召集，董事会秘书必须出席会议，董事、监事应当出席会议；董事长负责主持会议，董事长因特殊原因不能履行职务时，由副董事长或者其他董事主持；

(二)董事会应当聘请有证券从业资格的律师，按照第 4.38 条的规定，出具法律意见；

（三）召开程序应当符合本章的规定。

第 4.26 条 董事会未能指定董事主持股东大会的，提议股东在报所在地中国证监会派出机构备案后会议由提议股东主持；提议股东应当聘请有证券从业资格的律师，按照**第 4.38 条** 的规定出具法律意见，律师费用由提议股东自行承担；董事会秘书应切实履行职责，其余召开程序应当符合公司章程的规定。

第 4.27 条 股东大会召开的会议通知发出后，除有不可抗力或者其它意外事件等原因，董事会不得变更股东大会召开的时间；因不可抗力确需变更股东大会召开时间的，不应因此而变更股权登记日。

第 4.28 条 董事会人数不足《公司法》规定的法定最低人数，或者少于章程规定人数的三分之二，或者公司未弥补亏损额达到股本总额的三分之一，董事会未在规定期限内召集临时股东大会的，监事会或者股东可以按照本章**第 4.25 条** 规定的程序自行召集临时股东大会。

第三节 股东大会提案

第 4.29 条 股东大会会议通知发出后，董事会不得再提出会议通知中未列出事项的新提案，对原有提案的修改应当在股东大会召开的前十五天公告。否则，会议召开日期应当顺延，保证至少有十五天的间隔期。

第 4.30 条 召开年度股东大会，单独持有或者合并持有公司有表决权总数百分之五以上的股东或者监事会可以提出临时提案。

股东大会提案应当符合下列条件：

（一）内容与法律、法规和章程的规定不相抵触，并且属于公司经营范围和股东大会职责范围；

（二）有明确议题和具体决议事项；

（三）以书面形式提交或送达董事会。

临时提案如果属于董事会会议通知中未列出的新事项，同时这些事项是属于第 4.18 条所列事项的，提案人应当在股东大会召开前十天将提案递交董事会并由董事会审核后公告。

第一大股东提出新的分配提案时，应当在年度股东大会召开的前十天提交董事会并由董事会公告，不足十天的，第一大股东不得在本次年度股东大会提出新的分配提案。

除此以外的提案，提案人可以提前将提案递交董事会并由董事会公告，也可以直接在年度股东大会上提出。

第 4.31 条 对于前条所述的年度股东大会临时提案，董事会按以下原则对提案进行审核：

（一）关联性。董事会对股东提案进行审核，对于股东提案涉及事项与公司有直接关系，并且不超出法律、法规和《公司章程》规定的股东大会职权范围的，应提交股东大会讨论。对于不符合上述要求的，不提交股东大会讨论。如果董事会决定不将股东提案提交股东大会表决，应当在该次股东大会上进行解释和说明。

（二）程序性。董事会可以对股东提案涉及的程序性问题做出决定。如将提案进行分拆或合并表决，需征得原提案人同意；原提案人不同意变更的，股东大会会议主持人可就程序性问题提请股东大会做出决定，并按照股东大会决定的程序进行讨论。

第 4.32 条 提出涉及投资、财产处置和收购兼并等提案的，应当充分说明该事项的详情，包括：涉及金额、价格（或计价方法）、资产的账面值、对公司的影响、审批情况等。如果按照有关规定需进行资产评估、审计或出具独立财务顾问报告的，董事会应当在股东大会召开前至少五个工作日公布资产评估情况、审计结果或独立财务顾问报告。

第 4.33 条 董事会提出改变募股资金用途提案的，应在召开股东大会的通知中说明改变募股资金用途的原因、新项目的概况及对公司未来的影响。

第 4.34 条 涉及公开发行股票等需要报送中国证监会核准的事项，应当作为专项提案提出。

第 4.35 条 董事会审议通过年度报告后，应当对利润分配方案做出决议，并作为年度股东大会的提案。

第 4.36 条 董事会在提出资本公积转增股本方案时，需详细说明转增原因。会计师事务所的聘任，由董事会提出提案，股东大会表决通过。

董事会提出解聘或不再续聘会计师事务所的提案时，应事先通知该会计师事务所，并向股东大会说明原因。会计师事务所有权向股东大会陈述意见。

非会议期间，董事会因正当理由解聘会计师事务所的，可临时聘请其他会计师事务所，但必须在下一次股东大会上追认通过。

会计师事务所提出辞聘的，董事会应在下一次股东大会说明原因。辞聘的会计师事务所有责任以书面形式或派人出席股东大会，向股东大会说明公司有无不当。

（送审稿）2000 **年** 9 **月**

第四节 股东大会召开

第 4.37 条 公司召开股东大会应坚持朴素从简的原则，不得给予出席会议的股东（或代理人）额外的经济利益。

第 4.38 条 公司董事会应当聘请有证券从业资格的律师出席股东大会，对以下问题出具意见并公告：

（一）股东大会的召集、召开程序是否符合法律法规的规定，是否符合《公司章程》；

（二）验证出席会议人员资格的合法有效性；

（三）验证年度股东大会提出新提案的股东的资格；

（四）股东大会的表决程序是否合法有效；

（五）应公司要求对其他问题出具的法律意见。

公司董事会也可同时聘请公证人员出席股东大会。

第 4.39 条 公司董事会、监事会应当采取必要的措施，保证股东大会的严肃性和正常秩序，除出席会议的股东（或代理人）、董事、监事、董事会秘书、高级管理人员、聘任律师及董事会邀请的人员以外，公司有权依法拒绝其他人士入场，对于干扰股东大会秩序、寻衅滋事和侵犯其他股东合法权益的行为，公司应当采取措施加以制止并及时报告有关部门查处。

第 4.40 条 股东可以亲自出席股东大会，也可以委托代理人代为出席和表决。

股东应当以书面形式委托代理人，由委托人签署或者由其以书面形式委托的代理人签署；委托人为法人的，应当加盖法人印章或者由其正式委任的代理人签署。

第 4.41 条 个人股东亲自出席会议的，应出示本人身份证和持股凭证；委托代理他人出席会议的，应出示本人身份证、代理委托书和持股凭证。

法人股东应由法定代表人或者法定代表人委托的代理人出席会议。法定代表人出席会议的，应出示本人身份证、能证明其具有法定代表人资格的有效证明和持股凭证；委托代理人出席会议的，代理人应出示本人身份证、法人股东单位的法定代表人依法出具的书面委托书和持股凭证。

第 4.42 条 股东出具的委托他人出席股东大会的授权委托书应当载明下列内容：

一代理人的姓名；

二是否具有表决权；

三分别对列入股东大会议程的每一审议事项投赞成、反对或弃权票的指示；

四对可能纳入股东大会议程的临时提案是否有表决权，如果有表决权应行使何种表决权的具体指示；

五委托书签发日期和有效期限；

六委托人签名或盖章。委托人为法人股东的，应加盖法人单位印章。

委托书应当注明如果股东不作具体指示，股东代理人是否可以按自己的意思表决。

第 4.23 条 投票代理委托书至少应当在有关会议召开前二十四小时备置于公司住所，或者召集会议的通知中指定的其他地方。委托书由委托人授权他人签署的，授权签署的授权书或者其他授权文件应当经过公证。经公证的授权书或者其他授权文件，和投票代理委托书均需备置于公司住所或者召集会议的通知中指定的其他地方。

委托人为法人的，由其法定代表人或者董事会、其他决策机构决议授权的人作为代表出席公司的股东会议。

第 4.43 条 出席会议人员的签名册由公司负责制作。签名册载明参加会议人员姓名或单位名称、身份证号码、住所地址、持有或者代表有表决权的股份数额、被代理人姓名或单位名称等事项。

第 4.44 条 在年度股东大会上，董事会应当就前次年度股东大会以来股东大会决议中应由董事会办理的各事项的执行情况向股东大会做出报告并公告。

第 4.45 条 在年度股东大会上，监事会应当宣读有关公司过去一年的监督专项报告，内容包括：

（一）公司财务的检查情况；

（二）董事、高层管理人员执行公司职务时的尽职情况及对有关法律、法规、《公司章程》及股东大会决议的执行情况；

（三）监事会认为应当向股东大会报告的其他重大事件。

监事会认为有必要时，还可以对股东大会审议的提案出具意见，并提交独立报告。

第 4.46 条 注册会计师对公司财务报告出具解释性说明、保留意见、无法表示意见或否定意见的审计报告的,公司董事会应当将导致会计师出具上述意见的有关事项及对公司财务状况和经营状况的影响向股东大会做出说明。如果该事项对当期利润有直接影响,公司董事会应当根据孰低原则确定利润分配预案或者公积金转增股本预案。

第4.47条 股东大会对所有列入议事日程的提案应当进行逐项表决,不得以任何理由搁置或不予表决。年度股东大会对同一事项有不同提案的,应以提案提出的时间顺序进行表决,对事项作出决议。

第4.48条 临时股东大会不得对召开股东大会的通知中未列明的事项进行表决。临时股东大会审议通知中列明的提案内容时,对涉及第4。18条 所列事项的提案内容不得进行变更;任何变更都应视为另一个新的提案,不得在本次股东大会上进行表决。

第4.49条 股东大会就关联交易进行表决时,涉及关联交易的各股东,应当回避表决,上述股东所持表决权不应计入出席股东大会有表决权的股份总数。

注释:公司应当根据具体情况,在章程中制订有关联关系股东的回避和表决程序。

第4.50条 股东大会审议董事、监事选举的提案,应当对每一个董事、监事候选人逐个进行表决。改选董事、监事提案获得通过的,新任董事、监事在会议结束之后立即就任。

第4.51条 董事会应当保证股东大会在合理的工作时间内连续举行,直至形成最终决议。因不可抗力或其他异常原因导致股东大会不能正常召开或未能做出任何决议的,公司董事会应向证券交易所说明原因,董事会有义务采取必要措施尽快恢复召开股东大会。

第4.52条 除涉及公司商业秘密不能在股东大会上公开外,董事会和监事会应当对股东的质询和建议作出答复或说明。

第五节 股东大会决议

第4.53条 股东(包括股东代理人)以其所代表的有表决权的股份数额行使表决权,每一股份享有一票表决权。

第4.54条 股东大会决议分为普通决议和特别决议。

股东大会作出普通决议,应当由出席股东大会的股东(包括股东代理人)所持表决权的二分之一以上通过。

股东大会作出特别决议,应当由出席股东大会的股东(包括股东代理人)所持表决权的三分之二以上通过。

第4.55条 下列事项由股东大会以普通决议通过:

(一)董事会和监事会的工作报告;

(二)董事会拟定的利润分配方案和弥补亏损方案;

(三)董事会和监事会成员的任免及其报酬和支付方法;

(四)公司年度预算方案、决算方案;

(五)公司年度报告;

(六)除法律、行政法规规定或者公司章程规定应当以特别决议通过以外的其他事项。

第4.56条 下列事项由股东大会以特别决议通过:

(一)公司增加或者减少注册资本;

(二)发行公司债券;

(三)公司的分立、合并、解散和清算;

(四)公司章程的修改;

(五)回购本公司股票;

(六)公司章程规定和股东大会以普通决议认定会对公司产生重大影响的、需要以特别决议通过的其他事项。

第4.57条 非经股东大会以特别决议批准,公司不得与董事、经理和其它高级管理人员以外的人订立将公司全部或者重要业务的管理交予该人负责的合同。

第4.58条 股东大会采取记名方式投票表决。

股东大会在选举董事、监事时,可以实行累积投票制和多轮补缺投票制。

第4.59条 每一审议事项的表决投票,应当至少有两名股东代表和一名监事参加清点,并由清点人代表当场公布表决结果。

第4.60条 会议主持人根据表决结果决定股东大会的决议是否通过,并应当在会上宣布表决结果。决议的表决结果载入会议记录。

第4.61条 会议主持人如果对提交表决的决议结果有任何怀疑,可以对所投票数进行点算;如果会议主持人未进行点票,出席会议的股东或者股东代理人对会议主持人宣布结果有异议的,有权在宣布表决结果后立即要求点票,会议主持人应当即时点票。

第4.62条 股东大会应有会议记录。会议记录记载以下内容:

(一)出席股东大会的有表决权的股份数,占公司总股份的比例;

(二)召开会议的日期、地点;

(三)会议主持人姓名、会议议程;

(四)各发言人对每个审议事项的发言要点;

(五)每一表决事项的表决结果;

(六)股东的质询意见、建议及董事会、监事会的答复或说明等内容;

(七)股东大会认为应当载入会议记录的其他内容。

注释:公司应当根据实际情况,在章程中规定股东大会会议记录需要记载的其他内容。

第4.63条 股东大会记录由出席会议的董事和记录员签名,并作为公司档案由董事会秘书保存。

注释:公司应当根据具体情况,在章程中规定股东大会会议记录的保管期限。

第4.64条 对股东大会到会人数、参会股东持有的股份数额、授权委托书、每一表决事项的表决结果、会议记录、会议程序的合法性等事项,还可以进行公证。

第4.65条 股东大会各项决议的内容应当符合法律和《公司章程》的规定。出席会议的董事应当忠实履行职责,保证决议内容的真实、准确和完整,不得使用容易引起歧义的表述。

股东大会的决议违反法律、行政法规,侵犯股东合法权益的,股东有权依法向人民法院提起民事诉讼。

第4.66条 股东大会决议公告应注明出席会议的股东(和代理人)人数、所持代理股份总数及占公司有表决权总股份的比例,表决方式、每项提案表决结果以及聘请的律师意见。对股东提案做出的决议,应列明提案股东的姓名或名称、持股比例和提案内容。

第4.67条 会议提案未获通过,或者本次股东大会变更前次股东大会决议的,董事会应在股东大会决议公告中做出说明。

第五章 董事会

第一节 董 事

第5.01条 公司董事为自然人。董事无需持有公司股份。

公司董事中包括独立董事。

第5.02条 《公司法》第57条 、第58条 规定的情形以及被中国证监会确定为市场禁入者,并且禁入尚未解除的人员,不得担任公司的董事。

第5.03条 独立董事应当具有五年以上的经营管理、法律或财务工作经验,并确保有足够的时间和精力履行公司董事职责。

下列人员不得担任独立董事:

(七)上市公司的雇员;

(八)最近一年内曾在上市公司任职的人员;

(九)上市公司股东或股东的雇员;

(十)其他与上市公司、上市公司管理层或关联人有利害关系的人员;

第5.04条 董事由股东大会选举或更换,任期[年数]。董事任期届满,可连选连任。董事在任期届满以前,股东大会不得无故解除其职务。

董事任期从股东大会决议通过之日起计算,至本届董事会任期届满时为止。

第5.05条 董事应当遵守法律、法规和公司章程的规定,忠实履行职责,维护公司利益。当其自身的利益与公司和股东的利益相冲突时,应当以公司和股东的最大利益为行为准则,并保证:

(一)在其职责范围内行使权利,不得越权;

(二)除经公司章程规定或者股东大会在知情的情况下批准,不得同本

公司订立合同或者进行交易;

(三)不得利用内幕信息为自己或他人谋取利益;

(四)不得自营或者为他人经营与公司同类的营业或者从事损害本公司利益的活动;

(五)不得利用职权收受贿赂或者其他非法收入,不得侵占公司的财产;

(六)不得挪用资金或者将公司资金借贷给他人;

(七)不得利用职务便利为自己或他人侵占或者接受本应属于公司的商业机会;

(八)未经股东大会在知情的情况下批准,不得接受与公司交易有关的佣金;

(九)不得将公司资产以其个人名义或者以其他个人名义开立帐户储存;

(十)不得以公司资产为本公司的股东或者其他个人债务提供担保;

(十一)未经股东大会在知情的情况下同意,不得泄漏在任职期间

所获得的涉及本公司的机密信息；但在下列情形下，可以向法院或者其他政府主管机关披露该信息：

1、法律有规定；

2、公众利益有要求；

3、该董事本身的合法利益有要求。

注释：除以上各项义务要求外，公司可以根据具体情况，在章程中增加对对本公司董事其他义务的要求。

第 5.06 条 董事应当谨慎、认真、勤勉地行使公司所赋予的权利，以保证：

(一)公司的商业行为符合国家的法律、行政法规以及国家各项经济政策的要求，商业活动不超越营业执照规定的业务范围；

(二)公平对待所有股东；

(三)认真阅读上市公司的各项商务、财务报告，及时了解公司业务经营管理状况；

(四)亲自行使被合法赋予的公司管理处置权，不得受他人操纵；非经法律、行政法规允许或者得到股东大会在知情的情况下批准，不得将其处置权转授他人行使；

(五)接受监事会对其履行职责的合法监督和合理建议。

第 5.07 条 未经公司章程规定或者董事会的合法授权，任何董事不得以个人名义代表公司或者董事会行事。董事以其个人名义行事时，在第三方会合理地认为该董事在代表公司或者董事会行事的情况下，该董事应当事先声明其立场和身份。

第 5.08 条 董事个人或者其所任职的其他企业直接或者间接与公司已有的或者计划中的合同、交易、安排有关联关系时(聘任合同除外)，不论有关事项在一般情况下是否需要董事会批准同意，均应当尽快向董事会披露其关联关系的性质和程度。

除非有关联关系的董事按照本条前款的要求向董事会作了披露，并且董事会在不将其计入法定人数，该董事亦未参加表决的会议上批准了该事项，公司有权撤销该合同、交易或者安排，但在对方是善意第三人的情况下除外。

注释：公司应当根据自身情况，在章程中制订有关联关系的董事回避和表决的具体程序。

第 5.09 条 如果公司董事在公司首次考虑订立有关合同、交易、安排前以书面形式通知董事会，声明由于通知所列的内容，公司日后达成的合同、交易、安排与其有利益关系，则在通知阐明的范围内，有关董事视为做了本章前款所规定的披露。

第 5.10 条 董事连续二次未能亲自出席，也不委托其他董事出席董事会会议，视为不能履行职责，董事会应当建议股东大会予以撤换。

第 5.11 条 董事可以在任期届满以前提出辞职。董事辞职应当向董事会提交书面辞职报告。

第 5.12 条 如因董事的辞职导致公司董事会低于法定最低人数时，该董事的辞职报告应当在下任董事填补因其辞职产生的缺额后方能生效。

余任董事会应当尽快召集临时股东大会，选举董事填补因董事辞职产生的空缺。在股东大会未就董事选举作出决议以前，该提出辞职的董事以及余任董事会的职权应当受到合理的限制。

第 5.13 条 董事提出辞职或者任期届满，其对公司和股东负有的义务在其辞职报告尚未生效或者生效后的合理期间内，以及任期结束后的合理期间内并不当然解除，其对公司商业秘密保密的义务在其任职结束后仍然有效，直至该秘密成为公开信息。其他义务的持续期间应当根据公平的原则决定，视事件发生与离任之间时间的长短，以及与公司的关系在何种情况和条件下结束而定。

第 5.14 条 任职尚未结束的董事，对因其擅自离职使公司造成的损失，应当承担赔偿责任。

第 5.15 条 公司不以任何形式为董事纳税。

第 5.16 条 本节有关董事义务的规定，适用于公司监事、经理和其他高级管理人员。

第二节 董事会

第 5.17 条 公司设董事会，对股东大会负责。

第 5.18 条 董事会由[人数]名董事组成，设董事长一人，副董事长[人数]人。

公司董事会设独立董事[人数]人。

注释：公司应当在章程中确定董事会人数和独立董事人数，独立董事至少为两名。

第 5.19 条 董事会行使下列职权：

(一)负责召集股东大会，并向大会报告工作；

(二)执行股东大会的决议；

(三)决定公司的经营计划和投资方案；

(四)制订公司的年度财务预算方案、决算方案；

(五)制订公司的利润分配方案和弥补亏损方案；

(六)制订公司增加或者减少注册资本、发行债券或其他证券及上市方案；

(七)拟订公司重大收购、回购本公司股票或者合并、分立和解散方案；

(八)在股东大会授权范围内，决定公司的风险投资、资产抵押及其他担保事项；

(九)决定公司内部管理机构的设置；

(十)聘任或者解聘公司经理、董事会秘书；根据经理的提名，聘任或者解聘公司副经理、财务负责人等高级管理人员，并决定其报酬事项和奖惩事项；

(十一)制订公司的基本管理制度；

(十二)制订公司章程的修改方案；

(十三)管理公司信息披露事项；

(十四)决定聘请保荐人；

(十五)向股东大会提请聘请或更换为公司审计的会计师事务所；

(十六)听取公司经理的工作汇报并检查经理的工作；

(十七)法律、法规或公司章程规定，以及股东大会授予的其他职权。

第 5.20 条 公司董事会应当就注册会计师对公司财务报告出具的有保留意见的审计报告向股东大会作出说明。

第 5.21 条 董事会制定董事会议事规则，以确保董事会的工作效率和科学决策。

第 5.22 条 董事会应当确定其运用公司资产所作出的风险投资权限，建立严格的审查和决策程序；重大投资项目应当组织有关专家、专业人员进行评审，并报股东大会批准。

注释：公司董事会应当根据实际情况，在章程中确定符合公司具体要求的风险投资范围，以及投资运用资金占公司资产的具体比例。

第 5.23 条 董事长和副董事长由公司董事担任，以全体董事的过半数选举产生和罢免。

第 5.24 条 董事长行使下列职权：

一主持股东大会和召集、主持董事会会议；

二督促、检查董事会决议的执行；

三签署公司股票、公司债券及其他有价证券；

四签署董事会重要文件和其他应由公司法定代表人签署的其他文件；

五行使法定代表人的职权；

六在发生特大自然灾害等不可抗力的紧急情况下，对公司事务行使符合法律规定和公司利益的特别处置权，并在事后向公司董事会和股东大会报告；

七董事会授予的其他职权。

第 5.25 条 董事长不能履行职权时，董事长应当指定副董事长代行其职权。

第 5.26 条 董事会每年至少召开两次会议，由董事长召集，于会议召开十日以前书面通知全体董事。

第 5.27 条 有下列情形之一的，董事长应在[]个工作日内召集临时董事会会议：

一董事长认为必要时；

二三分之一以上董事联名提议时；

三监事会提议时；

四经理提议时。

第 5.28 条 董事会召开临时董事会会议的通知方式为：[具体通知方式]；通知时限为：[具体通知时限]

如有本章**第 5.27 条** 第二、三、四规定的情形，董事长不能履行职责时，应当指定一名副董事长或者一名董事代其召集临时董事会会议；董事长无故不履行职责，亦未指定具体人员代其行使职责的，可由副董事长或者二分之一以上的董事共同推举一名董事负责召集会议。

第 5.29 条 董事会会议通知包括以下内容：

(一)会议日期和地点；

(二)会议期限；

(三)事由及议题；

(四)发出通知的日期。

第 5.30 条 董事会会议应当由二分之一以上的董事出席方可举行。每一董事享有一票表决权。董事会作出决议，必须经全体董事的过半数通过。

公司董事会召开会议，应当有二分之一以上监事列席。

第 5.31 条 董事会临时会议在保障董事充分表达意见的前提下，可以用传真方式进行并作出决议，并由参会董事签字。

注释：此项为选择性条款，公司可自行决定是否在其章程中予以采纳。

第 5.32 条 董事会会议应当由董事本人出席，董事因故不能出席的，可以书面委托其他董事代为出席。

委托书应当载明代理人的姓名，代理事项、权限和有效期限，并由委托人签名或盖章。

代为出席会议的董事应当在授权范围内行使董事的权利。董事未出席董事会会议，亦未委托代表出席的，视为弃在该次会议上的投票权。

第 5.33 条 董事会决议表决方式为：[具体表决方式]。每名董事有一票表决权。

第 5.34 条 董事会会议应当有记录，出席会议的董事和记录人，应当在会议记录上签名。出席会议的董事有权要求在记录上对其在会议上的发言作出说明性记载。董事会会议记录作为公司档案由董事会秘书保存。

注释：公司应当根据具体情况，在章程中规定会议记录的保管期限。

第 5.35 条 董事会会议记录包括以下内容：

（一）会议召开的日期、地点和召集人姓名；

（二）出席董事的姓名以及受他人委托出席董事会的董事代理人姓名；

（三）会议议程；

（四）董事发言要点；

（五）每一决议事项的表决方式和结果表决结果应载明赞成、反对或弃权的票数。

第 5.36 条 董事应当在董事会决议上签字并对董事会的决议承担责任。董事会决议违反法律、法规或者章程，致使公司遭受损失的，参与决议的董事对公司负赔偿责任。但经证明在表决时曾表明异议并记载于会议记录的，该董事可以免除责任。

第 5.37 条 公司根据需要，可以设独立董事。独立董事不得由下列人员担任：

（一）公司股东或股东单位的任职人员；

（二）公司的内部人员（如公司的经理或公司雇员）；

（三）与公司关联人或公司管理层有利益关系的人员。

注释：此条款为选择性条款，公司可以根据实际需要，在章程中制订独立董事的职责。

第三节 董事会秘书

第 5.38 条 董事会设董事会秘书。董事会秘书是公司高级管理人员，对董事会负责。

第 5.39 条 董事会秘书应当具有必备的专业知识和经验，由董事会委任。

本章程**第 5.02 条** 规定不得担任公司董事的情形适用于董事会秘书。

第 5.40 条 董事会秘书的主要职责是：

（一）准备和递交国家有关部门要求的董事会和股东大会出具的报告和文件；

（二）筹备董事会会议和股东大会，并负责会议的记录和会议文件、记录的保管；

（三）负责公司信息披露事务，保证公司信息披露的及时、准确、合法、真实和完整；

（四）保证有权得到公司有关记录和文件的人及时得到有关文件和记录。

（五）公司章程和公司股票上市的证券交易所上市规则所规定的其他职责。

第 5.41 条 公司董事或者其他高级管理人员可以兼任公司董事会秘书。公司聘请的会计师事务所的注册会计师和律师事务所的律师不得兼任公司董事会秘书。

第 5.42 条 董事会秘书由董事长提名，经董事会聘任或者解聘。董事兼任董事会秘书的，如某一行为需由董事、董事会秘书分别作出时，则该兼任董事及公司董事会秘书的人不得以双重身份作出。

注释：除本指引规定外，公司还应当按照股票上市的证券交易所上市规则中关于董事会秘书的规定，在章程中对董事会秘书的任职资格、职责等事项作出具体规定。

第六章 经 理

第 6.01 条 公司设经理一名，由董事会聘任或解聘。董事可受聘兼任经理、副经理或者其他高级管理人员，但兼任经理、副经理或者其他高级管理人员职务的董事不得超过公司董事总数的二分之一。**第 6.02 条** 《公司法》第 57 条 、第 58 条 规定的情形以及被中国证监会确定为市场禁入者，并且禁入尚未解除的人员，不得担任公司的经理。

第 6.03 条 经理每届任期[年数]年，经理连聘可以连任。

第 6.04 条 经理对董事会负责，行使下列职权：

一主持公司的生产经营管理工作，并向董事会报告工作；

二组织实施董事会决议、公司年度计划和投资方案；

三拟订公司内部管理机构设置方案；

四拟订公司的基本管理制度；

五制订公司的具体规章；

六提请董事会聘任或者解聘公司副经理、财务负责人；

七聘任或者解聘除应由董事会聘任或者解聘以外的管理人员；

八拟定公司职工的工资、福利、奖惩，决定公司职工的聘用和解聘；

九提议召开董事会临时会议；

十公司章程或董事会授予的其他职权。

第 6.05 条 经理列席董事会会议，非董事经理在董事会上没有表决权。

第 6.06 条 经理应当根据董事会或者监事会的要求，向董事会或者监事会报告公司重大合同的签订、执行情况、资金运用情况和盈亏情况。经理必须保证该报告的真实性。

注释：公司应当根据自身情况，在章程中制订符合公司实际要求的经理的职权和具体实施办法。

第 6.07 条 经理拟定有关职工工资、福利、安全生产以及劳动保护、劳动保险、解聘或开除公司职工等涉及职工切身利益的问题时，应当事先听取工会和职代会的意见。

第 6.08 条 经理应制订经理工作细则，报董事会批准后实施。

第 6.09 条 经理工作细则包括下列内容：

一经理会议召开的条件、程序和参加的人员；

二经理、副经理及其他高级管理人员各自具体的职责及其分工；

三公司资金、资产运用，签订重大合同的权限，以及向董事会、监事会的报告制度；

四董事会认为必要的其他事项。

第 6.10 条 公司经理应当遵守法律、行政法规和公司章程的规定，履行诚信和勤勉的义务。

第 6.11 条 经理可以在任期届满以前提出辞职。有关经理辞职的具体程序和办法由经理与公司之间的劳务合同规定。

第七章 监事会

第一节 监 事

第 7.01 条 监事由股东代表和公司职工代表担任。公司职工代表担任的监事不得少于监事人数的三分之一。

第 7.02 条 《公司法》第 57 条 、第 58 条 规定的情形以及被中国证监会确定为市场禁入者，并且禁入尚未解除的，不得担任公司的监事。

董事、经理和其他高级管理人员不得兼任监事。

第 7.03 条 监事应当遵守法律、行政法规和公司章程的规定，履行诚信和勤勉的义务。

第 7.04 条 监事每届任期[具体年数]。股东担任的监事由股东大会选举或更换，职工担任的监事由公司职工民主选举产生或更换，监事连选可以连任。

第 7.05 条 监事有下列情形之一的，由监事会提请股东大会予以撤换：

（一）任期内因职务变动不宜继续担任监事的；

（二）连续两次未出席监事会会议或连续两次未列席董事会会议的；

（三）任期内有重大失职行为或有违法违规行为的；

（四）有关法律法规规定不适合担任监事的其他情形。

第 7.06 条 除前条所述原因，公司不得随意撤换监事。

第 7.07 条 监事有下列行为之一的，可认定为失职行为，由监事会制定具体的处罚办法报股东大会讨论通过；有严重失职行为的，有关机构将依法进行处罚：

（一）对公司存在的重大问题，没有尽到监督检查的责任或发现后隐瞒不报的；

（二）对董事会提交股东大会的财务报告的真实性、完整性未严格审核而发生重大问题的；

（三）泄露公司机密的；

（四）在履行职责过程中接受不正当利益的；

（五）由公司股东大会认定的其他严重失职行为的。

第 7.08 条　监事可以在任期届满以前提出辞职，章程第五章有关董事辞职的规定，适用于监事。

第二节　监事会

第 7.09 条　公司设监事会。监事会由[人数]名监事组成，设监事会召集人一名。监事会召集人不能履行职权时，由该召集人指定一名监事代行其职权。

注释：监事会中至少应有三分之一的成员具有 3 年以上从事财务工作的经验。

第 7.10 条　监事会行使下列职权：

（一）检查公司的财务；

（二）对董事、经理和其他高级管理人员执行公司职务时违反法律、规或者章程的行为进行监督；

（三）当董事、经理和其他高级管理人员的行为损害公司的利益时，要求其予以纠正，必要时向股东大会或国家有关主管机关报告；

（四）提议召开临时股东大会；

（五）列席董事会会议；

（六）公司章程规定或股东大会授予的其他职权。

第 7.11 条　监事会对公司的投资、财产处置、收购兼并、关联交易、合并分立等事项，董事会、董事及高级管理人员的尽职情况等事项进行监督，并向股东大会提交专项报告。

当公司董事及高级管理人员有重大失职行为或损害公司利益时，监事会应当要求其予以纠正，必要时可向股东大会或董事会提出罢免或解聘的提议。股东大会、董事会应就监事会的提议进行讨论和表决。

第 7.12 条　监事会对公司内部控制制度进行监督，确保公司执行了有效的内部监控措施以防止可能面临的风险。

第 7.13 条　监事会行使职权时，必要时可以聘请律师事务所、会计师事务所等专业性机构给予帮助，由此发生的费用由公司承担。

监事会每年至少召开[次数]会议。会议通知应当在会议召开十日以前书面送达全体监事。

第 7.14 条　监事会会议通知包括以下内容：举行会议的日期、地点和会议期限，事由及议题，发出通知的日期。

第三节　监事会决议

第 7.15 条　监事会的议事方式为：[具体议事方式]。

第 7.16 条　监事会的表决程序为：[具体表决程序]。

第 7.17 条　监事会会议在至少二分之一以上监事会成员出席时，方可召开。每一监事有一票表决权。

监事会作出决议，应由全体监事的二分之一以上表决通过。

第 7.18 条　监事会会议应有记录，出席会议的监事和记录人，应当在会议记录上签名。监事有权要求在记录上对其在会议上的发言作出某种说明性记载。监事会会议记录作为公司档案由董事会秘书保存。

注释：公司应当根据具体情况，在章程中规定会议记录的保管期限。

第八章　财务会计制度、利润分配和审计

第一节　财务会计制度

第 8.01 条　公司依照法律、行政法规和国家有关部门的规定，制定公司的财务会计制度。

第 8.02 条　公司在每一会计年度前六个月结束后六十日以内编制公司的中期财务报告；在每一会计年度结束后一百二十日以内编制公司年度财务报告。

第 8.03 条　公司年度财务报告以及进行中期利润分配的中期财务报告，包括下列内容：

（1）资产负债表；

（2）利润表；

（3）利润分配表；

（4）财务状况变动表（或现金流量表）；

（5）会计报表附注；

公司不进行中期利润分配的，中期财务报告包括上款除第（3）项以外的会计报表及附注。

第 8.04 条　中期财务报告和年度财务报告按照有关法律、法规的规定进行编制。

第 8.05 条　公司除法定的会计帐册外，不另立会计帐册。公司的资产，不以任何个人名义开立帐户存储。

第 8.06 条　公司交纳所得税后的利润，按下列顺序分配：

（1）弥补上一年度的亏损；

（2）提取法定公积金百分之十；

（3）提取法定公益金[比例数]；

（4）提取任意公积金；

（5）支付股东股利。

公司法定公积金累计额为公司注册资本的 50%以上的，可以不再提取。提取法定公积金、公益金后，是否提取任意公积金由股东大会决定。公司不在弥补公司亏损和提取法定公积金、公益金之前向股东分配利润。

第 8.07 条　股东大会决议将公积金转为股本时，按股东原有股份比例派送新股。但法定公积金转为股本时，所留存的该项公积金不得少于注册资本的 25%。

第 8.08 条　公司股东大会对利润分配方案作出决议后，公司董事会须在股东大会召开后两个月内完成股利或股份的派发事项。

第 8.09 条　公司可以采取现金或者股票方式分配股利。

注释：发行境内上市外资股的公司应当按照《境内上市外资股规定实施细则》中的有关规定补充本节的内容。

第二节　内部审计

第 8.10 条　公司实行内部审计制度，配备专职审计人员，对公司财务收支和经济活动进行内部审计监督。

第 8.11 条　公司内部审计制度和审计人员的职责，应当经董事会批准后实施。审计负责人向董事会负责并报告工作。

第三节　会计师事务所的聘任

第 8.12 条　公司聘用取得"从事证券相关业务资格"的会计师事务所进行会计报表审计、净资产验证及其他相关的咨询服务等业务，聘期一年，可以续聘。

第 8.13 条　公司聘用会计师事务所由股东大会决定。

第 8.14 条　经公司聘用的会计师事务所享有下列权利：

（一）查阅公司财务报表、记录和凭证，并有权要求公司的董事、经理或者其他高级管理人员提供有关的资料和说明；

（二）要求公司提供为会计师事务所履行职务所必需的其子公司的资料和说明；

（三）列席股东大会，获得股东大会的通知或者与股东大会有关的其他信息，在股东大会上就涉及其作为公司聘用的会计师事务所的事宜发言。

第 8.15 条　如果会计师事务所职位出现空缺，董事会在股东大会召开前，可以委任会计师事务所填补该空缺。

第 8.16 条　会计师事务所的报酬由股东大会决定。董事会委任填补空缺的会计师事务所的报酬，由董事会确定，报股东大会批准。

第 8.17 条　公司解聘或者续聘会计师事务所由股东大会作出决定，并在有关的报刊上予以披露，必要时说明更换原因，并报中国证监会和中国注册会计师协会备案。

第 8.18 条　公司解聘或者不再续聘会计师事务所时，提前[]天事先通知会计师事务所，会计师事务所有权向股东大会陈述意见。会计师事务所认为公司对其解聘或者不再续聘理由不当的，可以向中国证监会和中国注册会计师协会提出申诉。会计师事务所提出辞聘的，应当[illegible]东大会说明公司有无不当情事。

第九章　通知和公告

第一节　通　知

第 9.01 条　公司的通知以下列形式发出：

（一）以专人送出；

（二）以邮件方式送出；

（三）以公告方式进行；

（四）公司章程规定的其他形式。

第 9.02 条　公司发出的通知，以公告方式进行的，一经公告，视为所有相关人员收到通知。

第 9.03 条　公司召开股东大会的会议通知，以[具体通知方式]进行。

第 9.04 条　公司召开董事会的会议通知，以[具体通知方式]进行。

第 9.05 条　公司召开监事会的会议通知，以[具体通知方式]方式进行。

注释：公司应当根据实际情况，在章程中确定公司各种会议的具体通知方式。

第 9.06 条　公司通知以专人送出的，由被送达人在送达回执上

签名(或盖章),被送达人签收日期为送达日期;公司通知以邮件送出的,自交付邮局之日起第[]个工作日为送达日期;公司通知以公告方式送出的,第一次公告刊登日为送达日期。

第9.07条 因意外遗漏未向某有权得到通知的人送出会议通知或者该等人没有收到会议通知,会议及会议作出的决议并不因此无效。

第二节 公告

第9.08条 公司指定[]和[]为刊登公司公告和和其他需要披露信息的报刊和网站。

注释:公司应当在中国证监会指定的报刊和网站范围内,在章程中确定一份或者多份报纸、期刊或网站作为公司刊登股东大会通知和披露其他信息的固定报刊和网站。

第十章 合并、分立、解散和清算

第一节 合并或分立

第10.01条 公司可以依法进行合并或者分立。

公司合并可以采取吸收合并和新设合并两种形式。

第10.02条 公司合并或者分立,按照下列程序办理:

(一)董事会拟订合并或者分立方案;

(二)股东大会依照章程的规定作出决议;

(三)各方当事人签订合并或者分立合同;

(四)依法办理有关审批手续;

(五)处理债权、债务等各项合并或者分立事宜;

(六)办理解散登记或者变更登记。

第10.03条 公司合并或者分立,合并或者分立各方应当编制资产负债表和财产清单。公司自股东大会作出合并或者分立决议之日起十日内通知债权人,并于三十日内在[报纸名称]上公告三次。

第10.04条 债权人自接到通知书之日起三十日内,未接到通知书的自第一次公告之日起九十日内,有权要求公司清偿债务或者提供相应的担保。公司不能清偿债务或者提供相应担保的,不进行合并或者分立。

第10.05条 公司合并或者分立时,公司董事会应当采取必要的措施保护反对公司合并或者分立的股东的合法权益。

第10.06条 公司合并或者分立各方的资产、债权、债务的处理,通过签订合同加以明确规定。

公司合并后,合并各方的债权、债务,由合并后存续的公司或者新设的公司承继。

公司分立前的债务按所达成的协议由分立后的公司承担。

第10.07条 公司合并或者分立,登记事项发生变更的,依法向公司登记机关办理变更登记;公司解散的,依法办理公司注销登记;设立新公司的,依法办理公司设立登记。

第二节 解散和清算

第10.08条 有下列情形之一的,公司应当解散并依法进行清算:

(一)营业期限届满;

(二)股东大会决议解散;

(三)因合并或者分立而解散;

(四)不能清偿到期债务依法宣告破产;

(五)违反法律、法规被依法责令关闭。

第10.09条 公司因有本节前条第(一)、(二)项情形而解散的,应当在十五日内成立清算组。清算组人员由股东大会以普通决议的方式选定。

公司因有本节前条(三)项情形而解散的,清算工作由合并或者分立各方当事人依照合并或者分立时签订的合同办理。

公司因有本节前条(四)项情形而解散的,由人民法院依照有关法律的规定,组织股东、有关机关及专业人员成立清算组进行清算。

公司因有本节前条(五)项情形而解散的,由有关主管机关组织股东,有关机关及专业人员成立清算组进行清算。

第10.10条 清算组成立后,董事会、经理的职权立即停止。清算期间,公司不得开展新的经营活动。

第10.11条 清算组在清算期间行使下列职权:

(一)通知或者公告债权人;

(二)清理公司财产、编制资产负债表和财产清单;

(三)处理公司未了结的业务;

(四)清缴所欠税款;

(五)清理债权、债务;

(六)处理公司清偿债务后的剩余财产;

(七)代表公司参与民事诉讼活动。

第10.12条 清算组应当自成立之日起十日内通知债权人,并于六十日内在至少一种中国证监会制定报刊上公告三次。

第10.13条 债权人应当在章程规定的期限内向清算组申报其债权。债权人申报债权时,应当说明债权的有关事项,并提供证明材料。清算组应当对债权进行登记。

第10.14条 清算组在清理公司财产、编制资产负债表和财产清单后,应当制定清算方案,并报股东大会或者有关主管机关确认。

第10.15条 公司财产按下列顺序清偿:

(一)支付清算费用;

(二)支付公司职工工资和劳动保险费用;

(三)交纳所欠税款;

(四)清偿公司债务;

(五)按股东持有的股份比例进行分配。

公司财产未按前款第(一)至(四)项规定清偿前,不分配给股东。

第10.16条 清算组在清理公司财产、编制资产负债表和财产清单后,认为公司财产不足清偿债务的,应当向人民法院申请宣告破产。公司经人民法院宣告破产后,清算组应当将清算事务移交给人民法院。

第10.17条 清算结束后,清算组应当制作清算报告,以及清算期间收支报表和财务帐册,报股东大会或者有关主管机关确认。

清算组应当自股东大会或者有关主管机关对清算报告确认之日起三十日内,依法向公司登记机关办理注销公司登记,并公告公司终止。

第10.18条 清算组人员应当忠于职守,依法履行清算义务,不得利用职权收受贿赂或者其他非法收入,不得侵占公司财产。

清算组人员因故意或者重大过失给公司或者债权人造成损失的,应当承担赔偿责任。

第十一章 修改章程

第11.01条 有下列情形之一的,公司应当修改章程:

(一)《公司法》或有关法律、行政法规修改后,章程规定的事项与修改后的法律、行政法规的规定相抵触;

(二)公司的情况发生变化,与章程记载的事项不一致;

(三)股东大会决定修改章程。

第11.02条 股东大会决议通过的章程修改事项应经主管机关审批的,须报原审批的主管机关批准;涉及公司登记事项的,依法办理变更登记。

第11.03条 董事会依照股东大会修改章程的决议和有关主管机关的审批意见修改公司章程。

第11.04条 章程修改事项属于法律、法规要求披露的信息,按规定予以公告。

第十二章 附则

第12.01条 董事会可依照章程的规定,制订章程细则。章程细则不得与章程的规定相抵触。

第12.02条 本章程以中文书写,其他任何语种或不同版本的章程与本章程有歧义时,以在[公司登记机关全称]最近一次核准登记后的中文版章程为准。

第12.03条 本章程所称"以上"、"以内"、"以下",都含本数;"不满"、"以外"不含本数。

第12.04条 章程由公司董事会负责解释。

(送审稿)2000年

附件二 董事声明与承诺

第一部分声明

一、基本情况

1.上市公司名称

2.姓名

3.别名

4.曾用名

5.出生日期

6.住址

7.国籍

8.拥有哪些国家或地区的长期居留权(如有)

9.专业资格(如有)

10.身份证号码

11.护照号码(如有)

12.近亲属的姓名、身份证号码:

配偶:

父母:

年满18岁具有民事行为能力的子女:

兄弟姐妹:

二、是否有配偶、父母、年满18岁具有民事行为能力的子女及配偶、兄弟姐妹及配偶同时任此上市公司董事?

是□否□

如是,请详细说明。

三、是否在其他公司任职?

是□否□

如是,请填报各公司的名称、注册资本、经营范围、以及您在该公司任职的情况。

四、是否负有数额较大的到期未清偿债务,或者未偿还经法院裁定应当偿付的债务,或者被法院采取强制执行措施?

是□否□

如是,请详细说明。

五、是否曾担任因经营不善破产清算、关停并转或曾有类似情况的公司、企业的董事、监事或者厂长、经理?

是□否□

六、是否曾担任因违法而被吊销营业执照的公司、企业的法定代表人?

是□否□

七、是否曾因违反刑法,尤其是犯有贪污贿赂罪、侵犯财产罪或者破坏社会主义经济秩序罪等而受到刑事处罚?

是□否□

八、是否曾因违反《证券法》、《禁止证券欺诈行为暂行办法》和《证券市场禁入暂行规定》受到行政处罚?

是□否□

如是,请详细说明。

九、除第六、七条以外,您是否曾违反其他法律、法规而受到行政处罚?

是□否□

如是,请详细说明。

十、是否因涉嫌违反法律、法规的规定正受到中国证监会的调查或者涉及诉讼、仲裁事项?

是□否□

如是,请详细说明。

十一、本人及配偶、父母、子女是否持有本人所在上市公司股票及其衍生品种?

是□否□

如是,请详细说明。

十二、请说明在上市公司或附属公司业务中,过去或现在是否拥有除前条以外的任何利益?

是□否□

如是,请详细说明。

十三、是否参加过中国证监会和深圳证券交易所组织或者认可的证券业务的培训?

是□否□

如是,请详细说明。

十四、除上述披露的信息外,是否知悉其他不披露可能影响上述信息的真实性、完整性或准确性的事项?

是□否□

如是,请详细说明。

本人(正楷体)郑重声明,上述回答是真实、完整和准确的,保证不存在任何遗漏、虚假陈述或误导成份。本人完全明白作出虚假声明可能导致的后果。深圳证券交易所可依据上述回答所提供的资料,评估本人是否适宜担任上市公司的董事。

声明人:(签署)

此项声明于年月日在(地点)作出。

见证律师:

日期:

第二部分承诺

本人(正楷体)向深圳证券交易所承诺:

一、本人在履行董事的职责时,将遵守国家有关法律、法规、规章等有关规定,履行诚实信用、勤勉尽责的义务。

二、本人在履行上市公司董事的职责时,将遵守中国证监会发布的规章、规定、通知的要求,并尽力促使上市公司遵守。

三、本人在履行上市公司董事的职责时,将遵守《深圳证券交易所创业板股票上市规则》等深圳证券交易所发布的规章、规定、通知的要求,并促使上市公司及本人的授权人遵守。

四、本人在履行上市公司董事的职责时,将遵守《公司章程》。

五、本人接受深圳证券交易所的监管,包括及时、坦诚地回答深圳证券交易所向本人提出的任何问题,及时提供《深圳证券交易所创业板股票上市规则》规定应当报送的资料和其他要求提供的文件的正本或副本,并出席本人被要求出席的任何会议。

六、本人授权深圳证券交易所将本人提供的承诺与声明的资料向中国证监会报告。

七、本人如果违反上述义务,愿意承担由此引起的一切法律责任。

八、本人在执行职务过程中,如果与深圳证券交易所发生争议提起诉讼时,由深圳证券交易所住所地人民法院管辖。

承诺人:(签署)

此项承诺于年月日在(地点)作出。

见证律师:

日期:

说明:

1.按《深圳证券交易所创业板股票上市规则》的规定必须向本所呈报《董事声明与承诺》的人士,均必须填写第一部分和第二部分。

2.请回答所有的问题,若回答问题的空格不够填写,请另附纸填写,并装订在后。

3.若没有真实、完整、准确、及时填写声明部分,或没有填写承诺部分,或没有遵守承诺,则属违反《深圳证券交易所创业板股票上市规则》,本所有权根据《深圳证券交易所创业板股票上市规则》给予处分。

4.若对填写事项有疑问,请咨询律师。

(送审稿)2000年

附件三 监事声明与承诺

第一部分声明

一、基本情况

1.上市公司名称

2.姓名

3.别名

4.曾用名

5.出生日期

6.住址

7.国籍

8.拥有哪些国家或地区的长期居留权(如有)

9.专业资格(如有)

10.身份证号码

11.护照号码(如有)

12.近亲属的姓名、身份证号码:

配偶:

父母:

年满18岁具有民事行为能力的子女:

兄弟姐妹:

二、是否有配偶、父母、年满18岁具有民事行为能力的子女及配偶、兄弟姐妹及配偶同时任此上市公司董事?

是□否□

如是,请详细说明。

三、是否在其他公司任职?

是□否□

如是，请填报各公司的名称、注册资本、经营范围、以及您在该公司任职的情况。

四、是否负有数额较大的到期未清偿债务，或者未偿还经法院裁定应当偿付的债务，或者被法院采取强制执行措施？

是□否□

如是，请详细说明。

五、是否曾担任因经营不善破产清算、关停并转或曾有类似情况的公司、企业的董事、监事或者厂长、经理？

是□否□

六、是否曾担任因违法而被吊销营业执照的公司、企业的法定代表人？

是□否□

七、是否曾因违反刑法，尤其是犯有贪污贿赂罪、侵犯财产罪或者破坏社会主义经济秩序罪等而受到刑事处罚？

是□否□

八、是否曾因违反《证券法》、《禁止证券欺诈行为暂行办法》和《证券市场禁入暂行规定》受到行政处罚？

是□否□

如是，请详细说明。

九、除第六、七条以外，您是否曾违反其他法律、法规而受到行政处罚？

是□否□

如是，请详细说明。

十、是否因涉嫌违反法律、法规的规定正受到中国证监会的调查或者涉及诉讼、仲裁事项？

是□否□

如是，请详细说明。

十一、本人及配偶、父母、子女是否持有本人所在上市公司股票及其衍生品种？

是□否□

如是，请详细说明。

十二、请说明在上市公司或附属公司业务中，过去或现在是否拥有除前条以外的任何利益？

是□否□

如是，请详细说明。

十三、是否参加过中国证监会和深圳证券交易所组织或者认可的证券业务的培训？

是□否□

如是，请详细说明。

十四、除上述披露的信息外，是否知悉其他不披露可能影响上述信息的真实性、完整性或准确性的事项？

是□否□

如是，请详细说明。

本人(正楷体)郑重声明，上述回答是真实、完整和准确的，保证不存在任何遗漏、虚假陈述或误导成份。本人完全明白作出虚假声明可能导致的后果。深圳证券交易所可依据上述回答所提供的资料，评估本人是否适宜担任上市公司的董事。

声明人：(签署)

此项声明于年月日在(地点)作出。

见证律师：

日期：

第二部分承诺

本人(正楷体)向深圳证券交易所承诺：

一、本人在履行监事的职责时，将遵守国家有关法律、法规、规章等有关规定，履行诚实信用、勤勉尽责的义务。

二、本人在履行上市公司监事的职责时，将遵守中国证监会发布的规章、规定、通知的要求，并尽力促使上市公司及其董事遵守。

三、本人在履行上市公司监事的职责时，将遵守《深圳证券交易所创业板股票上市规则》等深圳证券交易所发布的规章、规定、通知的要求，并促使上市公司及其董事遵守。

四、本人在履行上市公司监事的职责时，将遵守公司章程，并促使上市公司及其董事遵守。

五、本人接受深圳证券交易所的监管，包括及时、坦诚地回答深圳证券交易所向本人提出的任何问题，并促使上市公司董事及时提供《深圳证券交易所创业板股票上市规则》规定应当报送的资料和其他要求提供的文件的正本或副本，并出席本人被要求出席的任何会议。

六、本人授权深圳证券交易所将本人提供的承诺与声明的资料向中国证监会报告。

七、本人如果违反上述义务，愿意承担由此引起的一切法律责任。

八、本人在执行职务过程中，如果与深圳证券交易所发生争议提起诉讼时，由深圳证券交易所住所地人民法院管辖。

承诺人：(签署)

此项承诺于年月日在(地点)作出。

见证律师：

日期：

说明：

1. 按《深圳证券交易所创业板股票上市规则》的规定必须向本所呈报《监事声明与承诺》的人士，均必须填写第一部分和第二部分。

2. 请回答所有的问题，若回答问题的空格不够填写，请另附纸填写，并装订在后。

3. 若没有真实、完整、准确、及时填写声明部分，或没有填写承诺部分，或没有遵守承诺，则属违反《深圳证券交易所创业板股票上市规则》，本所有权根据《深圳证券交易所创业板股票上市规则》给予处分。

(送审稿)2000 **年**

附件四　创业板股票上市协议

甲方：深圳证券交易所

法定代表人：

法定地址：

联系电话：

乙方：

法定代表人：

法定地址：

联系电话：

第一条　为规范创业板股票上市行为，根据《中华人民共和国公司法》、《创业板股票发行上市条例》、《证券交易所管理办法》及《深圳证券交易所创业板股票上市规则》(以下简称《上市规则》)，签订本协议。

第二条　甲方依据国家法律、法规、规章和《上市规则》的有关规定，审查了乙方提交的全部股票上市申请文件，认为乙方符合创业板上市条件，批准乙方股票上市。

第三条　甲方依据国家法律、法规、规章和《上市规则》的有关规定，对乙方一切与上市有关的事务实施监管。

第四条　乙方股票在甲方创业板上市，乙方及乙方董事、监事、高级管理人员应当了解并遵守国家有关法律、法规、规章和《上市规则》的规定，并保证履行其有关义务。

第五条　乙方董事会全体成员必须保证信息披露内容真实、准确、完整、没有虚假、严重误导性陈述或重大遗漏，并就其保证承担个别和连带的责任。

第六条　乙方股票上市期间，乙方公司章程应当符合《上市规则》附件一《创业板上市公司章程指引》的有关规定。

第七条　乙方应当在《上市规则》规定的期间内聘请保荐人，在保荐人的协助下履行有关义务。

第八条　乙方应当设立董事会秘书和证券事务代表，负责其信息披露等有关上市事务。

第九条　乙方应当依照《上市规则》第六、七、八章的规定及时、准确地披露定期报告和临时报告。

第十条　甲方依据有关法律、法规、规章和《上市规则》的有关规定对乙方披露的信息进行形式审查，实行事前登记、事后审查制度(《上市规则》第6.1.12条所述情形除外)，对其所披露信息的内容不承担任何责任。

第十一条　乙方应当及时回复甲方的质询，按甲方的要求提供有关文件。

第十二条　乙方同时有证券在其他证券市场上市的，向该证券市场公开的信息，应当同时向甲方市场公开。

乙方向甲方市场公开的信息少于向其他证券市场公开的信息的，乙方应当向甲方说明并公告。

第十三条　甲方依照《上市规则》第九章的规定处理乙方股票的停复牌事宜

乙方股票的停牌与复牌原则上由乙方向甲方提出申请，并说明理由、计划停牌时间和复牌时间；甲方亦可根据中国证监会的决定或自行决定乙方股票的停复牌事宜。

对于不能决定是否申请停牌的情况，乙方应当及时报告甲方。

第十四条 甲方依照《上市规则》第十章的规定处理乙方股票暂停上市和终止上市的事宜。

乙方承诺出现第10.1.2条规定情形的，甲方有权决定乙方股票暂停上市。

乙方出现暂停上市事由的，应当在规定的期限内消除该事由。该事由无法消除的，甲方有权依据中国证监会的决定终止乙方股票上市。

第十五条 乙方应当向甲方交纳上市费。上市费分为上市初费和上市月费。

上市初费为30,000元人民币，上市月费的标准为：按5000万股股本收取500元人民币为基准（不足5000万股的，以5000万股计算），每增加1000万股股本，月费增加100元人民币，最高不超过2500元人民币。

第十六条 上市初费应当在上市日前三个工作日交纳。上市月费自上市日起第二个月至终止上市的当月止，在每月5日前交纳，也可以按季度或年度预交。

逾期交纳上市费用的，甲方有权按应交金额的0.03%收取违约金。

第十七条 乙方股票暂停上市后恢复交易的，乙方可以不再交纳上市初费；乙方股票终止上市的，已经交纳的上市费不予返还。

第十八条 乙方如有违反本协议的行为，甲方依据《上市规则》第十一章的有关规定，给予乙方相应的处分。

第十九条 双方当事人对本协议的内容有争议的，应当协商解决。协商不成的，任何一方均可以向甲方所在地人民法院提起诉讼。

第二十条 本协议未尽事宜，依照国家有关法律、法规、规章和《上市规则》执行。

第二十一条 本协议自签字之日起生效。

若本协议中规定的事项发生重大变化，协议双方应当重新签订协议或者签订补充协议。补充协议是本协议的组成部分，与本协议具有同等法律效力。

第二十二条 本协议一式四份，双方各执二份。每份均具有同等法律效力。

甲方：	乙方：
法定代表人：	法定代表人：
年　月　日	年　月　日
	签订于

（送审稿）2000**年**9**月**

深圳市创业资本投资高新技术产业暂行规定

第一条 为进一步吸引国内外创业资本投资高新技术产业，加快深圳市高新技术产业的发展，规范创业投资机构的设立和经营，形成完善的创业投资体系，保护创业投资者的合法权益，制定本暂行规定。

第二条 本暂行规定所称创业投资是指向主要属于科技型高成长性创业企业进行股权投资，或为其提供管理和咨询服务，以期在被投资企业发展成熟后，通过股权转让获取收益的投资行为。

风险投资基金的设立和管理，按国家有关规定办理。

第三条 本暂行规定所称创业投资机构是指依照本暂行规定在深圳市设立、从事创业投资的有限责任公司和股份有限公司。

创业投资机构包括创业投资公司和创业投资管理公司。

创业投资公司为非金融性的投资公司，是直接投资于高新技术产业和其他技术创新产业的创业投资机构。

创业投资管理公司是为创业投资公司提供相关管理和咨询服务的创业投资机构。

第四条 本暂行规定所称科技型高成长性创业企业是指生产《高新技术产品目录》所列产品的企业。

第五条 各级人民政府应当采取积极措施，拓宽市场准入渠道，鼓励企业、金融机构、个人、外商等各类投资者参与创业投资事业的发展。

第六条 深圳市政府外商投资行政主管部门负责境外投资者申请设立创业投资机构的审批；深圳市政府工商行政主管部门负责创业投资机构的登记注册。

深圳市科技风险投资领导小组及其办公室是我市创业投资事业的协调机构，负责有关政策的拟订、政府部门的协调、创业投资行为的规范及其他相关工作。

第七条 公司形式为有限公司的创业投资公司，注册资本为3000万元人民币以上；公司形式为股份有限公司的创业投资公司，注册资本为5000万元人民币以上。创业投资管理公司，注册资本的最低限额为人民币100万元。

第八条 设立外资企业的外国投资者可以分期缴付出资，但最后一期出资应当在营业执照签发之日起三年内缴清。其中第一期出资不得少于外国投资者认缴出资额的25%，并应当在外资企业营业执照签发之日起90日内缴清。

设立中外合资投资公司的股东应当在公司设立之日起两年内缴清全部注册资本，且自注册登记之日起三个月内所缴付的实际资本不得低于注册资本的15%。

设立外商独资或合资创业投资管理公司的股东应当在注册登记之日起半年内一次性缴清全部注册资本。

设立其他创业投资机构的股东应当在公司设立之日起两年内缴清全部注册资本，且首期出资额不得低于注册资本的50%。

第九条 申请设立创业投资公司应符合以下条件：

（一）设立申请人资信状况良好；

（二）公司主要专业人员应具有创业投资同业公会认可的创业投资资格。

除以上条件外，境外投资者申请设立独资创业投资公司的，申请前一年的资产总额不低于5000万美元；申请设立中外合资创业投资公司的，境外投资者前一年的资产总额不低于3000万美元，中方投资者的资产总额不低于人民币3000万元。

第十条 申请设立创业投资管理公司应符合以下条件：（一）设立申请人有良好的信誉和从业记录；（二）公司主要专业人员应具有创业投资同业公会认可的创业投资资格。

第十一条 设立外资独资或中外合资创业投资机构的申请人，应向市政府外商投资行政主管部门提交以下文件：

（一）设立企业申请表；

（二）在境外的注册登记文件、资信证明文件、资产负债表；

（三）可行性研究报告、章程；

（四）从事创业投资相关工作的专业人员名单；

（五）法律、法规、规章规定的其他文件。

第十二条 境外投资者申请设立创业投资机构，申请人向市政府外商投资行政主管部门提出申请，深圳市政府外商投资行政主管部门在12个工作日内进行审批，符合条件的予以批准，颁发批准证书。申请人应当在收到批准证书后一个月内，凭批准证书向深圳市政府工商行政管理部门申请注册登记。

第十三条 创业投资公司可以从事的业务如下：

（一）直接投资高新技术产业和其他技术创新产业；

（二）受托管理和经营其他创业投资公司的创业资本；

（三）投资咨询业务；

（四）直接投资或参与企业孵化器的建设；

（五）法律和行政法规允许的其他业务。

第十四条 创业投资管理公司可以从事的业务如下：

（一）受托管理和经营创业投资公司的创业资本；

（二）投资咨询业务；

（三）法律和行政法规允许的其他业务。

第十五条 创业投资公司的名称中可以使用"创业（或风险）"字样，创业投资管理公司的名称中可以使用"创业投资管理（或风险投资管理）"字样，并以"有限责任公司"或"股份有限公司"标明其公司组织形式。

第十六条 创业投资公司投资于深圳市高新技术产业和其他技术创新产业的投资额，超过其全部已投资额的70%的，经市政府科技行政主管部门认定，享受深圳市的相关优惠政策。

第十七条 对已享受优惠政策的创业投资机构，由市政府科技行政主管部门会同有关主管部门进行年检，不合格者，不再享受优惠政策。

第十八条 创业投资公司的资本金可以全额投资。

第十九条 创业投资可通过企业并购、股权回购、上市等方式撤出变现。

深圳技术产权交易所应为创业投资股权转让提供优质服务，支持创业投资利用国内外创业板股票市场撤出变现。

第二十条 创业投资机构严禁从事金融业务。

第二十一条 成立创业投资同业公会，鼓励创业投资机构按公会章程的规定加入公会。

公会开展行业规范和服务标准的制定工作，对其成员的执业情况进行评定，形成自律机制，协助深圳市政府科技行政主管等部门开展创业投资机构年检等活动，并负责创业投资专业人员的认定；开展信息交流，促进业务联系和合作，推动国际民间交流活动，培训高素质的创业投资专业人才。

第二十二条 本暂行规定自发布之日起施行。

开放式证券投资基金试点办法

第一条 为促进证券投资基金的发展，规范开放式证券投资基金(以下简称"开放式基金")的公开募集设立、运作及其相关活动，保护证券投资基金投资人的合法权益，根据《证券投资基金管理暂行办法》(以下简称《暂行办法》)的有关规定，制定本办法。

第二条 开放式基金活动及与该活动相关的自然人、法人和其他组织，应当遵守本办法；本办法未规定的，应当遵守《暂行办法》及其他有关规定。

第三条 开放式基金可以按照本办法，在规定的场所和开放时间内，由投资人向基金管理人申请申购基金单位；或者应基金投资人的要求，由基金管理人赎回投资人持有的基金单位。

第四条 开放式基金由基金管理人设立。

开放式基金的设立，必须经中国证券监督管理委员会(以下简称"中国证监会")审查批准。

第五条 申请设立开放式基金，除应当遵守《暂行办法》第七条第(三)、(四)、(五)项的规定外，还应当具备下列条件：

(一)有明确、合法、合理的投资方向；

(二)有明确的基金组织形式和运作方式；

(三)基金托管人、基金管理人近一年内无重大违法、违规行为。

第六条 申请设立开放式基金，除应当按照《暂行办法》第八条的规定报送材料外，基金管理人还应当向中国证监会报送开放式基金实施方案及相关文件。

第七条 基金管理人有下列情形之一的，中国证监会不受理其设立开放式基金的申请：

(一)因有重大违法、违规行为正在受到国家有关部门的调查；

(二)因公司高级管理层变动、与公司有关的诉讼、仲裁等重大事件，可能或已经对所管理的基金运作造成不良影响；

(三)中国证监会认定的其他情形。

第八条 基金管理人应当自开放式基金设立申请获得批准之日起6个月内进行设立募集；超过6个月尚未开始设立募集的，原申请内容如有实质性改变，应当向中国证监会报告；原申请内容没有实质性改变的，应当向中国证监会备案。

第九条 开放式基金的设立募集期限不得超过3个月。设立募集期限自招募说明书公告之日起计算。

符合下列条件的，开放式基金方可成立：

(一)设立募集期限内，净销售额超过2亿元；

(二)在设立募集期限内，最低认购户数达到100人。

不符合上述条件的，该基金不得成立。基金管理人应当承担募集费用，已募集的资金并加计银行活期存款利息，应当自募集期满之日起30天内退还基金认购人。

第十条 开放式基金成立后的存续期间内，其有效持有人数量连续20个工作日达不到100人，或者连续20个工作日最低基金资产净额低于5000万元的，基金管理人应当及时向中国证监会报告，说明出现上述情况的原因以及解决方案。

第十一条 开放式基金可以对单个帐户持有开放式基金单位的比例设置限制，并应当在基金招募说明书中予以载明。

第十二条 开放式基金成立初期，可以在基金契约和招募说明书规定的期限内只接受申购，不办理赎回，但该期限最长不得超过3个月。

第十三条 开放式基金可在基金契约及招募说明书中载明预期的基金规模，在达到预期的基金规模后，可不再接受申购申请。

第十四条 开放式基金的基金托管人除应当遵守《暂行办法》第十九条的规定外，还应当履行下列职责：

(一)依法持有基金资产；

(二)采取适当、合理的措施，使开放式基金单位的认购、申购、赎回等事项符合基金契约等有关法律文件的规定；

(三)采取适当、合理的措施，使基金管理人用以计算开放式基金单位认购、申购、赎回和注销价格的方法符合基金契约等法律文件的规定；

(四)采取适当、合理的措施，使基金投资和融资的条件符合基金契约等法律文件的规定；

(五)在定期报告内出具托管人意见，说明基金管理人在各重要方面的运作是否严格按照基金契约的规定进行；如果基金管理人有未执行基金契约规定的行为，还应当说明基金托管人是否采取了适当的措施。

第十五条 开放式基金的基金管理人除应当遵守《暂行办法》第二十六条的规定外，还应当履行下列职责：

(一)依据基金契约，决定基金收益分配方案；

(二)编制并公告季度报告、中期报告、年度报告等定期报告；

(三)办理与基金有关的信息披露事宜；

(四)确保需要向基金投资人提供的各项文件或资料在规定时间内发出；并且保证投资人能够按照基金契约规定的时间和方式，随时查阅到与基金有关的公开资料，并得到有关资料的复印件。

第十六条 基金单位计价出现错误时，基金管理人应当立即公告、予以纠正，并采取合理的措施防止损失进一步扩大；计价错误偏差达到基金资产净值0.5%时，基金管理人应当通报基金托管人并报中国证监会备案。

因基金单位计价错误给投资人造成损失的，基金管理人应当承担赔偿责任；有关投资者获得赔偿的方法应当在基金契约中具体列明。

第十七条 开放式基金单位的认购、申购和赎回业务可以由基金管理人直接办理，也可以由基金管理人委托其他机构代为办理。

基金管理人委托其他机构代为办理开放式基金单位认购、申购和赎回业务的，应当与有关机构签订委托代理协议。

第十八条 商业银行以及经中国证监会认定的其他机构可以接受基金管理人的委托，办理开放式基金单位的认购、申购和赎回业务。

商业银行开办开放式基金单位的认购、申购和赎回业务，应当经中国证监会和中国人民银行审查批准。

第十九条 申请开办开放式基金单位的认购、申购和赎回业务的机构，应当符合下列条件：

(一)设有专门管理开放式基金单位认购、申购和赎回业务的部门；

(二)有足够的熟悉开放式基金业务的专业人员；

(三)有便利、有效的商业网络；

(四)有安全、高效的办理开放式基金单位认购、申购和赎回业务的技术设施；

(五)中国证监会规定的其他条件。

第二十条 基金管理人或者其他机构及其经办业务人员，在直接或者代为办理开放式基金单位的认购、申购和赎回业务过程中，应当严格遵守法律、法规、以及本行业公认的道德标准和行为规范，不得误导、欺骗投资人。

第二十一条 开放式基金单位的注册登记业务可以由基金管理人办理，也可以委托商业银行或者中国证监会认定的其他机构办理。

商业银行办理开放式基金的注册登记业务，应当经中国证监会和中国人民银行审查批准。

第二十二条 代办注册登记业务的机构，可以接受基金管理人的委托，开办以下业务：

(一)建立并管理投资人基金单位帐户；

(二)负责基金单位注册登记；

(三)基金交易确认；

(四)代理发放红利；

(五)建立并保管基金投资人名册；

(六)基金契约或者注册登记代理协议规定的其他职责。

第二十三条 基金管理人可以根据开放式基金运营的需要，按照中国人民银行规定的条件，向商业银行申请短期融资。

第二十四条 开放式基金每周至少有一天应为基金的开放日，办理基金投资人申购、赎回、变更登记、基金之间转换等业务申请。

基金开放日期及时间应在基金契约中规定。

第二十五条 开放式基金的基金管理人应当于每个开放日的第二天公告开放日基金单位资产净值。

第二十六条 申购开放式基金单位的份额和赎回基金单位的金

额，依据申购赎回日基金单位资产净值加、减有关费用计算，具体计算方法应当在招募说明书中予以载明。

基金单位资产净值，应当按照开放日闭市后基金资产净值除以当日基金单位的余额数量计算。具体计算方法应当在基金契约和招募说明书中予以载明。

第二十七条 投资人申购基金单位时，必须全额交付申购款项。款额一经交付，申购申请即为有效；除有基金招募说明书载明的不接受投资人申购申请的情形发生外，基金管理人不得拒绝基金投资人的申购申请。

第二十八条 基金管理人应当于收到基金投资人申购、赎回申请之日起3个工作日内，对该交易的有效性进行确认。

除本办法另有规定外，基金管理人应当自接受基金投资人有效赎回申请之日起7个工作日内，支付赎回款项。

第二十九条 除有下列情形外，基金管理人不得拒绝接受基金投资人的赎回申请：

（一）不可抗力；

（二）证券交易场所交易时间非正常停市，导致基金管理人无法计算当日基金资产净值；

（三）其他在基金契约、基金招募说明书中已载明并获批准的特殊情形。

发生上述情形之一的，基金管理人应当在当日立即向中国证监会备案；已接受的赎回申请，基金管理人应当足额兑付；如暂时不能足额兑付，可按单个帐户占申请总量的比例分配给赎回申请人，其余部分按基金契约及招募说明书载明的规定，在后续开放日予以兑付。

第三十条 开放式基金单个开放日，基金净赎回申请超过基金总份额的10%时，为巨额赎回。巨额赎回申请发生时，基金管理人在当日接受赎回比例不低于基金总份额的10%的前提下，可以对其余赎回申请延期办理。对于当日的赎回申请，应当按单个帐户赎回申请量占赎回申请总量的比例，确定当日受理的赎回份额；未受理部分可延迟至下一个开放日办理，并以该开放日当日的基金资产净值为依据计算赎回金额，但投资者可在申请赎回时选择将当日未获受理部分予以撤消。

发生巨额赎回并延期支付时，基金管理人应当通过邮寄、传真或者招募说明书规定的其他方式、在招募说明书规定的时间内通知基金投资人，说明有关处理方法，同时在指定媒体及其他相关媒体上公告；通知和公告的时间最长不得超过三个证券交易所交易日。

第三十一条 开放式基金连续发生巨额赎回，基金管理人可按基金契约及招募说明书载明的规定，暂停接受赎回申请；已经接受的赎回申请可以延缓支付赎回款项，但不得超过正常支付时间二十个工作日，并应当在指定媒体上进行公告。

第三十二条 发生基金契约或招募说明书中未予载明的事项，但基金管理人有正当理由认为需要暂停开放式基金申购、赎回申请的，应当报经中国证监会批准；经批准后，基金管理人应当立即在指定媒体上刊登暂停公告；暂停期间，每两周至少刊登提示性公告一次；暂停期间结束，基金重新开放时，基金管理人应当公告最新的基金单位资产净值。

第三十三条 开放式基金可以收取申购费，但申购费率不得超过申购金额的5%，申购费用可以在基金申购时收取，也可以在赎回时从赎回金额中予以扣除。

开放式基金可以根据基金管理运作的实际需要，收取合理的赎回费，但赎回费率不得超过赎回金额的3%；赎回费收入在扣除基本手续费后，余额应当归基金所有。

开放式基金可以选用可调整的申购、赎回费率。开放式基金收取费用的方式、条件以及费率标准应当在基金契约和招募说明书中予以载明。

第三十四条 基金的投资方向应当符合基金契约及招募说明书的规定；基金名称显示投资方向的，基金的非现金资产应当至少有80%属于该基金名称所显示的投资内容。

第三十五条 开放式基金的收益分配，应当根据基金契约及招募说明书的规定进行。

第三十六条 开放式基金的广告、宣传推介应当经中国证监会核准；其内容应当真实、完整、准确，不得有虚假、误导性陈述和重大遗漏。

第三十七条 开放式基金的各相关机构应当依法保存基金业务活动的记录、帐册、报表和其他业务资料。

第三十八条 开办开放式基金单位认购、申购和赎回业务、注册登记业务的机构违反《暂行办法》或者本办法的，比照《暂行办法》第六章的有关规定执行。

第三十九条 本办法自发布之日起施行。

上海证券交易所关于编制基金指数的公告

为反映基金市场的综合变动情况，应广大投资者要求，经中国证监会批准，本所决定编制并发布上证基金指数。现将有关事项公告如下：

上证基金指数选样范围为目前在本所上市的12只证券投资基金，中文名称为"上证基金指数"，英文名称"SSEFUNDINDEX"，指数编制方法详见"上海证券交易所基金指数编制方法"。

上证基金指数将同现有各指数一样通过行情库实时发布，上证基金指数在行情库中的代码为000011，简称为"基金指数"。

本所将自5月9日起，通过实时行情库发布四周的模拟数据，其中第一周为不定期发布，以后三周为实时发布，请各会员证券营业部、行情传输机构、行情揭示软件开发商和新闻媒体在此期间做好上证基金指数揭示的准备工作。

上海证券交易所

二〇〇〇年四月二十六日

附件：

上海证券交易所基金指数编制方法

1、指数名称为"上证基金指数"，英文名称"SSEFUNDINDEX"。

2、基日为正式发布前一交易日，基日指数1000点。

3、选样范围为在本所上市的所有证券投资基金。

4、对外发布：基金指数通过行情数据库实时发布，指数代码为000011。

5、计算方法：采用派许指数公式计算，以发行的基金单位总份额为权数。即：

$$\text{报告期指数} = \frac{\text{报告期基金的总市值}}{\text{基期基金的总市值}} \times \text{基日指数}$$

其中，基金的总市值＝$\sum$（基金市价×基金单位总份额）。

6、修正方法：当样本基金名单发生变化或样本基金总市值出现非交易因素的变动时，采用"除数修正法"修正原除数，以保证指数计算的连续性。

修正公式为：

$$\text{新除数} = \frac{\text{修正后的基金总市值}}{\text{修正前的基金总市值}} \times \text{原除数}$$

其中，修正后的总市值＝修正前的总市值＋新增（减）市值；

由此公式计算出新的除数（即新基期），并据此计算以后的指数。

（1）新基金上市：凡有新的证券投资基金上市，上市后第二日计入指数。

（2）派发现金收益：凡有样本基金派发现金收益，在除息日前修正指数。

（3）停牌：当某一样本基金在交易时间内突然停牌，取其最后成交价计算即时指数，直至收盘。

（4）暂停交易：当某一样本基金暂停交易时，取该基金暂停交易的前一日收盘价计算指数。若停牌时间超过两日以上，则从连续停牌第三日起撤权，待其复牌后再予复权。

（5）摘牌：凡有样本基金因清盘等原因不再上市交易，在摘牌日前进行指数修正。

7、与股价指数的关系：现有的上证综合指数、上证30指数等9个指数均属于股价指数，上证基金指数属于基金价格指数，不属于股价指数，不纳入任何一个股价指数的编制范围。

关于《证券投资基金信息披露指引》的补充通知

各基金管理公司，各证券投资基金托管部，上海、深圳证券交易所：

为进一步加强对基金投资运作的监管，提高基金运作的透明度，保障基金持有人的合法权益，现决定在《证券投资基金信息披露指引》（证监发［1999］11号）附件二年度报告的内容与格式（试行）、附件三中期报告的内容与格式（试行）中补充以下内容：

一、基金中报、年报需列示按市值占基金资产净值比例大小排序的所有股票明细，至少应当包括股票名称、数量、市值、占基金资产净值比例（%）。

二、基金中报、年报中需列示报告期内新增及剔除的所有股票明细，至少应当包括股票名称、数量。

三、本通知自公布之日起施行。

中国证券监督管理委员会
二〇〇〇年五月三十日

基金管理公司进入银行间同业市场管理规定

第一条 为进一步发展货币市场，拓宽基金管理公司的投资渠道，根据《中国人民银行法》、《证券投资基金管理暂行办法》，特制定本规定。

第二条 基金管理公司在全国银行间同业市场的交易和结算活动接受中国人民银行的监管和动态检查。

第三条 中国证券监督管理委员会（以下简称证监会）批准设立的基金管理公司可以申请加入全国银行间同业市场，从事购买债券、债券现券交易和债券回购业务。

第四条 基金管理公司须向中国人民银行提交以下申请材料：

1、加入全国银行间同业市场的申请；

2、《基金管理公司法人许可证》（副本复印件）；

3、《企业法人营业执照》（副本复印件）；

4、基金管理公司章程；

5、经具有从事证券相关业务资格的会计师事务所及其会计师审计的最近三年的财务报表、审计报告和验资报告；

6、与托管银行签署的托管协议；

7、基金契约；

8、基金管理公司管理的基金持有的全部债券的明细情况；

9、公司的资金、债券管理内控制度；

10、公司负责资金和债券运作的部门和人员情况；

11、中国人民银行要求提供的其他材料。

第五条 中国人民银行根据有关标准和规定，对基金管理公司的申请材料进行审查，对基金管理公司发文批准入市并公告。

第六条 凡经批准进入全国银行间同业市场的基金管理公司，必须通过全国银行间同业拆借中心提供的交易系统进行债券交易业务。

第七条 进入全国银行间同业市场的基金管理公司的债券回购最长期限为1年，债券回购到期后不得展期。

第八条 进入全国银行间同业市场的基金管理公司进行债券回购的资金余额不得超过基金净资产的40%。

第九条 对经批准入市的基金管理公司，由全国银行间同业拆借中心根据中国人民银行的通知负责其与交易系统联网，并根据中国人民银行的规定在交易系统设定每家基金管理公司的最高债券回购限额。

第十条 对经批准入市的基金管理公司，中央国债登记结算有限责任公司（以下简称中央结算公司）负责其与结算系统的联网，为基金管理公司开立债券托管帐户。基金管理公司在全国银行间同业市场交易的债券必须在中央结算公司托管和结算，不得转托管到证券交易所。

第十一条 基金管理公司在全国银行间同业市场交易的资金清算方式由双方自行商定，本金和利息的支付都必须以转帐方式进行，不得收付现金。

第十二条 经批准进入全国银行间同业市场的基金管理公司应向市场披露必要的信息，包括公司的基本情况、财务状况和发起人情况。基金管理公司应披露真实信息。

第十三条 基金管理公司在全国银行间同业市场的交易、结算活动除遵守本规定外，还应按照中国人民银行公布的《银行间债券回购业务暂行规定》、《银行间债券交易规则》、《银行间债券交易结算规则》等全国银行间同业市场的管理规定进行业务活动，签署债券回购主协议等协议文件。

第十四条 进入全国银行间同业市场的基金管理公司如违反本规定和全国银行间同业市场的其他管理规定，中国人民银行将视情况给予警告、通报、暂停其在银行间同业市场的业务、取消其全国银行间同业市场成员资格等处罚，同时通报证监会。

第十五条 本规定由中国人民银行制定并解释。

第十六条 本规定自发布之日起执行。

中国证券监督管理委员会
一九九九年八月二十七日

基金从业人员资格管理暂行规定

各基金管理公司，工商银行、农业银行、中国银行、建设银行、交通银行证券投资基金托管部：

为贯彻落实《证券投资基金管理暂行办法》，加强对基金管理公司、基金托管部基金从业人员资格的管理，规范证券投资基金（以下简称"基金"）的运作，切实保障基金持有人的合法权益，促进基金业健康发展，中国证监会制定了《证券投资基金管理暂行办法》实施准则第六号《基金从业人员资格管理暂行规定》，现予发布，请认真遵照执行。本规定实施前已通过中国证监会组织的有关基金从业人员考试并已在基金管理公司、基金托管部任职的工作人员，视为已取得基金从业人员资格，并补发基金从业人员资格证书。其他尚未通过中国证监会组织的有关基金从业人员考试的基金管理公司、基金托管部现有工作人员，须在2000年7月1日前取得基金从业人员资格。

第一章 总 则

第一条 为加强对基金管理公司、基金托管部基金从业人员资格的管理，规范证券投资基金（以下简称"基金"）的运作，切实保障基金持有人的合法权益，促进基金业健康发展，根据《证券投资基金管理暂行办法》（以下简称《暂行办法》）及其他有关规定，制定本规定。

第二条 本规定所称基金从业人员包括下列人员

（一）基金管理公司、基金托管部的高级管理人员及其助理人员；

（二）基金管理公司、基金托管部内设基金业务部门的正、副经理人员；

（三）基金管理公司的基金经理；

（四）基金管理公司的督察员；

（五）基金管理公司中从事研究开发、市场推介、销售、交易、基金财务、监察稽核、电脑管理等业务的专业人员；

（六）基金托管部中从事研究开发、清算交割、基金财务、交易监控、监察稽核、电脑管理等业务的专业人员；

（七）中国证券监督管理委员会（以下简称"中国证监会"）认定的其他人员。

前款（一）项所称高级管理人员是指基金管理公司、基金托管部的总经理、副总经理以及中国证监会认定的其他人员；（三）项所称基金经理是指在基金管理公司中专门负责基金投资的专业人员；（四）项所称督察员是指在基金管理公司中负责公司监察稽核工作，并可以就监察稽核情况独立向公司董事长、中国证监会行使报告权的专业人员。

第三条 中国证监会依照本规定，负责对基金从业人员资格进行监督管理。

前款所称基金从业人员资格，包括基金从业资格、基金经理资格和高级管理人员的任职资格。

第四条 基金从业人员申请基金从业资格、基金经理资格的，应当由拟聘用单位按照本规定的要求，向中国证监会提交申请材料。中国证监会对申请人的材料进行审核，经审核符合条件的，核准其基金从业资格和基金经理资格，发给其资格证书。

申请高级管理人员任职资格的，中国证监会除对其申请材料进行书面审核外，还可以对申请人进行考察、面谈。

第五条 中国证监会向社会公布取得基金从业人员资格的基金从业人员名单。

第二章 基金从业资格

第六条 基金管理公司和基金托管部正式聘用的基金从业人员，

应当取得基金从业资格。

第七条 基金从业人员申请基金从业资格，应当具备下列条件：

（一）具有中华人民共和国国籍，但经中国证监会批准的除外；

（二）具有完全民事行为能力；

（三）遵守国家有关法律、法规以及行业规范，熟悉有关证券、金融法律、法规；

（四）品行良好，诚实信用，忠于职守，保守机密；

（五）具有大学财经、法律等证券相关专业专科以上学历；或具有其他专业专科以上学历，并有从事二年以上证券业务或三年以上其他金融业务的工作经历，具备证券、金融、法律等专业知识；

（六）通过中国证监会或其授权的机构组织的基金从业资格考试；

（七）中国证监会规定的其他条件。

第八条 有下列情形之一的，不得申请基金从业资格：

（一）受过刑事处罚或重大行政处罚的；

（二）担任因经营不善破产清算或因违法被吊销营业执照的公司、企业的董事、总经理及其他高级管理人员，并对以上结果负有个人责任的；

（三）个人所负债务到期尚未清偿，且数额较大的；

（四）被中国证监会认定为证券市场禁入者的；

（五）中国证监会认定的不适合从事基金业务的其他情形。

第九条 基金从业人员申请基金从业资格，应当由拟聘任单位向中国证监会报送下列材料：

（一）中国证监会统一印制的申请表；

（二）学历、学位证明复印件；

（三）身份证复印件；

（四）基金从业资格考试证明复印件；

（五）拟聘任单位对申请人的推荐意见；

（六）中国证监会要求报送的其他材料。

第三章 基金经理资格

第十条 拟任基金管理公司基金经理的基金从业人员，除具有基金从业资格外，还应当取得基金经理资格。

第十一条 申请基金经理资格，应当具备下列条件：

（一）具有基金从业资格；

（二）有从事三年以上基金业务或五年以上证券业务的工作经历，具有丰富的证券分析、证券投资经验和良好的工作业绩；

（三）通过中国证监会或其授权的机构组织的基金经理资格考试；

（四）中国证监会规定的其他条件。

第十二条 基金从业人员申请基金经理资格的，拟聘任单位除应当按照本规定第九条（一）、（二）、（三）项规定向中国证监会报送材料外，还须提交下列材料：

（一）基金从业资格证书复印件；

（二）基金经理资格考试证明复印件；

（三）中国证监会要求报送的其他材料。

第四章 高级管理人员任职资格

第十三条 基金从业人员拟任基金管理公司、基金托管部高级管理人员的，应当由其拟聘任单位按照本规定的要求，向中国证监会报送材料，经中国证监会审核符合条件的，方可任职。

第十四条 基金从业人员申请高级管理人员任职资格，应当具备下列条件

（一）具有基金从业资格；或具有中国证监会认可的其他从事证券工作经历；

（二）有丰富的专业管理知识和经验，较强的管理工作和业务工作能力以及良好的管理工作业绩；

（三）拟任基金管理公司高级管理人员的，应具有从事三年以上基金业务或五年以上证券、金融业务工作经历；

拟任基金托管部高级管理人员的，应具有三年以上银行工作经历；

（四）中国证监会规定的其他条件。

第十五条 基金管理公司、基金托管部拟聘任高级管理人员的，除应当按照本规定向中国证监会报送第九条（一）、（二）、（三）项规定的材料外，还应当提交下列材料：

（一）基金从业资格证书复印件或从事基金业务、证券业务工作经历的证明；

（二）拟聘任单位推荐申请人员任职的意见；

（三）中国证监会要求报送的其他材料。

第五章 日常管理

第十六条 中国证监会对基金管理公司和基金托管部高级管理人员、基金经理的资格进行年检，对基金从业人员的从业行为进行定期或不定期的检查。

第十七条 基金从业人员的基金从业资格、基金经理资格不因本人辞职、改变受聘单位等行为而失效；但取得基金从业资格、基金经理资格的人员连续十八个月未从事基金业务活动的，其资格自动失效。重新从事基金业务，应当按本规定要求的程序重新申请相关资格。

第十八条 基金管理公司、基金托管部需解聘高级管理人员的，应当事先经中国证监会同意并推荐新的人选；未经中国证监会核准任职资格的人员，基金管理公司、基金托管部不得委任其高级管理人员的职责。

第十九条 基金从业人员应遵守国家有关法律、法规及行业规范，诚实信用、勤勉尽责，不得从事以下活动：

（一）越权或违规经营；

（二）违反基金契约或托管协议；

（三）故意损害基金持有人或其他基金相关机构的合法利益；

（四）在向中国证监会报送的资料中弄虚作假；

（五）拒绝、干扰、阻挠或严重影响中国证监会依法监管；

（六）玩忽职守、滥用职权；

（七）泄漏在任职期间知悉的有关证券、基金的商业秘密；

（八）其他法律、行政法规以及中国证监会禁止的行为。

第二十条 基金从业人员不得在其他经营性机构兼职，不得从事与本职工作相关的其他任何以盈利为目的的活动。高级管理人员、基金经理在非经营性机构兼职的，应当报中国证监会备案；其他从业人员在非经营性机构兼职的，应当报聘任单位备案。

第二十一条 基金从业人员改变聘用单位，自其离开受聘单位之日起的三个月内，不得在新聘用单位从事基金投资业务。

第二十二条 基金从业人员离开原聘单位后，不得泄露原聘单位的未公开信息，不得为他人或自己侵占原聘单位的商业机会；高级管理人员和基金经理在离开原单位三个月内不得为自己或他人买卖原单位所管理、托管的基金仍持有的股票。

第二十三条 基金管理公司总经理离任时，公司董事会应当对其进行离任审计，审计结果报中国证监会备案；其他高级管理人员离任时，聘任单位应当对其进行离任检查，检查结果应当报中国证监会备案。

基金托管部的高级管理人员离任时，基金托管人应当对其进行离任检查，检查结果报中国证监会备案。

第六章 罚 则

第二十四条 取得基金从业人员资格的基金从业人员，违反国家有关法律、法规和本规定，除按有关法律、法规进行处罚外，中国证监会可依照本规定，视情节轻重给予下列处罚：

（一）警告；

（二）暂停基金从业人员相关资格6个月至12个月；

（三）取消基金从业人员相关资格，自取消其基金从业人员相关资格之日起3年内不予受理其基金从业人员相关资格的申请；

（四）取消基金从业人员相关资格，并永久性不予受理其基金从业人员相关资格的申请。

第二十五条 基金从业人员有本规定第八条所列情形之一的，中国证监会取消其基金从业人员相关资格。

第二十六条 基金高级管理人员在任职期间因涉嫌违法、违规受到有关行政部门或者司法机关调查或审讯的，在调查和审讯期间，基金管理公司、基金托管银行应采取必要的措施，保证基金管理公司和基金托管部的正常运作，确保基金资产的安全，中国证监会也可根据情况暂停其基金从业人员相关资格。

第七章 附 则

第二十七条 基金管理公司董事长的任职资格参照本规定对高级管理人员的有关规定执行。

第二十八条 基金管理公司董事的任职应当经过中国证监会审核。

基金管理公司督察员的任免应当报中国证监会核准。

基金管理公司和基金托管部的总经理助理、部门经理及基金管理公司的基金经理的任免应当报中国证监会备案。

第二十九条 本规定由中国证监会负责解释。

第三十条 本规定自发布之日起施行。

一九九九年十一月十二日

中国证券监督管理委员会

证券投资基金行业公约

为促进证券投资基金行业的健康、稳定发展，加强证券投资基金的行业自律，经依法批准设立的基金管理公司和依法核准的商业银行基金托管部共同商定，订立《证券投资基金行业公约》，供全体成员相互监督，共同遵守。

第一条 严格遵守《中华人民共和国证券法》、《证券投资基金管理暂行办法》等法律、法规以及中国证监会的有关规定。

第二条 坚持"公平、公正、公开"的原则，维护基金持有人的利益，促进证券市场的健康、稳定发展。

第三条 规范经营，严格自律，建立和完善内部管理制度和风险控制制度。

第四条 诚实信用、勤勉尽责，以专业经营方式管理或保管基金资产。

第五条 与中国证监会和其他监管机构积极配合、通力合作，促进基金监管工作的顺利开展。

第六条 加强基金从业人员培养和管理，提高基金从业人员业务素质和职业道德水平。

第七条 加强与境外基金管理公司、托管银行以及境内成员的交流和沟通，提高基金管理水平和托管水平。

第八条 依法披露基金信息，确保披露的基金信息真实、准确、完整。

第九条 加强基金的宣传及投资者教育，共同培育投资基金市场。

第十条 倡导团结协作，互相促进，共同发展，自觉维护基金业的良好形象和基金市场的公平竞争秩序，禁止下列行为：

1、操纵市场，扰乱市场秩序；

2、从事内幕交易；

3、从事违规、有损投资人利益的关联交易；

4、违规发布基金的广告宣传；

5、违规向他人提供基金未公开披露的信息；

6、贬损同行，以抬高自己；

7、以不正当手段谋求业务发展；

8、从业人员为自己或他人买卖股票；

9、其他有损基金业形象的行为。

签名的基金管理公司和托管银行名单：

南方基金管理有限公司　中国工商银行
国泰基金管理有限公司　中国银行
华夏基金管理有限公司　中国农业银行
华安基金管理有限公司　中国建设银行
博时基金管理有限公司　交通银行
鹏华基金管理有限公司　嘉实基金管理有限公司
富国基金管理有限公司　大成基金管理有限公司
长盛基金管理有限公司

一九九九年十二月二十九日

第二十二编

中国企事业单位选介

中国企事业单位选介

工商股份制企业

莱芜钢铁股份有限公司

公司股票代码：600102，股票简称：莱钢股份。公司1997年8月发行A股8000万股，8月28日在上海证券交易所上市交易。公司创立时总股本为52980万股，其中国有法人股44980万股，占总股本的84.9%；社会公众股8000万股，占总股本的15.1%。公司总资产为24.19亿元，净资产为12.30亿元。截至1999年底，公司总股本为87118.2万股，其中国有法人股71518.2万股，占总股本的82.1%；社会公众股15600万股，占总股本的17.9%。公司总资产为43.61亿元，净资产为25.30亿元。公司主要股东有：莱钢集团公司、山证总部、车琳丽、海通公司等。公司董事长：姜开文先生；副董事长：李名岷先生。

公司主营生铁、钢锭、钢坯、钢材、大锻件、水渣、炼焦化产品及炼钢副产品等的生产和销售。主要产品有特殊钢热轧圆钢（轴承钢、齿轮钢、碳结钢、合结钢）、螺纹钢、热轧带钢、冷轧带钢、H型钢等中小型材、圆钢管坯，还有铸造生铁、炼钢生铁、大锻件和焦化产品等80多个品种、300多个规格。船用锚链钢、热轧带钢、40Cr热轧圆钢、20MnSi钢筋混凝土结构用热轧钢筋等15种产品分别获得国优、部优、省优产品称号。船用锚链钢被评为冶金工业部优质产品和山东省名牌产品，并通过中国、美国、日本、英国、韩国等国船级社认证，其国内市场占有率已达65%以上。中型H型钢是填补国内空白的新产品。采用穿水工艺生产的高强度螺纹钢具有较强的国际竞争力。公司实施了1999年配股方案，共募集货币资金2.15亿元。配股募集资金到位后，公司依据“以钢铁主业为依托，向高科技新材料领域发展”的战略方针，并及时针对市场形势发生的重大变化，决定除R4级海洋系泊链用钢技术开发项目继续投入外，其他配股项目不再投入，配股资金余额暂用于补充公司流动资金。若实际投资项目发生变更，公司将按有关法律、法规履行变更程序，并及时进行相应信息披露。截至1999年底，R4级海洋系泊链用钢技术开发项目进展顺利，土建工程已经完成，正在进行设备安装。公司主要关联企业为莱钢集团公司。公司本年度实现主营业务收入39.91亿元，利润总额4.45亿元，净利润3.76亿元。在莱钢集团公司的进出口业务中，公司产品出口创汇近7000万美元。公司1999年度股东权益为25.30亿元，资产负债率为42%，流动比率为1.41，速动比率为0.48，每股收益0.43元，净资产收益率14.88%，调整后的每股净资产为2.90元。

公司地址：山东省莱芜市钢城区　　**邮编**：271104
电话：0634—6820011

江苏阳光股份有限公司

公司股票代码：600220，股票简称：江苏阳光。1999年底公司总股份183753913股，其中已流通A股7000万股。主要股东：江苏阳光集团公司、江阴市新桥精毛纺厂、江阴市空调除尘设备厂、江阴市石油机械厂、江阴市郁青时装厂。公司董事长兼总经理：陈丽芬。

公司业务范围包括呢绒、毛纱、毛线、针纺织品、服装、纺织机械及配件制造、销售，毛洗净分梳，纺织原料（皮棉除外）、金属材料、建筑材料、装璜材料、五金、电子产品及通讯设备（卫星地面接收设施除外）、玻璃销售。出口本企业生产的呢绒、毛纱、针织绒及服装，进口企业生产所需的原辅材料、机械设备、仪器仪表、零配件。公司所在行业为纺织行业，主要从事中高档精毛纺呢绒的生产和销售，99年度公司精纺呢绒产量达到650万米，销售收入为521844563.66万元，占主营业务收入的100%，净利润11496万元，占主营业务利润总额的100%，总资产123761万元。2000年1月10日，公司与外方正式签订了合资协议，并经外经贸批准设立“江苏阳光服饰有限公司”，该公司前期总投资988万美元，年生产15万套高档男西装。3月底，公司生产技术人员赴意大利参加培训，生产设备开始订购，预计2000年上半年试生产，9月份面市。公司主要关联企业有：江苏阳光集团公司、江阴市新桥精毛纺厂等。公司1999年度末股东权益106676万元，每股收益0.63元，净资产收益率10.78%，调整后每股净资产5.80元，1999年分配方案：向全体股东每10股送红股2股，用资本公积金每10股转增5股。

地址：江苏省江阴市新桥镇马嘶桥　　**邮编**：214426
电话：0510—6121688　　**传真**：0510—6121188

上海大江（集团）股份有限公司

上海大江（集团）股份有限公司的发起人为上海市松江区畜禽公司、饲料公司和泰国正大集团正大上海有限公司，现有注册资本6.76亿元人民币。公司的人民币普通股票（A股，股票代码600695）和境内上市外资股票（B股，股票代码900919）在上海证券交易所上市交易。公司实行饲料加工、良种繁育、畜禽饲养、食品加工、内外销售的“一条龙”连贯作业，主要产品的年生产能力为：饲料单班70万吨、商品代苗鸡1亿羽、商品代肉鸡5400万羽、鸡肉10万吨（其中出口3.5万吨）。

公司业务范围：家畜、家禽、水产的良种、饲料、饲料添加剂、花卉肥料及其有关食品加工产品的销售和进出口；生物制药、兽药、畜禽疫苗；畜禽机械、饲料机械；医疗器械（限于医用透明质酸钠）；餐饮业；从事符合国家产业政策的投资业务（具体项目另行报批）。1999年度，经过对种鸡饲养规模、肉鸡饲养周期、饲料营销策略、鸡肉产品结构、公司组织机构的有效调整及采取降本节支措施，公司经营利润实现了整体扭亏，略有盈余。1999年度，公司主营业务收入人民币17.83亿元，同比下降21.63%，其中出口创汇5010万美元，同比下降19.80%；利润总额2668.97万元，净利润690.39万元。截止1999年12月31日，公司总资产197511.92万元，股东权益96430.03万元，每股收益0.01元，每股净资产1.43元。

地址：上海市松江区谷阳南路26号　**邮编**：201600

电话：86—21—57817571　**传真**：86—21—57820072

网址：http://www.dajianggroup.com

E—mail：dajianggroup@dajianggroup.com

浙江医药股份有限公司

公司主营范围：从事化学原料药及制剂产品的研制、开发、生产与销售。

董事长：金彪，1948年8月出生，浙江萧山人，中共党员，高级工程师，执业药师。总经理：李春波，1959年4月出生，浙江新昌人，中共党员，高级会计师。

本公司于1997年5月经浙江省人民政府证券委员会浙证委（1997）57号文批准，由原新昌制药股份有限公司、浙江仙居药业集团股份有限公司和浙江省医药有限公司新设合并而成。公司现有注册资本30004万元，其中流通A股7540万股，公司总部设在浙江省杭州市，总部是公司的财务管理、人事管理、销售管理和投资决策中心，下属分公司是公司生产基地。

主要产品：1、天然维生素E（商品名：来益）：公司下属新昌制药厂自1997年10月立项进行天然维生素E的研究开发，经过一年半的科技攻关，成功实现了从植物油脂中脱臭提取天然维生素E的突破，于1999年3月在国内首次实现了高纯度天然维生素E的工业化生产，产品纯度达96%以上，质量指标符合《美国食品化学品法案》第4版和《美国药典》23版中有关天然维生素E的标准，本公司是国内目前生产该品种最齐全、质量最优、纯度最高的厂家。推向市场的来益是天然维生素E为原料生产的软胶囊，并成为“中国非处方药OTC协会首家推荐产品”。2、乳酸左旋氧氟沙星（商品名：来立信）：本品系第三代氟喹诺酮类抗菌素，抗菌谱广，抗菌活性强，与常用抗菌药物无交叉耐药性，对轻、中、重各类感染均有良好疗效，目前已占抗感染药物市场份额的15%左右，并呈继续上升的势态。本公司是国内最早生产并上市该产品的制药企业，至今在国内仍是销量最高，99年实现1.29亿销售收入，2000年上半年实现约1.3亿销售收入，为公司重要创利产品之一。

公司近三年财务状况指标：

	2000中期	1999年	1998年
主营业务利润率	23.25	26.20	21.26
流动比率	1.29	1.18	0.92
速动比率	1.10	0.83	0.51
资产负债率	60.59	63.66	69.19
每股收益	0.083	0.17	0.23
每股净资产	2.74	2.69	1.98
净资产收益率	3.03	6.49	11.47

公司地址：浙江省杭州市马渡巷60号

无锡中视影视基地股份有限公司

无锡中视影视基地股份有限公司系经江苏省人民政府复（1997）44号文批准，于1997年6月10日以募集方式设立，主要从事影视拍摄基地的开发、经营，兼跨影视、旅游两大行业，为中国最早、规模最宏大的影视拍摄基地。中央电视台近年来的大型电视连续剧《唐明皇》、《三国演义》、《水浒传》、《太平天国》和大型中法合作体育综艺节目《城市之间》等相继在本公司景区内拍摄。

1999年，公司经营班子的工作要点明确为：一、树立一种观念：以人为本；二、明确两个重点：以市场为导向、以效益为中心；三、狠抓三个薄弱环节：分级负责、时效管理和财务控制。一年来，经营班子按照工作要点的部署，为公司跳跃性发展奠定基础。

公司影视业务功能逐步丰满。利用中央电视台“节目制作与播出分离”的改革契机，公司寻求突破点，开拓新领域，在挖掘影视业务潜力方面作出了积极探索。频道包装业务以一定的超前意识和开拓精神继续巩固现有成果，并积极争取高清节目的试验拍摄，其他影视新业务也正积极筹划。一年来，公司与台影视部合作，投资拍摄多部影视剧作和专题节目。《突破重围》、《庄稼院里有好梦》、《西部太阳》等相继摄制完成，与体育中心合拍的《城市之间》在上半年走出无锡，先后在南海、昆明、成都制作10余期；与新闻评论部合作的《百年记忆》下半年顺利录制9期，《百姓百年》也开拍在即；与文艺中心合作，由公司全额投资的《神州大舞台》也自10月份开始录制，明星荟萃、妙趣横生的节目内容，受到观众好评。99年公司投资拍摄的影视剧和电视节目，都不仅仅限于资金投入和商业运作，更在制片、摄像、置景、音频、灯光、化装、甚至财务等方面派驻人员，既减少剧组开支，也锻炼影视中心员工，为今后进一步深层次介入影视节目制作过程以至争取独立操作影视剧积累经验。影视剧买卖及节目销售代理，在99年继续发挥作用。《燕子李三》、《狄仁杰断案传奇》、《护士小姐》、《三十六计》等数十部影视剧版权代理业务，成为公司影视创收的一大支柱，节目播出后也获得了较好的收视率。公司还树立“大协拍”观念，挖掘资源配置潜力。影视协拍业务在99年稳步推进。以影视业务部为龙头，公司继续争取到中央电视台多个部门、栏目前来无锡制作节目，如《’99中视股份杯全国台球精英电视挑战赛》、《中国文艺》、《天天饮食》、《商务电视》等。面向社会招揽剧组拍摄，在99年也有进展：《大明宫词》、《成吉思汗》、白发魔女》、《十五贯传奇》、《黑风寨》、《刘伯温》、《海瑞斗严嵩》等近20部影视剧先后来公司取景。

公司的旅游经营坚持影视特色，丰富文化内涵。自97年起，影视特色的要求就被提到了必须竭尽全力抓出成效的高度；98年也曾对影视特技项目进行规划，但因科技含量不高使之陷于停顿。99年，公司进一步考察投入产出比例，将“影视特技走廊”项目予以暂缓，而注重对景区现有影视特色资源的开发。借助各大影视剧组的轮番上演，公司市场部对外积极推广报道，使之形成景区常看常新的观光内容。结合《神州大舞台》的录制，公司及时推出幸运游客获赠观摩券的有奖销售活动。影视节目置景也被旅游经营再利用，唐城建设了“玉米人农庄”少儿摄影棚，并被作为对外正式挂牌的无锡市“少儿影视科普教育基地”的重要内容对游客进行影视制作的科普教育;公司还借此组织了"相约太湖—'99少儿影视科普夏令营"活动。在丰富文化内涵方面。唐城景区将"皇家游园"与"茶道表演"合并,使茶道演出走出室内;配合"玉米人农庄"新景点增设少儿演出节目;"皇帝上朝"演出节目组织游客参与表演,增进游客兴趣;节日期间增加"南诏蛮"、"飞天舞"演出,并对"英雄救美"从游客可参与角度作了修改。三国水浒景区进一步充实汉代、宋代文化内涵,恢复清明上河街、紫石街、御街电视剧拍摄原貌,新增"白虎节堂"、"孙二娘包子店"、"十字坡酒店"等景点,推出"骑马信使"、"燃放古炮"、"太湖扳鱼"等多项游客参与项目,对《义取高唐州》、《刘备招亲》、《长坂坡》等演出予以改进,并在节日期间加演。春节期间,三国水浒景区还推出"江南之春"灯谜会,效果良好。两景区都尝试推出古装检票迎宾,三国水浒景区还尝试对部分经营人员要求穿着古装,充实古代文化氛围。

99年,公司经营班子调整营销策略,加大促销力度。营销部门和两景区加大工作力度,陆续组织赴江浙沪皖等地城市进行促销,发现营销存在的问题,了解市场对公司各项举措的反映。对景区游客的问卷调查也如期正常开展;为避免调查结果的片面性和局限性,公司聘请央视调查咨询中心在周边10个城市进行入户调查,对沪、宁、杭、合肥旅行社高层职员进行半开放式问卷访问;会同无锡市委宣传部,邀集浙江地区新闻媒体高层人员,召开"江南影视旅游文化研讨会",规模不大,层次较高,不少意见建议对公司影视特色旅游的开发颇有裨益。市场调查也使公司与有关单位建立业务联系,进一步巩固周边市场。在营销工作中,公司进一步赋予营销人员灵活掌握票务政策的权限,实行销售提成奖励制度;营销网络初步建立,公司营销部门和各景区对周边市场实行分块开发,节约营销人力,调动景区参与营销;营销工作初步形成有目标地区、有任务指标、有超额奖励。因特网上的网络销售工作在99年也初步确定,将于2000年正式实施。

在整体形象宣传方面,公司围绕影视剧组的开机拍摄、各类影视文化活动的举办,继续面广量大地发布信息。除依托中央电视台的宣传优势外,2月12日江浙城市电视台春节联欢晚会的举办使公司的营销宣传走出新路,通过卫星观场直播向周边城市电视台展示了中视股份影视服务的实力。借助春节晚会等活动建立的良好合作关系,新闻报道、影视片花絮等影视宣传手段在99年取得较大进展。《江南影视旅游》也做到定期出版,风格有所突破,质量有所提高。除新闻媒体、户外广告以外,公司还重新建立自己的因特网站点,以新的传媒手段树立企业形象。

在全体员工的努力下,1999年本公司共实现主营业务收入18233万元,其他业务收入1795万元,其中影视业务收入11138万元,旅游门票收入7095万元(无锡景区门票收入5561万元,南海太平天国城租赁收入1534万元)。全年共实现利润61,848,995.54元,净利润51,595,676.65元,扣除非经常性损益后的净利润51,595,676.65元,主营业务利润79,266,958.09元,其它业务利润4,934,356.87元,营业利润58,563,103.74元,投资收益3,997,095.29元,营业外收支净额-711,203.49元,经营活动产生的现金流量净额66,849,262.24元,现金及现金等价物净增加额164,761,511.36元;实现每股收益0.283元,每股净资产3.89元,净资产收益率7.28%。

公司力争于2001年完成大型电视连续剧《秦始皇》的全部摄制工作。已完成的《西游记续》已安排在2000年春节期间播出;对已制作完毕的《太平天国》,经与中央电视台协商,已决定安排在下半年播出。公司去年已经拍摄完成的《静静的伊尔羌河》、《都市情感》、《庄稼院里好爹多》、《西部太阳》等几部连续剧,2000年将加紧完成后期制作和播出。

公司将进一步加大对影视业务的投资力度,培养新的利润增长点。今年将陆续投资1500万元在南海景区拍摄40集电视连续剧《大宅门》,继续投资拍摄《狄仁杰断案传奇》第四部分、《少儿豪情洒绿荫》、《爱也艰难》等几部电视连续剧。努力开拓影视协拍业务,抓住央视版《笑傲江湖》在无锡拍摄的机遇,扩大公司在协拍服务领域的收入。加强对南海分公司的管理经营,提高旅游市场占有率。去年以来公司陆续购买了相当数量的影视设备,2000年要继续抓好这部分设备的出租和租赁工作。公司还将妥善解决中科红叶电子股权的安全撤出。

公司地址:江苏省无锡漆塘1号

电话:0510-5555168

星辰化工新材料股份有限公司

公司是由中国蓝星化学清洗总公司作为主发起人,联合化工部北京橡胶工业研究设计院、化工部连云港设计研究院、化工部合成材料研究院、国营长风机器厂等四家发起人共同出资发起设立的股份有限公司。公司股票于2000年3月31日至4月1日以上网定价和向二级市场投资者配售相结合的方式在上海证券交易所发行成功,并于2000年4月20日在上海证券交易所挂牌上市交易。

公司注册地为北京市新技术产业开发试验区,可享受国家级开发区税收优惠。公司经营范围:有机硅单体及其相关产品的研制、生产与销售;化学合成材料、化工产品的开发、生产和销售。公司现股本设置情况:国有法人股16000万股,占总股本比例66.7%,其中:蓝星总公司15098万股,占总股本比例62.9%,社会公众股8000万股,占总股本比例33.3%。公司的产品属化工新材料行业,是国民经济发展急需的化工新材料,符合国家的产业政策。股份公司主营业务突出,在有机硅、双酚A、环氧树脂等化工新材料领域具有突出的行业地位,已成为国内最大的有机硅、环氧树脂等化工新材料的生产基地。(1)新型化工合成材料——有机硅。有机硅产品是一类特殊结构的新型合成材料,其聚合物的Si—O结构赋予了有机硅材料耐高低温、憎水防潮、耐气候老化、耐电弧电晕、电绝缘强度高等一系列优良性能。四大类产品硅油、硅橡胶、硅树脂、硅烷偶联剂广泛应用于电子电气、建筑、能源、交通、化工、轻工、纺织、食品、医疗卫生等部门。有机硅产品为多种新材料制造和新工艺开发等一系列新技术开展提供了新材料基础和技术保障,因此有机硅材料获得"工业味精""科技发展的催化剂"的美誉。我国有机硅产品工业化生产的历史不长,但有机硅的科研生产保持良好的发展势头,近年来有机硅市场每年以9.5%的速度持续增长。预计到2000年,年需甲基单体总量将超过8万吨,已远远超过了国内生产能力。作为一类高附加值精细化工产品的有机硅,其产量仅占塑料总量的0.9—1.0%,但其销售额却占塑料总销售额的5%以上。目前我公司拥有20000吨/年的生产能力。(2)重要有机化工原料——双酚A。公司拥有10000吨/年双酚A的生产能力。双酚A是重要的有机化工原料,是苯酚和丙酮的重要衍生物。主要用于制造各种高分子材料,如环氧树脂、聚碳酸酯、聚砜、酚醛饱和树脂、聚醚酰亚胺等。亦用于制造PVC热稳定剂、橡胶防老剂、农用杀菌剂、油漆、油墨的抗氧剂和增塑剂等。国内双酚A生产起步较晚,多为硫酸法,原料消耗高,产品成本高,设备腐蚀严重，三废污染严重，并只能用于生产通用型环氧树脂。现国内生产装置主要有5套，总能力3万吨/年，但能保持正常生产的只有我公司一家，在国内处于领先地位。我国98年双酚A表观消费量近达5万吨，92年至98年年均增长率达17.6%，国内产品满足率仅在20%左右，市场潜力较大。公司经营情况：2000年6月主营业务收入198656464.97元，主营业务利润36153833.89元，营业利润26349954.08元，利润总额26269738.56元，净利润17600724.84元。

产品市场状况：有机硅和工程塑料行业是重要的化工新材料行业，是我国朝阳工业，正处于一个新的高速发展阶段，拥有巨大的市场潜力和广阔的发展前景，近几年来市场需求每年以约15%－25%的速度增长，成为一个高附加值、多用途、功能卓越的新兴行业。对21世纪中国国民经济的发展将发挥越来越重要的作用，成为国民经济不可替代的重要支柱行业。我国有机硅和工程塑料及其相关主要原料是50年代以来由于国防工业和尖端技术的需要而发展起来的，近十年来，在产业规模、技术水平方面得到迅速的发展。目前，世界上能够规模生产有机硅的只有美、日、德、法和中国五个国家。星火化工厂万吨级有机硅装置的开车成功使我国跻身五个有机硅工业强国之一，但总体水平与国外先进水平相比还存在一定差距。目前，有机硅、工程塑料等化工新材料，正朝着功能化、复合化、精细化、知识技术密集化、研究开发综合化和产业规模化方向发展。

产品性能及质量状况：本公司的产品在用户中享有盛誉，也多次获得行业内优质产品称号，如有机硅中间体DMC、硅油、硅橡胶、比久、通用和专用型环氧树脂等均达到当前国际同类产品质量标准，高于国内产品质量。双酚A色泽纯正，标号一般在30#以下，已经达到聚碳酸脂级的质量要求。通用环氧树脂E－51、E－44、E－12和E－03等产品曾多次获得部、省和市级优质产品称号，“凤凰”牌环氧树脂为省驰名商标；201甲基硅油、有机硅石膏模增强剂和“飞溅净”等产品多次获化工部以及国家星火科技进步奖。

法定代表人：刘宪秋

注册地址：北京市海淀区海淀路19－1号

联系地址：北京市海淀区花园东路30号花园商务会馆5204室　**邮政编码**：100083

电话：010－82070614　**传真**：010－82070735

联系人：王晓东　刘佳

股票简称：星新材料　**股票代码**：600299

山东胜利股份有限公司

山东胜利股份有限公司是经山东省体改委批准，采取定向募集方式设立的股份制企业，于1994年5月在山东省工商局注册，注册资本5000万元。经中国证监会批准，1996年6月19日公开发行股票，7月3日在深交所挂牌上市。截止1999年底，公司的总资产为8.31亿元，净资产为3.68亿元。1997年，公司被列入山东省政府支持的100户重点企业。公司连续五年被确认为“AAA级信用企业”，被山东省信誉评级委员会确定为“特级信誉企业”，获“山东省管理示范企业”和“省级重合同、守信用企业”称号。

“九五”以来，公司不断优化产业结构，高科技产业的比重逐年提高。目前，已形成了以塑胶管道、生物技术、农药、国内外贸易相结合的多元化经营格局。1、塑胶管道。公司于95年引进奥地利辛辛那提公司制造的专用PE管材高速生产线、ENGEL无拉杆注塑机和德国先进的多角焊机，形成6000吨的年生产能力，并顺利投入生产，二期技改于99年完成，形成了年产1.6万吨的生产能力，并顺利通过了ISO－9002质量体系认证；98年底与西安华山机械有限公司合资成立陕西华山胜利塑胶有限公司，实现了强强联合，使公司塑胶产业的生产能力达到2万吨/年。公司坚持以销售为龙头，以2万吨技改为重点，带动生产能力和产品质量的提高。通过设立销售中心、驻外办事处以及销售代理，形成了覆盖全国的销售网络，客户遍布24个省(市)，国内市场占有率达到40%以上。公司生产的“胜邦”牌塑胶管道获得了国家级新产品的称号，其生产能力、产量、销售收入、利润及市场占有率均居全国高密度聚乙烯管道行业首位。公司参与起草的聚乙烯给水管国家标准也已初步通过了专家论证。2、农药项目。公司农用化学品产业下属两家企业：胜邦绿野化学有限公司和胜邦鲁南农药股份有限公司。

公司与南开大学元素所合作成立了胜利南开农化技术开发中心，为农化产业发展提供了有力的技术支持。自行研制的新型除草剂苯噻草胺项目，通过省级科技成果鉴定，已成功投产。绿野化学公司通过了ISO9002质量认证，质量管理上了一个新台阶。3、国内外贸易及房地产。国内外贸易作为公司的传统强项，面对市场低迷、政策调整、原有业务主渠道发生变化等诸多不利因素，趋利避害，创造机遇，实现了经营战略和经营思路的双重调整，经营规模逐年扩大，经济效益稳步上升。油品经营方面，成品油批发业务有了新的发展，连锁加油站已扩展到11座，日售油达到100多吨。采取批零兼顾的经营策略，增强了竞争能力。物资经营方面，注意抓大宗物资经营项目，取得比较好的成效，经营效益稳中有增。国际贸易方面，99年完成进出口贸易总额1993万美元，其中出口创汇262万美元。为降低在国际贸易领域的经营风险，在保证原有业务稳定发展的前提下，开辟新的业务渠道，实现了经营战略的稳步转移。重点发展化工和建材的进出口销售业务，并成为新的效益增长点；出口项目向着集中化、专业化和规模化的方向发展。公司自行开发建设的胜利大厦已于99年8月底交付使用。为了适应未来高科技的竞争，公司与中国科学院植物研究所合资成立了山东胜利生物技术有限公司，专业从事生物技术产品的研究与开发，被中国科学院确定为中试基地。公司的未来的发展将以培育和形成公司的主导产业和核心竞争力为重点，着力进行产业结构的调整和优化，把生物产业发展成为公司的主导产业，努力实现“做中国生物技术第一企业”的目标。

自1994年成立以来，公司一直保持着“持续、快速、健康”的发展。1999年末，公司实现营业收入10.81亿元、利润总额6944万元、净利润5521万元，与1994年末相比，分别增长了657.46%、395%、730%、615%、545%和435%。在中国上市公司1999年度经营业绩综合排序中名列第65位。1999年底公司的股权结构情况如下：发起人股份(国家股)52657650股，募集法人股份41681250股，转配股19961100股，社会公众股103500000股，股份总额217800000股。

地址：山东济南市黑虎泉西路139号胜利大厦

电话：0531－6078888　**传真**：6018518　**邮编**：250011

山东农药工业股份有限公司

山东农药工业股份有限公司(以下简称“公司”)前身为山东农药厂，始建于1949年，1988年以募集方式成立股份制企业，是国家首批股份制改革试点企业之一。公司股票于1995年12月6日在上海证券交易所上市。

公司是我国农药、化工行业的骨干企业，主营业务范围为化学农药、基本化学原料的生产与销售，批准范围内的进出口业务。农药产品包括杀虫剂、杀菌剂、杀螨剂、除草剂、植物生长调节剂五大系列几十个品种，年生产能力达1.8万吨（折100%），化工产品有烧碱、盐酸、氯气、二氯苯等十几个品种，其中，烧碱产品年生产能力达8万吨（折100%）。公司“植保”牌农药在国内享有较高的知名度，主要品种在行业评比中多次获第一名，其中，敌百虫获国优银牌；敌敌畏、氧乐果、三氯杀螨醇等多种产品创部优、省优称号，在国家技术监督局和行业多次监督抽查中合格率均达100%，公司以优质的产品、优质的服务赢得了良好的市场信誉。公司坚持以提高经济效益为中心，以建立现代企业制度为目标，积极深化内部用工、人事、分配制度改革，不断完善公司法人治理结构，努力开创企业改革和生产经营的新局面。1999年度，公司销售农药总量为1.7万吨（实物量），其中主导产品敌敌畏8911吨（实物量），氧乐果6189吨（实物量），化工产品烧碱销售20万吨（实物量），实现主营业务收入3.86亿元，较去年同期增长13%，实现利润总额3712万元，较去年同期增长31%。截至1999年末，公司总股本为18585万股，总资产8.84亿元，净资产5.17亿元，参股企业12家，其中控股子公司3家，员工3300余人。面对国际国内农业发展的新形势，公司将以生物农药和高效低毒化学农药作为跨世纪的发展方向，努力成为在国内具有举足轻重地位的农药、化工生产和科研开发基地。

公司法定代表人：耿佃杰，**公司董事会秘书**：于宁
地址：山东省淄博市张店区洪沟路25号　**邮编**：255009
电话：0533－2114042－358　**传真**：0533－2113511
网址：http://www.shannong.com
电子信箱：sdny1@zb－public.sd.cninfo.net

中国石化中原油气高新股份有限公司

中国石化中原油气高新股份有限公司（股票代码：0956股票简称：中原油气）是1999年3月8日经国家经贸委批准设立，以中原石油勘探局所属的采油四厂和天然气产销总厂优良资产组建而成的股份有限公司，1999年10月25日经河南省工商行政管理局核准注册成立，董事长：刘锦信，总经理：黄泽贵，董事会秘书：李洪海，公司注册地址为河南省郑州市国家高新技术产业开发区。公司1999年11月2日被河南省科学技术委员会认定为高新技术企业，2000年3月有7个天然气精细化工产品被河南省科委认定为高新技术产品，其中公司利用自己生产的优质天然气开发生产的特种丙烷、气雾剂级正丁烷、气雾剂级异丁烷、特种丁烷、戊烷发泡剂是氟里昂的理想替代品，是目前国家大力推广的节能、环保产品。公司所属的文南油田累计探明含油面积58.6平方公里，预测石油地质储量1.9亿吨，已探明石油地质储量7725万吨，在现有工艺技术条件下标定的采收率为23.2%，可采储量1853万吨，累计开采量917万吨，剩余可采储量935万吨，按年产量60万吨计算，可稳产10年以上；公司所属的气田，累计探明含气面积35.6平方公里，累计动用天然气地质储量230.28亿立方米，累计开发天然气地质储量181亿立方米，可开采储量157亿立方米，累计产气量50.96亿立方米，剩余可采储量106.04亿立方米，按年产量7亿立方米计算，可稳产10年以上。

公司经营范围为石油、天然气资源的勘查、开采、综合利用和产品销售；天然气管道运输，轻烃产品，石油天然气精细化工产品的生产与销售。公司的主要产品为石油、天然气和液化气，1999年公司生产原油61.8万吨，销售原油57.6万吨，实现销售收入60496万元，占公司全年销售收入的46.61%，实现利润13671万元，占主营业务利润的41.31%；生产天然气68458万立方米，销售天然气55982万立方米，实现销售收入37669万元，占公司总收入的29.02%，实现利润13549万元，占主营业务利润的40.94%；生产并销售液化气9.2万吨，实现销售收入14671万元，占公司总收入的11.30%，实现利润5377万元，占主营业务利润的16.25%。1999年12月31日公司总资产为223965万元，负债为38785万元，股东权益合计为185180万元。募集资金使用情况：经中国证监会批准，公司于1999年9月10日在深圳证券交易所公开发行社会公众股（A股）17000万股，共募集资金8.058亿元，当年使用募集资金35987万元，具体为：1、文南油田开发建设项目。计划总投资51101万元，当年完成投资28581万元，实施钻井52口，其中完成产能建设及地面配套井39口，新建原油生产能力8.67万吨。2、天然气开发建设项目。计划总投资20824万元，当年完成投资4642万元，实施开发井4口及地面配套建设。3、第三气体处理厂改扩建项目。计划总投资19748万元，当年完成投资2463万元。完成的主要工作是：施工图设计完成90%，现场三通一平、桩基、设备基础、框架工程已全部完成，国内外设备及材料已全部订货少部分已到货。4、轻烃深加工处理项目。计划总投资6070万元，当年完成投资301万元，主要是项目前期工作费用。

公司总股本为68000万股，其中中原石油勘探局持有国有法人股51000万股，占总股本的75%，2000年2月25日经国家经贸委、国家财政部批准转由中国石油化工股份有限公司持有，仍为国有法人股，社会公众股（A股）17000万股，占总股本的25%，经中国证监会批准，公司17000万股A股股票于1999年11月10日在深圳证券交易所挂牌上市。截止1999年12月31日公司总资产为223965.27万元，实现主营业务收入129785万元，净利润为25585万元，每股收益0.3763元，扣除非经营性损益后的每股收益0.3715元，每股经营活动产生的现金流量净额0.7414元，调整后每股净资产2.7048元，净资产收益率13.8164%。1999年分配方案为每10股派0.5元（含税）。

公司地址：河南省郑州高新技术产业开发区瑞达路87号
电话：(0371)7981018　**传真**：(0371)7981018
邮编：45000

江苏华西村股份有限公司

江苏华西村股份有限公司是以江苏华西集团公司为主发起人设立的股份制公司。该公司的3500万人民币普通股股票经中国证监会批准，于1999年8月10日在深圳证券交易所正式挂牌上市交易，成为全国首家以村命名的乡镇企业上市公司。公司总资本14000万股，其中社会公众流通股3500万股，公司经营范围为：纺织品、服装制造、国内贸易（国家有专项规定的，办理审批手续后经营），热电站，“华西村”牌系列卷烟批发，农业科学研究及技术服务。目前公司拥有精毛纺厂、服装公司、热电厂、金塔商场等下属企业，现有职工2000多人，工程技术人员500多人。通过技术设备、更新改造，引进国际先进水平的纺机设备、剑杆织机、西服生产线等先进设备，

公司已形成年产高档精毛纺面料 500 万米、高档服装 30 万套(件)的生产能力，99 年精毛纺厂已通过了 ISO9002 国际质量体系认证。生产的“华西村”牌精纺面料和“华西村”、“仁宝”牌西服质量上乘，荣获全国出口商品金杯奖和银杯奖，国家产品质量监督抽查“优等品”；中国市场名牌纺织品竞争力调查发布活动中取得西服行业的“十大品牌”之一；三只高新技术产品通过了省级鉴定。1999 年度公司完成主营业务收入 2.45 亿元、净利润 5469.51 万元，公司总资产 4.94 亿元，股东权益 4.39 亿元，每股收益(加权)0.46 元，摊薄后每股收益 0.39 元，每股净资产 3.14 元，净资产收益率 12.44%。

地址：江苏省江阴市华西村　**邮编**：214420

电话：0510－6217149　**传真**：0510－6201744

网址：http://www.jshuaxi.com

福建天香集团股份有限公司

公司属农业类上市公司，是福建省粮食系统唯一的一家股份有限公司，公司创立以来，坚持“一业为主，多种经营”的道路。主导产品“天香牌”花生油是福建名牌产品，生产规模和市场占有率居全省第一。公司主营业务范围：饲养活动物；海水、淡水动物养殖；园艺植物培养；植物园经营；农业技术服务；食用植物油、食品加工，饲料、农业机械加工；食品、建筑五金、水暖器材，家用电器，油漆、涂料，服装，日用百货的批发、零售；住宿服务；咨询服务。实际主要从事的业务：主要从事油脂业及农业产品的生产、销售。公司主要产品为：(1)油脂：“天香牌”花生油及系列食用油脂。(2)农产品：蔬菜、生猪、鸡等家禽、牲畜。(3)饲料。公司为国内外居民提供食品和生活消费品，产品通过 ISO9002 双认证。食用油脂以福建省和东南沿海为主要销售基地，福建省市场占有率为 40%，市场占有率和销售额在食用植物油类中居全省第一位，同时远销北京、天津、香港等国内市场。蔬菜种植、牲畜饲养为福建省“菜篮子”工程重要项目。截止 1999 年底公司利润总额 34757748.80 元，净利润 25214239.52 元，扣除非经营性损益后的净利润 20384356.27 元，主营业务利润 57530897.36 元，其他业务利润 71236.61 元，营业利润 25550159.02 元，投资收益 3208289.02 元，补贴收入 1970000.00 元。

公司投资情况：1、公司用自有资金 4500 万元投资福建兴业证券公司，占其总股本的 3.304%。2、公司于 1999 年 10 月 18 日首次发行股票，募集资金 22590 万元。1999 年本公司已完成 1083.9 万元。报告期内本公司募集资金承诺项目和实际投资情况如下：(1)投资 189.95 万元用于油脂技改项目；(2)投资 893.95 万元用于畜牧养殖基地项目的饲料市场建设；这些项目 99 年未产生效益，其余 21506.1 万元作为银行存款。

公司法定代表人：陈海遂，**公司董事会秘书**：吴唐青

地址：福州杨桥路中闽大厦 B 栋七楼　**邮编**：350001

电话：0591－7525343　**传真**：0591－7545948

网址：Http://tiangxiang.con.cn

电子信箱：wtg1800@pub5Fz.Fj.cn

股票简称：天香集团，**股票代码**：600225

四川湖山电子股份有限公司

四川湖山电子股份有限公司始建于 1969 年，是一家具有 30 多年研制、生产、销售专业和家用音响设备的国内知名企业。公司股票于 1998 年 5 月 6 日在深圳证券交易所挂牌上市，股票简称“四川湖山”，股票代码“0801”。公司于 1999 年 11 月参与设立“北京金网一百电子商务网络科技股份有限公司”(占 80%股份)，于 2000 年 8 月参与设立“北邮在线教育网络有限责任公司”(占 50%股份)，自此逐渐向高科技产业渗透。作为中国电子音响工业协会专业分会会长单位和专家组组长单位，公司的主营业务在国内同行业中享有极高的威望和声誉。“湖山”系列产品多次荣获国家、省、部及各种奖励。截止 2000 年 6 月 30 日，公司股本结构为：总股本 10156.608 万元，其中：境内法人持股 7132.608 万元，社会公众持股 3024.00 万元。

公司注册地址：四川省绵阳市华兴西路一号

公司办公及通讯地址：四川省绵阳市长虹大道中段 53 号

邮政编码：621000　**联系人**：陈禹

网址：http://www.hushan.com

内蒙古仕奇实业股份有限公司

公司股票代码：600240，股票简称：仕奇实业。公司于 1998 年 10 月 9 日正式成立，2000 年 6 月 28 日在上海证券交易所挂牌上市。目前公司总股份 17500 万股，其中 7500 万股流通 A 股中已流通 4750 万股。主要股东有：内蒙古仕奇集团有限责任公司、基金天元、同盛、裕隆、兴和、汉兴、金鑫、普丰、景福、安顺等。公司经营范围：从事中高档西装、服装、精纺面料、精梳羊毛毛条、化纤条的生产、销售及研制开发，真正形成了从羊毛加工、精纺面料制造、服装生产到销售的一条龙产业链条。公司 2000 年发行股票实际募集资金 58600 万元，主要用于：对毛条生产线进行技改，总投资 7120 万元；对现有西装生产线进行技改，总投资 21294 万元；出资组建内蒙古仕奇毛纺织有限责任公司，总投资 13842 万元，出资组建内蒙古仕奇服装辅料有限责任公司，总投资 3896.6 万元；除用于上述投资外，多余部分补充生产用流动资金。1999 年底主营业务收入 20190.01 万元，净利润 3494.64 万元，资产总额 39401.11 万元。主要关联企业：仕奇集团、青松制衣有限公司、青鸟毛纺织有限公司等。公司 1999 年度股东权益 16903.94 万元，每股收益 0.35 元，净资产收益率 25.01%，每股净资产 1.40 元，调整后每股净资产 4.23 元。

公司董事长：于志辉，**总经理**：蒿慧敏

地址：内蒙古呼和浩特市诺和木勒大街 54 号

电话：0471－5920636　**邮编**：010020

传真：0471－5972020

广东太阳神集团有限公司

公司股票代码 0512。业绩报告结算日期 12 月 31 日。中国太阳神集团有限公司的主要业务始于 1988 年 8 月在中国成立的广东太阳神集团有限公司，是一家以生产和销售保健品、食品和药业为主的中外合资企业。太阳神集团以振兴民族经济为己任，以提高民族健康水平为企业宗旨，早年发展迅速，成为中国保健品行业首先冲破 12 亿销售额，企业资产总值达 7 亿元的企业集团。1995 年，太阳神集团是在中国大陆保健药品和健康食品生产行业中第一家于香港联合交易所挂牌上市的企业。广东太阳神集团坚持“以市场为导向，以科技为依托”的经营方针，推行全面质量管理，严格保证产品的高质量和确切功效，产品经得起国家最权威机构的各种科学检测和亿万消费者长期服用实践的考验。太阳神系列产品多次

荣获省"科学技术进步奖"、省优、部优产品奖，于1988、1990、1992年连续三届获选为"中国运动营养金奖"，及第24、25、26届连续三届奥运会及亚运会"中国代表团专用运动营养补剂和饮料"等，产品获奖多达50多项。本集团于1997年8月顺利通过了国家ISO9002质量体系认证。广东太阳神集团在中国企业中率先导入CI，创立了企业、商标、产品三位一体的太阳神标志。在中国设立了17个专业营销公司，销售网络遍布全国各地，产品深受消费者的欢迎。1996年《人民日报》在对全国消费者市场调查国家品牌排行前十名的品牌中，太阳神品牌在营养口服液中市场占有量、市场竞争力、市场影响力均排行第一。广东太阳神集团曾评为"广东省医药行业经济效益先进单位"和"广东省食品优秀企业"，多次被评为"外商投资先进企业"、"重合同守信用"企业，及被国家银行评为"AAA级信用企业"。1999年9月全球《财富》论坛上海年会上，《财富》杂志公布的"中国最受赞赏的外资企业"中，本集团荣获"整体最受赞赏"的55家企业之一。广东太阳神集团注重企业形象的树立，更以关心民众、服务社群为企业宗旨，12年来为社会捐资赞助达3000多万元，为中国的文化、教育、体育、卫生、娱乐等事业作出了应有的贡献。

广东太阳神集团有限公司在中国建立了17个专业营销公司，销售网络遍布全国各地。以生产和销售保健品、食品和药业为主。保健产品有：猴头菇、生物健、双龙参、粉黛祛斑美容等系列口服液，风暴减肥胶囊，鸡精系列产品。药品有：百健美乐通宁、氟康唑(输液、片剂)、多补钙系列产品。饮料有：麦臣鲜麦芽汁、矿泉水、纯净水、乳酸饮料等系列产品。本集团1999年度营业额为港币156188000元。1999年度每股亏损3.0仙。于1999年度结算日，本集团之财务状况维持稳定：本集团之流动比率仍然保持在1.86倍的满意水平；资本负债比率维持与去年相同的9%的低水平。

董事会主席：骆辉

地址：广州市天河南二路26—28号

电话：020—85512188　**邮编**：510620

新疆国际实业股份有限公司

新疆国际实业股份有限公司经中国证券监督管理委员会核准，经深圳证券交易所同意，本公司人民币普通股7000万股于2000年9月26日起在深圳证券交易所上市挂牌交易。股票简称：国际实业，股票代码：0159。公司成立于1999年3月28日，并于2000年9月13日办理了工商变更登记手续，注册资本变更为17179.23万元，注册号为6500001000557。公司经营范围：机电设备、化工产品(汽车及国家有专项规定的产品除外)，轻工产品、建筑材料、金属材料、现代办公用品，畜产品、农副产品(粮食收储、批发)，针、棉纺织品的销售；番茄种植、加工及番茄制品的销售；经营进出口业务(具体事项以外经贸部的批复为准)；麻黄素及麻黄素类产品的出口；房地产开发、销售、租赁；棉花销售。公司的经营宗旨：以外贸出口为龙头，以麻黄素、番茄制品等优势医药资源、农业资源的开发、种植、加工为依托，致力于出口产品基地建设，实现科、工、贸、农产业一体化，促进新疆资源优势向产业优势、经济优势的转化，努力开拓国际、国内两个市场，为广大股东和投资者谋取最大利润。

新疆国际实业股份有限公司是依照《中华人民共和国公司法》、《股票发行与交易管理暂行条例》等有关法律、法规，并经新疆维吾尔自治区人民政府批准，由新疆对外经济贸易(集团)有限责任公司、新疆特变电工股份有限公司、新疆新啤(集团)有限责任公司、新疆和硕县佳丰果菜种植有限责任公司、新疆金邦钢铁有限公司，于1999年3月28日发起设立的股份有限公司。主发起人新疆对外经济贸易(集团)有限责任公司将从事进出口业务的华宇、华泰、华锦、华瑞、华源、华洋等6个分公司的经营性资产及相关负债，以及从事麻黄素和番茄加工的两个控股子公司—新疆和硕麻黄素制品有限责任公司87.8%的权益和新疆利通番茄制品有限责任公司60%的权益，投入股份公司。本公司拥有控股子公司4家，分别为新疆凯泽番茄制品有限责任公司、新疆利通番茄制品有限责任公司、新疆和硕麻黄素制品有限责任公司、新疆温泉麻黄素制品有限责任公司。本公司股本结构：总股本17179.23万股，法人股10179.23万股，占59.25%其中：国有法人股9479.23万股，占55.18%，其他法人股700万股，占4.07%，社会公众股7000万股，占40.75%。公司主要股东有新疆对外经济贸易(集团)有限责任公司9179.23万股，占53.43%，新疆特变电工股份有限公司350.00万股，占2.04%，新疆新啤(集团)有限责任公司300.00万股，占1.75%。本公司截至2000年6月30日，每股收益0.1268元，净资产收益率8.36%，资产总额584707210.31元，主营业务收入230799761.84元，主营业务利润55627397.13元，利润总额21333675.56元，净利润12906054.57元。

公司董事长朱立田先生，汉族，现年60岁，籍贯江苏，大专文化程度，中共党员，高级经济师，曾任自治区化工局青年农场场长，自治区盐业公司总经理，新疆对外经济贸易公司总经理，外贸集团董事长。公司董事、总经理唐朝金先生，汉族，现年44岁，籍贯四川，研究生文化程度，中共党员，高级会计师，曾任新疆盐湖化工厂副厂长，新疆对外经济贸易(集团)有限责任公司总会计师、副总经理。

法定代表人：朱立田

地址：新疆乌鲁木齐市团结路45号附1号国际大厦

电话：0991—2886434　2862727

传真：0991—2862528　2861579

北京同仁堂科技发展股份有限公司

公司是2000年3月22日由同仁堂股份以主发起人身份，将其属下的制药二厂、中药提炼厂、进出口分公司和研发中心四部分，联合集团公司及六位自然人等七家发起人共同组建成立的一间中药科技企业。公司将致力于传统中药现代化，改进现有传统中药产品并进行天然药物的开发，逐步实现中药现代化、国际化，拓展营销网络，推动现代中药进入国际医药主流市场。公司具备强大的科技开发能力，具备先进、完备的仪器设备及精干科研人才。技术开发中心人员在以往的十余年中已参与开发各类主要新产品逾十二种，具备丰富的研究开发经验。其产品和同仁堂股份之产品出口销往18个国家和地区。

公司现时主要从事医药技术开发、技术咨询、制造及销售中成药、生物制剂。除继续发展现有业务外，公司还将于中医药业方面发展电子商务。公司主要销售产品的制剂类别为：冲剂、水蜜丸剂、片剂及软胶囊剂，主要销售产品有感冒清热冲剂、六味地黄丸、牛黄解毒片、板蓝根冲剂等。公司共有11个生产车间，有生产批准文号的中成药产品275种，其中有38种产品出口，主要销往东南亚、澳洲、北美等地区。公司主要产品以集团公司拥有的'同仁堂'商标作推广及销售，同仁堂牌匾已有 331 年的历史，'同仁堂'商标被评为中国驰名商标。截至 1999 年 12 月 31 日销售收入 30806 万元，实现净利润 3826 万元。

公司业务目标是：产品现代化、剂型多样化、质量国际化、工艺工程化、生产规范化、经营规模化。公司未来业务计划 1、增加生产能力及建设生产基地；2、提升研究及开发力量；3、拓展市场推广、建立销售网络及电子商务；4、建设中药材原料种植基地。

公司本次在香港创业板上市事宜 同仁堂科技公司 H 股股票于 2000 年 10 月 31 日在香港创业板挂牌上市，保荐人为中银国际有限公司。此次同仁堂科技公司股票在香港以配售方式发行，每股定价 3.28 港元，发行 7280 万股，获得超过 20 倍的认购，募集资金超过 2 亿港币，取得不俗反响。

地址：北京市丰台区南三环中路甲 20 号

邮编：100075

电话：67056924　67601188—转办公室

传真：67059266

深圳金至典科技有限公司

深圳金至典科技有限公司成立于 1999 年 5 月，是由深圳市金证高科技有限公司出资组建的有限责任公司，注册资本为 1000 万元人民币，是由深圳市科技局认定，专业从事证券投资模型的研究、证券投资分析软件的研究与开发、经营和服务的高科技企业。现有员工 40 多人，其中，技术人员占 70% 以上。公司多年来在金融证券领域的不懈努力，已拥有了雄厚的技术实力和客户基础，并已形成以深圳、上海、北京、沈阳、郑州、兰州、成都等城市为中心的全国性服务支持网络。我们的宗旨是：服务券商，为广大券商提供最好的产品、最快的响应、最优的服务。

公司的主导产品有：DOS 平台上的至典证券行情分析咨讯系统（第二代个性化分析软件）（包括网络版、图文版、电视墙）；Windows 平台上开发的至典证券行情分析咨讯系统（包括网络版、图文版）；Internet 网上证券行情分析咨讯交易系统（包括委托查询）；及系列配套产品（包括自助委托系统、模拟操盘系统、智能选股系统和开放平台）。远程证券行情接收分析咨讯交易系统（包括券商大户室版、家庭大户室版）。券商行情备份系统（包括 DDN 版、Moden 版、图文版）。本公司的产品更新换代快，及时满足券商的新的需求。

电话：3266031　3266017　**网址**：www.acme.com.cn

山东誉天资产经营管理有限责任公司

山东誉天资产经营管理有限责任公司是以山东省信誉评级公司作为主发起人、联合山东省内几家大公司共同投资组建的以企业资本运营与企业形象策划为主业的中介机构。公司拥有自己独立的专家队伍，集合了省内外著名的经济学家、法学专家和策划专家，以新颖的思维方式、娴熟的职业智能和高效率的工作，对山东省内几十家企业进行了股份制改造，建立了规范的法人治理结构，并对其进行上市前的指导，在山东省内获得广泛赞誉。

公司的服务项目：（一）企业股份制改组顾问：改制方案设计，申报文本制作，各中介机构（会计师事务所、审计师事务所、律师事务所）的工作协调，政府有关部门的协调，改制法律服务。（二）企业上市咨询：上市前的资产重组策划，上市前的产业结构、产品结构调整建议，海外上市策划，为企业寻找壳资源，为企业拟定合适的谈判步骤，参与谈判，借（买）壳法律咨询。（三）资本运营培训：股份制基本知识培训，企业财务管理知识培训，企业经营管理知识培训，证券知识培训（股票、期货、债券、基金），购并技巧培训。

总经理：杨渤海

地址：济南市省府前街 1 号

电话：0531—6028034　**邮编**：250011

中介机构

安永华明会计师事务所

安永华明会计师事务所是经中国财政部批准，于 1992 年在北京成立的合资会计师事务所，安永华明总部设立于北京，事务所人员包括从海外来华的资深人员和当地聘用的中国注册会计师共 500 多人，全部有大学以上学历及在国际著名会计师事务所接受过长期培训。主要经营业务包括查帐、验资、清算、可行性研究、财务处理、财务分析、纳税计划、公司股份制改造及证券投资咨询以至 A、B 股的发行，更协助中国企业国内外上市及相关的人员培训等。

地址：中国北京朝阳门北大街 6 号北海万泰大厦 802—807 室

邮编：100027　**电话**：86—10—65545577

传真：86—10—65544718

深圳天勤会计师事务所

深圳天勤会计师事务所，原名"蛇口中华会计师事务所"，成立于 1984 年 8 月，是深圳最早成立的会计师事务所，原系直属交通部的一级事业单位，1998 年 6 月 30 日脱钩后，改制成为具有法人资格的合伙制会计师事务所，主要合伙人：章为纲（首席合伙人）、许丽周、郭小明、陈惠珠、马东军、李莉等。1999 年 8 月 23 日更为现名。天勤现拥有近百余名财会、审计、金融、经济管理和工程技术等方面的专业人士，其中执业注册会计师 42 人（其中具有证券业务审计资格的注册会计师 20 人），注册资产评估师 10 人，具有高中级专业技术职称 46 人。天勤于 1993 年 2 月经财政部、中国证监会批准取得从事证 券业务审计资格，同年 4 月经原国家国有资产管理局、中国证监会批准取得从事证券业务资产评估资格。近年来，天勤积极发展证券业务，客户以上市公司和大型企业集团为主，客户遍及深圳、北京、上海、广州、重庆、天津、哈尔滨、福州、厦门、武汉、南昌、珠海、南宁、南京等十多个城市。目前已承接并完成了 40 余家公司上市改组的审计和资产评估业务。多年来，天勤一直致力于业务规范化建设，建立了一整套严谨的审计、验资、评估等业务的工作标准和程序，并不断发展和完善。从建所开始即建立了以三级审核制度为核心的质量控制体系，规范、统一了工作底稿；1991 年底，自行研制了电脑审计程序，并普遍运用于集团公司合并会计报表的审计，大大提高了工作效率，保证了工作质量。同时，天勤同国际著名的五大会计公司建立了卓有成效的业务合作关系，尤其与普华国际会计公司、毕马威国际会计公司有充分密切合作，积累了丰富的合作业务经验。

建所以来，天勤一直坚持"以质量求信誉，以信誉求发展"的办所方针，坚持"求实为本、以法为准、质量第一、服务至诚"的经营宗旨，不断完善和提高服务质量标准和业务质量水平，保证了业务质量，赢得了客户的信任和有关部门的好评。

地址：深圳蛇口招商大厦 103—203 室　**邮编**：518067

电话：0755—6691597　**传真**：0755—6692365

主页网址：www.tqcpa.com

电子邮箱：sztqcpa@public.szptt.nte.cn

北京业务部

地址：北京西城区金融街 35 号国企大厦 501 号

电话：010—88091068　**传真**：010—88091072

信达律师事务所

信达律师事务所成立于 1993 年 8 月，是深圳市首家合伙制律师事务所。目前有合伙人八名，专职律师和律师助理已超过 40 名，成为深圳市规模最大的律师事务所之一。该所律师均毕业于北京大学、中国政法大学、南开大学、复旦大学、中山大学等国内外著名高等学府，平均年龄 35 岁，分别拥有法学博士、硕士、学士学位；从事律师业务多年，具有良好的职业道德和丰富的专业知识与从业经验。信达律师事务所注重向国际化律师行业的标准迈进。事务所获得司法部和中国证券监督管理委员会联合授予的从事证券法律业务资格（No：29130），是我国从事证券法律业务最早最多的律师事务所之一，目前有 7 名律师获得从事证券法律业务资格，是全国拥有证券律师最多的律师事务所之一。

事务所于 1995 年 10 月，经司法部批准，在美国首都华盛顿设立了分所，成为全国第三家，华南地区唯一的一家在美设立分所的律师事务所。事务所业务范围主要包括：股份制改造、首次公开发行股票并上市、增资配股以及收购兼并、换股注资、可转股债券发行、基金公司的设立等证券业务；境内外项目融资、融资租赁等金融业务；境内外跨国投资业务及与此相联系的公司设立、股权转让、资产买卖、置换等投资业务；国际贸易、招投标；税务、房地产等各类业务。为多家上市公司、证券公司提供常年法律顾问服务。在诉讼业务方面，完成了多起涉及证券、期货方面的诉讼仲裁。事务所成功地完成了多项有重大影响力的项目，例如：中国第一只 B 股可转换债券—深南玻债券的发行，中国最大一只可转换债券—茂炼转债的发行；深圳市在香港的窗口公司深业控股公司（红筹）的发行与上市；深圳市在香港的另一间窗口公司深圳国际（红筹）的换股注资项目；侨兴电讯在美国那斯达克发行并上市等。事务所协助康佳、南玻、宝安、开发科技、中华自行车、海南珠江、广东电力、云南白药、西藏明珠、贵州中天、陕解放、古井贡、三九集团、太太药业等国内近百家企业完成股份制改造、发行 A 股、B 股或 H 股上市；还为更多的公司完成了增资配股；完成了天骥、开元等基金的上市发行；西北基金、君安受益清盘以及一些国有企业的债转股业务。并协助香港、新加坡等国家或地区的高雅国际、雅视光学、捷亚空运、坚宝控股等在香港、新加坡上市；同时还协助多家国内企业在美国、新加坡和澳大利亚等地的证券交易所上市。事务所曾多次被司法部等有关部门邀请为国内律师培训律师证券业务或参加中国证监会举办的证券方面新规定的研讨会。曾在 1999 年司法部举办的全国律师证券业务培训班上讲授证券业务，并应邀为一些资产管理公司讲授有关债转股课程等。

深圳总部地址：中国深圳深南中路东风大厦 21 层

电话：(0755)3243139　3243140

传真：(0755)3243108　**邮编**：518031

美国分所地址：1130 CONNECTICUT AVE. NW. SUITE 425，WASHINGTON，DC 20036

美国华盛顿特区康涅狄格大街 1130 号 425 室

电话：(202)2230151　**传真**：(202)2930147

君屹律师事务所

君屹律师事务所（英文名称 Zheng，Liu，Yuan & Zhou Law Office）成立于 1995 年，是向国内外客户提供经济法律服务的合伙制律师事务所，有从事证券法律业务资格。律师全部毕业于国内外名牌大学法律系，并具有从事国内及涉外法律业务经验。所有的律师和专业辅助人员均能熟练使用英语作为工作语言。君屹律师事务所还拥有先进的办公自动化设施，事务所内部的计算机局域网连接全部计算机终端，并与国际互联网相联。

事务所目前的主要业务范围涉及公司设立、改组、收购、兼并、股票发行上市、国际融资、银行、证券、航空、通讯及信息技术、大型基础设施建设、国际贸易、知识产权、娱乐业务、房地产等方面及涉外经济仲裁、诉讼。君屹律师事务所在成立后，成为包括德国西门子股份公司、瑞士 ABB 公司、美国 AT&T 公司和通用电器公司、日本进出口银行、东京三菱银行、挪威出口信贷银行、香港中华电力有限公司、法国电力公司、英国国家电力公司、韩国大宇公司、中国三九企业集团、秦山核电公司、中国民航、广东核电集团、山东省电力公司、山东省国际信托投资公司、中国煤炭建设开发总公司、中国化工建设总公司、北京市人民政府等在内的国内外知名公司和政府机构的中国法律顾问。事务所承办了大量有影响的项目，如西门子与中国国际信托投资公司和中国联合通信公司的电信网合作项目，福建省 800 兆数字通信系统项目、广东大亚湾核电站二期和三期项目、中国核工业总公司/秦山核电公司引进加拿大坎杜型重水堆核电站项目、球海电厂项目融资、总装机容量达 300MW 的山东中华电力项目、福建湄洲湾外商独资电厂的组建及项目贷款、成都水厂 BOT 项目、北京市第十水厂 A 厂招投标项目、韩国聚脂薄膜生产商被诉反倾销案、中华网（国中网）美国 NASDAQ 上市等。

君屹律师事务所的律师不但具有十几年来从事公司法方面的业务所积累起来的宝贵经验，还具有较深厚的公司法理论方面的修养，并熟知和掌握现行有效（包括最新）的公司法方面的法律法规、政策信息和操作技巧、模式，君屹律师事务所愿意利用这些经验和知识为客户提供优质的法律服务。事务所四位合伙人拥有从事证券法律业务资格。君屹律师事务所律师历年参与和承办的公司法、证券法方面项目，包括：青岛琴岛海尔股份有限公司股份制改造和股票上市；吉林化学工业公司股份制改造及股票在香港、美国上市（承销商美林集团的中国法律顾问）；中华网（China.com）美国 NASDAQ 上市；中信公司在日本、香港、伦敦发行债券，作为发行人的律师；本森中国基金（在香港上市），作为投资人和咨询顾问的律师；中国银行在新加坡发行 1.5 亿美元债券，作为发行人的律师;香格里拉(亚洲)有限公司股票香港上市;浙江康恩贝股份有限公司法人股挂牌流通;中外合资成立玉林柴油机股份有限公司项目;长春汽车城百货股份有限公司A股;石家庄国际大厦股份制改造和法人股上市;泰山石化股份有限公司A股;安利公司(AMWAY ASIA PACIFIC CO., ITD.)股票美国纽约、澳大利亚及国际上市作为承销商的中国法律顾问;海南省航空公司法人股上市法律顾问;加拿大贝尔卡拉公司在国内合资并在温哥华证交所上市(发行人贝尔卡拉公司及承销商中国南方证券公司的中国法律顾问)。

地址:中国北京建国门内大街7号光华长安大厦2座818室 **邮政编码**:100005

Suite 818, Tower 2, Bright China Chang An Building, 7 Jianguomennei Dajie, Beijing, 100005 China

电话(Tel):(8610)65101250

传真(Fax):(8610)65101253 65101254

电子邮件:Zheng Shujun (sjzheng@junyilaw.com.cn)
Liu Yi (yliu@junyilaw.com.cn)
Yuan Jianan(jnuan@junyilaw.com.cn)
Zhou Jun (jzhou@junyilaw.com.cn)

北京同达律师事务所

同达律师事务所创办于1992年,是中国律师制度改革以来最早组建的合伙制律师事务所之一。迄今,同达已成为以金融、证券业务为主,同时为各类型客户提供全方位法律服务的集专业化和综合性为一体的优质律师事务所,多次受到司法行政部门嘉奖,在同行及各媒体享有广泛赞誉。同达拥有一批在金融、房地产、投资、并购重组、信息技术、诉讼等领域具备丰富理论和实务经验的律师。同达设有金融部、证券部、网络部、涉外、部、非诉及房地产部、诉讼部、研究部、调查部,同时还在大连市及成都市成立了同达分所,以不断拓展自己的法律服务领域和规模。同达以金融领域法律服务为主,其金融业务涉及传统银行业务和新型资本运作,从传统审、放贷,到综合授信、担保设计,到新一轮资产托管、债务重组和债转股,同达始终在金融领域占据卓越地位。证券业务是同达另一主要法律业务,拥有数名具备证券法律业务和期货法律业务资格的律师,并获得司法部与中国证券监督管理委员会颁发的从事证券法律业务律师事务所资格。曾协助客户进行股份制改造;策划公司上市;处理上市公司的收购与反收购和股票的境内外发行、上市、交易等相关的法律事务,成功地办理过华晨汽车控股有限公司收购股权和海外上市、丹侬企业总公司股份制改造、厦门荣滨公司股份制改造。现同达因证券业务的需要,已在成都市设立分所,主要为配合西南地区的企业,进行股份制改造或进行股票的境内发行。

同达的宗旨为:正当客户利益即同达利益,先进服务质量即同达标志。同达的目标是帮助每一位在中国开展业务的客户取得成功,及以客户的成功取得为同达的成功。

主任律师:刘红宇

地址:北京市东城区南河沿天安大厦519室

电话:010-65132136 **传真**:65132135

北京市华泰律师事务所

北京市华泰律师事务所经北京市司法局批准于1994年成立,由具有丰富的法律实践经验的资深律师组成,能快捷而有效地向客户提供各种法律服务。该所的律师、律师助理、行政人员共50余人,分成各部,每部专注各项法律事务。

该所主任律师赵泽民曾毕业于北京大学法律系,后赴澳大利亚留学,是全国恢复律师制度后首批大学法律专业毕业的专职律师。曾多次被评为司法部门的优秀律师,并被收入世界法律名人录。

事务所分为证券期货、知识产权、房地产、金融、企业策划、涉外仲裁、诉讼等各专业部门。目前,已成功代理了全国最大的贤成大厦的行政诉讼,闻名全国的证券回购、期货、房地产等大案,并在代理国内贸易、外资引进、资金融通、知识产权、技术引进转让、股份制改造、大中型项目招标等法律事务中取得显著成绩。现任多家大中型企业、公司及北京电视台《温馨的家》栏目的法律顾问,并为社会各界提供24小时热线咨询法律服务。

主任律师:赵泽民

地址:北京市宣武门西大街甲129号金隅大厦404-406室

电话:(010)66410116/20/30136

传真:(010)66410069 **邮编**:100031

山东致公律师事务所

山东致公律师事务所,原淄博华辰律师事务所,是我市规模最大的国资律师事务所。拥有一批受过良好的训练,具有丰富法律知识和实践经验的专业律师,现有工作人员32人,其中高级律师6人,中级律师11人。我所下设刑事、民商、金融证券、知识产权、房地产、涉外六个业务部。从事的业务主要包括:参与各种诉讼代理和仲裁代理;为单位和个人担任常年法律顾问;提供有关国际国内贸易、资金融通、知识产权、技术转让、投资、证券、期货、房地产、税务、保险、公司组建、股份制改造、破产清算等方面的法律咨询和项目代理服务;审查、草拟、修改有关协议、合同、章程及其他法律文件,参与有关商务谈判及其他需要由律师提供的法律业务。在服务质量、服务领域及客户群体等诸多方面,均处于全市同业的领先水平。该所自成立以来,多次受到省、市各级政府和主管部门的嘉奖,是我市唯一的一家证券法律业务资格和集体科技企业产权界定法律业务的律师事务所,在多年的工作实践中,为我市的民主法制建设和经济发展做出了显著的贡献。

主任:徐文业

地址:山东省淄博市人民西路19号华辰律师楼

电话:0533-3176350 3176351 **传真**:0533-3176353

E-mail: zbhcls@zb-public.sd.cninfo.net

深圳市金地律师事务所

深圳市金地律师事务所是中国律师制度改革后,深圳市首批成立的合伙制律师事务所之一,本所并于1996年获得司法部及中国证监会授予的全国首批证券法律业务资格(资格证号:21129)。事务所办公面积近700平方米,现有合伙人、专职律师及律师助理40余名,这些律师均毕业于国内著名学府,一些律师还有在国外求学、深造的经历。事务所律师除具有政府官员、法官、工商界人士等工作经历外,还具有大学教授、高级律师、经济师及会计师等专业技术资格。

事务所的业务范围:参与企业股份制改组及股票发行与上市,为公司兼并,收购、资产重组提供法律服务;参加各项谈判，拟定各种合同、章程及其他法律文件；见证、代办公证，代为调查并出具法律意见书；代理公司、金融、证券、房地产、知识产权及其他商事法律事务。事务所以办理金融、证券、房地产业务见长，同时涉及国际贸易、税务、保险、资产重组、收购兼并、知识产权、招投标项目等各类诉讼、非诉讼及仲裁等法律事务。事务所亦积极致力于中外合资、合作企业、独资企业等外商投资方面的业务，在深、港、粤均享有较高声誉，经全体律师的努力，现事务所已发展成为深圳市颇具规模、业务范围及社会影响力都达到一定水平的知名律师事务所。事务所同法律界、证券界、金融界、房地产界保持有良好的工作关系，并已同香港、美国六家知名度较高的律师行建立了长期稳定的合作关系，同时，为了适应律师业务国际化的需要，本所还在香港、北京设立了联络处。

事务所现担任国内外近200家大型上市公司、企业集团、银行、证券机构的法律顾问，同时还兼任一些政府部门的法律顾问，本所已参与70余家公司的上市法律事务，并代理各类经济、民事、刑事案件及非诉讼法律事务近千起。事务所还曾参与蛇口后海码头、深圳垃圾填埋场、湘江二大桥、广西金矿、石安公路等大型项目的谈判、草拟法律文件、融资等法律工作。

事务所代理的国内外著名客户包括：微软（中国）有限公司、斯伦贝谢东方控股公司、渣打银行、东方汇理银行、香港民安保险公司、中国农业银行、申银万国证券股份有限公司、深业集团、深圳市建设投资控股有限公司、中国民生银行、深圳市商贸投资控股有限公司、深圳市长城地产（集团）股份有限公司、深圳市振业（集团）股份有限公司、深圳市国际企业股份有限公司。

负责人：黄雄坤

地址：深圳市滨河路5020号证券大厦12B楼

电话：(0755)2890622　2890641

传真：(0755)2890625　**邮编**：518026

E—mail：jindi@188.net

深圳市星辰律师事务所

深圳市星辰律师事务所成立于1994年1月，是中国国内按照国际惯例最早成立的合伙制律师事务所之一，经中国证监会和司法部确认具备从事证券法律业务资格。事务所由原深圳特区经济贸易律师事务所主任、一级律师郭星亚主持创办。现有11名合伙人，几年来，星辰所始终把客户的需要放在首位，全力维护客户的合法权益。星辰所集合了一批富有经验的高素质的法律人才，现在星辰律师事务所是深圳市规模较大，专业人员最齐全的律师事务所之一。

星辰所的律师始终保持着开拓进取的精神，能够把国际惯例同中国的具体国情有效地结合起来。早在80年代中期，当国内法律服务刚刚复苏时，星辰所的律师就开始致力并率先倡导为客户提供全方位的法律服务。除了办理大量国内外经济纠纷案件外，还长期为金融、房地产等市场提供法律服务。80年代末期，在中国证券市场初步建立时，星辰所的律师就率先介入企业股份化改造和股票上市工作，并参与编著了《深圳股份制改革中的律师实务》（中国政法大学出版社，1993年1月出版）。自1993年始，星辰所的律师又率先介入企业、清算法律事务，并著有《破产清算中的律师实务》一书（人民法院出版社，1996年10月出版），在中国法律服务市场的发展过程中，星辰所始终能够走在最前列。并于1996年9月被中国司法部授予“全国司法行政系统先进集体”的称号。于2000年4月被深圳市授予“文明律师事务所”称号。

星辰所的服务范围不限于一般的法律服务事务，除了各类诉讼仲裁以外，还从事金融、证券、房地产；国际贸易及投资；公司法律事务；知识产权；资源开发；国际工程；海事、海商、运输及劳务输出等非诉讼法律事务。此外，星辰所还与港澳台地区、东南亚各国、美国、日本、加拿大等国的律师所建立了长期友好的业务合作关系。星辰律师事务所拥有现代化的办公条件与办公设备，拥有一流的法律人才，在硬件和软件上均已初具规模，取得了一定的社会效益和经济效益。而且星辰律师事务所一直致力于建立建全律师事务所的管理制度，使律师事务所运作走向法制化。

地址：深圳市燕南路4号东风大厦22楼

电话：86—755—3260366　**传真**：86—755—3244727

邮编：518031

广西中恒信资产评估有限责任公司

广西中恒信资产评估有限责任公司是由原隶属于柳州市国有资产管理局的柳州市资产评估事务所经改制后设立具有证券业务A级评估资格的专业资产评估机构。公司是一个以股东为最高决策机构的有限责任公司，实行董事长领导下的经理负责制，下 设流动资产评估部、房地产评估部、机器设备评估部、无形资产评估部、项目开发部、评估质量控制部、人员培训部、财务部、办公室、咨询部。公司的主要业务包括固定资产、流动资产、专业资产的评估，及其它资产的核实，财产评估、投资的评估，兼营对闲置资产信息咨询服务、资产评估人员培训、项目投资的可行性预测等咨询服务。经我们的评估并且已上市的公司有：柳工股份有限公司、北海新力实业股份有限公司，评估且评估结果获得国家财政部确认的项目有：广西桂东电力股份公司股改并A股上市项目、柳州微型汽车厂改组为社会募集公司并B股上市项目、国家开发投资公司中型水电公司股权转让等项目，还完成柳州钢铁厂A股、柳州水泥厂A股、柳州两面针股份有限公司上市的资产评估。此外我们还评估了一大批大、中型企业以股份制改制、中外合资合作、资产转让、企业兼并、联营、破产清算等为评估目的的整体资产评估项目，如：柳州压缩机联合集团公司、柳州第二压缩机厂、柳州电厂、广西来宾电厂A(B)厂、广西金嗓子制药厂、柳州凤山糖业集团公司、柳州市华力实业总公司、广西玉柴机器集团、深圳桂兴贸易有限公司、梧州松脂厂、柳州汽运总公司、柳州纺织印染总厂。

公司拥有一套严谨、科学的管理和监督机制，建立了先进的网络办公室设施，丰富的信息来源渠道和完善的风险机制；并有一批具有“T”型知识结构高素质专业评估人员，95%以上的人员具有大专以上学历。独立而公正谓之“中”、持久而稳固谓之“恒”、科学而客观谓之“信”—“中恒信”是我们每一位员工敬业精神的集中体现。在将来我们公司还开展风险投资评估、环境保护评估、旅游资源评估等项目，成为一个评估、咨询、服务一体化的上规模、上等级、上水平、与国际惯例接轨的一流中介服务机构。

董事长、总经理：万梅（中国注册资产评估师、高级工程师）

地址：广西柳州市滨江东路1号7楼　邮编：545001

电话：(0772)2866522　2866523　传真：2866520

E—mail：jonensim@lz.gx.cninfo.net

山东省信誉评级总公司

山东省信誉评级委员会是经中国人民银行总行和山东省人民政府批准成立的山东省信誉评级管理机构，山东省省长李春亭和山东省政协副主席王裕晏任顾问，山东省人大副主任郭长才任名誉顾问，山东省体改委、山东省计委、山东省国资局、山东省经委等部门负责同志任主任委员或副主任委员。其办事机构为山东省信誉评级委员会办公室，对外称山东省信誉评级总公司，是山东省人民政府于1994年元月31日以鲁政函〔1994〕20号文件批准成立的具有独立法人地位的全民所有制大型二类企业，为山东省内唯一一家专业信誉评级机构。山东省信誉评级总公司现设评级部、管理咨询部、资本运营部、基建审计部、科贸部、财务部、办公室等六部一室，主要从事资信评级、企业改制、兼并收购、财务顾问、ISO9000质量体系咨询、工程预决算等业务。截止1999年底已对山东省近二百家大中型企业、上市公司、金融机构、企业债券进行了信誉等级的评定，并为几十家企业提供了股份制改组、重组、上市咨询等方面的服务。其子公司—山东誉天资产经营管理有限责任公司，专门从事资本运营和改制上市顾问业务。山东省信誉评级总公司拥有一批高素质且有丰富经验的从业人员，90%具有大学本科以上学历，其中具有硕士学位者6人；注册会计师5人，注册资本评估师6人，具有高级职称者6人。山东省信誉评级总公司在工作中坚持“客观、公正、科学”的原则，以服务于企业为目的，以诚信的工作态度努力为工商企业、金融机构提供一流的服务，为山东省经济发展做出应有的贡献。

总经理：杨渤海

地址：山东省济南市省府前街1号

电话：0531－6028034　**邮编：**250011

河南博星投资咨询有限公司

河南博星投资咨询有限公司是经国家有关部门批准设立的专业投资顾问公司，注册资金100万元，具有中国证监会认证的证券投资咨询从业资格。公司主要从事股份制改造及股票上市策划、拟上市公司培育、上市公司财务顾问、企业并购与资产重组顾问、风险投资顾问、证券投资咨询、管理咨询等相关业务。公司下设专家委员会、企业顾问部、投资银行部、发展研究部、证券咨询部、综合部等业务部门，并在京沪两地分别设立了分支机构。公司所有员工均具有本科或本科以上学历，其中博士、硕士10人，律师3人，注册会计师和高级会计师3人，高级经济师2人，并有8人获得中国证监会证券投资咨询执业资格，公司拥有一支专业素质高、从业经验丰富、专业结构合理的专家顾问队伍。公司以敬业、勤勉、高效、一流为宗旨，为客户提供规范化、科学化、高质量的咨询服务。公司的客户遍及河南、山西、湖北、河北等四个省区，曾负责策划或参与省内外26家大中型企业的股份制改造、企业并购、资产重组、拟上市公司培育等工作。其中，包括将开封特耐集团股份有限公司等3家企业与上市公司成功地进行嫁接；为河南太行振动机械股份有限公司、华兰生物工程有限公司、河南庆安化工高科技股份有限公司等18家企业公开发行股票上市进行总体策划和咨询；为河南豫联能源集团有限责任公司等4家企业集团的规范工作提供咨询；为开封机械厂、河南恒通源新型材料股份有限公司等16家企业的股份制改造和股份有限公司设立提供咨询和策划。同时，公司通过《中国证券报》、《大江南参考》、《北京电视台生活频道》、《四川卫视》、《浙江卫视》、《湖南卫视》等全国性媒体面向公众投资者所进行的大势分析和个股推荐，取得了良好的效果，公司编辑的《博星投资实战指南》也深受客户好评。

公司地址：郑州市纬二路31号附19号

电话：0371－5922368　**邮编：**450003

金融证券机构

重庆证券经纪有限责任公司

重庆证券经纪有限责任公司（简称重庆证券）成立于2000年6月（中国证监会证机构字〔2000〕110号），是全国首批经纪类证券公司之一，主要股东为重庆未来投资有限公司，上海东方教育实业发展有限公司、上海浦东顾路工业总公司、上海渝龙实业股份有限公司、重庆市开发投资有限公司，注册资本为1亿元人民币。重庆证券的经营宗旨是“优质、守信、自律、创新”，经营目标是“一流信誉、一流人才、一流效率”，为此，重庆证券在管理模式上建立了规范化、高效率、全方位的管理体制，从制度上保证公司的稳健运行。在业务发展上，以完善服务手段和技术创新为核心，提高服务水平，使投资者享受安全、快捷、周到的服务。重庆证券的员工综合素质较高，具有良好的职业道德素养和强烈的风险防范意识，具备证券业所需的金融、法律、财会、电脑等各方面专业技能，并参加了中国证监会组织的全国证券业从业人员资格考试，为顺利开展各项证券业务奠定了基础。

作为西部唯一的直辖市，重庆在国家经济发展重心西移的战略调整中有着举足轻重的作用。重庆证券的诞生，将依托重庆作为西部金融中心地位的功能，为众多商家、企业和个人投资者介入资本运营市场架起桥梁，提供理财服务，进一步活跃西部资本市场。面向21世纪，重庆证券将在社会各界的大力支持下，通过全体员工的积极努力，一定会成为信誉好、效率高的知名证券公司，为重庆经济的发展，为西部经济的开发作贡献。重庆证券主要业务包括上市证券的代理买卖，代理还本付息，分红派息，证券代保管，鉴证，代理证券开户，为投资者、企业充当理财顾问以及中国证监会批准的其他业务。

地址：重庆市渝中区中山三路161号6楼

邮编：400015　**电话：**023－63618830

传真：023－63618711

重庆中山三路证券营业部

地址:重庆市渝中区中山三路 161 号 5 楼
邮编:400015 电话:023—63618829
传真:023—63618834

江门证券有限责任公司

江门证券有限责任公司成立于 1988 年,是我国最早设立的证券公司之一。1996 年经中国人民银行批准,增资改制成为有限责任公司。十多年来,公司以"创建一流券商,繁荣一方经济"为宗旨,以"规范管理,稳健经营,优质服务"为经营目标,抓住市场机遇,积极开拓进取,不断发展壮大,形成了立足江门市区,辐射江门五邑侨乡台山市、鹤山市、开平市、新会市、恩平市的证券交易网络。目前,公司已拥有 9 个营业部和四个远程交易服务部,营业总面积达 2800 平方米,贵宾房、大户室超过 250 间,开立交易帐户的客户数 11 万户以上,在江门地区市场占有率 60%以上,成为本地区成交量最大,经营场地最广,拥有客户人数最多,经济实力最强,效益最好的证券经营机构。为适应证券行业信息处理和证券交易技术快速发展的要求,公司不仅不断地对原有的设备和技术进行升级和更新换代,而且紧跟新技术发展的潮流,不断地推广应用新的先进技术设备,完善服务,提高效率。目前,公司拥有对深沪交易所的双向卫星小站 6 站,单向卫星小站 15 站,营业部与总部之间的数据传输和备份手段全部采用 64K—DDN 线路连接,并经交易所批准,在公司内部实现双向卫星的互为备份;850 线外线电话委托 24 小时对外服务;交易数据库采用 SYBASE 大型数据库系统,达到中国证监会规定的 C2 级要求;3000 多台 586 以上电脑,运转安全、快捷、准确。从 1997 年起,公司在江门地区采用了"视聆通"网上交易系统,成为我国最早运用扩域网对客户开通网上交易的券商之一。目前公司属下的 9 个营业部已全面开通网上证券交易业务,并开通了四大国有商业银行的"证银联"自助保证金转帐服务,给客户的投资提供了极大的方便。

十二年来,"江证人"团结协作,励精图治,"诚信、勤恳、稳健、务实、创新"的经营理念始终贯穿于公司的经营活动中,取得了较好的成绩,赢得了良好的声誉。今后,公司仍将不断超越自我,为广大客户提供全面优质的服务,为我国证券市场和国民经济的发展作出更大贡献。

地址:广东省江门市港口路 1 号
电话:0750—3379047 传真:0750—3395983
E—mail:jmzq@public jiangmen. gd. cn

上海浦东联合信托投资有限责任公司

1999 年是上海浦东联合信托投资公司复归农行上海分行的关键一年,在各级领导的关心支持下,公司全体员工认真贯彻稳定思想、稳定队伍、稳定工作的精神,上下团结一致,坚守岗位,克服种种困难,积极做好各项工作。截至 99 年 12 月底,公司资产规模达 52 亿元。1999 年的证券工作坚持贯彻稳健经营和"法制、监管、自律、规范"八字方针,狠抓内部管理,防范经营风险。认真组织员工学习《证券法》,通过学习对照,检查整改,进一步完善了规章制度,规范了操作规程。贯彻市证管办"关于维护市场稳定,加强规范经营和风险防范"的有关精神,将"维护稳定证券市场的八项规定"列为检查辅导重点,明确提高服务质量、严格规章制度、做好三防一保的重要性,提高了防范技术风险的能力和水平。针对 2000 年问题,认真制定了应急计划和实施方案,并组织证券营业部参加了四次全国性联网测试及银证联网测试,从而保证了公司顺利实施零点过渡计划,较好地解决了 2000 年问题,保障证券业务的正常开展和客户证券、资金的安全。99 年全年共完成证券交易量 159.9 亿元,证券保证金余额达 11.6 亿元,证券利润 0.27 亿元,其中沪、深股票成交金额达 147.9 亿元,比上年增长 19.23%。1999 年的信贷工作是以保全资产、降低化解资产风险为重点,努力做好收贷收息工作,全年共收回贷款 1.39 亿元,其中利息 2999.96 万元。首先,完善基础管理工作。建立存贷款台帐及诉讼贷款台帐,加强贷款时效管理;实施贷款管理责任制;建立和完善统计台帐和月报制度。其次,采取有效措施进行资产保全。对资产保全不完善的高风险贷款采取"补、查、转"等手段;降低、化解信贷资产风险。与此同时,积极运用法律手段,通过法院诉讼保全资产。

公司业务范围:信托存贷款和投资;委托存贷款和投资;自有资金的贷款和投资;融资性租赁;有价证券业务;代理业务;担保与见证;经济咨询和资信调查;中国人民银行批准的其他业务。

营业网点

名称	地址
虹口证券交易营业部	海宁路 630 号
普陀证券交易营业部	武宁路 1500 号
延西证券交易营业部	定西路 1232 号
长宁证券交易营业部	茅台路 596 号
漕河泾证券交易营业部	漕宝路 124 号
吴泾证券交易营业部	龙吴路 5555 号
庆宁寺证券交易营业部	浦东大道 2600 号
莘庄证券交易营业部	莘建路 18 号
嘉定证券交易营业部	清河路 160 号
宝山证券交易营业部	同济路 208 号
南汇证券交易营业部	惠南镇工农南路 6 号
松江证券交易营业部	人民北路 145 号招商市场二楼
金山证券交易营业部	东风路 15 号
中山北路证券交易营业部	中山北路 2923 号(乙)

法定代表人:郑尚武,总经理:吴锡森
副总经理:郑树兰、王英
地址:上海市浦东新区北张家浜路 108 号
邮编:200122 电话:50811418 传真:50815017

金华市信托投资股份有限公司
证券管理总部

金华市信托投资股份有限公司前身为成立于 1991 年的金华市信托投资公司。1993 年经人民银行及浙江省股份制改革试点工作协调小组批准,改制为股份有限公司,成为浙江省首家股份制非银行金融企业。公司成立以来,经营状况良好,资本规模从 1991 年的 5000 万元增加到 3 亿元,资产规模从 1991 年的 1.4 亿元增加到 1999 年的 33.5 亿元;改制后,公司 1993 年—1999 年资本收益率一直保持在 15%以上。1995 年公司战略性地将证券发展中心移至上海,统一管理公司的证券业务,并于 1996 年 1 月在上海成立证券管理总部。证券总部迁址大大地推动了公司的证券业务的发展。1997 年公司取得证券主承销商资格,先后完成了浙江广厦的上市推荐和原水股份等近 20 家上市公司的承销和配股承销工作,并于同年取得在全国券商 A、B 股配股发行主承销商排名中名列发行股数第四名和募集资金第五名的成绩。从1999年下半年开始，根据信托重组和《证券法》精神及公司的实际，公司证券业务有计划地实施了从投资银行业务向经纪业务转型，现转型工作已基本完成。目前公司有8个证券交易营业部，分布在上海、深圳、天津及金华等全国各地。

证券管理总部总经理：陈唯贤。

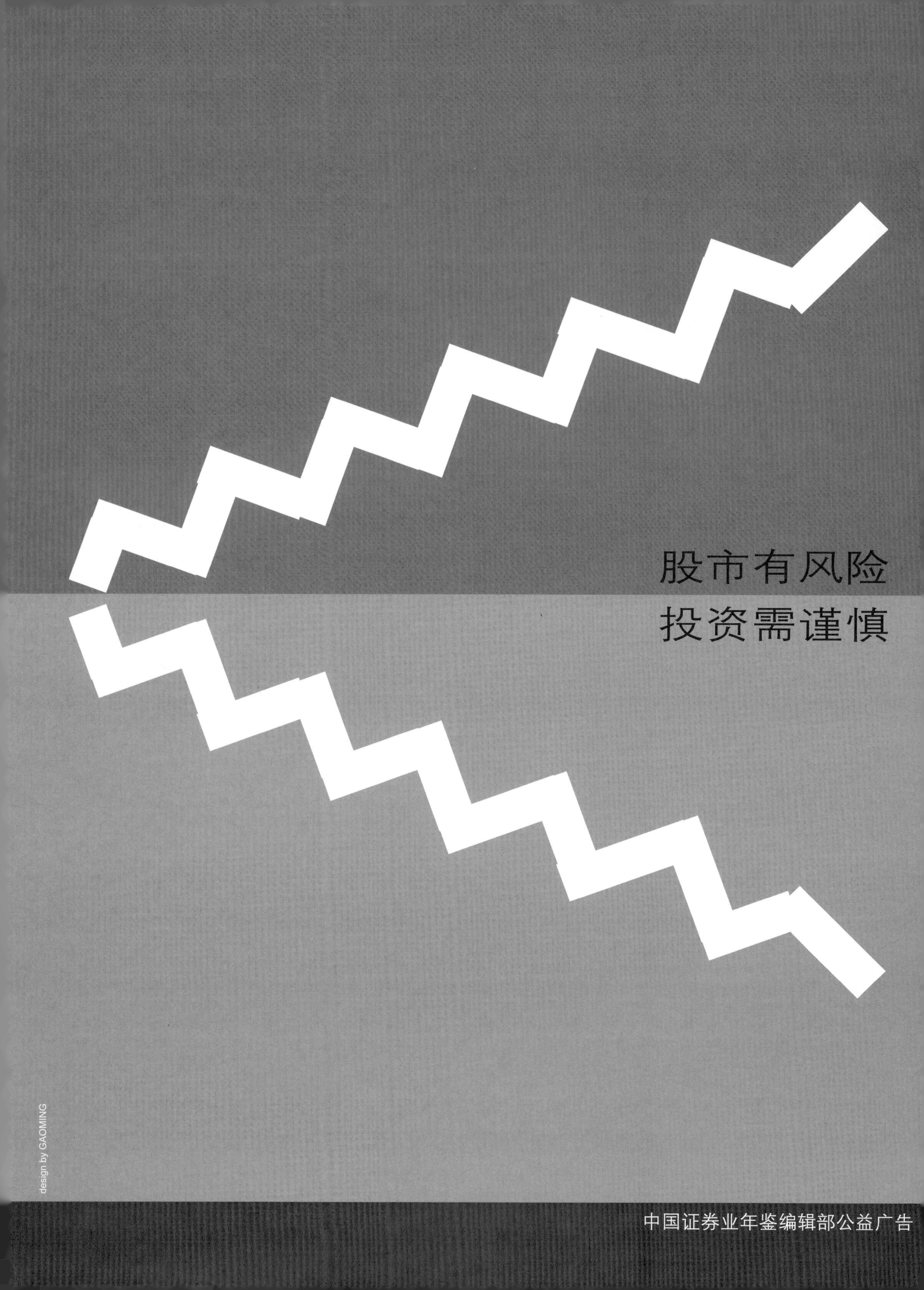
股市有风险
投资需谨慎
design by GAOMING
中国证券业年鉴编辑部公益广告

华利信（国际）会计师集团成员

THE ASIA-PACIFIC ACCOUNTIHG CO.OF YUNNAN CHINA

云南亚太会计师事务所

YUNNAN ASIA PACIFIC CERTIFIED PUBLIC ACCOUNTANTS

主任会计师、总经理：杨守任

云南亚太会计师事务所经财政厅云财会(1998)48号文批准并经中国注册会计师协会和中国证监会确认，由成立于1983年的云南会计师事务所改制而成。改制前属财政厅的直属事业单位。十八年来，本着客观公正、严谨求实的办所宗旨，刻意追求执业质量和信誉。事务所的规模从小到大，业务范围逐步拓展，社会信誉日益提高，是云南省及西南、西北地区规模较大、实力较强、知名度较高的会计信息产业实体。

事务所从业人员200多人。其中：注册会计师87人（含具有从事证券业务资格的注册会计师21人），注册评估师25人，注册税务师16人；造价工程师及预算人员6人，律师2人。高级职称者占20%，中级职称者占60%，并有硕士和高级顾问(含会计学教授)16人，是一支老中青结合、以中青年为业务骨干的具有较高水平和权威的会计、经济、工程、审计、法律等专业人才聚集的队伍。为适应业务发展需要，竭诚为社会各界服务，事务所下设十二个审计业务部和二个资产评估部、电算化服务中心、考试中心等二十一个部门。

事务所全体发起人
(左起)黄训全、宋兆东、杨守任、王解妹、王增明

九九年经财政部批准云南亚太会计师事务所正式加入华利信(国际)会计师集团，成为其成员所，迈步走向了国际化进程

经财政部、中国证券监督管理委员会审查批准，云南亚太会计师事务所是全国74家具有证券业务资格的事务所之一。为云南大部分上市公司提供审计和资产评估服务。具有省和国家有关部门批准的特殊业务资格：1、经省国资局批准，1993年取得了整体资产评估资格；2、经省财政厅批准，1993年取得从事外商投资企业审计和验资资格；3、经省人民检查院批准，1995年取得从事司法会计鉴定资格；4、经省国家税务局批准，1995年取得税务代理业务资格；5、经财政部和中国证监会批准，1993年取得从事证券业务审计资格；6、经国家国资局和中国证监会批准，1995年取得从事证券业务资产评估资格。

事务所成立十八年来，为客户提供从审计、验资、资产评估、税务代理、司法会计鉴定等法定业务到管理咨询、可行性研究、计算机硬件配备和软件开发、会计用品供应、会计人才培养等全方位、多层次的优质服务；事务所的辛勤劳动为云南的改革开放和市场经济建设，特别是募集社会资本，发展云南经济作出了自己应有的贡献。云南亚太会计师事务所是云南成立较早的事务所之一，在十几年的发展进程中，不但在上市公司(云南的上市公司共有15家)、涉外业务、大中型企业年报审计等方面具有较强的实力和优势，而且充分利用我所的人才优势积极参与我省金融企业的审计，评估等相关业务，从1993年以来，共从事40多项金融企业业务，为申请从事金融企业审计资格积累了经验。

1999年11月，经财政部财协字(1999)142号文件批准，云南亚太会计师事务所已被批准加入华利信(国际)会计师集团，成为其成员所之一，这标志着"亚太"已迈进国际化发展的新进程。

随着新世纪的到来，以及西部大开发的契机，"亚太"将迎来新的机遇和挑战，亚太人有信心从零开始，坚持"客观公正、严谨求实"的办所宗旨和"质量第一、信誉第一"的办所方针，发扬"团结、奋斗、奉献、发展"的企业精神，阔步走向崭新的二十一世纪。

地址：中国云南省昆明市拓东路23号　邮编：650011

电话：(0871)3184387　　传真：(0871)3184386

主任会计师：汤云为教授

所长：石人瑾教授

DH CPA

大華會計師事務所 有限公司

Da Hua Certified Public Accountants Co., Ltd.

立足上海　放眼中国

大华会计师事务所有限责任公司是上海财经大学于1985年创办的，1998年已脱钩改制为独立的有限责任公司。经过十五年的努力，公司已成为我国规模较大、实力雄厚、信誉良好、在社会上有较大影响的、具有执行证券、期货相关业务许可证的社会中介机构，业务范围涵盖审计、资产评估、工程造价审计、会计和税务咨询、培训等各个方面。

主任会计师汤云为教授曾任上海财经大学校长，国际会计准则委员会高级研究员。汤云为教授是具有渊博会计审计知识，通晓国际会计准则，在我国会计界、注册会计师业有较大影响。现为中国审计协会副会长、中国会计准则委员会委员、中国审计准则专家组专家、英国公认会计师公会顾问。

大华会计师事务所有限责任公司从业人员有300余人。其中有执业注册会计师107人（其中具有执行证券、期货相关业务资质的有34人），注册资产评估师21人，注册房地产估价师6人，注册税务师10人，造价工程师10人，监理工程师4人，工程概预算人员5人。

大华以一批长期从事会计理论研究和教学、同时又具有丰富会计、审计、工程技术工作经验、有高级专业技术职称的学者、专家为

汤云为主任等领导召集部门经理会议

汤云为主任会计师和石人瑾所长、徐逸星(右一)、陆永炜(左一)副主任会计师在研究工作

办公楼外景

认真、诚恳、守信、谦逊

核心。从业人员以具有大学本科以上学历、年富力强、高素质的中青年为骨干，在审计、评估、咨询等领域创下良好的记录。在社会各界的大力支持下，大华会计师事务所有限责任公司的服务对象由上市股份有限公司、大型跨国公司在华分支机构、著名大型中外合资企业为主体客户群、包含各种所有制的企业，遍及全国三十一省市。目前承担着全国47家上市股份有限公司1999年度会计报表的审计，大华所承担的上市公司家数和上市公司资本金总额均居国内会计师事务所之首。大华会计师事务所目前正为多家企业股份制改造、上市提供策划、审计、评估等系列配套服务。

地址：上海市昆山路146号　　邮编：200080
电话：63070766　　传真：63243522
E—mail　dahuacpa@public4.sta.net.cn

事务所门前夜景

事务所董事会部分成员：
（左起）蔡日强、詹铁军（总经理）、潘荣卿（董事长）、杜小强、何建邦

广东恒信德律
会计师事务所有限公司

广东恒信德律会计师事务所有限公司是经广东省财政厅批准设立的具有证券相关业务审计资格和证券相关业务评估资格的会计师事务所，也是全国首批取得金融审计资格的68家会计师事务所之一，在江西省、中山市等地设有分所，各种专业人才160多人，其中：注册会计师70人，具有证券许可证的注册会计师40人，具有注册资产评估师、房地产估价师、造价工程师、土地估价师资格的评估师40多人，注册税务师等其他资格的专业人员10多人，拥有充足的人力资源，广东恒信德律会计师事务所有限公司是根据国家财政部财协字(2000)26号关于《会计师事务所扩大规模若干问题的指导意见》的有关精神，经广东省财政厅批准，由江西恒信会计师事务所有限公司与珠海市德律有限责任会计师事务所以新设合并方式设立，客户遍布大江南北，主要客户有：(1)上市公司：粤富华、珠海中富、九江化纤、新华股份、江西水泥、赣南果业、赣能股份、昌九化工、东风药业、华意压缩、赣中基金、中盛基金、海鸥基金等；(2)跨国公司：可口可乐、壳牌石油、加德士石油、日本三美电机、珠海松下马达、松下电池、卡西欧、日本兄弟、腾仓电装、日本理想、日本良品计划、岩谷气具、岩谷液化气、岩谷科茂、阿科能源等；(3)金融机构：东亚银行、南通银行、大西洋银行、珠海商业银行、江西证券、珠海国际信托、珠光财务等；(4)其他主要客户：格力集团、中富集团、港口集团、煤气集团、珠海航空、红塔仁恒、江海电子、国际货柜码头、南昌家电、江西人民出版社、江西美术出版社、美星制鞋、国际赛车场、联邦制药、亚仿科技、银都酒店、杭州中富等。我们的专业人员具有丰富的专业知识和经验，为国内外各类客户提供包括审计、验资、评估、税务代理及咨询、管理咨询以及上市服务，积极协助企业在国内上市。恒信德律以良好的职业操守、严谨的工作作风和较高的专业水准，赢得了中外客户、各级政府部门和业内同行的信赖和赏识。恒信德律继续“以质量求信誉，以信誉求发展”为宗旨，与新老客户合作并提供优质专业服务。本所服务范围：从事证券相关业务(包括审计与评估)；审计，验资，咨询，培训，企业整体评估，会计电算化，设计财务管理制度，会计顾问，税务代理，办理建设工程预、决算编制及工程造价审查，设计、销售会计管理软件。

中注协领导亲临本所指导工作

RTIFIED PUBLIC ACCOUNTA

ertified public accountants

elu certified public accountants

事务所验资部

事务所的部分员工

总所　地址：广东省珠海市香洲康宁路 16、18 号
电话：(0756)2114788　2116258
传真：(0756)2217643
江西分所地址：江西省南昌市叠山路 119 号 8 楼
电话：(0791)6829301　6829302
传真：(0791)6829301
中山分所地址：广东省中山市竹苑路 12 号
电话：(0760)8339839
传真：(0760)8318523
网址：http://www.hxdl-cpa.com
电子邮件：GuangDong @hxdl-cpa.com

上海众华沪银会计师事务所

上海众华沪银会计师事务所经上海市财政局沪财会(2000)50号批复批准,由原上海众华会计师事务所与上海荣安会计师事务所合并组建而成。

合并后的上海众华沪银会计师事务所更具规模。该所的前身上海众华会计师事务所，成立于1985年9月18日，同年11月14日，经上海市对外经济贸易委员会批准成为当时少数几家可从事涉外业务的会计师事务所之一。1993年7月9日被财政部与中国证监会批准获得从事证券期货相关业务资格。同年，经国家国有资产管理局和中国证券监督管理委员会批准获得"A"级资产评估资格。合并前的荣安会计师事务所成立于1995年5月12日，1996年被中国人民银行推荐为国内第一批可从事金融相关业务的会计师事务所,同时,被国家外汇管理局认定为可以从事外汇专项审计业务的会计师事务所之一。合并后的上海众华沪银会计师事务所原有资质不变。最近众华沪银会计师事务所又经财政部和中国人民银行批准,取得金融相关审计业务资格,成为全国首批获得该项资质的事务所之一。

本所客户拥有最大，在中国会计市场上占有一定份额，客户包括上市公司、大中型国有企业、三资企业、银行及非银行金融机构、房地产业、航运、贸易、酒店等各个领域。其中：宝钢集团、上汽集团、中国东方航空股份、中海股份及中国工商银行、中国农业银行、中国银行、中国建设银行的上海分行等企业均是本所的客户。本所不仅在国内与证券公司、律师和其他中介机构有广泛的合作;在国际上还与著名的五大及BDO等国际会计公司建立了合作关系，并已在中国境内联合开展业务。本所设有九个业务部及行政部和会计进修学院。上海浦西、浦东均设有办公地点。

上海众华沪银会计师事务所历来信守独立、客观、公正的原则，竭诚为客户提供一流的服务。从业以来，注重质量，讲究信誉，深得社会各界的肯定与支持。

主任：林东模

会计师们开展研讨学习活动

办公地址：上海市浦东大道288号东信大厦7楼

电话：58799970

传真：58872507

深圳同人會计師事務所

SHENZHEN TONGREN CERTIFIED PUBLIC ACCOUNTANTS

至诚 至精 至公

以诚取信，树立身之本

益求精，奠创业之基

公允中庸，乃行世之道

深圳市华富路5号南光大厦三楼西层　邮编(Postcode)：518041

电话(Tel)：0755-3688863　传真(Fax)：0755-3689144

值班电话(Duty Tel)：13602586724　13802269481

E-mail:zzcpa@ihw.com.cn.

REANDA

利安達信隆會計師事務所

CERTIFIED PUBLIC ACCOUNTANTS

利安达信隆会计师事务所有限责任公司(简称利安达)，是经中华人民共和国财政部批准，在国家工商行政管理局册登记，由中国注册会计师发起设立、独立承担风险、独立执业的有限责任会计师事务所。利安达1999年5月经财政批准，由原挂靠对外贸易经济合作部的利安达会计师事务所改制而成，注册资本300万元人民币，执业风险金近800元人民币。

经过多年的知识和经验的积累，利安达逐步趋于规范化、国际化。除保持成立之初具有的经财政部批准的审计、资、会计、税务服务、咨询培训和财务软件服务资格外，现已具备多种特殊执业资格如：经财政部和中国证监会批准的行证券、期货相关业务许可证、经财政部和中国人民银行批准的从事金融相关审计业务资格、经财政部和北京市国资批准的资产评估资格、经中国注册会计师协会推荐的大型企业审计资格以及经国家外汇管理局批准的外汇帐户年检资等。利安达拥有的一支年富力强、能吃苦、会战斗的优秀员工队伍。240余名员工中，96%具有大专以上学历，且外语能力强，20%以上具有在国外工作、学习和培训的经历，60%以上具有或同时具有中国注册会计师、中国注册资产评估师、中国注册税务师等公认执业资格 ，同时还有6%的高级会计师、高级工程师等高级专业人才。利安达现在国内各大城市，分支机构，已逾十佳，并已成为全球第七大会计集团——罗申美国际(RSMi)的网络成员所，将更加便利的满足客户在全国乃至全球范围拓展业务的需要。

利安达有信心肩负起历史的重任，与有志于注册会计师行业的国内外同仁们携手共进，为国民经济的健康、稳定发展作出自己应有的贡献！

董事长兼主任会计师：黄锦辉先生

北京总部

利安达信隆会计师事务所有限责任公司
主任会计师：黄锦辉
地址：北京市建国门内大街8号中粮广场B座1009室
邮编：100005
电话：010 65263760-63　65263766
传真：010 65263767
网址：http://www.reanda.com
电子信箱：Reanda@public3.bta.net.cn

京外分支机构：

哈尔滨
利安达信隆会计师事务所黑龙江分所
所长：王策
地址：黑龙江省哈尔滨南岗区民益街80号
邮编：150001
电话：0451 3630706 传真：0451 3621420

珠海
利安达信隆会计师事务所珠海分所
所长：张艳
地址：广东省珠海市新香洲兴业路富和新城3栋二层
邮编：519001
电话：0756 2611818　传真：0756 2611335

京外紧密成员所：

沈阳
辽宁利安会计师事务所有限公司
地址：沈阳市沈河区团结路54号新世纪大厦10C
邮编：110013
电话：024 88515887　传真：024 88539488

厦门
厦门利安达会计师事务所有限公司
地址：厦门市湖滨南路国贸大厦13层A区
邮编：361004
电话：0592 5163228　传真：0592 5164597

北京京都会计师事务所有限责任公司

http://www.bjjicpa.com

主任会计师：徐华

北京京都会计师事务所有限责任公司是中国注册会计师协会会员，由北京会计师事务所和京都会计师事务所于1998年7月22日联合改制而成，为浩华国际会计公司成员所。

北京京都是中国境内大规模的事务所之一，从业人员230余人，由会计、税务、法律、管理咨询、商业顾问、电脑技术和工程专业知识等方面的专家组成，在金融业、制造业、通讯业、信息产业、制药业、建筑业、房地产业、出版业、商品流通业、餐饮业及化妆品业等各领域都有丰富的执业经验，具有从事证券期货相关业务资格，并拥有A级资产评估资格。从事的业务包括上市服务、法定审计、专项审计、资产评估、税务代理、管理咨询、培训等。

北京京都为人才的培养和个人能力的发挥提供良好的机会和广阔的空间，并注重每一位职员开发自身的潜力。

北京京都愿与客户通力合作、共同发展，本着“勇于探索追求、追求卓越”的信念，为客户提供一流的服务，协助客户在竞争中取得成功！

公司管理层

地址：北京市建国门外大街22号赛特广场五层
电话：65264838　传真：65227521　邮编：100004
网址：www.bjjicpa.com

深圳華鵬會計師事務所
HUAPENG CERTIFIED PUBLIC ACCOUNTANTS

独立、客观、公正

法定代表人：吕润波

深圳华鹏会计师事务所是由原金鹏会计师事务所和原华南会计师事务所(原深圳经济特区审计师事务所)联合改制设立的具有法人资格的大型会计师事务所。

本所获得财政部、证监会等部门批准的证券相关业务审计、资产评估、企业破产清算、基建造价审计等资格。十多年来，完成了数十家公司A股、B股、H股的上市审计、评估及年度审计；为数千户企业提供了审计、评估、基建造价审计、投资策划咨询等服务。

本所发起合伙人10名，注册资本400万元。现有从业人员180多名，其中中国注册会计师68名(具有证券相关业务资格的注册会计师24名)、中国注册资产评估师16名，中国注册房地产估价师9名。中级以上职称的各类专业人员120名。门类齐、素质高的专业人才，为提供优质高效的服务，奠定了坚实的基础。

本所坚持“质量第一、信誉第一、服务第一”的宗旨，恪守“独立、客观、公正”的原则，严格按照政府有关部门和行业主管部门颁布的执业规范、执业标准和职业道德执业，赢得了社会各界的好评。

地址：深圳市深南大道6008号特区报业大厦26层　传真：(0755)3516788　邮编：518009
电话：(0755)3516088　3516108　3516388(总机)　E-mail:hpcpa@public.szonline.net

質量第一
信譽第一
服務第一

浙江天健会计师事务所

董事长、总经理：胡少先

浙江天健会计师事务所的前身是浙江会计师事务所。浙江会计师事务所成立于1983年，是浙江省创立时间最早、规模最大的一家会计中介机构，于1992年获得全国首批从事证券相关业务资格。1998年，在浙江会计师事务所整体脱钩改制的基础上，由注册会计师发起设立了浙江天健会计师事务所。1999年，在全国有证券从业资格的会计师事务所中，按承办的上市公司数量排名，浙江天健会计师事务所位居第四位。浙江天健会计师事务所具有审计、资产评估、税务代理、工程造价咨询、工程项目咨询、工程预结算审价、财务软件开发、专业培训及其他管理咨询等诸多资格，可为股份有限公司、有限责任公司、国有企业、私营企业、外商投资企业等各种法律主体提供全方位的会计审计服务。浙江天健内设18个部门，分别为业务一部、业务二部、业务三部、业务四部、业务五部、业务六部、业务七部、基建审计部、资产评估部、电脑开发部、审核部、综合部、专业标准部、编辑部、浙江天健培训中心、顾问室、财务部和总务部；拥有四个子公司：浙江天健资产评估有限公司、浙江天健税务师事务所、浙江远见会计电脑公司和杭州浙台港会计咨询有限公司；及两个联系所：金华天鉴会计师事务所和嘉兴中明会计师事务所。浙江天健从业人员近300余名，其中博士、硕士学位30名，有会计、审计、经济、工程技术等高级专业职称的30名；中级专业职称的60名；注册会计师88名；具有从事证券期货相关业务资格的注册会计师43名。事务所已拥有包括沪市50强的东方通信股份有限公司等36家上市公司在内的固定客户400多家。事务所几次获得殊荣：1995年因优良的执业质量，被中国证券监督管理委员会列为公开表扬的两家会计师事务所之一；1999年在浙江日报等主办的“'99浙江市场千种品牌万人评说”活动中，被评为“'99浙江省公众形象优秀会计师事务所”。

公司办公楼

地址：杭州市体育场路423号　电话：(0571)5178168　传真：(0571)5178268　邮编：310006

董事长：霍文彬

所长：许　健

山东天元有限责任会计师事务所于1992年经省财政厅批准，隶属山东省注册会计师协会。注册资本100万元，现有人员68人，其中注册会计师25人，注册评估师10人，注册造价工程师5人，注册税务师11人，律师1人，企业法律顾问1人；高、中级专业技术人员38人。

山东天元有限责任会计师事务所目前下设办公室、验资部、涉外业务部、资产评估部、基建审计部、司法鉴定中心、会计咨询服务部、综合业务部、业务监管部。多年来积累了丰富的审计和会计咨询服务经验，在社会各界享有较高声誉。

山东天元有限责任会计师事务所始终坚持“质量第一、信誉第一、服务第一”的宗旨，所有执业人员，以严格遵纪守法为己任，以质量求信誉，以信誉求发展。建所9年来，在验资、审计、资产评估等方面为社会各界做出踏实有效的工作，对经济发展和市场繁荣作出了应有贡献，赢得了社会各界的信任。

承办业务：审查企业会计报表；验证企业注册资本；资产评估；基建工程预决(结)算审计；企业合并、分立、清算中审计业务；财务、会计、税务的经济管理咨询服务；司法鉴定；设计会计制度、担任会计顾问；对投资业务和经济项目提供可行性研究报告；税务代理；其他方面的会计咨询、服务、培训业务。

SHANDONGTIANYUA

山东天元有限责任会计师事务所

地址：济南市东外环花蕾路1号(山东省图书馆北邻)财税大厦三楼
电话：(0531)8906904　传真：8906904
邮编：250100

南京永華會計師事務所

Nanjing Yonghua Certified Public Accountants

主任会计师：杜文俊
高级会计师
中国注册会计师
中国注册资产评估师
南京永华会计师事务所　所长
中国注册会计师协会　理事
中国资产评估协会　理事
享受国家政府特殊津贴　专家
南京审计学院　兼职教授

地址：南京市中山北路26号
新晨国际大厦8-10F
电话：(025)3311788
邮编：210008
传真：(025)3309819

南京永华会计师事务所是由中国注册会计师发起设立，经江苏省财政厅审批同意，依法在南京市工商行政管理局登记注册，取得法人资格的会计中介服务机构。目前拥有多项执业资格，包括证券相关的审计、资产评估资格，国家工程造价咨询(甲级)资格以及工程预决算审计、从事金融保险相关业务审计资格等。全所现有从业人员176名中有会计、审计、经济、工程技术等高级专业职称的19名，中国注册会计师79人，注册资产评估师17人，工程概预算资格证书的造价工程师20人，还有一批注册税务师、注册造价工程师、房地产评估师。南京永华会计师事务所是一支以注册会计师、注册资产评估师为主体，并有高级会计师、高级工程师、高级经济师、教授及金融、法律、税务等专业人员组成的执业队伍和专家网络。目前是国内会计服务功能最完善的具有一定规模、较高执业质量和良好社会声誉的综合性会计师事务所之一，也是南京地区最大的注册会计师执业机构。本所始终坚持"服务第一、质量第一、信誉第一"为宗旨，依据中华人民共和国法律、法规和制度从事法定业务。在执业中有一整套严密的操作规范和质量控制体系，赢得中注协、证监会和省、市政府有关部门的好评。先后多次被省、市政府及有关部门授予"三资企业管理先进单位"、"建设新南京先进单位"、"全省会计工作先进单位"、社会力量办学先进单位和南京市"精神文明单位"。

本所内抓管理，外求开拓，从严治所，精心服务，各项工作都得到迅速发展。执业范围以南京为主，辐射到省内外及境外企业。长期为300多家三资企业、10多家上市公司(A、H、B股)、100多家股份制及国家大中型企业提供多层次、全方位的财务审计和资产评估服务，积累了丰富的执业经验。并先后为南京商业银行、南京国际信托投资公司等20多家金融机构提供审计、清产核资、资产评估等服务。本所近年来为南京国际会议中心、沪宁高速公路南京连接线、市纬一路、市人大楼等200多项大(中)型工程审价及竣工决算审计等都取得圆满成功。财会培训工作不断发展，取得了良好的效果，受到省、市教育主管部门的好评。

本所积极加强国内、国际业务合作交流，先后接待10多家国际会计公司和会计师事务所的来访，并和著名的安永、普华永道、浩华等国际会计公司建立友好合作关系。财政部、中注协先后三次选派我所专业人员去香港地区会计师事务所实习，接受国际会计专业培训。该所还单独组团访问了台湾几家著名的会计师事务所，为促进海峡两岸会计界的合作和交流起了积极推动作用。

本所以国内外客户的需要为已任，以全体员工的成长和发展为依托，逐步实现"业务国际化、管理规范化、办公现代化、服务多元化"的目标，以新的姿态跨入二十一世纪。我们真诚欢迎海内外客户垂询指教，并愿竭诚为您提供优质服务。

广东理正明律师事务所

主任律师：李焕荣

律师李
(中)与
任律师
欢(左)、
乐在一
究工作

务所开
研讨学
活动

广东理正明律师事务所(原东莞市律师事务所)现已转制为合伙律师事务所。自1981年成立以来，已具有多层次、高素质的律师事务所标准。作为东莞市最早成立的律师事务所，其办案经验丰富、基础雄厚、阵容整齐，有办理过全国、全省大案、要案的经验，同时在诉讼业务方面如刑事、民事、经济案件和非诉讼业务方面如追偿债务、法律咨询、书写法律意见书、房地产买卖、按揭、融资、项目代理、拟定或修改合同等取得了可喜的成绩，因而在社会各阶层及当事人中享有很高的盛名和威信。

主任李焕荣律师先后担任过广东宏远集团、东莞台商投资企业协会等十多家资产超亿元以上的大型企业、社会团体的法律顾问，获得一致好评；他还同时担任中国法学会会员、市律协常务理事兼副秘书长、市海外联谊会理事、市社会联合会委员、市消费委员会委员及中国对外经济贸易仲裁委员会仲裁员。与副主任张惠欢、郑振乐律师都有着较为广泛的知名度和社会影响力。

现我所为适应形势发展律师业务与国际接轨，除完善现代化管理，高素质律师队伍建设外，还与境内外十多家律师事务所建立了友好协作关系。我所一如既往、尽心尽力为当事人提供优质的法律服务，维护客户的合法权益。

主任律师：李焕荣

副主任律师：张惠欢　郑振乐

地址：广东省东莞市东城西路司法局大楼二楼
电话：(0769)2480282　2480281　2480213
传真：(0769)2222665　邮编：523015

金研律师事务所

jingYan law firm

金研律师事务所创建于1993年，建所之初即确立“以一流的水平、一流的质量、一流的效率为客户提供一流的法律服务”的建所宗旨，并制定了“立足中原，面向全国，走向世界”的奋斗目标。为实现这一目标，“金研人”齐心协力，艰苦创业，走出了一条从小到大，从弱到强的“金研道路”；现有执业律师68人，辅助人员21人，其中具有高中级职称的有28人，具有“证券法律业务从业资格”、“国有资产产权界定业务从业资格”、“集体科技企业产权界定”、“国家大中型建设项目招投标业务资格”。下设有金融证券业务部，知识产权业务部，刑事行政业务部，经济民事业务部等8个专业部，已形成以非诉讼业务为主，综合开展各律师业务的规模化的全国知名的综合性律师事务所。1996年被河南省司法厅授予“省级文明律师事务所”，1996年被司法部授予“全国法律服务行业文明服务示范窗口”，1998年被司法部授予全国首批“部级文明律师事务所”，1999年所主任张栋被评为全国“十佳”律师，2000年中国国际贸易促进委员会，中国国际商会确定为海外推荐的全国十所最佳律师事务所之一。

金研律师事务所的事迹，先后被法制日报、中国律师报、中国律师杂志、金融时报等多家新闻单位予以报道，1998年7月22日，人民日报以金研白手起家创大业为题，报道了金研律师事务所的先进事迹，1999年中央电视台焦点访谈以改革开放二十年为主题，专门采访了金研律师事务所。

在业务方面，先后办理了开封机电等企业股权证柜台交易，河南轮胎，孟州电力，焦作碱业，田中禾等企业的股份制改造，股票上市，经纬化纤，联盟卫材等企业的产权界定等非诉讼业务。在诉讼业务方面，有席卷全国的中原第一号海狸鼠案，全国最大的土地塌陷案，中泰合资天荣公司工程纠纷案及轰动全国的“二元钱”官司，记入世界吉尼斯记录的“五分钱官司”和俞小敏被虐待案等等。

经过几年的不懈努力，金研的事业有了长足发展，金研的客户网络日益扩大，我所初步走上了规模化，专业化，规范化的发展轨道。金研律师将继续发扬“精诚所致，金石为开”的金研精神，高唱金研之歌，朝着既定目标迈进。

地址：河南省焦作市解放东路75号　电话：(0391)3911132　邮编：454002
北京地址：北京金融街37号百盛大厦7015室　电话：(010)66058369
郑州地址：郑州未来大道65号天地商务大厦7楼　电话：(0371)5923113

中央政法委书记罗干与全国十佳律师张切握手

张栋主任与美国派海律师事务所主任威尔·格瑞菲在一起(两所已建立了长期合作关系)

事务所部分律师合影

公司总经理：李康先生在亚太金融学会第七届年会上做大会发言

公司研究人员开展讨论活动

公司的系列出版物

上海金信证券研究所有限责任公司

人无我有　人有我优　人优我特

研究特色： 人无我有、人有我优、人优我特

经营理念： 发展力求稳健，服务必尽忠良

业务重点： 资产重组、财务顾问、产业基金与风险投资实务、区域经济与证券市场、金融系列新产品、二板上市实务、特色信息服务

重点行业： 旅游产业、IT产业、文化产业

上海金信证券研究所是一个专职研究机构，成立于1998年1月18日，由1996年10月15日成立的金华信托证券管理总部研究发展部发展而来。1999年8月经上海市工商行政管理局批准，改制为“上海金信证券研究所有限责任公司”，成为国内第一家完全意义上独立的证券研究咨询机构。2000年2月15日，《中国证券报》、《上海证券报》、《证券时报》三大报分别刊登了金信证券研究所获得中国证监会批准的2000年首批新增证券咨询资格中唯一的专业咨询公司。2000年7月5日，本公司总经理李康先生当选为中国证券分析师专业委员会副主任委员。研究所出版有多种专著，充分体现了研究所研究水平的深度与广度。其中《中国产业及行业上市公司分析》开创了我国上市公司产业与行业中观分析之先河。《中国资本市场实务运作指引》以中国资本市场为背景、以实务运作为核心，系统地介绍了国内资产重组的操作程序和方法，是迄今为止专门涉及体内重组之首本。《中国产业投资基金理论与实务》在产业基金开始引起国内经济界关注之际，以其全面实用的特点得到专业人士的肯定，并引起《投资基金法》工作小组领导的重视。《中国股市波动规律及其分析方法》已再版发行。除此之外，《沪深上市公司个股分析》等多本著作，涵盖了证券研究的方方面面，为研究所众多研究人员的研究成果结晶，颇具参考、借鉴价值。

SHANGHAI JINXIN securities

公司地址：上海市江宁路167号新城大厦23层
电话：(021)62554521　62554522
传真：(021)62554528
邮编：200041

W&H LAW FIRM
炜衡律师事务所
W&H LAW FIRM • W&H LAW FIRM

主任律师：张小炜

服务宗旨

勤勉、负责、高效、智信

炜衡律师事务所

地址：北京白石桥路3号友谊宾馆迎宾楼7层
邮编：100873
电话：68498888——1744/1749
传真：68499346

炜衡律师事务所

炜衡律师事务所是以司法部原“中国法律事务中心”部分骨干律师为核心，在“中国法律中心”因律师体制改革被撤改后组建的大型合伙制律师事务所。

炜衡律师事务所现有员工62人，具有研究生以上学历者26人，其中有7名曾到日本、美学。有2名律师曾到香港地区学习工作。具备广博的文化知识、深湛的专业基础、丰厚的实践是炜衡律师的基本要求。在个人发展的同时，炜衡所更强调整体作战，众志成城，本着建造一代的综合性大型律师事务所，我们强调协作、团结。

炜衡律师事务所为了求得每宗个案之完善处理，建立了一套有效的办案质量监控制度，实业分工制和错案追纠制。

炜衡律师事务所与国内十二个大中型城市及美国、法国、日本、韩国、新加坡、台湾、香国家或地区的21家法律服务机构建立了密切的业务协作关系，可以便捷地为客户提供法律帮

炜衡律师事务所拥有近1000平方米的办公场所，置备了充足的信息处理设备，辅以完善理制度及充足的、勤恳的管理人员，炜衡所得以高效运作，高效服务客户。

炜衡律师事务所具有：

* 司法部、中国证监会颁发的“从事证券法律业务资格”
* 司法部、国家科委颁发的“从事集体科技企业产权界定法律业务资格”

炜衡律师事务所主攻：

1、金融法律业务
2、公司法律业务
3、产权交易法律业务
4、国际投资与国际贸易法律业务
5、房地产与公共工程法律业务
6、知识产权法律业务
7、经济民事诉讼与仲裁
8、刑事诉讼
9、行政处罚与行政听政、行政诉讼、国家赔偿法律业务

北京市华远房地产股份有限公司

北京市华远房地产股份有限公司（下称“公司”）是一家立足于北京市房地产开发的大型股份制一级综合开发企业，成立于1987年，93年成功完成了股份制改组，94年吸收外资股东入股将公司改组为中外合资股份有限公司。96年11月，公司外方股东华润北京置地有限公司在香港成功上市，为公司拓展了国际资本市场融资渠道。公司目前注册资本为13亿元，总股本13亿股，由中国法人股东和外资股东持有。公司的经营范围包括：老旧城区危房成片改造、市政设施建设、土地开发、工商业及民用住房的建设与经营（包括出租、出售和自有物业的管理）；生产建筑材料；销售自产产品。

公司业务拓展以北京市旧城改造和住宅建设为主，综合开发包括住宅、商业、办公、市政设施等多种房地产产品，自成立至今，已建设完成了包括月坛北小区、志强园小区、万明园小区、建功西里小区、西罗园小区、华威大厦、华南大厦、西单文化广场等22个项目。公司目前正在建设包括东冠英小区、东升园小区、京通开发区、曙光小区、健翔小区、西单商业区改造等13个项目，总开发面积超过300万平方米，为北京市的城市建设作出了卓越的贡献。

公司近6年平均年税后利润超过2.5亿元，累计上交税金超过10亿元，累计竣工住宅160万平方米、公建近60万平方米。到目前为止，公司资产总额为70亿元，净资产总额为30亿元，累计从境外引进资金达5.2亿美元。1999年底，公司通过了ISO9000质量认证。

阳光曼哈顿

华清嘉园

独 家

深 入

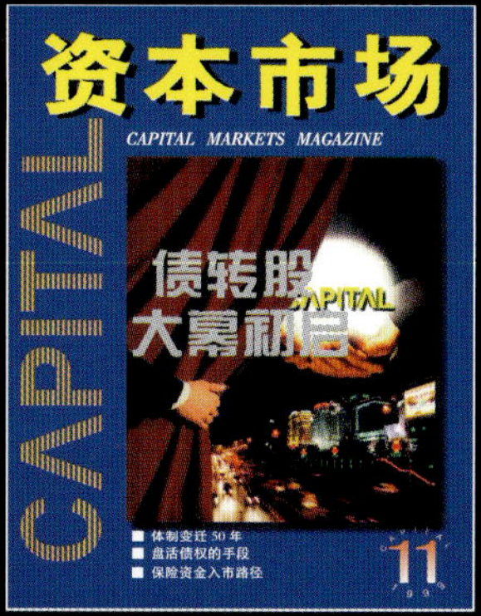

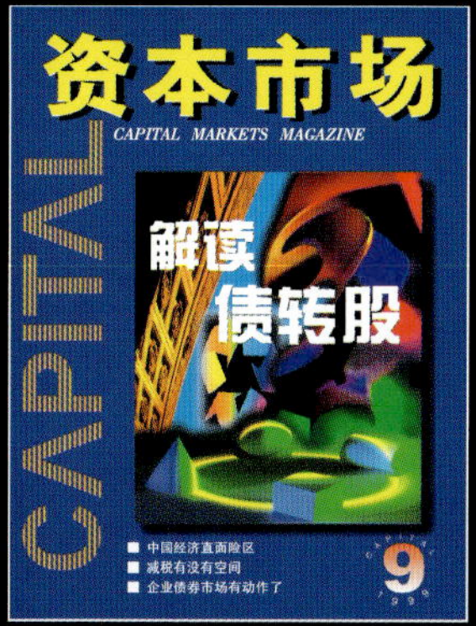

翔 实

《资本市场》为国际流行大 16 开本，
64 页全彩色铜版纸精印。
全年 384 元(12 期)　　32 元／期
本社另有 97 年、98 年、99 年、2000 年合订本，
每套 500 元

发行热线：(010)68368002　68344339
传　　真：(010)68344340
邮发代号：82－542
E－mail：capitala@beic.gov.cn
capitala@sohu.com
开户银行：北京市商业银行新街口支行
单位名称：资本市场杂志社
账　　号：6001—201050547—72
财 务 部：(010)68324927

地址：北京西城区车公庄大街 6 号资本市场杂志社
邮编：100044

打开资本市场

刊号 NO：ISSN1008－066X(国际标准刊号)　　CN11－3895／F(国内)

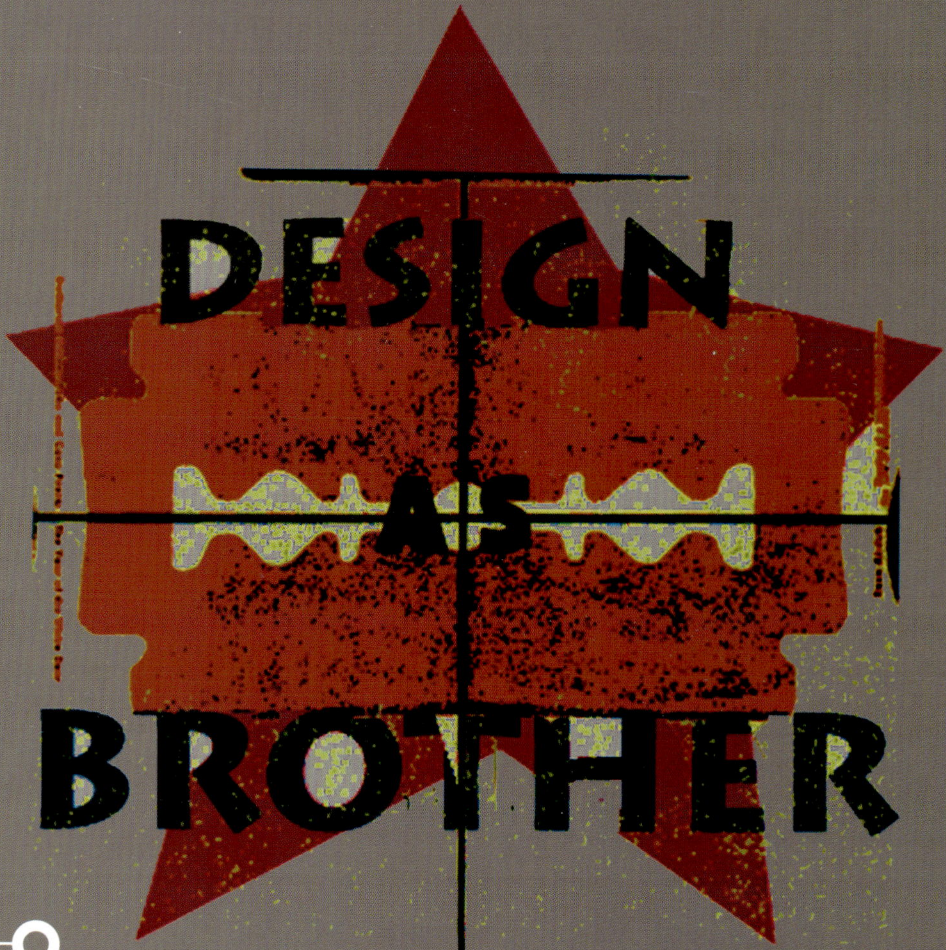

portrait of P.Scott and Laurie Haycock

勞動創造人類
設計改變世界

標志釋義: 刀片是除去舊事物的工具,設計也是不斷摒弃舊意念、創造新意念的。在這一點上他們有着异曲同工之處。所以我們選用他來作爲我們的LOGO。同時也隱喻我們直接的、銳利的設計思路。衷心感謝P.SCOTT AND LAURIE HAYCOCK的精彩插圖, 正是他們努力。才讓我們的意念增色不少。

SHENZHEN
BROTHER & SISTER
DESIGN ASSOCIATION
TEL 2524658 2715075 (0755)
FAX 2715075 (0755)

創作總監簡介 > 高鳴 GAOMING

> 1972 年生于江西 > 1995 年大學畢業 > 1997 深圳王粵飛設計公司 > 2000 組建深圳兄弟設計 > 首都企業形象研究會會員(CCII)

作品曾入選 > 第八屆全國美展 > 第九屆全國美展 > 第四屆莫斯科金蜜蜂設計雙年展(GOLDEN BEE 4) > 第四屆日本富山國際設計雙年展(IPT2000) > 亞洲九八設計雙年展(HKDA98) > 澳門回歸海報邀請展(澳門設計師協會) > 九八國際商標節(北京) > 二000 國際商標節(北京) > 上海國際海報邀請展 > 二000 西安印象海報邀請展 > <包裝 & 設計> 8 8 期

作品被收錄 > 香港市政區域博物館 > 國際商標中心 > <中國設計叢書·香港> > <中國設計年鑒III>